INGLÉS - ESPAÑOL
SPANISH - ENGLISH

DICCIONARIO DE USO

INGLÉS - ESPAÑOL
SPANISH - ENGLISH

Sociedad General Española de Librería, S.A.

Primera edición, 1993

Produce:
SGEL-Educación
Marqués de Valdeiglesia, 5. 28004 MADRID

ISBN: 84-7143-490-3
Depósito Legal: M. 32.147-1993
Impreso en España - Printed in Spain

Compone: ALPHA CREATIVE SOLUTIONS y MonoComp, S. A.
Imprime: GRAFICAS ROGAR, S. A.
Encuaderna: F. MENDEZ

ÍNDICE

INGLÉS-ESPAÑOL/ENGLISH-SPANISH

ESPAÑOL-INGLÉS/SPANISH-ENGLISH

DICCIONARIO DE USO

INGLÉS - ESPAÑOL

- **Director:**

  Aquilino Sánchez,

  Catedrático, Universidad de Murcia

- **Redactores:**

  Francisco Garrudo

  Catedrático, Universidad de Sevilla

  Fernando Huerta

  Profesor Titular, Universidad Autónoma de Barcelona

  Pascual Cantos

  Profesor Ayudante, Universidad de Murcia

  A. S. Dawson

  Profesor Asociado, Universidad de Sevilla

  Helen Wing y Nicola Tear

  Profesoras, Universidad de Hull

- **Asesores Lingüísticos:**

  Leo Hickey

  Catedrático, Universidad de Salford

  Francisco Ariza

  Catedrático, Universidad Metropolitana de Manchester

INTRODUCCIÓN

Las obras lexicográficas precisan de una constante adaptación y adecuación a los tiempos. Así ha ocurrido en los varios siglos que han transcurrido desde la aparición de los primeros listados léxicos y así es necesario que siga ocurriendo en el futuro. De esta manera los diccionarios, obras de consulta por excelencia, se adecuan a la evolución de la lengua. Los idiomas guardan cierta semejanza con los seres vivos en cuanto que son realidades en constante evolución o movimiento. Nada más lejano de la realidad lingüística que considerar a una lengua como estanca, inamovible y sujeta a reglas invariables. Eso sólo es propio de las "lenguas muertas".

Los diccionarios de uso, como los que integran la presente colección, prestan más atención, si cabe, a esta realidad, dado que ponen el énfasis precisamente en adaptarse al lenguaje usado en los tiempos actuales, relegando a un segundo plano, o eliminando en algunos casos, las voces o acepciones más usadas en tiempos pasados que en el presente. Es preciso destacar que la presente obra, por tanto, no pretende convertirse en autoridad o norma para el hablante, sino que persigue el objetivo de ser un elemento de consulta y referencia útil o, lo que es lo mismo, un libro "de uso".

Dentro del "uso lingüístico" tienen cabida tanto las variantes sectoriales del lenguaje (política, administración, técnica, etc.) como las variedades geográficas. Se ha pretendido guardar un cierto equilibrio entre las dificultades que implicaría la inclusión indiscriminada de voces regionales y la utilidad que supone recoger las que realmente son significativas de cara al uso. De ahí que, en este aspecto, se hayan seleccionado las variedades geográficas (de España e Hispanoamérica; de Inglaterra y Estados Unidos) teniendo en cuenta principalmente la **universalidad del uso**. Esta norma excluye un buen número de términos propios o exclusivos de cada uno de los países de habla hispana y, en menor cuantía, de los de habla inglesa; la razón estriba en que tales vocablos no serían de utilidad para el conjunto de los hablantes, objetivo hacia el que se orienta este diccionario.

La ilustración del significado y la traducción acompañadas de ejemplos son, en ocasiones, no sólo útiles sino imprescindibles; en esta obra se han recogido algunos ejemplos precisamente en las voces de mayor uso, en las cuales la ejemplificación es más pertinente o conveniente.

En la tradición lexicográfica del español se han dejado de lado o rechazado abiertamente por "innecesarias" algunas características que ya eran habituales en la lexicografía inglesa. Este es el caso de la **transcripción fonética y de la separación silábica**. En la presente obra se incluyen ambas características **también para el español.** Y abundan las razones para tomar tal decisión. Si bien es cierto que la pronunciación y separación de sílabas a efectos ortográficos son menos complejas en español que en inglés, no es menos cierto que para un extranjero ambas realidades suponen un cierto grado de dificultad, al menos en la medida en que las normas de un idioma se distancian de las del otro.

Finalmente, en esta obra se ha hecho un esfuerzo especial para incluir las palabras utilizadas en nuestros días, sean éstas neologismos, préstamos o derivados. El criterio ha sido siempre que si una voz es utilizada por la generalidad de los hablantes, debe ser ofrecida en la traducción porque a ella se enfrentará, sin lugar a duda, quien busca las equivalencias desde otro idioma.

En el cumplimiento de estos objetivos han participado tanto los redactores como los asesores y revisores. A todos ellos se extiende el agradecimiento y reconocimiento por el trabajo realizado.

Aquilino Sánchez
Director.

Listado de siglas y abreviaturas

abrev	abreviatura	*int*	*interjección*
adj	adjetivo	*inter*	interrogativo
adv	adverbio	IR	irónico
AER	aeronáutica	JUR	derecho
AGR	agricultura	LIN	lingüística
Amer	americanismo	lit/LIT	literario
ANAT	anatomía	*m*	masculino
ARC	arcaico	MAT	matemáticas
ARG	argot	MED	medicina
ARQ	arquitectura	MIL	militar
art	artículo	MIT	mitología
ART	artes	MÚS	música
ASTR	astronomía	*n*	nombre
AUT	automóvil	*n,f/n,m/n,pl*	nombre femenino / nombre masculino / nombre plural
aux	auxiliar		
BIOL	biología	*n,sing*	nombre singular.
BOT	botánica	NÁUT	náutica
Br	Inglés británico	*num*	numeral
COM	comercio	o.s.	oneself
col	coloquial	*p.us.*	poco usado
COMP	informática	*pers*	personal
comp	comparativo	PEY	peyorativo
conj	conjunción	*pl*	plural
DEP	deportes	POÉT	poético
DER	despectivo	pp	participio pasado
dim	diminutivo	pref	prefijo
ELECTR	electricidad	prep	preposición
esp	especialmente	pret	pretérito imperfecto
exclam	exclamativo	pron	pronombre
f	femenino	QUÍM	química
FAM	familiar	REL	religión
FIG	figurado	RPr	régimen preposicional
FIL	filosofía	sb	somebody
FÍS	física	*sing*	singular
FML	formal	SL	argot
freq	frecuentemente	sth	something
gen	generalmente	subj	subjuntivo
GEOG	geografía	*sup*	superlativo
GEOL	geología	TAUR	tauromaquia
ger	gerundio	TAB	tabú
GRAM	gramática	TEAT	teatro
HIST	historia	TÉC	técnica, tecnología, mecánica
imper	impersonal	US	Estados Unidos
imp	imperativo	*v*	verbo
ind	indicativo	V.	ver
indef	indefinido	v/Refl(-se)	verbo reflexivo
INFML	informal, no formal	ZOOL	zoología
inf	infinitivo		

CARACTERÍSTICAS Y ORGANIZACIÓN DE LAS VOCES

1. Las voces se presentan en estricta ordenación alfabética.
2. Por economía de espacio, las voces se agrupan en bloques en los casos en que la raíz es idéntica para un determinado conjunto de palabras. Así, por ejemplo:

    generate, generation, generative, generator

    chispa, chispazo, chispeante, chispear

    constituyen sendos bloques en cada una de las partes (inglés-español o español-inglés).
3. El signo '~' se utiliza siempre como substituto de la raíz o elemento común a varias voces. Así, por ejemplo:

    gal·ley ['gæli] (...) **~ prof (= galley proof)**, galerada *f.*
4. La traducción de una determinada acepción podría ser ambigua si no se incluyese a menudo la especificación del ámbito en que se usa o a que se refiere. Este tipo de puntualización se ofrece entre paréntesis [(...)] y en letra cursiva:

    gal·le.ry ... *n* **1.** galería (*of mine, theatre*, etc.)

    Función similar tienen los ejemplos con que a veces se ilustra el significado de una acepción y su traducción:

    get (...) 3. llamar, hacer venir: *You'd better get a plumber*, Deberías llamar a un fontanero.

    chis·pa (...) **4.** FIG ounce, very little, glimmer (*de algo inmaterial*): *No tiene ni chispa de talento para cocinar*, He doesn't have an ounce of talent when it comes to cooking.
5. La separación silábica se señala con un punto '·'. Éste indica que la palabra en cuestión puede separarse a fin de línea precisamente en cualquiera de las sílabas marcadas por tales puntos. Adviértase, no obstante, que el modelo ofrecido no debe entenderse como dogma, sino como consejo o pauta razonablemente fundamentada.
6. También se ofrece, entre corchetes ([ ]) y siguiendo a cada voz, la pronunciación. Nos servimos para ello de los signos del Alfabeto Fonético Internacional (que se especifica para cada lengua antes de la parte correspondiente):

    gal·ley ['gæli]

    a·ve·ría [aβería]
7. En la parte **inglés-español** se anota el **género de los substantivos** en la mayor parte de los términos traducidos al español:

    gap [gæp] *n* **1.** vacío *m*, hueco *m*, abertura *f*, brecha *f*...
8. Las largas listas de abreviaturas o siglas suelen ser poco funcionales. En la presente obra hemos reducido éstas al mínimo. Las utilizadas se aplican a ambos idiomas y se especifican en la tabla al efecto.
9. Con el fin de que el usuario pueda resolver algunas dudas generales respecto a cuestiones léxicas o gramaticales fundamentales, se incluyen, en sendas introducciones, cuadros de las conjugaciones verbales regulares y un elenco de las formas irregulares. Por idénticas razones se incluye también una sección relativa a la pronunciación del español y del inglés, respectivamente,

así como una lista de los principales nombres propios (de personas y geográficos) con las correspondencias en español e inglés.

10. Las características generales de esta obra en lo relativo a las voces incluidas se resumen en los siguientes puntos:

- Actualización de acepciones y ejemplos ateniéndonos al uso real de cada una de las lenguas en los ámbitos formal o no formal.
- Inclusión de numerosas voces y acepciones utilizadas en la actualidad, incluso aunque en algunos casos no figuren como tales en los diccionarios "oficiales".
- Se han eliminado muchas voces y acepciones obsoletas o excesivamente especializadas, pero se han conservado otras por considerar que son de utilidad en el lenguaje formal o literario, al cual deben recurrir necesariamente muchos usuarios de este tipo de obras de consulta.
- Una obra limitada como la presente, que pretende situarse entre los diccionarios de gama alta y media, debe limitar necesariamente la inclusión de variedades. A este respecto (tanto en lo relativo al inglés como al español) se sigue el criterio de incluir las voces y acepciones estandarizadas entre el conjunto de los hablantes o en varias regiones o naciones numéricamente significativas, excluyendo aquellas que se limitan a regiones o zonas dialectales.

ALGUNAS CARACTERÍSTICAS DE LA LENGUA ESPAÑOLA

1. *Fonemas y símbolos fonéticos*

FONEMA/ GRAFÍA	SÍMBOLO FONÉTICO
/p/	[p] (paso)
/b/	[b] (bala, vela)
	[β] (habano)
/t/	[t] (taco)
/d/	[d] (diente)
	[ð] (redada)
/k/	[k] (kilo, carro, queso)
/g/	[g] (gota, guerra)
	[γ] (ceguera, haga)
/m/	[m] (momia, ramo)
	[m̡] (ante oclusivas: acompañar)
	[ɱ] (ante fricativas: anfibio)
/n/	[n] (nada)
	[ṇ] (ante fricativas dentales: once)
	[n̪] (ante oclusivas dentales: conde)
	[ṇ] (ante africadas: hinchar)
	[ŋ] (ante oclusivas velares: anca)
/ɲ/ (ñ)	[ɲ] (año)
/ch/	[tʃ] (chico, cacho)
/y/	[ʝ] (aya) ([ʒ] en Argentina)
	[ɟ] (inicial: yunque).
/f/	[f] (fácil)
/θ/, /s/ (c,z)	*Español peninsular*: [θ] (fácil, zorro, ceja)
	Canarias, Andalucía, Hispanoamérica: [s]
/s/	[s] (saco)
	[z] (ante sonidos sonoros: desvelar, esbelto)
/x/ (j, g)	[x] (ajo, jabón)
/l/	[l] (lado)
	[ḷ] (ante dental fricativa: alzar)
	[l̪] (ante dental oclusiva: aldaba)
/ʎ/ (ll)	[ʎ] (llano)
/r/	[r] (arena)
/rr/	[rr] (rana, arroz)
/i/	[j] (bien, conciencia)
/w/	[w] (hueco, residuo)
/a/	[a] (pan)
/e/	[e] (vez)
/i/	[i] (sí)
/o/	[o] (sol)
/u/	[u] (luz)

Diptongos y triptongos

/ai/	[ai] (aire)
/au/	[au] (aura)
/ei/	[ei] (ley)
/eu/	[eu] (reuma)
/oi/	[oi] (boina)
/je/	[je] (pie)

/ja/	....	[ja] (piano)
/jo/	....	[jo] (piojo)
/ju/	....	[ju] (viuda)
/we/	....	[we] (pues)
/wa/	....	[wa] (casual)
/wo/	....	[wo] (residuo)
/wi/	....	[wi] (ruido)
/wei/	....	[wei] (buey)
/wau/	....	[wau] (guau)

2. *Los grafemas del español*

grafema		nombre
a	....	a
b	....	be
c	....	ce
ch	....	che
d	....	de
e	....	e
f	....	efe
g	....	ge
h	....	hache
i	....	i
j	....	jota
k	....	ka
l	....	ele
ll	....	elle
m	....	eme
n	....	ene
ñ	....	eñe
o	....	o
p	....	pe
q	....	qu
r	....	ere
rr	....	erre
s	....	ese
t	....	te
u	....	u
v	....	uve, ve
w	....	uve doble
x	....	equis
y	....	i griega
z	....	zeda, zeta

3. *Fonemas consonánticos: descripción.*

/p/ Se pronuncia cerrando (oclusiva) el paso del aire mediante los labios (bilabial) y abriendo repentinamente dicho paso separando el labio inferior del superior. La realización concreta de este fonema presenta variantes (*alófonos*) en posición inicial (*paso*) o intermedia (*culpa*). Le corresponde en la lengua escrita la letra "**p**".

/b/ En su pronunciación intervienen el labio superior e inferior, que, al unirse y originar la oclusión, impiden primero la salida del aire, que luego liberan repentinamente. El carácter oclusivo de la /b/ está, sin embargo, condicionado por el contexto, de tal manera que siempre que se articula entre sonidos sonoros, este fonema se torna también

sonoro y, además, fricativo. Así se da en palabras como "*haba, abertura, advertir*", etc. En fonética, este sonido se representa mediante la letra griega [ß].
En la lengua escrita, la /b/ se representa tanto por el grafema "**b**" como por el grafema "**v**" e incluso "**w**": *bala, vela, wáter, avellana* [bála, béla, báter, aβeʎána]. Algunos hablantes tienden a diferenciar ambas letras pronunciando la "v" como fricativa. Pero ésta es una práctica poco extendida y que muchos consideran "pedante".

/t/ Se pronuncia interrumpiendo la salida del aire por medio de la punta de la lengua, que se apoya contra la parte superior de los incisivos (de ahí el nombre de *dental*) y abriendo luego el paso de repente: *taco, monte* [táko, mónte].... La posición de la lengua puede variar hacia abajo (*interdental*), según el contexto en que se produzca el sonido (*azteca*) y tocar también los alvéolos, dependiendo este hecho en gran medida de la fuerza que se imprima a la pronunciación.
El fonema /t/ se representa gráficamente mediante la "**t**".

/d/ Su pronunciación es similar a la de la "t", produciéndose la oclusión apoyando la punta de la lengua contra los incisivos superiores. El carácter de sonido **sonoro** la diferencia de la "t", que es **sorda**.
Pero la /d/ pierde su carácter de oclusiva cuando se pronuncia dentro de un contexto de sonidos sonoros, excepto si preceden la "n" o la "l"; en estos casos la "d" es fricativa sonora (un poco más suave que el sonido correspondiente al grafema *th* en inglés): *hada, moneda, madre* [áða, monéða, máðre]. Pero *andar, aldea* [andár, aldéa].
El fonema /d/ se representa gráficamente con una "**d**".

/k/ El postdorso de la lengua se apoya contra el velo del paladar e impide la salida del aire. La oclusión se interrumpe bruscamente separando el dorso de la lengua del velo del paladar, produciéndose así el sonido /k/.
Este fonema cuenta con tres diferentes representaciones gráficas:

k: *kilo, kilómetro* [kílo, kilómetro] (poco frecuente).

c (ante -a, -o, -u): *carro, corro, curro* [kárro, kórro, kúrro]. También después de esas misma vocales, aunque en palabras generalmente de origen extranjero: *coñac, frac* [koɲák, frak].

qu (ante -e, -i): *querer, quiero* [kerér, kjéro].

x (k + s): *éxito, asfixia* [éksito, asfíksja].

/g/ Se articula como la /k/, pero produciéndose un contacto más suave entre el dorso de la lengua y el velo del paladar. Es sonido **sonoro**, frente al de la /k/, que es **sordo.** En un contexto de sonoras la "g" adquiere valor de fricativa sonora [γ]
En el lenguaje escrito la /g/ se representa mediante

g (ante a, o, u o secuencia **-üe, -üi):** *gastar, gota, gustar, cigüeña, pingüino* [gastár, góta, gustár, θiγéɲa, piŋgwíno].

gu (ante -e, -i): *ceguera, guitarra* [θeγéra, gitárra].

/m/ Se articula como la /b/, cerrando la salida del aire mediante los labios, pero manteniendo abierto el velo del paladar, por donde el aire sale al exterior, dando al sonido el carácter nasal que le caracteriza: *ramo, hombre* [rrámo, ómbre]. Adviértase que cuando la "m" ocurre al final de palabra, la pronunciación equivale generalmente a la de la "n": *máximum, album* [máksimun, álbun]. Ante determinados sonidos, su pronunciación adquiere matices especiales (véase el apartado de los símbolos fonéticos).
En la lengua escrita se representa mediante la letra "**m**".

/n/ Se pronuncia apoyando la punta de la lengua contra los alvéolos o incluso contra las encías, impidiendo así la salida del aire por la boca.

Se mantiene abierto el velo del paladar, saliendo el aire por la nariz. El sonido es sonoro. En determinados contextos de sonidos, la pronunciación de la 'n' adquiere matices distintivos (véase al apartado de símbolos fonéticos).
Este sonido se representa mediante la "**n**" en la lengua escrita.

/ɲ/ Para pronunciar este sonido es preciso que la punta de la lengua toque suavemente los incisivos inferiores y el dorso se eleve apoyándose fuertemente contra el paladar, con tendencia al desplazamiento de la superficie de contacto hacia el postpaladar. Se produce una oclusión y el aire sale por la nariz: *cañón, niño*: [kaɲón, níɲo].Es sonido similar al de la "gn" en el francés o italiano: *vigne; ogni*.
En la lengua escrita aparece con la grafía "**ñ**".

/tʃ/ En la articulación de este sonido, la parte anterior de la lengua se eleva, tocando ampliamente el paladar e impidiendo la salida del aire durante un momento, para luego interrumpir la oclusión escalonadamente, produciendo una fricción entre la lengua y el paladar: *chico, cacho* [tʃíko, kátʃo]. El sonido más similar es el correspondiente al grupo "ch" en inglés o a la "t + ch" en francés; pero es prácticamente igual que el de la "c" en el italiano *cento* o el grupo "tsch" en alemán (*deutsch*).
Este sonido se representa mediante el dígrafo "**ch**", que en el abecedario español se incluye frecuentemente como una letra más, después de la "c". El símbolo fonético internacional es [tʃ]

/ʝ/ La articulación es similar a la de la "ch", pero de carácter sonoro: *haya, yunque, yeso, hierro* [áʝa, ɟúnke, ɟéso, ɟérro].
En la lengua escrita, se representa mediante "**y, hi**", siempre al principio de sílaba, o bien después de "n, l".
NOTA: En Argentina este sonido se da típicamente diferenciado, con valor de [ʒ].

/f/ El sonido se produce cuando al aire sale al exterior con cierta dificultad y forzado, a través de los canales que median entre la parte interior del labio inferior y los incisivos de la mandíbula superior: *fácil, afanar* [fáθil, afanár]. Se representa en la lengua escrita mediante la letra "**f**".

/θ/ La articulación de la /θ/ resulta de la fricación que produce el aire al salir por la abertura que deja la punta de la lengua al apoyarse contra el borde de los incisivos (especialmente los superiores, tocando levemente el borde de los inferiores). El sonido español es similar al de la "th" inglesa en palabras como *third, through*, aunque un poco más fuerte y enérgico en su realización.
En la lengua escrita se representa mediante

c (seguida de e,i): *vecino, hacer* [beθíno, aθér].
z: *zorro, cruz, zarpa* [θórro, kruθ, θárpa].

NOTA: Este fonema (y correspondiente sonido) es sustituido en los países hispanoamericanos y en el sur de España y Canarias por /s/.

/s/ Para pronunciar este fonema, los bordes de la parte anterior de la lengua se apoyan contra los alvéolos, junto a las encías de la mandíbula superior, permitiendo que el aire salga a través de un pequeño espacio libre y redondeado en el centro de la lengua. El sonido así producido es sordo o sonoro, según el contexto: *saco, aspirar; desvelar, esbelto* [sáko, aspirár; dézβelár, ezβélto].
La letra que corresponde a este sonido es la "**s**".
Adviértase que en Hispanoamérica, sur de España e Islas Canarias, se incluye también para este sonido la grafía con "z, ce, ci").

/x/ Para producir el sonido correspondiente a este fonema, el postdorso de la lengua se eleva contra el velo del paladar, pero sin cerrar totalmente la salida del aire; al salir forzado éste, se produce el sonido fricativo sordo /x/. Es similar al de la "ch" alemana en *brauchen*.
El fonema /x/ se escribe como

j: *jabón, reloj* [xaβón, rrelóx]
g (ante e, i): *girar, gerente* [xirár, xerénte].

La "g" precedida de "a, o, u" suele pronunciarse un poco más suavemente y es sonora: *dogma, digno* [dóɣma, diɣno].

/l/ La articulación de /l/ se produce apoyando la punta de la lengua contra los alvéolos y dejando a cada lado de la lengua una abertura por donde sale el aire. Se da una fricación suave al escaparse el aire. La /l/ queda bastante afectada en su pronunciación por los sonidos que la preceden o siguen (/θ, t, d, n/ o al final de palabra), originándose varios alófonos: *lado, alzar, caldero...* [láðo, aḷθár, caḻdero] (véase apartado de símbolos fonéticos).
En la grafía se representa con "l".

/ʎ/ En su pronunciación, la punta de la lengua toca los incisivos de la mandíbula inferior, mientras el dorso se eleva y se apoya ampliamente contra el paladar. El aire sale por dos aberturas, una a cada lado de la lengua. El sonido es similar al del italiano "gl" en *foglia*.
En la lengua escrita este fonema aparece con la grafía "**ll**".
NOTA: Muchos hablantes pronuncian la "ll" como /ɟ/ ("yeismo").

/r/ Este fonema (a menudo denominado "r simple") se articula elevando con rapidez la punta de la lengua hacia los alvéolos, mientras los bordes laterales de aquélla tocan la parte interior de las encías y molares superiores. Se impide así la salida del aire momentáneamente. Es sonido vibrante y sonoro: *coral, pereza, fresco* [korál, peréθa, frésko].
Gráficamente se representa mediante "**r**".

/rr/ La posición de la lengua es similar a la existente para pronunciar la "r". Pero la punta de la lengua, que se retrotrae hacia atrás, es empujada hacia adelante por la fuerza del aire; inmediatamente después, la punta de la lengua vuelve de nuevo hacia atrás, a su posición inicial. El proceso se repite varias veces y en cada oclusión y liberación del aire se produce un sonido vibrante que, en secuencia y en conjunto, constituye la /rr/ vibrante "múltiple": *raro, perro* [rráro, pérro].
Se escribe con

r (si es inicial de palabra): *rabo* [rráβo].
rr (en cualquier otra posición): *guerra, torre* [gérra, tórre].

/j/ Suele denominarse "semiconsonante" (por su relación con el fonema /J/) o "semivocal" (por su relación con el fonema vocálico /i/). La articulación se acerca a los fonemas mencionados. Tiende a ser semiconsonante la "i" que inicia un diptongo o triptongo (*bien, conciencia, cambiáis*). La forma gráfica es "**i**".

/w/ La /w/ "semiconsonante" se asemeja a la pronunciación de la vocal /u/, pero su articulación es casi igual que la de una consonante fricativa: *hueco, huerto* [wéko, wérto]. La forma gráfica es "**u**".

4. *Fonemas vocálicos*

Teniendo en cuenta la posición de la lengua dentro de la cavidad bucal e imaginando este espacio en dos dimensiones (como si se diese un corte vertical en dicha cavidad bucal), a manera de matriz con tres posiciones en la coordenada de la longitud (*anterior, central, posterior*) y otras tres en la coordenada de la altura *(alta, media, baja)*, podemos representar el sistema de los fonemas vocálicos en español de la siguiente manera:

	anterior	*central*	*posterior*
alta	**i**		**u**
media	**e**		**o**
baja		**a**	

Tomando el cuadro anterior como referencia, cada una de las vocales puede ser fácilmente descrita e identificada:

/i/: Es vocal alta y anterior. Su realización cuenta con diversos alófonos (podría incluirse el sonido semiconsonántico /y/).
En la grafía aparece como:
i: *imagen, río*
y: *hay, hoy.*

/e/: Es vocal media y anterior. Se representa mediante la grafía
e: *resumen, pera.*

/a/: Es vocal central y baja. Se representa en la grafía como
a: *amar, hada*

/u/: Es vocal alta y posterior. Entre sus alófonos puede incluirse el sonido semiconsonántico /w/. En la grafía aparece como
u: *humo, salud, deuda.*

/o/: Es vocal media y posterior. En la grafía aparece como
o: *orden, oro, coma.*

Diptongos y triptongos

La combinación de dos vocales formando una sola sílaba da lugar a los **diptongos**. Tres vocales en secuencia y también formando sílaba, constituyen los **triptongos.**

Diptongos

En la formación de diptongos siempre intervienen la **i** o la **u**, que se combinan con la **e, o, a** (además de la secuencia "iu"). Se forman dos tipos de diptongos:

Diptongos crecientes

u + | **a:** *(cuatro)* / **e:** *(suelo)* / **o:** *(cuota)*

i + | **a:** *(cianuro)* / **e:** *(tiene)* / **o:** *(labio)* / **u:** *(ciudad)*

Diptongos decrecientes

a / **e** / **o** | + **u** *(aula)* / *(Europa)* / *(lo-usó)*

a / **e** / **o** | + **i** *(aire)* / *(ley)* / *(voy)*

NOTA. Un grupo vocálico en el que participe la "i,u" junto con otra vocal media o baja no constituye diptongo si la vocal alta (i/u) recibe el acento tónico (que va acompañado de la tilde): *tía, dúo, río, maíz, sitúe, rehúso.*

Los grupos vocálicos formados por dos vocales medias o bajas no constituyen diptongo, sino núcleos silábicos diferentes: *ca-er, rale-a, a-é-re-o, coherente.*

Triptongos

En la formación de los triptongos intervienen una vocal media o baja (generalmente **a, e**) y dos altas (**i** ó **u**). La mayoría de ellos se da en las formas de la conjugación verbal: *despreciáis, continuéis*, etc.

5. *El acento*

En español, se acentúa solamente una sílaba (denominada **tónica**) dentro de cada palabra. Las demás son átonas. La posición de este acento es libre, es decir, puede recaer sobre cualquier sílaba (a diferencia del francés, por ejemplo, lengua en la que el acento recae sobre la última sílaba, o de las lenguas germánicas, en las que el acento suele darse sobre la sílaba radical). La diferente ubicación del acento origina que en ocasiones la misma secuencia de sonidos implique significados diferentes:

término	*termino*	*terminó*
límite	*limite*	*limité*
libro	*libró*	
calle	callé	

En estos casos el acento tiene función fonológica (distintiva).

En términos generales, el acento en español puede reducirse a cuatro casos:

1. En posición final (palabras agudas u oxítonas):
   reunió, tapiz, tabú
2. En posición penúltima (palabras graves, llanas o paroxítonas):
   gobierno, cárcel, hada
3. En posición antepenúltima (palabras esdrújulas o proparoxítonas):
   régimen, bolígrafo
4. En algunos compuestos: posición antepenúltima, más un elemento añadido (palabras superproparoxítonas):
   cómetelo, coméntaselo

6. *Algunas características propias del español*

6.1. *En la ortografía*

– Tres letras son características del español: **ch, ll, ñ.**

– Todos los sonidos producidos tienen representación gráfica, excepto la **h** y la **u** en las secuencias **que, qui, gue, gui**. En estos casos se utiliza la diéresis (**ü**) sobre la "u" para indicar que dicho fonema debe pronunciarse (*cigüeña, pingüino*).

– Sólo se duplican tres consonantes: **c, r, n:** *lección, borrar, sinnúmero.*

6.2. *En la pronunciación*

Se dan tres sonidos propios del español:

/θ/: se escribe con **c** (ante "e,i") o con **z** (delante de "a, o, u").

/x/: se escribe con **g** (ante "e,i") o con **j** (ante "a, o, u").

/rr/: se escribe con **r** al inicio de palabra y después de "l, n, s", o con **rr** en el resto de los casos.

7. *Separación silábica al final de línea*

La práctica de la separación silábica al final de línea se rige actualmente por normas poco precisas (derivadas de la dificultad para definir lo que es una sílaba, especialmente en el caso de los diptongos), que obedecen, además, a criterios diversos (fonéticos, ortográficos, etimológicos, estéticos, estilísticos y métricos). En un intento de racionalizar el tema, pueden concretarse las siguientes reglas:

1. Toda sílaba debe mantenerse íntegra, aunque conste de más de dos fonemas (aquellas palabras que cuenten con una preposición latina o castellana seguida de "s" u otra consonante, añaden la "s" a dicha preposición): *cons·tan·te, naf·ta·li·na.*
2. Los compuestos en los que la etimología aparece como clara o evidente, se separan donde termina uno de sus componentes: *des·ha·cer*. Si la etimología es percibida por los hablantes como menos evidente, se admite tanto la separación por etimología como por conjuntos silábicos (C + V): *no·so·tros/nos·o·tros, de·sa·pa·re·ci.do/des·a·pa·re·ci·do.*
3. Se evitará dejar sola una vocal al final de una palabra, aunque constituya sílaba (criterio estético): *Ma·ría, a·ve·ría, ca·ma·feo.*
4. Los grupos vocálicos átonos no se separan nunca, en cualquier posición en que se den: *gar·fio, es·te·reos·co·pia, ae·ró·me·tro.*

   Excepto,

   – si aparece una "h" entre las vocales que constituyen el grupo: *en·de·he·sar.*

   – si se trata de un compuesto de clara etimología: *en·tre·a·bier·to.*
5. Los grupos vocálicos formados por tónica + átona o átona + tónica:

   – si las vocales "i, u" forman parte de dicho grupo, nunca se separan: *cie·lo, en·friar, egip·cia·co, deísta.*

   – si las vocales que intervienen en el grupo son la "a, e, o", en cualquiera de sus posibles combinaciones y no constituyen sílaba sin el auxilio de una consonante, se separan: *lo·ar, des·le·al, re·al·ce.*

   Pero, *tam·ba·lea·do, poe·ta, aor·ta.*
6. Los triptongos nunca se separan: *des.pre.ciáis, ave.ri.guáis.*
7. Los prefijos que aparecen en secuencias de **consonante-vocal-consonante + vocal-consonante** se separan: *des·em·pol·var, des·in·te·rés.*
8. Las grafías **"ch, rr, ll"** nunca deben separarse, ya que constituyen un solo sonido: *he·cho, de·rra·mar, aca·llar.*

8. *Formas verbales*

8.1. CONJUGACIÓN DE LOS VERBOS REGULARES

AMAR	*TEMER*	*PARTIR*
(1ª)	*(2ª)*	*(3ª)*

MODO INDICATIVO:

TIEMPOS SIMPLES

Presente:

amo	*temo*	*parto*
amas	*temes*	*partes*
ama	*teme*	*parte*
amamos	*tememos*	*partimos*
amáis	*teméis*	*partís*
aman	*temen*	*parten*

Pretérito imperfecto:

amaba	*temía*	*partía*
amabas	*temías*	*partías*
amaba	*temía*	*partía*
amábamos	*temíamos*	*partíamos*
amábais	*temíais*	*partíais*
amaban	*temían*	*partían*

Pretérito indefinido o perfecto simple

amé	*temí*	*partí*
amaste	*temiste*	*partiste*
amó	*temió*	*partió*
amamos	*temimos*	*partimos*
amasteis	*temisteis*	*partisteis*
amaron	*temieron*	*partieron*

Futuro simple:

amaré	*temeré*	*partiré*
amarás	*temerás*	*partirás*
amará	*temerá*	*partirá*
amaremos	*temeremos*	*partiremos*
amaréis	*temeréis*	*partiréis*
amarán	*temerán*	*partirán*

Condicional o futuro hipotético:

amaría	*temería*	*partiría*
amarías	*temerías*	*partirías*
amaría	*temería*	*partiría*
amaríamos	*temeríamos*	*partiríamos*
amaríais	*temeríais*	*partiríais*
amarían	*temerían*	*partirían*

TIEMPOS COMPUESTOS

Pretérito perfecto:

he amado	*he temido*	*he partido*
has amado	*has temido*	*has partido*
ha amado	*has temido*	*has partido*
hemos amado	*hemos temido*	*hemos partido*
habéis amado	*habéis temido*	*habéis partido*
han amado	*han temido*	*han partido*

Pretérito pluscuamperfecto:

había amado	— *temido*	— *partido*
habías amado	*temido*	*partido*
había amado	*temido*	*partido*
habíamos amado	*temido*	*partido*
habíais amado	*temido*	*partido*
habían amado	*temido*	*partido*

Pretérito anterior:

hube amado	— *temido*	— *partido*
hubiste amado	*temido*	*partido*
hubo amado	*temido*	*partido*
hubimos amado	*temido*	*partido*
hubisteis amado	*temido*	*partido*
hubieron amado	*temido*	*partido*

Futuro compuesto:

habré amado	*— temido*	*— partido*
habrás amado	*temido*	*partido*
habrá amado	*temido*	*partido*
habremos amado	*temido*	*partido*
habréis amado	*temido*	*partido*
habrán amado	*temido*	*partido*

Condicional o futuro hipotético compuesto:

habría amado	*— temido*	*— partido*
habrías amado	*temido*	*partido*
habría amado	*temido*	*partido*
habríamos amado	*temido*	*partido*
habríais amado	*temido*	*partido*
habrían amado	*temido*	*partido*

MODO SUBJUNTIVO:

TIEMPOS SIMPLES

Presente:

ame	*tema*	*parta*
ames	*temas*	*partas*
ame	*tema*	*parta*
amemos	*temamos*	*partamos*
améis	*temáis*	*partáis*
amen	*teman*	*partan*

Pretérito imperfecto:

amara/amase	*temiera/temiese*	*partiera/partiese*
amaras/-ases	*temieras/-ieses*	*partieras/-ieses*
amara/-ase	*temiera/-iese*	*partiera/-iese*
amáramos/-ásemos	*temiéramos/-iésemos*	*partiéramos/-iésemos*
amarais/-aseis	*temierais/-ieseis*	*partierais/-ieseis*
amaran/-asen	*temieran/-esen*	*partieran/-iesen*

Futuro simple:

amare	*temiere*	*partiere*
amares	*temieres*	*partiere*
amare	*temiere*	*partiere*
amáremos	*temiéremos*	*partiéremos*
amareis	*temiereis*	*partiereis*
amaren	*temieren*	*partieren*

TIEMPOS COMPUESTOS

Pretérito perfecto:

haya amado	*haya temido*	*haya partido*
hayas amado	*hayas temido*	*hayas partido*
haya amado	*haya temido*	*haha partido*
hayamos amado	*hayamos temido*	*hayamos partido*
hayáis amado	*hayáis temido*	*hayáis partido*
hayan amado	*hayan temido*	*hayan partido*

Pretérito pluscuamperfecto:

hubiera/hubiese amado — temido — partido
hubieras/-ieses amado temido partido
hubiera/-ese amado temido partido
hubiéramos/-iésemos amado temido partido
hubierais/-ieseis amado temido partido
hubieran/-iesen amado temido partido

Futuro compuesto:

hubiere amado — temido — partido
hubieres amado temido partido
hubiere amado temido partido
hubiéremos amado temido partido
hubiereis amado temido partido
hubieren amado temido partido

MODO IMPERATIVO:

Presente:

ama teme parte
amad temed partid

8.2. LA CONJUGACIÓN DE LOS VERBOS IRREGULARES

Los verbos españoles pueden presentar irregularidades meramente ortográficas o que afectan a la raíz y a las desinencias:

a. La identidad de raíces o flexiones no se destruye con los cambios leves a que la ortografía obliga en ocasiones. Algunas consonantes sufren cambios ante la vocal "**-e**":

c > qu	*explicar*	*explique*
g > gu	*obligar*	*obligue*
z > c	*alcanzar*	*alcance*

- o ante la vocal "**-o**":

c > z	*vencer*	*venzo*
g > j	*proteger*	*protejo*
gu > g	*conseguir*	*consigo*

- Verbos en **-llir, -ñer, -ñir**: la vocal temática es absorbida por la consonante palatal que precede:

gruñir	*gruñó*	*gruñera*	(**No** **gruñió, gruñiera...)*
bullir	*bulló*	*bullera*	
tañer	*tañó*	*tañera*	

- Verbos que cambian la **i** átona en **y**:

leer	*leyó*	*leyera*
roer	*royó*	*royera*

- Verbos que cambian, en algunas personas, '**qu**' en '**c**':

delinquir *delinco*

b. Verbos con alteraciones del acento sobre una determinada vocal (muchos de los acabados en **-UAR, -IAR**):

confiar	*confío*	*confíe*	*confiaban*
continuar	*continúo*	*continúe*	*continuaba*

Estos cambios de acento afectan al presente de indicativo y subjuntivo (en todas las formas excepto en la 1ª y 2ª persona del plural), así como al imperativo (2ª personal singular: *acentúa, confía*).

Siguen el mismo modelo:

desconfiar	*desviar*	*enfriar*	*enviar*	*espiar*
evaluar	*exceptuar*	*fiar*	*fotografiar*	*graduar*
guiar	*insinuar*	*liar*	*preceptuar*	*resfriar*
vaciar	*variar*	*ataviar*	*hirriar*	*piar*
rociar	*graduar*			

y algunos más.

NÓTESE que algunos presentan indecisión en la asignación o no del acento, como "*evacuar, adecuar*". Otros, también acabados en **-iar, -uar**, no alteran el acento: ***acariciar (acaricio...), apaciguar (apaciguo...), despreciar (desprecio)***, etc.

c. Irregularidades que resultan de la acción de leyes fonéticas sobre el sistema entero de la lengua. Es posible estructurar las irregularidades en tres apartados:

- irregularidades debidas a mutación vocálica
- irregularidades por mutación consonántica
- irregularidades de carácter mixto: por mutación vocálica y consonántica.

Los cambios anteriores pueden afectar tanto a la raíz, como a la vocal temática o a la forma verbal en su totalidad.

c.1. Verbos con irregularidades en la raíz

Irregularidad por cierre de una vocal del mismo timbre en la raíz

e > i *pedir - pido*
o > u *podrir - pudrió*

El cambio vocálico "**e > i**" afecta a todos los tiempos (excepto el imperfecto), si la sílaba radical va acentuada (*pido, pida...*) o la que sigue no contiene "i" silábica (*pidió, pidiera...*):

pedir pido pedí/pidió pide pida pidierapidiendo

MODELO: Pedir

Presente de indicativo: *Pido, pides, pide, pedimos, pedís, piden*
Presente de subjuntivo: *Pida, pidas, pida, pidamos, pidáis, pidan*
Imperativo: *Pide, pedid*
Pretérito indefinido: *Pedí, pediste, pidió, pedimos, pedisteis, pidieron*
Imperfecto de subjuntivo: *Pidiera/pidiese, pidieras, pidiera, pidiéramos, pidierais, pidieran*
Gerundio: *Pidiendo*

Siguen esta irregularidad verbos como

Concebir, conseguir, corregir, derretir, despedir, elegir, impedir, medir, perseguir, repetir, seguir, servir, teñir, vestir(se).

El cambio **o > u** afecta al indefinido, imperfecto de subjuntivo, futuro de subjuntivo y gerundio:

podrir pudrió pudriera/-ese pudriendo

MODELO: Podrir / Pudrir

Pretérito indefinido: *Podrí, podriste, pudrió, podrimos, podristeis, pudrieron*
Imperfecto de subjuntivo: *Pudriera/-ese, pudrieras, pudriera, pudriéramos,pudrierais, pudrieran*
Gerundio: *Pudriendo*

Siguen este modelo muchos de los verbos que diptongan la vocal radical en **o > ue** (como "*dormir*").

c.2. Irregularidades por diptongación de la vocal radical:

e > ie	*querer*	*quiero*	*quiera*	*quiere*
o > ue	*poder*	*puedo*	*pueda*	*puede*
i > ie	*adquirir*	*adquiero*	*adquiera*	*adquiere*
u > ue	*jugar*	*juego*	*juegue*	*juega*

Estos cambios por diptongación se dan sólo cuando la vocal radical afectada recibe el acento tónico (presente de indicativo, de subjuntivo e imperativo singular).

Presentan irregularidades de esta índole verbos de las tres conjugaciones:

acertar	*acostar*	*alentar*	*almorzar*	*apacentar*
apostar	*apretar*	*atravesar*	*avergonzar*	*calenta*
cegar	*cerrar*	*cimentar*	*colar*	*comentar*
confesar	*consolar*	*contar*	*costar*	*despertar*
empezar	*encomendar*	*engrosar*	*enmendar*	*forzar*
fregar	*gobernar*	*helar*	*manifestar*	*merendar*
mostrar	*negar*	*pensar*	*plegar*	*poblar*
podar	*probar*	*recordar*	*renovar*	*reventar*
sentir	*soltar*	*soldar*	*sonar*	*soñar*
tentar	*tostar*	*trocar*	*tronar*	*tropezar*
volar	*volcar*	*volver*		

etc.

NOTA: En algunos verbos se unen dos irregularidades: la alternancia de vocal radical y la diptongación de ésta:

mentir	*miento*	*mintió*
morir	*muero*	*murió*

MODELOS

ACERTAR

Presente de indicativo: *Acierto, aciertas, acierta, acertamos, acertáis, aciertan*

Presente de subjuntivo: *Acierte, aciertes, acierte, acertemos, acerteís, acierten*

Imperativo: *Acierta, acertad*

CONTAR

Presente de indicativo: *Cuento, cuentas, cuenta, contamos, contáis, cuentan*

Presente de subjuntivo: *Cuente, cuentes, cuente, contemos, contéis, cuenten*

Imperativo: *Cuenta, contad*

SENTIR

Presente de indicativo: *Siento, sientes, siente, sentimos, sentís, sienten*

Presente de subjuntivo: *Sienta, sientas, sienta, sintamos, sintáis, sientan*

Imperativo: *Siente, sentid*

(**NÓTESE** que "*sentir*" también pertenece al modelo de cambio "**e > i**". Así el indefinido será *sentí, sentiste, sintió, sentimos, sentisteis, sintieron*. etc.)

SOLTAR

Presente de indicativo: *Suelto, sueltas, suelta, soltamos, soltáis, sueltan*

Presente de subjuntivo: *Suelte, sueltes, suelte, soltemos, soltéis, suelten*

Imperativo: *Suelta, soltad*

c. 3. Verbos con irregularidades consonánticas:

c.3.1. Cambio de 'c' por 'g':

decir *digo*
hacer *hago*

MODELO: Decir

Presente de indicativo: *Digo, dices, dice, decimos, decís, dicen*
Presente de subjuntivo: *Diga, digas, diga, digamos, digáis, digan*

c.3.2. Por interpolación de 'z' antes de 'c' final:

nacer *nazco* *nazca*
conocer *conozco* *conozca*
enardecer *enardezco* *enardezca*

Afecta a la primera persona del presente de indicativo y al subjuntivo presente. Tienen esta irregularidad los acabados en **-acer**, excepto **hacer** y sus compuestos: **placer, yacer**; los en **-ecer** (excepto **mecer**), y los terminados en **-ocer** (menos **cocer, escocer** y **recocer**) y en **-ucir**. Así,

nacer, renacer, pacer, conocer, reconocer, desconocer, lucir, relucir, traslucir, deslucir, aducir, conducir, deducir, inducir, introducir, producir, reducir, seducir, traducir, placer, yacer, complacer,

MODELO: Nacer

Presente de indicativo: *Nazco, naces, nace, nacemos, nacéis, nacen*
Presente de subjuntivo: *Nazca, nazcas, nazca, nazcamos, nazcáis, nazcan*

c.3.3. Por adición de una consonante:

l > lg	*salir*	*salgo*	*salga*
n > ng	*poner*	*pongo*	*ponga*
s > sg	*asir*	*asgo*	*asga*
u > uy	*huir*	*huyo*	*huya*

Presentan estas irregularidades:

Los verbos acabados en **-alir, -aler** (*salir, valer*...)
Los acabados en **-ner, -nir**: (*poner, mantener, prevenir*...)
Los acabados en **-uir** (*argüir, concluir*...)

MODELO: Salir

Presente de indicativo: *Salgo, sales, sale, salimos, salís, salen*
Presente de subjuntivo: *Salga, salgas, salga, salgamos, salgáis, salgan*

c.3.4. Irregularidades por adición de vocal y consonante:

e > ig: *caer* *caigo* *caiga*

Siguen este modelo **oír, traer** *(oigo, traigo)* (y sus compuestos), **roer, raer** *(roigo, raigo)*

MODELO: Caer

Presente de indicativo: *Caigo, caes, cae, caemos, caéis, caen*
Presente de subjuntivo: *Caiga, caigas, caiga, caigamos, caigáis, caigan*

c.3.5. Irregularidades por cambio de vocal y consonante:

caber: *quepo* *quepa*
Pero
saber: *sé* *sepa*

MODELO: Caber

Presente de indicativo: *Quepo, cabes, cabe, cabemos, cabéis, caben*
Presente de subjuntivo: *Quepa, quepas, quepa, quepamos, quepáis, quepan*

SABER *(sólo en el presente de subjuntivo:* sepa, sepas...).

c.3.6. Irregularidades por alteraciones que afectan a la base radical o se derivan de más de una raíz:

haber	*hay*		*haya*
ser	*soy*	*era/fui*	*fuese*
ir	*voy*	*fui*	*vaya, fuese*

MODELOS:

HABER	*SER*	*IR*
Presente indicativo:		
he	*soy*	*voy*
has	*eres*	*vas*
ha / hay	*es*	*va*
habemos	*somos*	*vamos*
habéis	*sois*	*váis*
han	*son*	*van*
Imperfecto		
había	*era*	*iba*
habías	*eras*	*ibas*
etc.	*etc.*	*etc.*
Futuro		
habré	*seré*	*iré*
habrás	*serás*	*irás*
etc.	*etc.*	*etc.*
Pretérito indefinido		
hube	*fui*	*fui*
hubiste	*fuiste*	*fuiste*
hubo	*fue*	*fue*
hubimos	*fuimos*	*fuimos*
hubisteis	*fuisteis*	*fuisteis*
hubieron	*fueron*	*fueron*
Condicional		
habría	*sería*	*iría*
habrías	*serías*	*irías*
etc.	*etc.*	*etc.*
Imperativo		
–	*sé*	*ve*
–	*sed*	*id*
Presente subjuntivo		
haya	*sea*	*vaya*
hayas	*seas*	*vayas*
haya	*sea*	*vaya*

hayamos	*seamos*	*vayamos*
hayáis	*seáis*	*vayáis*
hayan	*sean*	*vayan*

Imperfecto subjuntivo

hubiera/hubiese	*fuera/fuese*	*fuera/fuese*
hubieras/hibieses	*fueras/fueses*	*fueras/fueses*
etc.	*etc.*	*etc.*

Gerundio

habiendo	*siendo*	*yendo*

c. 4. *Irregularidades en la vocal temática:*

c.4.1. *Por desaparición de la vocal temática en el futuro y condicional:*

caber	*cabré*	*cabría*
haber	*habré*	*habría*
poder	*podré*	*podría*
querer	*querré*	*querría*
saber	*sabré*	*sabría*

MODELOS: CABER, PODER, QUERER

cabré	*podré*	*querré*
cabrás	*podrás*	*querrás*
cabrá	*podrá*	*querrá*
cabremos	*podremos*	*querremos*
cabréis	*podréis*	*querréis*
cabrán	*podrán*	*querrán*

c.4.2. *Por caída o desaparición de la vocal temática final en la 1ª persona singular del imperativo (apócope):*

poner	*pon*
tener	*ten*
hacer	*haz*
salir	*sal*
venir	*ven*

más sus compuestos (*anteponer, retener, deshacer, prevenir...*)

NOTA: Los verbos **haber, ser, ir, dar** forman su imperativo con formas monosilábicas: **ha** (no usado), **sé, ve, da**.

c.4.3. Desaparición de la vocal temática e interposición de una "-d-" en el futuro y condicional:

poner	*pondré*	*pondría*
salir	*saldré*	*saldría*
tener	*tendré*	*tendría*
valer	*valdré*	*valdría*
venir	*vendré*	*vendría*

más sus compuestos (***posponer, retener, intervenir***...)

MODELO: Poner

Futuro: *Pondré, pondrás, pondrá, pondremos, pondréis, pondrán*
Condicional: *Pondría, pondrías, pondría, pondríamos, pondríais, pondrían*

c.4.4. Por contracción, debido a la desaparición o caída de sílaba intermedia*:*

hacer: *haré (harás, hará, haremos, haréis, harán)*
decir: *diré (dirás, dirá, diremos, diréis, dirán)*

más sus compuestos.

c. 5. Irregularidades por cambios en las desinencias:

Este grupo incluye las formas del pretérito indefinido de un conjunto de verbos que presentan diversos tipos de irregularidades, ya sea por alternancia vocálica (**e/i, a/i, o/u**), por variación consonántica (**c/j**), por ambas (**ab/up, ec/ij, en/uv, er/is**) o por adición de **-j-** o **-uv-**:

andar	*anduve*
conducir	*conduje*
caber	*cupe*
decir	*dije*
estar	*estuve*
haber	*hube*
hacer	*hice*
poder	*pude*
poner	*puse*
querer	*quise*
saber	*supe*
tener	*tuve*
venir	*vine*
ver	*vi*

MODELOS:

ANDAR	*HACER*	*DECIR*	*PONER*	*TENER*	*QUERER*
Indefinido					
anduve	*hice*	*dije*	*puse*	*tuve*	*quise*
anduviste	*hiciste*	*dijiste*	*pusiste*	*tuviste*	*quisiste*
anduvo	*hizo*	*dijo*	*puso*	*tuvo*	*quiso*
anduvimos	*hicimos*	*dijimos*	*pusimos*	*tuvimos*	*quisimos*
anduvisteis	*hiscisteis*	*dijisteis*	*pusisteis*	*tuvisteis*	*quisisteis*
anduvieron	*hicieron*	*dijeron*	*pusieron*	*tuvieron*	*quisieron*

Verbos defectivos

Los verbos defectivos pueden presentar las irregularidades anotadas anteriormente. Pero además de esto, su irregularidad principal consiste en que solamente se conjugan en determinados tiempos y personas:

a. Los que sólo se conjugan en 3ª persona:

arreciar, placer, gustar... en determinadas acepciones:

Me gusta el té
Me gustan los vestidos floreados
Me duele la cabeza
Me duelen las costillas

b. '*Soler*', como auxiliar modal, exige siempre el infinitivo detrás de él:

Suele llegar pronto
Suelen decirlo con claridad

c. Otros defectivos aparecen en locuciones o expresiones fijas:

En lo que atañe a....(su salud,....)
No nos compete.... (resolver este asunto)
Aquí yace ... (el héroe del descubrimiento)

d. Otros como *abolir, balbucir, blandir...* sólo se usan en las formas que contienen la vocal "i" de la terminación:

Abolía, abolirá, abolido...

e. Algunos verbos, especialmente los referidos a fenómenos atmosféricos, se construyen sólo en 3ª persona:

Nevar *nieva*
Llover *llueve*
Dicen (que no ha llegado nadie)

En general la impersonalidad se usa porque se desconoce, no interesa mencionar o se quiere ocultar al agente de la acción especificada.

Son típicamente impersonales:

granizar	*amanecer*	*convenir*
helar	*llover*	*ocurrir*
lloviznar	*acaecer*	
pasar	*suceder*	
opinar	*parecer*	
nevar	*acontecer*	
granizar		
relampaguear		
tronar		
diluviar		
etc.		

ALGUNAS CARACTERÍSTICAS DE LA LENGUA INGLESA

1. Fonemas y símbolos fonéticos

FONEMAS	SIMBOLO FONETICO
/p/	.... [p] (paper)
/b/	.... [b] (boy)
/t/	.... [t] (tea)
/d/	.... [d] (do, bed)
/k/	.... [k] (key)
/g/	.... [g] (go)
/tʃ/	.... [tʃ] (chain, nature)
/dʒ/	.... [dʒ] (Jim, fragile)
/f/	.... [f] (feet)
/v/	.... [v] (view)
/θ/	.... [θ] (teeth, thorn)
/ð/	.... [ð] (there)
/s/	.... [s] (soap)
/z/	.... [z] (roses)
/ʃ/	.... [ʃ] (ship)
/ʒ/	.... [ʒ] (pleasure)
/h/	.... [h] (hill)
/m/	.... [m] (more)
/n/	.... [n] (nose)
/ŋ/	.... [ŋ] (sing)
/l/	.... [l] (label)
/r/	.... [r] (library)
/j/	.... [j] (union)
/w/	.... [w] (war)
/i:/	.... como en **see**
/i/	.... como en **sit**
/e/	.... como en **ten**
/æ/	.... como en **hat**
/a:/	.... como en **arm**
/o/	.... como en **got**
/o:/	.... como en **saw**
/u/	.... como en **put**
/u:/	.... como en **too**
/ʌ/	.... como en **cup**
/ɑ:/	.... como en **fur/dirty.**
/ə/	.... schwa (formul*a*)

2. Sistema de grafemas y sonidos del inglés

grafema	nombre
a	.... [ei]
b	.... [bi:]
c	.... [si:]
d	.... [di:]
e	.... [i:]
f	.... [ef]
g	.... [dʒi:]

h .... [eitʃ]
i .... [ai]
j .... [dʒei]
k .... [kei]
l .... [el]
m .... [em]
n .... [en]
o .... [əu]
p .... [pi:]
q .... [kju:]
r .... [a:(r)]
s .... [es]
t .... [ti:]
u .... [iu:]
v .... [vi:]
w .... [dʌblju]
x .... [eks]
y .... [wai]
z .... [zed]; US [zi:]

3. Fonemas consonánticos: descripción.

/p/ es muy similar al fonema /p/ español. En su pronunciación intervienen los labios superior e inferior que al liberar el aire producen una especie de "explosión" (de la cual carece la 'p' española) sorda. Le corresponde la grafía 'p': *paper, crop*.

/b/ es la variante sonora de la /p/ y se representa con la grafía 'b': *boy, cab*.

/t/ se pronuncia aplicando el ápice de la lengua contra los alvéolos. Este hecho la diferencia de la 't' española, que es más claramente *dental*. Este fonema es plosivo y aspirado: *tool, tea, cat*. En el lenguaje escrito se representa con 't' (raramente con 'th': *Thames*).

/d/ es también fonema plosivo y aspirado, producido al apoyar el ápice de la lengua contra los alvéolos y romper la oclusión del aire de manera repentina. Es semejante a la 'd' española en posición inicial: *do, bed, candy*. La grafía se representa mediante 'd' o 'dd'.

/k/ es fonema oclusivo velar sordo, diferente del correspondiente español porque el inglés es aspirado: *key, knock, quiet*. Las grafías pueden ser 'c', 'cc' (ante -a, -o, -u), 'k', 'qu' o 'ch'.

/g/ es un fonema oclusivo velar que se diferencia de la /k/ en su carácter sonoro. En el lenguaje escrito se representa mediante 'g', 'gu-' o 'gh': *go, haggle, dog, guide, ghost*.

/tʃ/ es un fonema africado, es decir, producido al liberar el aire paulatinamente y mediante fricción contra la región palatoalveolar. Su grafía se representa mediante "ch, tch, o t+ -ure, -eous o t+-ion" (si precede una 's'): *chain, wretch, nature, question*.

/dʒ/ es sonido similar al anterior en su articulación o producción, pero de carácter sonoro. Se escribe con 'j, g, dg' principalmente y, a veces, con 'gg, dj, de, di, ch': *Jim, gadget, fragile*.

/f/ es un fonema fricativo sordo producido por fricción entre el labio inferior y los dientes de la mandíbula superior. Es similar al español y representado en inglés mediante 'f, ph, gh': *feet, photo, cough*.

/v/ es un fonema fricativo diferenciado de la /f/ por su carácter sonoro. La grafía equivalente es 'v' o 'f, ph' (según el contexto): *service, view, of, nephew*.

/θ/ se produce este fonema mediante fricción de la punta de la lengua contra la cara interior de los incisivos superiores. Es de carácter sordo. Su grafía se representa mediante 'th': *thief, earth.*

/ð/ fonema producido de la misma manera que /θ/ pero con fricción suave y sonora. Su equivalencia gráfica es también 'th': *there, gather.* Es cercana al sonido español de 'd' en posición intersonora (de*d*o).

/s/ el sonido fricativo de este fonema se produce apoyando la punta y dorso de la lengua contra el alvéolo superior; es de carácter sordo. La grafía correspondiente es 's, ss, sc, c, x': *soap, science, pass, pencil, tax.*

/z/ es fonema similar a /s/, pero de carácter sonoro y, por lo tanto, de fricción suave. Las correspondencias gráficas son 's, ss, z, zz, x': *roses, dizzy, zoo,scissors.*

/ʃ/ es un sonido sordo producto de la fricación del aire al ser canalizado con fuerza constante entre el dorso de la lengua y el paladar. En la grafía se representa mediante 'sh, ch, sch' y a veces con 's, ss' antes de 'u, ti, si, sci, ci, ce': *shoe, machine, sure, nation, ocean...*

/ʒ/ es sonido fricativo similar al anterior, pero de carácter sonoro. Las equivalencias gráficas son '-si-, s, z (ante 'u'): *vision, pleasure, seizure.*

/h/ corresponde al sonido producido por la fricción del aire al ser expulsado por la boca. Se representa mediante 'h, wh': *he, who, hill.* En el habla coloquial este sonido es frecuentemente omitido.

/m/ pertenece al grupo de los fonemas "nasales", producidos al cerrar la cavidad bucal con ambos labios y expulsar el aire por la nariz. Es similar al español y su grafía es 'm': *move, simple.*

/n/ es también fonema nasal, producido al expulsar el aire por la nariz debido a la oclusión formada por la lengua y el alvéolo. La grafía es 'n': *nose, evening, pen.*

/ŋ/ se trata de otro fonema nasal generado mediante oclusión del aire por el dorso de la lengua contra la región velar. La grafía a la que corresponde es 'ng' o 'n + k, x': *sing, ankle, anxious.*

/l/ se produce /l/ al romper la oclusión producida por la lengua contra el centro de los alvéolos y dejar salir el aire por ambos lados. Es sonido similar al español. La grafía es 'l, ll': *label, filling.*

/r/ este fonema se produce al acercar la punta de la lengua al alvéolo en la región postalveolar, dejando una abertura amplia por donde sale el aire. La /r/ presenta muchas variantes. Su realización gráfica es 'r, rr': *rush, library, bright.*

/j/ este fonema presenta varias realizaciones, dependiendo del sonido al cual va unido. Su proximidad articulatoria a la /i/ hace que se llame también 'semivocal', así como su semejanza con el fonema /ʃ/ justifica su otra denominación de 'semiconsonante. En su articulación la lengua se coloca en posición frontal alta. La grafía correspondiente es 'i, y': *yield, yes,* o en secuencia /ju:/: *beauty, union.*

/w/ en su producción interviene la lengua colocada en posición de vocal semiabierta, manteniendo los labios un poco redondeados. Se representa mediante 'w, wh' o 'u' siguiendo a 'k, g': *wet, squirrel, wheat.*

4. *Fonemas vocálicos*

4.1. Vocales

El sistema vocálico inglés es notoriamente más complejo que el correspondiente sistema vocálico español. El número de vocales y su producción puede resumirse e ilustrarse mediante el siguiente esquema:

i: i		u u:
e	ə ɜ:	o:
æ	a:	ʌ o

Una de las dificultades en el sistema vocálico del inglés reside en la cantidad de grafías que pueden corresponder a un mismo sonido. Así, el fonema /i:/ puede estar representado por **'ee, e, ea, ie, ei, ey, i'**. Los diferentes fonemas se ejemplifican en:

/i:/ .... como en *tree.*
/i/ .... como en *sit.*
/e/ .... como en *set.*
/æ/ .... como en *bad.*
/ʌ/ .... como en *come, dull.*
/a:/ .... como en *car.*
/o/ .... como en *dog, cod.*
/o:/ .... como en *horse, war.*
/u/ .... como en *put.*
/u:/ .... como en *soon, move.*
/ɜ:/ .... como en *girl.*
/ə/ .... como en *banana.*

4.2. *Diptongos y triptongos*

a. Diptongos.

/ei/ .... como en *ape, veil.*
/ai/ .... como en *time, mine.*
/oi/ .... como en *boy, noise.*
/əu/ .... como en *soul, old.*
/au/ .... como en *house, town.*
/iə/ .... como en *ear.*
/eə/ .... como en *care, fair.*
/uə/ .... como en *poor.*

b. Triptongos

/aiə/ .... como en *fire.*
/auə/ .... como en *our.*
/eiə/ .... como en *player.*
/ouə/ .... como en *lower.*
/oiə/ .... como en *royal.*

5. *El acento*

El inglés conserva básicamente la tradición de las lenguas germánicas respecto al acento tónico. Destacan las siguientes características:

a. El acento recae sobre la primera sílaba de la raiz de cada palabra: *'runner, 'copy, 'earlier.*

b. No obstante, la influencia de los patrones propios del latín hace que muchas voces derivadas de esta lengua o de otras pertenecientes a esta rama, se atengan más bien al tipo de terminaciones o cantidad vocálica, como ocurría en esa lengua clásica: *centrali'zation, circu'lation*.

De ahí que el acento en inglés sea escasamente "predecible" y susceptible de ser formulado mediante reglas sencillas, como es el caso del español.

6. Separación silábica

La separación de sílabas a efectos ortográficos (cuando es preciso cambiar de línea) ofrece algunas variantes de importancia, según los criterios que se tomen como punto de partida. La tónica más general ha sido guiarse por criterios *etimológicos*; últimamente, en algunas obras se han añadido también criterios fonéticos o de pronunciación, además del criterio de separación por secuencias ('consonante + vocal', 'consonante + vocal + consonante', etc.). El hecho demuestra que el tema es complejo y puede ser resuelto desde distintas perspectivas. En este diccionario (tanto en la parte inglesa como en la española) se ha tratado de resolver el problema sin dogmatismos, buscando la sencillez del usuario no especializado. El criterio más ampliamente utilizado en esta obra sigue siendo el **etimológico**. Así **gar.den.er, gar.rul.ous, gi.gant.ic, gild.ing, an.arch.ism** se fundamentan mayoritariamente en la etimología. Por lo general no se siguen criterios que puedan tener en cuenta, por ejemplo, el carácter monosilábico o casi-monosilábico de la pronunciación (**little** frente a **lit.tle**), ni el carácter débil de la vocal intermedia (-**le**-) y la consecuente debilidad de la sílaba a la que pertenece (**gal.lery** frente a **gal.le.ry**). En pocas palabras: prevalece el criterio de la etimología dentro de la palabra, destacando especialmente que los sufijos y terminaciones, así como los prefijos monosilábicos, son razón decisiva para proceder a la separación silábica en final de línea.

7. EL VERBO. Formas verbales.

El sistema flexivo del verbo inglés es extramadamente sencillo si lo comparamos con el propio del español. En la lengua inglesa se diferencian dos clases de verbos: los regulares y los irregulares. Los primeros derivan de la clase de "verbos débiles" existentes en las lenguas germánicas, mientras los segundos son herencia de los llamados "verbos fuertes".

7.1. Verbos regulares

Los verbos regulares se conjugan de la siguiente manera:

Infinitivo: *to walk*

Presente de indicativo:

I walk
You walk
*He/She walk***s**.
We walk
You walk
They walk

Pasado *I, You... walk***ed**

Participio pasado: *walk***ed**

Gerundio *walk***ing**

El **futuro** se forma mediante los auxiliares **shall / will:**

I shall / will walk
You will walk
etc.

El **condicional** se forma con los auxiliares **should / would**:

I should / would walk
You would walk, etc.

Los tiempos *compuestos* se forman con el auxiliar have:

I have walked
She has walked...
etc.

La voz pasiva se vale del auxiliar to be:

I was brought home by my sister.
etc.

7.2. Verbos irregulares

El sistema de flexiones es muy similar al de los verbos regulares. Pero la raíz cambia en el pasado y a veces también en el participio pasado. La razón estriba en que estos verbos señalan el cambio de tiempo mediante lo que se denomina "alternancia vocálica":

speak *spoke* *spoken.*

Lista de verbos "irregulares" o fuertes en inglés

abide	*abode*	*abode*
arise	*arose*	*arisen*
awake	*awoke*	*awoken*
be	*was*	*been*
bear	*bore*	*borne (llevar)*
bear	*bore*	*born (nacer)*
beat	*beat*	*beat, beaten*
become	*became*	*become*
beget	*begot*	*begotten*
begin	*began*	*begun*
bend	*bent*	*bent*
beseech	*besought*	*besought*
bestride	*bestrode*	*bestridden*
bet	*bet*	*bet/ betted*
bid	*bade/bid*	*bid/bidden*
bind	*bound*	*bound*
bite	*bit*	*bitten*
bleed	*bled*	*bled*
blow	*blew*	*blown*
break	*broke*	*broken*
breed	*bred*	*bred*
bring	*brought*	*brought*
build	*built*	*built*
burn	*burnt*	*burnt/burned*
burst	*burst*	*burst*
buy	*bought*	*bought*
can	*could*	
cast	*cast*	*cast*
catch	*caught*	*caught*
chide	*chid*	*chid/chidden*
choose	*chose*	*chosen*
cleave	*clove*	*cloven/cleft*
cling	*clung*	*clung*
come	*came*	*come*
cost	*cost*	*cost*
creep	*crept*	*crept*

cut	*cut*	*cut*
deal	*dealt*	*dealt*
dig	*dug*	*dug*
do	*did*	*done*
draw	*drew*	*drawn*
drink	*drank*	*drunk*
dwell	*dwelt*	*dwelt*
eat	*ate*	*eaten*
fall	*fell*	*fallen*
feed	*fed*	*fed*
feel	*felt*	*felt*
fight	*fought*	*fought*
find	*found*	*found*
flee	*fled*	*fled*
fling	*flung*	*flung*
fly	*flew*	*flown*
forbid	*forbade*	*forbidden*
forget	*forgot*	*forgotten*
forgive	*forgave*	*forgiven*
forsake	*forsook*	*forsaken*
freeze	*froze*	*frozen*
get	*got*	*got (US gotten)*
gild	*gilt/gilded*	*gilt/gilded*
give	*gave*	*given*
go	*went*	*gone*
grind	*ground*	*ground*
grow	*grew*	*grown*
hang	*hung*	*hung/hanged*
have	*had*	*had*
heave	*hove/heaved*	*hove / heaved*
hew	*hewed*	*hewed / hewn*
hide	*hid*	*hidden*
hit	*hit*	*hit*
hold	*held*	*held*
hurt	*hurt*	*hurt*
kneel	*knelt*	*knelt*
knit	*knit*	*knit /knitted*
know	*knew*	*known*
lade	*laded*	*laded /laden*
lay	*laid*	*laid*
lead	*led*	*led*
lean	*leant/leaned*	*leant/leaned*
leap	*leaped*	*leaped/leapt*
learn	*learnt/learned*	*learnt/learned*
leave	*left*	*left*
lend	*lent*	*lent*
let	*let*	*let*
lie	*lay*	*lain*
light	*lighted/lit*	*lighted/lit*
lose	*lost*	*lost*
make	*made*	*made*
mean	*meant*	*meant*
meet	*met*	*met*
mow	*mowed*	*mowed/mown*
must	*must*	
pay	*paid*	*paid*
put	*put*	*put*

read	*read*	*read*
rend	*rent*	*rent*
rid	*rid*	*rid*
ride	*rode*	*ridden*
ring	*rang*	*rung*
rise	*rose*	*risen*
rive	*rived*	*riven*
run	*ran*	*run*
saw	*sawed*	*sawn / sawed*
say	*said*	*said*
see	*saw*	*seen*
seek	*sought*	*sought*
sell	*sold*	*sold*
send	*sent*	*sent*
set	*set*	*set*
sew	*sewed*	*sewed / sewn*
shake	*shook*	*shaken*
shall	*should*	
shear	*sheared*	*shorn*
shed	*shed*	*shed*
shine	*shone*	*shone*
shoe	*shod*	*shod*
shoot	*shot*	*shot*
show	*showed*	*shown*
shrink	*shrank*	*shrunk*
shut	*shut*	*shut*
sing	*sang*	*sung*
sink	*sank*	*sunk*
sit	*sat*	*sat*
slay	*slew*	*slain*
sleep	*slept*	*slept*
slide	*slid*	*slid*
sling	*slung*	*slung*
slink	*slunk*	*slunk*
slit	*slit*	*slit*
smell	*smelled*	*smelled / smelt*
smite	*smote*	*smitten*
sow	*sowed*	*sowed / sown*
speak	*spoke*	*spoken*
speed	*sped*	*sped*
spell	*spelt*	*spelt /spelled*
spend	*spent*	*spent*
spin	*spun /span*	*spun*
split	*split*	*split*
spoil	*spoilt*	*spoilt / spoiled*
spread	*spread*	*spread*
spring	*sprang*	*sprung*
stand	*stood*	*stood*
stave	*staved / stove*	*staved / stove*
steal	*stole*	*stolen*
stick	*stuck*	*stuck*
sting	*stung*	*stung*
stride	*strode*	*stridden*
strike	*struck*	*struck*
string	*strung*	*strung*
strive	*strove*	*striven*
swear	*swore*	*sworn*

sweep	*swept*	*swept*
swell	*swelled*	*swollen*
swim	*swam*	*swum*
swing	*swung*	*swung*
take	*took*	*taken*
teach	*taught*	*taught*
tear	*tore*	*torn*
tell	*told*	*told*
think	*thought*	*thought*
thrive	*throve*	*thriven*
throw	*threw*	*thrown*
thrust	*thrust*	*thrust*
tread	*trod*	*trodden*
wake	*woke*	*woken / waked*
wear	*wore*	*worn*
weave	*wove*	*woven*
weep	*wept*	*wept*
wet	*wetted/wet*	*wetted/wet*
will	*would*	
win	*won*	*won*
wind	*wound*	*wound*
work	*worked/(wrought)*	*worked (wrought)*
wring	*wrung*	*wrung*
write	*wrote*	*written*

7.3. To BE y To HAVE

Indicativo presente:

BE	**HAVE**
I am	*I have*
You are	*You have*
He/she is	*He/she has*
We are	*We have*
You are	*You have*
They are	*They have*

Imperfecto:

I was	*I had*
You were	*You, he, she, we, they had.*
He/she was	
We, You, They were.	

Participio pasado:

been *had*

Gerundio:

being *having.*

LOS NÚMEROS EN ESPAÑOL E INGLÉS

1	*uno*	*one*
2	*dos*	*two*
3	*tres*	*three*
4	*cuatro*	*four*
5	*cinco*	*five*
6	*seis*	*six*
7	*siete*	*seven*
8	*ocho*	*eight*
9	*nueve*	*nine*
10	*diez*	*ten*
11	*once*	*eleven*
12	*doce*	*twelve*
13	*trece*	*thirteen*
14	*catorce*	*fourteen*
15	*quince*	*fifteen*
16	*dieciséis*	*sixteen*
17	*diecisiete*	*seventeen*
18	*dieciocho*	*eighteen*
19	*diecinueve*	*nineteen*
20	*veinte*	*twenty*
21	*veintiuno*	*twenty-one*
22	*veintidós*	*twenty-two*
30	*treinta*	*thirty*
40	*cuarenta*	*forty*
50	*cincuenta*	*fifty*
60	*sesenta*	*sixty*
70	*setenta*	*seventy*
80	*ochenta*	*eighty*
90	*noventa*	*ninety*
100	*cien*	*one hundred*
101	*ciento uno*	*one hundred and one*
200	*doscientos*	*two hundred*
300	*trescientos*	*three hundred*
400	*cuatrocientos*	*four hundred*
500	*quinientos*	*five hundred*
600	*seiscientos*	*six hundred*
700	*setecientos*	*seven hundred*
800	*ochocientos*	*eight hundred*
900	*novecientos*	*nine hundred*
1.000	*mil*	*one thousand*
1.992	*mil novecientos noventa y dos.one thousand nine hundred and ninety-two* **or** *nineteen hundred and ninety-two.*	
10.000	*diez mil*	*ten thousand*
1.000.000	*un millón*	*one million*
1.000.000.000	*mil millones*	*one thousand million(s)* *US: one billion*

Ordinales

1º	*primero*	*first (1st.)*
2º	*segundo*	*second (2nd.)*
3º	*tercero*	*third (3rd.)*
4º	*cuarto*	*fourth (4th.)*
5º	*quinto*	*fifth (5th., etc.)*

6º	*sexto*	*sixth*
7º	*séptimo*	*seventh*
8º	*octavo*	*eighth*
9º	*noveno*	*ninth*
10º	*décimo*	*tenth*
11º	*undécimo*	*eleventh*
12º	*duodécimo*	*twelfth*
13º	*decimotercero*	*thirteenth*
14º	*decimocuarto*	*fourteenth*
15º	*decimoquinto*	*fifteenth*
16º	*decimosexto*	*sixteenth*
17º	*decimoséptimo*	*seventeenth*
18º	*decimoctavo*	*eighteenth*
19º	*decimonono*	*nineteenth*
20º	*vigésimo*	*twentieth*
21º	*vigésimo primero*	*twenty-first*
30º	*trigésimo*	*thirtieth*
40º	*cuadragésimo*	*fortieth*
50º	*quincuagésimo*	*fiftieth*
60º	*sexagésimo*	*sixtieth*
70º	*septuagésimo*	*seventieth*
80º	*octogésimo*	*eightieth*
90º	*nonagésimo*	*ninetieth*
100º	*centésimo*	*hundredth*
1.000º	*milésimo*	*thousandth*
1.000.000º	*millonésimo*	*millionth*

NOMBRES GEOGRÁFICOS

INGLÉS	ESPAÑOL E INGLÉS	ESPAÑOL
Afghan		*Afganistán*
African	*Africa*	*Africano/a*
	Alaska	
	Albania	
Algeria		*Argelia*
Alps		*Alpes*
America		*América*
	Andorra	
	Angola	
Antarctic		*Antártica*
Arctic		*Artico*
	Argentina	
	Asia	
Athens		*Atenas*
	Australia	
Balearic Islands		*Islas Baleares*
	Austria	
Baltic		*Báltico*
Belgium		*Bélgica*
	Bolivia	
Brazil		*Brasil*
Britain		*Bretaña*
Brussels		*Bruselas*
	Bulgaria	
Cambodia		*Camboya*
Cameroon		*Camerún*
Canada		*Canadá*
Canary Islands		*Islas Canarias*
Caribbean		*Caribe*
Ceylon		*Ceilán*
	Chad	
	Chile	
	China	
	Colombia	
	Congo	
	Costa Rica	
	Cuba	
Cyprus		*Chipre*
Denmark		*Dinamarca*
Dominican Republic		*República Dominicana*
	Ecuador	
Egypt		*Egipto*
	El Salvador	
England		*Inglaterra*
Ethiopia		*Etiopía*
Europe		*Europa*
Finland		*Finlandia*
France		*Francia*
Germany		*Alemania*
	Ghana	
	Gibraltar	
Great Britain		*Gran Bretaña*
Greece		*Grecia*

Grenada		Granada
	Guatemala	
Guiana		Guayana
	Guinea	
Haiti		Haití
Holland		Holanda
	Honduras	
	Hong Kong	
Hungary		Hungría
Iceland		Islandia
	India	
	Indonesia	
Iran		Irán
	Irak	
	Israel	
Italy		Italia
Ivory Coast		Costa de Marfil
	Jamaica	
Japan		Japón
	Java	
Jordan		Jordania
Kenya		Kenia
Korea		Corea
	Kuwait	
	Laos	
Lebanon		Líbano
Lesotho		Lesoto
	Liberia	
	Lichtenstein	
Lisbon		Lisboa
London		Londres
Luxemburg		Luxemburgo
	Madagascar	
Majorca		Mallorca
Malaysia		Malasia
Mali		Malí
	Malta	
	Mauritania	
Mediterranean		Mediterráneo
	Melanesia	
Mexico		México/Méjico
Monaco		Mónaco
	Mongolia	
Morocco		Marruecos
	Mozambique	
	Namibia	
	Nepal	
(the) Netherlands		Países Bajos
	Nigeria	
Northern Ireland		Irlanda del Norte
Norway		Noruega
Pacific		(el) Pacífico
Pakistan		Pakistán
Palestine		Palestina
Panama		Panamá
	Paraguay	
	Persia	

Peru		*Perú*
Philippines		*Filipinas*
Poland		*Polonia*
	Portugal	
	Puerto Rico	
Pyrenees		*Pirineos*
Rhine		*Rin (río)*
Romania		*Rumania*
Russia		*Rusia*
Sahara		*Sáhara*
	San Marino	
Saudi Arabia		*Arabia Saudí*
Scotland		*Escocia*
	Senegal	
Seville		*Sevilla*
Sierra Leone		*Sierra Leona*
Singapore		*Singapur*
	Somalia	
South Africa		*Sudáfrica*
Spain		*España*
	Sri Lanka	
Sudan		*Sudán*
Sweden		*Suecia*
Switzerland		*Suiza*
Syria		*Siria*
Tahiti		*Tahití*
	Tanzania	
Thailand		*Tailandia*
Tunisia		*Túnez*
Turkey		*Turquía*
	Uganda	
United Kingdom		*Reino Unido*
United States of America		*Estados Unidos (de América)*
	Uruguay	
	Venezuela	
	Vietnam	
Wales		*Gales*
	Yemen	
	Yugoslavia	
	Zaire	
	Zambia	
	Zimbabwe	

A, a [ei] **1.** letra 'a' *f.* **2.** MUS la *m.* **3.** (*mark, level*) primera clase *m,f.* **4.** tamaño *m* folio. LOC ~ 1, estupendo, estupendamente: *I'm feeling A1,* Estoy de maravilla. **~-road,** Br carretera *f* nacional. **~-side,** (*record*) primera cara *f,* música *f* de la primera cara.

a [ə, ei], **an** [ən, æn] *art indef* **1.** un *m,* una *f*: *A man,* Un hombre. *An egg,* Un huevo. **2.** (not translated): *Have you got ~ car?,* ¿Tienes coche? *My mother is ~ solicitor,* Mi madre es abogada. **3.** por, por cada, a: *He reads two books ~ week,* Lee dos libros por/a la semana: *Ten pesetas ~ kilo,* A diez pesetas el quilo. **4.** un tal, un cierto: *Do we know ~ Mrs Green?,* ¿Conocemos a una tal Sra. Green?

a·back [ə'bæk] *adv* (hacia) atrás. LOC **To be taken ~,** FIG quedarse desconcertado.

a·ba·cus ['æbəkəs] (*pl* **~cuses** [-iz]) *n* ábaco *m.*

ab·aft [ə'bɑ:ft, US ə'bæft] NAUT **I.** *adv* a/en popa. **II.** *prep* **1.** hacia la popa de. **2.** detrás de.

a·ban·don [ə'bændən] *v* **1.** abandonar, desamparar, dejar. **2.** (*idea, project*) renunciar a, desistir de. LOC **To ~ oneself to sth,** FIG entregarse a, abandonarse a. **~ment** [-mənt] *n* abandono *m.*

a·base [ə'beis] *v* rebajar, humillar; degradar. **~ment** [-mənt] *n* humillación *f.*

a·bash·ed [ə'bæʃt] *adj* avergonzado/a, confundido/a.

a·bate [ə'beit] *v* (*wind, noise, pain,* etc) disminuir, menguar, aminorar. **~ment** [-mənt] *n* disminución *f.*

ab·at·toir ['æbətwɑ:(r), US ,æbə'twɑ:r] *n* matadero *m.*

ab·ba·cy ['æbəci] *n* abadía *f.*

ab·bess ['æbes] *n* abadesa *f.*

ab·bey ['æbi] *n* abadía *f,* monasterio *m,* convento *m.*

ab·bot ['æbət] *m* abad *m.*

ab·bre·vi·ate [ə'bri:vieit] *v* abreviar. **ab·bre·vi·ation** [ə,bri:vi'eiʃn] *n* **1.** abreviación *f.* **2.** abreviatura *f.*

ABC [,ei bi: 'si:] *n* **1.** abecedario *m.* **2.** rudimentos *m,pl,* nociones *f,pl.*

ab·dic·ate ['æbdikeit] *v* abdicar (de/en), renunciar a. **ab·dic·ation** [,æbdi'keiʃn] *n* abdicación *f,* renuncia *f.*

ab·do·men ['æbdəmən, MED æb'dəumən] *n* abdomen *m.* **ab·dom·in·al** [æb'dɔminl] *adj* abdominal.

ab·duct [əb'dʌkt, æb-] *v* secuestrar, raptar. **ab·duc·tion** [əb'dʌkʃn] *n* rapto *m,* secuestro *m;* JUR abducción *f.*

ab·er·rant [æ'berənt] *adj* anormal, anómalo/a. **ab·er·ra·tion** [,æbə'reiʃn] *n* anomalía *f;* (*moral*) aberración *f.*

a·bet [ə'bet] *v* instigar, inducir; JUR encubrir, fomentar. **~ment** [-mənt] *n* instigación *f,* complicidad *f.* **a·bet·tor** [ə'betə] *n* instigador/ra; JUR cómplice *m,f.*

a·bey·ance [ə'beiəns] *n* suspensión *f,* desuso *m.* LOC **To leave into ~,** (*right, rule,* etc) dejar en suspenso temporalmente.

ab·hor [əb'hɔ:(r)] *v* aborrecer, detestar. **ab·hor·rence** [əb'hɔrəns] *n* odio *m,* aborrecimiento *m.* **ab·hor·rent** [əb'hɔrənt] *adj* aborrecible, repugnante.

a·bide [ə'baid] *v* (pret **abode,** pp **abided**) **1.** tolerar, soportar: *I cannot ~ him,* No puedo aguantarlo. **2. (by)** (*rule, verdict,* etc) aceptar, observar, atenerse: *~ by the law,* Observar la ley. **3.** POÉT morar, residir, quedarse. **a·bid·ing** [ə'baidiŋ] *adj* duradero; permanente.

a·bil·ity [ə'biləti] *n* **1.** (*machine*) capacidad *f;* habilidad *f.* **2.** (*mental,* etc) talento *m,* don *m,* facultad *f.* LOC **To the best of one's ~,** lo mejor que uno puede/sabe.

ab·ject ['æbdʒekt] *adj* (*conditions*) ruin, miserable; (*person*) miserable, abyecto. **ab·jec·tion, ab·ject·ness** [-ʃn, -nis] *n* bajeza *f,* abyección *f.*

ab·jure [əb'dʒuə(r)] *v* abjurar (de), renunciar a: *He abjured catholicism,* Abjuró del catolicismo.

ab·lat·ive ['æblətiv] *n* ablativo *m.*

a·blaze [ə'bleiz] *adj* **1.** ardiendo, en llamas. **2.** FIG resplandeciente; ardiente: *~ with anger,* Encendido/a en ira.

a·ble ['eibl] *adj* **I.** (*comp* **-r,** *sup* **-st**) capacitado, dotado, hábil: *An ~ worker,* Un obrero competente. **II.** capaz de, capacitado para: *Will you be ~ to come?,* ¿Podrás venir? LOC **~-bodied,** robusto/a, forzudo/a. **~ seaman,** marinero *m* de primera. **a·bly** ['eibli] *adv* con habilidad, competentemente.

ab·lu·tion [ə'blu:ʃn] *n* ablución *f,* abluciones *f,pl.*

ab·neg·ate ['æbnigeit] *v* renunciar (a), abnegar (de). **ab·neg·ation** [,æbni'geiʃn] *n* **1.** (*of doctrine*) renuncia *f.* **2.** (*of oneself*) abnegación *f.*

ab·norm·al [æb'nɔ:ml] *adj* anormal, anómalo/a; irregular, deforme. **ab·norm·al·ity** [,æbnɔ:'mæləti] *n* anormalidad *f,* anomalía *f.*

a·board [ə'bɔ:d] **I.** *adv* a bordo: *Welcome ~,* ¡Bienvenidos a bordo! **II.** *prep* a bordo de.

a·bode [ə'bəud] **I.** pret de **abide. II.** *n* IR, POET morada *f,* hogar *m.*

a·bol·ish [əˈbɔliʃ] *v* abolir, revocar, anular. **a·bol·ition** [,æbəˈliʃn] *n* abolición *f*. **a·bol·ition·ist** [,æbəˈliʃənist] *n* abolicionista *m,f*.

A-bomb [ˈeibɔm] *n* bomba *f* atómica.

a·bo·min·able [əˈbɔminəbl] *adj* abominable, detestable. **a·bo·min·ate** [əˈbɔmineit] *v* detestar, abominar. **a·bo·min·ation** [ə,bɔmiˈneiʃn] *n* abominación *f*; (*object*) horror *m*.

ab·ori·gin·al [,æbəˈridʒənl] **I.** *adj* aborigen, indígena. **II.** *n* indígena *m,f*, nativo/a. **ab·ori·gin·es** [,æbəˈridʒəni:z] *n,pl* indígenas *m,f/pl*.

a·bort [əˈbɔ:t] *v* **1.** MED abortar, tener un aborto. **2.** FIG abortar, interrumpir: *~ the take-off*, Abortar el despegue. **a·bor·tion** [əˈbɔ:ʃn] *n* **1.** MED aborto *m*. **2.** FIG fracaso *m*. **a·bor·tion·ist** [əˈbɔ:ʃənist] *n* abortista *m,f*. **a·bor·tive** [əˈbɔ:tiv] *adj* FIG abortivo/a, fracasado/a.

a·bound [əˈbaund] *v* abundar (en).

a·bout [əˈbaut] **I.** *adv* **1.** por todas direcciones, por aquí y por allá. **2.** en las proximidades, cerca. **3.** en circulación: *There is a lot of flu ~*, Hay mucha gripe. LOC **To be ~,** FAM estar levantado: *He'll soon be ~ again*, Pronto estará bueno otra vez. **II.** *prep* **1.** (*movement*) por, por los alrededores de: *Walking ~ the town*, Paseando por la ciudad. **2.** (*near)* cerca de, por las cercanías de: *I dropped the key somewhere ~ here*, Se me cayó la llave más o menos por aquí. **3.** (*in numbers*, etc) aproximadamente, más o menos. **4.** (*on subject, person*, etc) acerca de, sobre. LOC **To be ~ to do sth,** estar a punto de hacer algo: *He was ~ to leave*, Estaba a punto de irse. **To be ~ it,** estar en algo: *And while you're ~ it...*, Y ahora que estás en ello... **How/what ~?** ¿qué hay de...?, ¿y si...?: *What ~ the marks?* ¿Qué hay de las notas? **a·bout-turn** [ə,bautˈtɜ:n], US **a·bout-face** [ə,bautˈfeis] *n* **1.** media vuelta, viraje *m* en redondo, giro *m* de 180 grados. **2.** FIG cambio *m* radical.

a·bove [əˈbʌv] **I.** *adv* **1.** encima, por encima, más arriba: *Put it on the shelf ~*, Ponlo en el estante de más arriba. **2.** (*in text*) más arriba, antes: *As was stated ~*, Como se dijo más arriba/anteriormente. **3.** FIG en el cielo: *The powers ~*, Los poderes celestiales. **II.** *prep* **1.** encima de, por encima de, más arriba de: *Fly ~ the clouds*, Volar por encima de las nubes. **2.** (*in rank, price, number*, etc) más allá de, por encima de: *No articles ~ a pound*, Ningún artículo de precio superior a una libra. **3.** FIG por encima de, en nivel superior a: *She married ~ her*, Se casó por encima de su clase social. **4.** FIG más allá de, fuera de: *He is ~ suspicion*, Está fuera de toda sospecha. LOC **~ all,** por encima de todo, sobre todo. **To be ~ sb,** FIG superar/desbordar a alguien. **a·bove-·board** [ə,bʌvˈbɔ:d] *adj* (*business*, etc) legal, honrado/a. **a·bove-men·tion·ed** [ə,bʌvˈmenʃnd] *adj* antedicho, ya mencionado/a, susodicho/a.

ab·ra·ca·da·bra [,æbrəkəˈdæbrə] *n* abracadabra *m*.

ab·rade [əˈbreid] *v* raer, raspar.

ab·ra·sion [əˈbreiʒn] *n* rozadura *f*, raspadura *f*; abrasión *f*. **ab·ras·ive** [əˈbreisiv] **I.** *adj* abrasivo/a; (*person*) molesto/a, irritante. **II.** *n* abrasivo *m*.

a·breast [əˈbrest] *adv* (**of, with**) de frente; al lado, a la misma altura. LOC **To be/keep ~ of,** FIG estar a la altura de.

a·bridge [əˈbridʒ] *v* abreviar, resumir, compendiar. **a·bridg(e)·ment** [-ˈ-ment] *n* abreviación *f*; resumen *m*, compendio *m*.

a·broad [əˈbrɔ:d] *adv* **1.** en el extranjero; fuera de casa. **2.** con gran difusión: *There's a rumour ~ that...*, Corre por ahí el rumor de que...

ab·rog·ate [ˈæbrəgeit] *v* abrogar, revocar. **ab·rog·ation** [,æbrəˈgeiʃn] *n* abrogación *f*.

ab·rupt [əˈbrʌpt] *adj* **1.** repentino/a, brusco/a: *A road with ~ turns*, Una carretera con curvas cerradas. **2.** (*slope*, etc) abrupto/a, escarpado/a. **3.** (*speech*, etc) brusco/a, entrecortado/a, duro/a. **ab·rupt·ly** [-li] *adv* bruscamente; repentinamente. **ab·rupt·ness** [-nis] *n* brusquedad *f*; aspereza *f*.

abs·cess [ˈæbses] *n* absceso *m*.

ab·scond [əbˈskɔnd] *v* ocultarse, huir (de la justicia). LOC **To ~ with sth,** fugarse con.

ab·sence [ˈæbsəns] *n* **1.** ausencia *f*, falta *f*. **2.** (*lack*) falta *f*: *In the ~ of proof*, A falta de pruebas. LOC **~ of mind,** distracción *f*, descuido *m*.

ab·sent [ˈæbsənt] **I.** adj **1.** ausente. **2.** (*mental)* distraído, ausente. **II.** [əbˈsent] *v* (**from**) ausentarse (de). LOC **~-min·ded**, distraído/a, despistado/a. **ab·sent·ee** [,æbsənˈti:] *n* ausente *m,f*, que practica el absentismo. **ab·sent·ee·ism** [,æbsənˈti:izəm] *n* absentismo *m*.

ab·sinth(e) [ˈæbsinθ] *n* (*plant, drink*) ajenjo *m*.

ab·so·lute [ˈæbsəlu:t] *adj* absoluto: *~ power*, Poder absoluto. FAM *An ~ idiot*, Un idiota total. **ab·so·lute·ly** [-li] *adv* absolutamente, totalmente. **ab·so·lu·tion** [,æbsəˈlu:ʃn] (*esp* REL) absolución *f*. **ab·so·lut·ism** [ˈæbsəlu:tizəm] *n* absolutismo *m*. **ab·so·lut·ist** [ˈæbsolu:tist] *n* absolutista *m,f*.

ab·solve [əbˈzɔlv] *v* (**sb from sth**) absolver) a alguien de algo).

ab·sorb [əbˈsɔ:b] *v* absorber; (*impact, shock*) amortiguar. **ab·sorb·ed** [-d] *adj* absorto/a (en). **~·ent** [-ənt] *adj/n* absorbente (*m*). **ab·sorp·tion** [əbˈsɔ:pʃn] *n* absorción *f*; FIG ensimismamiento *m*, dedicación *f*, entrega *f*.

ab·stain [əbˈstein] *v* (**from**) **1.** abstenerse (de). **2.** abstenerse de votar: *In the last election he abstained*, En la última elección no votó. **ab·stain·er** [-ə(r)] *n* abstencionista *m,f*.

ab·ste·mi·ous [əbˈsti:miəs] *adj* abstemio/a; austero/a, sobrio/a. **ab·sten·tion** [əbˈstenʃn] *n* abstención *f*. **ab·stin·ence** [ˈæbstinəns] *n* abstinencia *f*. **ab·stin·ent** [ˈæbstinənt] *adj* abstinente.

ab·stract [ˈæbstrækt] **I.** *adj* (*idea, painting*, etc) abstracto/a. **II.** *n* **1.** lo abstracto. **2.** pintura *f* abstracta. **3.** (*text*, etc) resumen *m*, extracto *m*. LOC **In the ~,** en abstracto. **III.** [əbˈstrækt] (**sth from sth**) *v* **1.** abstraer; separar. **2.** resumir, hacer un compendio de. **ab·strac·ted** [æbˈstræktid] *adj* distraído, ausente. ~·ion [əb'strækʃn] *n* **1.** abstracción *f.* **2.** (*mental*) ensimismamiento *m.*

ab·struse [əb'stru:s] *adj* abstruso/a.

ab·surd [əb'sɜ:d] *adj* **1.** absurdo/a. **2.** (*look*, etc) ridículo/a, grotesco/a. **~·ity** [-iti] *n* absurdidad *f*, desatino *m*, incongruencia *f.*

a·bund·ance [ə'bʌndəns] *n* abundancia *f.* **a·bund·ant** [ə'bʌndənt] *adj* abundante; rico/a, abundante en. **a·bund·ant·ly** [-li] *adv* abundantemente; plenamente: *He made it ~ clear*, Lo dejó absolutamente claro.

a·buse [ə'bju:z] **I.** *v* **1.** abusar de. **2.** (*person*) maltratar, explotar; insultar (verbalmente). **II.** [ə'bju:s] *n* **1.** (*of sth, sb*) abuso *m.* **2.** (*act*) corrupción *f*: *Political abuses*, Corrupción política. **3.** (*words*) injurias *f,pl*, insulto *m.* **a·bus·ive** [ə'bju:siv] *adj* injurioso/a, insultante, ofensivo/a.

a·but [ə'bʌt] *v* (**on, against**) colindar, limitar con, estar contiguo a. **~·ment** [-mənt] *n* ARQ contrafuerte *m*, estribo *m.* **a·but·ter** [ə'bʌtə(r)] *adj* propietario/a, colindante.

a·byss [ə'bis] *n* abismo *m.* **a·bysm** [ə'bizəm] *n* abismo *n.* **a·bysm·al** [ə'bizməl] *adj* **1.** insondable, profundo/a: *~ ignorance*, Una ignorancia supina. **2.** FAM muy malo/a.

a·ca·cia [ə'keiʃə] *n* acacia *f.*

a·ca·dem·ic [,ækə'demik] **I.** *adj* **1.** académico/a, universitario/a, escolar: *~ freedom*, Libertad de cátedra. **2.** (*work, subject*) erudito, teórico, de investigación. **II.** *n* profesor *m* de universidad, investigador/ra. **a·ca·dem·ic·al** [-ikl] *adj* universitario. **a·ca·de·mi·ci·an** [ə,kædə'miʃn] *n* miembro *m* de una Academia, académico *m.* **a·ca·de·my** [ə'kædəmi] *n* **1.** (*secondary teaching*) colegio *m*, academia *f.* **2.** (*scholar*) Academia *f*: *Royal ~ of Arts*, La Real Academia de Bellas Artes.

ac·cede [ək'si:d] *v* (**to**) **1.** acceder, subir a. **2.** consentir, acceder. **3.** afiliarse, adherirse (a).

ac·cel·er·ate [ək'seləreit] *v* **1.** acelerar, apresurar, incrementar. **2.** apresurarse, acelerar, ir más deprisa. **ac·cel·er·ation** [ək,selə'reiʃn] *n* aceleración *f*; aumento *m.* **ac·cel·er·at·or** [ək'seləreitə(r)] *n* acelerador *m.*

ac·cent ['æksent, 'æksənt] **I.** *n* (*all senses*) acento *m.* **II.** [æk'sent] *v* acentuar; FIG poner énfasis en. **~u·ate** [ək'sentʃueit] *v* acentuar, subrayar, destacar. **~u·ation** [ək,sentʃu'eiʃn] *n* acentuación *f.*

ac·cept [ək'sept] *v* aceptar; admitir. **~·able** [ək'septəbl] *adj* aceptable; tolerable; agradable. **~·ance** [ək'septəns] *n* aprobación *f*; aceptación *f*, acogida *f.* **ac·cept·ed** [ək'septid] *adj* bien considerado/a, reconocido/a. **ac·cept·or, ~·er** [ək'septə(r)] *n* FIS aceptor *m.*

ac·cess ['ækses] *n* (*all senses*) acceso *m*; MED ataque *m.* **~·ib·il·ity** [ək,sesə'biləti] *n* accesibilidad *f.* **~·ible** [ək'sesəbl] *adj* accesible; asequible. **~·ion** [æk'səʃn] *n* **1.** acceso *m*, subida *f*: *Her ~ to the throne*, Su subida al trono. **2.** entrada *f*, acceso *m.* **~·ory** [ək'sesəri] **I.** *n* **1.** (*esp pl*) accesorio *m*: *Car accessories*, Accesorios de coche. **2.** JUR cómplice *m,f.* **II.** *adj* accesorio/a.

ac·ci·dent ['æksidənt] *n* **1.** suceso *m*, incidente *m.* **2.** (*car*, etc) accidente *m.* **3.** casualidad *f*, azar *m.* LOC **~-prone**, propenso/a a sufrir accidentes. **~s will happen,** FAM los accidentes son inevitables. **By ~**, por casualidad. **ac·ci·dent·al** [,æksi'dentl] *adj* inesperado/a, fortuito/a, accidental. **~·al·ly** [,æksi'dentəli] *adv* inesperadamente, por casualidad.

ac·claim [ə'kleim] **I.** *v* **1.** aclamar, vitorear. **2.** proclamar, aclamar. **II.** *n* aplauso *m*, ovación *f.* **ac·clam·ation** [,æklə'meiʃn] *n* **1.** aclamación *f*: *By ~*, Por aclamación. **2.** (*esp pl*) ovación *f*, aplausos *m,pl*, aclamaciones *f,pl.*

ac·cli·mat·ize, -·ise [ə'klaimətaiz] *v* **1.** aclimatar(se). **2.** adaptar(se). **ac·cli·mat·iz·ation** [ə,klaimətai'zeiʃn] *n* aclimatación *f*; adaptación *f.*

ac·cliv·ity [ə'klivəti] *n* FAM subida *f*, cuesta *f.*

ac·co·lade ['ækəleid] *n* espaldarazo *m*; acolada *f.* **2.** distinción *f*, premio *m.*

ac·com·mod·ate [ə'kɔmədeit] *v* **1.** acomodar, adaptar. **2.** (*hotel*, etc) alojar, hospedar. 3. (**sb with sth**) FAM proveer, suministrar. **4.** FAM tener en cuenta. **ac·com·mod·at·ing** [ə'kɔmədeitiŋ] *adj* (*person*) acomodadizo, adaptable; servicial. **ac·com·mod·ation** [ə,kɔmə'deiʃn] *n* **1.** alojamiento *m*, habitaciones *f,pl*, hospedaje *m.* **2.** FAM adaptación *f*, acomodo *m.* **3.** FAM ajuste *m*, acuerdo *m*, convenio *m.* **4.** *pl* US alojamiento *m.*

ac·com·pa·ni·ment [ə'kʌmpənimənt] *n esp* MUS acompañamiento *m.* **ac·com·pan·ist** [ə'kʌmpənist] *n* MUS acompañante *m,f.* **ac·com·pa·ny** [ə'kʌmpəni] *v* acompañar.

ac·com·plice [ə'kʌmplis, US ə'kɔm-] *n* cómplice *m,f.*

ac·com·plish [ə'kʌmpliʃ, US ə'kɔm-] *v* completar, lograr, realizar. **ac·com·plish·ed** [-t] *adj* **1.** (*person*) experto, hábil, educado. **2.** (*in skill*) consumado, experto: *An ~ pianist*, Un consumado pianista. LOC **An ~ fact,** FAM un hecho consumado. **~·ment** [ə'kʌmpliʃmənt] *n* **1.** logro *m*, consecución *f.* **2.** habilidad *f*, talento *m.*

ac·cord [ə'kɔ:d] **I.** *n* convenio *m*, acuerdo *m*; paz *f*, tratado *m.* LOC **In ~ with,** en consonancia con. **Of one's own ~**, espontáneamente. **With one ~**, de común acuerdo, unánimemente. **II.** *v* **1.** estar de acuerdo, estar en consonancia. **2.** conceder, avenirse a: *~ a warm welcome*, Dispensar una buena acogida. **~·ance** [-əns] *n* armonía *f*: *In ~ with the law*, conforme a la ley. **~·ing** [-iŋ] **I.** *prep* **~ to** conforme a, según: ~ to plans, Según lo planeado. **II.** *conj* FAM **~ as** según. **~·ing·ly** [iŋli] *adv* en conformidad, según lo dicho; en consecuencia.

ac·cor·dion [ə'kɔ:diən] *n* acordeón *m.* **~·ist** [-ist] *n* acordeonista *m,f.*

ac·cost [ə'kɔst, US ə'kɔ:st] *v* abordar, dirigirse bruscamente (a); (*prostitution*) hacer proposiciones (a).

ac·count [ə'kaunt] **I.** *n* **1.** COM cuenta *f*; factura *f*; cálculo *m.* *Current ~*, Cuenta corriente. *Keep the accounts*, Llevar las cuentas.

Payment on ~, Pago a cuenta. **2.** (*report*) informe *m*, relato *m*, descripción *f*. **3.** importancia *f*: *He is a person of no ~*, Es alguien sin importancia. LOC **By/from all accounts,** según todo el mundo. **By one's own ~**, según lo que uno dice. **On ~ of sth,** por motivo de: *The departure was delayed on ~ of the bad weather*, Se demoró la salida debido al mal tiempo. **On no ~/Not on any ~**, bajo ningún concepto, en manera alguna. **On sb's ~**, en consideración a alguien: *He changed the plans on my ~*, Cambió los planes por mí. **To be of great ~**, ser de importancia. **To put/turn sth to good ~**, saber sacar buen provecho de algo. **To take sth into ~**, tomar algo en consideración. **II.** *v* **1.** considerar, tomar por: *They ~ him a hero*, Lo consideran un héroe. **2.** informar, dar explicaciones: *We must ~ to him for every penny*, Debemos darle cuentas de cada céntimo. LOC **There's no accounting for taste,** sobre gustos no hay nada escrito. **To ~ for sth,** justificar, explicar; eliminar, matar. **~·able** [ə'kauntəbl] *adj* (**for sb to sth**) responsable de. **~·an·cy** [ə'kauntənsi] *n* teneduría *f* de libros, contabilidad *f*. **~·ant** [ə'kauntənt] *n* tenedor *m* de libros, contable *m*. LOC **Chartered ~** (Br), **Certified public ~** (US), contable *m*, diplomado/a. **ac·count·ing** [ə'kauntiŋ] *n* contabilidad *f*.

ac·cou·tre·ments [ə'ku:trəmənts], US **-ter·ments** [ə'ku:təmənts] *n,pl* arreos *m,pl*; MIL equipo *m*, pertenencias *f,pl*.

ac·cred·it [ə'kredit] *v* **1.** (**sth to sb / sb with sth**) atribuir (algo a alguien). **2.** nombrar embajador, etc. **3.** acreditar, demostrar. **ac·cred·it·ed** [-id] *adj* **1.** (*representative*) acreditado/a. **2.** (*theory*, etc) aceptado/a, autorizado/a. **3.** (*product*) certificado/a, garantizado/a.

ac·cre·tion [ə'kri:ʃn] *n* **1.** aumento *m*, incremento *m*; acreción *f*. **2.** (*object*) aglomeración *f*.

ac·crue [ə'kru:] *v* acrecentarse, aumentar, devengar: *Accrued interest* (COM), Interés acumulado.

ac·cu·mul·ate [ə'kju:mjuleit] *v* **1.** acumular, amontonar. **2.** crecer, acumularse. **ac·cu·mul·ation** [ə,kju:mju'leiʃn] *n* acumulación *f*, amontonamiento *m*; (*result*) montón *m*. **ac·cu·mu·lat·ive** [ə'kju:mjulətiv, US -leitiv] *adj* acumulativo/a. **ac·cu·mu·lat·or** [ə'kju:mjuleitə(r)] *n* ELECTR acumulador *m*.

ac·cur·acy ['ækjərəsi] *n* precisión *f*, exactitud *f*. **ac·cur·ate** ['ækjərət] *adj* (*result, number*, etc) preciso/a, exacto/a; (*answer, version*, etc) correcto/a, fiable, acertado/a; (*machine*, etc) de precisión. **ac·cur·ate·ly** [li] *adv* con precisión, acertadamente; correctamente, con cuidado.

ac·curs·ed [ə'kɜ:sid] *adj* **1.** *lit* maldito, poseído. **2.** FAM detestable, maldito, odioso.

ac·cus·ation [,ækju:'zeiʃn] *n esp* JUR acusación *f*, denuncia *f*. **ac·cus·at·ive** [ə'kju:zətiv] *adj/n* acusativo/a. **ac·cus·at·ory** [ə'kju:zətəri] *adj* acusatorio/a. **ac·cuse** [ə'kju:z] *v* (**sb of sth**), acusar (a alguien de algo). **ac·cus·ed** [-d] *adj/n* **the ~**, JUR el/la/los/las acusado/a(s). **ac·cus·er** [ə'kju:zə(r)] *n* acusador/ra. **ac·cus·ing·ly** [ə'kju:ziŋli] *adv* de manera acusadora.

ac·cus·tom [ə'kʌstəm] *v* acostumbrar. **ac·cus·tom·ed** [-md] *adj* (*fact, person*, etc) acostumbrado/a, habitual.

ace [eis] *n* **1.** (*card, dice*) as *m*. **2.** (*tennis*) ace *m*. **3.** FAM (*person*) campeón *m*, as *m*, hacha *m*. LOC **An ~ up one's sleeve,** FIG una baza escondida, un as en la manga. **Within an ~ of doing sth,** a un pelo de, a dos dedos de.

a·cerb·ic [ə'sɜ:bik] *adj* FAM (*speech, manner*) agrio/a, áspero/a. **a·cerb·ity** [ə'sɜ:bəti] *n* aspereza *f*, acritud *f*.

a·cet·ate ['æsiteit] *n* acetato *m*. **a·cet·ic** [ə'si:tik] *adj* acético/a. **a·cet·one** ['æsitəun] *n* acetona *f*. **a·cet·yl·ene** [ə'setili:n] *n* acetileno *m*.

ache [eik] **I.** *n* dolor *m* continuo. **II.** *v* **1.** doler de modo continuo. **2.** FIG sufrir, apenarse. LOC **To ~ for sth,** FIG suspirar por.

a·chieve [ə'tʃi:v] *v* **1.** alcanzar, lograr, conseguir. **2.** completar, realizar. **~·ment** [-mənt] *n* logro *m*, consecución *f*; éxito *m*.

ach·ing ['eikiŋ] *adj* dolorido/a. **achy** ['eiki] *adj* FAM lleno/a de dolores.

ac·id ['æsid] **I.** *n* **1.** QUIM ácido *m*. **2.** SL LSD *m*. LOC **The ~ test,** FIG prueba de fuego. **II.** *adj* **1.** ácido/a, agrio/a. **2.** QUIM ácido. **3.** FIG cortante, sarcástico/a. **~·ify** [ə'sidifai] *v* acidificar(se). **~·ity** [ə'sidəti] *n* acidez *f*. **~·ly** ['æsidli] *adv* sarcásticamente. **~·osis** [,æsi'dəusis] *n* acidosis *f*. **~·ul·at·ed** [ə'sidjuleitid] *adj* acídulo. **~·ul·ous** [ə'sidjuləs] *adj* áspero/a, agrio/a; FIG mordaz.

ac·know·ledge [ək'nɔlidʒ] *v* **1.** reconocer, admitir. **2.** (*thank*) agradecer, reconocer. **3.** (*letter*, etc) acusar recibo de. LOC **To ~ receipt of,** acusar recibo de. **To ~ sb as sth,** reconocer como. **~·ment** [-mənt] *n* reconocimiento *m*; (*in book*, etc) agradecimiento *m*; (*of letter*, etc) acuse *m* de recibo, contestación *f*.

acme ['ækmi] *n* LIT *cima f*, colmo *m*, apogeo *m*.

acne ['ækni] *n* acné *m*.

a·co·lyte ['ækəlait] *n* (*also* FIG) acólito *m*.

a·con·ite ['ækənait] *n* acónito *m*; (*drug*) aconitina *f*.

a·corn ['eikɔ:n] *n* bellota *f*.

a·coust·ic [ə'ku:stik] *adj* acústico. **~·al·ly** [ə'ku:stikəli] *adv* acústicamente. **a·coust·ics** [ə'ku:stiks] *n,pl* acústica *f*.

ac·quaint [ə'kweint] *v* familiarizar; informar, poner al corriente de. **ac·quaint·ed** [-id] *adj* familiarizado/a; al corriente: *~ with*, Al corriente de. *I am not ~ with that lady*, No conozco personalmente a esa señora. **ac·quaint·ance** [ə'kweintəns] *n* **1.** conocimiento *m*, idea *f*. **2.** (*person*) conocido *m*: *He is an old ~*, Es un viejo conocido. LOC **To make the ~ of sb,** conocer/ser presentado a alguien.

ac·qui·esce [,ækwi'es] *v* consentir. **ac·qui·es·cence** [,ækwi'esns] *n* consentimiento *m*, aprobación *f*. **ac·qui·es·cent** [,ækwi'esnt] *adj* condescendiente, indulgente, conforme.

ac·quire ['əkwaiə(r)] *v* adquirir, obtener, conseguir, aprender. LOC **An acquired taste,** un gusto adquirido. **ac·quisi·tion** [,ækwi'ziʃn] *n* (*action and thing*) adquisición *f*. **ac·quis·it·ive** [ə'kwizətiv] *adj* (*collector*, etc) codicioso/a, ávido/a de posesiones.
ac·quit [ə'kwit] *v* **1**. *esp* JUR absolver, poner en libertad. **2**. desempeñar, llevar a cabo. LOC **To ~ oneself (well),** portarse/quedar (bien). **ac·quit·tal** [ə'kwitl] *n* JUR absolución *f*, exculpación *f*. **ac·quit·tance** [ə'kwitəns] *n* liquidación *f*, pago *m*, recibo *m*.
a·cre ['eikə(r)] *n* acre *m* (= 40 áreas y 47 centiáreas). LOC **~·age**, acres *m,pl* que mide un terreno.
ac·rid ['ækrid] *adj* acre; FIG brusco/a, cortante, acre. **~·ity** [ə'kridəti] *f* acritud *f*.
ac·ri·mo·ni·ous [,ækri'məuniəs] *adj* (*quarrel*, etc) áspero/a, violento/a, reñido/a. **ac·ri·mo·ni·ous·ly** [-li] *adv* violentamente. **ac·ri·mo·ny** ['ækriməni, US -məuni] *n* desabrimiento *m*, acritud *f*.
ac·ro·bat ['ækrəbæt] *n* acróbata *m,f*. **ac·ro·bat·ic** [,ækrə'bætik] *adj* acrobático. **~·ics** [-tiks] *n* acrobacia *f*.
ac·ro·nym ['ækrənim] *n* sigla *f*, acrónimo *m*.
a·cross [ə'krɔs, US ə'krɔ:s] **I**. *adv* **1**. al otro lado. **2**. de lado a lado: *The river is half a mile ~*, El río mide media milla de ancho. LOC **~ from sth**, enfrente de. **II**. *prep* **1**. al otro lado de. **2**. de un lado al otro: *A bridge ~ the river*, Un puente que cruza el río de lado a lado. **3**. a través de, por, sobre: *He put his arms ~ his chest*, Cruzó sus brazos sobre el pecho.
a·cros·tic [ə'krɔstik, US -'krɔ:s-] *n* acróstico *m*.
a·cryl·ic [ə'krilik] *adj* acrílico/a.
act [ækt] **I**. *n* **1**. acción *f*, acto *m*; hecho *m*, obra *f*. **2**. TEAT acto *m*, jornada *f*; pieza *f*. **3**. POL ley *f*. **4**. FAM actitud *f*, pose *f*. LOC **~ of god,** FIG caso *m* de fuerza mayor. **To catch sb in the very ~ of doing sth,** coger a alguien con las manos en la masa. **II**. *v* **1**. obrar, actuar. **2**. TEAT trabajar, actuar, interpretar, hacer. **3**. FIG simular, hacer ver. LOC **To ~ as sb/sth**, ejercer de, hacer (las funciones) de. **To ~ for/on behalf of sb,** representar a alguien. **To ~ on sth, (a)** obrar de acuerdo con algo. **(b)** obrar sobre algo, afectar a. **To ~ the fool,** FAM hacer tonterías. **act·ing** ['æktiŋ] **I**. *adj* suplente, interino/a; en funciones, accidental. **II**. *n* trabajo *m* de actor / actriz: *He did a lot of ~ in TV*, Trabajó mucho como actor en televisión.
ac·tin·ism ['æktinizəm] *n* actinismo *m*.
ac·tion ['ækʃn] *n* **1**. acción *f*, hecho *m*, acto *m*. **2**. JUR demanda *f* (judicial). **3**. MIL acción *f*, combate *m*. **4**. (*on sth*) efectos *m,pl*, acción *f*. **5**. TEC mecanismo *m*, funcionamiento *m*, movimiento *m*: *A machine with a fine ~*, Una máquina con un mecanismo delicado. LOC **Out of ~,** estropeado/a, averiado/a; fuera de combate. **To put into ~,** poner en marcha. **To take ~,** entrar en acción, tomar medidas. **~·able** ['ækʃnəbl] *adj* JUR procesable.
ac·tiv·ate ['æktiveit] *v* activar. **ac·tiv·ation** [,ækti'veiʃn] *n* activación *f*.
act·ive ['æktiv] **I**. *adj* **1**. activo/a. **2**. GRAM activo/a. **3**. FIS QUIM radiactivo/a. **4**. en activo, en actividad. **II**. *n* voz *f* activa. **act·ive·ly** [-li] *adv* activamente; vivamente, enérgicamente. **act·iv·ist** ['æktivist] *n* activista *m,f*. **act·iv·ity** [æk'tivəti] *n* actividad *f*.
act·or ['æktə(r)] *n* actor *m*. **act·ress** ['æktris] *n* actriz *f*.
act·u·al ['æktʃuəl] *adj* verdadero, real. LOC **In ~ fact,** en realidad. **~·ity** [,æktʃu'æliti] *n* **1**. realidad *f*. **2**. *pl* actualidad *f*. **ac·tu·al·ly** ['æktʃuli] *adv* **1**. en realidad, realmente, en efecto. **2**. (*even*) incluso, además.
ac·tu·ari·al [,æktʃu'eəriəl] *adj* actuarial. **ac·tu·ary** ['æktʃuəri, US -tʃueri] *n* actuario *m* de seguros.
ac·tu·ate ['æktʃueit] *v* **1**. TEC accionar, impulsar, mover. **2**. (*person*) animar, motivar. **ac·tu·ation** [æktʃu'əiʃn] *n* actuación *f*.
a·cu·ity [ə'kju:əti] *n* (*esp of senses*) agudeza *f*.
a·cu·men ['ækjumen, ə'kju:men] *n* perspicacia *f*, agudeza *f*: *Business ~*, Olfato para los negocios.
a·cu·punc·ture
a·cu·punc·ture ['ækjupʌŋktʃə(r)] *n* acupuntura *f*.
a·cute [ə'kju:t] *adj* **1**. (*great*) agudo/a, severo/a: *An ~ shortage of water*, Una severa escasez de agua. **2**. (*mentally*) agudo/a, ingenioso/a, perspicaz. **3**. MED agudo/a, grave: *An ~ illness*, Una enfermedad grave. **4**. (*in shape*) agudo/a: *~ angle*, Ángulo agudo. **a·cute·ly** [-li] *adv* intensamente, agudamente. **a·cute·ness** [-nis] *n* agudeza *f*.
AD [,ei 'di:] *abrev* (= *anno domini*) después de Cristo.
ad [æd] *abrev* FAM = advertisement.
a·dage ['ædidʒ] *n* refrán *m*, proverbio *m*.
Ad·am ['ædəm] *n* Adán *m*. LOC **~'s apple,** bocado *m* de Adán, nuez *f* de Adán. **Not know sb from ~,** no tener ni idea de quién es alguien.
ad·am·ant ['ædəmənt] *adj* (*manner, person*) muy duro, inflexible, implacable. **ad·am·ant·ly** [-li] *adv* implacablemente.
ad·apt [ə'dæpt] *v* adaptar. **~·ab·il·ity** [ə,dæptə'biləti] *n* adaptabilidad *f*. **~·able** [ə'dæptəbl] *adj* adaptable; (*person*) acomodaticio/a. **~·ation** [,ædæp'teiʃn] *n* (*act and thing*) adaptación *f*. **ad·apt·or** [ə'dæptə(r)] TEC ELECTR adaptador/ra.
ADC [,ei di: 'si] *abrev* ayuda de campo.
add [æd] *v* **1**. añadir, agregar, unir. **2**. (*numbers*) sumar. LOC **To ~ fuel to the flames,** FIG añadir leña al fuego. **To ~ sth up,** calcular el total. **To ~ to sth,** aumentar, incrementar. **To ~ up,** FAM tener lógica. **To ~ up to sth,** FAM equivaler a. **ad·den·dum** [ə'dendəm] *n* (*pl* **-da** [-də]) **1**. añadido *m*, suplemento *m*. **2**. *pl* apéndice *m*, adenda *f*.
ad·der ['ædə(r)] *n* víbora *f*.
ad·dict ['ædikt] *n* entusiasta *m,f*; (*drug*, etc) adicto/a: *A heroin ~*, Un heroinómano. **ad·dict·ed** [ə'diktid] *adj* aficionado, entusiasta; (*drug*, etc) adicto. **ad·dic·tion** [ə'dikʃn] *n*

adicción *f*; drogadicción *f*. **ad·dict·ive** [ə'dikt-iv] *adj* adictivo/a.

ad·ding·ma·chine ['ædiŋmə'ʃi:n] *n* calculadora *f*.

ad·di·tion [ə'diʃn] *n* MAT suma *f*, adición *f*; añadidura *f*, adición *f*. LOC **In ~ to,** además de. **ad·di·tion·al** [ə'diʃənl] *adj* adicional. **ad·dit·ive** ['æditiv] **I.** *adj* aditivo/a. **II.** *n* aditivo *m*.

ad·dle ['ædl] **I.** *v* **1.** *(egg)* pudrir(se), hacer(se) huero. **2.** FIG confundir, enredar. **II.** *adj* podrido/a; confuso/a.

ad·dress **I.** [ə'dres, US 'ædres] *n* **1.** señas *f,pl*, dirección *f*, domicilio *m*. **2.** (*speech*) discurso *m*. **II.** [ə'dres] *v* **1.** (*letter*, etc) dirigir, enviar. **2.** hablar a, dirigirse a, dar un discurso a. LOC **To ~ oneself to sth,** FAM dedicar la atención a, dedicarse a. **To ~ sb as sth,** dar a alguien el tratamiento de. **ad·dres·see** [,ædre'si:] *n* destinatario/a.

ad·duce [ə'dju:s, US ə'du:s] *v* aducir, alegar.

ad·en·oids ['ædinɔidz, US -dən-] *n,pl* adenoides *m*; FAM vegetaciones *f,pl* del adenoides.

ad·ept ['ædept, ə'dept] **I.** *adj* experto/a, hábil, diestro/a. **II.** *n* experto/a, especialista *m,f*: *An ~ at carpentry,* Un experto en carpintería.

ad·e·qua·cy ['ædikwəsi] *n* adecuación *f*, proporción *f* adecuada. **ad·e·quate** ['ædikwət] *adj* adecuado/a, apropiado/a; suficiente. **ad·e·quate·ly** ['ædikwətli] *adv* adecuadamente.

ad·here [əd'hiə(r)] *v* **(to) 1.** pegar(se), adherir(se). **2.** POL, etc, adherirse, afiliarse; seguir, observar. **ad·her·ence** [əd'hiərəns] *n* adhesión *f*; cumplimiento *m*, observancia *f*. **ad·her·ent** [əd'hiərənt] *adj* **1.** adherente, adhesivo/a. **2.** partidario/a.

ad·he·sion [əd'hi:ʒn] *n* **1.** POL, etc, adhesión *f*. **2.** MED adherencia *f*. **ad·he·sive** [əd'hi:siv] **I.** *adj* adhesivo/a, que engancha. LOC **~ plaster**, esparadrapo *m*. **~ tape**, cinta *f* adhesiva. **II.** *n* adhesivo *m*.

a·dieu [ə'dju:, US ə'du:] FAM, ARC **I.** *int* ¡adiós! **II.** *n,* [ə'dju:, US ə'du:] (*pl* **-s, -x)** adiós *m*, despedida *f*. LOC **To bid ~**, despedirse. **To make one's adieus**, decir adiós, despedirse.

a·di·pose ['ædipəus] *adj* adiposo/a. **a·di·pos·ity** [,ædi'pɔsəti] *n* adiposidad *f*.

ad·ja·cen·cy [ə'dʒeisnsi] *n* adyacencia *f*. **ad·ja·cent** [ə'dʒeisnt] *adj* adyacente, contiguo/a.

ad·ject·iv·al [,ædʒek'taivl] *adj* adjetivo/a, adjetival. **ad·ject·ive** ['ædʒiktiv] *n* adjetivo *m*.

ad·join [ə'dʒɔin] *v* lindar con, estar contiguo a. **~·ing** [-iŋ] *adj* contiguo/a, colindante.

ad·journ [ə'dʒɜ:n] *v* **1.** aplazar, posponer, diferir; (*meeting*, etc) levantar temporalmente la sesión, interrumpir. **2. (to)**, trasladarse a. **~·ment** [-mənt] aplazamiento *m*; interrupción *f*, pausa *f*.

ad·judge [ə'dʒʌdʒ] *v* **1.** JUR declarar, sentenciar, juzgar, fallar. **2. ~ sth to sb,** Adjudicar a.

ad·ju·dic·ate [ə'dʒu:dikeit] *v* **1.** juzgar, sentenciar, declarar, arbitrar. **2.** (*prize*, etc) conceder, adjudicar. **ad·ju·dic·ation** [ə,dʒu:di'keiʃn] *n* sentencia *f*, juicio *m*; concesión *f*, adjudicación *f*.

ad·junct ['ædʒʌŋkt] *n* accesorio *m*; GRAM partícula *f* auxiliar.

ad·jur·ation [,ædʒuə'reiʃn] *n* conminación *f*, orden *f*. **ad·jure** [ə'dʒuə(r)] *v* conminar, requerir, ordenar.

ad·just [ə'dʒʌst] *v* **1.** arreglar, componer, ajustar. **2.** (*debt*, etc) ajustar, arreglar. **3. (~ to sth, ~ oneself to)** A daptarse a. **~·able** [-əbl] *adj* adaptable, regulable: *~ seat-belts*, Cinturones de seguridad graduables. **~·ment** [-mənt] *n* arreglo *m*, ajuste *m*, modificación *f*.

ad·jut·ant ['ædʒutənt] *n* MIL ayudante *m*, oficial *m* jefe *m* administrativo.

ad lib [,æd 'lib] FAM **I.** *adj* improvisado/a, espontáneo/a. **II.** *adv* **1.** improvisadamente, sin preparación. **2.** a discreción. **III.** *v* improvisar.

ad·man ['ædmæn] *n* (*pl* **-men** ['ædmen]) FAM agente *m* publicitario.

ad·min·is·ter [əd'ministə(r)] *v* **1.** (*punishment*, MED, etc) aplicar, dar. **2.** (*business*, etc) administrar, regir. **3.** (*law*, etc) aplicar, poner en vigor. LOC **To ~ an oath to sb,** tomar juramento a alguien. **ad·min·is·tra·tion** [əd,mini'streiʃn] *n* (*act*) administración *f*; dirección *f*; US (*persons, period*, etc) gobierno *m*. **ad·min·is·tra·tive** [əd'ministrətiv, US -streitiv] *adj* administrativo. **ad·min·is·tra·tor** [əd'ministreitə(r)] **1.** (*also* JUR) administrador/ra. **2.** persona *f* que sabe administrarse.

ad·mir·able ['ædmərəbl] *adj* admirable, excelente. **ad·mir·ably** ['ædmərəbli] *adv* admirablemente.

ad·mi·ral ['ædmərəl] *n* almirante *m*. **ad·mi·ral·ty** [-ti] *n* Almirantazgo *m*, Ministerio *m* de Marina.

ad·mir·ation [,ædmə'reiʃn] *n* admiración *f*. **ad·mire** [əd'maiə(r)] *v* admirar, sentir admiración por. **ad·mir·er** [əd'maiərə(r)] *n* admirador/ra. **ad·mir·ing** [əd'maiəriŋ] *adj* de admiración.

ad·miss·ib·il·ity [əd,misə'biləti] *n* admisibilidad *f*. **ad·miss·ible** [əd'misəbl] *adj* admisible. **ad·mis·sion** [əd'miʃn] *n* **1.** admisión *f*; entrada *f*, ingreso *m*. **2.** reconocimiento *m*, confesión *f*. LOC **By/On one's own ~**, por reconocimiento propio.

ad·mit [əd'mit] *v* **1.** (*enter)* aceptar, admitir, dejar entrar. **2.** (*truth*, etc) admitir, reconocer, confesar. LOC **To ~ of sth**, FAM admitir/dar lugar a algo. **~·tance** [-ns] *n* entrada *f*, permiso *m* de entrada. **~·ted** [-id] *adj* reconocido/a: *An ~ liar,* U n reconocido embustero. **~·ted·ly** [-idli] *adv* evidentemente.

ad·mix·ture [æd'mikstʃə(r)] *n* (*process, ingredient*) adición *f*, mezcla *f*.

ad·mon·ish [əd'mɔniʃ] *v* **1.** amonestar, reprender. **2.** *(advise)* instar, advertir seriamente. **ad·mo·ni·tion** [,ædmə'niʃn] *n* amonestación *f*, reprensión *f*; advertencia *f*. **ad·**

mon·it·ory [əd'mɔnitri, US -'mɔ:-] *adj* (*letter*, etc) amonestador/ra.
ad nau·seam [,æd 'nɔ:ziæm] *adv* hasta la saciedad, incansablemente.
a·do [ə'du:] *n* bullicio *m*, confusión *f*. LOC **Much ~ about nothing,** mucho ruido y pocas nueces.
a·dobe [ə'dəubi] *n* adobe *m*.
a·do·les·cence [,ædə'lesns] *n* adolescencia *f*. **a·do·les·cent** [,ædə'lesnt] **I.** *adj* adolescente. **II.** *n* adolescente *m,f*, joven *m,f*.
a·dopt [ə'dɔpt] *v* **1.** (*child*, etc) adoptar. **2.** (*idea*, etc) seguir, adoptar. **3.** (*measure*, etc) aprobar, adoptar. **~·ion** [-ʃn] *n* adopción *f*. **~·ive** [-iv] *adj* adoptivo/a: *~ parents*, Padres adoptivos.
a·dor·able [ə'dɔ:rəbl] *adj* (*person*) encantador/ra, adorable; (*dress*, etc) precioso/a, bonito/a, atractivo/a. **a·dor·ation** [,ædə'reiʃn] *n* adoración *f*, veneración *f*. **a·dore** [ə'dɔ:(r)] *v* adorar, querer; FAM gustar mucho: *I ~ ice-creams*, Me encantan los helados. **a·dor·ing** [ə'dɔ:riŋ] *adj* que adora, devoto, apasionado. **a·do·ring·ly** [ə'dɔ:riŋli] *adv* con adoración.
a·dorn [ə'dɔ:n] *v* adornar. **~·ment** [-mənt] *n* adorno *m*, ornamento *m*.
a·dren·al [ə'dri:nl] *adj* suprarrenal: *~ gland*, Glándula suprarrenal. **a·dren·al·in** [ə'drenəlin] *n* adrenalina *f*.
a·drift [ə'drift] *adv* **1.** NÁUT a la deriva, al garete. **2.** FIG sin rumbo, a la deriva: *~ in the city*, Perdidos por la ciudad. **3.** FAM sin atar, suelto.
a·droit [ə'drɔit] *adj* hábil, mañoso/a, experto/a. **a·droit·ly** [-li] *adv* hábilmente. **a·droit·ness** [-nis] *n* habilidad *f*, destreza *f*.
a·dul·ation [,ædju'leiʃn, US ,ædʒu'l-] *n* adulación *f*. **a·dul·at·ory** [ə'djulətəri] *adj* adulatorio/a, adulador/ra.
a·dult ['ædʌlt, ə'dʌlt] **I.** *adj* adulto/a, maduro/a; JUR mayor de edad. **II.** *n* adulto/a. **~·hood** [-hud] *n* edad *f* adulta, madurez *f*.
a·dul·ter·ate [ə'dʌltəreit] *v* adulterar, falsificar. **a·dul·ter·ation** [ə,dʌltə'reiʃn] *n* adulteración *f*. **a·dul·ter·er** [ə'dʌltərə(r)] *n* adúltero *m*. **a·dul·ter·ess** [ə'dʌltəris] *n* adúltera *f*. **a·dul·ter·ous** [ə'dʌltərəs] *adj* adúltero/a. **a·dul·te·ry** [ə'dʌltəri] *n* adulterio *m*.
ad·um·brate ['ædʌmbreit] *v* **1.** (*outline*) bosquejar, perfilar. **2.** (*event*, etc) anunciar, presagiar. **ad·um·bra·tion** [,ædʌm'breiʃn] *n* bosquejo *m*; presagio *m*.
ad·vance [əd'va:ns, US -'væns] **I.** *n* **1.** (*movement*) avance *m*. **2.** (*progress*) adelanto(s) *m (pl)*. **3.** COM aumento *m*, alza *f*; adelanto *m*, anticipo *m*. **4.** *pl* insinuaciones *f,pl*, tanteos *m,pl*. LOC **In ~ (of sth),** por adelantado. **II.** *adj* adelantado/a, anticipado/a. **III.** *v* **1.** avanzar, adelantar(se). **2.** COM (*price*) aumentar, crecer; (*payment*) adelantar, anticipar. **3.** FIG mejorar, hacer progresar **4.** FAM presentar, aportar. **ad·vanc·ed** [əd'va:nst] *adj* avanzado, adelantado. LOC **~ Level,** Br Bachillerato Superior (en enseñanza media). **ad·vance·ment** [əd'va:nsmənt, US -'vænsmənt] *n* adelanto *m*, progreso *m*, mejora *f*.
ad·vant·age [əd'va:ntidʒ, US -'væn-] **I.** *n* **1.** (*condition*) ventaja *f*. **2.** (*benefit*) provecho *m*, beneficio *m*. **3.** (*tennis*) ventaja *f*. LOC **To ~,** para mayor provecho. **To sb's ~,** para provecho de alguien. **To take ~ of sth/sb,** aprovechar, PEY aprovecharse de. **To turn sth to one's ~,** sacar el máximo provecho de algo. **II.** *v* FAM beneficiar, aprovechar. **~·ous** [,ædvən'teidʒəs] *adj* ventajoso/a; beneficioso/a, provechoso/a.
ad·vent ['ædvənt] *n* **1.** advenimiento *m*, llegada *f*. **2.** REL Adviento *m*. **Ad·vent·ist** ['ædvəntist, əd'ventist] *n* adventista *m,f*. **ad·ven·ti·ti·ous** [,ædven'tiʃəs] *adj* FAM adventicio/a, espontáneo/a.
ad·ven·ture [əd'ventʃə(r)] *n* aventura *f*. **ad·ven·tur·er, --ess** [-rə(r), -ris] *n* (*also* PEY) aventurero/a. **ad·ven·tur·ous** [-rəs] *adj* (*person*) aventurero/a; (*holiday*, etc) lleno/a de aventuras, accidentado/a.
ad·verb ['ædvɜ:b] *n* adverbio *m*. **ad·ver·bi·al** [æd'vɜ:biəl] *adj* adverbial.
ad·vers·ary ['ædvəsəri, US -seri] *n* adversario/a. **ad·verse** ['ædvɜ:s] *adj* **1.** (*wind*, etc) adverso/a. **2.** (*effect*) nocivo/a. **ad·verse·ly** ['ædvɜ:sli] *adv* negativamente. **ad·vers·ity** [əd'vɜ:səti] *n* adversidad *f*, infortunio *m*.
ad·vert ['ædvɜ:t] *n abrev* Br FAM = **advertisement**. **~·ise** ['ædvətaiz] *v* anunciar; COM anunciar, poner un anuncio. **~·ise·ment** [əd'vɜ:tismənt, US ,ædvər'taizmənt] *n* anuncio. **~·is·er** ['ædvɜ:taizə(r)] *n* anunciante *m,f*. **~·is·ing** ['ædvɜ:,taiziŋ] **I.** *adj* de publicidad, publicitario: *An ~ campaign*, Una campaña publicitaria. **II.** *n* (*business*) publicidad *f*; (*texts*, etc) anuncios *m,pl*, publicidad *f*.
ad·vice [əd'vais] *n* **1.** consejo *m*. **2.** COM notificación *f*, aviso *m*.
ad·vis·ab·il·ity [əd,vaizə'biləti] *n* conveniencia *f*, oportunidad *f*. **ad·vis·able** [əd'vaizəbl] *adj* aconsejable, conveniente. **ad·vise** [əd'vaiz] *v* **1.** aconsejar; JUR, POL asesorar. **2.** COM avisar, notificar. **ad·vis·ed** [əd'vaizd] *adj* (*person, act*) prudente, sensato/a. **ad·vis·ed·ly** [əd'vaizidli] *adv* cautamente; deliberadamente. **ad·vis·er** (US **--or**) [əd'vaizə(r)] *n* asesor/ra, consejero/a. **ad·vis·ory** [əd'vaizəri] *adj* consultivo/a, asesor/ra.
ad·vo·ca·cy ['ædvəkəsi] *n* **1.** defensa *f*, apoyo *m*. **2.** JUR abogacía *f*. **ad·vo·cate** **I.** ['ædvəkeit] *v* apoyar, defender, estar a favor de. **II.** ['ædvəkət] *n* defensor/ra; JUR abogado/a.
adze (US **adz**) [ædz] *n* azuela *f*.
ae·gis ['i:dʒis] *n* égida *f*, protección *f*.
aeon ['i:ən] *n* eón *m*; FAM eternidad *f*.
aer·ate ['eəreit] *v* **1.** (*liquid*) gasear: *Aerated water*, Agua con gas. **2.** (*soil*, etc) airear, oxigenar. **aer·ation** [eə'reiʃn] *n* aireación *f*.
aer·i·al ['eəriəl] **I.** *n* ELECTR antena *f*. **II.** *adj* (*attack, train*, etc) aéreo/a.
aer·ie ['eəri] *n* aguilera *f*.
aero·bat·ics [,eərə'bætiks] *n,pl* acrobacia *f* aérea. **aer·ob·ics** [eə'rəubiks] *n,pl* aeróbic *m*. **aero·drome** ['eərədrəum] *n* aeródromo *m*. **aero·dy·nam·ic** [,eərəudai'næmik] *adj* aerodinámico. **aero·dy·nam·ics** [,eərəudai'næmiks] *n,pl* aerodinámica *f*. **aero·naut·ic·(al)**

[,eərə'nɔ:tik(l)] *adj* aeronáutico/a. **aero·nautics** [,eərə'nɔ:tiks] *n,pl* aeronáutica *f*. **aero·plane** ['eərəplein] *n* aeroplano *m*, avión *m*. **aero·sol** ['eərəsɔl, US -sɔ:l] *n* aerosol *m*. **aero·space** ['eərəuspeis] *n* AER **1**. espacio *m*. **2**. navegación *f* espacial. **aero·stat** ['eərəstæt] *n* aerostato *m*.

aes·thete ['i:sθi:t] *n* esteta *m,f*. **aes·thet·ic** [i:s'θetik] *adj* estético/a. **aes·thet·ic·al·ly** [i:s'θetikli] *adv* estéticamente. **aes·thet·ic·ism** [i:s'θetisizəm] *n* esteticismo *m*. **aes·thet·ics** [i:s'θetiks] *n,pl* estética *f*.

ae·ti·o·lo·gy, (US et-) [,i:ti'ɔlədʒi] *n* etiología *f*.

a·far [ə'fa:r] *adv* a distancia, lejos, en lontananza. LOC **From ~**, de/desde lejos.

af·fa·bil·ity [,æfə'biləti] *n* afabilidad *f*. **affable** ['æfəbl] *adj* afable. **af·fab·ly** ['æfəbli] *adv* afablemente.

af·fair [ə'feə(r)] *n* **1**. asunto *m*, tema *m*, negocio *m*. **2**. *pl* asuntos *m,pl*: *Foreign Affairs*, Asuntos Exteriores. **3**. (*sexual*) lío *m*, asunto *m*

af·fect [ə'fekt] *v* **1**. (*have effect*) afectar, influir, alterar. **2**. MED atacar, afectar. **3**. (*pretend*) simular, hacer ver; presumir, hacer ostentación de: *She affected a foreign accent*, Simulaba un acento extranjero. **~·ation** [,æfek'teiʃn] *n* afectación *f*, amaneramiento *m*; ostentación *f*, gala *f*. **~·ed** [-id] *adj* afectado/a, amanerado/a; fingido/a, artificial. **~·ing** [-iŋ] *adj* conmovedor/ra· **~ion** [ə'fekʃn] *n* afecto *m*, cariño *m*. **~ion·ate** [ə'fekʃənət] *adj* afectuoso/a, cariñoso/a. **~ion·ate·ly** [ə'fekʃənətli] *adv* afectuosamente: (*in letter*) *Yours, ~*, Con cariño, cariñosamente.

af·fi·da·vit [,æfi'deivit] *n* declaración *f* jurada.

af·fili·ate [ə'filieit] **I**. *v* afiliarse. **II**. *n* afiliado/a. **af·fili·ation** [ə,fili'eiʃn] *n* afiliación *f*; JUR atribución *f* de paternidad.

af·fin·ity [ə'finəti] *n* afinidad *f*; JUR parentesco *m*.

af·firm [ə'fɜ:m] *v* afirmar; JUR declarar sin juramento. **~·a·tion** [,æfə'meiʃn] *n* afirmación *f*; JUR declaración *f* solemne. **~·at·ive** [ə'fɜ:mətiv] **I**. *adj* afirmativo. **II**. *n* respuesta *f* afirmativa. LOC **In the ~**, FAM afirmativamente.

af·fix I. [ə'fiks] *v* (*stamp*, etc) poner, pegar; (*signature, clause*) añadir, poner. **II**. [,æfiks] *n* GRAM afijo *m*.

af·flict [ə'flikt] *v* afligir, atormentar. **af·flic·tion** [ə'flikʃn] *n* aflicción *f*; (*event*, etc) calamidad *f*, desgracia *f*.

af·flu·ence ['æfluəns] *n* abundancia *f*; opulencia *f*, riqueza *f*. **af·flu·ent** ['æfluənt] *adj* abundante; rico/a, próspero/a.

af·ford [ə'fɔ:d] *v* **1**. (*money, time*, etc) tener, pagar, permitirse, poder adquirir. **2**. (*provide*) dar, proporcionar: *This affords me an opportunity*, Esto me brinda una oportunidad.

af·for·est [ə'fɔrist, US ə'fɔ:-] *v* repoblar. **~·ation** [ə,fɔri'steiʃn] *n* repoblación *f* (forestal).

af·fray [ə'frei] *n* FAM, JUR reyerta *f*, altercado *m*, disturbio *m*.

af·front [ə'frʌnt] **I**. *n* afrenta *f*. **II**. *v* ultrajar, afrentar. **af·front·ed** [-id] *adj* humillado/a, ultrajado/a.

a·field [ə'fi:ld] *adv* LOC **Far/farther ~**, lejos de casa, en otros lugares.

a·flame [ə'fleim] *adj* (*also* FIG) ardiendo, en llamas: *Her cheeks were ~*, Sus mejillas ardían.

a·float [ə'fləut] *adj/adv* **1**. a flote, flotando. **2**. (*at sea*) a bordo, en el mar: *Enjoy life ~*, Disfrutar de la vida a bordo. **3**. FIG sin deudas, a flote. **4**. (*of rumours*) en circulación: *There's a story ~ that he'll resign*, Corre el rumor de que dimitirá.

a·foot [ə'fut] *adj/adv* en marcha, en preparación.

a·fore·men·tion·ed [ə,fɔ:'menʃənd], **a·fore·said** [ə'fɔ:sed] *adj* mencionado/a, citado/a. **a·fore·thought** [ə'fɔ:θɔ:t] *adj* premeditado/a.

a·fraid [ə'freid] *adj* asustado/a, atemorizado/a, que tiene miedo: *To be ~ of*, Tener miedo de. LOC **~ for sb/sth,** preocupado por. **I'm ~ (that)**..., (me) temo que...: *I'm ~ she can't come*, Me temo que ella no pueda venir/no vendrá.

a·fresh [ə'freʃ] *adv* de nuevo, otra vez.

aft [a:ft] *adv* NAUT en/a popa.

af·ter I. ['a:ftə(r), US 'æf-] *adv* **1**. (*time*) más tarde, después: *The day ~*, El día siguiente. **2**. (*place*) detrás, más tarde. **II**. ['a:ftə(r), US 'æf-] *prep* **1**. (*time*) después de, tras. **2**. (*order*) después de. **3**. (*place*) detrás de: *She was running ~ me*, Me seguía corriendo. **4**. (*in pursuit*) en persecución de, a por: *The police are ~ him*, La policía lo persigue. **5**. (*cause*) después de, a causa de: *~ what you did to me I hate you*, Después de lo que me has hecho te odio. **6**. (*about*) por, sobre: *They inquired ~ you*, Querían saber de ti. **7**. (*in the style of*) a imitación de: *A painting ~ Rubens*, Un cuadro de la escuela de Rubens. LOC **~ all**, después de todo; pensándolo bien. **III**. *conj* después (de) que. **IV**. *adj* **1**. posterior: *In the ~ years*, En los años que siguieron. **2**. NAUT de popa.

af·ter... ~·birth, *n* secundinas *f,pl*. **~·care**, *n* cuidados *m,pl* de convalescencia, cura *f* de seguimiento. **~·dinner**, *adj* de sobremesa. **~·effect**, *n* efecto *m* retardado, consecuencia *f*, secuela *f*. **~·glow**, *n* resplandor *m* crepuscular. **~·life**, *n* vida *f* del más allá. **~·math**, *n* período *m* subsiguiente; consecuencias *f,pl*, secuelas *f,pl*. **~·most,** *adj* NÁUT del final de popa. **~·noon**, *n* tarde *f*, primera hora *f* de la tarde. **afters**, *n pl* Br FAM postres *m,pl*: *What's for ~?*, ¿Qué hay de postre? **~·shave,** *n* loción *f* para después del afeitado. **~·taste,** *n* (*also* FIG) resabio *m*, dejo *m*. **~·thought**, *n* reflexión *f* tardía; añadido *m*/idea *f* posterior. **~·wards,** *adv* más tarde, después.

a·gain [ə'gen, ə'gein] *adv* **1**. de nuevo, otra vez: *Never ~*, Nunca más. **2**. (*in addition*) más, otro tanto. **3**. (*furthermore*) por otra parte, además: *I might, and ~ I might not*, Por una parte podría y quizá por otra no.

LOC **~ and ~, Time and ~,** vez tras vez, repetidamente, sin cesar. **Now and ~**, de vez en cuando.

a·gainst [ə'genst, ə'geinst] *prep* **1.** (*in opposition, contrast, contact,* etc) contra. **2.** (*in protection)* contra: *An insurance ~ fire*, Un seguro contra incendios. **3.** (*in return for*) por, a cambio de. **4.** FIG en contra, contra.

a·gape [ə'geip] *adj* boquiabierto/a.

a·gate ['ægət] *n* ágata *f*.

age [eidʒ] **I.** *n* **1.** (*of person,* etc) edad *f*, años *m,pl.* **2.** (*middle, old*) edad *f* madura, madurez *f*, vejez *f*. **3.** (*history,* etc) edad *f*, siglo *m*, era *f*: *The modern ~*, La Edad Moderna. **4.** (*gen pl)* FAM eternidad *f*, siglos *m,pl*: *It took us ages to get out*, Estuvimos años para salir. LOC **Be your ~ !,** FAM ¡Compórtate de acuerdo con tu edad! **To look one's ~,** aparentar uno la edad que tiene. **To be/ come of ~**, llegar a la mayoría de edad. **To be of an ~**, haber llegado a la edad de. **To be over ~**, ser demasiado viejo (para). **To be under ~**, ser menor de edad (para). **II.** *v* envejecer.
age··· ~d, *adj* **1.** [eidʒd] de la edad de: *He was ~ ten*, Tenía diez años. **2.** ['eidʒid] envejecido. **The ~** [ðə ~] *n,pl* los ancianos. **~-group**, *n* grupo *m* de edad determinada. **~(e)·ing, I.** *n* envejecimiento *m*. **II.** *adj* que envejece. **~-less,** *adj* sin edad, eterno/a; FIG eternamente joven. **~ limit**, *n* edad *f* mínima/máxima. **~-long,** *adj* duradero/a, eterno/a. **~ of consent,** *n* (*of girl)* edad *f* casadera. **~-old,** *adj* antiquísimo/a: *~ ceremonies*, Ceremonias de tiempo inmemorial.

a·gen·cy ['eidʒənsi] *n* agencia *f*. LOC **By/ Through the ~ of sb/sth,** FAM por la mediación de, gracias a la acción de.

a·gen·da [ə'dʒendə] *n* (*of meeting*) orden *m* del día.

a·gent ['eidʒənt] *n* **1.** agente *m,f*; COM representante *m,f*, delegado/a; US jefe *m* de estación. **2.** (*secret)* agente *m,f*, espía *m,f*. **3.** (*force, substance*) agente *m*: *Cleaning ~*, Agente limpiador, Detergente. FIG autor/ra: *The ~ of his own ruin*, El autor de su propia ruina. LOC **~ provocateur,** (*person)* agente *m* provocador.

ag·glom·er·ate I. [ə'glɔməreit] *v* aglomerar(se). **II.** [ə'glɔmərət] *adj/n* aglomerado (*n*). **ag·glom·er·ation** [ə,glɔmə'reiʃn] aglomeración *f*.

ag·glu·tin·ate [ə'glu:tineit, US -tən-] *v* aglutinar(se). **ag·glu·tin·ation** [ə,glu:ti'neiʃn, US -tə'n-] *n* aglutinación *f*. **ag·glu·tin·at·ive** [ə'glu:tinətiv, US -təneitiv] *adj* aglutinante.

ag·grand·ize, -·ise [ə'grændaiz] *v* FAM engrandecer, dar importancia a. **~·ment** [ə'grændizment] *n* engrandecimiento.

ag·grav·ate ['ægrəveit] *v* **1.** agravar, empeorar. **2.** FAM exasperar, irritar. **ag·grav·at·ing** [-iŋ] *adj* FAM exasperante. **ag·grav·ation** [,ægrə'veiʃn] *n* empeoramiento *m*; exasperación *f*.

ag·greg·ate I. ['ægrigeit] *v* **1.** agregar; unir, juntar. **2.** FAM (*numbers*) ascender a. **II.** ['ægrigət] *n* **1.** (*total*) suma *f*, agregado *m*, conjunto *m*. **2.** GEOL conglomerado *m*. **3.** (*sand, gravel)* argamasa *f*. LOC **In the ~**, en conjunto, globalmente. **On ~**, de todo el conjunto. **III.** *adj* global, total. **ag·greg·ation** [,ægri'geiʃn] *n* agregación *f*.

ag·gres·sion [ə'greʃn] *n* agresión *f*. **ag·gress·ive** [ə'gresiv] *adj* **1.** agresivo/a; ofensivo/a. **2.** FIG emprendedor, dinámico: *A good salesman must be ~*, Un buen comerciante ha de tener empuje. **ag·gress·ive·ly** [ə'gresivli] *adv* violentamente, con agresividad. **ag·gress·ive·ness** [ə'gesivnis] agresividad *f*. **ag·gres·sor** [ə'gresə(r)] *n* agresor/ra.

ag·griev·ed [ə'gri:vd] *adj* ofendido/a, agraviado/a, dolido/a.

a·ghast [ə'ga:st, US ə'gæst] *adj* horrorizado/a.

a·gile

a·gile ['ædʒail, US 'ædʒl] *adj* ágil. **a·gil·ity** [ə'dʒiləti] *n* agilidad *f*.

ag·ing ['eidʒiŋ] *n* envejecimiento *m*.

a·gi·o·tage ['ædʒətidʒ] *n* agiotaje *m*.

a·git·ate ['ædʒiteit] *v* **1.** (*person*) agitar, inquietar, sobresaltar. **2.** (*liquid*) agitar, remover. LOC **~ for sth,** Orquestar una campaña en pro de. **a·git·at·ed** [-id] *adj* excitado, inquieto. **a·git·ation** [,ædʒi'teiʃn] *n* **1.** agitación *f*, inquietud *f*. **2.** (*public*) polémica *f*, controversia *f*. **a·git·at·or** ['ædʒiteitə(r)] *n* (*person)* agitador/ra; (*device)* agitador *m*.

a·glow [ə'gləu] *adj/adv* (de modo) resplandeciente.

ag·nos·tic [æg'nɔstik] *adj/n* agnóstico/a (*m*). **ag·nos·ti·cism** [æg'nɔstisizəm] *n* agnosticismo *m*.

a·go [ə'gəu] *adv* (*time)* pasado/a, hace...: *Two years ~*, Hace dos años.

a·gog [ə'gɔg] *adj* ansioso/a, ávido/a. LOC **Set ~**, intrigar (a alguien).

a·gon·ize, -ise ['ægənaiz] *v* **1.** angustiarse, atormentarse. **2.** sufrir mucho. **a·go·niz·ed** [-d] *adj* lleno/a de dolor, angustiado/a. **a·go·niz·ing, -·sing** ['ægənaiziŋ] *adj* atormentador/ra, angustioso/a; (*decision*) difícil. **a·go·ny** ['ægəni] *n* (*mental*) tormento *m*, sufrimiento *m*; (*physical*) dolor *m* intenso; FIG agonía *f*. LOC **~ column,** Br FAM (*in newspaper)* consultorio *m* sentimental.

a·go·ra·pho·bia [,ægərə'fəubiə] *n* agorafobia *f*.

a·grar·ian [ə'greəriən] *adj* agrario/a.

a·gree [ə'gri:] *v* **1.** GRAM concordar. **2.** (*persons*) estar de acuerdo, opinar igual. **3.** (*after a process*) ponerse de acuerdo, llegar a un entendimiento. **4.** (*be in harmony*) concordar. LOC **Couldn't ~ (with sb) more,** estar totalmente de acuerdo (con alguien). **To ~ with sb,** (*thing, task,* etc) sentar/ir bien. **~·able** [ə'gri:əbl] *adj* **1.** (*person, thing*) agradable, simpático: *~ company*, Compañía agradable. **2.** (*person*) que consiente, conforme. **~·ably** [-əbli] *adv* agradablemente. **~·ment** [-məent] *n* **1.** acuerdo *m*: *Be in ~,* Estar de acuerdo. **2.** (*after a process*) pacto *m*, convenio *m*, acuerdo *m*: *They reached an ~*, Se pusieron de acuerdo. **3.** GRAM concordancia *f*. LOC **To come to an ~**, llegar a un acuerdo.

a·gri·cul·tur·al [,ægri'kʌltʃərəl] *adj* agrícola. LOC **~ engineer**, ingeniero *m* agrónomo. **a·gri·cul·ture** ['ægrikʌltʃə(r)] *n* agricultura *f*.

a·gri·cul·tur·ist [ˌægri'kʌltʃərist] *n* agricultor/ra.

a·gro·nom·ist [ə'grɔnəmist] *n* agrónomo/a. **a·gro·no·my** [ə'grɔnəmi] *n* agronomía *f*.

a·ground [ə'graund] *adj/adv* (*of ship*) embarrancado/a, encallado/a. LOC **To run ~**, encallar.

ah [a:] *int* ¡ah! **aha** [a:'ha:] *int* ¡vaya, vaya!

a·head [ə'hed] **I.** *adv* delante, hacia delante, más adelante: *Run ~*, Ir a la cabeza. *Go straight ~*, Ir recto hacia delante. FIG *Go ~*, Seguir adelante (con proyecto, etc). *Look ~*, Mirar hacia el futuro. **II. (of)** *prep* **1.** (*in space*) delante de. **2.** (*in time*, FIG, etc) por delante de, más avanzado que: *Be well ~ of one's times*, Ir adelantado a su época.

a·hem [ə'hem] *int* ¡ejem!

a·hoy [ə'hɔi] *int* NÁUT ¡ah del barco!

aid [eid] **I.** *n* **1.** auxilio *m*, socorro *m*: *First ~*, Primeros auxilios. **2.** (*help*) ayuda *f*. **3.** (*money, food*, etc) auxilios *m,pl*; subsidio *m*. **4.** (*for ear, eye*, etc) prótesis *f*, ayuda *f*. LOC **In ~ of**, a beneficio de, en pro de: FAM *What's all this in ~ of?*, ¿A qué viene todo esto? **II.** *v* ayudar, auxiliar, socorrer. LOC **~ and abet,** *esp* JUR incitar y ayudar a cometer un delito.

AIDS ['eidz] *abrev* de sida *m*.

aide [eid] *n* US ayudante *m*. LOC **~-de-camp,** MIL ayuda *m* de campo, edecán *m*.

ail [eil] *v* ARC aquejar, afligir. **~·ing** [-iŋ] *adj* doliente, achacoso/a. **~·ment** [-mənt] *n* achaque *m*, dolencia *f*.

ail·eron ['eilərɔn] *n* (*of plane*) alerón *m*.

aim [eim] **I.** *v* **1.** (*shot, weapon*, etc) apuntar, dirigir. **2.** (*at a place*) hacer puntería. **3.** FIG aspirar a, apuntar a, dirigir. LOC **To ~ to do sth,** pretender algo. **II.** *n* **1.** (*of weapon*, etc) puntería *f*; objetivo *m*, blanco *m*. **2.** FIG propósito *m*, objetivo *m*. **~·less** ['eimlis] *adj* sin propósito concreto, sin objeto. **~·less·ly** [-lisli] *adv* sin rumbo fijo, a la ventura.

ain't [eint] FAM = **1.** am/is/are not. **2.** has/have not.

air [eə(r)] **I.** *n* **1.** aire *m*: *In the open ~*, A la intemperie. **2.** (*appearance*) aspecto *m*, aire *m*. **3.** MÚS melodía *f*, tonada *f*. LOC **To be in the ~,** FIG **1.** (*plans*, etc) estar en el aire. **2.** en circulación. **To be on the ~,** (*radio*) estar emitiendo, estar en el aire. **To give oneself/Put on airs,** darse aires de importancia. **To take the ~,** FAM tomar el aire. **II.** *v* (*room*, etc.) airear, ventilar; FIG ventilar, lucir.

air... ~ **base,** *n* base *f* aérea. **~-bed,** *n* colchoneta *f*. **~-borne,** *adj* **1.** (*seed*) enviado por el aire. **2.** (*plane*) en el aire, volando. **3.** MIL aéreo. **~-bladder**, *n* ZOOL BOT vejiga *f* de aire. ~ **brake,** *n* freno *m* neumático. **~·brush,** *n* (*for paint*) pistola *f*. **~·bus,** *n* aerobús. **~-conditioned**, *adj* con aire acondicionado. **~-conditioning,** *n* aire *m* acondicionado. **~-cooled**, *adj* (*engine*) refrigerado por aire. **~·craft**, *n* avión *m*. **~·craft-car·rier**, *n* portaaviones *m*. **~·crew**, *n* tripulación *f* aérea. **~-cushion**, *n* cojín *m* hinchable; colchón *m* de aire. **~·field**, *n* campo *m* de aviación. ~ **force**, *n* Fuerzas *f,pl* Aéreas. **~·gun,** *n* escopeta *f* de aire comprimido. **~·hostess,** *n* azafata *f*. **~·ily,** *adv* a la ligera, frívolamente. **~·ing,** *n* ventilación *f*: FIG *Give your views an ~*, Expón tus ideas. **~·less,** *adj* (*room*) falto de ventilación; (*weather, day*) calmado, sin brisa. **~·lift**, *n* transporte *m* aéreo de emergencia. **~·line,** *n* líneas *f,pl* aéreas. **~liner,** *n* avión *m* de pasajeros. **~·lock,** *n* **1.** esclusa *f* de aire. **2.** (*in pipes*) burbuja *f* de aire. **~·mail, I.** *n* correo *m* aéreo. **II.** *adj* por correo aéreo, aéreo. **III.** *v* enviar por correo aéreo. **~·man** (*pl* **-men** ['-mən]), *n* aviador/ra, piloto *m,f*. **~·plane,** *n* US = aeroplane. ~ **pocket,** *n* bache *m* aéreo. **~·port**, *n* aeropuerto *m*. ~ **pressure,** *n* presión *f* atmosférica. ~ **pump,** *n* bomba *f* de aire. ~ **raid**, *n* bombardeo *m* aéreo. ~ **shelter**, *n* refugio *m* antiaéreo. **~·ship**, *n* aeronave *f*. **~·sick,** *adj* mareado (en el avión). **~·sickness,** *n* mareo *m* (de avión). **~·space**, *n* (*of country*) espacio *m* aéreo. ~ **speed**, *n* velocidad *f* relativa al aire. **~·strip**, *n* pista *f* de aterrizaje. ~ **terminal,** *n* terminal *f* aérea. **~·tight**, *adj* hermético. ~ **traffic control,** *n* control *m* aéreo. ~ **traffic controller**, *n* controlador/ra aéreo/a. **~·waves,** *n* (*of radio*) ondas *f,pl*. **~·way,** *n* **1.** (*in mine*) paso *m* de aire. **2.** (*of plane*) ruta *f* de vuelo. **~·woman** (*pl* **~·women**), *n* aviadora *f*. **~·worthiness,** *n* (*of plane*) aptitud *f* para volar. **~·worthy,** *adj* (*of plane*) apto para volar, en condiciones de vuelo.

air·y ['eəri] *adj* **1.** (*room*, etc) aireado/a, bien ventilado/a. **2.** (*light*) aéreo/a, ligero/a; etéreo/a. **3.** FIG frívolo/a, ligero/a, superficial.

aisle [ail] *n* ARQ nave *f* lateral; pasillo *m*.

aitch [eitʃ] *n* hache *f*. LOC **~·bone,** (*of animal*) rabadilla *f*.

a·jar [əˌdʒa:(r)] *adj* entreabierto/a, entornado/a.

a·kim·bo [ə'kimbəu] *adv* LOC **With arms ~,** con los brazos en jarras.

a·kin [ə'kin] *adj* semejante, parecido, relacionado.

a·la·bas·ter ['æləba:stə(r), US -bæs-] **1.** *n* alabastro *m*. **2.** *adj* de alabastro; como el alabastro.

a·la·cri·ty [ə'lækrəti] *n* viveza *f*, prontitud *f*.

a·larm [ə'la:m] **I.** *n* **1.** (*sound, apparatus*, etc) alarma *f*. **2.** (*feeling*) temor *m*, inquietud *f*. **II.** *v* asustar, inquietar, alarmar. **a·larm·ed** [-d] *adj* preocupado/a, asustado/a. **a·larm·ing** [-iŋ] *adj* preocupante, alarmante. **a·larm·ing·ly** [-iŋli] *adv* de manera alarmante. **a·larm·ist** [-ist] *n* alarmista *m,f*. LOC ~ **clock**, reloj *m* despertador.

a·las [ə'læs] *int* ¡ay!, ¡ay de mí!, ¡qué desgracia!

al·ba·tross ['ælbətrɔs, US -trɔ:s] *n* albatros *m*.

al·beit [ˌɔ:l'bi:it] *conj* ARC aunque; no obstante.

al·bi·no [æl'bi:nəu, US -'bai-] *n*, (*pl* **-s**) albino/a.

al·bum ['ælbəm] *n* álbum *m*.

al·bu·men ['ælbjumin, US æl'bju:mən] **1.** BOT albumen *m*. **2.** QUIM clara *f* de huevo. **al·bu·min** ['ælbjumin, US æl'bju:min] *n* albúmina *f*.

al·che·mist ['ælkəmist] *n* alquimista *m,f*. **al·che·my** ['ælkemi] *n* alquimia *f*.
al·co·hol ['ælkəhɔl, US -hɔ:l] *n* **1**. alcohol *m*. **2**. (*drinks*) bebida *f*, alcohol *m*. **al·co·hol·ic** [,ælkə'hɔlik, US -'hɔ:l-] **I**. *adj* (*drink*) alcohólico. **II**. *n* (*person*) alcohólico/a. **~·ism** [-izəm] *n* alcoholismo *m*. **~ize** [-aiz] *v* alcoholizar.
al·cove ['ælkəuv] *n* hueco *m*, cavidad *f*; (*in wall*) hornacina *f*.
al·der ['ɔ:ldə(r)] *n* aliso *m*.
al·der·man ['ɔ:ldəmən] *n* (*pl* **-men** [-mən]) Primer teniente de alcalde, concejal *m*.
ale [eil] *n* cerveza *f* de tipo inglés. LOC **~house**, taberna *f*.
a·lem·bic [ə'lembik] *n* alambique *m*.
a·lert [ə'lɜ:t] **I**. *adj* (*person*) alerta, vigilante; (*mind*) despierto, atento. **II**. *n* alerta *f*, alarma *f*: *On full ~*, En estado de alerta total. **III**. *v* poner en guardia, alertar. **a·lert·ly** [-li] *adv* en alerta. **~·ness** [-nis] *n* estado *m* de alerta; atención *f*.
al·fal·fa [æl'fælfə] *n* US alfalfa *f*.
al·gae ['ældʒi:, 'ælgai] *n,pl* (*sing* **al·ga** ['ælgə]) algas *f,pl*.
al·ge·bra ['ældʒibrə] *n* álgebra *f*. **al·ge·bra·ic** [,ældʒi'breiik] *adj* algebraico/a, de álgebra.
al·go·rithm ['ælgəriðəm] *n* algoritmo *m*.
a·lias ['eiliəs] **I**. *n* apodo *m*, alias *m*. **II**. *adv* alias, por otro nombre.
al·i·bi ['ælibai] *n* **1**. JUR coartada *f*. **2**. FAM excusa *f*, pretexto *m*.
a·lien ['eiliən] **I**. *n* **1**. JUR, FAM extranjero *m*. **2**. extraterrestre *m,f*. **II**. *adj* **1**. forastero, extranjero. **2**. (*custom, idea*, etc) extraño/a, ajeno/a. **~·ate** ['eiliəneit] *v* **1**. indisponer, ofender, marginar. **2**. JUR enajenar, traspasar. **~·ation** [,eiliə'neiʃn] *n* alejamiento *m*, separación *f*. **~·ist** [-nist] *n* alienista *m,f*.
a·light [ə'lait] **I**. *adj* (*also* FIG) encendido, ardiendo. **II**. *v* FAM **1**. (*from vehicle*) apearse, bajar de. **2**. **(on)** (*of bird, glance*, etc) posarse, caer.
a·lign [ə'lain] *v* alinear, poner en línea. LOC **~ oneself with sb**, unirse a, ponerse al lado de. **~·ment** [-mənt] *n* (*also* POL) alineación *f*.
a·like [ə'laik] **I**. *adj* parecido/a, semejante: *Look ~*, Parecerse. **II**. *adv* de forma parecida, por un igual.
al·i·ment ['ælimənt] *n* alimento *m*. **al·i·ment·ary** [,æli'mentari] *adj* (*apparatus*, etc) digestivo; de la alimentación. **~·ation** [-eiʃn] *n* alimentación *f*.
al·i·mo·ny ['æliməni, US -məuni] *n* (*in divorce*, etc) pensión *f* alimenticia.
a·live [ə'laiv] *adj* **1**. vivo/a, con vida. **2**. FIG lleno/a de vitalidad/de energía. LOC **~ and kicking,** FAM vivito/a y coleando. **Look ~ !**, FAM ¡menéate!, ¡date prisa! **To be ~ to sth**, FIG ser plenamente consciente de. **To be ~ with sth,** estar rebosante de. **To keep ~**, mantener vivo/a (also FIG).
al·ka·li ['ælkəlai] *n* álcali *m*. **al·kal·ine** ['ælkəlain] *adj* alcalino. **al·ka·lin·ity** [ælkə'liniti] *n* alcalinidad *f*.
all [ɔ:l] **I**. *adj* **1**. (*with sing or pl*) todo/a, todos/as. **2**. (*the greatest possible*) todo/a, máximo/a. LOC **Not ~ that well, good, etc,** no tan bien, no muy bien. **II**. *pron* todo, todos/as. LOC **~ in ~**, teniéndolo todo en cuenta, en resumen. **And ~**, incluido, y todo. **In ~**, en total, en conjunto. **It's ~ or nothing,** o todo o nada. **(Not) at ~**, en absoluto, de ninguna manera. **Not at ~!**, ¡de nada! **III**. *adv* **1**. completamente, del todo: FAM *It's ~ dirty!*, ¡Está sucísimo! **2**. (*in sports*) a la par: *The score was four ~*, Estaban iguales a cuatro. **3**. (*with 'too' + adj*) demasiado: *It was ~ too big for you*, Era demasiado grande para ti. LOC **~ along,** todo el tiempo. **~ but,** Casi. **~ over,** por todas partes; finalizado. **~ right, 1**. bien, perfectamente. **2**. (*in reply*) de acuerdo, bueno. **~ the better, harder, etc,** mucho mejor, más, etc. **~ there,** FAM en su sano juicio. **Be ~ about sb/sth,** tratar exclusivamente de. **To be ~ for (doing) sth,** estar muy a favor de. **To be ~ one to sb,** ser lo mismo para alguien. **To be ~ over sb,** FAM estar muy por alguien, prestar mucha atención a alguien. **To be ~ up with sb,** FAM estar acabado. **all... ~ Fools' Day,** *n* día *m* de los inocentes (1 de abril en Gran Bretaña). **~ Saints' Day,** *n* día *m* de Todos los Santos. **~ Souls' Day**, *n* día *m* de Difuntos.
all···~-clear, *n* **~** *signal*: cese *m* de alerta. **~-in,** *adj* agotado/a; total, global: *An ~ price*, Precio sin extras. *~ wrestling*, Lucha libre. **~-night,** *adj* que dura toda la noche; nocturno: *An ~ café*, Un café que abre toda la noche. **~-out**, *adj/adv* (al) máximo: *An ~ attempt to win*, Un intento desesperado por ganar. **~-purpose,** *adj* para todo uso; (*plug*, etc) universal. **~-round,** *adj* general: *An ~ education*, Cultura general; (*person*) muy hábil, completo: *An ~ sportsman*, Un deportista completo. **~-rounder,** *n* persona *f* hábil para todo. **~-star,** *adj* con primeras figuras: *An ~ cast*, Un reparto estelar. **~-time,** *adj* de todos los tiempos.
al·lay [ə'lei] *v* FAM aminorar, suavizar, mitigar.
al·leg·ation [,æli'geiʃn] *n* declaración *f*, afirmación *f*; alegación *f*. **al·lege** [ə'ledʒ] *v* afirmar, declarar; alegar. **al·leg·ed** [ə'ledʒd] *adj* pretendido, presunto/a. **al·leg·ed·ly** [ə'ledʒidli] *adv* supuestamente.
al·le·giance [ə'li:dʒəns] *n* lealtad *f*, fidelidad *f*: *Swear ~ to the King*, Jurar vasallaje al Rey.
al·leg·or·ic·al [,æli'gɔrikl, US ,æli'gɔ:rəkl] *adj* alegórico. **al·leg·or·ic·al·ly** [-li] *adv* alegóricamente. **al·leg·ory** ['æligəri, US 'æligɔ:ri] *n* alegoría *f*.
al·le·luia [,æli'lu:jə] *int/n* aleluya *f*.
al·lerg·ic [ə'lɜ:dʒik] *adj* alérgico/a. **al·ler·gy** ['ælədʒi] *n* alergia *f*.
al·le·vi·ate [ə'li:vieit] *v* aliviar, mitigar. **al·le·vi·ation** [ə,li:vi'eiʃn] *n* alivio *m*, consuelo *m*.
al·ley ['æli] *n* **1**. paseo *m* arbolado, avenida *f*. **2**. (*between buildings*) callejón *m*, pasaje *m*. LOC **~-way = alley**.
al·li·ance [ə'laiəns] *n* alianza *f*. **al·lied** V. **al·ly.**
al·li·ga·tor ['æligeitə(r)] *n* caimán *m*.

al·lit·er·ation [ə,litə'reiʃn] *n* aliteración *f*. **al·lit·er·at·ive** [ə'litrətiv, US ə'litəreitiv] *adj* aliterado/a.

al·loc·ate ['æləkeit] *v* asignar, repartir, distribuir. **al·loc·ation** [,ælə'keiʃn] *n* asignación *f*; (*amount*) cuota *f*, asignación *f*.

al·lot [ə'lɔt] *v* adjudicar, asignar, repartir. **~·ment** [-mənt] *n* (*action, amount*) asignación *f*; (*land*) parcela *f*.

al·low [ə'lau] *v* 1. permitir, dejar, tolerar. 2. (*in distribution*) dejar, apartar: *~ three sandwiches per head*, Calcula tres bocadillos por persona. 3. (*also* JUR) admitir, reconocer. LOC **~ for sb/sth,** tener en consideración: *Allowing for an emergency*, Por si hay una urgencia. **~ in/out**, dejar entrar/salir. **~ of sth,** FAM admitir: *The facts ~ of only one explanation*, Los hechos sólo admiten una explicación. **~·able** [-əbl] *adj* tolerable, permisible; (*expenses*) deducible, descontable. **~·ance** [-əns] *n* 1. (*amount*) asignación *f*, subvención *f*, pago *m*: *Travel ~*, Gastos de viaje. *Family ~*, Subsidio familiar: *Luggage ~*, Peso de equipaje permitido. 2. (*discount*) cantidad *f* rebajada, descuento *m*; (*in tax*) importe *m* desgravable: *I got an ~ for my old car*, Me rebajaron el precio a cambio del coche viejo. LOC **To make an ~ for sb**, disculpar, ser indulgente con alguien. **To make an ~ for sth,** tener en consideración algo.

al·loy I. ['ælɔi] *n* aleación *f*. II. [ə'lɔi] *v* alear, mezclar; FIG adulterar: *Happiness that no fear could ~*, Una felicidad que ningún temor podía empañar.

all·spice ['ɔ:lspais] *n* pimienta *f* de Jamaica.

al·lude [ə'lu:d] *v* aludir; hacer alusiones.

al·lure [ə'luə(r)] *lit* 1. *v* atraer, seducir, fascinar. 2. *n* encanto *m*, hechizo *m*, fascinación *f*. **al·lure·ment** [-mənt] *n* atractivo *m*. **al·lur·ing** [ə'luəriŋ] *adj* tentador/ra, seductor/ra, atractivo/a.

al·lu·sion [ə'lu:ʒn] *n* alusión *f*, referencia *f*. **al·lus·ive** [ə'lu:siv] *adj* alusivo/a; lleno/a de alusiones.

al·lu·vi·al [ə'lu:viəl] *adj* aluvial, de aluvión. **al·lu·vion** [ə'lu:viəm] *n* aluvión *m*.

al·ly I. [ə'lai] *v* aliar(se): *~ with*, Aliarse con. LOC **Allied to,** similar a, relacionado con. II. ['ælai] *n* aliado/a. LOC **The Allies,** *pl* los Aliados.

al·ma·nac ['ɔ:lmənæk] *n* almanaque *m*; (*book*) anuario *m*.

al·migh·ty [ɔ:l'maiti] *adj* 1. todopoderoso/a, omnipotente; *The Almighty*, El Todopoderoso. 2. FAM muy grande, terrible: *An ~ row*, Una pelea fenomenal.

al·mond ['a:mənd] *n* (*tree*) almendro *m*; (*fruit*) almendra *f*. LOC **~-eyed**, de ojos almendrados. **~ paste**, pasta *f* de almendras.

al·mon·er ['a:mənə(r), US 'ælm-] *n* 1. HIST limosnero *m*. 2. (*in hospital*) asistente/a social.

al·most ['ɔ:lməust] *adv* 1. casi. 2. (+ *negative element*) prácticamente: *He said ~ nothing worth listening to*, No dijo prácticamente nada que valiera la pena escuchar.

alms [a:mz] *n,pl* HIST limosna *f*, caridad *f*.

a·loe ['æləu] *n* áloe *m*.

a·loft [ə'lɔft, US ə'lɔ:ft] *adv* en lo alto, arriba.

a·lone [ə'ləun] *adv* 1. sin nadie, a solas, solo/a. 2. (*after noun or pron*) solamente, exclusivamente, sólo. LOC **Let ~,** Mucho menos, aun menos. **Not to be ~ in doing sth,** no ser el único en. **To go it ~,** hacerlo sin ayuda alguna. **To leave/let sb/sth ~,** dejar alguien/algo en paz.

a·long [ə'lɔŋ, US ə'lɔ:ŋ] I. *prep* 1. a lo largo de, desde el principio al final de. 2. por: *Walk ~ the corridor*, Andar por el pasillo. II. *adv* 1. hacia delante, adelante. 2. FAM con, acompañado/a de. LOC **~ with sth,** juntamente con, al mismo tiempo que. **~·side** [ə'lɔŋsaid, US əlɔ:ŋ'said] I. *adv* NÁUT al costado. II. *prep* junto a, al lado de.

a·loof [ə'lu:f] *adj* distante, retraído/a, frío/a. LOC **To keep/hold/stand/~ from sb/sth,** mantenerse aparte de.

a·loud [ə'laud] *adv* en voz alta, alto. LOC **To think ~,** pensar en voz alta.

al·pa·ca [æl'pækə] *n* ZOOL alpaca *f*.

al·pha ['ælfə] *n* letra alfa *f*. **~·bet** [-bet] alfabeto *m*. **~·bet·ic·al** [,ælfə'betikl] *adj* alfabético. **~·bet·ic·al·ly** [-li] *adv* alfabéticamente.

alp·ine ['ælpain] 1. *adj* alpino/a. 2. *n* planta *f* alpina.

al·rea·dy [ɔ:l'redi] *adv* ya.

al·right [ɔ:l'rait] FAM = **all right**.

Al·sa·ti·an [æl'seiʃn] *n* ZOOL perro *m* lobo.

al·so ['ɔ:lsəu] *adv* también, además. LOC **~ran** 1. *adj* (*horse*, etc) que no es de los primeros. 2. *n* FIG persona *f* mediocre/del montón.

al·tar ['ɔ:ltə(r)] *n* altar *m*: *High ~*, Altar mayor. LOC **~ boy**, monaguillo. **~-piece**, retablo *m*. **~ rail**, comulgatorio *m*.

al·ter ['ɔ:ltə(r)] *v* 1. cambiar, alterar, transformar. 2. castrar (*animal*). **~·able** [-rəbl] *adj* modificable, alterable. **~a·tion** [,ɔ:ltə'reiʃn] *n* cambio *m*, reforma *f*, alteración *f*. **al·ters** ['ɔ:ltərz] *n* reformas *f,pl*.

al·ter·ca·tion [,ɔ:ltə'keiʃn] *n* altercado *m*.

al·tern·ate I. [ɔ:l'tɜ:nət, US 'ɔ:ltərnət] *adj* 1. (*day*, etc) alterno/a, alternativo/a: *On ~ days*, Cada dos días, día sí día no. 2. BOT (*leaves*) alterno. LOC **~ting current,** corriente *f* alterna. II. ['ɔ:ltəneit] *n* substituto/a, suplente *m,f*. III. *v* alternar, cambiar. **al·tern·ate·ly** [-li] *adv* alternativamente. **al·tern·ation** [,ɔ:ltə'neiʃn] *n* alternación *f*. **al·tern·at·ive** [ɔ:l'tɜ:nətiv] I. *adj* alternativo/a. II. *n* alternativa *f*. **al·tern·at·ive·ly** [ɔ:l'tɜ:nətivli] *adv* como alternativa. **al·tern·at·or** ['ɔ:ltəneitə(r)] *n* ELECTR alternador *m*.

al·though (US also **al·tho**) [ɔ:l'ðəu] *conj* aunque, si bien.

al·ti·me·ter ['æltimi:tə(r), US ,æl'timətər] *n* altímetro *m*. **al·ti·me·try** [-tri] *n* altímetro *m*.

al·ti·tude ['æltitju:d, US -tu:d] *n* altitud *f*, altura *f*.

al·to ['æltəu] (*pl* **-s**) *n* MÚS alto *m*.

al·to·geth·er [,ɔ:ltə'geðə(r)] I. *adv* 1. en conjunto, en total. 2. del todo, completamente. II. *n* FAM **In the ~,** en cueros.

al·tru·ism ['æltru:izəm] *n* altruísmo *m*. **al·tru·ist** ['æltru:ist] *n* altruista *m,f*, filántropo *m*. **al·tru·ist·ic** [,æltru:'istik] *adj* altruista.
al·um ['æləm] *n* alumbre *m*.
alu·mi·nium [,ælju'miniəm] (US **alu·mi·num** [ə'lu:minəm]) *n* aluminio *m*. **alu·mi·nous** [ə'lju:minəs] *adj* aluminoso/a.
a·lum·na [ə'lʌmnə] (*pl* **-ae** [-ni]) *n* US ex alumna *f* (de escuela, universidad, etc). **a·lum·nus** [ə'lʌmnəs] (*pl* **-ni** [-nai]) US ex alumno *m* (de escuela, universidad, etc).
al·ve·o·lar [,æl'viələ(r)] *adj* alveolar.
al·ways ['ɔ:lweiz] *adv* siempre. LOC **As ~**, como siempre.
am [æm] V. **be**.
am [,ei 'em] (US **AM**) *abrev* = "ante meridiem": *At 10 ~*, A las diez de la mañana.
a·mal·gam [ə'mælgəm] *n* (*also* FIG) amalgama *f*. **~·ate** [ə'mælgəmeit] *v* amalgamar(se); (*companies*) fusionar(se). **~·ation** [ə,mælgə'meiʃn] *n* amalgamación *f*; fusión *f*.
a·ma·nu·en·sis [ə,mænju'ensis] *n,pl* **-ses** [-si:z] HIST, FAM escribiente *m,f*, amanuense *m,f*.
a·mass [ə'mæs] *v* acumular, amontonar.
a·ma·teur ['æmətə(r)] *n/adj* amateur (*m,f*). **~·ish** [-iʃ] *adj* PEY (*task*) de aficionado; (*person*) inexperto/a, chapucero/a. **~·ish·ly** ['æmətəriʃli] *adv* chapuceramente. **~·ism** ['æmətərizəm] *n* amateurismo *m*.
a·mat·ory ['æmətəri, US -tɔ:ri] *adj* IR, FAM amatorio/a.
a·maze [ə'meiz] *v* asombrar, maravillar. **~·ment** [-mənt] *n* asombro *m*, estupefacción *f*. **a·maz·ing** [ə'meiziŋ] *adj* asombroso/a, sorprendente. **a·ma·zing·ly** [ə'meiziŋli] *adv* sorprendentemente.
a·ma·zon ['æməzən, US -zɔn] *n* amazona *f*; FIG mujer *f* forzuda. **~zon·ian** [,æmə'zəuniən] *adj* amazónico/a.
am·bas·sa·dor [æm'bæsədə(r)] *n* (*also* FIG) embajador *m*. **~·ial** [æm,bæsə'dɔ:riəl] *adj* del embajador, diplomático/a. **am·bas·sad·ress** [æm'bæsədris] *n* embajadora *f*.
am·ber ['æmbə(r)] *n* ámbar *m*; color *m* ámbar. LOC **~·gris**, ámbar *m* gris.
am·bi·dex·trous [,æmbi'dekstrəs] *adj* ambidextro/a.
am·bi·ence (*also* **-ance**) ['æmbiəns] *n* ambiente *m*. **am·bi·ent** ['æmbiənt] *adj* ambiente.
am·bi·gu·ity [,æmbi'gju:əti] *n* ambigüedad *f*, doble sentido *m*. **am·bigu·ous** [,æm'bigjuəs] *adj* ambiguo; equívoco.
am·bit ['æmbit] *n* ámbito *m*.
am·bi·tion [æm'biʃn] *n* ambición *f*, aspiración *f*. **~·tious** [æm'biʃəs] *adj* ambicioso. **~·tious·ly** [æm'biʃəsli] *adv* con ambición.
am·bi·val·ence [æm'bivələns] *n* ambivalencia *f*, ambigüedad *f*. **am·bi·val·ent** [æm'bivələnt] *adj* ambivalente, equívoco/a.
am·ble ['æmbl] **I.** *v* (*horse*) amblar; (*persona*) andar despacio. **II.** *n* paso *m* lento; (*of horse*) ambladura *f*.
am·bro·sia [æm'brəuziə, US -əuʒə] *n* (*also* FIG) ambrosía *f*.
am·bu·lance ['æmbjuləns] *n* ambulancia *f*.
am·bu·lat·ory ['æmbjulətəri] **I.** *n* paseo *m*; deambulatorio *m*. **II.** *adj* ambulatorio/a.
am·bush ['æmbuʃ] **I.** *n* emboscada *f*. **II.** *v* atacar mediante emboscadas.
a·me·ba [ə'mi:bə] v. **amoeba**.
a·me·li·or·ate [ə'mi:liəreit] *v* mejorar. **a·me·li·or·ation** [ə,mi:liə'reiʃn] *n* mejora *f*, mejoría *f*.
a·men [a:'men, ei'men] *int* amén.
a·men·able [ə'mi:nəbl] *adj* **1.** que se aviene fácilmente, manejable, sumiso: *~ to advice*, Atento a consejos. **2.** (*to law*, etc) sujeto.
a·mend [ə'mend] *v* enmendar, corregir: *~ a law*, Hacer enmiendas a una ley. FAM *You must ~ your life*, Tienes que enmendarte. **~·ment** [-mənt] *n* enmienda *f*, corrección *f*. **a·mends** [ə'mendz] *n,pl* reparación *f*. LOC **To make ~ for sth**, reparar, compensar por algo.
a·men·ity [ə'mi:nəti, ə'menəti] *n* **1.** (*feature*) atractivo *m*, encanto *m*, ventaja *f* agradable, comodidad *f*. **2.** FAM lo agradable, lo cómodo.
A·mer·ic·an [ə'merikən] *n/adj* americano/a. LOC **~ leather**, cuero *m* artificial. **~·ism** [-izəm] *n* americanismo *m*. **~·ize** [-aiz] *v* americanizar.
a·meth·yst ['æmiθist] *n* amatista *f*.
a·mi·ab·il·ity [,eimiə'biləti] *n* afabilidad *f*, amabilidad *f*. **a·mi·able** ['eimiəbl] *adj* afable, amable, acogedor/ra.
a·mic·ab·il·ity [,æmikə'biləti] *n* cordialidad *f*, lo acogedor. **a·mic·able** ['æmikəbl] adj amistoso/a, cordial. **a·mic·ab·ly** ['æmikəbli] *adv* amigablemente.
a·mid [ə'mid] (also **a·midst** [ə'midst]) *prep* LIT entre, en medio de.
a·mid·ships [ə'midʃips] *adv* en medio del barco.
a·miss [ə'mis] *adj/adv* fuera de lugar, inadecuado, inadecuadamente. LOC **To come ~**, resultar inoportuno/a. **To take sth ~**, tomar una cosa a mal.
am·ity ['æməti] *n* concordia *f*, amistad *f*.
am·me·ter ['æmitə(r)] *n* amperímetro *m*.
am·mo·nia [ə'məuniə] *n* amoníaco *m*. **am·mo·nite** ['æmənait] *n* amonita *f*.
am·mu·ni·tion [,æmju'niʃn] *n* municiones *f,pl*; FIG argumentos *m,pl*.
am·ne·sia [æm'ni:ziə, US -'ni:zə] *n* amnesia *f*.
am·nes·ty ['æmnəsti] **I.** *n* amnistía *f*. **II.** *v* indultar.
a·moe·ba (US **a·me·ba**) [ə'mi:bə] (*pl* **-s** or **-e** [-bi:]) *n* ameba *f*.
a·mok [ə'mɔk] (also **a·muck** [ə'mʌk] *adv* LOC **To run ~**, enloquecer, desbocarse.
a·mong [ə'mʌŋ] (also **a·mongst** [ə'mʌŋst] *prep* entre, en medio de.
a·mor·al [,ei'mɔrəl, US ,ei'mɔ:rəl] *adj* amoral.
am·or·ous ['æmərəs] *adj* amoroso/a. **am·or·ous·ly** [-li] *adv* amorosamente.
a·morph·ous [ə'mɔ:fəs] *adj* amorfo/a, informe, heterogéneo/a.
a·mort·iz·ation [ə,mɔ:ti'zeiʃn, US ,æmərti-] *n* JUR amortización *f*. **a·mort·ize, -·ise** [ə'mɔ:taiz, US 'æmərtaiz] *v* JUR amortizar.
a·mount [ə'maunt] **I.** *v* **(to) 1.** (*sum*, etc) ascender, subir. **2.** (*be equal*) equivaler, signi-

ficar: *What you say amounts to nothing*, Lo que dices equivale a no decir nada. **II.** *n* **1.** (*number*) cantidad *f*, suma *f*, importe *m*. **2.** (*quantity*) cantidad *f*, dosis *f*. LOC **Any ~ of sth,** grandes cantidades de algo.

a·mour [ə'muə(r)] *n* IR amorío *m*, amor *m*. LOC **~ pro·pre**, amor *m* propio.

amp [æmp] FAM = **am·pere** ['æmpeə(r), US 'æmpiər] *n* amperio *m*. **am·per·age** ['æmpəridʒ] *n* amperaje *m*.

am·per·sand ['æmpəsænd] *n* el signo "&" (= and).

am·phet·am·ine [æm'fetəmi:n] *n* anfetamina *f*.

am·phi·bi·an [æm'fibiən] *n* (*also plane, vehicle*) anfibio *m*. **am·phi·bi·ous** [æm'fibiəs] *adj* (*in all senses*) anfibio/a.

am·phi·thea·tre (US **-ter**) ['æmfiθiətə(r)] *n* anfiteatro *m*.

am·ple ['æmpl] *adj* **1.** (*space*) amplio/a, extenso/a, grande. **2.** (*abundant*) generoso/a, copioso/a, grande. **3.** (*more than enough*) suficiente, de sobra. **am·ple·ness** ['æmpəlnis] *n* amplitud *f*.

am·pli·fic·ation [,æmplifi'keiʃn] *n* amplificación *f*; (*of story*, etc) ampliación *f*. **am·pli·fi·er** ['æmplifaiə(r)] *n* amplificador *m*. **am·pli·fy** ['æmplifai] *v* (*sound, current*) amplificar; (*story*, etc) ampliar, hacer más extenso.

am·pli·tude ['æmplitju:d, US -tu:d] *n* abundancia *f*, generosidad *f*; (*of waves*, etc) amplitud *f*; (*of space*) extensión *f*. **am·ply** ['æmpli] *adv* ampliamente, abundantemente; suficientemente.

am·poule (US also **am·pule**) ['æmpu:l] *n* MED ampolla *f* (de cristal).

am·put·ate ['æmpjuteit] *v* amputar. **am·put·ation** [,æmpju'teiʃn] *n* amputación *f*.

a·muck V. **amok.**

a·mu·let ['æmjulit] *n* amuleto *m*.

a·muse [ə'mju:z] *v* **1.** (*make laugh*, etc) divertir. **2.** (*pass time*) entretener, divertir. **~·ment** [-mənt] *n* **1.** (*action*) entretenimiento *m*, diversión *m*. **2.** (*feeling, state*) regocijo *m*, satisfacción *f*. LOC **~ park,** parque *m* de atracciones. **a·mus·ing** [ə'mju:ziŋ] *adj* divertido/a, entretenido/a; (*story*, etc) gracioso/a, divertido/a.

an [æn, ən] V. **a.**

a·na·chron·ism [ə'nækrənizm] *n* anacronismo *m*. **a·na·chron·ist·ic** [ə,nækrə'nistik] *adj* anacrónico/a.

an·ae·mia (US **ane·mia**) [ə'ni:miə] *n* anemia *f*. **an·ae·mic** (US **an·e·mic**) [ə'ni:mik] *adj* anémico/a; FIG débil, flojo/a, falto/a de vigor.

an·aes·the·sia [,ænis'θi:ziə] (US **an·es·the·sia** [-θi:ʒəl]) *n* anestesia *f*. **an·aes·thet·ic** (US **an·es·thet·ic**) [,ænis'θetik] *adj/n* anestésico/a (*m*). **an·aes·thet·ist** (US **an·es·thet·ist**) [ə'ni:sθətist] *n* anestesista *m,f*. **an·aes·thet·ize, -ise** (US **an·es·thet·ize**) [ə'ni:sθətaiz] *v* anestesiar.

a·na·gram ['ænəgræm] *n* anagrama *m*.

an·al ['einl] *adj* ANAT anal.

an·al·ge·sia [,ænæl'dʒi:ziə, US -ʒə] *n* analgesia *f*. **an·al·ges·ic** [,ænæl'dʒi:sik] *adj/n* analgésico/a (*m*).

a·na·log·ous [ə'næləgəs] *adj* análogo/a. **a·na·logue** (US **a·na·log**) ['ænəlɔg, US -lɔ:g] **I.** *adj* analógico/a. **II.** *n* análogo/a *m*. **a·na·lo·gy** [ə'nælədʒi] *n* analogía *f*: *By ~*, Por analogía. **a·na·log·ic, --al** [ænəlɔdʒik, -kəl] *adj* analógico/a.

a·na·lyse (US **a·na·lyze**) ['ænəlaiz] *v* analizar. **a·na·lysis** [ə'næləsis] (*pl* **-ys·es** [-əsi:z]) *n* análisis *m*. LOC **In the final ~,** en última instancia, a fin de cuentas. **a·nal·yst** ['ænəlist] *n* MED analista *m,f*. **a·nal·yt·ic(·al)** [,ænə'litik(l)] *adj* analítico/a.

a·na·paest ['ænəpi:st] (US **a·na·pest** [-pest]) *n* anapesto *m*.

a·na·pho·ra [ə'næfərə] *n* anáfora *f*. **a·na·phor·ic** [,ænə'fɔric] *adj* anafórico/a.

an·archic·(al) [ə'na:kik(l)] *adj* anárquico/a. **an·arch·ism** ['ænəkizəm] *n* anarquismo *m*. **an·arch·ist** ['ænəkist] *n* anarquista *m,f*. **an·ar·chy** ['ænəki] *n* anarquía *f*.

ana·the·ma [ə'næθəmə] *n* anatema *m*. **ana·them·at·ize, -ise** [ə'næθəmətaiz] *v* anatematizar.

a·na·tom·ic·al [,ænə'tɔmikl] *adj* anatómico/a. **a·na·tom·ist** [ə'nætəmist] *n* anatomista *m,f*. **a·na·to·my** [ə'nætɔmi] *n* anatomía *f*.

an·cest·or ['ænsestə(r)] (*f* **-tress** [-tris]) *n* antepasado *m*, antecesor *m*. **an·ces·tral** [æn'sestrəl] *adj* ancestral; de la familia. **an·ces·try** ['ænsestri] *n* ascendencia *f*, linaje *m*, antepasados *m,pl*.

an·chor ['æŋkə(r)] **I.** ancla *f*, áncora *f*. LOC **~ man,** FIG (*in team*, etc) hombre *m* clave, puntal *m*; TV presentador *m*. **At ~,** anclado. **To drop the ~,** echar el ancla. **II.** *v* anclar, echar el ancla. **~·age** ['æŋkəridʒ] *n* (*place*) fondeadero *m*, ancladero *m*; (*money*) anclaje *m*.

an·chor·ite ['æŋkərait] *n* anacoreta *m,f*.

an·cho·vy ['æntʃəvi, US 'æntʃəuvi] *n* anchoa *f*.

an·cient ['einʃənt] **I.** *adj* **1.** antiguo/a. **2.** FAM viejo/a, anciano/a. **II.** *n,pl* **The ~s,** los antiguos (de Grecia, Roma, etc). LOC **~ monument,** Br monumento *m* (de interés) histórico.

an·cil·lar·y [æn'siləri, US 'ænsəleri] *adj* auxiliar, secundario/a; subsidiario/a: *~ staff*, Personal auxiliar.

and [ənd, ən] *strong form* [ænd]) *conj* **1.** y. **2.** (*then*) y entonces, y. **3.** (*plus inf*) a.

and·iron ['ændaiən] *n* morillo *m*.

an·dro·gyn·ous [æn'drɔdʒinəs] *adj* andrógino/a.

a·nec·dot·al [,ænek'dəutl] *adj* anecdótico/a. **a·nec·dote** ['ænikdəut] *n* anécdota *f*.

a·ne·mia, a·nem·ic (US) V. **anaemia, anaemic.**

a·ne·mo·me·ter [,æni'mɔmitə(r)] *n* anemómetro *m*.

a·ne·mone [ə'neməni] *n* anémona *f*.

a·ner·oid ['ænərɔid] *adj* aneroide.

an·es·the·sia, an·es·thet·ic (US) V. **anaesthesia, anaesthetic.**

a·new [ə'nju:, US ə'nu:] *adv* (*esp* LIT) de nuevo, otra vez.

an·gel ['eindʒl] *n* (*also* FIG) ángel *m*. **~·ic(al)** [æn'dʒelik(l)] *adj* (*voice*, etc) angelical. **~·ica**

[æn'dʒelikə] *n* BOT angélica *f*. **an·gelus** ['ændʒiləs] *n* ángelus *m*.
an·ger ['æŋgə(r)] **I.** *n* ira *f*, cólera *f*, enfado *m*. **II.** *v* enojar, enfurecer.
an·gi·na pec·to·ris [æn,dʒainə 'pektəris] *n* angina *f* de pecho.
an·gle ['æŋgl] **I.** *n* **1.** ángulo *m*. **2.** (*of object, building*) esquina *f*, ángulo *m*. **3.** FIG punto *m* de vista, perspectiva *f*. LOC **At an ~,** inclinado/a, ladeado/a. **II.** *v* **1.** colocar en ángulo, ladear. **2.** FIG inclinar, orientar. **3.** DEP pescar con caña. LOC **To ~ for sth,** FIG ir a la caza de, pedir.
ang·ler ['æŋglə(r)] *n* pescador *m* de caña. **ang·ling** ['æŋgliŋ] *n* pesca *f* con caña.
An·gles ['æŋglz] *n,pl* anglos *m,pl*.
An·glic·ism ['æŋglisizəm] *n* anglicismo *m*.
An·glo·phile ['æŋgləufail] *n* anglófilo/a. **An·glo·phobe** ['æŋgləufəub] *n* anglófobo/a. **an·glo·phone** ['æŋgləufəun] *adj/n* anglófono/a. **An·glo-Sa·xon** [,æŋgləu 'sæksn] *n* anglosajón/na.
an·go·ra [æŋ'gɔ:rə] *n* (*cat, goat,* etc) raza *f* de Angora; (*material*) pelo *m* de Angora.
an·gry ['æŋgri] *adj* **1.** enfadado/a, enojado/a, airado/a. **2.** MED inflamado/a, irritado/a. LOC **An ~ young man,** un joven rebelde/contestatario. **an·gri·ly** ['æŋgrəli] *adv* airadamente, furiosamente.
angst [æŋst] *n* angustia *f* existencial.
an·guish ['æŋgwiʃ] *n* angustia *f*, ansiedad *f*; (*physical*) dolor *m* intenso. **an·guish·ed** [-t] *adj* angustiado/a.
an·gu·lar ['æŋgjulə(r)] *adj* **1.** (*body,* etc) anguloso. **2.** (*distance, building,* etc) angular; angulado/a. **~·ity** [,æŋgju'lærəti] *n* lo anguloso; lo angulado.
a·nil·ine ['ænili:n, US 'ænəlin] *n* anilina *f*.
a·nim·ad·ver·sion [,ænimæd'vɜ:ʃn, US -ʒn] *n* reprensión *f*, animadversión *f*. **a·nim·ad·vert** [,ænimæd'vɜ:t] *v* reprender, vituperar.
a·ni·mal ['æniml] **I.** *n* **1.** animal *m*: *Wild ~*, Animal salvaje. **2.** FIG (*person*) bestia *f*, animal *m*. **II.** *adj* **1.** de animales, animal. **2.** (*of man*) corporal, carnal, animal. **~·cule** [,æni'mælkju:l] *n* animálculo *m*.
a·nim·ate **I.** ['ænimeit] *adj* vivo, con vida, animado/a. **II.** ['ænimeit] *v* dar vida a, animar. **a·nim·at·ed** [-id] *adj* vivo/a, animado/a. LOC **~ cartoon,** dibujos *m,pl* animados. **a·nim·ation** [,æni'meiʃn] *n* animación *f*, actividad *f*; (*of cartoon*) animación *f*. **a·nim·at·or** ['ænimeitə(r)] *n* creador/ra de dibujos animados.
a·nim·ism ['ænimizəm] *n* animismo *m*.
a·nim·os·ity [,ænimɔsəti] *n* animadversión *f*, animosidad *f*.
a·ni·mus ['ænimǝs] *n* rencor *m*, odio *m*.
a·nise ['ænis] *n* (*plant*) anís *m*. **a·ni·seed** ['ænisi:d] *n* (*seed*) anís *m*, semilla *f* de anís.
an·kle ['æŋkl] *n* tobillo *m*. **an·klet** ['æŋklit] *n* cadenilla *f* de adorno para el tobillo.
an·nal·ist ['ænəlist] *n* (*writer*) analista *m,f*.
an·nals ['ænlz] *n,pl* anales *m,pl*.
an·ne·al [ə'ni:l] *v* (*metal, glass*) templar, recocer.
an·nex [ə'neks] *v* **1.** POL anexionar. **2.** (*building,* etc) añadir. **~·ation** [,ænek'seiʃn] *n* anexión *f*. **an·nexe** (*also esp* US **an·nex**) ['æneks] *n* edificio *m* anexo, pabellón *m* adicional.
an·ni·hil·ate [ə'naiəleit] *v* aniquilar. **an·ni·hil·ation** [ə,naiə'leiʃn] *n* aniquilación *f*, aniquilamiento *m*.
an·ni·vers·ary [,æni'vɜ:səri] *n* aniversario *m*.
an·not·ate ['ænəteit] *v* anotar, poner notas a. **an·not·ation** [,ænə'teiʃn] *n* (*act, words*) anotación *f*.
an·nounce [ə'nauns] *v* anunciar; proclamar, hacer público, comunicar. **~·ment** [-mənt] *n* anuncio *m*; declaración *f*, comunicación *f*, aviso *m*. **an·nounc·er** [ə'naunsə(r)] *n* (*on TV*) presentador/ra; (*on radio*) locutor/ra.
an·noy [ə'nɔi] *v* **1.** irritar, fastidiar, molestar. **2.** (*lightly*) molestar, incomodar. **~·ance** [-əns] *n* irritación *f*; molestia *f*, incomodo *m*; **~·ing** [-iŋ] *adj* irritante; molesto/a, fastidioso/a.
an·nu·al ['ænjuəl] **I.** *adj* anual. **II.** *n* **1.** BOT planta *f* anual. **2.** (*magazine,* etc) publicación *f* anual. **an·nu·al·ly** [-li] *adv* anualmente, cada año.
an·nu·it·ant [ə'nju:itənt, US -'nu:-] *n* rentista *m,f*. **an·nu·ity** [ə'nju:əti] *n* renta *f* anual vitalicia, anualidad *f*.
an·nul [ə'nʌl] *v* anular, invalidar; JUR derogar, revocar. **an·nu·lar** ['ænjulə(r)] *adj* anular. **~·ment** [ə'nʌlmənt] *n* anulación *f*; JUR derogación *f*.
an·nun·ci·ation [ə,nʌnsi'eiʃn] *n* REL Anunciación *f*.
an·ode ['ænəud] *n* ánodo *m*.
an·od·yne ['ænədain] **I.** *adj* MED anodino/a. **II.** *n* medicamento *m* anodino.
a·noint [ə'nɔint] *v* REL ungir; consagrar.
a·nom·al·ous [ə'nɔmələs] *adj* anómalo/a. **a·nom·al·ous·ly** [-li] *adv* de forma anómala. **a·nom·aly** [ə'nɔməli] *n* anomalía *f*.
a·non [ə'nɔn] *adv* IR, ARC pronto, dentro de poco.
a·non [,ə'nɔn] *abrev* **anonymous**. **a·no·nym·ity** [,ænə'niməti] *n* anonimato *m*. **a·no·nym·ous** [ə'nɔniməs] *adj* anónimo/a. **a·no·nym·ous·ly** [ə'nɔniməsli] *adv* anónimamente.
a·no·phe·les [ə'nɔfili:z] *n* anófeles *m*.
a·no·rak ['ænəræk] *n* anorak *m*.
a·no·re·xia [,ænə'reksiə] *n* anorexia *f*. **a·no·rex·ic** [,ænə'reksik] *adj/n* anoréxico/a.
an·other [ə'nʌðə(r)] **I.** *adj indef* otro/a. **II.** *pron indef* otro/a. LOC **One ~,** uno a otro, mutuamente.
an·swer ['a:nsə(r), US 'ænsər] **I.** *n* **1.** respuesta *f*, contestación *f*. **2.** (*to a problem,* etc) solución *f*, respuesta *f*. **3.** JUR contestación *f* (a la demanda), réplica *f*. LOC **In ~ to,** en respuesta a. **To know all the answers,** FIG saberlo todo. **II.** *v* **1.** responder, contestar, replicar. **2.** (*be suitable to*) responder, ser adecuado, satisfacer. LOC **To ~ back, 1.** replicar, responder en persona; **2.** dar una mala respuesta, contestar insolentemente. **To ~ for sb/sth, 1.** Ser responsable de alguien/una cosa. **2.** hablar en lugar de. **To ~ to the description of sb/sth,** Corresponder a la descripción de. **To ~ to the name of,** Lla-

marse, atender por. **an·swer·able** ['a:nsərəbl] *adj* **1.** que puede ser contestado; solucionable. **2.** (*person*) responsable (ante alguien). **an·swer·phone** ['a:nsərfəun] *n* contestador *m* automático.

ant [ænt] *n* hormiga *f.* LOC **~-eat·er,** oso *m* hormiguero. **~-hill,** hormiguero *m.* **To have ~s in one's pants,** FAM ser muy inquieto.

ant·a·cid [ænt'æsid] *n/adj* antiácido/a (*m*).

an·tag·on·ism [æn'tægənizəm] *n* antagonismo *m.* **an·tag·on·ist** [æn'tægənist] *n* antagonista *m,f,* adversario/a. **an·tag·on·ist·ic** [æn-,tægə'nistik] *adj* opuesto, contrario. **an·tag·on·ize, --ise** [æn'tægənaiz] *v* provocar la hostilidad de, enemistarse con.

an·te ['ænti] **I.** *n* (*in cards*) apuesta *f.* **II.** *v* **1.** hacer la apuesta. **2.** (*esp* US) contribuir.

an·te·ce·dence [,ænti'si:dəns] *n* precedencia *f.* **an·te·ce·dent** [,ænti'si:dnt] **I.** *adj* antecedente, precedente. **II.** *n* **1.** (*esp* GRAM) antecedente *m.* **2.** *pl* antecesores *m,pl.*

an·te·cham·ber ['æntitʃeimbə(r)] *n* v. **anteroom.**

an·te·date [,ænti'deit] *v* **1.** (*document,* etc) antedatar. **2.** (*event,* etc) ser anterior a, ser más antiguo que.

an·te·di·lu·vi·an [,æntidi'lu:viən] *adj* (*also* FAM) antediluviano/a.

an·te·lope ['æntiləup] *n* antílope *m.*

an·te·nat·al [,ænti'neitl] **I.** *adj* prenatal. **II.** *n* revisión *f* prenatal.

an·ten·na [æn'tenə] *n* **1.** (*pl* **-nae** [-ni:]) ZOOL antena *f.* **2.** (*pl* **-s**) US (*of TV*) antena *f.*

an·te·pen·ul·tim·ate [,æntipi'nʌltimət] *adj* antepenúltimo/a.

an·te·rior [æn'tiəriə(r)] *adj* anterior, precedente.

an·te-room ['æntirum, -ru:m] *n* antecámara *f.*

an·them ['ænθəm] *n* REL himno *m,* salmo *m*: *National ~,* Himno nacional.

an·ther ['ænθə(r)] *n* antera *f.*

an·tho·lo·gist [æn'θɔlədʒist] *n* antólogo/a. **an·tho·lo·gy** [æn'θɔlədʒi] *n* antología *f.*

an·thra·cite ['ænθrəsait] *n* antracita *f.*

an·thrax ['ænθræks] *n* carbunco *m,* ántrax *m.*

an·throp·oid ['ænθrəpɔid] **I.** *adj* antropoide. **II.** *n* antropoide *m.* **an·thro·po·lo·gic·al** [,ænθrəpə'lɔdʒikl] *adj* antropológico/a. **an·thro·po·lo·gist** [,ænθrə'pɔlədʒist] *n* antropólogo/a. **an·thro·po·lo·gy** [,ænθrə'pɔlədʒi] *n* antropología *f.* **an·thro·po·morph·ic** [,ænθrəpə'mɔ:fik] *adj* antropomórfico/a. **an·thro·po·morph·ism** [,ænθrəpə'mɔ:fizəm] *n* antropomorfismo *m.*

an·ti- ['ænti] *prep* en contra de. **an·ti·air·craft** [,ænti'eəkra:ft, US -kræft] *adj* antiaéreo/a. **an·ti·bal·list·ic mis·sile** [,æntibəlistik 'misail, US 'misl] *n* misil *m* antibalístico. **an·ti·bi·ot·ic** [,æntibai'ɔtik] *adj/n* antibiótico (*m*). **an·ti·bo·dy** ['æntibɔdi] *n* anticuerpo *m.*

an·tic ['æntik] *n* (*gen pl*) bufonada *f,* payasada *f,* gracia *f.*

an·ti·cip·ate [æn'tisipeit] *v* **1.** (*foresee*) prever. **2.** (*act*) anticiparse a, adelantarse a. **3.** FAM gastar por adelantado, usar antes de lo previsto. **an·ti·cip·ation** [æn,tisi'peiʃn] *n* previsión *f*; adelanto *m,* anticipación *f.*

an·ti·cli·max [,ænti'klaimæks] *n* anticlímax *m,* situación *f* decepcionante.

an·ti·clock·wise [,ænti'klɔkwais] *adv/adj* (que va) en sentido inverso a las agujas del reloj.

an·ti·cyc·lone [,ænti'saikləun] *n* anticiclón *m.*

an·ti·daz·zle ['æntidæzl] *adj* antideslumbrante.

an·ti·de·pres·sant [,æntidi'presnt] *adj/n* antidepresivo/a (*m*).

an·ti·dote ['æntidəut] *n* (*also* FIG) antídoto *m.*

an·ti·freeze ['æntifri:z] *n/adj* anticongelante (*m*).

an·ti·gen ['æntidʒən] *n* antígeno *m.*

an·ti·he·ro ['æntihiərəu] *n* (*pl* **-es**) antihéroe *m.*

an·ti·his·tam·ine [,ænti'histəmi:n] *n* antihistamínico *m.*

an·ti·knock [,ænti'nɔk] *n* AUT antidetonante *m.*

an·ti·log·ar·ithm [,ænti'lɔgəriðəm] *n* antilogaritmo *m.*

an·ti·mo·ny ['æntiməni, US 'æntiməuni] *n* antimonio *m.*

an·ti·path·et·ic [,æntipə'θetik] *adj* que siente antipatía por, contrario a. **an·ti·pa·thy** [æn'tipəθi] *n* antipatía *f,* aversión *f.*

an·ti·per·son·nel [,ænti,pɜ:sə'nel] *adj* (*bomb,* etc) dirigido contra personas.

an·ti·per·spir·ant [,ænti'pɜ:spərənt] *n* antisudorífico *m,* desodorante *m.*

an·ti·podes [æn'tipədi:z] *n,pl* antípodas *f,pl.*

an·ti·qua·ri·an [,ænti'kweəriən] *adj/n* anticuario/a. **an·ti·quar·y** ['æntikwəri, US 'æntikweri] *n* anticuario *m.* **an·ti·quat·ed** ['æntikweitid] *adj* anticuado/a.

an·tique [æn'ti:k] **I.** *adj* **1.** viejo/a, antiguo/a. **2.** (*furniture,* etc) de época, antiguo/a, de estilo. **II.** *n* mueble *m* (etc) de anticuario, antigüedad *f*: *~ shop,* Tienda de antigüedades. **an·ti·qui·ty** [æn'tikwəti] *n* **1.** (*epoch*) antigüedad *f.* **2.** (*esp pl*) restos *m,pl* de la antigüedad.

an·ti-rust ['æntirʌst] *adj* antioxidante.

an·ti-Se·mite [,ænti'si:mait, US 'sem-] *n* antisemita *m,f.* **an·ti-Se·mi·tic** [,ænti si'mitik] *adj* antisemítico/a. **an·ti-Se·mi·tism** [,ænti-'semitizəm] *n* antisemitismo *m.*

an·ti·sep·tic [,ænti'septik] *adj/n* antiséptico/a (*m*).

an·ti·skid [,ænti'skid] *n/adj* antideslizante (*m*).

an·ti·so·cial [,ænti'səuʃl] *adj* **1.** antisocial. **2.** (*avoiding company*) insociable.

an·ti-tank [,ænti'tæŋk] *adj* antitanque.

an·ti·thesis [æn'tiθəsis] *n* (*pl* **-ses** [-si:z]) antítesis *f.* **an·ti·thetic(al)** [,ænti'θetik(l)] *adj* antitético/a.

an·ti·toxin [,ænti'tɔksin] *n* antitóxico *m.*

an·ti·trust [,ænti'trʌst] *adj* antimonopolios.

an·ti·war [,ænti'wɔ:(r)] *adj* pacifista.

ant·ler ['æntlə(r)] *n* cuerna *f*: *A pair of antlers,* Cornamenta.

an·to·nym ['æntənim] *n* antónimo *m.*

an·us ['einəs] *n* (*pl* **-es**) ano *m*.
an·vil ['ænvil] *n* yunque *m*.
an·xi·ety [æŋ'zaiəti] *n* **1**. inquietud *f*, desasosiego *m*, preocupación *f*. **2**. (*desire*, etc) ansia *f*, anhelo *m*: ~ *to please*, Grandes deseos de agradar.
an·xi·ous ['æŋkʃəs] *adj* **1**. preocupado/a, inquieto/a, angustiado/a. **2**. (*causing worry*) angustioso/a, de preocupación. **3**. (*eager, wishing*) deseoso/a. **an·xi·ous·ly** [-li] *adv* con preocupación; con ansia.
an·y ['eni] **I**. *adj* **1**. algún, alguna. **2**. (*negative*) ningún, ninguna. **3**. (*partitive*: *untranslated*) *Have you got ~ books?* ¿Tenéis libras? **4**. (*whatsoever, every*) cualquier: *Choose ~ book you like*, Escoge el libro que quieras. **II**. *pron* **1**. alguno/a. **2**. ninguno/a. **3**. (*whatsoever*) cualquiera: *Just give me ~*, Dame simplemente cualquiera. LOC **Sb isn't having ~**, FAM alguien no quiere saber nada de algo. **III**. *adv* (*gen + comp*) ~ *more*, Más: ~ *better*, Mejor. *I can't walk ~ faster*, No puedo ir más deprisa.
an·y·· ~·body, *pron* **1**. alguien, alguno. **2**. (*negative*) nadie, ninguno: *I haven't seen ~*, No he visto a nadie. **3**. (*whatsoever*) cualquiera: *Ask ~*, Pregunta a cualquiera. **~·how**, *adv* **1**. de cualquier manera, descuidadamente. **2**. (*in spite of*) en cualquier caso, a pesar de todo, de todos modos. **~·one = anybody**. **~·place** ['enipleis] (US) = **anywhere**. **~·thing**, *pron* **1**. algo, alguna cosa. **2**. (*negative*) nada, ninguna cosa. **3**. (*whatsoever*) cualquier cosa. LOC **~ but,** todo menos. **~ like sb/sth,** FAM nada parecido a. **Like ~,** FAM muchísimo, muy deprisa, muy bien, etc. **Or ~,** FAM o algo parecido. **~·way**, *adv* = anyhow (2). **~·where**, **I**. *adv* **1**. a/en alguna parte. **2**. (*negative*) a/en ninguna parte. **3**. (*wherever*) a/en cualquier parte. **II**. *pron* algún lugar: *I haven't got ~ to stay*, No tengo dónde quedarme.
a·orta [ei'ɔ:tə] *n* aorta *f*.
a·pace [ə'peis] *adv* LIT rápidamente, deprisa.
a·part [ə'pa:t] *adv* **1**. separadamente, a una distancia determinada. **2**. (*aside*) aparte, a un lado. **3**. (*into pieces*) en trozos, roto/a. LOC **~ from**, **1**. aparte de. **2**. además de. **To put/set sb/sth ~ from,** distanciar, colocar lejos de. **To take sth ~,** **1**. desmontar, dividir en piezas. **2**. FIG criticar mucho, hacer pedazos.
a·part·heid [ə'pa:thait, -heit] *n* segregación *f* racial, apartheid *m*.
a·part·ment [ə'pa:tmənt] *n* **1**. (US) = flat. **2**. (*for holiday*, etc) apartamento *m*, piso *m*. **3**. (*esp pl*) aposento *m*. LOC **~ block** Br (US **~ house**), bloque *m* de pisos.
a·pa·thet·ic [,æpə'θetik] *adj* apático/a, indiferente. **a·pa·thet·ic·al·ly** [-li] *adv* apáticamente. **a·pa·thy** ['æpəθi] *n* apatía *f*, desinterés *m*; indiferencia *f*.
ape [eip] **I**. *n* mono *m*, simio *m*. **II**. *v* imitar. LOC **~-man**, hombre *m* mono.
a·pe·ri·ent [ə'piəriənt] **I**. *adj* laxante. **II**. *n* laxante *m*, purga *f*.
a·pe·ri·tif [ə'perətif, US ə,perə'ti:f] *n* (*drink*) aperitivo *m*.
a·per·ture ['æpətʃə(r)] *n* abertura *f*, rendija *f*; (*in camera*) abertura *f*.
a·pex ['eipeks] (*pl* **-es** o **apices** ['eipisi:z]) *n* ápice *m*, vértice *m*; FIG cumbre *f*. LOC **The ~ of a triangle**, el vértice de un triángulo.
a·pha·sia [ə'feiziə, US -ʒə] *n* afasia *f*.
a·phid ['eifid], **a·phis** ['eifis] *n* (*pl* **a·phi·des** ['eifidi:z]) áfido *m*.
a·phor·ism ['æfərizəm] *n* aforismo *m*.
a·phro·dis·iac [,æfrə'diziæk] *adj/n* afrodisíaco/a (*m*).
a·pi·ar·ist ['eipiərist] *n* apicultor/ra, colmenero/a. **a·pi·ary** ['eipiəri, US -ieri] *n* colmenar *m*.
a·pi·cul·ture ['eipikʌltʃər] *n* apicultura *f*.
a·piece [ə'pi:s] *adv* **1**. cada uno, por cada uno. **2**. por persona, por cabeza.
a·pish ['eipiʃ] *adj* simiesco/a; FIG estúpido/a, bobo/a.
a·plomb [ə'plɔm] *n* aplomo *m*, serenidad *f*.
a·po·ca·lypse [ə'pɔkəlips] *n* (*also* FIG) apocalipsis *m*. **a·po·ca·lyp·tic** [ə,pɔkə'liptik] *adj* apocalíptico.
A·po·cry·pha [ə'pɔkrifə] *n,pl* libros *m,pl* apócrifos de la Biblia. **~·phal** [-fl] *adj* apócrifo/a.
a·po·gee ['æpədʒi] *n* (*also* FIG) apogeo *m*.
a·pol·it·ic·al [,eipə'litikl] *adj* apolítico/a.
a·po·lo·get·ic [ə,pɔlə'dʒetik] *adj* que pide disculpas, avergonzado/a. **~·al·ly** [-li] *adv* con disculpas, excusándose. **a·pp·lo·get·ics** [-s] *n* (*sing*) apologética *f*. **a·po·lo·gist** [ə'pɔlədʒist] *n* apologista *m,f*. **a·po·lo·gize, -·ise** [ə'pɔlədʒaiz] *v* disculparse, pedir perdón. **a·po·lo·gy** [ə'pɔlədʒi] *n* **1**. disculpa *f*, excusa *f*, perdón *m*. **2**. FML defensa *f*, apología *f*. LOC **An ~ for sth,** una miseria de, una birria (de).
a·poph·thegm (*also* **a·po·thegm**) ['æpəθem] *n* apotegma *m*.
a·po·plect·ic [,æpə'plektik] *adj* apoplético. **a·po·ple·xy** ['æpəpleksi] *n* apoplejía *f*.
a·pos·ta·sy [ə'pɔstəsi] *n* apostasía *f*. **a·pos·tate** [ə'pɔsteit] *n* apóstata *m,f*.
a·pos·tle [ə'pɔsl] *n* apóstol *m*; REL Apóstol *m*. **a·pos·tol·ic, -·ic·al** [,æpə'stɔlik] *adj* apostólico/a.
a·pos·tro·phe [ə'pɔstrəfi] *n* **1**. apóstrofo *m*. **2**. (*insult*) FAM apóstrofe *m*. **a·pos·troph·ize, -ise** [ə'pɔstrəfaiz] *v* apostrofar.
a·po·thec·ary [ə'pɔθəkəri, US -keri] *n* ARC boticario *m*.
a·po·the·o·sis [ə,pɔθi'əusis] *n* (*pl* **-ses** [-si:z]) apoteosis *f*.
ap·pal (US *also* **ap·pall**) [ə'pɔ:l] *v* aterrar, horrorizar. **~·ling** [-iŋ] *adj* FAM horroroso/a, espantoso/a; malísimo/a. **~·ling·ly** [-iŋli] *adv* horriblemente, terriblemente.
ap·pa·ra·tus [,æpə'reitəs, US -'rætəs] *n* (*also* ANAT) aparato *m*.
ap·pa·rel [ə'pærəl] *n* IR , FML atavío, vestimenta *f*.
ap·par·ent [ə'pærənt] *adj* **1**. evidente, claro/a, manifiesto/a. **2**. (*unreal*) aparente, ficticio/a. **ap·par·ent·ly** [-li] *adv* aparentemente, por lo visto. **ap·par·ition** [,æpə'riʃn] *n* (*also* FIG) aparición *f*.

ap·peal [ə'pi:l] I. *v* **1**. rogar, suplicar, hacer un llamamiento. **2**. (*attract*) atraer, interesar. **3**. JUR apelar, recurrir. **II**. *n* **1**. ruego *m*, súplica *f*, llamamiento *m*, llamada *f*. **2**. (*interest*) atractivo *m*, encanto *m*. **3**. JUR apelación *f*, recurso *m*. **~·ing** [-iŋ] *adj* **1**. atractivo/a, interesante, lleno/a de encanto. **2**. (*look*, etc) suplicante. **~·ing·ly** [-iŋli] *adv* de forma suplicante.

ap·pear [ə'piə(r)] *v* **1**. aparecer. **2**. (*person*) presentarse, llegar, aparecer. **3**. JUR comparecer. **4**. (*book*, etc) salir, publicarse. **5**. (*seem*) parecer, dar la impresión de. **~·ance** [ə'piərəns] *n* **1**. (*act*) aparición *f*, presentación *f*. **2**. JUR comparecencia *f*. **3**. (*look*) aspecto *m*, apariencia *f*. LOC **To all ~s,** según todos los indicios. **To keep up ~s,** mantener las apariencias. **To put in an ~,** hacer acto de presencia.

ap·pease [ə'pi:z] *v* apaciguar; (*hunger, anger*, etc) aplacar, calmar. **~·ment** [-mənt] *n* apaciguamiento *m*; (*policy*) pacificación *f*.

ap·pel·lant [ə'pelənt] *adj/n* JUR apelante (*m,f*). **ap·pel·la·tion** [,æpə'leiʃn] *n* nombre *m*, apelativo *m*. **ap·pel·lee** [,æpəli:] *n* apelado/a.

ap·pend [ə'pend] *v* (*esp in writing*) añadir, adjuntar: *~ one's signature to a document*, Poner uno su firma en un documento. **~·age** [ə'pendidʒ] *n* añadido *m*, apéndice *m*. **~·ec·to·my** [,æpen'dektəmi] (*also* **ap·pend·ic·ec·to·my** [ə,pendi'sektəmi]) *n* MED apendicetomía *f*. **~i·ci·tis** [ə,pendi'saitis] *n* apendicitis *f*. **ap·pend·ix** [ə'pendiks] *n* **1**. (*pl* **-di·ces** [-disi:z]) (*in book*) apéndice *m*. **2**. (*pl* **-di·xes**) MED apéndice *m*.

ap·per·tain [,æpə'tein] *v* pertenecer a, estar relacionado con.

ap·pet·ite ['æpitait] *n* **1**. apetito *m*, gana *f*. **2**. (*wish*) deseo *m*, ganas *f,pl*, pasión *f*. **ap·pet·iz·er, -is·er** ['æpitaizə(r)] *n* (*biscuit*, etc) aperitivo *m*. **ap·pet·iz·ing, -is·ing** ['æpitaiziŋ] *adj* apetitoso/a, apetecible.

ap·plaud [ə'plɔ:d] *v* (*also* FIG) aplaudir. **ap·plause** [ə'plɔ:z] *n* **1**. aplauso(s) *m* (*pl*). **2**. FIG entusiasmo *m*, aprobación *f*.

ap·ple ['æpl] *n* manzana *f*; (*tree*) manzano *m*. LOC **~·jack,** US aguardiente *m* de manzana. **~-pie,** pastel *m*/tarta *f* de manzana. **~ sauce,** compota *f* de manzana; US SL coba *f*. **In ~-pie order,** en perfecto orden. **The ~ of discord,** FAM la manzana de la discordia. **The ~ of sb's eye,** la niña de sus ojos. **To upset the/sb's ~-cart,** FIG desbaratar, echar por tierra.

ap·pli·ance [ə'plaiəns] *n* aparato *m*, utensilio *m*, herramienta *f*: *Electrical appliances*, (Aparatos) electrodomésticos.

ap·plic·ab·il·ity [,æplikə'biləti] *n* conveniencia *f*, oportunidad *f*. **ap·plic·able** ['æplikəbl, ə'plikəbl] *adj* aplicable, extensible, adecuado. **ap·plic·ant** ['æplikənt] *n* (*in form*) solicitante *m,f*; (*in contest*, etc) candidato/a, aspirante *m,f*, concursante *m,f*. **ap·plic·ation** [,æpli'keiʃn] *n* **1**. (*of object*, etc) aplicación *f*, uso *m*, empleo *m*. **3**. (*request*) petición *f*, solicitud *f*: *An ~ form*, Un impreso de solicitud. **4**. (*effort*) dedicación *f*, aplicación *f*. LOC **To make an ~ for,** solicitar. **ap·plic·at·or** ['æplikeitə(r)] *n* utensilio *m* para aplicar algo.

ap·pli·ed [ə'plaid] *adj* (*science*, etc) aplicado/a.

ap·pli·qué [æ'pli:kei, US ,æpli'kei] *n* bordado *m* con aplicaciones.

ap·ply [ə'plai] *v* **1**. (*substance*, etc) aplicar; (*law*) atenerse (a). **2**. ser aplicable a, referirse a, servir para. **3**. (*request*) solicitar, pedir, presentarse a. **4**. (*to a task*) dedicarse (a), esforzarse (por).

ap·point [ə'pɔint] *v* **1**. (*date, time*) fijar, señalar, convenir. **2**. (*person*) nombrar, escoger, contratar. **ap·point·ed** [-id] *adj* equipado/a, amueblado/a. **ap·point·ee** [əpɔin'ti:] *n* aspirante *m,f* elegido/a. **ap·point·ment** [ə'pɔintmənt] *n* **1**. (*for post*) nombramiento *m*, designación *f*; (*post*) puesto *m*, trabajo *m*, vacante *f*. **2**. (*arrangement*) cita *f*, compromiso *m*. **3**. *pl* muebles *m,pl*, equipamiento *m*. LOC **By ~,** mediante cita. **To make an ~,** concertar una cita.

ap·por·tion [ə'pɔ:ʃn] *v* prorratear; distribuir entre.

ap·pos·ite ['æpəzit] *adj* apropiado, oportuno, a propósito. **ap·pos·ition** [,æpə'ziʃn] *n* aposición *f*.

ap·prai·sal [ə'preizl] *n* valoración *f*, tasación *f*; (*of sb*) evaluación. **ap·praise** [ə'preiz] *v* valorar, tasar; (*work, sb*) evaluar.

ap·pre·ci·able [ə'pri:ʃəbl] *adj* (*quantity*) notable, estimable, apreciable. **ap·pre·ci·ab·ly** [ə'pri:ʃəbli] *adv* notablemente, mucho. **ap·pre·ci·ate** [ə'pri:ʃieit] *v* **1**. valorar, apreciar debidamente. **2**. estimar, gustar mucho de. **3**. (*feel sympathy*) darse cuenta de, comprender. **4**. (*property*, etc) revaluarse, aumentar de precio. **ap·pre·ci·ation** [ə,pri:ʃi'eiʃn] *n* **1**. (*understanding*) valoración *f*, aprecio *m*. **2**. (*recognition*) agradecimiento *m*, reconocimiento *m*. **3**. (*obituary*) necrológica *f*. **4**. (*of property*, etc) alza *f*, revaluación *f*. **ap·pre·ci·at·ive, ap·pre·ci·at·ory** [ə'pri:ʃətiv, -təri] *adj* **1**. agradecido/a. **2**. comprensivo/a, conocedor/ra.

ap·pre·hend [,æpri'hend] *v* **1**. FAM capturar, arrestar, prender. **2**. LIT entender, captar. **ap·pre·hen·sion** [,æpri'henʃn] *n* **1**. aprensión *f*, recelo *m*. **2**. LIT percepción *f*, comprensión *f*. **3**. captura *f*, prendimiento *m*. **ap·pre·hen·sive** [,æpri'hensiv] *adj* aprensivo/a, temeroso/a, receloso/a. **ap·pre·hen·sive·ly** [,æpri'hensivli] *adv* con aprensión, con temor.

ap·pren·tice [ə'prentis] **I**. *n* aprendiz/za. **II**. *v* (**sb for sth**) poner de aprendiz a. **~·ship** [ə'prentiʃip] *n* aprendizaje *m*.

ap·prise [ə'praiz] *v* (**sb of sth**) informar (de algo a alguien).

ap·proach [ə'prəutʃ] **I**. *v* **1**. (*physically*) aproximarse a, acercarse a. **2**. FIG acercarse, ser parecido a. **3**. (*for help*, etc) acudir a, dirigirse a, abordar. **4**. (*task, problem*) empezar a estudiar, abordar. **II**. *n* **1**. (*also* FIG) aproximación *f*. **2**. (*of problem*) enfoque *m*, aproximación *f*. **3**. (*to people*) acercamiento *m*, intento *m* de aproximación. **4**. (*path*, etc) acceso *m*, entrada *f*. LOC **Easy of ~,** (*also* FIG) (ser) accesible, asequible. **~·ab·il·ity** [ə,prəutʃə'biləti] *n* accesibilidad *f*. **~·able** [ə'prəutʃəbl] *adj* (*place*) accesible; (*person*) abordable, afable, llano. **~·ing** [-iŋ] *adj* (*vehicle*, etc) que se aproxima; (*date*, etc) próximo/a, venidero/a; (*traffic*) en sentido contrario.

ap·prob·ation [,æprə'beiʃn] *n* FAM aprobación *f*; consentimiento *m*.

ap·pro·pri·ate I. [ə'prəupriət] *adj* apropiado/a, adecuado/a, indicado/a. **II.** [ə'prəuprieit] *v* **1**. apropiarse de. **2.** (*for project*, etc) asignar, destinar. **ap·pro·pri·ate·ly** [-li] *adv* adecuadamente. **ap·pro·pri·ation** [ə,prəupri'eiʃn] *n* **1**. apropiación *f*. **2**. asignación *f*.

ap·prov·al [ə'pru:vl] *n* aprobación *f*, consentimiento *m*. LOC **On ~,** a prueba. **ap·prove** [ə'pru:v] *v* **1**. aprobar, dar el consentimiento a. **2**. estar de acuerdo, estar conforme. **ap·prov·ed** [ə'pru:vd] *adj* reconocido/a, acreditado/a: *~ school*, Br Correccional de menores. **ap·prov·ing** [ə'pru:viŋ] *adj* (*glance*, etc) de aprobación. **ap·prov·ing·ly** [ə'pru:viŋli] *adv* con aprobación.

ap·prox·im·ate I. [ə'prɔksimət] *adj* aproximado. **II.** [ə'prɔksimeit] *v* aproximarse a, parecerse a. **ap·prox·im·ate·ly** [-li] *adv* aproximadamente, más o menos. **ap·prox·im·ation** [ə,prɔksi'meiʃn] *n* aproximación *f*.

ap·pur·ten·ance [ə'pɜ:tinəns] *n* (*gen pl*) JUR pertenencia *f*; dependencias *f/pl* (*casa*).

a·pri·cot ['eiprikɔt] *n* albaricoque *m*; (*tree*) albaricoquero *m*.

A·pril ['eiprəl] *n* abril *m*. LOC **~-Fools' Day** = **All Fools' Day**.

a·pron ['eiprən] *n* delantal *m*; AER pista *f* de maniobras; TEAT visera *f*, proscenio *m*. *Worker's ~*, Mandil. LOC **Tied to one's mother's ~ strings,** FIG estar pegado a las faldas de la madre.

a·pro·pos [,æprə'pəu] *adv/adj* (**~ of**) a propósito de, oportuno.

apse [æps] *n* ábside *m*.

apt [æpt] *adj* **1**. apropiado/a, adecuado/a, conveniente. **2**. (*with tendency*) propenso/a, inclinado/a a. **3**. (*person*) listo/a, vivo/a. **apt·ly** [-li] *adv* adecuadamente, convenientemente.

ap·ti·tude ['æptitju:d, US -tu:d] *n* aptitud *f*, habilidad *f*. LOC **~ test,** prueba *f* de aptitud.

Aqua·lung ['ækwəlʌŋ] *n* (*for divers*) equipo *m* de oxígeno.

aqua·mar·ine [,ækwəmə'ri:n] *n* aguamarina *f*; color *m* aguamarina.

aqua·relle [æqwə'rel] *n* acuarela *f*. **~rel·list** [-ist] *n* acuarelista *m,f*.

aquar·ium [ə'kweəriəm] (*pl* **-s**, **-ria)** *n* acuario *m*.

aquat·ic [ə'kwætik] *adj* acuático; DEP naútico, acuático.

aqua·tint ['ækwətint] *n* acuatinta *f*.

aque·duct ['ækwidʌkt] *n* acueducto *m*.

aque·ous ['eikwiəs] *adj* acuoso/a.

aqui·line ['ækwilain] *adj* aguileño/a.

Ar·ab ['ærəb] *adj/n* árabe (*m,f*). **ar·ab·esque** [,ærə'besk] *n* arabesco *m*. **Ara·bi·an** [ə'reibiən] *adj* de Arabia: *The ~ Nights*, Las mil y una noches. **Ar·ab·ic** ['ærəbik] *adj/n* arábigo (*m*): *~ figures*, Números arábigos. **Ar·ab·ist** ['ærəbist] *n* arabista *m,f*.

ar·able ['ærəbl] **I**. *adj* (*land*) de labrantío, cultivable. **II**. *n* tierra *f* de cultivo.

a·rach·nid [ə'ræknid] *n* arácnido *m*.

ar·bit·er ['a:bitə(r)] *n* árbitro *m*, juez *m*. **ar·bi·trar·ily** ['a:bitrərili] *adv* de modo arbitrario. **ar·bi·tra·ri·ness** ['a:bitrərinis] *n* arbitrariedad *f*. **ar·bi·tra·ry** ['a:bitrəri, US 'a:bitreri] *adj* arbitrario/a. **ar·bi·trate** ['a:bitreit] *v* (*in dispute*) arbitrar. **ar·bi·tra·tion** [,a:bi'treiʃn] *n* arbitraje *m*. LOC **To go to ~,** confiar la disputa a un juez árbitro. **ar·bi·trat·or** ['a:bitreitə(r)] *n* juez *m* árbitro.

ar·bor·e·al [a:'bɔ:riəl] *adj* arbóreo/a; que vive en los árboles. **ar·bor·etum** [,a:bə'ri:təm] (*pl* **-tums** or **-ta**) *n* jardín *m* botánico de árboles. **ar·bour** (US **ar·bor**) ['a:bə(r)] *n* cenador *m*, glorieta *f*.

arc [a:k] *n* arco *m*; ELECTR arco *m* voltaico. LOC **~ lamp**, lámpara *f* de arco. **~·ade** [a:'keid] *n* galería *f* de tiendas, pasaje *m* con tiendas. **~·ane** [a:'kein] *adj* arcano.

arch [a:tʃ] **I**. *n* ARQ arco *m*, bóveda *f*; ANAT arco *m*, (*of foot*) empeine *m*. **II**. *v* **1**. arquear(se). **2**. formar un arco. **III**. *adj* travieso/a, astuto/a, malicioso/a.

archae·o·lo·gic·al [,a:kiə'lɔdʒikl] *adj* arqueológico/a. **archae·o·lo·gist** [,a:ki'ɔ:lədʒist] *n* arqueólogo/a. **ar·chae·o·lo·gy** [,a:ki'ɔlədʒi] *n* arqueología *f*.

ar·cha·ic [a:'keiik] *adj* arcaico/a. **ar·cha·ism** ['a:keiizəm] *n* arcaísmo *m*.

arch·an·gel ['a:keindʒl] *n* arcángel *m*.

arch·bi·shop [,a:tʃ'biʃəp] *n* arzobispo *m*. **arch·bi·shop·ric** [,a:tʃ'biʃəprik] *n* arzobispado *m*.

arch·dea·con [,a:tʃ'di:kən] *n* arcediano *m*.

arch·di·ocese [,a:tʃ'daiəsis] *n* archidiócesis *f*.

arch·duch·ess [,a:tʃ'dʌtʃis] *n* archiduquesa *f*. **arch·duke** [,a:tʃ'dju:k, US -'du:k] *n* archiduque *m*.

arch-en·e·my [,a:tʃ'enəmi] *n* principal enemigo *m*; *the ~*, el Diablo.

arch·er ['a:tʃə(r)] *n* arquero/a. **arch·ery** [-i] *n* tiro *m* con arco.

arche·typ·al ['a:kitaipl, ,a:ki'taipl] *adj* arquetípico/a. **arche·type** ['a:kitaip] *n* arquetipo *m*.

archi·pe·la·go [,a:ki'peləgəu] *n* (*pl* **-s** or **-es**) archipiélago *m*.

archi·tect ['a:kitekt] *n* arquitecto *m*; FIG artífice *m*. **~·ur·al** [,a:ki'tektʃərəl] *adj* arquitectónico/a. **~·ure** ['a:kitektʃə(r)] *n* arquitectura *f*.

arch·ives ['a:kaivz] *n,pl* archivo *m*. **arch·iv·ist** ['a:kivist] *n* archivero/a.

arch·way ['a:tʃwei] *n* ARQ arcada *f*, paseo *m* con arcadas.

arc·tic ['a:ktik] **I**. *adj* ártico/a; FIG helado/a, glacial. **II**. *n* **The Arctic,** el Artico.

ar·dent ['a:dnt] *adj* (*in feeling*) ardiente, vehemente, apasionado/a. **ar·dent·ly** [-li] *adv* con ardor, apasionadamente; con entusiasmo.

ar·dour (US **ar·dor**) ['a:də(r)] *n* entusiasmo *m*, ardor *m*, celo *m*. **ar·du·ous** ['a:djuəs] *adj* arduo/a, penoso/a. **ar·du·ous·ly** ['a:djuəsli] *adv* penosamente.

are [a:(r)] **I.** V. **be**. **II.** (*measure*) área *f*, decámetro *m* cuadrado.

a·rea ['eəriə] *n* **1**. (*surface*) área *f*, extensión *f*, superficie *f*. **2**. GEOG , etc zona *f*, región *f*, distrito *m*. **3**. FIG campo *m*, esfera *f* de acción. LOC ~ **code,** US prefijo *m* telefónico (por áreas y países).

a·re·na [ə'ri:nə] *n* (*in stadium*, etc) pista *f*, campo *m*; (*in bullfight*, etc) arena *f*, ruedo *m*; FIG campo *m* de combate.

aren't [a:nt] *contracción* de **are not**.

a·rête [æ'ret] *n* (*in mountain*) arista *f*.

ar·gil ['a:gil] *n* arcilla *f*. **~·la·ceous**, ['a:gileiʃəs] *adj* arcilloso/a.

ar·gon ['a:gɔn] *n* argo *m*, argón *m*.

ar·got ['a:gəu] *n* jerga *f*, argot *m*.

ar·gu·able ['a:gjuəbl] *adj* discutible. **ar·gu·ably** ['a:gjuəbli] *adv* dudosamente. **ar·gue** ['a:gju:] *v* discutir, argumentar. LOC **To ~ sb into/out of doing sth,** persuadir/disuadir a alguien de que haga algo.

ar·gu·ment ['a:gjumənt] *n* **1**. discusión *f*, pelea *f*. **2**. (*reason*) razón *f*, argumento *m*. **ar·gu·ment·ation** [,a:gjumen'teiʃn] *n* argumentación *f*, argumentos *m,pl*; FAM discusión *f*, pelea *f*. **ar·gu·ment·at·ive** [,a:gju'mentətiv] *adj* argumentador/ra; discutidor/ra, combativo/a.

ar·id ['ærid] *adj* (*land, speech*, etc) árido. **~·ity** [ə'ridəti] *n* aridez *f*.

a·right [ə'rait] *adv* ARC LIT correctamente, bien.

a·rise [ə'rais] (pret **arose** [ə'rəus], pp **arisen** [ə'rizn]) *v* **1**. surgir, aparecer, originarse. **2**. LIT levantarse, alzarse. **3**. **(out, from)** provenir (de).

a·ris·to·cra·cy [,æri'stɔkrəsi] *n* aristocracia *f*. **a·ris·to·crat** ['æristəkræt, US ə'rist-] *n* aristócrata *m,f*. **a·ris·to·crat·ic** [,æristə'krætik] *adj* aristocrático/a.

a·rith·met·ic [ə'riθmətik] **I**. *n* aritmética *f*. **II**. *adj* (*also* **a·rith·met·ic·al** [,æriθ'metikl]) *adj* aritmético/a. **a·rith·me·tic·ian** [ə,riθmə'tiʃn] *n* matemático *n*.

ark [a:k] *n* arca *f*: *Noah's Ark*, El arca de Noé.

arm [a:m] **I**. *n* **1**. (ANAT, TEC, FIG) brazo *m*. **2**. (*of jacket*, etc) manga *f*. **3**. MIL fuerzas *f,pl* armadas. **4**. *pl* V. arms. LOC **~ in ~,** del brazo, cogidos del brazo. **At ~ 's length,** A distancia. **To keep sb at ~ 's length,** FIG mantener a alguien a raya, mantener las distancias con alguien. **II**. *v* armar(se), equipar(se). LOC **~ed to the teeth,** FIG armado hasta los dientes.

arm··· ~-band, *n* brazal *m*, brazalete *m*. **~·chair, I**. *n* sillón *m*. **II**. *adj* sin experiencia: *An ~ traveller*, Un viajero de salón. *An ~ politician*, Un político de café. **~ed,** *adj* armado/a: *~ forces*, Fuerzas armadas. **~·ful,** *n* brazada *f*: *~ of flowers*, Los brazos llenos de flores. **~·hole,** *n* (*in dress*) agujero *m* para el brazo. **~·let,** *n* = **arm-band**. **~·pit,** *n* sobaco *m*. **~·rest,** *n* apoyabrazos *m*.

ar·ma·da [a:'ma:də] *n* **1**. armada *f*. **2**. **The ~,** La Armada Invencible.

ar·ma·di·llo [,a:mə'diləu] *n* (*pl* **-s**) armadillo *m*.

ar·ma·ment ['a:məmənt] *n* armamento *n*.

ar·ma·ture ['a:mətʃə(r)] *n* (*also* ELECTR) armadura *f*.

ar·mis·tice ['a:mistis] *n* armisticio *m*.

ar·mor·ial [a:'mɔ:riəl] *adj* heráldico/a.

ar·mour (US **ar·mor**) ['a:mə(r)] *n* **1**. armadura *f*, coraza *f*. **2**. (*of ship*, etc) blindaje *m*. **3**. (*collective*) fuerzas *f,pl* blindadas. **ar·mo(u)r·ed** [-d] *adj* blindado/a. **ar·mo(u)r·er** ['a:mərə(r)] *n* armero *m*. **ar·mo(u)·ry** ['a:məri] *n* armería *f*; arsenal *m*.

arms [a:mz] *n,pl* **1**. armas *f,pl*. **2**. escudo *m* de armas, blasón *m*. LOC **~ race,** la carrera de armamento. **To be up in ~ over,** estar sublevados a causa de. **To make up ~ against,** tomar las armas contra.

ar·my ['a:mi] *n* **1**. ejército *m*. **2**. **the ~,** carrera *f* militar: *He is in the ~*, Es militar. **3**. FIG escuadrón *m*, cuadrilla *f*.

a·ro·ma [ə'rəumə] *n* aroma *m*, fragancia *f*. **~·tic** [,ærə'mætik] *adj* aromático.

a·rose [ə'rəuz] pret de **arise**.

a·round [ə'raund] **I**. *adv* **1**. por todos lados, por alrededor, a la redonda. **2**. (*near*) por allí, por aquí, por los alrededores. **3**. (*in circulation*) a mano, circulando. **4**. (*turn*) en redondo. **II**. *prep* **1**. alrededor de, en torno de. **2**. (*here and there*) por, por todo el lugar. **3**. (*approximately*) alrededor de, aproximadamente: *See you ~ 7.30*, Te veré hacia las 7.30, más o menos.

a·rous·al [ə'rauzl] *n* despertar *m*; incitación *f*, estimulación *f*. **a·rouse** [ə'rauz] *v* **1**. despertar de, sacar de. **2**. FIG incitar, despertar, estimular.

arr *abrev* de **1**. arranged. **2**. arrival, arrived, arriving.

ar·rack ['æræk] *n* arac *m*.

ar·raign [ə'rein] *v* **1**. JUR acusar; procesar. **2**. FAM criticar. **~·ment** [-mənt] *n* acusación *f*; procesamiento *m*.

ar·range [ə'reindʒ] *v* **1**. (*objects*, etc) arreglar, disponer, ordenar. **2**. (*plans*, etc) organizar, planear, concertar. **3**. (*agree*) convenir, acordar, fijar. **4**. MUS arreglar, adaptar. **~·ment** [-mənt] *n* **1**. orden *m*, disposición *f*, arreglo *m*. **2**. plan *m*, organización *m*. **3**. acuerdo *m*, convenio *m*. **4**. MÚS arreglo *m*, adaptación *f*.

ar·rant ['ærənt] *adj* (*person*) redomado/a, consumado/a; (*thing*) completo/a, total: *~ nonsense*, Una completa estupidez.

ar·ray [ə'rei] **I**. *v* **1**. MIL colocar en orden de batalla. **2**. LIT ataviar(se), engalanar(se). **II**. *n* **1**. MIL orden *m* de batalla, formación *f*, fila *f*. **2**. FAM atavío *m*, vestimenta *f*. **3**. (*computers*) conjunto *m* (de datos).

ar·rears [ə'riəz] *n,pl* (*money, work, rent*, etc) atrasos *m,pl*.

ar·rest [ə'rest] **I**. *v* **1**. arrestar, detener, prender. **2**. FAM parar, detener. **3**. (*attention*, etc) atraer, llamar. **II**. *n* **1**. arresto *m*, detención *f*. **2**. paro *m*, detención *f*: *A cardiac ~*, Un paro cardíaco. LOC **To be under ~,** estar arrestado. ~·ing [-iŋ] *adj* llamativo; sorprendente.

ar·riv·al [ə'raivl] *n* 1. (*act*) llegada *f*. 2. (*people*, etc) persona *f* que ha llegado: *A new* ~, Un recién llegado. **ar·rive** [ə'raiv] *v* 1. llegar. 2. FAM tener éxito, triunfar. LOC **To ~ at sth,** Conseguir, alcanzar.

ar·rog·ance ['ærəgəns] *n* arrogancia *f*. **ar·rog·ant** ['ærəgənt] *adj* arrogante, engreído/a.

ar·rog·ate ['ærəgeit] *v* arrogarse, apropiarse de. LOC **To ~ sth to sb,** atribuir algo a alguien.

ar·row ['ærəu] *n* flecha *f*. LOC **~·head**, punta *f* de flecha. **~·root**, arrurruz *m*.

arse [a:s] *n* SL **I.** 1. (US **ass** [æs]) culo *m*. 2. pedazo *m*. **II.** *v* Br hacer el idiota: *Stop arsing about!* ¡Deja de hacer tonterías! LOC ~-hole (US **ass-hole**), SL ano *m*, culo *m*. **~-licker**, SL lameculos *m,f*.

ar·se·nal ['a:sənl] *n* (*also* FIG) arsenal *m*.

ar·sen·ic ['a:snik] *n* arsénico *m*.

ar·son ['a:sn] *n* incendio *m* provocado. **~·ist** ['a:sənist] *n* pirómano/a.

art [a:t] *n* 1. arte *m,f*. 2. (*skill*) habilidad *f*, destreza *f*; técnica *f*, arte *m*. 3. *pl* (*studies*) letras *f,pl*; *Fine arts*, Bellas Artes. *An arts degree*, Una Licenciatura en Letras. LOC ~ **dealer**, marchante *m,f*. ~ **gallery**, museo *m* (de pintura, etc). **~s and crafts**, artes *f,pl* y oficios. **~·work**, (*in book*, etc) ilustraciones *f, pl*.

arte·fact (*also* **arti·fact**) ['a:tifækt] *n* (*by man*) obra *f* fabricada (manualmente, etc).

ar·te·ri·al [a:'tiəriəl] *adj* arterial; (*road*) principal.

ar·te·rio·scler·osis [a:,tiəriəusklə'rəusis] *n* arteriosclerosis *f*.

ar·te·ry ['a:təri] *n* 1. arteria *f*. 2. carretera *f* principal.

ar·te·si·an well [a:,ti:ziən 'wel, US a:r'ti:ʒn] *n* pozo *m* artesiano.

art·ful ['a:tfl] *adj* 1. (*person*) astuto/a, hábil. 2. (*object*) ingenioso/a, práctico/a. **art·ful·ly** ['a:tfəli] *adv* astutamente; ingeniosamente. **art·ful·ness** ['a:tfulnis] *n* astucia *f*, habilidad *f*; ingenio *m*.

arth·rit·ic [a:'θritik] *adj* artrítico/a. **arth·ri·tis** [a:'θraitis] *n* artritis *f*.

ar·ti·choke ['a:tiʃəuk] *n* 1. (*also* **globe** ~) alcachofa *f*. 2. (*also* **Jerusalem** ~) aguaturma *f*.

ar·ti·cle ['a:tikl] **I.** *n* 1. (*object*) artículo *m*, objeto *m*. 2. (GRAM, DER, *writing*, etc) artículo *m*. **II.** *v* 1. (*text*, etc) articular. 2. (*people*) contratar (como aprendiz, etc). LOC ~ **of faith,** artículo *m* de fe.

ar·ti·cul·ate I. [a:'tikjulət] *adj* 1. (*speech, person*) coherente, claro/a. 2. (*object*) articulado/a. **II.** [a:'tikjuleit] *v* (*in all senses*) articular. **ar·ti·cul·at·ed** [a:'tikjuleitid] *adj* articulado: ~ *lorry*, Camión articulado. **ar·ti·cul·ation** [a:,tikju'leiʃn] *n* 1. (*speech*) pronunciación *f*. 2. (*of object*) articulación *f*.

ar·ti·fact V. **artefact**.

ar·ti·fice ['a:tifis] *n* artificio *m*, estratagema *f*, ardid *m*. **ar·ti·fic·er** [a:'tifisə(r)] *n* obrero *m* especializado, mecánico *m*.

ar·ti·fi·ci·al [,a:ti'fiʃl] *adj* artificial, artificioso/a; (*leg*, etc) postizo; (*manner*, etc) falso, afectado: ~ *intelligence*, Inteligencia artificial. **ar·ti·fi·ci·al·ity** [,a:tifiʃi'æləti] *n* falsedad *f*, afectación *f*. **ar·ti·fi·ci·al·ly** [,a:ti'fiʃəli] *adv* artificialmente; afectadamente.

ar·til·le·ry [a:'tiləri] *n* artillería *f*. LOC **~ man**, artillero *m*.

ar·ti·san [,a:ti'zæn, US 'a:rtizn] *n* artesano *m*.

art·ist ['a:tist] *n* 1. (*also* FIG) artista *m,f*. 2. = **ar·tiste** [a:'ti:st] *n* artista *m,f* de teatro, music-hall, etc. **art·ist·ic** [a:'tistik] *adj* artístico/a. **art·ist·ic·al·ly** [a:'tistikli] *adv* artísticamente. **art·is·try** ['a:tistri] *n* (*of painter*, etc) arte *m*, cualidades *f,pl* artísticas.

art·less ['a:tlis] *adj* natural, ingenuo/a; espontáneo/a, sincero/a. **art·y** ['a:ti] *adj* FAM muy amanerado/a, cursi, que presume de artístico. **art·y-craf·ty** ['a:ti'kra:fti] *adj* FAM (*object*) artificial, falso/a.

as [əz, æz] **I.** *prep* 1. como, en calidad de. 2. (*in appearance*) de, como. 3. (*when, while*) de. **II.** *adv* 1. (*in comparison*) ~...~ tan... como: *This dress is twice ~ expensive ~ that*, Este vestido cuesta el doble que ése. 2. (*like*) como. **III.** *conj* 1. (*in time*) mientras, cuando, a medida que. 2. (*in the way, since*) como: *Do ~ I told you*, Haz como te dije. 3. (*although*) aunque. LOC ~ **against sth,** en comparación/contraste con. ~ **for sb/sth,** por lo que se refiere a. ~ **from,** a partir de. ~ **if/though,** como si, igual que si. ~ **it is,** tal como están las cosas. ~ **it were,** por decirlo así. ~ **regards sth/ ~ to sth,** en relación a, por lo que se refiere a. ~ **well**, también. ~ **yet**, hasta ahora.

as·bes·tos [æs'bestɔs, əz'bestəs] *n* asbesto *m*, amianto *m*.

as·cend [ə'send] *v* subir, elevarse, ascender. **~·ancy, -ency** [ə'sendənsi] *n* dominio *m*, ascendiente *m*: ~ *over sb*, Dominio sobre alguien. **~·ant, -ent** [ə'sendənt] *n* ascenso *m*: *To be in the* ~, Estar en ascenso, aumentar en importancia. **as·cen·sion** [ə'senʃn] *n* ascensión *f*: *The Ascension*, REL La Ascensión. **as·cent** [ə'sent] *n* 1. (*act*) ascenso *m*, ascensión *f*. 2. (*path*, etc) cuesta *f*, subida *f*.

as·cer·tain [,æsə'tein] *v* averiguar, indagar; establecer, determinar. **~·able** [,æsə'teinəbl] *adj* averiguable. **~·ment** [,æsə'teinmənt] *n* averiguación *f*, comprobación *f*.

as·cet·ic [ə'setik] **I.** *adj* ascético/a. **II.** *n* asceta *m,f*. **~·al·ly** [-li] *adv* ascéticamente. **~·ism** [ə'setisizəm] *n* ascetismo *m*.

as·crib·able [əs'kraibəbl] *adj* imputable (a); aplicable (a). **as·cribe** [ə'skraib] *v* atribuir (a). **as·crip·tion** [ə'skripʃn] *n* atribución *f*.

a·sep·sis [,ei'sepsis, US ə'sep-] *n* asepsia *f*. **a·sep·tic** [,ei'septik, US ə'sep-] *adj* aséptico/a.

a·sex·u·al [,ei'sekʃuəl] *adj* asexual.

ash [æʃ] *n* 1. BOT fresno *m*. 2. (*of coal*, etc) ceniza *f*. 3. *pl* V. **ashes**. LOC **~-bin** (US **~-can**), cubo *m* de la basura. **~-pan**, recogedor *m* de cenizas. **~-tray**, cenicero *m*. ~ **Wednesday**, miércoles *m* de ceniza. **ash·en** ['æʃn] *adj* ceniciento; (*face*) pálido. **ash·es** ['æʃiz] *n,pl* cenizas *f,pl*; (*of body*) restos *m,pl*, cenizas *f,pl*. **ash·y** ['æʃi] *adj* como la ceniza; lleno

de cenizas; (*colour*) ceniciento: ~ *grey*, Gris ceniza/ceniciento.
a·sham·ed [ə'ʃeimd] *adj* (~ **at sth**) avergonzado/a (de algo).
a·shore [ə'ʃɔ:r] *adv* en tierra; en la orilla. LOC **To come ~**, desembarcar. **To run/be driven ~**, encallar.
A·si·an ['eiʃn, US 'eiʒn], **Asi·at·ic** [eiʃi'ætik, US ,eiʒi'ætik] *adj/n* asiático/a.
a·side [ə'said] **I**. *adv* **1**. a un lado, aparte. **2**. (*in reserve*) aparte: *Set ~*, reservar. **II**. *n* (*also* TEAT) aparte *m*. **III**. *prep* ~ **from**, aparte de.
as·in·ine ['æsinain] *adj* asnal; (*remark*, etc) estúpido/a, lerdo/a.
ask [a:sk] *v* **1**. preguntar. **2**. (*also* ~ **for**) pedir, rogar, exigir. **3**. (*also* ~ **to sth/sb to**) invitar a, ofrecer. LOC **For the asking**, por sólo pedirlo/haberlo pedido. **If you ~ me**, si quieres saber mi opinión. **To ~ after sb**, interesarse por alguien. **To ~ for sb**, pedir entrevistarse, etc, con alguien. **To ~ for trouble**, FAM buscarse complicaciones.
ask·ance [ə'skæns] *adv* de soslayo, oblicuamente; (*look*) con recelo.
as·kew [ə'skju:] *adj/adv* ladeado/a, inclinado/a, oblicuamente.
as·lant [ə'sla:nt, US ə'slænt] **I**. *adv* oblicuamente. **II**. *prep* a través de.
a·sleep [ə'sli:p] *adj* dormido/a. LOC **To fall ~**, dormirse.
asp [æsp] *n* áspid *m*.
as·par·agus [ə'spærəgəs] *n* espárrago *m*.
as·pect ['æspekt] *n* **1**. (*of thing, person*) aspecto *m*, apariencia *f*. **2**. (*of house*, etc) orientación *f*: *The house has a southern ~*, La casa está orientada al sur. **3**. ASTROL GRAM aspecto *m*.
as·pen ['æspən] *n* álamo *m* temblón.
as·per·ity [æ'sperəti] *n* LIT (*also of weather*) aspereza *f*.
as·per·sions [ə'spɜ:ʃnz, US -ʒnz] *n,pl* LIT denuestos *m,pl*, calumnia *f*. LOC **To cast ~**, denostar.
as·phalt ['æsfælt, US -fɔ:lt] **I**. *n* asfalto *m*. **II**. *v* asfaltar.
as·phy·xia [əs'fiksiə, US æs'f-] *n* asfixia *f*. **as·phyxi·ate** [əs'fiksieit] *v* asfixiar(se). **as·phyxi·ation** [əs,fiksi'eiʃn] *n* asfixia *f*.
as·pic ['æspik] *n* gelatina *f* de carne.
as·pir·ant [ə'spaiərənt] *n* LIT aspirante *m,f*, candidato/a. **as·pir·ate I**. ['æspərət] *n* (*sound*) aspiración *f*; consonante *f* aspirada. **II**. ['æspəreit] *v* (*in sound*) aspirar. **as·pir·ation** [,æspə'reiʃn] *n* **1**. (*wish*) aspiración *f*, anhelo *m*, deseo *m*. **2**. (*sound*) aspiración *f*. **aspire** [ə'spaiə(r)] *v* tener aspiraciones de, ambicionar.
as·pi·rin ['æsprin, 'æspərin] *n* aspirina *f*.
ass [æs] *n* **1**. asno *m*, burro *m*. **2**. FAM estúpido/a, burro/a. **3**. US SL = **arse**. LOC **To make an ~ of oneself**, hacer el ridículo.
as·sail [ə'seil] *v* LIT atacar, agredir: ~ *sb with questions*, Asaltar a alguien a preguntas. **~·ant** [-ənt] *n* agresor/ra, asaltante *m,f*.
as·sas·sin [ə'sæsin, US -sn] *n* asesino/a. **~·ate** [ə'sæsineit, US -sən-] *v* asesinar. **~·ation** [ə,sæsi'neiʃn] *n* (*esp political*) asesinato *m*.
as·sault [ə'sɔ:lt] **I**. *n* **1**. ataque *m*, agresión *f* violenta. **2**. JUR (*esp sexual*) violencia *f*. **II**. *v* atacar, agredir; intentar violar. LOC ~ **and battery**, JUR agresión *f* física.
as·say [ə'sei] **I**. *n* (*metals*) ensaye *m*. **II**. *v* (*metals*) ensayar.
as·sem·blage [ə'semblidʒ] *n* **1**. LIT reunión *f*. **2**. (*of objects*) colección *f*, amontonamiento *m*.
as·sem·ble [ə'sembl] *v* **1**. reunir, juntar. **2**. TÉC montar. **as·sem·bly** [ə'sembli] *n* **1**. (*act*) reunión *f*, asamblea *f*. **2**. (*people*) reunidos *m,pl*, asamblea *f*; POL parlamento *m*, congreso *m*. **3**. TÉC montaje *m*. LOC ~ **line**, TÉC cadena *f* de montaje. ~ **room**, sala *f* para banquetes, fiestas, bailes, etc. ~ **shop**, TÉC taller *m* de montaje.
as·sent [ə'sent] **I**. *n* asentimiento *m*, aprobación *f*, conformidad *f*. **II**. *v* asentir, consentir.
as·sert [ə'sɜ:t] *v* **1**. afirmar, declarar. **2**. hacer valer. **3**. insistir en. **~·ion** [ə'sɜ:ʃn] *n* **1**. afirmación *f*, aseveración *f*. **2**. (*act*) imposición *f*. **~·ive** [ə'sɜ:tiv] *adj* (*person, speech*) dominante, autoritario/a, que se hace valer.
as·sess [ə'ses] *v* **1**. (*amount*) valorar, tasar, calcular. **2**. (*quality*) apreciar, estimar. **~·ment** [-mənt] *n* valoración *f*; tasación *f*; opinión *f*. **as·ses·sor** [-ə(r)] *n* (*of tax*, etc) tasador/ra; JUR asesor/ra.
as·set ['æset] *n* **1**. posesión *f* valiosa; FIG ventaja *f*, cualidad *f*. **2**. *pl* COM activo *m*, capital *m*, bienes *m,pl*.
as·sev·er·ate [ə'sevəreit] *v* aseverar. **as·sev·er·ation** [ə,sevə'reiʃn] *n* aseveración *f*.
as·si·du·ity [,æsi'dju:əti, US -du:-] *n* asiduidad *f*. **as·si·du·ous** [ə'sidjuəs, US -dʒuəs] *adj* asiduo. **as·si·du·ous·ly** [ə'sidjuəsli] *adv* asiduamente.
as·sign [ə'sain] *v* **1**. (*task*, etc) señalar, asignar, atribuir. **2**. (*person*) designar, nombrar. **3**. JUR ceder, transferir. **~·able** [-əbl] *adj* asignable; transferible. **~·ation** [,æsig'neiʃn] *n* asignación *f*; nombramiento *m*; JUR cesión *f*; LIT cita *f* secreta. **as·sig·nee**, [æsi'ni] *n* cesionario/a, apoderado/a. **as·sign·ment** [ə'sainmənt] *n* **1**. (*act*) asignación *f*; cesión *f*. **2**. (*task*) misión *f*, cometido *m*.
as·sim·il·ate [ə'siməleit] *v* **1**. absorber, asimilar; (*food*) digerir. **2**. (*ideas*, etc) asimilar. LOC **To ~ sth to sth**, equiparar, asimilar. **as·sim·il·ation** [ə,simə'leiʃn] *n* (*all senses*) asimilación *f*.
as·sist [ə'sist] *v* **1**. ayudar, asistir. **2**. FML asistir, estar presente en. **~·ance** [ə'sistəns] *n* FML asistencia *f*, ayuda *f*. **~·ant** [ə'sistənt] **I**. *n* ayudante *m,f*; (*in shop*) dependiente/a. **II**. *adj* auxiliar; adjunto: *The ~ manager*, El director adjunto / El subdirector.
as·so·ci·ate I. [ə'səuʃiət] **I**. *adj* asociado/a, adjunto/a. **II**. *n* colega *m,f*, compañero/a; COM consocio *m*, socio *m*. **II**. [ə'səuʃieit] *v* asociar(se), unir(se). LOC **To ~ oneself with**, relacionarse con, Identificarse con. **as·so·ci·at·ed** [-id] *adj* asociado/a; afiliado/a. **as·so·ci·ation** [ə,səusi'eiʃn] *n* **1**. relación *f*, conexión *f*, unión *f*. **2**. (*group*, etc) asociación

f. **3**. *pl* sugerencias *f,pl*, connotaciones *f,pl*. LOC **~ football,** fútbol *m*.

as·son·ance ['æsənəns] *n* POÉT asonancia *f*.

as·sort [ə'sɔ:t] *v* clasificar; concordar (con). **as·sort·ed** [ə'sɔ:tid] *adj* variado, surtido: *~ biscuits*, Galletas surtidas. **as·sort·ment** [ə'sɔ:tmənt] *n* (*of things*) mezcla *f* variada, colección *f*, surtido *m*.

as·suage [æ'sweidʒ] *v* (*pain*, etc) aliviar; calmar, mitigar. **~·ment**, [-mənt] *n* alivio *m*.

as·sume [ə'sju:m, US ə'su:m] *v* **1**. (*fact*, etc) suponer, dar por seguro. **2**. (*pretend*) adoptar, arrogarse, tomar. **3**. (*power*, etc) asumir, tomar. **as·sum·ed** [-d] *adj* falso/a, fingido/a. **as·sump·tion** [ə'sʌmpʃn] *n* **1**. suposición *f*, supuesto *m*: *On the ~ that*, En el supuesto que. **2**. adopción *f*, presunción *f*. **3**. (*of position*, etc) toma *f*, asunción *f*; REL *The Assumption*, La Asunción.

as·sur·ance [ə'ʃɔ:rəns, US ə'ʃuərəns] *n* **1**. (*also* **self-**) confianza *f*, aplomo *m*, seguridad *f*. **2**. (*promise*) certeza *f*, garantía *f*, seguridad *f*. **3**. (*esp* Br) COM seguro *m*. **as·sure** [ə'ʃɔ:(r), US ə'ʃuər] *v* **1**. (*fact*, etc) asegurar, afirmar, garantizar, prometer. **2**. (*person*) asegurar contra accidentes, etc. **as·sur·ed** [ə'ʃɔ:rd] (*also* **self-**) *adj* confiado/a, seguro/a, con aplomo. LOC **The ~**, COM el (los, etc) asegurado/a. **as·sur·ed·ly** [ə'ʃɔ:rdli] *adv* ciertamente. **as·sur·er, -·or** [ə'ʃɔ:rə(r)] *n* asegurador/ra.

As·syr·i·an [ə'siriən] *n/adj* asirio/a.

as·ter·isk ['æstərisk] **I**. asterisco *m*. **II**. *v* poner un asterisco a.

a·stern [ə'stɜ:n] **I**. *adv* a popa, en popa, atrás. **II**. *prep* **~ of,** detrás de, a la popa de.

as·ter·oid ['æstərɔid] *n* asteroide *m*.

as·thma ['æsmə, US 'æzmə] *n* asma *f*. **~·tic** [æs'mætik, US æz-] **I**. *adj* asmático/a. **II**. *n* asmático/a.

as·tig·mat·ic [,æstig'mætik] *adj* astigmático/a. **as·tig·mat·ism** [ə'stigmətizəm] *n* astigmatismo *m*.

a·stir [ə'stɜ:(r)] *adj/adv* **1**. en movimiento. **2**. ARC levantado/a de la cama.

as·ton·ish [ə'stɔniʃ] *v* asombrar, maravillar (de). **as·ton·ish·ed** [-t] *adj* asombrado/a. **as·to·nish·ing** [-iŋ] *adj* asombroso/a, sorprendente. **as·to·nish·ment** [-ment] *n* asombro *m*, estupefacción *f*.

as·tound [ə'staund] *v* dejar estupefacto, asombrar.

as·tra·khan [,æstrə'kæn, US 'æstrəkən] *n* astracán *m*.

as·tral ['æstrəl] *adj* astral.

a·stray [ə'strei] *adv* por mal camino. LOC **To go ~,** extraviarse, perderse; FIG ir por mal camino.

a·stride [ə'straid] **I**. *adv* a horcajadas. **II**. *prep* a horcajadas sobre.

as·trin·gent [ə'strindʒənt] *adj* **I**. astringente *m*. **II**. *adj* astringente; FIG adusto/a, áspero/a, agrio/a.

as·tro·log·er [ə'strɔlədʒə(r)] *n* astrólogo/a. **as·tro·log·ic·al** [,æstrə'ɔdʒikl] *adj* astrológico/a. **as·tro·lo·gy** [ə'strɔlədʒi] *n* astrología *f*.

as·tro·naut ['æstrənɔ:t] *n* astronauta *m,f*. **~·ics** [,æstrə'nɔ:tiks] *n* astronáutica *f*.

as·tro·nom·er [ə'strɔnəmə(r)] *n* astrónomo/a. **as·tro·nom·ic·al** [,æstrə'nɔmikl] *adj* (*also* FIG) astronómico/a. **as·tro·no·my** [ə'strɔnəmi] astronomía *f*.

as·tro·phys·ics [,æstrəu'fiziks] *n* astrofísica *f*.

as·tute [ə'stju:t, US ə'stu:t] *adj* sagaz, perspicaz, astuto/a. **as·tute·ly** [-li] *adv* astutamente. **~·ness** [-nis] *n* astucia *f*.

a·sun·der [ə'sʌndə(r)] *adv* LIT en pedazos: *Tear ~*, Partir en pedazos, FIG destrozar, deshacer.

a·sy·lum [ə'sailəm] *n* **1**. (*political*, etc) refugio *m*, asilo *m*, protección *f*. **2**. HIST asilo *m*, manicomio *m*.

a·sym·me·tric·(al) [,eisi'metrik(l)] *adj* asimétrico.

at [ət, æt] *prep* **1**. (*in space*) en, por. **2**. (*in time*) a, por: *Come ~ two*, Ven a las dos. **3**. (*in a direction*) a, hacia, en dirección a: *The dog ran ~ me*, El perro corrió hacia mi. **4**. (*in a distance*) a: *I can read ~ 50 metres*, Puedo leer a (una distancia de) 50 metros. **5**. (*for condition, activity*, etc) en: *They were ~ war*, Estaban en guerra. **6**. (*for speed, price*, etc) a: *Drive ~ 60 mph*, Conducir a 60 millas por hora. **7**. (*after adj or ns*) en, por: *Busy ~ gardening*, Ocupado en trabajos de jardinería. **8**. (*with "one's" + a sup adj*) en: *She's ~ her best when she sings*, Está en su apogeo cuando canta. **9**. (*in response to*) a, por: *She did it ~ my request*, Lo hizo a petición mía. LOC **To be ~ it**, estar ocupado en algo.

a·tav·ism ['ætəvizəm] *n* atavismo *m*. **at·a·v·ist·ic** [,ætə'vistik] *adj* atávico/a.

ate pret de **eat**.

a·tel·ier [ə'teliei, US ,ætl'jei] *n* estudio *m* de pintor, taller *m*.

a·the·ism ['eiθiizəm] *n* ateísmo *m*. **a·the·ist** ['eiθiist] *n* ateo/a. **a·the·ist·ic** [,eiθi'istik] *adj* ateo/a.

ath·lete ['æθli:t] *n* atleta *m,f*. LOC **~'s foot**, MED pie *m* de atleta. **ath·let·ic** [æθ'letik] *adj* atlético. **ath·let·ics** [-iks] *n* atletismo *m*.

at-home [ət'həum] *n* ARC fiesta *f* abierta, recepción *f* informal.

a·thwart [ə'θwɔ:t] **I**. *adv* a través, transversalmente. **II**. *prep* a través de, de lado a lado de.

a·tilt [ə'tilt] *adj* inclinado/a.

at·las ['ætləs] *n* atlas *m*.

at·mo·sphere ['ætməsfiə(r)] *n* **1**. atmósfera *f*; (*in a room*) aire *m*, atmósfera *f*. **2**. FIG ambiente *m*, atmósfera *f*. **at·mo·spher·ic** [,ætməs'ferik] *adj* atmosférico; (*light*) ambiental. **at·mos·pher·ics** [,ætməs'feriks] *n,pl* ELECTR interferencias *f,pl*.

a·toll ['ætɔl] *n* atolón *m*.

a·tom ['ætəm] *n* (*also* FIG) átomo *m*. **a·tom·ic** [ə'tɔmik] *adj* atómico. **a·tom·ize, -ise** ['ætəmaiz] *v* atomizar. **a·tom·iz·er, -is·er** *n* atomizador *m*, pulverizador *m*.

a·ton·al [ei'təunl] *adj* MÚS atonal. **a·ton·al·ity** [,eitəu'næləti] *n* atonalidad *f*.

a·tone [ə'təun] *v* LIT **(for)** expiar. **~·ment** [-mənt] *n* expiación *f*.

atop [ə'tɔp] *prep* sobre encima de.

atro·ci·ous [ə'trəuʃəs] *adj* **1**. inicuo/a, cruel, malvado/a. **2**. FAM atroz, horrible: *~ weather*, Un tiempo de perros. **at·ro·ci·ty** [ə'trɔsəti] *n* (*also act*) atrocidad *f*.

at·ro·phy ['ætrəfi] **I**. *n* atrofia *f*. **II**. *v* atrofiar(se).

at·tach [ə'tætʃ] *v* **1**. (*object*) pegar, adherir, prender. **2**. JUR (*property*) incautar, embargar. **3**. (~ **sth to sth**) atribuir, dar. **4**. (~ **sb to sth**) destinar, asignar. **5**. (~ **oneself to**) unirse a, engancharse a. **at·tach·ed** [-t] *adj* **1**. adherido, enganchado; (*letter*, etc) adjunto. **2**. (*person*) unido, encariñado. **at·tach·ment** [-ment] *n* **1**. (*act*) unión *f*, enganche *m*, atadura *f*. **2**. (*appliance*) accesorio *m*. **3**. JUR embargo *m*, incautación *f*. **4**. (*feeling*) cariño *m*, apego *m*.

at·taché [ə'tæʃei, US ,ætə'ʃei] *n* agregado *m* diplomático. *Cultural ~*, Agregado cultural. *~ case*, Maletín para documentos.

at·tack [ə'tæk] **I**. *n* **1**. (*esp* MIL , *also* DEP) ataque *m*, ofensiva *f*. **2**. MED ataque *m*. **3**. FIG ataque *m*, acometida *f*, ofensiva *f*. **II**. *v* (MIL, MED, FIG, etc) atacar, combatir.

at·tain [ə'tein] *v* alcanzar, conseguir, llegar a. **~·able** [-əbl] *adj* alcanzable. **~·ment** [-ment] *n* **1**. logro *m*. **2**. *pl* talentos *m,pl*, dotes *f,pl*.

at·tar ['ætə(r)] *n* esencia *f* de rosas.

at·tempt [ə'tempt] **I**. *v* intentar lograr, hacer esfuerzos por. **II**. *n* **1**. intento *m*, tentativa *f*, esfuerzo *m*: *An ~ at scaping*, Un intento de fuga. **2**. (*on a person's life*) ataque *m*, atentado *m*.

at·tend [ə'tend] *v* **1**. (*in thought*) atender, prestar atención a. **2**. (*take care*) asistir, cuidar, atender. **3**. (*problem, customer*, etc) prestar atención a, preocuparse por, atender a. **4**. (*be present*) asistir, ir: *They ~ church*, Van a la iglesia regularmente. **5**. LIT acompañar, escoltar. **~·ance** [-əns] *n* **1**. (*act*) asistencia *f*, presencia *f*. **2**. (*person*) presentes *m,pl*, asistentes *m,pl*, concurrencia *f*. LOC **In ~ on**, al cuidado o servicio de. **~·ant** [-ənt] **I**. *n* **1**. (*in public place*) encargado/a, cuidador/ra, vigilante *m,f*. **2**. (*esp pl*) acompañante *m,f*, sirviente/a. **II**. *adj* que acompaña, acompañante. **at·tend·er** [-ə(r)] *n* asistente *m,f*.

at·ten·tion [ə'tenʃn] **I**. *n* **1**. atención *f*: *Pay ~ to what I say*, Presta atención a lo que digo, *I keep trying to attract the waiter's ~*, Intento llamar la atención del camarero. **2**. (*care*) atención *f*, cuidado *m*: *The car needs ~*, El coche requiere cuidados. **3**. MIL posición *f* de firmes. **4**. *pl* FAM atenciones *f,pl*, mimos *m,pl*. **II**. *int* ¡atención!; MIL ¡firmes!

at·ten·tive [ə'tentiv] *adj* atento/a, alerta; obsequioso/a, atento/a.

at·te·nu·ate [ə'tenjueit] *v* **1**. hacer más tenue. **2**. (*esp* JUR) atenuar. **at·te·nu·ation** [ə,tenju'eiʃn] *n* atenuación *f*.

at·test [ə'test] *v* **1**. atestiguar, certificar. **2**. dar fe de; (*signature*) legalizar. **at·test·ed** [-id] *adj* Br certificado/a.

at·tic ['ætik] *n* ático *m*, desván *m*.

at·tire [ə'taiə(r)] **I**. *n* IR atavío *m*, atuendo *m*, ropaje *m*. **II**. *v* ARC ataviar(se), vestir(se).

at·ti·tude ['ætitju:d, US -tu:d] *n* **1**. actitud *f*. **2**. LIT (*in photo*, etc) postura *f*, ademán *m*. LOC **To strike an ~**, tomar una postura. **at·ti·tu·din·ize, -·ise** [,æti'tju:dinaiz, US -'tu:dənaiz] *v* comportarse amaneradamente, ser afectado.

at·tor·ney [ə'tɜ:ni] *n* **1**. (*in business*, etc) apoderado *m*, procurador *m*, abogado *m*. **2**. US (*esp* JUR) abogado *m*; *District ~*, Fiscal. LOC **~ General**, Fiscal del Reino, US Procurador General.

at·tract [ə'trækt] *v* **1**. atraer. **2**. (*interest*) atraer, interesar, llamar. **~·ion** [ə'trækʃn] *n* **1**. (*act*) atracción *f*. **2**. (*object*) atractivo *m*, aliciente *m*. **~·ive** [ə'træktiv] *adj* (*person, plan*, etc) atractivo/a, interesante, atrayente. **~·ive·ly** [ə'træktivli] *adv* de modo atractivo, con encanto.

at·trib·ut·able [ə'tribjutəbl] *adj* atribuible. **at·trib·ute I**. [ə'tribju:t] *v* atribuir. **II**. ['ætribju:t] *n* atributo *m*. **at·tri·bu·tion** [,ætri'bju:ʃn] *n* atribución *f*. **at·trib·ut·ive** [ə'tribjutiv] *adj* GRAM atributivo/a.

at·tri·tion [ə'triʃn] *n* roce *m*, erosión *f*, desgaste *m*: *War of ~*, FIG Guerra de agotamiento.

at·tune [ə'tju:n, US ə'tu:n] *v* armonizar; familiarizar.

a·typ·ic·al [,ei'tipikl] *adj* atípico/a.

au·ber·gine ['əubəʒi:n] *n* berenjena *f*.

au·burn ['ɔ:bən] *adj* (*of hair*) castaño rojizo.

auc·tion ['ɔ:kʃn, 'ɔkʃn] **I**. subasta *f*, venta *f* pública. **II**. *v* subastar, poner a subasta. **~·eer** [,ɔ:kʃə'niə(r)] *n* subastador/ra.

au·da·ci·ous [ɔ:'deiʃəs] *adj* **1**. audaz, atrevido/a. **2**. PEY atrevido/a, insolente, descarado/a. **au·da·ci·ty** [ɔ:'dæsəti] *n* audacia *f*.

aud·ib·il·ity [,ɔ:də'biləti] *n* audibilidad *f*. **aud·ible** ['ɔ:dəbl] *adj* audible, oíble. **aud·ib·ly** [-əbli] *adv* de forma audible. **au·di·ence** ['ɔ:diəns] *n* **1**. (*gathered*) público *m*, auditorio *m*, asistentes *m,pl*. **2**. (*of TV*, etc) televidentes *m,f*, espectadores *m,pl*, audiencia *f*. **3**. (*with king*, etc) audiencia *f*.

au·dio fre·quen·cy [,ɔ:diəu 'fri:kwənsi] *n* audiofrecuencia *f*.

au·dio-vi·su·al [,ɔ:diəu'viʒuəl] *adj* audiovisual.

au·dit ['ɔ:dit] **I**. *n* (*of account*) revisión *f*, auditoría *f*. **II**. *v* revisar, intervenir. **~·ion** [ɔ:'diʃn] **I**. *n* (*of actor, singer*, etc) prueba *f*. **II**. *v* hacer una prueba (de actor, etc). **~·or** ['ɔ:ditə(r)] *n* COM auditor *m*, interventor *m* de cuentas. **~·or·ium** [,ɔ:di'tɔ:riəm] *n* (*room*) auditórium *m*, sala *f*. **~·ory** ['ɔ:ditri, US -tɔ:ri] *adj* (*nerve*, etc) auditivo/a, del oído.

au·ger ['ɔ:gə(r)] *n* barrena *f*, taladro *m*.

aught [ɔ:t] *pron* algo *m*, alguna cosa *f*; (*in negation*) nada.

aug·ment [ɔ:g'ment] *v* FML aumentar, engrosar. **~·ation** [,ɔ:gmen'teiʃn] *n* aumento *m*, incremento *m*.

au·gur ['ɔ:gə(r)] **I.** *n* augur *m*, **II.** *v* augurar, predecir. LOC **To ~ well/ill for sb,** ser de buen/mal augurio para alguien. **au·gu·ry** ['ɔ:gjuri] *n* augurio *m*, señal *f*.

au·gust [ɔ:'gʌst] *adj* augusto/a, majestuoso/a.

Au·gust ['ɔ:gəst] *n* agosto *m*.

auk [ɔ:k] *n* alca *f*.

aunt [a:nt, US ænt] *n* tía *f*. **auntie, -y** ['a:nti, US 'ænti] *n* FAM tía *f*.

au pair [,əu 'peə(r)] *n* chico/a au pair.

au·ra ['ɔ:rə] *n* aura *f*.

aur·al ['ɔ:rəl, 'aurəl] *adj* del oído, de la audición: ~ *surgeon*, Cirujano del oído. **aur·icle** ['ɔ:rikl] *n* **1.** pabellón *m* auditivo. **2.** aurícula *f*. **aur·icul·ar** [ɔ:'rikjulə(r)] *adj* auricular.

au·ri·fer·ous [ɔ:'rifərəs] *adj* aurífero/a.

au·ro·ra [ɔ:'rɔ:rə] *n* **1.** aurora *f* boreal. **2.** aurora *f* austral.

aus·pi·ces ['ɔ:spisiz] *n,pl* auspicios *m,pl*. LOC **Under the ~ of,** Bajo los auspicios de. **aus·pi·cious** [ɔ:'spiʃəs] *adj* de buen augurio.

Aus·sie ['ɔzi] *n/adj* FAM australiano/a.

aus·tere [ɔ'stiə(r), ɔ:'stiə(r)] *adj* austero. **aus·ter·ity** [ɔ'sterəti, ɔ:'sterəti] *n* austeridad *f*: ~ *measures*, Medidas de austeridad.

aus·tral [ɔ:strəl] *adj* austral.

Aus·tra·li·an [ɔ:s'treiljən] *adj/n* australiano/a.

Aus·tri·an ['ɔ:striən] *adj/n* austríaco/a

au·then·tic [ɔ:'θentik] *adj* auténtico/a. **~·al·ly** [-li] *adv* auténticamente. **~·ate** [ɔ:'θentikeit] *v* legalizar, autenticar. **~·ation** [ɔ:,θenti'keiʃn] *n* autenticación *f*. **~ity** [,ɔ:θen'tisəti] *n* autenticidad *f*.

au·thor ['ɔ:θə(r)] *n* **1.** autor *m*, escritor *m*. **2.** (*of plan*, etc) autor *m*, inventor *m*. **~·ess** [-ris] *n* autora *f*, escritora *f*. **~·it·ar·ian** [ɔ:-,θɔri'teəriən] *adj/n* autoritario/a. **~·it·ar·ian·ism** [ɔ:,θɔri'teəriənism] *n* autoritarismo *m*. **~·it·at·ive** [ɔ:'θɔrətətiv, US -teitiv] *adj* (*source, opinion*) autorizado/a; (*person, orders*) autoritario/a. **~ity** [ɔ:'θɔrəti] *n* autoridad *f*: *Local authorities*, Autoridades locales. **~·iz·ation, ·is·ation** [,ɔ:θərai'zeiʃn, US -ri'z-] *n* autorización *f*. **~·ize, ·ise** ['ɔ:θəraiz] *v* autorizar. **~·ship** ['ɔ:θəʃip] *n* autoría *f*.

aut·ism ['ɔ:tizəm] *n* autismo *m*. **aut·ist·ic** [ɔ:'tistik] *adj* autista.

au·to ['ɔ:təu] *n* (*pl* **~s**) INFML (*esp* US) coche *m*, auto *m*.

au·to·bio·graph·ic·(al) [,ɔ:təbaiə'græfik(l)] *adj* autobiográfico/a. **au·to·bio·gra·phy** [,ɔ:təbai'ɔgrəfi] *n* autobiografía *f*.

au·to·bus ['ɔtəbəs] *n* autobús *m*.

au·toch·thon [ɔ:'tɔkθən] *adj/n* autóctono/a. **au·toch·tho·nous** [-nəs] *adj* autóctono/a.

au·to·cra·cy [ɔ:'tɔkrəsi] *n* autocracia *f*. **au·to·crat** ['ɔ:təkræt] *n* autócrata *m,f*. **au·to·crat·ic** [,ɔ:tə'krætik] *adj* autocrático.

au·to·graph ['ɔ:təgra:f, US -græf] **I.** *n* autógrafo *m*. **II.** *v* firmar autógrafos.

au·to·mat ['ɔ:təmæt] *n* US máquina *f* automática de comida. **au·to·mate** ['ɔ:təmeit] *v* automatizar. **au·to·mat·ic** [,ɔ:tə'mætik] **I.** *adj* automático. **II.** *n* (*car, gun*, etc) automático *m*. **au·tom·ation** [,ɔ:tə'meiʃn] *n* automatización *f*. **~au·to·ma·ton** [ɔ:'ɔmətən, US -tɔn] *n* (*pl* **~s, ~ta** [-tə] autómata *m,f*.

au·to·mo·bile ['ɔ:təməbi:l] *n* US automóvil *m*, coche *m*.

au·to·nom·ous [ɔ:'tɔnəməs] *adj* POL autónomo/a. **au·to·no·my** [ɔ:tɔnəmi] *n* POL autonomía *f*.

au·top·sy ['ɔ:tɔpsi] *n* autopsia *f*.

au·to-sug·ges·tion [,ɔ:təu sə'dʒestʃən] *n* autosugestión *f*.

au·tumn ['ɔ:təm] *n* otoño *m*. **au·tumn·al** [ɔ:'tʌmnəl] *adj* otoñal.

aux·il·i·ary [ɔ:g'ziliəri] **I.** *adj* auxiliar. **II.** *n* **1.** auxiliar *m,f*; subalterno/a. **2.** GRAM verbo *m* auxiliar. **3.** **(auxiliaries)** *pl* tropas *f,pl* auxiliares.

a·vail [ə'veil] *v* beneficiar, valer, ser útil a. **II.** *n* provecho *m*. LOC **Of no ~,** sin ninguna utilidad. **To no ~,** sin éxito alguno. **~·ab·il·ity** [ə,veilə'biləti] *n* disponibilidad *f*. **~·able** [ə'veiləbl] *adj* **1.** (*things*) disponible: *The only ~ room*, La única habitación disponible. **2.** (*people*) disponible, libre.

a·va·lanche ['ævəla:nʃ, US -læntʃ] *n* (*also* FIG) alud *m*, avalancha *f*.

a·vant-garde [,ævɔŋ 'ga:d] **I.** *adj* avanzado/a, de vanguardia, moderno/a. **II.** *n* vanguardia *f*, modernidad *f*.

a·var·ice ['ævəris] *n* FML avaricia *f*. **a·var·ici·ous** [,ævə'riʃəs] *adj* avaro, avariento.

a·venge [ə'vendʒ] *v* vengar(se). **a·ven·ger** *n* vengador/ra.

av·enue ['ævənju:, US -nu:] *n* avenida *f*; FIG vía *f*, camino *m*.

a·ver [ə'vɜ:(r)] *n* FML afirmar, aseverar; JUR declarar. **~·ment** [-mənt] *n* declaración f.

av·er·age ['ævəridʒ] **I.** *n* término *m* medio, promedio *m*, media *f*. LOC **On ~,** por término medio, por lo general. **II.** *adj* **1.** medio: *The ~ age of the students*, La edad media de los estudiantes. **2.** (*usual*) corriente, normal, ordinario/a. **III.** *v* **1.** calcular la media de. **2.** hacer, etc, por término medio, soler. LOC **To ~ out at sth,** resultar, salir (por término medio).

a·verse [ə'vɜ:s] *adj* FML (*person*) contrario/a, opuesto/a a. **a·ver·sion** [ə'vɜ:ʃn, US ə'vɜ:rzn] *n* aversión *f*; manía *f*.

a·vert [ə'vɜ:t] *v* **1.** (*glance*, etc) apartar, desviar. **2.** (*event*) evitar, impedir.

a·vi·ary ['eiviəri, US -vieri] *n* (*esp in zoo*) pajarera *f*.

a·vi·ation [,eivi'eiʃn] *n* aviación *f*. **a·vi·at·or** ['eivieitə(r)] *n* ARC aviador/ra.

a·vid ['ævid] *adj* ávido/a, codicioso/a. **~ity** [ə'vidəti] *n* FML avidez *f*. **a·vid·ly** [-li] *adv* ávidamente, con avidez.

a·vo·ca·do [,ævə'ka:dəu] *n* (*pl* **~s**) aguacate *m*.

a·void [ə'vɔid] *v* evitar. **~·able** [-əbl] *adj* evitable. **~·ance** [-dəns] *n* evitación *f*: *Tax ~*, desgravación *f* fiscal.

a·voir·du·pois [,ævədə'pɔiz] *n* **1.** Br, US sistema *m* no decimal de pesos (basado en la libra. **2.** FAM gordura *f*.

a·vouch [ə'vautʃ] *v* afirmar; garantizar; reconocer.

a·vow [ə'vau] *v* FML admitir, reconocer, confesar. **a·vow·al** [-əl] *n* confesión *f*. **a·vow·ed** [-d] *adj* reconocido, admitido.
a·vun·cu·lar [ə'vʌŋkjulə(r)] *adj* FML (*tone, style*, etc) como un tío.
a·wait [ə'weit] *v* FML esperar, aguardar.
a·wake [ə'weik] (pret **awoke** [ə'wəuk], pp **awoken** [ə'wəukən]) **I.** *v* (*also* FIG) despertar(se). **II.** *adj* despierto/a; FIG consciente. **a·wak·en** [ə'weikən] *v* **1.** (*also* FIG) despertar(se). **2.** (**sb to sth**) poner a alguien al corriente de algo. **a·waken·ing** [ə'weikniŋ] *n* (*also* FIG) despertar *m*.
a·ward [ə'wɔ:d] **I.** *v* (*of judge*, etc) conceder, otorgar, dar, adjudicar. **II.** *n* **1.** (*act*) concesión *f*, adjudicación *f*. **2.** (*prize*, etc) galardón *m*, premio *m*, condecoración *f*. **3.** fallo *m*, sentencia *f*.
a·ware [ə'weə(r)] (**of**) *adj* enterado/a, informado/a; consciente. **~·ness** [-nis] *n* consciencia *f*.
a·wash [ə'wɔʃ] *adj* cubierto/a por el agua.
a·way [ə'wei] *adv* **1.** a distancia, lejos. **2.** (*continuously*) sin parar. **3.** (*disappear*) completamente: *The water boiled ~*, El agua hirvió y se evaporó. **4.** DEP en campo contrario, fuera de casa: *They are playing ~ tomorrow*, Mañana juegan fuera de casa. LOC **~ with sb/sth**, ¡fuera!, ¡a paseo!: *~ with you!* ¡Vete de aquí!
awe [ɔ:] **I.** *n* temor *m*, respeto *m*: *His letter filled me with ~*, Su carta me inspiró temor. **II.** *v* atemorizar, inspirar respeto a. LOC **~in·spir·ing**, aterrador. **~some**, horrible, imponente. **~stricken/~·struck**, atemorizado, horrorizado.
aw·ful ['ɔ:fl] *adj* **1.** malo/a, atroz, horrible. **2.** INFML malísimo/a, pésimo/a. **3.** INFML grande, enorme. **aw·ful·ly** ['ɔ:fli] *adv* INFML una barbaridad, muchísimo: *I'm ~ sorry!*, ¡Lo siento muchísimo!
a·while [ə'wail, US ə'hwail] *adv* un rato; algún tiempo.
awk·ward ['ɔ:kwəd] *adj* **1.** (*object*, etc) incómodo/a, poco práctico/a. **2.** (*problem*, etc) difícil, complicado/a, enrevesado/a. **3.** (*situation, feeling*, etc) violento/a, incómodo/a, inconveniente. **4.** (*in movement*) torpe, sin gracia. LOC **The ~ age,** La edad del pavo. **~·ness** [-nis] *n* incomodidad *f*; dificultad *f*; violencia *f*; torpeza *f*.
awl [ɔ:l] *n* lezna *f*.
awn·ing ['ɔ:niŋ] *n* **1.** toldo *m* (en la entrada). **2.** marquesina *f*.
a·woke pret de **awake**.
aw·ry [ə'rai] *adv* de través, al sesgo; FIG torcidamente, mal. LOC **To go ~**, salir (algo) mal.
axe (*also esp* US **ax**) [æks] **I.** *n* hacha *f*. LOC **To get the ~**, ser despedido del trabajo. **To have an ~ to grind,** actuar de forma interesada. **II.** *v* quitar de en medio, eliminar; reducir drásticamente.
ax·i·om ['æksiəm] *n* axioma *m*. **ax·i·om·at·ic** [,æksiə'mætik] *adj* axiomático.
ax·is ['æksis] *n* (*pl* **axes** ['æksi:z]) eje *m*; *The Axis*, POL El Eje.
axle ['æksl] *n* TÉC eje *m*, árbol *m*.
ay(e) [ai] **I.** *int* ¡sí!: *~ ~ Sir!*, ¡Sí, señor! **II.** *n* (*vote*) sí *m*. LOC **The ayes have it,** han ganado los síes.
a·zi·muth ['æziməθ] *n* acimut *m*.
a·zure ['æʒə(r), 'æzjuə(r)] *n/adj* azul *m* celeste.

B, b [bi:] **1.** letra 'b' *f*. **2.** MÚS si *m*: *B major*, si mayor. **3.** (*second rate*) calificación *f* de tipo b. LOC **~-road,** carretera *f* secundaria.
b *abrev* = born.
BA [,bi:'ei] *abrev* = Bachelor of Arts, Licenciado/a en Filosofía y Letras.
baa [ba:] **I.** *n* balido *m*. **II.** *v* balar.
bab·ble ['bæbl] **I.** *n* **1.** balbuceo *m*; parloteo *m*, charla *f* confusa. **2.** murmullo *m* (de agua), susurro *m*. **II.** *v* **1.** balbucear; parlotear, charlar. **2.** (*water, stream,* etc) murmurar, susurrar. **bab·bler** ['bæblə(r)] *n* charlatán/na.
babe [beib] *n* **1.** niño/a, criatura *f*. **2.** US SL tía *f*, chica *f*.
ba·bel ['beibl] *n* torre *f* de Babel, caos *m*, griterío *m*, confusión *f*.
ba·boon [bə'bu:n, US bæ-] *n* babuino *m*, mandril *m*.
ba·by ['beibi] **I.** *n* **1.** niño/a, criatura *f*. **2.** INFML menor *m*, benjamín *m*. **3.** US SL querida *f*, amiga *f*, chica *f*. **4.** *adj* pequeño: *A ~ car*, Un cochecito. LOC **To leave someone holding the ~,** FIG cargar a alguien con el muerto. **II.** *v* mimar, tratar como a un niño. LOC **~-fac·ed**, de cara aniñada. **~·grand**, piano *m* de media cola, colín *m*. **~-mind·er,** cuidador/ra de niños, canguro *m/f*. **~-sit,** (pret, pp *-sat)* cuidar a niños por dinero/a, hacer de canguro. **~-sit·ter**, cuidador/ra de niños (pagado por horas), canguro *m,f*. **~-snatch·er**, ladrón/na de niños. **~-talk,** habla *f* infantil. **ba·by·hood** ['-hud] *n* niñez *f*, infancia *f*. **ba·by·ish** ['-iʃ] *adj* infantil, aniñado/-a.
bac·ca·lau·re·ate [,bækə'lɔ:riət] *n* examen *m* final del bachillerato.
bac·ca·rat ['bækəra:] *n* bacará *m*.
bac·cha·nal ['bækənl] *n* (*pl* **~s** o **~ia** [,bækə'neiliə]) FML, LIT bacanal *f*. **bac·cha·nal·ian** [,bækə'neiliən] *adj* desenfrenado/a.
bac·cy ['bæki] FAM *n* tabaco *m*.
ba·che·lor ['bætʃələ(r)] *n* **1.** soltero *m*, solterón *m*. **2.** licenciado/a (universitario/a). LOC **~ flat,** piso de soltero.
ba·cil·lus [bə'siləs] *n* (*pl* **~cilli** [-'lai]) bacilo *m*.
back [bæk] **I.** *n* **1.** ANAT espalda *f*, dorso *m*; (*of animal*) lomo *m*; columna *f*. LOC **Behind someone's ~,** FIG a espaldas de alguien. **To be on someone's ~,** FIG ser una molestia para alguien. **To break one's ~,** FIG matarse trabajando. **To have one's ~ to the wall,** FIG estar acorralado. **To turn one's ~ upon,** FIG volver la espalda a, desentenderse de. **2.** (*of object*) parte *f* de atrás; fondo *m*, final *m*: *At the ~ of the house*, En la parte trasera de la casa. *At the ~ of the book,* Al final del libro. **3.** (*of chair*) respaldo *m*; (*of garment*) espalda *f*, revés *m*; (*of coin,document*, etc) dorso *m*. LOC **At the ~ of one's mind,** en lo recóndito de la mente. **~ to ~,** espalda con espalda. **~ to front,** al revés. **II.** *adj* **1.** (*situation*) trasero/a, de atrás: *~ door*, Puerta de atrás. *~ streets*, Callejuelas. **2.** (*review, magazine*) atrasado/a, antiguo/a. **3.** (*pay. tax*, etc) debido/a, retrasado/a. LOC **By/Through the ~ door,** FIG bajo mano. **III.** *adv* **1.** atrás, hacia

atrás. **2.** (*repeat, return*) de nuevo/a, de vuelta: *They will be ~ at six*, Estarán de vuelta a las seis. **3.** (*in time*) atrás, tiempo atrás: *A few years ~*, Unos años atrás, hace ya algunos años. LOC **~ and forth,** de un lado a otro sucesivamente: *Ferries sailing ~ and forth*, Los ferrys que hacen la travesía de ida y vuelta. **IV.** *v* **1.** (*movement*) retroceder, ir hacia atrás. **2.** hacer retroceder, dar marcha atrás a. **3.** (*horse races*) apostar (por, a): *I ~ed four horses and I lost*, Aposté por cuatro caballos y perdí. **4.** (*candidate,* etc) apoyar, respaldar, defender. **5.** (*object*) forrar, recubrir. **6.** **(away)** apartarse de, mostrar disgusto hacia. **7.** **(down)** FIG echarse atrás, desdecirse. **8.** **(on)** mirar por atrás a, dar la espalda a. **9.** **(out)** volverse atrás, desdecirse. **10.** **(up)** retroceder, dar marcha atrás. *~ sth up* (*computer*) hacer una copia de seguridad de algo. LOC **To ~ the wrong horse,** defender/apostar por el perdedor. **To ~ up someone/someone's words,** defender a alguien, apoyar la versión de alguien.

back..., **~·ache,** *n* dolor *m* de espalda/riñones. **~-bench,** *n* banco *m* parlamentario no ministerial. **~-bencher,** *n* diputado *m* que no es ministro. **~-bite,** *v* (pret *-bit*, pp *-bitten*) murmurar, difamar. **~-biter,** *n* murmurador/ra. **~-bone,** *n* **1.** espinazo *m*, espina *f* dorsal. **2.** FIG soporte *m* principal: *They are the ~ of our society,* Son el pilar de nuestra sociedad. **3.** FIG fuerza *f* moral, agallas *f,pl*. LOC **To the ~,** hasta la médula, a conciencia. **~-breaking,** *adj* (*work*, etc) agotador, pesado. ~-chat, *n* INFML réplica *f* descarada. **~-cloth,** *n* ART telón *m* de fondo. **~-date,** *v* hacer efectivo retroactivamente. **~-drop,** *n* V. **~-cloth**. **~er,** *n* **1.** defensor/a, partidario/a. **2.** patrocinador/a, promotor/a. **3.** (*of horses*) apostante *m,f*. **~-fire,** *v* **1.** (*engine*) petardear, producir detonaciones. **2.** FIG salir el tiro por la culata. **~-gammon,** *n* damas *f/pl*. **~-ground,** **I.** *n* **1.** (*in view, picture,* etc) fondo *m*, último término *m*. **2.** ART fondo *m*. **3.**

HIST, POL, etc. contexto *m* sociopolítico, situación *f* histórica. **4**. (*person*) antecedentes *mpl*, historial *m*, origen *m*. **III**. *adj* (*music*, etc) ambiental, de fondo. **~·hand**, **I**. *n* (*tennis*, etc) revés *m*, golpe *m* de revés. **II**. *adj* de revés: *A ~ stroke,* Un golpe de revés. **~·handed,** *adj* **1**. (*stroke*, etc) de revés. **2**. FIG irónico/a, insincero/a, doble: *A ~ remark*, Un comentario con doble intención. **~·hander,** *n* SL soborno *m*. **~·ing,** *n* **1**. apoyo *m*, sostén *m*. **2**. (*material*) forro *m*, capa *f*. **3**. COM garantía *f*, respaldo *m*; reserva *f*. **4**. (*pop music*) acompañamiento *m*, fondo *m*. **~·lash,** *n* **1**. (*engine*) reacción *f* violenta. **2**. FIG réplica *f* violenta, contragolpe *m*. **~·less,** *adj* (*dress*) escotado por la espalda. **~·list,** *n* catálogo *m* de títulos en existencia (en editorial). **~·log,** *m* (*bills, mail*, etc) atrasos *m,pl*. **~-pedal,** *v* **1**. pedalear a la contra. **2**. FIG dar marcha atrás. **~·room, I**. *n* cuarto *m* trasero. **II**. *adj* INFML (*students, scientists*, etc) de escasa celebridad, sin repercusión pública. **~·seat, I**. *n* **1**. asiento *m* trasero. **2**. FIG puesto *m* inferior. LOC **To take a ~,** ceder uno su puesto/a, perder influencia. **II**. *adj* (*driver*) que da consejos desde un puesto resguardado. **~·side,** *n* INFML trasero *m*, culo *m*. *Get off your ~ and do some work!*, ¡Levanta el culo y haz algo! **~·slide,** *v* (pret *-slid,* pp *-slid)* reincidir, recaer, volver a las andadas. **~·slider,** *n* reincidente *m,f*. **~·space,** *v* (*typewriter*) pulsar la tecla de retroceso. **~·stage,** *adv* **1**. entre bastidores, detrás del telón. **2**. FIG bajo mano, entre bastidores. **~·stairs, I**. *n* escalera *f* de servicio. **II**. *adj* FIG clandestino/a, ilegal. **~·stroke,** *n* (*swimming*) brazada *f* de espaldas. **~·track,** *v* **1**. desandar lo andado. **2**. FIG desdecirse, echarse atrás. **~·ward,** *adj* **1**. dirigido/vuelto hacia atrás: *A ~ glance*, Una mirada hacia atrás. **2**. (*person, country,* etc) atrasado/a, retrasado/a. **wards,** *adv* **1**. hacia atrás, de espaldas. **2**. al revés, de fin a principio: *He read it ~*, Lo leyó empezando por el final. LOC **~ and forwards**, de un lado al otro (repetidamente). **~·wash,** *n* **1**. (*water*) estela *f*, aguaje *m*. **2**. FIG resaca *f*, malas consecuencias *f,pl*. **~·water,** *n* **1**. (river) aguas *f,pl* estancadas, remanso *m*. **2**. FIG lugar *m* tranquilo y apartado, pueblo *m* perdido. **~·woods,** *n,pl* **1**. región *f* apartada. **2**. zona *f* forestal. **3**. FIG lugar *m* atrasado (culturalmente). **~·woodsman** (*pl -men*) *n* rústico *m*, pueblerino *m*, antiprogresista *m,f*. **~·yard,** *n* **1**. patio *m* trasero; US jardín *m* de atrás. **2**. FIG lugar *m* privado.

ba·con ['beikən] *n* tocino *m*, panceta *f*; tocino *m* ahumado. LOC **To bring home the ~**, ganarse el garbanzo. **To save one's ~**, sacar a alguien de apuros.

bac·te·ria [bæk'tiəriə] *n,pl* (*sing* **-ium** [-iəm]) bacterias *f,pl*, microbios *m,pl*. **bac·te·ri·al** [-riəl] *adj* bacteriano/a, microbiano/a. **bac·te·ri·o·log·ic·al** [bæk,tiəriə'lɔdʒikəl] *adj* bacteriológico/a. **bac·te·ri·o·lo·gist** [-dʒist] *n* bacteriólogo/a. **bac·te·ri·o·lo·gy** [-dʒi] *n* bacteriología *f*.

bad [bæd] **I**. *adj* (*comp* **worse**, *sup* **worst**) **1**. (*quality*) malo/a, defectuoso/a. **2**. (*person*) malo/a, perverso; (*in job*, etc) incompetente, malo. **3**. (*unpleasant*) malo/a, desagradable. **4**. (*important*) grave, malo/a, serio: *A ~ mistake,* Una equivocación grave. **5**. (*condition*) estropeado/a, en malas condiciones. **6**. (*occupation*, *action*) malo/a, perjudicial, nocivo. LOC **That's not ~**, no está mal. **To be feeling ~**, encontrarse mal, enfermar. **To go ~**, estropearse. **To go from ~ to worse**, ir de mal en peor. **Too ~ !** ¡Qué lástima!, IR ¡Pues te aguantas! **II**. situación *f*/condición *f* mala: (US INFML) *Get in ~ with someone,* Estar a malas con alguien. LOC **To go to the ~**, degenerar, perderse. **To take the ~ with the good**, estar a las verdes y las maduras. **bad·dy** ['bædi] *n* INFML malo/a (de película, novela, etc). **bad·ly** ['bædli] *adv* (*comp* **worse**, *sup* **worst**) **1**. (*action*, *style*, etc) mal, defectuosamente. **2**. (*need*, *wish*, etc) muchísimo/ a, totalmente. LOC **~ off**, mal de dinero/a, pobremente, con escasez.

bade [beid, bæd] *pret* de **bid**.

badge [bædʒ] *n* **1**. insignia *f*, placa *f*, chapa *f*.

bad·ger ['bædʒə(r)] **I**. *n* tejón *m*. **II**. *v* molestar, fastidiar, acosar.

ba·din·age ['bædina:ʒ, US, bædən'a:ʒ] *n* bromas *f,pl* ligeras, guasa *f*.

bad·lands ['bædlændz] *n,pl* US tierras *f,pl* yermas.

bad-man·ner·ed ['bæd,mænəd] *adj* maleducado/a, descortés.

bad·min·ton ['bædmintən] *n* DEP volante *m*, bádminton *m*.

bad·ness ['bædnis] *n* **1**. lo malo. **2**. (*in someone*) maldad *f*.

bad-tem·per·ed [,bæd'tempəd] *adj* **1**. (*person*) de mal carácter/genio. **2**. (*answer. tone*, etc) malhumorado/a, agrio/a.

baf·fle ['bæfl] **I**. *n* deflector *m*; (*radio*) bafle *m*, pantalla *f* acústica. **II**. *v* **1**. (*enigma*, etc) ser misterioso/a, intrigar, desconcertar. **2**. (*plan, idea*) impedir, frustrar. **baf·fling** ['bæfliŋ] *adj* desconcertante.

bag [bæg] **I**. *n* **1**. (*of paper, cloth*, etc) bolsa *f*. **2**. (*of leather*, etc) bolso *m*, maletín *m*, maleta *f*. **3**. (*large*) saco *m*. **4**. (*hunting*) piezas *f,pl* cobradas. **5**. ANAT bolsa *f*: *~s under the eyes,* ojeras. **6**. INFML *desp* (*woman*) loro *m*, bruja *f*. LOC **A ~ of bones**, en la piel y huesos, muy flaco. **~ and baggage**, todos los bártulos, FIG totalmente. **To be in the ~**, INFML ser cosa segura, estar en el bote. **II**. *v* **1**. meter en bolsas, sacos, etc. **2**. (*hunting*) cobrar una pieza, cazar. **3**. (*cloth*) hacer bolsas, deformarse, colgar. **4**. INFML embolsarse, birlar, quedarse con.

ba·ga·telle [,bægə'tel] *n* bagatela *f*.

ba·gel ['beigl] *n* rosquilla *f* (de pan).

bag·ful ['bægfl] *n* bolsa *f* llena.

bag·gage ['bægidʒ] *n* **1**. equipaje *m*. **2**. MIL bagaje *m*, impedimenta *f*. **3**. INFML *arc* mujerzuela *f*. LOC **~ car,** US furgón *m*, vagón *m* de equipajes. **~ hand·ler,** despachador *m* de equipaje (en aeropuertos, etc). ~ **room,** US consigna *f* de equipajes.

bag·gi·ly ['bægili] *adv* holgadamente. **bag·gi·ness** ['bæginis] *n* amplitud *f*, holgura *f*. **bag·gy** ['bægi] *adj* (*cloth*) holgado/a: ~ *trousers*, Pantalones anchos.

bag·pipe(s) ['bægpaips] *n* gaita *f*. **bag·pip·er** [,bæg'paipə(r)] *n* gaitero *m*.

bag-snatch·er [,bæg'snætʃə(r)] *n* ladrón/na de bolsos, ratero/a.

bail [beil] I. *n* 1. JUR fianza *f*, caución *f*. LOC **To be on ~,** estar libre bajo fianza. **To go/stand ~ for someone**, poner la fianza por alguien. 2. DEP travesaño *m* de madera usado en cricket. II. *v* 1. JUR **(~ someone out)** conseguir la libertad bajo fianza para alguien. 2. FIG INFML sacar de apuros económicos, etc. 3. (also **bale**) NAUT achicar.

bail·ee [,bei'li:] *n* JUR depositario *m* (de la fianza).

bai·ley ['beili] *n* 1. muralla *f* (de un castillo). 2. patio *m* exterior de un castillo. LOC **Old B~**, Tribunal Supremo de lo penal de Londres.

bail·iff ['beilif] 1. JUR alguacil *m*, corchete *m*. 2. (*in estate, farm*, etc) mayordomo *m*, administrador *m*.

bail·ment ['beilmənt] *n* JUR depósito *m*, fianza *f*.

bait [beit] I. *n* 1. cebo *m*, carnada *f*. 2. FIG aliciente *m*, anzuelo *m*. LOC **To swallow the ~**, caer en la trampa, tragarse el anzuelo. II. *v* 1. (*trap*, etc) cebar, poner cebo en. 2. (*animal*) acosar con perros. 3. FIG exasperar, atormentar con indirectas.

baize [beiz] *n* (*in card-table*, etc) tapete *m* de bayeta, paño *m*.

bake [beik] *v* 1. (*food*) cocer/hacer al horno; (*brick*) cocer. 2. (*sun*, etc) secar, endurecer. 3. FIG INFML quemar(se), asar(se). **bak·er** ['beikə(r)] *n* panadero/a. LOC **a ~'s dozen**, trece, docena de fraile. **bak·ery** ['beikəri] *n* panadería *f*. **bak·ing** ['beikiŋ] *n* cocción *f*; (*product*) hornada *f*. LOC **~-hot,** INFML muy caliente. **~-powder,** levadura *f* en polvo.

ba·ke·lite ['beikəlait] *n* baquelita *f*.

bak·sheesh [bæk'ʃi:ʃ] *n* (*arab*) propina *f*, limosna *f*.

bal·ance ['bæləns] I. *n* 1. (*mental, physical*) equilibrio *m*. 2. (*instrument*) balanza *f*. 3. COM balance *m*; (*remainder*) saldo *m*, remanente *m*: ~ *of payments*, Balanza de pagos. LOC **~-sheet,** COM balance *m*. **On ~**, FAM En conjunto/a, globalmente. **To hang in the ~**, FIG (*problem*,etc) estar en el aire. **To keep/lose one's ~**, mantener/perder el equilibrio. II. *v* (*body*, etc) aguantar en equilibrio/a, sostener(se), mantener(se). 2. (*make equal*) equilibrar. 3. (*compare*) contrapesar, considerar los pros y los contras de. 4. COM (*account*) hacer balance, saldar. **bal·anc·ed** [-t] *adj* equilibrado.

bal·co·ny ['bælkəni] *n* 1. balcón *m*; terraza *f*. 2. TEAT anfiteatro *m*, graderío *m*, general *f*.

bald [bɔ:ld] *adj* 1. (*person*) calvo/a; (*landscape*) desnudo/a. 2. FIG (*facts*, etc) sin adornos, escueto: *He stated the ~ facts*, Expuso la verdad al desnudo. LOC **As ~ as a coot,** Calvo como una bola de billar. **~·ing** ['-iŋ] *adj* que tiene calvicie. **~·ly** ['-li] *adv* de manera escueta, sin ambages. **~·ness** ['-nis] *n* calvicie *f*; desnudez *f*.

bal·der·dash ['bɔ:ldədæʃ] *n* FAM tonterías *f,pl*.

bale [beil] I. *n* (*of goods*, etc) fardo *m*, saca *f*; (*of paper*) bala *f*. II. *v* 1. embalar, empacar. 2. NÁUT achicar. 3. **(out of sth)** lanzarse en paracaídas (de avión, etc). **~·ful** ['beilful] *adj* siniestro/a, funesto/a; (*look*) amenazador.

balk (*also* **baulk**) [bɔ:k] I. *n* (*wooden*) viga *f*. II. *v* 1. sentir recelos, titubear: *His parents balked at the cost of the guitar*, Sus padres sintieron dudas al ver el precio de la guitarra. 2. (*plans*, etc) frustrar, impedir.

ball [bɔ:l] I. *n* 1. DEP pelota *f*; (*football, rugby*, etc) balón *m*. 2. (*of snow*, etc) bola *f*; (*of eye*) globo *m*; (*of wool, string*) ovillo *m*. 3. *pl* INFML huevos *m,pl*, cojones *m,pl*. LOC **The ~ is in one's court,** ahora es tu vez/turno, etc. **To be a ~ of fire**, INFML ser muy entusiasta. **To be on the ~**, INFML estar al día. **To have the ~ at one's feet,** FIG tener una buena oportunidad. **To keep/start the ~ rolling,** continuar/iniciar una actividad. **To play ~**, jugar a pelota, FIG INFML cooperar, participar. II. *n* (*dance*) baile *m* (*esp* de salón, etiqueta, etc). LOC **To have a ~**, INFML estar pasándolo muy bien. III. *v* convertir en bola(s), hacer una bola de.

ball..., **~-bearing,** *n* cojinete *m*, rodamiento *m*. **~·boy/~·girl**, *n* DEP recogedor/ra de pelotas. **~·cock**, *n* TEC válvula *f* de flotador, llave *f* de bola. ~ **game,** *n* juego *m* de pelota; SL jaleo *m*, lío *m*. ~ **park,** *n* US campo *m* de béisbol. **~-point pen,** *n* bolígrafo *m*. **~·room,** *n* salón *m* de baile: ~ *dancing*, Bailes *m,pl* de salón. **~s,** INFML I. *n* 1. lío *m*: *What a ~ you've made of it!*, ¡Vaya lío has armado! 2. estupidez *f*. II. *v* estropear. **~s-up,** *n* INFML estropicio *m*, ruina *f*.

bal·lad ['bæləd] *n* poema *m*, balada *f*. **bal·lade** [bæ'la:d] *n* MÚS romanza *f*.

bal·last ['bæləst] I. *n* NÁUT lastre *m*; (*train*) balasto *m*. II. *v* lastrar; balastar.

bal·le·ri·na [,bælə'ri:nə] *n* (*in ballet*) bailarina *f* principal. **bal·let** ['bælei] *n* ballet *m*, baile *m* clásico; (*dancers*) ballet *m*. LOC **~-danc·er,** bailarín/na de ballet.

bal·lis·tic [bə'listik] *adj* balístico. **~s** *n* balística *f*.

bal·locks [bo:ləks] (*also* **bollocks**) I. *n* INFML 1. testículos *n,pl*. 2. estupidez, sinsentido *m*. II. *int* ¡tonterías!

bal·loon [bə'lu:n] I. *n* globo *m* II. *v* 1. hincharse como un globo. 2. subir en globo. **bal·loon·ist** ['-ist] *n* aeronauta *m,f*.

bal·lot ['bælət] I. *n* (*vote*) papeleta *f*; (*system, act*) votación *f* secreta; número *m* de votos emitidos. II. *v* 1. votar (con papeletas). 2. hacer que alguien vote. **~-box** *n* urna *f* electoral.

bal·ly·hoo [,bæli'hu:, US 'bælihu:] *n* INFML 1. bombo *m*, propaganda *f* excesiva. 2. palabrería *f*.

balm [ba:m] *n* (*also* FIG) bálsamo *m*. **bal·my** [-i] *adj* balsámico/a.
ba·lo·ney V. **boloney**.
bal·sa ['bɔ:lsə] *n* (*for sailing*) balsa *f*.
bal·sam ['bɔ:lsəm] *n* (*tree*) bálsamo *m*, balsamero *m*.
ba·lus·ter ['bæləstə(r)] *n* balaustre *m*. **ba·lus·trade** [,bælə'streid] *n* balaustrada *f*, barandilla *f*.
bam·boo [bæm'bu:] *n* bambú *m*.
bam·boo·zle [bæm'bu:zl] *v* INFML embaucar, engañar.
ban [bæn] **I**. *v* prohibir, censurar; (*person*) excluir, proscribir. **II**. *n* prohibición *f*, veto *m*.
ba·nal [bə'na:l, US 'beinl] *adj* banal, trivial. **ba·nal·ity** [bə'næləti] *n* vulgaridad *f*; (*remark*, etc) simpleza *f*, tontería *f*.
ba·na·na [bə'na:nə, US bə'nænə] *n* plátano *m*. LOC ~ **republic,** PEY república *f* bananera. ~ **skin,** piel *f* de plátano; FIG INFML hueso duro de roer. **To go ~s,** SL ponerse como un loco.
band [bænd] **I**. *n* **1**. (*for fastening*) banda *f*, cinta *f*, faja *f*, tira *f*. **2**. (*group*) banda *f*. **3**. MÚS (*esp of wind*) orquesta *f*, banda *f*. **II**. *v* sujetar con una banda, cinta, etc. LOC **To ~ together,** agruparse, unirse.
band..., **~·master,** *n* director *m* de una banda/orquesta. **~·saw,** *n* sierra *f* sin fin, sierra *f* de cinta. **~·sman,** *n* (*pl* **-smen**) músico *m* de banda. **~·stand,** *n* quiosco *m* de música. **~·wagon,** *n*: LOC **To climb/jump on the ~,** INFML apuntarse al carro ganador; seguir la moda.
band·age ['bændidʒ] **I**. *n* vendaje *m*, venda *f*. **II**. *v* vendar.
ban·dan·na [bæn'dænə] *n* pañuelo *m*, foulard *m*.
b and b [,bi:ən'bi:] *n abrev* bed and breakfast, pensión *f* (de habitación y desayuno).
ban·dit ['bændit] *n* bandido *m*. **ban·dit·ry** [-ri] *n* bandidaje *m*, bandolerismo *m*.
ban·do·leer (*also* **-ier**) [,bændə'liə(r)] *n* (*belt*) bandolera *f*.
ban·dy ['bændi] **I**. *v* (*words*, etc) intercambiar, lanzarse LOC **To ~ sth about,** hacer circular (rumores, etc) infundadamente. **II**. *adj* (*legs*) con rodillas separadas. LOC **~-leg·ged,** de piernas arqueadas.
bane [bein] *n* ruina *f*, maldición *f*. **~·ful** ['-ful] *adj* (*influence*, etc) pernicioso/a, perjudicial, nocivo/a.
bang [bæŋ] **I**. *v* **1**. golpear, dar golpes a/en, aporrear. **2**. dar un golpazo (portazo/a, etc) con, cerrar de golpe. **3**. (*with loud noise*) estallar, causar estruendo. **4**. (*collide*) chocar con, dar(se) un golpe contra. LOC **To ~ about/around,** moverse dando golpes. **To ~ away,** (*typewriter*, etc) aporrear furiosamente; INFML disparar sin parar. **II**. *n* **1**. golpazo *m*, porrazo *m*. **2**. (*noise*) estallido *m*, explosión *f*. LOC **To go off with a ~,** INFML tener éxito, salir muy bien. **III**. *adv* INFML **1**. con violencia, de golpe. **2**. (*hit*) exactamente, en el punto preciso. LOC **~ goes sth,** FAM algo se va a paseo, ¡Se acabó! **To be ~ on,** SL acertar, tener la razón. **To go ~,** Explotar con un estallido. **IV**. *int* ¡Pum!, ¡Pam!
ban·ger ['bæŋə(r)] *n* Br INFML **1**. salchicha *f*. **2**. petardo *m*. **3**. (*car*) trasto *m*, cacharro *m*.
ban·gle ['bæŋgl] *n* ajorca *f*, pulsera *f*.
ban·ish ['bæniʃ] *v* (*also* FIG) desterrar. **~·ment** [-ment] *n* destierro *m*.
ban·is·ter ['bænistə(r)] *n* (*esp pl*) barandilla *f*, pasamanos *m*.
ban·jo ['bændʒəu] *n* (*pl* **-s**) banjo *m*.
bank [bæŋk] **I**. *n* **1**. (*of sand*) banco *m*, terraplén *m*; (*of river*) orilla *f*; (*of snow, clouds*) montón *m*; (*of hill*) ladera *f*, falda *f*; (*row*) fila *f*, hilera *f*: *A ~ of oars*, Una hilera de remos. **2**. COM banco *m*; (*in game*) banca *f*. *Savings ~*, Caja de ahorros. LOC **To break the ~**, (*games*) llevarse la banca. **II**. *v* **1**. (*plane*) ladearse; (*snow*) amontonarse; (*with river*) contener con montículos; (*with coalfire*) cubrir. **2**. COM meter en el banco/a, ingresar. LOC **To ~ on sb/sth,** depositar las esperanzas/confianza en.
bank..., **~ account,** *n* cuenta *f* bancaria. **~ balance,** *n* saldo *m* bancario. **~-book,** *n* libreta *f*, cartilla *f*. **~·er,** *n* (*also in games*) banquero *m*. **~ holiday,** *n* fiesta *f* nacional. **~·ing,** **I**. *adj* bancario. **II**. *n* (*of sand*, etc) banco *m*, terraplén *m*; COM banca *f*. **~·note,** *n* billete *m* de banco. **~ rate,** *n* tipo *m* de interés bancario. **~·rupt,** COM **I**. *n* persona *f* en quiebra. **II**. *adj* **1**. insolvente, quebrado. **2**. FIG desprovisto/a, falto de. **III**. *v* quebrar, declararse insolvente. **~·rupt·cy,** *n* bancarrota *f*, quiebra *f*, insolvencia *f*.
ban·ner ['bænə(r)] *n* bandera *f*; (*in procession*) estandarte *m*; (*in demonstration*) pancarta *f*. LOC **~ headlines** *n,pl* (*in press*) titulares *m,pl* en letras grandes. **Under the ~ of,** FIG Al grito de, con el lema de.
banns [bænz] *n,pl* amonestaciones *f,pl* (de matrimonio).
ban·quet ['bæŋkwit] **I**. *n* banquete *m*, recepción *f*. **II**. *v* **1**. dar un banquete/recepción. **2**. asistir a un banquete/recepción.
ban·shee [bæn'ʃi:, US 'bænʃi] *n* fantasma *m* femenino (irlandés).
ban·tam ['bæntəm] *n* gallinita *f* de Bantam. LOC **~·weight**, boxeador *m* peso gallo.
ban·ter ['bæntə(r)] **I**. *n* broma *f* jovial, chanza *f*. **II**. *v* hacer/intercambiar bromas, bromear. **~·ing** [-iŋ] *adj* festivo/a, bromista.
bap·tism ['bæptizəm] *n* (*rite*) bautismo *m*; (*act*) bautizo *m*. LOC **~ of fire,** (*also* FIG) Bautismo de fuego. **bap·tism·al** [bæp'tizməl] *adj* bautismal. **Bap·tist** ['bæptist] *adj/n* anabatista (*m,f*). **bap·tize, -ise** [-'taiz] *v* bautizar.
bar [ba:r] **I**. *n* **1**. (*of metal,*etc) barra *f*, barrote *m*; (*chocolate*) tableta *f*, barrita *f*; (*of soap*) pastilla *f*; (*in window*, etc) reja *f*. **2**. (*of colour, light*) franja *f*. **3**. HER barra *f*. **4**. MÚS barra *f*; compás *m*: *The opening bars of a tune*, Los compases iniciales de una melodía. **5**. (*in river*) banco *m* de arena; FIG obstáculo *m*. **6**. (*counter*) barra *f*. **7**. FÍS bar *m*. **8**. JUR (*lawcourt*) tribunal *m*, foro *m*; FIG Tribunal; **The B~**, (*profession*) abogacía, carrera de abogados, colegio de abogados. LOC **Be-**

hind bars, INFML Detrás de rejas, En la cárcel. **II.** *v* **1.** cerrar con barra(s), rejas, etc; atrancar; (*road*) cerrar, obstruir. **2.** FIG impedir, poner obstáculos a; (*to sb*) excluir, prohibir. **III.** *prep* con excepción de, excepto.

bar..., ~ **billiards,** *n* billar *m* americano. ~ **code,** *n* (*in goods*) código *m* de barras. ~**·maid,** *n* camarera *f* de bar. ~**·man,** *n* (*pl* **-men**) barman *m*. ~**·tender,** *n* barman *m*.

barb [ba:b] *n* (*of arrow*) lengüeta *f*; ZOOL púa *f*. **barb·ed** [ba:bd] *adj* con púas, lengüetas, etc; FIG incisivo/a, mordaz. LOC ~ **wire,** alambre *m* de espino.

bar·bar·i·an [ba:'beəriən] *adj/n* (*also* FIG) bárbaro/a. **bar·bar·ic** [ba:'bærik] *adj* **1.** barbárico/a. **2.** FIG bárbaro/a; de mal gusto/a, vulgar. **bar·bar·ism** ['ba:bərizəm] *n* barbarie *f*; GRAM barbarismo *m*. **bar·bar·ity** [ba:'bærəti] *n* brutalidad *f*, crueldad *f*. **bar·bar·ize, ·ise** ['ba:bəraiz] *v* embrutecer; hacer cruel. **bar·bar·ous** ['ba:bərəs] *adj* **1.** (*taste*, etc) vulgar, ordinario/a. **2.** (*treatment*) salvaje, bárbaro/a.

bar·be·cue ['ba:bikju:] **I.** *n* barbacoa *f*. **II.** *v* asar en barbacoa.

bar·ber ['ba:bə(r)] *n* barbero *m*, peluquero *m*. LOC ~**-shop**, barbería *f*, peluquería *f*.

bar·bi·can ['ba:bikən] *n* barbacana *f*.

bar·bit·ur·ate [ba:'bitjurət] *n* barbitúrico *m*.

bar·car·ole [,ba:kə'rəul, -'rɔl] *n* barcarola *f*.

bard [ba:d] *n* bardo *m*; poeta *m*.

bare [beə(r)] **I.** *adj* **1.** (*person, body*) desnudo/a; (*head*) descubierto/a; (*landscape*) pelado/a, desolado/a; (*room*) vacío/a, desamueblado/a. **2.** FIG mínimo/a, básico/a, suficiente: *The ~ facts*, Los hechos al desnudo. *A ~ majority*, Una mayoría justa. LOC **To lay sth ~,** FIG sacar a la luz, poner al descubierto. **II.** *v* desnudar, descubrir. LOC **To ~ its teeth,** (*animal*) enseñar los dientes. **To ~ one's heart to sb**, abrir el corazón a alguien.

bare..., ~**·back,** *adv/adj* a caballo sin silla, a pelo. ~**·faced,** *adj* descarado/a, insolente. ~**·foot(ed),** *adj* descalzo/a. ~**·headed,** *adj* descubierto/a, sin sombrero. ~**·legged,** *adj* con las piernas al aire. ~**·ly,** *adv* **1.** apenas: *She ~ spoke*, No habló apenas. **2.** escuetamente, pobremente.

bar·gain ['ba:gin] **I.** *n* **1.** (*agreement*) trato *m*, convenio *m*, acuerdo *m*; COM contrato *m*. **2.** (*thing*) ganga *f*, regalo *m*. LOC **Into the ~,** INFML además. **II.** *v* (*on buying*) regatear; negociar, discutir. LOC ~ **counter,** mostrador *m* de artículos a precio reducido. ~**-hunter,** cazador/ra de gangas. **To ~ for/on sth,** contar con, estar preparado para. **To ~ sth away,** malvender, dar a bajo precio. ~**·ing** ['ba:giniŋ] *n* regateo *m*; negociación *f*.

barge [ba:dʒ] **I.** *n* barcaza *f*, lanchón *m*; gabarra *f*; (*ornamental*) falúa *f*. **II.** *v* INFML (*also* ~ **into**) chocar pesadamente contra; (*also* ~ **about**) moverse pesadamente dando golpes. LOC ~**-pole,** palo *m* de gabarrero, pértiga *f*. **Not to touch sb with a ~,** no querer ver a alguien ni en pintura. **bar·gee** [ba:dʒi:] Br (US **barge·man**) *n* lanchero *m*, gabarrero *m*.

ba·ri·tone ['bæritəun] *n* barítono *m*.

bar·i·um ['beəriəm] *n* bario *m*.

bark [ba:k] **I.** *n* **1.** BOT corteza *f*. **2.** ZOOL ladrido *m*, aullido *m*; FIG gruñido *m*. LOC **Sb's ~ is worse than his bite,** perro ladrador poco mordedor. **II.** *v* **1.** BOT descortezar; (*skin*, etc) raer, pelar. **2.** ZOOL ladrar, aullar; FIG gruñir. LOC **To ~ sth out,** Decir algo a gritos. **To ~ up the wrong tree,** FIG Equivocarse de puerta. **bark·er** ['ba:kə(r)] *n* INFML vendedor *m* callejero.

bar·ley ['ba:li] *n* cebada *f*. LOC ~ **water,** hordiate *m*, bebida *f* de cebada.

barm·y ['ba:mi] (*esp* US **balm·y**) *adj* Br INFML chiflado/a.

barn [ba:n] *n* granero *m*; US establo *m*; PEY caserón *m*. ~ **dance** *n* danza *f* tradicional. ~**-owl** ['-aul] *n* lechuza *f*. ~**-storm** ['-stɔ:m] *v* US llevar una campaña electoral por el campo. ~**-yard** ['-ja:d] *n* corral *m*; ~ *fowls*, Aves de corral.

barn·acle ['ba:nəkl] *n* **1.** ZOOL percebe *m*; barnacla *f*. **2.** (*esp pl*) HIST quevedos *m,pl*. LOC **To cling to sb like a ~,** engancharse a alguien como una lapa.

bar·ney ['ba:ni] *n* INFML riña *f*.

ba·ro·me·ter [bə'rɔmitə(r)] *n* (*also* FIG) barómetro *m*. **ba·ro·me·tric** [,bærə'metrik] *adj* barométrico.

bar·on ['bærən] *n* **1.** barón *m*. **2.** (*of industry, etc) magnate m*. **bar·on·ess** ['bærənis, ,bærə'nes] *n* baronesa *f*. **bar·on·et** ['bærənit] *n* baronet *m*. **ba·ron·ial** [bə'rəuniəl] *adj* de barón/baronesa.

ba·roque [bə'rɔk, US bə'rəuk] *adj/n* barroco (*m*).

barque [ba:k] *n* barca *f* de vela.

bar·rack ['bærək] *v* Br INFML befarse de. LOC ~**-square,** patio *m* de armas. ~**·ing** [-iŋ] *n* abucheo *m*, protesta *f*. **bar·racks** ['bærəks] *n* **1.** cuartel *m*. **2.** FIG caserón *m*.

bar·rage ['bæra:ʒ, US bə'ra:ʒ] *n* **1.** (*in river*, etc) presa *f*. **2.** MIL cortina *f* de fuego; FIG descarga *f*, tiroteo *m*, aluvión (palabras, preguntas, etc).

bar·rel ['bærəl] **I.** *n* **1.** (*also contents*) barril *m*, tonel *m*; **2.** (*of gun, pen*) cañón *m*; TÉC cilindro *m*, tambor *m*. LOC **To get/have sb over a ~,** INFML tener a alguien a su merced. **II.** *v* embarrilar, meter en un tonel. LOC ~ **organ,** organillo *m*.

bar·ren ['bærən] *adj* **1.** yermo/a, árido; estéril; inútil. **2.** FIG inútil, estéril. ~**·ness** ['bærənnis] *n* esterilidad *f*; aridez *f*.

bar·ri·cade [,bæri'keid] **I.** *n* barricada *f*. **2.** cerrar con barricadas: ~ *sth off*, Bloquear con barricadas.

bar·rier ['bæriə(r)] *n* **1.** barrera *f*, valla *f*. **2.** FIG obstáculo *m*; barrera *f*. LOC ~ **cream,** crema *f* protectora.

bar·ring ['ba:riŋ] *prep* excepto, salvo.

bar·ris·ter ['bæristə(r)] *n* abogado *m* (*que puede ejercer en tribunales superiores*).

bar·row ['bærəu] *n* **1.** carretón *m* de mano; (*also* **wheel-**) carretilla *f*. **2.** ARQ EOL túmulo *m*. LOC ~ **boy**, vendedor *m* con carretón.

bar·ter ['ba:tə(r)] I. *v* permutar, trocar: ~ *sth away*, malvender. ~ *with sb for sth*, hacer trueques con alguien. II. *n* trueque *m*, cambalache *m*, permuta *f*, intercambio *m*.

basalt ['bæsɔ:lt, US 'bei-, bə'sɔ:lt] *n* basalto *m*.

base [beis] I. *n* (MAT, MIL, GEOM, QUIM, DEP) base *f*; ARQ basa *f*; FIG fundamento *m*, base *f*. LOC **Off ~,** US INFML equivocado/a, despistado/a. II. *v* 1. basar(se) en, fundar(se) en. 2. (*for travelling*, etc) tener la base. III. *adj* (*person*) vil, bajo/a, despreciable; (*metal*, etc) de poco valor.

base..., **~·ball,** *n* béisbol *m*. **~·less,** *adj* infundado/a. **~·line,** *n* (*tennis*) línea *f* de fondo. **~·ly,** *adv* vilmente, de modo despreciable. **~·ness,** *n* bajeza *f*, vileza *f*. ~ **rate,** *n* COM interés *m* básico.

base·ment ['beismənt] *n* sótano *m*.

bash [bæʃ] I. *v* INFML vapulear, aporrear, dar golpes a; darse contra. LOC **To ~ away on sth,** aporrear algo con entusiasmo. II. *n* golpazo *m*, porrazo *m*. LOC **To have a ~ at sth,** FAM intentar algo por primera vez. **~·ful** ['bæʃfl] *adj* tímido/a, vergonzoso/a. **~·ing** [-iŋ] *n* FAM vapuleo *m*, crítica *f*. **~·ly** [–li] *adv* tímidamente. **~·ness** [-nis] *n* timidez *f*.

bas·ic ['beisik] *adj* 1. básico/a, fundamental. 2. (*simplest*) mínimo/a, básico/a, base. **bas·ic·al·ly** ['-kli] *adv* esencialmente. **bas·ics** [-s] *n,pl* lo importante, lo esencial.

ba·sil ['bæzl] *n* albahaca *f*.

ba·sil·i·ca [bə'zilikə] *n* basílica *f*.

ba·si·lisk ['bæzilisk] *n* basilisco *m*.

ba·sin ['beisn] *n* (*for liquid*) cuenco *m*, tazón *m*, escudilla *f*; (*in fountain*, etc) taza *f*; (*for washing*) jofaina *f*, lavabo *m*; GEOL hondonada *f*, depresión *f*; (*for river*) cuenca *f*; (*in harbour*) dársena *f*. **~·ful** [-fl] *n* contenido *m* (de cuenco, etc).

ba·sis ['beisis] *n* (*pl* **ba·ses** ['beisi:z]) base *f*, fundamento *m*.

bask [ba:sk, US bæsk] *v* (*in the sun*, etc) tumbarse, tenderse.

bas·ket ['ba:skit, US 'bæskit] *n* 1. cesta *f*, cesto *m*: *Shopping ~*, Cesta de la compra. *Paper ~*, Papelera. 2. (*also* **~ful**) contenido *m* de un cesto. LOC **~·ball** ['ba:skitbɔ:l, US 'bæs] *n* baloncesto *m*. **~·work,** (*art, material*) cestería *f*. **~·ful** ['-ful] *n* (*contents*) cesto *m*.

Basque [bæsk, ba:sk] *n/adj* vasco/a, vascuence.

bas-re·lief [,bæs ri'li:f, 'ba: rili:f] *n* bajorrelieve *m*.

bass I. [bæs] *n* (*pl* ~, **~es**) ZOOL róbalo *m*. II. [beis] 1. *n* (*voice*) bajo *m*; (*instrument*) contrabajo *m*. 2. *adj* MÚS bajo.

bas·set ['bæsit] (*also* **~-hound**) *n* perro/a zarcero/a, basset *m*.

bas·si·net [,bæsi'net] *n* cuna *f* de mimbre, moisés *m*.

bas·soon [bə'su:n] *n* MÚS fagot *m*.

bast [bæst] *n* (*for weaving*) corteza *f* del tilo.

bas·tard ['ba:stəd, US 'bæs-] I. *n/adj* bastardo/a. II. *n* 1. persona *f* desagradable; SL PEY hijo *m* de perra. 2. FAM (*as address*) ¡cabrón! (insulto), bribón *m*, canalla *m*. **bas·tard·ize, -ise** ['-aiz] *v* adulterar. **bas·tar·dy** [-i] *n* DER bastardía *f*.

baste [beist] *v* 1. (*sew*) embastar, hilvanar. 2. (*cooking*) lardear, pringar.

bas·tion ['bæstiən] *n* (*also* FIG) baluarte *m*, bastión *m*.

bat [bæt] I. *n* 1. ZOOL murciélago *m*. 2. DEP pala *f* de cricket; bate *m* de béisbol; (*player*) bateador *m*. 3. golpe *m*. LOC **At a terrific ~,** rapidísimamente. **Like a ~ out of hell,** INFML a toda velocidad. **Off one's own ~,** INFML sin ayuda de nadie. **To have ~s in the belfry,** INFML estar chiflado. II. *v* 1. DEP batear. 2. INFML mover. LOC **Not to ~ an eyelid,** ni pestañear.

batch [bætʃ] *n* (*also* FIG) hornada *f*; serie *f*, colección *f*, grupo *m*, lote *f*.

bat·ed ['beitid] *adj* disminuido/a. LOC **With ~ breath,** FIG sin aliento.

bath [ba:θ, US bæθ] I. *n* (*pl* **~s** [ba:ðz, US bæðz]) (*act*) baño *m*; (*container*) bañera *f*; *pl* baños *m,pl*, piscina *f*. II. *v* bañar(se). LOC ~ **chair,** silla *f* de inválido para el baño. ~ **mat,** estera/alfombrilla *f* de baño. **~·robe,** albornoz *m*. **~-tub,** bañera *f*.

bathe [beið] I. *v* 1. dar un baño a. 2. *esp* Br (*in sea, river*, etc) bañarse, darse un baño. II. *n esp* Br baño *m* de mar, etc. **bath·ed** [-d] *adj* (*also* FIG) bañado/a. **bath·er** ['beiðə(r)] *n* bañista *m,f*. **bath·ing** ['beiðiŋ] *n* baños *m,pl* de mar, etc. LOC ~ **cap,** gorro *m* de baño. ~ **costume/suit,** traje *m* de baño. ~ **trunks,** pantalón *m* de baño/a, bañador *m*.

ba·thos ['beiθɔs] *n* anticlímax *m*, contraste *m* del máximo al mínimo.

bath·room ['ba:θrum] *n* cuarto *m* de baño; *euph* lavabo *m*, wáter *m*.

ba·thy·sphere ['bæθisfiə(r)] *n* batiscafo *m*, batisfera *f*.

ba·tiste [bæ'ti:st, bə't-] *n* batista *f*.

bat·man ['bætmən] *n* (*pl* **-men** [-mən]) Br MIL ordenanza *m*.

ba·ton ['bætn, 'bætɔn, US bə'tɔn] *n* bastón *m*; (*of police*) porra *f*; MÚS batuta *f*; (*in race*) testigo *m*.

bats [bæts] *adj* INFML chiflado/a, majareta.

bats·man ['bætsmən] *n* (*pl* **-men**) DEP bateador *m*.

bat·tal·ion [bə'tæliən] *n* batallón *m*.

bat·ten ['bætn] I. *n* listón *m*, tablilla *f*, alfarjía *f*. II. *v* 1. asegurar con listones. 2. *esp* PEY **To ~ on to sb/sth,** vivir a costa de algo/alguien.

bat·ter ['bætə(r)] I. *n* 1. DEP US bateador *m*. 2. (*in cooking*) masa *f* de rebozar, pasta *f* de freír. II. *v* (*person*) golpear, maltratar, magullar, apalear; MIL abrir brecha. LOC **To ~ sth down,** derribar a golpes. **bat·ter·ed** [-d] *adj* (*object*) usado/a, estropeado/a, ajado/a. **~·ing** [-iŋ] *n* paliza *f*, golpes *m,pl*; MIL bombardeo *m*, cañoneo *m*. LOC ~ **ram,** ariete *m*.

bat·te·ry ['bætəri] *n* 1. ELECTR batería *f*, pila *f*, acumulador *m*; (*of car*) batería *f*. 2. DER agresión *f*, maltrato *m*. 3. FIG serie *f*. LOC ~ **charger,** cargador *m* de baterías.

bat·tle ['bætl] I. *n* (*also* FIG) batalla *f*, combate *m*, lucha *f*. LOC **Half the ~,** FIG media batalla ganada. **To do ~ with sb about sth,** luchar con alguien por algo. **II.** *v* (*also* FIG) luchar, batallar.

battle... **~-axe,** *n* hacha *f* de combate; FAM PEY arpía *f*, bruja *f*. **~ cruiser,** *n* NÁUT crucero *m* de batalla. **~ cry,** *n* grito *m* de combate; FIG lema *m*, eslogan *m*. **~·dress,** *n* MIL traje *m* de campaña. **~field/~·ground**, *n* campo *m* de batalla. **~·ments,** *n/pl* almenas *f,pl.* **~·ship**, *n* acorazado *m*, barco *m* de guerra.

bat·ty ['bæti] *adj* INFML chiflado/a, majareta.

bau·ble ['bɔ:bl] *n* PEY chuchería *f*.

baux·ite ['bɔ:ksait] *n* bauxita *f*.

bawd·i·ly ['bɔ:dili] *adv* con obscenidad. **bawd·y** ['bɔ:di] *adj* (*story*, etc) obsceno/a, indecente.

bawl [bɔ:l] *v* vociferar, desgañitarse. LOC **To ~ sb out,** US INFML reñir a alguien a gritos.

bay [bei] **I.** *n* **1.** BOT (*also* **~-tree**) laurel *m*. **2.** GEOG bahía *f*, ensenada *f*, rada *f*. **3.** ARQ nave *f*; crujía *f*; (*side area*) ala *f*, pabellón *m*; (*in window*, etc) saliente *m*, mirador *m*. **4.** (*in hunting*) aullido *m* (de jauría, etc), ladrido *m*. LOC **At ~,** (*animal*) acorralado. **To bring sb to ~,** acorralar a alguien. **To hold/keep sb at ~,** mantener a alguien a raya. **II.** ZOOL **1.** *adj* (*colour*) bayo. **2.** *n* caballo *m* bayo. **III.** *v* (*in hunting*) aullar, ladrar acosando. LOC **~-leaf,** (*pl* **~-leaves**) (*in cooking*) hoja *f* de laurel. **~ rum**, ron *m* de laurel o malagueta. **~ window,** (*in round shape*) ventana *f* mirador.

ba·yo·net **I.** ['beiənit] *n* bayoneta *f*. **II.** ['beiənit, ˌbeiə'net] *v* atacar/herir con bayoneta.

ba·zaar [bə'za:(r)] *n* bazar *m*; *A church ~*, Venta con fines benéficos.

ba·zoo·ka [bə'zu:kə] *n* bazuca *f*.

BBC [ˌbi: bi: 'si:] *n abrev* British Broadcasting Corporation.

BC [ˌbi: 'si:] *abrev* = before Christ.

be [bi, bi:] *v* **I. 1.** (*for quality, state*, etc) ser, estar. **2.** (*for age*) tener. **3**. (*after there, before, at*, etc) haber, existir. **4.** (*with adv, for space or time*) estar: *Mary is upstairs*: Mary está en el piso de arriba. **5.** (*happen, take place*) ser, tener lugar: *The election will ~ on Monday*, Las elecciones serán el lunes. **6.** (*leave, arrive*) ser de, venir de, estar a punto de. **7.** (*in perfect tenses only*) visitar, conocer: *Have you ever been to Spain?* ¿Has visitado España alguna vez? **8.** (*for possession*) ser. **9.** (*for price*) costar, valer **10.** (*for weather*) hacer. LOC **~ that as it may,** sea como fuere. **Let it ~,** que sea lo que Dios quiera. **-to-~,** (*adj*) futuro: *The father-to-be*, El futuro padre. **To ~ in/out,** estar en casa/ haber salido: *She is not in at the moment*, En este momento no está en casa. **To ~ oneself,** FIG ser uno mismo. **II.** *aux* **1.** (*in passive*) ser, estar. **2.** (*with ger*) estar: *I am not reading now*, Ahora no estoy leyendo. **3.** (*with* to + *inf*) tener que, estar a punto de: *They are to ~ married*, Se van a casar.

beach [bi:tʃ] **I.** *n* playa *f*. **II.** *v* (*boat*, etc) varar. LOC **~-ball,** pelota *f* de playa. **~·comber,** (*person*) raquero/a; (*in sea*) ola *f* grande. **~·head,** MIL cabeza *f* de playa. **~·wear,** ropa *f* de playa.

bea·con ['bi:kən] *n* **1.** (*fire*) almenara *f*, hacho *m*. **2.** (*light, signal*) fanal *m*; (*in harbour*) faro *m*; (*in airport*) baliza *f*; (*with radio*) radiofaro *m*; *Flashing ~*, Faro intermitente; FIG Fuente de inspiración.

bead [bi:d] *n* **1.** (*of rosary, collar*, etc) cuenta *f*; (*of glass*) abalorio *m*. **2.** (*of dew, sweat*, etc) gota *f*, perla *f*. **3.** *pl* collar *m* de cuentas. **~·ing** [-iŋ] *n* ARQ astrágalo *m*, contero *m*.

bea·dle ['bi:dl] *n* bedel *m*; REL pertiguero *m*.

bea·dy ['bi:di] *adj* (*eye*) brillante, de mirada penetrante.

bea·gle ['bi:gl] *n* perro *m* de caza, podenco *m*. **bea·gling** [-iŋ] *n* caza *f* a pie con podencos.

beak [bi:k] *n* **1.** ZOOL pico *m*; NÁUT rostro *m*; FIG nariz *f* de pico. **2.** Br ARC SL juez *m*. **beak·ed** [bi:kt] *adj* con pico: *Long-beaked*, De pico largo. **beak·er** ['bi:kə(r)] *n* vaso *m* para bebés; taza *f* alta; QUIM vaso *m* de precipitación.

be-all ['bi:'ɔ:l] *n* lo importante, única cosa *f* esencial. LOC **The ~ and end-all of sth,** lo único que importa.

beam [bi:m] **I.** *n* **1.** ARQ viga *f*; travesaño *m*; NÁUT bao *m*; (*of scales*) astil *m*; TEC balancín *m*; AGR timón *m*. **2.** (*of light*) rayo *m*; (*of lamp*) haz *m* de luz; haz *m* de radiofaro; FIG resplandor *m*. LOC **Off the ~,** INFML equivocado/a, despistado. **On her ~,** escorando peligrosamente. **On one's ~,** FIG casi en la ruina. **On the ~,** INFML acertado/a, con razón. **II.** *v* **1.** (*sun*, etc) brillar, resplandecer; FIG estar radiante. **2.** (*radio*, etc) emitir, radiar. LOC **~-ends,** NÁUT cabezas *f,pl* de los baos. **~·ing** [-iŋ] *adj* (*person*) radiante, sonriente.

bean [bi:n] *n* **1.** (*plant and seed*) judía *f*; *Broad ~*, Haba; *French beans*, US *String beans* Judías verdes; *Kidney beans*, habichuelas. **2.** (*of coffee, cocoa*) grano *m*. LOC **~·feast, beano,** Br INFML (ARC) festejo *m*, juerga *f*, celebración *f*. **~·pole,** AGR caña *f* para judías; FIG persona *f* muy alta. **~ sprouts,** (*for salads*, etc) brotes *m,pl* de judías. **~·stalk,** judía *f*. **Full of ~s,** lleno de vitalidad, animado.

beano V. **beanfeast**.

bear [beə(r)] **I.** *n* **1.** oso *m*. **2.** FIG patán *m*, palurdo *m*. **3.** COM bajista *m*. LOC **~ garden,** lugar de gran algarabía, caos. **II.** *v* (pret **bore** [bɔ:(r)], pp **borne** [bɔ:n]) **1.** (*visibly*) llevar, ostentar, tener. **2.** (*carry*) FML llevar, cargar con. **3.** (*be responible for*) correr con, cargar con. **4.** (*produce*) dar fruto/a, producir; (*woman*), parir, tener (un hijo); FIG dar, producir. **5.** (*stand*) soportar, tolerar, aguantar. **6.** (*feelings*) tener, sentir. **7. (oneself)** comportarse, portarse. LOC **To be borne in on sb,** hacerse evidente para alguien. **To bring sth to ~ on sb/sth,** aplicar a. **To ~ down on sb/ sth,** avanzar amenazadoramente hacia. **To ~ down sb/sth,** vencer/derribar a alguien. **To ~ hard/heavily/severely on sb,** ser una pesada carga para. **To ~ on sth,** tener que ver con, referirse a. **To ~ sb/sth in mind/ To ~ in mind that...,** tener en consideración/cuenta a alguien/una cosa. **To ~ sb/sth out,** apoyar a alguien; confirmar una cosa. **To ~ the brunt**

of sth, FIG tener que aguantar lo peor/el empuje/la embestida de. **To ~ to (the left, etc),** ir a/torcer a (la izquierda, etc). **To ~ up against/under sth,** resistir, poder combatir con. **To ~ with me a moment,** espera un momento. **To ~ with sb,** ser tolerante con, tratar con indulgencia a. **To ~ witness to sth,** ser buena prueba de, atestiguar.

bear..., **~·able,** *adj* soportable, llevadero/a. **~er,** *n* **1.** mensajero *m*, mozo *m*. **2.** COM (*of cheque*) portador/ra. **3.** (*of flag*, etc) portador/ra. **4.** (*of title*,etc) poseedor/ra. **~-hug,** *n* abrazo *m* fuerte. **~·ing,** *n* **1.** (*way of walking*, etc) porte *m*, aspecto *m*, aire *m*; comportamiento *m*. **2.** relación *f*. **3.** TÉC cojinete *m*. **4.** HERAL blasón *m*. **5.** *pl* aspectos *m,pl*. LOC **To be beyond/past all ~,** ser intolerable/insufrible. **To get/take one's ~s,** (*also* FIG) orientarse. **To lose one's ~s,** desorientarse. **~·ish,** *adj* (*temper*) hosco; (*market*) bajista. **~·skin,** *n* piel *f* de oso, gorro *m* militar.

beard [biəd] *n* barba *f*. **beard·ed** [-id] *adj* con barba. **beard·less** [-lis] *adj* imberbe.

beast [bi:st] *n* **1.** FML bestia *f*, animal *m*. **2.** INFML (*person*) animal *m*, bestia *f*; FAM bruto *m*, bestia *f*. LOC **~ of burden,** bestia *f* de carga. **~·ly** ['-li] **I.** *adj* brutal, bestial; INFML malísimo/a. **II.** *adv* INFML muchísimo, muy.

beat [bi:t] **I.** *v* (*pret* **beat**, *pp* **beaten**) **1.** (*repeatedly*) golpear, dar golpes a/en; martillar; (*carpet*) sacudir; (*drum*) tocar; (*person*) dar una paliza a. **2.** (*in cooking*) *batir*. **3.** (*path*, etc) abrir: *A well-beaten path*, Un camino trillado. **4.** (*in hunting*) ojear. **5.** (*of heart*) latir, palpitar; (*wings*) batir. **6.** (*in contest*, etc) vencer, derrotar, ganar; superar, batir. LOC **A rod/stick to ~ sb with,** FIG un argumento esgrimido contra alguien. **~ a hasty retreat,** dar media vuelta y largarse. **~ it !,** SL ¡lárgate! **If you can't ~ them, join them,** si no puedes ganar al enemigo únete a él. **Off the ~en track,** en un lugar muy apartado. **To ~ about the bush,** FIG irse por las ramas. **To ~ one's breast,** FIG darse golpes de pecho. **To ~ sb at his own game,** FIG derrotar a alguien en su propio terreno. **To ~ sb hollow,** FIG dar una paliza a alguien. **To ~ the clock,** FIG ir contra reloj. **To ~ the drum for sb/sth,** FIG cantar las alabanzas de alguien. **To ~ the system,** explorar al máximo el sistema. **II.** *n* **1.** golpe *m*, redoble *m*, latido *m*. **2.** (POÉT, MÚS) ritmo *m*, compás *m*. **3.** (*of policeman*, etc) ronda *f*. LOC **Out of/Off one's ~,** INFML fuera de la rutina de uno. **III.** *adj* cansado/a, exhausto/a. **beat...,** **~ about,** NAUT barloventear. **~ against,** golpear contra. **~ at,** golpear. **~ down,** abatir a golpes; derrotar; *~ down on sth,* Caer con fuerza sobre algo. *~ down to sth,* Persuadir a alguien a que haga una cosa. **~ into/a,** obligar a alguien. **~ off,** hacer huir a golpes. **~ out,** (*tune*) tamborilear, tocar con ritmo; (*fire*) apagar, extinguir. **~ sb to...,** llegar antes que alguien a... **~ to sth,** golpear hasta que. **~ sb up,** dar una paliza a alguien. **beat...,** **~·er,** *n* **1.** (*object*) batidor *m*; sacudidor *m*. **2.** (*in hunting*) ojeador *m*. **~·ing,** *n* **1.** golpes *m,pl*, paliza *f*; (*of heart*) latido *m*; (*of object*) martilleo *m*; (*hunting*) ojeo *m*, batida *f*. **2.** INFML derrota *f*, paliza *f*. LOC **To take a lot of/some ~,** Ser difícil de superar. **~-up,** *adj* US INFML destrozado/a, viejísimo/a.

bea·tif·ic [biə'tifik] *adj* FML beatífico/a, sereno/a. **bea·ti·fic·al·ly** *adv* beatíficamente. **bea·tif·ic·ation** *n* [bi,ætifik'eiʃn] *n* beatificación *f*. **bea·ti·fy** [bi'ætifai] *v* beatificar. **bea·ti·tude** [bi'ætitju:d, US -tu:d] *n* beatitud *f*; *The Beatitudes*, REL las Bienaventuranzas.

beat·nik ['bi:tnik] *n* beatnik *m*.

beau [bəu] *n* (*pl* **-x** [bəuz]) **1.** US novio *m*, amigo *m*. **2.** HIST galán *m*. **beaut** [bju:t] US, AUS, TR, SL **I.** *n* guapo/a. **II.** *adj,int* estupendo/a, bueno/a. **beau·teous** ['bju:tiəs] *adj* hermoso/a. **beau·ti·cian** [bju:'tiʃn] *n* esteticista *m,f*, estéticienne *f*. **beau·ti·ful** ['bju:tifl] *adj* **1.** hermoso/a, bonito/a. **2.** estupendo/a, satisfactorio/a. **beau·ti·ful·ly** [-fli] *adv* **1.** bellísimamente. **2.** estupendamente. **beau·ti·fy** ['bju:tifai] *v* embellecer.

beau·ty ['bju:ti] *n* **1.** (*qualities*) belleza *f*, hermosura *f*. **2.** (*person*, etc) beldad *f*, hermosura *f*, ejemplar *m*. LOC **~ is only skin deep,** lo que cuenta no es lo bello. **~ queen,** miss *m*. **~ salon** (*also* **~ parlour**), salón *m* de belleza. **~ sleep,** IR primer sueño *m*. **~ spot, 1.** (*place*) lugar *m* de paisaje turístico. **2.** (*on face*) lunar *m* postizo.

beav·er ['bi:və(r)] **I.** *n* (*animal, fur*) castor *m*. **II.** *v* Br INFML trabajar como un esclavo.

be·calm·ed [bi'ka:md] *adj* NÁUT encalmado.

be·came V. **become**.

be·cause [bi'kɔz, US *also* -'kɔ:z] *conj* **1.** porque, debido a. **2.** (*in answer*) porque sí. LOC **~ of,** por motivo de, a causa de.

beck [bek] *n* **1.** Br (*dialect*) arroyo *m*, riachuelo *m*. **2.** gesto *m*. seña *f*. LOC **At sb's ~ and call,** A la disposición inmediata de alguien. **beck·on** ['bekən] *v* hacer gestos a, llamar con señas a. LOC **To ~ sb in/on/over,** señalar con gestos (en la dirección indicada).

be·come [bi'kʌm] *v* (*pret* **became**, *pp* **become**) **1.** llegar a ser, convertirse en:. **2.** (*begin to be*) volverse, empezar a ser, ponerse. **3.** (*of age*) tener, llegar a tener. **4.** (*suit*) ser conveniente para, sentar bien a. LOC **What ~s of sb/sth,** qué le sucede a algo/alguien. **be·com·ing** [bi'kʌmiŋ] *adj* FML **1.** (*of dress*, etc) que sienta bien, favorecedor. **2.** (*appropiate*) conveniente, adecuado/a.

BEd *abrev* Bachelor of Education, Licenciado/a en Pedagogía.

bed [bed] **I.** *n* **1.** cama *f*; (*for animal*) lecho *m*. **2.** FIG INFML cama *f*, sexo *m*. **3.** (*of sea, river*, etc) lecho *m*, cauce *m*, fondo *m*; GEOL capa *f*, estrato *m*; ARQ base *f*, capa *f*, camada *f*. **4.** (*in garden*) macizo *m*, arriate *m*, parterre *m*: *A ~ of roses*, Un macizo de rosas. LOC **A ~ of roses,** FIG un lecho de rosas. **As one makes one's ~, so one must lie on it,** a lo hecho/a, pecho. **~ and board,** (*in hotel*) pensión completa. **~ and breakfast,** pensión con alojamiento y desayuno. **To go to ~ with sb,** INFML acostarse con alguien. **To have got out of ~ on the wrong side,** FIG haberse levantado con el pie izquierdo. **To**

make the ~, hacer la cama. **To take to one's ~**, encamarse. **II**. *v* **1**. ARQ engastar, fijar. **2**. AGR plantar. **3**. (*person*) poner en cama. LOC **To ~ down,** alojarse, pasar la noche. **To ~ sth out,** sacar (plantas, etc) del semillero al jardín.

bed..., **~-bug,** *n* chinche *m,f.* **~-clothes,** *n/pl* ropa *f* de cama. **~-ded,** *adj* (*in compounds*) con camas: *A four-bedded room,* Una habitación con cuatro camas. **~-ding,** *n* ropa *f* de cama; (*for animal*) lecho *m* de paja, etc. **~-fellow,** *n* compañero/a de cama; FIG socio/a, aliado/a. **~-linen,** *n* lencería *f* de cama. **~-pan,** *n* orinal *m* de cama. **~-post,** *n* montante *m* de dosel. **~-ridden,** *adj* postrado en cama. **~-rock,** *n* GEOL lecho *m* de roca, roca *f* madre; FIG base *f*, principios *m,pl*: *The ~ of one's belief,* La base de las creencias. **~-roll,** *n* cama *f* de camping portátil. **~-room,** *n* dormitorio *m*, habitación *f*. **~-side,** *n* lado *m* de la cama; FIG cabecera *f*. **~-sitting-room** (*also* **~-sitter, ~-sit**), *n* Br dormitorio *m* y cuarto de estar. **~-sore,** *n* llaga/úlcera *f* de decúbito. **~-spread,** *n* colcha *f*, cubrecama *m*. **~-stead,** *n* armazón *m* de cama. **~-time, I**. *n* hora *f* de acostarse. **II**. *adj* para la noche. **~-wetting,** *n* enuresis *f*.

be·daub [bi'dɔ:b] *v* embadurnar.

be·deck [bi'dek] *v* adornar, engalanar.

be·de·vil [bi'devl] *v* afligir, atormentar.

bed·lam ['bedləm] *n* caos *m*, alboroto *m*.

bed·ouin ['beduin] *adj/n* (*pl* ~) beduíno/a.

be·drag·gled [bi'drægld] (*also* **drag·gled**) *adj* manchado/a, ensuciado/a.

bee [bi:] *n* **1**. abeja *f*; FIG persona *f* trabajadora. **2**. *esp* US reunión *f*, círculo *m*, grupo *m*. LOC **To have a ~ in one's bonnet,** INFML tener una obsesión.

Beeb [bi:b] *n* **the** ~ INFML la BBC.

beech [bi:tʃ] *n* (*also* **~ tree**) haya *f*. **~-wood** ['-wud] *n* hayedo *m*. LOC **~-nut,** hayuco *m*.

beef [bi:f] **I**. *n* **1**. (*for eating*) buey *m*, carne *f* de vacuno. **2**. *pl* **beev·es** [bi:vz] (*animal*) buey *m*. **3**. SL fuerza *f*, músculos *m,pl*. **4**. *pl* **beefs** SL queja *f*, protesta *f*. **II**. *v* US SL quejarse, protestar. LOC **~-burger,** hamburguesa *f* de carne de vaca. **~ cattle,** ganado *m* vacuno de engorde. **~-eater,** Br alabardero *m* de la torre de Londres. **~-steak,** bistec *m* de buey. **~-tea,** consomé *m* de carne. **To ~ sth up,** US INFML reforzar, dar más vida a. **bee·fy** ['bi:fi] *adj* (*comp* **-ier**, *sup* **-iest**) INFML musculoso/a, fornido/a.

bee·hive ['bi:haiv] *n* colmena *f*. **bee·keep·er** ['bi:ki:pə(r)] *n* apicultor/ra; colmenero/a. **bee·line** ['bi:,lain] *n* línea *f* recta. LOC **To make a ~ for sth/sb,** Irse derecho hacia.

been V. **be**.

beep [bi:p] ELECTR **I**. *n* (*of alarm watch,* etc) señal *f*, pitido *m*. **II**. *v* emitir señales, pitidos, etc.

beer [biə(r)] *n* cerveza *f*. LOC **~ and skittles,** FIG diversión constante. **beer·y** ['biəri] *adj* (*drink*) parecido a la cerveza; (*person*) que apesta a cerveza.

bees·wax ['bi:zwæks] *n* cera *f* de abejas.

beet [bi:t] *n* **1**. (*plant*) remolacha *f*. **2**. US = beetroot.

bee·tle ['bi:tl] **I**. *n* ZOOL escarabajo *m*; TEC pisón *m*. **II**. *v* **(away, off, etc)** INFML largarse, marcharse. **beet·ling** ['bi:tliŋ] *adj* (*rock,* etc) prominente, salido.

beet·root ['bi:tru:t] (US **beet**) *n* (*for eating*) remolacha *f*.

be·fall [bi'fɔ:l] *v* (*pret* **befell**, *pp* **befallen**) acaecer, acontecer.

be·fit [bi'fit] *v* FML ser conveniente para, adecuarse a; **be·fit·ting** *adj* conveniente, apropiado/a.

be·fog [bi'fɔg] *v* confundir, ofuscar.

be·fore [bi'fɔ:(r)] **I**. *adv* (*time*) antes, hace tiempo. **II**. *prep* **1**. (*time*) antes de. **2**. (*in space, order,* etc) delante de. **3**. (*in the presence of*) ante. **4**. (*rather*) FML antes que. **III**. *conj* antes de que. **be·fore·hand** [bi'fɔ:hænd] *adv* por adelantado, de antemano.

be·friend [bi'frend] *v* ayudar, favorecer, tratar como amigo.

be·fud·dled [bi'fʌdld] *adj* ofuscado/a, confuso/a; idiotizado/a.

beg [beg] *v* **1**. pedir, suplicar, rogar. **2**. (*as beggar*) pedir limosna. **3**. (*of dog*) ponerse de pie para pedir. LOC **I ~ your pardon,** (*a*) Le pido disculpas; (*b*) Por favor, ¿puede repetirlo?; (*c*) (*with anger*) Lo siento/a, pero... **To go ~-ging,** (*things*) no pedirlo/quererlo nadie. **To ~ leave to do sth,** FML pedir permiso para hacer algo. **To ~ off,** excusarse de, evadirse de. **To ~ sb off,** perdonar un castigo a alguien. **To ~ sb's pardon,** pedir disculpas a alguien. **To ~ the question,** hacer una petición de principio.

be·gan *pret* de **begin**.

be·get [bi'get] *v* (*pret* **begot**, *pp* **begotten**) (*also* FIG) engendrar.

beg·gar ['begə(r)] **I**. *n* pobre *m,f*, mendigo/a, pordiosero/a; INFML tipo *m*, tío *m*. LOC **~s can't be choosers,** los pobres no pueden escoger. **II**. *v* empobrecer, arruinar. LOC **To ~ description,** superar toda descripción. **beg·gar·ly** [-li] *adj* indigente, pobre; mezquino/a. **beg·gar·y** [-i] *n* mendicidad *f*, pobreza *f*, miseria *f*.

be·gin [bi'gin] (*pret* **began**, *pp* **begun**) *v* **1**. empezar, comenzar. **2**. (*process*) empezar a. **3**. INFML intentar, empezar a: *She couldn't ~ to thank me,* No sabía cómo darme las gracias. LOC **To ~ with,** Para empezar. **be·gin·ner** [-ə(r)] *n* principiante *m,f*, principio *m*. **be·gin·ning** [-iŋ] *n* **1**. principio *m*. **2**. (*also pl*) orígenes *m,pl*. LOC **The ~ of the end,** el principio del fin.

be·gone [bi'gɔn], US -'gɔ:n] *int* (ARC) ¡Largo de aquí! ¡Fuera!

be·got, be·got·ten V. **beget**.

be·grudge [bi'grʌdʒ] *v* **1**. dar de mala gana. **2**. envidiar. **3**. resistirse a conceder algo.

be·guile [bi'gail] *v* FML engañar, seducir; entretener, encantar.

be·gun V. **begin**.

be·half [bi'ha:f, US -'hæf] *n* LOC **On ~ of,** en nombre/representación de.

be·have [bi'heiv] *v* **1**. comportarse. **2**. **(oneself)** comportarse bien. **3**. (*machine,* etc) funcionar, rendir. **be·hav·ed** [-d] *adj* (*in compounds*) **well-~, ill-~,** etc., con buenos/malos modales. **be·hav·io(u)r** [bi'heivjə(r)] *n* conducta *f*, comportamiento *n*. **be·hav·io(u)r·al** [-jərəl] *adj* de la conducta. **be·hav·io(u)r·ism** [-jərizəm] *n* behaviorismo *m*.

be·head [bi'hed] *v* decapitar; (*object*) descabezar.

be·held V. **behold.**

be·hest [bi'hest] *n* LOC **At sb's ~,** FML a petición de.

be·hind [bi'haind] **I.** *prep* **1**. detrás de. **2**. FIG por debajo de. **3**. (*in support*) en apoyo de. **4**. (*responsible*) detrás de **II**. *adv* **1**. (*space*) detrás, en la parte de atrás. **2**. (*in time, work*, etc) con retraso. **III**. *n* INFML trasero *m*, culo *m*, nalgas *f,pl*. LOC **~·hand**, retrasado/a.

be·hold [bi'həuld] (*pret* **beheld**, *pp* **beheld**) *v* HIST mirar, contemplar **be·hold·er** [-ə(r)] *n* espectador/ra.

be·hold·en [bi'həuldən] *adj* **(to)** FML agradecido/a, obligado/a.

be·hove [bi'həuv] (US **be·hoove** [bi'hu:v]) *v* FML incumbir a, ser obligación de.

beige [beiʒ] **I.** *adj* beige. **II.** *n* color *m* beige.

be·ing ['bi:ing] *n* **1**. existencia *f*, ser *m*. **2**. (*creature*) ser *m*, criatura *f*. LOC **To bring sth into ~,** crear algo.

be·jew·el(l)·ed [bi'dʒu:eld] *adj* enjoyado/a.

be·la·bo(u)r [bi'leibə(r)] *v* HIST vapulear; FIG criticar, despellejar.

be·lat·ed [bi'leitid] *adj* tardío/a, retrasado/a.

be·lay [bi'lei] *v* NAUT amarrar (a un asidero).

belch [beltʃ] **I.** *n* eructo *m*. **II.** *v* eructar; FIG arrojar, lanzar.

be·lea·guer [bi'li:gə(r)] *v* sitiar; (*person*) asediar, acosar.

bel·fry ['belfri] *n* campanario *m*.

be·lie [bi'lai] *v* contradecir, desmentir.

be·lief [bi'li:f] *n* **1**. creencia *f*, convicción *f*, fe *f*. **2**. opinión *f*, idea *f*. LOC **Beyond ~,** increíble. **In the ~ that...,** creyendo que... **be·liev·able** [bi'li:vəbl] *adj* creíble.

be·lieve [bi'li:v] *v* **1**. creer, dar crédito a. **2**. pensar, opinar, creer. **3**. REL tener fe, creer. LOC **~ it or not,** lo creas o no. **~ me,** créeme/te lo aseguro. **Not to ~ one's eyes/ears,** no dar uno crédito a sus ojos/oídos. **Seeing is believing,** hasta que no lo veas no lo creas. **To ~ in doing sth,** creer en la importancia de algo. **To ~ sth of sb,** creer a alguien capaz de algo. **To make ~ that...,** fingir que...: *Make John ~*: Convencer a John. **Would you ~ it?,** ¿puedes creer algo semejante? **be·liev·er** [bi'li:və(r)] *n* creyente *m,f*. LOC **To be a great ~ in sth,** ser un firme partidario de algo.

Be·li·sha bea·con [bə'li:ʃə ,bi:kən] *n* (*also* **beacon**) globo *m* luminoso intermitente, paso *m* de peatones.

be·lit·tle [bi'litl] *v* menospreciar, quitar importancia a. **be·lit·tling** [-iŋ] *adj* humillante, menospreciativo/a.

bell [bel] *n* **1**. campana *f*; (*small*) campanilla *f*; (*for cat, toy*,etc) cascabel *m*; (*cattle*) cencerro *m*; BOT campanilla *f*; MUS (*of trumpet*) pabellón *m*; ELECTR timbre *m*. **2**. (*sound*) campana(da) *f*; timbrazo *m*, timbre *m*. LOC **~-bot·tomed,** (*trousers*) acampanado. **~-bottoms,** pantalones *m,pl* acampanados. **~-boy,** botones *m,sing*. **~-buoy,** boya *f* de campana. **~ captain,** US jefe *m* de botones. **~-founder,** campanero *m*. **~-foundry,** fundición *f* de campanas. **~ glass,** campana *f* de cristal. **~·hop, ~·man** (*pl* **-men)** US = **~boy**. **~-pull,** tirador *m* de campanilla, cordón *m*. **~-push,** botón *m* del timbre. **~-ringer,** campanero *m*. **~-ringing,** toque *m* de campanas. **~-rope,** cuerda *f* de campana. **~-shaped,** acampanado/a. **~-tent,** tienda *f* de campaña cónica.

belle [bel] *n* (*woman*) beldad *f*.

belles-let·tres [,bel'letrə] *n,pl* humanidades *f,pl*, letras *f,pl*.

bel·li·cose ['belikəus] *adj* FML belicoso/a. **bel·li·cos·ity** [,beli'kɔsəti] *n* belicosidad *f*.

bel·li·ed ['belid] *adj* panzudo/a, con panza; (*in compounds*) con la forma de: *A pot-bellied guy*, Un tipo panzudo.

bel·li·ger·ence [bi'lidʒərəns] *n* beligerancia *f*. **bel·li·ger·ent** [-ənt] *adj* beligerante; (*temper*) agresivo/a, belicoso/a.

bel·low ['beləu] **I.** *v* bramar, rugir, aullar; FIG decir a gritos, vociferar. **II.** *n* rugido *m*, bramido *m*. **bel·lows** [-z] *n,pl* fuelle *m*.

bel·ly ['beli] **I.** *n* **1**. vientre *m*; PEY barriga *f*, tripa *f*; (*of animal*) panza *f*. **2**. FIG (*of wall*, etc) panza *f*. LOC **To have had one's ~ of sb/sth,** estar ya harto de alguien/algo. **II.** *v* (*also* **~ out)** (*sails*, etc) hincharse, abultarse; (*dress*) hacer bolsas. **~·ache** [-eik] INFML **I.** *n* dolor *m* de vientre. **II.** *v* ser muy quejica. LOC **~-but·ton,** INFML ombligo *m*. **~-dance,** danza *f* del vientre. **~-land,** AER aterrizar de barriga. **~-laugh,** INFML risa *f* escandalosa. **bel·ly·ful** [-ful] *n* hartazgo *m*, panzada *f*.

be·long [bi'lɔŋ, US -lɔ:ŋ] *v* **1**. pertenecer a, ser de. **2**. (*be a member*) pertenecer, formar parte de. **3**. **(with)** ir con, ser de, haber de estar con. **4**. FIG encontrarse en su ambiente, estar a gusto. **be·long·ings** [-iŋz] *n,pl* pertenencias *f,pl*, efectos *m,pl* personales; bártulos *m,pl*.

be·lov·ed [bi'lʌvd] *adj/n* querido/a, estimado/a, amado/a.

be·low [bi'ləu] **I.** *prep* debajo de, bajo/a, por debajo de, más abajo de. **II.** *adv* abajo/a, debajo/a, más abajo.

belt [belt] **I.** *n* cinturón *m*; faja *f*; TEC correa *f*, cinta *f*; (*area*) zona *f*, cinturón *m*: *Green ~*, Zona verde. LOC **~ line,** US (*bus, train*) línea *f* de circunvalación. **To hit sb below the ~,** FIG dar a alguien un golpe bajo. **Under one's ~,** INFML en el bolsillo, en su haber. **II.** *v* **1**. atar con cinturón, faja, etc. **2**. dar golpes con correa, cinturón, etc. **3**. **(along/up/down, etc)** SL ir/moverse muy rápidamente en una dirección determinada. LOC **To ~ up,** INFML ponerse el cinturón de seguridad; SL callarse. **~·ing** [-iŋ] *n* SL paliza *f*, correazos *m,pl*.

be·moan [bi'məun] *v* FML apenarse por, lamentar.

be·mus·ed [bi'mju:zd] *adj* aturdido/a, mareado/a, confundido/a.

ben [ben] *n* (*Scot*) pico *m*, montaña *f*.

bench [bentʃ] *n* **1**. (*seat, for work*, etc) banco *m*. **2**. **the ~,** DER Tribunal. Jueces. Magistratura. LOC **~·mark**, punto *m* topográfico/a, cota *f*; FIG cota *f*, nivel *m*. **To be on the ~,** ser magistrado.

bend [bend] **I**. *v* (*pret, pp* **bent**) **1**. doblar(se), torcer(se), curvar(se). **2**. (*person*) inclinar (se), agachar(se). **3**. FIG **(to sth)** doblegarse ante algo. LOC **On bended knees,** de rodillas/suplicante. **To ~ one's mind to sth,** aplicar el pensamiento a algo. **To ~ the rules,** torcer las leyes. **To be bent on sth,** estar decidido/a a algo determinado. **II**. *n* curva *f*, vuelta *f*, recodo *m*. LOC **To drive sb round the ~,** INFML volver a alguien loco/a, sacar de quicio. **To go round the ~,** INFML volverse loco/a. **bend·er** ['bendə(r)] *n* SL juerga *f* de borrachera. **bends** [bendz] *n,pl* enfermedad *f* de los submarinistas. **bend·y** [-z] *adj* INFML lleno/a de curvas; flexible, blando/a.

be·neath [bi'ni:θ] FML **I**. *prep* debajo de, bajo; FIG por debajo de. **II**. *adv* (por) debajo.

be·ne·dic·tion [,beni'dikʃn] *n* bendición *f*.

be·ne·fac·tion [,beni'fækʃn] *n* FML obra *f* de caridad, buena acción *f*. **be·ne·fac·tor** ['benifæktə(r)] *n* bienhechor. **be·ne·fac·tress** [benifæktris] *n* bienhechora *f*.

be·ne·fice ['benifis] *n* REL beneficio *m*. **be·ne·fic·ed** ['benifist] *adj* REL beneficiado/a. **be·ne·fi·cence** [bi'nefisns] *n* beneficencia *f*. **be·ne·fi·cent** [bi'nefisnt] *adj* FML benéfico/a. **be·ne·fi·ci·al** [,beni'fiʃl] *adj* beneficioso/a, bueno/a; provechoso/a. **be·ne·fi·ci·ary** [,beni'fiʃeri, US -'fiʃieri] *n* beneficiario/a.

be·ne·fit ['benifit] **I**. *n* **1**. beneficio *m*, provecho *m*, ganancia *f*. **2**. (*allowance*) subsidio *m*: *Unemployment ~*, Subsidio de paro. **3**. TEAT función *f* benéfica, beneficio *m*. LOC **For sb's ~,** para provecho de. **II**. *v* beneficiar(se), aprovechar(se) (*from* de).

be·ne·vol·ence [bi'nevələns] *n* benevolencia *f*. **be·ne·vol·ent** [-ənt] *adj* benévolo/a, caritativo/a.

BEng *abrev* Bachelor of Engineering, Ingeniero Industrial.

be·night·ed [bi'naitid] *adj* ignorante, atrasado/a.

be·nign [bi'nain] *adj* benigno/a.

bent [bent] **I**. pret of **bend**. **II**. *n* inclinación *f*, tendencia *f*, propensión *f*. LOC **To follow one's ~,** seguir uno sus gustos. **II**. *adj* **1**. torcido/a, doblado/a, encorvado/a. **2**. SL Br tramposo/a, corrupto/a, inmoral; PEY homosexual.

be·numb·ed [bi'nʌmd] *adj* FML entumecido/a, insensibilizado/a.

ben·zene ['benzi:n] *n* benceno *m*. **ben·zine** ['benzi:n] *n* bencina *f*. **ben·zol** ['benzɔl, US -zɔ:l] *n* benzol *m*.

be·queath [bi'kwi:ð] *v* FML (*also* FIG) dejar en herencia, legar.

be·quest [bi'kwest] *n* FML legado *m*, manda *f*.

be·rate [bi'reit] *v* FML reprender, censurar, criticar.

be·reave [bi'ri:v] *v* FML privar de, despojar de, arrebatar. **the ~d,** *pl* la familia de alguien que ha fallecido. **~·ment** [-ment] *n* (*of relative*) pérdida *f*, aflicción *f*, luto *m*. **be·reft** [bi'reft] *adj* FML privado/a, despojado/a.

be·ret ['berei, US bə'rei] *n* boina *f*.

berk [bз:k] *n* (Br SL) PEY estúpido/a, imbécil *m,f*.

ber·ry ['beri] *n* (*of bush*) baya *f*; ZOOL (*of fish*) hueva *f*.

ber·serk [bə'sз:k] *adj* furioso/a. LOC **To go ~,** ponerse como loco/a.

berth [bз:θ] **I**. *n* (*in train*, etc) litera *f*, cabina *f*, camarote *m*; (*in harbour*) amarradero *m*; INFML puesto *m*, trabajo *m*, chollo *m*. **II**. *v* acomodarse en litera, etc; (*boat*) amarrarse, fondear.

be·ryl ['berəl] *n* berilo *m*. **~·lium** [bə'riliəm] *n* berilio *m*.

be·seech [bi'si:tʃ] (*pret* **besought**, *pp* **besought** [bi'sɔ:t]/ **beseeched**) *v* FML implorar, suplicar, rogar. **~·ing** [-iŋ] *adj* suplicante, implorante.

be·set [bi'set] (*pret, pp* **beset**) *v* FML asediar, acosar, perseguir. **~·ting** [-iŋ] *adj* constante, dominante.

be·side [bi'said] *prep* al lado de, junto a, cerca de; en comparación con, al lado de. LOC **~ oneself,** fuera de sí/furioso/a.

be·sides [bi'saidz] **I**. *prep* además de; (*after negative*) excepto, aparte de. **II**. *adv* además, por otra parte, también.

be·siege [bi'si:dʒ] *v* sitiar; FIG asediar. LOC **To ~ sb with sth,** acosar a alguien con algo. **be·sieg·er** [-ə(r)] *n* sitiador/ra; asediador/ra.

be·smear [bi'smiə(r)] *v* FML embadurnar, ensuciar (**with sth** con algo).

be·smirch [bi'smз:tʃ] *v* FML deshonrar, calumniar.

be·som ['bi:zəm] *n* escobón *m*, escoba *f*.

be·sot·ted [bi'sɔtid] *adj* atontado/a (**with sth** por algo), alelado/a.

be·sought *pret* de **beseech**.

be·span·gled [bi'spæŋgld] *adj* (*with stars*, etc) tachonado/a.

be·spat·ter·ed [bi'spætəd] *adj* manchado/a, salpicado/a (**with** de).

be·speak [bi'spi:k] (*pret* **bespoke** [bi'spəuk], *pp* **bespoken** [bi'spəuk(ə)n]) *v* FML indicar, ser prueba de; encargar.

be·spec·ta·cled [bi'spektəkld] *adj* que lleva gafas, con gafas.

be·spoke [bi'spəuk] *adj* (*of clothes*, etc) hecho/a a medida, por encargo.

best [best] **I**. *adj sup* mejor. LOC **One's ~ bet,** INFML lo mejor que uno puede hacer. **To be on one's ~ behaviour,** portarse lo mejor posible. **To make the ~ use of sth,** aprovechar algo al máximo. **To put one's ~ foot forward,** iniciar algo de la mejor manera posible. **With the ~ will in the world,** con la mejor voluntad del mundo. **II**. *adv* de la mejor manera, lo mejor posible: *You know ~*, Tu sabes mejor que nadie lo que conviene. LOC **As ~ one can,** lo mejor que uno puede. **III**. *n* lo mejor. LOC **All the ~,** INFML mis/nuestros, etc, mejores deseos. **At ~,** como máximo. **At its/one's ~,** en su mejor momento/forma, etc: *She wasn't feeling at her ~*, No se encontraba en su mejor momento. **Even at the ~ of times,** incluso en el mejor de los casos. **To be all for the ~,** todo ha acabado bien. **To bring out the ~ of sb,** hacer que alguien muestre sus mejores cualidades. **To do one's ~ /do the ~ one can,** hacer todo lo posible. **To get the ~ of it,** acabar imponiéndose/ganando. **To look one's/ its ~,** tener el mejor aspecto posible. **To make the ~ of it/sth/a bad deal,** salir lo mejor parado posible de un apuro/a, dificultad, etc. **To the ~ of one's knowledge,** que uno sepa. **To the ~ of one's memory,** por lo que uno recuerda. **With the ~ of intentions,** con la mejor de las intenciones. **IV.** *v* ganar, derrotar. **best...,** **~ man,** *n* padrino *m* de boda. **~ seller,** *n* (*book*) éxito *m* de ventas. **~ selling,** *adj* (*novel,* etc) uno de los más vendidos.

bes·ti·al ['bestiəl, US 'bestʃəl] *adj* PEY bestial, brutal. **bes·ti·al·ity** [,besti'æləti, US, bestʃi-] *n* **1.** brutalidad *f*, crueldad *f.* **2.** (*sexual*) bestialidad *f.* **bes·ti·ary** ['bestiəri, US -tieri] *n* (*stories*) bestiario *m.*

be·stir [bi'stɜ:(r)] *v* **(oneself)** FML menearse, moverse.

be·stow [bi'stəu] *v* FML **(sth on sb)** otorgar, conferir (algo a alguien). **be·stow·al** [bi'stəuəl] *n* donación *f*, otorgamiento *m.*

be·strew [bi'stru:] *v* desparramar.

be·stride [bi'straid] (*pret* **bestrode** [bi'strəud], *pp* **bestridden** [bi'stridn]) *v* FML montar (caballo, etc) a horcajadas.

bet [bet] **I.** (*pp* **bet/betted**) *v* apostar; hacer una apuesta. LOC **I ~ that...,** INFML estoy seguro de que.../apuesto algo a que... **To ~ one's bottom dollar on sth,** INFML estar completamente seguro/a de algo. **You ~,** INFML ¡claro!, puedes estar seguro. **II.** *n* apuesta *f.*

bet·el ['bi:tl] *n* betel *m.* LOC **~ nut,** nuez *f* de areca.

bête noire [,beit 'nwa:(r)] (*pl* **bêtes noires** [,beit 'nwa:z]) *n* bestia *f* negra, pesadilla *f*, obsesión *f.*

be·to·ken [bi'təukən] *v* FML presagiar; ser un indicio de.

be·tray [bi'trei] *v* traicionar; FIG dejar ver, delatar. **be·tray·al** [bi'treiəl] *n* traición *f*; indicio *m.* **be·tray·er** [bi'treiə(r)] *n* traidor/ra.

be·troth [bi'trəuð] *v* FML (*for marriage*) prometerse; desposarse. **be·troth·al** [bi.trəuðl] *n* promesa *f* de matrimonio, desposorios *m, pl.* **be·troth·ed** [bi'trəuðd] *adj* prometido/a.

bet·ter ['betə(r)] **I.** *adj comp* mejor. LOC **Against one's ~ judgement,** en contra de toda lógica. **One's ~ feelings,** el lado bondadoso de uno. **One's ~ half,** (IR) la media naranja. **~ luck next time,** ¡qué tengas más suerte la próxima vez! **To be ~ than one's word,** ser más generoso de lo que uno dice. **To be no ~ than,** ser un simple... **To have seen/known ~ days,** FIG (*clothes,* etc) haber conocido tiempos mejores. **II.** *adv* **1.** mejor. **2.** (*more*) más. LOC **~ late than never,** más vale tarde que nunca. **~ safe than sorry,** más vale prevenir que curar. **Had ~ to do sth,** más vale que hagas... **To be ~ off,** tener más dinero. **To be ~ off doing sth,** salir mejor parado haciendo una cosa. **To be ~ off without sb/sth,** estar mucho mejor perdiendo de vista a alguien/algo. **To get ~,** mejorar. **III.** *n* **1.** V. **bet:** apostador/ra. **2.** lo mejor, algo mejor. LOC **One's betters,** los superiores de uno. **For ~ or worse,** tanto en la fortuna como en la adversidad. **So much the ~ for sb/sth,** pues mucho mejor para alguien/ algo. **The less said about sb/sth the ~,** cuanto menos se diga de alguien/algo, mejor. **To feel all the ~ for sth,** estar mucho mejor gracias a algo. **To get the ~ of sb/sth,** acabar derrotando a alguien/algo. **IV.** *v* superar; mejorar. **~·ment** [-ment] *n* mejora *f*, mejoría *f.*

bet·ting ['betiŋ] *n* juego m; (*for horses,* etc) apuestas *f,pl.* LOC **~-shop,** oficina *f* de apuestas (de caballos, etc).

be·tween [bi'twi:n] **I.** *prep* (*space, time,* FIG , etc) entre (dos personas, cosas, etc). **II.** *adv* (*also* **in between**) en el medio.

be·twixt [bi'twikst] *adv/prep* en el medio. LOC **~ and between,** entre una cosa y otra.

bev·el ['bevl] **I.** *n* (*in surface, glass,* etc) bisel *m*; (*tool*) falsa escuadra *f*, cartabón *m.* **II.** *v* biselar.

bev·er·age ['bevəridʒ] *n* (*tea, wine,* etc) bebida *f.*

be·vy ['bevi] *n* (*of birds*) bandada *f*; (*of people*) grupo *m*, reunión *f.*

be·wail [bi'weil] *v* FML lamentar, llorar.

be·ware [bi'weə(r)] *v* **(of)** precaverse de, tener cuidado con.

be·wild·er [bi'wildə(r)] *v* desconcertar, aturdir, confundir. **~·ing** [-iŋ] *adj* desconcertante. **~·ment** [-ment] *n* perplejidad *f*, desconcierto *m.*

be·witch [bi'witʃ] *v* embrujar, hechizar; FIG encantar, deleitar. **~·ing** [-iŋ] *adj* encantador/ra, cautivador/ra.

be·yond [bi'jɔnd] **I.** *prep* **1.** (*space,* FIG, etc) más allá de. **2.** (*except*) fuera de, aparte de, excepto. LOC **To be ~ sb,** INFML superar, desbordar. **II.** *adv* más allá, al otro lado, en la distancia.

bi·an·nu·al [bai'ænjuəl] *adj* semestral.

bi·as ['baiəs] **I.** *n* línea *f* oblicua, sesgo *m*, diagonal *f*; DEP efecto *m*; FIG inclinación *f*, predisposición *f*, parcialidad *f.* **II.** *v* (*person*) influir, predisponer.

bib [bib] *n* (*for baby*) babero *m.* LOC **One's best ~ and tucker,** FAM las mejores galas.

Bi·ble ['baibl] *n* la Biblia. **bib·lic·al** ['biblikl] *adj* bíblico/a.

bi·blio·graph·er [,bibli'ɔgrəfə(r)] *n* bibliógrafo/a. **bi·blio·graph·ic·al** [,bibliə'græfikl] *adj* bibliográfico/a. **bi·blio·gra·phy** [,bibli'ɔgrəfi] *n* bibliografía *f.* **bi·blio·phile** ['bibliəfail] *n* bibliófilo/a.

bi·bu·lous ['bibjuləs] *adj* IR borrachín/na, bebedor/ra.

bi·ca·mer·al [,bai'kæmərəl] *adj* (*system*) bicameral.

bi·car·bon·ate [,bai'ka:bənət] *n* bicarbonato *m.*

bi·cen·ten·ary [,baisen'ti:nəri, US -'sentəneri] *n* bicentenario *m.* **bi·cen·ten·ni·al** [,baisen'teniəl] *adj* que sucede cada doscientos años; (*celebration*) de bicentenario.

bi·ceps ['baiseps] *n* (*pl* ~) bíceps *m.*

bicker ['bikə(r)] *v* reñir, pelearse. **~·ing** [-iŋ] *n* peleas *f,pl*, riñas *f,pl.*

bi·cy·cle ['baisik(ə)l] **I.** *n* bicicleta *f*. **II.** *v* ARC ir en bicicleta. **bi·cy·clist** [-klist] *n* ARC ciclista *m,f*.

bid [bid] **I.** (*pret* **bid, bade** [bæd], *pp* **bid, bidden** ['bidn]) *v* **1.** (*at auction*) pujar, licitar; (*in cards*) declarar, pujar, marcar. **2.** FML rogar, suplicar; ordenar; (*greetings*) dar, decir. LOC **To ~ fair to do sth,** LIT dar esperanzas. **II.** *n* **1.** (*to buy*) oferta *f*; (*at auction*) puja *f*, postura *f*; (*in cards*) marca *f*. **2.** tentativa *f*, intento *m*. **~·dable** ['bidəbl] *adj* FML dócil, sumiso. **~·der** [-ə(r)] *n* (*at auction*) postor/ra. **~·ding** [-iŋ] *n* **1.** FML orden *f*, mandato *m*. **2.** (*at auction*) pujas *f,pl*, ofertas *f,pl*.

bide [baid] *v* aguardar: LOC **To ~ one's time,** Esperar el momento oportuno.

bi·det ['bi:dei, US bi:'dei] *n* bidet *m*.

bi·en·ni·al [bai'eniəl] **I.** *adj* bienal. **II.** *n* BOT planta *f* bianual.

bier [biə(r)] *n* andas *f,pl*, féretro *m*.

biff [bif] INFML **I.** *n* bofetón *m*, puñetazo *m*. **II.** *v* dar un bofetón.

bi·foc·al [,bai'fəukl] *adj* (*lenses*) bifocal. **bi·foc·als** [-z] *n,pl* gafas *f,pl* bifocales.

bi·furc·ate ['baifəkeit] *v* FML bifurcarse. **bi·furc·ation** [,baifə'keiʃn] *n* bifurcación *f*.

big [big] **I.** (*comp* **~·ger,** *sup* **~·gest**) *adj* **1.** grande; (*also person*) voluminoso/a, grueso/a; FIG importante, grande. **2.** INFML ambicioso/a, aventurado/a. **3.** (*esp* US) INFML de moda, popular. LOC **A ~ cheese,** SL un pez gordo. **A ~ shot,** persona muy importante. **~ on sth,** INFML (*esp* US) muy interesado en algo. **The ~ three, four, etc,** (*nations, companies,* etc) los tres/cuatro grandes. **The ~ stick,** FIG mano dura; fuerza militar. **To be too ~ for one's boots,** INFML darse humos. **II.** *adv* SL con importancia, a lo grande: *She talks ~,* Se da mucha importancia. LOC **~ business,** negocios *m,pl* de altos vuelos. **~ game,** caza *f* mayor. **~-head,** orgulloso/a, engreído/a. **~-hearted,** generoso/a, bondadoso/a. **~-mouthed,** charlatán/ na; chismoso/a. **~ wheel,** (*at fair*) noria *f*. **~·wig,** INFML pez *m* gordo.

bi·gam·ist ['bigəmist] *n* bígamo *m*. **bi·gam·ous** ['bigəməs] *adj* bígamo/a. **bi·ga·my** ['bigəmi] *n* bigamia *f*.

bight [bait] *n* curva *f*, recodo *m*; GEOG ensenada *f*, bahía *f*.

big·ness ['bignis] *n* gran tamaño *m*, grandeza *f*.

bi·got ['bigət] *n* (*esp* REL, POL) fanático/a, intolerante *m,f*. **bi·got·ed** [-id] *adj* intolerante, fanático/a. **bi·got·ry** ['bigətri] *n* fanatismo *m*, intolerancia *f*.

bike [baik] INFML **I.** *n* bici *f*. **II.** *v* ir en bici. LOC **On your ~!**, ¡fuera de aquí!

bi·ki·ni [bi'ki:ni] *n* biquini *m*, bikini *m*.

bi·lab·ial [,bai'leibiəl] *adj/n* bilabial *f*.

bi·la·ter·al [,bai'lætərəl] *adj* bilateral.

bil·ber·ry ['bilbri, US -beri] (*also* **blaeberry, whortleberry**) *n* arándano *m*.

bile [bail] *n* bilis *f*; FIG mal carácter *m*, irritabilidad *f*. LOC **~-duct**, conducto *m* biliar.

bilge [bildʒ] *n* **1.** NAUT pantoque *m*, sentina *f*. **2.** (*water*) suciedad *f* acumulada en el pantoque. **3.** FIG SL tonterías *f,pl*, mandangas *f,pl*. **~-wat·er** = **bilge 2.**

bi·lin·gual [,bai'liŋgwəl] **I.** *adj* bilingüe. **II.** *n* persona *f* bilingüe.

bi·li·ous ['biliəs] *adj* bilioso/a; FIG irritable, malhumorado/a. **~·ness** [-nis] *n* lo bilioso; irritabilidad *f*.

bilk [bilk] *v* estafar, timar.

bill [bil] **I.** *n* **1.** ZOOL (*of bird*) pico *m*; GEOG promontorio *m*; NAUT uña *f*; AGR podón *m*, podadera *f*. **2.** COM factura *f*, cuenta *f*. **3.** (*poster*) cartel *m*, aviso *m*; (*of cinema, theatre*) programa *m*. **4.** (PARL) proyecto *m* de ley. LOC **~ of exchange,** letra de cambio. **~ of fare,** (*in restaurant*) menú. **~ of lading,** NAUT conocimiento *m* de carga. **~ of rights,** DER declaración de derechos fundamentales. **~ of sale,** escritura de venta. **To fill/fit the ~,** cumplir los requisitos. **To foot the ~,** pagar la cuenta. **II.** *v* **1.** ZOOL (*birds*) darse con el pico. LOC **~ and coo,** INFML Besuquearse. **2.** COM facturar, pasar la factura de. **3.** TEAT anunciar.

bill·board ['bilbɔ:d] *n* US tablón *m* de anuncios; cartelera *f*, valla *f* publicitaria, cartel. LOC **~·fold,** US = **wallet**.

bil·let ['bilit] **I.** *n* **1.** (*of soldiers*) alojamiento *m* en casas. **2.** (*for fire*) tronco *m*, leño *m*. **II.** *v* alojar (soldados) en casas. **bil·let-doux** [bilei 'du:] *n* (*pl* **billets-doux** [,bilei 'du:z]) carta *f* de amor.

bill·hook ['bilhuk] *n* AGR podón *m*.

bil·liards ['biliədz] *n,sing* billar *m*. **bil·liard-room** ['biliəd,ru:m] *n* sala *f* de billar. **bil·liard-table** ['biliəd,teibl] *n* mesa *f* de billar.

bil·lion ['biliən] *n/pron* mil millones *m,pl* (a veces, un millón de millones).

bil·low ['biləu] **I.** *n* ola *f*; (*of smoke,* etc) oleada *f*. **II.** *v* moverse en oleadas. **bil·lo·wy** [-i] *adj* ondeante, hinchado/a.

bill·post·er ['bilpəustə(r)], **bill·stick·er** ['bilstikə(r)] *n* (*man*) cartelero *m*.

bil·ly ['bili] (*also* **bil·ly·can**) *n* (*in camping*) lata *f* para guisar. LOC **~-goat**, macho *m* cabrío. **~-o(h),** FAM LOC **Like ~,** muy deprisa/a toda marcha.

bi·month·ly [,bai'mʌnθli] *adj* bimensual, quincenal; bimestral.

bin [bin] *n* panera *f*, cajón *m* grande, arcón *m*; (*for rubbish*) cubo *m* de basura.

bi·na·ry ['bainəri] *adj* binario/a.

bind [baind] **I.** (*pret, pp* **bound** [baund]) *v* **1.** atar, ligar, sujetar con una cuerda; (*wound*) vendar; FIG unir, atar. **2.** (*book*) encuadernar. LOC **To ~ sb/oneself to sth,** obligar(se) a una cosa. **To ~ sth up/together,** (cemento) adherirse; atar, liar. **II.** *n* INFML obligación *f*, lastre *m*. **bind·er** ['baində(r)] *n* (*person*) encuadernador/ra; AGR agavilladora *f*; (*for sheets*) carpeta *f*; (*substance*) argamasa *f*, aglutinador *m*. **bind·ery** ['baindəri] *n* taller *m* de encuadernación. **bind·ing** ['baindiŋ] **I.** *adj* que obliga, que compromete. **II.** *n* encuadernación *f*; (*in material*) ribete *m*. LOC **~·weed**, enredadera *f*, convólvulo *m*.

bine [bain] *n* BOT zarcillo *m*.

binge [bindʒ] *n* INFML **To go on a ~**, ir de juerga *f*.
bin·go ['bingəu] *n* bingo *m*.
bin·na·cle ['binəkl] *n* NAUT bitácora *f*.
bi·no·cu·lars [bi'nɔkjuləz] *n,pl* prismáticos *m,pl*, gemelos *m,pl*.
bi·no·mi·al [bai'nəumiəl] **I.** *adj* MAT de dos términos. **II.** *n* binomio *m*.
bio·chem·ic·al [,baiəu'kemikl] *adj* bioquímico/a. **bio·chem·ist** [,baiəu'kemist] *n* bioquímico/a. **bio·chem·is·try** [,baiəu'kemistri] *n* bioquímica *f*.
bio·de·grad·able [,baiəudi'greidəbl] *adj* biodegradable.
bio·graph·er [bai'ɔgrəfə(r)] *n* biógrafo/a. **bio·graph·ic(·al)** [,baiə'græfik(l)] *adj* biográfico/a. **bio·gra·phy** [bai'ɔgrəfi] *n* biografía *f*.
bio·log·ic(·al) [,baiə'lɔdʒik(l)] *adj* biológico/a. LOC **~ warfare,** guerra *f* biológica. **bio·lo·gic·al·ly** [-kəli] *adv* biológicamente. **bio·lo·gist** [bai'ɔlədʒist] *n* biólogo/a. **bio·lo·gy** [bai'ɔlədʒi] *n* biología *f*.
bion·ic [bai'ɔnik] *adj* biónico/a.
bi·op·sy ['baiɔpsi] *n* biopsia *f*.
bio·rhythm ['baiəuriðəm] *n* biorritmo *m*.
bio·tech·no·lo·gy [,baiəutek'nɔlədʒi] *n* biotecnología *f*.
bi·par·ti·san [,baipa:ti'zæn, US ,bai'pa:rtizn] *adj* común a dos partidos políticos.
bi·par·tite ['bai'pa:tait] *adj* (*agreement*, etc) bipartito/a; bipartido/a.
bi·ped ['baiped] *n* bípedo *m*.
bi·plane ['baiplein] *n* biplano *m*.
birch [bɜ:tʃ] **I.** *n* abedul *m*; madera *f* de abedul; (*for flogging*) vara *f* de abedul. **II.** *v* azotar con vara.
bird [bɜ:d] *n* **1.** pájaro *m*, ave *f*; ave *f* de caza. **2.** INFML tipo *m*, tío *m*, pájaro *m*; SL (*esp* Br) chica *f*, novia *f*, tía *f*. LOC **A ~ in the hand is worth two in the bush,** más vale pájaro en mano que ciento volando. **A ~'s eye view of sth,** ver algo a vista de pájaro. **Birds of a feather flock together,** dios los cría y ellos se juntan. **Like a ~,** INFML de maravilla/perfectamente. **The ~ has flown,** FIG PEY el pájaro ha volado. **To get the ~,** TEAT (SL) recibir un abucheo. **To give sb the ~,** TEAT abuchear.
bird..., **~·bath**, *n* bañera *m* para pájaros. **~·brained,** *adj* INFML con la cabeza a pájaros. **~·cage**, *n* jaula *f* para pájaros. **~·lime,** (*also* **lime**) *n* liga *f*. **~ of paradise**, *n* ave *f* del paraíso. **~ of passage,** *n* (*also* FIG) ave *f* de paso. **~ of prey**, *n* ave *f* de presa. **~ sanctuary**, *n* reserva *f* ornitológica. **~·seed**, *n* alpiste *m*. **~-song**, *n* canto *m* de los pájaros. **~ watcher**, *n* observador/ra de pájaros. **~-watching**, *n* (*in freedom*) observación *f* de pájaros.
bir·die ['bɜ:di] *n* **1.** INFML pajarito *m*. **2.** (*golf*) hoyo *m* en un golpe bajo par.
bi·ro ['baiərəu] *n* bolígrafo *m*.
birth [bɜ:θ] *n* **1.** (*act*) nacimiento *m*; MED parto *m*; FIG cuna *f*, origen *m*. **2.** FIG origen *m*, principios *m,pl*. LOC **~ certificate,** partida *f* de nacimiento. **~ -control,** control *m* de natalidad. **~·day**, cumpleaños *m*; (*date*) fecha *f* de nacimiento. **~·mark**, marca *f* de nacimiento. **~·place**, lugar *m* de nacimiento. **~ rate,** tasa *f* de natalidad. **~·right**, derechos *m,pl* de nacimiento/a, primogenitura *f*; FIG herencia *f*, patrimonio *m*. **To give ~ to sb/sth,** parir; FIG engendrar.
Bis·cay ['biskei] *n* Vizcaya.
bis·cuit ['biskit] *n* galleta *f*; US bollo *m*; porcelana *f* cocida antes de ser vidriada; color *m* teja. LOC **To take the ~,** INFML ser el colmo/ el no va más.
bi·sect [bai'sekt] *v* bisecar. **~·ion** [bai'sekʃn] *n* bisección *f*.
bi·sex·ual [,bai'sekʃuəl] *adj/n* bisexual *m,f*. **~·ity** [,baisekʃu'æləti] *n* bisexualidad *f*.
bi·shop ['biʃəp] *n* obispo *m*; (*chess*) alfil *m*. **~·ric** ['biʃəprik] *n* obispado *m*.
bis·muth ['bizməθ] *n* bismuto *m*.
bi·son ['baisn] *n* bisonte *m*.
bit [bit] **I.** *pret* of **bite**. **II.** *n* **1.** (*horse's*) bocado *m*, freno *m*; MEC barrena *f*, punta *f* de taladro. **2.** (*small*) trozo *m*, pedazo *m*; (*also* FIG) poco *m*: *A ~ of bread*, Un poco de pan. **3.** (*in computing*) bit *m*. LOC **A ~,** (*time, distance*) un poco. **A ~ much,** INFML excesivo; molesto/a, intolerable. **A ~ of a,** INFML bastante. **A ~ of all right,** Br SL aceptable, discreto. **A ~ thick,** INFML intolerable. **~ by ~,** poco a poco. **~s and pieces,** INFML cositas sueltas. **Every ~ as good/bad, etc, as sth,** tan bueno/malo/a, etc, como. **Not a ~ /Not one little ~,** en absoluto. **Not a ~ of it!** INFML ¡al contrario! **To do one's ~,** INFML hacer uno lo que le corresponde. **To ~s,** a/en pedazos. **To take the ~ between one's teeth,** enfrentarse valientemente a un problema, etc. **bit·ty** ['biti] *adj* PEY hecho a trozos; (*film*, etc) inconexo/a, incoherente.
bitch [bitʃ] **I.** *n* perra *f*; (*of wolf, otter*) hembra *f*; (*of fox*) zorra *f*; SL (*woman*) zorra *f*. LOC **Son of a ~,** FIG hijo de perra. **II.** *v* INFML quejarse, dar la tabarra. **bit·chy** [-i] *adj* malintencionado/a, malévolo/a; de mal genio, malhumorado/a.
bite [bait] **I.** (*pret* **bit**, *pp* **bitten**) *v* **1.** morder, echar un mordisco a. **2.** (*insect*) picar; (*snake*) morder. **3.** (*fish*) morder el anzuelo/a, picar. **4.** (*cold*) causar dolor. **5.** (*on surface*) adherirse, engancharse. **6.** FIG hacer daño, causar molestias. **7. (at sth)** mordisquear, echar mordiscos a. **8. (sth off)** arrancar de un mordisco. LOC **To be bitten by sth,** FIG ser entusiasta de algo. **To ~ off more than one can chew,** INFML estirar el brazo más que la manga. **To ~ one's lip,** contenerse/morderse los labios. **To ~ one's tongue,** FIG morderse la lengua. **To ~ sb's head off,** INFML despellejar/poner verde. **To ~ the bullet**, resignarse a su suerte. **To ~ the dust,** FIG morder el polvo; caer muerto. **To ~ the hand that feeds one,** no agradecer los favores. **To have sth to ~ on,** FIG tener algo que estudiar, analizar, etc. **What's biting you/ him?** INFML ¿qué mosca te/le ha picado? **II.** *n* **1.** (*act*) mordedura *f*, mordisco *m*; dentellada *f*. **2.** (*wound*) picadura *f*, mordedura *f*. **3.** (*of food*) bocado *m*: *We haven't had a ~ today*, Hoy no hemos probado bocado. **4.** FIG mordacidad *f*, fuerza *f*, agresividad *f*; (*of drill*, etc) fuerza *f*, po-

tencia *f*. *This cheese has a real ~*, Este queso tiene un sabor muy fuerte. LOC **To have two bites at the cherry,** intentar algo por segunda vez.

bit·er ['baitə(r)] *n* mordedor/ra; FAM estafador/ra. LOC **The ~ bit,** FIG el cazador cazado. **bit·ing** ['baitiŋ] *adj* (*cold*, etc) penetrante, cortante; FIG incisivo/a, mordaz. **bit·ten** *pp* of **bite**.

bit·ter ['bitə(r)] **I**. *adj* **1**. (*taste*, etc) amargo/a. **2**. FIG (*experience*, etc) triste, amargo/a. **3**. (*enemy, hatred*) implacable, duro/a, violento/a; (*person*) amargado/a, resentido/a. **4**. (*cold, wind*, etc) cortante, intenso/a, penetrante. LOC **A ~ pill for sb to swallow,** FIG un trago amargo. **~-sweet,** (*also* FIG) agridulce. **To the ~ end,** FIG hasta las últimas consecuencias. **II**. *n* **1**. Br cerveza *f* clara. **2**. **bitters** *pl* aperitivos *m,pl* amargos. **~·ly** ['bitəli] *adv* con amargura; con encono/a, fuertemente: *~ disappointed*, Muy decepcionado/a. **~·ness** [-nis] *n* amargor *m*; FIG amargura *f*; resentimiento *m*; crueldad *f*; odio *m*.

bit·tern ['bitən] *n* avetoro *m* común.

bit·ty V. **bit**.

bi·tu·men ['bitjumən, US bə'tu:mən] *n* betún *m*. **bi·tu·mi·nous** [bi'tju:minəs, US -'tu:-] *adj* bituminoso/a.

bi·valve ['baivælv] *n* molusco *m* bivalvo.

bi·vouac ['bivuæk] **I**. *n* (*camp*) vivac *m*, vivaque *m*. **II**. (*pret, pp* **-cked**) *v* vivaquear.

bi·week·ly [bai'wi:kli] **I**. *adj* quincenal; bisemanal. **II**. *adv* cada dos semanas, quincenalmente.

bi·zarre [bi'za:(r)] *adj* extravagante, estrafalario/a; raro/a, grotesco/a.

blab [blæb] (*pret, pp* **-bed**) *v* **1**. divulgar, contar; confesar. **2**. = **~·ber** ['blæbə(r)] **I**. *v* INFML chismorrear, cotillear. **II**. *n* parloteo *m*, chismorreo *m*. LOC **~·ber·mouth**, INFML chismoso/a, hablador/ra.

black [blæk] **I**. *adj* **1**. (*colour, person*) negro/a; oscuro/a; (*dirty*) ennegrecido/a, sucio/a. **2**. FIG siniestro/a, tétrico/a; (*future*, etc) negro/a; (*of goods*, etc) ilegal, negro/a: *~ money*, Dinero negro. *~ humour*, Humor negro. LOC **As ~ as ink,** negro como el carbón. **Not as ~ as it is painted,** no tan malo como dicen. **To beat sb ~ and blue,** dejar a alguien lleno de cardenales. **II**. *n* color *m* negro; (*clothes*) luto *m*; (*person*) negro/a. LOC **~ and white,** (*film, television*) en blanco y negro/Sin color. **In ~ and white**, 1. por escrito: *She wants it in ~ and white*, Lo quiere ver por escrito. 2. sin matices/en blanco y negro. **To be in the ~,** FIG tener dinero en el banco. **To work like a ~,** trabajar como un esclavo. **III**. *v* **1**. ennegrecer; (*shoes*) teñir de negro, embetunar; (*goods*, etc) boicotear. **2**. **(out)** perder el conocimiento/memoria, etc; **(sth out)** dejar algo totalmente a oscuras; apagar; cubrir (escrito/a, etc) con tinta.

black..., **~·amoor**, *n* PEY HIST (*person*) negro/a. **~ art** V. **black magic**. **~·ball,** *v* vetar, dar bola negra a. **~-beetle,** *n* cucaracha *f*. **~·berry,** *n* (*fruit*) mora *f*; (*plant*) zarzamora *f*. **~·bird,** *n* mirlo *m*. **~·board**, *n* (US **chalkboard**) encerado *m*, pizarra *f*. **~ box,** *n* AER caja *f* negra. **~·coated,** *adj* de americana negra: *~ worker*, oficinista. **~·cock,** *n* gallo *m* silvestre. **~ comedy,** *n* comedia *f* negra. **~·currant**, *n* grosella *f* negra. **~ death**, *n* la peste. **~ economy,** *n* economía *f* sumergida. **~ eye,** *n* ojo *m* morado. **~ Friar,** *n* monje *m* dominico. **~·guard,** *n* FML sinvergüenza *m/f*, canalla *m/f*. **~·guardedly**, *adj* canalla, vil. **~·head**, *n* (*in skin*) espinilla *f*. **~ hole,** *n* ASTR agujero *m* negro. **~ ice,** *n* (*on road*) placa *f* de hielo. **~·ing,** *n* betún *m* negro. **~·ish,** *adj* negruzco/a. **~·jack**, *n* (*esp* US) porra *f* de mango flexible. **~·lead**, *n* grafito *m*. **~·leg**, **I**. *n* PEY esquirol *m,f*. **II**. *v* hacer el esquirol. **~·list**, **I**. *n* lista *f* negra. **II**. *v* poner en una lista negra. **~ magic**, *n* magia *f* negra. **~·mail, I**. *n* chantaje *m*. **II**. *v* chantajear. **~·mailer,** *n* chantajista *m,f*. **B~ Maria,** *n* INFML coche *m* celular. **~ mark**, *n* FIG mala nota *f*, mancha *f*. **~ market,** *n* mercado *m* negro. **~ marketeer**, *n* estraperlista *m,f*, vendedor/ra de mercado negro. **~ Mus·lim,** *n* negro *m* seguidor del Islam. **~·ness,** *n* negrura *f*; oscuridad *f*. **~-out,** *n* **1**. (*in air attack*) luces *f,pl* apagadas durante un bombardeo; (*power failure*) apagón *m*, corte *m*; FIG apagón *m* informativo, censura *f* de noticias. **2**. MED amnesia f temporal, pérdida *f* de conocimiento, desmayo *m*. **~ pepper,** *n* pimienta *f* negra. **~ pudding**, *n* morcilla *f*. **~ sheep**, *n* FIG oveja *f* negra. **~·shirt,** *n* fascista *m,f*. **~·smith** (*also* **smith**), *n* herrero *m*. **~ spot**, *n* (*on roads*) FIG punto *m* negro. **~·thorn,** *n* endrino *m*; espino *m*. **~ tie, I**. *n* corbata *f* de esmóquin. **II**. *adj* de etiqueta: *A ~ dinner*, Una cena de etiqueta. **~-water fever**, *n* enfermedad *f* tropical. **~ widow,** *n* araña *f* venenosa.

black·en ['blækən] *v* ennegrecer; FIG difamar, calumniar, ensuciar.

blad·der ['blædə(r)] *n* vejiga *f* (de la orina); (*of ball*, etc) cámara *f*.

blade [bleid] *n* **1**. (*of sword, knife*, etc) hoja *f*; (*of oar, spade, bat*, etc) pala *f*; HIST espada *f*; BOT hoja *f*: *A ~ of grass*, Una brizna de hierba. **2**. (*also* **razor-~**) hoja *f* de afeitar, (*electric*) máquina *f* de afeitar.

blae·ber·ry ['bleibri, US -beri] *n* = **bilberry**.

blah [bla:] *n* INFML charla *f* vana, palabras *f,pl* vacías.

blame [bleim] **I**. *v* echar la culpa a, culpar; censurar, criticar. LOC **To be to ~ for,** tener la culpa de. **II**. *n* **1**. culpa *f*, responsabilidad *f*. **2**. crítica *f*, censura *f*. LOC **To lay/put the ~ for sth on sb,** echar la culpa de algo a alguien. **blam·able** ['bleiməbl] *adj* censurable, criticable. **blame·less** [-lis] *adj* inocente, sin culpa; (*behaviour*, etc) intachable. **~·worthy** ['bleimwɜ:ði] *adj* censurable; culpable.

blanch [bla:ntʃ, US blæntʃ] *v* **1**. (*in cooking*) escaldar. **2**. **(with sth)** palidecer de.

blanc·mange [blə'mɔnʒ] *n* dulce *m* de flan.

bland [blænd] (*comp* **-er**, *sup* **-est**) *adj* suave, blando/a; (*manner*) afable; (*food*) insípido/a; (*appearance*) insulso/a. **~·ish** [-iʃ] *v* halagar. **~·ly** [-li] *adv* suavemente. **~·ness** [-nis] *n* suavidad *f*, dulzura *f*; lo insípido.

bland·ish·ment ['blændiʃmənt] *n* (*esp* in *pl*) halago *m*, zalamería *f*.
blank [blæŋk] I. *adj* 1. (*space, paper*, etc) en blanco/a, nada escrito; (*form*) sin llenar. 2. FIG (*look, appearance*) inexpresivo/a, ausente; (*refusal*, etc) total, absoluto/a. II. *n* espacio *m* en blanco, blanco *m*; formulario/impreso *m* por llenar; (*of mind*) vacío *m*. III. *v* (*also* ~ **sth out**) borrar, eliminar. LOC ~ **cartridge,** cartucho *m* sin bala. ~ **cheque,** (*also* FIG) cheque *m* en blanco. ~ **verse,** verso *m* blanco/libre. ~**·ly** [-li] *adv* inexpresivamente; (*deny*) rotundamente. ~**·ness** [-nis] *n* lo vacío; falta *f* de expresión.
blan·ket ['blæŋkit] I. *n* manta *f*; FIG capa *f*, manto *m*. II. *adj* general, de conjunto. III. *v* cubrir completamente.
blare [bleə(r)] I. *v* resonar, sonar con estruendo. II. *n* estruendo *m*, estrépito *m*.
blar·ney ['bla:ni] *n* INFML coba *f*, zalamerías *f,pl*, halagos *m,pl*.
bla·sé ['bla:zei, US bla:'zei] *adj* hastiado/a, indiferente.
blas·pheme [blæs'fi:m] *v* blasfemar. **blas·phem·er** [blæs'fi:mə(r)] *n* blasfemo/a. **blas·phem·ous** ['blæsfəməs] *adj* blasfemo/a. **blas·phem·ous·ly** ['blæsfəməsli] *adv* con blasfemia. **blas·phe·my** ['blæsfəmi] *n* blasfemia *f*.
blast [bla:st, US blæst] I. *n* (*of bomb*, etc) explosión *f*; (*of air*) ráfaga *f*, golpe *m* de viento; (*of water*, etc) chorro *m*; (*sound*) bocinazo *m*, trompetazo *m*; (*impact*) sacudida *f*, choque *m*. II. *v* 1. hacer explotar, volar, barrenar; (*crop*, etc) destruir, arruinar; FIG INFML criticar duramente, vapulear. 2. **(sth away/down, etc)** destruir mediante cargas explosivas. 3. **(off)** (*of spacecraft*) Ser lanzado al espacio. III. *int* ¡maldita sea!
blast..., ~**·ed**, *adj* INFML maldito/a, condenado/a. ~**-furnace,** *n* alto horno *m*. ~**·ing**, *n* INFML crítica *f* violenta, vapuleo *m*. ~**-off,** *n* (*of spacecraft*) lanzamiento *m*, despegue *m*.
bla·tant ['bleitnt] *adj* (*lie, person*) descarado/a; (*colour*, etc) estridente, chillón/na; (*sound*) vocinglero/a, ruidoso/a. **bla·tan·cy** ['bleitnsi] *n* descaro *m*; estridencia *f*. **bla·tant·ly** ['bleitəntli] *adv* descaradamente; con estridencia.
blath·er ['blæðə(r)] (*also* **blether** ['bleðə(r)]) I. *v* chismorrear, parlotear. II. *n* chismorreo *m*, parloteo *m*.
blaze [bleiz] I. *n* 1. llamarada *f*; (*fire*) incendio *m*, fuego *m*; fogata *f*, hoguera *f*; (*of colour*) profusión *f*, explosión *f*; FIG despliegue *m*, explosión *f*: *A ~ of anger*, Una explosión de cólera. 2. (*in animal*) mancha *f*, estrella *f*; (*in tree*) señal *f*, marca *f* (de guía). II. *v* 1. arder (en llamas); (*of colour, light*) brillar, resplandecer; FIG encenderse, arder. 2. **(away)** disparar (armas) sin cesar; FIG trabajar sin cesar. 3. **(up)** prender en llamas, encenderse; FIG estallar, tener un arrebato de ira. 4. (*in trees*) hacer marcas/señales de guía. 5. (*also* **blazon**) divulgar, proclamar. LOC **To ~ a trail,** (*also* FIG) abrir camino.
blaz·er ['bleizə(r)] *n* chaqueta *f* deportiva/de uniforme/de colegio.
bla·zes ['bleiziz] *n,pl* SL demonios *m,pl*, diablos *m,pl* LOC **Like ~,** con toda la fuerza, A toda marcha.
blaz·ing ['bleiziŋ] *adj* abrasador/ra; resplandeciente, brillante; FIG encolerizado/a, furioso/a.
bla·zon ['bleizn] *n* I. *n* blasón *m*. II. *v* = **blaze II. 4.**
bleach [bli:tʃ] I. *v* blanquear(se), decolorar(se). II. *n* lejía *f*. ~**·ers** ['bli:tʃəz] *n,pl* (US) graderío *m* al sol. LOC ~**·ing powder**, polvos *m,pl* de blanqueo.
bleak [bli:k] (*comp* **-er**, *sup* **-est**) *adj* (*landscape*) árido/a, desierto/a, desnudo/a, pelado/a; (*weather*) crudo/a, frío; (*prospect*) desalentado; FIG poco prometedor/ra, desesperanzador. ~**·ly** [-li] *adv* áridamente; fríamente. ~**·ness** [-nis] *n* lo árido; desierto *m*; frío *m*.
blea·ry ['bliəri] *adj* (*of eye*) turbio/a, borroso/a, legañoso/a. LOC ~**-eyed**, con ojos legañosos.
bleat [bli:t] I. *n* balido *m*; FIG quejido *m*. II. *v* balar. LOC **To ~ sth out,** FIG decir algo con lamentos.
bled [bled] *pret, pp* de **bleed.**
bleed [bli:d] (*pret, pp* **bled** [bled]) *v* 1. sangrar, desangrar. 2. (*plant*, etc) soltar jugo, líquido, etc. 3. **(for sth)** FIG dar su sangre/morir por. 4. FIG sacar dinero. LOC **To ~ sb/sth dry**, sacar todo el provecho posible (de). **To ~ sb white,** Dejar a alguien sin blanca. **bleed·er** ['bli:də(r)] *n* MED hemofílico/a; FAM PEY persona *f*, tipo *m*. **bleed·ing** *adj* sangrante; SL Br puñetero/a.
bleep [bli:p] I. *n* (*in electronics*) sonido *m* agudo, pitido *m*.II. *v* emitir un pitido. ~**·er** [-ə(r)] *n* emisor *m* de pitidos.
blem·ish ['blemiʃ] I. *n* mancha *f*; FIG defecto *m*, tacha *f*. II. *v* manchar, tarar; FIG estropear.
blench [blentʃ] *v* recular; cejar, desistir.
blend [blend] I. *v* 1. mezclar, unir; combinar; (*colours*) casar, armonizar(se). 2. **((in) with sth)** combinar bien con. 3. **(sth in)** (*in cooking*, etc) añadir a (ingrediente, etc), Incorporar a. II. *n* mezcla *f*, combinación *f*. **blend·er** [-ə(r)] *n* licuadora *f*, batidora *f*.
blende [blend] *n* blenda *f*.
bless [bles] (*pret, pp* **bless·ed** [blest]) *v* (*Pope*, etc) dar la bendición a, bendecir; (*in mass*) consagrar, bendecir; FML ~ *my soul!* ¡Dios mío! ¡Cielos! LOC ~ **you!** *int* ¡que Dios te lo pague!; (*after sneezing*) ¡Jesús! **bless·ed** ['blesid] (*also* **blest**) I. *adj* 1. REL bendito/a, bienaventurado/a, beato/a. 2. (*happy*) placentero/a, bendito/a. 3. INFML santo/a. LOC **To be blessed with,** tener la fortuna de. II. *n* **the Blessed** *pl* los Bienaventurados. **bless·ed·ly** [-li] *adv* divinamente. **bless·ed·ness** ['blesidnis] *n* santidad *f*, bienaventuranza *f*. **bless·ing** [blesiŋ] *n* (*act*) bendición *f*; (*luck*) suerte *f*, bendición *f*. LOC **A ~ in disguise,** no hay mal que por bien no venga.
ble·ther = **blather.**
blew *pret* of **blow.**

blight [blait] I. *n* 1. AGR tizón *m*, roya *f*, añublo *m*. 2. FIG maldición *f*, plaga *f*; calamidad *f*. II. *v* AGR añublar, marchitar; FIG estropear, arruinar. **blighter** ['blaitə(r)] *n* Br INFML tío *m*, individuo *m*, tipo *m*. **Bligh·ty** ['blaiti] *n* MIL SL Inglaterra *f*.

bli·mey ['blaimi] *int* (Br SL) ¡Caramba! ¡Caray!

blimp [blimp] *n* pequeño dirigible *m*. **Blimp** *n* (*also* **Colonel Blimp**) INFML reaccionario/a, facha *m,f*.

blind [blaind] I. *adj* (*also* FIG) ciego/a; (*corner, bend*,etc) sin visibilidad, ciego/a; (*alley*, etc) sin salida; AER (*landing*) ciego. LOC **As ~ as a bat,** más ciego que un topo. **To turn a ~ eye to/a**, hacer la vista gorda. II. *n* 1. *pl* **the ~**, los ciegos. 2. (US **window-**) persiana *f*; FIG pretexto *m*, tapadera *f*. LOC **The ~ leading the ~**, tan ciegos los unos como los otros. III. *adv* a ciegas. LOC **~ drunk,** completamente borracho. IV. *v* cegar, dejar ciego; FIG cegar, no dejar ver.

blind..., **~ alley,** *n* (*also* FIG) callejón *m* sin salida. **~ date,** *n* INFML cita *f* a ciegas. **~er,** *n* Br SL juerga *f* de borrachera; DEP punto *m* ganador. **~·ers**, *n,pl* US = **blinkers**. **~-fold,** I. *v* (*prisoner*, etc) vendar los ojos a, cegar. II. *n* venda *f* para los ojos. III. *adj/adv* con los ojos vendados, a ciegas. **~·ing**, *adj* (*light*, etc) cegador/ra, intenso/a. **~·ly**, *adv* (*also* FIG) a ciegas. **~-man's buff**, *n* gallinita *f* ciega. **~·ness,** *n* ceguera *f*; FIG ceguedad *f*, ofuscación *f*. **~ spot,** *n* (*on eye, road*, etc) punto *m* ciego; FIG punto *m* negro.

blink [bliŋk] I. *v* 1. parpadear, guiñar los ojos; (*light*) oscilar, destellar. 2. **(sth away/back)** tragarse (las lágrimas, etc). II. *n* parpadeo *m*, guiño *m*; (*of light*) destello *m*, reflejo *m*. LOC **On the ~,** INFML averiado/fuera de servicio. **~·er·ed** ['-ed] *adj* (*horse*) con anteojeras; FIG (*attitude*) estrecho/a, cerrado/a. **~·ers** [-ə(r)z] *n,pl* (US **blinders**) (*for horse*) anteojeras *f,pl*. **~·ing** [-iŋ] I. *n* parpadeo *m*; (*of light*) destello *m*. II. *adj* INFML puñetero/a, maldito/a.

blip [blip] *n* (*on radar*) punto *m* de luz; (*sound*) pitido *m*.

bliss [blis] *n* bienaventuranza *f*, felicidad *f*. **~·ful** ['-fl] *adj* feliz, bienaventurado/a.

blis·ter ['blistə(r)] I. *n* (*in skin, metal, paint*, etc) ampolla *f*. II. *v* hacer(se) ampollas (en). LOC **~ pack,** (*for goods*) envoltorio *m* protector. **~·ing** ['blistəriŋ] *adj* (*heat*) abrasador/ra; (*speed*) vertiginoso/a; FIG mordaz, severo/a.

blithe [blaið] *adj* alegre, despreocupado/a, desenfadado/a. **~·ly** [-li] *adv* despreocupadamente; inconscientemente.

bli·ther·ing ['bliðəriŋ] *adj* INFML absoluto/a, total, redomado/a.

B Litt [,bi: 'lit] *abrev* = Bachelor of Letters (*Licenciado en Letras*).

blitz [blits] I. *n* bombardeo *m* aéreo; guerra *f* relámpago; FIG INFML esfuerzo *m* sobrehumano. II. *v* bombardear.

bliz·zard ['blizəd] *n* ventisca *f*, nevasca *f*.

bloat·ed ['bləutid] *adj* hinchado/a, abotagado/a; FIG envanecido/a. **bloat·er** ['bləutə(r)] *n* arenque *m* ahumado.

blob [blɔb] *n* (*of paint*, etc) gota *f*; (*stain*) mancha *f*, borrón *m*.

bloc [blɔk] *n* (*of countries*, etc) bloque *m*, grupo *m*.

block [blɔk] I. *n* 1. (*of stone, concrete*, etc) bloque *m*; (*wooden*) tarugo *m*, zoquete *m*, taco *m*; (*for execution, butcher*, etc) tajo *m*; (*of flats*) bloque *m*; (*of houses*) manzana *f*; (*of paper*) bloc *m*. 2. (*of things*) bloque *m*, grupo *m*: *A ~ of shares*, Un paquete de acciones. 3. (*obstacle*) obstrucción *f*; FIG obstáculo *m*, freno *m*. LOC **To have a ~ about sth,** FIG tener algo atragantado. II. *v* 1. obstruir, cerrar; (*traffic*) cortar, impedir, barrar; (*bank account*) bloquear; (*in pipes*, etc) atascar. 2. **(sth in/out)** hacer un esbozo de algo/Dibujar. 3. **(off)** incomunicar (zona, etc), cerrar el paso a.

block..., **~·ade**, I. (COM MIL) bloqueo *m*. LOC **To break/run the ~**, burlar el bloqueo. **To lift/raise the ~**, levantar el bloqueo. II. *v* declarar el bloqueo a; bloquear. **~·age**, *n* obstrucción *f*, atasco *m*. **~ and tackle,** *n* aparejo *m* de poleas. **~-buster**, *n* (MIL) FAM bomba *f* revientamanzanas; US (*for property*) revientaprecios *m*, éxito *m* popular (TV, libros etc). **~ diagram,** *n* organigrama *m*. **~-head,** *n* INFML zoquete *m*. **~-house,** *n* búnker *m*; US fortín *m*. **~ letter** (*also* **~ capital**), *n* letra *f* mayúscula.

bloke [bləuk] *n* Br INFML sujeto *m*, individuo *m*.

blond [blɔnd] I. *adj* rubio/a. II. *n* = **blonde** [blɔnd] *n* rubia *f*.

blood [blʌd] I. *n* 1. (*also* FIG) sangre *f*. 2. FML linaje *m*, cuna *f*. 3. HIST galán *m*, presumido *m*. LOC **Bad ~,** encono/rencor; FAM mala leche. **~ and thunder,** INFML (*of films*, etc) truculencia/carnicería. **~ is thicker than water,** la fuerza de la sangre/los lazos del parentesco. **Sb's ~ is up,** FIG alguien está furioso. **Like trying to get ~ out of a stone,** Es como pedir peras al olmo. **To be after/ out for sb's ~**, INFML querer la cabeza de alguien. **To be/run in the/one's ~**, llevarlo en la sangre. **To have sb's ~ on one's hands,** FIG tener las manos manchadas con la sangre de alguien. **To make sb's ~ boil,** sacar de quicio a alguien. **To make sb's ~ run cold,** helar a alguien la sangre en las venas. II. *v* (*dog in hunting*) probar sangre por primera vez; FIG iniciar(se).

blood..., **~ bank,** *n* banco *m* de sangre. **~-bath**, *n* FIG carnicería *f*, matanza *f*. **~-brother,** *n* hermano *m* de sangre. **~ count,** *n* recuento *m* sanguíneo. **~-curdling,** *adj* escalofriante, horripilante. **~-donor,** *n* donante *m,f* de sangre. **~ feud,** *n* odio *m* de familia. **~ group** (*also* **~ type**), *n* grupo *m* sanguíneo. **~-guilty,** *adj* homicida *m,f*, asesino/a. **~·hound,** *n* (*dog*) sabueso *m*. **~·less,** *adj* (*person*) pálido/a, exangüe; (*fight*, etc) incruento/a, sin derramamiento de sangre; FIG falto/a de vida, frío/a, soso/a. **~-letting,** *n* MED sangría *f*; INFML carnicería *f*, matanza *f*; FIG rivalidad *f* interna. **~-lust,** *n* FIG sed *f* de sangre. **~-money,** *n* sueldo *m* de un asesino;

(*to a dead person's relatives*) indemnización *f*. ~ **orange,** *n* naranja *f* sanguina. ~ **poisoning,** *n* septicemia *f*. ~ **pressure,** *n* tensión *f* arterial; FAM hipertensión *f*. **~-red,** *adj* de color rojo sangre. **~-relation,** *n* pariente *m* consanguíneo. **~·shed,** *n* derramamiento *m* de sangre, matanza *f*. **~·shot,** *adj* (*eye*) inyectado en sangre. ~ **sports,** *n,pl* caza *f*. **~-stained,** *adj* (*also* FIG) manchado/a de sangre. **~·stock,** *n* caballos *m,pl* de pura sangre. **~·stone,** *n* hematites *f*. **~·stream,** *n* flujo *m* sanguíneo; *Inject into the ~,* Inyectar por vía venosa. **~·sucker,** *n* (*also* FIG) sanguijuela *f*. ~ **test,** *n* análisis *m* de sangre. **~·thirsty,** *adj* sanguinario/a, cruel; (*film*, etc) truculento/a. **~-vessel,** *n* vaso *m* sanguíneo.

blood·i·ly ['blʌdili] *adv* sanguinariamente.

bloo·dy ['blʌdi] I. (*comp* **-ier**, *sup* **-iest**) *adj* (*stained*, etc) con sangre, sangriento/a; (*fight*, etc) sanguinario/a, cruel. **II.** *adj/adv* Br INFML **1**. condenado/a, maldito/a, puñetero/a. **2**. muy, terriblemente, totalmente. **3**. (*in anger*, etc) demonios, puñetas. LOC ~ **well,** Br INFML quiérase o no. **III.** (*pret, pp* **-ied**) *v* manchar de sangre, ensangrentar.

blood·y-mind·ed [,blʌdi'maindid] *adj* Br INFML malintencionado/a, con mal carácter, terco/a. **blood·y-min·ded·ness** [,blʌdi'maindidnis] *n* mala disposición *f*, mala leche *f*; terquedad *f*.

bloom [blu:m] **I.** *n* flor *f*, floración *f*; (*in fruit*) pelusilla *f*, vello *m*; FIG lozanía *f*, esplendor *m*. LOC **In full ~,** (*plant*) en plena floración; FIG En su apogeo. **To take the ~ off sth,** estropear/marchitar. **II.** *v* **1**. (*also* FIG) florecer. **2**. **(with sth)** estar lleno de (flores); FIG rebosar de, estar lleno de.

bloom·er ['blu:mə(r)] *n* Br INFML plancha *f*, patinazo *m*, coladura *f*. **~·ers** ['blu:məz] *n pl* bombachos *m,pl*, calzones *m,pl* (hasta la rodilla). **~·ing** ['blumiŋ] *adj/adv* en flor, floreciente; Br INFML maldito/a, condenado/a.

bloo·per ['blu:pə(r)] *n* (*esp* US) INFML plancha *f*, error *m*.

blos·som ['blɔsəm] **I.** *n* flores *f,pl*. LOC **In full ~,** en flor. **II.** *v* florecer, estar en flor; FIG (*also* ~ **out/into sth**) convertirse en, desarrollarse.

blot [blɔt] **I.** *n* (*of ink*, FIG) borrón *m*, mancha *f*. **II.** *v* **1**. manchar, emborronar; (*with paper*) secar, absorber; FIG deshonrar, manchar. LOC **~·ting-paper,** papel *m* secante. **2**. **(sth out)** tachar con tinta, emborronar; FIG suprimir, eliminar. **~·ter** ['blɔtə(r)] *n* secante *m*.

blotch [blɔtʃ] *n* (*on paper*, etc) mancha *f* emborronada; (*on skin*) mancha *f*, erupción *f*. **blotch·ed** [-t], **blot·chy** [-i] *adj* manchado/a; con erupciones.

blot·to ['blɔtəu] *adj* INFML borracho/a.

blouse [blauz, US blaus] *n* blusa *f*.

blow [bləu] **I.** *n* **1**. (*of air*) soplido *m*, resoplido *m*, soplo *m*. **2**. (*with fist*, etc) golpe *m*, bofetada *f*, puñetazo *m*. LOC **A ~-by-~ description, etc,** una descripción punto por punto de algo. **To come to blows,** llegar a las manos/Pelearse. **To get a ~ in,** acertar a dar a alguien un golpe. **To go for/have a ~,** FAM dar una vuelta/paseo. **II.** (*pret* **blew** [blu:], *pp* **blown** [bləun]) *v* **1**. (*of wind*) soplar. **2**. (*person*) soplar, hinchar soplando, (*instrument*) tocar, hacer sonar: ~ *glass*, Moldear el cristal soplando. **3**. (*of hair, leaves*, etc) flotar en el viento. **4**. (*fuse*) fundir(se); (*with explosives*) hacer explotar, volar. **5**. FIG SL delatar, descubrir; (*money*) despilfarrar, malgastar. **6**. (*chance*, etc) dejar escapar, perder. **7**. (*pp* **blow·ed** [bləud]) INFML ~ *me!* ¡Maldita sea! LOC **To ~ hot and cold about sth,** INFML cambiar de opinión sin cesar sobre algo. **To ~ one's brains out,** FIG levantarse la tapa de los sesos. **To ~ one's nose,** sonarse (la nariz). **To ~ one's own trumpet,** FIG INFML cantar sus propias alabanzas. **To ~ one's top** (US ~ **one's stack**), INFML perder los estribos. **To ~ sb a kiss,** enviar un beso a alguien por el aire. **To ~ sb's mind,** SL causar un gran impacto en alguien. **To ~ the gaff,** SL delatar. **To ~ the whistle on sb/sth,** INFML parar los pies a alguien.

blow..., ~ **down, off, over,** arrastrar/ser arrastrado por el viento. ~ **in, into (sth),** INFML Entrar/Llegar de pronto (a/en). ~ **out,** (*candle*, etc) Apagar(se); (*of gas*, etc) Salir con explosión. ~ **over,** Pasar sin dejar rastro/huella/consecuencias. ~ **up,** (*bomb*, etc) Explotar; (*storm*, etc) Empezar con fuerza; FIG Estallar/Iniciarse con fuerza; INFML Perder la calma/Estallar. ~ **sth up,** (*bomb*, etc) Hacer estallar, volar; (*tyre*, etc) Inflar; (*photo*) ampliar; FIG exagerar, hinchar.

blow..., **~-dry,** **I.** *n* (*of hair*) moldeado *m* (con secador). **II.** (*pret, pp* **-dried**) *v* marcar. **~·er,** *n* soplador *m*, fuelle *m*; SL teléfono *m*. **~-fly,** *n* moscarda *f*, mosca *f* azul. **~-hole,** *n* respiradero *m*; ZOOL espiráculo *m*. **~-lamp** (US **torch**, **~·torch**) *n* soplete *m*, lámpara *f* de soldar. **blown I.** *pp* of **blow**. **II.** *adj* (*flower*) marchito/a, pasado/a. **~-out,** *n* (*of tyre*) pinchazo *m*; (*of gas*, etc) explosión *f*; SL comilona *f*, atracón *m*. **~-pipe,** *n* cerbatana *f*; soplete *m* de soldar. **~-up,** *n* (*of photo*) ampliación *f*; regañina *f*, bronca *f*. **~y,** *adj* (*day, weather*, etc) ventoso/a.

blow·zy ['blauzi] *adj* PEY (*of appearance*) desaliñado/a, basto/a, ordinario/a.

blub·ber ['blʌbə(r)] **I.** *n* grasa *f* de ballena. **II.** *v* llorar a lágrima viva. **blub·ber·er** ['blʌbərə(r)] *n* llorica *m,f*.

bludg·eon ['blʌdʒən] **I.** *n* porra *f*, cachiporra *f*. **II.** *v* aporrear. LOC **To ~ sb into doing sth,** FIG forzar a alguien a hacer algo.

blue [blu:] **I.** *adj* azul; (*skin, after blow*, etc) morado/a, amoratado/a, lívido/a; INFML triste, deprimido/a; (*story*, etc) SL verde, obsceno/a. LOC **Sb's ~-eyed boy,** INFML el niño mimado de alguien. **To do sth till one is ~ in the face,** INFML hacer algo hasta reventar. **II.** *n* **1**. color *m* azul; FIG cielo *m*, firmamento *m*. **2**. *pl* **the blues,** (*jazz*, etc) música *f* triste, blues *m,pl*; INFML depresión *f*, tristeza *f*, melancolía *f*. LOC **Out of the ~,** de repente/inesperadamente. **III.** *v* INFML despilfarrar.

blue..., ~ **baby**, *n* MED niño *m* azul. ~·**bell**, *n* jacinto *m* silvestre; campánula *f*. ~·**berry**, *n* US = bilberry. ~·**bird**, *n* pájaro *m* azul, azulejo *m* americano. ~ **blood**, *n* sangre *f* azul, aristocracia *f*. ~·**blooded**, *adj* de sangre azul. ~·**bottle**, *n* moscarda *f*, mosca *f* azul. ~-**chip**, *n* COM valor *m*/acción *f* rentable. ~-**collar**, *adj* (*of worker*) manual. ~-**jacket**, *n* (*in navy*) marinero *m*. ~·**ness**, *n* lo azul, azul *m*. ~-**pencil**, *v* (*in film, book,* etc) censurar, eliminar. ~·**print**, *n* ferroprusiato *m*, cianotipo *m*; FIG anteproyecto *m*, bosquejo *m*. ~ **ribbon**, *n* galardón *m*, medalla *f*. ~·**stocking**, *n* mujer *f* pedante, literata *f*. ~ **tit**, *n* ZOOL herrerillo *m* común. ~ **whale**, *n* ballena *f* azul.

bluff [blʌf] **I**. *adj* (*cliff,* etc) escarpado/a; (*person, manner*) arisco/a, brusco/a, rudo/a. **II**. *n* **1**. GEOG risco *m*, promontorio *m* escarpado. **2**. (*threat,* etc) fanfarronada *f*, farol *m*, bluf *m*. **III**. *v* engañar, embaucar. LOC **To ~ it out**, librarse de una situación apurada. ~·**ness** [-nis] *n* lo escarpado; FIG rudeza *f*.

blu·ish ['blu:iʃ] *adj* azulado/a, casi azul.

blun·der ['blʌndə(r)] **I**. *n* planchazo *m*, metedura *f* de pata. **II**. *v* **1**. meter la pata, hacer una plancha. **2**. **(about, around)** dar pasos de ciego, andar a tientas. **3**. **(into sth)** tropezar con, darse con. ~·**er** ['blʌndərə(r)] *n* metepatas *m,f*.

blun·der·buss ['blʌndəbʌs] *n* trabuco *m*.

blunt [blʌnt] **I**. (*comp* **-er**, *sup* **-est**) *adj* (*knife,* etc) desafilado/a, embotado/a, despuntado/a; FIG obtuso/a, romo/a; (*answer,* etc) franco/a, rudo/a. **II**. *v* embotar, desafilar, despuntar; FIG embotar. ~·**ly** [-li] *adv* bruscamente, rudamente. ~·**ness** [-nis] *n* embotamiento, franqueza *f*; brusquedad *f*.

blur [blɜ:(r)] **I**. *n* perfil *m* borroso; FIG recuerdo *m* borroso. **II**. *v* (**-rr-**) desfigurar(se), desdibujar(se); empañarse (*eyes*).

blurb [blɜ:b] *n* (*of book*) propaganda *f* de sobreportada.

blurt [blɜ:t] *v* decir algo sin rodeos.

blush [blʌʃ] **I**. *n* sonrojo *m*, rubor *m*. **II**. *v* sonrojarse, ruborizarse. ~·**er** [-ə(r)] *n* colorete *m*. ~·**ing** [-iŋ] *adj* ruboroso/a. ~·**ing·ly** [-iŋli] *adv* con rubor.

blus·ter ['blʌstə(r)] **I**. *n* (*of wind*) bramido *m*, rugido *m*; FIG bravatas *f,pl*. **II**. *v* (*of wind*) bramar, rugir; FIG fanfarronear. LOC **To ~ one's way out of sth**, librarse de algo diciendo fanfarronadas. **blust·ery** ['blʌstri] *adj* (*weather*) borrascoso/a, tormentoso/a.

B.M.A. [,bi: em 'ei] *abrev* British Medical Association.

boa ['bəuə] *n* boa *f*.

boar [bɔ:(r)] *n* (*pl* ~ or ~**s**) verraco *m*; *Wild ~*, jabalí *m*.

board [bɔ:d] **I**. *n* **1**. (*wood*) tabla *f*, tablón *m*; (*for notices, games,* etc) tablero *m*; (*for iron, windsurf,* etc) tabla *f*; *esp pl* (*of book*) encuadernación *f* en tela/cartoné; (*of wood fibre*) chapa *f*, plancha *f*. **2**. *pl* TEAT (IR) las tablas, la escena. **3**. NAUT, AER *on ~*, a bordo. **4**. (*daily meals*) pensión *f*: *~ and lodging*, La comida y el alojamiento; *full ~*, pensión completa. **5**. (*people*) comité *m*, junta *f*: *~ of trade*, junta *f* de comercio. **6**. (*of gas,* etc) compañía *f*: *The electricity ~*, la Compañía de Electricidad. LOC **Above ~**, abiertamente/sin engaños. ~·**room**, (*in company,* etc) sala *f* de juntas. ~·**walk**, US (*wooden*) paseo *m* a orillas del mar. **To go by the ~**, (*of plans,* etc) ir por la borda. **To take sth on ~**, asumir (algo); INFML encargarse de/hacerse cargo de. **II**. *v* **1**. (*with wood*) entablar, enmaderar, cerrar con tablones. **2**. (*eat at sb's*) alojar(se), vivir en. **3**. AER NÁUT embarcar, subir a bordo. LOC **To ~ out**, comer fuera de casa. **To ~ sb out**, alojar a alguien fuera de su casa, etc. **board·er** ['bɔ:də(r)] *n* (*at guesthouse*) huésped/da; (*at school*) interno/a. **board·ing** [-iŋ] *n* entablado *m*. LOC ~ **card**, tarjeta *f* de embarque. ~·**house**, casa *f* de huéspedes, pensión *f*. ~·**school**, internado *m*.

boast [bəust] **I**. *v* jactarse, vanagloriarse, alardear (*about sth* de algo). **II**. *n* fanfarronada *f*; vanagloria *f*; alarde *m*. **boast·er** ['bəustə(r)] *n* fanfarrón/na, jactancioso/a. ~·**ful** ['-ful] *adj* presuntuoso/a. ~·**ful·ly** ['-fəli] *adv* presuntuosamente. ~·**ing** [-iŋ] *n* bravatas *f,pl*, fanfarronadas *f,pl*; ostentación *f*.

boat [bəut] **I**. *n* barco *m*, buque *m*, navío *m*; (*small*) barca *f*, bote *m*; (*for sauce*) salsera *f*. LOC ~·**hook**, bichero *m*. ~·**house**, cobertizo *m* para barcas. ~·**man**, (*pl* **-men**) barquero *m*. ~ **peo·ple**, refugiados *m,pl* que llegan en barco. ~ **race**, regata *f*. ~·**swain**, contramaestre *m*. **To miss the ~**, perder la oportunidad. **II**. *v* ir en barca. **boat·er** ['bəutə(r)] *n* sombrero *m* de paja. **boat·ing** [-iŋ] *n* remar *m* en un bote.

bob [bɔb] **I**. *v* **1**. (*of boat*) oscilar, balancearse (*also* ~ **up and down**). **2**. **(up)** salir a la superficie, surgir; FIG aparecer inesperadamente. **3**. (*woman's hair*) cortar a lo garçon. LOC **To ~ a curtsy to sb**, saludar a alguien con una reverencia. **II**. *n* **1**. sacudida *f*, movimiento *m* brusco, balanceo *m*; (*curtsy*) reverencia *f*. **2**. (*pl* ~) INFML Br chelín *m*. **3**. (*hairstyle*) pelo *m* a lo garçon.

Bob *abrev* = Robert.

bob·bin ['bɔbin] *n* bobina *f*, carrete *m*; (*for sewing*) canilla *f*.

bob·ble ['bɔbl] *n* borla *f* de lana.

bob·by ['bɔbi] *n* Br INFML policía *m*. LOC ~ **pin**, US (*for hair*) horquilla *f*.

bob·sleigh ['bɔbslei] (*also* **bob-sled** [-sled]) **I**. *n* bob *m*, bobsleigh *m*. **II**. *v* ir en bobsleigh.

bob·tail ['bɔbteil] *n* (*of dog, horse*) cola *f* corta; animal *m* de cola corta/rabicorto.

bod [bɔd] *n* Br INFML tío *m*, tipo *m*.

bode [bəud] *v* FML augurar, presagiar. LOC ~ **well/ill for sth**, no augurar nada malo/bueno para algo.

bod·ice ['bɔdis] *n* corpiño *m*; cuerpo *m* de vestido.

-bo·di·ed [-'bɔdid] *adj* de cuerpo...: *Small-bodied*, De cuerpo pequeño. **bo·di·less** ['bɔdilis] *adj* incorpóreo/a, sin cuerpo. **bo·di·ly** ['bɔdili] **I**. *adv* corpóreamente; en persona; (*as a group*) a la vez, unánimemente.

II. *adj* del cuerpo, corporal: ~ *needs*, necesidades *f,pl* materiales/físicas.
bod·kin ['bɔdkin] *n* aguja *f* de jareta; punzón *m*; (*for hair*) horquilla *f*.
bo·dy ['bɔdi] *n* **1**. cuerpo *m*; (*dead*) cadáver *m*. **2**. (*of car, building*, etc) armazón *m*, esqueleto *m*, caja *f*; FIG parte *f* esencial, centro *m*. **3**. (*people*) corporación *f*, asociación *f*: *A legislative* ~, Un cuerpo legislativo. **4**. (*object*) materia *f*, cuerpo *m*, sustancia *f*. **5**. (*of wine*, etc) cuerpo *m*, aroma *f*, densidad *f*. LOC **A large ~ of sth**, gran cantidad *f* de algo. **~ and soul**, en/con cuerpo y alma; de corazón. **In a ~**, a la vez, en grupo. **To keep ~ and soul together**, mantenerse vivo.
body..., **~-blow**, *n* (*boxing*) golpe *m* al cuerpo; FIG revés *m*, golpe *m* bajo. **~-building**, *n* desarrollo *m* muscular, culturismo *m*. **~ clock**, *n* tendencia *f* a despertarse a una hora predeterminada. **~·guard**, *n* guardaespaldas *m*; (*group*) escolta *f*, guardia *f* personal. **~ odour**, *n* olor *m* corporal. **~-search**, *n* cacheo *m*. **~-snatcher**, *n* ladrón *m* de cadáveres. **~ stocking**, *n* malla *f*, mallot *m*. **~·work**, *n* (*of car*) carrocería *f*.
bof·fin ['bɔfin] *n* Br INFML científico *m* investigador/ra, inventor/ra.
bog [bɔg] **I**. *n* pantano *m*, ciénaga *f*; SL wáter *m*. **II**. *v* (*also* **~ down**) hundir(se) en terreno pantanoso; FIG empantanar(se). **~·gy** ['bɔgi] *adj* pantanoso/a.
bo·gey ['bəugi] V. **bogy**.
bog·gle ['bɔgl] *v* sobresaltarse, retirarse (*at sth* ante algo). LOC **The mind ~s at**, INFML la imaginación se desborda ante: *The mind ~s (at)*, Quedarse pasmando (ante algo).
bo·gie ['bəugi] *n* TEC bogí *m*, carretón *m*.
bo·gus ['bɔgəs] *adj* US falso/a; ilegal, fraudulento/a.
bo·gy ['bəugi] (*also* **bogey**) *n* duende *m*, diablillo *m*; FAM (*also* **~·man**) hombre *m* del saco, coco *m*; FIG pesadilla *f*.
bo·he·mi·an [bəu'hi:miən] *n/adj* bohemio/a.
boil [bɔil] **I**. *v* **1**. hervir; (*eggs*, etc) pasar por agua; cocer; FIG enfurecerse, estallar. **2**. **(away)** salirse al hervir. **3**. **(sth down)** reducir algo. **4**. **(over)** salirse al hervir; FIG enfurecerse. LOC **To ~ down to sth**, Poder resumirse en. **To ~ dry**, hervir hasta evaporarse. **II**. *n* **1**. hervor *m*, ebullición *f*: *On the* ~, Hirviendo. **2**. MED forúnculo *m*, divieso *m*. LOC **Off the ~**, haber dejado de hervir. **To come to the ~**, romper a hervir. **boil·er** ['bɔilə(r)] *n* caldera *f*. LOC **~ suit**, mono *m*. **boil·ing** [-iŋ] *adj* (*water*) hirviendo. LOC **~ hot**, INFML (*weather*) muy caluroso. **~-point**, punto *m* de ebullición; FIG momento *m* culminante.
bois·ter·ous ['bɔistərəs] *adj* (*people, behaviour*) bullicioso/a, ruidoso/a, vocinglero/a; (*weather*) borrascoso/a.
bold [bəuld] *adj* atrevido/a, audaz, valiente; (*colour, style*) llamativo/a, chillón/na; (*object, profile*, etc) nítido/a, preciso/a; (*type*) negrita *f*. LOC **As ~ as brass**, tan frescamente. **To put on/show a ~ front**, poner al mal tiempo buena cara. **~·ly** [-li] *adv* atrevidamente; llamativamente; nítidamente. **~·ness** [-nis] *n* atrevimiento *m*, osadía *f*; viveza *f*; claridad *f*.
bole [bəul] *n* (*of tree*) tronco *m*.
boll [bəul] *n* BOT cápsula *f*.
bol·lard ['bɔla:d] *n* bolardo *m*, mojón *m* (carretera).
bol·locks V. **ballocks**.
bo·lo·ney (*also* **baloney**) [bə'ləuni] *n* US INFML tonterías *f,pl*.
Bol·she·vik ['bɔlʃəvik, US *also* 'bəul-] *adj/n* bolchevique *m,f*. **Bol·she·vism** ['bɔlʃəvizəm] *n* bolchevismo *m*.
bol·shie (*also* **bolshy**) ['bɔlʃi] (*comp* **-ier**, *sup* **-iest**) *adj* INFML testarudo/a; rebelde.
bols·ter ['bəulstə(r)] **I**. *n* (*pillow*) travesero *m*, cabezal *m*; TEC cojín *m*, cojinete *m*. **II**. *v* sostener; reforzar, dar vida a. LOC **To ~ up**, dar fuerza a.
bolt [bəult] **I**. *n* **1**. (*of door, window*, etc) pestillo *m*, cerrojo *m*; TEC perno *m*, tornillo *m*; (*of crossbow*) dardo *m*, flecha *f*; (*of cloth*) rollo *m*; (*of storm*) rayo *m*. **2**. (*act*) salida *f* repentina, escapada *f*. LOC **A ~ from the blue**, algo inesperado/una bomba. **~-hole**, guarida *f*, refugio *m*. **II**. *v* **1**. cerrar con cerrojo; sujetar con tornillo(s), empernar. **2**. (*of horse*) salir desbocado; (*person*) salir disparado, largarse; (*of plants*) espigarse. **3**. **(sth down)** tragar deprisa/Engullir. LOC **To ~ sb out**, dejar fuera a alguien cerrando la puerta con cerrojo. **To ~ two, etc, things together**, sujetar dos, etc, cosas atornillándolas. **III**. *adv* rígidamente. LOC **~ upright**, muy erguido. **bolt·er** [-ə(r)] *n* tamiz *m*.
bomb [bɔm] **I**. *n* **1**. bomba *f*. **2**. INFML fortuna *f*. LOC **To go like a ~**, (*vehicle*) ir como una bala; FIG tener mucho éxito. **II**. *v* **1**. bombardear. **2**. **(along, down, up, etc)** ir/bajar/subir, etc a toda velocidad. **3**. **(sb out)** desalojar a alguien mediante bombardeos. LOC **To cost a ~**, costar un ojo de la cara.
bomb... **~-bay**, *n* (*in aircraft*) guardabombas *m*. **~ crater**, *n* cráter *m* de bomba. **~-disposal**, *n* desactivación *f* de explosivos. **~·proof**, *adj* a prueba de bombas. **~-shell**, *n* INFML sorpresa *f* desagradable: *It was like a ~*, Fue como una bomba. **~-sight**, *n* AER mira *f* de bombardeo. **~-site**, *n* lugar *m* arrasado por bombardeos.
bom·bard [bɔm'ba:d] *v* bombardear. **~·ier** [,bɔmbə'diə(r)] *n* (*officer*) bombardero *m*. **~·ment** [bɔm'ba:dmənt] *n* bombardeo *m*.
bom·bast ['bɔmbæst] *n* pomposidad *f*, altisonancia *f*, ampulosidad *f*. **bom·bast·ic** [bɔm'bæstik] *adj* (*speech*) altisonante, ampuloso/a, pomposo/a; (*person*) fatuo/a, pomposo/a.
bomb·er *n* (*aircraft*) bombardero *n*; (*person*) terrorista *m,f*.
bo·nan·za [bə'nænzə] *n* prosperidad *f*, buena suerte *f*.
bon·bon ['bɔnbɔn] *n* confite *m*, bombón *m*.
bond [bɔnd] **I**. *n* **1**. lazo *m*, unión *f*, vínculo *m*; (*written*) obligación *f*, compromiso *m*; COM bono *m*; (*in customs*) fianza *f*. LOC **In ~**, COM en depósito (bajo fianza). **2**. *pl* cuerdas *f,pl*, cadenas *f,pl*; FIG esclavitud *f*. **II**. *v* (*also*

FIG) unir fuertemente, atar; COM poner en depósito. LOC **~·holder,** tenedor *m* de bonos, obligacionista *m,f*. **~·sman,** (*pl* **-smen** [-mən]) HIST fiador *m*. **~·ed ware·house,** almacén *m* de depósito. **~·age** ['bɔndidʒ] *n* FML esclavitud *f*, cautiverio *m*, servidumbre *f*. **bond·er** [-ə(r)] *n* depositario *m*, guarda *m* de bienes en depósito.

bone [bəun] **I.** *n* (ANAT, *substance*) hueso *m*; (*of fish*) espina *f*; (*for brassiere*, etc) ballena *f*; *pl* restos *m,pl* mortales, huesos *m,pl*. LOC **A ~ of contention,** la manzana de la discordia. **Close to/Near the ~,** (*comment, story*) INFML crudo/a, ofensivo/a. **To cut/pare sth to the ~,** FIG dejar algo en los huesos. **To have a ~ to pick with sb,** tener una cuenta pendiente con alguien. **To make no bones about sth,** FIG no andarse con rodeos acerca de algo. **II.** *v* deshuesar, quitar los huesos/las espinas a. LOC **To ~ up on sth,** INFML estudiar, empollar.

bone..., **~ china,** *n* porcelana *f* fina. **~d,** *adj* **1.** (*meat*, etc) deshuesado/a; (*fish*) sin espinas. **2.** (*in compounds*) de huesos. **~-dry,** *adj* completamente seco/a. **~·head,** *n* INFML zoquete *m*, estúpido/a. **~ idle,** *adj* muy perezoso. **~·less,** *adj* sin huesos; FIG blando/a, sin carácter. **~-meal,** *n* harina *f* de huesos. **boner,** *n* US INFML plancha *f*, patinazo *m*. **~·setter,** *n* ensalmador/ra. **~-shaker,** *n* INFML (*car*, etc) batidora *f*, cacharro *m*.

bon·fire ['bɔnfaiə(r)] *n* hoguera *f*, fogata *f*.

bon·go ['bɔngəu] *n* (*pl* **~s, ~es**) bongo *m*.

bon·ho·mie ['bɔnəmi, US ˌbɔnə'mi:] *n* afabilidad *f*, simpatía *f*.

bon·kers ['bɔŋkəz] *adj* Br SL majareta, chalado/a. LOC **Stark staring ~,** loco de atar.

bon mot [ˌbɔn 'məu] *n* (*pl* **bons mots** [ˌbɔn 'məuz]) agudeza *f*, ocurrencia *f*.

bon·net ['bɔnit] (*woman's*) gorro *m*, cofia *f*; (*man's, Scotland*) gorra *f*; (US **hood**) AUT capó *m*; (*of chimney*) sombrerete *m*.

bon·ny ['bɔni] *adj* (*esp Scotland*) lindo/a, bonito/a; rollizo/a.

bo·nus ['bəunəs] *n* (*pl* **~es**) (*payment*) suplemento *m*, gratificación *f*, plus *m*; (*of insurance*) prima *f*, bonificación *f*; FIG regalo *m*.

bon·y ['bəuni] *adj* (*comp* **-ier**, *sup* **-iest**) (*person*) huesudo/a; (*object*) parecido/a al hueso, de hueso; lleno/a de espinas/huesos.

boo [bu:] **I.** *exclam* **1.** (*of disapproval*) abucheo *m*, silbido *m*. **2.** (*for startling*) ¡buh! **II.** *v* abuchear, silbar. LOC **To ~ sb off,** echar a alguien abucheándolo.

boob [bu:b] **I.** *n* **1.** (*also* **boo·boo** ['bu:bu:]) bobada *f*, metedura *f* de pata; US bobo *m*. **2.** SL (*esp pl*) teta *f*. **II.** *v* hacer bobadas. **boo·by** ['bu:bi] *n* PEY bobo *m*, necio *m*. LOC **~ prize,** premio *m* de consolación. **~ trap I.** *n* trampa *f* sorpresa, broma *f*; trampa *f* con bomba. **II.** *v* poner un explosivo a.

boo·dle ['bu:dl] *n* SL (*esp* US) dinero *m*, pasta *f*.

boo·gie ['bu:gi, US 'bugi] (*also* **~-woogie** [-'wu:gi, US -'wugi]) *n* bugui-bugui *m*.

book [buk] **I.** *n* **1.** libro *m*; (*for notes*, etc) cuaderno *m*, libreta *f*; (*of cheques*) talonario *m*; (*of Bible*, etc) parte *f*, libro *m*; (*of opera*, etc) libreto *m*. **2.** *pl* COM libros *m,pl*, cuentas *f,pl*. **3. the telephone ~,** listín *m* telefónico. LOC **By the ~,** INFML según el reglamento. **To be in sb's good/bad ~s,** INFML estar a bien/a malas con alguien. **To be on the ~s of sth,** estar trabajando para. **To bring sb to ~ for sth,** exigir explicaciones de algo a alguien. **To throw the ~ at sb,** INFML leer a alguien la cartilla. **II.** *v* **1.** (*ticket, hotel*, etc) reservar. **2.** INFML anotar, multar. LOC **To ~ in,** firmar el registro de llegada. **To ~ sb in,** Reservar una plaza para alguien. **To ~ sth for sb,** reservar algo para alguien.

book..., **~·able,** *adj* (*seat, hotel*, etc) que se puede reservar con antelación. **~·binder,** *n* encuadernador/ra. **~·binding,** *n* (*craft*) encuadernación *f*. **~·case,** *n* estantería *f* para libros, librería *f*. **~ club,** *n* club *m* de lectores. **~-end,** *n* (*esp pl*) sujetalibros *m*. **bookie,** *n* INFML = **bookmaker**. **~·ing,** *n* (*of seats*, etc) reserva *f* anticipada. **~·ing clerk,** *n* taquillero *m*. **~·ing office,** *n* taquilla *f*, despacho *m* de billetes. **~·ish,** *adj* aficionado/a a la lectura; estudioso/a; PEY libresco/a, pedante. **~·ishness,** *n* pedantería *f*; afición *f* excesiva a los libros. **~·keeper,** *n* tenedor *m* de libros. **~·keeping,** *n* teneduría *f* de libros, llevar los libros. **~-learning,** *n* erudición *f* libresca. **~·let,** *n* folleto *m*; opúsculo *m*. **~·maker** (*also* **bookie**), *n* corredor/ra de apuestas. **~·making,** *n* (*in horse races*, etc) apuestas *f,pl*. **~·mark** (*also* **bookmarker**), *n* (*strip*) señal *f* de libro, punto *m*. **~·mobile,** *n* (*esp* US) biblioteca *f* ambulante. **~-plate,** *n* ex libris *m*. **~·seller,** *n* librero/a. **~·shelf** (*pl* **-shelves**), *n* estantería *f* para libros. **~·shop** (US *also* **-store**), *n* librería *f*. **~·stall,** *n* (US *also* **news-stand**) quiosco *m* librería. **~ token,** *n* vale *m* para libros. **~·worm,** *n* polilla *f*; FIG rata *f* de biblioteca.

boom [bu:m] **I.** *n* **1.** (*of guns*, etc) estampido *m*, trueno *m*; (*of waves*) bramido *m*. **2.** (*in economy*, etc) auge *m*, prosperidad *f*, boom *m*. **3.** NAUT botalón *m*, botavara *f*; (*across harbour*) cadena *f*; (*of crane*) (*also* **derrick boom**) aguilón *m*; (*of camera*) brazo *m*. **II.** *v* **1.** (*guns*, etc) tronar, retumbar, bramar, rugir; FIG **(sth out)** decir a gritos. **2.** (*economy, prices*, etc) estar en alza/en expansión; (*style, book*, etc) ponerse de moda. LOC **~ town,** ciudad *f* que crece repentinamente.

boom·er·ang ['bu:məræŋ] **I.** *n* bumerang. **II.** *v* producir un efecto bumerang.

boon [bu:n] **I.** *n* beneficio *m*, regalo *m*, bendición *f*; HIST favor *m*. **II.** *adj* LOC **A ~ companion,** un/a compañero/a ideal.

boor [buə(r), bɔ:(r)] *n* PEY patán *m*, palurdo *m*. **~·ish** ['buəriʃ, 'bɔ:riʃ] *adj* rústico/a, zafio/a. **~·ish·ness** ['-iʃnis] *n* tosquedad *f*, grosería *f*.

boost [bu:st] **I.** *n* refuerzo *m*, empuje *m*; campaña *f* publicitaria en pro de; alza *m*. **II.** *v* aumentar el valor de, reforzar; fomentar. **boost·er** ['bu:stə(r)] *n* suplemento *m*, refuerzo *m*; ELECTR elevador *m* de tensión; (*radio*) amplificador *m*; MED inyección *f* de refuerzo; (*also* **~ rocket**) cohete *m* suplementario.

boot [bu:t] **I.** *n* **1.** bota *f*; AUT maletero *m*, maleta *f*; INFML (*blow*) puntapié *m*, patada *f*.

LOC **The ~ is on the other foot,** FIG se ha dado la vuelta a la tortilla. **2.** HIST **To ~,** para mayor provecho/Además. LOC **To give sb the ~,** FIG dar la patada a alguien/despedir. **II.** *v* dar un puntapié a. LOC **~ sb out (of sth),** echar a alguien (de algo).

boot..., **~·black,** *n* limpiabotas *m.* **~·ed,** *adj* con botas. **~·ee,** *n* (*baby's*) botita *f* de lana; (*woman's*) bota *f* baja. **~·lace,** *n* cordón *m* de bota. **~·leg,** **I.** *v* traficar con bebidas alcohólicas ilegales; hacer contrabando. **II.** *adj* (*liquor*) de contrabando, ilegal. **~·legger,** *n* contrabandista *m,f* de alcohol. **~·licker,** *n* FAM lameculos *m,f.* **~·maker,** *n* zapatero *m,* botero *m.* **Boots,** *n,sing* limpiabotas *m.*

booth [bu:ð, US bu:θ] *n* (*for telephone,* etc) cabina *f*; (*at market*) puesto *m,* tenderete *m.*

boo·ty ['bu:ti] *n* (*money,* etc) botín *m,* presa *f.*

booze [bu:z] INFML **I.** *v* beber, emborracharse. **II.** *n* bebida *f,* alcohol *m.* LOC **To go/be on the ~,** darse a la bebida/Beber. **booz·er** ['bu:zə(r)] *n* borrachín/na; (*place*) bar *m,* taberna *f.* **booze-up** ['-ʌp] *n* Br INFML juerga *f* de borrachera. **boo·zy** [-i] (*comp* **-ier,** *sup* **-iest**) *adj* borrachín/na.

bop [bɔp] **I.** *n* INFML música *f* pop. **II.** *v* INFML bailar música pop.

bo-peep [,bəu'pi:p] *n* juego *m* de niños; personaje *m* de un poema infantil.

bo·rac·ic [bə'ræsik] *adj* = **boric.**

bor·age ['bɔridʒ, US 'bɔ:ridʒ] *n* borraja *f.*

bo·rax ['bɔ:ræks] *n* bórax *m.*

bor·der ['bɔ:də(r)] **I.** *n* borde *m,* orilla *f*; (*land*) frontera *f,* límite *m*; (*strip*) orla *f,* cenefa *f*; (*sewing*) franja *f,* ribete *m*; (*garden*) arriate *m.* LOC **~·land,** (*also* FIG) zona *f* fronteriza. **~·line,** **1.** *n* frontera *f,* línea *f* divisoria. **2.** *adj* FIG fronterizo/a, dudoso/a. **The B~,** Br frontera entre Inglaterra y Escocia. **II.** *adj* (*land,* etc) fronterizo/a. **III.** *v* (*sewing*) ribetear, orlar; (*countries*) limitar, colindar con. LOC **To ~ on sth,** estar al borde de. **bor·der·er** [-ə(r)] *n* habitante *m,f* de zona fronteriza.

bore [bɔ:(r)] **I.** *v* **1.** (*with drill*) agujerear, perforar, taladrar, atravesar; hacer túneles en. **2.** aburrir, hartar, dar la lata a. **3.** *pret* de **bear.** LOC **To ~ sb to death/tears,** aburrir mucho a alguien. **II.** *n* **1.** (*also* **bore-hole**) perforación *f,* agujero *m,* túnel *m*; (*of gun,* etc) calibre *m*: *A small-~ gun,* Un arma de pequeño calibre. **2.** (*thing*) aburrimiento *m,* latazo *m*; (*person*) pelma *m,f,* pesado/a. **3.** NAUT ola *f* grande que avanza por un estuario. **~·dom** ['bɔ:dəm] *n* (*state*) aburrimiento *m,* fastidio *m.* **~·hole** = **bore II. 1. bor·er** ['bɔ:rə(r)] *n* taladro m, barreno *m*; ZOOL barrenillo *m.* **bor·ing** ['bɔ:riŋ] *adj* aburrido/a, pesado/a.

bor·ic ['bɔ:rik] *adj* bórico: *~ acid,* Acido bórico.

born [bɔ:n] **I.** *v* **To be ~,** nacer. LOC **~ and bred,** nacido y criado (en). **~ in the purple,** de cuna noble. **~ of sb/sth,** proveniente de. **~ on the wrong side of the blanket,** FIG bastardo. **~ witha silver spoon in one's mouth,** nacido en la opulencia. **There's one ~ every minute,** FIG los hay a patadas. **II. 1.** *adj* nato/a. **2.** (*in compounds*) nacido/a.

borne *pp* of **bear.**

bo·ron ['bɔ:rɔn] *n* boro *m.*

bor·ough ['bʌrə, US -rəu] *n* municipio *m*; villa *f,* distrito *m*; tenencia *f* de alcaldía (en ciudades).

bor·row ['bɔrəu] *v* tomar/pedir prestado; FIG apropiarse de. **bor·row·er** ['bɔrəuə(r)] *n* COM prestatario/a; (*of book,* etc) el/la que toma algo prestado. **~·ing** [-iŋ] *n* (*act, money,* etc) préstamo *m.*

bor·stal ['bɔ:stl] *n* correccional *m* de menores, reformatorio *m.*

bosh [bɔʃ] *n/int* SL tonterías *f,p,* bobadas *f,pl.*

bo·som ['buzəm] *n* (*esp woman's*) seno *m,* pecho *m*; (*of dress*) pechera *f*; FIG cariño *m,* intimidad *f.* LOC **~ friend,** amigo *m* íntimo. **bo·so·my** [-i] *adj* INFML (*woman*) de pechos grandes.

boss [bɔs] **I.** *n* **1.** INFML (*in firm, work,* etc) jefe *m,* patrón *m,* dueño *m.* **2.** ARQ llave *f* de bóveda; clavo *m,* tachón *m*; (*in shield*) ombligo *m.* **II.** *v* INFML mandar, dar órdenes autoritariamente. LOC **To ~ sb about,** ser un mandón con alguien. **bos·si·ly** [-ili] *adv* de forma mandona. **bos·si·ness** [-nis] *n* autoritarismo *m,* tiranía *f.* **bos·sy** [-i] (*comp* **-ier,** *sup* **-iest**) *adj* PEY mandón/na.

boss-ey·ed ['bɔsaid] *adj* INFML tuerto/a; bizco/a. **boss-shot** ['bɔsʃɔt] *n* tiro *m* errado; intentona *f* fracasada.

bo·tan·ic·(al) [bə'tænik(l)] *adj* botánico/a. **bo·tan·ist** ['bɔtənist] *n* botánico/a. **bo·tan·ize, -·ise** ['bɔtənaiz] *v* herborizar. **bo·ta·ny** ['bɔtəni] *n* botánica *f.*

botch [bɔtʃ] **I.** *v* hacer una chapuza. **II.** *n* chapuza *f,* remiendo *m* mal hecho. **botch·er** [-ə(r)] *n* chapucero/a.

both [bəuθ] **I.** *adj* ambos/as, los/as dos. LOC **To want things ~ ways,** quererlo todo a la vez. **II.** *pron* los/as dos, ambos/as. **III.** *adv* **~... and...,** tanto...como...

both·er ['bɔðə(r)] **I.** *v* **1.** molestar, causar molestia(s) a. **2.** preocupar. **3.** **(about sth)** molestarse en, preocuparse por. **II.** *n* molestia *f,* incomodo *m,* lata *f*; preocupación *f.* **III.** *int* ¡vaya!, ¡qué fastidio! **~·some** ['-səm] *adj* molesto/a, pesado/a, latoso/a.

bot·tle ['bɔtl] **I.** *n* botella *f*; (*baby's*) biberón *m*; (*medicament,* etc) frasco *m,* botellín *m*; FIG **the ~,** la bebida/el alcohol. LOC **To be on the ~,** INFML beber mucho. **II.** *v* embotellar. LOC **~·feed,** alimentar con biberón. **-green,** de color verde botella. **~·neck,** embotellamiento *m,* atasco *m* de tráfico; FIG obstáculo *m,* impedimento *m.* **~·opener,** sacacorchos *m.* **To ~ sth up,** contener los sentimientos.

bot·tom ['bɔtəm] **I.** *n* (*lowest part*) fondo *m*; (*of hill, stairs, page,* etc) pie *m*; (*of body*) trasero *m,* culo *m*; (*far end*) final *m,* fondo *m*; (*of river*) lecho *m,* cauce *m*; (*of chair*) asiento *m*; (*of garment*) parte *f* inferior; (*of ship*) casco *m,* quilla *f*; FIG final *m,* parte *f* última. LOC **At ~,** FIG en el fondo/en realidad. **~ drawer** (US **hope chest**) *n* ajuar *f* de novia. **~ line** *n* INFML umbral *m* mínimo, punto *m* de no retorno. **~s up!** INFML (*with drink*) ¡salud!, ¡bebamos! **From the ~ of one's heart,** sinceramente. **The ~ falls out of sth,** FIG irse a pique. **To be at the ~ of sth,** FIG estar detrás de algo. **To get to the ~ of sth,** FIG investigar algo a fondo. **II.** *adj* el/la más bajo/a, el/la último/a: *On the ~ shelf,* En el estante más bajo. **III.** *v* **(out)** COM (*of sales,* etc) llegar a lo más bajo, tocar fondo. **~·less** ['-lis] *adj* sin fondo, insondable; FIG inacabable. **~·most** ['bɔtəmməust] *adj* el/la más bajo/a, lo más hondo.

bot·u·lism ['bɔtjulizəm] *n* botulismo *m*.

bou·doir ['bu:dwa:(r)] *n* (*room*) tocador *m* de señora.

bough [bau] *n* rama *f* de árbol.

bought *prep* of **buy**.

bouil·lon ['bu:jɔn] *n* caldo *m*, consomé *m*.

boul·der ['bəuldə(r)] *n* peña *f*, roca *f*, canto *m* rodado.

boule·vard ['bu:ləva:d, US 'bul-] *n* avenida *f*, bulevar *m*.

bounce ['bauns] **I.** *v* **1.** (*ball,* etc) botar; (*child,*etc) dar saltos; INFML (*of cheque*) ser devuelto por falta de fondos. **2. (along, down, into, etc)** ir hacia, etc, dando saltos. **3. (back)** INFML recuperarse/ reanimarse. **II.** *n* bote *m*, salto *m*, rebote *m*. **bounc·er** ['baunsə(r)] (*also* **bumper**) *n* INFML gorila *m,f*, guardián/guardia *m* de un local. **bounc·ing** [-iŋ] *adj* FIG vital, rebosante (*with* de). **boun·cy** [-i] *adj* (*comp* **-ier**, *sup* **-iest**) (*ball,* etc) que bota, elástico/a; (*person*) enérgico/a, eufórico/a.

bound [baund] **I.** *n* **1.** (*also* **boundary**) límite *m*, frontera *f*, confín *m*. **2.** (*movement*) salto *m*, brinco *m*, bote *m*. **II.** *v* **1.** *pret, pp* of **bind**. **2.** limitar, colindar con. **3.** saltar, brincar, rebotar; dar saltos (*to* hacia). **III.** *adj* **1. (for)** en dirección a: **2. (to)** forzosamente destinado a: *I am ~ to tell you the truth,* Me veo obligado a decirte la verdad. **3.** (*in compunds*) limitado por, encerrado en. LOC **~ up with sth,** íntimamente relacionado con. **~ up in sth,** muy ocupado en.

bound·ary ['baundri] *n* (*also* **bound I.1.**) límite *m*, frontera *f*. **bound·er** [-ə(r)] *n* persona *f* de conducta indeseable. **bound·less** [-lis] *adj* (*also* FIG) ilimitado/a. **bounds** [baundz] *n pl* límites *m,pl*, fronteras *f,pl*.

boun·te·ous ['bauntiəs], **boun·ti·ful** ['bauntifl] *adj* (*person*) generoso/a, liberal; (*thing*) abundante. **boun·ty** ['baunti] *n* liberalidad *f*, generosidad *f*; COM prima *f*, bonificación *f*.

bou·quet [bu'kei] *n* ramillete *m*, ramo *m*; (*of wine,* etc) aroma *m*, buqué *m*. LOC **~ gar·ni,** (*for cooking*) bolsita *f* de especias.

bour·geois ['bɔ:ʒwa:, US ,buər'ʒwa:] *adj/n* burgués/sa. **bour·geoi·sie** [,bɔ:ʒwa:'zi:, ,buəʒwa:'zi:] *n* burguesía *f*.

bout [baut] *n* turno *m*, tanda *f*, vez *f*; (*of illness*) ataque *m*; (*boxing*) round *m*, combate *m*.

bo·vine ['bəuvain] *adj* bovino/a; FIG estúpido/a, lerdo/a.

bow I. *n* **1.** [bəu] (*also* MÚS) arco *m*; (*of tie,* etc) lazo *m*. **2.** [bau] (*with head or body*) reverencia *f*, inclinación *f*. **3.** [bau] NAUT proa *f*; *pl* proa *f*; (*man*) remero *m*. LOC **To take a ~,** (*of actor*) salir a escena a recibir aplausos. **II.** *v* **1.** [bəu] MUS usar el arco. **2.** [bau] saludar con reverencia, inclinarse (ante); (*head, body*) inclinar, doblar; FIG doblegarse (ante). LOC **To ~ and scrape,** adular/hacer zalamerías. **To ~ out of sth,** retirarse de algo. **To ~ sb in/out,** recibir/despedir con una reverencia. **To ~ to sth,** FIG aceptar una situación.

bow... **~·ing,** *n* MUS manejo/dominio *m* del arco.**~-legged,** *adj* estevado/a, zambo/a. **~-legs,** *n,pl* piernas *f,pl* arqueadas. **~·line,** *n* NAUT bolina *f*. **~·man** (*pl* **-men**), *n* arquero *m*. **~·sprit,** *n* NAUT bauprés *m*. **~·string,** *n* cuerda *f* de arco. **~-tie,** *n* pajarita *f*. **~-window,** *n* ventana *f* curva en saledizo. **~-wow,** *int* ¡guau!

bowd·ler·ize, --ise ['baudləraiz] *v* (*book,* etc) censurar, expurgar.

bo·wel ['bauəl] *n* (*esp pl*) intestino *m*, entrañas *f,pl*. LOC **~ movement,** deposición *f*. **To move one's ~s,** hacer de vientre.

bow·er ['bauə(r)] *n* emparrado *m*, cenador *m*; glorieta *f*; POET tocador *m* de señora.

bowl [bəul] **I.** *n* **1.** (*for soup, cereal,* etc) cuenco *m*, tazón *m*, plato *m* hondo, escudilla *f*, bol *m*; (*of pipe*) cazoleta *f*; (*of spoon*) hueco *m*, cavidad *f*; US *esp* (*for concerts,* etc) concha *f*, anfiteatro *m*. **2.** DEP bola *f* (de bolos), bocha *f*; *pl* juego *m* de las bochas. **II.** *v* DEP (*ball*) (hacer) rodar, arrojar; jugar a los bolos/las bochas, etc. LOC **To ~ along, down,** (*of car,* etc) ir rodando. **To ~ sb over,** hacer caer a alguien; FIG sorprender. **bowler** ['bəulə(r)] *n* **1.** DEP lanzador/ra, jugador/ra de bolos/bochas. **2.** (*also* **~ hat,** US **derby**) sombrero *m* hongo. **bowl·ing** ['bəuliŋ] *n* juego *m* de bolos, boliche *m*, bolera *f* americana. LOC **~ al·ley,** pista *f* de bolos. **~ green,** césped *m* para bochas.

box [bɔks] **I.** *n* **1.** caja *f*; (*big*) cajón *m*; (*for money, jewels,* etc) cofre *m*, arca *f*, cajita *f*; TEAT palco *m*; (*for telephone,* etc) cabina *f*; FAM Br **the ~,** la tele. **2.** (*on ear*) cachete *m*, bofetón *m*. **3.** BOT boj *m*; madera *f* de boj. **II.** *v* **1.** meter en (una) caja(s). **2. (sb up)** encajonar a alguien. **3. (sb in)** encerrar, encajonar. **4.** boxear. LOC **To ~ sb's ears,** abofetear a alguien.

box..., **~-calf** (*also* **calf**), *n* piel *f* de becerro. **~ camera,** *n* cámara *f* de cajón. **~·car,** *n* US furgón *m* de transporte ferroviario. **~·er,** *n* boxeador *m*; (*dog*) boxer *m*. **~·er shorts,** *n,pl* calzoncillos *m,pl* tipo short. **~·ful,** *n* caja *f* llena de. **~·ing,** *n* boxeo *m*. **~·ing Day,** *n* día *m* siguiente al de Navidad. **~·ing glove,** *n* guante *m* de boxeo. **~·ing match,** *n* partido *m* de boxeo. **~·ing ring,** *n* cuadrilátero *m*. **~ junction,** *n* Br cruce *m* (con cuadros amarillos en el suelo). **~ lunch,** *n* US comida *f* de picnic. **~ number,** *n* (*in press*) apartado *m*. **~-office,** *n* taquilla *f*. **~-room,** *n* cuarto *m* trastero. **~·wood,** *n* madera *f* de boj.

boy [bɔi] **I.** *n* niño *m*; (*older*) chico *m*, muchacho *m*; (*as worker*) mozo *m*, chico *m*;

FAM **the ~s,** los amigos, el grupo. LOC **~-friend**, novio *m*, amigo *m*. **~s will be ~s,** FAM son cosas de hombres. **The ~s in blue,** Br la policía. **II.** *int* ¡Vaya! ¡Chico! **~·hood** ['bɔihud] *n* niñez *f*, infancia *f*, mocedad *f*. **~·ish** ['bɔiiʃ] *adj* propio/a de un chico, joven, etc; infantil, juvenil; alegre.

boy·cott ['bɔikɔt] **I.** *n* boicot *m*, boicoteo *m*. **II.** *v* boicotear.

bra [bra:] *n* sostén *m*, sujetador *m*.

brace [breis] **I.** *n* **1**. abrazadera *f*, atadura *f*, grapa *f*; ARQ riostra *f*, tirante *m*; (*print*) corchete *m*; MED prótesis *f* de ortodoncia; TEC berbiquí *m*; *pl* (US **suspenders**) tirantes *m,pl* (para pantalones). LOC **~ and bit,** berbiquí y barrena. **2.** (*pl ~*) par *m*, pareja *f*. **II.** *v* asegurar, sujetar con abrazadera; (*on foot, hand*) apoyarse, tomar impulso; NAUT bracear. LOC **To ~ oneself for sth,** prepararse para enfrentarse a algo. **To ~ up,** (US *esp*) no desanimarse. **brac·er** [-ə(r)] *n* FAM bebida *f* que tonifica. **brac·ing** [-iŋ] *adj* fortalecedor/ra, tonificante.

brace·let ['breislit] *n* pulsera *f*, brazalete *m*.

brack·en ['brækən] *n* (*large*) helecho *m*; conjunto *m* de helechos.

brac·ket ['brækit] **I.** *n* TEC soporte *m*, puntal *m*; estante *m*; ARQ repisa *f*, ménsula *f*; (*angle-shaped*) escuadra *f*; (*esp pl*) paréntesis *m*: *Square brackets*, Corchetes. FIG clase *f*, grupo *m*. **II.** *v* sujetar con soporte, etc; (*print*) poner entre paréntesis; FIG asociar, agrupar.

brack·ish ['brækiʃ] *adj* salobre.

bract [brækt] *n* bráctea *f*.

brad [bræd] *n* tachuela *f*, clavito *m*, puntilla *f*. **~·awl** ['brædɔ:l] *n* lezna *f*, punzón *m*.

brag [bræg] **I.** *n* fanfarronada *f*, bravata *f*. **II.** *v* darse importancia, fanfarronear: *~ about/of sth*, Fardar de algo. **~·gart** ['brægət] *n* fanfarrón/na, fardón/na.

brah·min ['bra:min] (*also* **brah·man** [-ən]) *n* brahmán *m*.

braid [breid] **I.** *n* (*of silk, cotton*, etc) trenzado *m*, fleco *m*, trencilla *f*; MIL galón *m*; (*of hair*) trenza *f*. **II.** *v* (*dress*) adornar con trencilla; (*hair*) trenzar.

Braille [breil] *n* sistema *m* Braille.

brain [brein] **I.** *n* cerebro *m*, seso(s) *m*(*pl*); FIG inteligencia *f*, seso *m*, cabeza *f*, cerebro *m*. **II.** *v* FIG INFML partir el seso a, descerebrar. LOC **~-child**, idea *f* genial. **~-drain,** FAM fuga *f* de cerebros. **~ fe·ver**, fiebre *f* cerebral, meningitis *f*. **~·less**, estúpido/a, insensato/a. **~·storm**, ataque *m* de locura; FAM vacío *m* mental. **~·storm·ing,** (*esp* US) intercambio *m* de ideas en grupo. **~-teas·er**, rompecabezas *m*. **~s trust**, equipo *m* de expertos. **~·wash**, lavar el cerebro. **~·wash·ing,** lavado *m* de cerebro. **~·wave,** (US **brainstorm**) idea *f* genial. **~·work**, trabajo *m* intelectual. **brain·y** [-i] (*comp* **-ier**, *sup* **-iest**) *adj* listo/a, muy inteligente.

braise [breiz] *v* (*meat, vegetables*) guisar a fuego lento, estofar.

brake [breik] **I.** *n* **1**. (*also* FIG) freno *m*. **2.** BOT helecho *m*; matorral *m* de helechos. **II.** *v* frenar: *~ hard*, Frenar de repente. LOC **~ drum**, tambor *m* de freno. **~ fluid,** líquido *m* para frenos. **~ horse·power,** potencia *f* al freno. **~ light,** (US **stoplight**) luz *f* de frenos. **~-shoe**, zapata *f* del freno. **brak·ing** [-iŋ] *n* frenado *m*.

bram·ble ['bræmbl] *n* zarza *f*; SCOT zarzamora *f*, mora *f*.

bran [bræn] *n* salvado *m*, bren *m*.

branch [bra:ntʃ, US bræntʃ] **I.** *n* BOT rama *f*; (*of river, train*, etc) ramificación *f*, ramal *m*, división *f*; COM sucursal *f*; FIG rama *f*, sección *f*. **II.** *v* (*of tree, river, road*, etc) ramificarse, bifurcarse. LOC **~ line,** (*train*) línea *f* secundaria, ramal *m*. **~-of·fice**, sucursal *f*. **To ~ out into sth,** ampliar las actividades a un nuevo campo. **To ~ off,** (*of vehicle*, etc) desviarse del camino principal.

brand [brænd] **I.** *n* **1.** COM marca *f*. FIG especie *f*, clase *f*. **2.** (*wood*) tizón *m*, ascua *f*; (*iron*) hierro *m* para marcar; (*mark*) señal *f*, marca *f* a fuego; POÉT espada *f*; FIG estigma *m*, infamia *f*. **II.** *v* (*with hot iron*) marcar, señalar; (*with wood*) tiznar; FIG calumniar. LOC **~·ed goods,** artículos *m,pl* de marca. **~·ing-iron,** hierro *m* para marcar a fuego. **~-new,** completamente nuevo. **To ~ sb as sth,** tachar de.

bran·di·ed ['brændid] *adj* (*fruit*, etc) al coñac, confitado/a en brandy.

brand·ish ['brændiʃ] *v* blandir.

bran·dy ['brændi] *n* coñac *m*, brandy *m*. LOC **~-snap**, crêpe *f* al brandi.

brash [bræʃ] *adj* FAM descarado/a, insolente; (*of colour*, etc) chillón/na, vulgar.

brass [bra:s, US bræs] *n* latón *m*; cobre *m*; objetos *m,pl* de cobre, latón, etc; (*in church*) lápida *f* conmemorativa/sepulcral; MUS metal *m*, cobre *m*; Br SL pasta *f*, dinero *m*; INFML desfachatez *f*, cara *f* dura. LOC **~ band**, banda *f*. **~ hat,** Br INFML (MIL) alto cargo *m*; pez *m* gordo. **~ plate,** placa *f* de latón. **~-rub·bing**, calco *m* de lápida funeraria. **To get down to ~ tacks,** INFML ir al meollo de la cuestión/empezar por el abc **bras·sy** [-i] (*comp* **-ier**, *sup* **-iest**) *adj* de latón; (*in sound*) estridente, metálico/a; (*in manner*) vulgar, ordinario/a, descarado/a, ostentoso/a.

bras·si·ère ['bræsiə(r), US brə'ziər] *n* (*garment*) sostén *m*, sujetador *m*.

brat [bræt] *n* PEY mocoso *m*, golfillo *m*.

bra·va·do [brə'va:dəu] *n* bravata *f*.

brave [breiv] **I.** *adj* (*comp* **-r**, *sup* **-st**) valiente, animoso/a, esforzado/a; (*action*) valeroso/a. LOC **A ~ new world,** IR el mundo del futuro, mundo feliz **II.** *n* US guerrero *m* indio. **III.** *v* desafiar, arrostrar. LOC **To ~ it out,** plantar cara a la situación. **brave·ly** [-li] *adv* valientemente. **brave·ry** ['breivəri] *n* valor *m*, valentía *f*, coraje *m*.

bra·vo [,bra:'vəu] *n* (*pl* **-s**) TEAT , etc. bravo *m*.

bra·vu·ra [brə'vuərə] *n* brío *m*.

brawl [brɔ:l] **I.** *n* reyerta *f*, disputa *f*. **II.** *v* pelearse, alborotar. **brawl·er** [-ə(r)] *n* camorrista *m*, pendenciero/a.

brawn [brɔ:n] *n* Br (US **head·cheese**) carne *f* en gelatina; FIG músculo *m*, fuerza *f*, nervio *m*. **brawn·y** [-i] *adj* (**-ier, -iest**) musculoso/a.

bray [brei] **I**. *n* rebuzno *m*; (*sound*) trompetazo *m*; FIG rebuzno *m*. **II**. *v* rebuznar; FIG *A braying laugh*, Una carcajada estridente.

braze [breiz] *v* soldar (con estaño).

braz·en ['breizn] **I**. *adj* de latón; como el latón; (*sound*) estridente; FIG PEY insolente, desvergonzado/a. **II**. *v* **To ~ it out,** aguantar una situación con desfachatez. **braz·en·ly** [-li] *adv* con descaro, desvergonzadamente.

bra·zi·er ['breiziə(r)] *n* brasero *m*.

Bra·zil [brə'zil] el Brasil. LOC **~·wood**, palo *m* del Brasil. **~·ian** [brə'ziliən] *adj/n* brasileño/a.

breach [bri:tʃ] **I**. *n* (*of law, agreement*, etc) ruptura *f*, rompimiento *m*; (*in wall, also* MIL) brecha *f*; FIG violación *f*, incumplimiento *m*. ~ *of the peace*, Disturbio público. **II**. *v* (*also* FIG) abrir una brecha en.

bread [bred] *n* pan *m*; SL pasta *f*, dinero *m*. LOC ~ **and water**, a pan y agua. ~ **and butter I**. *n* pan *m* con mantequilla; FIG pan *m* de cada día, las judías; INFML medio *m* de vida. **To live on the ~**, vivir en la miseria, FIG estar en la miseria. **II**. *adj* mínimo/a, de cada día. LOC **A ~ letter**, una carta para dar las gracias. **~-bin**, cajón *m* del pan. **~·board**, tabla *f* para cortar el pan. **~-crumbs**, (*for cooking*) pan *m* rallado. **~-fruit**, fruto *m* del pan. **~·line**, cola *f* de gente que vive de beneficencia. **~-win·ner**, el que mantiene a la familia.

breadth [bretθ] *n* **1**. anchura *f*, lo ancho. **2**. FIG amplitud *f* de ideas, tolerancia *f*; amplitud *f*.

break [breik] **I**. *n* **1**. (*action*) ruptura *f*; (*in wall*, etc) rotura *f*, grieta *f*, abertura *f*, brecha *f*. **2**. (*in time*) pausa *f*, intervalo *m*, descanso *m*. **3**. (*in term*, etc) interrupción *f*, descanso *m*. **4**. (*in negotiation*, etc) ruptura *f*. **5**. (*in weather*, etc) cambio *m*, variación *f*. **6**. (*in tennis*) rotura *f* (de saque); (*in billiards*) tanda *f*. **7**. INFML golpe *m* de suerte, oportunidad *f*: *A bad ~*, Mala suerte. LOC **To ~ of day,** amanecer. **II**. *v* (*pret* **broke** [brəuk], *pp* **broken** ['brəukən]) **1**. romper(se), dividir(se), partir(se), quebrar(se). **2**. (*law, agreement*, etc) romper, incumplir. **3**. (*journey, action*, etc) interrumpir, partir. **4**. (*in tennis*) romper (el saque del contrario). **5**. (*end*) interrumpir. **6**. (*of weather*) cambiar, variar, mejorar. **7**. (*day, light*) amanecer, iniciarse; (*storm*, etc) estallar, empezar. **8**. FIG debilitar. **9**. (*of voice*) romperse, quebrarse, hacer un gallo. **10**. (*of record*) romper, mejorar. **11**. (*of sea*) romper, chocar. **12**. (*problem, code*, etc) resolver, deshacer, descifrar. **13**. (*horse*) domar, amansar.

break..., ~ **away,** separarse, apartarse. ~ **down, 1**. (*money*, etc) partir, dividir, repartir. **2**. (*appliance*) estropearse, averiarse; (*person*) tener un desmayo, ataque, etc; perder el control, la calma, la salud; (*negotiation*, etc) fracasar, romperse. **3**. (*door*, etc) derribar, echar abajo; FIG vencer, dominar. ~ **from,** partir, quitar. ~ **in, 1**. (*of house*) forzar la entrada, entrar a robar. **2**. (*horse, recruit*, etc) amaestrar, entrenar. **3**. (*speech*, etc) interrumpir, cortar. ~ **into, 1**. introducirse a la fuerza en. **2**. (*person*) romper a, estallar en: *She broke into tears*, Rompió a llorar. **3**. (*of work*, etc) invadir, ocupar. **4**. ~ **off, 1**. (*in speech*, etc) interrumpirse, pararse. **2**. (*object, whole*) partir, romper. **3**. (*relationship*, etc) interrumpir, cortar. ~ **out, 1**. (*event*) estallar, producirse. **2**. ~ **of sth,** escapar de. ~ **through, 1**. abrirse camino. **2**. (*sun, moon*, etc) aparecer, divisarse. **3**. FIG hacer nuevos descubrimientos. ~ **up, 1**. (*group*, etc) dispersarse, separarse; (*person*) desmoronarse, debilitarse; (*weather*) empeorar. **2**. (*unit*) partir(se), romper(se). **3**. ~ **with sb,** romper con alguien.

break..., **~·able,** *adj* frágil, quebradizo/a. **~·ables,** *n,pl* artículos *m,pl* frágiles. **~·age**, *n* rotura *f*, fractura *f*. **~·away**, **I**. *n* (*from group*) escapada *f*, secesión *f*. **II**. *adj* (*group*, etc) separatista, disidente. **~·down**, *n* (*of engine*, etc) avería *f*, corte *m*; (*of person*) crisis *f* nerviosa, colapso *m*; (*of negotiation*) fracaso *m*, ruptura *f*, (*of figures*) análisis *m* detallado. **~·er**, *n* ola *f* grande/rompiente. **~-in**, *n* (*in house*, etc) allanamiento *m*, atraco *m*. **~·ing point**, *n* punto *m* de máxima tensión, momento *m* límite. **~·neck**, *adj* peligroso/a, vertiginoso/a, desenfrenado/a. **~-out**, *n* (*from jail*) fuga *f*, evasión *f*. **~·through**, *n* MIL avance *m*, penetración *f*; FIG descubrimiento/invento *m* importante. **~·up,** *n* ruptura *f*; (*of schoolyear*, etc) clausura *f*, disolución *f*. **~·water**, *n* rompeolas *f*, escollera *f*.

break·fast ['brekfəst] **I**. *n* desayuno *m*. **II**. *v* desayunar.

bream [bri:m] *n* (*pl* ~) ZOOL brama *f*; *Sea ~*, Besugo *m*.

breast [brest] **I**. *n* pecho *m*; (*woman's*) pecho *m*, mama *f*, seno *m*; (*of chicken*, etc) pechuga *f*; ANAT tórax *m*; (*of garment*) delante *m*. **II**. *v* tocar con el pecho; chocar frontalmente con. LOC **~·bone**, (*also* **sternum**) esternón *m*. **~-feed**, (*pret, pp* **breastfed**) dar de mamar. **~-high**, a la altura del pecho. **~·plate**, (*of armour*) peto *m*, coraza *f*. ~ **poc·ket**, bolsillo *m* externo superior (de la chaqueta). **~-stroke**, brazada *f* de pecho. **~·work**, parapeto *m*.

breath [breθ] *n* aliento *m*, respiración *f*; (*of air*) soplo *m*, brisa *f*; halitosis *f*. LOC **A ~ of fresh air,** aire puro; FIG persona/cosa que trae ideas nuevas, etc. ~ **test**, test de alcohol. **One's last ~**, el último aliento. **Out of/Short of ~**, sin aliento/jadeante. **To hold one's ~**, contener la respiración. **To speak under one's ~**, hablar en voz muy baja. **To take sb's ~ away,** dejar asombrado a alguien. **~·a·lyse** *v* hacer un test de alcohol. **~·a·lys·er** ['breθəlaizə(r)] (US **-lyzer**) *n* alcohómetro *m*.

breathe [bri:ð] *v* respirar; (*say*) decir en voz baja, murmurar; FIG respirar, despedir. LOC **To ~ down sb's neck,** INFML estar controlando a alguien; (*in race*, etc) pisar los talones a alguien. **To ~ freely again,** FIG recobrar el aliento. **To ~ one's last,** expirar. **To ~ sth into sb/sth,** FIG dar nueva vida a alguien con algo. **breath·er** ['bri:ðə(r)] *n* INFML pausa *f*, respiro *m*, descanso *m*. **breath·ing** [-iŋ] *n* (*action*) respiración *f*; ~ *apparatus*, Aparato respiratorio. LOC **~-space**, respiro *m*, descanso *m*. **breath·less** ['breθlis] *adj* sin aliento, jadeante, sin resuello; (*air*, etc) en calma; FIG ~ *with terror*, Paralizado/a por el miedo. **breath·tak·ing** ['breθteikiŋ] *adj* (*view*, etc) espectacular, sorprendente; (*speed*, etc) que deja sin aliento. **breath·y** ['breθi] *adj* (**-ier, -iest**) de respiración ruidosa.

bred [bred] *pret/pp* of **breed**.

breech [bri:tʃ] *n* (*of gun*, etc) recámara *f*; ~ *birth*, Parto de nalgas. ~ *block*, Tapón de recámara. LOC **~-loader**, arma *f* de retrocarga. **breech·es** ['britʃiz] *n,pl* pantalones *m,pl* de montar, de golf, etc; calzones *m,pl*. LOC **~-buoy,** boya *f* pantalón.

breed [bri:d] **I.** *v* (*pret, pp* **bred** [bred]) procrear, engendrar; (*animal*) dedicarse a la cría de; (*child*) criar, educar, instruir; FIG originar, causar, producir; *Well bred*, Bien educado/criado, etc. **II.** *n* raza *f* (de animales), variedad *f*, casta *f*; FIG especie *f*, clase *f*. **breed·er** [-ə(r)] *n* (*person*) criador/ra; *A cattle ~*, Un ganadero. LOC **~ reactor,** (*nuclear*) reactor *m* generador. **breed·ing** [-iŋ] *n* (*of animal*) reproducción *f*; cría *f*, cuidado *m*; (*of children*) crianza *f*, educación *f*; *Dogs for ~*, Perros para criar. *Good ~*, Buena educación. LOC **~-ground,** (*of animal*) lugar *m* para la cría; FIG caldo *m* de cultivo. **~ season,** época *f* de reproducción.

breeze [bri:z] **I.** *n* brisa *f*; Br INFML pelea *f*; US INFML tarea *f* fácil. **II.** *v* INFML **(in, out)** entrar/salir tan frescamente. LOC **~·way,** US paso *m* cubierto. **breez·i·ly** ['bri:zili] *adv* jovial, despreocupadamente. **breez·i·ness** ['bri:zinis] *n* despreocupación *f*, jovialidad *f*. **bree·zy** [-i] (*comp* **-ier**, *sup* **-iest**) *adj* (*place, weather*) ventoso/a, aireado/a; (*person*) jovial, animado/a.

breth·ren ['breðrən] *n,pl lit* hermanos *m,pl*.

breve [bri:v] *n* MUS breve *f*, cuadrada *f*.

bre·vi·ary ['bri:viəri, US -ieri] *n* breviario *m*.

brev·ity ['brevəti] *n* brevedad *f*; (*of style*) concisión *f*.

brew [bru:] **I.** *v* (*beer*) elaborar, hacer; (*tea*, etc) hacer, preparar; FIG (*scheme*) urdir(se), tramar(se); (*storm*) prepararse. LOC **To ~ sth up,** preparar una infusión; FIG tramar un complot, etc. **II.** *n* bebida *f*, infusión *f*; (*process*) elaboración *f*; (*quality*) grado *m*, fuerza *f*; FIG mezcla *f*, cóctel *m*. **brew·er** ['bru:ə(r)] *n* cervecero/a. **~·ery** ['bruəri] *n* fábrica *f* de cerveza. **~-up** ['-ʌp] *n* Br INFML té *m*.

briar ['braiə(r)] (*also* **brier**) *n* rosa *f* silvestre; zarza *f*; espino *m*; (*made with this wood*) pipa *f*.

bribe [braib] **I.** *n* soborno *m*, cohecho *m*. **II.** *v* sobornar, comprar. LOC **To ~ sb into doing sth,** sobornar a alguien para que haga algo. **brib·able** ['braibəbl] *adj* sobornable, comprable. **brib·ery** ['braibəri] *n* soborno *m*.

bric-à-brac ['brikəbræk] *n* quincalla *f*, baratijas *f,pl*.

brick [brik] **I.** *n* ladrillo *m*; (*toy*) bloque *m*, tarugo *m*; (*ice cream*) barra *f*; Br INFML buena persona *f*. LOC **To make ~s without straw,** empezar la casa por el tejado. **II.** *v* **(sth in/ up)** enladrillar, cerrar/tapar con ladrillos. LOC **~·bat**, trozo *m* de ladrillo; FIG insulto *m*, crítica *f*. **~·lay·er,** albañil *m*. **~·lay·ing,** albañilería *f*, enladrillado *m*. **~ red,** rojo *m* ladrillo. **~·work**, albañilería *f*. **~·yard**, fábrica *f* de ladrillos.

brid·al ['braidl] *adj* nupcial. **bride** [braid] *n* (*on wedding day*) novia *f*. **bride·groom** ['braidgrum, also -gru:m] (*also* **groom**) *n* (*on wedding day*) novio *m*. **brides·maid** ['braidzmeid] *n* (*on wedding day*) dama *f* de honor (de la novia).

bridge [bridʒ] **I.** *n* **1.** (*also* FIG) puente *m*; NAUT puente *m* de mando; (*of nose, glasses*, MUS ...) puente *m*. **2.** (*game*) bridge *m*. **II.** *v* construir un puente sobre. LOC **~·head**, cabeza *f* de puente. **To ~ a gap,** FIG llenar un vacío; salvar las distancias entre.

bri·dle ['braidl] **I.** *n* brida *f*, freno *m*. **II.** *v* embridar, poner freno a; FIG contener, refrenar. LOC **~-path**, (*also* **bridle-way**) camino *m* de herradura. **To ~ at sth,** mostrar enfado ante.

brief [bri:f] **I.** *adj* breve, corto/a; (*style*) conciso/a; (*clothes*) reducido/a, mínimo/a. LOC **In ~**, en resumen. **II.** *n* DER escrito *m*, alegato *m*; resumen *m*, compendio *m*; (*instructions*) órdenes *f,pl*; INFML abogado *m*. LOC **To hold no ~ for sb/sth,** no representar a/ No abogar por. **III.** *v* DER instruir a (abogado); MIL dar órdenes a. LOC **To ~ sb on sth,** dar a alguien las instrucciones precisas para algo. **~·case** ['bri:fkeis] *n* cartera *f*, maletín *m*. **~·ing** [-iŋ] *n* órdenes *f,pl*, instrucciones *f,pl*; (*at meeting*, etc) informe *m*. **~·ly** [-li] *adv* brevemente; en poco tiempo. **briefs** [bri:fs] *n,pl* bragas *f,pl*; (*man's*) calzoncillos *m,pl*.

brier V. **briar**.

brig [brig] *n* bergantín *m*.

bri·gade [bri'geid] *n* brigada *f*. **bri·ga·dier** [,brigə'diə(r)] *n* general *m* de brigada.

bri·gand ['brigənd] *n* HIST bandido *m*, bandolero *m*.

bright [brait] **I.** *adj* (*light*) claro/a, brillante, luminoso/a; (*colour*) claro/a, vivo/a; (*weather*) abierto/a, soleado/a; (*person, idea*, etc) inteligente, brillante; (*future*, etc) prometedor/ra; (*smile, look*) resplandeciente. LOC **A ~ spark,** IR alguien muy vivo/ despierto/ inteligente. **As ~ as a button,** muy listo/despierto. **To look on the ~ side,** mirar algo por el lado bueno. **II.** *adv* con mucho brillo, luz, etc. **bright·en** ['braitn] *v* (*also* **~ up**) hacer(se) más claro, brillante, etc; alegrar(se). **bright·ly** [-li] *adv* con brillo, intensamente; alegremente. **bright·ness** ['braitnis] *n* brillantez *f*, claridad *f*, intensidad *f*, viveza *f*; (*of person*) inteligencia *f*.

brill [bril] **I.** *n* rodaballo *m*. **II.** *adj* (*abrev* **brilliant)** INFML fantástico/a.

bril·li·ant ['briliənt] *adj* (*light, colour*, etc) brillante, resplandeciente; (*person*) genial, brillante, de mucho talento; (*idea, action*, etc) excepcional; (*career, success*) fulgurante. **bril·li·ance** ['briliəns] *n*, **bril·li·ancy** ['briliənsi] *n* (*also* FIG) brillantez *f*, brillo *m*. **bril·li·ant·ine** ['briliənti:n] *n* brillantina *f*. **bril·li·ant·ly** ['briliəntli] *adv* con brillo/brillantez.

Bril·lo ped ['briləu ,ped] *n* estropajo *m* metálico.

brim [brim] **I**. *n* (*of cup, glass,* etc) borde *m*; (*of hat*) ala *f*. **II**. *v* rebosar, estar lleno hasta el borde; ~ *with sth*, (*also* FIG) Estar rebosando de. LOC **To ~ over with sth,** desbordarse; FIG estar rebosante de. **~ful** (*also* **brim·full**) [,brim'ful] *adj* lleno/a hasta el borde; FIG ~ *with*, Rebosante de.

brim·stone ['brimstəun] *n* HIST azufre *m*.

brin·dled ['brindld] *adj* (*dog, cat,* etc) manchado/a, a rayas.

brine [brain] *n* salmuera *f*. **bri·ny** ['braini] **I**. *adj* salobre, salado/a. **II**. *n* **the ~**, POET el mar.

bring [briŋ] (*pret, pp* **brought** [brɔ:t]) *v* traer; llevar consigo; hacer venir, producir, causar; DER entablar; ~ *oneself to*, Esforzarse por, convencerse de. LOC **~-and-buy sale**, tómbola *f* de beneficencia. **bring...**, **~ about, 1**. NAUT hacer virar. **2**. (*event*) provocar, producir. **~ back, 1**. (*object*) devolver, volver a traer. **2**. (*law,* etc) restaurar. **3**. (*memories,* etc) recordar. **4**. (*health,* etc) restaurar. **~ before,** presentar, introducir, hacer comparecer. **~ down, 1**. (*person*) hacer caer; FIG derrumbar. **2**. (*aircraft,* etc) derribar. **3**. (*prices,* etc) hacer bajar, reducir. **~ forth,** FML (*trees,* etc) producir, dar. **~ forward, 1**. (*event*) adelantar. **2**. COM pasar a otra cuenta. **3**. (*subject,* etc) proponer para debatir. **~ in,** introducir; (*profit,* etc) producir, comportar; (*fashion, law,* etc) introducir; ~ *sb in on sth*, Hacer entrar a alguien en algo. **~ off,** (*passenger*) rescatar; (*task*) INFML conseguir, salvar del fracaso. **~ on,** provocar, conllevar; (*crops,* etc) adelantarse; ~ *sth on oneself/sb*, FIG arrojar (vergüenza, etc) sobre sí mismo/alguien. **~ out, 1**. aparecer; (*book,* etc) publicar, sacar; (*detail,* etc) destacar, subrayar, realzar. **2**. (*workers*) hacer ir a la huelga; (*person*) hacer perder la timidez. **~ over,** traer de un lugar a otro; ~ *sb over to sth*, Convencer/Persuadir a alguien para que cambie de opinión. **~ round,** hacer recuperar el conocimiento a; NAUT hacer virar en redondo; (*to house,* etc) traer, traer por aquí; ~ *round to sth*, conseguir convencer de algo; ~ *sth round to sth*, hacer que se hable (etc) de algo. **~ through,** conseguir salvar, restablecer, etc. **~ to,** FIG convencer a alguien de algo. **~ together,** reconciliar, unir. **~ under,** someter, dominar; ~ *sth under sth*, incluir algo en otra cosa. **~ up, 1**. (*child,* etc) educar, criar. **2**. DER procesar, acusar. **3**. (*suddenly*) hacer reaccionar. **4**. (*food,* etc) vomitar, arrojar. **5**. hacer que se hable de.

bring·ing-up ['briŋiŋʌp] *n* educación *f*, crianza *f*.

brink [briŋk] *n* (*of cliff,* etc) borde *m*, orilla *f*; FIG *On/The ~ of sth*, en el momento *m* decisivo, a punto de. LOC **~·man·ship**, política *f* de riesgo.

bri·quet(te) [bri'ket] *n* briqueta *f*.

brisk [brisk] *adj* (**-er, -est**) activo/a, animado/a; (*pace, walk*) vivo/a, enérgico/a; (*breeze*) refrescante; (*business*) animado/a. **~·ly** [-li] *adv* vivamente, enérgicamente.

bris·ket ['briskit] *n* (*of beef*) pecho *m*, delantera *f*.

bris·tle ['brisl] **I**. *n* (*of animal, brush*) cerda *f*. **II**. *v* **1**. (*also* **~ up**) erizarse, ponerse de punta. **2**. **(with sth)** FIG estar erizado; (*person*) montar en (cólera). **bris·tly** ['brisli] *adj* peludo/a, cerdoso/a; que pincha, (*beard*) crecido/a.

Brit [brit] FAM = **Briton**. **Brit·ain** ['britn] *n* Gran Bretaña *f*, Inglaterra *f*. **Bri·tan·nic** [bri'tænik] *adj* FML británico/a. **Brit·ish** ['britiʃ] *adj* británico/a. **Brit·ish·er**, ['britiʃə(r)] **Brit·on** ['britn] *n* británico/a. **Brit·ta·ny** ['britəni] *n* Bretaña *f* (francesa).

brit·tle ['britl] *adj* quebradizo/a, frágil; (*sound*) estridente; FIG (*temper*) inestable, (*person*) áspero/a, seco/a.

broach [brəutʃ] *v* (*barrel*) espitar; (*bottle*) abrir; FIG (*topic,* etc) iniciar, abordar.

broad [brɔ:d] **I**. *adj* (*space, land, water,* etc) ancho/a, amplio/a, extenso/a; (*in measure*) de ancho; (*accent, language*) marcado/a; FIG amplio/a; (*smile*) franco/a, generoso/a; (*humour*) tosco/a, basto/a. LOC **As ~ as it's long,** Br INFML da lo mismo que hagas una cosa u otra. **~ in the beam,** INFML ancho de caderas. **In ~ daylight,** a plena luz del día. **II**. *n* (US) SL tía *f*, fulana *f*.

broad..., **~ bean,** haba *f*. **~-brimmed**, (*hat*) de ala ancha. **~·cloth**, *n* paño *m* fino. **~·en**, *v* ensanchar(se), hacer(se) más amplio. **~·loom**, *adj/n* (alfombra *f*) de tejido grueso. **~·ly**, *adv* extensamente; (*smile*) francamente, abiertamente; FIG ampliamente: ~ *speaking*, Hablando en general. **~-minded**, *adj* tolerante, liberal, de miras amplias. **~-mind·edness**, *n* tolerancia *f*, amplitud *f* de miras. **~·ness**, *n* anchura *f*, extensión *f*, amplitud *f*; (*of accent*) lo fuerte, lo cerrado; (*of humour*) grosería *f*, tosquedad *f*. **~·sheet**, *n* hoja *f* impresa (sólo por un lado). **~·side**, *n* NAUT costado *m*; (*firing*) andanada *f*; FIG invectiva *f*, ataque *m*. LOC **~ on to sth,** (*also* NAUT) De costado a. **~·sword**, *n* espadón *m*.

broad·cast ['brɔ:dka:st, US 'brɔ:dkæst] **I**. *n* (*radio, TV*) emisión *f*, programa *m*, espacio *m*. **II**. *v* **1**. (*of radio, TV*) emitir, programar, transmitir, dar; (*of speaker*) llevar un programa. **2**. AGR sembrar a voleo, esparcir; FIG diseminar, difundir. **broad·cast·er** [-ə(r)] *n* (*of radio, TV*) locutor/ra, presentador/ra; (*specialist*) experto/a que habla por radio, televisión, etc. **~·ing** [-iŋ] *n* emisión *f*, transmisión *f*; radiodifusión *f*; ~ *station*, Emisora de radio.

bro·cade [brə'keid] **I**. *n* brocado *m*. **II**. *v* adornar con brocados.

broc·co·li ['brɔkəli] *n* brécol *m*, bróquil *m*.

bro·chure ['brəuʃə(r), US brəu'ʃuər] *n* folleto *m*.

brogue [brəug] *n* **1.** (*shoe*) abarca *f*, **2.** fuerte acento *m* irlandés.

broil [brɔil] *v* (*meat, chicken*, etc) asar a la parrilla; FIG (*in the sun*, etc) asar(se). **broil·er** [-ə(r)] **I.** *n* pollo *m* para asar. **II.** *adj* (*farm*, etc) avícola. **~·ing** [-iŋ] *adj* FIG (*day*, etc) muy caluroso/a.

broke [brəuk] **I.** *pret* of **break**. **II.** *adj* INFML sin un céntimo. LOC **Stony ~**, completamente sin blanca. **To go for ~**, (*esp* US) Jugárselo todo a una carta.

bro·ken ['brəukən] **I.** *pp* of **break**. **II.** *adj* (*sleep*, etc) interrumpido/a, roto/a; (*speech*) defectuoso/a; (*land*) accidentado/a, desigual; FIG (*person*) desanimado/a, agotado/a. LOC **A ~ reed**, FIG persona que no sirve para nada. **~-down**, (*car*, etc) averiado/a; (*person*) deshecho/a, decaído/a. **~-hearted**, inconsolable, traspasado/a de dolor. **~ home**, hogar *m* destruido por separación/ divorcio de los padres. **~·ly** [-li] *adv* (*speak*) entrecortadamente.

bro·ker ['brəukə(r)] *n* COM corredor *m* de bolsa, agente *m* de seguros. **~·age** ['brəukəridʒ] *n* corretaje *m*.

brol·ly ['brɔli] *n* (*esp* Br) INFML paraguas *m*.

brom·ide ['brəumaid] *n* bromuro *m*; FIG estupidez *f*, rollo *m*. **brom·ine** ['brəumi:n] *n* bromo *m*.

bron·chi·al ['brɔŋkiəl] *adj* bronquial. LOC **~ tubes**, bronquios *m,pl*. **bron·chit·ic** [brɔŋ'kitik] *adj* bronquítico/a. **bron·chi·tis** [-'kaitis] *n* bronquitis *f*.

bron·co ['brɔŋkəu] *n* (*pl ~*) US potro *m* salvaje.

bronze [brɔnz] **I.** *n* bronce *m*; color *m* bronce. **II.** *adj* de bronce. **III.** *v* broncear(se). LOC **~ Age**, Edad *f* del bronce. **~ medal**, medalla *f* de bronce.

brooch [brəutʃ] *n* (*jewelry*) broche *m*, aguja *f*.

brood [bru:d] **I.** *n* nidada *f*, cría *f*; camada *f*; (*of person*) prole *f*. **II.** *v* empollar, incubar; FIG **~-mare**, yegua *f* de cría. **To ~ over sth**, cavilar sobre algo. **brood·y** [-i] *adj* (**-ier, -iest**) (*of hen*) clueca; (*woman*) deseosa de hijos; FIG melancólico/a, triste.

brook [bruk] **I.** *n* POET arroyo *m*, riachuelo *m*. **II.** *v* FML tolerar, permitir.

broom [bru:m] *n* **1.** BOT retama *f*, hiniesta *f*. **2.** (*sweeper*) escoba *f*. LOC **A new ~**, (*in job*, etc) persona con ganas de renovación. **~·stick**, palo *m* de escoba.

Bros ['brʌðəz] *abrev* of **brothers**, y hermanos.

broth [brɔθ, US brɔ:θ] *n* caldo *m*, sopa *f* de caldo.

broth·el ['brɔθl] *n* burdel *m*, prostíbulo *m*.

broth·er ['brʌðə(r)] **I.** *n* **1.** (*also* FIG) hermano *m*; (*of profession*, etc) camarada *m*, compañero *m*. LOC **~·hood**, hermandad *f*, fraternidad *f*; (*group*) asociación *f*. **~-in-law**, (*pl* **-s-in-law** ['brʌðəz in lɔ:]) cuñado *m*; concuñado *m*. **~s in arms**, Hermanos de campaña. **2.** REL ARC (*pl* **breth·ren** ['breðrən]) hermano *m*, monje *m*. **II.** *int* (*esp* US) ¡vaya!, ¡caramba! **broth·er·ly** ['brʌðəli] *adj* fraternal.

brought [brɔ:t] *pret/pp* of **bring**.

brou·ha·ha ['bru:ha:ha:, US bru'ha:ha:] *n* INFML alboroto *m*, conmoción *f*, jaleo *m*.

brow [brau] *n* (*of head*) frente *f*; (*of face*) ceja *f*; (*of hill*) pendiente *f*; (*of cliff*) borde *m*. LOC **To knit one's brows**, fruncir el entrecejo. **~·beat** ['braubi:t] *v* (*pret ~, pp* **browbeaten** ['braubi:tn]) intimidar mediante amenazas. **~·beaten** *adj* acobardado/a.

brown [braun] **I.** *adj* pardo/a, moreno/a; (*person*) moreno/a, (*by sun*) bronceado/a; (*sugar, bread*) moreno/a; (*hair*) castaño/a, moreno/a. LOC **As ~ as a berry**, muy bronceado. **~ pa·per**, papel *m* de embalar. **In a ~ study**, ensimismado. **II.** *n* color *m* pardo, color *m* oscuro/ marrón. **III.** *v* dar color tostado a, oscurecer; (*skin*) broncear, tostar; (*cooking*) dorar. LOC **~ed off**, INFML (*esp* Br) aburrido/harto; desanimado. **brown·ie** ['brauni] *n* duendecillo *m* benéfico. LOC **~ Guide**, miembro *m* joven de las *Girl Guides*. **brown·ing** [-iŋ] *n* (*for cooking*) colorante *m* para salsas. **brown·ish** [-iʃ], **~·y** [-i] *adj* de tonos pardos.

browse [brauz] **I.** *v* (*of cattle*) pacer, pastar; (*with book*) hojear, echar una hojeada a. **II.** *n* (*book*, etc) hojeada *f*, lectura *f* rápida.

bruise [bru:z] **I.** *n* contusión *f*, morado *m*, cardenal *m*, magulladura *f*. **II.** *v* magullar, contusionar(se); FIG herir, ofender. **bruis·er** [-ə(r)] *n* INFML hombretón *m*; boxeador *m*.

bruit [bru:t] *v* FML (*rumour*, etc) difundir, divulgar.

brunch [brʌntʃ] *n* INFML comida a media mañana, que reemplaza al desayuno y almuerzo.

bru·nette [bru:'net] *n* (*woman*) morena *f*.

brunt [brʌnt] *n* impacto *m*, acometida *f*.

brush [brʌʃ] **I.** *n* (*object*) cepillo *m*, (*sweeping*) escoba *f*, (*painting*) brocha *f*, (*artist's*) pincel *m*; (*action*) cepillado *m*, cepilladura *f*; FIG roce *m*, rozadura *f*; BOT maleza *f*, matorral *m*; ZOOL rabo *m* de zorro. LOC **A ~ with sb**, FIG una pelea/enfrentamiento con alguien. **II.** *v* (*hair, clothes*, etc) cepillar; (*teeth*) limpiar, lavar; (*touch*) rozar, tocar. LOC **To ~ off**, (*stain, mud*, etc) quitarse cepillando. **To ~ oneself down**, darse un cepillado. **To ~ sb aside**, dejar a un lado/apartar. **To ~ sb off**, INFML ignorar a alguien/mandarle de paseo. **To ~ sth away/off**, quitar algo cepillando. **To ~ sth up/up on sth**, (*skill*) repasar/refrescar/volver a practicar. **~-off** ['brʌʃɔf] *n* (*pl* **brush-offs**) INFML chasco *m*, desaire *m*. **~-stroke** ['-strəuk] *n* brochazo *m*; pincelada *f*. **~-up** ['-ʌp] *n* (*pl* **brush-ups**) lavado *m* y peinado *m*, arreglo *m*. **~·wood** ['brʌʃwud] *n* haz *m* de leña; maleza *f*, monte *m* bajo. **~·work** ['-wɜ:k] *n* (*of artist*) pincel *m*, estilo *m*.

brusque [bru:sk, US brʌsk] *adj* (*of manner*, etc) brusco/a.

Brus·sels sprouts [,brʌslz'sprauts] *n,pl* coles *f,pl* de Bruselas.

bru·tal ['bru:tl] *adj* (*attack*, etc) brutal, violento/a, salvaje; (*person*) cruel, violento/a. **~·ity** [bru:'tæləti] *n* brutalidad *f*. **~·ize, ~·ise** [,bru:tæ'laiz] *v* embrutecer. **~·ly** ['bru:təli] *adv* brutalmente. **brute** [bru:t] **I**. *n* bestia *f*, animal *m*. LOC **A ~ of a problem,** cosa molesta/difícil. **II**. *adj* bruto/a; brutal. **brut·ish** ['bru:tiʃ] *adj* bruto/a, violento/a.

B.S. [,bi: 'es] *abrev* of Bachelor of Surgery.

B.Sc. [,bi: es 'si:] *abrev* of Bachelor of Science.

bub·ble ['bʌbl] **I**. *n* (*of air, liquid*) burbuja *f*; (*in paint*) ampolla *f*; (*of soap*) pompa *f*. **II**. *v* (*liquid*, etc) burbujear, hacer burbujas; (*sound*) borbotar; FIG (*also* **~ over with**) rebosar de, despedir (entusiasmo, etc). LOC **~ and squeak,** carne *f* con col *f* y patatas fritas. **~ bath,** baño *m* de espuma. **~ gum,** chicle *m*. **To ~ along/out/over/up,** salir/manar/surgir, etc. a borbotones. **bub·bly** ['bʌbli] **I**. *adj* (*comp* **-ier**, *sup* **-iest**) espumoso/a, gaseoso/a; (*woman*) chispeante, animada. **II**. *n* FAM champaña *m*, cava *m*.

buc·can·eer [,bʌkə'niə(r)] *n* bucanero *m*; FIG pirata *m*.

buck [bʌk] **I**. *n* **1**. (*of deer, hare, rabbit*) macho *m*. **2**. US SL indio *m*, negro *m*. **3**. US INFML dólar *m*. **4**. (*in poker*) muerto *m*. LOC **The ~ stops here,** hasta aquí llega la responsabilidad. **II**. *v* **1**. (*of horse*) corcovear, ponerse de manos; US INFML enfrentarse a, ponerse en contra de. **2**. **(sb off)** hacer caer al jinete. **3**. **(sb up)** animar/alegrar a alguien. LOC **~ up!**, ¡date prisa!, ¡anímate! **buck·ed** [-t] *adj* animado/a, satisfecho/a.

buck..., **~·ram,** *n* bucarán *m*, bocací *m*. **~·shee**, *adj/adv* Br SL gratis. **~·shot**, *n* perdigón *m* zorrero, balines *m,pl*. **~·skin**, *n* piel *m* de ante. **~-tooth,** *n* (*pl* **-teeth**) FIG diente (s) *m(pl)* de conejo. **~·wheat,** *n* alforfón *m* común.

buck·et ['bʌkit] **I**. *n* **1**. cubo *m*, (*larger*) balde *m*; (*child's*) cubito *m*; (*mechanical*) cubeta *f*. **2**. (*also* **~·ful**) (*contents*) cubo *m*; *pl* grandes cantidades *f,pl*. **II**. *v* (*also* **~ down**) (*of rain*) llover a cántaros. LOC **~ seat,** (*in car, plane*, etc) asiento *m* individual. **~-shop,** INFML negocio *m* de reventa.

buck·eye ['bʌkai] *n* US castaño *m* de Indias.

buckle ['bʌkl] **I**. *n* (*of belt, shoe*, etc) hebilla *f*. **II**. *v* **1**. (*also* **~ up**) abrochar(se) con hebilla. **2**. (*metal*, etc) torcer(se), doblar(se), combar(se); FIG doblegar(se), hundir(se). **3**. **(down to sth)** aplicarse con esfuerzo a; **(down to)** INFML (*of group*, etc) dedicar todos sus esfuerzos a. **4**. **(sb in sth)** sujetar a alguien con cinturón (etc) en asiento (etc). **buck·ler** [-ə(r)] *n* escudo *m*, rodela *f*.

bu·col·ic [bju:'kɔlik] *adj* bucólico/a; campestre.

bud [bʌd] **I**. *n* BOT brote *m*, yema *f*; (*with flower*) capullo *m*. LOC **To be in ~,** (*roses*) estar en capullo. **II**. *v* BOT echar brotes; AGR injertar en escudete. **~·ding** [-iŋ] *adj* (*artist*, etc) incipiente, en ciernes. **bud·dy** ['bʌdi] *n* (*esp* US) compañero *m*, compadre *m*, amigo *m*.

budge [bʌdʒ] *v* **1**. mover(se), menear(se). **2**. FIG (hacer) cambiar de opinión.

bud·ge·ri·gar ['bʌdʒəriga:(r)], **bud·gie** ['bʌdʒi] *n* ZOOL periquito *m*.

budg·et ['bʌdʒit] **I**. *n* **1**. presupuesto *m*. LOC **On a tight ~,** con un bajo presupuesto. **2**. **the ~,** (*from Government*) presupuestos *m,pl* generales del Estado. **II**. *v* hacer el presupuesto de. **III**. *adj* (*holiday*, etc) económico/a, barato/a; (*bank*) **~** *account*, cuenta familiar. **~·ary** ['bʌdʒitəri, US -teri] *adj* presupuestario/a.

buff [bʌf] **I**. *n* **1**. cuero *m* de búfalo; color *m* de piel de ante. **2**. INFML entusiasta *m,f*, fan *m,f*. LOC **In the ~,** (*esp* Br) INFML en cueros. **II**. *adj* de color pardusco. **III**. *v* abrillantar con gamuza.

buf·fa·lo ['bʌfələu] *n* (*pl* **~, ~es**) búfalo *m*.

buf·fer ['bʌfə(r)] **I**. *n* **1**. (*on vehicle*) amortiguador *m*, parachoques *m*; (*on track*) tope *m*; (*country*) estado *m* tapón. **2**. Br INFML (*also* **old ~**) calamidad *f*, viejo *m* inútil. **3**. (*computer*) memoria *f* interna. **II**. *adj* amortiguador/ra; (*country*) tapón. **III**. *v* hacer de parachoques a.

buf·fet I. ['bufei, US bə'fei] *n* (*in station*, etc) bar *m*, barra *f*; (*meal*) comida *f* fría que se toma sin sentarse, lunch *m*. **II**. ['bʌfit] *n* bofetada *f*, golpe *m*; FIG revés *m*, golpe *m*. **III**. ['bʌfit] *v* abofetear; golpear, vapulear. LOC **~ car,** (*in train*) coche *m* restaurante. **~·ing** [-iŋ] *n* (*action*) vapuleo *m*, golpes *m,pl*.

buf·foon [bə'fu:n] *n* FIG payaso *m*, bufón *m*. **~·ery** [-'-nəri] *n* payasada *f*, bufonada *f*.

bug [bʌg] **I**. *n* **1**. chinche *m,f*; (*any*) bicho *m*, insecto *m*. **2**. INFML (MED) bacilo *m*, microbio *m*, virus *m*; (*in computer*) virus *m*. **3**. INFML (*for spying*) micrófono *m* oculto. **4**. INFML **the ~,** manía *f*, obsesión *f*. **II**. *v* **1**. (*telephone*, etc) pinchar, intervenir; (*in room*, etc) instalar micrófonos ocultos en. **2**. INFML (*esp* US) molestar, irritar. LOC **~-eyed,** INFML de ojos saltones.

bug·bear ['bʌgbeə(r)] *n* preocupación *f*, pesadilla *f*.

bug·ger ['bʌgə(r)] **I**. *n* (*esp* Br) sodomita *m*, maricón *m*; (*in sympathy*) desgraciado *m*, infeliz *m*; INFML (*object*) coñazo *m*, lata *f*. **II**. *v* DER sodomizar; INFML fastidiar. LOC **~ me!** INFML ¡No te fastidia! **To ~ about/ around,** hacer el estúpido/el gilipollas. **To ~ sb about/around,** INFML putear a alguien. **To ~ off,** INFML largarse. **III**. *int* ¡maldita sea! ¡joder! **bug·ger·ed** [-d] *adj* FAM jodido/a, hecho/a polvo. **bug·ge·ry** ['bʌgeri] *n* DER sodomía *f*.

bug·gy ['bʌgi] *n* cochecito *m* de niño; HIST calesín *m*.

bu·gle ['bju:gl] *n* corneta *f*. **bu·gler** ['bju:glə(r)] *n* corneta *m*.

build [bild] **I**. *v* (*pret, pp* **built** [bilt]) **1**. construir, edificar, hacer; (*business*) montar, instalar; FIG fundar, establecer. **2**. **(sth in(to) sth)** empotrar una cosa en otra. **3**. **(sth on(to) sth)** construir un anexo; **(on sth)** FIG edificar sobre algo. **4**. **(up)** crecer/incrementarse; **(sb up)** fortalecer/desarrollar; **(sth up)** crear, constituir. **II**. *n* (*of person*) constitución *f*, tipo *m*, figura *f*. **build·er** [-ə(r)] *n* constructor/ra, contratista *m,f*; ARQ arquitecto *m,f*, maestro *m* de obra. **~·ing** ['-iŋ] *n* edificio *m*, construcción *f*; casa *f*; **~** *site*, Solar para edificar, obra. **~** *society*, Sociedad inmobiliaria. **~-up** ['-ʌp] *n* (*of traffic*, etc) acumulación *f*, concentración *f*. **built** [bilt] *adj* (*in compounds*) hecho/a, construido/a; de complexión. LOC **~-in,** ARQ empotrado/a; TEC incorporado/a. **~-up**, (*district*, etc) urbanizado/a, edificado/a.

bulb [bʌlb] *n* BOT bulbo *m*; ELECTR (*also* **light ~**) bombilla *f*; (*of thermometer*) ampolleta *f*. **~·ous** ['bʌlbəs] *adj* bulboso/a; en forma de bombilla.

bulge [bʌldʒ] **I**. *n* abultamiento *m*, abombamiento *m*, comba *f*. **II**. *v* abultar(se), hinchar(se). **bulg·ing** [-iŋ], **bul·gy** [-i] *adj* abultado/a; (*eyes*) saltón/na.

bulk [bʌlk] **I**. *n* bulto *m*, volumen *m*; (*large shape*) masa *f*, mole *f*; (*of food*) fibra *f*, masa *f*; (*main part*) grueso *m*, la mayor parte de; COM **In ~,** a granel, al por mayor. **II**. *v* **(sth out)** aumentar el volumen de algo, hinchar. LOC **~ buy·ing**, compra *f* al por mayor. **~·head,** mamparo *m*. **To ~ large,** tener un puesto importante. **bul·ky** ['bʌlki] *adj* **(-ier, -iest)** voluminoso/a, grande; abultado/a, grueso/a.

bull [bul] *n* **1**. toro *m*; animal *m* sin castrar; (*of elephant, whale*) macho *m*. **2**. (*in stock exchange*) alcista *m,f*. **3**. US SL policía *m*. **4**. REL bula *f*. **5**. (*also* **Irish ~**) juego *m* de palabras; SL tonterías *f,pl*; Br (MIL SL) tarea *f* pesada. LOC **A ~ in a china shop,** persona poco hábil.

bull..., **~·dog,** *n* perro *m* dogo, buldog *m*. **~·fight,** *n* corrida *f* de toros. **~·fighter**, *n* torero *m*. **~·fighting**, *n* toreo *m*; tauromaquia *f*; (*a session*) los toros, la corrida. **~·finch,** *n* pardillo *m*; pinzón *m* real. **~·frog,** *n* rana *f* toro. **~-headed,** *adj* testarudo/a, tozudo/a. **~·horn**, *n* US megáfono *m*. **~·ish,** *adj* (*stock exchange*) alcista *m,f*. **~-necked**, *adj* de cuello corto y ancho. **~·ock**, *n* toro *m* castrado. **~·ring**, *n* plaza *f* de toros, arena *f*, coso *m*. **~'s-eye,** *n* (*target*) diana *f*, centro *m* del blanco; tiro *m* que da en el blanco; caramelo *m* redondo de menta; (*window*) ojo *m* de buey. **~·shit**, *n/int* tonterías *f,pl*.

bull·doze ['buldəuz] *v* aplanar, mover (tierras) con excavadora; FIG obligar a (alguien) (*into doing sth*, a hacer algo). **bull·doz·er** ['buldəuzə(r)] *n* excavadora *f*, tractor *m* de oruga.

bul·let ['bulit] *n* bala *f*, proyectil *m*. LOC **~-head·ed,** de cabeza redondeada. **~-proof,** a prueba de balas, blindado/a.

bul·le·tin ['bulətin] *n* (*news, radio, TV*) informativo *m*, noticiario *m*; circular *f*, boletín *m* informativo. LOC **~ board,** US tablón *m* de anuncios.

bul·lion ['buliən] *n* lingotes *m,pl* (de oro, plata, etc).

bul·ly ['buli] **I**. *n* **1**. matón/na, chulo/a, bravucón/na. **2**. (*also* **~ beef**) carne *f* de vaca en lata. LOC **~ for sb!** ¡bravo! ¡enhorabuena! **II**. *v* (*pret, pp* **bullied**) intimidar, asustar, acobardar. LOC **~-boy**, matón *m*, navajero *m*.

bul·rush ['bulrʌʃ] *n* anea *f*, espadaña *f*.

bul·wark ['bulwək] *n* **1**. (*also* FIG) baluarte *m*, muro *m*. **2**. NAUT macarrón *m*.

bum [bʌm] **I**. *n* **1**. Br INFML culo *m*, trasero *m*. **2**. US INFML vagabundo *m*; holgazán *m*, vago *m*. **II**. *adj* malo/a, de mala calidad: *A ~ party*, Una fiesta horrible. **III**. *v* conseguir de gorra (*sth off sb*, algo de alguien). LOC **To ~ around,** holgazanear/vivir del cuento.

bum·bag ['bʌmbæg] *n* riñonera *f*.

bum·ble ['bʌmbl] *v* mascullar, rezongar, refunfuñar (*on/about sth* algo). LOC **~·bee,** abejorro *m*. **To ~ about, along,** caminar tambaleándose. **bumbl·ing** [-iŋ] *adj* despistado/a, atolondrado/a.

bumf, bumph [bʌmf] *n* Br SL PEY (*documents*) papeles *m,pl*, papeluchos *m,pl*.

bump [bʌmp] **I**. *n* (*impact*) golpe *m*, choque *m*, topetazo *m*; (*in vehicle*) sacudida *f*, bache *m*; (*sound*) golpe *m*; (*in metal*) abolladura *f*; (*in body*) chichón *m*, hinchazón *f*. **II**. *v* chocar contra, darse un golpe con, tropezar con; darse un golpe en. LOC **To ~ along, down,** (*vehicle*) dar sacudidas/botar. **To ~ into sb,** INFML tropezar con. **To ~ sb off,** SL liquidar a alguien. **To ~ sth up,** INFML hacer subir (precios, etc). **III**. *adv* violentamente. **bum·py** [-i] *adj* **(-ier, -iest)** (*road*) lleno/a de baches, desigual; (*journey*) agitado/a, con muchas sacudidas. **bump·er** ['bʌmpə(r)] **I**. *n* **1**. (*of vehicle*) parachoques *m*; (*in station*) tope *m*. **II**. *adj* abundante, generoso/a. **III**. *n* auto *m* de choque.

bump·kin ['bʌmpkin] *n* patán *m*, paleto/a.

bump·ti·ous ['bʌmpʃəs] *adj* PEY presuntuoso/a, engreído/a.

bun [bʌn] *n* bollo *m* (dulce); (*of hair*) moño *m*. LOC **~-fight**, INFML merienda *f*, té *m* (poco organizada, para gente mal educada). **To have a ~ in the oven,** FIG estar embarazada.

bunch [bʌntʃ] **I**. *n* ramo *m*, manojo *m*. FIG (*group*, etc) pandilla *f*. **II**. *v* agrupar(se), juntar(se); (*of dress*) ceñir(se).

bun·dle ['bʌndl] **I**. *n* **1**. (*of clothes*) fardo *m*, bulto *m*, hato *m*; (*in general*) paquete *m*, bulto *m*; (*of sticks*, etc) haz *m*, manojo *m*. **2**. INFML **(a ~ of sth)** gran cantidad *f* de algo; FAM mucho dinero *m*. LOC **A ~ of nerves,** FIG un manojo de nervios. **II**. *v* atar en fardos, manojos, etc. LOC **To ~ sb up,** abrigar bien a alguien.

bung [bʌŋ] **I**. *n* bitoque *m*, tapón *m*. **II**. *v* cerrar con bitoque, taponar; SL tirar, arrojar. LOC **~-hole,** piquera *f*, boca *f* de tonel.

bun·ga·low ['bʌŋgələu] *n* chalet *m*, casa *f* unifamiliar (de una planta).

bun·gle ['bʌŋgl] **I**. *v* (*task*, etc) hacer chapuceramente/mal. **II**. *n* chapuza *f*. **bun·gler** ['bʌŋglə(r)] *n* chapucero/a, torpe *m,f*.

bun·ion ['bʌnjən] *n* juanete *m* (*esp* del dedo gordo).

bunk [bʌŋk] *n* **1**. (*in ship*, etc) litera *f*, camastro *m*; (*also* **~ bed**) litera *f* para niños. **2**. LOC **To do a ~,** Br INFML largarse. **3**. INFML = **bunkum**.

bun·ker ['bʌŋkə(r)] **I**. *n* (*container*) carbonera *f*; NAUT pañol *m* del carbón; MIL refugio *m*; (*in golf*) bunker *m*, hoya *f* de arena. **II**. *v* llenar la carbonera, proveer de carbón. LOC **To be ~ed,** (*of ball, person*) estar en situación difícil.

bun·kum ['bʌŋkəm] (*also* **bunk**) *n* INFML tonterías *f,pl*.

bun·ny ['bʌni] *n* (*for children*) conejito *m*; ~ *girl*, camarera *f* de bar de alterne.
bunt·ing ['bʌntiŋ] *n* **1**. ZOOL verderón *m*. **2**. (*ornament*) banderillas *f,pl* de colores, colgaduras *f,pl*.
buoy [bɔi] **I**. *n* boya *f*. **II**. *v* marcar/señalar con boya(s). LOC **To ~ sb/sth up,** mantener a alguien/algo a flote. **~·ancy** ['-ənsi] *n* capacidad *f* de mantenerse a flote; (*of prices*, etc) tendencia *f* al alza; (*of person*) optimismo *m*, capacidad *f* de recuperación. **~·ant** ['bɔiənt] *adj* boyante; (*of liquid*) que hace flotar; (*of prices*) con tendencia al alza; (*person*) optimista. **~·ant·ly** *adv* con optimismo.
bur(r) [bɜ:(r)] *n* BOT erizo *m*; FIG (*person*) lapa *f*.
bur·ble ['bɜ:bl] *v* (*liquid*) burbujear, borbollar; (*person*) murmurar, rezongar.
bur·den ['bɜ:dn] **I**. *n* carga *f*, peso *m*; NAUT tonelaje *m*, arqueo *m*; FIG carga *f*, obligación *f*. LOC **The ~ of sth,** El tema principal de algo. **The ~ of proof,** DER Obligación de probar lo alegado. **II**. *v* cargar(se), (hacer) llevar un peso; FIG abrumar, agobiar, oprimir. **~·some** ['-səm] *adj* pesado/a; oneroso/a.
bu·reau ['bjuərəu, US bju'rəu] *n* (*pl* **-reaux, -reaus** [-rəuz]) escritorio *m*; US cómoda *f*; (*office*) despacho *m*, agencia *f*, oficina *f*; *esp* US (*of government*) departamento *m*. **~·cra·cy** [bjuə'rɔkrəsi] *n* (*esp* PEY) burocracia *f*. **~·crat** ['bjuərəkræt] *n* burócrata *m,f*. **~·crat·ic** [,bjuərə'krætik] *adj* burocrático/a.
bur·geon ['bɜ:dʒən] *v* LIT retoñar, echar brotes; FIG florecer.
burg·er ['bɜ:gə(r)] *abrev* (INFML) = **hamburger.**
burgh ['bʌrə] SCOT = **borough**. **burgh·er** ['bɜ:gə(r)] *n* HIST ciudadano *m* de una villa.
bur·glar ['bɜ:glə(r)] *n* ladrón/na, atracador/ra. LOC **~-alarm,** alarma *f* antirrobo. **~-proof,** a prueba de robo(s). **bur·gla·ry** ['bɜ:gləri] *n* robo *m* (con allanamiento de morada), atraco *m*. **bur·gle** ['bɜ:gl] (US **bur·glar·ize, -·ise** ['bɔ:gləraiz]) *v* robar, desvalijar.
bur·go·mas·ter ['bɜ:gəma:stə(r)] *n* burgomaestre *m*.
Bur·gun·dy ['bɜ:gəndi] *n* vino *m* de Borgoña; color *m* Burdeos.
bu·ri·al ['beriəl] *n* entierro *m*; funeral *m*. LOC **~-ground**, cementerio *m*.
bur·lesque [bɜ:'lesk] **I**. *n* (*text*) parodia *f* festiva, imitación *f* jocosa; (*performance*) revista *f*, show *m*. **II**. *adj* cómico/a, jocoso/a. **III**. *v* parodiar en show, etc.
bur·ly ['bɜ:li] *adj* (*comp* **-ier**, *sup* **-iest**) corpulento/a, fornido/a.
burn [bɜ:n] **I**. *n* **1**. (*injury, mark*) quemadura *f*. **2**. SCOT arroyo *m*. **II**. *v* (*pret*, *pp* **burnt** [bɜ:nt] or **burn·ed** [bɜ:nd]) **1**. quemar(se); (*house*, etc) incendiar(se); (*by sun*) tostar(se); (*be alight*) estar encendido, arder. **2**. FIG **(with sth)** arder de (rabia, celos, etc); **(for sth)** desear ardientemente algo. LOC **To ~ one's boats/bridges,** FIG quemar las naves. **To ~ one's fingers/get one's fingers burnt,** FIG cogerse los dedos (en riesgo financiero, etc). **To ~ sth to a crisp,** quemar algo al guisarlo. **To ~ the candle at both ends,** hacer un esfuerzo excesivo.
burn..., **~ away,** arder, consumir(se) al quemar(se). **~ down,** (*of fire*) disminuir en intensidad. **~ out,** (*of fire*) apagarse. **~ sth down**, reducir algo a cenizas. **~ sth off,** quitar algo quemándolo. **~ sth out**, quemar algo del todo/Incendiarlo. **~ sth to sth,** reducir una cosa a otra. **~ sth up**, eliminar algo quemándolo. **~ up,** (*of fire*) avivarse; (*of object*) desintegrarse al entrar en contacto con la atmósfera terrestre.
burn·er ['bɜ:nə(r)] *n* (*of boiler*, etc) quemador *m*; mechero *m*; (*man*) calderero *m*. **burn·ing** [-iŋ] *adj* ardiendo; FIG (*wish*, etc) vivo/a, ardiente; (*matter, point*) candente, urgente. **burnt** [bɜ:nt] *adj* quemado/a, dañado/a por el fuego. LOC **~ offer·ing,** holocausto *m*.
bur·nish ['bɜ:niʃ] *v* (*metal*) bruñir, pulir.
bur·nous [bɜ:'nu:s] *n* chilaba *f*.
burp [bɜ:p] **I**. *n* eructo *m*. **II**. *v* eructar.
burr [bɜ:(r)] **I**. *n* (*of machine*, etc) chirrido *m*; (*of* r) pronunciación *f* fuerte/vibrante. **II**. *v* chirriar, vibrar; pronunciar la *r* vibrante.
bur·row ['bʌrəu] **I**. *n* madriguera *f*. **II**. *v* hacer madrigueras.
bur·sar ['bɜ:sə(r)] *n* (*in college*, etc) interventor *m*, tesorero *m*. **bur·sa·ry** ['bɜ:səri] *n* (*office*) tesorería *f*; (*grant*) beca *f*.
burst [bɜ:st] **I**. *n* (*of bomb*, etc) explosión *f*, estallido *m*; (*of pipe, tyre*, etc) reventón *m*; (*of gun*) ráfaga *f* de disparos; FIG estallido *m*, explosión *f*; esfuerzo *m* repentino, arranque *m*. **II**. *v* (*pret*, *pp* ~) reventar(se), (hacer) explotar, (hacer) estallar. LOC **To be bursting to do sth,** estar reventando de ganas de hacer una cosa. **To ~ (sth) open,** Abrir(se) violentamente.
burst..., **~ in,** entrar de repente y violentamente. **~ into sth,** estallar en (*tears*, llanto; *flames*, llamas, etc). **~ into, out of, through, etc, sth,** penetrar/aparecer/atravesar, etc, de repente alguna cosa. **~ on/upon sb,** hacerse evidente de repente para alguien. **~ out,** gritar de repente y con violencia; estallar/prorrumpir en.
bu·ry ['beri] *v* (*pret, pp* **buried**) enterrar, sepultar; FIG ocultar, esconder; olvidar, desterrar.
bus [bʌs] **I**. *n* (*pl* **buses**; US *also* **busses**) autobús *m*, bus *m*. **II**. *v* ir/viajar en autobús; llevar en autobús. LOC **~ lane**, carril *m* (para) bus. **~·load,** autobús *m* lleno (*of schoolboys* de colegiales). **~·man, A ~'s holiday,** vacación en que se hace lo de siempre. **~-shel·ter** *n* parada *f* de autobús cubierta. **~-stop** *n* parada *f* de autobús.
bush [buʃ] *n* **1**. arbusto *m*, mata *f*; (*of hair*) mata *f*; **the ~,** (*esp Australia*) el monte, los bosques. **2**. TEC forro *m* de metal. LOC **~-ba·by**, lémur *m* africano. **~·man,** (*pl* **-men**) bosquimán *m*. **~ telegraph**, FIG la voz. **bush·y** [-i] *adj* (**-ier, -iest**) (*place*) lleno de matorrales; (*beard, hair*) espeso/a.
bush·ed [buʃt] *adj* US INFML muy cansado/a.
bush·el ['buʃl] *n* medida *f* para áridos (Br= 36,37 litros, US = 35,24 litros).

busi·ness ['biznis] *n* **1**. trabajo *m*, profesión *f*. **2**. COM negocios *m,pl*, comercio *m*: *A ~ trip*, Un viaje de negocios. **3**. (*firm*, etc) empresa *f*, negocio *m*, casa *f*. **4**. (*duty, interest*, etc) responsabilidad *f*, deber *m*, tarea *f*, asunto *m*. **5**. (*in meeting*, etc) asuntos *m,pl*, punto *m*. **6**. (*esp* PEY) cuestión *f*, historia *f*, lío *m*, enredo *m*: *I am sick of the whole ~*, Estoy harto del tema. **7**. TEAT (*of actor*) mímica *f*, acción *f*. LOC **~ is ~**, los negocios son los negocios. **Like nobody's ~**, INFML muchísimo. **On ~**, de trabajo. **To get down to ~**, ir al grano. **To go out of ~**, quebrar/perder el negocio. **To have no ~ to do sth**, no tener derecho a hacer una cosa. **busi·ness...**, **~ address**, *n* señas *f,pl* comerciales. **~ card**, *n* tarjeta *f* de la empresa, negocio, etc. **~ hours**, *n,pl* horario *m* de trabajo. **~-like**, *adj* eficiente; práctico/a, metódico/a. **~·man/ ~·woman**, *n* hombre *m*/mujer *f* de negocios. **~ school**, *n* Escuela/Facultad de Empresariales. **~ studies**, *n,pl* estudios *m,pl* empresariales.

busk [bʌsk] *v* INFML cantar, etc (por dinero), tocar en la calle. **busk·er** [-ə(r)] *n* músico *m* callejero.

bust [bʌst] **I**. *n* busto *m*, pecho *m*; (*woman's*) pechos *m,pl*. **II**. *v* (*pret, pp* **~** *or* **busted**) INFML romper(se), estropear(se); (*police*) hacer redadas, coger; MIL degradar, rebajar de categoría. LOC **To ~ sth up**, dar por terminado/acabar con algo. **To ~ up**, INFML venirse abajo/deshacerse. **III**. *n* (*of police*) redada *f*. **IV**. *adj* INFML roto/a, estropeado/a; (*business*, etc) en la bancarrota. LOC **To go ~**, quebrar/ hacer suspensión de pagos. **~-up**, riña *f*, pelea *f*; (*of marriage*) separación *f*. **bus·ty** [-i] *adj* (*woman*) de pechos grandes.

bus·tard ['bʌstəd] *n* avutarda *f*.

bust·er ['bʌstə(r)] *n* US INFML (*esp* PEY) tío *m*, fulano *m*.

bus·tle ['bʌsl] **I**. *n* **1**. bullicio *m*, alboroto *m*; animación *f*, movimiento *m*. **2**. HIST polisón *m*. **II**. *v* menearse, afanarse; (*city*, etc) estar animado, estar lleno de movimiento. **bus·tling** [-iŋ] *adj* activo/a, diligente; (*place*) bullicioso/a, animado/a.

bus·y ['bizi] **I**. *adj* (*comp* **-ier**, *sup* **-iest**) **1**. (*person*) ocupado/a, activo/a, atareado/a. LOC **As ~ as a bee**, ocupadísimo/a; alguien que trabaja como una hormiga. **~·bo·dy**, PEY entrometido/a. **To get ~**, ponerse a trabajar. **2**. (*place*) activo/a, animado/a, concurrido/a; (*shop*, etc) lleno/a (de gente). **3**. (*day*) agitado/a, ajetreado/a; (*telephone*) ocupado/a. **II**. *v* (*pret, pp* **busied**) **(oneself with)** ocuparse de/en. **bus·i·ly** [-li] *adv* activamente.

but [bət, *strong form* bʌt] **I**. *conj* **1**. pero, mas; (*after contradiction*) sino: *She is not only beautiful ~ smart*, No sólo es guapa sino que además es elegante. **2**. (*yet, however*) a pesar de, y sin embargo, pero. **3**. FML (*after negative*) sin que, sin, que no: *Peter never speaks, ~ his wife stops him*, Pedro nunca habla sin que su mujer lo haga callar. **4**. (*for surprise, disagreement*, etc) pero..., pero si. LOC **~ me no ~s**, no me vengas con peros. **~ then**, por otra parte. **II**. *prep* (*after negative*) excepto, sólo: *No one ~ you was missing*, Nadie faltaba excepto tu. LOC **~ for sb/sth**, si no fuera por alguien/algo. **III**. *adv* (*esp* FML) no más que, lo menos que. LOC **One cannot ~...** FML Lo único que uno puede hacer es...

bu·tane ['bju:tein] *n* gas *m* butano.

butch [butʃ] *adj* INFML (*woman*) hombruna, masculina; (*man*) varonil, masculino.

butch·er ['butʃə(r)] **I**. *n* (*also* FIG) carnicero/a; *the ~'s*, la carnicería. **II**. *v* (*animal*) matar; (*people*) asesinar; FIG destrozar, arruinar. **butch·ery** [-ri] *n* (*trade*) carnicería *f*.

but·ler ['bʌtlə(r)] *n* mayordomo *m*.

butt [bʌt] **I**. *n* **1**. (*for wine, beer*) tonel *m*; (*for water*) tina *f*. **2**. (*of tool*) extremo *m* más grueso, cabo *m*; (*of weapon*) culata *f*; (*of cigarette*) colilla *f*; (*esp* US) culo *m*, nalgas *f,pl*. **3**. (*behind targets*) terrero *m*; FIG blanco *m*, objeto *m*; *pl* **the ~s**, campo *m* de tiro. **4**. (*blow*) topetazo *m*, cabezada *f*. **II**. *v* dar cabezadas a/contra.

but·ter ['bʌtə(r)] **I**. *n* mantequilla *f*; (*of cocoa, peanut*, etc) manteca *f*, grasa *f*. LOC **~-bean**, alubia *f* grande. **~-cup**, ranúnculo *m*, botón *m* de oro. **~-fin·gers**, (*pl* **~**) INFML persona *f* de manos de mantequilla. **~·milk**, suero *m* de manteca. **~·scotch**, (*toffee*) caramelo *m*. **To look as if ~ would not melt in one's mouth**, Tener aires de mosquita muerta. **II**. *v* poner/untar con mantequilla. LOC **To ~ sb up**, FIG dar coba a alguien. **but·te·ry** ['bʌtəri] **I**. *adj* (como) de mantequilla. **II**. *n* despensa *f*.

but·ter·fly ['bʌtəflai] *n* **1**. mariposa *f*; FIG cabeza *f* loca, veleta *f*. **2**. DEP (*also* **~ stroke**) estilo *m* mariposa.

but·tock ['bʌtək] *n* (*esp pl*) nalga *f*.

but·ton ['bʌtn] **I**. *n* (*in all senses*) botón *m*. LOC **~-down col·lar**, cuello *m* de camisa abotonado. **~ed up**, FIG reservado/a, callado/a. **~·hole** ['bʌtnhəul] **1**. *n* ojal *m*; flor *f* que se lleva en el ojal de la solapa. **2**. *v* obligar a escuchar. **~·hook**, abotonador *m*. **On the ~**, US INFML en el lugar preciso. **II**. *v* (*also* **~ up**) abotonar(se). LOC **To ~ one's lip**, US SL cerrar la boca.

but·tress ['bʌtris] **I**. *n* (*also* GEOG) contrafuerte *m*; FIG apoyo *m*, sostén *m*. **II**. *v* poner contrafuertes a; FIG apoyar, reforzar.

bux·om ['bʌksəm] *adj* (*of woman*) rolliza, frescachona.

buy [bai] **I**. *v* (*pret, pp* **bought** [bɔ:t]) comprar; adquirir, obtener; sobornar; INFML creerse. LOC **To ~ sth in**, hacer acopio de algo. **To ~ sb off**, comprar a alguien, sobornar. **To ~ sb out**, (*in business*, etc) comprar la participación de alguien. **To ~ oneself out of**, librarse de algo (e.g. obligaciones militares por medio del pago de una cantidad). **To ~ sb over**, sobornar. **To ~ sth up**, comprar algo en su totalidad. **II**. *n* compra *f*: *A good ~*, una ganga. LOC **~ time**, FIG ganar tiempo. **buy·er** ['baiə(r)] *n* comprador/ra.

buzz [bʌz] **I**. *v* (*fly, ear*, etc) zumbar; INFML telefonear a; AER volar cerca de; (*with de-

vice) llamar con el timbre. LOC **To ~ about/ around sth,** revolotear alrededor de algo. **To ~ off,** BR SL largarse. **To ~ with sth,** FIG bullir con (noticias, inquietud, etc). **II.** *n* zumbido *m*; (*of voices*) murmullo *m*, rumor *m*; (*of buzzer*) timbrazo *m*; INFML (*esp* US) placer *m*, gusto *m*. LOC **~-word**, tecnicismo *m* de moda. **To give sb a ~**, INFML dar un telefonazo a alguien. **buz·zer** ['bʌzə(r)] *n* zumbador *m*, vibrador *m*.

buz·zard ['bʌzəd] *n* águila *f* ratonera.

by [bai] **I.** *adv* **1**. cerca. **2**. al lado, cerca. **3**. aparte, en reserva. LOC **~ and ~**, ahora, luego. **II.** *prep* **1**. junto a, cerca de. **2**. (*through*) por, a través de. **3**. (*pass*) por el lado de. **4**. (*at a time*) antes de: *~ five o'clock*, Antes de las cinco. **5**. (*during*) por, durante: *~ moonlight*, A la luz de la luna. **6**. (*by means of*) por; mediante, gracias a: *Travel ~ road*, Viajar por carretera. **7**. (*with* -ing): *He began ~ saying this*, Empezó diciendo esto. **8**. (*with unit*) por, al: *Pay ~ the day*, Pagar por día. **10**. (*with part of body*, etc) por, de: *He caught her ~ the hair*, La cogió por el pelo. **11**. (*for dimensions*) por. **12**. (*in multiplication, division*) por; entre. **13**. (*to the extent of*) por, en, con: *The table is too short ~ two feet*, La mesa se queda corta por dos pies. **14**. (*according to*) según, por: *It's three o'clock ~ my watch*, Son las tres en mi reloj. **15**. (*in agreement*) según, de acuerdo con: *Play ~ the rules*, Jugar según el reglamento. **16**. (*with regard to*) por, de: *She is Spanish ~ birth*, Es española de nacimiento. **17**. (*in oaths*) por: *~ Jove!*, ¡caramba!

by..., **~-election**, *n* elección *f* complementaria. **~·gone**, **I.** *adj* pasado/a. **II.** *n esp pl* LOC **Let ~gones be ~gones,** lo pasado pasado está. **~-law**, *n* reglamento *m*, ley *f* secundaria o local. **~·pass, I.** *n* carretera *f* de circunvalación, variante *f*; MED *by-pass m*. **II.** *v* rodear, evitar (entrar en); FIG evitar, ignorar. **~-play**, *n* TEAT acción *f* aparte/secundaria, escena *f* muda. **~-product**, *n* producto *m* secundario; FIG efecto *m* lateral. **~-road**, *n* (US **back road**) camino *m* vecinal. **~·stander**, *n* (*of event*) espectador/ra, testigo *m* presencial. **~·way**, *n* carretera *f* secundaria; *pl* FIG zonas *f,pl* menos conocidas. **~·word**, *n* sinónimo (*for* de).

bye [bai] **I.** *n* DEP pase *m* a la siguiente eliminatoria (por falta de adversario). **II.** *int* (*also* **bye-bye**) INFML ¡adiós! **bye-byes** ['baibaiz] *n* (*to children*) sueño *m*, dormir *m*: *Let's go ~!*, ¡Vamos a dormir!

By·zan·tine [bai'zæntain, 'bizəntain] *adj* (*also* PEY) bizantino/a.

C, c [si:] *n* (*pl* **Cs, cs** [si:z]) letra *f* c; MUS do *m*. **C** *abrev* **1.** GEOG cabo *m*. **2.** grados *m,pl* centígrados. **3.** (*in Roman numerals*) cien. **c** *abrev* **1.** céntimo(s). **2.** siglo: *The 18th c.* El s. XVIII.

cab [kæb] *n* taxi *m*; (*in train, lorry*, etc) cabina *f* del conductor; HIST cabriolé *m*, coche *m* de alquiler. **~-driv·er** *n* taxista *m,f*; conductor/ra. **~-rank** (US **~-stand**) *n* parada *f* de taxis.

ca·bal [kə'bæl] *n* cábala *f*; (*esp political*) trama *f*, intriga *f*.

ca·ba·ret ['kæbərei, US kæbə'rei] *n* cabaret *m*.

cab·bage ['kæbidʒ] *n* col *f*, berza *f*; Br INFML (*human*) vegetal *m*; FIG persona *f* abúlica.

cab·by (*also* **cabbie**) ['kæbi] *n* INFML taxista *m,f*.

cab·in ['kæbin] *n* cabaña *f*; NAUT camarote *m*; (*of telephone, lorry*, etc) cabina *f*. **~-boy** *n* camarero *m* de camarote. **~ class** *n* NAUT segunda clase *f*. **~ cruiser** *n* crucero *m*.

cab·i·net ['kæbinit] *n* **1.** (*furniture*) armario *m*, vitrina *f*; (*for radio*, etc) mueble *m*, caja *f*. **2.** (*also* **the Cabinet**) consejo *m* de ministros, gabinete *m*. **~-mak·er** *n* ebanista *m,f*. **~-mak·ing** *n* ebanistería *f*.

ca·ble ['keibl] **I.** *n* cable *m*; NAUT maroma *f*, amarra *f*, cable *m*; (*also* **~·gram**) cablegrama *m*. **II.** *v* cablegrafiar; enviar un cable. **~-car** *n* teleférico *m*. **~·gram** *n* cablegrama *m*. **~ rail·way** *n* funicular *m*. **~ stitch** *n* punto *m* de cruz. **~ te·le·vi·sion** *n* televisión *f* por cable.

ca·boo·dle [kə'bu:dl] *n* LOC **The whole ~,** SL Todo el negocio/asunto.

ca·boose [kə'bu:s] *n* NAUT cocina *f* de cubierta; US (*of train*) furgón *m* de cola.

ca·cao [kə'ka:əu, *also* kə'keiəu] *n* (*pl* **~s**) cacao *m*.

cache [kæʃ] **I.** *n* escondite *m*, escondrijo *m*, zulo *m*; (*of weapons*, etc) alijo *m*. **II.** *v* esconder en un lugar.

ca·chet ['kæʃei, US kæ'ʃei] *n* marca *f*, sello *m* de distinción.

cac·kle ['kækl] **I.** *n* (*also* FIG) cacareo *m*. LOC **Cut the ~,** INFML Dejar de parlotear. **II.** *v* (*hen*) cacarear; FIG reír ruidosamente.

ca·co·phon·ous [kə'kɔfənəs] *adj* cacofónico/a. **ca·co·pho·ny** [-ni] *n* cacofonía *f*.

cac·tus ['kæktəs] *n* (*pl* **~es, cac·ti** ['kæktai]) cactus *m*.

CAD *abrev of Computer Aided Design*, Diseño asistido por ordenador.

cad [kæd] *n* canalla *m*, bribón *m*. **~·dish** ['kædiʃ] *adj* canallesco/a, vil.

ca·da·ver [kə'da:və(r), also -'deiv-, US kə'dævər] *n* MED cadáver *m*. **~·ous** [kə'dævərəs] *adj* FIG cadavérico/a.

cad·die (*also* **cad·dy**) ['kædi] **I.** *n* (*in golf*) cadi *m*. **II.** *v* hacer de cadi.

cad·dy ['kædi] *n* cajita *f* para té.

ca·dence ['keidns] *n* cadencia *f*; (*of voice*) entonación *f*. **ca·den·za** [kə'denzə] *n* MUS (*in concerto*, etc) solo *m* final.

ca·det [kə'det] *n* cadete *m*.

cadge [kædʒ] *v* vivir de gorra, gorronear; **~ sth from sb,** Obtener algo de alguien de gorra. **cadg·er** ['kædʒə(r)] *n* gorrón/na, sablista *m,f*.

cad·mi·um ['kædmiəm] *n* cadmio *m*.

cadre ['ka:də(r), US 'kædri] *n* (*of workers*) cuadro *m*.

Cae·sar·ean [si'zeəriən] *n* (*also* **~ section**) MED cesárea *f*.

cae·su·ra [si'zjuərə, US si'ʒuərə] *n* cesura *f*.

ca·fé ['kæfei, US kæ'fei] *n* café *m*, bar *m*. **caf·et·eria** [,kæfə'tiəriə] *n* cafetería *f* (autoservicio). **caf·feine** ['kæfi:n] *n* cafeína *f*.

caf·tan (*also* **kaf·tan**) ['kæftæn] *n* caftán *m*.

cage [keidʒ] **I.** *n* (*also* TEC) jaula *f*. **II.** *v* enjaular; FIG tener encerrado/a.

cagey ['keidʒi] *adj* (**cagi·er, cagiest**) INFML cauteloso/a; taimado/a. **cagi·ly** ['keidʒili] *adv* reservadamente. **cagi·ness** *n* reserva *f*; astucia *f*.

ca·goule [kə'gu:l] *n* chaqueta *f* impermeable (con capucha).

ca·hoots [kə'hu:ts] *n* LOC **Be in ~ with sb,** US INFML estar conchabado con alguien.

cai·man V. **cay·man**.

cairn [keən] *n* (*on mountain top*) mojón *m*, montón *m* de piedras.

cais·son ['keisn] *n* MIL cajón *m* de municiones; TEC cajón *m* hidráulico; NAUT compuerta *f* de dique.

ca·jole [kə'dʒəul] *v* camelar, engatusar; **~ sb into doing sth,** Conquistar a alguien con halagos para que haga algo. **ca·jol·ery** [kə'dʒəuləri] *n* zalamerías *f,pl*, halagos *m,pl*.

cake [keik] **I.** *n* pastel *m*; (*large*) tarta *f*; (*of soap*) pastilla *f*. LOC **Cakes and ale,** FIG Prosperidad/Días felices. **Have one's ~ and eat it,** INFML Repicar y estar en misa. **II.** *v* endurecerse, apelmazarse; (*blood*, etc) coagularse.

ca·la·bash ['kæləbæʃ] *n* calabaza *f*.

ca·la·boose [kælə'bu:s] *n* INFML cárcel *f*.

ca·lam·ity [kə'læməti] *n* calamidad *f*. **ca·lam·it·ous** [kə'læmitəs] *adj* calamitoso/a.

cal·ci·fy ['kælsifai] *v* (*prep*, *pp* **-fied**) calcificar(se). **cal·ci·fic·ation** [,kælsifi'keiʃn] *n* calcificación *f*. **cal·cine** ['kælsain] *v* calcinar (se). **cal·cin·ation** [,kælsi'neiʃn] *n* calcinación *f*. **cal·cium** ['kælsiəm] *n* calcio *m*.

cal·cul·ate ['kælkjuleit] *v* calcular; US INFML suponer, creer; **~ on doing sth**, Confiar en hacer algo. LOC **A calculated insult**, Un insulto premeditado. **cal·cul·able** ['kælkjuləbl] *adj* calculable, estimable. **cal·cu·lat·ing** *adj* (*person*) calculador/ra; ~ *machine*, calculadora *f*. **cal·cul·ation** [,kælkju'lein] *n* cálculo *m*; plan *m*. **cal·cul·at·or** ['kælkjuleitə(r)] n (*machine*) calculadora *f*; persona *f* calculadora. **cal·cul·us** ['kælkjuləs] *n* (*pl* **-li** [-lai], **-luses** [-ləsiz]) MAT cálculo *m*.

cal·dron *esp* US V. **cauldron**.

ca·len·dar ['kælində(r)] *n* calendario *m*; ~ *year*, año civil. ~ *month*, mes del año.

ca·len·der ['kælində(r)] **I.** *n* TEC calandria *f*. **II.** *v* calandrar.

calf [ka:f, US kæf] *n* (*pl* **calves** [ka:vz, US kævz]) **1**. becerro *m*, ternero *m*; (*of whale*) ballenato *m*; (*of seal*, etc) cría *f*; (*also* **~-skin**) piel *m* de becerro. **2**. ANAT pantorrilla *f*. **~-love** *n* amor *m* de adolescente. **~-skin** *n* piel *m* de becerro.

ca·libr·ate ['kælibreit] *v* calibrar, medir. **ca·libr·ation** [,kæli'breiʃn] *n* medición *f*, calibración *f*. **ca·libre** (US **ca·liber**) ['kælibə(r)] *n* (*also* FIG) calibre *m*.

ca·li·co ['kælikəu] *n* (*pl* **-es**, US **-s**) calicó *m*, percal *m*.

ca·liph ['keilif] *n* califa *m*. **~-ate** ['kælifeit] *n* califato *m*.

call [kɔ:l] **I.** *n* **1**. llamada *f*; grito *m*. **2**. (*also* **phone** ~) llamada *f* telefónica. **3**. (*to a house*) visita *f*: *The doctor hasn't any more calls to make*, El doctor ya no tiene más visitas por hacer. **4**. (*appeal*) llamamiento *m*, apelación *f*. **5**. (*need*) **~ for sth**, necesidad *f*, demanda *f*. **6**. FIG llamada *f*, vocación *f*. **7**. (*demand*) **~ on sb**, exigencia *f*, deber *m*. LOC **A ~ of nature**, Una necesidad fisiológica. **Be on ~**, (*of doctor*, etc) Estar de guardia. **Within ~**, Cerca/Al alcance de un grito. **II.** *v* **1**. llamar, dar gritos. **2**. (*order sb*) llamar, pedir (a alguien) que acuda. **3**. (*phone*) llamar por teléfono, telefonear. **4**. (*also* **~ in**) hacer venir a; (**~ round on sb/at**...) hacer una visita corta a, pasar a ver a. **5**. (*train*, etc) **~ at**, parar en, hacer un alto en: *The train for London, calling at Oxford*, El tren con destino a Londres y parada en Oxford. **6**. (*name*) llamar, dar el nombre de. LOC **Feel called to do sth**, Sentir la vocación de hacer algo. **~ sb's bluff**, Retar a alguien a que demuestre que es cierto lo que dice. **~ a halt to sth**, Interrumpir una cosa. **~ sth into being**, FML Crear algo. **~ sth into play**, Poner algo en funcionamiento. **~ sth in/into question**, Cuestionar algo. **~ it a day**, INFML Retirarse de algo/Acabar una actividad. **~ it quits**, INFML Dejar (apuesta, etc) en empate, etc. **~ sb names**, Insultar a alguien. **~ a spade a spade**, FIG Llamar a las cosas por su nombre. **~ sb to account for sth**, Pedir a alguien cuentas de algo. **~ to order**, Llamar al orden. **call... ~ by**, INFML Hacer una visita. **~ down**, US INFML Reñir/Regañar. **~ for**, Pedir, exigir. **~ forth**, FML Provocar/Hacer surgir. **~ (sth) in**, Hacer retirar algo. **~ off**, Llamar (perro, etc) para que no moleste, ataque, etc. **~ sth off**, Cancelar/Anular. **~ on/upon (sb to do sth)**, Pedir/Rogar a alguien que haga algo. **~ out**, Llamar para urgencia, etc; (*workers*) convocar a la huelga. **~ up**, Evocar/Hacer recordar; MIL Llamar a filas: US telefonear.

call... ~-box, *n* cabina *f* telefónica. **~er**, *n* visitante *m,f*; persona *f* que hace una llamada telefónica. **~-girl**, *n* prostituta *f* (citada por teléfono). **~-in** *n*, programa *m* televisivo (con llamadas de espectadores). **~-ing**, *n* vocación *f*; profesión *f*. **~-ing-card**, *n* US tarjeta *f* de visita. **~-up**, *n* (US **draft**) llamada *f* a filas, movilización *f*.

cal·li·gra·phy [kə'ligrəfi] *n* caligrafía *f*. **cal·li·graph·er** [kə'ligrəfə(r)] *n* calígrafo/a.

cal·li·per (*also* **ca·li·per**) ['kælipə(r)] *n* (*esp pl*) calibrador *m*; MED (*for legs*) hierro *m* ortopédico.

cal·lis·then·ics (*also* **ca·lis·then·ics**) [,kælis'θeniks] *n* calistenia *f*, gimnasia *f*.

cal·los·ity [kæ'lɔsəti] *n* FML callosidad *f*. **cal·lous** ['kæləs] *adj* calloso/a; FIG insensible, duro/a, cruel. **cal·lous·ly** [-li] *adv* insensiblemente, cruelmente. **cal·lous·ness** [-nis] *n* insensibilidad *f*, dureza *f*.

cal·low ['kæləu] *adj* PEY inexperto/a; inmaduro/a. **~-ness** [-nis] *n* inexperiencia *f*.

cal·lus ['kæləs] *n* callo *m*, dureza *f*.

calm [ka:m, US *also* ka:lm] **I.** *adj* (**-er, -est**) tranquilo/a, sosegado/a; (*sea, weather*, etc) en calma. **II.** *n* calma *f*, tranquilidad *f*, sosiego *m*. **III.** *v* (*also* **~ down**) calmar(se), tranquilizar(se). **calm·ly** [-li] *adv* tranquilamente. **~-ness** [-nis] *n* calma *f*, tranquilidad *f*.

cal·or·ie ['kæləri] *n* caloría *f*. **cal·or·if·ic** [,kælə'rifik] *adj* calorífico/a; ~ *value*, poder calorífico.

ca·lum·ny ['kæləmni] *n* calumnia *f*. **cal·um·ni·ate** [kə'lʌmnieit] *v* FML calumniar. **ca·lum·ni·ous** [kə'lʌmniəs] *adj* FML calumnioso/a.

calve [ka:v, US kæv] *v* parir un ternero.

calv·es *pl* of **calf**.

ca·lyx ['keiliks] *n* (*pl* **-es** *or* **calyces** ['keilisi:z]) BOT cáliz *m*.

cam [kæm] *n* TEC leva *f*. **~-shaft** ['kæmʃa:ft, US -ʃæft] *n* árbol *m* de levas.

ca·ma·ra·de·rie [,kæmə'ra:dəri, US -'ræd-] *n* camaradería *f*, compañerismo *m*.

cam·ber ['kæmbə(r)] **I.** *n* combadura *f*; (*in road*) curva *f*. **II.** *v* combar(se); curvar(se).

cam·bric ['keimbrik] *n* batista *f*.

came V. **come**.

ca·mel ['kæml] *n* camello *m*. **~-hair** (*also* **ca·mel's-hair**) *n* (*cloth*) pelo *m* de camello.

ca·mel·lia [kə'mi:liə] *n* camelia *f*.

ca·meo ['kæmiəu] *n* camafeo *m*.

ca·me·ra ['kæmərə] *n* cámara *f*, máquina *f* fotográfica. LOC **In ~**, A puerta cerrada. **~·man** [-mæn] *n* (*pl* **-men**) operador/ra, cámara *m*.

ca·mo·mile (*also* **cha·mo·mile**) ['kæməmail] *n* camomila *f*, manzanilla *f*.

ca·mou·flage ['kæməfla:ʒ] **I**. *n* camuflaje *m*. **II**. *v* camuflar.

camp [kæmp] **I**. *n* **1**. (*also* MIL) campamento *m*, campo *m*; FIG (*esp* POL) grupo *m*, sector *m*. **2**. INFML conducta *f* amanerada, afectación *f*. **II**. *adj* INFML (*style*) afectado/a, amanerado/a; (*man*) afeminado. **III**. *v* **1**. acampar; hacer camping; FAM alojarse temporalmente (*in* en). *Go camping*, Ir de camping. **2**. INFML **~ it up**, comportarse de forma rara u homosexual.

camp... **~-bed** *n* cama *f* de campaña. **~ chair** *n* silla *f* plegable. **camp·er** ['kæmpə(r)] *n* campista *m,f*. **~-fire** *n* fuego *m* de campaña. **~-follower** *n* MIL vivandero/a, prostituta *f*; PEY seguidor/ra (de partido político).

camp·ing [-iŋ] *n* camping *m*. **camp·ite** [-ait] (*also* **camping-site**) *n* camping *m*. **camp·meet·ing** *n* US reunión *f* religiosa (en tiendas).

cam·paign [kæm'pein] **I**. *n* (MIL, POL, etc) *campaña f*: *An election ~*, Una campaña electoral. **II**. *v* MIL tomar parte en una campaña; **~ for/against sth**, Hacer una campaña a favor/en contra de algo. **cam·paign·er** [-ə(r)] *n* el/la que hace una campaña; propagandista *m,f*; *old ~*, veterano/a.

cam·pa·nile [,kæmpə'ni:li] *n* campanario *m*.

cam·phor ['kæmfə(r)] *n* alcanfor *m*. **~·at·ed** ['kæmfəreitid] *adj* alcanforado/a.

cam·pus ['kæmpəs] *n* (*pl* **-es**) campus *m* universitario.

can [kæn] **I**. *n* (*for liquid, drink, food*, etc) lata *f*; (*large*) bidón *m*; **the ~**, US SL wáter *m*, la cárcel. LOC **~-opener**, abrelatas *m*. **A ~ of worms**, INFML Problema espinoso. **Be in the ~**, Grabado/a (en vídeo, etc). **II**. *v* **1**. conservar en lata, envasar; (*film, TV*, etc) grabar; *canned fruit*, fruta en lata. **2**. *modal* (*neg* **cannot** ['kænɔt], *contracted* **can't** [ka:nt, US kænt], *pret* **could** [kəd, strong kud], *neg* **could not**, *contracted* **couldn't** ['kudnt]) poder; saber: *I can't sing*, No sé cantar.

Ca·na·di·an [kə'neidiən] *adj/n* canadiense *m,f*.

ca·nal [kə'næl] *n* canal *m*; MED tubo *m*, canal *m*. **~·iz·ation, ~·is·ation** [,kænəlai'zeiʃn, US -nəli'z-] *n* canalización *f*. **~·ize, ~·ise** ['kænəlaiz] *v* (*also* FIG) canalizar. **~ boat** *n* barca *f* de canal.

ca·na·pé ['kænəpei, US ,kænə'pei] *n* (*sandwich*) canapé *m*.

ca·nard [kæ'na:d, 'kæna:d] *n* rumor *m* falso, bulo *m*.

ca·na·ry [kə'neəri] *n* canario *m*. **~ yel·low** *n* amarillo *m* canario.

ca·nas·ta [kə'næstə] *n* (*game*) canasta *f*.

can·can ['kænkæn] *n* (*dance*) cancán *m*.

can·cel ['kænsl] *v* cancelar, anular; (*stamp*, etc) matar, inutilizar. LOC **~ sth out**, Anularse una cosa a otra; MAT destruirse. **~·la·tion** [,kænsə'leiʃn] *n* (*of ticket*, etc) anulación *f*, cancelación *f*; (*of agreement*) rotura *f*; (*of stamp*) matasellado *m*, matasellos *m*.

can·cer ['kænsə(r)] *n* (*also* FIG) cáncer *m*. **~·ous** ['kænsərəs] *adj* canceroso/a.

can·de·la·brum [,kændi'la:brəm] *n* (*pl* **-bra** [-brə], *also sing* **candelabra**, *pl* **-bras** [-brəz]) candelabro *m*.

can·did ['kændid] *adj* sincero/a, abierto/a. **~·ly** [-li] *adv* con franqueza. **~·ness** [-nis] *n* sinceridad *f*, franqueza *f*.

can·di·date ['kændidət, US -deit] *n* (*for post*, etc) aspirante *m,f*; (*for exam*) candidato/a; POL candidato/a. **can·di·da·ture** ['kændidətʃə(r)] (*esp* US **can·did·acy** ['kændidəsi]) *n* candidatura *f*.

can·died V. **candy**.

can·dle ['kændl] *n* vela *f*, bujía *f*; REL cirio *m*. LOC **Not hold a ~ to sb/sth**, INFML No llegar a la altura de alguien/algo. **~-light** ['-lait] *n* luz *f* de una vela. **~·power** *n* (*unit*) bujía *f*. **~·stick** *n* candelero *m*; (*low*) palmatoria *f*; (*for several candles*) candelabro *m*. **~·wick** *n* pabilo *m*, mecha *f*; (*fabric*) algodón *m* rizado.

cand·our (US **can·dor**) ['kændə(r)] *n* franqueza *f*, sinceridad *f*.

can·dy ['kændi] **I**. *n* azúcar *m* cande; US caramelo *m*, dulce *m*, bombón *m*. **II**. *v* (*pret, pp* **candied**) azucarar, acaramelar; (*fruit*) escarchar. **~-floss** (US *also* **cotton candy**) *n* algodón *m* de azúcar. **~-store** *n* US confitería *f*, bombonería *f*.

cane [kein] **I**. *n* caña *f*; **the ~**, (*in school*) castigo *m* corporal, palmeta *f*. **II**. *v* castigar con palmeta; INFML vencer, derrotar. **~-sugar** *n* azúcar *m* de caña.

can·ine ['keinain] **I**. *adj* canino/a. **II**. *n* **1**. can *m*. **2**. (*also* **~ tooth**) canino *m*, colmillo *m*.

ca·nis·ter ['kænistə(r)] *n* (*metal*) cajita *f*, bote *m*.

can·ker ['kæŋkə(r)] **I**. *n* (*also* BOT, ZOOL) gangrena *f*; FIG cáncer *m*. **II**. *v* ulcerar(se), gangrenar(se); FIG corromper(se). **~·ous** ['--rəs] *adj* ulceroso/a, gangrenoso/a.

can·na·bis ['kænəbis] *n* BOT cáñamo *m* indio; (*drug*) marihuana *f*.

can·ner·y ['kænəri] *n* fábrica *f* de conservas (alimenticias).

can·ni·bal ['kænibl] *n* caníbal *m,f*, antropófago *m,f*. **~·ism** ['kænibəlizəm] *n* canibalismo *m*. **~·is·tic** [,kænibə'listik] *adj* caníbal. **~·iz·ation, ~·is·ation** [,kænibəlai'zeiʃn, US -li'z-] *n* desguace *m* (para aprovechar piezas). **~·ize, ~·ise** ['kænibəlaiz] *v* desguazar (para aprovechar piezas).

can·non ['kænən] **I.** *n* (*pl* ~) (*also of gun*) cañón *m*; (*in billiards*) carambola *f*. **II.** *v* chocar violentamente (*against/into sb/sth* contra alguien/algo). **~·ade** [,kænə'neid] *n* cañoneo *m*, cañonazos *m,pl*. **~-ball** *n* bala *f* de cañón. **~-fod·der** *n* carne *f* de cañón. **~-shot** *n* cañonazo *m*.

can·not ['kænɔt] V. **can not**.

can·ny ['kæni] *adj* (**-ier, -iest**) cauteloso/a, astuto/a. **can·ni·ly** *adv* cautamente.

ca·noe [kə'nu:] **I.** *n* canoa *f*; DEP piragua *f*. **II.** *v* ir en canoa. **~·ist** [kə'nu:ist] *n* piragüista *m,f*.

ca·non ['kænən] *n* **1**. canon *m*; (LIT) textos *m,pl* canónicos. **2**. REL canónigo *m*. **~·ical** [kə'nɔnikl] *adj* canónico/a. **~·iz·ation, -·is·ation** [,kænənai'zeiʃn, US -ni'z-] *n* canonización *f*. **~·ize, -·ise** ['kænənaiz] *v* canonizar. **~ law** *n* derecho *m* canónico.

ca·noo·dle [kə'nudl] *v* besuquearse.

ca·no·py ['kænəpi] *n* (*for bed*) dosel *m*; baldaquín *m*; FIG techumbre *f*, bóveda *f*.

can't V. **cannot**.

cant [kænt] **I.** *n* **1**. (*language*) jerga *f*, argot *m*; (*talk*) hipocresía *f*, gazmoñería *f*. **2**. (*in surface*) inclinación *f*, sesgo *m*; (*in glass*) bisel *m*; (*movement*) vaivén *m*, vuelco *m*. **II.** 1. *v* inclinar(se), sesgar(se); volcar(se). **2**. Hablar en jerga, con hipocresía.

can·ta·loup(e) ['kæntəlu:p] *n* melón *m* de cantalupo.

can·tan·ker·ous [kæn'tæŋkərəs] *adj* irascible, irritable; pendenciero/a, quisquilloso/a. **~·ly** [-li] *adv* irasciblemente.

can·ta·ta [kæn'ta:tə] *n* cantata *f*.

can·teen [kæn'ti:n] *n* (*in factory*, etc) cantina *f*; MIL cantimplora *f*, plato *m* de campaña; Br (*in box*) juego *m* de cubiertos.

can·ter ['kæntə(r)] **I.** *n* (*of horse*) medio galope *m*. LOC **At a ~,** FIG Sin esfuerzo. **II.** *v* ir a medio galope.

can·ti·cle ['kæntikl] *n* REL cántico *m*.

can·ti·le·ver ['kæntili:və(r)] *n* ARQ viga *f* voladiza. **~ bridge** *n* puente *m* colgante.

can·ting ['kæntiŋ] *adj* hipócrita, falso/a.

can·to ['kæntəu] *n* (*pl* **-s**) (*of poem*) canto *m*.

can·ton ['kæntɔn] *n* cantón *m*, distrito *m*. **~·ment** [kæn'tu:nmənt, US -'təun-] *n* lugar *m* de acuartelamiento, acantonamiento *m*.

can·tor ['kæntɔ:(r)] *n* (*in church*) solista *m,f*.

can·vas ['kænvəs] *n* (*for tents, sails*, etc) lona *f*; (*for painting*) lienzo *m*, tela *f*; (*for embroider*) cañamazo *m*. LOC **Under ~,** Mil, etc. acampado(s); (*of ship*) con las velas desplegadas; FIG a escondidas.

can·vass ['kænvəs] **I.** *v* captar votos; (*voters*) sondear; (*opinion, idea*) proponer para debate. **II.** *n* campaña *f* electoral; (*of opinion*) sondeo *m*; discusión *f*, debate *m*. **can·vas·ser** [-ə(r)] *n* participante *m,f* en campaña de obtención de votos.

can·yon ['kænjən] *n* GEOG cañón *m*, desfiladero *m*.

cap [kæp] **I.** *n* **1**. gorra *f*, gorro *m*; (*for maid*) cofia *f*; (*University*) birrete *m*. *A bathing ~*, Un gorro de baño. *Peaked ~*, Gorra de visera. LOC **~ in hand,** FIG Con humildad. **If the ~ fits, wear it,** Si te das por aludido por algo será. **Put on one's thinking ~,** Pensárselo bien. **2**. TEC tapa *f*, tapón *m*; capuchón *m*; (*of gun*, etc) pistón *m*, cápsula *f*. **3**. GEOG (*of pole*) casquete *m*. **II.** *v* poner(se) gorra, etc; (*snow in hills*, etc) coronar, cubrir la cima; TEC poner tapa, tapón, etc; FIG rematar (algo), acabarlo. LOC **To ~ it all,** Y para colmo... **To be capped**, jugar en la selección (nacional).

cap·ab·il·ity [,keipə'biləti] *n* aptitud *f*, capacidad *f*; *pl* posibilidades *f,pl*. **cap·able** ['keipəbl] *adj* capaz (*of doing sth* de hacer algo); competente, hábil. **cap·ably** *adv* de forma competente, hábilmente.

ca·pa·ci·ous [kə'peiʃəs] *adj* (*room*, etc) amplio/a, espacioso/a, grande. **ca·pa·ci·ty** [kə'pæsəti] *n* capacidad *f*. LOC **In one's ~ as sth,** En calidad de.

ca·par·ison [kə'pærisn] **I.** *n* arreos *m,pl*, jaez *m*; gualdrapa *f*. **II.** *v* enjaezar.

cape [keip] *n* **1**. (*garment*) capa *f*, esclavina *f*. **2**. GEOG cabo *m*, promontorio *m*. **the Cape,** Cabo de Buena Esperanza.

ca·per ['keipə(r)] **I.** *n* **1**. (*plant, fruit*) alcaparra *f*. **2**. (*of person, animal*) salto *m*, cabriola *f*; FIG travesura *f*; INFML intriga *f*, maquinación *f*. LOC **Cut a ~,** Dar un salto; Hacer el tonto. **II.** *v* (*also* **~ about**) (*of animal, child*) hacer cabriolas; FIG hacer travesuras.

ca·per·cail·lie (*also* **capercailzie**) [,kæpə'keili] *n* urogallo *m*.

ca·pil·lary [kə'pələri, US 'kæpiləri] *n* ANAT capilar *m*.

cap·i·tal ['kæpitl] **I.** *n* **1**. (*town*) capital *f*. **2**. (*also* **~ letter**) letra *f* mayúscula. **3**. COM capital *m*. LOC **Make ~ out of sth,** FIG Capitalizar/Sacar partido de algo. **4**. ARQ capitel *m*. **II.** *adj* capital; (*letter*) mayúscula. *~ punishment*, Pena capital. **~ ex·pen·di·ture** *n* gastos *m,pl* del capital. **~ gain** *n* rendimiento *m* del capital. **~ goods** *n,pl* bienes *m,pl* de equipo. **~ le·vy** *n* impuesto *m* sobre el capital. **~ sum** *n* capital *m*, suma *f*. **~ transfer** *n* transmisión *f* de bienes. **~ transfer tax** *n* impuesto *m* de transmisión de bienes.

cap·i·tal·ism ['kæpitəlizəm] *n* capitalismo *m*. **cap·i·tal·ist** ['---ist] *adj/n* capitalista *m,f*. **cap·i·tal·ist·ic** [,kæpitə'listik] *adj* capitalista. **cap·i·tal·iz·ation, -·is·ation** [,kæpitəlai'zeiʃn, US -li'zeiʃn] *n* capitalización *f*. **cap·i·tal·ize, -·ise** ['kæpitəlaiz] *v* COM capitalizar; (*text*) poner en mayúsculas; **~ on sth,** Sacar partido de/Capitalizar una cosa.

cap·it·ation [,kæpi'teiʃn] *n* capitación *f*.

ca·pit·ul·ate [kə'pitʃuleit] *v* capitular, entregarse, rendirse. **ca·pit·ul·ation** [kə,pitʃu'leiʃn] *n* capitulación *f*.

ca·pon ['keipɔn, 'keipən] *n* capón *m*.

ca·price [kə'pri:s] *n* (*also* MUS) capricho *m*. **ca·pri·ci·ous** [kə'priʃəs] *adj* caprichoso/a. **ca·pri·ci·ous·ly** [-li] *adv* de forma caprichosa.

cap·si·cum ['kæpsikəm] *n* pimiento *m*.

cap·size [kæp'saiz, US 'kæpsaiz] *v* NAUT (hacer) zozobrar, volcar.
cap·stan ['kæpstən] *n* cabrestante *m.*
cap·sule ['kæpsju:l, US 'kæpsl] *n* cápsula *f.*
cap·tain ['kæptin] **I.** *n* capitán *m*; (POL) líder *m.* LOC **A ~ of industry,** Un magnate de la industria. **II.** *v* capitanear, dirigir, ser el capitán de (equipo, etc). **cap·tain·cy** ['kæptinsi] *n* capitanía *f.*
cap·tion ['kæpʃn] **I.** *n* (*of text*) encabezamiento *m*, título *m*; rótulo *m*; (*of photo*, etc) pie *m*; (*in film*) subtítulo *m.* **II.** *v* US poner un título a; subtitular.
cap·ti·ous ['kæpʃəs] *adj* FML criticón/na, quisquilloso/a. **cap·ti·ous·ly** *adv* criticonamente.
cap·tiv·ate ['kæptiveit] *v* fascinar, cautivar. **cap·tiv·at·ing** *adj* atractivo/a, cautivador/ra. **cap·tiv·ation** [,kæpti'veiʃn] *n* fascinación *f.* **cap·tive** ['kæptiv] *adj/n* cautivo/a. **cap·tiv·ity** [kæp'tivəti] *n* cautiverio *m*, cautividad *f.*
cap·tor ['kæptə(r)] *n* raptor/ra. **cap·ture** ['kæptʃə(r)] **I.** *v* capturar, apresar; (*town*, etc) conquistar; (*in art*) captar, recoger, reproducir; FIG cautivar, captar. **II.** *n* captura *f*, apresamiento *m*; conquista *f*; (*person, thing*) presa *f*, botín *m.*
car [ka:(r)] *n* coche *m*, automóvil *m*, carro (*Amer*) *m*; (*in train*) vagón *m*, coche *m*; (*also* **tramcar**) tranvía *f*; (*in balloon, airship*, etc) cabina *f* de pasajeros. **~-boot sale** (US **garage sale**) *n* subasta *f* de artículos usados. **~-fare** ['ka:feə(r)] *n* US (*in bus*, etc) precio *m* del billete. **~-fer·ry** *n* transbordador *m* de coches. **~-park** (US **parking-lot**) *n* aparcamiento *m.* **~-port** *n* cobertizo *m* para coches, aparcamiento *m* cubierto. **~-sick** *adj* mareado/a (en el coche). **~-sick·ness** *n* mareo *m* de coche.
ca·rafe [kə'ræf] *n* (*for table*) garrafita *f.*
ca·ra·mel ['kærəmel] *n* azúcar *m* quemado, caramelo *m*, flan *m*; color *m* caramelo. **~·ize, -ise** ['kærəməlaiz] *v* caramelizar(se).
ca·rat ['kærət] *n* quilate *m.*
ca·ra·van ['kærəvæn] **I.** *n* **1.** (US **trailer**) remolque *m*, roulotte *m.* **2.** (*of gypsies*, etc) carro *m*, carromato *m.* **3.** (*in desert*) caravana *f.* **II.** *v* ir de vacaciones en roulotte. **~·se·rai** [,kærə'vænsəri, -sərai] *n* caravasar *m.*
ca·ra·way ['kærəwei] *n* alcaravea *f*; (*also* **~ seed**) carvi *m.*
car·bide ['ka:baid] *n* carburo *m.*
car·bine ['ka:bain] *n* (*weapon*) carabina *f.*
car·bo·hyd·rate [,ka:bəu'haidreit] *n* hidrato *m* de carbono; (*in food*) fécula *f.*
car·bo·lic ac·id [ka:,bɔlik 'æsid] (*also* **phe·nol**) *n* ácido *m* fénico.
car·bon ['ka:bən] *n* carbono *m*; ELECTR carbón *m*; (*paper*) papel *m* carbón. **~·at·ed** ['ka:bəneitid] *adj* (*drink*) carbónico/a, con gas. **~ copy** *n* copia *f* al carbón. **~ dioxide** *n* bióxido *m* de carbono. **~·ic acid** [ka:,bɔnik 'æsid] *n* ácido *m* carbónico. **~·if·er·ous** [,ka:bə'nifərəs] *adj* carbonífero/a. **~·iz·ation, -is·ation** [,ka:bənai'zeiʃn, US -ni'z-] *n* carbonización *f.* **~·ize, -ise** ['ka:bənaiz] *v* carbonizar(se). **~ mon·ox·ide** *n* óxido *m* de carbono.
car·boy ['ka:bɔi] *n* garrafón *m*, bombona *f.*
car·bun·cle ['ka:bʌŋkl] *n* (*gem*) carbúnculo *m*, rubí *m*; MED carbunco *m*, grano *m.*
car·bur·et·tor [,ka:bə'retə(r)] (US **carburetor** ['ka:rbəreitər] *n* carburador *m.*
car·cass ['ka:kəs] *n* res *f* muerta; (*of animal*) cadáver *m*; (*of chicken*, etc) huesos *m,pl*; HUM esqueleto *m.*
car·cin·ogen [ka:'sinədʒen] *n* agente *m* cancerígeno. **~·ic** [,ka:sinə'dʒenik] *adj* cancerígeno/a, carcinogénico/a. **car·cin·oma** [,ka:si'nəumə] *n* (*pl* **~s** *or* **~ta** [-tə]) carcinoma *m.*
card [ka:d] **I.** *n* **1.** TEC carda *f.* **2.** (*for games*) carta *f*, naipe *m*; (*for greeting, visiting, credit*, etc) tarjeta *f*; (*also* **post~**) postal *f*, tarjeta *f*; (*of association*, etc) carnet *m.* LOC **Have a ~ up one's sleeve,** FIG Guardar una carta en la manga. **Get one's cards/Give sb his cards,** INFML Despedir a alguien. **Hold/ Keep one's cards close to one's chest,** No revelar uno sus intenciones. **Make a ~,** (*in game*) Ganar una baza (con una carta). **On the cards,** INFML En juego/muy posible. **One's best/strongest ~,** FIG La baza fuerte de uno. **Play one's cards well/right, etc,** Jugar alguien bien/mal sus cartas.
card... **~·board,** *n* cartón *m*, cartulina *f*; **~** *box*, caja de cartón. **~-carrying member,** *n* afiliado/a (a un partido político). **~-game,** *n* juego *m* de cartas. **~ index,** *n* fichero *m.* **~-sharp** (*also* **card-sharper**), *n* fullero *m*, tramposo *m.* **~-table,** *n* mesa *f* de juego.
car·da·mom ['ka:dəməm] *n* cardamomo *m.*
car·di·ac ['ka:diæk] *adj* cardíaco/a, cardiaco/a.
car·di·gan ['ka:digən] *n* rebeca *f*, chaqueta *f* de lana/punto, etc.
car·di·nal ['ka:dinl] **I.** *adj* **1.** cardinal; principal, fundamental; ~ *sins*, Pecados capitales. **2.** de color morado. **II.** *n* **1.** REL cardenal *m.* **2.** (*also* **~ number**) GRAM numeral *m* cardinal.
car·di·o·lo·gy [,ka:di'ɔlədʒi] *n* cardiología *f.* **car·di·o·lo·gist** [,ka:di'ɔlədʒist] *n* cardiólogo/a.
care [keə(r)] **I.** *n* **1.** (*attention*) cuidado *m*, atención *f.* **2.** (*worrying*) preocupación *f*, inquietud *f.* **3.** (*caution*) precaución *f*, cuidado *m.* LOC **~ of sb,** (*abrev* **c/o**) (*on envelope*) A la atención de. **In the ~ of sb,** Bajo los cuidados de. **Take ~ that...,** Preocuparse de que... **Take ~ of sth,** Encargarse de. **Take sb into ~,** Poner a alguien en una institución para ser atendido. **II.** *v* **1.** preocuparse (*about* por). **2.** (**~ for sth**) (*in negative, interrog*) tener ganas de, querer hacer algo. LOC **For all one/sb cares,** Ser una cosa indiferente para alguien. **Not ~ less,** INFML No interesarse en absoluto. **Who cares?,** INFML ¿Qué más da? **~ for,** Interesarse/Sentir afecto por. **Not ~ for sb/sth,** No sentir interés por alguien/algo.

care... **~·free**, *adj* despreocupado/a, feliz. **~·ful,** *adj* (*person*) cuidadoso/a (**about/of/ with sth** con algo); cauteloso/a, prudente; (*task*, etc) esmerado/a, cuidadoso/a; **Be ~ about/in doing sth,** Tener cuidado al hacer algo. **Be ~ !,** ¡Ten cuidado! **~·fully**, *adv* cuidadosamente; prudentemente. **~·fulness,** *n* cuidado *m*, esmero *m*; prudencia *f*, cautela *f*. **~·less**, *adj* (*person*) descuidado/a, irreflexivo/a; distraído/a. **~·lessly,** *adv* descuidadamente. **~·lessness,** *n* descuido *m*, falta *f* de cuidado. **~·taker, I.** *n* (US **janitor**) portero/a, conserje *m,f*, vigilante *m,f*. **II.** *adj* (*government, minister*, etc) interino/a, temporal, en funciones. **~·worn**, *adj* abrumado/a por preocupaciones. **car·ing**, *adj* que se preocupa, solícito/a.

ca·reen [kə'ri:n] *v* carenar; (*vehicle*, etc) inclinarse, volcar.

ca·reer [kə'riə(r)] **I.** *n* estudios *m,pl*, carrera *f*, profesión *f*; (*process*) carrera *f*; (*movement*) carrera *f*: *In full ~*, En plena carrera. **II.** *v* correr descontroladamente. **~·ist** [kə'riərist] *n* arribista *m,f*, trepador/ra.

ca·ress [kə'res] **I.** *n* caricia *f*. **II.** *v* acariciar.

ca·ret ['kærət] *n* signo *m* de inserción (en escrito) (^).

car·go ['ka:gəu] *n* (*pl* **~es**, US **~s**) (*in ship*, etc) cargamento *m*, carga *f*. **~ boat** *n* barco *m* de carga.

ca·ri·bou ['kæribu:] *n* (*pl* **~** *or* **~s**) caribú *m*.

ca·ri·ca·ture ['kærikətjuə(r)] **I.** *n* caricatura *f*; arte *f* de la caricatura. **II.** *v* caricaturizar. **ca·ri·ca·tur·ist** [,kærikə'tjuərist] *n* caricaturista *m,f*.

ca·ries ['keəri:z] *n* caries *f*.

ca·ril·lon [kə'riljən, US 'kærəlɔn] *n* carillón *m*.

ca·ri·ous ['keəriəs] *adj* MED cariado/a.

car·mine ['ka:main] *adj/n* carmín (*n*).

carn·age ['ka:nidʒ] *n* (*killing*) carnicería *f*, matanza *f*. **carn·al** ['ka:nl] *adj* FML carnal. **carn·al·ly** ['ka:nəli] *adv* carnalmente.

car·na·tion [ka:'neiʃn] *n* (*plant, flower*) clavel *m*.

car·ni·val ['ka:nivl] *n* carnaval *m*; fiesta *f*; feria *f* (de atracciones).

car·ni·vore ['ka:nivɔ:(r)] *n* carnívoro/a. **car·ni·vor·ous** [ka:'nivərəs] *adj* carnívoro/a.

ca·rol ['kærəl] **I.** *n* canción *f* religiosa, villancico *m*. **II.** *v* cantar alegremente. **~·ler** [ə(r)] *n* cantor/ra de villancicos.

ca·rot·id [kə'rɔtid] **I.** *n* (*also* **~ artery**) carótida *f*. **II.** *adj* de la(s) carótida(s).

ca·rouse [kə'rauz] *v* HIST ir de jarana/parranda, beber en exceso. **ca·rous·al** [kə'rauzl] *n* HIST jarana *f*, parranda *f*.

ca·rou·sel (US **car·rou·sel**) [,kærə'sel] *n* (US) carrusel *m*, tíovivo *m*; (*in airport*) cinta *f* de equipajes; (*for projector*) cartucho *m* circular.

carp [ka:p] **I.** *n* ZOOL carpa *f*. **II.** *v* (**at/about sb/sth**) criticar constantemente.

car·pal ['ka:pl] **I.** *n* ANAT carpo *m*. **II.** *adj* del carpo.

car·pen·ter ['ka:pəntə(r)] *n* carpintero *m*. **car·pen·try** ['ka:pəntri] *n* (*work, art*) carpintería *f*.

car·pet ['ka:pit] **I.** *n* alfombra *f*; *fitted ~*, moqueta *f*. LOC **On the ~**, INFML (Recibir) una reprimenda. **II.** *v* (*also* FIG) alfombrar; (*with fitted carpets*) enmoquetar. **~-bag** *n* bolsa *f* de viaje. **~-bag·ger** ['--,bægə(r)] *n* PEY (*candidate*) arribista *m,f* político. **~-slip·pers** *n,pl* zapatillas *f,pl* de paño. **~-sweeper** *n* aspiradora *f* de alfombras.

car·riage ['kæridʒ] *n* **1**. (*also* **coach**) carruaje *m*, coche *m*; (*in train*) vagón *m*, coche *m*; (*of gun*) cureña *f*; (*of typewriter*) carro *m*. **2**. (*cost*) portes *m,pl*, transporte *m*, envío *m*. **3**. HIST andar *m*, presencia *f*, porte *m*. **~·way** *n* calzada *f*. *Dual ~*, autovía *f*.

car·ri·er ['kæriə(r)] *n* COM (*person, firm*) transportista *m,f*, porteador *m*; (*also* MED) portador/ra; (*metal, for bicycle*, etc) portaequipajes *m*; (*for shopping*) bolsa *f*; AER portaaviones *m*. **~ bag** *n* (*for shopping*) bolsa *f* (de papel, plástico, etc). **~ pi·geon** *n* paloma *f* mensajera.

car·rion ['kæriən] *n* carroña *f*; *~ crow*, Corneja negra.

car·rot ['kærət] *n* zanahoria *f*. LOC **The ~ and the stick,** FIG El palo y la zanahoria. **car·ro·ty** [[ti] *adj* (*of hair*) rojo/a, rojizo/a.

car·ry ['kæri] **I.** *n* MIL (*of weapon*) alcance *m*; (DEP, *in golf*) distancia *f* del recorrido (de la pelota). **II.** *v* (*pret, pp* **carried**) **1**. (*goods, luggage*, etc) llevar, transportar. **2**. (*have with one*) llevar, tener consigo. **3**. (*the weight of sth*) aguantar, sostener, soportar. **4**. FML (*a baby*) estar embarazada de. **5**. FIG llevar el peso de, hacerse cargo de. **6**. (*possess*) FIG conllevar, poseer. **7**. (*in certain direction*) llevar, llegar hasta. **8**. MAT llevar (a la columna siguiente). **9**. POL aprobar por mayoría de votos. **10**. (*audience*, etc) ganarse (la simpatía de). **11**. (*of voice*, etc) cubrir una distancia, extenderse, llegar lejos. **12**. (*of newspaper*, etc) llevar, contener. **13**. (*of shop*) tener para la venta. LOC **~ all/everything before one,** Vencer todos los obstáculos. **~ the can for sth,** INFML Pagar el pato por algo. **~ coals to Newcastle,** FIG Llevar leña al monte.

car·ry... **~ away,** llevarse (algo, a alguien); **~ sb away,** (*esp in passive*) hacer perder el control. **~ back,** Llevar (a alguien) a otro tiempo. **~ forward,** COM Pasar a cuenta nueva. **~ off,** Ganar, llevarse; FIG *~ it off well*, Llevar algo a cabo satisfactoriamente. **~ on, 1**. (*action*) continuar (*with doing sth*, haciendo algo). **2**. INFML armar escándalo. **3**. *~ on with sb*, INFML Entenderse/Estar liado con alguien. **4**. *~ sth on*, mantener, sostener; (*business*, etc) llevar adelante. **~ sth out,** llevar a cabo, realizar; cumplir. **~ sth over,** aplazar, dejar para después. **~ through,** llevar hasta el final. **car·ry... ~-all,** *n* (US) bolso *m* de viaje. **~-cot,** *n* cuna *f* portátil, capazo *m*. **~-on,** *n* INFML alboroto *m*, escándalo *m*. **~-out,** *n* (US, SCOT) = **take-away**. **~·ings-on,** *n,pl* INFML locuras *f,pl*, jaleos *m,pl*.

cart [ka:t] **I.** *n* carro *m*, carreta *f*, carretón *m*; (*also* **hand-cart**) carretilla *f*. LOC **Put the ~ before the horse,** Empezar la casa por el tejado. **II.** *v* acarrear; transportar con dificultades. **~·er** *n* carretero *m*. **~-horse** *n* caballo *m* de tiro. **~-load** *n* carretada *f*. **~-track** *n* camino *m* para carros. **~-wheel** *n* rueda *f* de carro; DEP salto *m* mortal de lado, rueda *f*.

carte blanche [,ka:t 'blɔnʃ] *n* FIG carta *f* blanca.

car·tel [ka:'tel] *n* (*firms*) cártel *m*, cartel *m*.

car·til·age ['ka:tilidʒ] *n* cartílago *m*. **car·ti·lag·in·ous** [,ka:ti'lædʒinəs] *adj* cartilaginoso/a.

car·to·gra·pher [ka:'tɔgrəfə(r)] *n* cartógrafo/a. **car·to·gra·phic** [,ka:tə'græfic] *adj* cartográfico/a. **car·to·gra·phy** [ka:'tɔgrəfi] *n* cartografía *f*.

car·ton ['ka:tn] *n* (*for milk, yoghourt,* etc) caja *f* de cartón, envoltorio *m* (de plástico, etc), envase *m*.

car·toon [ka:'tu:n] *n* (*in newspaper,* etc) caricatura *f*, viñeta *f* cómica; (*also* **a·nim·ated car·toon**) dibujos *m,pl* animados; (*in art*) boceto *m*. **~·ist** [,ka:'tu:nist] *n* caricaturista *m,f*.

car·tridge ['ka:tridʒ] *n* **1**. MIL cartucho *m*: *Blank ~,* Cartucho sin bala. **2**. (*of typewriter,* etc) cartucho *m* (de tinta); (*of camera*) rollo *m*, cartucho *m*; (*of record player*) cabeza *f* (del pick-up). **~-belt** *n* cartuchera *f*. **~ paper** *n* papel *m* camso; cartón *m* para cartuchos.

carve [ka:v] *v* (*wood, stone,* etc) esculpir, tallar, labrar; (*meat*) trinchar; (*name, on wood*) grabar. **~ sth out of sth,** esculpir algo en un material. **~ sth up,** INFML Dividir en trozos. LOC **~ sth out for oneself,** Forjarse uno mismo su (carrera, reputación, etc). **carv·er** ['ka:və(r)] *n* escultor/ra, grabador/ra; (*of meat*) trinchador/ra; cuchillo *m* para trinchar. **carv·ing** ['ka:viŋ] *n* talla *f*, escultura *f*; (*act*) trinchar *m*; *~ knife,* cuchillo *m* trinchante.

ca·ry·atid [,kæri'ætid] *n* cariátide *f*.

cas·cade [kæ'skeid] **I.** *n* (*also* FIG) cascada *f*. **II.** *v* caer en cascada.

cas·ca·ra [kæ'ska:rə] *n* BOT MED cáscara *f* sagrada.

case [keis] **I.** *n* **1**. (*container*) caja *f*, estuche *m*, funda *f*; (*for luggage*) maleta *f*; (*of glass*) vitrina *f*; IMP caja *f*; (*of door, window*) marco *m*, bastidor *m*; (*contents*) caja *f*. **2**. (*also* GRAM, MED) caso *m*. **3**. DER , etc caso *m*; pleito *m*, proceso *m*, causa *f*. **4**. (*situation*) **the ~,** el caso. LOC **A ~ in point,** Un ejemplo apropiado. **As the ~ may be,** Según sea el caso. **Just in ~,** Por si acaso. **In any ~,** En cualquier caso/De todas formas. **In ~ of (sth),** En caso de. **In no ~,** Bajo ningún concepto. **In that ~,** En ese caso... **Make out a ~ for sth,** Defender la causa de algo. **II.** *v* meter en caja, estuche, funda, etc; encajonar. LOC **~ the joint,** SL Inspeccionar un lugar antes de robar.

case... ~-book, *n* (*of lawyer, doctor,* etc) registro *m*, archivo *m*, fichero *m*. **~-hardened,** *adj* FIG insensibilizado/a, endurecido/a. **~ history,** *n* (*of person, esp patient,* etc) historial *m*, antecedentes *m,pl*. **~-law,** *n* jurisprudencia. **~-load,** *n* casos *m,pl* bajo la responsabilidad de (médico, etc). **~-study,** *n* estudio *m* de uno o más casos (de pacientes, etc). **~·work,** *n* trabajo *m* de asistencia social individualizada. **~·worker,** *n* asistente/a social.

ca·se·in ['keisi:n] *n* caseína *f*.

case·ment ['keismənt] *n* marco *m* de ventana; (*also* **~ window**) ventana *f* de bisagras.

cash [kæʃ] **I.** *n* dinero *m* en metálico; INFML dinero *m*, pasta *f*. LOC **~ down,** Al contado. **~ on delivery,** Pago contra reembolso. **II.** *v* (*cheque,* etc) cobrar, canjear; **~ in on sth,** Sacar beneficio/Aprovecharse de algo. **~·a·ble** *adj* que puede ser cobrado/a. **~ and car·ry** *n* compra *f* al contado de productos que puede llevarse el comprador. **~·book** *n* libro *m* de caja. **~·box** *n* caja *f* (para dinero). **~ crop** *n* cultivo *m* para venta inmediata. **~ desk** *n* (*in shop, bank,* etc) caja *f*. **~ dis·pens·er** *n* cajero *m* automático. **~ flow** *n* COM movimiento *m*, entrada *f* de dinero líquido. **~·point = ~ dispenser· ~ re·gis·ter** *n* caja *f* registradora.

ca·shew ['kæʃu:] *n* (*also* **~ nut**) anacardo *m*.

cash·ier [kæ'ʃiə(r)] **I.** *n* (*in shop,* etc) cajero/a. **II.** *v* MIL separar del servicio.

cash·mere [,kæʃ'miə(r)] *n* cachemira *f*, casimir *m*, casimira *f*.

cas·ing ['keisiŋ] *n* cubierta *f*, envoltura *f*; TEC tubo *m* de revestimiento; ARQ (*of stairs,* etc) caja *f*; marco *m* (de puerta, ventana).

ca·si·no [kə'si:nəu] *n* (*pl* **~s**) casino *m*.

cask [ka:sk, US kæsk] *n* barril *m*, tonel *m*.

cas·ket ['ka:skit, US 'kæskit] *n* (*for jewels,* etc) cofrecito *m*, cajita *f*, estuche *m*; US ataúd *m*.

cas·sa·va [kə'sa:və] *n* mandioca *f*.

cas·ser·ole ['kæsərəul] *n* (*dish*) cazuela *f*; (*food*) estofado *m*, guiso *m* (de carne y verduras).

cas·sette [kə'set] *n* cinta *f*, cassette *m,f*.

cas·sock ['kæsək] *n* sotana *f*.

cast [ka:st, US kæst] **I.** *n* **1**. (*act*) lanzamiento *m* (de redes, etc); (*of dice*) tirada *f*. **2**. (*mould, sculpture*) vaciado *m*; molde *m*; (*of metal*) pieza *f* fundida. **3**. (TEAT, *film,* etc) reparto *m* (de papeles), cast *m*, elenco *m* (de actores). **4**. (*of mind*) inclinación *f*, temperamento *m*; (*of eyes*) bizquera *f*. **5**. (*of snake, trees*) muda *f*. **II.** *v* (*pret, pp* **cast**) **1**. (*stone, dice, fishing-net,* etc) lanzar, echar; (*glance*) dirigir, volver; (*shade*) proyectar; (*light*) arrojar. **2**. (*drop*) dejar caer; (*tree leaves*) perder; (*snake skin, feathers*) mudar. **3**. TEC (*metal*) fundir; (*in mould*) vaciar. **4**. TEAT, etc repartir los papeles; asignar, dar. **5**. FIG lanzar, arrojar. **6**. moldear, dar forma. LOC **~ anchor,** Echar el ancla. **~ aspersions on sb/sth,** Arrojar vituperios contra alguien/algo. **~ an eye/one's eye over sb/sth,** Echarle una ojeada a alguien/algo. **~ pearls before swine,** FIG Echar margaritas a los cerdos. ~

a spell on sb/sth, Echar una maldición a alguien/algo. ~ **a/one's vote,** Dar el voto/Votar. **cast**... ~ **about/around,** Buscar, ir buscando algo (*for sth*, algo). ~ **aside,** Desechar. ~ **away,** Abandonar. ~ **down,** FIG Hundir/derrotar. ~ **off,** (*of boat*) Soltar las amarras; (*in knitting*) soltar (puntos) de la aguja; ~ *sb off*, Abandonar/Repudiar a alguien. ~ **on,** (*in knitting*) hacer (los primeros puntos/la primera pasada). ~ **out,** FML Expulsar/Arrojar.

cast... **~·away**, *n* naúfrago/a. **~·ing**, *n* (*object*) pieza *f* fundida; TEAT, etc repartición *f* de papeles, casting *m*. **~·ing vote**, *n* voto *m* de calidad/de desempate. ~ **iron,** *n* hierro *m* fundido/colado. **~-iron,** *adj* de hierro colado; FIG inflexible, duro/a; (*constitution*, etc) fuerte, sólido/a. **~-off, I.** *adj* (*of clothes*) de desecho. **II.** *n* persona/cosa *f* abandonada; *esp pl* ropa *f* de desecho.

cas·ta·nets [,kæstə'nets] *n,pl* castañuelas *f,pl*.

caste [ka:st] *n* casta *f*. LOC **Lose ~,** Venir a menos.

cas·tel·lat·ed ['kæstəleitid] *adj* almenado/a.

cas·ter ['ka:stə(r)] V. **castor.**

cas·tig·ate ['kæstigeit] *v* FML castigar, atormentar. **cas·tig·ation** [,kæsti'geiʃn] *n* castigo *m*.

Cas·tile [kæs'ti:l] *n* Castilla. **Cas·ti·li·an** [kæ'stiliən] *adj, n* castellano/a.

cas·tle ['ka:sl, US 'kæsl] **I.** *n* castillo *m*, fortaleza *f*; (*also* **rook**) torre *f* (de ajedrez). LOC **Build castles in the air/in Spain,** FIG Hacer castillos en el aire. **II.** *v* (*in chess*) enrocar. **cas·tling** *n* enroque *m*.

cas·tor ['ka:stə(r), US 'kæs-] *n* **1.** (*of furniture*) ruedecita *f*. **2.** (*at table*) azucarero *m*, vinagrera *f*. ~ **oil** [,ka:stər 'ɔil, US 'kæstər ɔil] *n* aceite *m* de ricino. ~ **sugar** (*also* **caster sugar**) *n* azúcar *m* muy fino.

cas·trate [kæs'treit, US 'kæstreit] *v* castrar. **cas·tra·tion** [kæ'streiʃn] *n* castración *f*.

cas·u·al ['kæʒuəl] *adj* **1.** (*visit, meeting*, etc) accidental, fortuito/a. **2.** (*remark*, etc) sin intención. **3.** (*person*) despreocupado/a, irresponsable. **4.** (*work*) temporero/a, eventual. **5.** (*clothes*) de sport, de diario. **cas·u·al·ly** ['kæʒuəli] *adv* (*meet*, etc) accidentalmente; (*dress*) de diario, de sport; (*speak*, etc) despreocupadamente. **cas·u·al·ness** [-nis] *n* despreocupación *f*, ligereza *f*. **cas·u·als** [-z] *n,pl* ropa *f*/calzado *m* de sport.

cas·ual·ty ['kæʒuəlti] *n* **1.** (*in war, accident*, etc) muerto *m*, baja *f*. **2.** (*thing*) pérdida *f*, destrozo *m*. **3.** (*also* **casualty ward/department,** US **emergency**) *n* (*in hospital*, etc) sección *f* de urgencias. ~ **list** *n* lista *f* de bajas.

ca·su·ist ['kæzjuist] *n* casuista *m,f*. **~·ic** [,kæzju'istik] *adj* (*also* **casuistical**) casuístico/a. **ca·su·is·try** ['kæzjuistri] *n* casuística *f*; PEY sofismas *m,pl*.

cat [kæt] *n* **1.** gato *m*, gata *f*. LOC **Be the ~'s whiskers/pyjamas,** INFML Ser algo insuperable. **Let the ~ out of the bag,** Soltar un secreto. **Like a ~ on hot bricks,** Como gato sobre ascuas. **Put/Set the ~ among the pigeons,** INFML Echar leña al fuego. **2.** (*wild*) felino *m*. **3.** (*woman*) PEY bruja *f*, arpía *f*. **4.** **the ~**, azote *m* de nueve ramales. **5.** US INFML = **caterpillar tractor.**

cat... ~ **burglar,** *n* (Br) ladrón *m* (que entra por la ventana, etc), ratero *m*. **~-o'nine-tails,** *n* azote *m* de nueve ramales. **~'s-cradle,** *n* (*game*) juego *m* de la cuna. **~'s-eye,** *n* (*in road*) ojo *m* de gato. **~'s-paw,** *n* (*person*) instrumento *m*.

CAT [,si: ei 'ti:, or INFML kæt] *abrev* Br = College of Advanced Technology.

ca·ta·clysm ['kætəklizəm] *n* cataclismo *m*.

ca·ta·combs ['kætəku:mz, US -kəumz] *n,pl* catacumbas *f,pl*.

ca·ta·falque ['kætəfælk] *n* catafalco *m*.

Ca·ta·lan ['kætələn] *adj, n* catalán. **Ca·ta·lo·nia** [kæta'ləunjə] *n* Cataluña.

ca·ta·lep·sy ['kætəlepsi] *n* catalepsia *f*. **ca·ta·lep·tic** [,kætə'leptik] *adj/n* cataléptico/a.

ca·ta·logue (US *also* **ca·ta·log**) ['kætəlɔg, US -lɔ:g] **I.** *n* catálogo *m*; FIG serie *f*, lista *f*. **II.** *v* catalogar.

ca·ta·ly·sis [kə'tæləsis] *n* catálisis *f*. **ca·ta·lyst** ['kætəlist] *n* catalizador *m*. **ca·ta·ly·tic** [,kætə'litik] *adj* catalítico/a.

ca·ta·ma·ran [,kætəmə'ræn] *n* catamarán *m*.

ca·ta·pult ['kætəpʌlt] **I.** *n* (*toy*) tirachinas *m*, tirador *m*; HIST catapulta *f*. **II.** *v* catapultar.

ca·tar·act ['kætərækt] *n* (*also* MED) catarata *f*.

ca·tarrh [kə'ta:(r)] *n* catarro *m*, resfriado *m* nasal.

ca·ta·strophe [kə'tæstrəfi] *n* catástrofe *f*. **ca·ta·stroph·ic** [,kætə'strɔfik] *adj* catastrófico/a.

cat·call ['kætkɔ:l] **I.** *n* (*esp* TEAT) pita *f*, silbidos *m,pl*. **II.** *v* (TEAT, *etc*) silbar, pitar.

catch [kætʃ] **I.** *n* **1.** (*act*) cogida *f* (de pelota, etc); (*of animal, person*, etc) captura *f*; FAM (*of man*, etc) *He is a good ~*, Es un buen partido. **2.** (*device*) pestillo *m*, cierre *m*; (*of bracelet*, etc) seguro *m*. **3.** FIG trampa *f*, cebo *m*: *A ~ question*, Una pregunta capciosa. **4.** canción *f* humorística (para tres o más voces). **II.** *v* (*pret, pp* **caught** [kɔ:t]) **1.** (*ball*, etc) coger, coger al vuelo, agarrar, asir. **2.** (*person, animal*, etc) capturar, coger; (*thief*, etc) apresar. **3.** (*by surprise*) coger por sorpresa, sorprender. **4.** (*bus, train*, etc) coger. **5.** (*get stuck*) *also* TEC coger(se), enganchar(se) (*in/on sth* en algo). **6.** (*disease*) coger, contagiarse de. **7.** (*words*, etc) entender, captar. **8.** (*blow*, etc) dar, alcanzar. **9.** (*burn*) empezar a arder. **10.** FIG (*reproduce*) captar, recoger. LOC ~ **sb's eye/ attention,** Atraer la atención de alguien. ~ **one's breath,** Contener el aliento. ~ **one's death of cold,** INFML Coger un frío de muerte. ~ **fire,** Arder/Quemarse. ~ **it,** INFML Recibir un rapapolvo. ~ **sb napping,** FIG Coger a alguien distraído. ~ **sb on the wrong foot,** Coger a alguien desprevenido. ~ **sb red-handed,** Coger a alguien con las manos en la masa. ~ **sight/a glimpse of sb,** Ver a alguien por un momento. ~ **the sun,** Broncearse/Quemarse. ~ **sb with his pants/trousers down,** INFML Coger a alguien con el culo al aire.

catch... ~ **at,** asir, tratar de agarrar. ~ **on,** entender, comprender (*to sth* una cosa); ~ **on,** INFML ponerse de moda. ~ **out,** Coger en falta/Poner en evidencia. ~ **up,** (*in race*, etc) Atrapar; ponerse al día. ~ **up with,** Ponerse al mismo nivel que. ~ **up on sth,** Ponerse al día en algo. **Be caught up in sth,** Estar ensimismado en algo.

catch... ~**-all,** *n* (*esp* US) objeto *m*/frase *f*, etc, multiuso. ~ **crop,** *n* cosecha *f* intercalada entre otras. ~**·er,** *n* DEP (*in baseball*) cogedor *m*, parador *m*. ~**·ing,** *adj* (*disease*) contagioso/a; (*tune*, etc) pegadizo/a, pegajoso/a. ~**·ment area,** *n* **1.** (*also* ~ **basin**) (*of rainwater*) zona *f* de captación. **2.** (*also* **catchment**) (*of school, hospital*, etc) demarcación *f*. ~**·penny,** *adj* (*article*) que atrae compradores. ~**·phrase,** *n* (*of leader*, etc) eslogan *m*, frase *f* representativa. ~**·word,** *n* reclamo *m*; eslogan *m*.

catch·y ['kætʃi] *adj* (**-ier**, **-iest**) (*tune*, etc) pegadizo/a.

ca·te·chism ['kætəkizəm] *n* catecismo *m*. **ca·te·chize, -ise** ['kætəkaiz] *v* catequizar.

ca·te·gor·ic·al [,kætə'gɔrikl, US -gɔ:r-] *adj* (*denial*, etc) categórico/a. ~**·ly** [-kli] *adv* categóricamente. **ca·te·gor·ize, -·ise** ['kætəgəraiz] *v* dividir por categorías. **ca·te·go·ry** ['kætəgəri, US -gɔ:ri] *n* categoría *f*.

ca·ter ['keitə(r)] *v* abastecer, proveer de; (*in banquet*, etc) servir, ofrecer; ~ *for sth/sb*, servir (comida, etc) a alguien/en banquete, etc. ~ *to sth*, atender a los deseos, etc, de. **ca·ter·er** [-ə(r)] *n* (*of food*) proveedor/ra. **ca·ter·ing** [-iŋ] *n* servicio *m* de comidas preparadas.

ca·ter·pil·lar ['kætəpilə(r)] *n* **1.** ZOOL oruga *f*, gusano *m*. **2.** TEC (*also* **caterpillar track**) rodado *m* de oruga. **3.** (~ **tractor**) tractor *m* oruga.

ca·ter·waul ['kætəwɔ:l] **I.** *n* chillido *m*, maullido *m*. **II.** *v* chillar, maullar.

cat·fish ['kætfiʃ] *n* (*pl* ~) ZOOL siluro *m*, bagre *m*. **cat·gut** ['kætgʌt] *n* (*for violin, racket*, etc) cuerda *f* de tripa; MED catgut *m*.

ca·thar·sis [kə'θa:sis] *n* (*pl* **-ses** [-si:z]) (*also* MED) catarsis *f*. **ca·thar·tic** [kə'θa:tik] **I.** *adj* catártico/a. **II.** *n* purgante *m*.

ca·the·dral [kə'θi:drəl] *n* catedral *f*.

Ca·the·rine wheel ['kæθrin wi:l] *n* (*firework*) rueda *f*.

ca·the·ter ['kæθitə(r)] *n* catéter *m*. ~**·ize, -·ise** [-aɪz] *v* poner una sonda.

cath·ode ['kæθəud] *n* cátodo *m*.

cath·ol·ic ['kæθəlik] **I.** *adj* universal, general; REL (*also* **Catholic**) católico/a. **II.** *n* (*also* **Catholic**) católico/a. **Cath·ol·ic·ism** [kə'θɔləsizəm] *n* catolicismo *m*. **cath·ol·ic·ity** [,kæθə'lisəti] *n* catolicidad *f*.

cat·kin ['kætkin] *n* BOT inflorescencia *f* en amento, amento *m*. **cat·mint** ['kætmint] *n* (*also* **cat·nip**) hierba *f* gatera. **cat·nap** ['kætnæp] *n* sueñecillo *m*. **cat·nip** ['kætnip] *n* = **catmint**. **cat·suit** ['kætsu:t] *n* maillot *m*; chándal *m*.

cat·tle ['kætl] *n* ganado *m* vacuno. ~**·breeding** *n* cría *f* de ganado, ganadería *f*. ~**·cake** *n* pienso *m* condensado en bloques. ~**·man** *n* (*pl* **-men**) ganadero *m*. ~**·rustler** *n* US ladrón *m* de ganado, cuatrero *m*. ~**·show** *n* feria *f* de ganado.

cat·ty ['kæti] *adj* (**-ier**, **-iest**) (*also* **cat·tish**) gatuno/a; FIG malicioso/a, vengativo/a. **cat·ti·ly** [-li] *adv* maliciosamente. **cat·ti·ness** [-nis] *n* malicia *f*, rencor *m*.

cat·walk ['kætwɔ:k] *n* pasarela *f*, pasillo *m*.

cau·cus ['kɔ:kəs] *n* (*pl* ~**es**) US camarilla *f* política; Br comité *m* electoral.

caught [kɔ:t] V. **catch**.

caul·dron ['kɔ:ldrən] *n* (*also* **caldron**) caldero *m*, calderón *m*.

cau·li·flow·er ['kɔliflauə(r), US 'kɔ:li-] *n* coliflor *f*. ~ **ear** *n* Br (*in boxing*) oreja *f* (deformada por golpes).

caulk [kɔ:k] *v* (*also esp* US **calk**) calafatear.

caus·al [kɔ:zl] *adj* (*also* GRAM) causal. ~**·ity** [kɔ:'zæləti] *n* causalidad *f*. **caus·ation** [kɔ:'zeiʃn] *n* causalidad *f*. **caus·at·ive** ['kɔ:zətiv] *adj* GRAM causativo/a.

cause [kɔ:z] **I.** *n* causa *f*; motivo *m*, razón *f*; DER causa *f*, caso *m*; (*principle*) causa *f*, ideal *m*. **II.** *v* causar, originar. ~**·less** [-lis] *adj* infundado/a. ~**·way** ['kɔ:zwei] *n* carretera *f*/camino *m* más elevado.

caus·tic ['kɔ:stik] *adj* (*also* FIG) cáustico/a. ~**·al·ly** ['--kli] *adv* mordazmente.

cau·ter·ize, -·ise ['kɔ:təraiz] *v* cauterizar.

cau·tion ['kɔ:ʃn] **I.** *n* cautela *f*, precaución *f*; advertencia *f*, amonestación *f*. LOC **Throw ~ to the winds,** Lanzarse a algo con decisión. **II.** *v* prevenir, advertir. ~**·ary** ['kɔ:ʃənəri, US -neri] *adj* admonitorio/a, preventivo/a.

cau·ti·ous ['kɔ:ʃəs] *adj* prudente, cauteloso/a. ~**·ly** *adv* prudentemente. ~**·ness** *n* prudencia *f*, cautela *f*.

ca·val·cade [,kævl'keid] *n* cabalgata *f*; (*of cars*, etc) desfile *m*.

ca·va·lier [,kævə'liə(r)] **I.** *n* HIST caballero *m*, cortesano *m*; IR galán *m*. **II.** *adj* arrogante, altivo/a. **ca·val·ry** ['kævlri] *n* (*soldiers*) caballería *f*.

cave [keiv] **I.** *n* cueva *f*, gruta *f*. **II.** *v* ~ **in,** (*also* FIG) derrumbarse, hundirse. ~**·dweller** *n* = ~**·man**. ~**·in** *n* derrumbamiento *m*. ~**·man** ['keivmæn] *n* (*pl* **-men** ['keivmen]) hombre *m* de las cavernas.

ca·veat ['kæviæt, also 'keiviæt] *n* FML advertencia *f*; DER advertencia *f* de suspensión.

cav·ern ['kævən] *n* caverna *f*. ~**·ous** *adj* cavernoso/a.

ca·vi·ar(e) ['kævia:(r)] *n* caviar *m*.

cav·il ['kævl] *v* (**at**) FML poner reparos, criticar.

cav·ity ['kævəti] *n* cavidad *f*, hueco *m*. ~ **wall** *n* ARQ cámara *f* de aire, pared *f* doble.

ca·vort [kə'vɔ:t] *v* ~ **about/around,** brincar.
caw [kɔ:] **I.** *n* graznido *m.* **II.** *v* graznar.
cay·enne [kei'en] *n* (*also* **cayenne pepper**) pimentón *m* picante, pimienta *f.*
cay·man (*also* **cai·man**) ['keimən] *n* caimán *m.*
cc [,si: 'si:] *abrev* (*paper*) copia *f* al carbón; (*measure*) centímetro *m* cúbico.
cease [si:s] **I.** *v* FML cesar, suspender; dejar de. **II.** *n* pausa *f.* LOC **Without ~,** Sin cesar. **~·fire** [,si:s'faiə(r)] *n* MIL alto *m* el fuego. **~·less** [-lis] *adj* continuo/a. **~·less·ly** [-lisli] *adv* sin cesar.
ce·dar ['si:də(r)] *n* cedro *m.*
cede [si:d] *v* ceder.
ce·dil·la [si'dilə] *n* cedilla *f.*
ceil·ing ['si:liŋ] *n* techo *m*; AER altura *f* máxima de vuelo; FIG límite *m,* techo *m.* LOC **Hit the ~,** subirse por las paredes.
ce·le·brate ['selibreit] *v* (*also* REL) celebrar, conmemorar. **ce·le·brant** ['selibrənt] *n* REL celebrante *m.* **ce·le·brat·ed** ['selibrəitid] *adj* famoso/a, célebre. **ce·le·bra·tion** [,seli'breiʃn] *n* celebración *f*; fiesta *f.* **ce·le·bri·ty** [si'lebrəti] *n* celebridad *f.*
ce·ler·ity [si'lerəti] *n* FML celeridad *f.*
cel·ery ['seləri] *n* apio *m.*
ce·les·ti·al [si'lestiəl] *adj* celestial.
ce·lib·ate ['selibət] *adj/n* célibe *m,f.* **ce·lib·acy** ['selibəsi] *n* celibato *m.*
cell [sel] *n* (BIOL, POL) célula *f,* celda *f*; (*of bee*) celdilla *f.*
cel·lar ['selə(r)] *n* sótano *m*; (*for wine*) bodega *f.*
cel·lo ['tʃeləu] *n* (*pl* **~s**) violoncelo *m.* **cel·list** ['tʃelist] *n* violoncelista *m,f.*
cel·lo·phane ['seləfein] *n* celofán *m.*
cel·lu·lar ['seljulə(r)] *adj* celular. **cel·lu·loid** ['seljulɔid] *n* celuloide *m.* **cel·lu·lose** ['seljuləus] *n* celulosa *f.*
Celt [kelt, US selt] *n* celta *m,f.* **~·ic I.** *adj* céltico/a, celta. **II.** *n* lengua *f* celta.
ce·ment [si'ment] **I.** *n* cemento *m.* **II.** *v* cementar; FIG consolidar, afianzar. **~·a·tion** [-teiʃn] *n* cementación *f.*
ce·met·ery ['semətri, US 'seməteri] *n* cementerio *m.*
ce·no·taph ['senəta:f, US -tæf] *n* cenotafio *m.*
cen·ser ['sensə(r)] *n* incensario *m.*
cen·sor ['sensə(r)] **I.** *n* censor/ra. **II.** *v* censurar; suprimir. **~·ious** [sen'sɔ:riəs] *adj* criticón/na, sacafaltas. **~·ship** [-ʃip] *n* censura *f.*
cen·sure ['senʃə(r)] **I.** *n* crítica *f,* censura *f.* **II.** *v* criticar, censurar.
cen·sus ['sensəs] *n* (*pl* **~es**) censo *m*; empadronamiento *m.*
cent [sent] **I.** *abrev* = **century. II.** *n* (US) centavo *m,* céntimo *m.*
cen·taur ['sentɔ:(r)] *n* centauro *m.*
cen·ten·ar·ian [,senti'neəriən] **I.** *adj* centenario/a. **II.** *n* (*person*) centenario/a. **cen·ten·ary** [sen'ti:nəri, US 'sentəneri], US **cent·en·ni·al** [sen'teniəl] *n* centenario *m.*
cen·ti·grade ['sentigreid] (*also* **Celsius**) *adj* centígrado. **cen·ti·gram** (*also* **cen·ti·gram·me**) ['sentigræm] *n* centígramo *m.* **cen·ti·li·tre** (US **cen·ti·li·ter**) ['sentili:tə(r)] *n* centilitro *m.* **cen·ti·me·tre** ['sentimi:tə(r)] *n* centímetro *m.* **cen·ti·pede** ['sentipi:d] *n* ciempiés *m.*
cen·tral ['sentrəl] *adj* central; (*in town,* etc) céntrico/a; FIG principal, más importante. **~ bank** *n* banco *n* nacional. **~ heat·ing** *n* calefacción *f* central. **~·ism** ['sentrəlizəm] *n* centralismo *m.* **~·ist** *adj/n* centralista *m,f.* **~·iz·ation, ~is·ation** [,sentrəlai'zeiʃn, US -li'z-] *n* (*of power*) centralización *f.* **~·ize, ~ise** ['sentrəlaiz] *v* centralizar. **~·ly** [-li] *adv* de forma central; céntricamente. **~ re·serv·ation** *n* (*of motorway*) arcén *m* central.
cen·tre (US **center**) ['sentə(r)] **I.** *n* (*point*) centro *m,* medio *m*; (*of city*) centro *m,* parte *f* céntrica; DEP, POL centro *m.* **II.** *v* centrar, colocar en el centro; DEP pasar al centro; FIG basarse (*in* en), concentrar(se): **~** *sth on/upon sb/sth,* Concentrar algo sobre alguien/algo. **III.** *adj* central, del centro. **~-bit** *n* barrena *f* de cuchara. **~·board** *n* orza *f* móvil/de deriva. **~-fold** *n* (*in magazine*) póster *m* plegable. **~-forward** (*also* **centre**) *n* DEP delantero *m* centro. **~-half** *n* DEP medio *m* centro. **~ of gravity** *n* centro *m* de gravedad. **~ -piece** *n* (*ornament*) centro *m* de mesa; FIG centro *m* de interés. **~ spread** *n* (*in magazine*) página *f* central.
cen·tri·fu·gal [sen'trifjugl] *adj* centrífugo/a. **~ force** *n* fuerza *f* centrífuga. **cen·tri·fuge** ['sentrifju:dʒ] *n* centrifugadora *f.* **cen·tri·pet·al** [sen'tripitl, also ,sentri'pi:tl] *adj* centrípeto/a.
cen·trism ['sentrizəm] *n* POL centrismo *m.* **cen·trist** ['sentrist] *adj/n* POL centrista *m,f.*
cen·tur·ion [sen'tjuəriən, US -'tuər-] *n* centurión *m.*
cen·tu·ry ['sentʃəri] *n* siglo *m.*
ce·ram·ic [si'ræmik] *adj* cerámico/a. **ce·ram·ics** *n* **1.** *sing* (*art*) cerámica *f.* **2.** *pl* objetos *m,pl* de cerámica.
ce·re·al ['siəriəl] *n* cereal *m.*
ce·re·bel·lum [seri'beləm] *n* (*pl* **-la** [-lə] *or* **-lums** [-ləmz]) cerebelo *m.* **ce·re·bral** ['seribrəl, US sə'ri:brəl] *adj* cerebral. **~** *palsy,* Parálisis cerebral. **ce·re·bra·tion** [seri'breiʃn] *n* FML, IR reflexión *f.*
ce·re·mo·ni·al [,seri'məuniəl] **I.** *adj* solemne; (*dress,* etc) de gala. **II.** *n* ceremonial *m.* **ce·re·mo·ni·ous** [,seri'məuniəs] *adj* ceremonioso/a. **ce·re·mo·ny** ['seriməni, US -məuni] *n* ceremonia *f,* ritual *m.* LOC **Stand on ~,** Guardar las distancias.
ce·rise [sə'ri:z, se'ri:s] *adj/n* (de) color *m* cereza.
cert [sɜ:t] *n* SL (Br) cosa *f* cierta.
cer·tain ['sɜ:tn] **I.** *adj* **1.** cierto/a; (*person*) seguro/a. **2.** (*some*) cierto/a, tal. LOC **For ~,** Sin duda alguna. **Make ~ (that...),** Asegurarse de. **Make ~ of,** Estar seguro de. **II.** *pron* algunos/as. **cer·tain·ly** ['sɜ:tnli] *adv* ciertamente; (*in reply*) naturalmente. **cer·tain·ty** ['sɜ:tnti] *n* certeza *f,* seguridad *f.*
cer·ti·fi·able [,sɜ:ti'faibl] *adj* enfermo mental. **cer·ti·fic·ate** [sə'tifikeit] *n* certificado *m*;

(*of birth*) partida *f*; (*of examination*) título *m*, certificado *m*. **cer·ti·fic·at·ed** [-keitid] *adj* diplomado/a, titulado/a. **cer·ti·fied** ['sɜ:tifaid] *adj* certificado/a: ~ *cheque*, US Cheque garantizado. **cer·ti·fy** ['sɜ:tifai] *v* certificar, declarar; atestiguar; COM garantizar; MED declarar incapacitado/a. **cer·ti·tude** ['sɜ:titju:d, US -tu:d] *n* FML certidumbre *f*.

cer·vic·al [sə:'vaikl, US 'sè:vikl] *adj* cervical, del cuello del útero.

cer·vix ['sɜ:viks] *n* (*pl* **cer·vi·ces** ['sɜ:visi:z] *or* **-es** [-viksiz]) cuello *m* del útero.

ces·sa·tion [se'seiʃn] *n* FML cesación *f*, cese *m*.

ces·sion ['seʃn] *n* (*also* DER) cesión *f*.

cess·pit ['sespit] (*also* **cess·pool** ['sespu:l]) *n* pozo *m* negro; FIG albañal *m*, sentina *f*.

c/f *abrev* of *carried forward*, saldo *m* en cuenta nueva.

chafe [tʃeif] **I.** *v* **1.** (*with hands*, etc) frotar, rozar; irritar. **2.** ~ **at/under sth,** irritarse por algo. **II.** *n* (*on skin*) roce *m*, irritación *f*.

chaff [tʃa:f, US tʃæf] **I.** *n* AGR ahechadura *f*, barcia *f*, granzas *f,pl*, cascabillo *m*. **2.** HIST broma *f*, guasa *f*. **II.** *v* chancearse de, burlarse de: ~ *sb about sth*, Burlarse de alguien por algo.

chaf·finch ['tʃæfintʃ] *n* pinzón *m* común.

chaf·ing dish ['tʃeifiŋ diʃ] *n* escalfador *m* (de comida).

chag·rin ['ʃægrin, US ʃə'gri:n] **I.** *n* pesar *m*, disgusto *m*. **II.** *v* apesadumbrar, contrariar.

chain [tʃein] **I.** *n* **1.** (*also* TEC) cadena *f*; GEOG cordillera *f*. **2.** FIG (*esp pl*) ataduras *f,pl*, esclavitud *f*. LOC **In chains,** (*prisoner*) Encadenado. **II.** *v* encadenar; atar; FIG esclavizar.

chain ~-gang *n* US cadena *f* de presidiarios. **~-letter** *n* cadena *f* de cartas. **~-mail** *n* cota *f* de malla. ~ **reaction** *n* (*also* FIG) reacción *f* en cadena. **~-saw** *n* sierra *f* mecánica dentada. **~-smoke** *v* fumar un cigarrillo tras otro. **~-smoker** *n* FIG fumador/ra empedernido/a. **~-stitch** *n* (*crochet*) punto *m* de cadeneta. **~-store** *n* tienda *f* de una red/cadena.

chair [tʃeə(r)] **I.** *n* **1.** silla *f*, sillón *m*, asiento *m*; (*of university*) cátedra *f*; (*in meeting*, etc) presidencia *f*; FIG mando *m*, dirección *f*. LOC **Take a ~,** Sentarse. **2.** US **the ~,** INFML la silla eléctrica. **II.** *v* (*meeting*, etc) presidir, dirigir; (*a winner*, etc) llevar a hombros. **~-lift** *n* telesilla *f*. **~-man** ['-mən] (*pl* **-men**, *f* **-wo·man**) *n* (*of company*, etc) presidente *m*, director *m* general; (*of university dept*) jefe *m*, director *m*; (*of meeting*) moderador/ra. **~-manship** *n* presidencia *f*.

chal·ice ['tʃælis] *n* (*cup*) cáliz *m*.

chalk [tʃɔ:k] **I.** *n* GEOL greda *f*, creta *f*; (*for writing*) tiza *f*, yeso *m*; *French ~*, jaboncillo de sastre. **II.** *v* marcar/señalar con tiza/yeso, etc. ~ **sth up,** INFML Escribir algo con tiza; FIG Apuntarse una victoria. ~ **sth up to sb/sth,** Apuntar algo al debe de alguien o algo. **~·board** *n* = **blackboard**. **~·i·ness** *n* gredosidad *f*. **chalk·y** [-i] *adj* (**-ier**, **-iest**) gredoso/a, yesoso/a.

chal·lenge ['tʃælindʒ] **I.** *n* **1.** desafío *m*, reto *m*. **2.** MIL quién vive *m*. **3.** DER recusación *f*. **II.** *v* **1.** desafiar, retar. **2.** FIG (*views*, etc) discutir, poner en duda; (*test*) estimular, motivar. **3.** DER recusar. **chal·leng·er** [-ə(r)] *n* retador/ra; (*in game*) contrincante *m,f*. **chal·leng·ing** [-iŋ] *adj* desafiante; provocador/ra; FIG (*book*, etc) sugerente, estimulante.

cham·ber ['tʃeimbə(r)] *n* **1.** POET, HIST cámara *f*, aposento *m*. **2.** AGR, COM, etc cámara *f*, junta *f*; (*pl* **-s**) DER despacho *m* (del juez); bufete *m* (de abogado); (US) POL cámara *f*. **2.** (*space*) cavidad *f*, hueco *m*; (*of gun*) cámara *f*, recámara *f*. ~ **con·cert** *n* concierto *m* de cámara. **~·lain** ['tʃeimbəlin] *n* chambelán *m*. **~·maid** *n* sirvienta *f*, camarera *f* (de un hotel). ~ **mus·ic** *n* música *f* de cámara. ~ **of com·merce** *n* cámara *f* de comercio. ~ **of hor·rors** *n* (*in fair*, etc) cámara *f* de los horrores. ~ **orchestra** *n* orquesta *f* de cámara. **~-pot** *n* orinal *m*.

cha·me·leon [kə'mi:liən] *n* (*also* FIG) camaleón *m*.

cha·mois ['ʃæmwa:, US 'ʃæmi] *n* (*pl* ~) ZOOL gamuza *f*. **~-leather** (*also* **shammy-leather, shammy** ['ʃæmi leðə(r)]) *n* (*for polishing*) gamuza *f*.

champ [tʃæmp] **I.** *n* INFML = **champion**. **II.** *v* (*of horse*) mascar (el forraje); tascar (el freno).

cham·pagne [ʃæm'pein] *n* cava *m*, champaña *m*.

cham·pion ['tʃmpiən] **I.** *n* (*also* FIG) campeón/na; FIG (*of a cause*) defensor/ra, paladín/na. **II.** *adj* campeón/na. **III.** *v* (*cause*, etc) defender, luchar por. **~·ship** ['--ʃip] *n* campeonato *m*, competición *f*.

chance [tʃa:ns, US tʃæns] **I.** *n* **1.** suerte *f*, fortuna *f*, casualidad *f*. **2.** (*possibility*) probabilidad *f*. **3.** oportunidad *f*, ocasión *f*. **4.** (*risk*) peligro *m*. LOC **As ~ would have it,** La suerte lo quiso/quiso que. **By any ~,** Quizás, ¿por casualidad...? **By ~,** Por casualidad. ~ **would be a fine thing,** Ojalá tuviera esa suerte. **The chances are that...,** INFML Lo más probable es que... **Give sb/sth half a ~,** Dar a algo/alguien una oportunidad de hacer/ser algo. **Stand a ~ of doing sth,** Tener alguna probabilidad de hacer una cosa. **Take a ~ on sth,** Aventurarse a hacer algo. **Take chances,** Comportarse de forma arriesgada. **II.** *v* **1.** FML suceder por casualidad. **2.** INFML arriesgarse a (hacer una cosa); correr el riesgo de. LOC ~ **one's arm,** INFML Aventurarse imprudentemente. ~ **on sb/sth,** FML Encontrarse a alguien/algo por azar. **chan·cy** ['tʃa:nsi] *adj* (**-ier**, **-iest**) arriesgado/a, peligroso/a; dudoso/a.

chan·cel ['tʃa:nsl, US 'tʃænsl] *n* REL coro *m*. **~·lery** ['tʃa:nsələri, US 'tʃæns-] *n* (*position and office*) cancillería *f*. **~·lor** ['tʃa:nsələ(r), US 'tʃæns-] *n* canciller *m*; Br (*of university*) Presidente, rector *m*; Br *Lord Chancellor*, Presidente de la Cámara de los Lores. **Chan·cel·lor of the Ex·che·quer** *n* Br ministro *m* de Hacienda. **chan·ce·ry** ['tʃa:nsəri, US 'tʃænsəri] *n* cancillería *f*; DER chancillería *f*.

chan·de·lier [,ʃændə'liə(r)] *n* (*lamp*) araña *f* de cristal.

chand·ler ['tʃa:ndlə(r), US 'tʃænd-] *n* (*of ships*) comerciante *m* de suministros para barcos.

change [tʃeindʒ] **I.** *n* **1**. cambio *m*, transformación *f*. **2**. (*money*) dinero *m* suelto, calderilla *f*; (*after payment*) cambio *m*, vuelta *f*. LOC **A ~ for the better/worse,** Una mejora/Un empeoramiento. **A ~ of heart,** Un cambio de sentimientos. **The ~ of life,** IR La menopausia. **For a ~,** Para variar. **Get no ~ out of sb,** INFML No obtener colaboración de alguien. **II.** *v* **1**. cambiar, alterar(se). **2**. cambiar de, sustituir. **3**. **~ from sth into sth,** convertirse en. **4**. (*objects*, etc) intercambiar, trocar. **5**. cambiarse de ropa. **6**. (*money*) cambiar. LOC **~ hands,** Cambiar de dueño. **~ one's mind,** Cambiar de parecer. **~ the subject,** Cambiar de conversación. **~ one's tune,** INFML Cambiar uno su actitud. **~ one's ways,** Cambiar uno sus costumbres.

change... ~ down, AUT cambiar a una marcha inferior. **~ over,** cambiar a (otro sistema, etc). **~ up,** AUT cambiar a una marcha superior.

change... **~·able**, *adj* (*weather, person*) variable, inconstante; intercambiable. **~·less,** *adj* invariable, constante. **~·ling,** *n* (*secretly*) niño *m* cambiado por otro. **~-over,** *n* cambio *m*, paso *m*, transición *f*. **chang·ing room,** *n* vestuario *m*.

chan·nel ['tʃænl] **I.** *n* **1**. GEOG canal *m*, estrecho *m*; (*of river*) cauce *m*; **the Channel,** Br el Canal de la Mancha. **2**. (*TV*) canal *m*; FIG conducto *m*, vía *f*. **II.** *v* acanalar; FIG encauzar, dirigir.

chant [tʃa:nt] **I.** *n* sonsonete *m*, canturreo *m*. **II.** *v* salmodiar; (*shouts*) repetir canturreando, corear.

chaos ['keiɔs] *n* caos *m*. **cha·ot·ic** [kei'ɔtik] *adj* caótico/a. **cha·ot·ic·al·ly** [kei'ɔtikli] *adv* caóticamente.

chap [tʃæp] **I.** *n* **1**. *abrev* = **chapter**. **2**. (*esp* Br) INFML tío *m*, tipo *m*. **3**. (*in skin*) grieta *f*, corte *m*. **II.** *v* (*of skin*) cortarse, agrietarse.

cha·pel ['tʃæpl] *n* **1**. REL capilla *f*, iglesia *f*; (*attendance*) culto *m*. **2**. (*of newspaper*, etc) grupo *m* sindicado, capilla *f*.

cha·pe·ron ['ʃæpərəun] **I.** *n* (*of young woman*) señora *f* de compañía, FAM carabina *f*. **II.** *v* hacer de señora de compañía de.

cha·plain ['tʃæplin] *n* capellán *m*. **~·cy** ['tʃæplənsi] *n* capellanía *f*.

chap·let ['tʃæplit] *n* (*of flowers*) corona *f*, guirnalda *f*; (*for neck*) collar *m* (de cuentas); REL rosario *m*.

chap·ter ['tʃæptə(r)] *n* capítulo *m*; REL cabildo *m*. LOC **~ and verse,** Cita exacta. **A ~ of accidents,** Una serie de desgracias. **~ house** *n* sala *f* capitular.

char [tʃa:(r)] **I.** *n* **1**. Br = **charwoman**. **2**. Br INFML té *m*. **II.** *v* **1**. chamuscar, carbonizar. **2**. trabajar de asistenta.

cha·rac·ter ['kærəktə(r)] *n* **1**. carácter *m*. **2**. INFML (*person*) persona *f* pintoresca. **3**. (TEAT, LIT, etc) personaje *m*, tipo *m*. **~ actor/~ actress,** *n* actor *m*/actriz *f* de carácter. **~·ist·ic,** ['-istik] **I.** *adj* característico/a. **II.** *n* característica *f*. **~·ist·ic·al·ly,** [-'-istikəli] *adv* de manera característica. **~·iz·ation/~·is·ation,** [-rai'zeiʃn] *n* caracterización *f*. **~·ize/ -ise,** [-aiz] *v* caracterizar. **~·less,** [-lis] *adj* PEY sin carácter. **~ reference,** *n* recomendación *f* personal.

cha·rade [ʃə'ra:d, US ʃə'reid] *n* (*also* FIG) charada *f*, farsa *f*.

char·coal ['tʃa:kəul] *n* **1**. carbón *m* vegetal; ART carboncillo *m*. **2**. color *m* carbón. **~-burn·er** *n* HIST carbonero *m*.

chard [tʃa:d] *n* (*also* **Swiss chard**) acelga *f*.

charge [tʃa:dʒ] **I.** *n* **1**. (*also* DER) acusación *f*, inculpación *f*. **2**. ELECTR, *explosive*, etc carga *f*. **3**. MIL carga *f*, ataque *m*. **4**. (*price*) coste *m*, precio *m*, honorarios *m,pl*. **5**. (*care*) custodia *f*, responsabilidad *f*. LOC **Bring a ~ of sth against sb,** Hacer una acusación de algo contra alguien. **A ~ on sb/sth,** (*payment*) Un recargo sobre algo/alguien. **Give sb in ~,** (*esp* Br) Entregar a alguien a la policía. **Have ~ of sth,** Estar al cuidado de algo. **In ~ of sb/sth,** Responsable de alguien/algo. **In/Under sb's ~,** Bajo la custodia de alguien. **Take ~ of sth,** Hacerse cargo de algo. **II.** *v* **1**. (*esp* DER) acusar (*with* de), culpar. **2**. MIL atacar, embestir, cargar; (*gun*) cargar. **3**. (*of bull*, etc) embestir. **4**. (*price*) cobrar, cargar **5**. FML encargar, encomendar. LOC **~ sth up to sb,** Cargar algo en la cuenta de alguien. **~ sb/oneself with sth,** FML Hacer(se) responsable de algo.

charge... **~·able**, *adj* (*person*) acusable (*with* de); (*debt*) que se puede cobrar (*to sb* a alguien). **~ account** *n* US = **credit account**. **charge·sheet,** *n* Br archivo *m* policial.

char·gé d'af·faires [,ʃa:ʒei dæ'feə(r)] *n* encargado *m* de negocios.

charg·er [-ə(r)] *n* MIL caballo *m* de guerra; ELECTR cargador *m*.

cha·ri·ly ['tʃeərili] *adv* cuidadosamente; parcamente.

cha·riot ['tʃæriət] *n* HIST, POET carro *m*. **~·eer** [,tʃæriə'tiə(r)] *n* auriga *m*.

cha·ris·ma [kə'rizmə] *n* (*pl* **-s** *or* **-ta**) carisma *m*. **~·tic** [,kæriz'mætik] *adj* carismático/a.

char·it·able ['tʃærətəbl] *adj* (*person*) caritativo/a; (*institution*, etc) benéfico/a; (*attitude*, etc) benévolo/a. **char·it·ably** ['tʃæritəbli] *adv* caritativamente. **char·i·ty** ['tʃærəti] *n* (*help*) caridad *f*; (*attitude*) benevolencia *f*; (*institution*) sociedad *f* de beneficencia.

char·la·dy ['tʃa:leidi] = **charwoman**.

char·la·tan ['ʃa:lətən] *n* curandero *m*; charlatán/na. **~·ism** [-izm] *n* impostura *f*, falsedad *f*.

Char·les·ton ['tʃa:lstən] *n* charlestón *m*.

char·lie ['tʃa:li] *n* Br INFML bobalicón/na, simple *m,f*.

charm [tʃa:m] **I.** *n* **1**. (*quality*) encanto *m*, atractivo *m*, gracia *f*; (*magic*) hechizo *m*. **2**. (*object*) amuleto *m*. LOC **Work like a ~,**

INFML Funcionar a la perfección. **II.** *v* encantar, atraer, seducir, conquistar; (*by magic*) hechizar. **charm·er** ['tʃrmər] *n* persona *f* seductora. **charm·ing** ['-iŋ] *adj* encantador/ra, delicioso/a; (*person*) muy simpático/a, encantador/ra.

char·nel-house ['tʃa:nl haus] *n* HIST osario *m*.

chart [tʃa:t] **I.** *n* (*of prices, temperatures*, etc) tabla *f*, cuadro *m*, gráfica *f*; NAUT carta *f* de navegación. **II.** *v* hacer un mapa de; poner en una tabla, gráfica, etc.

char·ter ['tʃa:tə(r)] **I.** *n* **1.** HIST carta *f* de privilegio, fuero *m*, concesión *f* de derechos; constitución *f*. **2.** (*of ship, plane*, etc) contratación *f* charter, vuelo *m*/viaje *m* charter. **II.** *v* conceder privilegio; COM fletar (avión, etc). ~ **flight** *n* vuelo *m* charter. **~-par·ty** *n* COM contrato *m* de flete. **char·ter·ed** ['tʃa:təd] *adj* (*engineer, accountant*,etc) diplomado/a. **char·ter·er** *n* fletador/ra.

char·wo·man ['tʃa:wumən] (*also* **charlady, char**) *n* asistenta *f*, mujer *f* de la limpieza, FML empleada *f* del hogar (*por horas*).

cha·ry ['tʃeəri] *adj* cuidadoso/a; parco/a, frugal.

chase [tʃeis] **I.** *n* **1.** persecución *f*; caza *f*, captura *f*. LOC **Give ~,** Salir en persecución (de alguien). **Give up the ~,** Dejar la persecución. **2.** (*of woman*, etc) acoso *m*, conquista *f*. **II.** *v* **1.** perseguir, dar caza a; (*woman*, etc) acosar; FIG intentar conseguir. **2.** TEC (*metals*) cincelar, grabar; (*jewels*) engastar. **chas·er** ['tʃeisə(r)] *n* **1.** perseguidor/ra; cazador/ra. **2.** DEP caballo *m* de carreras. **3.** INFML copa *f* (que sigue a una bebida más o menos fuerte o concentrada). **chas·ing** *n* persecución *f*; TEC arte *f* de cincelar.

chase... ~ **about/around, etc,** Recorrer agitadamente (*a place* un lugar). ~ **after sb,** (*esp sexually*) Ir detrás (de alguien). ~ **sb away, off, out, etc,** Echar a la fuerza. ~ **sb up,** (Br) INFML Buscar a alguien para obtener información/dinero, etc.

chasm ['kæzəm] *n* grieta *f*; GEOG sima *f*, abismo *m*; diferencia *f* abismal; FIG separación *f*.

chas·sis ['ʃæsi] *n* (*pl* ~ ['ʃæsiz]) chasis *m*; armazón *f*.

chaste [tʃeist] *adj* casto/a, virtuoso/a; (*style*) sencillo/a. **~·ly** [-li] *adv* castamente.

chast·en ['tʃeisn] *v* castigar, disciplinar; someter. **chast·en·ed** [-d] *adj* escarmentado/a. **chast·ise** [tʃæ'staiz] *v* FML castigar, azotar. **chast·ise·ment** [tʃæ'staizmənt, also 'tʃæstizmənt] *n* castigo *m*.

chast·ity ['tʃæstəti] *n* castidad *f*; (*of style*) sencillez *f*.

chas·uble ['tʃæzjubl] *n* casulla *f*.

chat [tʃæt] **I.** *n* charla *f*. **II.** *v* charlar. LOC ~ **sb up,** Br INFML Charlar con alguien para ganárselo. ~ **show** *n* (*in radio, TV*) programa *m* con entrevistas.

chat·tel ['tʃætl] *n* DER (*esp in pl*) bienes *m,pl* muebles.

chat·ter ['tʃætə(r)] **I.** *n* parloteo *m*, cotorreo *m*; (*of birds*) gorjeo *m*. **II.** *v* parlotear, cotorrear; ~ **together,** (*of teeth*) castañetear. ~ **away,** (*animals*) gorjear. **~·box** *n* parlanchín/na, cotorra *f*.

chat·ty ['tʃæti] *adj* (**-ier, -iest**) hablador/ra, charlatán/na; (*style*, etc) familiar, sencillo/a; (*letter*) lleno/a de noticias. **chat·ti·ly** *adv* locuazmente.

chauf·feur ['ʃəufə(r), US ʃəu'fɜ:r] **I.** *n* (*private*) chófer *m*. **II.** *v* hacer de chófer.

chau·vin·ism ['ʃəuvinizəm] *n* chovinismo *m*. **chau·vin·ist** ['ʃəuvinist] *n/adj* chovinista *m,f*. **chau·vin·ist·ic** [,ʃəuvi'nistik] *adj* chovinista.

cheap [tʃi:p] **I.** *adj* (**-er, -est**) **1.** barato/a, económico/a; (*price*) bajo/a. **2.** (*article*) de mala calidad, chabacano/a. **3.** (*person, words*) insincero/a, falso/a; (*action, words*) mezquino/a, bajo/a. LOC **Feel ~,** Sentirse avergonzado/humillado. **Hold sth ~,** FML Menospreciar algo. **Make oneself ~,** Rebajarse a sí mismo ante los demás. **On the ~,** INFML A bajo precio. **II.** *adv* barato. LOC **Go ~,** INFML Ser vendido a bajo precio. **cheap·en** ['tʃi:pən] *v* abaratar(se); FIG rebajar(se), humillar(se). **~·jack** ['tʃi:pdʒæk] *n* vendedor *m* callejero. **cheap·ie** ['tʃipi] *n* algo que se vende barato. **cheap·ly** ['tʃi:pli] *adv* barato; con mal gusto. **cheap·ness** ['tʃi:pnis] *n* bajo precio *m*; FIG ordinariez *f*. **~·skate** ['tʃi:pskeit] *n* US INFML mezquino/a, persona *f* despreciable.

cheat [tʃi:t] **I.** *v* (*at cards*, etc) hacer trampas, copiar (*exam*); (*to sb*) engañar, timar; ~ **on sb,** (*esp* US) Engañar al (marido, mujer, etc). ~ **sb out of sth,** Quitar algo a alguien por medio de trampas. **II.** *n* persona *f* tramposa, estafador/ra; (*trick*) trampa *f*, timo *m*. **~·ing** [-iŋ] *n* engaño *m*.

check [tʃek] **I.** *n* **1.** (*also* MED) examen *m*, revisión *f*, control *m*; (*of quality*) inspección *f*, verificación *f*. **2.** (~ **on sb**) investigación *f*, interrogatorio *m*. **3.** (*in chess*) jaque *m*. **4.** (*on plans*, etc) freno *m*, impedimento *m*; (*on speed*) paro *m*, aminoramiento *m*. LOC **Hold/Keep sth in ~,** Mantener algo a raya/bajo control. **5.** (US) = **cheque**. **6.** US (*in cloakroom*, etc) talón *m*, resguardo *m*, billete *m*. **7.** (*cloth pattern*) dibujo *m* a cuadros; tela *f*/paño *m* a cuadros. **II.** *int* (*in chess*) ¡jaque! **III.** *v* **1.** (*also* ~ **up**) examinar, controlar; MED hacer una revisión/un chequeo a; (*document*) cotejar, compulsar. **2.** (*progress, speed*, etc) frenar, detener, parar; (*laughter*, etc) contener, reprimir. **3.** (*in chess*) hacer jaque a. **4.** US (*in cloakroom*) dejar, guardar en consigna. **5.** (*also* ~ **in**) (*in hotel, airport*, etc) inscribirse, etc. a la llegada.

check... **~-in** *n* (*at airport*) control *m* de llegada, facturación *f*. **~·ing a·ccount** *n* (US), cuenta corriente. **~·list** *n* lista *f* de artículos para comprobar. **~-out** *n* (*act*) pago *m* de la cuenta; caja *f*. **~-point** *n* control *m* de frontera. **~·room** *n* US (*in hotel, theatre*, etc) guardarropía *f*, consigna *f*. **~-up** *n* revisión *f*, control *m*; MED chequeo *m*, revisión *f*.

check... ~ **sth in,** (*at airport*, etc) controlar (a la entrada). ~ **sth off,** Marcar artículo(s) (en una lista, etc). ~ **on sb,** Hacer una investigación sobre alguien. ~ **on sth,** Verificar algo. ~ **out of**..., Pagar la cuenta e irse. ~ **sth out,** (*esp* US), probar algo. **check up on sth,** verificar algo. ~ **up,** V. **check II**.1.

check·book ['tʃekbuk] *n* US = **cheque·book**.

check·ed [tʃekt] *adj* (*material*) a cuadros.

check·er ['tʃekə(r)] **I**. *n* (*in store*, etc) comprobador *m*, controlador *m*. **II**. *v* US = **che·quer**. ~**·board** *n* US = **draughtboard**. **che·ck·ers** ['tʃekəz] *n* US = **draughts**.

check·mate ['tʃekmeit] **I**. *n* (*also* **mate**) jaque *m* mate, mate *m*. **II**. *v* hacer jaque mate a; FIG acorralar.

cheek [tʃi:k] **I**. *n* mejilla *f*, carrillo *m*; INFML nalga *f*; FIG cara *f* dura, descaro *m*, frescura *f*. LOC ~ **by jowl with sb/sth,** Muy unido a alguien/algo. **Turn the other** ~, FIG Poner la otra mejilla. **II**. *v* decir impertinencias. ~**·bone** *n* pómulo *m*. **cheek·ed** [-t] *adj* (*in compounds*) de mejillas de. **cheek·i·ly** [-ili] *adv* impertinentemente. ~**·i·ness** [-nis] *n* descaro *m* frescura *f*. **cheek·y** [-i] *adj* (**-ier, -iest**) descarado/a, caradura.

cheep [tʃi:p] **I**. *n* (*of young bird*) piído *m*, pío *m*. **II**. *v* piar.

cheer [tʃiə(r)] **I**. *n* **1**. aplauso *m*, aclamación *f*. **2**. HIST alegría *f*, humor *m*. **II**. *v* **1**. vitorear a, aclamar con entusiasmo a. **2**. alegrar, animar. **3**. ~ sb on, Animar a alguien vitoreándolo. ~ **sb/sth up,** Alegrar a alguien/ algo.

cheer... ~**·ful**, *adj* alegre, animado/a. ~**·fully**, *adv* alegremente. ~**·fulness**, *n* alegría *f*, buen humor *m*. ~**·ily**, *adv* alegremente. ~**·iness**, *n* alegría *f*, animación *f*. ~**·ing**, **I**. *adj* (*news*, etc) reconfortante, esperanzador/ra. **II**. *n* vitoreo *m*, aclamación *f*, gritos *m,pl* de entusiasmo, aplausos *m,p*. ~**·leaders,** *n* (*esp* US) las que dirigen el vitoreo. ~**·less**, *adj* triste, sombrío/a. **cheer·io**, *int* Br INFML ¡adiós!, ¡hasta luego! **cheers**, *int* (*esp* Br) (*on drinking*) ¡Salud! **cheer·y**, *adj* (**-ier, -iest**) alegre, jovial; (*smile*, etc) simpático/a, acogedor/ra.

cheese [tʃi:z] **I**. *n* queso *m*. **II**. *v* INFML fastidiar, aburrir, hartar. ~**·board** *n* tabla *f* de quesos. ~**·burger** *n* hamburguesa *f* con queso. ~**·cake** *n* tarta *f* de queso; SL fotografías *f,pl* de mujeres semidesnudas. ~**·cloth** *n* (*cloth*) algodón *m* basto. ~**·paring I**. *n* tacañería *f*. **II**. *adj* tacaño/a. **chees·y** [-i] *adj* (**-ier, -iest**) parecido al queso.

chee·tah ['tʃi:tə] *n* leopardo *m* africano, chita *m*.

chef [ʃef] *n* (*in hotel*, etc) chef *m*, cocinero *m* mayor.

chem·ic·al ['kemikl] **I**. *adj* químico/a. **II**. *n* producto *m* químico. ~ **en·gi·neer** *n* ingeniero *m* químico. ~ **war·fare** *n* guerra *f* química. **chem·ist** ['kemist] *n* **1**. (US **drug·gist**) farmacéutico/a. **2**. (*expert*) químico/a. **chem·ist's (shop)** *n* farmacia *f*. **chem·is·try** ['kemistri] *n* **1**. (*study, practice*) química *f*. **2**. FIG magia *f*, transformación *f* misteriosa.

che·mise [ʃə'mi:z] *n* camisa *f* interior de mujer, vestido *m* camisero.

che·mo·the·rapy [,ki:məu'θerəpi] *n* quimioterapia *f*.

che·nille [ʃə'ni:l] *n* felpilla *f*.

che·que [tʃek] *n* (US **check**) cheque *m*, talón *m* bancario. ~**-book** *n* (US **checkbook**) talonario *m* de cheques. ~ **card** *n* tarjeta *f* de cuenta.

che·quer ['tʃekə(r)] (US **checker**) **I**. *n* (*in cloth*) dibujo *m* a cuadros. **II**. *v* marcar a cuadros. **che·quer·ed** (US **checkered**)[-d] *adj* a cuadros; FIG accidentado/a.

cher·ish ['tʃeriʃ] *v* (*esp children*) querer, cuidar; (*ideas*, etc) acariciar, abrigar.

che·root [ʃə'ru:t] *n* puro *m* (abierto por las dos puntas).

cher·ry ['tʃeri] *n* **1**. cereza *f*. **2**. (*also* **cherry tree**) cerezo *m*. **3**. (*also* **cherry red**) color *m* cereza. ~ **bran·dy** *n* aguardiente *m* de cereza.

cher·ub ['tʃerəb] *n* **1**. (*pl* **-im** ['tʃerəbim]) REL querubín *m*. **2**. (*pl* **-s**) (*child*) querube *m*; (*in art*) ángel *m*. **cher·ub·ic** [tʃi'ru:bik] *adj* (*of child*) angelical.

cher·vil ['tʃɜ:vil] *n* perifollo *m*.

chess [tʃes] *n* ajedrez *m*. ~**·board** *n* tablero *m* de ajedrez. ~**·man** ['tʃesmæn] *n* (*pl* **-men** [-men]) figura *f* de ajedrez. ~ **play·er** *n* ajedrecista *m.f*.

chest [tʃest] *n* **1**. (*furniture*) arca *f*, arcón *m*, cofre *m*; (*box*) cajón *m*. **2**. ANAT caja *f* torácica, pecho *m*, tórax *m*. LOC **Get sth off one's** ~, Desahogarse contando algo. **chest·ed** *adj* (*in compounds*) de pecho de: *Bare*-~, Con el pecho descubierto. ~**·i·ness** [-inis] *n* Br INFML congestión *f* de pecho. ~ **of drawers** (US *also* **bureau**) *n* cómoda *f*, mueble *m* de cajones. **chest·y** *adj* Br INFML con el pecho congestionado.

chest·nut ['tʃesnʌt] *n* castaña *f*; (*also* **chest·nut tree**) castaño *m*; color *m* castaño; ZOOL caballo *m* castaño; (FIG) INFML chiste *m* viejo.

chev·ron ['ʃevrən] *n* MIL galón *m*.

chew [tʃu:] **I**. *v* masticar, mascar; (*cattle*) rumiar. LOC ~ **the cud of sth,** Reflexionar sobre/Rumiar algo. ~ **the fat/rag,** Agotar un tema de conversación. ~ **sth over,** INFML Darle vueltas a una idea. **II**. *n* acto *m* de mascar; (*tobacco*, etc) lo que se mastica. ~**·ing-gum** (*also* **gum**) *n* chicle *m*.

chic [ʃi:k] **I**. *n* elegancia *f*, distinción *f*. **II**. *adj* chic.

chi·ca·ne·ry [ʃi'keinəri] *n* (*esp* DER) artimañas *f,pl*, trampas *f,pl*.

chick [tʃik] *n* **1**. polluelo *m*, cría *f*; FIG INFML chica *f*. **2**. FAM pimpollo *m*.

chick·en ['tʃikin] **I**. *n* (*as fowl*) gallina *f*, pollo *m*; (*as food*) pollo *m*; SL cobarde *m*, gallina *m*. LOC **Be no spring** ~, INFML Ya no es un/na jovencito/a. **II**. *v* (*also* ~ **out**) acobardarse. **III**. *adj* cobarde. ~**-farmer** *n* avicultor/ra. ~**-feed** *n* pienso *m* para gallinas; FIG INFML insignificancia *f*, chuchería *f*. ~**-heart·ed** *adj* cobarde, gallina. ~**-pox** *n* varicela *f.* **~-run** *n* corral *m*, gallinero *m.* **~-wire** *n* tela *f* metálica.

chick-pea ['tʃik pi:] *n* garbanzo *m.* **chick·weed** *n* BOT pamplina *f.*

chi·cle ['tʃikl] *n* BOT chicle *m.*

chic·o·ry ['tʃikəri] *n* achicoria *f*; (*leaves*) (*also* **endive**) endibia *f.*

chide [tʃaid] *v* (*pret* **chid·ed** [tʃaidid] *or* **chid** [tʃid], *pp* **chided, chid** *or* **chidden** [tʃidn]) FML, HIST reprender, increpar.

chief [tʃi:f] **I.** *n* jefe *m*, caudillo *m.* **II.** *adj* principal, más importante. **...in-chief** (*in compounds*) ... en jefe. **~·tain** ['tʃi:ftən] *n* jefe *m* de clan/tribu, cacique *m.* **chief·ly** *adv* principalmente.

chif·fon ['ʃifɔn, US ʃi'fɔn] *n* chiffon *m*, gasa *f* de seda.

chi·gnon ['ʃi:njɔn] *n* (*woman's*) moño *m.*

chil·blain ['tʃilblein] *n* sabañón *m.*

child [tʃaild] *n* (*pl* **child·ren** ['tʃildrən]) niño/a. LOC **~'s play,** FIG INFML Juego de niños/Cosa muy fácil. **~-bear·ing I.** *n* maternidad *f*; parto *m*; período *m* de fecundidad. **II.** *adj* (*woman*) fértil, fecunda; en edad de ser madre. **~-bed** *n* = **childbirth**. **~ benefit** *n* Br subsidio *m* de maternidad. **~·birth** *n* parto *m.* **~·hood** ['tʃaildhud] *n* niñez *f*, infancia *f.* LOC **A second ~,** IR La segunda infancia. **~·ish** ['tʃaildiʃ] *adj* infantil; (*in adulthood*) pueril, inmaduro/a. **~·ish·ly** *adv* puerilmente. **~·ish·ness** *n* infantilismo *m.* **~·less** *adj* (*couple, person*) sin hijos. **~-like** *adj* propio/a de un niño, ingenuo/a. **~-mind·er** *n* cuidador/ra de niños, (*by hours*) canguro *m,f.* **~-proof** *adj* (*appliance*, etc) de seguridad (a prueba de niños).

chill [tʃil] **I.** *n* frío *m*, aire *m* frío; (*illness*) enfriamiento *m*, resfriado *m*; FIG mal ambiente *m*, tristeza *f.* LOC **Take the ~ off sth,** Calentar algo ligeramente. **II.** *v* enfriar(se), refrescar(se); (*meat*, etc) refrigerar; FIG enfriar(se): *The news chilled our enthusiasm*, La noticia heló nuestro entusiasmo. LOC **~ sb to the bone/marrow,** Helar a alguien la sangre en las venas. **III.** *adj* frío/a. **~·i·ness** *n* frío *m*, frialdad *f.* **~·ing** *adj* (*story*, etc) escalofriante, horrible. **chil·ly** ['tʃili] *adj* (**-ier, -iest**) frío/a, glacial; FIG poco acogedor/ra, frío/a: *A ~ reception*, Una recepción muy fría.

chil·li (US **chili**) ['tʃili] *n* guindilla *f*, chile *m.*

chime [tʃaim] **I.** *n* carillón *m*; (*sound*) repique *m*, campanadas *f,pl.* **II.** *v* (*bells*) sonar, repicar; (*clock*) tocar la hora; FIG **~ in,** INFML Interrumpir una conversación; INFML Estar en armonía.

chi·me·ra (*also* **chimaera**) [kai'miərə] *n* (*also* FIG) quimera *f.* **chi·mer·ic·al** [kai'merikl] *adj* quimérico/a.

chim·ney ['tʃimni] *n* chimenea *f*; (*of lamp*) tubo *m* (de quinqué); (*in mountain*) cañón *m*, hendidura *f.* **~-breast** *n* campana *f* de la chimenea. **~-piece** *n* repisa *f* de la chimenea. **~-pot** *n* gorro *m* de la chimenea. **~-s·tack** *n* chimenea *f* de varios fustes. **~-sweep** (*also* **sweep**) *n* (*person*) deshollinador/ra, limpiachimeneas *m,f.*

chimp [tʃimp] *n* INFML, **chim·pan·zee** [,tʃimpən'zi:, ,tʃimpæn'zi:] chimpancé *m.*

chin ['tʃin] *n* barbilla *f*, mentón *m*, barba *f*; *Double ~*, Papada. LOC **Keep one's ~ up,** Plantar cara a un contratiempo/dificultad, etc. **~-less** *adj* de mentón hundido. **~-strap** *n* (*of helmet*, etc) tira *f* sujetadora. **~-wag** *n* Br INFML charla *f.*

chi·na ['tʃainə] *n* porcelana *f*, china *f*; (*of daily use*) loza *f*, vajilla *f.* **~-cup·board** *n* vitrina *f* para platos, etc, de porcelana.

chine [tʃain] *n* (*of animal*) espinazo *m*; (*meat*) lomo *m.*

chink [tʃiŋk] **I.** *n* **1.** grieta *f*, hendidura *f*, raja *f.* LOC **A ~ in one's armour,** Punto débil de uno. defecto *m.* **2.** (*sound*) tintineo *m* (de monedas, copas, etc), sonido *m* metálico. **4.** SL chino/a. **II.** *v* hacer tintinear/sonar.

chintz [tʃints] *n* zaraza *f*, algodón *m* de raso.

chip [tʃip] **I.** *n* **1.** (*of wood*) astilla *f*, pedacito *m*; (*of china, stone*, etc) lasca *f*, concha *f*; (*trace left*) desconchadura *f*, melladura *f*, desperfecto *m.* LOC **A ~ off the old block,** De tal palo tal astilla. **Have a ~ on one's shoulder,** FIG INFML Tener sentimientos de rencor. **2.** *gen in pl* (US **French fry**) patata *f* frita: *Fish and chips*, Pescado rebozado con patatas fritas. **3.** US = **crisp**. **4.** = **microchip**. **5.** (*in gambling*) ficha *f.* LOC **Have had one's chips,** Br SL Estar arruinado/fuera de juego. **When the chips are down,** INFML En el momento de la verdad. **II.** *v* **1.** (*wood*, etc) astillar(se), partir(se) un pedacito (de). **2.** (*china*, etc), desconchar(se); (*paint*) saltar. **3.** (*shape*) esculpir. **4.** (*potatoes*) cortar en tiras (para freír). **5.** **~ away at sth,** Arrancar pacientemente pedacitos a algo. **~ in with sth,** INFML Meterse en una conversación diciendo algo, terciar; (*money*) contribuir con. **chip... ~·board,** *n* aglomerado *m* de madera. **~·pings**, *n* (*pl*) grava *f*, gravilla *f.*

chip·munk ['tʃipmʌŋk] *n* ardilla *f* listada.

chi·po·la·ta [,tʃipə'la:tə] *n* Br salchicha *f* pequeña.

chip·py [tʃipi] *n* freiduría *f* de pescado.

chi·ro·pod·ist [ki'rɔpədist] (US **podiatrist**) *n* pedicuro *m*, podólogo *m*, callista *m.* **chi·ro·pody** [ki'rɔpədi] (US **podiatry**) *n* tratamiento *m* de las enfermedades de los pies, pedicura *f.* **chi·ro·pract·or** ['kaiərəupræktə(r)] *n* quiropráctico *m.*

chirp [tʃɜ:p] **I.** *n* gorjeo *m*, piído *m.* **II.** *v* gorjear, piar. **chir·py** ['tʃɜ:pi] *adj* (**-ier, -iest**) Br INFML alegre, contento/a.

chir·rup ['tʃirəp] = **chirp**.

chi·sel ['tʃizl] **I.** *n* (*for stone*) cincel *m*; (*for wood*) escoplo *m*, formón *m.* **II.** *v* cincelar, esculpir; FIG esculpir; SL estafar, timar. **chi·sel·ler** *n* SL timador/ra, estafador/ra, pilluelo/a.

chit [tʃit] *n* **1.** chiquillo/a: *A ~ of a girl*, (PEY) Una mujercilla. **2.** (*short*) nota *f*, recibo *m.*

chit·chat ['tʃit tʃæt] *n* INFML chismes *m,pl*, chismorreo *m*, conversación *f* superficial.
chi·val·ry ['tʃivəlri] *n* HIST caballería *f*; (*attitude*) caballerosidad *f*. **chi·val·rous** ['tʃivlrəs] *adj* HIST caballeresco/a; (*modern*) caballeroso/a.
chive [tʃaiv] *n* cebollino *m*.
chiv·vy (*also* **chivy**) ['tʃivi] *v* INFML perseguir, acosar (*sb into sth*, a alguien para que haga algo).
chlor·ide ['klɔ:raid] *n* cloruro *n*. **chlor·ine** ['klɔ:ri:n] *n* cloro *m*. **chlor·in·ate** ['klɔ:rineit] *v* desinfectar con cloro. **chlor·in·ation** [,klɔ:ri'neiʃn] *n* clorización *f*. **chlo·ro·form** ['klɔrəfɔ:m, US 'klɔ:rəfɔ:m] **I**. *n* cloroformo *m*. **II**. *v* aplicar cloroformo a. **chlo·ro·phyll** ['klɔrəfil, US 'klɔ:r-] *n* clorofila *f*.
choc [tʃɔk] *n* Br INFML = **chocolate**. **~-ice** (*also* **choc-bar**) *n* Br helado *m* de chocolate.
chock [tʃɔk] **I**. *n* cuña *f*, calza *f*. **II**. *v* calzar. **~-a-block**, **~-full** [-'ful] *adj* completamente lleno/a; (*place, city*) atestado/a.
cho·co·late ['tʃɔklət] **I**. *n* (*substance, drink*) chocolate *m*; (*sweet*) bombón *m*. **II**. *adj* de (color) chocolate.
choice ['tʃɔis] **I**. *n* **1**. elección *f*. **2**. preferencia *f*. **3**. (*range*) variedad *f*, surtido *m*, selección *f*. LOC **Of one's ~,** Del gusto de uno. **Out of/From ~,** Por libre elección. **II**. *adj* (**-er, -est**) selecto/a, escogido/a.
choir ['kwaiə(r)] *n* (*also* ARQ REL) coro *m*. **~·boy** *n* niño *m* de coro. **~·master** *n* maestro *m* de coros. **~ school** *n* orfeón *m*.
choke [tʃəuk] **I**. *n* **1**. (*act*) ahogo *m*, asfixia *f*; cierre *m*. **2**. AUT (*knob*) (estrangulador *m* del) aire *m*, stárter *m*. **II**. *v* **1**. ahogar(se), asfixiar(se); estrangular(se); (*pipe*) obstruir(se), atascar(se). **2**. **~ sth back,** Reprimir algo. **~ sth down,** Tragar algo con dificultad. **~ sb off,** INFML Reñir violentamente a alguien; Interrumpir a alguien bruscamente. **~ sth up/with sth,** Atascar, obstruir; FIG Ahogar(se) de. **chok·ed** *adj* **~ about sth,** INFML Furioso por algo. **chok·er** [-ə(r)] *n* TEC obturador *m*; (*jewelery*) gargantilla *f*.
chol·e·ra ['kɔlərə] *n* cólera *m*. **cho·ler·ic** ['kɔlərik] *adj* colérico/a.
cho·les·ter·ol [kə'lestərɔl] *n* colesterol *m*.
choose [tʃu:z] *v* (*pret* **chose** [tʃəuz], *pp* **chosen** [tʃəuzn]) elegir, escoger (*between, from*, entre); (*prefer, decide*) elegir, preferir. **choo·sy** (*also* **choo·sey**) ['tʃu:zi] *adj* (**-ier, -iest**) difícil de contentar, de gustos exigentes.
chop [tʃɔp] **I**. *n* **1**. (*with axe*, etc) golpe *m* cortante/seco. LOC **The ~,** (*esp* Br) SL Restricción/Corte; (**give sb the ~**) liquidar (a alguien). **2**. (*meat*) chuleta *f*. **II**. *v* **1**. (*with axe*, etc) cortar, tajar; Br SL (*expense, service*, etc) reducir. **2**. **~ at sth,** Dar hachazos, etc, a algo. **~ sth down,** (*tree*, etc) talar, echar abajo. **~ sth off,** cortar, tronchar. **~ one's way through sth,** Abrirse camino cortando cosas. **~ sth up,** cortar (en trozos). **3**. (*of wind*) **~ about/round,** cambiar de dirección súbitamente, virar. LOC **~ and change,** FIG Cambiar sin cesar. **~·per** *n* hacha *f*, cuchilla *f* de carnicero; INFML helicóptero *m*. **~·ping board** *n* tabla *f* para cortar. **chop·py** [-i] *adj* (**-ier, -iest**) (*of sea*) picado/a, agitado/a. **~·sticks** *n* (*for eating*) palillos *m,pl* chinos.
chor·al ['kɔ:rəl] *adj* coral; ~ *society*, Orfeón. **chor·ale** [kə'ra:l] *n* MUS coral *m*.
chord [kɔ:d] **1**. ANAT, GEOM cuerda *f*; MED cordón *m*. **2**. MUS cuerda *f*; (*notes*) acorde *m*.
chore [tʃɔ:(r)] *n* (*esp domestic*) tarea *f* pesada/ingrata.
cho·reo·graph ['kɔriəgra:f, also -græf, US 'kɔ:riəgræf] *v* hacer la coreografía de. **cho·reo·gra·pher** [,kɔri'ɔgrəfə(r), US ,kɔ:ri-] *n* coreógrafo/a. **cho·reo·gra·phic** [,kɔriə'græfic, US ,kɔ:ri-] *adj* coreográfico/a. **cho·reo·gra·phy** [,kɔri'ɔgrəfi, US ,kɔ:ri-] *n* coreografía *f*. **chor·is·ter** ['kɔristə(r), US 'kɔ:r-] *n* cantante *m,f* de un coro.
chor·tle ['tʃɔ:tl] **I**. *n* risa *f* de autosatisfacción. **II**. *v* reírse alegremente.
cho·rus ['kɔ:rəs] **I**. *n* (MUS, TEAT, in show, etc) coro *m*; (*of song*) estribillo *m*. LOC **In ~,** A la vez. **II**. *v* corear; cantar en un coro. **~-girl** *n* corista *f*.
chose, chosen *pret, pp of* **choose**.
chow [tʃau] *n* **1**. ZOOL perro *m* chao. **2**. SL comida *f*. **~·der** ['tʃaudə(r)] *n* (US) sopa *f* de pescado y verduras.
chris·ten ['krisn] *v* (*also* FIG) bautizar. **Chris·ten·dom** ['krisndəm] *n* cristiandad *f*. **~·ing** ['krisniŋ] *n* bautismo *m*; (*ceremony*) bautizo *m*. **Chris·ti·an** ['kristʃən] *adj/n* cristiano/a. ~ *name*, nombre de pila. **Chris·ti·an·ity** [,kristi'æniti] *n* cristianismo *m*.
Christ·mas ['krisməs] *n* **I**. *n* Navidad *f*. **II**. *adj* navideño/a. **~ box** *n* aguinaldo *m*. **~ card** *n* felicitación *f* de Navidad. **~ Eve** *n* Nochebuena *f*. **~-time, ~-tide** *n* Navidades *f,pl*. **~ tree** *n* árbol *m* de Navidad. **Christ·mas·sy** ['krisməsi] *adj* INFML típico/a de Navidad; navideño/a.
chro·ma·tic [krəu'mætik] *adj* (*also* MUS) cromático/a. **chrome** [krəum] *n* (*mineral*) cromo *m*; (*colour*) amarillo *m* cromo. **chro·mium** ['krəumiəm] *n* (*element*) cromo; *~-plated*, cromado/a.
chro·mo·some ['krəuməsəum] *n* cromosoma *m*.
chron·ic ['krɔnik] *adj* crónico/a; Br SL horrible, malísimo/a. **chro·ni·cle** ['krɔnikl] **I**. *n* crónica *f*. **II**. *v* escribir la crónica de. **chro·ni·cler** ['krɔniklə(r)] *n* cronista *m,f*.
chro·no·log·ic·al [,krɔnə'lɔdʒikl] *adj* cronológico/a. **chro·no·lo·gy** [krə'nɔlədʒi] *n* cronología *f*.
chro·no·me·ter [krə'nɔmitə(r)] *n* cronómetro *m*.
chry·sa·lis ['krisəlis] *n* (*pl* **-es**) crisálida *f*.
chry·san·the·mum [kri'sænθəməm] *n* crisantemo *m*.
chub [tʃʌb] *n* ZOOL cacho *m*.
chub·by ['tʃʌbi] *adj* (**-ier, -iest**) rechoncho/a, rollizo/a.
chuck [tʃʌk] **I**. *n* **1**. (*stroke*) caricia *f*, mamola *f*. LOC **Give sb/Get the ~,** INFML Despe-

dir/Ser despedido. **2.** TEC manguito *m.* **3.** (*also* **chuck steak**) bistec *m* de lomo. **II.** *v* hacer la mamola a; INFML tirar, desechar. ~ **sth in/up,** Romper con algo. ~ **sb out of sth,** INFML Sacar a alguien a la fuerza de un lugar. LOC ~ **it,** SL Dejar de (hacer una cosa, etc). ~**-er-out** [.tʃʌkər 'aut] *n* INFML (*in pub*, etc) guardián *m*, gorila *m*.

chuc·kle ['tʃʌkl] **I.** *n* risa *f* ahogada/entre dientes, risita *f.* **II.** *v* reír entre dientes/para uno mismo.

chuf·fed [tʃʌft] *adj* (**about, at**) BR SL encantado/a.

chug [tʃʌg] **I.** *n* (*of engine*) martilleo *m*, triquitraque *m.* **II.** *v* (*engine*, etc) martillear, hacer triquitraque: ~ **along, down, up, etc,** Avanzar (etc) repiqueteando.

chum [tʃʌm] INFML **I.** *n* compañero *m*, amiguete *m.* **II.** *v* hacerse muy amigo de. **chum·my** *adj* INFML muy sociable.

chump [tʃʌmp] *n* tarugo *m*; INFML zoquete *m*, majadero/a, imbécil; ~ **chop,** Lomo de carnero. LOC **Be off one's ~,** Estar loco.

chunk [tʃʌŋk] *n* pedazo *m* grande, trozo *m*; INFML cacho *m*, trozo *m*. **chun·ky** ['tʃʌŋki] *adj* (**-ier, -iest**) (*person*) robusto/a, fornido/a; (*jam*, etc) con trozos gruesos; (*sweater*, etc) grueso/a.

church ['tʃɜ:tʃ] *n* iglesia *f*, templo *m*. ~**-goer** *n* fiel *m,f*, practicante *m,f*, feligrés/sa, parroquiano/a. ~**-warden** *n* capillero *m*. ~**-yard** *n* cementerio *m*.

churl [tʃɜ:l] *n* HIST rústico/a, patán *m*. ~**-ish** *adj* tosco/a, rudo/a.

churn [tʃɜ:n] **I.** *n* (*machine*) mantequera *f.* **II.** *v* batir en una mantequera; FIG (*liquid*) revolver(se), agitar(se). LOC ~ **sth out,** INFML producir algo en gran cantidad.

chute [ʃu:t] *n* **1.** rampa *f* de caída; (*for rubbish*) vertedor *m*; TEC tolva *f*; (*in swimming pool*, etc) tobogán *m*. **2.** INFML = **parachute.**

chut·ney ['tʃʌtni] *n* (*of fruit, spices*, etc) salsa *f* picante y agridulce.

ci·ca·da [si'ka:də, US si'keidə] *n* cigarra *f.*

ci·ca·trice ['sikətris] (*also* **ci·ca·trix** ['sikətriks]) *n* (*pl* **-trices** [sikə'traisi:z]) cicatriz *f.*

ci·der ['saidə(r)] *n* sidra *f*. ~**-press** *n* lagar *m* para sidra.

ci·gar [si'ga:(r)] *n* cigarro *m*, puro *m*. **ci·gar·ette** (US *also* **ci·ga·ret**) [,sigə'rət, US 'sigərət] *n* cigarrillo *m*, cigarro *m*. ~**-case** *n* pitillera *f*, petaca *f.* ~**-hold·er** *n* boquilla *f.* ~ **pa·per** *n* papel *m* de fumar.

cinch [sintʃ] **I.** *n* **1.** (US) cincha *f.* **2.** SL cosa *f* segura; trabajo m fácil. **II.** *v* (US) cinchar.

cin·der ['sində(r)] *n* (*of coal, wood*) carbonilla *f*; *pl* cenizas *f,pl*. ~**-track** *n* DEP pista *f* de ceniza.

Cin·de·rel·la [,sində'relə] *n* (*also* FIG) Cenicienta *f.*

cine-ca·me·ra ['sini kæmərə] *n* filmadora *f*, cámara *f* de filmar. **cin·e·ma** ['sinəma:, 'sinəmə] *n* cine *m*, cinema *m*. **cin·e·mat·ic** [,sini'mætik] *adj* del cine. **cin·e·ma·to·gra·phic** [,sinəmætə'græfik] *adj* cinematográfico/a. **cin·e·ma·to·gra·phy** [,sinəmə'tɔgrəfi] *n* cinematografía *f.* **cin·e·pro·ject·or** ['sini prədʒəktə(r)] *n* proyector *m* de películas.

cin·na·mon ['sinəmən] *n* canela *f.*

ci·pher (*also* **cy·pher**) ['saifə(r)] **I.** *n* (*method*) cifra *f*, clave *f*, código *m*; (*symbol*) cero *m*; (*any number*) cifra *f*, guarismo *m*; FIG cero *m* a la izquierda. **II.** *v* cifrar.

cir·cle ['sɜ:kl] **I.** *n* **1.** círculo *m*, circunferencia *f.* **2.** TEAT (US **balcony**) anfiteatro *m.* **3.** FIG círculo *m*, medio *m*, esfera *f*; grupo *m* de amigos. **II.** *v* dar vueltas (**about/around/over sth,** alrededor de algo); (*in writing*) rodear con círculos. **circ·let** ['sɜ:klit] *n* (*for head*) adorno *m* circular, banda *f.*

cir·cuit ['sɜ:kit] *n* **1.** (*also* DEP, ELECTR) circuito *m.* **2.** (*of judge*) gira *f* de distrito. ~**-breaker** *n* cortacircuitos *m*. ~ **training** *n* DEP entrenamiento *m* de circuito. ~**-ous** [sə'kju:itəs] *adj* FML indirecto/a, que da un rodeo.

cir·cu·lar ['sɜ:kjulə(r)] **I.** *adj* circular. **II.** *n* circular *f*. ~**-ity** [,sɜ:kju'lærəti] *n* circularidad *f*. ~**-ize,** ~**-ise** ['sɜ:kjuləraiz] *v* enviar circulares a. ~ **saw** *n* sierra *f* circular/de disco.

cir·cul·ate ['sɜ:kjuleit] *v* (hacer) dar vueltas, (hacer) circular; poner(se) en circulación, divulgar(se); informar por circular. **cir·cul·ation** [,sɜ:kju'leiʃn] *n* (*also* ANAT) circulación *f*; (*of newspaper*) tirada *f*. **cir·cu·lat·ory** [,sɜ:kju'leitəri, US 'sɜ:kjələtɔ:ri] *adj* circulatorio/a.

cir·cum·cise ['sɜ:kəmsaiz] *v* circuncidar. **cir·cum·ci·sion** [,sɜ:kəm'siʒn] *n* circuncisión *f.*

cir·cum·fer·ence [sə'kʌmfərəns] *n* circunferencia *f.*

cir·cum·flex ['sɜ:kəmfleks] *n* (*also* ~ **ac·cent**) circunflejo *m*.

cir·cum·lo·cu·tion [,sɜ:kəmlə'kju:ʃn] *n* circunlocución *f.* **cir·cum·lo·cut·ory** [,sɜ:kəm'lɔkjutəri] *adj* perifrástico/a.

cir·cum·nav·ig·ate [,sɜ:kəm'nævigeit] *v* circunnavegar.

cir·cum·scribe ['sɜ:kəmskraib] *v* circunscribir. **cir·cum·scrip·tion** [,sɜ:kəm'skripʃn] *n* circunscripción *f.*

cir·cum·spect ['sɜ:kəmspekt] *adj* circunspecto/a. **cir·cum·spec·tion** [,sɜ:kəm'spekʃn] *n* circunspección *f.*

cir·cum·stance ['sɜ:kəmstəns] *n* (*esp pl*) circunstancia *f*. LOC **In/Under no circum·stances,** Bajo ningún concepto. **cir·cum·stan·tial** [,sɜ:kəm'stænʃl] *adj* circunstancial; (*description*) detallado/a.

cir·cum·vent [,sɜ:kəm'vent] *v* FML burlar, soslayar. **cir·cum·ven·tion** [,--'venʃn] *n* burla *f*, evasión *f.*

cir·cus ['sɜ:kəs] *n* circo *m*; BR (*of roads*) cruce *m*, plaza *f* circular, glorieta *f.*

cir·rho·sis [si'rəusis] *n* cirrosis *f.*

cir·rus ['sirəs] *n* (*pl* **cirri** ['sirai]) (*cloud*) nube *f.*

cis·sy, sis·sy ['sisi] *adj* afeminado, cobarde.

Cis·ter·ci·an [si'stɜ:ʃn] *adj/n* cisterciense *m,f.*

cis·tern ['sistən] *n* (*also in w.c.*) depósito *m*; tanque *m*, cisterna *f.*

cit·a·del ['sitədəl] *n* ciudadela *f*.

cite [sait] *v* (*also* DER) citar; US MIL mencionar. **ci·ta·tion** [sai'teiʃn] *n* cita *f*; DER citación *f*; US MIL mención *f*.

ci·ti·zen ['sitizn] *n* ciudadano/a; (*of city*, etc) habitante *m,f*, vecino/a. **~·ship** *n* ciudadanía *f*.

ci·tric a·cid [,sitrik 'æsid] *n* ácido *m* cítrico. **ci·tron** ['sitrən] *n* (*tree*) cidro *m*; (*fruit*) cidra *f*. **ci·trous** ['sitrəs] *adj* de los cítricos. **ci·trus** ['sitrəs] *n* cítrico *m*.

cit·y ['siti] **I**. *n* (*large*) ciudad *f*; **The City,** El centro comercial de Londres. **II**. *adj* ciudadano/a. **~ edi·tor** *n* (*in newspaper*) Br redactor/ra de finanzas; US redactor/ra de actualidad local. **~ hall** *n* Ayuntamiento *m*.

ci·vet ['sivit] (*also* **civet cat**) *n* gato *m* de Algalia; (*perfume*) algalia *f*.

civ·ic ['sivik] *adj* (*duty*, etc) cívico/a; (*of town*) municipal. **civ·ics** ['siviks] *n* ciencia *f* de los derechos y deberes del ciudadano. **ci·vies = civ·vies.**

civ·il ['sivl] *adj* civil; (*polite*) amable, cortés; DER civil. **~ de·fence** *n* defensa *f* pasiva. **~ en·gi·neer** *n* ingeniero *m* de puentes y caminos. **~·ian** [si'viliən] *n* paisano/a, civil *m,f*: *~ life*, Vida de paisano. **~·ity** [si'viləti] *n* FML cortesía *f*; civismo *m*. **~iz·ation, ~is·ation** [,sivəlai'zeiʃn, US -əli'z-] *n* civilización *f*. **~·ize, ~ise** ['sivəlaiz] *v* civilizar; educar, refinar. **~·ized, ~·ised** *n* civilizado/a; educado/a. **~ law** *n* derecho *m* civil. **~ li·ber·ty** *n* libertad *f* civil. **civ·il·ly** ['sivəli] *adv* cívicamente; educadamente. **~ mar·riage** *n* matrimonio *m* civil. **~ rights** *n* derechos *m,pl* del ciudadano. **~ ser·vant** *n* funcionario *m* del Estado. **~ Ser·vice** *n* Administración *f* pública.

civ·vies (*also* **civies**) ['siviz] *n* (*pl*) SL MIL ropa *f* de paisano.

clack [klæk] **I**. *n* (*of heels*, etc) sonido *m* seco, golpeteo *m*, repiqueteo *m*; charla *f*. **II**. *v* (hacer) repiquetear; chismorrear.

clad [klæd] **I**. pp of **clothe**. **II**. *adj* FML revestido/a, recubierto/a (*in* de). **~·ding** [klædiŋ] (*in building*, etc) revestimiento *m*.

claim [kleim] **I**. *n* **1**. (*to obtain sth*) petición *f*, reclamación *f*. **2**. (*right*) pretensión *f*, aspiración *f*. **3**. DER demanda *f*, pleito *m*. **4**. reivindicación *f*. LOC **Lay ~ to sth,** Reclamar (posesión, etc). **II**. *v* **1**. pedir, solicitar, exigir; (*ownership*, etc) reclamar. **2**. **~ for sth,** pedir, solicitar. **3**. (*state, declare*) afirmar, pretender. **4**. (*of disaster*, etc) cobrarse. LOC **~ sth back,** Reclamar la devolución de algo. **~·ant** ['kleimənt] *n* DER demandante *m,f*; (*to throne*) pretendiente/a.

clair·voy·ance [kleə'vɔiəns] *n* clarividencia *f*; doble visión *m*. **clair·voy·ant** [kleə'vɔiənt] **I**. *adj* clarividente. **II**. *n* vidente *m,f*.

clam [klæm] **I**. *n* almeja *f*. **II**. *v* ir a pescar almejas; **~ up,** INFML callarse, cerrarse como una almeja.

clam·ber ['klæmbə(r)] **I**. *v* trepar (*over* por), subir gateando. **II**. *n* escalada *f*, subida *f*.

clam·my ['klæmi] *adj* húmedo/a, viscoso/a, frío/a. **clam·mi·ness** [-nis] *n* viscosidad *f*, humedad *f*.

clam·our (US **clamor**) ['klæmə(r)] **I**. *n* griterío *m*, clamor *m*; (**~ for sth**) petición *f*, clamor *m*. **II**. *v* vociferar; (**~ for sth**) clamar por. **clam·or·ous** ['klæmərəs] *adj* FML suplicante, vociferante.

clamp [klæmp] **I**. *n* **1**. (*also* **cramp**) abrazadera *f*, grapa *f*. **2**. (*carpentry*) tornillo *m* de banco, cárcel *f*. **3**. AGR montón *m*. **II**. *v* sujetar con abrazadera; agarrar con fuerza. LOC **~ down on sb/sth,** INFML Sofocar. **~-down** *n* política *f* restrictiva, reducción *f*.

clan [klæn] *n* (*also* FIG, INFML) clan *m*. **~·nish** *adj* (PEY) exclusivista *m,f*, cerrado/a. **~s·man, ~s·wo·man** *n* miembro *m,f* de un clan.

clan·des·tine [klæn'destin] *adj* FML clandestino/a.

clang [klæŋ] **I**. *n* sonido *m* metálico, chirrido *m*; (*of bell*) tañido *m*. **II**. *v* (hacer) rechinar/chirriar. **clang·er** ['klæŋə(r)] *n* Br INFML error *m*, plancha *f*. LOC **To drop a ~,** meter la pata. **clang·our** (US **clangor**) ['klæŋə(r), 'klæŋgə(r)] *n* estruendo *m*, clamor *m*. **~·or·ous** ['klæŋərəs, 'klæŋgərəs] *adj* estruendoso/a.

clank [klæŋk] **I**. *n* chirrido *m*, sonido *m* de cadenas. **II**. *v* chirriar.

clap [klæp] **I**. *n* **1**. palmada *f*; aplauso *m*; (*of thunder*) estampido *m*. **2**. MED SL gonorrea *f*. **II**. *v* aplaudir, dar palmadas; dar golpes con. **~ sb on sth,** Dar palmadas a alguien en. LOC **~ hold of sb/sth,** Agarrar rápidamente a alguien/algo. **~ sb into jail,** INFML Poner de patitas en la cárcel. **~ sth on sth,** INFML Añadir un suplemento al precio de algo. **Be clapped out,** Br INFML Estar acabado. **~·board** ['klæpbɔ:d, US 'klæbɔ:d] *n* (US) tabla *f* de chilla. **~·per** ['klæpə(r)] *n* badajo *m*. **~·ping** *n* aplausos *m,pl*. **~-trap** *n* palabrería *f*.

cla·ret ['klærət] *n, adj* vino *m* tinto.

cla·ri·fy ['klærifai] *v* (*doubt*, etc) aclarar; (*fat*, etc) clarificar. **cla·ri·fic·ation** [,klærifi'keiʃn] *n* aclaración *f*.

cla·rion ['klæriən] *adj* (*sound*, FIG) claro/a, estridente. **cla·ri·ty** ['klærəti] *n* claridad *f*; (*of mind*) lucidez *f*.

cla·ri·net [,klærə'net] *n* clarinete *m*. **~·tist** (*also* **clarinetist**) *n* clarinetista *m,f*.

clash [klæʃ] **I**. *n* (*sound*) estruendo *m*; (*contact*) colisión *f*; FIG desacuerdo *m*; (*of hours*, etc) coincidencia *f*, choque *m*; (*of colours*) desavenencia *f*. **II**. *v* chocar con estruendo; (*armies*) luchar; FIG estar en desacuerdo; (*dates*, etc) coincidir; (*colours*, etc) no entonar.

clasp [kla:sp, US klæsp] **I**. *n* (*device*) broche *m*, cierre *m*, hebilla *f*; (*of hands*) apretón *m*; (*of body*) abrazo *m*. **II**. *v* abrochar(se), cerrar(se); (*with hand*) apretar, estrechar; (*with body*) abrazar. **~-knife** *n* navaja *f*.

class [kla:s, US klæs] **I**. *n* clase *f*; INFML calidad *f*, distinción *f*. LOC **In a ~ of one's/its own,** De mejor calidad que los demás. **II**. *v* clasificar; calificar. ~-**cons·ci·ous** *adj* consciente de su clase social. ~-**cons·ci·ous·ness** *n* conciencia *f* de clase. ~-**feel·ing** *n* animosidad *f* entre clases sociales. ~·**less** *adj* (*society*, etc) sin clases. ~-**mate** *n* (*at school*) compañero/a de clase. ~-**room** *n* aula *f*, clase *f*. ~ **strug·gle** (*also* ~ **war**) *n* lucha *f* de clases. **clas·sy** ['kla:si, US 'klæsi] *adj* (**-ier, -iest**) INFML de gran calidad, muy bueno/a, muy fino/a.

clas·sic ['klæsik] **I.** *adj* clásico/a. **II.** *n* clásico/a. **clas·sic·al** ['klæsikl] *adj* (*studies*) de la antigüedad; (MUS, *style*) clásico/a. **clas·sic·ism** ['klæsisizəm] *n* clasicismo *m*. **clas·sic·ist** ['klæsisist] *n* (*also expert*) clasicista *m,f*.

clas·si·fic·ation [,klæsifi'keiʃn] *n* clasificación *f*. **clas·si·fi·able** ['klæsifaiəbl] *adj* clasificable. **clas·si·fied** ['klæsifaid] *adj* clasificado/a; (*information*, etc) secreto/a. ~ **ad·vert·ise·ments** (*also* ~ **ads** [ædz], US **want ads**) *n,pl* (*in news- paper*) anuncios *m,pl* por palabras. **clas·si·fy** ['klæsifai] *v* clasificar.

clat·ter ['klætə(r)] **I.** *n* (*of plates*, etc) ruido *m*, martilleo *m*, tintineo *m*, estruendo *m*; (*of voices*, etc) griterío *m*, confusión *f*. **II.** *v* (*knives*, etc) (hacer) chocar; ~ **across/down, etc,** Pasar/Bajar, etc, con mucho ruido.

clause [klɔ:z] *n* (*in document*) cláusula *f*; GRAM oración *f*.

claus·tro·pho·bia [,klɔ:strə'fəubiə] *n* claustrofobia *f*. **claus·tro·pho·bic** [,klɔ:strə'fəubik] *adj* claustrofóbico/a; (*person*) que padece claustrofobia.

clav·i·chord ['klævikɔ:d] *n* clavicordio *m*.

clav·i·cle ['klævikl] *n* clavícula *f*.

claw [klɔ:] **I.** *n* (*of animal*) garra *f*, uña *f*; (*of feline*) zarpa *f*; (*of lobster*) pinza *f*; TEC gancho *m*, garfio *m*; (*carpentry*) arrancaclavos *m*; FIG PEY mano *f*. LOC **Get one's claws into sb,** INFML Echarle el guante a alguien. **II.** *v* echar/clavar la(s) garra(s)/zarpa(s), etc, (*at sb/sth* a/en alguien, algo. LOC ~ **sth back,** FIG (*of government*) Recuperar mediante impuestos. ~-**back** *n* recuperación *f*. ~-**ham·mer** *n* martillo *m* sacaclavos.

clay [klei] *n* arcilla *f*, barro *m*. ~·**ey** [kleii] *adj* arcilloso/a. ~ **pi·geon** *n* DEP pichón *m* de barro. ~ **pipe** *n* pipa *f* de arcilla.

clean [kli:n] **I.** *adj* (**-er, -est**) **1**. (*of dirt*) limpio/a; (*of impurities*) puro/a. **2**. (*not used*) nuevo/a, sin usar. **3**. (*cut, line*, etc) nítido/a, bien definido/a; (*object*) bien diseñado/a, proporcionado/a, de línea elegante, simétrico/a. **4**. DEP (*blow*, etc) limpio/a. LOC **A ~ sheet/slate,** FIG Un historial limpio. **Make a ~ sweep of sth,** FIG Hacer una limpieza a fondo de algo; DEP Ganar todos los partidos. **II.** *adv* completamente. LOC **Come ~ with sb about sth,** Confesar algo a alguien. **III.** *v* **1**. limpiar(se); (*floors*, etc) fregar, lavar; (*teeth*) lavar; (*shoes*) limpiar. **2**. ~ **sth down,** Dejar limpio algo. ~ **sth off sth,** Quitar algo de una cosa limpiándola. ~ **oneself up,** INFML Lavarse/Quitarse la suciedad. ~ **sth up,** FIG Hacer una limpieza de algo.

clean... ~-**cut**, *adj* (*profile*, etc) bien definido/a; (*person*) aseado/a, bien parecido/a. ~·**er**, *n* (*person*) trabajador/ra de la limpieza; (*woman, domestic*) asistenta *f*, mujer *f* de la limpieza; (*product*) limpiador *m*; (*esp* **cleaners**) tintorería *f*. LOC **Take sb to the cleaners,** INFML Estafar a alguien; Criticar a alguien. ~·**ing**, *n* (*act*) limpieza *f*; desengrase *m*. ~-**limbed**, *adj* esbelto/a, bien formado/a. ~·**liness**, *n* (*quality*) limpieza *f*, aseo *m*. **clean·ly** ['kli:nli], **I.** *adv* de modo limpio; con habilidad, diestramente. **II.** *adj* (**-ier, -iest**) aseado/a, limpio/a. ~-**shaven**, *adj* (*of men*) afeitado, sin barba ni bigote. ~-**up**, *n* (*of place, person*) limpieza *f* a fondo; limpieza *f* (de delincuentes).

cleanse ['klenz], *v* limpiar, hacer una limpieza a fondo de; FIG depurar. **cleans·er** [-ə(r)], *n* limpiador *m*, detergente *m*.

clear [kliə(r)] **I.** *adj* (~·**er** [kliərə(r)], **-est** ['kliərist]) **1**. (*air, water*, etc) claro/a, limpio/a; (*voice, sound*) nítido/a, claro/a. **2**. (*problem, case, person*) claro/a, sin confusión; (*person*) seguro/a, convencido/a. **3**. (*free from obstacles*) libre, sin impedimentos: *The road was ~*, No pasaba nadie por la carretera. **4**. ~ **of sb/sth,** alejado/a de. **5**. (*complete*) entero/a, completo/a; (*profit*) neto/a: *A ~ profit*, Un beneficio neto. LOC **As ~ as a bell,** Perfectamente audible. **As ~ as day,** Tan claro como el agua. **As ~ as mud,** Muy poco claro. **In the ~,** INFML Libre de toda sospecha/temor, etc. **Make oneself ~,** Decir algo sin ambages. **Make sth ~ to sb,** Hacer entender algo a alguien. **II.** *adv* **1**. de forma clara. **2**. completamente. **3**. totalmente aparte. LOC **Keep/Stay ~ of sb/sth,** No relacionarse con/Mantenerse apartado de. **III.** *v* **1**. (*surface, place*, etc) despejar, (*of people*) desalojar; (*of snow, mud*, etc) (*also computer screen*) limpiar, vaciar. **2**. (*of air, water*) hacerse transparente; (*of weather, sky*) despejarse, aclararse. **3**. (*pass, jump*, etc) pasar sin tocar, atravesar, etc. **4**. (*debt*) liquidar, saldar; (*cheque*) hacer efectivo; (*throat*) aclarar; (*of goods*) pasar por (aduana, etc); (*to plane, ship*, etc) dar permiso para salir; (*to person, book*, etc) dar el visto bueno, permitir salir; (*money*) ganar, sacar en limpio. **5**. FIG librar, liberar. **6**. ~ **away,** (*of smoke*, etc) irse, desaparecer; ~ *sth away*, quitar algo de en medio. ~ **sth off,** Liquidar algo del todo. ~ **out of**... INFML Largarse rápidamente de... ~ **sth out,** Limpiar/Vaciar algo de enredos, etc. ~ **up,** (*weather*) aclarar; (*illness*, etc) desaparecer, mejorar. ~ **sth up,** (*place*) limpiar, arreglar; (*doubt*, etc) aclarar, resolver.

clear... ~·**ance**, *n* **1**. (*act*) despeje *m*; DEP despeje *m*; ~ *sale*, liquidación de género. **2**. (*for passing under*) espacio *m* libre; TEC espacio *m* muerto. **3**. (*document*) despacho *m* de aduana, autorización *f*; COM (*of cheque*) negociación *f*; (*of security*) acreditación *f*, permiso *m*. ~-**cut**, *adj* claro/a, nítido/a. ~-**headed**, *adj* perspicaz, inteligente. ~·**ing** *n* (*in forest*) claro *m*. ~·**ing bank** *n* COM banco *m* de liquidación. ~·**ing house,** *n* COM cámara *f* de compensación. ~·**ly** [-li], *adv* claramente. ~·**ness** [-nis], *n* claridad *f*, limpieza *f*, transparencia *f*; FIG perspicacia *f*. ~-**sighted,** *adj* de buena visión; perspicaz. ~·**way,** *n* Br carretera *f* con prohibición de aparcar.

cleat [kli:t] *n* listón *m*; cuña *f*; (*of boot*, etc) tachuela *f*.

cleav·age ['kli:vidʒ] *n* (BIOL, POL, etc) división *f*; (*in rock, wood*) hendedura *f*; INFML (*in woman's bodice*) escote *m*. **cleave** [kli:v] *v* **1**. (*pret* **cleaved** [kli:vd], **clove** [kləuv] *or* **cleft** [kleft], *pp* **cleaved, cloven** ['kləuvn] *or* **cleft**) partir(se), dividir(se), hender(se). LOC **Be caught in a cleft stick,** FIG Estar entre la espada y la pared. **2**. (*pret* **cleaved** [kli:vd] *or* **clave** [kleiv], *pp* **cleaved**) HIST ~ **to sb/sth,** adherirse. **cleav·er** ['kli:və(r)] *n* cuchilla *f* de carnicero.

clef [klef] *n* MUS clave *f*.

cleft [kleft] **I**. *pret*, *pp* of **cleave 1**. **II**. *n* hendedura *f*, grieta *f*. ~ **palate** *n* paladar *m* hendido.

clem·ent ['klemənt] *adj* FML clemente; (*weather*) benigno. **clem·ency** ['klemənsi] *n* FML clemencia *f*.

clench [klentʃ] *v* (*fist, jaw, teeth*, etc) apretar con fuerza, cerrar.

cler·gy ['klɜ:dʒi] *n* clero *m*. ~·**man** ['klɜ:dʒimən] *n* (*pl* **-men** [-mən]) clérigo *m*, pastor *m* protestante, sacerdote *m* anglicano. **cler·ic** ['klerik] *n* clérigo *m*. **cler·ic·al** ['klerikl] *adj* eclesiástico/a, clerical; (*of clerk*) de oficina, oficinista; ~ *error*, Error de copia; ~ *work*, Trabajo de oficina.

clerk [kla:k, US klɜ:k] **I**. *n* oficinista *m,f*, empleado/a; (*of town*) secretario *m* del ayuntamiento; US dependiente/a, (*also* **desk clerk**) recepcionista *m,f* (de hotel). **II**. *v* US trabajar de dependiente/a.

cle·ver ['klevə(r)] *adj* (**-er** ['klevərə(r)], **-est** ['klevərist]) inteligente, listo/a; (*with hands*, etc) hábil, diestro/a, experto/a; INFML tramposo/a. ~-**clever** *adj* INFML PEY listillo/a, que se pasa de listo/a. ~ **Dick** *n* INFML PEY sabelotodo *m,f*. **cle·ver·ly** [-li] *adv* hábilmente. ~·**ness** [-nis] *n* habilidad *f*; inteligencia *f*, ingenio *m*.

clew [klu:] **I**. *n* NAUT puño *m*; US = **clue**. **II**. *v* NAUT cargar.

cli·ché ['kli:ʃei, US kli:'ʃei] *n* frase *f* hecha, lugar *m* común, cliché *m*.

click [klik] **I**. *n* golpe *m* seco, clic *m*; (*sound*) chasquido *m*. **II**. *v* hacer un chasquido/tic; hacer chasquear; cerrar(se) con un clic: ~ *into place*, (*of device*, etc) Ajustarse con un clic. LOC ~ **with sb,** Br INFML Hacerse rápidamente amigo de alguien; enamorarse. **Then it clicked**, Entonces me di cuenta.

cli·ent ['klaiənt] *n* cliente *m,f*. ~·**ele** [,kli:ən'tel, US ,klaiən'tel] *n* clientela *f*.

cliff [klif] acantilado *m*. ~-**hanger** *n* historia *f*/filme *m*, etc, de mucho suspense.

cli·mac·ter·ic [klai'mæktərik] *n* climaterio *m*. **cli·mac·tic** [klai'mæktik] *adj* culminante.

cli·mate ['klaimit] *n* clima *m*; FIG ambiente *m*. **cli·ma·tic** [klai'mætik] *adj* climático/a. **cli·ma·to·logy** [,klaimə'tɔlədʒi] *n* climatología *f*.

cli·max ['klaimæks] **I**. *n* punto *m* culminante, clímax *m*; orgasmo *m*. **II**. *v* culminar (*in/with sth*, en algo); llegar a un clímax.

climb [klaim] **I**. *v* subir (a/por), trepar (a/por); (*mountain*, etc) escalar; FIG trepar, escalar; (*prices*) subir. LOC ~ **down over sth,** INFML Desdecirse. **II**. *n* subida *f*, ascenso *m*; (*also* FIG) escalada *f*. ~-**down** *n* (*of error*) rectificación *f*, reconocimiento *m*. **climb·er** *n* alpinista *m,f*, escalador/ra; BOT trepadora *f*, enredadera *f*; INFML arribista *m,f*. **climb·ing** ['klaimiŋ] *n* alpinismo *m*, montañismo *m*. ~ **frame** *n* (*for children*) estructura *f* para trepar.

clime [klaim] *n* POET clima *f*; zona *f*.

clinch [klintʃ] **I**. *n* abrazo *m*, agarrón *m*; (*in boxing*) lucha *f* cuerpo a cuerpo; TEC clavo *m* remachado. **II**. *v* (*nail*) remachar; (*problem*, etc) resolver; (*in boxing*) luchar cuerpo a cuerpo. LOC ~ **a deal**, cerrar un trato/negocio. **clinch·er** [-ə(r)] *n* INFML argumento *m* concluyente.

cling [kliŋ] *v* (*pret, pp* **clung** [klʌŋ]) adherirse (*on to sb/sth* a alguien/algo); quedarse pegado (a); FIG (*to idea*, etc) aferrarse, (*to sb*) estar pegado a las faldas de. ~·**ing** *adj* (*dress*, etc) pegado/a; (*person*) enganchoso/a. **clin·gy** *adj* INFML (*child*, etc) que siempre se engancha a alguien.

clin·ic ['klinik] *n* clínica *f*. **clin·ic·al** ['klinikl] *adj* clínico/a. **clin·ic·al·ly** *adv* clínicamente.

clink [kliŋk] **I**. *n* **1**. (*of glass, metal*) tintineo *m*, tintín *m*, ruido *m* metálico. **2**. SL chirona *f*, cárcel *f*. **II**. *v* (hacer) sonar, (hacer) tintinear; (*glasses*) chocar. **clink·er** ['kliŋkə(r)] *n* escoria *f* de hulla.

clip [klip] **I**. *n* **1**. sujetapapeles *m*, clip *m*; (*for hair*) pinza *f*, clip *m*; (*of jewel*) broche *m*, cierre *m*. **2**. (*act*) tijeretazo *m*, corte *m*; (*of wool*) esquileo *m*; lana *f* esquilada; (*of film*, etc) corto *m*; INFML bofetón *m*, golpe *m*. LOC **At a fair/good, etc, ~,** INFML A buena velocidad. **II**. *v* **1**. sujetar con un clip, pinza, etc; cerrar, abrochar. **2**. (*with scissors*, etc) cortar, recortar; (*wool, fur*) esquilar; (*ticket*) taladrar; (*words, syllables*) acortar, comerse; INFML golpear. LOC ~ **sb's wings,** FIG Cortar las alas a alguien. ~·**board** *n* tablón *m* de anuncios con sujetapapeles. ~-**clop** *n* sonido *m* de cascos de caballos. ~-**joint** *n* (*night-club*, etc) local *m* de precios abusivos. ~-**on** *n/adj* (adorno, pendiente, etc) de clip. ~·**per** ['klipə(r)] *n* **1**. *esp pl* cortadora *f* (de setos, etc); (*for nails*) cortaúñas *m*. **2**. NAUT clíper *m*. ~·**ping** *n* recorte *m* (de periódico, etc).

clique [kli:k] *n* pandilla *f*, peña *f*; grupo *m*. **cli·quy** (*also* **cli·quey, cli·quish**) *adj* elitista.

clit·o·ris ['klitəris] *n* clítoris *m*. **clit·o·ral** ['klitərəl] *adj* del clítoris.

cloak [kləuk] **I**. *n* capa *f*, manto *m*; FIG pretexto *m*. **II**. *v* encapotar; (*also* FIG) cubrir (*in sth* con algo), tapar. **~-and-dag·ger** *adj* (*story*, etc) de intriga, de espionaje. **~-room** ['kləukrum] *n* guardarropa *m*; (*railway station*) consigna *f*; Br (*euph*) lavabo *m*, aseos *m,pl*.

clob·ber ['klɔbə(r)] **I**. *n* Br INFML ropa *f*, indumentaria *f*. **II**. *v* INFML aporrear, golpear; FIG dar una paliza a; criticar.

clock [klɔk] **I**. *n* reloj *m*, cronómetro *m*. LOC **Round the ~,** Día y noche. **Work against the ~,** Trabajar a contra reloj. **II**. *v* cronometrar; (*speed*) registrar; (*in work*) fichar. **~ in,** entrar al trabajo; **~ off,** terminar/salir del trabajo. LOC **~ sb one,** Br INFML Dar una bofetada a alguien. **~-face** *n* esfera *f* de reloj. **~·wise** *adj/adv* (que va) en la dirección de las manecillas del reloj. **~·work** ['klɔkwɜ:k] *n* mecanismo *m* de relojería.

clod [klɔd] *n* (*of earth*) terrón *m*. **~·hop·per** ['klɔdhɔpə(r)] *n* INFML patán *m*, zoquete *m*.

clog [klɔg] **I**. *n* zueco *m*, chanclo *m*. **II**. *v* (*pipes*, etc) bloquear(se), taponar(se).

clois·ter ['klɔistə(r)] **I**. *n* claustro *m*. **II**. *v* enclaustrar(se), recluir(se).

clone [kləun] *n* clónico *m*.

close I. [kləus] *adj* **(-r, -st) 1**. (*in space*) cercano/a, próximo/a: *~ together*, Muy juntos. **2**. (*print, weave*, etc) compacto/a, denso/a. **3**. (*competition*, etc) reñido/a. **4**. (*relationship*) íntimo/a, estrecho/a; (*resemblance*) notable. **5**. (*study*, etc) completo/a, detallado/a, riguroso/a; (*translation*) fiel, exacto/a; (*person*) tacaño/a, reservado/a. **6**. (*weather*) pesado/a, sofocante; (*room*, etc) poco ventilado/a. **7**. (*vowel*) cerrado/a. LOC **A ~ call,** INFML Un desastre evitado. **A ~ shave,** Accidente evitado por pelos. **Keep a ~ eye on sb/sth,** Vigilar algo/a alguien atentamente. **Keep/Lie ~,** Mantenerse oculto. **II**. [kləus] *adv* cerca, a poca distancia. LOC **~ by sb/sth,** Muy cerca de. **~ on,** A punto de: *She is ~ on fifty*, Se acerca a los cincuenta. **~ up to sth,** Muy arrimado a algo. **Run sb/sth ~,** Ser muy parecido/cercano a. **III**. [kləus] *n* recinto *m*, cercado *m*; patio *m* interior. **IV**. [kləuz] *n* fin *m*, conclusión *f*. LOC **Bring sth to a ~,** Concluir algo. **Draw to a ~,** Terminarse una cosa. **V**. [kləuz] *v* **1**. cerrar(se). **2**. (*speech, act*, etc) terminar(se), cerrar(se); (*difference, gap*) acortar(se). LOC **A closed book,** FIG Un libro cerrado. **Behind closed doors,** A puerta cerrada. **~ a deal with sb,** Cerrar un pacto/acuerdo con alguien. **~ the ranks,** MIL Cerrar filas.

close... **~ around/ round/over sb/sth,** Estrecharse alrededor de. **~ down,** (*shop, firm*) Cerrar(se). **~ in,** (*days*) Acortarse. **~ in on sb/sth,** Aproximarse a; Rodear/Cercar a alguien/algo. **~ up,** (*wound*) Cicatrizarse; (*shop*, etc) Cerrar durante un tiempo; (*people*) Estrecharse.

close... **~-cropped** (*also* **close-cut**), *adj* (*of hair*) al rape. **~-down**, *n* (*of factory*, etc) cierre *m* definitivo. **~-fitting**, *adj* (*dress*, etc) ajustado/a, ceñido/a. **~-knit,** *adj* (*group*, etc) muy unido/a, homogéneo/a. **~-run,** *adj* (*contest*, etc) reñido/a. **~ season,** *n* época *f* de veda. **~-set**, *adj* (*eyes, teeth*, etc) muy juntos. **~-up**, *n* (*in film*, etc) primer plano *m*.

clos·ed ['kləust] *adj* (*person*) estrecho/a de miras; (*group, society*, etc) cerrado/a. *~ season*, (*in hunting*) época *f* de veda. **close·ly,** ['kləusli] *adv* (*objects*) muy juntos; (*watching*) atentamente; íntimamente. **close·ness,** ['kləusnis] *n* (*in space*) proximidad *f*, cercanía *f*; (*of friendship*) intimidad *f*, unión *f*; (*of weather*) opresión *f*, agobio *m*; (*of translation*) fidelidad *f*; (*meanness*) tacañería *f*.

clos·et ['klɔzit] **I**. *n* (US) armario *m*, alacena *f*. **II**. *adj* secreto/a, oculto/a. **III**. *v* encerrar(se) en secreto (*with sb* con alguien). **clos·ing** ['kləusiŋ] *n* fin *m*; cierre *m*. *~ time*, (*of shops*, etc) hora de cierre. **clos·ure** ['kləuʒə(r)] *n* cierre *m*; (*of session*, etc) fin *m*, conclusión *f*; (*Parl*) clausura *f*.

clot [klɔt] **I**. *n* (*in liquid*) grumo *m*; (*in blood*) coágulo *m*; Br INFML zopenco *m*, bruto *m*. **II**. *v* formar(se) grumos, cuajar(se); coagular(se).

cloth [klɔθ, US klɔ:θ] *n* (*pl* **-s** [klɔs, US klɔ:ðz]) paño *m*, tela *f*; trapo *m*; **the ~,** REL el clero. **clothe** [kləuð] *v* vestir(se) (*in sth* de/con algo); FIG revestir(se) (*in* de), cubrir(se). **clo·thes** [kləuðz, US kləuz] *n pl* ropa *f*, traje *m*, (*woman's*) vestidos *m,pl*; (*bedclothes*) ropa *f* de cama; *In plain ~*, En traje de paisano. **~-bas·ket** *n* cesto *m* de la colada. **~-brush** *n* cepillo *m* para la ropa. **~-hang·er** *n* percha *f*. **~-horse** *n* (*device*) tendedor *m* de ropa. **~-li·ne** *n* cuerda *f* para tender la ropa. **~-peg** (US **~-pin**) *n* pinza *f*. **cloth·ing** ['kləuðiŋ] *n* ropa *f*, vestidos *m,pl*; *~ trade* Industria del vestido.

clo·ture ['kləutʃə(r)] *n* (US) = **closure**.

cloud [klaud] **I**. *n* nube *f*; FIG sombra *f*. LOC **Every ~ has its silver lining,** No hay mal que por bien no venga. **On ~ nine,** INFML Estar muy contento. **Under a ~,** FIG En desgracia. **II**. *v* nublar(se), oscurecer(se); FIG enturbiar, entorpecer. LOC **~ over,** FIG Ensombrecerse, entristecerse. **~-bank** *n* capa *f* de nubes. **~-burst** *n* chaparrón *m*. **~·i·ness** [-inis] *n* (*quality*) nubosidad *f*; (*of liquid*, FIG) turbiedad. **~·less** [-inis] *adj* despejado/a. **clou·dy** [-i] *adj* **(-ier, -iest)** nuboso/a; (*liquid*) turbio/a.

clout [klaut] *n* INFML **I**. *n* bofetón *m*, tortazo *m*; INFML influencia *f*, poder *m*. **II**. *v* dar un porrazo a.

clove [kləuv] **I**. *pret of* **cleave**. **II**. *n* (*spice*) clavo *m*; (*of garlic*) diente *m*. **~ hitch** ['kləuv hitʃ] *n* (*knot*) ballestrinque *m*. **clov·en** *pp of* **cleave**.

clo·ver ['kləuvə(r)] *n* trébol *m*. LOC **Be in ~,** INFML Nadar en la abundancia. **~-leaf** *n* (*pl* **-leafs** *or* **-leaves** [li:vz]) hoja *f* de trébol; AUT cruce *m* en trébol.

clown [klaun] **I**. *n* (*also* FIG) payaso *m*, clown *m*. **II**. *v* hacer el payaso. **~-ish** [-iʃ] *adj* de/como un payaso.

cloy [klɔi] *v* FML empalagar. **~·ing** [-iŋ] *adj* empalagoso/a.

club [klʌb] **I.** *n* **1.** club *m.* LOC **In the ~,** Br SL Embarazada. **2.** (*stick*) porra *f*, cachiporra *f*; DEP palo *m* de golf/hockey; (*in cards*) *pl* tréboles *m,pl.* **II.** *v* **1.** ~ **together (to do sth),** pagar a escote. **2.** (*with stick*, etc) aporrear. **~ car** *n* US (*in train*) vagón *m* de primera (con bar, etc). **~-foot** *n* (*from birth*) pie *m* torcido. **~-foot·ed** *adj* de pies zopos.

cluck [klʌk] **I.** *n* (*of hen*) cloqueo *m*, cacareo *m.* **II.** *v* cloquear, cacarear.

clue [klu:] **I.** (US *also* **clew**) *n* (*of mistery, secret*, etc) pista *f*, indicio *m.* **II.** *v* **~ sb up (on sth),** informar debidamente a alguien (sobre algo). **~·less** ['klu:lis] *adj* INFML estúpido/a, poco hábil.

clump [klʌmp] **I.** *n* **1.** (*of trees*) grupo *m*, conjunto *m*; (*of plant*) mata *f.* **2.** (*sound*) pisada *f* fuerte, paso *m* ruidoso. **II.** *v* **1.** (*plants, objects*) agrupar, juntar. **2.** dar pisadas fuertes.

clum·sy ['klʌmzi] *adj* (**-ier, -iest**) (*person*) torpe, desmañado/a; (*of tool, furniture*, etc) incómodo/a; (*speech, apology*, etc) torpe. **clum·si·ly** [-li] *adv* torpemente; toscamente. **clum·si·ness** [-nis] *n* torpeza *f*, tosquedad *f.*

clung [klʌŋ] V. **cling.**

clunk [klʌŋk] **I.** *n* sonido *m* metálico sordo. **II.** *v* producir un ruido sordo de metales.

clus·ter ['klʌstə(r)] **I.** *n* (*of berries, flowers*, etc) racimo *m*; (*of people, things*, etc) grupo *m*, conjunto *m.* **II.** *v* agruparse.

clutch [klʌtʃ] **I.** *n* **1.** (*act*) apretón *m*, agarrón *m*; *pl* FIG garras *f,pl*, manos *f,pl.* **2.** AUT, TEC embrague *m*; pedal *m* del embrague; *Let in/out the ~,* Embragar/Desembragar. **3.** ZOOL nidada *f*; pollada *f.* **II.** *v* (**at**) agarrar (con las manos).

clut·ter ['klʌtə(r)] **I.** *n* PEY (*of objects*, etc) desorden *m*, confusión *f*, desbarajuste *m.* **II.** *v* llenar de trastos/desorden, etc.

Co *abrev* **1.** COM = **company. 2.** = **county.**

c/o [,si: 'əu] *abrev* (*in letters*, etc) = **care of.**

coach [kəutʃ] **I.** *n* **1.** autobús *m*, autocar *m*; (*in train*) vagón *m*; HIST carroza *f*, diligencia *f*, coche *m.* **2.** DEP entrenador/ra; (*teacher*) profesor *m* particular. **II.** *v* DEP entrenar; (*as a job*) trabajar de entrenador; (*teach*) enseñar, dar clases particulares a. **~·ing** *n* DEP entrenamiento *m*; (*teaching*) clases *f,pl* particulares. **~·man** ['kəutʃmən] *n* (*pl* **~men** [-mən]) cochero *m.* **~·work** *n* carrocería *f.*

co·ag·ul·ate [kəu'ægjuleit] *v* coagular(se). **co·ag·ul·ation** [kəu,ægju'leiʃn] *n* coagulación *f.*

coal [kəul] **I.** *n* carbón *m* (mineral, etc), hulla *f*; (*a piece*) carbón *m* (encendido), ascua *f.* **II.** *v* NAUT cargar carbón. **~-black** *adj* negro/a como el carbón. **~·bunker, ~-cellar** *n* (*container*) carbonera *f.* **~·burning** *adj* (*device*) de carbón. **~-face** (*also* **face**) *n* frente *m* de carbón. **~·field** *n* (*area*) distrito *m* minero; yacimiento *m* de carbón. **~ gas** *n* gas *m* de hulla. **~·man** *n* (*pl* **~men**) carbonero *m.* **~·mine** (*also* **pit**) *n* mina *f* de carbón. **~·min·er** *n* minero *m.* **~·min·ing** *n* minería *f* de carbón. **~-scuttle** *n* (*domestic*) cubo *m* para carbón. **~-seam** *n* falla *f* de carbón. **~ tar** *n* alquitrán *m* mineral.

co·a·lesce [,kəuə'les] *v* FML (*groups*, etc) juntarse, fundirse, unirse. **co·a·les·cence** [,kəuə'lesns] *n* FML unión *f*, fusión *f.* **co·ali·tion** [,kəuə'liʃn] *n* coalición *f.*

coarse [kɔ:s] *adj* (**-r, -st**) (*consistency*) grueso/a, poco fino/a, basto/a; (*food, wine*, etc) vulgar, de baja calidad; (*person, manners, style*) tosco/a, basto/a, vulgar; (*joke*, etc) verde. **~ fish** *n* (*except trout and salmon*) pescado *m* de río. **~-grained** *adj* de grano grueso; FIG basto/a, ordinario/a. **coarse·ly** [-li] *adv* toscamente; (*chop*) en trozos grandes. **coars·en** ['kɔ:sn] *v* hacer(se) más tosco; FIG embrutecer(se). **coarse·ness** *n* tosquedad *f*; grosería *f*, ordinariez *f.*

coast [kəust] **I.** *n* costa *f*, litoral *m.* LOC **The ~ is clear,** No hay moros en la costa. **II.** *v* navegar por la costa; (AUT, *cycling*, etc) ir en punto muerto; FIG avanzar sin gran esfuerzo. **coast·al** *adj* de la costa, costero/a. **coast·er** ['kəustə(r)] *n* embarcación *f* costera; (*to serve wine*) bandeja *f* pequeña; (*for glass*, etc) salvamanteles *m*, posavasos *m.* **coast·guard** *n* guardacostas *m.* **coast·line** *n* litoral *m.*

coat [kəut] **I.** *n* chaqueta *f*, americana *f*; (*long*) abrigo *m*, gabán *m*; (*animal's*) pelo *m*, piel *f*; (*of paint*, etc) capa *f*, mano *f.* LOC **Turn one's ~,** FIG Cambiar de chaqueta. **II.** *v* cubrir, revestir (*with* de/con); (*in cooking*) rebozar; (*paint*) dar una capa a. **~-hanger** *n* percha *f.* **~·ing** *n* capa *f*, revestimiento *m*; mano *f* de pintura; (*of chocolate*, etc) baño *m*; (*material*) paño *m* de abrigo. **~ of arms** (*also* **arms**) *n* escudo *m* de armas. **~ of mail** *n* cota *f* de malla. **~·tails** *n pl* (*of coat*) faldones *m,pl*, colas *f,pl.*

coax ['kəuks] *v* (**~ sb into doing sth**) engatusar a alguien para que haga algo; (**~ sth out of/from sb**) conseguir algo de alguien mediante halagos. **~·ing** *n* halagos *m,pl.*

cob [kɔb] *n* (*horse*) jaca *f* robusta; (*bird*) cisne *m* macho; (*also* **~-nut**) avellana *f* grande; (*of corn*) mazorca *f*; (*loaf*) pan *m* redondo.

co·balt ['kəubɔ:lt] *n* cobalto *m*; (*colour*) azul *m* cobalto.

cob·ber ['kɔbə(r)] *n* AUSTRAL INFML compañero *m*, amigo *m*, colega *m.*

cob·ble ['kɔbl] **I.** *n* (*also* **~ stone**) (*for road*) canto *m* rodado, guijarro *m.* **II.** *v* **1.** empedrar con cantos rodados/guijarros. **2.** remendar (zapatos), reparar. **cob·bler** ['kɔblə(r)] *n* zapatero *m* remendón; US (*of wine, lemon and sugar*) refresco *m* helado; US pastel *m* de fruta. **cob·blers** *n* Br SL tonterías *f,pl.*

co·bra ['kəubrə] *n* cobra *f.*

cob·web ['kɔbweb] *n* telaraña *f.*

co·ca ['kəukə] *n* (*plant*) coca *f.* **~·ine** [kəu'kein] *n* cocaína *f.*

coc·cyx ['kɔksiks] *n* (*pl* **-es** *or* **coccyges** ['kɔksidʒi:z]) coxis *m.*

co·chi·ne·al [,kɔtʃi'ni:l] *n* (*colouring*) cochinilla *f*.

cock [kɔk] **I**. *n* **1**. (US **rooster**) gallo *m*; (*of other birds*) macho *m*; Br SL amigo *m*, colega *m*. *Fighting ~*, Gallo de pelea. SL Br cipote *m*, verga *f*. LOC **~-and-bull story,** FIG Cuentos chinos. **~ of the walk,** FIG Gallito del corral. **2**. TEC grifo *m*, espita *f*; (*of gun*) martillo *m*, llave *f*; SL TAB pene *m*; SL tonterías *f,pl*, estupidez *f*. LOC **At half ~,** Preparado a medias solamente. **At full ~,** Completamente preparado. **Go off at half ~,** FIG Iniciarse en algo sin la debida preparación. **3**. AGR (*of hay, straw*, etc) montón *m*. **II**. *v* **1**. (*paw, ears*, etc) levantar, poner tieso; (*head, hat*, etc) ladear; (*gun*) montar, amartillar. LOC **~ a snook at sb/sth,** Hacer un gesto obsceno o de burla a alguien/algo. **~ sth up,** Br INFML Hacer de algo un lío/Enredarlo todo. **2**. AGR hacer montones de.

cock... **~-a-doodle-doo**, *n* quiquiriquí *m*. **~-a-hoop,** *adj* muy satisfecho/a, muy orgulloso/a. **~-a-leekie**, *n* sopa *f* de pollo y verduras. **~-crow**, *n* (*hour*) canto *m* del gallo, amanecer *m*. **~-ed hat,** *n* sombrero *m* de tres picos. **~-eyed**, *adj* INFML torcido/a; (*person*) bizco/a; FIG absurdo/a, estúpido/a. **~-fight,** *n* pelea *f* de gallos. **~-up,** *n* Br INFML lío *m*, jaleo *m*.

cock·ade [kɔ'keid] *n* escarapela *f*, cucarda *f*.

cock·atoo [,kɔkə'tu:] *n* (*pl* **-s**) cacatúa *f*.

cock·chaf·er ['kɔktʃeifə(r)] *n* abejorro *m*.

cock·er ['kɔkə(r)] *n* (*also* **cocker spaniel**) perro *m* cocker.

cock·er·el ['kɔkərəl] *n* gallo *m* joven, gallito *m*.

cock·le ['kɔkl] *n* **1**. ZOOL berberecho *m*. **2**. (*also* **cockle-shell**) (*boat*) barquita *f*.

cock·ney ['kɔkni] *n* dialecto *m*/jerga *f* londinense; del este de Londres, londinense.

cock·pit ['kɔkpit] *n* AER cabina *f* del piloto; AUT (*in car-racing*) asiento *m* del conductor; HIST (*for cockfights*) cancha *f*; FIG campo *m* de batalla. **cock·roach** ['kɔkrəutʃ] *n* cucaracha *f*. **cocks·comb** ['kɔkskəum] *n* cresta *f* de gallo. **cock·sure** [,kɔk'ʃɔ:(r), US ,kɔk'ʃuər] *adj* INFML completamente seguro/a (*about/of sth* acerca de algo), engreído/a, presuntuoso/a. **cock·tail** ['kɔkteil] *n* (*also* FIG) cóctel *m*; *~ party*, Cóctel. **coc·ky** ['kɔki] *adj* vanidoso/a, engreído/a.

co·co ['kəukəu] *n* (*pl* **-s**) **= coconut palm**. **co·coa** ['kəukəu] *n* cacao *m*; (*cup*) chocolate *m* deshecho. **~·nut** ['kəukənʌt] *n* coco *m*. **~·nut palm** (*also* **coco-palm**) cocotero *m*.

co·coon [kə'ku:n] *n* (*of larva*) capullo *m*.

cod [kɔd] *n* (*pl ~*) (*also* **cod-fish**) bacalao *m*.

cod·dle ['kɔdl] *v* (*eggs*, etc) pasar por agua.

code [kəud] **I**. *n* (*postal*, DER, FIG) código *m*; (*message*) cifra *f*, clave *f*. **II**. *v* poner en clave, cifrar; codificar.

co·deine ['kəudi:n] *n* codeína *f*.

co·dex ['kəudeks] *n* (*pl* **co·di·ces** ['kəudisi:z]) códice *m*.

cod·fish ['kɔfiʃ] *n* bacalao.

cod·ger ['kɔdʒə(r)] *n* INFML tipo *m*, sujeto *m*, individuo *m*.

co·di·cil ['kəudisil, US 'kɔdəsl] *n* codicilo *m*.

co·di·fic·ation [,kəudifi'keiʃn, US ,kɔd-] *n* codificación *f*. **co·di·fy** ['kəudifai, US 'kɔdəfai] *v* DER codificar.

co-driv·er ['kəudraivə(r)] *n* copiloto *m*.

co·ed [,kəu'ed] **I**. *adj* coeducacional. **II**. *n* alumna *f* coeducacional. **~·uc·ation** [-dʒu'keiʃn] *n* enseñanza *f* mixta, coeducación *f*. **~·uc·ation·al** [,kəuedʒu'keiʃənl] *adj* coeducacional.

co·ef·fi·ci·ent [,kəui'fiʃnt] *n* coeficiente *m*.

co·erce [kəu'ɜ:s] *v* FML obligar, forzar, apremiar (*into doing sth*, a hacer algo). **co·er·cion** [kəu'ɜ:ʃn, US -ʃn] *n* coacción *f*. **co·er·cive** [kəu'ɜ:siv] *adj* coactivo/a.

co·e·val [,kəu'i:vl] *adj/n* FML coetáneo/a.

co·ex·ist [,kəuig'zist] *v* coexistir (*with sb/sth*, con alguien/algo). **~·ence** [-əns] *n* coexistencia *f*.

cof·fee ['kɔfi, US 'kɔ:fi] *n* (*seeds, drink*) café *m*; color *m* café; *Black ~*, café solo; *White ~*, Café con leche; *Instant ~*, café instantáneo. **~ bar** *n* café *m*, cafetería *f*. **~ bean** *n* grano *m* de café. **~ grind·er** (*also* **coffee-mill**) *n* molinillo *m* de café. **~ house** *n* HIST (*place*) café *m*. **~-pot** *n* cafetera *f*. **~-table** *n* mesita *f* para café; *~ books*, libros ilustrados (para exhibir en la mesita del café). **~ tree** *n* cafeto *m*.

cof·fer ['kɔfə(r)] *n* cofre *m*, arca *f*; *pl* FML (*of government*, etc) tesoro *m* público, hacienda *f*; TEC (*also* **~-dam**) cajón *m* hidráulico, dique *m* de contención.

cof·fin ['kɔfin] *n* ataúd *m*.

cog [kɔg] *n* diente *m* de engranaje; rueda *f* dentada. LOC **~-rail·way** *n* (US) tren *m* cremallera. **~-wheel** *n* rueda *f* dentada. **Just a ~ in a wheel,** simplemente un/a mandado/a.

cog·ent ['kəudʒənt] *adj* (*argument*, etc) convincente, lógico/a. **cog·ency** ['kəudʒənsi] *n* convicción *f*, lógica *f*.

co·git·ate ['kɔdʒiteit] *v* reflexionar. **co·git·ation** [,kɔdʒi'teiʃn] *n* meditación *f*, reflexión *f*.

co·gnac ['kɔnjæk] *n* coñac *m*.

cog·nate ['kɔgneit] **I**. *adj* afín, semejante; emparentado/a. **II**. *n* (*word*) cognado *m*.

cog·ni·tion [kɔg'niʃn] *n* cognición *f*. **cog·nit·ive** ['kɔgnitiv] *adj* cognitivo/a. **cog·niz·ance** ['kɔgnizəns] *n* conocimiento *m*; DER competencia *f*. **cog·niz·ant** ['kɔgnizənt] *adj* FML reconocedor/ra.

co·hab·it [kəu'hæbit] *v* FML cohabitar. **~·ation** [,kəuhæbi'teiʃn] *n* cohabitación *f*.

co·here [kəu'hiə(r)] *v* adherirse, pegarse; (*ideas*, etc) ser coherente. **co·her·ent** [,kəu'hiərənt] *adj* (*ideas*, etc) coherente, consistente. **~·nce** [-rəns] *n* coherencia *f*. **co·he·sion** [kəu'hi:ʒn] *n* cohesión *f*. **co·hes·ive** [kəu'hi:siv] *adj* cohesivo/a.

co·hort ['kəuhɔ:t] *n* (*also* FIG) cohorte *f*.

coif [kɔif] *n* HIST cofia *f*. **~·feur** [kwa:'fɜ:(r)] *f* **coif·feuse** [kwa:'fɜ:z] *n* peluquero/a. **~·fure** [kwa:'fjuə(r)] *n* peinado *m*.

coil [kɔil] I. *n* (*of wire*, etc) rollo *m*, espiral *f*; NAUT aduja *f*; (*of snake*) anillo *m*, rosca *f*; ~ *spring*, resorte en espiral. *A ~ of flex*, Muelle en espiral. II. *v* enroscar(se), enrollar(se).

coin [kɔin] I. *n* (*also* FIG) moneda *f*. II. *v* (*money*) acuñar; (*word*, etc) inventar, acuñar. LOC ~ **money**, INFML Hacerse de oro. ~ **operated**, que funciona con monedas. **To toss a** ~, echar a cara o cruz. ~·**age** ['kɔinidʒ] *n* (*act*) acuñación *f*; (*system*) sistema *m* monetario.

co·in·cide [,kəuin'said] *v* coincidir (*with* con). **co·in·ci·dence** [kəu'insidəns] *n* coincidencia *f*. **co·in·ci·dent** [kəu'insident] *adj* FML coincidente. **co·in·ci·dent·al** [kəu,insi'dentl] *adj* casual, fortuito/a.

coir ['kɔiə(r)] *n* (*for ropes*, etc) fibra *f* de coco.

co·i·tus ['kəuitəs] (*also* **co·i·tion** [kəu'iʃn]) *n* coito *m*, cópula *f*.

coke [kəuk] *n* 1. coque *m*. 2. INFML = Coca-Cola.

co·lan·der (*also* **cul·len·der**) ['kʌləndə(r)] *n* colador *m*, escurridor *m*.

cold [kəuld] I. *adj* (-**er**, -**est**) (*also* FIG) frío/a; *It's ~*, Hace frío. *Get ~*, (*person*) enfriarse, (*weather*) refrescar. LOC ~ **comfort**, Un pobre consuelo. **A ~ fish**, FIG Persona de temperamento frío. **Get/Have ~ feet**, INFML Acobardarse/No atreverse. **Give sb the ~ shoulder**, Tratar a alguien con despego. **In ~ blood**, A sangre fría. **Pour/Throw ~ water on sth**, FIG Echar un jarro de agua fría a/sobre. II. *n* frío *m*; (*illness*) resfriado *m*, constipado *m*, catarro *m*. LOC **Leave sb out in the ~**, FIG Ignorar a alguien/Dejar a alguien al margen. ~-**blood·ed** [-'blʌdid] *adj* BIOL de sangre fría; FIG insensible, inhumano/a, cruel. ~ **chisel** *n* cortafrío *m*. ~ **cream** *n* crema *f*. ~ **cuts** *n,pl* (*esp* US) fiambres *m,pl*. ~-**heart·ed** *adj* insensible, duro/a. ~·**ly** *adv* fríamente, con frialdad. ~·**ness** *n* (*esp* FIG) frialdad *f*. ~-**shoulder** *v* tratar fríamente. ~ **snap** *n* ola *f* de frío. ~ **sore** *n* pupa *f* de resfriado. ~ **stor·age** *n* refrigeración *f*; FIG aplazamiento *m*, dilación *f*. ~ **sweat** *n* (*also* FIG) sudor *m* frío. ~ **war** *n* guerra *f* fría.

cole·slaw ['kəulslɔ:] *n* ensalada *f* de col cruda.

col·ic ['kɔlik] *n* cólico *m*. **col·itis** [kə'laitis] *n* colitis *f*.

col·lab·or·ate [kə'læbəreit] *v* (*also* PEY) colaborar (*with* con). **col·lab·or·ation** [kə,læbə'reiʃn] *n* colaboración *f*; PEY colaboracionismo *m*. **col·lab·or·at·or** [kə'læbəreitə(r)] *n* colaborador/ra; PEY colaboracionista *m,f*.

col·lapse [kə'læps] I. *n* hundimiento *m*; MED colapso *m*; FIG (*of prices*, etc) caída *f*, bajada *f*; (*of negotiation*) ruptura *f*. II. *v* hundirse, derrumbarse, colapsarse; MED sufrir un colapso; FIG (*prices*, etc) caer, bajar; (*plan*, etc) fracasar. **col·laps·ible** [kə'læpsəbl] *adj* (*chair*, etc) plegable.

col·lar ['kɔlə(r)] I. *n* (*of shirt*, etc) cuello *m*; (*for animal*, TEC) collar *m*; (*of metal*) anillo *m*, argolla *f*. II. *v* coger por el cuello; INFML apropiarse de. ~·**bone** *n* clavícula *f*. ~·**stud** *n* broche *m* de cuello de camisa postizo.

col·late [kə'leit] *v* cotejar. **col·la·tion** [kə'leiʃn] *n* 1. cotejo *m*, comparación *f*. 2. FML comida *f*. **col·lat·er·al** [kɔ'lætərəl] I. *adj* colateral, contiguo/a. II. *n* (*also* ~ **security**) COM garantía *f* subsidiaria.

col·league ['kɔli:g] *n* colega *m,f*.

col·lect I. [kə'lekt] *v* 1. recoger, reunir, acumular. 2. (*people*, etc) reunirse, juntarse. 3. (*stamps*, etc) coleccionar. 4. (*oneself*) recobrarse, reponerse. II. [kə'lekt] *adj/adv* US (*phonecall*, etc) a cobro revertido. III. ['kɔlekt] *n* REL (*prayer*) colecta *f*. **col·lect·ed** [kə'lektid] *adj* (*person*) sosegado/a, compuesto/a; (*objects*, etc) reunido/a. **col·lec·tion** [kə'lekʃn] *n* (*act*) recogida *f*; (*of taxes*) recaudación *f*; REL colecta *f*; (*objects*) colección *f*; montón *m*, acumulamiento *m*. **col·lect·ive** [kə'lektiv] I. *adj* colectivo/a. II. *n* (*also* GRAM) colectivo *m*. ~·**ive·ly** [-li] *adv* colectivamente. ~·**iv·ism** [-iz(ə)m] *n* colectivismo *m*. ~·**iv·ist** [-ist] *adj/n* colectivista *m,f*. ~·**iv·ize**, ~·**iv·ise** [-aiz] *v* colectivizar. **col·lect·or** [kə'lektə(r)] *n* (*of stamps*, etc) coleccionista *m,f*, colector/ra *m,f*; *~'s item*, Pieza de coleccionista; recaudador/ra.

col·lege ['kɔlidʒ] *n* Escuela *f* Universitaria; (*for art*, etc) escuela *f*, facultad *f*; Br colegio *m* mayor; (*in name*) colegio *m*. **col·leg·iate** [kə'li:dʒiət] *adj* colegiado/a.

col·lide [kə'laid] *v* chocar. **col·li·sion** [kə'liʒn] *n* colisión *f*; FIG desacuerdo *m*.

col·lie ['kɔli] *n* perro *m* pastor escocés.

col·lier ['kɔliə(r)] *n* (*esp* Br) minero *m*; NAUT barco *m* carbonero. **col·lie·ry** ['kɔliəri] *n* (*esp* Br) mina *f* de carbón.

col·loc·ate ['kɔləkeit] *v* LIN combinar, ir bien. **col·loc·ation** [,kɔlə'keiʃn] *n* LIN combinación *f*.

col·lo·qui·al [kə'ləukwiəl] *adj* coloquial, familiar. ~·**ism** [-izm] *n* giro *m* coloquial. **col·lo·qui·al·ly** [-i] *adv* de forma coloquial. **col·lo·quy** ['kɔləkwi] *n* FML coloquio *m*.

col·lude [kə'lu:d] *v* tramar, conspirar (*with sb* con alguien). **col·lu·sion** [kə'lu:ʒn] *n* FML confabulación *f*, connivencia *f*.

col·ly·wob·bles ['kɔliwɔblz] *n* (*pl*) INFML ruido *m* de tripas; nervios *m,pl*, nerviosismo *m*.

co·lon ['kəulən] *n* ANAT colon *m*; GRAM dos puntos *m,pl*.

co·lo·nel ['kɜ:nl] *n* coronel *m*.

co·lo·ni·al [kə'ləuniəl] I. *adj* colonial; (*power*) colonizador/ra. II. *n* colono *m*. ~·**ism** [-izm] *n* colonialismo *m*. ~·**ist** [-ist] *n* colonialista *m,f*. **co·lon·ist** ['kɔlənist] *n* colono *m*; colonizador/ra. **co·lon·ize**, ·**ise** ['kɔlənaiz] *v* colonizar. **co·lon·iz·ation**, ·**is·ation** *n* [,kɔlənai'zeiʃn, US -ni'z-] colonización *f*. **co·lo·ny** ['kɔləni] *n* colonia *f*.

co·lon·nade [,kɔlə'neid] *n* columnata *f*.

co·los·sal [kə'lɔsl] *adj* colosal, enorme. **co·los·sus** [kə'lɔsəs] *n* (*pl* -**lossi** [-'lɔsai] *or* -**es** [-'lɔsəsiz] (*also* FIG) coloso *m*.

col·our (US **color**) ['kʌlə(r)] **I.** *n* **1.** color *m.* **2.** *pl* (*of race, team,* etc) divisa *f*, colores *m,pl*; MIL bandera *f*. LOC **Give ~ to sth,** FIG Dar veracidad a algo. **Off ~,** INFML Con mal color/Enfermo. **See the ~ of sb's money,** Haber comprobado que alguien tiene suficiente dinero. **II.** *adj* de color. **III.** *v* colorear(se), teñir(se); FIG desfigurar, teñir. LOC **~ sth in,** (*child,* etc) Colorear. **~-bar** *n* (US **~-line**) discriminación *f* racial. **~-blind** *adj* daltoniano/a. **~-blind·ness** *n* daltonismo *m.* **~ code** *n* ELECTR código *m* de coloración. **~·ed** *adj* de colores; (*person*) de color, no blanco/a. **~-fast** *adj* (*cloth*) de colores resistentes. **~·ful** ['kʌləfl] *adj* con/de mucho(s) color(es); (*story, life,* etc) interesante, vivo/a. **~·ing** [-iŋ] *n* colorido *m*; (*substance*) colorante *m*; (*of face,* etc) colores *m,pl.* **~·less** [-lis] *adj* incoloro/a; FIG sin interés. **~ sche·me** *n* (*for decoration,* etc) combinación *f* de colores.

colt [kəult] *n* ZOOL potro *m*; (*person*) inexperto/a, DEP junior *m.* **~·ish** *adj* juguetón/na, retozón/na.

co·lumn ['kɔləm] *n* columna *f.* **~·ist** ['kɔləmnist] *n* columnista *m,f*, articulista *m,f*.

co·ma ['kəumə] *n* coma *m.* **~·tose** ['kəumətəus] *adj* comatoso/a.

comb [kəum] **I.** *n* peine *m*; (*ornamental*) peineta *f*; TEC carda *f*; (*cock's*) cresta *f*; (*also honey-~*) panal *m.* **II.** *v* **1.** peinar(se), arreglar(se) el pelo; TEC cardar. **2. ~ through sth,** (*police,* etc) hacer un peinado en/de; **~ sth out,** desenredar con un peine.

com·bat ['kɔmbæt] **I.** *n* combate *m*, duelo *m.* **II.** *v* combatir, luchar. **~·ant** ['kɔmbətənt] *adj/n* combatiente *m,f.* **~·ive** ['kɔmbətiv] *adj* combativo/a, belicoso/a.

com·bin·ation [,kɔmbi'neiʃn] *n* combinación *f*; *pl* (*in one piece*) ropa *f* interior. **com·bine I.** [kəm'bain] *v* combinar(se); asociar(se). **II.** ['kɔmbain] *n* asociación *f*, monopolio *m*; AGR (*also* **~-harvester**) segadora-trilladora *f*, cosechadora *f*.

com·bings ['kəumiŋz] *n* (*pl*) peinaduras *f,pl.*

com·bust·ible [kəm'bʌstəbl] *adj/n* combustible *m.* **com·bus·tion** [kəm'bʌstʃən] *n* combustión *f*.

come [kʌm] **I.** *v* (*pret* **came** [keim], *pp* **come**) **1.** venir. **2.** llegar, aparecer. **3.** (*become*) volverse, ser: *It comes cheaper...*, Sale más barato... **4.** INFML (*sexually*) correrse. LOC **Be as clever/stupid, etc, as they ~,** INFML Ser muy listo/estúpido, etc. **~ and go,** (*of pain,* etc) Ir y venir. **~ to nothing,** Acabar en nada. **~ to oneself,** Volver en sí. **If it comes to that...,** Pensándolo bien... **~ what may,** Sucediera lo que sucediera. **How ~ ?** ¿Cómo es que...? **When it comes to sth,** Cuando llega el momento de algo. **II.** *int* (*to encourage*) ¡venga!; (*to criticize*) ¡bueno!, ¡a ver, a ver!

come... ~ about, suceder, pasar; (*of boat*) cambiar de rumbo. **~ across** (*also* **~ over**), (*person, thing*) entenderse, ser claro. **~ across with sb/th,** dar/topar con. **~ after sb,** perseguir a alguien. **~ along,** ir, ir con (alguien); (*chance,* etc) suceder. **~ apart,** partirse en trozos. **~ around** = **~ round. ~ at sb,** abalanzarse sobre alguien; **~ at sth,** alcanzar. **~ away,** despegarse (*from sth,* de algo); **~ away with sth,** salir, etc, con algo. **~ back,** volver, regresar; **~ back at sb,** replicar agresivamente a alguien. **~ before sb/sth,** ser presentado, comparecer ante; (*problem,* etc) tener prioridad sobre. **~ between,** interponerse entre. **~ by sth,** obtener, conseguir. **~ down,** bajar, venirse abajo; AER aterrizar, (*by accident*) estrellarse; (*garment,* etc) llegar hasta más abajo (*below sth,* de algo); **~ down from...to...,** Br ir de un lugar a otro. **~ down on sb,** INFML reñir severamente, ensañarse con. **~ down to sb,** ser transmitido a alguien por herencia. **~ down to doing sth,** INFML rebajarse a hacer una cosa. **~ down with sth,** MED sufrir un ataque de. **~ forward,** presentarse, ofrecerse (*to* a). **~ from,** ser (oriundo) de. **~ in,** entrar; llegar; (*dress, hair,* etc) ponerse de moda; (*money*) cobrarse; **~ in for sth,** recibir algo, ser el blanco de algo. **~ in on sth,** participar en algo. **~ of sth,** ser el resultado de algo. **~ off,** (*part,* etc) salir, desprenderse; INFML (*event*) suceder, tener lugar; INFML tener éxito; **~ off sth,** caerse de (caballo, bicicleta, etc). **~ on,** (*also* **~ along**) progresar, avanzar; (*imp*) ¡venga!, ¡vamos!; (*begin*) venir, empezar; (*of film,* etc) estrenarse. **~ out,** (*book*) publicarse; (*flower, sun,* etc) salir; (*worker*) ir a la huelga; (*artist, young girl,* etc) darse a conocer; (*story, truth,* etc) saberse; (*photos, person*) salir (bien). **~ out of sth,** (*tooth,* etc) desprenderse de, caerse; (*stain, mark*) desaparecer; **~ out with sth,** decir algo de repente. **~ over to... from...,** venir a un sitio/creencia, etc. de otro. **~ over to sb,** (*feeling, dizziness*) venirle a alguien, afectarle. **~ round,** dar un rodeo; (*also* **~ to**) volver en sí; (*event*) tener lugar, llegar; (*also* **~ round to...**) pasar a visitar (a); **~ round to sth,** acabar cediendo. **~ to doing sth,** acabar haciendo algo después de gran demora. **~ through,** (*news,* etc) llegar, recibirse; **~ through sth,** superar una dificultad. **~ to,** (*of boat*) parar; (*person*) volver en sí; **~ to sb (that...),** ocurrírsele a alguien (que...); **~ to sth,** (*of sum*) ascender a; (*event*) acabar en. **~ under sth,** estar clasificado como algo; (*of enemy,* etc) ser el blanco de. **~ up,** subir; (*plants*) brotar; (*sun*) salir; (*event*) producirse, suceder; (*subject,* etc) ser mencionado; **~ up to... from...,** Br venir a... de...; **~ up against sb/sth,** enfrentarse a, tropezar con; **~ up to sth,** (*to a level*) llegar hasta; FIG llegar a la altura de. **~ up with sth,** proponer algo.

come... ~-back, *n* **1.** (*to former position*) regreso *m*, retorno *m.* **2.** INFML réplica *f.* **3.** (*money,* etc) compensación *f*, indemnización *f.* **~-down,** *n* INFML humillación *f*; empeoramiento *m*, revés *m.* **~-hither,** *adj* (*look,* etc) provocativo/a. **~-on,** *n* INFML (*esp of woman*) gesto *m* (que invita).

co·me·di·an [kəˈmi:diən] *n* **1**. (*f* **co·me·di·enne** [kə,mi:diˈen]) cómico/a, actor/actriz cómico/a. **2**. FIG comediante *m,f*. **com·edy** [ˈkɔmədi] *n* comedia *f*; (*quality*) lo cómico; ~ *of manners*, comedia de costumbres.

come·ly [ˈkʌmli] *adj* (**-lier, -liest**) FML apuesto/a. **come·li·ness** [nis] *n* encanto *m*, atractivo *m*.

com·er [ˈkʌmə(r)] *n* el/la que llega.

com·est·ibles [kəˈmestəblz] *n,pl* FML comestibles *m,pl*, alimentos *m,pl*.

com·et [ˈkɔmit] *n* cometa *m*.

come-up·pance [kʌmˈʌpəns] *n* INFML castigo *m* justo o merecido.

com·fort [ˈkʌmfət] **I**. *n* (*physical state*) comodidad *f*, bienestar *m*; (*in house*, etc) confort *m*; alivio *m*. **II**. *v* consolar, reconfortar; (*from pain*) aliviar. **~·able** [ˈkʌmftəbl, US -fərt-] *adj* (*house, car*, etc) cómodo/a, confortable; (*person, life*) cómodo/a; (*income*, etc) abundante, suficiente; INFML (*person*) rico/a, acomodado/a. **~·ably** [-təbli] *adv* cómodamente; holgadamente. LOC **Be ~ off**, Vivir desahogadamente. **~·er** [ˈkʌmfətə(r)] *n* consolador/ra; US colcha *f*; Br (*for baby*) chupete *m*. **~·ing** [iŋ] *adj* consolador/ra; que alivia. **~·less** [lis] *adj* incómodo/a. **~ sta·tion** *n* US (*euph*) lavabos *m,pl*, aseos *m,pl*. **com·fy** [ˈkʌmfi] *adj* (**-ier, -iest**) INFML cómodo/a, confortable.

com·ic [ˈkɔmik] **I**. *adj* cómico/a. **II**. *n* **1**. (*person*) cómico/a. **2**. (US **~ book**) tebeo *m*, cómic *m*. **~·al** [ˈkɔmikl] *adj* cómico/a. **~·al·ly** [-kli] *adv* cómicamente. **~ strip** *n* (*in newspaper*, etc) tira *f*, viñeta *f* cómica.

com·ing [ˈkʌmiŋ] **I**. *adj* que viene, venidero/a. **II**. *n* llegada *f*, venida *f*. LOC **Comings and goings**, INFML Idas y venidas. **~·out** *n* (*of book*, etc) presentación *f*, aparición *f*.

com·ma [ˈkɔmə] *n* GRAM coma *f*; *inverted ~s*, comillas *f,pl*.

com·mand I. [kəˈma:nd, US -ˈmænd] *v* **1**. (*also* MIL) ordenar, mandar. **2**. (*of house, place*, etc) dominar, disponer de: *It commands a fine view*, Dispone de una buena vista. **II**. [kəˈma:nd] *n* **1**. (*esp* MIL) orden *f*, mandato *m*. **2**. dominio *m*, control *m*. LOC **At sb's ~**, FML Por orden de alguien, a las órdenes de. **Be at sb's ~**, Estar dispuesto a obedecer a alguien. **Command**, MIL Mando militar. **~·ant** [,kɔmənˈdænt] *n* comandante *m*. **~·eer** [,kɔmənˈdiə(r)] *v* (*building, ship*, etc) requisar, expropiar; (*men*) reclutar a la fuerza. **~·er** [kəˈma:ndə(r), US -ˈmæn-] *n* comandante *m*; NAUT capitán *m* de fragata. **~·er-in-chief** (*pl* **~s-in-chief**) *n* jefe *m* supremo (de las fuerzas armadas), comandante en jefe. **~·ing** *adj* (*person*) que manda; (*voice*, etc) autoritario/a, dominante; (*place*) dominante. **~·ment** [kəˈma:ndmənt, US -ˈmænd-] *n* FML orden *f*, mandato *m*; REL mandamiento *m*. **com·mando** [kəˈma:ndəu, US -ˈmæn-] *n* (*pl* **~s, ~es**) (*soldier, group*) comando *m*.

com·mem·or·ate [kəˈmeməreit] *v* conmemorar. **com·mem·or·ation** [kə,meməˈreiʃn] *n* conmemoración *f*. **com·mem·or·at·ive** [kəˈmemərətiv, US -ˈmeməreit-] *adj* conmemorativo/a.

com·mence [kəˈmens] *v* FML iniciar, comenzar. **~·ment** [-ˈ-mənt] *n* FML comienzo *m*; US (*universidad*) graduación *f*.

com·mend [kəˈmend] *v* recomendar, elogiar; FML **~ sth to sb,** encomendar algo a alguien. **~·able** [-ˈ-əbl] *adj* recomendable. **~·ation** [,kɔmenˈdeiʃn] *n* elogio *m*; recomendación *f*.

com·men·sur·ate [kəˈmenʃərət] *adj* proporcionado/a, adecuado/a.

com·ment [ˈkɔment] **I**. *n* comentario *m*, observación *f*. LOC **No ~**, Sin comentarios. **II**. *v* (**~ on sth**) comentar, hacer comentarios (sobre algo). **~·ary** [ˈkɔməntri, US -teri] *n* comentario *m*; (*radio*, etc) retransmisión *f* comentada, reportaje *m*. **~·ate** [ˈkɔmenteit] *v* (*esp radio, TV*, etc) comentar, hacer un comentario sobre. **~·at·or** [ˈkɔmenteitə(r)] *n* (*esp radio*, etc) comentarista *m,f*, locutor/ra.

com·merce [ˈkɔmɜ:s] *n* comercio *m*. **com·mer·cial** [kəˈmɜ:ʃl] **I**. *adj* comercial; (*radio*, etc) privado/a. **II**. *n* (*in radio*, etc) anuncio *m*, espot *m*. **~ traveller** viajante *m* de comercio. **com·mer·cial·ism** [kəˈmɜ:ʃəlizəm] *n* PEY mercantilismo *m*. **com·mer·cial·ize, -·ise** [kəˈmɜ:ʃəlaiz] *v* comercializar. **com·mer·cial·ly** [-li] *adv* comercialmente.

com·mis·er·ate [kəˈmizəreit] *v* (**with**) FML apiadarse (de). **com·mis·era·tion** [kə,mizəˈreiʃn] *n* FML conmiseración *f*.

com·mis·sary [ˈkɔmisəri] *n* POL comisario *m*; US economato *m*.

com·mis·sion [kəˈmiʃn] **I**. *n* **1**. (*act, group, payment*, etc) comisión *f*. **2**. (*document*) nombramiento *m*. **II**. *v* delegar, comisionar; hacer un encargo a; (*machine*, etc) poner en funcionamiento. LOC **~ sb as sth,** Nombrar a alguien como. **~·aire** [kə,miʃəˈneə(r)] *n* (*esp* Br) portero *m*, conserje *m*. **~·er** [kəˈmiʃənə(r)] *n* comisionado *m*; Br *High Commissioner*, Alto Comisario. Br *Commissioner for Oaths*, notario *m* público.

com·mit [kəˈmit] *v* (**-ted, -ted**) **1**. cometer, perpetrar, realizar. **2**. (**to**) (*thing, person*) entregar, confiar (a); (*regiment*, etc) enviar. *He was committed to prison*, Fue encerrado en la cárcel. **3**. **~ o.s. to sth,** Dedicarse a algo. **~ o.s. on sth,** Comprometerse a hacer algo. **~·ment** *n* compromiso *m*, obligación *f*; (*sense*) responsabilidad *f*; DER auto *m* de prisión; (*of patient*, etc) envío *m*, entrega *f*. **com·mit·tal** [kəˈmitl] *n* (*act*) comisión *f*; DER auto *m* de prisión. **com·mit·ed** [id] *adj* (*to a cause, job*) entregado/a, devoto/a, partidario/a: *A ~ communist*, Un comunista comprometido. **com·mit·tee** [kəˈmiti] *n* (*group*) comité *m*, comisión *f*, delegación *f*.

com·mode [kəˈməud] *n* HIST cómoda *f*. **com·mod·ious** [kəˈməudiəs] *adj* FML amplio/a, espacioso/a, grande. **com·mod·ity** [kəˈmɔdəti] *n* mercancía *f*, artículo *m* comercial; *pl* artículos *m,pl*, productos *m,pl* básicos.

com·mo·dore [ˈkɔmədɔ:(r)] *n* comodoro *m*.

com·mon ['kɔmən] I. *adj* 1. (*also* MAT, GRAM) común. 2. (*of many*) común, corriente, usual. 3. (*of low taste*) común, vulgar, ordinario/a. LOC **As ~ as dirt,** Muy vulgar. **Make ~ cause,** FML Hacer causa común (*with* con). **II.** *n* (*in village*, etc) tierra *f* común, prado *m* vecinal.

common... **~·er**, *n* HIST plebeyo/a. **~ ground**, *n* opiniones *f,pl* compartidas. **~ law**, *n* derecho *m* consuetudinario. **~·ly**, *adv* comúnmente; vulgarmente. **~ noun**, *n* nombre *m* común. **~·place**, **I.** *adj* PEY vulgar, ordinario/a. **II.** *n* (*words*) trivialidad *f*, lugar *m* común; (*topic*, etc) cosa *f* corriente. **~-room**, *n* (*in college*, etc) sala *f* común (de profesores, etc). **com·mons**, *n,pl* HIST estado *m* llano, plebe *f*. **House of Commons,** Br Cámara *f* de los Comunes. **~ sense**, *n* sentido *m* común. **~·wealth**, *n* mancomunidad *f* de naciones. **The Commonwealth,** Br Mancomunidad *f* británica de naciones.

com·mo·tion [kə'məuʃn] *n* alboroto *m*, tumulto *m*, confusión *f*, barullo *m*.

com·mun·al ['kɔmjunl, kə'mju:nl] *adj* comunal. **com·mune** **I.** [kə'mju:n] *v* (**with**) conversar íntimamente (con); tener afinidades (con). **II.** ['kɔmju:n] *n* (*group*, POL) comuna *f*.

com·mun·ic·able [kə'mju:nikəbl] *adj* comunicable; (*disease*, etc) transmisible. **com·mun·ic·ant** [kə'mju:nikənt] *n* comunicante *m,f*; REL comulgante *m,f*. **com·mun·ic·ate** [kə'mju:nikeit] *v* comunicar, transmitir; REL comulgar. **~ with sb,** Comunicar con alguien, Ponerse en contacto con alguien. **com·mun·ic·ation** [kə,mju:ni'keiʃn] *n* (*act*, etc) comunicación *f*; *pl* medios *m,pl* de comunicación. LOC **Be in ~ with,** Estar en comunicación/contacto con. **~ cord,** (*in train*) freno *m* de alarma. **com·mun·ic·at·ive** [kə'mju:nikətiv, US -keitiv] *adj* comunicativo/a. **com·mu·nion** [kə'mju:niən] *n* REL comunión *f*. **com·mu·ni·qué** [kə'mju:nikei, US kə,mju:nə'kei] *n* comunicado *m*, parte *m*. **com·mun·ism** ['kɔmjunizəm] *n* comunismo *m*. **com·mun·ist** ['kɔmjunist] *adj/n* comunista *m,f*. **com·mun·ity** [kə'mju:nəti] *n* (*group*) comunidad *f*, colectividad *f*. **~ centre,** Centro *m* de actividades sociales.

com·mut·ation [,kɔmju:'teiʃn] *n* conmutación *f*. **com·mut·at·or** ['kɔmju:teitə(r)] *n* ELECTR conmutador *m*. **com·mute** [kə'mju:t] *v* 1. (*sentence*, etc) conmutar; (*payment*, etc) permutar. 2. (*in train*, etc) viajar diariamente de casa al lugar de trabajo. **com·mut·er** [kə'mju:tə(r)] *n* viajero/a diario/a de un mismo lugar a otro.

com·pact **I.** [kəm'pækt] *adj* (*mass*, etc) compacto/a, sólido/a; (*place, car*, etc) bien aprovechado/a; FIG breve, conciso/a. **II.** [kəm'pækt] *v* compactar; condensar, apretar. **III.** ['kɔmpækt] *n* 1. (*contract*) pacto *m*, convenio *m*. 2. (*small case*) polvera *f*. **~ disc** [,kɔmpækt'disk] *n* disco *m* compacto/digital. **~·ly** [li] *adv* de modo compacto; brevemente. **~·ness** [nis] *n* densidad *f*; brevedad *f*.

com·pan·ion [kəm'pæniən] *n* compañero/a; (*paid*) acompañante *m,f*. **~·able** *adj* sociable, afable. **~·ship** [-'--ʃip] *n* compañerismo *m*, camaradería *f*. **com·pa·ny** ['kʌmpəni] *n* (*act, person*, MIL, etc) compañía *f*; COM empresa *f*, compañía *f*, sociedad *f*. LOC **The ~ one keeps,** Las compañías que uno tiene. **For ~,** Como compañía. **Keep bad ~,** Frecuentar malas compañías. **In ~ with,** En compañía de. **Keep sb ~,** Hacer compañía a alguien.

com·par·able ['kɔmpərəbl] *adj* (**to, with**) comparable (a/con). **com·par·at·ive** [kəm'pærətiv] **I.** *adj* (*in degree*) relativo/a; (*study, literature*) comparado/a; GRAM comparativo/a. **II.** *n* GRAM comparativo *m*. **com·par·at·ive·ly** *adv* relativamente. **com·pare** [kəm'peə(r)] **I.** *v* (**with**) comparar(se) (con). *It doesn't ~ well with the previous work,* No tiene comparación con la obra anterior. **II.** *n* comparación *f*. LOC **Beyond ~ ,** Sin comparación posible. **com·par·ison** [kəm'pærisn] *n* comparación *f*. LOC **Bear/Stand ~ with,** Poder ser comparado con. **In ~ with,** En comparación con.

com·part·ment [kəm'pa:tmənt] *n* (*esp in train*) compartimento *m*, departamento *m*.

com·pass ['kʌmpəs] **I.** *n* 1. (*also* **magnetic ~**) brújula *f*. 2. (*also* **~es**) compás *m*: *A pair of compasses,* Un compás. 3. FIG límite *m*, alcance *m*, extensión *f*. **II.** *v* 1. rodear, dar la vuelta (a algo). 2. alcanzar, conseguir.

com·pas·sion [kəm'pæʃn] *n* (**for**) compasión *f*, piedad *f* (de alguien). **~·ate** [kəm'pæʃənət] *adj* compasivo/a. LOC **On ~ grounds,** Por compasión. **com·pas·sion·ate** [-ʃənit] *adj* compasivo/a.

com·pat·ib·il·ity [kəm,pætə'biləti] *n* compatibilidad *f*. **com·pat·ible** [kəm'pætəbl] *adj* compatible.

com·pat·riot [kəm'pætriət, US -'peit-] *n* compatriota *m,f*.

com·peer ['kɔmpiə(r)] *n* FML igual *m,f*, semejante *m,f*, colega *m,f*.

com·pel [kəm'pel] *v* (**-led, -led**) FML obligar, forzar (*to* a). **~·ling** [-iŋ] *adj* (*argument*, etc) irresistible, indiscutible; (*novel*) apasionante.

com·pen·di·ous [kəm'pendiəs] *adj* FML compendiado/a, resumido/a. **com·pen·dium** [kəm'pendiəm] *n* (*pl* **-s, -ia**) compendio *m*, resumen *m*.

com·pens·ate ['kɔmpenseit] *v* (**for**) compensar (por); (*with money*) indemnizar. **com·pens·ation** [,kɔmpen'seiʃn] *n* compensación *f*; (*payment*) indemnización *f*. **com·pens·at·ory** [,kɔmpen'seitəri, US kəm'pensətɔ:ri] *adj* compensador/ra; compensatorio/a.

com·père ['kɔmpeə(r)] Br **I.** *n* (*in radio, TV*, etc) presentador/ra. **II.** *v* hacer de presentador/ra.

com·pete [kəm'pi:t] *v* (**with**) competir (con), ser rival (de); COM hacer(se) la competencia. **com·pet·ence** ['kɔmpitəns] *n* (*quality*) competencia *f*, aptitud *f*, capacidad *f* (*in doing* *sth* para hacer algo); (*authority*) competencia *f*. **com·pet·ent** ['kɔmpitənt] *adj* (*in quality*) capaz, hábil, competente, eficaz; (*in authority*) competente, autorizado/a. **com·pe·ti·tion** [,kɔmpə'tiʃn] *n* (*act*) concurso *m*, certamen *m*, competición *f*; (*attitude*) rivalidad *f*, competencia *f*. **com·pe·tit·ive** [kəm'petətiv] *adj* (DEP, COM, etc) competitivo/a; (*person*) luchador/ra. **com·pet·it·or** [kəm'petitə(r)] *n* competidor/ra, rival *m,f*; concursante *m,f*.

com·pil·ation [,kɔmpi'leiʃn] *n* (*act, thing*) compilación *f*, recopilación *f*. **com·pile** [kəm'pail] *v* compilar, recopilar. **com·pil·er** [kəm'pailə(r)] *n* compilador/ra, recopilador/ra.

com·pla·cen·cy [kəm'pleisnsi] *n* autosatisfacción *f*; PEY complacencia *f*. **com·pla·cent** [kəm'pleisnt] *adj* PEY autosatisfecho/a (*about*, de), confiado/a (en exceso).

com·plain [kəm'plein] *v* quejarse, protestar (*about* por). **~·ant** *n* DER demandante *m,f*. **com·plaint** [kəm'pleint] *n* queja *f*, protesta *f*; DER demanda *f*, querella *f*, reclamación *f*; MED dolencia *f*, mal *m*.

com·plais·ance [kəm'pleizəns] *n* cortesía, deferencia *f*, amabilidad *f*. **com·plais·ant** [kəm'pleizənt] *adj* complaciente, servicial, amable.

com·ple·ment ['kɔmplimənt] **I.** *n* complemento *m*; NAUT tripulación *f*, dotación *f*. **II.** *v* complementar. **~·ary** [,kɔmpli'mentri] *adj* complementario/a, que se complementa. **com·plete** [kəm'pli:t] **I.** *adj* completo/a; acabado/a. **II.** *v* completar; acabar; (*form*) rellenar. **com·plet·ely** [kəm'pli:tli] *adv* completamente, del todo. **com·ple·tion** [kəm'pli:ʃn] *n* finalización *f*, terminación *f*. **com·plex** ['kɔmpleks, US kəm'pleks] **I.** *adj* complejo/a. **II.** *n* complejo *m*. **com·plex·ion** [kəm'plekʃn] *n* color *m* de la tez, cutis *m*; aspecto *m*, cariz *m*. **com·plex·ity** [kəm'pleksəti] *n* complejidad *f*.

com·pli·ance [kəm'plaiəns] *n* obediencia *f*, consentimiento *m*, conformidad *f*. **com·pli·ant** [kəm'plaiənt] *adj* sumiso/a, dócil.

com·plic·ate ['kɔmplikeit] *v* complicar. **com·plic·at·ed** [-id] *adj* complicado/a. **com·plic·ation** [,kɔmpli'keiʃn] *n* (*state, thing*) complicación *f*. **com·pli·ci·ty** [kəm'plisəti] *n* complicidad *f*.

com·pli·ment ['kɔmplimənt] **I.** *n* cumplido *m*, elogio *m*; *pl* FML saludos *m,pl*. **II.** *v* elogiar, alabar; felicitar. **~ slip** *n* saluda *m*. **~·ary** [,kɔmpli'mentri] *adj* (*remark*, etc) elogioso/a, amable; (*ticket*) de favor, gratis; (*copy, book*) de obsequio.

com·ply [kəm'plai] *v* (**-plied, -plied; with**) conformarse (con), cumplir (con lo requerido), estar de acuerdo (con).

com·pon·ent [kəm'pəunənt] **I.** *adj* componente, integrante. **II.** *n* componente *m*; TEC pieza *f*.

com·port [kəm'pɔ:t] *v* FML (**~ oneself**) comportarse.

com·pose [kəm'pəuz] *v* **1.** (*also* MUS) componer. **2.** (*thoughts*, etc) ordenar, arreglar. **3.** (**~ o.s.**) calmarse, tranquilizarse. **com·pos·ed** [-d] *adj* (*object*) compuesto/a, formado/a; (*person*) calmado/a, sosegado/a. **com·pos·er** [kəm'pəuzə(r)] *n* compositor/ra. **com·pos·ite** ['kɔmpəzit] *adj/n* compuesto/a. **com·po·si·tion** [,kɔmpə'ziʃn] *n* (*in all senses*) composición *f*. **com·pos·it·or** [kəm'pɔzitə(r)] *n* cajista *m,f* de imprenta. **com·post** ['kɔmpɔst] **I.** *n* compost *m*, abono *m* compuesto. **II.** *v* convertir en compost. **com·pos·ure** [kəm'pəuʒə(r)] *n* compostura *f*.

com·pote ['kɔmpəut] *n* compota *f*, conserva *f*.

com·pound I. ['kɔmpaund] *n/adj* compuesto/a. **II.** [kəm'paund] *v* mezclar, componer; PEY DER arreglar, componer.

com·pre·hend [,kɔmpri'hend] *v* comprender; FML incluir, comprender. **com·pre·hens·ible** [,kɔmpri'hensəbl] *adj* (**to**) comprensible (para). **com·pre·hen·sion** [,kɔmpri'henʃn] *n* comprensión *f*: *A ~ test*, Un examen/ejercicio de comprensión. **com·pre·hens·ive** [,kɔmpri'hensiv] *adj* (*study*, etc) global, extenso, de conjunto, total; Br (*school*) integrado/a. **~ insurance**, Seguro *m* a todo riesgo.

com·press I. [kəm'pres] *v* (*sth into sth*) comprimir (algo en otra cosa); (*ideas*, etc) condensar. **II.** ['kɔmpres] *n* compresa *f*. **~·ion** [kəm'preʃn] *n* compresión *f*. **~·or** [kəm'presə(r)] *n* TEC compresor *m*.

com·prise [kəm'praiz] *v* (*have*) comprender, incluir; (*be*) constituir, formar; abarcar.

com·prom·ise ['kɔmprəmaiz] **I.** *n* (*agreement*) acuerdo *m*, compromiso *m*. **II.** *v* llegar a un acuerdo/arreglo, pactar; (*risk*) comprometerse; (**sb**) poner a alguien en un aprieto.

com·pul·sion [kəm'pʌlʃn] *n* compulsión *f*, fuerza *f* imperiosa. **com·puls·ive** [kəm'pʌlsiv] *adj* obsesivo/a, compulsivo/a; (*book*, etc) fascinante, apasionante. **com·puls·or·ily** [kəm'pʌlsərəli] *adv* por obligación, a la fuerza. **com·puls·ory** [kəm'pʌlsəri] *adj* obligatorio/a, forzoso/a.

com·punc·tion [kəm'pʌŋkʃn] *n* FML remordimientos *m,pl*.

com·put·ation [,kɔmpju:'teiʃn] *n* FML cómputo *m*, cálculo *m*. **com·pute** [kəm'pju:t] *v* calcular con computadora/por ordenador; FML calcular. **com·put·er** [kəm'pju:tə(r)] *n* calculadora *f* electrónica; computador/ra *m/f*; ordenador *m*. **com·pu·ter·ize, ~·ise** [-təraiz] *v* informatizar, introducir/procesar datos en ordenador.

com·rade ['kɔmreid, US -ræd] *n* (POL, etc) camarada *m,f*. **~·ship** ['--ʃip] *n* camaradería *f*, compañerismo *m*.

con [kɔn] **I.** *n* **1.** SL timo *m*, estafa *f*. **2.** SL **~ man** estafador. **3. pros and cons**, pros y contras. **II.** *v* (**-ned, -ned**) **1.** SL timar, estafar. **2.** memorizar, estudiar. **3.** gobernar (*ship*).

con·cat·en·ate [kɔn'kætineit] *v* concatenar. **con·cat·en·ation** [kən,kæti'neiʃn] *n* concatenación *f*.

con·cave ['kɔŋkeiv] *adj* cóncavo/a. **con·cav·ity** [,kɔŋ'kævəti] *n* concavidad *f*.

con·ceal [kən'si:l] *v* esconder, ocultar. **~·ment** [-mənt] *n* encubrimiento *m*, disimulación *f*; ocultación *f*.

con·cede [kən'si:d] *v* conceder, reconocer, admitir.

con·ceit [kən'si:t] *n* orgullo *m*, engreimiento *m*, presunción *f*, vanidad *f*. **~·ed** *adj* **1**. vanidoso/a, presumido/a. **2**. conceptista (*estilo*).

con·ceiv·able [kən'si:vəbl] *adj* concebible. **con·ceive** [kən'si:v] *v* concebir.

con·cen·trate ['kɔnsntreit] **I**. *v* concentrar(se). LOC ~ **one's mind**, Concentrar la atención en algo. **II**. *n* concentrado *m*. **con·cen·tra·tion** [,kɔnsn'treiʃn] *n* concentración *f*. ~ **camp**, campo *m* de concentración. **con·cen·tric** [kən'sentrik] *adj* concéntrico/a.

con·cept ['kɔnsept] *n* concepto *m*. **~·ion** [kən'sepʃn] *n* (*act*, *idea*) concepción *f*. **~·ual** [kən'septʃuəl] *adj* conceptual.

con·cern [kən'sɜ:n] **I**. *v* **1**. interesar a, afectar. **2**. preocupar; referirse a. **3**. (~ **o.s. with**) Preocuparse por. LOC **Be concerned to do sth**, Preocuparse por hacer algo. **II**. *n* (*feeling*, *thing*) preocupación *f*, interés *m*, inquietud *f*; (COM, etc) negocio *m*, asunto *m*, empresa *f*. **~·ed** [-d] *adj* preocupado/a, inquieto/a. **~·ing** [-iŋ] *prep* sobre, en relación a.

con·cert ['kɔnsət] *n* MUS (*recital*) concierto *m*. LOC **In ~ with sb**, FML De acuerdo con. **~·goer** *n* asistente *m,f* a concierto(s). **con·cert·ed** *adj* (*task*, *effort*, etc) en cooperación, coordinado/a. **con·cer·ti·na** [,kɔnsə'ti:nə] *n* concertina *f*, acordeón *m*. **con·certo** [kən'tʃeətəu, -'tʃɜ:t-] *n* (*pl* **-s**) concierto *m*.

con·ces·sion [kən'seʃn] *n* (*act*, *thing*) concesión *f*. **~·aire** [kən,seʃə'neə(r)] *n* concesionario/a. **~·ary** [-'-ʃənəri] *adj* concesionario/a. **con·ces·sive** [kən'sesiv] *adj* GRAM concesivo/a.

conch [kɔntʃ] *n* concha *f*, caracola *f*.

con·ci·li·ate [kən'silieit] *v* (re)conciliar, pacificar; granjearse a. **con·ci·li·ation** [kən,sili'eiʃn] *n* conciliación *f*. **con·ci·li·at·or** [kən'siliətər] *n* conciliador/ra. **con·ci·li·at·ory** [kən'siliətəri, US -tɔ:ri] *adj* conciliatorio/a, conciliador/ra.

con·cise [kən'sais] *adj* (*text*, *speech*) conciso/a, breve. **~·ness**, **con·cis·ion** [kən'siʒn] *n* concisión *f*.

con·clave ['kɔŋkleiv] *n* cónclave *m*.

con·clude [kən'klu:d] *v* **1**. FML concluir, finalizar. **2**. ~ **sth from sth**, concluir/deducir una cosa de algo. **con·clu·sion** [kən'klu:ʒn] *n* conclusión *f*. LOC **In ~**, Por último/En conclusión. **con·clus·ive** [kən'klu:siv] *adj* concluyente, definitivo/a.

con·coct [kən'kɔkt] *v* (*drink*, etc) confeccionar, mezclar; FIG urdir, tramar, inventarse. **~·ion** [kən'kɔkʃn] *n* (*act*) mezcla *f*, confección *f*; (*drink*, etc) potingue *m*, brebaje *m*; maquinación *f*.

con·com·it·ant [kən'kɔmitənt] *adj/n* FML concomitante *m,f*.

con·cord ['kɔŋkɔ:d] *n* **1**. FML armonía *f*, concordia *f*. **2**. GRAM concordancia *f*. **~·ance** [kən'kɔ:dəns] *n* (*in book*, etc) concordancias *f,pl*. **~·ant** *adj* FML concorde. **con·cor·dat** [kən'kɔ:dæt] *n* concordato *m*.

con·course ['kɔŋkɔ:s] *n* (*area*) explanada *f*; (*in station*) vestíbulo *m*, sala *f*; FML concurrencia *f*, afluencia *f*; US encrucijada *f*.

con·crete ['kɔŋkri:t] **I**. *adj* concreto/a; ARQ de hormigón. **II**. *n* hormigón *m*. **III**. *v* revestir de hormigón. ~ **mixer** *n* hormigonera *f*. **con·cre·tion** [kən'kri:ʃn] *n* (*of mass*, etc) concreción *f*.

con·cu·bin·age [kən'kju:binidʒ] *n* concubinato *m*.

con·cu·bine ['kɔŋkjubain] *n* concubina *f*. **con·cu·pis·cence** [kən'kju:pisns] *n* FML concupiscencia *f*.

con·cur [kən'kɜ:(r)] *v* (**-red, -red**) (**with**) estar de acuerdo (con); (*events*) concurrir, coincidir. **~·rence** [kən'kʌrəns] *n* FML acuerdo *m*; coincidencia *f*, concurrencia *f*. **~·rent** *adj* coincidente, concurrente.

con·cuss [kən'kʌs] *v* (*by blow*) causar conmoción cerebral a. **~·ion** [kən'kʌʃn] *n* traumatismo *m* craneal; conmoción *f* cerebral; (*explosion*) sacudida *f* violenta.

con·demn [kən'dem] *v* (**to**) condenar (a); (**for**) censurar, condenar (por). **~·ation** [,kɔndem'neiʃn] *n* condena *f*; censura *f*, condena *f*. **~·ed cell** *n* celda *f* de condenado a muerte.

con·dens·ation [,kɔnden'seiʃn] *n* (*act*, *vapour*) condensación *f*; (*of text*, etc) resumen *m*. **con·dense** [kən'dens] *v* condensar(se); resumir (*sth into sth*, una cosa en otra). **con·dens·er** [kən'densə(r)] *n* TEC, ELECTR condensador *m*.

con·des·cend [,kɔndi'send] *v* condescender a, dignarse; (**to**) ser condescendiente (con alguien). **~·ing** [iŋ] *adj* condescendiente. **con·des·cen·sion** [,kɔndi'senʃn] *n* conducta *f* condescendiente, aire *m* de superioridad.

con·dign [kən'dain] *adj* FML (*punishment*, etc) severo/a, merecido/a.

con·di·ment ['kɔndimənt] *n* condimento *m*.

con·di·tion I. [kən'diʃn] *n* condición *f*, estado *m*; *pl* circunstancias *f,pl*, condiciones *f,pl*. LOC **On ~ that**... A condición de que... **On no ~**, Bajo ningún concepto. **II**. [,kən'diʃn] *v* condicionar, determinar; poner en condiciones. **con·di·tion·al** [kən'diʃənl] *adj* (*also* GRAM) condicional. **con·di·tion·ed** [kən'diʃnd] *adj* condicionado/a; (*air*) acondicionado/a. **con·di·tion·er** [kən'diʃənə(r)] *n* (*substance*) restaurador *m*, suavizante *m* (del pelo).

con·dole [kən'dəul] *v* (**with sb on sth**) FML dar el pésame (a alguien por algo), condolerse. **con·dol·ence** [kən'dəuləns] *n* (*esp pl*) pésame *m*.

con·dom ['kɔndəm] (*also esp* US **pro·phy·lac·tic**) *n* condón *m*, preservativo *m*.

con·do·min·i·um [,kɔndə'miniəm] *n* condominio *m*; US inmueble *m* de propietarios.

con·don·ation [,kɔndəu'neiʃn] *n* condonación *f*. **con·done** [kən'dəun] *v* condonar.

con·dor ['kɔndɔ:(r)] *n* cóndor *m*.

con·duce [kən'dju:s, US -'du:s] *v* (**to**) FML contribuir (a), conducir. **con·du·cive** [kən'dju:siv, US -'du:s-] *adj* conducente, propicio/a.

con·duct I. ['kɔndʌkt] *n* (*of person*) conducta *f*; (*of business*, etc) dirección, modo *m* de llevar. **II**. [kən'dʌkt] *v* conducir, llevar; MUS dirigir; (*business*, etc) dirigir, llevar; FIS, ELECTR conducir. **~·ion** [kən'dʌkʃn] *n* FIS, ELECTR conducción *f*. **~·ive** [kən'dʌktiv] *adj* FIS, ELECTR conductor/ra. **~·or** [kən'dʌktə(r)] *n* MUS director/ra; FIS, ELECTR conductor/ra; Br (*in bus*) cobrador/ra. **~·ress** [kən'dʌktris] *n* Br cobradora *f* de autobús.

con·duit ['kɔndit, US 'kɔndju:it, US -dwit] *n* conducto *m*, canalización *f*; (*for wire*) tubería.

cone [kəun] **I**. *n* cono *m*; helado *m* (en forma cónica); BOT cono *m*, piña *f*. **II**. *v* (*in road*) **~ sth off,** separar/dividir con conos.

co·ney V. **cony**.

con·fab ['kɔnfæb] *n* INFML charla *f* privada.

con·fec·tion [kən'fekʃn] *n* FML dulce *m*, golosina *f*. **~·er** *n* confitero/a, pastelero/a. **~·ery** [kən'fekʃənəri, US -ʃəneri] *n* (*shop*) confitería *f*; (*sweets*) confites *m,pl*, dulces *m,pl*.

con·fed·er·acy [kən'fedərəsi] *n* (con)federación *f*. **con·fed·er·ate I**. [kən'fedərət] *adj/n* confederado/a. **II**. [kən'fedəreit] *v* confederar(se). **con·fed·er·ation** [kən,fedə'reiʃn] *n* confederación *f*.

con·fer [kən'fɜ:(r)] *v* (**-red, -red**) conferir, otorgar; **~ with sb,** conferenciar con alguien. **~·ence** ['kɔnfərəns] *n* consulta *f*; congreso *m*. **~·ment** [-mənt] *n* FML concesión *f*, otorgamiento *m*.

con·fess [kən'fes] *v* (*also* REL) confesar(se). **~·ed·ly** [-idli] *adv* de forma reconocida. **~·ion** [kən'feʃn] *n* (*also* REL) confesión *f*. LOC **Go to ~,** REL confesarse. **~·ion·al** [kən'feʃənl] *n* confesionario *m*. **con·fes·sor** [kən'fesə(r)] *n* REL confesor *m*.

con·fid·ant [,kɔnfi'dænt] *n* confidente *m,f*.

con·fide [kən'faid] *v* (*a secret*, etc) confiar, revelar; (*in sb*) confiar en; FML **~ sth to sb,** dejar algo en manos de alguien. **con·fid·ence** ['kɔnfidəns] *n* (*feeling*) confianza *f*; (*secret*) confidencia *f*. LOC **In strict ~ ,** Confidencialmente. **~ trick,** Timo *m*, estafa *f*. **con·fid·ent** ['kɔnfidənt] *adj* confiado/a, seguro/a, convencido/a. **con·fid·en·tial** [,kɔnfi'denʃl] *adj* confidencial; (*person*) de confianza. **con·fid·ent·ly** ['kɔnfi'dentli] *adv* confiadamente. **con·fid·ing** [kənf'aidiŋ] *adj* confiado/a.

con·fig·ur·ation [kən,figə'reiʃn, US -,figju'reiʃn] *n* configuración *f*. **con·fig·ure** [kən'figə(r), US kən'figjər] *v* (*inform*) configurar.

con·fine [kən'fain] *v* encerrar, confinar, constreñir; FIG limitar, ceñir. **con·fin·ed** *adj* (*space*) limitado/a, reducido/a. **con·fine·ment** *n* encierro *m*, prisión *f*, confinamiento *m*; MED parto *m*, sobreparto *m*. **con·fines** ['kɔnfainz] *n,pl* FML confines *m,pl*, fronteras *f,pl*.

con·firm [kən'fɜ:m] *v* (*also* REL) confirmar; ratificar. **~·ation** [,kɔnfə'meiʃn] *n* (*also* REL) confirmación *f*. **con·firm·ed** *adj* (*in habits*) inveterado/a, empedernido/a.

con·fisc·ate ['kɔnfiskeit] *v* confiscar. **con·fisc·ation** [,kɔnfi'skeiʃn] *n* confiscación *f*.

con·fla·gra·tion [,kɔnflə'greiʃn] *n* FML conflagración *f*, incendio *m*.

con·flate [kən'fleit] *v* (*texts*, etc) fundir, unir.

con·flict I. ['kɔnflikt] *n* conflicto *m*. **II**. [kən'flikt] *v* (**with**) estar en oposición (con). **~·ing** [-iŋ] *adj* contrario/a, opuesto/a.

con·flu·ence ['kɔnfluəns] *n* (*act, place*) confluencia *f*. **con·flu·ent** ['kɔnfluənt] *adj* FML confluente.

con·form [kən'fɔ:m] *v* (*person, thing*) ajustarse (*to* a), adaptar(se); (*ideas*, etc) estar de acuerdo (*with* con). **~·ation** [,kɔnfɔ:'meiʃn] *n* FML configuración *f*, conformación *f*. **~·ist** [kən'fɔ:mist] *n* conformista *m,f*. **~·ity** [kən'fɔ:məti] *n* conformidad *f*. LOC **In ~ with,** De conformidad con/Conforme a.

con·found [kən'faund] *v* FML confundir, turbar, desconcertar. LOC **~ it!** INFML ¡Maldita sea! **con·found·ed** [-id] *adj* INFML maldito/a, condenado/a.

con·front [kən'frʌnt] *v* enfrentar(se) a, poner(se) frente a frente: *The problems that ~ us*, Los problemas a que nos enfrentamos. **~·ation** [,kɔnfrʌn'teiʃn] *n* enfrentamiento *m*, oposición *f*.

con·fuse [kən'fju:z] *v* confundir. **con·fus·ed** [-d] *adj* confuso/a; (*person*) confundido/a, aturdido/a. **con·fus·ing** [-iŋ] *adj* (*account, instruction*, etc) confuso/a, enredado/a. **con·fu·sion** [kən'fju:ʒn] *n* confusión *f*.

con·fut·ation [,kɔnfju:'teiʃn] *n* refutación *f*. **con·fute** [kən'fju:t] *v* confutar, refutar.

con·geal [kən'dʒi:l] *v* congelar(se), helar(se); (*blood*) coagular(se).

con·gen·ial [kən'dʒi:niəl] *adj* (*person, thing*) agradable, acogedor/ra. **~·ity** [kən,-dʒi:ni'æləti] *n* simpatía *f*, amabilidad *f*.

con·ge·nit·al [kən'dʒenitl] *adj* congénito/a.

con·ger ['kɔŋgə(r)] *n* (*also* **~ eel**) congrio *m*.

con·gest·ed [kən'dʒestid] *adj* MED congestionado/a; (*area*, etc) demasiado ocupado/a, atestado/a; (*traffic*) denso/a. **con·ges·tion** [kən'dʒestʃən] *n* congestión *f*; (*of traffic*) atasco *m*.

con·glom·er·ate [kən'glɔmərət] *n* conglomerado *m*. **con·glom·er·ation** [kən,glɔmə'reiʃn] *n* INFML aglomeración *f*.

con·gra·tul·ate [kən'grætʃuleit] *v* **1**. felicitar. **2**. **~ o·s· on sth,** congratularse por algo. **con·gra·tul·ation** [kən,grætʃu'leiʃn] *n* felicitación *f*; *pl int* ¡enhorabuena! **con·gra·tul·at·**

ory [kən'græt∫ulətri] *adj* (*letter*, etc) de felicitación; congratulatorio/a.

con·greg·ate ['kɔŋgrigeit] *v* congregarse. **con·greg·ation** [,kɔŋgri'gei∫n] *n* (*also* REL) congregación *f*. **con·gre·ga·tion·al** [,koŋgri'gei∫nl] *adj* REL congregacionista.

con·gress ['kɔŋgres, US -grəs] *n* (POL, *etc*) *congreso m*; US Parlamento *m*. **~·ion·al** [kən'gre∫nl] *adj* de(l) congreso; US parlamentario/a. **Con·gress·man** *n* (*pl* **-men**), **Con·gress·woman** *n* (*pl* **-women**) US parlamentario/a.

con·gru·ent ['kɔngruənt] *adj* GEOM, MAT congruente; (*also* **congruous**) FML congruente, adecuado/a. **con·gru·ity** [kɔŋ'gru:əti] *n* congruencia *f*. **con·gru·ous** ['kɔŋgruəs] *adj* FML congruente.

con·ic ['kɔnik] *adj* GEOM del cono, cónico/a. **con·ic·al** ['kɔnikl] *adj* coniforme.

con·ifer ['kɔnifə(r), 'kəun-] *n* conífera *f*. **con·ifer·ous** [kə'nifərəs, US kəu'n-] *adj* conífero/a.

con·jec·tur·al [kən'dʒekt∫ərəl] *adj* conjetural. **con·jec·ture** [kən'dʒekt∫ə(r)] **I.** *v* FML hacer conjeturas; conjeturar. **II.** *n* FML conjetura *f*.

con·join [kən'dʒɔin] *v* FML unir(se), juntar(se). **con·joint** [kən'dʒɔint, 'kɔndʒɔint] *adj* FML asociado/a, unido/a, conjunto/a.

con·ju·gal ['kɔndʒugl] *adj* FML conyugal.

con·jug·ate ['kɔndʒugeit] *v* GRAM conjugar(se). **con·jug·ation** [,kɔndʒu'gei∫n] *n* conjugación *f*.

con·junc·tion [kən'dʒʌŋk∫n] *n* GRAM conjunción *f*; FML unión *f*. LOC **In ~ with,** Conjuntamente con. **con·junct·ive** [kən'dʒʌŋktiv] **I.** *adj* conjuntivo/a. **II.** *n* GRAM conjunción *f*. **con·junc·tiv·itis** [kɔn,dʒʌŋkti'vaitis] *n* conjuntivitis *f*. **con·junc·ture** [kən'dʒʌŋkt∫ə(r)] *n* FML coyuntura *f*.

con·jure **I.** ['kʌndʒə(r)] *v* conjurar: hacer juegos de manos, hacer magia. LOC **~ sth up,** Hacer aparecer de repente. **II.** [kən'dʒuə(r)] *v* FML conjurar, rogar, suplicar. **con·jur·er, -·or** ['kʌndʒərə(r)] *n* prestidigitador *m*, mago *m*. **con·jur·ing** ['kʌndʒəriŋ] *n* conjuro *m*. **~ tricks,** Juegos *m,pl* de manos, magia *f*.

conk [kɔŋk] **I.** *n* Br SL narizota *f*. **II.** *v* **~ out,** INFML (*of engine*) pararse, calarse; (*of people*) desvanecerse, quedarse inconsciente.

con·ker ['kɔŋkə(r)] *n* INFML (*esp* Br) castaña *f* (de Indias).

con·nect [kə'nekt] *v* **1.** unir(se), juntar(se); (*rail*, AER, *etc) enlazar; ELECTR* conectar(se); (*people*) asociar(se), relacionar(se). **2. ~ sb with sb,** poner a alguien en contacto con otro. **~·ed** *adj* unido/a; (*people*) relacionado/a: *Well ~* , Bien relacionado. **~·ing rod** *n* TEC biela *f*. **con·nec·tion** (*also* Br **connexion**) [kə'nek∫n] *n* unión *f*; ELECTR conexión *f*; (*rail*, etc) enlace *m*; (*people*) conocido/a, amistad *f*, pariente *m*.

con·ning-tower ['kɔniŋ tauə(r)] *n* (*on submarine*) torreta *f*.

con·niv·ance [kə'naivəns] *n* connivencia *f*, complicidad *f*. **con·nive** [kə'naiv] *v* **1.** PEY tolerar. **2. (at)** hacer la vista gorda (sobre algo).

con·nois·seur [,kɔnə'sɜ:(r)] *n* experto/a, entendido/a, maestro/a.

con·not·ation [,kɔnə'tei∫n] *n* connotación *f*. **con·note** [kə'nəut] *v* connotar.

con·nu·bi·al [kə'nju:biəl, US -'nu:-] *adj* FML conyugal, matrimonial.

con·quer ['kɔŋkə(r)] *v* (*also* FIG) conquistar. **~·or** ['kɔŋkərə(r)] *n* conquistador/ra. **con·quest** ['kɔŋkwest] *n* (*act, object*) conquista *f*. **con·quis·ta·dor** [kɔn'kwistədɔ:(r)] *n* (*pl* **-s, -es**) (*in America*) conquistador *m* español.

con·san·guin·ity [,kɔnsæŋ'gwinəti] *n* consanguinidad *f*.

con·sci·ence ['kɔn∫əns] *n* conciencia *f*. LOC **Have sth on one's ~,** Tener remordimiento de conciencia por algo. **In all ~,** Honradamente. **~-stricken** *adj* con mala conciencia, con remordimientos. **con·scien·ti·ous** [,kɔn∫i'en∫əs] *adj* (*person, task*) concienzudo/a, escrupuloso/a. **~ objector,** Objetor *m* de conciencia. **con·sci·ous** ['kɔn∫əs] *adj* consciente. **con·sci·ous·ness** ['kɔn∫əsnis] *n* MED conocimiento *m*, consciencia *f*; (*ideas*, etc) con(s)ciencia *f*: *Recover ~* , Recobrar el conocimiento.

con·script **I.** [kən'skript] *v* reclutar, llamar a filas. **II.** ['kɔnskript] *n* recluta *m*, quinto *m*. **~·ion** [kən'skrip∫n] *n* alistamiento *m*, reclutamiento *m* forzoso.

con·se·crate ['kɔnsikreit] *v* consagrar. **con·se·cra·tion** [,kɔnsi'krei∫n] *n* consagración *f*.

con·se·cut·ive [kən'sekjutiv] *adj* consecutivo/a.

con·sen·sus [kən'sensəs] *n* consenso *m*. **con·sent** [kən'sent] **I.** *v* consentir. **II.** *n* consentimiento *m*.

con·se·quence ['kɔnsikwəns, US -kwens] *n* consecuencia *f*. LOC **Be of no ~,** FML No tener importancia. **In ~ of sth,** INFML Como resultado de algo. **con·se·quent** ['kɔnsikwənt] *adj* FML consiguiente. **con·se·quent·ial** [,kɔnsi'kwen∫l] *adj* resultante, consiguiente; importante; PEY pomposo/a. **con·se·quent·ly** [,kɔn'sikwəntli] *adv* consiguientemente, como resultado.

con·serv·an·cy [kən'sɜ:vənsi] *n* Br protección *f* de la naturaleza; institución *f* protectora de la naturaleza. **con·serv·ation** [,kɔnsə'vei∫n] *n* protección *f*, conservación *f*, preservación *f*. **con·serv·ation·ist** [,--'-∫ənist] *n* ecologista *m,f*.

con·ser·vat·ism [kən'sɜ:vətizəm] *n* POL conservadurismo *m*. **con·serv·at·ive** [kən'sɜ:vətiv] *adj/n* (*also* POL) conservador/ra. **~ Party,** Partido Conservador. **con·ser·va·toire** [kən'sɜ:vətwa:(r)] *n* MUS conservatorio *m*. **con·ser·vat·ory** [kən'sɜ:vətri, US -tɔ:ri] *n* invernadero *m* anexo. **con·serve** **I.** [kən'sɜ:v] *v* conservar, preservar. **II.** ['kɔnsɜ:v] *n* (*esp pl*) conserva *f*; confitura *f*, mermelada *f*.

con·si·der [kən'sidə(r)] *v* considerar; contemplar, tener en cuenta; pensar, meditar: *It's my considered opinion that...* Mi meditada opinión es que... **~·able** [kən'sidərəbl] *adj* (*amount*, etc) considerable. **~·ably** *adv* bastante, mucho. **~·ate** [kən'sidərət] *adj* considerado/a, atento/a. **~·ation** [kən,sidə'reiʃn] *n* (*quality*) consideración *f*; (*action*) reflexión *f*, contemplación *f*, estudio *m*, examen *m*. LOC **Take sth into ~,** Tener algo en cuenta. **~·ing** [kən'sidəriŋ] **I.** *prep* teniendo en cuenta que. **II.** *conj* teniendo en cuenta las circunstancias.

con·sign [kən'sain] *v* confiar, entregar, depositar; (*goods*, etc) consignar, enviar. **~·signee** [,kɔnsai'ni:] *n* consignatario/a. **~·er, ~·or** [-ə(r)] *n* consignador/ra. **~·ment** [-mənt] *n* envío *m*, remesa *f*; consignación *f*. **~·ment note** *n* albarán *m* de entrega.

con·sist [kən'sist] *v* **1. (of)** estar compuesto (de), constar (de). **2.** FML **(in)** estribar en, residir en. **~·ence** [-'-əns], **~·ency** [-'-ənsi] *n* solidez *f*, consistencia *f*; (*in ideas*, etc) coherencia *f*, consecuencia *f*. **~·ent** [kən'sistənt] *adj* **1.** consecuente, coherente, lógico/a. **2. (with sth)**, conforme con, en consonancia con.

con·sol·ation [,kɔnsə'leiʃn] *n* consolación *f*, consuelo *m*: *~ prize*, Premio *m* de consolación. **con·sol·at·ory** [kən'sɔlətəri, US -tɔ:ri] *adj* consolador/ra. **con·sole I.** [kən'səul] *v* consolar. **II.** ['kɔnsəul] *n* ELECTR, *etc consola f*.

con·sol·id·ate [kən'sɔlideit] *v* consolidar(se); (*companies*) fusionar(se). **con·sol·id·ation** [kən,sɔli'deiʃn] *n* consolidación *f*.

con·som·mé [kən'sɔmei, US, kɔnsə'mei] *n* consomé *m*.

con·son·ance ['kɔnsənəns] *n* FML consonancia *f*, armonía *f*. **con·son·ant** ['kɔnsənənt] **I.** *adj* **(with)** acorde, conforme (con). **II.** *n* consonante *f*.

con·sort I. ['kɔnsɔ:t] *n* consorte *m,f*. **II.** [kən'sɔ:t] *v* **(with)** asociarse (con); (*acts*) estar en consonancia (con). **~·ium** [kən'sɔ:tiəm, US -'sɔ:rʃiəm] *n* (*pl* **-tia**) consorcio *m*.

con·spec·tus [kən'spektəs] *n* (*pl* **-es**) FML sinopsis *f*, resumen *m*; visión *f* global.

con·spi·cu·ous [kən'spikjuəs] *adj* muy visible, muy llamativo/a; famoso/a, notable. LOC **Be ~ by one's absence,** Brillar por su ausencia. **~·ly** *adv* visiblemente, evidentemente.

con·spir·acy [kən'spirəsi] *n* conspiración *f*. **con·spir·at·or** [kən'spirətə(r)] *n* conspirador/ra. **con·spir·at·or·ial** [kən,spirə'tɔ:riəl] *adj* de conspiración. **con·spire** [kən'spaiə(r)] *v* conspirar, confabularse (*against* contra).

con·stable ['kʌnstəbl, US 'kɔn-] *n* policía *m,f*, guardia *m,f*: *Chief ~* , Jefe/a de policía. **con·stab·ul·ary** [kən'stæbjuləri, US -leri] *n* policía *f* local o regional.

con·stan·cy ['kɔnstənsi] *n* constancia *f*, fidelidad *f*. **con·stant** ['kɔnstənt] **I.** *adj* constante, fiel; incesante, continuo/a. **II.** *n* MAT constante *f*. **con·stant·ly** ['kɔnstəntli] *adv* constantemente.

con·stel·la·tion [,kɔnstə'leiʃn] *n* (*also* FIG) constelación *f*.

con·ster·na·tion [,kɔnstə'neiʃn] *n* consternación *f*.

con·stip·at·ed ['kɔnstipeitid] *adj* estreñido/a. **con·stip·ation** [,kɔnsti'peiʃn] *n* estreñimiento *m*.

con·sti·tu·en·cy [kən'stitjuənsi] *n* distrito *m* electoral. **con·sti·tu·ent** [kən'stitjuənt] **I.** *adj* (*also* POL) constituyente. **II.** *n* (*part*) componente *m,f*; POL elector/ra. **con·sti·tute** ['kɔnstitju:t] *v* constituir. **con·sti·tu·tion** [,kɔnsti'tju:ʃn, US -'tu:ʃn] *n* (*also* POL) constitución *f*. **con·sti·tu·tion·al** [,kɔnsti'tju:ʃənl, US -'tu:-] *adj* constitucional. **con·sti·tu·tive** ['kɔnstitju:tiv, kən'stitjutiv, US *also* 'stitʃu-] *adj* FML constitutivo/a.

con·strain [kən'strein] *v* obligar, constreñir, forzar. **con·strain·ed** *adj* forzado/a, poco natural. **con·straint** [kən'streint] *n* coacción *f*, fuerza *f*, constreñimiento *m*.

con·strict [kən'strikt] *v* estrechar, apretar, constreñir. **~·ion** [kən'strikʃn] *n* constricción *f*, opresión *f*.

con·struct [kən'strʌkt] *v* construir, edificar; GEOM dibujar. **~·ion** [kən'strʌkʃn] *n* (*also* GRAM) construcción *f*: *Under ~* , En construcción. **~·ive** [kən'strʌktiv] *adj* (*remark*, etc) constructivo/a. **~·or** [-ə(r)] *n* constructor/ra.

con·strue [kən'stru:] *v* FML interpretar; GRAM construir.

con·sul ['kɔnsl] *n* cónsul *m*. **~·ar** ['kɔnsjulə(r), US -sə-] *adj* consular. **~·ate** ['kɔnsjulət, US -səl-] *n* consulado *m*. **~·ship** [-ʃip] *n* (*period, post*) consulado *m*.

con·sult [kən'sʌlt] *v* consultar. **~·ant** [kən'sʌltənt] *n* consultor/ra; MED especialista *m,f*. LOC **Act as ~,** asesorar **~·ation** [,kɔnsl'teiʃn] *n* consulta *f*. **~·at·ive** [kən'sʌltətiv] *adj* consultivo/a. **~·ing** [-iŋ] *adj* de consulta: *~* **room,** consultorio *m*.

con·sume [kən'sju:m, US -'su:m] *v* (*also* FIG) consumir; gastar, usar. **con·sum·er** [kən'sju:mə(r), US -su:-] *n* consumidor/ra. LOC **~ goods**, Artículos *m,pl* de consumo. **con·sum·er·ism** [kən'sju:mərizm] *n* protección *f* del consumidor. **con·sum·ing** [kən'sju:miŋ] *adj* (*habit*, etc) consumista. **con·sum·mate I.** [kən'sʌmət] *adj* FML (*artist*, etc) consumado/a. **II.** ['kɔnsəmeit] *v* consumar, completar, coronar. **con·sum·ma·tion** [,kɔnsə'meiʃn] *n* consumación *f*. **con·sump·tion** [kən'sʌmpʃn] *n* (*amount*) consumo *m*, gasto *m*; (*act*) consumición *f*: *Fit for human ~* , Apto para el consumo humano. **con·sump·tive** [kən'sʌmptiv] *adj/n* HIST tuberculoso/a.

con·tact I. ['kɔntækt] *n* contacto *m*; MED contagiado/a. LOC **Make ~ with sb,** Ponerse en contacto con alguien. **Make ~,** ELECTR Hacer contacto. **II.** [kən'tækt, 'kɔntækt] *v* **(with)** ponerse en contacto, comunicar (con). **~ lens** *n* lente *f* de contacto, lentillas *f,pl*. **~ print** *n* (*photo*) copia *f* de contacto.

con·ta·gion [kən'teidʒən] *n* contagio *m*. **con·ta·gi·ous** [kən'teidʒəs] *adj* (*also* FIG) contagioso/a.

con·tain [kən'tein] *v* contener(se), incluir)se). **con·tain·er** [kən'teinə(r)] *n* contenedor *m*. **con·tain·er·ize, -·ise** [kən'teinəraiz] *v* transportar en contenedor(es). **con·tain·ment** [-mənt] *n* contención *f.*

con·tam·in·ant [kən'tæminənt] *adj* FML contaminante. **con·tam·in·ate** [kən'tæmineit] *v* (*also* FIG) contaminar. **con·tam·in·ation** [kən,tæmi'neiʃn] *n* contaminación *f.*

con·tem·plate ['kɔntempleit] *v* contemplar; proyectar. **con·tem·pla·tion** [,kɔntem'pleiʃn] *n* contemplación *f*; intención *f*, proyecto *m*. **con·tem·plat·ive** [kən'templətiv, 'kɔntempleitiv] *adj* (*also* REL) contemplativo/a.

con·tem·po·ra·ne·ous [kən,tempə'reiniəs] *adj* FML contemporáneo/a. **con·tem·por·ary** [kən'temprəri, US -pəreri] *adj/n* contemporáneo/a.

con·tempt [kən'tempt] *n* desprecio *m*, desdén *m*, menosprecio *m*. LOC **Beneath ~,** Despreciable. **~ of court,** DER desacato al juez. **~·ible** [kən'temptəbl] *adj* despreciable. **~·u·ous** [kən'temptʃuəs] *adj* despreciativo/a, desdeñoso/a.

con·tend [kən'tend] *v* luchar, contender; (*idea*, etc) sostener, afirmar. **~·er** *n* contendiente *m,f*, contrincante *m,f*.

con·tent I. [kən'tent] I. *adj* contento/a, feliz. II. *n* felicidad *f*, satisfacción *f*. III. *v* **~ o.s. with,** contentarse (con). II. ['kɔntent] *n* (*esp pl*) contenido *m*. **~·ed** [-id] *adj* satisfecho/a. **~·ment** [-mənt] *n* satisfacción *f*, contento *m*.

con·ten·tion [kən'tenʃn] *n* disputa *f*, contienda *f*; competición *f*. LOC **My ~ is,** lo que yo afirmo es... **con·ten·ti·ous** [kən'tenʃəs] *adj* contencioso/a, polémico/a; (*person*) discutidor/ra.

con·test I. [kən'test] *v* disputar, refutar, impugnar; luchar en. II. ['kɔntest] *n* contienda *f*, lucha *f*; concurso *m*, competición *f*: *A beauty ~* , Un concurso de belleza. **con·test·ant** [kən'testənt] *n* concursante *m,f*.

con·text ['kɔntekst] *n* contexto *m*. **~·ual** [kən'tekstʃuəl] *adj* del contexto. **~·ure** [-tʃər] *n* contextura *f*.

con·ti·gu·ity [,kɔnti'gju:əti] *n* FML contigüidad *f*. **con·ti·gu·ous** [kən'tigjuəs] *adj* FML contiguo/a.

con·tin·ence ['kɔntinəns] *n* continencia *f*. **con·tin·ent** ['kɔntinənt] I. *adj* continente, que tiene continencia. II. *n* continente *m*; Br **The Continent,** Europa (continental). **con·tin·ent·al** [,kɔnti'nentl] I. *adj* continental. II. *n* Br (*also* **Continental**) europeo/a.

con·tin·gen·cy [kən'tindʒənsi] *n* contingencia *f*. **con·tin·gent** [kən'tindʒənt] I. *adj* contingente, eventual; dependiente (*on* de). II. *n* (*group*, MIL) contingente *m*.

con·ti·nu·al [kən'tinjuəl] *adj* continuo/a, incesante. **~·ly** [-juəli] *adv* continuamente, sin cesar. **con·ti·nu·ance** [kən'tinjuəns] *n* continuación *f*; permanencia *f*, estancia *f*. **con·ti·nu·ation** [kən,tinju'eiʃn] *n* continuación *f*; prolongación *f*. **con·ti·nue** [kən'tinju:] *v* continuar. **con·ti·nu·ed** [kən'tinju:d] *adj* incesante, continuo/a: **To be ~d,** Continuará (*film*, etc). **con·ti·nu·ity** [,kɔnti'nju:əti, US -'nu:-] *n* continuidad *f*. **con·ti·nu·ous** [kən'tinjuəs] *adj* continuo/a, ininterrumpido/a. **con·ti·nu·ous·ly** [-li] *adv* sin interrupción, continuadamente. **con·ti·nu·um** [kən'tinjuəm] *n* (*pl* **-s, -ua** [-uə]) continuo *m*.

con·tort [kən'tɔ:t] *v* retorcer(se), contraer(se). **~·ion** [kən'tɔ:ʃn] *n* contorsión *f*, retorcimiento *m*. **~·ion·ist** [-ʃənist] *n* contorsionista *m,f*.

con·tour ['kɔntuə(r)] I. *n* contorno *m*, perfil *m*; (*also* **~ line**) curva *f* de nivel (en mapa). II. *v* (*map*) marcar con curvas de nivel.

con·tra- *pref* contra-.

con·tra·band ['kɔntrəbænd] *n* contrabando *m*.

con·tra·cep·tion [,kɔntrə'sepʃn] *n* medidas *f,pl* anticonceptivas. **con·tra·cep·tive** [,kɔntrə'septiv] *adj/n* anticonceptivo/a.

con·tract I. ['kɔntrækt] *n* contrato *m*; (*of government*, etc) contrata *f*. LOC **Be under ~ to sb,** Estar contratado por alguien. **Put sth out to ~,** Sacar algo a contrata o subasta. II. [kən'trækt] *v* 1. **(with)** contratar, emplear, firmar un contrato (con). LOC **~ out of sth,** Br Optar por no participar en algo. 2. (*disease*, etc) contraer, coger. 3. contraer(se), encoger(se). **con·tract·ible** [kən'træktibl] *adj* encogible, plegable. **con·tract·ile** [kən'træktail, US -tl] *adj* FML contráctil. **con·trac·tion** [kən'trækʃn] *n* contracción *f*. **con·tract·or** [kən'træktər] *n* contratista *m,f*. **con·tract·ual** [kən'træktʃuəl] *adj* contractual.

con·tra·dict [,kɔntrə'dikt] *v* contradecir, desmentir. **~·ion** [,kɔntrə'dikʃn] *n* contradicción *f*. LOC **A ~ in terms,** Una inconsistencia. **~·ory** [,kɔntrə'diktəri] *adj* contradictorio/a.

con·tra·dis·tinc·tion [,kɔntrədi'stiŋkʃn] *n* diferencia *f*. LOC **In ~ to sth,** En contraste con/Por oposición a algo.

con·tra·flow ['kɔntrəfləu] *n* (*of traffic*) trasvase *m* a la calzada opuesta.

con·tra·in·dic·ation [,kɔntrəindi'keiʃn] *n* MED contraindicación *f*.

con·tral·to [kən'træltəu] *n* (*pl* **-s**) (*voice, person*) contralto *m,f*.

con·trap·tion [kən'træpʃn] *n* INFML artefacto *m*, dispositivo *m*. **con·tra·pun·tal** [,kɔntrə'pʌntl] *adj* MUS de(l) contrapunto.

con·tra·ri·ly [kən'treərili] *adv* tercamente, obstinadamente. **con·tra·ri·ness** ['kɔntrərinis] *n* terquedad *f*. **con·tra·ri·wise** ['kɔntrəriwaiz, US -treri] *adv* al contrario, a la inversa. **con·tra·ry** I. ['kɔntrəri, US -treri] 1. *adj* contrario/a, opuesto/a. LOC **~ to,** En contra de. 2. *n* contrario *m*. LOC **On the ~,** Al contrario/Al revés. **To the ~** , Lo contrario. II. [kən'treəri] *adj* (*character*) terco/a, obstinado/a.

con·trast I. [kən'tra:st, US -'træst] *v* **(with)** comparar (con); contrastar (con). II. ['kɔntra:st, US -træst] *n* (*action, effect*) contraste *m*. LOC **In ~ to,** En contraste con.

con·tra·vene [,kɔntrə'vi:n] *v* contravenir, incumplir. **con·tra·ven·tion** [,kɔntrə'venʃn] *n* infracción *f*, contravención *f*.

con·trib·ute [kən'tribju:t] *v* contribuir (*to* a). **con·tri·bu·tion** [,kɔntri'bju:ʃn] *n* (*action, object*) contribución *f*. **con·tri·but·or** ['kɔntribjutə(r)] *n* (*in writing*) colaborador/ra; (*in money*) suscriptor/ra. **con·trib·ut·ory** [kən'tribjutəri, US -tɔ:ri] *adj* (*factor*) cooperante, contribuidor/ra; (*pension*) por aportaciones.

con·trite ['kɔntrait] *adj* contrito/a, arrepentido/a. **con·tri·tion** [kən'triʃn] *n* contrición *f*, arrepentimiento *m*.

con·triv·ance [kən'traivəns] *n* (*object*) aparato *m*, artefacto *m*, dispositivo *m*; (*plan*) estratagema *f*, maquinación *f*; (*capacity*) invención *f*. **con·trive** [kən'traiv] *v* FML idear, inventar; (*plan*) tramar, urdir; (*manage*) lograr, ingeniárselas (*to* para). **con·triv·ed** [-d] *adj* PEY forzado/a, artificial, poco espontáneo/a.

con·trol [kən'trəul] **I.** *n* control *m*. LOC **Be in ~ of**, Estar al mando/Llevar las riendas de. **Be/get out of ~**, Desmandarse, perder el control. **Be under ~**, Estar controlado/a. **II.** *v* controlar; dirigir, organizar. **~·lable** [-əbl] *adj* controlable, dominable. **~·ler** [-ə(r)] *n* (*person*) controlador/ra; (*of department*, etc) director/ra.

con·tro·ver·si·al [,kɔntrə'vɜ:ʃl] *adj* controvertido/a, polémico/a. **~·ist** [-ist] *n* FML polemista *m,f*. **con·tro·ver·sy** ['kɔntrəvɜ:si, kən'trɔvəsi] *n* controversia *f*, polémica *f*. **con·tro·vert** [,kɔntrə'vɜ:t] *v* FML controvertir, polemizar.

con·tu·ma·ci·ous [,kɔntju:'meiʃəs, US -tu:-] *adj* FML contumaz. **~·ly** [-li] *adv* obstinadamente. **con·tu·ma·cy** ['kɔntjuməsi, US kən'tu:məsi] *n* FML contumacia *f*.

con·tu·me·ly ['kɔntju:mli, US kən'tu:məli] *n* FML contumelia *f*.

con·tuse [kən'tju:z, US -'tu:z] *v* contusionar, magullar. **con·tu·sion** [kən'tju:ʒn, US -'tu:-] *n* contusión *f*, magulladura *f*.

con·un·drum [kə'nʌndrəm] *n* adivinanza *f*, acertijo *m*; galimatías *m*.

con·ur·ba·tion [,kɔnɜ:'beiʃn] *n* aglomeración *f* de núcleos urbanos.

con·va·lesce [,kɔnvə'les] *v* convalecer. **con·va·les·cence** [,kɔnvə'lesns] *n* convalecencia *f*. **con·va·les·cent** [,kɔnvə'lesnt] *adj/n* convaleciente *m,f*.

con·vec·tion [kən'vekʃn] *n* convección *f*. **con·vector** [kən'vektə(r)] *n* estufa *f* eléctrica de aire.

con·vene [kən'vi:n] *v* reunir(se); convocar. **con·ven·er** (*also* **convenor**) [-ə(r)] *n* el/la que convoca, presidente de una comisión; Br (*in factory*) delegado/a sindical. **con·ven·ience** [kən'vi:niəns] *n* conveniencia *f*, comodidad *f*; (*appliance*, etc) facilidad *f*, comodidad *f*. *All the modern conveniences*, Todas las comodidades modernas. Br EUPH *Public ~* , Aseos *m,pl* públicos. LOC **At one's ~**, A comodidad de uno. **~ food**, *n* comida *f* preparada. **con·ven·ient** [kən'vi:niənt] *adj* conveniente, cómodo/a; (*moment*) oportuno/a; céntrico/a, cercano/a.

con·vent ['kɔnvənt, US -vent] *n* convento *m* (de monjas).

con·ven·tion [kən'venʃn] *n* convención *f*, congreso *m*; (*practice, agreement*) convención *f*. **~·ion·al** [kən'venʃənl] *adj* convencional; tradicional. **~·ion·al·ity** [kən,venʃə'næləti] *n* convencionalismo *m*.

con·verge [kən'vɜ:dʒ] *v* (**on**) converger (en). **con·verg·ence** [kən'vɜ:dʒəns] *n* convergencia *f*. **con·verg·ent** [kən'vɜ:dʒənt] adj convergente.

con·vers·ant [kən'vɜ:snt] *adj* FML (**with**) versado/a (en), experto/a. **con·vers·ation** [,kɔnvə'seiʃn] *n* conversación *f*, charla *f*. **con·ver·sa·tion·al** [-ʃənl] *adj* conversacional, coloquial: *~ powers*, Capacidad de habla. **con·ver·sa·tion·al·ist** [-ist] *n* hablador/ra. **con·verse I.** [kən'vɜ:s] *v* FML charlar, conversar. **II.** ['kɔnvɜ:s] **I.** *n* lo contrario, lo opuesto. **II.** *adj* opuesto/a, contrario/a. [kənvɜ:sli] **con·ver·se·ly** [kən'vɜ:sli] *adv* a la inversa.

con·ver·sion [kən'vɜ:ʃn, US kən'vɜ:rʃn] *n* (*of building*, etc) conversión *f*, transformación *f*; REL conversión *f*: *~ table*, MAT Tablas *f,pl* de conversión. **con·vert I.** [kən'vɜ:t] *v* convertir, transformar (*into* en); REL convertir(se). **II.** ['kɔnvɜ:t] *n* converso/a. **con·vert·er, -·or** [-ə(r)] *n* TEC convertidor *m*. **con·vert·ible** [kən'vɜ:təbl] **I.** *adj* transformable; plegable. **II.** *n* coche *m* descapotable.

con·vex ['kɔnveks] *adj* convexo/a. **~·ity** [kɔn'veksəti] *n* convexidad *f*.

con·vey [kən'vei] *v* transportar, llevar; (*ideas*, etc) transmitir, comunicar; ELECTR transmitir; DER transferir bienes inmuebles. **~·ance** [kən'veiəns] *n* FML transporte *m*; (*also* DER) transmisión *f*. **~·anc·ing** [kən'veiənsiŋ] *n* transmisión *f* de bienes. **con·vey·er, -·or** *n* transportador/ra: *~ belt*, Cinta/Correa *f* transportadora.

con·vict I. [kən'vict] *v* DER condenar, culpar. **II.** ['kɔnvikt] *n* presidiario/a, condenado/a. **con·vic·tion** [kən'vikʃn] *n* DER condena *f*; (*opinion, quality*) convicción *f*.

con·vince [kən'vins] *v* convencer. **con·vinc·ed** [-t] *adj* convencido/a. **con·vinc·ing** [-iŋ] *adj* convincente.

con·viv·ial [kən'viviəl] *adj* FML alegre, jovial, festivo/a. **~·ity** [kən,vivi'æləti] *n* (*esp in parties*, etc) buen humor *m*, jovialidad *f*.

con·voc·ation [,kɔnvə'keiʃn] *n* FML convocatoria *f*; REL sínodo *m*. **con·voke** [kən'vəuk] *v* FML convocar.

con·vo·lut·ed ['kɔnvəlu:tid] *adj* enroscado/a, retorcido/a. **con·vo·lu·tion** [,kɔnvə'lu:ʃn] *n* circunvolución *f*.

con·voy ['kɔnvɔi] **I.** *n* convoy *m*, escolta *f*. **II.** *v* escoltar, convoyar.

con·vulse [kən'vʌls] *v* convulsionar, sacudir violentamente. **con·vul·sion** [kən'vʌlʃn] *n* (*esp pl*) convulsión *f*; (*riot*) agitación *f*. **con·vul·sive** [kən'vʌlsiv] *adj* convulsivo/a; (*riot*) violento/a.

co·n(e)y ['kəuni] *n* (*pl* **conies**) piel *f* de conejo, conejo *m*.

coo [ku:] **I.** *v also* FIG (*pigeon*, etc) arrullar. **II.** *n* arrullo *m*. **III.** *int* Br INFML ¡caramba!

cook [kuk] **I.** *v* **1.** cocinar; hervir; guisar; asar. **2.** (*food*) hacerse, guisarse: *This meat cooks well*, Esta carne se guisa bien. **3.** INFML PEY falsificar. LOC **~ sb's goose,** INFML FIG Hacerle la cama a alguien. **~ the books,** INFML Falsificar las cuentas. **~ sth up,** INFML PEY Inventarse algo. **II.** *n* cocinero/a. **cook·er** ['kukə(r)] *n* (*appliance*) cocina *f*; fruta *f* para guisar. **cook·ery** ['kukəri] *n* (*art*) cocina *f*, arte *f* culinaria: *~ book*, Libro de cocina. **cook·house** *n* cocina *f* de campaña. **cook·ie** (*also* **cooky**) ['kuki] *n* (*pl* **-kies**) US INFML galleta *f*; FIG tipo *m*, tío *m*. **cook·ing** [-iŋ] **I.** *n* (*act*) cocinado *m*; (*style*) cocina *f*: *French ~*, La cocina francesa. **II.** *adj* (*fruit*, etc) para guiso.

cool [ku:l] **I.** *adj* (**-er, -est**) **1.** fresco/a, un poco frío/a: *~ drinks*, Bebidas frías. **2.** (*person*) FIG tranquilo/a, calmado/a; indiferente, desinteresado/a. **3.** INFML fresco/a, descarado/a. **4.** (*money*, etc) INFML grande, mucho/a: *A ~ thousand pounds*, Nada menos que mil libras. LOC **Keep ~ !** ¡Calma! **Cool, man!**, ¡Tranquilo, tío/a! **A ~ customer,** INFML Un tipo con cara dura. **~ as a cucumber,** FIG Fresco/a como una lechuga. **Play it ~ !** INFML ¡No pierdas la calma! **II.** *n* fresco *m*. LOC **Keep one's ~** , Guardar la calma. **III.** *v* (*also* FIG) enfriar(se). LOC **~ it!** SL ¡Calma! **~ one's heels,** Estar esperando mucho tiempo. **~ sb down,** Calmar a alguien. **~·ant** ['ku:lənt] *n* TEC líquido *m* de refrigeración. **~·er** ['ku:lə(r)] *n* enfriador *m*; SL *the ~*, chirona *f*. **~-headed** *adj* sereno/a, imperturbable. **~·ing** [-iŋ] *adj* de enfriamiento/refrigeración; *~-off period*, (*in labour disputes*) período *m* de reflexión (previo a las negociaciones). **cool·ly** ['ku:lli] *adv* (*also* FIG) fríamente. **cool·ness** [-nis] *n* (*feeling*) frialdad *f*.

coon [ku:n] *n* ZOOL mapache *m*; TAB SL (*person*) negro/a.

coop [ku:p] **I.** *n* gallinero *m*. **II.** *v* **~ sb up,** FIG enjaular, encerrar.

co-op ['kəuɔp] *n* Br INFML (*shop*) cooperativa *f*.

coop·er ['ku:pə(r)] *n* tonelero *m*.

co-op·er·ate [kəu'ɔpəreit] *v* cooperar, colaborar. **co-op·er·ation** [kəu,ɔpə'reiʃn] *n* cooperación *f*. **co-op·er·at·ive** [kəu'ɔpərətiv] **I.** cooperativo/a; cooperante, servicial. **II.** *n* cooperativa *f*.

co-opt [kəu'ɔpt] *v* nombrar/elegir por cooptación.

co-or·din·ate I. [,kəu'ɔ:dinət] *n* coordenada *f*. *~ clause* GRAM oración coordinada. **II.** [,kəu'ɔ:dineit] *v* coordinar (*sth with sth* una cosa con otra). **co-or·din·ation** [,kəu,ɔ:di'neiʃn] *n* (*also* ANAT) coordinación *f*. **co-or·din·at·or** *n* coordinador/ra.

coot [ku:t] *n* **1.** ZOOL focha *f* común. **2.** FAM tonto/a.

cop [kɔp] **I.** *n* **1.** SL policía *m,f*, poli *m.f*. **2.** SL LOC **Not much ~,** Una insignificancia. **II.** *v* (**-ped, -ped**) **1.** SL (*blow*, etc) recibir, sufrir. **2.** SL (*thief*, etc) coger, detener. LOC **~ hold of sth,** Coger/Agarrar algo. **~ it,** Cargárselas. **~ out of sth,** Retirarse de algo. **~-out** *n* SL PEY evasión *f*, salida *f* por la tangente.

co·part·ner [,kəu'pa:tnə(r)] *n* consocio *m*, asociado/a, copartícipe *m.f*. **~·ship** *n* asociación *f*, coparticipación *f*.

cope [kəup] **I.** *v* salir adelante, arreglárselas; **~ with,** solucionar, hacer frente a, poder con. **II.** *n* REL capa *f* pluvial.

co·pier ['kɔpiə(r)] *n* (*machine*) copiadora *f*.

co·pi·lot [,kəu 'pailət] *n* copiloto *m,f*.

cop·ing ['kəupiŋ] *n* ARQ albardilla *f*. **~-stone** *n* piedra *f* de albardilla.

co·pi·ous ['kəupiəs] *adj* copioso/a. **~·ly** *adv* copiosamente.

cop·per ['kɔpə(r)] *n* **1.** cobre *m*; color *m* cobrizo; (*coins*) *esp* Br calderilla *f*. **2.** SL policía *m,f*. **~ beech** *n* haya *f* de hoja roja. **~ -plate** *n* plancha *f* de cobre, caligrafía *f*.

cop·pice ['kɔpis], **copse** [kɔps] *n* soto *m*, matorral *m*.

cop·ula ['kɔpjulə] *n* GRAM cópula *f*. **cop·ul·ate** ['kɔpjuleit] *v* FML copular. **co·pul·ation** [,kɔpju'leiʃn] *n* cópula *f*, coito *m*. **co·pul·at·ive** ['kɔpjulətiv, US -leitiv] **I.** *adj* FML copulativo/a. **II.** *n* GRAM copulativa *f*.

co·py ['kɔpi] **I.** *n* copia *f*; (*book*, etc) ejemplar *m*; material *m* escrito. **II.** *v* (**copied, copied**) copiar; hacer copia(s) de; (*sb*) imitar, copiar. **~-book** ['kɔpibuk] *n* cuaderno *m* de ejercicios. **~-cat** *n* INFML imitador/ra, copión/na. **~·ist** [-ist] *n* HIST copista *m,f*. **~-right** ['kɔpirait] **I.** *n* derechos *m,pl* de autor; propiedad *f* literaria. **II.** *adj* protegido/a por los derechos de autor. **III.** *v* obtener la propiedad literaria de. **~-writer** *n* redactor/ra de anuncios.

co·que·try ['kɔkitri] *n* FML (*act*) coquetería *f*. **co·quette** [kɔ'ket] *n* PEY coqueta *f*. **co·quet·tish** [kɔ'ketiʃ] *adj* coqueto/a.

cor·al ['kɔrəl, US 'kɔ:rəl] **I.** *n* coral *m*. **II.** *adj* coralino/a. **~ reef** *n* arrecife *m* de coral.

cord [kɔ:d] **I.** *n* **1.** (*also* ANAT) cordón *m*; cuerda *f*. **2.** INFML pana *f*. **II.** *v* atar con cuerda *f*. **~·age** ['kɔ:didʒ] *n* (*esp* NAUT) cordaje *m*.

cor·di·al ['kɔ:diəl, US 'kɔ:rdʒəl] **I.** *adj* cordial. **II.** *n* Br zumo *m* de frutas condensado. **~·ity** [,kɔ:di'æləti, US, kɔ:rdʒ-] *n* cordialidad *f*.

cor·don ['kɔ:dn] **I.** *n* (*of police*, etc) cordón *m*, acordonamiento *m*. **II.** *v* **~ sth off,** acordonar (zona, etc).

cords [kɔ:dz] *n,pl* pantalones *m,pl* de pana.

cor·du·roy ['kɔ:dərɔi] *n* pana *f*; *pl* = **cords**.

core [kɔ:(r)] **I.** *n* (*of apple*, etc) corazón *m*; centro *m*, núcleo *m*; FIG esencia *f*, fondo *m*. LOC **To the ~,** Hasta la médula. **II.** *v* (*to apple*, etc) quitar el corazón/centro a.

co·re·li·gion·ist [,kəuri'lidʒənist] *n* correligionario/a.

co·re·spond·ent [,kəuri'spɔndənt] *n* DER (*in adultery*) cómplice *m,f* del inculpado.

cork [kɔ:k] I. *n* corcho *m*; tapón *m* de corcho. II. *adj* de corcho; (**corked,** *wine*) estropeado/a por el corcho. III. *v* poner tapón de corcho a; (*wall*, etc) revestir de corcho. ~·**age** ['kɔ:kidʒ] *n* (*in restaurant*) sobrecarga *f* (por una botella traída por el cliente). ~·**er,** [-ə(r)] *n* 1. SL mentira *f*, camelo *m*. 2. persona *f* formidable. ~·**ing** [-iŋ] *adj* estupendo/a. ~·**screw** *n* sacacorchos *m*. ~-**tree** *n* alcornoque *m*.

cor·mo·rant ['kɔ:mərənt] *n* cormorán *m*.

corn [kɔ:n] *n* 1. (*esp* US) maíz *m*; Br trigo *m*; grano *m*, cereal *m*; INFML (*play, novel*, etc) cursilería *f*, obra *f* anticuada. 2. MED callo *m*. ~-**cob** *n* mazorca *f* de maíz. ~-**ex·change** *n* (*place*) bolsa *f* del grano. ~·**flakes** *n,pl* copos *m,pl* de maíz tostado. ~·**flour** *n* harina *f* de maíz.

cor·nea ['kɔ:niə] *n* córnea *f*. **cor·ne·ous** ['kɔ:rniəs] *adj* córneo/a.

corn·ed [kɔ:nd] *adj* (*of meat*) conservado/a en salazón.

cor·ne·li·an [kɔ:'ni:liən] *n* cornalina *f*.

cor·ner ['kɔ:nə(r)] I. *n* 1. (*outside*) esquina *f*; (*in square, field*, etc) ángulo *m*; (*in room*, etc) rincón *m*; esquina *f*; curva *f* (*in road*). 2. DEP (*soccer*) córner *m*; (*boxing*) esquina *f*. 3. COM monopolio *m*, acaparamiento *m*. 4. FIG situación *f* difícil, apuro *m*. LOC **Cut ~s,** coger las curvas muy abiertas; FIG Cortar por lo sano. **Cut off a ~,** Coger un atajo. **Out of the ~ of one's eye,** Con el rabillo del ojo. **Just round the ~,** Muy cerca/Al lado. **Turn the ~,** FIG Vencer las dificultades. II. *v* (*animal*, FIG) arrinconar, acorralar; (*of vehicle*) doblar la(s) esquina(s); COM monopolizar, acaparar. ~·**ed** *adj* (*in compounds*) con esquina(s), ángulo(s), etc. ~-**kick** *n* DEP saque *m* de esquina. ~-**seat** *n* asiento *m* de rincón. ~·**stone** *n* (*in building*) primera piedra *f*; FIG piedra *f* angular.

cor·net ['kɔ:nit] *n* MUS corneta *f*; (*of paper*) cucurucho *m*; (*for icecream*) barquillo *m*. **cor·nice** ['kɔ:nis] *n* ARQ, *GEOG* cornisa *f*.

cor·ny ['kɔ:ni] *adj* INFML PEY trillado/a, gastado/a; cursi.

co·rol·la [kə'rɔlə] *n* corola *f*. ~·**ry** [kə'rɔləri, US 'kɔrəleri] *n* FML corolario *m*.

co·ro·na [kə'rəunə] *n* (*pl* **-s** [-nəz], **-e** [-ni:]) ASTR ARQ corona *f*. ~·**ry** ['kɔrənri, US 'kɔ:rəneri] *adj* MED coronario/a. ~·**tion** [,kɔrə'neiʃn, US, kɔ:r-] *n* coronación *f*. **co·ro·ner** ['kɔrənə(r), US 'kɔ:r-] *n* DER juez *m* forense. **co·ro·net** ['kɔrənət, US 'kɔ:r-] *n* (*of peer*) corona *f*; (*of flowers*) diadema *f*, tiara *f*.

cor·por·al ['kɔ:pərəl] I. *adj* FML corporal. II. *n* MIL cabo *m*. **cor·por·ate** ['kɔ:pərət] *adj* colectivo/a, corporativo/a; incorporado/a. **cor·por·ation** [,kɔ:pə'reiʃn] *n* corporación *f*; Br autoridades *f,pl* municipales. **cor·por·eal** [kɔ:'pɔ:riəl] *adj* FML corporal, del cuerpo. **corps** [kɔ:(r)] *n* (*pl* ~ [kɔ:z]) MIL, etc cuerpo *m*: *The Diplomatic* ~, El cuerpo diplomático. **corpse** [kɔ:ps] *n* cadáver *m*. **cor·pu·lence** ['kɔ:pjuləns] *n* corpulencia *f*, obesidad *f*. **cor·pu·lent** ['kɔ:pjulənt] *adj* FML obeso/a, corpulento/a.

cor·pus ['kɔ:pəs] *n* (*pl* **corpora** ['kɔ:pərə]) (*writings*) corpus *m*. ~·**cle** ['kɔ:pʌsl] *n* ANAT (*of blood*) glóbulo *m*.

cor·ral [kə'ra:l, US -'ræl] I. *n* (*for cattle*) corral *m*. II. *v* (**-led, -led**) encerrar, acorralar.

cor·rect [kə'rekt] I. *adj* correcto/a. II. *v* corregir. ~·**ion** [kə'rekʃn] *n* corrección *f*. ~·**ive** [kə'rektiv] I. *adj* correctivo/a. II. *n* correctivo *m*. ~·**ly** [-li] *adv* correctamente. ~·**ness** [-nis] *n* corrección *f*.

cor·rel·ate ['kɔrəleit, US 'kɔ:r-] *v* estar/poner en correlación. **cor·rel·ation** [,kɔrə'leiʃn, US ,kɔ:r-] *n* correlación *f*. **cor·rel·at·ive** [kɔ'relətiv] *adj* correlativo/a.

cor·res·pond [,kɔri'spɔnd, US ,kɔ:r-] *v* 1. **(with)** corresponder (a). 2. ser equivalente, corresponder. 3. **(with)** (*letter*) escribirse (con), mantener correspondencia. ~·**ence** [,kɔri'spɔndəns, US, kɔ:r-] *n* 1. similaridad *f*, correspondencia *f*. 2. (*letters, act*) correspondencia *f*. LOC ~ **course,** Curso por correspondencia. ~·**ent** [,kɔri'spɔndənt, US ,kɔ:r-] *n* (*in newspaper*) corresponsal *m,f*; (*in letters*) amigo *m* epistolar. ~·**ing** [-iŋ] *adj* correspondiente. ~·**ing·ly** [-iŋli] *adv* consiguientemente.

cor·ri·dor ['kɔridɔ:(r), US 'kɔ:r-] *n* pasillo *m*, corredor *m*.

cor·ri·genda [,kɔri'dʒendə] *n pl* fe *f* de erratas.

cor·rob·or·ate [kə'rɔbəreit] *v* corroborar. **cor·rob·or·ation** [kə,rɔbə'reiʃn] *n* corroboración *f*. **cor·rob·or·at·ive** [kə'rɔbərətiv, US -reitiv] *adj* corroborativo/a, corroborante.

cor·rode [kə'rəud] *v* corroer(se). **cor·ro·sion** [kə'rəuʒn] *n* corrosión *f*. **cor·ros·ive** [kə'rəusiv] I. *adj* corrosivo/a. II. *n* corrosivo *m*.

cor·rug·ate ['kɔrəgeit, US 'kɔ:r-] *v* ondular(se), acanalar(se). **cor·rug·at·ed** [-id] *adj* acanalado/a: ~ *cardboard*, Cartón de embalaje. ~ *iron*, Chapa de hierro ondulada.

cor·rupt [kə'rʌpt] I. *adj* corrupto/a, corrompido/a; (*text*, etc) adulterado/a, contaminado/a. II. *v* corromper. ~·**ible** [-əbl] *adj* corruptible; (*with money*) sobornable, comprable. ~·**ion** [kə'rʌpʃn] *n* corrupción *f*.

cors·age [kɔ:'sa:ʒ] *n* (*in dress*) ramillete *m* en el pecho. **cor·sair** ['kɔ:seə(r)] *n* corsario *m*. **corse·let** (*also* **cors·let**) ['kɔ:slit] *n* (*armour*) coselete *m*. **cor·set** ['kɔ:sit] *n* corsé *m*, faja *f*.

cor·tex ['kɔ:teks] *n* (*pl* **cortices** ['kɔ:tisi:z]) ANAT, *BOT* corteza *f*. **cor·tic·al** ['kɔ:tikl] *adj* cortical.

co·run·dum [kə'rʌndəm] *n* corindón *m*.

co·rusc·ate ['kɔrəskeit, US 'kɔ:r-] *v* FML brillar, relucir.

cor·vette [kɔ:'vet] *n* corbeta *f*.

cosh [kɔʃ] I. *n* porra *f*, cachiporra *f*. II. *v* golpear con porra.

co-sig·nat·ory [,kəu'signətəri, US -tɔ:ri] *n* cosignatario/a.

co·si·ly ['kəuzili] *adv* cómodamente, confortablemente.

co·sine ['kəusain] *n* (*abrev* **cos**) MAT coseno *m*.

co·si·ness ['kəuzinis] *n* comodidad *f*; ambiente *m* acogedor.

cos·met·ic [kɔz'metik] **I.** *n* cosmético *m*. **II.** *adj* cosmético/a. **~·ian** [,kɔzme'tiʃn] *n* tratante *m,f* en cosméticos.

cos·mic ['kɔzmik] *adj* cósmico/a. **cos·mo·go·ny** [kɔz'mɔgəni] *n* cosmogonía *f*. **cos·mo·lo·gy** [kɔz'mɔlədʒi] *n* cosmología *f*. **cos·mo·naut** ['kɔzmənɔ:t] *n* cosmonauta *m,f*. **cos·mo·pol·itan** [,kɔzmə'pɔlitən] *adj/n* cosmopolita *m,f*. **cos·mos** ['kɔzmɔs] *n* **the ~**, el cosmos.

cos·set ['kɔsit] *v* PEY mimar, proteger.

cost [kɔst, US kɔ:st] **I.** *v* (*pret/pp* ~) **1**. costar, valer. **2**. COM calcular el coste de. **3**. FIG costar. LOC **It will ~ you**, Pagarás caro esto. **~ sth out**, Calcular el coste de algo. **II.** *n* **1**. precio *m*; coste *m*, costo *m*. **2**. *pl* DER costas *f,pl*. **3**. FIG precio *m*, coste *m*. LOC **At all ~s**, A toda costa. **At ~**, A precio de coste. **At the ~ of sth**, A costa/A expensas de. **To one's ~**, Por experiencia propia. **~·ing** [-iŋ] *n* COM cálculo *m* del coste. **cost·ly** ['kɔstli, US 'kɔ:st-] *adj* (**-ier, -iest**) costoso/a, caro/a. **~ price** *n* precio *m* de coste.

co-star ['kəu sta:(r)] **I.** *v* (**-red, -red**) (*in film*) ser compañero de reparto de, compartir los honores estelares con. **II.** *n* (*in film*) compañero/a de reparto.

cost·er·mon·ger ['kɔstəmʌŋgə(r)] *n* HIST Br vendedor/ra callejero/a.

cos·tume ['kɔstju:m, US -tu:m] *n* traje *m*, vestido *m*; traje *m* de época; (*fancy*) disfraz *m*. **~ je·wel·lery** *n* joyas *f,pl* de fantasía.

co·sy [kəuzi] **I.** *adj* (US **cozy**) (**-ier, -iest**) cómodo/a, agradable, confortable; (*atmosphere*) acogedor/ra. **II.** *n* (*also* **tea-~**) cubridor *m* de tetera.

cot [kɔt] *n* Br (US **crib**) cuna *f*; (*for older child*) camita *f*; US litera *f*, cama *f* de campaña.

cote [kəut] *n* (*in compounds*) choza *f*, caseta *f*: *Dove-~*, Palomar.

co·te·rie ['kəutəri] *n* tertulia *f*, peña *f*, grupo *m*.

cot·tage ['kɔtidʒ] *n* (*small*) casita *f* de campo; (*farm labourer's*) caseta *f*, choza *f*, barraca *f*. **~ cheese** *n* queso *m* fresco, requesón *m*. **~ hospital** *n* Br hospital *m* campestre. **~ loaf** *n* Br hogaza *f*. **cot·tager** ['kɔtidʒə(r)] *n* persona *f* que vive en una casita de campo.

cot·ton ['kɔtn] **I.** *n* algodón *m*. **II.** *adj* de algodón. **III.** *v* **~ on to sth,** Br INFML caer en la cuenta de; **~ to sb,** US INFML hacerse amigo/a de. **~ wool** *n* MED, etc algodón *m* en rama. LOC FIG **Wrap sb in ~**, Criar a alguien entre algodones.

co·ty·le·don [,kɔti'li:dn] *n* cotiledón *m*.

couch [kautʃ] **I.** *n* sofá *m*, canapé *m*, diván *m*. **II.** *v* **1**. FML (*ideas*, etc) expresar en palabras. **2**. acostarse, emboscarse. **~-grass** *n* grama *f*, hierba *f* rastrera.

cou·gar ['ku:gə(r)] *n* (*esp* US) puma *m*.

cough [kɔf, US kɔ:f] **I.** *v* toser. **~ sth up,** escupir algo tosiendo. **~ sth up,** Br INFML (*confession*, etc) soltar, pagar; escupir. **II.** *n* tos *f*. **~-drop** *n* pastilla *f* para la tos.

could [kəd, *strong* kud] **1**. *pret of* **can**. **2**. (*for permission, possibility, suggestion*, etc) podría, etc: *You ~ be right*, Puede que tengas razón: *~ I go?*, ¿Puedo irme?

coul·ter ['kəultə(r)] *n* (US **col·ter**) reja *f* del arado.

coun·cil ['kaunsl] *n* (*people*) consejo *m*, junta *f*; REL concilio *m*; (*also* **town ~**) cabil-do *m*, ayuntamiento *m*, concejo *m*. **~ flat, ~ house** *n* vivienda *f* de alquiler del ayuntamiento. **~·lor** (US *also* **councilor**) *n* concejal/la.

coun·sel ['kaunsl] **I.** *n* **1**. FML consejo(s) *m*(*pl*), sugerencia(s) *f*(*pl*). **2**. (*pl* ~) DER abogado *m*. **II.** *v* aconsejar; asesorar. **~·ling** [-iŋ] *n* asesoramiento *m*. **~·lor** [-ə(r)] *n* asesor/ra, consejero/a.

count [kaunt] **I.** *v* contar, calcular. LOC **~ one's blessings,** Conformarse con lo que uno tiene. **~ sth against sb,** Tener algo en cuenta a alguien/Reprochárselo. **~ down,** Hacer la cuenta atrás. **~ sb in,** Incluir a alguien. **~ on sb/sth,** Confiar en alguien/algo; contar con. **~ sb out,** (*in boxing*) contar hasta diez a alguien; INFML dejar a alguien fuera. **II.** *n* **1**. cuenta *f*, cálculo *m*; suma *f*, total *m*. **2**. (*of votes*, etc) recuento *m*. **3**. DER cargo *m*, imputación *f*. **4**. (*noble*) conde *m*. LOC **Keep/Loose ~ of sth,** Llevar/Perder la cuenta de algo. **~·able** *adj* contable, calculable. **~·down** *n* cuenta *f* atrás. **count·less,** [-lis] *adj* sin cuento.

coun·ten·ance ['kauntənəns] **I.** *n* FML aspecto *m*, rostro *m*, semblante *m*; FIG apoyo *m*, aprobación *f*. **II.** *v* FML aprobar, apoyar.

count·er ['kauntə(r)] **I.** *n* **1**. (*in shops*, etc) mostrador *m*. LOC **Over the ~,** (*medicament*) Vendido/a sin receta. **Under the ~,** (*in shops*) Bajo mano/En la trastienda. **2**. (*in games*, etc) ficha *f*. **II.** *adv* en oposición, en contra, al revés. **III.** *v* oponerse a, contrarrestar; contraatacar.

counter... **~·act,** *v* contrarrestar. **~·action,** *n* oposición *f*, neutralización *f*. **~-attack,** **I.** *n* contraataque *m*. **II.** *v* contraatacar. **~-attraction,** *n* competencia *f* rival. **~·balance,** **I.** *n* contrapeso *m*. **II.** *v* contrapesar, compensar. **~·blast,** *n* réplica *f* enérgica. **~·claim,** *n* contrarréplica *f*. **~·clockwise,** *adv* US = **anti·clockwise,** en sentido contrario a las agujas del reloj. **~-espionage,** *n* contraespionaje *m*. **~·feit,** **I.** *n* falsificación *f*, copia *f* falsa. **II.** *adj* falsificado/a, falso/a. **III.** *v* falsificar, imitar. **~·feiter,** *n* falsificador/ra. **~·foil,** *n* (*of cheque*, etc) resguardo *m*, talón *m*. **~·irri·tant,** *n* MED antiinflamatorio *m*. **~·mand,** *v* revocar (orden...). **~·mark,** *n* contramarca *f*. **~·measure,** *n* contramedida *f*. **~·offer,** *n* contraoferta *f*. **~pane** *n* sobrecama *m*, cobertor *m*. **~·part,** *n* réplica *f*, equivalente *m,f*, homólogo. **~·plot,** *n* contratrama *f*. **~·point,** *n* MUS contrapunto *m*. **~·poise,** *n* FML equilibrio *m*, contrapeso *m*. **~·product·**

ive, *adj* contraproducente. ~-**revolution**, *n* contrarrevolución *f*. ~·**sign**, **I**. *v* (*document*) validar, refrendar. **II**. *n* contraseña *f*. ~·**sink**, *v* (**-sank** [-sæŋk], **-sunk** [-sʌŋk]) (*of hole*) avellanar. ~·**tenor**, *n* contratenor *m*. ~·**vail·ing**, *adj* FML compensatorio/a.

count·ess ['kauntis] *n* condesa *f*.

coun·tri·fied ['kʌntrifaid] *adj* rural, campestre; PEY rústico/a. **coun·try** ['kʌntri] *n* **1**. POL país *m*, nación *f*, patria *f*. **2**. (*region*) provincia *f*, región *f*, zona *f*, país *m*. **3**. **the ~**, el campo. **4**. (*esp* US) canciones *f,pl* populares. LOC **Go to the ~**, Br Convocar elecciones generales. ~ **club** *n* club *m* de campo. ~ **dance** *n* danza *f* popular. ~-**house** *n* finca *f*, quinta *f*. ~·**man** ['kʌntrimən], ~·**wo·man** ['kʌntriwumən] *n* campesino/a; compatriota *m,f*. ~·**side** ['kʌntrisaid] *n* (*esp* **the ~**) el campo; zona *f* rural.

coun·ty ['kaunti] **I**. *n* Br provincia *f*, distrito *m*, condado *m*. **II**. *adj* Br INFML (*esp* PEY) refinado/a, aristocrático/a. ~ **council** *n* autoridad *f* municipal. ~ **town** *n* Br cabeza *f* del condado.

coup [ku:] *n* (*pl* **-s** [ku:z]) **1**. golpe *m* de efecto, golpe *m* maestro. **2**. (*also* ~ **d'état**) golpe *m* de estado.

cou·ple ['kʌpl] **I**. *n* (*people, things*) pareja *f*; (*number*) un par, dos. LOC **A ~ of things**, Un par de/Unas cuantas cosas. **II**. *v* juntar, unir; TEC acoplar, enganchar; (*sth with sth*, etc) FIG asociar, relacionar. **coup·let** ['kʌplit] *n* versos *m,pl* pareados. **coup·ling** ['kʌpliŋ] *n* TEC acoplamiento *m*; (*of railway carriage*) enganche *m*.

cou·pon ['ku:pɔn] *n* cupón *m*.

cour·age ['kʌridʒ] *n* valor *m*, valentía *f*, ánimo *m*. LOC **Take one's ~ in both hands**, armarse de valor para hacer algo. ~·**ous** [kə'reidʒəs] *adj* valiente, valeroso/a, animoso/a.

cour·gette [kɔ:'ʒet] *n* Br (US **zucchini**) calabacín *m*.

cour·ier ['kuriə(r)] *n* correo *m* diplomático o privado; (*of tourists*) guía *m,f*, acompañante *m,f*.

course [kɔ:s] **I**. *n* **1**. (*direction, movement*) trayectoria *f*, dirección *f*, ruta *f*, curso *m*; (*of plane*) rumbo *m*. **2**. (*of time, action*) curso *m*, desarrollo *m*, transcurso *m*. **3**. (*of lessons*, etc) curso *m*, clases *f,pl*, carrera *f*. **4**. (*of meal*) plato *m*. **5**. DEP pista *f* de golf; (*of horses*) hipódromo *m*. **6**. ARQ hilada *f*, hilera *f* de ladrillos. **7**. FIG proceder *m*, conducta *f*. LOC **A ~ of action**, Una línea de conducta. **In due ~**, En su momento. **In the ~ of sth**, Durante el transcurso de algo. **In the ~ of time**, Andando el tiempo. **Of ~**, Naturalmente/Claro está. **Take/Run its ~**, Seguir su curso. **II**. *v* LIT (*of liquid*) correr. **cours·ing** ['kɔ:siŋ] *n* DEP (*with dogs*) caza *f* de liebre.

court [kɔ:t] **I**. *n* **1**. DER tribunal *m*; (*place*) juzgado *m*. **2**. ARQ (*also* ~·**yard**) patio *m*; (*in castle*) patio *m* de armas; (*of flats*) bloque *m*. **3**. (*of king*, etc) corte *f*; **the ~**, la corte. **4**. DEP (*of tennis*, etc) pista *f*, cancha *f*, frontón *m*. LOC **Go to ~ over sth**, Llevar un caso a los tribunales. **Take sb to ~**, Llevar a alguien a los tribunales. **II**. *v* **1**. (*for favour*, etc) hacer la corte a, cortejar; (*danger*, etc) buscar, correr un riesgo. **2**. HIST (*man to woman*) cortejar; ser novios. ~-**card** *n* (*playing cards*) figura *f*. ~·**eous** ['kɜ:tiəs] *adj* cortés, atento/a. ~·**esan** [,kɔ:ti'zæn, US 'kɔ:tizn] *n* HIST cortesana *f*. ~·**esy** ['kɜ:təsi] *n* (*manners*) cortesía *f*, amabilidad *f*; (*act*) gentileza *f*, atención *f*. LOC ~ **title**, Br Título *m* de cortesía. ~-**house** *n* palacio *m* de justicia. ~·**ier** ['kɔ:tiə(r)] *n* HIST cortesano *m*. ~·**ly** ['kɔ:tli] *adj* (**-ier, -iest**) cortés, refinado/a, elegante. ~ **mar·tial** [,kɔ:t'ma:ʃl] **I**. *n* (*pl* **courts martial**) consejo *m* de guerra. **II**. *v* juzgar en consejo de guerra. ~ **of law** = V. **lawcourt**. ~ **order** *n* disposición/orden *f* judicial. ~·**room** *n* sala *f* de justicia. ~·**ship** ['kɔ:tʃip] *n* HIST (*act*) cortejo *m*. ~·**yard** ['kɔ:tja:d] patio *m*.

cou·sin ['kʌzn] *n* (*also* **first** ~) primo/a, primo/a hermano/a. **First ~**, primo/a carnal.

cove [kəuv] *n* **1**. GEOG cala *f*, caleta *f*. **2**. Br HIST tipo *m*, sujeto *m*. **3**. bovedilla *f*.

cov·en·ant ['kʌvənənt] **I**. *n* pacto *m*, convenio *m*, alianza *f*; DER contrato *m*. **II**. *v* ~ **for sth**, convenir/estipular algo.

cov·er ['kʌvə(r)] **I**. *v* **1**. cubrir, tapar. **2**. (*with dust*, etc) salpicar, cubrir. **3**. (*distance*, etc) cubrir, recorrer. **4**. (*subject*, etc) incluir, cubrir. **5**. (*expenses*, etc) pagar, cubrir. **6**. (*journalist*) hacer una crónica de, cubrir. **7**. (*insurance*) cubrir. **8**. MIL proteger, cubrir. **9**. ZOOL (*male*) montar, cubrir. LOC ~ **one's tracks**, Borrar uno sus huellas. ~ **o.s. up**, Abrigarse; taparse. **II**. *n* **1**. (*object*) cubierta *f*; (*for box*, etc) tapadera *f*, tapa *f*; (*of book*) cubierta *f*, forro *m*; (*of chair*, etc) funda *f*; (*of bed*) colcha *f*; (*of letter*) sobre *m*; (*of magazine*) portada *f*, cubierta *f*. **2**. (*place, area*) cubierto *m*, techado *m*, protección *f*, abrigo *m*. **3**. (MIL, *insurance*) protección *f*, cobertura *f*. **4**. (*in restaurant*) cubierto *m*. **5**. (*in job*) sustitución *f*, sustituto/a. **6**. FIG pretexto *m*, falsa excusa *f*; tapadera *f*. LOC **Under ~ of sth**, Bajo la protección de algo. ~·**age** ['kʌvəridʒ] *n* (*of press, radio*, etc) cobertura *f*, reportaje *m*, programa *m*; (*of insurance*, etc) cobertura *f*. ~ **girl** *n* chica *f* de portada de revista. ~·**ing** ['kʌvəriŋ] *n* cubierta *f*, envoltura *f*; (*of snow*, etc) capa *f*; ~ *letter*, carta *f* de presentación, nota *f* explicativa. ~·**let** ['kʌvəlit] *n* colcha *f* de cama. ~ **note** *n* Br (*of insurance*) resguardo *m* provisional. **cov·er-up** *n* FIG PEY tapadera *f*.

cov·ert **I**. ['kʌvət, US 'k | uvè:rt] *adj* encubierto/a, secreto/a, disimulado/a. **II**. ['kʌvə(r)] *n* (*of animals*) protección *f*, guarida *f*; soto *m*. ~·**ly** *adv* de manera encubierta.

cov·et ['kʌvit] *v* codiciar. ~·**ous** [-əs] *adj* codicioso/a. ~·**ous·ness** [-əsnis] *n* codicia *f*.

cow [kau] **I**. *n* vaca *f*; (*of elephant*, etc) hembra *f*; SL PEY bruja *f*, arpía *f*. LOC **Till the cows come home**, INFML Hasta que haya pasado mucho tiempo. **II**. *v* acobardar; intimidar. ~-**bell** *n* cencerro *m*. ~-**boy** ['kaubɔi] *n* vaquero *m*, cow-boy *m*. ~-**catcher** *n* (*rail-*

way) rastrillo *m* delantero, quitapiedras *m*. **~·girl** *n* vaquera *f*. **~·hand** *n* vaquero/a. **~·herd** *n* HIST vaquero *m*. **~·hide** *n* piel *f* de vaca, cuero *m*. **~ home**, establo *m*. **~·man** *n* cuidador *m* de vacas. **~·pox** ['kaupɔks] *n* (*disease*) vacuna *f*. **~·shed** *n* establo *m* para vacas. **~·slip** *n* BOT primavera *f*.

co·ward ['kauəd] *n* cobarde *m,f*. **~·ice** ['kauədis] *n* cobardía *f*. **~·ly** [-li] *adj* cobarde.

co·wer ['kauə(r)] *v* (*in fear*) agacharse, encogerse.

cowl [kaul] *n* (*on gown*) capucha *f*, capuchón *m*; (*of chimney*, etc) sombrerete *m*. **~·ing** [-iŋ] *n* AER cubierta *f* del motor.

cox [kɔks] **I**. *n* (*esp in races*) timonel *m*. **II**. *v* hacer de timonel. **~·comb** ['kɔkskəum] *n* cresta *f* de gallo; HIST petimetre *m*, pisaverde *m*. **~·swain** ['kɔksn] *n* timonel *m*.

coy [kɔi] *adj* tímido/a, recatado/a, apocado/a; reservado/a. **~·ness** [-nis], timidez *f*.

co·zy ['kəuzi] = **cosy**.

crab [kræb] **I**. *n* cangrejo *m*; (*zodiac*) Cáncer *m*. **II**. *v* (**-bed, -bed**) INFML quejarse, criticar. **~·ap·ple** (*also* **crab**) *n* manzana *f* silvestre. **~·bed** ['kræbid, 'kræbd] *adj* (*writing*) enrevesado/a, indescifrable; (*person*) quisquilloso/a, avinagrado/a. **~·by** ['kræbi] *adj* (**-ier, -iest**) INFML malhumorado/a, de mal genio. **~·louse** *n* ladilla *f*. **~·wise** ['kræbwaiz] *adv* de lado, sesgadamente.

crack [kræk] **I**. *n* (*sound*) crujido *m*, estallido *m*, (*of whip*) chasquido *m*; (*breaking*) grieta *f*, hendedura *f*, (*opening*) rendija *f*; cocaína *f* (*drug*); (**~ on sth**) golpe *m*, porrazo *m*; (**~ about sth**) INFML broma *f*, chiste *m*; (**~ at sth**) INFML intentona *f*. LOC **At the ~ of dawn,** INFML Al romper el alba. **The ~ of doom,** FIG El fin del mundo. **II**. *adj* experto/a, de primera clase. **III**. *v* (*surface*) agrietar(se), rajar(se); (*nut*, etc) partir, cascar, romper; (*of voice*) quebrarse; (*with sound*) hacer crujir, chasquear, dar un estallido; FIG INFML (*problem*, etc) vencer, dominar; INFML (*joke*) contar; INFML (*bottle*) abrir, beberse. LOC **Get crack·ing,** INFML Ponerse manos a la obra. **Cracked up to be sth,** INFML Considerado por todos como algo. **~ down on sth,** Imponer restricciones sobre algo. **~ up,** INFML (*person*) Hundirse/Tener una crisis. **~·brained** *adj* chiflado/a; (*idea*) disparatado/a. **crack·ed** [krækt] *adj* (*object*) agrietado/a; (*voice*) cascado/a; (*person*) INFML chiflado/a. **crack-down** *n* (**~ on sth**) medidas *f,pl* severas. **crack·er** ['krækə(r)] *n* galleta *f*; (*firework*) petardo *m* (con sorpresa dentro); *pl* US cascanueces *m*. **crack·ers** ['krækəz] *adj* Br INFML chiflado/a. **crack·ing** ['krækiŋ] *adj* Br INFML estupendo/a, muy bueno/a. **crack·pot** ['krækpɔt] *n* INFML estrafalario/a, excéntrico/a. **crack-up** *n* INFML crisis *f*, colapso *m*.

crack·le ['krækl] **I**. *v* (*of fire*) crepitar; (*object*) crujir; FIG arder. **II**. *n* crujido(s) *m*(*pl*); crepitación *f*; (*of weapons*) tiroteo *m*. **crack·ling** ['krækliŋ] *n* (*sound*) crujido *m*; (*of pork*) corteza *f* crujiente.

cra·dle ['kreidl] **I**. *n* (*also* FIG) cuna *f*; ARQ (*for painting*, etc) plataforma *f* colgante. **II**. *v* acunar, mecer; poner en la cuna.

craft [kra:ft, US kræft] **I**. *n* **1**. (*occupation*) arte *m*, habilidad *f*, destreza *f*, oficio *m*; (*group*) gremio *m*. **2**. (*pl* ~) AER NAUT nave *f*, embarcación *f*. **3**. FML PEY astucia *f*. **II**. *v* elaborar con arte. **~s·man** ['kra:ftsmən, US 'kræfts-] *n* (*pl* **-men**) artesano *m*; artífice *m*. **~s·man·ship** ['kra:ftsmənʃip] *n* artesanía *f*. **craf·ty** ['kra:fti] *adj* (**-ier, -iest**) astuto/a.

crag [kræg] *n* peñasco *m*, risco *m*, despeñadero *m*. **~·gy** ['krægi] *adj* (**-ier, -iest**) escarpado/a, peñascoso/a.

cram [kræm] *v* **~ sth into sth,** meter apretadamente en, embutir; **~ sth with sth,** llenar algo excesivamente con algo, atestar; **~ for sth,** INFML (*subject*, etc) empollar. **~-full** [-'ful] *adj* INFML muy lleno/a, atestado/a.

cramp [kræmp] **I**. *n* **1**. MED calambre *m*; rampa *f*; *pl* US dolor *m* de estómago. **2**. (*also* **~-iron**) TEC grapa *f*, abrazadera *f*. **II**. **1**. *v* oprimir, apretar estrechamente; FIG constreñir, estorbar. **2**. TEC sujetar con grapa, abrazadera, etc. LOC **Cramped for room,** Con falta de espacio. **~ sb's style,** cortar las alas a uno. **cramp·ed** [kræmpt] *adj* (*writing*) apretado/a; (*space*) estrecho/a. **cramp·on** ['kræmpɔn] *n* (*for climbing*) garfio *m*, clavo *m* para botas.

cran·ber·ry ['krænbəri, US -beri] *n* arándano *m* rojo.

crane [krein] **I**. *n* ZOOL grulla *f*; TEC grúa *f*. **II**. *v* estirar el cuello. **~'s bill** ['kreins bil] *n* geranio *m*.

cra·ni·al ['kreiniəl] *adj* craneal, craneano/a. **cra·ni·um** ['kreiniəm] *n* (*pl* **-s, crania** ['kreiniə]) cráneo *m*; calavera *f*.

crank [kræŋk] **I**. *n* **1**. TEC manivela *f*, manubrio *m*; cigüeñal *m*. **2**. PEY excéntrico/a, chiflado/a, maniático/a. **II**. *v* mover con manivela. **~** *up* (*engine*), Arrancar (un motor con manivela). **~·shaft** *n* árbol *m* del cigüeñal. **crank·y** [-i] *adj* (**-ier, -iest**) (*machine*, etc) poco seguro/a, desvencijado/a; estrafalario/a, excéntrico/a.

cran·ni·ed ['krænid] *adj* agrietado/a. **cran·ny** [.kræni] *n* grieta *f*.

crap [kræp] **I**. *v* SL cagar. **II**. *n* SL mierda *f*; SL tonterías *f,pl*. **~·py** *adj* SL malo/a, horrible, pésimo/a.

crape [kreip] *n* crespón *m*.

craps [kræps] *n* US juego *m* de dados.

cra·pul·ent ['kræpjulənt] *adj* FML crapuloso/a, libertino/a.

crash [kræʃ] **I**. *n* (*sound*) estrépito *m*, estruendo *m*; (*accident*) choque *m*, accidente *m*; FIG ruina *f*, quiebra *f*. **II**. *v* caer con estrépito; chocar; (*plane*) estrellarse; FIG hacer quiebra, fracasar, hundirse. **III**. *adj* (*course*, etc) acelerado/a, intensivo/a. **~ bar·rier** *n* barrera *f* de contención. **~-dive** *n* (*of submarine*) sumersión *f* instantánea. **~ hel·met** *n* casco *m* de protección. **~-land** *v* AER hacer aterrizaje de emergencia. **~-land·ing** *n* aterrizaje *m* forzoso.

crass [kræs] *adj* FML craso/a.

crate [kreit] **I.** *n* (*for transport*) cajón *m*, caja *f*; cesto *m* grande. **II.** *v* embalar en cajones, cajas, etc.

cra·ter ['kreitə(r)] *n* cráter *m*.

crave [kreiv] *v* ~ **for sth**, desear algo intensamente; anhelar. **crav·ing** [-iŋ] *n* deseo *m* intenso, anhelo *m*; antojo *m*.

cra·ven ['kreivn] *adj* FML cobarde, pusilánime.

craw·fish ['krɔ:fiʃ] *n* = **crayfish**.

crawl [krɔ:l] **I.** *v* andar a gatas, arrastrarse; (*slowly*) avanzar a rastras; (*child*) a gatas; FIG (~ *with*) estar lleno de, infestado de; INFML PEY (~ **to sb**) dar coba (a alguien). **II.** *n* avance *m* a rastras, (*of child*) gateo *m*; FIG (*traffic*, etc) paso *m* lento; DEP (*swimming*) crol *m*. **crawl·er** ['krɔ:lə(r)] *n* **1.** INFML PEY cobista *m,f*, adulador/ra. **2.** *pl* (*baby suit*) gateadores *m,pl*. LOC ~ **Lane**, carril *m* para vehículos lentos.

cray·fish ['kreifiʃ] (*also* **craw·fish**) *n* (*pl* ~) cigala *f*.

cray·on ['kreiən] *n* (*for drawing*) carboncillo *m*, pastel *m*; (*for child*) lápiz *m* de colores.

craze [kreiz] *n* manía *f*, obsesión *f* (**for sth**, por algo); (*object*, etc) moda *f*, novedad *f*. **craz·ed** [kreizd] *adj* enloquecido/a, obsesionado/a, chiflado/a; (*pottery*) grieteado/a. **cra·zi·ness** ['kreizinis] *n* locura *f*. **cra·zy** ['kreizi] *adj* loco/a, chiflado/a; (*idea*) disparatado/a; (*paving*, etc) no geométrico/a; INFML (~ **about sth**) entusiasmado/a (por algo). LOC **Like** ~ , INFML Muchísimo/Como un loco.

creak [kri:k] **I.** (*of wood*, etc) crujido *m*; (*of door*, etc) chirrido *m*, rechinamiento *m*. **II.** *v* crujir; chirriar, rechinar. **creaky** [-i] *adj* (**-ier, -iest**) que cruje, crujiente; chirriante.

cream [kri:m] **I.** *n* crema *f* de leche, nata *f*; (*other food, cosmetic*, etc) crema *f*; FIG flor *f* y nata, lo más selecto. **II.** *v* (*milk*) descremar, desnatar; (*other food*) batir, hacer un puré/una crema de; (*butter*) batir; FIG (~ **sth off**), separar lo mejor de alguna cosa. **III.** *adj* de color crema. ~ **cheese** *n* queso *m* cremoso. ~**·ery** ['kri:məri] *n* lechería *f*; mantequería *f*. ~ **of tartar** *n* crémor *m* tartárico. **creamy** [-kri:mi] *adj* (**-ier, -iest**) cremoso/a; (*milk*) con mucha nata.

crease [kri:s] **I.** *n* (*in cloth*) pliegue *m*, doblez *f*, arruga *f*; (*in trousers*) raya *f*; (*in skin*) arruga *f*. **II.** *v* arrugar(se).

cre·ate [kri:'eit] *v* crear; producir, causar, originar; Br INFML armar un escándalo, quejarse. **cre·ation** [kri:'eiʃn] (*act, object*) creación *f*. **cre·at·ive** [kri:'eitiv] *adj* creativo/a. **cre·at·iv·ity** [,kri:ei'tivəti] *n* creatividad *f*. **cre·at·or** [kri:'eitə(r)] *n* creador/ra. **crea·ture** ['kri:tʃə(r)] *n* criatura *f*; *affectively* (*person, animal*) ser *m*, animal *m*, criatura *f*. LOC ~ **comforts,** Necesidades materiales básicas.

crêche [kreiʃ, kreʃ] *n* Br guardería *f* infantil.

cre·dence ['kri:dns] *n* FML LOC **Give** ~ **to sth,** Dar crédito a algo. **cre·den·tials** [kri'denʃlz] *n pl* (*for job*, etc) informes *m,pl*, referencias *f,pl*, cartas *f,pl* credenciales.

cred·ib·il·ity [,kredə'biləti] *n* credibilidad *f*. **cred·ible** ['kredəbl] *adj* creíble, probable.

cred·it ['kredit] **I.** *n* **1.** COM crédito *m*; (*in account*) haber *m*, saldo *m* positivo. **2.** (~ **for sth**) crédito *m*: *They didn't give him the ~ for it*, No se lo creyeron de él. **3.** (*reputation*) buena fama *f*, honor *m*: *It added to his ~* , Mejoró su reputación. **4.** *pl* (*also* ~ **titles**) (*in film*, etc) créditos *m,pl*. **5.** (*univer*) crédito *m*, curso *m*. LOC **Do** ~ **to sb/sth,** Honrar a alguien/algo. **Have sth to one's** ~**,** Tener alguien en su haber una cosa. **II.** *v* creer; suponer: ~ *sb with sth*, Suponer a alguien algo; COM abonar en la cuenta de. ~**·able** ['kreditəbl] *adj* honroso/a, loable; apreciable, valioso/a. ~ **account** *n* cuenta *f* de crédito. ~ **card** *n* tarjeta *f* de crédito. ~ **note** *n* vale *m* de cambio. ~ **rating** *n* COM límite *m* de crédito. ~**-side** *n* COM haber *m*. ~ **squeeze** *n* (*policy*) restricciones *f,pl* crediticias. ~ **transfer** *n* transferencia *f* bancaria. ~**-worthy** *adj* COM solvente. **cred·itor** ['kreditə(r)] *n* acreedor/ra.

cre·do ['kri:dəu, 'kreidəu] *n* (*pl* **-s**) credo *m*, creencias *f,pl*. **cre·dul·ity** [kri'dju:ləti, US -'du:] *n* credulidad *f*. **cre·dul·ous** ['kredjuləs, US -dʒə-] *adj* crédulo/a.

creed [kri:d] *n* (*esp* REL) credo *m*.

creek [kri:k, US *also* krik] *n* Br cala *f*, ensenada *f*; US riachuelo *m*. LOC **Up the** ~**,** INFML En apuros.

creel [kri:l] *n* cesta *f* para la pesca.

creep [kri:p] **I.** *v* (**crept, crept**) (*esp silently*) reptar, arrastrarse, avanzar a gatas; BOT trepar; FIG penetrar silenciosa o insidiosamente. **II.** *n* INFML adulador/ra, cobista *m,f*. LOC **Give sb the ~s,** Horrorizar a alguien. **creep·er** ['kri:pə(r)] *n* BOT trepadora *f*, enredadera *f*. ~**·ing** ['kri:piŋ] *adj* (*esp* PEY) creciente, progresivo/a. **creep·y** ['kri:pi] *adj* (**-ier, -iest**) (*story*, etc) horripilante; (*person*) horrorizado/a. **creep·y-crawl·y** [,kri:pi'krɔ:li] *n* INFML (*esp insect*) bicho *m* repulsivo.

cre·mate [kri'meit] *v* incinerar. **cre·ma·tion** [kri'meiʃn] *n* incineración *f*, cremación *f*. **cre·ma·tor·ium** [,kremə'tɔ:riəm] *n* (*pl* **-s, -o·ria** [-ɔ:riə]) (*also esp* US **cre·mat·ory** ['kremətəri, US -tɔ:ri] crematorio *m*.

cre·nel·lat·ed (US **-·el·at·ed**) ['krenəleitid] *adj* almenado/a.

cre·o·le ['kri:əul] *n* criollo/a.

cre·o·sote ['kriəsəut] *n* creosota *f*.

crepe (*also* **crêpe**) ['kreip] *n* (*sole*) crepé *m*; (*fabric*) crep *m*.

cre·pit·ate ['krepiteit] *v* FML, *MED* crepitar. **cre·pit·ation** [,krepi'teiʃn] *n* MED crepitación *f*.

crept pp, *pret* of **creep**.

cre·pus·cu·lar [kri'pʌskjulə(r)] *adj* FML crepuscular; (*animal*) nocturno/a.

cres·cen·do [kri'ʃendəu] **I.** *adj/adv* en crescendo. **II.** *n* (*pl* **-s**) MUS crescendo *m*; FIG cumbre *f*, punto *m* álgido. **cres·cent**

['kresnt] *n* media luna *f*; calle *f* en forma semicircular.

cress [kres] *n* berro *m*, mastuerzo *m*.

crest [krest] **I.** *n* ZOOL, (*of wave*, etc) cresta *f*; (*on helmet*) cimera *f*; LIT casco *m*. LOC **On the ~ of the wave,** FIG En el momento de mayor éxito. **II.** *v* (*hill*) llegar a la cresta de, coronar; (*wave*) formar cresta. **crest·ed** [-id] *adj* con cresta. **~·fallen** ['krestfɔ:lən] *adj* abatido/a, cabizbajo/a.

cre·ta·ce·ous [kri'teiʃəs] *adj* cretáceo/a.

cre·tin ['kretin, US 'kri:tn] *n* MED, TAB cretino *m*. **~·ous** [--əs] *adj* cretino/a, estúpido/a.

cre·tonne ['kretɔn] *n* cretona *f*.

cre·vasse [kri'væs] *n* (*in glacier*) grieta *f*, hendidura *f*. **crev·ice** ['krevis] *n* (*in wall*, etc) grieta *f*, raja *f*.

crew [kru:] **I.** *n* AER, *NAUT, etc tripulación f*; (*for work*) equipo *m*; FIG PEY pandilla *f*. **II.** *v* tripular, formar la tripulación de. **III.** pret de **crow**. ~ cut *n* (*of hair*) corte *m* al rape.

crib [krib] **I.** *n* **1**. pesebre *m*, nacimiento *m* (Christmas); choza *f*, cabaña *f*. **2**. (*in exam*, etc) plagio *m*, chuleta *f*; (*in translation*) ayuda *f*. **II.** *v* copiar (un texto) de otro. **~·bage** ['kribidʒ] juego *m* de cartas.

crick [krik] **I.** *n* calambre *m*, tortícolis *f*. **II.** *v* causar un dolor (en el cuello).

crick·et ['krikit] *n* DEP críquet *m*; ZOOL grillo *m*. LOC **That is not a ~**, No es justo, no es juego limpio. **~·er** [-ə(r)] *n* jugador *m* de críquet.

cri·ed *pret of* **cry**. **cri·er** ['kraiə(r)] *n* pregonero/a.

cri·key ['kraiki] *int* Br INFML ¡caray!, ¡caramba!

crime [kraim] *n* delito *m*; FIG pecado *m*, delito *m*. **crim·in·al** ['kriminl] **I.** *adj* delictivo/a, ilegal; (*law*) penal; FIG inmoral. **II.** *n* delincuente *m,f*. **crim·in·o·lo·gist** [,krimi'nɔlədʒist] *n* penalista *m,f*. **crim·in·o·lo·gy** [-dʒi] *n* criminología *f*.

crimp [krimp] *v* fruncir, ondular; (*hair*) rizar. **~·lene** ['krimpli:n] *n* tela *f* que no se arruga.

crim·son ['krimzn] *n* color *m* carmesí. **II.** *adj* carmesí.

cringe [krindʒ] *v* (*in fear*) encoger el cuerpo, agacharse; **~ before sb,** amedrentarse ante alguien. **cring·ing** [-iŋ] *adj* servil, rastrero/a.

crin·kle ['kriŋkl] **I.** *n* (*in paper, skin*) arruga *f*. **II.** *v* arrugar(se), rizar(se). **crink·ly** ['kriŋkli] *adj* **(-ier, -iest)** arrugado/a, rizado/a.

cri·nol·ine ['krinəlin] *n* crinolina *f*.

crip·ple ['kripl] **I.** *n* paralítico/a, lisiado/a, tullido/a. **II.** *v* lisiar, tullir, dejar inválido/a; FIG estropear, inutilizar. **crip·pling** ['kripliŋ] *adj* que inmoviliza, paralizante.

cri·sis ['kraisis] *n* (*pl* **cri·ses** ['kraisi:z]) crisis *f*.

crisp [krisp] **I.** *adj* **(-er, -est)** (*food*) duro/a y quebradizo/a, seco/a; (*pastry*, etc) crujiente, tostado/a; (*fruit*, etc) fresco/a; (*air*) fresco/a, cortante; FIG (*manner*) cortante, seco/a. **II.** *n* (*from bag*) patata *f* frita. **III.** *n* (*also* **~ up**) tostar.

criss-cross ['kriskrɔs, US -krɔ:s] **I.** *adj* entrecruzado/a, entrelazado/a. **II.** *adv* entrecruzadamente. **III.** *v* entrecruzar(se), entrelazar(se); hacer cruces sobre.

cri·te·rion [krai'tiəriən] *n* (*pl* **-ria** [-riə]) criterio *m*.

crit·ic ['kritik] *n* crítico *m,f*. **crit·ic·al** ['kritikl] *adj* crítico/a. **crit·ical·ly** [-'kritikli] *adv* críticamente; seriamente, gravemente. **cri·ti·cism** ['kritisizəm] *n* crítica *f*. **cri·tic·ize, -·ise** ['kritisaiz] *v* criticar, censurar; (*of book*, etc) hacer una crítica de. **cri·tique** [kri'ti:k] *n* análisis *m* crítico.

croak [krəuk] **I.** *n* (*of frog*) croar *m*; (*of crow*) graznido *m*; (*of person*) voz *f* ronca; FIG gruñido *m*. **II.** *v* croar; graznar; hablar con voz ronca; FIG gruñir; SL morirse.

cro·chet ['krəuʃei, US krəu'ʃei] **I.** *n* ganchillo *m*, croché *m*. **II.** *v* hacer a ganchillo.

crock [krɔk] *n* **1**. cazuela *f* de barro; (*esp pl*) trozos *m,pl* de tiesto, etc. **2**. Br INFML (*person*) carcamal *m*, (*car*) trasto *m*. **~·ed** [-t] *adj* Br INFML (*arm*, etc) lisiado/a, roto/a. **~·ery** ['krɔkəri] *n* loza *f*, cacharros *m,pl* de cocina, platos *m,pl*, vajilla *f*.

cro·co·dile ['krɔkədail] *n* cocodrilo *m*. LOC **~ tears,** Lágrimas de cocodrilo.

cro·cus ['krəukəs] *n* (*pl* **-es** [-siz]) BOT azafrán *m*.

croft [krɔft, US krɔ:ft] *n* Br (*Scot*) granja *f* pequeña. **~·er** [-ə(r)] *n* pequeño/a granjero/a.

crone [krəun] *n* PEY (*woman*) vejestorio *m*, vieja arpía *f*. **cro·ny** ['krəuni] *n* PEY amigote *m*, compinche *m*.

crook [kruk] **I.** *n* (*in road*, etc) curva *f* cerrada; (*stick*) cayado *m*, báculo *m*; INFML estafador/ra, timador/ra, sinvergüenza *m,f*. **II.** *v* (*finger*) torcer, doblar. **crook·ed** ['krukid] *adj* **(-er, -est)** (*object, road*, etc) torcido/a, doblado/a, curvo/a; INFML poco honrado/a, indeseable; (*business*, etc) ilegal. **crook·ed·ness** ['krukidnis] *n* curvatura *f*; maldad *f*.

croon [kru:n] *v* (*gently*) canturrear. **~·er** [-ə(r)] *n* cantante *m* melódico/a.

crop [krɔp] **I.** *n* (*also* FIG) cosecha *f*, cultivo *m*; ZOOL buche *m*; (*of hair*) corte *m* a lo garçon. **II.** *v* (*of plants*) dar fruto, producir; (*hair*) cortar, rapar. LOC **~ up,** surgir inesperadamente. **~·per** ['krɔpə(r)] *n* (*with adj*) que da cosecha. LOC **Come a ~,** INFML Darse un porrazo; fracasar.

cro·quet ['krəukei, US krəu'kei] *n* croquet *m*. **~·te** [krəu'ket] *n* croqueta *f*.

cro·sier (*also* **cro·zier**) ['krəuziə(r), US 'krəuʒər] *n* (*of bishop*) báculo *m* pastoral.

cross [krɔs, US krɔ:s] **I.** *n* **1**. cruz *f*. **2**. (*of animals, things*) cruce *m*, mezcla *f*. **II.** *v* **(over,** *street*, etc) cruzar, atravesar; (*two things*, etc) cruzar(se). entrecruzar(se); (*two animals, varieties*) cruzar, mezclar; (*draw a line across*) cruzar, barrar, tachar; (*sb's will*) contrariar; (*oneself*) santiguarse. LOC **~ my heart,** Te lo digo de corazón. **~ one's fingers,** Confiar en la suerte; FIG Tocar madera.

~ **one·s mind,** Pasar por la mente a alguien. ~ **sb's path,** Encontrarse con alguien. ~ **sth off/out/through,** Borrar/Tachar algo. **III.** *adj* (**-er, -est**) INFML enfadado/a, contrariado/a; (*wind*) contrario/a. **cross·ing** ['krɔsiŋ, US 'krɔ:s-] *n* (*of roads*, etc) cruce *m*; paso *m* de peatones; (*act*) travesía *f*, paso *m*.

cross... ~**·bar**, *n* travesaño *m*; (*of bicycle*) barra *f* horizontal; DEP larguero *m*. ~**·beam**, *n* viga *f* transversal. ~**-benches,** *n pl* Br escaños *m,pl* de parlamentarios independientes. ~**·bow**, *n* ballesta *f*. ~**-bred**, *adj* (*animal*, etc) cruzado/a, híbrido/a. ~**-breed**, **I.** *n* híbrido *m*. **II.** *v* cruzar, mezclar. ~**-check**, **I.** *n* (*of calculation*, etc) segunda comprobación *f*. **II.** *v* comprobar por segunda vez, contrastar. ~**-country, I.** *adj/adv* a campo traviesa. **II.** *n* DEP cross *m*, carrera *f* a campo traviesa. ~**-current**, *n* contracorriente *f*; FIG opinión *f* en contra. ~**-cut**, *adj* (*saw*) de leñador, tronzador/ra. ~**examination**, *n* interrogatorio *m* contrastado. ~**-examine**, *v* interrogar contrastadamente; FIG interrogar duramente. ~**-eyed**, *adj* bizco/a. ~**-fire,** *n* MIL, *FIG* fuego *m* cruzado. ~**-grained**, *adj* (*wood*) de contrafibra; FIG antipático/a. ~**-legged**, *adv* con las piernas cruzadas. ~**·ly**, *adv* INFML con mal humor. ~**-over,** *n* paso *m* elevado. ~**-patch**, *n* persona *f* avinagrada. ~**-piece**, *n* travesaño *m*. ~**-purposes**, *n* **At** ~, Con malentendidos. ~**-question,** *v* interrogar duramente. ~**-reference,** *n* segunda referencia *f*. ~**·roads**, *n* cruce *m* de caminos, encrucijada *f*. LOC **At a** ~, FIG En una encrucijada. ~**-section**, *n* corte *m*/sección *f* transversal; FIG muestra *f* representativa. ~**-stitch**, *n* (*needlework*) punto *m* cruzado/de cruz. ~**-talk**, *n* réplicas *f,pl* ingeniosas. ~**-town**, *adj* (*trip*, etc) que atraviesa la ciudad. ~**-wind**, *n* viento *m* de costado. ~**·wise**, *adj/adv* al través; en diagonal; en cruz. ~**·word**, *n* (*also* ~ **puzzle**) crucigrama *m*.

crotch [krɔtʃ] *n* ANAT horcajadura *f*; ingle *f*, entrepiernas *f,pl*.

crot·chet ['krɔtʃit] *n* (US **quarter note**) MUS negra *f*. **crot·chet·y** [-i] *adj* INFML irritable.

crouch [krautʃ] **I.** *v* (*in fear*, etc) agacharse, acurrucarse. **II.** *n* posición *f* agachada/en cuclillas.

croup [kru:p] *n* ZOOL grupa *f*; MED crup *m*, garrotillo *m*. ~**·ier** ['kru:piəi, US -piər] *n* crupier *m*.

crow [krəu] **I.** *n* **1.** cuervo *m*, grajo *m*, corneja *f*. LOC **As the** ~ **flies,** En línea recta. **2.** (*of bird*) canto *m*; (*of baby*) gorjeo *m*. **II.** *v* (**-ed** *or* (HIST) **crew, -ed**) (*bird*) cantar; (*baby*) gorjear; ~ *over sth*, Regocijarse por algo con júbilo. ~**·bar** *n* palanca *f*. ~**'s-feet** *n pl* (*in face*) patas *f,pl* de gallo. ~**'s-nest** *n* NAUT torre *f* vigía.

crowd [kraud] **I.** *n* muchedumbre *f*, multitud *f*, gentío *m*; (*esp* PEY) masa *f* de gente; INFML gente *f*: *Follow the* ~, Haz lo que hace la gente. LOC **Crowds of people,** Muchísima gente. **II.** *v* reunir(se), amontonar(se); (*small space*) atestar, llenar. ~ **in on sb,** (*thoughts*, etc) Invadir a alguien. ~ **into sth,** Invadir un lugar. ~ **sth into sth,** Meter algo a la fuerza en algo. ~ **sth out of sth,** Expulsar a algo de algo invadiéndolo. LOC ~ **on sail,** NAUT Ir a toda vela. **crowd·ed** *adj* (*place*) atestado/a, muy lleno/a, abarrotado/a; FIG lleno/a (*with* de).

crown [kraun] **I.** *n* corona *f*; (*of tree, hat*) copa *f*; (*of hill*) cima *f*; HIST (*coin*) corona *f*. **II.** *v* coronar; INFML dar un tortazo en la cabeza. LOC **To** ~ **it all,** Para colmo. ~**·ing** [-iŋ] *adj* (*success*, etc) máximo/a, supremo/a. ~ **jew·els** *n pl* joyas *f,pl* de la corona. ~ **prince** *n* príncipe *m* heredero.

cru·ci·al ['kru:ʃl] *adj* crucial, decisivo/a (*for sth* para algo). ~**·ly** [-li] *adv* de forma crucial. **cru·cible** ['kru:sibl] *n* crisol *m*; FIG prueba *f* definitiva.

cru·ci·fix ['kru:sifiks] *n* crucifijo *m*. ~**·ion** [,kru:si'fikʃn] *n* crucifixión *f*. **cru·ci·form** ['kru:sifɔ:m] *adj* cruciforme. **cru·ci·fy** ['kru:sifai] *v* (**-ied, -ied**) (*also* FIG, *INFML*) crucificar.

crude [kru:d] *adj* (**-r, -st**) (*food, oil*, etc) sin refinar, crudo/a; (*work*) en bruto, tosco/a; (*manner*, etc) vulgar, ordinario/a, soez. ~**·ly** [-li] *adv* de forma natural; toscamente; con ordinariez. **cru·di·ty** ['kru:diti] *n* tosquedad *f*, sencillez *f*; ordinariez *f*, grosería *f*.

cruel [kruəl] *adj* (**-ler, -lest**) cruel. ~**·ly** [-li] *adv* cruelmente. ~**·ty** ['kruəlti] *n* crueldad *f*.

cruet ['kru:it] *n* vinagrera *f*.

cruise [kru:z] **I.** *n* viaje *m* por mar, crucero *m*. **II.** *v* navegar, cruzar; hacer un crucero; AER, AUT ir a velocidad de crucero. **cruis·er** ['kru:zə(r)] *n* (*ship*) crucero *m*. ~ **weight**, DEP peso semipesado.

crumb [krʌm] *n* miga *f*; FIG migaja *f*, brizna *f*. ~**·le** ['krʌmbl] **I.** *v* (**into sth, up**) hacer(se) migas; deshacerse, desmoronarse; FIG venirse abajo, hundirse. **II.** *n* pudding *m* de fruta y pasta. ~**·ly** ['krʌmbli] *adj* (**-ier, -iest**) desmigajable, desmenuzable. **crumbs** ['krʌmz] *int* Br INFML ¡caramba!

crum·my ['krʌmi] *adj* (**-ier, -iest**) INFML malísimo/a, sucio/a.

crum·pet ['krʌmpit] *n* (*for toasting*) tortita *f* blanda (para tostar); Br FIG chica *f* atractiva.

crum·ple ['krʌmpl] *v* arrugar(se); (*paper*) estrujar; (*face*) hacer pucheros; FIG (*also* ~ **up**) hundirse, fracasar.

crunch [krʌntʃ] (*also* **scrunch**) **I.** *v* mascar ruidosamente; (*floor, snow*, etc) (hacer) crujir. **II.** *n* ruido *m* de mascar; mordisco *m*; (*of floor*, etc) crujido *m*. LOC **When it comes to the** ~, FIG Al llegar el momento decisivo. **crunch·y** [-i] *adj* (**-ier, -iest**) crujiente, duro/a.

crup·per ['krʌpə(r)] *n* (*of horse*) grupa *f*; (*harness*) baticola *f*.

crus·ade [kru:'seid] **I.** *n* HIST, *FIG* cruzada *f*. **II.** *v* participar en una cruzada; hacer una campaña (*for/against sth*). **crus·ad·er** [-ə(r)] *n* HIST cruzado *m*.

crush [krʌʃ] **I.** *v* aplastar, chafar; (*rocks, bones*, etc) triturar, moler; (*paper*, etc) estrujar; (*fruit*) exprimir, prensar; (*dress*, etc) arrugar; FIG aplastar, humillar, derrotar. ~ **sth out of,** Sacar algo de una cosa exprimiéndola, etc. ~ **sth/sb into sth,** Meter algo/a alguien en un sitio a la fuerza. **II.** *n* (*of people*) aglomeración *f*, apretujamiento *m*; INFML ~ **on sb,** *n* Flechazo/Pasión; *v* enamorarse como un tórtolo. ~ **bar·rier** *n* (*in stadium*, etc) barrera *f* de contención. ~**·ing** [-iŋ] *adj* (*blow*) aplastante; (*defeat*, etc) humillante; (*remark*) demoledor/ra.

crust [krʌst] **I.** *n* (*of bread, soil*, etc) corteza *f*; (*old bread*) mendrugo *m*; (*in winebottle*, MED) costra *f*. **II.** *v* cubrirse de costra(s); (*liquid*) hacer una capa sólida.

crus·ta·ce·an [krʌ'steiʃn] *n* crustáceo *m*.

crust·ed ['krʌstid] *adj* con costra. **crust·y** ['krʌsti] *adj* (**-ier, -iest**) (*bread*) con mucha corteza; (*surface*) con costra(s); INFML (*old people*) irritable, cascarrabias.

crutch [krʌtʃ] *n* (*for lame person*) muleta *f*; ANAT entrepierna *f*; FIG apoyo *m*, sostén *m*.

crux [krʌks] *n* (*of problem*, etc) punto *m* decisivo/esencial, meollo *m*.

cry [krai] **I.** *v* (**-ied, -ied**) **1.** (*also* ~ **out**) gritar; pedir a gritos. **2.** llorar (*for sth*, por algo; *with fear*, etc de miedo). LOC ~ **wolf,** Alarma infundada. ~ **sth down,** Quitar importancia a algo. **II.** *n* grito *m*, alarido *m*; (*weeping*) lloro(s) *m(pl)*. ~**·ba·by** *n* INFML PEY llorón/na. ~**·ing** ['kraiŋ] *adj* (*act*) vergonzoso/a, infame; (*need*, etc) apremiante, urgente.

crypt [kript] *n* cripta *f*. ~**·ic** ['kriptik] *adj* críptico/a, enigmático/a. ~**o·gram** ['kriptəgræm] *n* criptograma *m*.

crys·tal ['kristl] *n* (*also* QUIM) cristal *m*. ~ **ball** *n* (*for guessing*) bola *f* de cristal. ~**-clear** *adj* (*object*) transparente; (*problem*, etc) fácil, claro/a. ~**·line** ['kristəlain] *adj* cristalino/a. ~**·lize, ·ise** ['kristəlaiz] *v* (*also* FIG) cristalizar(se). ~**·liz·ed, ·is·ed** ['kristəlaized] *adj* (*fruit*) confitado/a, escarchado/a.

CSE = Certificate of Secondary Education, Bachillerato *m*.

cub [kʌb] *n* cachorro *m*. ~**·by-hole** ['kʌbihəul] *n* cuchitril *m*.

cube [kju:b] **I.** *n* MAT, GEOM cubo *m*. *Ice* ~, Cubito *m* de hielo. **II.** *v* MAT cubicar. ~ **root** *n* raíz *f* cúbica. **cub·ic** ['kju:bik] *adj* cúbico/a. **cub·icle** ['kju:bikl] *n* cubículo *m*. **cub·ism** ['kju:bizəm] *n* cubismo *m*. **cub·ist** ['kju:bist] *adj/n* cubista *m,f*.

cuc·kold ['kʌkəuld] HIST **I.** *n* (*husband*) cornudo *m*. **II.** *v* poner los cuernos a.

cuc·koo ['kuku:] **I.** *n* (*bird*) cuclillo *m*; (*sing*) cucú *m*. ~ *clock*, Reloj de cucú. **II.** *adj* INFML chiflado/a, lelo/a.

cu·cum·ber ['kju:kʌmbə(r)] *n* pepino *m*.

cud [kʌd] *n* (*of cattle*) rumia *f*; bolo *m* alimenticio.

cud·dle ['kʌdl] **I.** *v* abrazar amorosamente, acariciar; (*also* ~ **up to/against sb**) arrimarse, acurrucarse (junto a alguien). **II.** *n* abrazo *m* amoroso, caricias *f,pl*. ~**·some** [-səm],

cud·dly ['kʌdli] *adj* (**-ier, -iest**) INFML (*toy*) agradable de acariciar; (*person*) mimoso/a.

cud·gel ['kʌdʒl] **I.** *v* aporrear. LOC ~ **one's brains,** Estrujarse el cerebro. **II.** *n* porra *f*. LOC **Take up the ~s for sb,** salir en defensa de alguien.

cue [kju:] **I.** *n* **1.** TEAT pie *m*; MUS entrada *f*; FIG ejemplo *m*. **2.** señal *f*, indicio *m*. **3.** (*for billiards*, etc) taco *m*. **II.** *v* dar entrada, pie, etc.

cuff [kʌf] **I.** *n* **1.** (*of shirt*) puño *m*. **2.** *pl* SL esposas *f,pl*. **3.** bofetada *f*. LOC **Off the ~,** improvisadamente. **II.** *v* abofetear. ~**-link** *n esp pl* gemelos *m,pl*.

cuir·ass [kwi'ræs] *n* coraza *f*.

cu·lin·ary ['kʌlinəri, US -neri] *adj* culinario/a.

cull [kʌl] **I. 1.** *v* (*herd*, etc) diezmar. **2.** (~ **sth from sth**), seleccionar/entresacar una cosa de otra. **II.** *n* lo seleccionado; diezmo *m*.

cul·min·ate ['kʌlmineit] *v* (**in**) FML culminar (en). **cul·min·ation** [,kʌlmi'neiʃn] *n* culminación *f*.

culp·ab·il·ity [,kʌlpə'biləti] *n* culpabilidad *f*. **culp·able** ['kʌlpəbl] *adj* DER culpable. **cul·prit** ['kʌlprit] *n* culpable *m,f*.

cult [kʌlt] *n* culto *m*.

cul·tiv·able ['kʌltivəbl] *adj* cultivable. **cul·tiv·ate** ['kʌltiveit] *v* cultivar. **cul·tiv·at·ed** ['kʌltiveitid] *adj* culto/a, cultivado/a. **cul·tiv·ation** [,kʌlti'veiʃn] *n* cultivo *m*. **cul·tiv·at·or** ['kʌltiveitə(r)] *n* (*person*) cultivador *m*; (*machine*) cultivadora *f*.

cul·tur·al ['kʌltʃərəl] *adj* cultural. **cul·ture** ['kʌltʃə(r)] *n* cultura *f*; BIOL cultivo *m*; (*exercise*) culturismo *m*. **cul·tur·ed** ['kʌltəd] *adj* culto/a, cultivado/a; (*pearl*) cultivado/a.

cul·vert ['kʌlvət] *n* (*for cables*) conducto *m* subterráneo.

cum·ber·some ['kʌmbəsəm] *adj* (*parcel*, etc) incómodo/a, pesado/a; (*system*, etc) ineficaz, lento/a.

cu·mul·at·ive ['kju:mjulətiv, US -leitiv] *adj* acumulativo/a. **cu·mu·lus** ['kju:mjuləs] *n* (*pl* **-li** [-lai]) (*cloud*) cúmulo *m*.

cu·nei·form ['kju:nifɔ:m, US kju:'niəfɔ:rm] *adj* cuneiforme.

cun·ning ['kʌniŋ] **I.** *adj* (*device*) ingenioso/a; (*person*) astuto/a, taimado/a; US atractivo/a, mono/a. **II.** *n* astucias *f,pl*.

cunt [kʌnt] *n* SL coño *m*.

cup [kʌp] **I.** *n* taza *f*; DEP copa *f*; (*of bra*) copa *f*; BOT cáliz *m*; FIG copa *f*. LOC **Not sb's ~ of tea,** No del agrado de alguien. **II.** *v* (*hands*) juntar en forma de taza. ~**·board** ['kʌbəd] *n* (*of kitchen*) armario *m*, alacena *f*. LOC ~ **love,** Cariño interesado. ~**-final** *n* DEP final *f* de Copa. ~**·ful** ['kʌpful] *n* taza *f* llena. ~**-tie** *n* DEP partido *m* de Copa.

cu·pid·ity [kju:'pidəti] *n* FML codicia *f*.

cup·pa ['kʌpə] *n* SL taza *f* de té.

cur·able ['kjuərəbl] *adj* curable.

cur·acy ['kjuərəsi] *n* vicaría *f*. **cur·ate** ['kjuərət] *n* vicario *m*, cura *m*, coadjutor *m*.

cur·at·ive ['kjuərətiv] *adj* curativo/a. **cur·at·or** [kjuə'reitə(r), US *also* 'kjuərətər] *n* guardián *m*; vigilante *m*.

curb [kɜ:b] **I**. *n* (*of horse*) barbada *f* del freno (*also* **kerb**); FIG freno *m*, restricción *f*, impedimento *m*. LOC ~ **crawling**, ir despacio en coche en busca de ligue. **II**. *v* (*horse*) frenar; FIG dominar, contener, reprimir.

curd [kɜ:d] *n* cuajada *f*. ~**·le** ['kɜ:dl] *v* cuajar(se); FIG (*blood*) helar(se).

cure [kjuə(r)] **I**. *v* curar; (*food*) salar, curar; FIG remediar. **II**. *n* cura *f*, curación *f*; FIG remedio *m*, solución *f*.

cur·few ['kɜ:fju:] *n* toque *m* de queda.

cu·rio ['kjuəriəu] *n* (*pl* **-s**) (*object*) curiosidad *f*. **cu·ri·os·ity** [,kjuəri'ɔsəti] *n* curiosidad *f*. **cu·ri·ous** ['kjuəriəs] *adj* curioso/a.

curl [kɜ:l] **I**. *n* (*of hair*) rizo *m*; (*of smoke*, etc) espiral *f*. **II**. *v* rizar(se); formar espirales. LOC ~ **one's lip**, Expresar desprecio. ~ **up**, (*animal*) Enroscarse; (*person*) Hacerse un ovillo. ~ **sb up**, INFML Hacer que alguien se sienta avergonzado. **curl·er** ['kɜ:lər] *n* rizador *m* de pelo, rulo *m*. ~**curl·ing-tongs** *n* tenacillas *f,pl*, rizadores *m,pl*. **curly** ['kɜ:li] *adj* (**-ier, -iest**) rizado/a, ondulado/a.

cur·rant ['kʌrənt] *n* pasa *f* de Corinto.

cur·ren·cy ['kʌrənsi] *n* sistema *m* monetario, moneda *f* en circulación; FIG vigencia *f*, validez *f*. **cur·rent** ['kʌrənt] **I**. *adj* (*event*) actual, del día; (*idea*, etc) al uso, popular, corriente. **II**. *n* (*of air, water*, etc) corriente *f*; FIG curso *m*, tendencia *f*. ~ **ac·count** *n* cuenta *f* corriente. ~ **af·fairs** *n pl* noticias *f,pl* de actualidad. ~**·ly** ['kʌrəntli] *adv* en la actualidad.

cur·ri·cu·lum [kə'rikjuləm] *n* **1**. currículo *m*. **2**. programa *m* (de estudios).

cur·ry ['kʌri] **I**. *n* (*dish*) curry *m*. **II**. *v* (*horse*) almohazar. **cur·ried** *adj* guisado/a con salsa de curry. ~**-comb** *n* almohaza *f*. **cur·ry pow·der** *n* especias *f,pl* de curry.

curse [kɜ:s] **I**. *n* maldición *f*; (*words*) blasfemia *f*, palabrota *f*, reniego *m*, taco *m*. LOC **The** ~, INFML La menstruación. **II**. *v* echar una maldición a; soltar blasfemias/palabrotas. **curs·ed** ['kɜ:sid] *adj* maldito/a.

curs·ive ['kɜ:siv] *adj* cursivo/a. **curs·or** ['kɜ:sə(r)] *n* (*computing*) cursor *m*. **curs·ory** ['kɜ:səri] *adj* (*look, study*, etc) precipitado/a.

curt [kɜ:t] *adj* (*manner*) brusco/a, seco/a. ~**·ail** [kɜ:'teil] *v* abreviar, acortar; reducir.

cur·tain ['kɜ:tn] **I**. *n* (*also* MIL) cortina *f*; TEAT telón *m*. **II**. *v* **1**. poner cortina(s) en. **2**. (~ **sth off**) separar algo por medio de cortinas. ~**-call** *n* TEAT llamada *f* a escena (para recibir una ovación). ~**-raiser** *n* TEAT pieza *f* corta/preludio *m*; FIG preliminares *m,pl*.

curt·sey (*also* **curtsy**) ['kɜ:tsi] **I**. *n* reverencia *f*. **II**. *v* (*pret* **-ed** *or* **curtsied**) hacer una reverencia.

cur·va·ce·ous [kɜ:'veiʃəs] *adj* (*woman*) con curvas. **cur·va·ture** ['kɜ:vətʃə(r), US -tʃuər] *n* curvatura *f*. **curve** [kɜ:v] **I**. *n* curva *f*. **II**. *v* curvar(se); encorvar(se), doblar(se). **cur·vy** ['kə:ri] *adj* (**-ier, -iest**) curvo/a; sinuoso/a.

cu·shion ['kuʃn] **I**. *n* cojín *m*, almohadón *m*; (*billiards*) banda *f* amortiguadora. **II**. *v* forrar con cojines; FIG amortiguar, proteger. **cu·shy** ['kuʃi] *adj* (**-ier, -iest**) INFML (*job*) cómodo/a, fácil.

cusp [kʌsp] *n* cúspide *f*.

cuss [kʌs] *n* reniego *m*; (*person*) tipo *m*, fulano *m*. **cus·sed** ['kʌsid] *adj* (*person*) obstinado/a, terco/a.

cus·tard ['kʌstəd] *n* natillas *f,pl*.

cus·to·di·an [kʌ'stəudiən] *adj n* DER custodio *m*. **cus·to·dy** ['kʌstədi] *n* custodia *f*; (*awaiting trial*) detención *f*.

cus·tom ['kʌstəm] **I**. *n* **1**. costumbre *f*, uso *m*; (*of shops*) clientela *f*; compras *f,pl*. **2**. *pl* **customs** (*place*) aduana *f*; (*tax*) derechos *m,pl* de aduana. *Go through* ~ , Pasar la aduana. **II**. *adj* (*purchase*) a la medida, al gusto del cliente. ~**·ary** ['kʌstəməri, US -meri] *adj* acostumbrado/a, habitual. **cus·tom·er** ['kʌstəmə(r)] *n* cliente/a, parroquiano/a.

cut [kʌt] **I**. *n* corte *m*; INFML (*money*) tajada *f*; ~ *in sth*, reducción *f*, corte *m* en algo. LOC **A ~ above sth**, De calidad superior a algo. **II**. *v* (**cut, cut**) cortar(se); (*amount*, etc) reducir, cortar; (*new teeth*) empezar a echar; INFML (*talk*, etc) parar, dejar de; FIG herir, ofender. LOC ~ **and run**, SL Largarse de repente.

cut... ~ **across/along** atravesar, atajar; FIG ir más allá. ~ **at**, lanzar cuchilladas a. ~ **away**, quitar (algo) cortándolo. ~ **back**, podar, reducir cortando. ~ **down**, (*tree*, etc) cortar, quitar; FIG reducir, rebajar. ~ **in**, (*conversation*, etc) interrumpir; (*vehicle*) ponerse delante (**on sb**, de alguien). ~ **off**, (*phonecall, supply*, etc) cortar, interrrumpir; (*person*) desheredar; ~ **sth off sth**, cortar algo de algo: *He had his head ~ off*, Le cortaron la cabeza. ~ **open**, abrir cortando. ~ **out**, abrir/hacer cortando; (*of dress*, etc) cortar (en trozos); (*details*, etc) abreviar, eliminar. **Be ~ out for sth**, Estar hecho a la medida para algo. ~ **up**, cortar (a trozos); INFML (*person*) recibir cortes/cuchilladas; INFML afectar, apenar.

cut... ~**·away**, *n* (*of house, machine*, etc) maqueta *f* sin fachada. ~**-back**, *n* corte *m*, reducción *f*. ~ **glass**, *n* cristal *m* tallado. ~**-off**, *n* límite *m*, umbral *m*; (*device*) stop *m*. ~**-out**, *n* recortable *m*; (*for water*, etc) llave *f* de paso, interruptor *m*. ~**-price**, *adj* rebajado/a.

cute [kju:t] *adj* (**-r, -st**) (*thing, baby*, etc) mono/a, gracioso/a; INFML *esp* US astuto/a, agudo/a.

cut·icle ['kju:tikl] *n* cutícula *f*.

cut·ler ['kʌtlə(r)] *n* cuchillero *m*. **cut·ler·y** ['kʌtləri] *n* cubertería *f*.

cut·let ['kʌtlit] *n* (*meat, fish*) chuleta *f*.

cut·ter ['kʌtə(r)] *n* cortador/ra, tallador *m*; NAUT cúter *m*. **cut·throat** ['kʌtəut] *adj* brutal, encarnizado/a; ~ *razor*, navaja *f* de barbero. **cut·ting** ['kʌtiŋ] **I**. *n* recorte *m* de periódico; BOT esqueje *m*; ~ *room*, (*for film*) sala *f* de montaje. **II**. *adj* cortante; FIG mordaz, sarcástico/a. **cut·tle·fish** ['kʌtlfiʃ] *n* jibia *f.*

cy·an·ide ['saiənaid] *n* cianuro *m.*

cy·ber·net·ics [,saibə'netiks] *n* cibernética *f.*

cy·cla·mate ['saikləmeit, 'sik-] *n* ciclamato *m.* **cy·cla·men** ['sikləmən, US 'saik-] *n* ciclamen *m.*

cy·cle ['saikl] **I.** *n* ciclo *m*; INFML bici(cleta) *f.* **II.** *v* ir en bici(cleta). **cy·clic** ['saiklik] (*also* **cy·clic·al** ['saiklikl] *adj* cíclico/a. **cy·cl·ist** ['saiklist] *n* ciclista *m.f.* **cy·clone** ['saikləun] *n* ciclón *m.* **Cy·clo·pe·an** [sai'kləupiən] *adj* (*also* FIG) ciclópeo/a. **cy·clo·style** ['saikləstail] **I.** *n* ciclostil *m.* **II.** *v* ciclostilar. **cy·clo·tron** ['saiklətrɔn] *n* ciclotrón *m.*

cy·der V. **cider.**

cyg·net ['signit] *n* polluelo *m* del cisne.

cy·lin·der ['silində(r)] *n* (*also* AUT) cilindro *m.* LOC **Working on all ~s,** A toda marcha. ~ **block** *n* AUT bloque *m* de cilindros. ~ **head** *n* AUT culata *f* de cilindro. **cy·lin·dric·al** [si'lindrikl] *adj* cilíndrico/a.

cym·bal ['simbl] *n* MUS platillo *m.*

cyn·ic ['sinik] *n* cínico/a. **cyn·ic·al** ['sinikl] *adj* cínico/a. **~·ism** ['sinisizəm] *n* cinismo *m.* **cy·nos·ure** ['sinəzjuə(r), US 'sainəʃuər] *n* FML centro *m* de la atención.

cy·pher V. **cipher.**

cy·press ['saiprəs] *n* ciprés *m.*

cyst [sist] *n* quiste *m.* **~·itis** [si'staitis] *n* cistitis *f.*

czar [za:(r)] *n* zar *m.* **~·ina** [za:'ri:nə] *n* zarina *f.*

Czech [tʃek] *n* checo/a.

D, d [di:] *n* (*pl* **Ds, ds** [di:z]) letra d; MUS re *m*. **d** *abrev* Br penique *m*.

dab [dæb] **I.** *v* **1**. frotar, pasar un trapo por. **2**. (**~ sth on**) aplicar a, poner. **II.** *n* **1**. (*act*) golpecito *m*, palmadita *f*; (*with cloth*, etc) pasada *f*, aplicación *f*; (*of paint*, etc) brochazo *m*, pasada *f*; *pl* Br SL huellas *f,pl* dactilares. **2**. ZOOL platija *f*. **3**. Br INFML **a ~ at sth,** Un experto en algo.

dab·ble ['dæbl] *v* (*hands, feet*) chapotear, mojar; salpicar; FIG (**~ in/at sth**) interesarse ligeramente (en/por algo). **dab·bler** ['dæblə(r)] *n* aficionado/a.

dad [dæd], **dad·dy** ['dædi] *n* INFML papá *m*. **dad·dy-long-legs** *n* INFML típula *f*.

dae·mon ['di:mən] *n* demonio *m*, genio *m*.

daf·fo·dil ['dæfədil] *n* narciso *m*.

daft [da:ft, US dæft] *adj* (comp **-er**, sup **-est**) INFML tonto/a, estúpido/a.

dag·ger ['dægə(r)] *n* daga *f*, puñal *m*; IMPR cruz *f*. LOC **At daggers drawn,** Con odio a muerte. **Look daggers at sb,** Mirar con odio a alguien.

da·go ['deigəu] *n* (*pl* **-s**) TAB SL PEY hispano/a, italiano/a.

dah·lia ['deiliə, US 'dæliə] *n* dalia *f*.

dai·ly ['deili] **I.** *adj* diario/a. **II.** *adv* diariamente. **III.** *n* **1**. diario *m*, periódico *m*. **2**. asistenta *f*.

dain·ti·ness ['deintinis] *n* delicadeza *f*, elegancia *f*. **dain·ty** ['deinti] *adj* (comp **-ier**, sup **-iest**) delicado/a, refinado/a; (*small*) fino/a, precioso/a; (*in taste*) delicado/a, exquisito/a.

dai·ry ['deəri] *n* (*in farm*) vaquería *f*, quesería *f*; (*shop*) lechería *f*. **~ cat·tle** *n* vacas *f,pl* lecheras. **~ farm** *n* granja *f* de productos lácteos. **~·maid** *n* (*woman*) lechera *f*. **~·man** *n* lechero *m*. **~ pro·duce** *n* productos *m,pl* lácteos.

dais ['deiis] *n* (*pl* **-es** [-iz] estrado *m*.

dai·sy ['deizi] *n* margarita *f*. **~·wheel**, margarita *f* de impresora.

dale 'deil] *n* valle *m*.

dal·ly ['dæli] *v* (**-lied**) perder el tiempo (*over sth* con algo); **~ with sb/sth**, tratar frívolamente, juguetear con.

dam [dæm] **I.** *n* **1**. dique *m*, presa *f*; embalse *m*. **2**. ZOOL madre *f* de cuadrúpedo. **II.** *v* **1**. embalsar, construir una presa; FIG contener, reprimir.

dam·age ['dæmidʒ] **I.** *n* daño *m*, perjuicio *m*; AUT, etc desperfectos *m,pl*, avería *f*; *pl* JUR daños *m,pl* y perjuicios. **II.** *v* dañar; estropear, romper. **dam·ag·ing** [-iŋ] *adj* perjudicial, pernicioso/a.

dam·ask ['dæməsk] *n* (*cloth*) damasco *m*; (*steel*) damasquinado *m*.

dame [deim] *n* US SL mujer *f*, tía *f*; Br **Dame,** (*title*) dama *f*.

damn [dæm] **I.** *v* condenar; criticar; INFML (*esp as int*) maldecir: *~ ! I've broken my pen*, ¡Maldita sea! He roto mi pluma. LOC **I'm damned if...,** Que me maten si yo... **~ the expense,** Al diablo con el gasto! **II.** *adj* TAB maldito/a, condenado/a. **III.** *adv* INFML muy, terriblemente: *Don't be so ~ obstinate!* ¡No seas tan rematadamente terco! LOC **~ all,** Absolutamente nada. **IV.** *n* LOC **Not care a ~ about sth,** Importar algo un comino. **~·a·ble** ['dæmnəbl] *adj* detestable. **~·ation** [dæm'neiʃn] *n* condenación *f*. **damn·ed** [dæmd] **I.** *n* **the ~**, los condenados al infierno. **II.** *adj, adv* = **damn**.

damp [dæmp] **I.** *adj* (comp **-er,** sup **-est**) húmedo/a, mojado/a. **II.** *n* humedad *f*. **III.** *v* (*also* **dampen**) mojar, humedecer; (*also* **~ down**) amortiguar, rebajar; FIG apagar, desanimar. **damp·en** ['dæmpən] *v* **1**. mojar, humedecer. **2**. FIG *~ sth down*, apagar, rebajar. **damp·er** ['dæmpə(r)] *n* (*in fireplace*) regulador *m* de tiro; MUS sordina *f*. LOC **Put a ~ on sth,** Aguar la fiesta. **damp·ish** ['dæmpiʃ] *adj* algo húmedo/a. **damp·ness** [-nis] *n* humedad *f*. **damp·proof** [pru:f] a prueba de humedad.

dam·sel ['dæmzl] *n* POET doncella *f*.

dance [da:ns, US dæns] **I.** *n* baile *m*; danza *f*, baile *m*. **II.** *v* bailar; HIST danzar. **~·band** *n* orquesta *f* de baile. **~·hall** *n* salón *m* de baile. **danc·er** [-ə(r)] *n* (*in ball*) el/la que baila; (*of ballet*, etc) bailarín/na. **danc·ing** [-iŋ] *n* (*act*) baile *m*: *~-girl*, bailarina *f*.

dan·de·li·on ['dændilaiən] *n* BOT diente *m* de león.

dan·der ['dændə(r)] *n* malhumor *m*. LOC **Get sb's ~ up,** INFML Enfadar a alguien.

dan·di·fi·ed ['dændifaid] *adj* acicalado/a, peripuesto/a.

dan·dle ['dændl] *v* (*baby*) hacer saltar sobre las rodillas de uno.

dan·druff ['dændrʌf] *n* caspa *f*.

dan·dy ['dændi] **I.** *n* hombre *m* elegante, dandi *m*. **II.** *adj* (**-ier, -iest**) *esp* US muy bueno/a, excelente.

Dane [dein] *n* danés/sa.

dan·ger ['deindʒə(r)] *n* peligro *m*; riesgo *m*. LOC **On the ~ list,** INFML Muy enfermo/a. **~ mon·ey** *n* (*in work*) prima *f* por riesgo. **~·ous** ['deindʒərəs] *adj* peligroso/a.

dan·gle ['dæŋgl] *v* bambolearse. LOC FIG **~ sth in front of sb**, Hacer una oferta tentadora a alguien.

Dan·ish ['deiniʃ] **I.** (*language*) danés *m*. **II.** *adj* danés/sa.

dank [dæŋk] *adj* (comp **-er**, sup **-est**) húmedo/a, malsano/a.

dap·per ['dæpə(r)] *adj* apuesto/a, aseado/a, pulcro/a; vivaz.

dap·ple ['dæpl] *v* motear, teñir de manchas. **dap·pled** [-d] *adj* moteado/a.

dare [deə(r)] **I.** *v* **1.** atreverse (a). LOC **How ~ you,** ¿Cómo te atreves? **2.** desafiar a, provocar, retar: *I ~ you to buy it,* ¿A que no lo compras? **II.** *n* desafío *m*, reto *m*. **~·de·vil** ['deədevl] *n* temerario/a. **dar·ing** ['deəriŋ] **I.** *n* valor *m*. atrevimiento *m*. **II.** *adj* valiente, atrevido/a.

dark [da:k] **I.** *n* oscuridad *f*. LOC **Before/After ~,** Antes/Después de anochecer. **A leap/shot in the ~,** FIG Un paso a ciegas. **II.** *adj* (**-er, -est**) oscuro/a; sombrío/a; (*of skin*) moreno/a; FIG misterioso/a; sombrío/a. LOC **Keep ~,** Mantener (en) secreto. **dark·en** ['da:kən] *v* oscurecer(se). **dark·ness** [nis] *n* oscuridad *f*. **dark·room** *n* sala *f* de revelado. **dark·y** (*also* **dark·ie**) [-i] *n* TAB INFML negro/a.

dar·ling ['da:liŋ] **I.** *n* (*person*) encanto *m*; preferido/a, favorito/a. **II.** *adj* querido/a, adorado/a: *My ~*, Querido/a, amor mío.

darn [da:n] **I.** *v* **1.** (*sock*, etc) remendar, zurcir. **2.** (*euph*) = **damn. II.** *n* remiendo *m*, zurcido *m*. **III.** *adj* INFML maldito/a, condenado/a. **~·ing** [-iŋ] *n* (*act*) zurcido *m*. **~·ing nee·dle** *n* aguja *f* de zurcir.

dart [da:t] **I.** *n* dardo *m*, saeta *f*; (*movement*) salto *m* rápido; *pl* juego *m* de dardos. **II.** *v* (hacer) saltar rápidamente.

dash [dæʃ] **I.** *n* (*movement*) salto *m* rápido; carrera *f* corta; poquito *m*, chorrito *m*, gotas *f,pl*; (*of colour*, etc) nota *f*, detalle *m*; (*in writing*) guión *m*, raya *f*; FIG vigor *m*, energía *f*. LOC **Cut a ~,** Hacer un gran papel/Quedar bien. **II.** *v* **1.** precipitarse, saltar apresuradamente. **2.** (*waves*, etc) golpear fuertemente. **3.** arrojar, estrellar. **4.** (**~ sth off**) escribir rápidamente algo. LOC **~ (it)!** (*euph*) ¡Maldita sea! **~·board** (*also* **facia, fascia**) *n* AUT salpicadero *m*, panel *m*. **~·ing** [iŋ] *adj* (*clothes*) vistoso/a; (*person*) apuesto/a.

das·tard·ly ['dæstədli] *adj* malvado/a, cobarde.

da·ta ['deitə, *also* 'da:tə, US 'dætə] *n* datos *m,pl*, información *f*. **~·base** *n* base *f* de datos. **~·pro·ces·sing** *n* tratamiento/proceso *m* de datos.

date [deit] **I.** *n* **1.** día *m*, fecha *f*; (*period*) época *f*; INFML cita *f*, compromiso *m*. LOC **Out of ~,** Pasado/a de moda; (*document*) caducado/a. **To ~,** Hasta la fecha. **Up to ~,** A la última moda; (*information*) Actualizado/a. **2.** BOT dátil *m*. **II.** *v* fechar; (*clothes*, etc) hacer(se) anticuado/a; *esp* US INFML tener una cita, salir con; **~ back from...,** Remontarse a la fecha de. **dat·able** [-abl] *adj* fechable. **dat·ed** [-id] *adj* anticuado/a. **date·less** [-lis] *adj* sin fecha; intemporal. **date-line** *n* (*in press*) línea *f* de la fecha; GEOG línea *f* de cambio de fecha. **date-tamp** *n* estampilla *f* para fechar.

dat·ive ['deitiv] *n* dativo *m*.

daub [dɔ:b] **I.** *v* embadurnar, untar; (*paint*, etc) extender, aplicar una capa de; INFML pintarrajear. **II.** *n* pasta *f*, embadurnamiento *m*; INFML pintarrajo *m*. **daub·er** [-ə(r)] *n* PEY pintor *m* de brocha gorda.

daugh·ter ['dɔ:tə(r)] *n* hija *f*. **~-in-law** [-in lɔ:] *n* (*pl* **~s-in-law** ['dɔ:təz in lɔ:]) nuera *f*.

daunt [dɔ:nt] *v* acobardar, intimidar; asustar. **~·ing** [-iŋ] *adj* desalentador/ra, intimidador/ra. **~·less** [-lis] *adj* intrépido/a, arrojado/a.

dav·en·port ['dævnpɔ:t] *n* Br escritorio *m* pequeño; US sofá-cama *m*.

dav·it ['dævit] *n* NAUT serviola *f*, pescante *m*.

daw·dle ['dɔ:dl] *v* holgazanear, ir lentamente. **~ time away,** Perder el tiempo miserablemente. **daw·dler** [-ə(r)] *n* holgazán/na.

dawn [dɔ:n] **I.** *n* amanecer *m*, alba *f*; FIG nacimiento *m*, aurora *f*: *From ~ till dusk,* De la mañana a la noche. **II.** *v* **1.** amanecer, romper el día. **2.** (**~ on sb**) hacerse claro/evidente (para alguien).

day [dei] *n* día *m*; *pl* días *m,pl*, tiempos *m,pl*. LOC **By ~,** De día. **Carry the ~,** FIG Llevarse la palma. **~ after ~,** Día tras día. **The ~ after tomorrow,** Pasado mañana. **The ~ before yesterday,** Anteayer. **~ by ~,** Día a día. **~ in, ~ out,** Todos los días. **Sb's days are numbered,** Tener alguien los días contados. **From one ~ to the next,** De un día para otro. **Have had one's ~,** Haber pasado el momento de alguien. **In this ~ and age,** En la actualidad. **In one's ~,** En la época de alguien. **It's not sb's ~,** INFML No ser el día de alguien. **Some ~,** En el futuro. **This ~ fortnight,** De hoy en quince días. **This ~ week,** De hoy en ocho días. **To the ~,** Exactamente.

day... **~·book,** *n* COM libro *m* de cuentas. **~-boy/~-girl,** *n* alumno/a diurno/a. **~·break,** *n* amanecer *m*. **~ care,** *n* servicio *m* de guardería, residencia o asilo. **~-dream, I.** *n* sueño *m*, ilusión *f*. **II.** *v* soñar despierto. **~·light,** *n* luz *f* de día. LOC **~ robbery,** FIG INFML (*of price*) Atraco a mano armada. **See ~,** FIG Entender algo al fin. **Beat the daylights out of sb,** INFML Dar una soberana paliza a alguien. **~-long,** *adj/adv* que dura todo un día. **~ nursery,** *n* guardería *f*. **~ off,** *n* día *m* libre. **~return,** *n* (*rail*) billete *m* de ida y vuelta (en el día). **~-room,** *n* (*in hospital*, etc) sala *f* de estar. **~-school,** *n* escuela *f* diurna. **~ shift,** *n* (*workers*) turno *m* de día. **~·time,** *n* día *m*. **~-to-~,** *adj* cotidiano/a; (*planning*, etc) diario/a.

daze [deiz] I. *v* ofuscar, aturdir; sorprender. II. *n* confusión *f*; aturdimiento *m*. **daz·ed** ['deized] *adj* aturdido/a.

daz·zle ['dæzl] I. *v* (*also* FIG) deslumbrar, cegar. II. *n* brillo *m*; esplendor *m*. **daz·zling** [-iŋ] *adj* deslumbrante.

dea·con ['di:kən] *n* diácono *m*. **~·ess** [,di:kə'nes, 'di:kənis] *n* diaconisa *f*.

dead [ded] I. *adj* (*also* FIG) muerto/a; (*arm*, etc) dormido/a; (*sound*) apagado/a; (*battery*) descargado/a; (*sleep*) profundo/a; completo, total: ~ *silence*, Un silencio total. LOC **A ~ duck,** Un plan fallido. **~ end,** FIG Callejón sin salida. **A ~ loss,** SL Una inutilidad. **Over my ~ body,** FIG Por encima de mi cadáver. II. *adv* completamente; muchísimo. III. *n* **the ~,** *pl* los muertos. LOC **In the ~ of night,** En noche cerrada.

dead... **~-beat,** *adj* cansadísimo/a. **~ centre,** *n* centro *m* exacto. **~en,** *v* amortiguar, quitar la fuerza a. **~ heat,** *n* DEP empate *m*. **~·line,** *n* límite *m*, plazo *m*, fecha *f* tope. **~·lock,** *n* (*of negotiation*, etc) punto *m* muerto. **~·ly,** I. *adj* (**-ier, -iest**) mortal; (*hate*, etc) a muerte; FIG (*extreme*) total, completo/a; INFML aburrido/a, mortal. II. *adv* como la muerte; INFML muy, terriblemente. **~-pan,** *adj* (*face*, etc) sin expresión, impávido/a. **~ reckoning,** *n* NAUT estima *f*. **~ weight,** *n* peso *m* muerto.

deaf [def] I. *adj* (comp **-er**, sup **-est**) (*also* FIG) sordo/a. LOC **~ as a doorpost,** Sordo como una tapia. **Fall on ~ ears,** No hallar respuesta. **Turn a ~ ear on,** Hacer oídos sordos a. II. *n* **the ~,** *pl* los sordos. **~-aid** *n* audífono *m*, prótesis *f* auditiva. **~-and-dumb** *adj* sordomudo/a. **~·en** ['defn] *v* ensordecer; dejar sordo/a. **~·en·ing** ['defniŋ] *adj* ensordecedor/ra. **~ mute** *n* sordomudo/a. **~·ness** ['defnis]*n* sordera *f*.

deal [di:l] I. *n* **1**. *esp* Br madera *f* de abeto. **2**. *esp* COM acuerdo *m*, convenio *m*, trato *m*. **3**. (*in cardgame*) reparto *m*, mano *f*. LOC **A good/great ~ of sth,** Mucho/Una gran cantidad de algo. **A fair/square ~,** Trato justo/equitativo. **A raw/rough ~,** INFML Condiciones injustas. II. *v* (**dealt, dealt**) **1**. (*cards*) dar, repartir; (*blow*) asestar, dar. **2**. **~ in sth,** comerciar en, vender; (*subject*) tratar de, ocuparse de; (*person*) preocuparse por. LOC **~ with sb,** Vérselas con alguien. **~ with sth,** Abordar (un problema, etc). **deal·er** ['di:lə(r)] *n* comerciante, tratante (en); proveedor/ra, distribuidor/ra; (*of cards*) mano *m,f*, repartidor/ra. **deal·ing** ['di:liŋ] *n* COM trato *m*. LOC **Have ~s with sb,** Hacer transacciones con alguien.

dealt *past of* **deal II**.

dean [di:n] *n* REL deán *m*; decano/a. **~·ery** ['di:nəri] *n* deanato *m*; decanato *m*.

dear [diə(r)] I. *adj* (**-er, -est**) (*person*) querido/a; (*in address*) apreciado/a, querido/a; (*price, object*) caro/a. II. *adv* muy caro, costosamente. III. *n* (*person*) encanto *m,f*, persona *f* adorable. IV. *int* ¡Vaya por Dios!, ¡Oh, no! **~·est** ['diərist] *n* (*in address*) queridísimo/a. **~·ly** [-li] *adv* muchísimo; a un alto precio. **~·ness** [-nis] *n* precio *m* alto. **dear·y** [-i] (*also* **dear·ie**) *n* INFML cariñito *m*.

dearth [dɜ:θ] *n* escasez *f*, carestía *f*.

death [deθ] *n* muerte *f*; FIG fin *m*. LOC **Be at ~'s door,** Estar a las puertas de la muerte. **Put sb to ~,** Ejecutar a alguien. **To the ~,** Hasta la muerte. **~-bed** *n* lecho *m* de muerte. **~-blow** *n* (*also* FIG) golpe *m* mortal. **~ cer·tif·ic·ate** *n* certificado *m* de defunción. **~·less** [-lis] *adj* FML inmortal. **~·like** *adj* como la muerte. **~·ly** ['deli] *adj/adv* como la muerte. **~ mask** *m* mascarilla *f* de difunto. **~ pe·nal·ty** *n* pena *f* capital/de muerte. **~ rate** *n* mortalidad *f*. **~-rat·tle** *n* estertor *m*. **~ row** (*also* **~ house**) *n* US celdas *f,pl* de condenados a muerte. **~'s head** *n* (*as emblem*) calavera *f*. **~-toll** *n* (*in accident*) lista *f* de víctimas. **~-trap** *n* lugar *m* peligroso, FIG trampa *f* mortal. **~-war·rant** *n* sentencia *f* de muerte.

de·bar [di'ba:r] *v* **(from)** excluir (de); prohibir.

de·bark [di'ba:k] *v* desembarcar.

de·base [di'beis] *v* rebajar, degradar; (*coin*) rebajar.

de·bat·able [di'beitəbl] *adj* discutible. **de·bate** [di'beit] I. *n* debate *m*, controversia *f*, polémica *f*, discusión *f*. II. *v* discutir, debatir; dudar, deliberar.

de·bauch [di'bɔ:tʃ] I. *v* corromper, pervertir; (*girl*) seducir. II. *n* orgía *f*. **de·bauch·ee** [,debɔ:'tʃi:] *n* libertino/a. **de·bauch·ery** [di'bɔ:tʃari] *n* libertinaje *m*, corrupción *f*.

de·ben·ture [di'bentʃə(r)] *n* COM bono *m*, obligación *f*.

de·bil·it·ate [di'biliteit] *v* debilitar. **de·bil·ity** [di'biləti] *n* debilidad *f*.

deb·it ['debit] I. *n* COM debe *m*, pasivo *m*. II. *v* **(against sb)** cargar (en la cuenta de alguien). **~ side** *n* (*in account*) debe *m*.

de·bon·air [debə'neər] *adj* gallardo/a.

de·bris ['deibri:, US dǀ'bri:] *n* escombros *m,pl*; restos *m,pl*.

debt [det] *n* (*also* FIG) deuda *f*. LOC **Be in ~,** Estar endeudado/a. **Run into ~,** Endeudarse. **A ~ of honour,** Una deuda de honor. **~or** ['detə(r)] *n* deudor/ra.

de·bug [di:'bʌg] *v* INFML quitar/limpiar de (micrófonos ocultos, etc).

de·bunk [di:'bʌŋk] *v* desmitificar, desenmascarar.

dé·but (*also* **debut**) ['deibju:, US di'bju:] *n* debut *m*. **~·ante** ['debju:ta:nt] (*also* **deb**) *n* joven *f* presentada en sociedad o puesta de largo.

dec·ade ['dekeid, *also esp* US di'keid] *n* década *f*.

de·cad·ence ['dekədəns] *n* decadencia *f*. **de·cad·ent** ['dekadant] *adj* decadente.

de·caf·fein·at·ed [,di:'kæfineitid] *adj* descafeinado/a.

de·camp [di'kæmp] *v* MIL levantar el campamento; INFML largarse.

de·cant [di'kænt] *v* verter, decantar. **~er** [-ə(r)] *n* (*for wine*, etc) jarra *f*.

de·cap·it·ate [di'kæpiteit] *v* decapitar. **de·cap·it·ation** [di,kæpi'teiʃn] *n* decapitación *f*.

de·cay [di'kei] **I**. *v* descomponer(se), pudrir (se); FIG decaer, degenerar; (*tooth*) cariarse. **II**. *n* descomposición *f*; (*of teeth*) caries *f*; FIG decadencia *f*, declive *m*.

de·cease [di'si:s] *n* DER, FML fallecimiento *m*. **de·ceas·ed** [-t] *adj* difunto/a. **The ~**, *n* (*pl ~*) DER, FML El/La difunto/a.

de·ceit [di'si:t] *n* engaño *m*, falsedad *f*, fraude *m*. **~ful** [di'si:tfl] *adj* engañoso/a, falso/a; mentiroso/a. **de·ceive** [di'si:v] *v* engañar; (*hopes*) defraudar.

de·cel·er·ate [,di'seləreit] *v* desacelerar.

De·cem·ber [di'sembə(r)] *n* diciembre *m*.

de·cen·cy ['di:snsi] *n* decencia *f*, decoro *m*; *pl* **the decencies,** las buenas costumbres. **de·cent** ['di:snt] *adj* (*also amount*, etc) decente.

de·cen·tral·iz·ation [,di:sentrəlai'zeiʃn] *n* descentralización *f*. **de·cen·tral·ize, --ise** [,di:'sentrəlaiz] *v* descentralizar.

de·cep·tion [di'sepʃn] *n* engaño *m*, fraude *m*. **de·cept·ive** [di'septiv] *adj* engañoso/a, falso/a.

de·ci·bel ['desibel] *n* decibelio *m*.

de·cide [di'said] *v* decidir, determinar; (**on**) decidirse (sobre). **de·cid·ed** [-id] *adj* (*difference*, etc) claro/a, marcado/a; (*person*) decidido/a (*about sth* acerca de algo). **de·cid·er** [-a(r)] *n* DEP desempate *m*. **de·cid·ing** [-iŋ] *adj* decisivo/a.

de·ci·du·ous [di'sidjuəs, di'sidʒuəs] *adj* BOT caduco/a.

de·cim·al ['desiml] **I**. *adj* decimal. **II**. *n* (*also* **~ frac·tion**) fracción *f* decimal. **~·ize, --ise** [-aiz] *v* poner en decimales; (*system*) pasar al sistema métrico decimal. **de·cim·ate** ['desimeit] *v* (*also* FIG) diezmar.

de·ci·pher [di'saifə(r)] *v* descifrar. **~·able** [-abl] *adj* descifrable.

de·ci·sion [di'siʒn] *n* decisión *f*. **de·ci·sive** [di'saisiv] *adj* (*act*) decisivo/a; (*person*) enérgico/a, decidido/a.

deck [dek] **I**. *n* NAUT cubierta *f*; (*of bus*, etc) piso *m*, suelo *m*; *esp* US baraja *f*. LOC **On ~,** En cubierta; FIG US A punto para hacer algo. **II**. *v* **1**. US INFML derribar (a alguien). **2**. **(sth out with sth)** engalanar, decorar. **~-chair** *n* silla *f* plegable, hamaca *f*. **~-hand** *n* marinero *m* de cubierta. **deck·er** ['dekər] *adj* de pisos: *Double-~ bus,* Autobús de dos pisos.

de·claim [di'kleim] *v* **1**. declamar. **2**. (**~ against sb/sth**) atacar a alguien/algo. **de·clam·ation** [,deklə'meiʃn] *n* declamación *f*, recitación *f*. **de·clam·at·ory** [di'klæmətəri, US -tɔ:ri] *adj* declamatorio/a.

de·clar·ation [,deklə'reiʃn] *n* declaración *f*. **de·clare** [di'kleə(r)] *v* declarar. **de·clar·ed** [di'kleəd] *adj* declarado/a, abierto/a.

de·clen·sion [di'klenʃn] *n* GRAM declinación *f*.

de·clin·ation [,dekli'neiʃn] *n* FIS (*of compass*) desviación *f*. **de·cline** [di'klain] **I**. *v* (*offer*, etc) rehusar, declinar; (*lessen*) disminuir, decaer, declinar; GRAM declinar. **II**. *n* disminución *f*, declive *m*, decadencia *f*. LOC **On the ~,** En decadencia. **de·clin·ing** [di'klainiŋ] *adj* en declive, decadente.

de·clutch [,di:'klʌtʃ] *v* AUT desembragar.

de·code [,di:'kəud] *v* descodificar. **de·cod·er** [-ə(r)] *n* descodificador *m*.

de·col·on·ize, --ise [,di:'kɔlənaiz] *v* descolonizar.

de·com·pose [,di:kəm'pəuz] *v* (*also* FIS) descomponer(se). **de·com·po·si·tion** [,di:kam'preʃn] *n* descomposición *f*.

de·com·press [,di:kəm'pres] *v* (*diver*) realizar la descompresión. **~·ion** ['di:kam'preʃn] *n* descompresión *f*.

de·con·ges·tant [,di:kən'dʒestənt] *adj/n* MED descongestionante *m*.

de·con·tam·in·ate [,di:kən'tæmineit] *v* descontaminar. **de·con·tam·in·ation** [,di:kən,tæmi'neiʃn] *n* descontaminación *f*.

de·con·trol [,di:kən'trəul] *v* **I**. levantar, suprimir el control. **II**. *n* liberalización *f*.

dé·cor ['deikɔ:(r), US dei'kɔ:r] *n* (*of room*) decoración *f*. **dec·or·ate** ['dekəreit] *v* **1**. adornar; (*room, house*) pintar, empapelar. **2**. **(sb for sth)** condecorar (a alguien por algo). **dec·or·ation** [,dekə'reiʃn] *n* adorno(s) *m*(*pl*); luces *f,pl*; (*of house, room*) pintura *f*, empapelado *m*; (*medal*) condecoración *f*. **dec·or·at·ive** ['dekərətiv, US 'dekəreitiv] *adj* decorativo/a. **dec·or·at·or** ['dekəreitə(r)] *n* pintor *m* decorador.

dec·or·ous ['dekərəs] *adj* decoroso/a. **de·cor·um** [di'kɔ:rəm] *n* decoro *m*.

de·coy ['di:kɔi] **I**. *n* (*also* FIG) señuelo *m*. **II**. *v* atraer con señuelo.

de·crease [di'kri:s] **I**. *v* disminuir, reducir(se). **II**. *n* disminución *f*, reducción *f*.

de·cree [di'kri:] **I**. *n* decreto *m*. **II**. *v* decretar.

de·crep·it [di'krepit] *adj* decrépito/a. **~·ude** [di'krepitju:d, US -tu:d] *n* decrepitud *f*.

de·cry [di'krai] *v* **(-cried)** desacreditar, rebajar.

ded·ic·ate ['dedikeit] *v* **1**. dedicar. **2**. REL consagrar. **ded·ic·ation** [,dedi'keiʃn] *n* dedicación *f*; (*in book*) dedicatoria *f*. **ded·ic·at·ed** [-id] *adj* consagrado/a, dedicado/a.

de·duce [di'dju:s] *v* deducir. **de·duc·ible** [-abl] *adj* deducible.

de·duct [di'dʌkt] *v* sustraer, restar. **~·ible** [di'dʌktəbl] *adj* restable, deducible. **~·ion** [di'dʌkʃn] *n* (*reasoning*) deducción *f*; (*act, amount*) resta *f*, descuento *m*, deducción *f*. **~·ive** [di'dʌktiv] *adj* deductivo/a.

deed [di:d] *n* FML acto *m*, hecho *m*; hazaña *f*; (*esp pl*) DER escritura *f*.

deem [di:m] *v* FML creer, juzgar, considerar.

deep [di:p] **I**. *adj* profundo/a; (*feeling, colour*) intenso/a; FIG sumergido/a, inmerso/a. LOC **Go off the ~ end,** INFML Ponerse furioso/a. **In ~ waters,** En apuros. **Throw sb in at**

the ~ end, FIG Poner a alguien en situación comprometida. **II.** *adv* **(-er, -est)** profundamente. LOC **~ down,** En el fondo/En realidad. **Go ~,** (*belief*, etc) Ser muy intenso/a. **~·en** ['di:pən] *v* hacer(se) más profundo/a, intenso/a, etc. **~-freeze** *v* **(-froze, -frozen)** (*food*) congelar. **~-fry** *v* **(-fried)** freír en aceite abundante. **~-laid** *adj* (*scheme*, etc) muy calculado/a. **~·ly** *adv* profundamente; intensamente. **~-rooted, ~-seated** *adj* arraigado/a, muy profundo/a. **~-sea, ~-water** *adj* de alta mar.

deer [diə(r)] *n* (*pl* ~) ciervo/a. **~·skin** *n* gamuza *f*. **~·stalker** ['diəstɔ:kə(r)] *n* (gorro *m* de) cazador de ciervos.

de·face [di'feis] *v* desfigurar, estropear; (*wall*) ensuciar.

de·fam·ation [,defə'meiʃn] *n* difamación *f*. **de·fame** [difeim] *v* difamar, calumniar.

de·fault [di'fɔ:lt] **I.** *n* (*esp* DER) no comparecencia *f*, ausencia *f*. LOC **By ~,** En rebeldía. **In ~ of sth,** FML En ausencia de algo. **II.** *v* dejar de, faltar; no pagar; DER no comparecer. **~er** [-ə(r)] *n* rebelde *m*; (*payments*) moroso/a.

de·feat [di'fi:t] **I.** *v* derrotar, vencer; (*hopes*, etc) frustrar, impedir. **II.** *n* derrota *f*. **~·ism** [-izəm] *n* derrotismo *m*. **~·ist** [-ist] *n* derrotista *m,f*.

de·fect I. ['di:fekt, *also* di'fekt] *n* defecto *m*; fallo *m*, deficiencia *f*. **II.** [di'fekt] *v* desertar. **~·ion** [di'fekʃn] *n* defección *f*, deserción *f*. **~·ive** [di'fektiv] *adj* defectuoso/a, imperfecto/a.

de·fence (US **de·fense**) [di'fens] *n* defensa *f*. **~·less** *adj* indefenso/a. **de·fend** [di'fend] *v* (*also* DEP) defender; apoyar. **de·fend·ant** [di'fendənt] *n* DER acusado/a, demandado/a. **de·fens·ible** [di'fensəbl] *adj* defendible. **de·fens·ive** [di'fensiv] **I.** *adj* defensivo/a. **II.** *n* LOC **On the ~,** A la defensiva.

de·fer [di'fɜ:(r)] *v* **1.** (*decision*, etc) diferir, aplazar. **2.** delegar. **~·ence** ['defərəns] *n* deferencia *f*, cortesía *f*. **~·en·ti·al** [,defə'renʃl] *adj* respetuoso/a. **~·ment** [-mənt] *n* aplazamiento *m*. **~·red** [-d] *adj* (*payment*, etc) aplazado/a, a plazos.

de·fi·ance [di'faiəns] *n* desafío *m*, desobediencia *f*; oposición *f*. **de·fi·ant** [di'faiənt] *adj* (*manner*, etc) provocador/a, desafiante.

de·fi·ciency [di'fiʃnsi] *n* deficiencia *f*; imperfección *f*, defecto *m*. **de·fi·ci·ent** [di'fiʃnt] *adj* falto/a, carente; FML insuficiente.

de·file [di'fail] **I.** *v* **1.** FML ensuciar, manchar; REL profanar. **2.** MIL ir en fila india. **II.** *n* desfiladero *m*. **~·ment** [-mənt] *n* deshonra *f*; profanación *f*.

de·fin·able [di'fainəbl] *adj* definible. **de·fine** [di'fain] *v* definir. **def·in·ite** ['definət] *adj* **1.** claro/a, preciso/a, definido/a. **2.(~ about sth)** definitivo/a, seguro/a; (*person*) decidido/a, seguro/a. **def·in·ite·ly** ['definətli] *adv* claramente; sin duda, seguramente; INFML (*in answers*) por supuesto.

def·in·ition [,defi'niʃn] *n* (*also* TEC) definición *f*. **de·fin·it·ive** [di'finətiv] *adj* definitivo/a. **de·fin·it·ive·ly** [-li] *adv* definitivamente.

de·flate *v* **1.** [di'fleit] (*also* FIG) desinflar. **2.** [,di:'fleit] COM deflacionar. **de·fla·tion** [,di:'fleiʃn] *n* deflación *f*. **de·fla·tion·ary** [,di:'fleiʃnəri, US -neri] *adj* deflacionario/a.

de·flect [di'flekt] *v* (*also* FIG) desviar(se). **~·ion** [di'flekʃn] *n* desviación *f*.

de·fo·rest [,di:'fɔrist, US -'fɔ:r-] *v* deforestar. **~·ation** [di:,fɔri'steiʃn, US -,fɔ:r-] *n* deforestación *f*.

de·form [di'fɔ:m] *v* deformar. **~·ation** [,di:fɔ:'meiʃn] *n* deformación *f*. **~·ed** [-d] *adj* deformado/a, deforme. **~·ity** [di'fɔ:məti] *n* deformidad *f*.

de·fraud [di'frɔ:d] *v* estafar.

de·fray [di'frei] *v* FML (*expenses*, etc) sufragar, pagar.

de·frost [,di:'frɔst, US, di:'frɔ:st] *v* deshelar, (*food*) descongelar.

deft [deft] *adj* hábil, mañoso/a.

de·funct [di'fʌŋkt] *adj* FML difunto/a; (*practice*) extinguido/a.

de·fuse [di:fju:z] *v* desactivar (*bomb*).

de·fy [di'fai] *v* **(defied)** desafiar, desobedecer; (*challenge*) desafiar, retar; (*problem*) resistirse, oponerse.

de·gen·er·ate I. [di'dʒenəreit] *v* degenerar. **II.** [di'dʒenərət] *adj/n* degenerado/a. **de·gen·er·acy** [di'dʒenərəsi], **de·gen·er·ation** [di,dʒenə'reiʃn] *n* degeneración *f*.

de·grad·ation [,degrə'deiʃn] *n* degradación *f*. **de·grade** [di'greid] *v* degradar.

de·gree [di'gri:] *n* grado *m*; (*in a series*, etc) punto *m*, grado *m*; (*academic*) título *m*, licenciatura *f*. LOC **By ~s,** Gradualmente. **Get/Take a ~,** licenciarse (*university*). **To a ~,** INFML sumamente.

de·hu·man·iz·ation, --is·ation [di:,hju:mənai'zeiʃn, US -ni'z-] *n* deshumanización *f*. **de·hu·man·ize, --ise** [,di:'hju:mənaiz] *v* deshumanizar.

de·hydr·ate [,di:'haidreit] *v* deshidratar(se). **de·hydr·ation** [,di:hai'dreiʃn] *n* deshidratación *f*.

de·ice [,di:'ais] *v* deshelar. **de·ic·er** *n* (*substance*) antihielo *m*.

dei·fic·ation [,di:ifi'keiʃn] *n* deificación *f*. **dei·fy** ['di:ifai] *v* deificar, divinizar.

deign [dein] *v* **(to do sth)** dignarse (hacer algo).

de·ism ['di:izəm] *n* deísmo *m*. **de·ist** ['di:ist] *n* deísta *m,f*. **de·ity** ['di:iti] *n* deidad *f*.

de·ject [di'dʒekt] *v* abatir, desanimar. **de·jec·tion** [di'dʒekʃn] *n* desánimo *m*, abatimiento *m*.

dek·ko ['dekəu] *n* INFML vistazo *m*.

de·lay [di'lei] **I.** *v* demorar(se), retrasar(se); aplazar. **II.** *n* demora *f*, retraso *m*, dilación *f*. **~ed-act·ion** *adj* de efectos retardados.

del·eg·ate I. ['deligət] *n* delegado/a. **II.** ['deligeit] *v* delegar. **del·eg·ation** [,deli'geiʃn] *n* delegación *f*.

de·lete [di'li:t] *v* borrar, suprimir. **de·le·tion** [di'li:ʃn] *n* supresión *f*.

de·lib·er·ate I. [di'libərət] *adj* deliberado/a, intencionado/a; lento/a, pausado/a. **II.** [di'libəreit] *v* FML deliberar (*about* sobre). **de·lib·er·ate·ly** [-li] *adv* deliberadamente. **de·lib·er·ation** [di,libə'reiʃn] *n* deliberación *f*; lentitud *f*, prudencia *f*.

del·ic·acy ['delikəsi] *n* delicadeza *f*; (*food*) plato *m* exquisito. **del·ic·ate** ['delikət] *adj* delicado/a; (*of instruments*) sensible. **del·ic·ate·ly** [-li] *adv* delicadamente; exquisitamente. **de·li·ca·tes·sen** [,delikə'tesn] *n* tienda *f* de platos/comidas especiales. **de·li·ci·ous** [di'liʃəs] *adj* (*food*, etc) delicioso/a, exquisito/a.

de·light [di'lait] **I.** *n* deleite *m*, placer *m*, gusto *m*. LOC **Take ~ in sth,** Complacerse en algo. **II.** *v* deleitar(se), gustar algo mucho. **~·ed** [-id] *adj* encantado/a, complacido/a. **~·ful** [-ful] *adj* encantador/ra, agradable.

de·lim·it [di:'limit] *v* delimitar. **~·ation** [di:,limi'teiʃn] *n* delimitación *f*.

de·lin·e·ate [di'linieit] *v* FML delinear, bosquejar.

de·lin·quen·cy [di'liŋkwənsi] *n* delincuencia *f* (juvenil); negligencia *f*. **de·lin·quent** [di'liŋkwənt] *n/adj* delincuente *m,f* (joven).

de·li·ri·ous [di'liriəs] *adj* delirante; FIG contentísimo/a, loco/a (*with joy*, de alegría). **de·li·ri·um** [di'liriəm] *n* delirio *m*, desvarío *m*; FIG alegría *f*, entusiasmo *m*.

de·liv·er [di'livə(r)] *v* **1.** (*letter, parcel*, etc) entregar, repartir a domicilio; DEP lanzar. **2.** (*a speech*, etc) dar, pronunciar. LOC FML **Be ~ed of sb**, parir, dar a luz. **3.** FML (**~ o·s· of sth**) manifestar. **4.** FML (**~ sth over to sb**) entregar. **~·ance** [di'livərəns] *n* liberación *f*, rescate *m*. **~er** [-ə(r)] *n* COM repartidor/ra, distribuidor/ra; libertador/ra. **de·liv·ery** [di'livəri] *n* (*of goods, mail*, etc) reparto *m*, entrega *f*; (*goods*) entrega *f*; (*of baby*) parto *m*; DEP lanzamiento *m*; (*of lecture*, etc) dicción *f*, pronunciación *f*, modo *m* de hablar. LOC **Take ~ of sth,** Recibir algo (a domicilio). **de·liv·ery note** *n* albarán *m* o nota *f* de entrega. **de·liv·ery van** *n* furgoneta *f* de reparto.

dell [del] *n* cañada *f*, vallecito *m*.

de·louse [,di:'laus] *v* despiojar.

del·ta ['deltə] *n* GEOG delta *m*; (*letter*) delta *f*. **~-wing** *adj* (*aircraft*) con alas en delta.

de·lude [di'lu:d] *v* LIT engañar.

de·luge ['delju:dʒ] **I.** *n* (*also* FIG) diluvio *m*. **II.** *v* inundar; FIG (**~ sb/sth with sth**) abrumar a alguien/algo con algo.

de·lu·sion [di'lu:zn] *n* engaño *m*, falsedad *f*; (*belief*) error *m*, ilusión *f*. LOC **~ of grandeur,** Delirios de grandeza. **de·lus·ive** [di'lu:siv] *adj* engañoso/a, falso/a.

de luxe [də'lʌks, *also* -'luks] *adj* de lujo.

delve [delv] *v* **1.** cavar. **2.** (**~ into sth**) ahondar en, rebuscar; (*study*) investigar.

de·mag·net·ize, ~·ise [,di:'mægnitaiz] *v* desimantar.

de·ma·gog·ic [,demə'gɔgik] *adj* demagógico/a. **de·ma·gogue** ['deməgɔg] *n* demagogo/a. **de·ma·go·gy** ['deməgɔgi] *n* demagogia *f*.

de·mand [di'ma:nd, US di'mænd] **I.** *n* exigencia *f*, petición *f*; COM demanda *f*; (*also* **~ note**) aviso *m* de pago. LOC **In ~,** Muy solicitado/a, Muy buscado/a. **Make ~s on sb,** Exigir mucho de alguien. **On ~,** A solicitud. **II.** *v* exigir, pedir, reclamar. **~·ing** [-iŋ] *adj* (*task*, etc) difícil, absorbente; (*person*) exigente.

de·marc·ate ['di:ma:keit] *v* delimitar, demarcar. **de·marc·ation** [,di:ma:'keiʃn] *n* demarcación *f*.

dé·marche ['deima:ʃ] *n* POL gestión *f*, paso *m*.

de·mean [di'mi:n] *v* rebajar(se), degradar(se). **~·ing** [-iŋ] *adj* degradante, humillante.

de·mean·our (US **-or**) [di'mi:nə(r)] *n* FML conducta *f*, comportamiento *m*.

de·ment·ed [di'mentid] *adj* loco/a, demente; FIG enloquecido/a. **de·men·tia** [di'menʃə] *n* MED demencia *f*.

de·me·ra·ra [,demə'reərə] *n* (*also* **~ sugar**) azúcar *m* moreno.

de·mer·it [di:'merit] *n* FML demérito *m*.

de·mesne [di'mein] *n* DER heredad *f*, hacienda *f*.

de·mi·john ['demidʒɔn] *n* damajuana *f*.

de·mi·li·tar·iz·ation, ~·is·ation [,di:,militərai'zeiʃn] *n* desmilitarización *f*. **de·mi·li·tar·ize, ~·ise** [,di:'militəraiz] *v* desmilitarizar.

de·mise [di'maiz] *n* FML fallecimiento *m*; FIG extinción *f*, fin *m*.

de·mist [,di:'mist] *v* (*windscreen*) desempañar. **de·mist·er** (US **de·frost·er**) [ə(r)] *n* (*for windscreen*) aire *m* caliente para desempañar.

de·mob [,di:'mɔb] Br INFML **I.** *v* = **demobilize**. **II.** *n* = **demobilization**. **~·il·iz·ation, ~·is·ation** [di:,məubəlai'zeiʃn, US -li'z-] *n* desmovilización *f*. **~·il·ize, ~·ise** [di:'məubəlaiz] *v* desmovilizar, licenciar.

de·mo·cra·cy [di'mɔkrəsi] *n* democracia *f*. **de·mo·crat** ['deməkræt] *n* demócrata *m,f*. **de·mo·crat·ic** [,demə'krætik] *adj* democrático/a. **de·mo·crat·ize, ~·ise** [di'mɔkrətaiz] *v* democratizar.

de·mo·graph·er [di'mɔgrəfə(r)] *n* demógrafo/a. **de·mo·graph·ic** [,demə'græfik] *adj* demográfico/a. **de·mo·gra·phy** [di'mɔgrəfi] *n* demografía *f*.

de·mol·ish [di'mɔliʃ] *v* demoler; FIG destruir, acabar con; (*food*) zamparse. **de·mo·li·tion** [,demə'liʃn] *n* derribo *m*, demolición *f*.

de·mon ['di:mən] *n* (*also* FIG) demonio *m*; INFML (*at work*, etc) fiera *f*, furia *f*. **~·iac** [di'məuniæk] *adj* demoníaco/a. **~·ic** [di:'mɔnik] *adj* diabólico/a.

de·mo·net·ize, ~·ise [,di:'mʌnitaiz] *v* desmonetizar.

de·mon·stra·ble ['demənstrəbl, US di'mɔnstrəbl] *adj* demostrable. **de·mon·strate** ['demənstreit] *v* demostrar, probar; mostrar, ejemplificar; POL, etc manifestarse, hacer una manifestación. **de·mon·stration** [,demən'streiʃn] (INFML **demo**) *n* demostración *f*, prueba *f*; ejemplificación *f*, muestra *f*; POL, etc manifestación *f* callejera. **de·mon·strat·ive** [di'mɔnstrətiv] *adj* GRAM demostrativo/a; (*person*) efusivo/a, expresivo/a. **de·mon·strat·or** ['demənstreitə(r)] *n* (*universidad*, etc) profesor *m* de clases prácticas, ayudante *m,f*; POL manifestante *m,f*.

de·mor·al·iz·ation, -·is·ation [di,mɔrəlai'zeiʃn, US -,mɔ:rəli'z-] *n* desmoralización *f*. **de·mor·al·ize, -·ise** [di'mɔrəlaiz, US -'mɔ:r] *v* desmoralizar.

de·mote [,di:'məut] *v* rebajar de categoría, degradar.

de·mur [di'mɜ:(r)] *v* FML poner objeciones.

de·mure [di'mjuə(r)] *adj* recatado/a, tímido/a; serio/a, formal.

de·mys·ti·fic·ation [,di:,mistifi'keiʃn] *n* aclaración *f*. **de·mys·ti·fy** [,di:'mistifai] *v* (**-fied**) aclarar, poner al descubierto.

den [den] *n* madriguera *f*; FIG cuarto *m* de trastos, leonera *f*.

de·na·tion·al·ize, -·ise [,di:'næʃənəlaiz] *v* desnacionalizar, privatizar.

de·na·tur·ed [,di:'neitʃəd] *adj* (*alcohol*, etc) desnaturalizado/a.

de·ni·able [di'naiəbl] *adj* (*fact*) negable, refutable. **de·ni·al** [di'naiəl] *n* negación *f*, negativa *f*; (*of fact*, etc) refutación *f*.

den·ier ['deniə(r)] *n* (*unit*) denier *m*.

den·i·grate ['denigreit] *v* desacreditar, rebajar, denigrar.

den·im ['denim] *n* dril *m*; *pl* tejanos *m,pl* de dril.

den·i·zen ['denizn] *n* FML, IR habitante *m,f* naturalizado/a.

de·no·min·ation [di,nɔmi'neiʃn] *n* denominación *f*; categoría *f*, clase *f*; REL secta *f*, rama *f*, confesión *f*. **~·al** [-al] *adj* REL de una secta; (*school*, etc) de una categoría determinada. **de·no·min·at·or** [di'nɔmineitə(r)] *n* (*in fraction*) denominador *m*.

de·note [di'nəut] *v* indicar, significar; denotar.

de·nounce [di'nauns] *v* acusar, denunciar.

dense [dens] *adj* (comp **-er**, sup **-est**) denso/a; INFML tonto/a. **~·ly** [-li] *adv* densamente. **dens·ity** ['densəti] *n* densidad *f*.

dent [dent] **I**. *n* (*in car*, etc) abolladura *f*. **II**. *v* abollar(se).

den·tal ['dentl] *adj* dental. ~ **floss** *n* hilo *m* dental. ~ **hy·gien·ist** *n* higienista *m,f* dental. ~ **sur·geon** *n* dentista *m,f*. **den·ti·frice** ['dentifris] *n* FML dentífrico *m*. **dent·ist** ['dentist] *n* dentista *m,f*. **den·tis·try** ['dentistri] *n* odontología *f*. **den·ture** ['dentʃə(r)] *n* dentadura *f* postiza.

de·nude [di'nju:d, US -'nu:d] *v* despojar.

de·nun·ci·ation [di'nʌnsi'eiʃn] *n* denuncia *f*, condena *f*, crítica *f*.

de·ny [di'nai] *v* (**-nied, -nied**) negar; (*plan*, etc) desmentir, refutar.

de·o·dor·ant [di:'əudərənt] *n* desodorante *m*. **de·o·dor·ize, -ise** [di:'əudəraiz] *v* combatir el mal olor.

de·part [di'pa:t] *v* **1**. FML marcharse, partir. **2**. (**~ from sth**) FIG apartarse de algo. **de·part·ed** [-id] **I**. *adj* FML, EUPH difunto/a. **II**. *n* **the ~**, (*pl* ~) el/la difunto/a.

de·part·ment [di'pa:tmənt] *n* departamento *m*; (*of government*) ministerio *m*; (*of business*) sección *f*. **~·al** [,di:pa:t'mentl] *adj* departamental. ~ **store** *n* grandes almacenes *m,pl*.

de·part·ure [di'pa:tʃə(r)] *n* salida *f*, marcha *f*.

de·pend [di'pend] *v* (**on**) depender (de); estar seguro (de), confiar (en). **~·able** [-əbl] *adj* (*person*) seguro/a, fiable. **~·ant** [-ənt] (*also* US **-ent**) *n* familiar *m* dependiente de uno. **de·pend·ence** [di'pendəns] *n* dependencia *f* (*on*, de), sujeción *f* (a); (*trust*) confianza *f*. **de·pend·ency** [-ənsi] *n* (*country*) posesión *f*. **de·pend·ent** [-ənt] *adj* dependiente.

de·pict [di'pikt] *v* pintar, retratar; (*in words*) describir. **~·ion** [di'pikʃn] *n* pintura *f*; descripción *f*.

de·pil·at·ory [di'pilətri, US -tɔ:ri] *adj/n* depilatorio/a.

de·plete [di'pli:t] *v* mermar, reducir. **de·ple·tion** [di'pli:ʃn] *n* merma *f*, reducción *f*.

de·plor·able [di'plɔ:rəbl] *adj* deplorable. **de·plore** [di'plɔ:(r)] *v* deplorar; lamentar(se) (por).

de·ploy [di'plɔi] *v* MIL desplegar(se). **~·ment** [-mənt] *n* despliegue *m*.

de·po·pul·ate [,di:'pɔpjuleit] *v* despoblar.

de·port [di'pɔ:t] *v* deportar. **~·ation** [di:pɔ:'teiʃn] *n* deportación *f*. **de·port·ee** [di:pɔ:'ti:] *n* deportado/a. **de·port·ment** [-mənt] *n* FML Br continente *m*, porte *m*; conducta *f*, comportamiento *m*.

de·pose [di'pəuz] *v* (*also* DER) deponer.

de·pos·it [di'pɔzit] **I**. *v* (*of liquids*, etc) depositar, sedimentar; COM dejar en depósito, (*sum*) hacer un depósito de, ingresar; FML (*object*) poner, depositar. **II**. *n* (*matter*) sedimento *m*, depósito *m*, poso *m*; COM (*sum*) ingreso *m*, imposición *f*, (*advanced*) depósito *m*, señal *f*, anticipo *m*. LOC **On ~**, COM En cuenta a plazo fijo.

de·pos·i·tion [,depə'ziʃn] *n* (*of king*, DER) deposición *f*. **de·pos·it·or** [di'pɔzitə(r)] *n* COM impositor/ra; cuentacorrentista *m,f*. **de·pos·it·ory** [di'pɔzitri, US -tɔ:ri] *n* (*place*) depositaría *f*; almacén *m*. **de·pot** ['depəu, US 'di:pəu] *n* MIL depósito *m*; (*of vehicles*) parque *m*; US estación *f* (de tren, autobús).

de·prav·ation [diprə'veiʃən] *n* depravación *f*. **de·prave** [di'preiv] *v* FML depravar, corromper. **de·prav·ity** [di'prævəti] *n* depravación *f*.

de·prec·ate ['deprəkeit] *v* FML reprobar, censurar; lamentar. **de·prec·at·ory** [,depri'keitəri, US -tɔ:ri] *adj* desaprobatorio/a.

de·pre·ci·ate [di'pri:ʃieit] *v* (*money*) devaluar(se); FIG menospreciar. **de·pre·ci·ation** [di,pri:ʃi'eiʃn] *n* devaluación *f*.

de·pred·ation [,deprə'deiʃn] *n* FML saqueo *m*, depredación *f*.

de·press [di'pres] *v* (*key, lever*, etc) oprimir, hundir, bajar; COM hacer bajar; (*person*) deprimir, abatir. ~·**ed** [-t] *adj* deprimido/a. ~·**ing** [-iŋ] *adj* deprimente. ~·**ion** [,di'preʃn] *n* depresión *f*; (*spirit*) abatimiento *m*, depresión *f*. ~·**ive** [di'presiv] **I.** *adj* depresivo/a; COM a la baja. **II.** *n* persona *f* depresiva.

de·pres·sur·ize, --ise [,di:'preʃəraiz] *v* despresurizar.

de·priv·ation [,depri'veiʃn] *n* pérdida *f*, privación *f*; pobreza *f*. **de·prive** [di'praiv] *v* despojar, privar. **de·priv·ed** [-d] *adj* necesitado/a, pobre.

depth [depθ] *n* profundidad *f*; (*dimension*) ancho *m*; (*of colour*) intensidad *f*; (*of feeling*, FIG) intensidad *f*, profundidad *f*. LOC **In ~**, (*study*, etc) En profundidad/A fondo. **In the ~s of,** FIG En lo más hondo/intenso de. **Be out of one's ~**, (*in water*) Perder pie, FIG Estar uno fuera de su elemento; ser corto de entendederas. ~ **charge** *n* carga *f* de profundidad.

de·put·ation [,depju'teiʃn] *n* (*group*) delegación *f*. **de·pute** [di'pju:t] *v* FML delegar (*sth to sb* algo en alguien). **de·put·ize, --ise** ['depjutaiz] *v* sustituir, actuar en lugar de. **de·pu·ty** ['depjuti] *n* suplente/a, sustituto/a; (*in business*, etc) subdirector/ra.

de·rail [di'reil] *v* (hacer) descarrilar.

de·rang·ed [di'reindʒd] *adj* (*mind*, etc) trastornado/a, perturbado/a. **de·range·ment** [-mənt] *n* trastorno *m* mental.

der·by ['da:bi, US 'dɜ:rbi] *n* **1.** carrera *f* de caballos. **2.** US sombrero *m* hongo.

de·re·gul·ate [di:'regjuleit] *v* liberalizar.

der·el·ict ['derəlikt] *adj* (*building*) abandonado/a, en ruinas. ~·**ion** [,derə'likʃn] *n* estado *m* ruinoso, abandono *m*.

de·ride [di'raid] *v* ridiculizar, reírse de. **de·ri·sion** [di'riʒn] *n* mofa *f*, irrisión *f*, escarnio *m*. **de·ris·ive** [di'raisiv] *adj* (*laughter*, etc) risible, insultante, burlón/na. **de·ris·ory** [di'raisəri] *adj* irrisorio/a.

de·riv·ation [,deri'veiʃn] *n* (*of word*) derivación *f*. **de·riv·at·ive** [di'rivətiv] *adj/n* derivado/a. **de·rive** [di'raiv] *v* FML obtener; derivar(se).

der·ma·ti·tis [,dɜ:ma'taitis] *n* dermatitis *f*. **der·ma·to·lo·gist** [,dɜ:mə'tɔlədʒist] *n* dermatólogo/a. **der·ma·to·lo·gy** [,dɜ:mə'tɔlədʒi] *n* dermatología *f*.

de·rog·at·ory [di'rɔgətri, US -tɔ:ri] *adj* despectivo/a.

der·rick ['derik] *n* grúa *f*; torre *f* de perforación.

de·scale [di:s'keil] *v* desincrustar.

der·vish ['dɜ:viʃ] *n* derviche *m*.

des·cant **I.** ['deskænt] *n* (*song, music*) discante *m*. **II.** [di'skænt] *v* (*also* FIG) discantar.

des·cend [di'send] *v* **1.** FML bajar, descender. **2.** **(from sb/sth)**, proceder de, (*title*, etc) heredarse de. **3.** **(on/upon)** atacar, abalanzarse sobre. **4.** FIG **(to sth)** rebajarse a una cosa. ~·**ant** *n* descendiente *m,f*. **des·cent** [di'sent] *n* **1.** (*act, slope*) descenso *m*, bajada *f*; (*ancestry*) origen *m*, ascendencia *f*. **2.** **(on/upon sb)** FIG ataque *m*, incursión *f*.

de·scribe [di'skraib] *v* describir. **de·scrip·tion** [di'skripʃn] *n* descripción *f*; (*sort*) clase *f*, género *m*: *Of every ~*, De todo tipo. **de·script·ive** [di'skriptiv] *adj* descriptivo/a.

des·cry [di'skrai] *v* **(-cried)** FML divisar, alcanzar a ver, vislumbrar.

de·se·crate ['desikreit] *v* profanar. **de·se·cra·tion** [,desi'kreiʃn] *n* profanación *f*.

de·se·greg·ate [,di:'segrigeit] *v* combatir la segregación racial.

de·sen·sit·ize, --ise [,di:'sensitaiz] *v* MED insensibilizar, dormir.

de·sert **I.** [di'zɜ:t] *v* (*place, person*) abandonar, dejar; MIL desertar; FIG abandonar. **II.** ['dezət] *n* desierto *m*. ~·**ed** [-id] *adj* (*place*) desierto/a; (*person*) abandonado/a. ~·**er** [-ə(r)] *n* desertor/ra, prófugo/a. ~·**ion** [di'zɜ:ʃn] *n* abandono *m*; MIL deserción *f*.

de·serts [di'zɜ:ts] *n pl* lo merecido.

de·serve [di'zɜ:v] *v* merecer. **de·serv·ed·ly** [di'zɜ:vidli] *adv* merecidamente. **de·serv·ing** [di'zɜ:viŋ] *adj* merecedor/ra (*of sth* de algo), digno/a.

de·sic·cant ['desikənt] *n* desecante *m*. **de·sic·cate** ['desikeit] *v* desecar; (*food*) secar.

de·sign [di'zain] **I.** *n* diseño *m*; (*on material*, etc) muestra *f*, dibujo *m*; ARQ plano *m*, boceto *m*; (*intention*) designio *m*, proyecto *m*. LOC **Have ~s on sb/sth**, Poner las miras sobre algo/alguien. **II.** *v* diseñar; proyectar; pensar; (*pattern*, etc) dibujar.

de·sign·ate **I.** ['dezigneit,-nət] *adj* (*director*, etc) designado/a, nombrado/a. **II.** ['dezigneit] *v* designar, señalar; (*appoint*) nombrar. **de·sign·ation** [,dezig'neiʃn] *n* FML designación *f*, nombramiento *m*.

de·sign·ed·ly [di'zainidli] *adv* intencionadamente.

de·sign·er [di'zainə(r)] *n* diseñador/ra, proyectista *m,f*; dibujante *m,f*; ARQ delineante *m,f*. **de·sign·ing** [di'zain] *adj* PEY intrigante.

de·sir·able [di'zaiərəbl] *adj* deseable, apetecible; (*woman*, etc) atractivo/a. **de·sire** [di'zaiə(r)] **I.** *n* (*esp sexual*) deseo *m*. **II.** *v* FML (*esp sexually*) desear. **de·sir·ous** [di'zaiərəs] *adj* FML deseoso/a.

de·sist [di'zist] *v* **(from)** FML desistir (de).

desk [desk] *n* (*furniture*) escritorio *m*; pupitre *m*, mesa *f*; (*at shop*, etc) caja *f*; (*in newspaper, ministry*, etc) sección *f*. ~·**top** (*surface*) mesa *f* de trabajo.

des·ol·ate **I.** ['desələt] *adj* (*place*) desolado/a; (*person*) triste, afligido/a; solitario/a. **II.** ['desəleit] *v* (*place*) asolar; (*person*) apenar, afligir. **des·ol·ation** [,desə'leiʃn] *n* desolación *f*.

des·pair [di'speə(r)] **I.** *n* desesperación *f*. **II.** *v* FML desesperar. ~·**ing** [-iŋ] *adj* (*look*, etc) desesperado/a.

des·patch [di'spætʃ] = **dispatch.**

des·per·ate ['despərət] *adj* desesperado/a; necesitado/a. ~·**ly** [-li] *adv* desesperadamente. **des·per·ation** [,despə'reiʃn] *n* desesperación *f*.

de·spic·able [di'spikəbl, 'despikəbl] *adj* despreciable. **des·pise** [di'spaiz] *v* despreciar, menospreciar.

des·pite [di'spait] *prep* a pesar de.

de·spoil [di'spɔil] *v* FML despojar.

des·pond·ency [di'spɔndənsi] *n* desaliento *m*, abatimiento *m*. **des·pond·ent** [di'spɔndənt] *adj* abatido/a, desalentado/a.

des·pot ['despot] *n* déspota *m,f*. **~·ic** [di'spɔtik] *adj* despótico/a. **~·ism** ['despətizəm] *n* despotismo *m*.

des·sert [di'zɜ:t] (*also* **sweet**) *n* postre *m*. **~-spoon** *n* cucharilla *f*.

des·tin·ation ['desti'neiʃn] *n* (*place*) destino *m*. **des·tin·ed** ['destind] *adj* FML destinado/a. **des·ti·ny** ['destini] *n* destino *m*.

des·ti·tute ['destitju:t, US -tu:t] *adj* indigente, en la miseria; FML ~ *of sth*, desprovisto de algo. **des·ti·tu·tion** [,desti'tju:ʃn, US -'tu:ʃn] *n* miseria *f*, indigencia *f*.

des·troy [di'strɔi] *v* destruir; (*damage*) destrozar, romper; (*animal*) sacrificar, matar; FIG aniquilar, destruir. **~er** [-ə(r)] *n* NAUT destructor *m*. **des·truct·ible** [di'strʌktəbl] *adj* destruible. **des·truct·ion** [di'strʌkʃn] *n* destrucción *f*; FIG ruina *f*. **des·truct·ive** [di'strʌktiv] *adj* destructor/ra, destructivo/a.

de·suet·ude [di'sju:itju:d, US -tu:d] *n* FML desuso *m*.

de·sul·to·ry ['desəltri, US -tɔ:ri] *adj* (*work*, etc) poco metódico/a, caótico/a; inconexo/a.

de·tach [di'tætʃ] *v* **1**. separar, despegar; desprender. **2**. MIL destacar. **~·able** [-abl] *adj* separable, despegable; TEC desmontable. **~ed** [-t] *adj* (*house*) unifamiliar, aislado/a: *Detached house*, casa independiente, chalet *m*; (*person, mind*) imparcial, objetivo/a, (*in feeling*) distante, frío. **~·ment** [di'tætʃmənt] *n* separación *f*, desconexión *f*; MIL destacamento *m*; (*feeling*) imparcialidad *f*, objetividad *f*, indiferencia *f*, frialdad *f*.

de·tail ['di:teil, US di'teil] **I**. *n* detalle *m*; MIL destacamento *m*. LOC **In ~**, Detalladamente. **II**. *v* **1**. detallar. **2**. MIL destacar. **~·ed** [-d] *adj* detallado/a.

de·tain [di'tein] *v* retener, hacer esperar, retrasar; (*by police*) detener. **de·tain·ee** [,di:tei'ni:] *n* (*by police*) detenido/a.

de·tect [di'tekt] *v* TEC detectar; descubrir, encontrar. **~·ion** [di'tekʃn] *n* descubrimiento *m*; TEC detección *f*. **de·tect·ive** ['-iv] *n* detective *m,f*: ~ *story*, novela *f* policíaca. **de·tect·or** ['-ər] *n* TEC detector *m*.

dé·tente [,dei'ta:nt] *n* POL distensión *f*. **de·ten·tion** [di'tenʃn] *n* detención *f*; retención *f*.

de·ter [di'tɜ:(r)] *v* (*also* POL) disuadir, desanimar.

de·ter·gent [di'tɜ:dʒənt] *adj/n* detergente *m*.

de·te·ri·or·ate [di'tiəriəreit] *v* empeorar, deteriorarse. **de·te·ri·or·ation** [di,tiəriə'reiʃn] *n* empeoramiento *m*, deterioro *m*.

de·ter·min·ant [di'tɜ:minənt] *adj/n* FML determinante *f*. **de·ter·min·ate** [di'tɜ:minət] *adj* FML limitado/a. **de·ter·min·ation** [di,tɜ:mi'neiʃn] *n* (*quality*) determinación *f*, decisión *f*; (*act*) cálculo *m*, determinación *f*.

de·ter·mine [di'tɜ:min] *v* determinar, fijar, señalar; (*also* ~ **on/against sth**) decidir, determinar; (*influence*) determinar. **de·ter·min·ed** [di'tɜ:mind] *adj* (*attitude*, etc) obstinado/a, resuelto/a; (*person*) empeñado/a, decidido/a. **de·ter·min·ism** [di'tɜ:minizəm] *n* determinismo *m*.

de·ter·rence [di'terəns, US -'tɜ:-] *n* POL (*esp nuclear*) disuasión *f*. **de·ter·rent** [di'terənt, US -'tɜ:-] **I**. *adj* disuasorio/a. **II**. *n* (*esp nuclear*) política *f* de disuasión, fuerza *f* disuasoria.

de·test [di'test] *v* detestar, aborrecer. **~·able** [-abl] *adj* detestable. **~·ation** [,di:te'steiʃn] *n* aversión *f*, aborrecimiento *m*.

de·throne [,di:'θrəun] *v* (*also* FIG) destronar. **~·ment** [-mənt] *n* destronamiento *m*.

det·on·ate ['detəneit] *v* detonar, hacer estallar. **det·on·ation** [,detə'neiʃn] *n* detonación *f*. **det·on·at·or** ['detəneitə(r)] *n* detonador *m*, detonante *m*.

de·tour ['di:tuə(r), US di'tuər] **I**. *n* desvío *m*, rodeo *m*. **II**. *v* evitar por medio de un rodeo.

de·tox·ify [,di:'tɔksifai] *v* (**-fied**) desintoxicar.

de·tract [di'trækt] *v* quitar (mérito a); rebajar. **~·ion** [di'trækʃn] *n* desprecio *m*; detracción *f*. **~or** [-ə(r)] *n* detractor/ra.

de·tri·ment ['detrimənt] *n* LOC **In ~ of**, En detrimento de.

de·tri·tus [di'traitəs] *n* detrito *m*, residuos *m,pl*.

deuce [dju:s, US du:s] *n* **1**. (*in dice*) dos *m*; (*in tennis*) cuarenta iguales *m,pl*. **2**. INFML LOC **The ~ !** ¡Maldita sea! **What/Where/How ~?**, ¿Qué/Cuándo/Cómo diablos...?

de·val·u·ation [,di:vælju'eiʃn] *n* devaluación *f*. **de·val·ue** [,di:'vælju:] *v* (*currency*) devaluar; FIG rebajar.

de·vast·ate ['devəsteit] *v* arrasar, asolar, devastar; INFML abrumar, dejar desolado/a. **de·vast·at·ing** [-iŋ] *adj* devastador/ra; (*criticism*, etc) destructivo/a; INFML impresionante, magnífico/a. **de·vast·ation** [,devə'steiʃn] *n* devastación *f*, destrucción *f*.

de·vel·op [di'veləp] *v* desarrollarse, crecer; hacer crecer, fomentar, (*signs, symptoms, etc) mostrar;* MED (*disease*) coger, incubar; (*photo*) revelar; (*plot, story*) desarrollar; (*land*) urbanizar, construir. **~·ed** [-t] *adj* (*system*, etc) avanzado/a, desarrollado/a. **~·er** [di'vəlopər] *n* (*photo*) revelador *m*, fijador *m*. **~·ing** [di'veləpiŋ] *adj* (*country*, etc) en desarrollo. **~·ment** [-mənt] *n* desarrollo *m*; (*event*) acontecimiento *m*, novedad *f*; (*photo*) revelado *m*; (*of land*) urbanización *f*.

de·vi·ant ['di:viənt] *adj*, *n* PEY (*morally*) desviado/a, degenerado/a. **de·vi·ate** ['di:vieit] *v* desviarse (*from* de). **de·vi·ation** [,di:vi'eiʃn] *n* desviación *f*.

de·vice [di'vais] *n* TEC mecanismo *m*, aparato *m*, dispositivo *m*; (LIT, etc) recurso *m*, técnica *f*; (*scheme*) estratagema *f*, ardid *m*; (*on shield*) emblema *m*, lema *m*.

dev·il ['devl] **I.** *n* (*also* FIG) diablo *m*, demonio *m*. LOC **Be a ~,** INFML Ser malicioso/atrevido. **Between the ~ and the deep blue sea,** Entre la espada y la pared. **~'s advocate,** Abogado del diablo. **Have a ~ of a job doing sth,** INFML Tener un trabajo de mil demonios con algo. **Like the ~,** INFML Muy intensamente/Como un loco. **Talk of the ~,** Hablando de Roma... **II.** *v* **1.** (*meat*) asar con salsa picante. **2.** Br (**for sb**) trabajar de ayudante para alguien. **~·ish** ['devəliʃ] *adj* malo/a, diabólico/a. **~-may-care** *adj* despreocupado/a; temerario/ a. **~·ment** [-mənt] (*also* **de·vil·ry** ['devlri]) *n* diablura *f*; maldad *f*.

de·vi·ous ['di:viəs] *adj* (*path*) tortuoso/a; (*person*) retorcido/a, taimado/a.

de·vise [di'vaiz] *v* idear, planear.

de·vi·tal·ize, -·ise [,di:'vaitəlaiz] *v* debilitar.

de·void [di'vɔid] *adj* desprovisto/a, carente (de).

de·vol·u·tion [,di:və'lu:ʃn, US ,dev-] *n* transferencia *f*, delegación *f*. **de·volve** [di'vɔlv] *v* FML (*power*, etc) transferir, delegar.

de·vote [di'vəut] *v* dedicar, consagrar. **de·vot·ed** [-id] *adj* consagrado/a, entregado/a; (*friend*, etc) leal, fiel. **de·vot·ee** [,devə'ti:] *n* adepto/a, partidario/a entusiasta. **de·vo·tion** [di'vəuʃn] *n* entrega *f*, dedicación *f*; REL (**~s**) oraciones *f,pl*. **de·vo·tion·al** [-al] *adj* REL piadoso/a.

de·vour [di'vauə(r)] *v* (*person*) devorar, engullir, tragar; FIG devorar, destruir. LOC **Be ~ed by sth,** FIG Estar reventando de (curiosidad, etc).

de·vout [di'vaut] *adj* devoto/a, piadoso/a; (*wish*, etc) sincero/a.

dew [dju:, US du:] *n* rocío *m*. **~·drop** *n* gota *f* de rocío. **dew·y** [-i] *adj* lleno/a de rocío; (*eyes*) lloroso/a, húmedo/a. LOC **~-eyed,** ingenuo/a.

dew·lap ['dju:læp, US 'du:-] *n* (*of animal*) papada *f*.

dex·ter·ity [dek'sterəti] *n* destreza *f*. **dex·ter·ous** (*also* **dex·trous**) ['dekstrəs] *adj* diestro/a; (*movement*) hábil.

dia·be·tes [,daiə'bi:ti:z] *n* diabetes *f*. **dia·bet·ic** [,daiə'betik] *adj/s* diabético/a.

dia·bol·ic, dia·bol·ic·al [,daiə'bɔlik(əl)] *adj* (*also* FIG) diabólico/a. **~·al** [-əl] *adj* diabólico/a; Br INFML (*film*, etc) malísimo/a, pésimo/a.

dia·crit·ic [,daiə'kritik] **I.** (*also* **dia·crit·ic·al**) *adj* diacrítico/a. **II.** *n* signo *m* diacrítico.

dia·dem ['daiədem] *n* corona *f*, diadema *f*.

di·aer·esis (*also* **di·er·esis**) [dai'erəsis] *n* (*pl* **-eses** [-əsi:z]) diéresis *f*.

dia·gnose ['daiəgnəuz, US, daiəg'nəus] *v* diagnosticar. **dia·gno·sis** [,daiəg'nəusis] *n* (*pl* **-noses** [-'nəusi:z]) diagnóstico *m*.

dia·go·nal [dai'ægənl] *adj/n* diagonal *f*. **~·ly** [-li] *adv* diagonalmente.

dia·gram ['daiəgræm] *n* diagrama *m*; gráfico *m*, esquema *m*.

dial ['daiəl] **I.** *n* (*of clock*, etc) esfera *f*, cuadrante *m*; TEC disco *m*; (*of phone*) marcador *m*. **II.** *v* (*phone number*) marcar. **~·ling code** *n* código *m* territorial, prefijo *m*. **~·ling tone** *n* señal *f* de marcar, línea.

dia·lect ['daiəlekt] *n* dialecto *m*. **~·al** [,daiə'lektl] *adj* dialectal. **dia·lect·ic** [,daiə'lektik] *n* (*also* **-s**) dialéctica *f*. **dia·lect·ic·al** [-l] *adj* dialéctico/a.

dia·logue (US *also* **dia·log**) ['daiəlɔg, US -lɔ:g] *n* diálogo *m*.

dia·ly·sis [,dai'ælisis] *n* (*pl* **-lyses** [-lisi:z]) MED diálisis *f*.

dia·me·ter [dai'æmitə(r)] *n* diámetro *m*. **dia·me·tr·ic·al** [,daiə'metrikl] *adj* diametral. **dia·me·tr·ic·al·ly** [-i] *adv* diametralmente, completamente.

dia·mond ['daiəmənd] *n* diamante *m*; GEOM rombo *m*; *pl* (*cards*) diamantes *m,pl*.

di·aper ['daiəpə(r), US *also* 'daipər] *n* pañal *m*.

dia·phan·ous [dai'æfənəs] *adj* transparente, diáfano/a.

dia·phragm ['daiəfræm] *n* diafragma *m*.

dia·rrhoea (US **dia·rrhea**) [,daiə'riə] *n* diarrea *f*.

dia·ry ['daiəri] *n* agenda *f*; diario *m*. **dia·rist** ['daiərist] *n* autor/ra de un diario.

dia·ton·ic [,daiə'tɔnik] *adj* diatónico/a.

dia·tribe ['daiətraib] *n* diatriba *f*.

dib·ble ['dibl] **I.** (*also* **dib·ber** ['dibə(r)]) *n* (*tool*) plantador *m*. **II.** *v* plantar con plantador.

dice [dais] **I.** *n* (*pl* ~) (*object*) dado *m*, (*game*) dados *m,pl*; (*of food*) cubito *m*. LOC **~ box,** cubilete *m*. **II.** *v* cortar en dados; (*game*) jugar a dados. **di·cey** ['daisi] *adj* (**-ier, -iest**) INFML arriesgado/a, peligroso/a.

di·cho·tom·y [dai'kɔtəmi] *n* dicotomía *f*.

dick [dik] *n* **1.** TAB INFML pene *m*. **2.** US INFML detective *m*. **~er** ['dikə(r)] *v* regatear.

dick·y ['diki] *adj* (**-ier, -iest**) Br INFML debilucho/a; inestable.

dic·ta·phone ['diktəfəun] *n* dictáfono *m*.

dict·ate **I.** [dik'teit, US 'dikteit] *v* dictar; (*command*) ordenar, mandar. **II.** ['dikteit] *n* (*esp pl*) dictado *m*, mandato *m*. **dic·ta·tion** [dik'teiʃn] *n* (*text*) dictado *m*. **dic·tat·or** [dik'teitə(r), US 'dikteitər] *n* dictador *m*. **dic·tat·or·i·al** [,diktə'tɔ:riəl] *adj* dictatorial. **dic·tat·or·ship** [-ʃip] *n* dictadura *f*.

dic·tion ['dikʃn] *n* dicción *f*; (*choice*) estilo *m*, lengua *f*. **~·ary** ['dikʃənri, US -neri] *n* diccionario *m*. **dic·tum** ['diktəm] *n* (*pl* **-s, -ta** [-tə]) dicho *m*, aforismo *m*.

did *pret* de **do**.

di·dac·tic [di'dæktik, dai-] *adj* didáctico/a.

did·dle ['didl] *v* INFML estafar, timar.

didn't (**= did not**) V. **do.**

die [dai] I. *n* 1. (*tool*) troquel *m*, cuño *m*. 2. (*dice*) dado *m*. LOC **The ~ is cast,** La suerte está echada. **~-cast** *adj* TEC vaciado/a a presión; fundido/a a troquel. II. *v* **(died, dying)** 1. (*also* FIG) morir(se); (*flame*) apagarse; (*plant*) marchitarse. 2. **(away)** extinguirse/acabarse gradualmente. 3. **(down)** cesar. 4. **(off)** morir todos. 5. **(out)** (*species*, etc) extinguirse, desaparecer. LOC **Be dying for sth,** FIG Estar muriendo de ganas de hacer algo. **~ hard,** Mantenerse; resistir mucho tiempo. **~ in one's bed,** Morir de muerte natural. **~ laughing,** INFML Morirse de risa. **~-hard** *n* conservador/ra, reaccionario/a.

die·sel ['di:zl] *n* motor *m* diesel. **~ oil** *n* gasóleo *m*, gasoil *m*.

diet ['daiət] I. *n* 1. régimen *m* alimenticio, dieta *f*; (*limited*) dieta *f* (de adelgazamiento, etc); FIG menú *m*. LOC **Put sb on a ~,** Poner a dieta a alguien. 2. POL HIST dieta *f*. II. *v* estar a dieta, hacer dieta. **diet·ary** ['daiətəri, US -eri] *adj* (*habit, food*) de dieta, de régimen. **diet·et·ic** [,daiə'tetik] *adj* dietético/a. **diet·et·ics** [,daiə'tetiks] *n* dietética *f*. **diet·i·ci·an** [,daiə'tiʃn] *n* experto/a en dietética.

dif·fer ['difə(r)] *v* (**from**) diferenciarse, diferir (de); no estar de acuerdo. **~·ence** ['difrəns] *n* diferencia *f*; discrepancia *f*. **dif·fer·ent** ['difrənt] *adj* diferente, distinto/a. LOC **As ~ as chalk from cheese,** Completamente diferentes. **dif·fer·ent·ly** ['difrəntli] *adv* de diferente manera. **dif·fer·en·ti·al** [,difə'renʃl] I. *adj* diferencial, distinto/a. II. *n* AUT, MAT diferencial *f*. **~·en·ti·ate** [,difə'renʃieit] *v* distinguir, diferenciar.

di·fi·cult ['difikəlt] *adj* difícil. **dif·fi·cul·ty** ['difikəlti] *n* dificultad *f*.

dif·fid·ence ['difidəns] *n* timidez *f*, difidencia *f*. **dif·fi·dent** ['difidənt] *adj* tímido/a, receloso/a.

dif·fract [di'frækt] *v* difractar. **~·ion** [di'frækʃn] *n* difracción *f*.

dif·fuse I. [di'fju:z] *v* esparcir(se), difundir(se); diluir(se). II. [di'fju:s] *adj* esparcido/a, repartido/a; (*style*) prolijo/a, difuso/a. **dif·fu·sion** [di'fju:ʒn] *n* dispersión *f*, difusión *f*.

dig [dig] I. *v* (**-gg-**, *pret*, *pp* **dug**) 1. cavar; excavar, hacer una excavación; (*animal*, etc) hacer un hoyo, escarbar; FIG rebuscar. 2. **(in)** INFML (*food*) devorar, engullir. 3. (*tool*, etc) clavar, hundir en. 4. **(oneself in)** MIL atrincherarse; FIG labrarse una posición. 5. **(over)** (*soil*, etc) remover, cavar. 6. **(out)** sacar cavando, excavar; FIG (*study*, etc) rebuscar, desenterrar. 7. **(up)** sacar a la superficie; FIG (*scandal*, etc) exponer a la luz pública. LOC **~ one's heels in,** Ser testarudo. II. *n* excavación *f*; (*in garden*, etc) cavada *f*; (*in ribs*, etc) codazo *m*, empujón *m* (*at sb*, a alguien); FIG pulla *f*, indirecta *f*.

di·gest I. ['daidʒest] *n* compendio *m*, resumen *m*. II. [di'dʒest, dai-] *v* (*also* FIG) digerir(se). **~·ible** [di'dʒestəbl, dai-] *adj* digerible, digestible. **~·ion** [di'dʒestʃn, dai-] *n* digestión *f*. **~·ive** [di'dʒestiv, dai-] *adj* (*system*, etc) digestivo/a.

dig·ger ['digə(r)] *n* (*person*) (ex)cavador/ra; (*machine*) excavadora *f*; SL soldado *m* australiano. **dig·ging** ['digiŋ] *n* (*act, place*) excavación *f*; *pl* (*for gold*, etc) excavaciones *f,pl*.

dig·it ['didʒit] *n* dígito *m*. **~·al** ['didʒitl] *adj* digital.

dig·ni·fi·ed ['dignifaid] *adj* (*person*) altivo/a, solemne; (*walk*, etc) majestuoso/a. **dig·ni·fy** ['dignifai] *v* (**-fied**) enaltecer, honrar. **dig·nit·ary** ['dignitəri, US -teri] *n* FML dignatario/a. **dig·ni·ty** ['dignəti] *n* dignidad *f*. LOC **Beneath one's ~,** Indigno de alguien. **Stand on one's ~,** Mantenerse uno en el lugar que le corresponde.

di·gress [dai'gres] *v* apartarse, hacer una digresión. **~·ion** [dai'greʃn] *n* digresión *f*.

digs [digz] *n pl* Br INFML pensión *f*, hospedaje *m*, alojamiento *m*.

dike, dyke [daik] I. *n* 1. dique *m*; canal *m*, acequia *f*. 2. SL lesbiana *f*. II. *v* poner diques a.

di·lap·id·at·ed [di'læpideitid] *adj* ruinoso/a, desvencijado/a, estropeado/a. **di·lap·id·ation** [di,læpi'deiʃn] *n* deterioro *m*, ruina *f*, abandono *m*.

dil·ate [dai'leit] *v* dilatar(se); FML extenderse sobre algo. **dil·ation** [dai'leiʃn] *n* dilatación *f*. **dil·at·ory** ['dilətəri, US -tɔ:ri] *adj* FML lento/a; (*action*) dilatorio/a.

di·lem·ma [di'lemə, dai-] *n* dilema *m*.

di·li·gence ['dilidʒəns] *n* (*quality*) diligencia *f*. **di·li·gent** ['dilidʒənt] *adj* diligente. **di·li·gent·ly** [-li] *adv* con diligencia.

dil·ly-dal·ly ['dili dæli] *v* (**-dallied**) INFML vacilar; holgazanear, perder el tiempo.

di·lute [dai'lju:t, US -'lu:t] I. *v* diluir; FIG aguar, rebajar. II. *adj* diluido/a; rebajado/a, aguado/a. **di·lu·tion** [dai'lju:ʃn, US -'lu:-] *n* mezcla *f* diluida, dilución *f*.

dim [dim] I. *adj* (**-mmer, -mmest**) (*light*) débil, amortiguado/a; (*place*) oscuro/a, sombrío/a; borroso/a; INFML estúpido/a. II. *v* (*light*) amortiguar, bajar; FIG disminuir. **~-wit** *n* INFML estúpido/a, cerebro *m* de mosquito. **~-wit·ted** *adj* de pocas luces, estúpido/a.

dime [daim] *n* US (*coin*) diez centavos *m,pl*. LOC **A ~ a dozen,** INFML Muy barato/A duro.

di·men·sion [di'menʃn] *n* (*also* FIG) dimensión *f*. **~·al** [-l] *adj* dimensional.

di·min·ish [di'miniʃ] *v* disminuir, reducir(se). **di·mi·nu·tion** [,dimi'nju:ʃn, US -'nu:ʃn] *n* disminución *f*, reducción *f*. **di·mi·nut·ive** [di'minjutiv] I. *adj* diminuto/a; GRAM diminutivo/a. II. *n* diminutivo *m*.

dim·ly ['dimli] *adv* débilmente; (*memory*) vagamente. **dim·mer** ['dimə(r)] *n* (*of light*) regulador *m* de intensidad. **dim·ness** ['dimnis] *n* debilidad *f*; oscuridad *f*; lo borroso, imprecisión *f*.

dim·ple ['dimpl] **I.** *n* (*in chin*) hoyuelo *m*; (*in surface*) hoyo *m*. **II.** *v* hacer(se) hoyuelos, hoyos, etc.

dim·wit ['dimwit] *n* idiota *m,f*.

din [din] **I.** *n* estruendo *m*, estrépito *m*, griterío *m*. **II.** *v* LOC ~ **into,** obligar a aprender algo mediante repetición.

dine [dain] *v* **1.** FML cenar (*on sth*, una cosa). **2.** invitar a cenar a. **3.** **(out)** Salir a cenar fuera de casa. **din·er** ['dainə(r)] *n* comensal *m,f*, invitado/a; (*in rail*) vagón *m* restaurante. **din·ette** [dai'net] *n esp* US comedorcito *m* con cocina. **din·ing-car** *n* (*railway*) vagón *m* restaurante. **din·ing-room** *n* comedor *m*. **din·ing-table** *n* mesa *f* de comedor.

ding-dong [,diŋ'dɔŋ] **I.** *n* (*of bells*) repique *m*, dindon *m*; INFML discusión *f* agitada. **II.** *adv* (*clock*) repiqueteando, tintineando.

din·ghy ['diŋgi] *n* bote *m* (inflable).

din·gle ['diŋgl] *n* cañada *f*, garganta *f*.

din·gy ['dindʒi] *adj* **(-ier, -iest)** (*room*, etc) sucio/a, sórdido/a, sombrío/a, deslucido/a.

din·ing V. **dine**.

din·ky ['diŋki] *adj* **(-ier, -iest)** INFML Br arregladito/a; US diminuto/a, pequeñito/a.

din·ner ['dinə(r)] *n* comida *f* (a mediodía), cena *f*; (*reception*) banquete *m*, cena *f*, fiesta *f*. **~-jack·et** *n* Br (US **tuxedo**) esmóquin *m*. **~-par·ty** *n* cena *f*, banquete *m*. **~ ser·vice, set** *n* vajilla *f*, servicio *m* de mesa.

di·no·saur ['dainəsɔ:(r)] *n* dinosaurio *m*.

dint [dint] *n* abolladura *f*. LOC **By ~ of sth,** A fuerza de.

dio·ces·an [dai'ɔsisn] *adj* diocesano/a. **dio·cese** ['daiəsis] *n* diócesis *f*.

dip [dip] **I.** *v* bañar(se), mojar(se), sumergir(se) (en); **(below sth)** bajar, hundir(se); (*lamp*) bajar, reducir: (AUT) ~ *the lights*, Poner los faros de cruce. ~ *one's head*, Inclinar la cabeza. LOC ~ **into a book,** FIG hojear un libro. **II.** *n* baño *m*, inmersión *f*; hundimiento *m*, inclinación *f*; (*food*) salsa *f*, pasta *f* para untar; GEOL depresión *f*, pendiente *f*. **~-stick** *n* (*in tank*, etc) varilla *f* de comprobación del nivel. **~-switch** *n* AUT interruptor *m* de faros de cruce.

diph·ther·ia [dif'θiəriə] *n* difteria *f*.

diph·thong ['difθɔŋ] *n* diptongo *m*.

di·plo·ma [di'pləumə] *n* diploma *m*, título *m*, licenciatura *f*. **~·cy** [di'pləuməsi] *n* diplomacia *f*. **di·plo·mat** ['dipləmæt] *n* diplomático/a; persona *f* diplomática. **di·plo·mat·ic** [,diplə'mætik] *adj* diplomático/a. **~ corps, body** *n* cuerpo *m* diplomático. **di·plo·mat·ist** [di'pləumətist] *n* diplomático/a.

dip·per ['dipə(r)] *n* cazo *m*, cucharón *m*.

dip·so·ma·nia [,dipsə'meiniə] *n* dipsomanía *f*, alcoholismo *m*.

dip·tych ['diptik] *n* díptico *m*.

dire ['daiə(r)] *adj* FML horrendo/a, espantoso/a; INFML malísimo/a; INFML extremo/a: *In ~ need of money*, En necesidad desesperada de dinero.

di·rect [di'rekt, dai-] **I.** *adj* directo/a; (*line*) recto/a; ELECTR continuo/a; (*manner*, etc) franco/a, abierto/a; (*contradiction*) abierto/a; ~ *descent*, Descendencia directa. **II.** *adv* directamente; en línea recta. **III.** *v* (*film, play*, etc) dirigir; (*letter, parcel*, etc) enviar, dirigir; (*person*) guiar, llevar; FML (*words, attention*) dirigir; FML (*command*) ordenar, decidir. ~ **ac·tion** *n* uso *m* de la fuerza. ~ **ob·ject** *n* GRAM complemento *m* directo. ~ **tax** *n* impuesto *m* directo. **di·rec·tion** [di'rekʃn, dai-] *n* dirección *f*; *pl* (*for use, way*, etc) instrucciones *f,pl*. **di·rect·ion·al** [-l] *adj* direccional. **di·rect·ive** [di'rektiv, dai-] *n* instrucción *f*, orden *f*. **di·rect·ly** [di'rektli, dai-] **I.** *adv* directamente; en línea recta; enseguida. **II.** *conj* INFML tan pronto como, así que. **di·rect·or** [di'rektə(r), dai-] *n* director/ra. **di·rect·or·ate** [di'rektərət, dai-] *n* dirección *f*. **di·rect·or·ship** *n* (*position, time*) dirección *f*. **di·rect·ory** [di'rektəri, dai-] *n* directorio *m*; (*phone*) listín *m*/guía *f* telefónico/a.

dirge [dɜ:dʒ] *n* endecha *f*.

di·rig·ible ['diridʒəbl] *n* dirigible.

dirt [dɜ:t] *n* **1.** suciedad *f*, porquería *f*, mugre *m*; (*refuse*) basura *f*. **2.** FIG obscenidad *f*; INFML mierda *f*. **3.** INFML chisme *m*, cotilleo *m*. ~ **cheap** *adj/adv* muy barato/a. ~ **road** *n* US camino *m* sin asfaltar. **~-track** *n* DEP pista *f* de ceniza. **dirt·y** ['dɜ:ti] **I.** *adj* **(-ier, -iest) 1.** sucio/a, ensuciado/a, manchado/a. **2.** (*weather*) horrible, malísimo/a; FIG (*idea, book*, etc) obsceno/a, indecente, sucio/a; INFML puerco/a, sucio/a. LOC **A ~ old man,** Un viejo verde. **A ~ week-end,** INFML Un fin de semana de juerga. ~ **work,** FIG Las faenas sucias. **II.** *v* **(-ied)** ensuciar(se), manchar(se). **dirt·i·ly** [-ili] *adv* suciamente.

dis·ab·il·ity [,disə'biləti] *n* **1.** incapacidad *f*, invalidez *f*. **2.** (*thing*) impedimento *m*, estorbo *m*, obstáculo *m*. **dis·able** [dis'eibl] *v* incapacitar, dejar inválido/a. **dis·abl·ed** [-d] *adj* incapacitado/a, inválido/a, mutilado/a, lisiado/a.

dis·ab·use [,disə'bju:z] *v* FML desengañar.

dis·ad·vant·age [,disəd'va:ntidʒ, US -'væn-] *n* desventaja *f*, inconveniente *m*. **dis·ad·vant·ag·ed** [-d] *adj/n* necesitado/a. **~·ous** [,disædva:n'teidʒəs, US -væn-] *adj* desventajoso/a.

dis·af·fect·ed [,disə'fektid] *adj* desleal, desafecto/a, hostil. **dis·af·fec·tion** [,disə'fekʃn] *n* deslealtad *f*.

dis·ag·ree [,disə'gri:] *v* **(-reed) 1.** discrepar, contradecirse. **2.** (*food, weather*) **(with sb)** sentar mal a alguien. **~·able** [,disə'gri:əbl] *adj* desagradable; (*person*) desabrido/a. **~·ment** *n* desacuerdo *m*, disconformidad *f*.

dis·al·low [,disə'lau] *v* rechazar, no admitir.

dis·ap·pear [,disə'piə(r)] *v* desaparecer. **~·ance** [-'piərəns] *n* desaparición *f*.

dis·ap·point [,disə'pɔint] *v* decepcionar, defraudar; (*hope*, etc) frustrar. **~·ed** [-id] *adj* descontento/a, decepcionado/a (*at sth*, por algo). **~·ing** [iŋ] *adj* decepcionante. **~·ment** [-mənt] *n* decepción *f*, desilusión *f*.

dis·ap·prov·al [,disə'pru:vl] *n* desaprobación *f*. **dis·ap·prove** [,disə'pru:v] *v* desaprobar, no estar de acuerdo con. **dis·ap·prov·ing** [-iŋ] *adj* (*look*, etc) de desaprobación, de descontento.

dis·arm [dis'a:m] *v* desarmar(se). **~·a·ment** [dis'a:məmənt] *n* desarme *m*. **~·ing** [-iŋ] *adj* (*smile*, etc) conciliador/ra.

dis·ar·range [,disə'reindʒ] *v* FML desordenar; alterar, estropear.

dis·ar·ray [,disə'rei] *n* confusión *f*, desorden *m*.

dis·as·ter [di'za:stə(r), US -'zæs-] *n* desastre *m*, catástrofe *f*. **dis·as·trous** [di'za:strəs, US -'zæs-] *adj* desastroso/a, catastrófico/a.

dis·a·vow [,disə'vau] *v* FML repudiar, no reconocer.

dis·band [dis'bænd] *v* disolver(se), dispersar(se).

dis·be·lief [,disbi'li:f] *n* incredulidad *f*. **dis·be·lieve** [,disbi'li:v] *v* no creer.

dis·burse [dis'bɜ:s] *v* FML desembolsar. **~·ment** [-mənt] *n* FML desembolso *m*.

disc (*also esp* US **disk**) [disk] *n* ANAT, TEC disco *m*, COMP disquete. **~ brake** *n* freno *m* de disco.

dis·card I. [di'ska:d] *v* desechar, tirar; (*cards*) descartar. II. ['diska:d] *n* (*of cards*) descarte *m*; (*thing*) desecho *m*.

dis·cern [di'sɜ:n] *v* (*see*) percibir, distinguir. **~·ible** [-əbl] *adj* perceptible. **~·ing** [-iŋ] *adj* (*critic*) exigente, discriminador/ra. **~·ment** [-mənt] *n* discernimiento *n*, perspicacia *f*.

dis·charge I. [dis'tʃa:dʒ] *v* descargar; (*fire*) disparar; (*prisoner*) poner en libertad; (*person*) despedir, permitir salir; MIL licenciar; MED dar de alta. II. ['distʃa:dʒ] *n* descarga *f*; (*of person*) licencia *f*, permiso *m*; (*of wound*) supuración *f*; (*of patient*) alta *f*.

dis·ciple [di'saipl] *n* discípulo/a, seguidor/ra.

dis·ci·plin·ar·ian [,disəpli'neəriən] *n* ordenancista *m,f*. **dis·ci·pline** ['disiplin] I. *n* disciplina *f*. II. *v* disciplinar. **dis·ci·plin·ary** ['disiplinəri, US -neri] *adj* disciplinario/a.

dis·claim [dis'kleim] *v* negar, rechazar; no admitir. **~er** [-ə(r)] *n* rechazo *m*, repudio *m*.

dis·close [dis'kləuz] *v* FML (*fact*) revelar. **dis·clos·ure** [dis'kləuʒə(r)] *n* (*act, object*) revelación *f*.

dis·co ['diskəu] *n* (*pl* **-s**) (*also* **dis·co·theque** ['diskətek]) discoteca *f*. **~ music** *n* música *f* de discoteca.

dis·col·our (US **dis·col·or**) [dis'kʌlə(r)] *v* decolorar(se); manchar(se). **dis·col·or·ation** [,diskʌlə'reiʃn] *n* descoloramiento *m*.

dis·com·fit [dis'kʌmfit] *v* FML desconcertar, confundir. **~·ure** [dis'kʌmfitʃə(r)] *n* desconcierto *m*, perplejidad *f*.

dis·com·fort [dis'kʌmfət] *n* incomodidad *f*, molestia *f*; (*pain*) dolor *m*; (*mental*) inquietud *f*, desasosiego *m*.

dis·con·cert [,diskən'sɜ:t] *v* desconcertar, azorar. **~·ed** [-id] *adj* azorado/a. **~·ing** [-iŋ] *adj* desconcertante.

dis·con·nect [,diskə'nekt] *v* desconectar; (*phone*) cortar; ELECTR desconectar. **~·ed** [-id] *adj* (*speech*, etc) inconexo/a. **~·ion** [,diskanekʃn] *n* ELECTR desconexión *f*.

dis·con·sol·ate [dis'kɔnsələt] *adj* desconsolado/a.

dis·con·tent [,diskən'tent] (*also* **dis·con·tent·ment**) *n* descontento *m*. **~·ed** [-id] *adj* descontento/a.

dis·con·tin·u·ation [,diskəntinju'eiʃn] (*also* **dis·con·tin·u·ance** [,diskən'tinjuəns]) *n* suspensión *f*, cese *m*, interrupción *f*. **dis·con·tin·ue** [,diskən'tinju:] *v* cesar, suspender, interrumpir.

dis·cord ['diskɔ:d] *n* FML discordia *f*; MUS disonancia *f*.

dis·count I. ['diskaunt] *n* COM descuento *m*, rebaja *f*. LOC **At a ~**, COM Rebajado/a. **Give a ~**, hacer descuento. II. [dis'kaunt, US 'diskaunt] *v* ignorar, no tener en cuenta; COM rebajar.

dis·cour·age [di'skʌridʒ] *v* desanimar, desalentar; (*project, activity*) disuadir de. **dis·cour·ag·ed** [-id] *adj* desanimado/a. **dis·cour·age·ment** [-mənt] *n* desánimo *m*, desaliento *m*; (*of activity*, etc) oposición *f*, disuasión *f*. **dis·cour·ag·ing** [-iŋ] *adj* desalentador/ra.

dis·course I. ['diskɔ:s] *n* LIN discurso *m*. II. [di'skɔ:s] *v* FML (**on**) disertar (sobre algo), conferenciar.

dis·cour·te·ous [dis'kɜ:tiəs] *adj* FML descortés.

dis·cov·er [dis'kʌvə(r)] *v* descubrir. **~·er** [-ə(r)] *n* descubridor/ra. **~·y** [di'skʌvəri] *n* descubrimiento *m*.

dis·cred·it [dis'kredit] I. *v* desacreditar; (*sb, sth*) no creer en. II. *n* descrédito *m*, deshonra *f*, mala fama *f*; (*doubt*) incredulidad *f*. **~·able** [-əbl] *adj* deshonroso/a, vergonzoso/a.

dis·creet [di'skri:t] *adj* (*also* FIG) discreto/a. **~·ly** [-li] *adv* discretamente.

dis·crep·ancy [di'skrepənsi] *n* discrepancia *f*, desacuerdo *m*.

dis·crete [di'skri:t] *adj* MAT, FIS discontinuo/a, separado/a.

dis·cre·tion [di'skreʃn] *n* discreción *f*. **dis·cre·tion·ary** [di'skreʃənəri, US -neri] *adj* discrecional.

dis·crim·in·ate [di'skrimineit] *v* 1. distinguir, diferenciar. 2. (**against sb**) discriminar a alguien. **dis·crim·in·at·ing** [-iŋ] *adj* (*person*) exigente, crítico/a, discriminador/ra; (*quality*) perspicaz, agudo/a. **dis·crim·in·ation** [di,skrimi'neiʃn] *n* discriminación *f*. **dis·crim·in·atory** [di'skriminətəri, US -tɔ:ri] *adj* discriminatorio/a.

dis·curs·ive [di'skɜ:siv] *adj* (*speech, writing*) disperso/a, deshilvanado/a.

dis·cus ['diskəs] *n* DEP disco *m*.

dis·cuss [di'skʌs] *v* discutir sobre, hablar de. **~·ion** [di'skʌʃn] *n* debate *m*, discusión *f*, conversaciones *f,pl*.

dis·dain [dis'dein] **I.** *n* desdén *m.* **II.** *v* despreciar; FML rehusar. **~·ful** [-ful] *adj* desdeñoso/a, despreciativo/a.

dis·ease [di'zi:z] *n* enfermedad *f.* **dis·eas·ed** [-d] *adj* enfermo/a.

dis·em·bark [,disim'ba:k] (*also* **de·bark**) *v* desembarcar (de). **~·ation** [,disemba:'keiʃn] (*also* **de·bark·ation**) *n* desembarco *m,* desembarque *m.*

dis·em·bo·di·ed [,disim'bɔdid] *adj* incorpóreo/a; FIG inidentificable.

dis·em·bow·el [,disim'bauəl] *v* (*in execution*) destripar, desentrañar.

dis·en·chant [,disin'tʃa:nt, US ,disin'tʃænt] *v* desilusionar, desencantar.

dis·en·gage [,disin'geidʒ] *v* soltar(se), desasir(se); TEC desenganchar(se), desacoplar(se); AUT desembragar; MIL retirar(se). **dis·en·gag·ed** [-id] *adj* FML libre, sin compromisos.

dis·en·tan·gle [,disin'tæŋgl] *v* desenredar(se); FIG librar(se) (de).

dis·es·tabl·ish [,disi'stæbliʃ] *v* (*Church*) separar del Estado.

dis·fa·vour [,dis'feivə(r)] (US **dis·fa·vor**) *n* desaprobación *f.*

dis·fig·ure [dis'figə(r), US dis'figjər] *v* desfigurar, estropear. **~·ment** [-mənt] *n* desfiguración *f,* destrozo *m.*

dis·fran·chise [dis'fræntʃaiz] (*also* **dis·en·fran·chise** [,disin'fræntʃaiz] *v* privar del derecho de voto a.

dis·gorge [dis'gɔ:dʒ] *v* vomitar, arrojar; (*river, crowd*) afluir (**into sth**, a un lugar).

dis·grace [dis'greis] **I.** *n* (*state*) deshonra *f;* (*thing, person*) vergüenza *f,* escándalo *m,* desastre *m.* **II.** *v* deshonrar, desprestigiar; hacer caer en desgracia. **~·ful** [-ful] *adj* vergonzoso/a; desastroso/a.

dis·gruntl·ed [dis'grʌntld] *adj* (**at, about**) descontento/a, contrariado/a (por algo).

dis·guise [dis'gaiz] **I.** *v* disfrazar(se); (*thing, feeling*) disimular. **II.** *n* disfraz *m;* disimulo *m.*

dis·gust [dis'gʌst] **I.** *n* (**at**) repugnancia *f,* aversión *f,* asco *m* (ante algo). **II.** *v* repugnar, asquear, causar aversión a. **~·ed** [-id] *adj* asqueado/a, muy descontento/a (*at,* por). **~·ing** [-iŋ] *adj* repugnante, vergonzoso/a.

dish [diʃ] **I.** *n* plato *m;* (*for serving*) fuente *f;* (*reflector*) plato *m;* SL persona *f* atractiva. LOC **~-rack**, escurridera *f* de platos. **II.** *v* **1.** Br INFML (*plans,* etc) arruinar, estropear. **2.** (**out**), repartir, distribuir. LOC **~ it out,** INFML Ser una fiera. **~ the dirt,** Sacar a relucir los trapos sucios. **~ sth up,** Servir; FIG Ofrecer, sacar. **~·cloth** *n* trapo *m* para fregar platos. **~·ful** ['diʃful] *n* plato *m* (*of* de). **~·washer** *n* (*person*) fregaplatos *m,f;* (*machine*) lavavajillas *m.* **~-water** *n* agua *f* de fregar los platos; FIG agua *f* sucia. **dish·y** ['diʃi] *adj* (**-ier, -iest**) INFML (*person*) atractivo/a.

dis·har·mo·ny [dis'ha:məni] *n* discordia *f,* desacuerdo *m.*

dis·heart·en [dis'ha:tn] *v* desanimar, desalentar. **~·ing** [-iŋ] *adj* desalentador/ra.

di·she·vel·led [di'ʃevld] (US **di·she·vel·ed**) *adj* desgreñado/a; (*hair*) en desorden.

dis·ho·nest [dis'ɔnist] *adj* (*person*) insincero/a, falso/a; (*money*) sucio/a. **~·y** [-i] *n* falta *f* de honradez, falsedad *f;* fraude *m.*

dis·hon·our [dis'ɔnə(r)] (US **dis·hon·or**) **I.** *n* FML deshonra *f,* vergüenza *f.* **II.** *v* FML deshonrar, afrentar; COM (*cheque*) devolver, no pagar. **~·able** [-əbl] *adj* deshonroso/a.

dis·il·lu·sion [,disil'lu:ʒn] *v* desengañar. **~·ed** [-əd] *adj* desilusionado/a.

dis·in·cent·ive [,disin'sentiv] *n* desmotivación *f.*

dis·in·clin·ation [,disinkli'neiʃn] *n* FML aversión *f,* repugnancia *f.* **dis·in·clin·ed** [,disin'klaind] *adj* poco dispuesto/a.

dis·in·fect [disin'fekt] *v* desinfectar. **~·ant** [-ənt] *n* desinfectante *m.* **~·ion** [,disin'fekʃn] *n* desinfección *f.*

dis·in·fest [disin'fest] *v* desinsectar. **~·ation** [,disinfe'steiʃn] *n* desinsectación *f,* desratización *f.*

dis·in·form·ation [disinfə'meiʃn] *n* falsa información *f.*

dis·in·gen·u·ous [,disin'dʒenjuəs] *adj* FML insincero/a.

dis·in·her·it [disin'herit] *v* desheredar.

dis·in·te·grate [dis'intigreit] *v* (*also* FIG) desintegrar(se). **dis·in·te·gra·tion** [disinti'greiʃn] *n* desintegración *f.*

dis·in·ter [disin'tɜ:(r)] *v* FML (*also* FIG) desenterrar.

dis·in·ter·est·ed [dis'intrəstid] *adj* objetivo/a, imparcial. **~·ly** [-li] *adv* imparcialmente. **~·ness** [-nis] *n* desinterés *m.*

dis·joint·ed [dis'dʒɔintid] *adj* (*talk, writing*) inconexo/a.

dis·junct·ive [dis'dʒʌŋktiv] *adj* GRAM disyuntivo/a.

disk [disk] *n* (*computer*) disco *m.* **~·ette** [dis'ket] *n* disquete *n.*

dis·like [dis'laik] **I.** *v* sentir aversión (a/por); tener antipatía a. **II.** *n* aversión *f* (*of,* a/por); antipatía. LOC **Take a ~ to sth,** cogerle manía a alguien/algo.

dis·loc·ate ['disləkeit, US 'disləukeit] *v* dislocar(se); (*traffic,* etc) desarticular, desbaratar. **dis·loc·ation** [,dislə'keiʃn, US -ləu-] *n* dislocación *f;* trastorno *m.*

dis·lodge [dis'lɔdʒ] *v* desalojar; sacar de su sitio, hacer caer.

dis·loy·al [dis'lɔiəl] *adj* desleal. **~·ty** [-ti] *n* deslealtad *f.*

dis·mal ['dizməl] *adj* sombrío/a, tenebroso/a, lúgubre; (*news,* etc) deprimente, triste.

dis·man·tle [dis'mæntl] *v* MIL, NAUT desmantelar; (*engine,* etc) desmontar, desarmar.

dis·may [dis'mei] **I.** *n* consternación *f.* **II.** *v* llenar(se) de consternación. **~·ed** [-d] *adj* apenado/a, desanimado/a.

dis·mem·ber [dis'membə(r)] *v* desmembrar, descuartizar.

dis·miss [dis'mis] *v* (*employee*) despedir; MIL licenciar; FML dar permiso para irse, despedir; (*thought*, etc) alejar de sí, desterrar; (*possibility*) descartar; DER (*case*) rechazar; (*subject*) despachar brevemente. **~·al** [dis'misl] *n* despido *m*; destitución *f*; rechazo *m*. **~·ive** [-iv] *adj* (*review*, etc) seco/a y cortante.

dis·mount [,dis'maunt] *v* desmontar(se), bajar(se) (de).

dis·o·be·di·ence [,disə'bi:diəns] *n* desobediencia *f*. **dis·o·be·di·ent** [,disə'bi:diənt] *adj* desobediente. **dis·o·bey** [,disə'bei] *v* desobedecer (a).

dis·o·blige [,disə'blaidʒ] *v* FML desairar, ser poco atento con. **dis·o·blig·ing** [-iŋ] *adj* poco atento/a, poco servicial.

dis·or·der [dis'ɔ:də(r)] **I**. *n* (*state*) desorden *m*, confusión *f*; (*riot*) altercado *m*, disturbio *m*, alboroto *m*; MED dolencia *f*, trastorno *m*. **II**. *v* (*papers*, etc) desordenar. **~·ed** [-id] *adj* desordenado/a; (*life*) de desorden. **~·ly** [-li] *adj* desordenado/a; (*behaviour*) alborotador/ra, escandaloso/a; DER (*house*) de prostitución.

dis·or·gan·iz·ation, --is·ation [dis,ɔ:gənai'zeiʃn, US -ni'z-] *n* desorganización *f*. **dis·or·gan·ize, --ise** [dis'ɔ:gənaiz] *v* desorganizar. **dis·or·gan·iz·ed, --is·ed** [-d] *adj* desorganizado/a.

dis·ori·ent·ate [dis'ɔ:riənteit], **dis·ori·ent** [dis'ɔ:riənt]) *v* desorientar. **dis·ori·ent·ation** [dis,ɔ:rien'teiʃn] *n* desorientación *f*.

dis·own [dis'əun] *v* repudiar, rechazar; (*belief*, etc) renegar de.

dis·par·age [di'spæridʒ] *v* menospreciar, criticar, hablar mal de. **dis·par·aging** [-iŋ] *adj* despreciativo/a. **dis·par·aging·ly** [-iŋli] *adv* con menosprecio.

dis·par·ate ['dispərət] *adj* FML dispar. **dis·par·ity** [di'spæriti] *n* disparidad *f*.

dis·pas·sion·ate [di'spæʃənət] *adj* imparcial, desapasionado/a. **~·ly** [-li] *adv* desapasionadamente.

dis·patch (*also* **des·patch**) [di'spætʃ] **I**. *v* (*goods*) remitir, expedir, enviar; (*person*, etc) enviar; (*job, food*, etc) despachar rápidamente; (*kill*) matar. **II**. *n* FML envío *m*; (*report*) informe *m*, despacho *m*, (*official*) comunicado *m*. LOC **With ~**, Con rapidez. **~-box, ~-case** *n* cartera *f* de documentos; tribuna en la Cámara de los Comunes. **~-rid·er** *n* MIL (*man*) correo *m*.

dis·pel [di'spel] *v* alejar de sí; (*doubt*) disipar.

dis·pens·able [di'spensəbl] *adj* prescindible. **dis·pens·ary** [di'spensəri] *n* dispensario *m*. **dis·pens·ation** [,dispen'seiʃn] *n* FML distribución *f*; DER administración *f* de justicia; REL dispensa *f*; FML designio *m* divino. **dis·pense** [di'spens] *v* repartir, distribuir; DER administrar; MED (*prescription*) preparar; **~ with sb/sth,** Prescindir de alguien/algo. **dis·pens·er** [-ə(r)] *n* (*for towels*, etc) dispensador *m* automático; (*person*) farmacéutico/a.

dis·perse [di'spɜ:s] *v* dispersar(se). **dis·per·sal** [di'spɜ:sl] *n* dispersión *f*. **dis·per·sion** [di'spɜ:ʃn, US di'spɜ:rʒn] *n* FIS dispersión *f*.

dis·pir·it [di'spirit] *v* desalentar, desmoralizar. **~·ed** [-id] *adj* desanimado/a. **~·ing** [-iŋ] *adj* desalentador/ra.

dis·place [dis'pleis] *v* sacar de su sitio; FML reemplazar. **~·ment** [-mənt] *n* traslado *m*; FIS, NAUT desplazamiento *m*.

dis·play [di'splei] **I**. *v* **1**. (*notice*, etc) exhibir, poner en público, etc. **2**. (*goods, paintings*) exponer; (*quality, feeling*) mostrar, manifestar; hacer ostentación de. **II**. *n* **1**. (*goods, art*) exhibición *f*, exposición *f*; DEP (*fireworks*, etc) exhibición *f*;. **2**. (*of feeling*, etc) demostración *f*, ostentación *f*, gala *f*; MIL gala *f*; (*of energy*) despliegue *m*. LOC **On ~**, En exposición. **~ wind·ow** *n* escaparate *m*, vitrina *f*.

dis·please [dis'pli:z] *v* desagradar, disgustar. **dis·pleas·ed** [-d] *adj* disgustado/a. **dis·pleas·ing** [-iŋ] *adj* desagradable. **dis·pleas·ure** [dis'pleʒə(r)] *n* enfado *m*, descontento *m*.

dis·port [di'spɔ:t] *v* FML divertirse.

dis·pos·able [di'spəuzəbl] *adj* **1**. disponible. **2**. (*article*) desechable. **dis·pos·al** [di'spəuzl] *n* (*of refuse*) eliminación *f*, recogida *f*. LOC **Be at one's/ sb's ~,** Estar a la disposición de uno/alguien. **dis·pose** [di'spəuz] *v* FML disponer, arreglar; **~ of sth,** Deshacerse de/Eliminar; (*refuse*) recoger. **dis·pos·ed** [-d] *adj* dispuesto/a; bien/mal dispuesto (hacia). **dis·po·si·tion** [,dispə'ziʃn] *n* disposición *f*.

dis·pos·sess [,dispə'zes] *v* (**~ of sth**) desposeer, privar de.

dis·pro·por·tion [,disprə'pɔ:ʃn] *n* desproporción *f*, desequilibrio *m*. **~·ate** [,disprə'pɔ:ʃənət] *adj* desproporcionado/a.

dis·prove [,dis'pru:v] *v* refutar.

dis·put·able [di'spju:təbl] *adj* discutible. **dis·put·ation** [,dispju:'teiʃn] *n* FML disputa *f*, controversia *f*. **dis·put·at·i·ous** [,dispju:'teiʃəs] *adj* polemista. **dis·pute** [di'spju:t] **I**. *n* disputa *f*, polémica *f*, debate *m*, discusión *f*; (*industrial*, POL) conflicto *m*. LOC **Beyond ~**, Sin discusión. **In ~**, En entredicho; DER En litigio. **II**. *v* discutir, argumentar, polemizar; (*truth*, etc) poner en duda; (*victory*, etc) disputar.

dis·qua·li·fic·ation [dis,kwɔlifi'keiʃn] *n* inhabilitación *f*; DEP descalificación *f*. **dis·qual·ify** [dis'kwɔlifai] *v* (*driver*, etc) inhabilitar; DEP descalificar.

dis·quiet [dis'kwaiət] **I**. *n* desasosiego *m*, inquietud *f*. **II**. *v* inquietar, preocupar. **~·ing** [-iŋ] *adj* alarmante, preocupante.

dis·qui·si·tion [,diskwi'ziʃn] *n* disquisición *f*.

dis·re·gard [,disri'ga:d] **I**. *v* ignorar, no hacer caso de; descuidar. **II**. *n* indiferencia *f* (por), desinterés *m*; descuido *m*, negligencia *f*.

dis·re·pair [,disri'peə(r)] *n* (*of building*, etc) mal estado *m*.

dis·re·put·able [dis'repjutəbl] *adj* (*place, person*) de mala fama; (*act*) vergonzoso/a, poco respetable. **dis·re·pute** [,disri'pju:t] *n* descrédito *m*, mala fama *f*.

dis·res·pect [,disri'spekt] *n* falta *f* de respeto. **~·ful** [-ful] *adj* irrespetuoso/a (*towards*, para con).

dis·robe [dis'rəub] *v* FML quitarse las vestiduras.

dis·rupt [dis'rʌpt] *v* (*meeting, traffic*, etc) interrumpir, cortar; (*plans*) desorganizar. **~·ion** [dis'rʌpʃn] *n* trastorno *m*, alboroto *f*; (*of traffic*) interrupción *f*, alteración *f*. **~·ive** [-iv] *adj* trastornador/ra, desorganizador/ra; alborotador/ra.

dis·sat·is·fac·tion [,di,sætis'fækʃn] *n* descontento *m*, disgusto *m*. **dis·sat·is·fi·ed** [,dis'ætisfaid] *adj* (**with**) descontento/a, disgustado/a (por algo).

dis·sect [di'sekt] *v* ZOOL, BIOL disecar; FIG analizar detalladamente. **~·ion** [di'sekʃn] *n* disección *f*; FIG análisis *m* detallado.

dis·sem·ble [di'sembl] *v* FML encubrir, disimular, aparentar. **dis·sem·bler** [-ə(r)] *n* hipócrita *m, f*.

dis·sem·in·ate [di'semineit] *v* (*ideas*, etc) difundir, propagar. **dis·sem·in·ation** [di,semi'neiʃn] *n* difusión *f*, propagación *f*.

dis·sen·sion [di'senʃn] *n* disensión *f*, desavenencia *f*. **dis·sent** [di'sent] **I**. *n* POL, REL disidencia *f*. **II**. *v* disidir. **dis·sent·er** [-ə(r)] *n* disidente *m,f*. **dis·sent·ing** [-iŋ] *adj* disidente.

dis·ser·ta·tion [,disə'teiʃn] *n* ensayo *m*; (*universidad*) tesis *f* de licenciatura.

dis·ser·vice [dis'sɜ:vis] *n* perjuicio *m*.

dis·sid·ence ['disidəns] *n* disidencia *f*. **dis·sid·ent** ['disidənt] *n* disidente *m,f*.

dis·sim·i·lar [di'similə(r)] *adj* desemejante (*from/to sth*, de algo), dispar. **~·ity** [,disimi'lærəti] *n* desemejanza *f*, disparidad *f*.

dis·sim·ul·ate [di'simjuleit] *v* FML disimular, aparentar, fingir. **dis·sim·ul·ation** [di,simju'leiʃn] *n* disimulación *f*.

dis·sip·ate ['disipeit] *v* dispersar, disipar; (*money*, etc) derrochar, malgastar. **dis·sip·at·ed** [-id] *adj* PEY disipado/a. **dis·sip·ation** [,disi'peiʃn] *n* disipación *f*.

dis·so·ci·ate [di'səuʃieit] (*also* **dis·as·so·ci·ate**) *v* disociar(se) (de). **dis·so·ci·ation** [di,səusi'eiʃn] *n* disociación *f*.

dis·sol·ub·il·ity [di,sɔlju'biləti] *n* disolubilidad *f*. **dis·sol·uble** [di'sɔljubl] *adj* disoluble. **dis·so·lute** ['disəlu:t] *adj* disoluto/a, disipado/a. **dis·so·lu·tion** [,disə'lu:ʃn] *n* disolución *f*. **dis·solve** [di'zɔlv] *v* **1**. disolver(se). **2**. (**in sth**) deshacerse en. **3**. (**sth away**) hacer desaparecer, quitar.

dis·son·ance ['disənəns] *n* discordia *f*; MUS disonancia *f*. **dis·son·ant** ['disənənt] *adj* discordante, disonante.

dis·suade [di'sweid] *v* disuadir. **dis·sua·sion** [di'sweiʒn] *n* disuasión *f*. **dis·suas·ive** [di'sweisiv] *adj* disuasivo/a.

dis·taff ['dista:f, US 'distæf] *n* rueca *f*. LOC **On the ~ side,** En la familia de la/Por parte de madre.

dis·tance ['distəns] **I**. *n* **1**. distancia *f*. **2**. reserva *f*, altivez *f*, frialdad *f*. LOC **In the ~,** A lo lejos. **Keep sb at a ~,** Mantener las distancias con. **II**. *v* (**from**) distanciar(se) (de). **dis·tant** ['distənt] *adj* distante; FIG (*person*) frío/a, reservado/a. **dis·tant·ly** [-li] *adv* lejanamente.

dis·taste [dis'teist] *n* repugnancia *f*, aversión *f* (por/hacia). **~·ful** [-ful] *adj* desagradable, poco grato/a.

dis·tem·per [di'stempə(r)] **I**. *n* **1**. pintura *f* al temple. **2**. ZOOL moquillo *m*. **II**. *v* pintar al temple.

dis·tend [di'stend] *v* FML hinchar(se), dilatar(se), distender(se). **dis·ten·sion** (US **dis·ten·tion**) [di'stenʃn] *n* distensión *f*.

dis·til [di'stil] (US **dis·till**) *v* (**from**) destilar (de). **~·la·tion** [,disti'leiʃn] *n* destilación *f*; FIG esencia *f*, condensación *f*. **~·ler** [di'stilə(r)] *n* destilador *m*. **~·ler·y** [di'stiləri] *n* destilería *f*.

dis·tinct [di'stiŋkt] *adj* **1**. claro/a, definido/a, visible, perceptible. **2**. (**from**) distinto/a de, diferente de. **~·ion** [di'stiŋkʃn] *n* diferenciación *f*, distinción *f*; (*title*) distinción *f* honorífica, matrícula *f* de honor; (*quality*) importancia *f*. **~·ive** [-iv] *adj* característico/a, distintivo/a (*of* de). **dis·tinct·ly** [-li] *adv* claramente.

dis·tin·guish [di'stiŋgwiʃ] *v* **1**. distinguir(se), diferenciar(se).

dis·tort [di'stɔ:t] *v* deformar, torcer; FIG falsear, tergiversar. **~·ion** [di'stɔ:ʃn] *n* deformación *f*; FIG falseamiento *m*, distorsión *f*.

dis·tract [di'strækt] *v* distraer la atención de, desviar. **dis·tract·ed** [-id] *adj* distraído/a. **dis·tract·ing** [-iŋ] *adj* que distrae. **dis·trac·tion** [di'strækʃn] *n* distracción *f*; (*madness*) perturbación *f* mental. LOC **To ~,** Hasta la locura.

dis·train [di'strein] *v* DER secuestrar, embargar. **dis·traint** [-t] *n* embargo *m*.

dis·traught [di'strɔ:t] *adj* trastornado/a, enloquecido/a.

dis·tress [di'stres] **I**. *n* pena *f*, aflicción *f*; (*also physical*) sufrimiento *m*; (*of person, area*, etc) pobreza *f*, miseria *f*, necesidad *f*; (*of ship*, etc) peligro *m*; MED agotamiento *m*. **II**. *v* apenar, afligir. **~·ing** [-iŋ] (*also* **~·ful**) *adj* (*news*, etc) doloroso/a, penoso/a. **~ sig·nal** *n* señal *f* de socorro.

dis·trib·ute [di'stribju:t] *v* distribuir, repartir; ordenar, clasificar. **dis·tri·bu·tion** [,distri'bju:ʃn] *f* distribución *f*. **dis·tri·but·ive** [di'stribjutiv] *adj* (*also* GRAM) distributivo/a. **dis·trib·ut·or** [-ə(r)] *n* (*also* ELECTR) distribuidor/ra.

dis·trict ['distrikt] *n* barrio *m*, distrito *m*; GEOG región *f*, zona *f*.

dis·trust [dis'trʌst] **I.** *n* desconfianza *f*, recelo *m*. **II.** *v* desconfiar de, sospechar de. **~·ful** *adj* desconfiado/a, receloso/a.

dis·turb [di'stɜ:b] *v* **1.** (*order, peace*, etc) alterar, perturbar. **2.** (*people*) molestar, inquietar. **3.** (*things*) desordenar. **4.** (*mind*) trastornar. LOC **Do not ~,** (*notice*) No molestar. **~ the peace,** DER Alterar el orden público. **~·ance** [di'stɜ:bəns] *n* alteración *f*, perturbación *f*, desorden *m*; (*riot*) alboroto *m*, tumulto *m*, disturbio *m*; (*mental*) trastorno *m*. **~·ed** [-d] *adj* (*mentally*) trastornado/a. **~·ing** [-iŋ] *adj* perturbador/ra, agitador/ra; inquietante, alarmante.

dis·use [dis'ju:s] *n* falta *f* de uso.

ditch [ditʃ] **I.** *n* zanja *f*; (*of road*) cuneta *f*. **II.** *v* hacer/reparar zanjas; (*plane*) amarar; INFML dejar, abandonar.

dith·er ['diðə(r)] **I.** *v* **(about sth)** titubear acerca de, vacilar. **II.** *n* indecisión *f*. LOC **All of a ~,** INFML Hecho/a un mar de dudas. **Have the ~s,** INFML Dudar muchísimo/Estar muy nervioso.

dit·to ['ditəu] *n* (*in lists*, etc) lo dicho, lo mismo, ídem.

dit·ty ['diti] *n* canción *f* sencilla.

diu·ret·ic [,daiju'retik] **I.** *adj* diurético/a. **II.** *n* diurético *m*.

diurn·al [dai'ɜ:nl] *adj* BIOL , ASTR diurno/a.

di·van [di'væn, US 'daivæn] *n* diván *m*, cama *f* turca.

dive [daiv] **I.** *v* (**dived**, US *also* **dove** [dəuv]) **1.** zambullirse, tirarse al agua de cabeza; (*deeply*) bucear; (*submarine*) sumergirse; AER bajar en picado. 2. **(into/under sth)** meterse rápidamente en/debajo de algo. **3.** **(for sth)** saltar a coger algo. **4.** FML **(into)** meter la mano en; FIG meterse de lleno en. **II.** *n* zambullida *f*; AER bajada *f* en picado; NAUT inmersión *f*; DEP, etc salto *m* brusco; INFML barucho *m*. **~-bomb** *v* bombardear en picado. **div·er** ['daivə(r)] *n* submarinista *m,f*; (*professional*) buzo *m*. **div·ing** ['daiviŋ] *n* (*act*) salto *m* al agua, buceo *m*; (*activity*) submarinismo *m*. **~ bell** *n* campana *f* de buzo. **~ board** *n* trampolín *m*. **~ suit** *n* escafandra *f*, equipo *m* de submarinista.

di·verge [dai'vɜ:dʒ] *v* **1.** (*roads*, etc) bifurcarse; FML (*opinions*) divergir. **2.** **(from)** apartarse de. **di·ver·gence** [dai'vɜ:dʒəns] (*also* **-·ncy**) *n* divergencia *f*. **di·ver·gent** [dai'vɜ:dʒənt] *adj* divergente.

di·verse [dai'vɜ:s] *adj* variado/a, diverso/a. **di·ver·si·fic·ation** [dai,vɜ:sifi'keiʃn] *n* diversificación *f*. **di·ver·si·fy** [dai'vɜ:sifai] *v* **(-fied, -fied)** variar; COM ampliar, variar. **di·ver·sion** [dai'vɜ:ʃn, US dai'vɜ:rʒn] *n* (*of road*) desvío *m*; (*of stream*) cambio *m* de rumbo; (*of ideas*) nueva orientación *f*; (*activity*) diversión *f*, distracción *f*. **di·vers·ity** [dai'vɜ:səti] *n* diversidad *f*, variedad *f*. **di·vert** [dai'vɜ:t] *v* (*traffic*, etc) desviar; (*activity*) divertir. **di·vert·ing** [-iŋ] *adj* entretenido/a.

di·vest [dai'vest] *v* FML despojar; desvestir; librarse de.

di·vide [di'vaid] **I.** *v* dividir(se); **(sth by sth)** dividir (una cosa por otra). **II.** *n esp* US GEOG línea *f* divisoria. **~di·vid·end** ['dividend] *n* COM, MAT dividendo *m*. **di·vid·er** [-ə(r)] *n* separador *m*, biombo *m*; *pl* compás *m* de puntas fijas.

di·vin·ation [,divi'neiʃn] *n* adivinación *f*.

di·vine [di'vain] **I.** *adj* (*also* INFML) divino/a. **II.** *v* FML adivinar, pronosticar. **di·vin·er** [-ə(r)] *n* adivino/a; (*also* **water-~**) zahorí *m*. **di·vin·ing rod** *n* varilla *f* de zahorí. **di·vin·ity** [di'vinəti] *n* divinidad *f*; teología *f*.

di·vis·ible [di'vizəbl] *adj* divisible. **di·vi·sion** [di'viʒn] *n* división *f*; Br (*parlam*) votación *f*. LOC *Division sign*, El signo de la división. **di·vis·ive** [di'vaisiv] *adj* divisorio/a; que desune. **di·vis·or** [di'vaizə(r)] *n* MAT divisor *m*.

di·vorce [di'vɔ:s] **I.** *n* (*also* FIG) divorcio *m*. **II.** *v* (*also* FIG) divorciar(se). **di·vorc·ee** [di,vɔ:'si:] *n* divorciado/a.

di·vulge [dai'vʌldʒ] *v* divulgar, revelar.

diz·zi·ness ['dizinis] *n* vértigo *m*, mareo *m*.

diz·zy ['dizi] **I.** *adj* **(-ier, -iest)** mareado/a, aturdido/a; (*height*, etc) que produce vértigo. **II.** *v* **(diz·zied)** marear, dar vértigo a.

do [du:] **I.** *v/aux* (*for negation, interrogation, answering and emphasizing*): *I don't want to go out*, No quiero salir. *Did he go to school? -No, he didn't*, ¿Fue a la escuela? -No, no fue. *I do want to read this book*, Pues claro que quiero leer este libro. *She doesn't come tonight, does she?* Ella no viene esta noche, ¿verdad? **II.** *n* Br INFML fiesta *f*, guateque *m*; Br SL estafa *f*, lío *m*. LOC **Do's and don'ts** [,du:zən'dəunts], Reglas/Normas. **III.** *v* (**did** [did], **done** [dʌn]) **1.** hacer. **2.** (*study*) *She's doing a degree in science*, Está estudiando una carrera de ciencias. **3.** (*arrange, repair*, etc) arreglar, limpiar, etc: *I always ~ my hair in the mornings*, Siempre me arreglo el pelo por la mañana. **4.** (*solve*) hacer, solucionar: *I can't ~ this crossword puzzle*, No puedo hacer este crucigrama. **5.** TEAT producir, montar, representar: *They are doing a Lorca this month*, Ponen un Lorca en escena este mes. **6.** (*travel*) recorrer, hacer, visitar: *She did London-Paris in 20 minutes*, Fue de Londres a París/Hizo Londres-París en 20 minutos. **7.** (*be enough*) bastar, ser suficiente: *That will ~ for the day*, Esto bastará por hoy. **8.** (*be used for*) servir, ir bien: *This table will ~ as a desk*, Esta mesa servirá de escritorio. **9.** (*with adv*) ir, marchar, funcionar, progresar: *Is she doing well at school?* ¿Cómo le va en el colegio? **10.** (*cook*) preparar, guisar, hacer. **11.** SL engañar, timar, estafar: *You have been done again!* ¡Ya te han vuelto a timar! LOC **Have to ~ with sb/sth,** Tener que ver con alguien/algo. **Have got something to ~ with,** Estar relacionado con. **How do you ~?,** Encantado de conocerle, Mucho gusto. **That will never/won't ~,** Esto no puede seguir así/ Ya no podemos seguir así. **Nothing doing!** SL (*in answer*) ¡Ni hablar del asunto!

That does it! INFML ¡Se acabó! **That's done it!** INFML ¡Ahora sí que estamos arreglados! **That will ~,** Por ahora basta/Ya está bien por ahora.

do... ~ away, INFML Librarse (*with* de); **~ away with o·s.**, INFML suicidarse. **~ down,** INFML Criticar, menospreciar. **~ for,** INFML Hacer faenas domésticas para; (*in passive*) Estar acabado; *~ sth for sb/sth* INFML Mejorar el aspecto de. **~ in,** INFML Matar, liquidar. **do-it-yourself,** bricolaje *m*. **~ out,** INFML (*room*, etc) arreglar, limpiar, ordenar. over, INFML Atacar/ Dar una paliza a; (*surface*, etc) pintar de nuevo, arreglar. **~ (sth) to (sb),** INFML Tener un cierto efecto sobre: *Whisky does something to me*, El whisky me altera mucho. **~ sth to sth,** Hacer con, a/Tocar. **~ up,** (*skirt*, etc) Abrochar(se). **~ oneself up,** INFML Arreglarse, maquillarse; (*house*, etc) arreglar, volver a pintar, etc; (*objects*) envolver, empaquetar. **~ with,** (*with can, could*) tener ganas de, apetecer a uno: *I could ~ with a whisky*, Un whisky no me iría mal; (*negative*) no tolerar, no soportar. **~ sth with sth,** Hacer algo a una cosa. **~ without,** (*with can, could*) Pasar sin: *I can't ~ without a heater*, No puedo pasar sin estufa.

do... ~-gooder, *n* INFML persona *f* que gusta de hacer obras de caridad. **do-it-yourself,** *n* (*jobs*) bricolaje *m*.

doc [dɔk] *n* INFML = **doctor**.

do·cile ['dəusail, US 'dɔsl] *adj* dócil. **do·cil·ity** *n* docilidad *f*.

dock [dɔk] **I.** *n* **1.** NAUT muelle *m*, dársena *f*; *pl* muelles *m,pl*, zona *f* portuaria. **2.** DER banquillo *m* (de acusado). LOC **Put sb in the ~,** FIG Sentar a alguien en el banquillo. **3.** BOT acedera *f*. **II.** *v* **1.** NAUT atracar en un muelle; **2.** AER acoplar(se) en el espacio. **3.** (*animal's tail*) cortar muy corto/a; (*pay*, etc) rebajar, recortar: *~ sth off sth*, Quitar a algo una parte. **~er** [-ə(r)] *n* trabajador *m* portuario, estibador *m*. **~·land** *n* barrio *m* portuario. **~·yard** *n* astillero *m*, arsenal *m*.

dock·et ['dɔkit] **I.** *n* COM etiqueta *f*, rótulo *m*; DER US lista *f* de casos pendientes. **II.** *v* escribir en un rótulo/etiqueta; poner un/a rótulo/etiqueta a.

doc·tor ['dɔktə(r)] **I.** *n* médico *m,f*, doctor/ra; (*university*) doctor/ra. **II.** *v* (*patient*) tratar, visitar; (*cat, dog*) castrar; INFML (*drink*, etc) adulterar, (*facts, writing*, etc) cambiar, falsear. **~·al** [-rəl] *adj* doctoral. **~·ate** ['dɔktərət] *n* doctorado *m*.

doc·trin·aire [,dɔktri'neə(r)] *adj* PEY doctrinario/a. **doc·trin·al** [dɔk'trainl, US 'dɔktrinl] *adj* doctrinal. **doc·trine** ['dɔktrin] *n* doctrina *f*.

do·cu·ment I. ['dɔkjumənt] *n* documento *m*. **II.** ['dɔkjument] *v* documentar. **~·ary** [,dɔkju'mentri] **I.** *adj* documental. **II.** *n* documental *m*. **~·ation** [,dɔkjumen'teiʃn] *n* documentación *f*.

dod·der ['dɔdə(r)] *v* INFML temblequear, vacilar. **~er** [-ə(r)] *n* anciano/a tembloroso/a. **~·ing** [iŋ] *adj* (*old person*) tembloroso/a.

dod·dle ['dɔdl] INFML chollo *m*.

dodge [dɔdʒ] **I.** *v* (*blow*, etc) evitar, rehuir; dar un salto; INFML (*pay debt*, etc) evadir, hacer el moroso. **II.** *n* salto *m* para evitar (golpe, etc); INFML trampa *f*, evasión *f*, truco *m*. **dodg·ems** ['dɔdʒəmz] *n pl* (*also* **dodg·em cars**) (*in fairground*) autos *m,pl* de choque. **dod·ger** [-ə(r)] *n* (*for paying*, etc) remolón/na, moroso/a.

dod·gy ['dɔʒi] *adj* dudoso/a.

doe [dəu] *n* (*of deer, rabbit*) hembra *f*.

do·er ['du:ə(r)] *n* persona *f* que actúa más que habla.

dog [dɔg, US dɔ:g] **I.** *n* perro *m*; (*of fox, wolf*) macho *m*. LOC **A ~ in the manger,** El perro del hortelano. **Go to the ~s,** INFML Irse a pique. **Not have a ~'s chance,** No tener ninguna oportunidad. **II.** *v* seguir la pista a/de; FIG perseguir. **~-bis·cuit** *n* galleta *f* para perros. **~·cart** *n* carro *m* de dos ruedas. **~·collar** *n* collar *m* de perro. **~ days** *n* canícula *f*. **~-eared** *adj* (*book, page*) doblado/a, manoseado/a, sobado/a. **~·fight** *n* AER combate *m* aéreo; lucha *f* encarnizada. **~·house** *n* perrera *f*. LOC **In the ~,** FIG En desgracia. **~-like** *adj* perruno/a, canino/a: *~ fidelity*, fidelidad perruna. **~·tired** *adj* muy cansado/a.

doge [dəudz] *n* dux *m*.

dog·ged ['dɔgid, US 'dɔ:gid] *adj* obstinado/a, terco/a, tenaz. **~·ness** [-nis] *n* tenacidad *f*, tesón *m*.

dog·ger·el ['dɔgərəl, US 'dɔ:gərəl] *n* versos *m,pl* ramplones.

dog·gy [dɔgi] *n* perrito/a.

dog·ma ['dɔgmə, US 'dɔ:gmə] *n* dogma *m*. **~·tic** [dɔg'mætik, US dɔ:g-] *adj* (*also* PEY) dogmático/a. **~·tism** [-tizəm] *n* dogmatismo *m*. **~tize, -·tise** *v* dogmatizar.

dog·rose ['dɔgrəuz, US 'dɔ:g-] *n* rosal *m* silvestre, escaramujo *m*.

dogs·bo·dy ['dɔgzbɔdi, US 'dɔ:g-] *n* Br INFML el/la que lleva la peor parte, pagano/a.

dog-watch ['dɔgwɔtʃ, US 'dɔ:g-] *n* NAUT guardia *f* de cuartillo.

doh [dəu] (*also* **do**) *n* MUS do *m*.

doi·ly ['dɔili] *n* (*also* **doy·ley, doy·ly**) (*for cake*, etc) pañito *m*.

do·ings ['du:iŋz] *n* INFML obras *f,pl*, hechos *m,pl*; *pl* trastos *m,pl*, chismes *m,pl*.

dol·drums ['dɔldrəmz] *n* **the ~,** GEOG zona *f* de las calmas ecuatoriales. LOC **In the ~,** Estar inactivo/a, alicaído/a o en crisis.

dole [dəul] **I.** *v* **~ sth out,** distribuir en partes pequeñas. **II.** *n* **the ~,** Br INFML subsidio *f* de desempleo. **~·ful** ['dəulfl] *adj* lúgubre.

doll [dɔl, US dɔ:l] **I.** *n* muñeca *f*; SL (*esp* US) chica *f*, tía *f*. **II.** *v* **~ sb up,** acicalar, ataviar.

dol·lar ['dɔlə(r)] *n* dólar *m*. LOC **Feel like a million ~s,** INFML Encontrarse maravillosamente.

dol·lop ['dɔləp] *n* INFML (*of soft food*) pegote *m* de pasta, masa, etc.

dol·ly ['dɔli, US 'dɔ:li] *n* muñequita *f*; (*for filming*) trípode *m* de la cámara, plataforma *f* móvil. **~-bird** *n* Br INFML cabeza *f* loca (*mujer*).

dol·or·ous ['dɔlərəs, US 'dəulərəs] *adj* FML triste, doloroso/a.

dol·phin ['dɔlfin] *n* delfín *m*.

dolt [dəult] *n* PEY necio/a, estúpido/a. **~-ish** *adj* necio/a.

do·main [də'mein] *n* territorio *m*, dominios *m,pl*; FIG campo *m*, ámbito *m*.

dome [dəum] *n* ARQ cúpula *f*, bóveda *f*; FIG (*of hill*) cumbre *f*.

do·mes·tic [də'mestik] **I**. *adj* doméstico/a; (*trade, flights*, etc) nacional. **II**. *n* sirviente/a. **~·ate** [də'mestikeit] *v* (*animal*) domesticar; (*person*) acostumbrar a los trabajos domésticos. **~·ity** [,dəume'stisəti, ,dɔm-] *n* vida *f* hogareña. **~ science** *n* economía *f* doméstica.

do·mi·cile ['dɔmisail] *n* FML, DER domicilio *m*. **do·mi·cil·ed** *adj* domiciliado/a. **do·mi·ci·li·ary** [,dɔmi'siliəri, US ,dɔmi'silieri] *adj* domiciliario/a.

do·min·ant ['dɔminənt] **I**. *adj* (*taste*, etc) *also* BIOL dominante. **II**. *n* MUS dominante *f*. **do·min·ate** ['dɔmineit] *v* dominar. **do·min·ation** [,dɔmi'neiʃn] *n* dominio *m*, superioridad *f*. **do·min·eer** [,dɔmi'niə(r)] *v* dominar (*over sb* a alguien). **do·min·eer·ing** [-iŋ] *adj* mandón/na, autoritario/a. **do·min·ion** [də'miniən] *n esp* POL dominio *m*.

do·mi·no ['dɔminəu] (*pl* **-es**) *n* ficha *f* de dominó; *pl* (*game*) dominó *m*.

don [dɔn] **I**. *n* Br (*esp in Oxford and Cambridge*) profesor/ra (de universidad). **II**. *v* FML (*clothes*) ponerse; FIG (*smile*) poner.

don·ate [dəu'neit, US 'dəuneit] *v* donar. **don·ation** [dəu'neiʃn] *n* donación *f*.

done [dʌn] **I**. pp of **do**. **II**. *adj* (*of food*) hecho/a, bien cocido/a; (*task*) terminado/a; INFML bien visto/a. LOC **Be ~ with,** Acabar con. **Be the ~ thing,** Ser algo bien visto. **~ for**, agotado/a. **Over and ~ with,** Completamente acabado/a. **III**. *int* ¡trato hecho!, ¡de acuerdo!

don·jon ['dɔndʒən] *n* torreón *m*. V. **dun·geon**.

don·key ['dɔŋki] *n* (*pl* **-s**) asno *m*, burro/a (also FIG). **~'s years,** Br INFML Eternidades/Muchos años. **~ en·gine** *n* NAUT motor *m* auxiliar. **~-work** *n* parte *f* dura de un trabajo.

do·nor ['dəunə(r)] *n* donante *m,f*.

doo·dle ['du:dl] **I**. *n* garabato *m*, dibujo *m*. **II**. *v* hacer garabatos.

doom [du:m] **I**. *n* **1**. *lit* muerte *f*, fin *m* trágico; fatalidad *f*, destino *m* fatal. **2**. = **dooms·day**. **II**. *v* condenar. **~·sday** ['du:mzdei] *n* día *m* del Juicio Final. LOC **Till ~,** FIG Hasta el día del Juicio.

door [dɔ:(r)] *n* puerta *f*: *Back ~,* Puerta trasera. LOC **From ~ to ~,** De casa en casa. **The ~ to sth,** FIG La llave de algo. **Next ~ to,** Casi/Poco menos que. **Out of doors,** Al aire libre. **Slam the ~ in sb's face,** Dar con la puerta en las narices a alguien. **~-bell** *n* timbre *m* de la puerta. **~-frame** *n* marco *m* de la puerta. **~-hand·le** *n* tirador *m* de la puerta. **~-keeper = doorman**. **~-knocker** *n* picaporte *m*. **~·man** *n* (*pl* **-men**) portero *m*. **~·mat** *n* felpudo *m* de entrada; FIG persona *f* que se deja atropellar. **~-plate** *n* placa *f* en la puerta de entrada. **~·step** *n* umbral *m*, peldaño *m* a la entrada. LOC **On one's ~,** FIG A la puerta de casa de uno. **~·way** *n* portal *m*, puerta *f* de entrada.

dope [dəup] **I**. *n* SL droga *f*, narcótico *m*; (*thick liquid*) barniz *m*, lubricante *m*; INFML estúpido/a; **~ on sth,** SL Informe/Datos sobre algo. **II**. *v* drogar, dopar. **do·pey** (*also* **do·py**) [-i] *adj* (**-ier, -iest**) atontado/a, mareado/a; SL estúpido/a.

dorm·ant ['dɔ:mənt] *adj* (*volcano*, etc) inactivo/a; (*plant, animal*) durmiente; FIG en estado latente. **dorm·er** ['dɔ:mə(r)] (*also* **~-win·dow**) *n* (*vertical*) ventana *f* de desván. **dorm·it·ory** ['dɔ:mitri, US -tɔ:ri] *n* (*for many*) dormitorio *m*: *~ town,* Ciudad *f* dormitorio.

dor·mouse ['dɔ:maus] *n* (*pl* **dor·mice** ['dɔ:mais]) lirón *m*.

dor·sal ['dɔ:sl] *adj* dorsal.

do·ry ['do:ri] *n* gallo (*pez*).

dos·age ['dəusidʒ] *n* MED dosificación *f*. **dose** [dəus] **I**. *n* (*amount*) dosis *f*; FIG INFML ración *f*. LOC **Like a ~ of salts,** Muy rápidamente. **In small ~s,** En pequeñas dosis. **II**. *v* administrar una dosis a.

doss [dɔs] *v* **~ down,** Br SL echarse a dormir. **~er** [-ə(r)] *n* Br SL persona *f* que duerme en la calle. **~-house** *n* Br SL pensión *f* malísima.

dos·sier ['dɔsiei, US *also* 'dɔ:siə(r)] *n* expediente *m*, dossier *m*.

dot [dɔt] **I**. *n* (*in writing*) punto *m*; FIG mota *f*, punto *m*. LOC **On the ~,** INFML Puntualmente. **II**. *v* (*esp passive*) poner puntos a/en; motear: *A sky dotted with stars,* Un cielo salpicado de estrellas. INFML pegar. LOC **~ one's i's and cross one's t's,** Poner punto final a algo. **~-ma·trix** *adj* (*comp*) *~ printer*, impresora matricial. **~·ted line** *n* línea *f* de puntos.

dot·age ['dəutidʒ] *n* LOC **In one's ~,** En la chochez. **dote** [dəut] *v* **~ on sb/sth,** estar chocho por alguien/algo. **dot·ing** [-iŋ] *adj* embobado/a, loco/a, chocho/a. **dot·ty** ['dɔti] *adj* (**-ier, -iest**) *esp* **1**. Br INFML chiflado/a, lelo/a. **2**.(**about sb/sth**) loco/a por alguien/algo.

dou·ble [dʌbl] **I**. *adj* doble. **II**. *det* el doble. **III**. *adv* doble. **IV**· *n* doble *m*; *pl* (*in tennis*) dobles *m,pl*. LOC **~ or quits,** Pagar doble o nada. **V**. *v* doblar; NAUT dar la vuelta a, doblar; **~ back,** Dar media vuelta y volver atrás. **~ sth up (with laughter),** Desternillarse, mondarse de (risa).

dou·ble... ~-barrelled, *adj* (*of gun*) de dos cañones. **~-bass,** *n* contrabajo *m*. **~ bed,** *n* cama *f* de matrimonio. **~-bedded,** *adj* (*room*) de dos camas. **~ bill,** *n* (*films*) sesión *f* doble. **~-book**. *v* reservar la misma plaza/billete, etc para dos personas distintas. ~-**booking,** *n* reserva *f* doble. ~-**breasted,** *adj* (*jacket, coat*) cruzado/a. ~-**check,** *v* comprobar dos veces. ~ **chin,** *n* papada *f*, papo *m*. ~ **cream,** *n* crema *f* de leche entera. ~-**cross,** *v* engañar, hacer una trampa a. ~-**dealer,** *n* persona *f* doble. ~-**dealing,** *n* falsedad *f*. ~-**decker,** *n* autobús *m* de dos pisos. ~ **Dutch,** *n* Br INFML galimatías *m*; jerga *f* incomprensible. ~-**edged,** *adj* (*also* FIG) de doble filo. ~ **entry,** *n* COM partida *f* doble. ~-**faced,** *adj* FIG de dos caras. ~ **figures,** *n* cantidades *f,pl* de dos cifras. ~-**glaze,** *v* (*on windows*) poner doble cristal en. ~-**glazing,** *n* cristal *m* doble en las ventanas. ~-**jointed,** *adj* (*member*) de articulación doble. ~-**park,** *v* aparcar en doble fila. ~-**quick,** *adj/adv* INFML muy deprisa. ~ **standard,** *n* moral *f* doble. ~-**talk,** *n* palabras *f,pl* falsas. ~-**think,** *n* ideas *f,pl* contradictorias.

dou·blet ['dʌblit] *n* pareja *f*; GRAM doble etimología *f*. **doub·ly** ['dʌbli] *adv* doblemente; dos veces.

doubt [daut] **I.** *n* duda *f*. LOC **Beyond any ~,** Sin duda alguna. **In ~,** En duda/Incierto. **No ~,** Indudablemente. **II.** *v* dudar (de). ~**er** *n* incrédulo/a, escéptico/a. ~·**ful** ['dautfl] *adj* (*event*) poco probable, dudoso/a; (*weather*) inseguro/a; (*person*) indeciso/a; (*place*, etc) de reputación dudosa: *A ~ blessing*, Una ventaja incierta. ~·**ful·ly** [-fuli] *adv* dudosamente. ~·**less** [-lis] *adv* sin duda, indudablemente.

douche [du:ʃ] **I.** *n* **1.** ducha *f*. **2.** jeringa *f*. **3.** (*act*) irrigación *f*. **II.** *v* **1.** ducharse. **2.** hacer una irrigación.

dough [dəu] *n* (*for bread*, etc) masa *f*, pasta *f*; SL dinero *m*, pasta *f*. ~·**nut** *n* buñuelo *m*, dónut *m*. **dough·y** *adj* pastoso/a.

dough·ty ['dauti] *adj* IR arrojado/a, esforzado/a.

dour [duə(r)] *adj* (*in manner*) hosco/a, severo/a, austero/a.

douse [daus] (*also* **dowse**) *v* (*in water*) remojar, empapar; lavar; (*light*) apagar.

dove US *pret of* **dive·**

dove [dʌv] *n* paloma *f*; FIG (*esp* POL) persona *f* pacífica. ~·**cote** ['dʌvkɔt, also 'dʌvkəut] *n* palomar *m*. ~·**tail** ['dʌvteil] **I.** *n* TEC cola *f* de milano. **II.** *v* **1.** ensamblar a cola de milano. **2.** FIG (**sth with sth**) encajar una cosa con otra.

dow·ag·er ['dauədʒə(r)] *n* viuda *f* de un hombre con título; INFML señorona *f*; *queen ~*, la reina viuda.

dow·dy ['daudi] *adj* (**-ier, -iest**) (*dress, person*) poco elegante, desaliñado/a.

dow·el ['dauəl] *n* clavija *f*.

down [daun] **I.** *adv* **1.** (*movement*) abajo, hacia abajo: *He was knocked ~*, Le echaron al suelo; (*on bed*) *He lied ~*, Se acostó. **2.** (*position*) en lugar inferior: *The birthrate is ~*, El índice de natalidad ha descendido. **3.** (*for distance*) lejos, a cierta distancia. *She went ~ to Paris*, Se fue a París. **4.** (*decrease in volume, activity*, etc) *They settled ~ and slept*, Se tranquilizaron y se durmieron.. **5.** (*in writing*) en papel, por escrito. *Put her ~ for the tournament*, Apúntala en la lista del torneo. **6.** (**to sb/sth**) hasta. **7.** (*with money*) al contado, de entrada. LOC **Be ~ on sb,** INFML Mirar mal a alguien. **Be ~ to sb,** Depender (algo) de alguien. **Be ~ to sth,** Estar sin más dinero que. **Go ~ with sth,** FIG Caer con (enfermedad, etc). ~ **and out,** Sin donde caerse muerto. ~ **below,** En el piso de abajo. ~ **through sth,** (*time*) A lo largo de. ~ **with the...,** ¡Abajo el...! **II.** *prep* hacia abajo, bajando por: *He ran ~ the hill*, Bajó corriendo la cuesta.. *A km ~ the river*, Bajando un quilómetro por el río. **III.** *adj* descendente: *The ~ train*, El tren descendente; (*payment*) al contado: *A ~ payment of $60*, Un pago al contado de 60 dólares. **IV.** *v* tirar al suelo; INFML (*drink*) tragarse. LOC ~ **tools,** Br Dejar el trabajo; Ir a la huelga. **V.** *n* **1.** LOC **Have a ~ on sb/sth,** INFML Tener manía a alguien/algo. **2.** ZOOL plumón *m*; (*on person*) pelusa *f*, vello *m*; GEOG *pl* colinas *f* redondeadas.

down... ~-**and-out,** *n* vagabundo/a, pordiosero/a. ~-**beat, I.** *n* MUS acorde *m* inicial. **II.** *adj* INFML alicaído/a, pesimista. ~-**cast,** *adj* (*of eyes*) mirando hacia abajo; (*person*) deprimido/a, abatido/a. ~**er,** *n* SL (*drug*) depresivo/a; (*experience*, etc) visión *f* deprimente. ~·**fall,** *n* FIG caída *f*, desprestigio *m*, ruina *f*. ~·**grade,** *v* (*in ranking*) rebajar. ~-**hearted,** *adj* desanimado/a, deprimido/a. ~·**hill, I.** *adv* cuesta abajo. LOC **Go ~,** FIG Deteriorarse/Ir cuesta abajo. **II.** *adj* de cuesta abajo: *A ~ race*, Una carrera cuesta abajo. ~·**pour,** *n* chaparrón *m*, aguacero *m*. ~·**right, I.** *adj* completo/a, total: *A ~ lie*, Una absoluta mentira; (*person*) sincero/a, abierto/a. **II.** *adv* completamente. ~·**stairs, I.** *adv* escaleras abajo; (*of twoûfloor house*) en el piso de abajo. **II.** *adj* del piso de abajo. **III.** *n* planta *f* baja. ~·**stream,** *adv* río abajo, aguas abajo. ~-**to-earth,** *adj* (*person, idea*) práctico/a, realista; PEY prosaico/a. ~·**town, I.** *adv* en/hacia el centro de la ciudad. **II.** *adj* céntrico/a. ~·**trodden,** *adj* (*worker*, etc) oprimido/a, explotado/a. ~·**ward,** *adj* inclinado/a, en pendiente; FIG en decadencia. ~·**wards** (*also* ~·**ward**), *adv* hacia abajo; cara abajo.

down·y ['dauni] *adj* velloso/a; (*animal*) con pelusa, con plumón.

dow·ry ['dauəri] *n* (*of bride*) dote *f*.

dowse I. = **douse. II.** ['dauz] *v* buscar agua con varilla de zahorí. **dowser** [-ə(r)] *n* zahorí *m*; adivino *m*.

do·yen ['dɔiən] (US **dean** [di:n]) (*f* **doy·enne** [dɔi'en]) *n* decano/a.

doy·ley, doy·ly = doily·

doze ['dəuz] **I.** *v* **1.** dormitar. **2.** (**off**) echar una cabezada. **II.** *n* cabezada *f*, sueñecito *m*, siestecita *f*.

doz·en ['dʌzn] *n* (*pl* **-s** or ~) docena *f*: *Half a ~*, Media docena. LOC **Baker's ~,** docena *f* de fraile. **Talk nineteen to the ~,** Hablar por los codos.

doz·y ['dəuzi] *adj* soñoliento/a, adormecido/a; Br SL atontado/a.

drab [dræb] *adj* gris, monótono/a, oscuro/a.

drachm [dræm], **drach·ma** [drækmə] *n* dracma.

draft [dra:ft, US dræft] **I.** *n* COM libramiento *m*, orden *f* de pago, letra *f* de cambio; MIL destacamento *m*; US MIL servicio *m* militar; (*drawing*) esbozo *m*, diseño *m*; (*writing*) borrador *m*. **II.** US V. **draught, I. III.** *v* redactar un borrador, esbozar; MIL enviar un destacamento; US reclutar. **~-card** *n* US llamada *f* a filas. **~-dodger** *n* US prófugo/a. **draft·ee** [,dra:f'ti:, US ,dræf'ti:] *n* recluta *m,f*. **~-sman** ['dra:ftsmən, US 'dræfts-] *n* (*pl* **-men**) V. **draughtsman**. **draft·y** [-i] *adj* US = **draughty**.

drag [dræg] **I.** *n* NAUT rastra *f*, red *f* barredera; (*harrow*) narria *f*; AER resistencia *f* al avance; SL pesado/a, latazo *m*; SL disfraz *m* de mujer (llevado por un hombre); FIG obstáculo *m*, estorbo *m*: *A ~ on sb/sth*, INFML Un estorbo para alguien/algo. **II.** *v* (*object, vehicle*, etc) arrastrar, estirar, tirar de, remolcar; (*person*, etc) avanzar lentamente; arrastrarse por el suelo; NAUT rastrear, dragar; FIG llevarse a la fuerza; (*film*, etc) ser muy pesado. LOC **~ one's feet/heels,** No acabar de decidirse. **~ sb's name through the mire,** Difamar a alguien. **~ sb into sth,** involucrar a alguien a hacer algo. **~-net** *n* red *f* barredera.

drag·gled ['drægld] *adj* V. **bedraggled**.

drag·on ['drægən] *n* dragón *m*; (*person*) FIG fiera *f*. **~-fly** ['-flai] *n* libélula *f*.

dra·goon [drə'gu:n] **I.** *n* MIL dragón *m*. **II.** *v* forzar, obligar (*sb into doing sth* a alguien a hacer algo).

drain [drein] **I.** *n* desagüe *m*; (*in street*) alcantarilla *f*; *pl* alcantarillado *m*; FIG sangría *f*, agotamiento *m*. LOC **Go down the ~,** INFML Perderse, desaparecer. **II.** *v* (*lake*, etc) desecar, drenar; (*drink*, etc) apurar, beberse; (*dishes*, etc) dejar escurrir; FIG consumir, agotar, acabar. LOC **~ away,** FIG Consumirse. **~·age** ['dreinidʒ] *n* (*system*) alcantarillado *m*; (*act*) desagüe *m*, drenaje *m*. **~·age-basin** *n* zona *f* desecada por canales, ríos, etc. **~·ing-board** *n* escurreplatos *m*. **~-pipe** ['dreinpaip] *n* tubería *f* de desagüe.

drake [dreik] *n* pato *m* (macho).

dram [dræm] *n* (*weight*) dracma *m*; (*drink*) copita *f*.

dra·ma ['dra:mə] *n* drama *m*; (*genre*) teatro *m*; FIG dramatismo *m*. **~·tic** [drə'mætik] *adj* dramático/a; (*society*, etc) de teatro; FIG efectista, teatral. **~·tics** ['drəmætist] *n* arte *f* teatral. **~·tist** ['dræmətist] *n* dramaturgo *m*. **~·tize, -·ise** ['dræmətaiz] *v* (*also* FIG) dramatizar.

drank V. **drink**

drape [dreip] **I.** *n* (*cloth*) colgadura *f*, cortinaje *m*. **II.** *v* adornar con cortinas, etc, cubrir con colgaduras. **drap·er** ['dreipə(r)] *n* tratante *m,f* en paños. **drap·ery** ['dreipəri] *n* Br (US **dry goods**) (*trade, shop*) pañería *f*, lencería *f*.

dras·tic ['dræstik] *adj* drástico/a. **~al·ly** [-li] *adv* drásticamente.

drat [dræt] *int* INFML ¡maldición!, ¡puñeta!. **~·ted**, *adj* maldito/a.

draught [dra:ft] (US **draft** [dræft]) **I.** *n* **1.** (*of air*) corriente *f*; (*of chimney*, etc) tiro *m*. **2.** (*of liquid*) trago *m*, bebida *f*. **II.** *adj* (*drink*) de barril; (*horse*) de tiro. **draughts** [-s] *n* Br (US **checkers**) juego *m* de damas. **~-board** *n* Br (US **checker-board**) tablero *m* de damas. **~·s·man** ['dra:ftsmən] *n* (*pl* **-men**) delineante *m,f*, dibujante *m,f*; (*in game*) Br (US **check·er**) pieza *f* de damas. **draugh·ty** ['dra:fti] (US **drafty** ['dræfti]) *adj* (*room*, etc) con mucha corriente (de aire).

draw [drɔ:] **I.** *n* (*act*) sorteo *m*, rifa *f*; (*result*) empate *m*; (*person, feature*) atracción *f*, gancho *m*; (*of cigarrette*, etc) chupada *f*. LOC **Be quick/slow on the ~,** INFML De buenos/malos reflejos. **II.** *v* (**drew** [dru:], **drawn** [drɔ:n]) **1.** (*pictures*) dibujar, trazar. **2.** (*vehicle*, etc) tirar de, arrastrar. **3.** (*object, weapon*) sacar; extraer; (*smoke, air*) aspirar, tragar; (*money*) obtener, ganar; (*blood*) sacar, extraer; (*curtain*) correr; (*cards*) coger, robar; FIG (*conclusion*) sacar, llegar a; (*attention, person*) atraer, llevar a. **4. (~ sth back)** echar hacia atrás, retirar. (**~ back**) dar marcha atrás. **5. (~ sb on sth)** engatusar a alguien para que haga algo. **6. (~ sb to sth)** llamar la atención de alguien, atraer. LOC **~ a comparison between sth and sth,** Establecer una comparación entre dos cosas. **~ breath,** Tomar aliento. **~ the line at sth/doing sth,** Negarse a (hacer) algo. **~ back from sth,** Retirarse de/Negarse a hacer algo. **~ on,** (*night*, etc) Caer, aproximarse; apoyarse (en). **~ out,** (*day*, etc) hacerse más largo. **~ up,** (*vehicle*) Pararse, detenerse. **~ sth up,** Redactar algo. **~ to a close,** Acabarse/Llegar a su fin.

draw... **~·back,** *n* inconveniente *m*, desventaja *f*. **~·bridge,** *n* puente *m* levadizo. **~·ee,** COM girado/a. **~·er,** 1. [drɔ:(r)] *n* (*container*) cajón *m*. **2.** ['drɔ:ə(r)] COM girador/ra; (*of picture*, etc) dibujante *m,f*. **~·ers,** *n* (*pl*) HIST calzones *m,pl*. **~·ing,** *n* (*art, picture*) dibujo *m*. **~·ing-board,** *n* tablero *m* de dibujo. **~·ing-pin** (US **thumb-tack**), *n* chincheta *f*. **~·ing-room,** *n* sala *f* de estar, salón *m*.

drawl [drɔ:l] **I.** *v* (*words*, etc) arrastrar; hablar arrastrando las palabras. **II.** *n* habla *f* lenta y monótona.

drawn [drɔ:n] **I.** V. **draw**. **II.** *adj* (*face, person*) demacrado/a, agotado/a. **~ out,** (*account*, etc) estirado/a, alargado/a.

dray [drei] *n* carretón *m*. **~-horse** *n* caballo *m* de tiro.

dread [dred] **I.** *n* terror *m*, espanto *m*. **II.** *v* temer, tener miedo a/de. **~·ed** [-id] *adj* temido/a, temible. **~·ful** ['dredfl] *adj* horrible, espantoso/a; INFML malísimo/a, pésimo/a. LOC **Feel ~,** Encontrarse mal/avergonzado/a. **~·ful·ly** ['dredfəli] *adv* espantosamente; INFML muy/ terriblemente mal. **~·nought** ['drednɔ:t] *n* NAUT acorazado *m*.

dream [dri:m] I. *n* sueño *m*; INFML maravilla *f*. LOC **A bad ~,** FIG Pesadilla. **Go like a ~,** INFML Funcionar de maravilla. II. *v* (**dreamed** [dri:md]/ **dreamt** [dremt]) 1. tener un sueño, soñar (con); ambicionar, soñar con. 2. (~ **about sth**) imaginarse algo. **dream·er** ['dri:mə(r)] *n* soñador/ra; PEY visionario/a. **dream·land** *n* lugar *m* idílico; PEY fantasía *f*, espejismo *m*. **dream·less** *adj* (*sleep*) profundo/a. **dream·y** ['dri:mi] *adj* (**-ier, -iest**) soñador/ra, distraído/a; (*music*) suave, relajante; (*idea*) fantástico/a, irreal; INFML bonito/a, precioso/a.

drear·i·ness ['driərinis] *n* monotonía *f*; melancolía *f*. **drear·y** ['driəri] *adj* monótono/a, triste; melancólico/a.

dredge [dredʒ] I. *n* (*also* **dredger**) draga *f*. II. *v* 1. (*river*, etc) rastrear, dragar. 2. (*with flour, sugar*, etc) espolvorear. **dred·ger** [-ə(r)] *n* (*of sugar*, etc) espolvoreador *m*.

dregs [dregz] *n* (*pl*) heces *f,pl*, poso *m*; FIG escoria *f*, hez *f*.

drench [drentʃ] *v* (*with rain*, etc) empapar, calar. **~·er** [-ə(r)] *n* chaparrón *m*.

dress [dres] I. *n* vestido *m*; (*general*) indumentaria *f*: *Formal ~*, Ropa *f* de etiqueta. II. *v* 1. vestir(se), ir bien vestido/a. 2. (*surface*, etc) revestir, decorar. 3. (*food*, etc) preparar, condimentar, aliñar. 4. (*garden*) abonar, cultivar; (*stone*) labrar; (*window*) colocar. LOC **Be ~ed in sth,** Ir vestido/a de. **~ sb down,** Echar un rapapolvo a alguien. **~ up in sth,** Disfrazarse/ Vestirse de algo. **~ sth up,** FIG Disfrazar/Mejorar una cosa. **~·age** ['dresa:ʒ] *n* (*of horse*) adiestramiento *m*. **~-circle** ['-s3:kl] *n* Br (US **first balcony**) TEAT anfiteatro *m*. **dres·ser** ['dresə(r)] *n* 1. (*person*) TEAT vestidor/ra, ayudante *m,f*; MED ayudante *m,f*. 2. (*esp* Br) (*furniture*) aparador *m* de cocina, rinconera *f* con estantes; US cómoda *f* con espejo, tocador *m*. **dress·ing** ['dresiŋ] *n* (*act*) vestirse *m*; MED vendaje *m*; (*for food, salad*, etc) salsa *f*, aderezo *m*, aliño *m*. **dress·ing-gown** (US **bathrobe**) *n* bata *f*, batín *m*. **dress·ing-room** *n* tocador *m*, vestidor *m*; TEAT vestuario *m*. **dress·ing-table** *n* tocador *m*, cómoda *f*. **dress·maker** *n* modisto/a. **dress·mak·ing** *n* costura *f*, confección *f*. **dress-shirt** *n* camisa *f* de gala. **dress-shop**, tienda *f* de modas. **dress-uni·form** *n* MIL uniforme *m* de gala. **dres·sy** ['dresi] *adj* (**-ier, -iest**) (*person*) elegante, bien vestido/a; (*clothes*) lujoso/a, elegante.

drew V. **draw**

drib·ble ['dribl] I. *v* (*baby*, etc) babear, dejar caer gota a gota; (*liquid*, etc) caer gota a gota, gotear; DEP regatear, driblar. II. *n* goteo *m*; (*amount*) gotas *f,pl*; DEP regate *m*. **drib·let** ['driblit] *n* adarme *m*; pedacito *m*, miaja *f*.

dribs [dribz] *n* (*pl*) LOC **In ~ and drabs,** INFML Con cuentagotas.

dried V. **dry**.

dri·er ['draiə(r)] (*also* **dry·er**) *n* secador *m*, secadora *f*.

drift [drift] I. *n* 1. (*in current*, etc) fuerza *f*. 2. impulso *m*; (*movement*) dirección *f*; deriva *f*, desviación *f*. 3. (*of snow*, etc) amontonamiento *m*. 4. FIG (*of speech*, etc) sentido *m* general, intención *f*; FIG tendencia *f*, inclinación *f*. 5. FIG (*of policy*, etc) pasividad *f*, inacción *f*. II. *v* 1. (*by tide, current*, etc) ser llevado, dejarse llevar (por); (*boat*, etc) ir a la deriva. 2. (*snow, sand*) amontonarse 3. FIG ir a la deriva. 4. FIG hacer algo involuntariamente. **~·age** [-idʒ] *n* NAUT deriva *f*. **drift·er** [-ə(r)] *n* NAUT trainera *f*; PEY persona *f* sin rumbo fijo. **drift-ice** *n* hielo *m* flotante. **drift-net** *n* traína *f*. **drift-wood** *n* madera *f* flotante a la deriva.

drill [dril] I. *n* 1. taladro *m*; taladradora *f*, barrena *f*; (*dentist*) fresa *f*; AGR sembradora *f*; AGR surco *m*. 2. MIL instrucción *f*. 3. GRAM, etc. ejercicios *m,pl* repetitivos. 4. (*for accident, fire*, etc) medidas *f,pl* de emergencia. 5. (*material*) dril *m*. 6. ZOOL mandril *m*. II. *v* 1. perforar, taladrar; barrenar; AGR sembrar en surcos. 2. MIL hacer instrucción. 3. (*for speech*, etc) repetir, adiestrar(se), entrenar(se).

drink [driŋk] I. *n* bebida *f*, trago *m*; (*alcoholic*) copa *f*; (*habit*) bebida *f*. II. *v* (**drank** [dræŋk], **drunk** [drʌŋk]) beber; (*alcoholic habit*) darse a la bebida. LOC **~ like a fish,** Beber como un cosaco. **~ sth down/ up,** Beberse de un trago. **~ sth to sb/sth,** Brindar por algo/alguien. **~·able** [-əbl] *adj* potable (*also* FIG). **drink·er** [-ə(r)] *n of alcohol*) bebedor/ra. **drink·ing** [-iŋ] *n* (*habit*) bebida *f*, beber *m*. **~ trough**, abrevadero *m*. **~ water**, agua *f* potable.

drip [drip] I. *v* (*liquid*) caer gota a gota, gotear. LOC **Be dripping with sth,** Estar rebosante de. II. *n* goteo *m*, gotas *f,pl*; MED (*device*) gota a gota *m*; FAM bobo/a, gilipollas *m,f*, pelmazo *m,f*. **~-dry** *adj* (*garment*) de lava y pon. **~·ping** [-iŋ] I. *adj* que gotea o chorrea. II. *n* (*fat*) pringue *m*.

drive [draiv] I. *v* (**drove** [drəuv], **driven** ['drivn] 1. AUT conducir, llevar; saber conducir; ir en coche; *Does she ~ ?* ¿Sabe conducir? *She drove to Spain*, Fue a España en coche. 2. TEC manejar, guiar; poner en marcha. 3. (*in movement*) empujar, impeler, arrastrar; DEP lanzar. 4. ARQ, etc construir, abrir; (*nail*, etc) clavar, meter. 5. FIG forzar, obligar, hacer que; (*idea*, etc) insinuar. **~ at,** FIG Insinuar, dar a entender; proponerse hacer. **~sth home to sb,** Hacer que alguien se dé cuenta de algo. **~ sb crazy,** FIG Volver loco a alguien. **~ sb off,** Llevarse a alguien en coche. **~ sb/sth off,** FIG Espantar/Hacer retroceder. II. *n* 1. (*in car*, etc) paseo *m*, viaje *m*, salida *f*. 2. (US **~·way**) (*street*, etc) avenida *f*, camino *m*, (*of house*) camino *m* de entrada. 3. DEP golpe *m* fuerte; (*tennis, golf*) drive *m*. 4. TEC mecanismo *m* de transmisión: *Front-wheel ~*, Tracción *f* delantera. 5. FIG impulso *m*, deseo *m*; fuerza *f* de carácter. 6. MIL avance *m*. **~-in** *n* US cine *m* para coches. *A ~ bank*, Autobanco.

driv·el ['drivl] I. *n* bobadas *f,pl*. II. *v* 1. decir bobadas. 2. babear.

driv·er ['draivə(r)] *n* (*of car*, etc) conductor/ra; (*of bus*, etc) chófer *m*; (*of train*) maquinista *m,f.* **~'s li·cense** *n* (US) permiso *m* de conducir. **driv·ing** [draiviŋ] **I**. *adj* (*force, engine*) motor/riz; (*rain*) torrencial; FIG impulsor/ra. **II**. *n* (*act*) conducción *f*, el conducir. LOC **~-belt**, Cinturón *m* de seguridad **~-licence**, Permiso *m* de conducir. **~ mirror**, espejo *m* retrovisor *m*. **~-school**, Autoescuela *f*. **~-test**, Examen *m* de conducción. **~ wheel**, volante *m*.

driz·zle ['drizl] **I**. *n* llovizna *f*. **II**. *v* lloviznar.

droll [drəul] *adj* gracioso/a, divertido/a. **~·ery** ['-əri] *n* gracia *f*, chiste *m*.

dro·med·ary ['drɔmədəri, US -əderi] *n* dromedario *m*.

drone [drəun] **I**. *n* (*also* FIG) zángano *m*; (*noise*) zumbido *m*; charla *f* monótona. **II**. *v* zumbar; hablar monótonamente.

drool [dru:l] *v* babear; FIG encandilarse (*over sth* por algo).

droop [dru:p] *v* inclinarse, caer, doblarse hacia abajo; FIG abatirse. **~·ing** [-iŋ] *adj* caído/a, gacho/a.

drop [drɔp] **I**. *n* **1**. (*liquid*) gota *f*; (*sweet*, etc) pastilla *f*, caramelo *m*; *pl* MED gotas *f,pl*. LOC **A ~ in the ocean,** Una nimiedad. **2**. (*act*) caída *f*, bajada *f*, descenso *m*; FIG baja *f*, disminución *f*. LOC **At the ~ of a hat,** Inmediatamente/Sin dilación. **3**. (*slope*) bajada *f*, pendiente *f*; declive *m*, desnivel *m*. **II**. *v* **1**. (*object*) dejar caer, soltar; (*bomb*) lanzar; NAUT echar al agua. **2**. (*eyes, hand*, etc) bajar. **3**. (*in text*, etc) omitir, saltarse. **4**. (*person*) dejar de frecuentar, no ver; (*habit*) dejar de usar. **5**. (*hint*) echar; (*line, letter*) escribir, enviar. **6**. INFML (*money*) perder. **7**. **(~ sb/sth off)** (*from car*) dejar algo/a alguien en un lugar. **8**. **(~ sb/sth from sth)** excluir algo/a alguien de algo. **9**. caer(se); bajar al suelo; descender; (*ground*) bajar (en pendiente); (*liquid*) caer gota a gota. **10**. (*wind, temperature*, etc) disminuir, amainar. **11**. FIG caerse muerto. LOC **~ asleep**, quedarse dormido. **~ dead,** caerse muerto; SL (*exclam*) ¡vete a la porra! **~ back/behind,** rezagarse/quedarse atrás. **~ in/by/round; ~ in on sb,** hacer una visita imprevista (a alguien)/pasar a ver a. **~ off,** INFML quedarse dormido/a; (*traffic*, etc) disminuir. **~ out,** irse, retirarse (de), dejar (una cosa).

drop... **~-curtain,** *n* TEAT telón *m* de boca. **~-let,** *n* gotita *f*. **~-out,** *n* marginado/a. **~·per,** [-ə(r)] *n* cuentagotas *m*. **~·ping** [-iŋ] *n* (*act*) goteo *m*; caída *f*; *pl* excrementos *m,pl* (de animales).

drop·sic·al ['drɔpsikl] *adj* hidrópico/a. **drop·sy** ['drɔpsi] *n* hidropesía *f*.

dross [drɔs, US drɔ:s] *n* (*also* FIG) escoria *f*.

drought [draut] *n* sequía *f*.

drove [drəuv] **I**. V. **drive**. **II**. *n* (*of cattle*, etc) manada *f*, rebaño *m*; (*of people*) multitud *f*. **drov·er** [-ə(r)] *n* pastor *m*, vaquero *m*.

drown [draun] *v* ahogar(se). LOC **~ sth in sth,** inundar de/empapar con. **~ one's sorrows,** ahogar las penas bebiendo.

drowse [drauz] **I**. *n* modorra *f*. **II**. *v* adormilarse, amodorrarse. **drows·i·ness** [-inis] *n* somnolencia *f*, modorra *f*. **drows·y** ['drauzi] *adj* (**-ier, -iest**) amodorrado/a, soñoliento/a; (*weather*, etc) soporífero/a.

drub·bing ['drʌbiŋ] *n* paliza *f*.

drudge [drʌdʒ] **I**. *n* esclavo/a del trabajo, rutina, etc. **II**. *v* ser esclavo/a del trabajo rutinario. **~·ry** *n* trabajo *m* pesado.

drug [drʌg] **I**. *n* (*also* MED) droga *f*, medicamento *m*: *~ addict*, Drogadicto/a. **II**. *v* drogar; (*drink*, etc) añadir narcóticos a. **~ dealer, ~ pusher** *n* SL camello *m,f*. **~·gist** ['drʌgist] *n* (*esp* US) farmacéutico/a. **~·store** ['drʌgstɔ:(r)] *n* (*esp* US) farmacia-droguería *f*.

Druid ['dru:id] *n* druida *m*.

drum [drʌm] **I**. *n* tambor *m*, (*big*) timbal *m*; TEC tambor *m*, cilindro *m*; ANAT tímpano *m*; *pl* batería *f*. **II**. *v* tocar el tambor; (*with fingers*, etc) tamborilear; (*with feet*) zapatear, taconear. LOC **~ sth into sb's head,** Hacer aprender algo a fuerza de machacar. **~ sth up,** Intentar conseguir algo de cualquier forma. **~·beat** *n* toque/son *m* de tambor. **~ brake** *n* freno *m* de tambor. **~ fire,** fuego *m* graneado. **~·head** *n* parche *m* de tambor; *~ courtûmartial* MIL juicio *m* sumarísimo. **~-kit** *n* batería *f*. **~·mer** [-ə(r)] *n* (*person*) tambor *m*. **~·ming** [-iŋ] *n* (*sound*) tambores *m,pl*; (*of rain*, etc) tamborileo *m*. **~·stick** *n* palillo *m* de tambor, baqueta *f*; INFML (*food*) muslo *m* de pollo, pavo, etc.

drunk [drʌŋk] **I**. **(with)** *adj* borracho/a, bebido/a. **II**. *n* borracho/a. **~ard** [-əd] *n* FML borracho/a. **~·en** ['drʌŋkən] *adj* borracho/a, bebido/a; (*behaviour*) en estado de embriaguez. **~·en·ness** [-ənis] *n* estado *m* de embriaguez.

dry [drai] **I**. *adj* (**-ier, -iest**) seco/a; (*bread slice*) sin mantequilla; INFML (*person*) sediento/a; FIG (*book*, etc) árido/a; (*manner*) seco/a, cortante. LOC **As ~ as a bone,** completamente seco. **As ~ as dust,** FIG aburridísimo/a. **~ bread**, pan *m* sin mantequilla. **Suck sb ~,** FIG exprimir a alguien como a un limón. **II**. *v* **(dried) 1**. secar(se). **2**. FIG (*actor*) olvidarse el papel. **3**. (~ out) secar(se) del todo. **4**. **(~ up)** (*river*, etc) quedarse seco/a; FIG (*supply, inspiration*, etc) acabarse **5**. INFML callar, dejar de hablar. **6**. **(~ sth up)** secar una cosa.

dry- ... **~ battery,** *n* ELECTR pila *f*, batería *f*. **~-clean,** *v* limpiar en seco. **~-cleaner,** *n* (*shop*) tintorería *f*; (*substance*) limpiador *n* en seco. **~ dock,** *n* dique *m* seco. **dryer** V. **drier**. **~ goods,** *n* (*grain*, etc) áridos *m,pl*. **~ land,** *n* tierra *f* firme. **~ measure,** *n* medida *f* de áridos. **~·ly,** *adv* (*also* FIG) secamente. **~·ness,** *n* (*also* FIG) sequedad *f*. **~-nurse,** *n* ama *f* seca, niñera *f*. **~ rot,** *n* putrefacción *f* (de la madera); FIG corrupción *f*. **~ run,** *n* INFML ensayo *m*. **~-shod,** *adv/adj* a pie enjuto. **~·stone,** *adj* (*wall*) sin mortero. **~-walling,** *n* construcción *f* sin mortero.

dual ['dju:əl, US 'du:əl] *adj* doble, dual; GRAM dual. **~·ity** [-əti] *n* dualidad *f*. **~ car·riage·way** (US **divided highway**) *n* autovía *f*.

dub [dʌb] *v* **1**. (*knight*, etc) armar; (*nickname*) apodar, llamar. **2**. (*film*, etc) doblar. **~·bin** ['dʌbin] **I**. *n* (*for leather*, etc) adobo *m* impermeable. **II**. *v* engrasar impermeabilizando. **~·bing** [-iŋ] *n* (*of film*) doblaje *m*.

du·bi·ety [dju:'baiəti, US du:-] *n* FML incertidumbre *f*. **du·bi·ous** ['dju:biəs, US 'du:-] *adj* dudoso/a, incierto/a; PEY equívoco/a. **du·bi·ous·ly** [-li] *adv* (*answer*, etc) ambiguamente.

duc·al ['dju:kl, US 'du:kl] *adj* ducal. **du·cat** ['dʌkət] *n* ducado *m*. **duch·ess** ['dʌtʃis] *n* duquesa *f*. **duch·y** ['dʌtʃi] (*also* **duke·dom**) *n* (*territory*) ducado *m*.

duck [dʌk] **I**. *n* (*pl* ~ *or* ~**s**) pato *m*; BR INFML (*also* ~**y**) cariño, querido/a. LOC **Like a ~ to water,** Sin problemas de adaptación. **II**. *v* agachar la cabeza; (*in water*) zambullir(se), dar(se) un chapuzón. ~ **out of sth,** INFML eludir (responsabilidad, etc). ~ **and drakes** *n* (*in water*) juego *m* de las cabrillas. LOC **Play ~ with sth,** despilfarrar algo. **~·ing** [-iŋ] *n* chapuzón *m*. **~·ling** [-liŋ] *n* patito *m*.

duct [dʌkt] *n* (*also* ANAT) conducto *m*. **~·ile** ['dʌktail, US -tl] *adj* dúctil; FIG maleable, dócil. **~·less** [-lis] *adj* sin conductos. LOC ~ *gland*, glándula *f* de secreción interna.

dud [dʌd] **I**. *n* objeto *m* que no funciona; (*person*) fracaso *m*. **II**. *adj* inútil, inservible; (*shell*, etc) que no estalla. **duds** [dʌdz] *n* (*pl*) SL ropa *f* de vestir, trapos *m,pl*.

dude [dju:d, US du:d] *n* US dandi *m*; SL tipo *m*, tío *m*.

dud·geon ['dʌdʒən] *n* LOC **In high ~,** Con gran resentimiento.

due [dju:, US du:] **I**. *adj* (*money*, etc) debido/a; (*fitting*) apropiado/a, conveniente; (*train*, etc) que debe llegar. LOC **Be ~ for sth,** merecer. **Be ~ to do sth,** estar a punto de hacer algo. **In ~ course,** a su debido tiempo. **II**. *adv* por causa de; (*in direction*) exactamente: *Go ~ east*, Ir directo hacia el este. **II**. *n* deuda *f*; (*by right*) lo debido, lo merecido; *pl* derechos *m,pl*, (*of club*, etc) tasa(s) *f(pl)*.

duel ['dju:əl, US 'du:əl] **I**. *n* (*also* FIG) duelo *m*; desafío *m*. **II**. *v* batirse en duelo. **~·list** ['dju:əlist] (US **duel·ist** ['du:əlist]) *adj* duelista *m*.

du·et [dju:'et, US du:'et] *n* MUS dúo *m*.

duff [dʌf] **I**. *adj* BR SL inútil, inservible. **II**. *v* **1**. BR SL (*shot*, etc) fallar. **2**. (~ **sb up**) dar a alguien una buena paliza.

duf·fle (*also* **duffel**) ['dʌfl] *n* paño *m* basto. ~ **bag** *n* bolsa *f* de equipaje. **~-coat** *n* abrigo *m* de lana (con capucha).

dug [dʌg] **I**. V. **dig**. **II**. *n* ZOOL ubre *f*, mama *f*.

dug-out ['dʌg aut] *n* refugio *m* subterráneo; (*also* ~ *canoe*) piragua *f* hecha de un tronco.

duke [dju:k, US du:k] *n* duque *m*. **~·dom** [-dəm] *n* (*rank, territory*) ducado *m*.

dull [dʌl] **I**. *adj* (**-er**, **-est**) **1**. (*colour*, etc) apagado/a, gris. **2**. (*surface*) mate, sin brillo; (*light*) oscuro/a. **3**. (*weather*) gris. **4**. (*sound*) sordo/a, apagado/a; (*knife*, etc) embotado. **5**. (*task*, etc) aburrido/a, monótono/a. **6**. (*person*) torpe, estúpido/a. **7**. (*pain*) sordo/a. **8**. COM flojo/a, inactivo/a. LOC **As ~ as ditchwater,** aburridísimo. **II**. *v* **1**. apagar, disminuir. **2**. FIG atontar, embotar. **~·ard** ['dʌləd] *n* zoquete *m*. **~·ness** [-nis] *n* falta *f* de color, etc; aburrimiento *m*, monotonía *f*; estupidez *f*.

du·ly ['dju:li, US 'du:li] *adv* debidamente; a su debido tiempo.

dumb [dʌm] *adj* (**-er**, **-est**) (*also* FIG) mudo/a; INFML estúpido/a, tonto/a. **~-bell** *n* (*for exercise*) pesa *f*. **~·found** (*also* **dum·found**) [dʌm'faund] *v* dejar pasmado/a. **~·ness** *n* mudez *f*. ~ **show** *n* pantomima *f*. ~ **waiter** (US **lazy Susan**) *n* (*in restaurant*) montaplatos *m*; carrito *m* (para la comida).

dum·bo [dʌmbəu] *n* bobo/a, imbécil.

dum·dum ['dʌmdʌm] *n* bala *f* dumdum.

dum·my ['dʌmi] *n* **1**. (*in shop*, etc) maniquí *m*; objeto *m* falso, reclamo *m*; (*in cardgame*) muerto *m*; INFML estúpido/a. **2**. (*baby's*) chupete *m*. ~ **run** *n* prueba *f*, ensayo *m*.

dump [dʌmp] **I**. *v* **1**. (*rubbish, old thing*) tirar, desechar. **2**. amontonar, verter. **3**. INFML dejar abandonado/a. **4**. COM PEY inundar el mercado (con mercancías). **II**. *n* **1**. montón *m* de basura; (*place*) vertedero *m*. **2**. MIL depósito *m* de municiones. **3**. INFML lugar *m* muy feo, pueblucho *m*. **~·er truck** *n* carretilla *f* para vertidos. **~·ing** [-iŋ] *n* COM dumping *m*. **dumps** [dʌmps] *n* (*pl*) LOC **Down in the ~,** INFML muy deprimido/a. **dump·y** [-i] *adj* regordete, rechoncho/a.

dump·ling ['dʌmpliŋ] *n* (*in stew*, etc) buñuelo *m* de masa hervido; (*of apple*, etc) púdin *m*.

dun [dʌn] **I**. *adj/n* (de) color (*m*) pardo. **II**. *v* apremiar (a un deudor/ra).

dunce [dʌns] *n* necio/a, estúpido/a.

dun·der·head ['dʌndəhed] *n* PEY zopenco *m*.

dune [dju:n, US du:n] (*also* **sand-~**) *n* duna *f*.

dung [dʌŋ] *n* **1**. (*manure*) excremento *m* de animal. **2**. **~-hill**, estercolero *m*.

dun·ga·rees [,dʌŋgə'ri:z] *n* (*pl*) mono *m* (con peto).

dun·geon ['dʌndʒən] *n* calabozo *m*, mazmorra *f*.

dunk [dʌŋk] *v* (~ **sb/sth into sth**) remojar, empapar en; (*biscuit in coffee*, etc) mojar, meter, untar.

duo ['dju:əu, US 'du:əu] *n* (*pl* **duos**) **1**. = **duet**. **2**. pareja *f*, dúo *m*. **~·de·cim·al** [,dju:əu'desiml, US ,du:ə'desəml] *adj* duodécimo/a; (*system*) duodecimal. **~·den·um** [,dju:ə'di:nəm, US ,du:ə'di:nəm] *n* duodeno *m*. **~·den·al** *adj* duodenal.

dupe [dju:p, US du:p] **I**. *v* (~ *sb into doing sth*) embaucar. **II**. *n* crédulo/a, primo/a.

du·plex ['dju:pleks, US 'du:pleks] **I**. *adj* dividido/a en dos, doble. **II**. *n* (US) vivienda *f* dúplex; casa *f* dividida en dos viviendas.

du·plic·ate I. ['dju:plikət, US 'du:pləkət] *adj/n* duplicado (*m*). LOC **In ~,** Por duplicado. **II.** ['dju:plikeit, US 'du:pləkeit] *v* duplicar(se); hacer una copia de. **du·plic·ation** [,dju:pli'keiʃn] *n* duplicación *f*. **du·pli·cator** [,dju:plikeitə(r)] *n* multicopista *f*, fotocopiadora *f*. **du·pli·ci·ty** [dju:'plisəti, US du:'plisəti] *n* FML doblez *f*, falsedad *f*.

du·ra·bil·ity ['djuərə'biləti, US 'duə-] *n* durabilidad *f*. **dur·able** ['djuərəbl, US 'duə-] *adj* duradero/a. **dur·ation** [dju'reiʃn, US du-] *n* duración *f*. LOC **For the ~,** Mientras dure. **dur·ess** [dju'res, US du'res] *n* (*esp* JUR) coacción *f*. **dur·ing** ['djuəriŋ, US 'duər-] *prep* durante.

dusk [dʌsk] *n* crepúsculo *m*, anochecer *m*; *At ~,* Al anochecer. **dusk·y** ['dʌski] *adj* (**-ier, -iest**) oscuro/a, sombrío/a; (*skin*) moreno/a.

dust [dʌst] **I.** *n* polvo *m*; PEY suciedad *f*; basura *f*. **II.** *v* (*clean*) quitar el polvo a, limpiar. **~ sth onto/over sth, ~ sth with sth,** Espolvorear una cosa con algo, echar por encima de. **~·bin** ['-bin] *n* (US **garbage can**) cubo *m* de la basura. **~ bowl** *n* terreno *m* erosionado (por sequía). **~·cart** *n* (US **garbage truck**) camión *m* de la basura. **~·cover** *n* (*of book*, etc) cubierta *f*, funda *f*; guardapolvo *m*. **dust·er** [-ə(r)] *n* trapo *m* para el polvo. **~·jack·et** *n* (*of book*) sobrecubierta *f*. **~·man** *n* (*pl* **-men**) (US **garbage man**) basurero *m*. **~·pan** *n* recogedor *m* de polvo. **~·sheet** *n* funda *f* para muebles. **dust-up** *n* INFML pelea *f*, bronca *f*. **dust·y** [-i] *adj* (**-ier, -iest**) polvoriento/a, cubierto/a de polvo; parecido/a al polvo.

Dutch [dʌtʃ] **I.** *adj* holandés/sa. LOC **Go ~,** pagar a medias/a escote. **II.** *n* (*language, person*) holandés/sa. **~·man** *n* (*pl* **-men**) (*person*) holandés *m*. **~·woman** *n* (*pl* **-wo·men**) holandesa *f*.

du·ti·able ['dju:tiəbl, US 'du:-] *adj* gravable con aranceles. **du·ti·ful** ['dju:tifl, US 'du:-] *adj* con sentido del deber; sumiso/a, obediente. **du·ty** ['dju:ti, US 'du:ti] *n* **1.** (*task, obligation*) deber *m*. **2.** (**~ on sth**) impuesto *m* de importación. LOC **Be on ~,** (*in hospital*, etc), estar de servicio/guardia. **Be off ~,** estar libre (de guardia, etc). **Do ~ for sth,** sustituir a algo. **du·ty-free** *adj* libre de impuestos.

duv·et ['du:vei] *n* edredón *m* de pluma.

dwarf [dwɔ:f] **I.** *n* enano/a. **II.** *v* empequeñecer, achicar.

dwell [dwel] *v* (**dwelt** [dwelt]) **1.** *lit* morar, residir (*in, at*, en). **2.** (**~ (up)on sth**) detenerse en una cosa, extenderse (en explicación, etc). **~er** [-ə(r)] *n* morador/ra, habitante *m,f*. **~·ing** [-iŋ] *n* vivienda, morada *f*, residencia *f*. **~·ing-house** *n* (*esp* JUR) vivienda *f*, domicilio *m*.

dwin·dle ['dwindl] *v* disminuir, decrecer. LOC **~ away to nothing**, agotarse. **dwind·ling** [-iŋ] *adj* menguante.

dye [dai] **I.** *v* (**dyed**) teñir, colorar. **II.** *n* tinte *m*; (*effect*) teñido *m*. LOC **dyed-in-the-wool** *adj* empecinado/a, intransigente. **dy·er** *n* tintorero *m*. **~ works**, tintorería *f*.

dy·ing V. **die**.

dyke V. **dike**.

dy·nam·ic [dai'næmik] **I.** *adj* dinámico/a. **II.** *n* dinámica *f*. **dy·nam·ics** [dai'næmiks] *n* (*sing*) (*physics*) dinámica *f*. **dy·nam·ism** ['dainəmizəm] *n* dinamismo *m*. **dy·na·mite** ['dainəmait] **I.** *n* (*also* FIG) dinamita *f*. **II.** *v* hacer volar con dinamita. **dy·na·mo** ['dainəməu] *n* (*pl* **~s**) dinamo *f*.

dy·nast·ic [di'næstik, US dai-] *adj* dinástico/a. **dy·nas·ty** ['dinəsti, US 'dai-] *n* dinastía *f*.

dy·sen·ter·y ['disəntri, US -teri] *n* disentería *f*.

dys·tro·phy ['distrəfi] *n* distrofia *f*.

E, e [i:] *n* (*pl* **Es, es** [i:z]) letra *f* 'e'; MUS mi *m*.

ea *abrev* = **each** [i:tʃ] **I** *adj* cada. **II**. *pron* cada uno/a. **III**. *adv* por cada uno/a. ~ **other** *pron* el uno al otro, recíprocamente, mutuamente.

ea·ger ['i:gə(r)] *adj* deseoso/a de, interesado por; ávido/a, impaciente; (*wish*) apremiante. LOC **An ~ beaver,** persona diligente y entusiasta. **~·ly** [-li] *adv* impacientemente. **~·ness** [-nis] *n* ansia *f*, anhelo *m*; entusiasmo *m*.

ea·gle ['i:gl] *n* águila *f*. ~ **eye** *n* vista *f* de águila. **ea·glet** ['i:glit] *n* aguilucho *m*.

ear [iə(r)] *n* **1**. ANAT oreja *f*, oído *m*; MUS oído *m*. LOC **Sb's ears are burning!** ¡Le están silbando los oídos a alguien! **Have/Get/Win sb's ~,** ganarse la atención de alguien. **Keep one's ~ to the ground,** estar al corriente. **Play sth by ~,** tocar algo de memoria; INFML Improvisar. **2**. BOT espiga *f*. **~·ache** *n* dolor *m* de oído. **~·drum** *n* tímpano *m*. **~·ful** ['iəful] *n* INFML sermón *m*, discurso *m*. **~·muff** *n* (*of hat*) orejera *f*. **~·phone** *n* auricular *m*. **~·plug** *n* tapón *m* para el oído. **~·ring** *n* pendiente *m*. **~·shot** *n* LOC **Within/Out of ~,** al/fuera del alcance del oído. **~·split·ting** *adj* ensordecedor/ra. **~·trum·pet** *n* trompetilla *f* (para sordos). **~·wax** *n* cerumen *m*.

earl [ɜ:l] *n* conde *m*. **~·dom** *n* (*rank*) condado *m*.

ear·ly ['ɜ:li] **(-ier, -iest) I**. *adj* **1**. (*arrival*, etc) temprano/a, pronto/a. **2**. (*season, death*, etc) prematuro/a, anticipado/a. **3**. (*work, book*, etc) de época anterior, primerizo/a, juvenil. LOC **An ~ bird,** persona madrugadora. **The ~ hours,** altas horas de la madrugada. **Keep ~ hours,** Acostarse o levantarse temprano. **II**. *adv* pronto, temprano; anticipadamente, antes. LOC **~ on,** al principio; desde el principio. **~ in the morning,** a primera hora de la mañana. **~ warn·ing** *adj/n* (*system*) (de) aviso inmediato.

ear·mark ['iəma:k] *v* **1**. hacer una señal en la oreja. **2**. **(~ sth for sb/sth)** reservar (algo para alguien o algo), destinar a.

earn [ɜ:n] *v* (*money*, etc) ganar; merecer. LOC **~ one's keep,** ganarse la vida. **~·ings** [-iŋz] *n* (*pl*) (*of work*) sueldo *m*, ingresos *m, pl*; ganancias *f, pl*, beneficios *m, pl*.

earn·est ['ɜ:nist] **I**. *adj* serio/a, formal; (*feeling*, etc) vehemente. **II**. *n* **1**. seriedad *f*. LOC **In ~,** Sinceramente; (*act*) intensamente. **2**. (*money*, etc) prenda *f*, (paga *f* y) señal *f*; (*promise*) prueba *f*. **~·ly** [-li] *adv* en serio, sinceramente.

earth [ɜ:θ] **I**. *n* (*esp* **the ~**) (*planet*) la tierra; (*land*) suelo *m*, tierra *f*; ELECTR Br tierra *f*; ZOOL madriguera *f*. LOC **Cost the ~,** INFML costar una fortuna. **Come back/down to ~,** FIG Bajar de las nubes. **How on ~ ...?,** ¿Cómo es posible que...? **II**. *v* Br ELECTR poner toma de tierra a. **~ sth up,** (*plant*, etc) Cubrir con tierra. **~·en** ['ɜ:θn] *adj* (*pot*, etc) de barro; (*building*, etc) de tierra. **~·en·ware** *n* cerámica *f* de barro. **~·in·ess** [-inis] *n* FIG vulgaridad *f*, tosquedad *f*. **~·ly** [-li] *adj* terrenal, del mundo; INFML remoto/a, mínimo/a. LOC **No ~ use,** Sin utilidad alguna. **~·quake** ['ɜ:kweik] *n* terremoto *m*. **~·worm** *n* lombriz *f*. **earth·y** [-i] *adj* **(-ier, -iest)** terroso/a; que huele a tierra; FIG (*joke, person*, etc) prosaico/a, basto/a.

ear·wig ['iəwig] *n* ZOOL tijereta *f*.

ease [i:z] **I**. *n* (*relief*) alivio *m*; (*way of living*, etc) comodidad *f*, desahogo *m*. LOC **Stand at ~,** MIL ¡Descanso! **Feel at one's ~,** sentirse a gusto/cómodo. **With ~,** con facilidad. **II**. *v* **1**. (*pain*, etc) aliviar; calmar, tranquilizar. **2**. poner(se) cómodo/a; (*task*) facilitar(se). **3**. (*slacken*) aflojar(se), soltar(se); (*dress*) ensanchar. LOC **~ one's conscience,** tranquilizar(se) la conciencia. **~ down,** aminorar la marcha. **~ off/up,** suavizarse/mitigarse. **~ up on sb/sth,** disminuir el ritmo de alguien/algo.

ea·sel ['i:zl] *n* (*for painting*, etc) caballete *m*.

eas·i·ly ['i:zəli] *adv* fácilmente. **ea·si·ness** ['i:zinəs] *n* facilidad *f*; comodidad *f*.

east [i:st] **I**. *n* este *m*, oriente *m*: *The East*, el Oriente, el Este. *Far East*, el lejano Oriente. *Middle East*, Oriente Medio. **II**. *adj* oriental; del este. **III**. *adv* al este; hacia el este. **~·bound** *adj* (*train*, etc) en dirección (al) este. **~·er·ly** ['i:stəli] **I**. *adj/adv* del este; en dirección al este. **II**. *n* viento *m* del este. **~·ern** ['i:stən] *adj* (*religion*, etc) oriental. **~·ern·most** *adj* (*place*) que está más al este; (el/la) más oriental. **~·ward** ['i:stwəd] *adj* en dirección al este. **~·ward(s)** ['i:stwədz] *adv* hacia el este.

East·er ['i:stə(r)] *n* Pascua *f* de Resurrección; (*as holidays*) Semana Santa *f*. **~ egg** *n* huevo *m* de Pascua. **~·tide**, tiempo de Semana Santa.

eas·y ['i:zi] **I**. *adj* **(-ier, -iest)** fácil; sencillo/a; (*painless*, etc) tranquilo/a, calmado/a; cómodo/a. LOC **~ game,** FIG presa fácil. **~ money,** FIG dinero fácil. **On ~ terms,** COM en cómodos plazos. **I'm ~,** BR INFML (*in reply*) me da igual. **II.** *adv* fácilmente; (*in speed*) con calma, tranquilamente, despacio. LOC **~ does it,** INFML Con calma se hace todo mejor. **Go ~,** INFML Trabajar menos. **Go ~ on sth,** INFML No exagerar con una cosa. **Take it ~,** Tómatelo con calma, tranquilo/a. **~-going** *adj* (*person*) relajado/a; (*in ideas*) tolerante, liberal.

eat [i:t] *v* (**ate** [eit], **eaten** ['i:tn]) **1.** comer(se); (*soup*) tomar; FIG consumir, gastar. **2. (~ sth away)** hacer desaparecer/llevarse. **2. (~ out)** salir a comer/cenar a un restaurante. **3. (~ sb up)** FIG comer (*with nerves*, etc, los nervios a alguien). LOC **~ sb alive,** FIG comerse a alguien vivo. **~ humble pie,** pedir mil excusas. **~ like a horse,** INFML comer como una fiera. **~ out of sb's hand,** estar dominado por alguien. **~ oneself sick on sth,** INFML comer algo hasta reventar. **~ one's words,** retirar lo dicho, comerse sus propias palabras. **~·able** ['i:təbl] **I.** *adj* comestible. **II.** *n* (*esp pl*) víveres *m, pl*, comestibles *m, pl*. **eat·er** [-ə(r)] *n* comilón/na. **~·ing-house** *n* restaurante *m*. **eats** [-s] *n* (*pl*) INFML comida *f*, cosas *f, pl* para comer.

eaves [i:vz] *n* (*pl*) (*of roof*) alero *m*. **~·drop** ['i:vzdrɔp] *v* (*talk*, etc) escuchar a escondidas, fisgonear. **~·drop·per** *n* fisgón/na.

ebb [eb] **I.** *v* (*of tide*) bajar, menguar; FIG disminuir. **II.** *n* (*also* **~ tide**) marea *f* baja, reflujo *m*; FIG decadencia *f*. LOC **The ~ and flow of sth,** El flujo y reflujo de algo. **On the ~,** En decadencia.

eb·o·ny ['ebəni] **I.** *n* ébano *m*. **II.** *adj* de ébano; (*skin*) negro/a.

e·bul·li·ence [i'bʌliəns] *n* efervescencia *f*; entusiasmo *m*. **e·bul·lient** [i'bʌliənt, i'buliənt] *adj* hirviente; FIG exuberante.

EC [i: si:] *European Community*, Comunidad Europea.

ec·cen·tric [ik'sentrik] **I.** *adj* (*circle*, FIG) excéntrico/a. **II.** *n* (*person*) excéntrico/a. **~·ity** [,eksen'trisəti] *n* excentricidad *f*.

ec·cle·si·as·tic [i,kli:zi'æstik] *n* clérigo *m*. **~·al** [-l] *adj* eclesiástico/a.

e·che·lon ['eʃəlɔn] *n* (*rank*) escalón *m*; AER formación *f* escalonada.

e·cho ['ekəu] **I.** *n* (*pl* **~es**) (*also* FIG) eco *m*. **II.** *v* (*sound*) resonar, reverberar; FIG repetir, ser un eco de.

é·clair [i'kleə(r), ei'kleə(r)] *n* (*cake*) palo *m* (de nata y chocolate), bizcocho *m*.

é·clat ['eikla:, US ei'kla:] *n* esplendor *m*; (*success*) éxito *m*, aplauso *m*.

e·clec·tic [i'klektik] *adj/n* ecléctico/a. **~·ism** [i'klektisizəm] *n* eclecticismo *m*.

e·clipse [i'klips] **I.** *n* (*also* FIG) eclipse *m*. **II.** *v* (*also* FIG) eclipsar(se).

e·clo·gue [e'klɔg] *n* égloga *f*.

e·co·lo·gic·al [,i:kə'lɔdʒikl] *adj* ecológico/a. **e·co·log·ist** [i:'kɔlədʒist] *n* ecólogo/a. **e·co·lo·gy** [i:'kɔlədʒi] *n* ecología *f*.

e·co·nom·ic [,i:kə'nɔmik, ,ekə-] *adj* económico/a. **~·al** [-ikl] *adj* (*price*, etc) barato/a, económico/a; (*person*) frugal, ahorrador/ra. **e·co·nom·ics** [,i:kə'nɔmiks] *n* (*sing*) (*science*) economía *f*. **e·co·nom·ist** [i'kɔnəmist] *n* economista *m, f*. **e·co·nom·ize, -·ise** [i'kɔnəmaiz] *v* economizar. **e·co·nomy** [i'kɔnəmi] *n* economía *f*, ahorro *m*.

e·co·sys·tem ['i:kəusistəm] *n* ecosistema *m*.

ec·sta·sy ['ekstəsi] *n* éxtasis *m*. **ec·sta·tic** [ik'stætik] *adj* extático/a.

ECU *abrev* de *European Community Unit*, ecu *m*.

e·cu·men·ic·al (*also* **oecu-**) [,i:kju:'menikl, ,ekju:-] *adj* ecuménico/a.

ec·zema ['eksimə, US ig'zi:mə] *n* eczema *m*.

ed·dy ['edi] **I.** *n* torbellino *m*, remolino *m*. **II.** *v* (*also* FIG) arremolinarse.

edge [edʒ] **I.** *n* (*of knife*, etc) filo *m*, corte *m*; (*of cliff, chair*, etc) borde *m*; (*of coin*) canto *m*. LOC **Be on ~,** FIG estar irritable/con los nervios de punta. **Take the ~ off sth,** hacer algo menos cortante. **II.** *v* **1.** (*cloth*) ribetear, orlar. **2. (~ sth across/along/away, etc)** bordear. 3. **(~ sb/sth out of sth)** FIG hacer salir a algo/alguien de algo. **~·ways** ['edʒweiz] (*also* **~·wise** ['edʒwaiz]) *adv* de lado, de canto. **edgi·ness** ['edʒinis] *n* irritabilidad *f*. **edg·ing** ['edʒiŋ] *n* (*in cloth*, etc) ribete *m*, orla *f*; (*in garden*) borde *m*. **edg·y** ['edʒi] *adj* INFML nervioso/a, irritable.

ed·ible ['edibl] *adj* comestible.

e·dict ['i:dikt] *n* edicto *m*.

e·di·fic·ation [,edifi'keiʃn] *n* FML, IR aleccionamiento *m*. **e·di·fice** ['edifis] *n* FML, IR edificio *m*. **e·di·fy** ['edifai] *v* FML IR aleccionar. **e·di·fy·ing** ['edifaiiŋ] *adj* edificante.

ed·it ['edit] *v* **1.** preparar para imprimir. **2.** editar, dirigir (publicación). **3.** montar (film). **e·di·tion** [i'diʃn] *n* (*of book*, etc) edición *f*, tirada *f*. **ed·it·or** ['editə(r)] *n* (*of TV programme*, etc) redactor/ra; (*of magazine*, etc) director/ra, autor/ra de la edición. **e·ditor·ial** [,edi'tɔ:riəl] **I.** *adj* editorial; de la dirección; de la redacción. **II.** *n* (*in newspaper*) editorial *m*. **ed·it·or·ship** [-əʃip] *n* dirección *f*.

ed·uc·ate ['edʒukeit] *v* educar, formar, instruir. **ed·uc·at·ed** [-id] *adj* culto/a. **ed·uc·ation** [,edʒu'keiʃn] *n* educación *f*, enseñanza *f*, formación *f*, instrucción *f*; (*knowledge*) cultura *f*. **ed·uc·ation·al** [,edju:'keiʃənl] *adj* de la educación, de la enseñanza; (*of teaching*) docente; (*essay*, etc) educativo/a, instructivo/a. **ed·uc·ation·al·ist** [,edju:'keiʃənəlist] *n* pedagogo/a. **ed·uc·at·or** ['edju:keitə(r)] *n* educador/ra.

eel [i:l] *n* anguila *f*.

ee·rie (*also* **ee·ry**) ['iəri] *adj* (**-ier, -iest**) misterioso/a, inquietante.

ef·face [i'feis] *v* FML borrar, eliminar. LOC **~ oneself**, pasar inadvertido, quedarse en segundo plano.

ef·fect [i'fekt] **I.** *n* efecto *m*; *pl* FML (*personal*, etc) efectos *m, pl*. LOC **Bring into ~,** realizar/poner en vigor. **Come into ~,** (*law*, etc) entrar en vigor. **Of no ~,** inútilmente. **Take ~,** MED hacer efecto; JUR entrar en vigor. **To that ~,** a este efecto. **II.** *v* FML efectuar, llevar a cabo; realizar. ~·ive [i'fektiv] *adj* (*measure*) eficaz; (*law*) en vigor; (*person*) eficiente; (*impression*) de gran efecto. ~·ive·ly [-ivli] *adv* eficazmente; eficientemente; en vigor; en efecto. ~·ual [i'fektʃuəl] *adj* FML eficaz.

ef·fem·in·acy [i'feminəsi] *n* afeminación *f*. **ef·fem·in·ate** [i'feminət] *adj* afeminado/a.

ef·fer·vesce [,efə'ves] *v* (*also* FIG) estar en efervescencia. **ef·fer·ves·cence** [,efə'vesns] *n* efervescencia *f*. **ef·fer·ves·cent** [,efə'vesnt] *adj* efervescente.

ef·fete [i'fi:t] *adj* decadente; (*person*) debilitado/a.

ef·fi·ci·ency [i'fiʃnsi] *n* eficiencia *f*; eficacia *f*. **ef·fi·ci·ent** [i'fiʃnt] *adj* (*measure, tool*, etc) eficaz; (*person*) eficiente, competente. **ef·fi·ci·ent·ly** [i'fiʃntli] *adv* eficientemente; eficazmente.

ef·fi·gy ['efidʒi] *n* efigie *f*.

ef·flor·es·cence [,eflɔ:'resns] *n* FML (*of arts*, etc) florecimiento *m*. **ef·flor·es·cent** [,eflɔ:'resnt] *adj* floreciente.

ef·flu·ent ['efluənt] *n* **1**. afluente *m*. **2**. (*of factory*, etc) vertidos *m, pl*, aguas *f, pl* residuales.

ef·fort ['efət] *n* esfuerzo *m*. **~·less** [-lis] *adj* (*act*) sin esfuerzo, fácil. **~·less·ly** [-ləsli] *adv* sin esfuerzo(s).

ef·front·ery [i'frʌntəri] *n* desvergüenza *f*, insolencia *f*.

ef·fu·sion [i'fju:ʒn] *n* FML derramamiento *m*, derrame *m*; PEY verbosidad *f*. **ef·fus·ive** [i'fju:siv] *adj* (*esp* PEY) efusivo/a.

e.g. [,i: 'dʒi:] *abrev* de *exempli gratia*, por ejemplo.

e·gal·it·ar·ian [i,gæli'teəriən] *adj/n* (*esp* POL) igualitario/a.

egg [eg] **I**. *n* huevo *m*: *Boiled ~*, Huevo duro; *Poached ~*, Huevo escalfado. *Scrambled ~*, Huevo revuelto; *Soft-boiled ~*, Huevo pasado por agua. LOC **Put all one's ~s in one basket**, jugárselo todo a una sola carta. **II**. *v* (**~ sb on to do sth**) azuzar a alguien para que haga algo. **~-cup** *n* huevera *f*. **~-flip** *n* ponche *m* de huevo. **~·head** *n* INFML PEY intelectual *m, f*. **~-plant** *n* berenjena *f*. **~·shell** *n* cáscara *f* de huevo. **~timer** *n* minutero *m* de cocina. **~·whisk** (*also* **~-beat·er**) *n* batidor *m* de huevos.

e·glan·tine ['egləntain] (*also* **sweet-briar**) *n* rosa *f* silvestre.

e·go ['egəu, US 'i:gəu] *n* el yo, ego *m*. **e·go·cen·tric** [,egəu'sentrik, US ,i:g-] *adj* egocéntrico/a. **e·go·ism** ['egəuizəm, US 'i:g-] *n* egoísmo *m*. **e·go·ist** [-ist] *n* egoísta *m, f*. **e·go·ist·ic·(al)** [,egəu'istik(l)] *adj* egoísta. **e·go·tism** ['egəutizəm, US 'i:g-] *n* egotismo *m*. **e·go·tist·ic·(al)** [,egəu'istik(l)] *adj* egotístico/a. **~·trip** *n* SL autobombo *m*.

e·gre·gi·ous [i'gri:dʒiəs] *adj* FML excepcional, extraordinario.

e·gress ['i:gres] *n* JUR derecho *m* de salida.

ei·der·down ['aidədaun] *n* edredón *m*.

eight [eit] **I**. *pron/adj* ocho. **II**. *n* (*number*) ocho *m*; (*on boat*) tripulación *m* de ocho. LOC **Have had one over the ~**, INFML Estar bebido/a. **~·een** [ei'ti:n] *pron/adj/n* dieciocho (*m*). **~·eenth** [,ei'ti:nθ] **I**. *pron/adj* décimoctavo/a. **II**. *n* décimoctava parte *f*. **eighth** [eitθ] **I**. *pron/adj* octavo/a. **II**. *n* octava parte *f*. **eight·ieth** ['eitiəθ] **I**. *pron/adj* octogésimo/a. **II**. *n* octogésima parte *f*. **eight·some** ['eitsəm] *n* (*for dance*, etc) grupo *m* de ocho. **eight·y** ['eiti] **I**. *adj/pron* ochenta. **II**. *n* ochenta; **the eighties**, Los años ochenta; los ochenta grados. LOC **Be in one's eighties**, haber cumplido los ochenta.

either ['aiðə(r), US 'i:ðər] **I**. *adj* cualquier(a)... de los/las dos: *In ~ side of the face*, En cualquiera de las dos mejillas. **II**. *pron indef* cualquiera de los/las dos, uno/a u otro/a. **III**. *conj* o, o bien...: *~ you go or I will go*, O te vas tú o me voy yo. **IV**. *adv* (*emph negation*) tampoco: *Not this one ~*, Tampoco éste.

e·ja·cul·ate [i'dʒækjuleit] *v* (*semen*, etc) eyacular; FML exclamar. **e·ja·cul·ation** [i-,dʒækju'leiʃn] *n* eyaculación *f*; FML exclamación *f*.

e·ject [i'dʒekt] *v* expulsar, lanzar; arrojar, despedir. **~·ion** [i'dʒekʃn] *n* expulsión *f*, lanzamiento *m*; despedida *f*.

eke [i:k] *v* (**~ sth out**) (*supply*, etc) hacer durar, suplir, complementar.

e·la·bor·ate **I**. [i'læbərət] *adj* complicado/a, refinado/a; (*work*) bien acabado/a, elaborado/a. **II**. [i'læbəreit] *v* **1**. FML elaborar con detalle. **2**. (**~ on sth**) ampliar, dar muchas vueltas (a algo). **e·la·bor·ation** [i,læbə'reiʃn] *n* complicación *f*; desarrollo *m*.

e·lapse [i'læps] *v* FML (*time*) pasar, transcurrir.

e·las·tic [i'læstik] **I**. *adj* (*also* FIG) elástico/a, flexible. **II**. *n* (*also* **rubber band**) goma *f*, tira *f* elástica. **~·ity** [,elæ'stisəti, US i,læ-] *n* elasticidad *f*.

e·lat·ed [i'leitid] *adj* (**~ at/by sth**) regocijado por algo. **e·la·tion** [i'leiʃn] *n* alegría *f*, regocijo *m*.

el·bow ['elbəu] **I**. *n* (ANAT, *of coat*, etc) codo *m*; (*of pipe, chimney*) ángulo *m*, codo *m*. LOC **At one's ~**, al alcance de la mano. **Give sb the ~**, INFML despedir/rechazar a alguien. **II**. *v* **1**. (**~ sb out of the way**) apartar a alguien a codazos. **2**. (**~ one's way into**) abrirse paso a codazos en. **~-grease** *n* INFML trabajo *m* duro, esfuerzo *m* manual. **~-room** *n* libertad *m* de movimientos, espacio *m* suficiente.

eld·er ['eldə(r)] **I**. *adj* (*brother*, etc) mayor; más viejo/a. LOC **The ~**, (*also in names*) El viejo/padre. **II**. *n* **1**. mayor *m*; anciano/a; *pl* los más ancianos (de un lugar, etc). **2**. BOT saúco *m*. **~·ber·ry** ['eldəbri, US 'eldə,beri] *n* baya *f* del saúco. **eld·er·ly** ['eldəli] *adj* (*euph*) **The ~**, los ancianos, la tercera edad. **eld·est** ['eldist] *n* (*of brothers*, etc) el/la mayor.

e·lect [i'lekt] **I**. *adj* (*esp* POL) elegido/a, electo/a. **II**. *n* (*pl*) FML los elegidos. **III**. *v* (*esp* POL) elegir (*sb to sth* a alguien para algo).

~·ion [i'lekʃn] *n* elección *f*, elecciones *f, pl.* **~·ion·eer·ing** [i,lekʃə'niəriŋ] *n* POL campaña *f* electoral. **~·ive** [i'lektiv] **I.** *adj* (*assembly*, etc) electivo/a; (*course, subject*) optativo/a. **II.** *n* asignatura *f* optativa. **e·lec·tor** [i'lektə(r)] *n* elector/ra. **e·lect·or·al** [i'lektərəl] *adj* electoral. **~·or·ate** [i'lektərət] *n* electorado *m*.

e·lec·tric [i'lektrik] *adj* eléctrico/a; FIG tenso/a, cargado/a de emoción. **~ shock** *n* descarga *f* de corriente. **~ storm** *n* tormenta *f* con aparato eléctrico. **~ chair** *n* JUR silla *f* eléctrica. **~·al** *adj* eléctrico/a. **~·ian** [i,lek'triʃn] *n* electricista *m, f.* **~·ity** [i,lek'trisəti] *n* electricidad *f.* **e·lec·tri·fic·ation** [i,lektrifi'keiʃn] *n* electrificación *f.* **e·lec·tri·fy** [i'lektrifai] *v* electrificar; FIG electrizar.

e·lec·tro-... **~·cardiogram**, *n* electrocardiograma *m*. **~·chemistry** *n* electroquímica. **~·cute**, *v* electrocutar. **~·cu·tion,** *n* electrocución *f.* **~·de,** *n* electrodo *m*. **~·encephalo·gram,** *n* electroencefalograma *m*. **~·lysis,** *n* electrólisis *f.* **~·lyte,** *n* electrolito *m*. **~·mag·net,** *n* electroimán *m*. **~·magnetic,** *adj* electromagnético/a. **~·plate,** *v* galvanizar.

e·lec·tron [i'lektrɔn] *n* electrón *m*. **~·ic** [,ilek'trɔnik] *adj* electrónico/a. **~·ics** [,ilek'trɔniks] *n* (*sing*) electrónica *f.*

e·leg·ance ['eligəns] *n* elegancia *f.* **e·leg·ant** ['eligənt] *adj* elegante; (*manners*) refinado/a.

e·le·gi·ac [,eli'dʒaiək] *adj* elegíaco/a. **e·le·gy** ['elədʒi] *n* elegía *f.*

e·le·ment ['elimənt] *n* elemento *m*; *pl* (*of science*, etc) nociones *f, pl*, elementos *m, pl*; (*fire*, etc) los elementos. LOC **An ~ of sth,** una cierta dosis de (*danger*, etc, peligro). **Be in/out of one's ~,** estar uno en/fuera de su elemento. **~·al** [,eli'mentl] *adj* elemental, simple. **~·ary** [,eli'mentri] *adj* (*study*, etc) elemental, primario/a; (*fact*, etc) simple, claro/a, obvio/a.

e·le·phant ['elifənt] *n* elefante *m*. **~·ine** [,eli'fæntain, US -ti:n] *adj* elefantino/a.

e·lev·ate ['eliveit] *v* FML (*also* FIG) elevar. **e·lev·at·ed** [-id] *adj* FIG elevado/a, noble. **e·lev·at·ing** [-iŋ] *adj* FML edificante. **e·lev·ation** [,eli'veiʃn] *n* GEOG altura *f*; (*of planet, bullet*, etc) ángulo *m*; FIG elevación *f*, nobleza *f.* **e·lev·at·or** ['eliveitə(r)] *n* ascensor *m*; AGR elevador *m* de granos; AER timón *m* de profundidad.

e·lev·en [i'levn] **I.** *adj/pron* once. **II.** *n* (*number*) once *m*. **~·ses** [i'levnziz] *n* (*sing*) Br INFML tentempié *m* de media mañana. **e·lev·enth** [i'levnθ] **I.** *adj* undécimo/a. **II.** *n* undécima parte *f.*

elf [elf] *n* (*pl* **elves** [elvz]) duende *m*. **~·in** ['elfin] *adj* como de un duende; FIG travieso/a. **~·ish** [iʃ] *adj* **1.** malicioso/a, travieso/a. **2.** de los duendes.

e·lic·it [i'lisit] *v* FML (*truth*, etc) obtener, sonsacar.

e·lide [i'laid] *v* elidir.

e·li·gib·il·ity [,elidʒə'biləti] *n* elegibilidad *f.* **e·li·gible** ['elidʒəbl] *adj* elegible; conveniente, adecuado/a.

e·li·min·ate [i'limineit] *v* eliminar. **e·li·min·ation** [i,limi'neiʃn] *n* eliminación *f.*

e·li·sion [i'liʒn] *n* elisión *f.*

é·lite [ei'li:t] *n* élite *f.* **é·lit·ism** [ei'li:tizəm] *n* elitismo *m*. **é·lit·ist** [ei'li:tist] *adj/n* elitista *m, f.*

e·li·xir [i'liksə(r)] *n* elixir *m*.

elk [elk] *n* (*pl* ~ or **~s**) alce *m*.

el·lipse [i'lips] *n* elipse *f.* **el·lip·sis** [i'lipsis] *n* (*pl* **~pses** [-psi:z]) *n* elipsis *f.* **el·lip·tic(·al)** [i'liptik(l)] *adj* elíptico/a.

elm [elm] *n* (*also* **~ tree**) olmo *m*.

e·lo·cu·tion [,elə'kju:ʃn] *n* elocución *f*, dicción *f.* **~·ist** [-ʃənist] *n* logopeda *m, f.*

e·long·ate ['i:lɔŋgeit, US i'lɔ:ŋ-] *v* (*shape*, etc) alargar. **e·long·at·ed** [-id] *adj* alargado/a. **e·long·ation** [,i:lɔŋ'geiʃn, US -lɔ:ŋ-] *n* alargamiento *m*.

e·lope [i'ləup] *v* (**with sb**) escaparse, fugarse (con).

e·lo·quence ['eləkwəns] *n* elocuencia *f.* **e·lo·quent** ['eləkwənt] *adj* FML elocuente.

else [els] *adv* (*con inter, neg*, etc) más, además: *Who ~ was there?* ¿Quién más había allí? *How ~ would you do it?* ¿De qué otra manera lo harías? LOC **Or ~,** O de otro modo/En caso contrario. **~·where** [,els'weə(r), US -'hweər] *adv* en otra parte o lugar.

e·lu·cid·ate [i'lu:sideit] *v* FML aclarar, elucidar. **e·lu·cid·ation** [i,lu:si'deiʃn] *n* FML aclaración *f*, elucidación *f.*

e·lude [i'lu:d] *v* eludir, evitar; escapar(se). **e·lu·sive** [i'lu:siv] *adj* evasivo/a, esquivo/a; (*person*, etc) difícil de encontrar.

el·ver ['elvə(r)] *n* angula *f.*

elves *pl* de **elf**.

e·ma·ci·at·ed [i'meiʃieitid] *adj* macilento/a, demacrado/a, enflaquecido/a. **e·ma·ci·ation** [i,meisi'eiʃn] *n* extenuación *f.*

e·man·ate ['eməneit] *v* emanar. **e·man·ation** [,emə'neiʃn] *n* emanación *f.*

e·man·cip·ate [i'mænsipeit] *v* emancipar. **e·man·cip·ation** [i,mænsi'peiʃn] *n* emancipación *f.*

e·mas·cul·ate [i'mæskjuleit] *v* emascular, castrar; FIG debilitar. **e·mas·cul·ation** [i,mæskju'leiʃn] *n* emasculación *f.*

em·balm [im'ba:m, US *also* -ba:lm] *v* embalsamar.

em·bank·ment [im'bæŋkmənt] *n* terraplén *m*; (*for water*) dique *m*.

em·bar·go [im'ba:gəu] **I.** *n* (*pl* **~es** [-gəuz]) (*of ships, trade*, etc) embargo *m*, prohibición *f*; FIG freno *m*, detención *f.* **II.** *v* (*trade*) embargar.

em·bark [im'ba:k] *v* embarcar(se); FIG **(~ on sth)** embarcarse en. **~·ation** [,emba:'keiʃn] *n* NAUT embarco *m*; AER embarque *m*.

em·bar·rass [im'bærəs] *v* turbar, poner en aprieto; desconcertar. **~·ing** [-iŋ] *adj* (*situation*, etc) embarazoso/a. **~·ment** [-mənt] *n* apuro *m*, vergüenza *f*; (*financial*) dificultad *f*.

em·bas·sy ['embəsi] *n* embajada *f*.

em·bat·tled [im'bætld] *adj* (*army*) formado/a para la batalla; (*city*) defendido/a; (*castle*) fortificado/a; FIG asediado/a.

em·bed [im'bed] *v* incrustar; empotrar; FIG fijar; GRAM subordinar.

em·bel·lish [im'beliʃ] *v* (*also* FIG) adornar, ornamentar.

em·ber ['embə(r)] *n* (*esp pl*) ascua *f*; FIG rescoldo *m*.

em·bez·zle [im'bezl] *v* malversar, desfalcar, hacer una estafa. **~·ment** [-mənt] *n* desfalco *m*. **em·bez·zler** [-ə(r)] *n* malversador/ra, estafador/ra.

em·bit·ter [im'bitə(r)] *v* amargar, agriar.

em·blem ['embləm] *n* emblema *m*, símbolo *m*. **~·at·ic** [,emblə'mætik] *adj* FML emblemático/a.

em·bo·di·ment [im'bɔdiment] *n* personificación *f*, encarnación *f*. **em·bo·dy** [im'bɔdi] *v* FML encarnar, personificar; (*feature*) incluir.

em·bold·en [im'bəuldən] *v* FML envalentonar.

em·bo·lism ['embəlizəm] *n* embolia *f*.

em·boss [im'bɔs, US -'bɔ:s] *v* estampar en relieve; realzar.

em·brace [im'breis] **I.** *v* (*also* FIG) abrazar; (*include*) comprender. **II.** *n* abrazo *m*.

em·bra·sure [im'breiʒə(r)] *n* alféizar *m*; MIL tronera *f*, cañonera *f*.

em·broc·ation [,embrə'keiʃn] *n* linimento *m*, pomada *f*.

em·broi·der [im'brɔidə(r)] *v* bordar, recamar; FIG recargar con detalles. **em·broid·ery** [im'brəidəri] *n* bordado *m*; FIG detalle *m* añadido.

em·broil [im'brɔil] *v* enredar, embrollar.

em·bryo ['embriəu] *n* (*pl* **~s** [-əuz]) (*also* FIG) embrión *m*. LOC **In ~**, En embrión. **~·lo·gy** [,embri'ɔlədʒi] *n* embriología *f*. **~·lo·gist** [,embri'ɔlədʒist] *n* embriólogo/a. **~·nic** [,embri'ɔnik] *adj* embrionario/a; del embrión.

e·mend [i'mend] *v* enmendar. **~·ation** [,i:men'deiʃn] *n* enmienda *f*.

e·me·rald ['emərəld] **I.** *n* esmeralda *f*; color *m* esmeralda. **II.** *adj* de color esmeralda.

e·merge [i'mɜ:dʒ] *v* aparecer, (*also* FIG) surgir. **e·mer·gence** [-dʒəns] *n* aparición *f*, salida *f*. **e·mer·gen·cy** [i'mɜ:dʒənsi] *n* accidente *m* imprevisto, emergencia *f*: *State of ~*, Estado *m* de emergencia. **e·mer·gent** [i'mɜ:dʒənt] *adj* emergente.

e·me·ry ['eməri] *n* esmeril *m*. **~-board** *n* lima *f* para uñas. **~-paper** *n* papel *m* de lija.

e·met·ic [i'metik] *adj/n* emético/a, vomitivo/a.

e·mi·grate ['emigreit] *v* emigrar. **emi·grant** ['emigrənt] *n* emigrante *m, f*. **e·mi·gra·tion** [,emi'greiʃn] *n* emigración *f*. **é·mi·gré** ['emigrei, US ,emi'grei] *n* emigrado/a.

e·min·ence ['eminəns] *n* eminencia *f*. **e·min·ent** ['eminənt] *adj* eminente. **e·min·ent·ly** ['eminəntli] *adv* extremadamente.

e·mis·sary ['emisəri] *n* emisario *m*. **e·mis·sion** [i'miʃn] *n* FML emisión *f*. **e·mit** [i'mit] *v* despedir, lanzar; producir, exhalar. **e·mit·ter** [e'mitə(r)] *n* emisor *m*.

e·mol·li·ent [i'mɔliənt] **I.** *adj* hidratante. **II.** *n* crema *f* hidratante.

e·mo·lu·ment [i'mɔljumənt] *n* (*esp pl*) emolumentos *m, pl*.

e·mo·tion [i'məuʃn] *n* sentimiento *m*, emoción *f*. **~·al** [-l] *adj* de la emoción, emocional; (*person, situation*) emotivo/a. **~·al·ism** [-lizəm] *n* sentimentalismo *m*. **~·less** [-lis] *adj* sin emoción, frío/a. **e·mot·ive** [i'məutiv] *adj* emotivo/a.

em·pa·thy ['empəθi] *n* afinidad *f*, empatía *f*.

em·per·or ['empərə(r)] *n* (*f* **em·press** ['empris]) emperador *m* (emperatriz *f*).

em·pha·sis ['emfəsis] *n* (*pl* **-as·es** [-əsi:z]) énfasis *m*; **~ on sth**, insistencia *f* en algo, prioridad *f* de algo. **em·phas·ize, -ise** ['emfəsaiz] *v* acentuar, resaltar; poner de relieve, recalcar. **em·phat·ic** [im'fætik] *adj* insistente, enérgico/a; (*victory*, etc) rotundo/a.

em·pire ['empaiə(r)] *n* (*also* FIG) imperio *m*.

em·pir·ic·al [im'pirikl] *adj* empírico/a. **em·pi·ri·cism** [im'pirisizəm] *n* empirismo *m*. **em·pi·ri·cist** [im'pirisist] *n* empírico/a.

em·ploy [im'plɔi] **I.** *v* emplear, dar trabajo a, colocar; (*time*, etc) usar. **II.** *n* FML empleo *m*, puesto *m*. **~·able** [-əbl] *adj* empleable. **em·ploy·ee** [,emplɔi'i:] *n* empleado/a. **em·ploy·er** [-ə(r)] *n* empresario/a, patrón/na, jefe/a. **em·ploy·ment** [-mənt] *n* (*state, occupation*) empleo *m*, trabajo *m*: *~ agency*, Agencia *f* de colocaciones. *~ exchange*, Oficina de desempleo (INEM).

em·pow·er [im'pauə(r)] *v* FML autorizar, dar poder a.

emp·ress V. **emperor**.

emp·ties ['emptis] *n pl* INFML envases *m, pl*, etc, vacíos. **emp·ti·ness** ['emptinis] *n* vacío *m*; vaciedad *f*; FIG futilidad *f*. **emp·ty** ['empti] **I.** *adj* (*box*, etc) vacío/a; (*room, chair*, etc) desocupado/a, vacío/a; (*words*, etc) sin sentido, vacuo/a, inútil. **II.** *v* vaciar(se); (*place*) desalojar(se); (*water*, etc) salir, fluir. **emp·ty-hand·ed** *adj* con las manos vacías. **emp·ty-head·ed** *adj* (*person*) frívolo/a, alocado/a.

e·mul·ate ['emjuleit] *v* FML emular. **e·mul·ation** [,emju'leiʃn] *n* FML emulación *f*.

e·mul·si·fy [i'mʌlsifai] *v* emulsionar. **e·mul·sion** [i'mʌlʃn] *n* (*in all senses*) emulsión *f*.

en·able [i'neibl] *v* autorizar; (*faculty*, etc) permitir, capacitar (*to*, para).

en·act [i'nækt] *v* FML escenificar, representar; (*law*) poner en vigor.

en·am·el [i'næml] **I.** *n* esmalte *m*. **II.** *v* esmaltar, pintar al esmalte.

en·am·o(u)r·ed [i'næmə(r)d] *adj* FML, IR enamorado/a.

en·camp [in'kæmp] *v* MIL acampar. **~·ment** [-mənt] *n* campamento *m*.

en·case [in'keis] *v* FML encerrar (*in* en), revestir de.

en·cash [in'cæʃ] *n* cobrar.

en·chant [in'tʃa:nt, US -'tʃænt] *v* (*also* FIG) encantar. **~·ed** [-id] *adj* encantado/a, hechizado/a. **~er** [-ə(r)] *n* mago *m*, encantador *m*. **~·ing** [-iŋ] *adj* encantador/ra. **~·ment** [-mənt] *n* encantamiento *m*; (*charm*) encanto *m*. **~·ress** [-ris)] *n* maga *f*, encantadora *f*.

en·cir·cle [in'sɜ:kl] *v* rodear, cercar. **~·ment** [-mənt] *n* circunvalación *f*.

en·clave [in'kleiv] *n* enclave *m*.

en·close [in'kləuz] *v* cercar, rodear; (*letter*, *document*, etc) incluir, adjuntar: *Enclosed*, Adjunto. **en·clos·ure** [in'kləuʒə(r)] *n* (*act*) cercamiento *m*; (*place*) recinto *m*; (*document*, etc) nota *f*, etc, adjuntada.

en·code [in'kəud] *v* (*message*, etc) codificar, cifrar.

en·com·pass [in'kʌmpəs] *v* FML incluir, abarcar, comprender.

en·core ['aŋkɔ:(r)] **I.** *n* TEAT repetición *f*, bis *m*. **II.** *int* ¡bis!, ¡otra vez!

en·coun·ter [in'kauntə(r)] **I.** *n* (*esp hostile*) encuentro *m*, choque *m*. **II.** *v* FML encontrarse con, hacer cara a.

en·cour·age [in'kʌridʒ] *v* alentar, animar. **~·ment** [-mənt] *n* incentivo *m*, estímulo *m*. **en·cour·ag·ing** [-iŋ] *adj* esperanzador/ra, alentador/ra.

en·croach [in'krəutʃ] *v* **1.** FML pasar de los límites de, invadir. **2.** **(~ on sth)** infiltrarse en. **3.** (*right*, etc) usurpar. **~·ment** [-mənt] *n* FML invasión *f*; entrometimiento *m*; usurpación *f*.

en·crust [in'krʌst] *v* incrustar (*with* de), recubrir de.

en·cum·ber [in'kʌmbə(r)] *v* estorbar, poner trabas; (*with debts*, etc) abrumar, cargar. **en·cum·brance** [in'kʌmbrəns] *n* (*person, thing*) estorbo *m*, molestia *f*.

en·cyc·lic·al [in'siklikl] *n* encíclica *f*.

en·cy·clo·p(a)e·dia [in,saiklə'pi:diə] *n* enciclopedia *f*. **en·cy·clo·p(a)e·dic** [in,saiklə'pi:dik] *adj* enciclopédico/a.

end [end] **I.** *n* **1.** (*of line*, etc) final *m*, extremo *m*; (*of rope*, etc) punta *f*, cabo *m*. **2.** fin *m*, final *m*, conclusión *f*. **3.** (*aim*) fin *m*, propósito *m*, intención *f*. **4.** DEP lado *m*, campo *m*. **5.** FIG lado *m*, extremo *m*, bando *m*. LOC **Be at an ~**, estar terminado/a. **At the ~ of the day,** FIG en resumidas cuentas, en el momento de la verdad. **Be the ~,** INFML ser el colmo. **Come to a bad ~**, acabar mal. **Collide ~ on,** (*vehicle*, etc), chocar de punta. **In the ~**, por último/finalmente. **Make both ends meet,** hacer que el dinero llegue. **No ~ of sth,** cantidades enormes de algo. **II.** *v* acabar, terminar, finalizar. LOC **~ in sth,** acabar en. **~ sth off,** acabar algo (*with*, con). **~ up,** acabar (por). **~·ing** [-iŋ] *n* fin(al) *m*, conclusión *f*, desenlace *m*. **~·less** [-lis] *adj* sin fin, interminable. **~·less·ly** [-ləsli] *adv* interminablemente, sin fin. **~-pro·duct** *n* producto *m* final. **~·ways** ['endweiz] (*also* **~·wise** ['endwaiz]) *adv* de punta; de lado, de canto, con los extremos tocándose.

en·dan·ger [in'deindʒə(r)] *v* poner en peligro.

en·dear [in'diə(r)] *v* FML lograr que (alguien) sea querido. LOC **~ oneself to sb**, granjearse el cariño de alguien. **~·ing** [-iŋ] *adj* enternecedor/ra, simpático/a. **~·ment** [-mənt] *n* demostración *f* de afecto, ternura *f*.

en·deav·o(u)r [in'devə(r)] **I.** *n* FML intento *m*, esfuerzo *m*, empeño *m*. **II.** *v* (**~ to**) FML empeñarse en, esforzarse por.

en·dem·ic [en'demik] *adj* endémico/a.

en·dive ['endiv, US -daiv] *n* escarola *f*.

en·dorse [in'dɔ:s] *v* (*document*, etc) endosar; Br AUT sancionar; FIG apoyar, respaldar. **~·ment** [-mənt] *n* endoso *m*; Br AUT sanción *f*.

en·dow [in'dau] *v* dotar (con, de). **~·ment** [-mənt] *n* dotación *f*; (*of money*) fundación *f*; FIG talento *m*.

en·due [in'dju:, US -'du:] *v* (**~ with**) FML dotar (de).

en·dur·able [in'djuərəbl] *adj* soportable, tolerable. **en·dur·ance** [in'djuərəns, US -'duə-] *n* (*to pain*, etc) resistencia *f*, tolerancia *f*; FIG aguante *m*. **en·dure** [in'dju:ə(r), US -'duər] *v* (*pain, person*, etc) tolerar, aguantar, sufrir; (*continue*) resistir, durar. **en·dur·ing** [in'dju:əriŋ] *adj* resistente, duradero/a.

en·ema ['enimə] *n* enema *m*.

en·e·my ['enəmi] *n* enemigo/a.

en·er·ge·tic [,enə'dʒetik] *adj* (*person*, etc) fuerte, vigoroso/a, activo/a; ELECTR energético/a. **e·ner·gize, -ise** ['enədʒaiz] *v* dar fuerza a; ELECTR activar, pasar corriente (a). **e·ner·gy** ['enədʒi] *n* (*in all senses*) energía *f*.

en·erv·ate ['enəveit] *v* enervar; debilitar; deprimir.

en·fee·ble [in'fi:bl] *v* FML debilitar.

en·fold [in'fəuld] *v* FML envolver; (*in arms*) abrazar.

en·force [in'fɔ:s] *v* imponer, obligar a obedecer. **~·able** [-əbl] *adj* (*law*, etc) imponible. **~·ment** [-mənt] *n* imposición *f*, puesta *f* en vigor.

en·franch·ise [in'fræntʃaiz] *v* FML dar el derecho a voto a; (*slave*) emancipar. **~·ment** [in'fræntʃizmənt] *n* emancipación *f*; concesión *f* del derecho a voto.

en·gage [in'geidʒ] *v* **1.** **(with)** TEC acoplar(se) (con), engranar. **2.** FML (*worker, time*, etc) ocupar, emplear; contratar, apalabrar. **3.** **~ (sb) in sth,** Ocuparse de algo, dedicarse a: *She engaged in politics*, Ella se metió en política. **en·gag·ed** [-d] *adj* (*in work*) ocupado/a, atareado/a, comprometido/a; (*couple*) prometido/a, comprometido/a; (*seat, toilet*, etc) ocupado/a; (*telephone*) ocupado/a, que comunica. **~·ment** [-mənt] *n* TEC acoplamiento *m*, engranaje *m*; (*of marriage*) compromiso *m*, promesa *f*, (*time*) noviazgo *m*; (*of work*) empleo *m*, contratación *f*, (*task*) obligación *f*; (*personal appointment*) cita *f*, compromiso *m*: *~ ring*, Anillo *m* de prometida. **en·gag·ing** [-iŋ] *adj* atractivo/a, simpático/a.

en·gen·der [in'dʒendə(r)] *v* (*situation*, etc) causar, engendrar.

en·gine ['endʒin] *n* motor *m*; (*of train*) máquina *f*, locomotora *f*. ~ **driver** *n* maquinista *m, f*. **en·gin·eer** [,endʒi'niə(r)] **I**. *n* ingeniero *m*; técnico *m*, mecánico *m*. **II**. *v* dirigir la construcción de; INFML PEY maquinar, urdir. **en·gin·eer·ing** [,endʒi'niəriŋ] *n* ingeniería *f*.

Engl·ish ['iŋgliʃ] **I**. *n* (*language*) inglés; (*person*) inglés/sa. **II**. *adj* inglés/sa. ~·**man** *n* (*pl* ~·**men**) inglés *m*. ~·**wom·an** *n* (*pl* ~·**wom·en**) inglesa *f*.

en·grave [in'greiv] *n* (*initials*, etc) grabar; FIG dejar impreso/a. **en·grav·er** [-ə(r)] *n* grabador/ra. **en·grav·ing** [-iŋ] *adj* (*picture*) grabado *m*; arte *f* de grabar.

en·gross [in'grəus] *v* (*attention*, etc) absorber, ocupar. LOC **Be ~ed in a book**, estar absorto leyendo un libro. JUR copiar formalmente.

en·gulf [in'gʌlf] *v* FML (*flames*, etc) tragar, engullir; FIG hundir.

en·hance [in'ha:ns, US -'hæns] *v* (*quality*, etc) realzar, subrayar, aumentar. ~·**ment** [-mənt] *n* realce *m*; encarecimiento *m*.

e·nig·ma [i'nigmə] *n* enigma *m*. ~·**tic** [,enig'mætik] *adj* enigmático/a.

en·join [in'dʒɔin] *v* FML imponer.

en·joy [in'dʒɔi] *v* **1**. (*activity*, etc) disfrutar de, divertirse con, pasarlo bien con. **2**. (*health*, etc) gozar, disfrutar de. **3**. (~ **oneself** divertirse, pasarlo bien. ~·**able** [-əbl] *adj* divertido/a; agradable. ~·**ment** [-mənt] *n* disfrute *m*, gusto *m*, agrado *m*.

en·large [in'la:dʒ] *v* **1**. ensanchar, aumentar; (*photo*) ampliar. **2**. **(~ on sth)** (*subject*, etc) extenderse sobre. ~·**ment** [-mənt] *n* (*also photo*) ampliación *f*. **en·larg·er** [-ə(r)] *n* (*photo*) ampliadora *f*.

en·light·en [in'laitn] *v* **1**. informar (*as to sth*, sobre algo). **2**. (*in education*, etc) ilustrar, instruir. **en·light·en·ed** [-d] *adj* ilustrado/a, culto/a. **en·light·en·ment** [-mənt] *n* ilustración: *The Enlightenment*, la Ilustración.

en·list [in'list] *v* MIL alistar(se); (*help, support*, etc) conseguir, reclutar. ~·**ment** [-mənt] *n* alistamiento *m*, reclutamiento *m*.

en·liv·en [in'laivn] *v* animar, llenar de vida, alegrar.

en·mesh [in'meʃ] *v* FIG enredar, envolver.

en·mi·ty ['enməti] *n* hostilidad *f*, enemistad *f*.

en·noble [i'nəubl] *v* FML (*also* FIG) ennoblecer.

e·norm·ity [i'nɔ:məti] *n* atrocidad *f*; INFML enormidad *f*. **e·norm·ous** [i'nɔ:məs] *adj* enorme, descomunal. **e·norm·ous·ly** [i'nɔ:məsli] *adv* enormemente.

e·nough [i'nʌf] **I**. *adj indef* suficiente, bastante. **II**. *pron* bastante(s): *There weren't ~ of us*, No éramos bastantes. LOC **Have had ~ of sth**, Estar saturado/harto de algo. **III**. *adv* suficientemente, lo bastante: *She isn't old ~ to drive*, No es lo suficientemente mayor como para conducir. LOC **Oddly/Strangely ~** ..., Por extraño que parezca...

en·quire V. **inquire**.

en·rage [in'reidʒ] *v* poner furioso/a, enfurecer.

en·rap·ture [in'ræptʃə(r)] *v* FML embelesar, extasiar.

en·rich [in'ritʃ] *v* enriquecer, hacer prosperar; (*soil*, etc) añadir abono a. ~·**ment** [-mənt] *n* enriquecimiento *m*; fertilización *f*.

en·rol (*also esp* US **en·roll**) [in'rəul] *v* (*in club*, etc) inscribir(se) (*in* en); (*in class*) matricular(se). ~·**ment** [-mənt] *n* inscripción *f*; matriculación *f*.

en·sconce [in'skɔns] *v* (~ **sb/oneself in sth)** FML refugiar(se) en, acomodarse (en).

en·semble [a:n'sa:mbl] *n* (*also* MUS) conjunto *m*.

en·shrine [in'ʃrain] *v* FML guardar en urna; FIG encerrar, contener.

en·shroud [in'ʃraud] *v* FML cubrir completamente, envolver.

en·sign ['ensən] *n* bandera *f*; NAUT insignia *f*; US MIL alférez *m*.

en·slave [in'sleiv] *v* (*also* FIG) esclavizar. ~·**ment** [-mənt] *n* esclavitud *f*.

en·snare [in'sneə(r)] *v* (*also* FIG) coger en una trampa.

en·sue [in'sju:, US -'su:] *v* resultar, seguirse, derivarse.

en·sure (US **in·sure**) [in'ʃɔ:(r), US in'ʃuər] *v* asegurar(se de), comprobar; garantizar: *It will ~ your success*, Te garantizará el éxito.

en·tail [in'teil] **I**. *v* (*task*, etc) acarrear, suponer, obligar a; JUR vincular. **II**. *n* JUR vínculo *m*. ~·**ment** [-mənt] *n* mayorazgo *m*.

en·tan·gle [in'tæŋgl] *v* (*in net*, etc) enganchar(se), enredar(se); FIG liar(se). ~·**ment** [-mənt] *n* enredo *m*, embrollo *m*, lío *m*; MIL *pl* alambrada *f*.

en·tente [a:n'ta:nt] *n* entente *f*, acuerdo *m*.

en·ter ['entə(r)] *v* **1**. (*in room*, etc) entrar (en). **2**. (*club*, etc) inscribirse en; (*army, church*, etc) hacerse (de). **3**. (*book*, etc) apuntar, registrar, escribir. **4**. (*conversation*, etc) entablar, iniciar. **5**. (*office*) comenzar, tomar posesión (de).

en·ter·ic [en'terik] *adj* entérico/a, intestinal. **en·ter·itis** [,entə'raitis] *n* enteritis *f*.

en·ter·prise ['entəpraiz] *n* (*project, business*, etc) iniciativa *f*, empresa *f*; (*firm*) empresa *f*, compañía *f*. **en·ter·pris·ing** [-iŋ] *adj* (*plan*, etc) atrevido/a, con iniciativa; (*person*) emprendedor/ra.

en·ter·tain [,entə'tein] *v* **1**. (*at home*) invitar (a comer, etc): *We never ~ on Fridays*, Nunca tenemos invitados los viernes. **2**. (*amuse*) divertir, entretener. **3**. FML (*idea*, etc) acariciar, abrigar, tener en cuenta. ~·**er** [-ə(r)] *n* cantante *m, f*, actor/riz; (*in TV*) presentador/ra, showman *m*. ~·**ing** [-iŋ] *adj* divertido/a, entretenido/a. ~·**ment** [-mənt] *n* (*act*) diversión *f*, entretenimiento *m*; (*show*) espectáculo *m*; (*of guest*) agasajo *m*.

en·thral(l) [in'θrɔ:l] *v* (*beauty*, etc) cautivar, embelesar.

en·throne [in'θrəun] *v* FML entronizar, coronar.

en·thuse [in'θju:z, US -u:s] *v* (**~ over sth**) entusiasmarse por algo. **en·thu·si·asm** [in'θju:ziæzəm, US -'u:-] *n* entusiasmo *m*. **en·thu·si·ast** [in'θju:ziæst] *n* entusiasta *m, f* (*for* de). **en·thu·si·ast·ic** [in,θju:zi'æstik] *adj* (*cry*, etc) entusiástico/a; (*person*) entusiasmado/a.

en·tice [in'tais] *v* **1**. tentar. **2**. (**~ sb away from sth**) engatusar (a alguien para que se aleje de algo). **en·tice·ment** [-mənt] *n* (*act*) atracción *f*, engatusamiento *m*; (*object*) atractivo *m*, señuelo *m*, cebo *m*. **en·tic·ing** [-iŋ] *adj* tentador/ra.

en·tire [in'taiə(r)] *adj* completo/a, entero/a; total. **~·ly** [-li] *adv* del todo, completamente. **~·ty** [in'taiərəti] *n* totalidad *f*.

en·ti·tle [in'taitl] *v* **1**. (*book*, etc) titular, llamar. **2**. dar derecho a, autorizar. **~·ment** [-mənt] *n* derecho *m*.

en·ti·ty ['entəti] *n* entidad *f*; ente *m*.

en·tomb [in'tu:m] *v* FML sepultar.

en·to·mo·lo·gic·al [,entəmə'lɔdʒikl] *adj* entomológico/a. **en·to·mo·lo·gist** [,entə'mɔlədʒist] *n* entomólogo/a. **en·to·mo·lo·gy** [,entəu'mɔlədʒi] *n* entomología *f*.

en·tour·age [,ɔntu'ra:ʒ] *n* (*also* FIG) séquito *m*.

en·trails ['entreilz] *n* (*pl*) entrañas *f, pl*.

en·trance I. ['entrəns] *n* entrada *f*; TEAT entrada *f* en escena; (*to club, university*, etc) ingreso *m*. **II**. [in'tra:ns, US -'træns] *v* embelesar. **en·tranc·ing** [-iŋ] *adj* fascinador/ra. **en·trant** ['entrənt] *n* (*in race*, etc) participante *m, f*; (*in profession*) principiante *m, f*.

en·trap [in'træp] *v* atrapar, embaucar.

en·treat [in'tri:t] *v* FML suplicar. **en·treat·y** [-i] *n* súplica *f*.

en·trée ['ɔntrei] *n* FML (*right*) entrada *f*; (*dish*) entrante *m*.

en·trench (*also* **in·trench**) [in'trentʃ] *v* (*also* FIG) atrincherar. **~·ment** [-mənt] *n* atrincheramiento *m*, repliegue *m* defensivo.

en·tre·pôt ['ɔntrəpəu] *n* almacén *m*; COM centro *m* de distribución.

en·tre·pren·eur [,ɔntrəprə'nɜ:(r)] *n* COM contratista *m, f*; empresario/a.

en·trust [in'trʌst] *v* (**sth to sb/sb with sth**) confiar (algo a alguien).

en·try ['entri] *n* (*right, act, place*) entrada *f*, paso *m*: (*in book*, etc) registro *m*, entrada *f*; DEP, etc participación *f*. LOC **No ~**, (*notice*), Prohibido el paso.

en·twine [in'twain] *v* entrelazar, entretejer.

e·nu·mer·ate [i'nju:məreit, US i'nu:-] *v* enumerar. **e·nu·mer·ation** [i,nju:mə'reiʃn, US i,nu:-] *n* enumeración *f*.

e·nun·ci·ate [i'nʌnsieit] *v* pronunciar; (*theory*, etc) enunciar. **e·nun·ci·ation** [i'nʌnsi'eiʃn] *n* pronunciación *f*; enunciación *f*.

en·ve·lop [in'veləp] *v* envolver, circundar, cubrir. **en·ve·lope** ['envələup, also 'an-] *n* (*letter*) sobre *m*.

en·ve·nom [in'venəm] *v* FML envenenar.

en·vi·able ['enviəbl] *adj* envidiable, admirable. **en·vi·ous** ['enviəs] *adj* envidioso/a. **en·vi·ous·ly** ['enviəsli] *adv* con envidia.

en·vi·ron·ment [in'vaiərənmənt] *n* entorno *m*, ambiente *m*: *The ~*, el medio ambiente. **~·al** [in,vaiərən'mentl] *adj* ambiental, del entorno. **en·vi·rons** [in'vaiərənz] *n* (*pl*) FML alrededores *m, pl*.

en·vis·age [in'vizidʒ] *v* (*event*, etc) concebir, imaginar.

en·voy ['envɔi] *n* (*esp diplomatic*) enviado/a, embajador/ra.

en·vy ['envi] **I**. *n* envidia *f*. **II**. *v* envidiar, tener envidia de.

en·zyme ['enzaim] *n* enzima *f*.

e·paul·et(te) ['epəlet] *n* MIL, NAUT charretera *f*.

e·phe·mer·al [i'femərəl] *adj* efímero/a.

ep·ic ['epik] **I**. *n* (*also* IR) epopeya *f*; novela *f* (filme *m*, etc) de aventuras. **II**. *adj* épico/a, heroico/a.

e·pi... **~·centre** (US **epicenter**), *n* (*also* FIG) epicentro *m*. **~·cure**, *n* gastrónomo/a, sibarita *m, f*. **~·cu·re·an**, *adj/n* epicúreo/a. **~·der·mis**, *n* epidermis *f*. **~·dural**, *adj* MED epidural. **~·glottis**, *n* epiglotis *f*. **~·gram**, *n* epigrama *m*. **~·lep·sy**, *n* epilepsia *f*. **~·lep·tic**, *adj/n* epiléptico/a. **~·logue** (US **epilog**), *n* epílogo *m*.

e·pi·pha·ny [i'pifəni] *n* Epifanía *f*.

e·pis·co·pal [i'piskəpl] *adj* episcopal. **e·pis·co·pa·li·an** [i,piskə'peiliən] *adj/n* episcopalista *m, f*.

e·pi·sode ['episəud] *n* episodio *m*. **e·pi·sod·ic** [,epi'sɔdik] *adj* episódico/a.

e·pis·tle [i'pisl] *n* (*also* REL) epístola *f*. **e·pis·tol·ary** [i'pistələri, US -leri] *adj* FML epistolar.

e·pi·taph ['epita:f, US -tæf] *n* epitafio *m*. **e·pi·thet** ['epiθet] *n* epíteto *m*. **e·pi·tome** [i'pitəmi] *n* epítome *m*. **e·pi·tom·ize, ·ise** [i'pitəmaiz] *v* compendiar, condensar; representar en abreviado.

e·poch ['i:pɔk, US 'epək] *n* época *f*. **~·mak·ing** *adj* FML IR que hace época.

equ·able ['ekwəbl] *adj* uniforme, constante; (*person*) tranquilo/a.

equ·al ['i:kwəl] **I**. *adj* (*to*) (*in size*, etc) igual (a); (*pay*, etc) igualitario/a. **II**. *n* igual *m, f*; semejante *m, f*. **III**. *v* ser igual a. **~·ity** [i'kwɔləti] *n* igualdad *f*. **~·ize, ·ise** ['i:kwəlaiz] *v* (*esp* DEP) igualar. **~·ly** [li] *adv* igualmente; equitativamente.

e·qua·nim·ity [,ekwə'niməti] *n* serenidad *f*, sangre *f* fría.

e·quate [i'kweit] *v* equiparar, igualar. **e·qua·tion** [i'kweiʒn] *n* MAT ecuación *f*; equiparación *f*. **e·qua·tor** [i'kweitə(r)] *n* ecuador *m*.

e·qua·tor·i·al [,ekwə'tɔ:rial] *adj* ecuatorial.

e·quer·ry [i'kweri, 'ekwəri] *n* Br caballerizo *m* del rey. **e·ques·tri·an** [i'kwestriən] **I**. *adj* ecuestre. **II**. *n* caballista *m, f*, jinete *m, f*.

e·qui·dist·ant [,i:kwi'distənt] *adj* FML equidistante.
e·qui·lat·er·al [,i:kwi'lætərəl] *adj* equilátero/a.
e·qui·li·bri·um [,i:kwi'libriəm] *n* (*also* FIG) equilibrio *m*.
e·quine ['ekwain] *adj* equino/a.
e·qui·noc·ti·al [,i:kwi'nɔkʃl] *adj* equinoccial. **equi·nox** ['i:kwinɔks] *n* equinoccio *m*.
e·quip [i'kwip] *v* equipar (de, con); (*person*) proveer (de). **~·ment** [-mənt] *n* equipo *m*, utensilios *m*, *pl*; (*act*) equipamiento *m*.
e·qui·poise ['ekwipɔiz] *n* FML (*state*) equilibrio *m*; (*thing*) contrapeso *m*.
e·quit·able ['ekwitəbl] *adj* FML equitativo/a. **e·quit·ably** [-i] *adv* equitativamente. **e·qui·ty** ['ekwəti] *n* equidad *f*; *pl* COM acciones *f*, *pl* de dividendo variable.
e·qui·val·ence [i'kwivələns] *n* equivalencia *f*. **e·qui·val·ent** [i'kwivələnt] **I.** *adj* (*to*) equivalente (a). **II.** *n* equivalente *m*, *f*.
e·qui·voc·al [i'kwivəkl] *adj* equívoco/a. **e·qui·voc·ate** [i'kwivəkeit] *v* hablar equívocamente. **e·qui·voc·ation** [i,kwivə'keiʃn] *n* equívoco *m*.
e·ra ['iərə] *n* era *f*, época *f*.
e·ra·dic·ate [i'rædikeit] *v* extirpar, eliminar, erradicar. **e·ra·dic·ation** [i,rædi'keiʃn] *n* eliminación *f*. **e·ra·dic·at·or** [-ə(r)] *n* eliminador/ra.
e·rase [i'reiz, US i'reis] *v* borrar, eliminar. **e·ras·er** [i'reizə(r), US -sər] *n* goma *f* de borrar. **e·ra·sure** [i'reiʒə(r)] *n* FML borradura *f*, raspadura *f*.
e·rect [i'rekt] **I.** *v* FML (*esp* ARQ) levantar, erigir. **II.** *adj* erguido/a, derecho/a, tieso/a. **~·tion** [i'rekʃn] *n* (*also sexual*) erección *f*; (*building*) construcción *f*, edificio *m*. **~·ile** [i'rektail, US -tl] *adj* ANAT eréctil.
erg [ɜ:g] *n* ergio *m*. **er·go·nom·ics** [,ɜ:gə'nɔmiks] *n* ergonomía *f*.
er·mine ['ɜ:min] *n* armiño *m*.
e·rode [i'rəud] *v* corroer; GEOL causar erosión en; FIG mermar. **e·ro·sion** [i'rəuʒn] *n* erosión *f*; FIG desgaste *m*. **e·ros·ive** [i'rəusiv] *adj* erosivo/a.
e·ro·gen·ous [i'rɔdʒənəs] *adj* erógeno/a. **e·ro·tic** [i'rɔtik] *adj* erótico/a. **e·ro·tica** [i'rɔtikə] *n* (*pl*) libros *m*, *pl* (etc) eróticos. **e·ro·tic·ism** [i'rɔtisizəm] *n* erotismo *m*.
err [ɜ:(r), US eər] *v* errar, equivocarse; (*sin*) pecar. **~·and** ['erənd] *n* (*journey*) recado *m*, encargo *m*; misión *f*: *Run an ~*, Llevar un recado. **~·ant** ['erənt] *adj* IR errante; *a knight ~*, un caballero andante. **~·at·ic** [i'rætik] *adj* (*service*, etc) irregular, poco fiable; (*person*) desigual, voluble. **~·at·ic·al·ly** [i'rætikəli] *adv* de forma irregular.
er·ra·tum [e'ra:təm] (*pl errata*) errata *f*.
er·ro·ne·ous [i'rəuniəs] *adj* FML erróneo/a. **~·ly** [-li] *adv* erróneamente. **er·ror** ['erə(r)] *n* error *m*, equivocación *f*. LOC **In ~**, por equivocación.
e·ru·dite ['eru:dait] *adj* FML erudito/a. **e·ru·di·tion** [,eru:'diʃn] *n* erudición *f*.
e·rupt [i'rʌpt] *v* (*volcano*) entrar en erupción; MED hacer erupción; FIG estallar, prorrumpir. **~·ion** [i'rʌpʃn] *n* erupción *f*; FIG estallido *m*.
e·ry·si·pe·las [,eri'sipiləs] *n* erisipela *m*.
es·cal·ate ['eskəleit] *v* (*prices, war*, etc) aumentar, crecer escalonadamente. **es·cal·ation** [,eskə'leiʃn] *n* aumento *m*, crecimiento *m*. **es·cal·at·or** ['eskəleitə(r)] *n* (*in shop*, etc) escalera *f* mecánica.
es·ca·lope [e'skælɔp] *n* escalope *m*.
es·cap·ade [,eskə'peid, 'eskəpeid] *n* (*foolish*) aventura *f*, travesura *f*. **es·cape** [i'skeip] **I.** *v* (*person, thing*) escapar(se) (algo); FIG evadirse de, eludir. LOC **~ sb's notice**, Pasar inadvertido para alguien. **II.** *n* fuga *f*, huida *f*; (*leak*) escape *m*; (*exit*) salida *f*; FIG evasión *f*, escape *m*. **es·cap·ee** [i,skei'pi:] *n* fugitivo/a. **es·cape·ment** [i'skeipmənt] *n* TEC escape *m*. **es·cap·ism** [i'skeipizəm] *n* escapismo *m*. **es·cap·ist** [i'skeipist] **I.** *adj* (*book*, etc) de evasión. **II.** *n* escapista *m*, *f*.
es·carp·ment [i'ska:pmənt] *n* GEOL escarpa *f*.
es·cha·to·lo·gy [,eskə'tɔlədʒi] *n* REL escatología *f*.
es·chew [is'tʃu] *v* FML rehuir, evitar; abstenerse de.
es·cort **I.** ['eskɔ:t] *n* escolta *f*, acompañamiento *m*. **II.** [i'skɔ:t] *v* escoltar, acompañar.
es·cut·che·on [i'skʌtʃən] *n* blasón *m*, escudo *m* de armas.
Es·ki·mo ['eskiməu] *n* (*pl ~ or ~s* [-məuz]) esquimal *m*, *f*; idioma *m* de los esquimales.
e·so·pha·gus [e'sɔfəgəs] *n* esófago *m*.
e·so·ter·ic [,esəu'terik] *adj* esotérico/a.
es·pa·drille ['espədril] *n* alpargata *f*.
es·pe·ci·al [i'speʃl] *adj* especial; particular. **~·ly** [i'speʃəli] *adv* especialmente, sobre todo.
es·pi·on·age ['espiəna:ʒ] *n* espionaje *m*.
es·plan·ade [,esplə'neid] *n* paseo *m* (*esp* marítimo).
es·pous·al [i'spauzl] *n* FML adhesión *f*. **es·pouse** [i'spauz] *v* casarse (con); adherirse a.
es·pres·so [e'spresəu] *n* (*pl ~s*) café *m* exprés.
es·py [i'spai] *v* IR descubrir, divisar.
Esq *abrev* = **Es·quire** [i'skwaiə(r)] Br FML (*in letters*, etc) Señor Don.
es·say ['esei] *n* **I.** (*in school*, etc) trabajo *m* escrito; FML intento *m*. **II.** *v* intentar. **~·ist** [-ist] *n* ensayista *m*, *f*.
es·sence ['esns] *n* esencia *f*. LOC **In ~**, esencialmente. **es·sen·ti·al** [i'senʃl] **I.** *adj* esencial, fundamental; imprescindible. **II.** *n* (*esp pl*) artículo *m* imprescindible. **es·sen·ti·al·ly** [i'senʃəli] *adv* esencialmente.
es·tab·lish [is'tæbliʃ] *v* **1.** (*relationship*, etc) fundar, consolidar, establecer; (*proof*, etc) probar, demostrar. **2.** **(~ oneself)** consolidar uno su posición. **es·tab·lish·ed** [-t] *adj* (*custom*, etc) arraigado/a; (*career*, etc) consolidado/a; REL oficial, del Estado. **es·ta·blish·ment** [i'stæbliʃmənt] *n* (*act*) creación *f*, fun-

dación *f*; FML institución *f*; (*employed*) personal *m*, plantilla *f*. **the Establishment,** (*esp* Br) clases *f, pl* dirigentes.

es·tate [i'steit] *n* finca *f* rural, tierras *f, pl*; (*esp* Br) zona *f* urbanizable; JUR bienes *m, pl*, patrimonio *m*. LOC Real ~, bienes *m, pl* raíces. ~ **a·gent** *n* agente *m* de la propiedad inmobiliaria. ~ **car** (*also* **station wagon**) *n* (coche *m*) furgoneta *f*.

es·teem [i'sti:m] **I**. *v* FML apreciar, estimar; juzgar, considerar. **II**. *n* estima *f*, aprecio *m*.

es·thete ['i:sθi:t] *n* esteta *m, f*.

es·tim·ate **I**. ['estimət] *n* (*of cost*) presupuesto *m*; (*of project*, etc) cálculo *m*, valoración *f*; (*judgement*) opinión *f*, idea *f*. **II**. ['estimeit] *v* calcular; presupuestar; estimar, juzgar. **es·tim·ation** [,esti'meiʃn] *n* opinión *f*, juicio *m*; cálculo *m*.

es·trange [i'streindʒ] *v* apartar, distanciar, alejar. **~·ment** [-mənt] *n* distanciamiento *m*, separación *m*.

es·tu·ary ['estʃuəri, US -ueri] *n* estuario *m*.

etch [etʃ] *v* grabar (al agua fuerte); FIG grabar. **~er** [etʃə(r)] *n* (*person*) grabador/ra. **~·ing** ['etʃiŋ] *n* (*art, print*) grabado *m*.

e·tern·al [i'tɜ:nl] *adj* (*also* INFML) eterno/a. **~·ly** [-li] *adv* (*also* INFML) eternamente. **e·tern·ity** [i'tɜ:nəti] *n* eternidad *f*.

e·ther ['i:θə(r)] *n* éter *m*. **~·eal** (*also* **amth·er·ial**) [i'θiəriəl] *adj* etéreo/a.

e·thic ['eθik] *n* (*system*) ética *f*; **e·thics** [-s] (*sing*) (*science*) ética *f*. **~·al** [-l] *adj* ético/a.

eth·nic ['eθnik] *adj* étnico/a; (*dress, food*, etc) típico/a. **eth·no·gra·phy** [e'θnɔgrəfi] *n* etnografía *f*. **eth·no·lo·gy** [e'θnɔlədʒi] *n* etnología *f*.

e·thos ['i:θɔs] *n* FML carácter *n* distintivo, idiosincrasia *f*.

e·thyl al·co·hol [,eθil 'ælkəhɔl] *n* alcohol *m* etílico.

e·ti·quette ['etiket, -kət] *n* (*rules*) etiqueta *f*.

e·ty·mo·lo·gic·al [,etimə'lɔdʒikl] *adj* etimológico/a. **e·ty·mo·lo·gist** [,eti'mɔlədʒist] *n* etimólogo/a. **e·ty·mo·lo·gy** [,eti'mɔlədʒi] *n* etimología *f*.

eu·ca·lyp·tus [,ju:kə'liptəs] *n* (*pl* **~es, ~lypti** [-'liptai]) eucalipto *m*.

Eu·char·ist ['ju:kərist] *n* Eucaristía *f*.

eu·gen·ics [ju:'dʒeniks] *n* eugenesia *f*.

eu·lo·gist ['ju:lədʒist] *n* panegirista *m, f*. **~·ic** [,ju:lə'dʒistik] *adj* elogioso/a. **eu·lo·gize, ~·ise** ['ju:lədʒai] *v* FML, IR elogiar, encomiar. **eu·lo·gy** ['ju:lədʒi] *n* FML encomio *m*, panegírico *m*.

eu·nuch ['ju:nək] *n* eunuco *m*.

eu·phem·ism ['ju:fəmizəm] *n* eufemismo *m*. **eu·phem·ist·ic** [,ju:fə'mistik] *adj* eufemístico/a.

eu·phon·i·ous [ju:'fəuniəs] *adj* eufónico/a. **eu·pho·ny** ['ju:fəni] *n* eufonía *f*.

eu·pho·ria [ju:'fɔ:riə] *n* euforia *f*. **eu·phor·ic** *adj* eufórico/a.

Eur·asia [juə'reiʒə] *n* Eurasia. **Eur·asi·an** *adj/n* eurasiático/a.

Euro- ... [jueə-] de Europa. **Euro·pe·an** [,juərə'piən] *adj/n* europeo/a.

eu·tha·na·sia [,ju:θə'neiziə, US -'neiʒə] *n* eutanasia *f*.

e·va·cu·ate [i'vækjueit] *v* (*esp* MIL, etc) evacuar. **e·va·cu·ation** [i,vækju'eiʃn] *n* evacuación *f*. **e·va·cu·ee** [i,vækju'i:] *n* evacuado/a.

e·vade [i'veid] *v* eludir, evadir.

e·val·u·ate [i'væljueit] *v* evaluar, valorar, tasar. **e·val·u·ation** *n* [i,vælju'eiʃn] *n* cálculo *m*, evaluación *f*.

e·van·es·cent [,i:və'nesnt, US ,ev-] *adj* FML evanescente, efímero/a.

e·van·gel·ic·al [,i:væn'dʒelikl] *adj* (*also sect*) evangélico/a. **e·van·gel·ist** [i'vændʒəlist] *n* (*Bible*) evangelista *m*; (*preacher*) evangelizador/ra, predicador/ra. **e·van·gel·ize, ~·ise** [i'vændʒəlaiz] *v* evangelizar.

e·va·por·ate [i'væpəreit] *v* (*also* FIG) evaporar(se). **e·va·por·ation** [i,væpə'reiʃn] *n* evaporación *f*.

e·va·sion [i'veiʒn] *n* (*act*) evasión *f*; (*statement*) evasiva *f*: *Tax ~*, fraude *m* fiscal. **e·vas·ive** [i'veisiv] *adj* evasivo/a.

Eve [i:v] *n* Eva *f*.

eve [i:v] *n* (*also* FIG) víspera *f*, tarde *f*.

e·ven [i:vn] **I**. *adj* **1**. (*surface*) llano/a, liso/a, uniforme. **2**. (*in quality*, etc) regular, uniforme, invariable. **3**. (*in comparison*) igual, empatado/a. **4**. (*number*) par. LOC **Get ~ with sb,** Ponerse al mismo nivel que alguien; Ajustar cuentas con alguien. **Break ~**, No ganar ni perder dinero. **II**. *v* **1**. **(~ out)** nivelarse, igualarse. **2**. **(~ sth up)** equilibrar, igualar. **III**. *adv* hasta, incluso; (*in comparison*) aún, todavía. LOC **~ if/though,** aunque, si bien. **~ now/then,** y ni siquiera así... **~·hand·ed** *adj* imparcial, objetivo/a. **Not ~**, ni siquiera. **e·ven·ly** [-li] *adv* de modo uniforme; constantemente; de modo equitativo. **e·ven·ness** ['i:vənnis] *n* uniformidad *f*; igualdad *f*; constancia *f*.

even·ing ['i:vniŋ] *n* tarde *f*, atardecer *m*; (*first hours*) noche *f*. LOC **~ class** *n* clase *f* nocturna. **~ dress** *n* vestido *m* de noche/etiqueta. **~ paper** *n* periódico *m* de la tarde. **~ star** *n* estrella *f* vespertina.

even·song ['i:vnsɔŋ] *n* REL vísperas *f, pl*.

e·vent [i'vent] *n* acontecimiento *m*, suceso *m*, hecho *m*; DEP prueba *f*, encuentro *m*, competición *f*. LOC **At all ~s,** pase lo que pase/en todo caso. **In either ~**, en cualquiera de los dos casos. **In the ~**, el caso es que... **~·ful** [i'ventfl] *adj* (*trip*, etc) lleno/a de incidentes, accidentado/a; (*life*, etc) azaroso/a.

e·ven·tu·al [i'ventʃuəl] *adj* final, definitivo/a; consiguiente, resultante. **~·ity** [i,ventʃu'æləti] *n* FML contingencia *f*, eventualidad *f*. **~·ly** [-i] *adv* finalmente, a fin de cuentas; con el tiempo.

ev·er ['evə(r)] *adv* **1**. siempre; alguna vez; repetidamente: *For ~*, Para siempre. *If ~*, Si alguna vez. **2**. (*con neg*) nunca, jamás: *We haven't ~ seen her*, Nunca la hemos visto. **3**.

(*compar*) ...*than ~,* nunca: *This is the best cake I have ~ eaten,* Es el mejor pastel que he comido jamás. LOC **As... as ~,** tan... como siempre. **Did you ~ see...** INFML habráse visto... **~ more,** FML más y más. **~ since,** desde entonces/desde que... **For ~ and ~,** para siempre jamás. **Where ~ did you...** INFML ¿Dónde demonios...? **Yours ~,** INFML (*in letter*) Con afecto/Sinceramente. **~·green** ['evəgri:n] *adj* BOT de hoja perenne. **~·last·ing** [,evə'la:stiŋ, US -'læst-] *adj* eterno/a, duradero/a; PEY incesante, interminable. **~·more** [,evə'mɔ:(r)] *adv* para siempre.

ev·er·y ['evri] *adj* cada, todo/a(s) LOC **~·bo·dy** ['evribɔdi] (*also* **everyone** ['evriwʌn]) *pron* todos/as, todo el mundo. **~·day** ['evridei] *adj* de diario; cotidiano/a; corriente. **~ now and then,** de vez en cuando. **~ other, 1.** todos los demás. **2.** uno sí y otro no: *They have a bath ~ other day,* Se bañan un día sí y otro no. **~·thing** ['evriθiŋ] *pron* todo. **~ time,** siempre. **~·where** ['evriweə(r), US -hweə(r)] *adv* por/en todas partes.

e·vict [i'vikt] *v* desahuciar. **~·ion** [i'vikʃn] *n* desahucio *m.*

e·vid·ence ['evidəns] *n* (*esp* JUR) prueba *f,* testimonio *m;* (*trace*) muestra *f,* indicio(s) *m*(*pl*); evidencia *f.* LOC **Be in ~,** Estar bien visible. **On the ~ of sth,** A la vista de algo. **e·vid·ent** ['evidənt] *adj* evidente. **e·vid·en·tial** [evi'denʃl] *adj* FML (*esp* JUR) probatorio/a. **e·vid·ent·ly** [-li] *adv* evidentemente.

e·vil ['i:vl] **I.** *adj* (*morally*) malo/a; (*person*) malvado/a, perverso/a; (*unpleasant*) horrible, malísimo/a: *~ weather,* Un tiempo de perros. LOC **Give sb the ~ eye,** Echar mal de ojo a alguien. **An ~ tongue,** Una lengua de víbora. **II.** *n* FML mal *m;* maldad *f;* (*event*) catástrofe *f,* desastre *m.* **~·doer** *n* FML malhechor/ra. **~·mind·ed** *adj* mal pensado/a, malicioso/a. **e·vil·ly** ['i:vəli] *adv* con maldad.

e·vince [i'vins] *v* FML dar pruebas de, demostrar.

e·voc·at·ive [i'vɔkətiv] *adj* evocador/ra. **e·voke** [i'vəuk] *v* evocar, sugerir.

e·volu·tion [,i:və'lu:ʃn, US ,ev-] *n* (*also* BIOL) evolución *f.* **~·ary** [-əri] *adj* FML evolutivo/a. **e·volve** [i'vɔlv] *v* (*also* BIOL) desarrollar(se).

ewe [ju:] *n* (*female*) oveja *f.*

ew·er ['ju:ə(r)] *n* jarro *m,* aguamanil *m.*

ex [eks] **I.** *prep* COM (*goods,* etc) a precio de; sin contar. **II.** *n* (*pl* **~es, ~'s**) INFML ex-marido *m,* ex-mujer *f,* etc. **III.** *prefijo* ex-.

ex·act [ig'zækt] **I.** *adj* exacto/a, preciso/a; (*person*) escrupuloso/a. **II.** *v* exigir, requerir: *~ obedience from us,* Exigirnos obediencia. **~·ing** [-iŋ] *adj* (*task*) duro/a; (*person*) exigente. **~·ion** [ig'zækʃn] *n* FML (*of tax*) exacción *f;* (*of task*) exigencia *f.* **~·i·tude** [ig'zæktitju:d, US -tu:d] *n* FML exactitud *f.* **~·ly** [-li] *adv* exactamente; (*in answer*) precisamente. LOC **Not ~,** IR en absoluto. **~·ness** [-nis] *n* precisión *f.*

ex·ag·ger·ate [ig'zædʒəreit] *v* exagerar. **ex·ag·ger·at·ed** [-id] *adj* exagerado/a. **ex·ag·ger·ation** [ig,zædʒə'reiʃn] *n* exageración *f.*

ex·alt [ig'zɔ:lt] *v* FML exaltar. **~·ation** [,egzɔ:l'teiʃn] *n* exaltación *f;* entusiasmo *m.*

ex·am [ig'zæm] *n* INFML examen *m.* **~·in·ation** [ig,zæmi'neiʃn] *n* examen *m,* inspección *f,* (*also* MED) reconocimiento *m;* JUR interrogación *f;* (*in school,* etc) examen *m.* **~·ine** [ig'zæmin] *v* examinar, inspeccionar, revisar; JUR interrogar. **~·in·ee** [ig,zæmi'ni:] *n* FML examinando/a. **~·in·er** [ig'zæminə(r)] *n* inspector/ra; examinador/ra.

ex·ample [ig'za:mpl, US -'zæmpl] *n* ejemplo *m.* LOC **For ~,** Por ejemplo. **Make an ~ of sb,** Dar un castigo ejemplar a. **Set an ~ to,** Servir de ejemplo para.

ex·as·per·ate [ig'zæspəreit] *v* exasperar. **ex·as·per·at·ing** [-iŋ] *adj* exasperante. **ex·as·per·ation** [ig,zæspə'reiʃn] *n* exasperación *f.*

ex·cav·ate ['ekskəveit] *v* FML excavar; desenterrar. **ex·cav·ation** [,ekskə'veiʃn] *n* excavación *f.* **ex·cav·at·or** [-ə(r)] *n* (*person*) excavador/ra; excavadora *f* (*máquina*)

ex·ceed [ik'si:d] *v* exceder, sobrepasar. **~·ing·ly** [-iŋli] *adv* sumamente.

ex·cel [ik'sel] *v* sobresalir (en algo). LOC **~ oneself,** superarse a sí mismo. **~·lence** ['eksələns] *n* calidad *f* extraordinaria, mérito *m.* **Ex·cel·len·cy** ['eksələnsi] *n* (*title*) Excelencia *m/f.* **~·lent** ['eksələnt] *adj* excelente, muy bueno/a.

ex·cept [ik'sept] **I.** *prep* excepto, salvo. **II.** *v* FML exceptuar, excluir. **~·ion** [ik'sepʃn] *n* excepción *f.* **~·ion·al** [ik'sepʃənl] *adj* excepcional.

ex·cerpt ['eksɜ:pt] **I.** *n* (*from book,* etc) fragmento *m,* pasaje *m.* **II.** *v* extractar.

ex·cess **I.** [ik'ses] *n* exceso *m.* LOC **To ~,** En exceso. **II.** ['ekses] *adj* adicional, sobrante: *~ luggage,* exceso de equipaje. **~·ive** [ik'sesiv] *adj* excesivo/a. **~·ive·ly** [-ivli] *adv* excesivamente.

ex·change [iks'tʃeindʒ] **I.** *n* cambio *m,* intercambio *m,* canje *m;* COM (*rate,* etc) cambio *m;* COM (*place*) lonja *f,* bolsa *f.* **II.** *v* intercambiar; (*prisoner,* etc) canjear. LOC **~ angry words,** intercambio *m* de insultos. **~·able** [-əbl] *adj* canjeable.

ex·che·quer [iks'tʃekə(r)] *n* **the Exchequer,** Hacienda, el Tesoro Público; *The Chancellor of the ~,* Br Ministro *m* de Hacienda. LOC **~ bills,** bonos *m, pl* del Tesoro.

ex·cise **I.** ['eksaiz] *n* impuesto *m* sobre el consumo. **II.** [ik'saiz] *v* FML extirpar, cortar, quitar. **ex·ci·sion** [ik'siʒn] *n* FML corte *m.*

ex·cit·ab·il·ity [ik,saitə'biləti] *n* excitabilidad *f,* nerviosismo *m.* **ex·cit·able** [ik'saitəbl] *adj* nervioso/a, excitable. **ex·cite** [ik'sait] *v* **1.** entusiasmar, emocionar. **2.** (*sexually,* MED) estimular. **3.** (*interest, curiosity*) provocar, despertar. **4.** FML (*riot*) instigar. **ex·cit·ed** [ik'saitid] *adj* **1.** excitado/a, nervioso/a. **2.** ilusionado/a, entusiasmado/a. **3.** (*sexually,* MED) estimulado/a. **ex·ci·te·ment** [ik'saitmənt] *n* entusiasmo *m,* ilusión *f;* excitación *f;* estimulación *f.* **ex·cit·ing** [ik'saitiŋ] *adj* emocionante, apasionante; interesante.

ex·claim [ik'skleim] *v* exclamar. **ex·clam·ation** [,eksklə'meiʃn] *n* exclamación *f*: ~ *mark*, GRAM signo *m* de admiración.

ex·clude [ik'sklu:d] *v* excluir; (*possibility*, etc) descartar. **ex·clu·sion** [ik'sklu:ʒn] *n* exclusión *f.* LOC **To the ~ of,** Con exclusión de. **ex·clus·ive** [ik'sklu:siv] **I**. *adj* (*club, group*, etc) selecto/a, exclusivo/a; (*report, information*) exclusivo/a; (*opposed*) excluyente. LOC **~ of sth,** excluyendo algo. **II**. *n* (*news*, etc) exclusiva *f.* **ex·clus·ive·ly** [ik'sklu:sivli] *adv* exclusivamente.

ex·com·mu·nic·ate [,ekskə'mju:nikeit] *v* REL excomulgar. **ex·com·mu·nic·ation** [ekskə,mju:ni'keiʃn] *n* excomunión *f.*

ex·cre·ment ['ekskrimənt] *n* FML excremento *m.*

ex·cres·cence [ik'skresns] *n* excrecencia *f.* **ex·cre·ta** [ik'skri:tə] *n* excreciones *f, pl.* **ex·crete** [ik'skri:t] *v* FML excretar. **ex·cre·tion** [ik'skri:ʃn] *n* excreción *f*; excremento *m.*

ex·cru·ci·at·ing [ik'skru:ʃieitiŋ] *adj* (*pain*, etc) agudísimo/a, atroz; IR insoportable. **~·ly** [-li] *adv* insoportablemente.

ex·culp·ate ['ekskʌlpeit] *v* FML exculpar.

ex·cur·sion [ik'skɜ:ʃn, US -ɜ:rʒn] *n* excursión *f*; expedición *f*: ~ *ticket* (*train*, etc) billete *m* reducido.

ex·cus·able [ik'skju:zəbl] *adj* excusable, perdonable. **ex·cuse I**. [ik'skju:s] *n* excusa *f*, disculpa *f*; FML pretexto *m.* **II**. [ik'skju:z] *v* excusar, disculpar. LOC **Be excused from sth**, tener permiso para no hacer una cosa. **~ me,** ¡Perdón/Disculpe(n)!

ex-di·rect·ory [,eks di'rektəri] *adj* (*phone number*) que no consta en el listín.

ex·ecr·able ['eksikrəbl] *adj* FML execrable. **ex·ecr·ate** ['eksikreit] *v* FML execrar, abominar.

e·xe·cute ['eksikju:t] *v* FML ejecutar; JUR otorgar (*documento*). **e·xe·cu·tion** [,eksi'kju:ʃn] *n* ejecución *f.* **e·xe·cu·tion·er** [,eksi'kju:ʃnə(r)] *n* verdugo *m.* **e·xe·cut·ive** [ig'zekjutiv] **I**. *adj* ejecutivo/a. **II**. *n* (*person*) gerente *m, f*, directivo/a; (*organ*) ejecutiva *f.* LOC **~ Board**, Consejo *m* de Dirección. **e·xe·cut·or** [ig'zekjutə(r)] *n* JUR albacea *m, f*, testamentario/a.

e·xem·plar·y [ig'zempləri] *adj* ejemplar. **e·xem·pli·fic·ation** [ig,zemplifi'keiʃn] *n* ejemplificación *f.* **e·xem·pli·fy** [ig'zemplifai] *v* ejemplificar, servir como ejemplo (de).

e·xempt [ig'zempt] **I**. *adj* exento/a (de). **II**. *v* FML eximir, dispensar (de).

e·xer·cise ['eksəsaiz] **I**. *n* ejercicio *m*; *pl* MIL maniobras *f, pl.* LOC **Take ~,** hacer ejercicio. **II**. *v* (*power*, etc) ejercer; DEP ejercitarse, hacer ejercicio; (*animal*) entrenar, llevar de paseo. **~-book** *n* cuaderno *m* de ejercicios.

e·xert [ig'zɜ:t] *v* **1**. (*influence*, etc) ejercer. **2**. **(~ oneself to)** esforzarse, afanarse (por). **~·ion** [ig'zɜ:ʃn, US -ɜ:rʒn] *n* (*of power*, etc) ejercicio *m*; (*physical*) esfuerzo *m* grande.

ex·hal·ation [,ekshə'leiʃn] *n* exhalación *f.* **ex·hale** [eks'heil] *v* FML (*fumes*, etc) despedir, exhalar; (*air*) espirar.

ex·haust [ig'zɔ:st] **I**. *n* **1**. (*gas*) gases *m, pl* de escape. **2**. (*also* **~-pipe**) tubo *m* de escape. **II**. *v* (*person, animal*) agotar, cansar en exceso; (*supply, patience*, etc) agotar, consumir. **~·ed** [-id] *adj* agotado/a, muy cansado/a. **~·ing** [-iŋ] *adj* agotador/ra. **~·ion** [ig'zɔ:stʃən] *n* agotamiento *m*, cansancio *m.* **~·ive** [-iv] *adj* completo/a, exhaustivo/a.

ex·hi·bit [ig'zibit] **I**. *n* pieza *f* de museo, objeto *m* en exposición; JUR prueba *f*, documento *m.* **II**. *v* (*picture*, etc) exponer, mostrar al público; (*feeling, quality*) exhibir. **~·ion** [,eksi'biʃn] *n* (*act, objects*) exposición *f*; (*of feelings*, etc) demostración *f*, exhibición *f*; Br (*of student*) beca *f.* **~·ion·ism** [-ʃənizəm] *n* (*also sexual*) exhibicionismo *m.* **~·ion·ist** [,eksi'biʃnist] *n* (*also sexual*) exhibicionista *m, f.* **~·or** [-ə(r)] *n* (*of pictures*, etc) expositor/ra.

ex·hi·lar·ate [ig'ziləreit] *v* regocijar, animar, levantar el ánimo a. **ex·hi·lar·at·ing** [-iŋ] *adj* muy divertido/a, apasionante.

ex·hort [ig'zɔ:t] *v* FML exhortar (*to* a). **~·ation** [,egzɔ:'teiʃn] *n* FML exhortación *f.*

ex·hum·ation [,ekshju:'meiʃn, US ,egzu:-] *n* exhumación *f.* **ex·hume** [eks'hju:m, US ig'zu:m] *v* exhumar.

ex·i·gen·cy ['eksidʒənsi] *n* FML extrema necesidad *f*, exigencia *f.* **e·xi·gent** ['eksidʒənt] *adj* FML apremiante, urgente; exigente.

ex·i·gu·ous [eg'zigjuəs] *adj* FML exiguo/a.

ex·ile ['eksail] **I**. *n* destierro *m*, exilio *m*; (*person*) exilado/a. **II**. *v* desterrar, exiliar.

ex·ist [ig'zist] *v* existir. LOC **~ on sth**, subsistir gracias a algo. **~·ence** [ig'zistəns] *n* existencia *f.* **~·ent** [ig'zistənt] *adj* FML existente, real. **~·en·tial** [,egzi's'tenʃəl] *adj* existencial. **~·en·tial·ism** [,egzi'stensəlizəm] *n* existencialismo *m.* **~·en·tial·ist** [,egzi'stenʃəlist] *adj/n* existencialista *m, f.*

ex·it ['eksit] **I**. *n* (*act, place*) salida *f*; TEAT mutis *m.* **II**. *v* salir; TEAT hacer mutis.

ex·o·dus ['eksədəs] *n* FML, IR éxodo *m.*

ex·on·er·ate [ig'zɔnəreit] *v* exonerar (*from* de). **ex·on·er·ation** [ig,zɔnə'reiʃn] *n* exoneración *f.*

ex·or·bit·ance [ig'zɔ:bitəns] *n* exorbitancia *f.* **ex·or·bit·ant** [ig'zɔ:bitənt] *adj* exorbitante.

ex·or·cism ['eksɔ:sizəm] *n* exorcismo *m.* **ex·or·cist** ['eksɔ:sist] *n* exorcista *m, f.* **ex·or·cize, -ise** ['eksɔ:saiz] *v* exorcizar.

ex·ot·ic [ig'zɔtik] *adj* exótico/a.

ex·pand [ik'spænd] *v* **1**. dilatar(se), aumentar. **2**. (*trade*, etc) crecer, desarrollar(se). **3**. (*person*, FIG) expansionarse, hacerse sociable. **4**. (*flower, gesture*, etc) abrirse, extenderse. **ex·panse** [ik'spæns] *n* (*of sky*, etc) extensión *f.* **ex·pan·sion** [ik'spænʃn] *n* (*of gas, people*, etc) expansión *f*; COM crecimiento *m*, ampliación *f.* **ex·pan·sion·ism** [-'-ʃənizəm] *n* expansionismo *m.* **ex·pan·sion·ist** [ik'spænʃənist] *n* expansionista *m, f.*

ex·pans·ive [ik'spænsiv] *adj* (*gesture*) abierto/a; (*person*) expansivo/a.

ex·pa·ti·ate [ik'speiʃieit] *v* (~ **on**) FML (*speak*, etc) extenderse (sobre).

ex·pa·tri·ate I. [,eks'pætriət, US -'peit-] *n* expatriado/a. **II.** [-rieit-] *v* expatriar, desterrar.

ex·pect [ik'spekt] *v* esperar: (Br INFML) *Will she be late? -I ~ so*, ¿Llegará tarde? -Supongo que sí. LOC **Only to be ~ed,** Como era de esperar/temer. **~·ancy** [ik'spektənsi] *n* expectación *f*: *Life ~*, Esperanza *f* de vida. **~·ant** *adj* expectante, ilusionado/a: *~ mother*, Embarazada *f*. **~·ation** [,ekspek'teiʃn] *n* esperanza *f*, ilusión *f*; expectativa *f*: *Beyond all ~s*, Más allá de lo esperado. **ex·pect·ed** [-id] *adj* esperado/a.

ex·pect·or·ant [ik'spektərənt] *n* expectorante *m*. **ex·pec·tor·ate** [-reit] *v* expectorar.

ex·pe·di·ence [ik'spi:diəns] (*also* **ex·pe·di·ency**) *n* conveniencia *f*. **ex·pe·di·ent** [-ənt] **I.** *adj* conveniente. **II.** *n* recurso *m*, medio *m*. **ex·pe·dite** ['ekspidait] *v* FML resolver rápidamente.

ex·pe·di·tion [,ekspi'diʃn] *n* expedición *f*. **~·ary** [-ʃənəri, US -neri] *adj* expedicionario/a. **ex·pe·di·ti·ous** [,ekspi'diʃəs] *adj* FML expeditivo/a, rápido/a.

ex·pel [ik'spel] *v* expulsar; cesar; (*smoke*, etc) despedir.

ex·pend [ik'spend] *v* FML gastar; (*totally*) consumir, acabar. **~·able** [-əbl] *adj* FML utilizable; prescindible. **~·it·ure** [ik'spenditʃə(r)] *n* gasto *m*, consumo *m*; (*of money*) gasto *m*, desembolso *m*. **ex·pense** [ik'spens] *n* gasto *m*, costo *m*; *pl* gastos *m, pl*, dietas *f, pl*. LOC **At sb's ~**, A costa de alguien. **At great ~ to sb,** Con gran esfuerzo por parte de uno. **No ~ spared,** Sin reparar en gastos. **ex·pens·ive** [ik'spensiv] *adj* caro/a, costoso/a.

ex·pe·ri·ence [ik'spiəriəns] **I.** *n* experiencia *f*; (*event*) experiencia *f*, experimento *m*. **II.** *v* experimentar, sentir, vivir. **ex·pe·ri·enc·ed** [-t] *adj* experimentado/a, experto/a. **ex·pe·ri·ment** [ik'sperimənt] **I.** *n* experimento *m*. **II.** *v* experimentar, hacer un experimento (*on sb/sth* con alguien/algo). **ex·pe·riment·al** [ik,speri'mentl] *adj* experimental. **ex·pe·ri·ment·al·ly** [-əli] *adv* experimentalmente.

ex·pert ['ekspɜ:t] *adj/n* experto/a. **ex·pert·ise** [,ekspɜ:'ti:z] *n* pericia *f*.

ex·pi·ate ['ekspieit] *v* FML expiar. **ex·pi·ation** [,ekspi'eiʃn] *n* expiación *f*.

ex·pir·ation [,ekspi'reiʃn] *n* FML término *m*; (*of air*) espiración *f*. **ex·pire** [ik'spaiə(r)] *v* expirar, acabar; (*ticket*, etc) caducar; (*breathe*) espirar. **ex·pi·ry** [ik'spaiəri] *n* vencimiento *m*, fecha *f* de caducidad.

ex·plain [ik'splein] *v* explicar. LOC **~ oneself,** dar explicaciones (sobre algo). **~ sth away,** justificar algo con explicaciones. **ex·plan·ation** [,eksplə'neiʃn] *n* explicación *f*, aclaración *f*. **ex·plan·at·ory** [ik'splænətri, US -tɔ:ri] *adj* aclaratorio/a, explicativo/a.

ex·plet·ive [ik'spli:tiv, US 'eksplətiv] *n* FML voz *f* expletiva, palabrota *f*.

ex·plic·able [ik'splikəbl, also 'eksplikəbl] *adj* FML explicable. **ex·plic·ate** ['eksplikeit] *v* FML argumentar, explicitar. **ex·pli·cit** [ik'splisit] *adj* explícito/a, detallado/a. **ex·pli·cit·ly** [ik'splisitli] *adv* explícitamente.

ex·plode [ik'spləud] *v* (*bomb*, etc) explotar, hacer explosión, (*also* FIG) estallar; hacer explotar, volar; Fig (*numbers*, etc) dispararse, aumentar; (*theory*, etc) desmentir, refutar.

ex·ploit I. ['eksplɔit] *n* (*also* IR) proeza *f*, hazaña *f*. **II.** [ik'splɔit] *v* (*resource, energy*, etc) explotar; FIG abusar de, explotar. **~·a·tion** [,eksplɔi'teiʃn] *n* explotación *f*.

ex·plor·ation [,eksplə'reiʃn] *n* exploración *f*; investigación *f*. **ex·plor·at·ory** [ik'splɔrətri, US -tɔ:ri] *adj* exploratorio/a; MED de sondaje. **ex·plore** [ik'splɔ:(r)] *v* explorar; FIG examinar, investigar. **ex·plor·er** [ik'splɔ:rə(r)] *n* explorador/ra.

ex·plo·sion [ik'spləuʒn] *n* explosión *f*; FIG estallido *m*; (*of numbers*, etc) aumento *m*. **ex·plos·ive** [ik'spləusiv] **I.** *adj* (*also* FIG) explosivo/a. **II.** *n* explosivo *m*.

ex·po·nent [ik'spəunənt] *n* (*of theory*, etc) (*also* MAT) exponente *m*; (*in activity*) experto/a, maestro/a.

ex·port I. ['ekspɔ:t] *n* exportación *f*; objeto *m* (artículo *m*, etc) importado. **II.** [ik'spɔ:t] *v* exportar. **~·ation** [,ekspɔ:'teiʃn] *n* exportación *f*. **~er** [-ə(r)] *n* exportador/ra.

ex·pose [ik'spəuz] *v* exponer; (*secret*, etc) revelar, denunciar. LOC **~ oneself to,** exponerse/arriesgarse a; **~ oneself,** exhibirse desnudo/a. **ex·po·sé** [ek'spəuzei, US ,ekspə'zei] *n* (*of facts*, etc) exposición *f*, informe *m*. **ex·pos·ed** [-d] *adj* (*place*, etc) expuesto/a, denunciado/a; desguarnecido/a. **ex·po·si·tion** [,ekspə'ziʃn] *n* FML (*of theory*, etc) exposición *f*.

ex·pos·tul·ation [ik,spɔstʃu'leiʃn] *n* FML protesta *f*, reconvención *f*. **ex·pos·tul·ate** [ik'spɔstʃuleit] *v* FML protestar, reconvenir.

ex·pos·ure [ik'spəuʒə(r)] *n* exposición *f*; (*of facts*, etc) revelación *f*. **~ me·ter** *n* fotómetro *m*.

ex·pound [ik'spəund] *v* FML (*theory*, etc) exponer, explicar.

ex·press [ik'spres] **I.** *adj* (*wish*, etc) explícito/a, expreso/a; (*train*) rápido/a; (*letter*) urgente. **II.** *adv* con urgencia, rápidamente. **III.** *n* (*train*, etc) expreso *m*; servicio *m* urgente. **IV.** *v* expresar; **~ oneself,** expresarse. **~·ion** [ik'spreʃn] *n* expresión *f*. **~·ion·ism** [ik'spreʃənizəm] *n* expresionismo *m*. **~·ion·ist** [ik'spreʃənist] *adj/n* expresionista *m, f*. **~·ion·less** [ik'spreʃənlis] *adj* inexpresivo/a. **~·ive** [ik'spresiv] *adj* expresivo/a. **~·ive·ly** [ik'spresivli] *adv* expresivamente. **~·ly** [-li] *adv* explícitamente, claramente. **~·way** (*also* **throughway**) *n* US autopista *f*.

ex·pres·so [eks'presəu] *n* café *m* exprés.

ex·propri·ate [eks'prəuprieit] *v* FML expropiar. **ex·pro·pri·ation** [,eks,prəupri'eiʃn] *n* expropiación *f*.

ex·pul·sion [ik'spʌlʃn] *n* expulsión *f*.

ex·punge [ik'spʌndʒ] *v* FML borrar, suprimir.

ex·purg·ate ['ekspəgeit] *v* expurgar. **ex·purg·ation** [,ekspə'geiʃn] *n* expurgación *f*.

ex·quis·ite ['ekskwizit, also ik'skwizit] *adj* exquisito/a, refinado/a, selecto/a; (*work*, etc) primoroso/a, delicado/a; (*emotion*) intenso/a. **~·ly** [-li] *adv* primorosamente.

ex-ser·vice·man [,eks'sɜ:vismən] *n* (*pl* **-men**), **ex-ser·vice·wom·an** [-wumən] *n* (*pl* **-wom·en**) excombatiente *m, f*.

ex·tant [ek'stænt, US 'ekstənt] *adj* existente.

ex·tem·pore [ek'stempəri] **I**. *adj* improvisado/a. **II**. *adv* de forma improvisada. **ex·tem·por·ize, -·ise** [ik'stempəraiz] *v* FML improvisar.

ex·tend [ik'stend] *v* extender; (*of space, dimension*, etc) extenderse. **ex·ten·sion** [ik'stenʃn] *n* (*act*) MED, FML extensión *f*; (*of building*, etc) ampliación *f*, anexo *m*; (*of time*, etc) prórroga *f*; (*of amount*) aumento *m*; (*of telephone*) extensión *f*. **ex·tens·ive** [ik'stensiv] *adj* (*in space, knowledge*, etc) extenso/a, amplio/a, vasto/a; (*usage*, etc) extendido/a. **ex·tent** [ik'stent] *n* (*space*) extensión *f*; (*range*) alcance *m*, grado *m*. LOC **To a certain/some ~**, Hasta cierto punto.

ex·te·nu·ate [ik'stenjueit] *v* FML, JUR atenuar.

ex·te·rior [ik'stiəriə(r)] **I**. *adj* exterior, externo/a. **II**. *n* (*also in art*) exterior *m*.

ex·ter·min·ate [ik'stɜ:mineit] *v* exterminar. **ex·ter·min·ation** [ik,stɜ:mi'neiʃn] *n* exterminación *f*.

ex·tern·al [ik'stɜ:nl] **I**. *adj* externo/a; (*news, trade*, etc) del exterior. **II**. *n* **1**. INFML (*university*, etc) examinador/ra externo/a. **2**. *pl* FML apariencia *f*. aspecto *m* externo.

ex·tinct [ik'stiŋkt] *adj* (*volcano*) apagado/a, extinguido/a; (*animal*, etc) desaparecido/a, extinguido/a. **~·ion** [ik'stiŋkʃn] *n* (*also act*) extinción *f*. **ex·tin·guish** [ik'stiŋgwiʃ] *v* (*also* FML) extinguir. **ex·tin·guish·er** [-ə(r)] *n* (*of fire*) extintor *m*.

ex·tirp·ate ['ekstəpeit] *v* FML, FIG extirpar. **ex·tirp·ation** [,ekstə'peiʃn] *n* extirpación *f*.

ex·tol [ik'stəul] *v* FML ensalzar, encomiar.

ex·tort [ik'stɔ:t] *v* extorsionar, usurpar. **~·ion** [ik'stɔ:ʃn] *n* extorsión *f*, usurpación *f*. **~·ion·ate** [ik'stɔ:ʃənət] *adj* (*price*, etc) desorbitado/a, exorbitante.

ex·tra ['ekstrə] **I**. *adj* (*additional*, etc) extra, de sobra. **II**. *adv* extra, muy. **III**. *n* (*person, thing*) extra *m, f*.

ex·tract **I**. [ik'strækt] *v* extraer; (*information*) obtener. **II**. ['ekstrækt] *n* (*substance, juice*, etc) extracto *m*, concentrado *m*; (*passage*) fragmento *m*, cita *f*. **~·ion** [ik'strækʃn] *n* extracción *f*. **~or** [-ə(r)] *n* extractor *m*.

extra·dite ['ekstrədait] *v* conceder la extradición de. **extra·di·tion** [,ekstrə'diʃn] *n* extradición *f*.

extra·mur·al [,ekstrə'mjuərəl] *adj* (*course*, etc) para alumnos externos.

extra·ne·ous [ik'streiniəs] *adj* ajeno/a (a), extraño/a.

extra·or·din·ary [ik'strɔ:dnri, US -dəneri] *adj* extraordinario/a.

extra·pol·ate [ik'stræpəleit] *v* FML extrapolar.

extra·sens·ory [,ekstrə'sensəri] *adj* extrasensorial.

extra·ter·res·tri·al [,ekstrətə'restriəl] *adj* extraterrestre. **extra·ter·ri·tor·i·al** [,ekstrə,teri'tɔ:riəl] *adj* extraterritorial.

extra·vag·ance [ik'strævəgəns] *n* **1**. (*of money*, etc) derroche *m*, despilfarro *m*; exceso *m*, desmesura *f*. **2**. (*object, act*) extravagancia *f*. **extra·vag·ant** [ik'strævəgənt] *adj* despilfarrador/ra; exagerado/a, excesivo/a.

ex·treme [ik'stri:m] **I**. *adj* extremo/a; más alejado/a; (*pain*, etc) intenso/a; POL radical. **II**. *n* (*esp pl*) extremo *m*; exageración *f*. LOC **Go to ~s**, ser muy exagerado/a. **~·ly** [-li] *adv* extremadamente. **ex·trem·ist** [-st] *n* extremista *m, f*. **ex·trem·ity** [ik'streməti] *n* (*esp pl*) extremidad *f*, miembro *m*.

ex·tric·ate ['ekstrikeit] *v* FML librar (de), liberar.

ex·trin·sic [ek'strinsik] *adj* extrínseco/a. **ex·tro·ver·sion** [,ekstrə'vɜ:ʃn, US -'vɜ:rʒn] *n* extraversión *f*. **ex·tro·vert** ['ekstrəvɜ:t] *n* extrovertido/a.

ex·ub·er·ance [ig'zju:bərəns, US -'zu:-] *n* exuberancia *f*; (*of person*) euforia *f*. **ex·ub·er·ant** [ig'zju:bərənt] *adj* exuberante; eufórico/a.

ex·ude [ig'zju:d, US -'zu:d] *v* FML exudar, destilar.

ex·ult [ig'zʌlt] *v* FML exultar, alegrarse enormemente. **~·ant** [-ənt] *adj* triunfante, jubiloso/a. **~·ation** [,egzʌl'teiʃn] *n* júbilo *m*.

eye [ai] **I**. *n* (*also* FIG) ojo *m*; (*power*) vista *f*, visión *f*; BOT brote *m*, yema *f*. LOC **Set eyes on**, Poner la vista en. **An ~ for an ~**, ojo por ojo. **Before one's very eyes**, FIG ante los mismos ojos de alguien. **Have an ~ for sth**, tener vista para algo. **Keep an ~ on**, FIG vigilar, no perder de vista. **Only have eyes for**, estar sólo interesado/a en. **Turn a blind ~**, hacer la vista gorda. **With an ~ to**, con vistas a. **With one's eyes open**, FIG con los ojos bien abiertos. **II**. *v* observar, mirar atentamente.

eye... **~·ball**, *n* globo *m* del ojo. **~·bath**, *n* lavaojos *m*. **~·brow**, *n* ceja *f*. **~-catching**, *adj* vistoso/a, llamativo/a. **~·glass**, *n* monóculo *m*, lente *f*. **~·lash**, *n* pestaña *f*. **~·less**, *adj* FML ciego/a. **~·let**, *n* ojal *m*. **~-level**, *adj* (a la) altura de la vista. **~·lid**, *n* párpado *m*. **~-opener**, *n* (*fact*, etc) revelación *f*. **~-piece**, *n* (*lens*) ocular *m*. **~-shade**, *n* visera *f*. **~-shadow**, *n* sombreador *m* de ojos. **~·sight**, *n* vista *f*. **~-sore**, *n* cosa *f* de aspecto desagradable o antiestético, adefesio. **~-strain**, *n* vista *f* cansada. **~-tooth**, *n* (*pl* **~-teeth**) colmillo *m*. **~·wash**, *n* colirio *m*. **~·witness**, *n* testigo *m, f* ocular.

ey·rie (*also* **ey·ry, ae·rie, ae·ry**) ['aiəri, 'eəri] *n* nido *m* de águila.

F, f [ef] *n* (*pl* **fs**) letra *f* 'f'; MUS fa *m*.
fa (*also* **fah**) [fa:] *n* MUS fa *m*.
fa·ble ['feibl] *n* fábula *f*.
fa·bric ['fæbrik] *n* tela *f*, tejido *m*; ARQ, FIG construcción *f*, fábrica *f*, estructura *f*. **~·ate** ['fæbrikeit] *v* (*story*, etc) inventar; (*document*) falsificar. **~·ation** [,fæbri'keiʃn] *n* invención *f*; falsificación *f*.
fa·bul·ous ['fæbjuləs] *adj* (*also* INFML) fabuloso/a.
fa·çade [fə'sa:d] *n* FML, FIG fachada *f*.
face [feis] **I**. *n* (*also* FIG) cara *f*, expresión *f*; (*clock*) esfera *f*; (*diamond*) faceta *f*. LOC **~ to ~ with sb,** cara a cara con alguien. **Have the ~ to do sth,** INFML tener la cara dura de hacer algo. **Pull ~s at sb,** hacer muecas a alguien. **Tell sb to his/her ~,** decir algo a alguien a la cara. **II**. *v* **1**. estar/ponerse, etc de cara a, mirar hacia. **2**. estar frente a; (*also* FIG) dar la cara a. **3**. (*also* **~ up**) FIG enfrentarse a, (*danger*, etc) arrostrar. LOC **Let's ~ it,** INFML reconozcámoslo/seamos realistas.
face... **~·card,** *n* (*card*) figura *f*. **~·cloth,** *n* toallita *f*. **~·cream,** *n* crema *f* facial. **~·less,** *adj* sin cara; FIG anónimo/a. **~·lift(ing),** *n* cirugía *f* estética facial; FIG renovación *f*. **~·powder,** *n* polvos *m,pl* para la cara. **~·saving**, *adj* que sirve para cubrir apariencias. **~ value,** *n* (*on money*, etc) valor *m* nominal; FIG valor *m* aparente.
fa·cet ['fæsit] *n* (*also* FIG) faceta *f*. **~·i·ous** [fə'si:ʃəs] *adj* chistoso/a, (*person*) bromista.
fa·ci·al ['feiʃl] **I**. *adj* facial. **II**. *n* (*of face*) tratamiento *m* facial.
fa·cile ['fæsail, US 'fæsl] *adj* (*victory*, etc) fácil, cómodo/a; (*person, speech*, etc) superficial. **fa·cil·it·ate** [fə'siliteit] *v* FML facilitar. **fa·cil·ity** [fə'siləti] **1**. *n* facilidad *f*. **2**. *pl* comodidades *f,pl*, facilidades *f,pl*; DEP, etc instalaciones *f,pl*.
fac·ing ['feisiŋ] *n* (*of wall*, etc) revestimiento *m*; (*of dress*, etc) vuelta *f*, guarnición *f*.
fac·sim·ile [fæk'siməli] *n* facsímil *m*.
fact [fækt] *n* hecho *m*; realidad *f*. *The ~ is that you came*, Lo cierto es que has venido. LOC **The ~s of life**, Las verdades de la vida. **~-find·ing** *adj* de investigación o indagación.
fac·tion ['fækʃn] *n* facción *f*. **fac·ti·ous** ['fækʃəs] *adj* faccioso/a, sedicioso/a. **fac·ti·ti·ous** [fæk'tiʃəs] *adj* FML facticio/a.
fac·tor ['fæktə(r)] *n* (*also* MAT) factor *m*; COM agente *m*. **fac·to·ry** ['fæktəri] *n* fábrica *f*: *~ farm*, Granja *f* mecanizada. **fac·to·tum** [fæk'təutəm] *n* FML, IR factótum *m,f*. **fac·tu·al** ['fæktʃuəl] *adj* relativo/a a los hechos; (*account*) objetivo/a.
fac·ul·ty ['fæklti] *n* facultad *f*.
fad [fæd] *n* moda *f* pasajera, novedad *f*; manía *f*. **~·dish** [-iʃ] *adj* PEY maniático/a.
fade [feid] *v* **1**. debilitar(se). **2**. (*colour*) hacer(se) más pálido/a, desteñir(se). **3**. (*flower*) marchitar(se); FIG desaparecer. **4**. **(~ away)** (*person*) morir, (*crowd*) dispersarse. **5**. **(~ sth in)** (*cinema*) hacer (imagen) más nítida. **6**. **(~ sth out)** hacer más borroso/a. **fad·ing** [-iŋ] *adj* que se debilita, apaga, etc.
fae·ces (US **fe·ces**) ['fi:siz] *n pl* FML heces *f,pl*, excrementos *m,pl*.
fag [fæg] **I**. *n* **1**. INFML trabajo *m* pesado. **2**. Br INFML pitillo *m*. **II**. *v* **(~ away at sth)** INFML trabajar mucho en algo. **(~ sb/sth out)** INFML agotar a alguien. **~-end** *n* Br INFML (*of cigarette*) colilla *f*: FIG resto *m*.
fag·(g)ot ['fægət] *n* **1**. haz *m* de leña, astillas *f,pl*. **2**. (*meat*) albóndiga *f*. **3**. (*also esp* US **fag**) INFML marica *m*.
fah V. **fa**.
fail [feil] **I**. *v* **1**. (*in test*, etc) fracasar, suspender, no aprobar; dejar de: *She never fails to visit us*, No deja nunca de visitarnos. **2**. (*eyesight*, etc) debilitarse. **3**. (*engine*, etc) fallar, estropearse. **II**. *n* (*in exam*) suspenso *m*. LOC **Without ~**, Sin falta/Pase lo que pase. **~·ing** ['feiliŋ] **I**. *adj* debilitado/a; estropeado/a, que falla. **II**. *n* defecto *m*, falta *f*. **III**. *prep* a falta de, sin. **~-safe** *adj* (*mechanism*) de seguridad. **~·ure** ['feiljə(r)] *n* **1**. (*in action*) fracaso *m*. **2**. (*in exam*) suspenso *m*; TEC fallo *m*, avería *f*; ELECTR corte *m* de corriente.
faint [feint] **I**. *adj* **(-er, -est)** apagado/a, débil; borroso/a, vago/a; (*idea*, etc) ligero/a, remoto/a; (*action, person*) débil. **II**. *v* desmayarse, perder el conocimiento. **III**. *n* desmayo *m*. **~-heart·ed** *adj* pusilánime, tímido/a. **~·ly** [-li] *adv* débilmente.
fair [feə(r)] **I**. *adj* (*of skin, hair*, etc) pálido/a, rubio/a; (*of weather*) bueno/a, despejado/a; (*person, judgement*, etc) imparcial, justo/a; (*in quality*) bueno/a, decente: *A ~ amount of money*, Una buena cantidad de dinero. LOC **By ~ means or foul,** Por cualquier medio. **A ~ question,** Una buena pregunta. **~ play,** Juego limpio. **II**. *adv* bien; justamente. LOC **~ enough,** INFML Me parece bien; Está bien. **Play ~,** Jugar limpio. **~ and square,** En el blanco/Sin error. **III**. *n* (*of animals, pro-*

ducts, etc) feria *f*, feria *f* de muestras, exposición *f*.

fair ... ~ **copy,** *n* (*of letter*, etc) copia *f* en limpio. ~**·ground,** *n* parque *m* de atracciones. ~**-haired**, *adj* rubio/a. ~**·ly,** *adv* justamente; (*in amount*) moderadamente; por completo, del todo: *The time ~ raced by*, El tiempo pasó completamente volando. ~**-minded,** *adj* imparcial, objetivo/a. ~**·ness,** *n* (*of hair*, etc) color *m* rubio; (*of act*) imparcialidad *f*. ~**-to-middling**, *adj* INFML bastante bueno/a. ~**·way**, *n* NAUT canalizo *m*; (*in golf*) calle *f*. ~**-weather**, *adj* amigo/a de conveniencia.

fair·y ['feəri] *n* hada *f*; duende *m*; SL marica *m*. ~ **god·mother** *n* FIG hada *f* madrina. ~**·land** *n* país *m* de las hadas. ~ **lights** *n pl* luces *f,pl* de colores (para adorno). ~ **story,** ~ **tale** *n* (*also* FIG) cuento *m* de hadas.

faith [feiθ] *n* (*also* REL) fe *f*; confianza. LOC **In good** ~, De buena fe. ~**·ful** ['feifl] *adj* (*person*) fiel, leal; (*account*, etc) fiel, exacto/a; **the** ~, REL los fieles. ~**·ful·ly** [-fuli] *adv* fielmente; con exactitud. LOC **Yours** ~, (*in letter*) Sinceramente suyo/a, Atentamente. ~**·ful·ness** [-fulnis] *n* fidelidad *f*. ~**·less** [-lis] *adj* infiel; desleal.

fake [feik] **I**. *n* falsificación *f*, imitación *f*; (*person*) impostor/ra. **II**. *adj* falso/a, de imitación. **III**. *v* falsificar; (*feeling*) fingir.

fal·con ['fɔ:lkən, US 'fælkən] *n* halcón *f*. ~**er** [-ə(r)] *n* halconero *m*. ~**·ry** [-ri] *n* cetrería *f*, halconería *f*.

Falk·land Is·lands ['Fɔ:lklənd 'Ailəndz] *n* Islas *f, pl* Malvinas.

fall [fɔ:l] **I**. *n* **1**. (*also* FIG) caída *f*; (*decrease*) baja *f*, descenso *m*, caída *f*. **2**. US otoño *m*; *pl* catarata *f*, cascada *f*. **II**. *v* (**fell** [fel], **fallen** ['fɔ:lən]) **1**. (*also* FIG) caer(se); (*decrease*) bajar, descender. **2**. (*also* ~ **down/over**) venirse abajo. **3**. (*also* ~ **on/upon**) caer sobre; (*date*) caer: *Christmas falls on a Thursday*, Navidad cae en jueves. LOC ~**-out** *n* lluvia *f* radiactiva.

fall... ~ **about,** INFML partirse de risa. ~ **apart,** romperse en pedazos, caerse a trozos. ~ **away,** decrecer, acabar desapareciendo. ~ **back,** *1* (*esp* MIL) retirarse; *2* ~ **back on sth**, recurrir a. ~ **behind,** (*also* FIG) quedarse atrás, retrasarse. ~ **down,** fracasar; quedar en evidencia. ~ **down on sth**, INFML no cumplir algo. ~ **for,** INFML enamorarse de, prendarse de (*sth* algo). ~ **in,** derrumbarse; ~ **in with sb/sth**, juntarse con alguien, etc. ~ **into,** (*whole*, etc) dividirse en; (*be trapped*) caer en, dejarse engañar por. ~ **off,** (*numbers*, etc) ir disminuyendo. ~ **on/upon,** (*also* FIG) caer sobre, atacar; (*cost*) correr de cuenta de. ~ **out,** suceder, ocurrir; ~ **out with sb**, pelearse con alguien. ~ **over,** tropezar (*sb/sth* con alguien/algo); ~ **over oneself to do sth**, INFML matarse por hacer una cosa. ~ **through,** (*plan*, etc) venirse abajo, fracasar. ~ **to,** empezar a; ~ **to sb to do sth**, corresponderle a alguien hacer algo. ~ **under,** estar clasificado bajo.

fal·la·ci·ous [fə'leiʃəs] *adj* engañoso/a, falso/a. **fal·la·cy** ['fæləsi] *n* falsedad *f*, sofisma *m*; (*belief*) error *m*.

fall·en ['fɔ:lən] **I**. pp de **fall**. **II**. *n* FML *The* ~, (MIL) los caídos.

fall guy ['fɔ:l gai] *n* US INFML cabeza *f* de turco.

fal·li·bil·ity [,fælə'biləti] *n* falibilidad *f*. **fal·li·ble** ['fæləbl] *adj* falible.

fal·low ['fæləu] **I**. *adj* (*land*) de barbecho; FIG sin utilizar. **II**. *n* tierra en barbecho. ~ **deer** ['fæləu diə(r)] *n* (*pl* ~) gamo *m*.

false [fɔ:ls] **I**. *adj* falso/a; erróneo/a, equivocado/a. LOC **A** ~ **move/start,** Un paso en falso. **A** ~ **alarm,** Una falsa alarma. **II**. *adv* falsamente. LOC **Play sb** ~, Traicionar a alguien. ~**·hood** ['fɔ:lshud] *n* FML falsedad *f*, mentira *f*. **fals·ies** ['fɔ:lsiz] *n pl* INFML (*woman's*) postizos *m,pl* (para el pecho).

fal·si·fic·ation [,fɔ:lsifi'keiʃn] *n* falsificación *f*. **fal·si·fy** ['fɔ:lsifai] *v* falsificar; probar la falsedad de. **fals·ity** ['fɔ:lsəti] *n* error *m*, falsedad *f*.

fal·ter ['fɔ:ltə(r)] *v* (*move, walk*) vacilar, tambalearse; (*of voice*) titubear, temblequear. ~**·ing·ly** [-iŋli] *adv* con vacilaciones.

fame [feim] *n* fama *f*: *Ill* ~, Mala fama *f*. **fa·med** *adj* renombrado/a.

fa·mil·iar [fə'miliə(r)] **I**. *adj* (*voice, face*, etc) familiar, conocido/a; (*person*) familiarizado/a; (*term, manner*, etc) de confianza, PEY fresco/a. **II**. *n* amigo/a íntimo/a. ~**·ity** [fə,mili'ærəti] *n* familiaridad *f*, trato *m* de confianza; PEY falta *f* de respeto. ~**·ize,** ~**·ise** [fə'miliəraiz] *v* familiarizar. ~**·ly** [-li] *adv* de modo familiar; con confianza.

fam·ily ['fæməli] *n* (*also* BOT, ZOOL) familia *f*; hijos *m,pl*: *They haven't got any* ~, No tienen hijos. LOC **Be in the** ~ **way**, Estar en estado/embarazada. **Run in the** ~, Ser algo hereditario. ~ **cir·cle** *n* círculo *m* familiar. ~ **doc·tor** *n* médico *m* de cabecera. ~ **man** *n* padre *m* de familia; hombre *m* casero. ~ **name** *n* apellido *m*. ~ **plan·ning** *n* planificación *f* familiar. ~ **tree** *n* árbol *m* genealógico.

fa·mine ['fæmin] *n* (*scarcity*) hambre *f*, escasez *f* (de comida). **fa·mish·ed** ['fæmiʃt] *adj* INFML muy hambriento/a, muerto/a de hambre.

fam·ous ['feiməs] *adj* famoso/a, célebre. ~**·ly** [-li] INFML estupendamente.

fan [fæn] **I**. *n* **1**. abanico *m*; TEC ventilador *m*; extractor *m*. **2**. (*person*) admirador/ra, fan *m,f*. **II**. *v* abanicar; (*wind*, etc) soplar, acariciar. LOC ~ **the flames of,** FIG Avivar la llama de. ~ **belt** *n* AUT correa *f* del ventilador. ~ **club** *n* club *m* de seguidores/fans. ~ **heater** *n* estufa *f* de aire caliente, calefactor *m*. ~ **mail** *n* correo *m* de admiradores.

fa·nat·ic [fə'nætik] *n* fanático/a, loco/a. ~**·al** [-l] *adj* fanático/a. ~**·ism** [fə'nætisizəm] *n* fanatismo *m*.

fan·ci·er ['fænsiə(r)] *n* (*in compounds*) aficionado/a a la cría de (*Dog-~*, *Pigeon-~*), etc. **fan·ci·ful** ['fænsifl] *adj* (*child*, etc) con mucha imaginación; (*object*) caprichoso/a. **fan·cy** ['fænsi] **I.** *n* (*power*) imaginación *f*, fantasía *f*; (*idea*, etc) visión *f*, imaginación *f*; (*wish*) capricho *m*, antojo *m*; *pl* pastelillo *m*. LOC **Catch sb's ~,** Atraer a alguien. **Take a ~ to sb/sth,** Sentirse atraído por. **II.** *adj* (*object*) de fantasía; (*esp* US) (*food*, etc) de lujo; (*idea*, etc) caprichoso/a, extravagante. **III.** *v* (*idea*) imaginar, pensar; (*wish*) INFML apetecer, querer; Br INFML (*person*) gustar. LOC **~ that!** ¡Imagínate! **~ oneself as sth,** INFML Creerse uno que es algo. **fan·cy-free** *adj* libre de amores. **fan·cy dress** *n* disfraz *m*.

fan·fare ['fænfeə(r)] *n* fanfarria *f*, trompeteo *m*.

fang [fæŋ] *n* colmillo *m*.

fan·light ['fænlait] *n* ventana *f* de abanico.

fan·tas·ize, ~·ise ['fæntəsaiz] *v* fantasear. **fan·tas·tic** [fæn'tæstik] *adj* (*in all senses*) fantástico/a. **fan·ta·sy** (*also* **phan·ta·sy**) ['fæntəsi] *n* fantasía *f*.

far [fa:(r)] (**far·ther** ['fa:ðə(r)] o **fur·ther** ['fɜ:ðə(r)], **far·thest** ['fa:ðist] o **fur·thest** ['fɜ:ðist]) **I.** *adj* lejano/a, distante; remoto/a: *The ~ West*, El lejano Oeste. LOC **A ~ cry from sth,** INFML Un pálido reflejo de algo. **II.** *adv* lejos; a lo lejos; FIG mucho: *A ~ better deal*, Un trato mucho mejor. LOC **As ~ as,** Hasta. **So ~ as,** Tan lejos como; tanto como. **As ~ as sb is concerned,** Por lo que concierne a alguien. **By ~,** Con mucho/gran diferencia. **Take sth too ~,** FIG Exagerar en algo. **~ from doing sth,** Todo lo contrario de una cosa. **Go ~,** (*money*) Dar para mucho. **In so ~ as,** Por lo que respecta a. **So ~,** Por el momento; INFML sólo hasta cierto punto. **So ~, so good,** (*saying*) Por ahora vamos bien.

far... **~-away,** *adj* distante, remoto/a. **~-fet·ched,** *adj* (*story*, etc) rebuscado/a, forzado/a. **~-flung,** *adj* (*in space*) extenso/a; (*point*) distante. **~ gone,** *adj* INFML muy enfermo/a. **~-off,** *adj* lejano/a. **~-ranging,** *adj* de gran cobertura. **~-reaching,** *adj* de gran alcance o trascendencia. **~-seeing,** *adj* previsor/ra, clarividente. **~-sighted,** *adj* previsor/ra.

farce [fa:s] *n* farsa *f*. **far·cic·al** ['fa:sikl] *adj* absurdo/a, ridículo/a.

fare [feə(r)] **I.** *n* **1.** (*of bus*, etc) precio *m* del billete, billete *m*; (*person*) pasajero/a. **2.** (*at a meal*) comida *f*. **II.** *v* FML pasar, irle (bien/mal) a uno: *How did you ~?*, ¿Cómo te fue? **~·well** [,feə'wel] **I.** *n* despedida *f*, adiós *m*. **II.** *int* FML ¡adiós! LOC **Bid ~ to sth,** IR Despedirse de.

fa·ri·na·ce·ous [,færi'neiʃəs] *adj* farináceo/a, harinoso/a.

farm [fa:m] **I.** *n* granja *f*, (*large*) hacienda *f*. **II.** *v* **1.** dedicarse a la cría de ganado. **2.** (*land*) cultivar, labrar la tierra. LOC **~ sb out,** Dejar alguien al cuidado de otros. **~ sth out to sb,** Dar trabajo a otros. **farm·er** [-ə(r)] *n* granjero/a; (*of land*) agricultor/ra; (*of cattle*) ganadero/a. **farm·hand** *n* peón *m* de labranza; ayuda *m,f* de granja. **farm·house** *n* alquería *f*; casa *f* del granjero. **farm·ing** [-iŋ] *n* cultivo *m*, agricultura *f*; cría *f* de ganado. **farm·stead** *n* alquería *f*. **farm·yard** *n* corral *m* de granja.

far·rier ['færiə(r)] *n* herrador/ra.

far·row ['færəu] **I.** *n* (*of pigs*) lechigada *f*. **II.** *v* (*sow*) parir.

fart [fa:t] TAB **I.** *n* pedo *m*; (*person*) PEY petardo *m*. **II.** *v* echarse un pedo.

far·ther ['fa:ðə(r)] *adj/adv comp* de **far**. **far·thest** ['fa:ðist] *adj/adv sup* de **far**.

farth·ing ['fa:ðiŋ] *n* cuarto *m* de penique; FIG céntimo *m*.

fas·cia ['feiʃə] *n* AUT tablero, panel *m* de instrumentos.

fas·cin·ate ['fæsineit] *v* fascinar, encantar. **fas·cin·at·ing** [-iŋ] *adj* fascinante. **fas·cin·ation** [,fæsi'neiʃn] *n* fascinación *f*, encanto *m*.

fas·cism ['fæʃizəm] *n* fascismo *m*. **fas·cist** ['fæʃist] *adj/n* fascista.

fash·ion ['fæʃn] **I.** *n* (*manner*) modo *m*, manera *f*, estilo *m*; (*of clothes*, etc) moda *f*. LOC **After a ~,** Hasta cierto punto. **Be all the ~,** Ser la última moda. **Come into ~,** Ponerse de moda. **Go out of ~,** Pasarse de moda. **II.** *v* dar forma a, moldear. **~·able** ['fæʃnəbl] *adj* de moda; elegante, de buen tono.

fast [fa:st, US fæst] **I.** *adj* **1.** rápido/a, veloz; (*surface*) firme, rápido/a; (*watch*, etc) adelantado/a. **2.** (*film*) sensible, rápido/a: *~ food*, Comida *f* rápida (en autoservicio o cafetería). **3.** (*colour*) sólido/a, resistente; (*post*, *boat*, etc) sujeto/a, agarrado/a. **II.** *adv* **1.** rápidamente. **2.** firmemente, fuertemente. LOC **Hold ~ to sth,** FIG Aferrarse a algo. **Play ~ and loose with,** FIG Jugar con. **III.** *n* ayuno *m*. **IV.** *v* ayunar.

fas·ten ['fa:sn, US 'fæsn] *v* **1.** sujetar, fijar; (*seat-belt*, etc) atar, abrochar. **2.** (**~ up**) cerrar, abrochar. **3.** (**~ on sth**) fijar(se) en algo. **4.** FIG (**~ on sb**) recurrir a alguien. **fas·ten·er** ['fa:snə(r), US 'fæs-], **fas·ten·ing** [-iŋ] *n* sujeción *f*, cierre *m*; (*on door*) cerrojo *m*; (*on dress*) broche *m*. LOC **Zip fas·ten·er,** cremallera *f*.

fas·ti·di·ous [fə'stidiəs, fæ-] *adj* **1.** exigente, difícil de contentar. **2.** (*in taste*) delicado/a, exquisito/a. **~·ness** [-nis] *n* meticulosidad *f*.

fast·ness ['fa:stnis, US 'fæs-] *n* (*of colour*) solidez *f*; MIL fortaleza *f*.

fat [fæt] **I.** *adj* **1.** (*meat*, etc) graso/a. **2.** (*large*) grande, gordo/a; (*person*) gordo/a, obeso/a, corpulento/a. **3.** (*land*, etc) fértil, rico/a. **4.** INFML (*sum*, etc) suculento/a, considerable. **II.** *n* (*from animal*) grasa *f*; (*of pig*) manteca *f*; (*of person*) carnes *f,pl*. LOC **Run to ~,** Engordar. **~ cat** *n* (*esp* US) INFML pez *m* gordo. **~-head** *n* INFML bobo/a. **~·ness** [-nis] *n* gordura *f*. **~·stock** *n* ganado *m* de engorde. **fat·ted** [-id] *adj* (*cattle*) engordado/a. **fat·tish** [-iʃ] *adj* gordito/a.

fa·tal ['feitl] *adj* (*accident*, etc) mortal; funesto/a, nefasto/a, fatal. **~·ism** ['feitəlizəm] *n* fatalismo *m*. **~·ist** [-ist] *n* fatalista *m,f*. **~·ist·ic** [-istik] *adj* fatalista. **~·ity** [fə'tæləti] *n* (*in* *accident*, etc) víctima *f*, muerto/a; (*fate*) fatalidad *f*; (*of disease*, etc) peligrosidad *f*. **~·ly** [-li] *adv* mortalmente; funestamente.

fate [feit] **I.** *n* destino *m*, sino *m*. **II.** *v* predestinar. **~·ful** ['feitfl] *adj* decisivo/a; fatal, fatídico/a.

fa·ther ['fa:ðə(r)] **I.** *n* padre *m*. LOC **Like ~, like son,** De tal palo tal astilla. **II.** *v* **1.** engendrar; FIG idear, ser el padre de. **2.** (**~ sth on sb**) FIG adjudicar algo a alguien. **~·hood** *n* paternidad *f*. **~-in-law** *n* (*pl* **~s-in-law**) suegro *m*. **~·land** *n* patria *f*. **~·ly** [-li] *adj* paternal.

fa·thom ['fæðəm] **I.** *n* NAUT braza *f*; (*of surface*) seis pies *m,pl*. **II.** *v* **1.** sondear; FIG comprender, penetrar. **2.** (**~ sth out**) explicarse algo. **~·less** [-lis] *adj* FML insondable.

fa·tigue [fə'ti:g] **I.** *n* **1.** cansancio *m*; (*also metal ~*) fatiga *f*. **2.** MIL faena *f*, trabajo *m*: *~ party*, Pelotón *m* de castigo. **II.** *v* cansar.

fat·ten ['fætn] *v* (*cattle*) engordar, cebar. **fat·ty** ['fæti] **I.** *adj* (*food*, etc) graso/a. **II.** *n* INFML gordito/a.

fat·u·ity [fə'tju:əti, US -'tu:əti] *n* fatuidad *f*. **fat·u·ous** ['fætʃuəs] *adj* fatuo/a, necio/a.

fau·cet ['fɔ:sit] *n* (*of barrel*) espita *f*; US grifo *m*.

fault [fɔ:lt] **I.** *n* **1.** defecto *m*; (*responsibility*) culpa *f*. **2.** DEP falta *f*. **3.** GEOL falla *f*. LOC **At ~,** Culpable/En falta. **To a ~,** En exceso. **II.** *v* sacar un defecto a. **~·find·ing** *n* vicio *m* de criticar. **~·less** [-lis] *adj* sin defectos, intachable. **faul·ty** [-i] *adj* (**-ier, -iest**) defectuoso/a, imperfecto/a.

faun [fɔ:n] *n* MIT fauno *m*. **fau·na** ['fɔ:nə] *n* (*pl* **~s**) fauna *f*.

fa·vo(u)r ['feivə(r)] **I.** *n* (*treatment, act*) favor *m*; (*attitude*) aprobación *f*; *pl* (*of woman*) favores *m,pl*. LOC **In ~ of sb/sth,** En apoyo de; COM (*cheque*) A nombre de. **In sb's ~,** En/A favor de alguien. **II.** *v* apoyar, defender; (*prefer*) favorecer, preferir. **~·able** [-əbl] *adj* (*conditions*) favorable, propicio/a; (*report*, etc) positivo/a, favorable. **~·ably** [-əbli] *adv* favorablemente. **~·ite** ['feivərit] *adj/n* favorito/a. **~·it·ism** [-ism] *n* favoritismo *m*.

fawn [fɔ:n] **I.** *n* cervato *m*; color *m* de cervato. **II.** *adj* de color de cervato. **III.** *v* **1.** (*dog*) menear el rabo. **2.** FIG PEY dar coba (a), adular.

fax [fæks] **I.** *n* fax *m*. **II.** *v* enviar un fax.

faze [feiz] *v* INFML (*esp* US) perturbar, agitar.

F.B.I. US *abrev* de *Federal Bureau of Investigation*.

feal·ty ['fi:əlti] *n* HIST lealtad *f*.

fear [fiə(r)] **I.** *n* miedo *m*, temor *m*. LOC **For ~ of sth,** Por miedo a algo. **No ~,** INFML (*in answer*) ¡Pierda cuidado! **II.** *v* tener miedo de, temer a; (*event*, etc) temerse: *I ~ the worst*, Me temo lo peor. **~ for sth,** Preocuparse por. **~·ful** [-ful] *adj* temeroso/a; (*event*) espantoso/a, horrible; INFML enorme, tremendo/a. **~·less** [-lis] *adj* **~ of sth,** sin temor a. **~·some** ['fiəsəm] *adj* horroroso/a, espantoso/a.

feas·ib·il·ity [ˌfi:zə'biləti] *n* (*of scheme*, etc) viabilidad *f*. **feas·ible** ['fi:zəbl] *adj* factible, viable.

feast [fi:st] **I.** *n* (*meal*, FIG, etc) banquete *m*, festín *m*; (*holiday*) fiesta *f*. **II.** *v* celebrar, festejar. LOC **~ one's eyes on,** Recrearse la vista con.

feat [fi:t] *n* hazaña *f*, proeza *f*.

feath·er ['feðə(r)] **I.** *n* ZOOL pluma *f*. LOC **Be a ~ in one's cap,** Ser un tanto que uno se apunta. **II.** *v* emplumar; adornar con plumas; (*oar*) poner horizontal. LOC **~ one's nest,** Enriquecerse. **~ bed** *n* colchón *m* de pluma. **~-brained** *adj* ligero/a de cascos. **~·weight** *n* DEP peso *m* pluma. **feath·er·y** ['feðəri] *adj* cubierto/a de plumas; ligero/a (como plumas).

fea·ture ['fi:tʃə(r)] **I.** *n* **1.** rasgo *m*, característica *f* principal; (*of face*) *pl* facciones *f,pl*. **2.** (*on newspaper*, etc) reportaje *m* (sobre algo). **II.** *v* (*film*, etc) presentar, incluir: *~ in sth*, Figurar en algo, aparecer. **~·less** [-lis] *adj* sin rasgos distintivos, impersonal.

Feb·ru·ary ['februəri, US -ueri] *n* febrero *m*.

feck·less ['feklis] *adj* atolondrado/a, descuidado/a; inútil.

fe·cund ['fi:kənd, 'fekənd] *adj* FML (*also* FIG) fecundo/a.

fed pp de **feed**.

fed·er·al ['fedərəl] *adj* federal. **~·ism** [-izəm] *n* federalismo *m*. **~·ist** [-ist] *n* federalista *m,f*. **fed·er·ate** ['fedəreit] *v* federarse. **fed·er·ation** [ˌfedə'reiʃn] *n* federación *f*.

fed up [ˌfed 'ʌp] *adj* (**with sth**) INFML harto/a, aburrido/a (de algo).

fee [fi:] *n* (*esp pl*) (*of doctor*, etc) honorarios *m,pl*; (*for club*, etc) cuota *f*, derechos *m,pl*: *Entrance ~*, Cuota *f* de inscripción.

fee·ble ['fi:bl] *adj* (**~r, ~st**) débil, flojo/a; (*light*) tenue; (*of argument*, etc) inservible. LOC **~-minded,** imbécil, retrasado/a mental.

feed [fi:d] **I.** *v* (**fed** [fed], **fed**) **1.** alimentar(se), dar de comer a; FIG alimentar, suministrar (*with*). LOC **~ on sth,** (*animal, person*) comerse una cosa; FIG alimentarse de; **~ sb up,** sobrealimentar. **II.** *n* (*animal, baby*, etc) comida *f*; (*machine*, etc) alimentación *f*. **~·back** ['fi:dbæk] *n* retroalimentación *f*. **feed·er** ['fi:də(r)] *n* **1.** (*plant*, etc) que come; TEC alimentador *m*. **2.** (*road, river*, etc) afluente *m*. **3.** (*of baby*) Br biberón *m*; babero *m*. **feed·ing** [-iŋ] *adj* de alimentación. **feed·ing bottle** *n* biberón *m*.

feel [fi:l] **I.** *v* (**felt** [felt], **felt**) **1.** (*touch*) palpar, tocar, notar. **2.** (*experience*) sentir, notar, observar; (*hunger*, etc) tener; (*emotion*) sentir. **3.** (*thought*) pensar, creer. **4.** (*be*) encontrarse: *How are you feeling?* ¿Cómo te encuentras? LOC **~ to sb like sth,** Dar a alguien la sensación de. **~ about for sth,** Buscar a tientas. **~ free,** INFML Hacer uno lo que quiere. **~ one's age,** Sentirse viejo. **~ one's ears burning,** Silbarle los oídos a alguien. **~ good,** Sentirse feliz. **~ like doing sth,** Tener ganas de hacer algo. **~ oneself,** Encontrarse bien. **~ one's way,** Moverse a tientas; FIG

Obrar con cautela. **II.** *n* **1.** (*sense*) tacto *m*; (*act*) toque *m*: *The ~*, La sensación. LOC **Get the ~ of sth,** Tener sensibilidad para algo. **Have a ~ for sth,** INFML Tener facilidad/sensibilidad para algo. **feel·er** ['fi:lə(r)] *n* ZOOL antena *f*; FIG sondeo *m*, tentativa *f*. **feel·ing** [-iŋ] **I.** *n* **1.** (*physical*) sensibilidad *f*, tacto *m*. **2.** (*emotional*) sentimiento *m*. **3.** (*belief*, etc) noción *f*, idea *f*, presentimiento *m*. **4.** opinión *f*, idea *f*; **feel·ings** [-iŋz] *n,pl* sentimientos *m,pl*. LOC **Bad ~**, Resentimiento/Disgusto. **II.** *adj* sensible, comprensivo/a. **~·ing·ly** [-iŋli] *adv* emotivamente; con sentimiento.

feet *pl* de **foot**.

feign [fein] *v* FML fingir, simular.

feint [feint] **I.** *n* treta *f*; DEP finta *f*. **II.** *v* hacer una finta. **III.** *adj* (*paper*, etc) con rayas.

fe·li·cit·ate [fə'lisiteit] *v* FML felicitar (*on sth* por algo). **fe·li·cit·ation** [fə,lisi'teiʃn] *n* FML felicitación *f*. **fe·li·cit·ous** [fə'lisitəs] *adj* FML afortunado/a, oportuno/a. **fe·li·ci·ty** [fə'lisəti] *n* FML felicidad *f*; acierto *m*, idea *f* feliz.

fe·line ['fi:lain] *adj/n* felino/a.

fell [fel] **I.** pret de **fall**. **II.** *n* GEOG sierra *f*, monte *m*. **III.** *v* (*person*, etc) derribar; (*tree*) talar.

fel·low ['feləu] *n* (*of activity*, etc) compañero/a, colega; INFML tipo *m*, tío *m*; (*university*) becario/a, investigador/ra, (*of government*) miembro *m* de la junta. **~ being** *n* prójimo *m*. **~ citizen** *n* conciudadano/a. **~ countryman** *n* (*pl* **~ countrymen**) compatriota *m*. **~ feel·ing** *n* compenetración *f*, solidaridad *f*. **~·ship** ['feləuʃip] *n* (*feeling*) compañerismo *m*; (*group*) asociación *f*; (*university*) beca *f* de investigación; cargo *m* en Junta de Gobierno. **~-traveller** *n* (*esp* POL) compañero/a de viaje.

fel·o·ny ['feləni] *n* JUR delito *m* grave, crimen *m*.

felt [felt] **I.** pret de **feel**. **II.** *n* fieltro *m*. **~-pen** *n* rotulador *m*.

fe·male ['fi:meil] **I.** *adj* femenino/a, de hembra; TEC, ZOOL, BOT hembra. **II.** *n* hembra *f*; PEY mujer *f*. **fe·min·ine** ['femənin] **I.** *adj* (*also* GRAM) femenino/a. **II.** *n* GRAM femenino *m*. **fe·min·in·ity** [,femə'ninəti] *n* feminidad *f*. **fe·min·ism** ['feminizəm] *n* feminismo *m*. **fe·min·ist** ['feminist] *adj/n* feminista *m,f*.

fe·mur ['fi:mə(r)] *n* (*pl* **~s**, **fe·mo·ra** ['femərə]) fémur *m*.

fen [fen] *n* zona *f* pantanosa.

fence [fens] **I.** *n* valla *f*, cerca *f*, barrera *f*. **II.** *v* **1.** cercar, vallar. **2.** DEP practicar esgrima; FIG dar evasivas. **fenc·er** [-ə(r)] *n* deportista *m,f* de esgrima. **fenc·ing** ['fensiŋ] *n* material *m* para vallas; DEP esgrima *f*.

fend [fend] *v* defenderse. LOC **~ for oneself,** Valerse por sí mismo. **~ sth off,** Evitar, parar (golpe, etc). **fend·er** ['fendə(r)] *n* **1.** NAUT defensa *f*. **2.** (*for fire*) protector *m* contra el fuego. **3.** US guardabarros *m*.

fen·nel ['fenl] *n* hinojo *m*.

fer·ment **I.** [fə'ment] *v* fermentar; hacer fermentar; FIG agitar(se). **II.** ['fɜ:ment] *n* fermento *m*; FIG agitación *f*, tumulto *m*. **~·ation** [,fè:men'teiÅn] *n* fermentación *f*.

fern [fɜ:n] *n* helecho *m*. **fern·y** [-i] *adj* cubierto/a de helechos.

fe·ro·ci·ous [fə'rəuʃəs] *adj* feroz, cruel. **fe·ro·ci·ty** [fə'rɔsəti] *n* ferocidad *f*.

fer·ret ['ferit] **I.** *n* hurón *m*. **II.** *v* **1.** cazar con hurón. **2.** FIG rebuscar. **3.** **(~ sth out)** descubrir algo.

Fer·ris wheel ['feris wi:l, US hwi:l] *n* noria *f* de feria.

fer·ro·con·crete [,ferəu'kɔŋkri:t] *n* hormigón *m* armado. **fer·rous** ['ferəs] *adj* ferroso/a. **fer·rule** ['feru:l, US 'ferəl] *n* contera *f*.

fer·ry ['feri] **I.** *n* transbordador *m*, ferry *m*. **II.** *v* transportar en transbordador o ferry. **~-boat** *n* = **ferry**.

fer·tile ['fɜ:tail, US 'fɜ:rtl] *adj* (*also* FIG) fértil, fecundo/a. **fer·til·ity** [fə'tiləti] *n* fertilidad *f*. **fer·til·iz·ation, -·is·ation** [,fɜ:təlai'zeiʃn, US -li'z-] *n* fertilización *f*; BIOL fecundación *f*. **fer·til·ize, -·ise** ['fɜ:təlaiz] *v* fertilizar; BIOL fecundar; AGR abonar. **fer·til·iz·er, -·is·er** ['fɜ:tilaizə(r)] *n* fertilizante *m*, abono *m*.

fer·vent ['fɜ:vənt], **fer·vid** ['fɜ:vid] *adj* ferviente, apasionado/a. **fer·vo(u)r** ['fɜ:və(r)] *n* fervor *m*, ardor *m*, pasión *f*.

fes·ter ['festə(r)] *v* (*of wound*) infectarse; FIG enconarse.

fes·tiv·al ['festəvl] *n* REL festividad *f*; (*of music*, etc) festival *m*. **fes·tive** ['festiv] *adj* festivo/a, de celebración. **fes·tiv·ity** [fe'stivəti] *n* regocijo *m*, celebración *f*; *pl* festejos *m,pl*.

fes·toon [fe'stu:n] **I.** *n* festón *m*; adorno *m*. **II.** *v* festonear.

fetch [fetʃ] *v* (*object, person*) traer, ir a recoger, ir a buscar, ir a por: *I fetched him from the airport*, Lo fui a buscar al aeropuerto. LOC **~ and carry,** Ocuparse de todo/Hacer de criado. **~ up,** INFML llegar a, aterrizar.

fête [feit] **I.** *n* fiesta *f* al aire libre. **II.** *v* festejar a.

fet·id ['fetid, 'fi:tid] *adj* fétido/a.

fet·ish ['fetiʃ] *n* fetiche *m*. **~·ism** [-izm] *n* fetichismo *m*.

fet·lock ['fetlɔk] *n* (*of horse*) espolón *m*.

fet·ter ['fetə(r)] **I.** *n* **1.** *esp pl* cadena *f*, grillos *m,pl*. **2.** FIG atadura *f*, esclavitud *f*. **II.** *v* **1.** poner grillos. **2.** FIG poner trabas (a alguien).

fet·tle ['fetl] *n* LOC **In fine/good ~,** En buenas condiciones.

fe·tus V. **foetus**.

feud [fju:d] **I.** *n* (*among families*, etc) rivalidad *f*, enemistad *f* heredada. **II.** *v* estar enemistado/a. **feud·al** ['fju:dl] *adj* feudal. **~·al·ism** ['fju:dəlizəm] *n* feudalismo *m*.

fe·ver ['fi:və(r)] *n* fiebre *f*; FIG agitación *f*, nerviosismo *m*. **~ed** [-d] *adj* (*also* FIG) calenturiento/a. **~·ish** ['fi:vəriʃ] *adj* febril; FIG calenturiento/a. **~·ish·ly** ['fi:vəriʃli] *adv* febrilmente.

few [fju:] **I.** *adj* **(-er, -est)** pocos/as, algunos/as: *Only a ~ women survived*, Sólo unas cuantas mujeres se salvaron. LOC **~ and far between,** Muy escasos/as. **II.** *pron* unos/as pocos/as/cuantos/as, algunos/as. LOC **A good ~,** Bastantes. **Have had a ~,** (*drinks*) Haber bebido.

fi·ancé [fi'ansei, US ,fi:a:n'sei] *n* (*f* **fiancée**) novio *m,* prometido *m.*

fiat ['faiæt, US 'fi:ət] *n* FML fiat *m,* autorización *f.*

fib [fib] **I.** *n* embuste *m,* mentirijilla *f.* **II.** *v* decir mentiras (de poca importancia). **~·ber** [-ə(r)] *n* embustero/a.

fi·bre (US **fi·ber**) ['faibə(r)] *n* fibra *f;* FIG carácter *m.* **~·board, ~·glass** *n* fibra *f* de vidrio. **fi·bro·sis** [fai'brəusis] *n* fibroma *m.* **fi·brous** ['faibrəs] *adj* fibroso/a.

fi·bu·la ['fibjulə] *n* (*pl* **fibulae** [-li:]) ANAT peroné *m.*

fic·kle ['fikl] *adj* voluble, veleidoso/a. **~·ness** [-nis] *n* inconstancia *f.*

fic·tion ['fikʃn] *n* (*invention*) ficción *f;* LIT novelas *f,pl,* narrativa *f.* **~·al** [-l] *adj* novelesco/a, de ficción. **~·al·ize, ~·ise** [-aiz] *v* dramatizar, novelar. **fic·ti·ti·ous** [fik'tiʃəs] *adj* ficticio/a, falso/a.

fid·dle ['fidl] **I.** *n* **1.** INFML violín *m.* **2.** SL trampa *f,* estafa *f.* LOC **~ sticks!** ¡Tonterías! **Be on the ~,** SL Estafar. **Play second ~,** Quedar en segundo término. **II.** *v* **1.** FML tocar el violín. **2.** INFML falsificar. **3.** **(~ about/around)** perder el tiempo. **4.** **(~ with sth)** toquetear algo; jugar nerviosamente con. **fid·dler** [-ə(r)] *n* violinista *m,f;* INFML estafador/ra. **fid·dling** [-iŋ] *adj* insignificante, trivial. **fid·dly** [-i] *adj* INFML (*job,* etc) difícil, antipático/a.

fi·del·ity [fi'deləti, US fai-] *n* lealtad *f;* fidelidad *f.*

fid·get ['fidʒit] **I.** *v* moverse agitadamente, estar muy inquieto; **~ about with sth,** estar toqueteando algo. **II.** *n* persona *f* inquieta/nerviosa: *The fidgets,* Nerviosismo *m,* inquietud *f.* **fid·ge·ty** [-i] *adj* inquieto/a, nervioso/a.

fief [fi:f] *n* feudo *m.*

field [fi:ld] **I.** *n* (*in all senses*) campo *m;* DEP (*competitors*) participantes *m,pl.* LOC **Hold the ~ against,** FIG Ser dominante en una especialidad. **Take the ~,** MIL Iniciar las hostilidades; DEP Salir al campo. **II.** *v* DEP (*ball*) parar, recoger; (*team,* etc) presentar; FIG afrontar. **~·day** *n* MIL día *m* de maniobras; FIG gran ocasión *f.* **~·e·vents** *n* (*pl*) atletismo *m.* **~·er** *n* (*cricket*) el que recoge la pelota. **~·glasses** *n* (*pl*) prismáticos *m,pl,* gemelos *m,pl.* **~ hockey** *n* US hockey *m* sobre hierba. **~ Marshal** *n* Br mariscal *m* de campo. **~ of·ficer** *n* general *m,* oficial *m* jefe. **~·sman** *n* (*pl* **-smen**) DEP = **fielder**. **~ sports** *n* (*pl*) caza *f* y pesca *f.* **~·work** *n* (*in science*) trabajo *m* de campo.

fiend [fi:nd] *n* (*also* IR) demonio *m,* diablo *m;* INFML entusiasta *m,f,* fanático/a. **~·ish** [-iʃ] *adj* (*also* FIG, INFML) diabólico/a.

fierce [fiəs] *adj* **(-r, -st)** (*animal*) feroz, salvaje; (*person*) cruel, fiero/a; (*storm,* etc) violento/a; (*opposition,* etc) duro/a, feroz.

fier·i·ly ['faiərəli] *adv* ardientemente; vigorosamente. **fier·i·ness** ['faiərinis] *n* ardor *m;* vigor *m,* intensidad *f.* **fier·y** ['faiəri] *adj* **1.** (*colour,* etc) vivo/a, resplandeciente. **2.** (*fire*) intenso/a, vivo/a. **3.** (*taste*) ardiente, picante. **4.** (*words, person,* etc) fogoso/a, apasionado/a.

fife [faif] *n* pífano *m.*

fif·teen [,fif'ti:n] **I.** *adj/pron* quince. **II.** *n* número *m* quince. **~th** [,fif'ti:nθ] *adj/pron* décimoquinto/a. **fifth** [fifθ] **I.** *adj/pron* quinto/a. **II.** *n* quinta parte *f,* quinto *m.* **fif·tieth** ['fiftiəθ] **I.** *adj* quincuagésimo/a. **II.** *n* cincuentava parte *f.* **fif·ty** ['fifti] **I.** *adj/pron* cincuenta. **II.** *n* número *m* cincuenta: *The fifties,* Los años cincuenta. **fif·ty-fif·ty** *adj/adv* mitad y mitad, al cincuenta por ciento.

fig [fig] *n* higo *m;* (*also* **~ tree**) higuera *f.* LOC **Not care a ~,** No importarle a uno un comino. **~·leaf** *n* (*in statue*) hoja *f* de parra.

fight [fait] **I.** *v* (**fought** [fɔ:t], **fought**) luchar, pelearse (contra/con); combatir. **~ back,** resistirse, defenderse; **~ sth back,** reprimir, contener. **~ for sth,** FIG luchar por algo. **~ sb/sth off,** (*disease,* etc) combatir. **~ sth out,** (*quarrel,* etc) dirimir, solucionar. LOC **~ like a tiger,** Luchar como una fiera. **~ a losing battle against,** Luchar una batalla perdida contra. **II.** *n* **1.** lucha *f,* pelea *f,* riña *f;* DEP, MIL combate *m.* **2.** FIG resistencia *f,* lucha *f.* **3.** (*argument*) discusión *f,* disputa *f.* LOC **A ~ to the finish,** Una lucha a muerte. **fight·er** [-ə(r)] *n* **1.** MIL combatiente *m,f.* **2.** AER caza *m.* **3.** DEP luchador/ra, boxeador *m.* **~·ing** [-iŋ] *n* peleas *f,pl,* riñas *f,pl.*

fig·ment ['figmənt] *n* invención *f,* quimera *f.*

fig·ur·at·ive ['figərətiv] *adj* (*sense*) figurado/a; (*art*) figurativo/a.

fig·ure ['figə(r), US 'figjər] **I.** *n* **1.** silueta *f,* forma *f.* **2.** DEP (*skating*) figura *f;* (*in slimming,* etc) línea *f,* tipo *m.* **3.** MAT cifra *f.* LOC **Cut a fine ~,** Tener un buen aspecto. **Put a ~ on sth,** Ponerle un precio/una cifra a algo. **II.** *v* figurar, aparecer (*in* en); (*calculate*) imaginar, calcular; **~ on sth,** US contar con; **~ sth out,** explicarse una cosa, imaginarse el porqué de algo.

fig·ure... ~·head, *n* mascarón *m* de proa; FIG figurón *m,* figura *f* decorativa. **~ of speech,** *n* figura *f* retórica, tropo *m.* **~·skating,** *n* patinaje *f* de figuras.

fi·la·ment ['filəmənt] *n* filamento *m.*

filch [filtʃ] *v* INFML robar, sisar.

file [fail] **I.** *n* **1.** (*tool*) lima *f.* **2.** (*drawer, holder,* etc) fichero *m,* archivador *m;* (*contents*) expediente *m,* archivo *m.* LOC **On ~,** archivado/a. **3.** (*line*) fila *f,* hilera *f.* LOC **Indian/Single ~,** Fila india. **II.** *v* **1.** limar; **~ sth down,** reducir limando. **2.** (*document,* etc) archivar; clasificar. **3.** **(~ in, past,** etc) desfilar. **fil·ings** ['failiŋz] *n* (*pl*) limaduras *f,pl.* **fil·ing ca·bi·net** *n* fichero *m,* archivo *m.* **fil·ing clerk** *n* archivero/a.

fi·let ['filei] *n* US (*meat*) filete *m,* red *f.*

fi·li·al ['filiəl] *adj* filial.

fi·li·bus·ter ['filibʌstə(r)] I. *n* (*esp* US) POL obstruccionista *m,f.* II. *v* (*esp* US) practicar el obstruccionismo.

fi·li·gree ['filigri:] *n* filigrana *f.*

fill [fil] I. *v* 1. llenar (de/con); (*cushion*, etc) rellenar. 2. (*gap*, etc) tapar, obturar. 3. (*teeth*) empastar. 4. (*sail*) henchir. 5. (*vacancy*) ocupar. 6. (**~ in for sb**) sustituir/hacer las veces de. 7. (**~ in**) (*form*, etc) rellenar. 8. (**~ sb in on sth**) informar a alguien de algo. 9. (**~ out**) hinchar(se). 9. (**~ up sth**) llenar algo completamente. II. *n* 1. (*pipe*, etc) carga *f.* 2. (*tank*) llenado *m.* 3. (*food, drink*) cantidad *f* suficiente. **fill·er** [-ə(r)] *n* cargador *m.* **fill·ing** [-iŋ] *n* (*in sandwich*, etc) relleno *m*; (*tooth*) empaste *m*; TEC empaquetadura *f.* **fill·ing sta·tion** *n* = **petrol station**, estación *f* de servicio.

fil·let ['filit] I. *n* (*of fish, meat*) filete *m*; (*for hair*) cinta *f*, tira *f.* II. *v* (*meat, fish*) filetear.

fil·lip ['filip] *n* 1. (*finger*) chasquido *m.* 2. FIG incentivo *m*, estímulo *m.*

fil·ly ['fili] *n* yegua *f* joven, potra *f.*

film [film] I. *n* película *f*, capa *f*; (*cinema*) filme *m*, película *f.* II. *v* (*cinema*) filmar, rodar; cubrir con una capa/película. **~ over**, empañarse. **~ star** *n* actor/riz de cine, estrella *f.* **~-strip** *n* tira *f* de tomas. **~ test** *n* prueba *f* de interpretación. **film·y** [-i] *adj* (**-ier, -iest**) fino/a, transparente.

fil·ter ['filtə(r)] I. *n* filtro *m*; Br (*traffic light*) semáforo *m* para girar. II. *v* 1. filtrar, pasar por un filtro. 2. (**~ in, through, etc.**) FIG (*news*, etc) filtrarse, llegar a saberse. **~-paper** *n* papel *m* de filtro. **~-tip** *n* cigarrillo *m* con filtro/emboquillado. **~-tipped** *adj* con filtro.

filth [filθ] *n* suciedad *f*, porquería *f*; FIG obscenidades *f,pl*; vicio *m*, corrupción *f.* **fil·thi·ness** ['filθinis] *n* suciedad *f.* **fil·thy** ['fiθli] I. *adj* sucio/a; FIG obsceno/a; (*weather*) horrible. II. *adv* suciamente; INFML muy, terriblemente.

fin [fin] *n* aleta *f.*

fin·al ['fainl] I. *adj* último/a, final; (*reply*, etc) decisivo/a, definitivo/a. II. *n* DEP final *f.* **fin·ale** [fi'na:li, US -'næli] *n* (*in play*, etc) final *m*, apoteosis *f.* **~·ist** ['fainəlist] *n* DEP finalista *m,f.* **~·ity** [fai'næləti] *n* lo decisivo, lo terminante; (*aim*) finalidad *f.* **~·ize, ~·ise** ['fainəlaiz] *v* finalizar, completar. **fin·al·ly** ['fainəli] *adv* finalmente, por último.

fi·nance ['fainæns, fi'næns] I. *n* finanzas *f,pl*; (*money, act*) financiación *f*; *pl* fondos *m,pl.* II. *v* financiar, costear. **~ company** *n* financiera *f.* **fi·nan·ci·al** [fai'nænʃl, fi'næ-] *adj* financiero/a; económico/a: *~ year*, Año *m* fiscal. **fi·nan·ci·er** [fai'nænsiə(r), US ,finən'siər] *n* financiero *m.*

finch [fintʃ] *n* ZOOL pinzón *m.*

find [faind] I. *v* (**found** [faund], **found**) 1. encontrar, descubrir. 2. JUR (*guilty*, etc) declarar. 3. (*think*) encontrar, pensar: *How did you ~ the novel?* ¿Qué te pareció la novela? *I found it difficult*, La encontré difícil. **~ out**, averiguar, llegar a saber. **~ out about sth**, informarse acerca de algo. **~ sb out**, coger a alguien en falta. LOC **~ one's own level**, Juntarse uno con sus iguales. **~ its way to...**, Acabar en. II. *n* hallazgo *m*, descubrimiento *m.* **find·er** [-ə(r)] *n* descubridor/ra, el/la que encuentra algo. **find·ing** [-iŋ] *n* hallazgo *m*; *pl* (*of report*) recomendaciones *f,pl*; JUR fallo *m.*

fine [fain] I. *adj* 1. bueno/a, excelente, estupendo/a. 2. (*in style*, etc) fino/a, delicado/a, selecto/a, exquisito/a; (*of consistency*) fino/a; (*thin*) delgado/a, fino/a. 3. FIG sutil, fino/a. LOC **One ~ day,** (*in tale*, etc) Un buen día. II. *adv* muy bien, estupendamente; (*work*, etc) delicadamente. LOC **Cut things ~**, Ir con el tiempo muy justo. III. *n* multa *f.* IV. *v* multar. **~ art** (*also* **~ arts**) bella(s) arte(s) *f(pl).* **~·ly** [-li] *adv* muy bien; finamente; con precisión. **~·ry** ['fainəri] *n* galas *f,pl*, adornos *m,pl.* **fin·esse** [fi'nes] *n* tacto *m*, diplomacia *f*; sutileza *f.*

fin·ger ['fiŋgə(r)] I. *n* dedo *m*: *Little ~*, Dedo meñique. LOC **Be all ~s and thumbs,** Ser muy torpe. **Lay a ~ on sb,** Ponerle a alguien la mano encima. **Put one's ~ on sth,** FIG Poner el dedo en la llaga. II. *v* 1. tocar, manosear. 2. MUS teclear, tocar. 3. SL dar información sobre. **~-board** *n* (*of guitar, violin*, etc) diapasón *m.* **~-bowl** *n* cuenco *m* (para lavarse los dedos). **~·ing** [-iŋ] *n* MUS digitación *f.* **~-nail** *n* uña *f.* **~·print** *n* huella *f* digital. **~-stall** *n* dedil *m.* **~·tip** *n* punta *f* del dedo. LOC **Have sth at one's ~tips,** Conocer algo al dedillo. **To one's ~tips,** De cabo a rabo.

fi·nic·ky ['finiki] (*also* **fi·ni·cal**) *adj* (*person*) exigente, muy meticuloso/a; (*task*) complicado/a, laborioso/a.

fin·ish ['finiʃ] I. *v* acabar, terminar, concluir; completar, rematar. **~ sth off/up,** acabar algo completamente, rematar; **~ sb off,** INFML dejar a alguien agotado. **~ up,** acabar en: *He will ~ up very poor*, Acabará empobrecido. II. *n* 1. remate *m*, conclusión *f*, final *m*; (*in paint*, etc) última mano *f*, acabado *m.* 2. FIG finura *f.* **fin·ish·ed** [-t] *adj* (*also* FIG) acabado/a, terminado/a. **fin·ish·er** [-ə(r)] *n* (*in race*, etc) el/la que llega al final. **fin·ish·ing school** *n* escuela *f* de preparación para la vida en sociedad.

fi·nite ['fainait] *adj* finito/a, limitado/a; GRAM (*verb*) (formas) personales.

fink [fiŋk] *n* US SL DER soplón/na, chivato/a; (*in strike*) esquirol *m,f.*

Finn [fin] *n* finlandés/sa. **~·ish** ['finiʃ] I. *n* (*language*) finlandés *m.* II. *adj* finlandés/sa.

fir [fɜ:(r)] *n* (*also* **~-tree**) abeto *m.* **~-cone** *n* piña *f* de abeto.

fire ['faiə(r)] I. *n* 1. (*also* MIL) fuego *m.* 2. (*accident*) incendio *m.* 3. (*apparatus*) estufa *f.* 4. FIG pasión *f*, ardor *m.* LOC **Be on ~,** Estar en llamas; FIG Apasionarse. **Never set the Thames on ~,** No ser nada extraordinario. **Under ~,** MIL Atacado/a; FIG Criticado/a. II. *v* 1. (*weapon*, etc) disparar(se), (*bullet*) tirar, (*missile*) lanzar. 2. (*object*) prender fuego a, incendiar, quemar. **3**. (*brick*) cocer; (*engine*) ponerse en marcha, encenderse. **4**. INFML (*from job*) despedir, echar. LOC FIG **~ sb into doing sth,** Animar a alguien a hacer algo.

fire... **~ away,** *v* INFML abrir el fuego/hacer preguntas. **~-alarm,** *n* alarma *f* de incendios. **~·arm,** *n* arma *f* de fuego. **~-ball,** *n* meteorito *m*. **~-bomb,** *n* bomba *f* incendiaria. **~-box,** *n* fogón *m*. **~·brand,** *n* tea *f*; FIG agitador/ra. **~-break,** *n* zanja *f* cortafuegos. **~-brick,** *n* ladrillo *m* refractario. **~ brigade,** *n* cuerpo *m* de bomberos. **~·cracker,** *n* petardo *m*. **~-curtain,** *n* TEAT telón *m* contra incendios. **~-damp,** *n* grisú *m*. **~-dog,** *n* morillo *m*. **~-drill,** *n* instrucciones *f,pl* contra incendios. **~-en·gine,** *n* coche *m* de bomberos. **~-escape,** *n* salida/escalera *f* de incendios. **~ extinguisher,** *n* extintor *m* de incendios. **~·fly,** *n* luciérnaga *f*. **~-guard,** *n* (*for fireplace*) guardafuego *m*. **~-irons,** *n* (*pl*) útiles *m,pl* de chimenea. **~-lighter,** *n* astillas *f,pl*, tea *f*, pastilla *f*. **~·man,** *n* (*pl* **-men**) bombero *m*; (*of engine*) fogonero *m*. **~·place,** *n* chimenea *f*, hogar *m*. **~-plug/hydrant,** *n* (*esp* US) boca *f* de agua (para incendios). **~-power,** *n* MIL potencia *f* de fuego. **~·proof,** *adj* incombustible, a prueba de incendios; (*kitchen dish*) para horno, fuego, etc. **~-raiser,** *n* pirómano/a. **~-raising,** *n* incendio *m* provocado. **~·side,** *n* rincón *m* junto a la chimenea. **~ station,** *n* parque *m* de bomberos. **~·wood,** *n* leña *f*, astillas *f,pl*. **~·work,** *n* (*esp pl*) fuegos *m,pl* artificiales.

fir·ed ['faiəd] *adj* (*engine*, etc) que funciona con: *Coal-~ heating*, Calefacción de carbón. **fir·ing** ['faiəriŋ] *n* MIL disparos *m,pl*, fuego *m*; TEC encendido *m*; (*of bricks*, etc) cocción *f*. **fir·ing line** *n* MIL línea *f* de fuego. **fir·ing squad** *n* pelotón *m* de fusilamiento.

firm [fɜ:m] **I**. *adj* (**-er**, **-est**) firme, sólido/a, duro/a; (*opinion*, etc) estable, fuerte; (*behaviour*) fuerte, autoritario/a. **II**. *n* COM empresa *f*, firma *f*, casa *f*. **III**. *v* hacer(se) firme/duro, etc. **~·ly** [-li] *adv* firmemente, sólidamente.

fir·ma·ment ['fɜ:məmənt] *n* firmamento *m*.

first [fɜ:st] **I**. *adj* primero/a; más importante, principal. LOC **~ but one,** El segundo. **~ thing,** Lo primero/En primer lugar. **~ things ~,** Lo primero es lo primero. **II**. *adv* en primer lugar, primero; antes; la primera vez: *When she ~ arrived*, Cuando llegó por primera vez. *He said he would resign ~*, Dijo que antes dimitiría. LOC **At ~,** En un primer momento. **Come ~,** Ser lo más importante. **~ of all,** Lo primero de todo. **Put sb/sth ~,** Dar prioridad a. **III**. *n/pron* (el/la) primero/a; Br (*university*) matrícula *f* de honor; INFML éxito *m* rotundo; AUT primera marcha *f*. LOC **From the very ~,** Desde un principio. **From ~ to last,** De cabo a rabo. **first·ly** [-li] *adv* primeramente.

first... **~-aid,** *n* primeros *m,pl* auxilios, cura *f* de urgencia. **~-born,** *n/adj* primogénito/a. **~ class, I**. *n* primera clase *f*; (*mail*) servicio *m* urgente. **II**. *adj* de primera clase; muy bueno/a. **~ degree,** *n* JUR primer grado *m*. **~ finger,** *n* dedo *m* índice. **~-fruits,** *n,pl* primicias *f,pl*. **~-hand, I**. *adj* de primera mano. **II**. *adv* directamente. **~ night,** *n* TEAT estreno *m*. **~-rate,** *adj* de primera calidad. **~ school,** *n* Br escuela *f* primaria.

firth [fɜ:θ] *n* estuario *m*, ría *f*.

fis·cal ['fiskl] *adj* (*policy, year*) fiscal.

fish [fiʃ] **I**. *n* (*pl* ~, ~**es**) pez *m*; (*food*) pescado *m*. LOC **Have bigger ~ to fry,** Tener cosas más importantes que hacer. **II**. *v* pescar; FIG buscar, ir a la caza de. LOC **~ in troubled waters,** Pescar en río revuelto. **~ out of sth,** Sacar una cosa de algo. **~ for sth,** Ganarse algo con artimañas. **~·bone** *n* espina *f*, raspa *f*. **~·bowl** *n* pecera *f*. **~·er·man** ['fiʃəmən] *n* (*pl* **-men**) pescador *m*. **~·er·y** [-əri] *n* pesquería *f*, pesquera *f*. **~-farm** *n* piscifactoría *f*. **~ finger,** pescado *m* rebozado. **~-hook** *n* anzuelo *m*. **~·ing** [-iŋ] *n* pesca *f*. **~·ing-line** *n* sedal *m*. **~·ing-rod** *n* caña *f* de pescar. **~·ing-tack·le** *n* aparejo *m* de pesca. **~-kettle** *n* hervidora *f* de pescado. **~·mon·ger** [-mʌŋgə(r)] *n* pescadero/a. **~-net** *n* red *f* de pesca. **~-plate** *n* (*rail*) eclisa *f*. **~·wife** *n* (*pl* **-wives**) pescadera *f*; PEY verdulera *f*. **fish·y** [-i] *adj* (**-ier**, **-iest**) parecido al pescado; con olor/sabor a pescado; INFML sospechoso/a, poco claro/a.

fis·sile ['fisail, US 'fisl] *adj* fisible. **fis·sion** ['fiʃn] *n* fisión *f*; BIOL escisión *f*. **fis·sion·able** [-əbl] *adj* fisible. **fis·sure** ['fiʃə(r)] *n* fisura *f*, grieta *f*.

fist [fist] *n* (*hand*) puño *m*. **~·ful** [-ful] *n* puñado *m*.

fis·tu·la ['fistjulə] *n* fístula *f*.

fit [fit] **I**. *adj* (**-tter**, **-ttest**) adecuado/a, conveniente, apto (para); (*person*) en buen estado físico, sano; INFML capaz, a punto de: *They were in no ~ condition to speak*, Estaban en tal estado que no podían ni hablar. LOC **As ~ as a fiddle,** Más sano que una manzana. **Think ~ to do sth,** Creer conveniente hacer una cosa. **II**. *n* **1**. (*of garment*, etc) prueba *f*, ajuste *m*, corte *m*. **2**. MED acceso *m*, ataque *m*; FIG arranque *m*, capricho *m*. LOC **By fits and starts,** A trompicones. **Throw a ~,** Tener un ataque; INFML Quedarse atónito. **III**. *v* **1**. (*garment, shoe*, etc) ir bien a, sentar bien a; (*in space*) ajustar(se), encajar, caber (*into*, en): *~ sth into sth*, Meter una cosa en otra. **2**. (*furniture*, etc) equipar de, proveer de, armar; (*pieces*, etc) montar, unir. **3**. FIG concordar, estar de acuerdo. **4**. (*person*) ser adecuado (para), estar preparado (para). LOC **~ sb like a glove,** Ir a alguien como un guante. **~ sth in,** Lograr que algo pueda hacerse/ajustarse, etc. **~ in with sth,** Ir una cosa bien con otra. **~ sth up with,** Equipar una cosa con otra. **~·ful** ['fitfl] *adj* (*burst*, etc) irregular, espasmódico/a; caprichoso/a. **~·ment** [-mənt] *n* (*of furniture*, etc) pieza *f*, añadido *m*, equipamiento *m*. **~·ness** [-nis] *n* buena salud *f*; (*of act, object*, etc) conveniencia *f*, aptitud *f*; (*of person*) capacidad *f*. **~·ted** [-id] *adj* (*furniture*) empotrado/a; (*carpet*) a medida, ajustado/a; (*kitchen*, etc) equipado/a. **~·ter** [-ə(r)] *n* TEC ajustador/ra, instalador/ra, mecánico/a; (*of clothes*) probador/ra. **~·ting** [-iŋ] **I.** *adj* conveniente, adecuado/a. **II.** *n* (*process*) prueba *f*, ajuste *m*; *pl* accesorios *m,pl*, aparatos *m,pl*; (*of furniture*) partes *f,pl* movibles. **~room**, probador *m*. **~·ting·ly** [-iŋli] *adv* convenientemente.

five [faiv] **I.** *adj/pron* cinco. **II.** *n* número *m* cinco. **fiv·er** ['faivə(r)] *n* Br INFML billete *m* de 5 libras.

fix [fiks] **I.** *v* **1.** fijar, sujetar, asegurar. **2.** (*look*) clavar; (*film*) fijar; (*date, plan*, etc) señalar, acordar, fijar. **3.** (*machine*, etc) reparar, arreglar. **4.** (*hair, dress*) retocar, arreglar. **5.** (*food*) preparar, organizar. **6.** INFML (*fight, race*, etc) amañar, comprar. **7.** INFML castigar. **8.** SL (*drug*) pincharse. **~ sth up,** redecorar/arreglar. **~ sb up with sth,** preparar una cosa para alguien. **~ on sth,** escoger una cosa. **II.** *n* **1.** (*ship*, etc) posición *f*. **2.** INFML apuro *m*, aprieto *m*. **3.** INFML tongo *m*, apaño *m*. **4.** SL (*drugs*) chute *m*. **~·ated** [fik'seitid] *adj* **~ on sth,** apegado/a a una cosa. **~·ation** [fik'seiʃn] *n* apego *m* excesivo; obsesión *f*, manía *f*; complejo *m*. **~·at·ive** ['fiksətiv] *n* adhesivo *m*; (*for film*) fijativo *m*. **fix·ed** [fikst] *adj* **1.** (*idea, look*, etc) fijo/a. **2.** (**~ for sth**) INFML provisto/a (de). **~·ly** ['fiksidli] *adv* fijamente. **fix·er** ['fiksə(r)] *n* QUIM fijador *m*; INFML estafador/ra. **fix·ity** ['fiksəti] *n* fijeza *f*. **fix·ture** ['fikstʃə(r)] *n* (*in house*, etc) instalación *f* fija, accesorio *m* fijo; DEP encuentro *m*, partido *m*; INFML (*person*) institución *f*.

fizz [fiz] **I.** *n* (*of liquid*) efervescencia *f*, burbujas *f,pl*; (*sound*) silbido *m*, siseo *m*; INFML bebida *f* espumosa, cava *m*. **II.** *v* (*of liquid*) tener burbujas; (*sound*) silbar, sisear. **fiz·zle** ['fizl] *v* silbar débilmente; **~ out,** apagarse; FIG acabar en nada. **fiz·zy** ['fizi] *adj* (**-ier, -iest**) gaseado/a, con burbujas.

flab [flæb] *n* INFML (*in body*) grasa *f*, carne *f* flácida. **~·ber·gast** ['flæbəga:st, US -gæst] *v* INFML asombrar, dejar pasmado/a. **~·bi·ness** [-inis] *n* (*of flesh*) blandura *f*. **~·by** [-i] *adj* (**-ier, -iest**) blando/a, flácido/a; FIG flojo/a, débil.

flac·cid ['flæksid] *adj* FML flácido/a. **~·ity** [flæk'sidəti] *n* FML flacidez *f*.

flag [flæg] **I.** *n* **1.** bandera *f*, estandarte *m*; (*in taxi*) banderilla *f*; (*for charity*) banderita *f*. LOC **Keep the ~ flying,** FIG Seguir defendiendo una causa. **2.** BOT lirio *m*. **3.** = **flag·stone**. **II.** *v* **1.** poner una bandera en; (*in list*, etc) señalar/marcar con una señal. **~ sth down,** hacer señales (con una bandera, etc) para que pare (vehículo, etc). **2.** (*person, interest*, etc) decaer; (*flower*) marchitarse. **~-day** *n* día *m* de postulación benéfica. **~-pole** *n* asta *f* de bandera. **~·ship** *n* buque *m* insignia, buque *m* almirante. **~·staff** *n* = **~·pole**. **~·stone** *n* losa *f*. **~·wav·ing** *n* (*patriotic*, etc) entusiasmo *m* excesivo.

fla·gel·lant ['flædʒələnt] *n* FML flagelante *m,f*. **fla·gel·late** ['flædʒəleit] *v* FML flagelar(se). **fla·gel·lat·ion** [,flædʒə'leiʃn] *n* flagelación *f*.

fla·gon ['flægən] *n* (*for wine*, etc) garrafita *f*, jarro *m*.

fla·grant ['fleigrənt] *adj* escandaloso/a, abominable; público/a.

flail [fleil] **I.** *n* mayal *m*. **II.** *v* golpear con mayal; (*wave*) bandear.

flair [fleə(r)] *n* aptitud *f*, instinto *m*, sexto sentido *m*.

flak [flæk] *n* fuego *m* antiaéreo; INFML crítica *f* severa.

flake [fleik] **I.** *n* (*snow*, etc) copo *m*; (*skin, paint*, etc) escama *f*. **II.** *v* **1.** (*paint*, etc) desprenderse en láminas. **2.** (*fish*, etc) separar en trocitos. **3.** (**~ out**) INFML caer agotado/a. **flak·y** [-i] *adj* (**-ier, -iest**) escamoso/a; que se desmenuza; (*pastry*) hojaldroso/a.

flam·boy·ance [flæm'bɔiəns] *n* exageración *f*, vistosidad *f*. **flam·boy·ant** [-flæm'bɔiənt] *adj* (*style, manners*) llamativo/a, vistoso/a; (*character*) extravagante.

flame [fleim] **I.** *n* llama *f*, llamarada *f*; INFML (*also old ~*) ex-novio/a. **II.** *v* encenderse, llamear, arder. **~-thrower** *n* lanzallamas *m*. **flam·ing** [-iŋ] *adj* (*reply*, etc) vehemente, apasionado/a; INFML maldito/a, condenado/a.

fla·min·go [flə'miŋgəu] *n* (*pl* **~s**) ZOOL flamenco *m*.

flam·mable ['flæməbl] *adj* inflamable.

flan [flæn] *n* tarta *f* de fruta.

flange [flændʒ] *n* (*of wheel*) pestaña *f*, reborde *m*.

flank [flæŋk] **I.** *n* ANAT costado *m*; ZOOL ijar *m*; MIL flanco *m*; (*of hill, building*, etc) lado *m*. **II.** *v* flanquear; proteger el flanco de.

flan·nel ['flænl] **I.** *n* franela *f*; INFML palabrería *f*, paja *f*; *pl* pantalones *m,pl* de franela. **II.** *v* INFML decir mucha palabrería. **~ette** [,flænə'let] *n* franela *f*.

flap [flæp] **I.** *n* **1.** (*clothes, envelope*) solapa *f*. **2.** (*table*) ala *f* plegable. **3.** AER flap *m*. **4.** (*hat*) ala *f*. **5.** (*action*) aleteo *m*, sacudida *f*. **6.** (*blow*) cachete *m*. LOC **Get into a ~,** INFML Sufrir un ataque de nervios. **II.** *v* **1.** (*sails, arms*, etc) sacudir, agitar(se). **2.** batir, aletear; dar golpes. **~ across/away/by,** (*bird*) pasar aleteando. **~·jack** ['flæpdʒæk] *n* galleta *f* (de avena, miel y mantequilla). **~·per** [-ə(r)] *n* pala *f* matamoscas.

flare [fleə(r)] **I.** *v* **1.** llamear, arder en llamas; FIG estallar, enardecerse. **2.** (**~ up**) (*fire*) prender rápidamente; FIG explotar con violencia. **3.** (*skirt*, etc) acampanar, abocinar. **II.** *n* **1.** llamarada *f*; fulgor *m*, brillo *m*; MIL cohete *m* de señales, bengala *f*; FIG estallido *m*. **2.** (*of skirt*, etc) vuelo *m*. **~-path** *n* AER baliza *f*. **~-up** *n* (*also* FIG) estallido *m*, explosión *f*.

flash [flæʃ] **I.** *n* **1.** (*light*) brillo *m*, relámpago *m*, destello *m*; (*photo*) flash *m*. **2.** (*of fire*) chispa *f*, chispazo *m*. **3.** MIL divisa *f*. **4.** (*also news-~*) avance *m* informativo. **5.** FIG inspiración *f*, destello *m*. LOC **A ~ in the pan,** Exito fugaz. **Like a ~,** Como un relámpago. **II.** *v* **1.** echar destellos, brillar, relampaguear.

2. (*look*, etc) dirigir rápidamente, lanzar; despedir. 3. (*news*) transmitir rápidamente. 4. (*card*, etc) mostrar brevemente. 5. INFML (*of man*) exhibirse impúdicamente. ~ **along/by/past/through, etc,** Pasar como un relámpago. ~ **back,** (*thoughts*) Volver al pasado. **~·back** *n* (*in play*, etc) Salto *m* al pasado, retrospectiva *f*. ~ **cube** *n* cubo *m* de flash. **flash·er** *n* AUT intermitente *m*; INFML exhibicionista *m*. **flash·ily** [-ili] *adv* (*dress*, etc) vistosamente. **flash·light** *n* flash *m*; (*esp* US) linterna *f*. **flash-point** *n* punto *m* de inflamación. **flash·y** ['flæʃi] *adj* (**-ier**, **-iest**) vistoso/a, llamativo/a, chillón/na.

flask [fla:sk, US flæsk] *n* frasco *m*, redoma *f*; (*also* **hip-~**) frasco *m* de petaca; (*also* **vacuum ~**) termo *m*.

flat [flæt] **I.** *n* **1.** (*ground*) llano *m*; (*of hand*) palma *f*; *pl* llanura *f*. **2.** Br (US **apartment**) piso *m*, apartamento *m*. **3.** MUS bemol *m*. **4.** (*esp* US) INFML AUT pinchazo *m*. **II.** *adj* **1.** (*ground*) llano/a, plano/a; (*surface*) liso/a, plano/a; (*level*) horizontal. **2.** (*paint finish*) mate. **3.** (*foot*) plano/a. **4.** (*colour*) apagado/a, sin contraste. **5.** AUT (*tyre*) pinchado/a, deshinchado/a; (*battery*) descargado/a. **6.** MUS (*note*) bemol; (*instrument*) desafinado/a. **7.** COM sin cambios. **8.** (*drink*) sin burbujas. **9.** FIG (*story, voice*, etc) monótono/a, gris, insípido/a. **10.** (*reply, denial*) absoluto/a, categórico/a. LOC **And that's ~,** ¡Y no hay más que hablar! **As ~ as a pancake,** Llano/a como la palma de la mano; FIG Aburrido como una ostra. **III.** *adv* **1.** (*lie*, etc) horizontalmente; (*fall*) de bruces; (*sing*) desafinadamente. **2.** (*command, speak*, etc) de modo terminante, categóricamente; INFML completamente, del todo. LOC **Fall ~,** Fracasar; (*joke*) no tener gracia. ~ **out, 1.** muy deprisa, a toda presión/velocidad. **2.** extenuado/a. **In five minutes ~,** En sólo cinco minutos.

flat... ~-bottomed, *adj* (*boat*) de fondo plano. **~-fish,** *n* lenguado *m*, platija *f*. **~-footed,** *adj* de pies planos; INFML torpe, desmañado/a. **~-iron,** *n* (*for clothes*) plancha *f*. **~-let,** *n* pisito *m*. **~-ly,** [-li] *adv* (*in tone*, etc) monótonamente; (*deny*, etc) terminantemente; completamente. **~mate,** *n* compañero/a de apartamento. **~-ness,** [-nis] *n* llanura *f*; monotonía *f*; MUS desafinamiento *m*; TEC lo deshinchado. ~ **racing,** *n* carrera *f* de caballos sin saltos. ~ **spin,** *n* AER rizo *m* a baja altura. LOC **Go into a ~ spin,** INFML Estar confuso. **~-ten,** [-ən] *v* (*also* ~ **out**) aplanar (se), alisar(se); aplastar(se); FIG desconcertar, apabullar.

flat·ter ['flætə(r)] *v* adular, dar coba a; halagar, satisfacer; (*photo*, etc) favorecer. ~ **one·self that...** Creerse uno que... **~-er** ['flætərə(r)] *n* adulador/ra. **~-ing** [-iŋ] *adj* halagüeño/a; (*dress*, etc) favorecedor/ra. **flat·ter·y** [-ri] *n* adulación *f*, coba *f*.

fla·tul·ence ['flætjuləns] *n* flatulencia *f*; flato *m*; FIG petulancia *f*. **fla·tul·ent** [-'flætjulənt] *adj* flatulento/a; FIG petulante.

flaunt [flɔ:nt] *v* hacer ostentación (de), lucir.

flaut·ist ['flɔ:tist] (US **flut·ist** ['flu:tist]) *n* flautista *m,f*.

fla·vo(u)r ['fleivə(r)] **I.** *n* (*also* FIG) sabor *m*, aroma *m*. **II.** *v* dar sabor a; aromatizar. **~-ed** [-d] *adj* con aroma/sabor a: *Orange-~ sweets*, Caramelos con gusto a naranja. **~-ing** ['fleivəriŋ] *n* condimento *m*, esencia *f*. **~-less** [-lis] *adj* insípido/a, soso/a.

flaw [flɔ:] **I.** *n* desperfecto *m*, tara *f*, imperfección *f*; (*mistake*) fallo *m*, defecto *m*. **II.** *v* tener una tara, defecto o fallo. **~-less** [-lis] *adj* impecable, perfecto/a.

flax [flæks] *n* (*plant, fibre*) lino *m*. **~en** [-ən] *adj* (*hair*) rubio/a.

flay [flei] *v* desollar; (*whip*) azotar; FIG criticar, despellejar.

flea [fli:] *n* pulga *f*. LOC **With a ~ in one's ear,** Con cajas destempladas. **~-bag** *n* SL persona *f* sucia. **~-bite** *n* picadura *f* de pulga. ~ **mar·ket** *n* mercadillo *m*, rastro *m*. **~-pit** *n* INFML cine *m* de barrio.

fleck ['flek] **I.** *n* mancha *f*, mota *f*. **II.** *v* salpicar, motear.

fled [fled] pret de **flee**.

fledg·ed [fledʒd] *adj* (*bird*) que ya puede volar, plumado/a. LOC **Fully ~,** hecho y derecho. **fledge·ling** ['fledʒliŋ] *n* volantón *m*, pajarito *m*; FIG novato *m*.

flee [fli:] *v* (**fled** [fled], **fled**) escapar (de), huir.

fleece [fli:s] **I.** *n* vellón *m*; lana *f*. **II.** *v* esquilar; FIG desvalijar, robar. **flee·cy** [-i] *adj* (**-ier**, **-iest**) lanudo/a; (*cloud*) aborregado/a.

fleet [fli:t] **I.** *n* flota *f*, armada *f*; (*of taxis*, etc) flotilla *f*, escuadra *f*. **II.** *adj* POET veloz, ligero/a. **~-ing** [-iŋ] *adj* efímero/a.

flesh [fleʃ] **I.** *n* (*also* FIG) carne *f*; (*of fruit*) pulpa *f*, carne *f*. LOC ~ **and blood,** El ser humano. **In the ~,** En persona/carne y hueso. **Make sb's ~ creep,** Poner a alguien la carne de gallina. **One's own ~ and blood,** De la sangre/familia de uno. **II.** *v* FIG (*account*, etc) rellenar, alargar. **~-coloured** *adj* de color de carne. **~-pots** *n* (*pl*) comercios *m,pl* de lujo; lujo *m*; lugares *m,pl* de perdición. **~-wound** *n* herida *f* superficial. **flesh·y** [-i] *adj* carnoso/a, gordo/a.

flew [flu:] pret de **fly**.

flex [fleks] **I.** *n* ELECTR cordón *m*, flexible *m*. **II.** *v* flexionar, doblar. **~-ib·il·ity** [,fleksə'biləti] *n* flexibilidad *f*. **~-ible** [-əbl] *adj* (*also* FIG) flexible. **flex·i·time** *n* COM horario *m* flexible.

flib·ber·ti·gib·bet [,flibəti'dʒibit] *n* alocado/a.

flick [flik] **I.** *n* **1.** golpe *m* seco; (*whip*) chasquido *m*. **2.** (*movement*) giro *m* brusco. ~ **-knife** *n* (*pl* **-knives**) navaja *f* automática. **II.** *v* dar un golpecito a; (*whip*) chasquear; (*tail*, etc) menear, sacudir. ~ **sth on/off,** poner/quitar una cosa; (*switch*) encender/apagar. ~ **sth away,** quitar algo a sacudidas. ~ **through sth,** (*book*, etc) hojear rápidamente. **flick·er** ['flikə(r)] **I.** *v* (*light*) brillar débilmente, parpadear; (*fire*) apagarse poco a poco; (*eyes*) parpadear; FIG vacilar. **II.** *n* parpadeo *m*; llamita *f*; FIG destello *m*.

fli·er (*also* **flyer**) [flaiə(r)] *n* volador/ra; AER aviador/ra; octavilla *f*.

flies [flaiz] *n* **the ~,** *pl* TEAT bambalinas *f,pl*; (*of trousers*) bragueta *f*.

flight [flait] **I.** *n* **1.** (*action*) vuelo *m*; (*movement*) recorrido *m*, trayectoria *f*; AER vuelo *m*, avión *m*; MIL flota/escuadra *f* de aviones. **2.** (*of birds*) bandada *f*; FIG (*of time*, etc) paso *m*, vuelo *m*. LOC **A ~ of fancy,** Ilusión/Quimera *f*. **In the first ~,** Entre los primeros. **3.** (*of stairs*) tramo *m*, piso *m*. **4.** (*fleeing*) escapada *f*, huida *f*, fuga *f*. LOC **Put sb to ~,** Ahuyentar. **Take to ~,** Darse a la fuga. **II.** *v* (*in cricket*) hacer volar con efecto. **~-deck** *n* NAUT cubierta *f* de vuelo; AER cabina *f* de mando. **~·less** [-lis] *adj* (*bird*) que todavía no vuela. **~ path** *n* AER ruta *f* de vuelo. **~-re·corder** *n* AER caja *f* negra. **flight·y** [-i] *adj* (**-ier, -iest**) (*of woman*) casquivano/a.

flim·si·ly ['flimzili] *adv* débilmente; frágilmente. **flim·si·ness** [-nis] *n* debilidad *f*; fragilidad *f*. **flim·sy** ['flimzi] **I.** *adj* (**-ier, -iest**) endeble, débil; delgado/a, frágil, fino/a. **II.** *n* papel *m* de copia.

flinch [flintʃ] *v* **1.** (*from fear*, etc) echarse atrás, encogerse. **2.** (**~ from sth**) desistir de, abandonar.

fling [fliŋ] **I.** *v* (**flung** [flʌŋ], **flung**) arrojar, lanzar, tirar con fuerza. **~ oneself into sth,** lanzarse a hacer algo con entusiasmo. **~ off/out, etc,** salir violentamente y enfadado/a. **~ sth on,** ponerse alguna ropa deprisa y despreocupadamente. **II.** *n* **1.** impulso *m* fuerte, lanzamiento *m* brusco. **2.** (**to go on a ~**) FIG INFML cana *f* al aire. LOC **Highland ~,** Baile *m* escocés.

flint [flint] *n* pedernal *m*; piedra *f* de encendedor; FIG *A heart like ~,* Un corazón de piedra. **flint·y** [-i] *adj* muy duro/a, de piedra.

flip [flip] **I.** *v* **1.** mover de un tirón, quitar con una sacudida. **2.** (*coin*) echar al aire. **3.** (*pages*, etc) girar rápidamente. **4.** SL apasionarse, entusiasmarse. LOC **~ one's lid,** Perder los estribos. **II.** *n* **1.** tirón *m*, movimiento *m* brusco; vuelta *f* en el aire. **2.** AER vuelo *m*. **III.** *adj* INFML ligero/a, frívolo/a. **IV.** *exclam* ¡Jolín! **~·pan·cy** ['flipənsi] *n* poca seriedad *f*, frivolidad *f*. **~·pant** ['flipənt] *adj* ligero/a, frívolo/a. **~·per** ['flipə(r)] *n* (*of seal*, etc) aleta *f*; (*of swimmer*) pie *m* de pato. **~·ping** [-iŋ] *adj* Br INFML maldito/a, condenado/a, puñetero/a. **~-flop** *n* (*sandal*) chancla *f*, playera *f*.

flirt [flɜ:t] **I.** *v* flirtear, coquetear; FIG jugar. **II.** *n* conquistador *m*; coqueta *f*. **~·ation** [flɜ:'teiʃn] *n* flirteo *m*, romance *m*; FIG interés *m* superficial. **~·ati·ous** [flɜ:'teiʃəs] *adj* coqueto/a.

flit [flit] **I.** *v* moverse rápidamente de un sitio a otro; revolotear; Br INFML mudarse de casa. **II.** *n* Br (*esp secret*) mudanza *f* de casa.

float [fləut] **I.** *v* **1.** (*also* FIG) flotar; poner a flote. **2.** (*idea*, etc) sugerir, proponer. **3.** COM (*company*) fundar; (*share*) emitir. **~ about/ around sth,** dar vueltas sin parar alrededor de. **~ about/ around,** (*rumour*) circular. **II.** *n* **1.** boya *f*, flotador *m*, corcho *m*; (*in tank*) boya *f*. **2.** (*in procession*) carroza *f*, paso *m*; (*for transport*) carretón *m*. **~·ing** [-iŋ] *adj* (*population*, MED, etc) flotante; COM variable.

flock [flɔk] **I.** *n* **1.** rebaño *m*, manada *f*; (*of people*) multitud *f*, tropel *m*; (REL, etc) congregación *f*. **2.** (*esp pl*) copo *m* de lana/algodón, etc; (*of hair*) mechón *m*; (*for mattress*, etc) borra *f*. **II.** *v* acudir en tropel, congregarse.

floe [fləu] *n* témpano *m* de hielo.

flog [flɔg] *v* azotar, zurrar; Br INFML **~ sth to sb,** Vender algo a alguien. LOC **~ a dead horse,** Malgastar esfuerzos. **~ sth to death,** INFML Machacar hasta la saciedad. **~·ging** [-iŋ] *n* zurra *f*, azotaina *f*.

flood [flʌd] **I.** *v* (*also* COM, FIG) inundar; (*of rain*) hacer desbordar (río, etc); AUT (*carburettor*) ahogar; **~ in/into sth,** Llegar a miles. **~ sth with,** Inundar de. LOC **~ the market,** Inundar el mercado. **II.** *n* inundación *f*; (*tide*) flujo *m*, pleamar *f*; FIG diluvio *m*; **the Flood,** El Diluvio. LOC **In ~,** (*river*) Desbordado. **~·gate** *n* compuerta *f*; esclusa *f*. **~·ing** [-iŋ] *n* inundación *f*. **~·light** ['flʌdlait] **I.** *n* (*in match*, etc) foco(s) *m(pl)*. **II.** *v* (**~·lighted** or **~·lit**) iluminar con focos. **~·tide** *n* marea *f* creciente, pleamar *f*.

floor [flɔ:(r)] **I.** *n* **1.** suelo *m*, piso *m*; (*of building*) planta *f*. **2.** (*sea*) fondo *m*; (*in hall*, etc) estrado *m*, (*for dance*) pista *f*. LOC **The ~,** (*in parl*, etc) Derecho *m* a tomar la palabra. **Hold the ~,** Dirigirse al público. **Take the ~,** Hacer uso de la palabra; (*in dancehall*) salir a bailar. **II.** *v* **1.** entarimar. **2.** (*in fight*) derribar. **3.** INFML confundir, desconcertar. **~-board** *n* tabla *f* de entarimado. **~·ing** [-iŋ] *n* baldosas *f,pl*; entarimado *m*. **~ show** *n* atracciones *f,pl*, show *m*.

floozie (*also* **floosie**) ['flu:zi] *n* INFML PEY prostituta *f*, putilla *f*.

flop [flɔp] **I.** *v* **1.** caerse, desplomarse. **2.** (*move*) tambalearse y caer. **3.** (*person*) dejarse caer pesadamente. **4.** FIG INFML fracasar. **II.** *n* caída *f* ruidosa; FIG fracaso *m*. **~-house** *n* US INFML pensión *f* de baja categoría. **flop·py** [-i] *adj* (**-ier, -iest**) blando/a, colgante; (*diskette*) flexible.

flo·ra ['flɔ:rə] *n* flora *f*. **flor·al** ['flɔ:rəl] *adj* floral; (*paper*) con flores. **flor·id** ['flɔrid, US 'flɔ:r-] *adj* recargado/a, florido/a; (*face*) rojizo/a. **flo·rin** ['flɔrin] *n* florín *m*. **flor·ist** ['flɔrist, US 'flɔ:-] *n* florista *m,f*.

floss [flɔs, US flɔ:s] *n* (*silk*) cadarzo *m*; hilo *m* de seda.

flot·ation [fləu'teiʃn] *n* **1.** (*boat*) flotación *f*. **2.** COM lanzamiento *m*. **flo·til·la** [flə'tilə] *n* flotilla *f*. **flot·sam** ['flɔtsəm] *n* restos *m,pl* de naufragio, pecio *m*. LOC ~ **and jetsam,** Desechos; (*people*) Desahuciados.

flounce [flauns] **I.** *v* moverse/saltar bruscamente. **II.** *n* **1.** salto *m* brusco. **2.** (*of cloth*) volante *m*. **flounc·ed** [-t] *adj* con volantes.

floun·der ['flaundə(r)] **I.** *v* **1.** forcejear, avanzar tropezando. **2.** (*in mud*) revolcarse. **3.** FIG vacilar, perder el hilo. **II.** *n* ZOOL platija *f*.

flour ['flauə(r)] **I.** *n* harina *f*. **II.** *v* enharinar. **flour·y** [-i] *adj* harinoso/a.

flour·ish ['flʌriʃ] **I.** *v* (*flower, plan, business*, etc) florecer; esgrimir, jactarse (de). **II.** *n* (*of hand*, etc) gesto *m*, movimiento *m*; (*of writing*, etc) adorno *m*; MUS floreo *m*. **~·ing** [-iŋ] *adj* próspero/a.

flout [flaut] *v* desobedecer, burlar.

flow [fləu] **I.** *v* (**-ed**) **1.** fluir, correr, manar. **2.** (*clothes, hair*) caer, ondear. ~ **with,** abundar en. ~ **in sth,** entrar a raudales. ~ **over sb,** no afectar a alguien. **II.** *n* (*liquid*) corriente *f*; (*of traffic*, etc) flujo *m*; (*supply*) suministro *m*.

flow·er ['flauə(r)] **I.** *n* (*also* FIG) flor *f*. LOC **In ~,** En flor. **II.** *v* florecer; FIG madurar. **~-bed** *n* macizo *m*, arriate *m*. **~-ed** [-d] *adj* con flores. **~-girl** *n* vendedora *f* callejera de flores. **~·ing** ['flauəriŋ] *n* (*of art*, etc) florecimiento *m*. **~·less** [-lis] *adj* sin flores. **~·pot** *n* tiesto *m*, maceta *f*. ~ **shop**, floristería *f*. ~ **show** *n* exposición *f* floral.

flown [fləun] pp de **fly**.

flu [flu:] *n* INFML gripe.

fluc·tu·ate ['flʌktʃueit] *v* fluctuar, variar. **fluc·tu·ation** [,flʌktʃu'eiʃn] *n* fluctuación *f*.

flue [flu:] *n* (*of chimney*) tiro *m*, cañón *m*; (*for fumes*) tubo *m*.

flu·ency ['flu:ənsi] *n* fluidez *f*; (*language*) soltura *f*. **flu·ent** ['flu:ənt] *adj* (**be ~ in a language**) hablar bien, dominar (una lengua); (*person*) que habla con soltura; (*movement, style*) suelto/a, fluido/a.

fluff [flʌf] **I.** *n* **1.** pelusa *f*, lanilla *f*. **2.** INFML fracaso *m*, plancha *f*. **II.** *v* **1.** (*cushion*, etc) ahuecar, sacudir. **2.** INFML fracasar, meter la pata. **fluf·fy** [-i] *adj* lanoso/a, con pelusa; ligero/a, suave.

fluid ['flu:id] **I.** *adj* fluido/a, líquido/a; FIG variable. **II.** *n* fluido *m*. **~·ity** [flu:'idəti] *n* fluidez *f*.

fluke [flu:k] *n* **1.** INFML golpe *m* de suerte, chiripa *f*. **2.** ZOOL platija *f*; (*worm*) trematodo *m*.

flum·mox ['flʌməks] *v* INFML desconcertar, aturdir, despistar.

flung pp de **fling**.

flunk [flʌŋk] *v* INFML (*esp* US) (*in exam*) suspender. **flunk·(e)y** [-i] *n* (*pl* **~s** or **~kies**) INFML PEY (*also* FIG) lacayo *m*.

fluor·es·cence [flɔ:'resns, US fluə'r-] *n* fluorescencia *f*. **fluor·es·cent** [flɔ:'resnt] *adj* fluorescente. **fluor·id·ation** [,flɔ:ri'deiʃn, US ,fluər-] *n* fluorización *f*. **fluor·ide** ['flɔ:raid, US 'fluər-] *n* fluoruro *m*. **fluor·ine** ['flɔ:ri:n, US 'fluər-] *n* fluorita *f*.

flur·ry ['flʌri] **I.** *n* (*of wind, snow*, etc) ráfaga *f*, nevisca *f*; (*activity*) agitación *f*, frenesí *m*. **II.** *v* agitar, aturdir.

flush [flʌʃ] **I.** *n* **1.** (*face*) sonrojo *m*, rubor *m*; (*emotion, fever*, etc) aumento *m*, subida *f*; (*liquid*) chorro *m*, ducha *f*. LOC **In the first ~ of youth,** En la primavera de la vida. **2.** (*cards*) flux *m*, (*poker*) color *m*. **II.** *adj* TEC nivelado/a, raso/a, parejo/a; INFML con mucho dinero. **III.** *v* **1.** sonrojar(se), ruborizar (se); (*toilet*, etc) limpiar(se) con un chorro; ~ **sth away/down, etc,** quitar a chorros. **2.** DEP (*birds*) espantar, levantar; ~ **sb out (of sth),** hacer salir de (su guarida). **flush·ed** [-t] *adj* (*with emotion*, etc) excitado/a, acalorado/a.

flus·ter ['flʌstə(r)] **I.** *n* agitación *f*, confusión *f*. **II.** *v* aturdir.

flute [flu:t] **I.** *n* flauta *f*. **II.** *v* ARQ acanalar, estriar. **~·ing** [-iŋ] *n* estrías *f,pl*, acanalado *m*. **~·ist** *n* (US) = **flautist.**

flut·ter ['flʌtə(r)] **I.** *v* (*bird*) aletear, revolotear; (*flag, eyes*) agitar(se), mover(se); (*heart*) palpitar, agitarse. **II.** *n* **1.** aleteo *m*; (*of eyes*) pestañeo *m*; (*nervous*) agitación *f*, nerviosismo *m*. **2.** (*of sound, aircraft*, etc) vibración *f*. **3.** Br INFML apuesta (*on*, por).

flu·vi·al ['flu:viəl] *adj* fluvial.

flux [flʌks] *n* cambio *m* constante; flujo *m*.

fly [flai] **I.** *n* **1.** ZOOL mosca *f*; insecto *m*; DEP anzuelo *m* de mosca. LOC **Drop like flies,** Morir como moscas. **Not hurt a ~,** Ser incapaz de matar a una mosca. **A ~ in the ointment,** Un estorbo. **2.** (*in trousers*) bragueta *f*. **II.** *adj* INFML avispado/a, listo/a. **III.** *v* (**flew** [flu:], **flown** [fləun]) **1.** (*also* AER, FIG) volar; transportar en avión. **2.** (*flag*) ondear. LOC **~ high,** Ser ambicioso/a. ~ **in the face of,** Oponerse a. ~ **into a rage,** Encolerizarse. **~-away** ['flaiəwei] *adj* (*hair*, etc) suelto/a, flotante. **~-blown** *adj* con huevos de mosca; FIG infecto/a. **~-by-night** *n/adj* (*pl* **~s**) irresponsable *m,f*. **~-fish** *v* pescar con mosca. **~-paper** *n* papel *m* matamoscas. **~·weight** *n* DEP peso *m* mosca. **fly·er** = **fli·er**. **fly·ing** ['flaiiŋ] **I.** *adj* volador/ra, volante; (*visit*, etc) rápido/a, veloz. **II.** *n* vuelo *m* en avión. ~ **fish** *n* pez *m* volador. ~ **pick·et** *n* piquete *m* de huelga. ~ **saucer** *n* platillo *m* volante.

fly... **~leaf,** *n* (*pl* **-leaves** [-li:vz]) (*in book*) hoja *f* de guarda. **~·over,** *n* AUT paso *m* elevado. **~·sheet,** *n* octavilla *f*. **~·wheel,** *n* TEC rueda *f* volante.

foal [fəul] **I.** *n* potro/a. **II.** *v* (*female horse*) parir.

foam [fəum] **I.** *n* espuma *f*: ~ *rubber*, Espuma *f* de caucho. **II.** *v* hacer espuma; FIG sacar espuma por la boca. **foam·y** [-i] *adj* espumoso/a.

fob [fɔb] **I.** *n* (*of watch*) faltriquera *f*. **II.** *v* engañar, engatusar.

f.o.b. [,ef əu 'bi:] *abrev* = (*free of cargo*) embarque sin costes.

foc·al ['fəukl] *adj* focal. **foc·us** ['fəukəs] **I.** *n* (*pl* **~es** or **fo·ci** ['fəsai]) (*phot, point*) foco *m*; FIG centro *m*, foco *m*. **Be in ~,** Estar enfocado/a. **Be out of ~,** Estar desenfocado. **II.** *v* enfocar; FIG (*attention*) concentrar, fijar.

fod·der ['fɔdə(r)] *n* pienso *m*, forraje *m*.

foe [fəu] FML, *lit* enemigo *m*.

f(o)et·al ['fi:tl] *adj* fetal. **f(o)et·us** ['fi:təs] *n* feto *m*.

fog [fɔg, US fɔ:g] **I.** *n* niebla *f*; (*phot*) borrosidad *f*. LOC **In a ~,** Desconcertado/a. **II.** *v* (*phot*) velar(se); (*glass*) empañar(se); FIG confundir, aturdir. **~-bank** *n* banco *m* de niebla. **~-bound** *adj* aislado/a por la niebla. **~-horn** *n* sirena *f* de niebla. **~-lamp** *n* AUT faro *m* antiniebla. **fog·gy** ['fɔgi] *adj* con niebla, brumoso/a, neblinoso/a; FIG confuso/a.

fo·g(e)y ['fəugi] *n* (*pl* **-ies** or **-s**) anticuado/a, carroza *m,f*.

foi·ble ['fɔibl] *n* (*of person*) punto *m* débil, debilidad *f*.

foil [fɔil] **I.** *n* **1.** papel *m* de estaño/aluminio; (*person, thing*) contraste *m*. **2.** florete *m*. **II.** *v* (*plan*, etc) frustrar, impedir.

foist [fɔist] *v* (**~ sth on sb**) encajar, lograr que alguien acepte algo.

fold [fəuld] **I.** *v* doblar(se), plegar(se). **~ up,** ser plegable; INFML partirse de risa. **~ sth around sth,** envolver una cosa con otra. LOC **~ one's arms,** Cruzar los brazos. **~ sb in one's arms,** Abrazar a alguien. **II.** *n* **1.** doblez *f*, pliegue *m*; (*mark*) arruga *f*; GEOL pliegue *m*. **2.** AGR aprisco *m*, redil *m*. LOC **The ~,** (*esp* REL) grey *f*. **~·away** *adj* plegable. **fold·er** ['fəuldə(r)] *n* carpeta *f*. **~·ing** [-iŋ] *adj* plegable.

fo·li·age ['fəuliidʒ] *n* BOT hojas *f,pl*, follaje (*m*. **fo·lio** ['fəuliəu] *n* (*pl* **~s**) folio *m*; libro *m* en folio.

folk [fəuk] *n* **1.** (*also esp* US **folks**) gente *f*; (*of nation*) pueblo *m*, nación *f*: *Spanish ~*, Los españoles. **2.** *pl* INFML familia *f*, parentela *f*: *Did you meet my folks?* ¿Conociste a mi familia? **~-dance** *n* baile *m* tradicional. **~·lore** ['fəuklɔ:(r)] *n* folklore *m*. **~-music, ~-song** *n* canciones *f,pl* populares. **~-tale** *n* cuento *m* popular.

folk·sy ['fəuksi] *adj* INFML sociable, natural, sencillo/a.

fol·low ['fɔləu] *v* seguir; (*career*) hacer, seguir. **~ on,** ser consecuencia. LOC **As fol·lows,** (*words*) Tal como sigue. **~ sth up,** Seguir la pista de; Hacer algo como continuación de una cosa. **fol·low·er** [-ə(r)] *n* seguidor/ra; (POL) partidario/a. **fol·low·ing** ['fɔləuiŋ] **I.** *adj* siguiente. **II.** *n* lo siguiente; (*pol*) partidarios *m,pl*, seguidores *m,pl*. **fol·low-on** *n* (*cricket*) segunda entrada *f*. **fol·low-through** *n* (*in tennis*) acompañamiento *m* de la pelota. **fol·low-up** *n* (*of series*, etc) segunda parte *f*, continuación *f*.

fol·ly ['fɔli] *n* locura *f*.

fo·ment [fəu'ment] *v* (*also* MED) fomentar. **~·ation** [,fəumen'teiʃn] *n* fomentación *f*, (*also* MED) fomento *m*.

fond [fɔnd] *adj* (**-er, -est**) (*person, act*) afectuoso/a, cariñoso/a; (*parents*, etc) blando/a, demasiado indulgente; (*hope*) vano/a, iluso/a. LOC **~ of sb/doing sth,** Sentir inclinación por/a: *I am very ~ of my mother*, Siento un gran afecto por mi madre. **~·ly** [-li] *adv* con cariño, afectuosamente. **~·ness** [-nis] *n* cariño *m*; afición *f* (*for* a).

fon·dle ['fɔndl] *v* acariciar.

font [fɔnt] *n* pila *f* bautismal; LIT fuente *f*.

food [fu:d] *n* comida *f*, alimentos *m,pl*. LOC **~ for thought,** Asunto serio/grave. **~-chain** *n* cadena *f* de alimentación. **~ poisoning** *n* intoxicación *f* alimenticia. **~ processor** *n* batidora/picadora, etc *f*. **~·stuff** *n* producto *m* alimenticio. **~ value** *n* valor *m* nutritivo.

fool [fu:l] **I.** *n* **1.** tonto/a, imbécil; (*clown, jester*) bufón *m*. LOC **Make a ~ of oneself,** Hacer el ridículo. **2.** (*sweet*) postre *m* frío de fruta y nata. **II.** *v* hacer el/la tonto/a; (*joke*) bromear; (*deceive*) engañar, tomar el pelo a. LOC **~ about/around,** Perder el tiempo. **~·ery** ['fu:ləri] *n* tontería *f*. **~·hardy** *adj* (**-ier, -iest**) insensato/a. **~·ish** ['fu:liʃ] *adj* tonto/a, necio/a; (*action*) imprudente, temerario/a; (*feeling*) ridículo/a. **~·proof** *adj* (*system*, etc) a toda prueba, seguro/a, infalible. **~·scap** *n* hoja *f* de tamaño folio.

foot [fut] **I.** *n* (*pl* **feet** [fi:t]) pie *m*; (*of furniture*, ZOOL) pata *f*. LOC **Be on one's feet,** Estar de pie; (*after illness*) Haberse levantado. **Have feet of clay,** FIG Tener pies de barro. **On ~,** A pie/Andando. **Put one's ~ down,** Actuar con firmeza. **Put one's ~ in it,** Meter la pata. **Set ~ in sth,** Poner el pie en. **Stand on one's own feet,** Haberse independizado económicamente. **II.** *v* LOC **~ the bill for,** Pagar los platos rotos. **~ it,** INFML Ir a pie.

foot... **~·age,** *n* distancia *f* en pies. **~-and-mouth (disease),** *n* ZOOL glosopeda *f*. **~·ball,** *n* balón *m* de fútbol; (*game*) fútbol *m*. **~·baller,** *n* futbolista *m,f*. **~·fall,** *n* pisada *f*, paso *m*. **~-fault,** *n* (*in tennis*) falta *f* de pie. **~·hill,** *n* estribaciones *f,pl*. **~·hold,** *n* (*for climbing*, etc) apoyo *m* para el pie; FIG asidero *m*. **~·ing,** *n* (*grip*) pie *m*, sujeción *f*; FIG base *f*, posición *f*, condiciones *f,pl*. **~·lights,** *n* (*pl*) TEAT candilejas *f,pl*. **~·note,** *n* nota *f* a pie de página. **~·plate,** *n* estribo *m*, plataforma *f*. **~·print,** *n* huella *f*. **~-slog,** *v* INFML andar largo rato. **~·sore,** *adj* con los pies cansados. **~·step,** *n* paso *m*, pisada *f*. **~·stool,** *n* taburete *m* para los pies. **~·wear,** *n* calzado *m*. **~·work,** *n* DEP uso *m* de piernas; FIG capacidad *f* de reaccionar.

foo·tle ['fu:tl] *v* (**~ about/around**) INFML perder el tiempo.

foot·sie ['futsi] *n* LOC **Play ~ with sb,** INFML Hacer piececitos con.

fop [fɔp] *n* vanidoso *m*, dandi *m*, pijo *m*.

for [fə(r), fɔ:(r)] **I.** *prep* **1.** (*destination, direction*) para: *A book for my girlfriend*, Un libro para mi novia. **2.** (*cause*) por: *For this reason*, Por esta razón. **3.** (*purpose*) a, para: *She's studying for pleasure*, Estudia por placer. **4.** (*in support*) en/a favor de, por:

People are for a better educational system, La gente está a favor de un mejor sistema educativo. **5**. (*in representation*) por, en lugar de, en vez de: *My father will do it for me*, Mi padre lo hará en mi lugar. **6**. (*in search*) en busca de, por: *Her mother looked for him*, Su madre lo buscaba. **7**. (*as price*) por: *I bought it ~ two pounds*, Lo compré por dos libras. LOC **Be ~ it,** INFML Esperárselo. **~ all,** A pesar de. **II**. *conj* puesto que, pues.

for·age ['fɔridʒ, US 'fɔ:r-] **I**. *n* forraje *m*; búsqueda *f* de provisiones. **II**. *v* buscar provisiones

for·ay ['fɔrei, US 'fɔ:rei] **I**. *n* correría *f*, incursión *f*. **II**. *v* hacer incursiones.

for·bade pret de **forbid**.

for·bear [fɔ;'beə(r)] **I**. *v* (**for·bore** [fɔ:'bɔ:(r)], **for·borne** [fɔ:'bɔ:n]) FML abstenerse (de), contenerse; tener paciencia. **II**. *n* V. **fore·bear**. **~·ance** [fɔ:'beərəns] *n* FML tolerancia *f*.

for·bid [fə'bid] *v* (**for·bade** [fə'bæd, US fə'beid] or **for·bad** [fə'bæd], **for·bid·den** [fə'bidn]) prohibir; impedir. **~·ding** [-iŋ] *adj* (*look*) amenazador/ra; severo/a.

for·bore, for·borne V. **for·bear**.

force [fɔ:s] **I**. *n* fuerza *f*. LOC **Bring into ~,** Poner en vigor. **II**. *v* forzar. **~ sth back,** (*emotion*) contener. **~ sth down,** meter/comerse algo a la fuerza. LOC **~ sb's hand,** Obligar a alguien a hacer algo por la fuerza. **Forced labour** *n* trabajos *m,pl* forzados. **~·feed** ['fɔ:sfi:d] *v* (**force·fed** ['fɔ:sfed], **force·fed**) alimentar por la fuerza. **~·ful** ['fɔ:sfl] *adj* poderoso/a, enérgico/a. **~ majeure** *n* JUR fuerza *f* mayor. **~·meat** *n* (*for roasts*) carne *f* de relleno.

for·ceps ['fɔ:seps] *n* (*pl*) fórceps *m,pl*.

for·cible ['fɔ:səbl] *adj* (*act*) a/por la fuerza; convincente, enérgico/a.

ford [fɔ:d] **I**. *n* (*river*) vado *m*. **II**. *v* vadear.

fore [fɔ:(r)] **I**. *adj* (*in vehicle*) delantero/a, de delante; NAUT de proa. LOC **Come to the ~,** Darse a conocer. **~ and aft,** NAUT De proa a popa. **II**. *adv* a/en/hacia proa. **III**. *n* NAUT proa *f*.

fore... **~·arm**, **I**. *n* antebrazo *n*. **II**. *v* armar(se) de antemano. **~·bear**, *n* antepasado *m*. **~·bode**, *v* FML pronosticar, presagiar. **~·bod·ing**, *n* presentimiento *m*. **~·cast**, **I**. *n* pronóstico *m*, predicción *f*. **II**. *v* pronosticar, predecir. **~·castle**, *n* NAUT castillo *m* de proa. **~·close**, *v* (*bank*, etc) apropiarse por impago de hipoteca. **~·court**, *n* patio *m* de entrada; (*in tennis*) centro *m* de la pista. **~·doomed**, *adj* predestinado/a, condenado/a de antemano. **~·father**, *n* antepasado *m*. **~·finger**, *n* dedo *m* índice. **~·foot**, *n* (*pl* **~·feet**) ZOOL pata *f* delantera. **~·front**, *n* (*also* FIG) vanguardia *f*, frente *m*. **~·going**, **I**. *adj* precedente, anterior. **II**. *n* **The ~**, el/la citado/a anteriormente. **~·gone**, *adj* previsto/a, inevitable. **~·ground**, *n* (*also* FIG) primer término/plano *m*. **~·hand**, **I**. *adj* (*in tennis*, etc) de derecha. **II**. *n* golpe *m* de derecha; (*side*) derecha *f*. **~·head** ['fɔrid, *also* 'fɔ:hed, US 'fɔ:rid] *n* frente *f*. **~·knowledge**, *n* presciencia *f*. **~·land**, *n* cabo *m*, promontorio *m*. **~·leg**, *n* ZOOL pata *f* delantera. **~·lock**, *n* rizo *m* sobre la frente, guedeja *f*. **~·man**, *n* (*pl* **~·men**) capataz *m*; JUR presidente *m* del jurado. **~·most**, **I**. *adj* más importante, primero/a. **II**. *adv* en primer lugar. **~·name**, *n* FML nombre *m* de pila. **~·noon**, *n* mañana *f*, horas *f,pl* matutinas. **~·ordain**, *v* REL predeterminar. **~·play**, *n* (*in love*) caricias *f,pl*. **~·runner**, *n* precursor/ra. **~·sail**, *n* NAUT trinquete *m*. **~·see**, *v* (*pret* **foresaw**, *pp* **fore·seen**) prever. **~·seeable**, *adj* previsible. **~·shadow**, *v* anunciar, prefigurar. **~·shore**, *n* playa *f*, orilla *f* del mar. **~·shorten**, *v* escorzar. **~·sight**, *n* previsión *f*, visión *f* de futuro. **~·skin**, *n* prepucio *m*. **~·stall**, *v* anticiparse (a), impedir. **~·taste**, *n* anticipo *m*, muestra *f*. **~·tell**, *v* (*pret/pp* **foretold**) FML predecir, pronosticar. **~·thought**, *n* previsión *f*, precaución *f*. **~·told** V. **~·tell**. **~·warn**, *v* avisar, prevenir (de/sobre). **~·word**, *n* prefacio *m*.

for·eign ['fɔrən, US 'fɔ:r-] *adj* **1**. extranjero/a. **2**. (**~ to sb/sth**) FML extraño/a, ajeno/a. **3**. exterior: *Ministry of ~ Affairs*, Ministerio de Asuntos Exteriores. **fo·reign·er** [-ə(r)] *n* extranjero/a.

fo·ren·sic [fə'rensik, US -zik] *adj* forense.

for·est ['fɔrist, US 'fɔ:r-] *n* (*also* FIG) bosque *m*; selva *f*. **~er** [-ə(r)] *n* guarda *m* forestal; experto/a en silvicultura. **~·ry** [-ri] *n* silvicultura *f*.

for·e·ver [fə'revə(r)] *adv* **1**. (*also* **for ever**) para siempre. **2**. siempre.

for·feit ['fɔ:fit] **I**. *v* (*as penalty*) ser desposeído de, perder el derecho a. **II**. *n* (*penalty*) castigo *m*, multa *f*; pérdida *f*; *pl* juego *m* de prendas. **III**. *adj* FML incautado/a.

for·gave pret de **for·give**.

forge [fɔ:dʒ] **I**. *n* fragua *f*; (*workshop*) herrería *f*. **II**. *v* **1**. (*metal*) forjar, fraguar; FIG fraguar. **2**. (*copy*) imitar, falsificar. **3**. (*move*) avanzar; **~ ahead,** conseguir la delantera. **forg·er** *n* falsificador/ra. **for·ge·ry** ['fɔ:dʒəri] *n* (*act, document*) falsificación *f*. **forg·ing** [-iŋ] *n* metal *m* forjado.

for·get [fə'get] *v* (**for·got** [fə'gɔt], **for·got·ten** [fə'gɔtn]) **1**. olvidar(se de); dejar de preocuparse por. **2**. (**~ oneself**) propasarse. **~·ful** [-fl] *adj* olvidadizo/a, distraído/a. **~-me-not** [fə'get mi nɔt] *n* BOT nomeolvides *m*.

for·giv·able [fə'givəbl] *adj* perdonable. **for·give** [fə'giv] *v* (**for·gave** [fə'geiv], **for·giv·en** [fə'givn]) perdonar. LOC **~ and forget,** Hacer las paces. **for·gi·ve·ness** [fə'givnis] *n* perdón *m*; indulgencia *f*. **for·giv·ing** [fə'giviŋ] *adj* indulgente, benévolo/a.

for·go [fɔ:'gəu] *v* (**for·went** [fɔ:'went], **for·gone** [fɔ:'gɔn, US -'gɔ:n]) *v* renunciar a, abstenerse de.

for·got, for·got·ten V. **for·get**.

fork [fɔ:k] **I**. *n* **1**. tenedor *m*. **2**. AGR (*tool*) horca *f*. **3**. TEC horquilla *f*. **4**. (*of roads, rivers*) bifurcación *f*. **II**. *v* (*of road, river*, etc) bifurcarse, dividirse; (*person*) tomar la bifurcación; AGR cavar, remover con horca.

LOC ~ **out sth,** INFML Desembolsar (dinero). **fork·ed** [-t] *adj* bifurcado/a; dividido/a en dos. **~·lift truck** *n* carretilla *f* elevadora de horquilla.

for·lorn [fə'lɔ:n] *adj* (*person*) desamparado/a, triste; (*place*) abandonado/a, destartalado/a. LOC **A ~ hope,** Empresa sin esperanzas.

form [fɔ:m] **I.** *n* forma *f*; (*in school*) clase *f*, curso *m*; impreso *m*, hoja *f* (de solicitud); DEP forma *f*: *The team is on excellent ~,* El equipo está en una forma excelente. LOC **A ~ of address,** (fórmula) de tratamiento *m*. **II.** *v* formar(se); (*in line,* etc) colocar(se); (*committee,* etc) constituir(se). LOC **~ sb up,** Hacer formar a alguien. **form·al** ['fɔ:ml] *adj* (*act, behaviour*) serio/a, ceremonioso/a; (*dinner*) de etiqueta; (*of shape,* etc) de la forma; (*declaration*) oficial, formal. **for·mal·ism** ['fɔ:məlizəm] *n* formalismo *m*, afición *f* a lo ceremonioso. **for·mal·ity** [fɔ:'mæləti] *n* (*in manners,* etc) ceremonia *f*, etiqueta *f*; (*act*) formulismo *m*, trámite *m*. **for·mal·ize, -·ise** ['fɔ:məlaiz] *v* (*plan,* etc) formalizar. **for·mal·ly** ['fɔ:məli] *adv* de modo oficial/definitivo, etc; ceremoniosamente.

for·mat ['fɔ:mæt] **I.** *n* formato *m*. **II.** *v* COMP formatear. **for·mat·ion** [fɔ:'meiʃn] *n* formación *f*. **for·mat·ive** ['fɔ:mətiv] *adj* formativo/a; de formación.

form·er ['fɔ:mə(r)] **I.** *adj* más antiguo/a, anterior; (*of two*) primero/a. **II.** *pron* el/la primero/a. **for·mer·ly** [-li] *adv* antes, antiguamente.

form·ic (a·cid) [,fɔ:mik 'æsid] *n* (ácido *m*) fórmico.

for·mid·able ['fɔ:midəbl] *adj* formidable, temible; INFML excelente.

form·less ['fɔ:mlis] *adj* informe.

for·mu·la ['fɔ:mjulə] *n* (*pl* ~**s** or ~**mulae** [-mjuli:]) fórmula *f*. **for·mul·ate** ['fɔ:mjuleit] *v* formular. **for·mul·ation** [,fɔ:mju'leiʃn] *n* formulación *f*.

for·nic·ate ['fɔ:nikeit] *v* fornicar. **for·nic·ation** [fɔ:ni'keiʃn] *n* fornicación *f*.

for·sake [fə'seik] *v* (**for·sook** [fə'suk], **for·saken** [fə'seikən]) FML renunciar a, dejar, abandonar. **for·swear** [fɔ:'sweə(r)] *v* (**for·swore** [fɔ:'swɔ:(r)], **for·sworn** [fɔ:'swɔ:n]) abjurar de, renunciar a.

fort [fɔ:t] *n* MIL fuerte *m*, fortín *m*. **for·te** ['fɔ:tei, US fɔ:t] *n* (*skill*) fuerte *m*.

forth [fɔ:θ] *adv* FML hacia delante. LOC **And so ~,** Y así sucesivamente. **~·coming** [,fɔ:θ'kʌmiŋ] *adj* (*event*) venidero/a, próximo/a; (*book,* etc) de próxima aparición; (*attitude*) servicial, disponible. **~·right** ['fɔ:θrait] *adj* franco/a, sincero/a; (*reply*) sin ambages, directo/a. **~·with** [,fɔ:θ'wiθ, US -'wið] *adv* FML sin dilación, en el acto.

for·ti·eth ['fɔ:tiəθ] **I.** *adj/pron* cuadragésimo/a. **II.** *n* cuadragésima parte *f*.

for·ti·fic·ation [,fɔ:tifi'keiʃn] *n* fortificación *f*; *pl* fortaleza *f*. **for·ti·fy** ['fɔ:tifai] *v* fortificar, defender; FIG proteger. **for·ti·tude** ['fɔ:titju:d, US -tu:d] *n* valor *m*, fortaleza *f*.

fort·night ['fɔ:tnait] *n* quincena *f*, dos semanas *f,pl*: *A ~ today,* De hoy en quince días. **~·ly** [-li] **I.** *adj* quincenal. **II.** *adv* cada quince días.

fort·ress ['fɔ:tris] *n* (*building*) fortaleza *f*.

for·tu·it·ous [fɔ:'tju:itəs, US -'tu:-] *adj* FML fortuito/a, casual. **for·tun·ate** ['fɔ:tʃənət] *adj* afortunado/a, con suerte; que trae suerte. **for·tun·ate·ly** ['fɔ:tʃənətli] *adv* afortunadamente, por suerte. **for·tune** ['fɔ:tʃu:n] *n* (*in all senses*) fortuna *f*. **for·tune-tell·er** *n* adivino/a, echador/ra de cartas.

for·ty [fɔ:ti] **I.** *adj/pron* cuarenta. **II.** *n* número *m* cuarenta. LOC **Be in one's forties,** Ser cuarentón/na.

for·um ['fɔ:rəm] *n* (*also* FIG) foro *m*.

for·ward ['fɔ:wəd] **I.** *adj* **1.** delantero/a, que va delante. **2.** (*crop*) precoz. **3.** (*planning*) avanzado/a, de futuro. **4.** (*person*) descarado/a, atrevido/a. **5.** (*attitude*) fresco/a, descarado/a. **II.** DEP delantero *m*. **III.** *adv* (*also* **for·wards**) **1.** ¡Adelante!, hacia delante. **2.** NAUT junto a la proa. **3.** FIG hacia el futuro. **IV.** *v* (*goods,* etc) enviar, expedir; (*letter*) reexpedir, enviar a otra dirección. **~-look·ing** *adj* de ideas avanzadas, progresista; previsor/ra. **~·ness** *n* descaro *m*, frescura *f*.

for·went pret de **for·go**.

fos·sil ['fɔsl] *n* (*also* FIG, INFML) fósil *m*. **~·iz·ed** *adj* fosilizado/a.

fos·ter ['fɔstə(r), US 'fɔ:-] **I.** *v* (*growth,* etc) fomentar, promover; (*child, temporarily*) adoptar, criar. **II.** *adj* **~-pa·rents, etc,** padres *m,pl* de adopción temporal.

fought *pret* de **fight**.

foul [faul] **I.** *adj* (*smell,* etc) repugnante, nauseabundo/a; (*weather*) malo/a, horrible; (*air*) viciado/a; (*crime*) horrendo/a; (*language*) abyecto/a, obsceno/a; DEP (*action*) sucio/a; (*chimney*) obstruido/a. **II.** *n* DEP falta *f*. **III.** *v* **1.** ensuciar, contaminar. **2.** (*rope,* etc) enredar, atascar, obstruir. **3.** DEP hacer una falta. LOC **~ one's nest,** Buscarse uno su perdición. **~-mouthed** *adj* malhablado/a. **~ play** *n* acto *m* criminal o delictivo; DEP juego *m* sucio. **~-up** *n* INFML complicación *f*.

found [faund] **I.** pret de **find**. **II.** *v* **1.** (*institution,* etc) fundar, crear; (*theory*) basar. **2.** TEC fundir. **~·ation** [faun'deiʃn] *n* (*act, organization*) fundación *f*; ARQ *pl* cimientos *m,pl*; FIG base *f*, fundamento *m*: ~ *course,* Curso *m* básico. ~ *stone,* Primera piedra *f*. **found·er** ['faundə(r)] **I.** *n* fundador/ra. **II.** *v* (*also* FIG) irse a pique, hundirse; (*horse*) caerse. **~-member** *n* miembro/socio *m* fundador. **found·ing father** *n* padre *m* fundador. **found·ling** [-liŋ] *n* niño/a expósito/a, inclusero/a. **found·ry** ['faundri] *n* fundición *f*.

fount [faunt] *n* **1.** LIT fuente *f*. **2.** (*print*) fundición *f* de la letra. **~·ain** ['fauntin, US -tn] *n* fuente *f*; surtidor *m*. **~·ain-head** *n* origen *m*, fuente *f*. **~·ain-pen** *n* pluma *f* estilográfica.

four [fɔ:(r)] **I.** *adj/pron* cuatro. LOC **On all ~s,** (*person*) A cuatro patas, a gatas. **II.** *n* número *m* cuatro. **~·fold** ['fɔ:fəuld] **I.** *adj* cuádruple. **II.** *adv* cuatro veces. **~-letter word** *n* palabra *f* malsonante, taco *m*. **~-poster** *n* cama *f* con cuatro columnas. **~·some** *n* cuarteto *m*, grupo *m* de cuatro. **~·teen** [,fɔ:'ti:n] **I.** *adj/pron* catorce. **II.** *n* número *m* catorce. **~·teenth I.** *adj/pron* décimocuarto/a. **II.** *n* décimocuarta parte *f*. **fourth** [fɔ:θ] *adj/pron* cuarto/a. **fourth·ly** ['fɔ:θli] *adv* en cuarto lugar. **~-wheel drive** *n* tracción a cuatro ruedas.

fowl [faul] **I.** *n* (*pl* ~) ave *f* de corral; (*food*) pollo *m*, gallina *f*. **II.** *v* cazar aves. **~ pest** *n* peste *f* aviar.

fox [fɔks] **I.** *n* (*f* **vixen** ['viksn]) (*also skin*, FIG) zorro/a. **II.** *v* confundir; engañar. **~·glove** *n* BOT digital *f*. **~·hole** *n* MIL hoyo *m* de protección. **~·hound** *n* perro *m* raposero. **~-hunt·ing** *n* caza *f* del zorro. **~-ter·rier** *n* perro *m* foxterrier. **~·trot** *n* foxtrot *m*. **fox·y** ['fɔksi] *adj* (**-ier**, **-iest**) astuto/a, taimado/a.

foy·er ['fɔiei, US 'fɔiər] *n* vestíbulo *m*, hall *m*.

frac·tion ['frækʃn] *n* fracción *f*. **~·al** *adj* fraccionario/a. **frac·ti·ous** ['frækʃəs] *adj* (*child*, etc) irritable, quisquilloso/a. **frac·ture** ['fræktʃə(r)] **I.** *n* fractura *f*. **II.** *v* romper(se).

fra·gile ['frædʒail, US -dʒl] *adj* frágil. **fra·gil·ity** [frə'dʒiləti] *n* fragilidad *f*.

frag·ment I. ['frægmənt] *n* fragmento. **II.** [fræg'ment] *v* fragmentar(se). **~·ary** [-əri] *adj* fragmentario/a. **~·ation** [,frægmen'teiʃn] *n* fragmentación *f*.

fra·grance ['freigrəns] *n* fragancia *f*. **fra·grant** ['freigrənt] *adj* fragante, oloroso/a.

frail [freil] *adj* (*person*) delicado/a, débil, enfermizo/a; (*object*) frágil. **~·ty** ['freilti] *n* (*of character*) debilidad *f*; defecto *m*.

frame [freim] **I.** *n* (*picture, door*, etc) marco *m*; (*furniture*, etc) armazón *f*, estructura *f*; TEC bastidor *m*; (*human*) constitución *f*; *pl* (*glasses*) montura *f*; FIG marco *m*. LOC **A ~ of mind,** Estado *m* de ánimo. **II.** *v* enmarcar; (*in words*) formular, expresar; INFML acusar falsamente. **~-up** *n* INFML trama *f* urdida contra alguien. **~·work** *n* TEC armazón *f*, estructura *f*; FIG marco *m*, sistema *m*.

franc [fræŋk] *n* (*currency*) franco *m*.

fran·chise ['fræntʃaiz] **I.** *n* derecho *m* de voto; COM derecho *m* de explotación. **II.** *v* conceder el derecho de explotación.

frank [fræŋk] **I.** *adj* (*person, views*) franco/a, sincero/a. **II.** *v* (*mail*) franquear. **~·furt·er** ['fræŋkfɜ:tə(r)] *n* salchicha *f* Frankfurt. **~·in·cense** ['fræŋkinsens] *n* incienso *m*. **~·ing-ma·chine** *n* máquina *f* matasselladora. **~·ly** [-li] *adv* francamente. **~·ness** [-nis] *n* franqueza *f*.

fran·tic ['fræntik] *adj* frenético/a, enloquecido/a. **~·al·ly** [-əli] *adv* frenéticamente.

fra·tern·al [frə'tɜ:nl] *adj* fraternal. **fra·tern·ity** [frə'tɜ:nəti] *n* (*feeling*) fraternidad *f*; (*group*) hermandad *f*. **fra·tern·ize, -·ise** ['frætənaiz] *v* confraternizar (*with* con). **fra·tri·cide** ['frætrisaid] *n* fratricidio *m*; (*person*) fratricida *m,f*.

fraud [frɔ:d] *n* fraude *m*, estafa *f*; (*person*) impostor/ra. **~·ul·ence** ['frɔ:djuləns, US -dʒu-] *n* fraude *m*. **~·ul·ent** ['frɔ:djulənt] *adj* fraudulento/a.

fraught [frɔ:t] *adj* (*situation*, etc) cargado/a, lleno/a; inquietante; (*person*) preocupado/a.

fray [frei] **I.** *n* **the ~,** IR la pelea/lucha. **II.** *v* desgastar(se), raer(se); deshilachar(se); FIG (*nerves*) irritar(se).

fraz·zle ['fræzl] *n* LOC **Beaten to a ~,** Hecho/a polvo, derrotado/a.

freak [fri:k] **I.** *n* INFML, PEY (*person*) fenómeno *m*; (*fan*) INFML entusiasta *m,f*; (*event*) curiosidad *f*. **II.** *v* **1.** INFML (*also* **~ out**) horrorizarse, enfurecerse. **2.** (*with drugs*) enloquecer, alucinar. **~ sb out,** hacer enloquecer de placer. **~·ish** [-iʃ] *adj* anormal, monstruoso/a. **~-out** *n* (*with drugs*) alucine *m*. **freak·y** [-i] *adj* raro/a, anormal.

freck·le ['frekl] **I.** *n* peca *f*. **II.** *v* llenar(se) de pecas.

free [fri:] **I.** *adj* (**freer** [fri:ə(r)], **freest** [fri:ist]) **1.** libre. **2.** TEC (*object, part*) suelto/a, sin sujeción. **3.** (*translation, verse*) libre. **4.** COM gratis. **5.** (*place, person*) desocupado/a, libre. **6.** FIG (*language*) desvergonzado/a. **~ of sth,** sin/libre de: ~ *of fleas*, Sin pulgas. **~ with sth,** generoso/a con. LOC **For ~,** Gratis. **~ and easy,** Sin etiqueta. **Make ~ with/of sth,** Usar algo ajeno como si fuera propio. **II.** *adv* sin pagar, gratis. **III.** *v* liberar, poner en libertad; librar (de); soltar, liberar.

free... ~·bie, *n* INFML (*esp* US) producto *m* de regalo. **~·dom,** *n* libertad *f*; **~ from sth,** exención de; **~ of sth,** uso libre de algo. LOC **Give sb his ~,** Conceder el divorcio a alguien. **~-for-all,** *n* pelea/discusión *f* campal. **~·hand,** *adj* (*sketch*, etc) hecho/a a pulso. **~-handed,** *adj* dadivoso/a. **~·hold,** *n* terreno *m*/propiedad *f* franco/a. **~ kick,** *n* (*football*) chute *m* de penalti. **~ lance, I.** *n* trabajo *m* por cuenta propia. **II.** *v* trabajar por cuenta propia. **~·ly,** *adv* libremente; (*speak*) francamente; (*in quantity*) generosamente. **~·man,** *n* persona *f* libre. **~·mason,** *n* francmasón *m*. **~·masonry,** *n* francmasonería *f*. **~ port,** *n* puerto *m* franco. **~-range,** *adj* (*poultry, eggs*) de granja. **~ speech,** *n* libertad *f* de expresión. **~-style,** *n* (*swimming*) estilo *m* libre. **~-thinker,** *n* librepensador/ra. **~ trade,** *n* COM libre cambio *m*. **~ wheel, I.** *n* TEC rueda *f* libre. **II.** *v* (*cycle*) ir a rueda libre; (AUT) ir en punto muerto. **~ will,** *n* libre albedrío *m*. **~-will,** *adj* voluntario/a, espontáneo/a.

freeze [fri:z] **I.** *v* (**froze** [frəuz], **froz·en** ['frəuzn]) helar(se), (*also food*) congelar(se); COM (*price*, etc) congelar. **II.** *n* helada *f*; COM congelación *f*. **~·dry** *v* liofilizar. **freez·er** [-ə(r)] *n* (*also* **deep freeze**) congelador *m*. **freez·ing point** *n* punto *m* de congelación.

freight [freit] **I.** *n* flete *m*; carga *f*; (*goods*) mercancías *f,pl*. **II.** *v* transportar en barco/avión. **~er** *n* barco/avión *m* de carga.

French [frentʃ] **I.** *adj* francés/sa. **II.** *n* (*language*) francés *m*; **the ~,** los franceses. **~ Canadian** *n* canadiense *m* francófono. **~ letter**

n Br INFML condón *m*. ~ **window** *n* balcón *m* de terraza.

fre·ne·tic [frə'netik] *adj* frenético/a.

fren·zi·ed ['frenzid] *adj* (*of rage*, etc) enloquecido/a, furioso/a. **fren·zy** ['frenzi] *n* frenesí *m*.

fre·quen·cy ['fri:kwənsi] *n* frecuencia *f*. **fre·quent I.** ['fri:kwənt] *adj* frecuente. **II.** [fri-'kwent] *v* FML frecuentar. **fre·quent·ly** [fri-'kwentli] *adv* frecuentemente.

fres·co ['freskəu] *n* (*pl* **~s**, **~es** [-kəuz]) (*painting*) fresco *m*.

fresh [freʃ] **I.** *adj* (**-er**, **-est**) (*in general*) nuevo/a; (*made recently*) reciente, fresco/a; (*food*) recién hecho/a o preparado/a; (*butter*, etc) no salado/a; (*water*) dulce; (*wind*) fuerte; (*person*) inexperto/a, novato/a; (*manners*) descarado/a, fresco/a; (*after rest*, etc) descansado/a, fresco/a. LOC **As ~ as a daisy,** Tan fresco/a como una rosa. **Make a ~ start,** Partir de cero. **II.** *adv* LOC **~ out of sth,** INFML US Sin existencias de una cosa. **~en** ['freʃn] *v* **1.** renovar(se). **2.** (*of wind*) arreciar. **3.** (**~ oneself up**) arreglarse, adecentarse. **~en·er** *n* [-ə(r)] *air* ~, ambientador *m*. **~er** *n* Br INFML estudiante *m,f* de primer curso. **~·ly** [-li] *adv* nuevamente; recientemente. **~·man** *n* (*pl* **-men**) US estudiante *m* de primer curso. **~·water** *adj* de agua dulce.

fret [fret] **I.** *v* **1.** (**~ about/at/over sth**) inquietar(se) o irritar(se) por algo; preocuparse. **2.** (*wear*) raer, desgastar, rozar. **3.** (*in wood*) hacer calados, adornar, realzar. **II.** *n* **1.** (*state*) preocupación *f*, irritación *f*. **2.** MUS traste *m*. **~·ful** [-ful] *adj* irritable. **~·saw** *n* sierra *f* de calados. **~·work** *n* calado *m* de madera.

fri·able ['fraiəbl] *adj* FML friable, desmenuzable.

friar ['fraiə(r)] *n* fraile *m*.

fri·cat·ive ['frikətiv] *adj/n* fricativo/a. **fric·tion** ['frikʃn] *n* fricción *f*, rozamiento *m*; (*conflict*) desavenencia *f*, roce *m*.

Fri·day ['fraidi] *n* viernes *m*.

fridge [fridʒ] *n* INFML nevera *f*.

fri·ed pret de **fry**.

friend [frend] *n* amigo/a. LOC **Make ~s with,** Hacerse amigo de. **~·less** [-lis] *adj* sin amigos. **~·li·ness** [-linis] *n* amabilidad *f*, simpatía *f*; (*of place*) ambiente *m* acogedor. **~·ly** [-li] *adj* (**-ier**, **-iest**) simpático/a, amable; (*terms*) cordial, amistoso/a; (*place*) acogedor/ra; DEP (*match*) amistoso/a. **~·ship** ['frendʃip] *n* amistad *f*.

frieze [fri:z] *n* friso *m*.

frig [frig] *v* INFML perder el tiempo. **~·ging** [-iŋ] *adj* SL maldito/a.

frig·ate ['frigət] *n* fragata *f*.

fright [frait] *n* sobresalto *m*, susto *m*; INFML (*person, thing*) esperpento *m*, espantajo *m*. LOC **Take ~,** Asustarse. **fright·en** ['fraitn] *v* asustar, sobresaltar ~ **sb away/off,** ahuyentar, hacer huir. LOC **~ the life out of sb,** Dar un susto de muerte a. **~·en·ed** [-nd] *adj* asustado/a. **~·en·ing** [-niŋ] *adj* alarmante. **~·ful** [-ful] *adj* horrible, espantoso/a; INFML malísimo/a, horroroso/a. **~·ful·ly** [-fuli] *adv* INFML muy, terriblemente.

frig·id ['fridʒid] *adj* frío/a, helado/a; (*esp woman*) frígido/a; (*look*) glacial. **~·ity** [fri-'dʒidəti] *n* frialdad *f*; frigidez *f*.

frill [fril] *n* (*shirt*, etc) volante *m*, chorrera *f*; *pl* FIG adornos *m,pl*. **~·ed** [-d] *adj* con volantes. **fril·ly** *adj* lleno/a de volantes.

fringe [frindʒ] **I.** *n* (*on garment*, etc) fleco *m*, orla *f*, franja *f*; (*of hair*) flequillo *m*; (*of area*) borde *m*; FIG margen *m*. **II.** *v* poner un fleco, etc, a. ~ **benefit** *n* ingresos *m,pl* accesorios.

frip·pe·ry ['fripəri] *n* baratijas *f,pl*, adornos *m,pl* de mal gusto.

Fris·bee ['frizbi:] *n* (*toy*) disco *m* volador.

frisk [frisk] **I.** *v* INFML cachear, registrar; ZOOL retozar, brincar. **II.** *n* INFML cacheo *m*; ZOOL cabriola *f*. **frisk·y** [-i] *adj* retozón/na.

frit·ter ['fritə(r)] **I.** *v* (**~ sth away**) malgastar tontamente. **II.** *n* (*of meat, fruit*, etc) buñuelo *m*.

fri·vol·ity [fri'vɔləti] *n* frivolidad *f*. **fri·vol·ous** ['frivələs] *adj* frívolo/a, poco serio/a.

frizz [friz] **I.** *v* (*hair*) rizar. **II.** *n* pelo *m* muy rizado. **~·le** ['frizl] *v* **1.** (*hair*) rizar en rizos menudos. **2.** (*bacon*, etc) freír con chisporroteo. **friz·zy** [-i] *adj* (*hair*) muy ensortijado/a.

fro [frəu] *adv* LOC **To and ~,** De un lado a otro, de aquí para allá.

frock [frɔk] *n* (*of woman*) vestido *m*. **~·coat** *n* levita *f*.

frog [frɔg, US frɔ:g] *n* rana *f*; INFML (*person*) francés/sa. LOC **A ~ in one's throat,** Atasco *m* momentáneo en la voz. **~·man** *n* (*pl* **~·men**) hombre *m* rana. **~·march** *v* hacer andar con las manos atadas a la espalda.

frol·ic ['frɔlik] **I.** *v* (*children*) retozar, juguetear. **II.** *n* juerga *f*; (*party*) fiesta *f*. **~·some** *adj* travieso/a, retozón/na.

from [frəm, frɔm] *prep* **1.** (*place/time of origin*) de, desde: *They arrived ~ London*, Llegaron de Londres; *We sailed ~ London to Lisbon*, Navegamos desde Londres a Lisboa. **2.** (*reason*) a causa de, de, por: *He died ~ exhaustion*, Murió de agotamiento. **3.** (*considering*) a juzgar por: ~ *what he heard it seems that...* A juzgar por lo que oyó parece ser que... **4.** (*distinction*) de, entre: *I can't tell John from James*, No distingo entre Juan y Jaime. LOC **~··· on,** A partir de...

frond [frɔnd] *n* fronda *f*.

front [frʌnt] **I.** *n* **1.** parte *f* delantera; (MIL, POL, METEOR, etc) frente *m*; (*of building*) fachada *f*. **2.** (*sea*) playa *f*, paseo *m* marítimo. **3.** FIG apariencias *f,pl*, PEY tapadera *f*. LOC **In ~,** Delante/A la cabeza. **In ~ of,** Delante de/Antes; En presencia de. **Up ~,** INFML Como paga y señal. **II.** *adj* delantero/a; (*page*, etc) primero/a. **III.** *v* (*building*, etc) estar frente a, dar a; INFML (*programme*, etc) dirigir. **front·age** ['frʌntidʒ] *n* delante *m*, fachada *f*. **front·al** ['frʌntl] *adj* frontal. ~ **bench** *n* Br (*Parliament*) banco *m* azul (donde se sienta el Gobierno). **fron·tier** ['frʌntiə(r)] *n* frontera *f*. **front·is·piece** ['frʌntispi:s] *n* (*of book*, ARQ) frontispicio *m*. **front line** *adj* (*also* FIG) de primera fila. **front man** *n* INFML cabecilla *m*. **front-page** *adj* (*news*, etc) importante, destacable. **front run·ner** *n* delantero/a.

frost [frɔst, US frɔ:st] **I**. *n* hielo *m*, helada *f*; (*on ground, plant*, etc) escarcha *f*. **II**. *v* **1**. cubrir de escarcha; (*damage*) helar, matar. **2**. (*glass*) deslustrar. **3**. US (*cake*) glasear. **~ up,** cubrir(se) de hielo. **~-bite** *n* (*in body*) congelación *f*. **~-bitten** *adj* (*body*) congelado/a. **~·bound** *adj* (*ground*) helado/a. **~·ing** [-iŋ] *n* US (*of cake*) glaseado *m*. **frost·y** [-i] *adj* (**-ier, -iest**) helado/a, escarchado/a; (*weather*) de hielos; FIG glacial, frío/a.

froth [frɔθ, US frɔ:θ] **I**. *n* espuma *f*; INFML PEY bobadas *f,pl*. **II**. *v* hacer espuma; (*mouth*, etc) echar espuma. **froth·y** [-i] *adj* espumoso/a; FIG trivial, superficial.

frown [fraun] **I**. *v* fruncir el entrecejo, poner mala cara. **~ on sth,** criticar, desaprobar. **II**. *n* ceño *m*; mala cara *f*.

frows·ty ['frausti] *adj* (*room, air*) viciado/a, maloliente.

frow·zy ['frauzi] *adj* (*esp* Br) desaliñado/a, sucio/a.

froze, frozen V. **freeze**.

fru·gal ['fru:gl] *adj* frugal. **~·ity** [fru'gæləti] *n* frugalidad *f*.

fruit [fru:t] **I**. *n* fruto *m*, fruta *f*; (*food*) fruta *f*; FIG fruto *m*: *Dried fruits*, Frutos *m,pl* secos. **II**. *v* dar fruto. **~-cake** *n* pastel *m* de fruta. **~·erer** ['fru:tərə(r)] *n* Br (*person*) frutero/a. **~·ful** ['fru:tfl] *adj* (*also* FIG) fructífero/a. **~·less** [-lis] *adj* infructuoso/a. **~ machine** *n* máquina *f* tragaperras. **~ salad** *n* macedonia *f* de frutas. **frui·ty** [-i] *adj* como la fruta; que sabe a fruta; INFML obsceno/a.

frui·tion [fru:'iʃn] *n* (*of hope*) logro *m*, cumplimiento *m*; goce *m*.

frump [frʌmp] *n* PEY (*woman*) espantajo *m*, adefesio *m*.

frus·trate [frʌ'streit, US 'frʌstreit] *v* frustrar; (*person*) impedir, estorbar, frustrar. **frus·tra·tion** [frʌ'streiʃn] *n* frustración *f*.

fry [frai] **I**. *v* (**fried** [fraid]) freír(se). **II**. *n* (*pl*) pescaditos *m,pl*. **~er** (*also* **frier**) ['fraiə(r)] *n* (*esp for fish*) freidora *f*. **~·ing-pan** *n* sartén *f*. LOC **Out of the ~ into the fire,** De mal en peor. **~-up** *n* Br (*of bacon, eggs*, etc) fritada *f*.

fuck [fʌk] **I**. *v* TAB *esp exclam* joder: *~ it!*, ¡Joder! LOC **~ around/ about,** Hacer el gilipollas. **~ off!** FAM ¡Vete a la mierda! **II**. *n* TAB polvo *m*. LOC **Not care a ~,** No importar un bledo. **~er** [-ə(r)] *n* TAB memo/a, idiota *m,f*. **~·ing** [-iŋ] *adj* TAB harto/a, maldito/a, SL jodido/a: *I'm ~ sick of your ideas*, Estoy hasta las narices de tus ideas. **Fucking well,** (*in statement*, etc) Desde luego que.../Pues claro que...**~-up** ['fʌkʌp] *n* TAB desastre *m*, follón *m*.

fud·dle ['fʌdl] *v* atontar, embriagar. **fud·dy-dud·dy** ['fʌdidʌdi] *n* PEY INFML anticuado/a.

fudge [fʌdʒ] **I**. *n* dulce *m* de chocolate. **II**. *v* INFML apañar, arreglar torpemente; evadir; falsificar.

fuel ['fju:əl] **I**. *n* combustible *m*; carburante *m*; FIG aliciente *m*. **II**. *v* poner carburante en.

fug [fʌg] *n* aire *m* viciado, mal olor *m*. **~·gy** [-i] *adj* viciado/a.

fu·git·ive ['fju:dʒətiv] *adj/n* fugitivo/a.

fugue [fju:g] *n* MUS fuga *f*.

ful·crum ['fulkrəm] *n* (*pl* **~s** or **ful·cra** ['fulkrə]) fulcro *m*.

ful·fil (US **ful·fill**) [ful'fil] *v* (*promise, duty*, etc) cumplir; (*hope, wish*, etc) realizar, satisfacer; (*requirement*) cumplir con. **~·led** [-d] *adj* satisfecho/a, contento/a consigo mismo/a. **~·ment** [-mənt] *n* logro *m*; satisfacción *f*.

full [ful] **I**. *adj* (**-er, -est**) **1**. lleno/a; (*complete*) completo/a, todo/a, entero/a, total: *~ information*, Información *f* completa. **2**. (*garment*) largo/a; (*voice*) profundo/a. LOC **Come to a ~ stop,** Pararse del todo. **At ~ blast,** A toda marcha/potencia. **~ of oneself,** Pagado de sí mismo/a. **In ~,** De modo completo. **To the ~,** Al máximo. **II**. *adv* de lleno, en medio; muy bien, exactamente. **~ back** *n* DEP defensa *m*. **~-blooded** *adj* vigoroso/a; apasionado/a; (*animal*) de pura raza. **~-blown** *adj* hecho y derecho. **~ board** *n* pensión *f* completa. **~-bodied** *adj* fuerte; (*wine*) generoso/a. **~ house** *n* TEAT lleno *m*; (*in poker*) full *m*. **~-length** *adj* de tamaño grande; (*mirror*) de cuerpo entero. **~ marks** *n,pl* (*in exam*) notas *f,pl* más altas. **~·ness** *n* abundancia *f*, plenitud *f*; lo completo. LOC **In the ~ of time,** A su debido tiempo. **~-scale** *adj* de/a gran escala. **~ stop** *n* GRAM punto *m*. **~ time** *n* DEP tiempo *m*. **~-time** *adj* (*job*) de tiempo completo. **ful·ly** [-i] *adv* completamente, enteramente.

ful·min·ate ['fʌlmineit, US 'ful-] *v* maldecir (*against* contra). **ful·min·ation** [,fʌlmi'neiʃn, US, ful-] *n* fulminación *f*.

ful·some ['fulsəm] *adj* exagerado/a, excesivo/a; (*person*) insincero/a.

fum·ble ['fʌmbl] **I**. *v* manosear torpemente, juguetear con; rebuscar; (*in the dark*) ir a tientas. **II**. *n* toqueteo *m*.

fume [fju:m] **I**. *n* (*esp pl*) humo *m* industrial, emanaciones *f,pl*, gas *m*. **II**. *v* **1**. (*factory*, etc) despedir humos. **2**. FIG estar furioso/a, rabiar.

fu·mig·ate ['fju:migeit] *v* fumigar. **fu·mig·ation** [,fju:mi'geiʃn] *n* fumigación *f*.

fun [fʌn] *n* (*feeling, activity*) diversión *f*. LOC **Just for ~,** Sólo por divertirse/En/De broma. **~ and games,** Juerga y diversión. **Make ~ of sb,** Reírse de alguien. **~ fair** *n* parque *m* de atracciones.

func·tion ['fʌŋkʃn] **I**. *n* (*task*) función *f*; (*event*) ceremonia *f*, INFML banquete *m*. **II**. *v* (*machine*, etc) funcionar, operar; **~ as sth,** servir de. **~·al** [-ʃənl] *adj* funcional. **~·al·ism** ['fʌŋkʃənəlizəm] *n* funcionalidad *f*. **~·ar·y** ['fʌŋkʃənəri, US -neri] *n* PEY funcionario/a.

fund [fʌnd] **I.** *n* (*money*) fondo *m*; FIG acopio *m*, reserva *f*; *pl* fondos *m,pl*. LOC **In ~s,** Con fondos. **II.** *v* dotar de fondos a; (*debt*) consolidar.

fun·da·ment·al [,fʌndə'mentl] **I.** *adj* fundamental. **II.** *n* (*esp pl*) fundamento *m*. **~ly** [-li] *adv* fundamentalmente.

fu·ne·ral ['fju:nərəl] *n* funeral *m*. **~ par·lour** (US **~ home**) *n* tanatorio *m*. **fu·ne·re·al** [fju:'niəriəl] *adj* fúnebre.

fun·gi·cide ['fʌndʒisaid] *n* fungicida *m*. **fun·gus** ['fʌŋgəs] *n* (*pl* **-gi** [-gai, -dʒai], or **~es** [-gəsiz]) hongo *m*.

funk [fʌnk] **I.** *n* (*also* **blue ~**) miedo *m*, canguelo *m*; PEY cobarde *m,f*. **II.** *v* no atreverse (a). **fun·ky** [-i] *adj* (**-ier**, **-iest**) SL MUS con un ritmo característico; INFML de moda, lujoso/a.

fun·nel ['fʌnl] **I.** *n* embudo *m*; (*outer*) chimenea *f*. **II.** *v* echar con embudo; pasar por un embudo.

fun·ni·ly ['fʌnili] *adv* cómicamente, de manera divertida. LOC **~ enough,** Por extraño que parezca. **fun·ny** ['fʌni] *adj* (**-ier**, **-iest**) divertido/a, cómico/a; (*strange*) curioso/a, extraño/a; INFML no muy bien, indispuesto/a; (*eccentric*) raro/a, excéntrico/a.

fur [fɜ:(r)] **I.** *n* **1.** (*coat*, etc.) piel *f*. **2.** (*pipe*) sarro *m*. **3.** (*tongue*) saburra *f*. **II.** *v* llenar de sarro/saburra, etc. **~·ry** ['fɜ:ri] *adj* (**-ier**, **-iest**) como la piel; forrado/a de piel.

fur·bish ['fɜ:biʃ] *v* (*also* **~ up**) renovar, restaurar. **~ment** [-mənt] *n* remodelación *f*.

fu·ri·ous ['fjuəriəs] *adj* furioso/a (*at sth* por algo); (*storm*, etc) violento/a; FIG rabioso/a.

furl [fɜ:l] *v* (*sail*, etc) plegar, recoger; (*umbrella*) cerrar. **fur·long** ['fɜ:lɔŋ, US -lɔ:ŋ] *n* (*distance*) octavo *m* de milla. **fur·lough** ['fɜ:ləu] *n* MIL, etc permiso *m*, licencia *f*.

fur·nace ['fɜ:nis] *n* TEC (*also* FIG) horno *m*.

fur·nish ['fɜ:niʃ] *v* proveer, suministrar; (*room*, etc) amueblar. **~·ings** [-iŋz] *n* (*pl*) muebles *m,pl*. **fur·ni·ture** ['fɜ:nitʃə(r)] *n* mobiliario *m*, muebles *m,pl*.

fur·rier ['fʌriə(r)] *n* peletero/a. **fur·row** ['fʌrəu] **I.** *n* (*also* FIG) surco *m*. **II.** *v* hacer surcos en; FIG surcar.

fur·ther ['fə:ðə(r)] **I.** *adj* (*place*) más alejado/a o distante, etc; (*in quality*, etc) nuevo/a, adicional, complementario/a, superior: *Closed until ~ notice*, Cerrado hasta nuevo aviso. **II.** *adv* más allá, más lejos; (*also*) además, en adición a; (*study*, etc) más detenidamente, con más profundidad. **III.** *v* (*progress*, etc) fomentar, promover. **~·more** *adv* en adición, además. **~·most** *adj* el/la más distante. **fur·thest** ['fɜ:ðist] *adj/adv* = **far·thest**.

furt·ive ['fɜ:tiv] *adj* furtivo/a.

fu·ry ['fjuəri] *n* furor *m*, furia *f*; violencia *f*. LOC **Like ~,** Como una furia.

furze [fɜ:z] V. **gorse**.

fuse [fju:z] **I.** *n* **1.** (*of bomb*, etc) mecha *f*, espoleta *f*, detonante *m*; **2.** ELECTR fusible *m*, plomo *m*. **II.** *v* **1.** (*metal*) fundir(se); FIG fusionar(se). **2.** ELECTR (*light*) fundirse; poner un fusible en. **~-box** *n* caja *f* de los fusibles. **fus·ible** ['fju:zəbl] *adj* fundible.

fu·sel·age ['fju:zəla:ʒ, US 'fju:səla:ʒ] *n* AER fuselaje *m*.

fu·sil·lade [,fju:zə'leid, US -sə-] *n* (*also* FIG) tiroteo *m*.

fu·sion ['fju:ʒn] *n* (*also* FIG) fusión *f*.

fuss [fʌs] **I.** *n* (*noise*, etc) alboroto *m*, conmoción *f*, ajetreo *m*; (*worry*, etc) excesiva preocupación *f*, aspaviento *m*, teatro *m*. LOC **Make a ~ about sth,** Armar jaleo; quejarse por algo. **Make a ~ over sth,** Dar importancia excesiva a algo. **II.** *v* (*also* **~ about**) preocuparse por tonterías; molestar, irritar; **~ over sb,** Prestar demasiada atención a alguien. **~·pot** *n* INFML persona *f* exigente. **fus·sy** ['fʌsi] *adj* (**-ier**, **-iest**) (*person*) demasiado nervioso/a, muy preocupado/a; muy exigente; (*style*, etc) recargado/a.

fus·ti·an ['fʌstiən, US -tʃən] *n* fustán *m*, pana *f*. **fus·ty** ['fʌsti] *adj* (**-ier**, **-iest**) (*room*, etc) que huele a humedad, mohoso/a, rancio/a; FIG anticuado/a, rancio/a.

fu·tile ['fju:tail, US -tl] *adj* inútil, vano/a. **fu·til·ity** [fju:'tiləti] *n* inutilidad *f*.

fu·ture ['fju:tʃə(r)] **I.** *adj* futuro/a, venidero/a. **II.** *n* (*time*, *events*, GRAM) futuro *m*. **~·less** [-lis] *adj* sin futuro. **fu·tur·ism** ['fju:tʃərizəm] *n* futurismo *m*. **fu·tur·ist·ic** [,fju:tʃə'ristik] *adj* futurista. **fu·tur·ity** [fju:'tjuərəti, US -'tuər-] *n* lo futuro.

fuzz [fʌz] *n* **1.** pelusa *f*, lanilla *f*. **2.** SL policía *f*. **fuz·zy** ['fʌzi] *adj* (**-ier**, **-iest**) velloso/a, peludo/a; (*outline*) borroso/a.

G, g [dʒi:] *n* **1**. letra 'g'. **2**. MUS (nota) sol.

gab [gæb] *col* **I**. *n* locuacidad *f*, palique *m*, **gab·by** ['gæbi] *adj* charlatán, hablador. LOC **To have the gift of the ~**, tener mucha labia, tener un pico de oro. **II**. *v* **(-bb-) (on, away)** parlotear, cotorrear.

gab·ar·dine ['gæbədi:n] *n* gabardina *f*.

gab·ble ['gæbl] **I**. *n* cotorreo *m*. **II**. *v* parlotear, cotorrear.

ga·ber·dine V. **gabardine**.

ga·ble ['geibl] *n* aguilón *m* (*of a building*). LOC **~ roof**, tejado *m* a dos aguas.

gad [gæd] *v col* **(about, around)** corretear, callejear, andar de un sitio a otro. LOC **~about**, persona *f* andariega.

gad·fly ['gædflai] (*pl* **gadflies**) **1**. *n* tábano *m*. **2**. FIG persona *f* molesta.

gad·get ['gædʒit] *n* artilugio *m*, chisme *m*. **gad·get·ry** [-ri] *n* chismes *m,pl*, aparatos *m,pl*.

Gael·ic ['geilik] *adj/n* gaélico/a.

gaff [gæf] **I**. *n* **1**. arpón *m*, garfio *m*. **2**. SL teatrucho *m*. LOC **To blow the ~**, descubrir el pastel. **II**. *v* arponear.

gaffe [gæf] *n*, plancha *f*, metedura *f* de pata. LOC **To make a ~**, meter la pata.

gaf·fer ['gæfə(r)] INFML *n* **1**. vejete *m*. **2**. tío *m*. **3**. capataz *m*, jefe *m*.

gag [gæg] **I**. *n* **1**. mordaza *f*. **2**. (*theatre*) morcilla *f*. **3**. (*parliament*) clausura *f*. **4**. chiste *m*. **5**. INFML timo *m*, engaño *m* publicitario. **II**. *v* **1**. amordazar. **2**. FIG amordazar, hacer callar; impedir el debate (*parliament*). **3**. (*theatre*) meter morcillas. **4**. INFML contar chistes.

gag·gle ['gægl] **1**. *n* manada *f* (*of geese*). **2**. FIG grupo *m* ruidoso; vocinglería *f*.

gai·ety ['geiəti] *n* alegría *f*, diversión *f* alegre.

gai·ly ['geili] *adv* alegremente.

gain [gein] **I**. *n* **1**. ganancia *f*, provecho *m*, aumento *m*. **2**. ELECTR amplificación *f*. **~·ful** [-ful] *adj* remunerado/a, retribuido/a: *~ employment*, Trabajo remunerado. **II**. *v* **1**. ganar (*weight, ground, position*), conseguir, alcanzar. **2**. crecer, subir de categoría, aumentar (*weight*). **3**. (*clock*) adelantar(se). **gain·er** [-ə(r)] *n* ganador/ra. **~·ings** [-iŋz] *n,pl* ganancias *f,pl*. LOC **To ~ on**, ir ganando terreno.

gain·say [gein'sei] *v* (prep, pp **-said**) LIT contradecir, negar.

gait [geit] *n* paso *m*, modo *m* de andar.

gait·er ['geitə(r)] *n* polaina *f*.

gal [gæl] *n* FAM US chica *f*.

ga·la [ga:lə] *n* fiesta *f*, gala *f*, concurso *m* (deportivo). LOC **~ dress**, vestido *m* de gala.

ga·lac·tic [gə'læktik] *adj* galáctico/a.

ga·lax·y ['gæləksi] *n* **1**. ASTR galaxia *f*. **2**. FIG constelación *f*, pléyade *f*.

gale [geil] *n* **1**. ventarrón *m*, vendaval *m*: *~-force winds*, Vientos de tormenta. **2**. POET brisa *f*. LOC **~s of laughter**, carcajadas *f,pl*.

gall [gɔ:l] **I**. *n* **1**. bilis *f*, hiel *f*. **2**. FIG malhumor *m*. resentimiento *m*. **3**. descaro *m*. **4**. BOT agalla *f*. **5**. matadura *f*. LOC **To have the**

~, tener la caradura (de). **II**. *v* **1**. lastimar por roce **2**. FIG molestar, mortificar.

gal·lant ['gælənt] **I**. *adj* **1**. gallardo/a, valiente, bizarro/a. **2**. galante, cortés **II**. *n* galán *m*. **gal·lant·ly** [-li] *adv* valientemente; cortésmente. **gal·lant·ry** [-ri] *n* **1**. galantería *f*, galanteo *m*. **2**. gallardía *f*, valor *m*, bizarría *f*.

gal·leon ['gæljən] *n* galeón *m*.

gal·le·ry ['gæləri] *n* **1**. galería *f* (*of mine, theatre*, etc). **2**. tribuna *f*. LOC **Art ~**, museo *m*, galería *f* de arte. **To play to the ~**, actuar para la galería.

gal·ley ['gæli] *n* **1**. galera *f*. **2**. cocina *f*, fogón *m*. LOC **~ proof**, galerada *f*. **~ slave**, galeote *m*.

Gal·li·an ['gæliən] *n adj* galicano/a.

Gal·lic ['gælik] *adj* galo/a, gálico/a. **Gal·li·cism** ['gælisizəm] *n* galicismo *m*.

gal·li·vant [gæli'vænt] *v* INFML callejear, pindonguear; ir a muchos sitios.

gal·lon ['gælən] *n* galón *m* (4,546 litros; US 3,785 litros).

gal·lop ['gælop] **I**. *n* galope *m*, galopada *f*. LOC **At full ~**, a galope tendido. **To break into a ~**, echar a galopar. **II**. *v* (*horse*) galopar; (*rider*) ir al galope. **~·ing** [-iŋ] *adj* MED, FIG galopante.

gal·lows ['gæləuz] *n* (*sing/pl*) horca *f*. LOC **~ bird**, carne *f* de horca. **~ humour**, humor *m* negro.

ga·lore [gə'lɔ:(r)] *adv* en abundancia, a porrillo.

ga·losh(·es) [gə'lɔʃ(iz)] *n* chanclo *m* de goma; *p. us.* almadreña *f*.

gal·van·ize, ~·ise ['gælvənaiz] *v* galvanizar.

gam·bit ['gæmbit] *n* **1**. gambito *m*. **2**. FIG táctica *f* inicial.

gam·ble ['gæmbl] **I**. *v* **1**. jugar, aventurar en el juego o las finanzas, apostar. **2**. **(away)** perder en el juego. **3**. **(on)** jugarse a, arriesgar a, apostar. LOC **To ~ on the Stock Exchange**, especular en Bolsa. **II**. *n* **1**. jugada *f*.

2. FIG empresa *f* arriesgada: *Life is a ~*, La vida es una tómbola. **gam·bler** [-ə(r)] *n* jugador/ra, tahúr *m*. **gam·bling** ['gæmbliŋ] *n* juego *m*. LOC **~ den, ~ house**, garito *m*, casa *f* de juego.

gam·bol ['gæmbl] **I.** *n* brinco *m*, retozo *m*. **II.** *v* brincar, retozar.

game [geim] **I.** *n* **1.** juego *m*, partido *m*. **2.** partida *f* (*chess*, etc). **3.** *pl* deportes *m,pl*. **4.** INFML plan *m*. ocupación *f*: *The ~ is up*, No hay nada que hacer, Todo se acabó. *What's your ~?*, ¿Qué pretendes? **5.** INFML faena *f*, lío *m*, problema *m*. **6.** caza *f*. LOC **The ~ is not worth the candle**, la cosa no vale la pena. **To be off one's ~**, estar desentrenado/a. **To be on the ~**, dedicarse a la prostitución. **To beat sb at his own ~**, ganar a alguien en su propio terreno. **To have a ~ with**, tomar el pelo, gastar una broma. **To play sb's ~**, hacerle el juego a alguien. **To play the ~**, jugar limpio. **Two can play at that ~**, donde las dan las toman. **II.** *adj* valiente, animoso/a. LOC **To be ~ for anything**, estar dispuesto/a a todo.

game-..., **big ~**, *n* caza mayor *f*. **~-bag**, *n* morral *m*. **~ bird**, *n* ave de caza. **~-cock**, *n* gallo *m* de pelea. **~-keeper/~-warden**, *n* guardabosques *m*. **~ licence**, *n* licencia *f* de caza. **~ plan**, *n* táctica *f*. **~ reserve**, *n* coto *m* de caza. **~sman**, *n* jugador *m* astuto. **~ster**, *n* jugador *m* profesional, tahúr *m*.

gam·ma ['gæmə] *n* (*Greek character*) gama *f*. LOC **~ rays**, rayos *m* gama.

gam·mon ['gæmən] *n* (loncha de) jamón *m*.

gamp [gæmp] *n* FAM paraguas *m*.

ga·mut ['gæmət] *n* gama *f*. LOC **To run the ~ of**, experimentar totalmente.

gan·der ['gændə(r)] *n* **1.** ganso *m* (macho). **2.** INFML vistazo *m*.

gang [gæŋ] **I.** *n* **1.** pandilla *f*, cuadrilla *f*, banda *f*. **2.** grupo *m*, brigada *f* (*of workers*). LOC **~-plank**, pasarela *f*. **gang·er** [-ə(r)] *n* capataz *m*. **gang·ster** ['gæŋstə(r)] *n* pistolero *m*, gángster *m*. **II.** *v* **1.** **(together)** formar una banda, agruparse. **2.** **(up with/against/on)** conspirar (con, contra).

gan·grene ['gæŋgri:n] *n* gangrena *f*.

gang·way ['gæŋwei] *n* **1.** pasillo *m*, pasadizo *m*. **2.** pasarela *f*, plancha *f*. LOC **~ !**, ¡Abran paso!

gan·net ['gænit] *n* alcatraz *m*.

gant·ry ['gæntri] *n* caballete *m*.

gaol [dʒeil] V. **jail**.

gap [gæp] *n* **1.** vacío *m*, hueco *m*, abertura *f*, brecha *f*. **2.** lapso *m*, distancia *f*, separación *f*. **3.** desfiladero *m*. **4.** omisión *f*, laguna *f*. LOC **Generation ~**, barrera *f* generacional.

gape [geip] **I.** *v* **1.** abrirse, estar muy abierto. **2.** bostezar; estar/quedarse boquiabierto/a, embobado/a; **(at)** mirar boquiabierto a. **II.** *n* **1.** abertura *f*. **2.** bostezo *m*.

gar·age ['gæra:ʒ] US [gə'ra:ʒ] *n* **I.** garaje *m*, cochera *f*. **2.** taller *m*, estación *f* de servicio. **II.** *v* dejar en garaje.

garb [ga:b] **I.** *n* traje *m*, vestido *m*, ropaje *m*. **II.** *v* vestir.

garb·age ['ga:bidʒ] *n* **1.** *pl* basuras *f*, desperdicios *m*. **2.** FIG *pl* tonterías *f*, idioteces *f*. LOC **~ can**, cubo *m* de la basura. **~ man**, basurero *m*. **~ truck**, camión *m* de la basura.

garbl·ed ['ga:bld] *adj* (*message*) confuso/a, sin orden.

gar·den ['ga:dn] **I.** *n* **1.** jardín *m*, huerto *m*. **2.** *pl* jardines *m* públicos. LOC **~ party**, fiesta al aire libre. **To lead sb up the ~ path**, embaucar, engañar. **II.** *v* cultivar un huerto, trabajar en el jardín. **gar·den·er** [-ə(r)] *n* jardinero *m*. **gar·den·ing** [-iŋ] *n* jardinería *f*, horticultura *f*.

gar·gle ['ga:gl] **I.** *n* **1.** gárgaras *f,pl*. **2.** gargarismo *m*. **II.** *v* hacer gárgaras.

gar·goyle ['ga:gɔil] *n* gárgola *f*.

gar·ish ['geəriʃ] *adj* chillón/na, llamativo/a.

gar·land ['ga:lənd] **I.** *n* guirnalda *f*. **II.** *v* adornar con guirnaldas.

gar·lic ['ga:lik] *n* ajo *m*. **gar·lic·ky** [-i] *adj* INFML con olor/sabor a ajo.

gar·ment ['ga:mənt] FML *n* prenda *f* de vestir.

gar·ner ['ga:nə(r)] *v* recoger, acumular.

gar·net ['ga:nit] *n* (*gem*) granate *m*.

gar·nish ['ga:niʃ] **I.** *n* aderezo *m*. **II.** *v* **1.** adornar, guarnecer. **2.** (*cook*) aderezar. **~ing** [-iŋ] *n* aderezo *m*, guarnición *f*.

gar·ni·ture ['ga:nitʃə(r)] *n* guarnición *f*, adorno *m*.

gar·ret ['gærit] *n* desván *m*, buhardilla *f*.

gar·rison ['gærisn] **I.** *n* guarnición *f*. **II.** *v* **1.** guarnecer (*town, fort*). **2.** (*troops*) poner en guarnición.

gar·ru·li·ty [gə'ru:ləti] *n* garrulidad *f*. **gar·rul·ous** ['gærələs] *adj* gárrulo/a.

gar·ter ['ga:tə(r)] *n* liga *f*. LOC **~-belt**, US portaligas *m*.

gas [gæs] (*pl* **-es, -ses**) **I.** *n* **1.** gas *m*. **2.** US gasolina *f*. **3.** INFML parloteo *m*. LOC **To step on the ~**, acelerar la marcha. **II.** *v* **1.** asfixiar con gas. **2.** INFML parlotear, charlar. **~e·ous** [-jəs] *adj* gaseoso. **~·ify** [-fai] *v* gasificar. **gas·sy** [-i] *adj* gaseoso; hinchado.

gas..., **~-bag**, *n* INFML charlatán. **~ bracket**, *n* brazo *m* de lámpara de gas. **~ burner**, *n* mechero *m* de gas. **~ chamber**, *n* cámara *f* de gas. **~-fitter**, *n* gasista *m*. **~-fittings**, *n,pl* (útiles para la) instalación *f* de gas. **~ heat·er**, *n* estufa *f* de gas. **~-holder**, *n* gasómetro *m*. **~-light**, *n* luz *f* de gas. **~-lit**, *adj* iluminado con gas. **~ main(s)**, *n* conducción *f* principal de gas. **~-man**, *n* empleado *m* del gas. **~ mantle**, *n* manguito *m* incandescente. **~ mask**, *n* careta *f* antigás. **~ meter**, *n* contador *m* del gas. **~ oil**, *n* gasóleo *m*. **~ometer**, *n* gasómetro *m*. **~-oven**, *n* cocina *f* a gas. **~-pipe**, *n* tubería *f* de gas. **~-proof**, *adj* a prueba de gas. **~-range**, *n* cocina *f* a gas. **~-ring**, *n* hornillo *m* a gas. **~-stove**, *n* estufa *f* a gas. **~ station**, *n* US gasolinera *f*. **~-works**, *n* (*pl* **~**) fábrica *f* de gas.

gash [gæʃ] I. *n* 1. raja *f*, hendedura *f*. 2. cuchillada *f*, tajo *m*. II. *v* 1. rajar. 2. acuchillar, dar un tajo.

gas·ket ['gæskit] *n* TEC junta *f* (*rubber*, etc).

gas·ol·ine ['gæsəli:n] *n* US gasolina *f*, nafta *f*.

gasp [gæsp] I. *n* boqueada *f*. LOC **To be at one's last ~**, estar dando las (últimas) boqueadas II. *v* 1. boquear, jadear. 2. (**for**) desear, anhelar, morirse por. 3. (**out**) decir con voz entrecortada. LOC **To ~ for air/breath**, jadear, respirar con dificultad.

gas·tric ['gæstrik] *adj* gástrico/a. **gas·tri·tis** [gæs'traitis] *n* gastritis *f*.

gast·ro·no·my [gæs'trɔnəmi] *n* gastronomía *f*. **gast·ro·no·mist** [gæs'trɔnəmist] *n* gastrónomo *m*.

gat [gæt] US INFML *n* revólver *m*.

gate [geit] *n* 1. puerta *f*, portal *m*. 2. verja *f*, portillo *m*. 3. (*for water*) compuerta *f*. 4. DEP entrada *f*. 5. (*railway*) barrera *f*. LOC **~·house**, caseta *f* del guarda. **~·keeper**, guardabarreras *m* (*sing/pl*). **~·way**, puerta *f*, portal *m*, pórtico *m*. **To ~·crash**, colarse de gorra.

gath·er ['gæðə(r)] *v* 1. reunir, recoger, acumular. 2. (*harvest*) cosechar, recolectar. 3. reunirse, congregarse, juntarse. 4. formarse, amontonarse: *The ~ing storm*, La tormenta que se avecina. 5. fruncir. 6. ajustarse, ceñirse al cuerpo (*clothes*). 7. inferir, colegir. 8. MED formar pus. 9. (**in**) recaudar (*money*). 10. (**together**) agruparse. 11. (**up**) recoger. LOC **To ~ dust**, llenarse de polvo, FIG estar en desuso. **To ~ moss**, llenarse de musgo. **To ~ speed**, aumentar la velocidad. **To ~ one's thoughts**, reflexionar. **To ~ strength**, cobrar fuerzas. **~·ing** ['gæðəriŋ], *n* 1. reunión *f*, asamblea *f*. 2. MED absceso *m* de pus.

gaud·y ['gɔ:di] *adj* chillón/na, recargado/a.

gauge [geidʒ] I. *n* 1. norma *f* de medida, calibre *m*. 2. manómetro *m*, indicador *m*, calibrador *m*. 3. (*railway*) ancho *m* de vía, entrevía *f*. II. *v* 1. medir, calibrar. 2. FIG juzgar, estimar.

gaunt [gɔ:nt] *adj* 1. flaco/a, chupado/a. 2. FIG (*person*) sombrío/a, macilento/a. 3. (*place*) baldío/a, desolado/a.

gaunt·let ['gɔ:ntlit] *n* guantelete. LOC **To run the ~**, correr baquetas; FIG exponerse a un peligro. **To take up the ~**, recoger el guante, aceptar un reto. **To throw down the ~**, arrojar el guante.

gauze [gɔ:z] *n* gasa *f*. **gau·zy** [-i] *adj* transparente, translúcido/a.

gave pret de **give**.

gav·el ['gævl] *n* martillo *m* (*used by chairman or auctioneer*).

gawk [gɔ:k] INFML I. *n* bobo/a, pánfilo/a. II. (**at**) *v* mirar bobamente. **gaw·ky** [-i] *adj* torpe, desgarbado/a.

gay [gei] I. *adj* 1. alegre, brillante. 2. alegre, despreocupado/a. II. *adj/n* homosexual *m,f*. **~·ness** [-nis] *n* homosexualidad *f*.

gaze [geiz] I. *v* (**at, (up)on**) mirar fijamente, quedarse mirando, contemplar. II. *n* mirada *f* fija.

gaz·elle [gə'zel] *n* gacela *f*.

gaz·ette [gə'zet] I. *n* gaceta *f* (oficial). II. *v* 1. publicar en gaceta oficial. 2. destinar oficialmente (*esp to a military post*). **gaz·ett·eer** [gæzə'tiə(r)] *n* diccionario *m* geográfico.

gear [giə(r)] I. *n* 1. equipo *m*, útiles *m,pl*, herramientas *f,pl*. 2. (*fishing*) aparejo *m*. 3. arreos *m,pl*, arneses *m,pl*. 4. cosas *f,pl*, chismes *m,pl*, cachivaches *m,pl*. 5. aparato *m*, mecanismo *m*: *Landing-gear*, Tren de aterrizaje. 6. TEC engranaje *m*, rueda *f* dentada. 7. AUT marcha *f*, velocidad *f*, cambio *m* de marchas. LOC **~·box/·case**, caja *f* de cambios. **~-lever/-shift/-stick**, palanca *f* de cambios. **~ ratio**, proporción *f* de multiplicación. **~·wheel**, rueda *f* dentada. **In ~**, engranado. **Low/Bottom ~**, primera velocidad. **To be in ~ with**, engranar con; FIG conectar con. **To change/shift ~**, cambiar de marcha. **Top/High ~**, cuarta velocidad. **To put into ~**, engranar. **To throw out of ~**, desengranar. II. *v* 1. engranar. 2. encajar con, conectar con. 3. (**down**) cambiar a una marcha menor. 4. (**up**) cambiar a una marcha mayor. 5. (**up for**) prepararse para. **~·ing** [-iŋ] *n* engranaje *m*.

gee [dʒi:] (*freq* **~ up**) *int* ¡arre!

geese [gi:s] *pl* de **goose**.

geez·er ['gi:zə(r)] INFML *n* vejete *m*; individuo *m*, tío *m*.

gel [dʒel] I. *n* gel *m*. II. *v* (also FIG) cuajar. **gel·at·in(e)** ['dʒelətin] *n* gelatina *f*. **gel·at·in·ize** [dʒi'lætinaiz] *v* gelatinizar. **ge·lat·in·ous** [dʒi'lætinəs] *adj* gelatinoso/a.

geld [geld] *v* castrar, capar. **~·ing** [-iŋ] *n* animal (*esp horse*) castrado.

gel·id ['dʒelid] *adj* gélido/a, helado/a.

ge·lig·nite ['dʒelignait] *n* gelignita *f*, gelatina *f* explosiva.

gem [dʒem] *n* 1. gema *f*, joya *f*, piedra *f* preciosa. 2. FIG joya *f*, preciosidad *f*.

gen·der ['dʒendə(r)] *n* género *m*.

gene [dʒi:n] *n* gen *m*, gene *m*. **~·a·lo·gic·al** [-iə'lɔdʒikl], genealógico/a. **~·a·lo·gy** [-i'ælədʒi], *n* genealogía *f*. **~·tics** [-tiks] *n* genética *f*.

gen·e·ra ['dʒenərə] *pl* de **genus**.

gen·er·al ['dʒenərəl] I. *adj* 1. general, común, corriente. 2. (*in titles*) General: *Attorney ~*, Fiscal General. LOC **As a ~ rule, In ~**, por lo general. **~ delivery**, US lista de correo. **~ purpose**, de uso general, para todo. **~ servant**, criado/a para todo. **~·ship**, táctica *f*, estrategia *f*; don *m* de mando; generalato *m*. **~ staff**, estado mayor. **~ store**, tienda no especializada. II. *n* (*army officer*) general *m*. **~·ity** [,dʒenə'ræləti] (*pl* **-ties**), generalidad *f*. **~·iz·ation** [,dʒenrəlai'zeiʃn] *n* generalización *f*. **~·ize/·ise** ['dʒenrəlaiz] *v* (**about**), generalizar. **gen·er·al·ly** [-li] *adv* generalmente.

gen·er·ate ['dʒenəreit] *v* 1. generar, producir. 2. engendrar. LOC **Generating set**, grupo *m* electrógeno. **Generating station**, central *f* eléctrica. **gen·er·ation** [,dʒenə'reiʃn] *n* generación *f*. **gen·er·at·ive** ['dʒenərətiv] *adj* generativo/a, capaz de generar. **ge·ner·at·or** ['dʒenəreitə(r)] *n* generador *m*.

gen·er·ic [dʒi:'nerik] *adj* genérico/a.

gen·er·os·ity [dʒenə'rɔsəti] *n* generosidad *f*. **ge·ner·ous** ['dʒenərəs] *adj* **1**. (*person*) generoso/a, espléndido/a. **2**. abundante, amplio/a.

gen·e·sis ['dʒenəsis] *n* (*pl* **-ses** [~si:z]) génesis *f*, origen *m*.

gen·et·ic [dʒe'netik] *adj* genético/a.

gen·i·al ['dʒi:njəl] *adj* **1**. simpático/a, cordial, complaciente, afable. **2**. (*climate*) suave, cálido/a. **~·ity** [,dʒi:ni'æləti] *n* simpatía *f*, cordialidad *f*.

gen·i·tal ['dʒenitl] **I**. *adj* genital. **II**. *n,pl* (*pl* **-s**, **-ia**) genitales *m,pl*.

gen·it·ive ['dʒenitiv] *n* genitivo *m*.

gen·i·us ['dʒi:niəs] (*pl* **ge·ni·us·es** ['dʒi:niəsiz]) *n* **1**. (*person*) genio *m*. **2**. (*quality*) genialidad *f*. **3**. facultad *f*, don *m*. **4**. (*spirit*) genio *m*, deidad *f*. LOC **To have a ~ for (doing) sth**, ser un genio para.

ge·no·cide ['dʒenəsaid] *n* genocidio *m*.

genre ['ʒa:nrə] *n* género *m* (literario, etc).

gent [dʒent] INFML *abrev* de **gentleman**.

gen·teel [dʒen'ti:l] IR *adj* **1**. elegante, fino/a. **2**. afectado/a, cursi, refinado/a. **~·ism** [-izm] *n* expresión *f* afectada.

gen·ti·an ['dʒenʃn] *n* genciana *f*.

gen·tile ['dʒentail] *adj/n* gentil, no judío.

gen·til·ity [dʒen'tiləti] *n* **1**. finura *f*, elegancia *f* (afectadas). **2**. nobleza *f*.

gen·tle ['dʒentl] *adj* **1**. amable, cariñoso/a, gentil. **2**. (*weather*) suave, apacible. **3**. lento/a, pausado/a. **4**. (*animal*) manso/a, dócil. **5**. noble. **~·ness** [-nis] *n* amabilidad; ternura, suavidad. LOC **~·folk**, clase alta. **~ read·er**, amable lector. **Of ~ birth**, de noble cuna. **The ~ sex**, el sexo débil. **To be ~ with**, tratar con cuidado o consideración. **gen·tle·man** ['dʒentlmən] (*pl* **-men**) *n* señor *m*, caballero *m*, gentilhombre *m*. LOC **Country ~**, señorito *m*. **~'s agreement**, trato verbal, entre caballeros. **gen·tle·man·ly** ['dʒentlmənli] *adj* caballeroso/a, cortés, educado/a. **gen·tle·wo·man** ['dʒentlwumən] (*pl* **-women**) *n* dama *f*. **gent·ly** ['dʒentli] suavemente, pausadamente.

gent·ry ['dʒentri] *n* **1**. alta burguesía *f*. **2**. gente *f* de buena posición social.

gen·u·flect ['dʒenju:flekt] *v* doblar la rodilla. **gen·u·flec·tion, -·flex·ion** [-'flekʃn] *n* genuflexión *f*.

gen·u·ine ['dʒenjuin] *adj* genuino/a, legítimo/a, auténtico/a. **~·ness** [-nis] *n* autenticidad. **gen·u·ine·ly** [-li] *adv* genuinamente. LOC **A ~ person**, una persona sincera.

gen·us ['dʒi:nəs] (*pl* **gen·e·ra** ['dʒenrə] *n* género *m*, grupo *m*, clase *f*.

ge·o·cen·tric [dʒi:əu'sentrik] *adj* geocéntrico/a.

ge·o·de·sy [dʒi'ɔdisi] *n* geodesia *f*.

ge·o·gra·phy [dʒi'ɔgrəfi] *n* geografía *f*. **ge·o·graph·er** [dʒi'ɔgrəfə(r)] *n* geógrafo *m*. **ge·o·graph·ic·al** [,dʒiə'græfikl] *adj* geográfico/a.

ge·o·lo·gy [dʒi'ɔlədʒi] *n* geología *f*. **ge·o·lo·gic(·al)** [dʒiə'lɔdʒik(l)] *adj* geológico/a. **ge·o·lo·gist** [dʒi'ɔlədʒist] *n* geólogo/a.

ge·o·me·try [dʒi'ɔmətri] *n* geometría *f*. **ge·o·met·ric(·al)** [dʒi'əmetrik(l)] *adj* geométrico/a.

ge·o·phys·ics [dʒiu'fiziks] *n* geofísica *f*.

ge·o·pol·it·ics [dʒiu'pɔlətiks] *n* geopolítica *f*.

ge·ra·nium [dʒə'reniəm] *n* geranio *m*.

ge·ria·trics [dʒieri'ætriks] *n* geriatría. **ge·ria·tri·cian** [dʒieriə'triʃn] *n* geriatra *m*.

germ [dʒɜ:m] *n* germen *m*. LOC **~ carrier**, portador/ra de gérmenes. **~ free**, esterilizado. **~ killer**, germicida *m*. **~-proof**, a prueba *f* de gérmenes. **~ warfare**, guerra bacteriana. **The ~ of**, FIG el germen/ origen de. **ger·mi·cide** ['dʒɜ:misaid], *n* germicida *m*. **ger·min·al** ['dʒɜ:minl] *adj* germinal. **ger·min·ate** ['dʒɜ:mineit] *v* (hacer) germinar. **ger·min·ation** [,dʒɜ:mi'neiʃn] *n* germinación *f*.

Ger·man ['dʒɜ:mən] **I**. *n* **1**. (*origin*) alemán *m*, alemana *f*. **2**. (*language*) alemán *m*. **II**. *adj* alemán/na. LOC **~ measles**, rubéola. *f*. **~ shepherd**, (*dog*) pastor alemán. **Ger·man·ic** [dʒə'mænik] *adj* germánico/a.

ger·mane [dʒɜ:'mein] FML *adj* **1**. (**to**) relacionado/a (con). **2**. oportuno/a, relevante.

ger·ry·man·der ['dʒerimændə(r)] *v/n* (hacer) trampa *f* en la delimitación de distritos electorales.

ger·und ['dʒerənd] *n* gerundio *m*.

gest·ation [dʒes'teiʃn] *n* gestación *f*.

ges·ti·cul·ate [dʒes'tikjuleit] *v* gesticular; accionar. **ges·ti·cul·ation** [dʒe,stikju'leiʃn] gesticulación *f*.

ges·ture ['dʒestʃə(r)] **I**. *n* **1**. gesto *m*, ademán *m*. **2**. muestra *f*, demostración *f*, detalle *m*. LOC **Empty ~**, pura formalidad *f*. **II**. *v* **1**. hacer gestos o ademanes. **2**. expresar con un gesto.

get [get] (pret **got**, pp **got**, US **gotten**) *v* **I**. (+ *n*) **1**. obtener, recibir; procurar, conseguir, lograr; (*acquire*) adquirir, comprar; (*earn*) cobrar, ganar; hacerse con, llevarse. **2**. (*seize*) coger, asir, agarrar; FIG comprender, entender; oír. **3**. llamar, hacer venir: *You'd better ~ a plumber*, Deberías llamar a un fontanero. **4**. coger, tener (*illness*): *She's got the flu*, Tiene la gripe. **5**. contestar (*telephone*). **6**. poner en contacto con: *~ me the manager, please*, Llame al encargado, por favor. **7**. prender, detener, cazar; coger en falta o error: *I got you!*, ¡Te pillé! **8**. INFML irritar, molestar; doler: *That noise ~s me*, Ese ruido me molesta. **9**. golpear, alcanzar, dar: *The bullet got him in the arm*, La bala le alcanzó en el brazo. **10**. ser alcanzado (en), ser golpeado (en): *He got it in the arm*, Fue alcanzado en el brazo. LOC **To have got** (= **have**), tener. **To ~ hold of**, coger, agarrar; encontrar. **To ~ hold of the wrong end of the stick**, oir campanas y no saber dónde. **To ~ one's own way**, salirse con la suya. **To ~ the best/most/utmost out of**, sacar el máximo provecho de. **To ~ the better of**, vencer. **To ~**

the sack, ser despedido. **To ~ the worst of**, llevarse la peor parte. **To ~ wind of**, enterarse de. **II.** (+ *adv/prep*) **1**. llegar: *We got there/ to Madrid at seven*, Llegamos allí/a Madrid a las nueve. LOC **To ~ in touch/contact with**, ponerse en contacto con. **III.** (+ *n* + *adv/ prep*) **1**. poner, dejar. **2**. hacer llegar, llevar: *AA ~s you to Europe*, AA le lleva a Europa. LOC **To ~ a girl with child**, dejar encinta. **To ~ sb in touch/contact with**, poner en contacto con. **IV.** (+ *adj*) ponerse, quedarse, hacerse. LOC (*a menudo el adj inglés equivale a v intransitivo español*) **~ lost!** ¡Lárgate! **To ~ better**, mejorar. **To ~ even with**, quedar en paz, igualados. **To ~ lost**, perderse. **To ~ old**, envejecer. **To ~ tired**, cansarse. **V.** (+ *n* + *adj/p*) hacer que; poner en. LOC (*a menudo el adj o pp inglés equivalen a v transitivo español*) **To ~ one's hair cut**, cortarse el cabello. *He got his wrist broken*, Se rompió la muñeca. **To ~ sth clear**, aclarar. **VI.** (+ *inf*) llegar a: *If I ~ to see you....* Si llego a verte... *One soon ~s to like this country*, Este país llega pronto a gustarle a uno. LOC **To have got to** (= **have to**), tener que. **VII.** (+ *n* + *inf*) hacer que, conseguir que, persuadir de que, encargar: *I can't ~ the car to start*, No puedo hacer que el coche arranque. *She got them to help me*, Ella consiguió que me ayudaran. **VIII.** (+ *ger*) empezar, comenzar a: *~ moving!* ¡(Empezad a) moveros! **IX.** (+ *n* + *ger*) hacer que: *We'll soon ~ things going*, Pronto haremos que las cosas funcionen. *~ your students talking in Spanish*, Haz que tus estudiantes hablen en español.

get... **~about/abroad/around**, divulgarse, saberse. **~ about/around**, salir; viajar: *I need a car to ~ around*, Necesito un coche para desplazarme. **~ above oneself**, engreírse. **~ abreast of**, poner(se) a la altura de. **~ across**, cruzar, pasar, atravesar; FIG enfrentarse a, indisponerse con: *She's got across the manager*, Se ha enfrentado con el encargado. **~ across (to)**, comunicar, conectar, hacerse entender. **~ ahead (of)**, adelantarse a; progresar, avanzar. **~ along**, irse, marcharse, seguir; hacer venir, traer: *We'll try to ~ the doctor along*, Intentaremos hacer venir al médico. **~ along/on**, salir adelante, ir tirando: *How can you ~ along without a job?* ¿Cómo puedes salir adelante sin un empleo? **~ along/on (together)**, congeniar, llevarse bien. **~ (a)round**, viajar; dar la vuelta a; FIG evitar, esquivar; engatusar, ganarse; encontrar un hueco para. **~ round the table**, sentarse a negociar. **~ at**, llegar a, tener acceso a; descubrir; poder dedicarse a; insinuar, sugerir, apuntar; tomar el pelo, pinchar; sobornar, comprar: *The witness had been got at*, Habían sobornado al testigo. **~ away**, escapar; salir, irse; ayudar a escapar; echar; **~ away with**, llevarse, huir con; salirse con la suya. **~ back**, volver; hacer volver; apartarse, echarse para atrás. **~ back at**, INFML desquitarse, vengarse de. **~ behind**, quedarse atrás. **~ by**, evitar, eludir, burlar; salir adelante, sobrevivir, apañarse. **~ down**, bajar, descender; hacer bajar; INFML desmoralizar, deprimir; anotar, poner por escrito, apuntar; tragar con dificultad; agacharse, arrodillarse, postrarse; derribar, tirar al suelo; **~ down (from)**, apearse, bajarse. **~ down to**, aplicarse a: *Let's ~ down to business*, Vayamos al grano. **~ home**, llegar a la meta, llegar el primero; dar en el clavo. **~ in**, recoger, guardar; dar entrada; (*boxing*) conectar, colocar; hacer venir, llamar, traer. **~ in/into**, entrar; hacer o ayudar a entrar, traer dentro. *~ into deep water*, Meterse en terreno resbaladizo; TAB (*sex*) penetrar; acceder a, conseguir ser aceptado; entrar o llegar a (*port or station*); hacer entrar o llegar a (*port or station*). **~ in (on)**, meterse, meter baza en; **~ in with**, INFML buscar la amistad de, congraciarse con. **~ into**, introducirse, meterse, penetrar: *Dust got into my eyes*, Me entró polvo en los ojos; apoderarse de, entrarle a uno: *What's got into her?* ¿Qué le ha entrado?; adquirir hábito; entrar o caer en una situación: *~ into hot water*, Meterse en problemas. *~ into a rut*, Caer en la rutina; ponerse, meterse (prenda de vestir). **~ off**, salir, marcharse; quedarse dormido; dejar dormido; despachar, terminar; bajarse, salir de un vehículo; apartar(se) de, alejar(se) de; quitar, despegar (*paint, stain*, etc); quitarse (*clothes, jewel*); escapar, salir bien librado; aprender, memorizar. **~ sb/sth off one's hands**, quitarse la responsabilidad de. **~ off the ground**, despegar. **~ off a topic**, dejar, cambiar de tema. **~ off with**, conocer; INFML ligar, flirtear; **~ on**, poner, colocar; **ponerse** (*clothes*); progresar, avanzar, tener éxito; ayudar a progresar. **~ on (for)**, (*time*) transcurrir, (hour) acercarse a, (*person*) envejecer, andar cerca de, ir para: *Grandma is ~ting on for 80*, La abuela va para los ochenta. **~ on (with)**, moverse, apresurarse; continuar, seguir con. **Let sb ~ on with it**, llevarse bien con, seguir con. **~ on/onto**, ponerse encima; montar (*horse*), subir (*vehicle*). **~ on one's feet**, ponerse de pie; recuperarse. **~ on one's nerves**, irritar. **~ on the move**, ponerse en marcha. **~ one's hands on sb/sth**, poner las manos encima; apoderarse de. **~ on to**, ponerse en contacto con; localizar, rastrear; dar con; pasar a tratar de, cambiar a: *How did we ~ on to politics?* ¿Cómo hemos acabado hablando de política? **~ out**, saberse, hacerse público; publicar; resolver (*sum, calculation*); expresar, decir; **~ out (of)**, salir; sacar, echar fuera; escaparse, evadirse; bajarse, salir de (*bed, vehicle*, etc); extraer, sacar, obtener; hacer cantar, hacer confesar. **~ blood out of a stone**, sacar agua de las piedras. **~ out of sb's way**, quitarse de en medio. **~ out of the way/habit of (doing) sth**, perder la costumbre. **~ out of sb's sight**, quitar(se) de la vista de alguien. **~ out of the groove/rut**, salir de la rutina. **~ sth out of one's head/mind**, quitarse de la cabeza. **~ over**, pasar por encima; cruzar; hacer/ayudar a pasar por encima o cruzar; FIG sobreponerse a, superar: *That is an experience you don't ~ over easily*, Esa es una experiencia difícil de superar; vencer, dominar, controlar; cubrir, desplazarse (*distance*); entender, comprender; acabar con (*sth unpleasant*), poner fin a; llegar a, comunicarse: *The lecturer didn't ~ over to the students*, El conferenciante no conectó con los estudiantes. ~ **round**, pasar prueba, superar; reanimar, hacer recobrar el sentido. ~ **through**, pasar, atravesar; FIG pasar, aprobar; ser aprobado; hacer pasar o atravesar; acabar con, terminar (*work*); llegar, pasar; entrar en contacto: *My message couldn't ~ through to her*, Mi mensaje no le llegó; llegar a una fase. ~ **through (with)**, terminar, completar; INFML ajustar las cuentas, acabar con. ~ **to**, ir a parar a, llegar; empezar a: *We got to work immediately*, Nos pusimos a trabajar en el acto. ~ **together**, reunir(se), agrupar(se); organizar; ~ **under**, ponerse, meterse debajo de; ~ **sb/sth under control**, poner bajo control. ~ **under sb's skin**, irritar. ~ **up**, levantarse, ponerse en pie; levantar(se) de la cama; subir; alzar; montar(se) (*on horse, bicycle, motorcycle*); FIG avivarse, embravecerse; aumentar, (*thirst, appetite*, etc); vestir elegantemente, arreglar: *She was beautifully got up*, Estaba muy bien vestida; disfrazar, arreglar; organizar, concertar; estudiar, preparar: *I got up my Latin just for the exam*, Preparé el latín sólo para el examen. LOC ~ **sb's blood up**, hacer hervir la sangre. ~ **the wind up**, alarmarse, tener la mosca detrás de la oreja. ~ **up against**, acercar a; enfrentarse a; ~ **up to**, alcanzar, llegar hasta; ocuparse en, dedicarse a: *What did you ~ up to in Paris?* ¿Qué hiciste en París?; planear: *What are you ~ting up to?*, ¿Qué andas tramando?

get·at·able ['getætəbl] *adj* FAM accesible, a mano. **get·away** ['getəwei] *n* fuga *f.* huida *f* (*esp* después de cometer delito) LOC **To make one's ~**, escaparse. **get-together** ['get tə'geðə(r)] *n col* tertulia *f*, reunión *f.* **get-up** ['getʌp] *n col* atavío *m*, vestimenta *f.* **get-well card** ['getwel,ka:rd] *n* tarjeta *f* de buenos deseos para un enfermo.

gey·ser ['gi:zə(r)] US ['gaizə(r)] *n* **1**. géiser *m*. **2**. Br calentador *m* de agua.

ghast·ly ['ga:stli] US ['ga:stli] (*comp* **-ier**, *sup* **-iest**) *adj* **1**. horrible, desagradable, de mal gusto. **2**. enfermo/a, con mal cuerpo. **4**. FML pálido/a, cadavérico/a.

gher·kin [gɜ:kin] *n* pepinillo *m*.

ghetto ['getəu] *n* **1**. gueto. **2**. judería *f*, barrio *m* judío.

ghost [gəust] **I**. *n* **1**. fantasma *m*, espectro *m*, aparecido *m*, espíritu *m*, sombra *f*. **2**. (TV) doble imagen *f*. LOC ~ **story**, historia de fantasmas. ~ **town**, pueblo abandonado. **~·writer**, autor *m* de obras que firman otros. **Holy ~**, Espíritu *m* Santo. **The ~ of a chance**, la más remota oportunidad. **The ~ of a smile**, la más leve sonrisa. **To give up the ~**, morir. **To lay a ~**, exorcizar. **II**. *v* escribir para otro. **To ~·write (for sb)**, escribir para otro. **ghost·ly** ['gəustli] *adj* fantasmal, espectral.

ghoul [gu:l] *n* **1**. espíritu *m* necrófago. **2**. PEY persona *f* macabra o necrófila. **~·ish** [-iʃ] *adj* cruel, macabro/a.

GHQ (*abrev* = General Headquarters) Cuartel *m* General.

gi·ant ['dʒaiənt] **I**. *n* **1**. gigante *m* **2**. FIG persona *f* de talla excepcional. **II**. *adj* gigantesco/a.

gib·ber ['dʒibə(r)] *v* farfullar, hablar entrecortada o ininteligiblemente. **~·ish** [-iʃ] *n* galimatías *m*, guirigay *m*.

gib·bet ['dʒibit] *n* horca *f*.

gibe [dʒaib] **I**. *n* mofa *f*, pulla *f*, escarnio *m*. **II**. *v* **(at)** mofarse (de).

gib·lets ['dʒiblits] *n* menudillos *m,pl*.

gid·di·ness ['gidinis] *n* **1**. vértigo *m*, mareo *m*. **2**. atolondramiento *m*. **3**. frivolidad *f*.

gid·dy ['gidi] *adj* que causa vértigo; (*speed*) vertiginoso/a. **2**. atolondrado/a, ligero/a de cascos. **3**. mareado/a, con vértigo.

gift [gift] **I**. *n* **1**. regalo *m*, obsequio *m*, dádiva *f*. **2**. REL ofrenda *f*. **3**. JUR donación *f*. **4**. FIG ganga, *f*. **5**. don *m*, talento *m* natural. LOC ~ **token voucher**, vale *m* para un regalo. **~·wrapping**, papel *m* de envolver regalos. **To have a ~ for**, estar dotado para. **To ~·wrap**, envolver en papel de regalo. **II**. *v* donar. **gift·ed** [-id] *adj* con talento.

gig [gig] *n* calesín *m*. **2**. *col* actuación *f*, concierto *m* (*for one night*).

gi·gant·ic [dʒai'gæntik] *adj* gigantesco/a.

gig·gle ['gigl] **I**. *n* risilla *f* tonta o reprimida. **II**. *v* reírse tontamente. LOC **The ~s**, la risa: *Get the ~s*, Entrar la risa.

gild [gild] (pret **gild·ed**, pp **gilded/gilt**) *v* dorar; FIG embellecer, adornar. LOC **To ~ the pill**, dorar la píldora. **gild·er** [-ə(r)] *n* dorador/a. **gild·ing** [-iŋ] *n* dorado *m*.

gill [gil] *n* **1**. cuarto *m* de pinta (aprox. 1/8 de litro). **2**. agalla *f*, branquia *f*. LOC *col* **To look green about the ~s**, tener mala cara.

gil·lie ['gili] ayudante *m* de caza o pesca (Escocia).

gilt [gilt] **I**. pp de **gild**. **II**. *adj* dorado/a, FIG atractivo/a. **III**. *n* dorado *m*. LOC **~-edged**, con filos o cantos dorados. **~-edged**, sin riesgo financiero. **~-edged securities/shares/stock**, inversión *f* segura, papel del estado.

gim·crack ['dʒimkræk] *adj* de mala calidad, sin valor.

gim·let ['gimlit] *n* barrena *f* de mano (*like a T*).

gim·mick ['gimik] *n* truco *m*, treta *f*; truco *m* publicitario.

gin [dʒin] **I**. *n* **1**. ginebra *f*. **2**. trampa *f*. **3**. (*esp* **cotton ~**) desmotadora *f* de algodón. **II**. *v* **1**. coger con trampa. **2**. desmotar.

gin·ger ['dʒindʒə(r)] **I**. *n* **1**. jengibre *m*. **2**. FIG energía *f*, brío *m*, empuje *m*, viveza *f*. LOC ~ **ale/beer**, gaseosa *f* o cerveza *f* de jengibre. ~ **bread**, pan de jengibre. ~ **group**, grupo de activistas. **To ~ up**, animar, estimular. **gin·**

ger·ly [-li] *adj* cauteloso/a, cuidadoso/a, delicado/a. *adv* con cuidado, con tiento. **II.** *adj* rojo/a, bermejo/a, castaño/a.

gip·sy ['dʒipsi] *n/adj* gitano/a, zíngaro/a.

gir·affe [dʒi'ra:f] *n* jirafa *f.*

gird [gɜ:d] (pret **girded/girt**, pp **girded/girt**) *v* **1.** ceñir, rodear. **2.** (**on**) ceñirse, ajustarse: *~ on one's sword*, Ceñirse la espada. LOC **To ~ oneself for the battle**, aprestarse para la lucha. **gird·er** ['gɜ:də(r)] *n* viga *f.*

gir·dle ['gɜ:dl] **I.** *n* **1.** cinto *m*, ceñidor *m.* **2.** cinturón *m*, faja *f.* **3.** FIG cordón *m*, corona *f*: *A ~ of houses round the lake*, Un cordón de casas alrededor del lago. **II.** *v* ceñir, rodear; FIG coronar.

girl [gɜ:l] *n* **1.** chica *f*, muchacha *f*; niña *f*; joven *f*, moza *f.* **2.** hija *f.* **3.** criada *f*, chica *f.* LOC **~friend**, amiga *f*; novia *f.* **~·hood**, juventud *f*, mocedad *f* (*of a woman*). **~·ish** [-iʃ] *adj* juvenil, propio/a de niña; afeminado. **~·ish·ness** [-iʃnis] *n* aires/modales *m,pl* de niña. **girl·ie** [-i] (*also* **girly**) *adj* (*magazine*) con fotos eróticas de chicas.

gi·ro ['dʒairəu] *n* giro *m.* LOC **Bank ~**, giro *m* bancario. **By ~ transfer**, por giro. **National ~**, giro *m* postal.

girt [gɜ:rt] pret y pp de **gird**.

girth [gɜ:θ] **I.** *n* **1.** perímetro *m*, dimensiones *f,pl.* **2.** circunferencia *f.* **3.** cintura *f*, cincha *f.* **4.** gordura *f*, obesidad *f.* **II.** *v* (**up**) cinchar.

gist [dʒist] *n* esencia *f*, meollo *m*, quid *m.*

give [giv] (*gave, given*) **I.** *v* **1.** dar, regalar. **2.** entregar, asignar. **3.** confiar, dar temporalmente, pasar, ceder. **4.** dedicar, consagrar, sacrificar, ofrecer, entregar (*time, one's life, energies, attention*). **5.** decir, mostrar, dar (*information, details, example*, etc): *That clock ~s the right time*, Ese reloj da la hora exacta. **6.** producir (*milk, light, 8%*). **7.** soltar, dar; hacer dar (*sigh, cry, smile, shout, laugh, whistle*, etc): *She gave a jump*, Ella dio un salto. **8.** pasar, pegar, transmitir (*cold, sickness*). **9.** dar (*beating, blow, kick, push, wash, ring, brushing, pain, pleasure, kiss, smile*). **10.** dar, pronunciar (*lecture, speech, play, concert, song*) **11.** (seguido de *inf*) dar a: *She gave me to understand that you were ill*: Me dio a entender que estabas enfermo. **12.** admitir, conceder, suponer: *Under the ~n conditions...* Supuestas estas condiciones... **13.** dar, imponer, asignar (*punishment*). **14.** pagar, dar a cambio de, dar por: *He gave us £3 to wash his car*, Nos pagó tres libras por lavarle el coche. **15.** brindar por: *Gentlemen, I ~ you the Queen!* ¡Caballeros!, ¡Por la reina! **16.** DEP declarar: *He was ~n offside*, Fue declarado fuera de juego. **17.** dar de plazo: *I don't ~ that marriage more than a year*, No le doy a ese matrimonio (no creo que dure) más de un año. **18.** ceder, dar de sí; hundirse: *It gave under the weight*, Cedió bajo el peso. **19.** dar, resultar, equivaler: *It ~s a total of 20*, Da un total de **20.** LOC **~ or take** (+ número), más o menos. **~ and take**, tira y afloja, toma y daca. **To ~ as good as one gets**, devolver golpe por golpe. **To ~ me sb/sth**, prefiero: *~ me the old songs*, Prefiero las canciones de antes. **To ~ ground**, ceder terreno. **To ~ it to sb (hot/straight)**, SL reñir, dar una paliza. **To ~ oneself**, entregarse (*a una causa*, etc). **To ~** *una causa*, etc). **To ~ teeth to sb**, dar fuerza, hacer fuerte. **To ~ the lie to**, demostrar la falsedad de. **To ~ way**, ceder, dejar paso. **What ~s?**, ¿Qué pasa? **II.** *n* elasticidad *f*: *Leather has plenty of ~ in it*, El cuero da mucho de sí.

give... **~ away**, desperdiciar, desaprovechar (*chance, opportunity, one's work*); sacrificar, tirar por la borda; revelar, delatar, traicionar (*secret, sb*) **~ the game/show away**, descubrir el juego; dar, otorgar, conducir al altar. LOC **~ away the bride**, acompañar al altar. **~ away (to)**, regalar; malvender, deshacerse de; distribuir, repartir. **~ back**, devolver; reflectar, reflejar. **~ forth**, emitir, despedir (*smell, sound*). **~ in (to)**, ceder, darse por vencido: *Don't ~ in to his demands*, No cedas a sus demandas; condescender con; entregar: *~ in your papers to the teacher*, Entregad vuestros trabajos al profesor; dar entrada, registrar. **~ off**, emitir, despedir, echar (*vapour, smell, odour, steam*). **~ on to**, dar a, mirar a: *That door ~s on to the landing*, Esa puerta da al pasillo. **~ out**, acabarse, agotarse; *col* fallar, averiarse; emitir, transmitir; anunciar, hacer público. **~ out (to)**, distribuir, repartir. **~ over**, *col* dejar de, parar. **~ over to**, dar, dejar en custodia; abandonar; FIG dedicar, entregar. **~ up**, dejar, abandonar, renunciar a; MED desahuciar; (+ *n/ger*) dejar de, cortar un hábito (*cigarettes, beer, smoking, drinking*); rendirse, darse por vencido: *Don't ~ up!*, ¡No te rindas! **~ up (to)**, ceder, entregar, rendir (*fortress, castle, spy*): *She gave him up to the police*, (Ella) le entregó a la policía; revelar, descubrir (*secret, information*). **give·away** [,givə'wei] INFML **I.** *adj* gratis, de regalo. LOC **~ price**, ganga. **II.** *n* **1.** regalo *m.* ganga *f.* **2.** revelación *f* involuntaria, indiscreción *f.* **given** [givn] **I.** pp de **give. II.** *adj* dado/a, teniendo, con: *~ money you can do anything*, Con dinero se puede hacer todo. LOC **At a ~ time**, a una hora determinada. **~ name**, nombre de pila. **On a ~ day**, en un día determinado. **To be ~ to (doing) sth**, ser dado a. **giver** ['givə(r)] *n* donante *m,f*, dador/ra.

giz·zard ['gizəd] *n* molleja *f.* LOC **It sticks in my ~**, no lo puedo tragar.

gla·cé ['glæsei] *adj* escarchado/a.

gla·ci·al ['gleisiəl] *adj* glacial (*all senses*). **gla·ci·ation** [gleisi'eiʃn] *n* glaciación *f.* **gla·cier** ['glæsiə(r)] *n* **1.** glaciar *m.* **2.** ventisquero *m.*

glad [glæd] (*comp* **-der**, *sup* **-dest**) *adj* alegre, contento/a, satisfecho/a. LOC **~ rags**, INFML ropa *f* de domingo. **To be ~ about/of**, alegrarse de. **To be ~ that/to**, alegrarse de (que): *I'm ~ to hear that*, Me alegra oír eso. *I would be ~ if...* Me alegraría que... **glad·den** [ən] *v* alegrar, regocijar. **glad·ly** [-li] *adv* alegremente, de buena gana. **glad·ness** [-nis] *n* alegría *f*, gozo *m*, contento *m*. **glad·some** [-sʌm] *adj* POET alegre.

glade [gleid] *n* claro *m* (*in a forest*).

gla·di·ator ['glædieitə(r)] *n* gladiador *m*. **~·ial** [,glædiə'tɔriəl] *adj* de gladiadores.

gla·di·olus [glædi'əuləs] (*pl* **-li** [~lai], **-es**) *n* gladiolo *m*.

glam·our, US **~·or** ['glæmə(r)] *n* encanto *m*, atractivo *m*. **gla·mor·ize**, [~məraiz] *v* embellecer; FIG hacer atractivo: *Some films ~ violence*, Algunas películas hacen atractiva la violencia. **glam·or·ous** [~mərəs] *adj* encantador/ra; atractivo/a.

glance [gla:ns] US [glæns] **I.** *n* **1**. ojeada *f*, vistazo *m*. **2**. destello *m*. **3**. golpe *m* oblicuo. LOC **At a ~**, de un vistazo. **At first ~**, a primera vista. **To take/have/cast a ~**, echar un vistazo. **II.** *v* **1**. **(at)** mirar, echar un vistazo, ojear. **2**. **(away)** apartar la vista. **3**. destellar. **4**. (*cricket*) dar golpe oblicuo. **5**. **(down/ over/through sth)** mirar por encima, hojear (*book*, etc). **6**. **(off)** rebotar: *The blows of the axe glanced off*, Los golpes del hacha rebotaban. **7**. **(round)** dar un vistazo. **glanc·ing** ['gla:nsiŋ] *adj* oblicuo/a.

gland [glænd] *n* ANAT glándula *f*. **gland·ular**, ['glændjulə(r)] *adj* glandular. LOC **~ fever**, mononucleosis *f*.

glare [gleə(r)] **I.** *n* **1**. luz *f* deslumbrante, reverbero *m*, brillo *m*; **2**. FIG mirada *f* feroz, de fuego. **II.** *v* **1**. relumbrar, deslumbrar, reverberar. **2**. **(at)** echar fuego por los ojos, mirar con ferocidad. LOC **To ~ defiance**, mirar retadoramente. **glar·ing** ['gleəriŋ] *adj* **1**. deslumbrador/ra; chillón/na (*color*). **2**. fiero/a, desafiante. **3**. manifiesto/a, notorio/a; (*mistake*) craso/a.

glass [gla:s] US [glæs] *n* **1**. (*material*) cristal *m*, vidrio *m*. **2**. cristalería *f*. **3**. espejo *m*. **4**. barómetro *m*. **5**. (*recipient or contents*) vaso *m*, (*wine*) copa *f*, (*beer*) caña *f*. **6**. **~es**, gafas *f,pl*. lentes *f,pl*, anteojos *m,pl*. **7**. **~es** (también **field ~es**) gemelos *m,pl*, prismáticos *m,pl*. LOC **To raise one's ~ to sb**, brindar por. **Under ~**, en vitrina, en invernáculo. **glas·sy** [-i] *adj* de vidrio, de cristal, espejado/a; cristalino/a; FIG (*eyes, look*) vidrioso/a, mortecino/a. LOC **~ eyed**, de mirada vidriosa, glacial.

glass-..., **~·blower**, *n* soplador *m* de vidrio. **~ blowing**, *n* soplado *m* de vidrio. **~ case**, *n* vitrina *f*. **~ cutter**, *n* cortador *m* de vidrio. **~ eye**, *n* ojo *m* de cristal. **~ fibre**, *n* fibra *f* de vidrio. **~·ful**, *n* vaso *m*. **~ house**, *n* invernadero *m*; SL cárcel *f* militar. **~·paper**, *n* papel *m* de vidrio o lija. **~·ware**, *n* cristalería *f*. **~·works**, *n* fábrica *f* de vidrio.

glaze [gleiz] **I.** *n* (*finish*) vidriado *m*, acristalado *m*. **II.** *v* **1**. (*window, door*) poner vidrio, vidriar. **2**. (*pottery, porcelain, brick*) acristalar, dar acabado de cristal. **3**. FIG lustrar. LOC **To ~ over**, perder viveza, adormecerse. **glaz·ed** [-d] *adj* vidriado/a; (*paper*) satinado; (*eyes*) vidriosos, sin vida; (*picture*) barnizado/a. **gla·zier** ['gleiziə(r)] *n* cristalero/a.

gleam [gli:m] **I.** *n* **1**. destello *m*, rayo *m*. **2**. FIG viso *m*, vislumbre *m*. **3**. FIG (*in eye*) chispa *f*, destello *m*: *There is a gleam of hope*, Hay un rayo de esperanza. **II.** *v* brillar, relucir, destellar. **~ing** [-iŋ] *adj* reluciente.

glean [gli:n] *v* espigar; FIG recolectar, recoger; enterarse. **glean·er** [-ə(r)] *n* espigador/ra. **glean·ings** [-iŋz] *n* fragmentos *m,pl*, retazos *m,pl* recogidos.

glee [gli:] *n* **1**. júbilo *m*, regocijo *m*. **2**. canción *f* para voces sin acompañamiento musical. LOC **~ club**, orfeón *m*, coral *f*. **~·ful** [-ful] *adj* alegre. **~·ful·ly** [-fuli] *adv* alegremente.

glen [glen] *n* cañada *f*.

glen·gar·ry [glen'gæri] *n* gorro *m* escocés.

glib [glib] (*comp* **-ber**, *sup* **-best**) *adj* PEY (*person, politician, salesman*) de mucha labia; (*speech*) elocuente (pero insincero). **glib·ly** [-li] *adv* sin sinceridad. **~·ness** [-nis] *n* palabrería *f*.

glide [glaid] **I.** *n* **1**. deslizamiento *m*, resbalón *m*. **2**. planeo *m*. **3**. (*phonetics*) diptongación *f*. **II.** *v* **1**. deslizarse. **2**. planear. **3**. **(a·way/off, by)**, escurrirse, marcharse, pasar silenciosamente. **glid·er** [-ə(r)] *n* planeador *m*, velero *m*; avión *m* sin motor, US columpio *m*. **glid·ing** [-iŋ] *n* vuelo *m* sin motor, planeo *m*.

glim·mer ['glimə(r)] **I.** *n* **1**. luz *f* tenue. **2**. FIG indicio *m*, sospecha *f*: *There is a ~ of hope*, Hay un rayo de esperanza. **II.** *v* brillar tenuemente.

glimpse [glimps] **I.** *n* vislumbre *m*, visión *f* momentánea. LOC **To catch a ~ of**, vislumbrar. **II.** *v* **(at)** vislumbrar, entrever.

glint [glint] **I.** *n* **1**. destello *m*, fulgor *m*, centelleo *m*. **2**. FIG destello *m*, chispa *f*: *A ~ of anger in his eyes*, Una chispa de cólera en sus ojos. **II.** *v* destellar, centellear.

glis·ten [glisn] *v* centellear, brillar, relucir.

glit·ter ['glitə(r)] **I.** *n* resplandor *m*, brillo *m*. **II.** *v* brillar, relucir: *All that ~s is not gold*, No es oro todo lo que reluce. **~·ing** [-iŋ] *adj* reluciente, brillante.

gloam·ing ['gləumiŋ] *n* crepúsculo *m*.

gloat [gləut] *v* **(over/about)** gozar (con), recrearse (en), saborear. **~·ing·ly** [-iŋli] *adv* con deleite.

globe [gləub] *n* **1**. esfera *f*, globo *m*. **2**. bola *f* del mundo, globo *m* terráqueo. LOC **To ~-trot**, recorrer el mundo. **~-trotter**, trotamundos *m*. **glob·al** [gləubl] *adj* global, general; mundial. **~·ly** ['gləubəli] *adv*, globalmente.

glob·ule ['glɔbju:l] *n* glóbulo *m*. **glob·ul·ar** ['glɔbjulə(r)] *adj* globular.

gloom [glu:m], **gloom·i·ness** ['glu:minis] *n* **1**. penumbra *f*, oscuridad *f*. **2**. FIG melancolía *f*, tristeza *f*, abatimiento *m*, pesimismo *m*. **~ily** [-li] *adv* tenebrosamente; melancólicamente. **gloom·y** [-i] *adj* tenebroso/a, oscuro/a, lóbrego/a; FIG pesimista; melancólico/a, triste, abatido/a.

glo·ri·fy ['glɔ:rifai] *v* **1**. glorificar, adorar. **2**. FIG alabar, ensalzar. **glo·ri·fic·ation** [glɔ:rifi'keiʒn] *n* glorificación *f*. **glo·ri·ous** ['glɔ:riəs] *adj* **1**. glorioso/a. **2**. (*day, view*) esplendoroso/a, magnífico/a. **3**. mayúsculo/a, estupendo/a. **glo·ry** ['glɔ:ri] **I**. *n* **1**. gloria *f*. **2**. esplendor *m*. LOC **~ be!**, ¡Dios mío! **~ hole**, cuarto *m* de los trastos, leonera *f*. **To be in one's ~**, encontrarse en la gloria. **To cover oneself with ~**, cubrirse de gloria. **To go to ~**, irse al cielo, morir. **II**. *v* **(in)** gloriarse (de).

gloss [glɔs] **I**. *n* glosa *f*, comentario *m*. **II**. *v* glosar, comentar. **~·ary** ['glɔsəri] *n* glosario *m*. **III**. *n* lustre *m*, brillo *m*. LOC **~ finish**, acabado *m* brillante. **~ paint**, esmalte *m*. **~ paper**, papel *m* satinado. **To put a ~ on**, acabar con brillo, sacar brillo; FIG explicar. **IV**. *v* **1**. lustrar, pulir, sacar brillo. **2**. **(over)** FIG disculpar, quitar importancia, pasar por alto, encubrir. **gloss·y** ['glɔsi] (*comp* **-ier**, *sup* **-iest**) *adj* **1**. brillante, lustroso/a. **2**. satinado/a. **3**. (*surface*) liso/a. LOC **The glossies**, revista *f*, impresa en papel satinado.

glot·tis ['glɔtis] *n* glotis *f*. **glot·tal** ['glɔtl] *adj* glotal, de la glotis. LOC **~ stop**, (*phonetics*) oclusión glotal.

glove [glɔv] *n* guante *m*. LOC **~ compartment**, guantera *f*. **~ puppet**, títere *m* de guante. **The ~s are off**, las espadas están en alto. **To fit sb/sth like a ~**, ir como anillo al dedo. **glov·ed** [-d] *adj* enguantado/a. **glov·er** [-ə(r)] LOC **~ maker**, guantero/a.

glow [gləu] **I**. *n* **1**. luminosidad *f*, color *m* vivo. **2**. resplandor *m*, luz *f* difusa. **3**. TEC incandescencia *f*. **4**. (*in sky*) arrebol *m*. **5**. (*in cheeks*) rubor *m*. **7**. (*of feelings*) ardor *m*. calor *m*. LOC **~·worm**, luciérnaga *f*. **II**. *v* **1**. arder vivamente, estar candente o al rojo vivo. **2**. brillar. **3**. FIG enardecerse, apasionarse. LOC **To ~ with pleasure/health, etc.**, rebosar de placer/salud/etc. **glow·ing** ['gləuiŋ] *adj* **1**. incandescente, candente. **2**. brillante, intenso/a. **3**. (*cheek*) encendido/a. **4**. ardiente, apasionado/a. **glow·er** ['glauə(r)] **I**. *n* mirada *f* furiosa. **2**. **(at)** *v* mirar con ceño. **glow·ing** [-iŋ] *adj* ceñudo/a. **glow·ing·ly** [-iŋli] *adv* ceñudamente.

glu·cose ['glu:kəus] *n* glucosa *f*.

glue [glu:] **I**. *n* cola *f*, goma *f* de pegar, pegamento *m*. **II**. *v* **1**. pegar, encolar. **2**. FIG pegarse a, estar a todas horas con. **gluey** [-i] *adj* viscoso/a, pegajoso/a.

glum [glʌm] (*comp* **-mer**, *sup* **-mest**) *adj* sombrío/a, taciturno/a, melancólico/a, abatido/a. **glum·ly** [-li] *adv* tristemente.

glut [glʌt] **I**. *n* **1**. exceso *m*, abundancia *f*. **2**. (*of food*) hartazgo *m*, saciedad *f*. **II**. *v* **1**. (*market*) abarrotar, inundar. **2**. hartar, saciar.

glu·ten ['glu:tn] *n* gluten *m*. **glu·tin·ous** ['glu:tənəs] *adj* glutinoso/a.

glut·ton ['glʌtn] *n* **1**. glotón/na. **2**. FIG **(for)** ansioso/a (de): *Be a ~ for work*, No cansarse de trabajar. **~·ous** [-əs] *adj* glotón/na. **glut·ton·y** [-i] *n* glotonería *f*.

gly·cer·in(e) ['gli:səri:n] *n* glicerina *f*.

G-man ['dʒi:mən] *n* US agente secreto federal.

gnarl·ed [na:ld] *adj* **1**. (*tree*) nudoso/a, torcido/a. **2**. (*surface*) rugoso/a. **3**. (*skin*) curtido/a.

gnash [næʃ] *v* rechinar (*teeth*). **~·ers** [-ə(r)z] *n,pl* SL dientes *m,pl*.

gnat [næt] *n* mosquito *m*.

gnaw [nɔ:] (pret **-ed**, pp **-ed/gnawn**) *v* **1**. **(at)** roer; FIG (*doubts, hunger*) atormentar. **2**. **(away/off)** corroer. **gnaw·ing** ['nɔ:iŋ] **I**. *n* roedura *f*; (*stomach*) retortijón *m*. **II**. *adj* **1**. mordisqueante, punzante. **2**. corrosivo/a.

gnome [nəum] *n* **1**. gnomo *m*. **2**. FIG banquero *m* internacional. **gnom·ic** [-ik] *adj* FML gnómico/a, críptico/a, difícil de interpretar.

go [gəu] (*pret* **went**, *pp* **gone**) **I**. *v* **1**. irse, marcharse, partir. **2**. FIG desaparecer, acabarse, esfumarse: *All hope has gone*, Se ha esfumado toda esperanza. **3**. (*time*) pasar, transcurrir: *The night went slowly*, La noche transcurrió lentamente. **4**. (equivalente a *int*) ¡adelante!, ¡vamos!: *Ready, steady, ~!*, Preparados, listos, ¡ya! **5**. ir, funcionar, marchar: *This clock isn't ~ing*, Este reloj no funciona. **6**. romperse, fallar, estropearse; morir: *My sight is ~ing*, Mi vista está empezando a fallar. **7**. (precedido de *can't, must, have to*) desaparecer; (hay que) deshacerse de: *We need the money. The car must ~*, Necesitamos el dinero. Hay que prescindir del coche. **8**. ir, marchar, desplazarse (*in general*): *The car's ~ing too fast*, El coche va demasiado rápido. **9**. valer, aplicar, ser válido: *Anything goes!*, Todo vale. **10**. ir a, dirigirse a. **11**. (+ *ger*) ir de (+ *n*), ir a (+ *inf*): *Let's ~ shopping*, Vamos de compras. **12**. ir para, servir para, contribuir a: *All his money goes to help his parents*, Todo su dinero va para ayudar a sus padres. **13**. funcionar, ir, marchar: *How are things ~ing?* ¿Cómo van las cosas? **14**. ir situado/colocado: *Where do these books ~?* ¿Dónde van (colocados) estos libros? **15**. extenderse, llegar (desde/hasta): *The garden goes down to the river*, El jardín llega hasta el río. **16**. (*saying, tune, song*, etc) decir, rezar; seguir (diciendo): *How does the song ~?* ¿Cómo dice la canción? **17**. (+ *adj/p*) volverse, ponerse, tornarse; pasar: *The milk went sour*, La leche se puso agria. **18**. venderse: *The house went last month*, La casa se vendió el mes pasado. **19**. *aux* **be going to** (+ *inf*) ir a + *inf*: *He's ~ing to buy a new car*, Va a comprarse un coche nuevo. LOC **Easy come, easy ~**, lo que fácil viene, fácil se va. **To ~**, (*food*) para llevar: *Pizzas to ~*, Pizzas para llevar. **To ~ a long way**, dar para mucho. **To ~ bail for sb**, salir fiador. **To be gone (on)**, estar loco/a (por). **To be some months gone**, estar (en estado) de tantos meses: *She's six months gone*, Está de seis meses. **To ~ dutch/shares /halves**, ir a medias. **To ~ easy in/with sb**, tener paciencia. **To ~ everywhere**, servir para todo: *Gold goes everywhere*, El oro vale en todas partes. **To ~ far**, llegar lejos;

triunfar. **To ~ for a walk/swim, etc**, ir a pasear, nadar, etc. **To ~ for a song**, venderse muy barato. **To let oneself ~**, dejarse ir, relajarse. **To let sb/sth ~**, dejar libre, a su aire; abandonar: *They've let the house ~*, Han descuidado la casa. **To ~ like a bomb**, ser un éxito. **To ~ on a journey/trip/outing, etc**, ir de viaje, excursión, etc. **To ~ with a bang/swing**, INFML ir muy bien. **To ~ to extremes**, llegar al límite. **To ~ to pot**, *col* estropearse. **To ~ to sb's head**, (*alcohol, fame, money, success*) subirse a la cabeza. **To ~ to seed**, (*plant*) germinar; (*person*) envejecer. **To ~ to the country**, convocar elecciones. **To ~ to the dogs**, *col* estropearse. **To ~ to the heart of**, ir al grano. **To ~ to the wall**, fracasar, arruinarse. **II.** *n* INFML **1.** fuerza *f*, energía *f*: *He's full of ~*, Está lleno de energía. **2.** intento *m*, empuje *m*. **3.** turno *m*: *It's your ~*, Es tu turno. **4.** trato *m*, acuerdo *m*: *It's a ~!*, ¡Trato hecho! **5.** éxito *m*: *It's all the ~*, Es todo un éxito. **6.** con paso *m* libre, listo/a, funcionando perfectamente: *All systems (are) ~!*, ¡Todo funcionando! **7.** (*illness*) ataque *m*: *I had a bad ~ of flu*, Tuve un ataque de gripe. LOC **At one ~**, de un intento. **(To be) on the ~**, estar (en marcha): *He has three books on the ~*, Tiene tres libros en marcha. **To have a ~ (at sth)**, INFML hacer un intento. **To make a ~ of sth**, triunfar con, tener éxito en.

go... **~ aboard**, subir a bordo. **~ about**, emprender; dedicarse a, preocuparse de; virar. **~ about/around/round**, (*person*) ir por ahí, andar; (*news, rumour*, etc) circular, andar de boca en boca. **~ abroad**, ir al extranjero. **~ across**, cruzar, atravesar; llegarse a; (*idea, theory*) ser aceptada. **~ after**, ir tras/en pos de, perseguir. **~ against**, ir contra, oponerse a. LOC **~ against the/one's grain**, ir contra la naturaleza o forma de ser de uno. **~ aground**, (*ship*) encallar. **~ ahead**, progresar; adelantarse. **~ along**, progresar, avanzar. **~ along with**, acompañar; estar de acuerdo, aprobar. LOC **~ along with you!**, ¡No me digas! **~ around/round**, *col* haber suficiente; (*illness*) extenderse, abundar: *There is a lot of flu ~ing around*, Hay mucha gripe por ahí. **~ aside**, apartarse, hacerse a un lado. **~ astray (from)**, perderse, extraviarse. **~ at**, atacar; (*product*) venderse a (un precio). **~ away**, irse, marcharse; escaparse; desaparecer, morir. **~ back**, volver (*in space*); retroceder (*in time*); FIG empeorar; remontarse a, datar de. **~ back on/upon**, retractarse, volverse atrás; traicionar.**~ back to** (*+ ger*), volver a (hacer): *Will you ever ~ back to teaching?*, ¿Volverás otra vez a enseñar algún día? **~ before**, comparecer ante. **~ beyond**, exceder, sobrepasar.**~ by**, pasar junto a; (*time*) pasar, transcurrir; atenerse a (*rule, advice, map*). **~ down**, bajar, descender; caer, derrumbarse; enfermar; morir; hundirse, ahogarse; perder fuerza o intensidad; bajar de precio; inscribirse; perdurar; (*food*) comerse o beberse bien: *This wine goes down very well*, Este vino entra muy bien. **~ down on one's knees**, postrarse de rodillas. **~ down before/to**, caer/sucumbir ante. **~ down with**, caer bien, congeniar. **~ for**, (*get*) ir por, ir a buscar; (*be fond of*) ser aficionado a: *I don't ~ for modern art*, No me gusta el arte moderno; *col* atacar; contar, tener a favor: *He has nothing ~ing for him*, No tiene nada a su favor. **~ forth**, surgir, salir; publicarse. **~ home**, irse a casa; morir; dar en el blanco. **~ in**, entrar; caber, encajar; (*time, money*) irse, gastarse en. **~ in for**, tomar parte, participar en; tener afición a. **~ in/into**, entrar bajo techado. **~ into**, caber, entrar; MAT ser divisible; ingresar, entrar en (*club, organization*, etc); entrar en (*coma, fit, convulsions, a panic*); vestirse de, meterse (*jeans, mourning, long trousers*); entrar en, examinar, analizar (*details, problem*); andar en; chocar contra. **~ off**, salir, irse, marcharse; (*pain, sorrow*) desaparecer; (*product*) venderse rápidamente; (*lights*) apagarse; perder la consciencia, quedarse dormido; (*pistol, gun, bomb, alarm*) detonar, hacer explosión; SL eyacular; (*food*) agriarse; perder calidad; salir, resultar: *It all went off well*, Todo resultó muy bien; dejar de gustarle a uno: *I've gone off beer*, Ha dejado de gustarme la cerveza. LOC **~ off one's head/nut/rocker/chump**, SL volverse loco. **~ off the deep end**, *col* enfadarse. **~ off the rails**, *col* sacar los pies del plato. **~ off at a tangent**, salirse por la tangente. **~ off into**, prorrumpir en. **~ on**, empezar (a tomar) (*a diet, the pill*); basarse, apoyarse en (*evidence, rumour, gossip, social security*); (*money, efforts*) ir a, gastarse en; ocurrir (*progressive*): *What's ~ing on?*, ¿Qué está pasando?; (*time, days*) transcurrir, pasar; encenderse, empezar a funcionar; (*aux + ger*) continuar, seguir (haciendo): *~ on singing*, Sigue cantando; agregar, añadir; continuar sin cambio: *How long will this hot weather ~ on?*, ¿Cuánto tiempo va a seguir este calor así? **~ on television**, salir en televisión. **~ on at**, quejarse, reñir. **~ on for**, acercarse a una edad/hora: *It's ~ing on for eight*, Son casi las ocho. **~ on to**, pasar a (*deal with, eat*, etc); adoptar (*habit*). **~ out**, salir a la calle; (*woman*) dejar la casa para trabajar; (*news*, etc) hacerse público; dejar de estar de moda; dejar el poder; ponerse en huelga; (*tide*) bajar; quedar inconsciente, desmayarse; morir, extinguirse; acabar. **~ over**, rebasar, exceder; examinar, revisar; reparar; repasar, ensayar. **~ over (from) to**, pasarse a, cambiar a; (*broadcast*) dar paso a. **~ overboard**, caerse por la borda. **~ overboard about/for**, *col* chiflarse por. **~ past**, pasar junto a. **~ round**, girar, dar vueltas; ir alrededor de; FIG repetir incesantemente, machacar; visitar, inspeccionar; acercarse a visitar. **~ through**, pasar, cruzar; FIG experimentar, sufrir (*pain, war, fire*, etc); revisar, repasar; consumir, acabar con (*fortune, inheritance, food*); (*agreement, deal, marriage*) acabar, concluir. **~ through with**, completar, terminar. **~ to**, acomodarse, ir bien a. ~ **to/towards**, contribuir a. ~ **under**, hundirse, sumergirse, ~ **under the name/guise of**, tener el nombre/la apariencia de. ~ **under(ground)**, ocultarse, vivir escondido. ~ **under (to)**, sucumbir, perecer (ante). ~ **up**, subir, ascender; levantarse; edificarse, construirse; elevarse por los aires; (*price, pressure, temperature*) subir, incrementarse; ir al Norte; subir de categoría. ~ **with**, FIG ser consecuencia de; FIG estar de acuerdo; caer o sentar bien; hacer juego (con). ~ **without**, arreglarse/pasar sin.

go..., ~**ahead**, **I**. *n* permiso *m* para empezar o continuar, luz *f* verde. **II**. *adj* emprendedor/a. ~-**between**, *n* **1**. intermediario/a, mediador/a. **2**. mensajero/a; alcahuete/a. ~-**by**, *n* desaire *m*. LOC **To give sb the** ~, ignorar, no hacer caso. ~-**getter**, *n* INFML persona *f* ambiciosa y emprendedora. ~-**slow**, *n* huelga *f* de celo.

goad [gəud] **I**. *n* **1**. aguijada *f*, aguijón *m*. **2**. FIG aguijón *m*, estímulo *m*. **II**. *v* **1**. aguijonear, picar; irritar. **2**. FIG **(into)** incitar (a), provocar. **3**. empujar: ~*ed by ambition*, Empujado por la ambición.

goal [gəul] *n* **1**. objetivo *m*, meta *f*; ambición *f*. **2**. DEP meta *f*, portería *f*. **3**. DEP gol *m*, tanto *m*. LOC ~**area**, área *f* de meta. ~**keeper**, guardameta *m*, portero *m*. ~-**kick**, saque *m* de puerta. ~-**mouth**, portería *f*. ~-**post**, larguero *m*, portería *f*. **To keep** ~, hacer de guardameta. **To score a** ~, marcar un tanto/gol.

goat [gəut] *n* **1**. cabra *f*; macho *m* cabrío. **2**. SL viejo *m* verde. LOC ~·**herd**, cabrero *m*. ~·**skin**, piel *f* de cabra. **To get sb's** ~, SL mosquear, SL cabrear. **goat·ee** [gəu'ti:] *n* barbas *f,pl* de chivo, perilla *f*. **goat·ish** ['gəutiʃ] *adj* lascivo; SL salido.

gob [gɔb] *n* **1**. salivazo *m*. **2**. SL boca *f*.

gob·bet ['gɔbit] *n* **1**. bocado *m*, pedazo *m*. **2**. FIG fragmento *m* (texto).

gob·ble ['gɔbl] **I**. *n* (*of turkey*) gluglú *m*. **II**. *v* **1**. (*of turkey*) gluglutear. **2**. **(up)** engullir, tragar con avidez. **gob·bler** [-ə(r)] *n* US pavo *m*. **gob·ble·de·gook, ~·dy·gook** ['gɔbldigu:k] *n* jerga *f* burocrática; prosa *f* enrevesada.

gob·let ['gɔblit] *n* copa *f*.

gob·lin ['gɔblin] *n* duende *m*, trasgo *m*.

god [gɔd] *n* **1**. dios *m* (**god·dess** ['gɔdis] diosa *f*). **2**. **the** ~**s**, (*theatre*) gallinero *m*. LOC **For** ~**'s sake!**, ¡por Dios! ~ **forbid**, Dios no lo permita. ~ **knows**, Dios sabe, quién sabe. ~ **willing**, si Dios quiere. **Please** ~, quiera Dios, (*obsolete*) plegue a Dios. **Thank** ~, gracias a Dios. **god-...**, ~**awful**, *adj* terrible, malo/a. ~·**child/~·daughter/~·son**, *n* ahijado/a. ~-**damn(ed)**, *adj/adv* INFML maldito/a, puñetero/a. ~·**father/~·mother/~·parents**, *n* padrino, madrina, padrinos (*de bautismo*). ~-**fearing**, *adj* temeroso de Dios; timorato/a. ~-**forsaken**, *adj* dejado/a de la mano de Dios, abandonado/a; alejado/a, remoto/a. ~-**head**, *n* divinidad *f*. ~-**less**, *adj* impío/a, descreído/a. ~-**like**, *adj* (de aspecto) divino. ~·**liness**, *n* santidad *f*, piedad *f*. ~-**ly**, *adj* piadoso/a. ~-**send**, *n* merced *f* divina, regalo *m* celestial. ~-**speed**, *n* **1**. *n* buen viaje *m*. **2**. *int* ¡vaya con Dios! LOC **To bid/Wish** ~**-speed**, desear buen viaje.

goer ['gəuə(r)] *n* **1**. persona *f* activa, emprendedora. **2**. (*woman*) devorahombres, marchosa. **3**. (*in compounds*) asiduo/a de: *Opera-goer*, Asiduo de la ópera.

gog·gle ['gɔgl] **I**. *v* **1**. salírsele a uno los ojos de las órbitas. **2**. **(at)** mirar con ojos desorbitados, sin comprender. LOC ~-**box**, INFML caja *f* tonta, televisor *m*. ~-**eyed**, de ojos saltones. **II**. ~**s** *n,pl* gafas *f,pl* (*for diving, driving*, etc).

go·ing ['gəuiŋ] **I**. *n* **1**. ida *f*, marcha *f*, partida *f*. **2**. paso *m*, ritmo *m*, velocidad *f*: *That's not bad* ~, Eso es ir rápido, Eso va bien. *Good* ~*!* ¡Bien hecho! **3**. estado *m* (*of road, track*, etc): *The road is hard* ~, La carretera está muy mal. **II**. *adj* próspero/a, funcionando bien. **go·ing-over** [,-'əuvə(r)] *n* **1**. registro *m*, inspección *f*. **2**. paliza *f*. **go·ings-on** [,-'ɔn] *n* INFML tejemaneje *m*; actividad *f* extraña o sospechosa.

goi·tre ['gɔitə(r)] US **goit·er** [-ə(r)] *n* bocio *m*. **goi·trous**, [-əs] *adj* con bocio.

gold [gəuld] *n* oro *m* **gold-...**, ~-**digger**, *n* buscador *m* de oro; SL (*woman*) aventurera (*that uses her sexual attractions*). ~-**dust**, *n* oro en polvo. ~ **fever/~-rush**, *n* fiebre *f* del oro. ~-**field**, *n* campo *m* aurífero. ~-**filled**, *adj* chapado/a en oro. ~-**foil/~-leaf**, *n* pan *m* de oro. ~-**plate**, *n* vajilla *f* de oro. ~·**smith**, *n* orfebre *m*. ~ **standard**, *n* patrón *m* oro.

gold·en ['gəuldən] *adj* **1**. de oro, dorado/a, áureo/a. **2**. FIG (*deed*) glorioso/a. **3**. (*hours, hair*) dorado/a. **3**. FIG (*time*) de oro, dorado: *The ~ sixties*, Los dorados años sesenta. **4**. FIG (*opportunity*) excelente. LOC ~ **age**, edad *f* de oro. ~ **handshake**, regalo *m* (espléndido) de jubilación. ~ **jubilee**, 50º aniversario *m*. ~ **rule**, regla *f* de oro. ~ **wedding**, bodas *f,pl* de oro. **The** ~ **mean**, el justo medio. **To kill the goose that lays the** ~ **eggs**, matar a la gallina de los huevos de oro.

gold·finch ['gəuldfintʃ] *n* jilguero *m*.

gold·fish ['gəuldfiʃ] *n* pez *m* de colores. LOC ~ **bowl**, pecera *f*.

golf [gɔlf] **I**. *n* golf *m*. **II**. *v* jugar al golf. **golf·er** [-ə(r)] golfista *m,f*.

golf-..., ~·**ball**, *n* **1**. pelota *f* de golf. **2**. esfera *f* impresora, ~ **club**, *n* club *m* de golf. ~-**club**, *n* palo *m* de golf. ~-**course/~-links**, *n* campo *m* de golf.

gol·li·wog ['gɔliwɔg] muñeco *m* negrito.

go·losh V. **galosh**.

go·nad ['gəunæd] *n* gónada *f*.

gon·do·la ['gɔndələ] *n* **1**. góndola *f*. **2**. barquilla *f* (*of balloon or cable railway*). **3**. estantería *f* (*in a self-service shop*). **gon·do·li·er** [gɔndə'liə(r)] *n* gondolero *m*.

gone [gɔn] US [gɔ:n] **I**. *pp* de **go**. **II**. *adj* **1**. desaparecido/a, ido/a: *Be ~!, Get you ~!* ¡Lárgate! **2**. pasado/a. **3**. loco/a, ido/a. LOC **Far** ~, adelantado/a. **Going, going,** ~**!**, (*auction* *sale*) A la una.., a las dos..., a las tres! **To be ~ on**, estar loco por.

gon·er ['gɔnə(r)] *m* (dado a/por) muerto/a; desahuciado/a.

gong [gɔŋ] *n* gong *m*. **2**. INFML medalla *f*. condecoración *f*.

gonna ['gɔnə] US **going to**.

goo [gu:] *n* **1**. sustancia *f* pegajosa o viscosa. **2**. lenguaje *m* sentimental; sentimentalismo *m*.

good [gud] **I**. (*comp* **better** [betə(r)], *sup* **best** [best]) *adj* bueno/a. LOC **A ~** (+ *amount*), como mínimo: *A good 10 miles*, Diez millas como mínimo. **~ and proper**, completamente, rotundamente. **~ at**, hábil, diestro en. **~ for**, bueno para. **~ Friday**, Viernes Santo. **~ to**, portarse bien con. **~ with**, bueno, habilidoso con. **II**. *n* **1**. bien *m*; provecho *m*, utilidad *f*. LOC **For ~ (and all)**, de una vez (por todas). **For ~'sake**, ¡Por Dios! **For the ~ of**, por el bien de. **It is no ~** (+ *ger*), no sirve de nada (+ *inf*). To give as ~ as one gets, pagar con la misma moneda. **Thank ~**, ¡Gracias a Dios! **To be up to no ~**, INFML andar tramando algo. **To do sb· ~**, sentar bien (a). **To the ~**, de sobra: *We are £300 to the good*, Tenemos 300 libras de sobra. **What is the ~ of...?**, ¿De qué sirve...? **2**. **~s**, productos *m,pl*, mercancías *f,pl*. LOC **~s station**, estación de mercancías. **~s train**, tren de mercancías. **goody** ['gudi] *n* **1**. golosina *f*, capricho *m*. **2**. beato/a, santurrón/na. **3**. héroe, el bueno: *The goodies and the baddies*, Los buenos y los malos.

good-..., **~-bye**, *n/int* adiós *m*. **~-for-nothing**, *n/adj* holgazán/na, inútil *m,f*. **~-hearted**, *adj* generoso. **~·ish**, *adj* aceptable; (*distance, amount*) bastante. **~·liness**, *n* hermosura *f*, excelencia *f*. **~ly**, *adj* hermoso/a; (*sum, amount*) bastante. **~-looking**, *adj* bien parecido/a, guapo/a. **~-natured**, *adj* bondadoso/a. **~·ness**, *n* **1**. bondad *f*. **2**. (*food, soil*) esencia *f*, sustancia *f*. **~·will**, *n* **(towards)** buena voluntad (hacia); buena gana; (*commerce*) buen nombre *m*, clientela *f*.

goo·ey ['gu:i] (*comp* **-ier**, *sup* **-iest**) *adj* viscoso/a, pegajoso/a.

goof [gu:f] SL **I**. *n* **1**. bobo/a. **2**. estupidez *f*. **II**. *v* meter la pata. **goo·fy** [-i] *adj* SL bobo/a.

goon [gu:n] US SL *n* **1**. tonto/a, tontuelo/a. **2**. matón *m* a sueldo, gorila *m*.

goose [gu:s] (*pl geese* [gi:s]) *n* **1**. ganso/a; oca *f*; (*wild*) ánsar *m*. **2**. FIG tonto/a, ganso/a. LOC **To cook sb's ~**, hacer la pascua a alguien. **~-flesh/~-pimples**, *n* carne *f* de gallina. **~-step**, *n* paso *m* de oca.

goose·ber·ry ['guzbəri] *n* grosella *f* espinosa. LOC **To play ~**, hacer de carabina.

gore [gɔ:] **I**. *n* **1**. derramamiento *m* de sangre: *A story with too much ~*, Una historia con demasiada sangre. **2**. (*in dress, skirt*) nesga *f*. **II**. *v* **1**. (*sew*) nesgar. **2**. cornear.

gorge [gɔ:dʒ] *n* **1**. ANAT y GEOG garganta *f*; cañón *m*, barranco *m*. LOC **My ~ rises at sth**, algo me da náuseas/asco. **2**. (*meal*) atracón *m*. **II**. *v* engullir; **(oneself on/with sth)** hartarse (de), atracarse (con).

gor·ge·ous ['gɔ:dʒəs] *adj* magnífico/a, vistoso/a, suntuoso/a; hermoso/a. **~·ness** [-nis] *n* magnificencia *f*, vistosidad *f*. **gor·ge·ous·ly** [-li] *adv* vistosamente.

go·ril·la [gə'rilə] *n* gorila *m*.

gor·mand·ize ['gɔməndaiz] *v* comer con glotonería.

gorse [gɔ:s] BOT tojo *m*, aulaga *f*.

gor·y ['gɔ:ri] *adj* ensangrentado/a, sangriento/a; violento/a.

gosh [gɔʃ] SL ¡Cielos!

gos·hawk ['gɔshɔ:k] *n* azor *m*.

gos·ling ['gɔzliŋ] *n* ansarino *m*.

gos·pel ['gɔspel] *n* evangelio *m*. **2**. US espiritual *m* negro.

gos·sa·mer ['gɔsəmə(r)] *n* telaraña *f*; gasa *f* muy fina.

gos·sip ['gɔsip] **I**. *n* **1**. (*conversation*) comadreo *m*, murmuración *f*, habladurías *f,pl*. **2**. (*person*) chismoso/a, criticón/na; comadre *f*. LOC **~ column**, gacetilla *f*, crónica *f* de sociedad. **Piece of ~**, chisme *m*. **II**. *v* charlar; chismorrear. **gos·sip·y** [-i] *adj* (*person*) chismoso/a; (*letter*, etc) lleno/a de chismes.

got pret y pp de **get**.

gotta ['gɔtə] US INFML = **(have) got to.**

got·ten ['gɔtn] US pp de **get**.

Goth [gɔθ] *n* godo *m*; FIG bárbaro *m*. **Goth·ic** [-ik] *adj* gótico/a; godo.

gouge [gaudə] **I**. *n* gubia *f*. **II**. *v* acanalar; **(out)** abrir con gubia. US SL estafar.

gourd ['guəd] *n* calabaza *f*.

gour·mand ['guəmənd] *n* glotón/na.

gour·met ['guəmei] *n* gurmet *m,f*.

gout [gaut] *n* MED gota *f*. **gouty** [-i] *adj* gotoso/a.

gov·ern ['gʌvn] **1**. gobernar, regir; GRAM regir. **2**. (*feelings, passion, temper*) dominar, controlar. LOC **~·ing board/body**, junta *f* directiva. **~·ing principle**, principio *m* rector. **~·able** [-əbl] *adj* dócil, gobernable. **~·ess** [-is] *n* institutriz *f*, gobernanta *f*; (*province*) Gobernadora *f*. **~·ment** [-mənt] *n* gobierno *m*; GRAM régimen *m*. rección *f*. **~·ment·al** [-mentl] *adj* gubernativo/a. **gov·ern·or** ['gɔvənə(r)] *n* **1**. (*province, state*) gobernador *m*; (*bank*) director *m*; (*prison*) alcaide *m*. **2**. (*boss*) jefe *m*; (*father*) progenitor *m*; *col* viejo *m*. **3**. TEC regulador *m*.

gown [gaun] *n* (*dress*) vestido *m*; (*university*) toga *f*. LOC **Ball-~**, traje *m* largo. **gown·ed** [-d] *adj* togado/a, con toga.

grab [græb] **I**. *v* **1**. agarrar, asir, coger (con fuerza); FIG (*opportunity, chance*) aprovechar. **2**. **(from)** arrebatar (a); apropiarse (de). **~ at**, tratar de agarrar, **II**. *n* **1**. asimiento *m*. **2**. TEC gancho *m*, cuchara *f*, draga *f*. LOC **Up for ~s**, US INFML a disposición del primero que llegue. **~·ber** [-ə(r)] *n* avaro/a, ladrón/na. **3**.

grace [greis] **I**. *n* **1**. (*attractiveness*) gracia *f*, elegancia *f*. **2**. (*God, favour*) gracia *f*. **3**. (*deferment*) demora *f*, prórroga *f*. **4**. (*at table*) bendición *f* de la mesa: *Father said (a) ~*, Nuestro padre bendijo la mesa. LOC **Period of ~**, plazo (de carencia). **The G~s**, las Gracias. **To be in sb's good ~s**, gozar del favor de. **To get into sb's good ~s**, congraciarse con alguien. **To have the ~ to do sth**, tener la amabilidad de hacer algo. **With (a) good/bad grace**, de buen/mal talante. **Your G~**, (*duke, duchess*) Vuestra Ilustrísima, (*archbishop*) Monseñor. **II.** *v* **1**. (*make attractive*) adornar, embellecer. **2**. (*favour*) favorecer, honrar. **~·ful**, [-ful] *adj* agraciado/a, elegante, grácil. **~·fulness**, [-fulnis] *n* gracia *f*, elegancia *f*. **~·less**, [-lis] *adj* sin gracia o elegancia; (*sinner*) réprobo/a.

gra·ci·ous ['greiʃəs] *adj* (*person*) clemente, generoso/a; (*behaviour*) generoso/a. **~·ly** [-li] *adv* generosamente, graciosamente. **~·ness** [-nis] *n* clemencia *f*, generosidad *f*. LOC **Good ~!**, ¡Caramba!

grad·ation [grə'deiʃn] *n* graduación *f*, gradación *f*; escalonamiento *m*.

grade [greid] **I.** *n* grado *m*; (*mark*) nota *f*; (*level*) nivel *m*; (*quality*) clase *f*, calidad *f*. LOC **~ crossing**, US (= **level crossing**) paso *m* a nivel. **~ school**, US escuela *f* primaria. **To make the ~**, INFML graduarse; triunfar, tener éxito. **II.** *v* catalogar, clasificar; (*school*) calificar; (*ground*) nivelar, explanar.

gra·di·ent ['greidiənt] *n* declive *m*, desnivel *m*, pendiente *f*.

gra·du·al ['grædʒuəl] *adj* gradual, progresivo/a.

gra·du·ate **I.** ['grædʒueit] *v* (*school*) graduar(se); licenciarse (*universidad*); (*rule*) graduar. **II.** ['grædʒuət] *n/adj* licenciado/a, graduado/a. **gra·du·ation** [-eiʃn] *n* graduación *f*.

graft [gra:ft] US [græft] **I.** *n* **1**. MED, AGR injerto *m*. **2**. estafa *f*, chanchullo *m*. LOC **hard ~**, SL trabajo *m* duro. **graft·er** [-ə(r)] *n* trabajador/ra; US estafador/ra, timador/ra. **II.** *v* **(in/on/onto)** MED, AGR injertar (en).

gra·ham [greiəm] **~ bread**, pan *m* integral.

Grail [greil] *n* Grial *m*.

grain [grein] **I.** *n* grano *m*, cereales *m,pl*. **2**. (*wood*) hebra *f*, fibra *f*; (*stone*) veta *f*; (*leather*) flor *f*; (*cloth*) granilla *f*; (*photograph*) granulado *m*. **3**. partícula *f*, pizca *f*. LOC **(To be/go) against the ~**, desagradar, ir contra la forma de ser: *It goes against the ~ for me to borrow money*, Va contra mi manera de ser pedir dinero prestado. **Dyed in the ~**, teñido en rama. **II.** *v* vetear. **~·ing** [-iŋ] *n* veteado *m*.

gram·mar ['græmə(r)] *n* gramática *f*. LOC **~ school**, instituto *m* (de bachillerato); (*private*) colegio *m*; US escuela *f* intermedia. **~·ian** [grə'meəriən] *n* gramático *n*, **gram·mat·ic·al** [grə'mætikl] *adj* gramático/a, gramatical.

gram(me) [græm] *n* gramo *m*.

gram·o·phone ['græməfəun] *n* gramófono *m*, fonógrafo *m*.

gram·pus ['græmpəs] *n* **1**. ZOOL orca *f*. **2**. *n/adj* roncador/ra.

gran·ary ['grænəri] *n* granero *m*.

grand [grænd] *adj* **1**. grandioso/a, espléndido/a, magnífico/a; (*event*) noble, magno/a; gran(de), estupendo/a; (*person*) distinguido/a; (*with title*) Gran: *~ Duke*, Gran Duque; (*style*) sublime, solemne, elevado/a. **2**. (*también* **~ piano**) piano *m* de cola. **3**. SL billete *m* de mil dólares o libras. LOC **~ jury**, US jurado de acusación. **To have a ~ time**, pasarlo estupendamente. **grand...**, **gran(d)dad**, *n* FAM abuelito *m*. **grandam(e)**, *n* abuela *f*; anciana *f*. **~·child**, *n* nieto/a. **~ clock**, *n* reloj *m* de pie. **~·daughter**, *n* nieta *f*. **~·father**, *n* abuelo *f*. **~·ma**, *n* abuelita *f*. **~·mother**, *n* abuela *f*. **~·pa**, *n* abuelito *f*. **~ parents**, *n,pl* abuelos *m,pl*. **~·son**, *n* nieto *m*. **~·stand**, *n* tribuna *f*.

gran·dee [græn'di:] *n* grande de España.

grand·eur ['grændʒə(r)] grandiosidad *f*, grandeza *f*, magnificencia *f*. LOC **Delusions of ~**, delirios *m,pl* de grandeza.

gran·di·lo·quence [græn'diləkwəns] *n* grandilocuencia *f*. **gran·di·lo·quent** [græn'diləkwənt] *adj* grandilocuente.

gran·di·ose ['grændiəuz] grandioso/a; PEY exagerado/a. **~·ness** [-nis] = **gran·deur**.

grange [greindʒ] *n* granja *f*, cortijo *m*, casa *f* de campo.

gran·ite ['grænit] *n* granito *m*. **gran·it·ic** [græ'nitic] granítico/a.

gran·ny, gran·nie ['græni] *n* abuelita *f*.

grant [gra:nt] **I.** *n* donación *f*, concesión *f*; JUR otorgamiento *m*, cesión *f*; (*subsidy*) subvención *f*, pensión *f*; (*for study*) beca *f*. **II.** *v* conceder, otorgar; JUR ceder, donar; FML (*proposition*) asentir, admitir. LOC **God ~!**, ¡Dios lo quiera!, ¡ojalá! **~·ing this to be so**, suponiendo que sea así. **grant·ed** [-id] *adv* de acuerdo. LOC **~ that**, dado que. **To take sb/sth for ~**, dar por supuesto/descontado. **grant-...**, **~-in-aid**, *n* subvención *f*; pensión *f*. **~·or**, *n* JUR cesionista *m,f*.

gran·ule ['grænju:l] *n* gránulo *m*, grano *m* pequeño. **gran·u·lar** ['grænjulə(r)] *adj* granular. **gran·ul·ate** ['grænjuleit] *v* granular(se). **gran·ul·ation** [~'leiʒən] *n* granulación *f*.

grape [greip] *n* uva *f*. LOC **~·fruit**, toronja *f*, pomelo *m*. **~·shot**, metralla *f*. **~·sugar**, glucosa *f*, dextrosa *f*. **~·vine**, vid *f*, parra *f*; SL rumores *m,pl*; sistema *m* de comunicación clandestina. **Sour ~s!**, ¡Están verdes! **Unfermented ~ juice**, mosto *m*.

graph [gra:f] US [græf] *n* gráfico *m*. LOC **~ paper**, papel *m* cuadriculado. **graph·ic** [-ik] *adj* gráfico/a. LOC **~ arts**, artes *f,pl* gráficas. **~·ite** [-ait] *n* grafito *m*. **~o·lo·gy** [-ɔlədʒi] *n* grafología *f*. **~o·lo·gist** [-ɔlədʒist] *n* grafólogo/a.

grap·nel ['græpnəl] *n* NAUT rezón *m*, arpeo *m*.

grap·ple ['græpl] **I.** *n* **1**. NAUT rezón *m*, arpeo *m*; TEC garfio *m*. **2**. agarre *m*; (*wrestling*) presa *f*. **II.** *v* **(with)** aferrarse a, agarrar, asir; (*fight*) luchar a brazo partido con; FIG debatir, tratar de resolver. **grap·pling-iron** [-iŋ,aiən] *n* arpeo *m*, garfio *m*.

grasp [gra:sp] **I.** *n* asimiento *m*, agarre *m*; (*range*) alcance *m*; (*understanding*) comprensión *f*. LOC **To have a good ~ of**, conocer a fondo. **To lose one's ~**, soltarse, no poder seguir agarrado. **Within the ~ of**, al alcance de. **II.** *v* **1.** agarrar, asir; (*arm, tool*) empuñar; (*hand*) estrechar; (*opportunity*) aferrarse a, aprovechar, no dejar escapar; (*seize*) apoderarse de; FIG (*proposition*) comprender. **2. (at)** hacer por agarrar; (*opportunity*) intentar aprovechar. **~·ing** [-iŋ] *adj* codicioso/a, tacaño/a, avaro/a.

grass [gra:s] US [græs] **I.** *n* **1.** hierba *f*; (*sward*) césped *m*; (*grazing*) pasto *m*. **2.** SL marijuana *f*, hierba *f*. **3.** SL chivato/a, confidente *m, f* de la policía. LOC **To go to ~**, ir al pasto; FIG retirarse, descansar. **To keep off the ~**, prohibido pisar el césped. **To put out to ~**, echar al pasto; INFML obligar a retirarse por la edad. **II.** *v* **1.** (*land*) cubrir de hierba; (*cattle*) apacentar. **2. (on)** SL chivarse (a la policía). **gras·sy** [-i] *adj* lleno/a de hierba; herbáceo/a.

grass-..., **~·hopper**, *n* saltamontes *m*. **~·land(s)**, *n* tierra *f* de pastos, pradera *f*. **~·plot**, *n* césped *m*. **~·roots**, *n,pl* US (*politics*) bases *f,pl*, ciudadano *m* medio. **~·widow(er)**, *n* rodríguez *m*.

grate [greit] **I.** *n* parrilla *f*; reja *f*; (*fireplace*) hogar *m*. **II.** *v* **1.** (*food*) rallar; (*teeth*) (hacer) rechinar, dar dentera *f*. **2. ((up)on)** irritar. LOC **To ~ on the ear**, herir el oído. **To ~ on the nerves**, atacar los nervios. **grat·er** ['greit(r)] *n* rallador *m*. **grat·ing** ['greitiŋ] **I.** *adj* irritante; rechinante; (*tone*) áspero/a. **II.** *n* **1.** reja *f*, verja *f*. **2.** rechinamiento *m*.

grate·ful ['greitful] *adj* (*person*) **(to sb for sth)** agradecido/a, reconocido/a (a alguien por algo).

grat·ify ['grætifai] *v* satisfacer, complacer. **~·ing** [-iŋ] *adj* grato/a, satisfactorio/a. **grat·ifi·ca·tion** [grætifi'keiʃn] *n* FAM (*reward*) recompensa *f*; (*pleasure*) satisfacción *f*, placer *m*.

gra·tis ['greitis] *adv* gratis.

grat·i·tude ['grætitju:d] *n* gratitud *f*, agradecimiento *m*, reconocimiento *m*. **gra·tu·it·ous** [grə'tju:itəs] *adj* PEY (*violence, insult, lie*) innecesario/a. **gra·tu·ity** [grə'tu:əti, US -'tu:-] *n* gratificación *f*, propina *f*.

grave [greiv] **I.** *adj* grave; importante; (*tone*) solemne, serio/a. **II.** *n* fosa *f*, sepultura *f*; (*monument*) sepulcro *m*. LOC **~-digger**, enterrador *m*, sepulturero *m*. **~·stone**, lápida *f* (de sepultura). **~·yard**, camposanto *m*, cementerio *m*. **grave·ly** [-li] *adj* gravemente, seriamente. **grave·ness** [-nis] *adj* gravedad *f*, seriedad *f*.

grav·el ['grævl] **I.** *n* grava *f*, recebo *m*. **2.** *v* engravar, cubrir con grava, recebar. **grav·el·ly** [-i] *adj* (cubierto/a) de grava; (*voice*) profundo/a.

grav·en ['greivn] *adj* grabado/a. LOC **~ image**, ídolo *m*.

grav·ing dock ['greviŋ'dɔk] *n* dique *m* de carena.

grav·it·ate ['græviteit] *v* **1.** gravitar, girar. **2.** FIG **(to(wards))** girar, derivar (hacia); (*person*) sentirse atraído (hacia). **grav·it·ation** [,grævi'teiʃn], *n* gravitación *f*. **grav·it·ation·al** [,grævi'teiʃənəl] *adj* gravitatorio/a, gravitacional. **grav·ity** ['græviti] *n* gravedad *f*; seriedad *f*, solemnidad *f*. LOC **Centre of ~**, centro *m* de gravedad. **Specific ~**, peso *m* específico.

gra·vy ['greivi] *n* **1.** salsa *f*, jugo *m* (de carne). **2.** US SL chollo *m*, dinero *m* fácil. LOC **~ boat**, salsera *f*. **To get on the ~ train**, SL ponerse las botas, hacer dinero fácil.

gray [grei] = **grey**.

graze [greiz] **I.** *v* **1.** (*cattle*) pacer, pastar; apacentar, pastar; (*grass*) pacer; (*field*) dedicar a pasto. **2. (against/on)** rozar, raspar (contra). **II.** *n* roce *m*, desolladura *f*, abrasión *f*.

gra·zi·er ['greiziə(r)] *n* ganadero *m*.

grease **I.** [gri:z] *v* engrasar. LOC **To ~ sb's palm**, INFML sobornar, comprar. **II.** [gri:s] *n* grasa *f*; (*dirt*) suciedad *f*, mugre *f*. LOC **~·box, ~·cup**, vaso *m* de engrase, caja *f* de sebo. **~·gun**, engrasador *m* a presión. **~·paint**, maquillaje *m*. **~ paper**, papel *m* apergaminado. **~·proof**, impermeable a la grasa. **greas·er** ['gri:zə(r)] *n* engrasador *m*; US SL hispanoamericano, sudaca. **greas·ing** [-iŋ] *n* TEC engrase *m*. **greas·y** ['gri:zi] *adj* grasiento/a, pringoso/a; (*surface, road*) resbaladizo/a; (*person*) pelota, adulador.

great [greit] *adj* **1.** gran(de); excelente, estupendo; (*large*) extenso, vasto; (*amount*) importante; LIT magno/a; (*time, distance*) mucho, largo. **2. (at)** bueno/a en: *She's ~ at tennis*, (Ella) es muy buena en tenis. **3. (for)** bueno/a, ideal para. **4. (on)** aficionado/a a. LOC **The G~**, (*with names*) el Grande. **To feel ~**, sentirse muy bien. **To have a ~ time**, pasarlo muy bien. **great·ly** [-li] *adv* mayormente; muy; grandemente. **~·ness** [-nis] *n* grandeza *f*.

great..., **~·aunt/uncle**, *n* tía abuela/tío abuelo. **~·coat** ['-kəut] *n* sobretodo *m*. **~·grand·child**, *n* bisnieto/a. **~·grand·daughter/son,** *n* bisnieta/o. **~·grandfather/mother**, *n* bisabuelo/a. **~·great-grandfather/mother**, *n* tatarabuelo/a. **~·great-grandson/daughter**, *n* tataranieto/a. **~·hearted**, *adj* (*brave*) valiente; (*generous*) magnánimo.

grebe [gri:b] *n* somormujo *m*, zampullín *m*.

Gre·ci·an ['gri:ʃn] *adj* griego/a.

greed(i·ness) ['gri:d(inis)] *n* codicia *f*, ansia *f*; (*for money*) avaricia *f*; (*for food*) voracidad *f*, gula *f*. **gree·dy** [-i] *adj* codicioso/a, avaro/a; (*for food*) voraz, glotón/na.

Greek [gri:k] **I.** *adj*, *n* griego/a. **II.** *n* (*language*) griego *m*. LOC **That is/It's all ~ to me**, me suena a chino, no entiendo nada.

green [gri:n] **I.** *adj* (*colour*) verde; (*fresh*) fresco/a; (*raw*) crudo/a; (*unripe*) verde, inmaduro/a; (*complexion*) pálido/a; FIG (*inexperienced*) novato/a, inmaduro/a; (*credulous*) crédulo/a; (*politics*) verde, ecologista. LOC **~ with envy**, comido/a de envidia.

grow/look ~, verdear. **II.** *n* **1.** (color *m*) verde. **2.** prado *m*, césped *m*. **~s**, verduras *f,pl*. LOC **The G~s**, (*politics*) los Verdes.

green-..., **~·back**, *n* US billete *m* de banco. **~·ery**, *n* verdor *m*. **~·finch**, *n* verderón *m* común. **~·fly**, *n* pulgón *m*. **~·gage**, *n* ciruela *f* claudia. **~·grocer**, *n* verdulero/a. **~·grocery**, *n* verdulería *f*. **~·horn**, *n* novato/a, bisoño/a. **~·house**, *n* invernadero *m*. **~·ish**, *adj* verdoso/a. **~ light**, *adj* autorización *f*, permiso *m*. **~·ness**, *n* verdor *m*; FIG credulidad *f*; inexperiencia *f*. **~ salad**, *n* ensalada *f* de lechuga. **~ table**, *n* tapete *m* verde.

Green·land ['gri:nland] *n* Groenlandia. **Green·land·er** ['gri:nləndə(r)] groenlandés/esa.

greet [gri:t] *v* saludar; recibir; (*welcome*) dar la bienvenida a; (*senses*) aparecer ante (los ojos de alguien), ofrecerse a (la vista). **~·ing** [-iŋ] *n* saludo *m*; (*welcome*) bienvenida *f*. **~·ings** [-iŋz] *n,pl* recuerdos *m,pl*.

greg·ari·ous [gri'geəriəs] *adj* gregario/a, sociable.

grem·lin ['gremlin] *n* duendecillo *m*.

gre·nade [grə'neid] *n* granada *f*. **gre·na·di·er** [grenə'diər)] granadero *m*.

grew [gru:] pret de **grow**.

grey [grei] **I.** *adj* gris; FIG depresivo/a, monótono/a; (*overcast*) nublado/a; (*hair*) cano; (*horse*) rucio/a; (*person*) anodino/a, gris. LOC **~ area**, parche *m* zona. **G~ friar**, franciscano *m*. **~ hair**, cana *f*. **~ matter**, sesos *m,pl*, materia *f* gris. **II.** *n* (color *m*) gris; primeras luces *f,pl*. **III.** *v* volver(se) gris; (*hair*) encanecer.

grey-..., **~-haired/headed**, *adj* canoso/a. **~·hound**, *n* galgo *m*, lebrel *m*. **~·ish**, *adj* grisáceo/a; (hair) entrecano.

grid [grid] *n* reja *f*, parrilla *f*; ELECTR red *f*; (radio) rejilla *f*; AUT portaequipajes *m*; (*map*) cuadriculado *m*. **grid·iron** ['gridaiən], parrilla *f*, reja *f*; US campo *m* de fútbol.

grid·dle ['gridl] *n* (*stove*) plancha *f*.

grief [gri:f] *n* dolor *m*, pesar *m*, aflicción *f*. LOC **To come to ~**, acabar mal, sufrir un accidente/desgracia.

griev·ance ['gri:vns] *n* agravio *m*, queja *f*.

grieve [gri:v] *v* **1.** **(about/at/over)** afligirse, apenarse por. **2.** causar pena, apenar. **3.** **(for)** lamentarse de, llorar por. **griev·ous** ['gri:vəs] *adj* lamentable, doloroso/a, penoso/a. **~·ness** [-nis] *n* dolor *m*, lamento *m*.

grif·fin ['grifin] (also **grif·fon**, **gry·phon** ['grifən]) MIT *n* grifo *m*.

grill [gril] *n* **I.** parrilla *f*; (*meat*) asado *m* a la parrilla, parrillada *f*. **II.** *v* asar a la parrilla; FIG (*heat*) asarse (de calor); SL atormentar, interrogar. LOC **~·room**, parrilla *f*. **grille** [gril] *n* rejilla *f*; (*window*) reja *f*; (*screen*) verja *f*. **grill·ing** [-iŋ] *n* interrogatorio *m* intenso.

grim [grim] (*comp* **-mer**, *sup* **-mest**) *adj* serio/a, ceñudo/a; inflexible; (*horror*) horroroso/a; *col* depresivo/a; muy aburrido/a; desagradable. LOC **~ facts**, hechos *m,pl* tristes o inexorables. **To like ~ death**, con determinación, dispuesto/a a todo. **grim·ly** [-li] *adv* severamente; inexorablemente.

grim·ace [gri'meis] US ['griməs] *n* **I.** mueca *f*, gesto *m*, visaje *m*. **II.** *v* **(at)** hacer muecas a.

gri·mal·kin [gri'mælkin] *n* gato *m* viejo; FAM bruja *f*.

grime [graim] **I.** *n* mugre *f*, suciedad *f*. **II.** *v* ensuciar, llenar de mugre. **grim·y** [-i] *adj* mugriento/a, sucio/a.

grin [grin] **I.** *n* sonrisa *f* abierta (mostrando los dientes); risa *f* feroz, burlona o socarrona; (*grimace*) mueca *f*. **II.** *v* (*broadly*) sonreír abiertamente; (*in scorn*) reír burlona o irónicamente; (*to bare the teeth*) mostrar los dientes. LOC **To ~ and bear it**, poner al mal tiempo buena cara.

grind [graind] **I.** *v* (pret, pp **ground** [graund]) **1.** moler, hacer polvo, pulverizar; (*teeth*) (hacer) rechinar; (*sharpen*) afilar, amolar; FIG (*oppress*) oprimir, desgastar. **2.** trabajar duramente, como un negro. **3.** **(down)** pulverizar, desgastar. **4.** **(out)** producir laboriosamente. **5.** **(on)** seguir monótonamente LOC **To ~ to a halt/standstill**, detenerse, pararse chirriando. **II.** *n* molienda *f*; FIG trabajo *m* pesado, de negros; pesadez *f*, rutina *f*. LOC **~·stone**, muela *f*, piedra *f* de amolar. **To keep one's nose to the ~·stone**, batir el yunque. **grind·er** [graində(r)] *n* (*knife*, etc) afilador/ra, amolador/ra; (*coffee*) molinillo *m*; (*stone, tooth*) muela *f*. LOC **Organ-~**, organillero. **grind·ing** [-iŋ] **I.** *n* (*grain*) molienda *f*; amoladura *f* pulverización *f*; (*teeth*) rechinamiento *m*; (*machinery*) chirriar *m*. **II.** *adj* opresivo/a, agobiante.

grip [grip] **I.** *v* asir, agarrar; (*wheel*) agarrar(se); (*squeeze*) apretar; FIG (*attract*) absorber, atraer. **II.** *n* agarre *m*; (*clutches*) garras *f,pl*; (*handle*) asidero *m*, empuñadura *f*; (*handshake*) apretón *m* fuerte; FIG (*understanding*) comprensión *f*; (*control*) dominio *m*; (*bag*) (also **~·sack**) maletín *m* de cremallera. LOC **To come to ~s with**, luchar a brazo partido con. **To lose one's ~s**, perder las fuerzas.

gripe [graip] **I.** *n* (*esp* **~s**) retortijón *m* de tripas. **II.** *v* dar cólico/retortijones; US SL dar la tabarra, quejarse.

gris·ly ['grizli] *adj* espantoso/a, horripilante.

grist [grist] *n* molienda *f*. LOC **It's all ~ to his mill**, (se) saca provecho de todo.

gris·tle ['grisl] *n* cartílago *m*, ternilla *f*. **grist·ly** [-li] *adj* cartilaginoso/a.

grit [grit] **I.** *n* **1.** arena *f*, grava *f*; GEOG arenisca *f*; FIG valor *m*, firmeza *f*. **2.** **(~s)** cereales *m*, granos *m* molidos. **II.** *v* (hacer) rechinar. **grit·ty** [-ti] *adj* arenoso/a.

griz·zle ['grizl] *v* (*hair*) encanecer; FAM lloriquear, gimotear. **griz·zled** [-d] **griz·zly** [-li] **I.** *adj* entrecano (hair). **II.** *n* oso *m* pardo.

groan [grən] **I.** *n* gemido *m*, quejido *m*. **II.** *v* gemir, quejarse; (*weight*) crujir.

groats [grəuts] *n* avena *f* mal molida.

gro·cer ['grəusə(r)] *n* tendero/a, abacero/a. LOC **~'s (shop)**, **~y store**, tienda *f* de comestibles o ultramarinos, abacería *f*. **~·ies** ['grəusəriz] *n,pl* comestibles *m,pl*, ultramarinos *m,pl*.

grog [grɔg] *n* grog *m*, ponche *m*. **grog·gy** [-i] *adj* FAM (*boxer*) grogui; (*drunk*) tambaleante; (*ill*) débil; (*unstable*) inseguro/a; (*horse*) flojo/a de las patas delanteras.

groin [grɔin] ANAT *n* ingle *f*; ARQ crucería *f*; arista *f* de bóveda.

groom [gru:m] **I**. *n* novio *m*; mozo *m* de cuadra; (*in royal palace*) ayuda *m*, *f* de cámara. **II**. *v* (*person*) acicalar; (*horse*) almohazar, cuidar; FIG (*for a post*) preparar, adiestrar. **~s·man** ['-zmən] *n* padrino *m* de boda.

groove [gru:v] **I**. *n* ranura *f*, estría *f*, acanaladura *f*; (*record*) (micro)surco *m*; FIG rutina *f*. **II**. *v* estriar, acanalar. **groov·y** [-i] *adj* FAM chachi, estupendo.

grope [grəup] *v* **1**. andar a tientas; (*woman*) sobar. **2**. **(for)** buscar a tientas. LOC **To ~ one's way**, ir a tientas.

gross [grəus] **I**. *adj* (*size*) gordo/a, grueso/a; enorme; (*income, rent, profit, product, weight*) bruto/a, total; (*error*) craso/a; (*rough*) zafio/a, lerdo/a; (*unrefined*) grosero/a. **II**. *n* gruesa *f*. LOC **By the ~**, en gruesas. **In the ~**, al por mayor. **~·ness** [-nis] *n* (*body*) espesor *m*, grueso *m*; gordura *f*; (*language*) grosería *f*; (*crime*) enormidad *f*.

grot·esque [grəu'tesk] *adj* grotesco/a.

grot·to ['grɔtəu] (*pl* **-es, -s**) *n* gruta *f*.

grouch [grautʃ] **I**. *n* (*person*) cascarrabias *m,f*; (*temper*) mal humor *m*. LOC **To have a ~ against**, estar resentido con. **II**. *v* estar de mal humor, refunfuñar. **grouch·y** [-i] *adj* FAM malhumorado/a, refunfuñón/na.

ground [graund] **I**. pret y pp de **grind**. **II**. *n* suelo *m*; (*land*) terreno *m*; ELECTR (toma *f* de) tierra; DEP campo *m* (de juego); AER tierra *f*; (*basis*) base *f*, fundamento *m*; (*sea, water*) fondo *m*; (*reason*) causa *f*, motivo *m*; (*paint*) primera capa *f*; (*sediment*) poso *m*, (*coffee*) zurrapa *f*. **~s**, jardines *m,pl*, terreno *m* alrededor de una casa. LOC **Down to the ~**, completamente. **~ control**, AER control *m* de tierra. **~ crew/staff**, AER personal *m* de tierra. **~ floor**, planta *f* baja. **~ level**, nivel *m* del suelo. **~ rules**, reglas *f,pl* básicas. **~ wire**, ELECTR cable *m* de (toma de) tierra. **On the ~**, sobre el terreno. **On the ~s of/that**, sobre la base de que, con motivo de/de que. **To cut the ~ from under sb's feet**, minarle el terreno a alguien. **To fall to the ~**, caerse, venirse abajo. **To give ~**, ceder terreno. **To hold/stand one's ~**, mantenerse firme. **III**. *v* **(in)** (*base*) basar, establecer (en); preparar los fundamentos (en); ELECTR conectar a tierra; NAUT varar, poner en tierra; AER mantener en tierra. LOC **Well ~·ed (in)**, entendido (en). **~·ing** [-iŋ] *n* **(in)** instrucción *f* rudimentaria.

ground-..., **~·less**, *adj* infundado/a. **~·nut**, *n* cacahuete *m*, maní *m*. **~-plan**, *n* distribución *f* en planta. **~-rent**, *n* canon *m*. **~ staff**, *n* personal *m* de tierra. **~-swell**, *n* mar *m* de fondo. **~·work**, *n* trabajo *m* preliminar; fundamento *m*.

ground·sel ['graunsl] *n* BOT zuzón *m*.

group [gru:p] **I**. *n* grupo *m*, agrupación *f*, MUS conjunto *m* (musical). **II**. *v* agrupar(se).

grou·per ['gru:pə(r)] *n* (*fish*) mero *m*.

grouse [graus] **I**. *n* **1**. (*bird*) urogallo *m*. **2**. (*complain*) queja *f* **II**. *v* quejarse, refunfuñar.

grove [grəuv] *n* soto *m*, arboleda *f*, bosquecillo *m*.

grov·el ['grɔvl] *v* arrastrarse, humillarse, envilecerse. **~·(l)er** [-ə(r)] *n* persona *f* servil. **~·(l)ing** [-iŋ] **I**. *adj* servil, rastrero/a. **II**. *n* servilismo *m*.

grow [grəu] *v* (pret **grew** [gru:], pp **grown** [grəun]) *v* **1**. crecer, cultivar(se); (*beard*) dejarse, dejar crecer; (*habit*) adoptar, adquirir. **2**. (+ *adj*) ponerse, volverse, hacerse. **3**. **(in·to)** hacerse, convertirse en, llegar a ser. **4**. **(on sb)** gustar cada vez más a alguien; (*habit*) arraigar en. **5**. **(out of)** resultar de; (*clothes*) quedarse pequeños; (*habit*) perder con el tiempo. **6**. **(up)** (*person*) hacerse hombre/mujer, hacerse mayor; (*custom*) imponerse. LOC **To ~ angry**, enfadarse. **To ~ cold**, enfriarse. **To ~ dark**, oscurecer. **To ~ fat**, engordar. **To ~ old**, envejecer. **To ~ small**, empequeñecer. **To ~ to do sth**, llegar a + *inf*: *I grew to like her*, (Ella) llegó a gustarme. **grow·er** [-ə(r)] *n* cultivador/ra.

growl [graul] **I**. *n* gruñido *m*. **II**. *v* gruñir, rezongar; decir rezongando. **growl·er** [-ə(r)] *n* gruñón/na.

grown [grəun] **I**. pp de **grow**. LOC **To be over~ with**, estar cubierto de. **II**. *adj* crecido/a, adulto/a, maduro/a. **grown up** ['grəunʌp] **I**. *adj* adulto/a. **II**. *n* persona *f* mayor.

growth [grəuθ] *n* crecimiento *m*; (*development*) desarrollo *m*; (*increase*) aumento *m*; (*plants*) cultivo *m*, vegetación *f*; MED bulto *m*, (*tumour*) tumor *m*. LOC **~ rate**, tasa *f* de crecimiento. **With seven days'~ on his face**, con barba de siete días.

grub [grʌb] **I**. *n* larva *f*, gusano *m*; PEY puerco/a; SL (*food*) comida *f*, manducancia *f*. **II**. *v* **1**. (*land*) limpiar de hierbas; (*pig*) hozar. **2**. **(away)** FAM currelar, apencar. **3**. **(for)** buscar, hurgar. **4**. **(out/up)** desarraigar, desenterrar; (*dig*) cavar. **grub·by** [-i] *adj* sucio/a, mugriento/a. **grub-stake** ['-steik] *n* (*mine*) anticipo *m* a un prospector a cuenta de participación en lo que encuentre.

grudge [grʌdʒ] **I**. *n* rencor *m*, resentimiento *m*. LOC **To bear a ~ against sb**, guardar rencor a. **II**. *v* (*give*) escatimar, dar de mala gana; (*envy*) envidiar. LOC **~ no pains**, no escatimar esfuerzos. **grudg·ing·ly** [-iŋli], de mala gana.

gru·el ['gruəl] *n* gachas *f,pl*.

gru·el·(l)ing ['gruəliŋ] *adj* penoso/a, riguroso/a, duro/a: *A ~ day*, Una jornada dura; (*match*) reñido/a.

grue·some ['gru:səm] *adj* pavoroso/a, espantoso/a.

gruff [grʌf] *adj* (*manner*) brusco/a, malhumorado/a; (*voice*) ronco/a.

grum·ble ['grʌmbl] **I.** *n* (*complaint*) queja *f*; (*of gun, thunder*, etc) rugido *m*, retumbar *m*. **II.** *v* **1.** murmurar, refunfuñar; (*gun, thunder*) retumbar. **2.** (**at**) quejarse (de). **grum·bler** [-ə(r)] *n* murmurador/ra, gruñón/na.

grump·ish ['grʌmpiʃ], **grump·y** ['grʌmpi] *adj* FAM gruñón/na, malhumorado/a.

grunt [grʌnt] **I.** *n* gruñido *m*, quejido *m*. **II.** *v* gruñir; decir gruñendo.

gua·ran·tee [gærən'ti:] **I.** *n* garantía *f*; (*person*) fiador *m*, garante *m*. **II.** *v* garantizar, asegurar. **gua·ran·tor** [,gærən'tɔ:] garante *m*. **gua·ran·ty** ['gærənti] fianza *f*, garantía *f*.

guard [ga:d] **I.** *n* (*escort, body of people to keep watch*) guardia *f*; (*sentry*) centinela *m*; (*boxing, fencing*) guardia *f*; (*of train*) jefe *m* de tren; TEC dispositivo *m* protector; (*safeguard*) salvaguardia *f*, resguardo *m*. LOC **~ chain**, cadena *f* de seguridad. **~· house**, (*prison*) prisión *f* militar; (*room*) cuerpo *m* de guardia. **~ rail**, barandilla *f*. **~s' van**, furgón *m* (*tren*). **Off one's ~**, desprevenido/a. **On ~**, alerta, prevenido; en guardia; (*army*) de guardia, alerta. **To change ~**, cambiar, relevar la guardia. **To drop/lower one's ~**, bajar la guardia. **To mount ~**, montar guardia. **To put sb on his ~**, alertar, poner en guardia. **II.** *v* (*escort*) escoltar; (*watch*) vigilar. (**against/from**) guardar, proteger, defender (de/contra). **guard·ed** [-id] *adj* (*cautious*) cauteloso/a, precavido/a; (*prudent*) reservado/a.

guard·ian ['ga:dən] *n* guardián *m*, protector *m*; JUR tutor *m*. LOC **~ angel**, ángel *m* custodio. **~·ship**, JUR tutela *f*.

Gua·te·mal·an [gwati'ma:lən] *n/adj* guatemalteco/a.

gua·va ['gwa:və] *n* guayaba *f*.

gud·ge·on ['gʌdʒən] *n* (*fish*) gobio *m*; FIG (*idiot*) pánfilo/a, bobo/a; TEC (*of an axle*) gorrón *m*; cuello *m* de eje. LOC **~ pin**, AUT eje *m* del pistón.

gue(r)·ril·la [gə'rilə] *n* guerrilla *f*. LOC **~ war(fare)**, guerra *f* de guerrillas.

guess [ges] **I.** *n* adivinación *f*, conjetura *f*; (*estimate*) cálculo *m* aproximado, estimación *f*. **II.** *v* **1.** adivinar, suponer, conjeturar; US creer. **2.** (**at**) hacer suposiciones (sobre). LOC **~·work**, conjetura(s) *f*, estimación *f*. **~ right**, acertar. **I ~ so**, creo que sí. **I ~ed as much**, ya lo suponía. **To keep sb ~ing**, tener en suspenso.

guest [gest] *n* huésped *m*; (*at meal*) invitado/a. LOC **~-house**, casa *f* de huéspedes. **To be my ~**, yo invito.

guf·faw [gə'fɔ:] **I.** *n* risotada *f*. **II.** *v* reírse a carcajadas.

guid·ance ['gaidəns] *n* dirección *f*; conducta *f*; (*advice*) orientación *f*, consejo *m*.

guide [gaid] **I.** (*person*) guía *m,f*; (*book, principle*, TEC, FIG) guía *f*. **II.** *v* guiar, orientar; gobernar. LOC **~·book**, guía *f* turística. **guid·ed missile**, proyectil *m* (tele)dirigido. **~ lines**, directrices *f,pl*. **~·post**, poste *m* indicador.

guild [gild] *n* gremio *m*, cofradía *f*. LOC **~·hall**, ayuntamiento *m*.

guile [gail] *n* astucia *f*, malicia *f*; (*trickery*) engaño *m*. **~·ful** [-ful] *adj* engañoso/a. **~·less** [-lis] *adj* sincero/a, cándido/a.

guil·le·mot ['gilimɔt] *n* (*bird*) pájaro *m* bobo.

guil·lot·ine [gilə'ti:n] **I.** *n* guillotina *f*. **II.** *v* guillotinar.

guilt [gilt], *n* culpa(bilidad) *f*. **~·less** [-lis] *adj* inocente, libre de culpa. **guil·ti·ness** ['~inis] = **guilt**. **guil·ty** [-i] *adj* culpable. LOC **To find sb ~**, declarar culpable. **To plead ~**, declararse culpable.

gui·nea ['gini] *n* **1.** (Br *no usado*) guinea *f*. **2.** **G~**, (*country*) Guinea. LOC **~ fowl/hen**, gallina *f* de Guinea. **~ pig**, conejillo *m* de Indias, cobaya *m*.

guise [gaiz] *n* modo *m*, guisa *f*; (*appearance*) apariencia *f*; pretexto *m*. LOC **In the ~ of**, disfrazado de. **Under the ~ of**, con el pretexto de.

gui·tar [gi'ta:(r)] *n* guitarra *f*. **~·ist** [gi'ta:rist] *n* guitarrista *m, f*.

gulch [gʌltʃ] US *n* barranco *m*.

gulf [gʌlf] *n* (*bay*) golfo *m*; FIG abismo *m*.

gull [gʌl] **I.** *n* (*bird*) gaviota *f*; FAM (*fool*) bobo/a, primo/a. **II.** *v* FAM pegársela a, engañar. **gull·ible** ['gʌləbl] *adj* simplón/na, crédulo/a. **gull·ib·il·ity** [gʌlə'biləti] *n* credulidad *f*, simpleza *f*.

gul·let ['gʌlit] *n* ANAT esófago *m*; FAM (*throat*) garganta *f*, gaznate *m*.

gul·ly ['gʌli] *n* barranco *m*, hondonada *f*; (*channel*) canal *m*; (*gutter*) alcantarilla *f*.

gulp [gʌlp] **I.** *n* (drink) trago *m*, sorbo *m*; (*food*) bocado *m*. LOC **At one ~**, de un trago. **II.** *v* (**down**) tragar, engullir; (*rage, emotion*) contener, ahogar; FIG (*anxiety*) tener un nudo en la garganta.

gum [gʌm] **I.** *n* **1.** ANAT encía *f*. **2.** (*tree*) gomero *m*; goma *f*, caucho *m*; (*glue*) pegamento *m*, cola *f*; (*chewing gum*) chicle *m*. **2. ~s**, US chanclos *m*, botas *f,pl* de goma. LOC **To be up a ~-tree**, estar (metido) en un aprieto. **II.** *v* **1.** engomar, pegar con goma. **2.** (**up**) FAM paralizar, atascar, estropear.

gum..., **~-boots**, *n,pl* botas *f,pl* de goma. **~·drop**, *n* pastilla *f* de goma. **~·my**, *adj* gomoso/a, de goma; (*sticky*) pegajoso/a; (*ankle*) hinchado/a. **~-tree**, *n* gomero *m*; eucalipto *m*.

gum·boil ['gʌmbɔil] *n* flemón *m*.

gump·tion ['gʌmpʃn] *n* sentido *m* común; (*energy*) vigor *m*, valor *m*.

gun [gʌn] **I.** *n* (*in general*) arma *f* de fuego; (*cannon*) cañón *m*; (*hunting*) escopeta *f*; (*rifle*) rifle *m*, fusil *m*; (*pistol*) pistola *f*; (revolver) revólver *m*; (*shot*) cañonazo *m*; (*for lubricating*) inyector *m*. LOC **A 21 ~ salute**, una salva de 21 cañonazos. **Air ~**, escopeta *f* de aire comprimido. **Big/Great ~**, pez *m* gordo. **Machine ~**, ametralladora *f*. **The ~**, la artillería. **To jump the ~**, precipitarse; adelantarse. **To stick to one's ~s**, mantenerse en sus trece. **II.** *v* **1.** (*shoot*) disparar (a); (*hunt*) ir de caza. **2.** **(down)** abatir a tiros. **3.** **(for)** andar a la caza de, perseguir.

gun..., ~ **barrel**, *n* cañón *m* de escopeta. ~ **boat**, *n* cañonero *m*. **~-carriage**, *n* cureña *f*. **~-cotton**, *n* algodón *m* pólvora. **~-dog**, *n* perro *m* de caza. **~-fight**, *n* tiroteo *m*. **~fire**, *n* fuego *m*; disparo *m*; cañoneo *m*. **~-licence**, *n* licencia *f* de armas. **~·man**, *n* pistolero *m*. **~·metal**, *n* bronce *m* de cañón. **~·ner**, *n* artillero *m*. **~·nery**, *n* artillería *f*; (*skill*) puntería *f*. **~-powder**, *n* pólvora *f*. ~ **room**, *n* sala *f* de armas. **~·runner**, *n* contrabandista *m* de armas. **~·running**, *n* contrabando *m* de armas. **~·shot**, *n* cañonazo *m*, escopetazo *m*. LOC **Within ~·shot**, a tiro de fusil. **~·smith**, *n* armero *m*. **~·stock**, *n* culata *f*. **~·wale**, *n* regala *f*, borda *f*.

gun·ny ['gʌni] *n* arpillera *f*, yute *m*.

gur·gle ['gɜ:gl] **I.** *n* (*liquid*) borboteo *m*; (*child*) gorjeo *m*. **II.** *v* (*liquid*) borbotear; (*child*) gorjear.

gush [gʌʃ] **I.** *n* (liquid) borbotón *m*, chorro *m*; (*exaggeration*) FIG efusión *f*; (*words*) torrente *m*. **II.** *v* borbotar, chorrear; **(from)** manar a chorros (de); FIG (*person*) ser muy efusivo. **gush·er** [-ə(r)] *n* pozo *m* de petróleo; persona muy efusiva. **gush·ing** [-iŋ] *adj* a borbotones; FIG muy efusivo.

gus·set ['gʌsit] *n* escudete *m*.

gust [gʌst] **I.** *n* (*wind*) ráfaga *f*, racha *f*; (*rain*) aguacero *m*; (*noise*) explosión *m*; (*anger*) acceso *m*, arrebato *m*. **II.** *v* (*wind*) soplar racheado. **gust·y** [-i] *adj* borrascoso/a; (*wind*) racheado/a.

gus·to ['gʌstəu] *n* entusiasmo *m*, placer *m*.

gut [gʌt] **I.** *n* **1.** ANAT intestino *m*, tripa *f*; (*string*) cuerda *f* de tripa. **2.** (*content*) meollo *m*, sustancia *f*. **3.** (*passage of water*) estrecho *m*; SL descaro *m*. **4.** **(~s)**, SL agallas *f,pl*. **II.** *v* (*animal*) destripar; (*fish*) limpiar; (*book*) resumir; (*empty*) vaciar; destruir el interior.

gutta-percha ['gʌtə'pɜ:tʃə] *n* gutapercha *f*.

gut·ter ['gʌtə(r)] **I.** *n* (*street*) arroyo *m*; (*roadside*) cuneta *f*; (*roof*) canal *m*; (*groove*) ranura *f*, estría *f*. LOC ~ **press**, prensa *f* sensacionalista. **~·snipe**, golfillo *m*, persona despreciable. **The** ~, mala vida, el arroyo. **To raise sb from the** ~, sacar a alguien del arroyo. **II.** *v* (*groove*) acanalar; (*water*) correr.

gut·tu·ral ['gʌtərəl] *adj* gutural.

guy [gai] **I.** *n* **1.** FAM (*fellow*) tío *m*, tipo *m*; (*ridiculous*) adefesio *m*, mamarracho *m*. **2.** (also **~-rope**) viento *m*, tirante *m*. **II.** *v* ridiculizar; (*parody*) parodiar.

guz·zle ['gʌzl] *v* engullir, tragar; beber con exceso. **guz·zler** [-ə(r)] *n* tragón/na.

gym [dʒim] V. **gymnasium**.

gym·khana [dʒim'ka:nə] *n* juego *m*, fiesta *f* deportiva.

gym·nas·ium [dʒim'neiziəm] (*pl* **-ia**, **-s**) *n* gimnasio *m*. **gym·nast** ['dʒimnæst] *n* gimnasta *m,f*. **gym·nast·ic** [dʒim'næstik] **I.** *adj* gimnástico/a. **II.** **~s**, *n* gimnasia *f*.

gyn·ae·co·lo·gist [gaini'kɔlədʒist] *n* ginecólogo/a. **gyn·ae·co·lo·gy** [,gainə'kɔlədʒi] *n* ginecología *f*.

gyp [dʒip] SL *n* **I.** estafa *f*, timo *m*. **2.** estafador/ra, timador/ra. **II.** *v* timar, estafar.

gyp·se·ous ['dʒipsiəs] *adj* yesoso/a.

gyp·sum ['dʒipsəm] *n* yeso *m*.

gyp·sy V. **gipsy**.

gyr·ate [dʒaiə'reit] *v* girar. **gyr·ation** [dʒaiə'reiʃn], *n* giro *m*, vuelta *f*. **gyr·at·ory** ['dʒaiərətəri] *adj* giratorio/a.

gy·ro(-com·pass) ['dʒaiərə('kʌmpəs)] *n* brújula *f* giroscópica, girocompás *m*.

gy·ro·scope ['dʒaiərəskəup] *n* giroscopio *m*. **~·scop·ic** [dʒairə'skɔpik] *adj* giroscópico/a.

H, h [eitʃ] *n* letra 'h' *f*.

ha [ha:] *int* ¡ah!

hab·eas cor·pus [,heibiæs'kɔ:pəs] *n* JUR hábeas corpus *m*.

hab·er·dash·er ['hæbədæʃə(r)] *n* (*dealer in small articles*) mercero/a; (*men's clothing*) camisero/a. **hab·er·dash·ers** [-z] *n* (*shop*) mercería *f*, camisería *f*. **hab·er·dash·ery** [-i] *n* mercería *f*.

hab·it ['hæbit] *n* **1**. costumbre *f*, hábito *m*. **2**. (*dress*) hábito *m*. LOC **By/from/out of ~**, por costumbre. **~-forming**, que habitúa, que produce hábito. **Riding-~**, traje *m* de montar a la amazona. **To be in the ~ of doing**, soler, acostumbrar + *inf*. **To kick the ~ of**, perder la costumbre de. **To make a ~ of**, adquirir la costumbre de. **~·able** [-əbl] *adj* habitable; vividero/a. **hab·i·tat** [-itæt] *n* hábitat *m*, habitación *f*. **hab·it·ation** [,hæbi'teiʃn] *n* habitación *f*. **ha·bit·u·al** [hə'bitjuəl] *adj* habitual, acostumbrado/a. **ha·bit·u·ate** [hə'bitjueit] *v* **(to)** habituar, acostumbrar (a). **ha·bi·tué(e)** [hə'bitjuei] *n* cliente *m*, *f* habitual; asiduo/a.

hack [hæk] **I**. n **1**. (*blow, cut*) corte *m*, hachazo *m*; TEC piqueta *m*; (*dent*) mella *f*. **2**. (*kick*) puntapié *m*. **3**. caballo *m* de alquiler; (*bad horse*) rocín *m*. **4**. (*also ~* **writer**) escritorzuelo/a, escritor/ra a sueldo. LOC **~·work**, trabajo *m* de rutina. **II**. *adj* mercenario/a; FIG (*hackneyed*) trillado/a, falto/a de originalidad. **III**. *v* **1**. (*with knife*) cortar, acuchillar; (*dent*) mellar, picar; (*kick*) dar un puntapié. **2**. **(at)** dar hachazos/tajos. **3**. **(down)** derribar a hachazos. **4**. **(into a program)** COM P piratear. LOC **~·ing cough**, tos *f* seca. **To ~ to pieces**, destrozar, hacer trizas. **hack·er** [-ə(r)] n FAM forofo/a de los ordenadores.

hac·kle ['hækl] **I**. *v* rastrillar, cortar. **II**. *n* **1**. rastrillo *m*; **2**. (*of a bird*) plumas *f* pl del pescuezo. LOC **With one's ~s up**, engallitado/a, indignado/a.

hack·ney ['hækni] = **hack I. 3., 4., II.** LOC **~ cab/carriage**, coche *m* de alquiler. **hack·ney·ed** [-d] *adj* trillado/a, sin originalidad.

hack·saw ['hæksɔ:] *n* sierra *f* para metales.

had [hæd, həd] pret y pp de **have**.

had·dock ['hædək] n (*fish*) abadejo *m*.

Hades ['heidi:z] *n* (*hell*) infierno *m*; (*Pluto*) Hades.

haem·or·rhage ['hemərid͡ʒ] *n* hemorragia *f*.

haem·or·rhoids ['hemərɔidz] *n* hemorroides *f* pl, almorranas *f* pl.

haft [ha:ft] *n* (*of a knife*) mango *m*, (*of a sword*) puño *m*.

hag [hæg] *n* FIG (*ugly old woman*) bruja *f*; FAM callo *m*. LOC **~·gish**, de bruja. **~·rid·den**, obsesionado/a; atormentado/a por las pesadillas; FIG dominado por una mujer.

hag·gard ['hægəd] *adj* macilento/a; ojeroso/a.

hag·gle ['hægl] **I**. *n* regateo *m*. **II**. **(about/over)** discutir, disputar; (*in selling*) regatear.

hag·gling [-iŋ] *n* discusión *f*, disputa *f*; (*over price*) regateo *m*.

hail [heil] **I**. *n* **1**. granizo *m*, pedrisco *m*; FIG lluvia *f*, granizada *f*: *A hail of curses*, Una lluvia de maldiciones. **2**. (*call*) grito *m*, llamada *f*; (*salute*) saludo *m*. **~!** ¡Salud!. **~ Mary**, Ave María. **~·stone**, granizo *m*, piedra *f* de granizo. **~·storm**, granizada f. **Within ~**, al alcance de la voz. **II**. *v* granizar; FIG caer en granizada. **2**. **(from)** proceder, ser natural de. **3**. (*person, taxi*) llamar; (*salute*) saludar; (*acknowledge*) aclamar. **4**. lanzar una andanada de (*blows, curses*, etc).

hair [heə(r)] *n* (*human or animal*) pelo *m*, cabello *m*; (*on legs*, etc) vello *m*; (*head of*) cabellera *f*; (*horse*) crin *f*; (*pig*) cerda *f*; BOT pelusa *f*. LOC **Against the ~**, a contrapelo. **By a ~, by a ~'s breadth**, por poco, por el canto de un duro: *We won by a hair*, Ganamos por muy poco. **Long ~**, melena *f*. **Long ~·ed**, con el cabello largo. **Not to turn a ~**, no pestañear. **To comb/do one's ~**, peinarse. **To keep your ~ on!**, ¡No te sulfures! **To let one's ~ down**, dejarse el pelo suelto; FIG (*free in behaviour*) comportarse sin inhibiciones. **To part one's ~**, hacerse la raya. **To split ~s**, hilar muy fino. **To tear one's ~ out**, mesarse los cabellos, rasgarse las vestiduras.

hair-..., **~·brush**, *n* cepillo *m* para el cabello. **~ clippers**, *n* maquinilla *f* para cortar el pelo. **~ conditioner**, *n* suavizante *m* del cabello. **~ cream**, *n* fijador *m*, laca *f*. **~·curler**, *n* rulo *m*, bigudí *m*. **~·cut**, *n* corte *m* de pelo: **Get a ~·cut**, (Ir a) cortarse el pelo. **~·do**, *n* peinado *m*. **~·dresser**, *n* peluquero/a. **~·dresser's** ['-,dresə(r)z] *n* peluquería *f*. **~·dryer/~·drier**, *n* secador *m* de pelo. **~·less**, *adj* sin pelo. **~·net**, *n* redecilla *f*. **~·pin**, *n* horquilla *f*. **~·pin bend**, *n* curva *f* muy cerrada. **~·raising**, *adj* horripilante. **~ remover**, *n* depilatorio *m*. **~ restorer**, *n* loción *f* capilar. **~ splitting**, *n* sutilezas *f,pl*; *adj* sutil; **(sb)** quisquilloso/a. **~ spray**, *n* laca *f* para el cabello. **~y**, *adj* lleno/a de pelo; velludo/a.

hake [heik] *n* (*fish*) merluza *f*.

hal·cyon ['hælsiən] *adj* LIT feliz y apacible.

hale [heil] *adj* sano/a, robusto/a. LOC **To be ~ and hearty**, ser fuerte como un roble.

half [ha:f] (*pl halves* [ha:vz]) **I.** *n* mitad *f*; JUR parte *f*; DEP medio *m*. LOC **Better ~**, media naranja. **By ~**, con mucho. **By ~s**, a medias. **~ and ~**, mitad y mitad. **~ past six**, las seis y media. **Not to know the ~ of it**, no saber de la misa la media. **Three hours and a ~**, tres horas y media. **To cut sth in ~**, cortar algo en dos mitades. **To go ~s with**, ir a medias con. **II.** *adj* medio, semi... LOC **An hour and a ~**, una hora y media. **~ a crown, ~-crown**, media corona. **~ an hour**, media hora. **~ done**, a medio hacer. **~ owner**, propietario a medias. **To go off at ~ cock**, actuar con precipitación. **Two and a ~ hours, two hours and a ~**, dos horas y media. **III.** *adv* medio, a medias, semi, casi. LOC **~ asleep**, medio dormido/a. **~ dressed**, a medio vestir. **Not ~**, mucho, bastante, muy: *She's not ~ pretty*, Ella es muy bonita. **Not ~!** ¡Ya lo creo!: *-Did you enjoy it? -Not ~!*, -¿Lo pasaste bien? -¡Ya lo creo!.

half-..., **~-back**, *n* DEP medio *m,f*. **~-baked**, *adj* a medio cocer; (*idea, plan*) apresurado/a, sin reposar; **(sb)** crudo/a, soso/a. **~-binding**, *n* media pasta *f*. **~-board**, *n* media pensión *f*. **~-bound**, *adj* encuadernado/a a media pasta. **~-bred**, *adj* mestizo/a. **~-breed**, *n* mestizo/a. **~-brother**, *n* hermanastro *m*. **~-caste**, *adj/n* mestizo/a. **~-circle**, *n* semicírculo *m*. **(at) ~ cock**, *adv* (con el) seguro echado. **~ fare**, *n* medio billete. **~-full**, *adj* medio lleno, a medio llenar. **~-hearted**, *adj* sin ánimo, sin interés; (*effort*) débil. **~-holiday**, *n* media fiesta *f*. **~-length**, *adj* (*portrait*) de medio cuerpo. **~ light**, *n* (*dawn*) amanecer *m*, primeras luces; (*before darkness*) atardecer *m*. **(at) ~ mast**, *adv* (a) media asta. **~-measure**, *n* medida *f* ineficaz, FIG parche m. **~-monthly**, *adj* quincenal. **~-moon**, *n* media luna *f*. **~-mourning**, *n* medio luto *m*. **~ note**, *n* MUS blanca *f*. **~-pay**, *n* media paga *f*. **~-penny**, **1.** *n* medio penique. **2.** *adj* de medio penique. **~-price**, *adv* a mitad de precio. **~ seas over**, *adj* FAM calamocano/a, achispado/a. **~-sister**, *n* hermanastra *f*. **~-time**, *n* DEP descanso *m*. **~-truth**, *n* verdad *f* a medias. **~-way**, *adj* intermedio/a; a medio camino; FIG punto medio, término medio. LOC **~-way between**, equidistante de. **To meet sb ~-way**, buscar el punto medio, partir la diferencia. **~-work**, *n* trabajo *m* de media jornada. **~-wit(ted)**, *n* imbécil *m, f*, retrasado/a mental. **~-yearly**, *adj* semestral.

ha·li·but ['hælibut] *n* (*fish*) halibut *m*, hipogloso *m*.

hall [hɔ:l] *n* entrada *f*, vestíbulo *m*; (*in castle, building*) sala *f*; (*university*) residencia *f*, colegio *m* mayor; (*dining hall*) comedor *m*. LOC **City/Town H~**, Ayuntamiento *m*. **Concert ~**, sala *f* de conciertos. **Dance ~**, salón *m* de baile. **~-stand** perchero *m*. **~-way**, vestíbulo *m*.

hal·le·lu·jah [hæli'lu:jə] *n, int* aleluya *m, f*.

hall·mark [hɔ:lma:k] **I.** *n* señal *f* identificadora, marca f; (*stamp of guarantee*) contraste *m*. **II.** *v* contrastar, marcar.

hal·lo [hə'ləu] V. **hullo**.

hal·loo [hə'lu:] **I.** *n* grito *m*, llamada *f*. **II.** *int* ¡hola!; (*hunting*) ¡sus! **III.** *v* llamar; (*hunting*) azuzar.

hal·low ['hæləu] *v* santificar. **Hal·low·e'en** [,hæləu'i:n] *n* Víspera *f* del día de Todos los Santos.

hal·lu·cin·ate [hə'lu:sineit] v alucinar. **hal·lu·cin·ation** [həlu:si'neiʃn] *n* alucinación *f*, ilusión *f*. **hal·lu·cin·at·ory** [hə'lu:sinətri] *adj* alucinante.

ha·lo ['heiləu] *n* halo *m*; FIG aureola *f*, nimbo *m*.

halt [hɔ:lt] **I.** *n* alto *m*, parada *f*; interrupción *f*; (*railway*) apeadero *m*; (*lameness*) cojera *f*. LOC **~ sign**, señal *f* de alto. **To bring to a ~, to call a ~ to**, parar, detener. **To come to a ~**, detenerse; (process) interrumpirse. **II.** *v* detener(*se*), interrumpir(se), parar(se); (*hesitate*) vacilar; (*stammer*) tartamudear; (*be lame*) cojear. **III.** *adj* (*lame*) cojo/a. **~·ing** [-iŋ] *adj* vacilante, titubeante.

halt·er ['hɔ:ltə(r)] **I.** *n* (*of horse*) ronzal *m*, cabestro *m*; (*noose*) soga *f*, dogal *m*. **II.** *v* (*horse*) encabestrar, poner el ronzal a; (*criminal*) ahorcar.

halve [ha:v] *v* partir por la mitad; (*share*) compartir. LOC **~ a game**, empatar.

halves [ha:vz] *pl* de **half**.

hal·yard ['hæljəd] *n* NAUT driza *f*.

ham [hæm] **I.** *n* (*food*) jamón *m*; ANAT corva *f*; ANAT FAM nalgas *f* pl, trasero *m*. LOC **~ actor**, mal actor *m*, comicastro *m*. **Radio ~**, radioaficionado/a. **II.** *v* **(sth/it up)** exagerar, actuar melodramáticamente.

ham·burg·er ['hæmbɜ:gə(r)] *n* hamburguesa *f*.

ham·let ['hæmlit] *n* aldea *f*, caserío *m*.

ham·mer ['hæmə(r)] **I.** *n* (*tool*) martillo *m*; (*in a piano*) macillo *m*; (*firearm*) percutor *m*; ANAT (*in the ear*) martillo *m*. LOC **The ~ and sickle**, la hoz y el martillo. **To come under the ~**, salir a subasta. **To go at it/sth ~ and tongs**, luchar a brazo partido. **II.** *v* **1.** martillar; (*iron*) batir; (*nail*) clavar. **2.** (*opponent*) machacar, dar una paliza; (*Stock Exchange*) declarar insolvente. **3. ((away) at)**, insistir, hacer hincapié; (*work*) trabajar con ahínco en. **4. (down)** remachar, asegurar con clavos. **5. (in)** clavar. **6. (sth into sb)** meter en la cabeza a base de repetir; **(into shape)** dar forma a martillazos; FIG (*project*) ultimar. **7. (out)** (*dent*) quitar a martillazos; (*settlement*) conseguir con gran esfuerzo.

ham·mock ['hæmək] *n* hamaca *f*; NAUT coy *m*.

ham·per ['hæmpə(r)] **I.** *n* cesta *f*, canasta *f*; FIG obstáculo *m*. **II.** *v* estorbar, impedir, obstaculizar.

ham·ster ['hæmstə(r)] *n* hámster *m*.

ham·string ['hæmstriŋ] **I.** *n* ANAT tendón (*de la corva*) *m*. **II.** *v* (pret **-strung**, pp **-strung**) desjarretar; FIG (*cripple*) paralizar, incapacitar.

hand [hænd] **I.** *n* mano *f*; (*measure*) palmo *m*; (*of instrument*) aguja *f*; (*of clock*) manecilla *f*; (*worker*) peón *m*, obrero/a; (*bunch*) racimo *m*; (*writing*) escritura *f*, letra *f*: *In one's own hand*, De puño y letra de uno; (*signature*) firma *f*; (*applause*) ovación *f*, aplausos *m pl*; (*cards*) mano *f*; FIG habilidad *f*. LOC **All ~s**, NAUT toda la tripulación; FIG todos. **At first/second ~**, de primera/segunda mano. **At (close) ~**, a mano, muy cerca. **At the ~s of**, por obra de. **By ~**, a mano. **From ~ to ~**, de mano en mano. **~ in ~**, de la mano; FIG de común acuerdo. **~ off!**, no tocar. **~ over fist**, rápidamente. **~ to ~**, cuerpo a cuerpo. **~s up!**, ¡Manos arriba! **In ~**, entre manos; (*money*) disponible, líquido. **On all ~s**, por todas partes. **On ~**, a mano; disponible. **On one's ~s**, a cargo de uno. **On the left/right ~**, a la izquierda/derecha. **On the one/other ~**, por una/otra parte. **Out of ~**, en seguida; fuera de control. **To ask for sb's ~**, pedir la mano de una mujer. **To be a good ~ at**, tener buena mano para. **To be an old ~**, ser perro viejo. **(To be) ~ in glove (with)**, (ser) uña y carne (con). **To change ~s**, (*property*) cambiar de dueño. **To come to ~**, (*letter*) llegar a su destino. **To gain/get the upper ~**, ganar ventaja, dominar. **To give sb a free ~**, dar carta blanca. **To give/lend (sb) a ~**, echar una mano (a uno). **To get one's ~ in**, adquirir práctica en, hacerse a. **To have a free ~**, tener carta blanca. **To have a ~ in**, intervenir en. **To have sth in ~**, tener algo entre manos. **To hold sb's ~**, coger la mano de uno; *col* hacer manitas con. **To keep one's ~ in (at)**, mantenerse en forma, conservar la práctica (de). **To keep one's ~s off**, no tocar. **To lay ~s on**, echar mano a; (*get*) conseguir; REL imponer las manos a. **To live from ~ to mouth**, vivir al día. **To one's ~**, a mano. **To put one's ~ to**, emprender, poner manos a. **To set one's ~ to**, (*sign*) firmar; (*begin*) emprender. **To shake ~s (with)**, estrechar la mano (a). **To show one's ~**, descubrir su juego, poner las cartas boca arriba. **To take a ~ (at/in)**, tomar parte, intervenir (en). **To take in ~**, hacerse cargo de; disciplinar; (*train*) entrenar. **To turn one's ~ to**, dedicarse a; valer para: *She can turn her ~ to anything*, Vale para todo. **To write a good ~**, tener buena letra. **II.** *v* **1.** dar; entregar. **2.** FIG **(to)** reconocer. **3.** **(down)** bajar; **(sb)** ayudar a bajar. **4.** (*heirloom, tradition*) transmitir; JUR dictaminar. **5.** **(in)** entregar. **6.** (*person*) ayudar a entrar. **7.** **(on)** (*news, tradition*) transmitir. **8.** **(out)** distribuir. **9.** (*person*) ayudar a salir. **10.** **(over (to))** entregar; (*job*) ceder (a). **11.** **(round)** distribuir, repartir.

hand-..., **~·bag**, *n* bolso *m*. **~·ball**, *n* (*sport*) balonmano *m*; pelota *f* de balonmano. **~-barrow**, n carretilla *f*. **~·basin**, *n* lavabo *m*. **~·bell**, *n* campanilla *f*. **~·bill**, *n* prospecto *m*, folleto *m*. **~·book**, *n* manual *m*; (*guide*) guía *f*. **~-brake**, *n* freno *m* de mano. **~·clasp**, *n* apretón *m* de manos. **~·cuff**, *v* esposar, poner las esposas a. **~·cuffs**, *n pl* esposas *f* pl. **~·ful**, *n* puñado *m*, manojo *m*. FAM **To be a ~**, tener el diablo en el cuerpo. **~-made**, *adj* hecho a mano. **~-made paper**, *n* papel *m* de tina. **~·maid(en)**, *n* (*usually in pl*) sirvienta *f*, criada *f*. **~-me-down**, *n* FAM prenda *f* usada. **~-out**, *n* FAM reparto *m*, distribución *f*; (*charity*) limosna *f*; (*press*) nota *f* de prensa; (leaflet) folleto *m*, impreso *m*. **~ puppet**, *n* títere *m*. **~-rail**, *n* pasamano *m*. **~·shake**, *n* apretón m de manos. **~-spring**, *n* salto *m* de paloma, voltereta *f* sobre las manos. **~·stand**, **I.** *n* pino. **II.** *v* hacer el pino. **~·work** *n* trabajo m a mano. **~·writing**, *n* escritura *f*, letra *f*.

hand·i·cap ['hændikæp] **I.** *n* desventaja *f*, obstáculo *m*. **II.** *v* perjudicar, dificultar. LOC **~ game**, juego con ventaja para un competidor/ra. **~·ped** [-t] *n* minusválido/a.

hand·i·craft ['hændikraft] *n* habilidad *f* manual; artesanía *f*.

hand·i·ness ['hændinis] *n* destreza *f* manual; conveniencia *f*.

hand·i·work ['hændiwɜ:k] *n* trabajo *m* hecho a mano; FAM obra *f*: *Is that drawing your ~?*, ¿Es obra tuya ese dibujo?

hand·ker·chief ['hæŋkətʃif] *n* pañuelo *m*.

han·dle ['hændl] **I.** *n* **1.** (*of tool*) mango *m*, puño *m*; (*of door, drawer*) tirador *m*, picaporte *m*; (*lever*) palanca *f*; (*of basket, jug*, etc) asa *f*; (*of hurdy-gurdy*) manubrio *m*. **2.** FAM título *m*: *Have a ~ to one's name*, Tener un título. **3.** FIG excusa *f*, pretexto *m*. LOC **To fly off the ~**, salirse de sus casillas. **II.** *v* tocar; (*machine*) manipular; (*people*) manejar, tratar; (*deal in*) comerciar; (*vehicle*) manejarse: *This car handles well*, Este coche se maneja bien. **~·bar** [-ba:(r)] *n* manillar *m*. **han·dler** [-ə(r)] *n* negociante *m*; DEP entrenador/ra; (*animal*) adiestrador/ra. **han·dling** [-iŋ] *n* (*of tools*) manejo *m*; (*of a ship*) gobierno *m*; (*of a person*) trato *m*; (*of goods*) manipulación *f*; (*of a matter*) tratamiento *m*.

hand·some ['hænsəm] *adj* hermoso/a, guapo/a; (*treatment*) generoso/a; (*amount*) considerable; (*victory*) fácil, rotundo/a.

hand·y ['hændi] *adj* a mano; (*useful*) práctico/a, conveniente, útil; **(sb)** hábil, diestro/a. LOC **To come in ~**, venir bien. **To keep sth ~**, tener listo para usar. **~·man** [-mən] *n* (*pl ~men*) factótum *m*.

hang [hæŋ] **I.** *v* **1.** (pret, pp **hanged** [-d]) (*execute*) ahorcar, colgar; (*be executed*) ser ahorcado/a. **2.** (pret/pp **hung** [hʌŋ]) colgar, suspender; (*head*) inclinar, bajar; **(with)** (*drape*) adornar (con), colgar de, llenar de: *~ balconies with flags*, Colgar banderas de los balcones; (*wallpaper*) pegar; colgar, pender, estar suspendido; (*garments*) caer. **(about/around)** (*place*) frecuentar; (*woman*) rondar; (*idle*) haraganear. **(back)** resistirse a seguir; FIG vacilar, dudar. **(on)** colgar de: *A picture ~ing on the wall*, Un cuadro colgado de la pared; FAM esperar: *~ on!* ¡Espera!; (*time*) pasar lentamente; (*sb's words, decision*) depender de, estar pendiente de. **(on to)** agarrarse a; FIG aferrarse a. **(out)** (*clothes*) tender. **(out (of) sb)** asomarse; colgar (de); SL vivir. **(over)** inclinarse sobre. **(together)** mantenerse unidos; (*argument*, etc) ser consistente. **(up)** colgar; interrumpir; suspender; (*delay*) retrasar. LOC **~ it (all)!**, ¡Por Dios!. **~ the expense!**, ¡No se hable del gasto! **I'll be ~ed if...**, que me cuelguen si... **To ~ fire**, estar en suspenso. **II.** *n* (*of garment*) caída *f*; FAM sentido *m*. LOC **Get the ~ of**, entender, coger el tino, hacerse con: *I can't get the ~ of this car*, No logro hacerme con este coche.

hang-..., **~·er**, *n* percha *f*; (*hangman*) verdugo *m*. **~·er-on**, *n* PEY parásito *m*, gorrón/na. **~-glider**, *n* cometa *f* delta. **~·ing**, **I.** *adj* colgante; (*matter*) merecedor/ra de la horca. **~·ing committee**, *n* (*painting*) junta *f* de una exposición. **II.** n (*execution*) ahorcamiento *m*. **~s**, *n/pl* colgaduras *f,pl*, tapices *m pl*. **~·man**, *n* verdugo *m*.

han·gar ['hæŋə(r)] *n* hangar *m*.

hang·dog ['hæŋdɔg] *adj* avergonzado/a.

hang·out ['hæŋaut] *n* SL guarida *f*, cubil *m*.

hang·o·ver ['hæŋəuvə(r)] n (*leftover*) restos *m pl*, vestigio *m*; SL (*after drinking*) resaca *f*.

hank [hæŋk] *n* madeja *f*.

hank·er ['hæŋkə(r)] *v* **(after/for sth/to do sth)** anhelar, desear, suspirar por: *~ to become famous/after fame*, Anhelar ser famoso/la fama. **~·ing** [-iŋ] *n* anhelo *m*, ambición *f*.

hank·y-pank·y ['hæŋki'pæŋki] *n* INFML treta *f*, trampa *f*; (*sex*) lío *m*, ligoteo *m*.

han·som ['hænsəm] (*tamb.* **~ cab**) n cabriolé *m*.

hap [hæp] *p. us.* **I.** *n* casualidad *f*, azar *m*. **II.** *v* ocurrir por casualidad.

hap·ha·zard ['hæp'hæzəd] (*also* **~·ly**) *adj* casual, fortuito/a. *adv* sin pensar, a la buena de Dios.

hap·less ['hæplis] *adj* desgraciado/a, desventurado/a.

ha'p'orth ['heipəθ] (= **halfpennyworth**) FAM medio penique.

hap·pen ['hæpən] v **1.** (*occur*) ocurrir, tener lugar, suceder: *How could it ~?*, ¿Cómo pudo ocurrir? *The accident ~ed early this morning*, El accidente tuvo lugar esta mañana temprano. **2.** (*chance*) **(it ~ that...)** dar la casualidad: *It ~s that she is my aunt*, Da la casualidad que ella es mi tía. **3.** **(sb/sth ~ + *inf*)** por casualidad, casualmente: *I happened to see you*, Te vi por casualidad. **4.** **((up)on sb/sth)** topar con; (*solution*) acertar con. LOC **As it ~s, It (so) ~s that**, Da la casualidad que. **To ~ to sb**, pasar a, ocurrir a. **Whatever ~s**, pase lo que pase. **hap·pen·ing** [-iŋ] *n* acontecimiento *m*, suceso *m*.

hap·py ['hæpi] *adj* (*merry*) alegre, contento/a; (*fortunate*) feliz, dichoso/a; (*contented*) satisfecho/a, a gusto. LOC **~ Birthday/New Year**, feliz cumpleaños/año nuevo. **~-go-lucky**, despreocupado/a. **~ mean/medium**, término medio. **~ solution**, solución *f* satisfactoria. **To be ~ about/with**, estar contento de/con. **To be ~ for sb**, alegrarse por uno. **To be ~ to do sth**, alegrarse de hacer algo. **hap·pi·ly** ['hæpili] adv (*merrily*) alegremente; (*fortunately*) afortunadamente. **hap·pi·ness** ['hæpinis] *n* alegría *f*, felicidad *f*.

ha·rangue [hə'ræŋ] **I.** *n* arenga *f*. **II.** *v* arengar.

ha·rass ['hærəs] *v* (*of* **sb**) acosar, atormentar; (*of* **sth**) atormentar, preocupar; MIL hostigar, hostilizar. **~·ment** [-ment] *n* acoso *m*: *Sexual ~*, Acoso sexual.

har·bin·ger ['ha:bindʒə(r)] *lit n* **(sb)** heraldo *m*; (*thing*) presagio *m*, anuncio *m*.

har·bo(u)r ['ha:bə(r)] **I.** *n* puerto *m*. LOC **~ dues/fees**, derechos *m pl* portuarios. **~ master**, capitán *m* de puerto. **Outer ~**, rada *f*. **II.** *v* (*lodge*) dar cobijo o abrigo, hospedar; (*fear, hope*) abrigar, albergar; (*conceal*) encubrir.

hard [ha:d] **I.** *adj* **1.** duro/a; (*strong*) fuerte, recio/a; (*mud, snow*) endurecido/a; (*work*) difícil, arduo/a, agotador/ra. **2.** **(sb)** severo/a, inflexible. **3.** (*look*) fijo/a; (*water*) dura; (*climate*) áspero/a; (*look*) fijo/a; (*blow*) rudo/a; (*fight, match*) reñido/a; (*word*) poco amistoso/a. LOC **~ and fast**, (*rule*) inflexible, sin excepciones. **~ cash**, dinero *m* contante. **~ court**, pista *f* dura. **~ currency**, divisa *f* fuerte. **~disk**, (computer) disco duro. **~ drinker**, bebedor/ra empedernido/a. **~ drug**, droga *f* dura. **~ facts**, hechos *m pl* innegables. **~ hat**, casco *m*. **~ labour**, trabajos *m pl* forzados. **~ liquor**, licor *m* espiritoso. **~ news**, información *f* fidedigna. **~ palate**, paladar m. **It is ~ to do sth**, es difícil + *inf*: *It is ~ to find a good carpenter*, Es difícil encontrar un buen carpintero. **Sb/sth is ~ to**, uno/algo es difícil de + inf: *She is hard to persuade*, Ella es difícil de convencer. **To be ~ (up)on sb**, ser duro con uno. **To have a ~ on**, INFML tener una erección. **II.** *adv* duramente, con dureza; (*strenuously*) de firme, con ahínco. LOC **~ by**, muy cerca. **~ up (for sth)**, FAM sin blanca, falto/a (de). **To be ~ put (to it)**, costar trabajo (algo a alguien), ser difícil. **To go ~ with sb**, no soportar: *It goes hard with me to be alone*, No soporto estar solo. **To look ~**, mirar fijamente. **To think ~**, meditar detenidamente. **To work ~**, trabajar mucho.

hard-..., **~·back**, *adj/n* (*book*) de pasta dura. **~-bitten**, *adj* terco/a, duro/a. **~-boiled**, *adj* FAM severo/a; (egg) duro. **~-cover**, *n* (book) libro *m* encuadernado. **~en**, *v* endurecer(se), solidificar(se). **~-headed**, *adj* realista, práctico/a, cerebral; astuto/a. **~-hearted**, *adj* insensible. **~iness**, *n* resistencia *f*, vigor *m*. **~·ly**, *adv* (*manner*) duramente; (*badly*) mal; (*scarcely*) apenas, difícilmente, casi no: *I can hardly read*, Casi no puedo leer. LOC **~·ly ever**, casi nunca. **~·ly anyone**, casi nadie. **~·ness**, *n* dureza *f*, dificultad *f*; (*strength*) fuerza *f*, vigor *m*; (*of heart*) insensibilidad *f*. **~·shell**, *adj* de cubierta dura; US FIG intransigente. **~·ship**, *n* infortunio *m*, penalidad *f*; (*economic*) apuro *m*. **~ shoulder**, *n* (*road*) arcén *m*. **~·ware**, *n* ferretería *f*, quincalla *f*; MIL armamento *m*; (*computer*) equipo *m*, soporte *m* físico. **~·ware dealer**, *n* ferretero/a. **~·ware shop/ store**, *n* ferretería *f*. **~·wearing**, *adj* duradero/a, resistente. **~·working**, *adj* trabajador/ra. **~y**, *adj* fuerte, resistente.

hare [heə(r)] **I**. *n* liebre *f*. LOC **First catch your ~**, no empieces la casa por el tejado. **~·bell**, BOT campánula *f*. **~·brained**, casquivano/a, ligero/a de cascos. **~·lip**, ANAT labio *m* leporino. **II**. *v* correr, ir rápidamente.

ha·rem ['ha:ri:m] *n* harén *m*.

ha·ri·cot ['hærikəu] (*also* **~ bean**) n alubia *f*, judía *f* blanca.

hark [ha:k] v **1**. **(at/to)** escuchar. **2**. **(back to)** INFML recordar, rememorar.

har·lot ['ha:lət] *n* prostituta *f*. **har·lo·try** [-ri] *n* prostitución *f*.

harm [ha:m] **I**. *n* mal *m*, daño *m*, perjuicio *m*. LOC **Out of ~'s way**, a salvo. **There's no ~ in doing sth**, no hay ningún mal en + *inf*. **To come to no ~**, salir bien librado. **To mean no ~**, no pretender hacer daño. **II**. *v* **(sb)** hacer mal/daño (a); (*interests*) perjudicar, dañar; (*crops*) estropear. **~·ful** [-ful] *adj* dañino/a, nocivo/a. **~·less** [-lis] *adj* inofensivo/a, inocuo/a.

har·mon·ic [ha:'mɔnik] **I**. *n* MUS (*note*) armónica f. **II**. *adj* armónico/a. **har·mon·ica** [ha:'mɔnikə] (= **mouth-organ**) n armónica *f*. **har·mo·ni·ous** [ha:'məunjəs] *adj* armonioso/a. **har·mo·ni·um** [ha:'məunjəm] *n* armonio *m*. **har·mon·ize, -·ise** [ha:'mənaiz] **(with)** *v* armonizar (*con*). **har·mo·ny** ['ha:məni] *n* armonía *f*.

har·ness ['ha:nis] **I**. *n* guarniciones *f* pl, arreos *m pl*; MIL arnés *m*. LOC **~ maker**, guarnicionero *m*. **To die in ~**, morir con las botas puestas. **To get back in ~**, volver al trabajo. **II**. *v* enjaezar, poner guarniciones a; FIG (*resources*) aprovechar. LOC **~ a horse to a carriage**, enganchar un caballo a un carro.

harp [ha:p] **I**. *n* arpa *f*. **II**. *v* **1**. tocar el arpa. **2**. **(on)** FIG repetir, machacar: *Stop ~ing on it!*, ¡Deja de machacar! **~·ist** [ist] *n* arpista *m,f*.

har·poon [ha:'pu:n] **I**. *n* arpón *m*. **II**. *v* arponear.

harp·si·chord ['ha:psikɔ:d] *n* clavicordio *m*, clavicémbalo *m*.

har·py ['ha:pi] *n* arpía *f*.

har·ri·dan ['hæridən] *n* bruja *f*, arpía *f*.

har·rier ['hæriə(r)] *n* **1**. (*sport*) corredor/ra de cross. **2**. (*hunting*) perro *m* de caza. **3**. (*bird*) aguilucho *m*.

har·row ['hærəu] **I**. *n* AGR grada *f*. **II**. *v* gradar; FIG **(sb)** torturar; (*sb's heart*) destrozar. **~·ing** [-iŋ] *adj* desgarrador/ra, angustioso/a.

har·ry ['hæri] *v* (*devastate*) asolar; **(sb)** atormentar, inquietar; MIL hostilizar.

harsh [ha:ʃ] *adj* (*voice, cloth*) áspero/a; (*person, decision*) duro/a, cruel; (*word*) hostil; (*weather*) severo/a; (*colour*) chillón/na. **~·ly** [-li] *adj* ásperamente, duramente. **~·ness** [-nis] *n* aspereza *f*, dureza *f*.

hart [ha:t] *n* ciervo *m*.

harum-scarum ['heərəm 'skeərəm] FAM *n*/ *adj* atolondrado/a.

har·vest ['ha:vist] **I**. *n* cosecha *f*, recolección *f*; (*reaping time*) siega *f*; (*of grape*) vendimia *f*; FIG cosecha *f*. **II**. *v* (*also* FIG) cosechar, recolectar. **har·vest·er** [-ə(r)] *n* **(sb)** segador/ra; (*machine*) cosechadora *f*.

has [hæz, həz] **1**. *v* V. **have**. **2**. *n* **~·been** FAM **(sb)** vieja gloria; **(sth)** trasto *m* inútil.

hash [hæʃ] **I**. *n* picadillo *m*; FAM lío *m*, revoltillo *m*. LOC **To make a ~ of**, FAM estropear totalmente. **To settle sb's ~**, FAM liquidar a uno. **II**. *v* picar; FAM armar un lío.

hasp [ha:sp] *n* pasador *m*; (*of door*) pestillo *m*; (*of padlock*) cierre *m*.

has·sock ['hæsək] *n* cojín *m*.

haste [heist] **I**. *n* prisa *f*. LOC **In ~**, de prisa. **More ~ less speed**, **Make ~ slowly**, despacio que tengo prisa. **To make ~ (to do sth)**, apresurarse a/en. **II**. *v* apresurarse.

hast·en ['heisn] *v* **(sb)** meter prisa a; **(sth)** apresurar, acelerar; **(to do sth)** darse prisa en + inf. **hast·ily** ['heistili] *adv* de prisa. **hast·i·ness** ['heistinis] *n* precipitación *f*; impaciencia *f*. **hast·y** ['heisti] *adj* (*comp* **-ier**, *sup* **-iest**) (*hurried*) apresurado/a, precipitado/a; (*rash*) irreflexivo/a.

hat [hæt] *n* sombrero *m*. LOC **Bowler ~**, bombín *m*. **Cocked/three-cornered ~**, sombrero *m* de tres picos. **My ~!**, ¡caramba! **To keep it under your ~**, no diga nada de esto. **To raise/take off one's ~ (to)**, descubrirse (ante). **To talk through one's ~**, decir tonterías.

hat-..., **~·box** ['-bɔks] *n* sombrerera f. **~·pin** ['-pin] *n* alfiler *m* de sombrero. **~·shop** ['-ʃɔp] *n* sombrerería *f*. **~·ter** [-ə(r)] *n* sombrerero/a. LOC **As mad as a ~·ter**, más loco que una cabra.

hatch [hætʃ] **I**. *n* **1**. (*bird*) salida *f* del huevo, pollada f. **2**. (*door*) ventanilla *f*, postigo *m*; (*trapdoor*) trampa *f*, compuerta *f*; (*also* **~·way**) NAUT escotilla *f*. **II**. *v* **1**. (*bird*) salir del huevo; FIG madurar; (*cause to*) empollar, sacar del cascarón; FIG (*plot*) tramar, idear. **2**. sombrear a plumilla.

hatch·et ['hætʃit] *n* hacha *f*. LOC **~ faced**, de rostro enjuto. **~ job**, FIG carnicería *f*, crítica *f* cruel. **~ man**, asesino *m* a sueldo; FIG persona que hace los trabajos sucios de otro. **To bury/dig up the ~**, enterrar/desenterrar el hacha de guerra, hacer las paces/declarar la guerra.

hate [heit] **I**. *n* odio *m* (*for*, a). **II**. *v* odiar, aborrecer; (*regret*) sentir, lamentar: *I ~ having to say this*, Siento tener que decir esto. **~·ful** [-ful] *adj* odioso/a, aborrecible. **hat·red** ['heitrid] *n* odio *m*, aborrecimiento *m* (*for*, a/hacia/por).

haugh·ti·ness ['hɔ:tinis] *n* arrogancia *f*, altivez *f*. **haugh·ty** ['hɔ:ti] *adj* arrogante, altivo/a.

haul [hɔ:l] **I**. *n* (*pull*) tirón *m*; (*distance*) recorrido *m*, trayecto *m*; (*fishing*) redada *f*; FIG botín *m*, ganancia *f*; US transporte *m*. **II**. *v* (*drag*) tirar de, arrastrar; (*transport*) transportar; NAUT **(at/on)** halar de. **(down)** (*flag*) arriar. **(in)** NAUT (*net*) recoger. **(up)** NAUT izar. LOC **To ~ the wind**, NAUT virar para ceñir el viento. **~·age** [-idʒ] *n* transporte *m*. **haul·er, haul·ier** ['hɔ:liə(r)] *n* transportista *m*.

haunch [hɔ:ntʃ] *n* (*of sb*) cadera *f*; (*of animal*) anca *f*; (*meat*) pernil *m*, pierna *f*. LOC **To sit on one's ~es**, sentarse en cuclillas.

haunt [hɔ:nt] **I**. *n* (*of animal or criminals*) cubil *m*, guarida *f*; lugar *m* predilecto o frecuentado. **II**. *v* **1**. frecuentar, rondar; (*ghosts*) aparecer en: *A haunted house*, Casa encantada. **2**. **(sb)** obsesionar. **~·ing** [-iŋ] *adj* obsesionante.

Ha·va·na [hə'vænə] **1**. (*city*) La Habana. **2**. (*also* **~ cigar**) habano *m*.

have [hæv, həv] (3rd *p*, *sing pres has*, pret y pp *had*) **I**. *v* **1**. *aux* (+ *past p*), haber (+ *p*): *She has finished her work*, Ella ha terminado su trabajo; **(just + *pp*)** acabar de + *inf*: *He's just arrived*, Él acaba de llegar. **2**. (*modal aux*) **(to** + *inf*) (*obligation or necessity*) tener que + *inf*: *You have to finish it soon*, Tienes que terminarlo pronto. *There has to be a solution*, Tiene que haber una solución. **3**. (*causative aux*) **(sb +** *inf/ger*) hacer que uno + *subj*: *Have her get up early*, Haz que se levante temprano. **I would ~ sb +** *inf*, me gustaría que + *subj*: *I would have you know that...*, Me gustaría que supiera Vd. que... **(sb/sth +** *pp*) hacer/mandar que + *subj*: *You should have him examined by a doctor*, Debería hacer que lo examinara un médico. *I had my car washed*, Hice que me lavaran el coche. **(sth +** *pp*) (*experience, suffer*) (a menudo se traduce por forma verbal impersonal): *I had my watch stolen*, Me robaron el reloj. *Charles I had his head cut off*, A Carlos I le cortaron la cabeza. **4**. (*semiaux*) **had better/rather +** *inf*, debería + *inf*, sería mejor que + *subj*: *I had better go now*, Más vale que me vaya ahora. **5**. (*possess*) (*con este significado también se utiliza ~* **got**) tener, poseer; (*enjoy*) gozar de; (*contain*) contener; (*get*) conseguir: *You can have it for £50*, Puedes conseguirlo por 50 libras; (*sex*) poseer; (*passive*) haber, venderse: *That is not to be had anywhere*, Eso no se vende en ninguna parte; (*bear, carry*) tener, llevar. **6**. (*food*) comer; (*drink*) tomar, beber: *Will you have a drink?*, ¿Quiere tomar algo? **7**. (*letter, news*) recibir; coger, recibir: *I gave it to him but he wouldn't have it*, Se lo di pero él no quiso cogerlo. **8**. (*cold, pain; hope, doubt, interest, fear, pity*, etc) sentir, experimentar, tener; (*put up with*) tolerar, soportar: *I won't have that behaviour*. No toleraré ese comportamiento. LOC **To ~ a crush/pash on sb**, *col* estar loco por. **9**. (*baby*) tener, dar a luz. **10**. (*seize*) tener agarrado/cogido (*by*, por/de); FIG (*understand*) entender: *I have it*!, ¡Entiendo!; (*catch*) atrapar, pillar; (*defeat*) vencer; (*deceive*) engañar. **11**. (*know*) saber, conocer: *I have it on good authority that...*, Sé de buena tinta que...; decir, afirmar, sostener: *As Shakespeare has it...*, Como dice Shakespeare... *I have it that...*, Yo sé/pienso que... **12**. **(sth to do)** tener algo por hacer: *I have many letters to write*, Tengo muchas cartas por escribir. LOC **Let sb ~ it**, FAM dar su merecido a uno; decir cuatro verdades a uno. **To ~ a bath/shower/swim/wash, etc**, tomar un baño/una ducha/etc. **To ~ a game**, echar una partida. **To ~ a good time**, pasarlo bien, divertirse. **To ~ a look at**, dar un vistazo a. **To ~ a walk**, dar un paseo. **To ~ about/on sb**, llevar encima, tener a mano: *Do you have a pound on you?*, ¿Tienes una libra a mano? **To ~ sb (a)round/down/over/ up**, tener como invitado. **To ~ at sb**, atacar: *Have at him!*, ¡Atácale! **To ~ sth back**, recuperar algo prestado, etc). **To ~ it in for sb**, tener manía a. **To ~ it out (with sb)**, resolverlo, aclararlo. **To ~ sth on**, (*hat, clothes*) llevar puesto. **To ~ sb on**, INFML engañar, pegársela a. **To ~ sth on sb**, tener pruebas contra uno: *They have nothing on us*, No tienen nada contra nosotros. **To ~ sth in**, (*coal, food*) tener almacenado: *Do we have enough coal in for the weekend*?, ¿Tenemos suficiente carbón para el fin de semana? **To ~ sth out**, (*tooth, tonsils*, etc), hacer quitar/sacar. **To ~ sb off**, caricaturizar, imitar. **To ~ sth off**, (*memorize*) memorizar. **To ~ to do with sb/sth**, tener que ver con. **II**. *n* **the ~s**, los ricos: *The haves and have-nots*, Los ricos y los pobres.

ha·ven ['heivn] *n* NAUT puerto *m*, abrigo *m* natural; FIG (*shelter*) refugio *m*.

have-not ['hævnɔt] *n* pobre *m*.

haven't ['hævnt] = **have not**.

hav·er·sack ['hævəsæk] *n* mochila *f*.

hav·ing ['hæviŋ] **I**. *ger* of **have**. **II**. *n* posesiones *f* pl.

hav·oc ['hævək] *n* estragos *m pl*. LOC **To make ~ of, play ~ among/with**, hacer estragos entre.

haw [hɔ:] **I**. *n* **1**. (*berry*) baya *f* del espino. **2**. (*cough*) carraspeo *m*. LOC **To hum and ~**, titubear. **II**. *int* (*to horse*) ¡riá!

hawk [hɔ:k] **I**. *n* (*bird*) halcón *m*; FIG buitre *m*. LOC **~ eyed**, con ojos de lince. **~ nose**, nariz *f* aguileña. **sparrow ~**, gavilán m. **II**. *v* **1**. (*hunting*) cazar con halcones. **2**. (*cough*) carraspear. LOC **To ~ about**, pregonar. **hawk·er** [-ə(r)] *n* vendedor/ra ambulante. **hawk·ing** [-iŋ] *n* cetrería *f*; (*cough*) carraspeo *m*. **3**. vender por las calles.

haw·ser ['hɔ:zə(r)] NAUT guindaleza *f*.

haw·thorn ['hɔ:θɔ:n] *n* BOT espino *m*.

hay [hei] **I.** *n* heno *m*. LOC ~ **fever**, fiebre *f* del heno. **To be/go ~**, volverse loco/a. **To hit the ~**, SL acostarse, planchar la oreja. **To make ~ of**, (*mix up*) liar; (*argument*) desbaratar. **To make ~ while the sun shines**, hacer su agosto. **II.** *v* segar el heno; (*dry grass*) hacer heno; echar forraje (*al ganado*).

hay-..., **~·cock/~·rick/~·stack**, *n* almiar *m*. **~·field**, *n* henar *m*. **~·loft**, *n* henil *m*. **~·rack**, *n* pesebre *m*. **~·seed**, *n* simiente de heno; US SL paleto/a. **~·wire**, *adj* SL patas arriba; (*person, machine*).

ha·zard ['hæzəd] **I.** *n* (*chance*) azar *m*; (*risk*) riesgo *m*. LOC **At all ~s**, a toda costa. **To run the ~**, correr el riesgo. **II.** *v* arriesgar; (*guess*) aventurar. **~·ous** [-əs] *adj* arriesgado/a, aventurado/a.

haze [heiz] **I.** *n* neblina *f*; FIG confusión *f*. **II.** *v* **1.** US vejar; US (*new student*) dar novatada a. **2.** **(over)** llenarse de neblina; (*photography*) desenfocarse.

ha·zel ['heizl] **I.** *n* (*tree*) avellano *m*. **II.** *adj* avellanado/a, de color avellana. LOC **~-nut**, avellana *f*.

haz·y ['heizi] *adj* neblinoso/a; FIG confuso/a, vago/a. **haz·i·ness** [-nis] *n* nebulosidad *f*; vaguedad *f*.

he [hi:] **I.** *pron* él. LOC **~ who...**, quien/el que... **II.** (*attributive*) (*man*) varón, PEY macho; (*animal*) macho. LOC **~-goat**, macho cabrío.

head [hed] **I.** *n* **1.** cabeza *f*; LIT IR testa *f*: *Crowned ~*, Testa coronada. **2.** (*firm*) jefe *m*, director/ra: *Head of State*, Jefe de Estado; (*cattle*) cabeza *f*, res *f*; (*bed, table*) cabecera *f*; (*ship*) proa *f*; (*tree*) copa *f*; (*river*) cabecera *f*, nacimiento *m*. **3.** (*water*) altura *f* de caída. **4.** (*milk*) nata *f*; (*beer*) espuma *f*. **5.** (*nail, pin*) cabeza *f*; BOT cogollo *m*; (*arrow*) punta *f*. **6.** (*chapter, title*) encabezamiento *m*; (*newspaper*) título *m*. **7.** (*cylinder*) culata *f*. **8.** GEOG punta *f*, cabo *m*; (*recorder*) cabeza *f*; FIG (*peak*) culminación *f*. LOC **Above/over one's ~**, difícil de entender, por encima de uno. **(Can't) make ~ or tail of sth**, (no) entender, (no) ver pies ni cabeza a. **From ~ to foot/toe**, de la cabeza a los pies. **~ first**, de cabeza. **~ of hair**, cabellera f. **~ over heels**, patas arriba; FIG perdidamente: *I'm head over heels in love with her*, Estoy perdidamente enamorado de ella. **~s or tails**, cara o cruz. **Off/out of one's ~**, fuera de sí, loco/a. **Out of one's own ~**, de su propia cosecha. **(To act/go) over sb's ~**, (*actuar*) a espaldas de uno. **To bang one's ~ against a brick wall**, darse contra un muro. **To be/ stand ~ and shoulders above sb**, estar muy por encima de uno. **To bite sb's ~ off**, *col* echar una bronca. **To come to a ~**, madurar; MED supurar. **To eat one's ~ off**, *col* comer como una lima. **To gather ~**, cobrar fuerzas. **To get it into one's ~ that**, entender, metérsele a uno en la cabeza (que). **To give sb his ~**, dar libertad o rienda suelta. **To go to one's ~**, (*alcohol, success*) subírsele a uno a la cabeza. **To hang/hide one's ~**, caérsele a uno la cara de vergüenza. **To have one's ~ in the clouds**, estar en la luna. **To hit the nail on the ~**, dar en el clavo. **To keep one's ~**, no perder la cabeza. **To make ~**, hacer progresos. **To nod one's ~**, asentir con la cabeza. **To talk one's ~ off**, hablar por los codos. **(Up)on one's/sb's own ~**, sobre la cabeza de uno, bajo su responsabilidad. **II.** *adj* (*main*) principal; (*ahead*) delantero; (*higher*) superior; NAUT de proa. **III.** v **1.** (*be first*) encabezar, estar a la cabeza de; (*lead*) acaudillar, dirigir; (*cape*) bordear; (*football*) dar de cabeza, cabecear; (*tree*) desmochar; (*cask*) poner tapa. **2.** **(off)** interceptar, desviar; atajar. **3.** **(for/towards)** dirigirse a. LOC **~·ed for**, con rumbo a.

head-..., **~·ache,** *n* dolor *m* de cabeza; FIG quebradero *m* de cabeza. **~-dress**, *n* tocado *m*. **~·ed**, *adj* de/con cabeza de: *Two-~ed*, Con dos cabezas, bicéfalo. **~·er**, *n* ARQ tizón *m*; (*dive*) salto *m* de cabeza; (*football*) cabezazo *m*. **~-gear**, *n* gorro *m*, tocado *m*; (*horse*) cabezada *f*; **~·iness**, *n* ímpetu *m*. **~·ing**, *n* encabezamiento *m*; (*of letter*) membrete *m*. **~·land**, *n* promontorio *m*; (*cape*) punta *f*, cabo *m*. **~·less**, *adj* sin cabeza; FIG sin jefe; FIG (*foolish*) necio. **~·light**, *n* (*car*) faro *m*. **~·line**, *n* titular *m*, cabecera *f*. LOC **To hit the ~·lines**, salir en primera plana. **~·long**, *adj/adv* de cabeza: *Fall ~long*. Caer de cabeza; (*hasty, hastily*) precipitado/a, precipitadamente. **~·man**, *n* jefe *m*. **~·master**, *n* director *m* de colegio. **~·mistress**, *n* directora *f* de colegio. **~-on**, *adj* de frente. **~-phone**, *n* auricular *m*. **~·quarters**, *n* MIL cuartel *m* general; (*organization*) sede *f*; (*firm*) oficina *f* central. **~·rest**, *n* reposacabeza *m*. **~·set**, *n* auriculares *m pl*. **~·ship,** *n* dirección *f* de colegio. **~sman**, *n* verdugo *m*. **~·spring**, *n* (*of river*) manantial m, fuente *f*. **~·stone**, *n* lápida *f* mortuoria; ARQ piedra *f* angular. **~·strong**, *adj* impetuoso/a; testarudo/a. **~·waters**, *n* cabecera *f* de un río. **~·way**, *n* progreso *m*; (*of ship*) salida *f*. LOC **To make ~·way**, hacer progresos. **~·wind**, *n* viento *m* en contra. **~·word**, *n* (*in a dictionary*) artículo *m*. **~·y**, *adj* impetuoso/a, testarudo/a; (*wine*) fuerte, cabezón; (*heights*) vertiginoso/a.

heal [hi:l] *v* (*patient, disease*) **(of)** curar, sanar (de); (*wound, quarrel*) (*also* ~ **over/up**) cicatrizar(se); FIG remediar. **~·ing** [-iŋ] **I.** *n* (*disease*) curación *f*; (*wound*) cicatrización *f*. **II.** *adj* curativo/a; cicatrizante.

health [helθ] *n* salud *f*. LOC ~ **officer**, inspector *m* de sanidad. ~ **resort**, balneario *m*. **public ~**, sanidad *f* pública. **To be in good/ bad ~**, estar bien/mal de salud. **To drink sb's ~, drink a ~ to sb**, beber a la salud de. **To have a ~ look**, tener aspecto saludable. **~·ful** [-ful] adj sano/a; saludable. **~i·ness** [-inis] *n* (*of living being*) buena salud *f*; (*quality*) salubridad *f*. **health·y** [-i] *adj* sano/a; saludable; (*place*) salubre.

heap [hi:p] **I.** *n* **1.** montón *m*, pila *f*. **2.** **~s (of)** INFML un montón *m* (de), un lote *m* de:

I have been there ~s of times, He estado allí un montón de veces. LOC **~s better/more/older/greater, etc**, INFML mucho mejor/más/etc. **To be struck all of a ~**, quedarse de una pieza. **II.** *v* (*also* ~ **up**) amontonar, apilar; **(sth (up)on sb/sth)**, **(sb/sth with sth)** colmar o llenar de algo.

hear [hiə(r)] (pret, pp **heard** [hɜ:d]) *v* oír; (*listen*) escuchar; (*feel*) sentir; (*lesson*) tomar; (*lecture*) asistir a; JUR (*case*) ver. **(about/of)** oír hablar de, saber de: *I won't ~ of it!*, ¡No quiero oír hablar de eso! **(from sb)** tener noticias de. **(out)** escuchar hasta el final. LOC **~! ~!**, ¡muy bien! **hear·er** [-ə(r)] *n* oyente *m*, *f*; *pl* auditorio *m*. **hear·ing** [-iŋ] *n* (*sense*) audición *f*, oído *m*; JUR audiencia *f*, vista *f*; MUS audición *f*. LOC **~·ing aid**, audífono *m*. **In sb's ~·ing**, en presencia de. **Out of/within ~·ing,** fuera del/al alcance del oído. **To give sb a fair ~·ing**, escuchar a uno imparcialmente. **~·say** ['hiəsei] rumor *m*. LOC **By/from ~·say**, de oídas.

heark·en ['ha:kən] *v p. us.* **(to)** escuchar (a).

hearse [hɜ:s] *n* coche *m* fúnebre.

heart [ha:t] *n* corazón (*also* FIG); (*soul*) alma; (*of vegetables*) cogollo *m*; (*of a matter*) fondo *m*, meollo *m*; (*of city*) centro *m*; (*courage*) valor *m*; (*cards*) corazones *m*. LOC **After one's own ~**, al gusto de uno. **At ~**, en el fondo. **By ~**, de memoria. **From one's ~**, de todo corazón. **~ and soul**, en cuerpo y alma. **In good ~**, animado/a. **In one's ~ of ~s**, en lo más profundo de su corazón. **Lose ~**, descorazonarse. **One's ~ sinks**, desanimarse. **Out of ~**, descorazonado/a, desanimado/a. **To eat one's ~**, consumirse. **To have one's ~ in one's boots/mouth**, tener el alma en un hilo. **To have sth at ~**, tener presente; desear que algo prospere. **To have the ~ (to do sth)**, tener valor (para + *inf*). **To set one's ~ on sb/sth**, desear fervientemente. **To take ~**, animarse. **To take sth to ~**, tomar algo a pecho. **To wear one's ~ on one's sleeve**, llevar el corazón en la mano. **To win sb's ~**, conquistar. **With all one's ~**, de todo corazón, con toda el alma.

heart-..., **~·ache**, *n* pena *f*, pesar *m*. **~-attack**, *n* ataque *m* cardíaco. **~·beat**, *n* latido *m*. **~·break**, *n* angustia *f*. **~·breaking**, *adj* angustioso/a. **~·broken (about)**, *adj* angustiado, afligido (por). **~·burn**, *n* MED acidez *f* o ardor *m* de estómago. **~-burning**, *n* envidia *f*, rencor *m*. **~ failure**, *n* fallo *m* cardíaco. **~·ed**, *adj* (*in compounds*) de corazón... **~·en**, *v* alentar, animar. **~·felt**, *adj* sentido/a, sincero/a. **~iness**, *n* sinceridad *f*; (*friendliness*) cordialidad *f*; entusiasmo *m*. **~·less**, *adj* despiadado/a. **~·rending**, *adj* desgarrador/ra. **~-strings**, *n pl* fibras *f* pl del corazón. LOC **To play on sb's ~-strings**, tocar la fibra sensible a uno. **~-to-~**, **I.** *n* charla *f* franca. **II.** adj franco/a, sincero/a. **~y**, **I.** *adj* entusiasta; (*strong*) vigoroso/a; (*meal*) abundante; (*land*) fértil; (*cheerful*) campechano/a. LOC **To be a ~ eater**, tener buen saque. **II.** *n* NAUT compañero *m*.

hearth [ha:θ] *n* hogar *m* (*also* FIG); TEC crisol *m*.

heat [hi:t] **I.** *n* (*general*) calor *m* (*also* FIG); (*heating*) calefacción *f*; (*passion*) pasión *f*, ardor *m*; ZOOL celo *m*; (*sport*) eliminatoria *f*. LOC **Dead ~**, empate *m*. **On ~**, en celo. **II.** *v* (*also* **up**) calentar(se); FIG (*discussion*, etc) acalorarse. **heat·ed** [-id] *adj* acalorado/a. **heat·er** [-ə(r)] *n* calentador *m*. **heat·ing** ['hi:tiŋ] **I.** *n* calefacción *f*. **II.** *adj* calorífico/a; de calefacción.

heat- ...**~-proof**, *adj* termorresistente. **~ rash**, *n* sarpullido *m*. **~-stroke** ['-strəuk] *n* insolación *f*. **~-wave**, *n* ola *f* de calor.

heath [hi:θ] n BOT (*plant*) brezo *m*; (*land*) brezal *m*.

heath·en ['hi:ðn] *n*, *adj* pagano/a, gentil; PEY bárbaro/a. **~·ish** [-iʃ] *adj* pagano/a, bárbaro/a. **~·ism** [-izəm] *n* paganismo *m*; PEY barbarie *f*.

heave [hi:v] **I.** *n* (*pull*) tirón *m*, (*push*) empujón *m*, esfuerzo *m*: *One more ~ and the piano will be in place*, Un esfuerzo más y el piano estará en su sitio; (*of sea, waves*) agitación *f*; (*nausea*) náusea *f*; (*breast*) palpitación *f*. **II.** *v* levantar; (*push*) empujar; (*pull*) tirar de; (*throw*) INFML lanzar; (*sigh, groan*) soltar; NAUT (pret y pp *hove*) **(at/on sth)** halar, jalar; (*chest*) palpitar; MED (also ~ **up**) (*retch*) tener náuseas: *It makes me heave*. Me da náuseas. LOC **To ~ in sight**, hacerse visible. **To ~ off**, NAUT hacerse a la mar. **To ~ (sth) to**, NAUT ponerse al pairo.

heav·en ['hevn] *n* REL (*place, Providence*) cielo *m*; (*happiness*) paraíso *m*, gloria *f*; *pl* **the ~s**, (*sky*) cielo *m*. **~·ward(s)** [-wəd(z)] *adv* hacia el cielo. **~-sent** [-sent] *adj* llovido del cielo. LOC **For H~'s sake!**, por Dios. **Good H~s!**, Dios mío. **H~ forbid!**, Dios no lo quiera. **To move ~ and earth**, remover Roma con Santiago, remover cielos y tierra. **heav·en·ly** [-li] *adj* REL celestial; ASTR celeste.

heav·y ['hevi] **I.** *adj* **1.** pesado/a; **(on/with)** (*strict*) duro/a (con); (*rain, storm, waves*) fuerte; (*atmosphere*) cargado/a, pesado/a; (*meal, scent*) fuerte; (*traffic, population*) denso/a; (*sleep, silence, sigh*) profundo/a; MIL (*fire*) intenso/a, graneado/a; (*artillery*) pesado/a; (*line, sea, cloth*) grueso/a. **2.** (*heart*) triste; (*loss, expense*) considerable; (*burden, responsibility*) grave; (*surface, task*) duro/a, difícil. **3.** (*movement*) lento/a, torpe; (*feeling*) embotado/a; (*head, eyes*) pesado/a. **4.** ELECTR (*current*) alto/a, intenso/a. LOC **~-duty**, para uso intensivo, para labores duras. **~ going**, difícil; aburrido. **~-handed**, torpe; duro (en el trato). **~ smok·er**, fumador/ra empedernido/a. **~·type**, (letra) negrita. **~·weight**, (*boxing*) peso *m* pesado; FIG persona *f* de peso. **To be a ~ drinker/eater, etc**, beber/comer, etc. mucho. **To be ~ on sth**, INFML consumir mucho/a; (*food*) comer mucho. (*of time*) **To hang/lie ~ (on one's hands)**, pasar lentamente. **II.** *n* TEAT (*role*) serio/a, despreciable; SL (*bodyguard*) gorila *m*. **heav·ily** [-li] *adv* pesadamente; duramente, etc. (*see* **heavy**). **heav·i·ness** [-inis] *n* peso *m*; pesadez *f*; dureza *f*; fuerza *f*; densidad *f*; etc (*see* **heavy**).

He·bra·ic [hi'breiik] *adj* hebraico/a. **He·brew** ['hi:bru:] *n/adj* hebreo/a.

hec·a·tomb ['hekətəum] *n* hecatombe *f*.

hec·kle ['hekl] *v* interrumpir (a un orador).

hec·tare ['hekteə(r)] *n* hectárea *f*.

hec·tic ['hektik] *adj* ajetreado/a; MED tísico/a.

hec·tor ['hektə(r)] *v* intimidar (a uno) con bravatas.

hedge [hedʒ] **I**. *n* seto *m* (vivo); (*barrier*) cerca *f*, barrera *f*; (*of police*) fila *f*; (*defence*) (**against**) protección *f* (contra). **II**. v cercar con seto; (*protect*) guardar, proteger; (*not commit oneself*) salirse por la tangente. LOC **To ~ one's bets**, compensar riesgos. **To ~ sb/sth about/around (with sth)**, restringir, limitar. **To ~ sb in**, agobiar, limitar la libertad de. **hedge-...**, **~·hog**, *n* erizo *m*; MIL (*barbed wire*) alambrada *f*. **~-hop**, **I**. *n* vuelo *m* rasante. **II**. *v* volar a ras de tierra. **~·row**, *n* seto *m* vivo.

he·don·ism ['hi:dənizm] *n* hedonismo *m*. **he·don·ist** [,hi:də,nist] *n* hedonista *m,f*. **he·don·ist·ic** [,hi:də,nistik] *adj* hedonista.

heed ['hi:d] **I**. *n* atención *f*, cuidado *m*. LOC **To give/pay/take ~ to**, poner cuidado en. **To take no ~ of**, no prestar atención a. **II**. *v* tener en cuenta; (*pay attention*) prestar atención a. **~·ful** [-ful] *adj* **(of)**, atento/a a; (*careful*) cuidadoso/a. **~·less** [-lis] *adj* descuidado/a, despreocupado/a.

hee-haw ['hi:hɔ:] **I**. *n* (*of ass*) rebuzno *m*; (*laugh*) risotada *f*. **II**. *v* (*ass*) rebuznar; (*laugh*) reírse a carcajadas.

heel [hi:l] **I**. *n* ANAT talón *m* (*also* FIG); (*sock*) talón *m*; (*shoe*) tacón *m*; (*remainder*) restos *m pl*; parte baja o trasera; NAUT escora *f*; SL sinvergüenza *m*. LOC **At/On sb's ~s**, pisando los talones a. **Down at ~**, (*shoe*) tener el tacón gastado; (*untidy*) desaliñado/a. **Head over ~s**, patas arriba; totalmente. **To cool/kick one's ~s**, estar de plantón, esperar. **To kick up one's ~s**, echar una cana al aire. **To show a clean pair of ~s, take to one's ~s**, poner pies en polvorosa. **To turn one's ~s**, dar media vuelta. **Under the ~s of**, bajo el yugo de. **II**. *v* (*shoe*) poner o arreglar el tacón; (*sock*) remendar el talón; (*ball*) talonar; NAUT escorar, inclinar. LOC **~!**, ¡Sígueme! (*dog*). **~ over**, NAUT zozobrar; (*follow*) pisar los talones.

heel-..., **~ bar**, *n* tienda *f* de reparación de calzado. **~-clicking**, *n* taconazo *m*. **~·ed**, *adj* (*esp* **well-~·ed**) US FAM adinerado/a. **~-tap**, *n* tapa *f* del tacón; (last drop) escurrideras *f* pl.

heft [heft] **I**. *n* US peso *m*. **II**. *v* US sopesar. **heft·y** [-i] *adj* (*bulky*) pesado/a; (*strong*) fuerte, robusto/a; (*large in amount*) fuerte, abundante.

he·gem·o·ny [hi'geməni], US ['hedʒəməuni] *n* hegemonía *f*.

he-goat ['hi:gəut] *n* macho cabrío *m*.

hei·fer ['hefə(r)] *n* vaquilla *f*, novilla *f*.

heigh-ho ['hei'həu] *int* ¡ay!

height [hait] *n* altura *f*; (*position*) elevación *f*, altitud *f*; (*top*) cima *f*, cumbre *f*; **(of sb)** estatura *f*; (*hill*) colina *f*; (*crisis*) crisis *f*; FIG (*of career*, etc) culminación *f*; (*of stupidity*, etc) colmo *m*. LOC **~ sick·ness**, acrofobia *f*, vértigo *m*. **In the ~ of**, en la plenitud de. **height·en** [haitn] *v* elevar, levantar; (*increase*) aumentar; (*enhance*) realzar, avivar; (*wall, building*) hacer más alto/a.

hein·ous ['heinəs] *adj* LIT nefando/a, vil.

heir [eə(r)] *n* heredero *m*. LOC **~ apparent**, (*pl* **~s apparent**) heredero forzoso. **~ at law**, heredero legal. **To be/fall ~ to sth**, heredar algo.

heir-..., **~·dom**, *n* herencia *f*. **~·ess**, *n* heredera *f*; FIG soltera *f* rica. **~·less**, *adj* sin herederos. **~·loom**, *n* reliquia *f* de familia; FIG herencia f.

held [held] pret y pp de **hold**.

heli·cal ['helikl] *adj* helicoidal.

heli·cop·ter ['helikɔptə(r)] *n* helicóptero *m*.

he·lio·graph ['hi:liəugra:f] **I**. *n* heliógrafo *m*. **II**. *v* comunicar por heliógrafo. **he·lio·gra·vure** ['hi:liəugrə'vjuə(r)] *n* heliograbado *m*. **he·lio·trope** ['hi:liətrəup] *n* heliotropo *m*.

he·li·um ['hi:liəm] *n* helio *m*.

he·lix ['hi:liks] (*pl helices* ['hi:lisi:z]) *n* ANAT, ZOOL hélice *f*; ARQ espiral *f*.

hell [hel] *n* REL infierno *m* (*also* FIG). LOC **A/One ~ of**, muy: *It's a ~ of a good car*, Es un coche muy bueno. **A ~ of a lot**, muchísimo(s). **Go to ~!**, !Vete al diablo! **~ for leath·er**, como alma que lleva el diablo. **Like ~**, (*emphatic*) como un diablo: *Drive like ~*, Conducir como un diablo; (*before a clause*) ¡Claro que no!: - *Will you buy it?*, - *Like ~ I will*. -¿Vas a comprarlo? -¡Ni lo pienses!, ¡En absoluto! **To be ~ on**, ser malísimo para. **To beat/knock ~ out of sb**, dar una paliza a. **To come ~ or high water**, pase lo que pase. **To give sb ~**, INFML echar una bronca. **To go through ~**, pasarlas moradas. **To play ~ with sb/sth**, hacer la puñeta. **To raise ~**, armar un cisco. **To till ~ freezes over**, hasta que las ranas críen pelos. **To ~ with sb/sth**, al cuerno con alguien/algo. **Who/What the ~...?**, ¿quién/qué diablos...?

hell-..., **~-bent**, *adj* **(on sth/doing sth)**, empecinado/a (en algo/hacer algo) **~·cat**, *n* arpía *f*, bruja *f*. **~·hound**, *n* cancerbero *m*. **~·ish**, *adj* infernal, diabólico/a.

Hel·lene ['heli:n] *n* heleno/a. **Hel·len·ic** [he'li:nik] *adj* helénico/a.

hel·lo V. **hullo**.

helm [helm] *n* (*handle*) caña *f* del timón; (wheel) rueda *f* del timón. LOC **At the ~**, al timón (also FIG).

helms·man ['helmzmən] n timonel *m*.

hel·met ['helmit] *n* casco *m*. **hel·met·ed** [-id] *adj* con casco.

help [help] **I**. *n* ayuda *f*, auxilio *m*; **(sb)** ayudante *m*, *f*; (*employee*) empleado/a; (*servant*) sirviente/a, criado/a; (*servants*) servidumbre *f.* LOC **~!**, ¡socorro! **Daily ~**, asistente/a. **Mother's ~**, niñera *f.* **To call for ~**, pedir socorro. **II.** *v* **1.** ayudar, auxiliar, socorrer; aliviar; (*be useful*) servir, ser de utilidad; **(sb to do sth)** ayudar a uno a hacer algo. **2.** (*at table*) **(sb to sth)** servir algo a uno: *Can I help you to some wine?*, ¿Puedo servirle algo de vino?; **(oneself)** servirse; FIG (*steal*) apropiarse de: *Jones ~ed himself to the money*, Jones se apropió del dinero. **3.** (*avoid*) evitar: *If we can ~ it*, Si podemos evitarlo; (*temper*) controlar. LOC **(Can't) ~ doing/but do sth**, no poder evitar hacer algo, no poder menos de: *I couldn't help laughing/but laugh*, No pude evitar echarme a reír. **It cannot be helped**, no hay más remedio. **More than one can ~**, más de lo necesario. **To ~ sb down/out/up/etc**, ayudar a bajar/salir/subir, etc. **To ~ sb off/on with sth**, (*dress*) ayudar a quitarse/ponerse algo. **To ~ sth along/forward**, (*project, plan*) ayudar a salir adelante.

help-..., **~·er**, *n* ayudante *m,f*; asistente/a. **~·ful**, *adj* útil, provechoso/a; amable, servicial. **~·ing**, *n* ración *f*, porción *f.* **~·less**, *adj* desvalido/a; (*unable*) incapaz. **~·lessness**, *n* desamparo *m*; incapacidad *f.* **~-mate**, *n* (*companion*) compañero/a; esposo/a.

hel·ter-skel·ter ['heltə(r)'skeltə(r)] **I.** *n* ajetreo *m*, barullo *m*; (*in a fair*) tobogán *m.* **II.** *adj* ajetreado/a. **III.** *adv* desordenadamente.

helve [helv] *n* mango *m.*

hem [hem] **I.** *n* dobladillo *m*; (*edge*) orilla *f.* **II.** *v* hacer dobladillo; (*cough*) carraspear; FIG **To ~ sb about/around/in**, cercar, rodear. **III.** *int* (*also* **h'm**) ¡ejem! **~·line** [-lain] *n* (*of a skirt*) bajo *m.* **~·stitch** ['hemstitʃ] **I.** *n* vainica *f.* **II.** *v* hacer vainica en.

he-man ['hi:mæn] (*pl* **he-men**) *n* SL machote *m.*

he·mi·sphere ['hemisfiə(r)] *n* hemisferio *m.* **he·mi·spher·ic(·al)** [hemi'sferikl] *adj* hemisférico/a.

he·mi·stich ['hemistik] *n* hemistiquio *m.*

hem·lock ['hemlɔk] *n* cicuta *f.*

he·mo... V. **haemo...**

hemp [hemp] *n* cáñamo *m*; (*hashish*) hachís *m*; (*marijuana*) marihuana *f.* **hemp·en** [-n] *adj* (hecho/a) de cáñamo.

hen [hen] *n* gallina *f*; (*female bird*) hembra *f*; FAM (*woman*) mujer *f.* LOC **~-coop** (*cage*) gallinero *m.* **~-house/-roost**, (*building*) gallinero *m.* **~-party**, reunión *f* de mujeres. **~-pecked** (*of a husband*) dominado por su mujer.

hen·bane ['henbein] *n* BOT beleño *m.*

hence [hens] *adv* (*place*) de/desde aquí; (*time*) desde ahora, de aquí: *Two months ~*, De aquí a dos meses; (*reason*) por eso, de ahí: *You didn't study; ~ the fail*, No estudiaste, de ahí el suspenso. **~!** ¡Largo! **~·forth** ['~fɔ:θ], **~·for·ward** ['~fɔ:wəd] *adv* de ahora en adelante.

hench·man ['hentʃmən] (*pl* **-men**) *n* PEY secuaz *m*; (*supporter*) partidario/a.

hen·dec·a·syl·lab·ic [hen'dekəsi'læbik] *n* endecasílabo *m.*

hen·na ['henə] *n* alheña *f.*

hep [hep] (also **hip**) *adj* US SL moderno/a, al día. LOC **~·cat**, US SL aficionado/a al jazz.

he·pat·ic [,hi'pætik] *adj* hepático/a. **he·pat·itis** ['hepə'taitis] *n* hepatitis *f.*

hep·ta·gon ['heptəgən] *n* heptágono *m.*

her [hɜ:(r)] **I.** *pron* (*accusative*) la; (*dative*) le; (*after prep*) ella. **II.** (*possessive*) su(s). **hers** [-z] (possessive *pron*) (el) suyo, (la) suya, (los) suyos, (las) suyas; (el/la/los/las) de ella. LOC **By ~**, por sí sola.

her·ald ['herəld] **I.** *n* heraldo *m*; FIG anuncio *m*, precursor/ra. **II.** *v* anunciar; FIG ser precursor de. **~·ic** [he'rældik] heráldico/a. **~·ry** ['herəldri] *n* heráldica *f.*

herb [hɜ:b], US [ɜ:rb] *n* hierba *f.* **herb·ace·ous** [hɜ:'beiʃəs] *adj* herbáceo/a. **~·age** ['hɜ:bidʒ] *n* herbaje *m*; JUR derecho *m* de pastos. **~·al** ['hɜ:bl, US 'ɜ:rbl] **I.** *n* herbario *m.* **II.** *adj* herbario/a, de hierbas. **~·al·ist** ['hɜ:bəlist], **~·orist** ['hɜ:bərist], *n* herbolario *m.* **her·bar·ium** [~'bɜ:əriəm] (*pl* **-riums, -ria**) *n* herbario *m.* **herb·i·vore** ['hɜ:bivɔ:(r)] *n* animal *m* herbívoro. **herb·i·vor·ous** [hɜ:'bivərəs] *adj* herbívoro/a.

her·cu·le·an [hɜ:kju'li:ən] *adj* hercúleo/a.

herd [hɜ:d] **I.** *n* manada *f*, rebaño *m*; (*of swine*) piara *f*; (*of people*) multitud *f.* LOC **~ instinct**, instinto *m* gregario. **The (common) ~**, el vulgo, la masa. **II.** *v* (*cattle, prisoners*) reunir o llevar en manada; (*also* **~ together**) reunirse en manada; FIG ir juntos. **(with)** asociarse a/con. **herds·man** [-zmən] *n* (*pl ~men*) pastor *m.*

here [hiə(r)] **I.** *adv* aquí, acá. LOC **~ and now!**, ¡ahora mismo! **~ and there**, aquí y allá. **~ it goes!**, ¡ahí va! **~ you are!**, **~ it is!**, ¡aquí está!, ¡aquí lo tiene(s)! **~ (it) goes!**, ¡atención! ¡allá va! **~'s to sb/sth!**, ¡brindemos por...! **II.** *int* **1.** (*attention or command*) ¡oiga!, ¡oye! **2.** (*reply in a roll-call*) ¡presente!

here-..., **~·about(s)**, *adv* por aquí cerca. **~·after**, **I.** *adv* JUR más adelante (en el texto). **II.** *n* **the ~**, el futuro, el porvenir; la vida futura. **~·by**, *adv* FML por este medio; como resultado. **~·in**, *adv* FML aquí, en este documento. **~·inabove/~·inbefore**, *adv* JUR más arriba (en el texto). **~·inafter/~·inbelow/ ~·under**, *adv* a continuación, más adelante. **~·of**, *adv* de esto. **~to**, *adv* a esto. **~·tofore**, *adv* hasta ahora; antiguamente. **~·upon**, *adv* (*at once*) en seguida; (*consequently*) por consiguiente. **~·with**, *adv* con ésta/éste: *Sign the form enclosed ~with*, Firme el impreso que se acompaña.

her·e·dit·a·ment [heri'ditəmənt] *n* JUR herencia *f*, bienes m pl heredables. **her·e·dit·ary** [hi'reditri] *adj* hereditario/a. **her·ed·ity** [hi'redəti] *n* BIOL herencia *f.*

her·e·sy ['heresi] *n* herejía *f.* **her·et·ic** ['herətik] **I.** *n* hereje *m,f.* **II.** (*also* **~·al**) *adj* herético/a.

her·it·able ['heritəbl] *adj* JUR (*property*) heredable; (**sb**) apto/a para heredar.
her·it·age ['heritidʒ] *n* herencia *f*; (*también* FIG) patrimonio *m*.
her·ma·phro·dite [hɜ:'mæfrədait] *n/adj* hermafrodita *m*.
her·met·ic(·al) [hɜ:'metik(l)] *adj* hermético/a.
her·mit ['hɜ:mit] *n* ermitaño/a. **her·mit·age** [-idʒ] *n* ermita *f*.
her·nia ['hɜ:niə] (*pl* **-as**, **-ae**) *n* hernia *f*.
he·ro ['hiərəu] (*pl* **-es** [-z]) *n* héroe *m*; (*in novel, film*, etc) protagonista *m*. **he·ro·ic** [hi'rəuik] **I**. *adj* heroico/a. **II**. **~s** *n* verso *m* heroico, decasílabo. **he·ro·ine** ['herəuin] *n* heroína *f*; (*in novel*, etc) protagonista *f*. **he·ro·ism** *n* ['herəuizm] heroísmo *m*. **he·ro·in** ['herəuin] MED *n* heroína *f*.
her·on ['herən] *n* (*bird*) garza *f* real.
her·ring ['heriŋ] n arenque *m*. LOC **~-bone I**. *n* (*in cloth*) espiga *f*; (*in floors, walls*) espinapez *f*. **II**. *adj* (*cloth*) de espiga. LOC **Red ~**, pretexto *m* (para desviar la atención).
hers [hɜ:z] V. **her**. **her·self** [hɜ:'self] *pron* (*emphatic*) ella misma; (*reflexive*) se; (*after prep*) sí (misma). LOC **By ~**, ella sola.
he's [hi:z] contracción de **he is** o **he has**.
hes·it·ance, **hes·it·ancy** ['hezitəns(i)] *n* indecisión *f*, vacilación *f*. **hes·it·ant** ['hezitənt] *adj* indeciso/a, vacilante. **hes·it·ant·ly** ['hezitəntli] *adv* con indecisión. **hes·it·ate** ['heziteit] *v* (**about, over, to**) vacilar (en); (**at**) titubear (ante). **hes·it·ation** [,hezi'teiʃn] *n* vacilación *f*, indecisión *f*. **hes·it·at·ing** ['heziteitiŋ] *adj* inseguro/a. **hes·it·at·ive** [,hezi'teitiv] *adj* indeciso/a.
hes·si·an ['hesiən] *n* tela *f* de saco, arpillera *f*.
het [het] *col adj* **be/get ~ up (about/over sth)** acalorarse, mosquearse (por).
het·er·o·dox ['hetərədɔks] *adj* heterodoxo/a. **het·er·o·dox·y** ['hetərədɔksi] *n* heterodoxia *f*.
het·er·o·ge·ne·ous [,hetərə'dʒi:niəs] *adj* heterogéneo/a. **het·er·o·ge·ne·ity** [,hetərədʒi'ni:əti] *n* heterogeneidad *f*.
het·er·o·sex·u·al [,hetərə'sekʃuəl] *adj/n* heterosexual *m,f*.
hew [hju:] (pret **hew·ed**, pp **hewed/hewn**) *v* (*cut*) cortar; (*timber*) labrar, picar; **(away) at/among sth**, dar tajos a; **(sth across/through sth)** (*a way*) abrir a tajos o hachazos; **(sth away/off)** (*branches*) quitar a tajos o hachazos; **(down)** (*tree*) talar; **(out)** abrir; FIG (*career*) labrarse, hacerse.
hewn [hju:n] pp de **hew**.
hex [heks] **I**. *n* (*witch*) bruja *f*; (*jinx*) maleficio *m*. **II**. *v* embrujar.
hex·a·gon ['heksəgən] *n* hexágono *m*. **~al** [hek'sægənl] *adj* hexagonal.
hex·a·me·ter [hek'sæmitə] *n* hexámetro *m*.
hey [hei] *int* ¡eh!, ¡oye!
hey·day ['heidei] *n* auge *m*, apogeo *m*; (*of youth, life*) flor *f* (de la edad).
hi [hai] int **1**. V. **hey**. **2**. FAM ¡hola!
hi·a·tus [hai'eitəs] *n* interrupción *f*; FIG laguna *f*; GRAM , MED hiato *m*.
hi·bern·ate ['haibəneit] *v* (*animal*) hibernar; (**sb**) invernar. **hi·bern·ation** [,haibə'neiʃn] *n* hibernación *f*, invernada *f*.
hic·cup (also **hic·cough**) ['hikʌp] **I**. *n* hipo *m*. LOC **To have the ~s**, tener hipo. **II**. *v* hipar; decir hipando.
hick [hik] *n* US SL cateto/a, paleto/a; (*attributive*) de pueblo.
hick·ory ['hikəri] *n* nogal *m* americano.
hid [hid] pret y pp (*also* **hid·den**) of **hide**
hide [haid] **I**. *n* **1**. piel *f*, pellejo *m*. LOC **To save one's ~**, salvar el pellejo. **To tan sb's ~**, zurrar a alguien. **2**. (*hunting*) puesto *m* de observación. **II**. *v* (pret **hid**, pp **hid/hidden**) **1**. **(from)** esconder(se), ocultar(se) (de). **2**. (*fears, thoughts*) disimular; (*truth, criminal*) encubrir. **3**. **(out)** esconderse, estar oculto.
hide-..., **~-and-seek**, *n* (*game*) escondite *m*. **~·away**, *n* escondrijo *m*. **~-out**, *n* FAM escondrijo *m*, guarida *f*.
hide·bound ['haidbaund] *adj* FIG (*conservative*) conservador/ra; (*old fashioned*) aferrado/a a la tradición.
hid·e·ous ['hidiəs] *adj* horroroso/a, muy feo/a, horrible.
hid·ing ['haidiŋ] *n* **1**. paliza *f*, tunda *f*. LOC **~-place**, escondrijo *m*. **In ~**, escondido/a. **To come out of ~**, salir de su escondite. **To give sb a good ~**, darle a uno una buena paliza. **To go into ~**, esconderse.
hie [hai] *v* ARC (pret **hied**, *ger* **hieing/hying**) (*obsolete*) apresurarse.
hier·arch ['haiəra:k] *n* jerarca *m*. **hier·arch·y** ['haiəra:ki] *n* jerarquía.
hier·o·glyph ['haiərəglif] *n* jeroglífico *m*. **hier·o·glyph·ic** [-ik] *adj* jeroglífico. **hier·o·glyph·ics** [-iks] *n* jeroglíficos *m pl*.
hi-fi ['haifai] *n* INFML (= **high fidelity**) (de) alta fidelidad.
hig·gle·dy-pig·gle·dy [,higldi 'pigldi] PEY **I**. *adj* revuelto/a, desordenado/a. **II**. *adv* en desorden.
high [hai] **I**. *adj* **1**. (*building, hill, price, wages, temperature*) alto/a, elevado/a; (*manner*) altanero/a; (*number, speed, altitude, hopes*) grande; (*wind, explosive*) fuerte; (*quality*) superior; (*altar, Mass, street*) mayor; (*priest*) sumo; GRAM alto/a: *High German*, Alto alemán; (*colour, price*) subido/a; (*polish*) brillante. **2**. (*premodified*) ...de alto/altura: *The wall is five feet high*, La pared tiene cinco pies de altura. LOC **~ and dry**, (*ship*) encallado; FIG sin medios. **~ and mighty**, FAM encopetado/a. **~ antiquity**, antigüedad remota. **~ blood pressure**, tensión alta. **H~ Church**, Sector tradicional de la Iglesia Anglicana. **~ command**, (*army*) alto mando. **H~ Court**, Tribunal Superior. **~ diving**, salto *m* de palanca. **~·er education**, estudios superiores. **~·est bid**, mejor postura *f*. **~ frequency**, ELECTR alta frecuencia. **~ hand**, despotismo *m*. **~ hat**, sombrero *m* de

copa. ~ **living**, vida regalada. ~ **school**, instituto *m* de 2ª enseñanza. ~ **sea(s)**, alta mar. ~ **spirits**, alegría *f.* ~ **tide**, marea *f* alta. ~ **treason**, alta traición f. ~ **wind**, ventarrón *m.* ~ **words**, palabras airadas. **II.** *n* nivel *m*, altura *f*; (*meteorology*) alta presión *f.* LOC **On** ~, en las alturas; en el cielo. **To be** ~, estar colocado/a, drogado/a. **III.** *adv* (v. **highly**) (*location*) alto, arriba; (*intensifier*) altamente, fuertemente; (*sound*) alto: *I can't sing that high*, No puedo cantar tan alto. LOC ~ **and low**, por todas partes. ~ **paid**, bien pagado/a. **To aim** ~, picar muy alto. **To fly** ~, volar alto; FIG picar alto. **To play** ~, jugar fuerte. **To run** ~, (*sea, feelings*) encresparse; (*amount*) aumentar, ser numeroso(s)/a(s). **high·est** ['haiəst] **1.** *sup* of **high**. **2.** *adj* sumo/a, supremo/a. **high·er** ['haiə(r)] **1.** *comp* of **high**. **2.** *adj* superior. LOC ~ **education**, enseñanza superior.

high-..., **~-backed**, *adj* de respaldo alto. **~·ball**, *n* US whisky con soda. **~-born /~·bred**, *adj* de alta cuna. **~·brow**, FAM *adj/n* intelectual. **~-class**, *adj* de clase superior. **~-coloured**, *adj* de colores vivos; FIG exagerado/a. **~-falutin(g)**, *adj* pomposo/a, pretencioso/a. **~-flying**, *adj* ambicioso/a, de altos vuelos. **~-flown**, *adj* rimbombante, altisonante. **~-grade**, *adj* de calidad superior. **~-handed**, *adj* despótico/a. **~-hat**, US SL **I.** *n* presumido/a, esnob. **II.** *v* despreciar, desairar. ~ **jump**, *n* salto de altura. LOC **Be for the ~ jump**, INFML estar a punto de ser despedido/a. **~·land**, *adj* de las montañas. **~·lander**, *n* montañés/esa. **~·lands**, *n/pl* montañas *f,pl.* **~·light**, *n* momento *m* culminante; característica *f* más notable; realce m. **~·ly**, *adv* (*intensifier*) altamente; muy, mucho; notablemente; favorablemente. LOC **~·ly bred**, (*animals*) de buena raza. **~·ly paid**, bien pagado/a. **~·ly placed**, bien situado/a. **~·ly seasoned**, muy picante. **~-minded**, de nobles sentimientos. **To speak ~·ly of**, hablar muy bien de. **To think ~·ly of**, tener en mucho. **~·ness**, *n* altura *f.* **H~·ness**, *n* Alteza. **~-pitched**, *adj* (*note, voice*) agudo/a. **~-powered**, *adj* de gran potencia. **~-pres·sure**, *adj* de alta presión; FIG fuerte. **~-pric·ed**, *adj* muy caro/a. **~-road/~-way**, *n* carretera *f* principal. **~-sounding**, *adj* altisonante. **~-speed**, *adj* de alta velocidad. **~-spirited**, *adj* animoso/a; (*horse*) fogoso/a. **~-test fuel**, *n* supercarburante *m.* **~·toned**, *adj* elegante; FAM pretencioso/a. **~·way code**, *n* código *m* de circulación. **~·way·man**, *n* salteador *m* de caminos.

hi(gh)·jack ['haidʒæk] *v* asaltar, atracar (*people*); secuestrar (*aircraft*) secuestrar. **hi·jack·er** [-ə(r)] *n* salteador; secuestrador. **~·ing** [-iŋ] *n* piratería *f* aérea.

hike [haik] INFML **I.** *n* excursión *f* a pie, caminata f. LOC **To go on a** ~, ir de excursión. **II.** *v* ir de excursión. **hik·er** [-ə(r)] *n* excursionista *m,f.* **~·ing** [-iŋ] *n* excursionismo *m.*

hi·lar·i·ous [hi'leəriəs] *adj* (*funny*) hilarante; (*merry*) alegre. **hi·lar·ity** [hi'lærəti] *n* hilaridad *f.*

hill [hil] *n* colina *f*, cerro *m*, collado *m*; (*slope*) cuesta *f.* LOC **Over the** ~, INFML **(sb)** viejo/a. **To chase up ~ and down dale**, remover Roma con Santiago.

hil·ly [-i] *adj* (*land*) montañoso/a; (*road*) con fuertes pendientes. **hill-...**, **~·billy**, *n* US INFML serrano/a; música *f* folklórica. **~iness**, *n* abundancia *f* de montañas. **~·ock**, *n* montículo *m.* **~·side**, *n* ladera *f.*

hilt [hilt] *n* puño *m*, empuñadura *f.* LOC **(Up) to the** ~, totalmente, hasta las últimas consecuencias.

him [him] *pron* (*accusative*) lo, le; (*dative*) le; (*after prep*) él.

him·self [him'self] *pron* (*emphatic*) él mismo; (*reflexive*) se; (*after prep*) sí (mismo). LOC **By** ~, él solo, por sí solo.

hind [haind] **I.** *n* (*pl* **hind/hinds**) ZOOL cierva *f.* **II.** *adj* trasero/a, posterior. LOC ~ **legs**, patas *f* traseras. ~ **quarters**, cuartos traseros; FIG trasero m. **On one's ~ legs**, INFML en pie, de pie. **~·most** ['haindməust] *adj* posterior, último/a. **~·sight** ['haindsait] *n* visión *f* retrospectiva.

hin·der ['hində(r)] v entorpecer, dificultar; **sb/sth (from sth/doing sth)** impedir hacer algo. **hin·drance** ['hindrəns] *n* **(to sb/sth)** impedimento *m*, obstáculo *m*(para alguien/ algo).

Hin·du [,hin'du:] *n/adj* hindú. **~·ism** [-izəm] *n* hinduismo *m.* **~·sta·ni** [hindu'stæni] *n/adj* indostánico/a.

hinge [hindʒ] **I.** *n* (*of door*) bisagra *f*, gozne *m*; ZOOL (*of molluscs*) charnela *f*; FIG punto *m* central, eje *m.* LOC **Off the** ~, desquiciado/a. **II.** **1.** poner bisagras, engoznar. **2.** **((up)on sth)** girar sobre. **3.** FIG depender de.

hin·ny ['hini] *n* ZOOL burdégano *m.*

hint [hint] **I.** *n* indirecta *f*; (*clue*) pista *f*; (*advice*) indicación *m.* LOC **A broad** ~, una insinuación muy clara. **To drop sb a** ~, soltar una indirecta. **To take the** ~, coger la indirecta; darse por aludido. **II.** *v* **(sth (to sb))** dar a entender; soltar indirectas; **(at)** insinuar: *What are you ~ing at?*, ¿Qué insinúas?

hin·ter·land ['hintəlænd] *n* interior *m* (de un país, tierra adentro).

hip [hip] **I.** *n* **1.** cadera *f.* **2.** BOT (also **rose-~**) escaramujo *m.* **II.** *int* **~! ~! hurrah!** ¡viva!

hip-..., **~-bath**, *n* bañera *f* portátil. **~·bone**, *n* hueso *m* de la cadera. **~·ped**, *adj* ARQ (also ~ **roof**) a cuatro aguas; (*sad*) desanimado/a; US SL **(on sth)** obsesionado (por). **~-pocket**, *n* bolsillo *m* trasero.

hip·po ['hipəu] (*pl* **-s**), **hip·po·po·ta·mus** [hipə'pɔtəməs] (*pl* **-mus·es** [~məsiz], **-mi** [~mai]) *n* hipopótamo *m.*

hire ['haiə(r)] **I.** *n* **1.** (*of house*) alquiler *m*, arriendo *m.* **2.** (*wages*) salario *m*, sueldo *m*, (*daily*) jornal *m.* LOC **For** ~, (*house*, etc) en alquiler; (*notice*) se alquila; (*taxi*) libre. **On** ~, alquilado/a. **II.** *v* **1.** **(sth (out) (to sb))** alquilar, arrendar; **(sth (from sb))** arrendar, tomar en arriendo. **2.** **(sb)** contratar. **hir·ed**

[-d] *adj* de alquiler; MIL mercenario; JUR a sueldo.

hire-..., **~-able**, *adj* de alquiler. **~-ling**, *n* PEY mercenario. **~-purchase**, *n* compra *f* a plazos.

hir·sute ['hɜ:sju:t] adj hirsuto/a.

his [hiz] **I.** (*possessive*) su(s). **II.** *pron* (el) suyo, (la) suya, (los) suyos, (las) suyas; (el/la/los/las) de él.

His·pan·ic [his'pænik] *adj* hispano/a, hispánico; US de Méjico u otro país hispanoamericano. **his·pan·ism** ['hispanizm] *n* hispanismo *m*. **his·pan·ist** ['hispanist] *n* hispanista *m,f*.

hiss [his] **I.** *n* siseo *m*, silbido *m*; *pl* pita *f*. **II.** *v* **(at sb/sth)** sisear, silbar; TEAT pitar, silbar, abuchear.

his·to·lo·gy [his'tɔlədʒi] *n* histología *f*.

his·tor·i·an [his'tɔ:riən] *n* historiador/ra. **his·tor·ic(·al)** [his'tɔrik(l)] *adj* histórico/a. **his·tor·i·o·graph·er** [histɔ:ri'ɔgrəfə(r)] *n* historiógrafo/a. **his·tor·y** ['histəri] *n* historia *f*. LOC **To make ~, go down in ~**, hacer historia, pasar a la historia.

his·tri·on·ic [histri'ɔnik] *adj* histriónico/a, teatral.

hit [hit] **I.** *n* golpe *m*; (*sports*) tiro *m* certero; MIL impacto *m*; (*guess right*) acierto *m*; FIG (*success*) éxito *m*, impacto *m*; (*sarcasm*) pulla *f*. LOC **~ parade**, lista de éxitos. **To make a ~**, ser un éxito; acertar, dar el golpe. **To make a ~ with sb**, caer en gracia a alguien. **II.** *v* (pret/pp **hit**) **1**. golpear, pegar; (*collide*) **(against/on)** chocar con(tra). **2**. (*guess right*) acertar; (*target*) dar en. **3**. (*wound*) herir; (*damage*) dañar. **4**. (*bullet, bomb*, etc) alcanzar: *The policeman was ~ by 2 bullets*, El policía fue alcanzado por dos balas. **5**. US INFML dar con, llegar a: *We'll stop when we ~ the main road*, Nos pararemos cuando lleguemos a la carretera principal. **6**. lanzar de un golpe a; (*a blow*) dar, pegar, asestar (un golpe); **(at)** intentar golpear, lanzar un golpe contra. **7**. FIG satirizar, criticar: *The press ~ hard at the government's decision*, La prensa criticó con dureza la decisión del gobierno; **(back)** devolver el golpe, contraatacar; (*argue*) replicar, responder. **8**. **(off)** remedar. **9**. (*resemblance*) captar, coger. **10**. **((up)on)** dar con, tropezar con; FIG (*idea, plan*) dar con, ocurrírsele a uno. LOC **~ and miss**, al azar. **~-and-run driver**, conductor que causa un accidente y se da a la fuga. **It ~ me that...**, me di cuenta de que... **It ~s you in the eye**, salta a la vista. **To ~ and run**, atacar y retirarse. **To ~ home**, dar en el blanco. **To ~ it off with sb**, hacer buenas migas con, llevarse bien. **To ~ on it**, dar en el clavo. **To ~ sb for some money**, dar un sablazo a alguien. **To ~ the bottle**, darle a la botella/bebida. **To ~ the hay/sack**, *col* irse a la cama. **To ~ the headlines**, ser una gran noticia. **To ~ the nail on the head**, dar en el clavo, acertar.

hitch [hitʃ] **I.** *n* (*pull*) tirón *m*; problema *m*, contratiempo *m*; NAUT (*knot*) vuelta *f* de cabo. LOC **Without a ~**, sin contratiempos. **II.** *v* (*pull*) mover de un tirón; amarrar; (*horses, trailer*, etc) enganchar a; (*oxen*) uncir; (*trousers, socks*) subirse. LOC **~-hiker**, autostopista. **To get ~ed**, FAM casarse. **To ~-hike**, hacer autostop.

hith·er ['hiðə(r)] *adv* LIT acá, hacia acá. LOC **~ and thither**, acá y acullá. **hith·erto** [,hiðə'tu:] *adv* hasta ahora.

hive [haiv] **I.** *n* (*also* FIG) colmena *f*; **~s**, MED urticaria *f*. **II.** *v* enjambrar; (*honey*) acopiar; (*goods*) almacenar; FIG (*people*) vivir agrupados. LOC **To ~ off**, vender parte de algo (*empresa, propiedad*).

ho [həu] *int* ¡eh!, ¡hola! LOC **Land ~!**, NAUT ¡Tierra a la vista!

hoar [hɔ:] ARC *adj* cano/a, vetusto/a. **~·i·ness** [-inis] *n* canicie *f*, blancura *f*. **hoar·y** [-i] *adj* cano/a, vetusto/a.

hoard [hɔ:d] **I.** *n* tesoro *m* (escondido); provisión *f*; (*of anecdotes, stories*, etc) repertorio *m*, colección *f*. **II.** *v* (*also* **up**) atesorar, amontonar, acumular. **~·ing** [-iŋ] *n* atesoramiento *m*, acaparamiento *m*; (*temporary fence*) valla *f*.

hoar·frost ['hɔ:frɔ:st] *n* escarcha *f*.

hoarse [hɔ:s] *adj* ronco/a, enronquecido/a. **~·ness** [-nis] *n* ronquedad *f*; MED ronquera *f*.

hoax [həuks] **I.** *n* burla *f*, engaño *m*; (*practical joke*) broma *f*. LOC **Bomb ~**, falso aviso de bomba. **To play a ~ on sb**, engañar a; gastar una broma a. **II.** *v* burlar, engañar; gastar una broma a.

hob [hɔb] *n* **1**. (*of a cooker*) placa *f*; (ARC *of a chimney*) parrilla *f* interior. **2**. duende *m*, espantajo *m*. LOC **To play ~ with sth**, US FAM liar, trastornar. **To raise ~**, armar jaleo.

hob·ble ['hɔbl] **I.** *n* (*limp*) cojera *f*; (*fetter*) traba *f*, maniota *f*; FIG obstáculo *m*. **II.** *v* (*cripple*) hacer cojear; (*legs of an animal*) trabar; FIG obstaculizar.

hob·ble·de·hoy ['hɔbldi'hɔi] *n* (*youth*) mozalbete *m*; (*clumsy boy*) zangolotín *m*.

hob·by ['hɔbi] *n* afición *f*, pasatiempo *m*. LOC **~-horse**, caballito *m* de juguete (hecho con un palo); (*rocking horse*) caballo *m* mecedor; FIG (*topic*) tema *f* favorito, caballo *m* de batalla.

hob·gob·lin ['hɔbgɔblin] *n* duende *m*, espantajo *m*.

hob·nail ['hɔbneil] *n* clavo *m* de botas.

hob·nob ['hɔbnɔb] INFML *v* **(with sb)** tener familiaridad, codearse con.

ho·bo ['həubəu] (*pl* **-s**, **-es**) US *n* vagabundo *m*.

hock [hɔk] **I.** *n* **1**. ZOOL corvejón *m*. **2**. vino *m* blanco del Rin. **3**. SL (*being pawned*) empeño *m*. LOC **In ~**, (*pawned*) empeñado/a; (*in prison*) encarcelado/a; (*in debt*) endeudado/a. **II.** *v* US empeñar. LOC **~-shop**, casa de empeños.

hoc·key ['hɔki] *n* hockey *m*.

hoc·us-poc·us [,həukəs'pəukəs] **I.** *n* superchería *f*, truco *m*; trampa *f*, engaño *m*; palabrería *f*. **II.** *int* abracadabra.

hod [hɔd] *n* cuezo *m*, capacho *m* (*for carrying bricks*); cubo *m*.

hoe [həu] **I**. *n* azada *f*, azadón *m*. **II**. *v* (*weed*) cavar, sachar.

hog [hɔg] **I**. *n* (*also* FIG) cerdo *m*, puerco *m*. LOC **To go the whole ~**, ir a por todas, llegar hasta el final. **II**. *v* acaparar, quedarse con lo mejor de.

hog-..., **~·gish**, *adj* (*dirty*) puerco/a; (*selfish*) egoísta. **~shead**, *n* bocoy *m*; medida de capacidad (-52,5 galones o 238,5 litros). **~·wash**, *n* bazofia *f*, desperdicios *m pl*. FIG estupideces *f,pl*.

hoist [hɔist] **I**. *n* empujón *m* hacia arriba; (*lift*) montacargas *m*, elevador *m*; torno *m*, cabria *f*. **II**. *v* (*cargo*) subir; (*flag*) izar, enarbolar; (*sails*) levantar.

hoi·ty-toi·ty [,hɔiti 'tɔiti] *adj* INFML **I**. presumido/a, petulante. **II**. *interj* ¡Vaya!

ho·kum ['həukəm] US INFML *n* efectismo *m*, cursilería *f*; sandez *f*.

hold [həuld] **I**. *n* asimiento *m*, agarre *m*; FIG (*control*) dominio *m*, autoridad *f*; (*handle*) asa *f*, asidero *m*; (*wrestling*) llave *f*, presa *f*; FIG arraigo *m*; NAUT (*of a ship*) bodega *f*; MUS calderón *m*. LOC **To catch/get/grab/grasp/lay/seize/take ~ of**, coger, agarrar; FIG adueñarse de. **To gain/have ~ on/over**, apoderarse de. **To keep ~ of**, no soltar; (*also* FIG) aferrarse a. **II**. (pret, pp **held** [held]) *v* **1**. (+ *n*) sostener, sujetar, sustentar; (*not let go*) retener: *The terrorists held the passengers*, Los terroristas retuvieron a los pasajeros; (*stop*) contener; (*weapon*) empuñar; (*control*) controlar, dominar; (*right, title, shares*, etc) poseer, tener; (*meeting, conversation, class*, etc) celebrar, mantener; (*contain*) hacer, contener, tener capacidad para: *This bag ~s the money*, Esta bolsa contiene el dinero; FIG (*view, opinion, belief*) tener; (*breath*) contener; (*road*) agarrarse a. **2**. (+ THAT clause or *inf* with subject) sostener, pensar: *I ~ that he is guilty/him to be guilty*, Pienso que es culpable. **3**. (+ *n* + *adj*) considerar, creer: *I don't ~ him responsible*, No lo considero responsable; mantener, dejar. **4**. (+ *n* + *adv/prep*) mantener (en una posición determinada): *~ your head up*, Mantén la cabeza en alto. **5**. (+ *adj*) mantenerse, quedarse. **6**. mantenerse firme; (*stick*) pegarse, agarrar; (*offer, promise, rule, law*) seguir en pie, valer; (*weather, luck*) durar, continuar. LOC **~ it!**, ¡espera! **To be left holding the bag/baby**, dejarle a uno con el problema. **To ~ court**, recibir a un grupo de personas. **To ~ hands with sb**, ir cogidos de la mano. **To ~ no fears/terror for sb/sth**, no tener miedo a, no asustar. **To ~ oneself**, controlarse. **To ~ one's own with sb**, mantenerse a la altura de alguien. **To ~ sb at bay**, mantener a raya. **To ~ sb's hand**, tener cogida la mano de alguien. **To ~ sth dear/cheap**, tener algo en mucho/poco, valorar/despreciar. **To ~ the audience**, mantener la atención del público. **To ~ the fort**, hacerse responsable en ausencia de. **To ~ the line**, no colgar (el teléfono). **~ the/one's ground**, mantenerse firme, no ceder. **To ~ true/good etc**, seguir siendo cierto/bueno, etc. **To ~ up as an example/a model**, poner como ejemplo/modelo. **To ~ water**, (*argument*, etc) tener consistencia.

hold..., **(against)** INFML achacar, usar en contra: *Your time in prison will not be held against you*, No se te tendrá en cuenta el tiempo que has estado en la cárcel. **(back)** (*water, river, crowd*) frenar, detener; (*event*) retrasar, postponer; (*information, report*) mantener en secreto; **(back (from))** dudar, vacilar, refrenarse; frenar, detener: *Marriage can hold back your career*, El matrimonio puede detener tu carrera; **(back/in)** (*anger, tears, emotion*) reprimir. **(by)** (*principles*) atenerse a. **(by/ with)** aprobar, estar de acuerdo: *I don't ~ with your ideas*, No estoy de acuerdo con tus ideas. **(down)** someter, oprimir; (*prices, expenditure*) contener; (*job*) retener. **(forth (about/on))** hablar largo y tendido de. **(off)** retrasarse; (*wait*) esperar; (*decision, event*) retrasar, postponer. **(off (from))** mantener(se) alejado (de). **(on)** INFML aguardar, esperar; resistir, aguantar; sujetar, sostener: *Ordinary glue won't ~ the handle on*, El pegamento común no sujeta el asa. **(on to)** aferrarse, agarrarse a; (*not get rid of*) no deshacerse de. **(out)** (*weather; supply*) durar; aguantar, resistir; (*arms, hands*) alargar, extender. **(over)** (*matter, decision*) aplazar, diferir. **(to)** pegarse, aferrarse; (*decision, belief, terms*) ceñirse, mantenerse fiel a. **(together)** mantener(se) unido. **(under)** tirar hacia abajo; FIG (*oppress*) oprimir. **(up)** levantar, mantener en alto; (*work, train, traffic, production*) retrasar; (*rob*) atracar, robar a mano armada; (*weather, supply, old car*) durar, mantenerse en pie. **(up under)** resistir (*pressure*). **hold-...**, **~·all**, *n* bolsa *f* de viaje, neceser *m*. **~·er**, *n* **(sb)** poseedor/ra; tenedor/ra; (*tenant*) inquilino/a; (*handle*) asidero *m*; TEC soporte *m*; (*in compounds*) porta...; **~·fast**, *n* grapa *f*. **~·ing**, *n* terreno *m*; posesión *f*, tenencia *f*; DEP presa *f*; **~·ings**, *n pl* valores m *pl* en cartera. **~·ing company**, *n* sociedad *f* tenedora de valores. **~·over**, *n* US vestigio *m*; resto *m*. **~·up**, *n* FAM interrupción *f*; (*of traffic*) embotellamiento *m*, atasco *m*; (*robbery*) atraco *m* a mano armada. **office ~/title ~**, *n* titular *m,f*. **record ~**, *n* plusmarquista *m,f*.

hole [həul] **I**. *n* agujero *m*; (*in wall*) boquete *m*; (*also golf*) hoyo *m*; (*in clothes*) roto *m*; (*in road*) bache *m*; (*of rabbits*, etc) madriguera *f*, guarida *f*; (*of mice*) ratonera *f*; FIG (*house*) cuchitril *m*; FIG apuro *m*, aprieto *m*. LOC **~-and-corner**, clandestino/a, furtivo/a. **To pick ~s in**, FAM encontrar defectos en. **II**. *v* agujerear; (*ball*) meter en el hoyo. **hol·y** [-i] *adj* agujereado/a.

hol·i·day ['hɔlədei] **I**. *n* fiesta *f*; día *m* de fiesta; **~s**, vacaciones *f* pl. LOC **~ camp**, colonia *f* veraniega. **~-maker**, persona *f* de vacaciones; (*in summer*) veraneante *m, f*. **~s with pay**, vacaciones retribuidas. **On ~**, de vacaciones. **II.** *v* pasar las vacaciones; (*in summer*) veranear.

hol·i·ness ['həulinis] *n* santidad *f.* LOC **His H~**, Su Santidad.

hol·ler ['hɔlə(r)] *v* INFML gritar; decir a gritos.

hol·low ['hɔləu] **I.** *adj* hueco/a, ahuecado/a; FIG (*words*) huero/a; (*feelings*) falso/a; (*voice*) cavernoso/a; (*eyes, cheek*) hundido/a. LOC **To beat sb ~**, derrotar completamente. **II.** *n* hueco *m*, cavidad *f*; (*in terrain*) hondonada *f.* **III.** *v* (*also* **out**) ahuecar, vaciar; excavar. **~·ness** [-nis] *n* cavidad *f*, oquedad *f*; FIG (*emptiness*) vaciedad *f*; falsedad *f.*

hol·ly ['hɔli] *n* acebo *m.* LOC **~·hock**, malvaloca *f*, malvarrosa *f.*

holm·(oak) ['həum('əuk)] *n* encina *f.*

ho·lo·caust ['hɔləkɔ:st] *n* holocausto *m*; FIG destrucción *f* por fuego.

ho·lo·graph ['hɔləgra:f] *n, adj* ológrafo *m.*

hol·ster ['həulsteə(r)] *n* pistolera *f.*

ho·ly ['həuli] *adj* santo/a, sagrado/a. LOC **H~ Ghost/Spirit**, Espíritu Santo. **~ of holies**, sanctasanctórum. **H~ Office**, Santo Oficio. **~ oil**, santos óleos. **~ orders**, órdenes sagradas. **H~ See**, Santa Sede. **H~ Thursday**, Jueves Santo. **~ water**, agua bendita. **H~ Week**, Semana Santa.

hom·age ['hɔmidʒ] *n* homenaje *m.* LOC **To do/pay/render ~ (to)**, rendir homenaje a.

home [həum] **I.** *n* hogar *m*, casa *f*; JUR , COM domicilio *m*; (*homeland*) patria *f*; (*land*) tierra *f*; (*origin*) cuna *f*; (*games*) meta *f*; BIOL, ZOOL habitación *f*; (*institution*) asilo *m*, hogar *m.* LOC **At ~**, en casa; FIG a gusto. **At ~ and abroad**, dentro y fuera del país. **East, West, ~'s best**, como en casa, en ninguna parte. **To leave ~**, marcharse de casa. **To make oneself at ~**, sentirse/comportarse como si alguien estuviera en su casa. **II.** *adj* casero/a, doméstico/a. (*politics, news, affairs*) nacional. LOC **~ appliances**, electrodomésticos *mpl.* **~ cooking**, comida *f* casera. **~ life**, vida *f* hogareña. **H~ Office**, Ministerio del Interior. **~ rule**, autonomía f, gobierno *m* autónomo. **~ run**, US carrera *f* completa del bateador. **H~ Secretary**, ministro del interior. **~ straight/stretch**, (*racing*) recta *f* final. **~ team**, equipo *m* de casa. **~ town**, ciudad *f* natal. **III.** adv (*direction*) a casa; (*location*) en casa; (*deeply*) a fondo; (*hit*) en el blanco. LOC **It comes ~ to sb**, alguien se da cuenta de algo. **To be ~**, estar de vuelta. **To bring sth ~ to sb**, hacer comprender. **To come ~**, volver a casa. **To stay (at) ~**, quedarse en casa. **IV.** *v* volver a casa; MIL (*missiles*) dirigir al blanco. **homer** [-ə(r)] *n* paloma *f* mensajera. **homy** (US **homey**) [-i] adj como en casa, íntimo/a.

home-..., **~-baked**, *adj* hecho/a en casa. **~ bound**, *adv* NAUT rumbo al puerto de origen. **~-coming**, *n* vuelta *f* a casa. **~ economics**, *n* economía *f* doméstica. **~-grown**, *adj* del país; de propia cosecha. **~-less**, *adj* sin casa. **~-liness**, *n* sencillez *f*; comodidad *f*; fealdad *f.* **~-ly**, *adv* sencillo/a, llano/a; casero/a; feo/a. **~-made**, *adj* de fabricación casera. **~-sick**, *adj* nostálgico/a. LOC **To be ~-sick**, tener morriña. **~-sick·ness**, *n* morriña *f.* **~ ·spun**, **I.** *adj* hilado/tejido en casa; casero/a; FIG llano/a. **II.** *n* tela *f* tejida en casa. **~-stead**, *n* heredad *f*, caserío *m*, hacienda *f.* **~-ward(s)**, *adv* hacia casa, hacia la patria. **~-work**, *n* deberes m *pl.*

hom·icide ['hɔmisaid] *n* homicidio *m*; **(sb)** homicida *m,f.*

hom·i·ly ['hɔmili] *n* homilía *f*, sermón *m*; FIG sermón *m*, rapapolvo *m.*

hom·ing ['həumiŋ] *n* (*pigeon*) vuelta (al palomar). LOC **~ missile**, misil *m* que busca el blanco. **~ pigeon**, paloma *f* mensajera.

hom·oe·o·path ['həumiəpæθ] n homeópata *m,f.* **hom·oe·o·path·ic** [-ik] *adj* homepático/a. **hom·oe·o·path·ist** [həumi'ɔpəθist] *n* homeópata *m,f.* **hom·oe·o·path·y** [,həumi'ɔpəθi] *n* homeopatía *f.*

ho·mo·ge·ne·ity [,hɔməudʒi'ni:əti] *n* homogeneidad *f.* **ho·mo·ge·ne·ous** [,hɔmə'dʒi:niəs] *adj* homogéneo/a.

ho·mo·log·ize [hɔ'mɔləgaiz] *v* **(with)** corresponder a. **ho·mo·log·ous** [hɔ'mɔləgəs] *adj* homólogo/a. **ho·mo·lo·gy** [hɔ'mɔlədʒi] *n* homología *f.*

ho·mo·nym ['hɔmənim] *n* homónimo/a. **~·ous** [-əz] *adj* homónimo/a. **ho·mo·nym·my** [-mi] *n* homonimia *f.*

ho·mo·sex·u·al [,hɔmə'sekʃuəl] *n/adj* homosexual *m,f.* **~·ity** [,hɔməsekʃu'æləti] *n* homosexualidad *f.*

hone [həun] **I.** *n* piedra *f* de afilar. **II.** v afilar.

hon·est ['ɔnist] *adj* **(sb)** honrado/a, recto/a; (*opinion*) sincero/a; (*fair*) justo/a, equitativo/a. LOC **By ~ means**, en buena lid. **hon·es·ty** [-ti] *n* honradez *f*, rectitud *f.* **hon·est·ly** [-li] *adv* honradamente, sinceramente; de veras.

hon·ey ['hʌni] **I.** *n* miel *f*; US cielo *m*, vida *f.* **II.** *v* (*sweeten*) endulzar; FIG (*flatter*) halagar. **hon·ey·ed** ['hʌnid] *adj* meloso/a, melifluo/a.

honey-..., **~ bee**, *n* abeja *f* obrera. **~-comb**, *n* panal *m*; FIG laberinto *m.* **~-combed**, *adj* de rejilla; carcomido/a, agujereado/a. **~-moon**, **I.** *n* luna *f* de miel, viaje *m* de novios. **II.** *v* pasar la luna de miel. **~-mooner**, *n* recién casado/a. **~-suckle**, *n* madreselva *f.*

honk [hɔŋk] **I.** *n* (*of goose*) graznido *m*; (*of car horn*) bocinazo *m.* **II.** *v* graznar; tocar la bocina.

hon·ky-tonk (*also* **hon·kie-tonk**) ['hɔŋkitɔŋk] *n* US SL garito *m.*

hon·or·ar·ium [ɔnə'reəriəm] (*pl* **-a**, **-iums**) *n* honorarios m *pl.* **hon·or·ary** ['ɔnərəri] *adj* honorario/a, honorífico/a.

hon·o(u)r ['ɔnə(r)] **I.** *n* honor *m*; (*good name*) honra *f*, orgullo *m*; (*medal*) condecoración *f*; **~s** [-z] honores m *pl.* LOC **His H~**, Su Merced; JUR Su Señoría. **~ at stake**, honor en juego. **In ~ of**, en honor de. **Last ~s**, honras *f,pl* fúnebres. **On my ~**, palabra de honor. **Point of ~**, punto de honor. **To do/pay ~ to**, rendir honores a. **To pass an**

examination with ~s, aprobar con sobresaliente o matrícula de honor. **II.** *v* honrar; (*cheque*) aceptar; (*signature*) hacer honor a. **~·able** ['ɔnərəbl] *adj* honorable; (*praiseworthy*) honroso/a. **~·able·ness** ['ɔnərəblnis] *n* honorabilidad *f*; (*honesty*) honradez *f*.

hooch [hu:tʃ] *n* US SL aguardiente *f*.

hood [hud] **I.** *n* capucha *f*; (*of car*) capota *f*, US capó *m*; (*pointed hat*) capirote *m*; US SL = *hoodlum*. LOC **Little Red Riding H~**, Caperucita Roja. **II.** *v* poner capucha o capirote; (*car*) poner capota. **hood·ed** [-id] *adj* encapuchado/a. LOC **~·ed snake**, cobra *f*.

hood·lum ['hu:dləm] *n* US FAM (*gangster*) matón *m*, gorila *m*.

hoo·doo ['hu:du:] **I.** *n* aojo *m*, cenizo *m*, gafe *m*. **II.** *v* echar mal de ojo.

hood·wink ['hudwiŋk] *v* poner una venda en los ojos a; FIG engañar.

hoo·ey ['hu:i] *n* SL tonterías *f* pl.

hoof [hu:f] (*pl hoofs, hooves*) **I.** *n* casco *m*, pezuña *f*; (*foot*) pata *f*. **II.** *v* **(it)** ir a pie; marcharse. **hoof·ed** [hu:ft] ungulado/a.

hook [huk] **I.** *n* gancho *m* (*also boxing*); (*hanger*) percha *f*; (*fishing*) anzuelo *m*; (*window, door*) aldabilla *f*; (*on a dress*) corchete *m*. LOC **By ~ or by crook**, por las buenas o por las malas. **~-up**, conexión *f*; ELECTR conexión *f*; (*radio, television*) conexión *f* múltiple (de emisoras). **Off the ~**, (*telephone*) descolgado; sacado/a de un apuro. **To get sb off the ~**, sacar a alguien de un apuro. **To take the ~**, (*also* FIG) picar, morder el anzuelo. **II.** *v* **1.** coger, enganchar (*also fishing*); (*bend*) encorvar; pescar (*also* FIG); (*dress*) abrochar; FIG aficionarse a; SL birlar. **2. (in)** (*horse*) enganchar; (*words*) poner entre corchetes. **3. (up)** enganchar(se), abrochar(se); (*bend*) encorvarse; ELECTR conectar, hacer conexión. LOC **~ it!**, SL lárgate! **To be/get ~·ed on**, (*heroine, rock music*) ser adicto a, aficionarse a. **hook·ed** [-t] *adj* ganchudo/a, en gancho. **hook·er** [-ə(r)] *n* SL prostituta *f*. **hook·(e)y** [-i] *adj* LOC **To play ~(e)y**, SL hacer novillos.

hoo·li·gan ['hu:ligən] *n* camorrista *mf*, gamberro/a. **~·ism** [-izəm] *n* gamberrismo *m*.

hoop [hu:p] **I.** *n* aro *m* (*also toy, in circus and in croquet*); (*of barrel*) fleje *m*; (*of wheel*) llanta *f*. LOC **To put sb through the ~s**, poner a prueba. **II.** enarcar (*cask*). **hoop·er** [-ə(r)] *n* tonelero *m*.

hoo·poe ['hu:pu:] *n* abubilla *f*.

hoot [hu:t] **I.** *n* ululato m (*of owl*); (*of horn, siren*) pitido *m*; (*of locomotive*) silbato *m*; (*laugh*) risotada *f*. **II.** *v* (*owl*) ulular; (*car*) tocar la bocina; NAUT sonar la sirena; silbar, abuchear (*a bad actor*); **(sb/sth down/off)** rechazar/echar a silbidos. **hoot·er** [-ə(r)] *n* sirena *f*; (*of car*) bocina *f*.

hop [hɔp] **I.** *n* **1.** BOT lúpulo *m*. **2.** salto *m* (corto y *gen* sobre una pierna o pata); INFML vuelo *m* de un salto; INFML (*dance*) baile; (*lie*) trola *f*, cuento *m*. LOC **~, step (or skip) and jump**, triple salto *m*. **On the ~**, (*busy*) ocupado/a; (*by surprise*) de improviso. **II.** *v* saltar, brincar; danzar; (*move across/into/out of*, etc) cruzar/entrar/salir de un salto; **(off)** FAM marcharse, largarse; bajar de un salto; **(on)** FAM subir, montar de un salto. LOC **~·ing mad**, INFML muy enfadado. **To ~ a train**, subirse a un tren en marcha. **To ~ it**, INFML largarse.

hope [həup] **I.** *n* esperanza *f*; posibilidad *f*. LOC **To build up ~s**, hacerse ilusiones. **II.** *v* confiar, esperar (+ THAT *clause* or *inf*): *Hoping to hear from you...*, En espera de sus noticias...; (*intransitive*) tener esperanza: *~ against hope*, Esperar contra toda esperanza; **(for sth)** esperar, desear. LOC **I ~ so/not**, espero que sí/no.

hope-..., **~·ful**, *adj* **(sb)** esperanzado/a, confiado/a; (*fact*) prometedor/ra, esperanzador/ra. LOC **To be ~·ful that**, esperar que. **~·fulness**, *n* confianza *f*. **~·less**, *adj* **(sb)** desesperanzado/a, desesperado/a; (*useless*) inútil; **~·lessly**, *adv* sin esperanza.

hop·per ['hɔpə(r)] *n* ZOOL insecto *m* saltador/ra; (*in a mill or furnace*) tolva *f*.

hop·scotch ['hɔpskɔtʃ] *n* (*children's game*) (juego *m*) de la pata coja.

horde [hɔ:d] *n* horda *f*; FIG multitud *f*.

ho·ri·zon [hə'raizn] *n* horizonte *m*. LOC **On the ~**, en el horizonte. **~·tal** [hɔri'zɔntl] *adj* horizontal. LOC **~·tal bar**, barra *f* fija.

hor·mone ['hɔ:məun] n hormona *f*.

horn [hɔ:n] **I.** *n* (*of insect, snail, bull*) cuerno *m*; (*of deer, bull*) asta *f*; MUS trompa *f*; (*car*) bocina *f*; (*shoe-horn*) calzador *m*. LOC **~ of plenty**, cuerno *m* de la abundancia, cornucopia *f*. **On the ~s of a dilemma**, entre la espada y la pared. **To blow the ~**, tocar la bocina. **To blow one's own ~**, echarse flores. **II.** *v* **(in (on sth))** SL entrometerse (en algo). **horn·ed** ['hɔ:nid] (*in compounds* [hɔ:nd]) con cuernos, cornudo/a, astado/a. **horn·y** [-i] *adj* córneo/a, con cuernos; (*hands*) calloso/a; SL (*sex*) cachondo/a.

horn-..., **~·less**, *adj* sin cuernos. **~·pipe**, *n* MUS baile *m* típico de marineros; MUS chirimía *f*. **~-rimmed**, *adj* (*of spectacles*) de concha. **~·swoggle**, US SL **I.** *n* timo *m*. **II.** *v* timar.

hor·net ['hɔ:nit] *n* avispón *m*. LOC **To stir up a ~'s nest**, meterse en un avispero/lío.

hor·o·scope ['hɔrəskəup] *n* horóscopo *m*. LOC **To cast a ~**, sacar un horóscopo.

hor·rible ['hɔrəbl] *adj* horrible, horroroso/a; (*unpleasant*) desagradable. **hor·rid** ['hɔrid] *adj* horroroso/a; muy desagradable. **hor·rif·ic** [hɔ'rifik] *adj* horrendo/a, horrorífico/a. **hor·ri·fy** ['hɔrifai] *v* horrorizar.

hor·ror ['hɔrə] *n* **(of sth/doing sth)** horror *m*, terror *m* (a algo). LOC **~ film**, película *f* de miedo o de terror. **The ~s**, espanto *m*. **You ~!**, ¡Antipático/a!

hors-d'oeuvre [,ɔ:'dɜ:vrə] (*pl unchanged* or **-s**) *n* entremeses *m pl*.

horse [hɔ:s] **I.** *n* caballo *m* (*also gymnastics*); MIL caballería *f*; TEC (*carpenter*, etc.) caballete *m*; SL (*heroin*) caballo *m*. LOC **Don't look a gift ~ in the mouth**, a caballo regalado no le mires el diente. **~ of a different colour**, harina de otro costal. **Straight from the ~'s mouth**, de buena tinta. **To be/get on one's high ~, mount/ride the high ~**, tener humos. **To eat like a ~**, comer como una lima. **To hold your ~s!** ¡Para! **II.** *v* montar; proveer de caballos; FAM (*kid*) tomar el pelo. **hors·y** ['hɔ:si] *adj* de caballo, caballuno/a; aficionado/a al mundo de los caballos.

horse-..., **~·back**, *n* LOC **On ~·back**, a caballo. **~·box**, *n* vagón m para caballerías. **~-breaker**, *n* domador *m* de caballos. **~-chestnut**, *n* (*fruit*) castaña *f* de Indias; (tree) castaño *m* de Indias. **~·dealer**, *n* tratante *m* de ganado. **~ doctor**, *n* veterinario/a. **~·fly**, *n* tábano *m*. **H~ Guards**, *n* guardia montada. **~·hair**, *n* crin *f*. **~ laugh**, *n* risotada *f*. **~·man**, *n* jinete *m*. **~·manship**, *n* equitación *f*. **~ opera**, *n* US SL película *f* del oeste. **~·play**, *n* payasadas *f,pl*; pelea *f* de broma. **~·power**, n (*pl* unchanged) caballo *m* de vapor. **~·race**, *n* carrera *f* de caballos. **~·radish**, *n* rábano *m* picante. **~ sense**, *n* sentido *m* común. **~·shoe** (*also* **shoe**), *n* herradura *f*. **~·show**, *n* concurso *m* hípico. **~·trading**, *n* chalanería *f*. **~·whip**, **I.** *n* látigo *m*. **II.** *v* dar latigazos. **~·woman**, *n* amazona *f*.

hor·ti·cul·tur·al [,hɔ:ti'kʌltʃərəl] *adj* hortícola. **hor·ti·cul·ture** ['hɔ:ti'kʌltʃə(r)] *n* horticultura *f*. **hor·ti·cul·tur·ist** [,hɔ:ti'kʌltʃərist] *n* horticultor/ra.

hose [həuz] **I.** *n* **1.** (*also* **~-pipe**) manguera *f*. **2.** (no *pl*) medias *f* pl; (*socks*) calcetines *m pl*; ARC calzas *f,pl*. **II.** *v* regar con manguera. **ho·sier** ['həuziə(r)] *n* calcetero/a. **ho·si·ery** ['həuziəri] *n* calcetería *f*; géneros *m pl* de punto.

hos·pice ['hɔspis] *n* hospicio *m*.

hos·pit·able ['hɔspitəbl] *adj* hospitalario/a; acogedor. **~ to/towards**, abierto a.

hos·pi·tal ['hɔspitl] *n* hospital *m*. LOC **Mental ~**, manicomio *m*. **~·ity** [,hɔspi'tæləti] *n* hospitalidad. **~·ize** [,hɔspi'təlaiz] *v* hospitalizar.

host [həeust] **I.** *n* (*f hostess*) **1.** anfitrión *m*. **2.** hueste *f*, ejército *m*; multitud *f*. **3.** REL **the H~**, hostia *f*. LOC **~ nation**, país *m* anfitrión u organizador; ZOOL hospedador *m*; (ARC *of an inn*) hostelero/a, mesonero/a; (*show*) presentador *m*. **To be/play ~ to sb**, recibir, hacer de anfitrión **II.** *v* hacer de anfitrión; (*show*) presentar, actuar como presentador.

host·age ['hɔstidʒ] *n* rehén *m*. LOC **To hold/take sb ~**, tener como rehén.

hos·tel ['hɔstəl] *n* albergue *m*, residencia *f* de estudiantes. LOC **Youth ~**, albergue juvenil.

host·ess ['həustis] *n* anfitriona *f*; (*show*) presentadora *f*; (*also* **air ~**) azafata *f*.

hos·tile ['hɔstail] *adj* hostil, enemigo/a. **hos·til·ity** [hɔs'tiliti] *n* hostilidad *f*. LOC **To start ~·ties**, romper las hostilidades.

hot [hɔt] *adj* caliente; (*climate*) cálido/a; (*day*) caluroso/a; (*person, temper*) apasionado/a; (*supporter*) ardiente, acérrimo/a; (*argument, dispute*) acalorado/a; TEC en caliente; ELECTR de alta tensión; (*scent*) fuerte, fresco/a; (*colour*) subido/a, fuerte; (*spicy*) picante; (*sex*) ardiente; SL (*of goods*) robado y difícil de dar salida; US SL radioactivo/a; (*of music*) excitante; (*in children's games*) caliente. LOC **To be ~**, **(sb)** tener calor; **(sth)** estar caliente; **(it)** hacer calor. **To be ~ on**, ser aficionado/a a. **(To be) ~ on sb's heels**, pisar los talones. **To get ~**, **(sb)** acalorarse; **(it)** empezar a hacer calor. **To go/sell like ~ cakes**, venderse como pan bendito/churros.

hot-..., **~ air**, *n* palabrería *f*. **~·bed**, *n* estercolero *m*; FIG (*of vice, crime*) semillero *m*. **~ blooded**, *adj* apasionado/a. **~ dog**, *n* perro *m* caliente. **~·foot**, *adv* a toda prisa. **~·head**, *n* persona impetuosa. **~·headed**, *adj* impetuoso/a. **~·house**, *n* invernadero *m*. **~·line**, *n* teléfono *m* rojo. **~·plate**, *n* calientaplatos *m*. **~·pot**, *n* estofado *m*. **~ potato**, *n* INFML patata *f* caliente, asunto *m* desagradable. **~ rod**, *n* SL coche *m* preparado. **~ seat**, *n* silla *f* eléctrica; INFML posición *f* delicada (esp de responsabilidad). **~ spot**, *n* situación *f* crítica. **~ spring**, *n* fuente *f* de aguas termales. **~ stuff**, *adj* SL de primera clase; sexy. **~·water bottle**, *n* bolsa *f* de agua caliente.

hotch-potch (also **hodge-podge**) ['hɔtʃpɔtʃ] *n* mezcolanza *f*.

ho·tel [həu'tel] *n* hotel *m*.

hound [haund] **I.** *n* perro m de caza, podenco *m*; FIG canalla *m*. LOC **Pack of ~s**, jauría *f*. **II.** *v* acosar, perseguir. **(sb/sth down)** dar caza. **(sb out (of))** obligar a abandonar (trabajo, carrera, etc).

hour ['auə(r)] *n* hora *f*; FIG hora *f*, momento *m*. LOC **A good ~**, una hora larga. **After ~s**, fuera de horas. **At all ~s**, a todas horas. **By the ~**, por horas. **~·glass**, reloj *m* de arena. **~·hand**, manecilla *f* de las horas. **On the hour**, en punto. **Peak ~s**, horas punta o de mayor consumo. **Per ~**, por hora. **The small ~s**, altas horas.

house [haus] **I.** *n* (*pl* **-s** ['hauziz]) casa *f*; COM empresa *f*, casa *f*; TEAT sala *f*, público *m*, entrada *f*: *Full ~*, Lleno, sin entradas; (*parliament*) cámara *f*: *~ of Lords/Commons*, Cámara de los Lores/Comunes; (*university*) colegio m mayor; ASTR casa *f*. LOC **On the house**, a cuenta de la casa. **To bring the ~ down**, TEAT ser un exitazo. **To keep ~**, mantener una casa. **II.** *v* alojar, albergar; (*store*) almacenar; TEC alojar, encajar; NAUT (*mast*) calar, (*sail*) amainar; (*intransitive*) alojarse, vivir en.

house-..., **~·agent**, *n* agente *m* inmobiliario. **~ arrest**, *n* arresto *m* domiciliario. **~·boat**, *n* casa *f* flotante. **~·break**, *v* robar violentando la entrada. **~·breaker**, *n* ladrón *m* revientapuertas; demoledor de casas. **~·breaking**, *n* allanamiento *m* de morada. **~·coat**, *n* bata *f*. **~·clean**, *v* hacer la limpieza de la casa. **~·fly**, *n* mosca *f* doméstica. **~·hold**, *n* casa *f*, familia *f*; (*attributive*) doméstico/a. LOC **~·hold troops** guardia *f* real. **~·holder**, *n* cabeza *m* de familia; (*tenant*) inquilino/a. **~·keeper**, *n* (*housewife*) ama de casa; ama de llaves. ~·**keeping**, *n* gobierno *m* de la casa; (*housework*) tareas *f,pl* de la casa; (*expenses*) gastos *m,pl* domésticos. ~·**maid**, *n* criada *f*. ~-**painter**, *n* pintor *m* de brocha gorda. ~ **physician/surgeon**, *n* médico/cirujano *m* interno. ~-**to**-~, *adv* de puerta en puerta. ~·**top**, *n* tejado *m*. ~·**train**, *v* (*pet animal*) habituar a la vida en una casa. ~·**warming party**, *n* fiesta *f* de estreno de una casa. ~·**wife**, *n* ama *f* de casa. ~·**wifely**, *adv* propio/a del ama de casa. ~·**wifery**, *n* gobierno *m* de la casa. ~·**work**, *n* labores *f,pl* de la casa; (*school*) deberes *m,pl*.

hous·ing ['hauziŋ] *n* vivienda *f*, alojamiento *m*; (*storage*) almacenaje *m*; TEC , ARQ alojamiento *m*; (*of car*) cárter *m*.

hove [həuv] pret y pp de **heave**.

hov·el ['hɔvl] *n* casucha *f*; (*shed*) cobertizo *m*.

hov·er ['hɔvə(r)] *v* (**above/over sb/sth**) (*also* FIG) cernerse, planear (sobre); (*birds, helicopter*) estar suspendido, flotar en el aire; (**about/around/over sb/sth** (**sb**)) FIG rondar, dar vueltas. LOC ~·**craft**, aerodeslizador *m*.

how [hau] *adv* **1**. (*direct* or *indirect inter*) cómo: ~ *are you?*; (*before adj* or *adv*) qué + *equivalent noun*: ~ *high/large is it?*, ¿Qué altura/tamaño tiene? **2**. (*exclam*) cómo: ~ *he sings!* ¡Cómo canta!; (*before adj* or *adv*) qué: ~ *kind of you to come!*, ¡Qué amable de su parte haber venido! ~ *large it is!*, ¡Qué grande es! LOC **And** ~! ¡Y de qué manera!, ¡Y tanto! ~ **about**...? FAM ¿Qué tal si...?; (*asking about sb*) ¿Qué tal está...? ~ **come**...? ¿Cómo es...? ~ **far?** ¿A qué distancia? ~ **long?**, ¿Cuánto tiempo? ~ **much/many?**, ¿Cuánto(s)? ~ **often?** ¿Con qué frecuencia? ~ **old are you?**, ¿Qué edad tienes/tiene Ud? ~**'s that?** ¿Cómo es eso posible? **To know/learn how to do sth**, saber/aprender a hacer algo.

how·ever [hau'evə(r)] *adv* **1**. (*between pauses and mobile*) no obstante, sin embargo. **2**. (*before adj* or *adv*) por (muy)...que + *subj*: ~ *strong he is*, Por muy fuerte que sea. **3**. (*inter*) cómo, de qué manera: ~ *could you get here?*, ¿Cómo pudiste llegar aquí? **4**. (*relative*) como, de la manera que: *You can do it* ~ *you like*, Puedes hacerlo como quieras. LOC ~ **much**, por mucho que.

how·it·zer ['hauitsə(r)] *n* obús *m*.

howl [haul] **I**. *n* (*of dog, wolf*) aullido *m*; (*of pain, rage, laughter*) alarido *m*; (*of storm, wind*) bramido *m*, rugido *m*. **II**. *v* (*dog, wolf*) aullar; (*with pain*, etc) dar alaridos; (*storm, wind*) bramar, rugir. LOC **To** ~ **sb down**, abuchear. **howl·er** [-ə(r)] *n* FAM plancha *f*; metedura *f* de pata. **howl·ing** [-iŋ] adj INFML muy grande, terrible, enorme.

hoy [hɔi] **I**. *int* ¡eh!, ¡hola! **II**. *n* NAUT barco m costero.

hp (also **HP**) [,eitʃ'pi:] **I**. V. **horsepower**. **II**. *abrev* de *hire purchase*.

hub [hʌb] *n* (*of wheel*) cubo *m*; FIG eje *m*, centro *m*. LOC ~-**cap**, tapacubos *m*.

hub·bub ['hʌbʌb] *n* jaleo *m*; (*of voices*) vocerío *m*, algarabía *f*.

hub·by ['hʌbi] *n* British INFML marido *m*.

huck·ster ['hʌkstə(r)] **I**. *n* vendedor/ra ambulante. **II**. *v* revender; (*bargain*) regatear.

hud·dle ['hʌdl] **I**. *n* (*of things*) montón *m*; (*of people*) tropel *m*, turba *f*. LOC **To go into a** ~ (**with sb**), INFML discutir en camarilla. **II**. *v* (*also* **together/up**) amontonar(se), agrupar(se); apiñar(se); (**up** (**against/to sb/sth**)) acurrucarse (contra).

hue [hju:] *n* **1**. color *m*, tono *m*. **2**. (*in hunting*) vocerío *m*. LOC ~ **and cry**, protesta *m* clamorosa. **Many**-~**d**, multicolor.

huff [hʌf] **I**. *n* (*bad temper*) malhumor *m*, enfado *m*. LOC **To be in a** ~, estar enfadado/a. **To get/go into a** ~, enfadarse. **II**. *v* (re)soplar; (*in draughts*) soplar (*a piece*); ofender(se), enojar(se). **huff·ish** [-iʃ], **huff·y** [-i] *adj* enojado/a; (*easily offended*) susceptible.

hug [hʌg] **I**. *n* abrazo *m*. **II**. *v* abrazar; FIG aferrarse a (*opinion, idea*); ceñirse a, pegarse a (*coast, wall*); (*dress*) ceñirse. LOC ~ **oneself** (**on sth**), congratularse (de/por).

huge [hju:dʒ] *adj* enorme, inmenso/a. **huge·ly** [-li] *adv* inmensamente. **huge·ness** [-nis] *n* inmensidad *f*.

hug·ger-mug·ger ['hʌgəmʌgə] FAM **I**. *n* (*jumble*) confusión *f*, desorden *m*; ARC secreto *m*. **II**. *adj* desordenado/a; ARC secreto/a. **III**. *adv* desordenadamente; ARC en secreto.

Hu·gue·not ['hju:gənəut] *n/adj* hugonote.

hulk [hʌlk] *n* NAUT casco *m* abandonado; FIG (**sb**) grandullón/na; (**sth**) armatoste *m*. ~·**ing** [-iŋ] *adj* grande y pesado/a.

hull [hʌl] **I**. *n* NAUT casco *m*; BOT (*cluster*) vaina *f*, (*shell*) cáscara *f*. **II**. *v* desvainar (*peas*); descascarillar; cascar (*nuts*); NAUT perforar el casco de un barco.

hul·la·ba·loo [hʌləbə'lu:] *n* jaleo *m*, bullicio *m*.

hul·lo [hə'ləu] *int* ¡Hola!; (*telephone*) ¡Oiga!; (*answering telephone*) ¡Diga!

hum [hʌm] **I**. *n* (*of bees, bullets, engine*) zumbido *m*; (*song*) tarareo *m*; (*murmur*) murmullo *m*; SL mal olor *m*. **II**. *v* zumbar; tararear; INFML hervir (*with activity*), pitar: *Business is* ~*ming*, El negocio pita. LOC **To make things** ~, hacer que las cosas marchen.

hum-..., ~·**ming**, **I**. *adj* (*bees, bombs, bullets, engine*) zumbante, que zumba; en pleno funcionamiento. **II**. *n* zumbido *m*; canturreo *m*. LOC ~·**ming-bird**, colibrí *m*, pájaro *m* mosca. ~·**ming-top**, trompa *f*, trompo *m* zumbador.

hu·man ['hju:mən] *n/adj* humano *m*. LOC ~ **being**, ser *m* humano. ~·**kind**, género *m* humano. ~ **studies**, humanidades *f*. ~·**ism** [-izm] *n* humanismo *m*. ~·**ist** [-ist] *n*, *adj* humanista. ~·**it·ar·ian** [hju:,mæni'teəriən] **I**. *adj* humanitario/a. **II**. *n* filántropo *m*. ~·**ities** [-itiz] *n* humanidades *f,pl*. ~·**ity** [-əti] *n* humanidad *f*. ~·**iz·ation** [,hju:mənai'zeiʃn] *n* humanización *f*. ~·**ize** [-ize] *v* humanizar.

hum·ane [hju:'mein] *adj* humano/a, compasivo/a; humanístico/a.

hum·ble ['hʌmbl] **I.** *adj* **(sb)** humilde; **(sth)** pobre, sin importancia. LOC **To eat ~ pie**, pedir perdón. **Your ~ servant**, su seguro servidor. **II.** *v* humillar. **~·ness** [-nis] humildad *f*. **hum·bly** [-i] *adv* humildemente.

hum·ble-bee ['hʌmblbi:] *n* abejorro *m*.

hum·bug ['hʌmbʌg] **I.** *n* farsa *f*; (*lie*) embuste *m*; (*nonsense*) disparate *m*; **(sb)** embaucador/ra, charlatán/na; (*sweet*) caramelo m de menta. **II.** *v* **(sb (into/out of sth/doing sth))** engañar, embaucar.

hum·din·ger [,hʌm'diŋə(r)] *n* SL **(sb/sth)** monería *f*, chulada *f*: *She's a ~ of a girl*, Es una monería de chica.

hum·drum ['hʌmdrʌm] *adj* monótono/a, rutinario/a.

hu·mer·us ['hju:mərəs] (*pl* **-i** [-ai]) *n* ANAT húmero *m*.

hu·mid ['hju:mid] *adj* húmedo/a. **~·ity** [-əti] *n* humedad *f*. **~·ifi·er** [-ifaiə(r)] *n* humidificador *m*. **~·ify** [hju:'midifai] *v* humedecer.

hu·mil·i·ate [hju'milieit] *v* humillar. **hu·mil·i·at·ing** [hju:'milieitiŋ] *adj* humillante. **hu·mil·i·ation** [hju:,mili'eiʃn] *n* humillación *f*. **hu·mil·ity** [hju'militi] humildad *f*.

hum·mock ['hʌmək] *n* montículo *m*, morón *m*.

hu·mor·ist ['hju:mərist] *n* humorista *m,f*; persona *f* chistosa.

hu·mor·ous ['hju:mərəs] adj humorístico/a, chistoso/a; (*funny*) gracioso/a, divertido/a. **hu·mor·ous·ly** [-li] *adv* con gracia, chistosamente.

hu·mo(u)r ['hju:mə(r)] **I.** *n* humor *m*; (*whim*) capricho *m*; (*situation*) comicidad *f*; ANAT (*fluid*) humor *m*. LOC **In a good/bad ~**, de buen/mal humor. **(Not) to be in the ~ for**, (no) estar de humor para. **Out of ~**, de mal humor. **II.** *v* complacer; seguir el humor a. **~·less** [-lis] *adj* **(sb)** sin sentido del humor; (*joke*) sin gracia.

hump [hʌmp] **I.** *n* (of **sb**, *camel*) joroba *f*, giba *f*; (*in the ground*) abultamiento *m*. LOC **To give sb the ~**, jorobar, fastidiar. **II.** *v* (*carry*) cargar con, llevar; **(sth (up))** abombar (*bedclothes*, etc). **hump·y** [-i] *adj* jorobado/a; (*ground*) desigual. **~·back**, V. **hunch·back**. **~·backed**, V. **hunchbacked**.

humph, h'm [hʌmpf, həh, hmh] *int* ¡hmm! (*showing doubt or dissatisfaction*).

hu·mus ['hju:məs] *n* humus *m*, mantillo *m*.

Hun [hʌn] *n* huno *m*.

hunch [hʌntʃ] **I.** *n* (*intuition*) presentimiento *m*, corazonada *f*. **II.** *v* (*also* **sth up**) encorvar. LOC **~·back**, joroba *f*; **(sb)** jorobado/a. **~·back·ed**, jorobado/a.

hund·red ['hʌndred] **I.** *num* cien; (*more than one*) -cientos/as: *A/One ~ people*, Cien personas. *Two ~ people*, Doscientas personas. **II.** *n* ciento *m*, centenar m (de), centena *f* (de). LOC **In/by ~s**, a centenares. **~-fold**, **I.** adj céntuplo/a, centuplicado/a. **II.** *adv* cien veces, ciento por uno. **hund·redth**, (*ordinal and partitive*) centésimo/a. **~·weight**, *n* (*pl unchanged*) quintal m (cien libras).

hung [hʌŋ] pret y pp de **hang**.

Hun·gar·i·an [hʌŋ'geəriən] *n/adj* húngaro/a; (*language*) húngaro *m*.

hun·ger ['hʌŋgə(r)] **I.** *n* hambre *f*; **(for)** FIG hambre *m* de, deseo m ardiente de. LOC **~ is the best sauce**, a buen hambre no hay pan duro. **~ strike**, huelga *f* de hambre. **II.** v **(for/after)** (*also* FIG) tener hambre de.

hun·gry ['hʌŋgri] *adj* hambriento/a; **(for)** FIG ávido/a, ansioso/a; (*land*) pobre, estéril. LOC **To be ~**, tener hambre. **To go ~**, pasar hambre.

hunk [hʌŋk] *n* FAM trozo *m*, pedazo *m*.

hunt [hʌnt] **I.** *n* (*in compounds*) caza *f* de; cacería *f*; (*big game*) montería *f*; **(for)** FIG búsqueda *f*, caza *f* de. **II.** *v* ir de caza/cacería; **(after)** FIG ir tras, anhelar. **(for sth/sb)** perseguir, buscar; (*horse, hounds*, etc) emplear en la caza; (*country*) utilizar para caza. **(sb/sth down)** dar caza, acosar. **(sth out)** rebuscar. **(sth up)** ir a la caza de (*references, facts*, etc). LOC **To go ~·ing**, ir de caza; cazar; **hunt-...**, **~·er**, *n* cazador/ra; (*horse*) caballo *m* de caza; (*watch*) saboneta *m*, reloj *m* de tapa. **~·ing**, **I.** *n* caza *f*; (*big game*) montería *f*. **II.** *adj* de caza. LOC **~·ing box/lodge**, pabellón *m* de caza. **~·ing field/ground**, terreno *m* de caza. **~·ing knife**, cuchillo *m* de caza. **~·ing horn**, trompa *f*. **~ress**, *n* cazadora. **~sman**, *n* cazador *m*, montero *m*.

hur·dle ['hɜ:dl] **I.** *n* DEP valla *f*; FIG barrera *f*, obstáculo *m*. **II.** *v* DEP participar en carrera de vallas. **hur·dles** [-z] *n* (carrera *f* de) vallas. **hur·dler** [-ə(r)] n corredor/ra de vallas.

hur·dy-gur·dy ['hɜ:di gɜ:di] *n* organillo *m*.

hurl [hɜ:l] **I.** *n* lanzamiento *m*. **II.** *v* lanzar, arrojar; FIG (*insults*, etc) gritar. LOC **To ~ down**, derribar. **hurl·er** [-ə(r)] *n* (*baseball*) lanzador/ra.

hur·ly-bur·ly ['hɜ:li bɜ:li] *n* alboroto *m*, tumulto *m*.

hur·ra(h) [hu'ra:] (also **hur·ray, hoo·ray** [hu'rei]) **I.** **(for sb/sth)** *int* ¡viva! ¡hurra! **II.** *n* vítor *m*. **III.** *v* vitorear.

hur·ric·ane ['hʌrikən] *n* huracán *m*.

hur·ri·ed ['hʌrid] *adj* apresurado/a, hecho/a de prisa. **hur·ried·ly** [-li] *adv* apresuradamente.

hur·ry ['hʌri] **I.** *n* prisa *f*, precipitación *f*. LOC **In a ~**, de prisa. **To be in a ~**, tener prisa. **II.** *v* (pret, pp **hurried**) (*intransitive*) apresurarse, darse prisa; **(sb)** apresurar, meter prisa: *It's no use ~ing him*, No sirve de nada meterle prisa; (*process*) acelerar, apresurar; (*before adv of direction*) ir/salir/entrar/subir/volver, etc, apresuradamente, precipitarse (en la dirección expresada): *He picked up his briefcase and hurried off*, Cogió su maletín y salió a toda prisa. **(along/ forward/on)** acelerar, hacer progresar; **(up)** *col* darse prisa; **(sb)** meter prisa; (*process*) acelerar.

hurt [hɜ:t] **I.** *n* (*harm*) daño *m*, mal *m*; (*pain*) dolor *m*; (*wound*) herida *f*; (*damage*) perjuicio *m*. **II.** *v* (pret/pp **hurt**) (*part of body*) doler: *Does your foot ~?*, ¿Te duele el pie?; dañar, herir, lastimar: *How did you ~ your back?*, ¿Cómo te dañaste la espalda?; FIG ofender, herir. LOC **It won't ~ (sb) (to do sth)**, no hará ningún mal (hacer algo). **To get ~**, lastimarse. **~·ful** [-ful] *adj* nocivo/a, perjudicial; (*words, remarks*) hiriente.

hur·tle ['hɜ:tl] *v* **1.** precipitarse. **2. (along)** ir como el rayo. **3. (down)** caer estrepitosamente; **(sth)** lanzar, arrojar.

hus·band ['hʌzbənd] **I.** *n* marido *m*, esposo *m*. **II.** *v* FML (*also* FIG) economizar; ahorrar. **hus·band·ry** [-ri] *n* FAM crianza *f* (de animales); (*management*) administración *f*.

hush [hʌʃ] **I.** *n* silencio *m*, quietud *f*. **II.** *v* **1.** callarse; **(sb)** hacer callar, acallar; (*calm*) apaciguar. **2. (up)** FIG (*an affair*) echar tierra a. **III.** *int* ¡chitón! LOC **~-~**, *adj* FAM muy secreto, confidencial. **~-mon·ey**, FAM (*bribe*) mamela *f*.

husk [hʌsk] **I.** *n* (*of grain*) cáscara *f*; (*of peas, beans*) vaina *f*; (*of grapes*) pellejo *m*; FIG cáscara *f*. **II.** descascarar; desvainar; quitar el pellejo. **~·i·ness** [-inis] *n* ronquera *f*. **husk·y** [-i] **I.** *adj* (*voice*) ronco/a; BOT con cáscara, vaina, pellejo; FAM (*strong*) fuerte, fornido/a. **II.** *n* perro m esquimal.

hus·sar [hu'za:(r)] *n* húsar *m*.

hus·sy ['hʌsi] *n* mujerzuela *f*, lagarta *f*.

hus·tings ['hʌstiŋz] *n* campaña *f* electoral.

hus·tle ['hʌsl] **I.** *n* bullicio *m*, actividad *f* febril; (energy) empuje *m*. **II.** *v* apresurarse a; **(sb (into sth/doing sth))** dar prisa a, apresurar a. **hus·tler** [-ə(r)] *n* FAM persona *f* de empuje, despabilado/a; US SL (*whore*) puta *f*.

hut [hʌt] *n* cabaña *f*; (*log cabin*) choza *f*; MIL barraca *f*. **~·ment** [-mənt], **~·ted camp** ['hʌtidkæmp] *n* grupo *m* de barracas.

hutch [hʌtʃ] *n* conejera *f*.

hya·cinth ['haiəsinθ] *n* jacinto *m*.

hy·aena [hai'i:nə] *n* ZOOL hiena *f*.

hy·brid ['haibrid] *n*, *adj* híbrido/a; **(sb)** mestizo. **~·ism** [-izəm] *n* hibridismo *m*. **~·ize** [-aiz] *v* hibridar.

hy·dra ['haidrə] *n* MIT ZOOL hidra *f*.

hy·dran·gea [hai'dreindʒə] *n* hortensia *f*.

hy·drant ['haidrənt] *n* boca *f* de riego.

hy·drate ['haidreit] QUIM **I.** n hidrato *m*. **II.** *v* hidratar(se).

hy·drau·lic [hai'drɔ:lik] *adj* hidráulico/a. **hi·draul·ics** [-s] *n* (*science*) hidráulica *f*.

hy·dr(o)- ['haidrəu] *pref* hidro-. LOC **~·car·bon**, hidrocarburo *m*. **~·chloric acid**, ácido *m* clorhídrico. **~·dynamic(al)**, *adj* hidrodinámico/a. **~·dynamics**, (*science*) hidrodinámica *f*. **~·electric**, hidroeléctrico/a. **~·gra·phy**, hidrografía *f*, **~·grapher**, hidrógrafo/a. **~·pathic**, hidropático/a. **~pathy**, hidropatía *f*. **~phobia**, hidrofobia *f*. **~·plane**, hidroplano *m*, hidroavión *m*. **~·therapy**, hidroterapia *f*. **hy·drox·ide** [hai'drɔksaid] *n* hidróxido *m*.

hy·dro·gen ['haidridʒən] *n* hidrógeno *m*. LOC **~ bomb**, bomba *f* de hidrógeno. **~at·ed** [hai'drɔdʒineitid] *adj* hidrogenado/a. **hy·dro·gen·ous** [hai'drɔdʒinəs] *adj* hidrogenado/a.

hy·ena V. **hyaena**.

hy·giene ['haidʒi:n] *n* higiene *f*. **hy·gien·ic** [hai'dʒi:nik] *adj* higiénico/a.

hy·gro·me·ter [hai'grɔmitə] *n* higrómetro *m*.

hy·men ['haimən] *n* (*marriage*) himeneo *m*; ANAT himen *m*. **hy·me·neal** [,haime'ni:əl] *adj* nupcial.

hymn [him] **I.** *n* himno *m*. **II.** *v* ensalzar (a Dios) con himnos. **~·al** [-nəl] *n* LOC **~·al book**, libro *m* de himnos.

hype ['haip] *n* publicidad *f*, propaganda *f*, promoción *f* excesivas.

hy·per- ['haipə(r)-] *pref* hiper- LOC **~·active**, hiperactivo. **~·critical**, hipercrítico/a. **~mar·ket**, hipermercado *m*. **~·sensitive**, hipersensitivo/a. **~·tension**, hipertensión *f*. **~·tro·phy**, hipertrofia *f*.

hy·per·bola [hai'pɜ:bələ] *n* (*pl* **-as, -ae**) (*geometry*) hipérbola *f*. **hy·per·bole** [hai'pɜ:bəli] *n* GRAM hipérbole *f*. **hy·per·bol·ic (·al)** [,haipə'bɔlik(l)] *adj* hiperbólico/a.

hy·phen ['haifən] **I.** *n* guion *m*. **II.** (*also* **-ate**) *v* separar con guion, escribir con guion. LOC **~·ated American**, US FAM norteamericano/a de origen extranjero.

hyp·no·sis [hip'nəusis] (*pl* **-ses**) *n* hipnosis *f*. **hyp·not·ic** [hip'nɔtik] *n/adj* hipnótico. **hyp·not·ism** ['hipnətizm] *n* hipnotismo *m*. **hyp·not·ist** ['hipnətist] *n* hipnotista *m.f.* **hyp·not·ize** ['hipnətaiz] *v* hipnotizar.

hy·po ['haipəu] *n* QUIM hiposulfito *m* sódico; (*photography*) fijador *m*; US FAM (*injection*) inyección *f*, (*syringe*) jeringa *f*.

hy·po·chon·dria [haipə'kɔndriə] *n* hipocondria *f*. **hy·po·chon·dri·ac** [-driæk] *n/adj* hipocondríaco/a.

hy·po·cri·sy [hi'pɔkrəsi] *n* hipocresía *f*. **hy·po·crite** ['hipəkrit] *n* hipócrita *m,f*. **hy·po·crit·ic·al** [,hipə'kritikl] *adj* hipócrita.

hy·po·derm·ic [haipə'dɜ:mik] **I.** *adj* hipodérmico/a. **II.** *n* inyección *f* hipodérmica; jeringa *f* hipodérmica.

hy·po·ten·use [hai'pɔtənju:z] *n* hipotenusa *f*.

hy·po·the·sis [hai'pɔθəsis] *n* (*pl* **-ses** [~si:z]) hipótesis *f* (invariable *pl*). **hy·po·thet·ic(·al)** ['haipə'θetik(l)] *adj* hipotético/a.

hys·sop ['hisəp] *n* BOT, REL hisopo *m*.

hys·te·ria [histiəriə] *n* histeria *f*, histerismo *m*. **hys·ter·ic(·al)** [histerik(l)] *adj* histérico/a; INFML muy divertido/a. **hys·ter·ics** [his'teriks] *n* MED ataque *m* de histeria; INFML risa *f* incontrolada. LOC **To go into ~**, ponerse histérico/a.

I, i [ai] I. *n* **1.** 'i' (*letter*) *f.* **2.** ~ *bar*: Hierro de doble T. **II.** *pron* yo: *It's* ~, Soy yo.

iamb ['aiæm(b)] (*also* **iamb·us** [ai'æmbəs]) (*pl* **-es**, **-i** [-ai]) *n* yambo *m.* **iamb·ic** [ai'æmbik] *adj* yámbico/a.

I·be·ri·an [ai'biəriən] **I.** *n/adj* ibero/a. **II.** *adj* ibérico/a.

i·bex ['aibeks] (*pl* **-es/-ces**) *n* íbice *m*, cabra *f* montés.

ice [ais] **I.** *n* hielo *m*; helado *m* (*ice cream*). LOC **On** ~, en hielo; FIG en reserva; INFML seguro, en el bote. **To break the** ~, romper el hielo. **To cut no** ~ **(with sb)**, FAM no convencer (a alguien). **To put on** ~, guardar para más tarde. **II.** *v* helar; escarchar, glasear (*with sugar*). **(over/up)** helarse.

ice-..., ~ **age**, *n* período *m* glacial. **~-axe**, *n* hacha *f* de alpinista. **~·berg**, *n* iceberg *m.* **~-bound**, *adj* (*of ship, harbour*) bloqueado/a por el hielo. **~·box**, *n* nevera *f*; congelador *m* (*in a refrigerator*); US frigorífico *m.* **~-breaker**, *n* rompehielos *m* (*ship*). **~-cap**, *n* casquete *m* polar. **~-cream**, *n* helado *m.* **~-cube**, *n* cubito *m* de hielo. **~-floe**, *n* témpano *m.* ~ **hockey**, *n* hockey sobre hielo. ~ **lolly** (US **popsicle**), *n* polo *m.* **~-pick**, *n* pico *m* de alpinista. **~-rink**, *n* pista *f* de patinaje. ~ **skate**, **I.** *n* patín *m* para hielo. **II.** *v* patinar sobre hielo. ~ **skating**, *n* patinaje *m* sobre hielo. ~ **water**, *n* agua *f* helada.

Ice·land ['aislənd] *n* Islandia. **Ice·land·er** ['aisləndə(r)] *n* islandés/sa. **Ice·land·ic** [ais'lændik] **I.** *adj* islandés/esa. **II.** *n* islandés (*language*).

ich·thy·o·lo·gy [ikθi'ɔlədʒi] *n* ictiología *f.* **ich·thy·o·lo·gist** [-ist] *n* ictiólogo/a.

ici·cle ['aisikl] *n* carámbano *m.*

ic·ing ['aisiŋ] *n* formación *f* de hielo, escarchado *m*, glaseado *m.* LOC ~ **liver**, MED cirrosis *f* hepática. ~ **sugar**, azúcar *f* en polvo.

i·con (*also* **ikon**) ['aikɔn] *n* icono *m.* **i·co·no·clast** [ai'kɔnəklæst] *n* iconoclasta *m,f.*

i·cy ['aisi] *adj* (*comp* **-ier**, *sup* **-iest**) helado/a; FIG glacial (*look, voice*); LIT gélido/a.

I'd [aid] *contraction de* **I had, I would.**

i·dea [ai'diə] *n* idea *f.* LOC **No ~!**, ¡Ni idea! **To get the** ~, coger la idea, entender. **To give sb ~s**, dar esperanzas a alguien. **To have no** ~, no tener ni idea.

i·de·al [ai'diəl] **I.** *adj* ideal, perfecto/a. **II.** *n* ideal *m.* **~·ism** [-izəm] *n* idealismo *m.* **~·ist** [-ist] *n* idealista *m,f.* **~·ist·ic** [-istik] *adj* idealista. **~·ize** [~aiz] *v* idealizar.

i·dent·ic·al [ai'dentikl] **(to/with sb/sth)** *adj* idéntico/a (a). LOC **The** ~, el mismo, la misma. **~·ness** [-nis] *n* identidad *f.*

i·den·ti·fy [ai'dentifai] (pret, pp, **-fied**) *v* **1. (sb/sth (as sb/sth))** identificar (como). **2. (sb/sth with sb/sth)** considerar iguales, (*negative*) no confundir. **3. ((oneself) with sb/sth)** sentirse identificado/a, sentir simpatía por: *Do you ~ with the liberals?*, ¿Te identificas con los liberales? **i·den·ti·fic·ation** [ai,dentifi'keiʃn] *n* identificación *f.*

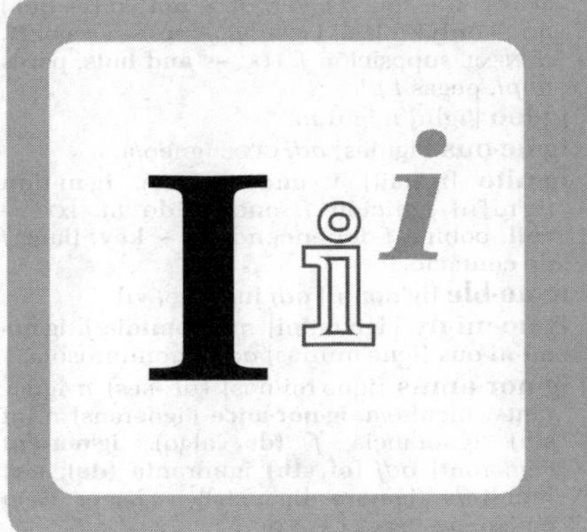

I·den·ti·kit [ai'dentikit] *n* retrato *m* robot.

i·den·ti·ty [ai'dentəti] *n* identidad *f* (*equality or identification*). LOC ~ **card**, (*also* **ID card**) carnet *m* de identidad.

i·de·o·gram ['idiəgrəm] (*also* **i·de·o·graph** [-græf]) *n* ideograma *m.*

i·de·o·lo·gy [aidi'ɔlədʒi] *n* ideología *f.* **i·de·o·lo·gic·al** [,aidiə'lɔdʒikl] *adj* ideológico/a.

i·di·o·cy ['idiəsi] *n* idiotez *f*, imbecilidad *f.*

i·di·om ['idiəm] *n* modismo *m*, locución *f*; idioma *m*; uso *m* lingüístico. **i·di·om·at·ic** [idiə'mætik] *adj* idiomático/a.

i·di·o·syn·cra·sy [idiə'siŋkrəsi] *n* idiosincrasia *f.* **i·di·o·syn·crat·ic** [,idiəsiŋ'krætik] *adj* idiosincrásico/a.

i·di·ot ['idiət] *n* INFML idiota *m,f*, tonto/a. LOC **To play the** ~, hacer el idiota. **i·di·ot·ic** [idi'ɔtik] *adj* necio/a, imbécil.

i·dle ['aidl] **I.** *adj* ocioso/a, desocupado/a; TEC inactivo/a (*machine*); perezoso/a, vago/a (*lazy*); vano/a, inútil (*useless, promise, threat*); infundado/a (*fear*); improductivo/a (*money*); vacío/a (*talk*). LOC ~ **hours**, horas *f pl* muertas. ~ **question**, pregunta *f* ociosa. **To run** ~, TEC funcionar en vacío. **II.** *v* **1. (about)**, perder el tiempo, haraganear; estar ocioso. **2.** marchar en vacío (*engine*); estar al ralentí (*car*). **3. (sth away)** malgastar, perder (*time, youth*). **~·ness** [-nis] *n* ociosidad *f* (*leisure*); holgazanería *f*, pereza *f* (*laziness*). **i·dler** [-ə(r)] *n* **1.** haragán/na, zángano/a. **2.** TEC polea *f* loca. **i·dly** [-i] *adv* ociosamente; en vano (*uselessly*); distraídamente (*absentmindedly*).

i·dol ['aidl] *n* (*also* FIG) ídolo *m.* **i·dol·at·er** [ai'dɔlətə(r)], *f* **i·dol·a·tress** [-tris] *n* idólatra *m,f.* **i·dol·a·try** [ai'dɔlətri] *n* idolatría *f.* **i·dol·atr·ize** [ai'dɔlətraiz] *v* idolatrar (*also* FIG).

i·dyl(l) ['idil] US ['aidil] *n* idilio *m.* **i·dyl·lic** [-ik] *adj* idílico/a.

if [if] **I.** *conj* si (*condition, whether*). LOC **Even** ~, aun cuando. ~ **and when**, sólo en el caso de que. ~ **anything**, si acaso. ~ **at all**, si acaso, si es que (+ *verbo*). ~ **not**, si (es que) no. ~ **only!** ¡ojalá! (+ *subj*). ~ **so**, si es así. **II.** *n* INFML suposición *f*. LOC **~s and buts**, peros *m pl*, pegas *f pl*.

ig·loo ['iglu] *n* iglú *m*.

ig·ne·ous ['igniəs] *adj* GEOL ígneo/a.

ig·nite [ig'nait] *v* encender(se). **ig·ni·tion** [ig'niʃn] ignición *f*, encendido *m*. LOC ~ **coil**, bobina *f* del encendido. ~ **key**, llave *f* de contacto.

ig·no·ble [ig'noubl] *adj* innoble, vil.

ig·no·mi·ny ['ignəmini] *n* ignominia *f*. **ig·no·mi·ni·ous** [ignə'miniəs] *adj* ignominioso/a.

ig·nor·amus [ignə'reiməs] (*pl* **-ses**) *n* ignorante, inculto/a. **ig·nor·ance** ['ignərəns] *n* **(of sth)** ignorancia *f* (de algo). **ig·nor·ant** ['ignərənt] *adj* **(of sth)** ignorante (de); FAM inculto/a. **ig·nore** [ig'nɔ:(r)] *v* hacer caso omiso, no hacer caso de.

i·lex ['aileks] (*pl* **-es**) *n* BOT encina *f* (*holm-oak*); acebo *m* (*holly*).

ilk [ilk] *n* índole *f*, jaez *m*.

ill [il] **I.** *adj* enfermo/a (*sick*); malo/a (*unfortunate*). LOC ~ **luck**, mala suerte. ~ **nature**, mal carácter; maldad (*wickedness*). ~ **turn**, mala jugada. **To be taken/fall** ~, caer/ponerse enfermo/a. **II.** *adv* mal; difícilmente (*scarcely*). LOC **To be ~ spoken of**, tener mala fama. **To speak/think ~ of sb**, hablar/pensar mal de alguien. **To take it ~**, tomar a mal. **III.** *n* mal *m*, desgracia *f*; MED mal *m*.

ill-..., **~-advised**, mal aconsejado/a, imprudente. **~-behaved**, *adj* maleducado/a. **~-bred**, *adj* malcriado/a. **~-breeding**, *n* malos modales *m pl*. **~-disposed**, *adj* **(towards sb/sth)** malintencionado/a (hacia). **~-fated**, *adj* desafortunado/a. **~-favo(u)red**, *adj* (*people*) mal parecido/a; desagradable. **~-founded**, *adj* infundado/a. **~-gotten**, *adj* adquirido/a ilícitamente. **~-humo(u)red**, *adj* malhumorado/a. **~-judged**, *adj* imprudente. **~-mannered**, *adj* maleducado/a. **~-natured**, *adj* malhumorado/a; (*wicked*) malicioso/a. **~-ness**, *n* enfermedad *f*. **~-omened/~-starred** *adj* desafortunado/a, malhadado/a. **~-suited**, *adj* inapropiado/a, impropio/a. **~-tempered**, *adj* malhumorado/a. **~-timed**, *adj* inoportuno/a. **~-treat/~-use**, *v* maltratar. **~-will**, *n* mala voluntad *f*; rencor *m* (*grudge*).

I'll [ail] contracción de *I will* o *I shall*.

il·lat·ive [i'leitiv] *adj* ilativo/a.

il·leg·al [i'li:gl] *adj* ilegal. **~·ity** [ili'gæliti] *n* ilegalidad *f*.

il·le·gible [i'ledʒəbl] *adj* ilegible.

il·le·git·im·acy [ili'dʒitiməsi] *n* ilegitimidad *f*. **il·le·git·im·ate** [,ili'dʒitimət] *adj* ilegítimo/a (*illegal*; *bastard*).

il·lib·er·al [i'libərəl] *adj* FML intolerante; poco generoso/a (*mean*). **~·ity** [-iti] *n* intolerancia *f*.

il·li·cit [i'lisit] *adj* ilícito/a.

il·lit·er·ate [i'litərət] *n/adj* analfabeto/a, iletrado/a; inculto/a. **il·lit·er·acy** [i'litərəsi] analfabetismo *m*, incultura *f*.

il·lo·gic·al [i'lɔdʒkl] *adj* ilógico/a.

il·lu·min·ate [i'lu:mineit] *v* iluminar, alumbrar; FIG aclarar. **il·lu·min·at·ing** [-iŋ] *adj* revelador/ra, aclaratorio/a. **il·lu·min·ation** [i,lu:mi'neiʃn] *n* iluminación *f*, alumbrado *m*.

il·lu·sion [i'lu:ʒn] *n* ilusión *f*, espejismo *m*. **~·ist** [-ist] *n* ilusionista *m,f*. **il·lus·ive** [i'lu:siv], **il·lus·ory** [i'lu:səri] *adj* ilusorio/a.

il·lus·trate ['iləstreit] ilustrar (*make clear*; *supply with pictures*). **il·lus·tra·tion** [ilə'streiʃn] *n* ilustración *f* (*instance*; *of a book*). **il·lus·tra·tive** ['iləstrətiv] *adj* **(of)** ilustrativo/a (de), aclaratorio/a. **il·lus·tra·tor** ['iləstreitə(r)] *n* ilustrador/ra. **il·lus·tri·ous** [i'lʌstriəs] *adj* ilustre.

I'm [aim] *contracción* de *I am*.

i·mage ['imidʒ] **I.** *n* imagen *f*. LOC **To be the (very/living/spitting) ~ of**, ser el vivo retrato de. **To have a bad ~ of**, tener un mal concepto de. **II.** *v* reflejar (*reflect*); representar, retratar (*represent*); simbolizar. **i·mag·ery** ['imidʒəri] *n* imaginería *f* (*art*); imágenes *f,pl* (*literature*).

i·ma·gin·able [i'mædʒinəbl] *adj* imaginable. **i·ma·gin·ary** [i'mædʒinəri] *adj* imaginario/a. **i·ma·gin·ation** [i,mædʒi'neiʃn] *n* imaginación *f*. **i·ma·gin·at·ive** [i'mædʒinətiv] *adj* imaginativo/a. **i·ma·gine** [i'mædʒin] *v* imaginar (*conceive*); suponer (*suppose*). LOC **Just ~!**, ¡imagínate!, ¡imagínese!

im·be·cile ['imbsi:l; US -sl] *n/adj* imbécil *m*, *f*. **im·be·cil·ity** [,imbə'siləti] *n* imbecilidad *f*.

im·bibe [im'baib] *v* FML beber (*also jocular*); embeber, absorber (*knowledge, ideas*).

im·bro·glio [im'brəuliəu] *n* embrollo *m*, lío *m*.

im·bue [im'bju:] (*freq passivized*) **(sb/sth with sth)** FML imbuir de/en, inculcar.

i·mit·ate ['imiteit] *v* imitar; remedar. **i·mit·ation** [,imi'teiʃn] *n* imitación *f*; remedo *m* (*mockery*); de imitación (*attributive*): *Imitation leather*, Cuero de imitación. **i·mit·at·ive** ['imitətiv] *adj* imitativo/a, imitador/ra. **i·mit·at·or** ['imiteitə(r)] *n* imitador/ra.

im·ma·cul·ate [i'mækjulət] *adj* inmaculado/a. LOC **The I~ Conception**, la Inmaculada Concepción.

im·man·ent ['imənənt] *adj* inmanente. **im·man·ence** ['imənəns] *n* inmanencia *f*.

im·ma·te·ri·al [imə'tiəriəl] *adj* **1.** inmaterial. **2. (to)** irrelevante, indiferente.

im·ma·ture [imə'tjuə(r)] *adj* inmaduro/a, verde. **im·ma·tur·ity** [,imə'tjuərəti] *n* inmadurez *f*.

im·meas·ur·able [i'meʒərəbl] *adj* inconmensurable, inmenso/a.

im·me·di·ate [i'mi:diət] *adj* inmediato/a, inminente (*danger*); urgente (*need*). **im·me·di·ate·ness** [-nis], **im·me·di·acy** [-əsi] *n* inmediatez *f*; urgencia *f* (*urgency*). **im·me·di·ate·ly** [-li] **I.** *adv* inmediatamente. **II.** *conj* (*esp British*) tan pronto como, en cuanto: *I came immediately I could*, Vine tan pronto como pude.

im·me·mo·ri·al [imə'mɔ:riəl] *adj* inmemorable.

im·mense [i'mens] *adj* inmenso/a; FAM formidable (*very good*). **im·mense·ly** [-li] *adv* inmensamente. **im·mens·ity** [i'mensəti] *n* inmensidad *f*.

im·merse [i'mɜ:s] *v* **sth (in sth)** sumergir; **(oneself in sth)** FIG enfrascarse, sumirse (en). LOC **To be ~d (in sth)**, estar absorto, sumido (en). **im·mer·sion** [i'mɜ:ʃn] *n* inmersión *f*; bautismo *m* por inmersión. LOC ~ **heater**, calentador *m* eléctrico (dentro del agua).

im·mi·grate ['imigreit] *v* inmigrar. **im·mi·grant** ['imigrənt] *n* inmigrante *m,f*. **im·mi·gra·tion** [,imi'greiʃn] *n* inmigración *f*.

im·min·ence ['iminəns] *n* inminencia *f*. **im·min·ent** ['iminənt] *adj* inminente.

im·mob·ile [i'məubail] *adj* inmóvil; inmutable (*not changing*). **im·mob·il·ity** [,imə'biliti] *n* inmovilidad *f*; inmutabilidad *f*. **im·mob·il·ize, --ise** [i'məubəlaiz] *v* inmovilizar. **im·mob·il·iz·ation, --is·ation** [i,məubəlai'zeiʃn] *n* inmovilización *f*.

im·mod·er·ate [i'mɔdərət] *adj* desmesurado/a. **im·mod·er·ate·ly** [-li] *adv* desmesuradamente.

im·mod·est [i'mɔdist] *adj* indecente (*indecent*); inmodesto/a (*conceited*). **im·mod·es·ty** [-i] *n* indecencia *f*; inmodestia *f*.

im·mol·ate [i'məleit] *v* inmolar. **im·mol·ation** [,imə'leiʃn] *n* inmolación *f*.

im·mor·al [i'mɔrəl] *adj* inmoral. **im·mor·al·ity** [imə'ræliti] *n* inmoralidad *f*. **im·mor·al·ly** [-rəli] *adv* inmoralmente.

im·mor·tal [i'mɔ:tl] *adj*, *n* inmortal *m*, *f*. **im·mor·tal·ity** [,imɔ:'tæliti] *n* inmortalidad *f*. **im·mor·tal·ize, --ise** [i'mɔ:təlaiz] *v* inmortalizar.

im·mov·able [i'mu:vəbl] *adj* inamovible; JUR inmueble (*property*).

im·mune [i'mju:n] *adj* **(to/against sth)** inmune (a) (*also* FIG); **(from sth)** exento/a, libre (de). **im·mun·ity** [i'mju:nəti] *n* **(to/against sth)** inmunidad *f* (contra) (*also* FIG); **(from sth)** JUR exención *f* (de). **im·mun·iz·ation** [,imjunai'zeiʃn] *n* inmunización *f*. **im·mun·ize, -ise** ['imjunaiz] *v* **(sb (against sth))** inmunizar (contra). **im·mun·o·lo·gy** [,imju'nɔlədʒi] *n* inmunología *f*.

im·mure [i'mjuə(r)] *v* FML encerrar.

im·mut·able [i'mju:təbl] *adj* inmutable. **im·mut·ab·il·ity** [i,mju:tə'biliti] *n* inmutabilidad *f*.

imp [imp] *n* diablillo *m*, pícaro/a.

im·pact ['impækt] **I.** *n* impacto *m*, choque *m*; FIG **(on/upon sb/sth)** impresión *f*. **II.** *v* [im'pækt] **1.** empotrar. **2.** fijar con fuerza.

im·pair [im'peə(r)] *v* debilitar, dañar.

im·pale [im'peil] *v* empalar. **~·ment** [-ment] *n* empalamiento *m*.

im·palp·able [im'pælpəbl] *adj* FML impalpable; FIG incomprensible.

im·pa·nel [im'pænl] *v* JUR seleccionar (*jury*).

im·part [im'part] *v* **1.** FAM **sth (to sb/sth)** impartir, dar. **2.** revelar, hacer saber (*inform*).

im·par·ti·al [im'pa:ʃl] *adj* imparcial, neutral. **im·par·ti·al·ity** [im,pa:ʃi'æliti] *n* imparcialidad *f*.

im·pass·able [im'pa:səbl] *adj* intransitable (*street, road*, etc).

im·passe ['æmpa:s] *n* punto *m* muerto, callejón *m* sin salida.

im·pas·sible [im'pæsibl] *adj* impasible. **im·pas·si·bly** [-i] *adv* impasiblemente.

im·pas·sion·ed [im'pæʃnd] *adj* apasionado/a, ardiente.

im·pass·ive [im'pæsiv] *adj* impasible, insensible. **im·pass·ive·ly** [-li] *adv* impasiblemente. **im·pass·ive·ness** [-nis], **im·pass·iv·ity** [,impæ'sivəti] *n* impasibilidad *f*.

im·pa·tient [im'peiʃnt] *adj* **1. (at sth, with sb)** impaciente (por algo)/(con alguien); **(to do sth/for sth)** impaciente, ansioso/a por (hacer) algo. **2. (of sth)** intolerante con. **im·pa·tience** [im'peiʃns] *n* impaciencia *f*. **im·pa·tient·ly** [im'peiʃntli] *adv* impacientemente.

im·peach [im'pi:tʃ] *v* **1. (sb (for sth))** acusar (de) (*esp* a persona que ejerce cargo público). **2.** FML cuestionar, poner en tela de juicio. **~·able** [-əbl] *adj* procesable. **~·ment** [-mənt] *n* procesamiento *m*.

im·pec·cable [im'pekəbl] *adj* impecable. **im·pec·ca·bil·ity** [impekə'biliti] *n* impecabilidad *f*. **im·pec·ca·bly** [im'pekəbli] *adv* impecablemente.

im·pe·cu·ni·ous [,impi'kju:niəs] *adj* FML indigente.

im·ped·ance [im'pi:dəns] ELECTR *n* impedancia *f*.

im·pede [im'pi:d] *v* impedir, dificultar. **im·pe·di·ment** [im'pedimənt] *n* **(to sb/sth)** impedimento *m* (para); defecto *m* (*disability*). **im·pe·di·men·ta** [im,pedi'mentə] *n pl* FML , MIL impedimenta *f*.

im·pel [im'pel] *v* **(sb to (do) sth)** impeler, empujar (a algo).

im·pend [im'pend] *v* pender, cernerse. **im·pend·ing** [im'pendiŋ] *adj* inminente.

im·pe·ne·tra·ble [im'penitrəbl] *adj* **(to sth)** impenetrable (a algo). **im·pe·ne·trab·il·ity** [im,penitrə'biliti] *n* impenetrabilidad *f*. **im·pe·ne·tra·bly** [im'penitrəbli] *adv* impenetrablemente.

im·pe·nit·ent [im'penitənt] *adj* FML impenitente, incorregible. **im·pe·nit·ence** [-əns] *n* impenitencia *f*. **im·pe·nit·ent·ly** [-tli] *adv* impenitentemente.

im·per·at·ive [im'perətiv] **I.** *adj* imperioso/a (*urgent*); autoritario/a (*command*); GRAM imperativo (*mood*). **II.** *n* GRAM imperativo *m*; urgencia *f*, imperativo *m* (*sth urgent*). **im·per·at·ive·ly** [-li] *adv* imperativamente. **im·per·at·ive·ness** [-nis] *n* urgencia *f*.

im·per·cept·ible [impə'septəbl] *adj* imperceptible. **im·per·cept·ibly** [-i] *adv* imperceptiblemente.

im·per·fect [im'pɜ:fikt] **I.** *adj* imperfecto/a; GRAM imperfecto. **II.** *n* GRAM imperfecto *m*. **im·per·fec·tion** [impəˈfekʃn] *n* imperfección *f*. **im·per·fect·ly** [im'pɜ:fiktli] *adv* imperfectamente.

im·pe·ri·al [im'piəriəl] **I.** *adj* imperial. **II.** *n* perilla *f* (*pointed beard*). **im·pe·ri·al·ism** [-izm] *n* imperialismo *m*. **im·pe·ri·al·ist** [-ist] *n* imperialista *m,f*. **im·pe·ri·al·ist·ic** [-'listik] *adj* imperialista *m,f*.

im·per·il [im'perəl] *v* FML poner en peligro.

im·pe·ri·ous [im'piəriəs] *adj* FML dominante, autoritario/a (*person*); apremiante (*need*). **im·pe·ri·ous·ly** [-li] *adv* imperiosamente. **im·pe·ri·ous·ness** [-nis] *n* autoridad *f*.

im·per·ish·able [im'periʃəbl] *adj* INFML imperecedero/a.

im·per·man·ent [im'pɜ:mənənt] *adj* FML transitorio/a, temporal. **im·per·man·ence** [-əns] *n* transitoriedad *f*, temporalidad *f*.

im·per·me·able [im'pɜ:miəbl] *adj* **(to sth)** impermeable (a algo). **im·per·me·ab·il·ity** [im,pɜ:mjə'biləti] *n* impermeabilidad *f*.

im·per·son·al [im'pɜ:sənl] *adj* PEY impersonal; objetivo/a, no personal (*objective*). **im·per·son·al·ly** [-li] *adv* impersonalmente.

im·per·son·ate [im'pɜ:səneit] *v* representar, imitar; hacerse pasar por: *He ~ a policeman*, Se hizo pasar por policía. **im·per·son·ation** [-'eiʃn] *n* imitación *f*. **im·per·son·at·or** [-ə(r)] *n* imitador/ra, intérprete *m,f*.

im·per·tin·ent [im'pɜ:tinənt] *adj* impertinente, insolente; improcedente (*irrelevant*). **im·per·tin·ence** [-əns] *n* impertinencia *f*; improcedencia *f* (*irrelevance*).

im·per·turb·able [,impə'tɜ:bəbl] *adj* imperturbable, impertérrito/a. **im·per·turb·ab·il·ity** [,impə,tɜ:bə'biləti] *n* imperturbabilidad *f*.

im·per·vi·ous [im'pɜ:viəs] *adj* **1. (to sth)** impermeable (a algo) (*water, gas*). **2.** FIG insensible (a algo) (*insensitive*). LOC **To be ~ to reason**, no atender a razones.

im·pet·u·ous [im'petʃuəs] *adj* impetuoso/a, impulsivo/a. **im·pet·u·os·i·ty** [im,petu'ɔsəti] *n* fogosidad *f*. **im·pet·u·ous·ly** [im'petʃuəsli] *adv* impetuosamente. **im·pe·tus** ['impitəs] *n* ímpetu *m*, impulso *m*; FIG estímulo *m*.

im·pi·ety [im'paiəti] *n* impiedad *f*.

im·pinge [im'pindʒ] *v* **(up)on sth** FML incidir (en/sobre algo). **im·pinge·ment** [-ment] *n* impacto *m*, choque *m*; refracción *f*.

im·pi·ous ['impiəs] *adj* FML impío/a. **im·pi·ous·ly** [-li] *adv* impíamente.

imp·ish ['impiʃ] *adj* pícaro/a, endiablado/a.

im·plac·able [im'plækəbl] *adj* implacable. **im·plac·ab·il·ity** [im,plækə'biləti] *n* implacabilidad *f*. **im·plac·ably** [im'plækəbli] *adv* implacablemente.

im·plant I. [im'pla:nt] *v* inculcar (*in mind*); MED injertar, implantar (*tissue*). **II.** ['impla:nt] *n* injerto *m*, implantación *f*.

im·plaus·ible [im'plɔ:zəbl] *adj* inverosímil.

im·ple·ment I. ['implimənt] *n* herramienta *f*, utensilio *m*. **II.** ['impliment] *v* llevar a cabo, efectuar, realizar; aplicar (*law*). **im·ple·ment·ation** [,implimen'teiʃn] *n* realización *f*; aplicación (*law*).

im·plic·ate ['implikeit] *v* **(sb (in sth))** implicar, comprometer (en algo). **im·plic·ation** [impli'keiʃn] *n* implicación *f*, consecuencia *f*; complicidad *f* (*in a crime*).

im·plic·it [im'plisit] *adj* **(in sth)** implícito/a (en); absoluto/a, total (*faith*, etc).

im·plore [im'plɔ:(r)] *v* implorar, suplicar. **im·plor·ing** [im'plɔriŋ] *adj* suplicante.

im·ply [im'plai] (pret, pp **implied**) *v* implicar (*entail*); **(to sb)** dar a entender, insinuar (*mean*).

im·pol·ite [impə'lait] *adj* maleducado, rudo/a. **im·pol·ite·ly** [-li] *adv* maleducadamente, rudamente. **im·pol·ite·ness** [-nis] *n* mala educación.

im·po·lit·ic [im'pɔlətik] *adj* FML imprudente, poco político/a.

im·pon·der·able [im'pɔndərəbl] **I.** *adj* imponderable. **II.** *n* **the ~s**, los imponderables.

im·port ['impɔ:t] *n* **1.** (*gen pl*) importaciones *f pl* (*of goods, services*, etc). **2.** importación *f* (*importing*). **3.** importancia *f*, significado *m*: *Questions of no great ~*, Asuntos de poca importancia. **im·port·ation** [,impɔ:teiʃn] *n* importación *f*. **im·port·er** [im'pɔ:tə(r)] *n* importador/ra.

im·port·ance [im'pɔ:təns] *n* **(to sb/sth)** importancia *f* (para). LOC **Full of one's own ~**, pagado/a de sí mismo. **im·port·ant** [im'pɔ:tənt] *adj* importante; influyente (*person*). **im·por·tant·ly** [im'pɔ:təntli] *adv* con importancia.

im·por·tun·ate [im'pɔ:tʃunət] *adj* FML insistente, pesado/a. **im·por·tune** [im'pɔ:tju:n] FML *v* **(sb (for sth))** importunar (para pedir algo), pedir con insistencia algo (a alguien). **im·por·tun·ity** [,impɔ:'tju:nəti] *n* insistencia *f*.

im·pose [im'pəuz] *v* **(sth (on sb))** imponer algo (a alguien), obligar a aceptar. **(sth on sth)** gravar (con) (*tax*). **(on sth, on sb (for sth))**, abusar de algo, abusar de alguien (para): *His generosity is too often ~d on by his friends*, Sus amigos abusan con frecuencia de su generosidad. **im·pos·ing** [-iŋ] *adj* imponente, impresionante. **im·po·si·tion** [impə'ziʃn] *n* **(on sb/sth)** imposición *f*, carga *f*; castigo *m* (*school*).

im·pos·sible [im'pɔsəbl] **I.** *adj* imposible. **II.** *n* **the ~**, lo imposible. **im·pos·sib·il·ity** [impɔsə'biliti] *n* imposibilidad *f*.

im·post·or [im'pɔstə(r)] *n* impostor/ra.

im·pos·ture [im'pɔstʃə(r)] *n* FML usurpación *f* de personalidad.

im·pot·ent ['impətənt] *adj* impotente. **im·pot·ence** ['impətəns] *n* impotencia *f*.

im·pound [im'paund] *v* JUR embargar, confiscar; retirar de la circulación (*illegally parked cars*); llevar al depósito municipal (*stray animal*).

im·po·ver·ish [im'pɔvəriʃ] *v* empobrecer (*people*); agotar (*land*). **im·po·ver·ish·ment** [-ment] *n* empobrecimiento *m*.

im·prac·tic·able [im'præktikəbl] *adj* irrealizable. **im·prac·tic·ab·il·ity** [im,præktikə'biləti] *n* impracticabilidad *f*. **im·prac·tic·al** [im'præktikəl] *adj* poco práctico/a (*person, idea*); desmañado/a (*person*).

im·pre·cate ['imprikeit] *v* FML imprecar. **im·prec·ation** [,impri'keiʃn] *n* FML imprecación *f*. **im·pre·cat·ory** ['imprikeitəri] *adj* imprecatorio/a.

im·pre·cise [,impri'sais] *adj* impreciso/a, inexacto/a. **im·pre·ci·sion** [,impri'siʒn] *n* imprecisión *f*, inexactitud *f*.

im·preg·nable [im'pregnəbl] *adj* inexpugnable; FIG incontrovertible (*argument*). **im·preg·nab·il·ity** [im,pregnə'biləti] *n* inexpugnabilidad *f*.

im·preg·nate ['impregneit] *v* **1. (sth (with sth))** impregnar, saturar (de/con). **2.** FML fertilizar, fecundar. **im·preg·na·tion** [impreg'neiʃn] *n* impregnación *f*; fecundación *f*.

im·press I. [im'pres] *v* **1. (sb (with sth))** impresionar (con). **2. (sth (up)on sb)** fijar, grabar, inculcar (*on memory, mind*). **3. (sth (in/on sth))** imprimir, estampar (*on wax, mud*). **4.** confiscar (*goods*). **II.** ['impres] *n* FML impresión *f*, huella *f*; FIG sello *m*. **im·pres·sion** [im'preʃn] *n* **1. (on sb)** impresión *f* (en/sobre) (*mark*). **2. (of sth/doing sth/that)** impresión *f*, sensación *f* (*vague notion*): *I am under the ~ that...*, Tengo la sensación de que... **3.** imitación *f*, remedo *m*. **4.** impresión *f* (*reprint*). **5. (on sth)** impresión *f*, efecto *m* (*influence, effect*). **im·pres·sion·able** [im'preʃənəbl] *adj* impresionable. **Im·pres·sion·ism** [im'preʃənizəm] *n* Impresionismo *m*. **im·pres·sion·ist** [im'preʃənist] *n/adj* impresionista *m,f* (*artist*); imitador/ra (*of people*).

im·press·ive [im'presiv] *adj* impresionante, imponente. **im·press·ive·ly** [-li] *adv* impresionantemente.

im·print I. [im'print] *v* **(sth in/on sth)** estampar; imprimir; grabar (*in mind, memory*). **II.** ['imprint] *n* **1. (in/on sth)** huella *f*, impresión *f*: *The deep ~ of death*, La profunda huella de la muerte; FIG impronta *f*. **2.** pie *m* de imprenta (*printing*). **im·print·ing** ['imprintiŋ] *n* impronta *f*; fijación *f* en el aprendizaje animal.

im·pri·son [im'prizn] *v* encarcelar; FIG encerrar, aprisionar. **im·pri·son·ment** [-mənt] *n* prisión *f*, encierro *m*.

im·prob·able [im'prɔbəbl] *adj* improbable, inverosímil. **im·prob·ab·il·ity** [im,prɔbə'biləti] *n* improbabilidad *f*, inverosimilitud *f*; cosa *f* improbable.

im·promp·tu [im'prɔmptju:] **I.** *adj* improvisado/a, espontáneo/a. **II.** *adv* espontáneamente, de improviso. **III.** *n* improvisación *f* musical.

im·prop·er [im'prɔpə(r)] *adj* impropio/a, inapropiado/a; indecoroso/a (*indecent*). **im·pro·per·ly** [-li] *adv* incorrectamente, inapropiadamente.

im·pro·pri·ety [,imprə'praiəti] *n* FML impropiedad *f*; indecencia *f*.

im·prove [im'pru:v] *v* **1.** mejorar (*intransitive*). **2.** mejorar, perfeccionar (*transitive*). **3. ((up)on sth)** mejorar, superar. **im·prove·ment** [-ment] *n* **(on/in sth)** mejora *f*, superación *f* (de); MED mejoría *f*. **im·prov·ing** [im'pru:viŋ] *adj* instructivo/a, edificante.

im·prov·id·ent [im'prɔvidənt] *adj* FML impróvido/a, falto/a de previsión; desprevenido/a. **im·prov·id·ence** [-əns] *n* imprevisión *f*.

im·pro·vis·ation [,imprəvai'zeiʃn] *n* improvisación *f*. **im·pro·vise** ['imprəvaiz] *v* improvisar.

im·pru·dence [im'pru:dəns] *n* imprudencia *f*. **im·pru·dent** [im'pru:dənt] *adj* FML imprudente, indiscreto/a. **im·pru·dent·ly** [im'pru:dəntli] *adv* imprudentemente.

im·pud·ence ['impjudəns] *n* descaro *m*, desvergüenza *f*, insolencia *f*. **im·pud·ent** ['impjudənt] *adj* descarado/a, desvergonzado/a, insolente. **im·pu·dent·ly** ['impjudəntli] *adv* descaradamente, insolentemente.

im·pugn [im'pju:n] *v* FML dudar de, poner en tela de juicio.

im·pulse ['impʌls] *n* **1. (to do sth)** impulso *m*, arrebato *m* (de hacer algo). **2.** estímulo *m*, ímpetu *m*, empuje *m*. **3.** impulso *m* (*electric, nervous*). LOC **On ~**, impulsivamente, sin pensarlo. **To give an ~ to sth**, darle empuje a algo. **im·pul·sion** [im'pʌlʃn] *n* FML **(to do sth)** impulsión *f* (a hacer algo). **im·puls·ive** [im'pʌlsiv] *adj* impulsivo/a, irreflexivo/a. **im·puls·ive·ly** [im'pʌlsivli] *adv* impulsivamente. **im·puls·ive·ness** [im'pʌlsivnes] *n* impulsividad *f*, irreflexión *f*.

im·pun·ity [im'pju:nəti] *n* impunidad *f*. LOC **With ~**, impunemente.

im·pure [im'pjuə(r)] *adj* impuro/a, sucio/a; contaminado/a; ARC deshonesto/a, impuro/a (*sex*). **im·pur·ity** [im'pjuərəti] *n* impureza *f*.

im·put·able [im'pju:təbl] *adj* imputable. **im·put·ation** [,impju:'teiʃn] *n* FML imputación *f*. **im·pute** [im'pju:t] *v* **(sth to sb/sth)** FML imputar algo (a alguien).

in [in] **I.** *prep* **1.** en (*indicating place after a verb*): *Peter is ~ London*, Pedro está en Londres. **2.** de (*indicating place after a noun*): *The girl ~ the corner*, La chica del rincón. **3.** en (*time*): *~ September*, En septiembre. **4.** en (*manner*): *~ English*, En inglés. **5.** (*after -ing form*) al + *inf*: *~ doing that...*, Al hacer eso... **6.** (*after sup*) de: *The biggest one ~ the world*, El más grande del mundo. **7.** en, entre (*partitive*): *A chance ~ a million*, Una oportunidad entre un millón. *Four ~ ten*, Cuatro de cada diez. LOC **~ all**, en total. **~ hundreds/dozens/millions**, a cientos/docenas/millones. **8.** (*part of conj*) **~ that**, en que, en el sentido de que, puesto que. LOC **~ a big way**, a lo grande. **~ anger**, con ira. **~ a while/an hour**, dentro de un rato/de una hora. **~ blue**, de azul: *The man ~ black*, El hombre (vestido) de negro. ~ **despair**, desesperado/a. ~ **fact**, de hecho. ~ **good health**, con buena salud. ~ **ink**, con tinta. ~ **one's senses**, en su sano juicio. ~ **the morning/afternoon**, por la mañana/tarde. ~ **the sun**, al sol. ~ **the rain**, bajo la lluvia. ~ **time**, a tiempo. ~ **uniform**, de uniforme. ~ **writing**, por escrito. **II.** *adv* dentro; ~ **here/there**, aquí/allí dentro; en casa: *Is Peter ~?*, ¿Está Pedro en casa?; en la estación (*of trains, buses*, etc); en el punto más alto (*of the tide*); en el establo (*of farm animals*); en almacén, recolectado/a (*of crops*); en su destino (*of letters, cards*, etc); de moda (*fashionable, popular*): *Miniskirts are ~ again*, Las minifaldas están de moda otra vez; DEP dentro (*tennis, badminton, of a ball*); encendido/a (*fire*); en el cargo, en el poder: *The Socialists have been ~ since 1982*, Los socialistas llevan en el poder desde 1982. LOC **All ~**, todo incluido. **One's luck is ~**, estar de suerte. **To be due ~**, tener previsto llegar, hacer su entrada (*train, bus*, etc). **To be ~ for sth**, INFML estar expuesto/a a: *You are ~ for it/trouble*, Te la estás buscando; estar inscrito/a para: *He's ~ for the 1000 metres*, Está inscrito para los mil metros. **To be/get ~ on sth**, INFML estar en el ajo, estar al tanto de. **To be (well) ~ with sb**, INFML llevarse bien con alguien. **To have (got) it ~ for sb**, INFML tener manía a alguien. **III.** *n* **the ins and outs (of sth)**, los detalles, los pormenores (de). **IV.** *adj* **in-...** popular, de moda: *The ~-place*, El lugar de moda; de entrada: *~-tray*, Bandeja de entrada de correspondencia.

in [in] *abrev of inch* (*pl* **in., ins**) *n* pulgada *f*: *She is 7 feet 3 ~ tall*, (Ella) mide siete pies y tres pulgadas.

in·ab·il·ity [,inə'biləti] *n* **(to do sth)** incapacidad *f* (para hacer algo).

in·ac·cess·ible [,inæk'sesəbl] *adj* **(to sb)** inaccesible (*place*); inasequible (*price*); incomprensible (*theory*, etc). **in·ac·cess·ib·il·ity** [,inæk,sesə'biləti] *n* inaccesibilidad *f*.

in·ac·cur·ate [in'ækjərət] *adj* impreciso/a, inexacto/a; erróneo/a. **in·ac·cur·acy** [in'ækjərəsi] *n* imprecisión *f*, inexactitud *f*; error *m*.

in·ac·tion [in'ækʃn] *n* inacción *f*, inactividad *f*.

in·act·ive [in'æktiv] *adj* inactivo/a. **in·ac·tiv·ity** [,inæk'tivəti] *n* inactividad *f*, ociosidad *f*.

in·ad·e·quate [in'ædikwət] *adj* inadecuado/a; insuficiente (*not enough*). **in·ad·e·qua·cy** [in'ædikwəsi] *n* inadecuación *f*; insuficiencia *f*.

in·ad·miss·ible [,inəd'misəbl] *adj* inadmisible; JUR improcedente. **in·ad·miss·ib·il·ity** [,inəd,misə'biləti] *n* inadmisibilidad *f*; JUR improcedencia *f*.

in·ad·vert·ence [,inəd'vɜ:təns], **in·ad·vert·en·cy** [,inəd'vɜ:tənsi] *n* involuntariedad *f*. **in·ad·vert·ent** [,inəd'vɜ:tənt] *adj* inadvertido/a, involuntario/a. **in·ad·vert·ent·ly** [-li] *adv* accidentalmente, inintencionadamente.

in·ad·vis·able [,inəd'vaizəbl] *adj* desaconsejable, inconveniente, inapropiado/a.

in·ali·en·able [in'eiliənəbl] *adj* FML inalienable.

in·ane [i'nein] *adj* inane, fútil, necio/a. **in·ane·ly** [-li] *adv* futilmente. **in·an·ity** [i'nænitì] *n* inanidad *f*, futilidad *f*, necedad *f*.

in·a·nim·ate [in'ænimət] *adj* inanimado/a.

in·ani·tion [,inə'niʃn] *n* MED inanición *f*.

in·ap·plic·able [in'æplikəbl] *adj* **(to sb/sth)** inaplicable (a). **in·ap·plic·ab·il·ity** [in,æplikə'biləti] *n* no aplicabilidad *f*.

in·ap·po·site [in'æpəzit] *adj* inadecuado/a.

in·ap·pre·hen·sion [inæpri'henʃn] *n* incomprensión *f*. **in·ap·pre·hen·si·ble** [inæpri'hensəbl] *adj* incomprensible.

in·ap·pro·pri·ate [,inə'prəupriət] *adj* **(to/for sth/sb)** inadecuado/a (para), impropio/a (para). **in·ap·pro·pri·ate·ness** [-nis] *n* impropiedad *f*.

in·apt [in'æpt] *adj* inepto/a, inadecuado/a. **in·ap·ti·tude** [in'æptitju:d] *n* **(for sth)** incapacidad *f* (para).

in·ar·ti·cul·ate [,ina:'tikjulət] *adj* inarticulado/a (*sound*); incapaz de articular (*person*). **in·ar·ti·cul·ate·ness** [-nis] *n* incapacidad *f* para articular.

in·ar·tis·tic [ina:'tistik] *adj* sin arte, falto/a de arte.

in·as·much as [,inəz'mʌtʃ əz] *conj* FML dado que; en la medida en que.

in·at·ten·tion [,inə'tenʃn] *n* **(to sb/sth)** falta *f* de atención (a). **in·at·tent·ive** [,inə'tentiv] *adj* **(to sb/sth)** desatento/a (a). **in·at·tent·ive·ly** [-li] *adv* descuidadamente.

in·aud·ible [in'ɔdəbl] *adj* inaudible, imperceptible. **in·aud·ib·il·ity** [in,ɔdə'biləti] *n* falta *f* de audibilidad. **in·aud·ibly** [in'ɔdəbli] *adv* inaudiblemente, imperceptiblemente.

in·aug·ur·al [i'nɔ:gjurəl] *adj* inaugural. **in·aug·ur·ate** [i'nɔ:gjureit] *v* **1. (sb (as sth))** dar posesión (como): *He was ~ed as president last March*, Le dieron posesión como presidente el pasado marzo. **2.** inaugurar (*building, exhibition*). **3.** FIG iniciar, introducir (*a new era*, etc). **in·aug·ur·ation** [-ʃn] *n* **1.** toma *f* de posesión, investidura *f*. **2.** inauguración *f* (*of building*, etc)

in·aus·pi·ci·ous [inɔ:s'piʃəs] *adj* poco propicio/a, desfavorable.

in·board ['inbɔ:d] *adj/adv* NAUT dentro del casco, interior.

in·born [,in'bɔ:n] *adj* innato/a; MED congénito/a.

in·bred [,in'bred] *adj* **1.** innato/a. **2.** causado/a por endogamia o consanguinidad.

in·breed·ing ['inbri:diŋ] *n* endogamia *f*, procreación *f* sin mezclarse razas o familias.

in·cal·cul·able [in'kælkjuləbl] *adj* incalculable; imprevisible (*unpredictible*). **in·cal·cul·ably** [-i] *adv* incalculablemente.

in·can·des·cence [,inkæn'desns] *n* incandescencia *f.* **in·can·des·cent** [,inkæn'desnt] *adj* incandescente.

in·cant·ation [,inkæn'teiʃn] *n* encantamiento *m,* conjuro *m.*

in·cap·able [in'keipəbl] *adj* **1. (of sth/doing sth)** incapaz (de algo/hacer algo). **2.** incompetente. **3.** JUR incapaz. **in·cap·ab·il·ity** [in,keipə'biləti] *n* incapacidad *f.*

in·ca·pa·cit·ate [,inkə'pæsiteit] *v* **1. (sb (for sth/from doing sth))** incapacitar, imposibilitar (para algo/hacer algo). **2.** JUR incapacitar, declarar incapaz. **in·ca·pa·ci·ty** [,inkə'pæsəti] *n* **(to do sth), (for sth/doing sth)** incapacidad *f.*

in·car·cer·ate [in'ka:səreit] *v* FML encarcelar. **in·car·cer·ation** [-ʃn] *n* encarcelamiento *m.*

in·carn·ate I. [in'ka:neit] *adj* encarnado/a (*spirit, idea, quality*). **II.** ['inka:neit] *v* FML encarnar. **in·carn·ation** [,inka'neiʃn] *n* encarnación *f.* LOC **The I~**, la Encarnación.

in·case [in'keis] V. **encase**.

in·cau·ti·ous [in'kɔ:ʃəs] *adj* incauto/a, imprudente. **in·cau·ti·ous·ly** [-li] *adv* incautamente.

in·cen·di·ary [in'sendiəri] *adj* incendiario/a; FIG agitador/ra (*speech, words*). LOC **~ bomb device**, bomba incendiaria.

in·cense ['insens] **I.** *n* incienso *m.* **II.** *v* **1.** incensar, quemar incienso. **2.** [in'sens] encolerizar, sulfurar. LOC **~ boat**, naveta *f.*

in·cent·ive [in'sentiv] *n* **(to do sth)** incentivo *m,* estimulante *m.*

in·cep·tion [in'sepʃn] *n* FML comienzo *m,* principio *m,* inicio *m.* **in·cep·tive** [in'septiv] *adj* incipiente; GRAM incoativo/a.

in·cer·ti·tude [in'sɜ:titju:d] *n* incertidumbre *f.*

in·cess·ant [in'sesnt] *adj* incesante, constante, continuo/a. **in·cess·ant·ly** [-li] *adv* incesantemente.

in·cest ['insest] *n* incesto *m.* **in·ces·tu·ous** [in'sestjuəs] *adj* incestuoso/a. **in·ces·tu·ous·ly** [-li] *adv* incestuosamente.

inch [intʃ] **I.** *n* **1.** pulgada (= *2,54 cms*). **2.** FIG pizca *f*: *She hasn't an ~ of space*, No tiene ni pizca de espacio. LOC **By ~s**, por poco. **Every ~**, totalmente, completamente, de pies a cabeza. **~ by ~**, poco a poco, palmo a palmo. **To give sb an ~ (and he'll take a mile/yard)**, Da la mano a alguien (y te cogerá el brazo). **Within an ~ of**, a un paso de. **II.** *v* **((sth) back/forward/past/through, etc)** retroceder/avanzar/pasar/cruzar, etc, poco a poco. LOC **~tape**, cinta *f* métrica.

in·cho·ate [in'kəueit] **I.** *v* incoar. **II.** *adj* FML incipiente, rudimentario/a. **in·cho·ation** [,inkəu'eiʃn] *n* incoación *f.* **in·cho·at·ive** ['inkəueitiv] *adj* incoativo/a.

in·cid·ence ['insidəns] *n* **1.** incidencia *f,* frecuencia *f,* extensión *f.* **2.** FIS incidencia *f* (*of a ray of light*).

in·cid·ent ['insidənt] **I.** *n* incidente *m.* LOC **Border ~s**, incidentes fronterizos; episodio *m* (*novel, play*). **II.** *adj* **(to/upon sb/sth)** FML inherente a, propio/a de. **in·cid·ent·al** [,insi'dentl] *adj* **1.** incidental, accesorio/a, sin importancia. **2.** de fondo (*music*). **3. (to sth)** inherente a, propio/a de: *Risks ~ to a job*, Los riesgos propios de un trabajo. **4.** fortuito/a, imprevisto/a (*by chance*). **in·cid·ent·al·ly** [-li] *adv* a propósito, de paso.

in·cin·er·ate [in'sinəreit] *v* incinerar. **in·cin·er·ation** [in,sinə'reiʃn] *n* incineración *f.* **in·cin·er·at·or** [in'sinəreitə(r)] *n* incinerador *m.*

in·cipi·ent [in'sipiənt] *adj* FML incipiente.

in·cise [in'saiz] *v* **1.** cortar, hacer una incisión en. **2.** grabar (*carve, engrave*). **in·ci·sion** [in'siʒn] *n* incisión *f.* **in·cis·ive** [in'saisiv] *adj* incisivo/a, cortante; FIG directo/a mordaz (*criticism, tone, comment*). **in·cis·ive·ly** [-li] *adv* incisivamente. **in·cis·ive·ness** [-nis] *n* mordacidad *f.*

in·ci·sor [in'saizə(r)] *n* incisivo *m* (*tooth*).

in·cite [in'sait] *v* **1.** provocar, excitar, causar: *Insults ~ resentment*, Los insultos provocan resentimiento. **2. (sb (against sth)), (sb (to sth/to do sth))** incitar (contra/a). **in·cite·ment** [-mənt] *n* **(to sth)** incitación *f* (a).

in·ci·vil·ity [,insi'viləti] *n* FML descortesía *f,* falta *f* de educación.

incl *abrev* de *including.*

in·clem·ent [in'klemənt] *adj* FML inclemente. **in·clem·en·cy** [-ənsi] *n* inclemencia *f.*

in·clin·ation [,iŋkli'neiʃn] *n* **1. (to/towards sth), (to do sth)** inclinación *f,* disposición *f,* afición *f* (a algo, a hacer algo). **2. (to sth), (to be/do sth)** tendencia *f* (a algo, a ser/hacer algo). **3.** inclinación *f,* pendiente *f* (*slope*). **4.** inclinación *f* (*of head*, etc).

in·cline I. [in'klain] *v* **1. (to/towards sth)** inclinarse, descender hacia (*slope*). **2. (sb towards sth)** persuadir, influenciar. **3. (to/towards sth)** tender a, tener tendencia a; MED ser propenso/a a: *She has always ~d to obesity*, Siempre ha sido propensa a la obesidad; tirar a (*colour*). **4.** inclinar (*head*, etc) **II.** ['iŋklain] *n* pendiente *f,* inclinación *f,* declive *m.* **in·clin·ed** [in'klaind] *adj* **1. (to do sth)** dispuesto/a a, inclinado/a a. **2.** tendente, propenso/a. **3.** inclinado/a, en pendiente. loc **~ plane**, plano inclinado.

in·close V. **enclose**.

in·clos·ure V. **enclosure**.

in·clude [in'klu:d] *v* **1.** incluir, contener, comprender. **2. (sb/sth among/in sth)** incluir en/entre. **3. (in sth)** adjuntar, acompañar (en) (*in a letter*). LOC **All/Everything ~d**, todo incluido. **in·clud·ing** [in'klu:diŋ] *prep* incluso, inclusive. LOC **Not ~·ing**, sin incluir.

in·clu·sion [in'klu:ʒn] *n* inclusión *f.* **in·clus·ive** [in'klu:sive] *adj* **1. (of sth)** incluido/a, inclusive, incluyendo. **2.** (*after n*) inclusive: *Pages 1 to 20 ~*, De la página 1 a la 20 inclusive. LOC **~ terms**, todo incluido. **in·clus·ive·ly** [-li] *adv* inclusive.

in·cog·ni·to [,iŋkɔg'ni:təu] **I.** *adj* incógnito/a. **II.** *adv* de incógnito. **III.** *n* incógnito *m.*

in·co·her·ence [,iŋkəu'hiərəns] *n* incoherencia *f.* **in·co·her·ent** [,iŋkəu'hiərənt] *adj* incoherente. **in·co·her·ent·ly** [-li] *adv* incoherentemente.

in·com·bust·ible [,iŋkəm'bʌstəbl] *adj* FML incombustible.

in·come ['iŋkʌm] *n* renta *f*, ingresos *m,pl*. LOC **Gross ~**, renta bruta. **~ tax**, impuesto *m* sobre la renta. **National ~**, renta nacional.

in·com·er ['inkʌmə(r)] *n* recién llegado/a, forastero/a.

in·com·ing ['inkʌmiŋ] **I.** *adj* **1.** cercano/a, próximo/a, que se avecina. **2.** de entrada, que entra(n) (*telephone calls, passengers*, etc). **3.** recién elegido/a, electo/a (*president*, etc). LOC **~ tide**, marea *f* ascendente. **II.** *n* entrada *f* (*entrance*); llegada *f* (*arrival*). **~s**, entradas *f,pl*, ingresos *m,pl*.

in·com·men·sur·able [,iŋkə'menʃərəbl] *adj* inconmensurable. **in·com·men·sur·ab·il·ity** [-biləti] inconmensurabilidad *f*. **in·com·men·sur·ate** [,iŋkə'menʃəreit] *adj* **1.** **(to/with sth)** desproporcionado/a con, inadecuado/a a. **2.** (*also* **in·com·men·sur·able**) inconmensurable.

in·com·mode [,iŋkə'məud] *v* FML incomodar, molestar. **in·com·mo·di·ous** [,iŋkə'məudiəs] *adj* FML incómodo/a. **in·com·mo·di·ous·ly** [-li] *adv* FML incómodamente.

in·com·mu·nic·ab·il·ity [,iŋkə'mju:nikə'biləti] *n* incomunicabilidad *f*. **in·com·mu·nic·able** [,iŋkə'mju:nikəbl] *adj* incomunicable. **in·com·mu·ni·ca·do** [,iŋkə,mju:ni'ka:dəu] **I.** *adj* incomunicado/a. **II.** *adv* incomunicadamente.

in·com·par·able [in'kɔmprəbl] *adj* incomparable. **in·com·par·ably** [-i] *adv* incomparablemente.

in·com·pat·ible [,iŋkəm'pætəbl] *adj* **(with sb/sth)** incompatible (con). **in·com·pat·ib·il·ity** [,iŋkəm,pætə'biləti] *n* incompatibilidad *f*.

in·com·pet·ent [in'kɔmpitənt] **I.** *adj* incompetente, incapaz. **II.** *n* incompetente *m, f*. **in·com·pet·ence** [-əns] *n* incompetencia *f*, incapacidad *f*.

in·com·plete [,iŋkəm'pli:t] *adj* incompleto/a, inacabado/a; imperfecto/a (*imperfect*). **in·com·plete·ness** [-nis], **in·com·ple·tion** [-ʃn] *n* estado *m*/calidad *f* de incompleto.

in·com·pre·hens·ible [in,kɔmpri'hensəbl] *adj* incomprensible. **in·com·pre·hens·ib·il·ity** [in,kɔmpri,hensə'biləti] *n* incomprensibilidad *f*. **in·com·pre·hens·ibly** [in,kɔmpri'hensəbli] *adv* incomprensiblemente. **in·com·pre·hen·sion** [in,kɔmpri'henʃn] *n* incomprensión *f*.

in·com·press·ible [,iŋkəm'presəbl] *adj* incomprimible.

in·con·ceiv·able [,iŋkən'si:vəbl] *adj* inconcebible. **in·con·ceiv·ably** [-i] *adv* inconcebiblemente.

in·con·clus·ive [,iŋkən'klu:siv] *adj* no concluyente, no decisivo/a.

in·con·gru·ous [in'kɔŋgruəs] *adj* incongruente; inadecuado/a. **in·con·gru·ity** [,inkɔŋ'gru:iti] *n* incongruencia *f*; inadecuación *f*.

in·con·se·quence [in'kɔnsikwəns] *n* inconsecuencia *f*. **in·con·se·quent** [in'kɔnsikwənt] *adj* inconsecuente; irrelevante (*irrelevant*). **in·con·se·quent·i·al** [in,kɔnsi'kwenʃl] *adj* intranscendente, sin consecuencias. **in·con·se·quent·ly** [in'kɔnsikwəntli] *adv* inconsecuentemente.

in·con·sid·er·able [,iŋkən'sidrəbl] *adj* insignificante.

in·con·sid·er·ate [,iŋkən'sidərət] *adj* desconsiderado/a; irreflexivo/a (*thoughtless*). **in·con·sid·er·ate·ness** [-nis] *n* falta *f* de consideración; irreflexión *f*.

in·con·sist·ent [,inkən'sistənt] *adj* **1.** inconsistente (*changeable*). **2.** **(with sth)** inconsecuente, contradictorio/a (con). **in·con·sist·ent·ly** [-li] *adv* inconsistentemente; en contradicción (con). **in·con·sist·ency** [-ənsi] *n* inconsistencia *f*, contradicción *f*.

in·con·sol·able [,iŋkən'səuləbl] *adj* inconsolable. **in·con·sol·ably** [-i] *adj* inconsolablemente.

in·con·spi·cu·ous [,iŋkən'spikjuəs] *adj* discreto/a; poco visible. LOC **To make oneself ~**, tratar de no llamar la atención.

in·con·stan·cy [in'kɔnstənsi] *n* inconstancia *f*; inestabilidad *f*. **in·con·stant** [in'kɔnstənt] *adj* FML inconstante; veleidoso/a (*people*); inestable (*feelings*).

in·con·test·able [,iŋkən'testəbl] *adj* indiscutible, incontrovertible. **in·con·test·ably** [-i] *adv* indiscutiblemente.

in·con·ti·nence [in'kɔntinəns] *n* incontinencia *f*. **in·con·tin·ent** [in'kɔntinənt] *adj* incontinente.

in·con·tro·vert·ible [,iŋkɔntrə'və:təbl] *adj* incontrovertible, indiscutible. **in·con·tro·vert·ibly** [-i] *adv* incontrovertiblemente.

in·con·ve·ni·ence [,iŋkən'vi:niəns] **I.** *n* inconvenientes *m pl* (*objections*), molestia *f*. LOC **To put sb to ~**, causar molestia. **II.** *v* molestar, causar molestia. **in·con·ve·ni·ent** [-ənt] *adj* molesto/a (*person*); inoportuno/a (*time*); incómodo/a (*circumstance*).

in·con·vert·ible [inkən'və:təbl] *adj* inconvertible. **in·con·vert·ib·il·ity** [,inkən,və:tə'biləti] *n* inconvertibilidad *f*.

in·corp·or·ate **I.** [in'kɔ:pəreit] *v* **1.** incluir, incorporar, contener. **2.** **(sb/sth (in/into sth))** incorporar (a), incluir (en). **3.** JUR **(with sth)** incorporar(se) en sociedad, constituir(se) en sociedad mercantil (*company, firm*). **II.** [in'kɔ:pərət] *adj* JUR incorporado/a; incorpóreo/a (*incorporeal*). **in·cor·por·at·ed** [in'kɔ:pəreitid] (US *abrev Inc.*) JUR constituido/a en sociedad, Sociedad Anónima (US *abrev S.A.*): *Johnson Inc.*, Johnson S.A. **in·cor·por·ation** [in,kɔ:pə'reiʃn] *n* incorporación *f*; JUR constitución en sociedad anónima.

in·cor·po·re·al [,iŋkɔ:'pɔ:riəl] *adj* FML incorpóreo/a.

in·cor·rect [,iŋkə'rəkt] *adj* incorrecto/a; erróneo/a (*wrong*). **in·cor·rect·ly** [-li] *adv* incorrectamente. **in·cor·rect·ness** [-nis] *n* incorrección *f*, inexactitud *f*.

in·cor·ri·gi·ble [in'kɔridʒəbl] *adj* incorregible. **in·cor·ri·gib·il·ity** [in,kɔridʒə'biləti] *n* incorregibilidad *f*.

in·cor·rupt·ible [,iŋkə'rʌptəbl] *adj* incorruptible (*also* FIG). **in·cor·rupt·ib·il·ity** [,iŋkə,rʌptə'biləti] *n* incorruptibilidad *f*.

in·crease I. [in'kri:s] *v* aumentar, crecer (*of number, money, speed, population*, etc); subir (*prices, rate*); aumentar (*number, amount*, etc). **in·creas·ing** [in'kri:siŋ] *adj* creciente. **in·creas·ing·ly** [-li] *adv* cada vez más. **II**. ['iŋkri:s] *n* **(in sth)** aumento *m*, subida *f*. LOC **To be on the ~**, INFML ir en aumento o en alza

in·cred·ible [in'kredəbl] *adj* increíble. **in·cred·ib·il·ity** [in,kredə'biləti] *n* incredibilidad *f*. **in·cred·ibly** [-bli] increíblemente.

in·cre·dul·ous [in'kredjuləs] *adj* incrédulo/a, descreído/a. **in·cre·dul·ity** [,iŋkri'dju:ləti] *n* incredulidad *f*.

in·cre·ment ['iŋkrəmənt] *n* incremento *m*, aumento *m*; MAT incremento *m*.

in·crim·in·ate [in'krimineit] *v* incriminar. **in·crim·in·at·ory** [in'kriminətri] *adj* incriminador/ra.

in·crust [in'krʌst] *v* incrustar(se). **in·crust·ation** [,inkrʌ'steiʃn] *n* **(on sth)** incrustación *f* (en).

in·cub·ate ['iŋkjubeit] *v* incubar (*eggs*; MED, BIOL *bacteria, viruses, germs*; FIG *plans*). **in·cub·ation** [,inkju'beiʃn] *n* incubación *f*. **in·cub·at·or** ['iŋkjubeitə(r)] *n* incubadora *f*.

in·cu·bus ['iŋkjubəs] (*pl* **-es/-i** [~bai]) *n* íncubo *m*.

in·culc·ate ['inkʌlkeit] *v* **(sth (in/into sb))** inculcar (en).

in·culp·ate ['inkʌlpeit] *v* inculpar. **in·culp·ation** [inkʌl'peiʃn] *n* inculpación *f*. **in·cul·pat·ory** [in'kʌlpətəri] *adj* inculpador/ra.

in·cum·bent [in'kʌmbənt] **I**. *adj* **1**. **((up)on sb)** FML obligatorio/a para, incumbente a; (ser) responsabilidad de: *It is ~ upon you to check...*, Es responsabilidad tuya verificar... **2**. titular en el cargo. **II**. *n* titular *m*, *f*; REL beneficiado/a. **in·cumb·ency** [in'kʌmbənsi] *n* titularidad *f*; REL beneficio *m*.

in·cur [in'kɜ:(r)] *v* incurrir en (*expenses, sb's disfavour, hatred, anger*); contraer (*obligation, debt*).

in·cur·able [in'kjuərəbl] **I**. *adj* incurable. **II**. *n* (enfermo/a) incurable. **in·cur·ab·il·ity** [in,kjuərə'biləti] *n* incurabilidad *f*. **in·cur·ably** [-bli] *adv* incurablemente.

in·cu·ri·ous [in'kjuəriəs] *adj* FML poco curioso/a.

in·cur·sion [in'kɜ:ʃn] *n* **(into/(up)on sth)** FML incursión *f* (en); FIG irrupción *f* (en) (*sb's privacy*, etc).

in·curv·ed [,in'kɜ:vd] *adj* encorvado/a.

in·debt·ed [in'detid] *adj* **(to sb)** endeudado/a con (*for money*); en deuda con, agradecido/a a, reconocido/a (*for help*, etc).

in·debt·ed·ness [-nis] *n* deuda *f*; agradecimiento *m*.

in·de·cent [in'di:snt] *adj* **1**. indecente. **2**. indebido/a, inapropiado/a, descortés. LOC **~ exposure**, exhibicionismo *m*. **in·de·cen·cy** [in'di:sənsi] *n* indecencia *f*.

in·de·ci·pher·able [,indi'saifrəbl] *adj* indescifrable.

in·de·ci·sion [,indi'siʒn] *n* **(about sth)** indecisión *f*, irresolución *f*. **in·de·cis·ive** [,indi'saisiv] *adj* indeciso/a, irresoluto/a (*person*); dudoso/a, no decisivo/a (*not conclusive*). **in·de·cis·ive·ly** [-li] *adv* sin decisión; no decisivamente.

in·de·cor·ous [in'dekərəs] *adj* FML indecoroso/a; incorrecto/a. **in·de·cor·ous·ly** [-li] *adv* indecorosamente. **in·de·cor·um** [,indi'kɔ:rəm] *n* FML indecoro *m*, falta *f* de corrección.

in·deed [in'di:d] *adv* **1**. ciertamente, en efecto (*to emphasize an affirmative reply*): *-Did she buy it? -~ she did*, -¿Lo compró? -Ya lo creo que lo compró. *Yes ~!*, ¡Claro que sí! **2**. de veras; muy, muy; realmente (*after very + adj/adv*): *Very good ~*, Realmente bueno. Muy, muy bueno. *Very much ~*, Muchísimo/a. **3**. FML de hecho (*in fact*). **4**. ¿de veras?, ¿de verdad? (*in questions*).

in·de·fat·ig·able [,indi'fætigəbl] *adj* FML infatigable, incansable.

in·de·fen·sible [,indi'fensəbl] *adj* injustificable. **in·de·fens·ibly** [-i] *adv* injustificablemente.

in·de·fin·able [,indi'fainəbl] *adj* indefinible. **in·de·fin·ably** [-i] *adv* indefiniblemente.

in·def·in·ite [in'definət] *adj* indefinido/a (*also* GRAM); indeterminado/a; impreciso/a. **in·def·in·ite·ly** [-li] *adv* indefinidamente.

in·del·ible [in'deləbl] *adj* indeleble, imborrable.

in·de·lic·ate [in'delikət] *adj* FML poco delicado/a, rudo/a, grosero/a. **in·de·lic·acy** [-kəsi] *n* rudeza *f*, grosería *f*, falta *f* de delicadeza.

in·dem·ni·fy [in'demnifai] *v* **1**. **(sb (against/from))** asegurar (contra). **2**. **(sb (for sth))** indemnizar, resarcir, compensar (por). **in·dem·ni·fic·ation** [in,demnifi'keiʃn] *n* FML indemnización *f*.

in·dem·ni·ty [in'demnəti] *n* **(against/for sth)**, indemnización *f*, reparación *f*, compensación *f*.

in·dent I. [in'dent] *v* **1**. dentar, mellar; sangrar (*printing*). **II**. **((on sb) for sth)** COM hacer un pedido de, pedir algo a. **II**. ['indent] *n* mella *f*, muesca *f*, hendidura *f*; quebradura *f* (*on coastline*). **in·dent·ation** [,inden'teiʃn] *n* mella *f*, muesca *f*; sangría *f* (*printing*); hendidura *f*, quebradura *f* (*of coastline*). **in·den·ture** [in'dentʃə(r)] **~s** *n pl* contrato *m* de aprendizaje; documento (dividido en dos partes).

in·de·pend·ence [,indi'pendəns] *n* **(from sb/sth)** independencia *f*. **in·de·pend·ent** [,indi'pendənt] **I**. *adj* **(of sb/sth)** independiente (de). LOC **Of ~ means**, acomodado/a, bien situado/a **II.** *n* (*abrev* **Ind**) independiente *m,f* (*politics*). **in·de·pend·ent·ly** [-li] *adv* independientemente.

in·des·crib·able [,indi'skraibəbl] *adj* indescriptible.

in·des·truct·ible [indis'trʌtəbl] *adj* indestructible.

in·de·ter·min·ate [indi'tə:rminət] *adj* indeterminado/a, indefinido/a.

in·dex ['indeks] **I.** (*pl* **indices/-xes** ['indisi:z/-ksiz]) *n* **1.** índice *m*, señal *f*, prueba *f*. **2.** índice *m* (*finger*). **3.** índice (*of a book*). LOC **~ card**, ficha *f*. **The cost of living ~**, índice de coste de la vida. **II.** *v* **1.** poner en el índice (*a book*), poner un índice. **2.** clasificar.

In·dia ['indjə] *n* (la) India *f*. **india rubber**, goma *f*. **In·di·an** *adj/n* indio/a. LOC **~ corn**, maíz *m*. **~ ink**, tinta *f* china. **~ paper**, papel *m* biblia. **~ summer**, veranillo *m* de San Martín.

in·dic·ate ['indikeit] *v* señalar, indicar. **in·dic·ation** [-'keiʃn] *n* señal *f*, indicio *m*, indicación *f*. **in·dic·at·ive** [in'dikətiv] **I.** *adj* indicativo. **II.** *n* GRAM indicativo (*mood*). LOC **To be ~ of**, indicar. **in·dic·at·or** ['indikeitə(r)] *n* indicador *m*.

in·dict [in'dait] *v* JUR **(for)** acusar (de); procesar. **in·dict·able** [in'daətəbl] *adj* procesable. **in·dict·ment** [in'daimənt] *n* acusación *f*.

in·dif·fer·ence [in'difrəns] *n* **(to)** indiferencia *f* (ante). **in·dif·fer·ent** [in'difrənt] *adj* **1.** **(to sb/sth)** indiferente (hacia). **2.** regular, mediano/a (*low quality*). **in·dif·fer·ent·ly** [-li] *adv* con indiferencia; ni bien ni mal, regular.

in·di·gence ['indidʒəns] *n* indigencia *f*.

in·di·gen·ous [in'diʒinəs] *adj* **(to sth)** FML indígena, nativo/a (de).

in·di·gent ['indiʒənt] *adj* FML indigente.

in·di·gest·ible [,indi'dʒestəbl] *adj* indigesto/a; FIG incomprensible. **in·di·ges·tion** [,indi'dʒestʃən] *n* indigestión *f*, empacho *m*.

in·dig·nant [in'dignənt] *adj* **(with sb), (about/at/over sth)** indignado/a (con alguien) (por algo). **in·dig·nant·ly** [-li] *adv* con indignación. **in·dign·ation** [,indig'neiʃn] *n* **(against sb), (about/at/over sth)** indignación (contra alguien) (por algo). LOC **Much to my ~...**, para mi indignación...

in·dig·ni·ty [in'dignəti] *n* humillación *f*, indignidad *f*.

in·di·go ['indigəu] *n* añil *m* (*colour*); índigo *m* (*plant, dye*).

in·dir·ect [,indi'rekt] *adj* indirecto/a. LOC **~ speech**, estilo *m* indirecto. **~ tax**, impuesto *m* indirecto. **in·dir·ect·ly** [-li] *adv* indirectamente.

in·dis·cern·ible [,indi'sə:nəbl] *adj* indiscernible, imperceptible.

in·dis·cip·line [in'disiplin] *n* indisciplina *f*.

in·dis·creet [,indi'skri:t] *adj* indiscreto/a. **in·dis·creet·ly** [-li] *adv* indiscretamente. **in·dis·cre·tion** [,indis'skreʃn] *n* indiscreción *f*.

in·dis·cri·min·ate [,indi'skriminət] *adj* indiscriminado/a (*act*); **(in sth)** sin juicio, sin criterio (*person*). **in·dis·cri·min·ation** [-neiʃn] *n* falta *f* de discriminación o criterio. **in·dis·cri·min·ate·ly** [-li] *adv* indiscriminadamente.

in·dis·pens·able [,indi'spensəbl] *adj* indispensable, imprescindible (para).

in·dis·pose [indis'pəuz] *v* **(for sth)** indisponer para. **in·dis·pos·ed** [-d] *adj* **1.** indispuesto/a (*ill*). **2.** **(to do sth)** FML poco dispuesto/a, inclinado/a a hacer algo. **in·dis·po·si·tion** [,indispə'ziʃn] *n* **1.** indisposición *f* (*illness*). **2.** **(to sth)** FML aversión *f* a algo, mala disposición *f* para algo.

in·dis·put·able [,indi'spju:təbl] *adj* indisputable, indiscutible. **in·dis·put·ably** [-i] *adv* indiscutiblemente.

in·dis·sol·uble [,indi'sɔljubl] *adj* FML indisoluble. **in·dis·sol·ubly** [-i] *adv* indisolublemente. **in·dis·sol·ub·il·ity** [,indi,sɔlju'biləti] *n* indisolubilidad *f*.

in·dis·tinct [,indis'tiŋkt] *adj* indistinto/a, vago/a. **in·dis·tinct·ly** [-li] *adv* vagamente.

in·dis·tin·guish·able [,indi'stiŋgwiʃəbl] *adj* **(from sth)** indistinguible (de).

in·di·vid·u·al [,indi'vidʒuəl] **I.** *adj* individual, personal (*separate*); personal, propio/a (*characteristic*): *He dresses in a very ~ way*, Viste de una manera muy personal. **II.** *n* **1.** individuo *m*. **2.** individuo *m*, tipo *m*, sujeto *m*: *What a strange ~!*, ¡Qué tipo más extraño! **in·di·vid·u·al·ism** [-izəm] *n* individualismo *m*. **in·di·vid·u·al·ist** [-ist] *n* individualista *m, f*. **in·di·vid·u·al·ist·ic** [,indi,vidʒuə'listik] *adj* individualista. **in·di·vid·u·al·ity** [,indi,vidʒu'æləti] *n* personalidad *f*; individualidad *f*; (*only pl*) preferencias *f,pl*, gustos *m,pl* personales. **in·di·vid·u·al·ize** [,indi'vidʒuəlaiz] *v* **1.** individualizar (*personalize*). **2.** especificar, particularizar. **in·di·vid·u·al·ly** [-li] *adv* individualmente.

in·di·vis·ible [,indi'vizəbl] *adj* indivisible. **in·di·vis·ib·il·ity** [,indi,vizi'biləti] *n* indivisibilidad *f*.

In·do- ['indəu] indo... LOC **~-European**, *n/adj* indoeuropeo/a. **~-Germanic**, *n/adj* indogermánico/a.

in·doc·trin·ate [in'dɔktrineit] *v* **(with sth), (against sb/sth)** adoctrinar (con) (contra). **in·doc·trin·ation** [-'neiʃn] *n* adoctrinamiento *m*.

in·dol·ence ['indələns] *n* indolencia *f*. **in·dol·ent** ['indələnt] *adj* FML **1.** indolente, perezoso/a. **2.** MED indoloro/a.

in·dom·it·able [in'dɔmitəbl] *adj* indomable, indómito/a.

In·do·ne·si·an [,indəu'ni:zjən] *n/adj* indonesio/a.

in·door ['indɔ:(r)] *adj* interior; casero/a. LOC **~ aerial**, antena *f* interior. **~ clothes**, ropa *f* de casa. **~ games**, juegos *m pl* de sociedad, de salón. **~ sports**, deportes *m* de sala. **~ swimming-pool**, piscina *f* cubierta. **in·do·ors** [,in'dɔ:z] *adv* dentro; en casa.

in·dorse V. **en·dorse**.

in·dub·it·able [in'dju:bitəbl] *adj* FML indudable. **in·dub·it·ably** [-bli] *adv* indudablemente, sin duda.

in·duce [in'dju:s] *v* **1**. causar, provocar (*illness, sleep*). **2. (sb to do sth)** inducir a alguien a que + *subj*, persuadir a alguien de que + *subj*. **3**. FIS inducir (*current*). **~·ment** [-mənt] *n* **1. (to do sth)** incentivo *m*, estímulo *m* (para hacer algo). **2**. soborno *m* (*bribery*).

in·duct [in'dʌkt] *v* **1. (sb (as sb)), (into/to sth)** instalar (como) (en) (*position, office*); admitir (*as a member of*). **2**. FIS inducir. **~·ance** [in'dʌktəns] *n* FIS inductancia *f*. **in·duc·tion** [in'dʌkʃn] *n* **1**. FIL, FIS, TEC, ELECTR inducción *f*. **2. (into sth)** iniciación *f* (a) (*initiation*). LOC **~ coil** ELECTR *n* carrete *m* de inducción, bobina *f*. **~ week, course, etc.**, (semana, curso...) de introducción. **in·duct·ive** [in'dʌktiv] *adj* **1**. FIL, MAT inductivo/a. **2**. inductor/ra (*person*). **in·duct·ive·ly** [-li] *adv* inductivamente.

in·dulge [in'dʌldʒ] *v* **1**. satisfacer, colmar, dar rienda suelta a (*fancies, desire, curiosity, whim, weakness*) **2. (sb (with sth))** complacer, dar gusto, consentir, mimar; (*reflexive*) darse gusto. **3. (in sth)** permitirse, darse el gusto de.

in·dul·gence [in'dʌldʒəns] *n* indulgencia *f* (*also* REL); tolerancia *f*; **(in sth)** satisfacción *f* de (*wishes*, etc). **in·dul·gent** [-dʒənt] *adj* indulgente, permisivo/a.

in·dus·tri·al [in'dʌstriəl] *adj* industrial. LOC **~ accident**, accidente *m* laboral. **~ action**, huelga *f*. **~ disease**, enfermedad *f* laboral. **~ estate**, polígono *m* industrial. **~·ism** [-lizəm] *n* industrialismo *m*. **~·list** [-list] *n* industrial *m*. **~·iz·ation** [in,dʌstriəlai'zeiʃn] *n* industrialización *f*. **~·ize, ~·ise** [-ize] *v* industrializar. **in·dus·tri·ous** [in'dʌstriəs] *adj* trabajador/ra, laborioso/a. **~·ness** [-nis] *n* laboriosidad *f*. **in·dus·try** ['indəstri] *n* **1**. industria *f* (*production*). **2**. FML laboriosidad *f*. LOC **Heavy ~**, industria pesada.

in·e·bri·ate [i'ni:briət] **I**. *v* embriagar, emborrachar. **II**. *n/adj* borracho/a. **in·e·bri·at·ed** [-id] *adj* FML embriagado/a (*also* FIG, *by success*, etc). **in·e·bri·ation** [-eiʃn], **in·e·bri·aty** [ini:'braiəti] *n* FML embriaguez *f*.

in·ed·ible [in'edibl] *adj* FML incomible, incomestible.

in·ed·it·ed [in'editid] *adj* inédito/a.

in·ef·fable [in'efəbl] *adj* FML inefable.

in·ef·face·able [inə'feisəbl] *adj* indeleble, imborrable.

in·ef·fect·ive [,ini'fektiv] *adj* ineficaz. LOC **To prove ~**, no surtir efecto. **in·ef·fec·tu·al** [,ini'fektʃuəl] *adj* inútil, ineficaz; incapaz (*person*). **in·ef·fi·ca·ci·ous** [inəfi'keiʃəs] *adj* ineficaz. **in·ef·fi·ca·cy** [in'efikəsi] *n* ineficacia *f*. **in·ef·fi·cient** [,ini'fiʃnt] *adj* ineficiente, ineficaz. **in·ef·fi·ci·ency** [-nsi] *n* ineficiencia *f*; incompetencia *f*, incapacidad *f* (*person*).

in·el·ast·ic [,ini'læstik] *adj* no elástico/a (*also* FIG). **in·el·ast·ic·ity** [~'ticəti] *n* falta *f* de elasticidad.

in·e·leg·ance [,in'eligəns] *n* falta *f* de elegancia. **in·e·leg·ant** [,in'eligənt] *adj* inelegante. **in·e·leg·ant·ly** [-li] *adv* inelegantemente.

in·e·li·gib·il·ity [in,elidʒə'biləti] *n* no elegibilidad. **in·e·lig·ible** [in'elidʒəbl] *adj* **(for sth/to do sth)** inelegible, inapropiado/a, inadecuado/a (para algo/hacer algo). LOC **To declare ~**, descalificar.

in·e·luct·able [,ini'lʌktəbl] *adj* FML ineludible, inevitable. **in·e·luct·ably** [-bli] *adv* ineludiblemente, inevitablemente.

in·ept [i'nept] *adj* inepto/a (para) (*person*); inadecuado/a (*not appropriate*). **in·ept·it·ude** [i'neptitju:d] *n* ineptitud *f*.

in·e·qual·ity [,ini'kwɔləti] *n* desigualdad *f*.

in·e·quit·able [in'ekwitəbl] *adj* FML injusto/a. **in·e·qu·ity** [in'ekwəti] *n* injusticia *f*.

in·e·ra·dic·able [,ini'rædikəbl] *adj* imposible de erradicar.

i·nert [i'nɜ:t] *adj* inerte (*all senses*). **i·ner·tia** [i'nɜ:ʃə] *n* inercia *f* (*all senses*). **i·ner·ti·al** [-ʃəl] *adj* de inercia, inerte. LOC **~ force**, fuerza *f* de inercia. **~ guidance**, guía *f* por inercia.

in·es·cap·able [,ini'skeipəbl] *adj* ineludible.

in·es·sen·ti·al [,ini'senʃl] *adj* no esencial.

in·es·tim·able [in'estiməbl] *adj* FML inestimable.

in·e·vi·tab·il·ity [in,evitə'biləti] *n* inevitabilidad *f*. **in·e·vit·able** [in'evitəbl] *adj* inevitable. **in·e·vit·ably** [-bli] *adv* inevitablemente.

in·ex·act [,inig'zækt] *adj* inexacto/a. **in·ex·act·it·ude** [-itju:d] *n* inexactitud *f*.

in·ex·cus·able [,inik'skju:zəbl] *adj* inexcusable, imperdonable. **in·ex·cus·ably** [-bli] *adv* inexcusablemente, imperdonablemente.

in·ex·haust·ible [,inig'zɔ:stəbl] *adj* inagotable. **in·ex·haust·ibly** [-bli] *adj* inagotablemente.

in·ex·or·ab·il·ity [in,eksərə'biləti] *n* inexorabilidad *f*. **in·ex·or·able** [in'eksərəbl] *adj* inexorable. **in·ex·or·ably** [-bli] *adv* inexorablemente.

in·ex·pe·di·ent [,inik'spi:diənt] *adj* FML inconveniente, imprudente. **in·ex·pe·di·ency** [-ənsi] *n* inconveniencia *f*, imprudencia *f*.

in·ex·pens·ive [,inik'spensiv] *adj* barato/a, poco costoso/a.

in·ex·pe·ri·ence [,inik'spiəriəns] *n* inexperiencia *f*, falta *f* de experiencia (en). **in·ex·pe·ri·enc·ed** [-ənsd] *adj* inexperto/a, falto/a de experiencia (en).

in·ex·pert [in'ekspɜ:t] *adj* **(at sth)** inexperto/a (en). **in·ex·pert·ly** [-li] *adv* inexpertamente.

in·ex·plic·ab·il·ity [,inik,splikə'biləti] *n* imposibilidad *f* de explicar. **in·ex·plic·able** [,inik'splikəbl] *adj* inexplicable. **in·ex·plic·ably** [-bli] *adv* inexplicablemente.

in·ex·press·ible [,inik'spresəbl] *adj* inexpresable, indecible.

in·ex·pres·sive [,inik'spresiv] *adj* inexpresivo/a; reservado/a (*reserved*).

in·ex·tin·guish·able [,inik'stiŋgwiʃəbl] *adj* FML inextinguible (*also* FIG). **in·ex·tin·guish·ably** [-bli] *adv* inextinguiblemente.

in·ex·tric·able [,inik'strikəbl] [in'ekstrikəbl] *adj* inextricable. **in·ex·tric·ably** [-bli] *adv* inextricablemente.

in·fal·li·ble [in'fæləbl] *adj* infalible. **in·fal·lib·il·ity** [-biləti] *n* infalibilidad *f*. **in·fal·li·bly** [-bli] *adv* infaliblemente.

in·fam·ous ['infəməs] *adj* **1**. infame. **2**. infamante (*disgraceful*). **in·fam·y** ['infəmi] *n* FML infamia *f*.

in·fan·cy ['infənsi] *n* infancia *f* (*also* FIG), niñez *f*; JUR minoría *f* de edad. **in·fant** ['infənt] **I**. *n* niño/a; JUR menor *m*, *f* de edad (*minor*). **II**. *adj* infantil. LOC **~ school**, parvulario *m*. **~ prodigy**, niño/a prodigio. **in·fant·ile** ['infəntail] *adj* infantil, pueril. **in·fant·il·ism** [in'fæntilizəm] *n* infantilismo *m*.

in·fan·try ['infəntri] *n* infantería *f*. LOC **~·man**, infante *m*, soldado *m* de infantería.

in·fa·tu·ate [in'fætʃueit] *v* enamorar, chiflar; atontar. **in·fa·tu·at·ed** [-tid] *adj* **(with/by sb/sth)** chiflado/a (por), loco/a (por), apasionado/a (con/por) (*also* FIG). **in·fa·tu·ation** [in,fætʃu'eiʃn] *n* enamoramiento *m*, chifladura *f*, apasionamiento *m* (por).

in·fect [in'fekt] *v* infectar (*also* FIG), contaminar; contagiar. **in·fect·ly** [-li] *adv* infecciosamente. **in·fec·tion** [in'fekʃn] *n* infección *f*, contagio *m*, contaminación *f* (*also* FIG). **in·fec·ti·ous** [in'fekʃəs] *adj* infeccioso/a, contagioso/a.

in·fe·li·ci·tous [,infi'lisitəs] *adj* desafortunado/a; desgraciado/a (*unhappy*). **in·fe·li·ci·ty** [,infi'lisiti] *n* desacierto *m*; desgracia *f*.

in·fer [in'fɜ:(r)] (pret, pp **-rr-**) *v* **sth (from sth)** inferir, deducir (de). **in·fer·ence** ['infərəns] *n* inferencia *f*, deducción *f*. **in·fer·en·ti·al** [,infə'renʃl] *adj* deducible, que se infiere o deduce. **in·fer·en·ti·al·ly** [-li] *adv* por deducción o inferencia.

in·fe·ri·or [in'fiəriə(r)] **I**. *adj* inferior (a) (*all senses*). **II**. *n* inferior *m*. **in·fe·ri·or·ity** [in,fiəri'ɔrəti] *n* inferioridad *f*. LOC **~ complex**, complejo *m* de inferioridad.

in·fer·nal [in'fɜ:nl] *adj* infernal (*of hell*; *abominable*; *annoying*); de mil demonios. **in·fer·nal·ly** [-li] *adv* terriblemente. **in·fer·no** [in'fɜ:nəu] *n* infierno *m*; incendio *m* (de grandes proporciones).

in·fer·tile [in'fɜ:tail] *adj* estéril; infecundo/a. **in·fer·til·ity** [-'tiliti] *n* infertilidad *f*.

in·fest [in'fest] *v* infestar, plagar (de). LOC **To be infested with**, estar plagado/a de. **in·fest·ation** [,infe'steiʃn] *n* plaga *f*.

in·fi·del ['infidəl] *n*, *adj* infiel, pagano/a. **in·fi·del·ity** [,infi'deləti] *n* FML infidelidad *f*, deslealtad *f*.

in·field ['infi:ld] *n* **1**. terreno *m* central (*ground, in cricket*). **2**. jugador *m* del centro (*player*).

in·fight·ing ['infaitiŋ] *n* lucha *f* cuerpo a cuerpo (*boxing*) (*also* FIG).

in·fil·trate ['infiltreit] *v* **1**. **(into sth), (through sth)** infiltrar(se) (en) (por). **2**. **(sb/sth into sth), (sth with sb/sth)** infiltrar en. **in·fil·tra·tion** [,infil'treiʃn] *n* infiltración *f*.

in·fin·ite ['infinət] **I**. *adj* infinito/a. **II**. *n* **The I~**, Dios *m*. **in·fin·ite·ly** [-li] *adv* infinitamente. **in·fin·it·es·im·al** [,infini'tesiml] *adj* infinitesimal.

in·fin·it·ive [in'finətiv] *n* GRAM infinitivo *m*.

in·fin·it·ude [in'finitju:d] *n* FML infinitud *f*, infinidad *f*. **in·fin·ity** [in'finəti] *n* infinidad *f*; MAT infinito *m*.

in·firm [in'fɜ:m] *adj* **1**. enfermizo/a (*ill*); débil (*weak*). **2**. **(of)** débil de, falto/a de (*will, purpose*). LOC **The ~**, los débiles. **in·firm·ary** [in'fɜ:məri] *n* hospital *m*; enfermería *m* (*of school*, etc). **in·firm·ity** [-əti] *n* debilidad *f*; achaque *m* (*of old age*).

in·fix ['infiks] **I**. *v* fijar, clavar; inculcar (*in mind*). **II**. GRAM infijo *m*.

in·flame [in'fleim] *v* **(sb/sth (with sth))** inflamar(se) (de) (*also* MED); FIG inflamar, enardecer.

in·flam·mable [in'flæməbl] *adj* inflamable (*also* FIG). **in·flam·ma·tion** [,inflə'meiʃn] *n* MED inflamación *f*. **in·flam·mat·ory** [in'flæmətri] *adj* MED inflamatorio/a; incendiario/a (*speech*).

in·flate [in'fleit] *v* **1**. inflar(se), hinchar(se) (*with air, gas*, etc); FIG engreír, llenar(se) de (*sb's ego*, etc). **2**. COM provocar la inflación de, inflacionar. **in·flat·able** [-əbl] *adj* hinchable. **in·flat·ed** [-id] *adj* **1**. hinchado/a, inflado/a (*with air, gas*, etc); engreído/a (*person*); henchido/a de (*opinion, speech*). **2**. COM inflacionario/a. **in·fla·tion** [~ʃn] *n* inflación *f* (*of prices*); inflado *m* (*with air, gas, etc*). **in·fla·tion·ary** [in'fleiʃnri] *adj* inflacionista. **in·fla·tor** [-ə(r)] *n* bomba *f* (para inflar).

in·flect [in'flekt] *v* torcer, doblar (*bend*); GRAM declinar, conjugar; inflexionar (*voice*). **in·flect·ed** [-id] *adj* GRAM flexional (*of a language*). **in·flec·tion** (*also* **in·flex·ion**) [in'flekʃn] *n* GRAM flexión *f*; inflexión *f* (*of voice*). **in·flec·tion·al** [-əl] *adj* flexionado/a, declinado/a, conjugado/a.

in·flex·ib·il·ity [in,fleksə'biləti] *n* inflexibilidad *f*. **in·flex·ible** [in'fleksəbl] *adj* inflexible.

in·flex·ion V. **inflection**

in·flict [in'flikt] *v* **(sth (on sb))** infligir, imponer; dar, asestar (*blow*). **(sb on sb)** imponer la presencia de alguien a (alguien). **in·flic·tion** [in'flikʃn] *n* imposición *f*, aplicación *f*; penalidad *f*.

in·flight [,in'flait] *adj* en vuelo. LOC **~ refuelling**, repostar en vuelo.

in·flor·es·cence [,inflɔ:'resəns] *n* BOT florescencia *f*.

in·flow ['infləu] *n* afluencia *f*; entrada *f*; flujo *m* de entrada.

in·flu·ence ['influəns] **I**. *n* **(on/over sth)** influencia *f* (sobre) (*all senses*). **(with sb)** influencia *f* (sobre), ascendiente *m* (sobre), valimiento *m* (con). LOC **To have ~**, estar bien relacionado. **Under the ~ of**, bajo los efectos de (*alcohol, drugs*, etc). **II.** *v* **1.** influenciar (*person*), influir en (*person, facts, process*, etc). **2. (sb to do sth)** influir en que (+ *subj*), hacer (+ *inf*), hacer que (+ *subj*): *What ~d you to choose this car?*, ¿Qué te hizo elegir este coche? **in·flu·en·ti·al** [,influ'nʃl] *adj* influyente, de prestigio, prestigioso/a (*important, wealthy, powerful*); **(on sb/sth)** influyente (en).

in·flu·enza [,influ'enzə] (*also* INFML **flu**) *n* MED gripe *f*.

in·flux ['inflʌks] *n* afluencia *f*, flujo *m*.

in·form [in'fɔ:m] *v* **1. (sb about/of sth), (sb that)** informar (de/sobre). **2. (against/on sb (to sb))** JUR delatar, denunciar. **3.** FML dar forma, moldear (*mind, sb*). LOC **To ~ oneself of**, ponerse al corriente de. **To keep sb informed**, mantener a alguien informado/a, al corriente (de). **in·form·ant** [-ənt] *n* informador/ra; informante *m, f* (*linguistics*). **in·form·ed** [-d] *adj* informado/a. LOC **Well-~**, bien informado/a. **in·form·er** [-ə(r)] *n* delator/ra, denunciante, soplón/na.

in·form·al [in'fɔ:ml] *adj* informal; sencillo/a, familiar; extraoficial, oficioso/a (*unofficial*); coloquial, conversacional (*language*). LOC **~ dress**, traje *m* de calle. **in·form·al·ity** [,infɔ'mæləti] *n* sencillez *f*, familiaridad *f*. **in·form·al·ly** [-li] *adv* sencillamente, con familiaridad; extraoficialmente (*unofficially*); coloquialmente (*language*).

in·form·ation [,infə'meiʃn] *n* información *f*; JUR denuncia *f*, acusación *f*. LOC **A piece of ~**, dato *m*. **Classified ~**, información *f* secreta o reservada. **For your ~**, para su información. **~ desk**, despacho *m* de información.

in·form·at·ive [in'fɔ:mətiv] *adj* informativo/a.

in·frac·tion [in'frækʃn] *n* infracción *f*.

in·fra-red [,infrə'red] *adj* infrarrojo/a.

in·fra·struct·ure [,infrə'strʌktʃə(r)] *n* infraestructura *f*.

in·fre·quen·cy [in'frikwənsi] *n* infrecuencia *f*, rareza *f*. **in·fre·quent** [in'fri:kwənt] *adj* infrecuente, raro/a.

in·fringe [in'frindʒ] *v* **1.** infringir, violar (*law, rule*, etc); romper (*agreement*). **2. ((up)on sth)** violar. **~·ment** [-mənt] *n* violación *f*, infracción *f*.

in·fu·ri·ate [in'fjuərieit] *v* enfurecer, exasperar, poner furioso/a. **in·fu·ri·at·ing** [-iŋ] *adj* exasperante. **in·fu·ri·ation** [in,fjuəri'eiʃn] *n* exasperación *f*.

in·fuse [in'fju:z] *v* **1. (sth into sb/sth), (sb with sth)** infundir (en/a). **2.** hacer una infusión de (*tila*, etc). **in·fu·sion** [in'fju:ʒn] *n* infusión *f*. **in·fu·so·ria** [infju:'sɔ:riə] *n pl* ZOOL infusorios *m pl*.

in·gen·i·ous [in'dʒi:niəs] *adj* **(at sth/doing sth)** ingenioso/a, inventivo/a. **in·gen·i·ous·ly** [-li] *adv* ingeniosamente. **in·gen·u·ity** [,indʒi'nju:əti] *n* ingenio *m*, inventiva *f*.

in·gen·u·ous [in'dʒnjuəs] *adj* FML ingenuo/a, cándido/a. **in·gen·u·ous·ly** [-li] *adv* ingenuamente, cándidamente. **in·gen·u·ous·ness** [-nis] *n* ingenuidad *f*, candidez *f*.

in·gest [in'dʒest] *v* FML ingerir. **in·ges·tion** [in'dʒəstʃn] *n* ingestión *f*.

ingle-nook ['iŋgl nuk] *n* rincón *m* de la chimenea.

in·glo·ri·ous [in'glɔ:riəs] *adj* vergonzoso/a, ignominioso/a; desconocido/a, oscuro/a (*unknown*).

in·go·ing ['iŋgəuiŋ] *adj* entrante, que entra.

in·got ['iŋgət] *n* lingote *m*, barra *f*.

in·grain·ed [in'greind] *adj* arraigado/a (*habits, prejudices*, etc); incrustado/a (*stain, dirt*).

in·gra·ti·ate [in'greiʃieit] *v* FML **(oneself (with sb))** congraciarse con. **in·gra·ti·at·ing** [-iŋ] *adj* zalamero/a.

in·grat·it·ude [in'grætitju:d] *n* ingratitud *f*, desagradecimiento *m*.

in·gre·di·ent [in'gri:diənt] *n* ingrediente *m* (*also* FIG).

in·gress ['iŋgres] *n* FML ingreso *m*, acceso *m*.

in-group ['ingrup] *n* peña *f*, pandilla *f* o referente a ellas.

in·grow·ing ['ingrəuiŋ] *adj* que crece hacia dentro. LOC **~ nail**, uñero *m*.

in·guin·al ['ingwinl] *adj* ANAT inguinal.

in·hab·it [in'hæbit] *v* habitar, vivir en. **in·hab·it·able** [-əbl] *adj* habitable. **in·hab·it·an·cy** [-ənsi] *n* residencia *f*; JUR domicilio *f*. **in·hab·it·ant** [-ənt] *n* habitante *m,f*.

in·hale [in'heil] *v* **(sth (into sth))** inhalar, inspirar. **in·hal·ation** [,inhə'leiʃn] *n* inhalación *f*. **in·hal·ant** [in'heilənt] *n* medicamento *m* para inhalar. **in·hal·er** [in'heilə(r)] *n* MED inhalador *m*.

in·har·mo·ni·ous [,inha:'məuniəs] *adj* FML inarmónico/a; FIG en discordia, sin armonía.

in·here [in'hiə] *v* **(in sth)** ser inherente a, ser propio/a de. **in·her·ence** [in'hiərəns], **in·her·ency** [-i] *n* inherencia *f*. **in·her·ent** [in'hiərənt] *adj* **(in sth)** inherente (a).

in·her·it [in'herit] *v* **(sth (from sb))** heredar (de) (*also* FIG, MED). **in·her·it·able** [-əbl] *adj* heredable, transmisible por herencia (*property*); heredero/a (*person*). **in·her·it·ance** [-əns] *n* herencia *f* (*also* FIG , MED). LOC **To come into one's ~**, heredar, recibir en herencia. **in·her·it·or** [-ə(r)] *n* heredero *m*. **in·her·it·ress, -·rix** [-tris] *n* heredera *f*.

in·hib·it [in'hibit] *v* **(sb (from sth/doing sth))** inhibir (algo), reprimir (algo), impedir (algo/hacer algo). **in·hi·bi·tion** [,inhi'biʃn] *n* inhibición *f*.

in·hos·pit·able [,inhɔ'spitəbl] *adj* inhospitalario/a (*person*); inhóspito/a (*place*). **in·hos·pit·al·ity** [,inhɔ'spi'tæliti] *n* falta *f* de hospitalidad.

in·hu·man [in'hju:mən] *adj* inhumano/a. **in·hu·man·ity** [in,hju:'mænəti] *n* inhumanidad *f*.

in·hu·mane [,inhju:'mein] *adj* inhumano/a.
in·hume [in'hju:m] *v* inhumar. **in·hum·ation** [,inhju:'meiʃn] *n* inhumación *f*.
in·im·ic·al [i'nimikl] *adj* **(to sb/sth)** FML enemigo/a (de), hostil (a); FIG contrario/a (a). **in·im·ic·al·ly** [-li] *adv* hostilmente; contrariamente.
in·im·it·able [i'nimitəbl] *adj* inimitable. **in·im·it·ably** [-bli] *adv* inimitablemente.
in·i·qui·tous [i'nikwitəs] *adj* FML inicuo/a. **ini·qui·ty** [i'nikwəti] *n* iniquidad *f*.
in·i·ti·al [i'niʃl] **I.** *adj* inicial, primero/a. **II.** *n* inicial *f* (*initial letter*). **III.** *v* marcar o formar con las iniciales (*document, contract*, etc). **i·ni·ti·al·ly** [-li] *adv* inicialmente.
in·i·ti·ate [i'niʃieit] **I.** *v* **1.** iniciar, poner en marcha. **2. (sb (into sth))** iniciar a alguien en (*knowledge*, etc); admitir (*into a society, sect*, etc). **II.** *n* [i'niʃiət] iniciado/a. LOC **The ~d**, los iniciados. **in·i·ti·ation** [i,niʃi'eiʃn] *n* iniciación *f*, principio *m* (de) (*starting*); iniciación *f* (en) (*into a practice*). **in·i·ti·at·ive** [i'niʃətiv] **I.** *n* iniciativa *f*. LOC **On one's own ~**, por propia iniciativa. **To take the ~ (in)**, tomar la iniciativa (en). **II.** *adj* inicial, preliminar. **in·i·ti·at·or** [i'niʃieitə(r)] *n* iniciador/ra. **in·i·ti·at·ory** [-iətəri] *adj* iniciador/ra; **(into sth)** de iniciación (en) (*ceremonies*).
in·ject [in'dʒekt] *v* **(sth (into sb/sth)), (sb/sth (with sth))** inyectar algo (a alguien/en algo) (*also* TEC); FIG infundir (*enthusiasm*, etc). **in·jec·tion** [in'dʒekʃn] *n* MED, TEC, FIG inyección *f* (*all senses*).
in·ju·di·ci·ous [,indʒu:'diʃəs] *adj* FML poco juicioso/a (*person*); inapropiado/a (*act*). **in·ju·di·ci·ous·ly** [-li] *adv* sin pensar. **in·ju·di·ci·ous·ness** [-nis] *n* falta *f* de juicio.
in·junc·tion [in'dʒʌŋkʃn] *n* FML mandato *m*, orden *f*; JUR requerimiento *m* (*to do sth*), entredicho (*not to do sth*).
in·jure ['indʒə(r)] *v* herir (*wound*; *also* FIG: *feelings*); dañar (*harm*); lesionar (*in sports*); injuriar, ofender, dañar (*reputation*). **in·ju·red** [-d] *adj* herido/a. LOC **The ~ party**, JUR la parte perjudicada. **in·ju·ri·ous** [in'dʒuəriəs] *adj* FML injurioso/a, ofensivo/a (*insulting*); perjudicial (*harmful*). **in·ju·ry** ['indʒəri] *n* herida *f*, lesión *f* (*physical*); FIG daño *m*, ofensa *f*; JUR perjuicio *m*. LOC **~ time**, descuento *m* (*in sports*).
in·just·ice [in'dʒʌstis] *n* injusticia *f*. LOC **To do sb an ~**, ser injusto/a con alguien; FIG no hacer justicia a alguien (*fail to show sb's qualities*).
ink [iŋk] **I.** *n* tinta *f* (*pen, fish*). **II.** *v* entintar; LOC **To ~ sth in**, marcar con tinta; **To ~ sth over**, cubrir, repasar con tinta. **ink·y** ['iŋki] *adj* (*comp* **-ier**, *sup* **-iest**) manchado/a de tinta, entintado/a; negro/a (como la tinta).
ink-..., **~-eraser**, *n* goma *f* de tinta. **~-pad**, *n* tampón *m*. **~-pot**, *n* tintero *m*. **~-stand**, *n* escribanía *f*. **~-well**, *n* tintero *m* de pupitre.
ink·ling ['iŋkliŋ] *n* atisbo *m*, indicio *m*. LOC **To have some ~ of**, tener una ligera idea de.
in·laid [,in'leid] **I.** pret, pp de **inlay**. **II.** *adj* incrustado/a; con incrustaciones.
in·land ['inlənd] **I.** *adj* interior; tierra adentro (*away from the coast*); interno/a, del interior (*inside a country*). **II.** *adv* tierra adentro. LOC **~ Revenue**, Hacienda Pública. **in·land·er** ['inləndə(r)] *n* habitante *m* de tierra adentro.
in-law ['inlɔ] *n* pariente *m* político; **~s**, familia *f* política.
in·lay [,in'lei] **I.** (pret, pp **inlaid** [,in'leid]) *v* **(sth into sth)** incrustar en; **(sth with sth)** adornar con incrustaciones de; taracear. **II.** *n* ['inlei] **1.** incrustación *f*; taracea *f*. **2.** empaste *m* (*dentistry*).
in·let ['inlet] *n* **1.** cala *f*, ensenada *f*; brazo *m* de mar. **2.** TEC admisión *f*, entrada *f*. **3.** añadido *m* (*sewing*). LOC **~ valve**, válvula *f* de admisión.
in·mate ['inmeit] *n* interno/a, internado/a (en *hospital, manicomio*).
in·most ['inməust] *adj* más profundo/a, más recóndito/a; FIG más íntimo/a.
inn [in] *n* posada *f*, mesón *m*, venta *f*. LOC **~·keeper**, posadero/a, mesonero/a, ventero/a. **~ of Court**, Colegio de Abogados.
inn·ards ['inədz] *n* INFML tripas *f,pl* (*also* FIG : *of an engine*, etc).
in·nate [i'neit] *adj* innato/a.
in·ner ['inə(r)] *adj* interior (*place*); oculto/a, secreto/a (*hidden*); íntimo/a (*feeling*). LOC **~ circle**, camarilla *f*. **~ city**, centro *m*. **~ lane**, carril *m* de la izquierda (o derecha) o del centro. **~ tube**, cámara *f* (*of a tyre*). **in·ner·most** [-məust] *adj* más interior, más oculto/a, más recóndito/a.
in·nings ['iniŋz] *n* turno *m* (*sport*). LOC **To have had a good ~s**, haber tenido una vida/temporada, etc, larga y feliz.
in·no·cent ['inəsnt] **I.** *adj* **1.** inocente (de) (*all senses*). **2. (of sth)** desprovisto/a de. **II.** *n* inocente *m, f*. **in·no·cent·ly** [-li] *adv* inocentemente. **in·no·cence** [-sns] *n* inocencia *f*.
in·no·cu·ous [i'nɔkjuəs] *adj* FML inocuo/a (*also* FIG). **in·no·cu·ous·ly** [-li] *adv* inocuamente. **in·no·cu·ous·ness** [-nis] *n* inocuidad *f*.
in·nov·ate ['inəveit] *v* innovar. **in·nov·ation** [,inə'veiʃn] *n* innovación *f*. **in·nov·at·ive** ['inəvətiv], **in·nov·at·ory** [,inə'veitəri] *adj* innovador/ra. **in·nov·at·or** ['inəneitə(r)] *n* innovador/ra.
in·nu·en·do [inju:'əndəu] (*pl* **-es** [-z]) *n* indirecta *f*, insinuación *f*.
in·nu·mer·able [i'nju:mərəbl] *adj* innumerable.
in·nu·mer·ate [i'nju:mərət] *adj* poco experto en cuestión de números.
in·ob·serv·ance [,inəb'zɜ:vəns] *n* inobservancia *f* (*of law*, etc); incumplimiento *m*.
in·o·cul·ate [i'nɔkjuleit] *v* **(sb (with sth))** inocular algo a alguien. **in·o·cul·ation** [i,nɔkju'leiʃn] *n* inoculación *f*.
in·odor·ous [in'əudərəs] *adj* inodoro/a.
in·of·fens·ive [,inə'fensiv] *adj* inofensivo/a, sin malicia. **in·of·fens·ive·ly** [-li] *adv* inofen-

sivamente. **in·of·fens·ive·ness** [-nis] *n* falta *f* de malicia.

in·op·er·able [in'ɔpərəbl] *adj* MED inoperable; impracticable.

in·op·er·at·ive [,in'ɔpərətiv] *adj* inoperante, sin efecto.

in·op·por·tune [,in'ɔpətju:n] *adj* inoportuno/a. **in·op·por·tune·ly** [-li] *adv* inoportunamente.

in·or·din·ate [in'ɔ:dinət] *adj* FML desmesurado/a; desordenado/a. **in·or·din·ate·ly** [-li] *adv* desmesuradamente; desordenadamente.

in·or·gan·ic [,inɔ:'gænik] *adj* inorgánico/a (*also* FIG).

in-pa·tient ['inpeiʃnt] *n* enfermo/a ingresado en el hospital.

in·put ['input] **I.** *n* **1. (into/to sth)** entrada *f* en (*putting in*). **2.** entrada *f* (*energy that is put in*). **3.** COM P entrada *f* de datos, input *m*. LOC **~ circuit**, circuito *m* de entrada. **II.** (pret, pp **input** or **inputted**) *v* **(sth (into/to sth))** COM P dar entrada (en) (*into a computer*).

in·quest ['iŋkwest] *n* investigación *f*; JUR diligencias *f pl* previas.

in·quire (*also* **en·quire**) [in'kwaiə(r)] *v* FML **1. (sth of sb)** preguntar (algo a alguien). **2. (about sb/sth)** preguntar por alguien/algo, informarse sobre (*price, trains,* etc). **3. (after sb)** preguntar por (la salud o estado de) alguien: *John rang to ~ after your father*, Juan telefoneó para preguntar por tu padre. **4. (into sth)** hacer averiguaciones sobre, investigar. **in·quir·er** [in'kwaiərə(r)] *n* investigador/ra, inquiridor/ra, el/la que pregunta. **in·quir·ing** [in'kwaiəriŋ] *adj* curioso/a, inquisitivo/a. **in·quir·y** (*also* **en·quir·y**) [in'kwaiəri] *n* **1.** FML pregunta *f* (*question*); investigación *f* (*study*); JUR pesquisa *f*, investigación *f*. **2. inquiries** *pl* información *f* (*sign*). LOC **All ~ies to**, para información dirigirse a. **Board of I~**, comité de investigación. **~ agent**, detective *m* privado. **~ office**, oficina de información. **To make ~ies (about)**, hacer averiguaciones (sobre).

in·qui·si·tion [,inkwi'ziʃn] *n* inquisición *f*; **(into sth)** FML investigación *f* (sobre). LOC **The I~**, la Inquisición. **in·qui·si·tive** [in'kwizətiv] *adj* inquisitivo/a, inquisidor/ra; preguntón/na, curioso/a. **in·qui·si·tor** [in'kwizitə(r)] *n* inquisidor *m*; JUR investigador *m*. **in·qui·si·to·ri·al** [in,kwizi'tɔ:riəl] *adj* inquisitorial.

in·road ['inrəud] *n* MIL incursión *f*; FIG invasión *f*, usurpación *f*. LOC **To make ~s into/on sth**, disminuir la cantidad de (*food, capital, money*); interrumpir, invadir (*time*).

in·rush ['inrʌʃ] *n* afluencia *f*, irrupción *f*.

in·sa·lu·bri·ous [,insə'lu:briəs] *adj* FML insalubre.

in·sane [in'sein] *adj* loco/a (*mad person/action*); demente (*person*); insensato/a (*senseless*). **in·san·ity** [in'sæniti] *n* locura *f*, demencia *f*; JUR enajenación *f* mental.

in·san·it·ary [in'sænitri] *adj* insalubre, malsano/a, antihigiénico/a.

in·sa·ti·able [in'seiʃəbl] (*also* **in·sa·ti·ate** [in'seiʃiət]) *adj* insaciable. **in·sa·ti·ab·il·ity** [in,seiʃə'biləti] *n* insaciabilidad *f*.

in·scribe [in'skraib] *v* **(sth (in/on sth))** inscribir (en) (*all senses*); dedicar (*book*). **in·scrip·tion** [in'skripʃn] *n* inscripción *f*; dedicatoria *f* (*in a book*).

in·scrut·able [in'skru:təbl] *adj* inescrutable. **in·scrut·ab·il·ity** [in,skru:tə'biləti] *n* inescrutabilidad *f*.

in·sect ['insekt] *n* insecto *m*. **in·sect·icide** [in'sektisaid] *n, adj* insecticida *m*. **in·sect·ivore** [in'sektivɔ:(r)] *n* insectívoro *m*. **in·sect·ivo·rous** [,insek'tivərəs] *adj* insectívoro/a.

in·se·cure [,insi'kjuə(r)] *adj* inseguro/a (*not safe*); **(about sb/sth)** inseguro/a de (*unsure*). **in·sec·ur·ity** [,insi'kjuərəti] *n* inseguridad *f*.

in·se·min·ate [in'semineit] *v* inseminar. **in·se·min·ation** [in,semi'neiʃn] *n* inseminación *f*.

in·sen·sate [in'senseit] *adj* FML insensato/a (*foolish*); insensible (*unfeeling*).

in·sens·ible [in'sensəbl] *adj* FML **1.** inconsciente (*unconscious*). **2. (of sth)**, inconsciente, ignorante de. **3. (to sth)**, insensible a (*pain, cold,* etc). **4.** imperceptible. **in·sens·ib·il·ity** [in,sensə'biləti] *n* FML **1.** inconsciencia *f*. **2. (to sth)** insensibilidad *f* (a).

in·sens·it·ive [in'sensətiv] *adj* **(to sth)** insensible a.

in·se·par·able [in'seprəbl] *adj* **(from sb/sth)**, inseparable (de). **in·se·par·ab·il·ity** [in,seprə'biləti] *n* inseparabilidad *f*. **in·sep·ar·ably** [-bli] *adv* inseparablemente.

in·sert I. [in'sɜ:t] *v* **(sth (in/into/between sth))** insertar, incluir (*word, paragraph, clause*); introducir (*finger, key, tool,* etc). **II.** ['insɜ:t] *n* inserción *f*; encarte *m* (*in a book,* etc). **in·ser·tion** [in'sɜ:ʃn] *n* inserción *f*, inclusión *f*; encarte *m* (*in a book,* etc); anuncio *m* (*advertisement*); entredós *m* (*in sewing*).

in·set I. ['inset] *n* recuadro *m*; encarte *m* (*extra page*). **II.** [in'set] (pret, pp, **inset**) *v* insertar; **(sth (into sth))** poner en recuadro; encartar (*in a book*).

in·shore [,in'ʃɔ:(r)] **I.** *adj* cercano/a a la orilla, costero/a. **II.** *adv* hacia la orilla, cerca de la orilla.

in·side [in'said] **I.** *n* interior *m*, parte *f* de dentro; (*also* **~s**) INFML tripas *f pl* (*bowels*). LOC **~ left/right**, interior izquierdo/derecho (*sports*). **~ out**, del/al revés; a fondo, completamente (*thoroughly*). **On the ~**, por dentro. **To know the ~ of sth**, conocer las interioridades de algo. **To overtake on the ~**, adelantar por la derecha (Br, por la izquierda). **To turn sth ~ out**, registrar de arriba a abajo, volver del revés. **II.** *adj* interior, de dentro; secreto/a; interno/a, desde dentro (*of an organization or group*): *The robbery was an ~ job*, El robo fue realizado desde dentro (por alguien de la casa). LOC **~ infor·**

mation, información *f* confidencial. ~ **lane**, carril *m* de la derecha (Br, de la izquierda). **III**. *adv* dentro, adentro; por dentro; en el interior; SL en prisión. **IV**. *prep* (*also* **inside of**) dentro de; en menos de (*time*).

in·sid·er [in'saidə(r)] *n* persona *f* con información confidencial o privilegiada.

in·si·di·ous [in'sidiəs] *adj* insidioso/a. **in·si·di·ous·ly** [-li] *adv* insidiosamente. **in·si·di·ous·ness** [-nis] *n* insidia *f*.

in·sight ['insait] *n* **(into sth)** perspicacia *f* (*ability*); intuición *f*, clarividencia *f*. **in·sight·ful** [-ful] *adj* perspicaz, intuitivo/a.

in·sig·nia [in'signiə] *n,pl* insignias *f,pl*.

in·sig·ni·fic·ant [,insig'nifikənt] *adj* insignificante. **in·sig·ni·fic·ance** [-kəns] *n* insignificancia *f*. **in·sig·ni·fic·ant·ly** [-li] *adv* insignificantemente.

in·sin·cere [,insin'siə(r)] *adj* insincero/a, falso/a. **in·sin·cere·ly** [-li] *adv* insinceramente, sin sinceridad. **in·sin·cer·ity** [,insin'serəti] *n* insinceridad *f*, falta *f* de sinceridad.

in·sin·u·ate [in'sinjueit] *v* **(sth (to sb))** insinuar algo (a alguien); **(oneself into sth)** insinuarse en algo. **in·sin·u·at·ing** [-iŋ] *adj* insinuante. **in·sin·u·ation** [in,sinju'eiʃn] *n* insinuación *f*, indirecta *f*.

in·sip·id [in'sipid] *adj* insípido/a, soso/a (*food*; *also* FIG). **in·sip·id·ity** [,insi'pidəti] (*also* **in·sip·id·ness** [in'sipidnis]) *n* insipidez *f*, sosería *f*.

in·sist [in'sist] *v* **(on/upon sth), (on/upon doing sth), (that)** insistir, empeñarse (en algo/en hacer algo/en que). **in·sist·ence** [-əns] *n* insistencia *f*, empeño *m*. **in·sist·ent** [-ənt] *adj* insistente. LOC **To be ~ about sth/ that**, insistir en algo/que. **in·sist·ent·ly** [-li] *adv* insistentemente.

in·so·bri·ety [insəu'braiəti] *n* intemperancia *f*.

in·so·far as (*also* **in so far as**) [,insə'fa:r əz] *adv* en la medida en que.

in·sol·ation [,insəu'leiʃn] *n* insolación *f*.

in·sole ['insəul] *n* plantilla *f* (*for shoes*).

in·so·lence ['insələns] *n* insolencia *f*, descaro *m*. **in·so·lent** ['insələnt] *adj* insolente, descarado/a (con).

in·sol·uble [in'sɔljubl] *adj* insoluble. **in·sol·ub·il·ity** [in,sɔlju'biləti] *n* insolubilidad *f*.

in·solv·en·cy [in'sɔlvənsi] *n* insolvencia *f*. **in·solv·ent** [in'sɔlvənt] *adj*, *n* insolvente.

in·som·nia [in'sɔmniə] *n* insomnio *m*.

in·so·much (Br **in so much**) [,insəu'mʌtʃ] *adv* **(as)** ya que; **(that)** hasta el punto (de) que.

in·spect [in'spekt] *v* examinar (*document, passport*, etc); inspeccionar (*factory, school*, etc); pasar revista a (*regiment*). **in·spec·tion** [in'spekʃn] *n* examen *m*; inspección *f*; revista *f*. LOC **On** ~, una vez inspeccionado/a, tras el examen/la inspección. **in·spect·or** [in'spektə(r)] *n* inspector *m*. **in·spect·or·ate** [in'spektərət] *n* cuerpo *m* de inspectores (*collectively*).

in·spir·ation [,inspə'reiʃn] *n* inspiración *f*. **in·spira·tion·al** [-ʃənl] *adj* inspirador/ra.

in·spire [in'spaiə(r)] *v* **1**. inspirar. **2**. **(sb (to sth/to do sth))** animar, mover (a algo). **3**. **(sb (with sth)), (sth (in sb))** inspirar, infundir algo a alguien. **in·spir·ed** [-əd] *adj* inspirado/a, lleno/a de inspiración. **in·spir·ing** [-riŋ] *adj* inspirador/ra.

in·stab·il·ity [,instə'biləti] *n* inestabilidad *f*. **in·stable** [in'steibl] *adj* inestable.

in·stal(l) [in'stɔ:l] *v* instalar (*equipment*, etc); **(sb/oneself (on sth))** instalar, asentar. **in·stall·ation** [,instə'leiʃn] *n* instalación *f*.

in·stal(l)·ment [in'stɔ:lmənt] *n* **1**. plazo *m* (*payment*). **2**. entrega *f* (*parts of a book*). LOC **By ~s**, a plazos. ~ **plan**, sistema *m* de compraventa a plazos.

in·stance ['instəns] **I**. *n* **1**. ejemplo *m*, caso *m* (*example*). **2**. petición *f*; JUR instancia *f*. LOC **At the ~ of**, a instancias de, a petición de. **Court of first** ~, juzgado *m* de primera instancia. **For** ~, por ejemplo. **In the first** ~, FML en primer lugar. **In this** ~, en este caso. **II**. *v* dar como ejemplo; citar.

in·stant ['instənt] **I**. *adj* **1**. inmediato/a (*at once*) (*success, relief*, etc); instantáneo/a (*coffee, soup, food*). **2**. FML urgente (*need*, etc). **3**. (*abrev* **inst**) COM del corriente: *Your letter of the 10th ~*, Su carta del 10 del corriente. **II**. *n* instante *m*, momento *m*. LOC **This** ~, al instante, inmediatamente: *Come here this ~!*, ¡Ven(ga) aquí inmediatamente! **On the** ~, al instante, inmediatamente. **On the ~ of**, exactamente a: *On the ~ of seven o'clock*, Exactamente a las siete. **The ~ (that)**, en cuanto: *The ~ he left...*, En cuanto se marchó. **in·stant·ly** [-li] **I**. *adv* instantáneamente, inmediatamente. **II**. *conj* en cuanto, tan pronto como. **in·stant·an·e·ous** [,instən'teiniəs] *adj* instantáneo/a. **in·stant·an·e·ous·ly** [-li] *adv* instantáneamente.

in·stead [in'sted] *adv* en su lugar, a cambio. LOC **~ of**, *prep* en lugar de, en vez de.

in·step ['instep] *n* empeine *m*.

in·stig·ate ['instigeit] *v* **(sth/to do sth)** instigar, incitar (a algo/a hacer algo). **in·stig·ation** [,insti'geiʃn] *n* instigación *f*. **in·stig·at·or** ['instigeitə(r)] *n* instigador/ra.

in·stil(l) [in'stil] *v* **(sth (in/into sb))** instilar, infundir (en). **in·stil·la·tion** [,insti'leiʃn] *n* instilación *f*.

in·stinct ['instiŋkt] *n* **(to do sth), (for sth/ doing sth)** instinto *m* (de algo/de hacer algo). LOC **By/On** ~, por instinto. **in·stinct·ive** [in'stiŋktiv] *adj* instintivo/a. **in·stinct·ive·ly** [-li] *adv* instintivamente.

in·sti·tute ['institju:t] **I**. *n* instituto *m* (*professional or social organization, not a school*). **II**. *v* FML instituir, establecer (*rule, custom*); nombrar, investir (*person in a post*); JUR abrir, iniciar (*inquiry*); establecer, iniciar (*proceedings*).

in·sti·tu·tion [,insti'tju:ʃn] *n* **1**. institución *f*, establecimiento *m* (de) (*rules, customs*). **2**. institución *f* (*tradition, long-established custom*). **3**. asilo *m* (*for old people*); manicomio *m*; hospicio *m* (*for abandoned children*). **4.** INFML institución *f* (*popular person*): *He is an ~ in this town*, Es una institución en esta ciudad. **in·sti·tu·tion·al** [-əl] *adj* institucional. **in·sti·tu·tion·al·ize** [-ʃənəlaiz] *v* institucionalizar; meter en, enviar a una institución (asilo, etc).

in·struct [in'strʌkt] *v* **1. (sb to do sth)** ordenar que, dar instrucciones para que (+ *subj*). **2. (sb (that))** informar, aconsejar que; JUR informar legalmente: *The judge ~ed the jury to disregard certain evidence*, El juez aconsejó al jurado que desestimara ciertas pruebas. **3. (sb (in))** instruir (en), enseñar algo a alguien. **in·struc·tive** [in'strʌktiv] *adj* instructivo/a. **in·struc·tion** [in'strʌkʃn] *n* instrucción *f*, enseñanza *f*; **~s**, instrucciones *f pl*. LOC **On the ~ of**, según las instrucciones de. **in·struc·tion·al** [-əl] *adj* educacional, instructivo/a. **in·struc·tor** [-ə(r)] *n* preparador/ra; US profesor/ra ayudante/auxiliar.

in·stru·ment ['instrumənt] **I.** *n* instrumento *m* (*all senses*); **~s** MED instrumental *m sing*. **II.** *v* instrumentar, orquestar. **in·stru·ment·al** [,instru'mentl] *adj* instrumental, para instrumentos. LOC **To be ~ in/to sth**, contribuir a, ser decisivo/a en; mediar para que. **in·stru·ment·al·ist** [-təlist] *n* instrumentista *m,f*. **in·stru·ment·al·ity** [-tæləti] *n* mediación *f*, intervención *f*. LOC **By/Through the ~ of**, por mediación de. **in·stru·ment·ation** [,instrumen'teiʃn] *n* instrumentación *f*.

in·sub·or·din·ate [insə'bɔ:dinət] *adj* insubordinado/a. **in·sub·or·din·ation** [,insə,bɔ:di'neiʃn] *n* insubordinación *f*.

in·sub·stan·tial [,insəb'stænʃl] *adj* insubstancial, inconsistente.

in·suf·fer·able [in'sʌfrəbl] *adj* insufrible, insoportable.

in·suf·fi·ci·en·cy [,insə'fiʃnsi] *n* insuficiencia *f*. **in·suf·fi·cient** [,insə'fiʃnt] *adj* insuficiente. **in·suf·fi·ci·ent·ly** [-li] *adv* insuficientemente.

in·su·lar ['insjulə(r)] *adj* insular; FIG provinciano/a (*narrow-minded*). **in·su·lar·ity** [,-'lærəti] *n* insularidad *f*; FIG provincianismo *m*.

in·su·late ['insjuleit] *v* aislar (de/contra algo) (*also* FIG). **in·su·lat·ing** [-leitiŋ] *adj* aislante, aislador/ra. LOC **~·ing tape**, cinta *f* aislante. **in·sul·ation** [,insju'leiʃn] *n* aislamiento *m*. **in·su·lat·or** ['insjuleitə(r)] *n* aislante *m*.

in·su·lin ['insjulin] *n* insulina *f*.

in·sult **I.** [in'sʌlt] *v* insultar, ofender, injuriar. **II.** ['insʌlt] *n* insulto *m*, ofensa *f*, injuria *f*. **in·sult·ing** [-iŋ] *adj* insultante, injurioso/a.

in·su·per·able [in'su:pərəbl] *adj* FML insuperable. **in·su·per·ably** [-bli] *adv* insuperablemente.

in·sup·port·able [,insə'pɔ:təbl] *adj* FML insoportable.

in·sur·ance [in'ʃɔ:rəns] *n* seguro *m* (contra). LOC **Fully comprehensive ~**, seguro a todo riesgo. **Household ~**, seguro doméstico, de vivienda. **~ broker**, corredor o agente *m,f* de seguros. **~ policy**, póliza *f* de seguro. **~ premium**, prima *f* de seguro. **Third party ~**, seguro contra terceros. **in·sure** [in'ʃɔ:(r)] *v* **1. (sth/oneself), (for sth), (against)** COM asegurar, asegurarse (en) (contra) (*with an insurance company*). **2.** US asegurar, garantizar. **3. (against sth)** asegurar contra, proteger contra/de. **in·sur·ed** [-d], **in·sur·ant** [-ənt], el asegurado. **in·sur·er** [-ə(r)] el/la asegurador/ra.

in·sur·gent [in'sɜ:dʒənt] *adj/n* insurgente *m*, insurrecto/a.

in·sur·mount·able [,insə'mauntəbl] *adj* FML insuperable, insalvable.

in·sur·rec·tion [,insə'rekʃn] *n* insurrección *f*. **in·sur·rec·tion·ist** [-ʃənist] *adj* insurrecto/a.

in·tact [in'tækt] *adj* intacto/a.

in·ta·glio [in'ta:liəu] *n* talla *f*.

in·take ['inteik] *n* admisión *f*, entrada *f*, toma *f* (*of air, gas, liquid*, etc); promoción *f* (de alumnos de primer año); entrada *f* (*amount*).

in·tan·gib·il·ity [in,tændʒə'biləti] *n* intangibilidad *f*. **in·tan·gi·ble** [in'tændʒəbl] *adj* intangible. **in·tan·gi·bly** [-bli] *adv* intangiblemente.

in·te·ger ['intidʒə(r)] *n* MAT entero *m*, número *m* entero.

in·te·gral ['intigrəl] **I.** *adj* **1. (of sth)** integrante (de algo). **2.** íntegro/a (*complete*). **3.** MAT integral. LOC **~ calculus**, cálculo *m* integral. **II.** *n* integral *f*. **in·te·grant** ['intigrənt] *adj* integrante. **in·te·grate** ['intigreit] *v* **(in/into/with sth)** integrar(se) (en/con algo) (*all senses*): *Some immigrants don't ~ well*, Algunos inmigrantes no se integran bien. LOC **~ circuit**, circuito *m* integrado. **in·te·gra·tion** [,inti'geiʃn] *n* integración *f*. **in·te·gri·ty** [in'tegrəti] *n* integridad *f* (*probity; completeness; undivision*).

in·tel·lect ['intələkt] *n* intelecto *m*, inteligencia *f*; FIG intelectual *m*, cerebro *m* (*person*). **in·tel·lec·tu·al** [,inti'lektʃuəl] **I.** *adj* intelectual. **II.** *n* intelectual *m*, *f* (*person*). **in·tel·lec·tu·al·ity** [-'ælity] *n* intelectualidad *f*.

in·tel·li·gence [in'telidʒəns] *n* **1.** inteligencia *f*. **2.** información *f*. LOC **~ quotient**, cociente *m* intelectual. **I~ Service**, servicio *m* de información. **~ test**, test *m* de inteligencia. **in·tel·li·gent** [-ənt] *adj* inteligente. **in·tel·li·gent·ly** [-əntli] *adv* inteligentemente. **in·tel·li·gent·sia** [in,teli'dʒəntsiə] *n* intelectualidad *f*. **in·tel·li·gible** [in'telidʒəbl] *adj* inteligible. **in·tel·li·gib·il·ity** [-biləti] *n* inteligibilidad *f*. **in·tel·li·gi·bly** [-bli] *adv* inteligiblemente.

in·tem·per·ance [in'tempərəns] *n* intemperancia *f*, falta *f* de moderación. **in·tem·per·ate** [in'tempərət] *adj* FML intemperado/a, extremo (*climate*); incontrolado/a.

in·tend [in'tend] *v* **1. (sth/to do sth/that)** pretender, proponerse; tener la intención de (hacer): *What do you ~ to do next?*, ¿Qué se propone hacer ahora? **2. (by)** querer decir (con) (*mean*): *What do you ~ by that?*, ¿Qué quiere usted decir con eso? **3.** **(for)** dirigir, destinar a. **in·tend·ed** [in'tendid] **I.** *adj* planeado/a, buscado/a, deseado/a, proyectado/a (*plan, result, effect,* etc). **(for)** diseñado/a para, dirigido/a a. **II.** *n* prometido/a, novio/a.

in·tense [in'tens] *adj* intenso/a, fuerte (*sensation, emotion*); apasionado/a, ardiente (*person*). **in·tense·ly** [-li] *adv* intensamente. **in·tens·ity** [-səti] *n* intensidad *f*. **in·tens·if·ic·ation** [in,tensifi'keiʃn] *n* intensificación *f*. **in·tens·i·fi·er** [in'tensifaiə(r)] *n* GRAM intensificador *m*. **in·tens·i·fy** [in'tensifai] (pret, pp, **-fied**) *v* intensificar(se), reforzar(se). **in·tens·ive** [in'tensiv] *adj* intensivo/a.

in·tent [in'tent] **I.** *adj* atento/a; **(on/upon sth/doing sth)** decidido/a, resuelto a algo/hacer algo (*firm*); absorto/a en, concentrado/a en (*concentrated*). **II.** *n* intención *f*, propósito *m*. LOC **To all ~s and purposes**, a todos los efectos; prácticamente; virtualmente. **in·tent·ly** [-li] *adv* atentamente.

in·ten·tion [in'tenʃn] *n* **(to do sth)** intención *f* (de hacer algo). LOC **It wasn't my ~...** , no era mi intención... **Ill/well-~ed**, mal/bienintencionado/a. **in·ten·tion·al** [in'tenʃənl] *adj* deliberado/a, intencional. **in·ten·tion·al·ly** [-ʃənəli] *adv* adrede, a propósito, intencionadamente.

in·ter [in'tɜ:(r)] *v* FML enterrar, inhumar.

in·ter·act [,intər'ækt] *v* actuar recíprocamente; relacionarse (*people*). **in·ter·ac·tion** [-'ækʃn] *n* interacción *f*; relación *f* (*of people*). **in·ter·act·ive** [-'æktiv] *adj* interactivo/a, recíproco/a.

in·ter·breed [,intə'bri:d] (pret, pp, **-bred**) *v* cruzar(se).

in·ter·cal·ate [in'tə:kɜleit] *v* intercalar.

in·ter·cede [,intə'si:d] *v* FML **(with sb), (for sb)** interceder (ante) (por). **(between)** mediar. **in·ter·ces·sion** [,intə'seʃn] *n* intercesión *f*.

in·ter·cept [,intə'sept] *v* interceptar; MAT cortar, intersectar. **in·ter·cep·tion** [-ʃn] *n* interceptación *f*; MAT intersección *f*. **in·ter·cept·or** [-tə(r)] *n* interceptador *m*.

in·ter·change **I.** [,intə'tʃeindʒ] *v* intercambiar, cambiar (con). **II.** [,intətʃeindʒ] *n* **1.** intercambio *m*, cambio *m*. **2.** cruce *m* por cambio de nivel (*in motorways*). **in·ter·change·able** [,intə'tʃeindʒəbl] *adj* intercambiable.

in·ter·com ['intəkɔm] *n* intercomunicación *f*; interfono *m*. **in·ter·com·mu·nic·ate** [,intəkə'mju:nikeit] *v* comunicarse, intercomunicarse (con). **in·ter·com·mu·nic·ation** [-'keiʃn] *n* intercomunicación *f*.

in·ter·com·mu·nion [,intəkə'mju:njən] *n* intercomunión *f*.

in·ter·con·nect [,intəkə'nekt] *v* interconectar(se). **in·ter·con·nect·ion** [-'nekʃn] *n* interconexión *f*.

in·ter·con·tin·ent·al [,intə'kɔnti'nentl] *adj* intercontinental.

in·ter·course ['intəkɔ:s] *n* trato *m*, intercambio *m*, relaciones *f pl* (*social*); relaciones *f pl* sexuales (*sexual*).

in·ter·de·nom·in·ation·al [,intədi,nɔmi'neiʃənl] *adj* interconfesional, común a varias religiones.

in·ter·de·part·ment·al [,intə,di:pa:t'mentl] *adj* interdepartamental.

in·ter·de·pend·ent [,intədi'pendənt] *adj* interdependiente. **in·ter·de·pend·ence, -·ency** [-ns, -nsi] *n* interdependencia *f*.

in·ter·dict [,intə'dikt] FML **I.** *v* JUR prohibir; interdecir. **II.** *n* interdicto *m*, entredicho *m*. **in·ter·dic·tion** [,intə'dikʃn] *n* interdicción *f*.

in·ter·dis·cip·lin·ary [,intə,disi'plinəri] *adj* interdisciplinario/a.

in·ter·est ['intrəst] **I.** *n* **1.** **(in sth)** interés *m* (en algo). **2.** **(on sth)**, interés *m* (sobre algo). **3.** (*gen pl*) intereses *m pl*, acciones *f pl*, participaciones *f pl*. **4.** beneficio *m*, provecho *m*. **5.** (*gen pl*) negocio *m*: *The steel ~s*, El negocio del acero. LOC **In sb's ~, in the ~ of sb**, en interés de, por el bien de. **To be of ~ to sb**, interesar a. **To bear ~**, devengar intereses. **To repay/return sth with ~**, devolver con intereses (*also* FIG). **To show an ~ in**, mostrar interés por/en. **II.** *v* interesar (en/por algo). **in·ter·est·ed** ['intrəstid] *adj* **(in sb/sth/doing sth), (to do sth)** interesado/a (en algo/hacer algo): *I would be interested to know if...*, Estaría interesado/a en saber si... LOC **~·ed party**, parte interesada. **in·ter·est·ing** [-iŋ] *adj* interesante.

in·ter·face ['intəfeis] *n* área *f* de contacto; COM P interfaz *f*.

in·ter·fere [,intə'fiə(r)] *v* **1.** **(between/in)**, entrometerse (entre/en), mezclarse, intervenir (en): *I never ~ in his affairs*, Nunca intervengo en sus asuntos. **2.** **(with)** obstaculizar, estorbar, dificultar (*plans, work,* etc); molestar (*sb*). **3.** manipular, estropear, meter las manos en, andar en: *Who's been interfering with my papers?*, ¿Quién ha metido las manos en mis papeles? **4.** abusar sexualmente de. **5.** interferir, producir interferencias en (*radio*). **in·ter·fer·ence** [,intə'fiərəns] *n* intromisión *f*; FIG interferencia *f*; interferencias *f pl* (*radio*). **in·ter·fer·ing** [-riŋ] *adj* entrometido/a.

in·ter·fuse [,intə'fju:z] *v* fundir(se), mezclar(se).

in·te·rim ['intərim] **I.** *n* ínterin *m*, intervalo *m*, intermedio *m*. LOC **In the ~**, entretanto. **II.** *adj* provisional, temporal.

in·ter·ior [in'tiəriə(r)] **I.** *n* interior *m*. **II.** *adj* interior, interno/a. LOC **~ decoration**, decoración *f* de interiores. **~ decorator**, decorador/ra de interiores. **~ design**, diseño *m* de interiores. **~ designer**, diseñador/ra de interiores.

in·ter·ject [,intə'dʒekt] *v* interponer, interrumpir. **in·ter·jec·tion** [,intə'dʒekʃn] *n* GRAM interjección *f*.

in·ter·lace [,intə'leis] *v* entrelazar(se) (con).

in·ter·lard [,intə'la:d] *v* **(with sth)** entreverar, salpicar de.

in·ter·leave [ˌintəˈliːv] *v* intercalar páginas en blanco.

in·ter·line [ˌintəˈlain] *v* **1.** entretelar (*sewing*). **2.** interlineal (*typing*). **in·ter·li·ne·ate** [ˌintəˈlinieit] interlinear. **in·ter·lin·ing** [-lainiŋ] *n* entretela *f*. **in·ter·li·ne·ar** [ˌintəˈliniə(r)] *adj* interlineal.

in·ter·link [ˌintəˈliŋk] *v* eslabonar, entrelazar.

in·ter·lock I. [ˌintəˈlɔk] *v* TEC engranar(se) (*parts, teeth of a machine*); entrelazar(se) (*fingers*, etc); conectar(se), encajar(se) (*pipes*). **II.** [ˈintəlɔk] *n* COM P malla *f*.

in·ter·lo·cu·tion [ˌintələuˈkjuːʃən] *n* interlocución *f*. **in·ter·lo·cut·or** [-ˈlɔkjutə(r)] *n* FML interlocutor/ra.

in·ter·lope [ˌintəˈləup] *v* entrometerse, inmiscuirse (en); COM traficar. **in·ter·lop·er** [ˈintələupə(r)] *n* intruso/a, entrometido/a; COM traficante *m*.

in·ter·lude [ˈintəluːd] *n* **1.** intermedio *m*, entreacto *m*; MUS interludio *m*. **2.** entremés *m* (*short play between acts*).

in·ter·mar·ri·age [ˌintəˈmæridʒ] *n* matrimonio *m* mixto (*between races, religions*, etc), matrimonio *m* entre consanguíneos.

in·ter·mar·ry [ˌintəˈmæri] *v* **1.** mezclarse por matrimonio (razas, religiones, etc, distintas). **2.** casarse con pariente o persona consanguínea, casarse entre sí (personas de la misma familia o grupo).

in·ter·me·di·ary [ˌintəˈmiːdiəri] *n/adj* (**between**) intermediario/a (entre).

in·ter·me·di·ate [ˌintəˈmiːdiət] *adj* (**between**) intermedio (entre).

in·ter·ment [inˈtɜːmənt] *n* FML entierro *m*, inhumación *f*.

in·ter·mez·zo [ˌintəˈmetsəu] (*pl* **-s**, **-zzi** [~tsi]) *n* intermezzo *m*.

in·ter·min·able [inˈtɜːminəbl] *adj* interminable. **in·ter·min·ably** [-li] *adv* interminablemente.

in·ter·min·gle [ˌintəˈmiŋgl] *v* entremezclar(se) (con).

in·ter·mis·sion [ˌintəˈmiʃn] *n* interrupción *f*, pausa *f*; descanso *m* (*cinema, theater*); TEAT entreacto *m*.

in·ter·mit·tent [ˌintəˈmitənt] *adj* intermitente. **in·ter·mit·tent·ly** [-li] *adv* intermitentemente.

in·ter·mix [ˌintəˈmiks] *v* (**sb/sth with sb/sth**), entremezclar(se) (con). **in·ter·mix·ture** [-tʃə(r)] *n* mezcla *f*, amasijo *m*.

in·tern [inˈtɜːn] *v* (**sb (in)**) internar, recluir (en). **in·tern·ee** [ˌintɜːˈniː] *n* internado/a. **in·tern·ment** [-mənt] *n* internamiento *m*. LOC **~·ment camp**, campo *m* de internamiento.

in·tern(e) [ˈintɜːn] (*also* **house·man**) *n* médico *m* interno.

in·tern·al [inˈtɜːnl] *adj* interno/a, interior. LOC **~ angle**, ángulo *m* interno. **~ combustion (engine)**, (motor *m*) de combustión interna. **~ medicine**, medicina *f* interna. **I~ Revenue**, US Hacienda *f* Pública. IR S (Internal Revenue Service), US Ministerio de Hacienda. **in·tern·al·ize, ~·ise**, [-nəlaiz] *v* internalizar. **in·tern·al·ly** [-li] *adv* internamente. LOC **Not to be used ~·ly**, para uso externo.

in·ter·na·tion·al [ˌintəˈnæʃnəl] **I.** *adj* internacional. **II.** *n* encuentro *m*, partido *m* internacional (*match*); internacional *m* (*player*). LOC **The I~**, la Internacional (*socialist/communist association*). **in·ter·na·tion·al·ize, ~·ise**, [-aiz] *v* internacionalizar. **in·ter·na·tion·al·ly** [-li] *adv* internacionalmente. **in·ter·na·tion·al·ism** [-izm] *n* internacionalismo *m*. **In·ter·na·tion·ale** [ˌintənæʃəˈnaːl] *n* **The ~**, la Internacional (*song*).

in·ter·ne·cine [ˌintəˈniːsain] *adj* de aniquilación mutua (*war, conflict*, etc).

in·ter·pel·late [inˈtɜːpeleit] *v* interpelar; interrumpir (orden del día). **in·ter·pel·la·tion** [inˌtɜːpəˈleiʃn] *n* interpelación *f*.

in·ter·pen·e·trate [ˌintəˈpenitreit] *v* compenetrarse. **in·ter·pen·e·tra·tion** [-ˈtreiʃn] *n* compenetración *f*.

in·ter·pla·net·ary [ˌintəˈplænitri] *adj* interplanetario/a.

in·ter·play [ˈintəplei] *n* interacción *f*, combinación *f*.

in·ter·pol·ate [inˈtɜːpəleit] *v* (**sth (into sth)**) FML interpolar (en). **in·ter·pol·ation** [inˈtɜːpəˈleiʃn] *n* interpolación *f*.

in·ter·pose [ˌintəˈpəuz] *v* FML **1.** (**sb/sth (between)**) interponer(se) (entre). **2.** interrumpir. **in·ter·po·si·tion** [ˌintəpəˈziʃn] *n* FML interposición *f*.

in·ter·pret [inˈtɜːprit] *v* **1.** (**as**) interpretar (*understand*). **2.** interpretar, explicar (*explain*): *How do you ~ his words?*, ¿Cómo interpretas sus palabras? **3.** (*a piece of music, a role*, etc). **4.** hacer de intérprete (*translate*). **in·ter·pret·ation** [inˌtɜːpriˈteiʃn] *n* interpretación *f*. **in·ter·pret·at·ive** [inˈtɜːpritətiv] (*also* **in·ter·pret·ive** [inˈtɜːpritiv]) *adj* interpretativo/a. **in·ter·pret·er** [-ə(r)] *n* intérprete *m, f*. **in·ter·pret·ing** [-iŋ] *n* interpretación *f* (*consecutive translation*).

in·ter·reg·num [ˌintəˈregnəm] (*pl* **-s**, **-na** [-nə]) *n* interregno *m*.

in·ter·rel·ate [ˌintəriˈleit] *v* (**(sth) (with sth)**) relacionar(se) (con).

in·ter·rog·ate [inˈterəgeit] *v* interrogar (sobre/acerca de). **in·ter·rog·ation** [inˌterəˈgeiʃn] *n* interrogatorio *m* (*by police*, etc); interrogación *f* (*question*). **in·ter·rog·at·ive** [ˌintəˈrɔgətiv] **I.** *adj* GRAM interrogativo/a (*pronoun, adverb*, etc); interrogador/ra, inquisitivo/a (*look, glance, tone*, etc). **II.** *n* GRAM interrogativo *m*. **in·ter·rog·at·ory** [ˌintəˈrɔgətri] **I.** *adj* FML interrogador/ra, inquisidor/ra. **II.** *n* JUR interrogatorio *m*.

in·ter·rupt [ˌintəˈrʌpt] *v* interrumpir; FIG romper, alterar, cortar. **in·ter·rupt·er** [-ə(r)] *n* interruptor/ra. **in·ter·rup·tion** [ˌintəˈrʌpʃn] *n* interrupción *f*.

in·ter·sect [ˌintəˈsekt] *v* **1.** cortar, dividir; cruzar(se) (*roads*, etc). **2.** MAT intersecar(se), tener su intersección (en). **in·ter·sect·ing** [-iŋ] *adj* secante, que corta. **in·ter·sec·tion**

[,intə'sekʃn] *n* intersección *f*; cruce *m* (*crossroads*).

in·ter·space [,intə'speis] **I.** *n* intervalo *m*, espacio *m* intermedio. **II.** *v* espaciar, dejar un espacio.

in·ter·sperse [,intə'spɜ:s] *v* **(sth among/between sth)** esparcir entre; **(sth with sth)** salpicar de, mezclar con. LOC **(Be) ~d with**, (estar) salpicado/a de, entremezclado/a de.

in·ter·state [,intə'steit] *adj* interestatal.

in·ter·stel·lar [,intə'stelə(r)] *adj* interestelar.

in·ter·stice [in'tɜ:stis] *n* FML intersticio *m*. **in·ter·sti·ti·al** [intə'stiʃl] *adj* intersticial.

in·ter·twine [,intə'twain] *v* entrelazar(se) (con).

in·ter·val ['intəvl] *n* intervalo *m* (entre); pausa *f*, descanso *m* (*break*); TEAT entreacto *m*, descanso *m*; MUS intervalo *m*. LOC **At ~s**, a intervalos, de vez en cuando.

in·ter·vene [,intə'vi:n] *v* FML **1.** mediar (*of time: be between*); transcurrir (*time: come*); mediar (*distance*). **2.** sobrevenir, tener lugar, ocurrir (*event, circumstance*). **3. (in sth)** intervenir, actuar, mediar (en) (*people*). **in·ter·ven·ing** [,intə'vi:niŋ] *adj* transcurrido/a. **in·ter·ven·tion** [,intə'venʃn] *n* intervención *f* (en). **in·ter·ven·tion·ist** [-ist] *n/adj* intervencionista *m,f*.

in·ter·view ['intəvju:] **I.** *n* entrevista *f*, interviú *f*. **II.** *v* entrevistar. **in·ter·view·er** [-ə(r)] *n* entrevistador/ra. **in·ter·view·ee** [-'i:] *n* entrevistado/a.

in·ter·weave [,intə'wi:v] (*pret* **-wove**, *pp* **-woven**) *v* entretejer(se) (con); FIG entrelazar(se), entremezclar(se) (con).

in·test·acy [in'testəsi] *n* JUR falta *f* de testamento. **in·test·ate** [in'testeit] *adj* JUR intestado/a.

in·tes·tin·al [in'testinl] *adj* intestinal. **in·tes·tine** [in'testin] **I.** *n* ANAT intestino *m*. LOC **Small/large ~**, intestino delgado/grueso. **2.** *adj* intestino/a, interno/a.

in·tim·acy ['intiməsi] *n* intimidad *f*; relaciones *f pl* íntimas o sexuales. **in·tim·ate** ['intimət] **I.** *v* FML insinuar, dar a entender. **II.** *adj* íntimo/a (*friend, feeling*); FML profundo/a (*knowledge*). LOC **To be ~ with sb**, intimar con, tener relaciones íntimas con alguien. **To be/get on ~ terms with sb**, estar en buenas relaciones, tener intimidad con. **in·tim·ation** [,inti'meiʃn] *n* FML insinuación *f*, indirecta *f*, indicación *f*.

in·tim·id·ate [in'timideit] *n* intimidar, amedrentar. **in·tim·id·at·ing** [-iŋ] *adj* intimidatorio/a. **in·tim·id·ation** [-ʃn] *n* intimidación *f*. **in·tim·id·at·ory** [in,timi'deitəri] *adj* intimidatorio/a.

into ['intə, 'intu:] *prep* **1.** en, dentro de (*movement*). **2.** a, hacia (*direction*): *Speak ~ the microphone*, Habla cerca del micrófono. **3.** en, a (*change*): *Change from...~...* cambiar de...a...; *Translate from Russian ~ English*, Traducir del ruso al inglés. **4.** MAT entre (*reversing the order of elements*): *2 ~ 20 = 10*, 20 entre 2 = 10. LOC **To be ~ sth**, ser aficionado/a a. **To burst ~ tears/laughter/song, etc**, romper a llorar/reír/cantar/etc. **To come/go ~**, entrar en; FIG acceder a (*into power*). **To cut sth ~**, cortar en. **To fall into**, caer(se) en/dentro de. **To get ~ trouble**, meterse en problemas. **To grow ~**, hacerse. **To put sth into**, meter en.

in·to·ler·able [in'tɔlərəbl] *adj* intolerable, insoportable. **in·to·ler·ably** [-bli] *adv* intolerablemente. **in·to·ler·ance** [-əns] *n* intolerancia *f*. **in·to·ler·ant** [-ənt] *adj* **(of sth)** intolerante (con/para).

in·ton·ation [,intə'neiʃn] *n* entonación *f*.

in·tone [in'təun] *v* entonar.

in·tox·ic·ant [in'tɔksikənt] **I.** *n* droga *f*, su(b)stancia *f* tóxica. **II.** *adj* tóxico/a; embriagador/ra (*esp alcoholic*). **in·tox·ic·ate** [in'tɔksikeit] *v* embriagar (*also* FIG); emborrachar (*alcohol*); MED intoxicar. **in·tox·ic·ation** [-'keiʃn] *n* embriaguez *f*, borrachera *f*; MED intoxicación *f*.

in·tract·able [in'træktəbl] *adj* FML intratable (*people*); difícil (*problem*). **in·tract·ab·il·ity** [-'biləti] *n* intratabilidad *f*, indocilidad *f* (*people*); dificultad *f* (*things*).

in·tra·mur·al [,intrə'mjuərəl] *adj* interior, interno/a; de intramuros.

in·tra·mus·cul·lar [,intrə'mʌskjulə(r)] *adj* intramuscular.

in·trans·ig·ent [in'trænsidʒənt] *adj* FML intransigente. **in·trans·ig·ence** [-əns] *n* intransigencia *f*.

in·trans·it·ive [in'trænsətiv] *adj/n* GRAM intransitivo/a. **in·trans·it·ive·ly** [-li] *adv* intransitivamente. **in·trans·it·iv·ity** [-'tivəti] *n* intransitividad *f*.

in·tra·state [,intrə'steit] *adj* intraestatal.

in·tra·u·te·rine [,intrə'ju:tərain] *adj* intrauterino/a. LOC **~ device** (*also* **coil**, *abrev* **IUD**), dispositivo *m* intrauterino (*abrev* DIU), espiral *f*.

in·tra·ven·ous [,intrə'vi:nəs] *adj* intravenoso/a.

in·trench V. **entrench**.

in·tre·pid [in'trepid] *adj* intrépido/a. **in·tre·pid·ity** [,intri'pidəti] *n* intrepidez *f*.

in·tric·ate ['intrikət] *adj* intrincado/a, complicado/a. **in·tric·acy** [-kəsi] *n* complejidad *f*, complicación *f*, intrincación *f*.

in·trigue I. [in'tri:g] *v* **1. (against sb)** intrigar contra. **2. (sb)** intrigar a, excitar el interés/la curiosidad de. **II.** ['intri:g] [in'tri:g] *n* intriga *f* (*secret plan, conspiracy*); enredo *m*, lío *m* (*secret arrangement*). **in·tri·guer** [in'tri:gə(r)] *n* intrigante *m, f*. **in·tri·guing** [-giŋ] *adj* intrigante (*all senses*); fascinante (*fascinating*).

in·trins·ic [in'trinsik] *adj* intrínseco/a.

in·tro·duce [,intrə'dju:s] *v* **1.** introducir, meter en; FIG incorporar (*sth, in general*); hacer pasar a, hacer entrar en (*sb*). **2. (sb (to sb))** presentar(se): *Let me ~ myself*, Permítame presentarme. **3. (sth (to sb))** presentar, anunciar (*by a speaker*); introducir, presentar (*for discussion*). **4. (sb to/into sth)** iniciar, introducir en (*to the pleasures of modern* *music*, etc). **5.** prologar (*a book*). **6.** **(sth (in/into sth))** lanzar (al mercado), presentar (*new fashion, product*).

in·tro·duc·tion [,intrə'dʌkʃ] *n* introducción *f* (*in general*); presentación *f* (*of one person to another*). LOC **Letter of ~**, carta de presentación; prólogo *m*, prefacio *m*, introducción *f* (*of a book*); MUS preludio *m*. **in·tro·duct·ory** [-ktəri] *adj* introductorio/a.

in·tro·it ['intrɔit] *n* REL introito *m*.

in·tro·spect [,intrə'spekt] *v* FML hacer introspección. **in·tro·spec·tion** [-'spekʃn] *n* introspección *f*. **in·tro·spect·ive** [-spektiv] *adj* introspectivo/a.

in·tro·vert ['intrəvɜ:t] *n/adj* introvertido/a. **in·tro·vert·ed** [-id] *adj* introvertido/a. **in·tro·ver·sion** [-'vɜʃn] *n* introversión *f*.

in·trude [in'tru:d] *v* **1.** **(oneself) into/on/ upon sth)** entrometerse, inmiscuirse (en) (*sb's privacy*). **2.** **(into/upon/on sth)** interrumpir (*conversation*); molestar (*people*): *Am I intruding?*, ¿Molesto? **3.** **(sth (into/ upon/on sth))** introducir, meter a la fuerza. **in·trud·er** [-ə(r)] *n* intruso/a.

in·tru·sion [in'tru:ʒn] *n* intrusión *f* (en/dentro de). **in·trus·ive** [in'tru:siv] *adj* intruso/a.

in·tuit [in'tju:it] *v* FML intuir. **in·tu·ition** [,intju:'iʃn] *n* intuición *f*. **in·tu·it·ive** [in'tju:itiv] *adj* intuitivo/a.

in·und·ate ['inʌndeit] *v* inundar (de/con) (*also* FIG). **in·und·ation** [,inʌn'deiʃn] *n* inundación *f*.

in·ure [i'njuз(r)] *v* FML habituar(se), acostumbrar(se) a.

in·vade [in'veid] *v* invadir (*also* FIG). **in·vad·er** [-ə(r)] *n* invasor/ra. **in·vad·ing** [-iŋ] *adj* invasor/ra.

in·val·id **I.** [in'vælid] *adj* nulo/a, no válido/a (*argument, reason; contract, marriage*, etc). LOC **To become ~**, caducar. **in·val·id·ate** [in'vælideit] *v* invalidar, anular. **in·val·id·ation** [-'deiʃn] *n* invalidación *f*, anulación *f*. **in·val·id·ity** [,invə'lidəti] **I.** **1.** JUR *n* invalidez *f*, nulidad *f*. **2.** MED *n* invalidez *f*; enfermedad *f*. LOC **~ pension**, pensión *f* de invalidez. **II.** ['invəlid] *n, adj* inválido/a (*disabled*); enfermo/a. LOC **~ chair/diet/carriage**, silla *f*, dieta *f*, carrito *m* de inválidos. **III.** [,invə'li:d] *v* **(sb)** incapacitar; **(sb home)** MIL licenciar por invalidez. **(sb out)** dar de baja por invalidez.

in·val·u·able [in'væljuəbl] *adj* **(to sb)** inestimable, inapreciable (para).

in·var·i·able [in'veəriəbl] *adj* invariable. **in·var·i·ab·il·ity** [-'biləti] *n* invariabilidad *f*. **in·var·i·ably** [-bli] *adv* invariablemente.

in·va·sion [in'veiʒn] *n* invasión *f* (*also* FIG). **in·vas·ive** [in'veisiv] *adj* invasor/ra.

in·vect·ive [in'vektiv] *n* FML invectiva *f*, improperio *m*.

in·veigh [in'vei] *v* **(against sb/sth)** FML vituperar, lanzar invectivas contra.

in·veigle [in'veigl] *v* **1.** **(sb into sth/doing sth)** engatusar, embaucar (para que + *subj*). **2.** inducir/persuadir con engaño (a que + *subj*). **in·veigle·ment** [-mənt] *n* engatusamiento *m*, embaucamiento *m*.

in·vent [in'vent] *v* inventar (*create, design; telephone, television*); inventar, idear (*story, name, excuse*, etc). **in·ven·tion** [in'venʃn] *n* **1.** invención *f* (*action*). **2.** inventiva *f* (*inventiveness*). **3.** invento *m* (*object invented*). **in·vent·ive** [in'ventiv] *adj* inventivo/a. **in·vent·ive·ness** [-nis] *n* inventiva *f*. **in·vent·or** [-ə(r)] *n* inventor/ra. **in·vent·ory** ['invəntri] **I.** *n* inventario *m*. **II.** *v* inventariar, hacer inventario de.

in·verse **I.** [,in'vɜ:s] *adj* inverso/a. **II.** ['invɜ:s] *n* **the ~**, lo inverso, lo opuesto, lo contrario. **in·verse·ly** [in'vɜ:sli] *adv* inversamente. **in·ver·sion** [in'vɜ:ʃn] *n* inversión *f*. **in·vert** [in'vɜ:t] *v* invertir. LOC **~·ed commas**, comillas *f pl*.

in·ver·te·brate [in'vɜ:tibreit] *adj/n* ZOOL invertebrado/a.

in·vest [in'vest] *v* **1.** **(sth (in sth))** invertir (en) (*money; time, energy*); **(in sth)** invertir dinero en, hacer una inversión en; FAM comprarse: *It's time I ~.ed in a new coat*, Es hora de que me gaste el dinero en un abrigo nuevo. **2.** **(sb as/with)** FML investir (como/ con). **3.** **(sb/sth with sth)** revestir de, envolver en: *The old castle is ~.ed with mystery*, El viejo castillo se halla envuelto en misterio. **4.** (*obsolete*) sitiar, cercar (*besiege*). **in·vest·ment** [-mənt] *n* inversión *f* (*of money*); (*obsolete*) sitio *m*, cerco *m*; investidura *f* (*with power*); *pl* **~s**, valores *m pl* en cartera. **in·vest·or** [-ə(r)] *n* inversor/ra, inversionista *m,f*.

in·vest·ig·ate [in'vestigeit] *v* investigar; examinar, estudiar (*analyse*). **in·vest·ig·ation** [in,vesti'geiʃn] *n* investigación *f*; examen *m*, estudio *m* (*analysis*). **in·vest·ig·at·or** [-tə(r)] *n* investigador/ra.

in·vest·it·ure [in'vestiʃə(r)] *n* investidura *f*.

in·vet·er·ate [in'vetərət] *adj* inveterado/a; arraigado/a (*habit, feeling*); empedernido (*person*). **in·vet·er·ate·ly** [-li] *adv* inveteradamente. **in·vet·er·acy** [in'vetərəsi] *n* costumbre *f* arraigada.

in·vid·i·ous [in'vidiəs] *adj* odioso/a, enojoso/a.

in·vi·gil·ate [in'vidʒileit] *v* **(at) sth**, vigilar (*an exam*). **in·vi·gil·ation** [-ʃn] *n* vigilancia *f*. **in·vi·gil·at·or** [-tə(r)] *n* vigilante *m,f*.

in·vi·gor·ate [in'vigəreit] *v* vigorizar, dar vigor a (*also* FIG). **in·vig·or·at·ing** [-tiŋ] *adj* vigorizador/ra, tonificador/ra, estimulante.

in·vin·ci·ble [in'vinsəbl] *adj* invencible. **in·vin·cib·il·ity** [in,vinsə'biləti] *n* invencibilidad *f*. **in·vin·ci·bly** [-bli] *adv* invenciblemente.

in·vi·ol·able [in'vaiələbl] *adj* FML inviolable. **in·vi·ol·ab·il·ity** [-'biləti] *n* inviolabilidad *f*. **in·vi·ol·ate** [in'vaiəleit] *adj* FML inviolado/a; **(from sth)** a salvo de.

in·vis·ib·il·ity [in,vizə'biləti] *n* invisibilidad *f*. **in·vis·ible** [in'vizəbl] *adj* invisible. LOC **~ ink**, tinta *f* simpática. **~ mending**, remiendo *m*, zurcido *m* invisible. **in·vis·ibly** [-bli] *adv* invisiblemente.

in·vite [in'vait] *v* **1. (sb (to sth))** invitar, convidar (a algo) (*to food or drink*). **2. (sb to do sth)** invitar (a + *inf*, a que + *subj*) (*also* FIG): *The sea ~d us to swim*, El mar nos invitaba a bañarnos. **3.** solicitar (*questions, comments*, etc); FIG buscar, provocar, causar (*trouble, criticism, problems*): *Your opinions are ~d*, Solicitamos sus comentarios. **4. (sb along/down/in/out/over/round/up)** invitar a entrar/salir/subir/bajar, etc: *I ~d her out last night*, La invité a salir anoche. **in·vit·ation** [invi'teiʃn] *n* invitación *f* (a algo/a hacer algo) (*all senses*). **in·vit·ing** [in'vaitiŋ] *adj* tentador/ra, atrayente.

in·voc·ation [,invə'keiʃn] *n* invocación *f*.

in·voice ['invɔis] **I.** *n* factura *f*. **II.** *v* facturar.

in·voke [in'vəuk] *v* FML invocar.

in·vo·lun·tar·ily [in'vɔləntrəli] *adv* involuntariamente. **in·vo·lun·ta·ri·ness** [in'vɔləntrinis] *n* involuntariedad *f*. **in·vo·lun·ta·ry** [in'vɔləntri] *adj* involuntario/a.

in·vo·lute ['invəlu:t] (*also* **involuted**) *adj* enrevesado/a, complejo/a, complicado/a; BOT en voluta. **in·vo·lu·tion** [,invə'lu:ʃn] *n* involución *f*.

in·volve [in'vɔlv] *v* **1.** acarrear, implicar, suponer, conllevar (*entail*). **2. (sb in/with sth)** comprometer, complicar, mezclar (en). LOC **To be ~d in**, estar implicado en. **To become/get ~d in**, comprometerse en. **in·volv·ed** [-d] *adj* rebuscado/a, complicado/a. **in·volve·ment** [-mənt] *n* complicación *f*; **(in sth)**, implicación *f* (en algo).

in·vul·ner·able [in'vʌlnərəbl] *adj* invulnerable (a algo) (*also* FIG). **in·vul·ner·ab·il·ity** [in,vʌlnərə'biləti] *n* invulnerabilidad *f*.

in·ward ['inwəd] **1.** *adj* interior, interno/a; íntimo/a (*thoughts, feelings*). **2.** *adv* (*also* **~s**) hacia dentro. LOC **~-looking**, introvertido/a. **in·ward·ly** [-li] *adv* internamente, interiormente; para mis/tus/sus adentros. **in·ward·ness** [-nis] *n* esencia *f*, interioridad *f*; sentido *m* interno. **in·wards I.** ['inwədz] *adv* hacia dentro. **II.** ['inədz] *n* entrañas *f pl*.

in·wrought [,in'rɔ:t] *adj* **(with/in)** entretejido/a con/en (*interwoven*); embutido/a en, incrustado/a en (*inlaid*).

iod·ic [ai'ɔdik] *adj* yódico/a. **iod·ide** ['aiədaid] *n* yoduro *m*. **iod·ine** ['aiədi:n] *n* yodo *m*. **iod·ize, --ise** ['aiədaiz] *v* yodar.

ion ['aiən] *n* ion *m*. **ion·ize, --ise** [-aiz] *v* ionizar. **ion·iz·ation** [-'eiʃn] *n* ionización *f*.

Ion·i·an [ai'əuniən] *n/adj* jonio/a, jónico/a. LOC **I~ Sea**, Mar Jónico. **Ion·ic** [ai'ɔnik] *adj* jónico/a.

ion·ic [ai'ɔnik] *adj* iónico/a.

iono·sphere [ai'ɔnəsfiə(r)] *n* ionosfera *f*.

iota [ai'əutə] *n* iota *f*. LOC **Not an ~ of**, ni jota de.

IOU [,ai əu 'ju:] *n* INFML (*abrev of 'I owe you'*) pagaré *m*.

IPA [,ai pi: 'ei] *n* (*abrev* de *International Phonetic Alphabet/Association*) Alfabeto *m* (*o* Asociación *f*) fonético/a internacional.

I.Q. ['aikju] *abrev* coeficiente *m* intelectual (CI).

IRA [,ai a:r 'ei] *n* (*abrev of Irish Republican Army*) IRA *m*.

I·ra·ni·an [i'reinjən] *n, adj* iraní (*pl* **-ies**) (*of modern Iran*); iranio/a (*of ancient Iran*).

I·ra·qi [i'ra:ki] *n, adj* iraquí (*pl* **-ies**).

i·ras·cible [i'ræsəbl] *adj* FML irascible, iracundo/a. **iras·cib·il·ity** [i,ræsə'biləti] *n* irascibilidad *f*. **ir·ate** [ai'reit] *adj* FML airado/a, colérico/a. **ire** ['aiə(r)] *n* FML ira *f*, cólera *f*.

i·ri·des·cence [,iri'desns] *n* iridescencia *f*, irisación *f*. **iri·des·cent** [,iri'desnt] *adj* FML iridiscente, irisado/a.

i·ris ['aiəris] *n* ANAT iris *m*; BOT lirio *m*. LOC **~ diaphragm**, diafragma *m* iris (*photography*).

I·rish ['aiəriʃ] **I.** *adj* irlandés/esa. **II.** *n* irlandés *m* (*language*). LOC **~·man** (*pl* **-men**) *n* irlandés *m*. **~·woman** (*pl* **-women**) *n* irlandesa *f*.

irk [ɜ:k] *v* fastidiar, molestar. **~·some** ['ɜksəm] *adj* fastidioso/a, molesto/a.

i·ron ['aiən] **I.** *n* **1.** hierro *m*. **2.** plancha *f* (*for clothes*). **3.** hierro *m*, palo *m* de golf con cabeza de hierro. **4. ~s**, grilletes *m pl*, cadenas *f pl* (*fetters*). LOC **Brand·ing ~**, hierro *m* de marcar ganado. **Cast ~**, hierro colado. **Fire-~s**, atizadores *m* de chimenea. **Red-hot ~**, hierro candente. **The I~ Age**, la Edad de hierro. **The I~ Curtain**, el telón de acero. **To put/clap sb in irons**, poner grilletes a alguien. **To rule with a rod of ~**, gobernar con mano de hierro. **To strike while the ~ is hot**, aprovechar la ocasión. **Will of ~, ~ will**, voluntad *f* férrea. **Wrought ~**, hierro forjado. **II.** *v* planchar; (+ *adv*) plancharse: *This shirt ~s well*, Esta camisa se plancha muy bien. **((sth) out)** quitar con la plancha (*creases, folds*); FAM limar, pulir (*misunderstandings, problems*). **i·ron·ing** [-iŋ] *n* planchado *m*. LOC **~·ing-board**, tabla *f* de planchar.

i·ron..., **~ foundry**, *n* fundición *f*. **~ grey**, *n* gris oscuro. **~ lung**, *n* pulmón *m* de acero. **~ monger**, *n* ferretero *m*. **~ mongery**, *n* ferretería *f*. **~ mould**, *n* mancha *f* de tinta u orín. **~-stone**, *n* mineral *m* de hierro. **~·work**, *n* herrajes *m pl*. **~·works**, *n* siderurgia *f*, fundición *f*. **~ ore**, *n* mineral *m* de hierro. **~ rations**, *n* MIL ración *f* (enlatada) de emergencia.

i·ron·ic, i·ron·ic·al [ai'rɔnik(l)] *adj* irónico/a. **i·ron·ic·al·ly** [-əli] *adv* irónicamente. **i·ron·y** ['aiərəni] *n* ironía *f*.

ir·ra·di·ance, -ancy [i'reidjəns(i)] *n* irradicación *f*, radiación *f*. **ir·ra·di·ant** [-ənt] *adj* radiante. **ir·ra·di·ate** [i'reidieit] *v* irradiar; FIG brillar. LOC **~d with**, radiante de (*joy*, etc).

ir·ra·tion·al [i'ræʃnl] *adj* irracional. **ir·ra·tion·al·ity** [i,ræʃə'næləti] *n* irracionalidad *f*. **ir·ra·tion·al·ly** [-li] *adv* irracionalmente.

ir·re·con·cil·able [i'rekənsailəbl] *adj* FML irreconciliable, incompatible (con).

ir·re·cov·er·able [,iri'kʌvərəbl] *adj* FML irrecuperable. **ir·re·cov·er·ably** [-bli] *adv* irrecuperablemente.

ir·re·deem·able [,iri'di:məbl] *adj* FML irredimible; COM no amortizable (*paper money*); irreparable (*loss*, etc).

ir·re·du·cible [,iri'dju:səbl] *adj* FML irreducible, irreductible.

ir·re·fut·able [,iri'fju:təbl] *adj* FML irrefutable. **ir·re·fut·ably** [-bli] *adv* irrefutablemente.

ir·reg·u·lar [i'regjulə(r)] **I.** *adj* irregular (*all senses*). **II.** *n* soldado *m* irregular, guerrillero *m*. **ir·reg·u·lar·ity** [i,regju'lærəti] *n* irregularidad *f*.

ir·rel·ev·ance, -·ancy [i'reləvəns(i)] *n* improcedencia *f*, impertinencia *f*. **ir·rel·ev·ant** [-ənt] *adj* fuera de lugar, no pertinente, improcedente. LOC **To be ~ to**, no tener nada que ver con.

ir·re·li·gi·ous [,iri'lidʒəs] *adj* irreligioso/a, irreverente.

ir·re·me·di·able [,iri'mi:diəbl] *adj* FML irremediable. **ir·re·me·di·ably** [-bli] *adv* irremediablemente.

ir·re·mis·si·ble [,iri'misəbl] *adj* irremisible; inevitable.

ir·re·mov·able [,iri'mu:vəbl] *adj* inamovible; insuperable (*obstacle*).

ir·re·par·able [i'repərəbl] *adj* irreparable, irremediable.

ir·re·place·able [,iri'pleisəbl] *adj* irreemplazable, insustituible.

ir·re·press·ible [,iri'presəbl] *adj* irreprimible, incontenible; incontrolable, indomable (*person*)

ir·re·proach·able [,iri'prəutʃəbl] *adj* irreprochable.

ir·res·ist·ib·il·ity ['iri,zistə'biləti] *n* irresistibilidad. **ir·res·ist·ible** [,iri'zistəbl] *adj* irresistible.

ir·re·sol·ute [i'rezəlu:t] *adj* FML irresoluto/a, indeciso/a. **ir·re·sol·ute·ly** [-li] *adv* sin resolución. **ir·re·so·lu·tion** [-ʃn], **ir·re·so·lut·ness** [-nis] *n* irresolución *f*, indecisión *f*.

ir·re·spect·ive of [,iri'spektiv əv] *prep* sin considerar, sin tener en cuenta.

ir·re·spon·sib·il·ity [,iri,spɔnsə'biləti] *n* irresponsabilidad *f*. **ir·re·spon·si·ble** [,iri'spɔnsəbl] *adj* irresponsable. **ir·re·spon·si·bly** [-bli] *adv* irresponsablemente.

ir·re·triev·able [,iri'tri:vəbl] *adj* FML irrecuperable, irremediable, irreparable.

ir·rev·er·ence [i'revərəns] *n* irreverencia *f*. **ir·rev·er·ent** [i'revərənt] *adj* irreverente.

ir·re·vers·ib·il·ity ['iri,vɜ:sə'biləti] *n* irreversibilidad *f*; irrevocabilidad *f*. **ir·re·vers·ible** [,iri'vɜ:səbl] *adj* irreversible (*damage*); irrevocable (*judgement, decision*). **ir·re·vers·ibly** [-bli] *adv* irreversiblemente; irrevocablemente.

ir·re·voc·able [i'revəkəbl] *adj* irrevocable, final. **ir·re·vocab·il·ity** [-'biləti] *n* irrevocabilidad *f*.

ir·rig·ate ['irigeit] *v* MED , AGR irrigar; AGR regar. **ir·rig·ation** [-geiʃn] *n* irrigación *f*, riego *m*. LOC **~ canal**, acequia *f*.

ir·rit·able ['iritəbl] *adj* irritable, irascible. **ir·rit·ab·il·ity** [-əti] *n* irritabilidad *f*.

ir·rit·ant ['iritənt] *n*, *adj* irritante. **ir·rit·ate** ['iriteit] *v* irritar (*all senses*). **ir·rit·ation** [,iri'teiʃn] *n* irritación *f*.

ir·rup·tion [i'rʌpʃn] *n* irrupción *f* (en).

is [iz] es, está. V. **be**.

ISBN [,ai es bi: 'en] *abrev* de *International Standard Book Number*.

is·in·glass ['aiziŋgla:s] *n* cola *f*, pegamento *m* de pescado (*glue*).

Is·lam [iz'la:m] *n* Islam *m*. **Is·lam·ic** [iz'læmik] *adj* islámico/a.

is·land ['ailənd] *n* **1**. isla *f*. **2**. isleta *f*, zona *f* protegida para peatones (*in road*). **is·land·er** [-ə(r)] *n* isleño/a.

isle [ail] *n* isla *f* (*in poetry and proper names*): *The British ~s, The ~ of Man*.

ism ['izəm] *n* ismo *m* (*doctrine*).

isn't ['iznt] *contracción* de **is not**.

iso·bar ['aisəba:(r)] *n* isobara *f*.

iso·gloss ['aisəglɔs] *n* isoglosa *f*.

isol·ate ['aisəleit] *v* **(sb/sth (from))** aislar, separar (de). **isol·ation** [,aisə'leiʃn] *n* aislamiento *m*. LOC **In ~**, aisladamente, por separado. **~ hospital/ward**, hospital *m* para infecciosos. **isol·ation·ism** [,aisə'leiʃənizəm] *n* aislacionismo *m*. **isol·ation·ist** [-nist] *n* aislacionista *m,f*.

iso·morph ['aisəmɔ:f] *n* isomorfo *m*. **iso·morph·ic** [,aisə'mɔfik], **iso·morph·ous** [-əs] *adj* isomórfico/a.

iso·sce·les [ai'sɔsəli:z] *adj* isósceles.

iso·therm ['aisəθɜ:m] *n* isoterma *f*.

iso·tope ['aisətəup] *n* isótopo *m*.

Is·ra·el·i [iz'reili] *n/adj* israelí (*pl* **-ies**). **Is·ra·el·ite** ['izriəlait] *n/adj* israelita.

is·sue ['iʃu:, 'isju:] **I.** *n* **1**. MED salida *f*, flujo *m* (*outflow*). **2**. publicación *f*, edición *f*, tirada *f* (*of books*, etc); emisión *f* (*of stamps, shares, banknotes*). **3**. número *m*, edición *f* (*copy*): *The July ~*, El número de Julio. **4**. FML resultado *m*, consecuencia *f*. **5**. tema *f*, cuestión *f*, punto *m* (*topic*). **6**. JUR descendencia *f*: *Die without ~*, Morir sin descendencia. LOC **(Matter/point/etc.) at ~**, tema en cuestión, asunto en discusión. **side ~**, cuestión secundaria. **To avoid/evade the ~**, andar con rodeos, FAM marear la perdiz. **To await the ~**, esperar el desenlace. **To bring to a successful ~**, llevar a buen término. **To face the ~**, afrontar la cuestión. **To force the ~**, forzar el desenlace. **To make an ~ (out) of sth**, hacer una cuestión capital de. **To take ~ with sb**, no ponerse de acuerdo con. **II.** *v* **1. (out/forth) from sth**, salir (de); FIG derivarse de, resultar de, deberse a; proceder de, venir de (*family*): *His problems ~ from his lack of experience*, Sus problemas se deben a su falta de experiencia. **2**. publicar, editar (*books*, etc); emitir, poner en circulación (*stamps, banknotes, shares*). **3**. **(sth to sb), (sb with sth)** dar, suministrar, facilitar: *The Red Cross ~d warm clothing to the children*, La Cruz Roja facilitó ropas de abrigo a los niños. **4**. expedir (*visa, certificate*); pronunciar, emitir (*verdict*); dar (*order, instructions*). **5**. **(in)** llegar a, resultar en. **is·sue·less** [-lis] *adj* sin descendencia.

isth·mus ['isməs] (*pl* **-es**) *n* istmo *m*.

it [it] **I**. *pers pron* **1**. (*as subject, gen omitted*): él, ella, ello: *~ is hot*, Está caliente (*cfr. It is hot in II. 2.*). *Where is ~?*, ¿Dónde está? *-Who is ~? -~ is I/me*, -¿Quién es? -Soy yo. **2**. (*as object*): lo, la (*accusative*); le (*dative*): *I saw ~ yesterday*, Lo vi ayer. *I want to see ~*, Quiero verlo. *Give ~ a push*, Dale un empujón. **3**. (*after prep*): él, ella, ello: *We spoke about ~ yesterday*, Hablamos de ello ayer. **II**. **1**. (*empty reference with meteorological verbs, always omitted*): *~ is raining*, Está lloviendo. **2**. (*with ambient adjectives*): *~* **is/was etc**, hace/hacía, etc. *~ is hot/cold/windy*, Hace calor/frío/viento. **3**. (*anticipatory of inf or that clause, always omitted*): *~ is wonderful to be here*, Es maravilloso estar aquí. *~ is said that he is coming*, Se dice que va a venir. **4**. (*with time expressions*): es, son: *~ is one o'clock*, Es la una en punto. *It is six*. Son las seis. LOC **That's ~!** ¡eso es! (*agreement*); ya está bien, se acabó (*that's all*). **This is ~**, llegó la hora; eso es... **How is ~ that...?** ¿Cómo es que...? **~ is a long way to X**, hay mucha distancia hasta X, X está muy lejos. **~ is a long time since...** hace mucho (tiempo) que... **III**. *n* FAM **1**. aquél, algo, no sé qué: *She's got ~*, (Ella) tiene un algo, un no sé qué. *He thinks he's ~*, Se lo tiene creído. LOC **I'm ~, You're ~**, la quedo/as, la llevo/as (*in children's games*). **2**. FAM vermut.

IT ['aiti] abrev de *Information Technology*.

I·tal·i·an [i'tæliən] *n, adj* italiano/a.

i·tal·ic [i'tælik] *adj* cursiva *f*, bastardilla *f*. LOC **In ~s**, en cursiva. **i·tal·icize, ~·ise** [i'tælisaiz] *v* escribir, imprimir en cursiva o bastardilla.

itch [itʃ] **I**. *n* **1**. picor *m*, escozor *m*, comezón *f*. **2**. FIG **(for sth/to do sth)** ansia *f* de, ganas *f pl* de; FML prurito *m* de. LOC **The seven-year ~**, INFML la crisis del séptimo año. **To have an ~ for sth**, estar impaciente por. **II**. *v* **1**. picar(le a uno), escocer(le a uno): *My leg itches*, Me pica la pierna. **2**. **(for sth/to do sth)** ansiar, desear, anhelar; INFML estar loco por, rabiar por: *I'm ~ing to see her*, Estoy loco por verla. **itch·ing** [-iŋ] *adj* que pica; irresistible, apremiante (*desire*). LOC **~ powder**, polvos *m pl* pica-pica. **To have an itching palm**, ser codicioso. **itch·y** ['itʃi] *adj* (*comp* **-ier**, *sup* **-iest**) que pica. LOC **To get/have ~ feet**, INFML (estar) ansioso/a por viajar.

it'd ['itəd] *contracción* de **it would**, **it had**.

i·tem ['aitəm] **I**. *n* punto *m* (*on an agenda*); artículo *m* (*in a list or catalogue*); COM partida *f*, asiento *m*; noticia *f* (*piece of news*). **II**. *adv* ítem. **i·tem·ize, ~·ise** ['aitəmaiz] *v* detallar.

i·ter·ate ['itəreit] *v* FML (re)iterar, repetir. **i·ter·ation** [,iə'reiʃn] *n* (re)iteración *f*, repetición *f*. **i·ter·at·ive** ['itərətiv] *adj* (re)iterativo/a, repetitivo/a.

i·ti·ner·ant [ai'tinərənt] *adj* itinerante, ambulante. **i·ti·ner·ary** [ai'tinərəri] *n* itinerario *m*, ruta *f*; guía *f* (*guidebook*).

it'll ['tl] *contracción* de **it will**.

its [its] *possessive*: su, sus.

it's [its] *contracción* de **it is**, **it has**.

it·self [it'self] **I**. *reflexive pron* se. **II**. *emphatic pron* mismo/a, propio/a: *The house ~ is a reflection of his personality*, La propia casa es un reflejo de su personalidad. **III**. *after prep* sí (mismo/a). LOC **By ~** solo/a (*without help; alone*).

IUD [,ai ju: 'di:] *n* (contracción *de intrauterine device*) DIU (dispositivo *m* intrauterino).

I've ['aiv] *contracción* de **I have**.

i·vi·ed ['aivid] *adj* cubierto/a de hiedra/yedra.

i·vo·ry ['aivəri] *n* marfil *m* (*substance*); pieza *f* de marfil (*object*); color *m* marfil (*colour*); FAM *pl* dientes *m,pl*; teclas *f,pl* (*piano keys*). LOC **~ tower**, torre *f* de marfil.

i·vy ['aivi] *n* BOT hiedra *f*, yedra *f*.

J, j [dʒei] *n* 'j' *f* (*letter*).

jab [dʒæb] **I.** *n* pinchazo *m* (*poke; prick*); codazo *m* (*with elbow*); gancho *m* (*in boxing*); INFML pinchazo *m*, inyección *f*. **II.** (pret, pp **-bb-**) *v* **1. (sth at sb/sth;** *also* **to ~ jab at sb/sth with sth)** golpear, dar/asestar un golpe; dar un puñetazo (*with fist*); dar un codazo (*with elbow*). **2. (sth in/into sb/sth)** pinchar(se) en, clavar(se) en: *He ~bed the knife into the door*, Clavó el cuchillo en la puerta.

jab·ber ['dʒæbə(r)] **I.** *n* (*also* **jab·ber·ing** ['dʒæbəriŋ]) farfulla *f*, charloteo *m*, cotorreo *m*. **II.** *v* farfullar, charlotear, cotorrear.

jack [dʒæk] **I.** *n* **1.** AUT gato *m*. **2.** NAUT pabellón *m*, bandera *f* (*flag*). **3.** (*also* **knave**) jota *f* (*cards*), sota *f* (*Spanish cards*). **4.** boliche *m* (*in bowls*). **II.** *v* **1. (sth in)** SL dejar a un lado. **2. (sth up)** AUT levantar con un gato; FIG hacer subir, elevar (*salary, payment, prices*); INFML organizar.

Jack [dʒæk] *n* Juanito *m* (*familiar form for John*). LOC **A ~ of all trades (and master of none)**, maestro de todo (y oficial de nada). **Before you can/could say ~ Robinson**, en un abrir y cerrar de ojos. **Every ~ has his Jill**, cada oveja con su pareja. **Every man ~**, cada quisque. **~ Frost**, helada *f* (*freeze*); invierno *m* (*winter*).

jack-..., **~-in-office**, *n* funcionario *m* mandarín. **~-in-the-box**, *n* (*pl* **~-in-the-boxes**) caja *f* sorpresa (con resorte que hace saltar un muñeco al abrirla).

jac·kal ['dʒækɔ:l] *n* chacal *m*.

jack·an·apes ['dʒækəneips] *n* mequetrefe *m*; diablillo *m* (*naughty child*).

jack·ass ['dʒækæs] *n* burro *m* (*also* FIG).

jack·boot ['dʒækbu:t] *n* bota *f* alta. LOC **Under the ~ of**, bajo la suela del zapato de, bajo la opresión de.

jack·daw ['dʒækdɔ:] *n* ZOOL grajilla *f*.

jack·et ['dʒækit] *n* **1.** chaqueta *f* (*men's and women's*); americana *f* (*only men's*). **2.** TEC camisa *f* (*cover round a tank, pipe, boiler*, etc). **3.** (*also* **dust-~**) camisa *f*, sobrecubierta *f* (*for books*). **4.** piel *f* (*of potatoes*). LOC **Strait-~**, camisa *f* de fuerza.

jack-knife ['dʒæknaif] **I.** *n* (*pl* **~ves**) **1.** navaja *f*. **2.** salto *m* de la carpa. **II.** *v* (de un camión articulado) cruzarse en la carretera en forma de V.

jack plane ['dʒækplein] *n* TEC garlopa *f*.

jack·pot ['dʒækpɔt] *n* **1.** bote *m* (*cards*); premio *m* gordo (*gambling*). LOC **To hit the ~**, ganar el premio gordo; FIG acertar, dar en el blanco.

Ja·co·be·an [,dʒækə'biən] *adj* de la época de Jacobo I. **Ja·co·bin** ['dʒækəbin] *n* jacobino/a. **Ja·cob·ite** ['dʒækəbait] *n* jacobita *m,f* (partidario de Jacobo II).

jade [dʒeid] *n* **1.** MIN jade *m*. **2.** penco *m*, rocín *m*. **3.** (*derogatory, jocular*) mujerzuela *f*.

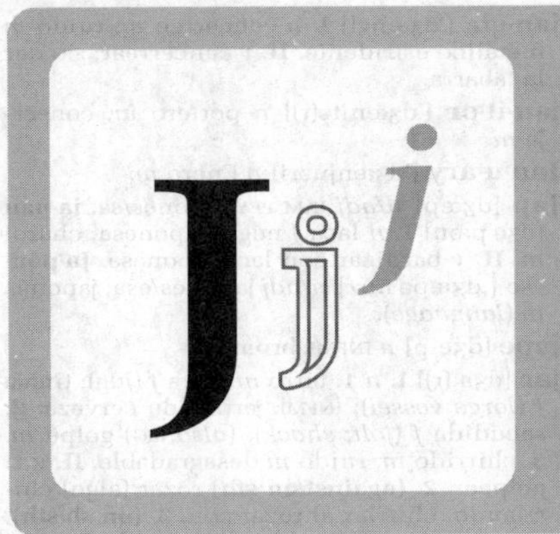

jad·ed ['dʒeidid] *adj* ahíto/a, harto/a.

jag [dʒæg] *n* **1.** FAM mona *f*, turca *f* (*heavy drinking*); juerga *f* (*spree*). **2.** diente *m*, mella *f* (*tooth*). **3.** siete *m* (*tear*). **jag·ged** ['dʒægid] *adj* (*also* **jag·gy** ['dʒægi]) dentado/a, mellado/a.

ja·guar ['dʒægjuə(r)] *n* jaguar *m*.

jail [dʒeil] **I.** *n* cárcel *f*. **II.** *v* encarcelar. **~·bird** [-bɜ:d] *n* presidiario *m* reincidente. **jail·er, ~·or** [dʒeilə(r)] *n* carcelero/a.

ja·lop·(p)y [dʒə'lɔpi] *n* INFML cacharro *m*, cafetera *f* (*old car or plane*).

jam [dʒæm] **I.** *n* **1.** mermelada *f*, compota *f*. **2.** atasco *m*, embotellamiento *m* (*of people, cars, things*); SL , INFML lío *m*, follón *m*. LOC **~-jar, ~-pot**, bote *m* de mermelada. **~-packed**, lleno/a a rebosar, de bote en bote. **~ session**, concierto *m* de jazz improvisado. **traffic-~**, atasco *m*. **II.** *v* (pret, pp **-mm-**) **1. (sth in/into)** embutir, meter a la fuerza: *The students jammed into the bus*, Los estudiantes entraron apretadamente en el autobús. **2.** atascar(se), obstruir(se): *The door has jammed*, La puerta se ha atascado. **3.** interferir, causar interferencias en (*radio*). **4.** *col* MUS improvisar, tocar improvisando. **5.** pillarse: *I ~med my fingers in the door*, Me pillé los dedos en la puerta. **6. (on)** ponerse apresuradamente, embutirse (*clothes, hat*). LOC **To ~ on the brakes**, frenar de golpe.

Ja·mai·can [dʒə'meikən] *n/adj* jamaicano/a.

jamb [dʒæm] *n* jamba *f*.

James [dʒeimz] *n* Jaime, Jacobo, Diego, Santiago.

jam·bo·ree [dʒæmbə'ri:] *n* **1.** juerga *f* (*spree*). **2.** reunión *f* internacional de niños scouts.

jam·my ['dʒæmi] *adj* (*comp* **-ier**, *sup* **-iest**) INFML **1.** lleno/a de mermelada. **2.** suertudo/a (*lucky*); (estar) chupado/a, tirado/a (*easy*).

Jan [dʒæn] *abrev* of **January** o de **Janet**.

jan·gle ['dʒæŋgl] **I**. *n* cencerreo *m*, ruido *m* metálico estridente. **II**. *v* cencerrear; FIG dar la tabarra.

jan·it·or ['dʒænitə(r)] *n* portero *m*, conserje *m*.

Jan·u·ary ['dʒænjuəri] *n* Enero *m*.

Jap [dʒæp] *n/adj* FAM PEY japonés/sa. **ja·pan** [dʒə'pæn] **I**. *n* laca *f* negra japonesa, charol *m*. **II**. *v* barnizar con laca japonesa. **Ja·pan·ese** [,dʒæpə'ni:z] *n/adj* japonés/esa; japonés *m* (*language*).

jape [dʒeip] *n* INFML broma *f*.

jar [dʒa:(r)] **I**. *n* **1**. tarro *m*; jarra *f* (*jug*); tinaja *f* (*large vessel*); INFML jarra *f* de cerveza. **2**. sacudida *f* (*jolt; shock*), (*also* FIG) golpe *m*. **3**. chirrido *m*, ruido *m* desagradable. **II**. *v* **1**. golpear. **2**. **(against/on sth)** rozar (algo) chirriando, chirriar al rozar con. **3**. **(on sb/sth)**, chirriar; irritar, molestar. **4**. **(with sth)** no concordar con. LOC **To ~ on one's nerves**, poner los nervios de punta. **jar·ring** [-iŋ] *adj* discordante.

jar·gon ['dʒa:gən] *n* PEY jerga *f* (*technical*); jerigonza *f* (*gibberish*).

jas·min(e) ['dʒæsmin] *n* jazmín *m*.

jas·per ['dʒæspə(r)] *n* jaspe *m*.

jaun·dice ['dʒɔ:ndis] *n* MED ictericia *f*; FIG celos *m,pl*, envidia *f*. **jaun·dic·ed** [-d] *adj* ictérico/a; FIG envidioso/a (*envious*); amargado/a (*bitter*).

jaunt [dʒɔ:nt] *n* paseo *m*.

jaun·ty ['dʒɔnti] *adj* (*comp* **-ier**, *sup* **-iest**) alegre, vivaz, desenvuelto/a. **jaun·ti·ly** [-li] *adv* alegremente, con viveza. **jaun·ti·ness** [-linis] *n* alegría *f*, viveza *f*, desenvoltura *f*.

jav·e·lin ['dʒævlin] *n* jabalina *f*.

jaw [dʒɔ:] **I**. *n* **1**. mandíbula *f* (*of person*); quijada *f* (*of animal*). **2**. **~s** fauces *f,pl*, garras *f,pl* (*also* FIG); TEC mordaza *f* (*of a tool*); garganta *f* (*of a canyon*, etc). **3**. (*freq* **~-~**) FAM cháchara *f*, charla *f* (*chat*). LOC **Hold your ~!**, FAM ¡cierra el pico! **The ~s of death**, las garras de la muerte. **Sb's ~ drops**, quedarse boquiabierto/a: *My ~ dropped when I saw her*, Me quedé boquiabierto cuando la vi. **II**. *v* **(on sth, at sb)**, INFML chismorrear (sobre) (con); censurar, criticar.

jaw-..., **~-bone**, *n* mandíbula *f*, maxilar *m* (*of people*); quijada *f* (*of animals*). **~-breaker**, *n* trabalenguas *m* (*tonguetwister*); caramelo *m* de goma (*sweet*).

jay [dʒei] *n* arrendajo *m* (*bird*); FAM cotorra *f*, charlatán/na (*talkative*). LOC **~-walk**, caminar imprudentemente (sin respetar semáforos). **~-walker**, peatón *m* imprudente.

jazz [dʒæʒ] **I**. *n* **1**. jazz *m*. **2**. SL , PEY palabrería *f*, charlatanería *f*. LOC **And all that ~**, y demás zarandajas. **II**. *v* **(sth up)**, arreglar para jazz; FIG animar (*party*, etc). **jaz·zy** [dʒæʒi] *adj* **1**. MUS de jazz. **2**. INFML llamativo/a, chillón/ona (*colours, clothes*, etc).

jeal·ous ['dʒeləs] *adj* celoso/a (*in love*); envidioso/a (*envious*); celoso/a de (*protective, possessive, concerned*). **jeal·ous·ly** [-li] *adv* celosamente. **jeal·ousy** ['dʒeləsi] *n* celos *m,pl* (*in love*); envidia *f* (*envy*).

jeans [dʒi:nz] *n* (pantalones *m,pl*) vaqueros.

jeep [dʒi:p] *n* jeep *m*.

jeer [dʒiə(r)] **I**. *n* mofa *f*, burla *f*. **II**. *v* **(at sb/sth)**, mofarse de, burlarse de. **jeer·ing** [-iŋ] **I**. *n* mofa *f*, burla *f*. **II**. *adj* burlón/na.

je·june [dʒi'dʒu:n] *adj* **1**. FAM aburrido/a, árido/a; insípido/a (*of writings*). **2**. infantil, inmaduro/a.

jell [dʒel] *v* **1**. cuajar, endurecer(se) (*jam*, etc). **2**. FIG tomar forma, cuajar (*idea, plan*).

jel·ly ['dʒeli] **I**. *n* **1**. gelatina *f* (*food*); jalea *f* (*fruit juice*). LOC **~ ba·by**, muñeco *m* de caramelo. **~·fish**, (*pl* **~fish, ~fishes**) medusa *f*. **Pe·tro·leum ~**, vaselina *f*. **jel·li·ed** [-d] *adj* en gelatina (*food*).

jem·my [dʒemi] (US **jimmy** ['dʒimi]) *n* palanqueta *f*.

jeo·pard·ize, ~·ise ['dʒepədaiz] *v* arriesgar, poner en peligro. **jeo·par·dy** ['dʒepədi] *n* peligro *m*. LOC **To put/place sth in ~**, poner en peligro.

je·re·mi·ad [,dʒeri'maiæd] *n* FAM jeremiada *f*, sarta *f* de desgracias o lamentos.

jerk [dʒɜ:k] **I**. *n* **1**. tirón *m* (*pull*), empujón *m* (*push*), sacudida *f* (*start*). **2**. espasmo *m* muscular (*of a muscle*). **3**. INFML , PEY ignorante *m,f*; persona *f* despreciable. LOC **Phys·ical ~s**, ejercicios físicos. **To put a ~ in it**, SL darse prisa. **II**. *v* **1**. dar sacudidas; sacudir (algo). **2**. (+ *adv/prep indicating place*) moverse (en la dirección o modo expresado) con paso irregular: *Jerk to a halt*, Detenerse dando una sacudida. **3**. (+ *adj*) ponerse (en un estado determinado) de golpe: *The window ~ed open*, La ventana se abrió de golpe. **4**. **(sth away/off)** quitar de un tirón; **(oneself off)** masturbarse (*of a man*). **5**. **(sth out)** decir a duras penas o nerviosamente.

jer·kin ['dʒɜkin] *n* justillo *m*, jubón *m*.

jerk·wa·ter ['dʒɜ:kwɔ:tə] *adj* sin importancia.

jer·ky ['dʒɜ:ki] *adj* (*comp* **-ier**, *sup* **-iest**) desacompasado/a, irregular, espasmódico/a.

jer·ry-build ['dʒeribild] *v* PEY construir defectuosamente o sin calidad. **jer·ry-build·er** [-ə(r)] *n* mal constructor. **jer·ry-built** ['dʒeribilt] *adj* de construcción chapucera.

jer·ry·can ['dʒerikæn] *n* bidón *m*.

jer·sey ['dʒɜ:zi] *n* (*pl* **~s**) **1**. jersey *m* (*jumper*). **2**. (tejido *m* de) punto *m* (*fabric*).

jes·sa·mine ['dʒesəmin] *n* jazmín *m*.

jest [dʒest] **I**. *n* broma *f*; chiste (*joke*). LOC **In ~**, de/en broma. **II**. *v* **(about sth)**, hacer bromas (sobre), burlarse (de). **jest·er** [-ə(r)] *n* bufón *m* (*archaic*); bromista *m,f*.

Jes·u·it ['dʒezjuit] *n/adj* jesuita *m*. **Jes·u·it·ic, Jes·u·it·ic·al** [,dʒezju'itik(l)] *adj* jesuítico/a.

jet [dʒet] **I**. *n* **1**. reactor *m*, avión *m* a reacción (*aircraft*). **2**. chorro *m* (*stream of gas, liquid*, etc). **3**. quemador *m* (*gas burner*), surtidor *m* (*of water*). **4**. azabache *m* (*velvet black coal*). **II**. *v* (pp, pret **-tt-**) **1**. INFML volar en reactor. **2**. **(from/out of sth)**, salir a chorros. **3. (sth from/out of sth)**, lanzar a chorros.

jet-..., **~-black**, *adj* color negro azabache. **~ engine**, *n* motor *m* a reacción. **~ lag**, *n* efecto *m* de desfase por el viaje en reactor (*debido al cambio brusco de hora*). **~-lagged**, *adj* afectado/a por el efecto de desfase. **~-propelled/~-powered**, *adj* de propulsión a chorro, a reacción. **~ propulsion**, *n* propulsión *f* a chorro. **The ~ set**, *n* grupo de gente que viaja mucho en avión y acude a los lugares de moda; la jet set.

jet·sam ['dʒetsəm] *n* echazón *f*; FIG desecho *m*; NAUT carga *f* arrojada al mar. LOC **Flotsam and ~**, desechos *m,pl* arrojados al mar; FIG vagabundos *m,pl*, desechos *m,pl* de la sociedad.

jet·ti·son ['dʒetisn] **I.** *v* arrojar al mar, deshacerse de la carga; FIG abandonar, desechar (*idea, plan,* etc). **II.** NAUT *n* echazón *f*, desechos *m,pl*.

jet·ty [dʒeti] *n* malecón *m*, embarcadero *m*.

Jew [dʒu:] *n* judío/a. **Jew·ess** ['dʒu:is] *n* judía *f*. **Jew·ish** ['dʒu:iʃ] *adj* judío/a. **Jew·ry** ['dʒuəri] *n* pueblo *m* judío; judería *f* (*quarters*). LOC **~'s harp**, *n* MUS birimbao *m*.

jew·el ['dʒu:əl] *n* **1.** piedra *f* preciosa. **2.** joya *f*. **3.** rubí *m* (*in watches*). **4.** FIG joya *f*, alhaja *f* (*valuable thing or person*). **jew·el·(l)ed** [-d] *adj* con piedras preciosas; con rubíes (*watch*). **jew·el·(l)er** [-ə(r)] *n* joyero *m* (*person*). **jew·el·(l)er's** [-ə(r)z] *n* joyería *f* (*shop*). **jew·el(l)·ry,** ['dʒu:əlri] *n* joyas *f,pl*; joyería *f* (*shop*). LOC **~ box/case**, joyero *m*.

jib [dʒib] **I.** *n* **1.** NAUT foque *m* (*sail*). **2.** aguilón (*of crane*). LOC **~-boom,** NAUT botalón *m*. **II.** *v* (pret, pp **-bb-**) **1.** plantarse (*of a horse*). **2. (at sth/doing sth)** FIG negarse, resistirse a (hacer algo).

jibe [dʒaib] V. **gibe**.

jif·fy ['dʒifi] *n* INFML momento *m*, segundo *m*: *In a couple of jiffies*, en un momento.

jig [dʒig] **I.** *n* **1.** giga *f* (*dance and music*). **2.** TEC plantilla *f*. **II.** *v* (pret, pp **-gg-**) **1.** bailar la giga; FIG andar, moverse a saltitos. **2.** mecer paseando (*a baby*). **3.** TEC cribar; pasar por la plantilla. **jig·ger** ['dʒigə(r)] *n* **1.** medida *f* para bebida alcohólica. **2.** criba *f*. **3.** FAM chisme *m*, artefacto *m* (*gadget*). **jig·ger·ed** ['dʒigəd] *adj* INFML **1.** hecho/a polvo (*exhausted*). **2.** hecho/a pedazos (*in surprise, anger,* etc).

jig·ge·ry-pok·ery [,dʒigəri 'pəukəri] *n* INFML maniobras *f,pl* bajo mano/ocultas, trampa *f*.

jig·gle ['dʒigl] *v* INFML zangolotear(se), menearse.

jig·saw ['dʒigsɔ:] *n* **1.** (*also* **~ puzzle**) rompecabezas *m* (*invariable*) (*also* FIG). **2.** sierra *f* de vaivén.

jilt [dʒilt] *v* dejar plantado/a (*a lover*).

Jim [dʒim] *n* Santi. LOC **~ Crow**, US PEY negro.

jim-jams ['dʒimdʒæms] *n* SL canguelo *m*. LOC **To give sb the ~**, meter el canguelo, horripilar.

jim·my ['dʒimi] V. **jemmy**.

jin·gle ['dʒiŋgl] **I.** *n* **1.** tintineo *m* (*of coins,* etc); cascabeleo *m* (*of small bells*). **2.** canción *f* infantil. **3.** anuncio *m* cantado, canción *f* comercial o publicitaria (*in advertising*). **II.** *v* **1.** (*intransitive*) tintinear; cascabelear. **2.** (*transitive*) hacer cascabelear.

jin·go ['dʒingəu] *n/adj* PEY patriotero/a. **jin·go·ism** ['-izəm] *n* PEY patriotería *f*, jingoísmo *m*. **jin·go·ist** ['-ist] *n* patriotero/a *m,f*.

jink [dʒiŋk] **I.** *v* INFML zigzaguear, moverse en zigzag; hurtar el cuerpo. **II.** *n* zigzag *m*. LOC **High ~s**, SL jolgorio *m*, juerga *f*.

jinn [dʒin], **jinn·ee** [dʒi'ni:] (*pl* **jinn**) *n* genio *m* (*islamic mythology*).

jinx [dʒiŋks] **I.** *n* INFML gafe *m*, cenizo *m* (*person*); maleficio *m*, mal *m* de ojo. LOC **To put a ~ on sb/sth**, echar mal de ojo a. **Sth is a ~ /There's a ~ on sth**, algo está gafado/a. **II.** *v* INFML echar mal de ojo a (alguien).

jit·ney ['dʒitni] *n* US FAM **1.** moneda *f* de 5 centavos (*coin*). **2.** transporte *m* colectivo (*bus, car*).

jit·ter ['dʒitə(r)] **I.** *v* INFML temblar, temblequear, tener el canguelo. **II.** *n* **The ~s**, INFML canguelo *m*, tembleque *m*. LOC **To get the ~s**, entrarle a uno el canguelo. **To have the ~s**, tener el tembleque. **jit·tery** ['dʒitəri] *adj* INFML temblón/ona. **jit·ter·bug** [-bʌg] *n* SL bailarín *m* de 'swing'.

jive [dʒaiv] **I.** *n* 'swing' *m*. **II.** *v* bailar el 'swing'.

job [dʒɔb] **I.** *n* **1.** empleo *m*, trabajo *m* (*paid*). **2.** trabajo *m*, tarea *f* (*piece of work; assignment*). **3.** responsabilidad *f*, obligación *f*, cometido *m*, (*duty, responsibility*): *That's not my ~*, Eso no es mi función. **4.** INFML producto *m*, obra *f*. **5.** INFML trabajo *m*, golpe *m* (*criminal act*). LOC **A bad ~**, un mal asunto. **And a good ~ too!**, ¡y menos mal! **By the ~**, a destajo. **On the ~**, en el trabajo. **Out of a ~**, en el paro, sin trabajo. **That's just the ~!**, eso es justo lo que quiero. **To give sb/sth up as a bad ~**, INFML desahuciar, dar por perdido. **To make a bad/good/poor, etc. ~ of sth,** hacer algo mal/bien, etc. **To make the best of a bad ~**, poner al mal tiempo buena cara. **II.** *v* **1.** contratar a destajo (*hire*). **2.** trabajar a destajo (*work by the ~*). **3.** COM hacer de corredor o intermediario. **job·less** [-lis] *adj* parado/a, sin empleo. LOC **~ centre**, oficina *f* de empleo. **~ lot**, saldo *m*, lote *m* de productos. **The ~**, los parados.

job·ber ['dʒɔbə(r)] *n* corredor *m* de Bolsa; trabajador *m* a destajo. **job·bery** [-i] *n* PEY chanchullos *m,pl*. LOC **A piece of ~**, un chanchullo.

job·bing ['dʒɔbiŋ] *adj* trabajo *m* por encargo.

jock·ey ['dʒɔki] **I.** *n* jockey *m*, jinete *m*. **II.** *v* **1. (for sth)** conseguir con artimañas: *Jockeying for power*, Esforzarse por conseguir posiciones de influencia. **2. (sb into/out of)** persuadir/disuadir con engaño, embaucar.

jock-strap ['dʒɔkstræp] *n* suspensorio *m*.

jo·cose [dʒəu'kəus] *adj* jocoso/a. **jo·cose·ly** [-li] *adv* jocosamente. **jo·cos·ity** [dʒɔu'kɔsəti] *n* jocosidad *f.*

joc·ul·ar ['dʒəkjulə(r)] *adj* jocoso/a. **jo·cul·ar·ity** [,dʒɔkju'lærəti] *n* jocosidad *f.*

joc·und ['dʒɔkənd] *adj* jocundo/a (*obsolete*). **jo·cund·ity** [dʒəu'kʌndəti] *n* jocundidad *f.*

jog [dʒɔg] **I.** *v* (pret, pp -gg-) **1.** empujar, dar un empujón a. **2. (along/on)** avanzar poco a poco (*also* FIG); ir traqueteando (*wagon, coach*). **3.** ir a trote corto (*horse*). LOC **To go ~·ging**, hacer 'jogging'. **To ~ sb's memory**, refrescar la memoria. **II.** *n* **1.** empujón *m.* **2.** (*also* **~·trot**) trote *m* corto (*of a horse*). LOC **To come/go for a ~**, hacer 'jogging'. **To give sb's memory a ~**, refrescar la memoria.

jog·gle ['dʒɔgl] **I.** *v* mover(se) con traqueteos, ir traqueteando. **II.** *n* traqueteo *m*, sacudida *f.*

jog·trot ['dʒɔg'trɔt] *n* trote *m* corto; FIG rutina *f* (*routine*).

john [dʒɔn] *n* US SL retrete *m.*

John [dʒɔn] *n* Juan. LOC **~ Bull**, (símbolo del) pueblo *m* inglés; inglés *m* medio.

john·ny ['dʒɔni] *n* **1.** tipo *m*, individuo *m*, sujeto *m.* **2.** SL condón *m.*

join [dʒɔin] **I.** *v* **1. (sth onto sth, sth and sth together/up, sth to sth)** juntar, unir; FIG enlazar, comunicar; TEC ensamblar, unir. **2.** ir a dar a, empalmar con (*roads*); confluir en (*rivers*). **3.** lindar con, hacer frontera con. **4.** reunirse con, juntarse con: *She will ~ us in London tomorrow*, Ella se reunirá con nosotros en Londres mañana. **5. (sb for/in sth)** sumarse a alguien en algo. **6.** entrar en, ingresar en (*company, army, club*); apuntarse a, afiliarse a (*party*); alistarse en (*army*). **7. (in sth/doing sth)** tomar parte, participar en: *Why don't you ~ in the conversation?*, ¿Por qué no participas en la conversación? **8. (in)** colaborar, cooperar. **9. (up)** alistarse. **10. (with sb in sth)** acompañar en (*sorrow*). LOC **To ~ a train**, montarse en. **To ~ battle**, trabar batalla. **To ~ forces with**, unirse a/con. **To ~ hands**, darse la mano; FIG asociarse con. **To ~ one's regiment**, incorporarse a. **To ~ one's ship**, embarcar. **To ~ two people in marriage**, unir en matrimonio. **To ~ sb in a glass of**, beber con, brindar con. **II.** *n* unión *f*, juntura *f*; costura *f* (*seam*).

join·er ['dʒɔinə(r)] *n* carpintero *m* ensamblador.

joint [dʒɔint] **I.** *n* **1.** unión *f*, junta *f*, juntura *f*, empalme *m.* **2.** TEC , ANAT articulación *f.* **3.** corte *m*, parte *f*, presa *f*, trozo *m* (*of meat*). **4.** BOT nudo *m.* **4.** SL garito *m*, antro *m* (*shabby bar or club*). **5.** porro *m.* LOC **Out of ~**, dislocado/a (*bones*); FIG desordenado/a. **To come out of ~**, dislocarse (*bones*). **To put out of ~**, dislocar. **II.** *v* trocear. **III.** *adj* conjunto/a (*account, committee*); combinado/a; mixto/a. LOC **~ manager**, codirector *m.* **~ owner**, copropietario/a. **~ stock**, capital *m* social. **joint·ed** [-id] *adj* articulado/a, desmontable; troceado/a: *A ~ chicken*, Un pollo troceado; BOT nudoso/a. **joint·ly** [-li] *adv* conjuntamente, de común acuerdo.

joist [dʒɔist] *n* viga *f*, vigueta *f.*

joke [dʒəuk] **I.** *n* **1.** chiste *m* (*story*); broma *f.* **2.** hazmerreír *m* (*person*). LOC **As a ~**, en broma. **Practical ~**, broma *f* pesada. **To crack a ~**, hacer un chiste. **To do sth for a ~**, hacer en broma. **It's no joke**, es algo serio. **To know how to take a ~**, saber soportar una broma. **To play a ~ on sb**, gastar una broma a. **To take sth as a ~**, tomar en broma. **To tell a ~**, contar un chiste. **II.** *v* **(about sth)** bromear (sobre). LOC **~ing apart**, bromas aparte, en serio. **Nothing to ~ about**, algo serio, no para tomar a broma. **You must be ~ing!**, ¡estás de broma! **jok·er** ['dʒəukə(r)] *n* **1.** INFML bromista *m,f.* **2.** FAM tipo *m*, sujeto *m* (*bloke, guy*). **3.** comodín *m* (*cards*).

jol·li·fic·ation [,dʒɔlifi'keiʃn] *n* jolgorio *m.* **jol·lity** ['dʒɔləti] *n* regocijo *m*, jolgorio *m.* **jol·ly** ['dʒɔli] **I.** *adj* (*comp* **-ier**, *sup* **-iest**) **1.** alegre, social (*person*). **2.** INFML divertido/a, agradable (*time*, etc). **3.** alegre, achispado/a, piripi (*slightly drunk*). LOC **The Jolly Roger**, bandera *f* negra, pabellón *m* pirata. **II.** *adv* INFML muy: *For he's a ~ good fellow...*, Porque es un tío muy bueno... LOC **~ good**, ¡Estupendo! **~ well**, estupendamente. **III.** *v* **1. (sb along)** INFML animar; **(sb into sth/doing sth)** animar a (hacer) algo. **2. (sth up)** animar, dar alegría (*room, house*).

jol·ly-boat ['dʒɔlibəut] *n* esquife *m.*

jolt [dʒəult] **I.** *n* sacudida *f.* **2.** choque *m*, golpe *m.* **3.** FIG susto *m.* LOC **To give a ~**, dar una sacudida. **To stop with a ~**, pararse de golpe, en seco. **II.** *v* **1.** sacudir, dar una sacudida a. **2.** (*intransitivo*) moverse dando sacudidas. **3. (along)** avanzar dando tumbos. **3. (sb into/out of/to sth)** hacer entrar en/salir de (un estado) bruscamente: *I was jolted back to reality*, Me hicieron volver a la realidad de golpe.

jon·quil ['dʒɔŋkwil] *n* BOT junquillo *m.*

josh [dʒɔʃ] US INFML **I.** *v* tomar el pelo. **II.** *n* broma *f.*

jos·tle ['dʒɔsl] **I.** *n* empujón *m*, codazo *m.* **II.** *v* **1. (against sb)**, dar empujones o codazos, empujar. **2. (with sb) (for sth)**, FIG competir, pelearse (con alguien) (por algo). LOC **To ~ one's way through**, abrirse paso a empellones.

jot [dʒɔt] **I.** *n* pizca *f*, jota *f.* LOC **I don't care a ~ for that**, esto me importa un bledo. **I don't understand a ~**, no entiendo ni jota. **II.** *v* (pret, pp **-tt-**) **(sth down)** apuntar, anotar. **jot·ter** [-ə(r)] *n* taco *m*, bloc *m* para notas. **jot·ting** [-iŋ] *n* apunte *m*, nota *f.*

jour·nal ['dʒɜ:nl] *n* **1.** revista *f* especializada (*scientific*, etc). **2.** diario *m.* **3.** TEC gorrón *m.* LOC **~-box**, cojinete *m.* **jour·nal·ese** [,dʒɜ:nə'li:z] *n* PEY jerga *f* periodística. **jour·nal·ism** ['dʒɜ:nəlizm] *n* periodismo *m.* **jour·nal·ist** [-nəlist] *n* periodista *m,f.* **jour·nal·ist·ic** [,dʒɜ:nə'listik] *adj* periodístico/a.

jour·ney ['dʒɜ:ni] **I.** *n* viaje *m.* LOC **To go on a ~**, ir de viaje. **Have a nice ~!**, ¡Buen viaje! **II.** *v* viajar.

jour·ney·man ['dʒɜ:nimən] *n* (*pl* **-men**) oficial (*trained worker*).

joust [dʒaust] **I.** *n* justa *f*, torneo *m.* **II.** *v* participar en una justa.

jo·vi·al ['dʒəuviəl] *adj* jovial. **jo·vi·al·ity** [,dʒəuvi'æləti] *n* jovialidad *f.*

jowl [dʒaul] *n* papada *f*; mandíbula *f* (*jawbone*). LOC **Cheek by ~ (with sb)**, muy juntos, apretados.

joy [dʒɔi] *n* alegría *f*; deleite *m*, placer *m* (*pleasure*): *It is a ~ to listen to her*, Es un placer escucharla. LOC **To jump for ~**, saltar de alegría. **joy·ful** [-fl] *adj* alegre. **joy·ful·ly** [-fəli] *adv* alegremente. **joy·ful·ness** [-flnis] *n* alegría *f.* **joy·less** [-lis] *adj* triste, sin alegría. **joy·ous** ['dʒɔiəs] *adj* gozoso/a, feliz.

joy·ride ['dʒɔiraid] *n* INFML paseo *m* en coche (*gen* después de robarlo).

joy·stick ['dʒɔistik] *n* AER , COMP palanca *f* de mando.

ju·bil·ant ['dʒu:bilənt] *adj* **~ about/at/over sth**, FAM jubiloso/a, alborozado/a por. **ju·bil·ant·ly** [-li] *adv* jubilosamente. **ju·bila·tion** [,dʒu:bi'leiʃn] *n* júbilo *m*, alborozo *m.*

ju·bil·ee ['dʒu:bili:] *n* **1.** aniversario *m.* **2.** HIST , REL jubileo *m*, quincuagésimo aniversario *m.* LOC **Diamond/Golden/Silver ~**, aniversario de diamante/oro/plata.

Ju·da·ism ['dʒu:deiizm] *n* judaísmo *m.* **Ju·da·ic** [dʒu:'deiik] *adj* judaico/a.

jud·der ['dʒʌdə(r)] *v* dar un tirón. LOC **To ~ to a halt**, detenerse dando un tirón.

judge [dʒʌdʒ] **I.** *n* **1.** juez *m*, árbitro *m.* **2.** entendido/a, conocedor/ra, experto/a. LOC **To be no ~ of sth**, no poder opinar sobre, no entender de. **II.** *v* **1.** JUR juzgar, hacer de juez (de alguien). **2.** arbitrar (*in sports*). **3.** estimar, considerar. **4.** juzgar, criticar, censurar. LOC **To ~ between**, decidir entre. **judg(e)·ment** ['dʒʌdʒmənt] *n* **1.** JUR sentencia *f*, fallo *m*, veredicto *m.* LOC **A ~ (on sb)**, un castigo de Dios. **In my ~**, a mi parecer. **~ by default**, fallo por incomparecencia. **~ Day**, día del juicio final. **Last ~**, Juicio Final. **~ seat**, tribunal *m.* **To lack sound ~**, no estar en su sano juicio. **To pass ~**, dictar sentencia. **To the best of my ~**, según mi entender. **2.** REL juicio *m.* **3.** **(about/of sth)** opinión *f*, juicio *m*, parecer *m.* **4.** juicio *m* (*good sense*).

ju·di·ca·ture ['dʒu:dikətʃə(r)] *n* JUR judicatura *f.*

ju·di·ci·al [dʒu:'diʃl] *adj* **1.** JUR judicial. **2.** juicioso/a, sensato/a (*wise*). **3.** imparcial. **ju·di·ci·ous** [dʒu:'diʃəs] *adj* juicioso/a, sensato/a. **ju·di·ci·ous·ly** [dʒu:'diʃəsli] *adv* juiciosamente. **ju·di·ci·ous·ness** [dʒu'diʃəsnis] *n* sensatez *f*, juicio *m.*

ju·do ['dʒu:dəu] *n* judo *m.*

jug [dʒʌg] **I.** *n* (US *pitcher*) jarra *f* (*container or contents*). **2.** SL chirona *f* (*jail*). **II.** *v* (**-gg-**) estofar: *Jugged hare*, Liebre en estofado.

jug·head ['dʒʌg,hed] *n* FAM testarudo/a, cabezota.

jug·ger·naut ['dʒʌgənɔ:t] *n* **1.** monstruo *m* destructor, fuerza *f* destructora. **2.** PEY camión *m* de gran tonelaje.

jug·gle ['dʒʌgl] **I.** *n* juegos *m,pl* malabares; FIG timo *m*, fraude *m.* **II.** *v* hacer juegos malabares. LOC **To ~ with sth**, hacer malabarismos; PEY falsear, falsificar; escamotear. **jug·gler** ['dʒʌglə(r)] *n* malabarista *m*, prestidigitador *m.* **jug·gle·ry** ['dʒʌgləry] (*also* **jug·gling**) *n* juegos *m, pl* malabares; FIG timo *m*, fraude *m.*

jug·ul·ar ['dʒʌgjulə(r)] **I.** *adj* ANAT yugular. **II.** *n* (*also* **~ vein**) (vena *f*) yugular *f.*

juice [dʒu:s] *n* **1.** zumo *m* (*from fruit*). **2.** jugo *m* (*of meat*). **3.** jugo *m* (*gastric*). **4.** INFML corriente *f* (*electricity*). **5.** INFML gasolina *f* (*petrol*). **jui·cy** ['dʒu:si] *adj* (*comp* **-ier**, *sup* **-iest**) jugoso/a; FIG sustancioso/a (*profitable*); INFML picante, jugoso/a (*story, gossip*). **jui·ci·ness** ['dʒu:sinis] *n* jugosidad *f.*

ju·jube ['dʒu:dʒu:b] *n* BOT azufaifa *f* (*fruit*); pastilla *f* de azufaifa (*sweet*).

juke-box ['dʒu:kbɔks] *n* máquina *f* de discos (*que funciona con monedas*).

ju·lep ['dʒu:lip] *n* julepe *m.*

Ju·ly [dʒu:'lai] *n* julio *m.*

jum·ble ['dʒʌmbl] **I.** *n* revoltijo *m*, embrollo *m.* LOC **~ sale**, (*rummage sale*) venta *f* benéfica de objetos usados. **II.** *v* embrollar, liar, revolver.

jum·bo ['dʒʌmbəu] **I.** *adj* INFML enorme, muy grande. **II.** *n* **1.** (*also* **~ jet**) jumbo *m.* **2.** FAM elefante *m.*

jump [dʒʌmp] **I.** *n* **1.** salto *m* (*all senses*). **2.** obstáculo *m* (*in a race*). **3.** **the ~s**, INFML nervios *m,pl*: *Get/have the ~s*, Ser un manojo de nervios. LOC **High ~**, salto *m* de altura. **Long ~**, salto *m* de longitud. **To be for the high ~**, tener merecido un castigo. **To be one ~ ahead of sb**, llevar ventaja a alguien. **To get the ~ on sb**, INFML llevar ventaja. **To give sb a ~**, dar un susto a alguien. **To take a running ~**, **1.** coger impulso para saltar. **2.** ¡Vete a freír espárragos! **II.** *v* **1.** saltar. **2.** **(about)** dar saltos, brincar. **3.** lanzarse, saltar (*from a height, into/onto/out of sth*). **4.** **(across/over sth)** cruzar de un salto. **5.** **(at sb)** INFML atacar, echarse encima de. **6.** **(at sth)** tirarse por, lanzarse sobre (*opportunity, chance*). **7.** **(on sb)** INFML poner verde, criticar. **8.** **(up)** ponerse en pie de un salto. **9.** sobresaltarse (*start*): *You made me ~*, Me diste un sobresalto. **10.** dispararse, subir de golpe (*prices, temperature*, etc). **11.** hacer saltar (*horse*). LOC **~ to it!**, INFML ¡volando!, ¡aprisa! **To ~ a queue**, colarse. **To ~ a train**, subirse en marcha para no pagar. **To ~ from sth to sth**, saltar de un tema a otro. **To ~ for joy**, dar saltos de alegría. **To ~ in at the deep end**, coger el toro por los cuernos. **To ~ out of one's skin**, llevarse un susto. **To ~ ship**, saltar a tierra. **To ~ the lights**, saltarse un semáforo. **To ~ the rails/tracks**, descarrilar. **To ~ to conclusions**, sacar conclusiones precipitadas. **To ~ to one's feet**, ponerse en pie de un salto.

jump-..., **~-jet**, *n* avión *m* reactor de despegue vertical. **~-lead**, *n* (*gen pl*) cable *m* para conectar la batería de un coche a otro. **~-start**, *v* arrancar un coche empujando.

jump·er ['dʒʌmpə(r)] *n* **1**. jersey *m*. **2**. saltador/ra. **3**. delantal *m* con peto.

jump·ing ['dʒʌmpiŋ] *n* pruebas *f,pl* de salto.

jum·py ['dʒʌmpi] *adj* INFML nervioso/a.

junc·tion ['dʒʌŋkʃn] *n* **1**. empalme *m* (*of railway lines*). **2**. cruce *m* (*of roads*). **3**. FAM unión *f* (*in general*). **4**. empalme *m*, conexión *f* (*electricity*). LOC **~ box**, caja *f* de conexiones.

junc·ture ['dʒʌŋktʃə(r)] *n* unión *f*, juntura *f*; FIG coyuntura *f*. LOC **At this ~**, en esta coyuntura.

June [dʒu:n] *n* junio *m*.

jun·gle ['dʒʌŋgl] *n* **1**. selva *f*, jungla *f* (*also* FIG). **2**. FIG maraña *f*, laberinto *m* (*jumble*). LOC **The concrete ~**, la selva de hormigón.

ju·nior ['dʒu:niə(r)] **I**. *adj* **1**. **(to sb)** inferior, subalterno/a (*lower in rank*); de menor antigüedad, más reciente. **2**. **Junior** (*abrev* **Jnr.**, **Jr.**, **Jun.**) hijo: *John Smith Jr.*, John Smith hijo. **3**. juvenil. LOC **~ high school**, US instituto *m* de bachillerato elemental. **~ school**, escuela *f* juvenil (de 7 a 11 años). **II**. *n* **1**. subalterno/a (*low in rank*). **2**. más joven. **3**. estudiante *m,f* de escuela juvenil (*~ school*). **4**. US estudiante *m,f* de penúltimo año. **5**. juvenil (*in sports*). **6**. US INFML hijo: *Come here ~!*, ¡Ven aquí hijo!.

ju·ni·per ['dʒu:nipə(r)] *n* enebro *m*.

junk [dʒʌŋk] *n* **1**. NAUT junco *m*. **2**. INFML trastos *m,pl* viejos (*useless things*); FIG tontería *f*, porquería *f*, sandeces *f,pl*. **3**. baratijas *f,pl*. **4**. SL droga *f*, heroína *f*. LOC **~ food**, INFML PEY porquería *f*, comida *f* sin valor nutritivo. **~ heap**, vertedero *m*. **~ shop**, *n* baratillo *m*.

jun·ket ['dʒʌŋkit] **I**. *n* **1**. dulce *m* de leche cuajada. **2**. US INFML PEY viaje *m* a costa del gobierno. **3**. fiesta *f*. **II**. *v* festejar, celebrar. **jun·ket·ing** [-iŋ] *n* **1**. banquete *m* a costa del gobierno. **2**. celebración *f*.

jun·kie (*also* **junky**) ['dʒʌŋki] *n* SL drogadicto/a, toxicómano/a.

jun·ta ['dʒʌntə] US ['huntə] *n* PEY junta *f*; junta *f* militar.

ju·rid·ic·al [dʒuə'ridikl] *adj* jurídico/a.

ju·ris·dic·tion [,dʒuəris'dikʃn] *n* **(over sb/sth)** jurisdicción *f* (sobre). LOC **To fall/come under sb's ~**, ser competencia de.

ju·ris·pru·dence [,dʒuəris'pru:dns] *n* jurisprudencia *f*. LOC **Medical ~**, medicina *f* forense.

jur·ist ['dʒuərist] *n* jurista *m,f*. **jur·or** ['dʒuərə(r)] *n* jurado/a, miembro del jurado (*person*). **jur·y** ['dʒuəri] *n* **1**. JUR jurado *m*. **2**. tribunal *m*, jurado *m* (*in competitions, exams, contests*). LOC **~-box**, tribuna *f* del jurado. **~·man** (*f* **~·woman**) miembro *m* del jurado. **To sit on a ~**, ser miembro del jurado.

just [dʒʌst] **I**. *adj* **1**. justo/a (*morally or legally right*). **2**. justificado/a, fundado/a (*reasonable*). **the ~**, *n* los justos. **II**. *adv* **1**. exactamente, justamente: *This is ~ what you need*, Esto es exactamente lo que tú necesitas. **~** *here*, Exactamente aquí. **2**. **~ as**, precisamente cuando: *~ as you left...*, Precisamente cuando te marchabas..; tal y como: *~ as I thought*, Tal y como yo pensaba. **3**. por muy poco, por los pelos. **4**. (*with perfect tenses*) acabar de: *When I arrived she had ~ left*, Cuando llegué ella acababa de marcharse. **4**. (*with pp*) recién: *~ married*, recién casados. **5**. (*with present continuous*) ahora mismo: *I am ~ finishing it*, Ahora mismo termino. **6**. simplemente, sólo. **7**. INFML de veras, realmente: *It's ~ a miracle that...*, Realmente es un milagro que... LOC **It is ~ as well (that)**, menos mal (que), gracias a Dios (que). **It is/would be just as well (to do sth)**, sería bueno (hacer algo). **~ about**, casi, poco más o menos: *That's ~ about the limit*, Eso es casi el límite. **~ in case**, por si acaso. **~ like that**, de repente. **~ now**, precisamente ahora, ahora mismo. **~ then**, en aquel preciso instante. **Not ~ yet**, todavía no.

jus·tice ['dʒʌstis] *n* **1**. justicia *f* (*all senses*). **2**. magistrado *m*. LOC **Court of ~**, tribunal de justicia. **~ of the Peace**, juez *m* de paz. **To bring sb to ~**, llevar ante los tribunales. **To do ~ to sb/sth**, hacer justicia a. **To do oneself ~**, quedar bien.

jus·ti·fy ['dʒʌstifai] (pret, pp **-fied**) *v* **1**. justificar (*all senses*). LOC **To be justified in (doing) sth**, tener motivos para (hacer) algo. **jus·ti·fi·able** [,dʒʌsti'faiəbl] *adj* justificable. **jus·ti·fi·ab·ly** [,dʒʌsti'faiəbli] *adv* con razón.

jus·ti·fic·ation [,dʒʌstifi'keiʃn] *n* **(for (doing) sth)** justificación *f* para (hacer) algo.

just·ly ['dʒʌstli] *adv* justamente, con justicia.

just·ness ['dʒʌstnis] *n* rectitud *f*, exactitud *f*.

jut [dʒʌt] **I**. *v* (pret, pp **-tt-**) **(out)** sobresalir. **II**. *n* saliente *m*.

jute [dʒu:t] *n* **1**. BOT yute *m*. **2**. **The ~s**, los jutos (*people*).

ju·ven·ile ['dʒu:vənail] **I**. *n* **1**. FAM , JUR joven *m,f*, menor *m,f*. **2**. US TEAT galán joven *m*. **II**. *adj* **1**. juvenil, de menores. **2**. PEY infantil (*behaviour, sense of humour*). LOC **~ court**, tribunal *m* de menores. **~ delinquency**, delincuencia *f* juvenil. **~ delinquent**, delincuente *m* juvenil.

jux·ta·pose [,dʒʌkstə'pəuz] *v* FAM yuxtaponer. **jux·ta·posi·tion** [,dʒʌkstəpə'ziʃn] *n* FAM yuxtaposición *f*.

K, k [kei] *n* 'k' *f* (*letter*).

kaf·fir ['kæfə(r)] *n* cafre *m,f.*

kale (*also* **kail**) [keil] *n* **1**. *col* rizada *f.* **2**. US SL pasta *f* (*money*).

ka·lei·do·scope [kə'leidəskəup] *n* caleidoscopio *m* (*also* FIG).

kan·ga·roo [,kæŋgə'ru:] *n* canguro *m.* LOC **~ court**, tribunal *m* ilegal.

ka·olin ['keiəlin] (*also* **china 'clay**) *n* caolín *m.*

ka·rat ['kærət] *n* (*also* **carat**) kilate *m.*

ke·bab [ki'bæb] *n* pincho *m*, brocheta *f.*

keel [ki:l] **I.** *n* quilla *f.* LOC **To be/get on an even ~**, estar equilibrado (*of a ship*); FIG tener estabilidad emocional (*of a person*). **II.** *v* **(over) 1**. NAUT zozobrar, volcar. **2**. FIG desplomarse (*person, structure*).

keen [ki:n] **I.** *adj* **1**. **(to do sth/that...)** ansioso/a, deseoso/a (de hacer algo/que + *subj*). **2**. **(on sb/sth/doing sth)** loco/a por alguien/algo/hacer algo. **3**. intenso/a, vivo/a, profundo/a (*feeling,* etc). **4**. agudo/a, fino/a (*senses, ear, smell*). **5**. rápido/a, despierto/a, agudo/a (*mind, intelligence*). **6**. agudo/a, afilado/a, cortante (*edge*). **7**. cortante (*wind, cold*). **8**. bajo/a, competitivo/a (*price*). LOC **As ~ as mustard**, muy entusiasta. **II.** *v* **(over sb)** llorar la muerte de alguien. **keen·ness** [-nis] *n* **1**. ansiedad *f*, deseo *m.* **2**. viveza *f*, intensidad *f* (*of feelings*). **3**. agudeza *f* (*of senses or mind*). **4**. entusiasmo *m.* **keen·ly** [-li] *adv* ansiosamente; vivamente; agudamente.

keep [ki:p] **I.** *n* **1**. sustento *m*, manutención *f.* **2**. torre *m* del homenaje. LOC **For ~s**, INFML para siempre, permanentemente. **To earn one's ~**, ganarse el sustento (*person*); seguir siendo útil (*thing*). **II.** *v* (pret, pp **kept** [kept]) **1**. guardar, defender, proteger (*also* DEP): *God keep you!*, Dios le guarde; guardar (*silence, secret*). **2**. cumplir, observar (*promise, law, one's word*); celebrar (*festivity, one's birthday*); llevar (*diary, account*). **3**. guardar, retener, quedarse con: *~ the change*, Quédese con el cambio. *Will you ~ me a seat?*, ¿Quiere usted guardarme un sitio? **4**. vender, servir, tener. **5**. mantener, tener a su cuidado (*family*); ser propietario de (*house, car, servants*). **6**. mantenerse, quedarse, estar (*intransitive*); mantener, obligar a quedarse, retener (*transitive*): *~ away!*, ¡No se acerque! **7**. (+ *adj*) mantenerse, seguir (*intransitive*); mantener, tener (*transitive*): *~ quiet!*, ¡Silencio! *~ your eyes open*, Ten los ojos abiertos. **8**. conservarse, mantenerse fresco/a, en buen estado (*food*). **9**. (+ *ger*) seguir (haciendo algo) (*intransitive*); decir a alguien que haga (algo) (*transitive*): *~ studying*, Sigue estudiando. LOC **To ~ about/around**, tener a mano, mantener cerca. **To ~ after**, ir tras (*algo/alguien*), perseguir. **To ~ at sb (to do sth)**, pedir insistentemente, dar la lata para: *He kept at me to buy him a bicycle,* Me dio la lata para que le comprara una bicicleta. **To ~ at sth**, perseverar en, seguir con. **To ~ back**, contener

(*people; emotion, tears*); retrasar. **To ~ back (from sth)** mantener(se) apartado/a, no acercar(se). **To ~ down**, quedarse agachado/a; FIG mantenerse bajo (*intransitive*); mantener bajo/a (*also* FIG), agachar, bajar: *~ your voice down*, No subas la voz; controlar, dominar (*anger, expenses, prices, growth*); oprimir (*people*). **To ~ sb from sth**, proteger, defender: *May God ~ you from harm*, Que Dios te proteja de todo mal. **To ~ sth from sb**, ocultar (*facts, the truth*). **To ~ sb from doing sth**, impedir: *The rain kept us from coming*, La lluvia nos impidió venir. **To ~ from doing sth**, evitar: *She couldn't ~ from laughing*, No pudo evitar reírse. **To ~ in**, quedarse en casa, no salir. **To ~ sb in**, obligar a quedarse en casa, no dejar salir. **To ~ sth in**, disimular, contener (*anger, feelings*). **To ~ sth in mind/to ~ in mind that**, no olvidar, retener. **To ~ in with sb**, mantener buenas relaciones con. **To ~ off**, mantener apartado/a; evitar, abstenerse de; dejar (*habit*): *He can't ~ off alcohol*, No puede dejar el alcohol. **To ~ on (with sth/doing sth)**, continuar, seguir (con algo/haciendo algo): *~ on reading*, Sigue leyendo. **To ~ on**, no quitarse (*clothes*); mantener encendido/a (*light, fire*). **To ~ on (about sth)**, INFML enrollarse hablando de. **To ~ on one's feet**, mantenerse de pie. **To ~ to sth**, ceñirse a (*also* FIG): *~ to the subject*, Cíñete al tema; obligar a ceñirse a (*also* FIG), hacer respetar o cumplir: *I'll ~ him to his promise*, Le haré cumplir su promesa. **To ~ to a place**, confinarse en, quedarse: *She was forced to ~ to her room*, La confinaron en su habitación. **To ~ under**, controlar, subyugar; MED mantener bajo sedantes. **To ~ up**, mantener(se) de pie o levantado/a; FIG mantener(se) en alto: *Try to ~ up your spirits*, Trata de mantener alto el ánimo; continuar a buen ritmo (*work, studies*); mantenerse, seguir igual (*weather*): *Will this sunshine ~ up?*, ¿Seguirá haciendo sol? **To ~ up appearances**, guardar las apariencias. **To ~ up with**, mantenerse a la altura de, rivalizar con. **To ~ up with the Joneses**, competir en lujos con los vecinos.

keep·er ['ki:pə(r)] **I.** *n* **1.** guarda *m*. **2. 3.** conservador *m* (*of museum, library,* etc). LOC **Game-~**, guardabosques *m*. **Light·house-~**, torrero *m*; DEP INFML portero *m* (*goalkeeper*). **keep·ing** ['ki:piŋ] *n* **1.** custodia *f*. **2.** FIG observación *f*, cumplimiento *m*. LOC **In/Out of ~ with**, de acuerdo/en desacuerdo con. **In safe ~**, en buenas manos. **To leave sth in sb's ~**, dejar algo al cuidado de.

keep·sake ['ki:pseik] *n* recuerdo *m* (*gift*).

keg [keg] *n* barrilete *m*. LOC **~ beer**, cerveza *f* de barril.

ken [ken] *n* conocimiento *m*, comprensión *f*. LOC **Beyond/Outside one's ~**, no al alcance del conocimiento de.

ken·nel ['kenl] **I.** *n* **1.** caseta *f* para el perro (*for a pet dog*). **2.** perrera *f*. **II.** *v* tener en una perrera.

kept [kept] pret, pp de **keep**.

kerb [kɜ:b] (*also* US **curb**) *n* bordillo *m*. LOC **~·stone**, piedra *f or* adoquín *m* del bordillo.

ker·chief ['kɜ:tʃif] *n* ARC **1.** pañoleta *f*. **2.** pañuelo *m*.

ker·nel ['kɜ:nl] *n* **1.** fruto *m* seco (*of nut,* etc). **2.** grano *m*, pepita *f* (*small grain or seed*). **3.** FIG meollo *m*, núcleo *m*.

ke·ros·ene (*also* **ke·ros·ine**) ['kerəsi:n] *n* keroseno *m*, queroseno *m*.

kes·trel ['kestrəl] *n* cernícalo *m* (*bird*).

ketch [ketʃ] *n* NAUT queche *m*.

ketch·up ['ketʃəp] *n* salsa *f* de tomate.

ket·tle ['ketl] *n* hervidor *m* de agua (para té, etc). LOC **A fine/pretty, etc. ~ of fish**, un buen lío. **(That is) a different ~ of fish**, (eso es) harina de otro costal. **ket·tle·drum** ['ketldrʌm] *n* timbal *m*.

key [ki:] **I.** *n* **1.** llave *f*. **2.** MUS tono *m*; FIG tono *m*, estilo *m*. **3.** tecla *f* (*of piano, typewriter,* etc). **4.** clave *f* (*of a map, exercises, code*). **5. (to sth)** clave *f* de algo: *The key to the problem*, La clave del problema. **6.** TEC clavija *f*, chaveta *f*. **7.** ELECTR conmutador *m*, llave *f* (*switch*). **8.** lijado *m*, rascado *m* (*of a surface*). **9.** GEOG (*also* **cay**) cayo *m* (*reef*), isleta *f*. LOC **Off/out of ~**, fuera de tono, desafinado/a. **II.** *adj* esencial, clave. **III.** *v* **1.** afinar, templar (*instrument*). **2.** lijar, rascar (*roughen a surface*). **3. (in)** COM P teclear, introducir (*name, entry*). **4. (sth to sth)** ajustar, adaptar, acomodar a. **5. (up)** excitar, acalorar. LOC **To be ~ed up (about/for sth)**, estar excitado/a por algo.

key-..., **~·board**, *n* teclado *m*. **~·hole**, *n* ojo *m* de la cerradura. **~·note**, *n* MUS tónica *f*, nota *f* tónica; FIG tónica *f*, idea *f* principal. **~ position**, *n* posición *f* clave. **~-ring**, *n* llavero *m*. **~ signature**, *n* MUS armadura *f*. **~·stone**, *n* ARQ piedra *f* angular. **Major ~**, *n* tono *m* mayor. **Master ~**, *n* llave *f* maestra.

kha·ki ['ka:ki] **I.** *adj* caqui. **II.** *n* tela *f* caqui.

kick [kik] **I.** *n* **1.** patada *f*, puntapié *m* (*of person*); coz *f* (*of animal*); culatazo *m* (*of firearm*); golpe *m*, tiro *m* (*in football*). **2.** FIG INFML excitación *f*, gusto *m*. **3.** INFML fuerza *f*, efectividad *f*: *This drink has a ~ (in/to it)*, Esta bebida es muy fuerte. LOC **To do sth for ~s**, hacer algo por placer. **To get a ~ from sth**, encontrar gusto/placer en. **To have no ~ left in one**, faltarle a uno las fuerzas. **II.** *v* **1.** dar patada(s)/puntapié(s) (*person*); cocear, dar coces (*animal*); recular, dar culatazo (*firearm*); FAM colear, estar vivo: *She's alive and ~ing*, Está viva y coleando. **2.** (+ *adv/prep*) desplazar, mover de una patada en la dirección expresada: derribar, meter, echar, sacar, pasar, etc: *He kicked the chair aside*, Apartó la silla de una patada. *I kicked the ball to Jones*, Le pasé la pelota a Jones. **3.** DEP marcar, meter (*score a goal*). **4.** INFML librarse de. **5. (about/around)** *col* dar tumbos, andar por ahí. **6. (sb about/ around)** dar patadas; FIG tratar duramente. **7. ((out) against sth)** enfrentarse a. **8. (at sb/sth)** dar una patada. **9. (back)** devolver el golpe, contraatacar; hacer retroceso (*engine*); repetirse (*sickness*). **10. (down)** derribar de un golpe. **11. (sb downstairs)** *col* dar el bote, rebajar a categoría inferior. **12. (in)** romper, abrir de un golpe violento. **13. (off)** quitarse de un golpe/sacudiendo (*shoes*); apartar de una patada (*dog*); comenzar, hacer el saque inicial (*match, game*); FIG dar comienzo, iniciar. **14. (out (at))** dar patadas/coces. **15. (out of sth)**, *col* expulsar, echar de. **16. (up)** levantar/hacer saltar de golpe/a patadas; *col* ponerse furioso. LOC **To ~ a habit**, abandonar, dejar. **To ~ oneself**, dar rabia, vergüenza, etc: *I ~ed myself when I realized that...*, Me dio mucha rabia al darme cuenta que.... **To ~ sb in the teeth**, tratar ingratamente a alguien. **To ~ the bucket**, *col* morir. **kick·er** ['kikə(r)] *n* DEP chutador/ora; coceador/ora (*horse*). **kick-off** ['kikɔf] *n* saque *m* inicial (*of a match*); FIG FAM inicio *m*. **kick·back** ['kikbæk] *n* retroceso *m*, culatazo *m* (*of firearm*); INFML comisión *f* ilegal. **kick-start** ['kiksta:t] **I.** *v* arrancar a pedal (*a motor cycle*). **II.** *n* (*also* **kick-starter**) pedal *m* de arranque.

kid [kid] **I.** *n* **1.** INFML niño/a, crío/a: *~'s stuff*, Cosas de niños; INFML (*attributive*) menor *m,f*: *My ~ sister*, Mi hermana menor. **2.** cabrito *m* (*young goat*); cabritilla *f* (*leather*). LOC **~-glove**, suave (*method, treatment*). **To treat sb with ~ gloves**, tratar a alguien con guante blanco. **II.** *v* **(-dd-) 1.** INFML bromear, no hablar en serio: *I was only ~ding*, Estaba bromeando. **2.** tomar el pelo a, engañar a. LOC **No ~ding!**, ¡en serio! **To ~ oneself**, engañarse, hacerse ilusiones. **kid·dy** ['kidi] (*also* **kiddie**) *n* INFML niño/a.

kid·nap ['kidnæp] *v* secuestrar, raptar. **~·per** [-ə(r)] *n* secuestrador/ora. **~·ping** [-iŋ] *n* secuestro *m*, rapto *m*.

kid·ney ['kidni] *n* riñón *m* (*organ or food*). LOC **~ bean**, alubia *f* pinta. **~ machine**, MED riñón *m* artificial.

kill [kil] **I.** *v* **1.** matar (*person or animal*), asesinar (*person*); FIG hacer daño; acabar con, matar; FIG echar abajo (*bill*); FIG arruinar, matar (*hopes, love*); matar de risa (*of a joke*); tener en vilo (*suspense*); parar (el balón) (*football*). **2.** FAM matarse por, esforzarse en. **3.** FIG FAM apagar, parar (*engine*). **4.** **(sb/sth off)** exterminar; FIG matar, acallar (*rumour, feeling,* etc). LOC **Dressed to ~**, ir vestido/a de tiros largos. **To ~ the goose that lays the golden eggs**, matar la gallina de los huevos de oro. **II.** *n* **1.** muerte *f* (*act of killing*). **2.** matanza *f* (*animals killed*). **kill·er** ['kilə(r)] *n* asesino/a. LOC **~ whale**, orca *f*. **kill·ing** ['kiliŋ] **I.** *n* matanza *f*. LOC **To make a ~**, tener un gran éxito financiero. **II.** *adj* INFML **1.** asesino/a. **2.** FIG agotador/ora. **3.** FIG desternillante. **kill·joy** ['kildʒɔi] *n* PEY aguafiestas *m,f*.

kiln [kiln] *n* horno *m* (para cerámica, etc).

ki·lo ['ki:ləu] *n* (*pl* **-s**) kilo(gramo) *m*. **~·cycle** ['kiləsaikl] *n* kilociclo *m*. **~·gram(me)** ['kiləgræm] *n* Kilo(gramo) *m*. **~·metre** (US **~·meter**) ['kiləmitə(r)] *n* kilómetro *m*. **~·watt** ['kiləwɔt] (*abrev Kw*) *n* kilovatio *m*.

kilt [kilt] **I.** *n* falda *f* escocesa. **II.** *v* plegar (*pleat*). **kilt·ed** [-id] con falda escocesa.

kin [kin] *n* FAM **I.** pariente *m* (*person*); parientes *m,pl*, familia *f* (*group*): *All my ~*, Toda mi familia. **2.** FIG especie *f*, clase *f*. LOC **Near ~**, pariente cercano. **Next of ~**, pariente más próximo.

kins... **~ folk**, *n* parentela *f*, familia *f*. **~·ship**, *n* parentesco *m*, afinidad *f* (*also* FIG). **~·man/~·woman**, *n* (*pl* **~·men/·women**) FAM pariente *m*.

kind [kaind] **I.** *adj* **1.** **(to sb)** amable, amistoso/a (con alguien). **2.** benigno/a (*weather*). **~-heart·ed** [,kaind'ha:tid] *adj* de buen corazón. LOC **It is very ~ of you**, es muy amable de su parte. **~ regards**, muchos recuerdos. **To be so ~ as to do sth**, tenga la bondad/amabilidad de hacer algo. **II.** *n* **1.** clase *f*, tipo *m* (*type, variety*). **2.** naturaleza *f*, carácter *m* (*nature*). **3.** género *m*, especie *f*. LOC **A ~ of**, INFML una especie de. **Human ~**, género *m* humano. **In ~**, en especie. **Of a ~**, de la misma especie. **Sth of the ~**, algo parecido. **III.** *adv* **kind of,** FAM en cierta manera, de alguna manera: *I ~ of like it*, Me gusta de alguna manera.

kind·er·gar·ten ['kindəga:tn] *n* jardín *m* de infancia.

kin·dle ['kindl] *v* inflamar(se), encender(se) (*also* FIG: *passion, anger, interest*).

kind·li·ness ['kaindlinis] *n* bondad *f*, amabilidad *f*; benignidad *f* (*of climate*). **kind·ly** ['kaindli] **I.** *adj* **1.** amable, bondadoso/a. **2.** benigno/a (*climate*). **II.** *adv* **1.** bondadosamente, amablemente. **2.** (*in polite requests*) por favor. LOC **Not to take ~ to sb/sth,** no tomar a bien, no aceptar de buen grado.

kind·ling ['kindliŋ] *n* **1.** prendido *m*, encendido *m* (*act of lighting*). **2.** leña *f* de prender.

kind·ness ['kaindnis] *n* amabilidad *f*, bondad *f*. LOC **To do/show sb a ~**, hacerle un favor a alguien.

kind·red ['kindrid] **I.** *n* **1.** FAM relación *f* familiar, parentesco *m*. **2.** parientes *m,pl*. **II.** *adj* emparentado/a; FIG similar, afín. LOC **A ~ spirit**, alma gemela.

ki·net·ic [ki'netik] *adj* cinético/a. **ki·net·ics** [-s] *n* cinética *f*.

king [kiŋ] *n* **1.** rey *m*. **2.** dama *f* (*in draughts*). **3.** (*attributive*) real (*of a species*). LOC **~'s/Queen's Bench** (*abrev* **KB/QB**) Sala del Tribunal Supremo. **~'s/Queen's Counsel** (*abrev* **KC/QC**) abogado del estado. **~'s/Queen's English**, inglés correcto. **king·ly** ['kiŋli] *adj* real, regio/a.

king... **~.pin**, *n* pivote *m* central; FIG persona *f* clave. **~·ship**, *n* realeza *f*; monarquía *f*. **~-size** (*also* **~-sized**), *adj* tamaño grande (*bed, cigarette, hamburger*). **~·cup**, *n* BOT botón *m* de oro.

king·dom ['kiŋdəm] *n* reino *m*.

king·fish·er ['kiŋfiʃə(r)] *n* martín *m* pescador (*bird*).

kink [kiŋk] **I.** *n* **1.** retorcimiento *m* (*wire*, etc); rizo *m* (*in hair*). **2.** FIG PEY chifladura *f*, manía *f*. **II.** *v* retorcer(se), enroscar(se). **kinky** [-i] *adj* retorcido/a, enroscado/a; rizado/a (*curly*); FAM PEY extraño/a, anormal, poco convencional en el gusto.

ki·osk ['ki:ɔsk] *n* quiosco *m*, kiosco *m*.

kip [kip] **I.** *n* SL cabezada *f*, sueño *m*. LOC **To have a ~**, echar una cabezadita. **II.** *v* (pret, pp **-pp-**) SL dormir; **(down)** echarse, acostarse.

kip·per ['kipə(r)] **I.** *n* arenque *m* ahumado. **II.** *v* ahumar, curar al humo.

kirk [kɜ:k] *n* (*Scottish*) iglesia *f*. LOC **The ~**, la iglesia presbiteriana de Escocia.

kirsch [kiəʃ] *n* kirsch *m* (*liqueur*).

kis·met ['kizmet] *n* destino *m*.

kiss [kis] **I.** *n* beso *m*; FIG roce suave (*light touch*). LOC **The ~ of life**, respiración boca a boca. **To blow sb a ~**, mandar un beso a alguien. **II.** *v* **1.** besar; FIG rozar suavemente, acariciar (*touch lightly*). **2.** (*reciprocal*) besarse. **3.** **(sth away)** hacer olvidar con besos. LOC **To ~ sb goodbye/goodnight**, dar un beso de despedida/buenas noches. **To ~ the dust**, rendirse; morir. **To ~ the rod**, aceptar el castigo. **kiss·er** [-ə(r)] *n* SL boca *f*. **kiss·proof** [-pru:f] *adj* indeleble (*lipstick*).

kit [kit] *n* **1.** equipo *m* (*for a specific activity*: *tennis, sports kit*, etc). **2.** equipaje *m* (*of a traveller*). **3.** avíos *m,pl* (*shoe cleaning, shaving, washing*). **4.** conjunto *m* para ensamblar (*furniture, model*). LOC **First-aid ~**, botiquín *m* de primeros auxilios. **~·bag**, macuto *m*, saco *m* de viaje. **II.** *v* **(out/up with sth)** (pret, pp **-tt-**) equipar.

kit·chen ['kitʃin] *n* cocina *f*. LOC **~ boy**, pinche *m*. **~ garden**, huerto *m*. **~ maid**, ayudanta *f* de cocina; PEY fregona *f*. **~ sink**, fregadero *m*. **kit·chen·ette** [,kitʃi'net] *n* cocina *f* pequeña.

kite [kait] *n* **1.** cometa *f* (*toy*). **2.** milano *m* (*bird*). **3.** COM letra *f*/cheque *m* fraudulento/a. LOC **To fly a ~**, volar una cometa; FIG lanzar una sonda.

kith [kiθ] *n* amistades *f,pl*, amigos *m,pl*. LOC **~ and kin**, parientes y amigos, allegados *m,pl*.

kitsch [kitʃ] *n* PEY horterada *f*.

kit·ten ['kitn] *n* **1**. gatito *m*. LOC **To have ~s**, INFML darle a uno un ataque. **kit·ten·ish**, [-iʃ] *adj* juguetón/na.

kit·ty ['kiti] *n* **1**. plato *m*, bote *m*, pozo *m* (*in card games*). **2**. bote *m*, fondo *m* común. **3**. INFML gatito *m*.

ki·wi ['ki:wi:] *n* kiwi *m*.

klax·on ['klæksn] *n* claxon *m*.

klep·to·ma·nia [,kleptə'meiniə] *n* cleptomanía *f*. **klep·to·ma·ni·ac** [-niæk] *n* cleptómano/a.

knack [næk] *n* destreza *f*, habilidad *f*, maña *f*. LOC **To get the ~ of doing sth**, coger el tranquillo de algo.

knac·ker ['nækə(r)] **I**. *n* **1**. matarife *m*. **2**. contratista *m* de derribos. **II**. *v* SL agotar, cansar.

knap·sack ['næpsæk] *n* mochila *f*.

knave [neiv] *n* **1**. FAM jota *f* (*in cards*), sota *f* (*in Spanish cards*). **2**. (*obsolete*) bribón *m*, canalla *m* (*rogue*). **knav·ery** ['neivəri] *n* (*obsolete*) bribonada *f*, canallada *f*. **knav·ish** ['neiviʃ] *adj* (*obsolete*) bribón/ona, ruin.

knead [ni:d] *v* **1**. amasar (*dough, clay*). **2**. dar masaje a; sobar (en exceso) a alguien.

knee [ni:] **I**. *n* **1**. rodilla *f*. **2**. TEC codo *m*. LOC **On one's/bended ~s**, de rodillas. **To be/go (down) on one's ~s**, estar/ponerse de rodillas. **To bring sb to his ~s**, humillar, someter, poner de rodillas. **II**. *v* dar con la rodilla, dar un rodillazo.

knee-..., **~-breeches**, *n* calzón *m* corto. **~-cap**, **I**. *n* rótula *f*. **II**. *v* quebrar la rótula. **~-deep**, *adj* (profundo/a) hasta las rodillas (*snow, water*); **~ in sth**, metido/a, implicado/a a fondo. **~-high**, *adj* (alto/a) hasta las rodillas (*grass*). **~-jerk**, *n* reflejo *m* de rótula.

kneel (down) [ni:l] *v* (pret, pp **knelt** [nelt], US **kneeled** [ni:ld]) arrodillarse, ponerse de rodillas. LOC **To ~ in prayer**, arrodillarse para rezar.

knell [nel] *n* toque *m* de difuntos. LOC **To sound the ~ of sth**, anunciar el final de algo.

knelt [nelt] pret, pp de **kneel**.

knew [nju:] pret de **know**.

knick·er·bock·ers ['nikəbɔkəz] *n* (pantalones *m*) bombachos. **knick·ers** ['nikəz] *n* **1**. bragas *f,pl*. **2**. US (pantalones *m*) bombachos.

knick-knack (*also* **nick-nack**) ['niknæk] *n* baratija *f*.

knife [naif] **I**. *n* (*pl knives* [naivz]) **1**. cuchillo *m*. **2**. cuchilla *f* (*in a machine or tool*). LOC **To get one's ~ into sb**, odiar a muerte, tener manía. **II**. *v* apuñalar, acuchillar (*sb*); cortar con cuchillo (*sth*). **knife-edge** ['-edʒ] *n* filo *m*. LOC **To be on a ~**, estar pendiente de un hilo (*situation, process*); nervioso/a (*person*).

knight [nait] *n* **1**. (*abrev* **Kt**) caballero *m* (*rank of Sir*). **2**. caballero *m* (*in the Middle Ages*). **3**. caballo *m* (*in chess*). **II**. *v* **1**. otorgar el título de Sir. **2**. armar caballero.

knight ... **~ errant**, *n* (*pl* **~s errant**) caballero *m* andante. **~ errantry**, *n* caballería *f* andante. **~-hood**, *n* **1**. título *m* de Sir (*rank*). **2**. caballería *f*. **knight·ly**, *adj* FAM caballeroso (*person*); caballeresco/a (*deeds*).

knit [nit] **I**. *v* (**-tt-**, pret, pp **knit·ted, knit**) **1**. tejer. **2**. (*intransitive*) hacer punto. **3**. **(sth together)**, unir(se), juntar(se); soldarse (*bones*). LOC **To ~ one's brows**, fruncir el ceño/entrecejo. **II**. *n* punto *m* (*stitch in knitting*). LOC **~-wear**, géneros *m,pl* de punto. **knit·ting** ['nitiŋ] *n* punto *m*, labor *f* de punto. LOC **~-machine**, máquina *f* de hacer punto. **~-needle**, aguja *f* de hacer punto.

knob [nɔb] *n* **1**. pomo *m*, tirador *m*. **2**. botón *m* (*of radio, TV set*). **3**. puño *m* (*of sword, stick*). **4**. nudo *m* (*in a tree*). **5**. bulto *m*, protuberancia *f* (*bump*). **6**. terrón *m* (*of sugar, coal*). **7**. pella *f* (*of butter*). **knob·bed** [-d], **knob·by** [-bi], **knob·bly** [-bi] *adj* lleno/a de bultos; protuberante; nudoso/a (*tree*).

knock [nɔk] **I**. *n* **1**. golpe (*all senses*). **2**. golpeteo *m*, picado *f* (*of an engine*). **3**. llamada *f* (*at the door*). **4**. FIG revés *m* (*misfortune*). LOC **To take a (hard) ~**, sufrir un revés. **II**. *v* **1**. **(sb/sth on sth)**, golpear, dar un golpe (en). **2**. *col* chocar, sorprender; criticar, hacer pedazos. **3**. (+ *adj*) dejar/poner (frío/a, sin sentido, muerto/a, etc) de un golpe: *The blow ~ed him flat*, El puñetazo lo dejó planchado. **4**. (+ *adv/prep*) mover/desplazar en una dirección de un golpe. **5**. hacer/abrir a golpes (*hole, gap*). **6**. tabletear, picar (*engine*); latir con fuerza (*heart*). **7**. **(sth about)** golpear; FIG tratar con dureza; *col* discutir, debatir (*plan, idea*). **8**. **(about/around)** *col* dar tumbos; viajar; FIG seguir vivo: *Is old Professor Jones still ~ing about?*, ¿Vive todavía el viejo profesor Jones? **9**. **against/on sth)** golpear(se), dar(se) contra. **10**. **(at/on sth)** llamar a, aporrear (*window, door*). **11**. **(sb back)** tirar de espaldas; FIG sorprender; **(sth back)** *col* beber de un trago. **12**. **(sb/sth down)** atropellar; derribar, tirar al suelo; rebajar (*price, cost, charge*). **13**. **(sth in/into sth)** meter a golpes/a la fuerza; **(into sb)** topar con, tropezar con alguien por casualidad. **14**. **(sb/sth off)** derribar; echar de un golpe fuera de: *~ that cat off the table*, Echa al gato de la mesa; rebajar (*price, bill*); **(sb off)** SL liquidar, cargarse a; SL robar (*sth*), atacar a (*sb*); SL realizar el acto sexual (tirarse a alguien). **(sb off his feet**, derribar; **(off sth)**, *col* parar, dejar de trabajar: *We knock off (work) at five*, Terminamos (el trabajo) a las cinco. **15**. **(on sth)** *col* ir ... para, acercarse a (*time, age*): *Grandma is knocking on 80*, La abuela va para los 80. **16**. **(sth over)** volcar, tirar; atropellar. **17**. **(sb out)** dejar sin sentido, hacer perder el conocimiento; dejar atónito/a, impresionar; (*sports*) eliminar de una competición; **(out sth)** vaciar a golpes; sacar a golpes; FIG dejar sin. **18. (sth together)** montar, ensamblar rápidamente (*furniture*); hacer a toda prisa (*meal, story, book*). **19. (sth up)** levantar de un golpe; hacer a toda prisa (*meal, snack; box, table, shelter*); **(sb up)** *col* moler, cansar, dar paliza; *col* despertar; **(up)** (*tennis,* etc) pelotear antes del partido. LOC **Knock (it) off!**, ¡basta! **To ~ sth flying**, enviar por los aires. **To ~ sth to pieces**, hacer pedazos. **To ~ the bottom out of**, desfondar; FIG destruir, acabar con. **knock·er** ['nɔkə(r)] *n* **1.** aldaba *f*, aldabón *m*. **2.** INFML criticón/ona. **3.** SL cántaras *f,pl*, domingas *f,pl* (*woman's breasts*).

knock-..., **~-about**, **I.** *adj* **1.** tronchante (*farce, comedy, humour*). **2.** de diario (*clothes*). **II.** *n* payasada *f*. **~-down**, *adj* **1.** muy bajo/a, de saldo (*price*). **2.** desmontable (*furniture*). **~-kneed**, *adj* (pati)zambo/a. **~-out**, **I.** *n* fuera *m* de combate. K.O. *m*. **II.** *adj* FIG impresionante, que hace perder el sentido. **~ drops/pills**, *n,pl* narcóticos *m,pl*. **~-up**, *n* peloteo *m* (*in tennis,* etc).

knoll [nəul] *n* loma *f*, montículo *m*.

knot [nɔt] **I.** *n* **1.** nudo *m* (*in string, rope; in hair; in timber*). **2.** lazo *m* (*in ribbon*). **3.** corrillo *m* (*of people*). **4.** NAUT nudo *m*. LOC **To tie a ~**, hacer un nudo. **To tie the ~**, INFML atarse, casarse, ahorcarse. **To tie sb/oneself in ~s**, hacer(se) un lío. **II.** *v* **(-tt-)** atar, anudar; FIG liar, enredar; FIG poner en tensión (*stomach, muscles*); (*intransitive*) enredarse, hacerse nudos; FIG agarrotarse. LOC **To get knotted**, SL irse a freír espárragos. **~-hole** ['-həul] *n* agujero *m* que deja un nudo (*in timber*). **knot·ty** [-i] *adj* nudoso/a, lleno/a de nudos (*timber*); FIG complicado/a, intrincado/a.

know [nəu] **I.** *v* (pret **knew** [nju:], pp **known** [-n]) **1.** saber. **2.** conocer, estar familiarizado con (*also* FIG). **3.** reconocer: *I ~ a good bargain when I see one*, Reconozco una ganga cuando la veo. **4.** (*+ n + inf*) saber que: *I ~ him to be a liar*, Sé que él es un mentiroso. **5. (sth about sb/sth)** saber de/acerca de/sobre. **6. (as)** conocer como. **7. (sb/sth from sb/sth)** diferenciar de. **8. (of sb/sth)** saber de. LOC **As far as I ~, For all I ~**, por lo que (yo) sé. **God/Heaven ~s**, Dios sabe. **I ~**, lo sé. **Not to ~ sb from Adam/a crow**, no conocer ni por asomo. **One never ~s**, nunca se sabe. **There's no ~ing**, no hay manera de saber. **To be ~n to sb**, ser conocido/a de alguien. **To ~ for sure**, saber a ciencia cierta. **To ~ sb by sight/name**, conocer a alguien de vista/nombre. **To ~ sth backwards**, saberse al dedillo. **To ~ sth by heart**, saber de memoria. **To ~ sth inside out**, conocer a fondo. **To ~ sth like the back of one's hand**, conocer algo como la palma de la mano. **To ~ which side one's bread is buttered**, INFML saber qué le interesa a uno, dónde le aprieta el zapato. **To let sb ~**, informar, dar a conocer. **You ~**, ¿sabe(s)? **You ~ what?**, ¿sabes una cosa? **II.** *n* conocimiento *m*. LOC **To be in the ~**, estar en el ajo, estar enterado/a.

know-..., **~-all**, *n* INFML PEY sabelotodo *m,f*. **~-how**, *n* INFML TEC práctica *f*, habilidad *f*. **~·ing**, *adj* **1.** de complicidad (*look, glance, expression*). **2.** astuto/a, inteligente (*person*). **~·ingly**, *adv* intencionadamente, a sabiendas; astutamente.

know·ledge ['nɔlidʒ] *n* conocimiento *m*, saber *m*. LOC **To come to sb's ~**, FAM llegar a conocimiento de alguien. **To (the best of) my ~**, por lo que sé, según mi leal saber y entender. **Without my ~**, sin mi conocimiento. **know·ledge·able** ['nɔlidʒəbl] *adj* **(about sth)**, informado/a, conocedor/ora, enterado/a de.

known ['nəun] pp de **know**.

knuc·kle ['nʌkl] **I.** *n* **1.** nudillo *m* (*of person*). **2.** jarrete *m* (*of animal*). **II.** *v* **1. (down to sth)**, INFML ponerse seriamente a (hacer) algo. **2. (under sth)** INFML rendirse, someterse; pasar por el aro. **~·duster** ['-dʌstə(r)] (US **brass knuckles**) *n* puño *m* de hierro. **~-head** ['-hed] *n* INFML PEY tonto/a.

Ko·ran [kə'ra:n] *n* Corán *m*.

kow·tow [,kau'tau] *v* **1.** hacer reverencia china (tocando el suelo con la frente). **2. (to sb/sth)** humillarse ante.

ku·dos ['kju:dɔs] *n* INFML prestigio *m*, honor *m*, gloria *f*.

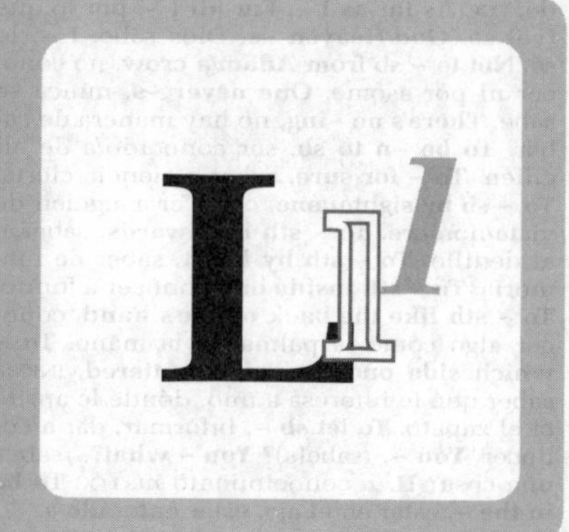

L, l [el] *n* **1**. 'l' *f* (*letter*). **2**. 50 (*roman numbers*).

lab [læb] *n* INFML laboratorio *m*.

la·bel ['leibl] **I**. *n* etiqueta *f*; tejuelo *m* (*on book*); FIG etiqueta *f*, apodo *m*. LOC **Hang/stick a ~ on sb/sth**, etiquetar algo/a alguien. **II**. *v* (**~ll~**) etiquetar; FIG **~ as**, calificar de, clasificar como.

la·bi·al ['leibiəl] **I**. *adj* labial. **II**. *n* GRAM labial *f*.

lab·or·at·ory [lə'bɔrətri] *n* laboratorio *m*.

la·bo·ri·ous [lə'bɔ:riəs] *adj* laborioso/a. **la·bo·ri·ous·ly** [~.li] *adv* laboriosamente. **la·bo·ri·ous·ness** [~.nis] *n* laboriosidad *f*.

la·bour (US **la·bor**) ['leibə(r)] **I**. *n* **1**. trabajo *m*, faena *f*, labor *f*; tarea *f* (*task*). **~ camp**, campo *m* de trabajo. **L~ Day**, Día *m* del Trabajo. **~-sav·ing**, que ahorra trabajo. **~ of love**, trabajo por amor al arte. **Ministry of ~**, Ministerio *m* de Trabajo. **2**. mano *f* de obra, trabajadores *m,pl*. **(un)skil·led ~**, mano *f* de obra (no) especializada. **3**. clase *f* obrera, obreros *m,pl* (*vs. capital or management*). **4**. contracciones *f,pl* del parto. LOC **Begin/Go into ~, Be in ~**, comenzar, tener las contracciones del parto. **5**. **Labour** (*abrev* **Lab**) partido *m* laborista. **II**. *v* **1**.**~ (on/at sth)** trabajar (en algo). **2**.**~ for sth**, esforzarse en, afanarse por algo. **3**. desplazarse, moverse con dificultad. LOC **~ the point**, insistir en un punto. **~ under sth**, FML sufrir, padecer, ser víctima de algo. **~ under the delusion that**, estar engañado/a al creer que.

la·bour·ed (US **la·bor·ed**) ['leibəd] *adj* **1**. penoso/a, dificultoso/a. **2**. forzado/a, pesado/a. **la·bour·er** (US **la·bor·er**) ['leibərə(r)] *n* trabajador/ra, obrero/a; peón (*unskilled worker*).

la·bur·num [lə'bɜ:nəm] *n* BOT codeso *m*.

lab·y·rinth ['læbərinθ] *n* laberinto *m* (*also* FIG). **lab·y·rinth·ine** [,læbə'rinθain] *adj* laberíntico/a.

lace [leis] **I**. *n* **1**. encaje *m* (*fabric*). **2**. cordón *m* (*of shoes*, etc). **~ curtains**, visillos *m,pl*. **lace-ups**, zapatos *m,pl* cerrados con cordones. **II**. *v* **1**. **~ (up)**, atar(se), abrochar(se). **2**. **~ sth (with a drink)**, rociar, echar licor a algo. **3**. **~ into sb**, INFML atacar (*with words, physically*).

la·cer·ate ['læsəreit] *v* lacerar; FIG , FML herir (*feelings*, etc). **la·cer·ation** [,læsə'reiʃn] *n* laceración *f*.

lach·rym·al ['lækriml] *adj* lagrimal. **lach·rym·ose** ['lækriməus] *adj* FML lacrimoso/a, lloroso/a.

lack [læk] **I**. *v* **1**. necesitar, carecer de algo, hacerle falta algo a alguien. **2**. **~ for sth**, FML necesitar. **sb is lack·ing in sth**, carecer de, estar falto/a de. **sth is lacking**, faltar. **II**. *n* falta *f*, carencia *f* (de algo). **for ~ of**, por falta de.

lac·ka·dais·ic·al [,lækə'deizikl] *adj* lánguido/a; apático/a, indolente. **lac·ka·dais·ic·al·ly**, [-i] *adv* lánguidamente; apáticamente.

lac·key ['læki] *n* lacayo *m* (*also* FIG).

lack-lustre ['læklʌstə(r)] *adj* sin brillo, apagado/a; sin vida (*lifeless*), mediocre.

la·con·ic [lə'kɔnik] *adj* lacónico/a. **la·con·ic·ally**, *adv* lacónicamente.

lac·quer ['lækə(r)] **I**. *n* laca *f*. **II**. *v* lacar (*furniture*); echar laca a (*hair*).

lact·ation [læk'teiʃn] *n* lactancia *f*.

lact·ic ['læktik] *adj* láctico/a. **~ acid**, ácido *m* láctico.

lact·ose ['læktəus] *n* lactosa *f*.

la·cu·na [lə'kju:nə] *n* (*pl* **~nae** [~ni:], **~nas**) FML laguna *f*, omisión *f*.

la·cy ['leisi] *adj* entrelazado/a.

lad [læd] *n* **1**. chaval *m*, muchacho *m* (*boy*). **2**. INFML amigo *m*, compañero *m*.

lad·der ['lædə(r)] **I**. *n* **1**. escalera *f* de mano. **2**. carrera *f* (*in a stocking*). **3**. FIG escala *f*, carrera *f* (*career*). **II**. *v* hacer(se) una carrera (*in stockings*).

lad·die ['lædi] *n* INFML (*Scottish*) chaval *m*, muchacho *m*.

lade [leid] *v* ARC H (*pret* **laded**, *pp* **laden**) cargar de/con; FIG agobiar con. LOC **Laden with sth**, agobiado/a por algo.

la-di-da [,la:di'da:] *adj* PEY afectado/a, cursi.

la·dle ['leidl] **I**. *n* cucharón *m*, cazo *m*. **II**. *v* **~ sth (out)**, servir con cazo o cucharón; (**~ out**) FIG INFML ser generoso con, colmar de (*praise, compliments*).

la·dy ['leidi] *n* **1**. dama *f*, señora *f*. **young ~**, señorita *f*. **2**. **Lady**, lady (*as a title*). LOC **Lady Day**, Día de la Anunciación. **lady-killer**, *n* INFML PEY , tenorio *m*. **lady's man** (*also* **ladies' man**), mujeriego *m*. **The ~ of the house**, la señora de la casa. **la·dies**, [-z] *n* servicio *m* de señoras. **lady-in-waiting** (*pl* **ladies-in-waiting**), *n* dama *f* de honor. **la·dy·like**, [-laik] *adj* propio/a de una dama, fino/a, elegante; afeminado. **la·dy·ship**, [-ʃip] *n* señoría: *Her/Your Ladyship*, Su Señoría.

la·dy·bird ['leidibɜ:d] (US **la·dy·bug** ['~bʌg]) *n* ZOOL mariquita *f*.

lag [læg] **I**. *v* (~gg~) **1**. ~ **(behind)**, rezagarse, retrasarse. **2**. revestir, aislar. **II**. *n* lapso *m*, intervalo *m*. **lag·ging**, [iŋ] *n* revestimiento *m*, termoaislamiento *m*.

la·ger ['la:gə(r)] *n* cerveza *f* dorada. LOC ~ **lout**, joven gamberro y borracho.

lag·gard ['lægəd] *n*, *adj* rezagado/a, remolón/na.

la·goon [lə'gu:n] *n* laguna *f*.

laid [leid] *pret and pp of* **lay** LOC **~-back**, INFML relajado/a.

lain [lein] *pp of* **lie**[2], **I**.

lair [leə(r)] *n* guarida *f*.

laird [leəd] *n* (*Scottish*) terrateniente *m*.

la·ity ['leiəti] *n* **1**. laicado *m*, seglares *m,pl*. **2**. FIG legos *m,pl*, profanos *m,pl* (*outside a profession*).

lake [leik] *n* **1**. GEOG lago *m*. **2**. (*also* **crimson lake**) laca *n* (*dye*). **The Great Lakes**, los Grandes Lagos. **The Lake District**, la Región de los Lagos.

lam [læm] **I**. *v* **1**. (~mm~) SL (*also* **lam into sb**) atacar, dar una paliza. **2**. huir. **II**. *n* US SL huida *f*, fuga *f*. LOC **On the** ~, en fuga.

la·ma ['la:mə] *n* lama *m*. **la·ma·se·ry** ['la:məsəri] *n* lamaserio *m*, monasterio *m* de lamas.

lamb [læm] **I**. *n* cordero *m* (*animal and food*); FIG pedazo *m* de pan (*dear person*). **II**. *v* parir (*of a ewe*). **~·skin**, piel *f* de cordero. **lamb's-wool**, lana *f* de cordero.

lam·baste [læm'beist] *v* INFML **1**. dar una paliza. **2**. reprender severamente.

lamb·ent ['læmbənt] *adj* **1**. vacilante (*of a flame*). **2**. vivo/a, brillante.

lame [leim] **I**. *adj* **1**. cojo/a. **2**. FIG poco convincente, débil, flojo/a (*excuse, argument*). LOC **a ~ duck**, incapaz, inútil; US cesante (*official*), funcionario/a. **II**. *v* dejar cojo/a, lisiar. **lame·ness** [~.nis] *n* cojera *f*; FIG debilidad *f*.

la·ment [lə'ment] **I**. *n* **1**. lamento *m*, queja *f*. **2**. elegía *f* (*poem*). **II**. *v* **1**. ~ **for/over sb/sth**, lamentarse por alguien/de algo. **2**. ~ **sth**, lamentar, sentir. **la·ment·able** ['læməntəbl] *adj* lamentable, deplorable. **la·ment·ab·ly** [~bli] *adv* lamentablemente. **la·ment·ation** [,læmen'teiʃn] *n* lamentación *f*.

la·mi·na ['læminə] *n* (*pl* ~**ae** ['~ni:]) lámina *f*.

la·min·ate ['læmineit] **I**. *v* laminar; contrachapar (*wood*). **II**. *adj* (*also* **la·min·at·ed**) laminado/a, contrachapado/a.

lamp [læmp] *n* **1**. lámpara *f*; farol *m*, farola *f* (*in street*); faro *m* (*of cars*); bombilla *f* (*bulb*).

lamp-..., **~·black**, *n* tizne *m* de humo. **~·holder**, *n* portalámparas *m,sing*. **~·light**, *n* luz *f* de lámpara. **~·lighter**, *n* farolero *m*. **lamp-post**, *n* farol *m*, farola *f*. **~·shade**, *n* pantalla *f*.

lam·poon [læm'pu:n] **I**. *n* libelo *m*. **II**. *v* satirizar, ridiculizar.

lam·prey ['læmpri] *n* lamprea *f*.

lance [la:ns] **I**. *n* lanza *f*. **II**. *v* MED abrir con lanceta. **lance-corporal**, *n* cabo *m* interino. **lanc·er** [-ə(r)] *n* lancero *m*.

lan·cet ['la:nsit] *n* **1**. lanceta *f*. **2**. ARQ ojiva *f*.

land [lænd] **I**. *n* tierra *f*; terreno *m*. **by** ~, por tierra. ~ **reform**, reforma *f* agraria. **native** ~, patria *f*, país *m* natal. **on** ~, en tierra. LOC **Be/go on the land**, trabajar la tierra. ~ **of milk and honey**, jauja *f*, paraíso *m* terrenal. ~ **of plenty**, tierra *f* de abundancia. **Make** ~, llegar a tierra. **See how the ~ lies**, tantear el terreno. **II**. *v* **1**. desembarcar (*from a ship*). **2**. aterrizar, tomar tierra (*aircraft*). **3**. pescar, sacar del agua (*fish*). **4**. INFML conseguir, hacerse con (*prize, job, contract*). **5** SL conectar, dar, asestar (*blow, punch*): *He landed John one in the eye*, Le asestó un buen golpe a Juan en el ojo. LOC ~ **sb/oneself in sth**, meter(se) en. ~ **on one's feet**, caer de pie; FIG escapar bien. ~ **up (in sth)**, INFML ir a parar a, ir a dar con los huesos en: *He landed up in jail*, Fue a dar con sus huesos en la cárcel. ~ **up doing sth**, INFML acabar haciendo algo. ~ **sb with sb/sth**, cargar a alguien con alguien/algo. **land-...**, **land·ed**, *adj* hacendado/a. **~-agent**, *n* administrador *m*, corredor *m* de fincas. **~·fall**, *n* NAUT recalada *f*, escala *f* en tierra. **~gardening**, *n* jardinería *f* paisajista.**~·holder** *n* terrateniente *m*. **~·lady**, *n* **1**. dueña *f*, casera *f* (*of a rented house*). **2**. patrona *f*, dueña *f* (*of a boarding-house*). **~·lord**, *n* **1**. dueño *m*, casero *m* (*of a rented house*). **2**. patrón *m*, dueño *m* (*pub or boardinghouse*). **~·lubber**, persona *f* sin experiencia de navegar. **~·mark**, *n* marca *f*, señal *f*; FIG hito *m*. **~·owner**, *n* terrateniente *m*, hacendado *m*. **~·scape**, **I**. *n* paisaje *m*. **II**. *v* practicar la jardinería paisajista. **~·slide**, *n* corrimiento/desprendimiento *m* de tierras; FIG triunfo *m* electoral aplastante. **~sman**, *n* (*pl* **~men**) hombre *m* de tierra adentro. **~·ward** ['lændwəd] *adj* que mira hacia tierra. **~·wards**, *adv* hacia tierra.

land·ing ['lændiŋ] *n* **1**. desembarco *m* (*a ship*). **2**. aterrizaje *m* (*aircraft*). **3**. (*also* **landing-place**) desembarcadero *m*. **4**. descansillo *m*, rellano *m* (*of a staircase*).

land·ing-..., **~-craft**, *n* MIL barcaza *f* de desembarco. **~-field** (*also* **~-strip**) *n* pista *f* de aterrizaje. **~-gear**, *n* AER tren *m* de aterrizaje. **~-net**, *n* salabardo *m*, manguilla *f*. **~-stage**, *n* desembarcadero *m*.

lane [lein] *n* **1**. camino *m*, vereda *f* (*in the country*). **2**. callejón *m* (*in town*). **3**. carril *m* (*of a road*). **4**. NAUT, AER ruta *f*. **5**. calle *f* (*in races or swimming*).

lan·guage ['læŋgwidʒ] *n* lenguaje *m*; idioma *m*. **bad** ~, palabras *f,pl* malsonantes. ~ **laboratory**, laboratorio *m* de idiomas. LOC **Strong** ~, palabras *f,pl* fuertes.

lan·guid ['læŋgwid] *adj* lánguido/a. **lan·guid·ly** ['~.li] *adv* lánguidamente.

lan·guish ['læŋgwiʃ] *v* FML **1**. languidecer (*also* FIG). **2**. ~ **for sb/sth**, consumirse por. **3**.

~in/under sth, consumirse, pudrirse. **lan·guish·ing** [-iŋ] *adj* lánguido/a.

lan·guor ['læŋgə(r)] *n* languidez *f*; dejadez *f*, abandono *m* (*laziness*). **lan·guor·ous** ['læŋgərəs] *adj* lánguido/a; dejado/a, abandonado/a (*lazy*).

lank [læŋk] *adj* **1**. lacio/a (*hair*). **2**. alto/a y delgado/a (*person*). **lan·ky** ['læŋki] *adj* **1**. larguirucho/a, desgarbado/a. **lan·ki·ness** ['~.nis] *n* flacura *f*.

lan·o·lin(e) ['lænəlin] *n* lanolina *f*.

lan·tern ['læntən] *n* **1**. farol *m*, linterna *f*. **2**. ARQ linterna *f*. **~ jaws**, mandíbulas *f,pl* hundidas. **~-jaw·ed**, *adj* FAM chupado/a de cara.

lan·yard ['lænjəd] **1**. cordón *m* alrededor del cuello (*for hanging sth*). **2**. NAUT acollador *m*.

lap [læp] **I**. *n* **1**. regazo *m*. **2**. faldón *m* (*of a dress*). **3**. vuelta *f*; TEC traslapo *m*. **4**. DEP vuelta *f*. **5**. etapa *f* (*of a journey*). **6**. lametón *m*, lengüetada *f* (*of a dog, cat,* etc). LOC **Drop/drump sth in sb's ~**, INFML dejarle caer a uno (*responsibility*). **In the ~ of the 'gods**, en manos de Dios. **Live in the ~ of luxury**, nadar en la abundancia. **II**. *v* (**~pp~**) **1**. **~ A in B, B round A**, envolver A en B. **2**. imbricarse, traslaparse (*overlap*). **3**. DEP llevar una vuelta de ventaja. **4**. **~ sth (up)**, lamer, beber a lengüetadas. **5**. FIG chapotear, dar suavemente contra. **6**. **~ sth up**, INFML tragarse, aceptar sin chistar (*believe*). **lap·ping** [-iŋ] *n* chapoteo *m*. **lap-dog**, *n* perro *m* faldero.

la·pel [lə'pel] *n* solapa *f*.

lap·id·ary ['læpidəri] *adj/n* FML lapidario/a

Lap·land·er ['læplændə(r)] *n* lapón/na. **Lapp** [læp] **1**. *n, adj* lapón/na. **2**. *n* lapón *m* (*language*).

lap·pet ['læpit] *n* doblez *f*, pliegue *m* (*of clothing*).

lapse [læps] **I**. *n* **1**. desliz *m*, falta *f*, error *m*. **2**. lapso *m*. **3**. caducidad *f*, prescripción *f*. **II**. *v* **1**. **~ (from sth)**, faltar a: *Lapse from duty*, Faltar al deber. **2**. **~ into sth**, caer en. **~ into coma**, entrar en coma. **~ into silence**, quedarse callado/a. **3**. (*in law*) caducar, prescribir.

lap-wing ['læpwiŋ] *n* ZOOL avefría *f*.

lar·board ['la:bəd] *adj, adv* NAUT de babor.

lar·ce·ny ['la:səni] *n* hurto *m*, robo *m* menor, sin violencia. **lar·cen·ous** ['la:sənəs] *adj* culpable de hurto.

larch [la:tʃ] *n* alerce *m*.

lard [la:d] **I**. *n* manteca *f* de cerdo. **II**. *v* mechar, lardar. **2**. FIG **~ sth with sth**, entreverar, salpicar (*speech, writing*) con/de algo. **lard·er** ['la:də(r)] *n* despensa *f*.

large [la:dʒ] *adj* grande. LOC **As ~ as life**, de tamaño natural; en persona. **At large**, en libertad (*free*); con todo detalle; en general, en su totalidad. **By and ~**, en todos los sentidos. **To a ~ extent**, en gran parte. **lar·ge·ly** ['~.ly] *adv* en gran parte. **lar·ge·ness** ['~.nis] *n* tamaño *m*; FIG amplitud *f*. **lar·gish** ['~iʃ] *adj* bastante grande. **large-scale**, *adj* en gran escala. **lar·gess(e)** [la:'dʒes] *n* largueza *f*, generosidad *f*.

lar·go ['la:gəu] *n* (*pl* **~s**), *adv* MUS largo *m*.

la·riat ['læriət] *n* lazo *m*.

lark [la:k] **I**. *n* **1**. alondra *f* (*bird*). **2**. INFML broma *f* (*joke*), travesura *f*. **3**. INFML rollo *m*, lata *f*. LOC **Be/Get up with the lark**, levantarse con las gallinas. **Go on a ~**, irse de juerga. **II**. *v* **~ (about/around)**, hacer tonterías.

lark·spur ['la:kspɜ:(r)] *n* BOT espuela *f* de caballero.

lar·va ['la:və] *n* (*pl* **~ae** ['~i:]) larva *f*. **larv·al** ['la:vl] *adj* larval, larvado/a.

la·rynx ['læriŋks] *n* (*pl* **larynges** [læ'rindʒi:z]) laringe *f*. **la·ryn·gi·tis** [,lærin'dʒaitis] *n* laringitis *f*.

las·ci·vi·ous [lə'siviəs] *adj* lascivo/a. **las·ci·vi·ous·ly** [~li] *adv* lascivamente. **las·ci·vi·ous·ness** [~nis] *n* lascivia *f*.

la·ser ['leiʒə(r)] *n* láser *m*.

lash [læʃ] **I**. *n* **1**. tralla *f*. **2**. latigazo *m*, azote *m*. **3**. pestaña *f* (*eyelash*). **II**. *v* **1**. azotar (*also* FIG). **2**. FIG atacar violentamente, fustigar. **3**. agitar, restallar (*tail*). **4**. **~ sb (into sth)**, obligar a alguien (a hacer algo) a la fuerza. **5**. **~ sth to sth**, NAUT amarrar, trincar. **6**. **~ sth down**, amarrar, asegurar. **7**. **~ out (at/against sb/sth)**, atacar violentamente, estallar contra; dar coces (*horse*). **8**. **~ out (on sth)**, INFML tirar la casa por la ventana (*spend money*). **lash·ing** ['~iŋ] *n* **1**. azotaina *f*. **2**. NAUT amarra *f*, trinca *f* (*rope*). **3**. **~s**, INFML montones *m,pl*.

lass [læs] (*also* **las·sie** ['læsi]) *n* (*Scottish*) chica *f*, moza *f*.

las·si·tude ['læsitju:d] *n* FML lasitud *f*.

las·so [læ'su:] **I**. *n* (*pl* **~s/~es**) lazo *m*. **II**. *v* lazar.

last [la:st] **I**. *adj* **1**. último/a (*in a set*). **2**. pasado/a (*week, month, year*). **before ~**, penúltimo/a, antepasado/a. **~ but one**, penúltimo/a. **~ name**, apellido *m*. **~ night**, anoche. **~ straw**, colmo *m*, acabóse *m*. **This day ~ week**, hoy hace una semana. LOC **Have the ~ word**, decir la última palabra. **In the ~ resort, (As) a/one's ~ resort**, en/como último recurso. **Pay one's ~ respects**, rendir el último homenaje. **II**. *n* **1**. **the ~ one(s)**, el/los último/s, la(s) última(s). **at (long) ~**, por fin. **till/to the ~**, hasta el final. LOC **Breathe one's ~**, exhalar el último suspiro. **Hear/See the ~ of sb/sth**, oír/ver por última vez. **2**. horma *f* (*for shoes*). LOC **Stick to your ~**, ¡zapatero, a tus zapatos! **III**. *adv* en último lugar (*in a set*); últimamente, recientemente. LOC **Last but not least**, en último lugar pero no menos importante. **IV**. *v* **1**. **~ (for) sth**, durar. **2**. perdurar, permanecer. **3**. **~ (out)**, (*person*) aguantar, resistir, llegar; haber suficiente (*supplies*). **last·ing** ['~iŋ] *adj* duradero/a, perdurable, constante. **last·ly** ['~li] *adv* finalmente.

latch [lætʃ] **I**. *n* **1**. picaporte *m*. **2**. resbalón *m*, pestillo *m*. LOC **On the ~**, cerrado/a sin echar la llave. **II**. *v* **1**. cerrar(se) con picaporte. **2**. **~ on (to sth)**, INFML comprender. **3**. **~**

on (to sb), INFML pegarse a alguien. **latch·key** ['~ki:] *n* llave *f* de picaporte.

late [leit] **I.** *adj* **1**. tardío/a. **2**. avanzado/a (*hour, day, age, season*): *Till a late hour*, Hasta una hora avanzada. *In the late nineteenth century*, A finales del siglo XIX. **3**. **latest**, último/a, reciente. **the ~ news**, las últimas noticias. **the ~ fashion**, la última moda. **4**. fallecido/a, difunto/a: *Her late husband*, Su difunto marido; último/a, anterior, ex. LOC **At the ~**, a más tardar. **Be ~**, llegar tarde. **Be ~ in doing sth**, tardar en hacer algo. **It is ~**, es tarde. **It is getting ~**, se está haciendo tarde. **II.** *adv* **1**. tarde. **2**. recientemente (*recently*). **3**. anteriormente. LOC **As ~ as**, todavía en. **As ~ as last week**, la semana pasada misma. **Better ~ than never**, más vale tarde que nunca. **~ in**, hacia fines de. **~ in life**, a una edad avanzada. **Later on**, más tarde. **Of ~**, últimamente, recientemente. **Sooner or ~er**, antes o después. **late·ly** ['~li] *adv* hace poco; últimamente. **late·ness** ['~nis] *n* retraso *m*. **late·comer** [~'kʌmə(r)] *n* retrasado/a; recién llegado/a (*newcomer*). **lat·ish** ['leitiʃ] **I.** *adj* un poco tardío. **II.** *adv* un poco tarde.

lat·ency ['leitnsi] *n* estado *m* latente.

lat·ent ['leitnt] *adj* latente.

lat·er·al ['lætərəl] *adj* lateral.

la·tex ['leiteks] *n* látex.

lath [la:θ] *n* (*pl* **~s** [la:ðz]) listón *m*.

lathe [leið] *n* torno *m*.

lath·er ['la:ðə(r)] **I.** *n* **1**. espuma (*of soap*). **2**. sudor (*on a horse*). LOC **Be in a ~, Get into a ~**, INFML echar espuma por la boca, encolerizarse. **II.** *v* **1**. **~ (up)**, hacer espuma (*of soap*). **2**. enjabonar. **3**. INFML zurrar, dar una paliza.

Lat·in ['lætin] **I.** *n* latín *m* (*language*); latino/a (*person*). **II.** *adj* latino/a. **Latin America**, Latinoamérica, América Latina. **Latin-American**, *n,adj* latinoamericano/a. **La·t·in·ist** ['~ist] *n* latinista *m,f*.

lat·it·ude ['lætitju:d] *n* latitud *f*. **2**. FIG amplitud *f*, libertad *f*. **lat·i·tud·in·al** [,læti'tju:dinl] *adj* latitudinal. **lat·i·tud·in·ar·ian** [,lætitju:di'neəriən] *n,adj* FML liberal, tolerante.

lat·rine [lə'tri:n] *n* letrina *f*.

lat·ter ['lætə(r)] **I.** *adj* FML último/a; segundo/a (*of two*); más reciente. **II. the latter** *n, pron* éste, ésta: *The former..., the latter...*, Aquél..., éste... **~-'day**, *adj* moderno/a, reciente. **lat·ter·ly** ['~li] *adv* últimamente.

lat·tice ['lætis] (*also* **lat·tice-work**) **I.** *n* celosía *f*, enrejado *m* (*also* FIG). **II.** *v* poner celosía, enrejar.

Lat·vi·an ['lætviən] *n, adj* letón/na.

laud [lɔ:d] **I.** *n* FML alabanza *f*. **2**. **~s** REL laudes *f,pl*. **II.** *v* alabar, encomiar. **laud·able** ['lɔ:dəbl] *adj* FML Laudable, loable. **laud·at·ory** ['lɔ:dətəri] *adj* FML laudatorio/a.

lau·da·num ['lɔ:dənəm] *n* láudano *m*.

laugh [la:f] **I.** *n* **1**. risa *f*. **loud ~**, risotada *f*, carcajada *f*. **2**. INFML gracia *f*: *What a laugh!*, ¡Qué gracia! LOC **Have the last ~**, reír el último. **Raise a ~**, causar risa. **II.** *v* **1**. **~ (at sb/sth)**, reírse de. **2**. **~ sth away/off**, INFML tomar a risa. **3**. **~ sb down**, hacer callar, ridiculizar. **4**. **~ off**, tomar a risa. **~ sb out of sth**, quitar (algo a alguien) haciéndole reír. LOC **Burst out laughing**, echarse a reír. **He who laughs last, laughs longest**, Quien ríe último, ríe mejor. **~ in sb's face**, reírse en la cara de alguien. **~ on the other side of one's face**, INFML lamentarse, llorar. **~ sb/sth out of court**, INFML poner en ridículo. **~ up one's sleeve**, INFML reírse para sus adentros. **laugh·able** ['la:fəbl] *adj* PEY ridículo/a, irrisorio/a. **laugh·ab·ly** ['~bli] *adv* ridículamente. **laugh·ing** ['la:fiŋ] *adj* risueño/a. **~·ing gas**, gas *m* hilarante. **Be no ~·ing matter**, no ser cosa de risa. **~·ly** ['~li] *adv* riendo; PEY en broma. **~-stock** ['la:fiŋstɔk] *n* hazmerreír *m*. **laugh·ter** ['la:ftə(r)] *n* risa *f*.

launch [lɔntʃ] **I.** *n* **1**. lancha *f* (*craft*). **2**. botadura *f*. **II.** *v* **1**. botar, echar al agua (*ship*). **2**. lanzar (*also* FIG) (*blow, missile; insults, threats, attack*). **3**. **~ (out) into sth**, lanzarse a, emprender. **4**. **~ out at sb**, atacar, emprenderla con. **~ing pad**, *n* plataforma *f* de lanzamiento.

laun·der ['lɔ:ndə(r)] *v* **1**. FML lavar y planchar. **2**. FIG blanquear (*money*). **laun·der·ette** (*also* **laun·drette** [,lɔ:ndə'ret], US **laun·dro·mat** ['lɔ:ndrəmæt]) *n* lavandería *f* automática. **laund·ress** ['lɔ:ndris] *n* lavandera *f*. **laun·dry** ['lɔ:ndri] *n* **1**. lavandería *f*. **2**. colada *f*, ropa *f* sucia. **3**. ropa *f* limpia.

lau·re·ate ['lɔriət] *n, adj* laureado/a.

lau·rel ['lɔrəl] *n* laurel *m*. LOC **Look to one's ~s**, no dormirse en los laureles. **Rest on one's ~s**, dormirse en los laureles.

lav [læv] *n* INFML **lavatory**.

la·va ['la:və] *n* lava *f*.

lav·at·ory ['lævətəri] *n* retrete *m*, inodoro *m* (*W.C.*); servicio *m*, cuarto *m* de aseo.

la·ven·der ['lævəndə(r)] *n* BOT espliego *m*, lavanda *f*. **2**. de color azul lavanda. **~ water**, lavanda *f*.

lav·ish ['læviʃ] **I.** *adj* pródigo/a, generoso/a (*person*); profuso/a, abundante (*plentiful*). **II.** *v* **~ sth (up)on sb/sth**, prodigar algo a alguien. **lav·ish·ly** ['~-li] *adv* generosamente; profusamente.

law [lɔ:] *n* **1**. ley *f*. **break the ~**, violar la ley. **2**. derecho *m* (*as a science*), leyes *f,pl*. **Law School**, Facultad *f* de Derecho. **3**. DEP regla *f*. **4**. FAM policía *f*. LOC **Be a ~ unto oneself/itself**, caminar por sus fueros. **By/In ~**, según la ley. **Go to ~**, recurrir a la justicia. **Have the ~ on sb**, llevar a alguien a los tribunales. **~ and order**, orden *m* público. **Lay down the ~**, hablar excátedra. **Officer of the ~**, representante de la ley. **Take sb to ~**, llevar a alguien ante los tribunales. **Take the ~ into one's own hands**, tomarse la justicia por su mano.

law-..., **~-abiding**, *adj* cumplidor/ra de las leyes. **~ agent** (*Scottish*) *n* abogado *m*. **~-breaker**, *n* infractor/ra de la ley. **~-court**

(*also* **court of law**) *n* tribunal *m* de justicia. **~·ful**, *adj* legal. **~·ful·ly**, *adv* legalmente. **~·less**, *adj* sin leyes, anárquico/a; ilegal. **~·less·ly**, *adv* anárquicamente; ilegalmente. **~·lessness**, *n* anarquía *f*, desorden *m*. **~·maker**, *n* legislador/ra. **~·suit** (*also* **suit**) *n* pleito *m*, juicio *m*.

lawn [lɔ:n] *n* **1**. césped *m*. **~-mower**, cortadora *f* de césped. **~ tennis**, tenis *m* sobre hierba. **2**. linón *m* (*fabric*).

law·yer ['lɔ:jə(r)] *n* abogado *m*, jurista *m*.

lax [læks] *adj* negligente, descuidado/a; laxo/a, relajado/a (*morally*); vago/a, confuso/a (*idea*). **lax·ity** ['læksəti] *n* laxitud *f*; negligencia *f*; vaguedad *f*, imprecisión *f*.

la·xat·ive ['læksətiv] **I**. *n* laxante *m*. **II**. *adj* laxante.

lay[1] [lei] **I**. *pret of* **lie**. **II**. *adj* **1**. REL laico/a, seglar. **2**. FIG profano/a, lego/a. **III**. *n* endecha *f*, balada *f*, romance *m*.

lay[2] [lei] **I**. *v* (*pret, pp* **laid** [leid]) **1**. poner, colocar. **~ the table**, poner la mesa. **~ the blame/responsibility on sb**, echar la culpa a, atribuir la responsabilidad a. **2**. poner. **~ sb on sth**, tender, echar, acostar sobre. **3**. tender (*line, pipe, cable*). **4**. echar abajo (*destroy*). **5**. alisar, suavizar. **6**. presentar, formular (*claim*). **7**. asentar (*dust*). **8**. urdir (*plan*). **9**. apostar por (*horse*, etc). **10**. poner (*eggs*). **11**. preparar (*fire*). **12**. conjurar (*ghost*). **13**. MIL apuntar (*gun*). **14**. tender (*ambush, trap*). **15**. NAUT trazar (*the course*). **16**. acallar (*fears, suspicions, doubts*). **17**. FAM acostarse con. **18**. (*freq passivized*) situar (*story*), estar situado/a). **19**. **~ about one**, repartir golpes a diestro y siniestro; **~ about sb/sth**, golpear repetidamente a. **20**. **~ sth aside**, FML hacer a un lado, apartar, dejar (*also* FIG: *studies, responsibilities*). **21**. **~ sth aside/by**, guardar para el futuro. **22**. **~ sth away**, pagar depósito sobre algo. **23**. **~ down**, almacenar; tender (*railway track*); abandonar, dejar. **~ down that**, sentar, establecer; dictar. **24**. **~ sth in**, abastecerse, proveerse de. **25**. **~ into sb/sth**, INFML dar una paliza; atacar de palabra. **26**. **~ off sb**, INFML dejar en paz; **~ off sth/doing sth**, INFML dejar de, abandonar (*alcohol, drinking, smoking*); **~ sb off**, despedir temporalmente (*workers*). **27**. **~ sth on**, instalar, conectar (*gas, water...*); INFML organizar (*party, trip, tour*); INFML proveer (*food, drink*). **28**. **~ sb out**, dejar inconsciente, poner fuera de combate; **~ sth out**, exponer exhibir; disponer, organizar; INFML gastar (*money*); amortajar (*corpse*). **29**. **~ over**, hacer escala, parar (*on a journey*). **30**. **~ sb up**, hacer guardar cama; **be laid up**, guardar cama. **~ sth up**, guardar, almacenar (*food, fuel*); amarrar (*ship*), encerrar (*vehicle*); **~ sth up (for oneself)**, reservarse; FIG prepararse, meterse en (*trouble, problems*). LOC **~ sth bare**, poner al descubierto, descubrir. **~ one's eyes on**, poner los ojos en. **~ one's hands on**, poner las manos sobre. **~ sth flat**, arrasar. **~ sth waste**, devastar, asolar. **II**. *n* SL ligue *m*.

lay-..., **~·away**, *n* compra *f* reservada mediante depósito inicial. **~-off**, *n* despido *m* temporal. **~·out**, *n* disposición *f* (*arrangement*); presentación *f*. **~-over**, *n* escala *f*, parada *f* corta (*on a journey*).

lay·about ['leiəbaut] *n* INFML holgazán/na, vago/a.

lay-by ['leibai] *n* (*pl* **lay-bys**) **1**. (US **rest stop**) área *f* de descanso (*at the side of a road*). **2**. apartadero *m* (*railways*). **3**. FAM ahorros *m,pl*.

lay·er ['leiə(r)] **I**. *n* **1**. capa *f* (*of paint, cream, dust*); GEOL estrato *m*. **2**. gallina *f* ponedora. **3**. AGR acodo (*shoot*). **II**. *v* **1**. AGR acodar. **2**. organizar en capas.

lay·ette [lei'et] *n* canastilla *f* (de recién nacido/a).

lay·man ['leimən] (*pl* **~men**) *n* **1**. REL seglar *m*, laico *m*. **2**. lego *m*, profano *m* (*not expert*).

laze [leiz] *v* **~ (about/around)** holgazanear. **2**. **~ sth away**, desperdiciar, perder (*time, life*).

la·zy ['leizi] *adj* **1**. holgazán/na, perezoso/a, vago/a (*person*). **2**. lento/a (*slow*). **3**. de descanso, de relajo (*time, days, hours, evening*). **la·zi·ly** [~li] *adv* perezosamente. **la·ziness** ['~nis] *n* pereza *f*; lentitud *f*. **lazybones** *n* INFML gandul/la. **lazy Susan** [,~'su:zn] (*also* **dumb waiter**) *n* bandeja *f* giratoria.

lb (*pl unchanged or* **lbs**) *abrev of* **pound** (*weight*).

LCD [,el si: 'di:] (*abrev of liquid crystal display*) pantalla *f* de cristal líquido.

LDS *abrev* of *Licenciate in Dental Surgery*, dentista *m,f*.

lea [li:] *n* POET prado *m*.

lead [led] *n* **1**. plomo *m*. **2**. mina *f* (*of pencil*). **3**. NAUT sonda *f*, escandallo *m*. **4**. **~s**, planchas *f,pl* de plomo, tiras *f,pl* de plomo. **5**. (*printing*) regleta *f*. **red ~**, minio *m*. LOC **~ free**, sin plomo. **Swing the ~**, hacerse el remolón.

lead·ed ['ledid] *adj* emplomado/a. **leaded lights**, *n* cristales *m,pl* emplomados. **lead·en** ['leden] *adj* plúmbeo/a, pesado/a, cargante; plomizo/a (*sky, colour*). **lead·ing** ['lediŋ] *n* (*printing*) espacio *m* entre líneas. **lead pencil**, *n* lápiz *m*. **lead-poisoning**, *n* MED saturnismo *m*, plumbismo *m*.

lead [li:d] **I**. *n* **1**. guía *f*, ejemplo *m*. **2**. ventaja *f*. **3**. cabeza *f*, primer lugar *m*. **4**. TEAT primer papel *m*, personaje *m* principal. **5**. mano *f* (*in card games*). **6**. pista *f*, clave *f* (*clue*). **7**. correa *f*, traílla *f* (*for dog*). **8**. ELECTR cable *m*. **~ story**, noticia *f* de cabecera. LOC **Follow sb's ~**, seguir el ejemplo de alguien. **Give sb a 'lead**, guiar, orientar a alguien. **Have the ~**, ir en cabeza. **Take the ~**, ponerse a la cabeza. **II**. *v* (*pret, pp* **led** [led]) **1**. conducir, guiar. **2**. **~ sb (to sth)/(to do sth)**, inducir a (hacer) algo. **3**. dar a, llevar a (*have access to*): *This door leads into the garden*, Esta puerta da al jardín. **4**. FIG causar, llevar a. **5**. llevar (*life, existence*). **6**. estar/ir a la cabeza. **7**. (*in card games*) salir con (*trumps*, etc). **8**. dirigir (*country; orchestra*). **9**. ~ **sb astray**, corromper, llevar por mal camino. **10**. ~ **off**, abrir, empezar. **11**. ~ **sb on**, INFML engañar (*deceive*). **12**. ~ **up to**, ir a parar, llevar a; pretender: *What are you leading up to?*, ¿Qué pretende usted? **13**. ~ **with sth** (*journalism*) abrir la edición con; (*boxing*) iniciar el ataque con. LOC ~ **sb a merry dance**, llevar de un lado para otro. ~ **a dog's life**, llevar una vida de perros. ~ **sb up the garden path**, hacer tragar a alguien el anzuelo. ~ **the way**, abrir camino, ir a la cabeza. **lead·er** ['li:də(r)] *n* **1**. guía *m*, jefe *m*, dirigente *m*. **2**. cabecilla *m* (*of gang*, etc). **3**. MUS primer violín *m*. **4**. JUR abogado *m* principal. **5**. editorial *m*, artículo *m* de fondo (*in journalism*). **6**. inicio *m*, guía *f* (*of tape, film*, etc). **7**. BOT brote *m*. **8**. DEP líder *m,f*. **lead·er·ship** ['~ʃip] *n* dirección *f*, mando *m*, liderato *m*, liderazgo *m*. **lead·ing** ['li:diŋ] *adj* **1**. principal, capital: *Play a leading role in...*, Jugar un papel capital en.... **2**. primero/a, que va en cabeza. ~ **article** (*also* **leader**) *n* editorial *m*. ~ **edge**, AER borde *m* de ataque. ~ **lady/man**, TEAT primera actriz, primer actor. ~ **light**, INFML persona capital. ~ **question**, pregunta que sugiere la respuesta. **~-rein** (*also* ~ **strings, walking rein**) andadores *m,pl*.

leaf [li:f] (*pl* **leaves** [li:vz]) **I**. *n* **1**. hoja *f*. **2**. hoja *f* abatible (*of table*, etc). **gold ~**, pan *m* de oro. LOC **Be in ~ /Come into ~**, echar hojas. **Shake like a ~**, temblar como un flan. **Take a ~ out of sb's book**, copiar el ejemplo de alguien. **Turn over a new ~**, empezar una nueva vida. **II**. *v* ~ **through sth**, hojear (*book*, etc). **~·age**, [-idʒ] *n* follaje *m*. **~·less**, *adj* deshojado/a. **lea·fy**, [-i] *adj* frondoso/a. **~-mould**, *n* AGR mantillo *m*. **~·let**, [-lit] *n* **1**. folleto *m*. **2**. BOT hojuela *f*.

league [li:g] **I**. *n* **1**. asociación *f*, sociedad *f*. **The L~ of Nations**, Sociedad de Naciones. **2**. DEP liga *f*. **3**. INFML categoría *f*, clase *f*. **4**. (*archaic*) legua *f* (*3 miles*). LOC **Be in a ~ (with sb)**, estar aliado con. **II**. *v* ~ **together**, aliarse, coligarse.

leak [li:k] **I**. *n* **1**. agujero *m* (*hole*). **2**. escape *m*, fuga *f*. **3**. vía *f* de agua. **4**. gotera *f* (*in a roof*). **5**. FIG filtración *f* (*of secret information*). LOC **Have/take/go for a ~**, SL hacer pis, mear. **Spring a ~**, hacer agua (*boat*); tener una fuga (*pipe*). **II**. *v* **1**. tener un escape/fuga (*pipe*). **2**. hacer agua (*boat*). **3**. salirse (*container*). **4**. tener goteras (*roof*). **5**. salirse, escaparse (*gas, liquid*). **6**. (*also* ~ **out**) FIG filtrarse (*secret information*). ~ **sth to sb**, pasar, filtrar algo a alguien. **leak·age** ['li:kidʒ] *n* V **leak I**. **leak·proof** [,~ 'pru:f] *adj* hermético/a. **leak·y** ['~i] *adj* que hace agua (*boat*); con goteras (*roof*); agujereado/a; con escapes (*pipe*); FIG indiscreto/a (*person*).

lean [li:n] **I**. *adj* enjuto/a (*body*); magro/a, sin grasa (*meat*); pobre, frugal (*diet*); malo/a, escaso/a (*harvest, crop*). ~ **years**, años de vacas flacas. **II**. *n* carne *f* magra, magro *m*. **III**. *v* (*pret, pp* **leant** [lent]/**leaned** [li:nd]) **1**. inclinarse (*also* FIG). **2**. ~ **against/(up)on sth**, apoyar(se) en/contra algo. **3**. ~ **forward**, inclinarse. **4**. ~ **over backwards to**, no escatimar esfuerzos para. **5**. ~ **on sb** INFML hacer extorsión, amenazar. **6**. ~ **out (of sth)**, asomarse (por). **7**. ~ **(up)on sb/sth (for sth)**, apoyarse en alguien/algo para, depender de alguien/algo para. **8**. ~ **towards sth**, tender a. **lean·ing** ['~iŋ] *n* tendencia *f*, inclinación *f*. **lean·ness** ['li:nnis] *n* delgadez *f*; escasez *f*, carestía *f*, (*shortage*). **lean-to**, *n* cobertizo *m*.

leant [lent] *pret and pp of* **lean**.

leap [li:p] **I**. *n* salto *m*, brinco *m* (*jump*); FIG salto *m* (*sudden change*). LOC **A ~ in the dark**, un salto en el vacío. **In/By ~s and bounds**, a pasos agigantados. **II**. *v* (*pret, pp* **leapt** [lept]/**leaped** [li:pt]) **1**. saltar, brincar (*also* FIG); (*heart*) dar un vuelco. **2**. ~ **sth over sth**, hacer saltar (*horse*, etc). **3**. ~ **at sth**, no dudar en aceptar. LOC **Jump/~ to conclusions**, precipitarse en las conclusiones. **leap-frog** ['~frɔg] **I**. *n* pídola *f*, piola *f*. ~ **year**, año *m* bisiesto. **II**. *v* saltar a pídola. **leap·ing** ['~iŋ] *adj* a saltos; FIG irregular.

leapt [lept] *pret and pp of* **leap**.

learn [lɜ:n] *v* (pret, pp **learnt** [lɜ:nt]/**learned** [lɜ:nd]) **1**. aprender. ~ **by heart**, aprender de memoria. ~ **how to do sth**, aprender a hacer algo. **2**. ~ **(of/about) sth**, saber de, enterarse de. LOC **Live and ~**, vivir para ver. **learn·ed** ['lɜ:nid] *adj* instruido/a, culto/a; liberal (*profession*). **learn·ed·ly** ['~li] *adv* doctamente, cultamente. **learn·er** ['~ə(r)] *n* principiante *m,f* (*beginner*); aprendiz *m* (*apprentice*); estudiante *m,f*. **learn·ing** ['~iŋ] *n* erudición *f*, saber *m*, conocimiento *m*.

learnt [lɜ:nt] *pret and pp of* **learn**.

lease [li:s] **I**. *n* arrendamiento *m*, arriendo *m*. LOC **Let sth out on ~**, arrendar, dar en arriendo. **Take out a ~ on sth, Take sth on ~**, arrendar, tomar en arriendo. **Take on a new ~ of life**, empezar una nueva vida. **II**. *v* ~ **sth to/from sb**, arrendar (dar/tomar en arriendo). **lease·hold (of/on sth) I**. *n* arrendamiento *m*. **II**. *adj* en arriendo, arrendado/a. **lease·hold·er**, *n* arrendatario/a.

leash [li:ʃ] **I**. *n* correa *f*, traílla *f* (*for dogs*). LOC **Hold sth in ~**, controlar, mantener a raya. **Strain at the ~**, tratar de sacudirse el yugo. **II**. *v* atar, poner la correa.

least [li:st] **I**. *adj* (*sup of* **little**) menor, mínimo/a, más pequeño/a. **not the ~ bit**, en absoluto. **II**. *pron* lo menos; el/la menor. LOC **At ~**, por lo menos. **In the ~**, en lo más mínimo. **To say the ~**, por no decir más. **3**. *adv* (*sup of* **less**) menos: *Just when we least expected it...*, Justamente cuando menos lo esperábamos... LOC ~ **of all**, menos que nadie. **Last but not least**, El último pero no el peor o menos importante. **least·ways** [-weiz], **least·wise** [-waiz] *adv* INFML por lo menos.

leath·er ['leðə(r)] *n* cuero *m*, piel *f*. LOC **Hell for ~**, a toda velocidad. **leath·er·ette** [,leðə'ret] *n* símil cuero *m*. **leath·ery** ['leðəri] *adj* de cuero; parecido/a al cuero; correoso/a (*meat*).

leave [li:v] **I.** *v* (*pret, pp* **left** [left]) **1.** ~ **(for a place)** irse, marcharse (a/para) (*person*); salir (para) (*bus, train, plane, ship*). **2.** dejar. ~ **school**, dejar de ir al colegio. ~ **the table**, levantarse de la mesa. **3.** ~ **sb/sth sth/doing sth**, dejar a alguien/algo haciendo algo. ~ **sth undone**, dejar sin hacer. **4.** olvidar, dejarse. **5.** dejar, hacer (*cause*). **6.** ~ **sth for sb**, dejar algo para alguien (*message*, etc). ~ **sth to sb**, dejar algo a alguien. **8.** dejar para, postponer. **9.** MAT quedar. **Have sth left**, quedarle a uno. **There is sth left**, queda... **10.** dejar (al morir). **11.** ~ **sth about**, dejar por medio. **12.** ~ **sth aside**, olvidar, omitir. ~ **behind**, dejar atrás; FIG olvidarse de. **14.** ~ **off sth/doing sth**, dejar de hacer algo; (*rain*) pararse. **15.** ~ **out**, omitir, excluir. **16.** ~ **over**, aplazar, postponer. **be left over**, sobrar. LOC **Be left holding the baby**, INFML dejar con el muerto. **Leave it at that!**, dejémoslo así. ~ **no stone unturned**, remover Roma con Santiago. **II.** *n* ~ **(to do sth)** permiso *m* (para hacer algo). LOC **By/With your** ~, con su permiso. **Take French** ~, despedirse a la francesa. **Take** ~ **of sb**, despedirse de alguien. **On** ~, de permiso. **~-taking**, *n* despedida *f*.

leav·ed [li:vd] *adj* cubierto/a de hojas.

leav·en ['levn] **I.** *n* levadura *f*; FIG estímulo *m*; FIG sal *f*, gracia *f*. **II.** *v* leudar; FIG estimular, avivar, echar sal.

leav·es [li:vz] *pl of* **leaf**.

leav·ings ['li:viŋz] *n* sobras *f,pl*.

Le·ba·nese [,lebə'ni:z] *n, adj* libanés/sa.

lech·er ['letʃə(r)] *n* PEY lascivo/a. **lech·er·ous** ['letʃərəs] *adj* lascivo/a. **lech·er·ous·ly** ['~li] *adv* lascivamente. **lech·ery** ['letʃəri] *n* lascivia *f*.

lec·tern ['lektən] *n* atril *m*.

lec·ture ['lektʃə(r)] **I.** *n* **1.** conferencia *f*. **2.** FIG sermón *m*. **II.** *v* **1.** ~ **(on sth)**, dar una conferencia; dar clase (*regularly*). **2.** ~ **sb (about/for sth)**, sermonear. **lec·tur·er** ['~rə(r)] *n* conferenciante *m,f*; profesor/ra auxiliar (*University*). **lect·ture·ship** ['~ʃip] *n* lectorado *m*, ayudantía *f*.

led [led] *pret and pp of* **lead**.

ledge [ledʒ] *n* **1.** repisa *f*. **2.** ARQ cornisa *f*. **3.** banco *m* de arrecifes (*reef*).

led·ger ['ledʒə(r)] *n* **1.** libro *m* mayor (*in book-keeping*). **2.** (*also* **leger, ledger line**) MUS línea *f* suplementaria.

lee [li:] **I.** *n* **1.** abrigo *m*. **2.** NAUT socaire *m*. **II.** *adj* NAUT a/de sotavento. ~ **side**, *n* NAUT banda *f* de sotavento.

leech [li:tʃ] *n* **1.** sanguijuela *f*. **2.** FIG PEY parásito *m*, lapa *f* (*person*). **3.** (*archaic*) médico *m*. LOC **Cling/Stick to sb like a** ~, pegarse a alguien como una lapa.

leek [li:k] *n* BOT puerro *m*.

leer [liə(r)] **I.** *n* mirada *f* de malicia/lascivia. **II.** *v* ~ **(at sb)**, mirar con malicia/lascivia.

lee·ry ['liəri] *adj* ~ **(of sb/sth)**, receloso/a.

lees [li:z] *n* posos *m,pl* heces *f,pl*.

lee·ward ['li:wəd, NAUT 'lu:ǀd] *adj, adv* a/de sotavento.

lee·way ['li:wei] *n* **1.** espacio *m* de maniobra; libertad *f* de acción/movimientos. **2.** NAUT , AER deriva *f* (*drift*). LOC **Make up** ~, recuperar el retraso.

left [left] *pret and pp of* **leave**. **left-'luggage office** (US **baggage room**) *n* consigna *f*. **left-overs** *n* restos *m,pl*, sobras *f,pl*. **left** [left] **I.** *adj* izquierdo/a. **II.** *adv* a/hacia la izquierda: *Turn left*, Tuerza a la izquierda. **III.** *n* **1.** (mano *f*) izquierda. **2.** izquierda *f*. **on one's** ~, a la izquierda de uno. **3. The** ~, la Izquierda. **~-hand**, *adj* de la izquierda, del lado izquierdo. **~-hand drive car**, coche *m* con volante a la izquierda. **~-handed**, *adj* zurdo/a (*person*); para zurdos (*tool*); a izquierdas (*screw*); insincero/a, ambiguo/a (*compliment*); de izquierda (*blow*). **~-wing** *n/adj* (de la) izquierda. **~-winger**, *n* izquierdista radical. **left·ist** ['~ist] *n, adj* izquierdista *m,f*, de izquierdas. **lef·ty** (*also* **leftie**) [-i] *n* **1.** INFML PEY izquierdoso/a. **2.** zurdo/a.

leg [leg] **I.** *n* **1.** pierna *f* (*of person*); pata *f* (*of animal*); pie *m*, pata *f* (*of furniture*). **2.** soporte *m* (*support*). **3.** pernera *f* (*of trousers*). **4.** (*food*) pierna *f* (*of lamb*); muslo *m* (*of chicken*); anca *f* (*of frog*); pernil *m* (*of pork*). **5.** etapa *f*. LOC **Be on one's last ~s**, estar en las últimas. **Give sb a ~ up**, INFML ayudar a subir; *col* echar una mano. **Not have a ~ to stand on**, carecer de fundamento. **Pull sb's** ~, tomar el pelo a alguien. **Shake a** ~, volar, darse prisa. **Show a** ~, levantarse de la cama. **II.** *v* **leg it** INFML ir a pie. **leg-pull** *n* INFML broma *f*. **leg-puller**, *n* bromista *m,f*. **-leg·ged** [legd] (*in compound adjs*) de piernas/patas. **long-leg·ged**, de piernas largas. **leg·gings** ['legiŋz] *n* polainas *f,pl*. **leg·gy** ['legi] *adj* patilargo/a.

leg·acy ['legəsi] *n* legado *m*, herencia *f*, patrimonio *m* (*also* FIG).

leg·al ['li:gl] *adj* legal. ~ **adviser**, asesor *m* jurídico. ~ **age**, mayoría *f* de edad. ~ **entity**, persona *f* jurídica. ~ **tender**, moneda *f* de curso legal. **leg·al·ism** ['li:gəlizəm] *n* PEY legalismo *m*. **leg·al·ly** ['li:gəli] *adv* legalmente. **leg·al·ity** [li:gæləti] *n* legalidad *f*. **leg·al·ize, ~ise** ['li:gəlaiz] *v* legalizar.

leg·ate ['legit] *n* legado *m* (*ambassador*). **leg·atee** [,legə'ti:] *n* JUR legatario *m*. **leg·ation** [li'geiʃn] *n* legación *f*.

le·gend ['ledʒənd] *n* leyenda *f*. **le·gend·ary** ['ledʒəndri] *adj* legendario/a.

le·ger ['ledʒə(r)] *n* (*also* **leger line, led·ger**) MUS línea *f* suplementaria.

le·ger·de·main [,ledʒədə'mein] *n* **1.** FML juego *m* de manos. **2.** FIG trapacería *f*.

le·gi·bil·ity [,ledʃə'biləti] *n* legibilidad *f*. **le·gi·ble** ['ledʃəbl] *adj* legible. **le·gi·bly** ['~əbli] *adv* legiblemente.

le·gion ['li:dʒən] *n* legión *f* (*all senses*). **le·gion·ary** ['li:dʒənəri] *n, adj* legionario *m* (*Roman*). **le·gion·naire** [,lidʒə'neə(r)] *n* legionario *m* (*esp of the French Foreign Legion*).

le·gis·late ['ledʒisleit] *v* legislar. **le·gis·la·tion** [,ledʒis'leiʃn] *n* legislación *f*. **le·gis·lat·ive** ['ledʒislətiv] *adj* legislativo/a. **le·gis·lat·or** ['ledʒisleitə(r)] *n* FML legislador *m*. **le·gis·lat·ure** ['ledʒisleitʃə(r)] *n* FML legislatura *f*, cuerpo *m* legislativo.

le·gi·tim·ate [li'dʒitimət] *adj* legítimo/a (*according to law*), legal; auténtico/a, genuino/a. **le·gi·tim·acy** [li'dʒitiməsi] *n* FML legitimidad *f*. **le·gi·tim·ate·ly** [li'dʒitimətli] *adv* legítimamente. **le·gi·tim·ize, ~·ise** [li'dʒitimaiz] *v* FML legitimizar.

leg·less ['leglis] *adj* **1**. sin piernas (*person*); sin patas (*animal or furniture*). **2**. SL borracho/a perdido/a.

leg·ume ['legju:m] *n* legumbre *f*. **le·gu·min·ous** [li'gju:minəs] *adj* leguminoso/a.

lei·sure ['leʒə(r)] *n* ocio *m*, tiempo *m* libre. **at ~**, desocupado/a. **at one's ~**, cuando uno buenamente puede. **lei·sur·ed** ['leʒəd] *adj* desocupado/a, ocioso/a. **lei·sure·ly** ['leʒəli] *adj* pausado/a; *adv* pausadamente.

leit·mo·tif (*also* **~tif**) ['laitməuti:f] *n* **1**. leitmotiv *m*, tema *m* central (*also* FIG).

le·mon ['lemən] *n* **1**. limón *m* (*fruit*). **2**. (*also* **~ tree**) limonero *m*. **3**. (*also* **~ yellow**) amarillo *m* limón. **4**. SL cacharro *m* (*defective thing*). **~ curd** (*also* **~ cheese**) *n* queso *m* de limón. **~ squash** *n* zumo *m* de limón. **~ -squeezer** *n* exprimidor *m*.

le·mon·ade [,lemə'neid] *n* limonada *f*, gaseosa *f*.

lend [lend] *v* (*pret, pp* **lent** [lent]) **1**. **~ sth (to sb)** prestar algo a alguien.. **2**. **~ sth (to sth)** FIG FML dar, conferir. LOC **~ an ear to sb**, escuchar atentamente. **~ sb a hand**, echar una mano. **~ oneself to sth**, prestarse a. **lend·er** ['lendə(r)] *n* prestamista *m,f*.

length [leŋθ] *n* **1**. longitud *f*, largo *m*, extensión *f* (*of space*). **2**. duración *f* (*of time*). **3**. cuerpo *m* (*racing*), largo *m* (*of a thing taken as a unit of measurement*). **4**. pieza *f*, trozo *m*, pedazo *m* (*of wire, timber*, etc); corte *m* (*of dress*). **5**. tramo *m* (*of road*). LOC **At ~**, FML por fin. **At (full) ~**, con todo detalle. **Go to any ~s**, estar dispuesto/a a cualquier cosa. **Keep sb at arm's ~**, mantener a alguien a distancia. **The ~ and breadth of sth**, a lo largo y ancho de algo. **length·en** ['leŋθən] *v* alargar(se). **length·ways, length·wise, long·ways, long·wise**, *adv* a lo largo, longitudinalmente. **leng·thy** ['leŋθi] *adj* largo/a.

le·ni·ent ['li:niənt] *adj* indulgente, poco severo/a. **le·ni·ence** ['~əns], **le·ni·ency** [~ənsi] *n* indulgencia *f*, poca severidad *f*. **le·ni·ent·ly** ['~li] *adv* indulgentemente, con indulgencia.

lens [lenz] *n* (*pl* **~es**) **1**. lente *f*. **2**. ANAT cristalino *m* (*of eye*). **contact lenses**, lentillas *f,pl*.

lent [lent] *pret and pp of* **lend**.

Lent [lent] *n* REL cuaresma *f*. **Lent·en** ['lentən] *adj* cuaresmal.

len·til ['lentl] *n* BOT lenteja *f*.

le·on·ine ['liənain] *adj* FML leonino/a.

leo·pard ['lepəd] *n* leopardo *m*. **~·ess** [,lepə'des] *n* leopardo *m* hembra.

leo·tard ['li:əta:d] *n* leotardo *m*.

le·per ['lepə(r)] *n* leproso/a (*also* FIG). **le·pro·sy** ['leprəsi] *n* lepra *f*. **le·prous** ['leprəs] *adj* leproso/a.

les·bi·an ['lezbiən] **1**. *n* lesbiana *f*. **2**. lesbiano/a. **les·bi·an·ism** ['~izm] *n* lesbianismo *m*.

lese-ma·jes·ty [,leiz'mæʒestei] *n* delito *m* de lesa majestad.

le·sion ['li:ʒn] *n* lesión *f*.

less [les] **I**. *adj* (*...than...*) menos (que); menor. **II**. *pron* menos; menor. **III**. *adv* (*...than...*) menos (que). **~ and ~**, cada vez menos. **more or ~**, más o menos. **none the ~**, sin embargo. **The ~ ... the ~ ...** , cuanto menos...tanto menos... **V**. *prep* menos. LOC **In ~ than no time**, en menos de nada. **~ of it!** ¡ya está bien! **-less** [~lis] (*suffix*) sin + *n*, des- + *adj*: *Hopeless*, Sin esperanza; *Careless*, descuidado/a. **~less·ly** [~lisli] (*suffix*) des...mente: *carelessly*, descuidadamente. **~less·ness** [~lisnis] (*suffix*) falta *f* de + *n*: *carelesness*, falta de cuidado. **les·sen** ['lesn] *v* disminuir, reducir(se). **les·ser** ['lesə(r)] *adj* menor (*comp*); más pequeño/a. LOC **The ~ ot two evils**, el mal menor.

les·see [le'si:] *n* JUR arrendatario/a.

les·son ['lesn] *n* **1**. lección *f*. **2**. (*freq pl*) clase *f*.

les·sor ['lesɔ:(r)] *n* JUR arrendador/ra.

lest [lest] *conj* FML por miedo a; para que no.

let [let] **I**. *v* (*pret, pp* **let**) **1**. *aux* **let's** + *v*, (*translated as subj, 3rd person pl*): *Let's go*, Vayamos. **let** + *n* + *v*, que + *subj*: *Let everyone know*, Que todos sepan; MAT sea: *Let A be equal to C*, Sea A igual a C. **2**. **~ sb do sth** dejar, permitir a alguien hacer algo. **3**. (+ *adv/prep of place*) dejar entrar/salir/pasar/ etc.: *Don't let the dog into the kitchen*, No dejes que el perro entre en la cocina. **4**. **~ sth (out/off) (to sb)** alquilar: *House to let*, Se alquila casa. **5 ~ sb down**, fallar, defraudar; abandonar (*a friend*). **~ sth down**, bajar, hacer bajar; desinflar, deshinchar (*tyre*). **6**. **~ sth in**, meter, acortar (*a garment*). **~ sb/oneself in for sth**, INFML meter en (*trouble, problems*). **~ sb in on/into sth**, INFML dar a conocer (*secret, plan*). **7**. **~ sth into sth**, empotrar en; abrir en. **8**. **~ sb off (with sth)**, dejar escapar con un castigo leve o sin castigo. **~ sb off (sth)**, dispensar, dejar libre(s) de. **~ sth off**, disparar, hacer explotar (*gun, rocket*). **9**. **~ sb in on (about sth/that...) (to sb)**, INFML revelar (*secret*); INFML fingir. **10**. **~ sb out**, liberar, dejar salir. **~ sth out**, agrandar, ensanchar, sacar (*a garment*); soltar, proferir (*scream, cry*); revelar (*secret*). **11**. **~ sb through**, aprobar (*exam, test*). **12**. **~ up**, aflojar, disminuir (*rain*, etc); relajarse, bajar la guardia (*person*). LOC **~ alone**, y mucho menos. **~ sb/sth be**, dejar estar, no interferir. **~ sb/sth go**, dejar en libertad. **~ oneself go**, abandonarse, dejarse. **~ sb have it**, SL hacer que alguien se la gane (*punish*). **II**. *n* **1**. alquiler *m*. **2**. obstáculo *m*. **3**. (*tennis*) servicio *m* nulo (por rozar la pelota la red). LOC JUR **Without ~ or hindrance**, sin estorbo ni obstáculo. **let-down**, *n* decepción *f*, desilusión *f*. **let·ting** [-iŋ] *n* arrendamiento *m*; bien *m* arrendado. **let-up**, *n* tregua *f*, alto *m* (*rest*); recesión *f* (*in a crisis*).

leth·al ['li:θl] *adj* letal, mortífero/a; FIG mortal.

le·thar·gy ['leθədʒi] *n* letargo *m*; FIG apatía *f*. **le·thar·gic** [le'θa:dʒik] *adj* letárgico/a.

let's [lets] *contraction of* **let us**.

let·ter ['letə(r)] **I**. *n* **1**. letra *f*. **2**. carta *f* (*by post*). **3**. **~s**, letras *f,pl*, humanidades *f,pl*. **capital ~**, mayúscula *f*. **block ~**, letra *f* de imprenta. **italic ~**, bastardilla *f*. **registered ~**, carta *f* certificada. LOC **To the ~**, al pie de la letra. **II**. *v* rotular. **~-bomb**, *n* carta *f* bomba. **~-box**, *n* buzón *m*. **~-head**, *n* membrete *m*. **let·ter·ing** ['letəriŋ] *n* rotulado *m*, inscripción *f*. **let·ter·press**, *n* texto *m* impreso.

let·tuce ['letis] *n* lechuga *f*.

leu·co·cyte (*also* **leu·ko·cyte**) ['lu:kəsait] *n* leucocito *m*.

leu·kae·mia (US **leu·ke·mia**) [lu:'ki:miə] *n* leucemia *f*.

le·vee ['levi] *n* **1**. recepción *f*, audiencia *f*. **2**. US dique *m*.

le·vel ['levl] **I**. *adj* **1**. horizontal, llano/a, nivelado/a. **2**. raso/a (*spoonful*). **3**. igualado/a, nivelado/a. **4**. fijo/a, penetrante (*look*). **5**. monótono/a (*voice*). **6**. ordenado/a (*life*). LOC **Be ~ with**, estar igualado/a con. **Draw ~ with**, igualar con. **Have a ~ head**, ser muy sensato/a, ser persona de mente equilibrada. **,~-crossing** (US **grade crossing**) *n* paso *m* a nivel. **~-head·ed** *adj* equilibrado/a, sensato/a. **II**. *n* **1**. nivel *m*. **2**. **~s**, llanos *m,pl*, llanura *f*. **3**. **spirit ~**, nivel *m* de burbuja. LOC **At eye ~**, a la altura del ojo. **At ground ~**, a ras del suelo. **Find one's/its ~**, encontrar su sitio. **On a ~ (with sb/sth)**, a la misma altura, igualado/a con. **On the ~**, INFML en serio, sincero/a. **III**. *v* **1**. nivelar, igualar, allanar. **2**. derrumbar, arrasar, demoler. **3**. **~ sth at sb/sth**, apuntar, dirigir. **4**. **~ sth down/up**, igualar rebajando/elevando. **5**. **~ off/out**, AER nivelarse, ponerse horizontal; FIG estabilizarse (*prices, values*). **6**. **~ with sb**, INFML hablar, tratar abiertamente con, tratar de tú a tú. **IV**. *adv* a nivel, horizontalmente. **le·vel·ler** (US **le·vel·er**) ['levələ(r)] *n* nivelador/ra, que iguala. **le·vel·ling** (US **lev·el·ing**) ['levəliŋ] *n* nivelación *f*.

le·ver ['li:və(r)] (US ['levə(r)]) **I**. *n* **1**. palanca *f* (*also* FIG); fuerza *f*, impulso *m*. **II**. *v* apalancar; mover con palanca.

le·ver·age ['li:vəridʒ] *n* apalancamiento *m*; FIG poder *m*, influencia *f*.

le·ve·ret ['levərit] *n* ZOOL lebrato *m* (*young hare*).

le·vi·athan [li'vaiəθən] *n* REL leviatán *m*; FIG mostruo *m*, enormidad *f*.

lev·it·ate ['leviteit] *v* elevar(se) en el aire por medios no naturales. **lev·it·ation** [,levi'teiʃn] *n* levitación *f*.

lev·ity ['levəti] *n* FML ligereza *f*, frivolidad *f*.

lev·y ['levi] *v* (*pret, pp* **levied**) **1**. **~ sth (on sb)**, imponer, exigir (*taxes*); gravar. **~ a tax on sb**, gravar a alguien con un impuesto. **2**. **~ on sth**, embargar algo. **3**. MIL levar, reclutar. **II**. *n* exacción *f*; recaudación *f*; embargo *m*; MIL leva *f*, reclutamiento *m*.

lewd [lju:d] *adj* lascivo/a (*person*); obsceno/a, indecente (*story, glance*, etc). **lewd·ness** ['~nis] *n* lascivia *f*; obscenidad *f*, indecencia *f*. **lewd·ly** ['~li] *adv* lascivamente, etc.

lex·ic·al ['leksikl] *adj* léxico/a. **lex·ic·al·ly** ['~li] *adv* léxicamente. **lex·is** ['leksis] *n* léxico *m*, vocabulario *m*. **lex·ic·o·gra·phy** [,leksi'kɔgrəfi] *n* lexicografía *f*. **lex·ic·o·graph·er** [,leksi'kɔgrəfə(r)] *n* lexicógrafo/a. **lex·ic·o·graph·ic·al** [,leksikə'græfikl] *adj* lexicográfico/a. **lex·icon** ['leksikən] *n* **1**. diccionario *m*. **2**. léxico *m*.

li·ab·il·ity [,laiə'biləti] *n* **1**. responsabilidad *f*. **~ insurance**, seguro *m* de responsabilidad civil. **2**. **~ to sth**, sujeción *f* a algo, obligación *f* de (hacer) algo. **3**. INFML inconveniente *m*, problema *f*. **4**. **li·ab·il·it·ies**, deudas *f,pl*, pasivo *m*. **meet one's ~s**, hacer frente a las obligaciones/deudas. **li·able** ['laiəbl] *adj* **1**. **~ (for sth)** responsable de. **2**. **~ to sth**, sujeto/a a, sometido/a a; propenso/a a. **3**. **~ to do sth**, capaz de hacer algo.

li·aison [li'eizn] *n* **1**. enlace *m*, comunicación *f*. **~ officer**, oficial de enlace. **2**. PEY lío *m* amoroso, ligue *m*. **3**. LIN enlace *m*.

li·a·na [li'a:nə] *n* liana *f*.

li·ar ['laiə(r)] *n* mentiroso/a, embustero/a.

lib [lib] **1**. INFML **liberation**. **2**. **Lib** *abrev* **Liberal Party**.

lib·ation [lai'beiʃn] *n* libación *f*.

li·bel ['laibl] **I**. *n* **1**. **~ (on sb)** libelo *m* contra alguien (*written*). **2**. JUR difamación *f*. **II**. *v* calumniar, difamar. **li·bel·lous** (US **li·bel·ous**) ['laibələs] *adj* difamatorio/a.

lib·er·al ['libərəl] *adj* **1**. liberal. **2**. generoso/a (*generous*). **3**. libre (*translation, interpretation*). **II**. *n* liberal *m,f*. **lib·er·al·ism** ['~izəm] *n* liberalismo *m*. **lib·er·al·ly** ['~rəli] *adv* liberalmente; generosamente. **lib·er·al·ity** [,libə'ræləti] *n* liberalidad *f*, generosidad *f*. **li·ber·ate** ['libəreit] *v* **~ sb/sth (from sth)**, liberar a alguien de algo. **lib·er·ation** [,libə'reiʃn] *n* liberación *f*. **lib·er·at·or** ['~tə(r)] *n* libertador/ra. **lib·er·tin·age** ['libətinidʒ] *n* libertinaje *m*. **lib·er·tine** ['libəti:n] *n* libertino/a. **lib·er·ty** ['libəti] *n* libertad *f*. LOC **Be at ~ (to do sth)**, tener libertad para hacer algo. **Take ~ies (with sb/sth)**, tomarse libertades con.

li·bid·in·ous [li'bidinəs] *adj* FML libidinoso/a.

li·bi·do [li'bi:dəu] ['libidəu] *n* libido *f*.

lib·ra·ry ['laibrəri] *n* **1**. biblioteca *f* (*collection, building*). **2**. colección *f* (*in general, of records, films*, etc). **lib·ra·ri·an** [lai'breriən] *n* bibliotecario/a.

li·bret·to [li'bretəu] *n* (*pl* **~s/~retti** [~ti:]) *n* libreto *m*. **li·bret·tist** [li'bretist] *n* libretista *m,f*.

Lib·yan ['libiən] *n, adj* libio/a.
lice [lais] *pl of* **louse.**
li·cence (US **li·cense**) ['laisns] *n* **1.** licencia *f*, permiso *m*, autorización *f*. **driving ~**, permiso *m* de conducir. **~ number**, número *m* de matrícula. **~ plate**, placa *f* de matrícula. **2.** licencia *f*, libertinaje *m*. **li·cense** ['laisns] *v* dar licencia, autorizar. **~ plate**, placa *f* de matrícula. **li·cens·ee** [,laisən'si:] *n* concesionario *m*; persona *f* autorizada para vender bebidas alcohólicas.
li·cen·ti·ate [lai'senʃiət] *n* licenciado/a.
li·cen·ti·ous [lai'senʃəs] *adj* FML licencioso/a, disoluto/a.
li·chen ['laikən] *n* liquen *m*.
lich-gate (*also* **lych-gate**) ['litʃgeit] *n* entrada *f* de cementerio.
lick [lik] **I.** *v* **1.** lamer. **2.** FIG acariciar, lamer (*of waves, flames*, etc). **3.** SL zurrar, dar una paliza; derrotar. LOC **~ sb's boots**, INFML hacer la pelota. **~ sb/sth into shape**, pulir, poner a punto. **~ one's chops/lips**, relamerse. **~ sth from/off sth**, quitar de un lametazo. **~ the dust**, morder el polvo. **~ sth up**, beber a lametones. **II.** *n* **1.** lamido *m*, lamedura *f*, lametazo *m* (*with the tongue*). **2.** capa *f*, mano *f* (*of paint, varnish*, etc). **3.** SL velocidad *f*. **4.** salina *f* (*salt-lick*). LOC **A ~ and a promise**, INFML dar un lavado de cara. **Go at full ~**, ir a toda velocidad. **lick·ing** ['~iŋ] *n* SL zurra *f*; derrota *f*. **give sb a ~**, dar una zurra; derrotar.
li·cor·ice ['likəris] *n* regaliz *m*.
lid [lid] *n* **1.** tapa *f*, tapadera *f*. **2.** párpado *m* (*eyelid*). LOC **Flip one's ~**, volverse loco/a. **Put the ~ on sth**, rematar, poner broche a algo. **Take/Lift/Blow the ~ off sth**, destapar, descubrir algo secreto. **lid·ded** ['~id] *adj* con tapadera. **lid·less** ['~lis] *adj* sin tapadera. **~-spittle**, pelotillero/a, lameculos *m,f*.
li·do ['li:dəu] *n* (*pl* **~s**) *n* playa *f*/piscina *f* pública.
lie[1] [lai] **I.** *v* (*pret, pp* **lied**, *ger* **lying**) **~ (to sb) (about sth)** mentir (a alguien) (sobre/acerca de algo) (*also* FIG). LOC **~ in one's teeth/ throat**, INFML mentir descaradamente. **~ one's way into/out of sth**, abrirse camino a base de mentiras. **II.** *n* mentira *f*. **~-detect·or**, *n* detector *m* de mentiras. LOC **Give the ~ to sth**, desmentir. **Pack of ~s**, sarta *f* de mentiras. **Tell a ~**, decir una mentira. **White ~**, mentira piadosa.
lie[2] [lai] **I.** *v* (*pret* **lay** [lei], *pp* **lain** [lein], *ger* **lying**) **1.** estar, estar situado/a en. **2.** echarse, tenderse; acostarse (*in bed*). **3.** estar echado/a/tendido/a; estar acostado/a (*in bed*). **4.** (+ *adj/pp/ger*) estar; quedarse, permanecer: *He lay asleep*, Se quedó dormido. **5.** yacer, reposar; estar enterrado/a (*in grave*). **6.** (*of problem, interest, cure*) radicar, estribar. **7.** extenderse. **8.** JUR (*action, appeal*) ser admisible/procedente. **9. ~ about**, estar tirado/a/rodando (*objects*); holgazanear (*person*). **10. ~ back**, recostarse. **11. ~ down**, echarse, tumbarse. **~ down under sth**, INFML soportar sin chistar. **12. ~ in**, Br (US **sleep in**) INFML quedarse en cama hasta tarde; (*archaic*) estar de parto. **13. ~ over**, aplazarse, postponerse. **14. ~ to**, NAUT estar al pairo. **15. ~ up**, guardar cama. **16. ~ with sb**, dormir con; **~ with sb (to do sth)** FML depender de: *The decision lies with you*, La decisión depende de ti. LOC **As/So far as in me lies**, en lo que de mí dependa. **~ heavy on sth**, pesar, abrumar. **~ in wait (for sb)**, acechar, estar a la espera de. **~ low**, INFML no chistar. **II.** *n* situación *f*, posición *f*. **~ of the land**, configuración *f* del terreno; FIG estado *m* de las cosas. **lie-down** *n* INFML siesta *f*.
liege [li:dʒ] *n* **1.** (*also* **liege lord**) señor *m* feudal. **2.** (*also* **liege·man**) vasallo *m*.
lien [liən] *n* JUR derecho *m* de retención.
lieu·ten·ant [lef'tenənt] (US [lu:'tenənt]) *n* **1.** teniente *m*. **second ~**, alférez *m*. **~ general**, teniente *m* general. **2.** NAUT alférez *m* de navío. **3.** lugarteniente *m* (*chief assistant*).
life [laif] *n* (*pl* **lives** [laivz]) **1.** vida *f*. **early ~**, juventud *f*. **later ~**, vejez *f*. **long-~**, *adj* de larga duración. **2.** JUR (*also* **life sentence**) INFML cadena *f* perpetua. **3.** ART modelo *m* al natural. LOC **As large as ~**, de tamaño natural. **Bring sb (back) to ~**, reanimar, resucitar, devolver a la vida (*also* FIG). **Come to ~**, resucitar. **For dear/one's ~**, desesperadamente. **For the ~ of me**, por nada en el mundo. **Have seen ~**, haber vivido/visto mundo. **High ~**, alta sociedad. **Lay down one's ~**, ofrecer, sacrificar la vida. **Put new ~ into sth**, infundir nueva vida a. **Take sb's ~**, quitar la vida, matar.
life-..., **~-and-death** (*also* **~-or-death**) *adj* a vida o muerte; FIG crucial. **~ annuity**, *n* JUR renta *f* vitalicia. **~ assurance/insurance**, *n* seguro *m* de vida. **~-belt** (*also* **~buoy**) *n* salvavidas *m, sing*. **~-blood**, *n* sangre *f* vital; FIG alma *f*, vida *f*, energía *f*. **~-boat**, *n* bote *m* salvavidas. **~ cycle**, *n* ciclo *m* vital. **~ expect·ancy**, *n* esperanza de vida. **~-giving**, *adj* vivificante. **~-guard**, *n* bañista *m,f*. **Life Guards**, *n* regimiento *m* de caballería real. **~ history**, *n* BIOL ciclo *m* biológico. **~ inte·rest**, *n* JUR interés *m* vitalicio. **~-jacket**, *n* chaleco *m* salvavidas. **~·less**, *adj* sin vida, muerto/a (*also* FIG). **~·less·ly**, *adv* sin vida. **~·less·ness**, *n* falta *f* de vida. **~-like**, *adj* natural. **·line**, *n* NAUT cuerda *f* de salvamento; cuerda *f* de señales (*of a diver*); FIG cordón *m* umbilical. **~·long**, *adj* de toda la vida. **~-raft**, *n* balsa *f* salvavidas. **~-size(d)**, *adj* de tamaño natural. **~-span**, *n* vida *f*, tiempo *m* de vida. **~·time**, *n* vida *f*; *adj* de/para toda la vida. **~-work** (*also* **life's work**) *n* el trabajo de una vida. **lifer** ['laifə(r)] *n* SL condenado *m* a cadena perpetua.
lift [lift] **I.** *v* **1.** levantar, elevar, alzar; FIG levantar (*spirits*, etc); izar (*flag*); exaltar (*heart*). **2.** (+ *adv/prep of place*) subir a/dentro/etc. **3.** (*of mist, fog, clouds*) levantarse. **4.** AGR arrancar (*vegetables, plants*). **5. ~ sth (from sb/sth)**, INFML robar; plagiar, copiar. **6.** levantar, anular (*restriction, ban, embargo*). **7.** transportar por aire. **8.** MED hacer un esti-

rado de piel. **9.** ~ **off**, despegar (*rocket*, etc). LOC **Lift/Raise a finger/hand (to do sth)**, mover un dedo para. **Lift/raise a hand/one's voice against sb/sth**, levantar la mano/voz contra. **II.** *n* **1**. alzamiento *m*, levantamiento *m*. **2**. Br (US **elevator**) ascensor *m*. **3**. AER empuje *m* de ascensión; FIG empuje *m*, estímulo *m*. LOC **Give sb a** ~, acercar/llevar en coche; levantar en alto; FIG echar una mano. **~-off**, *n* despegue *m* (*of a rocket*, etc).

lig·a·ment ['ligəmeənt] *n* ligamento *m*.

lig·at·ure ['ligətʃə(r)] *n* **1**. ligadura *f*. **2**. (*print*) ligado *m*. **3**. MUS ligado *m*, ligadura *f*.

light [lait] **I.** *n* luz *f* (*also* FIG). **2**. **~s**, faros *m,pl*, luces *f,pl*. **3**. **(traffic) ~s**, semáforo *m,sing*. **4**. fuego *m*, lumbre *f* (*flame*). **5**. FIG luces *f,pl*, inteligencia *f*. **6**. ART luz *f*. LOC **At first ~**, al rayar el alba. **Bring sth to ~**, sacar a la luz, revelar. **Come to ~**, salir a la luz, conocerse. **Go out like a ~**, INFML quedarse frito/a (*faint, fall asleep*). **In the ~ of sth**, a la luz de. **Set ~ to sth**, prender fuego a algo. **Strike a ~**, encender una cerilla. **II.** *v* (*pret, pp* **lit** [lit]/**lighted**) **1**. encender(se), prender(se) fuego. **2**. encender (*electric lamp*). **3**. alumbrar, iluminar (*street, way*, etc). **4**. **~ into sb**, SL atacar. **5**. **~ on sb/sth**, encontrar casualmente. **6**. **~ out**, largarse. **7**. **~ (sth) up**, INFML encender (*cigarette*, etc); iluminar (*a house*). **~ up**, iluminarse; FIG animarse, iluminarse. **lit up** ['lit ʌp] *adj* SL achispado/a (*drunk*). **III.** *adj* **1**. ligero/a, liviano/a. **2**. suave. **3**. leve (*wound, work*). **4**. débil (*sound*). **5**. alegre, contento/a. **6**. luminoso/a. **7**. claro/a (*colour, complexion*). LOC **Make ~ of sth**, quitar hierro/importancia a algo. **Make ~ work of sth**, hacer con facilidad, vencer fácilmente. **Many hands make light work**, la unión hace la fuerza. **IV.** *adv* con poco peso. **travel ~**, viajar con poco equipaje.

light-..., **~-fingered**, *adj* INFML ligero/a de dedos (*stealer*). **~-headed**, *adj* mareado/a; ligero/a de cascos. **~-hearted**, *adj* alegre; PEY casquivano/a. **-heartedly**, *adv* a la ligera. **~-heartedness**, *n* alegría *f*. **~-heavy·weight**, *n* peso *m* semipesado. **~·house**, *n* faro *m*. **~·ing**, *n* alumbrado *m*, iluminación *f*. **street ~·ing**, *n* alumbrado *m* público. **~·ly**, *adv* ligeramente; a la ligera. **Get off ~·ly**, escapar bien librado/a. **Take sth ~·ly**, tomar a la ligera. **~·ness**, *n* ligereza *f*, poco peso *m*; levedad *f*; luminosidad *f*; claridad *f*. **~ me·ter**, *n* fotómetro *m*. **~ pen** (*also* **wand**) *n* COM P lápiz *m* programador. **~·ship**, *n* buque *m* faro. **~-year**, *n* año *m* luz (*pl* años luz). **~·weight**, *n, adj* peso *m* ligero; INFML de poco valor.

light·en ['laitn] *v* **1**. aligerar(se). **2**. FIG aliviar(se). **3**. iluminar(se) (*also* FIG).

light·er ['litə(r)] **I.** *n* **1**. encendedor *m*, mechero *m*. **2**. NAUT barcaza *f* gabarra *f*. **II.** *v* transportar en barcaza/gabarra. **light·er·age** ['laitəridʒ] *n* transporte *m* en barcaza/gabarra. **light·er·man** (*pl* **~men**] *n* gabarrero *m*.

light·ning ['laitniŋ] **I.** *n* relámpago *m*, rayo *m*. LOC **Like (greased) ~, like a streak of ~, as quick as ~**, como un rayo. **II.** *adj* relampagueante, relámpago: *A lightning visit*, Una visita relámpago. **~ conductor, ~ rod**, *m* pararrayos *m,sing*. **~-bug**, *n* luciérnaga *f*.

lights [laits] *n* bofes *m,pl*, asadurilla *f*.

lig·ne·ous ['ligniəs] *adj* leñoso/a. **lig·nite** ['lignait] *n* lignito *m*

like [laik] **I.** *v* **1**. gustarle a uno. **2**. INFML (*of food*) no sentar bien: *I like wine but wine doesn't like me*, Me gusta el vino pero no me sienta bien. LOC **As you ~**, como quiera(s). **If you ~**, si quiere(s). **I ~ that!** IR ¡Mira qué bien! **~ best/better**, preferir. **II.** *prep* **1**. como, igual que. **2**. propio de. **3**. como, como por ejemplo. LOC **~ anything**, muchísimo. **Feel ~**, V. **feel**. **Look ~**, V. **look**. **III.** INFML *conj* **1**. como, igual que. **2**. US como si: *He works like he owns the factory*, Trabaja como si fuera el dueño de la fábrica. **IV.** *adv* **1**. **(as) ~ as not, ~ enough, most/very ~**, probablemente. **2**. INFML más bien: *It's like big*, Es más bien grande. **V.** *n* **1**. igual, semejante a. **and the ~**, y cosas semejantes/por el estilo. **do the ~**, hacer lo mismo. **the ~s of sb/sth**, INFML personas/cosas *f,pl* como. **,~-'minded**, *adj* de la misma opinión. **2**. **~s** preferencias *f,pl*, gustos *m,pl*. **VI.** *adj* parecido/a, similar. LOC **~ father ~ son**, de tal palo tal astilla. **Be ~ to do sth**, ser probable que. **like·able** (*also* **lik·able**) ['laikəbl] *adj* agradable, amable. **like·ly** ['laikli] **I.** *adj* **1**. probable. **2**. **~ (to do sth)** capaz de hacer algo. **3**. prometedor/ra, (*promising*). LOC **A ~ story**, IR un cuento chino. **II.** *adv* **as ~ as not; most/very ~**, (muy) probablemente. **like·li·hood** ['laiklihud] *n* probabilidad *f*. **In all ~**, con toda probabilidad. **lik·en** ['laikən] *v* **~ sth to sth**, FML comparar con. **like·ness** ['laiknis] *n* parecido *m*, semejanza *f*. **family ~**, aire *m* de familia. **like·wise** ['laikwaiz] *adv* FML **1**. del mismo modo, igualmente. **2**. también, asimismo. **do ~**, hacer lo mismo. **lik·ing** ['laikiŋ] *n* **~ (for sb/sth)** cariño *m*, simpatía *f* por (*person*); gusto *m* por (*thing*). LOC **Be to sb's ~**, FML ser del gusto/agrado de alguien. **Have a ~ for**, ser aficionado/a a; tener/sentir simpatía por.

-like [laik] (*suffix*) parecido/a a, propio/a de: *childlike*, propio de niños, infantil.

li·lac ['lailək] *n* **1**. BOT lila *f*. **2**. color *m* lila.

li·lo ['læiləu] *n* colchón *m* inflable.

lilt [lilt] *n* **1**. deje *m*, cadencia *f*. **2**. canción *f* alegre.

lil·y ['lili] *n* lirio *m*; azucena *f*. **~ of the val·ley**, muguete *m*. **~-livered** ['lili livəd] *adj* cobarde, gallina. **water ~**, nenúfar *m*.

limb [lim] *n* **1**. ANAT miembro *m*. **2**. BOT rama *f* (*of a tree*). **3**. ASTR limbo *m*. LOC **Out on a ~**, INFML en el atolladero. **Tear sb ~ from ~**, despedazar. **-limb·ed** [limd] de/con miembros: *long-limbed*, de miembros largos.

lim·ber ['limbə(r)] **I.** *adj* flexible (*thing*); ágil (*person*). **II.** *v* **~ up** DEP hacer ejercicios de precalentamiento.

lim·bo ['limbəu] *n* **1.** REL limbo *m*; FIG olvido *m*. **2.** limbo *m*.

lime [laim] **I.** *n* **1.** (*also* **quick·lime**) cal *f*. **2.** liga *f* (*birdlime*). **3.** BOT (*also* **lime-tree, lin·den**) tilo *m*. **4.** lima *f* (*fruit*), limero *m* (*tree*). **5.** (*also* **lime green**) color *m* verde lima. **II.** *v* encalar; AGR abonar con cal. **lime-kiln**, *n* horno *m* de cal. **lime-juice**, *n* jugo *m* de lima. **lime·stone**, *m* piedra *f* caliza.

lime·light ['laimlait] *n* TEATR foco *m*, proyector *m*. LOC **Be in the ~**, estar en el candelero.

li·me·rick ['limərik] *n* quintilla *f* jocosa.

li·mey ['laimi] *n* (*pl* **~s**) US SL PEY inglés/sa.

lim·it ['limit] **I.** *n* **1.** límite *m*. LOC **Sb/Sth is the ~**, algo es el colmo. **Within ~s**, con moderación, dentro de unos límites. **II.** *v* **~ sb/sth (to sth)**, limitar, restringir (a algo). **lim·it·ation** [,limi'teiʃn] *n* limitación *f*, restricción *f*. **lim·it·ed** [-id], *adj* limitado/a, restringido/a: *Limited liability company* (*abrev* **Ltd**), sociedad *f* limitada (*abrev* S.L.). **lim·it·ing** [-iŋ], *adj* restrictivo/a. **lim·it·less** [-lis], *adj* ilimitado/a; sin límites.

lim·ou·sine ['liməzi:n, limə'zi:n] *n* limusina *f*.

limp [limp] **I.** *adj* flojo/a, fláccido/a (*floppy*); debilitado/a (*weak*). **II.** cojera *f*. **walk with a ~**, cojear. **III.** *v* **1.** cojear. **2.** (+ *adv/prep of place*) ir/venir/etc, cojeando: *He limped off*, Se marchó cojeando; FIG desplazarse con dificultad (*ship, vessel*, etc). **3.** POET cojear (*verse*).

lim·pet ['limpit] *n* ZOOL lapa *f* (*also* FIG).

lim·pid ['limpid] *adj* límpido/a, cristalino/a. **lim·pid·ity** [lim'pidəti] *n* limpidez *f*, claridad *f*. **lim·pid·ly** [-li] *adv* límpidamente.

lim·y ['laimi] *adj* calizo/a; pegajoso/a (*sticky*).

linch·pin ['lintʃpin] *n* TEC pezonera *f* (*of an axle*); FIG eje *m*, parte *f* esencial.

lin·den ['lindən] *n* BOT tilo *m*.

line [lain] **I.** *n* **1.** línea *f*. **2.** arruga *f* (*wrinkle*). **3.** fila *f* (*row*). **4.** frontera *f* (*boundary*). **5.** fila *f*, cola *f* (*queue*). **6.** hilera *f* (*of trees*, etc). **7.** cuerda *f* (*rope*); **fishing ~**, sedal *m*. **8.** COM línea *f*, compañía *f*; **shipping/air ~**, compañía *f*/línea *f* naviera/aérea. **9.** MIL línea *f*; **front ~**, primera línea. **10.** línea *f*, actitud *f*, principios *m,pl*. **11.** límite *m*. **12.** línea *f*, linaje *m* (*of family*). **13.** (*pl*) TEAT papel *m*. **14.** carta *f*, líneas *f,pl*: *Drop me a line*, INFML Ponme unas líneas. **15.** vía *f*, línea *f* férrea (*railways*). **16.** actividad *f*, negocio *m*; ramo *m* (*business*): *What's your line?*, ¿A qué se dedica Vd.? **17.** renglón *m* (*in writing*). **18.** verso *m* (*verse*). **19. the Line**, el ecuador. LOC **Along the ~s of**, de acuerdo con. **Be in ~ with**, estar de acuerdo con. **Dotted ~**, línea de puntos. **Draw the ~**, marcar el límite. **Fall into ~ with**, conformarse con las ideas de. **Get a ~ on**, informarse sobre. **Hold the ~!**, ¡no cuelgue! **Hot ~**, teléfono rojo. **In ~ for sth**, a punto de. **Out of ~ (with sb/sth)**, en desacuerdo con. **Shoot a ~**, darse bombo. **(Stand) in/on ~**, US hacer cola. **II.** *v* **1.** rayar (*paper*). **2.** surcar, arrugar (*face*). **3.** bordear: *A road lined with trees*, Una carretera bordeada de árboles. **4.** forrar (*clothes, drawers*, etc). **5.** TEC revestir, guarnecer. **6. ~ up (for sth)**, US ponerse en cola. **~ (sb) up**, alinear, poner en fila. **~ sth up**, INFML organizar, preparar. **~ one's pockets**, forrarse, ponerse las botas (*make money*). **line-out**, *n* DEP saque *m* de banda. **line-up**, *n* alineación *f*, formación *f*. **lin·e·age** ['liniidʒ] *n* FML linaje *m*. **lin·e·al** ['liniəl] *adj* **1.** lineal. **2.** FML en línea directa (*of descent*). **lin·e·al·ly** ['~li] *adv* linealmente.

lin·ea·ments ['liniəmənts] *n* FML rasgos *m,pl*, facciones *f,pl* (*of face*).

lin·e·ar ['liniə(r)] *adj* lineal. **lin·e·ar·ity** [,lini'æriti] *n* linealidad *f*.

lin·en ['linin] *n* **1.** lino *m*. **2.** ropa *f* blanca (*sheets, clothing*); mantelería *f* (*of table*). LOC **Wash one's dirty ~ in public**, lavar los trapos sucios en público.

lin·er ['lainə(r)] *n* **1.** barco *m* de línea/regular; avión *m* de línea. **2.** revestimiento *m*.

line(s)·man ['lain(z)mən] *n* (*pl* **~men**) (US **line·man**) **1.** DEP juez *m* de línea. **2.** (*railways*) guardavía *m*. **3.** instalador *m*/mantenedor *m* de líneas (*electricity, telephone*).

ling [liŋ] *n* **1.** BOT brezo *m*. **2.** ZOOL abadejo *m*.

lin·ger ['liŋgə(r)] *v* **~ (about/around/on)**, rezagarse, quedarse atrás, retrasarse, entretenerse, hacerse el remolón. **2. ~ over sth**, tomarse con calma, tardar en. **3.** (*of a process*) dilatarse, alargarse. **4.** (*person*) sobrevivir a duras penas, irse debilitando; (*process, custom, smell*) persistir. **lin·ger·er** ['~rə(r)] *n* rezagado/a. **lin·ger·ing** [-iŋ], *adj* **1.** dilatado/a, lento/a (*of a process*). **2.** persistente (*remaining*).

lin·ge·rie ['linʒəri:] *n* lencería *f*.

lin·go ['liŋgəu] *n* (*pl* **~es**) INFML PEY **1.** lengua *f* extranjera. **2.** jerga *f* (*jargon*).

lin·guist ['liŋgwist] *n* lingüista *m,f*. **lin·guist·ic** [liŋ'gwistik] *adj* lingüístico/a. **lin·guist·ics** [~s] *n* lingüística *f*.

li·ni·ment ['linimənt] *n* linimento *m*.

lin·ing ['lainiŋ] *n* **1.** forro *m* (*of clothes*). **2.** MED , TEC revestimiento *m*. LOC **Every cloud has a silver ~**, no hay mal que por bien no venga.

link [liŋk] **I.** *n* **1.** eslabón *m* (*of a chain*). **the missing ~**, el eslabón perdido. **2.** vínculo *m*, enlace *m*, lazo *m*, conexión *f*. **3.** TEC vástago *m*, corredera *f*. **weak ~**, punto *m* flaco, talón *m* de Aquiles. **II.** *v* **1. ~ sth with sth, sth and sth (together), sth (up)**, unir, enlazar. **2. ~ up (with sb/sth)**, conectarse; TEC ensamblarse. **~-up**, *n* conexión *f*. **link·age** ['liŋkidʒ] *n* enlace *m*, unión *f*; conexión *f* (*of telephone, radio*, etc); TEC acoplamiento *m*. **links** [liŋks] *n* campo *m* de golf.

lin·net ['linit] *n* ZOOL pardillo *m* (*bird*).

li·no·cut ['lainəucʌt] *n* ART impresión *f* en linóleo.

li·no·leum [li'nəuliəm] (*also* INFML **lino**) *n* linóleo *m*.

li·no·type ['lainəutaip] *n* linotipia *f*.

lin·seed ['linsi:d] *n* linaza *f*. ~ **oil**, aceite *f* de linaza.

lint [lint] *n* hilas *f,pl* (*for bandaging*).

lin·tel ['lintl] *n* dintel *m*.

lion ['laiən] *n* **1**. león *m* (*also* FIG). **2**. celebridad *f* (*famous person*). LOC **The ~'s share**, la parte del león. **li·on·ess** ['laiənes] *n* leona *f*. **li·on·ize, ~ise** ['~aiz] *v* tratar como a una celebridad. **~-hearted**, *adj* valiente.

lip [lip] *n* **1**. labio *m*. **2**. borde *m* (*of cup, saucer,* etc); pico *m* (*of jug*). **3**. SL insolencia *f*, descaro *m*. LOC **Bite one's ~**, morderse la lengua. **Button one's ~**, cerrar la boca, echar la cremallera. **Hang on sb's ~s**, estar pendiente de la palabra de. **Keep a stiff upper ~**, poner al mal tiempo buena cara. **Less/None of your ~!**, ¡no seas descarado/a! **One's ~s are sealed**, tener la boca sellada.

lip-..., **~-read**, *v* (*pret, pp* **lip-read** ['lipred]) leer los labios. **~-service**, *n* alabanza *f* fingida, promesa *f* que no se cumplirá. LOC **Pay ~ to sth**, hablar de boquilla. **~-stick**, *n* barra *f*/lápiz *m* de labios.

-lip·ped [lipt] *adj* (*in compounds*) de/con labios: *Thin-lipped*, De labios finos.

li·que·fy ['likwifai] *v* (*pret, pp* **~fied**) licuar(se), liquidar(se). **li·que·fac·tion** [,likwi'fækʃn] *n* licuefacción *f*. **li·que·fi·able** ['~faiəbl] *adj* licuable. **li·ques·cent** [li'kwesnt] *adj* licuescente.

li·queur [li'kjuə(r)] [li'kə:(r)] *n* licor *m*.

li·quid ['likwid] **I**. *n* líquido *m*. **II**. *adj* **1**. líquido/a. **2**. FIG claro/a, transparente, puro/a (*colour, voice*). **3**. COM líquido/a, realizable. ~ **assets**, activo *m* (líquido).

li·quid·ate ['likwideit] *v* **1**. liquidar, saldar (*debt*). **2**. liquidar (*business*). **3**. FIG liquidar (*kill*). **li·quid·ation** [,likwi'deiʃn] *n* liquidación *f*. **go into ~**, entrar en liquidación. **li·quid·at·or** [,likwi'deitə(r)] *n* liquidador/ra. **li·quid·ity** [li'kwidəti] *n* liquidez f, fluidez *f* (*of cash*). **li·quid·ize, ~ise** ['likwidaiz] *v* liquidar, licuar. **li·quid·iz·er, ~is·er** [~aizə(r)] (*also* US **blender**) *n* licuadora *f*.

li·quor ['likə(r)] *n* bebida *f* alcohólica.

li·quor·ice (US **li·cor·ice**) ['likəris] *n* regaliz *m*.

lira ['liərə] *n* (*pl* **lire** ['liərə]/**liras**) (*abrev* **L**) lira *f*.

lisp [lisp] **I**. *n* ceceo *m*. **II**. *v* cecear.

lis·som(e) ['lisəm] *adj* grácil, flexible.

list [list] **I**. *n* **1**. lista *f*. **2**. escalafón *m* (*of officials*). **3**. catálogo *m*, relación *f* (*of items*). LOC **On the danger ~**, INFML a punto de morir. **Put sb/sth on the ~**, poner en la lista. **II**. *v* **1**. hacer una lista de. **2**. (*freq passive*) poner en lista. **be listed**, estar/aparecer en lista. **3**. NAUT escorar. **listed building**, edificio *m* declarado de interés histórico o artístico.

lis·ten ['lisn] **I**. *v* **1**. ~ **(to sb/sth)** escuchar, prestar atención a; FIG echar cuenta, creer. ~ **to/hear reason**, atender a razones. **2**. ~ **(out) for sth**, estar atento/a a. **3**. ~ **in (to sth)**, escuchar la radio; escuchar a escondidas. **II**. *n* INFML escucha *f*. **Be on the ~**, INFML estar a la escucha. **Have a ~**, escuchar. **lis·tener** ['lisənə(r)] *n* oyente *m,f*. **Be a good ~**, saber escuchar. **lis·ten·ing** ['lisəniŋ] *n* escucha *f*. ~ **post**, MIL puesto *m* de escucha.

list·less ['listlis] *adj* decaído/a, lánguido/a. **list·less·ly** [~li] *adv* lánguidamente. **list·less·ness** [~nis] *n* languidez *f*, apatía *f*.

lists [lists] *n* liza *f*, justa *f*.

lit [lit] *pret and pp of* **light**.

lit·a·ny ['litəni] *n* letanía *f* (*also* FIG).

li·ter ['litə(r)] US V. **litre**.

lit·er·acy ['litərəsi] *n* saber *m* leer y escribir.

lit·er·al ['litərəl] **I**. *adj* **1**. literal. **2**. PEY prosaico/a, sin imaginación. **II**. *n* (*also* **literal error**) errata *f* (*in printing*). **lit·er·al·ly** [~li] *adv* literalmente; verdaderamente (*really*). **lit·er·al·ness** [~nis] *n* literalidad *f*.

lit·er·ary ['litərəri] *adj* literario/a. **lit·er·ate** ['litərət] *adj* **1**. que sabe leer y escribir. **2**. culto/a, erudito/a (*cultured*). **lit·er·ati** [,litə'ra:ti] *n* (*pl*) FML hombres *m,pl* de letras. **li·ter·at·ure** ['litrətʃə(r)] *n* **1**. literatura *f*. **2**. publicaciones *f,pl*, documentación *f*. **3**. INFML folletos *m,pl*, propaganda *f*.

lithe [laið] *adj* ágil, flexible.

li·thi·um ['liθiəm] *n* litio *m*.

li·tho·graph ['liθəgra:f] *n* **I**. litografía *f*. **II**. *v* litografiar. **li·tho·gra·phy** [li'θɔgrəfi] (*also* INFML) **li·tho** ['laiθəu]) *n* litografía *f*. **li·tho·graph·ic** [,liθə'græfik] *adj* litográfico/a.

Li·thu·a·ni·an [liθju'einjən] *n, adj* lituano/a.

lit·ig·ant ['litigənt] *n* JUR litigante *m*. **lit·ig·ate** ['litigeit] *v* JUR litigar, pleitear (sobre algo). **lit·ig·ation** [,liti'geiʃn] *n* JUR litigio *m*, pleito *m*. **li·ti·gi·ous** [li'tidʒəs] *adj* JUR litigioso/a; PEY picapleitos *m,f sing*.

lit·mus ['litməs] *n* tornasol *m*. ~ **paper**, papel *m* tornasol.

li·to·tes ['laitəuti:z] *n* litote *f*.

li·tre (US **liter**) ['li:tə(r)] *n* (*abrev* **l**) litro *m*.

lit·ter ['litə(r)] **I**. *n* **1**. basura *f*, desperdicios *m,pl*. **2**. desorden *m*, revoltillo *m*. **3**. camada *f* (*offspring of animals*). **4**. lecho *m* de paja (*for animals*). **5**. camilla *f* (*stretcher*). **6**. litera *f*. **II**. *v* **1**. ensuciar; dejar en desorden. **2**. ~ **sth (down)**, preparar lecho de paja (*for animals*). **3**. parir (*of an animal*). **litter-bin, litter-basket**, *n* papelera *f*. **litter-lout** (US **litter-bug**) *n* INFML PEY persona *f* que ensucia la vía pública.

lit·tle ['litl] (*comp* **lit·tler** ['litlə(r)], *sup* **lit·tlest** ['litlist] (poco frecuente)). **I**. *adj* **1**. pequeño/a. **2**. corto/a. **3**. -ito/a (*as a suffix, to express affection*): *A little old lady*, Una ancianita. **4**. menor, más joven. **5**. (*with mass nouns*) poco/a. LOC **A ~ while**, un rato. ~ **finger**, dedo meñique. ~ **minds**, mentes estrechas. ~ **toe**, dedo pequeño del pie. **The ~**

people/folk, los duendecillos. **II**. *pron* poco. LOC **A little**, un poco. **After a ~**, al poco tiempo. **Every ~ helps**, muchos pocos hacen un mucho. **For a ~**, por poco. **~ by ~**, poco a poco. **Make ~ of sth**, sacar poco en claro de; despreciar. **Think ~ of sb/sth**, tener algo/a alguien en poco. **III**. *adv* poco. **~ or nothing**, poco o nada.

lit·tor·al ['litərəl] **I**. *n* litoral *m*. **II**. *adj* litoral.

lit up ['lit ʌp] *adj* SL achispado/a (*drunk*).

lit·ur·gy ['litədʒi] *n* liturgia *f*. **li·tur·gic·al** [li'tə:dʒikl] *adj* litúrgico/a.

live [laiv] **I**. *adj* **1**. vivo/a. **2**. verdadero/a, real (*actual*). **3**. encendido/a (*coal, match*) **~ coals**, ascuas *f,pl*. **4**. cargado/a (*bomb, ammunition*). **5**. con electricidad, con corriente. **6**. de actualidad, candente (*of interest*). **7**. en directo. LOC **A ~ wire**, polvorilla *m,f*. **II**. [liv] *v* **1**. vivir. **2**. disfrutar (la vida), vivir (*enjoy life*). **3**. vivir en, habitar en (*reside*). **4**. vivir, llevar, hacer, tener (*a peaceful, miserable, etc, life*). **5**. (*of lifeless things*) vivir, pervivir, permanecer (*memory*, etc). **6**. **~ by sth/doing sth**, vivir de (hacer) algo. **~ by one's wits**, vivir del cuento. **7**. **~ sth down**, superar/hacer olvidar con el tiempo. **8**. **~ in**, vivir en la casa, ser interno/a (*maid*, etc). **9**. **~ on**, (*person*) seguir viviendo; (*lifeless things*) perdurar. **~ on sth**, vivir de (*food*); vivir a costa/expensas de (*person*); vivir con (*money*). **10**. **~ out**, no vivir en la casa, ser externo/a (*maid*, etc). **11**. **~ through sth**, superar, sobrevivir a. **12**. **~ up to sth**, vivir según/de acuerdo con (*principles*, etc); cumplir con (*promise*). **13**. **~ together**, vivir juntos. **14**. **~ with sb**, vivir con alguien. **~ with sth**, tolerar, vivir con algo. LOC **As long as I ~**, mientras viva. **~ and learn**, vivir para ver. **~ from one day to the next**, vivir al día. **~ it up**, pasárselo bien. **~ off the land**, vivir de la tierra. **live·able** ['livəbl] *adj* llevadero/a (*life*); habitable (*house*); FIG tolerable, soportable. **liveable-in**, *adj* INFML habitable. **liveable-with**, *adj* INFML bueno/a para convivir. **live·li·hood** ['laivlihud] *n* sustento *m*, subsistencia *f*. **live·long** ['livlɔŋ] *adj* entero/a. **the ~ day**, todo el santo día. **live·ly** ['laivli] *adj* vivo/a, vivaz, activo/a. **~ colours**, colores vivos. LOC **Make it/things ~ for sb**, ponérselo difícil a alguien. **liv·en** ['laivn] *v* **(sb/sth) up**, animar(se).

liv·er ['livə(r)] *n* **1**. ANAT hígado *m*. **2**. vividor/ra. **liv·er·ish** [-iʃ] (*also* **liv·ery** [-ri]) *adj* que padece del hígado; FIG irritable.

liv·e·ry ['livəri] *n* **1**. librea *f* (*dress*). **2**. FIG ropajes *m,pl*. **3**. alquiler *m* de caballos. **~ company**, compañía *f* de Londres. **~ stable**, cuadra *f* de caballos de alquiler. **liv·e·ry·man** *n* (*pl* **~men**) miembro *m* de una compañía de Londres; empleado *m* en una cuadra de alquiler.

liv·es [laivz] *pl of* **life**.

live·stock ['laivstɔk] *n* ganadería *f*, ganado *m*.

li·vid ['livid] *adj* **1**. plomizo/a. **2**. lívido/a. **3**. INFML furioso/a. **li·vid·ly** [~li] *adv* lívidamente.

liv·ing ['liviŋ] **I**. *adj* **1**. vivo/a, viviente. **the ~**, los vivos. **2**. vivo/a. LOC **In the land of the ~**, en este mundo, vivo/a. **~ death**, miseria *f*, muerte *f* en vida. **Within ~ memory**, que se recuerde. **II**. *n* **1**. vida *f*. **~ conditions**, condiciones *f,pl* de vida. **~ wage**, salario mínimo. **2**. REL beneficio *m* (*of a clergyman*). LOC **Earn one's ~, Make a ~**, ganarse la vida. **li·ving-room** (*also* **sitting-room**) *n* sala *f* de estar.

li·zard ['lizəd] *n* ZOOL lagarto *m*.

lla·ma ['la:mə] *n* llama *f*.

LL. B. *abrev* de *Bachelor of Laws*, Licenciado en Derecho.

lo [ləu] *int* (*archaic*) ¡he aquí! **~ and behold**, IR ¡mira(d) por dónde!

load [ləud] **I**. *n* **1**. carga *f* (*also* FIG). **dead ~**, peso *m* muerto. **peak ~**, peso *m* máximo. **~ line**, NAUT línea de flotación con carga. **2**. TEC rendimiento *m* (*of an engine*). **3**. FIG peso *m*, preocupación *f*. LOC **A ~ of rubbish**, INFML una porquería/tontería. **Get a ~ of sb/sth**, INFML Fijarse en alguien/algo. **Loads (of sth)**, INFML montones *m,pl*. **Take a ~/weight off sb's mind**, quitarse un peso de encima. **II**. *v* cargar; FIG agobiar (*oppress with*); colmar de (*honours, favours*). **2**. COM P grabar. LOC **The dice are loaded against sb**, tener la suerte en contra. **load·ed** ['~id] *adj* cargado/a; SL forrado/a de dinero. **a ~ question**, una pregunta malintencionada. **load·star** V. **lodestar**. **load·stone** (*also* **lode·stone**) ['ləudstəun] *n* magnetita *f*; FIG imán *m*. LOC **Be a ~ for sb/sth**, atraer, ser un imán para.

loaf [ləuf] **I**. *n* (*pl* **loaves** [ləuvz]) pan *m*, hogaza *f*. **~ sugar**, pan *m* de azúcar. LOC **Half a ~ is better than none**, menos da una piedra. **Use one's ~**, pensar con la cabeza. **II**. *v* INFML holgazanear. **loaf·er** [~ə(r)] *n* holgazán/na, gandul *m*.

loam [ləum] *n* marga *f*; ARQ adobe *m*. **loam·y** ['~i] *adj* margoso/a.

loan [ləun] **I**. *n* préstamo *m*. **~ word**, préstamo *m* (lingüístico). **~-collection**, exposición *f* de obras en préstamo. LOC **~ shark**, usurero *m*. **Ask for the ~ of**, pedir prestado/a. **II**. *v* prestar.

loath (*also* **loth**) [ləuθ] *adj* FML **~ to do sth**, reacio/a, poco dispuesto/a a. **nothing ~**, ansioso/a por.

loathe [ləuð] *v* **~ sb/sth/doing sth**, aborrecer, detestar (hacer) algo. **loath·ing** ['~iŋ] *n* aversión *f*, asco *m* por algo. **loath·some** ['~səm] *adj* detestable, odioso/a; repulsivo/a.

loav·es [ləuvz] *pl of* **loaf**.

lob [lɔb] **I**. *v* (**~bb~**) volear, tirar, bombear la pelota. **II**. volea *f* alta.

lob·by ['lɔbi] **I**. *n* **1**. vestíbulo *m*. **2**. pasillo *m*, antecámara *f* (*in Parliament*). **3**. camarilla *f*, grupo *m* de presión. **II**. *v* **1**. **~ sb (for sth)**, presionar en camarilla, cabildear. **2**. **~ sth through (sth)**, hacer aprobar por medio de presiones de camarilla. **lob·by·ist** ['~ist] *n* el/la que ejerce presión. **lob·by·ism** ['~ism] *n* cabildeo *m*.

lobe [ləub] *n* ANAT lóbulo *m*. **lob·ed** *adj* lobulado/a. **lo·bo·to·my** [ləu'bɔtəmi] (*also* **leuco·tomy**) *n* lobotomía *f*.

lob·ster ['lɔbstə(r)] *n* ZOOL langosta *f*; bogavante *m*. **~-pot**, NAUT *n* nasa *f*.

loc·al ['ləukl] **I.** *adj* **1**. local. **2**. del lugar, nativo/a (*person*). **3**. urbano/a. **4**. MED local. **5**. vecinal, comarcal (*road*). **II.** *n* **1**. (*gen pl*) lugareños/as, vecindario *m*. **2**. Br INFML bar *m* del barrio. **3**. delegación *f* local. **4**. tren *m* de cercanías. ~ **anaesthetic**, anestesia *f* local. ~ **authority**, autoridad *f* municipal. ~ **call**, llamada *f* urbana. ~ **government**, gobierno *m* municipal. ~ **time**, ora *f* local. **loc·al·ly** ['~li] *adv* localmente.

loc·ale [ləu'ka:l] *n* lugar *m*, escenario *m*.

loc·al·ity [ləu'kæləti] *n* **1**. localidad *f*, lugar *m* (*place*). **2**. situación *f* (*position*).

loc·al·ize, ~·ise ['ləukəlaiz] *v* localizar, aislar. **loc·al·iza·tion, ~·isa·tion** [,ləukəlai'zeʃn] *n* localización *f*.

loc·ate [leu'keit] US ['leukeit] *v* **1**. localizar, encontrar. **2**. situar, estar situado/a. **3**. US asentarse, establecerse. **loc·ation** [ləu'keiʃn] *n* situación *f*, sitio *m*. **2**. localización *f* (*finding*). **3**. (*cinema*) **on** ~, en exteriores.

loch [lɔk, lɔx] *n* (*Scottish*) **1**. lago *m*. **2**. ría *f* (*of sea*).

lock [lɔk] **I.** *n* **1**. mechón *m*, bucle *m*. **2**. **locks** RET, IR cabellos *m,pl*, cabellera *f*. **3**. cerradura *f*. **4**. esclusa *f* (*of a canal*). **5**. llave *f* (*in wrestling*). **6**. TEC bloqueo *m*, retén *m*. **7**. AUT ángulo *m* de giro. **8**. cerrojo *m* (*of a gun*). LOC **~, stock and barrel**, totalmente. **Under ~ and key**, bajo siete llaves. **II.** *v* **1**. cerrar con llave. **2**. cerrarse con llave, tener cerradura. **3**. asegurar con cerradura o candado. **4**. TEC bloquearse (*jam*). **5**. engarzarse (*interlock*); FIG enzarzarse en (*war, combat,* etc). **6**. ~ **sth away**, guardar bajo llave. **7**. ~ **in**, encerrar, confinar; ~ **into sth**, engranar en. **8**. ~ **out**, cerrar la puerta a, dejar fuera. **be locked out**, quedarse fuera sin llave. **9**. ~ **up**, cerrar, dejar totalmente cerrado/a (*house, office,* etc); dejar bajo llave (*money, jewels,* etc); tener invertido/bloqueado. LOC **Locked in each other's arms**, unidos en un abrazo. **lock·er** ['lɔkə(r)] *n* **1**. armario *m* pequeño con llave, taquilla *f*. **left-luggage ~**, taquilla *f* de consigna. **2**. NAUT pañol *m*. LOC **Be in/Go to Davy Jones's ~**, ahogarse en el mar. **~-room**, vestuario *m* con armarios individuales. **lock·et** ['lɔkit] *n* relicario *m*, guardapelo *m*.

lock-..., **~-able**, *adj* que se puede bloquear. **~-gate**, *n* puerta *f* de esclusa. **~-jaw**, *n* MED trismo *m*. **~-keeper**, *n* esclusero. **~-nut**, *n* TEC contratuerca *f*. **~-out**, *n* cierre *m* patronal. **~-smith**, *n* cerrajero/a. **~-stitch**, *n* punto *m* de cadeneta. **~-up**, *n* encierro *m*; INFML chirona *f* (*prison*); Br tienda *f* pequeña; jaula *f* (*garage*).

lo·co ['ləukəu] *n* (*pl* **~s**) **I.** INFML locomotora *f* (*engine*). **II.** *adj* SL loco/a.

lo·co·mo·tion [,ləukə'məuʃn] *n* FML locomoción *f*. **lo·co·mot·ive** ['ləukəməutiv] **I.** *adj* locomotor/ra. **II.** *n* locomotora *f*.

lo·cum ['ləukəm] *n* (*also* FML **locum tenens** [~ 'ti:nenz] interino/a, suplente *m,f*.

lo·cus ['ləukəs] *n* (*pl* **loci** ['ləusai]) lugar *m*.

lo·cust ['ləukəst] *n* **1**. langosta *f* (*insect*). **2**. ~ **tree**, algarrobo *m*.

lo·cu·tion [lə'kju:ʃn] *n* FML locución *f* (*also* GRAM).

lode [ləud] *n* MIN veta *f*, filón *m*.

lode·star (*also* **loadstar**) *n* ['ləudsta:(r)] **1**. estrella *f* polar. **2**. FIG norte *m*, guía *f*.

lodge [lɔdʒ] **I.** *n* **1**. casa *f* del guarda. **2**. casa *f* de campo; cabaña *f* (*cabin*). **3**. portería *f*, casa *f* del portero. **4**. logia *f* (*masonic*). **5**. madriguera *f*. **6**. tienda *f* india (*tepee*). **II.** *v* **1**. alojar(se), hospedar(se); meter, clavar (*arrow, sword*). **2**. ~ **sth (with sb/in sth)** depositar (*money, valuables*). **3**. ~ **sth (with sb) (against sb)** interponer, formular, presentar (*complaint*). **lodg(e)·ment** ['lɔdʒmənt] *n* FML **1**. presentación *f*, formulación *f* (*of complaint,* etc). **2**. depósito *m* (*sediment,* etc). **3**. JUR depósito *m* de dinero. **lod·ger** ['lɔdʒə(r)] *n* huésped *m*. **Take in ~s**, tomar huéspedes. **lod·ging** ['lodʒiŋ] *n* alojamiento *m*. ~ **house**, casa *f* de huéspedes. **lod·gings** [-iŋz], *n* (*pl*) habitación *f* de alquiler, alojamiento *m*.

loft [lɔft] **I.** *n* desván *m*. **2**. pajar *m*. **3**. US piso *m* alto (*in a warehouse*). **4**. galería *f*, triforio *m* (*in a church*). **II.** *v* DEP lanzar por alto (*ball*). **loft·ed** [-id] *adj* (*of a golf-club*) para lanzar por alto. **lof·ty** ['lɔfti] *adj* **1**. alto/a, elevado/a. **2**. FIG elevado/a, noble (*thoughts, ideals*). **3**. PEY altanero/a, altivo/a (*haughty*). **loft·ily** ['~ili] *adv* en alto (*place*); noblemente; altaneramente. **lof·ti·ness** ['~nis] *n* altura *f* (*of place*); elevación *f*, nobleza *f* (*of thoughts*); altanería *f* (*haughtiness*).

log [lɔg] **I.** *n* **1**. tronco *m*. **2**. leño *m*, tronco *m* (*as firewood*). **3**. NAUT corredera *f* (*speed gauge*). **4**. (*also* **~-book**) NAUT , AER libro *m* de navegación, diario *m* de a bordo. **5**. INFML logaritmo *m*. **II.** *v* cortar, talar (*trees*). **2**. anotar. **~-book,** *n* diario *m* de a bordo; cuaderno *m* de trabajo (*of workmen*). ~ **ca·bin**, *n* cabaña *f* de troncos. ~ **in**, COMP acceder, entrar (en). ~ **off**, COMP terminar, salir (de). **~-rolling**, *n* US PEY compadreo *m* crítico; intercambio *m* de favores políticos.

lo·gan·ber·ry ['ləuganbri] *n* frambueso *m* (*tree*); frambuesa *f* (*fruit*).

log·a·rithm ['lɔgəriðəm] *n* MAT logaritmo *m*. **log·a·rithm·ic** [,lɔgə'riðmik] *adj* logarítmico/a.

log·ger·heads ['lɔgəhedz] *n* **(be) at ~ (with sb)**, estar a las malas con alguien.

log·ging ['lɔgiŋ] *n* explotación *f* forestal.

lo·gic ['lɔdʒik] *n* lógica *f* (*all senses*). **lo·gic·al** ['lɔdʒkl] *adj* lógico/a (*all senses*). **lo·gic·al·ly** ['~kli] *adv* lógicamente. **lo·gi·ci·an** [lə'dʒiʃn] *n* lógico/a (*specialist*).

lo·gist·ics [lə'dʒistiks] *n* logística *f*. **lo·gist·ic, lo·gist·ic·al** [lə'dʒistik(l)] *adj* logístico/a.

lo·go ['ləugeu] *n* (*pl* **~s**) logotipo *m*.

loin [lɔin] *n* **1**. ANAT lomo *m*; ijar *m*, ijada *f*, lomo *m* (*of animal*); solomillo *m* (*of beef*). **2**. (*euphemistic*) partes *f,pl* (*genitals*). LOC **~cloth**, taparrabos *m,sing*. **Gird one's ~s**, aprestarse a luchar.

loi·ter ['lɔitə(r)] *v* **1**. holgazanear, vagar. **2**. entretenerse. **3**. JUR merodear. **loi·ter·er** ['~rə(r)] *n* holgazán/na; JUR merodeador/ra.

loll [lɔl] *v* **1**. **~ (about/around)** repantigarse, no dar golpe. **2**. **~ out** colgar (*of the tongue*).

lo·li·pop ['lɔlipɔp] *n* pirulí *m*, piruleta *f*.

lol·lop ['lɔləp] *v* Br INFML moverse torpemente.

lol·ly ['lɔli] *n* Br **1**. INFML pirulí *m*, piruleta *f*. **2**. SL pasta *f*, parné *m* (*money*).

Lon·don·er ['lʌndənə(r)] *n* londinense *m,f*.

lone [ləun] *adj* solitario/a. **lon·er** ['ləunə(r)] *n* INFML solitario/a.

lone·ly ['ləunli] *adj* solo/a, solitario/a (*person*); aislado/a, desierto/a (*place*). **lone·li·ness** ['~nis] *n* soledad *f*.

lone·some ['ləunsəm] *adj* US = **lonely**. LOC **By/On one's ~**, INFML solo/a.

long [lɔŋ] **I**. *adj* **1**. largo/a. **Be (a specified length) ~**, tener (de longitud): *This road is 250 miles long*, Esta carretera tiene 250 millas (de longitud). **How ~ is...?**, ¿Cuánto mide?, ¿Qué longitud tiene? **It is a ~ way to**, hay mucha distancia a. **2**. mucho/a (*in time*). **A ~ time**, mucho tiempo. **Be (a specified time) ~**, durar: *My holidays are four weeks long*, Mis vacaciones duran cuatro semanas. **3**. GRAM largo/a (*sound*). **4**. largo/a (*year, week, month*). **5**. bueno/a (*memory*). **6**. viejo/a (*friendship*). **7**. triste (*face*). LOC **At the longest**, como mucho, a más tardar. **Be ~ in the tooth**, tener muchos años de experiencia. **Go a ~ way**, (*person*) triunfar; (*money, food*) durar. **In the ~ run**, a la larga. **~ in the leg**, de piernas largas. **~ shot**, posibilidad remota; apuesta arriesgada (*bet*). **Take the ~ view**, ver con perspectiva. **II**. *n* **1**. mucho tiempo. **2**. GRAM larga (*syllable*). **3**. **~s**, pantalones *m,pl* largos (*trousers*). LOC **For ~**, por mucho tiempo. **Take ~**, tardar mucho. **The ~ and the short of it**, en resumidas cuentas. **III**. *adv* **1**. mucho, por mucho tiempo. LOC **As ~ as**, mientras (*time*); hasta (*space*); con tal que, siempre que (*condition*). **Be ~**, tardar mucho. **How ~?**, ¿cuánto tiempo? **How much longer?**, ¿cuánto tiempo más? **Lend ~**, COM prestar a largo plazo. **~ ago**, hace mucho. **~ before**, mucho antes (de que). **No longer**, ya no más. **So ~!**, FAM ¡hasta luego! **IV**. *v* **1**. **~ for sth, ~ for sb to do sth**, anhelar algo/que alguien haga algo. **2**. **~ to do sth**, anhelar, desear hacer algo. **long·ing** ['lɔŋiŋ] **I**. *n* **~ (for sb/sth)** deseo *m*, anhelo *m*. **II**. *adj* anhelante, ansioso/a. **long·ing·ly** ['~li] *adv* ansiosamente.

long-..., **~·boat**, *n* NAUT chalupa *f*. **~·bow**, *n* arco *m* largo. **~-distance**, *adj, adv* de larga distancia. **~-distance runner**, corredor/ra de fondo, fondista. **~·hand**, *n* escritura *f* normal. **~ johns**, *n* INFML calzones *m,pl*. **~ jump** (US **broad jump**) *n* salto *m* de longitud. **~-life**, *adj* de larga duración. **,~-lived**, *adj* longevo/a. **~-playing record** (*also* **~-player**) (*abrev* **LP**), *n* disco *m* de larga duración. **~-range**, *adj* de largo alcance. **~-sighted** (*also* US **,far-sighted**) *adj* présbita; FIG previsor/ra. **~-standing**, *adj* de mucho tiempo. **~-suffering**, *adj* sufrido/a. **~ suit**, *n* palo *m* fuerte (*in cards*); FIG fuerte *m*, especialidad *f*. **~-term**, *adj* a largo plazo. **~ wave**, *adj* de onda larga. **~ weekend**, *n* puente *m*. **~-winded**, *adj* prolijo/a.

lon·gev·ity [lɔn'dʒevəti] *n* FML longevidad *f*.

lon·git·ude ['lɔndʒitju:d] *n* (*abrev* **long**) longitud *f* (*vs* **latitude**). **lon·git·ud·in·al** [,lɔndʒi'tu:dinl] *adj* longitudinal. **lon·git·ud·in·al·ly** ['~nəli] *adv* longitudinalmente.

long-shore·man ['lɔŋʃɔ:mən] *n* (*pl* **~men**) US estibador *m*.

long·ways ['lɔŋweiz] (*also* **long·wise** ['lɔŋwaiz]) *adv* a lo largo, longitudinalmente.

loo [lu:] *n* Br INFML retrete *m*.

loo·fah (*also* **luffa**) ['lu:fə] *n* esponja *f* vegetal.

look [luk] **I**. *n* **1**. mirada *f*, ojeada *f*. **Have/Take a ~ at**, echar una mirada a. **2**. búsqueda *f*. **Have a ~ for sth**, buscar algo. **3**. apariencia *f*, aire *m*. **From/By the ~ of sb/sth**, según las apariencias. **Judge by ~s**, juzgar por las apariencias. **4**. mirada *f* (*of pleasure, fear, relief*, etc). **5**. moda *f*, estilo *m*. **6**. **~s**, aspecto *m*, apariencia *f*: *She has her mother's looks*, Se parece a su madre, Tiene el aire de su madre. **(Have) good ~s**, (tener) buena pinta. **II**. *v* **1**. **~ (at sb/sth)**, mirar a. **2**. (*esp imp*) **~ (at sth)**, prestar atención a. **3**. (+ *adj*) estar: *You look pretty today*, Estás guapa hoy. **4**. (+ *adj*) parecer: *You look tired*, Pareces cansado. **5**. **~ like** (+ *n*) parecer: *It looks like water*, Parece agua. **6**. **~ as if/though**, parecer que (+ *ind*), parecer como si (+ *subj*). **7**. (+ *prep of direction*) mirar a/hacia, dar a: *My kitchen looks onto the garden*, Mi cocina da al jardín. **8**. **be looking** (+ *inf*), intentar. **9**. **~ after sb**, cuidar de, vigilar. **10**. **~ ahead**, mirar adelante; FIG mirar al futuro. **11**. **~ at sth**, mirar a; FIG examinar, estudiar, considerar. **12**. **~ back**, mirar hacia atrás; FIG **~ back (on sth)**, recordar, rememorar. **13**. **~ down**, bajar la mirada/vista; FIG **~ down on sb/sth**, INFML mirar despectivamente. **14**. **~ for sth**, buscar. **15**. **~ forward to sth/doing sth**, esperar con ilusión. **16**. **~ in (on sb)**, hacer una visita rápida. **17**. **~ into sth**, examinar, investigar, estudiar. **18**. **~ on**, mirar; **~ on sb/sth as sb/sth**, considerar. **19**. **~ out**, tener cuidado; **~ out (for sb/sth)**, tener cuidado con, esperar (*wait*). **20**. **~ over sth**, echar un vistazo a, examinar; **~ sth over**, mirar con detenimiento, uno a uno. **21**. **~ round**, mirar alrededor; FIG ponderar, considerar varias posibilidades; **~ round sth**, visitar, ver (*monuments*, etc). **22**. **~ through sb**, ignorar;

~ **through sth**, dar una ojeada, echar un vistazo. ~ **sth through**, examinar a fondo. **23**. ~ **to sb for sth/to do sth**, recurrir a alguien en busca de algo, contar con alguien para algo. **24**. ~ **up**, levantar la vista; INFML mejorar. ~ **sb up**, INFML ir a ver, ir a visitar; ~ **sth up**, buscar, consultar en un libro; ~ **up to sb**, admirar, respetar. LOC ~ **bad, not ~ good**, no estar bien visto. ~ **one's age**, representar su edad. ~ **sb in the face**, mirar a la cara. ~ **sb up and down**, mirar de arriba abajo. **(Not)** ~ **oneself**, (no) tener buena cara.

look-..., **~-alike**, *n* doble *m*, parecido *m*. **~-in**, *n* INFML oportunidad *f*. **~ing-glass**, *n* espejo *m*. **~-out**, *n* mirador *m*, atalaya *f* (*place*); vigía *m*, centinela *m* (*person*). LOC **Be sb's ~-out**, INFML ser responsabilidad/asunto de alguien. **Be on the ~-out for sb/sth**, estar al acecho de. **It is a bad/poor/etc. ~-out (for sb/sth)**, hay malas perspectivas para. **~-over**, *n* vistazo *m*. **~-through**, *n* ojeada *f*.

look·er ['lukə(r)] *n* INFML guapetona *f*. **look·er-on** [,luker'ɔn] *n* (*pl* **~s-on** [,lukəz'ɔn]) mirón/na, espectador/ra.

loom [lu:m] **I**. *n* telar *m*. **II**. *v* **1**. surgir, aparecer. **2**. FIG surgir amenazadoramente. ~ **large**, cobrar importancia.

loon·y ['lu:ni] *n, adj* SL chiflado/a, chalado/a. **~-bin**, *n* SL casa *f* de locos.

loop [lu:p] **I**. *n* **1**. lazo *m*, lazada *f* (*shape*). **2**. curva *f* (*bend of river, road*, etc). **3**. AER rizo *m*. **4**. ELECTR circuito *m* cerrado. **5**. COMP rizo *m*. **6**. espiral *f* (*contraceptive coil*). **II**. *v* enroscar, enrollar (*roll*). **2**. atar con lazo. **3**. AER hacer un rizo. **4**. serpentear (*move in loops*). ~ **the** ~, rizar el rizo. **~-line**, *n* (*railway*) apartadero *m*; (*telegraph, electricity*) circuito *m* en bucle.

loop·hole ['lu:phəul] *n* **1**. triquiñuela *f*/escapatoria *f* legal. **2**. MIL tronera *f*, aspillera *f*.

loop·y ['lu:pi] *adj* SL chiflado/a.

loose [lu:s] **I**. *adj* **1**. suelto/a, libre. **2**. suelto/a, flojo/a. **3**. COM (*goods*) suelto/a, a granel (*not in packets*). **4**. inexacto/a, impreciso/a. **5**. suelto/a (*bowels*). **6**. flojo/a. **7**. relajado/a, disoluto/a. **8**. suelto/a (*change, cash*). LOC **At a ~ end**, desocupado/a, libre. **Break ~ (from sb/sth)**, escaparse, liberarse de. **Come/Work ~**, soltarse, desprenderse. **Cut ~ (from)**, INFML soltarse, independizarse. **Cut sb/sth ~**, soltar. **(Have) a ~ tongue**, (tener) la lengua suelta. **Let sb/sth ~**, dejar en libertad, dar rienda suelta. **II**. *v* **1**. dejar, poner en libertad, soltar. **2**. ~ **(sth) off (at sb/sth)**, disparar. **3**. aflojar, soltar (*knot, screw*). **III**. *n* **(Be) on the ~**, estar en libertad; FAM estar de juerga. **loos·en** ['lu:sn] *v* **1**. soltar(se), aflojar(se). **2**. MED soltar (*cough, bowels*). **3**. soltar, desatar (*tongue*). **4**. relajar (*discipline*, etc). **5**. ~ **(sth) up**, relajar(se), aflojar(se); (*muscles*) desentumecer(se).

loose-..., ~ **covers**, *n* fundas *f,pl* de quita y pon. **~-leaf**, *adj* de hojas sueltas. **~ly**, *adv* libremente; relajadamente. **~·ness**, *n* libertad *f*; relajamiento *m*; MED soltura *f* de vientre.

loot [lu:t] **I**. *n* **1**. botín *m*, presa *f*. **2**. INFML ganancias *f,pl*; pasta *f* (*money*). **II**. *v* saquear, hacer pillaje. **looter** ['~ə(r)] *n* saqueador.

lop [lɔp] *v* (**-pp-**) **1**. podar, desmochar (*tree*). **2**. ~ **sth off/away**, cortar, cercenar; FIG llevarse. **~-eared** [,lɔp'ied] *adj* de/con orejas caídas. **~-sided** [,lɔp'saidid] *adj* ladeado/a; cojo/a (*furniture*); escorado/a (*ship*).

lope [ləup] **I**. *n* paso *m* largo, medio galope *m*. **II**. *v* correr con paso largo; correr a medio galope.

lo·qua·ci·ous [lə'kweiʃəs] *adj* FML locuaz. **~·ly** [~li] *adv* locuazmente. **~·ness** [-nis] (*also* **lo·qua·ci·ty** [lə'kwæsəti]) *n* locuacidad *f*.

lord [lɔ:d] **I**. *n* **1**. señor *m*. **2**. Br Lord (*title*). **3**. **the Lords**, los lores, cámara *f* de los lores. **Good ~!**, ¡Dios mío! ~ **knows**, Dios sabe. **The ~'s Prayer**, Padrenuestro. **My ~** (*form of address*), Ilustrísima (*bishop*); Señoría (*judge*). **Our ~**, nuestro Señor. **The ~**, el Señor. **The ~'s Day**, el día del Señor. **The ~ of the manor**, señor *m* feudal. **II**. ~ **it (over sb)**, dárselas de señor (con alguien), tratar despóticamente. **lord·ly** ['lɔdli] *adj* **1**. señorial (*magnificent*). **2**. arrogante, altivo/a (*haughty*). **lord·li·ness** ['~nis] *n* señorío *m*; altivez *f*, arrogancia *f*. **lord·ship** ['lɔ:ʃip] *n* **1**. señoría *m* (*title*). **2**. ~ **(over sb/sth)** señorío *m* (sobre).

lore [lɔ:(r)] *n* saber *m*, conocimientos *m,pl*; tradición *f*.

lor·gnette [lɔ:'njet] *n* impertinentes *m,pl* (*eye-glasses*).

lorn ['lɔ:n] *adj* (*archaic*) triste y solo/a.

lor·ry ['lɔri] (*also* US **truck**) *n* camión *m*.

lose [lu:z] *v* (*pret, pp* **lost** [lɔst]) **1**. perder. **2**. costar, hacer perder: *His words lost him the job*, Sus palabras le costaron el empleo. **3**. (*of a watch*) atrasar (*vs gain*). **4**. INFML no seguir, no entender: *My words were lost*, Mis palabras no fueron entendidas. **5**. INFML escapar, evitar (*pursuers*). **6**. ~ **(sth) (to sb)**, perder, ser derrotado/a ante. **7**. salir perdiendo (*become poorer*). **8**. ~ **oneself in sth**, perderse, quedarse absorto/a, ensimismarse. **9**. ~ **out**, salir perdiendo. LOC ~ **one's grip (on sth)**, perder el control (sobre). ~ **one's marbles**, SL volverse loco/a. ~ **one's rag**, INFML perder los estribos. ~ **one's temper**, perder los estribos. ~ **one's way**, perderse, extraviarse. ~ **sight of**, perder de vista. ~ **the thread (of sth)**, perder el hilo (de). **los·er** ['~ə(r)] *n* perdedor/ra. **Come off the loser**, salir perdiendo.

loss [lɔs] *n* **1**. pérdida *f*. ~ **leader**, producto *m*/artículo *m* de lanzamiento. LOC **A dead ~**, inutilidad *f*, nulidad *f*. **At a ~**, sin saber qué hacer. **Be at a ~ to do sth**, no saber cómo hacer algo. **Be at a ~ what to do**, no saber qué hacer. **Sell at a ~**, vender con pérdida.

lost [lɔst] **1**. *pret, pp of* **lose**. **II**. *adj* **1**. perdido/a. **2**. FIG **Be ~ in sth**, estar absorto/a, ensimismado/a en algo. **3**. FIG **Be ~ on sb**, no actuar sobre, no servir con alguien. **4**. FIG **Be ~ to sth**, estar fuera de, abstraerse de. LOC **Get**

~!, ¡Vete al diablo! ~ **property**, objetos *m,pl* perdidos.

lot [lɔt] **I**. *n* **1**. lote *m*, porción *f*, parte *f* (*of things*). **2**. grupo *m*, conjunto *m* (*of people*). **3**. parcela *f*, solar *m* (*of ground*). **4**. destino *m*, suerte *f* (*fortune, destiny*). **5**. sorteo *m*. **6**. FAM panda *f*, gente *f*. **7**. FAM tipo *m*, tío *m*. **a bad** ~, un mal tipo. **8**. **the** ~ INFML el todo; el colmo: *That's the lot!* ¡Eso es el colmo!, Eso es todo. LOC **By ~s**, por sorteo. **Cast/Draw lots**, echar a suertes. **The ~ of you**, todos vosotros. **Throw in one's ~ with sb**, unir su suerte a la de alguien. **II**. **a lot, lots**, *pron* INFML mucho(s)/a(s). **III**. **a ~ of, ~s of** mucho(s)/a(s). **What a ~ of...!** ¡cuánto(s)...! **IV**. *adv* INFML mucho.

lo·tion ['ləuʃn] *n* loción *f*.

lot·te·ry ['lɔtəri] *n* lotería *f* (*also* FIG).

lot·to ['lɔtəu] *n* lotería *f* (*game*).

lo·tus ['ləutəs] *n* (*pl* ~**es**) BOT loto *m*. ~**-eater**, FIG soñador/ra. ~ **position**, *n* posición *f* de meditación en yoga.

loud [laud] **I**. *adj* **1**. alto/a, fuerte. **2**. FIG chillón/na, llamativo/a (*colour*). **3**. vulgar, de mal gusto. **Be ~ in sth**, expresar con fuerza (*admiration, praise, complaint*). **II**. *adv* alto; ruidosamente. **loud·ly** ['~li] *adv* fuerte, alto (*of sound*); chillonamente (*of colours*). **loud·ness** ['~nis] *n* fuerza *f*, sonoridad *f* (*of sound*); vulgaridad *f* (*of behaviour*); mal gusto *m* (*of taste*). **out loud**, *adv* en voz alta.

loud-..., ~**-hailer** (US **bullhorn**) *n* megáfono *m*. ~**-mouth**, *n* INFML chillón/na; fanfarrón/na. ~**-mouthed**, *adj* INFML chillón/na; fanfarrón/na (*boastful*). ~**speaker**, *n* altavoz *m*.

lough [lɔk, lɔx] *n* (*Irish*) **1**. lago *m*. **2**. ría *f* (*of sea*).

lounge [laundʒ] **I**. *v* **1**. repantigarse. **2**. ~ **about**, vagar, gandulear. **II**. *n* sala *f* de espera (*in airport*, etc). **2**. salón *m* (*in hotel*, etc). **3**. Br salón *m* (*in a house*). ~**-suit**, *n* Br traje *m* de calle.

lour (*also* **lower**) ['lauə(r)] **I**. *n* ceño *m*, entrecejo *m* (*of person*); encapotamiento *m* (*of sky*). **II**. *v* ~ **(at/on sb/sth)**, fruncir el ceño, mirar ceñudamente; FIG amenazar; encapotarse (*sky*).

louse [laus] *n* **1**. (*pl* **lice** [lais]) piojo *m*. **2**. (*pl* ~**s**) SL canalla *m,f*, sinvergüenza *m,f*. **lou·sy** ['lauzi] *adj* **1**. lleno/a de piojos. **2**. malísimo/a. LOC **Be ~ with**, estar plagado/a de.

lout [laut] *n* gamberro *m* **lout·ish** ['~iʃ] *adj* grosero/a.

louvre (*also* **lou·ver**) ['lu:və(r)] *n* persiana *f*.

lov·able ['lʌvəbl] *adj* amable, adorable.

love [lʌv] **I**. *n* **1**. amor *m*. **2**. ~ **for**, FIG pasión *f* por, afición *f* a. **3**. encanto *m* (*lovable person*). **4**. (*tennis*) nada *f*, cero *m*. LOC **Be in ~ with sb**, estar enamorado de. **Cupboard ~**, amor interesado. **Fall in ~ with sb**, enamorarse de. **For ~**, por amor. **Give/Send sb one's ~**, Dar recuerdos para alguien. **Make ~**, hacer el amor. **Not for ~ or money**, por nada del mundo, ni por todo el oro del mundo. **II**. *v* **1**. amar, querer. **2**. ~ **(sb) to do sth, ~ doing sth**, encantar (a alguien) hacer algo, divertirse haciendo algo. **3**. ser aficionado/a a (*sports*, etc). LOC ~ **me, ~ my dog**, quien quiere a Beltrán, quiere a su can. **love·ly** ['lʌvli] **I**. *adj* **1**. encantador/ra, adorable. **II**. *n* INFML belleza *f* (*pretty woman*). **love·li·ness** ['~nis] *n* encanto *m*, belleza *f*. **lov·er** ['lʌvə(r)] *n* amante *m,f*, novio/a. **2**. amante de, aficionado/a a (*music, horses*, etc). **lov·ing** ['lʌviŋ] *adj* cariñoso/a. ~**-cup**, copa *f* de la amistad. ~**-kindness**, *n* (*archaic*) cariño *m*. **lov·ing·ly** ['~li] *adv* cariñosamente.

love-..., ~**-affair**, *n* romance *m*, aventura *f*. ~**-bird**, *n* periquito *m* (*bird*); FIG tórtolo *m* (*person in love*). ~**-child**, *n* hijo/a natural. ~**·less**, *adj* sin amor. ~**·lorn**, *adj* no correspondido/a por su amor. ~**-making**, *n* relaciones *f,pl* sexuales. ~**-match**, *n* matrimonio *m* por amor. ~**-potion** (*also* ~**-philtre**) *n* filtro *m* de amor. ~**-seat**, *n* confidente *m* (*couch*). ~**·sick**, *adj* enfermo/a de amor. ~**-song**, *n* MUS romanza *f*, canción *f* de amor.

low [ləu] **I**. *adj* **1**. bajo/a. **2**. escotado/a (*dress*). **3**. escaso/a (*supplies*). **4**. profundo/a (*bow*). **5**. grosero/a (*manners, remark*). **6**. malo/a (*company, opinion*). **7**. humilde (*birth*). **8**. lento/a (*fire*). **9**. sucio/a, bajo/a (*blow*). **10**. deficiente (*diet*). **11**. MUS bajo/a, grave. **12**. abatido/a (*spirits*). **13**. débil (*health*). LOC **At a ~ ebb**, en su peor momento. **Be/Run ~ (on sth)**, escasear: *The supplies run low*, Escasean los suministros. **Be in ~ spirits**, estar bajo de moral. **Lay sb/sth ~**, derribar (*person*); postrar en cama (*ill in bed*). **II**. *adv* **1**. bajo, barato. **2**. profundamente (*bow*). **3**. poco, mal (*pay*). **III**. *n* **1**. punto *m* bajo. **2**. área *f* de bajas presiones (*meteorolgy*). **3**. AUT primera *f* (marcha) (*gear*). **4**. mugido *m* (*of cow*). **IV**. *v* mugir (*of a cow*). **low·ly** ['ləuli] *adj* humilde, modesto/a. **low·li·ness** ['~nis] *n* humildad *f*, modestia *f*.

low-..., ~**-born**, *adj* humilde, de humilde cuna. ~**brow**, PEY **I**. *adj* nada intelectual. **II**. *n* inculto/a. ~ **Church**, *n* sección de la iglesia anglicana que no valora ritos ni dogmas. ~**-class**, *adj* de mala calidad; de clase humilde. ~**er case**, (*printing*) caja *f* baja, minúsculas *f,pl*. ~**er Chamber** (*also* ~**er House**) *n* cámara *f* baja. ~**-down**, **I**. *adj* INFML vil, bajo/a. **II**. *n* INFML detalles *m,pl*, pormenores *m,pl*, verdad *f*. ~**-key(ed)**, *adj* poco emotivo/a. ~**·land**, *n* tierras *f,pl* bajas. ~**·lander**, *n* habitante *m* de las tierras bajas. ~**-lying**, *adj* bajo/a (*land, area*). ~**-paid**, *adj* mal pagado/a. ~**-pitched**, *adj* MUS bajo/a, grave. ~**-rise**, *adj* de poca altura (*building*). ~ **tide**, *n* marea *f* baja.

low·er [ləuə(r)] *v* bajar (*bring down*). **2**. reducir, rebajar, disminuir (*in amount or quality*). **3**. arriar (*flag, sail*). **4**. debilitar (*weaken*). **5**. FIG rebajar, humillar.

loy·al ['lɔiəl] *adj* leal. **loy·al·ist** ['~ist] *n* legitimista *m,f*, leal *m,f* al gobierno establecido. **loy·al·ty** ['lɔiəlti] *n* lealtad *f*, fidelidad *f*.

loz·enge ['lɔzindʒ] *n* **1**. rombo *m*. **2**. tableta *f* (*tablet*).

Ltd (*abrev of* **limited liability company**) S.L. (Sociedad Limitada).

lub·ber ['lʌbə(r)] *n* **1**. NAUT marinero *m* de agua dulce. **2**. palurdo/a. **lub·ber·ly** ['~li] *adj* palurdo/a.

lu·bric·ate ['lu:brikeit] *v* lubricar. **lu·bric·ant** ['lu:brikənt] *n* lubricante *m*. **lu·bric·ation** [,lu:bri'keiʃn] *n* lubricación *f*.

lu·bri·ci·ous [lu:'briʃəs] *adj* FML lúbrico/a, lascivo/a.

lu·cerne [lu:'sɜ:n] *n* (US **alfalfa**) *n* alfalfa *f*.

lu·cid ['lu:sid] *adj* lúcido/a. **lu·cid·ly** ['~li] *adv* lúcidamente. **lu·cid·ity** [lu:'sidəti] *n* lucidez *f*.

luck [lʌk] *n* suerte *f*. LOC **As (good/ill) ~ would have it**, el azar lo quiso, (des)afortunadamente. **Be down on one's ~**, estar de mala suerte. **Be in ~**, estar de suerte. **Be out of ~**, estar de mala suerte. **No such ~**, por desgracia, no. **Trust to ~**, confiar a la suerte. **Try one's ~**, tentar a la suerte, probar fortuna. **luck·y** ['lʌki] *adj* **1**. afortunado/a, con suerte (*person*). **Be ~**, tener suerte. **2**. que trae suerte, de la suerte (*charm, number, day*). **3**. oportuno/a, propicio/a (*moment, hour*). **~ dip**, *n* Br tómbola *f*, caja *f* de sorpresas. **luck·i·ly** ['lʌkili] *adv* afortunadamente.

lu·crat·ive ['lu:krətiv] *adj* lucrativo/a. **lu·crat·ive·ly** ['~li] *adv* lucrativamente. **lu·crat·ive·ness** ['~nis] *n* lucratividad *f*.

lucre ['lu:kə(r)] *n* PEY lucro *m*. **filthy ~**, vil metal *m*.

lu·cu·brate ['lu:kjubreit] *v* lucubrar. **lu·cu·bra·tion** [lu:kju'breiʃn] *n* lucubración *f*.

lu·dic·rous ['lu:dikrəs] *adj* ridículo/a, grotesco/a. **lu·dic·rous·ly** ['~li] *adv* ridículamente.

lu·do ['lu:dəu] *n* parchís *m*.

luff [lʌf] *v* NAUT orzar.

lug [lʌg] **I**. *n* **1**. asa *f*, agarradera *f*. **2**. (*also* **lug·hole**) Br SL oreja *f*. **II**. *v* **1**. arrastrar; FIG cargar con, soportar, aguantar. **2**. **~ in**, sacar a colación (*subject*).

lug·gage ['lʌgidʒ] (US **baggage**) *n* equipaje *m*. **~-rack**, *n* **1**. (*also* **roof-rack**) baca *f* (*on a car*). **2**. maletero *m* interior (*in a train, bus,* etc). **~-van** (US **baggage car**) *n* furgón *m* de equipaje.

lug·ger ['lʌgə(r)] *n* NAUT lugre *m* (*ship*).

lu·gu·bri·ous [lə'gu:briəs] *adj* lúgubre. **lu·gu·bri·ous·ly** [~li] *adv* lúgubremente.

lug·worm ['lʌgwɜ:m] *n* gusano *m* arenícola.

luke·warm [,lu:k'wɔ:m] *adj* **1**. tibio/a, templado/a. **2**. **~ (about sb/sth)** FIG poco entusiasta, indiferente.

lull [lʌl] **I**. *n* calma *f*, pausa *f*, tregua *f*. **II**. *v* **1**. calmar, sosegar. **~ a baby to sleep**, arrullar, adormecer. **2**. (*storm, sea, wind*) acallarse, calmarse.

lul·la·by ['lʌləbai] *n* nana *f*, canción *f* de cuna.

lum·ba·go [lʌm'beigəu] *n* lumbago *m*.

lum·bar ['lʌmbə(r)] *adj* lumbar.

lum·ber ['lʌmbə(r)] **I**. *n* **1**. Br trastos *m,pl* viejos (*junk*). **2**. madera *f*. **II**. *v* **1**. **~ sb (with sb/sth)**, cargar. **2**. **~ sth (up) (with sth)**, abarrotar, atestar. **3**. US preparar la madera para su uso. **4**. andar, moverse pesadamente. **lum·ber·jack** (*also* **lum·ber·man**) *n* leñador *m*, maderero *m*. **lum·ber·room** *n* Br cuarto *m* trastero.

lu·min·ary ['lu:minəri] *n* **1**. cuerpo *m* luminoso, astro *m*. **2**. FIG lumbrera *f*. **lu·min·os·ity** [,lu:mi'nɔsəti] *n* luminosidad *f*. **lu·min·ous** ['lu:minəs] *adj* luminoso/a; FIG claro/a. **lu·min·ous·ly** ['~li] *adv* luminosamente.

lump [lʌmp] **I**. *n* **1**. trozo *m*, pedazo *m*; terrón *m* (*of sugar, earth*); pella *f* (*of clay*). **2**. bulto *m*, hinchazón *f* (*swelling*). **3**. INFML pelmazo *m*, pelma *m*. LOC **Have a ~ in one's throat**, tener un nudo en la garganta. **II**. *v* **1**. **~ sb/sth (together)**, amontonar, agrupar. **2**. (*sauce*, etc) hacerse grumos. **3**. **~ it** INFML aguantar. **lump-...**, **~ sugar**, *n* azúcar *m,f* en terrones. **~ sum**, *n* suma *f* global.

lump·ish ['lʌmpiʃ] *adj* pesado/a. **lump·y** [lʌmpi] *adj* en terrones; grumoso/a (*sauce*); lleno/a de bultos (*surface*); agitado/a, picado/a (*sea*).

lun·acy ['lu:nəsi] *n* locura *f* (*all senses*).

lun·ar ['lu:nə(r)] *adj* lunar.

lun·at·ic ['lu:nətik] *n, adj* lunático/a, loco/a, demente *m,f*. **~ asylum**, (*obsolete*) manicomio *m*. LOC **The ~ fringe**, PEY los extremistas, los fanáticos.

lunch [lʌntʃ] **I**. *n* **1**. almuerzo *m*. **2**. US aperitivo *m*, bocado *m*. **II**. *v* **1**. almorzar. **2**. invitar a almorzar. **~-room**, *n* US restaurante *m* pequeño.

lunch·e·on ['lʌntʃən] *n* FML almuerzo *m*.

lung [lʌŋ] *n* pulmón *m*.

lunge [lʌndʒ] **I**. *n* arremetida *f*, embestida *f*; estocada *f* (*in fencing*). **II**. *v* **~ at sb/sth**, arremeter, embestir (contra).

lu·pin(e) ['lu:pin] *n* altramuz *m*.

lurch [lɜ:tʃ] **I**. *n* **1**. bandazo *m*, sacudida *f*. **II**. *v* **1**. dar bandazos/sacudidas. **2**. **~ along**, ir dando bandazos. LOC **Leave sb in the ~**, dejar en la estacada.

lure [luə(r)] **I**. *n* **1**. cebo *m*, señuelo *m*. **2**. encanto *m*, atractivo *m* (*of person*); aliciente *m*. **II**. *v* atraer; seducir, convencer.

lu·rid ['luərid] *adj* chillón/na, llamativo/a (*colour*). **2**. sensacionalista, espeluznante (*story*, etc).

lurk [lɜ:k] *v* estar escondido/a, estar al acecho. **2**. FIG rondar, pasar por la cabeza.

lus·ci·ous ['lʌʃəs] *adj* exquisito/a, delicioso/a. **2**. sensual, rico/a en sensaciones, (*art, music,* etc). **3**. atractiva, voluptuosa (*woman*). **lus·ci·ous·ly** ['~li] *adv* deliciosamente; sensualmente; voluptuosamente. **lus·ci·ous·ness** ['~nis] *n* exquisitez *f*; sensualidad *f*; voluptuosidad *f*.

lush [lʌʃ] **I**. *adj* **1**. exuberante, florido/a. **2**. FIG lujoso/a, lleno/a de lujo. **II**. *n* US SL borracho *m*.

lust [lʌst] **I**. *n* **1**. lujuria *f*, lascivia *f*. **2**. deseo *m*, apetito *m*, anhelo *m*. **II**. *v* ~ **after/for sb/sth**, PEY desear; FIG codiciar. **lust·ful** [~fl] *adj* PEY lujurioso/a, lascivo/a.

lus·tre (US **lus·ter**) ['lʌstə(r)] *n* **1**. lustre *m*, brillo *m*. **lus·trous** ['lʌstrəs] *adj* lustroso/a, brillante. **lus·trous·ly** ['~li] *adv* lustrosamente.

lust·y ['lʌsti] *adj* vigoroso/a, fuerte. **lust·ily** ['~ili] *adv* con fuerza.

lute [lu:t] **I**. *n* **1**. MUS laúd *m*. **2**. emplaste *m*. **II**. *v* tapar con zulaque.

Lu·ther·an ['lu:θərən] *n, adj* luterano/a.

lux·u·ri·ance [lʌg'ʒuəriəns] *n* exuberancia *f*. **lux·u·ri·ant** [lʌg'ʒuəriənt] *adj* lozano/a, exuberante. **lux·u·ri·ant·ly** ['~li] *adv* exuberantemente. **lux·u·ri·ate** [lʌg'ʒuərieit] *v* **1**. crecer exuberantemente. **2**. ~ **in sth**, deleitarse en, disfrutar de. **lux·u·ri·ous** [lʌg'ʒuəriəs] *adj* **1**. lujoso/a, fastuoso/a (*comfortable*). **2**. sensual. **lux·u·ri·ous·ly** ['~li] *adv* lujosamente. **lux·u·ry** ['lʌkʃəri] *n* lujo *m*. LOC **Live in the lap of** ~, nadar en la abundancia.

ly·cée ['li:sei] US [li:'sei] *n* (*French*) liceo *m*.

lye [lai] *n* lejía *f*.

ly·ing ['laiiŋ] *ger of* **lie**.

lymph [limf] *n* ANAT linfa *f*. **lymph·at·ic** [lim'fætik] *adj* **1**. ANAT linfático/a. **2**. pusilánime.

lynch [lintʃ] *v* linchar. ~ **law**, linchamiento *m*.

lynx [liŋks] *n* lince *m*. **~-eyed**, *adj* con ojos de lince.

lyre ['laiə(r)] *n* MUS lira *f*. **~-bird**, *n* pájaro *m* lira.

lyr·ic ['lirik] **I**. *adj* lírico/a. **II**. *n* **1**. poema *m* lírico. **2**. letra *f* (*of a song*). **lyr·ic·al** ['lirikl] *adj* **1**. lírico/a. **2**. **be/become/get ~ about sth**, entusiasmarse con/por algo. **lyr·ic·al·ly** ['~li] *adv* líricamente. **lyr·ic·ism** ['lirisizəm] *n* lirismo *m*. **lyr·ic·ist** ['lirisist] *n* autor/ra de la letra de una canción.

M, m [em] *n* **1**. 'm' *f* (*lettter*). **2**. *abrev of* **me·ter**.

ma [ma:] *n* INFML mamá *f*.

MA [ˌem 'ei] (US **AM**) (*abrev of* **Master of Arts**) (*approximately*) Licenciatura *f* en Letras *or* Humanidades (*degree*); licenciado/a en Letras (*person*).

ma'am [mæm] *n* señora *f* (V. **madam**).

mac [mæk] *n* **1**. (*also* **mack**) Br INFML impermeable *m*. **2**. US INFML jefe *m*, maestro *m*, amigo *m*.

ma·ca·bre [mə'ka:brə] *adj* macabro/a.

ma·ca·dam [mə'kædəm] *n* macadán *m*. **ma·ca·dam·ize, ~·ise** [~aiz] *v* macadamizar.

ma·ca·ro·ni [ˌmækə'rəuni] *n* macarrones *m,pl*; FAM italiano/a.

ma·ca·roon [ˌmækə'ru:n] *n* mostachón *m* de almendras/coco.

ma·caw [mə'kɔ:] *n* ara *m* (*American parrot*).

mace [meis] *n* **1**. maza *f* (*club, staff*). **2**. BOT macis *m* (*spice*). **'~-bearer** *n* macero *m*.

ma·cer·ate ['mæsereit] *v* FML macerar. **ma·cer·ation** [ˌmæsə'reiʃn] *n* maceración *f*.

ma·chete [mə'tʃeti] *n* machete *m*.

ma·chi·avel·li·an [ˌmækiə'veliən] *adj* maquiavélico/a.

ma·chin·ation [ˌmæki'neiʃn] *n* maquinación *f*.

ma·chine [mə'ʃi:n] **I**. *n* **1**. máquina *f* (*also* FIG). **2**. maquinaria *f*, aparato *m* (*organization*). LOC **A cog in the ~**, un eslabón en la cadena. **~ code/language**, COMP código *m*/lenguaje *m* máquina. **~-readable**, COMP legible por máquina. **~ translation**, traducción *f* automática. **II**. *v* **1**. hacer (cortar, pulir, etc) a máquina. **2**. coser a máquina. **ma·chin·ery** [mə'ʃi:nəri] *n* **1**. maquinaria *f*, mecanismo *m* (*moving parts*). **2**. maquinaria *f* (*machines*). **3**. FIG maquinaria *f*, estructura *f*, aparato *m*. **~ of government**, aparato *m* gubernamental. **ma·chin·ist** [mə'ʃi:nist] *n* maquinista *m,f*; mecánico/a. **ma·chine-gun**, **I**. *n* ametralladora *f*. **II**. *v* (**-nn-**) ametrallar. **ma·chine-made**, *adj* hecho/a a máquina.

mac·ke·rel ['mækrəl] *n* (*pl unchanged*) caballa *f*. **~ sky**, cielo *m* aborregado.

mack·in·tosh ['mækintɔʃ] (*also* INFML **mac**, **mack**) *n* impermeable *m*.

ma·cro- [ˌmækrəu] (*in compounds*) macro-.

ma·cro·bi·ot·ics [ˌmækrəubai'ɔtiks] *n* macrobiótica *f*.

mad [mæd] *adj* (**~dder, ~ddest**) **1**. loco/a. **2**. **~ at/with sb/sth**, furioso/a con. **3**. rabioso/a (*dog*). **4**. INFML **~ about/on ab/sth**, loco/a por (*also following the noun*: **football mad**). **5**. insensato/a (*idea, plan*). LOC **Drive sb ~**, volver loco/a a alguien. **Get ~**, enfadarse, enfurecerse. **Go ~**, volverse loco/a. **Hopping ~**, INFML furioso/a. **Like ~**, INFML mucho, como un loco. **~ with joy**, loco/a de alegría. **(As) ~ as a hatter, (As) ~ as a March hare**, INFML como una cabra. **mad-···**, **~·house** *n* INFML PEY **1**. casa *f* de locos. **2**. (*obsolete*) manicomio *m*. **~ly**, *adv* locamente; FIG INFML muy, locamente, terriblemente (*excited, jealous, in love*). **~·man, ~·woman** *n* loco *m*, loca *f*. **~·ness**, *n* locura *f*; furia *f* (*rage*); rabia *f* (*of dogs*).

ma·dam ['mædəm] *n* **1**. (*also* **Madam**) FML señora *f*. **2**. INFML PEY señorita *f*, señora *f* (*stubborn young girl*). **3**. patrona *f*, madam *f* (*of a brothel*).

Ma·dame [mə'da:m] *n* (*abrev* **Mme**, *pl* **Mes·dames** [mei'da:m] *abrev* **Mmes**) Madame (*title*).

mad·cap ['mædkæp] **I**. *n* cabeza *f* de chorlito. **II**. *adj* atolondrado/a.

mad·den ['mædn] *v* **1**. volver loco/a. **2**. irritar, enfurecer (*irritate*). **mad·den·ing** ['mædniŋ] *adj* irritante, exasperante (*irritating*); enloquecedor/ra. **It's ~**, es para volverse loco/a.

made [meid] *pret and pp of* **make**.

made-up ['meidʌp] *adj* inventado/a, ficticio/a; compuesto/a (*put together*); maquillado/a (*face*).

ma·dri·gal ['mædrigl] *n* madrigal *m*.

mael·strom ['meilstrɔm] *n* **1**. remolino *m*. **2**. FIG torbellino *m*, vorágine *f*.

ma·ga·zine [ˌmægə'zi:n] *n* (INFML *abrev* **mag** [mæg]) **1**. revista *f*. **2**. polvorín *m*. **3**. recámara *f* (*chamber of a gun*). **4**. alojamiento *m* del carrete (*in a camera*). **~ gun**, fusil *m* de repetición.

ma·gen·ta [mə'dʒentə] *n, adj* (color *m*) magenta.

mag·got ['mægət] *n* ZOOL gusano *m*, cresa *f*. **mag·go·ty** [~i] *adj* lleno/a de gusanos, agusanado/a.

Ma·gi ['meidʒai] *n* **The ~**, los Reyes Magos.

mag·ic ['mædʒik] **I**. *n* magia *f*. **(As if) by magic**, (como) por arte de magia. **II**. *adj* mágico/a. **~ eye**, INFML ojo *m* electrónico. **2**. SL formidable: *She is here! Magic!*, ¡Ella está aquí! ¡Formidable! **III**. *v* (pret, pp **magic·ked**) **~ sth away**, hacer desaparecer por arte de magia (*also* FIG). **mag·ic·al** [~kl] *adj* mágico/a; INFML encantador/ra. **mag·ic·al·ly** [~kli] *adv* mágicamente. **ma·gi·ci·an** [mə'dʒiʃn] *n* mago *m*, prestidigitador/ra.

ma·gis·te·ri·al [,mædʒi'stiəriəl] *adj* FML **1**. con autoridad. **2**. magistral.

ma·gis·tra·cy ['mædʒistrəsi] *n* magistratura *f*. **ma·gis·trate** ['mædʒistreit] *n* magistrado/a; juez *m* de paz.

magma ['mægmə] *n* magma *m*.

mag·na·nim·ity [,mænə'niməti] *n* magnanimidad *f* **mag·na·nim·ous** [mæg'næniməs] *adj* magnánimo/a. **mag·na·nim·ous·ly** [mæg'næniməsli] *adv* magnánimamente.

mag·nate ['mægneit] *n* magnate *m,f*.

mag·ne·sia [mæ'ni:ʃə] *n* magnesia *f*.

mag·ne·si·um [mæg'ni:ziəm] *n* magnesio *m*.

mag·net ['mægnit] *n* imán *m* (*also* FIG). **~·ism** ['mægnitizəm] *n* magnetismo *m* (*also* FIG). **~·ize, ~·ise** [,mægnətaiz] *v* magnetizar, imantar; FIG magnetizar, atraer. **mag·net·ic** [mæg'netik] *adj* magnético/a (*also* FIG). **~ compass**, brújula *f*. **mag·ne·tiz·ation** [~tai'zeiʃn] *n* magnetización *f*. **mag·ne·to** [mæg'ni:təu] *n* (*pl* **~s**) magneto *f*.

mag·ni·fi·cent [mæg'nifisnt] *adj* magnífico/a, espléndido/a. **~·cence** [~sns] *n* magnificencia *f*. **~·cent·ly** [~tli] *adv* espléndidamente.

mag·ni·fic·ation [,mægnifi'keiʃn] **1**. *n* ampliación *f*, aumento *m* (*of a lens*). **2**. exageración *f*. **3**. exaltación *f*. **mag·ni·fi·er** ['mægnifaiə(r)] *n* lupa *f*. **mag·ni·fy** ['mægnifai] *v* (pret, pp **~fied**) **1**. ampliar, aumentar. **2**. FML exagerar. LOC **~ glass** *n* lupa *f*, lente *f* de aumento.

mag·ni·lo·quence [mæg'niləkwəns] *n* FML grandilocuencia *f*. **~·quent** [~kwent] *adj* FML grandilocuente *m,f*. **~·quent·ly** [~kwentli] *adv* grandilocuentemente.

mag·ni·tude ['mægnitju:d] *n* FML magnitud *f*.

mag·no·lia [mæg'nəuliə] *n* BOT magnolia *f*.

mag·pie ['mægpai] *n* urraca *f* (*bird*); FIG PEY urraca *f* (*person who hoards things*); cotorra *f*.

ma·hog·any [mə'hɔgəni] **I**. *n* caoba *f*. **II**. *adj* color caoba.

maid [meid] *n* **1**. criada *f*, sirvienta *f*, camarera *f*. **2**. (*archaic*) doncella *f* (*young girl*). **~ of all work**, criada *f* para todo. **~ of honour**, dama *f* de honor. **~·servant**, criada *f*, doncella *f*. **old ~**, solterona *f*. **maid·en** ['meidn] *n* **1**. (*archaic*) doncella *f*. **2**. (*also,*~ **over**) (*in cricket*) serie *f* de seis saques sin puntuar. **maid·en-...**, **~·hood**, *n* FML virginidad *f*; soltería *f*. **~·ly**, *adj* virginal; recatado/a (*modest*). **~ aunt** *n* tía *f* soltera. **~·hair** *n* BOT culantrillo *m* (*fern*). **~·head** *n* (*archaic*) ANAT himen *m*; virginidad *f*. **~ name** *n* nombre *m* de soltera. **~ speech** *n* discurso *m* inaugural en el Parlamento. **~ voyage** *n* viaje *m* inaugural.

mail [meil] **I**. *n* **1**. correo *m*. **By return ~**, a vuelta de correo. **Do one's ~**, escribir la correspondencia. **2**. correo *m*, correspondencia *f*. **3**. malla *f*, cota *f* de mallas (*armour*). **II**. *v* **~ sth (to sb)** US enviar por correo. **mail-...**, **~·bag** *n* saca *f* de correspondencia, valija *f*. **~·box** *n* US buzón *m*. **~·ing list** *n* lista *f* de envíos habituales. **~·man** *n* (*pl* **~men**) US cartero *m*. **~ order** *n* compra *f* por correo. **~·shot** *n* propaganda *f* por correo.

maim [meim] *v* mutilar, lisiar.

main [mein] **I**. *adj* principal; mayor (*street*); general, de primer orden (*road*); fuerte (*course, dish*); GRAM principal (*clause*). **~ body** *n* grueso *m* (*of an army*). **~ office** *n* oficina *f* principal. LOC **In the ~**, por lo general, en general. **II**. *n* **1**. conducción *f*, conducto *m* principal. **2**. colector *m* (*sewer*). **3**. **the ~s**, red eléctrica, de gas *or* de agua corriente; (*attributive*) de la red: *mains gas/water/electricity*: gas/agua/electricidad de la red. LOC **With might and ~**, con todas las fuerzas. **main·ly** ['meinli] *adv* principalmente, sobre todo.

main-..., **~ drag** *n* US INFML cable *m* mayor. **~·frame** *n* cuaderna *f* maestra; COMP (*also* **~·frame computer**) ordenador *m* central. **~·land** *n* tierra *f* firme, continente *m*. **,~ line** *n* línea *f* principal. **~·line sth (into sth)** *v* SL inyectarse. **~·mast** *n* NAUT palo *m* mayor. **~·sail** *n* NAUT vela *f* mayor. **~·spring** *n* muelle *m* real; FIG causa *f or* motivo *m* principal. **~·stay** *n* NAUT estay *m* mayor; FIG pilar *m*, fundamento *m*. **~·stream** *n* **1**. corriente *f* principal. **2**. jazz *m* corriente.

main·tain [mein'tein] *v* **1**. mantener, conservar. **2**. preservar (*law, order*). **main·ten·ance** ['meintənəns] *n* **1**. conservación *f*, manutención *f*, mantenimiento *m* (*of relation*, etc). **2**. defensa *f* (*of law*, etc). **3**. sostén *m*, sostenimiento *m* (*of family*, etc). **4**. entretenimiento *m* (*of car*, etc). **~ allowance**, pensión *f* alimenticia.

mai·so·nette (*also* **mai·so·nette**) [,meizə'net] *n* **1**. dúplex *m*. **2**. casita *f*.

maize [meiz] *n* BOT maíz *m*.

Maj *abrev of* **Major**, comandante *m,f*.

ma·jest·ic [mə'dʒestik] *adj* majestuoso/a. **~·al·ly** [~kli] *adv* majestuosamente. **ma·jes·ty** ['mædʒəsti] *n* **1**. majestad *f* (*also* FIG). **2**. **M~** (*pl* **~ies**) Majestad *f*.

ma·jor ['meidʒə(r)] **I**. *adj* **1**. mayor, importante; principal (*main*); grave (*operation, illness, wound*). **2**. Br mayor (*older or oldest*). **3**. MUS mayor. **4**. US de especialidad. **II**. *n* **1**. MUS mayor *f*. **2**. US especialidad *f*: *My major is French*, Mi especialidad es el francés. **3**. MIL comandante *m*. **~ general**, general *m* de división. **4**. **~s** (*also* **~ leagues**) US DEP primera división. **III**. *v* **~ in sth**, US especializarse en. **ma·jor·ity** [mə'dʒɔrəti] *n* **1**. **~ of**, mayoría *f*, mayor parte de. **2**. **~ over**, mayoría *f* sobre (*number of excess*). **3**. mayoría *f* de edad (*legal age*). LOC **Be in a/the ~**, ser mayoría.

make [meik] **I**. *n* **1**. **~ (of sth)**, hechura *f*, factura *f*. **2**. marca *f* (*brand*). **3**. fabricación *f*. LOC **Be on the ~**, INFML PEY arrimar el ascua a su sardina, barrer para adentro; ser un buitre (*sexual*). **II**. *v* (pret, pp **made** [meid]) **1**. hacer, fabricar. **2**. crear, hacer: *God made man*, Dios hizo al hombre. **3**. preparar, hacer, cocinar. **4**. **~ sth into sth**, convertir, transformar en. **5**. hacer (*bed*). **6**. hacer, producir, causar (*hole, dent*, etc). **7**. establecer, hacer (*law, rule, regulation*). **8**. hacer, redactar (*treaty, plan*). **9**. hacer (*noise, mess*). **10**. causar (*trouble, disturbance*). **11**. hacer (*journey, effort, plan, mistake*). **12**. **~ sb/sth sth**, hacer (*happy*, feliz; *public*, público); poner, volver (*sad*, triste). **~ sth clear**, clarar, poner en claro; **~ oneself understood**, hacerse entender; **~ oneself/one's voice heard**, hacerse oír. **13**. **~ sb/sth do sth**, hacer, obligar a alguien a hacer: *They made me come at once*, Me hicieron venir al instante. **14**. **~ sb sth**, hacer, nombrar: *They made him king*, Le hicieron rey. **15**. **~ sth of sb/sth**, hacer algo de alguien/algo: *Don't make a habit of it*, No lo conviertas en hábito. **16**. hacer, acabar siendo, ser: *They make a nice couple*, Ellos hacen una hermosa pareja. **17**. hacer, ser, equivaler: *5 and 7 make 12*, 5 y 7 son 12. **18**. ganar: *She makes £8,000 a year*, Ella gana 8.000 libras al año. **~ a fortune**, ganar una fortuna. **19**. (*in games*) hacer, apuntarse. **20**. barajar (*cards*). **21**. SL llevarse a la cama, acostarse con (*a woman*). **22**. calcular: *I make the distance about 35 miles*, Calculo que la distancia será de 35 millas. **23**. hacer, recorrer (*distance, speed*). **24**. poder llegar a: *We made London in two hours*, Pudimos llegar a Londres en dos horas. **25**. hacer (*offer, bid, proposal, statement*). **26**. servir para, hacer: *A good wine can make a meal*, Un buen vino hace una comida. **27**. **~ to do sth**, disponerse a, hacer ademán de: *He made to go out but I asked him to wait*, Se dispuso a salir pero le pedí que esperara. **28**. **~ after**, perseguir. **29**. **~ at**, atacar. **30**. **~ away**, irse. **~ away with sth**, llevarse (*steal*); eliminar (*kill*); (*oneself*) matarse. **31**. **~ down**, acortar (*dress*). **32**. **~ for sb/sth**, dirigirse hacia (*a place*); contribuir a, hacer posible. **Be made for sth**, estar hecho para. **33**. **~ sb/sth into sb/sth**, convertir, transformar en. **34**. **~ sth of sb/sth**, entender, sacar en claro: *What do you make of it?*, Qué saca Vd. en claro de ello? **35**. **~ off**, INFML irse, largarse. **~ off with sth**, llevarse, birlar (*steal*). **36**. **~ out**, INFML (*freq in questions*) arreglárselas: *How are you making out with her?*, ¿Cómo te las estás arreglando con ella? **~ sb/sth out, ~ out if/whether**, ver, distinguir; comprender, entender; descifrar (*writing*); extender (*cheque, document*); rellenar (*form*); **~ out that**, insinuar, afirmar, mantener. **37**. **~ sb/sth over (into sth)**, transformar, cambiar, convertir en. **~ sth over (to sb/sth)**, traspasar, ceder, transferir. **38**. **~ oneself/sb up**, maquillar(se). **~ sth up**, formar constituir; confeccionar (*list*); hacer (*bed*); preparar (*prescription*); alimentar (*fire*); inventar (*excuse, story*); reunir (*sum, team*); recuperar, compensar (*loss, lost time*). **Be made up of**, estar formado/a, constituido/a por. **~ up to sb**, INFML hacer la pelota, dar coba. **~ up (to sb) for sth**, compensar: *Nothing can make up for the loss of a son*, Nada puede compensar la pérdida de un hijo. **~ it up to sb**, INFML compensar por una pérdida. **~ (it) up (with sb)**, hacer las paces. **~ up one's mind**, decidirse. **39**. **~ with sth**, US SL (*esp in commands*) traer inmediatamente. **~ it with sb**, SL hacerlo, hacer el amor con. LOC **~ a break with sb**, romper con alguien. **~ a complaint**, presentar una demanda. **~ a fool of oneself**, hacer el ridículo. **~ a living**, ganarse la vida. **~ as if/though**, hacer como si. **~ do with sth**, arreglárselas con algo. **~ faces**, hacer muecas. **~ friends with sb**, hacer amistad con alguien. **~ fun of sb/sth**, reírse de. **~ haste**, darse prisa. **~ it**, tener éxito. **~ little/much/nothing of sb/sth**, hacer poco/mucho/ningún caso de. **~ or break sb**, ser la fortuna o la ruina de alguien. **~ room for**, hacer, dejar sitio a. **~ sb/sth known**, dar a conocer algo/a alguien. **~ sense**, tener sentido. **~ the best of**, sacar el mejor partido de. **~ the team**, entrar en el equipo. **mak·er** ['meikə(r)] *n* fabricante *m*. **the M~**, el Hacedor *m*, el Creador *m*. **make·shift** ['meikʃift] **I**. *adj* provisional, improvisado/a. **II**. *n* sucedáneo *m*, sustitución *f*. **mak·ing** ['meikiŋ] *n* **1**. fabricación *f*, confección *f* (*of clothes*). **2**. hechura *f* (*shape*). **3**. preparación *f* (*of food*). LOC **Be the ~ of sb**, ser la causa/la salvación de. **Have the ~s of**, tener cualidades/talento para. **In the ~**, en potencia, en proceso.

make-..., **~ and break**, *n* ELECTR interruptor *m* automático. **~-believe**, *n* fantasía *f*; simulación *f*, fingimiento *m*. **~-do**, *adj* improvisado/a. **~-up**, *n* maquillaje *m* (*cosmetics*); naturaleza *f*, carácter *m* (*nature*); composición *f*, estructura *f* (*composition*); composición *f* (*of a printed page*).

ma·la·chite ['mæləkait] *n* GEOL malaquita *f*.

mal·ad·just·ed [,mælə'dʒʌstid] *adj* **1**. TEC mal ajustado/a. **2**. (*person*) inadaptado/a. **mal·ad·just·ment** [,mælə'dʒʌstmənt] *n* mal ajuste *m*; inadaptación *f* (*of person*).

mal·ad·mi·nis·tra·tion [,mæləd,mini'streiʃn] *n* FML mala administración.

mal·a·droit [,mælə'drɔit] *adj* FML torpe. **mal·a·droit·ly** [~li] *adv* torpemente. **mal·a·droit·ness** [~nis] *n* torpeza.

mal·a·dy ['mælədi] *n* FML enfermedad *f*; FIG mal *m*.

ma·laise [mæ'leiz] *n* FML malestar *m* (*also* FIG).

mal·aprop·ism ['mæləprɔpizəm] *n* confusión *f* de palabras de parecida pronunciación.

ma·la·ria [mə'leəriə] *n* malaria *f*, paludismo *m*. **ma·la·ri·al** [~iəl] *adj* palúdico/a; con malaria (*person*); de malaria (*symptoms*).

Ma·lay [mə'lei] (*also* **Ma·la·yan** [mə'leiən]) *n, adj* malayo/a.

mal·con·tent ['mælkəntent] *n, adj* descontento/a (*person*).

male [meil] I. *adj* BOT, ZOOL macho. **2**. varón (*person*). **3**. masculino/a (*sex, feature,* etc). **4**. TEC macho (*plug, screw,* etc). **II**. *n* BOT, ZOOL macho *m*; varón *m* (*person*).

mal·e·dic·tion [,mæli'dikʃn] *n* FML maldición *f*.

mal·e·fact·or ['mælifæktə(r)] *n* FML malhechor/ra.

mal·e·fi·ci·ent [mə'lefisnt] *adj* FML maléfico/a. **mal·e·fi·cence** [~sns] *n* maleficencia *f*.

mal·e·vol·ent [mə'levələnt] *adj* ~ **(to/towards sb)**, malévolo/a hacia. **mal·e·vol·ence** [~əns] *n* malevolencia *f*. **mal·e·vol·ent·ly** [~li] *adv* con malevolencia.

mal·form·ation [,mælfɔ:'meiʃn] *n* malformación *f*. **mal·form·ed** [,mæl'fɔ:md] *adj* malformado/a.

mal·func·tion [,mæl'fʌŋkʃn] I. *n* FML funcionamiento *m* defectuoso. **II**. *v* FML funcionar defectuosamente.

mal·ice ['mælis] *n* **1**. ~ **(towards sb)** maldad *f*; rencor *m* (*grudge*). LOC **Bear sb no** ~, no guardar rencor. **With malice aforethought** JUR con premeditación. **ma·li·ci·ous** [mə'liʃəs] *adj* malicioso/a, malévolo/a. **ma·li·ci·ous·ly** [~li] *adv* maliciosamente. **ma·li·ci·ous·ness** [~nis] *n* malicia *f*, mala intención, malevolencia *f*.

ma·lign [mə'lain] I. *adj* FML maligno/a, malévolo/a. **II**. *v* calumniar, difamar. **ma·lign·ity** [mə'lignəti] *n* malignidad *f*. **ma·lign·ant** [mə'lignənt] *adj* malvado/a (*person, action*); MED maligno/a. **ma·lign·ancy** [~nənsi] *n* maldad *f* (*of person*); MED malignidad *f*.

ma·lin·ger [mə'liŋgə(r)] *v* PEY fingirse enfermo/a (para no trabajar). **ma·lin·ger·er** [~rə(r)] *n* enfermo/a fingido/a.

mall [mæl, mɔ:l] *n* US centro *m* comercial; paseo *m*, alameda *f*.

mal·lard ['mæla:d] *n* (*pl unchanged*) pato *m* silvestre.

mal·le·able ['mæliəbl] *adj* maleable (*also* FIG). **mal·le·abil·ity** [,mæliə'biləti] *n* maleabilidad *f* (*also* FIG).

mal·let ['mælit] *n* mazo *m*.

mal·le·us ['mæliəs] *n* martillo *m* (*of the ear*).

mal·low ['mæləu] *n* BOT malva *f*.

malm·sey ['ma:mzi] *n* malvasía (*wine*).

mal·nour·ish·ed [,mæl'nʌriʃt] *adj* desnutrido/a. **mal·nu·tri·tion** [,mælnju:'triʃn] *n* desnutrición *f*.

mal·o·dor·ous [,mæl'əudərəs] *adj* FML maloliente.

mal·prac·tice [,mæl'præktis] *n* JUR negligencia *f* profesional, actividad *f* delictiva.

malt [mɔ:lt] I. *n* **1**. malta *f* (*grain*). **2**. whisky *m* de malta. ~ **liquor**, cerveza *f*. ~ **sugar**, maltosa *f*. **II**. *v* maltear. **~ed milk**, leche *f* malteada.

Mal·tese [,mɔ:l'ti:z] *adj, n* (*pl unchanged*) maltés/sa. ~ **cross**, cruz *f* de Malta.

mal·treat [,mæl'tri:t] *v* FML maltratar. **mal·treat·ment** [~mənt] *n* malos tratos *m,pl*, maltrato *m*.

ma·ma [mə'ma:] *n* Br INFML mamá *f*.

mam·mal ['mæml] *n* mamífero *m*. **mam·ma·lian** [mæ'meiliən] *adj* mamífero/a.

mam·mary ['mæməri] *adj* ANAT mamario/a.

mam·moth ['mæməθ] I. *n* mamut *m*. **II**. *adj* FIG inmenso/a, descomunal.

mam·my ['mæmi] *n* US mamaíta *f*, mami *f*.

man [mæn] I. *n* (*pl* **men** [men]) **1**. hombre *m*. **2**. ser *m* humano, persona *f* (*of either sex*). **3**. hombre *m*, marido *m*, novio *m*, amante *m*. ~ **and wife**, marido y mujer. **4**. (*sing*) género *m* humano, humanidad *f*. **5**. (*gen pl*) empleado *m*, trabajador *m*. **6**. FML criado *m*, ordenanza *m* (*orderly*), sirviente *m* (*valet*). **7**. FML estudiante (de una universidad determinada) *A Cambridge man*, Estudiante de Cambridge. **8**. INFML hombre *m* (*form of address*). **9**. (*in chess or draughts*) ficha *f*, pieza *f*. **10**. (*imper*) uno *m*: *A man must eat*, Uno tiene que comer. LOC **A ~ of straw**, hombre de paja. **As one** ~, a una, como un solo hombre. **Be one's own** ~, ser capaz de decidir por sí mismo, ser dueño de sí mismo. **Best** ~, padrino del novio. **Every ~ for himself**, que cada uno se las apañe como pueda. **Every ~ jack**, cada quisque. ~ **and boy**, desde la niñez. ~ **to** ~, de hombre a hombre, con franqueza. **The ~ in the street; the ~ on the Clapham omnibus**, el hombre de la calle. **To a ~; to the last** ~, sin excepción, hasta el último hombre. **II**. *v* (**~nn~**) ~ **sth (with sb)** NAUT , AER dotar de tripulación; servir, atender (*post*); contratar (*for a factory*). **III**. *int* US INFML ¡caramba!, ¡hombre!

man-..., **~-at-arms** *n* (*pl* **men-at-arms**) hombre *m* de armas. **~-eater** *n* animal *m* que come carne humana; FIG devoradora *f* de hombres (*woman*). **~-eating** *adj* devorador/ra de hombres. ~ **Friday** *n* factótum *m*, asistente *m* general. **~-hole** *n* registro *m*, boca *f* de acceso (*of a sewer,* etc). **~-hour** *n* hora *f* de trabajo, peonada *f* de una hora. **~-hunt** *n* caza *f* del hombre. **~/woman of letters** *n* hombre *m* /mujer *f* de letras. **~-ade** *adj* artificial. **~-of-war** (*pl* **men-of-war**) *n* buque *m* de guerra. **~-power** *n* mano *f* de obra; MIL fuerzas *f,pl*. **~-servant** *n* (*pl* **men-servants**) sirviente *m*. **~-size(d)** *adj* de/para hombres; grande (*large*). **~slaughter** *n* JUR homicidio *m* involuntario. **~trap** *n* trampa *f*.

man·acle ['mænəkl] I. *n* (*gen pl*) esposas *f,pl*. **II**. *v* esposar.

man·age ['mænidʒ] *v* **1**. dirigir, administrar. **2**. controlar, dominar (*child, animal,* etc); manejar (*tool, intrument*); conducir, pilotar (*car, ship,* etc). **3**. manejar, controlar (*money*). **4**. ~ **(on sth);** ~ **(without sb/sth)**, arreglárselas, salir adelante (con/sin alguien/algo). **5**. ~ **to do sth**, conseguir. **6**. poder usar, manejar (*words*); inventar (*story*). **man·age·able** [~əbl] *adj* manejable. **man·age·

ment [~mənt] *n* **1.** dirección *f*, administración *f*, gestión *f*. **2.** trato *m* (*of people*). **man·ag·er** [~ə(r)] *n* **1.** director *m*, gerente *m* (*in business*). **2.** apoderado *m* (*of artists, sportsmen*, etc). **3.** administrador/ra. **man·ag·eress** [,mænidʃə'res] *n* directora *f*, administradora *f*. **man·ag·er·i·al** ['mænə'dʒiəriəl] *adj* directivo/a. **man·ag·ing** [-iŋ] *adj* COM gerente; PEY mandón/na. **~ director**, *n* director *m* gerente.

man·da·rin ['mændərin] *n* **1.** mandarín *m*. **2.** (*also*,**~ orange**) (naranja *f*) mandarina.

man·date ['mændeit] **I.** *n* mandato *m*. **II.** *v* **1.** poner bajo el mandato de. **2.** dar el mandato (de hacer algo). **man·dat·ory** ['mændətəri] *adj* FML obligatorio/a, establecido/a por mandato.

mand·ible ['mændibl] *n* ANAT mandíbula *f*.

man·do·lin ['mændəlin] *n* MUS mandolina *f*.

man·drag·ora [mæn'drægərə] (*also* **man·drake** ['mændreik]) *n* mandrágora *f*.

man·drill ['mændril] *n* ZOOL mandril *m*.

mane [mein] *n* crin *f*, crines *f,pl* (*of horse*); melena *f* (*of person, lion*).

man·euver US = **manoeuvre**.

man·ful ['mænful] *adj* valiente (*brave*); resuelto/a (*determined*). **man·ful·ly** [~i] valientemente, resueltamente.

man·gan·ese ['mæŋgəni:z] *n* QUIM manganeso *m*.

mange [meindʒ] *n* MED sarna *f*. **mang·y** ['meindʒi] *adj* **1.** sarnoso/a. **2.** FIG asqueroso/a (*shabby*), raído/a, pobre.

man·gel-wur·zel ['mæŋgl wɜ:zl] *n* BOT remolacha *f* forrajera.

man·ger ['meindʒə(r)] *n* pesebre *m*. LOC **The dog in the ~**, el perro del hortelano.

man·gle ['mæŋgl] **I.** *n* escurridor *m or* exprimidor *m* de ropa (de rodillos). **II.** *v* **1.** pasar la ropa por el escurridor. **2.** destrozar, despedazar; mutilar (*body*).

man·go ['mæŋgəu] *n* (*pl* **~es, ~s**) BOT mango *m*.

man·grove ['mæŋgrəuv] *n* BOT mangle *m*. **~ swamp**, manglar *m*.

man·handle ['mænhændl] *v* **1.** mover a mano. **2.** maltratar, tratar con dureza.

man·hood ['mænhud] *n* **1.** madurez *f*, edad *f* viril. **2.** virilidad *f*, hombría *f*. **3.** hombres *m,pl*.

ma·nia ['meiniə] *n* **1.** MED manía *f*. **2. ~ (for sth)** INFML manía *f*. **ma·ni·ac** ['meiniæk] *n* MED maníaco/a, fanático/a. **ma·ni·ac·al** [mə'naiəkl] *adj* MED maníaco/a, fanático/a de. **ma·ni·ac·al·ly** [mə'naiəkli] *adv* maníacamente. **man·ic** ['mænik] *adj* maníaco/a. **~-depressive**, *n* maníaco/a depresivo/a.

man·i·cure ['mænikjuə(r)] **I.** *n* manicura *f*. **II.** *v* hacer la manicura a (*person*); arreglar (*nails*). **man·i·cur·ist** [~kjuərist] *n* manicuro/a.

man·i·fest ['mænifest] **I.** *adj* **~ (to sb)** FML manifiesto/a, evidente, patente. **II.** *v* FML **1.** manifestar, revelar. **2.** (*reflexive*) **~ oneself**, manifestarse, presentarse, aparecer. **III.** *n* NAUT manifiesto *m* (*list of cargo*). **man·i·fest·ly** [~li] *adv* manifiestamente. **man·i·fest·ation** [,mænife'steiʃn] *n* FML **1.** manifestación *f*, muestra *f*. **2.** aparición *f*. **man·i·fes·to** [,mæni'festəu] *n* (*pl* **~s, ~es**) manifiesto *m*, proclama *f*.

ma·ni·fold ['mænifəuld] **I.** *adj* FML variado/a, diverso/a, multiforme. **II.** *n* colector *m* (*pipe*).

man·i·kin ['mænikin] *n* (*archaic*) enano *m*, retaco *m*.

ma·nioc ['mæniɔk] *n* BOT mandioca *f*, yuca *f*.

ma·ni·pul·ate [mə'nipjuleit] *v* manipular, manejar (*also* FIG). **ma·ni·pul·ation** [mə,nipju'leiʃn] *n* manipulación *f*. **ma·ni·pul·at·ive** [mə'nipjulətiv] *adj* PEY manipulador/ra. **ma·ni·pul·at·or** [mə'nipjuleitə(r)] *n* PEY manipulador/ra.

man·kind *n* **1.** [,mæn'kaind] humanidad *f*, género *m* humano. **2.** ['mænkaind] hombres *m,pl*. **man-made** ['mænmeid] *adj* hecho a mano. **man-like** ['mænlaik] *adj* de apariencia masculina; hombruno/a.

man·ly ['mænli] *adj* **1.** (*of a man*) varonil, viril. **2.** PEY (*of a woman*) hombruno/a, masculino/a. **man·li·ness** [~nis] *n* virilidad *f*, hombría *f*.

man·na ['mænə] *n* maná *m*.

man·ne·quin ['mænikin] *n* **1.** maniquí *f*, modelo *f* (*woman*). **2.** maniquí *m* (*used by tailors or in shops*).

man·ner ['mænə(r)] *n* **1. ~ (of doing sth)** FML manera *f*, modo *m* (de hacer algo). **2.** comportamiento *m*, modo *m* de ser, aire *m*. **easy ~**, aire desenvuelto. **3. ~s** educación *f*. LOC **Forget one's ~s**, no tener modales. **Lack of ~s**, falta *f* de educación. **comedy of ~s**, comedia *f* de costumbres. **4.** FML tipo *m*, clase *f*. LOC **All ~ of sb/sth**, **All ~ of things**, toda clase de. **(As/as if) to the ~ born**, como nacido/a para ello. **In a ~ of speaking**, por así decirlo, en cierto modo. **In the ~ of sb**, al estilo de. **By no ~ of means**, de ninguna manera, en absoluto. **What ~ of thing?**, ¿Qué (tipo de) cosa? **man·ner·ed** [~d] *adj* **1.** amanerado/a. **2. -mannered** (*in compounds*) de/con modales: *Ill-mannered*, Con malos modales. **man·ner·ism** ['mænərizəm] *n* **1.** amaneramiento *m* (*affectation*); peculiaridad *f*. **2.** ART manierismo *m*.

man·nish ['mæniʃ] *adj* **1.** PEY (*of a woman*) hombruno/a, viril. **2.** propio/a de hombres, masculino/a. **man·nish·ly** [~li] *adv* de hombres. **man·nish·ness** [~nis] *n* masculinidad *f*, aspecto *m* hombruno.

ma·noeuvre (US **ma·neuver**) [mə'nu:və(r)] **I.** *n* maniobra *f*. **Be on ~s**, MIL estar de maniobras. **II.** *v* **1.** maniobrar; FIG manejar, manipular. **2.** MIL hacer maniobras. **3.** colocar, situar con maniobras. **ma·noeu·vr·able** (US **~euv~**) [~vrəbl] *adj* maniobrable, manejable. **ma·noeu·vr·ab·il·ity** (US **-neu·ver-**) [mə,nu:vrə'biləti] *n* maniobrabilidad *f*.

ma·no·me·ter [mə'nɔmitə(r)] *n* manómetro *m*.

man·or ['mænə(r)] *n* 1. señorío *m*, feudo *m*. 2. (*also* **'~-house**) casa *f* solariega. 3. BR SL distrito *m* de una comisaría de policía. **ma·no·ri·al** [mə'nɔ:riəl] *adj* señorial, feudal.

man·pow·er ['mænpauə(r)] *n* mano *m* de obra; MIL hombres *m,pl*, fuerzas *f,pl*.

man·sard ['mænsa:d] *n* (*also* **mansard roof**) tejado *m* con buhardilla.

man·sion ['mænʃn] *n* 1. mansión *f*. 2. **Mansions** bloque *m*, torre *f*.

man·slaugh·ter ['mænslɔ:tə(r)] *n* homicidio *m* no premeditado.

man·tel ['mæntl] *n* manto *m* (*of a fireplace*). **man·tel·piece** ['mæntlpi:s] (*also* **chim·ney·piece**) *n* manto *m*, repisa *f* de chimenea.

man·til·la [mæn'tilə] *n* mantilla *f*.

man·tis ['mæntis] *n* (*also* **pray·ing mantis**) ZOOL mantis *f* (religiosa), santateresa *f*.

man·tle ['mæntl] I. *n* 1. manto *m*, capa *f* (*sleeveless cloak*) (*also* FIG *of snow*, etc). 2. **the ~ of sth**, responsabilidad *f*. 3. TEC camisa *f*. 4. TEC manguito *m* incandescente (*of a gas lamp*). 5. GEOL manto *m*. II. *v* FIG cubrir con un manto.

man·u·al ['mænjuəl] I. *adj* manual. II. *n* 1. manual *m* (*book*). 2. teclado *m* de un órgano (*keyboard*). **man·u·al·ly** [~juəli] *adv* manualmente.

man·u·fac·ture [,mænju'fæktʃə(r)] I. *n* manufactura *f*, fabricación *f*. 2. **~s** productos *m,pl* manufacturados. II. *v* 1. fabricar, manufacturar. 2. PEY inventar, forjar (*excuse, story*). **man·u·fac·tur·er** [~ə(r)] *n* fabricante *m,f*.

ma·nure [mə'njuə(r)] I. *n* estiércol *m*; AGR abono *m* (*also artificial*). **~ heap**, estercolero *m*. II. *v* abonar.

man·u·script ['mænjuskript] I. *n* (*abrev* **MS**) 1. manuscrito *m* (*by hand*). 2. original *m* (*not yet printed*). II. *adj* manuscrito/a.

ma·ny ['meni] I. (*determiner, pron*) muchos/as. LOC **A good/great ~**, demasiados/as. **As ~ as**, tantos como. **How ~ ?**, ¿cuántos/as? **In as ~**, en el mismo número de, en sendos. **~ a** (+ *sing noun*) muchos/as: *Many a time*, Muchas veces. **One/two/etc ~**, uno/dos/etc de más. **Too ~**, demasiados/as. LOC **Have had one too ~**, haber bebido más de la cuenta. **~'s the sb/sth who/that...**, más de uno/a, muchos/as. II. *n* **One to ~**, uno de más. LOC **~-sided** *adj* de muchos lados; FIG complicado/a, polifacético/a. **~-coloured** *adj* multicolor.

map [mæp] I. *n* 1. mapa *m*. 2. plano *m* (*of a town*). LOC **Put sb/sth on the ~**, poner en primer plano. **Off the ~**, en el quinto pino. **Wipe sb/sth off the ~**, barrer del mapa, hacer desaparecer. II. *v* (**~pp~**) 1. hacer un plano/mapa de. 2. aparecer en el mapa. 3. (**~ out**) explicar con detalle, detallar.

ma·ple ['meipl] *n* (*also* **~ tree**) arce *m*.

mar [ma:(r)] *v* (**~rr~**) estropear, dañar; echar a perder (*joy, enjoyment*).

ma·ras·chino [,mærə'ski:nəu] *n* (*pl* **~s** [~nəuz]) marrasquino *m* (*liqueur*).

ma·ra·thon ['mærəθən] *n* (*also* **Ma·ra·thon**, **~ race**) maratón *m,f* (*also* FIG).

ma·raud [mə'rɔ:d] *v* merodear. **ma·raud·er** [mə'rɔ:də(r)] *n* merodeador/ra. **ma·raud·ing** [mə'rɔ:diŋ] *adj* merodeador/ra.

mar·ble ['ma:bl] *n* 1. mármol *m*. 2. **~s**, estatuas *f,pl or* esculturas *f,pl* en mármol. 3. canica *f*, bola *f* (*ball*). 4. **~s** (juego *m* de las) canicas *f,pl*. LOC **Lose one's ~s**, volverse loco/a. II. *adj* marmóreo/a, de mármol. III. *v* jaspear, vetear. **mar·bled** ['ma:bld] *adj* jaspeado/a, veteado/a. **mar·bling** ['ma:bliŋ] *n* jaspeado *m*, veteado *m*.

March [ma:tʃ] *n* marzo *m*. LOC **Mad as a ~ hare**, (loco/a) como una cabra.

march [ma:tʃ] I. *n* 1. marcha *f* (*walk*). 2. marcha *f*, manifestación *f*. 3. MUS marcha *f*. **wedding ~**, marcha *f* nupcial. 4. **~ of sth**, marcha *f* (de algo) (*progress, time, events*). **On the ~**, en marcha. 5. **~s** ['ma:tʃiz] marca *f*, frontera *f* (*border*). LOC **Steal a~ (on sb)**, coger la delantera a, aventajar a. II. *v* 1. marchar; FIG avanzar, progresar; MIL avanzar. **Forward ~!** ¡De frente! !Ar! **Quick ~!** ¡Paso ligero! 2. (+ *prep/adv of direction*) entrar/salir/etc con decisión: *She marched in and...*, Entró con decisión y ... 3. MIL hacer marchar (*troops*); llevar andando (*prisoner*, etc). 4. **~ past (sb/sth)** desfilar (ante). 5. (+ *distance*) recorrer a pie, hacer una marcha de. **march past** *n* desfile *m*. **march·er** [~ə(r)] *n* manifestante *m,f*.

mar·chion·ess [,ma:ʃə'nes] *n* marquesa *f*.

Mardi Gras [,ma:di 'gra:] *n* Martes *m* de Carnaval.

mare *n* 1. ['meə(r)] *n* yegua *f*. LOC **A ~s nest**, parto *m* de los montes, engaño *m*. 2. ['ma:ri] (*pl* **maria** ['ma:riə]) ASTR mar *m* (*on the moon or Mars*).

mar·ga·rine [,ma:dʒə'ri:n] US ['ma:rdʒərin] (*also* INFML **marge** [ma:dʒ]) *n* margarina *f*.

mar·gin ['ma:dʒin] *n* 1. margen *m* (*on a page*). 2. margen *f*, orilla *f* (*of river, lake*, etc). 3. margen *m* (*difference*; *also* COM). **in the ~**, al margen. **bottom ~**, margen inferior. **head/top ~**, margen superior. **profit ~**, margen de beneficio. **mar·gin·al** [~nl] *adj* al margen, en el margen (*notes, marks*); marginal, pequeño/a (*small*). **mar·gin·al·ly** [~nəli] *adv* ligeramente, poco.

mar·guer·ite [,ma:gə'ri:t] *n* margarita *f* (*daisy*).

ma·ri·gold ['mærigəuld] *n* BOT maravilla *f*, caléndula *f*.

ma·ri·juana (*also* **ma·ri·huana**) [,mæri-hu'a:nə] *n* marihuana *f*.

ma·ri·na [mə'ri:nə] *n* puerto *m* deportivo.

ma·rin·ade [,mæri'neid] I. *n* escabeche *m*. II. *v* (*also* **mar·in·ate** ['mærineit]) adobar, escabechar.

ma·rine [mə'ri:n] I. *adj* 1. marino/a. 2. náutico/a, naval, marítimo/a. II. *n* 1. soldado *m* de infantería de marina. **The ~s**, Infantería de Marina. LOC **Tell that to the ~s**, a otro perro con ese hueso. 2. marina *f*. **the merchant ~**, la marina mercante.

ma·rin·er ['mærinə(r)] *n* (*archaic or* FML) marinero *m*.

ma·ri·on·ette [,mæriə'net] *n* marioneta *f*.

mar·i·tal ['mæritl] *adj* marital. ~ **status**, FML estado *m* civil.

mar·i·time ['mæritaim] *adj* marítimo/a.

mar·jo·ram ['ma:dʒərəm] *n* BOT mejorana *f*, orégano *m*.

mark [ma:k] **I.** *n* **1**. mancha *f*. **2**. marca *f*, señal *f*. **3**. huella *f*. **4**. COM marca *f* **trade** ~, marca *f* registrada. **6**. señal *f*, indicio *m*. **7**. nota *f* (*in an examination*). **8**. signo *m*, cruz *f* (*in a document instead of a signature*). **punctuation ~s**, signos de puntuación. **question** ~, signo de interrogación. **exclamation** ~, signo de admiración. **9**. objetivo *m*, meta *f*, blanco *m* (*target*). **hit the** ~, alcanzar el objetivo, dar en el blanco. **10**. **Mark** (+ *number, series*, etc) modelo *m*, tipo *m*. **11**. DEP punto *m or* línea *f* de partida, salida *f*. **12**. marco *m* (*German money*). LOC **Beside the** ~, fuera de lugar. **Fall/go wide of the** ~, no dar en el blanco. **Hit/miss the** ~, acertar/fallar; FIG triunfar/fracasar; dar/no dar en el clavo. **Make one's** ~, firmar con una cruz; FIG sobresalir, distinguirse. **On your ~s!, (get) set, go!** ¡Preparados! ¡listos! ¡ya! **Leave one's ~ (on sb/sth)**, dejar huella (en). **(Be) up to the** ~, estar a la altura, ser satisfactorio/a. **II.** *v* **1**. marcar (*clothes, prices, route*). **2**. indicar, marcar, señalar (*also* FIG). **3**. calificar, puntuar, poner nota. **4**. anotar (como), poner una marca (de). **5**. caracterizar, distinguir, señalar. **6**. FML observar, tener en cuenta. LOC ~ **you!** cuidado, atención; sin embargo, pero. ~ **my words**, Fíjese bien en mis palabras. **7**. DEP marcar (*a player*). **8**. ~ **time**, MIL marcar el paso; FIG estancarse, no avanzar. **9**. MUS llevar, marcar (*rhythm*). **10**. ~ **sb down/up**, bajar/subir la nota/calificación de alguien. ~ **sth down/up**, bajar/subir el precio de algo. **11**. ~ **sth off**, delimitar. **12**. ~ **sb out for sth**, escoger a alguien para algo. ~ **sth out**, marcar, delimitar. **mark-down** *n* rebaja *f*. **mark·ed** [ma:kt] *adj* marcado/a, acusado/a, pronunciado/a, notable, apreciable. **mark·ed·ly** ['ma:kidli] *adv* FML marcadamente, etc. **mark·er** [~ə(r)] *n* **1**. marcador *m*. **2**. examinador/ra.

mar·ket ['ma:kit] **I.** *n* **1**. mercado *m* (*place, trade*). **2**. ~ **(for sth)**, demanda *f*, salida *f*. **black** ~, mercado *m* negro, estraperlo *m*. **foreign exchange** ~, mercado *m* de cambios. **Stock** ~, Bolsa *f*, Mercado *m* de valores. LOC **Be in the ~ for sth**, INFML estar interesado/a en comprar algo. **Corner the ~ in sth**, acaparar el mercado de. **Flood the ~ with sth**, inundar el mercado de. **Make a ~ of**, FIG malvender. **On the** ~, a la venta. **Play the** ~, INFML jugar a la Bolsa. **II.** *v* **1**. poner a la venta, vender. **2**. comercializar.

mar·ket-..., **~-day** *n* día *m* de mercado. ~ **garden** Br (US **truck farm**) *n* huerto *m* (*small*), huerta *f* (*larger*). ~ **gardener** *n* hortelano/a. ~ **price** *n* precio *m* de mercado. ~ **research** *n* estudio *m* de mercado. **~·able**, *adj* vendible; comercial. **~·eer**, *n* vendedor/ra. **black ~·eer**, *n* estraperlista *m,f*. **~·ing**, *n* **1**. estudio *m* de mercados. **2**. mercadotecnia, *f*.

mark·ing [-iŋ] *n* (*gen pl*) **1**. marca *f*, señal *f*. **2**. nota *f*, calificación *f*. **marking-ink** *n* tinta *f* de marcar. **mark-up** *n* subida *f*, aumento *m*.

marks·man ['ma:ksmən] *n* (*pl* **~men**) *n* tirador *m*. **~·ship** [-ʃip] *n* puntería *f*.

marl [ma:l] *n* marga *f*.

mar·ma·lade ['ma:məleid] *n* mermelada *n* de naranjas amargas.

mar·mo·re·al [ma:'mo:riəl] *adj* FML marmóreo/a.

mar·mo·set ['ma:məzət] *n* tití *m* (*monkey*).

mar·mot ['ma:mət] *n* ZOOL marmota *f*.

ma·roon [mə'ru:n] **I.** *n* **1**. (color *m*) granate *m*, castaño *m*, marrón *m* (*colour*). **2**. petardo *m* (*firework*). **II.** *adj* marrón, castaño/a. **III.** confinar en, abandonar en un lugar del que no es posible escapar.

marque [ma:k] *n* FML casa *f or* marca *f* de prestigio (especialmente de coche) (*brand*).

mar·quee [ma:'ki:] *n* **1**. entoldado *m*. **2**. US marquesina *f*.

mar·que·try ['ma:kitri] *n* marquetería *f*, taracea *f*.

mar·quis (*also* **mar·quess**) ['ma:kwis] *n* marqués *m*.

mar·riage ['mæridʒ] *n* **1**. matrimonio *m*. **2**. boda *f*, casamiento *m* (*ceremony*); FIG unión *f*, asociación *f*. **by** ~, político/a: *Uncle by marriage*, tío político. ~ **by proxy**, matrimonio *m* por poderes. ~ **guidance**, guía *f* matrimonial. ~ **licence**, licencia *f* matrimonial. ~ **lines**, Br INFML , **certificate of** ~, partida *f* de matrimonio. ~ **of convenience**, matrimonio *m* de conveniencia. ~ **portion**, dote *f*. LOC **Give sb in ~ (to sb)**, FML dar en matrimonio a. **Take sb in** ~, FML tomar en matrimonio. **mar·riage·able** ['mæridʒəbl] *adj* FML núbil (*age*); casadero/a (*person*). **mar·ri·ed** ['mærid] *adj* **1**. ~ **(to sb)** (*of a person*) casado/a con. **Be/get ~ to sb**, estar casado/a con. **2**. (*of life*) marital, de casado/a, conyugal. **3**. matrimonial (*state*). **4**. ~ **to sth** FIG dedicado/a, casado con (*one's work*, etc).

mar·row ['mærəu] *n* **1**. MED médula *f*. **2**. tuétano *m* (*as food*). **3**. FIG meollo *m*. **4**. (*also* **vegetable** ~, US ~ **squash**) calabacín *m*. LOC **To the** ~, hasta los tuétanos. **mar·row·bone** [~bəun] *n* hueso *m* con tuétano. LOC **On your marrowbones!** ¡de rodillas!

mar·ry [mæri] *v* (pret, pp **married**) **1**. casarse (con). **2**. ~ **sb to sb** casar, unir en matrimonio. **3**. FIG ~ **(sth) with sth**, combinar, casar con. LOC ~ **money** INFML casarse por dinero. ~ **into sth**, entrar en algo, acceder a algo por matrimonio, emparentarse con. (*family, aristocracy*). ~ **sb off**, librarse de alguien (hijos) por casamiento. ~ **up**, INFML encajar, ensamblarse.

Mars [ma:z] *n* Marte *m*.

marsh [ma:ʃ] *n* marisma *f*, ciénaga *f*; pantano *m*, marjal *m*. ~ **fever**, paludismo *m*. ~ **gas**, (gas *m*) metano *m*. **mar·sh·y** [~i] *adj* pantanoso/a.

mar·shal ['ma:ʃl] **I.** *n* **1.** MIL mariscal *m*, comandante *m* supremo. **2.** maestro *m* de ceremonias (*at public events*). **3.** US oficial *m* de justicia (*sheriff*). **4.** jefe *m* de policía; jefe *m* de bomberos. **5.** director/ra de ceremonia. **II.** *v* **1.** formar (*troops, forces, crowds*); FIG ordenar, poner en orden (*thoughts, facts*). **2.** ~ **sb into/out of/past/etc sth**, guiar en una ceremonia. **mar·shal·ling yard** *n* (*railways*) estación *f* de clasificación.

marsh·mal·low [,ma:ʃ'mæləu] *n* **1.** BOT malvavisco *m*. **2.** merengue *m* de malvavisco.

mar·su·pi·al [ma:'su:piəl] **I.** *n* marsupial *m*. **II.** *adj* marsupial.

mart [ma:t] *n* centro *m* comercial.

mar·ten ['ma:tin] *n* ZOOL marta *f*.

mar·ti·al ['ma:ʃl] *adj* FML marcial. ~ **law**, ley *f* marcial. ~ **music/song**, música *f* or canción *f* militar.

Mar·ti·an ['ma:ʃn] **I.** *n* marciano/a. **II.** *adj* marciano/a.

mar·tin ['ma:tin] *n* ZOOL vencejo *m*, avión *m* (*bird*).

mar·ti·net [,ma:ti'net] *n* PEY ordenancista *m,f*, sargentón/na.

mar·tyr ['ma:tə(r)] **I.** *n* mártir *m,f* (*all senses*). LOC **Be a ~ to sth**, INFML ser víctima de algo, padecer de/por algo. **II.** *v* martirizar. **mar·tyr·dom** ['ma:tədəm] *n* martirio *m*.

mar·vel ['ma:vl] **I.** *n* maravilla *f*. **Do/make/perform ~s**, obrar maravillas. **II.** *v* ~ **at sth** FML maravillarse de/con algo.

mar·vel·lous (US **mar·vel·ous**) ['ma:vələs] *adj* maravilloso/a. **~·ly** [~li] *adv* maravillosamente.

Marx·ism ['ma:ksizəm] *n* marxismo *m*. **Marx·ist** ['ma:ksist] *n, adj* marxista.

mar·zi·pan ['ma:zipæn] *n* mazapán *m*.

mas·ca·ra [mæ'ska:rə] *n* tinte *m* para las pestañas, rimel *m*.

mas·cot ['mæskət] *n* mascota *f*.

mas·cu·line ['mæskjulin] **I.** *adj* masculino/a. **II.** *n* GRAM masculino *m*. **mas·cu·lin·ity** [,mæskju'linəti] *n* masculinidad *f*.

mash [mæʃ] **I.** *n* afrecho *m* remojado (*food for animals*). **2.** pasta *f*, amasijo *m*, mezcla *f*, papilla *f*. **3.** puré *m* de patatas. **4.** malta *f* remojada (*used in brewing*). **II.** *v* ~ **sth (up)**, triturar, machacar; majar (*condiment*). **mash·ed potatoes**, puré *m* de patatas. **mash·er** [~ə(r)] *n* majador *m*.

mask [ma:sk] **I.** *n* máscara *f*, careta *f*. **death ~**, mascarilla *f*. **gas ~**, máscara *f* antigás. **oxygen ~**, máscara *f* de oxígeno. **II.** *v* enmascarar (*also* FIG). **masked ball**, baile *m* de disfraces *or* máscaras. **mask·ing tape**, cinta *f* adhesiva para pintar.

ma·soch·ism ['mæsəkizəm] *n* masoquismo *m*. **ma·soch·ist** [~kist] *n* masoquista *m,f*. **ma·soch·ist·ic** [,mæsə'kistik] *adj* masoquista.

ma·son [meisn] *n* **1.** albañil *m*, cantero *m*. **2.** (*also* **Ma·son**) masón *m*. **ma·son·ic** (*also* **M~**) [mə'sɔnik] *adj* masónico/a.

ma·son·ry ['meisənri] *n* **1.** mampostería *f*, cantería *f*, sillería *f*. **2.** (*also* **M~**) masonería *f*.

masque [ma:sk] *n* TEAT mascarada *f*.

mas·quer·ade [,ma:skə'reid] **I.** *n* mascarada *f*; FIG farsa *f*; baile *m* de máscaras (*dance*). **II.** *v* ~ **(as sth)** disfrazarse de; FIG hacerse pasar por.

Mass (*also* **mass**) [mæs] *n* REL misa *f*. **High ~**, misa mayor. **midnight ~**, misa del gallo. **serve at ~**, ayudar a misa.

mass [mæs] **I.** *n* **1.** masa *f* (*also* FIS). **2.** muchedumbre *f* (*of people*). **3.** INFML cantidad *f*, montón *m*. **4. the ~ of**, la mayoría de, la mayor parte de. LOC **Be a ~ of sth**, ser un manojo de. **In the ~**, FML en conjunto. **II.** *v* agrupar(se) en masa, reunir(se) en masa; MIL concentrar(se). ~ **communications**, ~ **media**, medios *m,pl* de comunicación, medios *m,pl* informativos. ~ **hysteria**, *n* histeria *f* colectiva. **~-produce**, *v* fabricar en serie. ~ **production**, fabricación *f* en serie.

mas·sa·cre ['mæsəkə(r)] **I.** *n* matanza *f*, carnicería *f*. **II.** *v* masacrar, hacer una carnicería.

mas·sage ['mæsa:ʒ] **I.** *n* masaje *m*. **II.** *v* dar masaje a.

mas·seur [mæ'sɜ:(r)] *n* (*f* **mas·seuse** [mæ'sɜ:z]) *n* masajista *m,f*.

mas·sive ['mæsiv] *adj* **1.** macizo/a, sólido/a. **2.** sustancial, importante, masivo/a. **mas·sive·ly** [~li] *adv* sólidamente; de importancia, sustancialmente. **mas·sive·ness** [~nis] *n* solidez *f*.

mast [ma:st] *n* **1.** NAUT mástil *m*, palo *m*; poste *m*, torre *f* (*for aerials*). **At half ~**, a media asta. **Before the ~**, como marinero. **2.** AGR bellota *f*. **-mast·ed** [-id] (*in compounds*) *adj* con x mástil(es), de x palo(s); arbolado/a: *A three-masted ship*, Un barco de tres mástiles. **~-head** *n* **1.** NAUT tope *m* del mástil *or* palo); puesto *m* del vigía. **2.** cabecilla *m,f*, titular *m,f* principal.

mas·tec·to·my [mə'stektəmi] *n* mastectomía *f*.

mas·ter ['ma:stə(r)] **I.** *n* **1.** amo *m*. **2.** señor *m* (*of a household*). **3.** jefe *m*, patrón *m* (*employer*). **4.** dueño *m* (*owner*). **5.** maestro *m* (*skilled workman*). **6.** NAUT capitán *m* mercante; patrón *m*. **7.** maestro *m*. **8.** (*esp in compounds*) profesor *m*: *Dancing-master*, Profesor de baile. **9. M ~**, licenciado/a: *Master of Arts*, Licenciado/a en Letras (*approximately*). **10. M ~**, (*title*) señorito *m*. **11.** director *m* (*college*). **11.** ART maestro *m*. **12.** copia *f* maestra (*of tape, film, etc*). LOC **Be ~ of sth** INFML ser dueño de (*situation*); dominar (*subject*); controlar, decidir (*future, fate*). **Meet one's ~**, encontrar la horma de su zapato. **II.** *adj* **1.** maestro/a. ~ **hand**, mano maestra, maestría. **2.** principal (*plan of a building, bedroom*). ~ **joint**, junta principal *or* maestra. **3.** original (*print, record*). ~ **key**

(*also* **pass key**) llave maestra. LOC **Be one's own ~/mistress**, no depender de nadie. **III.** *v* **1.** dominar; domar (*horse*). **2.** FIG dominar, ser experto en. **~-at-arms** *n* NAUT sargento *m* de marina. ~ **builder** *n* maestro *m* de obras. ~ **class** *n* clase *f* magistral. **~-mind I.** *n* cerebro *m*. **II.** *v* diseñar, ser el cerebro de. **M~ of Ceremonies** (*abrev* **MC**) *n* maestro de ceremonias. **~-piece** *n* obra *f* maestra. **Master's degree** (*also* **Master's**) *n* Licenciatura *f* (*approximately*). ~ **sergeant** *n* MIL sargento *m* mayor. **~-stroke** *n* toque *m* maestro, golpe *m* magistral.

mas·ter·ful ['ma:stəfl] *adj* dominante, autoritario/a. **mas·ter·ly** ['ma:stəli] *adj* magistral, maestro/a (*skilful*). **mas·tery** ['ma:stəri] *n* **1.** ~ **of sth**, dominio *m*, maestría *f*. **2.** ~ **(over sth)**, dominio *m*, control *m* (sobre).

mas·tic ['mæstik] *n* **1.** almáciga *f* (*resin*). **2.** masilla *f* (*cement*).

mas·tic·ate ['mæstikeit] FML masticar. **mas·tic·ation** [,mæsti'keiʃn] *n* masticación *f*.

mas·tiff ['mæstif] *n* mastín *m* (*dog*).

mas·ti·tis [mæ'staitis] *n* mastitis *f*.

mas·to·don ['mæstədɔn] *n* mastodonte *m*.

mas·toid ['mæstɔid] **I.** *n* mastoides *f*. **II.** *adj* mastoideo/a.

mas·turb·ate ['mæstəbeit] *v* masturbar. **mas·turb·ation** [,mæstə'beiʃn] *n* masturbación *f*.

mat [mæt] **I.** *n* **1.** estera *f*; felpudo *m* (*behind a door*). **2.** estera *f*, colchoneta *f* (*in gymnastics*). **3.** tapete *m* (*for dishes, glasses,* etc). **4.** greña *f*, maraña *f* (*of hair, weeds,* etc). **II.** *v* enmarañar(se), enredar(se). **III** *adj* V. **matt**.

match [mætʃ] **I.** *n* **1.** cerilla *f*, fósforo *m*. **2.** mecha *f* (*fuse*). **3.** DEP partido *m* (*of football,* etc); combate *m* (*in boxing*). **4.** ~ **for sb; sb's ~**, rival *m,f*, igual *m,f*. LOC **Be (no) ~ for sb**, (no) ser rival para, (no) poder competir con. **Find/Meet one's ~ (in sb)**, encontrar la horma de su zapato. ~ **for sth**, combinar bien con. **5.** casamiento *m*. **Make a good ~**, hacer un buen casamiento. **6.** partido. LOC **Be a good/bad ~**, ser un buen/mal partido. **7.** pareja *f*: *They are a good match*, Hacen una buena pareja. **II.** *v* **1.** combinar, casar, hacer juego con (*combine*): *The curtains match the carpet*, Las cortinas hacen juego con la alfombra. LOC **Matching**, a juego. **2.** (*of people*) hacer pareja. **3.** equipararse a, igualar; poder competir con: *No one can match her at chess*, No tiene rival en ajedrez. LOC **Be well ~ed**, hacer buena pareja. **4.** igualar: *Can you match her performance?* ¿Puedes igualar su actuación? **5.** ~ **sb/sth against/with sb/sth**, enfrentar a, medir con. **6.** ~ **up**, concordar. ~ **sth up (with sth)**, hacer encajar. ~ **up to sb/sth**, estar a la altura de.

match-..., **~-less** *adj* sin igual, sin rival. **~-maker** *n* casamentero/a. **~-making** *n* actividad *f* de casamentero/a. **,~ point** *n* DEP punto *m* decisivo (de un partido). **~-wood** *n* madera *f* para fósforos; astillas *f,pl* (*splinters*); FIG **make ~ of**, hacer trizas *or* astillas.

mate [meit] **I.** *n* **1.** INFML compañero/a, camarada *m,f*. **2.** Br SL colega *m*. **3.** (*in compounds*) **-mate**, compañero/a de. **roommate**, compañero/a de cuarto. **class-mate**, compañero/a de clase. **4.** (*in job descriptions*) ayudante *m,f*. **carpenter's ~**, ayudante de carpintero. **5.** NAUT piloto *m*, (primer/segundo/etc) oficial *m*. **6.** macho *m*, hembra *f* (*of a pair of animals*); INFML marido *m or* mujer *f*. **7.** (V. **checkmate**) mate *m* (*in chess*). **II.** *v* ~ **(sth) (with sth) 1.** (*of animals*) aparear(se). **2.** (*in chess*) dar jaque. **mat·ing** *n* apareamiento *m*. **mat·ing season**, época *f* de celo.

ma·te·ri·al [mə'tiəriəl] **I.** *n* **1.** material *m*. **building ~s**, materiales *m,pl* de construcción. **raw ~**, materia *f* prima. **writing ~s**, artículos *m,pl* de escritorio. **2.** tejido *m*, tela *f* (*fabric, cloth*). **3.** FIG material *m*, hechos *m,pl*, datos *m,pl*, información *f*. **II.** *adj* **1.** material. **2.** ~ **(to sth)** esencial, fundamental; JUR pertinente (*evidence, facts*). **ma·te·ri·al·ly** [mə'tiəriəli] *adv* esencialmente. **ma·te·ri·al·ism** [mə'tiəriəlizəm] *n* **1.** PEY materialismo *m* (*also* FIL). **ma·te·ri·al·ist** [~list] *n* materialista *m,f*. **ma·te·ri·al·ist·ic** [mə,tiəri-ə'listik] *adj* materialista *m,f*. **ma·te·ri·al·ize, ~·ise** [mə'tiəriəlaiz] *v* **1.** materializar(se), realizar(se) (*plan, event*). **2.** materializarse (*ghost*). **ma·te·ri·al·iz·ation, ~·is·ation** [mə-,tiəriəlai'zeiʃn] *n* materialización *f*.

ma·tern·al [mə'tɜ:nl] *adj* **1.** maternal (*of feelings,* etc). **2.** materno/a (*relative*). **ma·tern·al·ly** [~nəli] *adv* maternalmente. **ma·tern·ity** [mə'tɜ:nəti] *n* maternidad *f*. ~ **dress**, vestido *m* premamá. ~ **leave**, permiso *m* por maternidad. ~ **hospital**, casa *f* de maternidad.

ma·tey ['meiti] *adj* ~ **(with sb)** INFML amigable, amistoso/a. LOC **Get ~ with sb**, hacer amistad con.

math·e·mat·ics [,mæθə'mætiks] *n* (*also* INFML **Maths, math**) matemáticas *f,pl*. **math·e·mat·ic·al** [,mæθə'mætikl] *adj* matemático/a. **math·e·mat·ic·al·ly** [~kli] *adv* matemáticamente. **math·e·ma·ti·ci·an** [,mæθəmə'tiʃn] *n* matemático/a.

ma·ti·née ['mætnei] (US *also* **ma·ti·nee** [,mætn'ei]) *n* función *f* de tarde. **A ~ idol**, actor *m* popular.

ma·tins (*also* **mat·tins**) ['mætinz] *n* maitines *m,pl*.

ma·tri·arch ['meitria:k] *n* matriarca *f*. **ma·tri·arch·al** [,meitri'a:kl] *adj* matriarcal. **ma·tri·ar·chy** ['meitria:ki] *m* matriarcado *m*.

ma·tri·ces ['meitrisi:z] *pl of* **ma·trix**.

ma·tri·cide ['mætrisaid] *n* **1.** matricidio *m* (*crime*). **2.** matricida *m,f* (*person*).

ma·tric·ul·ate [mə'trikjuleit] *v* matricular(se). **ma·tric·ul·ation** [mə'trikju'leiʃn] *n* matrícula *f*, matriculación *f*.

ma·tri·mo·ny ['mætriməni] *n* FML matrimonio *m*. **ma·tri·mo·ni·al** [,mætri'məuniəl] *adj* matrimonial.

ma·trix ['meitriks] *n* (*pl* **matrices** ['meitrisi:z] *or* **matrixes**) **1.** TEC matriz *f* (*mould*). **2.**

GEOL, MAT, COMP, FIG matriz. **~ printer**, impresora *f* matricial.

ma·tron ['meitrən] *n* **1**. matrona *f*. **2**. enfermera *f* jefe. **3**. ama *f* de llaves (*in schools*). **ma·tron·ly** [~li] *adj* de matrona, respetable. **~ of honour**, dama *f* de honor.

matt, mat (US **matte**) [mæt] *adj* mate (*not shiny*).

mat·ter ['mætə(r)] **I**. *n* **1**. materia *f*, asunto *m*, cuestión *f* (*topic*) **printed ~**, impresos *m,pl*. **2**. materia (*also* FIS). **3**. FML tema. **4**. MED pus *m*. **II**. *v* **~ (to sb)**, importar a: *It doesn't matter to me what you say*, No me importa lo que digas. LOC **A ~ of life and death**, una cuestión de vida o muerte. **A ~ of opinion**, una cuestión opinable. **(As) a ~ of course**, (por) rutina. **As a ~ of fact**, de hecho, en realidad. **As ~s stand**. tal como están las cosas. **Be no laughing ~**, no ser cosa de risa. **Be/make no ~ (to sb) (that/whether...)**, no importar a alguien que/si... **Be the ~ (with sb/sth)**, INFML pasar, ocurrir con: *What's the matter with you?*, ¿Qué pasa contigo? **For that ~**, igualmente. **In the ~ of sth**, FML en lo que se refiere a algo. **Make ~s worse**, empeorar las cosas. **~ in hand**, asunto en cuestión. **No ~**, no importa. **No ~ who/what/where/...** Quienquiera que, no importa quién/qué/dónde/... **matter-of-fact**, *adj* frío/a, prosaico/a; insensible; positivista, realista.

mat·ting ['mætiŋ] *n* estera *f*.

mat·tins V. **matins**.

mat·tock ['mætək] *n* azadón *m*, pico *m*.

mat·tress ['mætris] *n* colchón *m*.

ma·ture [mə'tjuə(r)] **I**. *adj* **1**. maduro/a. **2**. madurado/a, sopesado/a. **3**. COM vencido/a. **II**. *v* **1**. madurar. **2**. COM vencer. **ma·ture·ly** [~li] *adv* con madurez, maduradamente. **ma·tur·ity** [mə'tjuərəti] *n* madurez *f*; COM vencimiento *m*. **ma·tur·ation** [,mætʃu'reiʃn] *n* maduración *f*.

maud·lin ['mɔ:dlin] *adj* llorón/na, sensiblero/a.

maul [mɔ:l] *v* **1**. **~ sb/sth (about)**, vapulear (*also* FIG). **2**. desgarrar. **3**. maltratar (*handle roughly*).

maul·stick ['mɔ:lstik] (*also* **mahl·stick** ['ma:lstik]) *n* ART tiento *m*.

maun·der ['mɔ:ndə(r)] *v* **1**. **~ (on) (about sth)**, divagar, chochear. **2**. **~ (about)**, dar vueltas, errar.

Maun·dy Thurs·day [,mɔ:ndi 'θɜzdi] *n* Jueves *m* Santo.

mau·so·leum [,mɔ:sə'li:əm] *n* mausoleo *m*.

mauve [məuv] **I**. *n* malva *m*. **II**. *adj* malva, de color malva.

mav·er·ick ['mævərik] *n* **1**. US res *f* sin marcar. **2**. (*politics*) inconformista *m,f*, disidente *m,f*.

maw [mɔ:] *n* ZOOL FML **1**. cuajar *m* (*of a ruminant*); buche (*of bird*). **2**. fauces *f,pl* (also FIG).

mawk·ish ['mɔ:kiʃ] *adj* sensiblero/a. **mawk·ish·ly** [~li] *adv* sensibleramente. **mawk·ish·ness** [~nis] *n* sensiblería *f*.

max·il·la·ry [mæk'siləri] *n, adj* ANAT maxilar.

max·im ['mæksim] *n* máxima *f*. **max·im·al** ['mæksiml] *adj* máximo/a. **max·im·ize, ~·ise** ['mæksimaiz] *v* **1**. llevar al máximo, aumentar al máximo. **2**. aprovechar al máximo (*opportunity*, etc). **max·im·um** ['mæksiməm] **I**. *n* (*pl* **maxima** ['mæksimə] (*abrev* **max**) máximo *m*. **II**. *adj* máximo/a.

May [mei] *n* mayo *m*.

may [mei] *n* BOT flor *f* del espino.

may [mei] *v* (*modal aux*) (*negative* **may not**, *pret* **might** [mait], *pret negative* **might not**) **1**. poder (*permission*): *You may go now*, Puedes irte ya. **2**. poder, ser posible (*probability*): *It may be that...*, Puede (ser) que... **3**. (*in wishes and hopes*) que + *subj*: *May you both be very happy!*, ¡Que seáis muy felices! LOC **Be that as it may**, sea como sea. **Come what may**, pase lo que pase. **If I may**, si se me permite. **May I?** ¿puedo?

may·be ['meibi] *adv* quizá(s), tal vez.

may·day (*also* **May·day**) ['meidei] *n* llamada *f* de socorro, S.O.S.

may·hem ['meihem] *n* alboroto *m*.

mayn't ['meiənt] = **may not**.

may·on·naise [,meiə'neiz] *n* mayonesa *f*.

ma·yor [meə(r)] *n* alcalde *m*. **ma·yo·ral** ['meərəl] *adj* de alcalde. **ma·yo·ral·ty** ['meərəlti] *n* alcaldía *f* (*office and period*). **ma·yor·ess** [meə'res] (*also* **lady mayor**) *n* alcaldesa *f*.

may·pole ['meipəul] *n* mayo *m* (*pole*).

maze [meiz] *n* **1**. laberinto *m* (*also* FIG). **2**. maraña *f* (*complication*). **Be in a ~**, estar perplejo/a. **ma·zy** ['meizi] *adj* laberíntico/a; enmarañado/a.

MD [,em 'di:] *n* **1**. *abrev of* **Doctor of Medicine**: doctor/ra en medicina; doctorado *m* en medicina (*degree*). **2**. *abrev* de *mentally deficient*: deficiente *m,f* mental. **3**. *abrev* de *Managing Director*, Gerente *m,f*.

me [mi:] *pron* me; (*after preposition, except with*) mí; *with me*, conmigo. **It's me**, soy yo.

mead [mi:d] *n* aguamiel *f*, hidromiel *f*.

mea·dow ['medəu] *n* prado *m*, pradera *f*.

mea·gre (US **mea·ger**) ['mi:gə(r)] *adj* **1**. escaso/a, exiguo/a. **2**. flaco/a (*thin*). **~ly** [~li] *adv* escasamente. **~·ness** [~nis] *n* escasez *f*; flaqueza *f*.

meal [mi:l] *n* **1**. comida *f*. **2**. (*gen in compounds*) harina *f*. LOC **A square ~**, una comida como Dios manda. **Make a ~ of sth**, INFML hacer una montaña de algo. **~s on wheels**, comidas para ancianos servidas a domicilio. **~-ticket** *n* **1**. vale *m* de comida. **2**. FIG INFML sustento *m*. **~-time** *n* hora *f* de comer. **meal·y** ['~i] *adj* harinoso/a (*like meal*); enharinado/a (*covered with meal*); FIG pálido/a, descolorido/a (*pale*). **mealy-mouthed** [,mi:li'mauðd] *adj* PEY mojigato/a, timorato/a.

mean [mi:n] I. *v* (pret, pp **meant** [ment]) 1. **~ sth (to sb)**, significar (para alguien): *What does that mean?*, ¿Qué significa eso? 2. suponer, implicar, significar. 3. **~ sth for sb; sth (as sth); ~ sth (to sb)**, tener la intención de, pretender, querer, proponerse: *I mean you no harm*, No pretendo hacerte daño. 4. ir por, destinar, dirigir. 5. **~ sb for sth/to do sth** (*gen passive*) servir para, estar destinado/a a: *She was never meant to be a teacher*, Ella no nació para ser profesora; querer que, destinar a: *His father meant him to be an engineer*, Su padre quería que fuera ingeniero. 6. **~ sth to sb**, ser importante, significar: *You mean a lot to me*, Significas mucho para mí. 7. referirse a, aludir a: *Do you mean me?* ¿Se refiere Vd. a mí? LOC **~ business**, INFML ir en serio. **~ it**, hablar en serio. **~ well/no harm**, tener buenas intenciones. **Without ~ing it**, sin querer. II. *adj* 1. **~ (with sth)**, tacaño/a (con algo). 2. **~ (to sb)**, mezquino/a (con alguien). 3. US desagradable, malo/a (*nasty*). 4. pobre, humilde (*shabby*). 5. (*of abilities*) inferior. 6. DEP INFML agresivo/a, duro/a, desagradable. 7. medio/a, del montón (*average*). **~ trick**, mala jugada. III. *n* 1. medio *m* (*halfway*). 2. MAT media *f* (*average*); promedio *m* (*in a series*). **The happy/golden ~**, el justo medio. 3. **means** (*with sing or pl verb*) medio *m*, recurso *m*: *A man of means*, Un hombre de recursos. LOC **A ~s to an end**, un medio para conseguir un fin. **By all ~s**, por todos los medios; FML ¡por supuesto! **By fair ~s or foul**, por las buenas o por las malas. **By ~s of sth**, FML por medio de. **By no manner of ~s; By no ~s; Not by any ~s**, FML en absoluto, de ningún modo. **Live within/beyond one's ~s**, vivir dentro/por encima de sus posibilidades. **meanie, meany** ['mi:ni] *n* tacaño/a. **mean·ly** [~li] mezquinamente, con tacañería, etc (V. **mean II.**). **mean·ness** [~nis] *n* mezquindad *f*; humildad *f*; maldad *f*; etc (V. **mean II.**).

me·an·der [mi'ændə(r)] I. *n* meandro *m*. II. *v* (*of a river*) serpentear; FIG (*of a person*) errar, vagar sin destino; divagar (*in argumentation*). **~·ing·ly** [mi'ændriŋli] *adv* haciendo meandros, serpenteando. **~·ings** [~iŋz] *n* meandro *m*, serpenteo *m*.

mean·ing ['mi:niŋ] I. *n* 1. significado *m*, sentido *m*. 2. intención *f*, propósito *m*. II. *adj* significativo/a. **~·ful** [~fl] *adj* significativo/a. **~·ful·ly** [~fəli] *adv* significativamente. **~·less** [~lis] *adj* sin sentido.

meant [ment] pret, pp of **mean**.

mean·time ['mi:ntaim] *adv* mientras tanto, entretanto. **In the ~**, mientras tanto.

mean·while ['mi:nwail] *adv* = **mean·time**.

meas·les ['mi:zlz] *n* (*with sing v*) MED sarampión *m*. **German ~**, rubéola *f*.

meas·ly ['mizli] *adj* INFML PEY raquítico/a; miserable.

meas·ure ['meʒə(r)] I. *n* 1. medida *f*. LOC **short ~**, menos de la medida. **full ~**, medida exacta. **square/cubic ~**, medida de superficie/volumen. 2. **~ of sth** FIG medida *f*, equivalencia *f*, idea *f*. 3. (*gen pl*) medida *f*, acción *f*. 4. POET metro *m*, medida *f* (*of verse*). 5. MUS compás *m*, tempo *m*. LOC **Beyond ~**, FML inconmensurablemente. **For good ~**, por añadidura. **Get/take the ~ of sb**, poner a prueba. **Half ~**, paños *m,pl* calientes. **In great/large/some/etc ~**, en gran/cierta/etc medida. **Make sth to ~**, hacer a la medida (*garment*). II. *v* medir. 2. tomar medidas. 3. FIG calibrar, estimar (*abilities*, etc). 4. medir. 5. FIG medir, considerar, ponderar, sopesar (*one's words, actions*). 6. **~ sth against/with sth/sb**, medir(se) con. **~ one's length**, caerse cuan largo es uno. 7. **~ sth off**, medir (*fabric*) 8. **~ sth out**, medir (*a dose*). 9. **~ up (to sth)**, dar la medida, estar a la altura de. **meas·ur·able** ['meʒərəbl] *adj* 1. mensurable, medible. 2. significativo/a (*noticeable*). **meas·ur·ably** [~əbli] *adv* sensiblemente. **meas·ur·ed** ['meʒəd] *adj* medido/a, comedido/a (*language*); prudente; acompasado/a (*tread*). LOC **With ~ steps**, con pasos contados. **meas·ure·less** [~lis] *adj* desmedido/a; inmensurable, inmenso/a. **meas·ure·ment** [~mənt] *n* 1. medida *f* (*system*). 2. medición *f* (*action*). **meas·ur·ing-tape** *n* cinta *f* métrica.

meat [mi:t] *n* 1. carne *f*. 2. FIG sustancia *f*, meollo *m*. LOC **Cold ~**, fiambre *m*. **Be ~ and drink to sb**, ser de primera necesidad (para alguien); disfrutar con algo. **~·ball** *n* albóndiga *f*. **~ fly** *n* moscarda *f*. **~ pie** *n* pastel *m* de carne, empanada *f*. **meat·y** [~i] *adj* a carne (*taste, smell*); de carne; carnoso/a; FIG jugoso/a, sustancioso/a.

me·chan·ic [mi'kænik] *n* mecánico *m*. **me·chan·ic·al** [mi'kænikl] *adj* mecánico/a (*all senses*); FIG mecánico/a, maquinal (*machine-like*). **me·chan·ic·al·ly** [~kli] *adv* mecánicamente; FIG maquinalmente. **me·chan·ics** [mi'kæniks] *n* 1. FIS mecánica *f*. 2. FIG mecanismo *m*, técnica *f*. **me·chan·ism** ['mekənizəm] *n* mecanismo *m* (*most senses*); FIL mecanicismo *m*. **me·chan·ist·ic** [,mekə'nistik] *adj* FIL mecanicista *m,f*. **me·chan·ize, ~·ise** ['mekənaiz] *v* mecanizar(se).

med·al ['medl] *n* medalla *f*. **me·dal·lion** [mi'dæliən] *n* medallón *m*. **me·dal·list** [~list] *n* 1. medallista *m,f* (*engraver*). 2. ganador/ra de una medalla.

med·dle ['medl] *v* PEY 1. **~ (in sth)**, entrometerse (en algo). 2. **~ (with sth)**, toquetear algo. **med·dler** [~ə(r)] *n* entrometido/a. **med·dle·some** [~səm] *adj* FML entrometido/a.

me·dia ['mi:diə] *pl of* **medium**.

me·di·aev·al V. **medieval**.

me·di·al ['mi:diəl] *adj* FML 1. intermedio/a, central. 2. medio/a (*average*).

me·di·an ['mi:diən] I. *adj* MAT mediano/a. II. *n* MAT mediana *f*, media *f*.

me·di·ate ['mi:dieit] *v* 1. **~ between sb and sb**, mediar entre. 2. conseguir por mediación. **me·di·ation** [,mi:di'eiʃn] *n* mediación *f*. **me·di·at·or** [~ə(r)] *n* mediador/ra.

med·ic ['medik] *n* INFML médico/a; estudiante *m,f* de medicina. **med·ic·al** ['medikl] I. *adj* 1. médico/a (*treatment*, etc). 2. de medicina. II. *n* INFML reconocimiento *m* médico. ~ **board**, tribunal *m* médico. ~ **corps**, servicio *m or* cuerpo *m* de sanidad. ~ **jurisprudence**, medicina *f* legal. ~ **practitioner**, médico *m*. ~ **staff**, cuadro *m* facultativo. **med·ic·al·ly** [~li] *adv* médicamente. **med·ic·am·ent** [me'dikəmənt] *n* FML medicamento *m*, medicina *f*. **Me·di·care** ['medikeə(r)] *n* US asistencia *f* médica social. **med·ic·ate** ['medikeit] *v* medicinar, administrar medicina a. **med·ic·at·ed** ['medikeitid] *adj* medicinal (*soap, water, gauze*). **med·ic·ation** [,medi'keiʃn] *n* medicación *f*. **me·di·cin·al** [mə'disinl] *adj* medicinal. **med·i·cine** ['medsn] *n* 1. medicina *f* (*science*). 2. medicamento *m*, medicina *f* (*substance*). LOC **Give sb some/a little/a taste/etc of one's own** ~, pagarle a alguien con la misma moneda. ~ **chest** *n* botiquín *m*. ~**-man** *n* curandero *m*; hechicero *m*.

me·di·ev·al [,medi'i:vl] *adj* medieval.

me·di·ocre [,mi:di'əukə(r)] *adj* mediocre, mediano/a. **me·di·ocri·ty** [,mi:di'ɔkrəti] *n* mediocridad *f*, medianía *f*.

me·dit·ate ['mediteit] *v* 1. ~ **(on/upon sth)**, meditar, reflexionar (sobre). 2. FML planear (*revenge*). **me·dit·ation** [,medi'teiʃn] *n* 1. meditación *f*, reflexión *f*. 2. ~ **(on sth)**, consideración *f* (sobre) (*gen written*). **me·dit·at·ive** ['meditətiv] *adj* meditativo/a, meditabundo/a. **me·dit·at·ive·ly** [~li] *adv* con aire meditabundo.

Me·di·ter·ra·ne·an [,meditə'reiniən] *adj* mediterráneo/a.

me·di·um ['mi:diəm] I. *n* (*pl* ~**s** *or* **media** ['mi:diə]) 1. (*pl* **media**) medio *m* de comunicación. **The media**, los medios de información. 2. (*pl* ~**s**) término *m* medio. 3. (*pl* **media**) FIS, BIOL medio *m*; medio *m* ambiente (*environment*). 4. (*pl* ~**s**) médium *m,f* (*with the spirits*). **A/The happy** ~, el justo medio. II. *adj* medio/a, mediano/a. ~**-sized**, de tamaño mediano. ~ **wave** (*abrev* **MW**) onda *f* media.

med·lar ['medlə(r)] *n* níspero *m* (*tree, fruit*).

med·ley ['medli] *n* mezcla *f*, mezcolanza *f*. 2. MUS popurrí *m*.

me·dul·la [mə'dʌlə] *n* ANAT , BOT médula *f*.

meed [mi:d] *n* POET galardón *m*.

meek [mi:k] *adj* dócil, manso/a, obediente. **meek·ly** [~li] *adv* dócilmente, mansamente. **meek·ness** [~nis] *n* docilidad *f*, mansedumbre *f*.

meer·schaum ['miəʃəm] *n* (pipa *f* de) espuma de mar.

meet [mi:t] I. *v* (pret, pp **met** [met]) 1. verse, encontrarse, reunirse con alguien: *They met in London*, Se vieron en Londres. 2. encontrarse a, toparse con (*by chance*) (*also* FIG). 3. ver: *I hope to meet her tomorrow*, Espero verla mañana. 4. conocer a; conocerse: *Pleased to meet you*, Encantado/a de conocerle. 5. (*with collective subject*) reunirse. 6. FIG experimentar. 7. ~ **sb (at a place)**, ir a esperar, recoger: *I'll meet you at the airport*, Iré a recogerte al aeropuerto. 8. conectar con, empalmar con: *The hotel bus meets all the planes*, El autobús del hotel conecta con todos los vuelos. 9. DEP enfrentarse (con), batirse (con); enfrentarse a (*enemy, danger*). 10. (*of hands, lines*) tocar, acercarse a, encontrarse. 11. satisfacer, cumplir (*demands, wishes...*). 12. pagar, cubrir (*bills, cost*). 13. ~ **up (with sb)**, encontrarse con. 14. ~ **with sb**, US reunirse con, tener una entrevista con; ~ **with sth**, encontrar, experimentar (*difficulties, criticism*, etc). LOC **Make ends** ~, llegar a fin de mes. ~ **sb's eye**, mirar a la cara. ~ **one's eyes**, aparecer ante los ojos/la vista de uno. ~ **sb halfway**, partir la diferencia, llegar a un arreglo. ~ **the case**, convenir, ser apropiado/a. ~ **the eye**, saltar a la vista. **Find/~ one's match**, encontrar la horma de su zapato. **There is more in/to sb/sth than meets the eye**, hay más de lo que parece a primera vista. II. *n* 1. Br partida *f* de caza. 2. US DEP encuentro *m* deportivo. **meet·ing** ['mi:tiŋ] *n* 1. reunión *f*. 2. mitin *m* (*political*). 3. sesión *f* (*assembly*). 3. entrevista *f* (*of two people*). 4. DEP encuentro *m* (deportivo). 5. cita *f* (*by appointment*). **Address the** ~, tomar la palabra. **Adjourn/Close the** ~, levantar la sesión. **Open the** ~, abrir, iniciar la sesión. **Opening** ~, sesión *f* de apertura. ~**-house**, templo *m*. ~**-place**, lugar *m* de reunión.

me·ga·cy·cle ['megə'saikl] *n* megaciclo *m*. **me·ga·hertz** ['megəhɜ:ts] (*abrev* **Mhz**) megaherzio *m*. **me·ga·lith** ['megəliθ] *n* megalito *m*. **me·ga·lith·ic** [,megə'liθik] *adj* megalítico/a.

me·ga·lo·ma·nia [,megələ'meiniə] *n* megalomanía *f*. ~**-ma·ni·ac** [~niæk] *n* megalomaníaco/a.

me·ga·phone ['megəfəun] *n* megáfono *m*.

me·ga·ton ['megətʌn] *n* megatón *m*.

mel·an·cho·ly ['meləŋkɔli] I. *n* melancolía *f*. II. *adj* melancólico/a. **mel·an·cho·lia** [,meləŋ'kəuliə] *n* MED melancolía *f*. **mel·an·chol·ic** [,meləŋ'kɔlik] *adj* MED melancólico/a.

me·la·nin ['melənin] *n* BIOL melanina *f*.

mê·lée ['melei] *n* confusión *f*, tumulto *m*.

mel·li·flu·ous [me'lifluəs] (*also* **mel·li·flu·ent** [me'lifluənt]) *adj* melifluo/a.

mel·low ['meləu] I. *adj* 1. maduro/a (*fruit*); añejo/a (*wine*). 2. suave (*voice, colour, sound*). 3. INFML achispado/a. II. *v* madurar; suavizar(se) (*voice, sound, wine*). **mel·low·ly** [~li] *adv* suavemente, maduradamente, etc. **mel·low·ness** [~nis] *n* madurez *f*; suavidad *f*.

me·lo·dra·ma ['melədra:mə] *n* melodrama *m* (*also* FIG). ~**-dra·mat·ic** [,melədrə'mætik] *adj* melodramático/a. ~**-dra·mat·ic·al·ly** [~kli] *adv* melodramáticamente.

mel·o·dy ['melədi] *n* melodía *f*. **me·lod·ic** [mi'lɔdik] *adj* melódico/a. **me·lo·di·ous** [mi'ləudiəs] *adj* melodioso/a. **me·lo·di·ous·ly**

[~li] *adv* melodiosamente. **me·lo·di·ous·ness** [~nis] *n* armonía *f.*

mel·on ['melən] *n* melón *m.*

melt [melt] *v* **1**. derretir(se); fundir(se). **2**. disolver(se). **3**. FIG ablandar(se) (*person; anger, heart*). **4**. **~ (sth) away**, disipar(se), desvanecers(se) (*also* FIG). **5**. **~ sth down**, fundir. **6**. **~ into sth**, (*of colours*) fundirse en; desaparecer en. LOC **~ into tears**, deshacerse en llanto. **melt·down** *n* fusión *f* del núcleo de un reactor nuclear. **melt·ing** [~iŋ] **I**. *n* fundición *f*, fusión *f*, disolución *f* (V. **melt**). **II**. *adj* fundente, en fusión; FIG enternecedor/ra. **melt·ing-point** *n* punto de fusión. **melt·ing-pot** *n* crisol *m.*

mem·ber ['membə(r)] *n* **1**. miembro *m*. **2**. socio/a (*of society or club*), afiliado/a. **3**. diputado/a (*of Parliament*). **4**. ANAT FML miembro *m* (*limb*). **~·ship** [~ʃip] *n* **1**. calidad *f* de miembro o socio/a. **Apply for ~·ship**, solicitar el ingreso. **2**. número de miembros *or* socios. **3**. conjunto *m*, colectivo *m* de socios. **~·ship fee**, cuota *f* de socio.

mem·brane ['membrein] *n* membrana *f.*

me·men·to [mi'mentəu] *n* (*pl* **~s**, **~es**) recuerdo *m.*

me·mo ['meməu] *n* (*pl* **~s**) INFML (V. **memo·randum**) apunte *m*, memorándum *m.*

mem·or·able ['memərəbl] *adj* memorable. **mem·or·ab·ly** [~əbli] *adv* memorablemente. **mem·or·andum** [,memə'rændəm] *n* (*pl* **~da** [~də], **~s**) memorándum *m*. **me·mo·ri·al** [mə'mɔ:riəl] *n* **~ (to sb/sth)**, monumento *m* conmemorativo; ceremonia *f* conmemorativa; FIG recuerdo *m*. **Memorial Day**, US día *m* de los caídos. **war ~**, monumento *m* a los caídos. **mem·or·ize, ~·ise** ['meməraiz] *v* memorizar. **mem·o·ry** [meməri] *n* **1**. memoria *f*. **2**. recuerdo *m*. LOC **Commit sth to ~**, confiar algo a la memoria. **If ~ serves**, si la memoria no me falla. **In ~ of, To the ~ of**, en memoria de. **In/Within living ~**, que se recuerde. **To the best of my ~**, que yo recuerde.

men [men] *pl of* **man**.

me·nace ['menəs] **I**. *n* amenaza *f*, peligro *m*. **II**. *v* **~ sb/sth (with sth)**, amenazar. **me·nac·ing·ly** [~iŋli] *adv* amenazadoramente.

me·na·ge·rie [mi'nædʒəri] *n* colección *f* de fieras.

mend [mend] **I**. *n* **1**. remiendo *m*. **2**. reparación *f* (*of roads*, etc). LOC **Be on the ~**, FIG INFML ir mejorando. **II**. *v* remendar (*clothes, shoes*). **2**. arreglar, componer (*watch, toy*). **3**. enmendar, mejorar. **~ your manners!**, ¡Cuida tus modales! **~ matters**, mejorar las cosas. **~ one's ways**, enmendarse. **4**. (*injury*) sanar, curar, mejorar. **5**. reparar (*roads*). **mend·er** [~ə(r)] *n* (*gen in compounds*) persona *f* que repara: **watch-mender**, relojero/a. **mend·ing** [~iŋ] *n* **1**. reparación *f*, arreglo *m*, compostura *f* (*work*). **2**. ropa *f* para repasar/coser.

men·da·ci·ous [men'deiʃəs] *adj* FML mendaz. **~·ly** [~li] *adv* mendazmente. **men·da·ci·ty** [men'dæsəti] *n* FML mendacidad *f.*

men·dic·ancy ['mendikənsi] *n* FML mendicidad *f*, mendicancia *f*. **men·dic·ant** ['mendikənt] *n, adj* FML mendicante, mendigo/a. **~ orders**, órdenes *f,pl* mendicantes. **men·di·ci·ty** [men'disəti] *n* mendicidad *f.*

men·folk ['menfəuk] *n* INFML hombres *m,pl.*

me·ni·al ['mi:niəl] **I**. *adj* PEY servil, bajo/a (*low*); doméstico/a (*for servants*). **II**. *n* FML PEY lacayo *m* (*also* FIG).

me·ning·itis [,menin'dʒaitis] *n* meningitis *f.*

me·nis·cus [mə'niskəs] *n* (*pl* **~ci** [~'nisai] *or* **~cus·es** [~kəsəz]) ANAT menisco *m.*

me·no·pause ['menəpɔ:z] *n* menopausia *f*. **me·no·paus·al** [,menə'pɔ:zl] *adj* menopáusico/a.

men·ses ['mensi:z] *n* MED FML menstruación *f.*

men·stru·ate ['menstrueit] *v* menstruar. **men·stru·al** ['menstruəl] *adj* menstrual. **men·stru·ation** [,menstru'eiʃn] *n* menstruación *f.*

men·sur·ation [,mensju'reiʃn] *n* FML medida *f*, medición *f.*

mens·wear ['menzweə(r)] *n* ropa *f* de caballero.

men·tal ['mentl] *adj* **1**. mental. **2**. PEY INFML chiflado/a, chalado/a. **~ age**, edad *f* mental. **~ arithmet·ic**, cálculo *m* mental. **~ derange·ment**, alienación *f* mental. **~ home/hospital**, hospital *m* psiquiátrico. **~ patient**, enfermo/a mental. **~ test**, prueba *f* de inteligencia. **men·tal·ly** ['mentəli] *adv* mentalmente. **~ ill**, enfermo/a mental. **men·tal·ity** [men'tæləti] *n* mentalidad *f.*

men·thol ['menθɔl] *n* mentol *m*. **~·at·ed** ['menθəleitid] *adj* mentolado/a.

men·tion ['menʃn] **I**. *n* **~ (of sth)**, mención *f* (a/de algo), alusión *f* (a algo). **II**. *v* **~ sth/sb (to sb)**, mencionar. **2**. aludir a. LOC **Don't ~ it!**, No hay de qué, de nada. **Not to ~**, INFML por no decir nada de, amén de.

men·tor ['mentə(r)] *n* mentor *m.*

men·u ['menju:] *n* menú *m*, carta *f.*

me·phis·to·phe·le·an [,mefistə'fi:liən] *adj* FML mefistofélico/a.

mer·can·tile ['mɜ:kəntail] *adj* mercantil, comercial. **~ marine**, marina *f* mercante.

mer·cen·ary ['mɜ:sinəri] *n, adj* mercenario/a.

mer·cer·ize, ~·ise ['mɜ:səraiz] *v* mercerizar.

mer·chand·ise ['mɜ:tʃəndaiz] **I**. *n* mercancía *f*, géneros *m,pl*, artículos *m,pl*. **II**. *v* comercializar. **mer·chand·is·ing** [~ziŋ] *n* comercio *m*, comercialización *f.*

mer·chant ['mɜ:tʃənt] *n* **1**. comerciante *m*. **2**. negociante en. **3**. (*formerly*) mercader *m*. **3**. SL PEY adicto/a. **Law ~**, Derecho *m* Mercantil. **~ bank**, banco *m* comercial/mercantil. **~ marine/navy**, marina *f* mercante. **~ seaman**, marino *m* mercante. **~ ship**, (barco *m*) mercante *m.*

mer·ci·ful ['mɜ:sifəl] *adj* **~ (to/towards sb)** clemente, compasivo/a (con alguien). **~·ful·**

ly [~li] *adv* **1**. compasivamente. **2**. INFML afortunadamente.

mer·ci·less ['mɜ:siləs] *adj* ~ **(to/towards sb)** despiadado/a (con alguien). **~·less·ly** [~li] *adv* sin piedad.

mer·cu·ri·al [mɜ:'kjuriəl] *adj* **1**. tornadizo/a, veleidoso/a, cambiante (*mood*). **2**. vivo/a, despierto/a. **3**. MED FML mercúrico/a, de mercurio.

mer·cu·ry ['mɜ:kjuri] *n* (*also* **quick·silver**) mercurio *m*. **M~** *n* Mercurio *m* (*planet, god*).

mer·cy ['mɜ:si] *n* **1**. misericordia *f*, compasión *f*, clemencia *f*. **~ killing**, INFML eutanasia *f*. **small ~ies**, pequeños favores. LOC **At the ~ of sb/sth**, a merced de. **It is/was a ~ that...**, es/fue una suerte que... **Leave sb/sth to the ~/(tender) ~ies of sb/sth**, dejar en manos de. **Show ~ to sb; have ~ on sb**, tener compasión de alguien. **Throw oneself on sb's ~**, abandonarse a la merced de.

mere [miə(r)] **I**. *adj* mero/a, simple, puro/a; (*translated as an adv*) sólo, no más que: *It's a mere trifle*, No es más que una tontería. **~ talk**, pura palabrería. **the mer·est sth**, el/la más mínimo/a. **II**. *n* estanque *m*; lago *m*. **mere·ly** [~li] *adv* meramente, sólo. **~ do sth**, limitarse a hacer algo.

me·re·tri·ci·ous [,mero'triʃəs] *adj* engañoso/a; falaz (*argument*; ampuloso/a (*style*); de oropel (*valueless*). **~ci·ous·ly** [~li] *adv* engañosamente, etc. **~·ness** [~nis] *n* engaño *m*; falacia *f*; oropel *m*.

merge [mɜ:dʒ] *v* **1**. **~ (with/into sth); ~ together**, unirse (con); COM fusionarse (con). **2**. **~ sth with sth**, unir; COM fusionar. **3**. **~ (into sth)**, fundir(se) en (*colours, lights, voices*). **mer·ger** ['mɜ:dʒə(r)] *n* COM fusión *f*; unión.

me·ri·di·an [mə'ridiən] **I**. *n* **1**. GEOG meridiano *m*. **2**. ASTR cénit *m*, meridiano *m*. **3**. FIG apogeo *m*. **II**. *adj* meridiano/a; FIG máximo/a. **me·ri·di·on·al** [mə'ridiənl] *adj* meridional, del sur.

me·ringue [mə'ræŋ] *n* merengue *m*.

mer·it ['merit] **I**. *n* **1**. mérito *m*. **2**. JUR detalles *m, pl*, circunstancias *f,pl*. **II**. *v* FML merecer, ser digno/a de; (*intransitive*) hacer méritos. **mer·i·to·cra·cy** [,meri'tɔkrəsi] *n* meritocracia *f*. **mer·i·to·ri·ous** [,meri'tɔ:riəs] *adj* FML meritorio/a. **mer·i·to·ri·ous·ly** [~li] *adv* meritoriamente.

mer·maid ['mɜ:meid] *n* sirena *f*. **mer·man** ['mɜ:mæn] *n* (*pl* **~men** [~men]) tritón *m*.

mer·ry ['meri] *adj* **1**. (*obsolete*) feliz, alborozado/a, regocijado/a. **M~ Christmas**, Felices Pascuas. **2**. INFML achispado/a. LOC **Make ~**, pasarlo bien. **mer·ri·ly** ['merəli] *adv* alegremente. **mer·ri·ment** ['merimənt] *n* FML alegría *f*, júbilo *m*. **mer·ry-go-round** *n* (US **carousel** [,kærə'sel] tiovivo *m*. **mer·ry-mak·er** *n* (*obsolete*) juerguista *m,f*. **mer·ry-mak·ing** *n* diversión *f*, fiesta *f*.

mesh [meʃ] **I**. *n* **1**. malla *f* (*material*) **2**. red *f* (*also* FIG). **3**. TEC engranaje *m*. **in ~** TEC engranado/a. **wire ~**, tela *f* metálica. **II**. *v* **~ (with sth)**, engranar, encajar (con); FIG encajar, armonizar (con).

mes·mer·ism ['mezmərizəm] *n* (*obsolete*) hipnotismo *m*. **mes·mer·ic** [mez'merik] *adj* hipnótico/a. **mes·mer·ist** ['mezmərist] *n* hipnotizador/ra. **mes·mer·ize, ~ise** ['mezməraiz] *v* hipnotizar.

mess [mes] **I**. *n* **1**. suciedad *f*, porquería *f* (*dirt*). **2**. (*euphemistic*) INFML caca *f* (*of pet*). **3**. confusión *f*, desorden *m*, lío *m*, revoltijo *m* (*disorder*). **4**. MIL (US *also* **mess hall**) MIL comedor *m* (de la tropa). LOC **Be a ~**, (*of sb*) ser/estar hecho/a un asco. **Be in a ~**, estar revuelto/a, desordenado/a (*place*); estar metido/a en un lío (*person*). **Get into/out of a ~**, meterse en/salir de un lío. **Make a ~ of**, desordenar. **II**. *v* INFML **1**. ensuciar. **2**. **~ about/around**, hacer el tonto; entretenerse con. **3**. **~ sb about/around; ~ about/around with sb**, jugar con, no tomar en serio. **4**. **~ sth about/around; ~ about/around with sth**, enredar con/en, desorganizar. **5**. **~ sth up**, ensuciar; desordenar; estropear. **6**. **~with sb/sth**, INFML entrometerse, meterse con. **7**. **~ (in) with sb; ~ (in) together**, MIL comer el rancho con.

mes·sage ['mesidʒ] *n* **1**. recado *m*. **2**. mensaje *m*. LOC **Get the ~**, entender, comprender. **mes·sen·ger** ['mesindʒə(r)] *n* mensajero/a; recadero/a (*in office, bank*, etc).

Mes·siah [mi'saiə] *n* (*also* **mes·siah**) mesías *m,sing*.

mess·mate ['mesmeit] *n* compañero/a de rancho.

Messrs *abrev* de *Messieurs*, Señores.

met [met] *pret and pp of* **meet**.

me·ta·bol·ism [mə'tæbəlizəm] *n* metabolismo *m*. **me·ta·bol·ic** [,metə'bɔlik] *adj* metabólico/a. **me·ta·bol·ize, ~·ise** [mə'tæbəlaiz] *v* metabolizar.

me·ta·car·pus [,metə'ka:pəs] *n* ANAT metacarpo *m*. **me·ta·carp·al** [,metə'ka:pəl] **I**. *adj* metacarpiano/a. **II**. *n* (hueso *m*) metacarpiano.

me·tal ['metl] *n* **1**. metal *m*. **2**. grava *f* (*for roads*). **3**. **~s**, raíles *m,pl*, rieles *m,pl*. **me·tal·lic** [mi'tælik] *adj* metálico/a. **me·tal·work** *n* metalistería *f*.

me·ta·lan·guage ['metəlæŋgwidʒ] *n* metalengua *f*.

me·tal·lur·gy [mi'tælədʒi] *n* metalurgia *f*. **me·tal·lurg·ic·al** [,metə'lɜ:dʒikl] *adj* metalúrgico/a. **me·tal·lurg·ist** [mi'tælədʒist] *n* metalúrgico/a.

me·ta·mor·phose [,metə'mɔ:fəuz] *v* **~ (sb/sth) (into sb/sth)** FML metamorfosear(se) en. **me·ta·mor·pho·sis** [,metə'mɔ:fəsis] *n* (*pl* **~oses** [~əsiz]) FML metamorfosis *f*.

me·ta·phor ['metəfə(r)] *n* metáfora *f*. **me·ta·phor·ic·al** [,metə'fɔrikl] *adj* metafórico/a. **~·ic·al·ly** [~kli] *adv* metafóricamente.

me·ta·phys·ics [,metə'fiziks] *n* metafísica *f*. **me·ta·phys·ic·al** [,metə'fizikl] *adj* metafísico/a.

me·ta·tar·sus [,metə'ta:səs] *n* (*pl* **~tarsi** [~ta:sai]) ANAT metatarso *m*. **meta·tar·sal** [~ta:sl] *adj* metatarsiano/a.

mete [mi:t] *v* **~ sth out (to sb)** FML repartir, administrar.

me·te·or ['mi:tiɔ(r)] *n* meteoro *m*. **me·te·or·ic** [,mi:ti'ɔrik] *adj* meteórico/a (*also* FIG). **me·te·or·ic·al·ly** [~li] *adv* meteóricamente. **me·te·or·ite** ['mi:tiərait] *n* meteorito *m*. **me·te·or·o·lo·gic·al** [,mi:tiərə'lɔdʒikl] *adj* meteorológico/a. **me·te·or·o·lo·gist** [,mi:tiə'rɔlədʒist] *n* meteorólogo/a. **me·te·or·o·lo·gy** [,mi:tiə'rɔlədʒi] *n* meteorología *f*.

me·ter ['mi:tə(r)] **I.** *n* **1.** contador *m*, medidor *m*. **2.** US = **metre**, metro *m*.

me·tha·done ['meθədəun] *n* metadona *f*.

me·thane ['mi:θein] *n* (*also* **marsh gas**) metano *m*.

me·thinks [mi'θiŋks] *v* (*pret* **methought**) ARCH LIT me parece.

meth·od ['meθəd] *n* método *m*; sistema *f*, procedimiento *m*. **me·tho·di·cal** [mi'θɔdikl] *adj* metódico/a. **~·ic·al·ly** [~kli] *adv* metódicamente. **meth·o·do·lo·gy** [,meθə'dɔlədʒi] *n* metodología *f*. **~·lo·gic·al** [,meθədə'lɔdʒikl] *adj* metodológico/a. **~·gic·al·ly** [~kli] *adv* metodológicamente.

Meth·od·ism ['meθədizəm] *n* Metodismo *m*. **me·thod·ist** ['meθədist] *n, adj* metodista *m,f*.

meths [meθs] Br INFML (**methylated spirits**) alcohol *m* metilado, desnaturalizado.

me·thyl ['meθil] *n* QUIM metilo *m*. **~ alcohol** (*also* **wood spirit**) alcohol *m* metílico, metanol *m*. **me·thyl·at·ed spi·rits** [,meθəleitid 'spirits] alcohol *m* desnaturalizado.

me·ti·cul·ous [mi'tikjuləs] *adj* **~ (in sth/ doing sth)**, meticuloso/a. **~·ly** [~li] *adv* meticulosamente. **~·ness** [~nis] *n* meticulosidad *f*.

mé·tier ['metiei] *n* (*French*) oficio *m*, profesión *f*, especialidad *f*.

me·tre ['mi:tə(r)] (US **me·ter**) *n* **1.** (*abrev* **m**) metro *m*. **2.** metro *m* (*verse rhythm*). **me·tric** ['metrik] *adj* métrico/a. **me·tric·al** ['metrikl] (*also* **metric**) *adj* métrico/a (*in verse*). **me·tric·ate** ['mtrikeit] *v* convertir al sistema métrico. **me·tric·ation** [,metri'keiʃn] *n* conversión *f* al sistema métrico. **the metric system**, el sistema métrico decimal.

me·tro·nome ['metrənəum] *n* MUS metrónomo *m*.

me·tro·po·lis [mə'trɔpəlis] *n* (*pl* **~lises**) metrópoli *f*. **me·tro·po·li·tan** [,metrə'pɔlitən] **I.** *adj* metropolitano/a (*all senses*). **II.** *n* **1.** habitante *m,f* de la metrópoli. **2. the M~ police** (*also* **the Met**) policía *f* londinense.

met·tle [metl] *n* temple *m*, valor *m*. LOC **Be on one's ~**, mostrar lo que uno vale. **Put sb in his ~**, poner a prueba el valor de alguien. **Test sb's ~**, poner a prueba el temple de alguien. **met·tle·some** [~səm] *adj* animoso/a, brioso/a, fogoso/a.

mew [mju:] **I.** *n* maullido *m* (*cat*). **II.** *v* maullar (*cat*).

mewl [mju:l] *v* maullar (*cat*); lloriquear (*baby*).

mews [mju:z] *n* (*pl unchanged*) caballerizas *f,pl*.

Mex·i·can ['meksikən] *n, adj* mejicano/a.

mez·zan·ine ['mezəni:n] *n* entresuelo *m*.

mi [mi:] (*also* **me**) *n* MUS mi.

miaou (*also* **miaow**) [mi:'au] **I.** *n* miau *m*, maullido *m*. **II.** *v* maullar.

mi·asma [mi'æzmə] *n* (*pl* **~s**, *or* **miasmata**) FML miasma *m* (*also* FIG).

mi·ca ['maikə] *n* (*mining*) mica *f*.

mice [mais] *pl of* **mouse**.

Mi·chael·mas ['miklməs] *n* Día *m* de San Miguel (29 de septiembre). **~ term**, trimestre *m* de otoño.

mick [mik] *n* (*offensive*) irlandés/sa.

mic·key ['miki] *n* **take the ~ (out of sb)** INFML tomar el pelo a alguien.

mi·cro ['maikrəu] *n* (*pl* **~s**) INFML microordenador *m*.

mi·crobe ['maikrəub] *n* microbio *m*. **mi·cro·bio·lo·gist** [,maikrəubai'ɔlədʒist] *n* microbiólogo/a. **mi·cro·bi·o·lo·gy** [,maikrəubai'ɔlədʒi] *n* microbiología *f*. **mi·cro·chip** ['maikrəutʃip] (*also* **chip**) *n* microchip *m*. **mi·cro·com·put·er** [,maikrəukəm'pju:tə(r)] *n* microordenador *m*. **mi·cro·cosm** ['maikrəukɔzm] *n* microcosmo *m*. **mi·cro·e·lec·tron·ics** [,maikrəu-,ilek'trɔniks] *n* microelectrónica *f*.

mi·cro·fiche ['mikrəufi:ʃ] *n* microficha *f*. **mi·cro·film** ['maikrəufilm] **I.** *n* microfilm(e) *m*. **II.** *v* microfilmar. **mi·cro·me·ter** [mai'krɔ:mitə(r)] *n* micrómetro *m*. **mi·cron** ['maikrɔn] *n* micra *f*, micrón *m*. **mi·cro·or·gan· ism** [,maikrəu'ɔ:gənizəm] *n* microorganismo *m*. **mi·cro·phone** ['maikrəufəun] *n* micrófono *m*. **mi·cro·pro·ces·sor** ['maikrəuprəusesə(r)] *n* microprocesador *m*. **mi·cro·scope** ['maikrəskəup] *n* microscopio *m*. **mi·cro·sco·pic** [,maikrə'skɔpik] **~·scop·ic·al** [~kl] *adj* microscópico/a. **mi·cro·scop·ic·al·ly** [~kli] *adv* microscópicamente. **mi·cro·wave** ['maikrəweiv] *n* **1.** microonda *f*. **2.** (*also* **~ oven**) (horno *m*) microondas *m, sing*.

mid [mid] *adj* medio/a. **~ after·noon**, media tarde. **2.** GRAM intermedio/a (*vowel*). LOC **From mid... to mid...**, desde mediados de... a mediados de... **In mid...**, en medio de..., a mitad de... **mid-** (*in compounds*) en medio de, a mitad de: **mid-morning**, a media mañana. **mid-air**, (*airplane*, etc) en el aire. **mid·summer**, pleno verano.

mid·day [,mid'dei] *n* mediodía *m*.

mid·den ['midn] *n* estercolero *m*, muladar *m*.

mid·dle ['midl] **I.** *n* **1.** medio *m*, mitad *f*. **2.** INFML cintura *f*. **in the ~ of**, en medio de, en pleno/a. **the ~ of nowhere**, INFML el quinto pino. **II.** *adj* del medio, del centro, central. **a ~ course**, compromiso *m*, camino *m* del medio. **~ age**, edad *f* madura. **~ finger**, dedo *m* medio *or* del corazón. **~ height**, estatura *f* media. **the M~ Ages**, la Edad Media. **the M~ East**, el Oriente Medio.

mid·dle-..., **~-aged**, *adj* de edad madura. **~-brow** *n, adj* intelectual *m,f* de vía estrecha. **~ class** *n* clase *f* media. **~-distance** *n* media distancia *f*, medio fondo *m*. **the ~ distance** *n* segundo término *m*. **~ ear** *n* oído *m* medio. **~-man**, *n* (*pl* **~men**) COM intermediario *m*. **~ name** *n* segundo nombre *m* de pila. **Be sb's ~ name**, INFML característica *f* principal. **~-of-the-road** *adj* moderado/a. **~ school** *n* escuela *f* intermedia (*in Britain, between 9 and 14 years*). **~-weight** *n* DEP peso *m* medio.

mid·dling ['midliŋ] *adj, adv* mediano/a, regular, medianamente.

mid·field [,mid'fi:ld] *n* DEP medio campo *m*. **~ player**, mediocampista *m,f*.

midge [midʃ] *n* mosca *f* enana, mosquito *m*.

mid·get ['midʒit] **I**. *n* enano/a (*dwarf*). **II**. *adj* pequeño/a. **~ submarine**, submarino *m* de bolsillo.

mid·land ['midlænd] *adj* de tierra adentro, del interior, del centro. **The Midlands**, el centro de Inglaterra.

mid·night ['midnait] **I**. *n* medianoche *f*. LOC **Burn the ~ oil**, quemarse las pestañas (estudiando, trabajando). **~ mass**, misa *f* del gallo. **~ sun**, sol *m* de medianoche.

mid·riff ['midrif] *n* ANAT diafragma *m*; parte del cuerpo humano entre el pecho y la cintura.

mid·ship·man ['midʃipmæn] *n* (*pl* **~men** [~mən]) NAUT guardiamarina *m*. **mid·ships** ['midʃips] *adv* (*also* **amidships**) en medio del navío.

midst [midst] **I**. *n* (*after prep*) medio *m*, mitad *f*. **In our ~**, entre nosotros. **In the ~ of**, en medio de. **II**. *prep* (*also* **amidst**) entre.

mid·stream [,mid'stri:m] *n* en medio *m* de la corriente. **in ~**, a mitad del camino, en plena acción. LOC **Change/Swap horses in ~**, cambiar de camisa.

mid·sum·mer [,mid'sʌmə(r)] *n* **1**. pleno verano *m*, mitad *f* del verano. **2**. solsticio *m* de verano. **Mid·sum·mer's Day**, día de San Juan (24 de junio).

mid·way [,midwei] *adj, adv* (**~ between sth and sth**), a mitad de camino (entre algo y algo).

mid·week [,mid'wi:k] **I**. *n* mitad *f* de semana. **II**. *adv* entre semana.

mid·wife ['midwaif] *n* (*pl* **midwives** [~waivz]) comadrona *f*, partera *f*. **~·ry** ['midwifəri] *n* obstetricia *f*, asistencia *f* en partos.

mid·win·ter [,mid'wintə(r)] *n* **1**. pleno invierno *m*. **2**. solsticio *m* de invierno.

mien [mi:n] *n* FML talante *m*, porte *m*.

mif·fed [mift] *adj* SL disgustado/a, ofendido/a.

might [mait] **I**. *v* (*modal aux*) (*pret of* **may**, *neg* **might not, mightn't**) **1**. podía, podría (+ *inf*) (*permission*). **2**. podía, podría (+ *inf*); es posible que, sería posible que (+ *subj*), quizá(s) (+ *subj*) (*possibility*): *He ~ be in London*, Quizás esté en Londres. **II**. fuerza *f*, poder *m*. LOC **~ is right**, la ley de la fuerza. **With all one's ~**, con todas sus fuerzas. **With ~ and main**, con todas las fuerzas.

might·y ['maiti] **I**. *adj* FML **1**. fuerte, poderoso/a. **2**. enorme, extraordinario/a. **high and ~**, arrogante. **II**. *adv* INFML muy, mucho: *I'm mighty sorry*, Lo siento mucho. **might·i·ly** [~li] *adv* FML **1**. poderosamente, con fuerza. **2**. muy, mucho. **might·i·ness** [~nis] *n* poderío *m*, poder *m*.

mi·gno·nette [minjə'net] *n* BOT reseda *f*.

mi·graine ['mi:grein] *n* migraña *f*, jaqueca *f*.

mi·grant ['maigrənt] **I**. *adj* migratorio/a. **II**. *n* emigrante *m,f* (*person*); ave *f* migratoria. **mi·grate** [mai'greit] *v* ~ **(from...) (to...)** emigrar (de) (a). **mi·gra·tion** [mai'greiʃn] *n* migración *f*. **mi·grat·ory** ['maigrətri] [mai'greitəri] *adj* migratorio/a.

mike [maik] *n* INFML micro *m* (*microphone*).

mil·age V. **mileage**.

milch [miltʃ] *adj* lechera *f* (*of a cow, goat*, etc).

mild [maild] **I**. *adj* **1**. gentil, dulce, apacible. **2**. cálido/a, templado/a, suave, benigno/a (*weather, climate*). **3**. poco riguroso/a, poco severo/a (*punishment, rule*). **4**. suave (*flavour*). **II**. (*also* **~ ale**) Br cerveza *f* suave. **mild·ly** [~li] *adv* dulcemente, etc. (V. **mild**). LOC **To put it ~ly**, sin exagerar, por no decir más. **~·ness** [~nis] *n* dulzura *f*; suavidad *f*, benignidad *f*; poco rigor *m*, severidad *f*.

mil·dew ['mildju:] **I**. *n* moho *m*; AGR añublo *m*, tizón *m* (*on plants*); mildiu *m* (*on vine*). **II**. *v* enmohecer(se); AGR atizonar(se), añublar(se).

mile [mail] *n* **1**. milla *f* (*1609 metres*). **2**. INFML mucho (*esp pl*): *I feel miles better today*, Me siento mucho mejor hoy. *It is miles away*, Está a millas de distancia. **3**. **the ~**, la milla (*race*). LOC **See/Tell sth a ~ off**, INFML se ve a la legua. **Sth stands/sticks out a ~**, está tan claro como el agua. **mile·stone** ['mailstəun] *n* mojón *m* kilométrico, piedra *f* miliar; FIG hito *m*, jalón *m* (*in history, life*). **mile·age** (*also* **mi·lage**) ['mailidʒ] *n* **1**. número *m* de millas, distancia *f* en millas; kilometraje *m* (*approximately*). **~ indicator**, cuentakilómetros *m, sing*. **2**. (*also* **~ allow·ance**) gastos *m, pl* de kilometraje.

mi·lieu ['mi:ljɜ:] *n* (*pl* **~s** *or* **~x** [~z]) medio *m*, entorno *m*.

mil·it·an·cy ['militənsi] *n* belicosidad *f*; militancia *f* (*in politics*). **mil·it·ant** ['militənt] **I**. *adj* belicoso/a; militante. **II**. *n* militante *m,f*. **mil·it·ar·ism** ['militərizəm] *n* PEY militarismo *m*. **mil·it·ar·ist** ['militərist] *n* militarista *m,f*. **mil·it·ar·ist·ic** [,militə'ristik] *adj* militarista. **mil·it·ar·ize, ~ise** ['militəraiz] *v* militarizar. **mil·it·ary** ['militri] *adj* **1**. militar. **2**. **the ~**, los militares, las fuerzas armadas. **mil·it·ate** ['militeit] *v* **~ against sth** (*of factors, facts*, etc) FML actuar, conjugarse (contra). **mi·li·tia** [mi'liʃə] *n* milicia *f*. **mi·li·tia·man** [~mən] *n* (*pl* **~men**) miliciano *m*.

milk [milk] **I.** *n* leche. **dried/powdered ~**, leche en polvo, **~ products**, productos *m,pl* lácteos. **skimmed ~**, leche desnatada. **II.** *v* **1**. ordeñar. **2**. dar leche. **3**. **~ x of sth; milk sth from x**, FIG sacar, exprimir. **milk·er** ['milkə(r)] *n* **1**. ordeñador/ra (*person*). **2**. vaca *f* lechera (*milch cow*). **milk·ing-ma·chi·ne** *n* ordeñadora *f* mecánica. **milk·sop** ['milksɔp] *n* PEY gallina, cobarde *m*. **milk·y** ['milki] *adj* **1**. lechoso/a. **2**. con leche. **the, Milky Way**, la Vía Láctea. **milk-... ~ bar** *n* cafetería *f*. **(a bar of) ~ chocolate** *n* (una tableta de) chocolate *m* con leche. **~ churn** *n* cántara *f*, lechera *f*. **~-float** *n* carro *m* de la leche. **~-maid** *n* lechera *f*; ordeñadora *f* (*woman who milks cows*). **~-man** *n* (*pl* **~men**) lechero *m*. **~ pudding** *n* arroz *f* con leche. **~ run** *n* FIG INFML viaje/trayecto *m* regular. **~ shake** *n* batido *m* de leche. **~-tooth** *n* (*pl* **~-teeth**) (*also* US **baby tooth**) diente *m* de leche. **~-weed** *n* BOT algodoncillo *m*. **,~-white** *adj* blanco/a como la leche. LOC **(It's no use) crying over spilt ~**, a lo hecho, pecho. **~ and water**, PEY descafeinado/a, soso/a, insulso/a. **The ~ of human kindness**, la amabilidad personificada.

mill [mil] **I.** *n* **1**. molino *m* (*building; machine for grinding grain*). **2**. molinillo *m*. **3**. fábrica *f*. **cotton-mill**, algodonera *f*. **paper-mill**, papelera *f*. **saw-mill**, serrería *f*, aserradero *m*. **spinning-mill**, hilandería *f*. LOC **Go through the ~**, pasarlas moradas, aprender por experiencia. **Put sb through the ~**, pasar por la piedra. **~-dam** *n* presa *f* de molino. **~-hand** *n* obrero/a. **~-pond** *n* represa *f* de molino. **~-race** *n* caz *m*. **~-stone** *n* muela *f*, piedra *f* de molino. LOC **A ~ round sb's neck**, una cruz a cuestas. **~-wright I.** *n* constructor *m* de molinos. **II.** *v* moler (*grain, coffee*, etc); acordonar (*the edge of a coin*); laminar (*metal*); fresar (*gears*); **~-wright about/around**, (*of people or animals*) arremolinarse, apiñarse.

mill·board ['milbɔ:d] *n* cartón *m* piedra.

mil·len·ni·um [mi'leniəm] *n* (*pl* **~nia** [~niə] *or* **~s**) **1**. milenio *m*. **2**. FIG edad *f* de oro. **mil·len·ni·al** [~niəl] *adj* milenario/a.

mil·le·pede (*also* **millipede**) ['milipi:d] *n* ZOOL milpiés *m* (*invariable*), miriápodo *m*.

mil·ler ['milə(r)] *n* molinero/a.

mil·les·sim·al [mi'lesiməl] *adj* milésimo/a.

mil·let ['milit] *n* BOT mijo *m*.

mil·liard ['milia:d] *n* Br mil millones.

mil·li·bar ['miliba:(r)] *n* FIS milibar *m*.

mil·li·gram(me) ['miligræm] *n* miligramo *m*. **mil·li·litre** ['milili:tə(r)] *n* mililitro *m*. **mil·li·metre** ['milimi:tə(r)] *n* milímetro *m*.

mil·li·ner ['milinə(r)] *n* sombrerero/a. **mil·lin·ery** [~nəri] *n* sombrerería *f*.

mil·ling ['miliŋ] *n* **1**. molienda *f* (*process*). **2**. fresado *m* (*of gears*). **3**. cordoncillo *m* (*of coin*). **~ cutter**, fresa *f*. **~ machine**, fresadora *f*.

mil·lion ['miljən] **I.** *numeral* un millón de (*pl* millones de): *Two million pounds*, dos millones de libras. **II.** *pron* millón *m*. LOC **One in a ~**, uno/a entre un millón, un mirlo blanco. **mil·lionth** ['miljənθ] *pron, ordinal* millonésimo/a. **mil·lion·aire** [,miljə'neə(r)] millonario *m*. **mil·lion·air·ess** [,miljə'neəres] *n* millonaria *f*.

mil·li·pede V. **millepede**.

mi·lo·me·ter (*also* **mi·le·o·me·ter**) [mai'lɔmitə(r)] (US **odo·me·ter**) cuentakilómetros *m* (*invariable*) (*measured in kms*).

mi·lord [mi'lɔ:d] *n* milord *m*.

milt [milt] **I.** *n* (*also* **soft roe**) lecha *f* (*fish sperm*). **II.** *v* fecundar.

mime [maim] **I.** *n* mimo *m*, pantomima *f*. **II.** *v* remedar, hacer una pantomima de. **mi·meo·graph** ['mimiəgra:f] (*obsolete*) **I.** *n* multicopista *f*. **II.** *v* reproducir en multicopista. **mi·met·ic** [mi'metik] *adj* mimético/a. **mi·met·ism** [mi'mətizm] *n* mimetismo *m*. **mim·ic** ['mimik] **I.** *n* imitador/ra. **II.** *adj* de imitación; simulado/a. **III.** *v* (pret, pp **mimicked**) imitar. **mi·mi·cry** ['mimikri] *n* mímica *f*; ZOOL , BOT mimetismo *m*.

mi·mo·sa [mi'məuzə] BOT mimosa *f*.

min *abrev* **1**. (*minimum*) mínimo/a. **2**. (*minute*) minuto *m*.

min·a·ret [,minə'ret] *n* minarete *m*, alminar *m*.

min·at·ory ['minətəri] *adj* FML amenazador/ra; JUR conminatorio/a.

mince [mins] **I.** *v* **1**. picar, desmenuzar (*meat*). **2**. PEY hablar remilgadamente. **3**. PEY andar con pasos cortos. LOC **Not ~ matters; Not ~ (one's) words**, no tener pelos en la lengua. **II.** *n* Br (US **hamburger**) carne *f* picada. **mincer** [~ə(r)] *n* picadora *f*, molinillo *m* de picar carne. **min·cing** [~iŋ] *adj* PEY remilgado/a, melindroso/a. **min·cing·ly** *adv* remilgadamente. **mince pie** *n* pastel *m* de fruta picada y especias. **mince·meat** ['minsmi:t] *n* conserva *f* de fruta picada. LOC **Make ~ of sb/sth**, INFML hacer trizas/picadillo (de alguien).

mind [maind] **I.** *n* **1**. mente *f*. **2**. inteligencia *f*, entendimiento *m*. **3**. FIG cerebro *m*, mente *f*. **4**. memoria *f*. **5**. juicio *m* (*sanity*). LOC **Be in one's right ~**, estar en su sano juicio. **6**. espíritu *m* (*vs body*). **7**. parecer *m*, opinión *m*. LOC **At the back of one's ~**, en el fondo de la mente. **Be in two ~s (about sth/doing sth)**, estar indeciso/a, dudar sobre algo. **Be of one ~ (about sth)**, ser unánimes, estar de acuerdo. **Be out of one's ~**, INFML estar loco/a. **Bear in ~ that...**, tener presente/en cuenta. **Bear/Keep sb/sth in ~**, tener presente, no olvidar. **Bend one's ~ to sth**, inclinarse por algo. **Bring/Call sb/sth to ~**, recordar, traer a la memoria. **Change one's/ sb's mind**, cambiar de idea/opinión. **Come/ Spring to ~**, ocurrírsele a uno. **Cross one's ~**, pasarle a uno por la cabeza. **Give one's ~ to sth**, aplicarse a, dedicarse a; prestar atención a. **Give sb a piece of one's ~**, decirle cuatro verdades a alguien. **Have a ~ of one's own**, tener opinión propia. **Have a (good) ~ to do sth**, INFML estar decidido/a a hacer algo. **Have half a ~ to do sth**, INFML tener ciertas ganas de hacer algo. **Have it in ~ to do sth**, pensar, tener pensado hacer algo. **Have sb/sth in ~**, tener presente, pensar en, tener en cuenta. **In one's mind's eye**, en su imaginación *or* memoria. **Keep one's ~ on sth**, prestar atención a. **Keep sb/sth in ~**, tener en cuenta *or* presente. **Know one's ~**, saber lo que uno quiere. **Make up one's ~**, decidirse. **Make up one's ~ to (doing) sth**, aceptar algo, hacerse a la idea de algo. **Put one's ~ to sth**, concentrase en algo. **Put sb in ~ of sb/sth**, recordar, traer a la mente. **Put/Set one's/sb's ~ at ease/rest**, despreocupar. **Put/Set/Turn one's ~ to sth**, dedicarse a, ponerse a. **Sth is in one's mind; Have sth on one's ~**, tener en la cabeza, estar preocupado/a. **Sth slips sb's mind**, írsele de la cabeza, olvidarse de. **Speak one's ~**, hablar francamente. **Take one's/sb's ~ off sth**, hacer olvidar, distraer a alguien de algo. **To my ~**, a mi entender. **Turn sth over in one's ~**, dar vueltas en la cabeza. **With one ~**, unánimemente. **II.** *v* **1.** cuidar, tener cuidado de. **2. ~ about sth/doing sth; ~ sth/if sb does sth**, importarle a alguien: *Do you mind if I smoke?/my smoking?*, ¿Le importa si fumo?/que fume? **3.** preocuparse de: *Never mind!*, No se preocupe. **4.** tener cuidado con: *Mind your head!*, ¡Cuidado con la cabeza! **~ one's (own) business**, no meterse donde no le llaman a uno. **5.** pensar en, acordarse de: *Mind you phone him*, Acuérdate de telefonearle. **6.** (*esp in negatives*) no me desagradaría, me vendría bien: *I shouldn't mind a beer*, Me vendría bien una cerveza. **7. ~ out**, INFML (*freq imper*) dejar paso, apartarse. **~ out (for sb/sth)**, tener cuidado con, estar alerta. **narrow-minded**, de mente estrecha, estrecho/a de miras. **weak-minded**, pobre de espíritu. **commercially/politically minded**, con mentalidad comercial/política. **3.** (*in compounds with n*) preocupado/a por. **food-minded**, preocupado/a por la comida.

mind-..., **~-bending** *adj* INFML increíble. **~-blowing** *adj* INFML alucinante. **~-boggling** *adj* INFML inimaginable. **~-reader** *n* adivinador/ra de los pensamientos. **~-reading** *n* adivinación *f* de los pensamientos. **minded** ['maindid] *adj* **1. ~ (to do sth)** FML inclinado/a, dispuesto/a (a hacer algo). **2.** (*in compounds*) con mentalidad de.

mind·er [~ə(r)] *n* (*freq in compounds*) persona *f* a cargo de, guardaespaldas *m,f*. **mind·ful** ['maindful] *adj* **~ of sb/sth** FML responsable, cuidadoso/a, preocupado/a. **mind·less** ['maindlis] *adj* **1.** PEY estúpido/a, ignorante. **2. ~ of sb/sth** FML inconsciente de, despreocupado/a por. **mind·less·ly** [~lisli] *adv* inconscientemente. **mind·less·ness** [~lisnis] *n* despreocupación *f*.

mine [main] *possessive pron* (el) mío, (la) mía, (lo) mío, (los) míos, (las) mías. **of ~**, mío/a: *A friend of mine*, Un amigo mío.

mine [main] **I.** *n* **1.** mina *f* (*excavation*). **~ worker**, minero/a. **2.** MIL mina *f*. **lay ~s**, poner minas, minar. **3.** FIG **~ of information**, una mina de información. **~-detector** *n* detector *m* de minas. **~-field** *n* campo *m* de minas. **~-layer** *n* (avión *m*, barco *m*) minador. **~-sweeper** *n* dragaminas *m* (*invariable*). **II.** *v* **1. ~ (for sth)**, extraer (*coal, metals*, etc). **2.** MIL minar, abrir túneles (*undermine*). **3.** MIL minar, sembrar de minas. **4.** MIL volar, destruir con minas. **miner** ['mainə(r)] *n* minero *m*.

min·er·al ['minərəl] **I.** *n* mineral *m*. **II.** *adj* mineral. **~ water**, agua *f* mineral. **min·er·al·ogy** [,minə'rælədʒi] *n* mineralogía *f*. **min·er·al·og·ic·al** [,minərə'lɔdʒikl] *adj* mineralógico/a. **min·er·al·og·ist** [,minə'rælədʒist] *n* mineralogista *m,f*.

min·gle ['miŋgl] *v* **1. ~ with sth; ~ together**, mezclarse. **2. ~ with sb/sth; ~ (together)**, FIG mezclarse con, confundirse con, codearse con.

min·gy ['mindʒi] *adj* Br INFML tacaño/a, agarrado/a.

min·i·ature ['minətʃə(r)] *n* miniatura *f* (*all senses*). **min·i·atur·ist** ['minitʃərist] *n* miniaturista *m,f*.

mi·ni·bus ['minibʌs] *n* Br microbús. **mi·ni·cab** ['minikæb] *n* Br microtaxi. **mi·ni·com·put·er** [,minikəm'pju:tə(r)] *n* miniordenador *m*, ordenador *m* portátil.

min·im ['minim] *n* **1.** (US **half note**) MUS blanca *f*, mínima. **2.** QUIM gota *f*, mínima *f* (*drop*). **min·im·al** ['miniməl] *adj* mínimo/a. **min·im·al·ly** ['miniməli] *adv* mínimamente. **min·im·ize, ~ise** ['minimaiz] *v* minimizar. **min·im·um** ['minimǝm] **I.** *n* (*pl* **min·i·ma** [~mǝl]) mínimo *m*, mínimum *m*. **II.** *adj* mínimo/a. **~ wage**, salario *m* mínimo.

min·ing ['mainiŋ] *n* minería *f*, extracción *f*. **~ engineer**, ingeniero *m* de minas.

mi·ni·on ['miniən] *n* PEY acólito *m*, favorito *m*, secuaz *m*.

min·is·ter ['ministə(r)] **I.** *n* (US **secretary**) POL ministro/a. **2.** REL ministro *m*, clérigo *m*. **II.** *v* **~ to sb/sth**, FML atender, cuidar. **min·is·ter·i·al** [,mini'stiəriəl] *adj* ministerial.

min·is·trant ['ministrənt] **I.** *adj* FML oficiante. **II.** *n* FML ayudante *m,f*. **min·is·tra·tion** [,mini'streiʃn] *n* FML **1.** REL ministerio *m*. **2.** ayuda *f*, cuidado *m*. **min·is·try** ['ministri] *n* **1.** (US **department**) ministerio *m*. **2.** REL sacerdocio *m*.

mink [miŋk] *n* visón *m*.

min·now ['minəu] *n* pececillo *m* de agua dulce.

mi·nor ['mainə(r)] **I.** *adj* **1.** menor, sin importancia, secundario/a. **2.** Br menor (*younger or youngest*). **3.** MUS menor. **~ key**, tono *m* menor. **II.** *n* **1.** JUR menor *m,f* de edad. **2.** US especialidad *f* secundaria. **III.** *v* **~ in sth** US estudiar como materia secundaria. **mi·nor·ity** [mai'nɔrəti] *n* **1.** minoría *f* (*number*). **2.** minoría *f* de edad (*age*). **~ government**, gobierno *m* minoritario.

min·ster ['minstə(r)] *n* iglesia *f* de un monasterio; catedral *f*.

min·strel ['minstrəl] *n* **1.** juglar *m*, trovador *m*. **2.** cantante *m,f* que parodia música negra. **min·strel·sy** ['minstrəlsi] *n* juglaría *f*; mester *m* de juglaría.

mint [mint] **I.** *n* **1.** menta *f*, hierbabuena *f*. **2.** casa *f* de la moneda. **3.** FIG INFML **~ of money**, un dineral, una fortuna. LOC **In ~ condition**, recién acuñado/a *or* impreso/a, como nuevo/a. **II.** *v* acuñar; FIG inventar. **mint·age** ['mintidʒ] *n* acuñación *f* (*process*); moneda *f* acuñada (*coin*); FIG invención *f*, creación *f*.

min·uet [,minu'et] *n* MUS minué *m*.

mi·nus ['mainəs] **I.** *prep* **1.** MAT menos. **2.** bajo cero (*temperature*). **3.** INFML sin. **II.** *adj* **1.** MAT negativo/a (*number, quantity*). **2.** MAT menos (*sign*). **3.** bajo/a (*mark*): *B minus*, B baja. **III.** *n* (*also* **minus sign**) menos *m*, signo *m* menos.

mi·nus·cule ['minəskju:l] *adj* minúsculo/a.

min·ute ['minit] **I.** *n* **1.** minuto *m*. **2.** FIG minuto *m*, instante *m*, momento *m*. **3.** nota *f*, minuta *f* (*note*). **4.** **~s** (*esp pl*) actas *f,pl*. LOC **(At) any ~ (now)**, INFML de un momento a otro. **In a ~**, dentro de un momento. **Just a ~**, INFML un momento. **The ~ that**, en el momento que. **To the ~**, en punto. **Up to the ~**, INFML de última moda (*fashionable*); de última hora (*the latest*). **II.** *v* anotar, tomar nota; levantar acta. **~-book**, libro *m* de actas. **~-gun**, cañón *m* de salvas. **~-hand**, minutero *m*.

mi·nute [mai'nju:t] *adj* **1.** diminuto/a, menudo/a. **2.** minucioso/a, detallado/a. **min·ute·ly** [~li] *adv* detalladamente, minuciosamente. **min·ute·ness** [~nis] *n* minuciosidad *f*; menudencia *f*. **min·u·tiae** [mai'nju:ʃi:] *n* minucias *f,pl*.

minx [miŋks] *n* PEY fresca *f*, descarada *f*.

mir·a·cle ['mirəkl] *n* milagro *m*. **do/work ~s**, hacer *or* obrar milagros/maravillas. **~ play**, auto *m* sacramental, milagro *m*. **mi·ra·cul·ous** [mi'rækjuləs] *adj* milagroso/a. **mi·ra·cul·ous·ly** [mi'rækjuləsli] *adv* milagrosamente.

mi·rage ['mira:ʒ] [mi'ra:ʒ] *n* espejismo *m* (*also* FIG).

mire ['maiə(r)] *n* fango *m*, lodo *m*. **miry** ['maiəri] *adj* fangoso/a.

mir·ror ['mirə(r)] **I.** *n* espejo *m* (*also* FIG). **driving ~**, espejo *m* retrovisor. **II.** *v* reflejar(se).

mirth [mɜ:θ] *n* FML regocijo *m*, júbilo *m*. **~·ful** [~fl] *adj* regocijado/a, risueño/a. **~·less** [~lis] *adj* triste, sin alegría.

mis·ad·ven·ture [,misəd'ventʃə(r)] *n* **1.** FML desgracia *f*, contratiempo *m*. **2.** JUR accidente *m*. **death by ~**, muerte *f* accidental.

mis·al·li·ance [,misə'laiəns] *n* casamiento *m* desigual.

mis·an·thrope ['misənθrəup] (*also* **mis·an·throp·ist** [mi'sæθrəpist]) *n* misántropo *m*. **mis·an·throp·ic** [,misən'θrɔpik] *adj* misantrópico/a. **mis·an·thro·py** [mi'sænθrəpi] *n* misantropía *f*.

mis·app·ly [,misə'plai] *v* (pret, pp **~lied**) FML usar indebidamente, malgastar. **mis·ap·plic·ation** [,misæpli'keiʃn] *n* uso *m* indebido, abuso *m*.

mis·ap·pre·hend [,misæpri'hend] *v* FML malinterpretar, entender mal. **mis·ap·pre·hen·sion** [,misæpri'henʃn] *n* malentendido *m*. **Be under a ~**, estar equivocado/a.

mis·ap·pro·pri·ate [,misə'prəuprieit] *v* apropiarse indebidamente de, malversar. **mis·ap·pro·pri·ation** [,misə,prəupri'eiʃn] *n* apropiación *f* indebida, malversación *f*.

mis·be·got·ten [,misbi'gɔtn] *adj* **1.** descabellado/a. **2.** (*obsolete*) bastardo/a, ilegítimo/a (*child*).

mis·be·have [,misbi'heiv] *v* **~ oneself**, (com)portarse mal. **mis·be·ha·viour** (US **~vior**) [,misbi'heiviə(r)] *n* mal comportamiento *m*, mala conducta.

mis·be·lief [misbi'li:f] *n* **1.** REL herejía *f*, creencia *f* heterodoxa. **2.** error *m*, opinión *f* errónea. **mis·be·liev·er** [misbi'li:və(r)] *n* heterodoxo/a, hereje *m,f*.

mis·cal·cul·ate [,mis'kælkjuleit] *v* calcular mal. **mis·cal·cul·ation** [,miskælkju'leiʃn] *n* error *m* de cálculo.

mis·car·riage [,mis'kæridʒ] *n* **1.** MED aborto *m* espontáneo. **2.** COM extravío *m*. **3.** fracaso *m*, fallo *m*. **4.** JUR **~ of justice**, error *m* judicial. **mis·car·ry** [,mis'kæri] *v* (pret, pp **~ried**) **1.** MED abortar. **2.** COM extraviarse, perderse. **3.** fracasar, fallar.

mis·cast [,mis'ka:st] *v* (pret, pp **miscast**) **1.** (*gen passive*) dar un papel inapropiado. **2.** (*gen passive*) distribuir mal los papeles (*film, play*).

mis·ce·gen·ation [,misidʒi'neiʃn] *n* mestizaje *m*, cruce *m* de razas.

mis·cel·la·ne·ous [,misə'leiniəs] *adj* misceláneo/a, variado/a. **mis·cel·la·ny** [mi'seləni] US ['misəleini] *n* miscelánea *f*.

mis·chance [,mis'tʃa:ns] *n* INFML infortunio *m*, desgracia *f*.

mis·chief ['mistʃif] *n* **1.** travesura *f*, diablura *f*. LOC **Be up to some ~**, tramar alguna travesura. **Get into ~**, hacer una travesura *or* tontería. **Keep out of ~**, no hacer travesuras. **2.** pícaro/a, travieso/a, diablo *m* (*person*). **3.** malicia *f*. **4.** daño *m*, perjuicio *m* (*moral harm*). **Do sb/oneself a ~**, INFML hacer(se) daño. **Make ~ between sb and sb**, sembrar la discordia entre. **'~-maker** *n* enredador/ra, chismoso/a. **~-making** *n* enredo *m*, lío *m*. **mis·chiev·ous** [mistʃivəs] *adj* **1.** travieso/a (*child*). **2.** malicioso/a (*behaviour*). **3.** FML nocivo/a, dañino/a (*letter, rumour*). **~·ous·ly** [~li] *adv* maliciosamente, con maldad. **~·ness** [~nis] *n* travesura *f*, picardía *f*; maldad *f*.

mis·ci·ble ['misəbl] *adj* **~ (with sth)**, FML mezclable.

mis·con·ceive [,miskən'si:v] *v* FML idear, comprender o interpretar mal. **mis·con·cep·tion** [,miskən'sepʃn] *n* idea *f* falsa.

mis·con·duct [mis'kɔndʌkt] **I.** *n* FML mala conducta; adulterio *m*. **2.** mala administración; negligencia *f* profesional. **II.** [miskən'dʌkt] *v* FML **~ oneself (with sb)**, portar-

se mal (con alguien); administrar mal (*manage badly*).
mis·con·struc·tion [,miskən'strʌkʃn] *n* FML mala interpretación. **mis·con·strue** [,miskən'stru:] *v* FML interpretar mal.
mis·count [,mis'kaunt] **I**. *n* cálculo *m* erróneo. **II**. *v* calcular/contar mal.
mis·date [,mis'deit] *v* fechar mal, equivocarse en la fecha.
mis·deal [,mis'di:l] **I**. *v* (pret, pp **misdealt** [~delt]) dar *or* repartir mal las cartas. **II**. *n* error *m* en el reparto de las cartas.
mis·deed [,mis'di:d] *n* (*gen pl*) FML falta *f*, fechoría *f*, delito *m*.
mis·de·mean·our (US **~·meanor**) [,misdi'mi:nə(r)] *n* INFML fechoría *f*; JUR delito *m* menor, falta *f*.
mis·di·rect [,misdi'rekt, ~dai'rekt] *v* **1**. **~ sb/sth (to sth)**, dirigir mal. **2**. poner mal las señas en. **3**. dirigir/aplicar mal (*energy, ability*, etc). **4**. JUR instruir mal (*a jury*). **mis·di·rec·tion** [,misdi'rekʃn, ~dai'rekʃn] *n* dirección *f* errónea/equivocada; JUR malas instrucciones (al jurado).
mi·ser ['maizə(r)] *n* avaro/a. **mis·er·ly** [~li] *adj* PEY mezquino/a, avariento/a. **mis·er·able** ['mizrəbl] *adj* **1**. desgraciado/a, desdichado/a. **2**. desagradable, malo/a (*weather, conditions, day*). **3**. miserable, despreciable (*amount, wage, meal, salary*). **4**. deplorable, lamentable (*contemptible*). **mis·er·ably** [~əbli] *adv* desgraciadamente, miserablemente, etc (V. **miserable**). **mis·e·ry** ['mizəri] *n* **1**. miseria *f*, pobreza *f* (*poverty*). **2**. sufrimiento *m*, dolor *m* (*pain*). **3**. desgracia *f*, pena *f* (*misfortune*). **4**. Br INFML desgraciado/a, miserable. LOC **Make sb's life a ~**, amargar la vida a alguien.
mis·fire [,mis'faiə(r)] **I**. *v* **1**. fallar (*gun, rocket, engine*, etc). FIG INFML fracasar, no tener efecto (*joke*). **II**. *n* fallo *m* (de tiro, encendido).
mis·fit ['misfit] *n* **1**. inadaptado/a (*person*). **2**. prenda *f* que no cae bien.
mis·for·tune [,mis'fɔ:tʃu:n] *n* desgracia *f*, infortunio *m*.
mis·giv·ing [,mis'giviŋ] *n* FML recelo *m*, duda *f*, desconfianza *f*.
mis·gov·ern [,mis'gʌvn] *v* gobernar mal (*country*); administrar mal (*company*, etc). **~·ment** [~mənt] *n* desgobierno *m*; mala administración.
mis·guid·ed [,mis'gaidid] *adj* FML **1**. equivocado/a, mal aconsejado/a. **2**. descaminado/a, mal orientado/a.
mis·han·dle [,mis'hændl] *v* **1**. maltratar. **2**. llevar mal, manejar mal.
mis·hap ['mishæp] *n* contratiempo *m*, accidente *m*; desgracia *f*.
mis·hear [,mis'hiə(r)] *v* (pret, pp **misheard** [~'hɜ:d]) oír mal.
mis·hit [,mis'hit] **I**. *v* (pret, pp **mishit**) fallar el golpe. **II**. *n* ['mishit] golpe *m* errado.
mish·mash ['miʃmæʃ] *n* **~ (of sth)**, INFML PEY revoltijo *m*, mezcolanza *f*.
mis·in·form [,misin'fɔ:m] *v* FML informar mal. **mis·in·form·ation** [,misinfə'meiʃn] *n* información *f* errónea.
mis·in·ter·pret [,misin'tɜ:prit] *v* interpretar mal. **~·pret·ation** [,misintɜ:pri'teiʃn] *n* mala interpretación.
mis·judge [,mis'dʒʌdʒ] *v* juzgar mal; calcular mal. **mis·judg(e)·ment** [~mənt] *n* juicio *m* equivocado; cálculo *m* erróneo.
mis·lay [,mis'lei] *v* (pret, pp **mislaid** [~'leid]) perder, extraviar, traspapelar.
mis·lead [,mis'li:d] *v* (pret, pp **misled** [~led]) **1**. **~ sb (about/as to sth)**, engañar, equivocar. **2**. guiar equivocadamente; FIG descarriar. **3**. **~ sb into doing sth**, inducir con engaño a hacer algo. **~·ing** [~iŋ] *adj* engañoso/a. **~·ing·ly** [~iŋli] *adv* engañosamente.
mis·man·age [,mis'mænidʒ] *v* dirigir, administrar mal. **~·ment** [~mənt] *n* mala administración/dirección.
mis·match [,mis'mætʃ] **I**. *v* emparejar mal. **II**. *n* ['mismætʃ] emparejamiento *m* erróneo.
mis·name [,mis'neim] *v* llamar equivocadamente, dar un nombre equivocado.
mis·no·mer [,mis'nəumə(r)] *n* nombre *m* inapropiado, equivocado.
mi·so·gyn·ist [mi'sɔdʒinist] *n* misógino *m*. **mi·so·gy·ny** [mi'sɔdʒəni] *n* misoginia *f*.
mis·place [,mis'pleis] *v* FML **1**. colocar mal. **2**. extraviar, perder. **3**. FIG dar equivocadamente (*love, affection, confidence*). **mis·plac·ed** [~pleist] *adj* extraviado/a, perdido/a; impropio/a (*word, action*); inmerecido/a (*love*, etc).
mis·print [,mis'print] **I**. *v* imprimir mal. **II**. ['misprint] *n* error *m* de imprenta, errata *f*.
mis·pro·nounce [,misprə'nəuns] *v* pronunciar mal. **mis·pro·nun·ci·ation** [,misprə,nʌnsi'eiʃn] *n* mala pronunciación.
mis·quote [,mis'kwəut] *v* citar erróneamente/mal. **mis·quot·ation** [,miskwəu'teiʃn] *n* cita *f* errónea.
mis·read [,mis'ri:d] *v* (pret, pp **mis·read** [~red]) **1**. leer mal. **2**. FIG interpretar mal (*fact, situation*). **~·ing** [~iŋ] *n* lectura *f* equivocada.
mis·rep·re·sent [,mis,repri'zent] *v* representar mal, tergiversar, desfigurar, describir equivocadamente. **mis·rep·re·sent·ation** [,mis,reprizen'teiʃn] *n* mala representación *f*, falsificación *f*.
mis·rule [,mis'ru:l] **I**. *n* mal gobierno *m*, mala administración *f*; desorden *m* (*confusion*). **II**. *v* gobernar *or* administrar mal.
miss [mis] *n* **1**. señorita *f*. **Miss**, Señorita (Srta.). **2**. Miss *f* (*in beauty contests*). **3**. señorita *f* (*woman teacher*).
miss [mis] **I**. *n* **1**. fallo *m*. **2**. FIG fracaso *m*. LOC **Give sb/sth a ~**, INFML pasar por alto; prescindir de. **II**. *v* **1**. fallar, no dar en (*target, mark*). **2**. errar, fallar (*shot*). **3**. perder (*train, plane, bus*, etc). **4**. desperdiciar, perder (*opportunity, chance*); no dar con. **5**. echar de menos, añorar (*person, place*): *You*

are much missed, Se te echa mucho de menos. **6**. faltar a (*class, appointment*); no asistir a (*play*). **7**. perder, no entender (*joke, etc*). **8**. no encontrar (*place, address*). **9**. perder (*person; purse*, etc). **10**. echar de menos, darse cuenta de la desaparición de. **11**. librarse de, escapar. LOC **~ one's footing**, perder el pie. **~ the boat/bus**, FIG INFML perder el tren (*lose an opportunity*). **12**. **~ sb/sth out**, omitir, saltarse. **13**. **~ out on**, perderse (algo positivo).

mis·sal ['misl] *n* misal *m*.

mis·shap·en [,mis'ʃeipən] *adj* deforme, contrahecho/a.

mis·sile ['misail], US ['misl] *n* **1**. proyectil *m*, arma *f* arrojadiza. **2**. misil *m*.

mis·sing ['misiŋ] *adj* **1**. perdido/a. **2**. desaparecido/a. LOC **A/The ~ link**, el eslabón perdido. **Be ~**, faltar (*object*); estar ausente (*person*). **Have sth ~**, estar sin. **mis·sion** ['miʃn] *n* misión *f*. **mis·sion·ary** ['miʃənri] *n, adj* misionero/a. **mis·sive** ['misiv] *n* FML misiva *f*.

mis·spell [,mis'spel] *v* (pret, pp **misspelled** *or* **misspelt** [~'spelt]) deletrear mal, escribir mal. **~·ing** [~iŋ] *n* falta *f* de ortografía.

mis·spend [,mis'spend] *v* (pret, pp **miss·pent** [~spent]) malgastar, desperdiciar; perder (*time*).

mis·state [,mis'steit] *v* FML exponer falsamente. **~·ment** [~mənt] *n* afirmación *f*, declaración errónea.

mis·sus (*also* **mis·sis**) ['misiz] *n* INFML PEY **1**. parienta *f*. **2**. señora *f* (*form of address*).

mis·sy ['misi] *n* PEY señorita *f*.

mist [mist] **I**. *n* niebla *f*, neblina *f* (*fog*); bruma *f* (*at sea*); calina *f* (*haze*); FIG tinieblas *f,pl* (*of ignorance*, etc). **a ~ of tears**, un velo de lágrimas. **the ~s of time**, la noche de los tiempos. **II**. *v* **1**. (*also* **~ over**) cubrir(se) de niebla. **2**. rociar. **3**. (*also* **~ (sth) up**) empañar(se) (*mirror, eyes*). **mis·ty** ['misti] *adj* de niebla (*day*); nebuloso/a, brumoso/a; FIG vago/a, confuso/a, nebuloso/a; empañado/a (*glass*). **mist·ily** [~ili] *adv* con niebla; FIG vagamente. **mis·ti·ness** [~inis] *n* nebulosidad *f*.

mis·tak·able [mis'teikəbl] *adj* confundible, que se puede confundir. **mis·take** [mi'steik] **I**. *n* equivocación *f*, error *m*; falta *f*. **spelling ~**, falta *f* de ortografía. LOC **And no ~!** INFML ¡sin duda alguna! **By ~**, por error, sin querer. **Make the ~ of**, cometer el error de. **Make no mistake (about sth)**, (*command*) INFML no se equivoque(n). **II**. *v* (*pret* **mistook** [mi'stuk], *pp* **mistaken** [mis'teikən]) **1**. entender/interpretar mal. **2**. **~ sb/sth for sb/sth**, confundir con. **mis·tak·en** [mi'steikən] *adj* **1**. **~ (about sb/sth)**, (*of a person*) equivocado/a (sobre). **If I'm not ~**, si no me equivoco. **2**. erróneo/a, inexacto/a (*idea, view, fact*).

mis·ter ['mistə(r)] *n* **1**. (*gen abbreviated as* **Mr**) señor, Sr., caballero *m*. **2**. SL señor.

mis·time [,mis'taim] *v* decir a deshora/a destiempo; calcular mal el momento de.

mis·tle·toe ['misltəu] *n* BOT muérdago *m*.

mis·took *pret of* **mistake**.

mis·tral ['mistrəl, mi'stra:l] *n* mistral *m* (*wind*).

mis·trans·late [,mistræns'leit] *v* traducir mal. **~·la·tion** [~'leiʃn] *n* mala traducción *f*.

mis·treat [,mis'tri:t] *v* maltratar. **~·ment** [~mənt] *n* maltrato *m*.

mis·tress ['mistris] *n* **1**. dueña *f*. **2**. Br maestra. **3**. querida *f*, amante *f*.

mis·trial [,mis'traiəl] *n* JUR juicio *m* nulo; US juicio *m* sin acuerdo del jurado.

mis·trust [,mis'trʌst] **I**. *v* desconfiar de, recelar de; sospechar de. **II**. *n* desconfianza *f* (en), recelo (de). **mis·trust·ful** [~fl] *adj* **~ (of sb/sth) receloso/a, desconfiado/a de·**

misty V. **mist**.

mis·un·der·stand [,mis,ʌndə'stænd] *v* (pret, pp **~stood** [~'stud]) comprender, entender, interpretar mal. **~·ing** [~iŋ] *n* error *m*, equivocación *f*, malentendido *m*. **2**. desavenencia *f*.

mis·use [,mis'ju:z] **I**. *v* usar mal; malversar (*funds*). **2**. maltratar. **3**. JUR abusar de (*authority*). **II**. *n* [,mis'ju:s] **1**. mal uso *m*; malversación *f* (*of funds*). **2**. maltrato *m*. **3**. JUR abuso *m* (*of authority*).

mite [mait] *n* **1**. óbolo *m* (*small contribution*). **2**. criaturita *f* (*small child or animal*). **3**. **a ~** una pizca, un poco de. **4**. ácaro *m*, arador *m*.

mit·ig·ate ['mitigeit] *v* FML mitigar, aliviar. **mit·ig·at·ing** [~iŋ] *adj* atenuante. **mit·ig·ation** [,miti'geiʃn] *n* mitigación *f*, alivio *m*.

mitre (US **mi·ter**) ['maitə(r)] **I**. *n* **1**. REL mitra *f*. **2**. (*also* **mitre-joint**) inglete *m*. **II**. *v* unir con ingletes.

mitt [mit] *n* **1**. mitón *m*. **2**. guante *m* de béisbol. **3**. INFML guante *m* de boxeo. **4**. SL mano (*hand*). **mit·ten** ['mitn] *n* (*also* **mitt**) mitón *m*.

mix [miks] **I**. *n* mezcla *f*. **II**. *v* **1**. mezclar. **2**. mezclarse con, combinarse con; FIG relacionarse con. **3**. aliñar, aderezar (*salad*); preparar (*drink, cocktail*). **4**. FIG combinar, compaginar. **5**. **~ sth in**, añadir a una mezcla. **6**. **~ sb/sth up (with sb/sth)**, confundir con. LOC **Be/Get ~ed up in sth** INFML verse envuelto/a en. **Get all ~ed up**, hacerse un lío. **~ it (with sb)**, SL llegar a las manos, iniciar una pelea. **mix-up** *n* INFML confusión *f*, lío *m*. **mixed** [mikst] *adj* 1. variado/a; surtido/a (*sweets*). **2**. mezclado/a (*blended*). **3**. mixto/a (*of both sexes*). **~ bag**, cajón *m* de sastre. **~ blessing**, arma *f* de doble filo. **~ doubles**, (*in tennis*) (partido *m*) doble mixto. **~ feelings**, sentimientos contradictorios. **~ grill**, parrillada *f*. **~ marriage**, matrimonio *m* mixto. **mix·ed-up** *adj* INFML liado/a, confundido/a (*person*); revuelto/a, confuso/a. **mix·er** ['miksə(r)] *n* **1**. mezcladora *f*, hormigonera *f* (*machine*); batidora *f* (*for food*). **2**. INFML persona *f* sociable. **3**. mezclador/ra (*in films, radio, television*). **mix·ture** ['mikstʃə(r)] *n* **1**. mezcla *f* (*also* QUIM). **2**. MED mixtura *f*, preparado *m*.

miz·zen (*also* **mizen**) ['mizn] *n* NAUT **1**. mesana *m* (*sail*). **2**. palo *m* de mesana.

mne·mon·ic [ni'mɔnik] **I**. *adj* mnemotécnico/a. **II**. *n* **1**. palabra *f or* rima *f* mnemotécnica. **2**. **mne·mon·ics**, mnemotecnia *f*, mnemotécnica *f*.

mo [məu] *n* (*pl* **mos**) Br INFML un momentito.

moan [məun] **I**. *n* lamento *m*, gemido *m* (also FIG). **II**. *v* **1**. lamentarse, gemir (*also* FIG). **2**. **~ (about sth)**, quejarse de algo.

moat [məut] *n* foso *m*. **moated** [~id] *adj* con foso.

mob [mɔb] **I**. *n* **1**. multitud *f*, muchedumbre *f*. **2**. **the ~**, PEY el populacho *m*, la masa *f*. **3**. SL banda *f*, pandilla *f*. **~ law**, ley *f* de Lynch. **II**. (**~bb~**) acosar en masa, rodear; atestar (*place*).

mob-cap ['mɔb kæp] *n* cofia *f* (*cotton cap*).

mo·bile ['məubail] **I**. *adj* **1**. móvil. **2**. FAM motorizado/a, con coche. **II**. *n* colgante *m* móvil. **~ home**, alojamiento *m* móvil o transportable, remolque *m*. **mo·bil·ity** [məu'biləti] *n* movilidad *f*.

mo·bil·ize, ~·ise ['məubilaiz] *v* **1**. movilizar(se), poner(se) en movimiento. **mo·bil·iza·tion, ~·is·ation** [,məubilai'zeiʃn] *n* movilización *f*.

mob·ster ['mɔbstə(r)] *n* pandillero *m*, gángster *m*.

moc·casin ['mɔkəsin] *n* mocasín *m*.

mo·cha ['mɔkə] *n* moca *f*.

mock [mɔk] **I**. *v* **1**. **~ (at sb/sth)**, burlarse, reírse, mofarse de. **2**. FIG FML burlar (*defy*). **II**. *n* burla *f*, mofa *f*. **Make (a) ~ of sb/sth**, hacer burla, ridiculizar. **III**. *adj* **1**. simulado/a, fingido/a (*not real*). **2**. de prueba, simulacro *m* de (*for practice*) (*battle, exercise*). **3**. burlesco/a, cómico/a. **4**. falso/a (*modesty*). **5**. imitado/a, de imitación (*jewelry, wood*, etc). **mocker** [~ə(r)] *n* burlón/na. **Put the ~s on sb**, traer mala suerte a. **mock·ing** [~iŋ] **I**. *adj* burlón/na. **II**. *n* burla *f*, mofa *f*. **mock·ing·ly** *adv* burlonamente, de mofa. **mock-up** *n* maqueta *f*, modelo *m* a escala. **mock·ery** ['mɔkəri] *n* **1**. burla *f*, mofa *f*. **2**. parodia *f*, simulacro *m*. **3**. hazmerreír *m*. **Make a ~ of sth**, hacer una farsa de.

mod·al ['məudl] **I**. *n* GRAM (verbo *m*) modal *m*. **II**. *adj* modal. **mo·dal·ity** [məu'dæliti] *n* modalidad *f*.

mode [məud] *n* **1**. FML modo *m*, forma *f*. **2**. moda *f* (*fashion*). **3**. MUS modo *m*.

mod·el [mɔdl] **I**. *n* **1**. modelo *m*. **2**. maqueta *f*, modelo *m*. **3**. modelo *m*, ejemplo *m*. **4**. modelo *m,f*, maniquí *m,f*. **II**. *v* (**~ll~**) **1**. **~ sth on sth**, modelar a la manera de; FIG **~ oneself/sth on**, inspirar(se), seguir el ejemplo de. **2**. modelar (*clay, a bust*); dar forma a (*wax*). **3**. posar, hacer de maniquí. **mo·del·ler** (US **~ler**) [~ə(r)] *n* modelador/ra, modelista *m,f*. **mod·el·ling** (US **~ling**) [~iŋ] *n* **1**. modelado *m* (*with clay*, etc). **2**. modelismo *m*, maquetado *m*. **3**. trabajo *m* de modelo/maniquí.

mod·em ['məudem] *n* módem *m*.

mod·er·ate ['mɔdərət] **I**. *adj* **1**. moderado/a, razonable, módico/a (*price, cost*); mediocre, regular (*performance, work*). **2**. (*politics*) moderado/a. **II**. *n* moderado/a. **III**. *v* ['mɔdəreit] moderar(se); amainar (*wind*); aplacar (*anger*). **mod·er·ate·ly** [~li] *adv* moderadamente, mediocremente, etc. **mod·er·ation** [,mɔdə'reiʃn] *n* moderación *f*. **in ~**, con moderación. **mod·er·at·or** ['mɔdəreitə(r)] *n* **1**. moderador/ra; mediador/ra (*in a dispute*). **2**. presidente *m* del tribunal de exámenes.

mod·ern ['mɔdn] **I**. *adj* moderno/a. **II**. *n* persona *f* actual, moderna. **mod·ern·ity** [mə'dɜ:nəti] *n* modernidad *f*. **mod·ern·ism** ['mɔdənizəm] *n* modernismo *m*. **mod·ern·ist** ['mɔdənist] *n, adj* modernista *m,f*. **mod·ern·ize, ~·ise** ['mɔdənaiz] *v* modernizar(se). **mod·ern·iz·ation, ~·is·ation** [,mɔdənai'zeiʃn] *n* modernización *f*.

mod·est ['mɔdist] *adj* **1**. modesto/a, discreto/a, limitado/a. **2**. modesto/a, humilde (*not expensive*). **3**. **~ (about sth)**, modesto/a (*not boastful*). **4**. recatado/a, púdico/a. **mod·est·ly** [~li] *adv* modestamente. **mod·es·ty** ['mɔdisti] *n* modestia *f*; humildad *f*; recato *m*, pudor *m*.

mod·i·cum ['mɔdikəm] *n* pequeña cantidad *f*, pizca *f*.

mod·i·fy ['mɔdifai] *v* (pret, pp **~fied**) modificar(se). **mod·i·fic·ation** [,mɔdifi'keiʃn] *n* modificación *f*. **mod·i·fi·er** [~faiə(r)] *n* GRAM modificador *m*.

mod·ish ['məudiʃ] *adj* de moda. **mod·ish·ly** [~li] *adv* a la moda.

mod·ul·ate ['mɔdjuleit] *v* **1**. modular. **2**. FML moderar, modular (*adjust*). **mod·ul·ation** [,mɔdju'leiʃn] *n* modulación *f*. **mod·u·lat·or** [,mɔdju'leitə(r)] *n* modulador *m*. **mod·ule** ['mɔdju:l] *n* módulo *m*. **mod·ul·ar** ['mɔdjulə(r)] modular.

mog·gie (*also* **mog·gy** ['mɔgi], **mog** [mɔg]) *n* INFML gato *m*, minino *m*.

mo·gul ['məugl] **1**. **Mogul** *n, adj* mogol/la, mongol/la. **2**. US magnate *m*.

mo·hair ['məuheə(r)] *n* mohair *n*, moer *m*.

Mo·ham·med·an [mə'hæmidən] *n, adj* mahometano/a.

moi·ety ['mɔiəti] *n* FML, JUR mitad *f*; parte *f*.

moist [mɔist] *adj* húmedo/a; mojado/a (*wet*). **moist·en** ['mɔisn] *v* humedecer(se); mojar(se). **mois·ture** ['mɔistʃə(r)] *n* humedad *f*. **mois·tur·ize, ~·ise** ['mɔistʃəraiz] *v* humedecer, hidratar. **mois·tur·iz·er, ~·is·er, ~·iz·ing cream**, crema *f* hidratante.

moke [məuk] *n* Br INFML burro *m*, asno *m* (*donkey*).

mo·lar ['məulə(r)] **I**. *n* muela *f*, molar *m* (*tooth*). **II**. *adj* molar.

mo·las·ses [mə'læsiz] *n* melaza *f*.

mold- US V. **mould-**.

mole [məul] *n* **1**. lunar *m* (*on skin*). **2**. ZOOL topo *m* (*also* FIG). **3**. malecón *m* (*breakwater*). **~hill** *n* topera *f*. LOC **Make a mountain out of a ~hill**, hacer una montaña de un grano de arena. ~**skin** *n* piel *f* de topo; molesquín *m*.

mo·le·cule ['mɔlikju:l] *n* molécula *f*. **mo·le·cul·ar** [mə'lekjulə(r)] *adj* molecular.

mo·lest [mə'lest] *v* **1**. importunar, molestar. **2**. acosar, abusar sexualmente. **mo·lest·ation** [,məule'steiʃn] *n* vejación *f*; acoso *m*, abuso *m* sexual. **mo·lest·er** [mə'lestə(r)] *n* culpable de acoso sexual.

moll [mɔl] *n* SL amiga, compañera *f* (de gángster).

mol·li·fy ['mɔlifai] *v* (pret, pp ~**fied**) apaciguar, aplacar. **mol·li·fic·ation** [,mɔlifi'keiʃn] *n* aplacamiento *m*, apaciguamiento *m*.

mol·lusc (US *also* **mol·lusk**) ['mɔləsk] *n* ZOOL molusco *m*.

mol·ly·cod·dle ['mɔlikɔdl] **I**. *v* PEY mimar excesivamente. **II**. *n* FAM niño/a mimado/a.

molt US V. **moult**.

molt·en ['məultən] *adj* fundido/a, derretido/a.

mom [mɔm] *n* US INFML V. **mum**.

mo·ment ['məumənt] *n* momento *m*, importancia *f*. LOC **At any** ~, en cualquier momento, de un momento a otro. **At the** ~, por el momento. **At the very** ~ **when**, en el mismo momento en que. **Every** ~, a cada momento. **For the** ~, por el momento. **Not for a** ~, ni por un momento, en absoluto. **This** ~, ahora mismo. **mo·ment·ary** ['məuməntri] *adj* momentáneo/a. **mo·ment·ar·ily** ['məuməntrəli] US [,məumən'terəli] *adv* **1**. momentáneamente. **2**. US en un momento, pronto. **mo·men·tous** [mə'mentəs] *adj* transcendente, muy importante. **mo·men·tum** [mə'mentəm] *n* **1**. ímpetu *m*, impulso *m*. **gather** ~, ganar fuerza/velocidad. **2**. FIS momento *m*.

mom·ma ['mɔmə] (*also* **mom·my** ['mɔmi]) *n* US INFML V. **mummy**.

Mon *abrev of* **Monday**, Lun.

mon·arch ['mɔnək] *n* monarca *m*. **mon·ar·chic** [mə'na:kik], **mon·ar·chi·cal** [mə'na:kikl] *adj* monárquico/a. **mon·arch·ist** ['mɔnəkist] *n* monárquico/a. **mon·arch·ism** ['~kizəm] *n* monarquismo *m*. **mon·ar·chy** ['mɔnəki] *n* monarquía *f*.

mon·ast·ery ['mɔnəstri] *n* monasterio *m*. **mo·nast·ic** [mə'næstik] *adj* monástico/a, monacal. **mo·nast·ic·ism** [mə'nætisizm] *n* monacato *m*.

mon·aur·al [,mɔn'ɔ:rəl] *adj* monofónico/a.

Mon·day ['mʌndi] *n* (*abrev* **Mon**) lunes *m*.

mon·et·ary ['mʌnitri] *adj* monetario/a. **mon·et·ar·ism** ['mɔnitərizm] *n* monetarismo *m*. **mon·et·ar·ist** ['mɔnitərist] *n* monetarista *m,f*.

mon·ey ['mʌni] *n* **1**. dinero *m*. **2**. (*pl* **moneys** *or* **monies**) JUR fondos *m,pl*. LOC **Be in the** ~, INFML estar forrado/a de dinero. **Coin it/the** ~, forrarse de dinero. **For my** ~, INFML apuesto a que. **Have** ~ **to burn**, tener dinero a espuertas. **Made of** ~, INFML nadar en dinero, ser de oro. **Make** ~, ganar dinero. **Marry** ~, casarse por dinero. ~ **for jam/old rope**, INFML ganga *f*. ~ **talks**, el dinero manda. **Put one's** ~ **where one's mouth is**, INFML predicar con el ejemplo. **Ready** ~, dinero líquido. **Time is** ~, el tiempo es oro.

mo·ney-..., ~**-back guarantee** *n* garantía *f* de devolución del dinero. ~**-bags** *n* INFML PEY ricachón/na. ~**-box** *n* hucha *f*. ~**-chang·er** *n* cambista *m*. ~**-grubber** *n* avaro/a. ~**-grub·bing** *n* avaricia *f*. ~**-lender** *n* prestamista *m,f*. ~**-maker** *n* amasador/ra de dinero (*person*). ~**-making** *adj* rentable, productivo/a. ~**-market** *n* mercado *m* de valores. ~ **order** *n* giro *m* postal. **mo·neyed**, *adj* adinerado/a. **mo·ney·less** *adj* sin dinero.

mon·ger ['mʌŋgə(r)] *n* (*only in compounds*) **1**. negociante *m*, vendedor/ra de. **fish·**~, pescadero/a. **iron·**~, ferretero/a. **2**. PEY propalador/ra; traficante de. **gossip** ~, **scandal** ~, chismoso/a.

Mon·gol ['mɔŋgəl] *n, adj* **1**. mongol/la; mogol/la. **2**. MED *adj* mongólico/a. **mon·gol·ism** [~izəm] *n* MED mongolismo *m*.

mon·goose ['mɔŋgu:s] *n* ZOOL mangosta *f*.

mon·grel ['mʌŋgrəl] *n* **1**. perro *m* mestizo. **2**. mestizo/a.

mon·i·tor ['mɔnitə(r)] **I**. *n* **1**. monitor *m* (*also* COMP). **2**. (*radio*) radioescucha *m,f* (*person*). **3**. (*f* **mon·i·tress** ['mɔnitris]) monitor/ra (*in school*). **4**. ZOOL varano *m* (*lizard*). **II**. *v* **1**. controlar, verificar. **2**. (*radio*) hacer de radioescucha.

monk [mʌnk] *n* monje *m*. **monk·ish** [~iʃ] *adj* monacal, monástico/a.

mon·key ['mʌŋki] **I**. *n* **1**. mono/a (*animal*). **2**. INFML diablillo/a, mico/a. **3**. INFML 500 libras *or* dólares. LOC **Get one's** ~ **up**, hinchársele a uno las narices. **Make a** ~ **out of sb**, tomar el pelo a alguien. **II**. *v* **1**. ~ **about/around** INFML hacer payasadas/tonterías. **2**. ~ **about/around with sth**, INFML manosear algo, jugar con algo. ~ **business**, diablura *f*, travesura *f* (*of children*); trampa (*trickery*), ~**-nut** *n* cacahuete *m*. ~**-puzzle** *n* BOT araucaria *f*. ~**-wrench** *n* llave *f* inglesa..

mo·no·chrome ['mɔnəkrəum] **I**. *adj* monocromo/a, monocromático/a. **II**. *n* monocromo *m*. **mo·no·cle** ['mɔnəkl] *n* monóculo *m*. **mo·no·co·ty·ledon** [,monə,kɔti'li:dən] *n* monocotiledóneo *m*. **mo·no·gamy** [mə'nɔgəmi] *n* monogamia *f*. **mo·no·gam·ous** [mə'nɔgəməs] *adj* monógamo/a. **mo·no·gram** ['mɔnəgræm] *n* monograma *m*. **mo·no·graph** ['mɔnəgra:f] *n* monografía *f*. **mo·no·lingu·al** [,mɔnəliŋgwəl] *adj* monolingüe. **mo·no·lith** ['mɔnəliθ] *n* monolito *m*. **mo·no·lith·ic** [,mɔnə'liθik] *adj* monolítico/a (*also* FIG). **mo·no·logue** (US *also* **mo·no·log**) ['mɔnəlɔg] *n* monólogo *m*. **mo·no·ma·nia** [,mɔnəu'meiniə] *n* monomanía *f*. **mo·no·ma·ni·ac** [,mɔnəu'meiniæk] *n* monomaníaco/a. **mo·no·phon·ic** [,mɔnə'fɔnik] *adj* (*also* INFML **mono**) monofónico/a. **mo·no·plane** ['mɔnəplein] *n* monoplano *m*. **mo·no·pol·ize, ~·ise** [mə'nɔpəlaiz] *v* monopolizar. **mo·no·pol·iz·ation, ~·is·ation** [mə,nɔəlai'zeiʃn] *n* monopolización *f*. **mo·no·po·ly** [mə'nɔpəli] *n* monopolio *m*. **mo·no·pol·ist** [~list] *n* monopolizador. **mo·no·pol·ist·ic** [mə,nɔpə'listik] *adj* monopolizador/ra. **mo·no·rail** ['mɔnəureil] *n* monocarril *m*. **mo·no·syl·lable** ['mɔnəsiləbl] *n* monosílabo *m*. **mo·no·syl·lab·ic** [,mɔnəsi'læbik] *adj* monosilábico/a. **mo·no·the·ism** ['mɔnəuθi:izəm] *n* REL monoteísmo *m*. **mo·no·the·ist** ['mɔnəuθi:ist] *n* monoteísta *m,f*. **mo·no·tone** ['mɔnətəun] **I**. *n* monotonía *f*. **In a ~**, con monotonía (*also* FIG). **II**. *adj* monótono/a. **mo·no·ton·ous** [mə'nɔtənəs] *adj* monótono/a. **mo·no·ton·ous·ly** [~li] *adv* monótonamente. **mo·no·tony** [mə'nɔtəni] *n* monotonía *f*. **mon·ox·ide** [mɔ'nɔksaid] *n* monóxido *m*.

mon·soon [,mɔn'su:n] *n* monzón *m*.

mon·ster ['mɔnstə(r)] *n* monstruo *m*. **mon·strous** ['mɔnstrəs] *adj* monstruoso/a. **mon·strous·ly** [~li] *adv* monstruosamente. **mon·stros·ity** [mɔn'strɔsəti] *n* monstruosidad *f*.

mon·strance ['mɔnstrəns] *n* custodia *f*.

mont·age ['mɔnta:ʒ] *n* montaje *m*.

month [mʌnθ] *n* mes *m*. **month·ly** [~li] **I**. *adj* mensual. **II**. *adv* mensualmente. **III**. *n* publicación *f* mensual.

mo·nu·ment ['mɔnjumənt] *n* monumento *m*. **mo·nu·ment·al** [,mɔnju'mentl] *adj* monumental; PEY garrafal.

moo [mu:] **I**. *n* mugido *m*. **II**. *v* mugir.

mooch [mu:tʃ] *v* **1**. **~ sth (off/from sb)** US INFML sacar (*money*), dar un sablazo a. **2**. **~ about/around** INFML vagar, haraganear.

mood [mu:d] *n* **1**. humor *m*, talante *m*. LOC **Be in a good/bad ~**, estar de buen/mal humor. **Be in no ~ for (doing) sth/to do sth**, no estar para. **2**. mal humor *m*. **3**. ambiente *m*, atmósfera *f*. **4**. GRAM modo *m*. **moo·dy** ['mu:di] *adj* **1**. de humor variable; caprichoso/a. **2**. malhumorado/a. **moo·di·ly** [~ili] *adv* caprichosamente. **moo·di·ness** [~nis] *n* humor *m* variable; mal humor *m*.

moon [mu:n] **I**. *n* luna *f*. **full ~**, luna llena. **new ~**, luna nueva. **waning ~**, luna menguante. **waxing ~**, luna creciente. LOC **Once in a blue ~**, de higos a brevas. **Many ~s ago**, hace mucho. **Over the ~**, en la luna. **II**. *v* **1**. **~ (about/around)**, INFML estar en la luna. **2**. **~ over sb**, INFML pensar embelesadamente.

moon-..., **~·beam** *n* rayo *m* de luna. **~-face**, cara *f* redonda. **~·less** *adj* sin luna. **~·light** **1**. *n* luz *f* de luna. **2**. *v* (pret, pp **~lighted**) INFML estar pluriempleado/a. LOC **Do a ~light flit**, Br INFML irse sin pagar. **~·lit** *adj* iluminado/a por la luna. **~·shine** *n* **1**. claro *m* de luna. **2**. pamplinas *f,pl*, tonterías *f,pl*, música *f* celestial (*nonsense*). **3**. US alcohol *m* destilado ilegalmente. **~·stone** *n* piedra *f* de la luna, adularia *f*. **~·struck** *adj* lunático/a.

Moor [muə(r)] *n* moro/a. **Moor·ish** ['muəriʃ] *adj* moro/a.

moor [mɔ:(r)] **I**. *n* páramo *m*, brezal *m*. **moor·hen** *n* ZOOL gallina *f* de agua. **moor·land** *n* páramo *m*. **II**. *v* **~ sth (to sth)** NAUT amarrar. **moor·ings** *n* **1**. amarras *f,pl* (*ropes, chains,* etc). **2**. amarradero *m* (*place*).

moose [mu:s] *n* (*pl unchanged*) ZOOL, US alce *m*, anta *f*.

moot [mu:t] **I**. *adj* en debate, debatible (*point, question*). **II**. *v* FML sacar a debate/discusión. **III**. *n* HIST asamblea *f* de ciudadanos.

mop [mɔp] *n* **1**. fregona *f* (*for cleaning floors*). **2**. greñas *f,pl*, pelambrera *f* (*of hair*). **II**. *v* **1**. fregar. **2**. enjugar, secar (*sweat, tears*). **3**. **~ sth/sb up**, secar, limpiar; FIG limpiar, liquidar, terminar con.

mope [məup] **I**. *v* **1**. estar alicaído/a, sentirse desgraciado/a. **2**. **~ about/around**, andar alicaído/a (por). **II**. *n* melancólico/a (*person*); abatimiento *m*, moral *f* baja (*low spirits*).

mo·ped ['məuped] *n* ciclomotor *m*.

mo·quette [mɔ'ket] *n* moqueta *f*.

mo·raine [mɔ'rein] *n* GEOL morrena *f*, morena *f*.

mor·al ['mɔrəl] **I**. *adj* moral ; ético/a. **~ certainty**, certeza *f* moral. **~ support**, apoyo *m* moral. **~ victory**, victoria *f* moral. **II**. *n* **1**. moraleja *f*. **2**. **~s**, moral *f, sing*, moralidad *f, sing*. **loose ~s**, amoralidad *f*, costumbres *f,pl* relajadas. **public ~s**, moralidad *f* pública. **mo·ral·ly** ['mɔrəli] *adv* moralmente. **mo·rale** [mə'ra:l] *n* moral *f* (*confidence*). **undermine the ~**, desmoralizar. **mo·ral·ist** [mərəlist] *n* moralista *m,f*, moralizador/ra. **mo·ral·is·tic** [,mɔrə'listik] *adj* moralista *m,f*, moralizador/ra. **mo·ral·ity** [mə'ræləti] *n* moralidad *f*, ética *f*, moral *f*. **~ play**, *n* moralidad *f*. **mor·al·ize, ~·ise** ['mɔrəlaiz] *v* moralizar.

mo·rass [mə'ræs] *n* **1**. pantano *m*, marisma *f*. **2**. FIG cenagal *m*, embrollo *m*.

mo·ra·to·ri·um [,mɔrə'tɔ:riəm] *n* (*pl* **~s**) moratoria *f*.

mor·bid ['mɔ:bid] *adj* **1**. mórbido/a, morboso/a; malsano/a. **2**. MED patológico/a, maligno/a. **mor·bid·ity** [mɔ:'bidəti] *n* morbosidad *f*. **mor·bid·ly** [~li] *adv* morbosamente.

mord·ant ['mɔ:dnt] *adj* FML mordaz, cáustico/a.

more [mɔ:(r)] **I**. *adj* más... (que). **~ than**, más de: *more than £300*, Más de 300 libras. **no ~**, no más. **II**. *pron* más. **~ and ~**, cada vez más. **III**. *adv* más... (que). **~ or less**, más o menos. **No ~**, ni tampoco: *She can't speak German and no more can I*, Ella no sabe alemán ni yo tampoco. **Once ~**, de nuevo, otra vez. **The ~... the ~...**, cuanto más... tanto más... **What is ~**, y además.

more·over [mɔ:'rəuvə(r)] *adv* además.

mo·res ['mɔ:reiz] *n* (*pl*) FML usos *m,pl*, costumbres *f,pl*.

mor·ga·nat·ic [,mɔ:gə'nætik] *adj* morganático/a. **mor·ga·nat·ic·al·ly** [~kli] *adv* morganáticamente.

morgue [mɔ:g] *n* depósito *m* de cadáveres.

mo·ri·bund ['mɔribʌnd] *adj* FML moribundo/a.

Mor·mon ['mɔ:mən] **I**. *n* mormón/na. **II**. *adj* mormónico/a.

morn [mɔ:n] *n* POET alborada *f*, mañana *m*.

morn·ing ['mɔ:niŋ] *n* **1**. mañana *f*. LOC **All ~**, toda la mañana. **Early in the ~**, por la mañana temprano. **Good ~!**, ¡Buenos días! **In**

the ~, por la mañana. **Tomorrow ~**, mañana por la mañana. ~ **coat**, *n* chaqué *m*. ~ **dress** *n* traje *m* de chaqueta. ,~ **glory** *n* BOT maravilla *f*, dondiego *m* de día. ~ **sick·ness** *n* náuseas *f,pl* del embarazo. **morn·ings** *adv* US por la mañana. **the ~ star** *n* el lucero *m* del alba.

Mo·roc·can [mə'rɔkən] *n, adj* marroquí *m,f*. **mo·roc·co** [mə'rɔkəu] *n* marroquí *m*, tafilete *m* (*leather*).

mo·ron ['mɔ:rɔn] *n* **1**. INFML PEY imbécil *m,f*, idiota *m,f*. **2**. MED retrasado/a mental.

mo·rose [mə'rəus] *adj* malhumorado/a, hosco/a. **mo·rose·ly** [~li] *adv* malhumoradamente, hoscamente. **mo·rose·ness** [~nis] *n* malhumor *m*, hosquedad *f*.

mor·pheme ['mɔ:fi:m] *n* GRAM morfema *m*.

mor·phia ['mɔ:fiə] *n* (*obsolete*) V. **morphine**.

mor·phine ['mɔ:fi:n] *n* morfina *f*.

mor·pho·lo·gy [mɔ:'fɔlədʒi] *n* GRAM, BIO morfología *f*. **mor·pho·log·ic·al** [,mɔ:fə'lɔdʒikl] *adj* morfológico/a.

mor·row ['mɔrəu] *n* día *m* siguiente; FIG porvenir *n*, mañana *m*. LOC **On the ~**, al día siguiente.

mor·sel ['mɔ:sl] *n* bocado *m*, pedazo *m*; FIG poco *m*. **choice ~**, bocado *m* de cardenal.

mor·tal [mɔ:tl] **I**. *adj* mortal, terrible. **II**. *n* mortal *m*, ser *m* humano. **mor·tal·ly** [~təli] *adv* mortalmente. **mor·tal·ity** [mɔ:'tæləti] *n* mortalidad *f*, mortandad *f*. ~ **table**, tabla *f* de mortalidad. ~ **rate**, tasa *f* de mortalidad.

mor·tar ['mɔ:tə(r)] **I**. *n* **1**. mortero *m*, argamasa *f* (*for building*). **2**. MIL mortero *m* (*cannon*). **3**. mortero *m*, almirez *m* (*bowl*). **II**. *v* argamasar.

mortar-board ['mɔ:tə bɔ:d] *n* birrete *m*.

mort·gage ['mɔ:gidʒ] **I**. *n* hipoteca *f*. LOC **Pay off a ~**, cancelar una hipoteca. **Raise a ~**, suscribir una hipoteca. **II**. *v* hipotecar. **mort·ga·gee** [,mɔ:gi'dʒi:] *n* acreedor *m* hipotecario. **mort·ga·ger** ['mɔ:gidʒə(r)], **mort·ga·gor** [,mɔ:gi'dʒɔ:r] *n* deudor *m* hipotecario.

mor·tice V. **mortise**.

mor·ti·ci·an [mɔ:'tiʃn] *n* US empresario *m* de pompas fúnebres.

mor·ti·fic·ation [,mɔ:tifi'keiʃn] *n* mortificación *f*. **mor·ti·fy** ['mɔ:tifai] *v* (pret, pp **~fied**) mortificar, humillar.

mor·tise (*also* **mor·tice**) ['mɔ:tis] **I**. *n* muesca *f*, mortaja *f*, escopladura *f* (*in wood*). ~ **gauge**, gramil *m*. **II**. *v* **1**. ~ **sth to/into sth**, ensamblar. **2**. hacer hendidura con escoplo (en). ~ **lock**, cerradura *f* empotrada.

mor·tu·ary ['mɔ:tʃəri] **I**. *n* depósito *m* de cadáveres. **II**. *adj* FML mortuorio/a.

Mo·saic [məu'zeiik] *adj* Mosaico/a, de Moisés.

mo·saic [məu'zeiik] *n* mosaico *m* (*also* FIG).

mo·sey ['məuzi] *v* US INFML darse una vuelta.

Mos·lem V. **Muslim**.

mosque [mɔsk] *n* mezquita *f*.

mos·qui·to [məs'ki:təu] (*pl* **~es**) *n* mosquito *m*. **~-net** *n* mosquitero *m*.

moss [mɔs] *n* musgo *m*. **~-grown; mossy** [~i] *adj* cubierto/a de musgo. **moss-back** ['mɔsbæk] *n* US INFML retrógrado/a.

most [məust] **I**. *adj* más; la mayoría de, la mayor parte de. LOC **For the ~ part**, por lo general. **In ~ cases**, en la mayoría de los casos. **II**. *pron* la mayoría, la mayor parte; lo más: *Most of the country*, La mayor parte del país. **At (the) ~**, a lo sumo, como máximo. **Make the ~ of**, sacar el máximo (partido) de. **III**. *adv* **1**. (el/la/los) más. **2**. muy, de lo más: *A most interesting novel*, Una novela de lo más interesante. **3**. US FAM casi. ~ **like·ly**, muy probablemente. ~ **of all**, sobre todo. **most·ly** [~li] INFML principalmente, sobre todo.

mote [məut] *n* mota *f*; paja *f* (*en la Biblia*).

mo·tel [məu'tel] *n* motel *m*.

mo·tet [məu'tet] *n* MUS motete *m*.

moth [mɔθ] *n* ZOOL **1**. mariposa *f* nocturna. **2**. (*also* **clothes ~**) polilla *f*. **~ball** *n* bola *f* de naftalina/alcanfor. **in ~balls**, FIG en naftalina. **~-eaten** *adj* apolillado/a (*also* FIG). ~ **proof** *adj* antipolilla.

moth·er ['mʌðə(r)] **I**. *n* madre *f*. **foster ~**, madre *f* adoptiva. **II**. *v* **1**. hacer de madre. **2**. cuidar como una madre. **3**. mimar (*spoil*). **Mothering Sunday** (*also* **Mother's Day**), día *m* de la madre.

mother..., **~hood** *n* maternidad *f*. **~·less** *adj* sin madre, huérfano/a de madre. **~·like**, **~·ly**, *adj* maternal. **~·li·ness** *n* cariño *m* natural. ~ **country** *n* FML patria *f*, madre *f* patria. **~-in-law** *n* (*pl* **~s-in-law**) suegra *f*, madre *f* política. **~land** *n* patria *f*. **~-of-pearl** *n* (*also* **nacre**) nácar *n*, madreperla *f*. **~s boy** *n* INFML PEY niño *m* de mamá. ~ **ship** *n* buque *m* nodriza. ~ **Superior** *n* Madre Superiora. **~-to-be** *n* (*pl* **~s-to-be**) *n* futura madre. ~ **tongue** *n* lengua *f* materna.

mo·tif [məu'ti:f] *n* **1**. MUS, ART motivo *m*, tema *m*. **2**. adorno *m*, diseño *m*, patrón *m*.

mo·tion ['məuʃn] **I**. *n* **1**. movimiento *m*. **2**. gesto *m*, señal *f*, ademán *m*. **3**. marcha *f*. **Be in ~**, estar en marcha. **Put/set in ~**, poner en marcha. **4**. moción *f*, propuesta *f* (*at a meeting*). **5**. MED FML deposición *f*, evacuación *f* (*of the bowels*). ~ **camera** *n* (cámara *f*) tomavistas *f*. ~ **picture** *n* película *f*. LOC **Bring forward a ~**, presentar una moción. **Carry a ~**, aprobar una moción. **Go through the ~s (of doing sth)**, INFML disimular, hacer el paripé de. **II**. *v* **1**. ~ **to sb**, hacer una señal/gesto a. **2**. ~ **sb in/out/etc**, indicar a alguien que entre/salga/etc: *He motioned me in*, Me indicó que entrara. **motion·less** [~lis] *adj* inmóvil.

mo·tiv·ate ['məutiveit] *v* motivar. **mo·tiv·at·ed** [~id] *adj* motivado/a (por). **mo·tiv·ation** [,məuti'veiʃn] *n* motivación *f*. **mo·tive** ['məutiv] **I**. *n* motivo *m*, móvil *m*. **II**. *adj* motor, motriz. ~ **power** *n* fuerza *f* motriz. **profit ~** *n* afán *m* de lucro. **mo·tive·less** [~lis] *adj* sin motivo.

mot·ley ['mɔtli] **I**. *adj* PEY abigarrado/a; de colores. **II**. *n* botarga *f*.

mo·tor ['məutə(r)] **I.** *n* motor *m*. **II.** *adj* motor, motriz; ANAT motor. **III.** *v* Br (*obsolete*) viajar en coche.

motor-..., ~ **bike** *n* INFML motocicleta *f*, moto *f*. ~ **boat** *n* motora *f*, lancha *f* motora. ~**·cade** *n* desfile *m* de coches. ~ **car** *n* Br FML coche *m*. ~ **cycle** (*also* ~ **bike**) motocicleta *f*. ~**-cyclist** *n* motociclista *m,f*. ~**·way** *n* autopista *f*. ~ **show** *n* salón *m* del automóvil. ~**·ing** *n* automovilismo *m*, conducción *f* (de coches). ~**·ist** *n* conductor/ra automovilista. ~**·ize**, ~**·ise** *v* motorizar.

mot·tled ['mɔtld] *adj* moteado/a, jaspeado/a.

mot·to ['mɔtəu] *n* (*pl* ~**es**) lema *m*, divisa *f*.

mould (US **mold**) [məuld] **I.** *n* **1.** molde *m*. **2.** pieza *f* moldeada. **3.** FIG tipo *m*, modelo *m*, carácter *m*. **4.** AGR mantillo *m*. **5.** moho *m* (*fungus*). LOC **Cast in the same** ~, cortado/a por el mismo patrón. **II.** *v* **1.** moldear; FIG formar (*opinion*, etc). **2.** ~ **(sth) to/round sth**, FIG ceñir(se a), ajustarse a. **moul·der** (US **molder**) ['məuldə(r)] **I.** *v* ~ **away**, desmoronarse. **II.** *n* moldeador/ra. **moul·di·ness** [~nis] *n* enmohecimiento *m*. **mould·ing** (US **mold·ing**) ['məuldiŋn] *n* **1.** moldeado *m*. **2.** ARQ moldura *f*. **moul·dy** (US **moldy**) *adj* **1.** enmohecido/a. **2.** FIG INFML PEY anticuado/a, rancio/a. **3.** Br INFML miserable.

moult (US **molt**) ['məult] **I.** *v* **1.** (*of a bird*) mudar las plumas. **2.** (*of dogs, cats*) perder el pelo. **II.** *n* muda *f*.

mound [maund] *n* **1.** montículo *m*. **2.** montón *m*, pila *f*. **3.** FIG pila *f* (*of things to do*).

mount [maunt] **I.** *n* **1.** (*abrev* **Mt**) monte *m*: **Mt Everest**, el Monte Everest. **2.** montura *f*, cabalgadura *f* (*horse*). **3.** montura *f*, engaste *m* (*of jewels*). **4.** portaobjeto *m* (*of a microscope*). **5.** base *f*, soporte *m*. **6.** fondo *m* (*of a picture*). **II.** *v* **1.** subir, remontarse (*ascend*). **2.** montar (*a horse*). **3.** ~ **(up) (to sth)**, (*bills, debts*) subir, aumentar. **4.** ~ **sth (on/onto/in sth)**, montar (en), engastar en (*jewel*). **5.** montar, organizar (*production, exhibition*). **6.** montar (*guard*). **7.** montar (*copulate*). **8.** MIL montar (*guns*) ~ **the throne**, ascender al trono.

moun·tain ['mauntin] *n* **1.** montaña *f*. **2.** FIG montón *m*, montaña *f*. LOC **Make a ~ out of a molehill**, hacer una montaña de un grano de arena. **,~ 'chain; ,~ range** *n* cordillera *f*, sierra *f*. **,~ lion** *n* puma *m*. **moun·tain·eer** [,maunti'niə(r)] *n* montañero/a, alpinista *m,f*. **moun·tain·eer·ing** [,maunti'niəriŋ] *n* montañismo *m*, alpinismo *m*. **moun·tain·ous** ['mauntinəs] *adj* montañoso/a; FIG enorme, descomunal. **moun·tain·side** ['mauntinsaid] *n* ladera *f or* falda *f* de una montaña.

moun·te·bank ['mauntibæŋk] *n* **1.** saltimbanqui *m*. **2.** estafador/ra.

mourn [mɔ:n] *v* ~ **(for/over) sb/sth**, lamentar, llorar; llevar/guardar luto por. **mourn·er** [~ə(r)] *n* persona *f* de luto; acompañante (*at a funeral*). **mourn·ful** [~fl] *adj* PEY lloroso/a, plañidero/a. **mourn·ful·ly** [~fəli] *adv* llorosamente. **mourn·ful·ness** [~nis] *n* lamento *m*, llanto *m*. **mourn·ing** [mɔ:niŋ] *n* **1.** luto *m* (*clothes*). **deep** ~, luto *m* riguroso. **2.** duelo *m* (*time*). LOC **Be in** ~, estar de luto. **Come out of** ~, quitarse el luto. **Go into** ~, ponerse de luto.

mouse [maus] **I.** *n* (*pl* **mice** [mais]) **1.** ratón *m*. **2.** FIG PEY persona *f* tímida. **3.** cobarde *m*, gallina *m*. **4.** COM P ratón *m*. LOC **Play cat and** ~, jugar al gato y el ratón. ~**·hole**, ratonera *f*. **II.** *v* cazar ratones. **mous·er** ['mausə(r)] *n* gato *m* cazador de ratones. **mouse·trap** ['maustræp] *n* ratonera *f*. **mous·y** ['mausi] *adj* PEY **1.** pardusco/a (*of hair*). **2.** tímido/a (*of people*).

mousse [mu:s] *n* **1.** crema *f* batida. **2.** crema *f* para el cabello.

mous·tache [mə'sta:ʃ] (US **mus·tache** ['mʌstæʃ]) *n* bigote *m*, bigotes *m,pl*. ~**s** *n* mostachos *m,pl*.

mouth [mauθ] **I.** *n* (*pl* ~**s** [mauðz]) **1.** ANAT boca *f*. **2.** INFML PEY palabrería *f*. **3.** INFML PEY descaro *m* (*rudeness*). **4.** INFML boca *f*, entrada *f* (*of cave*). **5.** desembocadura *f*. **6.** boquilla *f*, boca *f* (*of instrument*). LOC **Be down in the** ~, deprimido/a. **By word of** ~, de viva voz. **From the horse's** ~, de buena tinta. **Give ~ to sth**, expresar algo. **Live from hand to** ~, vivir al día. **-mouth·ed** [mauðd] (*in compounds*) **1.** de/con boca...: **small-**~, de boca pequeña. **2.** que habla... **loud-**~, que habla alto *or* a voces. **mouth·ful** [~ful] *n* **1.** bocado *m*. **2.** INFML palabra *f* difícil de pronunciar. **mouth-organ** *n* (*also* **harmonica**) armónica *f*. **mouth·piece** *n* **1.** MUS boquilla *f*; micrófono *m* (*of telephone*). **2.** PEY portavoz *m*. **mouth-to-mouth** *adj* boca a boca. **mouth·wash** *n* enjuague *m* bucal. **mouth·wat·er·ing** *adj* muy apetitoso/a, que hace la boca agua. **II.** *v* **1.** mover labios y boca como para pronunciar, sin pronunciar realmente. **2.** PEY pronunciar con afectación.

mov·able ['mu:vəbl] *adj* **1.** móvil, movible. **2.** JUR mueble. **mov·ables** *n* JUR bienes *m,pl* muebles.

move [mu:v] **I.** *n* **1.** movimiento *m*. **2.** mudanza *f* (*of house, job*). **3.** jugada *f*, movimiento *m* (*in chess*). **4.** turno *m* (*turn*). **5.** acción *f*, medida *f* (*action*). LOC **Get a ~ on**, INFML darse prisa. **Make a** ~, dar un paso, moverse; hacer una jugada (*in games*). **On the** ~, en marcha. **II.** *v* moverse: *Don't move!* ¡No te muevas! **2.** mover, menear (*head, arm*). **3.** mover, cambiar de sitio. **4.** mudarse, trasladarse. **5.** mover, jugar. **6.** conmover, afectar. ~ **sb to laughter/tears**, hacer reír/llorar. **7.** (+ *inf*) inducir a, mover a. **8.** proponer (*amendment*). **9.** hacer cambiar de opinión. **10.** actuar, tomar medidas. **11.** FML aliviar, evacuar (*the bowels*). **12.** ~ **across/along/down/over/up**, moverse, hacerse a un lado, hacer sitio. **13.** ~ **(ahead/on)**, progresar, avanzar. **14.** ~ **away**, alejar(se), apartar(se). **15.** ~ **for sth**, US JUR solicitar formalmente. **16.** ~ **in on sb/sth**, acercarse a, aproximarse a. **17.** ~ **off**, ponerse en marcha. **18.** ~ **on**, continuar la marcha, circular. ~ **sb on**, hacer circular, hacer marchar. **19.** ~ **out**, sacar fuera; mudarse de casa. LOC **Get moving**, ponerse en marcha/ movimiento. **Get sth moving**, poner algo en marcha. ~ **heaven and earth**, remover cielos y tierra. ~ **house**, cambiar de casa. **When the spirit ~s one**, cuando le viene a uno en gana. **move·ment** ['mu:vmənt] *n* **1**. movimiento *m*. **2**. actividad *f*, acción *f*. **3**. ~ **(towards sth)** tendencia *f* (a algo). **4**. movimiento *m*, tráfico *m*. **5**. MUS movimiento *m*, tiempo *m*. **6**. MIL maniobra *f*. **7**. mecanismo *m*. **8**. FML evacuación *f*. **mov·er** ['mu:və(r)] *n* **1**. autor/ra, proponente (*of a motion*). **2**. persona *f or* cosa *f* en movimiento. **3**. motor *m*. **prime ~**, motor *m*, fuerza *f* motriz; FIL primer motor *m*; FIG promotor/ra. **mov·ie** ['mu:vi] *n* US **1**. película *f*. **2**. **the movies** (*also* ~ **house**, ~ **theater**) cine *m*. **mov·ie·go·er** *n* US aficionado/a al cine. ~ **camera** *n* tomavistas *m*. **mov·ing** ['mu:viŋ] *adj* **1**. móvil *m*. ~ **picture**, película *f*. ~ **target**, blanco *m* móvil. **2**. conmovedor/ra (*story, speech*). **3**. motor/ra, motriz *f*. **mov·ing·ly** [~li] *adv* conmovedoramente.

mow [məu] *v* (*pret* **mowed**, *pp* **mowed**, **mown** [məun]) **1**. segar, cortar (*grass*). **2**. ~ **sb down**, FIG segar, barrer (*with a machine gun, etc*). **mower** [~ə(r)] *n* segador/ra (*person*). **2**. segadora *f* (*machine*); máquina *f* cortacésped. **mow·ing** [~iŋ] *n* siega *f*. ~ **ma·chine** *n* segadora *f*; máquina *f* cortacésped.

MP [,em 'pi:] *abrev* **1**. Br miembro *m* del Parlamento, diputado/a. **2**. policía *f* militar.

mpg [,em pi: 'dʒi:] *abrev* millas *f,pl* por galón.

mph [,em pi: 'eitʃ] *abrev* millas *f,pl* por hora.

Mr ['mistə(r)] *abrev* Sr. (señor *m*, *before surname*); Don, Dn. (*before first name*). **Mrs** ['misiz] *abrev* Sra. (señora *f*, *before surname*); Doña, Dña. (*before first name*); Sra. de (*before husband's name*).

Ms [miz] *abrev* Srta. *f*.

MSc [,em es 'si:] *abrev* Licenciatura *f* en Ciencias (*degree*); licenciado/a en Ciencias (*person*).

much [mʌtʃ] **I**. *adj* mucho/a. LOC **How ~...?**, ¿Cuánto/a...? **So much...**, tanto/a... **Too ~**, demasiado/a. **Twice as ~...**, el doble de... **II**. *pron* mucho, muchas cosas, gran parte. LOC **As ~**, tanto. **Be not ~ of...**, distar mucho de ser. **I don't think ~ of it**, no me parece gran cosa. **I thought as ~**, ya me lo figuraba. **It is not up to ~**, no vale mucho. **This/that ~**, una cosa así. **III**. *adv* mucho (*after a verb*): *I don't eat much*, No como mucho. LOC **As ~**, lo mismo. **As ~ as**, lo mismo que; (+ *sentence*) cuanto, todo lo que. **Ever so ~**, muchísimo. **How ~?**, ¿cuánto? **However ~**, por mucho que. **~ the same**, poco más o menos el/la/lo mismo/a. ~ **as**, aunque. **Thank you very ~**, muchas gracias. **Too ~**, demasiado. **much·ness** ['mʌtʃnis] *n* ~ **of a muchness**, poco más o menos lo mismo.

mu·cil·age ['mju:silidʒ] *n* BOT mucílago *m*. **mu·cil·agin·ous** ['mju:si,lædʒinəs] *adj* mucilaginoso/a.

muck [mʌk] **I**. *n* **1**. estiércol *m*. **2**. INFML porquería *f*, mierda *f*, basura *f*. **in a ~**, INFML hecho/a una porquería *or* un asco. LOC **make a ~ of sth**, estropear. **II**. *v* **1**. ~ **about/around**, Br INFML perder el tiempo. **2**. ~ **in**, Br INFML compartir trabajo/alojamiento. **3**. ~ **(sth) out**, limpiar. **4**. ~ **sth up**, INFML ensuciar; FIG arruinar, estropear, echar a perder (*chance*). **muck-rake** ['mʌreik] *v* sacar los trapos sucios. **muck-raker** [~ə(r)] *n* PEY persona *f* que saca los trapos sucios de los demás. **muck-up** *n* INFML fracaso *m*, ruina *f*. **muc·ky** [~i] *adj* sucio/a (*dirty*); puerco/a (*obscene*).

mu·cous ['mju:kəs] *adj* mucoso/a. ~ **membrane** *n* ANAT mucosa *f*. **mu·cus** ['mju:kəs] *n* mucosidad *f*, moco *m*.

mud [mʌd] *n* **1**. barro *m*, lodo *m*, fango *m*. LOC **Fling/sling/throw ~ at sb**, FIG calumniar, vilipendiar. ~ **sticks**, lo malo queda. **Sb's name is ~**, tener mala fama. **muddy** ['mʌdi] **I**. *adj* **1**. fangoso/a, embarrado/a. **2**. turbio/a, fangoso/a (*water, stream*) (*also* FIG). **II**. *v* **1**. enfangar, manchar de barro. **2**. enturbiar (*liquid*). **mud-bath** *n* baño *m* de lodo. **mud-flat** *n* marisma *f*. **mudguard** *n* guardabarros *m* (*invariable*). **mud pack** *n* mascarilla *f* de barro. **mud-slinging** *n* PEY calumnia *f*.

mud·dle ['mʌdl] **I**. *n* **1**. desorden *m*, confusión *f*. **2**. embrollo *m* (*mental*). **II**. *v* **1**. desordenar, confundir. **2**. ~ **along**, PEY tirar adelante, vivir sin sentido. **3**. ~ **through**, salir adelante, arreglárselas sin saber cómo. **4**. ~ **sb (up)**, confundir, dejar confuso/a, aturdir. **5**. ~ **sth with sth**, confundir con-. **muddle-headed** *adj* estúpido/a, embrollado/a. **mud·dled** [~d] *adj* aturdido/a, confundido/a. **mud·dling** [~iŋ] *adj* confuso/a.

mu·ez·zin [mu:'ezin] *n* muecín *m*.

muff [mʌf] **I**. *n* manguito *m* (*for hands*). **II**. *v* INFML PEY fallar, dejar escapar; FIG desperdiciar, perder.

muf·fin ['mʌfin] *n* mollete *m*, panecillo *m*.

muf·fle ['mʌfl] **I**. *v* **1**. ~ **sb/sth (up) (in sth)**, tapar, cubrir (*in clothes*); embozar. **2**. ~ **sth (with sth)**, amortiguar, envolver (*sound*); enfundar (*drum*). **II**. *n* **1**. TEC mufla *f* (*in a furnace*). **2**. sordina *f* (*of a musical instrument*). **muf·fled** [~d] *adj* (*of sounds*) confundido/a, amortiguado/a. **muf·fler** ['mʌflə(r)] *n* **1**. (*obsolete*) bufanda *f*. **2**. US silenciador *m* (*of a car*). **3**. MUS sordina *f*.

muf·ti ['mʌfti] *n* traje *m* de paisano. LOC **In ~**, de paisano.

mug [mʌg] **I**. *n* **1**. taza *f* alta, tazón *m*; jarra *f* (*of beer*). **2**. SL PEY jeta *f*, cara *f*. **3**. INFML primo/a (*dupe*). **A mug's game**, PEY tontería *f*, bobada *f*. **II**. *v* **1**. INFML atacar, asaltar (en la calle) (*rob, attack*). **2**. ~ **sth up**, INFML empollar (*study*). **mug·ful** [~ful] *n* taza *f or* jarra de (*amount*). **mug·ger** [~ə(r)] *n* FAM asaltante *m*. **mug·ging** [~iŋ] *n* FAM asalto *m*, ataque *m* (en la calle). **mug·gins** ['mʌginz] *n* (*sing*) INFML tonto/a, bobo/a. **mug·gy** ['mʌgi] *adj* bochornoso/a (*weather*). **mug·gi·ness** [~nis] *n* bochorno *m*.

Mu·ham·ma·dan (*also* **Muhammedan, Mo·hammedan**) [mə'hæmidən] *n, adj* mahometano/a. **~·ism** [mə'hæmidənizəm] *n* Mahometanismo *m*, Islam *m*.

mu·lat·to [mju:'lætəu] *n* (*pl* **~s, ~es**) mulato/a.

mul·ber·ry ['mʌlbri] *n* BOT mora *f* (*fruit*); morera *f* (*tree*).

mulch [mʌltʃ] **I.** *n* AGR pajote *m*. **II.** *v* AGR cubrir con pajote.

mule [mju:l] *n* **1**. ZOOL mulo *m*, mula *f*. **2**. FIG INFML mulo/a. **(as) obstinate/stubborn as a ~**, (tan) terco/a como una mula. **3**. babucha *f* (*slipper*). **4**. TEC máquina *f* de hilar. **mule·teer** [,mju:le'tiə(r)] *n* mulero *m*, arriero *m*. **mul·ish** [~iʃ] *adj* terco/a. **mul·ish·ly** [~iʃli] *adv* tercamente. **mul·ish·ness** [~iʃnis] *n* terquedad *f*.

mull [mʌl] *v* **1**. calentar (algo) con especias (*wine, beer*). **2**. **~ sth over**, rumiar sobre algo, reflexionar largamente.

mul·let ['mʌlit] *n* (*pl unchanged*) ZOOL **grey ~**, mújol *m*. **red ~**, salmonete *m*.

mul·li·gan ['mʌligən] *n* US SL guisado *m*, guiso *m*. **mul·li·ga·tawny** [,mʌligə'tɔ:ni] *n* sopa *f* con mucho picante (*esp curry*).

mul·lion ['mʌliən] **I.** *n* ARQ parteluz *m*. **II.** *v* dividir (las ventanas) con parteluces.

mul·ti·co·lo(u)r·ed [,mʌlti'kʌləd] *adj* multicolor. **mul·ti·fa·ri·ous** [,mʌlti'feəriəs] *adj* FML diverso/a, variado/a. **mul·ti·form** ['mʌltifɔ:m] *adj* multiforme. **mul·ti·lat·er·al** [,mʌlti'lætərəl] *adj* multilateral. **mul·ti·lin·gual** [,mʌlti'liŋgwəl] *adj* plurilingüe. **mul·ti·mil·lion·aire** [,mʌltimiljə'nɜə(r)] *adj, n* multimillonario/a. **mul·ti·na·tion·al** [,mʌlti'næʃnəl] **I.** *adj* multinacional. **II.** *n* multinacional *f*.

mul·tiple ['mʌltipl] **I.** *adj* **1**. múltiple (*also* ELECTR). **2**. MAT múltiplo/a. **II.** *n* **1**. MAT múltiplo *m*. LOC **Least/lowest common ~** (*abrev* **LCM**) mínimo común múltiplo. **,~ store**, Br cadena *f* de establecimientos. **,~-choice** *n* (examen *m* de) elección *f* múltiple. **,~ sclerosis** (*abrev* **MS**) esclerosis *f* múltiple. **mul·ti·plex** ['mʌltipleks] *adj* **1**. FML múltiple. **2**. ELECTR (*also radio*) múltiplex. **mul·ti·pli·cand** [,mʌltipli'kænd] *n* MAT multiplicando *m*. **mul·ti·plic·ation** [,mʌltipli'keiʃn] n multiplicación *f*. **~ table** *n* tabla *f* de multiplicar. **mul·ti·pli·ci·ty** [,mʌlti'plisəti] *n* multiplicidad *f*. **mul·ti·plier** ['mʌltiplaiə(r)] *n* multiplicador *m*. **mul·ti·ply** ['mʌltiplai] *v* (pret, pp **~plied**) **1**. MAT **~ sth by sth, ~ sth and sth (together)**, multiplicar (por). **2**. multiplicar(se).

mul·ti·tude ['mʌltitju:d] *n* multitud *f*, muchedumbre *f*; infinidad *f*, multitud *f* (*of things*). **mul·ti·tud·in·ous** [,mʌlti'tju:dinəs] *adj* FML multitudinario/a; muy numeroso/a (*of things*).

mum [mʌm] **I.** *adj* Br INFML callado/a. LOC **Keep ~**, callarse, quedarse callado/a. **II.** *n* (US **mom** [mɔm]) INFML mamá *f*.

mum·ble ['mʌmbl] **I.** *v* mascullar, decir entre dientes. **II.** *n* bisbiseo *m*, rumor *m*.

mum·bo-jum·bo [,mʌmbəu 'dʒʌmbəu] *n* INFML PEY **1**. ritual *m* absurdo, farsa *f*. **2**. galimatías *m,sing* (*invariable*).

mum·mer ['mʌmə(r)] *n* actor *m*/actriz *f* de pantomima o folclórica. **mum·ming** ['mʌmiŋ] *n* pantomima *f*. **mum·me·ry** ['mʌməri] *n* pantomima *f*; PEY mascarada *f*, farsa *f*.

mum·mi·fic·ation [,mʌmifi'keiʃn] *n* momificación *f*. **mum·mi·fy** ['mʌmifai] *v* (pret, pp **~fied**) momificar. **mum·my** ['mʌmi] *n* **1**. momia *f*. **2**. (US **mom·my** ['mɔmi]) mamaíta *f*.

mumps [mʌmps] *n* MED paperas *f,pl*.

munch [mʌntʃ] *v* **~ (at/on sth)**, mascar, ronzar.

mun·dane [mʌn'dein] *adj* PEY mundano/a.

mu·ni·cip·al [mju:'nisipl] *adj* municipal. **mu·ni·cip·al·ity** [mju:,nisi'pæləti] *n* municipio *m*.

mu·ni·fi·cence [mju:'nifisns] *n* FML munificencia *f*, generosidad *f*. **mu·ni·fi·cent** [mju:'nifisnt] *adj* FML munificente, munífico/a.

mu·ni·ments ['mju:nimənts] *n* (*pl*) JUR documentos *m,pl* probatorios (de derechos o servidumbres).

mu·ni·tion ['mju:'niʃn] *v* amunicionar. **mu·ni·tions** [~z] *n* (*pl*) MIL municiones *f,pl*.

mu·ral ['mjuərəl] **I.** *n* mural *m*. **II.** *adj* mural.

mur·der ['mɜ:də(r)] **I.** *n* **1**. JUR asesinato *m*. **2**. PEY asesinato *m*, crimen *m*. LOC **Cry blue ~**, poner el grito en el cielo. **Get away with ~**, escapar sin castigo. **Go through ~**, pasar las de Caín. **II.** *v* **1**. JUR asesinar. **2**. FIG INFML destrozar (*piece of music, language*). **mur·der·er** ['mɜ:dərə(r)] *n* asesino *m*. **mur·der·ess** ['mɜ:dərəs] *n* asesina *f*. **mur·der·ous** ['mɜ:dərəs] *adj* **1**. asesino/a, homicida. **2**. INFML insoportable, intolerable.

murk [mɜ:k] *n* oscuridad *f*, tinieblas *f,pl*. **murk·y** [~i] *adj* oscuro/a, lóbrego/a.

mur·mur ['mɜ:mə(r)] **I.** *n* **1**. murmullo *m*. **2**. susurro *m* (*of voice*). **3**. MED soplo *m* (cardíaco). LOC **Without a ~**, sin chistar. **II.** *v* **1**. **~ against ab/sth**, murmurar de/contra alguien. **2**. (*of wind*, etc) susurrar. **3**. susurrar (*words*). **mur·mur·ous** ['mɜ.mərəs] *adj* susurrante.

mus·cat ['mʌskæt] *n* BOT uva *f* moscatel. **mus·ca·tel** [,mʌskə'tel] *n* moscatel *m* (*wine*).

mus·cle ['mʌsl] **I.** *n* **1**. ANAT músculo *m* (*also* FIG). **2**. FIG poder *m*. **II.** *v* **~ in (on sb/sth)**, INFML PEY meterse a la fuerza en. **muscle-bound** *adj* agarrotado/a. **mus·cle·man** [~mæn] *n* (*pl* **~men** [~mən]) INFML PEY musculitos *m* (*invariable*). **mus·cu·lar** ['mʌskjulə(r)] *adj* **1**. muscular. **2**. musculoso/a.

muse [mju:z] **I.** *n* **1**. musa *f* (*inspiration*). **2**. MIT musa *f*. **II.** *v* **~ (about/over/on sth)** **1**. meditar, reflexionar. **2**. pensar en voz alta.

mu·se·um [mju:'ziəm] *n* museo *m*.

mush [mʌʃ] *n* **1**. PEY pasta *f*, pastosidad *f*. **2**. US gachas *f,pl* (*boiled corn*). **3**. INFML PEY sensiblería *f*, sentimentalismo *m*; majadería *f*.

mush·room ['mʌʃrum] **I.** *n* BOT seta *f*; champiñón *m*. **II.** *v* **1.** coger setas. **2.** FIG PEY crecer como la mala hierba.

mus·ic ['mju:zik] *n* **1.** música *f*. **2.** partitura *f* (*book, sheets*). **background** ~, música *f* ambiental. **chamber** ~, música *f* de cámara. **sacred** ~, música *f* sacra. LOC **Face the** ~, INFML afrontar las consecuencias. **mu·sic·al** ['mju:zikl] **I.** *adj* **1.** musical. **2.** aficionado/a a la música. **3.** melodioso/a, musical. ~ **box**, caja *f* de música. ~ **comedy**, comedia *f* musical; zarzuela *f*. **II.** *n* (*also* ~ **comedy**) comedia *f* musical. **mu·sic·al·ly** [~kli] *adv* musical, melodiosamente. **mu·si·ci·an** [mju:'ziʃn] *n* músico/a. **mu·si·ci·an·ship** [~ʃip] *n* capacidad *f* de interpretación musical. **mu·sic·o·logy** [,mju:zi'kɔlədʒi] *n* musicología *f*.

music-..., ~ **box** *n* caja *f* de música. ~ **centre** *n* equipo *m* musical, tienda *f* de equipos musicales. ~**-hall** *n* teatro *m* de variedades. ~ **stand**, atril *m* ~**-stool** *n* taburete *m* de piano.

musk [mʌsk] *n* **1.** almizcle *m*. **2.** BOT almizcleña *f*. **musk-deer**, almizclero *m*. **musk-rat** (*also* **musquash**) *n* rata *f* almizclera. **musk·y** [~i] *adj* almizclado/a.

mus·ket ['mʌskit] *n* mosquete *m*. **mus·ket·eer** [,mʌski'tiə(r)] *n* mosquetero *m*. **mus·ket·ry** ['mʌskitri] *n* (*dated*) mosquetería *f*, fusilería *f*.

Mus·lim ['muzlim] US ['mʌzləm] (*also* **Mos·lem** ['mɔzləm]) **I.** *n* musulmán *m*. **II.** *adj* musulmán/na.

mus·lin ['mʌzlin] *n* muselina *f*.

mus·quash ['mʌskwɔʃ] *n* **1.** (*also* **musk-rat**) rata *f* almizclera. **2.** piel *f* de rata almizclera.

muss [mʌs] *v* **1.** ~ **sth (up)** INFML US desordenar; despeinar (*hair*). **2.** INFML US desorden *m*, desaliño *m*.

mus·sel ['mʌsl] *n* mejillón *m*.

must I. [məst], *v* (*strong form* [mʌst]) (*modal aux*) (*neg* **must not**, *contracted* **mustn't** ['mʌsnt]) **1.** (*obligation, advice, recommendation*) deber, haber de: *This is what you must do*, Esto es lo que debes hacer. **2.** (*supposition; often translated as future of probability*) deber: *It must be her father*, Debe ser/Será su padre. LOC **Must have**, debe haber, habrá: *He must have found it*, Lo habrá encontrado/Debe haberlo encontrado. **3.** (*insistence*) tener que. **II.** [mʌst] *n* **1.** INFML obligación *f*, imperativo *m*, necesidad *f*. **2.** algo que hay que ver, leer, etc: *Her last book is a must for young people*, Su último libro es algo que los jóvenes han de leer. **III.** [mʌst] *n* **1.** mosto *m* (*grape-juice*). **2.** moho *m* (*mould*).

mus·tache US V. **moustache**. **mus·ta·chio** [mə'sta:ʃiəu] *n* mostacho *m*, bigote *m*.

mus·tang ['mʌstæŋ] *n* ZOOL mustang(o) *m* (*horse*).

mus·tard ['mʌstəd] *n* mostaza *f*. ~ **gas**, gas *m* mostaza.

mus·ter ['mʌstə(r)] **I.** *n* **1.** inspección *f*, revista *f*. **Pass** ~, pasar la inspección; FIG ser aceptable. **2.** MIL revista *f*, asamblea *f*; NAUT rol *m*. **II.** *v* **1.** formar, reunirse, agruparse. **2.** pasar revista. **3.** ~ **sth (up)**, agrupar, hacer acopio de, cobrar.

mus·ty ['mʌsti] *adj* **1.** mohoso/a (*also* FIG). **2.** con olor a humedad. **mus·ti·ness** ['mʌstinis] *n* olor *m* a humedad; moho *m*.

mut·able ['mju:təbl] *adj* mudable. **mut·ab·il·ity** [,mju:tə'biləti] *n* mutabilidad *f*.

mut·ant ['mju:tənt] **I.** *n, adj* BIOL mutante *m,f*. **mut·ation** [mju:'teiʃn] *n* mutación *f*. **mut·ate** [mju:'teit] *v* mudar(se), transformar(se) en.

mute [mju:t] **I.** *adj* mudo/a, callado/a. **II.** *n* MUS sordina *f*. **mute·ly** [~li] *adv* en silencio. **mute·ness** ['~nis] *n* mutismo *m*; MED mudez *f*; GRAM ensordecimiento *m*.

mu·til·ate ['mju:tileit] *v* mutilar. **mu·til·ation** [,mju:ti'leiʃn] *n* mutilación *f*.

mu·ti·neer [,mju:ti'niə(r)] *n* amotinado *m*, rebelde *m*; sedicioso *m*, sublevado *m*. **mu·ti·nous** ['mju:tinəs] *adj* amotinado/a, rebelde, sedicioso/a, sublevado/a. **mu·ti·ny** ['mju:tini] **I.** *n* motín *m*, sedición *f*, rebelión *f*, sublevación *f*. **II.** *v* amotinarse, sublevarse.

mutt [mʌt] *n* **1.** INFML bobo/a. **2.** PEY chucho *m*.

mut·ter ['mʌtə(r)] **I.** *v* **1.** murmurar, mascullar. **2.** murmurar, refunfuñar, quejarse. **II.** *n* murmullo *m*, rumor *m*. **mut·te·rer** ['mʌtərə(r)] *n* murmurador/ra. **mut·ter·ing** ['mʌtəriŋ] *n* refunfuño *m*.

mut·ton ['mʌtn] *n* cordero *m*. LOC ~ **dressed as lamb**, INFML PEY viejo emperifollado. **mutton-head** *n* INFML PEY bobo/a.

mu·tu·al ['mju:tʃuəl] *adj* mutuo/a, recíproco/a. LOC ~ **benefit society** *n* mutua *f*, mutualidad *f*. ~ **consent** *n* común acuerdo *m*. ~ **insurance company** *m* mutua *f* de seguros. **mu·tu·al·ly** [~li] *adv* mutuamente.

muz·zi·ly [~li] *adv* confusamente. **muz·zi·ness** [~nis] *n* confusión *f*.

muz·zle ['mʌzl] **I.** *n* **1.** hocico *m*, morro *m*. **2.** bozal *m*. **3.** boca *f* (*of a gun*). **muzzle-loading**, de avancarga. **II.** *v* **1.** abozalar, poner bozal a (*dog*, etc). **2.** FIG PEY amordazar, silenciar.

muz·zy ['mʌzi] *adj* **1.** confuso/a, atontado/a (*person*). **2.** borroso/a, confuso/a (*idea*).

my [mai] *possessive determiner* **1.** mi, mis (*often translated as definite article when inalienable possession is involved*): *I have broken my arm*, Me he roto el brazo. **2.** (*in exclamations, address*) mío/a: *My God!*, ¡Dios mío!

my·co·lo·gy [mai'kɔlədʒi] *n* micología *f*.

my·co·sis [mai'kəusis] *n* MED micosis *f*.

my·el·itis [,maiə'laitis] *n* MED mielitis *f*.

myo·pia [mai'əupiə] *n* miopía *f* (*also* FIG PEY). **my·ope** ['maiəup] *n* miope *m,f*. **myo·pic** [mai'ɔpik] *adj* miope (*also* FIG PEY).

my·ri·ad ['miriəd] **I.** *n* miríada *f*. **II.** *adj* innumerable.

myr·mi·don ['mɜ:midən] *n* PEY secuaz *m*, esbirro *m*.

myrrh [mɜ:(r)] *n* mirra *f*.

myr·tle ['mɜ:tl] *n* BOT arrayán *m*, mirto *m*.

my·self [mai'self] *pron* **1**. (*reflexive*) (*after a verb*) me: *I cut myself*, Me corté. (*after prep*) mí (mismo/a): *I bought it for myself*, Lo compré para mí mismo. **2**. (*emphatic*) yo mismo/a: *I bought it myself*, Lo compré yo mismo. LOC **By ~**, yo solo.

mys·te·ri·ous [mi'stiəriəs] *adj* misterioso/a. **mys·te·ri·ous·ly** [~li] *adv* misteriosamente. **mys·te·ri·ous·ness** [~nis] *n* misterio *m*. **mys·tery** ['mistəri] *n* **1**. misterio *m*, enigma *m*. **2**. REL misterio *m*. **~ play** *n* auto *m* sacramental, misterio *m*. **~ novel** *n* novela *f* de misterio *or* policíaca.

mys·tic ['mistik] **I**. *adj* (*also* **mys·tic·al** ['mistikl]) místico/a. **II**. *n* místico/a. **mys·tic·al·ly** [~kli] *adv* místicamente. **mys·tic·ism** ['mistisizəm] *n* **1**. misticismo *m*. **2**. mística *f* (*genre*).

mys·ti·fy ['mistifai] *v* (pret, pp **~fied**) mistificar; oscurecer, enmarañar (*problem*); desconcertar, dejar perplejo/a (*person*). **mys·ti·fic·ation** [,mistifi'keiʃn] *n* **1**. mistificación *f*, complejidad *f*, misterio *m*. **2**. PEY engaño *m*, confusión *f*.

mys·tique [mi'sti:k] *n* mística *f*, misterio *m*.

myth [miθ] *n* mito *m*. **myth·ic·al** ['miθikl] *adj* mítico/a, legendario/a. **myth·o·lo·gy** [mi'θɔlədʒi] *n* mitología *f*. **myth·o·lo·gic·al** [,miθə'lɔdʒikl] *adj* mitológico/a. **myth·o·log·ist** [mi'θɔlədθist] *n* mitólogo/a.

my·xo·ma·to·sis [,miksəmə'təusis] *n* mixomatosis *f*.

N, n [en] 'n' *f* (*letter*)

nab [næb] *v* (**~bb~**) Br INFML pillar, pescar, coger.

na·celle [næ'sel] *n* AER barquilla *f*.

na·cre ['neikə(r)] *n* nácar *m*.

na·dir ['neidiə(r)] *n* **1**. ASTR nadir *m*. **2**. FIG punto *m* más bajo.

naff [næf] *adj* Br SL hortera *m,f*. LOC **~ off**, ¡Vete a la mierda!

nag [næg] **I**. *n* INFML PEY rocín *m*, jamelgo *m*. **II**. *v* (**~gg~**) **1**. **~ at sb**, regañar, reñir. **2**. molestar, doler. **3**. preocupar. **4**. remorder (*conscience*). **nag·ging** [~iŋ] *adj* regañón/na; persistente; punzante (*pain*).

naiad ['naiæd] *n* (*pl* **~s** *or* **~es** ['naiədi:z]) náyade *f*.

nail [neil] **I**. *n* **1**. ANAT uña *f*. **2**. clavo *m*, punta *f* (*to hammer in*). LOC **Be a ~ in sb's/sth's coffin**, ser el remate de. **Fight/etc tooth and ~**, luchar a brazo partido, con uñas y dientes. **Hard as ~s**, duro como la piedra. **Hit the ~ on the head**, dar en el clavo. **On the ~**, INFML a tocateja (*of payment*). **II**. *v* **1**. **~ (on/to sth)** clavar (en algo). **2**. INFML coger, atrapar. **3**. INFML ver el plumero, descubrir la falsedad de. **4**. **~ sth down**, clavar, sujetar con clavos (*lid*, etc); FIG **~ sb down (to sth)**, comprometer, hacer comprometerse. **5**. **~ sth on; ~ sth on/on to/to sth**, clavar (en algo). **6**. **~ sth up**, colgar, cerrar con clavos (*door, window*). LOC **~ a lie (to the counter)**, descubrir la falsedad de.

nail... **~-brush** *n* cepillo *m* de uñas. **~-file** *n* lima *f* de uñas. **~-scissors** *n* tijeras *f,pl* de uñas. **~ varnish** (*also* **varnish, ~ polish**) *n* esmalte *m* de uñas.

naive (*also* **naïve**) [nai'i:v] *adj* **1**. sencillo/a. **2**. PEY ingenuo/a, cándido/a. **naive·ly** [~li] *adv* ingenuamente. **naiv·ety** (*also* **naïv·ety** [nai'i:vti], **naïv·eté** [nai'i:vtei]) *n* sencillez *f*; PEY ingenuidad *f*, candidez *f*.

nak·ed ['neikid] *adj* **1**. desnudo/a. **2**. descubierto/a. **3**. desenvainado/a (*sword*, etc). **4**. sin lámpara *or* pantalla (*light*). **the ~ eye**, a simple vista. **nak·ed·ness** [~nis] *n* desnudez *f*.

nam·by-pam·by [,næmbi 'pæmbi] *adj*, *n* PEY sensiblero/a, ñoño/a.

name [neim] **I**. *n* **1**. nombre *m*; título *m* (*of book*). **Christian/first ~**, nombre de pila. **family ~**, apellido. **2**. nombre *m*, prestigio *m*. **3**. figura *f*, personalidad *f*. LOC **By ~**, de nombre. **By/Of the ~ of**, llamado/a. **In ~ only**, sólo de nombre. **In the ~ of**, en nombre de. **Maiden ~**, nombre de soltera. **Put one's ~ down**, inscribirse, apuntarse. **The ~ of the game**, el secreto *or* el quid de la cuestión. **II**. *v* **1**. **~ sb/sth (sb/sth)**, llamar, poner (el nombre de). **2**. bautizar (*person, ship*). **3**. **~ sb (for sth); ~ sb (as sth)**, nombrar (*appoint*). **4**. dar el nombre, identificar. **5**. fijar, señalar (*state, specify, date, price*). LOC **~ names**, dar nombres, decir quién. **Call sb names**, insultar a alguien. **name·less** ['neimlis] *adj* **1**. sin nombre; anónimo/a. **Remain ~**, permanecer en el anonimato. **2**. indescriptible, indecible.

name... **~-day** *n* santo *m*, día *m* del santo; FML onomástica *f*. **~-drop·ping** *n* dejar caer nombres importantes para impresionar. **~-part** *n* papel *m* estelar *or* principal. **~-plate** *n* placa *f or* letrero *m* con el nombre. **~-sake** *m* tocayo/a; FML homónimo/a.

name·ly ['neimly] *adv* a saber.

nan·ny ['næni] *n* Br **1**. niñera *f*. **2**. INFML abuela *f*.

nan·ny-goat ['nænigəut] *n* FAM cabra *f*.

nap [næp] **I**. *n* **1**. siesta *f*. LOC **Have/Take a ~**, echarse una siesta. **2**. lanilla *f*, pelusa *f* (*of cloth*). LOC **Go against the ~**, ir a contrapelo. **3**. juego *m* de cartas. **Go ~**, jugárselo todo. **II**. *v* (**~pp~**) echarse una siesta, dormitar. LOC **Catch sb napping**, pillar a alguien desprevenido/a.

na·palm ['neipa:m] *n* napalm *m*.

nape [neip] *n* nuca *f*, cogote *m*.

naph·tha ['næfθə] *n* nafta *f*. **naph·thal·ene** [~li:n] *n* QUIM naftalina *f*.

nap·kin ['næpkin] *n* **1**. (*also* **table ~**) servilleta *f*. **2**. Br FML pañal *m*.

nap·py ['næpi] *n* Br INFML (*also* FML **napkin**, US **diaper**) pañal *m*.

nar·cis·sism ['na:sisizəm] *n* narcisismo *m*. **nar·cis·sist·ic** [,na:si'sistik] *adj* narcisista *m, f*. **nar·cis·sus** [na:'sisəs] *n* (*pl* **~es** [na:'sisəsiz] *or* **~cis·si** [na:'sisai]) BOT narciso *m*.

nar·cot·ic [na:'kɔtik] **I**. *n* narcótico *m*. **II**. *adj* narcótico/a, estupefaciente. **nar·co·sis** [na:'kəusis] *n* narcosis *f*, narcotismo *m*. **nar·cot·ize** ['na:kətaiz] *v* narcotizar.

nard [na:d] *n* BOT nardo *m*.

nark [na:k] **I**. *n* Br SL soplón/na. **II**. *v* SL fastidiar.

nar·rate [nə'reit] *v* narrar, relatar, contar. **nar·ra·tion** [nə'reiʃn] *n* narración *f*, relato *m*. **nar·rat·or** [nə'reitə(r)] *n* narrador/ra. **nar·**

rat·ive [nærətiv] **I.** *n* narración *f*, narrativa *f*. **II.** *adj* narrativo/a.

nar·row ['nærəu] **I.** *adj* **1.** estrecho/a, angosto/a. **2.** pequeño/a, escaso/a, reducido/a. **3.** FIG estrecho/a (*mind, views*). **4.** estricto/a (*sense, meaning*). LOC **(Have) a ~ squeak/shave**, escaparse por los pelos. **~ circumstances**, estrecheces *f,pl*. **II.** *n* **nar·rows** (*pl*) NAUT estrecho *m*; desfiladero *m*. **III.** *v* estrechar(se); (*eyes*) entrecerrarse; (*gap*) reducir(se) a. **nar·row·ly** [~li] *adv* **1.** por muy poco. **2.** estrechamente, de cerca. **nar·row·ness** [~nis] *n* estrechez *f*; minuciosidad *f*. **narrow-minded** [~ maindid] *adj* de miras estrechas; intolerante. **narrow-mindedly** [~li] *adv* con miras estrechas. **narrow-mindedness** [~nis] *n* estrechez *f* de miras; intolerancia *f*.

nar·whal ['na:wəl] *n* ZOOL narval *m*.

nas·al ['neizl] *n, adj* nasal. **nas·al·ize, ~·ise** ['neizəlaiz] *v* nasalizar. **nas·al·ly** ['neizəli] *adv* nasalmente. **Speak ~**, hablar con voz gangosa. **nas·al·ity** [nei'zæliti] *n* nasalidad *f*.

nas·cent ['næsnt] *adj* FML naciente.

nas·ty ['na:sti] *adj* **1.** desagradable, repugnante (*smell, taste, sight*). **2.** antipático/a. **Be ~ to sb**, portarse mal con, tratar mal a. **3.** malo/a, malévolo/a. **4.** obsceno/a. **5.** peligroso/a, malo/a. **6.** grave, feo/a (*wound, accident*). **7.** difícil, molesto/a (*job*). **~ habit**, mala costumbre. LOC **Leave a ~ taste in the mouth**, dejar mal sabor de boca. **Smell/Taste ~**, oler, saber mal. **nas·ti·ly** [~li] *adv* desagradablemente; antipáticamente, etc. **nastiness** [~nis] *n* asquerosidad *f*; maldad *f*; antipatía *f*; obscenidad *f*; etc (V. **nasty**).

na·tal ['neitl] *adj* natal, de nacimiento. **na·tal·ity** [nə'tæliti] *n* natalidad *f*.

na·tion ['neiʃn] *n* nación *f*. **na·tion·al** ['næʃnəl] **I.** *adj* nacional. **II.** *n* ciudadano *m*, natural *m* (*of a nation*). **na·tion·al·ly** ['næʃnəli] *adv* nacionalmente. **N~ Health Service** (*abrev* **NHS**) Br Seguridad *f* Social, Insalud *m*. **N~ Insurance** (*abrev* **NI**) Seguridad *f* Social. **~ service**, servicio *m* militar. **N~ Trust**, Conservación *m* de monumentos naturales e históricos. **na·tion·al·ism** ['næʃnəlizəm] *n* nacionalismo *m*. **na·tion·al·ist** [~list] *n, adj* nacionalista. **na·tion·al·is·tic** [~'listik] *adj* nacionalista. **na·tion·al·ity** [,næʃə'næləti] *n* nacionalidad *f*. **na·tion·al·ize, ~·ise** ['næʃnəlaiz] *v* nacionalizar. **na·tion·al·iz·ation, ~·is·ation** [,næʃnəlai'zeiʃn] *n* nacionalización *f*. **na·tion-wide** ['neiʃnwaid] *adj, adv* a escala nacional.

nat·ive ['neitiv] **I.** *n* **1.** nativo/a, natural *m,f*. **2.** PEY indígena *m*. **3.** BOT, ZOOL originario/a, oriundo/a. **II.** *adj* **1.** nativo/a. **~ speaker**, hablante nativo/a. **2.** natal, innato/a. **3. ~ to**, originario/a de. **4.** materno/a (*language*). LOC **Go ~**, vivir como los nativos. **native-born** [~bɔ:n] *adj* de nacimiento. **nat·iv·ity** [nə'tivəti] *n* natividad *f*. **the N~**, la Natividad, la Navidad.

NATO *abrev* de **OTAN**.

nat·ter ['nætə(r)] Br INFM **I.** *v* **~ (on) (about sth)**, charlotear, cotillear. **II.** *n* charla *f*.

nat·ty ['næti] *adj* INFML **1.** PEY elegante (*smart*). **2.** ingenioso/a. **nat·ti·ly** [~li] *adv* elegantemente; ingeniosamente.

na·tur·al ['nætʃrəl] **I.** *adj* **1.** natural. **2.** innato/a, de nacimiento. **3.** natural (*son, daughter*). **~ person**, persona *f* física. **II.** *n* **1. ~ (for sth)**, persona *f* adecuada para. **2.** MUS nota *f* natural; becuadro *m* (*sign*). **3.** US éxito *m* seguro. **na·tur·al·ness** [~nis] *n* naturalidad *f*. **na·tur·al·ism** ['nætʃrelizəm] *n* naturalismo *m*. **na·tur·al·ist** ['nætʃrəlist] *n* naturalista *m,f*. **na·tur·al·is·tic** [,nætʃrə'listik] *adj* naturalista *m,f*. **na·tur·al·ise, ~·ise** ['nætʃrəlaiz] *v* **1.** naturalizar(se), nacionalizar(se). **2.** BOT, ZOOL aclimatar. **3.** adaptar(se). **~·iz·ation, ~·is·ation** [,nætʃrəlai'zeiʃn] *n* naturalización *f*; aclimatación *f*. **~ papers**, documentos *m,pl* de ciudadanía. **na·tur·al·ly** ['nætʃrəli] *adv* **1.** naturalmente, por supuesto. **2.** por naturaleza. **3.** naturalmente, por sí mismo/a. **4.** con naturalidad. **na·ture** ['neitʃə(r)] *n* **1.** naturaleza *f*. **2.** naturaleza *f*, modo *m* de ser, temperamento *m*, índole *f*. **By ~**, por naturaleza. **3.** género *m*, clase *f*, naturaleza *f*. **Against ~**, contra natura, contra la naturaleza. **Become second ~ (to sb)**, ser lo más natural. **Good ~**, buen carácter, simpatía *f*. **In the ~ of sth**, una especie de. **-natured** (*in compounds*), de carácter... **~ study**, historia *f* natural. **na·tur·ism** ['neiʃərizəm] *n* naturismo *m*. **na·tur·ist** [~rist] *n* naturista *m,f*.

natural...,**~ gas** *n* gas *m* natural. **~ history** *n* historia *f* natural. **~ law** *n* derecho *m* natural, ley *f* natural.

naught [nɔ:t] *n* **1.** MAT cero *m*. **2.** nada *f*. LOC **Bring to ~**, frustrar. **Come to ~**, fracasar; reducirse a nada. **Set sth at ~**, no tener en nada, despreciar.

naugh·ty ['nɔ:ti] *adj* **1.** INFML travieso/a, malo/a (*child*). **2.** verde, picante. **naugh·ti·ly** [~li] *adv* mal. **naugh·ti·ness** [~nis] *n* travesura *f*, picardía *f*.

nau·sea ['nɔ:siə] *n* náusea *f*, asco *m*. **nau·se·ate** ['nɔ:sieit] *v* dar asco, repugnar, dar náuseas a. **nau·se·at·ing** [~iŋ] *adj* nauseabundo/a, repugnante. **nau·se·ous** ['nɔ:siəs] *adj* **1.** nauseabundo/a, repugnante. **2.** US con náuseas. LOC **Feel ~**, sentir náuseas.

naut·ic·al ['nɔ:tikl] *adj* náutico/a. **~ mile** (*also* **sea mile**) *n* milla *f* marina.

nav·al ['neivl] *adj* naval. **~ officer**, oficial *m* de marina.

nave [neiv] *n* ARQ nave *f*.

na·vel ['neivl] *n* ANAT ombligo *m*.

nav·ig·able ['nævigəbl] *adj* **1.** navegable (*river*). **2.** gobernable (*ship, boat*). **nav·ig·ab·il·ity** [,nævigə'biləti] *n* navegabilidad *f*. **nav·ig·ate** ['nævigeit] *v* **1.** pilotar (*aircraft*), gobernar (*ship*). **2.** navegar por. **3.** marcar el rumbo. **4.** FIG abrirse camino por (*city, streets*). **nav·ig·ation** [,nævi'geiʃn] *n* navegación *f*. **2.** náutica *f*. **nav·ig·at·or** [~ə(r)] *n* navegante *m*.

nav·vy ['nævi] *n* peón *m*, bracero *m*.

na·vy ['neivi] I. *n* armada *f*, marina *f* de guerra. II. *adj* azul *m* marino. ~ **blue** (*also* **navy**) azul marino.

nay [nei] *adv* 1. (*archaic*) no. 2. más aún, más bien. LOC **Yeah or ~**, el sí o el no.

Na·zi ['na:tsi] *n, adj* nazi *m,f*. **Naz·ism** ['na:tsizəm] *n* nazismo *m*.

neap [ni:p] (*also* **neap-tide**) *n* marea *f* muerta.

Nea·po·lit·an [niə'pɔlitən] *n, adj* napolitano/a.

near [niə(r)] I. *adj* (*comp* ~**er** ['niərə(r)], *sup* ~**est** ['niərist]) 1. ~ **(to sb/sth)** cercano/a a, próximo/a a. LOC **In the ~ future**, en el futuro próximo. 2. cercano/a (*relative*); íntimo/a (*friend*). 3. parecido/a, semejante. ~ **translation**, traducción *f* aproximada. **the ~ side**, el lado de conducción más cercano a la acera. LOC **A close/~ thing**, por los pelos. ~ **miss**, fallo *m* por poco. **Or near(est) offer**, o la mejor oferta, o precio a convenir. **The ~ distance**, primer término. **The Near East**, el Oriente Medio. II. *prep* 1. cerca de (*place, time*). ~ **here**, cerca de aquí. ~ **the end**, hacia el final. 2. casi, cerca de (*number*). 3. ~ **to sth/doing sth**, cerca de (hacer) algo, a punto de hacer algo. ~ **to tears**, a punto de llorar. III. *adv* 1. cerca. 2. (+ *adj*) casi: *Near perfect*, Casi perfecto/a. LOC **As ~ as**, lo más cerca. **Bring ~**, acercar. **Come/Draw ~**, acercarse. **Far and ~**, en todas partes. ~ **at hand**, a mano (*object*); muy cerca (*time, place*). **Nothing ~**, nada que se le parezca. IV. *v* acercarse, aproximarse a. *He is nearing eighty*, Se acerca a los ochenta. **Be nearing ruin**, estar al borde de la ruina. **nearby** [~bai] I. *adj* cercano/a, próximo/a. II. *adv* cerca. **near·ly** [~li] *adv* 1. casi. 2. de cerca. 3. **not ~**, ni mucho menos. **near·ness** [~nis] *n* proximidad *f*, cercanía *f*; intimidad *f*; fidelidad *f* (*translation*). **near·side** [~said] (*also* **near**) *adj* del lado del sentido de la marcha. **near-sigh·ted** [~saitid] *adj* MED miope, corto/a de vista. **near-sigh·ted·ness** *n* miopía *f*.

neat [ni:t] *adj* 1. limpio/a, ordenado/a, pulcro/a. 2. limpio/a, ordenado/a (*thing*). 3. esmerado/a, bien hecho/a (*job*). 4. elegante. 5. hábil, eficiente. 6. US INFML formidable. 7. (US **straight**) solo/a (*drinks*). **neat·ly** [li] *adv* limpiamente; hábilmente; etc (V **neat**). **neat·ness** [~nis] *n* limpieza *f*; esmero *m*; elegancia *f*; habilidad *f*; etc (V. **neat**).

neb·u·la ['nebjulə] *n* (*pl* ~**ae** [~li:] *or* ~**s**) ASTR nebulosa *f*. **neb·ul·ar** [~lə(r)] *adj* ASTR nebuloso/a. **neb·ul·ous** ['nebjuləs] *adj* nebuloso/a; FIG vago/a, confuso/a, nebuloso/a.

ne·ces·sa·ri·ly [,nesə'serəli] ['nesəsərəli] *adv* necesariamente. **ne·ces·sa·ry** ['necesəsəri] I. *adj* 1. necesario/a, imprescindible. 2. inevitable. II. *n* lo necesario, lo esencial. **the ~ies**, cosas necesarias. **ne·ces·sit·ate** [ni'sesiteti] *v* FML necesitar, requerir. **ne·ces·sit·ous** [ni'sesitəs] *adj* FML indigente, necesitado/a. **ne·ces·si·ty** [ni'sesəti] *n* 1. ~ **(to do sth)** necesidad *f* (de hacer algo). 2. artículo *m* de primera necesidad. LOC **Be under the ~ of**, verse obligado/a a. **Bow to ~**, aceptar lo inevitable. **Of ~**, por necesidad.

neck [nek] I. *n* 1. ANAT cuello *m* (*of person*); pescuezo *m* (*of animal*). 2. cuello *m* (*of garment, bottle*). 3. mango *m*, mástil *m* (*of guitar*, etc). 4. estrecho *m* (*of land*). 5. DEP **win by a ~**, ganar por más de una cabeza. LOC **Be up to one's ~ in sth**, metido/a hasta el cuello. **Get it in the ~**, INFML cargársela, llevarse un buen castigo. ~ **and crop**, totalmente. ~ **and ~ (with sb)**, igualados. ~ **or nothing**, jugándose la vida. **Stick one's ~ out**, dar la cara, arriesgarse. II. *v* INFML abrazarse, acariciarse (*couples*).

neck-..., ~·**band** *n* tirilla *f* (*of a garment*). ~·**erchief** *n* pañuelo *m*, pañoleta *f*. ~·**lace** *n* collar *m*. ~·**let** *n* collar *m* (*necklace*); cuello *m* (*of fur*). ~·**line** *n* escote *m*. ~·**tie** *n* corbata *f*. ~·**wear** *n* prendas *f,pl* para el cuello, complementos *m,pl*.

nec·ro·man·cer ['nekrəumænsə(r)] *n* nigromante *m,f*. **nec·rom·an·cy** ['nekrəumænsi] *n* nigromancia *f*, necromancia *f*.

nec·ro·po·lis [ni'krɔpəlis] (*pl* ~**es** [~lisiz]) *n* necrópolis *f*.

nec·tar ['nektə(r)] *n* néctar *m*. **nec·tar·ine** ['nektərin] *n* nectarina *f*.

née [nei] *adj* (apellido) de soltera.

need [ni:d] I. *n* 1. necesidad *f*, carencia *f*. 2. **needs**, necesidades *f,pl*. 3. adversidad *f*, necesidad *f*. LOC **Be (badly) in ~**, necesitar urgentemente. **If ~ be, In case of ~**, si fuera necesario. **No ~ to say**, huelga decir. II. *v* (*modal aux*) (*neg* **need not**, *contracted* **needn't**) 1. tener que, ser necesario que: *Need I do it?*, ¿Es necesario que lo haga? 2. ~ **have + pp**, tenía que, era necesario que. III. *v* 1. (*of person*) necesitar; (*of thing*) requerir, exigir. 2. estar necesitado/a. 3. (*imper*) ser necesario, hacer falta. **need·ful** [~fl] *adj* necesario/a. **Do the ~**, hacer lo necesario. **need·less** ['ni:dlis] *adj* innecesario/a, inútil. ~ **to say**, ni que decir tiene. **needs** [ni:dz] *adv* (*only with* **must**) necesariamente, sin más remedio, forzosamente. **need·y** ['ni:di] *adj* necesitado/a, indigente.

nee·dle ['ni:dl] I. *n* 1. aguja *f*. 2. FIG INFML rivalidad *f*. LOC **(Be) sharp as a ~**, (ser) un lince. **Give sb the ~; Get the ~**, SL pinchar, molestar. II. *v* INFML pinchar, provocar.

needle-..., ~·**craft** *n* costura *f*, labor *f* de aguja, bordado *m*. ~·**woman** *n* (*pl* ~·**women**) costurera *f*. ~·**work** *n* labor *f* de aguja, bordado *m*.

ne'er POET = **never**.

ne·fa·ri·ous [ni'feəriəs] *adj* FML infame, inicuo/a. ~**ly** [~li] *adv* inicuamente. ~·**ness** [~nis] *n* infamia *f*, iniquidad *f*.

neg·ate [ni'geit] *v* FML 1. negar. 2. invalidar, anular. **neg·ation** [ni'geiʃn] *n* FML 1. negación *f*, negativa *f*. 2. invalidez *f*, anulación *f*. **neg·at·ive** ['negətiv] I. *adj* 1. negativo/a. II. *n* 1. negativa *f*. 2. (*photography*) negativo *m*. 3. MAT término *m* negativo. 4. GRAM negación *f*. 5. ELECTR polo *m* negativo. III. *v*

FML **1**. rechazar, vetar. **2**. refutar. **3**. neutralizar. **neg·at·ive·ly** [~li] *adv* negativamente.

neg·lect [ni'glekt] **I**. *v* **1**. descuidar, desatender; no cumplir, faltar a (*one's duty*). **2**. **~ to do sth**, dejar de, olvidar. **II**. *n* negligencia *f*, descuido *m*; incumplimiento *m* (*duty*). **neg·lect·ed** [~id] *adj* descuidado/a, abandonado/a. **neg·lect·ful** [~fl] *adj* **~ (of sb/sth)**, descuidado/a con, negligente. **neg·lect·ful·ly** [~fuli] *adv* negligentemente. **neg·lect·ful·ness** [~flnis] *n* descuido *m*, negligencia *f*.

neg·li·cence ['neglizəns] *n* negligencia *f*, descuido *m*. **neg·li·gent** ['neglidʒənt] *adj* negligente, descuidado/a. **neg·li·gent·ly** [~li] *adv* negligentemente.

neg·li·gible ['neglidʒəbl] *adj* insignificante, despreciable.

né·gli·gé (*also* **neg·li·gee**) ['neglizei] *n* salto *m* de cama, negligé *f*.

ne·go·ti·abil·i·ty [,nigəuʃiə'biləti] *n* negociabilidad *f*. **ne·go·ti·able** [ni'gəuʃiəbl] *adj* **1**. negociable. **2**. transitable (*road*); franqueable; salvable. **ne·go·ti·ate** [ni'gəuʃiəit] *v* **1**. negociar (algo con alguien). **2**. franquear, salvar (*obstacle*). **ne·go·tiat·ing table**, mesa *f* de negociaciones. **ne·go·ti·ation** [ni,gəuʃi'eiʃn] *n* negociación *f*. LOC **Enter into/Open ~s with**, entablar negociaciones con. **ne·go·ti·at·or** [ni'gəuʃieitə(r)] *n* negociador/ra.

Ne·gress ['ni:gres] *n* negra *f*. **Ne·gro** ['ni:grəu] *n* (*pl* **~es** [~z]) negro *m*. **Ne·gro·id** ['ni:grɔid] *adj, n* negroide *m,f*.

neigh [nei] **I**. *n* relincho *m*. **II**. *v* relinchar.

neigh·bour (US **neigh·bor**) ['neibə(r)] **I**. *n* **1**. vecino/a. **2**. prójimo *m*. **II**. *v* **~ on sth**, lindar con, estar contiguo/a a. **neigh·bo(u)r·ing** ['neibəriŋ] *adj* vecino/a, cercano/a. **neigh·bo(u)r·hood** ['neibəhud] *n* **1**. vecindario *m*, vecindad *f* (*people*). **2**. barrio *m* (*district*). **3**. alrededores *m,pl*. **In the ~ of**, alrededor, cerca de. **neigh·bo(u)r·ly** [~li] *adj* amistoso/a, de buena vecindad. **neigh·bo(u)r·li·ness** [~linis] *n* relaciones *f,pl* de buena vecindad.

nei·ther ['naiðə(r)] US ['ni:ðə(r)] **I**. *adj, pron* ninguno/a de los/las dos. **II**. *conj* (ni) tampoco. **neither... nor...**, ni... ni...

nel·ly ['neli] *n* LOC **Not on your ~**, ¡Ni hablar!

nem·e·sis ['neməsis] *n* (*pl* **~eses** [~əsi:z]) FML justicia *f*, justo castigo *m*.

neo·clas·sic·al [,ni:əu'klæsikl] *adj* neoclásico/a.

neo·co·lo·ni·al·ism [,ni:əukə'ləuniəlizəm] *n* neocolonialismo *m*.

neo·lith·ic [,niə'liθik] *adj* neolítico/a *m*.

neo·log·ism [ni:'ɔlədʒizəm] *n* neologismo *m*.

neon ['ni:ɔn] *n* neón *m*.

neo·phyte ['ni:əfait] *n* FML neófito/a.

ne·phew ['nevju:] ['nefju:] *n* sobrino *m*.

neph·ri·tis [ni'fraitis] *n* nefritis *f*.

nep·ot·ism ['nepətizəm] *n* nepotismo *m*.

Nep·tune ['neptju:n] *n* Neptuno *m*.

nerve [nɜ:v] **I**. *n* **1**. ANAT, BOT nervio *m*. **2**. valor *m*. **3**. INFML PEY cara *f*, caradura *f*, descaro *m*: *What a nerve!*, ¡Qué descaro! LOC **A bundle of ~s**, un manojo de nervios. **Get on sb's ~s**, crisparle los nervios a alguien. **Hit/Touch a (raw) ~**, poner el dedo en la llaga. **II**. *v* animar(se) (a algo/a hacer algo). **~ cell** *n* neurona *f*, célula *f* nerviosa. **~ centre** *n* centro *m* nervioso. **~·less** [~lis] *adj* sin fuerza, inmóvil. **~-rack·ing** *adj* crispante, exasperante. **nerv·ous** ['nɜ:vəs] *adj* **1**. nervioso/a. **2**. tímido/a, miedoso/a. **3**. nervioso/a, inquieto/a. **~ breakdown** *n* depresión *f* nerviosa. **~·ly** [~li] *adv* nerviosamente. **~·ness** [~nis] *n* nerviosismo *m*; timidez *f*. **nerv·y** ['nɜ:vi] *adj* INFML **1**. Br nervioso/a, alterado/a. **2**. US descarado/a.

nest [nest] **I**. *n* **1**. nido *m*. **2**. hormiguero *m* (*of ants*), madriguera *f*. **3**. avispero *m*. **4**. nidal *m* (*of hens*). **5**. FIG nido *m* (*comfortable place*). **6**. guarida *f* (*of criminals*). **7**. juego *m* (*of boxes, drawers,* etc). LOC **A machine-gun ~**, nido *m* de ametralladoras. **~ of shelves**, casillero *m*. **Feather one's ~**, hacer su agosto. **II**. *v* **1**. (*of birds*) anidar. **2**. (*gen* **go ~ing**) buscar nidos. **3**. encajar, alojarse en. **~-egg** *n* nidal *m*; FIG ahorros *m,pl*. **nes·tle** ['nesl] *v* **1**. arrellanarse, acurrucarse. **2**. estar al abrigo, encontrarse. **3**. acunar, coger con delicadeza. **4**. **~ sth against/on sth**, recostar. **5**. **~ up (against/to sb/sth)**, acurrucarse, apretarse contra. **nest·ling** ['nestliŋ] *n* cría *f* de pájaro.

net [net] **I**. *n* red *f*, trampa *f*; cadena *f* (*of communications*). **hair ~**, redecilla *f* (para el pelo). **mosquito ~**, mosquitero *m*. **II**. *v* (**~tt~**) **1**. coger con red. **2**. FIG ganar (*earn*). **3**. cubrir con red (*trees*). **4**. DEP mandar, enviar a la red. **5**. sacar en limpio (*profit, sum*). **III**. *adj* **1**. neto/a. **2**. final, definitivo/a. **net·ball** *n* baloncesto *m* femenino. **net·work** *n* red *f* (*of roads, canals, shops,* etc). LOC **Spy ~**, red *f* de espionaje. **~ curtain(s)**, visillos *m,pl*.

neth·er ['neðə(r)] *adj* inferior, de abajo. **the ~ regions/world**, el otro mundo; el infierno (*hell*). **neth·er·most** [~məust] *adj* el/la de más abajo, el/la más bajo/a.

net·ting ['netiŋ] *n* red *f*, malla *f*.

nettle ['netl] **I**. *n* **I**. BOT ortiga *f*. **~ rash**, MED urticaria *f*. **II**. *v* irritar.

neur·al ['njuərəl] *adj* ANAT nervioso/a, de los nervios. **neur·al·gia** [njuə'rældʒə] *n* MED neuralgia *f*. **neur·alg·ic** [njuə'rældʒik] *adj* MED neurálgico/a. **neur·as·the·nia** [,njuərəs'θi:niə] *n* MED neurastenia *f*. **neur·as·then·ic** [~'θenik] **I**. *adj* MED neurasténico/a. **II**. *n* neurasténico/a. **neur·itis** [njuə'raitis] *n* MED neuritis *f*. **neu·ro·lo·gy** [njuə'rɔlədʒi] *n* neurología *f*. **neu·ro·lo·gic·al** [,njuərə'lɔdʒikl] *adj* neurológico/a. **neu·ro·log·ist** [njuə'rɔlədʒist] *n* MED neurólogo *m*. **neu·ro·sis** [njuə'rəusis] *n* (*pl* **~oses** [~əusi:z]) MED neurosis *f*. **neu·rot·ic** [njuə'rɔtik] **I**. *adj* neurótico/a. **II**. *n* neurótico/a (*person*). **neu·rot·ic·al·ly** [~li] *adv* neuróticamente.

neu·ter ['nju:tə(r)] I. *adj* neutro/a (*also* GRAM, BOT). II. *n* 1. GRAM neutro/a. 2. animal *m* castrado. 3. insecto *m* sin capacidad reproductora. III. *v* castrar.

neu·tral ['nju:trəl] I. *adj* 1. neutral. 2. neutro/a (*colour*). 3. QUIM, ELECTR neutro/a. 4. AUT ~ **gear/position**, punto muerto. II. *n* 1. neutral (*person, country*). 2. AUT punto *m* muerto. **neu·tral·ity** [nju:'træləti] *n* neutralidad *f*. **neu·tral·ize, ~·ise** [~aiz] *v* neutralizar. **neu·tral·iz·ation, ~·is·ation** [,nju:trəlai'zeiʃn] *n* neutralización *f*. **neu·tral·ly** ['nju:trəli] *adv* neutralmente.

neu·tron ['nju:trɔn] *n* FIS neutrón *m*. ~ **bomb**, bomba *f* de neutrones.

nev·er ['nevə(r)] *adv* 1. nunca, jamás. ~ **again,** ~ **more**, nunca más. ~ **ever**, nunca jamás. 2. (*emphatic*) de ningún modo, en absoluto. LOC **Never!**, ¡No me digas! ~ **mind**, no te/se preocupe(s). **You ~ did!**, ¡No me digas! **nev·er·more** [,nevə'mɔ:(r)] *adv* nunca más. **nev·er·the·less** [,nevəðə'les] *adv, conj* FML sin embargo, no obstante.

new [nju:] US [nu:] 1. nuevo/a. ~ **moon**, luna *f* nueva. ~ **year**, año *m* nuevo. **New Year's Day**, Año *m* Nuevo. **New Year's Eve**, Nochevieja *f*. 2. inexperto/a, nuevo/a. ~ **bread**, pan *m* tierno. ~ **fish**, pescado *m* fresco. ~ **to a job/work**, nuevo/a en el oficio. ~ **to/in a town**, recién llegado/a. **What's** ~, ¿Qué hay de nuevo? **new-** (*in compounds*) recién. **new-born**, recién nacido/a. **new-made**, recién hecho/a. **new·comer** *n* recién llegado/a, nuevo/a. **new·fangled** *adj* PEY modernista, moderno/a; recién inventado/a. **new·ly** ['nju:li] *adv* 1. recién: *Newly married*, Recién casado/a/os. 2. nuevamente, de nuevo. **newly-wed** *n* (*gen pl*) recién casado/a/os. **new·ness** [~nis] *n* novedad *f*.

ne·wel ['njuəl] *n* eje *m* (*of stairs*).

news [njuz] *sing* 1. noticia *f*, noticias *f,pl*. 2. **the** ~, las noticias, diario *m* hablado (*radio*); telediario *m* (*television*). **latest** ~, últimas noticias. LOC **Break the ~ (to sb)**, dar una noticia a alguien. **It's ~ to me**, no sabía nada de ello. **No ~ is good** ~, si no hay noticias, buena señal. **What's the** ~, ¿Qué hay de nuevo?

news-..., ~·**agent** *n* Br (US ~·**dealer**) vendedor/ra de periódicos. ~ **agency** *n* agencia *f* de prensa. ~·**board** *n* tablón *m* de anuncios. ~·**cast** *n* noticiario *m*, noticias *f,pl*. ~·**caster** (*also* ~·**reader**) *n* locutor/ra de informativos. ~·**dealer** *n* US, V. ~·**agent**. ~·**letter** *n* boletín *m* informativo. ~·**monger** *n* chismoso/a. ~·**paper** *n* 1. periódico *m*, diario *m*. 2. papel *m* de periódico (*paper*). ~·**print** *n* papel *m* de periódico. ~·**reader** *n* V. ~·**caster**. ~·**reel** *n* noticiario *m*. ~·**room** *n* sala *f* de redacción. ~·**sheet** *n* hoja *f* informativa. ~·**stand** *n* quiosco *m*, puesto *m* de prensa. ~·**vendor** *n* vendedor/ra de periódicos. ~·**worthy** *adj* de interés informativo.

news·y ['njusi] *adj* INFML lleno/a de noticias.

newt [nju:t] *n* ZOOL tritón *m*.

next [nekst] I. *adj* siguiente, próximo/a. ~ **best**, el segundo. ~ **house/door**, la casa de al lado. ~ **Thursday**, el jueves que viene. ~ **year**, el año que viene. **the ~ time**, la próxima vez. **the ~ world**, el otro mundo. LOC **'Live ~ door to sb**, vivir al lado de, ser vecino/a de. ~ **of kin**, FML familiar(es) más cercano(s).. **What ~?**, ¿Algo más? **Who is ~?**, ¿A quién le toca? II. *adv* 1. a continuación, seguidamente. 2. después, luego. 3. la próxima vez. III. **next to** *prep* 1. junto a, cerca de. **come ~ to sb/sth**, acercarse a. 2. después de, a continuación. 3. casi. ~ **to last**, penúltimo/a. ~ **to nothing**, casi nada.

nex·us ['neksəs] *n* (*pl* ~**es** ['neksəsiz]) FML nexo *m*, vínculo *m*.

NHS *abrev* de *National Health Service*.

nib [nib] *n* plumilla *f*, plumín *m*.

nib·ble ['nibl] I. *v* 1. ~ **(at sth)**, mordisquear, roer; picar (*fish*), FIG sentirse tentado/a por (*an offer*, etc). 2. comisquear, picar. 3. ~ **sth away**, roer todo, acabar a mordiscos con. II. *n* 1. mordisqueo *m*; picada *f* (*fish*). 2. bocado *m*. LOC **Have a** ~, tomar un bocado, picar algo.

nibs [nibz] *n* FAM INFML **His** ~, su señoría (*mock title*).

nice [nais] *adj* 1. agradable. 2. simpático/a, agradable (*person*). 3. bonito/a (*also ironic*). 4. sutil, fino/a. 5. delicado/a, refinado/a. 6. preciso/a, meticuloso/a. 7. **nice and** (+ *adj*), agradablemente, bien: *It's nice and easy*, Es bien fácil. *Nice and early*, Bien temprano. ~ **ear (for sth)**, buen oído (para algo). ~ **judgement**, juicio *m* acertado. LOC **Have a ~ time**, pasarlo bien. **How ~!**, ¡Qué bonito/a! (*pretty*). **How ~ (of sb)!**, ¡Qué amable (de su parte)! **It is not** ~, no está bien. **Look** ~, estar guapo/a. **Taste** ~, saber bien. **nice·ly** [~li] *adv* 1. INFML bien. 2. agradablemente; amablemente, etc (V. **nice**). ~·**look·ing** [~ lukiŋ] *adj* bien parecido/a, guapo/a (*person*); bonito/a (*thing*). ~·**ness** [~nis] *n* amabilidad *f*; simpatía *f*; agrado *m*; delicadeza *f*; finura *f*. **nice·ty** ['naisəti] *n* 1. precisión *f*, exactitud *f*. 2. sutileza *f*. **nice·ties**, detalles *m,pl*, sutilezas *f,pl*.

niche [nitʃ] *n* 1. nicho *m*, hornacina *f*. 2. FIG hueco *m*, lugar *m*.

nick [nik] I. *n* 1. rasguño *m*; corte *m* (*in cloth*). 2. muesca *f*, mella *f*, hendidura *f* (*notch*). 3. **the** ~ Br SL cárcel *f*, chirona *f*. LOC **In good/bad** ~, Br SL en buen/mal estado. **In the ~ of time**, a última hora, por los pelos. II. *v* 1. hacer un rasguño (*skin*); hacer un corte; hacer una muesca/hendidura/mella en. 2. Br SL detener, coger. 3. robar, birlar.

nic·kel ['nikl] I. *n* 1. níquel *m*. 2. US cinco centavos (*coin*). ~ **silver**, plata *f* alemana. II. *v* niquelar.

nick·name ['nikneim] I. *n* apodo *m*, mote *m*; diminutivo *m*. II. *v* poner de mote, apodar.

ni·cot·ine ['nikəti:n] *n* nicotina *f*.

niece [ni:s] *n* sobrina *f*.

niff [nif] *n* Br SL olor *m*, peste *f*, hedor *m*.

nif·ty ['nifti] *adj* INFML ágil, hábil, práctico/a; estupendo/a.

nig·gard ['nigəd] *n* tacaño/a. **nig·gard·ly** [~li] *adj* tacaño/a, mezquino/a. **2**. miserable. **nig·gard·li·ness** [~linis] *n* tacañería *f*, mezquindad *f*.

nig·ger ['nigə(r)] *n* PEY negro/a.

nig·gle ['nigl] *v* **1**. **~ about/over sth**, preocuparse por minucias. **2**. dar la lata/tabarra. **nig·gling** ['nigliŋ] *adj* **1**. insignificante. **2**. persistente, puntilloso/a.

nigh [nai] *adv, prep* (*archaic*) cerca (de).

night [nait] *n* **1**. noche. **at ~, by ~, in the ~**, por la noche. **on Monday ~**, el lunes por la noche. **tomorrow ~**, mañana por la noche. **2**. TEAT velada *f*, función *f*. **first ~**, noche *f* de estreno. LOC **Far into the ~**, hasta bien entrada la noche. **Good ~**, buenas noches. **Have an early/late ~**, acostarse temprano/tarde. **It is ~**, es de noche. **Last ~**, anoche. **Make a ~ of it**, ir de juerga. **~ after ~**, noche tras noche. **~ and day**, noche y día. **~ is falling**, está anocheciendo. **The ~ before**, la noche anterior. **The ~ before last**, anteanoche. **Turn ~ into day**, hacer de la noche día. **night·ie** (*also* **nighty**) [~i] *n* INFML camisón *m*. **night·ly** [~li] **I**. *adj* nocturno/a. **II**. *adv* cada noche; por las noches. **nights** [~s] *adv* INFML por la noche.

night-..., **~-bird** *n* ave *f* nocturna; FIG INFML noctámbulo/a, trasnochador/ra. **~-cap** *n* gorro *m* de dormir, FIG traguito *m* antes de acostarse. **~-club** *n* sala *f* de fiestas, cabaret *m*. **~-dress** *n* camisón *m*. **~-fall** *n* anochecer *m*. **~-gown** *n* camisón *m*. **~-jar** *n* chotacabras *m, sing*. **~-life** *n* vida *f* nocturna, movida *f*. **~-light** *n* lamparilla *f*. **~-long** *adj* de toda la noche. **~-mare** *n* pesadilla *f*. **~-mar·ish** *adj* de pesadilla. **~ safe** *n* cajero *m* nocturno. **~-school** *n* escuela *f* nocturna. **~ shift** *n* turno *m* de noche. **~-shirt** *n* camisón *m*. **~-stick** *n* US porra (*of policeman*). **~-time** *n* noche *f*. **~-watch** *n* vigilante *m* nocturno; vigilancia *f* nocturna. **~-watchman** *n* (*pl* **~men**) vigilante *m* nocturno.

night·in·gale ['naitiŋgeil] *n* ruiseñor *m*.

night·shade ['naitʃeid] *n* BOT hierba *f* mora. **deadly ~**, belladona *f*.

ni·hil·ism ['naiilizəm] *n* nihilismo *m*. **ni·hil·ist** [~ist] *n* nihilista *m,f*. **ni·hil·ist·ic** [,naii'listik] *adj* nihilista *m,f*.

nil [nil] *n* nada *f*; DEP cero *m*.

nim·ble ['nimbl] *adj* **1**. ágil. **2**. FIG vivo/a, despierto/a, listo/a. **~-ness** [~nis] *n* agilidad *f*; viveza *f*. **nim·bly** [~li] *adv* ágilmente; con viveza.

nim·bus ['nimbəs] *n* (*pl* **~es** [~bəsiz] *or* **~bi** [~bai]) **1**. nimbo *m*, aureola *f* (*halo*). **2**. nimbo *m* (*cloud*).

nin·com·poop ['niŋkəmpu:p] *n* INFML memo/a, bobo/a.

nine [nain] nueve. LOC **Dressed up to the nines**, de punta en blanco.

nine·pin ['nainpin] *n* **1**. bolo *m*. **2**. **nine·pins** (juego *m* de) bolos *m,pl*. LOC **Go down like ~s**, caer como moscas.

nine·teen [,nain'ti:n] diecinueve, diez y nueve. **nine·teenth** [,nain'ti:nθ] (*ordinal*) décimonoveno/a, décimonono/a; (*partitive*) diecinueveavo/a. **nine·ty** ['nainti] noventa. LOC **The nine·ties**, los (años) noventa. **Be in one's ~s**, tener más de noventa años.

nin·ny ['nini] *n* INFML bobo/a, memo/a.

ninth [nainθ] *determiner* (*ordinal, partitive*) noveno/a.

nip [nip] **I**. *n* **1**. pellizco *m*. **2**. mordisco *m*. **3**. AGR frío *m* seco, helada *f*. **3**. INFML trago *m*. **4**. pizca *f*, gota *f*. LOC **A ~ in the air**, un frío penetrante. **Feel the ~ of the wind**, sentir el frío del aire. **~ and tuck**, gran competitividad. **II**. *v* (**~pp~**) pellizcar. **2**. pillar. **3**. **~ (at sth)**, morder, dar mordiscos. **4**. (*of ice, frost*) helar, quemar. **5**. beber a traguitos. **6**. INFML correr, apresurarse. **7**. **~ along**, correr. **8**. **~ sth in**, meter (*in sewing*); **~ in**, entrar, colarse. **9**. **~ sth off**, arrancar; **~ off**, largarse. **nip·per** ['nipə(r)] *n* **1**. pinza *f*, pata *f*. **2**. (*pl*) INFML pinzas *f,pl*; tenazas *f,pl*; alicates *m,pl* (*pliers*). **3**. Br INFML chaval *m*.

nip·ple ['nipl] *n* **1**. pezón *m*. **2**. tetilla *f*. **3**. tetina *f*, tetilla *f* (*of a feeding bottle*). **4**. TEC pezón *m* de engrase.

nip·py ['nipi] *adj* INFML **1**. veloz, rápido/a. **2**. cortante (*cold*).

nir·va·na [niə'va:nə] *n* nirvana *m*.

nit [nit] *n* **1**. liendre *f*. **2**. INFML imbécil *m,f*. **nit-pick·ing** *adj, n* PEY puntilloso/a. **nit·ty** ['niti] *adj* lleno/a de liendres. **nit·ty-grit·ty** [,niti 'griti] *n* **the ~** INFML lo esencial.

ni·trate ['naitreit] *n* QUIM nitrato *m*. **nitre** (US **niter**) ['naitə(r)] QUIM *n* nitro *m*, nitrato *m* potásico *or* sódico. **ni·tric** ['naitrik] QUIM *adj* nítrico/a. **~ acid**, ácido *m* nítrico. **ni·tro·gen** ['naitrədʒən] *n* QUIM nitrógeno *m*. **ni·tro·gen·ous** [nai'trɔdʒinəs] *adj* nitrogenado/a. **ni·tro·gly·cer·in(e)** [,naitrəu'glisəri:n] *n* nitroglicerina *f*. **ni·trous** ['naitrəs] *adj* QUIM nitroso/a.

nit·wit ['nitwit] (*also* **nit**) *n* INFML imbécil *m,f*. **nit·wit·ted** [,nit'witid] *adj* INFML imbécil *m,f*.

nix [niks] SL **I**. *n* nada *f*. **II**. *v* vetar. **III**. *adv* no.

no [nəu] **I**. *adj* **1**. ningún *m*, ninguna *f*: *No words can express it*, Ninguna palabra puede expresarlo. **2**. prohibido/a: *No parking*, Prohibido aparcar. **no man, no one**, nadie. **no man's land**, tierra *f* de nadie. **no-claim bonus**, bonificación *f* por no siniestralidad. **no matter**, no importa. **with no...**, sin... **II**. *adv* **1**. no. **say no**, decir que no. **2**. (*in front of adjectives or nouns to express the opposite*) nada (de): *He's no fool*, no es nada tonto. **no longer/more**, ya no. **no sooner**, apenas, no bien. **III**. *n* no *m*; voto *m* negativo.

nob [nɔb] *n* SL PEY pez *m* gordo.

nob·ble ['nɔbl] *v* BR SL **1.** drogar. **2.** sobornar (*person*). **3.** birlar. **4.** echar el guante, pescar (*criminal*).

no·bil·ity [nəu'biləti] *n* nobleza *f*. **no·ble** ['nəubl] **I.** *adj* **1.** noble. **2.** grandioso/a, espléndido/a (*impressive*). **II.** *n* noble *m,f*. **no·ble·man, no·ble·woman** *n* noble *m,f*. **no·bly** ['nəubli] *adv* noblemente.

no·bo·dy ['nəubədi] **I.** *pron* nadie. ~ **but**..., nadie excepto... ~ **else**, nadie más. **II.** *n* nadie *m*. **A** ~, un don nadie.

noc·turn·al [nɔk'tɜ:nl] *adj* nocturno/a. **noc·turne** ['nɔktɜ:n] *n* **1.** MUS nocturno *m*. **2.** ART escena *f* nocturna.

nod [nɔd] **I.** *v* (**~dd~**) **1.** indicar, expresar con la cabeza (*approval, a welcome*). **2.** ~ **(to/at sb)**, asentir con la cabeza (*in agreement*); saludar con la cabeza. **3.** dar cabezadas (*when asleep*). **4.** (*of flowers*) balancearse, mecerse. **5.** ~ **off** INFML echar una cabezada. LOC ~ **one's head**, asentir con la cabeza. **Have a nodding acquaintance with sb/sth**, conocer por encima/superficialmente. **II.** *n* **1.** inclinación *f* de cabeza. **2.** cabezada *f*. LOC **A ~ is as good as a wink**, a buen entendedor pocas palabras bastan. **On the ~** INFML sin discusión; a crédito.

nod·al ['nəudl] *adj* nodal.

nod·dle ['nɔdl] *n* INFML coco *m*, mollera *f* (*head*).

node [nəud] *n* **1.** BOT nudo *m*. **2.** MED, FIS, MAT nodo *m*.

no·dule ['nɔdju:l] *n* nódulo *m*. **no·dul·ar** [~lə(r)], **no·dul·at·ed** [~leitid] *adj* nodular.

No·el [nəu'el] *n* Navidad *f*.

nog·gin ['nɔgin] *n* **1.** copita *f* (*quarter of a pint*). **2.** INFML coco *m* (*head*).

no·how ['nəuhau] *adv* INFML de ninguna manera.

noise [nɔiz] **I.** *n* **1.** ruido *m*. **2. noises**, comentarios *m,pl*. LOC **Make polite ~s about**, hacer comentarios vacuos sobre. **A big** ~, un pez gordo. **Make a lot of ~ about**, quejarse en voz alta de, armar un escándalo. **II.** *v* ~ **sth abroad**, FML divulgar, propalar. **~less** [~lis] *adj* silencioso/a, sin ruido. **~less·ness** [~lisnis] *n* silencio *m*. **noi·some** ['nɔisəm] *adj* FML nocivo/a; repulsivo/a (*disgusting*); fétido/a. **nois·y** ['nɔisi] *adj* ruidoso/a, bullicioso/a. **It's too ~**, hay demasiado ruido. **nois·i·ly** [~ili] *adv* ruidosamente. **nois·i·ness** [~nis] *n* ruido *m*, bullicio *m*.

no·mad ['nəumæd] *n* nómada *m,f* (*also* FIG). **no·mad·ic** [nəu'mædik] *adj* nómada *m,f*.

nom de plume [,nɔmdə'plu:m] *n* pseudónimo *m*.

no·men·cla·ture [nə'menklətʃə(r)] *n* FML nomenclatura *f*.

nom·in·al ['nɔminl] *adj* nominal. **nom·in·al·ly** [~nəli] *adv* nominalmente. **nom·in·ate** ['nɔmineit] *v* **1.** ~ **sb (for/as sth)**, nombrar como candidato/a. **2.** ~ **sb (to/as sth)**, nombrar, designar. **nom·in·ation** [,nɔmi'neiʃn] *n* **1.** nombramiento *m*, designación *f*. **2.** propuesta *f* (*as a candidate*).

nom·in·at·ive ['nɔminətiv] **I.** *n* GRAM nominativo *m*. **II.** *adj* GRAM nominativo/a.

nom·in·ee [,nɔmi'ni:] *n* candidato/a propuesto/a.

non·age ['nəunidʒ] *n* FML minoría *f* de edad, falta *f* de madurez.

no·na·gen·ar·i·an [,nɔnədʒi'neəriən] *n, adj* nonagenario/a, noventón/na.

non-ag·gres·sion [,nɔnə'greʃn] *n* no agresión *f*.

non-a·lign·ed [,nɔnə'laind] *adj* no alineado/a. **non-a·lign·ment** [,nɔnə'lainmənt] *n* no alineación *f*.

non-ap·pear·ance [,nɔnə'piərəns] *n* JUR incomparecencia *f*.

non-at·tend·ance [,nɔnə'tendəns] *n* ausencia *f*.

nonce [nɔns] *n* LOC **For the ~**, por el momento. **nonce-word**, palabra *f* inventada para una situación especial.

non·chal·ance ['nɔnʃələns] *n* aplomo *m*, imperturbabilidad *f*, tranquilidad *f*. **non·chal·ant** ['nɔnʃələnt] *adj* tranquilo/a, imperturbable.

non-com·mit·tal [,nɔnkə'mitl] *adj* no comprometido/a, evasivo/a. **non-com·mit·tal·ly** [~li] *adv* sin comprometerse, evasivamente.

non-com·pli·ance [,nɔnkəm'plaiəns] *n* ~ **(with sth)** incumplimiento *m* (de).

non-con·duct·or [,nɔnkən'dʌktə(r)] *n* aislante *m*.

non-con·form·ist [,nɔnkən'fɔ:mist] *n, adj* disidente, no conformista. **non-con·form·ity** (*also* **non-con·form·ism**) **1.** inconformismo *m*. **2.** disidencia *f*, no conformismo *m*. **3.** disconformidad *f*.

non-con·tri·but·ory [,nɔnkən'tribjutri] *adj* no contributivo/a.

non-des·cript ['nɔndiskript] *n, adj* indescriptible, anodino/a.

none [nʌn] **I.** *pron* **1.** ~ **(of)** nadie, ninguno/a de. **2** ~ **of** nada. **3.** ~ **of** (*no part*) nada. **4.** FML (*with comp*) nadie, nada: *None better than you...*, Nadie mejor que tú... ~ **but**, solamente. ~ **other than**, nada menos que. **II.** *adv* de ningún modo, en absoluto: *She's none the better for winning*, Ella no es en absoluto mejor por haber ganado. ~ **the less**, sin embargo, a pesar de todo. ~ **too**, nada: *The pay is none too high*, La paga no es nada alta.

non·en·ti·ty [nɔ'nentəti] *n* **1.** PEY nulidad *f*, cero *m* a la izquierda. **2.** quimera *f*.

none·such (*also* **non·such**) ['nʌnsʌtʃ] *n* FML persona/cosa *f* sin igual.

non-e·vent [nɔni'vent] *n* INFML fracaso *m*.

non-ex·ist·ent [nɔnig'zistənt] *adj* inexistente.

non-fic·tion [,nɔn'fikʃn] *n* literatura *f* no novelesca.

non-flam·mable [,nɔn'flæməbl] *adj* ininflamable.

non·in·ter·fer·ence [ˌnɔnintəˈfiərəns] (*also* **non·in·ter·ven·tion** [ˌnɔnintəˈvenʃn]) *n* no intervención *f*, no injerencia *f*.
non-iron [ˌnɔnˈaiən] *adj* inarrugable, sin necesidad de plancha.
non·ob·serv·ance [ˌnɔnəbˈzɜːvəns] *n* FML incumplimiento *m*, desobediencia *f*.
no-non·sense [ˌnəuˈnɔnsns] *adj* serio/a, de sentido común.
non·pa·reil [ˌnɔnpəˈreil] FML *n, adj* sin par, sin igual.
non-par·ty [ˌnɔnˈpaːti] *adj* (*politics*) independiente.
non-pay·ment [ˌnɔnˈpeimənt] *n* FML impago *m*, falta *f* de pago.
non·plus [ˌnɔnˈplʌs] *v* anonadar, dejar anonadado/a *or* perplejo/a.
non-prof·it [ˌnɔnˈprɔfit] *adj* no lucrativo/a.
non-pro·li·fer·ation [ˌnɔnprəlifəˈreiʃn] *n* no proliferación *f*, limitación *f*.
non-re·si·dent [ˌnɔnˈrezidənt] *adj, n* FML no residente.
non·sense [ˈnɔnsns] **I.** *n* **1.** sinsentido *m*, absurdo *m*. **2.** tonterías *f,pl*, disparates *m,pl*. **II.** *int* ¡tonterías! **non·sens·ic·al** [nɔnˈsensikl] *adj* absurdo/a, disparatado/a.
non-shrink [ˌnɔnˈʃriŋk] *adj* inencogible.
non-skid [ˌnɔnˈskid] *adj* AUT antideslizante.
non-smok·er [ˌnɔnˈsməukə(r)] *n* no fumador/ra. **non-smok·ing** *adj* de/para no fumadores.
non-stick [ˌnɔnˈstik] *adj* antiadherente.
non-stop [ˌnɔnˈstɔp] **I.** *adj* **1.** directo/a, sin escalas (*train, journey, flight, etc*). **2.** ininterrumpido, sin parar. **II.** *adv* sin escalas; sin parar, ininterrumpidamente.
non-U [ˌnɔnˈjuː] *adj* Br INFML (*non-upper-class*) común, vulgar.
non-u·nion [ˌnɔnˈjuːniən] *adj* no sindicado/a.
noo·dle [nuːdl] *n* **1.** fideo *m*. **chicken ~ soup**, sopa *f* de pollo con fideos. **2.** INFML bobo/a.
nook [nuk] *n* rincón *m*, hueco *m*. LOC **Every ~ and cranny**, en todas partes. **Search every ~ and cranny**, remover Roma con Santiago.
noon [nuːn] *n* FML mediodía *m*. **At ~**, al mediodía. **noon·day** [~dei], **noon·tide** [~taid] *n* mediodía *m*.
noose [nuːs] *n* nudo *m* corredizo, lazo *m*. LOC **Put one's head in the ~**, estar con la soga al cuello.
nope [nəup] *int* SL no.
nor [nɔː(r)] *conj, adv* ni (tampoco)
Nord·ic [ˈnɔːdik] *adj* nórdico/a.
norm [nɔːm] *n* norma *f*, pauta *f*.
norm·al [ˈnɔːml] **I.** *adj* normal. **II.** *n* lo normal, normalidad *f*. **norm·al·ity** [nɔːˈmæləti] (*also* **norm·al·cy** [ˈnɔːmlsi]) *n* normalidad *f*. **norm·al·ize, ~·ise** [ˈnɔːməlaiz] *v* normalizar(se). **norm·al·iz·ation, ~·is·ation**, *n* normalización *f*. **morm·al·ly** [ˈnɔːməli] *adv* normalmente.
Nor·man [ˈnɔːmən] *adj, n* normando/a.
norm·at·ive [ˈnɔːmətiv] *adj* FML normativo/a.
Norse [nɔːs] **I.** *n, adj* (*also* **Old N~**) nórdico, escandinavo/a.
north [nɔːθ] **I.** *n* norte *m*. **II.** *adj* del norte, septentrional. **The North Country**, el norte de Inglaterra. **North-country·man**, habitante *m* del norte de Inglaterra. **The North Pole**, el Polo Norte. **III.** *adv* al/hacia el norte. **north·er·ly** [ˈnɔːðəli] **1.** *adj* norte, del norte, septentrional. **2.** *n* viento *m* del norte. **north·ern** [ˈnɔːðən] *adj* del norte, septentrional. **~ hemisphere**, hemisferio *m* norte. **The ~ lights**, la aurora boreal. **north·ern·er** [ˈnɔːðənə(r)] *n* habitante *m* del norte. **north·ern·most** [~məust] *adj* (el punto) más al norte, más septentrional. **north·wards** [ˈnɔːθwədz] (*also* **north·ward**) *adv* hacia el norte.
north-..., **~·bound** *adj* en dirección norte. **~-east** *n* nordeste *m*, noroeste *m*; *adv* hacia el nordeste. **~easter** *n* viento *m* del nordeste. **~-easter·ly** *adj* nordeste, del nordeste; *n* viento *m* del nordeste. **~-eastern** *adj* del nordeste. **~-eastwards** (*also* **~-eastward**) *adv* hacia el nordeste. **~-west** *n* noroeste; *adv* hacia el noroeste. **~west·er** *n* viento *m* del noroeste. **~-west·er·ly** *adj* noroeste, del noroeste; *n* viento *m* del noroeste. **~-west·ern** *adj* del noroeste. **~-west·wards** (*also* **~ward**) *adv* hacia el noroeste.
Nos (*also* **nos**) *abrev* nn., ns. (números).
Nor·we·gi·an [nɔːˈwiːdʒən] **I.** *n* noruego/a; noruego *m* (*language*). **II.** *adj* noruego/a.
nose [nəuz] **I.** *n* **1.** nariz *f*, narices *f,pl*; hocico *m* (*animals*). **2.** morro *m* (*of aircraft, car*); proa *f* (*of ship*). **3.** olfato *m*. LOC **Be no skin off one's ~**, no importarle a uno. **Blow one's ~**, sonarse (la nariz). **By a ~**, por muy poco. **Follow one's ~**, ir todo recto; dejarse llevar por el instinto. **Get up sb's ~**, SL mosquear a alguien. **Have one's ~ in sth**, INFML enfrascarse en, leer con atención. **Keep one's ~ to the grindstone**, INFML trabajar a fondo *or* con ahínco. **Lead sb by the ~**, manejar a alguien a su antojo. **Look down one's ~ at sb/sth**, INFML mirar con desprecio. **On the ~**, US SL en el clavo, con exactitud. **Pay through the ~**, pagar un dineral. **Pick one's ~**, hurgarse en la nariz. **Poke/Stick one's ~ into sth**, INFML meter la nariz en algo. **Thumb one's ~ at sb/sth**, dar un palmo de narices a. **Turn one's ~ up at sth**, INFML despreciar. **Under sb's (very) ~**, INFML ante las propias narices de, en las barbas de. **With one's ~ in the air**, INFML con la cabeza muy alta. **II.** *v* **1.** (*also* **~ out**) olfatear (*also* FIG). **2.** (hacer) avanzar lentamente. **~ one's way**, abrirse paso lentamente. **3.** **~ about/around**, INFML curiosear, meter las narices. **4.** **~ into sth**, curiosear en. **-nos·ed** (*in compounds*), de nariz..., con la nariz...
nose-..., **~-bag** (US **feedbag**) *n* morral *m*, cebadera *f*. **~-bleed** *n* hemorragia *f* nasal. **~-cone** *n* punta *f*, morro *m* (*of a rocket*).

~·dive I. *n* AER picado *m* (*also* FIG). **Take a ~·dive**, caer en picado. II. *v* caer, descender en picado.

nose·gay ['nəuzgei] *n* ramillete *m* de flores.

nos·ey (*also* **nos·y**) ['nəuzi] *adj* INFML PEY entrometido/a, curioso/a. **Nosey Parker** *n* Br INFML PEY metomentodo *m,f*.

nosh [nɔʃ] I. *n* Br SL 1. comida *f*. 2. bocado *m*, tentempié *m*. II. *v* Br SL comer. **nosh-up** *n* Br SL comilona *f*.

nos·tal·gia [nɔ'stældʒə] *n* nostalgia *f*. **nos·tal·gic** [nɔ'stældʒik] *adj* nostálgico/a.

nos·tril ['nɔstrəl] *n* ventana *f* de la nariz.

nos·trum ['nɔstrəm] *n* FML PEY panacea *f*.

not [nɔt] *adv* 1. no. **Certainly not!**, de ninguna manera. **I think not**, creo que no. **Not any more**, ya no. **Not at all**, no hay de qué (*in answer to* **Thank you**); en absoluto (*in answer to a question*). **Not even**, ni siquiera. **Not me**, yo no. **Not one**, ninguno/a, ni uno/a. **Not that...**, no es que... **Not to say**, por no decir. **Not yet**, todavía no.

not·ab·il·ity [,nəutə'biləti] *n* notabilidad *f*. **not·able** ['nəutəbl] I. *adj* notable, señalado/a. II. *n* notable *m* (*person*). **not·ably** ['nəutəbli] *adv* notablemente.

not·ary ['nəutəri] *n* (*also* ~ **public**) notario *m*.

not·ation [nəu'teiʃn] *n* notación *f*.

notch [nɔtʃ] I. *n* 1. muesca *f*, corte *m* (*cut*). 2. FIG punto *m*, grado *m* (*level*). 3. US desfiladero *m*. II. *v* 1. hacer una muesca/corte en. 2. ~ **sth up**, INFML anotarse, apuntarse.

note [nəut] I *n* 1. nota *f*, apunte *m*. 2. nota *f*, recado *m*. 3. nota *f* (*diplomatic*). 4. nota *f*, comentario *m* (*short comment*). 5. (*also* **banknote**) (US **bill**) billete *m*. 6. MUS nota *f*. 7. tecla *f*. 8. tono *m*, nota *f*. 9. atención *f*. **Take ~ of sth**, prestar atención a algo, tomar nota. **Worthy of ~**, digno/a de atención. LOC **Compare ~s**, cambiar impresiones. **Hit/Strike the right/wrong ~**, acertar/desentonar. **Of ~**, de importancia. **Speak from ~s**, hablar utilizando apuntes. **Strike/Sound a ~ of**, hacer una llamada a. II. *v* 1. FML tomar nota de, advertir. 2. ~ **sth down**, anotar, apuntar.

note-..., **~·book** *n* cuaderno *m*, libreta *f*. **~·case** *n* cartera *f*, billetera *f*. **not·ed** *adj* famoso/a, notable. **~·paper** *n* papel *m* de carta (con membrete). **~·worthy** *adj* notable, digno/a de mención.

no·thing ['nʌθiŋ] I. *pron* nada. LOC **A mere ~**, una tontería. **Come to ~**, reducirse a nada. **For ~**, gratis; para nada. **Have ~ on sb**, INFML no ser mejor que; no tener nada en contra de. **Have ~ to do with**, no tener que ver con. **Make ~ of sth**, no sacar nada en claro de; no dar importancia a. **Next to ~**, casi nada. **~ at all**, nada en absoluto. **~ but**, sólo. **~ else**, nada más. **~ if not**, INFML extremadamente, sobre todo. **~ more than**, sólo. **~ much**, poca cosa. **(There's) ~ to it**, no tiene nada de especial, (es) muy simple. **There is ~ (else) for it but to do sth**, no hay más remedio que hacer algo. **Think ~ of sb/sth**, no dar importancia a. II. *adv* de ninguna manera, en absoluto. **~ like**, INFML de ninguna manera igual que. **~ less than**, completamente. **no·thing·ness** [~nis] *n* 1. nada *f*. 2. insignificancia *f*.

no·tice ['nəutis] I. *n* 1. anuncio *m*, letrero *m*. 2. aviso *m*. 3. reseña *f*, crítica *f*. 4. despido *m*, aviso *m* de despido. 5. aviso de desahucio *m* (*of a tenant*). LOC **At short ~**, con poco tiempo de antelación. **Attract/Come into ~**, llamar la atención. **Bring sth to sb's ~**, FML poner en conocimiento de alguien. **Come to one's ~**, FML llegar a conocimiento de uno. **Give ~ of sth/that...**, avisar de algo/de que... **Hand in one's ~**, presentar la dimisión. **Put up a ~**, poner un anuncio. **Take ~ of**, observar, prestar atención a. **Until further ~**, hasta nuevo aviso. **Without previous ~**, sin previo aviso. II. *v* 1. advertir, darse cuenta de (que) (*become aware of*). 2. prestar atención a. 3. reseñar. **no·tice·able** [~əbl] *adj* notable, evidente, patente. **no·tice·ably** [~əbli] *adv* notablemente, evidentemente, patentemente. **no·tice-board** *n* (US **bulletin board**) tablón *m* de anuncios.

no·ti·fi·able ['nəutifaiəbl] *adj* (*diseases, birth*, etc) de declaración obligatoria. **no·ti·fic·ation** [,nəutifi'keiʃn] *n* FML notificación *f*, declaración *f* obligatoria. **no·ti·fy** ['nəutifai] *v* FML **~ sb (of sth); ~ sth to sb**, notificar algo a alguien, informar a alguien de algo.

no·tion ['nəuʃn] *n* 1. idea *f*, concepto *m*. 2. noción *f*, impresión *f*. 3. ~ **(of sth)** (*after* **any, no, some**) idea *f*. 4. **notions**, US artículos *m,pl* de costura. **no·tion·al** ['nəuʃənl] *adj* conceptual, teórico/a; imaginario/a.

no·to·ri·ety [,nəutə'raiəti] *n* PEY mala fama *f*, notoriedad *f*. **no·to·ri·ous** [nəu'tɔ:riəs] *adj* PEY notorio/a. **~·ous·ly** [~li] *adv* PEY notoriamente.

not·with·stand·ing [,nɔtwiθ'stændiŋ] FML I. *prep* a pesar de. II. *adv* no obstante.

nou·gat ['nu:ga:] ['nʌgət] *n* turrón *m* de almendras (*approximately*).

nought [nɔ:t] *n* 1. cero *m*. 2. (*also* **naught**) nada *f*. LOC **~s and crosses** (US **tick-tack-tock**) *n* tres *f,pl* en raya (*game*).

noun [naun] *n* GRAM nombre *m*, sustantivo *m*.

nour·ish ['nʌriʃ] *v* 1. nutrir, alimentar. 2. FIG FML alimentar, fomentar. **nour·ish·ing** [~iŋ] *adj* nutritivo/a, alimenticio/a. **nour·ish·ment** [~mənt] *n* nutrición *f*, alimento *m*.

nous [naus] *n* 1. FIL mente *f*, intelecto *m*. 2. Br INFML sentido *m* común.

nov·el ['nɔvl] I. *adj* nuevo/a, original. II. novela *f*. **nov·el·ette** [,nɔvə'let] *n* novela *f* corta; novela *f* rosa. **nov·el·ist** ['nɔvəlist] *n* novelista *m,f*.

nov·el·ty ['nɔvlty] *n* 1. novedad *f*. 2. baratija *f*.

No·vem·ber [nəu'vembə(r)] *n* (*abrev* **Nov**) noviembre *m*.

nov·ice ['nɔvis] *n* 1. principiante *m,f*, novicio/a, novato/a. 2. REL novicio/a. **no·vi·ci·ate** (*also* **no·vi·ti·ate**) [nə'viʃiət] *n* noviciado *m*: FIG período *m* de aprendizaje.

now [nau] **I.** *adv* **1.** ahora. **2.** entonces. LOC **By ~**, ya. **(Every) ~ and again/then**, de vez en cuando. **From ~ on**, de ahora en adelante. **Not ~**, ahora no. **Now... now...**, ya... ya... **~ or never**, ahora o nunca. **~ then**, bien. **Right ~**, ahora mismo. **Up to ~**, hasta ahora. **II.** *conj* **~ (that)**, ya que, ahora que.

now·a·days ['nauədeiz] *adv* hoy en día, actualmente.

no·way(s) ['nəuwei(z)] *adv* US de ninguna manera.

no·where ['nəuweə(r)] *adv* a ninguna parte (*direction*); en ninguna parte (*location*). **~ else**, en ninguna otra parte. LOC **Come ~ (in a race)**, llegar retrasado/a. **Get ~**, no ir a ninguna parte, no lograr nada. **In the middle of ~**, INFML en el quinto pino.

no·wise ['nəuwaiz] *adv* de ninguna manera.

no·xi·ous ['nɔkʃəs] *adj* FML nocivo/a, dañino/a. **no·xi·ous·ly** [~li] *adv* nocivamente. **no·xi·ous·ness** [~nis] *n* nocividad *f.*

noz·zle ['nɔzl] *n* boca *f*, boquilla *f* (*of hose*); TEC tobera *f*, inyector *m.*

nth [enθ] **I.** *adj* INFML enésimo/a. **II. Nth** (*abrev of* **North**) Norte.

nu·ance ['nju:ans] *n* matiz *m.*

nub [nʌb] *n* quid *m*, meollo *m.*

nu·bile ['nju:bail] *adj* **1.** núbil. **2.** atractivo/a.

nu·cle·ar ['nju:kliə(r)] *adj* nuclear. **~-free** *adj* desnuclearizado/a (*area*, etc). **nu·cle·ic** [nju:'kli.ik] *adj* nucleico/a. **~ acid**, ácido *m* nucleico. **nu·cle·us** ['nju:kliəs] *n* (*pl* **nu·clei** [~kliai]) núcleo *m.*

nude [nju:d] **I.** *adj* desnudo/a. **II.** *n* desnudo *m.* **in the ~**, desnudo/a. **nud·ism** [~izəm] *n* (*also* **naturism**) nudismo *m.* **nud·ist** [~ist] (*also* **naturist**) *n* nudista *m,f.* **nud·ity** ['nju:dəti] *n* desnudez *f.*

nudge [nʌdʒ] **I.** *v* **1.** dar un codazo a (*with the elbow*). **2.** golpear ligeramente. **II.** *n* codazo *m.*

nu·gat·ory ['nju:gətəri] *adj* FML fútil, insignificante.

nug·get ['nʌgit] *n* **1.** pepita *f* (*of metal*). **2.** FIG perla *f.*

nuis·ance ['nju:sns] *n* molestia *f*, fastidio *m*; INFML lata *f.* **Make a ~ of oneself**, dar la tabarra. **What a ~!** ¡Qué fastidio!

nuke [nu:k] **I.** *n* bomba *f* atómica. **II.** *v* atacar con armas atómicas.

null [nʌl] *adj* nulo/a. **~ and void**, JUR nulo y sin valor. **nul·li·fy** ['nʌlifai] *v* **1.** JUR anular, invalidar. **2.** contrarrestar (*counteract*). **nul·li·fic·ation** [,nʌlifi'keiʃn] *n* anulación *f.* **nul·li·ty** ['nʌləti] *n* JUR nulidad *f.*

numb [nʌm] **I.** *adj* entumecido/a; paralizado/a. **II.** *v* entumecer; dejar helado/a *or* paralizado/a. **numb·ness** [~nis] *n* entumecimiento *m.*

num·ber ['nʌmbə(r)] *n* **1.** número *m.* **2. a ~ of**, varios/as. **a large ~ of**, un gran número, muchos/as **3.** FML grupo *m*, conjunto *m.* **4.** (*abrev* **No, no**; US *symbol* **#**) número *m* (*before a figure*). **5.** número *m*, ejemplar *m* (*periodicals*). **back ~s**, números atrasados. **6.** MUS número *m* (*performance*). **7.** GRAM número *m.* **8.** SL monada *f.* **9. numbers** INFML números *m,pl*, matemáticas *f,pl*: *I'm not good at numbers*, No se me dan bien los números/las matemáticas. **the ~s game**, US lotería *f* clandestina. LOC **Any ~ of times**, muchas veces. **Beyond ~**, incontable. **By ~s**, en secuencia numérica. **Have got sb's ~**, SL tener calado/a a alguien, verle el plumero a alguien. **In great ~s**, en grandes cantidades. **~ one**, número uno; INFML un/una servidor/ra. **Sb's ~ is up**, llegarle la hora a alguien. **II.** *v* **1.** numerar, poner número a. **2.** ascender a, sumar (*amount to*). **Sb's/Sth's days are numbered**, los días de alguien/algo están contados. **3. ~ sb/sth among sth**, contar entre. **Be ~ed among**, figurar *or* hallarse entre. **4. ~ off**, MIL numerarse. **num·ber·less** [~lis] *adj* FML innumerable, sin número. **num·ber-plate** (*also* US **licence plate**) *n* matrícula *f.*

nu·mer·al ['nju:mərəl] **I.** *n* número *m*, cifra *f.* **II.** *adj* numeral.

nu·mer·ate ['nju:mərət] *adj* con conocimientos de cálculo. **nu·mer·acy** ['nju:mərəsi] *n* conocimientos *m,pl* de cálculo. **nu·mer·ation** [,nju:mə'reiʃn] *n* MAT numeración *f.* **nu·mer·at·or** ['nju:məreitə(r)] *n* MAT numerador *m.* **nu·mer·ical** [nju:'merikl] *adj* numérico/a. **nu·mer·ic·al·ly** [~kli] *adv* numéricamente. **nu·mer·ous** ['njumərəs] *adj* FML numeroso/a.

nu·mis·mat·ics [,nju:miz'mætiks] *n* numismática *f.* **nu·mis·mat·ic** [~tik] *adj* numismático/a. **nu·mis·mat·ist** [nju:'mizmətist] *n* numismático/a.

num(b)-skull ['nʌmskʌl] *n* INFML PEY tonto/a, bobo/a.

nun [nʌn] *n* monja *f.* **Become a ~**, hacerse monja. **nun·ne·ry** ['nʌnəri] *n* convento *m* (de monjas).

nup·ti·al ['nʌpʃl] *adj* FML nupcial. **nup·ti·als** [-z] *n* FML nupcias *f,pl.*

nurse [nɜ:s] **I.** *n* **1.** MED enfermera *f.* **male ~**, enfermero *m.* **2.** (*also* **~-maid**) niñera *f.* **3.** (*also* **wet ~**) nodriza *f*, ama *f* de leche. **II.** *v* **1.** cuidar, atender. **2.** ser enfermera. **3.** criar, amamantar. **4.** mamar de. **5.** acunar. **6.** FIG cuidar, mimar (*plants, project*). **7.** cuidar(se), vigilar(se). **8.** FIG abrigar, albergar (*hopes*). **9.** guardar, alimentar. **nurs·ery** ['nɜ:səri] *n* **1.** guardería *f* infantil. **2.** cuarto *m* de los niños. **3.** AGR vivero *m*, criadero *m.* **4.** FIG vivero *m*, cantera *f*, semillero *m*, plantel *m.* **~·man** [~mən] *n* (*pl* **~men**) encargado *m* de un vivero. **~ nurse**, puericultora *f.* **~ rhyme**, canción *f* infantil. **~ school**, jardín *f* de infancia, pre-escolar *m*, parvulario *m.* **nurs·ing** ['nɜ:siŋ] **I.** *n* **1.** enfermería *f.* **2.** lactancia *f.* **3.** crianza *f.* **4.** cuidado *m*, asistencia *f.* **II.** *adj* lactante. **~-home**, MED clínica *f* pequeña (*gen* privada).

nur·ture ['nɜ:tʃə(r)] **I.** *v* **1.** nutrir, alimentar; FIG educar, criar. **2.** cuidar. **3.** FIG desarrollar, apoyar (*project, plan*). **II.** *n* cuidado *m*, educación *f*, crianza *f*; cuidado *m*; apoyo *m.*

nut [nʌt] *n* **1.** nuez *f* (*fruit*). **2.** TEC tuerca *f*. **3.** SL coco *m*, melón *m* (*head*). **4. nuts**, bolas *f,pl* de carbón. **5. nuts** SL huevos *m,pl* (*testicles*). **6.** SL PEY (Br **nutter**) loco/a, chiflado/a. **7.** loco/a por, fanático/a de: *Soccer nut*, Loco/a por el fútbol. LOC **Be ~ on sth**, estar loco/a por algo. **A hard/tough ~ (to crack)**, INFML un hueso duro (de roer). **Do one's ~**, Br SL cabrearse. **For nuts/peanuts**, Br SL PEY por nada, por un precio irrisorio. **Off one's ~s**, SL como una cabra.

nut-..., **~-brown**, *adj* de color avellana. **~-case** *n* SL loco/a, chiflado/a. **~-crackers** *n* cascanueces *m*. **~-house** *n* PEY manicomio *m*. **~-shell** *n* cáscara *f* de nuez. LOC **(Put sth) on a ~-shell**, (decir algo) en pocas palabras. **~-meg** *n* BOT nuez *f* moscada.

nu·tri·ent ['nju:triənt] **I.** *n* nutriente *m*, alimento *m* nutritivo, nutrimento *m*. **II.** *adj* nutritivo/a. **nu·tri·ment** ['nju:trimənt] FML, alimento *m* nutritivo.

nu·tri·tion [nju:'triʃn] *n* nutrición *f*, alimentación *f*. **nu·tri·tion·al** [~ʃənl] *adj* nutritivo/a. **nu·tri·tion·ist** [~ʃənist] *n* experto/a en nutrición. **nu·tri·ti·ous** [nju:'triʃəs] *adj* FML nutritivo/a. **nu·trit·ive** ['nju:trətiv] *adj* FML **1.** nutritivo/a. **2.** relativo/a a la nutrición.

nut·ter ['nʌtə(r)] *n* Br INFML loco/a, chiflado/a.

nut·ty [nʌti] *adj* **1.** con sabor a nuez; con nueces. **2.** SL chiflado/a, loco/a, majareta *m,f*. **~ on sth**, loco/a por algo.

nuz·zle ['nʌzl] *v* **1.** hocicar, hozar, acariciar con el hocico. **2. ~ up to sb/sth; ~ (up) against sb/sth**, arrimarse a, pegarse a.

ny·lon ['nailɔn] *n* nylon *m*, nilón *m*, nailon *m*.

nymph [nimf] *n* MIT, POET, ZOOL ninfa *f*.

nym·pho ['nimfəu] *n* (*pl* **~s**) INFML PEY ninfómana *f*. **nym·pho·ma·nia** [,nimfə'meiniə] *n* ninfomanía *f*. **nym·pho·ma·ni·ac** [~'meiniæk] **I.** *n* ninfómana *f*. **II.** *adj* ninfomaníaca *f*.

O, o [əu] *n* **1.** 'o' *f* (*letter*). **2.** cero *m* (*'0'*). **3.** (*also* **oh**) *int* oh.

oaf [əuf] *n* (*pl* **oafs**) zoquete *m*, ceporro *m*. **oaf·ish** *adj* zafio/a, lerdo/a.

oak [əuk] *n* **1.** (*also* **oak-tree**) roble *m*. **2.** (madera *f* de) roble *m*. ~ **grove**, robledal *m*, robledo *m*. **oak·en** ['əukən] *adj* de roble. **oak-apple** *n* (*also* **oak-gall**) agalla *f*.

oar [ɔ:(r)] *n* **1.** remo *m*. **2.** remero/a. LOC **Put/Shove/Stick in one's ~**, INFML entrometerse, meter baza. **Rest on one's oars**, dejar de remar; FIG dormirse en los laureles. **oars·man** ['ɔ:zmən] (*pl* **~men**), **oars·woman** (*pl* **~women**) *n* remero/a.

oa·sis [əu'eisis] *n* (*pl* **oa·ses** [əu'eisi:z]) oasis *m*; FIG oasis *m*, remanso *m*.

oast [əust] *n* secadero *m* (*de lúpulo*).

oat [əut] (*gen* **oats**) *n* BOT avena *f*, *sing*. LOC **Be getting one's ~s**, INFML comerse una rosca con regularidad (*have sex*). **Be off one's ~s**, INFML haber perdido el apetito. **Feel one's ~s**, sentirse o actuar con energía. **Sow one's wild ~s**, INFML correrla, pasárselo en grande. **~cake** *n* torta *f* de avena. **~meal** *n* harina *f* de avena.

oath [əuθ] *n* (*pl* **~s** [əuðz]) **1.** juramento *m*. **2.** blasfemia *f*, juramento *m*. LOC **Be on/under ~**, JUR estar bajo juramento. **On my ~**, bajo mi palabra *f* de honor. **Put/Place sb on/under ~**, JUR hacer prestar juramento a alguien. **Swear/Take an ~**, JUR prestar juramento. **Take an ~ of allegiance**, MIL jurar bandera.

ob·du·ra·cy ['ɔbdjuərəsi] *n* obstinación *f*, terquedad *f*. **ob·dur·ate** ['ɔbdjuərət] *adj* FML obstinado/a, terco/a. **ob·dur·ate·ly** [~li] *adv* obstinadamente, tercamente.

o·be·di·ence [ə'bi:diəns] *n* obediencia *f*. **o·be·di·ent** [ə'bi:diənt] *adj* obediente. **Your ~ servant**, FML su seguro servidor. **o·be·di·ent·ly** [~li] *adv* obedientemente.

o·beis·ance [əu'beisns] *n* FML reverencia *f*. LOC **Do/Pay/Make ~ to sb**, rendir homenaje a (a alguien).

o·bel·isk ['ɔbəlisk] *n* obelisco *m*.

o·bese [əu'bi:s] *adj* MED FML obeso/a. **o·bes·ity** [əu'bi:səti] *n* obesidad *f*.

o·bey [ə'bei] *v* obedecer; acatar, respetar; observar (*rules*).

ob·fusc·ate ['ɔbfəskeit] *v* FML ofuscar.

o·bit·u·ary [ə'btʃuəri] (INFML **obit**) **I.** *n* necrología *f*, obituario *m*. **II.** *adj* necrológico/a. ~ **notice**, nota *f* necrológica, esquela *f* de defunción.

ob·ject I. *n* ['ɔbdʒikt] **1.** objeto *m* (*thing*). **2.** objetivo *m*, objeto *m*, propósito *m*. **3.** Br INFML mamarracho *m*. **4.** GRAM objeto *m*, complemento *m*. LOC **Be no ~**, no ser obstáculo/óbice, no importar: *Expense is no object*, No importa lo que cueste. **II.** *v* [əb'dʒekt] **1.** **~ (to sb/sth)** oponerse (a algo), poner reparos (a algo). **2.** objetar, poner como objeción. ~ **glass/lens** *n* objetivo *m*. ~ **lesson** *n* lección *f* práctica, ejemplo *m*. **ob·jec·tion** [əb'dʒekʃn] *n* **~ (to sth/doing sth)**, objeción *f*. LOC **If you have no ~**, si no tiene inconveniente. **Raise an ~**, poner reparos. **ob·jec·tion·able** [~ʃənəbl] *adj* **1.** censurable, inaceptable. **2.** molesto/a, desagradable.

ob·ject·ive [əb'dʒektiv] *adj*, *n* objetivo/a. **ob·ject·ive·ly** [~li] *adv* objetivamente. **ob·jec·tiv·ity** [,ɔbdʒek'tivəti] *n* objetividad *f*.

ob·ject·or [əb'dʒektə(r)] *n* objetante *m,f*, objetor/ra. **conscientious ~**, objetor *m* de conciencia.

ob·jurg·ate ['ɔbdʒɜ:geit] *v* reprender, amonestar.

obl·ate ['ɔbleit] *adj* **1.** (*geometry*) achatado/a por los polos. **2.** REL oblato/a. **obl·ation** [əu'bleiʃn] *n* REL oblación *f* (*offering*).

ob·lig·ate ['ɔbligeit] *v* FML obligar. **ob·lig·ation** [,ɔbli'geiʃn] *n* **1.** obligación *f*. **2.** COM compromiso *m*. LOC **Be under an/no ~ to sb**, tener mucho/no tener nada que agradecer a alguien. **Be under an/no ~ to do sth**, (no) estar obligado/a a hacer algo. **Fulfil an ~**, cumplir con una obligación. **Meet one's ~s**, cumplir uno con sus obligaciones. **Place/Put sb under an ~**, obligar a alguien a hacer algo. **Without ~**, sin compromiso. **ob·lig·at·ory** [ə'bligətri] *adj* FML obligatorio/a. **ob·lige** [ə'blaidʒ] *v* **1.** obligar (a hacer algo). **2.** **~ sb (with sth/by doing sth)** FML hacer un favor. **ob·lig·ed** [~d] *adj* **~ (to sb) (for sth/doing sth)**, agradecido/a por algo/hacer algo. **Much obliged**, muy agradecido/a, muchas gracias. **ob·lig·ing** [~iŋ] *adj* servicial, amable. **ob·lig·ing·ly** [~iŋli] *adv* amablemente.

ob·lique [ə'bli:k] **I.** *adj* **1.** oblicuo/a. **2.** FIG indirecto/a. **II.** *n* (*also* **~ stroke**) barra *f* (/). **ob·lique·ly** [~li] *adv* oblicuamente, indirectamente. **ob·li·qui·ty** [ə'blikwəti] (*also* **ob·li·que·ness**) *n* oblicuidad *f*; FIG desviación *f*, falta *f* de rectitud; indirectas *f,pl*, rodeos *m,pl*.

ob·lit·er·ate [ə'blitəreit] *v* FML borrar, quitar, FIG eliminar; destruir, arrasar; MED obliterar. **ob·lit·er·ation** [ə,blitə'reiʃn] *n* borrado *m*;

eliminación *f*; destrucción *f*; MED obliteración *f*.

ob·li·vion [ə'bliviən] *n* 1. olvido *m*. **Fall/ Sink into ~**, caer en el olvido. 2. inconsciencia *f*. **ob·li·vi·ous** [ə'bliviəs] *adj* **~ of/to sth**, inconsciente de algo. **ob·li·vi·ous·ness** [~nis] *n* olvido *m*.

ob·long ['ɔblɔŋ] **I**. *n* rectángulo *m*. **II**. *adj* oblongo/a.

ob·lo·quy ['ɔbləkwi] *n* FML deshonra *f*, oprobio *m*.

ob·nox·i·ous [əb'nɔkʃəs] *adj* desagradable, molesto/a (*unpleasant*); repugnante (*nasty*); detestable. **ob·nox·i·ous·ly** [~li] *adv* desagradablemente, etc. **ob·nox·i·ous·ness** [~nis] *n* lo desagradable, lo molesto; lo repugnante.

oboe ['əubəu] *n* MUS oboe *m*. **~ player, obo·ist** ['əubəuist] *n* oboísta *m,f*.

ob·scene [əb'si:n] *adj* obsceno/a. **ob·scene·ly** [~nili] *adv* obscenamente. **ob·scen·ity** [əb'senəti] *n* obscenidad *f*.

ob·scure [əb'skjuə(r)] **I**. *adj* oscuro/a. **II**. *v* oscurecer; FIG ocultar; FIG eclipsar. **ob·scure·ly** [~li] *adv* oscuramente. **ob·scur·ity** [əb'skjuərəti] *n* oscuridad *f* (*also* FIG).

ob·se·quies ['ɔbsikwiz] *n* FML exequias *f,pl*.

ob·se·qui·ous [əb'si:kwiəs] *adj* PEY **~ (to sb)**, obsequioso/a, servil. **ob·se·qui·ous·ly** [~li] *adv* obsequiosamente. **ob·se·qui·ous·ness** [~nis] *n* obsequiosidad *f*.

ob·serv·able [əb'zɜ:vəbl] *adj* observable, perceptible. **ob·serv·ance** [əb'zɜ:vəns] *n* 1. **~ (of sth)**, observancia *f* de, cumplimiento *m* de. 2. **~s**, prácticas *f,pl*. **ob·serv·ant** [əb'zɜ:vənt] *adj* 1. observador/ra, perspicaz. 2. FML cumplidor/ra, observante. **ob·serv·ation** [,ɔbzə'eiʃn] *n* 1. observación *f*. 2. observancia *f*, respeto *m*. **Be under ~**, estar bajo vigilancia/observación. LOC **Keep sb under ~**, mantener bajo vigilancia/observación. **~ car** *n* vagón *m* panorámico. **~ post** *n* puesto *m* de observación. **ob·serv·at·ory** [əb'zɜ:vətri] *n* observatorio *m*. **ob·serve** [ə'bzɜ:v] *v* 1. observar. 2. notar, advertir. 3. FML observar, obedecer, respetar, cumplir. 4. FML observar, respetar, guardar. 5. FML observar, decir (*remark*). **ob·serv·er** [~ə(r)] *n* observador/ra .

ob·sess [əb'ses] *v* obsesionar. **ob·ses·sion** [əb'seʃn] *n* **~ (with/about sb/sth)**, obsesión *f* con/por algo. **ob·ses·sion·al** [əb'seʃənl] *adj* PEY obsesivo/a. **ob·sess·ive** [əb'sesiv] **I**. *adj* PEY obsesivo/a. **II**. *n* obsesionado/a. **ob·sess·ive·ly** [~li] *adv* obsesivamente.

ob·sol·es·cence [,ɔbsə'lesns] *n* caída *f* en desuso. **ob·sol·es·cent** [,ɔbsə'lesnt] *adj* algo anticuado/a.

ob·so·lete ['ɔbsəli:t] *adj* anticuado/a, caído/a en desuso; pasado/a de moda (*out of fashion*).

obs·ta·cle ['ɔbstəkl] *n* obstáculo *m*. LOC **~ race**, carrera *f* de obstáculos.

ob·ste·tric [əb'stetrik] (*also* **~al** [~ikl]) *adj* MED obstétrico/a. **ob·ste·tri·ci·an** [,ɔbstə'triʃn] *n* MED tocólogo/a, obstétrico/a. **ob·ste·trics** [əb'stetriks] *n* MED obstetricia *f*.

ob·stin·acy ['ɔbstənəsi] *n* obstinación *f*, terquedad *f*. **ob·stin·ate** ['ɔbstənət] *adj* obstinado/a, terco/a; rebelde, pertinaz (*stain, disease*).

ob·stre·pe·rous [əb'strepərəs] *adj* FML desmandado/a, revoltoso/a; ruidoso/a. **~·ness** [~nis] *n* alboroto *m*, ruido *m*.

ob·struct [əb'strʌkt] *v* 1. obstruir, bloquear. 2. estorbar, dificultar. 3. atascar, obstruir (*pipes, etc*). **ob·struc·tion** [əb'strʌkʃn] *n* obstrucción *f*, bloqueo *m*; estorbo *m*; atasco *m*, DEP obstrucción *f*. **ob·struc·tion·ism** [-ʃənizəm] *n* FML obstruccionismo *m*. **obs·truc·tion·ist** [-ʃənist] *n* FML obstruccionista *m,f*. **ob·struct·ive** [əb'strʌktiv] *adj* obstructivo/a, obstructor/ra.

ob·tain [əb'tein] *v* 1. obtener, conseguir. 2. FML (*rules, traditions*) prevalecer, subsistir. **ob·tain·able** [~əbl] *adj* asequible.

ob·trude [əb'tru:d] *v* **~ (sth) (on/upon sb/sth)** FML imponer algo a (*ideas, opinions*). 2. **~ oneself**, entrometerse. **ob·tru·sion** [əb'tru:ʒn] *n* FML 1. imposición *f*. 2. entrometimiento *m*. **ob·trus·ive** [əb'tru:siv] *adj* 1. llamativo/a (*obvious*). 2. importuno/a, molesto/a. 3. entrometido/a. **ob·trus·ive·ly** [~li] *adv* llamativamente; molestamente. **ob·trus·ive·ness** [~nis] *n* importunidad *f*; entrometimiento *m*.

ob·tuse [əb'tju:s] *adj* 1. FML PEY obtuso/a, torpe, tardo/a en comprender. 2. MAT obtuso/a (*angle*). **ob·tuse·ly** [~li] *adv* obtusamente, etc. **ob·tuse·ness** [~nis] *n* torpeza *f*, estupidez *f*.

ob·verse ['ɔvɜ:s] *n* FML 1. anverso *m*. 2. FIG lo opuesto, lo contrario.

ob·vi·ate ['ɔbvieit] *v* FML obviar, evitar.

ob·vi·ous ['ɔbviəs] *adj* obvio/a, patente, evidente. **ob·vi·ous·ly** [~li] *adv* obviamente. **ob·vi·ous·ness** [~nis] *n* evidencia *f*.

o·ca·ri·na [,ɔkə'ri:nə] *n* MUS ocarina *f*.

oc·ca·sion [ə'keiʒn] **I**. *n* 1. ocasión *f*. 2. **~ (for sth)**, ocasión *f*, oportunidad *f*. 3. FML razón *f*, motivo *m*. 4. ocasión *f*, circunstancia *f*. 5. FML chispa *f* desencadenante. LOC **Give ~ to**, dar lugar a. **(Have) a sense of ~**, (tener) sentido de la oportunidad. **If the ~ arises**, si surge/se presenta la ocasión. **On ~**, FML de vez en cuando. **On one ~**, en una ocasión. **On rare ~s**, raramente. **On the ~ of sth**, FML con motivo de. **II**. *v* **~ sth (to sb)**, FML ocasionar, causar. **oc·ca·sion·al** [ə'keiʒənl] *adj* 1. ocasional, poco frecuente. 2. **an ~** (+ *n*): para casos de necesidad. 3. FML para el caso, especial para la ocasión (*music, poem*, etc). **~ table**, mesita *f*. **oc·ca·sion·al·ly** [~nəli] *adv* de vez en cuando.

Oc·ci·dent ['ɔksidənt] *n* occidente *m*. **Oc·ci·dent·al** [,ɔksi'dentl] *adj, n* occidental.

oc·cult [ɔ'kʌlt] **I**. *adj* oculto/a, secreto/a. **II**. *n* **the ~** *n* ocultismo *m*. **oc·cult·ism** ['ɔkəltizəm] *n* FML ocultismo *m*. **oc·cult·ist** [~tist] *n* FML ocultista *m,f*.

oc·cup·ancy ['ɔkjupənsi] *n* ocupación *f*, tenencia *f*. **oc·cup·ant** ['ɔjupənt] *n* ocupante *m,f*, inquilino/a. **oc·cup·ation** [,ɔkju'peiʃn] *n* ocupación *f*. **oc·cup·ation·al** [~ʃənl] *adj* profesional. ~ **disease**, enfermedad *f* profesional. ~ **hazard**, riesgos *m,pl or* gajes *m,pl* del oficio. ~ **therapy**, terapia *f* laboral. ~ **therapist**, especialista *m,f* en terapia laboral.

oc·cu·pi·er ['ɔkjupaiə(r)] *n* ocupante *m,f*; inquilino/a. **oc·cu·py** ['ɔkjupai] *v* **1**. ocupar, habitar (en) (*house, land*). **2**. MIL ocupar. **3**. ocupar, emplear. **4**. ocupar (*position, post*). **5**. ocuparse en. **oc·cu·pi·ed** [~d] *adj* ocupado/a.

oc·cur [ə'kɜ:r] *v* (~**rr**~) **1**. ocurrir, suceder, tener lugar. **2**. FML aparecer, encontrarse, darse. **3**. presentarse. **4**. ~ **to sb**, ocurrírsele a uno. **oc·cur·ence** [ə'kʌrəns] *n* **1**. suceso *m*, acontecimiento *m* (*event*). **2**. FML presencia *f*, existencia *f* (*existence*).

o·ce·an ['əuʃn] *n* **1**. océano *m*. **2**. FIG ~**s of sth**, la mar de. **o·ce·an·ic** [,əuʃi'ænik] *adj* FML oceánico/a. **o·ce·an·o·gra·phy** [,əuʃə'nɔgrəfi] *n* oceanografía *f*. **o·ce·an·o·gra·pher** [~grəfə(r)] *n* oceanógrafo/a. **o·ce·an-going** *adj* (*of ships*) transatlántico/a. **o·ce·an lane** *n* ruta *f* transoceánica *or* transatlántica.

o·ce·lot ['əusilɔt] *n* ZOOL ocelote *m*.

o·chre (*also* **ocher**) ['əukə(r)] *n* ocre *m*. **o·chre·ous, o·che·rous** [~əs] *adj* de color ocre.

o'clock [ə'klɔk] *adv* en punto: *At two o'clock*, A las dos (en punto).

oc·ta·gon ['ɔktəgən] *n* octágono *m*, octógono *m*. **oc·ta·gon·al** [ɔk'tægənl] *adj* octagonal, octogonal. **oct·ane** ['ɔktein] *n* octano *m*. ~ **number** (*also* ~ **rating**) octanaje *m*. **oct·ave** ['ɔktiv] *n* **1**. MUS octava *f*. **2**. (*also* **octet**) POET octava *f*. **oct·avo** [ɔk'teivəu] *n* (*pl* ~**s**) (libro *m or* página *f* en) octavo *m*.

oct·et (*also* **octette**) [ɔk'tet] *n* **1**. MUS octeto *m*. **2**. POET octava *f*.

Oc·to·ber [ɔk'təubə(r)] *n* (*abrev* **Oct**) octubre *m*.

oc·to·gen·ar·i·an [,ɔktədʒi'neəriən] *n* octogenario/a.

oc·to·pus ['ɔktəpəs] *n* (*pl* ~**es** [~si:z]) ZOOL pulpo *m*.

oc·ul·ar ['ɔkjulə(r)] *adj* FML ocular. **oc·ul·ist** ['ɔkjulist] *n* oculista *m,f*.

odd [ɔd] **I**. *adj* **1**. extraño/a, raro/a. **How ~!**, ¡Qué raro! **2**. (*numbers*) impar. **3**. suelto/a: *An odd shoe*, un zapato suelto. **4**. desparejado/a, cambiado/a. **5**. sobrante. **6**. (*after a number*) y pico: *Three hundred odd*, Trescientos/as y pico. **7**. alguno/a, alguno/a que otro/a. LOC **At ~ times**, alguna que otra vez. ~ **coins**, monedas sueltas. ~ **jobs**, trabajitos *m,pl*, chapuzas *f,pl*. ~ **job man**, chapucero *m*. ~ **moments**, ratos perdidos. ~ **size**, talla *f* poco corriente. **The/An ~ man/one out**, sobrante, de más; excepcional, fuera de sitio. **II**. **odds** *n,pl* **1**. posibilidades *f,pl*, probabilidades *f,pl*. **2**. desigualdad *f*, superioridad *f*, ventaja *f*. LOC **Fight against heavy ~**, luchar en desventaja. **3**. (*in betting*) apuestas *f,pl*, puntos *m,pl* de ventaja: *The ~ are six to one*, Las apuestas están 6 contra 1. LOC **Against (all) the ~**, contra (todo) pronóstico. **Be at ~ (with sb) (over/on sth)**, estar en desacuerdo (con alguien) (en/sobre algo). **Give/Receive ~**, DEP dar/tener ventaja. **It makes no ~**, da lo mismo. **Lay (sb) ~ (of)**, apostar (algo) (con alguien). ~ **and ends/sods**, cosillas *f,pl*, restos *m,pl*, cabos *m,pl* sueltos. **Over the ~**, INFML por encima de lo esperado. **What's the ~?**, INFML ¿Qué importa? **odds-on** *adj* probable, casi seguro/a. **odd·ity** ['ɔditi] *n* (*also* **oddness**) **1**. rareza *f*, singularidad *f*. **2**. cosa *f or* persona *f* rara, curiosidad *f*.

odd..., ~ **ball** *n* INFML bicho *m* raro. ~**-looking** *adj* de apariencia extraña.

odd·ly ['ɔdli] *adv* extrañamente. ~ **enough**, por extraño que parezca. **odd·ness** ['ɔdnis] *n* rareza *f*, singularidad *f*.

odd·ment ['ɔdmənt] *n* (*gen pl*) COM saldo *m* (*left over*); retal *m* (*of fabric*); artículo *m* suelto.

ode [əud] *n* oda *f*.

o·di·ous ['əudiəs] *adj* FML odioso/a, detestable. ~**·ness** [~nis] *n* odio *m*, odiosidad *f*.

o·di·um ['əudiəm] *n* FML odio *m*.

o·do·me·ter [ɔ'dɔmitə(r)] *n* odómetro *m*.

o·don·to·lo·gy [ɔdɔn'tɔlədʒi] *n* odontología *f*. **o·don·to·lo·gist** [~dʒist] *n* odontólogo/a.

o·dor·ous ['əudərəs] *adj* FML oloroso/a, con olor. **o·dour** (US **odor**) ['əudə(r)] *n* FML olor *m*; aroma *f*. LOC **Be in good/bad ~ (with sb)**, llevarse bien/mal con. **o·dour·less** [~lis] *adj* inodoro/a, sin olor.

oe·cu·men·ic·al (*also* **ecu-**) [i:kju:'menikl] *adj* ecuménico/a.

oede·ma [i:'di:mə] *n* MED edema *m*.

oe·so·pha·gus (*also* **eso·pha·gus**) [i'sɔfəgəs] *n* MED esófago *m*.

oes·tro·gen ['is:trədʒən] (*also* **es·tro·gen**) MED estrógeno *m*.

of [əv] [ɔv] *prep* **1**. de (*most senses*). **2**. **deprive sb of sth**, privar a alguien de algo; **dream of**, soñar con; **rob sb of sth**, robar algo a alguien; **smell of**, oler a; **taste of**, saber a. **think of**, pensar en. **3**. (*for special translations when complementing certain nouns see the noun entries*) **fear of**, miedo *m* a; **love of**, amor *m* a; **smell of**, olor *m* a. **4**. **of an evening**, por la noche. **of a Sunday**, los domingos. **of late**, recientemente. **5**. US para, menos: *Quarter of six*, Seis menos cuarto. LOC **All of them**, todos ellos. **Of age**, mayor de edad. **Very kind of you**, muy amable de su parte.

off [ɔf] **I**. *adv* **1**. **be/go off**, marcharse; **give off**, despedir, emitir (*smell*, etc); **turn sth off**, apagar, desconectar. 2. lejos; (*very often translated after the expression of distance*) a (*space*), dentro de (*time*): *The sea is twenty miles off*, El mar está a 20 millas. *The concert is two days off*, El concierto es dentro de dos días. **3**. (*with prices*) menos, de descuento: *All umbrellas have 10% off*, Todos los paraguas tienen un 10% de descuento. LOC **A long way off**, muy lejos. **Off**

and on; On and off, de vez en cuando; sí es, no es. **Off with sb!**, ¡Fuera de aquí! **Some way off**, a cierta distancia. **II.** *prep* **1.** de (*removal, away from*) **fall off sth**, caer(se) de; **jump off sth**, saltar de/desde; **take sth off sth**, quitar de. **2.** lejos de, apartado/a, a (*distance*): *Twenty miles off the house*, A veinte millas de la casa. **3.** que sale *or* parte de (*road, street*). **4.** NAUT a la altura de, frente a: *An island off the coast of...*, Una isla frente a la costa de... **5.** INFML **Be off sth** (*food*), desganado/a; (*habit*) sin, superado/a. **Be off work**, faltar al trabajo, estar sin trabajo. **Off the wind**, viento en popa. **III.** *adj* **1.** (*of food*) malo/a, pasado/a; rancio/a; (*of milk*) agrio/a. **2.** (*event*) suspendido/a, cancelado/a: *The wedding is off*, La boda ha sido cancelada. **3.** (*appliances*) apagado/a, desconectado/a; (*tap*) cerrado/a. **4.** (*gas, water, electricity*) cortado/a. **5.** (*day*) malo/a. **6.** (*away from work*) libre: *I'm off today*, Hoy estoy libre/no trabajo. **7.** agotado/a, haberse acabado, no quedar. LOC **Be off for sth** INFML andar de. **Be well off**, estar bien de dinero; vivir desahogado/a. **Off season**, temporada baja; fuera de temporada. **Off side**, AUT del lado del conductor. **IV.** *n* **1.** DEP salida. **2.** (*in cricket*) parte del campo frente al bateador.

of·fal ['ɔfl] *n* despojos *m,pl*, menudos *m,pl* (*of an animal*).

off-beat [,ɔf'bi:t] *adj* INFML excéntrico/a, poco convencional. **off-cut** ['ɔfkʌt] *n* recorte *m*. **off-day** ['ɔfdei] *n* INFML día bajo, día malo.

of·fence (US **of·fense**) [ə'fəns] *n* **1.** ~ **(against sth)**, JUR delito *m* (contra). **minor** ~, falta *f* leve. **second** ~, JUR reincidencia *f*. **2.** ~ **(to sb/sth)**, ofensa *f*, insulto *m* (*also* FIG). LOC **Give** ~, ofender. **No** ~ **(to sb)**, sin intención de ofender (a alguien). ~ **to the eye/ear**, ofensa *f* para la vista/el oído. **Take** ~ **(at sth)**, sentirse ofendido/a. **of·fend** [ə'fend] *v* **1.** ofender (*person*). **2.** lastimar, herir (*ear, eye*). **3.** ~ **against sb/sth**, FML violar (*rules*, etc); pecar contra, ir contra. **of·fend·er** [ə'fendə(r)] *n* **1.** JUR delincuente *m,f*. **first** ~, delincuente sin antecedentes penales. **persistent** ~, delincuente reincidente. **2.** JUR culpable *m,f*. **3.** ofensor *m*. **of·fense** [ə'fens] *n* **1.** US V. **offence**. **2.** US DEP táctica *f* ofensiva; ofensiva *f*. **of·fens·ive** [ə'fensiv] **I.** *adj* **1.** ofensivo/a, insultante. **2.** repugnante, insoportable (*repulsive*). **3.** FML ofensivo/a. **II.** *n* ofensiva *f*. **Be on the** ~, estar a la ofensiva. **Go on/Take the** ~, tomar la ofensiva. **of·fens·ive·ly** [~li] *adv* ofensivamente; repugnantemente; insoportablemente. **of·fens·ive·ness** [~nis] *n* lo ofensivo; lo repugnante; lo insoportable.

of·fer ['ɔfə(r)] **I.** *v* **1.** ofrecer. **2.** ~ **(to do sth)** ofrecerse (a/para hacer algo). **3.** (*of an opportunity*) aparecer, presentarse. **4.** ofrecer, presentar (*resistance*). **5.** proponer (*plan, project*). **6.** FML deparar, brindar. **7.** (*reflexive*) FML presentarse (*occasion*). **8.** ~ **(up)** FML REL ofrendar, ofrecer. **II.** *n* **1.** ~ **(to sb/to do sth)**, ofrecimiento *m*. ~ **of marriage**, petición *f* de mano, propuesta *f* de matrimonio. **On** ~, en oferta. **2.** ~ **(for sth)**, oferta (por). **of·fer·ing** ['ɔfəriŋ] **1.** oferta (*action*). **2.** FML ofrecimiento *m*; REL ofrenda *f*. **peace** ~, ofrenda *f* de paz. **of·fert·ory** ['ɔfətri] FML REL ofertorio *m*.

off·hand [,ɔf'hænd] **I.** (*also* **off·hand·ed**) *adj* brusco/a; desenvuelto/a, informal. **II.** (*also* **off·hand·ed·ly**) *adv* sin pensar, de improviso.

of·fice ['ɔfis] *n* **1.** oficina *f*. **head** ~, oficina *f* central. **2.** despacho *m*; bufete *m* (*of a lawyer*). **3. Office**, Ministerio *m*. **Foreign O~**, Ministerio de Asuntos Exteriores. **Home O~**, Ministerio del Interior. **4.** oficina *f* (*service*). LOC **Lost property** ~, oficina de objetos perdidos. **post** ~, oficina/estafeta *f* de correos. **5.** puesto *m*, cargo *m* (*gen public*). LOC **Hold** ~, ocupar el cargo. **Take** ~, tomar posesión. **6.** poder *m*, gobierno *m*. **In** ~, en el gobierno. **Lay down** ~, FML dimitir de un cargo. **Out of** ~, fuera del gobierno. **7. Office**, REL Oficio *m*. LOC **Through sb's good offices**, FML mediante los buenos oficios de alguien. ~ **boy/girl** *n* recadero/a, botones *m* (*invariable*). ~ **holder/bearer**, funcionario/a.

of·fic·er ['ɔfisə(r)] **1.** MIL oficial *m*. **2.** funcionario/a. **customs** ~, aduanero/a, vista *m*. **~s of state**, ministros *m,pl*. **3.** (*also* **police** ~) agente *m,f* de policía. **4.** dignatario/a (*in the government*).

of·fi·ci·al [ə'fiʃl] **I.** *adj* oficial . **II.** *n* funcionario/a. **of·fi·ci·al·dom** [~dəm] *n* FML PEY **1.** funcionariado *m* (*as a group*). **2.** burocracia *f* (*bureaucracy*). **of·fi·ci·al·ese** [əfiʃə'li:z] *n* PEY jerga *f* administrativa *or* burocrática. **of·fi·ci·al·ly** [ə'fiʃəli] *adv* oficialmente.

of·fi·ci·ate [ə'fiʃieit] *v* ~ **(as sth) (at sth)**, oficiar (de) (en). **of·fi·ci·ous** [ə'fiʃəs] *adj* oficioso/a, entrometido/a. **of·fi·ci·ous·ly** [~li] *adv* oficiosamente. **of·fi·ci·ous·ness** [~nis] *n* oficiosidad *f*.

of·fing ['ɔfiŋ] *n* **in the** ~ INFML en perspectiva; NAUT en lontananza.

off-key [,ɔf'ki:] *adj, adv* fuera de tono (*also* FIG). **off-li·cence** ['ɔflaisns] *n* (US **package store**) **1.** establecimiento *m* con permiso para vender bebidas alcohólicas. **2.** permiso *m* para vender bebidas alcohólicas. **off-line** [,ɔf'lain] *adj* COM P fuera de la unidad central. **off-load** [,ɔf'ləud] *v* **1.** descargar. **2.** INFML ~ **sb/sth on/onto sb**, librarse de, cargar algo a alguien. **off-peak** [,ɔf'pi:k] *adj* de menor consumo, de menor demanda. **off-print** ['ɔfprint] *n* separata *f*. **off-putting** [,ɔf'putiŋ] *adj* INFML molesto/a, desconcertante. **off-season** ['ɔfsi:zn] *n* temporada *f* baja. **off·set** ['ɔfset] **I.** *n* **1.** offset *m*. **2.** BOT vástago *m*. **3.** AGR acodo *m* (*layer*). **4.** TEC codo *m*. **5.** ELECTR ramal *m*. **6.** rama *f* (*of family*). **7.** FIG compensación *f*. **II.** *v* (*pret, pp* **offset**) **1.** ~ **sth (by sth/doing sth)**, compensar, equilibrar. **2.** imprimir en offset. **off·shoot** ['ɔfʃu:t] *n* vástago *m*, retoño *m*; FIG rama *f* (*of a family*). **off·shore** [,ɔf'ʃɔ:(r)] *adj* **1.** cerca de la costa. **2.** (*of winds*) de tierra (hacia el mar). **off·side** [,ɔf'said] *adj, adv* DEP fuera de juego;

AUT (*also* **off**) del lado del conductor. **off·spring** ['ɔfspriŋ] *n* (*pl invariable*) FML **1.** vástago *m* (*child*); descendencia *f*, hijos *m,pl.* **2.** FIG fruto *m*, resultado *m*. **3.** cría *f*. **off-stage** [,ɔ'steidʒ] *adj, adv* entre bastidores, en off. **off-street** ['ɔfstri:t] *adj* fuera de la vía pública. **off-the-record**, no oficial, oficioso.

oft [ɔft] *adv* (*gen in compounds*) V. **often**. **oft-times** *adv* (*archaic*) V. **often**.

oft·en ['ɔfn] ['ɔftən] *adv* frecuentemente, a menudo, muchas veces. **As ~ as**, siempre que. **As ~ as not; More ~ than not**, muy frecuentemente. **Every so ~**, de vez en cuando. **How ~?**, ¿Cuántas veces?

o·giv·al [əu'dʒaivəl] *adj* ARQ ojival, en ojiva. **o·give** ['əudʒaiv] *n* ARQ ojiva *f*.

ogle ['əugl] *v* **~ at sb**, PEY comer con los ojos (con deseo sexual).

ogre ['əugə(r)] *n* (*fem* **og·ress** ['əugres]) ogro *m*, ogresa *f* (*also* FIG).

oh [əu] *int* oh.

ohm [əum] *n* ELECTR ohmio *m*, ohm *m*.

oho [əu'həu] *int* ajá.

oil [ɔil] **I.** *n* **1.** aceite *m*. **2.** (*mining*) petróleo *m*. **3.** TEC aceite *m* (*lubricant*). **4.** ART, REL óleo *m*. **5.** ART INFML pintura *f* al óleo. **Paint in ~s**, pintar al óleo. LOC **Burn the midnight ~**, quemarse las pestañas (trabajando de noche). **Pour ~ on the flames**, echar leña al fuego. **Pour ~ on troubled waters**, quitar hierro a un problema. **Strike ~**, encontrar petróleo (*also* FIG). **II.** *v* **1.** TEC lubricar, engrasar. **2.** echar aceite a (*food*). LOC **~ the wheels**, andar con tacto. **oil·ed**, engrasado/a. **Be well oiled**, SL estar como una cuba. **oil·y** ['ɔili] *adj* **1.** aceitoso/a, oleoso/a (*liquid*). **2.** aceitoso/a, grasiento/a. **3.** PEY FIG zalamero/a, pelota *m,f*.

oil-..., **~-bearing** *adj* petrolífero/a. **~-cake** *n* torta *f* de aceite. **~-can** *n* aceitera *f*. **~-cloth** *n* hule *m*. **~-colour** (*also* **~-paint**) *n* óleo *m*. **~-field** *n* yacimiento *m* petrolífero. **~-fired** *adj* que funciona con petróleo. **~-painting** *n* pintura *f* al óleo. **~ rig** *n* plataforma *f* petrolífera. **~-skin** *n* hule *m*. **~-skins** *n* impermeable *m*, chubasquero *m*. **~-slick** *n* mancha *f* de aceite/petróleo en el mar. **~-tanker** *n* (buque *m*) petrolero *m*. **~ well** *n* pozo *m* de petróleo.

oint·ment ['ɔint,mənt] *n* ungüento *m*.

o·kay (*also* **OK**) [,əu'kei] **I.** *adj, adv* INFML bien: *It's OK*, Está bien, De acuerdo. *Is it OK with you?*, ¿Estás de acuerdo?; INFML vale, de acuerdo. **II.** *n* visto bueno *m*.

old [əuld] *adj* **1.** viejo/a, anciano/a. **2.** mayor (*adult people*). **3.** antiguo/a, viejo/a (*beliefs, habits*); usado/a (*clothes*); añejo/a (*wine*). **4.** viejo/a (*known for a long time*); conocido/a, familiar (*face*). **5.** anterior, antiguo/a (*job, place, house*). **6.** (*to express age*) **Be (x) years ~**, tener x años. **How ~ is he?**, ¿cuántos años tiene?; de x años: *A twelve-year-old girl*, Una chica de doce años. **7.** INFML (*after* **dear, good, etc.**, *to show affection, gen not translated*): *Dear old John*, El bueno de Juan. **8.** FML experimentado/a, con experiencia. **~ days**, viejos tiempos. **Old English**, inglés antiguo. **Old Testament**, Antiguo Testamento. LOC **Any ~ how**, INFML de cualquier manera, sin cuidado. **Any ~ thing**, cualquier cosa. **Any ~ time**, en cualquier momento. **As ~ as the hills**, más viejo/a que el andar para adelante. **Of ~**, antiguamente, de antaño. **Know sb of ~**, conocer a alguien de toda la vida. **Know sth of ~**, saber algo de hace tiempo. **~ hat**, INFML PEY pasado/a de moda. **The ~** *n* las personas mayores. **old·ie** *n* INFML vejestorio/a (*person*); antigualla *f* (*thing*). **old·ish** *adj* bastante viejo/a, algo viejo/a. **old·en** ['əuldən] *adj* (*archaic*) antiguo/a. **old·ster** ['əuldstə(r)] *n* INFML viejo/a. **old-...**, **~ age** *n* vejez *f*. **~-age pension** *n* subsidio *m* de vejez. **~-age pensioner** (*also* **pensioner, senior citizen**) *n* pensionista *m,f*. **~ boy**, **~ girl** *n* antiguo/a alumno/a (*former pupil*); INFML viejo/a. **the ~ country**, la patria. **~-'fashioned** *adj* PEY pasado/a de moda; chapado/a a la antigua (*person*). **Old Glory** US bandera *f* de los Estados Unidos. **Old Harry, Old Nick, Old Scratch** *n* Pedro Botero (*the devil*). **~ lady** (*also* **~ woman**) *n* INFML parienta *f* (*wife*); vieja *f* (*mother*). **~ maid** *n* INFML PEY solterona *f*. **~-maidish** *adj* PEY remilgado/a. **~ man** *n* INFML el viejo (*father, husband*).

o·le·a·gin·ous [,əuli'ædʒinəs] *adj* FML oleaginoso/a.

o·le·an·der [,əuli'ændə(r)] *n* BOT adelfa *f*.

ol·fact·ory [ɔl'fæktəri] *adj* FML olfativo/a.

ol·ig·ar·chy ['ɔliga:ki] *n* oligarquía *f*.

ol·ive ['ɔliv] **I.** *n* **1.** oliva *f*, aceituna *f*. **2.** olivo *m* (*tree*). **3.** (*also* **olive-green**) verde *m* oliva. **II.** *adj* verde oliva; aceitunado/a. **~ branch** *n* ramo *m* de olivo; FIG símbolo *m* de paz. **~ grove** *n* olivar *m*. **~ oil** *n* aceite *m* de oliva.

O·lym·piad [ə'limpiæd] *n* olimpiada *f*. **O·lym·pi·an** [ə'limpiən] *adj* FML olímpico/a; (*of manners*, etc) majestuoso/a. **O·lymp·ic** [ə'limpik] *adj* olímpico/a. **~ Games**, Juegos Olímpicos. **The Olympics**, Los Juegos Olímpicos.

om·buds·man ['ɔmbudzmən] *n* (*pl* **~men**) defensor *m* del pueblo.

om·e·ga ['əumigə] *n* omega *f*.

om·e·lette (*also* **om·e·let**) ['ɔmlit] tortilla *f*. **Spanish ~**, tortilla *f* de verduras. **Potato ~**, tortilla *f* española.

o·men ['əumen] *n* presagio *m*, augurio *m*, agüero *m*.

om·in·ous ['ɔminəs] *adj* ominoso/a, cargado/a de presagios.

o·mis·sion [ə'miʃn] *n* omisión *f* .

o·mit [ə'mit] *v* omitir, suprimir, dejar de hacer (algo).

om·ni·bus ['ɔmnibəs] *n* (*pl* **~es**) **1.** FML autobús *m*, ómnibus *m* (*bus*). **2.** antología *f*, selección *f* (*book*).

om·ni·pot·ence [ɔm'nipətəns] *n* FML omnipotencia *f*. **om·ni·pot·ent** [~tənt] *adj* FML omnipotente.

om·ni·pres·ence [,ɔmni'prezəns] *n* FML omnipresencia *f*. **om·ni·pres·ent** [~znt] FML omnipresente.

om·ni·sci·ence [ɔm'nisiəns] *n* FML omnisciencia *f*. **om·ni·sci·ent** [~siənt] *adj* FML omnisciente.

om·ni·vor·ous [ɔm'nivərəs] *adj* FML omnívoro/a (*also* FIG).

on [ɔ] **I**. *adv* **1**. **(go on)**, continuar. **2**. *v* + **on** + *ger*, seguir haciendo: *Read on*, sigue leyendo. **3**. adelante. LOC **And so on**, y así sucesivamente. **From now on**, a partir de ahora. **From that day on**, desde aquel día en adelante. **Later on**, más tarde. **On and on**, sin cesar, sin parar. **On and off**, de vez en cuando. **On with sth**, que empiece algo; que siga algo. **4**. (*of clothes*) **Get (sth) on**, poner(se). **Have sth on**, llevar algo puesto. **Put sth on**, ponerse. **5**. (*of lids, covers*, etc) puesto/a. **5**. (*electric appliance*) encendido/a; (*tape*) abierto/a; (*brake*) echado/a: *The light is on*, La luz está encendida. **6**. (*performance, event*) empezado/a. **Be on for**, llevar, durar. **7**. (*of a future event*) previsto/a, planeado/a; (*entertainment*) programado/a: *What's on tonight?*, ¿Qué hay (programado) esta noche? **8**. (*of a worker*) ocupado/a, trabajando; (*of a performer*) en escena. **9**. dentro (*of a vehicle*). **Get on**, subirse, montarse. LOC **Be on**, INFML estar bien, ser aceptable. **Be on for sth**, INFML participar en. **Be/Go/Keep on about sth**, INFML PEY dar la lata con algo. **Be/Go/Keep on at sb (to do sth)**, INFML PEY estar detrás de alguien para que haga algo. **II**. *prep* **1**. (*special meanings with verbs, nouns, adjectives)*: **decide on sth**, decidir sobre; **influence on sb/sth**, influencia *f* sobre; **keen on sth**, aficionado/a a; **live on sth**, vivir de algo. **tax on sth**, impuesto *m* sobre. **2**. en (*chair, face, page, wall; plane, train,*). **3**. sobre, encima de (*table*); FIG (*following*) sobre, tras. *Disaster on disaster*, Desastre tras desastre. **4**. (*lesson, essay, book, article on sth*) sobre, acerca de. **5**. (*postmodifying a noun*) de: *The mirror on the wall*, el espejo de la pared. **6**. (*with days of the week and months, gen not translated*): *On Sundays*, Los domingos. *On the 15th of March*, el 15 de marzo. *On a sunny day*, (en) un día soleado. **On this occasion**, en esta ocasión. **7**. (+ *ger*) Al + *inf*: **On arriving**, al llegar. **8**. (*with personal pronouns*) encima, consigo: *With the money on her*, Con su dinero encima. **9**. (*at the time of*) a: *On my arrival*, A mi llegada. LOC **On the orders of**, por mandato de. **On sb's request**, a petición de. **On sb's recommendation**, bajo recomendación de. **Have a drink on sb**, tomar una copa; invitar a una copa. **Have pity on**, tener piedad de. **On average**, por término medio. **On holiday**, de vacaciones. **On the right/left**, a la derecha/izquierda. **On time**, a tiempo. **This/The drinks are on me**, esto/las bebidas corren de mi cuenta. **On sb**, a cuesta de alguien.

once [wʌns] *adv* **1**. una vez. **~ a day/week/month**, una vez al día/a la semana/al mes. **~ every six days**, una vez cada seis días. **2**. antes, en el pasado, una vez. **3**. (*in questions, negatives or conditionals*) alguna vez. LOC **All at ~**, de pronto; (*all together*) todos a una. **At ~**, inmediatamente. **For ~**, por una vez. **Just this ~**, sólo por esta vez. **~ again/more**, una vez más. **~ in a while**, de vez en cuando. **~ and for all**, de una vez para siempre. **~ bitten, twice shy**, el gato escaldado del agua fría huye. **~ in a blue moon**, INFML de higos a brevas. **~ too often**, más de una vez. **~ upon a time**..., érase una vez... **II**. *conj* una vez que, en cuanto, tan pronto como. **III**. *n* **the ~** INFML la única vez. **this ~**, esta vez.

once-over ['wʌnsəuvə(r)] *n* INFML vistazo *m*. **Get/give sb/sth the ~**, INFML dar el último vistazo a; dar una paliza a alguien.

on·col·o·gy [ɔn'kɔlədʒi] *n* oncología *f*.

on·com·ing ['ɔnkʌmiŋ] *adj* (*space*) que viene en dirección contraria, que avanza; (*time*) venidero/a.

one [wʌn] **I**. *determiner* **1**. un, una. **2**. (*unspecified*) cierto/a, un, una. **3**. **no one**, ninguno/a. **4**. (*with names*) cierto/a, un/una tal: *One John Smith*, Cierto/Un tal John Smith. **5**. mismo/a: *Of one mind*, De la misma opinión. LOC **For one**, ciertamente. **For one thing**, en primer lugar. **II**. *pron* **1**. uno/a. **One of us**, uno/a de nosotros/as. **2**. **no one**, ninguno/a, nadie. **3**. (*impersonal*) uno/a, se: *One cannot do...*, No se pueden/Uno no puede hacer... **4**. (*reciprocal*) **one another**, uno(s)/a(s) a otro(s)/a(s). **5**. (*gen not translated when preceded by article or demonstrative*): **That one**, aquél/aquélla. **That's the one**, ése es. **The blue one**, el azul. **The one on my desk**, el de mi mesa. **The one that/who**..., el/la que. **This one**, éste/ésta. **Which one?**, ¿cuál? LOC **(All) in one**, conjuntamente **Be at one (with sb/sth)**, estar de acuerdo con. **Get one over sb/sth**, INFML ganar por la mano. **One and all**, INFML todos y cada uno. **One and only**, único/a. **One by one**, uno/a a uno/a. **III**. *adj* único/a. **IV**. *n* **1**. uno (*number*). **2**. la una (*time*). **3**. **in one**, en uno. **4**. **a one** INFML único/a, un caso: *You are a one!*, ¡Eres único/a! ¡Eres un caso!

one..., **~-horse** *adj* de un caballo; FIG de segunda categoría. **~-armed** *adj* manco/a. **one bandit** *n* máquina *f* tragaperras. **~-eyed** *adj* tuerto/a. **~-handed** *adj* manco/a; *adv* con una mano. **~-man** *adj* individual; de/para una sola persona. **one·ness** ['wʌnnis] *n* unidad *f*; identidad *f*. **~-off** *n, adj* primero/a y último/a. **~-piece** *adj* de una pieza. **~-sided**, *adj* parcial, unilateral; DEP desequilibrado/a, desigual. **~-sidedly** *adv* parcialmente, etc. **~-sidedness** *n* parcialidad *f*; desequilibrio *m*, desigualdad *f*. **~-time** *adj* antiguo/a, en cierta ocasión. **~-to-one** *adj* equivalente, exacto/a; *adv* equivalentemente, exactamente. **~-track** *adj* de un solo carril. **~-way** *adj, adv* de dirección única.

on·er·ous ['ɔnərəs] *adj* FML oneroso/a.

one·self [wʌn'self] *pron* **1**. (*reflexive*) se: *Wash oneself*, Lavarse; (*after preposition*) sí mismo/a, uno/a mismo/a. **with ~**, con uno mismo, consigo mismo. **3**. (*emphatic*) sí mismo/a, uno/a mismo/a. LOC **Be ~**, ser natural, ser uno/a mismo/a. **By ~**, solo/a. **Come to ~**, volver en sí.

on·go·ing ['ɔngəuiŋ] *adj* en proceso, en curso, continuo/a.

o·nion ['ʌniən] *n* cebolla *f*. LOC **Know one's ~s**, conocer bien la materia.

on-line [,ɔn'lain] *adj* COMP en línea, conectado/a.

on-look·er ['ɔnlukə(r)] *n* espectador/ra; PEY mirón/na.

on·ly ['əunli] **I**. *adj* único/a. **an ~ child**, hijo único. **II**. *adv* sólo, solamente, únicamente. **if ~**, ojalá, si al menos. **not ~... but also**, no sólo... sino también. **~ just**, por poco no (*almost not*); hace muy poco (*not long ago*). **~ too**, muy. **III**. *conj* INFML pero, sólo que.

on·o·ma·to·poeia [,ɔnə,mætə'piə] *n* onomatopeya *f*. **on·o·ma·to·poe·ic** [~'pi:k] *adj* onomatopéyico/a.

on·rush ['ɔnrʌʃ] *n* FML avalancha *f*, oleada *f* (*also* FIG); ímpetu *m*, empuje *m*.

on·set ['ɔnset] *n* inicio *m*, comienzo *m*; MED acceso *m*, ataque *m*.

on·shore ['ɔnʃɔ:(r)] *adj, adv* hacia tierra.

on·side [,ɔn'said] *adj, adv* DEP en situación correcta.

on·slaught ['ɔnslɔ:t] *n* **~ (on sb/sth)**, ataque *m*, embestida *f* (contra) (*also* FIG).

on-stage [,ɔn'steidʒ] *adj, adv* en el escenario.

on·to (*also* **on to**) ['ɔntə] ['ɔntu:] *prep* sobre. **Be onto sb/sth**, INFML andar tras.

o·nus ['əunəs] *n* carga *f*, responsabilidad *f*.

on·ward ['ɔnwəd] **I**. *adj* FML hacia adelante; en adelante (*time*). **II**. *adv* (*also* **on·wards** [~z]) hacia adelante; en adelante (*time*).

o·nyx ['ɔniks] *n* ónice *m*.

oo·dles ['u:dlz] *n* **~ of sth** INFML montones *m,pl* de.

oomph [umf] *n* INFML **1**. atractivo *m* sexual. **2**. energía *f*, fuerza *f* (*energy*).

ooze [u:z] **I**. *v* **1**. **~ from/out of sth; ~ out/away**, rezumar (*flow out slowly*); exudar. **2**. **~ away**, FIG acabarse, evaporarse (*courage*, etc). **3**. **~ (with sth)**, rezumar; FIG rebosar de. **II**. *n* **1**. cieno *m* (*mud*). **2**. exudación *f*, salida *f*, escape *m*. **ooz·y** [~i] *adj* cenagoso/a (*muddy*); que exuda, exudando, húmedo/a.

o·pa·ci·ty [əu'pæsəti] *n* opacidad *f*.

o·pal ['əupl] *n* ópalo *m*. **o·pal·es·cent** [,əupə'lesnt] *adj* FML opalescente.

o·paque [əu'peik] *adj* opaco/a; FIG oscuro/a, opaco/a. **o·paque·ly** [~li] *adv* opacamente. **o·paque·ness** [~nis] *n* opacidad *f*.

o·pen ['əupən] **I**. *adj* **1**. abierto/a. **2**. descubierto/a (*car*). **3**. destapado/a (*bottle, pot*). **4**. franco/a, abierto/a. **5**. público/a (*trial, scandal*). **6**. libre (*job, Saturdays, market*). **7**. **~ (to sb/sth)** abierto/a (a alguien/algo) (*competition, court*). **8**. **~ (to sth)**, expuesto/a (a algo); susceptible de (*improvement*). **9**. poco tupido/a (*cloth, weave*). **half ~**, entreabierto/a. **~ country**, descampado *m*. **~ enemy**, enemigo declarado. **~ warfare**, guerra declarada. **~ sea**, alta mar. **~ secret**, secreto *m* a voces. **~ vowel**, vocal abierta. **wide ~**, abierto/a de par en par. LOC **Be/Lay oneself ~ to sth**, exponerse a (*criticism*, etc). **In the ~ air**, al aire libre. **Keep ~ house**, tener casa abierta. **Leave sth ~**, dejar algo sin decidir. **Leave sth ~ (to sb)**, dejar algo a la elección de alguien. **Throw sth ~**, abrir de par en par. **II**. *n* **Be/Come into the ~**, salir a la luz. **Bring sth into the ~**, sacar a la luz. **In the ~**, al aire libre; en campo abierto. **III**. *v* **1**. abrir; abrirse. **2**. abrir (*hand; meeting, debate*); descubrir, destapar (*box, bottle*). **3**. abrir, inaugurar(se) (*business, shop; Parliament*). **4**. entablar, iniciar (*conversation, negotiations*); iniciar(se) (*story*), empezar (*conference*). LOC **~ fire**, abrir fuego, romper el fuego. **~ one's heart/mind to sb**, confiarse a, abrir su pecho a. **5**. **~ into/onto sth**, dar a, comunicar con. **6**. **~ out**, ensancharse; desplegarse, extenderse (*view*, etc); abrirse, confiarse (*person*); abrirse (*flower*). **7**. **~ up**, abrir: *Open up!*, ¡Abran!; inaugurar (*business*); desarrollar (*develop*); explorar (*territory*); INFML abrirse, franquearse. **opener** ['əupnə(r)] *n* abridor *m*; abrelatas *m* (*invariable*). LOC **For ~s** US INFML para empezar. **o·pen·ing** ['əupniŋ] **I**. *n* **1**. abertura *f* (*open space*). **2**. inicio *m*, comienzo *m* (*beginning*). **3**. apertura *f* (*of business, in chess*). **4**. inauguración *f* (*ceremony*). **5**. vacante *f*. **6**. oportunidad *f*. **II**. *adj* inicial. **~ night**, noche de estreno. **o·pen·ly** ['əupənli] *adv* abiertamente. **o·pen·ness** ['əupənis] *n* franqueza *f*, sinceridad *f*.

open-..., **~-air** *adj* al aire libre. **~-and-shut** *adj* patente, evidente. **~-cast** *adj* (*mining*) a cielo abierto. **~ day** *n* día *m* de puertas abiertas. **~-ended** *adj* abierto/a, ilimitado/a. **~-eyed** *adj* con los ojos abiertos. **~-handed** *adj* generoso/a. **~-handed·ly** *adv* generosamente. **~-handed·ness** *n* generosidad *f*. **~-hearted** *adj* franco/a, sincero/a. **~-minded** *adj* liberal. **~-mouthed** *adj* boquiabierto/a. **~-plan** *adj* ARQ (*of a building*) de libre diseño, con los tabiques mínimos. **~ season** *n* estación sin veda. **Open University** *n* Universidad *f* a distancia.

op·e·ra ['ɔprə] *n* **1**. MUS ópera *f*. **2**. ópera *f*. **3**. (*pl of* **opus**). **light ~** *n* opereta *f*. **~-house** *n* ópera *f*, teatro *m* de la ópera. **op·e·rat·ic** [,ɔpə'rætik] *adj* operístico/a, de/para ópera.

op·er·ate ['ɔpəreit] *v* **1**. FML funcionar, operar. **2**. hacer funcionar, manejar. **3**. surtir efecto, actuar. **4**. dirigir, administrar (*business*). **5**. operar, realizar sus operaciones (*company*). **6**. MED **~ (on sb) (for sth)** operar (a alguien) (de algo). **7**. operar, actuar. **op·er·able** ['ɔpərəbl] *adj* MED operable. **op·er·at·ing** ['ɔpəreitiŋ] *adj* de operación, de funcionamiento; MED que opera (*surgeon*). **~ system** *n* COMP sistema *f* operativo. **~-table** *n* MED mesa *f* de operaciones. **~-theatre** *n* (*also* **~ room**) MED quirófano *m*, sala *f* de operaciones. **op·er·ation** [,ɔpəreiʃn] *n* **1**. funcionamiento *m*. **2**. COM, MAT operación *f*. **3**. manejo *m* (*of a machine*). **4**. operación *f* (*police, army, etc*). **5**. MED ~ **(on sb) (for sth)** operación *f* (a alguien) (de algo). LOC **Come into** ~, estar en vigor. **In** ~, JUR en vigor; en funcionamiento. **Put into** ~, poner en funcionamiento. **op·er·ation·al** [~ʃənl] *adj* FML **1**. de operación, de funcionamiento. **2**. operativo/a; en condiciones de uso. **op·er·at·ive** ['ɔpərətiv] **I**. *adj* FML **1**. JUR efectivo/a, en vigor (*law*). **2**. operativo/a, en condiciones de uso. **II**. *n* FML **1**. operario/a, obrero/a (*worker*). **2**. agente secreto. **op·er·at·or** ['ɔpəreitə(r)] *n* operario/a, maquinista *m,f* (*of equipment or machine*). **2**. telefonista *m,f* (*of telephone*). **3**. usuario/a. **4**. empresario/a. **5**. agente (*travel, tour*). **6**. INFML PEY maniobrero/a. **7**. operador/ra (*cinema*).

op·er·et·ta [,ɔpə'retə] *n* opereta *f*.

oph·thal·mic [ɔf'θælmik] *adj* MED oftálmico/a. **oph·thal·mol·o·gy** [,ɔfθæl'mɔlədʒi] *n* MED oftalmología *f*. **oph·thal·mol·og·ist** [,ɔfθæl'mɔlədʒist] *n* MED oftalmólogo/a. **oph·thal·mo·scope** [ɔf'θælməskəup] *n* MED oftalmoscopio *m*.

o·pi·ate ['əupiet] *n* FML opiata *f*, narcótico *m* (*also* FIG).

o·pi·nion [ə'piniən] *n* **1**. ~ **(of/about sb/sth)**, opinión *f*, parecer *m* (de/sobre). LOC **A matter of** ~, cuestión *f* de opinión. **Form an** ~, formarse una opinión. **In one's** ~, en opinión de. **o·pi·nion·at·ed** [~eitid] (*also*, **sef-o·pi·nion·at·ed**) *adj* PEY dogmático/a, testarudo/a.

o·pi·um ['əupiəm] *n* opio *m*.

op·pon·ent [ə'pəunənt] *n* **1**. adversario/a, oponente *m,f*. **2**. ~ **(against sth)**, opuesto/a, contrario/a (a algo).

op·por·tune ['ɔpətju:n] *adj* FML oportuno/a. **op·por·tune·ly** [~li] *adv* oportunamente. **op·por·tun·ism** [,ɔpə'tju:nizəm] *n* PEY oportunismo *m*. **op·por·tun·ist** [~ist] *n* PEY oportunista *m,f*. **op·por·tun·ity** [,ɔpə'tju:nəti] *n* oportunidad *f*. LOC **Take the** ~, aprovechar la oportunidad.

op·pose [ə'pəuz] *v* **1**. oponerse a. **2**. FML DEP competir con/contra, enfrentarse a. **3**. enfrentar, oponer (*contrast*). **op·pos·ed** [~d] *adj* **1**. ~ **to sth**, opuesto/a, en contra de. **As** ~ **to**, en comparación con. **Be** ~ **to**, estar en contra de, oponerse a. **op·pos·ing** [ə'pəuziŋ] *adj* opuesto/a, contrario/a. **op·pos·ite** ['ɔpəzit] **I**. *adj* **1**. opuesto/a, contrario/a. **2**. de enfrente. ~ **number**, colega *m,f*. **the** ~ **sex**, el otro sexo. **II**. *adv* enfrente. **III**. *prep* (*also* **op·pos·ite to**) **1**. frente a, enfrente de. **2**. TEAT con, como pareja de. **IV**. lo opuesto, lo contrario. **op·pos·ition** [,ɔpə'ziʃn] *n* **1**. ~ **to sb/sth**, oposición *f* a, resistencia *f* a. **2**. COM competencia *f*. **3**. **The O~**, la oposición (*in politics*). **In** ~ **(to sb/sth)**, en desacuerdo con; en la oposición.

op·press [ə'pres] *v* **1**. oprimir. **2**. FIG agobiar, oprimir. **op·press·ed** [~d] *adj* oprimido/a. **the** ~, los oprimidos. **op·pres·sion** [ə'preʃn] *n* opresión *f*. **op·press·ive** [ə'presiv] *adj* **1**. (*politics*) opresivo/a, tiránico/a (*rule, law*). **2**. agobiante, sofocante (*weather*). **op·press·ive·ly** [~li] *adv* opresivamente, etc. **op·pres·sor** [ə'presə(r)] *n* opresor/ra.

op·pro·bri·ous [ə'prəubriəs] *adj* FML oprobioso/a, abusivo/a. **op·pro·bri·ous·ly** [~li] *adv* oprobiosamente, abusivamente. **op·pro·bri·um** [~briəm] *n* FML oprobio *m*.

opt [ɔpt] *v* **1**. ~ **for sth**, optar por algo. **2**. ~ **out (of sth)**, decidir no participar en.

op·tic ['ɔptik] *adj* óptico/a. **op·tic·al** ['ɔptikl] *adj* óptico/a. **op·tic·al·ly** ['ɔptikəli] *adv* ópticamente. **op·tics** [~ɔptiks] *n* FIS óptica *f*. **op·ti·ci·an** [ɔp'tiʃn] *n* MED óptico *m*.

op·tim·ism ['ɔptimizəm] *n* optimismo *m*. **op·tim·ist** [~ist] *n* optimista *m,f*. **op·tim·ist·ic** [,ɔpti'mistik] *adj* ~ **(about sth)** optimista (sobre algo).

op·tim·um ['ɔptiməm] (*also* **op·tim·al** ['ɔtiməl]) FML óptimo/a.

op·tion ['ɔpʃn] *n* **1**. opción *f*, elección *f*. **2**. **(on sth)** COM opción *f* (a algo). **3**. posibilidad *f*. **op·tion·al** ['ɔpʃənl] *adj* optativo/a, opcional.

op·u·lence ['ɔpjuləns] *n* FML opulencia *f*. **op·u·lent** ['ɔpjulənt] *adj* FML opulento/a (*rich*); abundante.

o·pus ['əupəs] *n* (*pl* **opera** ['ɔpərə]) **1**. MUS opus *m*. **2**. obra *f*.

or [ɔ:(r)] *conj* **1**. o, (*before o-, ho-*) u. **either... or...**, o... o... **whether... or...**, si... o... **2**. (*after a negative*) ni: *He can't read or write*, No sabe leer ni escribir. **or else**, si no. **or rather**, o más bien. **or so**, poco más o menos. **or something**, o algo así.

or·a·cle ['ɔrəkl] *n* oráculo *m* (*also* FIG). **o·ra·cul·ar** [ə'rækjulə(r)] *adj* FML de oráculo, oscuro/a, misterioso/a.

or·al ['ɔ:rəl] **I**. *adj* oral. **II**. *n* examen *m* oral. **or·al·ly** [~li] *adv* oralmente.

o·range ['ɔrindʒ] **I**. *n* **1**. naranja *f* (*fruit*). **2**. (*also* ~ **tree**) naranjo *m*. **3**. (color *m*) naranja *m*. **4**. naranjada *f* natural. **II**. de color naranja, anaranjado/a. **o·range·ade** [,ɔrindʒ'eid] *n* naranjada *f*. **o·range-blos·som** *n* BOT azahar *m*. **o·range squash** *n* naranjada *f*.

o·ran·gu·tan [ɔ:,ræŋu:'tæn] (*also* **o·ran·gou·tang** [~tæŋ]) *n* ZOOL orangután *m*.

or·ation [ɔ:'reiʃn] *n* FML discurso *m*. **or·at·or** ['ɔrətə(r)] *n* FML orador/ra. **or·at·or·ic·al** [,ɔrə'tɔrikl] *adj* oratorio/a.

o·ra·to·rio [,ɔrə'tɔ:riəu] *n* (*pl* ~**s**) MUS oratorio *m*.

or·a·to·ry ['ɔrətri] *n* **1**. oratorio *m*. **2**. oratoria *f*.

orb [ɔ:b] *n* FML orbe *m*, globo *m* (*of a planet*).

or·bit ['ɔ:bit] **I**. *n* órbita *f*. LOC **Put into** ~, poner en órbita. **II**. *v* estar en órbita, girar en órbita (alrededor de). **or·bit·al** ['ɔ:bitl] **I**. *adj* orbital. **II**. *n* carretera *f* de circunvalación.

orch·ard ['ɔtʃəd] *n* huerto *m* (de árboles frutales). **apple** ~, manzanal *m*. **pear**~, peral *m*.

or·ches·tra ['ɔ:kistrə] *n* orquesta *f*. **symphony ~**, orquesta *f* sinfónica. **~ pit**, foso *m* de orquesta. **~ stalls** (US **orchestra**), patio *m* de butacas. **or·ches·tral** [ɔ:'kestrəl] *adj* orquestal. **or·ches·trate** ['ɔkistreit] *v* MUS orquestar (*also* FIG). **or·ches·tra·tion** [,ɔ:ki's-treiʃn] *n* MUS orquestación *f* (*also* FIG).

or·chid ['ɔ:kid] (*also* **orchis** ['ɔ:kis]) *n* BOT orquídea *f*.

or·dain [ɔ:'dein] *v* **1**. REL ordenar. **2**. FML decretar, disponer.

or·deal [ɔ:'di:l] ['ɔ:di:l] *n* prueba *f* muy dura, experiencia *f* penosa.

or·der ['ɔ:də(r)] **I**. *n* **1**. orden *m*. **in ~ of**, por orden de. **keep ~**, mantener el orden. **2**. **~ (for sth)**, COM pedido *m* (de algo). **3**. JUR mandamiento *m*, mandato *m*, orden *f*. **4**. (*Parliament*, etc) reglamento *m*, procedimiento *m*. **5**. BIOL, ZOOL, FML orden *m*; PEY clase *f* (social). **the lower orders**, la clase baja, la plebe. **6**. **Order of**, orden *f* de (*title*). **7**. condecoración *f* (*sign of honour*). **8**. REL orden *f*. **holy ~s**, órdenes *f, pl* sagradas. **9**. ARQ orden *m* (*style of architecture*). **10**. FML clase *f*, calidad *f*, categoría *f*, orden *m*. **11**. (*postal, banker's*) giro *m* (postal, bancario). LOC **Be in ~ to do sth**, FML ser correcto, ser acorde con las reglas. **Be under ~s (to do sth)**, tener órdenes (de hacer algo). **By ~ of**, por orden de. **Call sb to ~**, llamar al orden. **Come to ~**, MIL descansar armas. **In ~ that**, FML con el fin de que (+ *subj*). **In short ~**, US enseguida. **In/Of the ~ of**, FML del orden de, parecido a; (*amount*) cerca de. **Made to ~**, hecho/a a la medida, por encargo. **On ~**, pedido(s)/a(s). **Out of ~**, fuera de servicio (*of a machine*); FML fuera de lugar, no pertinente (*at a meeting*). **Point of ~**, cuestión *f* de orden *or* de procedimiento. **Take ~s from**, aceptar, obedecer órdenes de. **Till further ~s**, hasta nueva orden. **II**. *v* **1**. ordenar, mandar (*command*). **2**. **~ sth (for sb) (from sb)**, COM pedir, encargar. **3**. **~ sth (for sb)**, pedir, encargar (*in a restaurant, hotel*, etc). **4**. FML ordenar, poner en orden (*arrange*). **5**. **~ sb about/around**, mandar de acá para allá, mandonear. **6**. **~ sb off**, DEP expulsar del terreno de juego. **7**. **~ sb out**, hacer salir (*police, troops*).

order..., **~-book** *n* libro *m* de pedidos. **~-form** *n* hoja *f* de pedido. **~-paper** *n* orden *m* del día.

or·der·ly ['ɔ:dəli] **I**. *adj* **1**. ordenado/a, en orden. **2**. disciplinado/a. **II**. *n* **1**. (*also* **medical ~**) enfermero/a. **2**. MIL ordenanza *m*. **~ officer** *n* MIL oficial *m* del día. **~ room** *n* MIL oficina *f* de la compañía.

or·din·al ['ɔ:dinl] **I**. *adj* ordinal. **II**. *n* (*also* **~ number**) ordinal *m*.

or·din·ance ['ɔ:dinəns] *n* FML ordenanza *f*, decreto *m*.

or·din·ary ['ɔ:dənri] **I**. *adj* **1**. corriente, usual. **2**. corriente, común. **3**. simple. **~ seaman**, simple marinero. **~ teacher**, un simple profesor. **4**. medio. **~ reader**, lector medio. **II**. *n* lo corriente, lo ordinario. LOC **In the ~ way**, en circunstancias normales. **Out of the ~**, fuera de lo corriente. **or·din·ar·ily** ['ɔ:dənrəli] *adv* **1**. normalmente, corrientemente. **2**. generalmente (*usually*).

or·din·ate ['ɔ:dnit] *n* MAT ordenada *f*. **or·din·ation** [,ɔ:di'neiʃn] *n* REL ordenación *f*.

ord·nance ['ɔ:dnəns] *n* MIL **1**. material *m* militar, pertrechos *m,pl* de guerra. **2**. servicio *m* de armamento y material de guerra. **Ordnance Survey**, Br Servicio Cartográfico del ejército.

ord·ure ['ɔ:djuə(r)] *n* FML excremento *m*.

ore [ɔ:(r)] *n* mena *f*, mineral *m*.

or·gan ['ɔ:gən] *n* **1**. ANAT, ZOOL, BOT órgano *m*. **2**. FIG FML órgano *m* (*organization*). **3**. MUS (*also* **pipe-organ**) órgano *m*. **or·gan·ist** [~ist] *n* organista *m,f*. **organ-grinder** *n* organillero/a.

or·gan·die [ɔ:'gændi] (*also* US **or·gan·dy** ['ɔ:-gəndi]) *n* organdí *m*.

or·gan·ic [ɔ:'gænik] *adj* orgánico/a. **or·gan·ic·al·ly** [~kli] *adv* orgánicamente.

or·gan·ism ['ɔ:gənizəm] *n* organismo *m* (*also* FIG).

or·gan·iz·ation, ~·is·ation [,ɔ:gənai'zeiʃn] *n* organización *f*. **~·tional** [~ʃənl] *adj* de organización. **or·gan·ize, ~·ise** ['ɔ:gənaiz] *v* organizar . **or·gan·iz·ed, ~·is·ed** [~zd] *adj* **1**. organizado/a. **2**. sindicado/a. **or·gan·iz·er, ~·is·er** [~zə(r)] *n* organizador/ra.

or·gasm ['ɔ:gæzəm] *n* orgasmo *m*.

or·gi·as·tic [,ɔ:dʒi'æstik] *adj* FML orgiástico/a.

or·gy ['ɔ:dʒi] *n* orgía *f* (*also* FIG).

o·ri·el ['ɔ:riəl] *n* (*also* **oriel window**) mirador *m*.

o·ri·ent **I**. ['ɔ:riənt] *n* **1**. **the Orient**, Oriente *m* (*east*). **2**. oriente *m* (*lustre*). **3**. perla *f* (*pearl*). **II**. ['ɔ:rient] *v* US orientar. **O·ri·ent·al** [,ɔ:ri'entl] **I**. *n* oriental *m,f*. **II**. *adj* oriental.

o·ri·ent·ate ['ɔ:riənteit] (*also* US **orient**) *v* **1**. **~ (towards sb/sth)**, orientar (hacia). **2**. **~ oneself**, orientarse; FIG familiarizarse con. **ori·ent·ation** [,ɔ:riən'teiʃn] *n* orientación *f*.

o·ri·fice ['ɔrifis] *n* FML orificio *m*.

o·ri·gin ['ɔridʒin] *n* origen *m*. **o·ri·gin·al** [ə'ridʒənl] **I**. *adj* original. **II**. *n* **1**. original *m*. **2**. INFML excéntrico/a (*person*). **o·ri·gin·al·ity** [ə'ridʒə'næləti] *n* originalidad *f*. **o·ri·gin·al·ly** [~nəli] *adv* **1**. con originalidad. **2**. en un principio, inicialmente, originariamente. **o·ri·gin·ate** [ə'ridʒineit] *v* FML **1**. **~ from/with sb; ~ in sth**, originarse, tener su origen en, proceder de. **2**. originar, causar, ser la causa de. **3**. crear, concebir. **o·ri·gin·at·or** [~ə(r)] *n* autor/ra, causante *m,f*.

o·ri·ole ['ɔ:riəul] *n* (*also* **golden ~**) oropéndola *f* (*bird*).

or·mo·lu ['ɔ:məlu:] *n* oro *m* molido, bronce *m* dorado.

or·na·ment ['ɔ:nəmənt] **I**. *n* **1**. FML adorno *m*, ornamento *m*. **2**. FML FIG honra *f*, honor *m*. **3**. REL **~s**, ornamentos *m,pl*. **II**. *v* adornar, ornamentar. **or·na·ment·al** [,ɔ:nə'mentl] *adj* ornamental, decorativo/a. **or·na·ment·ation**

[ˌɔ:nəmen'teiʃn] *n* ornamentación *f*, decoración *f*.
orn·ate [ɔ:'neit] *adj* adornado/a; PEY recargado/a; florido/a (*of language*). **orn·ate·ly** [~li] *adv* con adornos; PEY recargadamente. **orn·ate·ness** [~nis] *n* ornamentación *f*; PEY floritura *f*.
or·ni·thol·o·gy [ˌɔ:ni'θɔlədʒi] *n* ornitología *f*. **or·ni·tho·lo·gic·al** [ˌɔ:niθə'lɔdʒikl] *adj* ornitológico/a. **or·ni·thol·og·ist** [ˌɔ:ni'θɔlədʒist] *n* ornitólogo/a.
orph·an ['ɔ:fn] **I**. *n* huérfano/a. **II**. *adj* huérfano/a. **III**. *v* dejar huérfano/a. **Be ~ed**, quedar huérfano/a. **orph·an·age** ['ɔ:fənidʒ] *n* orfanato *m*.
or·tho·dont·ics [ˌɔ:θə'dɔntiks] *n* MED ortodoncia *f*. **or·tho·dont·ic** [~tik] *adj* de ortodoncia. **or·tho·dont·ist** [~'dɔntist] *n* ortodoncista *m,f*.
or·tho·dox ['ɔ.θədɔks] *adj* ortodoxo/a. **or·tho·do·xy** ['ɔ:θədɔksi] *n* ortodoxia *f*.
or·tho·gra·phy [ɔ:'θɔgrəfi] *n* FML ortografía *f*. **or·tho·graph·ic**, **or·tho·graph·ic·al** [ˌɔ:θə'grəfik(l)] *adj* ortográfico/a. **or·tho·graph·ic·al·ly** [~kəli] *adv* ortográficamente.
or·tho·paed·ics (*also* **or·tho·ped·ics**) [ˌɔ:θə'pi:diks] *n* MED ortopedia *f*. **or·tho·paed·ic** (*also* **or·tho·ped·ic**) [ˌɔ:θə'pi:dik] *adj* MED ortopédico/a. **or·tho·paed·ist** (*also* **or·tho·ped·ist**) [ˌɔ:θə'pi:dist] *n* MED ortopedista *m,f*.
os·cil·late ['ɔsileit] *v* **1**. oscilar. **2**. FIG FML fluctuar, oscilar (entre). **os·cil·la·tion** [ˌɔsi'leiʃn] *n* FML **1**. oscilación *f* (*also* FIG). **2**. FML FIG fluctuación *f*, oscilación *f*. **os·cil·lat·or** [~tə(r)] *n* FIS oscilador *m*. **os·cil·lo·graph** [ə'siləgra:f] *n* FIS oscilógrafo *m*. **os·cil·lo·scope** [ə'siləskəup] *n* FIS osciloscopio *m*.
os·ier ['əuziə(r)] BOT mimbrera *f*; mimbre *m*.
os·mo·sis [ɔz'məusis] *n* BIOL, QUIM ósmosis *f* (*also* FIG). **os·mot·ic** [ɔz'mɔtik] *adj* osmótico/a.
os·prey ['ɔsprei] *n* quebrantahuesos *m*; águila *f* pescadora.
os·se·ous ['ɔsiəs] *adj* FML óseo/a.
os·si·fy ['ɔsifai] *v* osificar(se) (*also* FIG). **os·si·fic·ation** [ˌɔsifi'keiʃn] *n* FML osificación *f*.
os·tens·ible [ɔ'stensəbl] *adj* aparente, pretendido/a. **os·tens·ibly** [~əbli] *adv* aparentemente.
os·ten·ta·tion [ˌɔsten'teiʃn] *n* PEY ostentación *f*. **os·ten·ta·ti·ous** [ˌɔsten'teiʃəs] *adj* PEY ostentoso/a. **os·ten·ta·ti·ous·ly** [~li] *adv* PEY ostentosamente.
os·teo-arthr·itis [ˌɔstiəua'θraitis] *n* MED osteoartritis *f*. **os·teo·pa·thy** [ˌɔsti'ɔpəθi] *n* MED osteopatía *f*. **os·teo·path** ['ɔstiəpæθ] *n* MED osteópata *m,f*.
ost·ler ['ɔslə(r)] *n* palafrenero *m*, mozo *m* de cuadras.
os·trac·ize, ~s·ize ['ɔstrəsaiz] *v* FML **1**. condenar al ostracismo. **2**. excluir, expulsar (de). **3**. ignorar, no dirigir la palabra a. **os·trac·ism** [~sizəm] *n* ostracismo *m*.
os·trich ['ɔstritʃ] *n* avestruz *f* (*also* FIG).
oth·er ['ʌðə(r)] **I**. *adj* **1**. otro/a. ~ **people**, otras personas. **2**. (*after* **the** *or possessive, with sing nouns*) otro/a: *The other world*, El otro mundo. **3**. (*after* **the** *or possessive, with pl nouns*): otro/a, restante, demás. **4**. **other than**, FML diferente a/de, distinto a/de. **every ~ day**, cada dos días, un día sí y otro no. **the ~ one**, el otro, la otra. **II**. *pron* otro/a. **a few ~s**, otros/as pocos/as. **each ~**, el uno al otro, la una a la otra. **many ~s**, muchos/as otros/as. **someone or ~**, uno u otro. **some ~**, otro/a. **III**. **other than** *prep, conj* excepto, de otra manera que.
oth·er·wise ['ʌðəwaiz] **I**. *adv* FML **1**. de otra manera, de manera distinta. **2**. por lo demás. **II**. *conj* si no, de lo contrario. **III**. *adj* distinto/a, diferente.
o·ti·ose ['əutiəus] ['əuʃiəus] *adj* FML ocioso/a, superfluo/a.
ot·ter ['ɔtə(r)] *n* ZOOL nutria *f*.
Ot·to·man ['ɔtəmən] *n, adj* otomano/a. **ot·to·man** ['ɔtəmən] *n* otomana *f* (*seat*).
ought to ['ɔ:t tə] *v* (*modal aux)* (*negative* **ought not to**, *contracted* **oughtn't** ['ɔ:nt]) **1**. deber: *You ought to come*, Deberías venir. **2**. deber de: *She ought to have found it*, Debe de haberlo encontrado.
ounce [auns] *n* **1**. (*abrev* **oz**) onza *f* (*28.35 grams*). **2**. FIG INFML pizca *f*, gramo *m*.
our [a:(r)] ['auə(r)] *possessive* nuestro(s)/a(s). **ours** [a:z] ['auəz] *possessive* nuestro(s)/a(s), el nuestro, la nuestra, los nuestros, las nuestras. LOC **Of ours**, nuestro/a: *A friend of ours*, Un amigo nuestro. **our·selves** [a:'selvz] [auə'selvz] *pron* (*reflexive*) nos; (*after prep*) nosotros/as (mismos/as). **2**. (*emphatic*) nosotros/as mismos/as. **by ourselves**, solos/as.
oust [aust] *v* **~ sb (from sth)**, FML expulsar, echar; desahuciar (*tenant*); destituir (*from a position*).
out [aut] **I**. *adv* **1**. (*special translations with compound verbs*): **lock sb out**, dejar cerrado por fuera; **put sb out**, echar, expulsar. **2**. fuera. **come/go out**, salir. **run out**, salir corriendo. **3**. fuera (*not at home or work*). **4**. (*book, record*) en préstamo, prestado/a. **5**. (*secret*) revelado/a, descubierto/a. **6**. (*sun*) fuera; (*flower*) abierto/a; (*book*) publicado/a. **7**. (*politics*) fuera del gobierno *or* del poder. **8**. pasado de moda. **9**. inconsciente, sin conocimiento. **10**. (*of tide*) bajo/a. **11**. (*of workers*) en huelga. **12**. INFML imposible, no recomendable (*action*, etc). **13**. (*of fire, light*, etc) apagado/a. **put sth out**, apagar. **14**. completamente, del todo. **hear sb out**, escuchar hasta el final. **15**. con claridad (*call, cry, shout; say sth*). **16**. de error, fuera de lo correcto; (*watch*) (ir/estar) mal, adelantado *or* atrasado: *My watch is ten minutes out*, Mi reloj va mal en 10 minutos. **be far/a long way out**, estar muy equivocado/a. **17**. DEP fuera. **18**. (*week, month, patience*) acabado/a. LOC **Be out for sth**, buscar, ambicionar algo. **Be out to do sth**, estar decidido/a a hacer algo. **Be out and about**, estar levantado/a y recuperado/a (*after illness, etc*). **Day out**, día *m* libre. **Inside out**, al revés. **Out**

and away, con mucho. **Out-and-out**, completamente. **Out loud**, en voz alta. **Out at sea**, en alta mar. **Out with sb/sth!**, ¡fuera con alguien/algo! **Out with it!**, INFML ¡Suéltalo!, ¡Habla ya! **II. out of** *prep* **1**. fuera de. **out of order**, fuera de servicio. **2**. sin. **out of breath**, sin aliento. **3**. por (*cause*). **out of necessity/curiosity**, por necesidad/curiosidad. **4**. de entre, de cada (*with numbers*): *Ten out of twenty*, diez de cada veinte. **5**. de (*material*): *Built out of stone*, Hecho/a de piedra. **6**. de (*distance*): *20 miles out of Southampton*, A 20 millas de Southampton. LOC **Be out of sth**, no quedarle a uno algo. **Be out of sight**, no estar a la vista. **Drink out of**, beber de. **Out of danger**, fuera de peligro. **Out of it**, INFML sin integrar, no integrado/a. **Out of print**, agotado/a. **III.** *n* **1**. US DEP salida *f* (*in baseball*). **2**. **the ins and outs**, los pormenores, los detalles. **IV.** *int* fuera. **out with him!**, ¡fuera con él! **out with it!**, INFML ¡desembucha!

out··· -and-out *adj* perfecto/a, completo/a, cien por cien. **~·back** ['autbæk] *n* interior *m*. **~·bid** [,aut'bid] *v* (*pret, pp* **outbid**) sobrepujar, pujar más alto que. **~·board** ['autbɔ:d] *adj* fuera borda (*motor*). **~·break** ['autbreik] *n* estallido *m* (*war, violence*), brote *m* (*of disease*); erupción *f* (*of pimples*). **~·build·ing** ['autbildiŋ] *n* edificación *f* adyacente; cobertizo *m* (*shed*). **~·burst** ['autbɜ:st] *n* explosión *f*; FIG arrebato *m*; ataque *m*, acceso *m* (*of anger, rage*, etc). **~·cast** ['autca:st] *n, adj* proscrito/a. **~·caste** ['autka:st] *n, adj* paria *m,f* (*esp in India*). **~·class** [,aut'cla:s] *v* superar, aventajar con mucho. **~·come** ['autkʌm] *n* resultado *m*. **~·crop** ['autkrɔp] *n* GEOL afloramiento *m*. **~·cry** ['autkrai] *n* clamor *m*, protesta *f*. **~·dated** [,aut'deitid] *adj* pasado/a de moda, anticuado/a. **~·dis·tance** [aut'distəns] *v* dejar atrás. **~·do** [,aut'du:] *v* (*3rd person sing present* **out·does** [~'dʌz], *pret* **outdid** [~'did], *pp* **outdone** [~'dʌn]) aventajar, superar. **Not to be outdone**, para no ser menos. **~·door** ['autdɔ:(r)] *adj* **1**. al aire libre (*activities, sports*). **2**. de calle (*clothing*). **3**. externo/a (*hospital, services*). **~·doors** [,aut'dɔ:z] *adv* al aire libre, fuera (de casa). **the great outdoors**, aire *m* libre. **outer** ['autə(r)] *adj* exterior, externo/a. **~ space**, espacio *m* exterior *or* interplanetario. **~·er·most** ['autəməust] *adj* más alejado/a, más remoto/a. **~·face** [,aut'feis] *v* hacer bajar la vista, desafiar con la mirada. **~·fall** ['autfɔ:l] *n* desembocadura *f*. **~·fight** [,aut'fait] *v* (*pret, pp* **~fought** [~'fɔ:t]) derrotar. **~·fit** ['autfit] *n* **1**. equipo *m* (*equipment*). **2**. conjunto *m* (*set of clothes*). **3**. INFML grupo *m*, equipo *m* (*of people*). **~·fit·ter** ['autfitə(r)] *n* camisero *m*, vendedor *m* de ropa para hombres. **~·flank** [,aut'flæŋk] *v* FML **1**. MIL flanquear. **2**. desbordar, sorprender. **~·flow** ['autfləu] *n* salida *f*, escape *m*. **~·fox** [,aut'fɔks] *v* INFML ganar en astucia a, ser más zorro que. **~·go·ing** ['autgəuiŋ] *adj* **1**. saliente. **2**. amigable, sociable. **~·goings** ['autgəuiŋz] *n* salidas *f,pl*, gastos *m,pl*. **~·grow** [,aut'grəu] *v* (*pret* **out·grew** [~'gru:], *pp* **outgrown** [~'grəun]) **1**. dejar chico/a, quedarle a uno pequeño/a (*clothes*). **2**. crecer más que, dejar atrás en estatura (*person*). **3**. perder con la edad, superar con la edad. **~·growth** ['autgrəuθ] *n* FML **1**. FIG resultado *m*, consecuencia *f*. **2**. excrecencia *f*. **~·house** ['authaus] *n* **1**. dependencia *f*. **2**. US retrete *m*. **~·ing** ['autiŋ] *n* excursión *f*. **~·land·ish** [aut'lændiʃ] *adj* PEY extraño/a, extravagante. **~·land·ish·ly** [~li] *adv* extrañamente, extravagantemente. **~·land·ish·ness** [~nis] *n* extravagancia *f*. **~·last** [,aut'la:st] US [~læst] *v* durar más que. **~·law** ['autlɔ:] **I.** *n* proscrito/a. **II.** *v* **1**. (*formerly*) proscribir, declarar fuera de la ley. **2**. prohibir, declarar ilegal. **~·lay** ['autlei] *n* **~ (on sth)**, gasto *m*, desembolso *m*, inversión *f* (en algo). **~·let** ['autlet] *n* **1**. salida *f*, escape *m*. **2**. FIG salida *f*, escape *m*. **3**. COM salida *f*, mercado *m*; distribuidor *m*, sucursal *f* (*shop*). **4**. ELECTR toma *f*. **~·line** ['autlain] **I.** *n* **1**. contorno *m*, perfil *m*. **2**. esbozo *m*, bosquejo *m*, resumen *m*. **In ~**, en esquema, en líneas generales. **II.** *v* **1**. perfilar, marcar el contorno de. **2**. esbozar, resumir. **~·live** [,aut'liv] *v* sobrevivir a, vivir más que. **~·look** ['autluk] *n* **1**. **~ (onto/over sth)**, vista *f*, panorama *m*. **2**. **~ (on sth)**, visión *f*, actitud *f*, punto *m* de vista, concepto *m*. **3**. **~ (for sth)**, perspectiva *f*. **~·ly·ing** ['autlaiiŋ] *adj* remoto/a, alejado/a. **~·man·oeuvre** (US **~·ma·neu·ver**) [,autmə'nu:və(r)] *v* superar tácticamente *or* estratégicamente. **~·mod·ed** [,aut'məudid] *adj gen* PEY anticuado/a, pasado/a de moda. **~·number** [,aut'nʌmbə(r)] *v* superar en número. **~·patient** ['autpeiʃnt] *n* paciente *m,f* externo/a. **~·play** [,aut'plei] *v* superar en juego, jugar mejor que. **~·point** [,aut'pɔint] *v* superar en puntos. **~·post** ['autpəust] *n* **1**. MIL avanzada *f*, destacamento *m*. **2**. puesto *m* avanzado. **~·pour·ing** ['autpɔ:riŋ] n (*gen pl*) efusión *f*. **~·put** ['autput] **I.** *n* **1**. producción *f* (*of a machine, worker, etc*). **2**. TEC potencia *f*, fuerza *f*. **3**. COMP salida *f*. **II.** *v* (*pret, pp* **output, outputted**) COMP sacar; salir (*information*, etc). **~·rage** ['autreidʒ] **I.** *n* PEY **1**. atropello *m*, ultraje *m*, ataque *m*, atentado *m* (*act of violence*). **bomb ~**, atentado *m* con bomba. **2**. FIG atrocidad *f*. **3**. cólera *f*, enfado *m* (*strong anger*). **II.** *v* ultrajar, atentar contra. **~·rageous** [aut'reidʒəs] *adj* **1**. ultrajante, indignante. **2**. FIG escandaloso/a, atroz; (*price*) exorbitante. **3**. extravagante, inaudito/a. **~·rage·ous·ly** [~li] *adv* ultrajantemente, indignantemente, etc. **~·rank** [,aut'ræŋk] *v* FML ser superior en rango *or* categoría. **~·rider** ['autraidə(r)] *n* escolta *f* a caballo *or* en motocicleta. **~·rigger** ['autrigə(r)] *n* **1**. NAUT batanga *f*, balancín *m* (*float*). **2**. NAUT botalón *m* (*spar*). **3**. bote *m* con balancín (*boat*). **~·right** ['autrait] **I.** *adv* **1**. francamente. **2**. en el acto, instantáneamente. **3**. al contado (*payment*). **4**. limpiamente, rotundamente (*clearly*). **II.** *adj* **1**. franco/a, abierto/a, claro/a. **2**. rotundo/a, absoluto/a. **~·rival** [,aut'raivl] *v* FML superar, aventajar.

~·run [,aut'- r{n] *v* (*pret* **outran** [~'ræn], *pp* **outrun**) dejar atrás; FIG sobrepasar. **out...** **~·sell**, *v* (*pret, pp* **outsold** [~səuld]) **1**. vender más que, ganar *or* superar en ventas. **2**. venderse mejor que (*product*). **~·set** *n* principio *m*, comienzo *m*. **At the ~**, al principio. **From the ~**, desde el principio. **~·shine** *v* (*pret, pp* **outshone**) brillar, resaltar más que; FIG eclipsar. **~·side I**. *n* exterior *m* (*also* FIG); apariencia *f*, superficie *f*. **At the ~**, como máximo. **From the ~**, desde fuera. **On the ~**, por fuera. **II**. *adj* **1**. exterior, externo/a. **2**. remoto/a (*chance, possibility*). **3**. mayor, más elevado/a (*price, estimate*). **~ broadcast** *n* producción *f* hecha en exteriores. **~ lane** *n* carril *m* del centro. **~ left/'right** *n* DEP extremo *m* izquierda/derecha. **~ line** *n* línea *f* para el exterior. **III**. *adv* fuera (*location*); afuera (*direction or movement*). **IV**. *prep* (*also* US **~·side of**) **1**. fuera de (*also* FIG). **2**. aparte de. **~·sider** *n* **1**. forastero/a (*in a place*); intruso/a (*in a group*). **2**. DEP participante *m,f* sin posibilidades; candidato/a sin posibilidades. **~·size** *adj* de talla muy grande. **~·skirts** *n* afueras *f,pl*. **~·smart** *v* ganar por la mano, burlar. **~·spoken** *adj* franco/a, abierto/a. **~·s·pokenly** *adv* francamente, abiertamente. **~·spokenness** *n* franqueza *f*. **~·spread** *adj* extendido/a. **~·standing** *adj* **1**. destacado/a, sobresaliente, eminente. **2**. COM (*of payment, debt*) pendiente, sin pagar. **3**. (*of work, problem, etc*) pendiente, por resolver, por hacer. **~·standingly** *adv* destacadamente. **~·stay** *v* quedarse más tiempo que. **~/over·stay one's welcome**, quedarse más de lo conveniente, hacerse pesado. **~·s·tretched** *adj* extendido/a. **~·strip** *v* **1**. dejar atrás (*in a race*). **2**. FIG superar, rebasar. **~·vote** *v* superar en votos. **Be outvoted**, perder una votación. **~·ward** *adj* **1**. exterior, externo/a (*also* FIG). **2**. (*journey*) de ida. **~ bound (for/from)** *adj* saliendo (para/ de). **~·wardly** *adv* exteriormente, externamente. **~·wards** (*also* US **~·ward**) *adv* **1**. hacia fuera. **2**. exteriormente. **~·wear** *v* (*pret* **~wore**, *pp* **~worn**) durar más que. **~·weigh** *v* pesar más que; FIG valer más que. **~·wit** *v* ser más listo/a que, burlar. **~·work** *n* trabajo *m* hecho en casa para una empresa. **~·worker** *n* persona *f* que trabaja en casa para una empresa. **~·worn** *adj* (*also pp of* **outwear**) gastado/a, desgastado/a (*worn out*). **2**. anticuado/a, caduco/a (*idea, practice, theory*).

ou·zel ['u:zl] *n* ZOOL mirlo *m* (*bird*).

ov·al ['əuvl] **I**. *n* óvalo *m*. **II**. *adj* oval, ovalado/a.

ov·ary ['əuvəri] *n* ANAT , BOT ovario *m*. **ov·ari·an** [əu'veəriən] *adj* ovárico/a.

ov·ation [əu'veiʃn] *n* ovación *f*.

ov·en ['ʌvn] *n* horno *m*. LOC **Have a bun in the ~**, estar en estado (*pregnant*). **~-'ready** *adj* (*of food*) listo/a para cocinar. **~·ware** ['ʌvnwea(r)] *n* vajilla *f* a prueba de horno.

o·ver ['əuvə(r)] **I**. *adv* **1**. (*special translations with compound verbs. See the verb entries*). **2**. (*from an upright position*) caer; derribar: **knock sth ~**, derribar de un golpe; **fall ~**, caer. **3**. (*from one side to another*) dar vuelta(s): **turn (sb/sth) ~**, dar la vuelta. **4**. (*across*) cruzar, atravesar: *Go over to France*, cruzar a Francia. **5**. encima, por encima. **6**. (*esp* US) de nuevo, otra vez: **do sth ~**, hacer de nuevo. **7**. **have sth ~; there be sth ~**, quedar. **8**. más (*in addition*): *Boys of seventeen and over*, Chicos de diecisiete años y más. **9**. (*ended*) **be ~**, acabar, terminar: *It's all over with sb/sth*, Todo acabó, No hay esperanza para. **10**. (*radio*) ¡cambio! **11**. completamente. **paint sth ~**, cubrir totalmente con pintura; **read sth ~**, leer hasta el final. LOC **Ache all ~**, doler todo el cuerpo. **All ~**, por todas partes. **Be sth all ~**, ser algo cien por cien: *She is English all over*, Es inglesa cien por cien. **~ again**, otra vez. **~ against sth**, FML frente a. **~ and ~ again**, una y otra vez. **~ here/there**, aquí/allá. **II**. *prep* **1**. (*for special translations with many verbs see the verb entries*). **2**. sobre, por encima de (*not touching*): *The plane flew over the bay*, El avión voló sobre la bahía. **3**. sobre: *Bridge over troubled waters*, Puente sobre aguas turbulentas. **4**. (*across*) al otro lado de, cruzando: *Live over the road*, Vivir al otro lado de la carretera. **5**. más de: *She is over twenty*, Tiene más de veinte años. **6**. FIG sobre. **control ~ sb/sth**, control *m* sobre. **rule ~ sb**, gobernar sobre; por encima de: *The President is over me*, El Presidente está por encima de mí. **7**. durante (*lunch, work, a beer, Christmas, weekend*). **8**. (*argument*) sobre, acerca de; (*fight*) por alguien/algo. **9**. (*transmitted by*) por (*radio, phone*). LOC **All ~ (the house)**, por toda la casa. **~ and above**, además de. **~ the seas**, allende los mares. **~ the way/road/street**, enfrente, al **otro lado de la calle, etc· III**. *n* **1**. DEP (*cricket*) serie *f* de seis saques. **2**. MIL tiro *m* largo. **3**. COM excedente *m*.

over..., **~·act** *v* TEAT PEY actuar exageradamente; exagerar (*a part*). **~·all I**. *adj* **1**. total, global (*measurement, cost*). **2**. general. **II**. *adv* **1**. en total, en conjunto. **2**. en general. **III**. *n* **1**. guardapolvo *m*. **2**. **~alls** (US **cover·alls**) mono *m* (*worker's*). **~·awe** *v* intimidar, impresionar. **~·balance** *v* perder el equilibrio; volcar. **~·bearing** *adj* PEY dominante, autoritario/a. **~·bid I**. *v* (*pret, pp* **~bid**) **1**. sobrepujar, pujar más alto que. **2**. (*in bridge*) declarar por encima de/muy alto. **II**. ['əuvəbid] *n* sobrepuja *f*. **~·blown** *adj* **1**. casi marchito/a (*flower, beauty*). **2**. FML afectado/a, ampuloso/a, pomposo/a. **~·board** *adv* fuera de la borda, por la borda. LOC **Go ~ (about sb/sth)** INFML PEY volverse loco con/ por. **Throw sb/sth ~**, deshacerse de. **Man ~!** ¡Hombre al agua! **~·book** *v* hacer más reservas de las disponibles. **~·burden 1**. *v* **~ sb (with sth)**, sobrecargar, cargar más de la cuenta; FIG agobiar, abrumar. **II**. *n* sobrecarga *f*: FIG agobio *m*. **~·capitalize, ~ise** *v* COM supercapitalizar. ~·**capitalization, ~isation** *n* supercapitalización *f.* ~·**cast** *adj* nublado/a; FIG sombrío/a, triste. ~·**charge I.** *v* **1.** ~ **(sb) (for sth)** cobrar más de la cuenta. **2.** recargar (*fill or load*) (*also* FIG). **II.** *n* **1.** precio *m* excesivo. **2.** sobrecarga *f.* ~·**coat** *n* (*also* **top·coat**) abrigo *m.* ~·**come** *v* (*pret* **~came**, *pp* **~come**) **1.** vencer, superar. **2.** FML vencer, triunfar. **3.** (*gen passive*) **be ~ by/with sth**, estar dominado/a por. ~·**compensate** *v* ~ **(for sth)** compensar en exceso. ~·**compen·sation** *n* sobrecompensación *f.* ~·**crop** *v* esquilmar, agotar (*land*). ~·**crowded** *adj* atiborrado/a, atestado/a, lleno/a de gente. ~·**crowding** *n* hacinamiento *m* (*in a place*); superpoblación *f* (*in a country*). ~·**do** *v* (*pret* **~did**, *pp* **~done**) **1.** exagerar, llevar demasiado lejos. **2.** exagerar (*overact*). **3.** abusar de, usar demasiado. **4.** cocer demasiado, hacer demasiado. **be ~done**, estar demasiado hecho/a (*meat*); pasado/a (*rice*). LOC **~do it/things**, exagerar, pasarse. ~·**dose I.** *n* sobredosis *f.* **II.** *v* **1.** ~ **sb (with sth)** dar *or* administrar una sobredosis (de algo). **2.** ~ **(on sth)**, tomar una sobredosis (de algo). ~·**draft** *n* saldo *m* negativo *or* deudor, descubierto *m.* ~·**draw** *v* (*pret* **~drew**, *pp* **~drawn**) dejar *or* tener saldo negativo (en cuenta bancaria). **2.** exagerar. ~·**drawn** *adj* **1. be ~ (by)** con un saldo negativo (de). ~·**dress** *v* PEY vestir con exageración. ~·**drive** *n* AUT superdirecta *f*, quinta marcha. **Go into ~**, FIG ir a todo tren. ~·**due** *adj* vencido/a (*bill, rent*); pasado/a; retrasado/a (*baby, train*). ~·**eat** *v* (*pret* **~ate**, *pp* **~eaten**) comer en exceso. ~·**estimate** *v* calcular, estimar en exceso, sobrestimar. ~·**expose** *v* (*gen passive*) (*photography*) sobreexponer, exponer demasiado. ~·**exposure** *n* sobreexposición. ~·**flow I.** *v* **1.** rebosar. **2.** inundar (*flood*); (*of a river*) desbordarse. **3.** rebasar, dejar pequeño/a. **4.** ~ **with sth**, rebosar de. **II.** *n* desbordamiento *m* (*of river*); derrame *m.* **2.** exceso *m* (*of population, people*). **3.** (*also* ~ **pipe**) salida *f* de desagüe. ~·**fly** *v* (*pret* **~flew**, *pp* **~flown**) sobrevolar. ~·**grown** *adj* **1.** demasiado crecido/a *para su edad.* **2.** ~ **(with sth)**, lleno/a de, cubierto/a de. ~·**growth** *n* abundancia *f*, frondosidad *f* (*of plants, weeds*). **2.** desarrollo *m or* crecimiento *m* excesivo *or* rápido. ~·**hang** *v* (*pret, pp* **~hung**) sobresalir por encima de, pender sobre. **II.** *n* saliente; ARQ alero *m.* ~·**haul I.** *v* **1.** revisar a fondo. **2.** alcanzar, rebasar. **II.** *n* revisión *f* a fondo. ~·**head I.** *adj* **1.** por encima de la cabeza. ~ **railway**, ferrocarril *m* por encima de la calle. **2.** COM (*of expenses, charges, etc*) fijo/a, general. **II.** *adv* [,əuvə'hed] por encima de la cabeza. ~·**heads** *n* gastos *m,pl* fijos, generales. ~·**hear** *v* (*pret, pp* **~heard**) oír por casualidad, escuchar accidentalmente. ~·**heat** *v* recalentar(se). ~·**joyed** *adj* muy alegre (de). ~·**kill** *n* capacidad *f* excesiva de destrucción; FIG exceso *m* de medios. ~·**land** *adj, adv* por tierra, terrestre. ~·**lap I.** *v* **1.** superponerse, traslapar. **2.** FIG coincidir en parte. **II.** *n* traslapo *m*, superposición *f.*

~·**lay I.** *v* (*pret, pp* **overlaid**) ~ **sth (with sth)** revestir, recubrir. **II.** *n* capa *f*, cubierta *f.* ~·**leaf** *adv* al dorso. ~·**load** *v* sobrecargar, cargar demasiado, en exceso. **2.** ELECTR recargar, sobrecargar. ~·**look** *v* **1.** dominar, tener vista a. **2.** pasar por alto, no advertir (*error, mistake*). **3.** dejar pasar, ignorar, no tener en cuenta. ~·**lord** *n* señor *m* feudal. ~·**ly** *adv* FML US demasiado, excesivamente (*gen + adj or pp*). ~·**manned** *adj* con demasiado personal. ~·**manning** *n* exceso *m* de personal. ~·**mastering** *adj* FML dominante; incontrolable, irresistible (*passion*). ~·**much** FML **I.** *adj* demasiado/a. **II.** *adv* demasiado. ~·**night I.** *adv* **1.** durante la noche. **stay ~ at**, pasar la noche en. **2.** INFML de la noche a la mañana. **II.** *adj* nocturno, de noche. **2.** INFML repentino/a, de la noche a la mañana. ~ **bag**, neceser *m.* ~·**pass** (*also* **flyover** ['flaiəuvə(r)]) paso *m* superior. ~·**pay** *v* (*pret, pp* **~paid**) ~ **sb (for sth)**, pagar demasiado *or* más de lo debido. ~·**play** *v* dar demasiada importancia a, supervalorar. LOC ~ **one's hand**, confiarse, confiar demasiado en la propia capacidad. ~·**power** *v* rebasar en fuerza, dominar; FIG agobiar. ~·**powering** *adj* dominante; abrumador/ra. ~·**print I.** *v* **1.** sobreimprimir. **2.** poner sobrecarga a (*stamp*). **II.** *n* **1.** FML sobreimpresión *f.* **2.** sobrecarga *f* (*postmark*). ~·**rate** *v* supervalorar, sobrestimar. ~·**rated** *adj* PEY supervalorado/a. ~·**reach** *v* ~ **oneself** PEY extralimitarse, quemarse. ~·**react** *v* ~ **(to sth)** reaccionar exageradamente *or* intensamente. ~·**react·ion** *n* reacción *f* excesiva. ~·**ride** *v* (*pret* **~rode**, *pp* **~riden**) pasar por alto, no tener en cuenta. **2.** JUR anular, invalidar. **3.** primar, ser más importante que. ~·**riding** *adj* primario/a, capital. ~·**riding clause**, cláusula *f* derogatoria. ~·**rule** *v* anular. ~·**run** *v* (*pret* **~ran**, *pp* **~run**) **1.** invadir. **2.** exceder, sobrepasar. ~·**seas I.** *adj* de ultramar, ultramarino/a; extranjero/a. **II.** *adv* en ultramar; en el extranjero. ~·**see** *v* (*pret* **~saw**, *pp* **~seen**) supervisar, vigilar, controlar. ~·**seer** *n* supervisor/ra. ~·**sexed** *adj* obsesionado/a por el sexo. ~·**shadow** *v* **1.** oscurecer, ensombrecer. **2.** FIG ensombrecer (*make unhappy*); eclipsar (*make less important*). ~·**shoe** *n* bota *f* de goma, chanclo *m.* ~·**shoot** *v* (*pret, pp* **overshot**) salirse de, pasarse de (*runway, exit*). LOC ~ **the mark**, pasarse de la raya. ~·**sight** *n* despiste *m*, descuido *m.* ~·**simplify** *v* simplificar excesivamente. ~·**simplification** *n* simplificación excesiva. ~·**sleep** *v* (*pret, pp* **~slept**) dormir demasiado, quedarse dormido/a, no despertarse a tiempo. ~·**spill** *n* exceso *m* de población. ~·**staffed** *adj* con más personal de lo debido. ~·**state** *v* exagerar, afirmar con exageración. ~·**statement** *n* exageración *f*, afirmación exagerada. ~·**stay** *v* rebasar, pasar (*period of time*). ~·**step** *v* sobrepasar, rebasar los límites de. ~ **the mark**, pasarse de la raya. ~·**stock** *v* almacenar en exceso. ~·**strung** *adj* **1.** (*of a person*) hipertenso/a. ~·**subscribe** *v* suscribir en exceso. ~·**take** *v* (*pret* ~**took**, *pp* ~**taken**) **1**. adelantar. **2**. FIG rebasar, superar. **3**. (*gen passive*) sorprender, coger por sorpresa. ~·**tax** *v* FML apurar, exigir demasiado a. **2**. ejercer excesiva presión fiscal sobre; hacer pagar más impuestos de lo debido. ~·**throw** **I**. *v* (*pret* ~**threw**, *pp* ~**thrown**) derribar, derrocar. **II**. *n* **1**. derrocamiento *m* (*monarchy, tyrant*). ~·**time** **I**. *n* horas *f,pl* extraordinarias. **II**. *adv* extra, fuera de horas. **work** ~, hacer horas extras. ~ **payments**, pago *m* de horas extraordinarias. ~·**tone** *n* **1**. insinuación *f*. **2**. MUS armónico *m*. ~·**ture** *n* ~ **(to sb)** FML propuesta *f*, oferta *f* (*of peace*); acercamiento *m*, aproximación *f*. **2**. MUS obertura *f*. ~·**turn** *v* **1**. volcar. **2**. dar la vuelta, invertir. **3**. decidir lo contrario, rebatir. **4**. derrocar, derribar (*government, etc*). ~·**view** *n* FML vista *f* general; análisis *m* general, descripción *f* general. ~·**weening** *adj* FML prepotente, presuntuoso/a, arrogante. ~·**weight** *adj* **1**. (*of luggage*) demasiado pesado/a. **2**. (*of people*) con exceso de peso. **be** ~ **by sth**, tener un exceso de peso de. ~·**weighted** *adj* sobrecargado/a (*also* FIG). ~·**whelm** *v* (*gen passive*) inundar, cubrir, anegar. **2**. FIG invadir, abrumar; rebosar de (*joy, gratitude*). **3**. aplastar, arrollar. ~·**whelming** *adj* abrumador/ra, aplastante. ~·**work** **I**. *v* **1**. (*intransitive*) trabajar en exceso. **2**. (*transitive*), hacer trabajar en exceso. **3**. gastar, abusar de (*words*). **II**. *n* ['əuvəwɜ:k] *n* exceso *m* de trabajo. ~·**wrought** *adj* excitado/a, nervioso/a.

o·vert ['əuvɜ:t] US [əu'vɜ:t] *adj* FML abierto/a, evidente, patente. **o·vert·ly** [li] *adv* abiertamente, evidentemente, patentemente.

ov·i·duct ['əuvidʌkt] *n* oviducto *m*.

ov·i·par·ous [,əu'vipərəs] *adj* ZOOL, BIOL ovíparo/a.

o·vo·id ['əuvɔid] *adj* FML ovoide.

ov·ul·ate ['ɔvjuleit] *v* MED , BIOL ovular. **ov·ul·ation** [,ɔvju'leiʃn] *n* ovulación *f*.

ov·um [,əuvəm] *n* (*pl* **ova** ['əuvə]) BIOL óvulo.

owe [əu] *v* 1. deber (algo a alguien), estar en deuda con. **ow·ing** ['əuiŋ] *adj* debido/a, pendiente de pago. **ow·ing to** *prep* debido a.

owl [aul] *n* ZOOL búho *m*. **eagle** ~, búho *m* real. **ow·let** [aulit] *n* mochuelo *m*. **owl·ish** [~iʃ] *adj* de búho; serio/a. **owl·ish·ly** [~iʃli] *adv* seriamente.

own [əun] **I**. *adj* (*emphatic, after possessives*) propio/a: *With my own eyes*, Con mis propios ojos. **II**. *pron* uno/a mismo/a. **of one's** ~, de uno mismo, propio/a: *She has children of her own*, Ella tiene sus propios hijos. LOC **Get/Have one's** ~ **back (on sb)**, INFML vengarse (de), desquitarse (de). **Hold one's** ~ **(against sb/sth) (in sth)**, mantenerse firme; poder rivalizar con; defenderse con: *I hold my own in German*, Me defiendo con el alemán; (*of a patient*) mantenerse. **Of one's** ~ **accord**, por propia iniciativa. **On one's** ~, solo/a; INFML excelente, mejor que nada *or* nadie. **III**. *v* **1**. tener, poseer, ser dueño/a de. **2**. ~ **(to sth/doing sth)**, reconocer, admitir (algo/haber hecho algo). **3**. ~ **up (to sth)**, INFML reconocerse culpable (de algo). ~ **brand** *n* marca *f* de la casa. ~ **goal** *n* DEP gol *m* en meta propia. **own·er** ['əunə(r)] *n* propietario/a, dueño/a. **own·er·less** [~lis] *adj* sin dueño. **joint** ~, copropietario/a. **own·er·ship** [~ʃip] *n* propiedad *f*, posesión *f*. ~-**driver** *n* conductor/ra propietario/a. ~-**occupied** *adj* (*of a house*) habitado/a por el propietario. ~-**occupier** *n* propietario/a de la casa.

ox [ɔks] *n* (*pl* **oxen** ['ɔksn] **1**. buey *m*. **2**. vaca *f*, toro *m*. **ox·tail** *n* cola *f* de toro.

ox-eye ['ɔksai] *n* BOT margarita *f*.

ox·ide ['ɔksaid] *n* QUIM óxido *m*. **ox·id·ation** [,ɔksi'deiʃən] (*also* **ox·id·iz·ation, ~is·ation** [,ɔksidai'zeiʃn]) *n* oxidación *f*. **ox·id·ize, ~·ise** ['ɔksidaiz] *v* oxidar(se).

o·xy-acetylene [,ɔksiə'setəli:n] *n* oxiacetileno *m*.

ox·y·gen ['ɔksidʒən] *n* oxígeno *m*. ~ **mask** máscara *f* de oxígeno. ~ **tent** cámara *f* de oxígeno. **ox·y·gen·ate** [~eit] (*also* **ox·y·gen·ize** [~aiz]) *v* oxigenar.

oys·ter ['ɔistə(r)] *n* ZOOL ostra *f*. LOC ~ **bed**, criadero *m* de ostras.

oz *abrev of* **ounce**.

o·zone ['əuzəun] *n* ozono *m*. ~ **layer**, capa *f* de ozono.

P, p [pi:] *n* (*pl* **ps** [-z]) **1**. 'p' *f* (*letter*). **2**. *abrev* de **penny/pence**. LOC **Mind one's ~s and qs**, cuidar de no meter la pata *f*.

pa [pa:] *n* INFML papá *m*.

pace [peis] **I**. *n* **1**. paso *m*. **2**. velocidad *f*; ritmo *m*; marcha *f*. LOC **At a snail's ~**, a paso *m* de tortuga *f*. **To keep ~ with sb**, andar al mismo paso que alguien. **To keep ~ with sth**, seguir el mismo ritmo *m* que. **To put sb/sth through his/its ~s**, poner a prueba *f*. **To set the ~**, marcar la pauta *f*. **II**. *v* **1**. andar/ir al paso *m*. **2**. ir y venir (por) (*a room*). **3**. medir a pasos *m/pl*. **4**. DEP marcar el paso *m* (*a runner*). LOC **To ~ up and down**, pasearse de uno a otro lado *m*. **pace·mak·er** ['peis,meikə(r)] *n* **1**. (*also* **~-setter**) DEP el que marca el paso *m*. **2**. MED marcapasos *m*.

pa·chy·derm ['pækidɜ:m] *n* ZOOL paquidermo *m*.

pa·cif·ic [pə'sifik] *adj* pacífico/a. **pa·cif·ic·al·ly** [pə'sifikli] *adv* pacíficamente. **pa·cif·ic·ation** [,pæsifi'keiʃn] *n* pacificación *f*. **pa·cif·ism** ['pæsifizəm] *n* pacifismo *m*. **pa·cif·ist** ['pæsifist] *n* pacifista *m/f*. **pac·ify** ['pæsifai] *v* (*pret/pp* **-fied**) **1**. calmar, tranquilizar. **2**. pacificar.

pack [pæk] **I**. *n* **1**. fardo *m* (*brundle*); bulto *m*; lío *m*. **2**. mochila *f*. **3**. paquete *m*. **4**. ZOOL manada *f* (*of wolves*); jauría *f* (*hounds*). **5**. panda *f*, pandilla *f* (*of people*). **6**. (**deck**) baraja *f*. **7**. banco *m* de hielo *m*. **8**. sarta *f* (*of lies*). LOC **~-animal**, animal *m* de carga *f*. **~-horse**, caballo *m* de carga *f*. **~-ice**, banco *m* de hielo. **~-saddle**, albarda *f*. **II**. *v* **1**. (**in, into, with**) envasar, embalar, llenar. **2**. empaquetar. **3**. embotellar; enlatar. **4**. atestar, llenar hasta los topes *m/pl*; apiñarse (*a crowd*). **5**. endurecerse, volverse compacto/a (*snow, ice*). **6**. hacer las maletas *f/pl*; meter en la maleta *f*. **7**. US llevar (*a gun*). **8**. llenar de partidarios *m/pl* (*a jury, a committee*). **9**. (**off, away**) mandar (a), largarse. **10**. (**up**) hacer el equipaje *m*; INFML terminar. LOC **To be ~ed with**, estar lleno/a de. **~it in**, INFML ¡déjalo! **pack·age** ['pækidʒ] **I**. *n* paquete *m*; embalaje *m*; envase *m*; bulto *m*. LOC **~ deal**, acuerdo *m*/convenio *m* global. **~ holiday/~ tour**, viaje *m* organizado. **~ store**, US bodega *f*. **I**. *v* empaquetar; embalar; envasar. **pack·ag·ing** ['pækidʒiŋ] *n* envase *m*; embalaje *m*. **pack·er** ['pækə(r)] *n* embalador/ra, empaquetador/ra. **pack·et** ['pækit] *n* **1**. paquete *m*. **2**. cajetilla *f* (*of cigarettes*). **3**. sobre *m* (*of tea-bag*). **4**. INFML dineral *m*. **5**. (*also* **~ boat**) NAUT paquebote *m*. **pack·ing** ['pækiŋ] *n* **1**. empaquetado *m*. **2**. embalaje *m*; envase *m*. LOC **~-case**, caja *f*/cajón *m* de embalaje *m*.

pact [pækt] **I**. *n* pacto *m*. **II**. *v* pactar.

pad [pæd] **I**. *n* **1**. almohadilla *f*, cojín *m*. **2**. tampón *m*. **3**. hombrera *f*. **4**. bloc *m* (*of paper*). **5**. ZOOL pata *f* (*paw*). **6**. AER plataforma *f* de lanzamiento *m*; helipuerto *m*. **7**. SL vivienda *f*, apartamento *m*. **II**. *v* (**-dd-**) **1**. acolchar; rellenar (*also* FIG). **2**. poner hombreras *f/pl*. **3**. (**out**) FIG meter paja *f* (*book, speech*).

4. (**about, along, around**) andar con paso firme y silencioso. LOC **~ded cell**. loquera *f*. **pad·ding** ['pædiŋ] *n* **1**. relleno *m*. **2**. FIG paja *f* (*in a book, speech*, etc).

pad·dle ['pædl] **I**. *n* **1**. NAUT zagual *m*, canalete *m* (*oar*). **2**. rueda *f* de paletas *f/pl*. **3**. paleta *f*. LOC **~-boat/~-steamer**, NAUT vapor *m* de ruedas *f/pl*. **~-wheel**, rueda *f* de paletas *f/pl*. **II**. *v* **1**. NAUT impulsar/remar con canalete *m*. **2**. (**about**) chapotear; mojarse los pies/manos. LOC **To ~ one's own canoe**, INFML no depender de nadie.

pad·dock ['padək] *n* potrero *m*, corral *m*; explanada *f* (*racing*).

pad·dy ['pædi] *n* **1**. (*also* **~-field**) AGR arrozal *m*. **2**. arroz *m* con cáscara *f*. **3**. INFML rabieta *f*: *To take a ~*, Coger una rabieta· INFML irlandés/sa (*offensive*).

pad·lock ['pædlɔk] **I**. *n* candado *m*. **II**. *v* cerrar con candado *m*.

pa·dre ['pa:drei] *n* INFML **1**. MIL capellán *m* militar. **2**. cura *f*, párroco *m*.

paed·er·as·ty V. **pederasty**.

pae·di·at·ri·ci·an (US **pediatrician**) [,pi:diə'triʃn] *n* MED pedíatra/pediatra *m/f*. **pae·di·at·rics** (US **pedi-**) [,pi:di'ætriks] *n* MED pediatría *f*.

pa·gan ['peigən] **I**. *n/adj* REL pagano/a. **pa·gan·ism** ['peigənizəm] *n* REL paganismo *m*.

page [peidʒ] **I**. *n* **1**. (*abrev* **p**) página *f* (*also* FIG). **2**. plana *f* (*in printing*). **3**. (*also* **~-boy**, US **bellboy**) botones *m*; paje *m* (*at a wedding*). **II**. *v* **1**. paginar. **2**. llamar por altavoz *m* (a alguien). **3**. paginar, foliar.

pa·ge·ant ['pædʒənt] *n* cabalgata *f*, desfile *m*; espectáculo *m* histórico. **pa·ge·ant·ry** ['pædʒəntri] *n* pompa *f*, boato *m*; espectáculo *m* folklórico o tradicional.

pa·gin·ate ['pædʒineit] *v* paginar. **pa·gin·ation** [,pædʒi'neiʃn] *n* paginación *f*.

pa·go·da [pə'gəudə] *n* ARQ pagoda *f*.

paid [peid] I. *v pret/pp of* **pay**. II. *adj* pagado/a (*also* **holidays**); a sueldo *m*. LOC **To put ~ to**, acabar con.

pail [peil] *n* cubo *m* (*bucket*); balde *m*. **pail·ful** ['peilful] *n* cubo *m* (*content*).

pain [pein] I. *n* 1. dolor *m* (*physical suffering*). 2. pena *f*; sufrimiento *m*. 3. **~s** *pl* trabajo *m*, esfuerzos *m/pl*; MED dolores *m/pl* de parto *m*. LOC **A ~ in the neck**, INFML un/una pesado/a, pelma *m/f*. **On/under ~/penalty of sth**, bajo/so pena *f* de. **~-killer**, MED calmante *m*, analgésico *m*. **~staking**, 1. *adj* esmerado/a; cuidadoso/a. 2. *n* esmero *m*, cuidado *m*. **To be in ~**, estar sufriendo, estar con dolores *m/pl*. **To be out of ~**, haber dejado de sufrir. **To take ~s (over)**, esmerarse en. II. *v* 1. doler. 2. dar pena *f*/lástima *f*. **pain·ed** [peind] *adj* 1. dolorido/a; apenado/a. 2. afligido/a. **pain·ful** ['peinful] *adj* 1. doloroso/a; dolorido/a; apenado/a. 2. difícil. 4. desagradable. **pain·ful·ness** ['peinflnis] *n* dolor *m*. **pain·less** ['peinlis] *adj* 1. sin dolor *m*, indoloro/a. 2. fácil.

paint [peint] I. *n* pintura *f* (*also* **cosmetics**). LOC **Box of ~s/~-box**, ART caja *f* de pinturas *f/pl*. **~-brush**, pincel *m*; brocha *f*. II. *v* 1. pintar(se); poner(se) colorete *m*. 2. FIG describir. 4. **(out)** tapar con pintura *f*. LOC **To ~ the town red**, INFML irse de juerga *f*. **paint·er** ['peintə(r)] *n* 1. ART pintor/ra. 2. pintor/ra de brocha *f* gorda. 3. NAUT amarra *f*. **paint·ing** ['peintiŋ] *n* ART pintura *f*; cuadro *m*.

pair [peə(r)] I. *n* 1. par *m* (*of gloves*, etc). 2. pareja *f* (*of people, animals*, etc). LOC **In ~s**, por parejas *f/pl*. II. *v* 1. **(with)** emparejar (se); juntar(se). 2. BIOL, ZOOL aparear(se).

pa·ja·mas (US) V. **pyjamas**.

pal [pæl] I. *n* INFML amigo/a; camarada *m/f*. II. *v* **(-ll-)** INFML 1. **(up)** hacerse amigos/as; hacerse amigo/a de. **pal·ly** ['pæli] *adj* afable. LOC **~ with**, amiguito de.

pa·lace ['pælis] *n* ARQ palacio *m*.

pa·lae·o·graph·er [,pæli'ɔgrəfə(r)] (*also esp* US **pa·le·ograph·er** [,peil-]) *n* paleógrafo/a. **pa·lae·o·graph·ic** [,pæliəu'græfik] (*also esp* US **paleo-** [,peil-]) *adj* paleográfico/a. **pa·lae·o·gra·phy** [,pæli'ɔgrəfi] (*also esp* US **paleo-** [,peil-]) *n* paleografía *f*. **pa·lae·o·lith·ic** [,pæliəu'liθik] (*also esp* US **paleo-** [,peil-] *adj* GEOL paleolítico/a. **pa·lae·on·to·lo·gy** [,pæliɔn'tɔlədʒi] (*also esp* US **paleon-** [,peil-] *n* paleontología *f*.

pa·lat·able ['pælətəbl] *adj* 1. sabroso/a; comestible. 2. FIG aceptable.

pal·at·al ['pælətl; pə'leit] I. *adj* palatal. II. *n* palatal *m*. **pal·at·al·ize** ['pælətəlaiz] *v* palatalizar. **pal·ate** ['pælit] *n* ANAT, FIG paladar *m*.

pa·la·ti·al [pə'leiʃl] *adj* 1. suntuoso/a; espléndido/a. 2. palaciego/a.

pal·at·in·ate [pə'lætinət; US-t | n | t] *n* palatinado *m*. **pal·at·ine** ['pælətain] *n/adj* palatino/a.

pa·la·ver [pə'la:və(r); US-'læv-] *n* 1. lío *m*, follón *m*. 2. discurso *m*; palabrería *f*.

pale [peil] I. *adj* (*comp* **-r**, *sup* **-st**) 1. pálido/a. 2. claro/a (*colour*). II. *v* 1. **(at, with)** palidecer; poner(se) pálido/a. 2. **(before, beside)** FIG perder importancia *f*. LOC **~-face**, rostro *m* pálido. III. *n* 1. estaca *f* (*of a fence*). 2. límites *m/pl*. LOC **Beyond the ~**, al margen *m* de la sociedad *f*. **pale·ness** ['peilnis] *n* palidez *f*. **pal·ish** ['peiliʃ] *adj* paliducho/a.

pa·le(o)- V. **palae(o)-**.

Pa·les·tine ['pælistain] *n* GEOG Palestina *f*. **Pa·les·tin·i·an** [pæles'tiniən] *n/adj* palestino/a.

pal·ette ['pælət] *n* paleta *f*. LOC **~-knife**, espátula *f*.

pal·frey ['pɔ:lfri] *n* palafrén *m*.

pal·imp·sest ['pælimpsest] *n* palimsesto *m*.

pal·in·drome ['pælindrəum] *n* palindromo *m*, capicúa *f*.

pal·ing ['peiliŋ] *n* 1. estacada *f* (*fence*). 2. estaca *f*.

pal·i·sade [,pæli'seid] I. *n* estacada *f*, empalizada *f*. II. *v* vallar, empalizar.

pall [pɔ:l] I. *v* 1. **(on)** dejar de gustar; hartar; saciar. 2. **(on)** perder su sabor *m*. II. *n* 1. paño *m* mortuorio. 2. FIG cortina *f* (*of smoke*). LOC **~-bearer**, portaféretro *m*.

pal·let ['pælit] *n* 1. palet *m*. 2. jergón *m*; camastro *m*. 3. TEC uña *f*; trinquete *m*.

pal·li·asse (*also* **paill·asse**) ['pæliæs; US ,pæli'æs] *n* jergón *m*.

pal·li·ate ['pælieit] *v* paliar. **pal·li·ation** [,pæli'eiʃn] *n* paliación *f*. **pal·li·at·ive** ['pæliətiv] *n/adj* paliativo/a *m*.

pal·lid ['pælid] *adj* pálido/a. **pal·lid·ity** ['pæliditi], **pal·lid·ness** ['pælidnis], **pal·lor** ['pælə(r)] *n* palidez *f*.

palm [pa:m] I. *n* 1. ANAT palma *f* (*of hand*). 2. BOT (*also* **~-tree**) palmera *f*; palma *f*. LOC **~-oil**, aceite *m* de palma *f*. **~ Sunday**, Domingo *m* de Ramos. **~-tree**, BOT palmera *f*. **To grease sb's ~**, untarle la mano *f* a alguien. **To have an itching ~**, ser codicioso/a. II. *v* 1. escamotear (*a games, tricks*). 2. golpear con la palma de la mano (*balón*) LOC **To ~ sb off with sth**, INFML meter/colar algo a alguien. **pal·met·to** [pæl'metəu] *n* (*pl* **-s**) BOT palmito *m*. **palm·ist** ['pa:mist] *n* quiromántico/a. **palm·is·try** ['pa:mistri] *n* quiromancia *f*. **palm·y** ['pa:mi] *adj* (*comp* **-ier**, *sup* **-iest**) 1. lleno/a de palmeras *f/pl*. 2. FIG próspero/a.

palp·able ['pælpəbl] *adj* palpable (*also* FIG). **palp·ate** ['pælpeit] *v* MED palpar. **palp·ation** [pæl'peiʃn] *n* MED palpación *f*. **palp·it·ate** ['pælpiteit] *v* palpitar.

pal·sy ['pɔ:lzi] *n* parálisis *m*.

pal·tri·ness ['pɔ:ltrinis] *n* mezquindad *f*. **pal·try** ['pɔ:ltri] *adj* (*comp* **-ier**, *sup* **iest**) 1. mezquino/a. 2. insignificante; miserable.

pam·pas ['pæmpəs; US -əz] *n/pl* pampa(s) *f/(pl)*.

pam·per ['pæmpə(r)] *v* consentir, mimar.

pam·phlet ['pæmflit] *n* folleto *m*; panfleto *m*; octavilla *f*. **pam·phlet·eer** [,pæmflə'tiə(r)] *n* panfletista *m/f*.

pan [pæn] **I.** *n* cazo *m*; cacerola *f*; cazuela *f*; sartén *f*; taza *f*. LOC **~-handle**, **1**. *n* US faja *f* de territorio *m* de un estado *m* que entra en otro; **2**. *v* INFML mendigar, pedir limosna *f*. **II.** *v* (**-nn-**) **1**. lavar con batea *f* (*gold*); extraer oro *m*. **2**. INFML criticar. **3**. filmar, tomar una vista *f* panorámica (*cinema*). **4**. (**out**) resultar.

pan·a·cea [,pænə'siə] *n* (**for sth**) panacea *f*.

pa·na·che [pæ'næʃ; US pə-] *n* penacho *m*. LOC **Pipes of ~**, *pl* garbo *m*, elegancia *f*.

pan·a·ma ['pænəma:] *n* (*also* **~ hat**) sombrero *m* de jipijapa *m*, panamá *m*.

pan·cake ['pæŋkeik] *n* crepe *m*, tortita *f*. LOC **~ Day**, martes *m* de carnaval. **~ landing**, AER aterrizaje *m* de vientre *m* (desplomándose).

pan·chro·mat·ic [,pænkrə'mætik] *adj* pancromático/a.

pan·cre·as ['pæŋkriəs] *n* ANAT páncreas *m*. **pan·cre·at·ic** [,pæŋkri'ætik] *adj* ANAT pancreático/a.

pan·da ['pændə] *n* ZOOL panda *m/f*. LOC **~ car**, Br coche *m* patrulla *f*.

pan·dem·ic [pæn'demik] *n/adj* MED pandémico/a.

pan·de·mon·i·um [,pændi'məuniəm] *n* pandemonio *m*; FIG jaleo *m*.

pan·der ['pændə(r)] *v* **1**. alcahuetear. **2**. (**to**) condescender, agradar, complacer. **3**. consentir (*a child*). **II.** *n* alcahuete *m*.

pane [pein] *n* vidrio *m*, cristal *m*.

pa·ne·gyr·ic [,pæni'dʒirik] *n* panegírico *m*.

pan·el ['pænl] **I.** *n* **1**. panel *m*; entrepaño *m* (*of a door*); artesón *m* (*of a ceiling*). **2**. paño *m*. **3**. tablero *m*, panel *m* (*of instruments*). **4**. grupo *m*: *A ~ of experts*, Un grupo *m* de expertos *m/pl* **5**. jurado *m*, tribunal *m*. **6**. lista *f* de médicos *m/f/pl* de la Seguridad *f* Social. LOC **~ board**, tablero *m* de mandos *m/pl*. **II.** *v* (**-ll-**; US **-l-**) poner paneles *m/pl*; adornar con paneles *m/pl*. **pan·el·led** (US **paneled**) ['pænld] *adj* con paneles *m/pl*; adornado/a con paneles *m/pl*. **pan·el·ling** (US **paneling**) ['pænliŋ] *n* revestimiento *m* de madera *f*; artesonado *m*; entrepaños *m/pl*. **pan·el·list** (US **panelist**) ['pænəlist] *n* miembro *m* de un grupo/jurado/tribunal.

pang [pæŋ] *n* **1**. punzada *f* (*of pain, hunger*). **2**. remordimiento *m*.

pan·ic ['pænik] **I.** *n* pánico *m*. LOC **~-stricken**, preso/a de pánico *m*. **II.** *v* (**-ck-**) asustarse; aterrarse; dejarse llevar por el pánico *m*. **pan·ic·ky** ['pæniki] *adj* INFML lleno/a de pánico *m*; asustadizo/a. LOC **To get ~**, entrarle a uno/a pánico *m*.

pan·jan·drum [pæn'dʒændrəm] *n* mandamás *m/f*.

pan·ni·er ['pæniə(r)] *n* **1**. cesto *m*, cartera(s) *f/(pl)* (*bicycle/motorcycle*). **2**. serón *m*.

pan·op·ly ['pænəpli] *n* **1**. panoplia *f*. **2**. FIG pompa *f*.

pan·o·ra·ma [,pænə'ra:mə; US-'ræm l] *n* **1**. panorama *m*. **2**. panorama *f* (*in photography/cinema*). **pan·o·ram·ic** [,pænə'ræmik] *adj* panorámico/a.

pan·sy ['pænzi] *n* **1**. BOT pensamiento *m*. **2**. INFML marica *f*.

pant [pænt] *v* **1**. jadear. **2**. (**after, for**) suspirar por, anhelar. **3**. (**out**) decir entre jadeos. **pant·ing** ['pæntiŋ] **I.** *n* jadeo *m*. **II.** *adj* jadeante.

pan·ta·loons [,pæntə'lu:nz] *n/pl* pantalones *m/pl*.

pan·tech·ni·con [pæn'teknikən] *n* camión *m* de mudanzas *f/pl*.

pan·the·ism ['pænθiizəm] *n* REL panteísmo *m*. **pan·the·ist** ['pænθiist] *n* REL panteísta *m/f*. **pan·the·ist·ic** [,pænθi'istik] *adj* REL panteísta.

pan·the·on ['pænθiən; US -θiɔn] *n* panteón *m*.

pan·ther ['pænθə(r)] *n* ZOOL **1**. pantera *f*. **2**. US jaguar *m*; puma *m*.

pant·ies ['pæntiz] *n/pl* INFML bragas *f/pl*.

pan·ti·ho·se (*also* **pantyhose**) ['pæntihəuz] *n/pl* US leotardos *m/pl*; mallas *f/pl*.

pan·to ['pæntəu] *n* (*pl* **-s**) INFML pantomima *f*. **pan·to·mime** ['pæntəmaim] *n* pantomima *f*.

pan·to·graph ['pæntəgra:f; US -græf] *n* pantógrafo *m*.

pan·try ['pæntri] *n* despensa *f*.

pants [pænts] *n/pl* **1**. calzoncillos *m/pl*; bragas *f/pl*. **2**. US pantalón(es) *m/(pl)*.

pap [pæp] *n* papilla *f*, gachas *f/pl*.

pa·pa [pə'pa:; US 'pa:pə] *n* INFML papá *m*.

pap·acy ['peipəsi] *n* REL pontificado *m*, papado *m*. **pap·al** ['peipl] *adj* pontifical, papal.

pa·paw (*also* **paw·paw**) [pə'pɔ:; US 'pɔ:pɔ:] *n* BOT **1**. (*also* **papaya** [pəpaiə]) papayo *m* (*tree*). **2**. papaya *f* (*fruit*).

pa·per ['peipə(r)] **I.** *n* **1**. papel *m*. **2**. periódico *m*. **3**. **~s** *pl* documentación *f*; documentos *m/pl*. **4**. prueba *f*, examen *m*. **5**. informe *m*; artículo *m*; comunicación *f*; ponencia *f*. LOC **On ~**, por escrito, sobre el papel. **To put pen to ~**, comenzar a escribir. **II.** *v* **1**. empapelar (*walls*). **2**. envolver (*wrap*). **III.** *adj* de papel *m*. **pap·ery** ['peipəri] *adj* parecido/a al papel *m*.

paper..., **~·back**, *n* libro *m* en rústica. **~·bag**, *n* saco *m* de papel *m*. **~·boy** (*f* **~·girl**), *n* repardidor/ra de periódicos *m/pl*. **~·chase**, *n* juego *m* consistente en alcanzar a personas *f/pl* que van dejando papeles *m/pl* para señalar el camino *m*. **~·clip**, *n* clip *m*, sujetapapeles *m*. **~·fastener**, *n* grapa *f*. **~·hanger**, *n* empapelador *m*. **~·knife**, *n* cortapapeles *m*. **~·mill**, *n* fábrica *f* de papeles *m/pl*. **~ money**, *n* billetes *m/pl* de banco *m*, papel *m* moneda *f*. **~·weight**, *n* pisapapeles *m*. **~·work**, *n* papeleo *m*.

pa·pier mâ·ché [,pæpiei 'mæʃei; US peipər mə'ʃei] *n* cartón *m* piedra *f*.

pap·ist ['peipist] *n/adj* PEY papista *m/f*. **pap·ist·ry** ['peipistri] *n* papismo *m*.

pa·poose [pə'pu:s; US pæ'pu:s] *n* mochila *f* (*for carrying a baby*).

pap·ri·ka ['pæprikə; US pə'pri:kə] *n* paprika *f* (clase de pimienta).

pa·py·rus [pə'paiərəs] (*pl* **papyri** [pə'pairi]) *n* papiro *m*.

par [pa:(r)] *n* **1**. (*also* ~ **value**) valor *m* nominal, a la par. **2**. (*also* ~ **of exchange**) COM par *f*, paridad *f*. **3**. igualdad *f*. **4**. promedio *m*. **5**. DEP par *m* (*golf*). **6**. (*also* **para**) *abrev of* **paragraph**. LOC **To be above ~**, COM estar por encima de la par *f*. **To be below ~**, COM estar por debajo de la par *f*; FIG estar indispuesto/a. **To be on a ~ with**, ser igual que.... (en importancia, calidad...).

par·able ['pærəbl] *n* REL parábola *f* (*in the Bible*).

par·a·bo·la [pə'ræbələ] *n* MAT parábola *f*. **par·a·bol·ic** [,pærə'bɔlik] *adj* MAT, REL parabólico/a.

par·a·chute ['pærəʃu:t] **I**. *n* paracaídas *m*. **II**. *v* lanzar(se) en paracaídas *m*. **par·a·chut·ist** ['pærəʃu:tist] *n* paracaidista *m/f*.

par·ade [pə'reid] **I**. *n* **1**. MIL desfile *m*; revista *f* (*for inspection*). **2**. MIL (*also* **~-ground**) plaza *f* de armas *f/pl*. **3**. paseo *m* (*in public promenades,* etc). **4**. ostentación *f*; alarde *m*: *To make a ~ of*, Hacer alarde *m* de. **II**. *v* **1**. MIL desfilar; formar; pasar revista *f*. **2**. pasearse. **3**. hacer ostentación *f*/alarde *m* de; lucir.

par·a·digm ['pærədaim] *n* paradigma *m*.

par·a·dise ['pærədais] *n* paraíso *m* (*also* FIG); cielo *m*; gloria *f*. **par·a·di·sa·ic·al** [,pærədi'zaiəkl] *adj* paradisíaco/a, paradisiaco/a.

par·a·dox ['pærədɔks] *n* paradoja *f*. **par·a·dox·ic·al** [,pærə'dɔksikl] *adj* paradójico/a.

par·af·fin ['pærəfin] *n* **1**. (*also* ~ **oil**) petróleo *m*; queroseno *m*. **2**. (*also* ~ **wax**) parafina *f*.

par·a·gon ['pærəgən; US -gɔn] *n* modelo *m*, dechado *m*.

par·a·graph ['pærəgra:f; US-græf] **I**. *n* **1**. párrafo *m*; apartado *m*. **2**. suelto *m* (*in a newspaper*). LOC **New ~**, punto *m* y aparte. **II**. *v* dividir en párrafos *m/pl*.

Pa·ra·guay·an [pærə'gwaijən] *n/adj* paraguayo/a.

pa·ra·keet ['pærəki:t] *n* ZOOL periquito *m*.

par·al·lel ['pærəlel] **I**. *adj* **1**. (**to, with sth**) MAT, GEOG, FIG paralelo/a. **2**. ELECTR en paralelo. LOC ~ **bars**, *pl* barras *f/pl*; paralelas *f/pl*. **II**. *n* **1**. MAT paralela *f* (*line*). **2**. GEOG, FIG paralelo *m*. LOC **Without ~**, sin igual, nunca visto/a. **III**. *v* comparar (con); igualar (a). **par·al·lel·ism** ['pærəlelizəm] *n* paralelismo *m*.

par·al·le·lo·gram [,pærə'leləgræm] *n* MAT paralelogramo *m*.

par·a·lyse (US **paralyze**) ['pærəlaiz] *v* paralizar. **pa·ra·ly·sis** [pə'ræləsis] *n* (*pl* **-ses**) MED, FIG parálisis *m*. **par·a·lyt·ic** [,pærə'litik] *n/adj* paralítico/a.

par·a·med·ic·al [,pærə'medikl] *adj* paramédico/a.

par·a·me·ter [pə'ræmitə(r)] *n* MAT parámetro *m*.

par·a·mil·it·ary [,pærə'militri; US-teri] *n/adj* MIL paramilitar *m/f*.

par·a·mount ['pærəmaunt] *adj* supremo/a; sumo/a; capital (*significance, importance*).

par·a·noia ['pærənɔiə] *n* MED paranoia *f*. **par·a·noi·ac** [,pærə'nɔiæk] (*also* **paranoid** ['pærənɔid]) *n/adj* paranoico/a.

par·a·norm·al [,pærə'nɔ:ml] *adj* paranormal, fuera de lo normal.

par·a·pet ['pærəpit,-pet] *n* **1**. ARQ antepecho *m* (*of a balcony, bridge*). **2**. MIL parapeto *m*.

par·a·pher·na·lia [,pærəfə'neiliə] *n* chismes *m/pl*; trastos *m/pl*; trámites *m/pl*.

par·a·phrase ['pærəfreiz] **I**. *n* paráfrasis *f*. **II**. *v* parafrasear.

pa·ra·ple·gia [,pærə'pli:dʒə] *n* MED paraplejia *f*. **par·a·pleg·ic** [,pærə'pli:dʒik] *n/adj* parapléjico/a.

par·a·site ['pærəsait] *n* BIOL, FIG parásito *m*. **par·a·sit·ic(·al)** [,pærə'sitik(l)] *adj* (**on**) parásito/a, parasitario/a.

par·a·sol ['pærəsɔl; US -sɔ:l] *n* sombrilla *f*, quitasol *m*.

par·a·troop·er ['pærətru:pə(r)] *n* MIL soldado *m* paracaidista. **pa·ra·troops** ['pærətru:ps] *n* MIL tropas *f/pl* paracaidistas.

par·a·ty·phoid [,pærə'taifɔid] *n* MED paratifoidea *f*.

par·boil ['pa:bɔil] *v* sancochar, cocer a medias.

par·cel ['pa:sl] **I**. *n* **1**. (*also* **package**) paquete *m*. **2**. parcela *f* (*of land*). LOC ~ **bomb**, paquete *m* bomba *f*. ~ **post**, servicio *m* de paquetes *m/pl* postales. **II**. *v* (**-ll-**; US **-l-**) **1**. (**sth out**) repartir; parcelar (*land*). **2**. (**sth up**) embalar, empaquetar.

parch [pa:tʃ] *v* (re)secar; agostar (*plants*). LOC **To be ~ed**, estar muerto/a de sed *f*. **parch·ment** ['pa:tʃmənt] *n* pergamino *m*.

par·don ['pa:dn] **I**. *n* **1**. (**for sth**) perdón *m*. **2**. JUR indulto *m*. LOC **I beg your ~**, perdone, disculpe. (**I beg your**) ~?, le pido perdón, ¿cómo? ~ **me**, con permiso, dispense. **II**. *v* **1**. (**sb for sth/doing sth**) perdonar; disculpar; dispensar. **2**. JUR indultar. **III**. *int* (US *also* ~ **me**) perdone Vd; dispense Vd. **par·don·able** ['pa:dnəbl] *adj* perdonable. **par·don·ably** ['pa:dnəbli] *adv* con toda razón *f*.

pare [peə(r)] *v* **1**. cortar (*nails*). **2**. pelar (*fruit*). **3**. (**sth down**) reducir, disminuir. **par·ings** ['peəriŋz] *n/pl* peladuras *f/pl*.

par·ent ['peərənt] *n* **1**. padre *m*, madre *f*. **2**. BIOL, FIG origen *m*, causa *f*. **3**. **~s** *pl* padres *m/pl*. **par·ent·age** ['peərəntidʒ] *n* familia *f*, linaje *m*. **pa·rent·al** [pə'rentl] *adj* paternal, maternal, de los padres *m/pl*. **par·ent·hood** ['peərənthud] *n* paternidad *f*, maternidad *f*.

pa·ren·the·sis [pəˈrenθəsis] *n* (*pl* **-eses** [-əsi:z]) paréntesis *m*. LOC **In ~**, entre paréntesis *m/pl*. **pa·ren·thet·ic(·al)** [,pærənˈθetik(l)] *adj* entre paréntesis *m/pl*.

pa·ri·ah [pəˈraiə, ˈpæriə] *n* paria *m/f*.

pa·ri·et·al [pəˈraiətl] *adj* ANAT parietal.

par·ish [ˈpæriʃ] *n* **1**. REL parroquia *f*. **2**. (*also* **civil ~**) municipio *m*. **3**. parroquiano/a, feligrés/sa. LOC **~ church**, iglesia *f* parroquial. **~ council**, concejo *m* parroquial. **~ register**, registro *m* parroquial. **par·ish·ion·er** [pəˈriʃənə(r)] *n* REL parroquiano/a, feligrés/sa.

Pa·ris·ia·n [pəˈriziən; US -iʒn] *n/adj* GEOG parisino/a, parisiense *m/f*.

par·ity [ˈpærəti] *n* paridad *f*, igualdad *f* (*also* COM).

park [pa:k] **I**. *n* **1**. jardines *m/pl*; parque *m*. **2**. US DEP campo *m* de deporte. LOC **Car ~**, parking *m*, aparcamiento *m* de coches *m/pl*. **~-way**, US avenida *f*. **II**. *v* **1**. aparcar; estacionar(se). **2**. INFML dejar, poner. **3**. (**oneself**) INFML sentarse. **park·ing** [ˈpa:kiŋ] *n* aparcamiento *m*; estacionamiento *m*. LOC **No ~**, prohibido aparcar. **~ attendant**, guardacoches *m/f*. **~ lights**, *pl* luces *f/pl* de estacionamiento *m*. **~-lot**, US aparcamiento *m*. **~-meter**, parquímetro *m*.

par·ky [ˈpa:ki] *adj* frío/a (*weather*).

parl·ance [ˈpa:ləns] *n* lenguaje *m*, habla *m*.

par·ley [ˈpa:li] **I**. *n* (*pl* **-s**) negociaciones *f/pl*; conversaciones *f/pl*. **II**. *v* (**with sb**) parlamentar (con).

par·lia·ment [ˈpa:ləment] *n* parlamento *m*; Cortes *f/pl*. LOC **Houses of ~**, Parlamento *m*. **Member of ~**, diputado/a; miembro *m/f* del parlamento *m*. **par·lia·ment·ar·ian** [,pa:ləmənˈteəriən] *n/adj* parlamentario/a. **par·lia·ment·ary** [,pa:ləˈmentri] *adj* parlamentario/a.

par·lour (US **par·lor**) [ˈpa:lə(r)] *n* salón *m*, sala *f* de recibir. LOC **Beauty ~**, salón *m* de belleza *f*. **Funeral ~**, funeraria *f*. **Ice-cream ~**, heladería *f*. **~ car** (*also* **pullman**), coche *m* salón. **~ game**, juego *m* de salón *m*. **~-maid**, doncella *f*; camarera *f*.

par·lous [ˈpa:ləs] *adj* **1**. peligroso/a. **2**. crítico/a, lamentable (*state*).

pa·ro·chi·al [pəˈrəukiəl] *adj* **1**. REL parroquial. **2**. pueblerino/a. **pa·ro·chi·al·ism** [pəˈrəukiəlizəm] *n* mentalidad *f* pueblerina.

par·od·ist [ˈpærədist] *n* parodista *m/f*. **pa·ro·dy** [ˈpærədi] **I**. *n* (**of sth**) parodia *f*. **II**. *v* (*pret/pp* **-died**) parodiar.

pa·role [pəˈrəul] **I**. *n* **1**. palabra *f* de honor *m*. **2**. libertad *f* provisional; US libertad *f* condicional. **II**. *v* dejar libre bajo palabra *f*.

par·ox·ysm [ˈpærəksizəm] *n* paroxismo *m*; ataque *m*, crisis *f*.

par·quet [ˈpa:kei; US pa:rˈkei] (*also* **par·quet·ry** [ˈpa:kətri]) *n* parqué *m*, entarimado *m*.

parr [pa:(r)] *n* (*pl* **~/~s**) ZOOL cría *f* de salmón *m*.

par·ri·cid·al [,pæriˈsaidl] *adj* parricida. **par·ri·cide** [ˈpærisaid] *n* **1**. parricidio *m*. **2**. parricida *m/f*.

par·rot [ˈpærət] *n* ZOOL papagayo *m*, loro *m* (*also* FIG). LOC **~-fashion**, mecánicamente. **II**. *v* repetir como un loro *m*.

par·ry [ˈpæri] **I**. *v* (*pret/pp* **parried**) **1**. parar (*a blow/attack*). **2**. FIG sortear, evitar; eludir. **II**. *n* parada *f*, quite *m*.

parse [pa:z; US pa:rs] *v* GRAM dividir en partes gramaticales.

par·si·mo·ni·ous [,pa:siˈməuniəs] *adj* parco/a, tacaño/a; parsimonioso/a. **par·si·mo·ny** [ˈpa:siməni; US -məuni] *n* parquedad *f*; parsimonia *f*.

pars·ley [ˈpa:sli] *n* BOT perejil *m*.

pars·nip [ˈpa:snip] *n* BOT chirivía *f*.

par·son [ˈpa:sn] *n* REL **1**. sacerdote *m* protestante **2**. pastor *m*. **par·son·age** [ˈpa:snidʒ] *n* casa *f* del cura párroco.

part [pa:t] **I**. *n* **1**. (**of sth**) parte *f*; porción *f*. **2**. ANAT partes *f/pl*. **3**. TEC pieza *f*. **4**. GEOG comarca *f*. **5**. TEAT papel *m*. **6**. (**in sth**) deber *m*. **7**. US raya *f* (*of hair*). **8**. **~s** *pl* GEOG región *f*; parajes *m/pl*. **9**. talento *m*: *A man of (many) ~s*, Un hombre de mucho talento. LOC **For my ~**, por mi parte *f*. **For the most ~**, en la mayor parte *f*. **In foreign ~s**, en el extranjero *m*. **In ~**, en parte *f*. **~ and parcel**, parte *f* esencial. **To do one's ~**, cumplir con su obligación *f*. **To have a ~ in**, tener algo que ver (en). **To look the ~**, encajar bien en el papel *m*. **To take ~ in**, tomar parte *f* en, participar en. **To take sb's ~**, apoyar a alguien. **II**. *adv* en parte *f*. **III**. *adj* parcial. LOC **~ exchange**, parte *f* de pago *m*. **~ of speech**, GRAM parte *f* de la oración *f*. **~-owner**, copropietario/a. **~-time**, a media jornada *f*. **~-timer**, el/la que trabaja a media jornada *f*. **IV**. *v* **1**. (**from sth**) despedirse; partir. **2**. dividir, separar. **3**. apartarse. **4**. romperse. **5**. (**with**) tener que separarse (de); deshacerse (de); gastar (*money*). LOC **To ~ company with**, separarse de. **To ~ one's hair**, hacer la raya *f*. **part·ing** [ˈpa:tiŋ] **I**. *n* **1**. despedida *f*. **2**. separación *f*. **3**. (US **part**) raya *f* (*of hair*). LOC **A/The ~ of the ways**, momento *m* de separación/encrucijada *f*. **II**. *adj* de despedida *f*. **part·ly** [ˈpa:tli] *adv* en parte *f*; en cierto modo *m*.

par·take [pa:ˈteik] *v* (*pret* **partook** [-tuk], *pp* **partaken** [-ˈteikən]) (**of sth**) compartir (*food, drink*).

par·terre [pa:ˈteə(r)] *n* arriate *m*, cuadro *m* (*of a garden*), patio *m*.

par·the·no·ge·ne·sis [,pa:θinəuˈdʒenəsis] *n* BIOL partenogénesis *f*.

par·tial [ˈpa:ʃl] *adj* **1**. parcial. **2**. (**towards sb/sth**) parcial (*biased*). **3**. (**to sb/sth**) aficionado/a. **par·ti·al·ity** [,pa:ʃiˈæləti] *n* **1**. (**towards sb/sth**) parcialidad *f* (*bias*). **2**. (**for sb/sth**) afición *f* (a). **par·tial·ly** [ˈpa:ʃəli] *adv* parcialmente.

par·ti·cip·ant [pa:ˈtisipənt] *n* (**in sth**) participante *m/f*. **par·ti·cip·ate** [pa:ˈtisipeit] *v* (**in sth**) participar, tomar parte *f* (en). **par·ti·cip·ation** [pa:,tisiˈpeiʃn] *n* (**in sth**) participación *f*.

par·ti·ci·ple ['pa:tisipl] *n* GRAM participio *m*. LOC **Past** ~, participio *m* de pasado *m*. **Present** ~, participio *m* de presente *m*.

par·ti·cle ['pa:tikl] *n* **1**. partícula *f* (*also* GRAM, FIS). **2**. FIG pizca *f*.

par·ti·co·lour·ed ['pa:tikʌləd] (US **-colored**) *adj* multicolor.

par·tic·u·lar [pə'tikjulə(r)] **I**. *adj* **1**. particular. **2**. especial. **3**. **(about/over sth)** minucioso/a, detallado/a. **4**. exigente; quisquilloso/a. LOC **In** ~, particularmente; especialmente; principalmente. **(To be very)** ~ **about**, (ser) exigente, cuidadoso/a. **That** ~ **person**, esa persona *f* en particular. **II**. *n* pormenor *m*, detalle *m*; particularidad *f*. **par·tic·u·lar·ity** [pə,tikju'lærəti] *n* particularidad *f*; minuciosidad *f*. **par·tic·u·la·riz·ation**, **-is·ation** [pə,tikjulərai'zeiʃn] *n* particularización *f*. **par·tic·u·lar·ize**, **-ise** [pə'tikjuləraiz] *v* particularizar; concretar, especificar.

par·ti·san [,pa:ti'zæn, 'pa:tizæn; US 'pa:rtizn] **I**. *n* **1**. partidario/a; seguidor/ra. **2**. MIL guerrillero/a. **II**. *adj* partidario/a, partidista. LOC ~ **spirit**, espíritu *m* partidista. **par·ti·san·ship** [,pa:ti'zænʃip] *n* partidismo *m*.

par·ti·tion [pa:'tiʃn] **I**. *n* **1**. división *f*; partición *f*. **2**. tabique *m*. **II**. *v* **1**. dividir; repartir. **2**. **(sth off)** separar con un tabique *m*; tabicar.

par·tit·ive ['pa:titiv] **I**. *adj* GRAM partitivo/a. **II**. *n* GRAM partitivo *m*.

part·ner ['pa:tnə(r)] **I**. *n* **1**. socio/a; asociado/a. **2**. compañero/a; pareja *f* (*in cards*, DEP). **3**. cónyuge *m/f*; consorte *m/f*. **II**. *v* **1**. ser pareja *f* (de); acompañar. **2**. **(sb off with sb)** asociarse (con), estar asociado/a (con). **part·ner·ship** ['pa:tnə(r)ʃip] *n* **(with sb) 1**. asociación *f*; vida *f* conyugal/en común. **2**. COM sociedad *f*.

par·took *pret of* **partake**.

par·tridge ['pa:tridʒ] *n* ZOOL perdiz *f*.

par·tu·ri·tion [,pa:tju'riʃn; US -tʃu-] *n* MED parto *m*.

par·ty ['pa:ti] **I**. *n* **1**. reunión *f*; fiesta *f*; tertulia *f*; guateque *m*. **2**. grupo *m*; equipo *m*; cuadrilla *f*. **3**. partido *m* (*in politics*). **4**. JUR parte *f*. **5**. INFML individuo *m*. LOC **To be ~ to sth**, participar en; estar interesado/a en; ser cómplice *m/f* en. **III**. *adj* para fiestas *f/pl*; de gala *f* (*dress*). **2**. de partido *m* (*in politics*). LOC ~ **line**, línea *f* telefónica compartida entre varios usuarios *m/pl*; línea *f* política del partido *m*. ~ **politics**, politiqueo *m*, política *f* de partidos *m/p*. **~-wall**, pared *f* medianera.

par·ve·nu ['pa:vənju:; US-nu:] *n* nuevo/a rico/a, arribista *m/f*.

pas·chal ['pæskl; 'pa:skl] *adj* REL pascual.

pa·sha ['pæʃə] *n* bajá *m*, pachá *m*.

pass [pa:s; US pæs] **I**. *n* **1**. aprobado *m* (*in an examination*). **2**. pase *m*; salvoconducto *m*; permiso *m*; billete *m*; TEAT pase *m* de favor *m*. **3**. **(to sb)** DEP pase *m*. **4**. GEOG paso *m*; puerto *m*; desfiladero *m*. **5**. pase *m* (*in conjuring*). **6**. FIG situación *f*, paso *m*. LOC **~·book**, libreta *f* de banco *m*. ~ **degree**, aprobado *m*. **~·key**, llave *m* maestra. **~·word** (*also* **watchword**), santo *m* y seña *f*, contraseña *f*. **To bring sth to** ~, llevar a cabo *m*. **To come to** ~, acontecer, suceder. **To make a ~ at sb**, INFML intentar ligar. **To sell the** ~, traicionar al partido *m*/país *m*. **II**. *v* **1**. pasar; pasar por delante (de); cruzarse (con). **2**. dejar atrás. **3**. aprobar. **4**. ser aprobado/a o aceptado/a. **5**. DEP pasar, hacer un pase *m*. **6**. expresar (*opinion*); hacer (*comment*). **7**. JUR dictar, dictaminar, pronunciar. **8**. pasar: ~ *me the water, please*, Pásame el agua, por favor. **9**. **(away)** desaparecer; fallecer. **10**. **(by)** pasar por; pasar por alto; pasar de largo. **11**. **(in)** entrar. **12**. **(off)** pasar; **(off with)** disimular; **(sb off as)** hacerse pasar por. **13**. **(on)** pasar, transmitir; fallecer; dar (*a message*). **14**. **(out)** salir; desmayarse; fallecer; distribuir; graduarse. **15**. **(over)** cruzar; dejar de lado *m*; transmitir, dar. **16**. **(round)** dar la vuelta *f* (a); pasar de mano *f* en mano. **17**. **(up)** rechazar; renunciar (a); dejar pasar (*an opportunity*). **pass·able** ['pa:səbl; US 'pæs-] *adj* **1**. aceptable, pasable, tolerable. **2**. atravesable (*river*); transitable (*road*). **pas·sage** ['pæsidʒ] *n* **1**. paso *m* (*time*). **2**. (*also* **~·way**) pasaje *m*; pasadizo *m*; pasillo *m*; galería *f*. **3**. trozo *m*, pasaje *m* (*of a text*, MUS). **4**. trámites *m/pl*; aprobación *f* (*of a bill*). LOC **Birds of** ~, ZOOL aves *f/pl* de paso *m*. **Free** ~, paso *m* libre. ~ **of arms**, combate *m*. ~ **·way**, pasillo *m*, corredor *m*; callejón *m*. **pas·ser-by** [,pa:sə 'bai; US ,pæsər] *n* (*pl* **passers-by** [,pa:sez 'bai]) transeúnte *m/f*. **passing** ['pa:siŋ; US 'pæs-] **I**. *adj* **1**. pasajero/a; efímero/a. **2**. casual. **II**. *n* **1**. paso *m*. **2**. desaparición *f*; fallecimiento *m*. LOC **In** ~, de paso *m*/pasada *f*. ~ **bell**, toque *m* de difuntos *m/pl*.

pas·sé ['pæsei; US pæ'sei] *adj* pasado/a de moda *f*.

pas·seng·er ['pæsinʒə(r)] *n* viajero/a, pasajero/a. LOC ~ **train**, tren *m* de pasajeros *m/pl*.

pas·sion ['pæʃn] *n* **1**. pasión *f* (*also* REL). **2**. ira *f*; cólera *f*. LOC **~-flower**, BOT pasionaria *f*. **~-play**, REL auto *m* sacramental. ~ **Week**, Semana *f* Santa. **pas·sion·ate** ['pæʃənət] *adj* **1**. apasionado/a. **2**. furioso/a; colérico/a. **3**. fervoroso/a; ardiente (*supporter; desire*). **pas·sion·less** ['pæʃnlis] *adj* desapasionado/a.

pas·sive ['pæsiv] **I**. *adj* **1**. pasivo/a; inactivo/a. **2**. GRAM pasivo/a. **II**. *n* (*also* ~ **voice**) GRAM voz *f* pasiva. **pas·sive·ness** ['pæsivnis] (*also* **pas·siv·ity** [pæ'sivəti]) *n* pasividad *f*.

Pass·o·ver ['pa:səuvə(r); US 'pæs-] *n* REL Pascua *f* de los judíos *m/pl*.

pass·port ['pa:spɔ:t; US 'pæs-] *n* pasaporte *m*.

past [pa:st; US pæst] **I**. *adj* **1**. pasado/a: *In times* ~, En tiempos *m/pl* pasados. **2**. último/a; anterior. **3**. GRAM pasado/a. LOC ~ **master (in/of sth; at sth/doing sth)**, maestro/a consumado. **To be** ~, haber pasado. **II**. *n* **1**. pasado *m*. **2**. antecedentes *m/pl*. **3**. FAM historia *f.* **4.** GRAM pretérito *m.* **III.** *prep* **1.** por delante de. **2.** más allá de. **3.** más de: *He's ~ sixty*, Tiene más de sesenta años *m/pl.* **4.** después de. LOC **It's half ~**, son y media *f.* **It's ~ belief**, es increíble. **I wouldn't put it ~ him**, no me extrañaría de él. **IV.** *adv* por delante: *To go/walk ~*, Pasar.

paste [peist] **I.** *n* **1.** masa *f*; pasta *f*; engrudo *m.* **2.** pasta (especial para diamantes de imitación). **II.** *v* **1.** poner pasta *f*; engrudar. **2.** pegar (*to stick*). **3.** INFML pegar (*to hit/beat*). **4.** DEP , INFML dar una paliza *f.* LOC **~·board**, cartón *m*, cartulina *f.* **~-up**, maqueta *f* (*in printing*). **past·ing** ['peistiŋ] *n* DEP, INFML paliza *f.* **pas·ty** ['peisti] **I.** *adj* (*comp* **-ier**, *sup* **-iest**) **1.** pastoso/a. **2.** pálido/a. **II.** ['pæsti] *n* empanada *f*; pastel *m* (*of meat, fruit*).

pas·tel ['pæstl; US pæ'stel] *n* **1.** pastel *m* (*crayon, also colour*). **2.** ART pintura *f* al pastel *m.*

pas·tern ['pæstən] *n* ZOOL cuartilla *f* (*of a horse*).

pas·teur·iz·ation, **-s·ation** [,pa:stʃərai'zeiʃn; US ,pæstʃəri'zeiʃn] *n* paste(u)rización *f.* **pas·teur·ize**, **-ise** ['pa:stʃəraiz; US 'pæs-] *v* paste(u)rizar.

pas·tiche [pæ'sti:ʃ] *n* ART, MUS, LIT imitación *f.*

pas·tille ['pæstəl; US pæ'sti:l] *n* pastilla *f.*

pas·time ['pa:staim; US 'pæs-] *n* pasatiempo *m.*

pas·tor ['pa:stə(r); US 'pæs-] *n* REL pastor *m.* **pas·tor·al** ['pa:stərəl; US 'pæs-] **I.** *adj* pastoral (*also* REL), pastoril. **II.** *n* **1.** ART, LIT pastoral *f.* **2.** REL (*also* **~ letter**) pastoral *f.*

pas·try ['peistri] *n* **1.** pasta *f.* **2.** pasteles *m/pl.* LOC **~-cook**, pastelero/a, repostero/a.

pas·tur·age ['pa:stʃəridʒ; US 'pæs-] *n* pasto *m*; dehesa *f.* **pas·ture** ['pa:stʃə(r); US 'pæs-] **I.** *n* pasto *m*; dehesa *f.* **II.** *v* **1.** apacentar, pastorear (*animals*). **2.** pacer, pastar.

pat [pæt] **I.** *adv* **1.** inmediatamente. **2.** oportunamente. LOC **To have/know sth off ~**, saber algo al dedillo *m.* **To stand ~**, mantenerse en sus trece. **II.** *adj* **1.** adecuado/a; oportuno/a. **2.** fácil, facilón/na. **III.** *v* **(-tt-)** dar una palmadita *f*; acariciar; pasar la mano *m* por. LOC **To ~ sb/oneself on the back**, felicitar a alguien/congratularse. **IV.** *n* **1.** palmad(it)a *f*; caricia *f.* **2.** ruido *m* ligero (*by tapping*). **3.** porción *f* (*butter*). **4.** *abrev of* **patent** (*number*).

patch [pætʃ] **I.** *n* **1.** remiendo *m*; parche *m.* **2.** lunar *m*; mancha *f.* **3.** **(of sth)** bancal *m*, parcela *f*; terreno *m.* LOC **A bad ~**, un momento *m* difícil, bache *m.* **Not to be a ~ on sb/sth**, no tener ni punto *m* de comparación *f* (con). **~-pocket**, bolsillo *m* de parche *m.* **~·work**, labor *f* hecha con trozos *m/pl* de varios colores *m/pl.* **~·work quilt**, centón *m.* **II.** *v* **1.** remendar; poner un parche *m*/remiendo *m.* **2.** **(up)** arreglar/remendar provisionalmente. **patch·y** ['pætʃi] *adj* (*comp* **-ier**, *sup* **-iest**) poco uniforme, desigual.

pate [peit] *m* mollera *f*; sesos *m/pl.*

pa·tel·la [pə'telə] *n* (*pl* **-lae** [-li:]) ANAT rótula *f.*

pa·ten ['pætən] *n* REL patena *f.*

pa·tent ['peitnt; 'pætnt; US 'pætnt] **I.** *adj* **1.** **(to sb)** evidente; patente. **2.** COM patentado/a, de patente *f.* **3.** particular (*original*). LOC **~ leather**, charol *m.* **~ medicine**, específico *m.* **~ office**, oficina *f* de patentes *f/pl.* **II.** *n* patente *f.* **III.** *v* patentar. **pa·tent·ee** [,peitnti:; US ,pætn-] *n* poseedor/ra de una patente *f.*

pa·ter·fa·mi·li·as [,peitəfə'miliæs; US ,pæt-] *n* (*pl* **patresfamilias** [,pa:treizfə'miliæs]) padre *m* de familia *f.*

pa·ter·nal [pə'tɜ:nl] *adj* **1.** paternal (*of a father*). **2.** paterno/a. **pa·ter·nal·ism** [pə'tɜ:nəlizəm] *n* paternalismo *m.* **pa·ter·nal·ist·ic** [pə'tɜ:nə'listil] *adj* paternalista. **pa·ter·ni·ty** [pə'tɜ:nəti] *n* paternidad *f.*

path [pa:θ; US pæθ] *n* (*pl* **-s** [pa:ðz; US pæðz]) **1.** (*also* **~·way**, **foot·~**) camino *m* (*also* FIG); senda *f*; sendero *m*; pista *f* (*track*). **2.** curso *m*, trayectoria *f.* LOC **~ to sth**, camino *m* hacia. **path·find·er** ['pa:θfaində(r); US 'pæθ-] *n* **1.** explorador/ra. **2.** pionero/a. **path·less** ['pa:θlis; US 'pæθ-] *adj* sin caminos *m/pl*/senderos *m/pl*; inexplorado/a.

pa·thet·ic [pə'θetik] *adj* **1.** patético/a, conmovedor/ra. **2.** INFML malísimo/a.

pa·tho·log·ic·al [,pæθə'lɔdʒikl] *adj* **1.** patológico/a. **2.** INFML ilógico/a. **pa·tho·log·ist** [pə'θɔlədʒist] *n* MED patólogo/a. **pa·tho·lo·gy** [pə'θɔlədʒi] *n* patología *f.*

pa·thos ['peiθɔs] *n* patetismo *m.*

pa·tience ['peiʃns] *n* **1.** **(with sb/sth)** paciencia *f.* **2.** **(solitaire)** solitario *m* (*card game*). LOC **To be out of ~**, habérsele agotado a uno/a la paciencia *f.* **pa·tient** ['peiʃnt] **I.** *adj* **(with sb/sth)** paciente. **II.** *n* enfermo/a, paciente *m/f.*

pa·ti·na ['pætinə] *n* pátina *f.*

pa·tio ['pætiəu] *n* (*pl* **-s** [-əuz]) patio *m.*

pa·tri·arch ['peitria:k; US pæt-] *n* patriarca *m.* **pa·tri·arch·al** [,peitri'a:kl; US ,pæt-] *adj* patriarcal. **pa·tri·arch·ate** [,peitri'a:keit; US ,pæt-], **pa·tri·ar·chy** [,peitri'a:ki; US ,pæt-] *n* patriarcado *m.*

pa·tri·cian [pə'triʃn] *n/adj* patricio/a.

pa·tri·cide ['pætrisaid] *n* **1.** parricidio *m.* **2.** parricida *m/f.*

pa·tri·mo·ni·al [,pætri'məuniəl] *adj* patrimonial. **pa·tri·mo·ny** ['pætriməni; US -məuni] *n* patrimonio *m.*

pa·tri·ot ['pætriət; US 'peit-] *n* patriota *m/f.* **pa·tri·ot·ic** [,pætri'ɔtik; US ,peit-] *adj* patriótico/a. **pa·tri·ot·ism** [,pætri'ɔtizəm; US ,peit-] *n* patriotismo *m.*

pa·trol [pə'trəul] **I.** *v* **(-ll-)** **1.** patrullar (por), estar de patrulla *f.* **2.** FIG pasear(se), rondar. **II.** *n* patrulla *f*; ronda *f.* LOC **On ~**, de patrulla *f.* **~·man**, guardia *f*; policía *m.* **~ car**, coche *m* patrulla. **~ wagon**, US coche *m* celular.

pa·tron ['peitrən] *n* **1.** patrocinador/ra; mecenas *m/f*; protector/ra. **2.** cliente *m/f*; parroquiano/a. **3.** (*also* **~ saint**) REL patrón/na.

pa·tron·age ['pætrənidʒ; US 'peit-] *n* **1**. patrocinio *m*; mecenazgo *m*. **2**. clientela *f*. **pa·tro·nym·ic** [,pætrə'nimik] *n/adj* patronímico/a. **pa·tron·ize, -ize** ['pætrənaiz; US 'peit-] *v* **1**. tratar con condescendencia *f*/aire *m* protector. **2**. ser cliente *m/f*/parroquiano/a (de). **3**. patrocinar. **pa·tron·iz·ing, -is·ing** ['pætrənaiziŋ] *adj* protector/ra; condescendiente.

pat·sy ['pætsi] *n* (US *infml*) ingenuo/a, crédulo/a.

pat·ter ['pætə(r)] **I**. *n* **1**. charlatanería *f*; jerga *f*. **2**. golpeteo *m*; tamborileo *m* (*rain*). **I**. *v* **1**. repetir mecánicamente; chapurrear. **2**. golpetear (*rain*). **3**. andar con paso ligero.

pat·tern ['pætn] **I**. *n* **1**. patrón *m*, modelo *m* **2**. estampado *m*; dibujo *m*; diseño *m*;. **II**. *v* (**oneself/sth on sb/sth**) hacer algo según un modelo *m*. LOC **~-maker**, modelista *m/f*.

pat·ty ['pæti] *n* empanada *f*.

pauc·ity ['pɔ:səti] *n* (**of sth**) insuficiencia *f*; escasez *f*, falta *f*.

paunch ['pɔ:ntʃ] *n* panza *f*, barriga *f*. **paunch·y** ['pɔntʃi] *adj* (*comp* **-ier**, *sup* **-iest**) panzudo/a, barrigón/na.

pau·per ['pɔ:pə(r)] *n* pobre *m/f*. **pau·per·ism** ['pɔ:pərizəm] *n* pauperismo *m*. **pau·per·ize, -ise** ['pɔ:pəraiz] *v* empobrecer.

pause [pɔ:z] **I**. *n* (**in sth**) pausa *f* (*also* MUS); descanso *m*. LOC **To give ~ to sb/give sb ~**, dar en qué pensar, hacer dudar. **II**. *v* (**for sth**) pararse, hacer una pausa *f*, detenerse.

pave [peiv] *v* (**sth with sth**) pavimentar; asfaltar; enlosar; enladrillar. LOC **To ~ the way (for sb/sth)**, preparar el terreno *m* (a/para). **pave·ment** ['peivmənt] *n* **1**. (US **sidewalk**) acera *f*. **2**. US pavimento *m*. **pav·ing** ['peiviŋ] *n* pavimento *m*. LOC **~ stone**, losa *f*.

pa·vil·ion [pə'viliən] *n* **1**. DEP vestuario *m*. **2**. pabellón *m*.

paw [pɔ:] **I**. *n* **1**. ZOOL garra *f*; pata *f*; zarpa *f* (*lion*). **2**. INFML manaza *f*. **II**. *v* **1**. (**at sth**) dar zarpazos *m/pl* (a); tocar con la pata *f*. **2**. manosear, toquetear.

paw·ky ['pɔ:ki] *adj* (*comp* **-ier**, *sup* **-iest**) astuto/a.

pawl [pɔ:l] *n* trinquete *m*.

pawn [pɔ:n] *n* **1**. peón *n* (*chess*). **2**. FIG juguete *m*, instrumento *m* (*person*). LOC **In ~**, empeñado/a; en prenda *f*. **~-broker**, prestamista *m/f*. **~-shop**, casa *f* de empeño *m*. **~-ticket**, resguardo *m* de empeño *m*.

paw·paw V. **papaw**.

pay [pei] **I**. *n* paga *f*; sueldo *m*; salario *m*. LOC **In the ~ of sb/sth**, a sueldo *m* de; al servicio *m* de. **II**. *v* (*pret/pp* **paid**) **1**. (**sb for sth; sth to sb/for sth**) pagar; liquidar. **2**. COM dar, producir; ser rentable; ser provechoso/a: *Quarreling doesn't pay*, El discutir no sirve para nada. **3**. rendir (*homage*); presentar (*respects*); prestar (*attention*); visitar (*visit*). **4**. (**sb/sth back**) devolver; reembolsar. **5**. (**down**) pagar al contado *m*. **6**. (**for sth**) pagar. **7**. (**sth in**) ingresar. **8**. (**off**) INFML merecer la pena *f*; liquidar; hacer la liquidación y despedir (*employee*); licenciar (*troops*). **9**. (**sth out**) desembolsar; soltar, arriar (*rope*); (**sb out**) pagar a alguien con la misma moneda *f*. **10**. (**up**) pagar. **pay·able** ['peibl] *adj* pagadero(a. **pay·ee** [pei'i:] *n* beneficiario/a; tenedor/ra, portador/ra. **pay·er** ['peiə(r)] *n* pagador/ra. **pay·ing** ['peiiŋ] **I**. *adj* **1**. que paga. **2**. provechoso/a, rentable. **II**. *n* pago *m*, reembolso *m*. LOC **~ guest**, huésped *m/f* de una pensión *f*. **pay·ment** ['peimənt] *n* (**for sth**) **1**. pago *m*. **2**. recompensa *f*. LOC **As/In ~ for**, en pago *m* de. **Monthly ~**, mensualidades *f/pl*. **~ by/in instalments**, pago *m* a plazos *m/pl*.

pay..., **~-claim**, *n* demanda *f* de subida *f* de sueldo *m*. **~-day**, *n* diá *m* de pago *m*. **~ dirt**, *n* US suelo *m* rico en minerales *m/pl*. **~-load**, *n* carga *f* útil; MIL carga *f* explosiva. **~-master**, *n* habilitado *m*; pagador/ra, interventor *m* **~-off**, *n* INFML día *m* de pago *m*, pago *m*; recompensa *f*; momento *m* decisivo (*story*). **~-packet**, *n* sobre *m* de paga *f*. **~ phone** (US **~ station**), *n* teléfono *m* público. **~-roll**, *n* nómina *f*. **~-slip**, *n* hoja *f* de paga *f*.

PAYE [,pi:eiwai'i:] *n abrev* (*Pay As You Earn*), IRPF *m*, Impuesto sobre la Renta de las Personas Físicas.

pea [pi:] *n* BOT guisante *m*. LOC **Like as two ~s/As ~s in a pod**, (parecerse) como dos gotas *f/pl* de agua. **~-green**, verde *m* claro. **~-shooter**, cerbatana *f*. **~-souper**, INFML niebla *f* espesa de color *m* amarillo.

peace [pi:s] *n* **1**. paz *f*. **2**. tranquilidad *f*. **3**. armonía *f*. **4**. orden *m* público. LOC **~ Corps**, US Cuerpo *m* de Paz *f*. **~-loving**, amante *m/f* de la paz *f*. **~-maker**, pacificador/ra; conciliador/ra. **~ offering**, prenda *f* de paz *f*. **~-pipe** (*also* **pipe of ~**), pipa *f* de la paz *f*. **To be at ~ (with oneself/sb/sth)**, estar en paz *f* (con uno mismo). **To hold one's ~/tongue**, callarse, guardar silencio *m*. **To keep the ~**, mantener la paz *f*; poner paz *f*. **To make ~**, hacer las paces *f/pl*. **peace·able** ['pi:səbl] *adj* pacífico/a. **peace·ful** ['pi:sfl] *adj* pacífico/a; tranquilo/a. **peace·ful·ness** ['pi:sflnis] *n* carácter *m* pacífico/tranquilo; tranquilidad *f*.

peach [pi:tʃ] *n* **1**. BOT melocotón *m*. **2**. BOT (*also* **~ tree**) melocotonero *m*. **3**. INFML monada *f*; bombón *m* (*girl*). **peach·y** [pi:tʃi] *adj* (*comp* **-ier**, *sup* **-iest**) *adj* aterciopelado/a.

pea·cock ['pi:kɔk] *n* ZOOL (*f* **pea·hen**) pavo *m* real.

peak [pi:k] **I**. *n* **1**. cumbre *f*, pico *m*, cima *f* (*mountain*, FIG). **2**. visera *f* (*cap*). **3**. ELECTR carga *f* máxima. LOC **~ hours**, horas *f/pl* punta. **~ load**, carga *f* máxima. **~ season**, temporada *f* alta. **II**. *v* alcanzar el máximo; encumbrar. **peak·ed** [pi:kt] *adj* **1**. con visera *f*. **2**. INFML enfermizo/a; paliducho/a. **peak·y** ['pi:ki] *adj* (*comp* **-ier**, *sup* **-iest**) (*also* **~ed**) INFML enfermizo/a; paliducho/a.

peal [pi:l] **I**. *n* **1**. repiqueteo *m* (*bells*). **2**. estruendo *m* LOC **~s of laughter**, carcajadas *f/pl*. **~s of thunder**, truenos *m/pl*. **II**. *v* (**out**) repicar.

pea·nut ['pi:nʌt] *n* **1**. BOT cacahuete *m*. **2**. **~s** *pl* INFML US insignificancia *f*; miseria *f* (*mo-*

ney). LOC ~ **butter**, mantequilla *f* de cacahuete *m*. ~ **oil**, aceite *m* de cacahuete *m*.
pear [peə(r)] *n* **1**. pera *f*. **2**. BOT (*also* ~ **tree**) peral *m*. LOC ~ **shaped**, en forma *f* de pera *f*.
pearl [pɜ:l] *n* **1**. perla *f* (*also* FIG). **2**. FIG joya *f*, alhaja *f* (*person*). LOC ~**-oyster**, ZOOL ostra *f* perlífera. **To cast ~s before swine**, echar margaritas *f/pl* a los cerdos *m/pl*. **pearl·y** [pɜ:li] *adj* (*comp* **-ier**, *sup* **-iest**) de (color *m*) perla *f*.
peas·ant ['peznt] *n* **1**. AGR campesino/a, labrador/ra. **2**. INFML palurdo/a, paleto/a. **peas·ant·ry** ['pezntri] *n* campesinos *m/pl*, campesinado *m*.
peat [pi:t] *n* BOT turba *f*. LOC ~ **bogs**, turbera *f*. **peat·y** [pi:ti] *adj* turboso/a.
peb·ble ['pebl] *n* guijarro *m*. **peb·bly** ['pebli] *adj* guijarroso/a.
pec·ca·dil·lo [,pekə'diləu] *n* (*pl* **-es** *or* **-s** [-ləuz]) falta *f* leve, pecadillo *m*.
peck [pek] **I**. *v* **1**. (**at sth**) picar, picotear (*birds*). **2**. INFML besar ligeramente. **3**. (**sth out**) sacar a picotazos *m/pl*. **II**. *n* **1**. picotazo *m*. **2**. INFML beso *m* ligero. **3**. medida *f* de áridos *m/pl* (= *2 gallons or approx. 9 litres*). **4**. FIG mar *m*, montón *m* (*troubles*). **peck·er** ['pekə(r)] *n* US INFML pene *m*. LOC **To keep one's ~er up**, no dejarse desanimar. **peck·ish** ['pekiʃ] *adj* INFML hambriento/a.
pec·tin ['pektin] *n* QUIM pectina *f*.
pec·tor·al ['pektərəl] *n/adj* ANAT pectoral *m*.
pec·ul·ation [,pekju:'leiʃn] *n* desfalco *m*, peculado *m*. **pec·ul·ate** ['pekjuleit] *v* desfalcar.
pe·cu·li·ar [pi'kju:liə(r)] *adj* **1**. extraño/a, raro/a; peculiar; singular. **2**. INFML mal. **3**. (**to sb/sth**) propio/a (de); especial. **pe·cu·li·ar·ity** [pi,kju:li'ærəti] *n* **1**. peculiaridad *f*; particularidad *f*; característica *f*. **2**. rareza *f*. **pe·cu·li·ar·ly** [pi'kju:liəli] *adv* particularmente.
pe·cu·ni·ary [pi'kju:niəri; US -iəri] *adj* pecuniario/a.
pe·da·gog·ic(·al) [,pedə'gɔdʒik(l)] *adj* pedagógico/a. **pe·da·go·gue** (US **-gog**) ['pedəgɔg] *n* pedagogo/a. **pe·da·go·gy** ['pedəgɔdʒi] *n* pedagogía *f*.
ped·al ['pedl] **I**. *n* pedal *m*. **II**. *v* (*pret/pp* **-ll-**; US *also* **-l-**) pedalear; dar a los pedales *m/pl*.
ped·ant ['pednt] *n* pedante *m/f*. **ped·ant·ic** [pi'dæntik] *adj* pedantesco/a, pedante. **ped·ant·ry** [pi'dæntri] *n* pedantería *f*.
ped·dle ['pedl] *v* **1**. vender de puerta *f* en puerta. **2**. difundir, divulgar. **ped·dler** ['pedlə(r)] *n* vendedor/ra ambulante.
ped·er·ast (*also* **paederast**) ['pedəræst] *n* pederasta *m*. **ped·er·as·ty** ['pedəræsti] *n* pederastía *f*.
ped·est·al ['pedistl] *n* pedestal *m*. LOC ~ **table**, velador *m*.
pe·dest·ri·an [pi'destriən] **I**. *n* peatón *m*. **II**. *adj* pedestre; peatonal; FIG mediocre. LOC ~ **crossing** (US **crooswalk**), paso *m* de peatones *m/pl*.
pe·di·a·tric·ian, **pe·di·a·trics** V. **paed-**.
ped·i·cure ['pedikjuə(r)] *n* pedicura *f*, quiropodia *f*.
ped·i·gree ['pedigri:] **I**. *n* **1**. genealogía *f*; árbol *m* genealógico. **2**. linaje *m*, pedigrí *m*. **II**. *adj* ZOOL de raza *f*.
ped·i·ment ['pedimənt] *n* ARQ frontón *m*.
ped·lar (US **peddler**) ['pedlə(r)] *n* vendedor/ra ambulante.
pe·do·met·er [pi'dɔmitə(r)] *n* podómetro *m*.
pee [pi:] **I**. *v* INFML mear, orinar. **II**. *n* INFML meada *f*, orina *f*.
peek [pi:k] **I**. *v* (**at sth**) mirar furtivamente. **II**. *n* mirada *f* furtiva.
peel [pi:l] **I**. *v* **1**. (**sth for sb**) pelar (*fruit*, etc). **2**. (**off**) quitar(se); desconchar(se) (*paint*); desnudar(se). LOC **To keep one's eyes ~ed/skinned**, estar ojo *m* avizor. **II**. *n* piel *f*; cáscara *f*; peladura *f*; pellejo *m*. **peel·er** [pi:lə(r)] *n* instrumento *m* para pelar. **peel·ings** ['pi:liŋz] peladuras *f/pl*, cáscaras *f/pl*.
peep [pi:p] **I**. *v* **1**. (**at sth**) mirar furtivamente. **2**. asomar; aparecer; salir. **3**. piar (*bird*). **II**. *n* **1**. mirada *f* furtiva. **2**. pío *m*. LOC ~ **of day**, al amanecer *m*. ~**-hole**, mirilla *f*. ~**-ing Tom**, curioso *m*; mirón *m*. ~**-show**, espectáculo *m* sicalíptico. **peep·er** [pi:pə(r)] *n* SL ojo *m*.
peer [piə(r)] **I**. *n* **1**. igual *m*; semejante *m*. **2**. par *m* (*nobleman*) **II**. *v* **1**. (**at sth/sb**) mirar de cerca/con atención *f*. **2**. (**into**) mirar dentro (de). **peer·age** ['piəridʒ] *n* **1**. pares *m/pl*. **2**. dignidad *f* de par. **peer·ess** ['piəres] *n/f* paresa *f*. **peer·less** ['piərlis] *adj* sin par *m*/igual *m*.
peeve [pi:v] *v* INFML enfadar, poner de mal humor *m*. **peev·ed** [pi:vd] *adj* (**about sth**) INFML enfadado/a, malhumorado/a. **peev·ish** ['pi:viʃ] *adj* quejica; malhumorado/a. **peev·ish·ness** ['pi:viʃnis] *n* malhumor *m*.
pe(e)·wit ['pi:wit] *n* ZOOL avefría *f*.
peg [peg] **I**. *n* **1**. MUS , TEC clavija *f*. **2**. percha *f* (*hook*); pinza *f* (*clothes*); gancho *m*; estaca *f* (*tent*). **3**. (*also* ~**-leg**) INFML pata *f* de palo *m*. **4**. FIG grado *m*. **5**. pretexto *m*. LOC **Off the ~**, de confección *f*. ~ **top**, peonza *f*. **To take sb down a ~ (or two)**, bajarle a alguien los humos *m/pl*. **II**. *v* (*pret/pp* **-gg-**) **1**. fijar con clavijas *f/pl*; tender (*clothes*). **2**. (**at sth**) estabilizar (*prices*). **3**. (**away at sth**) INFML afanarse (por). **4**. (**down**) sujetar con estacas *f/pl*. **5**. (**out**) INFML estirar la pata *f*. **6**. (**sth out**) señalar con estacas *f/pl*.
peig·noir ['peinwa:r] *n* salto *m* de cama *f*, bata *f*.
pe·jo·rat·ive [pi'dʒɔrətiv; US-'dʒɔ:r; 'pi:dʒərətiv] *adj* despectivo/a, peyorativo/a.
peke [pi:k] *n* ZOOL INFML pequinés/esa. **Pe·kin·ese** (*also* **Peking·ese**) [,pi:ki'ni:z] *n* (*pl unchanged or* **-s**) ZOOL pequinés/esa.
pel·i·can ['pelikən] *n* ZOOL pelícano *m*.
pel·la·gra [pə'lægrə;-'leig-] *n* MED pelagra *f*.
pel·let ['pelit] *n* **1**. bol(it)a *f*. **2**. píldora *f*. **3**. perdigón *m* (*gun*).
pell·mell [,pel'mel] *adv* **1**. precipitadamente, atropelladamente. **2**. desordenadamente.
pel·lu·cid [pe'lu:sid] *adj* **1**. transparente, translúcido. **2**. FIG claro/a.

pel·met ['pelmit] (*also* **valance**) *n* galería *f* (*curtain*).

pe·lo·ta [pə'ləutə] *n* DEP pelota *f* vasca.

pelt [pelt] **I.** *n* piel *f*, pellejo *m*. **I.** *v* **1.** (**sb with sth; sth at sb**) lanzar, tirar, arojar. **2.** (**down**) llover a cántaros *m/pl*. **3.** (**along/down/up**) correr a toda velocidad *f*. LOC **Full ~/tilt/speed**, a toda velocidad *f*.

pel·vic ['pelvik] *n* ANAT pélvico/a. **pel·vis** ['pelvis] *n* (*pl* **-es** ['pelvisiz] *or* **pelves** ['pelvi:z]) ANAT pelvis *f*.

pen [pen] **I.** *n* **1.** pluma *f*, estilográfica *f* (*also* FIG). **2.** corral *m*; redil *m*; pocilga *f*; gallinero *m*. **3.** US INFML penitenciaría *f*, penal *m*. LOC **Ball-(point)~**, bolígrafo *m*. **~-friend** (*also* US **~-pal**), amigo/a por correspondencia *f*. **~·holder**, portaplumas *m*. **~·knife** (*pl* **~·knives**), cortaplumas *m*, navaja *f*. **~·man·ship**, caligrafía *f*. **~-name**, seudónimo *m*. **~-push·er**, chupatintas *m/f*.

pen·al ['pi:nl] *adj* penal. LOC **~ code**, JUR código *m* penal. **~ servitude**, JUR trabajos *m/pl* forzados. **pen·al·iz·ation** [,pi:nəlai'zeiʃn; US-li'z-] *n* penalización *f*. **pen·al·ize, -ise** ['pi:nəlaiz] *v* **1.** (**for sth**) penalizar; castigar; penar. **2.** perjudicar. **pen·al·ty** [penlti] *n* **1.** (**for sth**) pena *f*; castigo *m*; multa *f*. **2.** desventaja *f*. **3.** DEP penalti *m*, castigo *m* máximo. LOC **On/Under pain/~ of sth**, bajo pena *f* de. **~ area**, DEP áera *f* de castigo *m*. **~ kick**, DEP penalti *m*, golpe *m* de castigo. **To pay the ~**, pagar las consecuencias *f/pl*.

pen·ance ['penəns] *n* (**for sth**) penitencia *f* (*also* REL).

pence [pens] *n/pl* peniques *m/pl*.

pen·chant ['pa:nʃa:n; US 'pentʃənt] *n* (**for sth**) predilección *f* (por), inclinación *f* (hacia).

pen·cil ['pensl] **I.** *n* **1.** lapicero *m*, lápiz *m*. **2.** FIG haz *m* (*light*). LOC **~-case**, estuche *m* para lápices *m/pl*, plumier *m*. **~-sharpener**, sacapuntas *m*.

pend·ant ['pendənt] *n* **1.** colgante *m*. **2.** pendiente *m*. **3.** (*also* **pennant**) NAUT gallardete *m*; banderín *m*. **pend·ent** ['pendənt] *adj* colgante, pendiente. **pend·ing** ['pendiŋ] **I.** *adj* pendiente. **II.** *prep* hasta, durante.

pen·dul·ous ['pendjuləs; US -dʒuləs] *adj* colgante. **pen·du·lum** ['pendjulən; US-dʒuləm] *n* péndulo *m*.

pen·e·trab·il·ity [,penitrə'biləti] *n* penetrabilidad *f*. **pen·e·trable** ['penitrəbl] *adj* penetrable. **pen·e·trate** ['penitreit] *v* **1.** (**into/through**) penetrar (en). **2.** entender, descubrir. **3.** extenderse (por) (*smell*). **pen·e·trat·ing** ['penitreitiŋ] *adj* penetrante. **pen·e·tra·tion** [,peni'treiʃn] *n* penetración *f*. **pen·e·trat·ive** ['penitrətiv; US-treitiv] *adj* penetrante.

pen·guin ['peʒgwin] *n* ZOOL pingüino *m*.

pe·ni·cil·lin [,peni'silin] *n* MED penicilina *f*.

pen·in·su·la [pə'ninsjulə; US -nsələ] *n* península *f*. **pen·in·su·lar** [pə'ninsjulə(r)] *adj* peninsular. LOC **The ~ War**, la Guerra de la Independencia.

pe·nis ['pi:nis] *n* ANAT pene *f*.

pen·i·tence ['penitəns] *n* (**for sth**) arrepentimiento *m*; penitencia *f*. **pen·i·tent** ['penitənt] *adj/n* arrepentido/a; penitente *m/f*. **pen·it·en·ti·al** [,peni'tenʃl] *adj* penitencial. **pen·i·ten·tia·ry** [,peni'tenʃəri] **I.** *n* US cárcel *f*, penitenciaría *f*. **II.** *adj* penitenciario/a.

pen·nant ['penənt] (*also* **pendant, pennon**) *n* NAUT gallardete *m*; banderín *m*.

pen·ni·less ['penilis] *adj* sin dinero *m*.

pen·non ['penən] *n* NAUT gallardete *m*; banderín *m*; pendón *m*.

pen·ny ['peni] *n* (*pl* **pence** [pens] *or* **pennies** ['peniz]) **1.** (*abrev* **p**) penique *m*. **2.** US INFML centavo *m*. LOC **A ~ for your thoughts**, ¿En qué piensas? **A pretty ~**, un dineral *m*. **~-a-liner**, escritorzuelo/a. **~-dreadful**, revista *f*/novela *f* de poca categoría. **~-pincher**, INFML tacaño/a. **~-pinching**, *adj* INFML tacaño/a; *n* tacañería *f*. **~·weight**, peso *m* (= *1.5 gr*). **~·worth** (*also* **penn'orth**), valor *m* de un penique *m*; pizca *f*. **The ~ dropped**, FIG, INFML cayó en la cuenta (de algo).

pe·nol·o·gy [pi:'nɔlədʒi] *n* criminología *f*.

pen·sion [penʃn] **I.** *n* **1.** pensión *f*, subvención *f*; jubilación *f*; subsidio *m*. **2.** pensión *f* (*small private hotel*). **II.** *v* **1.** dar una pensión *f*. **2.** (**off**) jubilar; retirar. **pen·sion·able** ['penʃnəbl] *adj* con derecho *m* a pensión *f*. **pen·sion·er** ['penʃənə(r)] *n* pensionista *m/f*.

pens·ive ['pensiv] *adv* pensativo/a, meditabundo/a.

pen·ta·gon ['pentəgən; US -gɔn] *n* pentágono *m*. **pen·ta·gon·al** [pen'tægənl] *adj* pentagonal.

pen·ta·met·er [pen'tæmitə(r)] *n* LIT pentámetro *m*.

pen·tath·lon [pen'təθlən;-lɔn] *n* DEP pentatlón *m*.

Pen·te·cost ['pntikɔst; US -kɔ:st] *n* REL Pentecostés *m*. **pen·te·cost·al** [,penti'kɔstl; US-'kɔ:stl] *adj* REL de Pentecostés *m*.

pent·house ['penthaus] *n* **1.** ático *m*. **2.** cobertizo *m*.

pent up [,pent 'ʌp] *adj* no expresado/a; reprimido/a.

pen·ul·tim·ate [pen'ʌltimət] *adj* penúltimo/a.

pen·um·bra [pi'nʌmbrə] *n* (*pl* **-brae** [-bri:] *or* **-bras** [-brəz]) penumbra *f*.

pen·u·ri·ous [pi'njuriəs; US-'nur-] *adj* **1.** pobrísimo/a. **2.** mezquino/a, tacaño/a. **pen·u·ri·ous·ness** [pi'njuriəsnis], **pen·u·ry** ['penjuri] *n* penuria *f*, pobreza *f*.

pe·on ['piən] *n* AGR peón *m*, bracero *m*.

pe·o·ny ['piəni] *n* BOT peonía *f*.

peo·ple ['pi:pl] **I.** *n* **1.** personas *f/pl*, gente *f*. **2.** nación *f*; pueblo *m*; habitantes *m/pl*. **3.** INFML familia *f*; amigos *m/pl*. LOC **Coloured ~**, gente *f* de color *m*. **Common ~**, el pueblo *m*, la plebe *f*. **II.** *v* poblar.

pep [pep] **I.** *n* INFML vigor *m*, energía *f*. LOC **~ pill**, estimulante *m*. **~ talk**, discurso *m*/palabras *f/pl* alentadoras. **II.** *v* (*pret/pp*) (**up**) animar.

pep·per ['pepə(r)] **I.** *n* **1.** pimienta *f*. **2.** BOT pimentero *m*; pimiento *m*. LOC **~-and-salt**, de mezclilla *f*; entrecano/a. **~·corn**, grano *m* de pimienta *f*. **~·corn rent**, alquiler *m* muy bajo. **~·mill**, molinillo *m* de pimienta *f*. **~·mint**, menta *f*. **~·pot**, pimentero *m*. **II**. *v* **1**. condimentar con pimienta *f*. **2**. **(with)** acribillar (*shot*); FIG salpicar. **pep·pe·ry** ['pepəri] *adj* **1**. picante. **2**. con malas pulgas *f/pl*.

pep·sin ['pepsin] *n* QUIM pepsina *f*. **pep·tic** ['peptik] *adj* péptico/a.

per [pə(r)] *prep* por (*prices, rates; length; unit of time*): *~ hour*, Por hora. LOC **As ~ usual**, como de costumbre *f*.

per·am·bul·ate [pə'ræmbjuleit] *v* **1**. recorrer. **2**. pasear, andar. **per·am·bul·ation** [pə,ræmbju'leiʃn] *n* **1**. paseo *m*; viaje *m*. **2**. inspección *f*. **per·am·bu·lat·or** [pəræmbjuleitə(r)] *n* cochecito *m* de niño.

per·ceive [pə'si:v] *v* **1**. percibir; notar; darse cuenta *f*. **2**. **(as)** entender, comprender.

per·cent·age [pə'sentidʒ] **I**. *n* **1**. tanto *m* por cien, porcentaje *m*. **2**. porción *f*. **3**. FIG provecho *m*. **II**. *adj* porcentual.

per·cept·ible [pə'septəbl] *adj* **(to sb)** perceptible. **per·cept·ib·il·ity** [pə,septə'biləti] *n* perceptibilidad *f*. **per·cep·tion** [pə'sepʃn] *n* **1**. percepción *f*. **2**. comprensión *f*. **per·cept·ive** [pə'septiv] *adj* **1**. perceptivo/a. **2** . perspicaz.

perch [pɜ:tʃ] **I**. *n* **1**. percha *f*, vara *f* (*for birds*). **2**. INFML asiento *m*/posición *f* elevado/a. **3**. (*also* **pole**, **rod**) medida *f* de longitud *f* (= *5.03 m*). **4**. ZOOL (*pl unchanged*) perca *f*. LOC **To knock sb off his ~**, desbancar/derribar a alguien. **II**. *v* **1**. **(on sth)** posarse (*bird*). **2**. encaramarse, subirse.

per·chance [pə'tʃa:ns; US -'tʃæns] *adv* **1**. quizá(s). **2**. por casualidad *f*.

per·ci·pi·ent [pə'sipiənt] *adj* **1**. perspicaz. **2**. hondo/a, penetrante.

per·col·ate ['pɜ:kəleit] *v* (INFML **perk**) **(through)** (in)filtrar(se), colar(se). **per·col·ation** [,pɜ:kə'leiʃn] *n* (in)filtración *f*. **per·col·at·or** ['pɜ:kəleitə(r)] *n* percolador *m*.

per·cus·sion [pə'kʌʃn] *n* percusión *f* (*also* MUS). LOC **~ cap** (*also* **cap**), pistón *m*, cápsula *f* (*firearm*). **~ instrument**, MUS instrumento *m* de percusión *f*. **per·cus·sion·ist** [pə'kʌʃnist] *n* MUS percusionista *m/f*.

per·di·tion [pə'diʃn] *n* **1**. REL castigo *m* eterno. **2**. apocalipsis *f*.

per·e·grin·ation [,perigri'neiʃn] *n* peregrinación *f*. **per·e·grine** ['perigrin] *n* (*also* **~ falcon**) ZOOL halcón *m* peregrino.

per·emp·to·ry [pə'remptəri; US 'pərəmptɔ:ri] *adj* **1**. perentorio/a. **2**. autoritario/a.

per·en·ni·al [pə'reniəl] *adj* **1**. perenne (*also* BOT). **2**. continuo/a, constante.

per·fect ['pɜ:fikt] **I**. *adj* **1**. perfecto/a (*also* GRAM); completo/a; absoluto/a. **2**. ideal; idóneo/a. **3**. exacto/a. LOC **~ pitch**, (*also* **absolute ~**), MUS buen oído *m* (musical). **II**. *n* GRAM pretérito *m* perfecto. **III**. *v* perfeccionar. **per·fect·ib·il·ity** [pə,fektə'biləti] *n* perfectibilidad *f*. **per·fect·ible** [pə'fektəbl] *adj* perfectible. **per·fec·tion** [pə'fekʃn] *n* perfección *f*; perfeccionamiento *m*. LOC **To ~**, a la perfección *f*. **per·fec·tion·ism** [pə'fekʃənizəm] *n* perfeccionismo *m*. **per·fec·tion·ist** [pə'fekʃənist] *n* perfeccionista *m/f*.

per·fi·di·ous [pə'fidiəs] *adj* **(to/towards sb)** pérfido/a. **per·fi·di·ous·ness** [pə'fidiəsnis], **per·fi·dy** ['pɜ:didi] *n* perfidia *f*.

per·for·ate ['pɜ:fəreit] *v* perforar(se). LOC **~d stamp**, sello *m* dentado. **per·fo·ration** [,pɜ:fə'reiʃn] *n* **1**. perforación *f*; agujero *m*. **2**. dentado *m* (*stamps*). **per·fo·rat·or** ['pɜ:fəreitə(r)] *n* **1**. perforadora *m* (*machine*). **2**. perforador/ra.

per·force [pə'fɔ:s] *adv* forzosamente.

per·form [pə'fɔ:m] *v* **1**. llevar a cabo; realizar, hacer. **2**. MUS tocar; interpretar; actuar; TEAT representar. **3**. funcionar (*engine*). **4**. celebrar (*ceremony*). **per·form·ance** [pə'fɔ:məns] *n* **1**. realización *f*; cumplimiento *m*; desempeño *m*. **2**. TEAT representación *f*; MUS, DEP actuación *f*. **3**. TEC funcionamiento *m*; rendimiento *m*; comportamiento *m*. **4**. INFML lío *m*. **per·form·er** [pə'fɔ:mə(r)] *n* TEAT, MUS actor *m*/actriz *f*; intérprete *m/f*; artista *m/f*. **per·form·ing** [pə'fɔ:miŋ] *adj* amaestrado/a (*animal*).

per·fume ['pɜ:fju:m; US *also* pər'fju:m] **I**. *n* perfume *m*. **II**. *v* perfumar. **per·fum·er** [pə'fju:mə(r)], **per·fu·mi·er** [pə'fju:miei] *n* perfumista *m/f*. **per·fum·ery** [pə'fju:məri] *n* perfumería *f*.

per·func·tor·i·ness [pə'fʌŋktərinis] *n* superficialidad *f*; descuido *m*. **per·func·to·ry** [pə'fʌŋkəti] *adj* a la ligera; superficial.

per·go·la ['pɜ:gələ] *n* pérgola *f*.

per·haps [pə'hæps, *also* præps] *adv* tal vez, quizá(s).

pe·rig·ee ['peridʒi] *n* ASTR perigeo *m*.

pe·ri·he·li·on [,peri'hi:liən] *n* (*pl* **-lia** [-liə]) ASTR perihelio *m*.

per·il ['perəl] *n* peligro *m*; riesgo *m*. LOC **At one's own ~**, por su cuenta *f* y riesgo *m*. **In ~ of one's life**, en peligro *m* de muerte *f*. **per·il·ous** ['perələs] *adj* peligroso/a; arriesgado/a.

pe·ri·met·er [pə'rimitə(r)] *n* perímetro *m*.

pe·ri·od ['piəriəd] *n* **1**. periodo *m* (*also* ASTR, GRAM, MED). **2**. época *f*. **3**. hora *f*, clase *f* (*school*). **4**. US punto *m* (*full stop*). LOC **~ piece**, INFML persona *f*/cosa *f* anticuada. **pe·ri·od·ic** [,piəri'ɔdik] *adj* periódico/a. LOC **~ table**, QUIM tabla *f* periódica. **pe·ri·od·ic·al** [,piəri'ɔdikl] **I**. *n* periódico *m*, revista *f*. **II**. *adj* periódico/a.

pe·ri·pa·tet·ic [,peripə'tetik] *adj* **1**. ambulante. **2**. FIS peripatético/a.

pe·ri·phe·ry [pə'rifəri] *n* periferia *f*. **pe·ri·pher·al** [pə'rifərəl] *adj* **(to)** periférico/a. LOC **~ device**, periférico *m* (*computing*).

pe·ri·phra·sis [pə'rifrəsis] *n* (*pl* **-ases** [-əsi:z]) perífrasis *f*. **pe·ri·phrast·ic** [,peri'fræstik] *adj* perifrástico/a.

pe·ri·scope ['periskəup] *n* periscopio *m*. **pe·ri·scop·ic** [,peri'skɔkip] *adj* periscópico/a.

per·ish ['periʃ] *v* **1**. morir, perecer. **2**. estropear(se); deteriorar(se); echar(se) a perder. LOC **~ the thought**, INFML ¡Dios me libre! **per·ish·able** ['periʃəbl] **I**. *adj* perecedero/a;

efímero/a. **II.** *n/pl* productos *m/pl* perecederos. **per·ish·ed** ['periʃt] *adj* aterido/a. **per·ish·er** ['periʃə(r)] *n* SL tío/a; individuo/a. **per·ish·ing** ['periʃiŋ] *adj* muy frío.

pe·ri·style ['peristail] *n* ARQ peristilo *m*.

pe·ri·to·ni·tis [,peritə'naitis] *n* MED peritonitis *f*.

pe·ri·win·kle ['periwiŋkl] *n* **1.** BOT vincapervinca *f*. **2.** (*also* **winkle**) ZOOL caracol *m* de mar.

per·jure ['pɜ:dʒə(r)] *v* **(oneself)** JUR perjurar. **per·jur·ed** ['pɜ:dʒəd] *adj* perjuro/a. **per·jur·er** ['pɜ:dʒərə(r)] *n* perjuro/a. **per·ju·ry** ['pɜ:dʒəri] *n* perjurio *m*. LOC **To commit ~**, prestar falso testimonio *m*.

perk [pɜ:k] **I.** *v* **1. (up)** INFML reponerse; animarse. **2.** levantar; aguzar el oído. **II.** *n(/pl)* INFML propina *f*; gratificación *f*. **perk·y** ['pɜ:ki] *adj* (*comp* **-ier**, *sup* **-iest**) INFML **1.** recuperado/a; de buen humor *m*. **2.** despierto/ a; desenvuelto/a; despabilado/a.

perm [pɜ:m] **I.** *n* INFML **1.** permanente *f* (*hair*). **2.** MAT permutación *f*. **II.** *v* **1.** hacer (se) la permanente. **2.** MAT hacer permutaciones *f/pl*.

per·man·ence ['pɜ:mənəns] *n* permanencia *f*. **per·man·ency** ['pɜ:mənənsi] *n* **1.** permanencia *f*. **2.** puesto *m* fijo. **per·man·ent** ['pɜ:mənənt] *adj* permanente; duradero/a; estable. LOC **~ wave** (*abrev* **perm**), permanente *f*.

per·man·gan·ate [pə'mæŋgəneit] *n* QUIM permanganato *m*.

per·me·ab·il·ity [,pɜ:miə'biləti] *n* permeabilidad *f*. **per·me·able** ['pɜ:miəbl] *adj* permeable. **per·me·ate** ['pɜ:mieit] *v* **(through)** penetrar; impregnar, empapar; saturar. **per·me·ation** [,pɜ:mi'eiʃn] *n* penetración *f*; impregnación *f*.

per·mis·sible [pə'misəbl] *adj* permisible. **per·mis·sion** [pə'miʃn] *n* **(to do sth)** permiso *m*. **per·mis·sive** [pə'misiv] *adj* permisivo/a.

per·mit [pə'mit] **I.** *v* **(-tt-) 1.** permitir; autorizar. **2.** dar lugar (a). **II.** ['pɜ:mit] *n* permiso *m*; pase *m*; licencia *f*.

per·mut·ation [,pɜ:mju:teiʃn] *n* permutación *f* (*also* MAT). **per·mute** [pə'mju:t] *v* permutar.

per·ni·ci·ous [pə'niʃəs] *adj* **(to)** pernicioso/a, perjudicial; dañino/a.

per·nic·ke·ty [pə'nikəti] *adj* INFML puntilloso/a, quisquilloso/a.

per·or·ation [,perə'reiʃn] *n* **1.** peroración *f*. **2.** discurso *m* largo.

per·ox·ide [pə'rɔksaid] *n* QUIM peróxido *m*. LOC **Hydrogen ~/~ of hydrogen**, QUIM agua *f* oxigenada.

per·pen·di·cu·lar [,pɜ:pən'dikjulə(r)] **I.** *adj* **1. (to)** perpendicular. **2.** vertical. **II.** *n* perpendicular *f*. **per·pen·di·cu·lar·ity** [,pɜ:pən,-dikju'lærəti] *n* perpendicularidad *f*.

per·pe·trate ['pɜ:pitreit] *v* cometer, perpetrar. **per·pe·tra·tion** [,pɜ:pi'treiʃn] *n* perpetración *f*. **per·pe·trat·or** ['pɜ:pitreitə(r)] *n* perpetrador/ra, autor/ra (*of a crime*).

per·pet·u·al [pə'petʃuəl] *adj* perpetuo/a; continuo/a. LOC **~ motion**, movimiento *m* perpetuo. **per·pet·u·ate** [pə'petʃueit] *v* perpetuar. **per·pet·u·ation** [pə,petʃu'eiʃn] *n* perpetuación *f*. **per·pe·tu·ity** [,pɜ:pi'tju:əti; US-'tu:-] *n* perpetuidad *f*. LOC **In ~**, a perpetuidad *f*.

per·plex [pə'pleks] *v* dejar perplejo/a; confundir. **per·plex·ed** [pə'plekst] *adj* perplejo/ a. **per·plex·ity** [pə'pleksəti] *n* perplejidad *f*.

per·quis·ite ['pɜ:kwizit] *n* (INFML **perk**) propina *f*; gratificación *f*.

per·ry ['peri] *n* sidra *f* de pera *f*.

per·se·cute ['pɜ:sikju:t] *v* **1.** perseguir. **2.** agobiar; acosar; molestar. **per·se·cu·tion** [,pɜ:si'kju:ʃn] *n* persecución *f*. LOC **~ complex/~ mania**, manía *f* persecutoria. **per·se·cut·or** ['pɜ:sikju:tə(r)] *n* perseguidor/ra.

per·se·ver·ance [,pɜ:si'viərəns] *n* perseverancia *f*. **per·se·vere** [,pɜ:si'viə(r)] *v* **(at/in/ with)** perseverar; persistir. **per·se·ver·ing** [,pɜ:si'viəriŋ] *adj* perseverante.

Per·si·an ['pɜ:ʃn; US 'pɜ:rʒn] *n/adj* persa *m/f*. LOC **~ (cat)**, ZOOL gato *m* persa.

per·si·flage ['pɜ:sifla:ʒ] *n* guasa *f*.

per·sist [pə'sist] *v* **(in)** persistir, perseverar, obstinarse. **per·sist·ence** [pə'sistəns] *n* persistencia *f*, perseverancia *f*, obstinación *f*. **per·sist·ent** [pə'sistənt] *adj* persistente, perseverante. obstinado/a.

per·son ['pɜ:sn] *n* (*pl* **people**) persona *f* (*also* GRAM). LOC **In ~**, en persona *f*. **In the ~ of sb**, en la persona *f* (de). **per·so·na** [pə'səunə] *n* (*pl* **-nae** [-ni:]) persona *f*, carácter *m*. LOC **~ (non) grata**, persona *f* (no) grata. **per·son·able** ['pɜ:sənəbl] *adj* de buen ver. **per·son·age** ['pɜ:sənidʒ] *n* personaje *m*. **per·son·al** ['pɜ:sənl] *adj* **1.** personal; privado/a. **2.** íntimo/a. **3.** individual. **4.** propio/a. LOC **~ pronoun**, GRAM pronombre *m* personal. **~ property/estate**, JUR bienes *m/pl* muebles. **To be ~**, personalizar. **To make a ~ appearance**, personarse. **per·son·al·ity** [,pɜ:sə'næləti] *n* personalidad *f*. **per·son·al·ly** ['pɜ:sənəli] *adv* personalmente. **per·son·al·ize, -ise** ['pɜ:sənəlaiz] *v* personalizar. **per·son·al·ty** ['pɜ:sənəlti] *n* JUR bienes *m/pl* muebles. **per·son·ate** ['pɜ:səneit] *v* **1.** hacer(se) pasar (por). **2.** TEATR hacer el papel *m* (de). **per·so·ni·fic·ation** [pə,sɔnifi'keiʃn] *n* personificación *f*. **per·son·ify** [pə'sɔnifai] *v* (*pret/pp* **-fied**) personificar. **per·son·nel** [,pɜ:sə'nel] *n* personal *m*. LOC **~ manager/officer**, jefe *m* de personal.

per·spect·ive [pə'spektiv] *n* perspectiva *f*. LOC **In ~**, en perspectiva *f*.

Per·spex ['pɜ:speks] *n* plexiglás *m*.

per·spi·ca·ci·ous [,pɜ:spi'keiʃəs] *adj* perspicaz. **per·spi·cac·ity** [,pɜ:spi'kæsəti] *n* perspicacia *f*.

per·spi·cu·ous [pə'spikjuəs] *adj* claro/a. **per·spi·cu·ous·ness** [pə'spikjuəsnis], **per·spi·cu·ity** [pə'spikju:əti] *n* claridad *f*.

per·spi·ration [,pɜ:spə'reiʃn] *n* sudor *m*, transpiración *f*. **per·spire** [pə'spaiə(r)] *v* sudar, transpirar.

per·su·ade [pə'sweid] *v* **1.** **(into/out of sth)** persuadir. **2.** **(of)** convencer. **per·su·asion** [pə'sweiʒn] **1.** persuasión *f.* **2.** creencia *f* (*also* REL); opinión *f.* **3.** convicción *f.* **per·su·as·ive** [pə'sweisiv] *adj* persuasivo/a. **per·su·as·ive·ness** [pə'sweisivnis] *n* persuasión *f.*

pert [pɜːt] *adj* **1.** insolente; fresco/a. **2.** US alegre. **pert·ness** [pɜːtnis] *n* **1.** insolencia *f.* **2.** US alegría *f.*

per·tain [pə'tein] *v* **(to)** **1.** relacionarse (con); referirse (a); ser propio/a (de). **2.** pertenecer.

per·ti·na·ci·ous [,pɜːti'neiʃəs; US-tn'eiʃs] *adj* pertinaz. **per·ti·nac·ity** [,pɜːti'næsəti; US -tn'æ-] *n* pertinacia *f.*

per·tin·ence ['pɜːtinəns; US -tənəns] *n* pertinencia *f.* **per·tin·ent** ['pɜːtinənt; US -tənənt] *adj* **(to)** pertinente.

per·turb [pə'tɜːb] *v* (per)turbar; preocupar. **per·tur·ba·tion** [,pɜːtə'beiʃn] *n* perturbación *f.*

per·us·al [pə'ruːzl] *n* lectura *f* atenta. **per·use** [pə'ruːz] *v* **1.** leer atentamente. **2.** FAM leer por encima, hojear.

Pe·ruv·i·an [pə'ruːviən] *n/adj* peruano/a. LOC ~ **bark**, QUIM quina *f.*

per·vade [pə'veid] *v* extender(se) (por); difundir(se) (por). **per·va·sion** [pə'veiʒn] *n* difusión *f.* **per·vas·sive** [pə'veisiv] *adj* penetrante (*smell*).

per·verse [pə'vɜːs] *adj* **1.** perverso/a. **2.** terco/a, obstinado/a. **3.** adverso/a. **per·verse·ness** [pə'vɜːsnis], **per·vers·ity** [pə'vɜːsəti] *n* **1.** perversidad *f.* **2.** terquedad *f.* **per·ver·sion** [pə'vɜːʃn; US -ʒn] *n* perversión *f.* **per·vert** [pə'vɜːt] **I.** *v* **1.** pervertir. **2.** desvirtuar; emplear mal. **II.** *n* pervertido/a.

per·vi·ous ['pɜːviəs] *adj* permeable.

pe·se·ta [pə'seitə] *n* peseta *f.*

pes·ky ['peski] *adj* (*comp* **-ier**, *sup* **-iest**) US INFML molesto/a, fastidioso/a.

pe·so ['peisəu] *n* (*pl* **-s**) peso *m* (*unit of money*).

pes·sary ['pesəri] *n* MED pesario *m.*

pes·sim·ism ['pesimizəm] *m* pesimismo *m.* **pes·sim·ist** ['pesimist] *n* pesimista *m/f.* **pes·sim·ist·ic** [,pesi'mistik] *adj* **(about)** pesimista.

pest [pest] *n* **1.** INFML lata *f*, fastidio *m.* **2.** ZOOL plaga *f*; parásito *m.* **3.** MED peste *f.* LOC ~ **control**, lucha *f* contra plagas *f/pl.* **pest·er** ['pestə(r)] *v* **(for/with)** molestar; fastidiar; importunar. **pes·ti·cide** ['pestisaid] *n* QUIM pesticida *m.* **pes·tif·fer·ous** [pes'tifərəs] *adj* pestífero/a; nocivo/a. **pes·til·ence** ['pestiləns] (*also* **pest**) MED peste *f.* **pes·til·ent** ['pestilənt], **pes·til·en·ti·al** [,pesti'lenʃl] *adj* **1.** pestilente. **2.** INFML latoso/a.

pes·tle ['pestl] *n* mano *m* (*of a mortar*).

pet [pet] **I.** *n* **1.** animal *m* doméstico. **2.** preferido/a; favorito/a. **3.** INFML sol *m*, encanto *m.* LOC **In a** ~, de mal humor *m.* ~ **aversion**, pesadilla *f.* ~ **name**, nombre *m* cariñoso, mote *m.* ~ **shop**, tienda *f* de animales *m/pl.* ~ **subject**, asignatura *f*/tema *m* favorito. **II.** *v* **(-tt-)** **1.** acariciar, mimar. **2.** INFML besar(se), acariciar(se).

pe·tal ['petl] *n* BOT pétalo *m.* **pe·tal·led** (US **petaled**) ['petld] *adj* con pétalos *m/pl.*

pe·tard [pe'taːd] *n* LOC **To be hoisted with one's own** ~, salirle a uno el tiro *m* por la culata *f.*

pe·ter ['piːtə(r)] *v* **(out)** ir disminuyendo; desaparecer; agotarse.

pe·ti·tion [pə'tiʃn] **I.** *n* **(to)** **1.** petición *f*, solicitud *f.* **2.** JUR demanda *f.* **3.** súplica *f* (*to God*). **II.** *v* **1.** **(for)** pedir, solicitar; rogar. **2.** JUR presentar una demanda *f.* **pe·ti·tion·er** [pə'tiʃənə(r)] *n* solicitante *m/f*; demandante *m/f.*

pe·trel ['petrəl] *n* ZOOL petrel *m.*

pe·tri·fac·tion [,petri'fækʃn] *n* petrificación *f.* **pe·tri·fy** ['petrifai] *v* (*pret/pp* **-fied**) petrificar(se) (*also* FIG).

pe·tro·chem·ic·al [,petrəu'kemikl] *n* producto *m* petroquímico.

pe·tro·dol·lar ['petrəudɔlə(r)] *n* petrodólar *m.*

pe·trol ['petrəl] *n* (US **gas(oline)**) gasolina *f.* LOC ~ **bomb**, cóctel *m* molotov. ~ **station/filling station/service station** (US **gas station**), gasolinera *f.* ~ **tank**, depósito *m* de gasolina *f.* **pe·tro·le·um** [pə'trəuliəm] *n* QUIM petróleo *m.* LOC ~ **jelly** (US **petrolatum** [,petrə'leitəm]), vaselina *f.* **pe·trol·o·gy** [pe'trɔlədʒi] *n* petrología *f.*

pet·ti·co·at ['petikəut] *n* enagua(s) *f/(pl).*

pet·ti·fog·ging ['petifɔgiŋ] *adj* **1.** quisquilloso/a, pedante. **2.** insignificante.

pet·ti·ness ['petinis] *n* **1.** insignificancia *f*; pequeñez *f*; **2.** mezquindad *f.* **pet·ty** ['peti] *adj* (*comp* **-ier**, *sup* **-iest**) **1.** insignificante; pequeño/a. **2.** quisquilloso/a; mezquino/a. LOC ~ **cash**, dinero *m* para gastos *m/pl* menores. ~ **larceny**, robo *m* de objetos *m/pl* de poco valor *m.* ~ **officer** (*abrev* **PO**), NAUT contramaestre *m.*

pet·tish ['petiʃ] *adj* malhumorado/a (por poca cosa).

pet·ul·ance ['petjuləns] *n* irritabilidad *f*; malhumor *m.* **pet·ul·ant** ['petjulənt] *adj* irritable; malhumorado/a.

pew [pjuː] *n* **1.** banco *m* de iglesia. **2.** INFML asiento *m.*

pe·wit V. **peewit**.

pew·ter ['pjuːtə(r)] *n* peltre *m.*

pe·yo·te [pei'əuti] *n* BOT peyote *m.*

pha·go·cyte ['fægəsait] *n* ANAT, MED fagocito *m.*

pha·lanx ['fælæŋks] *n* (*pl* **phalanges** [fə'lændʒiːz] *or* **-s**) ANAT, HIST falange *f.*

phal·lic ['fælik] *adj* fálico/a. **phal·lus** ['fæləs] *n* (*pl* **-li** [-lai] *or* **-es**) falo *m.*

phan·tasm ['fæntæzəm] *n* **1.** ilusión *f.* **2.** fantasma *m.* **phan·tas·ma·go·ria** [,fæntæzmə'gɔriə; US -'gɔːriə] *n* fantasmagoría *f.* **phan·tas·ma·gor·ic** [,fæntæzmə'gɔrik; US-'gɔːrik] *adj* fantasmagórico/a. **phan·tas·mal** [fæn'tæzməl] *adj* fantasmal.

phan·ta·sy V. **fantasy**.

phan·tom ['fæntəm] *n* **1.** (*also* **phantasm**) fantasma *m.* **2.** sueño *m*; ilusión *f*; visión *f.*

Pha·ra·oh ['feərəu] *n* faraón *m*. **Pha·ra·on·ic** [feə'rɔnik] *adj* faraónico/a.

pha·ri·sa·ic(·al) [færi'seiik(l)] *adj* farisaico/ a. **Pha·ri·see** ['færisi:] *n* fariseo *m*.

phar·ma·ceut·ic·al [,fa:mə'sju:tikl; US-'su:-] *adj* farmacéutico/a. **phar·ma·ceut·ics** [,fa:mə'sju:tiks] *n* farmacia *f* (*study*). **phar·mac·ist** ['fa:məsist] *n* farmacéutico/a. **phar·ma·co·log·ic·al** ['fa:məkə'lɔdʒikl] *adj* farmacológico/a. **phar·ma·co·log·ist** [,fa:mə'kɔlədʒist] *n* farmacólogo/a. **phar·ma·col·o·gy** [,fa:mə'kɔlədʒi] *n* farmacología *f*. **phar·ma·co·poe·ia** [,fa:məkə'piə] *n* farmacopea *f*. **phar·ma·cy** ['fa:məsi] *n* farmacia *f*.

pha·ryn·gi·tis [,færin'dʒaitis] *n* MED faringitis *f*. **pha·rynx** ['færiŋks] *n* (*pl* **pharynges** [fə'rindʒi:z] *or* **-s**) ANAT faringe.

phase [feiz] **I.** *n* fase *f*; etapa *f*. **II.** *v* **1**. planificar/realizar por etapas *f/pl*. **2**. **(out)** eliminar progresivamente. **3**. **(in)** introducir gradualmente.

Ph.D. [,pi:eitʃ'di:] *n abrev* **(Doctor of Philosophy)**, Doctor/ra en Filosofía.

pheas·ant ['feznt] *n* ZOOL faisán *m*.

phe·nol ['fi:nɔl] *n* QUIM fenol *m*.

phe·nom·en·al [fə'nɔminl] *adj* fenomenal. **phe·nom·e·non** [fə'nɔminən; US -nɔn] *n* (*pl* **-ena** [-inə]) fenómeno *m*.

phew [fju:] (*also* **whew**) *int* ¡(h)uf!; ¡huy!.

phi·al ['faiəl] (*also* **vial**) *n* frasco *m*.

phil·and·er [fi'lændə(r)] *v* **(with)** flirtear, ligar. **phil·an·der·er** [fi'lændərə(r)] *n* ligón *m*.

phil·an·throp·ic [,filən'θrɔpik] *adj* filantrópico/a. **phil·an·throp·ist** [fi'lænθrəpist] filántropo *m/f*. **phil·an·thro·py** [fi'lænθrəpi] *n* filantropía *f*.

phil·a·tel·ic [,filə'telik] *adj* filatélico/a. **phil·a·tel·ist** [fi'lætəlist] *n* filatelista *m/f*. **phil·a·te·ly** [fi'lætəli] *n* filatelia *f*.

phil·har·mon·ic [,fila:'mɔnik] *adj* MUS filarmónico/a.

phi·lip·pic [fi'lipik] *n* filípica *f*. **Phi·lip·pine** ['filipain] *n/adj* filipino/a.

phi·lis·tine ['filistain; US-sti:n] *n/adj* filisteo/a.

phi·lo·log·ic·al [,filə'lɔdʒikl] *adj* filológico/a. **phi·lo·log·ist** [fi'lɔlədʒist] *n* filólogo/a. **phi·lo·lo·gy** [fi'lɔlədʒi] *n* filología *f*.

phi·lo·soph·er [fi'lɔsəfə(r)] *n* filósofo/a. LOC **~'s stone**, piedra *f* filosofal. **phi·lo·soph·ic** [,filə'sɔfik], **phi·lo·soph·ic·al** [,filə'sɔfikl] *adj* filosófico/a. **phi·lo·soph·ize, -ise** [fi'lɔsəfaiz] *v* **(about/on)** filosofar. **phi·lo·so·phy** [fi'lɔsəfi] *n* filosofía *f*.

phil·tre (US **philter**) ['filtə(r)] *n* filtro *m*.

phle·bi·tis [fli'baitis] *n* MED flebitis *f*.

phlegm [flem] *n* MED, FIG flema *f*. **phleg·mat·ic** [fleg'mætik] *adj* flemático/a.

pho·bia ['fəubiə] *n* fobia *f*.

Phoe·ni·ci·an [fi'niʃn] *n/adj* fenicio/a.

phoe·nix ['fi:niks] *n* fénix *m*.

phone [fəun] **I.** *n* teléfono *m*. LOC **~ book** (*also* **tele·~ directory**), guía *f* telefónica. **~ booth/~ box**, cabina *f* telefónica. **~·call**, llamada *f* telefónica. **I.** *v* llamar por teléfono *m*. **phon·eme** ['fəuni:m] *n* fonema *m*. **phon·em·ics** [fəu'nimiks] *n* fonología *f*.

pho·net·ic [fə'netik] *adj* fonético/a. **pho·ne·ti·ci·an** [,fəuni'tiʃn] *n* fonetista *m/f*. **pho·net·ics** [fə'netiks] *n* fonética *f*.

pho·n(e)y ['fəuni] **I.** *adj* (*comp* **-ier**, *sup* **-iest**) INFML PEY **1**, falso/a, hipócrita. **2**. postizo/ a; falso/a. **II.** *n* **1**. farsante *m/f*, hipócrita *m/f*. **2**. copia *f*; postizo *m*. **phon·i·ness** ['fəuninis] *n* falsedad *f*.

phon·ic ['fɔnik] *adj* fónico/a.

pho·no·graph ['fəunəgra:f; US-græf] *n* fonógrafo *m*.

pho·no·log·ic·al [,fəunɔ'lɔdʒikl] *adj* fonológico/a. **pho·no·log·ist** [fə'nɔlədʒist] *n* fonólogo/a. **pho·no·lo·gy** [fə'nɔlədʒi] *n* fonología *f*.

phoo·ey ['fu:i] *int* ¡bah!.

phos·phate ['fɔsfeit] *n* QUIM fosfato *m*.

phos·pho·resce [,fɔsfə'res] *v* fosforescer. **phos·pho·res·cence** [,fɔsfə'resns] *n* fosforescencia *f*. **phos·pho·res·cent** [,fɔsfə'resnt] *adj* fosforescente. **phos·phor·ic** [fɔs'fɔrik; US-'fɔ:r-], **phos·phor·ous** ['fɔsfərəs] *adj* fosforoso/a. **phos·pho·rus** ['fɔsfərəs] *n* QUIM fósforo *m*.

pho·to ['fəutəu] *n* (*pl* **-s** [-təuz]) INFML foto *f*.

photo..., **~·(electric) cell**, *n* célula *f* fotoeléctrica. **~·copy**, *n* fotocopia *f*; *v* (*pret/pp* **-pied**) fotocopiar. **~·electric**, *adj* FIS fotoeléctrico/a. **~·engraving/~·gravure**, *n* fotograbado *m*. **~·finish**, *n* DEP carrera *f* con resultado decidido por fotocontrol. **~·flash**, *n* flash *m*. **~·genic**, *adj* fotogénico/a. **~·graph** (INFML ~), *n* fotografía *f*: *To take a ~*, hacer/sacar una fotografía *f*; *v* fotografiar. **~·grapher**, *n* fotógrafo/a. **~·graphic**, *adj* fotográfico/a. **~·graphy**, *n* fotografía *f*. **~·lithography**, *n* fotolitografía *f*. **~·meter**, *n* fotómetro *m*. **~·sensitive**, *adj* fotosensible. **~·stat**, *n* fotostato *m*. **~·synthesis**, *n* BIOL fotosíntesis *f*. **~·telegraphy**, *n* fototelegrafía *f*. **~·type**, *n* fototipo *m*.

phrase [freiz] **I.** *n* **1**. GRAM, MUS frase *f*. **2**. locución *f*; expresión *f*. **II.** *v* expresar. **phra·se·o·lo·gy** [,freizi'ɔlədʒi] *n* fraseología *f*.

phren·et·ic [fri'netik] *adj* (*also* **frenetic**) frenético/a.

phren·o·lo·gy [frə'nɔlədʒi] *n* frenología *f*.

phthis·ic·al ['θaisikl] *adj* MED tísico/a. **phthi·sis** ['θaisis] *n* MED tísis *f*.

phut [fʌt] *adv* INFML LOC **To go ~**, averiarse, estropearse.

phy·lum ['failəm] *n* (*pl* **-la** [-lə]) BIOL filo *m*.

phys·ic ['fisik] *n* MED medicamento *m*. **phys·ic·al** ['fizikl] **I.** *adj* físico/a (*also* FIG). LOC **~ education**, educación *f* física. **~ examination**, MED examen *m* médico. **II.** *n* INFML examen *m*. **phy·sic·i·an** [fi'ziʃn] *n* médico/a. **phys·ic·ist** ['fizisist] *n* físico *m/f*. **phys·ics** ['fisiks] *n* física *f*.

phys·i·og·no·my [,fizi'ɔnəmi; US -'ɔnəumi] *n* fisonomía *f*.

phys·i·o·gra·phy [,fizi'ɔgrəfi] *n* fisiografía *f*.

phys·i·o·log·ic·al [,fiziə'lɔdʒikl] *adj* fisiológico/a. **phys·i·o·log·ist** [,fizi'ɔlədʒist] *n* fisiólogo/a. **phys·i·o·lo·gy** [,fizi'ɔlədʒi] *n* fisiología *f*.

phys·i·o·the·rap·ist [,fiziəu'θerəpist] *n* (INFML **physio**) fisioterapeuta *m/f*. **phys·i·o·the·ra·py** [,fiziəu'θerəpi] *n* fisioterapia *f*.

phy·sique [fi'zi:k] *n* físico *m* (*appearance*).

pi [pai] *n* pi *f* (*also* MAT).

pi·an·ist ['piənist] *n* MUS pianista *m/f*. **pi·a·no** ['pja:nəu] **I**. *adv/adj* MUS (*abrev* **p**) suave(mente), piano. **II**. *n* (*pl* **-s** [-nəuz]) (*also* **~·forte** [pi,ænəu'fɔ:ti; US pi'ænəfɔ:rt]) MUS piano *m*. **pi·a·no·la** [piə'nəulə] *n* MUS pianola *f*.

pi·as·tre (US **piaster**) [pi'æstə(r)] *n* piastra *f* (*unit of money*).

piaz·za [pi'ætsə; US pi:'a:zə] *n* plaza *f*; pórtico *m*; soportales *m/pl*.

pic·a·dor ['pikədɔ:(r)] *n* picador *m* (*bullfighting*).

pic·a·resque [,pikə'resk] *adj* picaresco/a.

pic·a·yune [pikə'ju:n] **I**. *adj* insignificante. **II**. *n* chuchería *f*, bagatela *f*.

pic·co·lo ['pikələu] *n* (*pl* **-s**) MUS flautín *m*.

pick [pik] **I**. *n* **1**. (s)elección *f*. **2**. (*also* **~·axe**, US **~ax** ['pikæks]) pico *m*, piqueta *f*. LOC **~-a-back** (*also* **piggy·back** ['pigibæk]), en hombros *m/pl*, a cuestas *f/pl*. **~-me-up**, INFML reconstituyente *m*. **~·pocket**, carterista *m/f*, ratero/a. **~-up** (*pl* **-ups**), INFML ligue *m*, rollo *m*; TEC fonocaptor *m*; camioneta *f*, furgoneta *f*. **The ~ of sth**, la flor *f* y nata *f*. **II**. *v* **1**. seleccionar, escoger. **2**. (re)coger. **3**. limpiar; desplumar. **4**. roer. **5**. forzar/abrir con ganzúa *f*. **6**. picar; FIG criticar. **7**. **(off)** eliminar; quitar. **8**. **(on)** escoger; criticar. **9**. **(out)** escoger; ver; distinguir; resaltar. **10**. **(over)** buscar (en). **11**. **(up)** (re)coger; (des)colgar; lograr; adquirir; tomar; comprar; encontrar; recobrar; enterarse (de), saber; aprender; **(oneself up)** levantarse, reestablecerse. **12**. **(up with)** conocer (a). LOC **To ~ and choose**, escoger con mucho cuidado *m*/remilgo *m*. **To ~ one's way**, andar con cuidado *m*. **To ~ pockets**, robar carteras *f/pl*. **To ~ up speed**, ganar velocidad *f*. **pick·ed** [pikt] *adj* escogido/a. **pick·er** ['pikə(r)] *n* recogedor/ra. **pick·ing** ['pikiŋ] *n* **1**. selección *f*. **2**. cosecha *f*. **3**. **~s** ganancias *f/pl*; sobras *f/pl*; botín *m*.

pic·ket ['pikit] **I**. *n* **1**. piquete *m*, cuadrilla *f*. **2**. pelotón *m* (MIL, *police*). **3**. poste *m*; mojón *m*. **II**. *v* **1**. vigilar, formar/hacer piquetes (*in strikes*); poner guardia *f*. **2**. cercar, vallar.

pic·kle ['pikl] **I**. *n* **1**. encurtido *m*, conserva *f* en vinagre *m*; adobo *m*; escabeche *m*. **2**. INFML travieso/a. **3**. lío *m*; apuro *m*. LOC **To be in a nice ~**, estar metido/a en un buen lío *m*. **II**. *v* encurtir; conservar en vinagre *m*; adobar. **pick·led** ['pikld] *adj* en escabeche; INFML borracho/a.

pic·ky ['piki] *adj* (*comp* **-ier**, *sup* **-iest**) INFML exigente; quisquilloso/a.

pic·nic ['piknik] **I**. *n* comida *f*/merienda *f* campestre; excursión *f*, gira *f*. LOC **To be no ~**, INFML ser difícil. **II**. *v* **(-ick-)** comer/merendar en el campo *m*; ir de excursión *f*/gira *f*. **pic·nick·er** ['piknikə(r)] *n* excursionista *m/f*.

pic·tor·i·al [pik'tɔ:riəl] **I**. *adj* pictórico/a; ilustrado/a; gráfico/a. **II**. *n* periódico *m*/revista *f* ilustrada.

pic·ture ['piktʃə(r)] **I**. *n* **1**. cuadro *m*; dibujo *m*, retrato *m*. **2**. fotografía *f*. **3**. FIG imagen *f*; representación *f*; visión *f* (de conjunto *m*). **4**. película *f*. **5**. **~s** *pl* cine *m*. LOC **~-book**, libro *m* ilustrado. **~-card**, figura *f*. **~-frame**, marco *m*. **~-gallery**, pinacoteca *f*. **~·goer**, cinéfilo/a. **~ postcard**, tarjeta *f* postal. **The ~ of health**, la salud *f* personificada. **To be/put sb in the ~**, estar/poner a alguien al corriente. **To get the ~**, INFML entender. **II**. *v* **1**. **(to onself)** figurarse, imaginarse. **2**. pintar; describir. **pic·tu·resque** [,piktʃə'resk] *adj* pintoresco/a; típico/a. **pic·tu·resque·ness** [,piktʃə'resknis] *n* lo pintoresco.

pid·dle ['pidl] **I**. *v* INFML mear. **II**. *n* INFML meada *f*.

pid·gin ['pidŋin] *n* lengua *f* franca (resultante de la mezcla con otras lenguas).

pie [pai] *n* empanada *f*; pastel *m* de carne *f*; US pastel. LOC **As easy as ~**, muy fácil. **~·bald**, ZOOL *adj* pío/a (*horse*); *n* caballo *m* pío. **~ chart**, gráfico *m* de pastel. **~-eyed**, INFML borracho/a. **To eat humble ~**, reconocer su error *m*. **To have a finger in every ~**, estar en todo. **pi·ed** [paid] *adj* ZOOL de varios colores *m/pl*.

piece [pi:s] **I**. *n* **1**. pizca *f*; parte *f*; trozo *m*, pedazo *m*. **2**. ART, MUS, TEAT obra *f*, pieza *f*. **3**. INFML chica *f*. **4**. arma *f*. **5**. US INFML distancia *f*. **6**. moneda *f*. **7**. pieza *f*, ficha *f* (*chess*). **8**. parcela *f* (*land*); terreno *m*; solar *m*. LOC **A ~ of advice**, consejo *m*. **A ~ of cake**, INFML algo muy fácil. **A ~ of news**, una noticia *f*. **By the ~**, por piezas *f/pl*. **In ~s**, roto/a, destrozado/a. **~·meal**, poco a poco; por partes *f/pl*. **~ work**, trabajo *m* a destajo *m*. **~ worker**, trabajador/ra a destajo *m*. **To be of a ~ with**, estar de acuerdo *m* (con). **To break sth in/to ~s**, hacer añicos *m/pl*. **To go (all) to ~s**, venirse abajo (*person*). **To pick to ~s**, poner verde. **To take to ~s**, desarmar, desmontar. **II**. *v* **(sth together)** juntar las partes *f/pl*; FIG atar cabos *m/pl*, acabar entendiendo algo.

pi·er [piə(r)] *n* **1**. rompeolas *m*; malecón *m*. **2**. ARQ pilar *m*. **3**. entreventana *f*.

pierce [piəs] *v* **1**. atravesar, traspasar; penetrar; perforar; agujerear. **2**. FIG traspasar. **pier·cing** ['piəsiŋ] *adj* penetrante; punzante; agudo/a.

pi·er·rot [piərəu] *n* (*f* **pier·rette** [piə'ret]) pierrot *m*.

pi·e·ty ['paiəti] *n* REL piedad *f*.

pi·e·zo-e·lec·tric [pi:,eizəui'lektrik] *adj* ELECTR piezoeléctrico/a.

pif·fle ['pifl] *n* INFML tontería *f*; disparate *m*. **pif·fling** ['pifliŋ] *adj* INFML **1**. trivial. **2**. diminuto/a; insignificante.

pig [pig] **I**. *n* **1**. ZOOL cerdo *m*, puerco *m*. **2**. cerdo/a, cochino/a (*person*). **3**. lingote *m* (*metal*). **4**. SL madero *m* (*policeman*). LOC

~·gy **bank**, hucha *f*. **~·headed**, terco/a. **~·headedness**, terquedad *f*. **~·iron**, hierro *m* colado. **~·let**, ZOOL cochinillo *m*, lechón *m*. **~·skin**, piel *f* de cerdo. **~sty** (*also* **sty**, US **~·pen**), pocilga *f* (*also* FIG). **~swill**, bazofia *f*. **~·tail**, coleta *f*; trenza *f*. **II**. *v* **(-gg-) (oneself)** cebarse. LOC **To ~ it/together**, vivir como cerdos *m/pl*. **pig·ge·ry** ['pigəri] *n* pocilga *f* (*also* FIG). **pig·gish** ['pigiʃ] *adj* cochino/a, puerco/a. **pig·gy** ['pigi] *n* INFML cochinillo *m*, lechón *m*.

pi·geon ['pidʒin] *n* ZOOL paloma *f*; pichón *m*. LOC **~-hole**, *n* casillero *m*; *v* archivar; clasificar. **To be one's ~**, INFML ser asunto *m* de uno/a. **To put/set the cat among the ~s**, poner el dedo *m* en la llaga *f*.

pig·ment ['pigmənt] *n* pigmento *m*. **pig·ment·ation** [,pigmen'teiʃn] *n* pigmentación *f*.

pig·my V. **pygmy**.

pike [paik] *n* **1**. pica *f* (*spear*). **2**. ZOOL lucio *m*. **3**. cima *f*. **4**. (*also* **turn·~**) carretera *f*/autopista *f* de peaje *m*; barrera *f*. LOC **~·staff**, asta *f* (de una pica *f*). **Plain as a ~·staff**, clarísimo/a.

pi·las·ter [pi'læstə(r)] *n* ARQ pilastra *f*.

pil·chard ['piltʃəd] *n* ZOOL sardina *f* grande.

pile [pail] **I**. *n* **1**. ARQ pilote *m*. **2**. INFML montón *m*, pila *f*. **3**. mole *f* (*buildings*). **4**. (*also* **funeral ~**) pira *f* funeraria. **5**. ELECTR, FIS pila *f*. **6**. pelo *m* (*carpet, velvet*). **7**. **~s** *pl* MED almorranas *f/pl*, hemorroides *f/pl*. LOC **~-driver**, TEC martinete *m*. **~-up**, accidente *m* en cadena *f*. **To make a ~**, INFML hacer una fortuna *f*. **II**. *v* **1**. **(in(to))** amontonar(se); meter(se). **2**. **(up)** apilar(se), amontonar(se). LOC **To ~ it on**, INFML exagerar.

pil·fer ['pilfə(r)] *v* **(from)** sisar, ratear. **pil·fer·age** ['pilfəridʒ] *n* sisa *f*. **pil·fer·er** ['pilfərə(r)] *n* ratero/a, ladronzuelo/a.

pil·grim ['pilgrim] *n* peregrino/a, romero/a. **pil·grim·age** ['pilgrimidʒ] *n* peregrinación *f*.

pill [pil] *n* **1**. píldora *f* (*also* INFML *contraceptive*). **2**. pelota *f*. **3**. FAM lata *f*. LOC **~·box**, pastillero *m*; MIL fortín *m*. **To sugar/ sweeten the ~**, dorar la píldora.

pil·lage ['pilidʒ] **I**. *n* saqueo *m*, pillaje *m*. **II**. *v* saquear, pillar.

pil·lar ['pilə(r)] *n* ARQ, FIG columna *f*, pilar *m*. LOC **From ~ to post**, de la Ceca a la Meca. **~-box**, buzón *m* de correo.

pil·li·on ['piliən] **I**. *n* asiento *m* trasero (*motor cycle*). **II**. *adv* en el asiento *m* trasero.

pil·lory ['piləri] **I**. *n* picota *f*. **II**. *v* (*pret/pp* **-ried**) poner en la picota *f*.

pil·low ['piləu] **I**. *n* almohada *f*. LOC **~·case/~·slip**, funda *f* de almohada *f*. **II**. *v* servir de almohada *f* (para); apoyar en una almohada *f*.

pi·lot ['pailət] **I**. *n* **1**. AER, NAUT piloto *m/f*; NAUT timonel *m*. **2**. guía *m/f*. LOC **~-fish**, ZOOL pez *m* piloto. **~-light/~-burner**, piloto *m*, luz *f* de situación *f*. **II**. *adj* piloto, modelo. **III**. *v* **1**. **(through)** pilotar. **2**. dirigir, guiar.

pi·men·to [pi'mentəu] *n* (*pl* **-s**) **1**. pimienta *f*. **2**. BOT pimiento *m* morrón.

pimp [pimp] **I**. *n* chulo *m*, proxeneta *m*; alcahuete/a. **II**. *v* **(for sb)** alcahuetear.

pim·per·nel ['pimpənel] *n* BOT pimpinela *f*.

pim·ple ['pimpl] *n* grano *m*; espinilla *f*. **pim·pled** ['pimplt] *adj* con granos *m/pl*. **pim·ply** ['pimpli] *adj* **1**. con granos *m/pl*. **2**. INFML jovenzuelo/a.

pin [pin] **I**. *n* **1**. alfiler *m*. **2**. clavija *f* (*peg*). **3**. (*also* **safety ~**) imperdible *m*. **4**. **~s** *pl* INFML piernas *f/pl*. LOC **For two ~s**, por nada. **~·cushion**, acerico *m*. **~-head**, cabeza *f* de alfiler *m*; INFML tonto/a. **~-money**, dinero *m* para gastos *m/pl* pequeños. **~·point**, exacto/a, preciso/a; localizar/apuntar con precisión *f*. **~-prick**, alfilerazo *m*; FIG molestia *f* insignificante. **~s and needles**, hormigueo *m*. **~-stripe**, a rayas *f/pl*. **~-up**, INFML fotografía *f* de una modelo; mujer *f* guapa. **~·wheel**, rueda *f* de fuegos *m/pl* artificiales; molinillo *m* (*toy*). **To hear a ~ drop**, silencio *m* absoluto; no oír ni una mosca *f*. **I**. *v* **(-nn-)** **1**. **(to)** sujetar/prender con alfileres *m/pl*. **2**. sujetar. **3**. **(down)** sujetar a la fuerza *f*; precisar exactamente. **4**. **(on)** prender con alfileres *m/pl*; acusar. **5**. **(up)** fijar, sujetar; apuntalar.

pin·a·fore ['pinəfɔ:(r)] *n* delantal *m*. LOC **~ dress**, falda *f* con peto *m*.

pin·cer ['pinsə(r)] *n* pinzas *f/pl*, tenazas *f/pl* (*also* ZOOL).

pinch [pintʃ] **I**. *v* **1**. pellizcar. **2**. apretar (*shoe*). **3**. **(from sb/sth)** INFML robar, mangar. **4**. SL pescar, arrestar. **5**. **(off/out)** quitar. LOC **To ~ and save/scrape**, ahorrar lo más posible. **II**. *n* **1**. pellizco *m*. **2**. pizca *f*; pulgarada *f* (*tobacco*). **3**. FIG necesidad *f*. LOC **At a ~**, en caso *m* de necesidad *f*. **~-beck**, imitación *f*; de imitación *f*. **~-hit**, US DEP batear de sustituto *m*; INFML sustituir a alguien. **To take sth with a grain/~ of salt**, admitir algo con reservas *f/pl*. **pinch·ed** [pintʃt] *adj* **1**. **(with sth)**: *To be ~ with*, sufrir (de/por algo). **2**. **(for sth)** falto/a (de).

pine [pain] **I**. *n* (*also* **~ tree**) BOT pino *m* (*also wood*). LOC **~·apple**, BOT piña *f* (*tree, fruit*). **~-cone**, BOT piña (*~-tree*). **~-needle**, BOT aguja *f* de pino *m*. **~·wood**, BOT pinar *m*. **II**. *v* **1**. apenar(se). **2**. **(for sb/sth)** anhelar. **3**. **(away)** consumirse, languidecer. **pine·al** ['painiəl] *adj* **~ gland**, pineal.

ping [piŋ] **I**. *n* sonido *m* metálico. **II**. *v* **1**. hacer/producir un sonido *m* metálico. **2**. US (*also* **pink**) picar. LOC **~-pong** (*also* **table tennis**), DEP INFML ping-pong *m*, tenis de mesa *m*.

pin·ion ['piniən] **I**. *n* **1**. ZOOL ala *f* (*bird*). **2**. TEC piñón *m*. **II**. *v* **1**. **(against/to(gether))** maniatar. **2**. cortar las alas *f/pl*.

pink [piŋk] **I**. *adj* **1**. rosa. **2**. INFML rojillo/a (*left-wing*). **II**. *n* **1**. rosa *m*. **2**. BOT clavel *m*. LOC **In the ~ (of condition/health)**, en perfecto estado *m* (de). **III**. *v* **1**. picar. **2**. festonear. **pink·ish** [piŋkiʃ] *adj* rosáceo/a.

pin·nace ['pinis] *n* NAUT pinaza *f*.

pin·na·cle ['pinəkl] *n* **1**. ARQ pináculo *m*. **2**. cima *f*, cumbre *f* (*also* FIG).

pint [paint] *n* **1**. (*abrev* **pt**) pinta *f* (Br = *0.568 l*; US =*0.473 l*). **2**. cerveza *f*. LOC **~-siz·ed**, INFML diminuto/a.

pi·on·eer [,paiə'niə(r)] **I**. *n* **1**. colonizador/ra; explorador/ra; pionero/a (*also* FIG). **2**. MIL zapador *m*. **II**. *v* **1**. colonizar. **2**. iniciar; sentar las bases *f/pl*; abrir camino *m*.

pi·ous ['paiəs] *adj* **1**. REL devoto/a; beato/a. **2**. piadoso/a.

pip [pip] **I**. *n* **1**. BOT pepita *f*; pipa *f*. **2**. señal *f* (*phone*). **3**. punto *m* (*cards*). **4**. MIL INFML estrella *f* (*uniform*). LOC **To give sb the ~**, INFML disgustar, irritar. **II**. *v* **(-pp-)** INFML **1**. dar (*hit*). **2**. vencer. **3**. suspender (*exam*).

pipe [paip] **I**. *n* **1**. tubo *m*, tubería *f*, conducto *m*. **2**. pipa *f* (*tobaco ~*). **3**. MUS caramillo *m*, flautín *m*; **~s** *pl* gaita *f* (*bag.~s*); pito *m*. LOC **~·clay**, espuma *f* de mar (*for making tobacco ~s*). **~-cleaner**, limpiapipas *m*. **~dream**, ilusiones *f/pl*. **~·line**, oleoducto *m*; gaseoducto *m*; tubería *f*; conducto *m* (*information*). **Put that in your ~ and smoke it!**, INFML ¡trágate eso! **II**. *v* **1**. conducir por tubería *f*/conducto *m*/cañería *f*. **2**. MUS tocar la flauta *f*. **3**. adornar. **4**. **(down)** INFML callar(se). **5**. **(up)** INFML empezar a hablar/ cantar. **pip·er** ['paipə(r)] *n* MUS gaitero/a; flautista *m/f*. **pip·ing** ['paipiŋ] **I**. *n* **1**. tubería *f*. **2**. ribete *m*; adorno *m*. **3**. MUS sonido *m* de la gaita *f*/flauta *f*. **II**. *adj* agudo/a (*voice*). LOC **~ hot**, hirviendo/a.

pip·ette [pi'pet] *n* QUIM pipeta *f*.

pip·it ['pipit] *n* ZOOL bisbita *f*.

pip·pin ['pipin] BOT reineta *f* (*apple*).

pip·squeak ['pipskwi:k] *n* INFML persona *f* insignificante.

pi·quan·cy ['pi:kənsi] *n* picante *m*. **pi·quant** ['pi:kənt] *adj* picante.

pique [pi:k] **I**. *v* **1**. hervir. **2**. picar (*curiosity*). **II**. *n* pique *m*, resentimiento *m*.

pi·ran·ha [pi'ra:njə] *n* ZOOL piraña *f*.

pir·acy ['paiərəsi] *n* piratería *f*. **pir·ate** ['paiərət] **I**. *n* **1**. pirata *m*. **2**. (*also* **~ radio**) emisora *f* pirata. **II**. *v* piratear; hacer una edición *f* pirata (de). **pi·rat·ic·al** [,paiə'rætikl] *adj* pirata, pirático/a.

pi·rou·ette [,piru'et] **I**. *n* pirueta *f*. **II**. *v* hacer piruetas *f/pl*.

Pis·ces ['paisi:z] *n/pl* AST piscis *m*.

piss [pis] **I**. *v* SL mear. **II**. *n* SL meada *f*. LOC **~ off!**, ¡lárgate!, ¡vete al cuerno *m*! **pis·sed** [pist] *adj* SL borracho/a. LOC **(As) ~ as a newt**, borracho como una cuba *f*.

pis·ta·chio [pi'sta:ʃiəu; US -æʃiəu] *n* (*pl* **-s**) BOT pistacho *m*.

pis·til ['pistl] *n* BOT pistilo *m*.

pis·tol ['pistl] *n* revólver *m*, pistola *f*.

pis·ton ['pistən] *n* TEC pistón *m*, émbolo *m*. LOC **~ ring**, segmento *m* de pistón. **~-rod**, vástago *m* del pistón. **~ stroke**, carrera *f* del émbolo.

pit [pit] **I**. *n* **1**. hoyo *m*; foso *m*. **2**. cantera *f*, mina *f*. **3**. ANAT boca *f* (*stomach*). **4**. señal *f*; picadura *f*. **5**. TEAT patio *m* de butacas *f/pl*. **6**. foso *m*. **7**. **~s** *pl* boxes *m/pl* (*motor-racing*). **8**. US hueso *m* (*fruit*). **9**. FIG abismo *m*. **10**. escollo *m*; trampa *f*. LOC **~-fall**, escollo *m*; trampa *f*. **~-head**, bocamina *f*. **~-prop**, puntal *m*. **To be the ~s**, US INFML ser pésimo/a. **II**. *v* **(-tt-)** **1**. **(with)** hacer hoyos *m/pl*; picar. **2**. **(against)** oponer (a). **3**. US deshuesar.

pit-a-pat [,pitə'pæt] (*also* **pitter-patter** [,pitə'pætə(r)]) **I**. *adv* latir rápidamente. **II**. *n* latido *m*.

pitch [pitʃ] **I**. *n* **1**. pez *f*, brea *f*. **2**. DEP campo *m*; cancha *f*. **3**. lanzamiento *m*; tiro *m*. **4**. MUS tono *m*. **5**. nivel *m*, grado *m*. **6**. **(of sth)** FIG cima *f*; clímax *m*. **7**. NAUT cabezada *f*. **8**. inclinación *f* (*slope*); ARQ pendiente *f* (*roof*). **9**. puesto *m* (*street trader*). **10**. (*also* **sales ~**) charlatanería *f*. LOC **Black as ink/~/~-black**, negro como el carbón *m*. **~-and-toss**, rayuela *f* (*game*). **~·blende**, pechblenda *f*. **~-dark**, completamente oscuro/negro. **~·fork**, horca *f*. **~-pine**, BOT pino *m* tea. **II**. *v* **1**. montar, armar; colocar. **2**. MUS entonar; FIG contar. **3**. caer(se). **4**. NAUT cabecear. **5**. tirar; lanzar; arrojar (*also* DEP). **6**. **(in(to))** INFML empezar a trabajar con afán *m*; comer con apetito *m*; atacar, arremeter. **7**. **(in with)** ofrecer ayuda *f*/apoyo *m*. **pitch·ed** [pitʃt] *adj* inclinado/a (*roof*). LOC **~ battle**, batalla *f* campal. **pitch·er** ['pitʃə(r)] *n* **1**. cántaro *m*; jarra *f*; jarrón *m*. **2**. DEP lanzador *m* (*baseball*).

pit·e·ous ['pitiəs] *adj* lastimoso/a.

pith [piθ] **1**. BOT médula *f*. **2**. FIG meollo *m*, esencia *f*. LOC **~ hat/helmet**, sombrero *m* de paja *f*. **pith·y** ['piθi] *adj* (*comp* **-ier**, *sup* **-iest**) **1**. conciso/a. **2**. meduloso/a.

pit·i·able ['pitiəbl] *adj* lastimoso/a; digno/a de compasión *f*. **pit·i·ful** ['pitifl] *adj* lastimoso/ a; digno/a de compasión *f*. **pit·i·less** ['pitilis] *adj* despiadado/a; implacable.

pit·tance ['pitns] *n* sueldo *m*/renta *f* miserable.

pit·ter-pat·ter V. **pit-a-pat**.

pi·tu·it·ary [pi'tju:itəri; US -tu:əteri] *n* (*also* **~ gland**) ANAT pituitaria *f*.

pit·y ['piti] **I**. *n* **(for sb/sth)** compasión *f*; pena *f*; lástima *f*. LOC **More's the ~**, tanto peor. **To have/take ~ on sb**, tener lástima *f* de. **II**. *v* (*pret/pp* **pitied**) compadecer(se) (de); tener compasión *f* (de). **pit·y·ing** ['pitiŋ] *adj* compasivo/a.

piv·ot ['pivət] **I**. *n* **1**. TEC pivote *m*; eje *m*. **2**. FIG base *f*; eje *m*. **II**. *v* **(on sth)** **1**. TEC montar sobre un pivote *m*; girar sobre un eje *m*. **2**. FIG depender (de). **piv·ot·al** ['pivətl] *adj* **1**. giratorio/a. **2**. FIG fundamental, esencial.

pix·ie (*also* **pixy**) ['piksi] *n* duende *m*; enano *m*.

pi·xi·lat·ed ['piksəleitid] *adj* US chiflado/a.

piz·za ['pi:tsə] *n* piz(z)a *f*.

piz·zi·ca·to [,pitsi'ka:təu] *n* (*pl* **-s**) MUS pizzicato *m*.

pla·card ['plæka:d] **I**. *n* cartel *m*; letrero *m*. **II**. *v* colocar/pegar un cartel *m*.

plac·ate [plə'keit; US 'pleikeit] *v* aplacar, apaciguar. **pla·cat·ory** [plə'keitəri; US 'pleikətɔ:ri] *adj* apacible.

place [pleis] **I.** *n* **1.** sitio *m*, lugar *m*. **2.** (**of sth**) edificio *m*; casa *f*; local *m*. **3.** parte *f*; momento *m*; página *f* (*book*). **4.** empleo *m*, puesto *m*. **5.** puesto *m*; plaza *f*. **6.** DEP lugar *m*, posición *f*. **7.** asiento *m*, localidad *f*. **8.** cubierto *m* (*at table*). LOC **All over the ~**, por todas partes *f/pl*. **At my ~**, en mi casa *f*. **In high ~**, bien situado/a. **In ~ of**, en lugar *m* de, en vez *f* de. **In the first ~**, DEP en primer lugar *m*. **In your ~**, en tu lugar *m*. **Out of ~**, fuera de lugar *m*. **~-kick**, DEP tiro *m* libre (*rugby*). **~ mat**, estera *f* individual. **~-name**, topónimo *m*. **To give ~ to**, ceder el paso *m* (a). **To keep one in his ~**, mantener a alguien en su lugar *m*. **To know one's ~**, conocer su sitio *m*. **To put sb in his ~**, poner a alguien en su sitio *m*. **To put sb on his ~**, ponerse en el lugar *m* de alguien. **To take ~**, suceder, ocurrir. **II.** *v* **1.** poner, colocar, situar. **2.** recordar; reconocer. **3.** (**with sb/sth**) hacer un(a) encargo *m*/apuesta *f*. **4.** (**in/with**) emplear. **5.** COM invertir. **6.** DEP clasificarse. LOC **To be ~d**, estar clasificado/a. **pla·ce·ment** ['pleismənt] *n* colocación *f*.

pla·ce·bo [plə'si:bəu] *n* (*pl* **-s**) MED placebo *m*.

pla·cen·ta [plə'sentə] *n* (*pl* **-tae** [-ti:] *or* **-s**) ANAT placenta *f*. **pla·cent·al** [plə'sentəl] *adj* placentario/a.

pla·cid ['plæsid] *adj* plácido/a, apacible. **pla·cid·ity** [plə'sidəti] *n* placidez *f*.

pla·gi·ar·ism ['pleidʒərizəm] *n* plagio *m*. **pla·gi·ar·ist** ['pleidʒərist] *n* plagiario/a. **pla·gi·ar·ize, -ise** ['pleidʒəraiz] *v* (**from**) plagiar.

plague [pleig] **I.** *n* **1.** peste *f*; plaga *f*. **2.** INFML molestia *f*. **II.** *v* **1.** (**with**) molestar; atormentar. **2.** plagar; infestar. **pla·gu(e)y** ['pleigi] *adj* FAM molesto/a, fastidioso/a.

plaice [pleis] *n* (*pl unchanged*) ZOOL platija *f*.

plaid [plæd] *n* gabán *m*/tela *f* escocesa.

plain [plein] **I.** *adj* (*comp* **-er**, *sup* **-est**) **1.** claro/a; evidente. **2.** franco/a; sincero/a. **3.** sencillo/a; simple; sin lujo *m*. LOC **In ~ language**, en lenguaje *m* corriente. **~-chant/~-song**, MUS, REL canto *m* gregoriano. **~ clothes**, policía *m/f* de paisano/a; de paisano/a. **~s·man**, llanero/a. **To make oneself ~**, dejar (alguien) claras sus ideas *f/pl*. **II.** *adv* claramente; lisa y llanamente. **III.** *n* **1.** llano *m*, planicie *f*, llanura *f*. **2.** punto *m* de media *f*. **plain·ness** ['pleinis] *n* **1.** claridad *f*. **2.** simpleza *f*. **3.** franqueza *f*. **4.** fealdad *f*.

plaint [pleint] *n* JUR querella *f*, acusación *f*. **plain·tiff** ['pleintif] (*also* **complainant**) *n* JUR demandante *m/f*.

plaint·ive ['pleintiv] *adj* lastimero/a.

plait [plæt] **I.** (US **braid**) *v* trenzar (*hair*); fruncir. **II.** *n* trenza *f*.

plan [plæn] **I.** *n* **1.** (**for sth/doing sth/to do sth**) plan *m*; proyecto *m* (*also* ARQ). **2.** esquema *m*. **II.** *v* (**-nn-**) **1.** hacer un plano *m* (de). **2.** planear; planificar; hacer planes *m/pl* (para); proponerse. **plan·ner** ['plænə(r)] *n* planificador/ra. **plan·ning** ['plæniŋ] *n* planificación *f*. LOC **~ permission**, permiso *m* de obras *f/pl*.

plane [plein] **I.** *n* **1.** MAT plano *m*. **2.** FIG nivel *m*, plano *m*. **3.** cepillo *m* (*carpentry*). **4.** BOT (*also* **~-tree**) plátano *m*; platanero *m*. **5.** AER (*also* **aero·~**) avión *m*. LOC **~ geometry**, geometría *f* del plano *m*. **~-table**, plancheta *f*. **II.** *adj* plano/a. **III.** *v* **1.** AER planear. **2.** (**away/down**) cepillar. **plan·ish** ['plæniʃ] *v* aplanar, alisar.

plan·et ['plænit] *n* AST planeta *m*. **plan·e·ta·ri·um** [,plæni'teəriəm] *n* (*pl* **-s** *or* **-ia**) planetario *m*. **plan·et·ary** ['plænitri; US-teri] *adj* planetario/a.

plang·ency ['plændʒənsi] *n* resonancia *f*. **plang·ent** ['plændʒənt] *adj* resonante.

plank [plæŋk] **I.** *n* **1.** tabla *f*; tablón *m*. **2.** punto *m* (*politics*). **II.** *v* (**down**) INFML tirar violentamente; desembolsar. **plank·ing** ['plæŋkiŋ] *n* **1.** entarimado *m*. **2.** NAUT tablazón *m* de cubierta *f*.

plank·ton ['plæŋktən] *n* BIOL plancton *m*.

plant [pla:nt; US plænt] **I.** *n* **1.** BOT planta *f*. **2.** fábrica *f*, planta *f*; instalación *f*; maquinaria *f*. **3.** INFML trampa *f*; estratagema *f*. **I.** *v* **1.** plantar; sembrar; cultivar. **2.** colocar; establecer. **3.** inculcar. **4.** (**on sb**) INFML poner una prueba falsa con intención de incriminar al inocente. **plant·ation** [plæn'teiʃn] *n* plantación *f*; arboleda *f*. **plant·er** [pla:ntə(r)] *n* **1.** plantador/ra. **2.** colono *m*.

plan·tain ['plæntin] *n* **1.** BOT plátano *m*. **2.** BOT llantén *m*.

plaque [pla:k; US plæk] *n* placa *f* (*also teeth*).

plas·ma ['plæzmə] (*also* **plasm** ['plæzəm]) *n* ANAT plasma *m*.

plast·er ['pla:tə(r); US 'plæs-] **I.** *n* **1.** argamasa *f*. **2.** yeso *m*; escayola *f*. **3.** parche *m*; MED esparadrapo *m*. LOC **~ cast**, vaciado *m* en yeso *m*. **II.** *v* **1.** enlucir, enyesar; escayolar. **2.** MED aplicar un emplasto *m* (a). **3.** (**down**) aplastar. **plas·ter·ed** ['pla:stəd] *adj* INFML borracho/a. **plas·ter·er** ['pla:stərə(r)] *n* enlucidor *m*, yesero *m*.

plast·ic ['plæstik] **I.** *n* plástico *m*. **II.** *adj* plástico/a, de plástico *m*. LOC **~ surgery**, MED cirugía *f* plástica. **~ money**, INFML tarjeta *f* de crédito *m*. **plast·ic·ity** [plæs'tisəti] *n* plasticidad *f*. **plast·ics** ['plæstiks] *n* **1.** plástica *f*. **2.** tarjetas *f,pl* de crédito.

plas·ti·cine ['plæstisi:n] *n* ART plastilina *f*, arcilla *f* de/para modelar.

plate [pleit] **I.** *n* **1.** plato *m*. **2.** vajilla *f*. **3.** lámina *f*; plancha *f*; chapa *f*. **4.** ZOOL, ANAT lámina *f*. **5.** grabado *m*. LOC **Dental ~/Denture**, placa *f* de la dentadura *f* postiza. **Number ~/License ~**, matrícula *f*. **~ glass**, vidrio *m* cilindrado. **~-layer**, asentador *m* de vías *f/pl*. **~-let**, BIOL plaqueta *f*. **~-rack**, escurreplatos *m*. **To hand/give sb sth on a ~**, INFML ponerle algo a alguien en bandeja *f*. **II.** *v* **1.** (**with**) chapar; dorar; platear; niquelar. **2.** blindar. **plate·ful** ['pleitful] *n* plato *m* (*amount*).

pla·teau ['plætəu; US plæ'təu] *n* (*pl* **-s** *or* **-eaux** [-təuz]) meseta *f*.

plat·form ['plætfɔ:m] *n* **1**. plataforma *f*; tribuna *f*. **2**. andén *m*. **3**. programa *f* político.

plat·ing ['pleitiŋ] *n* **1**. chapado *m*. **2**. capa *f* metálica. **3**. blindaje *m*.

plat·i·num ['plætinəm] *n* QUIM platino *m*. LOC **~ blonde**, INFML (mujer *f*) rubia platino.

plat·i·tude ['plætitju:d; US-tu:d] *n* perogrullada *f*, lugar *m* común; tópico *m*. **plat·i·tu·din·ous** [,plæti'tju:dinəs; US -'tu:dənəs] *adj* tópico/a.

pla·ton·ic [plə'tɔnik] *adj* platónico/a.

pla·toon [plə'tu:n] *n* MIL pelotón *m*.

plat·ter ['plætə(r)] *n* **1**. plato *m*. **2**. US INFML disco *m*.

plau·dit ['plɔ:dit] *n* aplauso *m*.

plau·si·bil·ity [,plɔ:zə'biləti] *n* plausibilidad *f*. **plaus·ible** ['plɔ:zəbl] *adj* **1**. plausible. **2**. convincente aunque poco de fiar.

play [plei] **I**. *n* **1**. juego *m*; diversión *f*. **2**. DEP juego *m*; jugada *f*. **3**. TEAT obra *f* de teatro. **4**. holgura *f*, juego *m*. LOC **At ~**, en juego *m*. **Fair ~**, juego *m* limpio. **In ~**, de/en broma *f*. **Out of ~**, fuera de juego *m*. **~ on words**, juego *m* de palabras *f/pl*. **To be one's ~**, tocarle a uno/a. **To bring sth into ~**, poner en juego *m*. **To come into ~**, entrar en juego *m*. **To give sb/sth full ~**, dar rienda *f* suelta a alguien/algo. **II**. *v* **1**. **(at)** jugar (a). **2**. **(with)** jugar (con). **3**. **(on sb)** bromear; gastar bromas (*joke*). **4**. DEP participar. **5**. DEP mandar (*ball*); colocar. **6**. mover (*chess*). **7**. MUS tocar; interpretar. **8**. TEAT hacer el papel *m* (de); actuar. **9**. dirigir; enfocar. **10**. funcionar. **11**. **(about/around)** juguetear. **12**. **(along with sb/sth)** INFML seguir la corriente *f* (a). **13**. **(at)** jugar (a). **14**. **(back)** (volver a) poner. **15**. **(down)** quitar importancia *f*. **16**. **(off)** jugar el desempate. **17**. **(on)** DEP seguir jugando. **17**. **(out)** acabar; agotar. **18**. **(up)** INFML fastidiar; **(sth up)** darle importancia *f* a algo; **(up to sb)** INFML hacer la pelota *f* a alguien. **19**. **(with oneself)** masturbarse. LOC **To ~ by ear**, MUS tocar de oído *m*. **To ~ for time**, hacer tiempo *m*. **play·er** ['pleiə(r)] *n* **1**. jugador/ra. **2**. actor *m*/actriz *f*; intérprete *m/f*. **3**. tocadiscos *m*. LOC **~-piano**, MUS pianola *f*. **play·ful** ['pleiful] *adj* **1**. juguetón/na. **2**. alegre; guasón/na. **play·ing** ['pleiiŋ] *adj* LOC **~ card**, carta *f*, naipe *m*. **~-field**, DEP campo *m* de juego *m*; campo *m* de deportes *m/pl*. **play...**, **~-act**, *v* fingir. **~-acting**, *n* TEAT teatro *m*. **~-back**, *n* reproducción *f*; sonido *m* pregrabado. **~-bill**, *n* cartel *m* anunciador. **~-boy**, *n* don Juan *m*. **~-by-~**, *adj* US DEP detallado/a (*commentary*). **~-fellow/~-mate**, compañero *m* de juego *m*. **~-goer**, *n* aficionado/a al teatro *m*. **~-ground**, *n* patio *m* de recreo *m*; parque *m* infantil. **~-house**, *n* teatro *m*; (*also* **Wendy house**) casa *f* de muñecas *f/pl*. **~-off**, *n* DEP partido *m* de desempate *m*. **~-pen**, *n* parque *m* (*for small children*). **~-room**, *n* cuarto *m* de jugar. **~-thing**, *n* juguete *m*. **~-time**, *n* recreo *m*. **~-wright**, *n* TEAT dramaturgo/a.

plea [pli:] *n* **1**. **(for sth)** súplica *f*; excusa *f*; disculpa *f*. **2**. JUR alegato *m*. LOC **To make a ~ of mercy**, pedir clemencia *f*.

plead [pli:d] *v* (*pret/pp* **~ed**; US **pled** [pled]) **1**. **(with sb/for sth)** suplicar; rogar. **2**. JUR alegar; defender. LOC **To ~ guilty**, JUR declararse culpable. **plead·er** ['pli:də(r)] *n* JUR abogado/a. **plead·ings** ['pli:diŋz] *n* JUR alegatos *m/pl*; súplicas *f/pl*.

pleas·ant ['pleznt] *adj* (*comp* **-er**, *sup* **-est**) **(to)** agradable; simpático/a. **pleas·ant·ly** ['plezntli] *adv* agradablemente. **pleas·ant·ness** ['plezntnis] *n* agrado *m*; simpatía *f*. **pleas·ant·ry** ['plezntri] *n* broma *f*; chiste *m*.

please ['pli:z] **I**. *v* **1**. agradar, gustar, dar gusto *m*. **2**. contentar; satisfacer. **3**. caer bien. LOC **If you ~**, por favor. **~ God**, si Dios quiere. **~ yourself!**, ¡haz lo que quieras!. **II**. *int* por favor. **pleas·ed** ['pli:zd] *adj* contento/a; satisfecho/a. LOC **To be ~ to**, tener el agrado *m* (de). **To be ~ with**, estar satisfecho/a (con). **pleas·ing** ['pli:ziŋ] *adj* **(to sb/sth)** agradable. **pleas·ur·able** ['pleʒərəbl] *adj* agradable; grato/a. **pleas·ure** ['pleʒə(r)] *n* **1**. gusto *m*; placer *m*. **2**. voluntad *f*. LOC **~-boat**, NAUT barco *m* de recreo *m*. **~-ground**, parque *m* de atracciones *f/pl*. **~-trip**, viaje *m* de recreo *m*. **To be a ~**, ser un placer *m*. **To take ~ in**, disfrutar. **With ~**, con mucho gusto *m*.

pleat [pli:t] **I**. *n* pliegue *m*. **II**. *v* plisar.

pleb [pleb] *n* INFML **1**. plebeyo/a. **2**. **~s** *pl* plebe *f*. **ple·be·i·an** [pli'bi:ən] *n/adj* plebeyo/a.

ple·bis·cite ['plebisit; US-sait] *n* plebiscito *m*.

plec·trum ['plektrəm] *n* (*pl* **-tra** [-trə]) MUS púa *f*.

pled US *pret/pp of* **plead**.

pledge [pledʒ] **I**. *n* **1**. promesa *f* solemne. **2**. prenda *f*; garantía *f*. **3**. brindis *m*. LOC **In/Out of ~**, en prenda *f*. **To sign/take the ~**, hacer la promesa *f* solemne de no beber más alcohol *m*. **II**. *v* **1**. **(to sb/sth)** prometer solemnemente. **2**. dar/dejar en prenda *f*. **3**. brindar.

Ple·is·to·cene ['plaistəsi:n] *n/adj* GEOL Pleistoceno/a *m*.

plen·ary ['pli:nəri] *adj* plenario/a; completo/a.

plen·i·po·ten·ti·ary [,plenipə'tenʃəri] *n/adj* plenipotenciario/a.

plen·i·tude ['plenitju:d] *n* plenitud *f*.

plen·te·ous ['plentiəs] *adj* abundante; copioso/a.

plen·ti·ful ['plentifl] *adj* abundante; copioso/a. **plen·ty** ['plenti] **I**. *adj* abundante; suficiente. **II**. *adv* mucho; más que. **III**. *n* abundancia *f*; cantidad *f* suficiente. LOC **In ~**, en abundancia *f*.

ple·o·nasm ['pliənæzəm] *n* pleonasmo *m*. **ple·o·nast·ic** [,pliə'næstik] *adj* pleonástico/a.

ple·tho·ra ['pleθərə] *n* plétora *f*. **ple·thor·ic** [ple'θɔrik] *adj* pletórico/a.

pleu·ri·sy ['pluərəsi] *n* MED pleuresía *f*.

ple·xi·glas(s) ['pleksiglæs] *n* plexiglás *m*.

ple·xus ['pleksəs] *n* (*pl* *unchanged* *or* **-es**) ANAT plexo *m*.

pli·a·bil·ity [,plaiə'biləti] *n* flexibilidad *f*. **pli·able** ['plaiəbl] *adj* **1**. flexible; plegable. **2**. dócil (*person*). **pli·ancy** ['plaiənsi] *n* flexibilidad *f*. **pli·ant** ['plaiənt] *adj* **1**. flexible; plegable. **2**. dócil (*person*).

pli·ers ['plaiəz] *n/pl* alicates *m/pl*; tenazas *f/pl*.

plight [plait] *n* apuro *m*; situación *f* difícil.

plim·solls ['plimsəls] (*also* **pump**; US **sneak·er**) *n* playeras *f/pl*.

plinth [plinθ] *n* ARQ plinto *m*.

Pli·o·cene ['plaiəusi:n] *n/adj* GEOL Plioceno/a *m*.

plod [plɔd] *v* (**-dd-**) **1**. (**along/on**) andar con dificultad *f*/paso *m* pesado. **2**. (**away**) trabajar laboriosamente. **plod·der** ['plɔdə(r)] *n* persona *f* que trabaja con determinación *f* pero sin aptitudes *f/pl*. **plod·ding** ['plɔdiŋ] *adj* laborioso/a.

plonk [plɔŋk] (*also* **plunk** [plʌŋk] **I**. *n* **1**. plum *m* (*sound*). **2**. INFML vino *m* peleón. **II**. *v* caer(se) haciendo ¡plum!.

plop [plɔp] **I**. *n* p(l)af *m*. **II**. *v* (**-pp-**) caer(se) haciendo 'p(l)af'!.

plos·ive ['pləusiv] *n/adj* oclusivo/a (*phonetics*).

plot [plɔt] **I**. *n* **1**. AGR parcela *f*; terreno *m*; solar *m*. **2**. argumento *m*, trama *f*. **3**. complot *m*, conspiración *f*. **II**. *v* (**-tt-**) **1**. hacer el plano *m* (de). **2**. (**out**) parcelar. **3**. tramar; maquinar; conspirar. **plot·ter** ['plɔtə(r)] *n* **1**. conspirador/ra. **2**. COM P impresora *f* de gráficos.

plough (US **plow**) [plau] **I**. *n* AGR arado *m*. **The ~**, ASTR La Osa Mayor. LOC **~·man** (US **plow-**), AGR labrador *m*. **~·share** (US **plow-**), AGR reja *f* de arado *m*. **II**. *v* **1**. AGR (**up**) arar. **2**. SL suspender (*exam*). **3**. (**back**) reinvertir. **4**. (**in**) enterrar arando. **5**. (**into**) chocar violentamente (con(tra)). **6**. (**through**) abrirse camino *m* (por). **plough·ing** ['plauiŋ] *n* AGR arada *f*.

plov·er ['plʌvə(r)] *n* ZOOL chorlito *m*.

ploy [plɔi] *n* táctica *f*; estratagema *f*; artimaña *f*.

pluck [plʌk] **I**. *v* **1**. (**off/out**) arrancar. **2**. desplumar (*bird*). **3**. (**at**) coger. **4**. MUS puntear (*guitar*); pulsar. LOC **To ~ up courage** (**to do sth**), armarse de valor *m* (para). **II**. *n* **1**. INFML valor *m*. **2**. tirón *m*. **3**. asadura *f* (*of animals*). **pluc·ky** ['plʌki] *adj* (*comp* **-ier**, *sup* **-iest**) valiente.

plug [plʌg] **I**. *n* **1**. tapón *m*. **2**. ELECTR enchufe *m*. **3**. bujía *f*. **4**. INFML publicidad *f*. **5**. andullo *m* (*tobacco*). **6**. boca *f* de incendio *m*. LOC **~·hole** (US **drain**), desagüe *m*. **~·in**, *adj* con enchufe *m*. **II**. *v* (**-gg-**) **1**. (**up**) taponar; tapar. **2**. INFML insistir (en), hacer hincapié. **3**. US INFML disparar; golpear. **4**. (**away at sth**) perseverar (en), trabajar con tesón. **5**. (**sth in**) ELECTR enchufar, conectar.

plum [plʌm] *n* **1**. BOT ciruela *f*; ciruelo *m* (*also* **~-tree**). **2**. INFML chollo *m*. LOC **~ pud·ding**, pudín *m* de frutas.

plum·age ['plu:midʒ] *n* ZOOL plumaje *m*.

plumb [plʌm] **I**. *n* plomo *m*; plomada *f*. LOC **Out of ~**, desnivelado/a. **~-line**, plomada *f*. **II**. *adv* **1**. a plomo *m*; verticalmente. **2**. US INFML absolutamente. **III**. *v* aplomar; sondear. **plumb·er** ['plʌmə(r)] *n* fontanero/a. **plumb·ing** ['plʌmiŋ] *n* **1**. instalación *f* de cañerías *f/pl*. **2**. fontanería *f*.

plume [plu:m] **I**. *n* **1**. pluma *f*. **2**. penacho *m*. **II**. *v* **1**. emplumar. **2**. (**oneself on sth**) felicitar a alguien (por).

plum·met ['plʌmit] **I**. *n* **1**. plomada *f*. **2**. plomo *m* (*fishing*). **II**. *v* caer en picado/a plomo *m*.

plum·my ['plʌmi] *adj* (*comp* **-ier**, *sup* **-iest**) **1**. INFML buen(o)/a. **2**. afectado/a (*voice*), hablando como si se tuviera algo en la boca.

plump [plʌmp] **I**. *adj* **1**. rellenito/a; rechoncho/a. **2**. gordo/a. **II**. *v* **1**. (**out/up**) hincharse; engordar. **2**. (**oneself/sb/sth down**) dejar(se) caer bruscamente. **3**. (**for sb/sth**) votar, ofertar (por). **III**. *n* ruido *m* sordo. **IV**. *adv* con un ruido *m* sordo. **plump·ness** ['plʌmpnis] *n* gordura *f*.

plund·er ['plʌndə(r)] **I**. *v* **1**. (**from**) saquear, pillar. **2**. (**of**) robar. **II**. *n* **1**. saqueo *m*, pillaje *m*. **2**. robo *m*, botín *m*. **plund·er·er** ['plʌndərə(r)] *n* saqueador/ra.

plunge [plʌndʒ] **I**. *v* **1**. (**in/into**) meter, hundir; caer; sumergir(se); zambullir(se). **2**. NAUT cabecear. **II**. *n* **1**. zambullida *f*; inmersión *f*. **2**. salto *m*. LOC **To take the ~**, dar un paso *m* decisivo. **plung·er** ['plʌndʒə(r)] *n* **1**. TEC émbolo *m*. **2**. desatascador *m*.

plunk V. **plonk**.

plu·per·fect [,plu:'pɜ:fikt] *n/adj* (*also* **past perfect**) GRAM pluscuamperfecto *m*.

plur·al ['pluərəl] *n/adj* plural *m* (*also* GRAM). **plur·al·ism** ['pluərəlizəm] *n* pluralismo *m*. **plur·al·ist** ['pluərəlist] *n/adj* pluralista *m/f*. **plur·al·ist·ic** ['pluərəlistik] *adj* pluralista. **plur·al·ity** [pluə'ræləti] *n* **1**. GRAM pluralidad *f*. **2**. mayoría *f*.

plus [plʌs] **I**. *prep* **1**. más. **2**. así como. **II**. *adj* **1**. adicional; de ingresos *m/pl*. **2**. positivo/a. LOC **~-fours**, pantalones *m/pl* bombachos. **III**. *n* **1**. signo *m* más. **2**. INFML cantidad *f* positiva.

plush [plʌʃ] **I**. *n* felpa *f*. **II**. *adj* (*also* **~y**) **1**. INFML lujoso/a. **2**. afelpado/a.

Plu·to ['plu:təu] *n* AST Plutón *m*.

plu·toc·racy [plu:'tɔkrəsi] *n* plutocracia *f*. **plu·to·crat** ['plu:təkræt] *n* plutócrata *m/f*. **plu·to·crat·ic** [,plu:tə'krætik] *adj* plutocrático/a.

plu·to·ni·um [plu:'təuniəm] *n* QUIM plutonio *m*.

plu·vi·o·me·ter [plu:vi'ɔmitə(r)] *n* pluviómetro *m*.

ply [plai] **I**. *n* **1**. capa *f*. **2**. cabo *m*. LOC **~·wood**, contrachapado *m*. **II**. *v* (*pret/pp* **plied** [plaid]) **1**. manejar. **2**. ir y venir (por). **3**. (**sb with sth**) ofrecer constantemente (*food, drink*); acosar (*question*).

p·m· [,pi:'em] *abrev* (**post meridiam**) de la tarde.

pneu·mat·ic [nju:'mætik; US nu:-] *adj* neumático/a. LOC **~-tyre**, neumático *m*.

pneu·mo·nia [nju:'məuniə; US nu:-] *n* MED neumonía *f*, pulmonía *f*.

poach [pəutʃ] *v* **1**. hervir (*food*); escalfar (*egg*). **2**. cazar/pescar furtivamente. **3**. robar. **4**. meterse en lo que no debe. **poach·er** ['pəutʃə(r)] *n* cazador *m*/pescador *m* furtivo. **poach·ing** ['pəutʃiŋ] *n* caza *f*/pesca *f* furtiva.

pock [pɔk] *n* MED picadura *f*. LOC **~-mark**, picadura *f* de viruela *f*. **~-marked**, picado/a de viruela *f*.

pock·et ['pɔkit] **I**. *n* **1**. bolsillo *m*; bolsa *f*. **2**. dinero *m* disponible. **3**. grupo *m* pequeño. **4**. hueco *m*. **5**. AER bache *m*. **6**. DEP tronera *f* (*billiard-table*). **~-book**, cartera *f*; monedero *m*. **~-knife**, navaja *f*. **~-money**, dinero *m* para gastos *m/pl* personales. **~-size**, de bolsillo *m*. LOC **To be in ~**, salir ganando. **To be out of ~**, salir perdiendo. **To have sb in one's ~**, tener a alguien en el bolsillo *m*. **To put one's hand in one's ~**, echar mano *f* al bolsillo *m*. **To put one's pride in one's ~**, tragarse (uno) el orgullo *m*. **II**. *v* **1**. meterse en el bolsillo *m*. **2**. embolsarse. **3**. robar. **4**. meter en la tronera *f* (*billiard*).

pod [pɔd] *n* BOT vaina *f*.

pod·gy ['pɔdʒi] *adj* (*comp* **-ier**, *sup* **-iest**) INFML regordete/a.

po·di·a·try [pə'daiətri] *n* (US **chiropody**) podiatría *f*.

po·di·um ['pəudiəm] *n* podio *m*; estrado *m*.

po·em ['pəuim] *n* poema *m*; poesía *f*.

po·et ['pəuit] *n* poeta *m*. **po·et·ess** ['pəites] *n* poetisa *f*. **po·et·ic** [pəu'etik] *adj* poético/a. LOC **~ justice**, justicia *f* divina. **~ licence**, licencia *f* poética. **po·et·ic·al** [pəu'etikl] *adj* poético/a. **po·et·ics** [pəu'etiks] *n* poética *f*. **po·e·try** ['pəuitri] *n* poesía *f*.

pog·rom ['pɔgrəm; US pə'grɔm] *n* pogromo *m*.

po·ign·ancy ['pɔinjənsi] *n* patetismo *m*; intensidad *f*; mordacidad *f*. **po·ign·ant** ['pɔinjənt] *adj* patético/a; intenso/a; mordaz.

po·int [pɔint] **I**. *n* **1**. punto *m* (*also in writing*); objeto *m* puntiagudo. **2**. GEOG cabo *m*, punta *f*. **3**. punto *m* (*geometry*); MAT coma *f*: *2.5*, Dos coma cinco. **4**. momento *m*. **5**. grado *m* (*thermometer*). **6**. cuarta *f* (*compass*). **7**. punto *m*, cuestión *f*. **8**. aspecto *m*. **9**. sentido *m*, significado *m*; chiste *m*, gracia *f*. **10**. finalidad *f*; propósito *m*. **11**. ELECTR enchufe *m*. **12**. **~s** *pl* puntillas *f/pl* (*ballet*). **13**. **~s** *pl* agujas *f/pl* (*railway*). **14**. DEP posición *f* de un jugador (*cricket*). LOC **At the ~ of a sword/gun**, a punta *f* de espada *f*/pistola *f*. **Beside the ~**, sin importancia *f*. **Cardinal ~s**, puntos *m/pl* cardinales. **In ~**, que viene al caso *m*. **In ~ of**, en cuanto a. **In ~ of fact**, en realidad *f*. **Off the ~**, fuera de propósito. **On that ~**, en ese momento *m*. **On the ~ of**, a punto *m* de. **~-blank**, a quemarropa; sin rodeos *m/pl*. **~ of honour**, punto *m* de honor *m*. **~-to-~**, DEP carrera *f* de caballos *m/pl* a campo través. **To a certain ~**, hasta cierto punto *m*. **To be beside/off the ~**, no venir al caso *m*. **To be to the ~**, venir al caso *m*. **To carry one's ~**, conseguir lo que se quiere. **To come to the ~**, ir al grano *m*. **To get the ~**, comprender. **To keep/stick to the ~**, no salirse del tema *m*. **To make a ~ of**, creerse en la obligación *f* (de). **To stretch a ~**, hacer una excepción *f*. **To the ~**, pertinente. **Up to a ~**, hasta cierto punto *m*. **II**. *v* **1**. **(at/to)** señalar; advertir; indicar. **2**. sacar punta, afilar. **3**. **(out)** hacer notar/observar; señalar. **4**. **(up)** poner de relieve *m*. LOC **To ~ the finger (at sb)**, INFML acusar a alguien abiertamente. **point·ed** ['pɔintid] *adj* **1**. puntiagudo/a. **2**. FIG intencionado/a; mordaz. **point·er** ['pɔintə(r)] *n* **1**. indicador *m*. **2**. puntero *m*. **3**. **(on)** INFML consejo *m*. **4**. ZOOL perro *m* de muestra *f*. **point·less** ['pɔintlis] *adj* sin sentido *m*; inútil.

poin·til·lism ['pɔintilizəm, 'pwænti:izəm] *n* ART puntillismo *m*.

poise [pɔis] **I**. *v* estar/poner en equilibrio *m*; estar suspendido/a. **II**. *n* **1**. equilibrio *m*. **2**. serenidad *f*; aplomo *m*.

poi·son ['pɔizn] **I**. *n* **1**. veneno *m*. **2**. INFML bazofia *f*. **II**. *adj* venenoso/a, tóxico/a. LOC **~-pen letter**, carta *f* calumniosa. **III**. *v* **(with)** envenenar. **poi·son·er** ['pɔizənə(r)] *n* envenenador/ra. **poi·son·ing** ['pɔizəniŋ] *n* envenenamiento *m*. **poi·son·ous** ['pɔizənəs] *adj* **1**. venenoso/a; tóxico/a. **2**. FIG odioso/a; pésimo/a, malísimo/a.

poke [pəuk] **I**. *v* **1**. **(with)** empujar. **2**. **(in)** introducir. **3**. atizar, hurgar (*fire*). **4**. **(about/around)** INFML curiosear, fisgonear. LOC **To ~ fun at sb/sth**, burlarse (de). **To ~ one's nose into**, meter las narices *f/pl* (en). **II**. *n* **1**. empujón *m*, empuje *m*; golpe *m*; codazo *m*. **2**. hurgonada *f*. LOC **To buy a pig in a ~**, comprar a ciegas. **pok·er** ['pəukə(r)] *n* **1**. atizador *m*, hurgón *m*. **2**. póker *m*. LOC **~-face**, INFML cara *f* inmutable.

pok·y ['pəuki] *adj* (*comp* **-ier**, *sup* **-iest**) INFML muy pequeño/a, diminuto/a.

po·lar ['pəulə(r)] *adj* **1**. polar. **2**. opuesto/a. LOC **~ bear**, ZOOL oso *m* blanco. **po·lar·ity** [pə'lærəti] *n* polaridad *f*. **po·la·riz·ation, -is·ation** [,pəulərai'zeiʃn; US-ri'z-] *n* polarización *f*. **po·lar·ize, -ise** ['pəuləraiz] *v* polarizar.

Pole [pəul] *n* polaco/a.

pole [pəul] **I**. *n* **1**. GEOG, ELECTR polo *m*. **2**. palo *m*, vara *f*; lanza *f*. **3**. pértiga *f*. **4**. poste *m*, mástil *m*; asta *f*. LOC **Up the ~**, INFML metido/a en líos *m/pl*; equivocado/a; loco/a. **~-axe**, desnucar. **~-cat**, ZOOL mofeta *f*. **~-star**, AST Estrella *f* Polar. **~-vault**, DEP salto *m* con pértiga *f*. **II**. *v* empujar con una pértiga *f*.

po·lem·ic [pə'lemik] *n* **1**. **(against/in favour of sb/sth)** (*also* **~s** *pl*) polémica *f*. **2**. polemista *m/f*. **po·lem·ic·al** [pə'lemikl] (*also* **polemic**) *adj* polémico/a. **po·lem·ic·ist** [pə'lemisist] *n* polemista *m/f*.

po·lice [pə'li:s] **I**. *n* policía *f*. LOC **(~) constable** (*abrev* **PC**), policía *m/f*, guardia *m/f*. **~ dog**, perro *m* policía. **~ force**, cuerpo *m* de policía. ~·**man** (*pl* ~·**men**), policía *m*, guardia *m*. (~-)**officer**, policía *m/f*. ~ **state**, estado *m* policíaco. ~ **station**, comisaría *f*. ~·**woman** (*pl* ~·**women**) (*abrev* **WPC**), policía *f*. **II**. *v* vigilar; patrullar; tener un servicio *m* de policía (en).

pol·icy ['pɔləsi] *n* **1**. (**on sth**) política *f*; táctica *f*. **2**. norma *f*; principio *m*; sistema *m*. **3**. póliza *f* (de seguros).

po·lio ['pəuliəu] (*also* **po·li·o·my·e·li·tis** [,pəuliəu,maiə'laitis]) *n* MED polio *f*, poliomielitis *f*.

Pol·ish ['pəuliʃ] *n/adj* polaco/a.

pol·ish ['pɔliʃ] **I**. *v* **1**. pulir, pulimentar; abrillantar, sacar brillo *m*; encerar. **2**. FIG pulir, refinar. **3**. (**off**) INFML despachar; terminar. **II**. *n* **1**. brillo *m*; lustre *m*; pulimento *m*; betún *m*. **2**. FIG finura *f*, elegancia *f*. **pol·ish·ed** ['pɔliʃt] *adj* **1**. pulido/a. **2**. refinado/a, fino/a. **pol·ish·er** ['pɔliʃə(r)] *n* pulidor/ra; pulidora *f* (*machine*). **pol·ish·ing** ['pɔliʃiŋ] *adj* pulidor/ra. LOC ~ **machine**, pulidora *f*. ~ **wax**, cera *f*.

po·lit·bu·ro ['pɔlitbjuərəu] *n* (*pl* **-s**) politburó *m*.

po·lite [pə'lait] *adj* **1**. cortés; atento/a. **2**. educado/a; fino/a. **pol·ite·ness** [pə'laitnis] *n* cortesía *f*; educación *f*.

pol·it·ic ['pɔlətik] *adj* prudente; diplomático/a. **po·lit·ic·al** [pə'litikl] *adj* político/a. LOC ~ **asylum**, asilo *m* político. ~ **geography**, geografía *f* política. ~ **prisioner**, preso/a político. ~ **science** (*also* **politics**), ciencias *f/pl* políticas. **po·li·tic·ian** [,pɔli'tiʃn] *n* **1**. político *m/f*. **2**. politiquero/a. **po·li·tic·ize, -ise** [pə'litisaiz] *v* politizar. **pol·i·tick·ing** ['pɔlətikiŋ] *n* politiqueo *m*. **po·lit·ics** ['pɔlətiks] *n* política *f*. **pol·ity** ['pɔləti] *n* gobierno *m*; estado *m*.

pol·ka ['pɔlkə; US 'pəulkə] *n* MUS polca *f*. LOC ~ **dots**, tela *f* de lunares *m/pl*.

poll [pəul] **I**. *n* **1**. elección *f*, votación *f*; escrutinio *m*, votos *m/pl*. **2**. encuesta *f*, sondeo *m*. LOC ~-**tax**, impuesto *m* de capitación *f*. ~·**ing station**, colegio *m* electoral. **II**. *v* **1**. votar. **2**. sondear. **3**. descornar. **4**. desmochar (*tree*). **pol·ling** ['pəuliŋ] *n* votación *f*; encuesta *f*. LOC ~-**booth/station**, cabina *f* electoral. ~-**day**, jornada *f* electoral. **poll·ster** ['pəulstə(r)] *n* INFML encuestador/ra.

pol·lard ['pɔləd] (*also* **poll**) **I**. *v* desmochar (*tree*). **II**. *n* árbol *m* desmochado.

pol·len ['pɔlən] *n* BOT polen *m*.

pol·lin·ate ['pɔləneit] *v* BOT polinizar. **pol·lin·ation** [,pɔlə'neiʃn] *n* BOT polinización *f*.

pol·lut·ant [pə'lu:tənt] *n* contaminante *m*. **pol·lute** [pə'lu:t] *v* **1**. (**with**) contaminar. **2**. FIG corromper; profanar. **pol·lu·tion** [pə'lu:ʃn] *n* contaminación *f*, polución *f*.

po·lo ['pəuləu] *n* DEP polo *m*. LOC ~ **neck**, cuello *m* vuelto.

po·lo·naise [,pɔlə'neiz] *n* MUS polonesa *f*.

pol·troon [pɔl'tru:n] *n/adj* cobarde *m/f*.

po·ly ['pɔli] *n* (*pl* ~**s**) INFML universidad *f*, escuela *f* politécnica.

po·ly·an·dry ['pɔliændri] *n* poliandría *f*.

po·ly·es·ter [,pɔli'estə(r); US 'pɔli:estər] *n* QUIM poliéster *m*.

po·ly·gam·ist [pə'ligəmist] *n* polígamo *m*. **po·ly·gam·ous** [pə'ligəməs] *adj* polígamo/a. **po·ly·ga·my** [pə'ligəmi] *n* poligamia *f*.

po·ly·glot ['pɔliglɔt] *n/adj* políglota *m/f*.

po·ly·gon ['pɔligən; US -gɔn] *n* polígono *m*. **po·ly·gon·al** [pə'ligənl] *adj* poligonal.

po·lym·er ['pɔlimə(r)] *n* QUIM polímero *m*.

po·lyp ['pɔlip] *n* MED, ZOOL pólipo *m*.

po·ly·phon·ic [,pɔli'fɔnik] *adj* polifónico/a. **po·ly·pho·ny** [pə'lifəni] *n* polifonía *f*.

po·ly·syl·lab·ic [,pɔlisi'læbik] *adj* polisílabo/a. **po·ly·syl·lable** ['pɔlisiləbl] *n* polisílabo *m*.

po·ly·tech·nic [,pɔli'teknik] (INFML **poly**) *n* universidad *f*, escuela *f* politécnica.

po·ly·the·ism ['pɔliθi:izəm] *n* REL politeísmo *m*. **po·ly·the·ist·ic** [,pɔliθi:istik] *adj* politeísta.

po·ly·thene ['pɔliθi:n] *n* QUIM politeno *m*.

pom [pɔm] (*also* ~·**my**) *n* (*in Australia*) PEY, INFML inglés/sa.

po·made [pə'meid] *n* pomada *f*.

po·mand·er [pə'mændə(r)] *n* almohadilla *f* perfumada.

pome·gran·ate ['pɔmigrænit] *n* BOT granado *m* (*tree*); granada *f* (*fruit*).

pom·mel ['pɔml] **I**. *n* **1**. perilla *f* (*saddle*). **2**. pomo *m*. **II**. *v* (**-ll-**) aporrear.

pomp [pɔmp] *n* pompa *f*. **pom·pos·ity** [pɔm'pɔsəti] *n* pomposidad *f*; ostentación *f*. **pomp·ous** ['pɔmpəs] *adj* pomposo/a; ostentoso/a.

pom·pom ['pɔmpɔm] *n* borla *f* (*hat*). LOC **To ~ around/about**, PEY lucirse.

pond [pɔnd] *n* charco *m*; estanque *m*; vivero *m*.

pond·er ['pɔndə(r)] *v* (**on/over**) considerar; examinar. **pond·er·ous** ['pɔndərəs] *adj* pesado/a; laborioso/a.

pone [pəun] *n* pan *m* de maíz.

po·ni·ard ['pɔnjəd] **I**. *n* puñal *m*. **II**. *v* apuñalar.

pon·tiff ['pɔntif] *n* REL pontífice *m*. **pon·tif·ic·al** [pɔn'tifikl] *adj* pontifical, pontificio/a. **pon·ti·fic·ate** [pɔn'tifikeit] **I**. *n* pontificado *m*. **II**. pontificar.

pon·toon [pɔn'tu:n] *n* **1**. pontón *m*. **2**. (*also* **twenty-one**; US **blackjack**) veintiuna *f*.

po·ny ['pəuni] *n* **1**. ZOOL pony *m*, caballito *m*. **2**. SL veinticinco libras *f/pl*. LOC ~-**tail**, cola *f* de caballo *m* (*hair*). ~-**trekking**, excursión *m* en pony. **To ride on Shanks's ~/mare**, ir en el coche *m* de San Fernando.

pooch [putʃ] *n* ZOOL US FAM perro *m*.

poo·dle ['pu:dl] *n* ZOOL caniche *m*.

poof [puf] (*pl* **pooves** [pu:vz] *or* **-s**) *n* marica *m*.

pooh [pu:] *int* ¡bah!

pooh-pooh [,pu:'pu:] *v* INFML despreciar, menospreciar.

pool [pu:l] **I**. *n* **1**. piscina *f*; estanque *m*; charca *f*; pozo *m*. **2**. charco *m*. **3**. remanso *m*. **4**. COM fondos *m/pl* comunes; recursos *m/pl* comunes. **5**. consorcio *m*. **6**. US billar *m* americano. **7**. **~s** *pl* quiniela *f* (*football*). LOC **~·room**, sala *f* de billar. **II**. *v* poner en un fondo *m* común; reunir.

poop [pu:p] *n* NAUT popa *f*; (*also* ~ **deck**) toldilla *f*. **poop·ed** [pu:pt] *adj* (*also* ~ **out**) INFML exhausto/a, muy cansado/a.

poor [pɔ:(r); US puər] **I**. *adj* (*comp* **-er**, *sup* **-est**) **1**. pobre. **2**. (**in sth**) necesitado/a. **3**. pobre, inadecuado/a; deficiente; mediocre; malo/a. LOC **~-box**, cepillo *m* de los pobres. **~·house**, asilo *m* para los pobres. **~-spirited**, pusilánime. **II**. *n* LOC **The ~**, los pobres *m/pl*. **poor·ly** ['pɔ:li; US 'puərli] **I**. *adv* pobremente; mal. LOC **~ off**, INFML con poco dinero *m*. **II**. *adj* INFML malo/a (*ill*). **poor·ness** ['pɔ:nis; US 'puərnis] *n* mala calidad *f*; pobreza *f*.

pop [pɔp] **I**. *n* **1**. pequeña explosión *f*, detonación *f*. **2**. INFML bebida *f* refrescante. **3**. INFML papá *m*. **4**. MUS INFML música *f* pop. **5**. *abrev* **population**. LOC **In ~/hock**, SL empeñado/a. ~ **art**, arte *m* pop. **~·corn**, palomitas *f/pl*. **~-eyed**, de ojos *m/pl* saltones. **~·gun**, pistola *f* de aire *m* comprimido. **II**. *v* (**-pp-**) **1**. hacer reventar. **2**. explotar; estallar. **3**. US secar (*corn*). **4**. (**across/down**) acercarse, pasar. **5**. (**away/off**) INFML disparar (*gun*). **6**. (**in**) hacer una visita *f* breve; entrar un momento *m*. **7**. (**off**) INFML morir(se). **8**. (**out**) (hacer) saltar (*cork*); salir. **9**. (**up**) saltar (palomitas de maíz); aparecer de pronto; surgir (*question*). **pop·corn** ['pɔpkɔ:n] *n* palomitas *f/pl*.

pope [pəup] *n* REL Papa *m*. **pop·ery** ['pəupəri] *n* papismo *m*. **pop·ish** ['pəupiʃ] *adj* papista.

pop·lar ['pɔplə(r)] *n* BOT álamo *m*; chopo *m*.

pop·lin ['pɔplin] *n* popelín(a) *m/(f)*.

pop·pa ['pɔpə] *n* US INFML papá *m*.

pop·py [pɔpi] *n* BOT amapola *f*; adormidera *f*. LOC **~·cock**, INFML tonterías *f/pl*.

pop·sy ['pɔpsi] *n* FAM chica *f*.

pop·u·lace ['pɔpjuləs] *n* vulgo *m*, pueblo *m*.

pop·u·lar ['pɔpjulə(r)] *adj* **1**. popular. **2**. estimado/a. LOC ~ **front**, frente *m* popular. **pop·u·lar·ity** [,pɔpju'lærəti] *n* popularidad *f*. **pop·u·lar·iz·ation**, **-is·ation** [,pɔpjulərai'zeiʃn; US-ri'z-] *n* popularización *f*. **pop·u·lar·ize**, **-ise** ['pɔpjuləraiz] *v* vulgarizar, popularizar.

pop·ul·ate ['pɔpuleit] *v* poblar. **pop·ul·ation** [,pɔpju'leiʃn] *n* población *f*. LOC ~ **explosion**, explosión *f* demográfica. **pop·ul·ism** ['pɔpjulizəm] *n* populismo *m*. **pop·ul·ist** ['pɔpjulist] *n/adj* populista *m/f*. **pop·ul·ous** ['pɔpjuləs] *adj* muy poblado/a.

por·ce·lain ['pɔ:səlin] *n* porcelana *f*.

porch [pɔ:tʃ] *n* **1**. entrada *f*; pórtico *m*. **2**. US porche *m*.

por·cine ['pɔ:sain] *adj* porcino/a.

por·cu·pine ['pɔ:kjupain] *n* ZOOL puerco *m* espín.

pore [pɔ:(r)] **I**. *n* ANAT, BOT, BIOL poro *m*. **II**. *v* (**over sth**) estudiar detenidamente.

pork [pɔ:k] *n* (carne *f* de) cerdo. LOC **~-butcher**, chacinero/a. ~ **pie**, empanada *f* de carne de cerdo. **~-pie hat**, sombrero *m* de copa *f* baja. **pork·er** ['pɔ:kə(r)] *n* cebón *m*. **pork·y** ['pɔ:ki] *adj* FAM gordo/a.

porn [pɔ:n] *n* INFML pornografía *f*. **por·no** ['pɔ:nəu] *adj* INFML pornográfico/a. **por·no·graph·er** [pɔ:'nɔgrəfə(r)] *n* pornógrafo/a. **por·no·graph·ic** [,pɔ:nə'græfik] *adj* pornográfico/a. **por·no·gra·phy** [pɔ:'nɔgrəfi] *n* pornografía *f*.

po·ros·ity [pɔ:rɔsəti], **por·ous·ness** ['pɔ:rəsnis] *n* porosidad *f*. **por·ous** ['pɔ:rəs] *adj* poroso/a.

por·phy·ry ['pɔ:firi] *n* pórfido *m*.

por·po·ise ['pɔ:pəs] *n* ZOOL marsopa *f*.

por·ridge ['pɔridʒ; US 'pɔ:r-] *n* gachas *f/pl* de avena *f*. LOC **To do ~**, SL estar en prisión *f*.

port [pɔ:t] **I**. *n* **1**. NAUT puerto *m*. **2**. babor *m*. **3**. portilla *f* (**~·hole**). **4**. Oporto *m* (*wine*). **5**. TEC lumbrera *f*. LOC **~·hole**, portilla *f*. ~ **of call**, puerto *m* de escala *f*. **II**. *v* poner a babor *m*.

port·able ['pɔ:təbl] **I**. *adj* portátil. **II**. *n* objeto *m* portátil.

port·age ['pɔ:tidʒ] *n* porte *m*, transporte *m*.

port·al ['pɔ:tl] *n* portal *m*, pórtico *m*. LOC ~ **vein**, ANAT vena *f* porta.

port·cul·lis [,pɔ:t'kʌlis] *n* rastrillo *m*, puerta *f*, reja *f* levadiza (*at a castle*).

por·tend [pɔ:'tend] *v* presagiar; anunciar.

por·tent ['pɔ:tent] *n* (**of sth**) presagio *m*; augurio *m*. **por·tent·ous** [pɔ:'tentəs] *adj* **1**. siniestro/a. **2**. portentoso/a.

port·er ['pɔ:tə(r)] *n* **1**. portero/a; conserje *m/f*; mozo *m*. **2**. cerveza *f* negra. LOC ~ **·house steak**, bistec *m* de solomillo *m*. **~'s lodge**, portería *f*. **port·er·age** ['pɔ:təridʒ] *n* transporte *m*, porte *m*.

port·fo·lio [pɔ:t'fəuliəu] *n* (*pl* **-s**) **1**. cartera *f* (*also* COM). **2**. carpeta *f*.

por·ti·co ['pɔ:tikəu] *n* (*pl* **-(e)s**) ARQ pórtico *m*.

por·tion ['pɔ:ʃn] **I**. *n* **1**. parte *f*, porción *f*; trozo *m*. **2**. ración *f*. **3**. destino *m*, sino *m*. **II**. *v* (**out**) dividir; distribuir; repartir.

port·li·ness ['pɔ:tlinis] *n* corpulencia *f*. **port·ly** ['pɔ:tli] *adj* (*comp* **-ier**, *sup* **-iest**) corpulento/a.

port·mant·eau [pɔ:t'mæntəu] *n* (*pl* **-teaux** [-təuz] *or* **-s**) maleta *f*. LOC ~ **word** (*also* **blend**), palabra *f* híbrida (formada por otras dos).

por·trait ['pɔ:treit;-trit] *n* **1**. retrato *m*. **2**. descripción *f*. LOC ~ **painter**, retratista *m/f*. **por·trait·ist** ['pɔ:treitist] *n* retratista *m/f*. **por·trai·ture** ['pɔ:treitʃə(r); US -tʃuər] *n* retrato *m*.

por·tray [pɔ:'trei] *v* (**as sb/sth**) **1**. retratar. **2**. describir. **3**. representar. **por·tray·al** [pɔ:'treiəl] *n* **1**. retrato *m*. **2**. descripción *f*; representación *f*.

Por·tu·guese [pɔ:tju'gi:z] *n/adj* portugués/sa (*also language*).

pose [pəuz] **I.** *v* **1.** **(for sb)** (hacer) posar (*model*). **2.** presumir. **3.** plantear (*problem*); formular, hacer (*question*). **II.** *n* **1.** pose *f*; postura *f*. **2.** afectación *f*. **pos·er** ['pəusə(r)] *n* **1.** INFML pregunta *f*/problema *m* difícil. **2.** (*also* **poseur** [pəu'zɜ:(r)]) presumido/a.

posh [pɔʃ] *adj* (*comp* **-er**, *sup* **-est**) INFML **1.** distinguido/a, elegante; de lujo *m*. **2.** cursi.

pos·it ['pɔzit] *v* proponer; postular.

po·si·tion [pə'ziʃn] **I.** *n* **1.** posición *f*, situación *f*. **2.** sitio *m*. **3.** **(on sth)** punto *m* de vista; opinión *f*. **4.** posición *f*, rango *m*, categoría *f*. **5.** puesto *m*; cargo *m*. LOC **In a ~ to**, en condiciones *f/pl* (de). **II.** *v* **1.** colocar, situar.

pos·it·ive ['pɔzətiv] **I.** *adj* **1.** seguro/a; afirmativo/a; categórico/a. **2.** ELECTR, FIS, GRAM, MAT, QUIM positivo/a. LOC **~ pole**, ELECTR polo *m* positivo. **II.** *n* **1.** GRAM positivo *m*. **2.** lo positivo. **3.** positiva *f* (*photography*). **pos·it·ive·ly** ['pɔzətivli] *adv* INFML absolutamente; positivamente. **pos·it·ive·ness** ['pɔzətivnis] *n* seguridad *f*. **pos·it·iv·ism** ['pɔzitivizəm] *n* positivismo *m*. **pos·it·iv·ist** ['pɔzitivist] *n* positivista *m/f*.

po·si·tron ['pɔzitrɔn] *n* FIS positrón *m*.

pos·se ['pɔsi] *n* US grupo *m* (*of people to find a criminal*, etc).

pos·sess [pə'zəs] *v* **1.** poseer; tener. **2.** dominar. LOC **To be ~ed of sth**, tener (*quality*). **pos·ses·sion** [pə'zeʃn] *n* **1.** posesión *f*. **2.** **~s** *pl* bienes *m/pl*. LOC **In ~ (of sth)**, en poder *m* (de). **In the ~ of**, en manos *f/pl* (de). **To take ~ (of sth)**, tomar posesión *f* (de). **pos·ses·sive** [pə'zesiv] **I.** *adj* **(with sth/sb)** posesivo/a (*also* GRAM). **II.** *n* GRAM posesivo *m*. **pos·ses·sor** [pə'zesə(r)] *n* poseedor/ra.

pos·si·bil·ity [,pɔsə'biləti] *n* posibilidad *f*. **pos·sible** ['pɔsəbl] *adj* **1.** posible. **2.** aceptable. LOC **As far as ~**, en la medida *f* de lo posible. **As well as ~**, lo mejor posible. **pos·sibly** ['pɔsəbli] *adv* **1.** quizá(s); posiblemente. **2.** razonablemente.

pos·sum ['pɔsəm] *n* ZOOL zarigüya *f*. LOC **To play ~**, INFML fingir.

post [pəust] **I.** *n* **1.** poste *m*, palo *m*. **2.** DEP salida *f*, meta *f*. **3.** empleo *m*, puesto *m*; cargo *m*. **4.** (US **mail**) correo *m*; correos *m*; recogida *f*/entrega *f* (*letters*). LOC **By return ~**, a vuelta *f* de correo *m*. **~-box**, buzón *m*. **~-card**, (tarjeta *f*) postal *f*. **~-code**, código *m* postal. **~-date**, *n* posfecha *f*; *v* poner fecha *f* adelantada. **~-free**, franco/a de porte *m*. **~-haste**, a toda prisa *f*. **~-man** (US **mailman**), cartero *m*. **~-mark**, *n* matasellos *m*; *v* matasellar. **~-master** (*f* **~-mistress**), administrador/ra de correos. **~ office**, (oficina *f* de) correos. **~ office box** (*abrev* **PO box**), apartado *m* de correos. **~-paid**, con porte *m* pagado/a; con franqueo *m* concertado. **To be deaf as a ~**, estar sordo/a como una tapia *f*. **II.** *v* **1.** **(sth up)** poner; fijar; pegar; anunciar. **2.** **(sb to sth)** nombrar; designar; destinar, enviar (*also* MIL). **3.** (US **mail**) enviar/mandar (por correo *m*). LOC **To keep sb ~ed**, tener a alguien al tanto. **post·age** ['pəustidʒ] *n* franqueo *m*. LOC **~ stamp**, sello *m*. **post·al** ['pəustl] *adj* postal. LOC **~ card**, (tarjeta *f*) postal. **~ code**, código *m* postal. **~ order** (US **money order**), giro *m* postal.

pos·te res·tante [,pəust'resta:nt] *n* lista *f* de correos.

post·er ['pəustə(r)] *n* cartel *m*, póster *m*.

pos·te·ri·or [pɔ'stiəriə(r)] **I.** *adj* posterior, trasero/a. **II.** *n* INFML culo *m*.

pos·ter·ity [pɔ'sterəti] *n* posteridad *f*.

pos·tern ['pɔstən] *n* postigo *m*.

post·gra·du·ate [,pəust'grædʒuet] (US graduate) *n/adj* pos(t)graduado/a; diplomado/a.

post·hum·ous ['pɔstjuməs; US 'pɔstʃəməs] *adj* póstumo/a.

pos·ti·li·on, **post·til·li·on** [pɔ'stiliən] *n* postillón *m*.

post·me·rid·ian [,pəustmə'ridiən] *adj* postmeridiano/a.

post mor·tem [,pəust'mɔ:tem] **I.** *n* MED autopsia *f*. **II.** *adj* MED ocurrido/a después de la muerte *f*.

post·nat·al [,pəust'neitl] *adj* pos(t)natal.

post·pone [pə'spəun] *v* posponer, aplazar. **post·pone·ment** [pə'spəunmənt] *n* aplazamiento *m*, prórroga *f*.

post·pran·di·al [,pəust'prændiəl] *adj* de sobremesa *f*.

post·script ['pəusskript] *n* (*abrev* **P.S.**; **to sth**) pos(t)data *f* (*abrev* P.D.).

pos·tul·ant ['pɔstjulənt; US -tʃu-] *n* REL postulante *m/f*.

pos·tul·ate ['pɔstjuleit; US -tʃu-] **I.** *v* postular, pedir. **II.** *n* postulado *m*. **pos·tul·ation** [,pɔstju'leiʃn; US -tʃu-] *n* postulación *f*.

pos·ture ['pɔstʃə(r)] **I.** *n* actitud *f*, postura *f*. **II.** *v* adoptar una postura *f*.

post·war [,pəust'wɔ:(r)] *adj* de pos(t)guerra *f*.

pos·y ['pəuzi] *n* ramillete *m* de flores *f/pl*.

pot [pɔt] **I.** *n* **1.** olla *f*; puchero *m*; tarro *m*; maceta *f*, tiesto *m*. **2.** orinal *m*. **3.** INFML pastón *m* (*money*). **4.** DEP SL copa *f*; premio *m*. **5.** marihuana *f*. **6.** tripa *f*, barriga *f*. LOC **Big ~**, pez *m* gordo. **~-bellied**, barrigudo. **~-belly**, barriga *f*. **~-boiler**, obra *f* hecha sólo para ganar dinero *m*. **~-hole**, GEOL marmita *f* de gigante; bache *m*. **~-holer**, espeleólogo/a. **holing**, espeleología *f*. **~-luck**, lo que salga. **~-shot**, tiro *m*/intento *m* al azar *m*. **To go to ~**, INFML echarse a perder. **To keep the ~ boiling**, ganarse la vida *f*. **II.** *v* **(-tt-)** **1.** poner en una maceta *f*. **2.** INFML sentar en un orinal *m*. **3.** **(at)** disparar; matar. **4.** guisar/cocinar en una olla *f*. **pot·ted** ['pɔtid] *adj* **1.** en maceta *f*. **2.** en conserva *f*. **3.** abreviado/a; simplificado/a (*book*).

pot·able ['pəutəbl] *adj* potable.

pot·ash ['pɔtæʃ] *n* QUIM potasio *m*, potasa *f*.

pot·ation [pəu'teiʃn] *n* bebida *f* (*act*).

po·ta·to [pə'teitəu] *n* (*pl* **-es**) BOT patata *f*. LOC **~ beetle**, ZOOL escarabajo *m* patatero. **~ crisp** (US **~ chip**), patatas *f/pl* fritas.

pot·ency ['pəutənsi] *n* fuerza *f*, potencia *f*. **pot·ent** ['pəutnt] *adj* **1.** potente; poderoso/a. **2.** vigoroso/a (*sexually*). **po·tent·ate** ['pəutnteit] *n* potentado *m*. **po·ten·ti·al** [pə'tenʃl] *n/adj* potencial *m*. **po·ten·ti·al·ity** [pə,tenʃi'æləti] *n* potencialidad *f*.

po·ther ['pɔðə(r)] *n* lío *m*, confusión *f*, ruido *m*.

po·ti·on ['pəuʃn] *n* poción *f*, pócima *f*.

pot·pour·ri [,pəu'puəri; US ,pəupə'ri:] *n* popurrí *m*.

pot·ter ['pɔtə(r)] **I**. *v* (US **putter** ['pʌtə(r)]), (**about/around**) hacer trabajos *m/pl* poco importantes. **II**. *n* alfarero/a. LOC **~'s wheel**, torno *m* de alfarero. **pot·tery** ['pɔtəri] *n* **1**. cacharros *f/pl* de barro. **2**. alfarería *f*; cerámica *f* (*craft*).

pot·ty ['pɔti] **I**. *adj* (*comp* **-ier**, *sup* **-iest**) INFML **1**. loco/a, chiflado/a. **2**. (**about sb/sth**) entusiasmado/a, loco/a. **3**. insignificante. **II**. *n* INFML orinal *m*.

pouch [pautʃ] **I**. *n* **1**. bolsa *f* pequeña; petaca *f*. **2**. bolsa *f* (*under eyes*). **3**. macuto *m*. **4**. ZOOL bolsa *f* (*of kangaroo*). **II**. *v* **1**. embolsar. **2**. meter en bolsa *f*.

pouf(fe) [pu:f] *n* cojín *m*.

poul·ter·er ['pəultərə(r)] *n* pollero/a.

poult·ice ['pəultis] **I**. *n* MED cataplasma *f*. **II**. *v* poner una cataplasma *f*.

poul·try ['pəultri] *n* aves *f/pl* de corral *m*.

pounce [pauns] **I**. *v* (**on sb/sth**) saltar; atacar. **II**. *n* salto *m*; ataque *m* súbito.

pound [paund] **I**. *n* **1**. (*abrev* **lb**) libra *f* (= *0.454 kg*). **2**. (£) (*also* **~ sterling**) libra *f*. **3**. corral *m*; redil *m*; perrera *f*. **II**. *v* **1**. (**at**) aporrear; dar golpes *m/pl* (en); machacar; martillear. **2**. MIL bombardear. **3**. azotar, batir (*waves*). **4**. (**along**) ir/andar con paso *m* pesado. **pound·age** ['paundidʒ] *n* comisión *f*, impuesto *m* (por cada libra *f*). **pound·er** ['paundə(r)] *n* objeto *m* de una libra *f* (*weight*).

pour [pɔ:(r)] *v* **1**. verter, derramar. **2**. diluviar (*rain*); correr, fluir (*water*). **3**. (**away/off**) verter, vaciar. **4**. (**out**) servir (*tea, etc*); echar (*smoke*). LOC **It never rains but it ~s**, éramos pocos y parió la abuela *f*. **To ~ oil on the flames**, empeorar algo.

pout [paut] **I**. *v* poner mala cara *f*; hacer pucheros *m/pl*. **II**. *n* mala cara *f*; puchero *m*.

pov·er·ty ['pɔvəti] *n* **1**. pobreza *f*. **2**. escasez *f*, carencia *f*. **3**. inferioridad *f*. LOC **~-stricken**, muy pobre.

powd·er ['paudə(r)] *n* **1**. polvo *m*. **2**. pólvora *f* (*gun.~*). LOC **~ compact**, polvera *f*. **~-keg**, FIG polvorín *m*. **~-magazine**, polvorín *m*. **~-puff** (*also* **puff**), borla *f*. **~-room**, aseos *m/pl* femeninos. **II**. *v* empolvarse; pulverizar. **pow·der·ed** ['paudəd] *adj* en polvo *m*. **powd·ery** ['paudəri] *adj* **1**. en polvo *m*. **2**. empolvado/a.

pow·er ['pauə(r)] *n* **1**. facultad *f*. **2**. potencia *f*; energía *f*; fuerza *f*, poder *m*; poderío *m*; empuje *m*. **3**. autoridad *f* (*also* JUR). **4**. MAT potencia *f*. LOC **To be in ~**, estar en el poder *m*. **To do sb a ~ of good**, INFML beneficiar mucho (a alguien). **The ~s that be**, las autoridades *f/pl*. **pow·er·ed** ['pauəd] *adj* equipado/a; propulsado/a. **pow·er·ful** ['pauəfl] *adj* poderoso/a; potente; fuerte; enérgico/a; FIG intenso/a; convincente. **pow·er·less** ['pauəlis] *adj* impotente; sin poder *m*; ineficaz. LOC **~ to do sth**, incapaz de hacer algo.

power..., **~ brakes**, *n/pl* TEC servofrenos *m/pl*. **~ cut**, *n* ELECTR apagón *m*. **~ drill**, *n* taladradora *f*. **~ house**, *n* ELECTR central *f* eléctrica; persona *f* muy enérgica; grupo *m* con mucho poder. **~ line**, *n* línea *f* de fuerza *f* eléctrica. **~ plant**, *n* US central *f* eléctrica. **~-station**, *n* ELECTR central *f* eléctrica. **~ steering**, *n* dirección *f* asistida. **~ tool**, *n* herramienta *f* eléctrica/mecánica.

pow·wow ['pauwau] **I**. *n* conferencia *f*. **II**. *v* (**about**) INFML discutir (sobre).

pox [pɔks] *n* MED **1**. sífilis *f*. **2**. viruela *f*.

prac·ti·ca·bil·ity [,præktikə'biləti] *n* factibilidad *f*. **prac·tic·able** ['præktikəbl] *adj* **1**. practicable; factible. **2**. transitable (*roads*). **prac·tic·al** ['præktikl] **I**. *adj* práctico/a. LOC **For (all) ~ purposes**, en realidad *f*. **~ joke**, broma *f* pesada. **II**. *n* INFML clase *f*/examen *m* práctico. **prac·ti·cal·ity** [,prækti'kæləti] *n* sentido *m* práctico. **prac·tic·al·ly** ['præktikli] *adv* **1**. prácticamente. **2**. de manera *f* práctica.

prac·tice ['præktis] *n* **1**. práctica *f*. **2**. ejercicios *m/pl*, entrenamiento *m*. **3**. costumbre *f*. **4**. ejercicio *m* (*profession*); clientela *f*; bufete *m* (*lawyer*). LOC **In ~**, entrenado/a, en forma *f*. **Out of ~**, desentrenado/a. **~ makes perfect**, la práctica *f* hace al maestro *m*. **To make a habit/~ of sth**, acostumbrar(se).

prac·ti·ci·an [præ'tiʃn] *n* (*normally* **prac·ti·tion·er** [præk'tiʃənə(r)] persona *f* que ejerce una profesión *f*; MED facultativo *m*.

prac·tise (US **practice**) ['præktis] *v* **1**. (**on**) practicar; ejercer. **2**. (**as**) ejercer (*profession*). **3**. MUS hacer ejercicios *m/pl* (en); DEP entrenarse. LOC **To ~ what one preaches**, predicar con el ejemplo *m*. **prac·tis·ed** (US **-ticed**) ['præktist] *adj* (**in sth**) experto/a (en). **prac·tis·ing** ['præktisiŋ] *adj* en ejercicio.

prae·si·di·um V. **presidium**.

prag·mat·ic [præg'mætik] *adj* pragmático/a. **prag·mat·ics** [præg'mætiks] *n* pragmática *f*. **prag·mat·ism** ['prægmətizəm] *n* pragmatismo *m*. **prag·mat·ist** ['prægmətist] *n* pragmatista *m/f*.

prai·rie ['preəri] *n* pampa *f*, pradera *f*, llanura *f*. LOC **~-dog**, ZOOL coyote *m*.

praise [preiz] **I**. *v* (**for sth**) alabar, elogiar. LOC **~·worthily**, loablemente. **~·worthy**, loable, digno/a de alabanza(s) *f/(pl)*. **To ~ sb to the skies**, poner por las nubes *f/pl*. **II**. *n* alabanza *f*, elogio *m* (*also* REL).

pra·line ['pra:li:n] *n* almendra *f* garrapiñada.

pram [præm] *n* (US **(baby) buggy/carriage**) cochecito *m* de niño.

prance [pra:ns; US præns] **I**. *v* **1**. encabritarse. **2**. (**about/along/around**) pavonearse. **II**. *n* pavoneo *m*.

prang [præŋ] **I**. *v* SL destrozar (*vehicle*). **II**. *n* destrozo *m* (*vehicle*).

prank [præŋk] *n* broma *f*; travesura *f*. **prank·ster** ['præŋkstə(r)] *n* bromista *m/f*.

prate [preit] *v* **(on about sth)** charlar, parlotear.

prat·tle ['prætl] **I.** *v* **(away)** charlar, parlotear; balbucear. **II.** *n* charla *f*, parloteo *m*. **prat·tler** ['prætlə(r)] *n* charlatán/na.

prawn [prɔ:n] *n* ZOOL gamba *f*.

pray [prei] *v* **1.** REL **(to/for)** orar, rezar. **2.** rogar, pedir. **pray·er** [preə(r)] *n* **1. (for sth)** REL oración *f*, rezo *m*. **2.** ruego *m*, súplica *f*. LOC **~-book,** REL devocionario *m*. **~-wheel,** REL molinillo *m* de oraciones *f/pl*.

preach [pri:tʃ] *v* **1. (to sb)** predicar; dar un sermón *m*. **2.** sermonear (*children*). **3.** aconsejar. **preach·er** ['pri:tʃə(r)] *n* predicador *m*. **preach·ify** ['pri:tʃifai] *v* FAM sermonear. **preach·ing** ['pri:tʃiŋ] *n* sermón *m*; sermoneo *m*. **preach·y** ['pri:tʃi] *adj* proclive a sermonear.

pre·am·ble [pri:'æmbl] *n* **(to sth)** preámbulo *m*.

pre·ar·range [,pri:ə'reindʒ] *v* preparar/organizar de antemano.

pre·bend ['prebənd] *n* REL prebenda *f*. **pre·bend·ary** ['prebəndri; US-deri] *n* prebendado *m*.

pre·car·i·ous [pri'keəriəs] *adj* precario/a. **pre·car·i·ous·ness** [pri'keəriəsnis] *n* precariedad *f*.

pre·cau·tion [pri'kɔ:ʃn] *n* **(against sth)** precaución *f*. **pre·cau·tion·ary** [pri'kɔ:ʃənəri; US -neri] *adj* preventivo/a.

pre·cede [pri'si:d] *v* preceder; anteceder. **pre·ced·ence** ['presidəns] *n* **(over sb/sth)** precedencia *f*. **pre·ced·ent** ['presidənt] *n* precedente *m*.

pre·cent·or [pri'sentə(r)] *n* REL chantre *m*.

pre·cept ['pri:sept] *n* REL precepto *m*. **pre·cept·or** [pri'septə(r)] *n* preceptor *m*.

pre·ces·sion [pri'seʃn] *n* (*also* ~ **of the equinoxes**) precesión *f* de los equinoccios *m/pl*.

pre·cinct ['pri:siŋkt] *n* **1.** recinto *m*. **2.** zona *f* peatonal. **3.** US distrito *m* electoral. **4.** **~s** *pl* límite *m*, frontera *f*.

pre·ci·os·ity [,preʃi'ɔsəti] *n* preciosismo *m*.

pre·ci·ous ['preʃəs] **I.** *adj* **1.** precioso/a. **2. (to sb)** querido/a, amado/a. **3.** preciosista. **4.** INFML considerable. **II.** *adv* muy. **III.** *n* INFML cariño *m/f*.

pre·cip·ice ['presipis] *n* precipicio *m*.

pre·ci·pit·ate [pri'sipiteit] **I.** *v* precipitar(se) (*also* QUIM), arrojar(se). **II.** *n* QUIM precipitado *m*. **III.** *adj* precipitado/a. **pre·ci·pit·ation** [pri,sipi'teiʃn] *n* precipitación *f* (*rain, also* QUIM). **pre·ci·pit·ous** [pri'sipitəs] *adj* escarpado/a; empinado/a.

pré·cis ['preisi:; US prei'si:] **I.** *n* resumen *m*. **II.** *v* resumir.

pre·cise [pri'saiz] *adj* **1.** preciso/a; exacto/a. **2.** meticuloso/a; escrupuloso/a. **pre·cise·ness** [pri'saiznis], **pre·ci·sion** [pri'siʒn] *n* precisión *f*; exactitud *f*.

pre·clude [pri'klu:d] *v* impedir; imposibilitar; excluir; evitar. **pre·clu·sion** [pri'klu:ʒn] *n* prevención *f*; exclusión *f*.

pre·co·ci·ous [pri'kəuʃəs] *adj* precoz. **pre·co·ci·ous·ness** [pri'kəuʃəsnis], **pre·coc·ity** [pri'kɔsəti] *n* precocidad *f*.

pre·cog·ni·tion [,pri:kɔg'niʃn] *n* precognición *f*.

pre·con·ceiv·ed [,pri:kən'si:vd] *adj* preconcebido/a. **pre·con·cep·tion** [,pri:kən'sepʃn] *n* **(about sb/sth)** preconcepción *f*.

pre·con·di·tion [,pri:kən'diʃn] *n* condición *f* previa.

pre·curs·or [,pri:'kɜ:sə(r)] *n* **(of sth)** precursor/ra.

pred·at·or ['predətə(r)] *n* **1.** ZOOL animal *m* de rapiña. **2.** depredador/ra (*person*). **pred·at·ory** ['predətri; US -tɔ:ri] *adj* **1.** rapaz, de rapiña. **2.** depredador/ra.

pre·de·cease [,pri:di'si:s] *v* JUR morir antes que.

pre·de·ces·sor ['pri:disesə(r); US 'predə-] *n* predecesor/ra; antecesor/ra.

pre·des·tin·ation [,pri:desti'neiʃn] *n* predestinación *f*. **pre·des·tine** [,pri:'destin] *v* predestinar.

pre·de·ter·min·ation [,pri:di,tɜ:mi'neiʃn] *n* predeterminación *f*. **pre·de·ter·mine** [,pri:-di'tɜ:min] *v* predeterminar.

pre·di·ca·ment [pri'dikəmənt] *n* **1.** situación *f* difícil, apuro *m*. **2.** predicamento *m* (*philosophy*).

pre·dic·ate ['predikət] **I.** *n* GRAM predicado *m*. **II.** *v* **1.** afirmar; implicar. **2. (on)** basar. **pre·di·cat·ive** [pri'dikətiv; US 'predikeitiv] *adj* GRAM predicativo/a.

pre·dict [pri'dikt] *v* predecir, pronosticar. **pre·dict·able** [pri'diktəbl] *adj* previsible. **pre·dic·tion** [pri'dikʃn] *n* predicción *f*, pronóstico *m*.

pre·di·lec·tion [,pri:di'lekʃn; US ,predl'ek-] *n* **(for)** predilección *f* (por).

pre·dis·pose [,pri:di'spəuz] *v* **(to)** predisponer. **pre·dis·po·si·tion** [,pri:dispə'ziʃn] *n* predisposición *f*.

pre·dom·in·ance [pri'dɔminəns] *n* predominio *m*. **pre·dom·in·ant** [pri'dɔminənt] *adj* predominante. **pre·dom·in·ate** [pri'dɔmineit] *v* **(over)** predominar.

pre·em·in·ence [,pri:'eminəns] *n* preeminencia *f*. **pre·em·in·ent** [,pri:'eminənt] *adj* preeminente.

pre·empt [,pri:'empt] *v* obtener algo antes que otros; prevenir; apropiarse (de) por derechos de prioridad. **pre·emp·tion** [,pri:-'empʃn] *n* adquisición *f*; derecho *m* preferente de compra *f*; prevención *f*.

preen [pri:n] *v* **1.** arreglarse (*feathers*). **2. (oneself)** asearse, atildarse.

pre·ex·ist [,pri:ig'zist] *v* preexistir. **pre·ex·ist·ence** [,pri:ig'zistəns] *n* preexistencia *f*. **pre·ex·ist·ent** [,pri:ig'zistənt] *adj* preexistente.

pre·fab ['pri:fæb; US ,pri:'fæb] *n* INFML casa *f* prefabricada. **pre·fab·ric·ate** [,pri:'fæbrikeit] *v* prefabricar. **pre·fab·ric·ation** [,pri:fæbri'keiʃn] *n* prefabricación *f*.

pre·face ['prefis] **I.** *n* prefacio *m*, prólogo *m*. **I.** *v* **(with)** introducir; prologar (*book*).

pre·fat·ory ['prefətri; US -tɔ:ri] *adj* a modo *m* de prólogo *m*; preliminar.

pre·fect ['pri:fekt] *n* prefecto *m*. **pre·fec·ture** ['pri:fektjuə(r); US -tʃər] *n* prefectura *f*.

pre·fer [pri:fɜ:(r)] *v* (**-rr-**) **1**. preferir. **2**. JUR presentar. **3**. ascender (*post*); nombrar (*appoint*). **pre·fer·able** ['prefrəbl] *adj* preferible. **pre·fer·ably** ['prefrəbli] *adv* preferentemente. **pre·fer·ence** ['prefrəns] *n* preferencia *f*. LOC **~ shares/stock** (US **~ed shares/stocks**), acciones *f/pl* preferentes. **pre·fe·ren·ti·al** [,prefə'renʃl] *adj* preferencial, preferente. LOC **~ treatment**, trato *m* preferente. **pre·fer·ment** [pri'fɜ:mənt] *n* ascenso *m*, promoción *f*.

pre·fig·ure [,pri:'figə(r); US -gjə(r)] *v* prefigurar; figurarse de antemano.

pre·fix ['pri:fiks] **I**. *n* prefijo *m*. **II**. *v* (**to**) prefijar; anteponer.

preg·nan·cy ['pregnənsi] *n* embarazo *m*. **preg·nant** ['pregnənt] *adj* **1**. embarazada, encinta. **2**. (**with**) lleno/a (de).

pre·heat [,pri:'hi:t] *v* precalentar.

pre·hens·ile [,pri:'hensail; US-sl] *adj* prensil.

pre·his·tor·ic [,pri:hi'stɔrik; US -tɔ:rik] *adj* prehistórico/a. **pre·his·tory** [,pri:'histri] *n* prehistoria *f*.

pre·judge [,pri:'dʒʌdʒ] *v* juzgar de antemano, prejuzgar.

pre·jud·ice ['predʒudis] **I**. *n* **1**. prejuicio *m*. **2**. parcialidad *f*. LOC **In ~ of**, en detrimento *m* (de). **Without ~ (to sth)**, sin perjuicio *m* (de). **II**. *v* **1**. (**against/in favour of**) predisponer. **2**. perjudicar. **pre·ju·dic·ed** ['predʒdist] *adj* predispuesto/a; parcial. **pre·ju·di·ci·al** [,predʒu'diʃl] *adj* (**to**) perjudicial.

prel·acy ['preləsi] *n* REL prelatura *f*. **prel·ate** ['prelət] *n* REL prelado *m*.

pre·lim ['pri:lim] *n* INFML **1**. examen *m* preliminar. **2**. **~s** *pl* preliminares *m/pl*. **pre·lim·in·ary** [pri'liminəri; US-neri] *adj/n* (**to**) preliminar *m*.

pre·lude ['prelju:d] *n* (**to sth**) preludio *m* (LIT, MUS).

pre·ma·rit·al [,pri:'mæritl] *adj* prematrimonial.

pre·ma·ture ['prematjuə(r); US ,pri:mə'tuər] *adj* prematuro/a; precoz.

pre·me·dit·ate [,pri:'mediteit] *v* premeditar. **pre·me·dit·ation** [,pri:medi'teiʃn] *n* premeditación *f*.

pre·mi·er ['premiə(r); US 'pri:miər] **I**. *adj* principal, primer/ra. **II**. *n* presidente/a de gobierno *m*, primer/ra ministro/a. **pre·mi·er·ship** ['premiəʃip] *n* cargo *m* del primer ministro.

pre·mi·ere ['premieə(r); US pri'mi|r] *n* estreno *m* (*film*).

pre·mise, pre·miss ['premis] *n* **1**. premisa *f*. **2**. **~s** *pl* edificio *m*; local *m*. LOC **On the ~s**, en el local *m*.

pre·mi·um ['pri:miəm] *n* **1**. prima *f* (*insurance policy; extra salary*). **3**. premio *m*. LOC **At a ~**, COM sobre la par *f*; muy solicitado/a. **To put a ~ on sb/sth**, dar gran valor *m* (a); premiar; estimular.

pre·mo·ni·tion [,primə'niʃn;,prem-] *n* (**of sth/that**) premonición *f*, presentimiento *m*. **pre·mo·nit·ory** [pri'mɔnitəri; US -tɔ:ri] *adj* premonitorio/a.

pre·nat·al [,pri:'neitl] *adj* US prenatal.

pre·oc·cup·ation [,pri:ɔkju'peiʃn] *n* preocupación *f*. **pre·oc·cu·pi·ed** [,pri:'ɔkjupaid] *adj* preocupado/a; ensimismado/a (en). **pre·oc·cu·py** [pri:'ɔkjupai] *v* (*pret/pp* **-pied**) *v* preocupar; ensimismar.

pre-or·dain [,pri:ɔ:'dein] *v* predeterminar.

prep [prep] (*abrev* de *preparation, preparatory*) *n* INFML **1**. deberes *m/pl* (*in private boarding schools*). **2**. US alumno/a de escuela *f* privada (preparatoria).

pre·pack(·age) [,pri:'pæk(idʒ)] *v* precintar (*goods*).

pre·paid [pri:'peid] *adj* pagado/a de antemano.

pre·par·ation [,prepə'reiʃn] *n* **1**. preparación *f*. **2**. **~s** *pl* (**for sth/to do sth**) preparativos *m/pl*. **3**. QUIM preparado *m*. **4**. (**~ school**) escuela *f* preparatoria. **pre·par·at·ory** [pri'pærətri; US -tɔ:ri] *adj* preparatorio/a; preliminar. LOC **~ to**, antes de. **pre·pare** [pri'peə(r)] *v* (**for**) preparar(se). LOC **To ~ the ground (for sth)**, preparar el terreno *m* (para). **pre·par·ed·ness** [pri'peəridnis] *n* preparación *f*.

pre·pay [,pri:'pei] *v* (*pret/pp* **prepaid** ['peid]) pagar de antemano. **pre·pay·ment** [,pri:'peimənt] *n* pago *m* de antemano.

pre·pon·der·ance [pri'pɔndərəns] *n* preponderancia *f*. **pre·pon·der·ant** [pri'pɔndərənt] *adj* preponderante. **pre·pon·der·ate** [pri'pɔndəreit] *v* (**over**) preponderar.

pre·po·si·tion [,prepə'ziʃn] *n* GRAM preposición *f*. **pre·po·si·tion·al** [,prepə'ziʃənl] *adj* preposicional. LOC **~ phrase**, GRAM frase *f*/sintagma *m* preposicional.

pre·pos·ses·sing [,pri:pə'zesiŋ] *adj* agradable, atractivo/a.

pre·pos·ter·ous [pri'pɔstərəs] *adj* ridículo/a; absurdo/a.

pre·puce ['pri:pju:s] *n* ANAT prepucio *m*.

pre·re·cord [,pri:ri'kɔ:d] *v* pregrabar. **pre·re·cord·ed** [,pri:ri'kɔ:did] *adj* pregrabado/a.

pre·re·quis·ite [,pri:'rekwizit] *n* (*also* **precondition**) (**for/of**) requisito *m*/condición *f* previo/a.

pre·ro·gat·ive [pri'rɔgətiv] *n* prerrogativa *f*.

Pres *abrev* de **President**.

pres·age ['presidʒ] **I**. *n* presagio *m*. **II**. *v* presagiar.

Pres·by·te·ri·an [,prezbi'tiəriən] *adj/n* REL Presbiteriano/a. **Pres·by·te·ri·an·ism** [,prezbi'tiəriənizəm] *n* REL Presbiterianismo *m*. **pres·by·te·ry** ['prezbitri; US-teri] *n* **1**. casa *f* parroquial. **2**. presbiterio *m*.

pre·school [,pri:'sku:l] *adj* preescolar.

pre·sci·ence ['presiəns] *n* presciencia *f*. **pre·sci·ent** ['presiənt] *adj* presciente.

pre·scribe [pri'skraib] *v* **1**. **(for)** prescribir (*also* JUR); MED recetar, mandar. **2**. ordenar, mandar.

pre·script ['pri:skript] *n* regla *f*, norma *f*. **pre·scrip·tion** [pri'skripʃn] *n* **1**. MED receta *f*; prescripción *f* (*also* JUR). **pre·script·ive** [pri'skriptiv] *adj* **1**. prescriptivo/a. **2**. establecido/a.

pre·seal·ed [pri:'si:ld] *adj* precintado/a.

pres·ence ['prezns] *n* **1**. asistencia *f*, presencia *f*. **2**. personalidad *f*. LOC **In the ~ of sb**, en presencia *f* (de). **~ of mind**, presencia *f* de ánimo *m*.

pre·sent ['preznt] **I**. *adj* **1**. **(at)** presente. **2**. actual. LOC **~ company excepted/excepting ~ company**, mejorando lo presente. **II**. *n* **1**. presente *m* (*also* GRAM). **2**. presente *m*, regalo *m*. LOC **At ~**, actualmente, en la actualidad *f*. **By these ~s**, JUR por la presente *f*. **For the moment/~**, por el momento *m*. **~-day**, actual. **~ participle**, GRAM participio *m* de presente. **To make sb a ~ of sth**, regalar algo a alguien. **III**. *v* **1**. **(with/to)** ofrecer, presentar, dar. **2**. presentar (*introduce*; *also* TEAT). **3**. exponer (*argument*). **4**. regalar, obsequiar. **pre·sent·able** [pri'zentəbl] *adj* presentable. **pre·sent·ation** [,prezn'teiʃn; US 'pri:zen-] *n* **1**. presentación *f* (*also* MED). **2**. regalo *m*, obsequio *m*. LOC **On ~ of**, al presentar. **pre·sent·er** [pre'zəntə(r)] *n* presentador/ra (*radio, TV*). **pres·ent·ly** ['prezntli] *adv* **1**. luego, dentro de poco, pronto. **2**. US ahora.

pre·sen·ti·ment [pri'zentimənt] *n* presentimiento *m*.

pre·serv·ation [,prezə'veiʃn] *n* preservación *f*; conservación *f*. **pre·ser·vat·ive** [pri'zɜ:vətiv] *n/adj* preservativo/a *m*.

pre·serve [pri'zɜ:v] **I**. *v* **1**. conservar; preservar. **2**. **(from)** proteger, guardar. **II**. *n* **1**. conserva *f*; compota *f*; confitura *f*. **2**. coto *m*. **3**. FIG terreno *m*. **pre·serv·ed** [pri'zɜ:vd] *adj* en conserva *f*.

pre·set [,pri:'set] *v* **(-tt-**: *pret/pp* **~)** poner/fijar de antemano.

pre·side [pri'zaid] *v* **(at/over)** presidir. **pres·id·ency** ['prezidənsi] *n* presidencia *f*. **pres·id·ent** ['prezidənt] *n* **1**. presidente/a. **2**. director/ra. **3**. US rector/ra. **pres·i·den·ti·al** [,prezi'denʃl] *adj* presidencial.

pre·si·di·um [pri'sidiəm] (*pl* **-s**) *n* presidio *m*.

press [pres] **I**. *n* **1**. apretón *m*, presión *f*. **2**. TEC presa *f*; prensa *f*; imprenta *f*. **3**. prensa *f*: *To have a good/bad ~*, Tener buena/mala prensa. **4**. muchedumbre *f*; apiñamiento *m* (*people*). **5**. urgencia *f*, prisa *f*. **6**. armario *m* ropero *m*. LOC **~ agency**, agencia *f* de prensa *f*. **~ agent**, agente *m/f* de prensa *f*/publicidad *f*. **~-box**, tribuna *f* de prensa. **~ conference**, conferencia *f* de prensa. **~ cutting/clipping**, recorte *m* de periódico *m*. **~-gallery**, tribuna *f* de prensa. **~-man**, periodista *m/f*; US impresor *m*. **~-mark**, signatura *f*. **~ release**, comunicado *m* de prensa. **~-stud** (INFML **popper**; US **snap fastener**), automático *m*. **II**. *v* **1**. apretar, presionar; empujar. **2**. pulsar (*button*). **3**. prensar. **4**. FIG instar; acosar; abrumar. **5**. seguir muy de cerca. **6**. apiñarse. **7**. **(for)** pedir con insistencia *f*. **8**. **(forward/on)** activar; apresurar(se). **9**. **(in)** clavar (*pin*). **10**. **(out)** exprimir; planchar. **11**. **(up)** apretarse, apretujarse. LOC **To be ~ed for time**, andar escaso/a de tiempo *m*. **To ~ a point home**, intentar convencer a alguien. **pres·sing** ['presiŋ] **I**. *adj* urgente; apremiante; insistente. **II**. *n* prensado *m*; planchado *m*.

pres·sure ['preʃə(r)] **I**. *n* **1**. FIG, FIS, TEC presión *f*; fuerza *f*; ELECTR, MED tensión *f*. **2**. presión *f* atmosférica. **3**. influencia *f*; impulso *m*. LOC **Blood ~**, tensión *f* arterial. **~-cooker**, olla *f* a presión. **~ gauge**, manómetro *m*. **~ group**, grupo *m* de presión *f*. **To bring ~ to bear on sb**, ejercer presión *f* sobre alguien. **II**. *v* V. **pressurize**. **pre·su·riz·ation**, **-is·ation** [,preʃərai'zeiʃn; US-ri'z-] *n* AER presurización *f*. **pres·sur·ize**, **-ise** ['preʃəraiz] *v* presurizar, sobrecargar.

pres·ti·di·git·ation [,presti,didʒi'teiʃn] *n* prestidigitación *f*. **pres·ti·di·gi·tat·or** [,presti'didʒiteitə(r)] *n* prestidigitador/ra.

pres·tige [pre'sti:ʒ] *n* prestigio *m*. **pres·ti·gi·ous** [pre'stidʒəs] *adj* prestigioso/a.

pre·stress·ed [,pri:'strest] *adj* pretensado/a (*concrete*).

pre·sum·able [pri'zju:məbl; US-'zu:-] *adj* presumible, probable. **pre·sum·ably** [pri'zju:məbli] *adv* presumiblemente, probablemente. **pre·sume** [pri'zju:m; US-'zu:m] *v* **1**. presumir, imaginarse, suponer. **2**. permitirse, atreverse. **3**. **(on)** abusar (de).

pre·sump·tion [pri'zʌmpʃn] *n* **1**. presunción *f*, suposición *f*. **2**. osadía *f*, atrevimiento *m*. **pre·sumpt·ive** [pri'zʌmptiv] *adj* presunto/a; supuesto/a. **pre·sump·tu·ous** [pri'zʌmptʃuəs] *adj* presuntuoso/a; presumido/a.

pre·sup·pose [,pri:sə'pəuz] *v* (pre)suponer. **pre·sup·po·si·tion** [,pri:sʌpə'ziʃn] *n* presuposición *f*.

pre·tence (US **pretense**) [pri:'tens] *n* **1**. pretensión *f*. **2**. apariencia *f*; pretexto *m*. **3**. ostentación *f*. LOC **On/Under false ~s**, por fraude *m*.

pre·tend [pri'tend] *v* **1**. aparentar; fingir. **2**. pretender (*claim*). LOC **To ~ to be**, fingir(se). **pre·tend·ed** [pri'tendid] *adj* simulado/a; fingido/a. **pre·tend·er** [pri'tendə(r)] *n* pretendiente *m/f* (*throne, title*).

pre·ten·sion [pri'tenʃn] *n* pretensión *f*. **pre·ten·ti·ous** [pri'tenʃəs] *adj* pretencioso/a; presumido/a. **pre·ten·ti·ous·ness** [pri'tenʃəsnis] *n* pretensión *f*; presunción *f*.

pret·er·ite (US **preterit**) ['pretərət] *n/adj* GRAM pretérito *m*.

pre·ter·na·tur·al [,pri:tə'nætʃrəl] *adj* preternatural.

pre·text ['pri:tekst] *n* **(for)** pretexto *m*.

pret·ti·fy ['pritifai] *v* (*pret/pp* **-fied**) embellecer (*superficially*).

pret·ti·ness ['pritinis] *n* belleza *f*, lo bonito/mono. **pret·ty** ['priti] *adj* (*comp* **-ier**, *sup*

-iest) **1**. guapo/a, bonito/a; mono/a; lindo/a; bueno/a. **2**. INFML menudo/a. LOC **A ~ penny**, mucho dinero *m*. **II**. *adv* bastante. LOC **~ much the same**, más o menos lo mismo. **Sitting ~**, en posición *f* ventajosa.

pre·vail [pri'veil] *v* **1**. (**among/in**) prevalecer. **2**. (**against/over**) vencer, triunfar. **3**. (**on**) convencer, persuadir. **pre·vail·ing** [pri'veiliŋ] *adj* imperante; reinante; común; actual.

prev·al·ence ['prevələns] *n* costumbre *f*; uso *m* corriente; predominio *m*; frecuencia *f*. **prev·al·ent** ['prevələnt] *adj* (**among/in**) corriente; predominante; frecuente.

pre·var·ic·ate [pri'værikeit] *v* tergiversar; andar con rodeos *m/pl*. **pre·var·ic·ation** [pri,væri'keiʃn] *n* tergiversación *f*. **pre·var·ic·at·or** [pri'værikeitə(r)] *n* tergiversador/ra.

pre·vent [pri'vent] *v* (**from**) impedir; evitar. **pre·vent·able** [pri'ventəbl] *adj* evitable. **pre·ven·tion** [pri'venʃn] *n* prevención *f*; impedimento *m*. LOC **~ is better than cure**, más vale prevenir que curar. **pre·vent·ive** [pri'ventiv], **pre·vent·at·ive** [pri'ventətiv] **I**. *adj* preventivo/a (*also* MED). **II**. *n* (*also* **preventative**) MED medicamento *m* profiláctico. LOC **~ detention**, JUR arresto *m* preventivo.

pre·view ['pri:vju:] **I**. *n* **1**. pre-estreno *m* (*film, play*). **2**. trailer *m* (*film*). **II**. *v* ver un pre-estreno *m*; preestrenar.

pre·vi·ous ['pri:viəs] *adj* **1**. previo/a, anterior. **2**. INFML prematuro/a. LOC **~ convictions**, antecedentes *m/pl* penales. **~ to**, antes de.

pre-war [,pri:'wɔ:(r)] *adj* prebélico/a.

prey [prei] **I**. *n* **1**. presa *f*. **2**. FIG víctima *f*. LOC **To be/fall ~ to sth**, ser víctima *f* de algo. **II**. *v* (**on**) atacar; aprovechar(se) (de); remorder (*conscience*). LOC **To ~ on sb's mind**, agobiar; preocupar.

price [prais] **I**. *n* **1**. precio *m* (*also* FIG); valor *m*. **2**. COM cotización *f*. LOC **At a ~**, a un precio *m* muy alto. **At any ~**, a toda costa. **Beyond/Above ~**, sin precio, inapreciable. **~ control**, control *m* de precios. **~ war**, guerra *f* de precios. **To put a ~ on sth**, poner precio *m* a algo. **II**. *v* (**at**) poner precio *m*; valorar; tasar. LOC **To ~ oneself/sth out of the market**, no ser competitivo/a. **price·less** ['praislis] *adj* **1**. inapreciable. **2**. INFML graciosísimo/a. **pri·c(e)y** ['praisi] *adj* (*comp* **-ier**, *sup* **-iest**) INFML caro/a.

prick [prik] **I**. *n* **1**. pinchazo *m*. **2**. SL polla *f*; imbécil *m/f*. **II**. *v* **1**. (**with**) pinchar; agujerear. **2**. remorder (*conscience*). **3**. (**off/out**) BOT trasplantar. LOC **To ~ up one's ears**, erguir las orejas *f/pl* (*animals*); prestar atención *f*. **prick·ing** ['prikiŋ] *n* pinchazo *m*.

prick·le ['prikl] *n* **1**. BOT pincho *m*, espina *f*. **II**. *v* picar; pinchar. **prick·ly** ['prikli] *adj* (*comp* **-ier**, *sup* **-iest**) **1**. lleno/a de espinas *f/pl*/pinchos *m/pl*; espinoso/a. **2**. INFML susceptible (*person*). LOC **~ heat**, MED salpullido *m* (*in hot climates*). **~ pear**, BOT chumbera *f*; higo *m* chumbo.

pride [praid] **I**. *n* **1**. (**in**) orgullo *m*. **2**. arrogancia *f*; soberbia *f*. **3**. amor *m* propio. LOC **To take ~ in**, enorgullecerse (de). **II**. *v* (**oneself on sth/doing sth**) estar orgulloso/a (de), enorgullecerse (de).

priest ['pri:st] *n* REL cura *m*, sacerdote *m*. **priest·ess** ['pri:stes] *n/f* REL sacerdotisa *f*. **priest·hood** ['pri:sthud] *n* sacerdocio *m*. **priest·like** ['pri:st,laik] *adj* como un sacerdote *m*. **priest·ly** ['pri:stli] *adj* sacerdotal.

prig [prig] *n* presumido/a; pedante *m/f*; mojigato/a. **prig·gish** ['prigiʃ] *adj* presumido/a; pedante; mojigato/a.

prim [prim] *adj* (*comp* **-mmer**, *sup* **-mmest**) remilgado/a; estirado/a; formal.

pri·ma·cy ['praiməsi] *n* primacía *f*.

pri·ma·ev·al V. **primeval**.

prim·al ['praiml] *adj* **1**. primitivo/a; original. **2**. primordial; principal.

pri·ma·ri·ly ['praimərəli; US prai'merəli] *adv* en primer lugar *m*, ante todo. **prim·ary** ['praiməri; US-meri] **I**. *adj* **1**. primario/a. **2**. principal; básico/a; esencial. LOC **~ colour**, color *m* primario. **~ education**, enseñanza *f* primaria. **II**. *n* (*also* **~ election**) US elecciones *f/pl* primarias.

prim·ate ['praimeit] *n* **1**. REL primado *m*. **2**. ZOOL primate *m*.

prime [praim] **I**. *adj* **1**. principal, fundamental. **2**. de primera clase *f*/categoría *f*. **3**. MAT primo/a. LOC **~ cost**, coste *m* de producción *f*. **~ minister**, primer/ra ministro/a, presidente *m/f* del Gobierno. **~ mover**, fuerza *f* motriz. **~ number**, MAT número *m* primo. **II**. *n* **1**. flor *f* de la vida *f*. **2**. flor *f* y nata *f*. **3**. albor *m*. **III**. *v* (**with**) **1**. cebar (*gun, pump*). **2**. preparar (*also* FIG). **3**. informar de antemano (*sometimes dishonestly*). **4**. emborrachar, hacer beber. **prim·ing** ['praimiŋ] **I**. *adj* de cebar. **II**. *n* ART apresto *m*; primera mano *f*. **prim·er** ['praimə(r)] *n* **1**. libro *m* de texto elemental; cartilla *f*. **2**. fulminante *m*. **3**. cebador *m* (*pump*). **4**. ART apresto *m*.

pri·mev·al [prai'mi:vl] *adj* primitivo/a; antiguo/a.

prim·it·ive ['primitiv] **I**. *adj* primitivo/a; sencillo; rudimentario/a. **II**. *n* ART primitivo *m*.

pri·mo·ge·ni·ture [,praiməu'dʒenitʃə(r); US -tʃuər] *n* primogenitura *f*.

pri·mor·di·al [prai'mɔ:diəl] *adj* primordial.

primp [primp] *v* acicalar(se).

prim·rose ['primrəuz] *n* BOT primavera *f*. LOC **~ path**, camino *m* de rosas *f/pl*.

prince [prins] *n* príncipe *m*. LOC **~ consort**, príncipe *m* consorte. **prince·dom** ['prinsdəm] *n* principado *m*. **prince·ly** ['prinsli] *adj* **1**. principesco/a. **2**. (*comp* **-ier**, *sup* **-iest**) magnífico/a; espléndido/a; generoso/a. **prin·cess** [prin'ses] *n/f* princesa *f*.

prin·cip·al ['prinsəpl] **I**. *adj* principal. LOC **~ parts**, GRAM formas *f/pl* principales (*verb*). **II**. *n* **1**. rector *m*; director/ra (*school*); jefe/a. **2**. personaje *m* principal. **3**. COM capital *m* principal. **4**. mandante *m/f*. **5**. JUR autor/ra (*crime*). **prin·cip·al·ity** [,prinsi'pæləti] *n* principado *m*.

prin·ci·ple ['prinsəpl] *n* principio *m*. LOC **In** ~, en principio *m*. **On** ~, por principio *m*. **prin·ci·pled** ['prinsəpld] *adj* de principios *m/pl*.

print [print] I. *n* 1. impresión *f*. 2. huella *f*; señal *f*. 3. impreso *m*; grabado *m*; copia *f*, positiva *f* (*photography*). 4. estampado *m* (*cloth*). 5. la letra impresa. LOC **In** ~, impreso/a; disponible; en venta *f*. **Out of** ~, agotado/a. II. *v* 1. imprimir. 2. escribir con letras *f/pl* de imprenta *f*. 3. (**in/on**) dejar (huellas *f/pl*). 4. estampar (*cloth*). 5. (**off**) sacar, positivar (*photography*). 6. (**out**) sacar por impresora *f* (*computing*). **print·able** ['printəbl] *adj* que puede imprimirse. **print·ed** ['printid] *adj* 1. impreso/a. 2. de imprenta *f*. 3. estampado/a. LOC ~ **circuit**, ELECTR circuito *m* impreso. ~ **matter/papers**, impresos *m/ pl*. **print·er** ['printə(r)] *n* 1. impresor/ra. 2. impresora *f* (*computing*). LOC ~**'s devil**, aprendiz *m* de imprenta. ~**'s ink**, tinta *f* de impresión *f*. ~**'s mark**, pie *m* de imprenta. **print·ing** ['printiŋ] *n* 1. impresión *f*; tipografía *f*. 2. tirada *f*. LOC ~ **house**, imprenta *f*. ~ **ink**, tinta *f* de imprenta. ~ **office**, talleres *m/pl* gráficos. ~**-press**/~**-machine**, prensa *f*. **print·out** ['printaut] *n* copia *f* (*from a computer*).

pri·or ['praiə(r)] I. *adj* anterior. II. *n* (*f* **pri·or·ess** ['praiəris]) REL prior/ra. **pri·ory** ['praiəri] *n* REL priorato *m*. **pri·or·ity** [prai'ɔrəti; US-'ɔ:r-] *n* 1. (**over**) prioridad *f*. 2. anterioridad *f*.

prise (US **prize**) [praiz] *v* (**off/up**) abrir (*using force*).

prism ['prizəm] *n* prisma *m*. **pris·mat·ic** [priz'mætik] *adj* prismático/a.

pris·on ['prizn] *n* prisión *f*, cárcel *m*. LOC ~ **camp**, campamento *m* de prisioneros *m/pl*. ~ **van**, coche *m* celular. **To send sb to** ~/**To put sb in** ~, encarcelar a alguien. **pri·son·er** ['priznə(r)] *n* preso/a; detenido/a; prisionero/a. LOC **To take sb** ~, hacer prisionero/a a alguien.

pris·sy ['prisi] *adj* (*comp* **-ier**, *sup* **-iest**) remilgado/a.

pris·tine ['pristi:n; 'pristain] *adj* original; prístino/a.

priv·acy ['privəsi, 'praiv-] *n* 1. vida *f* privada; intimidad *f*. 2. aislamiento *m*. 3. secreto *m*.

pri·vate ['praivit] I. *adj* 1. privado/a; personal; íntimo/a. 2. secreto/a; confidencial. 3. reservado/a; restringido/a. 4. aislado/a; apartado/a (*place*). LOC ~ **enterprise**, empresa *f* privada. ~ **eye**, INFML detective *m* privado. ~ **parts**, INFML partes *m/pl* nobles. ~ **secretary**, secretario/a privado. **To keep a matter** ~, mantener un asunto *m* en secreto. II. *n* 1. MIL soldado *m* raso. 2. ~**s** *pl* INFML partes *f/pl* nobles. LOC **In** ~, en privado. **pri·va·te·ly** ['praivitli] *adv* en privado. **pri·vat·ize, -ise** ['praivitaiz] *v* privatizar.

pri·vat·eer [,praivə'tiə(r)] *n* NAUT corsario *m*.

pri·va·tion [prai'veiʃn] *n* 1. privación *f*. 2. estrechez *f*; apuro *m*. **pri·vat·ive** ['privətiv] *adj* privativo/a.

pri·vet ['privit] *n* BOT alheña *f*.

priv·il·ege ['privəlidʒ] I. *n* 1. privilegio *m*, prerrogativa *f*. 2. honor *m*. II. *v* privilegiar. **priv·i·leg·ed** ['privəlidʒd] *adj* privilegiado/a.

priv·y ['privi] I. *adj* 1. privado/a, secreto/a. 2. (**to**) al tanto de. LOC ~ **council**, consejo *m* privado. ~ **purse**, dinero *m* para los gastos *m/pl* personales (*sovereign*). ~ **seal**, sello *m* real. II. *n* retrete *m*.

prize [praiz] I. *n* 1. premio *m*; galardón *m*. 2. FIG recompensa *f*. 3. NAUT presa *f*. 4. US V. **price**. LOC ~(**-giving**) **day**, día *m* de reparto *m* de premios *m/pl* (*school*). ~**-fight**, DEP combate *m* profesional (*boxing*). ~**-fighter**, DEP boxeador *m* profesional. II. *adj* 1. premiado/a; galardonado/a. 2. de primera categoría *f*. III. *v* estimar, apreciar.

pro [prəu] I. *n* 1. pro *m*: *The ~s and cons*, Los pros *m/pl* y los contras *m/pl*. 2. DEP INFML profesional *m/f*. II. *prep* en pro.

pro·ba·bil·ity [,prɔbə'biləti] *n* probabilidad *f*. LOC **In all** ~, con toda probabilidad *f*. **prob·able** ['prɔbəbl] *adj* probable. **prob·ably** ['prɔbəbli] *adv* probablemente.

prob·ate ['prəubeit] I. *n* JUR verificación *f* de un testamento *m*. II. *v* US legalizar.

pro·ba·tion [prə'beiʃn; US prəu-] *n* 1. JUR libertad *f* provisional. 2. período *m* de prueba. LOC **On** ~, bajo libertad *f* provisional; a prueba *f*. ~ **officer**, encargado *m* de vigilar a quienes están en libertad *f* provisional. **pro·ba·tion·ary** [prə'beiʃnri; US prəu'beiʃəneri] *adj* probatorio/a, de prueba *f*. **pro·ba·tion·er** [prə'beiʃənə(r)] *n* 1. persona *f* a prueba. 2. JUR persona *f* en libertad provisional.

probe ['prəub] I. *n* 1. sonda *f*. 2. (*also* **space** ~) sonda *f* espacial. 3. (**into**) investigación *f*; exploración *f*; encuesta *f*. II. *v* 1. sondear. 2. (**into**) investigar; examinar, explorar; tantear.

prob·ity ['prəubəti] *n* probidad *f*.

pro·blem ['prɔbləm] *n* problema *m*. LOC ~ **child**, niño/a difícil **pro·ble·mat·ic(·al)** [,prɔblə'mætik(l)] *adj* problemático/a; dudoso/a.

pro·bos·cis [prə'bɔsis] *n* (*pl* **-es** [-sisi:z] ZOOL trompa *f*.

pro·ce·dur·al [prə'si:dʒərəl] *adj* de procedimiento *m*, procesal. **pro·ce·dure** [prə'si:dʒə(r)] *n* 1. procedimiento *m*. 2. (**for**) trámites *m/pl*.

pro·ceed [prə'si:d, prəu-] *v* 1. (**to/with**) continuar, seguir. 2. (**against**) JUR proceder (contra alguien), procesar. 3. (**from**) proceder (de), provenir (de); salir. 4. (**to**) proseguir, seguir (con). **pro·ceed·ings** [prə'si:diŋz] *n/pl* 1. (**against/for**) procedimiento *m*; JUR proceso *m*. 2. reunión *f*. 3. (**of**) actas *f/pl*. **pro·ceeds** ['prəusi:dz] *n/pl* (**of/from**) beneficios *m/pl*; ganancias *f/pl*; ingresos *m/pl*.

pro·cess ['prəuses; US 'prɔses] I. *n* 1. proceso *m*; procedimiento *m*; método *m*. 2. BIOL, JUR proceso *m*. LOC **In** ~, en curso *m*. **In** ~ **of**, en vías *f/pl* (de). **In the** ~ **of time**, con el tiempo *m*. **II.** *v* **1.** tratar (*food*, etc). **2.** preparar. **3.** procesar (*data*). **4.** desfilar, ir en procesión *f*. **pro·ces·sing** ['prəusesiŋ] *n* **1.** tratamiento *m*. **2.** procesamiento *m*. **pro·ces·sor** [prəu'sesə(r)] *n* procesador *m* (*computing*).

pro·ces·sion [prə'seʃn] *n* **1.** desfile *m*, procesión *f* (*also* REL). **2.** comitiva *f*. **pro·ces·sion·al** [prə'seʃənl] *adj* procesional.

pro·claim [prə'kleim] *v* proclamar; declarar. **pro·clam·ation** [,prɔklə'meiʃn] *n* **1.** proclamación *f*. **2.** proclama *f* (*thing*).

pro·cliv·ity [prə'klivəti] *n* **(for/to/towards)** tendencia *f*, propensión *f*.

pro·cras·tin·ate [prəu'kræstineit] *v* aplazar; no decidirse. **pro·cras·tin·ation** [prəu,kræsti'neiʃn] *n* aplazamiento *m*, dilación *f*.

pro·cre·ate ['prəukrieit] *v* procrear. **pro·cre·ation** [,prəukri'eiʃn] *n* procreación *f*.

proc·tor ['prɔktə(r)] *n* **1.** JUR procurador. **2.** responsable *m/f* de la disciplina *f* (*at some universities*). **3.** US vigilante *m/f* (*at an exam*).

pro·cur·able [prə'kjuərəbl] *adj* alcanzable, asequible.

pro·cu·rat·or ['prɔkjureitə(r)] *n* JUR procurador *m*.

pro·cure [prə'kjuə(r)] *v* **1.** **(for)** obtener, lograr, conseguir. **2.** conseguir (a alguien) para la prostitución *f*; ejercer el proxenetismo *m*. **pro·cure·ment** [prə'kjuəmənt] *n* obtención *f*; adquisición *f*. **pro·cur·er** [prə'kjuərə(r)] (*f* **pro·cur·ess** [-'kjuəris]) *n* proxeneta *m/f*.

prod [prɔd] **I.** *v* **(-dd-)** **1.** **(at)** dar/empujar con la punta de algo (dedo, bastón...). **2.** **(into)** INFML estimular (*urge*). **II.** *n* **1.** empujón *m*; golpe *m*; codazo *m* (*elbow*). **2.** INFML estímulo *m*. **3.** pincho *m*; aguijón *m*.

prod·ig·al ['prɔdigl] *adj* pródigo/a. LOC **~ (son)**, hijo *m* pródigo. **prod·ig·al·ity** [,prɔdi'gæləti] *n* prodigalidad *f*.

pro·di·gi·ous [prə'didʒəs] *adj* prodigioso/a; enorme. **prod·i·gy** ['prɔdidʒi] *n* pródigo *m* (*person, thing*).

pro·duce [prə'dju:s; US-'du:s] **I.** *v* **1.** **(from)** producir, fabricar. **2.** causar, ocasionar. **3.** **(from/out)** mostrar, presentar, enseñar. **4.** producir, realizar (*film*, etc). **5.** **(to)** MAT prolongar (*line*). **II.** ['prɔdju:s] *n* producción *f*; productos *m/pl*; FIG fruto *m*. **pro·duc·er** [prə'dju:sə(r); US-'du:-] *n* **1.** productor/ra (*also cinema*). **2.** TEAT director/ra de escena *f*; realizador/ra (*TV*).

prod·uct ['prɔdʌkt] *n* **1.** producto *m* (*also* MAT); producción *f*. **2.** resultado *m*. **pro·duc·tion** [prə'dʌkʃn] *n* **1.** producción *f*. **2.** producto *m*; obra *f*. **3.** TEAT representación *f*; escenografía *f*. LOC **~ line**, cadena *f* de montaje *m*. **pro·duct·ive** [prə'dʌktiv] *adj* **1.** productivo/a. **2.** fértil; fecundo/a. **pro·duct·iv·ity** [,prɔdʌk'tivəti] *n* productividad *f*.

prof [prɔf] *n* INFML profe *m*.

pro·fan·ation [,prɔfə'neiʃn] *n* profanación *f*. **pro·fane** [prə'fein; US prəu-] **I.** *adj* **1.** profano/a; impío/a. **2.** sacrílego/a. **3.** blasfemo/a. **II.** *v* profanar. **pro·fan·ity** [prə'fænəti; US prəu-] *n* **1.** lo profano. **2.** sacrilegio *m*; impiedad *f*. **3.** blasfemia *f*; palabrota *f*.

pro·fess [prə'fes] *v* **1.** pretender. **2.** manifestar, declarar. **3.** profesar (*religion*). **pro·fes·s·ed** [prə'fest] *adj* **1.** supuesto/a; fingido/a. **2.** declarado/a. **pro·fess·ed·ly** [prə'fesidli] *adv* supuestamente; declaradamente.

pro·fes·sion [prə'feʃn] *n* **1.** profesión *f*. **2.** **(of)** declaración *f*, manifestación *f*. LOC **By ~**, de profesión *f*. **pro·fes·sion·al** [prə'feʃənl] **I.** *adj* de profesión *f*, profesional. **II.** *n* profesional *m/f*. **pro·fes·sion·al·ism** [prə'feʃənəlizəm] *n* profesionalismo *m*.

pro·fes·sor [prə'fesə(r)] *n* (*abrev* INFML **prof**) **1.** (US **full ~**) catedrático/a. **2.** US profesor *m* (*university*). **pro·fes·sor·ship** [prə'fesəʃip] *n* cátedra *f*.

prof·fer ['prɔfə(r)] **I.** *v* **(to)** ofrecer, ofrendar. **II.** *n* oferta *f*.

pro·fi·ci·ency [prə'fiʃnsi] *n* **(in/at)** competencia *f*; capacidad *f*; habilidad *f*. **pro·fi·ci·ent** [prə'fiʃnt] *adj* **(in/at)** competente; experto/a; hábil.

pro·file ['prəufail] **I.** *n* perfil *m*. **II.** *v* perfilar.

prof·it ['prɔfit] **I.** *n* **1.** COM beneficio *m*, ganancia *f*. **2.** provecho *m*. LOC **Gross ~**, beneficio *m* bruto. **~ and loss account**, cuenta *f* de ganancias *f/pl* y pérdidas *f/pl*. **~-margin**, excedente *m* de ganancias *f/pl*. **~-sharing**, participación *f* en los beneficios *m/pl*. **II.** *v* **1.** **(by)** beneficiarse, sacar provecho *m*. **2.** **(from)** ganar. **prof·it·ab·il·ity** [,prɔfitə'biləti] *n* rentabilidad *f*. **prof·it·able** ['prɔfitəbl] *adj* provechoso/a, beneficioso/a. **prof·it·eer** [,prɔfi'tiə(r)] **I.** *v* aprovecharse. **II.** *n* aprovechado/a. **prof·it·less** ['prɔfirlis] *adj* no rentable.

prof·lig·acy ['prɔfligəsi] *n* libertinaje *m*. **prof·lig·ate** ['prɔfligət] *adj/n* libertino/a; despilfarrador/ra.

pro·found [prə'faund] *adj* profundo/a. **pro·fund·ity** [prə'fʌndəti] *n* profundidad *f*.

pro·fuse [prə'fju:s] *adj* **1.** abundante, profuso/a. **2.** **(in)** pródigo/a. **pro·fuse·ness** [prə'fju:snis] *n* abundancia *f*, profusión *f*. **pro·fu·sion** [prə'fju:ʒn] *n* abundancia *f*, profusión *f*. LOC **In ~**, en abundancia *f*.

pro·gen·it·or [prəu'dʒenitə(r)] *n* progenitor *m*; antepasado *m*. **pro·ge·ny** ['prɔdʒəni] *n* progenia *f*, descendencia *f*.

pro·ges·te·rone [prə'dʒestərəun] *n* BIOL progesterona *f*.

pro·gno·sis [prɔg'nəusis] *n* (*pl* **-ses** [-si:z]) MED pronóstico *m*. **pro·gnost·ic·ate** [prɔg'nɔstikeit] *v* pronosticar. **pro·gnos·tic·ation** [prɔg,nɔsti'keiʃn] *n* pronóstico *m*; presagio *m*.

pro·gram ['prəugræm; US-gr | m] **I.** *n* **1.** US programa *m* (*TV*, etc). **2.** programa *m* (*computing*). **II.** *v* **(-mm-;** US **-m-)** programar (*computers*). **pro·gram·mer** (US **pro·gram·er** ['prəugræmə(r)]) *n* programador/ra.

pro·gram·me (US **pro·gram**) ['prəugræm; US -grəm] **I.** *n* programa *m* (*TV, politics,* MUS). LOC **~d learning**, enseñanza *f* programada. **II.** *v* **(-mm-;** US **-m-)** programar; planear.

pro·gress ['prəugres; US 'prɔg-] **I.** *n* progreso *m*; avance *m*; marcha *f*. LOC **In ~**, en curso *m*. **II.** *v* **1**. progresar, avanzar. **2**. hacer adelantos *m/pl*. **pro·gres·sion** [prə'greʃn] *n* **(from)** progresión *f*. **pro·gres·sive** [prə'gresiv] *adj/n* progresista *m/f*. **pro·gres·sive·ness** [prə'gresivnis] *n* progresividad *f*.

pro·hi·bit [prə'hibit; US prəu-] *v* prohibir; impedir. **pro·hi·bi·tion** [,prəuhi'biʃn; US ,prəu'biʃn] *n* prohibición *f*. **pro·hi·bi·tion·ist** [,prəuhi'biʃənist] *n* prohibicionista *m/f*. **pro·hi·bit·ive** [prə'hibətiv; US prəu-] *adj* prohibido/a.

pro·ject ['prɔdʒekt] **I.** *n* proyecto *m*. **II.** [prə'dʒekt] *v* **1**. proyectar, planear. **2**. sobresalir; resaltar. **pro·ject·ile** [prə'dʒektail; US-tl] **I.** *n* proyectil *m*. **II.** *adj* arrojadizo/a. **pro·jec·tion** [prə'dʒekʃn] *n* **1**. proyección *f*. **2**. saliente *m* LOC **~ room**, sala *f* de proyección *f*. **pro·jec·tion·ist** [prə'dʒekʃənist] *n* operador/ra de cine *m*. **pro·ject·or** [prə'dʒektə(r)] *n* aparato *m* de proyección *f*, proyector *m* (*film*).

prole [prəul] *n* INFML proletario/a. **pro·le·tar·i·an** [,prəuli'teəriən] *n/adj* proletario/a. **pro·le·ta·ri·at** [,prəuli'teəriət] *n* proletariado *m*.

pro·li·fer·ate [prə'lifəreit; US prəu-] *v* proliferar. **pro·li·fer·ation** [prə,lifə'reiʃn; US prəu-] *n* proliferación *f*.

pro·lif·ic [prə'lifik] *adj* prolífico/a.

pro·lix ['prəuliks; US prəu'liks] *adj* prolijo/a. **pro·lix·ity** [prəu'liksəti] *n* prolijidad *f*.

pro·lo·gue (US **pro·log**) ['prəulɔg; US -lɔ:g] *n* **(to)** prólogo *m*.

pro·long [prə'lɔŋ; US -'lɔ:ŋ] *v* prolongar. **pro·long·ation** [,prəulɔŋ'geiʃn; US -lɔ:ŋ] *n* prolongación *f*.

prom [prɔm] *n* INFML **1**. paseo *m* marítimo. **2**. US baile *m* de gala *f*. **pro·men·ade** [,prɔmə'na:d; US-'neid] **I.** *n* **1**. paseo *m* marítimo. **2**. US baile *m* de gala *f*. **II.** *v* pasear(se).

pro·min·ence ['prɔminəns] *n* **1**. importancia *f*. **2**. prominencia *f* (*landscape*). **pro·min·ent** ['prɔminənt] *adj* **1**. prominente; saliente. **2**. notable; destacado/a; preeminente.

pro·mis·cu·ity [,prɔmi'skju:əti] *n* promiscuidad *f*. **pro·mis·cu·ous** [prə'miskjuəs] *adj* promiscuo/a.

prom·ise ['prɔmis] **I.** *n* **(of)** promesa *f*; esperanza *f*. LOC **To be of great ~**, prometer. **II.** *v* **(to)** prometer; augurar, presagiar. LOC **~d land**, tierra *f* prometida. **prom·is·ing** ['prɔmisiŋ] *adj* que promete, prometedor/ra. **prom·is·sory** ['prɔmisəri; US -sɔ:ri] *adj* LOC **~ note**, COM pagaré *m*.

pro·mont·ory ['prɔməntri; US -tɔ:ri] *n* promontorio *m*.

pro·mote [prə'məut] *v* **1**. **(to)** promover, ascender. **2**. fomentar; estimular. **3**. promocionar. **4**. COM financiar; fundar (*company*). **5**. presentar (*bill in parliament*). **6**. QUIM provocar. **pro·mot·er** [prə'məutə(r)] *n* promotor/ra. **pro·mo·tion** [prə'məuʃn] *n* **1**. promoción *f*, ascenso *m*. **2**. fomento *m*, estímulo *m*.

prompt [prɔmpt] **I.** *adj* rápido/a; pronto/a; inmediato/a. **II.** *adv* en punto *m*. **III.** *v* **1**. impulsar, incitar, mover. **2**. inspirar. **3**. soplar, apuntar. **IV.** *n* **1**. COM plazo *m* límite. **2**. TEAT réplica *f*. **3**. COM P aviso *m*, recordatorio *m*. **prompt·er** ['prɔmpə(r)] *n* apuntador/ra. **prompt·ing** ['prɔmptiŋ] *n* incitación *f*; instigación *f*. **promp·ti·tude** ['prɔmptitju:d; US-tu:d], **prompt·ness** ['prɔmptnis] *n* prontitud *f*.

pro·mul·gate ['prɔmlgeit] *v* promulgar; difundir. **pro·mulg·ation** [,prɔml'geiʃn] *n* promulgación *f*; difusión *f*.

prone [prəun] *adj* **1**. boca *f* abajo. **2**. **(to)** propenso/a. **prone·ness** ['prəunis] *n* propensión *f*, predisposición *f*.

prong [prɔŋ; US prɔ:ŋ] *n* púa *f*, diente *f* (*fork*).

pro·nom·in·al [prəu'nɔminl] *adj* GRAM pronominal.

pro·noun ['prəunaun] *n* GRAM pronombre *m*.

pro·nounce [prə'nauns] *v* **1**. pronunciar (*sounds*). **2**. declarar. **3**. **(for/against)** JUR pronunciar; juzgar. **4**. **(on/upon)** dar su opinión *f*, pronunciar(se). **pro·nounce·able** [prə'naunsəbl] *adj* pronunciable. **pro·nounc·ed** [prə'naust] *adj* pronunciado/a; acusado/a. **pro·nounce·ment** [prə'naunsmənt] *n* **(on)** declaración *f*.

pron·to ['prɔntəu] *adv* INFML en seguida, pronto.

pro·nun·ci·ation [prə,nʌnsi'eiʃn] *n* pronunciación *f*.

proof [pru:f] **I.** *n* **1**. prueba *f* (MAT, JUR, *printing*, etc). **2**. graduación *f* normal (*alcohol*). LOC **The ~ fo the pudding is in the eating**, el movimiento *m* se demuestra andando. **To put sb/sth to the ~/test**, poner algo a prueba *f*. **II.** *adj* **1**. **(against)** resistente (a). **2**. (*in compounds*) a prueba *f* (de): *Bulletproof*, A prueba de bala. LOC **~-read**, corregir pruebas *f/pl*. **~-reader**, corrector/ra de pruebas *f/pl*. **~ sheet**, prueba *f*, galerada *f*. **III.** *v* impermeabilizar; hacer hermético/a.

prop [prɔp] **I.** *n* **1**. puntal *m*; entibo *m*; ARQ rodrigón *m*. **2**. FIG apoyo *m*, pilar *m*. **3**. INFML hélice *f*. **4**. INFML accesorio *m*. **II.** *v* **(-pp-)** **1**. apuntalar; entibar. **2**. **(against)** apoyar (contra).

pro·pa·gan·da [,prɔpə'gændə] *n* propaganda *f*. **pro·pa·gand·ist** [,prɔpə'gændist] *n* propagandista *m/f*. **pro·pa·gand·ize, -ise** [,prɔpə'gændaiz] *v* hacer propaganda *f*.

prop·ag·ate ['prɔpəgeit] *v* propagar(se). **pro·pag·ation** [,prɔpə'geiʃn] *n* propagación *f*. **pro·pa·gat·or** ['prɔpəgeitə(r)] *n* propagador/ ra.

pro·pane ['prəupein] *n* QUIM propano *m*.

pro·pel [prə'pel] *v* **(-ll-)** impulsar; propulsar. **pro·pel·lant, pro·pel·lent** [prə'pelənt] *n/adj* propulsor/ra. **pro·pel·ler** (*also* **screw ~**) [prə'pelə(r)] *n* hélice *f*. **pro·pel·ling** [prə'peliŋ] *adj* propulsor/ra. LOC **~ pencil**, porta *m* minas *f/pl*.

pro·pens·ity [prə'pensəti] *n* **(for/to/towards)** *n* propensión *f*.

prop·er ['prɔpə(r)] *adj* **1**. adecuado/a, apropiado/a; oportuno/a. **2**. correcto/a; exacto/a. **3**. decente; decoroso/a. **4**. propiamente dicho/a. **5**. FAM verdadero/a. LOC **~ fraction**, MAT fracción *f* propia. **~ name/noun**, GRAM nombre *m* propio. **To do the ~/right thing by sb**, cumplir con alguien. **prop·er·ly** ['prɔpəli] *adv* **1**. bien; debidamente; correctamente. **2**. INFML completamente. LOC **~ speaking**, propiamente dicho/a.

prop·er·ty ['prɔpəti] *n* **1**. propiedad *f* (*also* MED, BOT, QUIM). **2**. bienes *m/pl*; finca *f*. **3**. TEAT accesorio *m*. LOC **Man of ~**, hombre *m* rico. **Personal ~**, bienes *m/pl* inmuebles. **~ tax**, impuesto *m* sobre la propiedad *f*.

proph·e·cy ['prɔfəsi] *n* profecía *f*. **proph·e·sy** ['prɔfəsai] *v* (*pret/pp* **-sied**) **1**. **(of)** profetizar. **2**. predecir. **proph·et** ['prɔfit] *n* (*f* **~·ess** ['prɔfitəs]) **1**. profeta *m*/profetisa *f*. **2**. adivino/a. **pro·phet·ic** [prə'fektik], **pro·phet·ic·al** [prə'fetikl] *adj* profético/a.

pro·phy·lact·ic [,prɔfi'læktik] **I**. *adj* profiláctico/a. **II**. *n* **1**. MED profiláctico *m*. **2**. US preservativo *m*. **pro·phy·la·xis** [,prɔfi'læksis] *n* MED profilaxis *f*.

pro·pin·qui·ty [prə'piŋkwəti] *n* **1**. proximidad *f*, cercanía *f*. **2**. parentesco *m*.

pro·pi·ti·ate [prə'piʃieit] *v* propiciar; aplacar. **pro·pi·ti·ation** [prə,piʃi'eiʃn] *n* **(of sb/for sth)** propiciación *f*; aplacamiento *m*. **pro·pi·ti·at·ory** [prə'piʃiətri; US -tɔ:ri] *adj* propiciatorio/a. **pro·pi·ti·ous** [prə'piʃəs] *adj* **(for)** propicio/a.

prop·jet ['prɔpdʒet] *n* (*also* **turbo-prop**) turbohélice *f*.

pro·pon·ent [prə'pəunənt] *n* **(of)** defensor/ra.

pro·por·tion [prə'pɔ:ʃn] *n* **1**. proporción *f*; parte *f*. **2**. **~s** *pl* dimensiones *f/pl*. LOC **In ~ to**, en proporción *f* (con). **Out of ~**, desproporcionado/a. **To be out of ~ to sth**, no guardar proporción *f* con algo. **pro·por·tion·al** [prə'pɔ:ʃənl] *adj* **(to)** proporcional; en proporción *f*. LOC **~ representation**, representación proporcional. **pro·por·tion·ate** [prə'pɔ:ʃənət] *adj* **(to)** proporcionado/a. **pro·por·tion·ed** [prə'pɔ:ʃnd] *adj* proporcionado/a.

pro·pos·al [prəpəuzl] *n* **1**. propuesta *f*, proposición *f*. **2**. proyecto *m*. **3**. oferta *f*. **pro·pose** [prə'pəuz] *v* **1**. proponer(se). **2**. plantear. **3**. **(to)** pedir la mano *f* (de). LOC **~ sb's health/a toast**, proponer un brindis *m* (por). **pro·pos·er** [prə'pəuzə(r)] *n* el/la que propone. **pro·po·si·tion** [,prɔpə'ziʃn] **I**. *n* **1**. **(that...)** propuesta *f*; oferta *f*. **2**. **(to)** propósito *m*; empresa *f*. **3**. INFML problema *m*. **4**. MAT proposición *f*. **II**. *v* hacer proposiciones *f/pl* (*sexual intercourse*).

pro·pound [prə'paund] *v* proponer; plantear.

pro·pri·et·ary [prə'praiətri; US-teri] *adj* patentado/a; propietario/a. **pro·pri·et·or** [prə'praiətə(r)] *n* (*f* **pro·pri·et·ress** [prə'praiətris]) propietario/a.

pro·pri·e·ty [prə'praiəti] *n* **1**. correción *f*; decoro *m*; decencia *f*. **2**. **~s** *pl* reglas *f/pl* y convenciones *f/pl* sociales.

pro·pul·sion [prə'pʌlʃn] *n* propulsión *f*. **pro·puls·ive** [prə'pʌlsiv] *adj* propulsor/ra.

pro·rog·ation [,prəurə'geiʃn] *n* prórroga *f*. **pro·rogue** [prə'rəug] *v* prorrogar.

pro·sa·ic [prə'zeiik] *adj* prosaico/a.

pro·scen·i·um [prə'si:niəm] *n* TEAT proscenio *m*. LOC **~ arch**, embocadura *f*.

pro·scribe [prə'skraib; US prəu-] *v* proscribir. **pro·scrip·tion** [prə'skripʃn; US prəu-] *n* proscripción *f*.

prose [prəuz] *n* LIT prosa *f*.

pro·se·cute ['prɔsikju:t] *v* **1**. **(for)** JUR enjuiciar, procesar. **2**. proseguir, continuar. **pro·se·cu·tion** [,prɔsi'kju:ʃn] *n* **1**. JUR enjuiciamiento *m*, procesamiento *m*. **2**. JUR parte *f* acusadora. **3**. cumplimiento *m*; ejercicio *m*. **pro·se·cut·or** ['prɔsikju:tə(r)] *n* JUR acusador/ra; fiscal *m/f*.

pro·se·lyte ['prɔsəlait] *n* prosélito/a. **pro·se·lyt·ize, -ise** ['prɔsəlitaiz] *v* hacer/ganar prosélitos *m/pl*; convencer.

pro·sod·ic ['prɔsɔdik] *adj* prosódico/a. **pro·so·dy** ['prɔsədi] *n* LIT prosodia *f*; métrica *f*.

pro·spect ['prɔspekt] **I**. *n* **1**. vista *f*, perspectiva *f*; panorama *m*. **2**. **~s** *pl* expectativa *f*. **3**. **(of)** esperanza *f*. **4**. posible candidato/a/cliente/a/comprador/ra. **II**. [prə'spekt] *v* **(for)** hacer una prospección *f*. **pro·spect·ing** [prə'spektiŋ] *n* prospección *f*. **pro·spect·ive** [prə'spektiv] *adj* probable, eventual; futuro/a. **pro·spect·or** [prə'spektə(r)] *n* explorador/ra; buscador/ra.

pro·spec·tus [prə'spektəs] *n* folleto *m* informativo, prospecto *m*.

pros·per ['prɔspə(r)] *v* (hacer) prosperar; favorecer. **pros·per·ity** [prɔ'sperəti] *n* prosperidad *f*. **pros·per·ous** ['prɔspərəs] *adj* próspero/a.

pro·state ['prɔsteit] *n* (*also* **~ gland**) ANAT próstata *f*.

pros·the·sis ['prɔsθisis, prɔs'θi:sis] *n* (*pl* **-t·heses** ['prɔsθisi:z, prɔs'θi:si:z]) MED prótesis *f*.

pros·ti·tute ['prɔstitju:t; US-tu:t] **I**. *n* prostituta *f*. **II**. *v* prostituir (*also* FIG). **pros·ti·tu·tion** [,prɔsti'tju:ʃn; US -'tu:ʃn] *n* prostitución *f*.

pros·trate ['prɔstreit] **I**. *adj* **1**. postrado/a; boca *f* abajo. **2**. **(with)** abatido/a. **II**. *v* **1**. **(oneself)** postrar(se). **2**. abatir. **pros·tra·tion** [prɔ'steiʃn] *n* postración *f*, prosternación *f*.

pros·y ['prəuzi] *adj* (*comp* **-ier**, *sup* **-iest**) prosaico/a; aburrido/a; monótono/a.

pro·tag·on·ist [prə'tægənist] *n* protagonista *m/f*.

pro·tect [prə'tekt] *v* **1**. **(against/from)** proteger (*de/contra*); respaldar. **pro·tec·tion** [prə'tekʃn] *n* **1**. **(against/from)** protección *f*. **2**. (*also* **~ money**) dinero *m* (*paid to gangsters*). **pro·tec·tion·ism** [prə'tekʃənizəm] *n* proteccionismo *m*. **pro·tec·tion·ist**

[prəˈtekʃənist] *n* proteccionista *m/f*. **pro·tect·ive** [prəˈtektiv] **I.** *adj* protector/ra. LOC **~ custody**, JUR detención *f* preventiva. **~ duty/~ tariff**, impuesto *m*/tarifa *f* proteccionista. **II.** *n* US MED preservativo *m*. **pro·tect·or** [prəˈtektə(r)] *n* protector/ra. **pro·tect·or·ate** [prəˈtektərət] *n* protectorado *m*.

pro·té·gé (*f* **protégée**) [ˈprɔtiʒei; US ˌprəutiˈʒei] *n* protegido/a, ahijado/a.

pro·te·in [ˈprəuti:n] *n* BIOL proteína *f*.

pro·test [ˈprəutest] **I.** *n* protesta *f*; queja *f*; objeción *f*. LOC **Under ~**, en contra de su voluntad *f*. **II.** *v* (**about/against**) protestar; quejarse; poner reparos *m/pl* (a). **pro·test·ation** [ˌprɔteˈsteiʃn] *n* protesta *f*. **pro·test·er** [prəuˈtestə(r)] *n* protestador/a.

Prot·est·ant [ˈprɔtistənt] *n/adj* REL protestante *m/f*. **Prot·est·ant·ism** [ˈprɔtistəntizəm] *n* REL protestantismo *m*.

pro·to·col [ˈprəutəkɔl; US -kɔ:l] *n* protocolo *m*.

pro·ton [ˈprəutɔn] *n* FIS protón *m*.

pro·to·plasm [ˈprəutəplæzəm] (*also* **plasma**) *n* BIOL protoplasma *m*.

pro·to·type [ˈprəutətaip] *n* prototipo *m*.

pro·to·zo·an, -zoon [ˌprəutəˈzəuən] *n* (*pl* **-zoa** [-ˈzəuə]) *n* BIOL, ZOOL protozoo *m*.

pro·tract [prəˈtrækt; US prəu-] *v* prolongar. **pro·trac·tion** [prəˈtrækʃn; US prəu-] *n* prolongación *f*. **pro·tract·or** [prəˈtræktə(r); US prə-] *n* transportador *m* (de medidas).

pro·trude [prəˈtru:d; US prəu-] *v* (**from**) sacar; (sobre)salir. **pro·trus·ive** [prəˈtru:siv; US prəu-] *adj* que sobresale, saliente. **pro·tru·sion** [prəˈtru:ʒn; US prəu-] *n* saliente *m*.

pro·tu·ber·ance [prəˈtju:bərəns] *n* protuberancia *f*. **pro·tu·ber·ant** [prəˈtju:bərənt; US prəuˈtu:-] *adj* protuberante; saliente.

proud [praud] *adj* (*comp* **-er**, *sup* **-est**) **1.** (**of**) orgulloso/a. **2.** soberbio/a, altivo/a; arrogante; engreído/a. **3.** imponente; espléndido/a; glorioso/a. LOC **As ~ as a peacock**, engreído como un pavo real. **To do oneself ~**, no privarse de nada. **To do sb ~**, INFML poner a alguien por las nubes *f/pl*, tratarle muy bien.

prov·able [ˈpru:vəbl] *adj* demostrable. **prove** [pru:v] *v* (*pp* **~d**; US **~n** [ˈpru:vn]) **1.** (**to**) demostrar, (com)probar. **2.** (US **probate**) verificar; confirmar; justificar. LOC **The exception ~s the rule**, la excepción *f* confirma la regla *f*. **prov·en** [ˈpru:vn] *adj* probado/a.

pro·ven·ance [ˈprɔvənəns] *n* origen *m*, procedencia *f*.

pro·vend·er [ˈprɔvində(r)] *n* **1.** forraje *m*. **2.** INFML provisiones *f/pl*, comida *f*.

prov·erb [ˈprɔvɜ:b] *n* proverbio *m*, refrán *m*. **pro·ver·bi·al** [prəˈvɜ:biəl] *adj* proverbial.

pro·vide [prəˈvaid] *v* **1.** (**with**) suministrar; dar, proveer (de), proporcionar. **2.** (**against**) tomar precauciones *f/pl* (contra). **3.** (**for sb**) mantener, estipular. **4.** (**for sth**) prever. **pro·vid·ed** [prəˈvaidid] (*also* **~ that/providing (that)**) *conj* a condición *f* de que, con tal de que. **pro·vid·er** [prəˈvaidə(r)] *n* proveedor/ra.

prov·id·ence [ˈprɔvidəns] *n* **1.** providencia *f*. **2.** previsión *f*. **prov·id·ent** [ˈprɔvidənt] *adj* previsor/ra. **prov·i·den·ti·al** [ˌprɔviˈdenʃl] *adj* providencial.

prov·ince [ˈprɔvins] *n* **1.** provincia *f*. **2.** incumbencia *f*, competencia *f*; JUR jurisdicción *f*. **pro·vin·ci·al** [prəˈvinʃl] **I.** *adj* **1.** provincial, provinciano/a. **2.** FIG pueblerino/a. **II.** *n* provinciano/a. **pro·vin·ci·al·ism** [prəˈvinʃlizəm] *n* provincialismo *m*.

prov·ing [ˈpru:viŋ] *n* prueba *f*.

pro·vi·sion [prəˈviʒn] **I.** *n* **1.** (**of**) provisión *f*. **2.** (**for**) JUR disposición *f*. **3.** **~s** *pl* suministro *m*; comestibles *m/pl*; abastecimiento *m*. **II.** *v* (**with**) proveer, suministrar. **pro·vi·sion·al** [prəˈviʒənl] *adj* provisional.

pro·vi·so [prəˈvaizəu] *n* (*pl* **~(e)s**) condición *f*. **pro·vis·o·ry** [prəˈvaizəri] *adj* condicional; provisional.

pro·voc·ation [ˌprɔvəˈkeiʃn] *n* provocación *f*. **pro·voc·at·ive** [prəˈvɔkətiv] *adj* provocativo/a, provocador/ra.

pro·voke [prəˈvəuk] *v* **1.** provocar; irritar. **2.** (**into**) mover, incitar. **pro·vok·ing** [prəˈvəukiŋ] *adj* provocativo/a, provocador/ra; irritante; molesto/a.

prov·ost [ˈprɔvəst; US ˈprəu-] *n* **1.** director/ra (*university, college*); US preboste *m*, rector (*university*). **2.** alcalde *m* (*Scottish*). **3.** REL prepósito *m*.

prow [prau] *n* NAUT proa *f*.

prow·ess [ˈprauis] *n* habilidad *f*; valor *m*.

prowl [praul] **I.** *v* **1.** (**about/around**) rondar; vagar, merodear. **II.** *n* ronda *f*; merodeo *m*. LOC **~ car**, SL coche *m* patrulla. **To be/go on the ~**, rondar, merodear. **prowl·er** [ˈpraulə(r)] *n* merodeador/ra.

prox·im·ate [ˈprɔksimət] *adj* próximo/a. **prox·im·ity** [prɔkˈsiməti] *n* (**to**) proximidad *f*.

prox·y [ˈprɔksi] *n* **1.** representante *m/f*, apoderado/a. **2.** procuración *f*, poder(es) *m(pl)*. LOC **By ~**, por poderes.

prude [pru:d] *n* gazmoño/a, mojigato/a, santurrón/na. **prud·ery** [ˈpru:dəri] *n* gazmoñería *f*, mojigatería *f*. **prud·ish** [ˈpru:diʃ] *adj* gazmoño/a, mojigato/a. **prud·ish·ness** [ˈpru:diʃnəs] *n* gazmoñería *f*.

prud·ence [ˈpru:dns] *n* prudencia *f*. **prud·ent** [ˈpru:dnt] *adj* prudente.

prune [pru:n] **I.** *n* ciruela *f* pasa. **II.** *v* **1.** AGR (**back**) podar. **2.** (**down**) reducir, recortar. **prun·ing** [pru:niŋ] *n* AGR poda *f*. LOC **~-hook**, podadera *f*.

pru·ri·ence [ˈpruəriəns] *n* lascivia *f*. **pru·ri·ent** [ˈpruəriənt] *adj* lascivo/a.

Prus·si·an [prʌʃn] *n/adj* prusiano/a.

prus·sic a·cid [ˌprʌsik ˈæsid] *n* QUIM ácido *m* prúsico.

pry [pray] *v* (*pret/pp* **pried** [praid]) **1.** (**into**) entrometerse (en). **2.** curiosear, fisgonear. **3.** (US **prise**) abrir con una palanca *f*.

P.S. [ˌpi:ˈes] *abrev* (**postscript**) P.D. (postdata).

psalm [sa:m] *n* REL salmo *m*. **psalm·ist** [ˈsa:mist] *n* salmista *m*.

psal·ter ['sɔ:ltə(r)] *n* REL salterio *m*.
psal·te·ry ['sɔ:ltəri] *n* MUS salterio *m*.
pseud [sju:d; US 'su:d] *n* INFML fanfarrón/na.
pseu·do ['sju:dəu; US 'su:-] *adj* INFML falso/a, supuesto/a. **pseu·do·nym** ['sju:dənim; US 'su:d|nim] *n* seudónimo *m*. **pseu·do·nym·ous** [sju:'dɔniməs; US su:-] *adj* seudónimo/a.
psych(e) [saik] *v* **1**. INFML **(out)** influir/poner nervioso/a por medios psicológicos. **2**. mentalizar(se) para algo.
psyche ['saiki] *n* (p)sique *f*.
psy·che·del·ic [,saiki'delik] *adj* (p)sicodélico/a.
psy·chi·at·ric [,saiki'ætrik] *adj* (p)siquiátrico/a. **psy·chi·at·rist** [sai'kaiətrist] *n* (p)siquiatra *m/f*. **psy·chi·at·ry** [,sai'kaiətri; US si-] *n* (p)siquiatría *f*.
psych·ic ['saikik] **I**. *adj* (*also* **psych·ic·al** ['saikikl]) (p)síquico/a. **II**. *n* médium *m/f*.
psy·cho·a·nal·yse, -l·yze [,saikəu'ænəlaiz] *v* (p)sicoanalizar. **psy·cho·a·na·ly·sis** [,saikəuə'næləsis] *n* (p)sicoanálisis *m*. **psy·cho·a·nal·yst** [,saikəu'ænəlist] *n* (p)sicoanalista *m/f*. **psy·cho·a·na·lyt·ic(·al)** [,saikəu,ænə'litik(l)] *adj* (p)sicoanalítico/a.
psy·cho·log·ic·al [,saikə'lɔdʒikl] *adj* (p)sicológico/a. **psy·chol·og·ist** [,sai'kɔlədʒist] *n* (p)sicólogo/a. **psy·chol·o·gy** [sai'kɔlədʒi] *n* (p)sicología *f*.
psy·cho·path ['saikəupæθ] *n* (p)sicópata *m/f*. **psy·cho·path·ic** [,saikəu'pæθik] *adj* (p)sicopático/a.
psy·cho·sis [sai'kəusis] *n* (*pl* **-choses** [-'kəusi:z]) (p)sicosis *f*.
psy·cho·so·mat·ic [,saikəusə'mætik] *adj* (p)sicosomático/a.
psy·cho·the·rap·ist [,saikəu'θerəpist] *n* (p)sicoterapeuta *m/f*. **psy·cho·the·ra·py** [,saikəu'θerəpi] *n* (p)sicoterapia *f*.
psy·chot·ic [sai'kɔtik] **I**. *adj* (p)sicopático/a. **II**. *n* (p)sicópata *m/f*.
ptar·mi·gan ['ta:migən] *n* ZOOL lagópedo *m*; perdiz *f* blanca.
pte·ro·dac·tyl [,terə'dæktil] *n* ZOOL pterodáctilo *m*.
pto·maine ['təumein] *n* QUIM ptomaína *f*.
pub [pʌb] *n* INFML bar *m*, taberna *f*. LOC ~ **crawl**, INFML copeo *m*, chateo *m*.
pu·ber·ty ['pju:bəti] *n* pubertad *f*.
pub·ic ['pʌbik] *adj* ANAT púbico/a.
pub·lic ['pʌblik] **I**. *adj* público/a. LOC **~-address system**, megafonía *f*. ~ **enemy**, enemigo *m* público. ~ **house**, taberna *f*. ~ **library**, biblioteca *f* pública. ~ **life**, vida *f* pública. ~ **opinion**, opinión *f* pública. ~ **prosecutor**, JUR fiscal *m/f*. ~ **relations**, relaciones *f/pl* públicas. ~ **school**, colegio *m* privado; US instituto *m*. ~ **spirit**, civismo *m*. ~ **transport**, transporte *m* público. **II**. *n* público *m*. LOC **In ~**, en público *m*. **pub·lic·ation** [,pʌbli'keiʃn] *n* publicación *f*. **pub·lic·ist** ['pʌblisist] *n* publicista *m/f*. **pub·lic·ity** [pʌb'lisəti] *n* publicidad *f*. LOC ~ **agent**, agente *m/f* de publicidad *f*. **pub·lic·ize, -ise** ['pʌblisaiz] *v* publicar, divulgar; hacer público; anunciar. **pub·lic·an** ['pʌblikən] *n* tabernero/a.
pub·lish ['pʌbliʃ] *v* **1**. publicar, editar. **2**. divulgar. **pub·lish·er** ['pʌbliʃə(r)] *n* editor/ra. **pub·lish·ing** ['pʌbliʃiŋ] *n* publicación *f* de libros. ~ **house**, (casa *f*) editorial.
puce [pju:s] *adj/n* (de) color *m* pardo rojizo.
puck [pʌk] *n* **1**. DEP disco *m* (*hockey*). **2**. duende *m*.
puck·er ['pʌkə(r)] **I**. *v* **(up)** fruncir; arrugar(se). **II**. *n* frunce *m*, fruncido *m*; arruga *f*.
puck·ish ['pʌkiʃ] *adj* travieso/a, juguetón/na.
pud·ding ['pudiŋ] *n* **1**. postre *m*. **2**. pudin *m*. **3**. (*also* **black ~**) morcilla *f*.
pud·dle ['pʌdl] **I**. *n* charco *m*. **II**. *v* TEC pudelar. **pud·dling** ['pʌdliŋ] *n* TEC pudelado *m*.
pu·den·da [pju:'dendə] *n* ANAT partes *f/pl* pudendas.
pud·gy ['pʌdʒi] *adj* (*comp* **-ier**, *sup* **-iest**) INFML rechoncho/a.
pu·er·ile ['pjuərail; US -rəl] *adj* pueril. **pu·er·il·ity** [pjuə'riləti] *n* puerilidad *f*.
pu·er·per·al [pju:'ɜ:pərəl] *adj* MED puerperal.
puff [pʌf] **I**. *n* **1**. ráfaga *f*, soplo *m* (*wind*); bocanada *f* (*smoke*); resoplido *m*. **2**. borla *f* (*powder*). **3**. pastel *m* de crema *f*, buñuelo *m*. **4**. INFML aliento *m*. LOC ~ **pastry**, hojaldre *m*. **II**. *v* **1**. soplar; echar bocanadas *f/pl*; echar humo *m*/vapor *m*. **2**. **(at)** dar caladas *f/pl* (*cigarette*). **3**. **(out)** echar bocanadas *f/pl*. **4**. **(up)** hinchar: ~ *oneself up*, Darse bombo. LOC **To be ~ed out**, estar sin aliento *m*. **puf·fed** [pʌft] *adj* INFML sin aliento *m*. **puf·fer** ['pʌfə(r)] *n* FAM **1**. locomotora *f*. **2**. fumador/ra. **puf·fy** ['pʌfi] *adj* (*comp* **-ier**, *sup* **-iest**) hinchado/a.
puf·fin ['pʌfin] *n* ZOOL frailecillo *m*.
pug [pʌg] (*also* **~-dog**) ZOOL doguillo *m*. LOC **~-nosed**, chato/a.
pu·gil·ism ['pju:dʒilizəm] *n* DEP pugilismo *m*, pugilato *m*. **pu·gil·ist** ['pju:dʒilist] *n* púgil(ista) *m*.
pug·na·ci·ous [pʌg'neiʃəs] *adj* belicoso/a, agresivo/a. **pug·nac·ity** [pʌg'næsəti] *n* belicosidad *f*, pugnacidad *f*.
puke [pju:k] **I**. *v* **(up)** SL vomitar. **II**. *n* vomitona *f*.
pull [pul] **I**. *n* **1**. **(at/on)** tirón *m*. **2**. FIS (fuerza *f* de) atracción *f*; FIG influencia *f*. **3**. INFML enchufe *m*, influencia *f*. **4**. **(at)** trago *m* (*drink*); calada *f* (*cigarette*). **5**. trabajo *m*, esfuerzo *m*. **6**. palanca *f*. **7**. primeras pruebas, galerada *f*. **8**. DEP golpe *m* oblicuo (*golf*). **II**. *v* **1**. tirar (de); arrastrar (*drag*). **2**. arrancar, sacar. **3**. apretar (*trigger*). **4**. tensar (*bow*). **5**. tirar (*proof*). **6**. **(about)** manosear; maltratar. **7**. **(ahead)** DEP destacarse. **8**. **(along)** arrastrar. **9**. **(apart)** romper; echar por tierra *f*. **10**. **(away)** separar; sacar. **11**. **(back)** echar atrás. **12**. **(down)** bajar; derribar; perjudicar. **13**. **(for)** animar. **14**. **(in)** entrar; llegar; pararse. **15**. **(off)** quitar(se); conseguir; llevar a cabo. **16**. **(on)** tirar (*rope*); ponerse (*clothes*). **17**.

(out) arrancar, sacar; retirarse. **18.** **(over)** ceñirse (a). **19.** **(round)** reanimar; volver en sí. **20.** **(through)** sacar/salir de un apuro *m*. **21.** **(together)** aunar esfuerzos *m/pl*. **22.** **(up)** levantar; acercarse; arrancar; parar(se), detener(se); recuperar terreno *m*. LOC **To make/~ a face**, hacer una mueca *f*. **To ~ at a bottle**, beber de la botella *f*. **To ~ one's punches**, DEP no pegar a fondo (*boxing*); hacer críticas moderadas. **To ~ sb's leg**, tomarle el pelo a alguien. **~ up** (US **~ off**), área *f* de descanso (*roads*). **~ out**, suplemento *m* por separado (*magazine*).

pul·let ['pulit] *n* ZOOL polla *f*.

pul·ley ['puli] *n* polea *f*.

pull·ov·er ['puləuvə(r)] *n* (*also jersey*) jersey *m*.

pul·mon·ary ['pʌlmənəri; US-neri] *adj* ANAT pulmonar.

pulp [pʌlp] **I.** *n* **1.** BOT pulpa *f*; pasta *f* (*wood*). **2.** libro *m*/revista *f* de poca categoría *f*. **II.** *v* reducir a/hacer pulpa *f*/pasta *f*. **pul·py** ['pʌlpi] *adj* (*comp* **-ier**, *sup* **-iest**) pulposo/a.

pul·pit ['pulpit] *n* púlpito *m*.

puls·ate [pʌl'seit; US 'pɔlseit] *v* **1.** (*also* **[pulse]**) latir, palpitar. **2.** vibrar. **puls·ation** [pʌl'seiʃn] *n* pulsación *f*; vibración *f*.

pulse [pʌls] **I.** *n* **1.** pulso *m*. **2.** MUS ritmo *m*, compás *m*. **3.** FIS vibración *f*; impulso *m*. **4.** BOT plantas *f/pl* leguminosas. LOC **To feel/take sb's ~**, tomar el pulso *m* a alguien. **II.** *v* pulsar, latir; vibrar.

pul·ver·iz·ation, **-is·ation** [,pʌlvərai'zeiʃn; US-ri'z-] *n* pulverización *f*. **pul·ver·ize**, **-ise** ['pʌlvəraiz] *v* **1.** pulverizar. **2.** INFML dar una paliza *f*; machacar.

pu·ma ['pju:mə] *n* (*also* **cougar**, **mountain lion**) ZOOL puma *m*.

pum·ice ['pʌmis] (*also* **~-stone**) *n* piedra *f* pómez.

pum·mel, **pom·mel** ['pʌml] **I.** *v* (**-ll-**; US **-l-**) aporrear. **II.** *n* pomo *m*.

pump [pʌmp] **I.** *n* **1.** bomba *f*. **2.** playera *f* (*plimsoll*), zapatilla *f*. **3.** US zapato *m* bajo de charol *m*. **II.** *v* **1.** bombear; sacar con una bomba *f*. **2.** INFML mover arriba y abajo. **3.** **(for/out)** INFML sonsacar. **4.** **(in/into)** invertir. **5.** **(up)** inflar (*tyre*). LOC **To ~ dry**, secar.

pump·kin ['pʌmpkin] *n* BOT calabaza *f*.

pun [pʌn] **I.** *n* **(on sth)** juego *m* de palabras *f/pl*; retruécano *m*. **II.** *v* **(-nn-)** **(on sth)** hacer retruécanos *m/pl* o juegos *m/pl* de palabra.

Punch [pʌntʃ] *n* Polichinela *m*.

punch [pʌntʃ] **I.** *n* **1.** TEC sacabocados *m*; botador *m*, punzón *m*. **2.** ponche *m*. **3.** puñetazo *m*; pegada *f*. **4.** FIG fuerza *f*, vigor *m*. LOC **~ ball**, DEP punching ball *m*, saco *m* de arena *f*. **~-drunk**, atontado/a (*boxer*). **~-line**, gracia *f*, frase *f*, clave *f*. **II.** *v* **1.** **(in)** taladrar, agujerear. **2.** **(in/out)** fichar (**~-card**). **3.** dar un puñetazo *m*. **4.** guiar (*cattle*).

punc·ti·lio [pʌŋk'tiliəu] *n* (*pl* **-s**) formalismo *m*. **punc·ti·li·ous** [pʌŋk'tiliəs] *adj* formalista; puntilloso/a.

punc·tu·al ['pʌŋktʃuəl] *adj* puntual. **punc·tu·al·ity** [,pʌŋktʃu'æləti] *n* puntualidad *f*.

punc·tu·ate ['pʌŋktʃuəit] *v* **1.** puntuar. **2.** **(with)** interrumpir. **punc·tu·ation** [,pʌŋktʃu'eiʃn] *n* puntuación *f*. LOC **~ mark**, signo *m* de puntuación *f*.

punc·ture ['pʌŋktʃə(r)] **I.** *n* pinchazo *m* (*tyre*); perforación *f*. **II.** *v* pinchar, perforar.

pun·dit ['pʌndit] *n* IR erudito/a; autoridad *f*, experto *m*.

pung·ency ['pʌndʒənsi] *n* **1.** acritud *f*; lo picante. **2.** mordacidad *f*. **pung·ent** ['pʌndʒənt] *adj* **1.** acre; picante. **2.** mordaz.

pun·ish ['pʌniʃ] *v* **1.** **(for)** castigar. **2.** INFML maltratar; dar una paliza *f*. **pun·ish·able** ['pʌniʃəbl] *adj* **(by)** castigable, punible. **pun·ish·ing** ['pʌniʃiŋ] **I.** *adj* agotador/ra. **II.** *n* castigo *m*. **pun·ish·ment** ['pʌniʃmənt] *n* **1.** castigo *m*. **2.** FAM paliza *f*.

pu·nit·ive ['pju:nətiv] *adj* punitivo/a.

punk [pʌŋk] *n* **1.** (*also* **~ rock**) MUS música *f* punk. **2.** punki *m/f*. **3.** US INFML pillo/a; travieso/a. **4.** basura *f*, desperdicio *m*.

pun·net ['pʌnit] *n* canastillo *m*.

pun·ster ['pʌnstə(r)] *n* persona *f* que gusta de hacer juegos de palabras.

punt [pʌnt] **I.** *n* **1.** NAUT batea *f*. **2.** DEP patada *f* (*football*). **II.** *v* **1.** ir/llevar en batea *f*. **2.** DEP impulsar, patear, dar un patada *f*. **3.** hacer apuestas. **punt·er** ['pʌntə(r)] *n* jugador/ra.

pu·ny [pju:ni] *adj* (*comp* **-ier**, *sup* **-iest**) débil, endeble; insignificante.

pup [pʌp] **I.** *n* (*also* **~py** ['pʌpi]) **1.** ZOOL cachorro *m*. **2.** mocoso/a. LOC **To sell sb a ~**, darle a uno gato *m* por liebre *f*. **II.** *v* **(-pp-)** parir (*perra f*).

pu·pa ['pju:pə] *n* (*pl* **-s**; **-e** ['pju:pi:]) ZOOL crisálida *f*.

pu·pil ['pju:pl] *n* **1.** alumno/a; discípulo/a. **2.** ANAT pupila *f*.

pup·pet ['pʌpit] *n* **1.** TEAT marioneta *f*, títere *m*. **2.** FIG títere *m*, pelele *m*. LOC **~ government**, gobierno *m* títere. **~-play/~-show**, TEAT teatro *m* de marionetas *f/pl*. **pup·pet·eer** [,pʌpi'tiə(r)] *n* titiritero/a. **pup·pe·try** ['pʌpitri] *n* títeres *m/pl*.

pur·blind ['pɜ:blaind] *adj* MED medio ciego/a; FIG ciego/a.

pur·chase ['pɜ:tʃəs] **I.** *n* **1.** compra *f*; adquisición *f*. **2.** agarre *m*. **3.** TEC palanca *f*. LOC **~ tax**, impuesto *m* de venta *f*. **II.** *v* **(with)** comprar; adquirir. **pur·chas·er** ['pɜ:tʃəsə(r)] *n* comprador/ra. **pur·chas·ing** ['pɜ:tʃəsiŋ] *adj* comprador/ra. LOC **~ power**, poder *m* adquisitivo.

pure [pjuə(r)] *adj* **1.** puro/a; sin mezcla *f*. **2.** casto/a. **3.** mero/a, sencillo/a. LOC **~-bred**, de pura sangre *f*. **pure·ly** ['pjuəli] *adv* puramente. **pure·ness** ['pjuənis], **pur·ity** ['pjuərəti] *n* pureza *f*.

pu·rée ['pjuərei; US pju'rei] *n* puré *m*.

pur·ga·tion [pɜ:'geiʃn] *n* purgación *f*. **pur·gat·ive** ['pɜ:gətiv] *n/adj* purgante *m*. **pur·gat·ory** ['pɜ:gətri; US -tɔ:ri] *n* REL, INFML purgatorio *m*.

purge [pə:dʒ] I. *v* 1. (**of/from**) purgar; limpiar; purificar. 2. deshacerse (de). II. *n* MED, FIG, TEC purga *f*; purgante *m*.
pu·ri·fic·ation [,pjuərifi'keiʃn] *n* purificación *f*; TEC depuración *f*. **pu·ri·fi·er** [,pjuəri'faiə(r)] *n* purificador/ra; TEC depurador *m*. **pur·ify** ['pjuərifai] *v* (*pret/pp* **-fied**) purificar (*also* TEC); depurar.
pur·ism ['pjuərizəm] *n* purismo *m*. **pur·ist** ['pjuərist] *n* purista *m/f*.
pu·ri·tan ['pjuəritən] *n/adj* puritano/a. **pu·ri·tan·ic·al** [,pjuəri'tænikl] *adj* puritano/a. **pu·ri·tan·ism** ['pjuəritənizəm] *n* puritanismo *m*.
purl [pɜ:l] I. *n* (*also* ~ **stitch**) puntilla *f*. II. *v* ribetear.
pur·li·eu ['pɜ:lju:z] *n* límites *m/pl*; alrededores *m/pl*.
pur·lo·in [pɜ:'lɔin; 'pɜ:lɔin] *v* robar, hurtar.
pur·ple ['pɜ:pl] I. *adj* 1. morado/a; purpúreo/a. 2. LIT elaborado/a; recargado/a. II. *n* violeta *m*, morado *m*.
pur·port ['pɜ:pət] I. *n* (**of**) sentido *m*, significado *m*; intención *f*. II. [pɜ:pɔ:t] *v* significar; pretender; dar a entender.
pur·pose ['pɜ:pəs] I. *n* 1. intención *f*, propósito *m*. 2. determinación *f*; resolución *f*. LOC **For practical ~s**, a efectos *m/pl* prácticos. **On ~**, adrede, a propósito *m*. **To little ~**, para poco. **To serve the ~**, servir para el caso *m*. II. *v* proponerse. **pur·pose·ful** ['pɜ:pəsfl] *adj* decidido/a; resuelto/a. **pur·po·se·less** ['pɜ:pəslis] *adj* sin objetivo *m*; indeciso/a. **pur·pose·ly** ['pɜ:pəsli] *adv* a propósito.
purr [pɜ:(r)] I. *v* ronronear (*cat*); zumbar (*machine*). II. *n* ronroneo *m*; zumbido *m*.
purse [pɜ:s] I. *n* 1. monedero *m*. 2. bolsa *f* (*money*). 3. premio *m*. 4. US bolso *m*. LOC **To hold the ~-strings**, saber administrar (*money*). II. *v* (**up**) apretar (*lips*). **purs·er** ['pɜ:sə(r)] *n* NAUT contador *m*.
pur·su·ance [pə'sju:əns; US-'su:] *n* LOC **In (the) ~ of sth**, según, con arreglo *m* (a).
pur·sue [pə'sju; US-'su:] *v* 1. perseguir; seguir la pista *f* (de). 2. (pro)seguir, continuar. **pur·su·er** [pə'sjuə(r)] *n* perseguidor/ra.
pur·su·it [pə'sju:t; US-'su:t] *n* 1. (**of**) persecución *f*; caza *f*. 2. ocupación *f*, actividad *f*. 3. pasatiempo *m*. 4. búsqueda *f*. LOC **In ~ of**, en busca *f* (de), en pos (de).
pu·rul·ence ['pjuərələns] *n* MED purulencia *f*. **pu·rul·ent** ['pjuərələnt] *adj* MED purulento/a.
pur·vey [pə'vei] *v* (**to**) abastecer, proveer. **pur·vey·ance** [pə'veiəns] *n* abastecimiento *m*, suministro *m*. **pur·vey·or** [pə'veiə(r)] *n* abastecedor/ra, proveedor/ra.
pur·view ['pɜ:vju:] *n* alcance *m*; competencia *f*.
pus [pʌs] *n* pus *m*.
push [puʃ] I. *n* 1. empujón *m*. 2. MIL ofensiva *f*. 3. INFML empuje *m*, energía *f*. LOC **At a ~**, INFML en caso *m* de necesidad *f*. **~-bike**, INFML bici *f*. **~-button**, botón *m*, pulsador *m*. **~-cart**, carretilla *f* de mano *f*. **~-chair** (US **stroller**), coche *m* silla *f*. **~-over**, SL cosa *f* fácil de hacer; persona *f* fácil de convencer. **~-start**, arrancar empujando (*motor vehicle*). II. *v* 1. empujar; apretar, pulsar. 2. promover, fomentar. 3. obligar; incitar; enchufar, recomendar. 4. (**ahead**) seguir adelante. 5. (**aside**) apartar; apartar a empujones *m/pl*. 6. (**away**) quitar, apartar. 7. (**back**) (hacer) retroceder. 8. (**forward**) avanzar; empujar hacia adelante. 9. (**in**) empujar. 10. (**off**) irse; NAUT desatracar. 11. (**on**) avanzar; apresurar (*work*). 12. (**out**) BOT echar (*roots*); echar a empujones *m/pl*; expulsar. 13. (**out into**) adentrarse (en). 14. (**over**) volcar, hacer caer. 15. (**through**) pasar/sacar (por); salir. 16. (**to**) empujar. 17. (**up**) levantar; FIG ayudar (a subir). LOC **To ~ sb out of the way**, apartar a alguien; quitar a alguien de enmedio. **push·er** ['puʃə(r)] *n* 1. INFML ambicioso/a. 2. SL camello *m* (*drug-pedlar*). **push·ing** ['puʃiŋ] *adj* 1. insistente; ambicioso/a. 2. INFML cercano/a (*certain age*). **push·y** ['puʃi] *adj* (*comp* **-ier**, *sup* **-iest**) (*also* **~·ing**) INFML insistente; ambicioso/a.
pu·sil·la·nim·ity [,pju:silə'niməti] *n* pusilanimidad *f*. **pu·sil·la·nim·ous** [,pju:si'læniməs] *adj* pusilánime.
puss [pus] *n* 1. misino *m*, minino *m* (*cat*). 2. INFML cara *m/f*; coqueta *f* (*girl*). **pus·sy** ['pusi] *n* 1. (*also* **~-cat**) misino *m*, minino *m*. 2. SL coño *m*. **pus·sy·foot** ['pusifut] *v* (**about/around**) INFML actuar con mucha precaución *f*/timidez *f*.
pus·tule ['pʌstju:l; US -tʃu:l] *n* MUS pústula *f*.
put [put] *v* (**-tt-**; *pret/pp* **put**) 1. poner; colocar. 2. meter; echar. 3. someter; exponer; presentar (*project*); plantear (*problem*): *Let me ~ a/the problem to you*, Deja que te plantee un/el problema. 4. hacer (*question*). 5. (**on**) gravar (con) (*tax*). 6. COM invertir. 7. causar (*trouble*). 8. calcular. 9. decir; expresar. 10. traducir. 11. mandar. 12. inscribir. 13. dirigir; orientar. 14. DEP lanzar. 15. (**about**) NAUT virar; difundir (*false news*). 16. (**above/before**) dar más importancia *f* a algo. 17. (**across**) hacer aceptar (*claim*); lograr, conseguir. 18. (**aside**) dejar/poner a un lado *m*; ahorrar (*money*); dejar, ignorar, olvidar. 19. (**at**) calcular; estimar. 20. (**away**) INFML meter en chirona *f*/manicomio *m*; guardar, poner en su sitio *m*; ahorrar (*money*); INFML zampar, tragar (*food, drink*). 21. (**back**) volver a colocar/poner en su sitio *m*; atrasar (*clock*); posponer, atrasar; INFML beber. 22. (**by**) ahorrar (*money*). 23. (**down**) AER aterrizar; dejar, bajar (*bus*); INFML humillar; dejar, poner; poner por escrito; abolir, acabar (con); sacrificar (*animals*); destruir. 24. (**down**) poner en el orden *m* del día *m*. 25. (**down for**) considerar (como). 26. (**down to**) apuntar, anotar (*bill, account*). 27. (**forth**) BOT echar (*buds*). 28. (**forward**) adelantar (*clock, date*); proponer; hacer (*suggestion*). 29. (**in**) interrumpir (*speaker*); encargar (*duties*); elegir (*political party*); DEP sacar; TEC instalar; meter, incluir. 30. (**off**) (dejar) bajar; aplazar (*meeting*); dar asco *m* (a); desanimar. 31. (**on**) fingir estar enfada-

do/a o triste; ponerse (*clothes*); encender; añadir (*train, coach*); ART, TEAT (re)presentar; adelantar (*clock*); fingir; añadir, aumentar (*money*); gravar (con) (*tax*); apostar; poner en contacto *m* (con); llamar, informar (*police*), denunciar. **32**. **(out)** INFML hacer algo a pesar de; eliminar, dejar fuera de combate *m*; molestar; enfadar; desanimar; sacar (*dustbin*); poner; BOT echar (*buds*); editar, publicar; emitir; apagar (*fire, light*); MED dislocar; prestar (*money*). **33**. **(over)** INFML hacer aceptar; hacer pasar (*suffering*). **34**. **(through)** llevar a cabo; hacer pasar (*examination*); poner (con) (*telephone*). **35**. **(to)** hacer pasar (*trouble*); enganchar; NAUT zarpar. **36**. **(together)** (re)unir; arreglar; TEC montar. **37**. **(towards)** apartar (*money*). **38**. **(up)** ofrecer (*resistance*); hospedar, alojar; presentar como candidato/a; levantar; izar (*flag*); construir; poner, colocar; subir, aumentar; prestar (*money*); proponer (*idea*). **39**. **(up for)** proponer, nombrar (*for a position*). **40**. **(up to)** INFML incitar a hacer algo. **41**. **(up with)** soportar, aguantar. **42**. **(upon)** molestar; engañar. LOC **~-down**, humillación *f*. **~-up job**, INFML algo amañado/preparado de antemano. **~-upon**, engañado/a. **To ~ it bluntly**, hablar sin rodeos *m/pl*. **To ~ to test**, poner a prueba *f*.

pu·tat·ive ['pju:tətiv] *adj* putativo/a.

pu·tre·fac·tion [,pju:tri'fækʃn] *n* putrefacción *f*. **pu·tre·fy** ['pju:trifai] *v* (*pret/pp* **-fied**) pudrir(se), podrir(se).

pu·tres·cence [pju:'tresns] *n* putrefacción *f*. **pu·tres·cent** [pju:'tresnt] *adj* putrescente.

pu·trid ['pju:trid] *adj* **1**. podrido/a, putrefacto/a. **2**. INFML malísimo/a; asqueroso/a.

putsch [putʃ] *n* golpe *m* de estado *m*.

putt [pʌt] **I**. *v* DEP dar un golpe *m* corto. **II**. *n* golpe *m* corto *m*.

put·ter (US) V. **potter**.

put·ty ['pʌti] **I**. *n* masilla *f*. **II**. *v* (*pret/pp* **put·tied**) **(up)** poner masilla *f*.

puz·zle ['pʌzl] **I**. *n* **1**. rompecabezas *m,pl* (*jigsaw*), crucigrama *f* (*crossword*). **2**. misterio *m*, enigma *f*. **3**. adivinanza *f*, acertijo *m*. **II**. *v* **1**. aturdir, confundir. **2**. **(out)** romperse la cabeza (para resolver algo). **3**. **(over)** tratar de resolver. **puz·zled** ['pʌzld] *adj* perplejo/a, desconcertado/a. **puz·zler** ['pʌzlə(r)] *n* INFML enigma *m*; FIG pega *f*. **puz·zling** ['pʌzliŋ] *adj* misterioso/a; extraño/a, desconcertante.

pyg·my (*also* **pigmy**) ['pigmi] *n/adj* pigmeo/a; enano/a.

py·ja·mas (*also* **pa·ja·mas**) [pə'dʒa:məz; US -'dʒæm-] *n/pl* pijama *m*.

py·lon ['pailən; US 'pailən] *n* **1**. ELECTR poste *m*. **2**. pilón *m*.

py·or·rho·ea (US **py·or·rhea**) [,paiə'riə] *n* MED piorrea *f*.

pyr·a·mid ['pirəmid] *n* ARQ, MAT pirámide *f*. **pyr·am·id·al** [pi'ræmidl] *adj* piramidal.

pyre ['paiə(r)] *n* pira *f*.

py·ri·tes [pai'raiti:z; US pi'raiti:z] *n* pirita *f*.

py·ro·ma·nia [,pairəu'meiniə] *n* piromanía *f*. **py·ro·ma·ni·ac** [,pairəu'meiniæk] *n* pirómano/a. **py·ro·tech·nic** [,pairə'teknik] *adj* pirotécnico/a. **py·ro·tech·nics** [,pairə'tekniks] *n* pirotecnia *f*.

pyr·rhic ['pirik] *adj* pírrico/a. LOC **~ victory**, victoria *f* pírrica.

py·thon ['paiθn; US 'paiθɔn] *n* ZOOL pitón *f*.

pyx [piks] *n* REL píxide *f*.

Q, q [kju:] *n* 'q' *f* (*letter*).

quack [kwæk] **I.** *n* **1.** graznido *m* (*of a duck*). **2.** charlatán *m*. **3.** MED curandero *m*. **II.** *v* graznar (*duck*). **III.** *adj* falso/a, fraudulento/a. **quack·ery** ['kwækəri] *n* charlatanería *f*.

quad [kwɔd] V. **quadrangle, quadrat.**

quad·ran·gle ['kwɔdræŋgl] *n* **1.** cuadrilátero *m*. **2.** patio *m*.

quad·rant ['kwɔdrənt] *n* cuadrante *m*.

quad·ra·phon·ic [,kwɔdrə'fɔnik] *adj* cuadrafónico/a.

quad·rat ['kwɔdrət] *n* cuadratí *m*, cuadrado *m*. **quad·rat·ic** [kwɔ'drætik] *adj* MAT de segundo grado (*equation*). **quad·ra·ture** ['kwɔdrətʃə(r)] *n* cuadratura *f*.

quad·ri·la·ter·al [,kwɔdri'lætərəl] *n/adj* cuadrilátero/(a) *m*.

quad·ri·par·tite [kwɔdripa:tait] *adj* cuadripartito/a.

quad·ru·ped ['kwɔdruped] *n* cuadrúpedo *m*. **quad·ru·ped·al** [kwɔ'dru:pidl] *adj* cuadrúpedo/a.

quad·ru·ple ['kwɔdru:pl] **I.** *n* **1.** cuádruple *m*. **2.** cuádruplo *m*. **II.** [kwɔd'ru:pl] *v* cuadruplicar(se). **quad·ru·plets** [kwɔ'dru:plits] *n* cuatrillizos/as *pl*.

quad·ru·plic·ate [kwɔ'dru:plikət] **I.** *adj* cuadruplicado/a. LOC **In ~**, por cuadriplicado. **II.** [kwɔ'dru:plikeit] *v* cuadruplicar.

quaff [kwɔf] *v* beber (a grandes tragos).

quag·mire ['kwægmaiə(r)] *n* cenagal *m*, atolladero *m*.

quail [kweil] **I.** *n* codorniz *f*. **II.** *v* acobardarse (*before*).

quaint [kweint] *adj* **1.** pintoresco/a. **2.** original, curioso/a: *A ~ person*, Una persona original. **3.** extraño/a; anticuado/a. **quaint·ness** ['kweintnəs] *n* **1.** lo pintoresco/típico. **2.** originalidad *f*, singularidad *f*.

quake [kweik] **I.** *n* temblor *m*; terremoto *m*. **II.** *v* temblar, estremecerse; **(with, for)** temblar de (miedo).

Qua·ker ['kweikə(r)] REL *n* cuáquero *m*. **Qua·ker·ism** ['kweikərizm] *n* cuaquerismo *m*.

qual·i·fic·ation [,kwɔlifi'keiʃn] *n* **1.** aptitud *f*, capacidad *f*. **2.** requisito *m*: *To have the ~s*, Tener los requisitos. **3.** calificación *m* (*act*). **4.** título *m*, diploma *m*. **5.** reserva *f*: *Without ~*, Sin reservas. **qual·i·fi·ed** ['kwɔlifaid] *adj* **1.** cualificado/a, competente, capacitado/a. **4.** limitado/a, moderado/a. **qual·i·fy** ['kwɔlifai] *v* **1.** calificar. **2.** capacitar, habilitar, dar derecho (a). **3.** habilitarse, capacitarse (profesionalmente): *To ~ for a job*, Adquirir la competencia, Obtener el título necesario para un trabajo. **4.** tener los requisitos. **5.** DEP clasificarse. LOC **~-ing examina- tion**, examen *m* eliminatorio.

qual·i·tat·ive ['kwɔlitətiv] *adj* cualitativo/a.

qual·i·ty ['kwɔləti] *n* **1.** calidad *f*, clase *f*, categoría *f*. **2.** cualidad *f*, virtud *f*. **3.** MUS timbre *m*. LOC **The ~**, la aristocracia *f*, la nobleza *f*. **Low ~**, baja calidad.

qualm [kwɔ:m] *n* **1.** MED náusea *f*. **2.** FIG escrúpulo *m*, remordimiento *m* (*of conscience*); aprensión *f*, inquietud *f*, duda *f*.

quand·ary ['kwɔndəri] *n* **1.** dilema *f*, incertidumbre *f*: *To be in a ~*, Estar en un dilema. **2.** apuro *m*, aprieto *m*.

quan·go [kwɔŋgəu] *n* organización *f* no gubernamental y casi autónoma.

quan·tit·at·ive ['kwɔntitətiv] *adj* cuantitativo/a.

quan·ti·ty ['kwɔntəti] *n* cantidad *f*. LOC **~ surveyor**, aparejador *m*. **Unknown ~**, MAT incógnita *f*.

quan·tum ['kwɔntəm] *n* **1.** (*pl* **quan·ta** ['kwɔntə]) cantidad *f*. **2.** FIS cuanto *m*. LOC **~ theory**, FIS teoría *f* cuántica.

quar·ant·ine ['kwɔrənti:n] **I.** *n* cuarentena *f*. **II.** *v* poner en cuarentena.

quar·rel ['kwɔrəl] **I.** *n* **1.** riña *f*, disputa *f*, pelea *f*. LOC **She has no ~ with him**, no tiene nada contra él. **To make up a ~**, hacer las paces. **To pick a ~**, buscar pelea. **II.** *v* pelearse, reñir. **quar·rel·some** ['kwɔrəlsəm] *adj* pendenciero/a.

quar·ry ['kwɔri] **I.** *n* **1.** mina *f*, cantera *f*. **2.** presa *f* (*hunting*). **II.** *v* **1.** extraer, sacar. **2.** FIG sacar/buscar información. **quar·ry·man** ['kwɔrimən] *n* cantero *m*, picapedrero *m*.

quart [kwɔ:t] *n* cuarto *m* de galón (=1,136 l).

quar·ter [kwɔ:tə(r)] **I.** *n* **1.** cuarto *m*, cuarta parte f: *~ of a mile*, Un cuarto de milla; (*weight*), = 28 libras (= 12,7 kg aprox.), arroba *f*. **2.** US moneda *f* de 25 centavos. **3.** trimestre *m*. **4.** alquiler *m* trimestral. **5.** cuarto *m* (*moon*). **6.** barrio *m* (*town*). **7.** DEP tiempo *m*. **8.** *pl* vivienda *f*, alojamiento *m: To have free ~s*, Tener alojamiento gratis. **9.** MIL cuartel *m*. **10.** aleta *f* de un barco. **11.** *pl* cuartos *m* traseros de un animal, FAM trasero *m*. LOC **From all ~s**, de todas partes. **In this ~**, por aquí. **At close ~s**, de cerca. **In high ~s**, en altas esferas. **~-day**, primer día del trimestre. ~·**deck**, alcázar *m*. ~·**mas·ter**, furriel *m*, comisario *m*. **To ask for ~/to cry ~**, pedir tregua. **To give ~ to**, dar cuartel a. **To give no ~**, no dar cuartel. **II**. *v* **1**. dividir en cuartos, cuartear. **2**. descuartizar (*meat*). **3**. MIL acuartelar. **4**. alojar. **To be ~ed (up) on**, estar alojado en casa de. **quar·terly** ['kwɔ:təli] **I**. *n* publicación *f* trimestral. **II**. *adj* trimestral. **III**. *adv* trimestralmente, cada tres meses.

quar·tern ['kwɔ:tə(r)n] *n* **1**. cuarta *f*, cuarta parte *f*. **2**. LOC **A ~ loaf**, pan de 4 libras.

quar·tet(te) [kwɔ:'tet] *n* MUS cuarteto *m*.

quar·to ['kwɔ:təu] *n* libro *m* en cuarto, holandesa *f* (*paper*).

quartz [kwɔ:ts] *n* cuarzo *m*.

qua·sar ['kweizɔ:] *n* ASTR cuásar *m*.

quash [kwɔʃ] *v* JUR anular, invalidar; sofocar (rebelión).

qua·si- ['kweizai-] *adv* cuasi, casi.

qua·tern·ary [kwə'tɜ:nəri] *n/adj* GEOL cuaternario/a *m*.

qua·train ['kwɔtrein] *n* POET estrofa *f* de cuatro versos, cuarteto *f*.

qua·ver ['kweivə(r)] **I**. *n* **1**. temblor (*of the voice*): *With a quaver in his voice*, Con voz trémula. **2**. MUS corchea *f*. **II**. *v* **1**. temblar (*voice*), vibrar. **2**. cantar con voz trémula. **qua·ver·ing** ['kweivəriŋ], **quav·ery** ['kweivəri] *adj* tembloroso/a, trémulo/a.

quay [ki:] *n* muelle *m*, desembarcadero *m*.

queas·i·ness ['kwi:zinəs] *n/pl* náuseas *f*. **quea·sy** ['kwi:zi] *adj* (*comp* **~ier**, *sup* **~iest**) **1**. mareado/a, con náuseas: *To feel ~*, Sentirse mal. **2**. delicado/a, escrupuloso/a (*conscience*).

queen [kwi:n] **I**. *n* **1**. reina *f*. **2**. FIG ZOOL hormiga *f*/abeja *f* reina. **3**. dama *f* (*cards*), reina *f* (*chess*). **5**. FAM marica *m*. **II**. *v* coronar. LOC **~ it**, pavonearse (de). **queen·like** ['kwi:n,laik], **queen·ly** ['kwi:nli] *adj* regio/a, de reina.

queer [kwiə(r)] **I**. *adj* **1**. raro/a, extraño/a. **2**. misterioso/a. **3**. excéntrico/a, extravagante. **4**. indispuesto/a, malo/a, enfermo/a. **5**. FAM amariconado. LOC **~ in the head**, chiflado/a. **II**. *n* **1**. FAM maricón *m*, marica *m*. **2**. US FAM moneda *f* falsa. **III**. *v* fastidiar, estropear. LOC **To feel ~**, sentirse indispuesto.

quell [kwel] *v* **1**. calmar, mitigar. **2**. reprimir (*rebellion*). **3**. dominar (*fear*).

quench [kwentʃ] *v* **1**. apagar, aplacar (*thirst*). **2**. templar (*hot steel*). **quench·er** ['kwentʃə(r)] *n* FAM trago *m*. **quench·less** ['kwentʃləs] *adj* inextinguible, inapagable.

quern [kwɜ:n] *n* molinillo *m* de mano

quer·u·lous ['kweruləs] *adj* quejumbroso/a.

que·ry ['kwiəri] **I**. *n* **1**. pregunta *f*. **2**. duda *f*. **3**. signo *m* de interrogación. **II**. *v* **1**. preguntar. **2**. poner en duda, dudar de. **3**. no estar de acuerdo con.

quest [kwest] **I**. n búsqueda *f*, busca *f*. LOC **In ~ of**, en busca de. **II**. *v* (*for sb*) buscar.

ques·tion ['kwestʃən] **I**. *n* **1**. pregunta *f*. **2**. asunto *m*, cuestión *f*. **3**. problema *m*. **4**. interrogación *f*. LOC **~ mark**, signo *m* de interrogación. **Beyond all ~**, fuera de toda duda. **Begging the ~**, petición de principio. **Beside the ~**, que no viene al caso. **Burning ~**, cuestión *f* palpitante. **In ~**, en cuestión. **That is the ~**, ahí está el problema. **That is out of the ~**, es totalmente imposible. **There is no ~ about it**, no hay la menor duda sobre ello. **There was some ~ of**, se habló de. **II**. *v* **1**. preguntar, interrogar. **2**. examinar. **3**. poner en duda. **4**. desconfiar (de). **ques·tion·able** ['kwestʃənəbl] *adj* dudoso/a, discutible. **ques·tion·naire** [,kwestʃə'neə] *n* cuestionario *m*. **ques·tion·er** ['kwestʃənə(r)] *n* interrogador/ra.

queue [kju:] **I**. *n* cola *f*: *To stand in a ~*, Hacer cola. **II**. *v* hacer cola.

quib·ble ['kwibl] **I**. *n* **1**. sutileza *f*, subterfugio *m*, evasión *f*. **2**. pega *f*, objeción *f* trivial. **II**. *v* poner objeciones (no fundamentales). **quib·bler** ['kwiblə(r)] *n* sofista *m,f*.

quick [kwik] **I**. *adj* **1**. rápido/a, veloz, ligero/a (*of feet*). **2**. vivo/a, ágil. **3**. fino/a, agudo/a. **4**. rápido/a, pronto (*early*). **5**. MIL acelerado. LOC **As ~ as a flash**, como un relámpago. **~·temper**, genio vivo. **II**. *n* carne *f* viva. LOC **~-change actor**, transformista *m*. **The ~ and the dead**, los vivos y los muertos. **quicken** ['kwikən] *v* acelerar, apresurar(se). **quick·ie** ['kwiki] *n* cosa *f* hecha rápidamente. **quick·ly** ['kwikli] *adv* de prisa, pronto, rápidamente. **quick·ness** ['kwiknəs] *n* **1**. rapidez *f*, velocidad *f*. **2**. prontitud *f*, viveza *f*. **3**. agilidad *f*.

quick-..., **~ activity** *adj* de acción rápida. **~·firing** *adj* de tiro rápido. **~·freeze** *v* (*pret* **~-froze**, *pp* **~-frozen**) congelar rápidamente. **~·lime** *n* cal *f* viva. **~·sand** *n* arena *f* movediza. **~·set** *n* AGR plantón *m* de espino. **~·sighted**, *adj* **1**. de vista aguda. **2**. FIG perspicaz. **~·silver** *n* azogue *m*, mercurio *m*. **~-tempered** *adj* de genio vivo. **~-witted** *adj* agudo/a, perspicaz.

quid [kwid] *n* **1**. mascada *f* de tabaco. **2**. FAM libra *f* (*pound*).

quid·di·ty ['kwiditi] *n* **1**. esencia *f*. **2**. sutileza *f*.

qui·es·cence [kwai'esns] *n* quietud *f*, tranquilidad *f*. **qui·es·cent** [kwai'esnt] *adj* **1**. quieto/a, inactivo/a. **2**. latente.

quiet [kwaiət] **I**. *adj* (*comp* **~er**, *sup* **~est**) **1**. silencioso/a, callado/a (*of person*). **2**. quieto/a, tranquilo/a (*person, town, place... by nature*). **3**. reposado/a, no excitado/a. **4**. no llamativo/a (*colour, dress*). **5**. escondido/a, disimulado/a. **6**. sencillo/a, discreto/a; reservado. **7**. privado/a, íntimo/a. LOC **All ~ on the front**, MIL sin novedad en el frente. **Be ~ !**, **Keep ~ !**, ¡Silencio! **II**. *n* **1**. silencio *m*, tranquilidad *f*, reposo *m*. LOC FAM **On the ~**, a escondidas. **III**. *v* calmarse, tranquilizarse. **quiet·ism** ['kwaitizəm] *n* REL quietismo *m*. **quiet·ist** ['kwaitist] *n* REL quietista *m,f*. **quiet·ness** ['kwaiətnəs], **quiet·ude** ['kwaiətju:d] *n* tranquilidad *f*, quietud f.

qui·e·tus [kwai'i:təs] *n* **1.** muerte *f*, golpe *m* de gracia. **2.** COM finiquito *m*.

quill [kwil] **I.** *n* **1.** ZOOL pluma *f*. **2.** cañón *m* (*of feather*). **3.** púa *f* (*spine*). **4.** pluma *f* (*pen*). LOC **~-pen**, pluma *f* de ave (*for writing*). **II.** *v* **1.** encanillar. **2.** encañonar. **3.** plegar.

quilt [kwilt] **I.** *n* colcha *f*, edredón *m*. **II.** *v* acolchar. **quilt·ing** ['kwiltiŋ] *n* **1.** acolchado *m*. **2.** ART piqué *m*.

quince [kwins] *n* membrillo *m*.

qui·nine [kwi'ni:n; US 'kwainain] *n* quinina *f*.

quin·quen·ni·al [kwiŋ'kwenjəl] **I.** *adj* quincenal. **II.** *n* quincenio *m*. **quin·quen·ni·um** [kwiŋ'kweniəm] *n* quinquenio *m*.

quins [kwinz] *n,pl* quintillizos/as.

quin·sy ['kwinzi] *n* angina *f*.

quint·es·sence [kwin'tesns] *n* quintaesencia *f*.

quin·tet(te) [kwin'tet] *n* MUS quinteto *m*.

quin·tu·ple ['kwintju:pl] **I.** *adj* quíntuplo/a. **II.** *v* quintuplicar(se). **quin·tu·plets** ['kwintju:plets] *n,pl* quintillizos/zas.

quip [kwip] **I.** *n* pulla *f*, burla *f*. **II.** *v* tirar pullas, echar indirectas.

quire ['kwaiə(r)] *n* **1.** mano *f* de papel. LOC **In ~s**, en cuadernillos.

quirk [kwɜ:k] *n* **1.** peculiaridad *f*, excentricidad *f*, rareza *f*. **2.** casualidad, capricho *m* (*of fate*).

quit [kwit] **I.** *v* (pret, pp **quit, quitted**) **1.** dejar, abandonar, salir de. **2.** (+ *ger*) dejar de, desistir: ~ *fooling around!*, ¡Deja de hacer el tonto! **3.** retirarse (*resign*), despedirse de (*a job*), rajarse. **II.** *adj* libre: *To be ~ of an obligation*, Librarse de una obligación.

quite [kwait] *adv* **1.** completamente, totalmente: ~ *a man*, Todo un hombre. **2.** bastante: ~ *good*, Bastante bueno. **3.** verdaderamente, realmente (*truly*). LOC **Not ~ that!**, ¡no exactamente eso! ~ **so!**, ¡Así es!, ~ **the thing**, muy de moda.

quits [kwits] *adv* en paz. LOC **Cry ~**, hacer las paces. **We are ~**, estamos en paz.

quit·ter ['kwitə(r)] *n* remolón *m*, inconstante, no fiable (*of a person*).

quiv·er ['kwivə(r)] **I.** *n* **1.** aljaba *f*, carcaj *m*. **2.** temblor *m*, estremecimiento *m*. **II.** *v* (**with**) temblar, estremecerse.

quix·ot·ic [kwik'sɔtik] *adj* quijotesco/a.

quiz [kwiz] **I.** *n* **1.** encuesta *f*. **2.** acertijo *m*. **3.** examen *m*. LOC **~-show**, programa-concurso *m*. **II.** *v* **1.** interrogar. **quiz·zic·al** ['kwizikl] *adj* **1.** curioso/a. **2.** burlón/na.

quod [kwɔd] *n* FAM chirona *f*.

quo·in [kɔin] *n* **1.** ARQ esquina *f*. **2.** piedra *f* angular. **3.** ángulo *m*.

quoit [kɔit] *n* **1.** tejo *m*. **2.** *pl* juego *m* de tejos.

quo·rum ['kwɔ:rəm] *n* quórum *m*.

quo·ta ['kwəutə] *n* **1.** cupo *m*, cuota *f*. **2.** COM cupo *m*, contingente *m*.

quot·ation [kwəu'teiʃn] *n* **1.** cita *f*. **2.** COM cotización *f*. LOC **~-marks**, comillas *f,pl*.

quote [kwəut] **I.** *v* **1.** citar. **2.** COM cotizar. **II.** *n* V. **quotation**.

quo·ti·ent ['kwəuʃnt] *n* cociente *m*. LOC **Intelligence-~**, cociente *m* intelectual.

R, **r** [a:] *n* 'erre' *f* (*letter*). LOC **The three ~s, reading, writing, arithmetic**, educación *f* primaria básica.

rab·bet ['ræbit] **I**. *n* **1**. ranura *f*, rebajo *m*. LOC ~ **plane**, guillame *m*. **II**. *v* hacer un rebajo, ensamblar (*join*).

rab·bi ['ræbai] *n* REL rabino *m*, rabí *m* (*before name*).

rab·bit ['ræbit] **I**. *n* **1**. ZOOL conejo *m*. **2**. FAM mal jugador *m*. LOC ~ **fever**, tularemia *f*. ~ **punch**, golpe *m* en la nuca. **Welsh** ~, pan *m* tostado con queso fundido. **II**. *v* cazar conejos.

rab·ble ['ræbl] *n* **1**. multitud *f* ruidosa, gentío *m*. **2**. plebe *f*. LOC **~-rouser**, agitador/ra.

ra·bid ['ræbid] *adj* **1**. rabioso/a. **2**. fanático/a. **ra·bies** ['reibi:z] *n* rabia *f*.

RAC [,a:r ei 'si:] *n abrev* (**Royal Automobile Club**) Real Automóvil Club.

race [reis] **I**. *n* **1**. BIOL raza *m*, estirpe *f*: *Human ~*, Género humano. **2**. DEP regata *f* (*yacht*), carrera *f*: *Arms ~*, Carrera de armamentos. **3**. corriente *f* fuerte (*current*). LOC **Mill-~**, caz *m*, saetín *m*. **~-course**, hipódromo *m*. ~ **hatred**, odio *m* racial. **~-horse**, caballo *m* de carreras. ~ **meeting**, concurso *m*/reunión *f* hípica. ~ **riot**, disturbio *m* racial. ~ **track**, autódromo *m*, hipódromo *m*. **II**. *v* **1**. competir (con). **2**. correr a alta velocidad. **3**. hacer correr. **4**. acelerar al máximo (*engine*). **rac·er** ['reisə(r)] caballo *m*/coche *m*/balandro *m* (etc) de carreras. **ra·ci·al** ['reiʃl] *adj* racial. **ra·ci·al·ism** ['reiʃəlizəm] *n* racismo *m*. **rac·ing** ['reisiŋ] **I**. *n* carreras *f/pl*. **II**. *adj* de carreras: ~ *car*, Coche de carreras. **rac·ism** ['reisizəm] *n* racismo *m*. **rac·ist** ['reisist] *n/adj* racista *m/f*.

rack [ræk] **I**. *n* **1**. estante *m*, anaquel *m*, percha *f* (*hats, coats*), escurreplatos *m/pl*. **2**. redecilla *f* (*in a train*). **3**. TEC cremallera *f*. **4**. potro *m* (*torture*). LOC **~-rent**, alquiler *m* exorbitante. **II**. *v* **1**. atormentar (*by remorse*). **2**. sacudir: *The cough ~ed his whole body*, La tos le sacudió todo el cuerpo. **3**. trasegar (*wine*). LOC FIG **To ~ one's brain**, devanarse los sesos. FIG **To go to - and ruin**, arruinarse.

rack·et ['rækit] **I**. *n* **1**. (*also* **rac·quet**) raqueta *f* (*tennis, badminton, squash*); **~s**, tenis de frontón *m*. **2**. alboroto *m*, barullo *m*, jaleo *m* (*noise*). **3**. estafa *f*, chantaje *m* (*blackmail*). **rack·et·eer** [,rækə'tiə(r)] *n* chantajista *m*, estafador *m*. **rack·et·eer·ing** [,rækə'tiəriŋ] *n* chantaje *m*. **II**. *v* (**about**, **around**) armar jaleo.

ra·(c)coon [rə'ku:n] *n* ZOOL mapache *m*.

ra·cy ['reisi] *adj* (*comp* **-ier**, *sup* **-iest**) **1**. vivaz (*style*). **2**. picante (*joke*). **3**. salado/a (*person*).

ra·dar ['reida:(r)] *n* rádar *m*. LOC ~ **screen**, pantalla *f* de rádar.

rad·dle [rædl] **I**. *n* ocre *m* rojo, almagre *m*. **II**. *v* almagrar.

ra·di·al ['reidiəl] *adj* radial. LOC ~ **engine**, motor *m* en estrella.

ra·di·ance ['reidiəns], **ra·di·ancy** ['reidiənsi] *n* resplandor *m*, brillantez *f*. **ra·di·ant** ['reidiənt] *adj* **1**. resplandeciente (*bright*). **2**. radiante (*smile*). **3**. FIS radiante.

ra·di·ate ['reidieit] **I**. *v* **1**. irradiar (*light, heat*), difundir (*happiness*). **2**. salir (de) (*roads*). **II**. *adj* radiado/a. **ra·di·ation** [,reidi'eiʃn] *n* radiación *f*. **ra·di·at·or** ['reidieitə(r)] *n* radiador *m*.

rad·ic·al [rædikl] **I**. *adj* radical. **II**. *n* MAT, QUIM radical *m*. **rad·ic·al·ism** ['rædikəlizəm] *n* radicalismo *m*.

ra·dio ['reidiəu] **I**. *n* **1**. radio *f*: *A - set*, Aparato de radio. **2**. emisora *f*. **3**. radiofonía *f*. **4**. *pl* rayos *m* X. **II**. *v* radiar, transmitir por radio.

radio-..., ~ **drama**, ~ **play**, *n* comedia *f*. ~ **car**/~ **cab**, *n* radiotaxi *m*. **~-control**, *n* control *m* remoto. **~-gram**/~ **telegram**, *n* radiograma *m* (*message*), ~ **telescope**, *n* radiotelescopio *m*, **~-active**, *adj* radioactivo/a, **~-activity**, *n* radioactividad *f*. **~-graph**, **I**. *n* radiografía *f*. **II**. *v* radiografiar. **~y**, *n* radiografía *f*. **~logy**, *n* radiología *f*. **~scopy**, *n* radioscopia *f*. **~-station**, *n* emisora *f*. **~-therapy**, *n* radioterapia *f*.

rad·ish ['rædiʃ] *n* BOT rábano *m*.

ra·di·um ['reidiəm] *n* QUIM radio *m*.

ra·di·us ['reidiəs] *n* (*pl* **radii** ['reidiai]) MAT, ANAT, FIG radio *m*.

RAF [,a:r ei 'ef] *n abrev* (**Royal Air Force**) Fuerzas *f/pl* Aéreas Británicas.

raf·fish ['ræfiʃ] *adj* **1**. chulo/a (*flashy*). **2**. de vida disoluta.

raf·fle ['ræfl] **I**. *n* rifa *f* (*for charity*). **II**. *v* rifar, sortear.

raft [ra:ft] **I**. *n* **1**. balsa *f* (*floating platform*), almadía (*in logging*). **2**. US gran número *m*: *A ~ of presents*, Un montón de regalos. **II**. *v* transportar en balsa.

raft·er ['ra:ftə(r)] *n* ARQ viga *f* (*of a roof*).

rag [ræg] **I.** *n* **1**. trapo *m*. **2**. harapo *m*, andrajo *m*. **3**. periodicucho *m*. **4**. guasa *f*, broma *f*, broma *f* pesada. LOC **From ~s to riches**, cambiar de pobre a rico. **Glad ~s**, ropa de domingo. **In ~s**, andrajoso. **~ bag**, bolsa *f* para guardar trapos; FIG cajón *m* de sastre; persona *f* desaseada. **~ doll**, muñeca *f* de trapos. **~·man**, trapero *m*. **~·tag**, FAM gentuza *f*. **~ and bobtail**, chusma *f*. **~·time**, música *f* de tiempo sincopado. **To chew the ~**, estar de palique. **II.** *v* **(about)** tomar el pelo (*tease*), guasearse. **rag·ged** ['rægid] *adj* **1**. roto/a (*clothes*). **2**. andrajoso/a, harapiento/a. **3**. desigual (*surface*). **4**. MUS discordante.

ra·ga·muf·fin ['rægəmʌfin] *n* golfo *m*, granuja *m*.

rage [reidʒ] **I.** *n* **1**. furia *f* (*sea*, etc), rabia *f*. LOC **To be all the ~**, FIG estar de moda. **II.** *v* **(at, against) 1**. estar furioso. **2**. hacer estragos (*disease*, *fire*).

rag·ing ['reidʒiŋ] *adj* **1**. furioso/a. **2**. terrible, muy fuerte (*hunger*, *thirst*, *passion*).

ra·gout ['rægu:] *n* ragú *m*, guiso *m*.

raid [reid] **I.** *n* **1**. MIL ataque *m*, bombardeo *m*. **2**. correría *f*, incursión *f*. **II.** *v* **1**. MIL atacar, bombardear. **2**. invadir. LOC **Police ~**, redada *f*. **raid·er** ['reidə(r)] *n* invasor/ra.

rail [reil] **I.** *n* **1**. barandilla *f*, baranda *f*. **2**. barra *f*, barrote *m*. **3**. raíl *m*, carril *m* (*trains*, *trams*). **4**. ferrocarril *m*. LOC **By ~**, por ferrocarril. **To go off the ~s**, descarrilar, FIG extraviarse. **II.** *v* **1**. **(in, off)** poner cerco/barandilla. **2**. enviar, transportar por ferrocarril. **3**. **(at, against)** quejarse, protestar amargamente (contra). **rail·ing** ['reiliŋ] *n* (*freq pl*) verja *f*, barandilla *f*. **rail·way** ['reilwei], US **rail·road** [reilrɔud], *n* **1**. vía *f* férrea. **2**. ferrocarril *m*. LOC **~·man**, ferroviario *m*. **~ junction**, empalme *m* ferroviario.

rail·le·ry ['reiləri] *n* burla *f*, mofa *f*.

rai·ment ['reimənt] *n* LIT vestimenta *f*.

rain [rein] **I.** *n* lluvia *f*. LOC **In the ~**, bajo la lluvia. **~·bow**, arco *m* iris. **~·coat**, impermeable *m*. **~·drop**, gota *f* de lluvia. **~·fall**, precipitación *f*. **~ gauge**, pluviómetro *m*. **~·water**, agua *f* de lluvia. **~·proof**, impermeable. **II.** *v* **1**. llover. **2**. **(off)** anularse debido a la lluvia (*match*, *work*). LOC **It never ~s but it pours**, éramos pocos y parió la abuela. **To ~ cats and dogs**, llover a cántaros. **rain·y** ['reini] *adj* (*comp* **-ier**, *sup* **-iest**) lluvioso/a. LOC **~ day**, día de lluvia, FIG tiempos *m* económicamente difíciles. **To save for a ~ day**, prever los tiempos de necesidad.

raise [reiz] **I.** *v* **1**. levantar, subir (*sth*). **2**. incrementar, aumentar (*salary*, *prices*). **3**. plantear, suscitar (*suspicions*, *doubts*). **4**. formular, presentar (*protest*, *claim*). **5**. reunir, conseguir (*money*), MIL reclutar. **6**. US criar, educar (*child*). **7**. alzar, levantar (*building*, *statue*). **8**. contactar (*person*), encontrar. **9**. subir la apuesta (*card-games*). LOC **To ~ cain/hell**, FAM armar un escándalo. **To ~ one's glass**, hacer un brindis. **To ~ one's hat**, descubrirse, reconocer el mérito de alguien. **II.** *n* subida *f*. **rais·ed** [reizd] *adj* en relieve.

rai·sin ['reizn] *n* pasa *f*, uva *f* seca.

ra·ja(h) ['ra:dʒə] *n* rajá *m*.

rake [reik] **I.** *n* **1**. rastrillo *m* (*garden*). **2**. rastro *m* (AGR/*croupier*). **3**. libertino *m*. **4**. inclinación (*ship's mast*). **II.** *v* **1**. rastrillar. **2**. atizar, hurgar (*fire*, *ashes*). **3**. MIL ametrallar. **4**. **(about, around)** rastrear. **5**. **(together)** reunir con un rastrillo *m*; FIG reunir (*people*, *money*, etc). **6**. inclinar. LOC **~ off**, FAM comisión, tajada (SL). **To ~ over old ashes**, sacar a relucir. **rak·ish** ['reikiʃ] *adj* **1**. libertino/a. **2**. veloz, aerodinámico/a. **3**. de palos inclinados (*ship*).

ral·ly ['ræli] **I.** *n* **1**. reunión *f*. **2**. mitin *m*. **3**. MED, COM recuperación. **4**. DEP peloteo *m*. **5**. AUT rallye *m*. **II.** *v* (*pret*, *pp* **rallied**) **1**. **(around)** reunirse, reorganizarse. **2**. MED, COM reanimarse, mejorar, recuperarse. **4**. ridiculizar, reírse de.

ram [ræm] **I.** *n* **1**. ZOOL carnero *m*. **2**. MIL ariete *m*. **3**. pisón *m*, martillo *m* pilón. **II.** *v* (*pret*, *pp* **-mm-**) **1**. **(against, into)** chocar con, atacar con espolón *m* (*ship*). **2**. **(in, into, on)** meter con fuerza. **3**. **(down)** apisonar.

RAM [ˌa:r ei 'em] *n abrev* (**Random Access Memory**) memoria *f* de acceso aleatorio (*computing*).

ram·ble ['ræmbl] **I.** *n* paseo *m* por el campo, excursión *f* a pie. **II.** *v* **1**. pasear, salir de excursión. **2**. **(on, about)** divagar (*speech*). **3**. trepar, extenderse (*plants*). **ramb·ler** ['ræmblə(r)] *n* **1**. vagabundo *m*. **2**. excursionista *m/f*. **3**. ZOOL planta *f* trepadora. **ramb·ling** ['ræmbliŋ] **I.** *adj* **1**. laberíntico/a (*streets*). **2**. trepador/ra (*plants*). **3**. enmarañado/a (*speech*). **II.** *n* excursionismo *m* (a pie).

ra·mi·fic·ation [ˌræmifi'keiʃn] *n* ramificación *f*. **ram·i·fy** ['ræmifai] *v* ramificarse.

ram·jet (engine) ['ræmdʒet ('endʒən)] *n* estatorreactor *m*.

ramp [ræmp] *n* **1**. rampa *f* (*slope*). **2**. elevador *m* (*hydraulic*). **3**. estafa *f*, timo *m*. LOC **It's a ~**, ¡no se puede consentir!

ramp·age [ræm'peidʒ] **I.** *n* FAM **To be on the ~**, comportarse desenfrenadamente. **II.** *v* desbocarse, perder freno/control.

ramp·an·cy ['ræmpənsi] *n* exuberancia *f*, desenfreno *m*. **ramp·ant** ['ræmpənt] *adj* **1**. rampante, exuberante, sin freno. **2**. ZOOL exuberante.

ram·part ['ræmpa:t] *n pl* defensa *f*, muralla *f*.

ram·rod ['ræmrɔd] *n* MIL baqueta *f*, atacador *m*.

ram·shac·kle ['ræmʃækl] *adj* destartalado/a, desvencijado/a.

ran *pret* of **run**.

ranch [ra:ntʃ] US *n* rancho *m*, hacienda *f*. **ranch·er** ['ra:ntʃə(r)] *n* ganadero *m*.

ran·cid ['rænsid] *adj* rancio/a. **ran·cid·ness** ['rænsidnis], **ran·cid·ity** ['rænsidəti] *n* rancidez *f*, ranciedad *f*.

ran·cour ['ræŋkə(r)] *n* rencor *m*. **ran·cor·ous** ['ræŋkərəs] *adj* rencoroso/a.

ran·dom ['rændəm] *adj* aleatorio/a, fortuito/a, casual. LOC **At ~**, al azar *m*.

ran·dy ['rændi] *adj* (*comp* **-ier**, *sup* **-iest**) INFML cachondo/a.

rang *pret* of **ring**.

range [reindʒ] **I.** *n* **1**. serie *f*, gama *f*. **2**. MUS registro *m* (*voice, instrument*). **3**. alcance *m*, distancia *f*: *Within ~*, Al alcance de. **4**. MIL alcance *m*, campo *m* de tiro. **5**. autonomía *f*, radio *m* de acción (*of a plane*, etc). **6**. sierra *m*, cordillera *f*. **7**. BOT zona *f* de distribución. **8**. US dehesa *f*. **9**. fogón *m* (*kitchen*). LOC **~-finder**, telémetro *m*. **II.** *v* **1**. ordenar, colocar. **2**. oscilar, fluctuar, variar (*between two extremes*). **3**. recorrer. **4**. alcanzar (*guns, missiles*).

rang·er ['reidʒə(r)] *n* guardabosques *m*.

rank [ræŋk] **I.** *n* **1**. posición *f*, categoría *f* (*status*). **2**. MIL rango *m*, grado *m*. **3**. línea *f*, hilera *f*. **4**. MIL fila *f*. LOC **The ~s**, soldados *m* rasos. **To close ~s**, cerrar filas *f*. **To join the ~s**, alistarse. **II.** *v* **1**. alinear, colocar, clasificar. **2**. clasificarse, figurar. **3**. US ser superior a. **III.** *adj* **(above) 1**. BOT exuberante. **2**. maloliente, rancio/a. **3**. manifiesto/a, claro/a, total (*lie, nonsense*). **rank·ness** ['ræŋknis] *n* **1**. BOT exuberancia *f*. **2**. fetidez *f* (*smell*); ranciedad *f* (*taste*).

ran·kle ['ræŋkl] *v* afligir, causar dolor.

ran·sack ['rænsæk] *v* **1**. registrar (minuciosamente). **2**. saquear.

ran·som ['rænsəm] **I.** *n* **1**. rescate *m*. **2**. REL redención *f*. **II.** *v* **1**. rescatar. **2**. REL redimir.

rant [rænt] **I.** *v* **1**. vociferar, hablar en tono violento. **2**. hablar con rimbombancia. **rant·er** ['ræntə(r)] *n* **1**. fanfarrón *m*. **2**. declamador *m*.

rap [ræp] **I.** *n* **1**. golpecito *m*. **2**. US *col* palique *m*. LOC **Not to care a ~**, FIG no importar un comino. **To give sb a ~ on the knuckles**, llamar a alguien al orden *m*. **To take the ~**, *col* cargar con la culpa *f*, sufrir las consecuencias. **II.** *v* **1**. golpear. **2**. regañar. **3**. **(out)** espetar, soltar.

ra·pa·ci·ous [rə'peiʃəs] *adj* rapaz. **ra·pac·ity** [rə'pæsəti] *n* rapacidad *f*.

rape [reip] **I.** *n* **1**. violación *f*. **2**. saqueo *m*. **3**. BOT colza *f*; orujo *m* (grapes). **II.** *v* violar, forzar. **rap·ist** ['reipist] *n* violador/ra.

rap·id ['ræpid] **I.** *adj* **1**. rápido/a, veloz. **2**. muy pendiente (*slope*). **ra·pid·ity** [rə'pidəti] *n* rapidez *f*. **II.** **~s** *n/pl* rápido *m* (*river*).

ra·pi·er ['reipiə(r)] *n* estoque *m*.

ra·pine ['ræpain] *n* rapiña *f*, saqueo *m*.

rap·pro·che·ment [ræ'prɔʃmɔŋ] *n* acercamiento *m*, aproximación *m*.

rapt [ræpt] *adj* absorto/a, ensimismado/a.

rap·ture ['ræptʃə(r)] *n* éxtasis *m*, embeleso m. LOC **To be in ~s** estar extasiado. **To go into ~s**, extasiarse. **rap·tur·ous** ['ræptʃərəs] *adj* extático/a, entusiasta.

rare [reə] *adj* **1**. raro/a, poco común, excepcional; excepcionalmente bueno. **2**. QUIM enrarecido/a (*gases*). **3**. poco hecho/a (*meat*). **rare·ly** ['reəli] *adv* rara vez. **rare·ness** ['reənis] *n* rareza *f*.

rare·bit ['reəbit] **Welsh ~ = Welsh rabbit**. V. **rabbit**.

rare·fi·ed ['reərifaid] *adj* QUIM , FIG enrarecido/a. **rare·fy** ['reərifai] *v* (*pret/pp* **-fied**) enrarecer(se).

ras·cal [ra:skl] *n* pillo *m*, pícaro *m*. **ras·cal·ity** ['ra:skəliti] picardía *f*. **ras·cal·ly** ['ra:skəli] *adv* pícaro, truhanesco.

rash [ræʃ] **I.** *n* MED erupción *f* cutánea. **II.** *adj* (*comp* **-er**, *sup* **-est**) precipitado/a, imprudente. **rash·ly** ['ræʃli] *adv* temerariamente. **rash·ness** [ræʃnis] *n* precipitación *f*, imprudencia *f*.

rash·er ['ræʃə] *n* lonja *f*, loncha *f* (*bacon*).

rasp [ra:sp] **I.** *n* **1**. escofina *f*. **2**. chirrido *m* (*noise*). **II.** *v* **1**. raspar, escofinar. **2**. **(out)** decir con voz áspera.

rasp·ber·ry ['ra:zbri] *n* frambuesa *f*.

rat [ræt] **I.** *n* **1**. ZOOL rata *f*. **2**. FAM canalla *m*, desertor *m*. LOC **Like a drowned ~**, calado hasta los huesos *m*. **~s**, ¡demonios! **The ~ race**, lucha *f* diaria por competir contra otros. **To smell a ~**, haber gato encerrado. **II.** *v* (*pret/pp* **-tt-**) **1**. cazar ratas. **2**. desertar, chaquetear. **3**. **(on)** chivarse. **rat·ter** ['rætə(r)] *n* **1**. perro *m*/gato *m* ratero. **2**. esquirol *m*.

ratch·et ['rætʃit] *n* trinquete *m*. LOC **~ wheel**, rueda *f* de trinquete.

rate [reit] **I.** *n* **1**. índice *m*, coeficiente *m*. **2**. tasa *f*, precio *m*. **3**. velocidad *f*, paso *m*. **4**. *pl* contribución *f* municipal. LOC **At any ~**, *col* de todas formas *f*. **At the ~ of knots**, FAM muy rápido. **At that ~**, FAM de ese modo *m*. **~ of exchange**, cambio (*money*). **~ of interest**, tipo de interés. **~ of taxation**, nivel de impuestos. **~-payer**, contribuyente *m/f*. **II.** *v* **(at)**, **1**. valorar (en). **2**. considerar: *I ~ John as her friend*, Considero a John como amigo suyo. **3**. imponer contribución *f*. **4**. clasificar. **5**. US merecer. **rate·able** ['reitəbl] *adj* valorable, imponible (*value*).

rath·er ['ra:ðə] **I.** *adv* **1**. más bien: *I would ~ not say*, Más bien no lo diría. **2**. algo, bastante. LOC **Or ~**, *col* mejor dicho. **Would ~** (US **had ~**) ... **than**, preferiría más: *I had ~*, Preferiría. **II.** *int* FAM ¡ya lo creo!

ra·ti·fic·ation [,rætifi'keiʃn] *n* ratificación *f*. **rat·ify** ['rætifai] *v* (*pret/pp* **-fied**) ratificar.

rat·ing ['reitiŋ] *n* **1**. clasificación *f*. **2**. contribución *f*. **3**. crédito *m* (*business*). **4**. marinero *m*.

ra·tio ['reiʃiəu] *n* (*pl* **-s**) relación *f*, proporción *m*, razón *m*.

ra·tion ['ræʃn] **I.** *n* **1**. ración *f*. **2**. *pl* suministro *m*. LOC **To be on short ~s**, estar racionado. **ra·tion·ing** ['ræʃniŋ] *n* racionamiento *m*. **II.** *v* racionar.

ra·tion·al ['ræʃnəl] *adj* **1**. racional. **2**. lógico/a, razonable. **3**. sensato/a. **ra·tion·al·ism** ['ræʃnəlizəm] *n* racionalismo *m*. **ra·tion·al·ist** ['ræʃnəist] *n/adj* racionalista *m/f*. **ra·tion·al·ity** ['ræʃnəliti] *n* racionalidad *f*. **ra·tion·al·iz·ation, -is·ation** [,ræʃnəlai'zeiʃn] *n* racionalización *f*. **ra·tion·al·ize, -ise** ['ræʃnəlaiz] *v* **1**. hacer racional, racionalizar. **2**. organizar lógicamente.

rat·tle ['rætl] **I**. *v* **1**. hacer sonar. **2**. desconcertar, confundir. LOC **To ~ away**, irse haciendo ruido. **To ~ off**, enumerar rápidamente. **II**. *n* **1**. golpeteo *m*, traqueteo *m*, tableteo (*machine gun*). **2**. carraca *f*, sonajero *m*. **3**. cascabel *m* (*snake*). LOC **~·brained/-pated**, ligero/a de cascos. **~·snake**, serpiente *f* cascabel. **~·trap**, armatoste *m*, cacharro *m*. **rat·tling** ['rætliŋ] **I**. *adj* ruidoso/a, desconcertante. **II**. *adv* muy: *~ good*, Realmente estupendo.

rat·ty ['ræti] *adj* (*comp* **-ier**, *sup* **-iest**) **1**. malhumorado/a. **2**. gastado/a, ruin (*clothes*). **3**. infestado/a de ratas.

rau·cous ['rɔ:kəs] *adj* estridente, ronco/a.

rav·age ['rævidʒ] **I**. *v* **1**. destrozar. **2**. asolar, saquear. **II**. *n* **1**. destrozo *m*, estrago *m*.

rave [reiv] **I**. *v* **1**. **(at, against, about)** delirar, desvariar. **2**. **(about)** FAM entusiasmarse por, pirrarse por. LOC **To rant and ~**, *col* echar pestes *f/pl*. **II**. *n* (*also pl*) delirio *m*. LOC **~ up**, juerga *f*.

rav·en ['reivn] *n* ZOOL cuervo *m*. **ra·ven·ous** ['rævənəs] *adj* **1**. voraz. **2**. muy hambriento/a. **rav·en·ous·ly** ['rævənəsli] *adv* vorazmente.

ra·vine [rə'vi:n] *n* barranco *m*.

rav·ish ['ræviʃ] *v* **1**. encantar, embelesar. **2**. violar. **rav·ish·er** ['ræviʃə(r)] *n* raptor/ra. **rav·ish·ing** ['ræviʃiŋ], *adj* encantador. **rav·ish·ment** ['ræviʃmənt] rapto *m*, embeleso *m*, éxtasis *m*.

raw [rɔ:] **I**. *adj* **1**. crudo/a (*food*). **2**. puro/a, sin refinar. **3**. novato/a, inexperto/a. **4**. en carne *f* viva (*wound*). **5**. tosco/a. **6**. frío/a y húmedo/a (*weather*). LOC **~ deal**, trato *m* injusto. **II**. *n* **1**. carne *f* viva. LOC **In the ~**, en cueros *m*. **~·boned**, huesudo/a. **~·hide**, cuero *m* sin curtir. **To touch on the ~**, herir donde más duele. **raw·ness** ['rɔ:nis] crudeza *f*.

ray [rei] *n* **1**. FIS rayo *m* (*light*). **2**. rayo *m*, resquicio *m* de esperanza *f* (*hope*). **3**. MAT radio *m*. **4**. ZOOL raya *f* (*fish*). **5**. MUS re *m* (*note*).

ra·yon ['reiɔn] *n* rayón *m*.

raze ['reiz] *v* arrasar, asolar.

raz·or ['reizə(r)] *n* navaja *f* de afeitar (*cut-throat*), maquinilla *f* de afeitar (*safety*), máquina *f* de afeitar eléctrica. LOC **~·blade**, hoja *f* de afeitar. **~·strop**, suavizador *m*.

razz [ræz] *v* US FAM tomar el pelo, ridiculizar.

raz·zle (daz·zle) [ræzl,(dæzl)] *n* FAM juerga *f*: *To go on the ~*, Irse de juerga.

re [ri:] **I**. *prep* respecto a, relativo a. **II**. *n* MUS re *m*. **III**. *pref* re.

reach [ri:tʃ] **I**. *v* **1**. **(for, out)** alargar/tender la mano *f*. **2**. **(down, over)** pasar, dar. **3**. alcanzar (*stretch*). **4**. ponerse en contacto *m* con (*telephone*). **5**. llegar a, extenderse (*arrive at, attain*); cumplir (*age*). **II**. *n* **1**. alcance *m*. **2**. extensión *f*. LOC **Beyond/out of ~**, fuera del alcance *f*. **Within ~**, al alcance *f*. **reach·able** ['ri:tʃəbl] *adj* asequible, que está al alcance *f*. LOC **~-me-downs**, ropa *f* de segunda mano *f*.

re·act [ri'ækt] *v* **1**. **(to)** reaccionar a/ante. **2**. **(against)** reaccionar contra. **3**. **(with)** QUIM reaccionar con. **4**. **(on)** reaccionar sobre. **re·act·ant** [ri'æktənt] *n* QUIM reactancia *f*.

re·ac·tion [ri'ækʃn] *n* **1**. reacción *f*. **2**. QUIM, MED reacción *f*, alteración *f*. **re·ac·tion·ary** [ri'ækʃənri] *adj* reaccionario/a (*freq in politics*).

re·act·ive [ri'æktiv] *adj/n* reactivo (*m*) **re·act·iv·ate** [,ri:'æktiveit] *v* reactivar.

re·act·or [ri'æktə(r)] *n* **1**. reactor *m* (nuclear). **2**. QUIM reactor *m*.

read [ri:d] **I**. *v* (*pret/pp* **read** [red]) **1**. leer, descifrar. **2**. leerse; **(aloud)** leer en voz *f* alta. **3**. **(about, of)** descubrir por medio de la lectura *f*. **4**. estudiar, cursar (*university*). **5**. interpretar, descifrar. **6**. estar escrito. **7**. consultar (*instruments*). **8**. escuchar y entender. **9**. sustituir: *~ A for B*, Sustituir A por B. LOC **To ~ between lines**, leer entre líneas *f*. **To ~ sb like a book**, conocer las intenciones *f* de uno. **To ~ sb to sleep**, leer hasta que se duerma alguien. **To ~ on**, seguir leyendo. **Well ~**, leído, instruido. **II**. *n* acción *f* de leer: *To have a quiet read*, Leer tranquilamente. **read·ab·il·ity** [,ri:də'biləti] *n* **1**. legibilidad *f*. **2**. amenidad *f*. **read·able** ['ri:dəbl] *adj* **1**. digno/a de leer, ameno/a. **2**. legible.

re·ad·dress [,ri:ə'dres] *v* poner señas nuevas/correctas.

read·er ['ri:də(r)] *n* **1**. lector/ra, corrector/ra. **2**. libro *m* de lectura *f* simplificada. **3**. profesor/ra especializado en la investigación. **4**. redactor/ra. **5**. corrector/ra. **read·er·ship** ['ri:dəʃip] *n* **1**. plaza *f* de profesor especializado en la investigación. **2**. número *m* de lectores (*newspaper*).

read·i·ly ['redili] *adv* **1**. de buena gana *f*. **2**. fácilmente.

read·i·ness ['redinis] *n* **1**. preparación *f*. **2**. buena disposición *f*. **3**. prontitud *f*.

read·ing ['ri:diŋ] *n* **1**. lectura *f*. **2**. indicación *f* (*instruments*). **3**. interpretación *f*. **4**. versión *f*. **5**. recital *m*: *A poem ~*, Recital de poesía *f*.

re·ad·just [,ri:ə'dʒʌst] *v* **1**. reajustarse, reorientarse. **2**. reajustar (*engine, TV*, etc). **re·ad·just·ment** [,ri:ə'dʒʌstmənt] *n* reajuste *m*, reorientación *f*.

read·y ['redi] *I*. *adj* (*comp* **-ier**, *sup* **-iest**) **1**. listo/a, preparado/a. **2**. dispuesto/a. **3**. rápido/a, agudo/a, vivo/a (*wit*). **4**. disponible. LOC **~ for action**, preparado/a para el combate. **~-made**, hecho, confeccionado (*clothes*). ~ **money**, FAM pasta *f*. ~ **reckoner**, tabla *f* de cálculo. **~, steady, GO!**, ¡preparado, listo, YA! ~ **to wear**, confeccionado. **Rough and ~**, improvisado. **To be ~ and waiting**, *col* estar listo y dispuesto para algo. **To get ~**, prepararse. **To make ~**, *col* preparar algo. **II.** *n* **1.** FAM (**The ~**) pasta *f* (*money*). **2.** LOC **At the ~**, *col* preparado, listo para (disparar (*rifle*)). **III.** *adv* pronto: ~ *cooked*, Precocinado/a. **IV.** *v* preparar.

re·af·firm [,ri:ə'fɜ:m] *v* reafirmar, reiterar.

re·af·for·est [,ri:ə'fɔrist] *v* repoblar de árboles. **re·af·fo·rest·ation** [ri:ə,fɔri'steiʃn] *n* repoblación *f* forestal.

re·ag·ent [ri:'eidʒənt] *n* QUIM reactivo *m*.

real [riəl] **I.** *adj* **1.** real, verdadero/a. **2.** legítimo/a, auténtico/a. LOC **For ~**, FAM de veras. **The ~ McCoy**, FAM auténtico logro *m*. **II.** *adv* real, verdaderamente. **real·ism** ['riəlizəm] *n* **1.** realismo *m*. **2.** autenticidad *f*. **real·ist** ['riəlist] *n* realista *m/f*. **real·ist·ic** [,riə'listik] *adj* realista. **real·ity** [ri'æləti] *n* **1.** realidad *f*. **2.** realismo *m*. LOC **In ~**, en realidad *f*, de hecho *m*. **real·ize, -ise** ['riəlaiz] *v* **1.** comprender, darse cuenta. **2.** realizar (*plans*). **3.** sacar, lograr (*money*). **real·iz·able, -is·able** ['riəlaizəbl] *adj* realizable. **real·iz·ation** [,riəlai'zeiʃn] *n* **1.** realización *f*. **2.** comprensión *f*. **real·ly** ['riəli] *adv* **1.** en realidad. **2.** verdaderamente. **3.** (**~ ?**) ¿de veras?

realm [relm] *n* **1.** reino *m*. **2.** FIG esfera *f*, campo *m*.

re·alt·or ['riəltə(r)] *n* US corredor *m* de fincas.

ream [ri:m] *n* **I.** *n* **1.** resma *f* (*paper*). **2.** *pl* FIG montones *m*, gran cantidad *f* (*of writing*). **II.** *v* escariar. **ream·er** ['ri:mə(r)] *n* escariador *m*.

re·an·im·ate [ri'ænimeit] *v* reanimar.

reap [ri:p] *v* **1.** segar, cosechar. **2.** FIG recoger, cosechar. **reap·er** ['ri:pə(r)] *n* AGR **1.** segador/ra. **2.** segadora *f* (*machine*). LOC **~ing hook**, AGR hoz *f*.

re·ap·pear [,ri:ə'piə(r)] *v* reaparecer. **re·ap·pear·ance** [,ri:ə'piərəns] *n* reaparición *f*.

re·ap·point [ri:ə'pɔint] *v* nombrar de nuevo.

re·ap·prais·al [,ri:ə'preizl] *n* revaluación *f*.

rear [riə(r)] **I.** *n* **1.** parte *f* posterior/trasera. **2.** FAM trasero *m*. LOC **In the ~**, en retaguardia. **In the ~ of**, detrás de. **~-admiral**, contraalmirante *m*. **~ (wheel) drive**, tracción *f* trasera. **~-guard**, retaguardia *f*. **~ lamp**, luz *f* piloto. **~-most**, último/a de atrás. **~-view mirror**, retrovisor *m*. **~-ward**, retaguardia *m*, el/la último/a *m*. **~-wards**, hacia atrás. **To bring up the ~**, cerrar la marcha *m*. **II.** *v* **1.** criar, educar. **2.** (**up**) encabritarse, empinarse (*horse*). **3.** levantar, erguir (*head*).

re·arm [,ri:'a:m] *v* rearmar. **re·ar·ma·ment** [ri:'a:məmənt] *n* MIL rearme *m*.

re·ar·range [,ri:ə'reindʒ] *v* **1.** volver a arreglar/ordenar. **2.** arreglar de otro modo *m*.

rea·son [ri:zn] **I.** *n* **1.** razón *f* (*motive*), causa *f*, motivo *m*. **2.** razón *f* (*faculty*): *To lose one's ~*, Perder la razón. **3.** sensatez *f*, moderación *f*. LOC **By ~ of**, a causa de. **For ~s**, por razones. **To bring to ~**, hacer entrar en razón. **To stand to ~**, deducirse lógicamente. **Within ~**, dentro de lo razonable. **II.** *v* **1.** razonar, estimar. **2.** (**sb into/out**) disuadir. **3.** (**sth out**) resolver (mediante razonamiento) (*problem*). **4.** (**with sb**) discutir para convencer/persuadir. **rea·son·ing** ['ri:zniŋ] *n* razonamiento *m*, argumento *m*. **rea·son·able** ['ri:znəbl] *adj* **1.** sensato/a (*person*). **2.** razonable. **3.** aceptable: ~ *weather*, Tiempo aceptable. **rea·son·able·ness** ['ri:znəblnis] *n* lo razonable. **rea·son·ably** ['ri:znəbli] *adv* razonablemente. **rea·son·ed** ['ri:znd] *adj* razonado/a.

re·as·sem·ble [ri:ə'sembl] *v* **1.** reunir/volver a juntar. **2.** TEC montar de nuevo.

re·as·sert [ri:ə'sɜ:t] *v* reafirmar.

re·as·sur·ance [,ri:ə'ʃɔ:rəns] *n* **1.** tranquilidad *f*. **2.** noticia *f*/promesa *f* tranquilizadora. **3.** COM reaseguro *m*. **re·as·sure** [,ri:ə'ʃɔ:(r)] *v* (**about**) tranquilizar; COM reasegurar. **re·as·sur·ing** [,ri:ə'ʃɔ:riŋ] *adj* tranquilizador/ra.

reb·ate ['ri:beit] **I.** *n* rebaja *f*, descuento *m*. **II.** *v* rebajar, descontar.

re·bel ['rebl] **I.** *n* rebelde *m/f*. **II.** *v* [ri'bel] (**against**) rebelarse, sublevarse. **re·bel·lion** [ri'beliən] rebelión *f*, sublevación *f*. **re·bel·li·ous** [ri'beliəs] *adj* rebelde.

re·bind [,ri:'baind] *v* (*pret/pp* **rebound**) reencuadernar (*book*).

re·birth [,ri:'bɜ:θ] *n* renacimiento *m*.

re·bore [ri:bɔ:r] **I.** *v* rectificar. **II.** *n* rectificado *m*.

re·born [ri:'bɔ:n] *adj* **to be ~** renacer.

re·bound [ri'baund] **I.** *v* **1.** (**against, from, off**) rebotar (*ball*). **2.** *pret* of **rebind**. **II.** *n* rebote *m*. LOC **On the ~**, de rebote, de rechazo.

re·buff [ri'bʌf] **I.** *n* repulsa *f*, desaire *m* (*snub*). **II.** *v* rechazar, desairar.

re·build [,ri:bild] *v* (*pret/pp* **rebuilt**) **1.** reconstruir, reedificar. **2.** FIG rehacer (*one's life*).

re·buke [ri'bju:k] **I.** *v* (**for**) censurar, reprender. **II.** *n* censura *f*, reprimenda *f*.

re·bus ['ri:bəs] *n* jeroglífico *m*.

re·but [ri'bʌt] *v* (*pret/pp* **-tt-**) rebatir, refutar. **re·but·tal** [ri'bʌtl] *n* refutación *f*.

re·cal·cit·rant [ri'kælsitrənt] *adj* reacio/a, recalcitrante.

re·call [ri'kɔ:l] **I.** *v* **1.** llamar, retirar (*ambassador*). **2.** recordar, acordarse (de). LOC **To ~ sb to duty**, mandar que alguien vuelva a su trabajo. **II.** *n* **1.** llamada *f*, retirada *f* (*ambassador*). **2.** recuerdo *m*. **3.** MIL toque *m* de llamada (*troops*). LOC **Beyond/Past ~**, irrevocable.

re·cant [ri'kænt] *v* retractar(se), confesar su error. **re·cant·ation** [,ri:kæn'teiʃn] *n* retractación *f*, confesión *f* de error.

re·cap ['ri:kæp] **I.** *n* FAM recapitulación *f*. **II.** *v* (*pret/pp* **-pp-**) **1.** FAM recapitular. **2.** recauchutar (*tyres*).

re·ca·pi·tul·ate [,ri:kə'pitʃuleit] *v* recapitular. **re·ca·pi·tul·ation** [,ri:k pitʃu'leiʃn] *n* recapitulación *f*.

re·cap·ture [,ri:kæptʃə] **I**. *v* **1**. volver a capturar (*prisoner*); reconquistar (*town*). **2**. hacer revivir (*memory*). **II**. *n* **1**. recobro *m*; reconquista *f*.

re·cast [ri:'ka:st] *v* (*pret/pp* **recast**) **1**. refundir (*book*). **2**. cambiar el reparto (*play*).

re·cede [ri'si:d] *v* **1**. retroceder, retirarse (*floods*); bajar (*price*). **2**. disminuir.

re·ceipt [ri'si:t] **I**. *n* **1**. recepción *f*, recibo *m* (*act of receiving*). **2**. recibo *m* (*document*). **3**. **~s** *pl* ingresos *m/pl*. **4**. receta *f*. LOC **~ book**, talonario *m*. **To be in ~ of sth**, COM haber recibido algo. **II**. *v* poner el "pagado" (*bill*).

re·ceiv·able [ri'si:vəbl] *adj* COM por cobrar. **re·ceiv·ables** [ri'si:vəblz] *n* COM deudas *f* por cobrar.

re·ceive [ri'si:v] *v* **1**. recibir, percibir, admitir. **2**. hospedar (*guests*). **3**. cobrar (*money*). **4**. DEP ser restador. **re·ceiv·ed** [ri'si:vd] *adj* admitido/a, aceptado/a. **re·ceiv·er** [ri'si:və(r)] *n* **1**. destinatario *m*, recibidor *m*; receptador *m* (*of stolen goods*). **2**. auricular *m* (*telephone*). **3**. receptor *m* (*TV, radio*). LOC **Official ~**, JUR síndico *m*. **re·ceiv·er·ship** [ri'si:vəʃip] *n* JUR sindicatura *f*.

re·cen·sion [ri'senʃn] *n* recensión *f*.

re·cent ['ri:snt] *adj* reciente. **re·cent·ly** ['ri:sntli] *adv* recientemente.

re·cep·ta·cle [ri'septəkl] *n* recipiente *m*, receptáculo *m*.

re·cep·tion [ri'sepʃn] *n* **1**. recepción *f* (act, social function, radio), recibimiento *m*. **2**. acogida *f*. **3**. recepción (*hotel*). LOC **~ room**, sala *f* de espera (*doctor*), recibidor (*guests*). **re·cep·tion·ist** [ri'sepʃənist] recepcionista *m/f* (*hotel, clerk*).

re·cept·ive [ri'septiv] *adj* receptivo/a; **re·cep·tiv·ity** [,ri:sep'tivəti] *n* receptividad *f*.

re·cess [ri'ses/'ri:ses] **I**. *n* **1**. vacaciones *f/pl*, descanso *m*; US suspensión (de clases), recreo *m* (*school*). **2**. TEC rebajo *m*, ARQ hueco *m*, nicho *m*. **3**. escondrijo *m*. **4**. *pl* FIG lo más hondo/recóndito. **II**. *v* **1**. poner en un hueco. **2**. suspender la sesión. **re·ces·sion** [ri'seʃn] *n* **1**. COM recesión *f*. **2**. retirada *f*, retroceso *m*. **re·ces·sive** [ri'sesiv] *adj* BIOL recesivo/a.

re·charge [,ri:'tʃa:dʒ] *v* recargar, volver a cargar.

re·cher·ché [rə'ʃeəʃei] *adj* rebuscado/a.

re·ci·div·ist [ri'sidivist] *n* reincidente *m/f*.

re·cipe ['resəpi] *n* receta *f*.

re·ci·pi·ent [ri'sipiənt] *n* receptor *m*, destinatario *m* (*letter*).

re·ci·proc·al [ri'siprəkl] *adj* recíproco/a, mutuo/a. LOC **~ pronoun** pronombre *m* recíproco (*grammar*).

re·ci·proc·ate [ri'siprəkeit] *v* **1**. intercambiar, corresponder (a). **2**. TEC oscilar, alternar (*machine*). **re·ci·proc·ation** [ri,siprə'keiʃn] *n* reciprocación *f*, correspondencia *f*.

re·ci·proc·ity [,resi'prɔsəti] *n* reciprocidad *f*.

re·cit·al [ri'saitl] *n* **1**. recital *m* (*music, dance*, etc). **2**. relato *m*, relación *m* (*facts*). **3**. narración *f*, recitación *f* (*poem*). **re·cit·ation** [,resi'teiʃn] *n* **1**. recitación *f*. **2**. recitado *m*. **re·ci·tat·ive** [,resitə'ti:v] *n/adj* recitativo/a *m*. **rec·ite** [ri'sait] *v* **1**. recitar, narrar (*poem, passage*, etc). **2**. enumerar.

reck·less ['reklis] *adj* imprudente, temerario/a. **reck·less·ness** ['reklisnis] *n* imprudencia *f*, temeridad *f*.

reck·on ['rekən] *v* **1**. (**as, among**) considerar (como), contar. **2**. considerar, estimar (*believe*). **3**. (**up**) calcular, computar. **4**. (**in**) incluir. **5**. (**on**) contar (con). **6**. (**with**) tener en cuenta. **7**. (**without**) hacer caso omiso. **reck·on·ing** ['rekəniŋ] *n* **1**. cálculo *m*, cuenta *f*. **2**. factura *f*. LOC **The day of ~**, FIG día *m* del juicio final/decisivo.

re·claim [ri'kleim] *v* **1**. (**from**) reclamar, recuperar (*possession*). **2**. hacer utilizable (*land*). **3**. reformar (*sinner*). **4**. reciclar (*from waste products*).

re·clam·ation [,reklə'meiʃn] *n* **1**. reclamación *f*, recuperación *f*. **2**. utilización *f*. **3**. reforma, recuperación *f* (*sinner*). **4**. reciclaje *m*.

re·cline [ri'klain] *v* **1**. reclinar(se), recostar(se). **2**. (**against/on**) apoyarse, descansar. LOC **Reclining chair**, sillón reclinable, poltrona.

re·cluse [ri'klu:s] *n/adj* recluso/a, solitario/a.

re·cog·ni·tion [,rekəg'niʃn] *n* reconocimiento *m*. LOC **To change, etc beyond/out of (all) ~**, cambiar de modo que resulte irreconocible.

re·cog·niz·ance, ~·nis·ance [ri'kɔgnizns] *n* **1**. JUR compromiso *m*, obligación *f* contraída. **2**. fianza *f* (*sum*).

re·cog·nize, ~nise ['rekəgnaiz] *v* **1**. (**by**) reconocer, identificar. **2**. (**as**) admitir, confesar.

re·coil [ri'kɔil] **I**. v **1**. (**from, at**) echarse atrás, retroceder (*fear, disgust*). **2**. dar culetazo (*gun*). **3**. (**on**) recaer (sobre). **II**. *n* retroceso *m*, culetazo *m* (*gun*).

re·col·lect [,rekə'lekt] *v* recordar, acordarse (de). **re·col·lec·tion** [,rekəlekʃn] *n* recuerdo *m*. LOC **To the best of my ~**, que yo recuerde.

re·com·mend [,rekə'mend] *v* (**for, as**) recomendar (para). **re·com·mend·able** [,rekə'mendəbl] *adv* recomendable. **re·com·mend·ation** [,rekəmen'deiʃn] *n* recomendación *f*.

re·com·pense ['rekəmpens] **I**. *v* (**for**) recompensar, indemnizar. **II**. *n* (**for**) recompensa *f*, indemnización *f*.

re·con·cil·able ['rekənsailəbl] *adv* reconciliable. **re·con·cile** ['rekənsail] *v* **1**. (**with**) reconciliar, conciliar. **2**. (**to**) resignarse (a), acomodarse (con). **re·con·ci·li·ation** [,rekən,sili'eiʃn] *n* reconciliación *f*.

re·cond·ite ['rikəndait] *adj* **1**. recóndito/a, oculto/a. **2**. abstruso/a (*writer*).

re·con·di·tion [,ri:kən'diʃn] *v* reacondicionar, arreglar.

re·con·nais·sance [ri'kɔnisns] *n esp* MIL reconocimiento *m*.

re·con·noi·ter, -tre [,rekə'nɔitə(r)] *v* reconocer, explorar.

re·con·si·der [,ri:kən'sidə(r)] *v* reconsiderar. **re·con·si·der·ation** [,ri:kən,sidəreiʃn] *n* reconsideración *f*.

re·con·sti·tute [,ri:kɔnstitju:t] *v* **1**. hidratar (*dried food*). **2**. reconstituir. **re·con·sti·tu·tion** [,ri:kɔnsti'tju:ʃn] *n* reconstitución *f*.

re·con·struct [,ri:kən'strʌkt] *v* **1**. reconstruir, reedificar. **2**. **(from)** reconstrucción (*crime*). **re·con·struc·tion** [,ri:kən'strʌkʃn] *n* reconstrucción *m* (*building, crime*, etc).

re·con·ver·sion [,ri:kən'vɜ:ʒn] *n* readaptación *f*, reconversión *f*.

re·con·vert [,ri:kən'vɜ:t] *v* readaptar, reconvertir.

rec·ord ['rekɔ:d] *n* **1**. documento *m*, registro *m*. **2**. historial *m*, curriculum vitae *m*, antecedentes *m/pl*, carrera *f*. **3**. disco *m* (*gramophone record*). **4**. DEP récord *m*, marca *f*, plusmarca *f*. **5**. registro *m* (*computing*). LOC **Just for the ~**, para que conste. **Off the ~**, no oficial, confidencial. **On ~ (a)**, consta que. **To put/set the ~ straight**, hacer constar algo.

record-..., **~-breaker**, *n* recordman *m*, plusmarquista *m*. **~-breaking**, *adj* brillante, excepcional, que tantos récords ostenta. **~-changer**, *n* tocadiscos *m/pl* automático. **~-holder**, *n* recordman *m*, plusmarquista *m/f*. **~-Office**, *n* Archivo *m* Nacional. **~-player**, *n* tocadiscos *pl/m*. **~-time**, *n* tiempo *m* récord.

re·cord [ri'kɔ:d] *v* **1**. anotar, apuntar, inscribir, hacer constar. **2**. grabar, registrar (*sound, music*). **3**. indicar, marcar (*of measuring instruments*). LOC **~·ed delivery**, correo certificado. **re·cord·er** [ri'kɔ:də] *n* **1**. registrador *m* (*sound and/or images*). **2**. MUS flauta *f* dulce. **3**. JUR juez *m* municipal. **re·cord·ing** [ri'kɔ:diŋ] *n* **1**. acción *m* de grabar. **2**. grabación *f* (*sound, images*).

re·count [ri'kaunt] *v* contar, relatar (*story*).

re-count [,ri:'kaunt] **I**. *v* volver a contar (*esp votes*). **II**. *n* recuento *m* segundo escrutinio *m* (*in parliament*).

re·coup [ri'ku:p] *v* **(for)** recobrar, recuperar, indemnizar.

re·course [ri'kɔ:s] *n* recurso *m*. LOC **To have ~ to sb/sth**, recurrir (a), valerse (de).

re·cov·er [ri'kʌvə] v **1**. **(from)** recuperar, recobrar (*money*). **2**. MED restablecerse, reponerse. **3**. sobreponerse. **re·cov·er·able** [ri'kʌvərəbl] *adj* recuperable. **re·cov·ery** [ri'kʌvəri] *n* **1**. recuperación *f*, recobro *m*. **2**. MED restablecimiento *m*.

re-cov·er [,ri'kʌvə] *v* **(in/with)** recubrir.

re·cre·ant ['rekriənt] *n/adj* cobarde, infiel, traidor/ra.

re-cre·ate [,ri:kri'eit] *v* reproducir (*create again*).

re·cre·ation [,rekri'eiʃn] *n* recreación *f*, recreo *m* (*school*). **re·cre·ation·al** [,rekri'eiʃnəl] *adj* que recrea. LOC **~ ground** (*abrev* **rec**) patio de un colegio. **~ room**, salón de recreo. **re·cre·at·ive**, [,rekri'eitiv], recreativo/a.

re·cri·min·ate [ri'krimineit] *v* **(against)** recriminar. **re·cri·min·ation** [ri,krimi'neiʃn] *n* recriminación *f*.

re·cru·desce [,ri:kru:des] *v* recrudecer. **re·cru·des·cence** [,ri:kru:'desns] *n* recrudecimiento *m*.

re·cruit [ri'kru:t] **I**. *n* **1**. MIL recluta *m*. **2**. miembro *m* nuevo (*new member*). **II**. *v* **(to, from, as) 1**. contratar. **2**. MIL alistar, reclutar. **re·cruit·ment** [ri'kru:tmənt] *n* **1**. contratación *f*. **2**. reclutamiento *m*.

rect·al ['rektəl] *adj* ANAT rectal, del recto.

rect·an·gle ['rektæŋgl] *n* rectángulo *m*. **rect·an·gu·lar** [rek'tæŋgjulə(r)] *adj* rectangular.

rec·ti·fi·able ['rektifaiəbl] *adj* rectificable, corregible. **rec·ti·fic·ation** [,rektifikeiʃn] *n* rectificación *f*. **rec·ti·fi·er** ['rektifaiə(r)] *n* rectificador *m*. **rec·ti·fy** ['rektifai] *v* (*pret/pp* **-fied**) rectificar.

rec·ti·li·ne·ar [,rekti'liniə(r)] *adj* rectilíneo/a.

rec·ti·tude ['rektitju:d] *n* rectitud *f*.

rec·to ['rektəu] *n* recto *m* (*of a page*).

rect·or ['rektə(r)] *n* **1**. REL párroco *m* (*parish priest*); superior *m* (*of a religious order*). **2**. director *m* (*school*); rector *m* (*university*). **rect·ory** ['rektəri] *n* casa *m* del párroco; rectoría *f*.

rect·um ['rektəm] *n* (*pl* **-s/recta**) ANAT recto *m*.

re·cum·bent [ri'kʌmbənt] *adj* recostado/a, acostado/a.

re·cu·per·ate [ri'ku:pəreit] *v* **1**. **(from)** restablecerse, recuperarse (*illness*). **2**. recuperar (*money*). **re·cu·per·ation** [ri,kju:pə'reiʃn] restablecimiento *m* (*illness*); recuperación *f*. **re·cu·per·at·ive** [ri'ku:pərətiv] *adj* recuperativo/a.

re·cur [ri'kɜ:(r)] *v* (*pret/pp* **-rr-**) **1**. repetirse, producirse de nuevo. **2**. **(to sb/sth)**, volver a la mente. LOC **~·ring decimal**, MAT decimal *m* periódico puro. **re·cur·rence** [ri'kʌrəns] *n* repetición *f*; reaparición *f*. **re·cur·rent** [ri'ku:rənt] *adj* recurrente.

re·cus·ant ['rekjuznt] *n/adj* recusante *m*.

re·cy·cle [,ri:'saikl] *v* reciclar.

red [red] **I**. *adj* (*comp* **-dder**, *sup* **-ddest**) **1**. rojo/a, colorado/a, encarnado/a. **2**. encendido/a (*with anger*). **3**. ruboroso/a (*with shame*). **4**. tinto (*wine*). **5**. rojo/a (*communist*). LOC **A ~ herring**, una pista falsa. **Neither fish, flesh nor good ~ herring**, *col* algo difícil de clasificar. **Not (be) worth a ~ cent/not give a ~ cent for sth**, US *col* no valer un duro/céntimo. **(As) ~ as a beetroot**, ponerse como un tomate. **To paint the town ~**, echar una cana al aire. **red·ness** ['rednis] *n* rojez *f*, color *m* rojo. **II**. *n* **1**. rojo *m* (*colour*). **2**. comunista *m/f* (*politics*); *col* rojo *m.* LOC **To be/get in/into the ~**, deber dinero, estar en números rojos. **To be/get out of the ~**, liquidar deudas, salir de números rojos. **To see ~**, sulfurarse, salir(se) de sus casillas. **red·den** ['redn] *v* **1**. enrojecer, teñir rojo. **2**. enrojecer (*with shame, anger*). **red·dish** ['rediʃ] *adj* rojizo/a.

red-..., **~-blooded**, *adj* vigoroso/a. **~·breast**, *n* ZOOL petirrojo *m* (*bird*). **~-brick**, *adj* de ladrillo rojo (*19th century universities/colleges*). **~ cabbage**, *n* BOT remolacha *f.* **~-cap**, *n col* policia *m/f* militar; US mozo *m* de equipaje (*railway station*). **~ card**, *n* DEP tarjeta *f* roja (*football*). **~ carpet**, *adj* FAM suntuoso/a. **~·coat**, *n* soldado *m* inglés (*18th century*). **~ corpuscle** (**~ blood cell**), ANAT glóbulo *m* rojo. **~ Cross**, *n* Cruz *f* Roja. **~ currant**, *n* BOT grosella *f* roja. **~ deer**, *n* ZOOL ciervo *m* común. **~ flag**, *n* bandera *f* rosa (*symbol of danger*). **~-handed**, *adj* con las manos en la masa. **~·head**, *n* (*esp f*) pelirroja *f.* **~-hot**, *adj* rojo candente (*of metal*); vehemente, acérrimo (*supporter*); de última hora *f* (*news*). **~ Indian** (**redskin**) *n col* piel *f* roja (*American Indian*). **~ lead**, *n* minio *m.* **-letter day**, *n* día *m* importante/señalado. **~ light**, *n* luz *f* roja. **~-light district**, *n* barrio *m* chino. **~ meat**, *n* carne *f* roja. **~ Riding Hood**, Caperucita Roja. **~ tape**, *n* papeleo (*excessive bureaucracy*). **~ wine**, *n* vino *m* tinto. **~·wood**, *n* BOT secoya *f.*

re·dact [ri'dækt] *v* redactar.

re·deem [ri'di:m] *v* **1**. desempeñar (*money*), amortizar. **2**. rescatar; REL redimir. **3**. expiar (*fault, blame*). **re·deem·able** [ri'di:məbl] *adj* amortizable; redimible. **re·deem·er** [ri'di:mə(r)] *n* REL Redentor *m* (*Jesus Christ*).

re·demp·tion [ri'dempʃn] *n* **1**. desempeño *m.* **2**. amortización *f.* **3**. rescate *m*; REL redención *f.* **4**. expiación *f.* LOC **Beyond/Past ~**, sin remedio, irremediable. **re·dempt·ive** [ri'demptiv] *adj* redentor.

re·de·ploy [,ri:di'plɔi] *v* reorganizar. **re·de·ploy·ment** [,ri:di'plɔimənt] *n* reorganización *f.*

re·de·ve·lop [,ri:di'veləp] *v* reconstruir, volver a planificar, modernizar, mejorar. **re·de·ve·lop·ment** [,ri:di'veləpmənt] *n* reconstrucción *f*; replanificación *f.*

re·dif·fu·sion [,ri:di'fju:ʒn] *n* redifusión *f* (*radio, TV*).

re·di·rect [,ri:di'rekt] V. **readdress**.

re·dis·cov·er [,ri:dis'kʌvə] *v* volver a descubrir.

re·dis·tri·bute [,ri:di'stribju:t] *v* distribuir de nuevo. **re·dis·tri·bu·tion** [,ri:distri'bju:ʃn] *n* nueva distribución *f.*

re·do [,ri:'du:] *v* (*pret* **redid**, *pp* **redone**) **1**. volver a hacer, rehacer. **2**. *col* volver a decorar/arreglar (*room, kitchen*, etc).

re·dol·ence ['redələns] *n* fragancia *f*, perfume *m.* **re·dol·ent** ['redələnt] *adj* (**of, with**) perfumado/a. LOC **To be ~ of**, FIG recordar, hacer pensar en.

re·dou·ble [,ri:dʌbl] *v* **1**. intensificar, redoblar. **2**. redoblar (*bridge*).

re·doubt [ri'daut] *n* reducto *m*: *The last ~ of ...*, El último reducto de... . **re·doubt·able** [ri'dautəbl] *adj* terrible, formidable.

re·dound [ri'daund] *v* **1**. (**on**) recaer. **2**. (**to**) redundar en beneficio (de).

re·draft ['ri:dra:ft] *v* volver a redactar, hacer un borrador nuevo.

re·dress [ri'dres] **I**. *v* reparar, enmendar. LOC **~ the balance**, equilibrar, reajustar. **II**. *n* reparación *f*; compensación *f.*

re·duce [ri'dju:s] *v* **1**. reducir. **2**. disminuir (*weight*), rebajar (*price*). **3**. degradar (*social status*). **4**. abreviar. LOC **~ to writing**, poner por escrito. **re·duc·ible** [ri'dju:səbl] *adj* reducible.

re·duc·tion [ri'dʌkʃn] *n* **1**. reducción *f.* **2**. disminución *f.* **3**. abreviación *f.* **4**. reducir a escala (*map*).

re·dund·ancy [ri'dʌndənsi] *n* **1**. redundancia *f*, exceso *m*, superfluidad *f.* **2**. desempleo *m* (por exceso de personal). **re·dund·ant** [ri'dʌndənt] *adj* **1**. redundante, excesivo/a, superfluo/a. **2**. desempleado/a, sin trabajo (por exceso de personal).

re·du·plic·ate [ri'dju:plikeit] *v* reduplicar. **re·du·plic·ation** [ri,dju:pli'keiʃn] *n* reduplicación *f.*

re·e·cho [ri:ekəu] *v* repetir, resonar (con).

reed [ri:d] *n* **1**. BOT caña *f*, junco *m*; carrizo *m.* **2**. MUS lengüeta *f* (*mouthpiece of instrument*); caramillo *m* (*pipe*). LOC **Broken ~**, persona *f*/cosa *f* poco de fiar. **reed·i·ness** ['ri:dinis] *n* agudez *f* (*music, sound, voice*). **reed·y** ['ri:di] *adj* (*comp* **-ier**, *sup* **-iest**) lleno/a de cañizos/cañas; agudo/a, alto/a (*voice*).

re-e·duc·ate [ri:edʒukeit] *v* reeducar. **re-e·duc·ation** [,ri:edʒu'keiʃn] *n* reeducación *f.*

reef [ri:f] **I**. *n* **1**. rizo *m* (*sail*). **2**. escollo *m*, arrecife *m.* **II**. *v* arrizar (*sail*). LOC **-knot** (US **square-knot**), nudo *m* de marino.

ree·fer ['ri:fə(r)] (*also* **~-jacket**) *n* **1**. chaquetón *m* . **2**. pitillo *m*/porro *m* de marihuana.

reek [ri:k] **I**. *n* **1**. mal olor *m*, hedor *m.* **2**. humo *m* espeso. **II**. *v* **1**. oler, heder. **2**. FIG oler: *This ~s of treachery*, Esto huele a traición. **3**. humear (*chimney*).

reel [ri:l] **I**. *n* **1**. carrete *m*, bobina *f*, tambor *m.* **2**. cinta *f*, rollo *m*, película *f* (*film*). **3**. MUS baile *m* escocés. **II**. *v* **1**. (**in, out**) enrollar el sedal. **2**. (**off**) devanar (*thread*); recitar de un tirón. **3**. tambalear(se), hacer eses, dar vueltas (*head*). **4**. retroceder, cejar (*enemy*).

re-e·lect [,ri:i'lekt] *v* (**to, as**) reelegir. **re-e·lec·tion** [,ri:i'lekʃn] *n* reelección *f.*

re·en·act [,ri:i'nækt] *v* **1**. volver a promulgar. **2**. volver a representar (*play*).

re·eng·age [,ri:in'geidʒ] *v* contratar de nuevo.

re·en·list [,ri:in'list] *v* reenganchar(se).

re·en·ter [,ri:'entə(r)] *v* **1**. reingresar (en), volver a entrar. **2**. (**for**) volver a presentarse (*esp exam*). **re·en·try** [,ri:'entri] *n* **1**. reingreso *m*, nueva entrada *f*. **2**. reentrada *f* (*spacecraft*).

reeve [ri:v] **I**. *n* **1**. baile *m* (*king's agent*). **2**. presidente *m* del concejo (*in Canada*). **II**. *v* pasar por un ojal.

re·e·xa·mine [,ri:ig'zæmin] *v* reexaminar. **re·ex·am·in·ation** [,ri:ig,zæmi'neiʃn] *n* reexaminación *f*.

re·ex·port [,ri:ek'spɔ:t] *v* (**to**) reexportar.

ref [ref] *n* **1**. *col abrev* de árbitro *m*. **2**. COM *abrev* referencia *f*.

re·face [,ri:'feis] *v* revestir, forrar de nuevo (*wall, building*).

re·fect·ory [ri'fektri] *n* refectorio *m*.

re·fer [ri'fɜ:(r)] *v* (*pret, pp* **-ff-**) **1**. (**to**) referirse (a), hacer referencia/alusión (a). **2**. relacionar (con). **3**. remitir (*send, direct*). **4**. (**back**), devolver. **re·fer·able** [ri'fɜ:rəbl] *adj* (**to**) referible (a), asignable (a).

re·fer·ee [,refə'ri:] **I**. *n* árbitro *m*. **II**. *v* arbitrar.

re·fer·ence ['refərəns] *n* **1**. (**to**) referencia *f*, alusión *f*. **2**. remisión *f*. **3**. COM referencia *f*, número *m* de referencia. **4**. (carta de) referencia *f* (*testimonial*). LOC **In/With ~ to**, respecto (a). **~ book**, libro *m* de consulta. **~ library**, biblioteca *f* de consulta. **~ marks**, llamada *f* (*directive*). **~ number**, número de referencia.**To bear/have some ~ to sth**, guardar/tener referencia con algo. **Without ~ to**, sin mencionar (a).

re·fe·ren·dum [,refə'rendəm] *n* referéndum *m*.

re·fill [,ri:'fil] **I**. *v* rellenar, volver a llenar. **II**. *n* recambio *m*, repuesto *m*, mina *f* (*pencil*).

re·fine [ri'fain] *v* **1**. refinar, purificar. **2**. mejorar, limar (*removing defects*). **3**. FIG refinar, educar, hacer más culto. **re·fin·ed** [ri'faind] *adj* refinado/a, pulido/a, culto/a. **re·fine·ment** [ri'fainmənt] *n* refinamiento *m* (*oil, sugar*); finura *f*, elegancia *f* (*person*); mejora *f*. **re·fin·er** [ri'fainə(r)] *n* refinador *m*. **re·fin·ery** [ri'fainəri] *n* refinería *f*.

re·fit ['ri:fit] **I**. *n* reparación *f*, compostura *f*. **II**. *v* (*pret, pp* **-tt-**) (**as**) reparar, componer.

re·flect [ri'flekt] *v* **1**. (**in, from**) reflejar(se) (*mirror*). **2**. revelar. **3**. (**on, upon**) reflexionar, pensar. LOC **To ~ credit on**, honrar. **To ~ well on**, hacer honor (a). **re·flec·tion** (*also* **reflexion**) [ri'flekʃn] *n* **1**. reflejo *m*. **2**. revelación *f*. **3**. reflexión *f* (*thinking*). LOC **On ~**, pensándolo bien. **re·flect·ive** [ri'flektiv] *adj* **1**. pensativo/a, meditabundo/a. **2**. reflector/ra. **re·flect·or** [ri'flektə(r)] *n* **1**. reflector *m*. **2**. captafaros *m/pl*, placa *f* captafaros.

re·flex ['ri:fleks] *n* reflejo *m*, acción *f* de reflejo. **re·flex·ive** [ri'fleksiv] *n/adj* reflexivo/a *m* (*grammar*).

re·fle·xion V. **reflection**.

re·float [,ri:'fləut] *v* poner/sacar de nuevo a flote.

re·for·est [,ri:'fɔrist] *v* US V. **reafforest**.

re·form [ri'fɔ:m] **I**. *v* **1**. reformar(se). **2**. formar de nuevo. **3**. rehacerse (*soldiers*). **II**. *n* reforma *f*, reformación *f*. **re·form·er** [re'fɔ:mə(r)] *n* reformador *m*. **re·form·ation** [,refə'meiʃn] *n* **1**. reforma *f*. **2**. REL la Reforma *f* (*the Reformation*). **re·form·at·ory** [ri'fɔ:mətri; US -tɔ:ri] *n/adj* reformatorio/a *m* (*reform school*).

re·fract [ri'frækt] *v* refractar. LOC **~·ing telescope**, telescopio *m* refractor. **re·frac·tion** [ri'frækʃn] *n* refracción *f*. **re·fract·ive** [ri'fræktiv] *adj* refractivo/a. **re·frac·to·ri·ness** [ri'fræktərinəs] *n* lo refractario; obstinación *f*. **re·fract·ory** [ri'fræktəri] *adj* **1**. obstinado/a. **2**. refractario/a.

re·frain [ri'frein] **I**. *n* **1**. estribillo *m* (*song, poem*). LOC **His constant ~ is...**, siempre está con la misma canción. **II**. *v* (**from**) abstenerse (de).

re·fresh [ri'freʃ] *v* refrescar. LOC **To ~ sb's memory**, refrescar la memoria a alguien. **re·fresh·er** [ri'freʃə(r)] *n* refresco *m*. LOC **~ course**, curso de repaso/perfeccionamiento. **re·fresh·ing** [ri'freʃiŋ] *adj* refrescante. **re·fresh·ment** [ri'freʃmənt] *n* refresco (*drink*). **re·fresh·ments** [ri'freʃmənts] *n/pl* refrigerio *m*.

re·fri·ger·ant [ri'fridʒərənt] *n* refrigerante *m*. **re·fri·ger·ate** [ri'fridʒəreit] *v* refrigerar. **re·fri·ger·ation**, [ri,fridʒə'reiʃn] *n* refrigeración *f*. **re·fri·ge·rat·or** ['ri'fridʒəreitə(r)] (US **icebox**; FAM **fridge**) *n* nevera *f*, frigorífico *m*, refrigerador *m*.

re·fuel [,ri:'fjuəl] *v* reabastecer/rellenar de combustible, repostar combustible.

ref·uge ['refju:dʒ] *n* **1**. (**from sb/sth**) refugio *m*, asilo *m*; recurso *m*; albergue *m*. **2**. isleta *f*. **re·fug·ee** [,refju'dʒi] *n* refugiado *m*.

re·fulg·ence [ri'fʌldʒəns] *n* refulgencia *f*. **re·fulg·ent** [ri'fʌldʒənt] *adj* refulgente.

re·fund [ri'fʌnd] **I**. *v* reintegrar, devolver. **II**. *n* devolución *f*, reembolso *m*.

re·furb·ish [,ri:'fɜ:biʃ] *v* restaurar, renovar (*decorate*).

re·fur·nish [,ri:'fɜ:niʃ] *v* amueblar de nuevo.

re·fus·al [ri'fju:zl] *n* **1**. negativa *f*, rechazo *m*. **2**. COM opción *f* exclusiva.

re·fuse **I**. ['refju:s] *n* basura *f*, desperdicio *m*. LOC **~ collector**, recogedor *m* de basura (*dustman*). **II**. [ri'fju:z] *v* rechazar, negar, rehusar.

re·fut·able [ri'fju:təbl, 'refjutəbl] *adj* refutable. **re·fut·ation** [,refju:'teiʃn] *n* refutación *f*. **re·fute** [ri'fju:t] *v* refutar, rebatir.

re·gain [ri'gein] *v* **1**. recobrar, recuperar. **2**. volver (a) (*go back to*).

re·gal ['ri:gl] *adj* real, regio/a. **re·gal·ly** ['ri:gəli] *adv* regiamente.

re·gale [ri'geil] *v* **1**. agasajar, festejar. **2**. regalarse.

re·ga·lia [ri'geiliə] *n* **1**. insignias *f/pl*. **2**. atributos *m/pl* (*of an office*).

re·gard [ri'ga:d] **I**. *v* **1**. mirar, observar. **2**. (**with, as**) considerar (como). **3**. prestar atención. LOC **As ~s**, en cuanto a, por lo que se refiere a. **re·gard·ing** [ri'ga:diŋ] *prep* en cuanto a, relativo a. **II**. *n* **1**. (**to, for**) atención *f*. **2**.

(**for**) consideración *f*, respeto *m*. LOC **In/With ~ to**, con respecto a, en cuanto a. **~s**, recuerdos *m/pl*: *Kind ~ (to, from)*, Muchos recuerdos (de, a). **re·gard·less** [ri'ga:dlis] *adv* a pesar de todo, pese a quien pese. LOC **~ of**, indiferente a, insensible a.

re·gat·ta [ri'gætə] *n* NAUT regata *f*.

regd *adj* COM *abrev* registrado/a, certificado/a.

reg·ency ['ri:dʒənsi] *n* regencia *f*.

re·gen·er·ate [ri'dʒenəreit] **I.** *v* regenerar. **II.** [-rət] *adj* regenerado/a. **re·gen·er·ation** [ri,dʒenə'reiʃn] *n* regeneración *f*. **re·gen·er·at·ive** [ri'dʒenərətiv] *adj* regenerador/ra.

re·gent ['ri:dʒənt] **I.** *n* regente *m/f*. **II.** *adj* regente: *The Prince R~*, El Príncipe Regente. **re·gent·ship** ['ri:dʒəntʃip] *n* regencia *f*.

re·gi·cide ['redʒisaid] *n* **1**. regicidio *m*. **2**. regicida *m/f* (*person*).

re·gime [rei'ʒi:m, 'reʒi:m] *n* régimen *m* (*government system*).

re·gi·men ['redʒimən] *n* régimen *m* (*diet, exercise*).

re·gi·ment ['redʒimənt] **I.** *n* MIL regimiento *m*. **II.** *v* organizar muy estrictamente, reglamentar. **re·gi·ment·ation** [,redʒimen'teiʃn] *n* regimentación *f*, organización *f* estricta/rígida. **re·gi·ment·al** [,redʒi'mentl] *adj* de(l) regimiento; militar. **re·gi·ment·als** [,redʒi'mentlz] *n* uniforme *m* militar.

re·gi·on ['ri:dʒən] *n* **1**. región *m*, zona *f*. **2**. comarca *f*. LOC **In the ~ of**, alrededor de. **re·gi·on·al** ['ri:dʒənl] *adj* regional.

re·gis·ter ['redʒistə(r)] **I.** *n* **1**. registro *m*; lista *f*; matrícula *f* (*university, list of men/boats*). **2**. TEC indicador *m*, registrador *m*, contador *m*. LOC **~ office**, registro *m* civil. **II.** *v* **1**. registrar, inscribir, matricular. **2**. presentar (*complaint*). **3**. indicar, manifestar. **4**. producir impresión. **5**. certificar (*letter*). LOC **~ed nurse**, US enfermera *f* titulada. **~ed post** (US **certified mail**), correo *m* certificado. **~ed trade mark**, marca *f* registrada.

re·gis·trar [,redʒi'stra:(r), 'redʒistra:(r)] *n* **1**. registrador *m*, archivero *m*. **2**. secretario *f* general (*university*).

re·gis·tra·tion [,redʒi'streiʃn] *n* **1**. registro *f*, inscripción *f*. **2**. matrícula *f*. LOC **~ number**, número *m* de matrícula.

re·gis·try ['redʒistri] *n* registro *m*, archivo *m*. LOC **~ office** (*also* **register office**), registro *m* civil.

reg·nant ['regnənt] *adj* reinante.

re·gress [ri'gres] *v* (**to**) retroceder. **re·gres·sion** [ri'greʃn] *n* regresión *f*. **re·gres·sive** [ri'gresiv] *adj* regresivo/a.

re·gret [ri'gret] **I.** *n* **1**. arrepentimiento *m*, pesar *m*, pena *f*: *To my ~*, A mi pesar. **2**. **~s** *pl* excusas *f/pl*. **II.** *v* (*pret, pp* **-tt-**) **1**. sentir, lamentar. **2**. arrepentirse (de). **re·gret·ful** [ri'gretful] *adj* pesaroso/a, arrepentido/a. **re·gret·ful·ly** [ri'gretfəli] *adv* con pesar. **re·gret·able** [ri'gretəbl] *adj* lamentable.

re·group [,ri:'gru:p] *v* (**for**) reagrupar(se).

Regt *abrev* V. **regiment**.

reg·u·lar ['regjulə(r)] **I.** *adj* **1**. MIL, GRAM regular, normal. **2**. habitual, ordinario/a, corriente. **3**. uniforme. **4**. ordenado/a. **5**. verdadero/a, cabal. LOC (**As**) **~ as clockwork**, con la regularidad de una máquina. **II.** *n* **1**. MIL soldado *m* de línea. **2**. FAM parroquiano *m*, cliente *m* habitual. **reg·u·lar·ity** [,regju'lærəti] *n* regularidad *f*. **reg·u·lar·iz·ation, -is·ation** [,regjulərai'zeiʃn] *n* regularización *f*. **reg·u·lar·ly** ['regjuləli] *adv* regularmente, con regularidad. **reg·u·lar·ize, ~-ise** ['regjuləraiz] *v* regularizar.

reg·ul·ate ['regjuleit] *v* **1**. regular. **2**. TEC arreglar, ajustar. **reg·ul·ation** ['-ʃn] *n* **1**. regulación *f*. **2**. regla *f*, reglamento *m*. **3**. reglamentario *n*. **reg·ul·at·or** ['regjuleitə(r)] *n* TEC regulador *m*.

re·gur·git·ate [ri'gɜ:dʒiteit] *v* **1**. vomitar. **2**. regurgitar (*vomit back*). **3**. FIG reproducir/repetir maquinalmente.

re·ha·bi·lit·ate [,ri:ə'biliteit] *v* rehabilitar, restaurar. **re·ha·bi·lit·ation** [,ri:ə,bili'teiʃn] *n* rehabilitación *f*, restauración *f*.

re·hash [,ri:hæʃ] **I.** *v* (**into**) refundir, rehacer. **II.** *n* **1**. repetición *f* sin novedad *f*. **2**. refundición *f*, refrito *m*.

re·hear [,ri:'hiə(r)] *v* (*pret, pp* **reheard**) JUR ver de nuevo una misma causa *f*. **re·hear·ing** [,ri:'hiəriŋ] *n* JUR nueva vista *f*.

re·hears·al [ri'hɜ:sl] *n* **1**. ensayo *m* (*music, play*). **2**. enumeración *f*, repetición *f*. **re·hearse** [ri'hɜ:s] *v* **1**. ensayar (*music, play*). **2**. enumerar, repetir.

re·heat [ri:'hi:t] *v* recalentar.

re·house [,ri:'hauz] *v* proporcionar nueva vivienda (a).

reign [rein] **I.** *n* reinado *m*, dominio *m*. **II.** *v* **1**. (**over**) reinar. **2**. FIG predominar, imperar, prevalecer.

re·im·burse [,ri:im'bɜ:s] *v* (**to, for**) reembolsar, pagar por. **re·im·burse·ment** [,ri:im'bɜ:smənt] *n* reembolso *m*.

rein [rein] **I.** *n* **1**. rienda *f*. **2**. **~s** *pl* FIG riendas *f/pl*: *To hold the ~*, Llevar las riendas. LOC **Give free ~ to sb/sth**, dar rienda suelta (a). **Keep a tight ~ on sb/sth**, vigilar mucho a uno, mantener una estrecha vigilancia sobre uno. **II.** *v* (**in**) refrenar, detener(se).

re·in·carn·ate [,ri:'inka:neit] **I.** *v* (**in, as**) reencarnar. **II.** *adj* reencarnado/a. **re·in·carn·ation** [,ri:inka:'neiʃn] *n* reencarnación *f*.

re·in·deer ['reindiə(r)] *n* ZOOL reno *m*.

re·in·force [,ri:in'fɔ:s] *v* **1**. reforzar. **2**. FIG enfatizar, fortalecer. **3**. MIL armar. LOC **~d concrete** (*also* **ferroconcrete**), hormigón *m* armado. **re·in·force·ment** [,ri:in'fɔ:smənt] *n* **1**. reforzamiento *m*. **2**. **~s** *pl* refuerzos *m/pl* (*esp* MIL).

re·in·state [,ri:in'steit] *v* (**in, as**) reinstalar, volver a emplear. **re·in·state·ment** [,ri:in'steitmənt] *n* reinstalación *f*.

re·in·sur·ance [,ri:in'ʃurəns] *n* reaseguro *m*. **re·in·sure** [,ri:in'ʃuə(r)] *v* reasegurar.

re·in·vest [,ri:in'vest] *v* reinvertir.

re·is·sue [ˌri:'iʃu:] I. *v* 1. (**with, as**) volver a emitir (*stamps*, etc). 2. reeditar (*books*, etc); volver a estrenar (*film*). II. *n* reedición *f* (*of books*).

re·i·ter·ate [ri:'itəreit] *v* reiterar. **re·i·ter·ation** [ri:itə'reiʃn] *n* reiteración *f*.

re·ject [ri'dʒekt] I. *v* 1. rechazar. 2. desechar, descartar, denegar. II. *n* persona *f*/cosa *f* rechazada o defectuosa. **re·jec·tion** [ri'dʒekʃn] *n* rechazo *m*, denegación *f*.

re·jig [ˌri:'dʒig] *v* (*pret, pp* **-gg-**) reconvertir (*factory, plant*, etc), cambiar el formato de.

re·joice [ri'dʒɔis] *v* 1. (**at, over**) alegrar(se), regocijar(se). 2. (**in**), sentirse afortunado por poseer un nombre, título, etc. **re·joic·ing** [ri'dʒɔisiŋ] *n* alegría *f*, júbilo *m*, regocijo *m*; **~s**, (expresión de) júbilo/alegría.

re·join [ˌri:'dʒɔin] *v* 1. volver a juntarse (con), reunirse (con). 2. unir (*broken pieces*). 3. replicar, responder. **re·join·der** [ˌri:dʒɔində(r)] *n* réplica *f*, respuesta *f*.

re·ju·ven·ate [ri'dju:vəneit] *v* rejuvenecer. **re·ju·ven·ation** [ri'dju:vəneiʃn] *n* rejuvenecimiento *m*.

re·kin·dle [ˌri:'kindl] *v* reencender (*fire*).

re·laid v *pret, pp* of **re·lay**.

re·lapse [ri'læps] I. *v* (**into**) recaer, reincidir. II. *n* MED recaída *f*, reincidencia *f*.

re·late [ri'leit] *v* 1. (**to**) contar, relatar. 2. (**to, with**) relacionar(se) (con). LOC **Strange to ~/say**, aunque parezca mentira, por raro que parezca. **re·lat·ed** [ri'leitid] *adj* (**to**) 1. relacionado/a, afín. 2. emparentado/a (*same family*).

re·la·tion [ri'leiʃn] *n* 1. conexión *f*, relación *f*. 2. pariente *m*, familiar *m*. 3. **~s** *pl* relaciones *f/pl*; parientes *m/pl* (*kin*). LOC **To have (sexual) ~s (with sb)**, tener relaciones sexuales con alguien. **A poor ~**, FIG el hermano *m* pobre. **re·la·tion·ship** [ri'leiʃnʃip] *n* 1. conexión *f*, afinidad *f*. 2. parentesco *m* (*kinship*).

rel·at·ive ['relətiv] I. *adj* 1. (**to**) relativo/a: *With ~ ease*, Con relativa facilidad. 2. relativo (*grammar*): *~ pronoun*, Pronombre relativo. **re·lat·ive·ly** ['relətivli] *adv* relativamente. II. *n* pariente *m*. **rel·a·tiv·ism** ['relətivizəm] *n* relativismo *m*. **re·la·tiv·ity** [ˌrelətivəti] *n* relatividad *f*.

re·lax [ri'læks] *v* 1. relajar, aflojar. 2. mitigar, suavizar. 3. relajarse, descansar. 4. disminuir (*diminish*). **re·lax·ed** [ri'lækst] *adj* tranquilo/a, sosegado/a, relajado/a. **re·lax·ing** [ri'læksiŋ] *adj* enervante (*of climate*). **re·lax·ation** [ˌri:læk'seiʃn] *n* 1. relajación *f*, aflojamiento *m*. 2. esparcimiento *m*, recreo *m*, descanso *m*.

re·lay ['ri:lei] I. *n* 1. parada *f*, posta *f* (*of horses*). 2. (*also* **~ race**) carrera *f* de relevos *m/pl*. 3. ELECTR repetidor *m*, relé *m*. II. *v* (**to, from**) 1. divulgar, difundir. 2. retransmitir (*radio*).

re·lay ['ri:læi] *v* (*pret, pp* **re·laid**) volver a poner.

re·lease [ri'li:s] I. *v* 1. (**from**) liberar, poner en libertad. 2. soltar. 3. disparar, lanzar (*bomb*). 4. (**to**) anunciar, comunicar (*news*). II. *n* 1. (**from**) liberación *f*, puesta *f* en libertad *f*. 2. estreno *m* (*film*). 3. TEC disparador *m*, dispositivo *m*.

re·leg·ate ['religeit] *v* (**to**) relegar. **re·leg·ation** [ˌreli'geiʃn] *n* relegación *f*.

re·lent [ri'lent] *v* 1. ablandarse, aplacarse. 2. ceder. **re·lent·less** [ri'lentləs] *adj* implacable, inexorable. **re·lent·less·ly** [ri'lentləsli] *adv* implacablemente, inexorablemente.

re·lev·ance ['reləvəns] (*also* **re·lev·ancy** [-ənsi]) *n* pertinencia *f*. **re·lev·ant** ['reləvənt] *adj* (**to**) pertinente.

re·li·ab·il·ity [ri,laiə'biləti] *n* exactitud *f*, veracidad *f*; fiabilidad *f*, seguridad *f*. **re·li·able** [ri'laiəbl] *adj* fiable, serio/a, seguro/a, de confianza.

re·li·ance [ri'laiəns] *n* (**on**) 1. confianza *f* (*trust*). 2. dependencia *f*. **re·li·ant** [ri'laiənt] *adj* (**on**) 1. confiado/a. 2. dependiente.

rel·ic ['relik] *n* 1. reliquia *f*, vestigio *m*. 2. REL reliquia *f* (*of a saint*).

re·lief [ri'li:f] *n* 1. (**from**) alivio *m*, consuelo *m* (*pain, distress, anxiety*, etc). 2. socorro *m*, auxilio *m*. 3. desahogo *m*, aligeramiento *m*. 4. relevo *m*. 5. (**of**) ART, GEOG relieve *m*, realce *m*. 6. socorro *m* (*of a town*). 7. JUR satisfacción *f*, remedio *m*. LOC **~ map**, mapa *m* en relieve *m*. **~ train**, tren *m* suplementario. **~ works**, obras públicas (para suplementar/aliviar algo).

re·lieve [ri'li:v] *v* 1. aliviar. 2. socorrer, auxiliar. 3. quitar, suprimir. 4. relevar, exonerar (*of duty*). 5. socorrer, romper el cerco (*town*). LOC **To ~ oneself**, FAM hacer sus necesidades. **To ~ one's feeling**, desahogarse. **To ~ sb of sth**, librar a alguien de algo.

re·li·gi·on [ri'lidʒən] *n* religión *f*. **re·li·gi·ous** [ri'lidʒəs] *adj* religioso/a. **re·li·gi·ous·ly** [ri'lidʒəsli] *adv* religiosamente; FIG puntualmente, exactamente. **re·li·gi·ous·ness** [ri'lidʒəsnəs] *n* religiosidad *f*.

re·lin·quish [ri'liŋkwiʃ] *v* 1. abandonar, renunciar (a). 2. soltar (*let go*). **re·lin·quish·ment** [ri'liŋkwiʃmənt] *n* (**of**) renuncia *f*.

re·li·qua·ry ['relikwəri] *n* relicario *m*.

rel·ish ['reliʃ] I. *n* 1. (**for**) apetito *m*, entusiasmo *m* (*zest*). 2. apetencia *f* (*attractive quality*); entremés *m*. 3. salsa *f* (*sauce*), condimento *m*. II. *v* gustar (de); saborear, paladear.

re·live [ˌri:'liv] *v* vivir de nuevo, volver a vivir.

re·loc·ate [ˌri:ləu'keit] *v* (**to, from**) cambiar de sitio *m*/lugar *m*; mudar(se).

re·luct·ance [ri'lʌktəns] *n* desgana *f*, aversión *f*, renuencia *f*. **re·luct·ant** [ri'lʌktənt] *adj* (**to do sth**) reacio/a, maldispuesto/a, poco dispuesto/a. **re·luct·ant·ly** [ri'lʌktəntli] *adv* de mala gana, a regañadientes.

re·ly [ri'lai] *v* (*pret/pp* **relied**) (**on, upon**) 1. depender, contar. 2. confiar (en), fiarse (de).

re·main [ri'mein] **I.** *v* **1.** sobrar (*be left*). **2.** quedar(se), permanecer. **II.** **~s** *n/pl* **1.** sobras *f/pl*, desperdicios *m/pl*. **2.** restos *m/pl*, ruinas *f/pl* (*archaeology*). **3.** restos *m/pl* mortales (*corpse*). **re·maind·er** [ri'meində(r)] **I.** *n* **1.** resto *m*, lo que sobra. **2.** MAT resta *f*. **3.** restos *m/pl* de edición *f*. **II.** *v* saldar (*esp books*).

re·make [,ri:'meik] **I.** *v* (*pret/pp* **remade**) rehacer. **II.** *n* nueva versión *f* (*film*).

re·mand [ri'ma:nd] **I.** *v* JUR remitir a prisión *f* preventiva. **II.** *n* JUR prisión *f* preventiva. LOC **To be on ~**, estar detenido. **~ centre/home**, cárcel *f* de menores *m/f,pl*.

re·mark [ri'ma:k] **I.** *v* **1.** (**on, upon**) hacer una observación (sobre). **2.** notar, observar. **II.** *n* observación *f*, comentario *m*. **re·mark·able** [ri'ma:kəbl] *adj* (**for**) notable, singular, raro/a.

re·mar·ry [,ri:'mæri] *v* (*pret/pp* **-ried**) casarse en segundas nupcias. **re·mar·ri·age** [,ri:'mærid3] *n* segundas nupcias *f/pl*.

re·me·di·able [ri'mi:diəbl] *adj* remediable. **re·me·di·al** [ri'mi:diəl] *adj* reparador/ra; MED curativo/a. LOC **~ education**, enseñanza *f* de niños atrasados. **re·me·dy** ['remədi] **I.** *n* **1.** remedio *m*. **2.** JUR recurso *m*. **II.** *v* (*pret/pp* **-died**) remediar.

re·mem·ber [ri'membə(r)] *v* **1.** acordarse (de), recordar. **2.** tener presente, no olvidar. **3.** dar recuerdos (a) (*greet*). LOC **~ oneself**, comportarse. **~ yourself!**, ¡compórtate!

re·mem·brance [ri'membrəns] *n* **1.** recuerdo *m*. **2.** conmemoración *f*. LOC **~ Day**, día *m* de la conmemoración del armisticio de 1918. **~ Sunday**, domingo *m* conmemorativo de los caídos durante las dos guerras mundiales.

re·mind [ri'maind] *v* **1.** recordar. **2.** (**sb of sb/sth**) recordar algo a uno. **re·mind·er** [ri'maində(r)] *n* recordatorio *m*, advertencia *f*; recuerdo *m* (*memento*).

re·mi·nisce [,remi'nis] *v* (**about**) contar los recuerdos/el pasado. **re·mi·nis·cence** [,remi'nisns] *n* recuerdo *m*, reminiscencia *f*; **~s** *pl* memorias *f/pl*. **re·mi·nis·cent** [,remi'nisnt] *adj* evocador/ra; LOC **To be ~ of**, recordar.

re·miss [ri'mis] *adj* (**in**) negligente, descuidado/a. **re·miss·ly** [ri'misli] *adv* negligente, descuidadamente. **re·miss·ness** [ri'misnis] *n* negligencia *f*, descuido *m*.

re·mis·sion [ri'miʃn] *n* **1.** remisión *f*, perdón *m*. **2.** exoneración *f* (*debt, fine*, etc). **3.** MED remisión *f* (*pain, disease*).

re·mit **I.** ['ri:mit] *n* misión *f* encomendada. **II.** [ri'mit] *v* (*pret/pp* **-tt-**) **1.** perdonar (*punishment*). **2.** moderar(se) (*less intense*). **3.** enviar, remitir (*send*). **re·mit·tance** [ri'mitns] *n* remesa *f*, envío *m*. **re·mit·tent** [ri'mitnt] *adj* remitente (*fever, disease*). **re·mit·ter** [ri'mitə(r)] *n* remitente *m/f* (*sender*).

rem·nant ['remnənt] *n* **1.** resto *m*, residuo *m*. **2.** retazo *m* (*cloth, carpet*).

re·mo·del [,ri:'mɔdl] *v* remodelar, rehacer.

re·mold (US) V. **retread**.

re·mon·strance [ri'mɔnstrəns] *n* amonestación *f*, reprimenda *f*, protesta *f*.

re·mon·strate ['remənstreit; US ri'mɔnstreit] *v* (**with**) reconvenir; (**against**) protestar (contra).

re·morse [ri'mɔ:s] *n* **1.** (**for**) remordimiento *m*. **2.** piedad *f*: *Without ~*, Sin piedad. **re·morse·ful** [ri'mɔ:sfl] *adj* con remordimiento, arrepentido/a. **re·morse·less** [ri'mɔ:slis] *adj* sin remordimiento, implacable.

re·mote [ri'məut] *adj* (*comp* **-r**, *sup* **-st**) remoto, distante, reservado/a; lejano (*place, time*). LOC **~ control**, teledirigido, control remoto, mando *m* a distancia. **re·mote·ly** [ri'məutli] *adj* remotamente. **re·mote·ness** [ri'məutnis] *n* distancia *f*, alejamiento *m*, aislamiento *m*.

re·mould (US) V. **retread**.

re·mount [,ri:'maunt] **I.** *v* **1.** montar de nuevo (*horse, bicycle*, etc). **2.** volver a subir (*hill*). **3.** volver a enmarcar (*picture*). **II.** *n* MIL remonta *f* (*fresh horse*).

re·mov·able [ri'mu:vəbl] *adj* separable; amovible. **re·mov·al** [ri'mu:vl] *n* **1.** remoción *f*, destitución *f*, despido *m*. **2.** separación (*post*), traslado *f*, mudanza *f*. LOC **~ van**, camión de mudanzas. **re·move** [ri'mu:v] **I.** *v* **1.** (**from**) quitar; despedir (*dismiss from a post*). **2.** quitar de en medio. **3.** mudarse, trasladarse. LOC **First cousin once ~d**, tío segundo. **II.** *n* (**from**) grado *m* (*degree*). **re·mov·er** [ri'mu:və(r)] *n* agente *m* de mudanzas.

re·mu·ner·ate [ri'mju:nəreit] *v* remunerar. **re·mu·ner·ation** [ri,mju:nə'reiʃn] *n* remuneración *f*. **re·mu·ne·rat·ive** [ri'mju:nərətiv] *adj* remunerativo/a.

re·nais·sance [ri'neisns; US 'renəsa:ns] *n* **1.** renacimiento *m*. **2.** (**the R~**) HIST el Renacimiento *m*.

ren·al ['ri:nl] *adj* ANAT renal.

re·name [,ri:'neim] *v* poner nuevo nombre.

re·nas·cense [ri'næsns] *n* renacimiento *m*. **re·nas·cent** [ri'næsnt] *adj* renaciente.

rend [rend] *v* (*pret/pp* **rent**) **1.** rasgar, desgarrar. **2.** (**from**) arrancar (de).

ren·der ['rendə(r)] *v* **1.** dar, entregar, devolver. **2.** presentar (bill). **3.** MUS interpretar. **4.** traducir. **5.** ARQ enlucir. LOC **To ~ an account of oneself**, pasar factura *f*. **To ~ sth down**, derretir (*fat*). **To ~ sth up**, ceder, entregar. **ren·der·ing** ['rendəriŋ] *n* **1.** MUS interpretación *f*. **2.** traducción *f*. **3.** ARQ enlucido *m*.

ren·dez·vous ['rɔndivu:] **I.** *n* **1.** (**with**) cita *f* (con). **2.** lugar *m* de reunión *f*. **II.** *v* (**with**) reunirse.

ren·di·tion [ren'diʃn] *n* MUS interpretación *f*, ejecución *f*.

re·neg·ade ['renigeid] *n/adj* renegado/a.

ren·ege (*also* **renegue**) [ri'ni:g; ri'neig] *v* **1.** (**on**) no cumplir una promesa/palabra. **2.** renunciar (*card-games*).

re·new [ri'nju:] *v* **1.** renovar. **2.** reanudar. **re·new·able** [ri'nju:əbl] *adj* renovable. **re·new·al** [ri'nju:əl] *n* renovación *m*; reanudación *f*.

ren·net ['renit] *n* cuajo *m* (*curdled milk*).

re·nounce [ri'nauns] *v* **1**. renunciar (*post, plan*, etc). **2**. repudiar. **3**. renunciar (*card-game*). **re·nounce·ment** V. **renunciation**.

re·nov·ate ['renəveit] *v* renovar. **re·nov·ation** [,renə'veiʃn] *n* **1**. renovación *f*. **2**. restauración *f*.

re·nown [ri'naun] *n* renombre *m*, fama *f*. **re·nown·ed** [ri'naund] *adj* (**as**, **for**) renombrado/a, famoso/a, célebre.

rent [rent] **I**. *n* **1**. alquiler *m*, arriendo *m*. **2**. raja *f*, hendidura *f*, rasgón *m*. LOC **For ~**, US se alquila. **~-free**, exento de alquiler, gratuito. **II**. *v* **1**. alquilar (*house*), arrendar (*land*). **2**. *pret/pp* of **rend**. **rent·able** ['rentəbl] *adj* alquilable, arrendable. **rent·al** ['rentl] alquiler *m*, arriendo *m*; renta *f* (*income from rents*).

re·nun·ci·ation [ri,nʌnsi'əiʃn] *n* renuncia *f*.

re·o·pen [,ri:'əupən] *v* abrir de nuevo, reabrir (*also* FIG). **re·o·pen·ing** [,ri:'əupəniŋ] *n* reapertura *f*.

re·or·der [,ri:'ɔ:də(r)] **I**. *v* **1**. volver a ordenar. **2**. reorganizar. **II**. *n* COM nuevo pedido *m*.

re·or·ga·niz·ation, **~is·ation** [,ri:,ɔ:gənai'zeiʃn] *n* reorganización *f*. **re·or·gan·ize**, **~ise** [,ri:'ɔ:gənaiz] *v* reorganizar.

rep [rep] *n* **1**. (*also* **repp**) reps *m* (*fabric*). **2**. FAM viajante *m*, representante *m*. **3**. FAM reputación *f*, fama *f*. **4**. US representante (*in Congress*). **5**. US republicano (*party*).

re·paid *pret/pp of* **repay**.

re·paint [,ri:'peint] *v* repintar.

re·pair [ri'peə(r)] **I**. *v* **1**. reparar, arreglar. **2**. remendar (*shoes*). **3**. (**to**) acudir. **II**. *n* reparación *f*, arreglo *m*. LOC **In good/bad ~**; **In a good/bad state of ~**, en buen/mal estado. **re·pair·able** [ri'peərəbl] (*also* **re·pa·ra·ble**) *adj* reparable. **re·pair·er** [ri'peərə(r)] *n* reparador/ra *m*, mecánico *m*.

re·par·ation [,repə'reiʃn] *n* **1**. reparación *f*. **2**. COM indemnización *f*. LOC **To make ~s**, dar satisfacción.

re·part·ee [,repa:'ti:] *n* **1**. réplica *f* (inteligente y aguda). **2**. dimes *m/pl* y diretes *m/pl*.

re·past [ri'pa:st] *n* comida *f*.

re·pa·tri·ate [ri:'pætrieit] **I**. *v* (**to**) repatriar (se). **II**. *n* repatriado/a. **re·pa·tri·ation** [,ri:pætri'eiʃn] *n* repatriación *m*.

re·pay [ri'pei] *v* (*pret/pp* **repaid**) **1**. (**to**) devolver, reembolsar. **2**. pagar, liquidar (*debt*). **3**. (**for**, **with**) resarcir, compensar. **re·pay·able** [ri'peiəbl] *adj* reembolsable, reintegrable. **re·pay·ment** [ri'peimənt] *n* devolución *f*, reembolso *f*, pago *m*.

re·peal [ri'pi:l] **I**. *v* revocar, anular. **II**. *n* revocación *f*, abrogación *f*.

re·peat [ri'pi:t] **I**. *v* **1**. repetir, reiterar, volver a hacer. **2**. recitar (*poem*). **3**. (**on**) repetir(se) (*food*). LOC **~ an order**, COM repetir el pedido. **II**. *n* repetición *f*, reestreno *f*, reposición *f*. **re·peat·able** [ri'pi:təbl] *adj* repetible. **re·peat·ed** [ri'pi:tid] *adj* repetido/a. **re·peat·er** [ri'pi:tə(r)] *n* reloj *m*/rifle *m* de repetición *f*.

re·pel [ri'pel] *v* (*pret/pp* **-ll-**) **1**. repeler, rechazar. **2**. FIG repugnar. **re·pel·lent** [ri'pelənt] *adj* repelente, repugnante; impermeable.

re·pent [ri'pent] *v* (**of**) arrepentirse (de). **re·pent·ance** [ri'pentəns] *n* (**for**) arrepentimiento *m*. **re·pent·ant** [ri'pendənt] *adj* (**of**) arrepentido/a.

re·peo·ple [,ri:'pi:pl] *v* repoblar.

re·per·cus·sion [,ri:pə'kʌʃn] *n* **1**. repercusión *f*. **2**. resonancia *f*.

re·per·toire ['repətwa:], **re·pert·ory** ['repətri] *n* repertorio *m*. LOC **~ company/theatre**, teatro de repertorio.

re·pe·ti·tion [,repi'tiʃn] *n* **1**. repetición *f*; recitación *f*. **2**. réplica *f* (*copy*). **re·pe·tit·ive** [ri'petitiv] *adj* reiterativo/a.

re·phrase [,ri:'freiz] *v* decir con otras palabras.

re·pine [ri'pain] *v* (**at**, **against**) quejarse (de), afligirse (por).

re·place [ri'pleis] *v* **1**. reponer, volver a poner en su lugar. **2**. (**with**) sustituir, reemplazar. **re·place·able** [ri'pleisəbl] *adj* reemplazable, sustituible. **re·place·ment** [ri'pleismənt] *n* reposición *f*, sustitución *f* (*act*); sustituto *m*, suplente *m* (*person*).

re·plant [,ri:'pla:nt] *v* plantar de nuevo.

re·play [,ri:'plei] **I**. *v* **1**. DEP volver a jugar (*match*). **2**. repetir (*sth recorded*). **II**. *n* **1**. DEP repetición *f* de un partido, desempate *m*. **2**. repetición *f* (*of a recorded incident/sequence*).

re·plen·ish [ri'pleniʃ] *v* **1**. (**with**) rellenar. **2**. aprovisionar de nuevo, reponer. **re·plen·ish·ment** [ri'pleniʃmənt] *n* rellenado *m*; reaprovisionamiento *m*, reposición *f*.

re·plete [ri'plit] *adj* (**with**) repleto/a, lleno/a. **re·ple·tion** [ri'pli:ʃn] *n* saciedad *f*.

re·pli·ca ['replikə] *n* copia *f*, reproducción *f*. **re·plic·ate** ['replikeit] *v* copiar, reproducir. **re·plic·ation** [,repli'keiʃn] *n* copia *f*, reproducción *f*, réplica *f*.

re·ply [ri'plai] **I**. *v* (*pret/pp* **replied**) (**with**) responder, contestar. **II**. *n* respuesta *f*, contestación *f*.

re·port [ri'pɔ:t] **I**. *v* **1**. (**on**, **to**) relatar, narrar. **2**. comunicar, informar. **3**. denunciar, hacer/presentar un informe. **4**. presentarse (*present oneself*). **5**. (**back from sth**) volver. LOC **~ed speech** (*also* **indirect speech**), estilo indirecto (*grammar*). **II**. *n* **1**. relato *m*, informe *m*. **2**. boletín *m* (*school*). **3**. rumor *m*, voz *f*. **4**. reputación *f*, fama *f*. **5**. estampido *m*, explosión *f*. LOC **~ card**, US boletín de notas (*school*). **re·port·age** [,repɔ:'ta:ʒ] *n* reportaje *m*. **re·port·er** [ri'pɔ:tə(r)] *n* reportero/a.

re·pose [ri'pəuz] **I**. *v* **1**. reposar, descansar. **2**. (**on**) descansar (sobre), basarse (en). **3**. (**in**) poner, depositar (*confidence*). **II**. *n* **1**. reposo *m*, descanso *m*. **2**. calma *m*, sosiego *m*. **re·pose·ful** [ri'pəuzfl] adj reposado/a, tranquilo/a.

re·pos·it·ory [ri'pɔzitri] *n* **1**. depósito *m*, almacén *m*, guardamuebles *m/pl*. **2**. depositario *m* (*person*).

re·pos·sess [,ri:pə'zes] *v* recobrar, recuperar. **re·pos·ses·sion** [,ri:pə'zeʃn] *n* recuperación *f*.

repp V. **rep**.

rep·re·hend [,repri'hend] *v* reprender.

rep·re·hens·ible [,repri'hensəbl] *adj* reprensible, censurable. **re·pre·hens·ibly** [,repri'hensəbli] *adv* de modo reprensible/censurable. **re·pre·hen·sion** [,repri'henʃn] *n* reprensión *f*.

rep·re·sent [,repri'zent] *v* **1**. representar. **2**. describir. **3**. JUR ser apoderado de. **4**. COM ser agente de. **5**. hablar en nombre de. **6**. presentar de nuevo. **rep·re·sent·ation** [,reprizen'teiʃn] *n* representación *f*. **rep·re·sent·at·ive** [,repri'zentətiv] **I**. *adj* **(of)** representativo/a. **II**. *n* **1**. representante *m*. **2**. US diputado *m*, representante *m*.

re·press [ri'pres] *v* **1**. reprimir. **2**. contener. **re·press·ed** [ri'prest] *adj* reprimido/a. **re·pres·sion** [ri'preʃn] *n* represión *f*. **re·press·ive** [ri'presiv] *adj* represivo. **re·press·ive·ness** [ri'presivnis] *n* carácter *m* represivo.

re·prieve [ri'pri:v] **I**. *v* **1**. JUR indultar (*esp death sentence*). **2**. FIG aliviar; aplazar. **II**. *n* **1**. JUR indulto *m* (*esp death sentence*). **2**. FIG alivio *m*, respiro *m*.

re·pri·mand ['reprima:nd] **I**. *v* **(for)** reprender, reconvenir. **II**. *n* reprimenda *f*.

re·print [,ri:'print] **I**. *v* reimprimir. **II**. *n* reimpresión *f*.

re·pris·al [ri'praizl] *n* represalia *f*: *To take ~s*, Tomar represalias.

re·proach [ri'prəutʃ] **I**. *v* **(for, with)** reprochar, criticar, censurar. **II**. *n* **1**. reproche *m*, censura *f*. **2**. tacha *f*, baldón *m* (*disgrace*). LOC **Above/beyond ~**, por encima de toda crítica, intachable. **re·proach·ful** [ri'prəutʃfl] *adj* acusador/ra, lleno de reproches.

re·prob·ate ['reprəbeit] *n/adj* réprobo/a.

re·pro·cess [ri:'prɔses] *v* elaborar de nuevo, volver a hacer.

re·pro·duce [,ri:prə'dju:s] *v* reproducir(se). **re·pro·duc·ible** [,ri:prə'dju:səbl] *adj* reproducible. **re·pro·duc·tion** [,ri:prə'dʌkʃn] *n* reproducción *f*. **re·pro·duct·ive** [,ri:prə'dʌktiv] *adj* reproductor/ra.

re·proof [ri'pru:f] *n* reproche *m*, censura *f*.

re·prov·al [ri'pru:vl] *n* reprobación *f*. **re·prove** [ri'pru:v] *v* **(for)** reprobar, censurar, criticar. **re·prov·ing** [ri'pru:viŋ] *adj* reprovador/ra, lleno de reproches.

rept·ile ['reptail] *n* ZOOL reptil *m*. **rep·til·ian** [rep'tiliən] *n/adj* reptil *m*.

re·pub·lic [ri'pʌblik] *n* república *f*. **re·pub·lic·an** [ri'pʌblikən] *n/adj* republicano/a. **re·pub·lic·an·ism** [ri'pʌblikənizəm] *n* republicanismo. LOC **~an Party**, Partido Republicano.

re·pub·lic·ation [,ri:pʌbli'keiʃn] *n* reedición *f*.

re·pub·lish [,ri:'pʌbliʃ] *v* reeditar.

re·pu·di·ate [ri'pju:dieit] *v* **1**. repudiar (*son, wife*, etc). **2**. rechazar, negar, desechar (*charge*, etc). **3**. anular, cancelar (*debt*). **re·pu·di·ation** [ri,pju:di'eiʃn] *n* **1**. repudiación *f*. **2**. rechazo *m*. **3**. anulación *f*, cancelación *f*.

re·pug·nance [ri'pʌgnəns] *n* **(to)** repugnancia *f*. **re·pug·nant** [ri'pʌgnənt] *adj* **(to)** repugnante, repulsivo.

re·pulse [ri'pʌls] **I**. *v* **1**. rechazar (*drive back*). **2**. FIG repeler (*reject*). **II**. *n* **1**. rechazo *m*. **2**. FIG repulsa *f*. **re·pul·sion** [ri'pʌlʃn] *n* **1**. **(for)** repulsión *f*, repugnancia *f*. **2**. FIS repulsión *f* (*magnetic poles*). **re·puls·ive** [ri'pʌlsiv] *adj* **1**. repulsivo/a, repelente. **2**. FIS repelente (*magnetic poles*).

re·pur·chase [ri'pɜ:tʃəs] *v* readquirir, volver a comprar.

re·put·able ['repjutəbl] *adj* acreditado/a (*firm, brand*), honroso/a, formal (*person*).

re·put·ation [,repju'teiʃn] *n* **(for)** reputación *f*, fama *f*.

re·pute [ri'pju:t] **I**. *v col* LOC **To be ~·ed as/to be sb**, ser tenido por, tener fama de. **II**. *n* reputación *f*. LOC **Of ~**, acreditado/a. **re·put·ed** [ri'pju:tit] *adj* supuesto. **re·put·ed·ly** [ri'pju:titli] *adv* según opinión generalizada.

re·quest [ri'kwest] **I**. *n* **1**. **(for)** petición *f*, ruego *m*, solicitud *f*. **2**. JUR demanda *f*. LOC **At sb's ~/at the ~ of sb**, a petición de. **By ~ (of sb)**, a petición. **On ~**, a petición del interesado. **II**. *v* **(from, of)** pedir, solicitar. LOC **~ stop**, parada discrecional (*buses*).

re·quiem ['rekwiəm] *n* réquiem *m*.

re·quire [ri'kwaiə(r)] *v* **1**. necesitar, requerir, exigir. **2**. **sth (of sb)** pedir algo a uno. **3**. desear. LOC **To be ~d**, ser obligatorio. **re·quire·ment** [ri'kwaiəmənt] *n* requisito *m*, necesidad *f*.

re·quis·ite ['rekwizit] **I**. *adj* preciso/a, indispensable. **II**. *n* **(for)** requisito *m*. LOC **Toilet ~s**, artículos *m/pl* para limpieza o aseo.

re·qui·si·tion [,rekwi'ziʃn] **I**. *n* **1**. **(on)** petición *f*, solicitud *f*. **2**. MIL requisa *f*, requisición *f*. **II**. *v* **1**. **(from)** MIL requisar. **2**. **(for)** requerir.

re·quit·al [ri'kwaitl] *n* **1**. compensación *f*. **2**. desquite *m*. **re·quite** [ri'kwait] *v* **1**. **(with)** (re)compensar, pagar. **2**. **(for)** desquitarse (de), vengarse (de).

re·read [,ri:'ri:d] *v* (*pret/pp* **-read**) releer.

re·re·dos ['riədɔs] *n* ARQ retablo *m*.

re·route [,ri:'rut] *v* desviar, cambiar el itinerario.

re·run [,ri:'rʌn] **I**. *v* (**-nn-**; *pret* **reran**, *pp* **rerun**) **1**. reestrenar (*film*), repetir. **2**. volver a correr (*race*). **II**. *n* reestreno *m* (*film*), repetición *f*.

re·sale ['ri:seil; ri:'seil] *n* reventa *f*.

re·scind [ri'sind] *v* rescindir, anular. **re·scis·sion** [ri'siʒn] *n* rescisión *f*, anulación *f*.

re·script ['ri:skript] *n* nueva versión *f*.

res·cue ['reskju:] **I**. *v* **(from)** salvar, rescatar, liberar. **II**. *n* **1**. salvamento *m*, rescate *m*, liberación *f*. LOC **To come/go to the/sb's ~**, ir al socorro de, acudir al rescate de. **res·cu·er** ['reskju:ə(r)] *n* salvador/ra *m,f* liberador *m*.

re·search [ri'sɜ:tʃ; 'ri:sɜ:tʃ] **I.** *n* **(into, on)** investigación *f*. **II.** *v* **(into, on)** investigar, indagar. **re·search·er** [ri'sɜ:tʃə(r)] *n* investigador/ra.

re·seat [,ri:'si:t] *v* **1**. poner asiento nuevo (*chair*). **2**. sentarse en otro sitio. **3**. rectificar (*valve*).

re·sell [,ri:'sel] *v* **(-ll-**; *pret/pp* **resold)** revender.

re·sem·blance [ri'zembləns] *n* **(to, between)** parecido *m*, semejanza *f*. **re·sem·ble** [ri'zembl] *v* **(in)** parecerse (a), asemejarse (a).

re·sent [ri'zent] *v* resentirse (de); tomar a mal. **re·sent·ful** [ri'zentfl] *adj* resentido/a; ofendido/a. **re·sent·ment** [ri'zentmənt] *n* resentimiento *m*, rencor *m*.

re·serv·ation [,rezə'veiʃn] *n* **1**. reservación *f*, reserva *f*. **2**. reserva *f*, (*mental*), salvedad *f*. **3**. distingo *m* (*in argument*). **4**. US reserva *f* (*Indians*). **re·serve** [ri'zɜ:v] **I.** *v* **(for) 1**. reservar(se) (para). **2**. JUR aplazar. LOC **To ~ (one's) judgment (on sb/sth)**, reservarse el juicio acerca de. **II.** *n* **1**. reserva *f*. **2**. MIL reservista *m*. **3**. DEP suplente *m/f*. **4**. coto *m* de caza. LOC **~ price** (US **upset price**), precio mínimo. **re·serv·ed** [ri'zɜ:vd] *adj* reservado/a. **re·serv·ist** [ri'zɜ:vist] *n* MIL reservista *m/f*.

re·ser·voir ['rezəvwa:(r)] *n* **1**. pantano *m*, embalse *m*. **2**. depósito *m*, tanque *m*. **3**. **(of)** fondo *m*.

re·set [,ri:'set] *v* **(-tt-**; *pret/pp* **reset) 1**. poner en su lugar, reajustar (*machine*), reengastar (*jewel*), volver a encajar (*bone*). **2**. recomponer (*typography*).

re·set·tle [,ri:'setl] *v* restablecer (*person*), volver a colonizar/poblar (*land*). **re·set·tle·ment** [,ri:'setlmənt] *n* restablecimiento *m*, nueva colonización *f*.

re·shuf·fle [,ri:'ʃʌfl] **I.** *n* reorganización *f* (*government*). **II.** *v* **1**. reorganizar (*government*). **2**. volver a barajar (*cards*).

re·side [ri'zaid] *v* **1**. **(in, at)** vivir/residir (en). **2**. **(in sb/sth)** residir, radicar (*power, rights*). **re·sid·ence** ['rezidəns] *n* **1**. residencia *f* (*building*). **2**. permanencia *f*. LOC **~ permit**, visado de permanencia. **re·sid·ent** ['rezidənt] **I.** *n* **1**. residente *m*, vecino *m*. **2**. huésped *m* (*hotel*). **3**. interno *m* (*doctor*). **II.** *adj* residente. **re·sid·ent·i·al** [,rezi'denʃl] *adj* residencial.

re·sid·u·al [ri'zidjuəl] *n* residual *m*. **re·sid·u·ary** [ri'zidjuəri] *adj* residual. LOC **~ legatee**, JUR heredero/a universal. **res·i·due** ['rezidju:] *n* **(of) 1**. residuo *m*, resto *m*, superávit *m*. **2**. JUR bienes *m/pl* residuales.

re·sid·u·um [ri'zidjuəm] (*pl* **residua**) residuo *m*.

re·sign [ri'zain] *v* **1**. **(from)** dimitir (de), renunciar (a). **2**. **(oneself to)**, resignarse (a), conformarse (con). **re·sign·ed** [ri'zaind] *adj* resignado/a. **re·sign·ation** [,rezig'neiʃn] *n* **1**. **(from)** dimisión *f*, renuncia *f*. **2**. resignación *f*, conformidad *f*.

re·sil·i·ence [ri'ziliəns] (*also* **resiliency** [-nsi]) *n* **1**. capacidad *f* de adaptación y/o recuperación, elasticidad *f*, resistencia *f*. **2**. FIG fuerza *f* moral (*of people*). **re·sil·i·ent** [ri'ziliənt] *adj* **1**. elástico/a, resistente. **2**. FIG de carácter fuerte.

re·sin ['rezin] *n* resina *f*. **re·sin·ous** ['rezinəs; US 'rez | n | s] *adj* resinoso/a.

re·sist [ri'zist] *v* **1**. resistir (a). **2**. oponerse (a), oponer resistencia (a). **re·sist·ance** [ri'zistəns] *n* resistencia *f* (*all senses*). **re·sist·ant** [ri'zistənt] *n/adj* **(to)** resistente (a) *m/f*. **re·sist·or** [ri'zistə(r)] *n* ELECTR reóstato *m*.

re·sit [,ri:'sit] **I.** *v* **(-tt-**; *pret/pp* **resat)** recuperar (*failed examination*). **II.** *n* recuperación *f* (*of failed examination*).

re·sold *v pret/pp of* **resell**.

re·sole [,ri:'səul] *v* (sobre)solar, poner medias suelas a.

re·so·lute ['rezəlu:t] *adj* **(in)** resuelto/a. **re·so·lute·ness** ['rezəlu:tnis] *n* resolución *f*, capacidad *f* de decisión.

re·so·lu·tion [,rezə'lu:ʃn] *n* **1**. resolución *f*, constancia *f*, acuerdo *m*. **2**. MAT, QUIM descomposición *f*, separación *f* (*separation, solving*). LOC **Good ~s**, buenos propósitos. **To pass a ~**, aprobar una propuesta de acuerdo.

re·solv·able [ri'zɔlvəbl] *adj* (re)soluble. **re·solve** [ri'zɔlv] **I.** *v* **1**. **(on, upon, against)** resolver, solucionar (*all senses*). **2**. acordar (*committee*). **3**. **(into)** convertir (en). **II.** *n* **1**. resolución *f*. **2**. propósito *m*. **re·solv·ed** [ri'zɔlvd] *adj* resuelto/a (*of person*).

res·on·ance ['rezənəns] *n* resonancia *f*. **res·on·ant** ['rezənənt] *adj* resonante. **res·on·ate** ['rezəneit] *v* resonar.

re·sort [ri'zɔ:t] **I.** *v* **1**. **(to)** recurrir (a), acudir (a). **2**. frecuentar (*place*). **II.** *n* **1**. recurso *m*. **2**. lugar *m* de reunión *f*. LOC **Health ~**, balneario. **In the last ~**, en último caso. **Seaside ~**, playa, lugar *m* marítimo de veraneo. **Summer ~**, lugar *m* de veraneo. **Without ~ to**, sin recurrir a. **re·sort·er** [ri'zɔ:tə(r)] *n* veraneante *m/f*.

re·sound [ri'saund] *v* resonar, retumbar (*sound, voice*). **re·sound·ing** [ri'saundiŋ] *adj* resonante, clamoroso/a, sonoro/a.

re·source [ri'sɔ:s] *n* **1**. recurso *m*, expediente *m*, medio *m*. **2**. habilidad *f*, ingenio *m*, inventiva *f*. **re·source·ful** [ri'sɔ:sfl] *adj* ingenioso/a, inventivo/a. **re·source·ful·ness** [ri'sɔ:sflnis] *n* ingenio *m*, inventiva *f*, recursos *m/pl*.

re·spect [ri'spekt] **I.** *n* **1**. **(for)** respeto *m* (*admiration*). **2**. consideración *f*. **3**. **~s** *pl* recuerdos *m/pl*, saludos *m/pl*. LOC **In this ~**, a este respecto. **Out of ~ for**, por consideración a. **To pay one's ~s to**, cumplimentar a. **With ~ to**, con respecto a. **II.** *v* **1**. **(for)** admirar, respetar (*esteem*). **2**. considerar. **3**. respetar. **4**. JUR atenerse (a). **re·spect·ab·il·ity** [ri,spektə'biləti] *n* respetabilidad *f*. **re·spect·able** [ri'spektəbl] *adj* respetable; apreciable, importante; pasable, tolerable. **re·spect·ful** [ri'spektfl] *adj* **(to, towards)** respetuoso/a. **re·spect·ful·ness** [ri'spektfulnis] *n* respetuosidad *f*, acatamiento *m*. **re·spect·ing** [ri'spektiŋ] *prep* con respecto a, en cuanto a. **res·pect·ive** [ri'spektiv] *adj* respectivo/a. **re·spect·ive·ly** [ri'spektivli] *adv* respectivamente.

res·pir·ation [,respə'reiʃn] *n* respiración *f*.

res·pi·rat·or ['respəreitə(r)] *n* **1**. MED respirador *m*. **2**. careta *f*, mascarilla *f* (*for filtering air*). **3**. máscara *f*/careta *f* antigás. **res·pir·at·ory** ['respəreitəri] *adj* respiratorio/a.

res·pire [ri'spaiə(r)] *v* respirar.

res·pite ['respait; 'respit] *n* **1**. respiro *m*, tregua *f*: *Without* ~, Sin respiro/tregua. **2**. prórroga *f*, plazo *m*. **3**. suspensión *f* (*of a sentence*). **II**. *v* **1**. aplazar, prorrogar. **2**. suspender (*a sentence*).

res·plend·ence [ri'splendəns], **res·plend·ency** [ri'splendənsi] *n* resplandor *m*. **res·plend·ent** [ri'splendənt] *adj* **(in)** resplandeciente, refulgente.

res·pond [ri'spɔnd] *v* **1**. **(to)** contestar, responder (*answer*). **2**. reaccionar. **3**. ser sensible (a). **res·pond·ent** [ri'spɔndənt] *n/adj* JUR demandado/a (*esp in a divorce case*).

res·ponse [ri'spɔns] *n* **(to) 1**. contestación *f*, respuesta *f*. **2**. reacción *f*. **3**. REL responsorio *m*.

res·pons·ib·il·ity [ri,spɔnsə'biliti] *n* **1**. responsabilidad *f* (de). **2**. seriedad *f*, formalidad *f*. LOC **Joint** ~, responsabilidad solidaria. **re·spons·ible** [ri'spɔnsəbl] *adj* **1**. **(for)** responsable (de). **2**. de confianza, de gran responsabilidad (*post*). **3**. serio/a, formal (*person*).

res·pons·ive [ri'spɔnsiv] *adj* **(to)** sensible (a). **res·pons·ive·ness** [ri'spɔnsivnis] *n* sensibilidad *f*; interés *m*.

rest [rest] **I**. *v* **1**. **(from)** descansar, reposar. **2**. **(on, against)** apoyar(se), posar(se) en. **3**. **(on)** FIG estribar (en), estar basado (en). **4**. quedar: *There the matter ~s*, Ahí queda el asunto. **5**. JUR terminar su alegato. LOC ~ **assured that**, tener la seguridad de que. ~ **on one's laurels**, dormirse en los laureles. ~ **with**, depender de; residir en. **~·ing-place** (*also* **last-place**), última morada. **II**. *n* **1**. **(from)** descanso *f*, reposo *m*. **2**. FIG paz *f*. **3**. apoyo *m* (*support*). **4**. MUS silencio *m*, pausa *f*. **5**. resto *m*. **6**. COM reserva *f*. LOC **At** ~, reposado. **For the** ~, por lo demás. ~ **cure**, cura de reposo. ~ **home**, casa de reposo. ~ **room**, sala de descanso; *col* aseos, retrete. **The** ~ **(of)**, lo(s) demás. **To come to** ~, pararse, detenerse. **To lay sb to** ~, enterrar a uno. **To put/set sb's mind at ease/~**, tranquilizar a uno. **To take a** ~, descansar. **rest·ful** ['restfl] *adj* **1**. tranquilo/a, sosegado/a. **2**. tranquilizador/ra. **rest·less** ['restlis] *adj* **1**. inquieto/a, intranquilo/a. **2**. insomne, desvelado (*sleepless*). **3**. turbulento/a. **rest·less·ness** ['restlisnis] *n* inquietud *f*; desasosiego *m*, desazón *f*.

re·state [,ri:'steit] *v* repetir, volver a exponer/plantear. **re·state·ment** [,ri:'steitmənt] *n* repetición *f*, nueva exposición *f*, *planteamiento m*.

res·taur·ant ['restrɔnt] *n* restaurante *m*, restorán *m*. LOC ~ **car**, coche restaurante.

res·ti·tu·tion [,resti'tju:ʃn] *n* **(to) 1**. restitución *f*. **2**. JUR indemnización *f*.

rest·ive ['restiv] *adj* **1**. intranquilo/a, inquieto/a. **2**. rebelón/na (*horses*). **rest·ive·ness** ['restivnis] *n* intranquilidad *f*, inquietud *f*.

re·stock [,ri:'stɔk] *v* **1**. **(with)** reabastecer. **2**. repoblar.

re·stor·ation [,restə'reiʃn] *n* **1**. **(to)** devolución *f*. **2**. restauración *f*. **3**. restablecimiento *m*.

re·stor·at·ive [ri'stɔ:rətiv] *n/adj* reconstituyente *m*, fortificante *m*.

re·store [ri'stɔ:(r)] *v* **1**. **(to)** devolver. **2**. restaurar (*rebuild*). **3**. restablecer (*health*). **re·stor·er** [ri'stɔ:rə(r)] *n* restaurador/ra (*person*); reconstituyente *m*; loción *f*: *Hair* ~, Loción capilar.

re·strain [ri'strein] *v* **(from)** impedir, contener, reprimir, refrenar. **re·strain·ed** [ri'streind] *adj* moderado/a, comedido/a, refrenado/a. **re·straint** [ri'streint] *n* moderación *f*, comedimiento *m*, restricción *f*.

re·strict [ri'strikt] *v* **(to)** restringir. limitar. **re·strict·ed** [ri'striktid] *adj* restringido/a, limitado/a. **re·stric·tion** [ri'strikʃn] *n* restricción *f*, limitación *f*. **re·strict·ive** [ri'striktiv] *adj* restrictivo/a. LOC ~ **practices**, normas restrictivas.

re·sult [ri'zʌlt] **I**. *n* **(of)** resultado *m*, consecuencia *f*. **II**. *v* **1**. **(from)** resultar (de). **2**. **(in sth)** dar como resultado, terminar en. **re·sult·ant** [ri'zʌltənt] *adj* consiguiente, resultante.

re·sume [ri'zju:m; US -'zu:m] *v* **1**. reanudar, continuar. **2**. reasumir (*office*). **3**. resumir.

ré·su·mé ['rezju:mei; US ,rezu'mei] *n* **1**. resumen *m*. **2**. US curriculum vitae *m*.

re·sump·tion [ri'zʌmpʃn] *n* **1**. reanudación *f*, continuación *f*. **2**. reasunción *f*.

re·sur·face [,ri:'sɜ:fis] *v* **1**. poner nueva superficie (a); volver a allanar (*road*). **2**. volver a emerger (*submarine*).

re·surg·ence [ri'sɜ:dʒəns] *n* resurgimiento *m*. **re·surg·ent** [ri'sɜ:dʒənt] *adj* renaciente.

re·sur·rect [,rezə'rekt] *v* resucitar. **re·sur·rec·tion** [,rezə'rekʃn] *n* resurrección *f*.

re·sus·cit·ate [ri'sʌsiteit] *v* reanimar. **re·sus·cit·ation** [ri,sʌsi'teiʃn] *n* reanimación *f*.

ret (*also* **retd**) *abrev* **1**. jubilado/a; retirado/a. **2**. devuelto/a (*letter, parcel*).

re·tail ['ri:teil] **I**. *n* venta *f* al por menor/al detalle *m*. **II**. *adv* **(by ~)** al por menor. **III**. *v* **1**. **(at, for)** vender(se) al (por) menor/detalle. **2**. repetir (*gossip*). **re·tail·er** [ri'teilə(r)] *n* detallista/minorista *m/f*, comerciante *m/f* al por menor.

re·tain [ri'tein] *v* **1**. guardar, quedarse con. **2**. retener, conservar. **3**. retener (*in memory*). **4**. contratar. **5**. contratar (*player*). LOC **~·ing**

fee, pago *m* fijado por un servicio, anticipo. ~·**ing wall**, muro de contención. **re·tain·er** [ri'teinə(r)] *n* secuaz *m*, partidario/a (*follower*); criado/a (*servant*).

re·take [,ri:teik] *v* (*pret* **retook**, *pp* **retaken**) volver a tomar, reconquistar.

re·tal·i·ate [ri'tælieit] *v* **1.** (**against**) desquitarse, tomar represalia. **2.** (**on**) vengarse. **re·tal·i·ation** [ri,tæli'eiʃn] *n* **1.** (**against, for**) desquite *m*, represalia *f*. **2.** venganza *f*, revancha *f*. **re·tal·i·at·ory** [ri'tælietiətri] *adj* vengativo/a.

re·tard [ri'ta:d] *v* retardar, retrasar. **re·tard·ation** [,ri:ta:'deiʃn] *n* retraso *m*, demora *f*. **re·tard·ed** [ri'ta:did] *adj* retardado/a, retrasado/a.

retch [retʃ] *v* (intentar) vomitar (*esp involuntarily without success*).

retd *abrev* V. **ret**.

re·tell [,ri:'tel] *v* (*pret/pp* **retold**) (**to**) contar de nuevo.

re·ten·tion [ri'tenʃn] *n* **1.** retención *f*, conservación *f*. **2.** retentiva *f*, memoria *f*. **re·tent·ive** [ri'tentiv] *adj* retentivo/a (*also memory*).

re·tic·ence ['retisns] *n* reserva *f*, reticencia *f*. **re·tic·ent** ['retisnt] *adj* (**about, on**) reservado/a, reticente.

re·ti·cle ['retikl] *n* retículo *m* (*bag*).

re·tic·ul·ate [ri'tikjuleit], **re·tic·u·lat·ed** [ri'tikjuleitid] *adj* reticular. **ret·i·cule** ['retikju:l] *n* retículo *m* (*bag*).

re·ti·na ['retinə] (US ['retənə]) *n* (*pl* **-s** *or* **-ae**) ANAT retina *f*.

re·ti·nue ['retinju:] *n* séquito *m*, comitiva *f*.

re·tire [ri'taiə(r)] *v* **1.** (**from**) jubilar(se) (*post*). **2.** (**from, to**) retirarse, abandonar. **3.** irse a dormir (*to bed*). **re·tir·ed** [ri'taiəd] *adj* jubilado/a, retirado/a. **re·tire·ment** [ri'taiəmənt] *n* **1.** (**from**) jubilación *f*. **2.** retiro *m*, retirada *f*, abandono *m*. LOC ~ **age**, edad de jubilación. ~ **pay/pension**, jubilación *f*, pensión *f* de retiro. **To go into/come out of** ~, dejar/volver al trabajo habitual. **re·tir·ing** [ri'taiəriŋ] *adj* **1.** retraído/a, reservado/a. **2.** saliente: *Retiring President*, El Presidente saliente.

re·tort [ri'tɔ:t] **I.** *v* **1.** replicar, contestar. **2.** devolver (*insult*). **II.** *n* **1.** réplica *f*. **2.** QUIM retorta *f*.

re·touch [,ri:'tʌtʃ] *v* retocar (*photograph, painting*).

re·trace [ri:'treis] *v* **1.** volver a trazar, repasar. **2.** reconstruir (*past actions*). LOC ~ **one's steps**, volver (alguien) sobre sus pasos.

re·tract [ri'trækt] *v* **1.** retractar(se), desdecir(se) (*withdraw*). **2.** retraer(se). **3.** TEC replegar (*undercarriage, wheels*). **re·tract·able** [ri'træktəbl] *adj* retráctil; replegable. **re·tract·ile** [ri'træktail; US -tl] *adj* retráctil. **re·trac·tion** [ri'trækʃn] *n* retractación *f* retracción *f*.

re·train [ri'trein] *v* reciclar, reeducar.

re·tread [,ri:'tred] **I.** *v* (*pret/pp* **-ed**) (*also* **remould**, US **remold/recap**) recauchutar. **II.** [ri'tri:t] *n* (*also* **remould**, US **remold/recap**) llanta *f* recauchutada.

re·treat [ri'tri:t] **I.** *v* MIL retirar(se), replegarse, retroceder. **II.** *n* **1.** retirada *f*, retiro *m* (*place, also* REL). **2.** MIL retreta *f*. **3.** retraimiento *m*, apartamiento *m*. LOC **To beat the** ~, MIL dar el toque de retreta.

re·trench [ri'trentʃ] *v* **1.** cercenar, reducir. **2.** economizar (*expenses*). **re·trench·ment** [ri'trentʃmənt] *n* reducción *f*; economías *f/pl*, ahorro *m*.

re·tri·al [,ri:'traiəl] *n* JUR nuevo juicio *m*, revisión *f*.

re·tri·bu·tion [,retri'bju:ʃn] *n* (**for**) **1.** castigo *m* justo. **2.** recompensa *f*.

re·triev·able [ri'tri:vəbl] *adj* recuperable (*esp computing*). **re·triev·al** [ri'tri:vl] *n* recuperación *f*. **re·trieve** [ri'tri:v] *v* **1.** (**from**) recuperar, (re)cobrar. **2.** cobrar (*hunting*). **3.** recuperar, resarcirse de (*loss*). **4.** reparar (*fortunes*). **re·triev·er** [ri'tri:və(r)] *n* perro *m* perdiguero/cobrador.

re·tro... ['retrɔu] *pref* retro... . **re·tro** ..., ~·**active**, *adj* retroactivo/a. ~·**activity**, *n* retroactividad *f*. ~·**cede**, *v* retroceder. ~·**cession**, *n* retroceso *m*. ~·**flex**, *adj* vuelto hacia atrás. ~·**gradation**, *n* ASTR retrogradación *f*. ~·**grade**, *adj* retrógrado/a; *v* ASTR retrogradar. ~·**gress**, *v* retroceder; degenerar. ~·**gression**, *n* ASTR retrogradación *f*. ~·**rocket**, *n* retrocohete *m*. ~·**spect**, *n* retrospección *f*; *v* recordar; **in** ~, *adv* retrospectivamente. ~·**spection**, *n* retrospección *f*. ~·**spective**, *adj* retrospectivo/a; JUR retroactivo/a.

re·trous·sé [rə'tru:sei] *adj* respingón/na (*nose*).

re·try [,ri:'trai] *v* (*pret/pp* **retried**) JUR rever, volver a juzgar/procesar.

re·turn [ri'tɜ:n] **I.** *v* **1.** (**to, from**) volver, regresar (*place*). **2.** devolver (*give back*). **3.** declarar (*income*). **4.** elegir, votar (a) (*parliament*, etc). **5.** responder (*reply*). **6.** producir, rendir (*profit*). **7.** reaparecer. **8.** JUR revertir. **9.** restar (*tennis*). **10.** corresponder a (*kindness, love*). **11.** dar (*thanks*). **12.** dictar, pronunciar (*verdict*). **13.** devolver (*visit*). LOC ~·**ing officer**, presidente *m* de la mesa electoral. **To** ~ **to a theme**, volver a un asunto. **II.** *n* **1.** (**to, from**) vuelta *f*, regreso *m*. **2.** devolución *f*. **3.** informe *m*, relación *f*. **4.** (**on**) COM ganancia *f*, ingresos *m/pl*, interés *m*. **5.** reelección, elección *f*. **6.** retroceso *m*, vuelta *f* (*keyboard*). **7.** MED reaparición *f*. **8.** respuesta *f*. **9.** recompensa *f* (*kindness*). **10.** (**Tax** ~) declaración *f* (de la renta). LOC **By** ~ (**of post**), a vuelta de correo. **In** ~ (**for sth**), a cambio de, en recompensa por. **Many happy ~s (of the day)**, ¡feliz cumpleaños! **Official ~s**, estadísticas *f/pl* oficiales, **On sale or** ~, en depósito, a devolver si no se vende. ~ **game/match**, revancha, partido de vuelta, partido de desquite. ~ **ticket** (US **round-trip ticket**), billete de ida y vuelta. **re·turn·able** [ri'tɜ:nəbl] *adj* restituible; JUR devolutivo/a; a prueba. LOC ~ **empties**, envases retornables.

re·u·ni·on [,ri:'ju:niən] *n* reunión *f*.
re·u·nite [,ri:ju:'nait] *v* **(with) 1.** reunir(se). **2.** reconciliar(se).
re·use [,ri:'ju:z] *v* volver a emplear/usar.
rev [rev] **I.** *n* **1.** ~**s** *pl* revolución *f* (*engine*). **2. Rev** (*also* **Revd**) *abrev* V. **Reverend. II.** *v* (*pret/pp* **-vv-**) **(up) 1.** acelerar. **2.** girar el motor.
re·va·lu·ation [,ri:vælju:'eiʃn] *n* revalorarización *f*, revaloración *f*.
re·va·lue [,ri:'vælju:] *v* revalorizar.
re·vamp [,ri:'væmp] *v* FAM renovar, rehacer; remendar.
re·veal [ri'vi:l] *v* **(to)** revelar. **re·veal·ing** [ri'vi:liŋ] *adj* revelador/ra.
re·veil·le [ri'væli] *n* MIL toque *m* de diana *f*.
rev·el ['revl] **I.** *v* (**-ll-**; US **-l-**) **1.** divertirse, estar de jarana. **2. (in sth/doing sth)**, deleitarse en. **II.** *n* jarana *f*, fiesta *f*, juerga *f*. **rev·el·ler** ['revələ(r)] *n* jaranero *m*, juerguista *m*. **rev·el·ry** ['revlri] *n* jarana *f*, jolgorio *m*, diversión *f*.
re·vel·ation [,revə'leiʃn] *n* revelación *f*.
re·venge [ri'vendʒ] **I.** *n* **1.** venganza *f*. **2.** desquite *m*, revancha *f*. LOC **To get/have/take one's ~ (on sb) (for sth), to take ~ (on sb) (for sth)**, vengarse (de algo/alguien). **II.** *v* vengar(se). LOC **To ~ oneself on sb, to be ~d on sb**, vengarse en uno. **re·venge·ful** [ri'vendʒfl] *adj* vengativo/a. **re·venge·ful·ness** [ri'vendʒflnis] *n* sed *f* de venganza *f*, carácter *m* vengativo. **re·veng·er** [ri'vendʒə(r)] *n* vengador/ra.
rev·e·nue ['revənju:] *n* **1.** ganancia *f*, beneficio *m*, rédito *m*, renta *f*. **2.** ~**s** *pl* ingresos *m/pl*, rentas *f/pl*. LOC **Inland ~**, Hacienda *f*, fisco *m*. **~ officer**, agente fiscal. **~ stamp**, timbre/póliza fiscal.
re·ver·ber·ate [ri'vɜ:bəreit] *v* **(with)** resonar, retumbar (*sound*); reverberar (*light*). **re·ver·ber·ant** [ri'vɜ:bərənt] *adj* resonador/ra (*sound*); reverberante (*light*). **re·ver·ber·ation** [ri,vɜ:bə'reiʃn] *n* resonancia *f*, eco *m*; reverberación *f*. **re·ver·be·rat·or** [ri,vɜ:bə'reitə(r)] *n* reverberador *m*. **re·ver·be·rat·ory** [ri'vɜ:bərətəri] *adj* de reverbero. LOC **~ furnace**, horno *m* de reverbero.
re·vere [ri'viə(r)] *v* reverenciar, venerar. **re·ver·ence** ['revərəns] **I.** *n* reverencia *f*. LOC **Your ~**, Reverencia. **II.** *v* reverenciar.
rev·er·end ['revərənd] **I.** *adj* REL reverendo/a. **II.** *n* (*abrev* **Rev**, **Revd**) REL padre *m*, cura *f* (*Catholic*); pastor *m* (*Protestant*).
rev·er·ent ['revərənt] *adj* reverente. **rev·er·ent·i·al** [,revə'renʃl] *adj* reverencial.
re·ve·rie ['revəri] *n* ensueño *m*.
re·vers [ri'viə(r)] *n* solapa *f*.
re·vers·al [ri'vɜ:sl] *n* **1.** inversión *f* (*of order*). **2.** cambio *m* completo (en algo). **3.** JUR revocación *f*.
re·verse [ri'vɜ:s] **I.** *adj* **1. (of, to)** inverso/a, invertido/a. **2.** contrario/a. LOC **In/into ~ order**, en orden inverso. **~ gear**, TEC marcha atrás. **~ turn**, vuelta al revés. **II.** *n* **1.** lo contrario *m*. **2.** reverso *m* (*coin*). **3.** revés (*cloth*). **4.** (*also* **~ gear**) marcha *m* atrás. **5.** (*also* **~ turn**) vuelta *f* al revés. LOC **In/into ~**, al revés. **III.** *v* **1.** invertir. **2.** dar/poner en marcha atrás (*vehicle*). **3.** revocar, anular (*opinion*). **4.** volver al revés. **5.** cambiar completamente (de) (*opinion*). LOC **~ (the) charge(s)** (US **call collect**), llamada a cobro revertido. **re·vers·ible** [ri'vɜ:səbl] *adj* reversible. **re·vers·ing** [ri'vɜ:siŋ] *adj* de marcha atrás: ~ *light*, Luz de marcha atrás. **re·ver·sion** [ri'vɜ:ʃn] *n* reversión *f*, regresión *f*. LOC **Fortune in ~**, bienes reversibles. **~ to type**, reversión al tipo ancestral. **re·ver·sion·ary** [ri'vɜ:ʃnəri] *adj* reversible.
re·vert [ri'vɜ:t] *v* **1. (to)** volver (a). **2.** JUR revertir. **3.** BIOL saltar atrás. LOC **To ~ to type**, saltar atrás al tipo ancestral. **re·vert·ible** [ri'vɜ:təbl] *adj* JUR revertible.
rev·ery V. **reverie**.
re·vet·ment [ri'vetmənt] *n* revestimiento *m*.
re·view [ri'vju:] **I.** *n* **1.** revisión *f*, repaso *m*, examen *m*, análisis *m*. **2.** revista *f* (*magazine*). **3.** MIL revista *f* (*inspection of troops*). **4.** reseña *f* (*of a book*). LOC **To be/Come under/up for ~**, ser examinado. **II.** *v* **1.** revisar, repasar. **2.** JUR volver a ver. **3.** MIL pasar revista. **4.** reseñar (*book*). **re·view·al** [ri'vju:əl] *n* crítica *f*, revisión *f* (*of a book*). **re·view·er** [ri'vju:ə(r)] *n* crítico *m*.
rev·ile [ri'vail] *v* injuriar, proferir injurias.
re·vise [ri'vaiz] **I.** *v* **1.** revisar. **2. (for)** repasar (*for an exam*). **3.** corregir, refundir (*book*). **II.** *n* **1.** segundas pruebas *f/pl* (*in printing*). **re·vis·ed** [ri'vaizd] *adj* refundido/a (*book*). LOC **The ~ Version**, Versión Enmendada (*Bible*). **re·vis·er** [ri'vaizə(r)] *n* revisor/ra; corrector/ra. **re·vi·sion** [ri'viʒn] *n* **1.** revisión *f*. **2. (for)** repaso *m*. **3.** corrección *f* (*book, printing*), refundición *f* (*book*). **re·vi·sion·ism** [ri'viʒənizəm] *n* revisionismo *m*. **re·vi·sion·ist** [ri'viʒənist] *n/adj* revisionista *m*.
re·vis·it [,ri:'vizit] *v* volver a visitar.
re·vis·ory [ri'vaizəri] *adj* revisor/ra.
re·vi·tal·ize, -·ise [ri:'vaitəlaiz] *v* revivificar, revitalizar. **re·vi·ta·liz·ation, -is·ation** [ri:,vaitəlai'zeiʃn] *n* revitalización *f*.
re·viv·al [ri'vaivl] *n* **1.** MED reanimación *f*, restablecimiento *m*. **2.** renacimiento *m*, reaparición *f* (*of fashion*). **3.** reposición *f*, reestreno *m* (*play*). **4.** REL despertar *m* religioso. **re·viv·al·ism** [ri'vaivəlizəm] *n* REL evangelismo *m*. **re·viv·al·ist** [ri'vaivəlist] *n* REL predicador *m* evangelista.
re·vive [ri'vaiv] *n* **1.** MED reanimar, restablecer; volver en sí. **2.** renacer, reaparecer. **3.** reponer, reestrenar (*play*). **4.** despertar (*hopes*). **5.** avivar (*fire*).
re·viv·ify [ri:'vivifai] *v* (*pret/pp* **-fied**) revivificar.
re·voc·able ['revəkəbl] *adj* revocable.
re·voc·ation [,revə'keiʃn] *n* JUR revocación *f*; suspensión *f* (*licence*).
re·voke [ri'vəuk] *v* **1.** revocar (*withdraw*). **2.** renunciar (*card-game*).
re·volt [ri'vəult] **I.** *v* **1. (against)** rebelarse, sublevarse. **2. (against/at)** FIG dar/causar

asco, repugnar. **II.** *n* **1.** rebelión *f*, sublevación *f*. **2.** repugnancia *f*. LOC **To rise in ~**, sublevarse, rebelarse. **re·volt·ing** [ri'vəultiŋ] *adj* asqueroso/a, repugnante; rebelde, sublevado/a.

re·vo·lu·tion [,revə'lu:ʃn] *n* **1.** revolución *f*. **2.** vuelta *f*, rotación *f* (*turn*). **re·vo·lu·tion·ary** [,revə'lu:ʃəri] *adj/n* revolucionario/a. **re·vo·lu·tion·ize, --ise** [,revə'lu:ʃənaiz] *v* revolucionar.

re·volve [ri'vɔlv] *v* **(around, round) 1.** girar, dar vueltas. **2.** hacer girar. **3.** revolver, meditar (*in one's mind*). **4.** ASTR revolverse. **5.** FIG depender: *Everything ~s round him*, Todo depende de él. **re·volv·er** [ri'vɔlvə(r)] *n* revólver *m* (*gun*). **re·volv·ing** [ri'vɔlviŋ] *adj* giratorio/a, rotatorio/a.

re·vue [ri'vju:] *n* revista *f* (*theatre*).

re·vul·sion [ri'vʌlʃn] *n* **1. (against, at, from)** asco *m*, repugnancia *f*; MED revulsión *f*. **2.** reacción *f*, cambio *m* repentino. **re·vuls·ive** [ri'vʌlsiv] *adj/n* MED revulsivo/(a) *m*.

re·ward [ri'wɔ:d] **I.** *n* **1.** premio *m*, recompensa *f*. **2.** hallazgo *m*. **II.** *v* **(for)** recompensar, premiar. **re·ward·ing** [ri'wɔ:diŋ] *adj* gratificante, que merece la pena, que da satisfacción.

re·wind [ri'waind] *v* dar cuerda a, devanar.

re·wire [,ri:waiə(r)] *v* poner nueva instalación *f* eléctrica.

re·word [,ri:wɜ:d] *v* expresar con otras palabras.

re·write [,ri:rait] *v* (*pret* **rewrote**, *pp* **rewritten**) **(for, as)** rehacer/redactar con otras palabras; volver a escribir.

rhap·sod·ic [ræp'sɔdik], **rhap·so·dic·al** [ræp'sɔdikl] *adj* rapsódico/a; extático/a, delirante (*esp ironic*). **rhap·sod·ize, --ise** ['ræpsədaiz] *v* **(about, over)** entusiasmarse (por), extasiarse (ante) (*esp ironic*). **rhap·so·dy** ['ræpsədi] *n* **1.** MUS rapsodia *f*. **2.** FIG elogio *m* extático. LOC **To go into ~s (over sb/sth)**, extasiarse ante algo.

rhea [riə] *n* ZOOL ñandú *m* (*bird*).

rhe·o·stat ['ri:əstæt] *n* ELECTR reóstato *m*.

rhe·tor·ic ['retərik] *n* retórica *f*. **rhe·tor·ic·al** [ri'tɔrikl] *adj* retórico/a.

rhe·u·mat·ic [ru:'mætik] *n/adj* reumático/a. **rhe·u·mat·ics** [ru:'mætiks] *n/pl* FAM reumatismo *m*. **rhe·u·mat·ism** ['ru:mətizəm] *m* reumatismo *m*. **rhe·u·ma·to·id** ['ru:mətɔid] *adj* reumatoideo/a. LOC **~ arthritis**, artritis reumatoidea.

rhe·u·my ['ru:mi] *adj* legañoso/a, pitañoso/a.

rhine·stone ['rainstəun] *n* diamante *m* falso.

rhi·no ['rainəu] *n* **1.** FAM parné *m*, pasta *f* (*money*). **2.** ZOOL FAM rinoceronte *m*. **rhi·no·ce·ros** [rai'nɔusərəs] *n* ZOOL rinoceronte *m*.

rhi·zome ['raizəum] *n* BOT rizoma *f*.

rho·do·den·dron [,rəudə'dendrən] (US *also* **rosebay**) *n* BOT rododendro *m*.

rhomb ['rɔmb] (*also* **rhom·bus**) *n* rombo *m*. **rhom·bo·id** ['rɔmbɔid] *adj* romboidal; *n* romboide *m*.

rhu·barb ['ru:ba:b] *n* **1.** BOT ruibarbo *m*. **2.** *col* riña *f*, pelea *f*, ruido *m* de fondo.

rhyme [raim] **I.** *n* **1.** rima *f*. **2.** poesía *f*, versos *m/pl*. LOC **In ~**, en verso. **Neither/No/Little, etc ~ nor reason**, sin ton ni son. **II.** *v* **(with)** rimar (con). **rhym·er** [raimə(r)], **rhyme·ster** ['raimstə(r)] *n* versificador/ra.

rhythm ['riðəm] *n* ritmo. LOC **~ method**, método Ogino (*contraception*). **rhyth·mic** ['riðmik] (*also* **rhyth·mic·al** [-ikl]) *adj* rítmico/a. **rhyth·mics** ['riðmiks] *n* rítmica *f*.

rib [rib] **I.** *n* **1.** ANAT costilla *f*. **2.** nervio *m*, nervadura *f* (*arch*). **3.** varilla *f*. **4.** cordoncillo *m* (*knitting*). **II.** *v* **(-bb-) (about, for)** *col* tomar el pelo (*tease*). LOC **~·bed**, BOT nervudo/a, con nervaduras; rayado/a. **~-cage**, ANAT caja torácica.

ri·bald ['ribld] *adj* verde, obsceno; burlón/na, atrevido/a. **ri·bald·ry** ['ribldri] *n* lo verde, obscenidad *f*; irreverencia *f*.

rib·bon ['ribən] *n* **1.** cinta *f* (*strip*). **2.** cordón *m* (*order*). MIL galón *m*. **3.** riendas *f/pl* (*reins*). **4.** FAM jirones *m/pl*, trizas *f/pl* (*tatterns*). LOC **~ development**, urbanización *f* a lo largo de una carretera (a la salida de la ciudad).

ri·bo·fla·vin [,raibəu'fleivin] *n* ribofarina *f* (*vitamin B2*).

rice [rais] *n* arroz *m*. LOC **~ field**, arrozal. **~ grower**, arrocero/a. **~ paper**, papel *m* de paja de arroz. **~ pudding**, arroz *m* con leche.

rich [ritʃ] **I.** *adj* (*sup* **-er**, *comp* **-est**) **1.** rico/a (*wealthy*). **2.** suntuoso/a, espléndido/a, exquisito/a. **3. (in)** abundar (en). **4.** fértil (*soil*); opulento/a, copioso/a. **5.** rico/a, sabroso/a (*food*); empalagoso/a; generoso/a (*wine*). **6.** vivo, intenso (*colour*); sonoro (*voice*); muy fuerte (*smell*). **7.** FIG pingüe (*profits*). **8.** FAM gracioso/a, divertido/a. LOC **~ milk**, leche sin desnatar. **II.** *n* **1. the ~** los ricos *m/pl*. **2. ~s** *pl* riqueza *f*. **rich·ly** ['ritʃli] *adv* ricamente. LOC **~ deserved**, muy bien merecido. **rich·ness** ['ritʃnis] *n* riqueza *f*; fertilidad *f* (*soil*).

rick [rik] **I.** *n* **1.** montón *m* de paja/heno/trigo. **2.** V. **wrick. II.** *v* **1.** recoger en montones, amontonar. **2.** V. **wrick.**

ric·kets ['rikits] *n* MED raquitismo *m*, raquitis *f*.

ric·ke·ty ['rikəti] *adj* **1.** raquitico/a. **2.** *col* desvencijado/a, destartalado/a; tambaleante, inseguro/a.

ri·co·chet ['rikəʃei] **I.** *v* (*pret* **-ed**, *pp* **-ted**) **(off)** rebotar (*bullet*). **II.** *n* **(off)** rebote *m*.

rid [rid] *v* **(-dd-**; *pret/pp* **rid) (of)** liberar, quitar de encima. LOC **To be ~ of**, estar libre de. **To get ~ of**, deshacerse de. **rid·dance** ['ridns] *n* liberación *f*.

rid·den ['ridn] **I.** *v pp of* **ride. II.** *adj* acosado/a, agobiado/a; montado/a.

rid·dle ['ridl] **I**. *n* **1**. acertijo *m*, adivinanza *f*; enigma *f* (*mystery*). **2**. criba *f* gruesa (*sieve*); escogedor *m* (*potato sorter*, etc). **II**. *v* **1**. cribar. **2**. (**with**) acribillar (a).

ride [raid] **I**. *n* **1**. paseo *m*, viaje *m* (*horse, train*, etc). **2**. camino *m* de herradura, vereda (*path*). LOC **To let ~**, dejar pasar. **To take sb for a ~**, decepcionar a alguien; engañar a alguien. **II**. *v* (*pret* **rode**, *pp* **ridden**) **1**. cabalgar, montar (*horse, bike*, etc). **2**. (**in**) ir, viajar, pasear (en) (*car, bus*, etc). **3**. flotar (*water*); hender, surcar (*waves*). LOC **To ~ at anchor**, estar fondeando. **To ~ for a fall**, actuar con precipitación; ir a la ruina. **To ~ high**, estar en forma, tener mucho éxito. **To ~ out the storm**, capear, hacer frente (a). **To ~ roughshod over sb**, tratar a alguien sin consideración. **To ~ to hounds**, cazar zorros. **To ~ sb down**, revolcar, atropellar. **To ~ up**, llegar, acercarse; subir (*dress*). **rid·er** ['raidə(r)] *n* jinete *m*, motorista *m/f*, ciclista *m/f*; cláusula *f* adicional; TEC pilón *m*.

ridge [ridʒ] **I**. *n* **1**. cresta *f* (*hill*). **2**. cordillera *f*, sierra *f* (*of hills*). **3**. ARQ caballete *m*. **4**. AGR caballón *m*. **II**. *v* ARQ cubrir con un caballete; surcar. LOC **~-piece/~-pole**, parhilera *f*, caballete *m*. **~-tile**, teja *f* de caballete.

ri·di·cule ['ridikju:l] **I**. *n* burla *f*, ridículo *m*; mofa *f*. **II**. *v* ridiculizar, poner en ridículo. **ri·dic·ul·ous** [ri'dikjuləs] *adj* ridículo/a, absurdo/a.

rid·ing ['raidiŋ] **I**. *n* equitación *f*. **II**. *adj* de montar/equitación. LOC **~ habit**, traje *m* de montar. **~ school**, picadero *m*, escuela *f* de equitación.

rife [raif] *adj* corriente, frecuente, endémico/a (*esp of bad things*). LOC **~ with sth**, repleto/a. **To be ~**, PEY abundar: *Crime is ~*, Hay excesiva delincuencia.

riff-raff ['rifræf] *n* FAM chusma *f*, gentuza *f*.

ri·fle ['raifl] **I**. *n* rifle *m*, fusil *m*; **~s** *pl* fusileros *m/pl*. **II**. *v* **1**. TEC rayar. **2**. robar, saquear. LOC **~man**, fusilero, tirador *m*. **~-range**, tiro *m* de rifle. **rif·ling** ['raifliŋ] *n* TEC rayado *m*.

rift [rift] *n* **1**. hendedura *f*, grieta *f*, rendija *f*. **2**. FIG desavenencia *f* (*between friends*).

rig [rig] **I**. *v* (**-gg-**) **1**. (**with**) aparejar, enjarciar (*ship, boat*). **2**. (**out, in, with**) ataviar. **2**. (**up**) improvisar. **3**. subvertir, manipular, amañar, falsificar. LOC **~ the market**, COM manipular el mercado. **II**. *n* **1**. aparejo *m* (*ship, boat*). **2**. equipo *m* (*equipment*). **3**. FAM vestimenta *f*, traje *m*, indumentaria *f*. **4**. TEC tractomotor *m*. **rig·ger** ['rigə(r)] *n* aparejador *m* (*ship, boat*); mecánico *m*. **rig·ging** ['rigiŋ] *n* aparejo *m*; montaje *m*; equipo *m*; cordaje *m*.

right [rait] **I**. *adj* **1**. bueno/a, justo/a, equitativo/a (*morally good*). **2**. correcto/a, exacto/a (*correct*); verdadero/a (*true*). **3**. debido/a, indicado/a (*suitable*); apropiado/a (*proper*). **4**. derecho/a (*side*); de derechas (*politcs*). **5**. cuerdo/a (*in mind*). **6**. favorable (*conditions*). **7**. que hace falta. **8**. completo/a, total: *He's a ~ idiot*, Es un idiota integral. **9**. MAT recto (*angle*). LOC **All ~**, ¡bueno!, ¡conforme!, ¡está bien!; ¡basta ya! **To be ~**, estar bien (de salud). **To be ~ to**, hacer bien en. **To put/set ~**, arreglar; ajustar. **It will be all ~**, todo se arreglará. **That's ~**, eso es. **~ angle**, MAT ángulo recto. **~-angled**, rectangular. **~-hand**, conducción por la derecha (*driving*). **~-hand man**, brazo derecho, hombre de confianza. **~-hand side**, derecha. **~-handed**, que usa la mano derecha. **~-minded**, honrado. **~-wing**, de derechas, conservador/ra (*politics*). **right·eous** ['raitʃəs] *adj* justo/a, honrado/a, probo/a. **right·e·ous·ness** ['raitʃəsnis] *n* honradez *f*, probidad *f*. **right·ly** ['raitli] *adv* correctamente, debidamente. **right·ness** ['raitnis] **I**. *n* exactitud *f*; justicia *f*. **II**. *adv* **1**. completamente, exactamente (*quite, exactly*). **2**. derecho, directamente (*straight*). **3**. bien, correctamente (*rightly*). **4**. a la derecha. **5**. muy. LOC **~ straight away/off**, en seguida. **~ here**, aquí mismo. **~ now/off**, ahora mismo, inmediatamente. **~ on!**, *col* ¡bravo! **III**. *n* **1**. derecho *m*; justicia *f*; bien *m*. **2**. **~s** *pl* derechos *m/pl*, propiedad *f* (*authorship*). **3**. derecho *m*, título *m*, privilegio *m*. **4**. derecha *f* (*side, politics*). **5**. DEP derechazo *m* (*boxing*). LOC **As of ~/by ~(s)**, en justicia, según derecho. **By ~ of**, por razón de. **In his own ~**, por derecho propio. **On/to the ~**, a la derecha. **~ of way**, derecho de paso. **To be in the ~**, tener razón. **To put/set to ~s**, arreglar, ajustar. **IV**. *v* **1**. enderezar (*also ship*). **2**. corregir, rectificar.

rig·id ['ridʒid] *adj* **1**. rígido/a. **2**. severo/a, riguroso/a, estricto/a. **ri·gid·ity** [ri'dʒidəti] *n* rigidez *f*; severidad *f*, rigurosidad *f*.

rig·ma·role ['rigmərəul] *n* galimatías *m*.

rig·our (US **rigor**) ['rigə(r)] *n* **1**. rigor *m*, severidad *f*. **2**. rigor *m* (*weather*). **3**. MED escalofríos *m/pl*. **rig·or·ous** ['rigərəs] *adj* riguroso/a.

rile [rail] *n* FAM poner nervioso, sacar de quicio, irritar.

rill [ril] *n* POET riachuelo *m*.

rim [rim] **I**. *n* **1**. borde *m*, canto *m*. **2**. llanta *f* (*wheel*). **II**. *v* (**-mm-**) bordear (*hill*). **rim·less** ['rimlis] *adj* sin cerco en la montura (*glasses*). **rim·med** [rimd] *adj* con borde de, bordeado de.

rime [raim] *n* **1**. POET rima *f*. **2**. escarcha *f*, helada *f*.

rind [raind] *n* corteza *f*, cáscara *f*, piel *f* (*cheese, fruits, bacon*).

ring [riŋ] **I**. *n* **1**. anillo *m*. **2**. aro *m*, argolla *f*. **3**. círculo *m*. **4**. corro *m*, grupo *m* (*people*). **5**. cuadrilátero *m* (*boxing*); redondel *m*; plaza *f*. **6**. COM confabulación *f*, cartel *m*. **7**. campanilleo *m*. **8**. toque *m* (*bell*); llamada *f* (*door*); telefonazo *m*. LOC **~ binder**, carpeta de anillas. **~-finger**, (dedo) anular. **~-leader**, cabecilla. **~-let**, bucle, rizo (*hair*). **~-master**, director/ra de circo; domador/ra. **~ road**, carretera de circunvalación. **~-side**, junto al cuadrilátero. **~-worm**, MED tiña *f*. **II**. *v* **1**. (*pret/pp* **-ed**) (**with, by**) cercar, rodear. **2**. (*pret* **rang**,. *pp* **rung**) (**with**) (re)sonar; repicar, campanillear (*bell*); llamar (*door*); tocar, tañer, (hacer) sonar (*bell*); zumbar (*ears*). **3**.

(**up**), llamar por teléfono; (**off**), colgar (*telephone*). LOC **~-a-~-a-roses**, corro *m* de la patata. **ring·er** ['riŋə(r)] *n* campanero/a *m,f*. **ring·ing** ['riŋiŋ] *adj* resonante, sonoro/a; *n* repique *m* (*bells*); zumbido *m* (*ears*).

rink [riŋk] *n* DEP pista *f* de hielo/patinaje; bolera *f* (*bowling*).

rinse [rins] **I.** *v* **1.** enjuagar (*dishes*). **2.** limpiar, aclarar. **II.** (*also* **rins·ing**) *n* **1.** enjuague *m* (*dishes*), aclarado *m* (*clothes*). **2.** reflejo *m*, teñido *m* (*hair*).

ri·ot ['raiət] **I.** *n* **1.** disturbio *m*, motín *m*, alboroto *m*. **2.** FIG derroche *m*, exuberancia *f* (*colours, plants*). **3.** orgía *f*. LOC **To be a ~**, tener mucho éxito. **To run ~**, desenfrenarse. **II.** *v* amotinarse, alborotarse. LOC **~ squad**, pelotón de asalto. **ri·ot·ous** ['raiətəs] *adj* alborotado/a, amotinado/a; desenfrenado/a, bullicioso/a, divertido/a. **ri·ot·er** ['raiətə(r)] *n* manifestante *m/f*; amotinado/a, alborotador/ra.

rip [rip] **I.** *v* **(-pp-)** rasgar, desgarrar, romper; descoser. LOC **To let sth ~**, acelerar. **To ~ sth off**, arrebatar. **To ~ up**, desgarrar. **II.** *n* **1.** rasgón *m*, rasgadura *f*. **2.** aguas *f/pl* revueltas. **3.** calavera *f*. LOC **~-cord**, cabo de desgarre. **~-off**, *col* estafa, timo. **~-roaring**, bullicioso/a (*party*); apoteósico/a (*success*). **~-saw**, sierra de cortar al hilo. **rip·per** ['ripə(r)] *n* destripador/ra: *Jack the ~*, Jack el Destripador. **rip·ping** ['ripiŋ] *adj* FAM estupendo/a, bárbaro/a.

ri·par·i·an [rai'peəriən] *adj* ribereño/a.

ripe [raip] *adj* maduro/a. **rip·en** ['raipən] *v* madurar. **ripe·ness** ['raipnis] *n* madurez *f*.

ri·poste [ri'pɔst] **I.** *n* **1.** respuesta *f*/réplica *f* aguda. **2.** estocada *f*. **II.** *v* (**with**) responder/replicar con viveza.

rip·ple ['ripl] **I.** *n* **1.** rizo *m*, onda *f* (*on water*). **2.** ondulación *f*. **3.** murmullo *m* (*sound*). **II.** *v* **1.** rizar, ondular. **2.** murmurar (*sound*).

rise [raiz] **I.** *n* **1.** subida *f*, alza *f*, ascensión *f*. **2.** cresta *f*, elevación *f*. **3.** (US **raise**) aumento *m*, subida *f* (*price, temperature*). **4.** crecida *f* (*river*). **5.** naciminento *m* (*season*). **6.** FIG origen *m*. LOC **To get/take a ~ out of sb**, burlarse de uno; poner a uno en ridículo. **To give ~ to sth**, dar origen a, ocasionar. **II.** *v* (*pret* **rose**, *pp* **risen**) **1.** subir, elevarse, alzarse (*go/come upwards*). **2.** levantarse, ponerse en pie (*person*). **3.** suspenderse; levantarse (*meeting*). **4.** erizarse (*hair*). **5.** (**up, against**) sublevarse, revelarse. **6.** arreciar (*wind*). **7.** salir (*sun, moon*). **8.** crecer, aumentar (*hopes, anger*). **9.** ascender (*rank*). **10.** leudarse (*cake*). **11.** nacer, brotar (*river*). **12.** hinchar (*swell*). **13.** (**to**) ser capaz (de). **14.** estar a la altura (de), corresponder dignamente (a) (*occasion*). **ris·en** ['rizn] *pp de* **rise**. **ris·er** ['raizə(r)] *n* madrugador/ra.

ri·si·bil·ity [,rizə'biliti] *n* risibilidad *f*. **ris·ible** ['rizəbl] *adj* risible, despreciable.

ris·ing ['raiziŋ] **I.** *n* **1.** sublevación *f*, levantamiento *m*. **2.** nacimiento *m* (*river*). **3.** salida *f* (*sun*). **4.** fin *m* de sesión (*parliament*). **II.** *adj* **1.** naciente, creciente, ascendente, saliente. **3.** que sale, que sube (*ground*). **3.** nuevo/a (*generation*). **4.** prometedor/ra.

risk [risk] **I.** *n* riesgo *m*, peligro *m*. LOC **At one's own ~**, por su cuenta y riesgo. **At the ~ of**, con riesgo de, arriesgando. **To run a/the ~**, correr el riesgo (de). **II.** *v* **1.** arriesgar(se) (a), exponer(se) (a). **risk·y** ['riski] *adj* (*comp* **-ier**, *sup* **-iest**) arriesgado/a; peligroso/a.

ris·qué ['ri:skei] *adj* verde, indecente, escabroso/a.

ris·sole ['risəul] *n* croqueta *f*.

rite [rait] *n* rito *m*. LOC **Last/Funeral ~s**, exequias.

rit·u·al ['ritjuəl] *n/adj* ritual *m*. **rit·u·al·ism** ['ritju:lizəm] *n* ritualismo *m*.

rit·zy ['ritsi] *adj* (*comp* **-ier**, *sup* **-iest**) lujoso/a.

riv·al ['raivl] **I.** *n/adj* (**for, in**) rival *m/f*, competidor/ra. **II.** *v* **(-ll-)** (**for, in**) rivalizar (con), competir (con). **ri·val·ry** ['raivlri] *n* rivalidad *f*, competencia *f*.

riv·en ['rivən] *adj* rajado/a, hendido/a.

riv·er ['rivə(r)] **I.** *n* río *m*. LOC **Down ~**, río abajo. **Up ~**, río arriba. **To sell sb down the ~**, traicionar a alguien. **II.** *adj* de(l) río, fluvial. LOC **~-basin**, cuenca del río. **~-bed**, lecho/cauce del río. **~-horse**, caballo marino; hipopótamo. **~-mouth/mouths**, estuario, ría. **~-side**, ribera, orilla; *adj* ribereño/a.

riv·et ['rivit] **I.** *n* TEC remache *m*, roblón *m*. **II.** *v* **1.** remachar. **2.** (**on, to**) FIG clavar, fijar. **riv·et·er** ['rivitə(r)] *n* remachador/ra.

riv·u·let ['rivjulit] *n* riachuelo *m*.

roach [rəutʃ] *n* **1.** ZOOL escarcho *m*, gobio *m*. **2.** ZOOL cucaracha *f* (*cockroach*). **3.** *col* porro *m*.

road [rəud] *n* **1.** camino *m*, carretera *f*, calzada f; calle *f* (*in towns*). **2.** NAUT rada *f*, fondadero *m* (*roadsted*). LOC **All ~s lead to Rome**, todos los caminos conducen a Roma. **By ~**, por carretera. **The rule of ~**, la primera regla de la conducción. **To hold the ~**, agarrarse a la carretera (*car*). **~-block**, barricada. **~-hog**, conductor peligroso. **~-house**, parador, albergue. **~ mender**, peón caminero. **~-metal**, grava. **~-roller**, apisonadora *f*. **~ sense**, instinto de automovilista. **~-side**, borde de la carretera. **~ sweeper**, barrendero/a. **~-way**, calzada *f*.

roam [rəum] **I.** *v* vagar (por), errar (por), callejear. **II.** *n* vagabundeo *m*. **roam·er** ['rəumə(r)] *n* vagabundo/a.

roan [rəun] **I.** *n* **1.** caballo *m* ruano. **2.** badana *f*. **II.** *adj* ruano/a.

roar [rɔ:(r)] **I.** *n* rugido *m*, bramido *m*. **II.** *v* **1.** rugir, bramar. **2.** (**out**) decir a gritos. **3.** reírse a carcajadas. LOC **To ~ oneself hoarse**, ponerse ronco gritando. **roar·ing** ['rɔ:riŋ] *adj* rugiente, bramante: *The ~ twenties*, Los felices años veinte. LOC **To do a ~ trade**, hacer buenos negocios.

roast [rəust] **I.** *v* asar (*cook*). **2.** tostar (*coffee*). **3.** calentarse (*fire*). **4.** mofarse (de alguien) (*mock*). **II**. *adj* **1**. asado/a. **2**. tostado/a. **III**. *n* **1**. asado *m*; carne *m* asada. **2**. US barbacoa *f*. LOC ~ **beef**, rosbif *m*. **roast·er** ['rəustə(r)] *n* **1**. asador *m*. **2**. pollo *m* para asar. **roast·ing** ['rəustiŋ] *adj* achicharrante, abrasador/ra.

rob [rɔb] *v* (**-bb-**) (**of**) **1**. robar; asaltar, atracar. **2**. FIG quitar. LOC **To ~ Peter to pay Paul**, desn}dar a un santo para vestir a otro. **rob·ber** ['rɔbə(r)] *n* ladrón/na, atracador/ra; salteador/ra. **rob·bery** ['rɔbəri] *n* robo *m*, atraco *m*.

robe [rəub] **I**. *n* **1**. túnica *f*, manto *m*. **2**. REL hábito *m*, sotana *f*. **3**. JUR toga *f*; vestido *f* talar; **~s** *pl* traje *m* de ceremonias. **4**. albornoz *m* (*bath.~*). LOC **Gentlemen of the ~**, la curia. **II**. *v* vestir(se).

rob·in ['rɔbin] *n* ZOOL (*also* **~ redbreast**) petirrojo *m* (*bird*).

ro·bot ['rəubɔt] *n* robot *m*, autómata *m*. **ro·bot·ics** [rəu'bɔtiks] *n* robótica *f*.

ro·bust [rəu'bʌst] *adj* **1**. robusto/a, vigoroso/a, fuerte. **2**. rudo/a, burdo/a: *A ~ sense of humour*, Un burdo sentido del humor.

rock [rɔk] **I**. *n* **1**. GEOL , GEOG roca *f*, peña *f*, peñasco *m*: *The ~ of Gibraltar*, El Peñón de Gibraltar. **2**. escollo *m*. **3**. *col* diamante *m*. **4**. MUS (*also* **rock 'n' roll**) rock *m*. LOC **On the ~s**, con cubitos de hielo. **To get down to ~ bottom**, llegar a lo más bajo. **II**. *v* **1**. acunar, mecer(se), balancear(se). **2**. sacudir(se) (*violently*). **3**. MUS bailar el rock. LOC **~-bottom**, FIG precios mínimos (*prices*). **~-climbing**, escalada en rocas. **~-crystal**, cristal de roca. **~-garden**, jardincito rocoso. **~-oil**, petróleo. **~-plant**, planta alpestre. **~-salt**, sal gema. **rock·er** [rɔkə(r)] *n* **1**. arco *m* (*leg of rocking chair*). **2**. balancín *m*. **3**. FAM mecedora *f*. **4**. MUS músico *m* del rock, rockero *m*. LOC **To be off one's ~**, estar chalado/a. **rock·ery** [rɔkəri] (*also* **~-garden**) jardincito rocoso, cuadro alpino. **rock·ing** ['rɔkiŋ] *adj* oscilante; basculante. LOC **~ chair**, mecedora. **~ horse**, caballo de balancín. **rock-'n'-roll** [,rɔkən'rəul] *n* MUS rock *m*. **ro·cky** [rɔki] *adj* (*comp* **-ier**, *sup* **-iest**) **1**. rocoso/a, peñascoso/a. **2**. *col* inestable, débil.

roc·ket ['rɔkit] **I**. *n* **1**. cohete *m*. **2**. proyectil *m*. **3**. *col* peluca *f*. **4**. BOT oruga *f*. LOC **~ propulsion**, propulsión mediante cohete. **II**. *v* subir vertiginosamente/como un cohete. **roc·ket·ry** ['rɔkitri] *n* cohetería *f*.

ro·co·co [rə'kəukəu] *n/adj* rococó *m/f*.

rod [rɔd] *n* **1**. vara *f*, varilla *f*, barra *f*. **2**. disciplina *f*, azote *m* (*for punishment*). **3**. caña *f* de pescar. **4**. US *col* pistola *f*. **5**. medida *f* de longitud (= *5,029 m*).

ro·de *pret of* **ride**.

rod·ent ['rəudnt] *n* ZOOL roedor *m*.

ro·deo [rəu'deiəu; US 'rəudiəu] *n* rodeo *m*.

ro·do·mont·ade [,rɔdəmɔn'teid, -ta:d] *n* fanfarronada *f*.

roe [rəu] *n* **1**. ZOOL (*also* **hard ~**) hueva *f*. **2**. ZOOL corzo *m* (*deer*). LOC **~-buck**, corzo (*male roe*). **Soft ~**, lecha.

ro·ga·tions [rəu'geiʃnz] *n/pl* REL rogativas *f/pl*.

rogue [rəug] *n* **1**. granuja *m,f*, pícaro/a. **2**. pillo/a. LOC **~s' gallery**, fichero *m* de delincuentes. **rogu·ery** ['rəugəri] *n* picardía *f*. **rogu·ish** ['rəugiʃ] *adj* pícaro/a, travieso/a.

ro·is·ter ['rɔistə(r)] *v* andar de jarana, jaranear. **ro·is·ter·er** ['rɔistərə(r)] *n* jaranero *m*, juerguista *m*.

role [rəul] (*also* **rôle**) *n* **1**. papel *m* (*theatre, cinema*). **2**. FIG papel *m*, función *f*. LOC **To play/take a ~**, hacer un papel.

roll [rəul] **I**. *n* **1**. rollo *m*, carrete *m*, bobina *f*. **2**. bollo *m*, panecillo *m*. **3**. contoneo *m* (*gait*). **4**. relación *m*, censo *m*, lista *f*; balanceo *m* (*sea, river*). **5**. fragor *m*, resonancia *f*; redoble *m* (*drum*). **6**. fajo *m*: *A ~ of bills*, Un fajo de billetes. LOC **~-call**, acto de pasar lista. **~ of film**, rollo de película. **~-on**, faja elástica/tubular; elástico. **~-top desk**, buró, escritorio de tapa corrediza. **Swiss ~**, brazo de gitano (*cake*). **II**. *v* **1**. hacer rodar, rodar; revolcarse. **2**. envolver, enrollar. **3**. (**up**) arrollar, enrollar, liar; llegar (*car*); FIG aparecer, presentarse. **4**. allanar (*soil*). **5**. balancearse (*ship*). **6**. ondular (*land*). **7**. retumbar, vibrar (*sound*). **8**. poner en blanco (*eyes*). **9**. arremangar (*sleeves*). LOC **~ed gold**, oro laminado. **rol·ler** ['rəulə(r)] *n* **1**. rodillo *m* (*cylinder*). **2**. ruedecilla *f*. **3**. ola *f* grande (*sea*). **4**. apisonadora *f* (*for roads*). LOC **~ bandage**, venda enrollada. **~ blind**, persiana *f* enrollable. **~-coaster**, montaña *f* rusa. **~-skate** (*also* **skate**), patín *m* de ruedas. **~ towel**, toalla *f* de rodillo. **rol·ling** ['rəuliŋ] **I**. *adj* **1**. rodante. **2**. ondulado/a (*soil*). **II**. *n* **1**. rodadura *f*. **2**. balanceo *m* (*ship*). LOC **A ~ stone gathers no moss**, agua pasada no mueve molino. **~ eyes**, ojos de pupilas que se mueven continuamente. **~ mill**, taller/tren de laminación. **~ pin**, rodillo. **~-stock**, material móvil/rodante. **~ stone**, canto rodado; trotamundos (*person*). **To be ~ in**, FIG nadar en la abundancia.

rol·lick ['rɔlik] *v* juguetear. **rol·lick·ing** ['rɔlikiŋ] *adj* alegre, divertido/a.

ro·ly-po·ly [,rəuli'pəuli] **I**. *n* **1**. persona *f* rechoncha. **2**. brazo *m* de gitano (*pudding*). **II**. *adj* rechoncho/a.

ROM [rɔm] *n abrev* (**Read Only Memory**) memoria *f* de sólo lectura *f* (*computing*).

Ro·man ['rəumən] *adj, n* romano/a. LOC **~ arch**, arco de medio punto. **~ Catholic Church**, REL Iglesia Católica, Apostólica y Romana.

ro·mance [rəumæns] **I**. *adj* **1**. románico/a. **2**. romance, románico, neolatino: *~ languages*, Lenguas romances. **II**. *n* **1**. novela *f*, cuento *m*, ficción *f*. **2**. lo romántico/pintoresco/poético. **3**. amores *m/pl*, amoríos *m/pl*, aventura *f* sentimental. **III**. *v* exagerar, fantasear, idealizar.

Ro·ma·nesque [,rəumə'nesk] **I**. *n* ARQ arte *m* románico. **II**. *adj* (*also* **Romanic**) románico/a.

ro·mant·ic [rəu'mæntik] I. *adj* 1. romántico/a. 2. novelesco/a (*affairs*). 3. pintoresco/a, sentimental (*place*). II. *n* romántico *m*. **ro·man·tic·ism** [rəu'mæntisizəm] *n* romanticismo *m*.

Ro·man·y ['rɔməni] I. *n* 1. gitano *m* (*gipsy*). 2. lengua *f* gitana, caló *m*. II. *adj* gitano/a.

romp [rɔmp] I. *v* retozar, jugar, divertirse; brincar. LOC **To ~ home/in**, ganar fácilmente. **To ~ through**, hacer algo con facilidad. II. *n* retozo *m*, juego *m*. **romp·ers** ['rɔmpəz] *n* pelele *m*, mono *m* (*child's garment*).

ron·do ['rɔndəu] *n* MUS rondó *m*.

rood [ru:d] *n* cruz *f*, crucifijo *m*.

roof [ru:f] I. *n* techo *m*, tejado *m*; azotea (*flat*); capota *f* (*car*). LOC **To raise the ~**, poner el grito en el cielo. **~ of the mouth**, ANAT paladar. **~ garden**, azotea con flores y plantas. II. *v* **(in, over)** techar. **roof·ing** ['ru:fiŋ] *n* techumbre *f*; *adj* para techos.

rook [ruk] I. *n* 1. ZOOL graja *f* (*bird*). 2. torre *f* (*chess*). II. *v* 1. timar, estafar. 2. enrocar (*in chess*). **rook·ery** ['rukəri] *n* nidada/colonia de grajas *f/pl*. **rook·ie** ['ruki] *n* MIL *col* bisoño *m*, novato *m*.

room [ru:m, rum] I. *n* 1. cuarto *m*, habitación *f* (*house*). 2. sala *f*. 3. sitio *m*, espacio *m*, cabida *f* (*space*). 4. aposento *m*. 5. **~s** *pl* alojamiento *m*. LOC **To be cramped for ~/space**, tener poco espacio. **To make ~**, hacer sitio/lugar. **~ and board**, pensión completa. II. *v* alojar(se). LOC **~·ing-house**, pensión. **~-mate**, compañero/a de cuarto. **~ service**, servicio *m* en las habitaciones (*of a hotel*). **-room·ed** [ru:md] *adj* de ... piezas. **room·er** ['ru:mə(r)] *n* US subinquilino/a; huésped *m*. **room·ful** ['ru:mfl] *n* la cabida *f* de una habitación. **room·i·ness** ['ru:minis] *n* espaciosidad *f*, amplitud *f*. **room·y** ['ru:mi] *adj* (*comp* **-ier**, *sup* **-iest**) espacioso/a, amplio/a.

roost [ru:st] I. *n* 1. percha *f*, palo *m* (*in a cage*). 2. gallinero *m*. LOC **To come home to ~**, ser contraproducente. **To rule the ~**, mandar, llevar la voz cantante. II. *v* 1. descansar, posarse (*bird*). 2. FIG pasar la noche. **roost·er** ['ru:stə(r)] *n* US gallo *m*.

root [ru:t] I. *n* raíz(*f*; radical *m* (*grammar*). LOC **Cube ~**, raíz cúbica. **Square ~**, raíz cuadrada. **~ and branch**, completamente, del todo. **To take/strike ~**, echar raíces. **~ idea**, idea fundamental. II. *v* 1. BOT arraigar, echar raíces (*also* FIG). 2. BOT **(out, up)** arrancar; FIG desarraigar, extirpar; suprimir del todo. 3. **(about, around)** hozar, hocicar (*of pigs or* FIG). 4. **(for)** *col* apoyar (a), hacer propaganda (por). **root·er** ['ru:tə(r)] *n* FAM hincha *m/f*, entusiasta *m/f*, partidario *m*.

rope [rəup] I. *n* 1. cuerda *f*, soga *f*, maroma *f*, cable *m*. 2. collar *m* (*pearls*); ristra *f* (*garlics*). LOC **On the ~s**, en un apuro. **To give sb enough ~ (and he'll hang himself)**, dejar libertad de acción a alguien para que él mismo se descubra y condene. **To know the ~s**, estar al tanto. II. *v* atar, amarrar (con cuerda). LOC **To ~ in sb (to do sth)**, conseguir que alguien participe en algo. **To ~ sth off**, acordonar, cercar con cuerdas. **To ~ up**, encordarse (*mountaineers*). **~·dancer/~·walker**, funámbulo. **~ ladder**, escala de cuerda. **~·maker**, cordelero. **~·walking**, equilibrismo.

rop·y (*also* **ropey**) [rəupi] *adj* (*comp* **-ier**, *sup* **-iest**) viscoso/a; dudoso/a, flojo/a.

ros·ary ['rəuzəri] *n* 1. REL rosario *m*: *To say the ~*, Rezar el rosario. 2. BOT jardín *m* de rosales *m/pl*.

rose [rəuz] I. *v pret of* **rise**. II. *n* 1. BOT rosa *f*. 2. color *m* rosa. 3. roseta *f* (*of watering can*). 4. ARQ rosetón *m*. LOC **A bed of ~s**, un lecho de rosas (*also* FIG). **~·bay**, US , BOT rododendro *m*. **~-bud**, capullo *m* de rosa. **~ bush/~ tree**, rosal *m*. **~-hip**, BOT cinarrodón *m*. **~·mary**, BOT romero *m*. **~-red**, (de) color rosa. **~-water**, agua de rosas. **~-window**, ARQ rosetón. **~·wood**, BOT palisandro; palo *m* de rosa.

ro·sé ['rəuzei] I. *adj* rosado/a. II. *n* US rosado *m*, clarete *m* (*wine*).

ro·seate ['rəuziət] *adj* róseo/a, rosado/a.

ros·ette [rəu'zet] *n* 1. escarapela *f* (*of ribbons*). 2. ARQ rosetón *m*.

ros·in ['rɔzin] I. *n* colofonia *f*. II. *v* frotar con colofonia.

ros·ter ['rɔstə(r)] *n* lista *f* de turnos (para el personal de una empresa).

rost·rum ['rɔstrəm] *n* (*pl* **-s**, **-tra**) tribuna *f* (*speaker's*), estrado *m*.

ros·y ['rəuzi] *adj* (*comp* **-ier**, *sup* **-iest**) 1. (son)rosado/a. 2. FIG prometedor/ra, de color rosa.

rot [rɔt] I. *v* **(-tt-)** pudrir(se), corromper(se). II. *n* 1. putrefacción *f*, podredumbre *f*. 2. FAM bobadas *f/pl*, sandeces *f/pl*. 3. decadencia *f*. LOC **~-gut**, *col* matarratas (*alcoholic drink*).

ro·ta ['rəutə] *n* (US **roster**) lista *f* de turnos.

rot·ary ['rəutəri] I. *adj* rotativo/a, giratorio/a. II. *n* 1. rotativa *f* (*press*). 2. US glorieta *f*, plaza *f* circular (*roundabout*).

rot·ate [rəu'teit] *v* 1. (hacer) girar, dar vueltas. 2. alternar(se) (*crops*, *work*). **rot·ation** [rəu'teiʃn] *n* 1. giro *m*, rotación *f*. 2. alternación *f* (*crops*, *work*). LOC **In ~**, por turno. **~ of crops**, AGR rotación de cultivos. **ro·tat·ory** ['rəutətəri, rəu'teitəri] *adj* V. **rotary**.

rote [rəut] *n* **By ~**, maquinalmente, de memoria (*by heart*).

rot·or ['rəutə(r)] *n* TEC rotor *m*.

rot·ten ['rɔtn] *adj* 1. podrido/a, corrompido/a, putrefacto/a; cariado/a (*teeth*); carcomido/a (*wood*). 2. vil, despreciable (*morally corrupt*). 3. FAM malísimo/a, pésimo/a, infame. LOC **To feel ~**, sentirse muy malo. **rot·ten·ness** ['rɔtnnis] *n* putrefacción *f*, podredumbre *f*; FIG corrupción *f*.

rot·ter ['rɔtə(r)] *n* FAM canalla *m*, caradura *m*, sinvergüenza *m*.

ro·tund [rəu'tʌnd] *adj* 1. rotundo/a. 2. gordo/a, corpulento/a (*person*). **ro·tund·ity**

[rəu'tʌnditi] *n* rotundidad *f*; gordura *f*, corpulencia *f* (*person*).

ro·tun·da [rəu'tʌndə] *n* ARQ rotonda *f*.

rou·ble (*also* **ruble**) ['ru:bl] *n* rublo *m* (*Russian currency*).

roué ['ru:ei] *n* libertino *m*.

rouge [ru:ʒ] **I**. *n* colorete *f*, carmín *m*. **II**. *v* poner(se) colorete.

rough [rʌf] **I**. *adj* **1**. áspero/a, tosco/a, quebrado/a, fragoso/a, escabroso/a (*ground*). **2**. brutal, inculto/a, sin educación, grosero/a, duro/a (*treatment, behaviour*). **3**. aproximado/a (*estimate*); chapucero/a (*work*). **4**. bronco/a (*voice*); áspero/a (*taste*). **5**. crudo/a, bruto/a (*material*). **6**. difícil, duro/a (*play*). **7**. encrespado/a (*sea*). **8**. tempestuoso/a, borrascoso/a (*weather*). LOC **To be ~ (on sb)**, tratar a uno de modo brutal. **To cut up ~**, sulfurarse. **~ copy**/**~ draft**, borrador. **II**. *n* **1**. terreno *m* quebrado, superficie *f* áspera (*ground*). **2**. boceto *m*, borrador *m* (*drawing, design*). **3**. FAM matón *m* (*person*). LOC **In (the) ~**, en bruto, a grandes rasgos; DEP rough *m*, en la hierba alta (*golf*). **To take the ~ with the smooth**, tomar/aceptar la vida como viene, estar a las duras y a las maduras. **III**. *v* **1**. **(it)** FAM pasar apuros/dificultades. **2**. **(out)** esbozar, bosquejar, trazar de modo provisional. **3**. **(up)** poner de punta (*hair, fur*). **rough·en** ['rʌfn] *v* poner(se)/hacer(se) áspero/tosco. **rough·ing** ['rʌfiŋ] *n* desbaste *m*. **rough·ly** ['rʌfli] *adv* ásperamente, toscamente. **rough·ness** ['rʌfnis] *n* aspereza *f*, tosquedad *f*. **rough...**, **~·age**, *n* alimento *m* poco digerible. **~·cast**, *n* enlucido *m* (*for covering a wall*). **~-hewn**, *adj* toscamente labrado; desbastado/a. **~ house**, *n* FAM trifulca *f*, jaleo *m*. **~·neck**, *n* US FAM matón *m*, canalla *m*. **~·rider**, *n* domador *m* de caballos. **~·shod**; **To ride ~·shod over sb/sth**, tratar sin miramientos *m/pl*, no hacer caso alguno. **~-spoken**, *adj* malhablado/a.

roul·ette [ru:'let] *n* ruleta *f*.

Rou·ma·nia [ru'meiniə] *n* GEOG Rumanía *f*. **Rou·ma·ni·an** [ru'meiniən] *n/adj* rumano/a; rumano *m* (*language*).

round [raund] **I**. *adj* **1**. redondo/a (*shape*). **2**. completo/a, bueno/a. **3**. rotundo/a, categórico/a. LOC **In ~ figures**, en números redondos. **~ table**, mesa redonda. **~ trip**, viaje de ida y vuelta. **II**. *adv* **1**. alrededor, por todas partes. **2**. a la redonda; en redondo. **3**. de perímetro/circunferencia. LOC **All ~**, para todos (*everybody*); por todos lados. **All the year ~**, durante todo el año. **~ about**, en los alrededores. **To come ~**, volver en sí; ir a visitar. **III**. *n* **1**. rebanada *f* (*bread*); rodaja *f* (*meat*). **2**. rutina *f* (*daily*). **3**. DEP vuelta *f* (*stage*), asalto *m* (*boxing*); circuito *m* (*lap*). **4**. ronda *f* (*drinks*). **5**. salva *f* (*applause, also* MIL). **6**. MUS canon *m*. **7**. tiro *m*, cartucho *m*. **8**. recorrido *m* (*tradesman*). LOC **In the ~**, en alto relieve, en redondo. **To do/go the ~s (of sth)**, ir de boca en boca. **IV**. *prep* **1**. alrededor de. **2**. FIG cerca de, unos/as: *~ about $5*, Unos 5 dólares. LOC **~ the corner**, a la vuelta de la esquina. **~ the town**, por la ciudad. **V**. *v* **1**. redondear (*shape*). **2**. doblar (*corner*). **3**. **(off)** acabar, terminar, perfeccionar; expresarse en números redondos. **4**. **(on, upon) (sb)** volverse contra uno. **5**. **(up)** acorralar, rodear. **round·ly** ['raundli] *adv* rotundamente, terminantemente. **round·ness** ['raundnis] *n* redondez *f*.

round..., **~about**, *adj* indirecto/a; tortuoso/a; tiovivo *m*; plaza *f* circular, glorieta *f*; rodeo *m*, vuelta *f*. **~·head**, *n* HIST cabeza *f* pelada. **~·house**, *n* depósito *m*/cocherón *m* para locomotoras *f/pl*. **~-shouldered**, *adj* cargado/a de espaldas *f/pl*. **~sman**, *n* repartidor/ra, proveedor/ra. **~-table conference**, *n* (reunión *f* de) mesa redonda. **~-the-clock**, *adj* que dura veinticuatro horas. **~·up**, *n* AGR rodeo *m*; redada *f* (*police*).

rouse [rauz] *v* **1**. **(from, out of)** despertar(se). **2**. excitar, suscitar, despertar (*emotion*). **3**. (re)animar. **4**. levantar (*game*). **rous·ing** ['rauziŋ] *adj* conmovedor/ra, emocionado/a.

roust·a·bout ['raustəbaut] *n* estibador *m* (*in a dock*); US peón *m*.

rout [raut] **I**. *n* derrota *f* completa, desbandada *f* (*defeat*). LOC **To put sb to ~**, derrotar completamente. **II**. *v* **1**. derrotar completamente. **2**. **(sb out of sth)**, hacer salir a uno.

route [ru:t; US raut] **I**. *n* ruta *f*, itinerario *m*; NAUT rumbo *m*. **II**. *v* (*present p* **routeing**, *pp* **routed**) encaminar, mandar (*send*). LOC **~ march**, marcha de entrenamiento/maniobras.

rou·tine [ru:'ti:n] **I**. *n* rutina *f*. **II**. *adj* rutinario/a.

rove [rəuv] *v* errar, vagar. LOC **To ~ about**, andar sin propósito fijo. **rov·er** ['rəuvə(r)] *n* andariego/a, vagabundo/a, trotamundos *m*. **rov·ing** [rəuviŋ] *adj* errante, ambulante; itinerante; andariego/a (*disposition*).

row [rəu] **I**. *n* **1**. fila *f*, hilera *f* (*of seats, persons*). **2**. paseo *m* en bote *m* de remos *m/pl*. **3**. [rau] alboroto *m*, jaleo *m*, escándalo *m* (*noise*). **4**. [rau] bronca *f*, pelea *f* (*quarrel*). **II**. *v* **1**. remar (*boat*). **2**. conducir remando. **3**. competir (*race*). **4**. [rau] **(with)** pelearse (con); reñir, echar un rapapolvo. LOC **~·lock**, chumacera, escalamera. **row·dy** ['raudi] *n/adj* gamberro/a, quimerista *m/f*. **row·dy·ism** ['raudi,izəm] *n* gamberrismo *m*. **row·er** ['rəuə(r)] *n* remero *m*. **row·ing** ['rəuiŋ] *n* remo *m*. LOC **~-boat**, bote de remos.

roy·al ['rɔiəl] **I**. *adj* **1**. real, regio/a. **2**. magnífico/a, estupendo/a. **II**. *n col* miembro *m* de la familia real. **roy·al·ism** ['rɔiəlizm] *n* sentimiento *m* monárquico, monarquismo *m*. **roy·al·ist** ['rɔiəlist] *n/adj* monárquico/a. **roy·al·ly** ['rɔiəli] *adj* FIG magnífica, espléndidamente. **roy·al·ty** ['rɔiəlti] *n* realeza *f*; miembro *m* de la familia real; familia *f* real; derechos *m/pl* de autor *m*, regalías *f/pl*. LOC **~ blue**, azul marino. **~ jelly**, jalea real.

rub [rʌb] **I**. *v* **(-bb-)** **1**. **(with)** frotar, (r)estregar. **2**. friccionar (*also* MED). **3**. limpiar/secar/alisar frotando; sacar brillo. **4**. **(in)** hacer penetrar frotando; FAM reiterar, insistir. **5**.

(**on**, **against**) rozar algo. **6**. (**along**) FAM ir tirando. **7**. (**down**), almohazar (*horse*); friccionar; raspar; lijar. **8**. (**sth off sth**), quitar frontando. **9**. (**out**), borrar; *col* asesinar. **10**. (**up**), pulir. LOC **To ~ shoulders with sb**, codearse con alguien. **To ~ the wrong way**, frotar a contrapelo; FIG molestar. **II**. *n* **1**. frotamiento *m*; roce *m*, rozadura *f*. **2**. **the ~**, dificultad *f*, obstáculo *m*, problema *m*: *There's the ~*, Ahí está el problema. **rub·bing** ['rʌbiŋ] *n* frotamiento *m*, roce *m*; MED fricción *f*.

rub-a-dub ['rʌbədʌb] *n* rataplán *m*.

rub·ber ['rʌbə(r)] **I**. *n* **1**. caucho *m*, goma *f*. **2**. goma *f* de borrar (*eraser*). **3**. *col* condón *m*. **4**. **~s** *pl*, chanclos *m/pl*. **5**. juego *m* (*bridge*). **6**. paño *m* de pulir. **II**. *adj* de goma/caucho. LOC **~ band** (*also* **elastic band**), goma, gomita. **~ cheque**, cheque no cobradero. **~ neck**, *n col* mirón; *v* curiosear. **~ plant/tree**, BOT árbol del caucho, gomero. **~ stamp**, tampón, sello de caucho; FIG aprobación maquinal. **rub·ber·ize, -·ise** ['rʌbəraiz] *v* cauchutar. **rub·be·ry** ['rʌbəri] *adj* elástico/a, parecido/a a la goma.

rub·bish ['rʌbiʃ] **I**. *n* **1**. basura *f*, desperdicios *m/pl*, desecho(s) *m/pl*. **2**. FIG tonterías *f/pl*, bobadas *f/pl* (*spoken, written*). **II**. criticar (como malo). LOC **~ bin**, cubo *m* de basura. **~ dump/heap**, vertedero *m*, basurero *m*. **rub·bi·shy** ['rʌbiʃi] *adj* sin valor, de pacotilla.

rub·ble ['rʌbl] *n* escombros *m/pl*, cascote *m*; cascajo *m* (*filling*).

rube [ru:b] *n* US FAM campesino *m*, palurdo *m*.

ru·bel·la [ru:'belə] *n* MED rubéola *f* (*German measles*).

ru·bi·cund ['ru:bikənd] *adj* rubicundo/a.

ru·ble V. **rouble**.

ru·bric ['ru:brik] *n* rúbrica *f*. **ru·bric·ate** ['ru:brikeit] *v* rubricar.

ru·by ['ru:bi] **I**. *n* **1**. rubí *m* (*jewel*). **2**. color *m* de rubí. **II**. *adj* **1**. de rubíes. **2**. de color rubí.

ruck [rʌk] **I**. *n* **1**. melée *f* (*rugby*). **2**. vulgo *m*, gente *f* común. **3**. arruga *f* (*wrinkle*). **II**. *v* (*also* **ruckle** [-l]) (**up**) arrugar(se).

ruck·sack ['rʌksæk] (*also* **knapsack**, *also* US **backpack**) *n* mochila *f*.

ruck·us ['rʌkəs] *n* (*esp* US) lío *m*, jaleo *m*.

ruc·tion ['rʌkʃn] *n* FAM disturbio *m*, jaleo *m*: *There'll be ~s*, Se va a armar la gorda.

rud·der ['rʌdə(r)] *n* NAUT timón *m* (*also* AER), gobernalle *m*.

rud·dle ['rʌdl] **I**. *n* almagre *m*. **II**. *v* marcar con almagre.

rud·dy ['rʌdi] *adj* (*comp* **-ier**, *sup* **-iest**) **1**. rubicundo/a. **2**. (de color) rojizo/a. **3**. *col* condenado/a.

rude [ru:d] *adj* **1**. grosero/a, descortés. **2**. verde, indecente. **3**. inculto/a, rudo/a, tosco/a. **4**. repentino/a, violento/a. LOC **To be in a ~ health**, estar muy bien de salud. **rude·ness** ['ru:dnis] *n* grosería *f*, descortesía *f*; indecencia *f*; rudeza *f*, tosquedad *f*; violencia *f*.

ru·di·ment ['ru:dimənt] *n* **1**. **~s** *pl*, rudimentos *m/pl*, primeras nociones *f/pl*. **2**. BIOL rudimento *m*. **ru·di·ment·ary** [,ru:di'mentri] *adj* rudimentario/a; BIOL rudimental.

rue [ru:] **I**. *n* BOT ruda *f*. **II**. *v* (*pers p* **rueing** *or* **ruing**; *pret/pp* **rued**) arrepentirse (de), lamentar. **rue·ful** ['ru:fl] *adj* triste; arrepentido/a; lamentable. **rue·ful·ness** ['ru:flnis] *n* tristeza *f*.

ruff [rʌf] **I**. *n* **1**. gorguera *f*, gola *f*; collarín *m*. **2**. fallo *m* (*cards*). **II**. *v* fallar (*cards*).

ruf·fi·an ['rʌfiən] *n* rufián *m*, matón *m*, criminal *m*. **ruf·fi·an·ly** ['rʌfiənli] *adj* brutal, criminal.

ruf·fle ['rʌfl] **I**. *v* (**up**) arrugar, agitar, rizar (*water*, etc). **2**. perturbar. **3**. descomponer. **4**. fruncir (*sew*). **II**. *n* **1**. arruga *f*; rizo *m*. **2**. volante *m* (*sew*).

rug [rʌg] *n* **1**. alfombra *f*, alfombrilla *f*; tapete *m*. **2**. manta *f* de viaje.

rug·by ['rʌgbi] *n* (*also* **rugby football**) DEP rugby *m*.

rug·ged ['rʌgid] *adj* **1**. escabroso/a, áspero/a (*terrain*). **2**. robusto/a. **3**. tosco/a, rudo/a. **rug·ged·ness** ['rʌgidnis] *n* escabrosidad *f*, aspereza *f*.

ruin ['ru:in] **I**. *n* **1**. ruina(s) *f/pl*, restos *m/pl*. **2**. FIG ruina *f*, perdición *f* (money, etc). LOC **In ~s**, en ruinas. **To go to rack and ~**, caer en ruinas. **To lay in ~**, asolar. **II**. *v* **1**. arruinar. **2**. estropear (spoil); estragar (taste); perder (morally). **ruin·ation** [,ru:i'neiʃn] *n* ruina *f*, perdición *f*. **ruin·ous** ['ru:inəs] *adj* ruinoso/a (*all senses*).

rule [ru:l] **I**. *n* **1**. regla *f* (*also* REL), reglamento *m*. **2**. norma f. **3**. mando *m*, dominio *m*; imperio *m*. **4**. regla *f*. **5**. filete *m* (*printing*). **6**. JUR decisión *f*; norma *f*, estatuto *m* (*also* **standing ~**). LOC **As a (general) ~**, por regla general. **A ~ of thumb**, regla de tres. **A ~ of three**, regla de tres. **~(s) of the road**, reglamento de tráfico. **The exception provides the ~**, la excepción confirma la regla. **To be the ~**, ser la regla. **To make it a ~ to**, ser un deber para uno. **To work to ~**, hacer huelga de celo. **II**. *v* **1**. (**over**) mandar, gobernar, regir, reinar. **2**. JUR decidir; disponer, determinar. **3**. trazar, tirar (*draw*); rayar, reglar (*paper*). LOC **To be ~d by**, guiarse por. **To ~ that**, decretar que. **To ~ off**, trazar una línea debajo o alrededor de. **To ~ out**, excluir. **rul·er** ['ru:lə(r)] *n* gobernante *m* (*person*); regla *f* (*ruler*). **rul·ing** ['ru:liŋ] **I**. *adj* **1**. predominante (*passion*). **2**. válido/a, actual (*price*). **II**. *n* JUR fallo *m*, decisión *f*.

rum [rʌm] **I**. *n* **1**. ron *m*. **2**. US aguardiente *m*, bebida *f* alcohólica. **II**. *adj* (*comp* **-mmer**, *sup* **-mmest**) FAM extraño/a, raro/a, falso/a. LOC **~ runner**, US contrabandista *m* de bebidas *f/pl* alcohólicas.

Ru·ma·ni·an V. **Roumania**.

rum·ba ['rʌmbə] *n* MUS rumba *f*.

rum·ble ['rʌmbl] **I**. *v* **1**. retumbar, hacer ruidos; rodar con gran estrépito (*vehicle*). **2**.

FAM calar: *He's ~d us*, Nos ha calado. **II.** *n* **1.** estruendo *m*, ruido *m* sordo. **2.** pelea *f* callejera. LOC **~ seat**, asiento trasero descubierto.

rum·bus·ti·ous [rʌm'bʌstiəs] (US **rambunctious**) *adj* bullicioso/a, ruidoso/a.

ru·min·ant ['ru:minənt] *n/adj* rumiante *m/f*. **ru·min·ate** ['ru:mineit] *v* **1.** rumiar. **2.** (**about**, **on**, **over**) FIG rumiar. **ru·min·ation** [,ru:mi'neiʃn] *n* **1.** rumia *f* (*act*). **2.** FIG meditación *f*, reflexión *f* (*thought*).

rum·mage ['rʌmidʒ] **I.** *v* **1.** (**among**, **in**, **through**, **about**, **around**) revolver, buscar desordenadamente/revolviéndolo todo. 2. registrar. II. *n* búsqueda *f*. LOC **~ sale**, venta de prendas usadas o viejas (*gen* benéfica).

rum·my ['rʌmi] **I.** *n* rummy *m* (*cards*). **II.** *adj* **1.** FAM extraño/a, raro/a, falso/a. 2. alcohólico/a (*person*).

ru·mour (US **ru·mor**) ['ru:mə(r)] **I.** *n* rumor *m*. **II.** *v* rumorear.

rump [rʌmp] *n* **1.** ANAT ancas *f/pl*, cuarto *m* trasero; rabadilla *f* (*of a bird*). **2.** trasero *m*, culo *m* (*of a person*). **3.** cuarto *m* trasero (*cook*). **4.** remanente *m* de un grupo. LOC **~ steak**, filete del cuarto trasero.

rum·ple ['rʌmpl] *v* ajar, chafar, arrugar.

rum·pus ['rʌmpəs] *n* FAM jaleo *m*, lío *m*, revuelo *m*. LOC **~ room**, US cuarto de juegos.

run [rʌn] **I.** *v* (**-nn-**; *pret* **ran**, *pp* **run**) **1.** correr, apresurarse. **2.** ir corriendo; irse, huir. **3.** DEP competir, tomar parte (*race*); disputar; hacer correr (*horse*); llegar: *To ~ third in a race*, Llegar el tercero en una carrera. **4.** circular, ir (*traffic, engine*). **5.** NAUT navegar. **6.** circular, hacer el servicio (*buses*). **7.** ir (*go*). **8.** pasar (*pass*); traspasar (*pierce*); introducir. **9.** extenderse (*also* BOT: *roots*). **10.** (**for**) mantenerse en cartel. **11.** seguir (*go on*). **12.** sucederse (*story*). **13.** correr, fluir, manar (*liquid*); salirse (*leak*); moquear (*nose*). **14.** gotear (*drip*). **15.** desteñirse (*colour*). **16.** derretirse (*melt*). **17.** MED supurar (*abscess*). **18.** GEOG tener un curso (*river*). **19.** dirigir, administrar (*business*). **20.** organizar (*course*). **21.** MEC funcionar, marchar, andar; girar (*wheel, spindle*); manejar (*machine*). **22.** tener, poseer (*vehicle*). **23.** (**for**, **in**) ser candidato (*parliament*); proponer, apoyar (*candidate*). **24.** decir, rezar (*say*); girar (sobre), tratar (de). **25.** hacer (*errand*). **26.** forzar, burlar (*blockade*). **27.** gobernar (*city*). **28.** trazar (*line*). **29.** tener (*temperature*). **30.** resbalar, deslizarse (*slide*). **31.** pasar de contrabando. LOC **To be ~ down**, MED estar debilitado. **To ~ about**, correr por todas partes. **To ~ across**, toparse con uno. **To ~ after**, perseguir. **To ~ along**, correr por. **To ~at sb**, abalanzarse sobre uno. **To ~ away** (**from**), huir (de). **To ~ away with**, arrebatar; fugarse con; ganar fácilmente (*race*). **To ~ back**, volver corriendo. **To ~ down**, bajar corriendo; acabarse la cuerda (*watch*); atropellar (*car*); acorralar, cazar (*police*); desacreditar, desprestigiar (*reputation*). **To ~ dry**, secarse. **To ~ for**, ser candidato para (*parliament*). **To ~ high**, estar crecido (*river*); encenderse (*feelings*). **To ~ in**, entrar corriendo; MEC rodar, ablandar (*motor*); FAM meter en la cárcel (*criminal*). **To ~ in the family**, venir de familia. **To ~ into**, extenderse (a); tropezar con uno; (hacer) chocar (con). **To ~ off**, huir corriendo; fugarse; vaciar (*liquid*); tirar, imprimir (*printing*). **To ~ on**, continuar; hablar sin parar. **To ~ one's eye over**, examinar. **To ~ one's hand over**, pasar/recorrer con la mano. **To ~ out**, salir corriendo; agotarse, acabarse (*stock*); expirar (*time*). **To ~ over**, desbordar, rebasar; repasar, leer por encima; registrar a la ligera (*search*); atropellar (*person*). **To ~ hard**, acosar, hacer pasar apuros. **To ~ through**, derrochar, gastar (*money*); hojear (*book*). **To ~ (sb) through**, traspasar, espetar. **To ~ to**, extenderse a. **To ~ up**, acudir corriendo; trepar por (*plants*); incurrir (en) (*debts*); construir (rápidamente) (*house*). **To ~ up against**, tropezar con. **To ~ up a flag**, izar. **To ~ (up) on (thoughts)**, concentrarse en. **To ~ with**, abundar en; nadar en. **To ~ with sweat**, chorrear en sudor. **II.** *n* **1.** corrida *f*, carrera *f* (*also* DEP). **2.** paseo *m*, excursión *f* (*car*, etc). **3.** trayecto *m*, recorrido *m*. **4.** TEAT serie *f* de representaciones *f/pl*. **5.** marcha *f*, desarrollo *m*, curso *m*; progreso *m*. **6.** COM (**on sth**) asedio *m* (*bank*); tendencia *f* (*market*); demanda *f*. **7.** terreno *m* de pasto *m*; corral *m*, gallinero *m*. **8.** MUS glisado *m*, fermata *f*. **9.** DEP carrera *f* (*baseball, cricket*). **10.** sendero *m*. **11.** migración *f* (*of fish*). LOC **Day's ~**, singladura (NAUT). **Dry ~**, ensayo; recorrido de prueba. **In the long ~**, a la larga. **To be on the ~**, haberse fugado, andar escapado. **To have the ~ of**, tener libre uso de. **The common/general/ordinary ~ of (sth)**, el común/la generalidad de. **The ~s** *col* diarrea. **run·ner** ['rʌnə(r)] *n* **1.** corredor/ra; atleta *m/f*. **2.** mensajero/a, recadero/a. **3.** MIL ordenanza *m,f*. **4.** contrabandista *m/f*. **5.** patín *m*. **6.** BOT tallo *m* rastrero, estolón *m*; planta *f* trepadora. **7.** tapete *m* (*table*); alfombra *f*, para pasillos. LOC **~-up** (*pl* **~s-up**), subcampeón/na. **run·ning** ['rʌniŋ] **I.** *n* **1.** carrera *f* (*action, sport*). **2.** administración *f*, dirección *f*, control *m* (*business*); marcha *f*, funcionamiento *m* (*machine*). LOC **To be in the ~ (for sth)**, tener posibilidades de ganar. **To make the ~**, ir delante, ir a la cabeza. **II.** *adj* **1.** que está corriendo. **2.** continuo/a. **3.** corriente (*water*). **4.** MED supurante, purulento/a. **5.** corredizo/a (*knot*). **6.** cursivo/a (*writing*). LOC **Two days ~**, dos días seguidos. **~-board**, estribo (*car*). **~ costs**, gastos corrientes. **~-in**, rodaje (*car*). **~ mate**, US candidato a la vicepresidencia; colega **~ start**, salida lanzada.

run..., **~-about**, *n* coche *m* pequeño. **~-away**, *n* fugitivo/a (*prisoner, slave*), desertor/ra (*soldier*); caballo *m* desbocado; fácil, fácilmente ganado (*race, victory*); clandestino/a (*marriage*). **~-down**, **I.** *n* cierre *m* gradual (*factory*), disminución *f* (*activity*); (**of**, **on**) informe *m* detallado; agotado/a; desmantelado/a; inculto/a. **II.** *adj* débil, decaído/a. **~-in**, *n* palabras *f/pl* insertadas en un párrafo *m* (*printing*); US (**with**) riña *f*. **~-off**, *n* DEP carrera *f* final/de desempate. **~-of-the-mill**, *adj* FAM corriente y moliente, ordinario/a; mediocre. **~-through**, *n* prueba *f* preliminar, ensayo *m*. **~-way**, *n* AER pista de aterrizaje; pista (*hunting*); cauce (*river*).

rune [ru:n] *n* runa *f*. **run·ic** ['ru:nik] *adj* rúnico/a.

rung [rʌŋ] **I.** *n* **1**. escalón *m* (*also* FIG), peldaño *m* (*ladder*). **2**. barrote *m* (*chair*). **II.** *v pp of* **ring** (**II. 2.**).

run·let ['rʌnlit], **run·nel** ['rʌnl] arroyuelo *m*.

run·ny ['rʌni] *adj* (*comp* **-ier**, *sup* **-iest**) **1**. líquido/a; derretido/a. **2**. que moquea (*nose*).

runt [rʌnt] *n* redrojo *m*, enano *m* (*animal*; *also* FIG).

rup·ee [ru:'pi:] *n* rupia *f*.

rup·ture ['rʌptʃə(r)] **I.** *n* **1**. ruptura *f* (*also* FIG). **2**. MED hernia *f*, quebradura *f*. **II.** *v* (**oneself**) causar(se) una hernia, quebrarse.

rur·al ['ruərəl] *adj* rural.

ruse [ru:z] *n* ardid *m*, astucia *f*, treta *f*.

rush [rʌʃ] **I.** *v* **1**. precipitarse, apresurarse. **2**. dar/meter prisa. **3**. MIL asaltar. **4**. precipitarse, (aba)lanzarse. **5**. venir/llevar/hacer/ejecutar de prisa. **6**. (**at**) arremeter (contra). **7**. (**by, past**) pasar como un rayo. **8**. (**in**) entrar precipitadamente. **9**. (**through**) leer de prisa; aprobar de prisa (*parliament*). **II.** *n* **1**. prisa *f*, precipitación *f* (*haste*). **2**. aflujo *m*, agolpamiento *m*. **3**. afluencia *f*, avalancha *f*, agolpamiento *m*. **4**. COM (**on, for**) demanda *f*. **5**. MIL ataque *m*, acometida *f*. **6**. torrente *m* (*water, words*). **7**. desbandada *f* general (*disorderly*). **8**. **~s** *pl*, primeras pruebas *f/pl* (*film*). **9**. BOT junco *m*. LOC **~ hour**, hora punta, hora de máxima afluencia. **~ order**, pedido urgente. **ru·shy** ['rʌʃi] *adj* BOT juncoso/a.

rusk [rʌsk] *n* bizcocho *m*/galleta *f* tostado/a.

rus·set ['rʌsit] **I.** *n* color *m* bermejo/rojizo. **II.** *adj* bermejo/a, rojizo/a.

Rus·sia ['rʌʃə] *n* GEOG Rusia *f*. LOC **~ Leather**, piel de Rusia. **Rus·si·an** ['rʌʃn] *n/adj* ruso/a; ruso *m* (*language*). LOC **~ roulette**, ruleta rusa.

rust [rʌst] **I.** *n* **1**. orín *m*, herrumbre *f*, moho *m*. **2**. óxido *m*, oxidación *f*, corrosión *f*. **3**. color *m* de orín. **4**. BOT roya *f*, tizón *m*. **II.** *v* (**away, through**) oxidar(se), enmohecer(se), aherrumbrar(se). LOC **~proof/~resistant**, a prueba de herrumbre. **rus·ti·ness** ['rʌstinis] *n* herrumbre *f*, moho *m*, óxido *m*. **rust·less** ['rʌstlis] *adj* inoxidable. **rust·y** ['rʌsti] *adj* (*comp* **-ier**, *sup* **-iest**) oxidado/a, mohoso/a, enmohecido/a; FIG desentrenado/a, torpe.

rust·ic ['rʌstik] **I.** *adj* **1**. campesino/a, campestre, rural. **2**. rústico/a, palurdo/a. **II.** *n* rústico *m*, palurdo *m*. **rus·tic·ate** ['rʌstikeit] *v* suspender temporalmente (*university punishment*); vivir en el campo. **rus·tic·ity** [rʌ'stisəti] *n* rusticidad *f*.

rus·tle ['rʌsl] **I.** *v* **1**. (hacer) susurrar; (hacer) crujir. **2**. US robar, hurtar (*cattle*). **II.** *n* (*also* **rus·tling** [-iŋ]) susurro *m*, crujido *m*. **ru·stler** ['rʌslə(r)] *n* US ladrón *m* de ganado.

rut [rʌt] **I.** *n* **1**. carril *m*, carrilada *f*, rodada *f* (*wheel*). **2**. surco *m*; ranura *f*. **3**. FIG rutina *f*. **4**. ZOOL (*also* **the ~**) celo *f* (*of animals*). LOC **To be in ~**, estar en celo. **To be in a ~**, ser esclavo de la rutina. **II.** *v* (**-tt-**) **1**. surcar. **2**. estar/caer en celo. **rut·ted** ['rʌtəd] *adj* (*also* **rut·ty** [rʌti]) lleno de baches. **rut·ting** ['rʌtiŋ] *adj* ZOOL en celo. LOC **~ season**, época de celo.

ru·ta·ba·ga [,ru:tə'beigə] *n* US BOT colinabo *m*.

ruth·less ['ru:θlis] *adj* despiadado/a, cruel, implacable. **ruth·less·ness** ['ru:θlisnis] *n* falta *f* de piedad, crueldad *f*, implacabilidad *f*.

rye [rai] *n* **1**. BOT centeno *m*. **2**. US (*also* **~ whisky**) whisky *m* de centeno. LOC **~ bread**, pan de centeno. **~grass**, cizaña.

S, s [es] *n* 's' *f* (*letter*).

sab·bath ['sæbəθ] *n* **1**. REL domingo *m* (*Christian*); sábado *m* (*of Jewish week*). **2**. aquelarre *m* (*witches*).

sab·bat·ic·al [sə'bætikl] *n/adj* sabático/a.

sa·ber V. **sabre**.

sa·ble ['seibl] **I**. *n* **1**. ZOOL marta *f*, cebellina *f* (*animal, fur*). **2**. sable *m* (*heraldry*). **II**. *adj* negro/a.

sab·ot ['sæbəu] *n* **1**. zueco *m*. **2**. MIL casquillo *m*.

sab·ot·age ['sæbəta:ʒ] **I**. *n* sabotaje *m*. **II**. *v* sabotear (*also* FIG). **sab·ot·eur** [,sæbə'tɜ:(r)] *n* saboteador *m*.

sa·bre (US **saber**) ['seibə(r)] **I**. *n* sable. **II**. *v* herir/matar a sablazos. LOC **~-rattling**, amenaza con atacar militarmente.

sac [sæk] *n* ANAT , BOT bolsa *f*, saco *m*.

sac·cha·rin ['sækərin] *n* sacarina *f*. **sac·char·ine** ['sækəri:n] *adj* sacarino/a; FIG empalagoso/a.

sa·cer·dot·al [,sæsə'dəutl] *adj* sacerdotal. **sa·cer·dot·al·ism** [,sæsə'dəutəlizəm] *m* sacerdocio *m*.

sa·chet ['sæʃei] *n* **1**. saquito *m*, bolsita *f*. **2**. almohadilla *f* perfumada.

sack [sæk] **I**. *n* **1**. saco *m*, costal *m*. **2**. saqueo *m*. LOC ~coat, US chaqueta *f*, americana *f*. **~-but**, MUS sacabuche *m*. **~-cloth**, tela *f* de saco, arpillera *f*. **~-race**, carrera *f* de sacos. **To get the** ~, ser despedido. **To give someone the** ~, despedir, echar a alguien (*dismiss*). **To put to** ~, saquear. **To wear ~-cloth and ashes**, ponerse el hábito de penitencia. **II**. *v* **1**. poner/meter en sacos. **2**. saquear. **3**. INFML despedir (*dismiss*). **sack·ful** ['sækful] *n* saco *m* (*content*). **sack·ing** ['sækiŋ] *n* tela *f* de saco, arpillera *f*; FAM despido *m*.

sac·ra·ment ['sækrəmənt] *n* REL sacramento *m*. LOC **The Blessed** ~, el Santísimo Sacramento. **To receive the Holy** ~, comulgar. **sac·ra·ment·al** [,sækrə'mentl] *adj* sacramental.

sac·red ['seikrid] *adj* **1**. REL sacro/a, sagrado/a. **2**. **(to sb)** consagrado/a. **sa·cred·ness** ['seikridnis] *n* santidad *f*.

sac·ri·fice ['sækrifais] **I**. *n* **1**. sacrificio *m*; ofrenda *f*. **2**. víctima *f* (*person*). LOC **At a** ~, COM con pérdida *f*. **II**. *v* **(to) 1**. sacrificar (*also* FIG). **2**. COM vender con pérdidas, malvender. **sac·ri·fi·ci·al** [,sækri'fiʃl] *adj* sacrificatorio/a, de sacrificio.

sac·ri·lege ['sækrilidʒ] *n* sacrilegio *m*. **sac·ri·le·gi·ous** [,sækri'lidʒəs] *adj* sacrílego/a.

sac·rist, sac·ris·tan ['sækrist(ən)] *n* REL sacristán *m*. **sac·ris·ty** ['sækristi] *n* REL sacristía *f*.

sad [sæd] *adj* (*comp* **-dder**, *sup* **-ddest**) **1**. triste. **2**. lamentable, deplorable. LOC **To grow** ~, entristecerse. **To make sb** ~, entristecer a alguien. **sad·den** ['sædn] *v* entristecer. **sad·ness** ['sædnis] *n* tristeza *f*.

sad·dle ['sædl] **I**. *n* **1**. silla *f*, montura *f* (*of a horse*); sillín *m* (*bike*). **2**. collado (*hill*). **3**. faldilla *f*, cuarto *m* trasero (*of mutton*). **II**. *v* **1**. **(up)** ensillar. **2**. **(sb with sth)** cargar a uno con algo (*unwelcome responsibility*). LOC **~-backed**, ensillado. **~-bag**, alforja *f*. **~-bow/tree**, arzón *m*. **~-cloth**, sudadero *m*. **sad·dler** ['sædlə(r)] *n* guarnicionero *m*, talabartero *m* (*maker/dealer*). **sad·dle·ry** ['sædləri] *n* guarniciones *f/pl*, talabartería *f*.

sad·ism ['seidizm] *n* sadismo *m*. **sad·ist** ['seidist] *n* sadista *m/f* (*person*). **sad·ist·ic** [sə'distik] *adj* sádico/a.

sa·fa·ri [sə'fa:ri] *n* safari *m*

safe [seif] **I**. *adj* **1**. **(from)** seguro/a, a salvo de. **2**. sano/a y salvo/a, ileso/a. **3**. inofensivo/a. **4**. de fiar, digno de confianza (*person*). LOC **~ and sound**, sano y salvo. **To be in ~ keeping**, estar en buenas manos *f/pl*. **To be on the ~ side**, para mayor seguridad *f*. **II**. *n* caja *f* de caudales *m/pl*. LOC **~-blower/breaker** (**~-cracker**), ladrón *m* de cajas fuertes. ~ **conduct**, salvoconducto *m*. ~ **deposit**, cámara *f* acorazada. ~ **deposit box**, caja *f* de caudales/seguridad. **~-guard (against sb/sth)** *n* salvaguardia, protección, garantía; *v* salvaguardar, proteger. **~-keeping**, custodia *f*. **safe·ly** ['seifli] *adv* a salvo, con seguridad. **safe·ness** ['seifnis] *n* seguridad *f*. **safe·ty** ['seifti] *n* seguridad *f*. LOC **~-belt**, cinturón *m* de seguridad. **~-catch**, seguro *m*; cadena *f* de seguridad; dispositivo *m* de seguridad. ~ **curtain**, TEAT telón *m* de seguridad. ~ **glass**, vidrio *m* inastillable. ~ **island** (*also* ~ **zone**) isleta *f* (*street*). ~ **lamp**, lámpara *f* de seguridad. ~ **match**, cerilla *f* de seguridad. ~ **measure**, medida *f* de seguridad. ~ **net**, red *f* de seguridad (*circus*). ~ **pin**, imperdible *m*. ~ **razor**, maquinilla *f* de afeitar. ~ **valve**, válvula *f* de seguridad.

saf·fron ['sæfrən] **I**. *n* azafrán *m*.**II**. *adj* azafranado/a.

sag [sæg] **I.** *v* **(-gg-) 1.** combarse; aflojarse. **2.** colgar (*clothes*). **3.** COM bajar (*prices*). **II.** *n* comba *f*, pandeo *m*.

sa·ga ['sa:gə] *n* **1.** saga *f*. **2.** FIG epopeya *f*.

sa·ga·ci·ous [sə'geiʃəs] *adj* sagaz. **sa·ga·ci·ty** [sə'gæsəti] *n* sagacidad *f*.

sage [seidʒ] **I.** *n* **1.** sabio *m* (*person*). **2.** BOT salvia *f*. LOC **~-brush**, BOT artemisa. **II.** *adj* sabio/a. **sage·ly** ['seidʒli] *adj* sabiamente.

sa·go ['seigəu] *n* sagú *m*.

sa·hib [sa:b, sa:ib] *n* señor *m* (*India*).

said [sed] **I.** *v pret/pp of* **say**. **II.** *adj* (ante)dicho/a.

sail [seil] **I.** *n* **1.** vela *f* (*ship*). **2.** travesía *f*, paseo en barco *m*. **3.** velero *m*, barco *m* de vela *f*. **4.** aspa *f* (*mill*). LOC **In full ~/under ~**, a toda vela *f*. **To set ~ (from, to, for)**, zarpar. **II.** *v* **1.** navegar. **2. (from, to, for)** zarpar. **3.** gobernar (*steer*). **4.** planear, flotar. LOC **To ~ into**, INFML atacar, arremeter. **~ arm**, aspa *f* (*mill*). **~·boat**, velero *m*. **~·cloth**, lona *f* (*canvas cloth*). **~·plane**, planeador *m* (*glider*). **sail·er** ['seilə(r)] *n* velero. **sail·ing** ['seiliŋ] *n* navegación *f*. LOC **To be plain ~·ing**, ser pan *m* comido. **~·ing orders**, últimas instrucciones *f/pl*. **~ ship/boat**, velero *m*, barco *m* de vela. **sail·or** ['seilə(r)] *n* marinero *m*, marino *m*. LOC **To be a bad ~·or**, marearse fácilmente. **~·or hat**, sombrero *m* de paja. **~·or suit**, traje *m* de marinero.

saint [seint] *n* (*abrev* **St**) Santo/a; San (*before all masculine names, except Domingo, Tomás, Tomé and Toribio*). **saint·ed** ['seintid] *adj* santo/a, canonizado/a; que en santa gloria esté (*dead*). **saint·hood** ['seinthud] *n* santidad *f*. **saint·li·ness** ['seintlinis] *n* santidad *f*. **saint·ly** ['seintli] *adj* (*comp* **-ier**, *sup* **-iest**) santo/a. LOC **~'s day**, día *n* del santo, onomástica *f*.

sake [seik] *n* LOC **For God's/goodness'/Heaven's/pity's ~**, por el amor *m* de Dios. **For its own ~**, por sí mismo. **For my ~**, por mí. **For old times' sake**, por respeto *m* al pasado. **For the ~ of**, por, por motivo *m* de.

sal [sæl] *n* QUIM sal *f*. LOC **~ ammoniac**, sal *f* amoníaca. **~ volatile**, sal *f* volátil.

sa·laam [sə'la:m] **I.** *n* zalema *f* (*Muslim greeting*). **II.** *v* hacer zalemas (a).

sal·able, **sa·le·able** ['seiləbl] *adj* vendible, de fácil venta.

sa·la·ci·ous [sə'leiʃəs] *adj* salaz. **sa·la·ci·ous·ness** [sə'leiʃəsnis] **sa·la·ci·ty** [sə'læsəti] *n* salacidad *f*.

sal·ad ['sæləd] *n* ensalada *f*. LOC **~ bowl**, ensaladera *f*. **~ cream**, salsa *f* parecida a la mayonesa. **~ days**, juventud *f*; ingenuidad *f* juvenil. **~-dressing**, vinagreta *f*, aliño *m*, aderezo *m*. **~-oil**, aceite *m* para ensaladas.

sa·la·man·der ['sæləmændə(r)] *n* ZOOL salamandra *f*.

sa·la·mi [sə'la:mi] *n* salami *m* (*sausage*).

sal·a·ri·ed ['sælərid] *adj* **1.** asalariado/a (*person*). **2.** retribuido/a mensualmente (*post*). LOC **~ employees/staff**, empleado *m*, personal *m* asalariado. **sal·ary** ['sæləri] *n* sueldo *m*, salario *m* (*usually monthly*). LOC **~ earner**, persona *f* que gana un sueldo. **To be on a ~**, estar a sueldo *m*.

sale [seil] *n* **1.** venta *f*. **2.** saldo *m*, liquidación *f*, rabajas *f/pl*. **3.** demanda *f*. **4.** subasta *f* (*auction*). LOC **For/On ~**, en venta *f*. **~-room** (US **~s·room**), sala *f* de subastas. **~s·clerk**, dependiente *m/f*. **~s·man/·woman/·person**, dependiente *m/f*, vendedor/ra; viajante *m/f*. **~s·manship**, arte *m* de vender. **~s tax**, impuesto *m* sobre las ventas. **sale·able** ['seiləbl] *adv* vendible.

sa·li·ent ['seiliənt] **I.** *adj* **1.** FIG que sobresale, destacado/a. **2.** saliente (*of an angle*). **II.** *n* saliente *m*.

sa·line ['selain] **I.** *adj* salino/a, salado/a. **II.** *n* salina *f*, saladar *m*; MED solución *f* salina. **sa·lin·ity** [sə'linəti] *n* salinidad *f*.

sa·li·va [sə'laivə] (*also* **slaver**) *n* saliva *f*. **sa·liv·ary** ['sælivəri] *adj* salival. **sa·liv·ate** ['sæliveit] *v* salivar. **sa·liv·ation** [,sæli'veiʃn] *n* salivación *f*.

sal·low ['sæləu] **I.** *adj* cetrino/a, amarillento/a (*skin*). **sal·low·ness** ['sæləunis] *n* amarillez *f*, palidez *f*. **II.** *n* BOT sauce *m* (*willow*).

sal·ly ['sali] **I.** *n* **1.** MIL salida *f*. **2.** agudeza *f*, ocurrencia *f* (*wit*). **II.** *v* (*pret/pp* **sallied**) MIL hacer una salida. LOC **To ~ out/forth**, salir resueltamente.

sal·mon ['sælmən] *n* (*pl unchanged*) **1.** ZOOL salmón *m*. **2.** color *m* salmón. LOC **~ trout**, ZOOL trucha *f* asalmonada.

sa·lon ['sælɔn] *n* salón *m* (*hairdresser, beauty consultant*, etc).

sa·loon [sə'lu:n] *n* **1.** salón *m* (*public room*). **2.** NAUT cámara *f*, salón *m*. **3.** bar *m*, taberna *f*. **4.** turismo *m*, limusina *f* (*car*). LOC **~ car**, coche *m* salón (*train*).

sal·si·fy ['sælsifi] *n* BOT salsifí *m*.

salt [sɔ:lt] **I.** *n* **1.** (*also* **common ~**) sal *f*, sal *f* de mesa *f*. **2.** **~s** *pl* sales *f/pl* medicinales. **3.** FIG salero *m*, sal *f* (*piquancy, interest*). LOC **Old ~**, lobo *m* de mar. **The ~ of the earth**, sal *f* de la tierra. **To be worth one's ~**, merecer el pan *m* que uno se come. **II.** *v* **1.** salar. **2. (sth down)** conservar en sal. **3. (sth away)** ahorrar (*money*), conservar para uso futuro. **III.** *adj* salado/a; salobre. LOC **~-cellar** (US **~-shaker**), salero *m*. **~ lake**, lago *m* de agua salada. **~ marsh**, salina *f*. **~-mine**, mina *f* de sal. **~-pan** (*also* **pan**), salina *f* (*depression*). **~·petre** (US **~·peter**), salitre *m*. **~·water**, de agua *m* salada. **~·works**, salinas *f/pl*. **salt·ness** [-nis] *n* salinidad *f*. **salt·y** ['sɔ:lti] *adj* (*comp* **-ier**, *sup* **-iest**) salado/a.

sa·lu·bri·ous [sə'lu:briəs] *adj* sano/a, salubre, agradable. **sa·lu·bri·ty** [sə'lu:briti] *n* salubridad *f*.

sal·ut·ary ['sæljutri] *adj* saludable.

sa·lut·ation [,sælju:'teiʃn] *n* **1.** saludo *m*, salutación *f*. **2.** encabezamiento *m* (*letter*). **sa·lu·tat·ory** [səl'ju:tətəri] *adj* de saludo/salutación.

sa·lute [sə'lu:t] **I.** *n* **1.** saludo *m*; beso *m*. **2.** MIL salva *f* (*guns*). **II.** *v* saludar.

salv·age ['sælvidʒ] **I.** *n* **1**. salvamento *m*; recuperación *f*. **2**. objetos *m/pl* salvados. **3**. material *m* utilizable (*of waste material*). **II**. *v* salvar, recuperar.

sal·va·tion [sæl'veiʃn] *n* salvación *f* (*also* REL). LOC ~ **Army**, Ejército *m* de Salvación. **sal·va·tion·ist** [,sæl'veiʃənist] *n* miembro *m* del Ejército de Salvación.

salve [sælv] **I.** *n* ungüento *m*, pomada *f*, bálsamo *m* (*also* FIG *sth that soothes*). **II.** *v* **1**. MED poner pomada, curar. **2**. FIG tranquilizar, sosegar. **3**. salvar.

sal·ver ['sælvə(r)] *n* bandeja *f*.

sal·vo ['sælvəu] *n* (*pl* **-s/es**) **1**. salva *f* de cañonazos *m/pl*/aplausos *m/pl*. **2**. salvedad *f*, reserva *f*.

Sa·ma·ri·tan [sə'mæritən] *n/adj* samaritano/a.

sam·ba ['sæmbə] *n* MUS samba *f* (*dance*).

same [seim] **I.** *adj* **1**. mismo/a. **2**. igual, idéntico/a. LOC **All the** ~, a pesar de todo *m*. **At the** ~ **time**, al mismo tiempo *m*. **It's all the** ~ **to you**, no te importa, te da igual. **The** ~ ... **as**, el mismo ... que. **The** ~ **to you**, igualmente. **To be of the** ~ **mind** (**about sb/sth**), ser de la misma opinión *f*. **II.** *adv* de la misma forma *f*. **III.** *pron* **1**. el mismo, la misma. **2**. lo mismo. **same·ness** ['seimnis] *n* igualdad *f*; identidad *f*; similaridad *f*; monotonía *f*.

sa·mo·var ['sæməuva:(r)] *n* samovar *m*.

samp [sæmp] *n* sémola *f* gruesa de maíz *f*.

sam·pan ['sæmpæn] *n* sampán *m*.

sam·ple ['sa:mpl] **I.** *n* **1**. muestra *f*. **2**. muestra *f* gratuita (*free* ~). **II.** *v* probar; catar (*drinks*); MAT muestrear. LOC ~ **book**, muestrario *m*. **sam·pler** ['sa:mplə(r)] *n* dechado *m* (*in sewing*); catador *m* (*drinks*); muestrario *m*. **samp·ling** ['sa:mpliŋ] *m* MAT muestreo *m*; catadura *f*.

san·at·ive ['sænətiv], **san·at·ory** ['sænətəri] *adj* sanativo/a. **san·a·to·ri·um**, **san·i·to·ri·um** [,sænə'tɔ:riəm] (US *also* **sanitarium** [,sænə'teəriəm]) (*pl* **-s/-ria**) *n* sanatorio *m*; enfermería *f*.

sanc·ti·fic·ation [,sæŋktifi'keiʃn] *n* santificación *f*.

sanct·ify ['sæŋktifai] *v* (*pret/pp* **-fied**) santificar.

sanc·ti·mo·ni·ous [,sæŋkti'məuniəs] *adj* beato/a, santurrón/na; mojigato/a.

sanc·tion ['sæŋkʃn] **I.** *n* **1**. permiso *m*, aprobación *f*. **2**. sanción *f*. **II.** *v* **1**. permitir, autorizar. **2**. sancionar.

sanct·ity ['sæŋktəti] *n* santidad *f*; inviolabilidad *f*; lo sagrado (*oath*).

sanc·tu·ary ['sæŋktʃuəri] *n* **1**. REL santuario *m*. **2**. refugio *m*. **3**. asilo *m*.

sanc·tum ['sæŋktəm] *n* **1**. lugar *m* sagrado, santuario *m*. **2**. FIG sanctasanctórum *m* (*place of retreat*, *study*, etc).

sand [sænd] **I.** *n* **1**. arena *f*. **2**. **~s** *pl* playa *f*, arenal *m*. **3**. banco *m* de arena (*~.bank*). **II.** *v* **1**. lijar. **2**. enarenar. LOC **~·bag**, saco *m* terrero. **~·bank**, banco *m* de arena. **~·blast**, *n* chorro *m* de arena; *v* limpiar/pulir con chorro de arena. **~·castle**, castillo *m* de arena. **~·dune**, duna *f*. **~·fly**, mosquito *m*. **~·glass**, reloj *m* de arena. **~·man**, genio *m* imaginario que trae el sueño a los niños. **~·paper**, papel *m* de lija. **~·pit**, arenal *m* (*for children*). **~·stone**, arenisca *f*. **sand·y** ['sændi] *adj* cubierto de arena; arenoso/a; rojizo/a (*hair*).

san·dal ['sændl] *n* **1**. sandalia *f* (*shoe*). **2**. (*also* **~·wood**) BOT sándalo *m*.

sand·wich ['sændwidʒ] **I.** *n* sándwich *m*, bocadillo *m*. **II.** *v* (**between**) intercalar; estar/poner entre; apretujar. LOC ~ **man**, hombre *m* anuncio.

sane [sein] *adj* **1**. sano/a (*mind*). **2**. cuerdo/a, sensato/a (*sensible*).

San·for·ize ['sænfəraiz] *v* sanforizar.

sang *pret of* **sing**.

sang·froid [,sɔŋ 'frwa:] *n* sangre *m* fría.

san·guin·ary ['sæŋgwinəri] *adj* **1**. sangriento/a. **2**. sanguinario/a.

san·guine ['sæŋgwin] *adj* **1**. (**about**) optimista. **2**. sanguíneo/a (*complexion*). **san·guine·ness** ['sæŋgwinis] *n* optimismo *m*. **san·guine·ous** ['sæŋgwiniəs] *adj* sanguíneo/a; sanguinario/a.

san·it·ary ['sænitri] *adj* sanitario/a, higiénico/a. LOC ~ **inspector**, inspector *m* de sanidad. ~ **napkin/pad/towel**, compresa *f*/servilleta *f* higiénica.

san·it·ation [,sæni'teiʃn] *n* **1**. saneamiento *m*; instalación *f* sanitaria. **2**. higiene *f*. **3**. sanidad *f*.

san·ity ['sænəti] *n* **1**. cordura *f*, juicio *m*. **2**. sensatez *f*.

sank *pret of* **sink**.

San·skrit ['sænskrit] *n/adj* sánscrito/a.

San·ta Claus ['sæntə klɔ:z] (*also* **Father Christmas**) *n* San Nicolás *m*, Papá Noel *m*.

sap [sæp] **I.** *n* **1**. BOT savia *f*, jugo *m*. **2**. FIG vitalidad *f*. **3**. INFML bobo *m*, simplón *m*. **4**. MIL zapa *f* (*trench*, *tunnel*). LOC **~·wood**, BOT albura. **II.** *v* (**-pp-**) **1**. FIG agotar (*weaken*). **2**. MIL zapar, socavar (*dig*). **3**. minar. **sap·per** ['sæpə(r)] *n* MIL zapador *m*. **sap·py** ['sæpi] *adj* (*comp* **-ier**, *sup* **-iest**) BOT lleno/a de savia, jugoso/a; FIG enérgico/a; INFML bobo/a.

sa·pi·ence ['seipiəns] *n* sapiencia *f*. **sa·pi·ent** ['seipiənt] *adj* sapiente.

sap·ling ['sæpliŋ] *n* **1**. BOT árbol *m* joven. **2**. FIG pimpollo *m*, jovenzuelo *m*.

sa·po·na·ce·ous [sæpʌu'neiʃəs] *adj* saponáceo/a, jabonoso/a.

sap·phic ['sæfik] *n/adj* sáfico/a (*verse*).

sap·phire ['sæfaiə(r)] **I.** *n* zafiro *m*. **II.** *adj* de color zafiro.

sa·pro·phyte ['sæprəufait] *n* BIOL saprófito *m*. **sa·pro·phy·tic** [,sæprəu'fitik] *adj* BIOL saprófito/a.

Sa·ra·cen ['særəsn] *n/adj* sarraceno/a.

sar·casm ['sa:kæzəm] *n* sarcasmo *m*. **sar·cast·ic** [sa:'kæstik] (*also* INFML **sarky**) *adj* sacástico/a.

sar·co·pha·gus [sa:'kɔfəgəs] *n* (*pl* **-gi** [-gai] **-es** [-gəsiz]) sarcófago *m*.

sar·dine [sa:'di:n] *n* ZOOL sardina *f*. LOC **To be packed/squashed like ~s**, estar como sardinas *f/pl* en lata.

Sar·di·ni·an [sa:'dinjən] *n/adj* sardo/a.

sar·don·ic [sa:'dɔnik] *adj* sarcástico/a, burlón/na, irónico/a.

sa·ri ['sa:ri] *n* sari *m* (*garment*).

sar·ky V. **sarcastic**.

sar·to·ri·al [sa:'tɔriəl] *adj* de sastre(ría); relativo al vestido.

SAS [,es ei 'es] *n abrev* (**Special Air Service**) GEO *m/pl* (Grupos *m/pl* Especiales Operativos).

sash [sæʃ] *n* **1**. faja *f*; MIL fajín *m*. **2**. marco *m* (corredizo) (*window frames*). LOC **~-cord**, **cuerda** *f* de ventana. **~-window**, ventana *f* de guillotina.

sa·shay ['sæʃei] *v* US INFML andar pavoneándose.

sass [sæs] **I**. *n* US INFML descaro *m*, insolencia *f*. **II**. *v* US INFML hablar con descaro. **sas·sy** ['sæsi] *adv* descaradamente, insolentemente.

Sas·se·nach ['sæsənæk] *n* inglés *m* (*in Scotland*).

sat *pret of* **sit**.

Sa·tan ['seitn] *n* Satanás *m* (*devil*). **sa·tan·ic** [sə'tænik] *adj* satánico/a. **sa·tan·ism** ['seitənizəm] *n* satanismo *m*.

sat·chel ['sætʃəl] *n* cartera *f*, cartapacio *m*.

sate V. **satiate**.

sa·teen [sæ'ti:n] *n* satén *m*.

sa·tel·li·te ['sætəlait] *n* **1**. ASTR satélite *m*. **2**. FIG acólito *m*, satélite *m* (*servile follower*). LOC **~ country**, país *m* satélite. **~ transmission**, transmisión *f* por satélite.

sa·ti·ate ['seiʃieit] *v* saciar, hartar. **sa·ti·ation** [,seiʃi'eiʃn], **sa·ti·ety** [sə'taiəti] *n* saciedad *f*, hartura *f*.

sa·tin ['sætin] **I**. n raso *m*. **II**. *adj* de raso; satinado/a (*paper*). LOC **~-wood**, madera satinada de las Indias. **sa·ti·ny** ['sætini] *adj* satinado/a.

sat·ire ['sætaiə(r)] *n* sátira *f*. **sa·tir·ic**, **sa·tir·ic·al** [sə'tirik(l)] *adj* satírico/a. **sa·tir·ist** ['sætərist] *n* (escritor/ra) satírico. **sa·tir·ize**, **-ise** ['sætəraiz] *v* satirizar.

sa·tis·fac·tion [,sætis'fækʃn] *n* **1**. satisfacción *f*. **2**. pago *m*, liquidación *f* (*debts*). **sa·tis·fact·ory** [,sætis'fæktəri] *adj* satisfactorio/a.

sa·tis·fi·ed ['sætisfaid] *adj* satisfecho/a. LOC **To be ~ that**, estar convencido de que. **sa·tis·fy** ['sætisfai] *v* (*pret/pp* **-fied**) **1**. satisfacer (*demands*, etc). **2**. aplacar (*hunger*, *thirst*, etc). **3**. convencer.

sa·tur·ate ['sætʃəreit] *v* **1**. empapar (*soak*). **2**. **(with, in)** saturar. **sa·tu·rat·ed** ['sætʃəreitid] *adj* empapado/a; FIS, QUIM, FIG saturado/a. **sa·tur·ation** [,sætʃə'reiʃn] *n* saturación *f*. LOC **~ point**, punto *m* de saturación.

Sa·tur·day ['sætədi] *n* (*abrev* **SAT**) sábado *m*.

Sa·turn ['sætən] *n* ASTR Saturno *m*. **sa·turn·ine** ['sætənain] *adj* saturnino/a.

sa·tyr ['sætə(r)] *n* sátiro *m*. **sa·tyr·ic**, **sa·tyr·ic·al** [-ik(l)] *adj* satírico/a.

sauce [sɔ:s] *n* **1**. salsa *f*; crema *f*; compota *f*. **2**. INFML frescura *f*, impertinencia *f*. LOC **~-boat**, salsera. **~-pan**, cacerola, cazo. **sau·cer** ['sɔ:sə(r)] *n* platillo *m*.

sau·ci·ness ['sɔ:sinis] *n* FAM descaro *m*, frescura *f*, insolencia *f*.

sau·cy ['sɔ:si] *adj* **1**. FAM descarado/a, fresco/a, insolente. **2**. pícaro/a. **3**. coqueto/a (*hat*, etc).

sau·er·kraut ['sauəkraut] *n* sauerkraut *m*, chucruta *f*.

sau·na ['sɔ:nə, saunə] *n* sauna *f*.

saun·ter ['sɔ:ntə(r)] **I**. *v* pasear despacio. **II**. *n* paseo *m* lento.

sau·ri·an ['sɔ:riən] *n/adj* saurio/a.

saus·age ['sɔsidʒ] *n* **1**. embutido *m*, chorizo *m*, salchicha *f*, salchichón *m*. LOC **~ dog**, ZOOL perro *m* salchicha. **~ meat**, masa *f* de embutido. **~ roll**, empanada *f* de salchicha.

sau·té ['səutei] **I**. *adj* salteado/a. **II**. *v* (*pret/pp* **-ed/d**) saltear.

sav·age ['sævidʒ] **I**. *adj* **1**. salvaje, feroz; cruel. **2**. violento/a. **3**. FAM rabioso/a (*angry*). **II**. *n* salvaje *m*. **III**. *v* atacar violentamente. **sav·age·ness** ['sævidʒnis], **sav·age·ry** ['sævidʒri] *n* salvajismo *m*; salvajada *f*; ferocidad *f*.

sa·van·na(h) [sə'vænə] *n* sabana *f*.

sa·vant ['sævənt] *n* sabio/a, erudito/a.

save [seiv] **I**. *v* **1**. **(from)** salvar (de), proteger (*danger*, etc). **2**. ahorrar(se), ganar (*time*, *money*). **3**. evitar (*avoid*). **4**. guardar; coleccionar. **5**. grabar (*computer*). **II**. *n* **1**. DEP parada *f* (*football*). **III**. *prep* salvo, excepto. LOC **~ for**, fuera de, excepto. **~ that**, excepto que. **sav·er** ['seivə(r)] *n* salvador/ra; ahorrador/ra.

sa·ve·loy ['sævilɔi] *n* salchichón *m* seco y sazonado.

sav·ing [seiviŋ] **I**. *adj* **1**. atenuante. **2**. económico/a, ahorrativo/a. **II**. *n* **1**. salvamento *m*; REL salvación *f*. **2**. ahorro *m*, economía *f*. **3**. **~s** *pl* ahorros *m/pl*. LOC **~ account**, cuenta *f* de ahorros. **~ bank**, caja *f* de ahorros. **~ clause**, cláusula *f* con alguna salvedad.

sa·vi·our (US **savior**) ['seiviə(r)] *n* salvador/ra. LOC **The/Our ~**, REL Salvador *m* (*Jesus Christ*).

sa·vour (US **sa·vor**) ['seivə(r)] **I**. *n* sabor *m*, gusto *m* (*also* FIG). **II**. *v* **1**. saborear. **2**. saber; oler (*also* FIG). **sa·vour·i·ness** ['seivəinis] *n* sabor *m*; olor *m*. **sa·vour·less** ['seivəlis] *adj* soso/a; insípido/a. **sa·vour·y** ['seivəri] *adj* sabroso/a; salado/a; *n* tapas *f/pl* (*snack*); BOT tomillo *m* salsero.

sa·voy [sə'vɔi] *n* col *m*/berza *f* de Saboya.

sav·vy ['sævi] **I**. *n* INFML entendederas *f/pl*. **II**. *v* (*pret/pp* **savvied**) INFML comprender.

saw [sɔ:] **I**. *v* **1**. *pret of* **see**. **2**. (*pret* **sawed**, *pp* **sawn**; US **sawed**) (a)serrar. **II**. *n* **1**. refrán *m*, dicho *m*; máxima *f*. **2**. TEC sierra *f*. LOC

~**·buck/horse**, US burro *m*; billete *m* de diez dólares. **~·dust**, serrín *m*. **~·fish**, ZOOL pez *m* sierra. **~·mill**, aserradero *m*, serrería *f*. **sawn** *v pp of* **see**. **saw·yer** ['sɔ:jə(r)] *n* aserrador *m*.

sax [sæks] *n* MUS INFML saxofón *m*, saxo *m*. **sax·o·phone** ['sæksəfəun] *n* MUS saxofón *m*. **sax·o·phon·ist** ['sæksɔfənist] *n* MUS saxofón *m/f* (*person*).

sa·xi·frage ['sæksifreidʒ] *n* saxífraga *f*.

Sax·on ['sæksn] *n/adj* sajón/na.

say [sei] **I**. *v* (*pret/pp* **said**) **1**. decir; expresar; afirmar. **2**. opinar, pensar. **3**. REL rezar. LOC **As they ~**, como dicen. **Do you ~ so?**, ¿de veras? **Enough ~d!**, ¡basta! **I ~!**, ¡oiga!; ¡ya lo creo! **I should ~ so!** ¡ya lo creo! **It is ~d that**, dicen que, se dice que. **Not to ~**, por no decir. **~ no more!**, ¡eso está hecho! **So to ~**, por decir así. **That is to ~**, es decir. **To ~ grace**, bendecir la mesa *f*. **To ~ mass**, decir misa *f*. **To ~ nothing of**, eso sin tomar en cuenta *f*. **You don't ~ (so)!**, ¡parece mentira *f*! **You ~d it!**, ¡dímelo a mí! **II**. *n* voz *m*, voto *m*, palabra *f*, opinión *f*. LOC **To have no ~ in it**, no tener la oportunidad de expresarse uno. **To have a ~ in it**, tener voz *f* y voto *m*. **To have one's ~**, decir lo que uno quiera, opinar. **To let him have his ~**, que hable él. **III**. *inter* US ¡vaya! (*surprise*). **say·ing** ['seiiŋ] *n* dicho *m*, refrán *m*. LOC **As the ~ goes**, como dice/reza el refrán *m*. **It goes without ~**, eso cae de su peso. **It's just a ~**, es un decir *m*. **~ and doing are two different things**, una cosa *f* son los dichos y otra los hechos.

scab [skæb] *n* **1**. BOT costra *f*. **2**. BOT roña *f*. **3**. INFML esquirol *m*. **scab·by** ['skæbi] *adj* (*comp* **-ier**, *sup* **-iest**) costroso/a; roñoso/a, tiñoso/a.

scab·bard ['skæbəd] *n* vaina *f* (*sword*).

sca·bi·es ['skeibi:z] *n* MED sarna *f*.

sca·bi·ous ['skeibiəs] **I**. *adj* sarnoso/a. **II**. *n* escabiosa *f*.

sca·brous ['skeibrəs] *adj* escabroso/a.

scads [skæds] *n/pl* US INFML montón *m*.

scaf·fold ['skæfəuld] *n* **1**. ARQ andamio *m*. **2**. cadalso *m* (*for execution*). **scaf·fold·ing** ['skæfəuldiŋ] *n* andamio *m*, andamiaje *m*.

sca·la·wag V. **scallywag**.

scald [skɔ:ld] **I**. *v* **1**. escaldar, quemar (*with water*). **2**. calentar (*milk*). **3**. limpiar con agua caliente. **II**. *n* escaldadura *f* (*burn*). **scald·ing** ['skɔ:ldiŋ] *adj* hirviendo, hirviente.

scale [skeil] **I**. *n* **1**. ZOOL escama *f* (*fish*). **2**. costra *f* (*skin*). **3**. QUIM óxido *m*; incrustaciones *f/pl* (*flakes*). **4**. escala *f* (*also* MUS). **5**. platillo *m* (*of balance*). **6**. **~s** *pl* balanza *f*. **7**. ASTR Libra *f*. LOC **On a large ~**, en gran escala *f*. **Out of ~**, desproporcionado/a. **~ drawing**, dibujo *m* a escala. **To tip/turn the ~s**, inclinar la balanza *f*, decidir. **To ~**, según escala *f*. **II**. *v* **1**. descamar. **2**. quitar el sarro (*teeth*). **3**. quitar incrustaciones (*flakes*); raspar. **4**. pesar. **5**. escalar (*hill*); subir (*stairs*). **6**. (**down**) reducir a escala; graduar. **7**. (**up**) aumentar a escala. **scal·ed** ['skeild] *adj* escamoso/a.

sca·lene ['skeili:n] *adj* MAT escaleno/a (*triangle*).

scal·li·on [skæliən] *n* US BOT cebolleta *f*.

scal·lop (*also* **scollop**) ['skɔləp] **I**. *n* **1**. ZOOL venera *f* (*also* **~·shell**). **2**. festón *m* (*sewing*). **II**. *v* **1**. festonear (*sewing*). **2**. guisar al gratén (*cook*).

scal·ly·wag ['skæliwæg] *n* (US **scalawag**) pícaro/a.

scalp [skælp] **I**. *n* **1**. ANAT cuero *m* cabelludo. **2**. cabellera *f*. **II**. *v* escalpar, quitar el cuero cabelludo. **2**. US INFML revender (*tickets*, etc).

scal·pel ['skælpəl] *n* escalpelo *m*.

sca·ly ['skeili] *adj* escamoso/a.

scamp [skæmp] **I**. *n* diablillo/a (*child*); pícaro/a; golfo/a, tunante *m/f*, bribón/na. **II**. *v* hacer (algo) chapuceramente.

scamp·er ['skæmpə(r)] **I**. *v* (**away**, **off**) correr, corretear, precipitarse, irse corriendo. **II**. *n* correteo *m*; huida *f* precipitada.

scan [skæn] *v* (**-nn-**) **1**. escudriñar, examinar. **2**. explorar (*television*, *radar*). **3**. echar un vistazo. **4**. medir, escandir (*verse*). **5**. estar bien medido. **scan·ner** ['skænə(r)] *n* antena *f* giratoria; dispositivo *m* explorador (*television*); MED tomógrafo *m*, escáner *m* (*also* COMP). **scan·ning** ['skæniŋ] *n* exploración *f*; MED tomografía *f*; *adj* explorador/ra.

scan·sion ['skænʃn] *n* escansión *f*; medida *f*.

scan·dal ['skændl] *n* **1**. escándalo *m*. **2**. chismorreo *m*, habladurías *f/pl*. **3**. JUR difamación *f*. LOC **What a ~!**, ¡qué escándalo *m*/vergüenza *f*! **~monger**, chismoso/a; JUR difamador/ra. **scan·dal·ize**, **-·ise** ['kændəlaiz] *v* escandalizar(se). **scan·dal·ous** ['skændələs] *adj* escandaloso/a; JUR difamatorio/a.

Scan·di·nav·i·an [,skændi'neiviən] *n/adj* escandinavo/a.

scant [skænt] *adj* escaso/a, poco/a; ligero/a (*clothes*). **scant·i·ness** ['skæntinis] *n* escasez *f*. **scant·y** ['skænti] (*comp* **-ier**, *sup* **-iest**) escaso/a, poco/a; ligero/a (*clothes*), corto/a.

scant·ling ['skæntliŋ] *n* escantillón *m*; cuartón *m*; mínimo *m*.

scape·goat ['skeipgəut] *n* (**fall guy**) **1**. cabeza *f* de turco, víctima *f* propiciatoria. **2**. REL chivo *m* expiatorio.

scape·grace ['skeipgreis] *n* granuja *m*, pillo *m*; pícaro *m*.

scap·u·la ['skæpjulə] *n* ANAT omóplato *m*. **scap·u·lar** ['skæpjulə(r)] *n* ANAT ZOOL escapular *m*; REL escapulario *m*.

scar [ska:(r)] **I**. *n* **1**. MED cicatriz *f*, señal *f* (*also* FIG). **2**. GEOG paraje *m* rocoso. **II**. *v* (**-rr-**) **1**. marcar, señalar (*leave a scar or scars*). **2**. (**over**) cicatrizar(se). **scar·red** [ska:d] *adj* señalado/a de cicatrices; FIG abusado/a; traumatizado/a.

sca·rab ['skærəb] *n* ZOOL escarabajo *m*.

scarce [skeəs] *adj* escaso/a, raro/a, poco común. LOC **To make oneself ~**, esfumarse, no aparecer. **scarce·ly** ['skeəsli] *adv* apenas;

seguramente no; con dificultad. LOC ~ **any·body**, casi nadie. ~ **ever**, casi nunca. **scarc·ity** ['skeəsəti] *n* escasez *f*, falta *f*; rareza *f* (*uncommonness*).

scare ['skeə(r)] **I**. *v* (*also* INFML **scarify**) asustar, espantar. LOC **To be ~d stiff/to death**, estar muerto de miedo *m*. **To ~ away/off**, ahuyentar. **II**. *n* pánico *m*, susto *m*. LOC **~·crow**, espantapájaros *m*; FIG esperpento *m*, espantajo *m*. **~·head**, US FAM titulares *m/pl* sensacionalistas. **~·monger**, alarmista *m/f*. **scar·ed** ['skeərd] *adj* asustado/a, sobresaltado/a.

scarf [ska:f] *n* (*pl* **-s/-ves**) **1**. bufanda *f*; pañuelo *m* (*head*); fular *m*. **2**. US tapete *m* (*table cover*). LOC **~·skin**, epidermis *f*.

scar·i·fic·ation [,skerifi'keiʃn] *n* **1**. MED, AGR escarificación *f*. **2**. FIG crítica *f*. **scar·i·fy** ['skærifai] *v* (*pret/pp* **-fied**) **1**. MED, AGR escarificar. **2**. criticar con severidad. **3**. V. **scare**.

scar·la·ti·na [,ska:lə'ti:nə] *n* escarlatina *f*.

scar·let ['ska:lət] **I**. *n* escarlata *f* (*colour*). **II**. *adj* (de color) escarlata. LOC ~ **fever**, MED escarlatina *f*. ~ **runner**, BOT judía *f* escarlata/de España. ~ **woman**, prostituta *f*.

scarp [ska:p] **I**. *n* pendiente *f*, declive *m*. **II**. *v* escarpar.

scarves *pl of* **scarf**.

sca·ry ['skəri] *adj* (*comp* **-ier**, *sup* **-iest**) FAM asustadizo/a; espantoso/a.

scat [skæt] *v* (**-tt-**) INFML largarse (*go away*).

scath·ing ['skeiðiŋ] *adj* mordaz, cáustico/a, duro/a (*criticism, ridicule*).

scat·o·lo·gy [skæ'tɔlədʒi] *n* escatología *f*.

scat·ter ['skætə(r)] **I**. *v* **1**. esparcir(se), desparramar(se). **2**. dispersar(se) (*also* MIL). **3**. (**with**) sembrar al voleo. **4**. salpicar. **II**. *n* (*also* **~·ing**) FIS dispersión *f*. LOC **~·brain**, INFML cabeza *f* de chorlito. **scat·ter·ed** ['skætərd] *adj* disperso/a, desparramado/a.

sca·venge ['skævindʒ] *v* **1**. (**for**) andar buscando comida entre la basura (*animal, person*). **2**. limpiar, barrer (*streets*). **3**. recoger (*rubbish*). **sca·veng·er** ['skævindʒə(r)] *n* **1**. persona *f*/animal *m* que se alimenta de carroña. **2**. barrendero *m* (*street sweeper*). **2**. basurero *m*.

sce·na·rio [si'na:riəu] *n* **1**. escenario *m*, lugar *m*. **2**. TEAT argumento *m*; guión *m* (*cinema*); libreto *m* (*opera*). **sce·nar·ist** [si'na:rist] *n* guionista *m/f*.

scene [si:n] *n* **1**. escena *f*, lugar *m* (*place*). **2**. panorama *m* (*situation*). **3**. escándalo *m*, escena *f*, jaleo *m* (*fuss*). **4**. escena *f* (*division of a play, film*). **5**. TEAT escenario *m* (*stage*). **6**. panorama *m*, vista *f*, perspectiva *f* (*view*); paisaje *m*. LOC **Behind the ~s**, entre bastidores *m/pl*. **To disappear from the ~**, desaparecer. **To set the ~ (for)**, crear el ambiente *m* adecuado (para). ~ **painter**, escenógrafo *m*. ~ **shifter**, TEAT tramoyista *m*. **scen·ery** ['si:nəri] *n* paisaje *m* (*landscape*); TEAT decorado *m*.

scen·ic(·al) ['si:nik(l)] *adj* **1**. pintoresco/a (*picturesque*). **2**. TEAT escénico/a (*stage*); dramático/a.

scent [sent] **I**. *n* **1**. olor *m*, perfume *m*, fragancia *f*. **2**. aroma *m* (*food*). **3**. rastro *m* (*hunting*). **4**. olfato *m* (*sense*). **II**. *v* **1**. olfatear, oler. **2**. (**with**) perfumar. **3**. sospechar, percibir. **scent·ed** ['sentid] *adj* fragante; perfumado/a. **scent·less** ['sentlis] *adj* inodoro/a.

scept·er (US) V. **sceptre**.

scept·ic (US **skep·tic**) ['skeptik] *n* escéptico *m* (*also* REL). **scept·ic·al** ['skeptikl] *adj* escéptico/a. **scept·ic·al·ism** ['sketpiklizəm] *n* escepticismo *m*.

scep·tre ['səptə(r)] *n* cetro *m* (*sign of royal power*).

sched·ule ['ʃedju:l] **I**. *n* **1**. programa *m*; calendario *m*; horario *m*. **2**. lista *f*, inventario *m*; apéndice *m*. **3**. cuestionario *m*. LOC **On ~**, puntual. **II**. *v* (**for**) programar, proyectar; catalogar; fijar el horario *m*. LOC **As ~d**, como estaba previsto.

sche·ma ['ski:mə] *n* (*pl* **~·ta**) esquema *m* (*outline, diagram*). **sche·mat·ic** ['ski:mətik] *adj* esquemático/a.

scheme ['ski:m] **I**. *n* **1**. (**for**) plan *m*, programa *m*, proyecto *m*; esquema *m*. **2**. combinación *f* (*colour*). **3**. intriga *f* (*plot*). **II**. *v* **1**. (**for, against**) intrigar, conspirar, tramar (*to plot*). **2**. proyectar, hacer planes. **schem·er** ['ski:mə(r)] *n* intrigante *m*, maquinador *m*. **schem·ing** ['ski:miŋ] *adj* intrigante.

schism ['sizəm] *n* cisma *m* (*also* REL). **schis·mat·ic(·al)** ['sizəmætik(l)] *n/adj* cismático/a.

schist [ʃist] *n* GEOL esquisto *m*.

schiz·o ['skitsəu] *n*/adj INFML esquizofrénico/a. **schiz·o·id** ['skitsɔid] *n/adj* esquizoide *m/f*. **schiz·o·phre·nia** [,skisəu'fri:niə] *n* esquizofrenia *f*. **schiz·o·phren·ic** [,skisəu'frenik] *n/adj* esquizofrénico/a.

schmaltz (*also* **schmalz**) [ʃmɔ:lts] *n* MUS, LIT sentimentalismo *m* excesivo. **schmalt·zy** ['ʃmɔ:ltsi] *adj* (*comp* **-ier**, *sup* **-iest**) sentimental.

schnapps [ʃnæps] *n* aguardiente *m*.

schol·ar ['skɔlə(r)] *n* **1**. becario *m*. **2**. erudito *m*, sabio *m*, especialista *m*. **3**. alumno *m*, escolar *m*. **schol·ar·ly** ['skɔləli] *adj* erudito/a. **schol·ar·ship** ['skɔləʃip] *n* **1**. saber *m*, erudición *f*. **2**. beca *f*.

scho·last·ic [skə'læstik] *n/adj* escolástico/a. **scho·last·ic·ism** [skə'læstisizəm] *n* escolasticismo *m*, escolástica *f*.

school [sku:l] **I**. *n* **1**. escuela *f*, colegio *m*; academia *f*. **2**. universidad *f*, facultad *f*. **3**. educación *f*, formación *f*. **4**. clase *f*. **5**. banco *m*, cardumen *m* (*fish*). LOC **Driving ~**, autoescuela *f*. **Grammar ~**, colegio *m* de segunda enseñanza. **High ~**, US instituto *m* de segunda enseñanza. **Primary ~**, escuela *f* primaria. **Public ~**, escuela *f* pública (USA, *Scotland*); colegio *m* privado (*England*). **~·book**, libro *m* de texto. **~·boy/girl**, alumno/a, colegial/la. **~·house**, colegio *m*, escuela *f*. **~·man**, escolástico *m*. **~·master/mis-**

tress, maestro/a, profesor/ra. **~·mate**, compañero/a de clase. **~·room**, aula *m*, clase *f*. **~·teacher**, maestro/a. **Secondary ~** (US **high ~**), enseñanza *f* secundaria. **II**. *v* enseñar; instruir, educar, formar; disciplinar.

schoon·er ['sku:nə(r)] *n* **1**. NAUT goleta *f*. **2**. jarra *f*.

sci·at·ic [sai'ætik] *adj* ciático/a. **sci·a·ti·ca** [sai'ætikə] *n* MED ciática *f*.

sci·ence ['saiəns] *n* **1**. ciencia *f*. **2**. arte *m* (*skill*). LOC **~ fiction** (INFML **sci-fi** ['sai ,fai]), ciencia *f* ficción. **To blind sb with ~**, lucir sus conocimientos *m/pl* para impresionar a alguien.

sci·en·tif·ic [,saiən'tifik] *adj* **1**. científico/a. **2**. FIG estudiado/a. **sci·en·tif·ic·al·ly** [,saiən'tifikli] *adv* científicamente.

sci·ent·ist ['saiəntist] *n* científico/a.

sci·mi·tar ['simitə(r)] *n* cimitarra *f*.

scin·til·la [sin'tilə] *n* centella *f*, chispa *f*. **scin·til·late** ['sintileit] *v* centellear; titilar; destellar; FIG brillar. **scin·til·lat·ing** [sinti'leitiŋ] *adj* centelleante; titilante; FIG brillante. **scin·til·la·tion** [sinti'leiʃn] *n* centelleo *m*; titilación *f*; FIG brillantez *f*, viveza *f*.

scion ['saiən] *n* **1**. BOT, AGR, FIG vástago *m*.

scis·sion ['siʒn] *n* escisión *f*, corte *m*.

scis·sors ['sizəs] *n/pl* **1**. (*also* **a pair of ~**) (unas) tijeras *f/pl* (*tool*). **2**. DEP salto *m* de tijera; tijereta *f*.

scle·ro·sis [sklə'rəusis] *n* MED esclerosis *f*.

scoff [skɔf] **I**. *v* **1**. **(at)** mofarse, burlarse. **2**. zampar(se). engullir(se). **II**. *n* mofa *f*, burla *f*. **scof·fer** ['skɔfə(r)] *n* mofador/ra, burlón/na. **scof·fing** ['skɔfiŋ] *n* mofa *f*, burla *f*.

scold [skəuld] *v* **(for)** regañar, reñir. **scold·ing** ['skəuldiŋ] *n* reprimenda *f*, represión *f*.

scol·lop V. **scallop**.

scone [skɔn] *n* bollo *m*.

scoop [sku:p] **I**. *n* **1**. pala *f*, paleta *f*; cuchara *f*; MED espátula *f*. **2**. palada *f* (*content of a ~*). **3**. NAUT achicador *m* (*for bailing out*). **4**. noticia *f* (en exclusiva). **5**. COM ganancia *f*; golpe *m* financiero. **II**. *v* **1**. **(out, up)** sacar (con pala); excavar. **2**. NAUT achicar (*water*). **3**. adelantarse a (un rival) publicar una noticia. **4**. COM ganar.

scoot [sku:t] *v* escabullirse, largarse.

scoot·er ['sku:tə(r)] *n* (*also* **motor-~**) vespa *f*, scooter *m*; patinete *m* (*child's toy*).

scope [skəup] *n* **1**. **(for, to)** oportunidad *f*. **2**. alcance *m*, extensión *f*, envergadura *f*; esfera *f*/campo *m* de acción *f*. LOC **To be outside one's ~**, estar fuera del alcance *m* de uno. **To have/give full/free ~**, tener/dar carta *f* blanca. **There is ~ for**, hay campo *m* para.

scorch [skɔ:tʃ] *v* **1**. quemar, chamuscar; abrasar. **2**. BOT , AGR secar(se). **3**. FAM ir volando (*to go very fast*). **scorch·er** ['skɔ:tʃə(r)] *n* FAM día *m* abrasador/de mucho calor. **scorch·ing** ['skɔ:tʃiŋ] *adj* abrasador/ra (*sun, wind*).

score [skɔ:(r)] **I**. *n* **1**. DEP tanteo *m*; resultado *m*; puntuación *f*: *What's the ~ ?*, ¿Cómo van? **2**. incisión *f*, muesca *f* (*notch*). **3**. raya *f* (*line*). **4**. arañazo *m*. **5**. INFML cuenta *f* (*debt*). **6**. MUS partitura *f*. **7**. *pl* montones *m/pl*; veintena *f*: *Four ~*, Ochenta. LOC **On that ~**, a ese respecto *m*. **On the ~ of**, con motivo *m* de. **~-board**, DEP marcador *m*, tanteador *m*. **~-card**, DEP anotador *m*. **To keep the ~**, DEP marcar (el partido), llevar el marcador. **To know the ~**, conocer el percal *m*. **To pay/settle an old ~**, ajustar viejas cuentas *f/pl*. **II**. *v* **1**. DEP marcar; ganar. **2**. **(against)** tener éxito (*success*). **3**. **(with sb)** INFML follar. **4**. rayar; hacer cortes/una muesca. **5**. US reñir, reprender; criticar duramente. **6**. *col* pillar, obtener (*drugs*). **7**. MUS instrumentar. **8**. **(up)** apuntar; tantear (*total*). LOC **To ~ off sb**, triunfar a costa de alguien. **That doesn't ~**, eso no vale. **scor·er** ['skɔ:rə(r)] *n* DEP goleador/ra, marcador/ra (*player*); tanteador *m* (*~.keeper*). **scor·ing** ['skɔ:riŋ] *n* tanteo *m*.

sco·ria ['skɔ:riə] *n* (*pl* **~e** [-rii:]) escoria *f*.

scorn [skɔ:n] **I**. *n* **(for)** desdén *m*, desprecio *m*. LOC **To laugh sb/sth to ~**, ridiculizar. **II**. *v* desdeñar, despreciar. LOC **To ~ to do sth**, no dignarse hacer algo. **scorn·ful** ['skɔ:nfl] *adj* desdeñoso/a, despectivo/a.

Scor·pio ['skɔ:piəu] *n* ASTR Escorpión *m* (*also person born under ~*). **scor·pi·on** ['skɔ:piən] *n* ZOOL escorpión *m*, alacrán *m*.

Scot [skɔt] *n* escocés/sa. **Scots** [skɔts] *adj* escocés/sa; *n* escocés *m* (*language*). LOC **~s·man**, (*pl* **~s·men**) escocés *m*. **~s·woman**, (*pl* **~s·women**) escocesa *f*. **Scot·tish** ['skɔtiʃ] *adj* escocés/sa.

Scotch [skɔtʃ] **I**. *adj* (*also* **Scots**) escocés/sa. **II**. *n* (*also* **~ whisky**) whisky *m* escocés.

scotch [skɔtʃ] **I**. *n* calza *f* (*for wheel*). **II**. *v* **1**. desmentir (*rumour*). **2**. hacer fracasar (*plan*) **3**. calzar (*wheel*).

scot-free [,skɔt 'fri:] *adv* sin castigo, impune.

Scot·land *n* GEOG Escocia *f*. **Scot·tish** *adj* escocés/sa.

scoun·drel ['skaundrəl] *n* bribón/na, sinvergüenza *m/f*.

scour ['skauə(r)] **I**. *v* **1**. **(out)** restregar, fregar. **2**. limpiar (*river, channel*). **3**. MED purgar (*purge*). **4**. **(for)** registrar, recorrer (*searching*). **5**. correr en busca de. **II**. *n* fregado *m*. **scour·er** ['skaurə(r)] *n* estropajo *m*.

scourge [skɜ:dʒ] **I**. *n* **1**. látigo *m*. **2**. FIG azote *m*, estrago *m*. **II**. *v* **1**. flagelar, azotar, hostigar (*also* FIG).

scout ['skaut] **I**. *n* **1**. MIL escucha *m/f*, explorador/ra; reconocimiento *m*, búsqueda *f*. **2**. (*also* **Boy ~**) (muchacho) explorador *m* (*for girl* **Girl Guide**). **3**. descubridor/ra de talentos. **4**. criado/a (*at an Oxford college*). **II**. *v* **1**. **(around, about)** reconocer, batir, explorar. **2**. **(for)** buscar. LOC **~·master**, jefe de exploradores (*Scouts*).

scow [skau] *n* NAUT chalana *f*, gabarra *f*.

scowl [skaul] **I**. *n* ceño *m*. **II**. *v* **(at)** fruncir el ceño.

scrab·ble ['skræbl] **I.** *n* juego *m* de palabras que se cruzan. **II.** *v* **1.** garrapatear. **2. (about)** escarbar.

scrag [skræg] **I.** *n* (*also* **~-end**) pescuezo *m*. **II.** *v* **(-gg-) 1.** ahorcar. **2.** torcer el pescuezo. **3.** INFML maltratar, aporrear. **scrag·gi·ness** ['skræginis] *n* delgadez *f*, flacura *f*. **scrag·gly** ['skrægli] *adj* (*comp* **-ier**, *sup* **-iest**) US desaseado/a, desaliñado/a, sucio/a. **scrag·gy** ['skrægi] *adj* (*comp* **-ier**, *sup* **-iest**) delgado/a, enjuto/a.

scram [skræm] *v* **(-mm-)** *col* largarse (*esp in commands*). LOC **~!**, ¡fuera!

scram·ble ['skræmbl] **I.** *v* **1.** trepar; gatear. **2. (for)** pelearse (por); disputarse. **3. (up)** mezclar, revolver: *~.d eggs*, Huevos revueltos. **4.** distorsionar (*telephone conversation*). **II.** *n* **1.** subida *f*, excursión *f*. **2. (for)** lucha *f*, pelea *f*. **3.** DEP carrera *f* de motocross. **scram·bler** ['skræmblə(r)] *n* aparato *m* para distorsionar conversaciones telefónicas, etc.

scrap [skræp] **I.** *n* **1.** trozo *m*, fragmento *m*, pedazo *m*. **2. ~s** *pl* restos *m/pl*, sobras *f/pl* (*food*). **3.** chatarra *f*. **4.** ápice *m*, pizca *f*: *Not a ~*, Ni una pizca. **5.** *col* **(with)** pelea *f*, riña *f*. **II.** *v* **(-pp-) 1.** descartar, desechar. **2.** vender para chatarra; reducir a chatarra. **3.** INFML **(with)** pelearse, reñir. LOC **~-book**, álbum *m* de recortes. **~·dealer**, chatarrero/a. **~ heap**, montón *m* de chatarra/desechos. **~ iron**, chatarra *f*. **scrap·py** ['skræpi] *adj* (*comp* **-ier**, *sup* **-iest**) hecho con sobras *f/pl*, pobre; fragmentario/a; descosido/a, inconexo/a; US INFML combativo/a, pendenciero/a.

scrape [skreip] **I.** *v* **1. (down, out, off)** raer, raspar; limpiar, desoxidar (*oxide*), quitar raspando. **2. (against, on, along)** rozar, rasguñar; chirriar. **3. (together, up)** arañar (*also* FIG): *To ~ through an exam*, Aprobar por los pelos (*exam*). **4. (along, by)**. **5.** MUS INFML rascar (*instrument*). LOC pasar rozando; FIG ir tirando. LOC **To ~ acquaintance with**, lograr conocer. **scrap·er** ['skeipə(r)] *n* raspadura *f* (*act*); rascador *m*, raspador *m* (*tool*); limpiabarros *m/pl* (*at door*). **scrap·ing(s)** ['skreipiŋ(z)] *n* (*usually pl*) **1.** raspaduras *f/pl*. **2.** MED legrado *m*, raspado *m*. **3.** FIG hez *f* (*of society*).

scratch [skrætʃ] **I.** *v* **1.** arañar, rasguñar (*with claws, nails*, etc). **2.** grabar, rascar(se), marcar. **3.** escarbar (*ground*). **4.** raspear (*pen*). **5.** DEP cancelar, retirar(se). **6. (out)** borrar, tachar. LOC **To ~ together/up**, reunir. **II.** *n* **1.** arañazo *m*, rasguño *m*. **2.** raya *f*, marca *f*. **3.** DEP línea *f* de salida. LOC **To be/come up to ~**, estar en buen(as) estado *m*/condiciones *f/pl*; estar a la altura *f* de las circunstancias. **To start from ~**, empezar sin ventaja *f*/desde cero. **III.** *adj* improvisado/a, hecho sobre la marcha; DEP sin ventaja. LOC **~ pad/paper**, US bloc *m* de apuntes. **scratch·y** ['skrætʃi] *adj* (*comp* **-ier**, *sup* **-iest**) que pica (*skin*); chirriante (*sound*); que raspea (*pen*).

scrawl [skrɔ:l] **I.** *v* escribir con prisa; garabatear. **II.** *n* garabato *m*.

scraw·ny ['skrɔ:ni] *adj* (*comp* **-ier**, *sup* **-iest**) FAM flaco/a, enjuto/a.

scream [skri:m] **I.** *v* **(out)** gritar, chillar, berrear, vociferar. **II.** *n* **1.** grito *m*, chillido *m*. **2.** persona *f*/cosa *f* divertida/chistosa. **scream·ing·ly** ['skri:miŋli] *adv* LOC **~ funny**, para morirse de risa.

scree [skri:] *n* ladera *f* de montaña cubierta de guijarros y piedras.

screech [skri:tʃ] **I.** *v* **1. (out)** gritar, chillar. **2.** chirriar. **II.** *n* grito *m*, chillido *m*. LOC **~-owl**, ZOOL lechuza.

screed [skri:d] *n* discurso *m*, escrito *m* largo/aburrido/pesado.

screen [skri:n] **I.** *n* **1.** biombo *m*. **2.** pantalla *f*, protección *f*. **3.** ARQ tabique *m*. **4.** pantalla *f* (*cinema*); **the ~**, cine *m*. **5.** cortina *f*; tela *f* metálica. **6.** criba *f*, tamiz *m* (*sieve*). **7.** retícula *f* (*photography*). LOC **Focusing ~**, placa *f* esmerilada. **~ advertising**, publicidad *f* cinematográfica. **~ door**, puerta *f* de tela metálica. **~·play**, guión *m*. **~ test**, prueba *f* de pantalla/cinematográfica. **The small ~**, la pequeña pantalla *f*. **II.** *v* **1. (off, from, against)** ocultar, esconder; proteger, resguardar. **2.** cribar, tamizar. **3.** investigar (*suspect*). **4.** proyectar (*film*). **screen·ing** ['skri:niŋ] *n* proyección *f* (*film*).

screw [skru:] **I.** *n* **1.** tornillo *m*. **2.** vuelta *f*, rosca *f*. **3.** AER, NAUT hélice *f*. **4.** INFML sueldo *m*. LOC **To have a ~ loose**, FAM faltarle a uno un tornillo *m*. **To put the ~(s) on (sb)**, apretar los tornillos *m/pl*/clavijas *f/pl*. **II.** *v* **1.** apretar, atornillar; enroscar. **2.** retorcer (*twist*). **3. (for)** *col* engañar, traicionar. **4.** SL follar, joder (*sexual intercourse*). **5. (down)** fijar con tornillos *m/pl*. **6. (on)** enroscar. **7. (up)** fastidiar, echar a perder; arrugar (*face, paper*). LOC **~ you!**, SL ¡que te den por el culo! **To ~ one's courage**, armarse de valor *m*, cobrar ánimo *m*. **Cross-point ~·driver**, destornillador *m* de cruz/estrella. **~·ball**, US INFML excéntrico/a, chiflado/a. **~·driver**, destornillador *m*. **~·ed-up**, *col* jodido/a, fastidiado/a. **~ eye**, cáncamo *m*. **~ jack**, gato *m* de tornillo. **~ propeller**, AER, NAUT hélice *f*. **~ wrench**, llave *f* inglesa. **screw·y** ['skru:i] *adj* (*comp* **-ier**, *sup* **-iest**) INFML chalado/a, chiflado/a.

scrib·ble ['skribl] **I.** *v* garabatear; escribir muy deprisa. **II.** *n* garabato *m*. **scrib·bler** ['skriblə(r)] *n* el que hace garabatos; escritor/ra/periodista *m/f* de poca monta. LOC **~·bling-block**, bloc *m*/cuaderno *m* de anotaciones.

scribe [skraib] *n* **1.** escribiente *m/f*, amanuense *m/f*. **2.** escriba *m/f* (*Bible*). **3.** escritor/ra de poca categoría.

scrim·mage ['skrimidʒ] **I.** *n* **1.** (*also* **scrum·mage**) pelea *f*, escaramuza *f*. **2.** DEP apertura *f* de melée (US *football*). **II.** *v* pelearse.

scrimp [skrimp] *v* economizar, escatimar. LOC **To ~ and save**, FAM apretarse el cinturón *m*. **scrim·py** ['skrimpi] *adj* parco/a, mezquino/a.

scrip [skrip] *n* COM vale *m*, resguardo *m*.

script [skript] **I**. *n* **1**. guión *m* (*play, film*). **2**. manuscrito *m*. **3**. letra *f* cursiva (*printing*). **4**. escritura *f*, letra *f*. **5**. examen *m* escrito. **II**. *v* escribir un guión (*film, play*). LOC **~-writer**, guionista *m/f*. **scrip·tur·al** ['skriptʃərəl] *adj* bíblico/a. **scrip·ture** ['skriptʃə(r)] *n* (*also* **The (Holy) ~s**) REL la Biblia *f*, la Sagrada Escritura *f*; la Historia *f* Sagrada (*school subject*).

scrof·u·la ['skrɔfjulə] *n* MED escrófula *f*. **scrof·ul·ous** ['skrɔfjuləs] *adj* escrofuloso/a.

scroll [skrɔl] **I**. *n* **1**. rollo *m* de papel/pergamino. **2**. ART voluta *f*; rúbrica *f*. **II**. *v* COMP mover el texto en pantalla.

Scrooge [skru:dʒ] *n* tacaño/a, avariento/a.

scro·tum ['skrəutəm] *n* (*pl* **-s/scrota**) ANAT escroto *m*.

scrounge ['skraundʒ] **I**. *v* **1**. **(from, off)** INFML solicitar, pedir. **2**. gorrear, gorronear, ir/sacar de gorra/por gorronería. **II**. *n* LOC **On the ~**, INFML de gorra *f*, por gorronería *f*. **scroung·er** ['skraundʒə(r)] *n* INFML gorrón/na.

scrub [skrʌb] **I**. *n* **1**. BOT monte *m* bajo, maleza *f*. **2**. fregado *m*, limpieza *f*. **II**. *v* **(-bb-)** **1**. **(down, out)** restregar, fregar. **2**. INFML anular, cancelar. LOC **~-bing-brush**, cepillo *m* de fregar. **~-woman**, US fregona *f*. **scrub·ber** ['skrʌbə(r)] *n* INFML prostituta *f*, fulana *f*. **scrub·by** ['skrʌbi] *adj* enano/a, achaparrado/a; cubierto de maleza.

scruff [skrʌf] *n* pescuezo *m*, nuca *f*. LOC **By the ~ of the/one's neck**, agarrar/coger a uno por el pescuezo *m*. **scruf·fy** ['skrʌfi] *adj* (*comp* **-ier**, *sup* **-iest**) desaliñado/a, sucio/a.

scrum [skrʌm] *n* (*also* **~-mage**) DEP melée *f* (*rugby*).

scrump·ti·ous ['skrʌmpʃəs] *adj* INFML riquísimo/a, para chuparse los dedos (*esp food*); estupendo/a, magnífico/a.

scrunch ['skrʌntʃ] **I**. *n* **1**. crujido *m*. **2**. FIG crisis *f*, punto *m* decisivo. **II**. *v* **1**. crujir. **2**. ronzar, mascar (*teeth*).

scru·ple ['skru:pl] **I**. *n* **1**. escrúpulo *m* (*feeling*). **2**. unidad *f* de peso (= 20 granos = 1,296 g). LOC **To make no ~ to/not to ~ to**, no vacilar en. **II**. *v* vacilar; tener escrúpulos. **scru·pul·ous** ['skru:pjuləs] *adj* escrupuloso/a. **scru·pul·ous·ness** ['skru:pjuləsnis] *n* escrupulosidad *f*.

scru·tin·eer [,skru:ti'niə(r)] *n* escrutador/ra, escudriñador/ra (*of votes*).

scru·tin·ize, -ise ['skru:tinaiz] *v* escrutar (*votes*); escudriñar, examinar.

scru·tin·y ['skru:tini] *n* escrutinio *m*, recuento *m* (*votes*); examen *m*.

scu·ba ['sku:bə] *n* escafandra *f* autónoma.

scud [skʌd] *v* **(-dd-)** pasar rápidamente, correr (*esp of ships, clouds*, etc).

scuff [skʌf] *v* **1**. arañar, rasguñar. **2**. arrastrar (*feet*); estropear; desgastar.

scuf·fle ['skʌfl] **I**. *n* pelea *f*, riña *f*. **II**. *v* **(with)** pelearse, reñir.

scull [skʌl] **I**. *n* **1**. remo *m* (*oar*). **2**. espadilla *f*. **3**. barco *m* de remo. **II**. *v* remar, impulsar con remo/espadilla. **scull·er** ['skʌlə(r)] *n* remero/a. **scull·ery** ['skʌləri] *n* fregadero *m*, trascocina *f*, office *m*. LOC **~ maid**, fregona *f*.

scul·li·on ['skʌliən] *n* pinche *m*, mozo *m*.

sculpt V. **sculpture** *v*.

sculp·tor ['skʌlptə(r)] *n* (*f* **sculp·tress**) escultor/ra. **sculp·tur·al** ['skʌlptʃərəl] *adj* escultural, escultórico/a. **sculp·ture** ['skʌlptʃə(r)] **I**. *n* escultura *f*. **II**. *v* (*also* **sculpt**) esculpir.

scum [skʌm] *n* **1**. espuma *f*; nata *f* (*milk*); telilla *m*. **2**. FIG canalla *m*; escoria *f*, hez *f*. **3**. verdín *m* (*on pond*). **4**. escoria *f* (*metal*). **scum·my** ['skʌmi] *adj* (*comp* **-ier**, *sup* **-iest**) espumoso/a; FIG canallesco/a; lleno/a de escoria.

scup·per ['skʌpə(r)] **I**. *n* NAUT imbornal *m*. **II**. *v* **1**. NAUT hundir. **2**. INFML fastidiar, estropear (*plan*, etc).

scurf [skɜ:f] *n* costra *f*, caspa *f*. **scurf·y** ['skɜ:fi] *adj* casposo/a.

scur·ril·ity [skə'riləti] *n* procacidad *f*, grosería *f*; difamación *f*. **scur·ril·ous** ['skʌrələs] *adj* procaz, grosero/a; difamatorio/a.

scur·ry ['skʌri] **I**. *v* (*pret/pp* **scurried**) correr, escabullirse. **II**. *n* huida *f*, carrera *f*.

scur·vy ['skɜ:vi] **I**. *n* MED escorbuto *m*. **II**. *adj* vil, despreciable.

scut [skʌt] *n* rabito *m*.

scut·che·on V. **escutcheon**.

scut·tle ['skʌtl] **I**. *v* **1**. correr, escabullirse. **2**. NAUT barrenar. **II**. *n* **1**. huida *f*, carrera *f*. **2**. NAUT escotilla *f*. **3**. carbonera *f*, cubo *m* (*coal-~*).

scythe [saið] **I**. *n* AGR guadaña *f*. **II**. *v* segar, guadañar.

sea [si:] *n* **1**. (*also* **the ~/~s**) océano *f*, mar *m/f*; lago *m* (*also as part of a proper name*: *The Mediterranean ~*, El Mar Mediterráneo). **2**. ola *f*, marejada *f* (*waves*). **3**. FIG multitud *f*. LOC **At ~**, en el mar *m*. **By ~**, por mar *m/f*; a orillas *f/pl* del mar. **The seven ~s**, LIT los siete mares *m/pl*. **To be (all) at ~**, FIG estar en las nubes *f/pl*, despistado/a. **To follow the ~**, ser marinero *m*. **To go to ~**, hacerse marinero *m*. **To put (out) to ~**, hacerse a la mar *f*.

sea..., **~ air**, *n* aire *m* de mar. **~ bed**, *n* fondo *m* del mar. **~-bird**, *n* ave *m* marina. **~-board**, *n* litoral *m*. **~-breeze**, *n* brisa *f* marina. **~-cow**, *n* ZOOL manatí *m*. **~-dog**, *n* lobo *m* de mar. **~-farer**, *n* marinero/a. **~-faring**, *n* marinero/a; marinería *f*. **~-food**, *n* mariscos *m/pl*; pescado *m*. **~-going**, *adj* de alta mar (*vessel*). **~-green**, *n* verdemar *m* (*colour*; *also adj*). **~-gull**, *n* ZOOL gaviota *f*. **~-horse**, *n* ZOOL caballo *m* de mar. **~-lane/way**, *n* ruta *f*/vía *f* marítima. **~-legs**, *n/pl* pie *m* de marino. **~ level**, *n* nivel del mar. **~-lion**, *n* ZOOL león *m* marino. **~-man** (*pl*

~·men), *n* marino/a, marinero/a. ~·**manship**, *n* náutica *f*. ~ **mile** (*also* **nautical mile**), *n* milla *f* marina. ~·**plane**, *n* hidroavión *m*. ~·**port**, *n* puerto *m* de mar. ~ **power**, *n* potencia *f*/fuerza *f* naval. ~·**scape**, *n* marina *f* (*picture of a scene at sea*). ~-**serpent**, *n* serpiente *f* marina. ~ **shell**, *n* concha *f* marina. ~-**shore**, *n* costa *f*, playa *f*, orilla *f* del mar. ~·**sick**, *adj* mareado/a: *To be/get ~.sick*, Marearse. ~·**sickness**, *n* mareo *m*. ~·**side**, *n* costa *f*, playa *f*. ~-**urchin** (*also* **urchin**), *n* ZOOL erizo *m* de mar. ~·**wall**, *n* dique *m*, rompeolas *m*. ~·**ward**, *n* lado *m* del mar; ~·**wards**, *adj* que da al mar, del lado del mar. ~ **water**, *n* agua *m* de mar. ~·**weed**, *n* BOT alga *f* marina. ~·**worthy**, *adj* en buen estado para navegar.

seal [si:l] **I**. *n* **1**. ZOOL foca *f*. **2**. sello *m*. **3**. garantía *f*. **II**. *v* **1**. sellar; lacrar; cerrar; JUR, TEC precintar. **2**. FIG determinar, decidir; confirmar. **3**. (**off**) obstruir, obturar. **4**. (**up**) acordonar, cerrar. LOC ~·**ing wax**, lacre *m*. ~·**skin**, piel *f* de foca. **seal·ing** ['si:liŋ] *n* caza *f* de focas.

seam [si:m] **I**. *n* **1**. costura *f* (*sewing*); ANAT sutura *f*. **2**. TEC junta *f*, juntura *f*. **3**. GEOL veta *f*, filón *m*. **4**. cicatriz *f*. LOC **To be bursting at the ~s**, descoser por las costuras *f/pl*. **II**. *v* coser; juntar. **seam·less** ['si:mlis] *adj* sin costura. **seam·stress** (*also* **semp·stress**) ['semstris] *n* costurera *f*. **seam·y** ['si:mi] *adj* (*comp* **-ier**, *sup* **-iest**) miserable, vil, sórdido/a. LOC **The ~ side**, FIG la otra cara *f*.

se·ance (*also* **sé·ance**) ['seia:ns] *n* sesión *f* de espiritismo.

sear [siə(r)] *v* **1**. (*also* **sere**) quemar, chamuscar, abrasar. **2**. FIG endurecer (*conscience*). **3**. secar, marchitar. **4**. MED cauterizar. LOC ~·**ing pain**, dolor *m* agudo.

search [sɜ:tʃ] **I**. *v* **1**. (**for**) buscar, registrar; cachear (*person*); examinar (*one's conscience*). **2**. MED sondar. **3**. (**out**) buscar. **4**. (**into**) investigar, indagar. LOC ~ **me!**, ¡yo qué sé! **II**. *n* **1**. búsqueda *f*, registro *m*; cacheo *m* (*person*). **2**. JUR investigación *f*, pesquisa *f*. LOC ~·**light**, proyector *m*, reflector *m*. ~ **party**, equipo *m* de salvamento. ~-**warrant**, JUR orden *f* de registro. **search·er** ['sɜ:tʃə(r)] *n* buscador/ra; investigador/ra. **search·ing** ['sɜ:tʃiŋ] *adj* perspicaz, agudo/a (*question*); penetrante (*look*).

sea·son ['si:zn] **I**. *n* **1**. estación *f* (*Summer*, etc). **2**. época *f* (*year*); período/periodo *m*. **3**. temporada *f*; sazón *f*. LOC **At the height of the ~**, en plena temporada *f*. **At this ~**, en esta época *f* (*year*). **Close ~**, veda *f*. **In due ~**, a su debido tiempo *m*. **In ~**, en sazón *f* (*fruit*). **Out of ~**, fuera de temporada *f*/sazón *f*. **With the compliments of the ~**, deseándole felices Pascuas *f/pl*. **II**. *v* **1**. (**with**) condimentar, sazonar (*food*). **2**. curar (*also wine*), secar (*wood*). **3**. acostumbrar(se). LOC ~-**ticket**, billete *m*/abono *m* de temporada. **sea·son·able** ['si:znəbl] *adj* propio de la estación (*weather*); oportuno/a. **sea·son·al** ['si:zənl] *adj* apropiado para la estación; estacional. **sea·son·ing** ['si:zəniŋ] *n* aderezo *m*, condimento *m* (*food*).

seat [si:t] **I**. *n* **1**. asiento *m*, silla *f*; sillín *m* (*bike*); plaza *f*. **2**. TEAT entrada *f*, localidad *f*. **3**. escaño *m* (*parliament*). **4**. posaderas *f/pl*, trasero *m* (*buttocks*). **5**. fondillos *m/pl* (*of trousers*). **6**. centro *m*; sede *f* (*government*). **7**. MIL teatro *m* (*of operations*). LOC **Back/Rear ~**, asiento *m* trasero. **Front ~**, asiento *m* delantero. **To take a ~**, tomar asiento *m*. **To take a back ~**, dejar de figurar, pasar a segundo plano *m*. **II**. *v* **1**. sentar(se). **2**. tener sitio/cabida para (*hall*). **3**. TEC ajustar, asentar (*valve*). LOC **To be ~·ed**, estar sentado. ~-**belt** (*also* **safety-belt**), cinturón *m* de seguridad. **seat·er** ['si:tə(r)] *n* de 'x' plazas *f/pl*: *A 5-seater plane*, Un avión de cinco plazas. **seat·ing** ['si:tiŋ] *n* asientos *m/pl*. LOC ~ **capacity**, número *m* de asientos/plazas.

se·ba·ce·ous [si'beiʃəs] *adj* sebáceo/a.

sec·ant ['si:kənt] *n/adj* secante *m/f*.

se·ca·teurs ['sekətɜ:z] *n/pl* podadera *f*.

se·cede [si'si:d] *v* (**from**) separarse. **se·ced·er** [si'si:də(r)] *n* separatista *m/f*.

se·ces·sion [si'seʃn] *n* separación *f*, secesión *f*. **se·ces·sion·ist** [si'seʃnist] *n/adj* separatista *m/f*, secesionista *m/f*.

se·clu·de [si'klu:d] *v* (**from**) aislar, recluir. **se·clud·ed** [si'klu:did] *adj* aislado/a, recluido/a. **se·clu·sion** [si'klu:ʒn] *n* aislamiento *m*, reclusión *f*, retiro *m*.

sec·ond ['sekənd] **I**. *adj* **1**. segundo/a. **2**. otro/a. LOC **On ~ thoughts**, pensándolo bien. ~ **sight**, clarividencia *f*; doble vista *f*. ~ **to none**, no ser inferior a nadie. **To play ~ fiddle**, desempeñar un papel *m* secundario. **II**. *n/pron* **1**. segundo/a (*in rank*). **2**. segundo *m* (time; *also* INFML **sec**). **3**. MUS segunda *f*. **4**. notable *m* (*at university*). **5**. DEP cuidador/ra, segundo/a; llegar el segundo. **6**. padrino/a (*duel*). **7**. ~**s** *pl* COM artículos *m/pl* de segunda clase/orden. **III**. *v* **1**. secundar, apoyar. **2**. (**from...to**) destacar, destinar, trasladar temporalmente (*also* MIL). LOC ~-**best**, segundo/a. ~-**class**, de segunda clase *f*. ~-**hand**, de segunda mano *f*; segundero *m* (*watch*). ~-**hand bookseller**, librero *m* de lance/viejo. ~-**hand bookshop**, librería *f* de lance/viejo. ~-**rate**, de segunda categoría. **sec·ond·ary** ['sekəndri] *adj* secundario/a. LOC ~ **education**, enseñanza *f* secundaria. **sec·ond·er** ['sekəndə(r)] *n* persona *f* que apoya/secunda una moción. **sec·ond·ly** ['sekəndli] *adv* en segundo lugar.

se·cre·cy ['si:krəsi] *n* **1**. secreto *m*. **2**. discreción. LOC **To swear sb to ~**, hacer que uno jure no revelar algo.

se·cret ['si:krit] **I**. *adj* (**from**) confidencial, secreto/a, oculto/a; reservado/a. LOC ~ **agent** (*also* **agent**) agente *m* secreto. **II**. *n* secreto *m*; discreción *f*. LOC **An open ~**, secreto *m* a voces. **In ~**, en secreto *m*. **To be in the ~**, estar en el secreto *m*.

sec·re·ta·ri·al [,sekrə'teəriəl] *adj* de secretario/a. LOC ~ **college**, escuela *f* de secretariado. ~ **course**, curso *m* de secretariado. **se·cre·ta·ri·at** [,sekrə'teəriət] *n* secretaría *f*, secretariado *m*. **sec·ret·ary** ['sekrətri] *n* **1**. secretario/a. **2**. Br Ministro/a; US Ministro/a de Asuntos Exteriores. **sec·ret·ary·ship** ['sekrətriʃip] n secretaría *f*; Ministerio *m*.

se·crete [si'kri:t] *v* **1**. ANAT segregar, secretar (*organ*). **2**. ocultar, esconder. **se·cre·tion** [si'kri:ʃn] *n* **1**. ANAT segregación *f*, secreción *f*. **2**. ocultación *f*. **se·cret·ive** ['si:krətiv] *adj* reservado/a, callado/a; sigiloso/a. LOC **To be ~ about**, hacer algo con secreto *m*.

sect [sekt] *n* **1**. REL secta *f*. **2**. *abrev of* **section**. **sect·ar·i·an** [sek'teəriən] *n/adj* sectario/a.

sec·tion ['sekʃn] **I**. *n* **1**. parte *f*, sección *f*, trozo *m*, porción *f*. **2**. sector *m* (*of population*). **3**. departamento *m*. **4**. US superficie *f* de una milla cuadrada. **5**. región *f* (*country*); barrio *m* (*city*). **6**. corte *f*, sección *f*. **7**. perfil *m*. **8**. tramo *m* (*tube, road*, etc). **II**. *v* seccionar, dividir en secciones. LOC **Longitudinal ~**, sección *f* longitudinal. **~ mark**, párrafo *m*. **sec·tion·al** ['sekʃnəl] *adj* seccional; hecho/fabricado en secciones; regional, particular, local.

sec·tor ['sektə(r)] *n* sector *m*, seccion *f*, parte *f*, grupo *m*.

sec·u·lar ['sekjulə(r)] *adj* **1**. laico/a, mundano/a. **2**. REL seglar, secular. **sec·u·lar·ism** ['sekjulərizəm] *n* laicismo *m*. **sec·u·lar·ist** ['sekjulərist] *n* laico/a. **sec·u·lar·iz·ation** [,sekjulərai'zeiʃn] *n* secularización *f*. **sec·u·lar·ize, -·ise** ['sekjuləraiz] *v* secularizar.

se·cure [si'kjuə(r)] **I**. *adj* **1**. (**about**) seguro/a. **2**. fijo/a, firme. **3**. (**against**, **from**) protegido/a (contra). **II**. *v* **1**. (**against**, **from**) afianzar, asegurar; protegerse (contra, de). **2**. (**for**) obtener, lograr, conseguir.

se·cur·ity [si'kjuərəti] *n* **1**. seguridad *f*, garantía *f*. **2**. resguardo *m*, protección *f*, defensa *f*. **3**. *pl* COM valores *m/pl*, títulos *m/pl*, acciones *f/pl*. **4**. COM fianza *f*; fiador/ra (*guarantor*). LOC **To stand ~ for**, ser/salir fiador *m* de (*also* FIG).

se·dan [si'dæn] n **1**. sedán *m* (*car*). **2**. (*also* **~-chair**) silla *f* de manos.

sed·ate [si'deit] **I**. *adj* **1**. sosegado/a, tranquilo/a. **2**. formal, serio/a. **II**. *v* MED dar/administrar un calmante. **sed·ate·ness** [si'deitnis] *n* sosiego *m*, tranquilidad *f*; formalidad *f*, seriedad *f*. **sed·ation** [si'deiʃn] *n* MED tratamiento *m* con calmantes. **sed·at·ive** [si'dətiv] *n/adj* calmante *m*, sedante *m*.

sed·ent·ary ['sedntri] *adj* sedentario/a.

sedge [sedʒ] *n* BOT juncia *f*, junco *m*.

sed·i·ment ['sedimənt] *n* poso *m*, sedimento *m* (*also* GEOL). **sed·i·ment·ary** [,sedi'mentri] *adj* sedimentario/a. **sed·i·ment·ation** [,sedimen'teiʃn] *n* sedimentación *f* (*also* GEOL).

se·di·tion [si'diʃn] *n* sedición *f*, sublevación *f* (*against authority*). **se·di·ti·ous** [si'diʃəs] *adj* sedicioso/a, sublevado/a.

se·duce [si'dju:s] *v* seducir, tentar. **se·duc·er** [si'dju:sə(r)] *n* seductor/ra. **se·duc·tion** [si'dʌkʃn] *n* seducción *f*, persuasión *f*. **se·duct·ive** [si'dʌktiv] *adj* seductivo/a, seductor/ra.

sed·ul·ous ['sedjuləs] *adj* perseverante, asiduo/a, diligente.

see [si:] **I**. *v* (*pret* **saw**, *pp* **seen**) **1**. ver (*general sense*). **2**. percibir, mirar, observar (*look at*). **3**. visitar, ver (*meeting*). **4**. entender, comprender (*understand*). **5**. vea, véase. **6**. procurar; tener cuidado. LOC **As far as I can ~**, por lo que veo. **As I ~ it**, por lo que yo veo. **¡I ~!**, ¡ya entiendo! **It's worth ~ing**, vale la pena *f* verlo. **Let me ~**, vamos a ver. **Let's ~**, a ver. **~ here!**, ¡mire!, ¡oiga! **~ you around/later/soon**, adiós, hasta luego. **~ for yourself**, véalo Vd mismo. **To ~ home**, acompañar a casa *f*. **To ~ off**, despedirse de. **To ~ red**, ponerse rojo de ira *f*. **To ~ the stars**, FIG ver las estrellas *f/pl*. **To ~ the light**, caer en la cuenta. **To ~ sb out**, acompañar a uno a la puerta *f*. **To ~ sb through**, ayudar a alguien a salir de un apuro *m*. **To ~ a deal through**, llevar a cabo un negocio *m*. **To ~ through sb**, ver las intenciones *f/pl* de alguien. **To ~ to**, encargarse de algo. **To ~ (to it) that**, procurar que. **You ~?**, ¿Me comprendes? **II**. *n* REL sede *f*: *The Holy ~*, La Santa Sede. **see·ing** ['si:iŋ] **I**. *n* visión *f*, vista *f*. **II**. *conj* LOC **~ that** (INFML **~ as**), en vista de que, visto que.

seed [si:d] **I**. *n* **1**. AGR , BOT simiente *f*, semilla *f*. **2**. ANAT semen *f* (*sperm*). **3**. FIG descendencia *f*. LOC **~ potato**, patata *f* de siembra. **To go/run to ~**, granar; FIG ir a menos. **To sow the ~s of discord**, sembrar la discordia *f*. **II**. *v* **1**. granar, despepitar; dejar caer las semillas *f/pl*. **2**. sembrar (*sow*). **3**. DEP (pre)seleccionar. LOC **~-bed/plot**, semillero *m*. **~-cake**, torta *f*/pastel *m* de semillas aromáticas. **~ capsule**, vaina *f* (*pod*). **~sman**, vendedor/ra de semillas. **~-pearl**, aljófar *m*. **seed·i·ness** ['si:dinis] *n* aspecto *m* ajado/raído. **seed·less** ['si:dlis] *adj* sin semillas/pepitas. **seed·ling** ['si:dliŋ] *n* BOT plantón *m*, planta *f* de semillero. **seed·y** ['si:di] *adj* (*comp* **-ier**, *sup* **-iest**) raído/a, ajado/a; MED achacoso/a, enfermizo/a; BOT lleno/a de semillas/pepitas.

seek [si:k] *v* (*pret/pp* **sought**) **1**. (**after**, **for**) buscar, indagar. **2**. (**from**) pedir, solicitar. **3**. (**to**) procurar, tratar, intentar. **seek·er** ['si:kə(r)] *n* buscador/ra.

seem [si:m] *v* (**to**) parecer, aparentar. **seem·ing** ['si:miŋ] *adj* supuesto/a, aparente; *n* apariencia *f*. **seem·li·ness** ['si:mlinis] *n* decencia *f*, decoro *m*. **seem·ly** [si:mli] *adj* (*comp* **-ier**, *sup* **-iest**) correcto/a, decente, decoroso/a.

seen *pp of* **see**.

seep [si:p] *v* (**through**, **into**, **out**) rezumarse, recalar, filtrarse. **seep·age** ['si:pidʒ] *n* filtración *f*.

se·er ['siə(r)] *n* adivino/a, vidente *m/f*.

see-saw ['si:sɔ:] **I**. *n* **1**. columpio *m*, balancín *m*. **2**. FIG vaivén *m*. **II**. *v* **1**. columpiarse. **2**. FIG oscilar, vacilar.

seethe [si:ð] *v* hervir, borbotar. **seeth·ing** ['si:ðiŋ] *adj* hirviente.

seg·ment ['segmənt] **I.** *n* **1.** MAT segmento *m*. **2.** gajo *m* (*orange*). **II.** *v* segmentar, dividir en segmentos. **seg·ment·ation** ['segmənteiʃn] *n* segmentación *f*.

se·greg·ate ['segrigeit] *v* (**from**) separar, segregar. **se·greg·ation** [,segri'geiʃn] *n* separación *f*, segregación *f*. **se·greg·ation·ist** [,segri'geiʃənist] *n*/*adj* segregacionista *m*/*f*.

seine [sein] **I.** *n* jábega *f* (*fishing net*). **II.** *v* pescar con jábega.

se·is·mic ['saizmik] *adj* sísmico/a. **se·is·mo·graph** ['saizməgra:f] *n* sismógrafo *m*. **se·is·mo·lo·gy** [saiz'mɔlədʒi] *n* sismología *f*.

seize [si:z] *v* **1.** coger, agarrar, asir. **2.** aprovechar, no dejar escapar. **3.** FIG apoderarse de: *Panic ~d her*, El pánico se apoderó de ella. **4.** (**on, upon**) valerse de. **5.** (**up**) TEC atascarse; agarrotarse (*engine*); calarse. **6.** JUR embargar (*property*); prender (*person*). **7.** retirar de la circulación. **seiz·ure** ['si:ʒə(r)] *n* captura *f*, incautación *f*; JUR detención *f*; JUR embargo *m*; MED ataque *m*.

sel·dom ['seldəm] *adv* raramente, rara vez.

se·lect [si'lekt] **I.** *v* **1.** elegir, escoger. **2.** DEP seleccionar. **II.** *adj* escogido/a, selecto/a. **se·lec·tion** [si'lekʃn] *n* elección *f*, selección *f*; surtido *m*. **se·lect·ive** [si'lektiv] *adj* selectivo/a. **se·lect·iv·ity** [,silek'tivəti] *n* selectividad *f*. **se·lect·man** [si'lektmən] *n* (*pl* **~men**) US concejal/la. **se·lect·or** [si'lektə(r)] *n* DEP seleccionador/ra; TEC selector *m*.

se·len·i·um [si'li:niəm] *n* QUIM selenio *m*.

self [self] **I.** *n* (*pl* **selves**) uno/a mismo/a. **II.** *pron* se, sí mismo/a (*also* **my·~** FAM, COM). **III.** *adj* **1.** unicolor (*esp* BOT). **2.** idéntico/a. LOC **By one ~**, por uno mismo, sin ayuda *f* ajena. **To be one·~ again**, volver a ser el mismo de siempre. **To be only a shadow of one's former ~**, ser sólo una sombra *f* de lo que uno fue. **self·ish** ['selfiʃ] *adj* interesado/a; egoísta. **self·ish·ness** ['selfiʃnis] *n* egoísmo *m*. **self·less** ['selflis] *adj* desinteresado/a; altruísta. **self·less·ness** ['selflisnis] *n* desinterés *m*; altruísmo *m*.

self..., **~-abasement**, *n* autodegradación *f*. **~-absorbed**, *adj* egocéntrico/a; ensimismado/a. **~-abuse**, *n col* masturbación *f*. **~-acting**, *adj* automático/a. **~-addressed**, *adj* dirigido/a a sí mismo/a. **~-adhesive**, *adj* autoadhesivo/a. **~-advertisement**, *n* autobombo *m*. **~-appointed**, *adj* que se ha nombrado a sí mismo/a. **~-assurance**, *n* confianza *f*/seguridad *f* en sí mismo/a. **~-centred**, *adj* egocéntrico/a. **~-command**, *n* dominio *m* de/sobre sí mismo/a. **~-conceit**, *n* arrogancia *f*. **~-confidence**, *n* seguridad *f* en sí mismo/a. **~-confident**, *adj* seguro/a de sí mismo/a. **~-conscious**, *adj* tímido/a, cohibido/a. **~-consciousness**, *n* timidez *f*. **~-contained**, *adj* autosuficiente, independiente; con entrada particular (*flat*). **~-control**, *n* autocontrol *m*, autodominio *m*. **~-criticism**, *n* autocrítica *f*. **~-defeiting**, *adj* contraproducente. **~-defence**, *n* autodefensa *f*, defensa *f* personal. **~-denial**, *n* abnegación *f*. **~-determination**, *n* autodeterminación *f*. **~-discipline**, *n* autodisciplina *f*. **~-drive**, *adj* sin chófer. **~-educated**, *adj* autodidacta. **~-effacing**, *adj* humilde, modesto/a. **~-employed**, *adj* autónomo/a, que trabaja por cuenta propia. **~-esteem**, *n* amor *m* propio. **~-evident**, *adj* evidente, patente. **~-explanatory**, *adj* que se explica por sí mismo. **~-government**, *n* autonomía *f*, autogobierno *m*. **~-help**, *n* esfuerzo *m*/ayuda *f* personal. **~-filling**, *adj* de relleno automático. **~-important**, *adj* engreído/a, vanidoso/a. **~-interest**, *n* interés *m* propio, egoísmo *m*. **~-made man/woman**, *n* persona *f* que ha triunfado con sus propios medios. **~-pity**, *n* lástima *f*/compasión *f* de sí mismo/a. **~-portrait**, *n* autorretrato *m*. **~-possessed**, *adj* sereno/a. **~-preservation**, *n* instinto *m* de conservación. **~-propelled**, *adj* autopropulsado/a. **~-reliance**, *n* seguridad *f*/confianza *f* en sí mismo/a. **~-reliant**, *adj* seguro/a de sí mismo/a. **~-respect**, *n* amor *m* propio. **~-righteous**, *adj* farisaico/a, santurrón/na. **~-rule**, *n* autonomía *f*. **~-same**, *adj* mismísimo/a. **~-satisfied**, *adj* satisfecho/a de sí mismo/a. **~-sealing**, *adj* autoadhesivo/a; que se cierra automáticamente. **~-seeking**, *n* egoísta *m*/*f*. **~-service**, *n* autoservicio *m*. **~-starter**, *n* TEC arranque *m* automático. **~-styled**, *adj* supuesto/a. **~-sufficient**, *adj* autosuficiente; seguro de sí mismo/a. **~-supporting**, *adj* que tiene recursos (económicos) propios. **~-willed**, *adj* obstinado/a, tenaz. **~-winding**, *adj* automático/a (*watch*).

sell [sel] **I.** *v* (*pret*/*pp* **sold**) **1.** (**to**) vender(se); estar en venta. **2.** hacer vender. **3.** (**off, out**) saldar, liquidar. **4.** FIG convencer, hacer aceptar. **5.** FIG traicionar, vender. LOC **To be sold on sth/sb**, INFML estar cautivado por. **To be sold out**, estar agotado. **To ~ for cash**, vender al contado *m*. **To ~ up**, venderlo todo. **II.** *n* INFML engaño *m*, decepción *f*, estafa *f*. LOC **Hard ~**, publicidad *f* agresiva. **~·ing-price**, precio *m* de venta. **~-out**, TEAT, DEP lleno *m*; traición *f*. **Soft ~**, publicidad *f* discreta. **sel·ler** ['selə(r)] *n* vendedor/ra, comerciante *m*/*f*. LOC **Best ~**, bestseller *m*, éxito *m* en ventas (*book*). **Good ~**, artículo *m* con mucha demanda. **Quick ~**, artículo *m* que se vende fácilmente.

sel·lo·tape ['seləuteip] **I.** *n* (*also* **sticky tape**) celo *m*, cinta *f* adhesiva. **II.** *v* pegar con cinta adhesiva.

seltz·er ['seltsə(r)] *n* (*also* **~ water**) agua *f* de Seltz.

sel·vage, **sel·vedge** ['selvidʒ] *n* orillo *m*, borde *m* (*cloth*).

se·man·tic [si'mæntik] *adj* semántico/a. **se·man·tics** [si'mæntiks] *n* semántica *f*.

sem·a·phore ['seməfɔ:(r)] **I.** *n* NAUT semáforo *m*. **II.** *v* hacer señales con semáforo.

semb·lance ['sembləns] *n* (**of**) aspecto *m*, apariencia *f*.

se·men ['si:men] *n* (*pl* **-a/s**) ANAT semen *m*. **sem·in·al** ['seminl] *adj* seminal.

se·mes·ter [si'mestə(r)] *n* US semestre *m*.
semi... ['semi] **I.** *n* INFML casa *f* adosada. **II.** *pref* casi, semi..., medio... . LOC **~·breve**, MUS semibreve. **~·circle**, semicírculo *m*. **~·circular**, semicircular. **~·colon**, punto *m* y coma *f*. **~·conductor**, ELECTR semiconductor *m*. **~·conscious**, semiconsciente. **~·detached**, adosado/a (*house*). **~·final**, DEP semifinal *f*. **~·precious**, semiprecioso/a. **~·quaver** (US **sixteenth note**), MUS semicorchea *f*. **~·skilled**, semicualificado/a, semiexperto/a. **~·tone** (US **half tone**), MUS semitono *m*. **~·tropic(al)**, subtropical. **~·vowel**, GRAM semivocal *f*. **~·weekly**, bisemanal.
sem·in·ar(·y) ['seminər(i)] *n* seminario *m*. **sem·in·ar·ist** ['seminərist] *n* seminarista *m/f*.
se·mi·ot·ics [,semi'ɔtiks] *n* semiótica *f*.
Sem·ite ['si:mait] *n* semita *m/f*. **Sem·it·ic** [si'mitik] *adj* semítico/a.
se·mo·li·na [,semə'li:nə] *n* sémola *f*.
sem·pi·tern·al [sempi'tɜ:nl] *adj* interminable, sempiterno/a.
semp·stress ['semstris] *n* (*also* **seamstress**) costurera *f*.
sen·ate ['senit] *n* **1**. senado *m*. **2**. consejo *m*, claustro *m* (*university*). **sen·at·or** ['senətə(r)] *n* (*abrev* **Sen**) senador/ra. **sen·a·to·ri·al** [,senə'tɔ:riəl] *adj* senatorial.
send [send] *v* (*pret/pp* **sent**) **1**. mandar, enviar; poner, remitir; expedir (*letter, telegram*). **2**. transmitir, emitir. **3**. arrojar, lanzar (*throw*). **4**. FIG chiflar, entusiasmar; volver: *To ~ sb crazy*, Volver loco. LOC **~-off**, despedidi *f* (*farewell*); principio *m* (*start*). **~-up**, sátira *f*, parodia *f*. **To ~ along**, mandar. **To ~ away**, despedir, despachar. **To ~ down**, bajar (*prices*); expulsar (*university*). **To ~ for sb**, avisar, llamar a alguien. **To ~ in**, hacer entrar. **To ~ off**, enviar por correo; despedir (*person*). **To ~ on**, reexpedir, mandar. **To ~ one's love**, mandar/enviar saludos *m/pl* cariñosos. **To ~ out**, echar, despedir, arrojar, emitir. **To ~ sth flying**, lanzar/tirar algo a alguien. **send·er** ['sendə(r)] *n* TEC transmisor *m*; remitente *m/f*.
se·nesc·ence [si'nesns] *n* senescencia *f*. **se·nesc·ent** [si'nesnt] *adj* senescente.
sen·ile ['si:nail] *adj* senil, viejo/a. **sen·il·ity** [si'niləti] *n* senilidad *f*, vejez *f*. LOC **~ dementia**, MED demencia *f* senil.
sen·i·or ['si:niə(r)] **I.** *adj* **1**. más viejo/a, mayor (*in age*). **2**. (*abrev* **Sen, Sr**) padre: *John Smith ~*, John Smith padre. **3**. más antiguo/a (*staff*). LOC **~ citizen**, *col* jubilado/a. **~ partner**, socio/a mayoritario. **II.** *n* **1**. mayor *m/f* (*in age*): *He is my ~ by two years*, Tiene dos años más que yo, me lleva dos años. **2**. US estudiante *m/f* del último curso (*college, university*). **se·ni·or·ity** [,si:ni'ɔrəti] *n* prioridad *f*; antigüedad *f*.
sen·na ['senə] *n* sena *f*.
sen·sa·tion [sen'seiʃn] *n* sensación *f*. **sen·sa·tion·al** [sen'seiʃənl] *adj* sensacional. **sen·sa·tion·al·ism** [sen'seiʃənlizəm] *n* sensacionalismo *m*. **sen·sa·tion·al·ist** [sen'seiʃənəlist] *n* sensacionalista *m/f* (*writer*). **sen·sa·tion·al·is·tic** [sen'seiʃənəlistik] *adj* sensacionalista.
sense [sens] **I.** *n* **1**. sentido *m* (*sight, smell*, etc). **2**. juicio *m*, apreciación *f*. **3**. sensación *f* (*feeling*). **4**. opinión *f*. **5**. significado *m*, sentido *m*. LOC **Common/good/sound ~**, sentido *m* común. **In a ~**, en cierto sentido *m*. **In no ~**, en ningún sentido *m*. **In the best ~ of the word**, en el buen sentido *m* de la palabra. **~ of humour**, sentido *m* del humor. **The ~ of sth**, la opinión *f*/el sentir *m*/el pensar *m* de. **To be in one's ~s**, estar en su sano juicio *m*. **To be out of one's ~s**, haber perdido el juicio *m*. **To bring sb to his ~s/to come to one's ~s**, hacer a uno volver en sí. **To make ~**, tener sentido *m*. **To talk ~**, hablar con sentido *m* común. **To take leave of one's ~s**, perder el juicio. **II.** *v* **1**. percibir, sentir; intuir. **2**. detectar. **sense·less** ['senslis] *adj* insensato/a; inconsciente, sin sentido. **sense·less·ness** ['senslisnis] *n* insensatez *f*.
sen·si·bil·ity [,sensə'biləti] *n* **1**. sensibilidad *f*. **2**. *pl* delicadeza *f*, susceptibilidad *f*.
sens·ible ['sensəbl] *adj* **1**. razonable, sensato/a, cuerdo/a (*showing good sense*). **2**. **(of)** darse cuenta de. **3**. apreciable, perceptible. **sens·ible·ness** ['sensəblnis] *n* juicio *m*, sensatez *f*.
sen·sit·ive ['sensətiv] *adj* **1**. susceptible (*touchy*). **2**. **(about)** sensible, delicado, impresionable (*easily offended or emotionally upset*). **3**. sensibilizado/a (*of instruments*). **4**. COM inestable. **sens·it·ive·ness** ['sensətivnis], **sens·it·iv·ity** [,sensə'tivəti] *n* sensibilidad *f*; susceptibilidad *f*.
sen·sit·ize, ~·ise ['sensitaiz] *v* **(to)** sensibilizar.
sen·sor ['sensə(r)] *n* TEC sensor *m*, detector *m*. **sen·so·ri·al** ['sensəriəl], **sens·ory** ['sensəi] *adj* sensorial, sensorio/a.
sen·su·al ['senʃuəl] *adj* sensual (*sometimes derogatory*). **sen·su·al·ism** ['senʃuəlizm] *n* sensualismo *m*, sensualidad *f*. **sen·su·al·ist** ['senʃuəlist] *n* sensualista *m/f*. **sen·su·al·ity** [,senʃu'æləty] *n* sensualidad *f*, sensualismo *m*.
sen·su·ous ['senʃuəs] *adj* sensorio/a, sensual.
sent *pret/pp of* **send**.
sen·tence ['sentəns] **I.** *n* **1**. GRAM oración *f*, frase *f*. **2**. JUR sentencia *f*, fallo *m*, veredicto *m*. LOC **Death ~**, pena *f* de muerte. **To serve one's ~**, cumplir la condena *f*/sentencia *f*. **II.** *v* JUR condenar, sentenciar.
sen·ten·ti·ous [sen'tenʃəs] *adj* sentencioso/a, grave, solemne. **sen·ten·ti·ous·ness** [sen'tenʃəsnis] *n* sentenciosidad *f*, solemnidad *f*.
sen·ti·ent ['senʃnt] *adj* sensitivo/a, sensible.
sen·ti·ment ['sentimənt] *n* **1**. sentimiento *m*, sensiblería *f*. **2**. **~s** *pl* opinión *f*, parecer *m*. **sen·ti·ment·al** [,senti'mentl] *adj* sentimental, nostálgico/a; sensiblero/a (*also derogatory*). **sen·ti·ment·al·ist** [,senti'mentəlist] *n* sentimental *m/f*. **sen·ti·men·tal·ity**

[,sentimen'tæləti] *n* sentimentalismo *m* (*also derogatory*). **sen·ti·men·tal·ize, -·ise** [,senti'mentəlaiz] *v* hablar con sentimentalismo.

sen·ti·nel ['sentinl], **sen·try** ['sentri] *n* MIL guardia *m*, centinela *m*. LOC **~-box**, garita *f* de centinela.

se·pal ['sepl] *n* BOT sépalo *m*.

sep·ar·able ['sepərəbl] *adj* **(from)** separable.

sep·ar·ate ['seprit] **I.** *adj* **1. (from)** separado/a. **2.** distinto/a, otro/a, suelto/a. **II.** *v* **1. (from)** separar(se) (de); dividir. **2.** clasificar (*mail*). **sep·a·rat·ed** ['sepəreitid] *adj* **(from)** separado/a (de) (*married couple*). **sep·ar·atel·y** [-li] *adv* separadamente. **sep·ar·ation** [,sepə'reiʃn] *n* **(from)** separación *f*. **sep·ar·at·ism** ['sepərətizəm] *n* separatismo *m* (*policy*). **sep·ar·at·ist** ['sepərətist] *n* separatista *m/f*. **sep·ar·at·or** ['sepəreitə(r)] *n* separador/ra.

Se·phard·ic [sə'fa:dik] *n/adj* sefardí *m/f*, sefardita *m/f*.

se·pia ['si:piə] *n* **1.** ZOOL sepia *f* (*fish*). **2.** (color *m*) sepia.

se·poy ['si:pɔi] *n* cipayo *m*.

sep·sis ['sepsis] *n* MED septicemia *f*, sepsis *f*.

Sep·tem·ber [sep'tembə(r)] *n* (*abrev* **Sept**) septiembre *m*.

sep·tet [sep'tet] *n* MUS septeto *m*.

sep·tic ['septik] *adj* séptico/a. LOC **~ tank**, depósito *m* séptico.

sep·ti·cae·mia (US **-ce·mia**) [,septi'si:miə] *n* MED septicemia *f*.

sep·tu·a·ge·nar·i·an [,septjuədʒi'neəriən] *n/adj* septuagenario/a.

se·pul·chral [si'pʌlkrəl] *adj* sepulcral (*also* FIG). **se·pul·cher**, **se·pul·chre** ['seplkə(r)] *n* sepulcro *m*; *v* sepultar. **se·pul·ture** ['sepəltʃə] *n* sepultura *f*.

se·quel ['si:kwəl] *n* **(to sth) 1.** resultado *m*; secuela *f*. **2.** continuación *f* (*novel, film*, etc).

se·quence ['si:kwəns] *n* **1.** sucesión *f*, continuación *f*; serie *f*. **2.** secuencia *f* (*film*). LOC **~ of tenses**, GRAM concordancia *f* verbal. **se·quent** ['si:kwənt], **se·quen·ti·al** ['si:kwənʃl] *adj* sucesivo/a, consecutivo/a.

se·ques·ter [si'kwestə(r)] *v* **1.** secuestrar (*person*). **2. (from)** aislarse (de), apartarse (de). **3.** JUR (*also* **sequestrate**) confiscar, embargar. **se·ques·ter·ed** [si'kwestəd] *adj* retirado/a, aislado/a; JUR confiscado/a, embargado/a.

se·ques·trate ['si:kwestreit] *v* JUR confiscar, embargar. **se·ques·tra·tion** [,si:kwe'streiʃn] *n* JUR confiscación *f*, embargo *m*; secuestro *m* (*person*). **se·ques·trat·or** ['si:kwestreitə(r)] *n* JUR el que embarga; secuestrador/ra *m,f*.

se·quin ['si:kwin] *n* lentejuela *f*.

se·quo·ia [si'kwɔiə] *n* BOT secoya *f* (*tree*).

se·ra·glio [se'ra:liəu] *n* harén *m*, serrallo *m*.

se·raph ['serəf] *n* (*pl* **-s/im**) serafín *m* (*member of the highest order of angels*). **se·raph·ic** [se'ræfik] *adj* seráfico/a.

Serb·(i·an) [sɜ:b(jən)] *n/adj* servio/a.

se·re V. **sear**.

ser·en·ade [,serə'neid] **I.** *n* MUS serenata *f*. **II.** *v* dar una serenata.

se·rene [si'ri:n] *adj* calmado/a, sereno/a. LOC **Your ~ Highness**, Su Alteza *f* Serenísima, Su Serenidad *f*. **se·ren·ity** [si'renəti] *n* serenidad *f*.

serf [sɜ:f] *n* siervo/a (*also* FIG). LOC **~·dom**, servidumbre *f*.

serge [sɜ:dʒ] *n* sarga *f*, estameña *f* (*strong woollen cloth*).

serge·ant ['sa:dʒənt] *n* (*abrev* **Sergt**, **Sgt**) MIL sargento *m*. LOC **~-mayor**, brigada *m*.

se·ri·al ['siəriəl] **I.** *adj* **1.** en serie, consecutivo/a. **2.** serie, de serie (*of a story*). **3.** por entregas (*novel*). **II.** *n* **1.** novela *f* por entregas, folletín *m*, serial *m*. **se·ri·al·ize, -·ise** ['siriəlaiz] *v* publicar en fascículos. LOC **~ number**, número de serie.

se·ri·a·tim [,siəri'eitim] *adv* en serie, sucesivamente.

se·ri·es ['siəri:z] *n* (*pl* **series**) sucesión *f*, serie *f*. LOC **To connect in ~**, ELECTR conectar en serie *f*/paralelo *m*. **~-wound**, arrollado/a en fila *f*/serie *f*.

ser·i·gra·phy [sə'rigrəfi] *n* serigrafía *f*.

se·rio-com·ic [,siəriəu 'kɔmik] *adj* tragicómico/a.

se·ri·ous ['siəriəs] *adj* **1.** serio/a, formal. **2.** grave, de gravedad (*illness*). **4. (about sb/sth)** sincero/a, honrado/a. LOC **To be ~**, hablar en serio, tomar las cosas *f/pl* en serio. **se·ri·ous·ly** ['siəriəsli] *adv* seriamente; gravemente (*illness*). **se·ri·ous·ness** ['siəriəsnis] *n* seriedad *f*; gravedad *f*. LOC **In all ~**, en serio.

ser·mon ['sɜ:mən] *n* sermón *m* (*also* FIG INFML). **ser·mon·ize, -ise** ['sɜ:mənaiz] *v* sermonear.

se·ro·lo·gy [si'rɔlədʒi] *n* serología *f*.

ser·ous ['siərəs] *adj* seroso/a.

ser·pent ['sɜ:pənt] *n* **1.** ZOOL serpiente *f*. **2.** FIG víbora *f*, serpiente *f* (*person*). **ser·pent·ine** ['sɜ:pəntain] *n/adj* serpentino/a.

ser·rat·ed [si'reitid] *adj* dentado/a (*blade*). **ser·ra·tion** [si'reiʃn] *n* endentadura *f*.

ser·ri·ed ['serid] *adj* apretado/a, apretujado/a.

se·rum ['siərəm] *n* (*pl* **-s/sera**) MED suero *m*.

serv·ant ['sɜ:vənt] *n* **1.** sirviente *m/f*, criado/a, empleado/a de hogar. **2.** empleado/a; funcionario/a. **3.** servidor/ra. **4.** *pl* servidumbre *f*. LOC **Civil ~**, funcionario del Estado. **Your obedient ~**, su seguro/a servidor/ra (*letter*).

serve [sɜ:v] **I.** *v* **1. (as, for)** servir (para, de) (*also* MIL). **2.** estar al servicio, servir. **3. (with, up)** servir (*food, things*). **4.** despachar, atender (*shop*); vender (*shop*). **5.** DEP sacar (*tennis*). **6. (out, up)** ser útil; abastecer. **7.** TEC manejar (*machine*). LOC **It ~s him right**, bien merece lo que tiene. **To ~ at table**, servir la mesa *f*. **To ~ on the jury**, JUR ser miembro *m* del jurado. **To ~ the ball**,

DEP sacar, hacer el saque *m*. **II**. *n* DEP saque *m*, servicio *m* (*tennis*). **serv·er** ['sɜ:və(r)] *n* DEP saque *m* (*tennis*); REL acólito *m*, monaguillo *m* (*at mass*); pala *f* (*for fish*).

ser·vice ['sɜ:vis] **I**. *n* **1**. **(to)** servicio *m*; MIL servicio *m* militar. **2**. FIG favor *m*, servicio *f*. **3**. uso *m*, utilidad *f*. **4**. juego *m*, vajilla *f* (*crockery*). **5**. REL misa *f*, oficio *m*. **6**. JUR entrega *f* (*summons, writ*, etc). **7**. DEP saque *m* (*tennis*). **8**. ZOOL monta *f* (*of a female animal by a male*). LOC **After-sales ~**, servicio *m* de mantenimiento. **At sb's ~**, estar a disposición *f* de alguien. **Civil ~**, administración *f* pública. **The ~s**, MIL las Fuerzas *f/pl* Armadas. **To be in the civil ~**, ser funcionario/a público. **To be of ~**, ayudar, servir. **To be on active ~**, estar en activo. **To be out of ~**, no funcionar. **To press sth into ~**, echar mano *f* de, usar, utilizar. **To see ~**, MIL prestar servicio *m*. **II**. *v* TEC revisar, mantener, atender. LOC **~ lift** (US **~ elevator**), montacargas *m*. **~ line**, DEP línea *f* de servicio (*tennis*). **~·man**, MIL militar *m*. **~ station**, estación *f* de servicio. **~ tree**, BOT serbal *m*. **ser·vice·a·bil·ity** [,sɜ:visə'biləti] *n* utilidad *f*. **ser·vice·able** ['sɜ:visəbl] *adj* duradero/a; utilizable, servible; útil, práctico/a.

ser·vi·ette [,sɜ:vi'et] *n* servilleta *f*. LOC **~ ring**, servilletero.

serv·ile ['sɜ:vail] *adj* servil. **serv·il·ity** [sɜ:'viləti] *n* servilismo *m*; adulación *f*, sumisión *f*.

ser·vi·tude ['sɜ:vitju:d] *n* servidumbre *f*. LOC **Penal ~**, JUR trabajos *m/pl* forzados.

ser·vo·me·chan·ism [,sɜ:vəu 'mekənizəm] TEC servomecanismo *m* (INFML **servo**).

ser·vo·mot·or ['sɜ:vəu məutə(r)] *n* TEC servomotor *m*.

se·sa·me ['sesəmi] *n* BOT sésamo *m* (*tropical plant*). LOC **Open ~**, ¡ábrete sésamo!

ses·qui·pe·dal·i·an [,seskwipi'deiljən] *adj* **1**. sesquipedal. **2**. FIG larguísimo/a.

ses·sion ['seʃn] *n* **1**. reunión *f*, sesión *f*. **2**. curso *m* académico. **3**. entrevista *f*. LOC **In ~**, reunido/a, en sesión/reunión. **ses·sion·al** ['seʃnl] *adj* de una sesión.

set [set] **I**. *n* **1**. **(of)** serie *m*, conjunto *m*, juego *m*. **2**. grupo *m*, pandilla *f* (*of people*); camarilla *f*, banda *f*. **3**. MAT conjunto *m*. **4**. TEC aparato *m* (*radio, TV*). **5**. porte *m*, forma *f*; caída *f* (*of clothes*). **6**. DEP set *m*. **7**. categoría *f* (*writers*, etc). **8**. TEATR decorado *m*; plató *m* (*cinema*). **9**. TEC tren (*of wheels*). **10**. BOT planta *f* de transplantar. LOC **~ theory**, MAT teoría *f* de conjuntos. **The jet/smart ~**, la alta sociedad *f*. **To make a dead ~ at sb**, meterse con alguien. **II**. *v* **(-tt-**, *pret/pp* **set)** **1**. situar(se), poner(se), colocar(se) (*place*); engastar (*jewel*). **2**. TEC arreglar, ajustar; poner en hora (*clock*). **3**. señalar, fijar (*price*); sentar (*precedent*); establecer. **4**. asignar, imponer; citar, dar (*give*). **5**. plantear, hacer (*question*). **6**. coagular(se) (*blood*); cuajar(se) (*milk*); fraguar(se); endurecer(se). **7**. MUS afinar; poner (*words*). **8**. MED reducir(se), encajar(se) (*bone*). **9**. desarrollar. **10**. marcar, fijar (*hair*). **11**. preparar, armar (*trap*). **12**. dirigir(se) (*direct*). **13**. afilar (*blade*); triscar (*saw*). **14**. NAUT desplegar (*sail*). **15**. TEATR montar (*scenery; also in cinema*). **16**. componer (*printing*). **17**. dejar reposar (*dough*). **18**. caer (*clothes*). **19**. ZOOL empollar. **20**. soplar (*wind*). **21**. parar (*hunting dog*). **22**. declinar, mermar. LOC **To be ~ upon**, tener asegurado/resuelto. **To be well ~ up for**, estar bien provisto/a de. **To ~ a price on sb's head**, poner precio a la cabeza *f* de alguien. **To ~ a trap**, poner una trampa *f*. **To ~ a watch**, poner un reloj *m* en hora. **To ~ about**, emprender, ponerse a; propagar; atacar; FAM aporrear. **To ~ above/before**, anteponer. **To ~ after**, seguir. **To ~ against**, oponerse a; enemistar con; comparar con. **To ~ apart**, separar. **To ~ aside**, apartar; reservar; anular. **To ~ at**, tirar contra. **To ~ at ease/rest**, sosegar, tranquilizar. **To ~ at liberty**, poner en libertad *f*. **To ~ back**, frenar, detener; obstaculizar. **To ~ by**, ahorrar (*money*). **To ~ down**, dejar/poner por escrito; dejar apearse/bajar (*train, bus*, etc). **To ~ fire to**, incendiar. **To ~ foot on**, pisar. **To ~ forth**, exponer, enunciar; partir, salir. **To ~ forward**, adelantar. **To ~ going**, poner en marcha *f*. **To ~ in**, encajar, engastar (*jewel*); comenzar; declararse; cerrar (*night*). **To ~ off**, salir, partir; realzar; poner en relieve; hacer explotar/estallar. **To ~ limits to**, poner límites a. **To ~ on**, azuzar contra; atacar. **To ~ one's teeth/jaw**, apretar los dientes *m/pl*. **To ~ out**, salir, partir; explicar, exponer; ponerse a; tener la intención *f* de. **To ~ sb laughing**, hacer reír a alguien. **To ~ to**, empezar; aplicarse. **To ~ the fashion**, dictar la moda. **To ~ thinking**, dar que pensar. **To ~ up**, crear, fundar; establecer(se); poner, abrir (*shop*); **(as)** levantar, erigir; **(as)** presumir, dárselas de. TEC montar, armar; establecer, instaurar (*government*); causar, provocar; componer (*printing*). **To ~ up as a model**, dar como modelo *m*. **To ~ upon**, atacar. **III**. *adj* **1**. fijo/a; inflexible; permanente. **2**. rígido/a (*rigid*). **3**. decidido/a de antemano. **4**. determinado/a, resuelto/a (*purpose*). **5**. firme (*opinion*). **6**. listo/a (*ready*). **7**. estable (*weather*). **8**. reglamentario/a. LOC **~ phrase**, frase *f* hecha. **~ speech**, discurso *m* preparado. **~ up(on)**, obstinado/a en. **~ with**, ornamentado/a con. **To be all ~**, estar todo listo/a. **To be ~ in one's ways**, tener costumbres *f/pl* muy arraigadas.

set..., **~-back**, *n* revés *m*, contratiempo *m*; MED recaída *f*. **~-down**, *n* repulsa *f*. **~-in**, *adj* incrustrado/a, empotrado/a. **~-off**, *n* relieve *m*; adorno *m*; contrapeso *m*; contraste *m*. **~-screw**, *n* tornillo *m* de fijación. **~ square**, *n* escuadra *f*, cartabón *m*. **~-to**, *n* pelea *f*; disputa *f*. **~-up**, *n* sistema *m* de organización; instalación.

set·tee [se'ti:] *n* sofá *m*, canapé *m*.

set·ter ['setə(r)] *n* **1**. ZOOL setter *m*; perro *m* de muestra (*hunting*). **2**. él/la que pone (*person or thing*).

set·ting ['setiŋ] *n* **1**. montura *f*, engaste *m* (*jewelry*). **2**. marco *m*, alrededores *m/pl* (*surrounding, enviroment*). **3**. TEC ajuste *m*. **4**. MUS arreglo *m*, versión *f*, música *f*. **5**. puesta *f* (*sun, moon*). **6**. TEATR escenario *m*, escena *f*. LOC ~ **lotion**, fijador *m* (*hair*). **~-up**, fundación *f*; establecimiento *m*, instalación *f*; construcción *f*; TEC reglaje *m*, ajuste *m*; composición *f* (*in printing*).

set·tle ['setl] **I**. *n* banco *m* (*wooden seat*). **II**. *v* **1**. instalar(se), establecer(se), fijar la residencia (*people in a place*). **2**. (**on, over**) posar(se), sentar(se); fijar; resolver/decidir algo; optar por algo, escoger. **3**. (**back**) acomodarse, sentarse cómodamente. **4**. relajarse, sosegarse, calmarse; normalizarse, volver a la normalidad (*conditions*). **5**. (**with**) llegar a un acuerdo; firmar (*deal*); fijar (*date*); asignar. **6**. (**up with sb**) liquidar, ajustar cuentas. **7**. poblar, colonizar. **8**. estabilizar; resolver, arreglar, solucionar. **9**. poner, colocar. **10**. dejar posar/asentar (*liquid*), sedimentarse; depositarse. **11**. asegurar, fijar. **12**. hundirse lentamente (*sink*). **13**. espesarse (*fog*). **14**. venir, llegar (*night*). **15**. (**in**) instalarse. **16**. (**for**) conformarse (con). LOC **To ~ accounts with sb**, ajustar cuentas *f/pl* con alguien. **To ~ down to work**, ponerse a trabajar en serio. **set·tle·ment** ['setlmənt] *n* **1**. liquidación *f*, arreglo *m*, solución *f*, pago *m* (*dispute, debt, claim*); convenio *m*, acuerdo *m* (*agreement*). **2**. JUR retribución *f*, asignación *f*. **3**. colonización *f*, establecimiento *m*; colonia *f* (*place of ~*). **4**. poblado *m*, pueblo *m*. LOC **In ~ (of sth)**, en pago *m* de. **set·tler** ['setlə(r)] *n* colonizador/ra, colono/a; poblador/ra. **set·tling** ['setliŋ] *n* **1**. emplazamiento *m*, asentamiento *m*. **2**. pacto *m*, acuerdo *m* (*dispute*); COM convenio *m*, ajuste *m*.

sev·en ['sevn] *n/adj* (*num*) siete *m*. LOC **To be at sixes and ~s**, estar hecho un lío *m*, estar en desorden *m*. **sev·en·teen** [,sevn'ti:n] *n/adj* (*num*) diecisiete *m*. **sev·en·teenth** [,seven'ti:nθ] *n/adj* (*num*) decimoséptimo/a. **se·venth** ['sevnθ] *n/adj* (*num*) séptimo/a. LOC **The ~ day**, sábado *m* (*Jewish*); domingo *m* (*Christian*). **sev·en·ti·eth** ['sevntiəθ] *n/adj* (*num*) septuagésimo/a. **sev·en·ty** ['sevnti] *n/adj* (*num*) setenta *m*. LOC **~-eight**, disco *m* de 78 rpm. **The ~·ties**, los años *m/pl* setenta. **To be in one's ~·ties**, estar en los setenta.

sev·er ['sevə(r)] *v* **1**. (**from**) dividir, separar; cortar. **2**. romper (*also* FIG). **se·ver·ance** ['sevərəns] *n* división *f*, separación *f*. **2**. ruptura *f* (*also* FIG). LOC ~ **pay**, indemnización *f* (*to an employee*).

sev·er·al ['sevrəl] *adj/pron* (*indef*) varios/as, distintos/as, diversos/as; respectivos/as. LOC **Joint and ~ bond**, solidario/a, unido/a. **sev·er·al·ly** ['sevrəli] *adv* individualmente, separadamente; respectivamente.

se·vere [si'viə(r)] *adj* **1**. duro/a, riguroso/a, severo/a. **2**. intenso/a (*winter*, etc), violento/a (*storm*); agudo (*pain*), grave, serio/a (*illness, wound*). **3**. austero/a, adusto/a (*style*). **se·vere·ly** [si'viəli] con severidad, severamente. **se·ver·ity** [si'verəti] *n* rigor *m*; severidad *f*; austeridad *f*.

Se·ville [sə'vil] *n* GEOG Sevilla. **Se·vil·li·an** [sə'viljən] *n/adj* sevillano/a.

sew [səu] *v* (*pret* **sewed**, *pp* **sewn**) **1**. coser. **2**. (**on**) coser, pegar. **3**. (**up**) remendar, zurcir. **4**. INFML arreglar (*settle*). **sew·ing** ['səuiŋ] *n* costura *f*, confección *f*; *adj* de coser. LOC ~ **machine**, máquina *f* de coser.

sew·age ['su:idʒ] *n* aguas *f/pl* de cloaca/residuales; alcantarillado *m*. LOC ~ **disposal**, depuración *f* de aguas residuales. ~ **farm/works**, depuradora *f* (*installation*).

sew·er ['su:ə(r)] *n* cloaca *f*, alcantarilla *f*. **sew·er·age** ['su:əridʒ] *n* alcantarillado *m*.

sewn *pp of* **sew**.

sex [seks] **I**. *n* **1**. sexo *m* (*gender*). **2**. (**with sb**) coito *m*, acto *m* sexual. LOC ~ **act**, coito *m*. ~ **appeal**, atracción *f* sexual; FAM atractivo *m*, gancho *m*. ~ **life**, vida *f*/actividad *f* sexual. ~ **maniac**, maníaco/a sexual. **The weaker ~**, el sexo *m* débil. **II**. *v* determinar el sexo. **sex·ed** [sekst] *adj* sexuado/a. **sex·less** ['sekslis] *adj* sin deseo/atractivo/actividad sexual; asexual, sin sexo. **sex·o·lo·gist** [sek'sɔlədʒist] *n* sexólogo/a. **sex·o·lo·gy** [sek'sɔlədʒi] *n* sexología *f*. **sex·u·al** ['sekʃuəl] *adj* sexual. LOC ~ **intercourse** (*also* **intercourse**), relaciones *f/pl* sexuales. **sex·u·al·ity** [,sekʃu'æləti] *n* sexualidad f. **sex·y** ['seksi] *adj* sexy, erótico/a; atractivo/a; provocativo/a.

sex·a·ge·nar·i·an [seksədʒi'neriən] *n/adj* sexagenario/a.

sex·tant ['sekstənt] NAUT sextante *m*.

sex·tet (*also* **sex·tette**) [seks'tet] *n* MUS sexteto *m*.

sex·ton ['sekstən] *n* **1**. REL sacristán *m*. **2**. FAM enterrador *m*, sepulturero *m*.

sex·tu·ple ['sekstjupl] **I**. *n/adj* séxtuplo/a. **II**. *v* sextuplicar.

SF [,es 'ef] *n* (*abrev*) INFML ciencia *f* ficción.

sgd *abrev* **signed**.

Sgt *abrev* **Sergt**, **Sergeant**.

sh [ʃ] *int* ¡chis(t)!, ¡silencio!.

shab·by ['ʃæbi] *adj* (*comp* **-ier**, *sup* **-iest**) **1**. gastado/a, raído/a (*things*); andrajoso/a, harapiento/a (*person*); lastimoso/a, en mal estado (*house*, etc). **2**. FIG vil, villano/a, ruin, bajo/a (*behaviour*). **shab·bi·ly** ['ʃæbili] *adv* injustamente. **shab·bi·ness** ['ʃæbinis] *n* lo raído (*things*); aspecto *m* harapiento/andrajoso (*person*); mal estado *m* (*house*).

shack [ʃæk] **I**. *n* chabola *f*, barraca *f*, casucha *f*; cabaña *f*, choza *f*. **II**. *v* (**up with sb/together**) INFML vivir juntos (*not married*).

shack·le ['ʃækl] **I**. *n* **1**. argolla *f*. **2**. **~s** *pl* grillos *m/pl*, grilletes *m/pl*. **3**. FIG (**of sth**) obstáculos *m/pl*, trabas *f/pl*. **II**. *v* **1**. poner grillos/grilletes, encadenar. **2**. FIG obstaculizar, poner trabas.

shad [ʃæd] *n* (*pl unchanged*) ZOOL sábalo *m* (*fish*).

shade [ʃeid] **I**. *n* **1**. (**from sth**) sombra *f*. **2**. visera *f* (*eyes*); pantalla *f* (*lamp*). **3**. **~s** *pl* tinieblas *f/pl*, sombras *f/pl* (*evening, night*). **4.** **~s** *pl* US INFML gafas *f/pl* de sol. **5.** tono *m*, tonalidad *f* (*degreee/depth of colour*). **6.** **(of)** matiz *m* (*meaning*). **7.** pizca *f*, poquito *m* (*small amount*). LOC **In the ~**, en/a la sombra *f*. **To put sb/sth in the ~**, FIG hacer sombra *f* a alguien/algo. **II.** *v* **1.** **(from)** resguardar/proteger del sol *m*; dar sombra *f*. **2.** oscurecer. **3.** **(in)** sombrear (*drawing*). **4.** **(away/off...into)** transformarse gradualmente (en). **sha·di·ness** ['ʃeidinis] *n* sombra *f*. **shad·ing** ['ʃeidiŋ] *n* degradación *f* (*colours*); sombreado *m* (*drawing*).

sha·dow ['ʃædəu] **I.** *n* **1.** sombra *f*. **2.** oscuridad *f*. **3.** FIG detective *m/f*; policía *f* (*person who secretly follows sb*). **4.** **~s** *pl* tinieblas *f/pl*. LOC **~-box**, DEP boxear con un adversario *m* imaginario. **~-boxing**, DEP boxeo con un adversario *m* imaginario; FIG disputa *f*/pelea *f* con un adversario imaginario. **To be afraid of one's own ~**, tener miedo *m* hasta de su propia sombra. **II.** *v* **1.** sombrear; oscurecer. **2.** FIG seguir/vigilar en secreto. **sha·dow·y** ['ʃædəui] *adj* sombreado/a; FIG indistinto/a, indefinido/a.

shad·y ['ʃeidi] *adj* (*comp* **-ier**, *sup* **iest**) **1.** que da sombra. **2.** INFML sospechoso/a, turbio/a (*person*). LOC **To be on the ~ side of 40**, tener más de 40 años *m/pl*.

shaft [ʃa:ft] **I.** *n* **1.** saeta *f*, flecha *f*, dardo *m*. **2.** FIG puya *f*, puyazo *m* (*remark intended to wound*). **3.** mango *m* (*handle*). **4.** vara *f*, varal *m* (*of a carriage*). **5.** TEC árbol *m*/eje *m* de transmisión. **6.** hueco *m* (*lift*). **7.** pozo *m* (*mining*).

shag [ʃæg] **I.** *n* **1.** picadura *f* (*cut tobacco*). **2.** felpa *f*, borra *f* (*cloth*). **II.** *v* SL follar, joder. **shag·gi·ness** ['ʃæginis] *n* aspecto *m* despeinado/desgreñado. **shag·gy** ['ʃægi] *adj* (*comp* **-ier**, *sup* **-iest**) peludo/a, velludo/a (*hair*); hirsuto/a (*eyebrows*); con pelusa (*hair, fibres*). LOC **~ dog story**, chiste *m* largo y pesado.

shake [ʃeik] **I.** *v* (*pret* **shook**, *pp* **shaken**) **1.** hacer (re)temblar, sacudir; agitar(se) (*earth*). **2.** mover, menear (*head*); zarandear. **3.** FIG hacer dudar. **4.** **(up)** mover, agitar (*mix*); trastornar, perturbar (*perturb*), desconcertar, estremecer; FIG reorganizar. **5.** INFML estrechar (*hands*). **6.** **(with)** MUS trinar. **7.** **(down)** instalarse; echarse a dormir; **(sb down)** US sacar dinero (*by threats*); US INFML registrar; hacer caer sacudiendo (*fruits from a tree*). **8.** **(off)** FIG quitarse de encima, deshacerse de. **9.** **(out)** desplegar (*sail*). LOC **To ~ the dust out**, quitar el polvo *m*. **To ~ one's fist (at sb)**, amenazar a alguien con el puño *m*. **To ~ sb's hand/to ~ hands (with sb)/to ~ sb by the hand**, estrecharse la mano *f*. **To ~ one's head**, mostrar desaprobación *f* con la cabeza. **To ~ with laughter**, desternillarse de risa *f*. **II.** *n* **1.** sacudida *f*; temblor *m*; movimiento *m*, meneo *m* (*head*). **2.** MUS trino *m*. **3.** apretón *m* de manos. **4.** vibración *f* (*vehicle*). **5.** batido *m* (*milk*). LOC **In a couple of ~s/in two ~s (of a lamb's tail)**, INFML en un instante *m*/momento *m*/periquete *m*. **No great ~s**, nada extraordinario. **shake·down** ['ʃeikdaun] *n* cama *f* improvisada; US INFML concusión *f*/exacción *f* de dinero; US INFML registro *m* (*thorough search*); NAUT, AER prueba *f* final. **shake-up/-out** ['ʃeiikʌp, -aut] *n* FIG sacudida *f*; reorganización *f*. **shak·er** ['ʃeikə(r)] *n* criba *f*; coctelera *f*. **shak·i·ness** ['ʃeikinis] *n* debilidad *f*; inestabilidad *f*. **shak·y** ['ʃeiki] *adj* (*comp* **-ier**, *sup* **-iest**) tembloroso/a; inestable, débil(itado/a), sospechoso/a, dudoso/a.

shale [ʃeil] *n* GEOL esquisto *m*. LOC **~-oil**, GEOL aceite *m* laminar/esquistoso. **sha·ly** ['ʃeili] *adj* esquistoso/a.

shall [ʃəl] *v/aux* (*negative* **shall not/shan't** [ʃa:nt]) (*pret* **should**; *negative* **should not/shouldn't**) **1.** (*indicating future events*; *first person sing/pl*): *We ~ go*, Iremos. **2.** (*indicating will or determination*): *He ~ be set free*, será liberado. **3.** (*indicating offers or suggestions*): *~ I close the door?*, ¿Cierro la puerta? **4.** (*indicating orders or instructions*): *You ~ do it*, Sí lo harás.

shal·lot [ʃələt] *n* BOT chalote *m*.

shal·low ['ʃæləu] **I.** *adj* (*comp* **-ier**, *sup* **-iest**) **1.** poco profundo/a; plano/a, llano/a (*plate*). **2.** FIG somero/a, superficial (*person*); frívolo/a. **II.** *v* hacer(se) menos profundo. **III.** **~s** *pl* banco *m* de arena, bajío *m*. **shal·low·ness** ['ʃæləunis] *n* poca profundidad *f*; FIG superficialidad *f* (*person*).

sham [ʃæm] **I.** *v* **(-mm-)** simular, fingir. **II.** *n* **1.** impostor/ra. **2.** engaño *m*, impostura *f*. **III.** *adj* fingido/a, falso/a; de imitación; postizo/a. LOC **~ battle**, MIL combate *m* simulado.

sham·ble ['ʃæmbl] *v* andar arrastrando los pies. **sham·bles** ['ʃæmblz] *n* INFML desorden *m*, lío *m*; ruina *f*; matanza *f*, carnicería *f*.

shame [ʃeim] **I.** *n* **1.** deshonra *f*; vergüenza *f*. **2.** lástima *f*, pena *f* (*pity*). LOC **~ on you!**, ¡qué vergüenza *f*! **To cry ~**, poner el grito *m* en el cielo. **To put sb/sth to ~**, avergonzar a uno; FIG superar a uno con creces. **What a ~!**, ¡qué pena! **II.** *v* **1.** deshonrar; avergonzar. LOC **~-faced**, avergonzado/a, vergonzoso/a. **~-facedness**, vergüenza *f*. **To ~ sb into doing sth**, avergonzar a uno hasta tal punto *m* que se vea obligado a hacer algo. **shame·ful** ['ʃeimfl] *adj* vergonzoso/a. **shame·ful·ly** ['ʃeimfəli] *adv* vergonzosamente. **shame·ful·ness** ['ʃeimflnis] *n* vergüenza *f*. **shame·less** [-lis] *adj* desvergonzado/a, descarado/a. **shame·less·ness** ['ʃeimlisnis] *n* desvergüenza *f*, descaro *m*.

sham·my ['ʃæmi] *n* (*also* **~ leather**) gamuza *f*.

sham·poo [ʃæm'pu:] **I.** *n* champú *m*. **II.** *v* (*pret/pp* **-pooed**; *present p* **-pooing**) lavar(se) la cabeza.

sham·rock ['ʃæmrɔk] *n* BOT trébol *m* irlandés.

shan·dy ['ʃændi] *n* cerveza *f* con limonada *f* (*drink*).

shang·hai [ʃæŋ'hai] *v* (*pret/pp* **-haied**; *present p* **-haiing**) **1**. INFML engañar/forzar a alguien a hacer algo. **2**. NAUT *col* emborrachar/narcotizar a alguien y embarcarlo.

shank [ʃæŋk] *n* **1**. mango *m* (*handle*). **2**. caña *f* (*part between knee and ankle*). **3**. BOT tallo *m*. **4**. ANAT, ZOOL pierna *f*, zanca *f*. LOC **To ride on ~s pony/mare**, INFML ir en el coche *m* de San Fernando (*on foot*).

shan't [ʃa:nt] (*forma contracta de*) **shall not**.

shan·ty ['ʃænti] *n* chabola *f*, choza *f*. LOC **~ town**, barrio *m* de chabolas.

shape [ʃeip] **I**. *n* **1**. aspecto *m*, forma *f*, figura *f*, tipo *m*. **2**. contorno *m*, silueta *f*. **3**. INFML estado *m*, condición *f* (*condition*); DEP forma *f*. **4**. molde *m*. LOC **In ~**, en forma *f*; en orden *m*. **To get (oneself) into ~**, ponerse en forma *f*. **To knock/lick sth/sb into ~**, formar; pulir; poner a punto *m*. **To take ~**, tomar forma *f*. **II**. *v* **1**. **(into)** modelar, dar forma; labrar, tallar. **2**. FIG formar, determinar (*character*). **3**. **(up)** desarrollarse (*develop*). **4**. ajustar (*clothes*). **shap·ed** [ʃeipt] *adj* en forma de. **shape·less** ['ʃeiplis] *adj* informe. **shape·less·ness** ['ʃeiplisnis] *n* ausencia *f* de forma. **shape·li·ness** [ʃeiplinis] *n* proporción *f*; elegancia *f*. **shape·ly** ['ʃeipli] *adj* (*comp* **-ier**, *sup* **-iest**) bien proporcionado/a; bien formado/a; de buen talle; elegante.

share [ʃeə(r)] **I**. *n* **1**. **(in, of sth)** porción *f*, parte *f*. **2**. cuota *f*, contribución *f*; participación *f*; interés *m*. **3**. COM acción *f*. **4**. AGR reja *f* (*plough*). LOC **~ and ~ alike**, a partes *f/pl* iguales. **The lion's ~**, FIG la mejor tajada *f*. **To go ~s (with sb) (in sth)**, dividir lo recibido. **To have a ~ in**, tomar parte *f* en, participar en. **II**. *v* **1**. dividir, (com)partir; poseer en común. **2**. **(in)** participar (en). **3**. **(out)** distribuir, repartir. LOC **To ~ and ~ alike**, participar por partes *f/pl* iguales. **~-cropper**, US AGR aparcero/a. **~-holder**, COM accionista *m/f*. **~-out**, reparto *m*.

shark [ʃa:k] *n* **1**. ZOOL tiburón *m*. **2**. INFML usurero/a; estafador/ra (*swindler*). **3**. US experto *m*, as *m*.

sharp [ʃa:p] **I**. *adj* **1**. (punti)agudo/a (*pin*); afilado/a (*knife*). **2**. cerrado/a, fuerte (*bend*). **3**. definido/a, delimitado/a (*outline*); nítido/a. **4**. agudo/a (*sound*). **5**. ácido/a (*taste*). **6**. fuerte, frío/a, penetrante (*wind, frost*). **7**. fuerte, agudo/a (*pain*). **8**. FIG astuto/a, avispado/a, vivo/a (*person*). **9**. **(with sb)** severo/a; mordaz, encarnizado/a (*criticize, injure*). **10**. rápido/a (*quick, brisk*); inesperado/a. **11**. deshonesto/a (*unscrupulous*). **12**. INFML elegante (*smart, stylish*). **13**. MUS sostenido/a (*note*). **14**. áspero/a, agresivo/a (*temper*). LOC **To be ~ as a needle**, FAM ser un lince *m*. **II**. *n* **1**. MUS sostenido *m* (*of notes*). **2**. FAM estafador/ra. **3**. US as *m/f*, experto/a. **III**. *adv* **1**. en punto: *5 o'clock ~*, Las cinco en punto. **2**. FAM repentinamente. **3**. MUS desafinadamente. LOC **Look ~!**, ¡rápido! **If you don't look ~ ...**, si no te mueves ... **sharp·en** ['ʃa:pən] *v* afilar (*knife*), amolar, aguzar; sacar punta (*pencil*); FIG agudizarse. **sharp·en·er** ['ʃa:pnə(r)] *n* TEC máquina *f* de afilar. LOC **Pencil-~**, sacapuntas *m*. **sharp·er** ['ʃa:pə(r)] *n* (*also* **card-~**) fullero/a; estafador/ra. **sharp·ness** ['ʃa:pnis] *n* lo cortante, lo afilado; agudeza *f*.

sharp..., **~-edged**, *adj* afilado/a. **~-eyed**, *adj* de vista aguda. **~·shooter**, *n* buen tirador/ra (*with gun*). **~-sighted**, *adj* de vista aguda. **~-witt- ed**, *adj* perspicaz, vivo/a.

shat *pret/pp of* **shit**.

shat·ter ['ʃætə(r)] *v* **1**. hacer(se) pedazos/añicos, romper(se). **2**. INFML destruir (*hopes*). **3**. INFML destrozar (*nerves*). **4**. MED quebrantar (*health*). LOC **~·proof**, inastillable (*glass*). **shat·ter·ing** ['ʃætəriŋ] *adj* fulgurante, pasmoso/a; demoledor/ra.

shave [ʃeiv] **I**. *v* **1**. afeitar(se); rapar(se). **2**. cepillar (*wood*). **3**. INFML pasar rozando (*pass very close*). **II**. *n* afeitado *m*; rapado *m*. LOC **To have a close ~**, librarse por los pelos *m/pl*. **To have a ~**, afeitarse. **shav·en** ['ʃeivn] *adj* afeitado/a; rapado/a. **shav·er** ['ʃeivə(r)] *n* INFML muchacho *m* (*young boy*); (*also* **electric ~**) maquinilla *f* de afeitar. **shav·ing** ['ʃeiviŋ] *n* afeitado *m*, rasurado *m*. LOC **~-brush**, brocha *f* de afeitar. **~-cream/foam**, crema *f*/espuma *f* de afeitar. **~-stick**, barra *f* de jabón de afeitar. **shav·ing** ['ʃeiviŋs] *n* viruta *f* (de madera); *adj* de afeitar.

Shav·i·an ['ʃeivijən] *adj* shaviano/a.

shawl [ʃɔ:l] *n* pañoleta *f*, mantón *m*, chal *m*.

she [ʃi:] **I**. *pron pers* ella *f*. LOC **~ who**, la que. **II**. *n* hembra *f*. **III**. *adj* (*female animal*): *~-cat*, Gata.

sheaf [ʃi:f] *n* (*pl* **sheaves**) **1**. AGR haz *m*, gavilla *f*. **2**. fajo *m* (*papers*).

shear [ʃiə(r)] **I**. *v* (*pret* **~·ed**, *pp* **~·ed/shorn**) **1**. esquilar (*sheep*). **2**. **(off, through)** cortar, cizallar. LOC **To be shorn of sth**, quedarse sin. **II**. **~s** *n/pl* tijeras *f/pl* grandes (*for gardening*); cizalla *f*. **shear·er** ['ʃiərə(r)] *n* esquilador/ra. **shear·ing** ['ʃiəriŋ] *n* esquileo *m*; *pl* lana *f* esquilada.

sheath [ʃi:θ] *n* **1**. funda *f*, estuche *m*, vaina *f* (*knife*; *also in* BOT); TEC forro *m* (*cable*). **2**. preservativo *m* (*condom*). **sheathe** [ʃi:ð] *v* enfundar, envainar (*knife*). **2**. **(in, with)** TEC forrar, revestir (*cable*). **sheath·ing** ['ʃi:θiŋ] *n* enfundadura *f*, revestimiento *m*; TEC forro *m* (*cable*).

she·bang [ʃi'bæŋ] *n col* LOC **The whole ~**, todo el tinglado *m*/negocio *m*/asunto *m*.

she·been [ʃi'bi:n] *n* bar *m*/taberna *f* ilícita (*in Ireland and Africa*).

shed [ʃed] **I**. *n* almacén *m*, cobertizo *m*, hangar *m* (*for storing things*). **II**. *v* (**-dd-**; *pret/pp* **shed**) **1**. despojarse de (*clothes, leaves*). **2**. verter, derramar (*blood, tears*). **3**. ZOOL mudar, pelechar. **4**. **(on)** arrojar, dar (*light, warmth*).

she'd [ʃi:d] (forma contracta) **1**. *she had*. **2**. *she would*.

sheen [ʃi:n] *n* brillo *m*, lustre *m*. **sheen·y** ['ʃi:ni] *adj* brillante, lustroso/a.

sheep [ʃi:p] *n* (*pl unchanged*) **1**. ZOOL oveja *f*. **2**. AGR ganado *m* lanar. LOC **A wolf in ~'s clothing,** FIG un lobo *m* con piel de oveja. ~ **and goats,** FIG buenos y malos. **To be the black** ~, FAM ser la oveja *f* negra. **To separate the ~ from the goats**, FIG separar la cizaña *f* del grano. **sheep·ish** ['ʃi:piʃ] *adj* vergonzoso/a, tímido/a. **sheep·ish·ness** ['ʃipiʃnis] *n* vergüenza *f*, timidez *f*.

sheep ..., **~-dip**, *n* desinfectante *m* para ovejas. **~-dog**, *n* perro *m* pastor. **~'s eyes**, *n* mirada *m* de enamorado/a. **~-fold**, *n* aprisco *m*, majada *f*, redil *m*. **~·man**, *n* ganadero *m*. **~-run/walk**, *n* dehesa *f*/pasto *m* de ovejas. **~·skin**, *n* piel *f* de carnero; badana *f*, zamarra *f*; US pergamino *m*, diploma *m*.

sheer ['ʃiə(r)] **I**. *adj* **1**. absoluto/a, total, completo/a; puro/a; consumado/a. **2**. fino/a; transparente (*cloth*). **3**. escarpado/a; acantilado/a (*rock, cliff*). **II**. *adv* **1**. perpendicularmente. **2**. completamente, directamente. **III**. *v* **1**. NAUT (**away**, **off**) desviarse, guiñar. **2**. FIG largarse (*go away*); desviarse (*subject*). **IV**. *n* NAUT guiñada *f*, desviación *f*.

sheet [ʃi:t] *n* **1**. sábana *f* (*for beds*). **2**. lámina *f* (*glass, metal*); hoja *f* (*tin, paper*). **3**. INFML cortina *f*, capa *f* (*rain, snow, ice, fog*). **4**. FAM periodicucho *m*. **5**. NAUT escota *f* (*rope*). LOC ~ **anchor**, NAUT ancla *m* de la esperanza (*also* FIG). ~ **iron**, chapa *f*. ~ **lightning**, relámpago *m* difusión. **sheet·ing** ['ʃi:tiŋ] *n* laminado *m*, cobertura *f* metálica; tela *f*/lencería *f* para sábanas.

sheik(h) [ʃeik] *n* jeque *m*.

she·kel ['ʃekl] *n* **1**. siclo *m*. **2**. **~s** *pl* INFML pasta *f* (*money*).

shelf [ʃelf] *n* (*pl* **shelves**) **1**. estante *m*, repisa *f*, anaquel *m*. **2**. GEOL repisa *f*, saliente *m*; arrecife *m* (*rock, cliff*). **3**. NAUT bajío *m*, banco *m* de arena. LOC **On the** ~, INFML olvidado, arrinconado; INFML para vestir santos *m/pl* (*of an unmarried woman*).

shell [ʃel] **I**. *n* **1**. ZOOL, BOT cascarón *m*, cáscara *f*, caparazón *m*, concha *f*, carapacho *m* (*eggs, nut-kernels, fruit, oysters, tortoises,* etc); vaina *f* (*pea*). **2**. esqueleto *m*, armazón *m*; cubierta *f* (*building, ship,* etc). **3**. MIL proyectil *m*, granada *f*; casquillo *m*. **4**. yola *f* (*boat*). **II**. *v* **1**. (US *also* **shuck**) descascarar, pelar, desvainar; sacar del caparazón. **2**. MIL bombardear. **3**. (**out**) INFML pagar, aflojar, desembolsar (*money*). **shell·ing** ['ʃeliŋ] *n* MIL bombardeo *m*.

shell..., ~ **fire**, *n* MIL cañoneo *m*, bombardeo *m*. **~·fish**, *n* ZOOL crustáceo *m*; mariscos *m/pl*. **~·proof**, *adj* MIL a prueba de bombas/granadas. **~-shock**, *n* MED neurosis *f* de guerra. **~-shocked**, *adj* MED que sufre de neurosis de guerra.

she'll [ʃi:l] (forma contracta de) **she will**, **she shall**.

shel·lac [ʃə'læk; 'ʃəlæk] **I**. *n* laca *f* (*resinous substance*). **II**. *v* (**-ck-**) **1**. lacar, dar laca. **2**. US INFML dar una paliza (*beat*). **shel·lack·ing** [ʃə'lækiŋ] *n* US INFML paliza *f* (*beating*).

shel·ter ['ʃeltə(r)] **I**. *n* **1**. (**from**) abrigo *m*, refugio *m*, asilo *m*. **2**. cobertizo *m*; albergue (*for mountaineers*). **3**. FIG amparo *m*, resguardo *m*. LOC **To take** ~, ponerse a cubierto *m*. **II**. *v* **1**. (**from**) abrigar(se), refugiar(se), proteger(se), guarecer(se). **2**. FIG amparar (se), resguardar(se). **shel·ter·ed** ['ʃeltəd] *adj* abrigado/a; protegido/a. **shel·ter·less** ['ʃeltəlis] *adj* desamparado/a, sin hogar.

shelve [ʃelv] *v* **1**. colocar/poner en un estante. **2**. FIG dejar de lado; arrinconar; dar carpetazo a (*matter*). **3**. (**away**, **down**, **off**) GEOL estar en declive, formar declive. **shelv·es** [ʃelvz] (*also* **shelv·ing** [-iŋ] *n* estantería *f*) *pl of* **shelf**.

she·moz·zle [ʃi'mɔzl] *n* INFML follón *m*, bronca *f*, lío *m*.

she·na·ni·gans [ʃi'nænigənz] *n* INFML **1**. embustes *m/pl*, engaños *m/pl*. **2**. trastadas *f*/pl, travesuras *f/pl*.

shep·herd ['ʃepəd] **I**. *n* pastor *m*, zagal *m*. **II**. *v* dirigir, guiar (*people*). **shep·herd·ess** [,ʃepə'des] *n* pastora *f*, zagala *f*.

sher·bet ['ʃɜ:bət] *n* (US **sorbet**) sorbete *m*.

she·riff ['ʃerif] *n* **1**. (*often* **High** ~) gobernador/ra civil (*in England and Wales*). **2**. presidente *m/f* del tribunal de un condado (*in Scotland*). **3**. US sheriff *m*.

sher·ry ['ʃeri] *n* jerez *m* (*wine; also a glass of* ~).

she's [ʃi:z] (*forma contracta*) **1**. **she is**. **2**. **she has**.

shew V. **show**.

shib·bol·eth ['ʃibəleθ] *n* **1**. doctrina *f* que ha quedado anticuada. **2**. santo *m* y seña *f*, contraseña *f*.

shi·ed *pret/pp of* **shy**.

shield [ʃi:ld] **I**. *n* **1**. escudo *m*, protección *f* (*also* FIG). **2**. TEC pantalla *f* protectora, blindaje *m*. **II**. *v* (**against**, **from**) resguardar, escudar, proteger, blindar. LOC ~ **bearer**, escudero/a.

shift [ʃift] **I**. *v* **1**. (**from**.../**to**...) desplazar, cambiar de sitio, mover, cambiar/mudar de. **2**. FIG echar (*blame*); quitarse de encima. **3**. US cambiar (*gear*). **4**. INFML correr, ir a gran velocidad. LOC **~-key**, tecla *f* de mayúsculas (*in typewriters*). **~-lever**, palanca *f* de cambios (*in a car*). **To ~ for oneself**, arreglárselas solo. **II**. *n* **1**. (**in**) cambio *m* (*change*). **2**. turno *m*, tanda *f* (*work*). **3**. artificio *m*, astucia *f* (*trick*). **4**. tecla *f* de mayúsculas (*typewriter*). **5**. cambio *m* de lugar/sitio; movimiento *m*. **6**. expediente *m*, recurso *m*. LOC **To make a** ~, cambiar de lugar *m*. **To make ~ to**, arreglárselas para. **To make ~ with**, contentarse con. **To make ~ without**, prescindir de. **shift·ing** ['ʃiftiŋ] *adj* mudable; movedizo/a (*sand*): ~ *sands*, Arenas movedizas. **shift·less** ['ʃiftlis] *adj* perezoso/a, vago/a; inútil, indolente. **shift·less·ness** ['ʃiftləsnis] *n* pereza *f*; inutilidad *f*. **shift·y** ['ʃifti] *adj* (*comp* **-ier**, *sup* **-iest**) taimado/a, astuto/a; falso/a; sospechoso/a.

shil·ling ['ʃiliŋ] chelín *m* (*coin*).

shil·ly-shal·ly ['ʃili ʃæli] *v* (*pret/pp* **-sha·llied**) vacilar, titubear.

shim·mer ['ʃimə(r)] **I.** *v* brillar, rielar (*moon*). **II.** *n* brillo *m*; resplandor *m*, luz *f* trémula.

shim·my ['ʃimi] *n* **1**. US FAM camisa *f* (*woman*). **2**. vibración *f*; abaniqueo *m* (*wheels*). **3**. baile *m* de jazz.

shin [ʃin] **I.** *n* ANAT (*also* **~·bone, tibia**) espinilla *f*, tibia *f*. **II.** *v* **(-nn-)** **(up)** trepar; **(down)** bajar (*rope*). LOC **~-pad/guard**, DEP espinillera (*football*).

shin·dig ['ʃindig] *n* INFML **1**. juerga *f*, fiesta *f*. **2**. (*also* **shindy**, **shinding**) jaleo *m*.

shine [ʃain] **I.** *v* (*pret/pp* **shone**) **1**. (re)lucir, brillar (*also* FIG). **2**. dirigir (*light*). **3**. INFML sacar brillo, limpiar (*shoes, brassware*). **4**. **(at, in)** FIG rebosar de. **II.** *n* **1**. lustre *m*, brillo *m*. **2**. buen tiempo *m* (*weather*). LOC **Rain or ~**, llueva o truene. **To take a ~ to sb/sth**, coger simpatía *f* por. **To take the ~ out of**, eclipsar. **shin·er** ['ʃeinə(r)] *n* **1**. limpiabotas *m/f*. **2**. *col* ojo a la virulé/funerala. **shin·y** ['ʃaini] *adj* (*comp* **-ier**, *sup* **-iest**) con brillo, brillante; lustroso/a; radiante.

shin·gle ['ʃiŋgl] **I.** *n* **1**. guijarral *m*, guijarros *m/pl* (*pebbles*); playa *f* guijarrosa. **2**. tablilla *f*, ripia *f* (*covering*). **3**. US INFML placa *f* (*signboard*). **4**. corte *m* a lo garçon (*hair style*). **II.** *v* **1**. cubrir con tablillas/ripias. **2**. cortar (el pelo) a lo garçon. **shing·ly** ['ʃiŋgli] *adj* guijarroso/a, de guijarros.

shin·gles ['ʃiŋglz] *n*/pl MED (*also* **herpes zoster**) MED zona *f*, herpes *m/f pl*.

ship [ʃip] **I.** *n* **1**. barco *m*, buque *m*, navío *m* (*large vessel*). **2**. US INFML avión *m*. **II.** *v* **(-pp-)** **1**. NAUT embarcar(se). **2**. armar, izar (*mast*). **3**. desarmar (*oars*). **4**. mandar, enviar, expedir. **ship·ment** ['ʃipmənt] *n* NAUT embarque *m*; cargamento *m*, flete *m*. **ship·per** ['ʃipə(r)] *n* exportador/ra; remitente *m/f*. **ship·ping** ['ʃipiŋ] *n* barcos *m/pl*, buques *m/pl*, flota *f*; embarque *m*. LOC **~ agent**, agente *m/f* marítimo. **~ company**, compañ"a *f* naviera.

ship..., **~·board**: *On ~.board*, A bordo. **~·builder**, *n* constructor/ra de barcos, ingeniero/a naval. **~·building**, *n* construcción *f* de barcos. **~-canal**, *n* canal *m* de navegación. **~·load**, *n* carga *f*, cargamento *m*. **~·mate**, *n* compañero/a de tripulación. **~·owner**, *n* armador/ra. **~'s chandler**, *n* abastecedor/ra de buques. **~·shape**, *adj* en regla/orden. **~·wreck**, *n* naufragio *m*; *v* (hacer) naufragar. **~·wrecked**: *~.wrecked person*, Náufrago/a. **~·wright**, *n* constructor/ra de buques (*~.builder*); carpintero/a de navío (*worker*). **~·yard**, *n* astillero *m*.

shire ['ʃaiə(r)] (*in compounds* [-ʃə(r)]) *n* **1**. condado *m*: *York.~*, Condado de York. **2**. **The ~s** *pl* los condados centrales de Inglaterra. LOC **~-horse**, caballo *m* percherón.

shirk [ʃɜ:k] *v* zafarse, esquivar, eludir; no cumplir con el deber; hacer el gandul. **shirk·er** ['ʃɜ:kə(r)] *n* gandul/la.

shirt [ʃɜ:t] *n* camisa *f*. LOC **To keep one's ~ on**, INFML no sulfurarse, permanecer sereno. **To lose one's ~**, perder hasta la camisa *f*. **To put one's ~ on sth**, apostar todo lo que uno tiene a algo. **shirt·ing** ['ʃɜ:tiŋ] *n* tela *f* para camisas.

shirt..., **~-collar**, *n* cuello *m* de camisa. **~-front**, *n* pechera *f*. **~-sleeve**, *n* manga *f* de camisa: *In ~-sleeves*, En mangas de camisa; US sencillo/a. **~-tail**, *n* faldón *m*. **~·waist**, *n* US blusa *f*.

shirt·y ['ʃɜ:ti] *adj* (*comp* **-ier**, *sup* **-iest**) INFML enfadado/a, furioso/a.

shit [ʃit] **I.** *n col* mierda *f*; heces *f/pl*, excremento *m*. **II.** *v* **(-tt-**; *pret/pp* **~·ted/shat)** cagar, defecar, evacuar. **III.** *int* ¡mierda! **shit·ty** ['ʃiti] *adj* (*comp* **-ier**, *sup* **-iest**) merdoso/a, sucio/a, asqueroso/a.

shiv·er ['ʃivə(r)] **I.** *v* **1**. **(with sth)** tiritar, temblar (*cold, fear*). **2**. hacer añicos. **II.** *n* **1**. temblor *m*, escalofrío *m* (*cold, fear*). **2**. **the ~s** *pl* grima *f*, disgusto *m*, aversión *f*; dentera *f*. **3**. pedazo *m*, fragmento *m*. **shiv·ery** ['ʃivəri] *adj* friolero/a; estremecido/a.

shoal [ʃəul] **I.** *n* **1**. ZOOL cardumen *m*, banco *m* (*fish*). **2**. FIG multitud *f*, muchedumbre *f* (*people*). **3**. banco *m* de arena, bajío *m*. **4**. **~s** *pl* peligros *m/pl* ocultos. **II.** *v* **1**. agruparse, reunirse en gran número. **2**. disminuir en profundidad.

shock [ʃɔk] **I.** *n* **1**. choque *m*; temblor *m*, seísmo *m* (*earth*). **2**. ELECTR descarga *f* eléctrica, sacudida *f*. **3**. susto *m*, sobresalto *m*. **4**. MED shock *m*; conmoción *f*. **5**. (*also* **~ of hair**) melena *f*, greñas *f/pl*. **6**. AGR tresnal *m*. LOC **~ absorber**, amortiguador *m* (*vehicle*). **~ troops**, MIL tropas *f/pl* de asalto. **~ treatment**, MED tratamiento *m* de choque eléctrico. **To die of a ~**, morir de un susto *m*. **Toxic ~ syndrome**, MED síndrome *m* de choque tóxico. **II.** *v* **1**. dar un susto, sobresaltar. **2**. FIG escandalizar, chocar. LOC **To be ~·ed at**, escandalizarse por. **shock·er** ['ʃɔkə(r)] *n* INFML novela *f*/obra *f* de teatro que choca; INFML novelucha *f* (*bad novel*). **shock·ing** ['ʃɔkiŋ] *adj* vergonzoso/a, escandaloso/a; chocante; INFML pésimo/a.

shod [ʃɔd] **I.** *pret/pp of* **shoe**. **II.** *adj* calzado/a, herrado/a.

shod·dy ['ʃɔdi] *adj* (*comp* **-ier**, *sup* **-iest**) de mala/pésima calidad (*goods*), de pacotilla.

shoe [ʃu:] **I.** *n* **1**. zapato *m*. **2**. herradura *f* (*also horse.~*). **3**. zapata *f* (*brake*). LOC **In your ~s**, en tu lugar. **To be in/to put oneself in sb's ~s**, FIG estar en el pellejo *m* de alguien. **To be waiting for dead men's ~s**, esperar a que muera alguien para ocupar su puesto *m*. **To step into sb's ~s**, pasar a ocupar el puesto *m* de uno. **II.** *v* (*pret/pp* **shod**) calzar; herrar (*horse*).

shoe..., **~·black**, *n* limpiabotas *m/f*. **~·blacking/polish**, *n* betún *m*. **~·horn**, *n* calzador *m*. **~·lace**, *n* cordonera *f*, cordón *m*. **~·maker**, *n* zapatero/a. **~·shine**, *n* limpiabotas *m/f*. **~·shop**, *n* zapatería *f*. **~·string**, *n* US cordonera *f*, cordón *m*; LOC **On a ~·string**, con muy poco dinero. **~·tree**, *n* horma *f*.

shone *pret/pp of* **shine**.

shoo [ʃu:] **I**. *int* ¡zape! **II**. *v* (*pret/pp* **shooed**) (**away**, **off**, **out**) ahuyentar, espantar (*make sb/sth go away*).

shook *pret/pp of* **shake**.

shoot [ʃu:t] **I**. *v* (*pret/pp* **shot**) **1**. tirar, disparar (*gun, weapon*). **2**. matar, herir (*with a gun, weapon*); ejecutar, fusilar. **2**. cazar (*hunting*). **3**. (**by**, **past**) pasar rápidamente. **4**. dar pinchazos (*pain*). **5**. (**forth**) BOT echar, brotar. **6**. salvar (*a rapid*); pasar por debajo (*bridge*). **7**. cerrar, correr (*bolt*). **8**. DEP marcar; tirar; chutar (*football*); lanzar. **9**. US INFML ¡suéltalo! **10**. *col* chutar(se), pinchar(se) (*heroin*). **11**. rodar (*film*). **12**. (**ahead**) tomar la delantera. **13**. (**down**) matar de un tiro; derribar. **14**. (**off**, **out**) precipitarse, salir disparado. **15**. (**up**) subir vertiginosamente (*price*); destrozar a disparos; BOT espigar. **II**. *n* **1**. BOT retoño *m*, brote *m*, renuevo *m*. **2**. caza *f*, cacería *f*. **3**. coto *m* de caza. **4**. tiro *m* al blanco. **5**. vertedero *m*, aliviadero *m* (*overflow*). LOC **~·out**, riña *f*/pelea *f* a tiros. **The whole (bang) ~**, INFML toda la pesca *f* (*everything*). **shoot·er** ['ʃu:tə(r)] *n* tirador/ra (*person*); DEP goleador/ra; arma *f* de fuego: *A six-~.er rifle*, Rifle de seis tiros. **shoot·ing** ['ʃu:tiŋ] *n* tiro *m*, disparo *m* (*of a gun, weapon*); MIL cañoneo *m*; caza *f*: *To go ~*, Ir a la caza; filmación *f*, rodaje *m* (*film*); punzadas *f/pl* (*pain*); *adj* punzante (*pain*). LOC **~ box**, pabellón *m* de caza. **~-brake**, furgoneta *f*. **~-gallery**, galería *f*/barraca *f* de tiro al blanco. **~ match**, concurso *m* de tiro al blanco; INFML todo el negocio *m*, toda la pesca *f* (*everything*). **~ star** (*also* **falling star**), ASTR estrella *f* fugaz. **~-stick**, bastón *m* taburete/que sirve para sentarse.

shop [ʃɔp] **I**. *n* **1**. (US **store**) tienda *f*; almacén *m*. **2**. taller *m* (*esp in compounds*). **3**. INFML negocio *m*. LOC **All over the ~**, *col* patas *f/pl* arriba, en desorden *m*. **To keep a ~**, poseer/tener una tienda *f*. **To set up a ~**, poner una tienda *f*. **To talk ~**, hablar de negocios o del trabajo profesional. **II**. *v* (**-pp-**) **1**. comprar, hacer compras. **2**. US ir de compras (*also* **to go ~·ping**). **3**. *col* delatar, denunciar (*esp to the police*). **shop·per** ['ʃɔpə(r)] *n* comprador/ra. **shop·ping** ['ʃɔpiŋ] *n* compras *f/pl*. LOC **~ centre** (US **~ center**), centro *m* comercial. **To go**, ir de compras.

shop..., **~-assistant** (US **salesclerk**), *n* dependiente/a. **~·keeper** (US **storekeeper**), *n* tendero/a. **~·lifter**, *n* ratero/a, mechero/a. **~·lifting**, *n* ratería *f* de tiendas. **~-soiled/worn**, *adj* estropeado/a, deteriorado/a (*from being on display in a shop*). **~-steward**, *n* mnlace *m/f* sindical. **~·talk**, *n* jerga *f*, argot *m*, conversación *f* sobre el trabajo profesional. **~·walker**, *n* jefe *m* de sección. **~·window**, *n* escaparate *m*; US vitrina *f*, vidriera *f*.

shore [ʃɔ:(r)] **I**. *n* **1**. playa *f*, costa *f*, orilla *f*. **2**. ARQ , NAUT puntal *m*. LOC **On ~**, en tierra *f*. **II**. *v* (**up**) apuntalar (*also* FIG).

shorn *pp of* **shear**.

short [ʃɔ:t] **I**. *adj* **1**. corto/a ; bajo/a (*person*); breve (*brief*). **2**. (**of**) insuficiente; escaso de, falto de. **3**. INFML (**on**) corto de/en (algo) (*lacking certain quality*). **4**. abreviado/a. **5**. (**with sb**) tajante; brusco/a, seco/a. **6**. GRAM breve (*vowels*). **7**. COM a corto plazo *m* (*bill of exchange*). **8**. crujiente (*pastry*). **9**. quebradizo/a (*iron*). LOC **A ~ distance from**, a poca distancia *f* de. **By a ~ head**, apenas, por una cabeza *f* (*in horse-racing*). **For a ~ time**, por poco tiempo *m*. **In ~**, en breve. **Nothing ~ of**, nada excepto, sólo. **~ and sweet**, corto y bueno. **To cut ~**, acortar, abreviar; interrumpir. **To fall ~ of**, no llegar a, no alcanzar. **To get the ~ end of the stick**, llevarse la peor parte *f*. **To run ~**, gastarse, acabarse. **To run ~ of**, agotársele/acabársele a uno. **To stop ~**, parar de golpe, parar de repente. **To stop ~ of**, parar antes de llegar. **To work ~ time/hours**, trabajar en jornadas *f/pl* reducidas. **II**. *adv* **1**. bruscamente. **2**. cerca (*near*). LOC **To sell ~ sb**, COM engañar a alguien en un negocio. **To fall ~ of**, no alcanzar; no cumplir. **III**. *n* **1**. ELECTR INFML cortocircuito *m*. **2**. cortometraje *m* (*film*). **3**. **~s** *pl* FAM pantalones *m/pl* cortos; US calzoncillos *m/pl*. **IV**. *v* INFML poner(se) en cortocircuito. **short·age** ['ʃɔ:tidʒ] *n* insuficiencia *f*, falta *f*, escasez *f*; COM déficit *m*. **short·en** ['ʃɔ:tn] *v* acortar(se); abreviar(se), reducir(se). **short·en·ing** ['ʃɔ:tniŋ] *n* acortamiento *m*; abreviación *f*, reducción *f*. **short·ly** ['ʃɔ:tli] *adv* dentro de poco, en breve; en pocas palabras; próximamente. **short·ness** ['ʃɔ:tnis] *n* brevedad *f*; pequeñez *f*.

short..., **~·bread**, *n* torta *f* seca y dulce. **~·cake**, *n* torta *f* de mantequilla. **~-change**, *v* engañar; dar de menos en la vuelta. **~ circuit** INFML, ELECTR *n* cortocircuito *m*. **~·coming**, *n* falta *f*, defecto *m*. **~·cut**, *n* atajo *m*. **~·fall**, *n* COM déficit *m*. **~·hand** (US **stenography**), *n* taquigrafía *f*. **~·handed**, *adj* falto de personal/mano de obra. **~·hand typist**, *n* taquimecanógrafo/a. **~·hand writer**, *n* taquígrafo/a. **~ list**, *n* lista *f* de candidatos escogidos; poner a uno en la lista de los candidatos escogidos. **~-lived**, *adj* efímero/a. **~-range**, *adj* AER de corto radio *m* de acción; MIL de corto alcance *m*. **~-sighted**, *adj* corto/a de vista, miope (*also* FIG). **~ story**, *n* relato *m*, cuento *m* (*shorter than a novel*). **~-tempered**, *adj* de mal genio *m*. **~-term**, *adj* a corto plazo *m* (*bill, payment, loan*). **~ time**, *adj* de jornada *f* reducida. **~ wave** (*abrev* **SW**), *n* onda *f* corta; *adj* de onda *f* corta. **~-winded**, *adj* de resuello *m*/respiración *f* corto/a.

shot [ʃɔt] **I**. *n* **1**. (**at sb/sth**) disparo *m*, tiro *m*. **2**. oportunidad *f*; tentativa *f*; conjetura *f*. **3**. DEP golpe *m*; jugada *f*; tiro *m*. **4**. bala *f* de cañón; bala; perdigones *m/pl*. **5**. tirador/ra (*person*). **6**. fotografía *f*; plano *m*, toma *f* (*cinema*); fotograma *m*. **7**. lanzamiento *m* (*space rocket, missile*). **8.** INFML toma *f*, dosis *f*, chute *m* (*injection of a drug*); trago *m* (*gin, vodka*, etc). **9.** MED inyección *f*. LOC **Big ~**, FAM pez *m* gordo. **Like a ~**, INFML como activado por un resorte; como un rayo *m*. **Not by a long ~**, ni mucho menos. **To be one's ~**, tocarle a alguien. **To have a ~**, probar suerte *f*. **To have a ~ at**, FIG hacer una tentativa *f* de. **II.** *adj* **1.** (**with**) tornasolado/a (*cloth*). **2.** US INFML gastado/a (*worn out*). **III.** *v pret/pp of* **shoot**. **shot·gun** ['ʃɔtgʌn] escopeta *f* (*gun*). LOC **A ~ wedding**, casamiento *m* a la fuerza. **shot-put** ['ʃɔtput] *n* DEP lanzamiento *m* de peso.

should [ʃəd; *strong form* ʃud] *modal v* **1.** tener que (*indicating obligation*): *All windows ~ be closed*, Todas las ventanas tienen que estar cerradas. **2.** deber, tener que. **3.** *forming conditional*: *I ~ do it if I were you*, Yo que tú lo haría. **4.** *indicating advice or recommendation*: *You ~ study more*, Deberías estudiar más. **5.** *pret of* **shall**.

shoul·der ['ʃəuldə(r)] **I.** *n* **1.** ANAT hombro *m*; espalda *f*; paletilla *f*, codillo *m* (*meat*). **2.** **~s** *pl* hombros *m/pl*, espaldas *f/pl* (*also* FIG). **3.** rellano *m*, lomo *m* (*hill*); desnivel *m*. LOC **To give sb/get the cold ~**, volver la espalda *f* a alguien. **To put one's ~ to the wheel**, arrimar el hombro. **To rub ~s with sb**, codearse con alguien. **~ to ~**, hombro *m* con hombro. **II.** *v* **1.** echarse al hombro; llevar al hombro; FIG cargar con. **2.** empujar con el hombro. LOC **~ arms!**, MIL ¡arma(s) *f*(/*pl*) al hombro! **~-bag**, bolso *m* de bandolera. **~-blade**, ANAT omóplato *m*. **~-strap**, correa *f*, bandolera *f*; tirante *m*; MIL dragonera *f*.

shout [ʃaut] **I.** *n* voz *f*; grito *m*. **II.** *v* **1.** (**out**) vociferar, gritar. **2.** (**down**) abuchear/protestar hasta hacer callar. LOC **To ~ oneself hoarse**, desgañitarse. **shout·ing** ['ʃautiŋ] *n* vocerío *m*, gritos *m/pl*. LOC **~ match**, pelea *f*/riña *f* a gritos.

shove [ʃʌv] **I.** *v* **1.** dar empujones, empujar. **2.** INFML meter. **3.** (**off**) NAUT alejarse; INFML largarse. **II.** *n* empujón *m*.

sho·vel ['ʃʌvl] **I.** *n* **1.** pala *f*. **2.** TEC excavadora *f*. **II.** *v* (**-ll-**; US **-l-**) mover/echar/sacar con la pala. **sho·vel·ful** ['ʃavlful] *n* paletada *f*, pala *f*.

show [ʃəu] **I.** *n* **1.** espectáculo *m*; TEATR función *f*. **2.** exhibición *f*; feria *f*; exposición *f* (*public display*). **3.** apariencia *f*, boato *m*, pompa *f* (*outward*). **4.** demostración *f*, manifestación *f*. **5.** INFML empresa *f*, negocio *m*. LOC **A ~ of hands**, votación *f* a mano alzada. **Dumb ~**, TEATR pantomima *f*. **For ~**, para impresionar. **Good ~!**, INFML ¡muy bien! **On ~**, expuesto/a. **To give the ~ away**, FAM descubrir el pastel. **To make a great ~ of**, alardear de. **To run the ~**, INFML llevar la voz cantante. **II.** *v* (*pret* **showed**, *pp* **shown**) **1.** (**to**) enseñar, mostrar; proyectar, poner (*film*). **2.** manifestar(se). **3.** señalar (*point out, indicate*). **4.** revelar(se), mostrar(se) aparecer; desenmascarar. **5.** demostrar, probar. **6.** conducir, llevar (*conduct*). **7.** conceder. **8.** US INFML aparecer (*appear*). **9.** (**in**) hacer pasar. **10.** (**off**) INFML presumir, hacer alarde de. **11.** (**out**) acompañar a la puerta *f*. **12.** (**up**) sacar a la luz *f*, poner de manifiesto, descubrir; venir, aparecer. LOC **To ~ one's hands/cards**, FAM poner las cartas boca arriba. **show·i·ness** ['ʃəuinis] *n* ostentación *f*; lo llamativo; boato *m*. **show·ing** ['ʃəuiŋ] *n* actuación *f*; proyección *f*; exposición *f*; exhibición *f*. **show·y** ['ʃəui] *adj* (*comp* **-ier**, *sup* **-iest**) llamativo/a; ostentoso/a; aparatoso/a.

show..., **~ business** (INFML **~·biz**), *n* mundo *m* del espectáculo. **~-case**, *n* vitrina *f*; escaparate *m*. **~-down**, *n* hora *f* de la verdad, momento *m* decisivo. **~ flat**, *n* piso *m* piloto. **~·girl**, *n* TEATR corista *f*. **~-jumping**, *n* DEP concurso *m* de hípica. **~·man** (*pl* **~·men**), *n* actor *m*, empresario *m* de espectáculos; comediante *m/f*, exhibicionista *m/f*. **~·manship**, *n* teatralidad *f*. **~-off**, *adj* presumido/a (*person*); persona *f* ostentosa. **~-piece**, *n* modelo *m*; obra *f* maestra. **~-place**, *n* lugar *m* de interés turístico. **~·room**, *n* sala *f* de exposiciones; salón *m* de muestras. **~ window**, *n* vitrina *f*; escaparate *m*.

show·er ['ʃauə(r)] **I.** *n* **1.** aguacero *m*, chaparrón *m*, chubasco *m*; granizada *f*; nevada *f*. **2.** FIG lluvia *f*, diluvio *m*, avalancha *f*. **3.** (*also* **~ bath**) ducha *f*. LOC **To take a ~**, darse una ducha, ducharse. **II.** *v* **1.** (**down**) llover; derramar. **2.** (**with**) FIG inundar/colmar (de). LOC **~ bath**, ducha. **~·proof**, impermeable. **show·ery** ['ʃauəri] *adj* lluvioso/a (*weather*).

shown *pp of* **show**.

shrank *pret of* **shrink**.

shrap·nel ['ʃræpnəl] *n* MIL metralla *f*.

shred [ʃred] **I.** *n* **1.** jirón *m*, triza *f*. **2.** trozo *m*, fragmento *m*. **3.** (**of sth**) FIG chispa *f*, pizca *f*. **II.** (**-dd-**) destrozar, hacer trizas; despedazar, desmenuzar. **shred·der** ['ʃredə(r)] *n* molinillo *m*; TEC desfibradora *f*.

shrew [ʃru:] *n* **1.** ZOOL musaraña *f*. **2.** FIG arpía *f*, bruja *f*; fierecilla *f*. **shrew·ish** ['ʃru:iʃ] *adj* regañón/na.

shrewd [ʃru:d] *adj* astuto/a, perspicaz, sagaz. **shrewd·ly** ['ʃru:dli] *adj* con astucia/perspicacia. **shrewd·ness** ['ʃru:dnis] *n* astucia *f*, perspicacia *f*.

shriek [ʃri:k] **I.** *v* (**out**) chillar (*also* FIG). **II.** *n* chillido *m*, alarido *m*, grito *m*.

shrift [ʃrift] *n* LOC **To give sb/sth short ~**, despachar de malas maneras a alguien.

shrike [ʃraik] *n* ZOOL alcaudón *m* (*bird*).

shrill [ʃril] **I.** *adj* **1.** agudo/a (*sound, voice*). **2.** chillón/na (*also* FIG). **II.** *v* chillar. **shrill·y** ['ʃrili] *adv* con tono agudo/estridente.

shrimp [ʃrimp] **I.** *n* **1.** ZOOL quisquilla *f*, camarón *m* (*fish*). **2.** FAM enano/a, renacuajo/a (*small person*). **II.** *v* (*also* **to go ~·ing**) pescar camarones.

shrine [ʃrain] *n* **1.** santuario *m*, relicario *m*, capilla *f* (*also* REL). **2.** sepulcro *m* (*of holy relics*).

shrink [ʃriŋk] **I.** *v* (*pret* **shrank**, *pp* **shrunk**) **1.** contraer(se), encoger(se); disminuir, reducir; mermar. **2.** **(on)** TEC montar una pieza en caliente. **3.** **(away, back)** retroceder; retirarse, acobardarse. **II.** *n col* psiquiatra *m/f*. **shrink·age** ['ʃriŋkidʒ] *n* contracción *m*, encogimiento *m* (*cloth*).

shrive [ʃraiv] *v* (*pret* **shrove/-d**, *pp* **shriv·en/shrived**) REL confesarse.

shriv·el [ʃrivl] *v* (**-ll-**; US **-l-**) **(up)** secar(se), marchitar(se) (*flower*); arrugarse; consumirse.

shroud [ʃraud] **I.** *n* **1.** (*also* **winding-sheet**) mortaja *f*, sudario *m*. **2.** **(of sth)** FIG manto *m*, velo *m*. **3.** **~s** *pl* NAUT obenques *m/pl*. **II.** *v* **1.** amortajar. **2.** tapar, ocultar, velar.

Shrove·tide [ˌʃrəuftaid] *n* periodo *m* de carnaval, carnestolendas *f/pl*. **Shrove Tues·day** [ˌʃrəuf 'tju:zdi, -dei] *n* martes *m* de carnaval.

shrub [ʃrʌb] *n* BOT matorral *m*, arbusto *m*. **shrub·be·ry** ['ʃʌbəri] *n* BOT (plantío *m* de) matorrales *m/pl*, arbustos *m/pl*.

shrug [ʃrʌg] **I.** *v* (**-gg-**) encogerse de hombros. LOC **To ~ sth off**, minimizar algo, restar importancia a algo. **II.** *n* encogimiento *m* de hombros.

shrunk [ʃrʌŋk] *v pp of* **shrink**. **shrunk·en** ['ʃrʌŋkən] *adj* reducido/a, encogido/a; arrugado/a; FIG mermado/a.

shuck [ʃʌk] **I.** *n* US vaina *f*, cáscara *f*. LOC **Not worth ~s**, no vale un comino. **II.** *v* US pelar, desvainar, quitar la cáscara. **shucks** [ʃʌks] *int* ¡cáscaras!, ¡caramba!

shud·der ['ʃʌdə(r)] **I.** *v* **(with)** estremecerse; vibrar. **II.** *n* estremecimiento *m*; vibración *f*.

shuf·fle [ʃʌfl] **I.** *v* **1.** andar arrastrando los pies, arrastrar (*feet*). **2.** barajar (*cards*); mezclar, revolver (*papers*). **3.** andar con rodeos. **4.** **(off, out)** quitarse de encima (*responsibilities*). **II.** *n* **1.** arrastre *m* de los pies. **2.** acción *f* de barajar *m* (*cards, also turn to ~*). **3.** reorganización *f*.

shun [ʃʌn] *v* (**-nn-**) evitar, rehusar, esquivar.

shunt [ʃʌnt] **I.** *v* **1.** cambiar de vía (*train*); desviar, apartar (*also* FIG). **2.** ELECTR derivar(se). **II.** *n* **1.** cambio *m* de vía (*train*). **2.** ELECTR derivación *f*. **shunt·er** ['ʃʌntə(r)] *n* guardagujas *m*. **shunt·ing** ['ʃʌntiŋ] *n* maniobras *f/pl*: *~ engine*, Locomotora de maniobras.

shush [ʃuʃ] **I.** *int* ¡silencio!, ¡chitón! **II.** *v* **(up)** hacer callar.

shut [ʃʌt] *v* (*pret/pp* **shut**) **1.** (en)cerrar(se). **2.** **(away)** encerrar; guardar bajo llave. **3.** **(down)** cerrar, clausurar (*business, factory*). **4.** **(in)** cercar, rodear, encerrar. **5.** **(off)** desconectar (*machine*); cortar (*gas, electricity*); aislar. **6.** **(out)** dejar fuera, excluir. **7.** **(up)** guardar bajo llave, (en)cerrar; FAM hacer callar; FIG liquidar (*shop*); obstruir. LOC **~-down**, cierre *m*. **~-eye**, *col* sueño *m*. **~-out**, US cierre *m* patronal; US DEP victoria *f* en la que el contrario no marca un sólo tanto. **~ up!**, ¡cállate! **To ~ one's ears to sth/sb**, hacer oídos *m/pl* sordos a algo/alguien. **To ~/close one's eyes to sth**, cerrar los ojos *m/pl* ante algo. **To ~/slam the door in sb's face**, dar a alguien con la puerta *f* en las narices. **shut·ter** ['ʃʌtə(r)] **I.** *n* **1.** contraventana *f*. **2.** obturador *m* (*photography*). LOC **To put up the ~s**, INFML cerrar definitivamente. **II.** *v* poner contraventanas (a).

shut·tle ['ʃʌtl] **I.** *n* **1.** lanzadera *f* (*loom, sewing-machine*). **2.** vehículo *m* que cubre la distancia entre dos puntos (*aircraft, bus*, etc); puente *m* aéreo. **3.** DEP INFML volante *m*. **II.** *v* ir y venir; hacer puente. LOC **~-cock**, DEP volante *m*. **~ service**, puente *m* (*of aircraft, buses, trains*, etc).

shy [ʃai] **I.** *adj* **1.** vergonzoso/a; tímido/a; asustadizo/a. **2.** recatado/a; cauteloso/a. **3.** US escaso/a, falto/a: *He's $5 ~*, Le faltan cinco dólares. **II.** *v* (*pret/pp* **shied**) **1.** asustarse, espantarse. **2.** tirar, lanzar. **III.** *n* **1.** INFML lanzamiento *m*; intento *m*, tentativa *f* (*also* FIG). **2.** espantada *f*, respingo *m*. **shy·ly** ['ʃaili] *adv* con vergüenza *f*, tímidamente. **shy·ness** ['ʃainis] *n* vergüenza *f*; timidez *f*; recato *m*, reserva *f*.

shy·ster ['ʃaistə(r)] *n* US INFML abogado/a sin escrúpulos; picapleitos *m/f*.

si [si:] *n* MUS si *m*.

Si·am·ese [ˌsaiə'mi:z] *n/adj* siamés/sa (*also language*). LOC **~ cat**, ZOOL gato/a siamés. **~ twins**, hermanos siameses.

Si·ber·i·an [ˌsai'biriən] *n/adj* siberiano/a.

sib·il·ant ['sibilənt] *n/adj* sibilante *f*.

sib·ling ['sibliŋ] *n* hermano/a, hermanastro/a.

sib·yl ['sibl] *n* sibila *f*, pitonisa *f*. **sib·yl·line** ['siblain] *adj* sibilino/a, misterioso/a, oscuro/a.

Si·cil·i·an [ˌsi'siljən] *n/adj* siciliano/a.

sick [sik] **I.** *adj* **1.** enfermo/a, enfermizo/a. **2.** mareado/a. **3.** **(of sb/sth/doing sth)** INFML estar harto de (alguien/algo). **4.** **(at/about sth/doing sth)** afligido/a, angustiado/a; asqueado/a. **5.** INFML perverso/a, mórbido/a. LOC **To be ~**, estar mareado/a; estar enfermo/a. **To fall ~ (with sth)/To take ~**, caer/ponerse enfermo/a. **To feel ~**, sentirse mareado/a. **To get ~ (of)**, asquear, poner enfermo. **II.** *n* **1.** INFML vómito *m*, vomitona *f*. **2.** **the ~**, los enfermos *m/pl*. **III.** *v* **(up)** INFML vomitar, devolver. LOC **~-bay**, enfermería *f*. **~-bed**, lecho *m* de enfermo/a. **~-leave**, baja *f* por enfermedad. **~-pay**, subsidio *m* de enfermedad. **~-room**, cuarto *m* del enfermo. **sick·en** ['sikən] *v* hartar (*disgust*); **(for sth)** MED enfermar, ponerse/caer enfermo, incubar (*illness*); echar de menos, anhelar; **(of sth)** hartarse de; **(at)** sentir náuseas (ante), marearse. **sick·en·ing** ['sikəniŋ] *adj* repugnante, nauseabundo/a, asqueroso/a. **sick·en·ing·ly** ['sikəniŋli] *adv* repugnantemente. **sick·li·ness** ['siklinis] *n* MED salud *f* delicada; palidez *f*. **sick·ly** ['sikli] *adj* (*comp* **-ier**, *sup* **-iest**) enfermizo/a, achacoso/a; pálido/a; forzado/a (*smile*); nauseabundo/a (*smell*); empalagoso/a (*taste*); marchito/a (*plant*). **sick·ness** ['siknis] *n* MED mal *m*, enfermedad *f*; mareo *m*, náuseas *f/pl*, ganas *f/pl* de vomitar.

sick·le ['sikl] *n* hoz *f.*

side [said] **I.** *n* **1.** lado *m*, cara *f* (*flat surface; paper, record; also* MAT). **2.** borde *m* (*edge*); orilla *f* (*river, lake*). **3.** ladera *f*, falda *f* (*mountain, tower*). **4.** ANAT costado *m*, lado *m*. **5.** flanco *m*, ijada *f* (*animal*). **6.** hemisferio *m* (*brain, earth*). **7.** INFML canal *m* (*TV*). **8.** partido *m* (*party*). **9.** DEP equipo *m* (*sports team*). **10.** aspecto *m*, punto *m* de vista. **11.** parte *f*, lado *m*: *On my mother's ~*, Por parte de mi madre. **12.** INFML tono *m*, superioridad *f*, postín *m*. LOC **By the ~ of**, al lado de. **On all ~s**, por todos/as lados *m/pl*/partes *f/pl*. **On the ~**, de paso, incidentalmente. **~ by ~**, uno junto a/al lado de otro/a. **To put on/to one side**, poner a un lado *m*. **To take ~**, tomar partido *m*. **Wrong ~ out**, al/del revés *m*. **II.** *adj* **1.** indirecto/a. **2.** secundario/a. **3.** lateral. **III.** *v* **(with sb)** ponerse del lado de alguien. **-sided** ['saidid] *adj* (*in compounds*) de 'x' lados: *Five-~d*, De cinco caras.

side..., **~ arms**, *n/pl* armas *f/pl* de cinto. **~·board**, *n* aparador *m* (*furniture*). **~·boards** (US **~·burns**), *n/pl* patillas *f/pl*. **~-car**, *n* sidecar *m* (*motorbike*). **~ dish**, *n* plato *m* que acompaña al principal. **~-effect**, *n* efecto *m* secundario. **~-issue**, *n* cuestión *f* secundaria. **~·kick**, *n* US INFML socio/a, compañero/a. **~·light**, *n* luz *f* de posición (*car*); **(on sb/sth)** FIG aclaración *f*. **~·line**, *n* vía *f* secundaria (*train*); DEP línea *f* lateral; negocio *m*/empleo *m* suplementario. **~·long**, *adj* lateral, de costado, de reojo (*glance*), oblicuo/a; *adv* lateralmente, oblicuamente. **~-road**, *n* calle *f* lateral/secundaria. **~-saddle**, *n* silla *f* de amazona; *adv* LOC **To ride ~-saddle**, montar a la inglesa/mujeriegas. **~-show**, *n* caseta *f*/barraca *f* de feria; FIG atracción *f* secundaria. **~-slip**, *n* AER deslizamiento *m* lateral; *v* deslizarse lateralmente. **~-spitting**, *n* INFML divertidísimo/a. **~-step**, *n* paso *m* lateral/de lado; *v* **(-pp-)** evitar, esquivar. **~-street**, *n* calle *f* lateral/secundaria. **~-stroke**, *n* natación *f* de costado. **~-swipe**, *n* golpe *m* de refilón (*blow*); FIG indirecta *f* (*remark*). **~-track**, *n* vía *f* muerta, apartadero *m* (*train*); *v* desviar, poner en vía muerta. **~·walk**, *n* US acera *f*. **~·wards/ways/wise**, *adv* hacia un lado, de lado. **~-whiskers**, *n/pl* patillas *f/pl*. **~ wind**, *n* viento *m* lateral.

si·de·re·al [sai'diəriəl] *adj* ASTR sideral, sidéreo/a.

sid·ing ['saidiŋ] *n* apartadero *m*, vía *f* muerta (*train*).

si·dle ['saidl] **(up to)** acercarse/avanzar furtiva/cautelosamente.

siege [si:dʒ] *n* MIL sitio *m*, cerco *m* (*town, fortress*). LOC **To lay ~ to sth**, poner sitio a, sitiar, asediar.

sieve [siv] **I.** *n* tamiz *m*, cernedor *m*, cedazo *m*, colador *m*. LOC **To have a memory/mind like a ~**, tener una memoria *f* como un colador. **II.** *v* tamizar, cerner, colar, cribar.

sift [sift] *v* **1.** tamizar, cerner, colar, cribar; filtrar. **2.** FIG examinar cuidadosamente. **sif·ter** ['siftə(r)] *n* tamiz *m*, cernedor *m*, colador *m*.

sigh [sai] **I.** *v* **1.** **(with sth)** suspirar (*long deep breath*). **2.** susurrar (*person, wind*). **3.** **(for sth)** añorar, echar de menos. **II.** *n* suspiro *m*; susurro *m*.

sight [sait] **I.** *n* **1.** vista *f* (*ability to see*). **2.** **(of sb/sth)** visión *f*. **3.** cosas *f/pl* dignas de verse. **4.** alza *f*, mira *f* (*gun*); MIL puntería *f*. **5.** escena *f* (*scene*); espectáculo *m* (*spectacle*). **6.** FAM espantajo *m/f* (*sb/sth that looks ridiculous, untidy,* etc). **7.** **~s** *pl* monumentos *m/pl*; curiosidades *f/pl*; cosas *f/pl*/lugares *m/pl* de interés turístico. LOC **At/On first ~/glance**, a primera vista *f*. **By ~**, de vista *f*. **(With) in ~ of**, a la vista *f* de. **Out of ~**, invisible. **Out of ~, out of mind**, ojos *m/pl* que no ven, corazón *m* que no siente. **To catch ~ of sb/sth**, divisar. **To keep out of ~**, no dejarse ver. **To lose one's ~**, perder la vista. **To lose ~ of**, perder de vista. **II.** *v* **1.** divisar, avistar. **2.** MIL apuntar (*with a gun*). **3.** mirar detenidamente. LOC **~·less**, ciego/a. **~-read**, leer sin preparación *f*; (*also* **~-sing**) MUS ejecutar a la primera lectura *f*. **~-reading**, lectura *f* sin preparación; (*also* **~-singing**) MUS ejecución *f* a la primera lectura. **~-seeing**, turismo *m*, excursionismo *m*. **~-seer**, turista *m/f*, excursionista *m/f*. **sight·ed** ['saitid] *adj* que ve, de vista normal. **sight·ing** ['saitiŋ] *n* observación *f*.

sign [sain] **I.** *n* **1.**(ASTR , MAT , MUS signo *m*; símbolo *m*. **2.** **(of sth)** señal *f*; indicio *m*. **3.** gesto *m*, ademán *m*. **4.** rastro *m*, vestigio *m*, huella *f* (*trace*). **5.** anuncio *m*; letrero *m*; cartel *m*. **6.** seña *f*. **7.** hablar por señas. LOC **As a ~ of**, en señal *f* de. **Not to show any ~s of life**, no dar señales *m/pl* de vida. **Shows ~s**, dar muestras *f/pl* de. **II.** *v* **1.** firmar. **2.** REL santiguarse. **3.** hacer señas. **4.** **(away, over)** ceder. **5.** **(off)** terminar, acabar. **6.** **(on, up)** enrolarse, alistarse; DEP fichar (por). LOC **~ board**, letrero *m*; muestra *f*. **~ language**, mímica *f*, lenguaje *m* mímico. **~ painter**, rotulista *m/f*. **~·post**, *n* señal *f*, poste *m* indicador; *v* señalizar. **To ~ and seal**, firmar y sellar. **sign·er** ['sainə(r)] *n* firmante *m/f*.

sign·al ['signəl] **I.** *n* **1.** señal *f* (*sign, gesture, sound, traffic, railway*, etc). **2.** sintonía *f* (*radio*). **3.** **~s** *pl* MIL cuerpo *m* de transmisiones. LOC **Alarm ~**, señal *f* de alarma. **Busy ~**, US señal *f* de ocupado (*telephone*). **Distress ~**, señal *f* de socorro. **II.** *v* **(-ll-**; US **-l-)** **1.** **(to, for)** hacer señales. **2.** señalar. **3.** comunicar/transmitir por señales. LOC **~-box**, cabina *f*/garita *f* de cambio de agujas. **~·man** (*pl* **~·men**), MIL soldado *m* de transmisiones; guardavía *m/f* (*train*). **III.** *adj* señalado/a. **sign·al·ize** ['signəlaiz] *v* señalar; marcar; distinguir.

sig·nat·ory ['signətri] *n/adj* **(to sth)** signatario/a; firmante *m/f*. **sig·na·ture** ['signətʃə(r)] *n* **1.** firma *f* **2.** signatura *f* (*bookbinding*). **3.**

MUS armadura *f* (*key*). LOC ~ **tune** (*also* **theme tune**), sintonía *f* (*radio*).

sig·net ['signit] *n* sello *m* (*person's seal*). LOC ~ **ring**, anillo *m*/sortija *f* de sello.

sig·ni·fic·ance, **sig·ni·fic·ancy** [sig'nifikəns, -i] *n* **1**. significado *m* (*meaning*). **2**. importancia *f*, significación *f* (*important*). **sig·ni·fic·ant** [sig'nifikənt] *adj* **1**. significativo/a (*meaningful*). **2**. importante. **sig·ni·fic·ant·ly** [sig'nifikəntli] *adv* de modo significativo. **sig·ni·fic·ation** [,signifi'keiʃn] *n* significado *m*; significación *f*. **sig·ni·fi·cat·ive** [sig'nifikətiv] *adj* significativo/a.

sig·ni·fy ['signifai] *v* (*pret/pp* **-fied**) **1**. indicar; significar. **2**. dar a conocer. **3**. tener importancia.

sil·age ['sailidʒ] **I**. *n* ensilaje *m*. **II**. *v* ensilar.

sil·ence ['sailəns] **I**. *n* silencio *m*. LOC **In** ~, en silencio *m*. ~ **is golden**, el silencio *m* es oro. **II**. *v* callar, silenciar; FIG reducir al silencio. **III**. *int* ¡silencio! **si·lenc·er** ['sailənsə(r)] *n* silenciador *m* (*motor*). **sil·ent** ['sailənt] *adj* callado/a; silencioso/a. LOC **Be** ~, ¡cállate! ~ **film**, película *f* muda. ~ **partner**, socio *m* comanditario. **The** ~ **ma- jority**, la mayoría *f* silenciosa.

sil·hou·ette [,silu:'et] **I**. *n* silueta *f*. **II**. *v* siluetar, destacar. LOC **To be ~d against**, destacarse contra/sobre.

sil·i·ca ['silikə] *n* QUIM sílice *m*. **si·li·cate** ['silikeit] *n* QUIM silicato *m*. **si·li·ce·ous** [si'liʃəs] *adj* QUIM silíceo/a.

sil·i·con ['silikən] *n* QUIM silíceo *m*.

sil·i·cone ['silikəun] *n* QUIM silicona *f*.

sil·i·co·sis [,sili'kəusis] *n* MED silicosis *f*.

silk [silk] *n* **I**. seda *f* (*thread*). **II**. *adj* de seda: ~ *dress*, Vestido de seda. LOC **As smooth as** ~, suave como la seda *f*. **To take** ~, hacerse abogado, tomar la toga *f*. ~ **hat**, sombrero *m* de copa. **~-screen printing**, serigrafía *f*. **~-stocking**, aristócrata *m/f*; aristocrático/a. **~-worm**, ZOOL gusano *m* de seda. **silk·en** ['silkən] *adj* sedoso/a, de seda. **silk·i·ness** ['silkinis] *n* aspecto *m* sedoso; suavidad *f*. **silk·y** ['silki] *adj* (*comp* **-ier**, *sup* **-iest**) sedoso/a; suave.

sill [sil] *n* alféizar *m* (*window*); umbral *m* (*door*).

sil·li·ness ['silinis] *n* tontería *f*, estupidez *f*, necedad *f*. **sil·ly** ['sili] **I**. *adj* (*comp* **-ier**, *sup* **-iest**) bobo/a, necio/a, tonto/a; absurdo/a; ridículo/a. LOC **To knock sb** ~, pegar una paliza *f* a alguien. **II**. (*also* **~-billy**) *n* bobo/a, tonto/a.

si·lo ['sailəu] *n* ensiladora *f*, silo *m*.

silt [silt] **I**. *n* limo *m*, cieno *m* (*mud, sand*). **II**. *v* (**up**) enarenar, encenagar.

sil·ver ['silvə(r)] **I**. *n* **1**. QUIM plata *f*. **2**. moneda *f* de plata. **3**. color *m* plateado. **II**. *v* **1**. (*also* ~ **plate**) platear. **2**. volver cano (*hair*). **III**. *adj* plateado/a; de plata; argentífero/a. LOC ~ **birch**, BOT abedul *m*. **~-jubilee**, vigésimo quinto aniversario *m*. ~ **paper**, INFML papel *m* de plata/estaño. ~ **plate**, baño *m* de plata; platear. **~-smith**, platero/a (*person*). **~-ware**, vajilla *f* de plata. ~ **wedding**, bodas *f/pl* de plata. **sil·ver·y** ['silvəri] *adj* plateado/a; argentino/a (*voice, tone*).

sim·i·an ['simiən] **I**. *n* simio/a. **II**. *adj* simiesco/a, símico/a.

sim·i·lar ['similə(r)] *adj* (**to sb/sth**) parecido/a, similar, semejante. **sim·i·lar·ity** [,simə'lærəti] *n* parecido *m*, similitud *f*, semejanza *f*. **si·mi·lar·ly** ['similərli] *adv* del mismo modo.

si·mi·le ['simili] *n* símil *m*.

si·mil·it·ude [si'militju:d] *n* parecido *m*, similitud *f*, semejanza *f*.

sim·mer ['simə(r)] **I**. *v* **1**. hervir a fuego lento. **2**. (**with sth**) estar a punto de estallar. **3**. (**down**) calmarse. **II**. *n* **To be/keep sth at a/on the** ~, hervir a fuego lento.

si·mo·ny ['saiməni] *n* simonía *f*.

si·moom [si'mu:m] (*also* **simoon**) simún *m* (*hot dry wind*).

sim·per ['simpə(r)] **I**. *v* sonreír tontamente. **II**. *n* sonrisa *f* tonta. **sim·per·ing** ['simpəriŋ] *adj* tonto/a, bobo/a. **sim·per·ing·ly** ['simpəriŋli] *adv* tontamente, bobamente.

sim·ple ['simpl] *adj* **1**. simple, sencillo/a. **2**. fácil; llano/a. **3**. ingenuo/a, inocente; FAM bobo/a. LOC **~-hearted**, sencillo/a; inocente. **~-minded**, simple; ingenuo/a; simplón/na. **sim·ple·ton** ['simpltən] *n* simplón/na, inocentón/na (*person*). **sim·plic·ity** [sim'plisəti] *n* naturalidad *f*; sencillez *f*; ingenuidad *f*; simpleza *f*. **sim·pli·fic·ation** [,simplifi'keiʃn] *n* simplificación *f*. **sim·pli·fy** ['simplifai] *v* simplificar.

si·mu·la·crum [,simju'leikrəm] *n* (*pl* **-cra** [-krə]) simulacro *m*.

sim·ul·ate ['simjuleit] *v* fingir, simular. **sim·ul·ation** [,simju'leiʃn] *n* fingimiento *m*, simulación *f*. **sim·ul·at·or** ['simjuleitə(r)] TEC simulador *m*.

si·mul·ta·nei·ty, **si·mul·ta·ne·ous·ness** [,simltə'ni:əti; ,siml'teiniəsnis] *n* simultaneidad *f*. **si·mul·ta·ne·ous** [,siml'teiniəs] *adj* simultáneo/a. **si·mul·ta·ne·ous·ly** [,siml'teiniəsli] *adv* simultáneamente.

sin [sin] **I**. *n* **1**. pecado *m*. **2**. *abrev* MAT seno *m*. **II**. *v* (**-nn-**) (**against sth**) pecar. **sin·ful** ['sinfl] *adj* pecador/ra (*person*); pecaminoso/a. **sin·ful·ness** ['sinflnis] *n* pecaminosidad *f*; maldad *f*. **sin·less** ['sinlis] *adj* inmaculado/a; sin pecado. **sin·ner** ['sinə(r)] *n* pecador/ra.

since [sins] **I**. *prep* desde, desde entonces, a partir de entonces (*with present/past perfect tense*). **II**. *conj* **1**. desde que. **2**. ya que, puesto que. LOC **Ever** ~, desde entonces. **III**. *adv* después, desde entonces (*with present/past perfect tense*). LOC **A short time** ~, hace poco. **Long** ~, hace mucho.

sin·cere [sin'siə(r)] *adj* sincero/a. **sin·cere·ly** [sin'siəli] *adv* sinceramente: *Yours* ~, Le saluda atentamente (*letter*). **sin·cer·ity** [sin'serəti] *n* sinceridad *f*.

sine [sain] *n* (*abrev* **sin**) MAT seno *m*.

si·ne·cure ['sainikjuə(r)] *n* prebenda *f*, sinecura *f*, enchufe *m*.

sin·ew ['sinju:] *n* **1**. ANAT tendón *m*; nervio *m*; fibra *f*. **2**. **~s** *pl* músculos *m/pl*. **sin·e·wy** ['sinju:i] *adj* nervudo/a; enérgico/a; vigoroso/a.

sing [siŋ] *v* (*pret* **sang**, *pp* **sung**) **1**. (**for**, **to**) cantar; gorjear, trinar (*birds*); susurrar (*wind*); zumbar (*ears*). **2**. (**out**) INFML gritar, vocear; *col* confesar. **3**. (**up**) cantar más fuerte. LOC **To ~ a different song/tune**, FIG cambiar de tono *m*/opinión *f*. **To ~ sb's/sth's praises**, cantar las alabanzas *f/pl* de alguien/algo. **To ~ small**, achantarse. **To ~ to sleep**, adormecer cantando, arrullar. **sing·er** ['siŋə(r)] *n* cantante *m/f*; cantor/ra. **sing·ing** ['siŋiŋ] *n* MUS canción *f*, canto *m*; zumbido *m*, silbido *m*. **sing·song** ['siŋsɔʒ] **I**. *adj* monótono/a. **II**. *n* **1**. sonsonete *m*, canto *m*/tono *m* monótono. **2**. concierto *m* improvisado. LOC **~ bird**, pájaro *m* cantor.

singe [sindʒ] **I**. *v* (*present p* **singeing**) **1**. socarrar, chamuscar. **2**. quemar las puntas (*hair*).

sin·gle ['siŋgl] **I**. *adj* **1**. solo/a, único/a. **2**. suelto/a. **3**. individual (*room*). **4**. soltero/a (*unmarried*). **5**. BOT simple (*one set of petals*). **6**. (US **one-way**) de ida, sencillo/a (*ticket*). LOC **(In) ~ file**, (en) fila *f* india. **II**. *v* (**out**) escoger, seleccionar; separar; distinguir, singularizar. **III**. *n* **1**. **~s** *pl* DEP (partido de) individuales *m/pl* (*tennis*); solteros/as *pl*. **2**. persona *f*, individuo/a. **sin·gle·ness** ['siŋglnis] *n* firmeza *f*, determinación *f*; resolución *f*. **sing·ly** ['siŋgli] *adv* por separado, individualmente.

single..., **~-barrel(l)ed**, *adj* MIL de un solo cañón *m*. **~-breasted**, *adj* sin cruzar (*jacket*). **~-cell**, *adj* BIOL unicelular. **~-chamber**, *adj* unicameral (*politics*). **~ combat**, *n* combate *m* singular. **~-engined**, *adj* monomotor. **~-handed**, *adj* sin ayuda. **~-hearted/minded**, *adj* resuelto/a (*with one purpose*); sincero/a. **~-seater**, *n* AER monoplaza *m*. **~-t**, *n* camiseta *m*. **~-ton**, *n* semifallo *m* (*in cards*). **~-track**, *adj* de vía *f* única; FIG limitado/a.

sin·gu·lar ['siŋgjulə(r)] **I**. *adj* **1**. GRAM singular. **2**. singular, raro/a, extraño/a (*odd*). **II**. *n* singular *m*. **sin·gu·lar·ity** [,siŋgju'lærəti] *n* singularidad *f*. **sin·gu·lar·ly** ['siŋgjuləli] *adv* singularmente.

sin·is·ter ['sinistə(r)] *adj* siniestro/a.

sink [siŋk] **I**. *v* (*pret* **sank**, *pp* **sunk**) **1**. hundir(se), sumergir(se). **2**. echar a pique (*ship*); echar al fondo (*sea, river*). **3**. INFML acabar (con), destruir (*plan, person*). **4**. ponerse (*sun*). **5**. perder valor, disminuir; menguar, declinar. **6**. meter (la bola) (*billiards, golf*). **7**. enviciarse. **8**. MED debilitarse. **9**. TEC cavar, abrir (*shaft*); perforar. **10**. COM invertir. **11**. olvidar, echar tierra sobre algo; suprimir. **12**. (**in**, **into**) hundirse en; calar, penetrar; hincar (*teeth*). LOC **One's heart ~s**, caérsele el alma a los pies. **II**. *n* **1**. pila *f*, fregadero *m*. **2**. lavabo *m*. **3**. pozo *m* negro (*cesspool*). **4**. sumidero *m* (*drain*). **sink·er** ['siŋkə(r)] *n* plomo *m* (*in fishing-line*). **sink·ing** ['siŋkiŋ] *n* hundimiento *m*; excavación *f*. LOC **~ fund**, fondo *m* de amortización.

Si·no-... (*also* **sino-**...) ['sinɔu] *adj* sino-/a-..., chino/a... . **si·no·log·ist** [sai'nɔlədʒist] *n* sinólogo/a. **si·no·lo·gy** [sai'nɔlədʒi] *n* sinología *f*.

sin·u·os·ity [,sinju'ɔsəti] *n* sinuosidad *f*. **sin·u·ous** ['sinjuəs] *adj* sinuoso/a.

si·nus ['sainəs] *n* ANAT, BOT seno *m*. **si·nu·si·tis** [,sainə'saitis] MED sinusitis *f*.

sip [sip] **I**. *v* (**-pp-**) beber a sorbos, sorber. **II**. *n* sorbo *m*.

si·phon ['saifn] **I**. *n* sifón *m*. **II**. *n* **1**. trasegar con sifón. **2**. (**off**, **out**) sacar con sifón.

sir [sɜ:r] *n* **1**. caballero *m*, señor *m*. **2**. **Sir**, sir *m* (*title*). LOC **Dear ~**, Muy Señor Mío.

sire ['saiə(r)] **I**. *n* ZOOL padre *m*; semental *m*. **II**. *v* ser el padre (de), engendrar.

si·ren ['saiərən] *n* sirena *f* (*all senses*).

sir·loin ['sɜ:lɔin] *n* solomillo *m*.

si·roc·co [si'rɔkəu] *n* siroco *m* (*wind*).

si·rup US V. **syrup**.

si·sal ['saisl] *n* sisal *m*, henequén *m*, pita *f*.

sis·sy (*also* **cissy**) ['sisi] *n* INFML gallina *m/f* (*coward*); afeminado *m*, marica *m*.

sis·ter ['sistə(r)] *n* **1**. hermana *f*. **2**. US INFML mujer *f*. **3**. enfermera *f* (*hospital*). **4**. REL monja *f*, hermana *f* (*nun*). LOC **~·hood**, hermandad *f*; REL comunidad *f* religiosa; cofradía *f* de mujeres. **~ in law**, cuñada *f*. **~ of mercy/charity**, hermana *f* de la caridad. **~ ship**, buque *m* gemelo. **sis·ter·ly** ['sistəli] *adj* fraternal, de/como hermana.

sit [sit] *v* (**-tt-**; *pret/pp* **sat**) **1**. sentar(se) (*also to ~ down*); estar sentado; montar (*horse*). **2**. (**for**) posar (*pose for a portrait*); examinarse, presentarse a un examen. **3**. celebrar sesión, reunirse. **4**. posarse (*insects, birds*). **5**. empollar (*hens*). **6**. (**on**) sentar (*clothes*); ser miembro (*on a committee*). **7**. estar situado, yacer. **8**. FAM hacer callar; reprimir; ser severo (con). **9**. (**up**) incorporarse (*after lying*); sorprender; dar en qué pensar. **10**. (**out**) estar fuera (*outdoors*); TEATR quedarse hasta el final (*performance*); no bailar (*in a particular dance*). **11**. (*baby ~*) cuidar niños. **12**. FIG corresponder. **13**. soplar (*wind*). LOC **~-down** (**~-down strike**), sentada *f*, huelga *f* de brazos caídos. **~-in**, ocupación *f*, bloqueo *m* (*as protest*). **To ~ an exam**, examinarse. **To make sb ~ up**, sorprender (a alguien). **sit·ter** ['sitə(r)] *n* **1**. modelo *m/f*. **2**. *col* cosa *f* fácil. **3**. gallina *f* clueca. **4**. persona *m/f* que cuida niños. **sit·ting** ['sitiŋ] *n* **1**. sesión *f*; tirón *m*, sentada *f*. **2**. turno *m* (*in a restaurant*). **3**. incubación *f*; nidada *f* (*eggs*). LOC **~-room**, cuarto *m*/sala *f* de estar.

sit·com ['sitkɔm] *n* INFML telecomedia *f*.

site [sait] **I**. *n* **1**. solar *m*, local *m*. **2**. lugar *m*, escenario *m*, obra *f*. **II**. *v* situar.

sit·u·ate ['sitjueit] *v* ubicar, situar. **sit·u·at·ed** ['sitjueitid] *adj* situado/a. **sit·u·ation** [,sitʃu'eiʃn] *n* **1**. ubicación *f*, situación *f*. **2**. colocación *f*, puesto *m* (*occupation*). LOC **~ com-**

edy (*also* INFML **sit·com**), telecomedia *f*. **To save the ~**, salvar la situación *f*.

six [siks] *n/adj* (*num*) seis *m*. LOC **~·fold**, séxtuplo/a. **~·pence**, seis peniques *m/pl*. **~·penny**, de seis peniques *m/pl*. **~-shooter**, revólver *m* de seis tiros. **To be at ~·es and sevens**, estar hecho un lío *m*, estar en desorden *m*. **six·teen** [sik'sti:n] *n/adj* (*num*) dieciséis *m*. **six·teenth** [sik'sti:nθ] *n/adj* (*num*) decimosexto/a. **sixth** [siksθ] *n/adj* (*num*) sexto/a. **six·ti·eth** ['sikstiəθ] *n/adj* (*num*) sexagésimo/a. **six·ty** ['siksti] *n/adj* (*num*) sesenta *m*. LOC **The ~·ties**, los años *m/pl* sesenta. **~-fourth note**, MUS semifusa *f*.

size [saiz] **I**. *n* **1**. tamaño *m*; talla *f*; estatura *f*; número *m* (*shoes*). **2**. extensión *f*. **3**. dimensiones *f/pl*. **4**. apresto *m*, cola *f* (*textiles, paper*). LOC **That's about the ~ of it**, es más o menos eso. **II**. *v* **1**. clasificar según el tamaño. **2**. (**up**) INFML evaluar, medir (*estimate the ~ of*). **3**. aprestar (*textiles, paper*). **size·able** (*also* **sizable**) ['saizəbl] *adj* importante, considerable. **-siz·ed** [saizd] *adj* (*forming compound adjs*) de 'x' tamaño.

siz·zle ['sizl] **I**. *v* INFML chispear, chisporrotear (*sound of sth frying*). **II**. *n* chisporroteo *m*.

skate [skeit] **I**. *n* **1**. DEP (*also* **ice-~**) patín *m*; (*also* **roller-~**) patín *m*. **2**. ZOOL raya *f* (*fish*). **II**. *v* patinar. LOC **To be ~·ing on thin ice**, FIG pisar un terreno *m* peligroso. **skat·er** ['skeitə(r)] *n* patinador/ra. **skat·ing** ['skeitiŋ] *n* DEP patinaje *m*. LOC **Ice-~**, DEP patinaje *m* sobre hielo. **Roller-~**, DEP patinaje *m* sobre ruedas. **~ rink**, pista *f* de patinaje.

ske·dad·dle [ski'dædl] *v* INFML salir corriendo/pitando, largarse.

skein [skein] *n* ovillo *m*, madeja *f* (*wool*).

skel·e·ton ['skelitn] **I**. *n* **1**. ANAT esqueleto *m*. **2**. TEC armadura *f*, armazón *m*. **3**. FIG esquema *m*; estructura *f*. LOC **A ~ in the cupboard**, secreto *m* de familia. **II**. *adj* esquemático/a; reducido/a. LOC **~ key**, llave *f* maestra.

skep·tic V. **sceptic**.

sketch [sketʃ] **I**. *n* **1**. boceto *m*, croquis *m*, apunte *m*; esbozo *m*, bosquejo *m*; dibujo *m*. **2**. TEATR obra *f*/pieza *f* corta. **II**. *v* **1**. hacer un boceto/croquis; esbozar, bosquejar; dibujar. LOC **~-book/pad**, bloc *m* de dibujo. **sketch·y** ['sketʃi] *adj* (*comp* **-ier**, *sup* **-iest**) impreciso/a; superficial; incompleto/a.

skew [skju:] **I**. *adj* sesgado/a, oblicuo/a; asimétrico/a. **II**. *n* sesgo *m*, oblicuidad *f*. LOC **~·bald**, pío/a. **~-whiff**, INFML sesgado/a, oblicuo/a, torcido/a. **skew·er** ['skju:ə(r)] **I**. *n* brocheta *f*; espetón *m*. **II**. *v* espetar, ensartar.

ski [ski:] **I**. *n* DEP esquí *m*. **II**. *v* (*pret/pp* **ski'd/skied**; *present p* **skiing**) esquiar. LOC **~-jump**, salto *m* con esquís; pista *f* de salto. **~-lift**, telesquí *m*. **ski·er** ['skiə(r)] *n* esquiador/ra. **ski·ing** ['skiiŋ] *n* DEP esquí *m* (*sport*).

skid [skid] **I**. *n* **1**. patinazo *m*, derrape *m*. **2**. rampa *f* de descarga. **3**. calzo *m*. LOC **To put the ~s under sb/sth**, hacer fracasar a uno. **II**. *v* (**-dd-**) patinar, derrapar. LOC **~ row**, US *col* barrio *m* bajo.

skid·doo [ski'du:] *v* US *col* largarse.

skiff [skif] *n* esquife *m* (*small light boat*).

skil·ful (US **skillful**) ['skilfl] *adj* (**at sth/doing sth**) hábil, diestro/a; experto/a. **skil·ful·ness** ['skilflnis] *n* habilidad *f*, destreza *f*. **skill** [skil] *n* (**at sth/doing sth**) habilidad *f*, destreza *f*; técnica *f*, arte *m*. **skill·ed** [skild] *adj* (**in/at sth/doing sth**) hábil, diestro/a; cualificado/a (*worker*); experto/a; especializado/a.

skil·let ['skilit] *n* **1**. US sartén *f* (*frying pan*). **2**. cacerola *f*.

skim [skim] *v* (**-mm-**) **1**. espumar (*liquid*); desnatar (*milk*). **2**. rozar, pasar rozando; rasar. **3**. (**through**, **over**) echar una ojeada (*read sth quickly*); hojear (*flick through*). LOC **~·med milk** (*also* **~ milk**), leche *f* desnatada. **To ~ along sth**, volar a ras de algo. **skim·mer** ['skimə(r)] *n* espumadera *f*, desnatadora *f*.

skimp [skimp] (*also* **scamp**) *v* (**on sth**) rehuir (*work*), escatimar; chapucear (*work*). **skimp·y** ['skimpi] *adj* (*comp* **-ier**, *sup* **-iest**) escaso/a; pequeño/a; mezquino/a; tacaño/a.

skin [skin] **I**. *n* **1**. ANAT, BIOL, BOT, ZOOL piel *f*; cutis *f*(*face*); tez *f* (*complexion*); pellejo *m*, odre *m* (*container*), cuero *m*; cáscara *f*, piel *f* (*fruits, vegetables*); nata *f* (*milk*); corteza *f* (*plants*). **2**. MUS piel *f*/membrana *f* de tambor *m*. LOC **By/With the ~ of one's teeth**, por poco, por los pelos *m/pl*. **To have a thick ~**, ser poco sensible. **To have a thin ~**, ser muy susceptible. **II**. *v* (**-nn-**) **1**. despellejar, desollar; pelar (*fruit, vegetables*); quitar la corteza (*tree*); quitarse (*clothes*); despojar. **2**. (**over**) MED cicatrizarse. LOC **~-deep**, superficial. **~-diving**, DEP buceo *m*. **~-flick**, película *f* pornográfica. **~-flint**, tacaño/a, cicatero/a. **~-grafting**, MED injerto *m* de piel. **~-tight**, muy ajustado (al cuerpo). **To ~ sb alive**, desollar vivo a alguien. **skin·ner** ['skinə(r)] *n* peletero/a (*furrier*). **skin·ny** ['skini] *adj* (*comp* **-ier**, *sup* **-iest**) INFML enjuto/a, flaco/a; escaso/a.

skint [skint] *adj* sin dinero/blanca.

skip [skip] **I**. *v* (**-pp-**) **1**. ir dando saltos; saltar, brincar (*also* FIG). **2**. saltar (a la comba). **3**. (**out of**, **off**) INFML largarse, escabullirse. **4**. FAM fumarse, saltarse (*class*, etc). **5**. (**over**) no asistir, saltar(se). LOC **~ it!**, INFML ¡déjalo! **~·ping rope**, comba *f*. **II**. *n* brinco *m*, salto *m*. **skip·per** ['skipə(r)] *n* DEP, NAUT capitán/na; US AER capitán/na.

skir·mish ['skɜ:miʃ] **I**. *n* pelea *f*, escaramuza *f*. **II**. *v* pelear. **skir·mish·er** ['skɜ:miʃə(r)] *n* peleador/ra, peleón/na.

skirt [skɜ:t] **I**. *n* **1**. falda *f*; faldones *m/pl* (*coat*). **2**. borde *m*, orilla *f* (*edge*). **3**. **~s** *pl* (*also* **out·~s**) afueras *f/pl* (*city*). **4**. SL tía *f*, chavala *f*, gachí *f* (*girl, woman*). LOC **split ~**, falda *f* pantalón. **II**. *v* bordear; rodear; orillar, ladear. LOC **~·ing-board** (US **base·board**), zócalo *m*, rodapié *m*.

skit [skit] *n* **(on sth)** burla *f*; relato *m* corto y satírico; TEATR sketch *m* satírico. **skit·tish** ['skitiʃ] *adj* **1**. asustadizo/a (*horse*). **2**. frívolo/a. **skit·tish·ness** ['skitiʃnis] *n* frivolidad *f*.

skit·tle ['skitl] *n* **1**. bolo *m*. **2**. **~s** *pl* bolos *m/pl* (*game*). LOC **~ alley**, bolera *f*.

skive [skaiv] *v* **(off)** *col* fumarse (*lecture*); no hacer nada,(gandulear.

skiv·vy ['skivi] *n* INFML criada *f*, fregona *f*.

skua ['skju:ə] *n* ZOOL págalo *m* (*large type of seagull*).

skul·dug·ge·ry (*also* **skull-**) [skʌl'dʌgəri] *n* trampa *f*; chanchullo *m*.

skulk [skʌlk] *v* esconderse; FAM zafarse, escurrir el bulto.

skull [skʌl] *n* ANAT cráneo *m*; calavera *f*. LOC **~-cap**, casquete *m*; gorro *m*.

skunk [skʌŋk] *n* **1**. ZOOL (*also* **polecat**) mofeta *f*. **2**. INFML canalla *m/f*.

sky [skai] **I**. *n* (*pl* **skies**) (*also pl*) cielo *m*. **II**. *v* (*pret/pp* **skied**) bombear (*ball*).

sky..., **~-blue**, *n/adj* celeste, azul celeste. **~-diving**, *n* DEP paracaidismo *m* sin apertura inicial del paracaídas. **~-high**, *adj* muy alto. **~-lark**, *n* ZOOL alondra *f*; *v* hacer travesuras, divertirse. **~-light**, *n* claraboya *f*, tragaluz *m*. **~-line**, *n* perfil *m*, contorno *m* (*city*); horizonte *m*; silueta *f*. **~-rocket**, *n* cohete *f*; *v* subir vertiginosamente (*prices*). **~-scraper**, *n* rascacielos *m*. **~-ward(s)**, *adv* hacia el cielo. **~-writing**, *n* publicidad *f* aérea.

slab [slæb] *n* losa *f* (*stone*); lámina *f*, plancha *f* (*of metal*); tabla *f*; rodaja *f* (*fish*); tajada *f* (*meat*).

slack [slæk] **I**. *adj* (*comp* **-er**, *sup* **-est**) **1**. flojo/a. **2**. **(at, about sth)** perezoso/a, vago/a; descuidado/a, negligente. **3**. de poca actividad, de poco trabajo. **4**. quieto/a, tranquilo/a. LOC **~ demand**, poca demanda *f*. **~ water**, aguas *f/pl* muertas. **II**. *v* **1**. aflojar, aminorar. **2**. **(off, up)** ir más despacio. **III**. *n* **1**. parte *f* floja (*rope*). **2**. **~s** *pl* pantalones *m/pl*. **3**. cisco *m* (*coal-dust*). **4**. temporada *f* baja/ de baja actividad. **slack·en** ['slækn] *v* reducir, disminuir; aflojar(se); amainar (*wind*). **slack·er** ['slækə(r)] *n* INFML holgazán/na, gandul/la. **slack·ness** ['slæknis] *n* flojedad *f*; relajación *f*; descuido *m*; pereza *f*, gandulería *f*.

slag [slæg] **I**. *n* escoria *f* (*from ore*, etc). **II**. *v* **(-gg-)** escorificar. LOC **~-heap**, escombrera *f*, escorial *m*.

slain *pp of* **slay**.

slake [sleik] *v* aplacar, apagar; saciar, satisfacer.

sla·lom ['sla:ləm] *n* DEP (carrera de) eslálom *m*.

slam [slæm] **I**. *v* **(-mm-)** **1**. **(sth to/shut)** cerrar(se) de golpe (*door, window*). **2**. (hacer) golpear; disparar (*ball*). **3**. difamar, calumniar, hablar mal (de). LOC **To ~ the door**, cerrar de/dar un portazo *m*. **II**. *n* **1**. portazo *m*; golpe *m*. **2**. vapuleo *m*.

slan·der ['sla:ndə(r)] **I**. *n* difamación *f*, calumnia *f*. **II**. *v* difamar, calumniar. **slan·der·er** ['sla:ndərə(r)] *n* difamador/ra, calumniador/ra. **slan·der·ous** ['sla:dərəs] *adj* difamatorio/a, calumnioso/a.

slang [slæŋ] **I**. *n* argot *m*, germanía *f*; jerga *f*; vulgarismo *m*. **II**. *v* INFML insultar, poner verde. **slan·gi·ness** ['slæŋinis] *n* vulgaridad *f* (*language*). **slang·y** ['slæŋi] *adj* vulgar.

slant [sla:nt] **I**. *v* **1**. sesgar(se), inclinar(se); estar inclinado. **2**. enfocar de modo parcial (*news*). **II**. *n* **1**. sesgo *m*, inclinación *f*, pendiente *f*. **2**. parecer *m*, punto *m* de vista. **slant·ing** ['sla:ntiŋ] *adj* sesgado/a, inclinado/a; oblicuo/a. **slant·ing·ly**, **slant·wise** ['sla:ntiŋli; -waiz] *adv* al sesgo, oblicuamente.

slap [slæp] **I**. *v* **(-pp-)** **1**. abofetear, dar una bofetada *f*/palmada *f*. **2**. tirar violentamente. **II**. *n* **1**. palmada *f*, manotada *f*; bofetada *f*; golpe *m*, azote *m*. **2**. FIG humillación *f*; afrenta *f*. LOC **A ~ in the face**, bofetada *f*; FIG insulto *m*. **III**. *adv* (*also* **~-bang**) INFML **1**. directamente; de lleno, justo (en). **2**. de golpe. **IV**. *int* ¡zas! LOC **~-dash**, *adj* descuidado/a; *adv* descuidadamente. **~-happy**, INFML inconsciente (*carefree*). **~-jack**, torta *f* frita. **~-stick**, bufonada *f*, payasada *f*. **~-up meal**, INFML una comida excelente/de primera.

slash [slæʃ] **I**. *v* **1**. dar un tajo (*cut*); acuchillar (*with a knife*); rasgar. **2**. reducir; machacar (*prices*). **3**. acuchillar (*in a garment*). **4**. vapulear, criticar severamente. **5**. talar (*trees*). **II**. *n* **1**. tajo *m*, cuchillada *f*. **2**. latigazo *m*. **3**. SL meada *f*. **slash·ing** ['slæʃiŋ] *adj* mordaz (*criticism*).

slat [slæt] *n* listón *m*, tablilla *f* (*of wood, metal or plastic*).

slate [sleit] **I**. *n* **1**. GEOL pizarra *f* (*also writing surface*). **2**. US lista *f* de andidatos. **II**. *v* **1**. empizarrar. **2**. US INFML inscribir (*in a list*). **3**. INFML vapulear. LOC **~ pencil**, pizarrín *m*. LOC **To put sth on the ~**, apuntar algo en la cuenta de alguien. **slat·er** ['sleitə(r)] *n* pizarrero/a. **slat·y** ['sleiti] *adj* pizarroso/a.

slat·tern ['slætən] *n* mujer *f* desaseada/sucia. **slat·tern·ly** ['slætənli] *adj* desaseada, sucia (*woman*).

slaugh·ter ['slɔ:tə(r)] **I**. *n* **1**. sacrificio *m*, matanza *f* (*animals*). **2**. masacre *f*, matanza *f* (*people*). **3**. INFML derrota *f*, fracaso *m*. **II**. *v* **1**. sacrificar, matar (*animals, people*). **2**. FIG INFML dar una paliza (*esp in* DEP). **slaugh·ter·er** ['slɔ:tərə(r)] *n* matarife *m/f*, jifero/a. **slaugh·ter·house** ['slɔ:təhaus] *n* (*also* **abattoir**) matadero *m*. **slaugh·ter·ous** [slɔ:tərəs] *adj* sanguinario/a, cruel.

Slav [slæv] *n/adj* eslavo/a. **Slav·ic** ['slævik] (*also* **Slav·on·ic**) **I**. *adj* eslavo/a. **II**. *n* eslavo *m* (*language*).

slave [sleiv] **I**. *n* esclavo/a (*also* FIG). **II**. *v* **(away at sth)** trabajar como un esclavo. LOC **~-driver/trader**, negrero/a. **~-trade/traffic**, trato *m* de esclavos. **slav·er** ['sleivə(r)] **I**. *n*

1. negrero/a (*person*). 2. NAUT barco *m* negrero. 3. ANAT baba *f*, saliva *f*. **II**. *v* **(over)** babear. **slav·ery** ['sleivəri] *n* esclavitud *f*. **slav·ish** ['sleiviʃ] *adj* servil; de esclavo. **slav·ish·ness** ['sleiviʃnis] *n* servilismo *m*.

slaw [slɔ:] *n* US ensalada *f* de col.

slay [slei] *v* (*pret* **slew**, *pp* **slain**) asesinar, matar. **slay·er** ['sleiə(r)] *n* asesino/a.

sleaz·i·ness ['sli:zənis] *n* sordidez *f*. **sleaz·y** ['sli:zi] *adj* (*comp* **-ier**, *sup* **-iest**) sórdido/a (*dirty, shabby*).

sledge [sledʒ] **I**. *n* 1. (*also esp* US **sled**) trineo *m*. 2. (*also* **~-hammer**) marra *f*, almádena *f*. **II**. *v* (*also esp* US **sled**) ir/llevar en trineo.

sleek [sli:k] **I**. *adj* 1. lustroso/a, liso/a y brillante. 2. impecable; aseado/a (*appearance*). **II**. *v* alisar. **sleek·ness** ['sli:knis] *n* brillo *m*, lustre *m*.

sleep [sli:p] **I**. *n* 1. sueño *m*. 2. INFML legaña *f*. LOC **To lose ~**, perder el sueño *m*. **To put sb to ~**, adormecer/dormir a alguien. **To put an animal to ~**, matar, sacrificar. **To send to ~**, dormir. **II**. *v* (*pret/pp* **slept**) 1. dormir. 2. poder alojar, tener cabida (*hotel*). 3. pasar la noche. LOC **To ~ away**, pasar durmiendo. **To ~ in**, dormir en casa *f*. **To ~ it off**, dormir la mona *f*. **To ~ like a log/top**, dormir como un lirón *m*/tronco *m*. **To ~ on/over sth**, consultar con la almohada *f*. **sleep·er** ['sli:pə(r)] *n* 1. persona *f* que duerme. 2. traviesa *f* (*railway*). 3. coche *m* cama (*coach*). 4. US INFML éxito *m* inesperado. LOC **To be a light/heavy ~-er**, tener un sueño *m* ligero/pesado. **sleep·i·ness** ['sli:pinis] *n* somnolencia *f*, adormecimiento *m*. **sleep·ing** ['sli:piŋ] *adj* dormido/a; durmiente; adormecido/a. LOC **~ Beauty**, la Bella *f* Durmiente. **~-bag**, saco *m* de dormir. **~-car**, coche *m* cama. **~ partner** (US **silent partner**), COM socio/a comanditario/a. **~-pill/tablet**, MED somnífero *m*. **~-sickness**, MED enfermedad *f* del sueño, tripanosomíasis *f*. **sleep·less** ['sli:plis] *adj* insomne, desvelado/a. LOC **A ~ night**, una noche *f* en blanco/vela. **sleep·less·ness** ['sli:pləsnis] *n* insomnio *m*. **sleep·walk·er** ['sli:p,wɔ:kə(r)] *n* sonámbulo/a. **sleep·y** ['sli:pi] *adj* (*comp* **-ier**, *sup* **-iest**) soñoliento/a; dormido/a; soporífero/a; letárgico/a; pesado/a, fofo/a (*fruit*). LOC **~-head**, dormilón/na. **To be ~**, tener sueño *m*. **To make ~**, dar sueño *m*.

sleet [sli:t] **I**. *n* aguanieve *f*. **II**. *v* caer aguanieve. **sleet·y** ['sli:ti] *adj* con aguanieve.

sleeve [sli:v] *n* 1. manga *f* (*part of garment*). 2. TEC manguito *m*, tubo *m*. 3. **(jacket)** funda *f* (*record*). LOC **To have sth up one's ~**, tener algo en reserva *f*/la manga *f*. **To laugh up one's ~**, reírse para el capote. **sleev·ed** [sli:vd] *adj* con mangas. **sleeve·less** ['sli:vlis] *adj* sin mangas.

sleigh [slei] **I**. *n* trineo *m*. **II**. *v* ir en trineo.

sleight [slait] *n* destreza *f*, habilidad *f*. LOC **~ of hand**, juego *m* de manos, prestidigitación *f*.

slen·der ['slendə(r)] *adj* 1. fino/a; delgado/a. 2. esbelto/a. 3. escaso/a (*resources*). **slen·der·ness** ['slendənis] *n* delgadez *f*; esbeltez *f*; escasez *f*.

slept *pret/pp of* **sleep**.

sleuth [slu:θ] **I**. *n* INFML detective *m/f*. **II**. *v* INFML hacer de detective. LOC **~-hound**, ZOOL sabueso *m*.

slew [slu:] **I**. *v* 1. *pret of* **slay**. 2. (US *also* **slue**) **(round)** (hacer) girar. **II**. *n* **(of sth)** US INFML gran cantidad *f*.

slice [slais] **I**. *n* 1. lonja *f*, loncha *f*, raja *f* (*ham, sausage*); tajada *f* (*meat*); trozo *m*, rebanada *f* (*bread*). 2. INFML tajada *f* (*benefit*). 3. estrelladera *f* (*tool*). 4. DEP golpe *m* con efecto. **II**. *v* 1. **(up)** cortar/partir en lonjas/lonchas/rodajas, tajar, rebanar. 2. **(off)** cortar, cercenar. 3. DEP dar efecto, cortar (*ball*). **slic·er** ['slaisə(r)] máquina *m* de cortar, rebanador *m*.

slick [slik] **I**. *adj* 1. hábil, diestro/a; mañoso/a. 2. listo/a; astuto/a. 3. resbaladizo/a (*roads*). **II**. *adv* hábilmente; directamente; rápidamente. **III**. *n* (*also* **oil ~**) capa *f* de aceite. **IV**. *v* **(sth down)** alisar (*hair*). **slick·er** ['slikə(r)] *n* 1. US INFML estafador/ra, embaucador/ra. 2. US impermeable *m* (*coat*).

slid *pret/pp of* **slide**.

slide [slaid] **I**. *n* 1. desliz(amiento) *m*, resbaladero *m* (*on ice*). 2. superficie *f* resbaladiza. 3. tobogán *m* (*for goods, children*). 4. diapositiva *f*, transparencia *f* (*photography*). 5. portaobjeto *m* (*microscope*). 6. TEC cursor *m*; corredera *f*. 7. GEOL desprendimiento *m* (*rocks*). 8. pasador *m* (*hair*). LOC **~-rule**, regla *f* de cálculo. **II**. *v* (*pret/pp* **slid**) 1. deslizar(se); resbalar. 2. correr, arrastrar. LOC **To let sth ~**, INFML desatender, no ocuparse (de). **To ~ into sth**, caer imperceptiblemente (*habit*). **To ~ over sth**, pasar por alto. **slid·ing** ['slaidiŋ] **I**. *adj* (de) corredera, corredizo/a; móvil. LOC **~ door**, puerta *f* corrediza. **~ roof**, techo *m* corredizo (*car*). **~ scale**, escala *f* móvil.

slight [slait] **I**. *adj* (*comp* **-er**, *sup* **-est**) 1. insignificante; leve, ligero/a. 2. delgado/a; esbelto/a (*slender*). 3. pequeño/a, menudo/a (*small*). LOC **Not in the ~·est**, en absoluto. **II**. *v* menospreciar, despreciar; desatender, desairar. **III**. *n* **(a, on sb/sth)** desaire *m*, desprecio *m*. **slight·ing** ['slaitiŋ] *adj* despreciativo/a. **slight·ly** ['slaitli] *adv* ligeramente; un poco. **slight·ness** ['slaitnis] *n* delgadez *f*; pequeñez *f*; insignificancia *f*.

slim [slim] **I**. *adj* (*comp* **-mmer**, *sup* **-mmest**) 1. esbelto/a; delgado/a. 2. poco/a, escaso/a. **II**. *v* **(-mm-)** **(down)** adelgazar. LOC **To ~ sth down**, disminuir, reducir (*factory's work force*). **slim·ness** ['slimnis] *n* delgadez *f*; escasez *f*.

slime [slaim] *n* 1. fango *m*, cieno *m*, limo *m*. 2. baba(za) *f* (*snails, slugs*). **sli·my** ['slaimi] *adj* (*comp* **-ier**, *sup* **-iest**) 1. fangoso/a, limoso/a. 2. baboso/a (*snail*); viscoso/a. 3. INFML adulón/na; asqueroso/a. **slim·i·ness** ['slaiminis] *n* fangosidad *f*; lo baboso; viscosidad *f*.

sling [sliŋ] I. *n* 1. MED cabestrillo *m* (*for an arm*). 2. eslinga *f*, braga *f* (*rope*). 3. honda *f* (*for throwing stones*). LOC **~-shot**, US honda *f* (*weapon*). II. *v* (*pret/pp* **slung**) 1. INFML arrojar, tirar. 2. colgar. LOC **To ~ one's hook**, *col* irse, largarse.

slink [sliŋk] *v* (*pret/pp* **slunk**) 1. ir cabizbajo; escabullirse. 2. andar furtivamente. 3. contonearse. **slink·y** ['sliŋki] *adj* (*comp* **-ier**, *sup* **-iest**) provocativo/a; ceñido/a (*clothes*).

slip [slip] I. *n* 1. resbalón *m*; traspiés *m*; desliz *m* (*also* FIG). 2. equivocación *f*, lapso *m*. 3. combinación *f* (*petticoat*). 4. funda *f* de almohada. 5. trozo *m* (*paper*); ficha *f* (*filling card*). 6. GEOL desprendimiento *m*. 7. **~s** *pl* NAUT grada *f* (*shipway*). LOC **A ~ of a boy/girl**, jovenzuelo/a. **A ~ of paper**, papeleta *f*. **A ~ of the pen**, lapsus *m* calami. **A ~ of the tongue**, lapsus *m* linguae. **~-case/cover**, funda *f* (*records*); estuche *m* (*books*). **~·knot**, nudo *m* corredizo. **~·shod**, desaseado/a; descuidado/a. **~·stream**, estela *f* (*of a plane*). **~-up**, INFML desliz *m*; error *m*. **~·way**, NAUT grada *f*. **To give sb the ~**, dar esquinazo *m* a alguien. II. *v* 1. **(on, over)** resbalar(se), tropezar; deslizar(se); MED dislocarse (*bone*). 2. ir (rápida y sigilosamente). 3. **(from)** escaparse (de), eludir (*guard*). 4. decaer, declinar (*decline*). 5. **(away, off)** largarse, escabullirse; desaparecer. 6. **(back)** volver sigilosamente. 7. **(by)** pasar inadvertido/a. 8. **(through)** colarse (por). 9. **(up)** resbalar; FIG meter la pata. 10. **(into)** introducir (en). 11. **(on)** ponerse deprisa (*clothes*); **(off)** quitarse deprisa (*clothes*). LOC **To let ~ an opportunity**, perder/dejar pasar una oportunidad *f*. **To ~ one's memory/mind**, írsele la memoria *f* a uno. **To ~ one over on sb**, engañar a alguien. **slip·per** ['slipə(r)] *n* babucha *f*, zapatilla *f* (*footwear*). **slip·pe·ri·ness** ['slipərənis] *n* lo resbaladizo. **slip·per·y** ['slipəri] *adj* escurridizo/a; resbaladizo/a; FIG evasivo/a; viscoso/a (*skin*); delicado/a (*matter*); FAM astuto/a. **slip·py** ['slipi] *adj* (*comp* **-ier**, *sup* **-iest**) INFML resbaladizo/a, escurridizo/a. LOC **To be/look ~**, darse prisa.

slit [slit] I. *n* raja *f*, corte *m*; abertura *f*; hendidura *f*; resquicio *m*. II. *v* (**-tt-**; *pret/pp* **slit**) rajar, cortar; hender.

slith·er ['sliðə(r)] *v* (hacer) resbalar (*slide, slip*); deslizarse; arrastrarse.

sliv·er ['slivə(r)] I. *n* astilla *f* (*of wood*); pedazo *m*; raja *f*; lonja *f*; rodaja *f*. II. *v* astillar(se); cortar en pedazos/rajas.

slob [slɔb] *n* INFML persona *f* desaseada; gandul/la.

slob·ber [slɔbə(r)] I. *v* babear. LOC **To ~ over sb/sth**, INFML entusiasmarse de modo exagerado. II. *n* INFML baba *f*.

sloe [sləu] *n* 1. BOT endrina *f* (*fruit*). 2. BOT endrino *m* (*tree*).

slog [slɔg] (*also* **slug**) I. *v* (**-gg-**) 1. golpear (*ball*). 2. **(away)** INFML trabajar como un esclavo. II. *n* INFML 1. golpetazo *m*. 2. trabajo *m* duro y aburrido. **slog·ger** ['slɔgə(r)] *n* DEP pegador/ra; trabajador/ra.

slo·gan ['sləugən] *n* (e)slogan *m*, lema *f*.

sloop [slu:p] *n* NAUT balandro *m*.

slop [slɔp] I. *v* (**-pp-**) 1. **(over)** verter(se), derramar(se); desbordar(se). 2. chapotear. II. *n* 1. **~s** *pl* lavazas *f/pl*, aguas *f/pl* sucias. 2. fango *m*, barro *m*. 3. gachas *f/pl*, papillas *f/pl* (*liquid food*).

slope [sləup] I. *n* 1. declive *m*, pendiente *f*, cuesta *f*. 2. vertiente *f* (*roof*); inclinación *f*. 3. falda *f*, ladera *f* (*mountain, hill*). II. *v* inclinar(se); sesgar; declinar. LOC **To ~ off**, INFML largarse.

slop·py ['slɔpi] *adj* (*comp* **-ier**, *sup* **-iest**) 1. INFML mojado/a; aguado/a. 2. encharcado/a. 3. desaliñado/a (*dress*). 4. sensiblero/a. 5. chapucero/a, descuidado/a (*work*).

slosh [slɔʃ] *v* 1. INFML **(about, around)** chapotear (*of liquid*). 2. *col* pegar (*hit*). **slosh·ed** [slɔʃt] *adj* FAM borracho/a.

slot [slɔt] I. *n* 1. rendija *f*, muesca *f*, ranura *f*. 2. período *m*, espacio *m*. II. *v* (**-tt-**) hacer una muesca/ranura. LOC **~-machine**, máquina *f* tragaperras (*for gambling*); distribuidor *m* automático (*cigarettes, bars, chocolate*).

sloth [sləuθ] *n* 1. indolencia *f*, pereza *f* (*laziness*). 2. ZOOL perezoso *m* (*American mammal*). **sloth·ful** ['sləuθfl] *adj* indolente, perezoso/a (*lazy*).

slouch [slautʃ] I. *v* andar con aire decaído; repantigarse; bajar(se), agachar(se) (*hat*). II. *n* postura *f*/andar *m* desgarbado. LOC **~ hat**, sombrero *m* flexible. **To be no ~ at sth**, INFML ser muy bueno en algo.

slough I. [slau; US slu:] *n* 1. ciénaga *f* (*swamp, marsh*). 2. FIG abismo *m*. 3. MED escara *f*. 4. ZOOL camisa *f*, piel *f* vieja (*snake*). II. [slʌf] *v* **(off)** mudar; descartar; deshacerse (de).

Slo·vak ['slouvæk] *n/adj* eslovaco/a. **Slo·vak·i·an** [slɔu'vækiən] *adj* eslovaco/a.

slov·en ['slʌvn] *n* persona *f* desaseada (*untidy*). **slov·en·li·ness** ['slʌvinis] *n* descuido *m*, dejadez *f*. **slov·en·ly** ['slʌvnli] *adj* dejado/a, desaseado/a, desaliñado/a; descuidado/a.

slow [slɔu] I. *adj* 1. lento/a. 2. torpe, lento/a (*dull*). 3. flojo/a (*business*). 4. atrasado/a (*watch, clock*): *My watch is ~*, Mi reloj se atrasa. 5. DEP pesado/a (*pitch*). 6. aburrido/a (*boring*). LOC **~·coach** (US **~·poke**), INFML tortuga *f*. **~·down**, retraso *m*; reducción de ritmo *m*/velocidad *f*; (*go ~*) huelga *f* de brazos caídos. **~ lane**, carril *m* lento. **~ motion**, *n* cámara *f* lenta; *adj* a cámara *f* lenta. **~·worm**, ZOOL lución *m*. **To be ~ to**, tardar en. II. *adv* lentamente, despacio. LOC **To go ~**, trabajar a ritmo *m* lento (*as a protest*); ir despacio. III. *v* 1. **(up, down)** reducir/aminorar la velocidad/marcha. **slow·ly** ['slɔuli] *adv* despacio, lentamente. **slow·ness** ['slɔunis] *n* lentitud *f*; retraso *m*; torpeza *f*.

sludge [slʌdʒ] *n* 1. fango *m*, cieno *m*, lodo *m*. 2. aguas *f/pl* residuales.

slue (US) V. **slew**.

slug [slʌg] I. *n* 1. ZOOL babosa *f*. 2. bala *f*, posta *f* (*bullet*). 3. lingote *m* (*printing*). 4. US moneda *f* falsa. 5. US INFML puñetazo *m*, porrazo *m*. 6. línea *f* de linotipia. II. *v* (**-gg-**) dar un puñetazo, apuñear.

slug·gard ['slʌgəd] *n* vago/a, holgazán/na. **slug·gish** ['slʌgiʃ] *adj* holgazán/na; perezoso/a; lento/a; inactivo/a. **slug·gish·ness** ['slʌgiʃnis] *n* pereza *f*; lentitud *f*; inactividad *f*.

sluice [slu:s] I. *n* 1. (*also* **~-gate/valve**) compuerta *f*, esclusa *f*. 2. (*also* **~-way**) canal *m*; aliviadero *m*. II. *v* 1. regar. 2. (**down**, **out**) lavar (*with a stream of water*). 3. transportar por canal.

slum [slʌm] I. *n* 1. tugurio *m*, casucha *f* (*badly-built house*). 2. **~s** *pl* suburbios *m/pl*, barrio *m* bajo (*area*). II. *v* (**-mm-**) visitar los barrios bajos. LOC **~·lord**, propietario/a de casas en barrios bajos y con alquileres altos. **slum·my** ['slʌmi] *adj* (*comp* **-ier**, *sup* **-iest**) de barrio bajo.

slum·ber ['slʌmbə(r)] I. *v* dormir; dormitar; estar inactivo/a. II. *n* sueño *m*, sopor *m*; inactividad *f*. **slum·ber·ous** ['slʌmbərəs] *adj* dormido/a; soñoliento/a; inactivo/a.

slump [slʌmp] I. *v* 1. hundirse; desplomarse (*fall or flop heavily*). 2. COM bajar/caer repentinamente (*prices, trade*). II. *n* 1. COM bajada *f*/caída *f* repentina (*prices*). 2. COM crisis *f*/depresión *f* económica. 3. US retroceso *m*, bajón *m* (*career, morale*).

slung *pret/pp of* **sling**.

slunk *pret/pp of* **slink**.

slur [slɜ:(r)] I. *v* (**-rr-**) 1. articular mal; comerse (*syllable*). 2. MUS ligar. 3. difamar, calumniar. 4. (**over**) ocultar; pasar por alto. II. *n* 1. (**on sb/sth**) difamación *f*, calumnia *f*. 2. FIG mancha *f*, borrón *m*. 3. MUS ligado *m*.

slurp [slɜ:p] *v* sorber ruidosamente.

slush [slʌʃ] *n* 1. aguanieve *f*. 2. INFML sensiblería *f*, sentimentalismo *m* exagerado. LOC **~ fund**, dinero *m* para fines deshonestos. **slush·y** ['slʌʃi] *adj* (*comp* **-ier**, *sup* **-iest**) medio derretida (*snow*); fangoso/a (*muddy*); FIG sensiblero/a.

slut [slʌt] *n* puerca, marrana; mujer promiscua. **slut·tish** ['slʌtiʃ] *adj* puerco/a, marrano/a; promiscuo/a.

sly [slai] *adj* (*comp* **-ier**, *sup* **-iest**) 1. sigiloso/a, furtivo/a. 2. astuto/a. 3. malicioso/a. LOC **On the ~**, a hurtadillas. **sly·ness** ['slainis] *n* disimulo *m*; astucia *f*; malicia *f*.

smack [smæk] I. *n* 1. palmada *f*; bofetada *f*, tortazo *m*. 2. INFML beso *m* sonoro. 3. golpe *m* (*blow*). 4. NAUT barco *m* de pesca, queche *m*. 5. (**of sth**) sabor(cillo) *m*, gusto *m*. LOC **To have a ~ at**, INFML probar. II. *v* 1. dar un(a) palmada/manotada/bofetada/tortazo; pegar; golpear. 2. relamerse (*lips*). 3. saber (*taste*). 4. (**of**) FIG oler (a). III. *adv* de lleno. IV. *int* ¡zas! **smack·er** ['smækə(r)] *n* 1. beso *m* sonoro. 2. *col* libra *f* (*pound*); dólar *m* (*dollar*). **smack·ing** ['smækiŋ] *n* paliza *f*, zurra *f*.

small [smɔ:l] I. *adj* 1. pequeño/a; corto/a; bajo/a. 2. minúsculo/a, menudo/a (*letter*). 3. insignificante, sin importancia; menor. 4. poco/a; escaso/a (*with non-count nouns*). 5. humilde, modesto/a (*modest*). LOC **~ arms** *pl*, armas *f/pl* cortas. **~ capitals**, versalita *f* (*printing*). **~ change**, dinero *m* suelto, cambio *m*. **~ game**, caza *f* menor. **~·holding**, AGR parcela *f*; minifundio *m*. **~-minded**, de miras *f/pl* estrechas. **~-mindedness**, estrechez *f* de miras. **~·pox**, MED viruela *f*. **~-scale**, en pequeña escala *f*. **~ talk**, charla *f*. **~-time**, de poca importancia *f*. **To feel ~**, sentirse poca cosa *f*. II. *adv* en trozos pequeños. III. *n* **~s** *pl* ropa *f* interior, paños *m/pl* menores. LOC **~ of the back**, (en la) parte baja de la espalda. **small·ish** ['smɔ:liʃ] *adj* bastante pequeño/a; más bien pequeño/a. **small·ness** ['smɔ:lnis] *n* pequeñez *f*; escasez *f*.

smalt [smɔ:lt] *n* esmalte *m*.

smar·my ['sma:mi] *adj* (*comp* **-ier**, *sup* **-iest**) INFML adulador/ra, cobista.

smart [sma:t] I. *adj* 1. elegante (*well-dressed*); pulcro/a, aseado/a (*tidy*). 2. US inteligente, listo/a (*clever*). 3. vivo/a, sagaz, astuto/a (*quick, brisk*). 4. de moda (*fashionable*). 5. distinguido/a, selecto/a (*people*). LOC **~ alec(k)**, sabelotodo/a, sabihondo/a. **~ money**, gente *f* bien informada; COM inversionistas *m/pl* astutos. II. *n* escozor *m*. III. *v* 1. (**from sth**) picar, escocer: *My eyes are ~.ing*, Me pican los ojos. 2. (**under**, **with**) resentir/sufrir. 3. (**for sth**) FIG pagar (por): *He'll ~ for it*, Me lo pagará. **smart·en** ['sma:tn] *v* (**oneself/sb/sth up**) arreglar(se), mejorar el aspecto (de). **smart·ly** ['sma:tli] *adv* elegantemente; pulcramente; inteligentemente; rápidamente. **smart·ness** ['sma:tnis] *n* elegancia *f*; pulcritud *f*; inteligencia *f*; astucia *f*.

smash [smæʃ] I. *v* 1. destrozar(se); romper(se); hacer(se) pedazos (*break, shatter*). 2. (**up**) aplastar(se). 3. (**into**) estrellar, chocar (con). 4. FIG destruir; arruinar; aplastar. 5. DEP dar un mate (*tennis*). II. *n* 1. (*also* **~-up**) colisión *f*; choque *f*; accidente *m* (*accident*). 2. COM quiebra *f*; crisis *f* económica. 3. golpe *m*; puñetazo *m*. 4. mate *m* (*tennis*). LOC **~-and-grab raid**, robo *m* relámpago. **~ hit**, *col* gran éxito *m*, exitazo *m*. **To get ~**, coger una buena borrachera. **To go to ~**, hacerse pedazos *m/pl*. **smash·ed** [smæʃd] *adj col* borracho/a. **smash·er** ['smæʃə(r)] *n* INFML maravilla *f*; bombón *m* (*girl*); ZOOL guayabo *m* (*tree*). **smash·ing** ['smæʃiŋ] *adj* INFML extraordinario/a, estupendo/a.

smat·ter·ing ['smætəriŋ] *n* (**of sth**) nociones *f/pl*, conocimientos *m/pl* elementales.

smear [smiə(r)] I. *v* 1. (**on**, **over**) untar, embarrar(se). 2. ensuciar(se), manchar(se). 3. calumniar (*reputation*). II. *n* 1. mancha *f*. 2. (**on sb/sth**) calumnia *f*. 3. MED frotis *m*. **smear·y** ['smiəri] *adj* (*comp* **-ier**, *sup* **-iest**) manchado/a.

smell [smel] I. *n* 1. olfato *m* (*sense*). 2. olor *m* (*odour*); hedor *m* (*bad smell*). II. *v* (*pret/pp* **smelt/smelled**) 1. oler; olfatear (*animal*). 2. (**out**) descubrir; husmear. LOC **~·ing salts** *pl*, sales *f/pl* aromáticas. **smell·y** ['smeli] *adj* (*comp* **-ier**, *sup* **-iest**) INFML apestoso/a, maloliente.

smelt [smelt] I. *v* 1. fundir (*ore*). 2. *pret/pp of* **smell**. II. *n* ZOOL eperlano *m*. **smelt·er** ['smeltə(r)] *n* fundidor/ra. **smelt·ing** ['smeltiŋ] *n* fundición *f*. LOC **~ furnace**, horno *m* de fundición.

smile [smail] I. *n* sonrisa *f*. II. *v* 1. (**at**) sonreír(se). 2. (**on**) favorecer. **smil·ing** ['smailiŋ] risueño/a, sonriente.

smirch [smɜ:tʃ] *v* manchar (*sb's reputation*).

smirk [smɜ:k] I. *n* sonrisa *f* afectada/tonta/satisfecha. II. *v* sonreírse afectadamente/satisfecho/a.

smite [smait] *v* (*pret* **smote**, *pp* **smitten**) 1. golpear (con fuerza/violencia) (*hit*). 2. remorder (*conscience*); afligir. 3. castigar.

smith [smiθ] *n* herrero/a (*black.~*). **smith·y** ['smiθi] *n* herrería *f*.

smith·er·eens [,smiðə'ri:nz] *n/pl* FAM añicos *m/pl*. LOC **To break sth to**, hacer añicos *m/pl*.

smit·ten ['smitn] I. *pret/pp of* **smite**. II. *adj* 1. (**with sth**) chiflado/a (por), entusiasmado/a (por). 2. (**with sb/sth**) FIG afligido/a (por).

smock [smɔk] I. *n* delantal *m*; bata *f* corta; blusa *f*, guardapolvo *m* (*for artists, labourers*). LOC **~ frock**, bata *f*. II. *v* fruncir. **smock·ing** ['smɔkiŋ] *n* adorno *m* de frunces.

smog [smɔg] *n* niebla *f* densa, con humo y/o polución.

smoke [sməuk] I. *n* 1. humo *m*. 2. INFML pitillo *m*, cigarrillo *m*. LOC **~-bomb/grenade**, bomba *f* de humo. **~-dried**, ahumado/a. **~-screen**, cortina *f* de humo. **~-stack**, chimenea *f*. **There is no ~ without fire**, cuando el río *m* suena, agua *m* lleva. **To go up in ~**, ser destruido por un incendio *m*; FIG esfumarse. **To have a ~**, fumar, echar un pitillo *m*. II. *v* 1. fumar(se) (*cigar, cigarrette*). 2. ahumar (*preserve meat, fish with ~*). 3. (**out**) ahuyentar con humo. **smok·er** ['sməukə(r)] *n* fumador/ra; coche *f* de fumadores (*train*). **smok·ing** ['sməukiŋ] I. *n* el fumar. LOC **No ~**, se prohíbe fumar. II. *adj* que echa humo; ... de fumador(es). LOC **~-compartment**, coche *m* de fumadores. **~-jacket**, batín *m*. **~-room**, salón *m* de fumar. **smoke·less** ['sməuklis] *adj* sin humo. **smok·y** ['sməuki] *adj* (*comp* **-ier**, *sup* **-iest**) 1. humeante. 2. ahumado/a. 3. lleno/a de humo (*room*).

smold·er US V. **smoulder**.

smooch [smu:tʃ] I. *v* INFML acariciar(se); besuquear(se). II. *n* INFML besuqueo *m*.

smooth [smu:ð] I. *adj* (*comp* **-ier**, *sup* **-iest**) 1. liso/a; llano/a; igual; terso/a. 2. suave. 3. tranquilo/a, en calma. 4. sin grumos (*paste*). 5. amable, afable (*manner*). 6. refinado/a; zalamero/a; meloso/a; astuto/a. 7. grato/a, agradable. LOC **As ~ as silk**, suave como la seda *f*. **~-tongued** (*also* **~-spoken**), zalamero/a. II. *v* 1. (**away**, **back**, **down**, **out**) igualar; alisar; allanar; desarrugar; desbastar (*wood*). 2. FIG calmar; aliviar; ablandar. LOC **~·ing iron**, plancha *f*. **~·ing plane**, TEC cepillo *m*. **To ~ away/over difficulties**, allanar dificultades *f/pl*. **To ~ the way for**, FIG allanar el camino *m* (para). **smooth·ie** (*also* **smoothy**) ['smu:ði] *adv* INFML zalamero/a. **smooth·ly** ['smu:ðli] *adv* suavemente. LOC **To go ~**, ir sobre ruedas *f/pl*. **smooth·ness** ['smu:ðnis] *n* suavidad *f*; lisura *f*; tranquilidad *f*; uniformidad *f*.

smote *pret of* **smite**.

smoth·er ['smʌðə(r)] *v* 1. sofocar; apagar (*fire*); asfixiar, ahogar. 2. contener (*anger, yawn*). 3. (**with**) abrumar, colmar (*overwhelm*). 4. echar a tierra.

smoul·der (US **smolder**) ['sməuldə(r)] *v* arder sin llama (*also* FIG); FIG latir, estar latente.

smud·ge [smʌdʒ] I. *n* mancha *f*, borrón *m*. II. *v* manchar, emborronar (*also* FIG). **smud·gy** ['smʌdʒi] *adj* manchado/a, emborronado/a.

smug [smʌg] *adj* (*comp* **-gger**, *sup* **-ggest**) pagado/a de sí mismo/a.; vanidoso/a, presumido/a. **smug·ly** ['smʌgli] *adj* con aire de suficiencia. **smug·ness** ['smʌgnis] *n* vanidad *f*, presunción *f*.

smug·gle ['smʌgl] *v* pasar clandestinamente/de contrabando. **smug·gler** ['smʌglə(r)] *n* contrabandista *m/f*. **smug·gling** ['smʌgliŋ] *n* contrabando *m*.

smut [smʌt] I. *n* 1. hollín *m*, carbonilla *f*; tizne *m*. 2. BOT tizón *m*. 3. FIG obscenidad *f*. II. *v* tiznar(se); manchar(se). **smut·ti·ness** ['smʌtənis] *n* negrura *f*, suciedad *f*; obscenidad *f*. **smut·ty** ['smʌti] *adj* (*comp* **-ier**, *sup* **-iest**) tiznado/a, manchado/a; BOT atizonado; FIG obsceno/a, verde.

snack [snæk] *n* tentempié *m*, piscolabis *m*. LOC **~ bar**, cafetería *f*.

snaf·fle [snæfl] I. *n* freno *m* (*harness*). II. *v* 1. INFML controlar con el freno (*a horse*). 2. conseguir con maña y avidez.

snag [snæg] I. *n* 1. obstáculo *m*, pega *f*, estorbo *m*. 2. tocón *m* (*of a tree*). 3. nudo *m* (*in wood*). 4. raigón *m* (*of a tooth*). 5. gancho *m*. LOC **The ~ is that ...**, lo malo es que... II. *v* (**-gg-**) 1. enganchar. 2. obstaculizar.

snail [sneil] *n* 1. ZOOL caracol *m*. 2. FIG tortuga *f* (*person*). LOC **At a ~'s pace**, a paso de tortuga *f*.

snake [sneik] *n* 1. ZOOL serpiente *f*, culebra *f*. 2. FIG víbora *f* (*person*). LOC **~s and ladders**, juego *m* de la oca. **~-bite**, mordedura *f* de serpiente. **~ charmer**, encantador/ra de serpientes. **~-weed**, bistorta *f*. **There is a ~ in the grass**, hay gato *m* encerrado. **snak·y** ['sneiki] *adj* lleno de serpientes; sinuoso/a; FIG viperino/a (*person*).

snap [snæp] I. *v* (**-pp-**) 1. romper, partir, quebrar (*break*). 2. chasquear (*whip*). 3. contestar/hablar bruscamente a uno. 4. (*also*

~·**shot**) INFML sacar/tomar una foto/instantánea (de). **5**. (**at**) intentar morder. **6**. FIG (**up**) agarrar; llevarse. LOC ~ **out of it!**, ¡ánimo! **To ~ into sth**, emprender algo con entusiasmo *m*. **To ~ out of it**, FAM recuperarse; olvidarse. **To ~ one's fingers at**, burlarse de. **To ~ shut**, cerrar(se) de golpe *m*. **To ~ sb's head off**, echar un rapapolvo *m* a alguien. **II**. *n* **1**. chasquido *m* (*whip*); ruido *m*, crujido *m*. **2**. castañeteo *m* (*of fingers*). **3**. (*also* ~·**shot**) foto *f*, instantánea *f* (*photograph*). **4**. cierre *m*, corchete *m* (*fastener*). **5**. ola *f* (*of bad weather*): *A cold ~*, Una ola de frío. **6**. INFML cosa *f* fácil/tirada. **7**. FAM energía *f*, vigor *m*. **III**. *adj* INFML instantáneo/a; rápido/a; repentino/a; imprevisto/a. LOC ~·**dragon**, BOT cabeza *f* de dragón. ~ **fastener** (*also* **press stud**, INFML **popper**), corchete *m* de presión. ~·**shot**, *n* foto *f*, instantánea *f*; *v* sacar una foto. **IV**. *int* ¡toma!, ¡anda! **V**. *adv* con un crujido/chasquido. **snap·pish** ['snæpiʃ] *adj* irritable; arisco/a; mordedor/ra. **snap·pish·ness** ['snæpiʃnis] *n* irritabilidad *f*. **snap·py** ['snæpi] *adj* (*comp* **-ier**, *sup* **-iest**) irritable; mordedor/ra; rápido/a. LOC **Be ~ about it!/Make it ~**, ¡date prisa!, ¡pronto!, ¡dímelo!

snare [sneə(r)] **I**. *n* **1**. cepo *m*, trampa *f*; lazo *m*. **2**. FIG trampa *f*, engaño *m*. **3**. MUS cuerda *f* (*in ~.drums*). **II**. *v* **1**. cazar/coger con lazo/trampa. **2**. FIG engañar, hacer caer en la trampa.

snarl [sna:l] **I**. *v* **1**. (**at sb/sth**) gruñir. **2**. (**sth**) (**at sb**) decir algo a uno gruñendo; regañar. **3**. (**up**) enredar(se), enmarañar(se). **II**. *n* **1**. gruñido *m*; regaño *m*. **2**. INFML enredo *m*, maraña *f*.

snatch [snætʃ] **I**. *v* **1**. arrebatar (*seize from sb*). **2**. sacar tiempo (para). **3**. (**at**) intentar arrebatar. **4**. FIG coger al vuelo (*opportunity*). **5**. (**up**) agarrar. **II**. *n* **1**. arrebatamiento *m*. **2**. fragmento *m*, trozo *m* (*song, conversation*). LOC **In/By ~·es**, a ratos *m/pl*.

snaz·zy ['snæzi] *adj* (*comp* **-ier**, *sup* **-iest**) INFML elegante; bonito/a (*esp clothes*).

sneak [sni:k] **I**. *v* **1**. (**on sb**) INFML acusar a alguien, traicionar. **2**. INFML soplar, chivar(se). **3**. hacer a escondidas/hurtadillas. **4**. (**away**, **off**) escabullirse. **5**. (**in/out**) entrar/salir a hurtadillas. **II**. *n* INFML soplón/na, chivato/a. **III**. *adj* furtivo/a. LOC ~-**thief**, ratero/a. **To ~ to sb**, ir con el cuento a alguien. **sneak·ers** ['sni:kəz] *n/pl* INFML zapatos *m/pl* de lona. **sneak·ing** ['sni:kiŋ] *adj* sigiloso/a, furtivo/a (*manner*); secreto/a (*secret*). **sneak·y** ['sni:ki] *adj* (*comp* **-ier**, *sup* **-iest**) INFML rastrero/a, bajo/a, vil; secreto/a; furtivo/a.

sneer [sniə(r)] **I**. *v* **1**. decir con sarcasmo. **2**. (**at**) burlarse/mofarse (de); despreciar. **II**. *n* burla *f*, desprecio *m*. **sneer·er** ['sniərə(r)] *n* burlón/na. **sneer·ing** ['sniəriŋ] *adj* burlón/na.

sneeze [sni:z] **I**. *n* estornudo *m*. **II**. *v* estornudar. LOC **Not to be ~d at**, no ser moco de pavo.

snick [snik] **I**. *v* hacer una muesca/corte. **II**. *n* muesca *f*; corte *m*.

snick·er V. **snigger**.

snide [snaid] *adj* vil; sarcástico/a. LOC ~ **remarks**, observaciones insinuantes.

sniff [snif] **I**. *v* **1**. oler; olfatear; aspirar, sorber (por la nariz). **2**. (**at**) husmear; INFML menospreciar, despreciar. **II**. *n* **1**. olfateo *m*; aspiración *f*; inhalación *f*. **2**. husmeo *m*. **snif·fy** ['snifi] despreciativo/a; maloliente.

snig·ger ['snigə(r)] **I**. *n* risa *f* disimulada. **II**. *v* reír(se) disimuladamente.

snip [snip] **I**. *v* (**-pp-**) **1**. (**at sth**) tijeretear. **2**. (**off**) recortar. **II**. *n* **1**. tijeretazo *m*; recorte *m*. **2**. tijereteo *m*. **3**. INFML ganga *f* (*cheap article*).

snipe [snaip] **I**. *n* ZOOL agachadiza *f* (*bird*). **II**. *v* (**at**) cazar/tirar desde un escondite (*also* MIL). **snip·er** ['snaipə(r)] *n* MIL francotirador *m*, tirador/ra escondido/a.

snip·pet ['snipit] *n* **1**. recorte *m*. **2**. (**of sth**) FIG fragmento *m*, retazo *m* (*of information, news*).

snitch [snitʃ] **I**. *v col* **1**. birlar, hurtar. **2**. (**on sth**) chivar(se) (*inform*). **II**. *n col* napia *f/pl* (*nose*).

sniv·el ['snivl] *v* (**-ll-**; US **-l-**) gimotear, lloriquear. **sniv·el·ling** (US **sniveling**) ['snivliŋ] *n* **1**. llorón/na. **2**. lloro *m*, gimoteo *m*.

snob [snɔb] *n* (e)snob *m/f*. **snob·bery** ['snɔbəri] *n* (e)snobismo *m*. **snob·bish** ['snɔbiʃ] *adj* (e)snob. **snob·bish·ness** ['snɔbiʃnis] *n* (e)snobismo *m*.

snook [snu:k] *n* ZOOL róbalo *m* (*fish*). LOC **To cock a ~ at sb/sth**, burlarse de alguien.

snook·er ['snu:kə(r)] **I**. *n* billar *m* ruso. **II**. *v* INFML poner a uno en un aprieto.

snoop [snu:p] **I**. *v* INFML **1**. (**about**, **around**) fisgonear, husmear, curiosear. **II**. (*also* **snooper**) *n* INFML fisgón/na; FAM detective *m/f*.

snoo·ty ['snu:ti] *adj* (*comp* **-ier**, *sup* **-iest**) INFML presumido/a.

snooze [snu:z] **I**. *v* INFML dormitar, dar/echar una cabezada. **II**. *n* cabezada *f*, sueñecito *m* (*short sleep*).

snore [snɔ:(r)] **I**. *v* roncar. **II**. (*also* **snoring**) *n* ronquido *m*. **snor·er** ['snɔ:rə(r)] *n* roncador/ra.

snor·kel ['snɔ:kl] *n* tubo *m* de respiración.

snort [snɔ:t] **I**. *v* **1**. bufar (*of animals*). **2**. (**at sb/sth**) decir con un bufido (*of people*). **3**. *col* esnifar (*drugs*). **II**. *n* **1**. bufido *m*. **2**. INFML trago *m* (*short drink*). **snort·er** ['snɔ:tə(r)] *n* INFML cosa *f* impresionante (*letter*).

snot [snɔt] *n* INFML moco *m*. **snot·ty** ['snɔti] *adj* (*comp* **-ier**, *sup* **-iest**) mocoso/a; INFML (*also* ~ **nosed**) despreciable; insolente.

snout [snaut] *n* **1**. hocico *m*, morro *m* (*of animals, esp a pig*). **2**. *col* napias *f/pl* (*nose*). **3**. *col* pitillo *m* (*cigarrette*).

snow [snəu] **I**. *n* **1**. nieve *f*. **2**. ~**s** *pl* nevada *f*. **3**. *col* cocaína *f*. LOC **White as ~**, blanco/a como la nieve *f*. **II**. *v* **1**. nevar. **2**. US INFML engañar. **3**. bloquear. LOC **To be ~ed under**, estar abrumado/inundado. **To be ~ed in/up**, estar bloqueado/encerrado. **snow·y** ['snəui] *adj* (*comp* **-ier**, *sup* **-iest**) nevado/a; nevoso/a; níveo/a (*poetry*).

snow..., **~ball**, *n* bola *f* de nieve; *v* tirar bolas de nieve; FIG aumentar rápidamente. **~-blind**, *adj* cegado/a por los reflejos de la nieve. **~-blindness**, *n* ceguera *f* producida por el reflejo de la nieve. **~-bound**, *adj* bloqueado/a por la nieve. **~-capped**, *adj* cubierto/a de nieve. **~-drift**, *n* ventisquero *m*. **~-drop**, *n* BOT campanilla *f* blanca. **~-fall**, *n* nevada *f*. **~-flake**, *n* copo *m* de nieve. **~-man** (*pl* **~-men**), *n* monigote/muñeco *m* de nieve. **~-plough** (US **~-plow**), *n* quitanieves *m*. **~-shoe**, *n* raqueta *f* (de nieve). **~-storm**, *n* tormenta *f* de nieve. **~-white**, *adj* blanco/a como la nieve. LOC **~ White and the Seven Dwarfs**, Blancanieves y los siete enanitos.

snub [snʌb] **I**. *v* **(-bb-)** despreciar, desairar. **II**. *n* desprecio *m*, desaire *m*. **III**. *adj* de nariz chata y respingona. LOC **~-nosed**, chato/a.

snuff [snʌf] **I**. *n* rapé *m* (*powdered tobacco*). LOC **~-box**, tabaquera *f*. **II**. *v* **1**. despabilar (*candle*). **2**. aspirar, inspirar. LOC **To ~ it**, *col* estirar la pata *f* (*die*). **To ~ sth out**, apagar (*candle*); acabar/terminar (con). **snuf·fers** ['snʌfəz] *n/pl* despabiladeras *f/pl*.

snuf·fle ['snʌfl] **I**. *v* **1**. ganguear. **2**. respirar ruidosamente. **II**. *n* **1**. gangueo *m*. **2**. respiración *m* ruidosa; resuello *m* (*sniff*).

snug [snʌg] *adj* **(-gg-) 1**. confortable; cómodo/a; calentito/a. **2**. ajustado/a, ceñido/a (*clothes*). **3**. NAUT bien aparejado/a. LOC **(As) ~ as a bug in a rug**, INFML muy cómodo/a. **snug·ger·y** ['snʌgəri] *n* cuarto *m*/habitación *f* cómodo/a.

snug·gle ['snʌgl] *v* **(up to sb)** acurrucarse, arrimarse.

so [səu] **I**. *adv* **1**. de esta manera, así (*thus*). **2**. tan (*in comparisons*): *It's not ~ easy*, No es tan fácil. **3**. también: *~ am I*, Yo también. LOC **And ~ forth/on**, y así sucesivamente. **Or ~**, más o menos; o así. **~ many**, tantos/as. **~ much**, tanto. **~ much ~ that**, tanto que, tan es así que. **~ that**, a fin de que, para que (*purpose*); de modo que (*result*). **~ as to**, a fin de, para. **~ to speak**, por así decirlo. **To think ~**, creer que sí. **Why ~?**, ¿y eso? **II**. *conj* **1**. así que, por consiguiente, por (lo) tanto: *The shop was closed, ~ I didn't get any milk*, La tienda estaba cerrada, así que no pude comprar leche. **2**. conque, entonces: *~ you're English?*, Conque eres inglés. LOC **~-called**, llamado/a.

soak [səuk] **I**. *v* **1**. **(in sth)** calar(se), empapar(se); remojar(se). **2**. **(in, through)** penetrar. **3**. **(up)** embeber, absorber (*liquid*). **4**. INFML desplumar, clavar (*prices, taxes*). **5**. FAM soplar, pipar (*drink heavily*). LOC **To get ~ed to the skin**, calarse hasta los huesos *m/pl*. **To leave sth to ~**, dejar algo en remojo *m*. **II**. *n* (*also* **~-ing**) **1**. remojón *m*. **2**. INFML bebedor/ra, borrachín/na. LOC **~-ing wet**, empapado/a.

so-and-so ['səuənsəu] *n* (*pl* **~'s**) INFML fulano/a. LOC **Mr ~**, don fulano de tal.

soap [səup] **I**. *n* **1**. jabón *m*. **2**. (*also* **~ opera**) INFML telenovela *f*; serial *m* radiofónico. LOC **Soft ~**, *col* halago *m*, coba *f*. **II**. *v* (en)jabonar. LOC **~-box**, tribuna *f* improvisada. **~-dish**, jabonera *f*. **~-flakes**, *pl* jabón *m* en escamas. **~ powder**, jabón *m* en polvo. **~-stone**, esteatita *f*. **~-suds**, jabonaduras *f/pl*. **soap·y** ['səupi] *adj* jabonoso/a.

soar [sɔ:(r)] *v* **1**. remontarse, elevarse (*in the air*). **2**. FIG subir vertiginosamente (*prices, aircraft...*). **3**. encumbrarse (*cliffs, mountains*). **4**. planear, volar.

sob [sɔb] **I**. *v* **(-bb-)** sollozar; decir sollozando. **II**. *n* sollozo *m*. LOC **~ stuff**, INFML sensiblería *f*.

so·ber ['səubə(r)] **I**. *adj* **1**. sobrio/a. **2**. moderado/a; sensato/a, serio/a; cuerdo/a. **3**. discreto/a, apagado/a (*colour*). LOC **To be as ~ as a judge**, estar totalmente sobrio/a o sereno/a. **II**. *v* **1**. **(down)** calmar(se). **2**. **(up)** pasársele a uno la borrachera. LOC **~-minded**, sensato/a. **so·ber·ness** ['səubənis], **so·bri·ety** [sə'braiəti] *n* sobriedad *f*; moderación *f*; sensatez *f*.

soc·cer ['sɔkə(r)] *n* DEP fútbol *m*.

so·cia·bil·ity [,səuʃə'biləti] *n* sociabilidad *f*; carácter *m* sociable. **so·ci·able** ['səuʃəbl] *adj* sociable; amistoso/a.

so·cial ['səuʃl] **I**. *adj* **1**. social. **2**. amistoso/a. LOC **~ column**, ecos *m/pl* de sociedad. **~ Democracy**, socialdemocracia *f*. **~ Democrat**, socialdemócrata *m/f*. **~ insurance/security**, seguro *m* social, seguridad *f* social. **~ science**, sociología *f*. **~ services**, *pl* servicios *m/pl* sociales. **~ work**, asistencia *f* social. **~ worker**, asistente *m/f* social. **II**. *n* (US *also* **sociable**) tertulia *f*, reunión *f*. **so·cial·ism** ['səuʃəlizəm] *n* socialismo *m*. **so·ci·al·ist** ['səuʃəlist] *n* socialista *m/f*. **so·cial·ist·ic** ['səuʃəlistik] *adj* socialista. **so·cial·ite** ['səuʃəlait] *n* mundano/a (*prominent person*). **so·cial·ize, -ise** ['səuʃəlaiz] *v* **(with)** socializar. **so·cial·iz·ation**, **-is·ation** [,səuʃəlai'zeiʃn] *n* socialización *f*.

so·ci·ety [sə'saiəti] *n* **1**. sociedad *f*. **2**. asociación *f*. **3**. compañía *f*. **4**. alta sociedad *f*. LOC **Friendly/Provident ~**, sociedad *f* de ayuda mutua; mutualidad *f*.

so·ci·o·log·ic·al [,səusiə'lɔdʒikl] *adj* sociológico/a. **so·ci·ol·og·ist** [,səusiə'lɔdʒist] *n* sociólogo/a (*person*). **so·ci·ol·o·gy** [,səusi'ɔlədʒi] *n* sociología *f*.

sock [sɔk] **I**. *n* **1**. calcetín *m*. **2**. INFML puñetazo *m*. LOC **To put a ~ in it**, INFML cerrar la boca *f*. **To pull one's ~s up**, INFML hacer un esfuerzo *m*. **II**. *v* INFML pegar (*hit*).

sock·et ['sɔkit] *n* **1**. hueco *m*; cavidad *f*. **2**. ELECTR enchufe *m*. **3**. ANAT cuenca *f* (*eye*); ANAT alveolo *m* (*teeth*). LOC **~ wrench**, TEC llave *f* de tubo.

sod [sɔd] **I**. *n* **1**. césped *m*. **2**. SL cabrón/na, bruto/a, bestia. **II**. *v* **(-dd-)** cubrir de césped. LOC **To ~ off**, irse a hacer puñetas.

so·da ['səudə] *n* **1**. QUIM sosa *f*. **2**. (*also* **~-water**) sifón *m*, soda *f*. LOC **~-fountain**, sifón *m* (*device*). **~-water**, soda *f*, sifón *m*.

sod·den ['sɔdn] *adj* **1**. empapado/a (*soaked through*). **2**. embrutecido/a por el alcohol.

so·di·um ['səudiəm] *n* QUIM sodio *m*. LOC **~ bicarbonate**, bicarbonato *m* sódico. **~ carbonate**, carbonato *m* sódico.

so·dom·ite ['sɔdəmait] *n* sodomita *m/f*. **so·do·my** ['sɔdəmi] *n* sodomía *f*.

so·fa ['səufə] *n* sofá *m*.

soft [sɔft] **I**. *adj* **1**. blando/a; suave (*skin*); flexible (*hat*). **2**. borroso/a, confuso/a (*outlines*). **3**. delicado/a (*colours*). **4**. dúctil (*metal*). **5**. tierno/a (*heart*); débil (*character*); afeminado; lelo/a, tonto/a, estúpido/a. **6**. fácil (*job*). **7**. dulce (*sweet*). LOC **~ drink**, bebida *f* no alcohólica. **~ drugs**, drogas *f/pl* blandas. **~ in the head**, débil mentalmente; chiflado. **~ job**, FAM chollo *m*. **~ palate**, ANAT velo *m* del paladar. **~-ware**, soporte *m* lógico, programas informáticos (*computing*). **II**. *adv* (*also* **~·ly**) suavemente; blandamente; delicadamente; dulcemente. **soft·en** ['sɔfn] *v* **1**. ablandar(se), reblandecer(se); atenuar(se); suavizar(se); amortiguar(se). **2**. (**up**) debilitar. **soft·en·er** ['sɔfnə(r)] *n* QUIM suavizador *m*. **soft·ness** ['sɔftnis] *n* blandura *f*; suavidad *f*; dulzura *f*; debilidad *f*. **sof·ty** ['sɔfti] *adj* blando/a (*person*); bobo/a.

sog·gy ['sɔgi] *adj* (*comp* **-ier**, *sup* **-iest**) **1**. empapado/a. **2**. pastoso/a (*bread*).

soh [səu] (*also* **so(l)**) *n* MUS sol *m*.

soi·gné ['swa:njei] *adj* (*f* **soignée**) acicalado/a, pulcro/a.

soil [sɔil] **I**. *n* **1**. tierra *f*; suelo *m* (*also* FIG). **2**. mancha *f* (*spot*). **II**. *v* manchar(se); ensuciar(se) (*also* FIG).

soi·rée ['swa:rei] *n* velada *f*.

so·journ ['sɔdʒən] **I**. *v* permanecer, residir, pasar una temporada. **II**. *n* permanencia *f*, residencia *f*, estancia *f*.

sol V. **soh**.

sol·ace ['sɔlis] **I**. *n* alivio *m*, consuelo *m*. **II**. *v* aliviar, consolar.

so·lar ['səulə(r)] *adj* solar. LOC **~ battery**, TEC fotopila *f*. **~ cell**, TEC célula *f* solar. **~ plexus**, ANAT plexo *m* solar. **~ system**, ASTR sistema *f* solar.

sold *pret/pp of* **sell**.

sol·der ['sɔldə(r)] **I**. *n* soldadura *f*. **II**. *v* (**on, on to, to**) soldar(se). **sol·der·ing** ['sɔldəriŋ] *n* (máquina) soldadora *f*. LOC **~ iron**, soldador *m*.

sol·dier ['səuldʒə(r)] **I**. *n* MIL soldado *m*; militar *m*. LOC **~ of fortune**, mercenario *m*. **II**. *v* (**on**) seguir haciendo algo a pesar de las dificultades. **sol·dier·ing** ['səuldʒəriŋ] *n* vida *f* militar. **sol·dier·ly** ['səuldʒəli] *adj* (*also* **soldierlike**) militar, marcial. **sol·dier·y** ['səuldʒəri] *n* soldadesca *f*, tropa *f*.

sole [səul] **I**. *n* **1**. ZOOL lenguado *m* (*fish*). **2**. ANAT planta *f* (*foot*). **3**. piso *m*, suela *f* (*shoe*). **II**. *v* solar, poner suela (a). **III**. *adj* único/a; exclusivo/a; solo/a. LOC **~ agent**, derecho *m* exclusivo. **~ legatee**, JUR legatario/a universal. **~ right**, exclusiva *f*. **sole·ly** ['səuli] *adv* solamente, únicamente.

so·lec·ism ['sɔlisizəm] *n* solecismo *m*.

sol·emn ['sɔləm] *adj* solemne. **sol·em·ni·ty** [sə'lemnəti] *n* (*also* **solemness**) **1**. solemnidad *f*. **2**. requisito *m*. **sol·em·niz·ation, -nis·ation** [,sɔləmnai'zeiʃn] *n* celebración *f*, solemnización *f*. **sol·emn·ize, -n·ise** ['sɔləmnaiz] *v* celebrar, solemnizar.

sole·noid ['səulənɔid] *n* FIS solenoide *m*.

sol·fa [,sɔl'fa:] **I**. *n* (*also* **tonic ~**) MUS solfeo *m*, solfa *f*. **II**. *v* solfear.

so·li·cit [sə'lisit] *v* **1**. (**sb for sth, sth from sb**) solicitar (*request*). **2**. importunar. **3**. hacer de buscona, intentar seducir (*prostitute*). **so·li·cit·ation** [sə,lisi'teiʃən] *n* solicitación *f*. **so·li·cit·or** [sə'lisitə(r)] *n* **1**. JUR notario *m*; procurador *m*; abogado *m*. **2**. US representante *m*, agente *m*. LOC **~-General**, procurador *m* de la corona (*in England*); US subsecretario *m* de justicia. **so·li·cit·ous** [sə'lisitəs] *adj* (**for, about**) **1**. atento/a; solícito/a. **2**. preocupado/a; ansioso/a. **so·li·ci·tude** [sə'lisitju:d] *n* (**for, about**) **1**. solicitud *f*. **2**. preocupación *f*; ansiedad *f*.

sol·id ['sɔlid] **I**. *adj* **1**. firme; sólido/a; consistente; fuerte. **2**. MAT continuo/a (*line*). **3**. macizo/a; compacto/a. **4**. denso/a (*smoke*); espeso/a. **5**. unido/a, uniforme; unánime (*vote*). LOC **A ~ hour**, una hora *f* entera. **As ~/firm as a rock**, tan firme como una roca *f*. **~ geometry**, geometría *f* del espacio. **~ measure**, medida *f* de volumen. **~-state physics**, física *f* del estado sólido. **II**. *n* sólido *m*. **sol·i·di·fic·ation** [sə,lidifi'keiʃ] *n* solidificación *f*. **so·lid·ify** [sə'lidifai] *v* (*pret/pp* **-fied**) (**into**) solidificar(se). **so·lid·ity** [sə'lidəti] (*also* **solidness**) *n* solidez *f*.

sol·i·dar·ity [,sɔli'dærəti] *n* solidaridad *f*.

so·li·lo·quize, -·ise [sə'liləkwaiz] *v* hablar a solas, soliloquiar. **so·li·lo·quy** [sə'liləkwi] *n* soliloquio *m*.

sol·i·taire [,sɔli'teə(r)] *n* solitario *m* (*game*).

sol·it·ary ['sɔlitri] **I**. *adj* solitario/a; único/a; solo/a; retirado/a. **II**. *n* solitario/a. LOC **~ confinement** (INFML *also* **~**), incomunicación *f*.

sol·i·tude ['sɔlitju:d] *n* soledad *f*.

so·lo ['səuləu] **I**. *n* MUS solo *m* (*also in cards*). LOC **~ flight**, vuelo *m* a solas. **II**. *adj* MUS solo/a. **so·lo·ist** ['səuləuist] *n* MUS solista *m/f*.

sol·stice ['sɔlstis] *n* solsticio *m*.

sol·u·bil·ity [,sɔlju'biləti] *n* solubilidad *f*. **sol·u·ble** ['sɔljubl] *adj* (**in sth**) soluble.

so·lu·tion [sə'lu:ʃn] *n* (**to sth**) solución *f*.

solv·able ['sɔlvəbl] *adj* soluble. **solve** [sɔlv] *v* solucionar; resolver. **solv·er** [sɔlvə(r)] *n* solucionista *m/f* (*person who finds an answer/solution*).

solv·ency ['sɔlvənsi] *n* solvencia. **solv·ent** ['sɔlvənt] **I**. *adj* solvente; QUIM soluble. **II**. *n* QUIM disolvente *m*.

som·bre (US **somber**) ['sɔmbə(r)] *adj* **1**. sombrío/a. **2**. melancólico/a. **som·bre·ness** (US **somberness**) ['sɔmbənis] *n* **1**. aspecto *m* sombrío. **2**. melancolía *f*.

some [sʌm; *unstressed* səm] **I**. *adj* **1**. algún; alguno(s)/a(s); unos/as (cuantos/as): ~ *10 miles*, Unas 10 millas; varios/as; cierto(s)/a(s). **2**. algo de, (un) poco de (*partitive*): *Do you want ~ coffee?*, ¿Quieres café *m*?, ¿Quieres un poco de café *m*? LOC **For ~ reason**, por alguna razón. ~ **few**, unos/as pocos/as. **II**. *pron* **1**. algunos/as. **2**. un poco, algo. **III**. *adv* **1**. unos/as. **2**. algo, un poco. **3**. US bastante, mucho, muy. **IV**. *in compounds* un grupo *m* de ...: *Four.~*, Grupo de cuatro personas.

some ..., **~·body** (*also* **someone**), *pron* alguien. LOC **~·body else**, otra persona *f*. **To be ~·body**, ser un personaje *m*. **~·day** (*also* **~ day**), algún día. **~·how** (US **~·way**), *adv* de una forma u otra, de algún modo. **~·thing**, **I**. *n/pron* alguna cosa, algo. LOC **~·thing else**, otra cosa *f*. **~·thing like**, algo como. **That is ~·thing**, eso ya es algo. **~·thing of the kind**, algo por el estilo *m*. **II**. *adv* algo. **~·time**, **I**. *adv* alguna vez; algún día. **II**. *adj* ex, antiguo/a. **~·times**, *adv* a veces, algunas veces. **~·what**, *adv* algún tanto, algo. **~·where** (US **~·place**), *adv* a alguna parte (*with motion*); en alguna parte (*without motion*). LOC **~·where else**, a otra parte (*with motion*); en otra parte (*without motion*).

so·mer·sault ['sʌməsɔ:lt] **I**. *n* **1**. salto *m* mortal. **2**. vuelco *m*, vuelta *f* de campana (*vehicle*). LOC **To turn a ~**, dar un salto *m* mortal; volcar. **II**. *v* **1**. dar un salto mortal. **2**. volcar.

som·nam·bul·ism [sɔm'næmbjulizəm] *n* sonambulismo *m*. **som·nam·bul·ist** [sɔm'næmbjulist] *n* sonámbulo/a.

som·ni·fer·ous [sɔm'nifərəs] *adj* somnífero/a.

som·nol·ence ['sɔmnələns] *n* somnolencia *f*. **som·nol·ent** ['sɔmnələnt] *adj* somnoliento/a, soñoliento/a.

son [sʌn] *n* **1**. hijo *m*. **2**. REL Jesucristo. LOC **~-in-law** (*pl* **~s-in-law**), yerno *m*, hijo *m* político. ~ **of a bitch**, *col* hijo *m* de puta. **son·ny** ['sʌni] *n* INFML hijito *m*.

so·nar ['səuna:(r)] *n* TEC sonar *m*.

so·na·ta [sə'na:tə] *n* MUS sonata *f*.

song [sɔŋ] *n* **1**. MUS canción *f*; cantar *m*; canto *m* (*also of birds*). **2**. rumor *m* (*waves*). **3**. REL cántico *m*. LOC **For a ~**, INFML por cuatro cuartos *m/pl*, medio regalado. **~·bird**, ZOOL pájaro *m* cantor. **~-book**, MUS cancionero *m*. ~ **hit**, MUS éxito *m*. **~·writer**, MUS compositor/ra. **To make a ~ and dance (about sth)**, armar un follón/la gorda. **song·ster** ['sɔŋstə(r)] *n* ZOOL ave *f* canora, pájaro *m* cantor.

son·ic ['sɔnik] *adj* sónico/a, acústico/a (*relating to sound*). LOC **~ barrier**, barrera *f* del sonido. ~ **boom**, estampido *m* supersónico.

son·net ['sɔnit] *n* soneto *m*.

so·nor·ity [sə'nɔrəti] *n* sonoridad *f*. **so·nor·ous** ['sɔnərəs] *adj* resonante, sonoro/a. **so·nor·ous·ness** ['sɔnərəsnis] *n* sonoridad *f*.

soon [su:n] *adv* **1**. dentro de poco, pronto. **2**. en seguida; rápidamente. **3**. temprano. LOC **As/So ~ as**, nada más, en cuanto. **As ~ as possible**, cuanto antes. ~ **after**, poco después. **soon·er** ['su:nə(r)] *adv* más temprano. LOC **No ~ ... than**, nada más, en cuanto. **~ or later**, tarde o temprano. ~ **than**, antes que. **The ~ the better**, cuanto antes mejor.

soot [sut] **I**. *n* hollín *m*. **II**. *v* (**up**) cubrir de hollín. **soot·y** ['suti] *adj* cubierto/a de hollín; negro/a como el hollín (*colour*).

sooth [su:θ] *n* realidad *f*. LOC **In ~**, en realidad *f*. **~·sayer**, adivino/a.

soothe [su:ð] *v* **1**. tranquilizar, calmar. **2**. aliviar (*pains, aches*). **sooth·ing** ['su:ðiŋ] *adj* tranquilizador/ra; calmante, sedante.

sop [sɔp] **I**. *n* **1**. (**to sb/sth**) regalo *m*; soborno *m*; dádiva *f*; compensación *f*. **2**. sopa *f* (*bread dipped in liquid*). **3**. *col* tonto/a. **II**. *v* (**-pp-**) INFML **1**. remojar; empapar. **2**. (**up**) absorber. **sop·ping** ['sɔpiŋ] *adj* empapado/a. LOC ~ **wet**, hecho una sopa *f*. **sop·py** ['sɔpi] *adj* empapado/a; FAM bobo/a; sensiblero/a.

soph·ism ['sɔfizəm] *n* sofisma *m*. **soph·ist** ['sɔfist] *n* sofista *m/f*. **soph·ist·ic(·al)** [sə'fistik(əl)] *adj* sofista. **soph·is·try** ['sɔfistri] *n* sofistería *f*.

soph·ist·ic·ate [sə'fistikeit] **I**. *n* sofisticado/a (*person, often ironic*). **II**. *v* sofisticar. **soph·ist·ic·at·ed** [sə'fistikeitid] *adj* sofisticado/a; perfeccionado/a. **soph·is·tic·ation** [sə,fisti'keiʃn] *n* sofisticación *f*, complejidad *f*.

so·pho·more ['sɔfəmɔ:(r)] *n* US estudiante *m/f* de segundo curso (*at high school, college, university*).

so·po·rif·ic [,sɔpə'rifik] **I**. *n* MED somnífero *m*. **II**. *adj* soporífero/a.

so·pra·no [sə'pra:nəu; US -'præn-] **I**. *n* MUS **1**. soprano *m* (*voice*). **2**. soprano *m/f*, tiple *m/f* (*singer*). **II**. *adj* de/para soprano.

sor·bet ['sɔ:bei; -bət] (US **sherbet**) *n* sorbete *m*.

sor·cer·er ['sɔ:sərə(r)] *n* (*f* **sorceress** [-ris]) brujo/a, hechicero/a. **sorc·ery** ['sɔ:səri] *n* brujería *f*, hechicería *f*.

sor·did ['sɔ:did] *adj* sórdido/a, sucio/a; asqueroso/a; miserable; vil. **sor·did·ness** ['sɔ:didnis] *n* sordidez *f*, suciedad *f*; asquerosidad *f*.

sore [sɔ:(r)] **I**. *adj* **1**. que duele, dolorido/a, doloroso/a (*also* FIG). **2**. (**at sb**) INFML (*esp* US) resentido/a, molesto/a. **3**. FIG grande; fuerte (*also* POET). **4**. sensible; irritable. LOC **~·head**, US INFML resentido/a (*person*); quisquilloso/a, cascarrabias *m/f*. **To be ~**, doler. **To feel ~**, sentir dolor; FIG sentirse ofendido. **II**. *n* **1**. MED llaga *f*, úlcera *f*. **2**. dolor *m*. **sore·ly** ['sɔ:li] *adv* mucho; muy; gravemente; profundamente; con urgencia. **sore·ness** ['sɔ:nis] *n* dolor *m*; US resentimiento *m*.

sor·ghum ['sɔ:gəm] *n* BOT sorgo *m*, zahína *f*.
so·ror·ity [sə'rɔrəti] *n* US club *m*/hermandad *f* de estudiantes *f/pl* (*women*).
so(r)·rel ['sɔrəl] *n* BOT acedera *f*.
sor·rel ['sɔrəl] **I**. *n* **1**. alazán *m* (*colour*). **2**. alazán *m* (*horse*). **II**. *adj* alazán/na, anaranjado/a (*colour*).
sor·row ['sɔrəu] **I**. *n* (**at**, **for**, **over sth**) dolor *m*, tristeza *f*, pesar *m*, pena *f*. LOC **More in ~ than in anger**, con más pesar *m* que enojo *m*. **To drown one's ~s**, ahogar sus penas *f/pl*. **II**. *v* (**at**, **for**, **over sth**) afligirse, entristecerse, apenarse. **sor·row·ful** ['sɔrəufl] *adj* triste, afligido/a, pesaroso/a.
sor·ry ['sɔri] **I**. *adj* **1**. triste, afligido/a, apenado/a (*sad*). **2**. apesadumbrado/a, pesaroso/a. **3**. (**for**) arrepentido/a (de). **4**. pobre (*joke*). **5**. nada convincente (*excuse*). **6**. ridículo/a (*figure*). **7**. triste (*sight*). **8**. lastimoso/a (*plight, condition*). LOC **To be in a ~ state**, estar en un estado *m* lamentable. **To be ~**, sentirlo. **To be/feel ~ for sb**, compadecer(se) de alguien; tener lástima *f*/pena *f* por alguien. **To feel ~ for oneself**, sentirse desgraciado/a. **II**. *int* ¡perdón!, ¡disculpe!, ¡lo siento!
sort [sɔ:t] **I**. *n* **1**. tipo *m*, especie *f*, clase *f*. **2**. modo *m*, manera *f*, forma *f*. **3**. tipo *m* (*type of person*): *To be a good ~*, Ser una buena persona. LOC **Of some ~/~ of**, FAM algo. **It takes all ~s to make a world**, de todo hay en el mundo *m*/la viña *f* del Señor. **Of a ~/Of ~s**, una especie *f* de; de poco valor *m*. **Of all ~s**, de toda clase *f*. **Out of ~s**, MED pachucho/a, indispuesto/a; de mal humor *m*. **To have a ~ of idea that**, tener una ligera idea *f* de que. **II**. *v* **1**. seleccionar, clasificar; arreglar, ordenar. **2**. (**out**) apartar, separar. LOC **To ~ sb out**, *col* ajustarle a alguien las cuentas *f/pl*. **sort·er** ['sɔ:tə(r)] *n* clasificador/ra (*person*); clasificadora *f* (*machine*).
sor·tie ['sɔ:ti:] *n* MIL salida *f*.
SOS [,es əu 'es] *n* SOS *m*.
so-so [,səu'səu] *adj/adv* INFML mediano/a; regular.
sot [sɔt] *n* borracho/a. **sot·tish** ['sɔtiʃ] *adj* borracho/a; embrutecido/a (por el alcohol).
souf·flé ['su:flei] *n* suflé *m*.
sough [sʌf; US sau] **I**. *n* susurro *m*. **II**. *v* susurrar.
sought *pret/pp of* **seek**. LOC **~-after**, solicitado/a.
soul [səul] *n* **1**. alma *f*. **2**. FIG personificación *f*, imagen *f*. LOC **All ~s' Day**, REL Día *m* de los Difuntos *m/pl*. **Bless my ~!**, ¡Dios mío! **God rest his ~**, que Dios le tenga en gloria *f*. **~-destroying**, embrutecedor/ra. **~ mate**, amigo/a del alma. **~-stirring**, emocionante; conmovedor/ra. **soul·ful** ['səulfl] *adj* conmovedor/ra; sentimental; expresivo/a. **soul·less** ['səulis] *adj* desalmado/a.
sound [saund] **I**. *adj* **1**. bueno/a, sano/a (*healthy*). **2**. razonado/a, lógico/a; bien fundado/a; ortodoxo/a. **3**. acertado/a (*logical*). **4**. sólido/a, firme. **5**. profundo/a (*sleep*). **6**. válido/a (*valid*); bien fundado/a. **7**. COM solvente; seguro/a (*business*). LOC **Safe and ~**, sano/a y salvo/a. **To be ~ as a bell**, estar bien de salud, estar más sano/a que una manzana *f*. **II**. *n* **1**. sonido *m*; son *m*; ruido *m*. **2**. NAUT brazo *m* de mar (*ocean inlet*); estrecho *m* (*strait, channel*). **3**. MED sonda *f*. LOC **I don't like the ~ of it**, FIG, FAM me huele mal; no me gusta la idea *f*. **~ barrier** (*also* **sonic barrier**), barrera *f* del sonido. **~ effects** *pl* efectos *m/pl* sonoros. **~ film**, película *f* sonora. **~-proof/tight**, insonorizado/a. **~-recording**, grabación *f* sonora. **~-track**, banda *f* sonora. **~-wave**, onda *f* sonora. **III**. *v* **1**. tocar (*horn*). **2**. entonar, cantar. **3**. (re)sonar (*bell*). **4**. parecer, sonar (*seem*). **5**. (**off about sth**) FAM hablar en tono autoritario; protestar; quejarse. **6**. MED auscultar, sondear. **7**. NAUT sond(e)ar, escandallar. **sound·ing** ['saundiŋ] **I**. *adj* sonoro/a; resonante. **II**. *n* sondeo *m*. LOC **~-board**, tornavoz *m*; MUS secreto *m*; caja *f* de resonancia. **sound·less** ['saundlis] *adj* mudo/a; silencioso/a; MEC insonorizado/a. **sound·ness** ['saundnis] *n* seguridad *f*; solidez *f*, firmeza *f*; salud *f*; equilibrio *m*.
soup [su:p] **I**. *n* **1**. sopa *f*, consomé *m*, caldo *f*; puré *m*. **2**. FAM niebla *f* espesa (*fog*). LOC **In the ~**, INFML en apuros *m/pl*, en un aprieto *m*. **II**. *adj* sopero/a. LOC **~-kitchen**, comedor *m* de beneficencia. **~-plate**, plato *m* sopero. **~-çon**, pizca *f*. **~ tureen**, sopera *f*. **III**. *v* (**sth up**) INFML aumentar de potencia (*car*).
sour ['sauə(r)] **I**. *adj* **1**. agrio/a, ácido/a. **2**. acre (*smell*). **3**. rancio/a; cortado/a (*milk*). **4**. amargo/a (*also* FIG); desabrido/a (*character*). LOC **~-dough**, US pan *m* de masa fermentada; explorador/ra (*in Alaska*). **~-puss**, INFML persona *f* desabrida. **To go/turn ~**, cortarse (*milk*). **II**. *v* agriar(se); cortar(se); amargar(se); poner(se) rancio. **sour·ish** ['sauəriʃ] *adj* un poco agrio. **sour·ly** ['sauəli] *adv* agriamente. **sour·ness** ['sauənis] *n* acidez *f*; amargura *f*; acritud *f* (*character*).
source [sɔ:s] *n* **1**. manantial, nacimiento *m* (*river*). **2**. FIG origen *m*, fuente *f*, procedencia *m*.
souse [saus] **I**. *v* **1**. INFML sumergir (*plunge*); empapar (*soak*). **2**. escabechar (*fish*); adobar (*meat*). **II**. *n* escabeche *m*; adobo *m*; conserva *f* en vinagre (*pickled food*). **sous·ed** [saust] *adj* SL borracho/a.
south [sauθ] **I**. *n* **1**. (*abrev* **S**, US **So**) sur *m*. **II**. *adj* del sur, meridional. **III**. *adv* al sur, hacia el sur. **IV**. *v* NAUT ir rumbo al sur. **south·er·ly** ['sʌðəli] **I**. *adj* al sur, hacia el sur (*direction*); del sur (*wind*). **II**. *n* sur *m* (*wind*). **south·ern** ['sʌðən] *adj* sur, meridional. LOC **~ lights**, *pl* aurora *f* austral. **south·ern·er** ['sʌðənə(r)] *n* habitante *m/f* del sur. **south·ern·most** ['sɔðənməust] *adj* más meridional, lo más al sur.
south..., **~ Africa**, *n* GEOG Africa *f* del Sur. **~ African**, *n/adj* sudafricano/a. **~ America**, *n* GEOG América *f* del Sur. **~ American**, *n/adj* sudamericano/a. **~-bound**, *adv* con rumbo *m* al sur. **~-east**, *n* sudeste *m*; *adj* del su-

deste. **~-easter**, *n* viento *m* del sudeste. **~-easterly/eastern**, *adv* (del) sudeste (*wind*); hacia el sudeste (*direction*). **~-paw**, *n* jugador/ra/boxeador/ra/lanzador/a zurdo/a (*sports*). **(the) ~ Pole**, *n* GEOG (el) Polo *m* Sur. **~·ward(s)**, *adv* hacia el sur. **~-west**, *n* suroeste *m*; *adj* del suroeste. **~-wester** (*also* **sou'wester**), *n* viento *m* del suroeste; sueste *m* (*sailor's waterproof hat*). **~-westerly/western**, *adv* (del) sudoeste (*wind*); hacia el sudoeste (*direction*).

sou·ve·nir [,su:və'niə(r)] *n* recuerdo *m*.

sov·er·eign ['sɔvrin] **I**. *adj* soberano/a. **II**. *n* **1**. soberano/a (*ruler*). **2**. soberano *m* (*coin*). **sov·er·eign·ty** ['sɔvrənti] *n* soberanía *f*.

so·viet ['səuviət] **I**. *n* soviet *m*. **II**. *adj* soviético/a.

sow I. [sʌu] *n* ZOOL cerda *f* (*female pig*). **II**. [səu] *v* (*pret* **sowed**, *pp* **sown/sowed**) **1**. sembrar. **2**. (**with**) FIG colocar, plagar, sembrar (*mines*). **sow·er** ['səuə(r)] *n* sembrador/ra. **sow·ing** ['səuiŋ] *n* siembra *f*. LOC **~ machine**, sembradora *f*. **~ time**, siembra *f*, sementera *f*.

so·ya ['sɔiə] *n* BOT soja *f*. LOC **~ bean** (*also* **soy bean**), BOT semilla *f* de soja. **~ sauce** (*also* **soy sauce**), salsa *f* de soja (*in cooking*).

soz·zled ['sɔzld] *adj* INFML trompa (*very drunk*).

spa [spa:] *n* balneario *m*.

space [speis] **I**. *n* sitio *m*, espacio *m*. **II**. *v* espaciar; separar; distanciar. **III**. *adj* espacial: *~ helmet*, Casco sideral. **spac·ing** ['speisiŋ] *n* esparcimiento *m*; espacio *m*. **spa·ci·ous** ['speiʃəs] *adj* espacioso/a; amplio/a. **spa·ci·ous·ness** ['speiʃəsnis] *n* espaciosidad *f*; amplitud *f*.

space..., **~-craft/ship**, *n* TEC nave *f* espacial. **~·man** (*pl* **~-men**; *f* **~·woman**, *pl* **~·women**), *n* astronauta *m/f*, cosmonauta *f*. **~·shuttle**, *n* TEC transbordador *m* espacial. **~ station**, *n* estación *m* espacial. **~·suit**, *n* traje *m*/escafandra *f* espacial.

spade [speid] *n* **1**. pala *f*, laya *f*. **2**. pique *m*, picos *m/pl*, espadas *f/pl* (*at playing-card*). LOC **~·work**, trabajo *m* preliminar/preparatorio. **To call a ~ a ~**, llamar al pan *m* pan y al vino *m* vino. **spade·ful** ['speidfl] *n* paletada *f*.

spa·ghet·ti [spə'geti] *n* espagueti(s) *m/pl*.

span [spæn] **I**. *n* **1**. ARQ ojo *m* (*of bridge*). **2**. duración *f*; lapso *m*; periodo *m* (*of time*). **3**. palmo *f*, cuarta *f* (*measurement of about 23 cm*). **4**. pareja *f* (*of horses*). **II**. *v* (**-nn-**) **1**. tender sobre (*form a bridge*). **2**. atravesar (*cross*). **3**. durar, abarcar (*time*). **4**. medir en palmos. **5**. *pret of* **spin**.

span·gle ['spæŋgl] **I**. *n* lentejuela *f*. **II**. *v* **1**. (**sth with**) adornar con lentejuelas. **2**. brillar. **span·gled** ['spæŋgld] *adj* salpicado/a: *~d with stars*, Salpicado de estrellas.

Span·iard ['spænjəd] *n* español/la.

spa·ni·el ['spænjəl] *n* ZOOL perro *m* de aguas.

Span·ish ['spæniʃ] **I**. *adj* español/la. **II**. *n* español *m*, castellano *m* (*language*). LOC **~-speaking**, de habla española/castellana, hispanohablante, hispanoparlante.

spank [spæŋk] **I**. *v* **1**. dar un azote, zurrar (*esp a child*). **2**. (**along**) INFML ir a toda leche, ir volando. **II**. *n* azote *m*, zurra *f*. **spank·ing** ['spæŋkiŋ] **I**. *adj* rápido/a, veloz; fuerte. **II**. *n* INFML azotaina *f*, zurra *f*.

span·ner ['spænə(r)] (**wrench**) *n* TEC llave *f* de tuercas. **Adjustable ~**, llave inglesa. **Fork ~**, llave fija. **Ring ~**, llave de tubo. LOC **To throw a ~ in the works**, sabotear, INFML echar a perder un plan.

spar [spa:(r)] **I**. *n* NAUT palo *m*. **II**. *v* (**-rr-**) (**with sb**) **1**. DEP entrenarse (*in boxing*). **2**. discutir (amistosamente). LOC **~·ring-partner**, DEP boxeador *m* que entrena a otro, sparring *m*; contrincante habitual.

spare [speə(r)] **I**. *adj* **1**. de recambio/repuesto. **2**. disponible. **3**. que sobra, sobrante. **4**. delgado/a (*thin*). **5**. desocupado/a, libre (*room*). LOC **~ part**, pieza *f* de repuesto. **~-rib**, costilla *f* de cerdo (con poca carne). **~ room**, cuarto *m* de invitados. **~ time**, tiempo *m* libre, ratos *m/pl* libres. **~ tyre**, rueda *f* de repuesto. **II**. *n* **1**. pieza *f* de recambio/repuesto. **III**. *v* **1**. perdonar la vida; salvar; tener piedad (de). **2**. ahorrar, economizar; reservar. **3**. escatimar. **4**. dar, dejar; dispensar (de), excusar. **5**. conceder, dedicar (*time*). LOC **(And) to ~**, de/que sobra. **~ me!**, tenga piedad *f* de mí. **To ~ sb's feelings**, no herir los sentimientos *m/pl* de alguien. **spar·ing** ['speəriŋ] *adj* (**with**, **of**, **in sth**) limitado/a; escaso/a; parco/a; frugal **spar·ing·ly** ['speəriŋli] *adv* con moderación; en pequeñas cantidades; frugalmente; poco. **spar·ing·ness** ['speəriŋnis] *n* parquedad *f*; moderación *f*; economía *f*.

spark [spa:k] **I**. *n* **1**. chispa *f* (*also* ELECTR); encendido *m* (*in cars*). **2**. (**of sth**) FIG destello *m*; chispa *f* (*trace of a particular quality*). **3**. **~s**, radiotelegrafista *m/f*. LOC **A bright ~**, persona *f* despierta. **~s are going to fly when he finds out**, echará chispas *f/pl* cuando se entere. **II**. *v* **1**. echar chispas, chispear. **2**. encender. **3**. (**off**) INFML provocar, hacer estallar. LOC **~-plug** (*also* **~·ing-plug**), TEC bujía *f*.

spar·kle ['spa:kl] **I**. *v* (**with sth**) **1**. destellar, centellear; chispear. **2**. FIG brillar, lucirse; ser muy vivaz. **II**. *n* **1**. destello *m*, centelleo *m*. **2**. FIG vivacidad *f*, viveza *f*. **spar·kler** ['spa:klə(r)] *n* **1**. bengala *f* (*small firework*). **2**. **~s** *pl col* diamantes *m/pl*. **spar·kling** ['spa:kliŋ] *adj* **1**. espumoso/a (*wine*). **2**. centelleante, brillante. **3**. FIG vivaz.

spar·row ['spærəu] *n* ZOOL gorrión *m*. **spar·row-hawk** ['spærəu,hɔ:k] *n* ZOOL gavilán *m*.

sparse [spa:s] *adj* disperso/a; escaso; poco denso/a; ralo/a (*hair*). **sparse·ly** ['spa:sli] *adv* escasamente; escasamente poblado.

spar·tan ['spa:tn] *adj* espartano/a (*without luxury*).

spasm ['spæsm] *n* 1. MED espasmo *m*; ataque *m*. 2. FIG arrebato *m*; arranque *m*. **spas·mod·ic(·al)** [spæz'mɔdik(l)] *adj* 1. MED espasmódico/a. 2. FIG intermitente; irregular.
spast·ic ['spæstik] *n/adj* MED espástico/a.
spat [spæt] I. *v pret/pp of* **spit**. II. *n* 1. US INFML riña *f*; disputa *f*. 2. polaina *f* corta (*gaiter*). 3. ZOOL ostra *f* joven.
spate [speit] *n* 1. crecida *f*, avenida *f* (*river*). 2. FIG torrente *m*. LOC **In ~**, crecido/a (*river*).
spa·ti·al ['speiʃl] *adj* del espacio, espacial.
spat·ter ['spætə(r)] I. *v* 1. **(on, over, with)** salpicar; rociar. 2. FIG manchar, mancillar. II. *n* **(of sth)** salpicadura *f*.
spat·u·la ['spætʃulə] *n* espátula *f*.
spa·vin ['spævin] *n* ZOOL MED esparaván *m*.
spawn [spɔ:n] I. *n* 1. BIOL hueva *f*, huevos *m/pl*, freza *f*. 2. BOT micelio *m* (*mushrooms*). 3. FIG prole *f*. II. *v* 1. producir, engendrar. 2. desovar, frezar. 3. reproducirse. **spawn·ing** ['spɔ:niŋ] *n* freza *f*, desove *m*.
spay [spei] *v* BIOL, ZOOL sacar/quitar los ovarios.
speak [spi:k] I. *v* (*pret* **spoke**, *pp* **spoken**) 1. decir. 2. hablar (*languages*). 3. **(to sb)** hablar con alguien. 4. tomar la palabra *f*; hacer uso *m* de la palabra. 5. pronunciar un discurso *m*. 6. FIG indicar; expresar. 7. **(for)** recomendar (*to recommend*); hablar en nombre *m* de. 8. **(out)** hablar claro; osar hablar. 9. **(up)** hablar alto; *exclam* ¡más alto/fuerte! II. *n* INFML jerga *f*: *Computer.~*, Jerga informática. LOC **Actions ~ louder than words**, obras *f/pl* son amores *m/pl*, que no buenas razones *f/pl*. **It almost ~s**, FIG sólo le falta hablar. **So to ~**, por decirlo así. **To ~ like a book**, hablar como un libro *m*. **speak·ea·sy** ['spi:k,i:zi] *n col* taberna *f* (clandestina). **speak·er** ['spi:kə(r)] *n* 1. orador/ra; persona *f* que habla, conferenciante *m/f*. 2. interlocutor/ra (*in a dialogue*). 3. presidente *m* (*British parliament*). 4. TEC altavoz *m*. LOC **~·ship**, presidencia *f* (*in parliament*). **speak·ing** ['spi:kiŋ] *adj* 1. parlante, hablante. 2. elocuente. 3. fiel; perfecto/a (*likeness*). LOC **Generally ~**, en términos *m/pl* generales. **Public ~**, arte *m* de la oratoria *f*. **Roughly ~**, aproximadamente. **~ acquaintance**, conocido/a. **~ trumpet**, bocina *f*. **~ tube**, tubo *m* acústico. **To be on ~ terms**, hablarse. **Within ~ distance**, al alcance *m* de la voz *f*.
spear [spiə(r)] I. *n* 1. lanza *f*; arpón *m* (*harpoon*); DEP jabalina *f*. II. *v* atravesar, traspasar (con una lanza); arponear. **spear·head** ['spi:əhed] I. *n* 1. punta *f* de lanza *f*. 2. FIG vanguardia. II. *v* encabezar.
spear·mint ['spiəmint] *n* BOT menta *f* verde.
spec [spek] *n* COM, FAM especulación *f*. LOC **On ~**, INFML por si acaso.
spe·cial ['speʃl] I. *adj* 1. particular, especial. 2. extraordinario/a (*edition*). 3. superior (*brand*). II. *n* 1. guardia *m* auxiliar (*~ constable*). 2. número *m* extraordinario (*edition*). 3. tren *m* especial (*train*). 4. plato *m* del día. 5. FAM oferta *f* extraordinaria. LOC **~ delivery**, carta *f*/correo *m* urgente. **spe·cial·ism** ['speʃlizm] *n* especialización *m*. **spe·cial·ist** ['speʃlist] *n* especialista *m/f*. **spe·cial·ity** [,speʃi'æləti] *n* especialidad *f*. **spe·cial·iz·ation** [,speʃəlai'zeiʃn] *n* especialización *f*. **spe·cial·ize, -ise** ['speʃəlaiz] *v* **(in sth)** especializarse (en). **spe·cial·ly** ['speʃli] *adv* especialmente. **spe·cial·ty** ['speʃlti] *n* especialidad *f*; fuerte *m* (*talent*).
spe·cie ['spi:ʃi] *n* efectivo *m*, metálico *m*. **spe·cies** ['spi:ʃi:z] *n* (*pl unchanged*) especie *f*.
spe·cif·ic [spə'sifik] I. *adj* específico/a; explícito/a, expreso/a. II. *n* MED específico *m*. **spe·cif·ic·al·ly** [spə'sifikli] *adv* específicamente. **spe·ci·fic·ation** [spəsifi'keiʃn] *n* especificación *f*; descripción *f* detallada.
spe·ci·fy ['spesifai] *v* (*pret/pp* **-fied**) especificar; concretar; precisar.
spe·ci·men ['spesimən] *n* 1. ejemplar *m* (*example*). 2. muestra *f* (*sample*). 3. BIOL espécimen *m*. 4. INFML tipo *m*, individuo *m*.
spe·ci·ous ['spi:ʃəs] *adj* especioso/a. **spe·ci·ous·ness** ['spi:ʃəsnis] *n* lo especioso.
speck [spek] I. *n* 1. mota *f*, partícula *f*; grano *m*. 2. mancha *f* pequeña. 3. pizca *f*. 4. FIG punto *m* (*on the horizon*). II. *v* salpicar de manchas *f/pl*, motear. **spec·kle** ['spekl] I. *n* 1. mota *f*; mancha *f*. 2. peca *f* (*freckle*). II. *v* salpicar de manchas *f/pl*, motear. **spec·kled** ['spekld] *adj* salpicado/a de manchas, moteado/a.
specs [speks] *n/pl* INFML lentes *f/pl*, gafas *f/pl* (*glasses*); anteojos *m/pl*.
spec·ta·cle ['spektəkl] *n* espectáculo *m* (*display*). LOC **To make a ~ of oneself**, dar el espectáculo *m*. **spec·ta·cled** ['spektəkəld] *adj* con gafas *f/pl*. **spec·ta·cles** ['spektəklz] *n/pl* lentes *f/pl*, gafas *f/pl*; anteojos *m/pl*.
spec·tac·u·lar [spek'tækjulə(r)] I. *adj* espectacular. II. *n* espectáculo *m* grandioso. **spec·tac·u·lar·ly** [spek'tækjuləli] *adv* espectacularmente.
spec·ta·tor [spek'teitə(r); US 'spekteitər] *n* espectador/ra.
spec·tral ['spektrəl] *adj* espectral.
spec·tre (US **spec·ter**) ['spektə(r)] *n* espectro *m*.
spec·trum ['spektrəm] *n* (*pl* **spec·tra**) espectro *m*.
spec·ul·ate ['spekjuleit] *v* **(about, on, upon)** especular (sobre). **spec·ul·ation** [,spekju'leiʃn] *n* **(about, on, over, upon sth)** especulación *f*. **spec·ul·at·ive** ['spekjulətiv] *adj* especulativo/a. **spec·ul·at·or** ['spekjuleitə(r)] *n* especulador/ra.
spec·u·lum ['spekjuləm] *n* (*pl* **specula**, **spec·ulums**) MED espéculo *m*.
sped *pret/pp of* **speed**.
speech [spi:tʃ] *n* 1. habla *m* (*power or act of speaking*). 2. discurso *m* (*oration*); JUR parlamento *m*; conferencia *f*. 3. conversación *f* (*talk*); diálogo *m* (*in play, film*); palabras

f/pl. **4**. idioma *m*. LOC **Closing ~**, discurso *m* de clausura *f*. **Opening ~**, discurso *m* de apertura *f*. **~ area**, área *f* lingüística. **~ community**, comunidad *f* lingüística. **~-day**, día *m* de reparto *m* de premios *m/pl*. **~ defect**, defecto *m* del habla *m*. **To make a ~**, pronunciar un discurso *m*. **speech·ify** ['spi:tʃifai] *v* (*pret/pp* **-fied**) INFML perorar. **speech·less** ['spi:tʃlis] *adj* sin habla, mudo/a, estupefacto/a.

speed [spi:d] **I**. *n* **1**. rapidez *f*, presteza *f*, prisa *f*. **2**. velocidad *f* (*also gear*: *Five-~ gearbox*, Caja de cambios de cinco velocidades). **3**. *col* anfetaminas *f/pl*. LOC **At full/top ~**, a toda velocidad *f*. **At ~**, a gran velocidad. **Good ~!**, ¡buen viaje! **With all possible ~**, con toda prontitud *f*. **II**. *v* (*pret/pp* **sped** [sped]) **1**. ir corriendo, apresurarse, darse prisa. **2**. ir a toda velocidad *f* (*car*, etc). **3**. JUR exceder la velocidad *f* permitida. **4**. (**along**) ir a toda prisa *f*. **5**. (**off**) irse a toda prisa *f*. **5**. (**past**) pasar como un rayo *m*. **6**. (**up**) acelerar (*car*, etc); dar prisa *f* (a) (*person*); activar (*process*); fomentar. **speed·ily** ['spi:dili] *adv* rápidamente. **speed·i·ness** ['spi:dinis] *n* rapidez *f*, velocidad *f*. **speed·ing** ['spi:diŋ] *n* JUR exceso *m* de velocidad *f*. **speed·y** ['spi:di] *adj* (*comp* **-ier**, *sup* **-iest**) rápido/a, veloz.

speed..., **~·boat**, *n* lancha *f* motora. **~·indicator/~·ometer**, *n* cuentakilómetros *m*, velocímetro *m*. **~ limit**, *n* límite *m* de velocidad *f*; velocidad *f* máxima permitida. **~ trap**, *n* trampa *f* para los que excedan el límite *m* de velocidad. **~-up**, *n* INFML aceleración *f*. **~·way**, *n* pista *f* de carreras *f/pl* (*for racing*); US autopista *f* (*motorway*). **~·well**, *n* BOT verónica *f*.

spe·l(a)e·ol·o·gy [,spi:li'ɔlədʒi] *n* espeleología *f*. **spe·l(a)e·o·lo·gic·al** [,spi:liə'lɔdʒikl] *adj* espeleológico/a. **spe·l(a)e·ol·o·gist** [,spi:li'ɔlədʒist] *n* espeleólogo/a.

spell [spel] **I**. *n* **1**. sortilegio *m*, maleficio *m*. **2**. encanto *m*, hechizo *m*. **3**. temporada *f*, rato *m*. **4**. (**at, on sth**) turno *m*, tanda *f* (*duty, work*). LOC **Bad ~**, mala racha *f*. **To cast/put a ~ on sb**, hechizar a alguien. **II**. *v* (*pret/pp* **spelt/spelled**) **1**. escribir (*word*). **2**. (**out**) deletrear. **3**. encantar, hechizar. **4**. relevar, reemplazar. **5**. FIG significar, representar, anunciar. LOC **~·binder**, orador *m* fascinante. **~·bound**, FIG hechizado/a, embelesado/a. **spel·ler** ['spelə(r)] *n* abecedario *m* (*~.ing book*). LOC **To be a bad ~**, tener mala ortografía *f*. **spel·ling** ['speliŋ] *n* ortografía *f*; deletreo *m*. LOC **~ bee**, certamen *m* de ortografía *f*. **~ book**, abecedario *m*.

spelt [spelt] **I**. *v pret/pp of* **spell**. **II**. *n* BOT espelta *f*.

spelt·er ['speltə(r)] *n* peltre *m*.

spend [spend] *v* (*pret/pp* **spent**) **1**. gastar(se). **2**. gastar dinero *m*. **3**. pasar (*time*). **4**. dedicar (*devote*). **5**. agotar (*exhaust*). **6**. consumir(se) (*anger*). LOC **To ~ a penny**, INFML ir al retrete. **spend·er** ['spendə(r)] *n* derrochador/ra, gastador/ra. **spend·ing** ['spendiŋ] *n* gasto *m*. LOC **~ money**, dinero *m* para gastos *m/pl* personales. **~ power**, poder *m* adquisitivo. **spend·thrift** ['spendθrift] *n* despilfarrador/ra, derrochador/ra.

spent [spent] **I**. *v pret/pp of* **spend**. **II**. *adj* gastado/a; agotado/a.

sperm [spɜ:m] *n* BIOL esperma *f*. **sper·ma·to·zoon**, *pl* **-zoa** [-ətə'zəuən, -zouə] *n* (*pl* **-zoa** [-'zəuə]) BIOL espermatozoo *m*, espermatozoide *m*.

sper·ma·ce·ti [,spɜ:mə'seti] *n* espermaceti *m* (*white waxy fatty substance*).

sperm whale ['spɜ:m weil] *n* ZOOL cachalote *m*.

spew [spju:] **I**. *n* vómito *m*. **II**. *v* (**out, up**) vomitar.

sphere [sfiə(r)] *n* **1**. MAT , FIG esfera *f*. **2**. ASTR esfera *f* celeste. **spher·ic(·al)** ['sferk(l)] *adj* esférico/a. **spher·ics** ['sferiks] *n* MAT trigonometría *f* esférica. **spher·oid** ['sfiərɔid] *n* MAT esferoide *m*.

sphinc·ter ['sfiŋktə(r)] *n* ANAT esfínter *m*.

sphinx [sfiŋks] *n* esfinge *f*.

spice [spais] **I**. *n* **1**. especia *f*. **2**. FIG sal *m*, sabor *m*, picante *m*; aliciente *m*. **II**. *v* (**with**) **1**. sazonar, condimentar. **2**. FIG dar picante (a). **spic·ery** ['spaisəri] *n* especias *f/pl*. **spic·i·ness** ['spaisinis] *n* sabor *m*, picante *m* (*also* FIG). **spic·y** ['spaisi] *adj* (*comp* **-ier**, *sup* **-iest**) sazonado/a, picante (*also* FIG).

spick-and-span ['spikənd'spæn] *adj* impecablemente limpio/a; pulcro/a, acicalado/a.

spi·der ['spaidə(r)] *n* **1**. ZOOL, TEC araña *f*. **2**. US trébedes *f/pl*. LOC **~ crab/sea ~**, ZOOL centollo *m*. **~·man** (*pl* **~·men**), obrero *m* que trabaja en la construcción *f* de rascacielos *m/pl*. **~'s web**, telaraña *f*. **spi·der·y** ['spaidəri] *adj* **1**. de patas de araña *f* (*in writing*). **2**. lleno de arañas *f/pl*. **3**. de alambre *m*, muy delgado/a: ~ *legs*, Patas de alambre.

spi·ed *pret/pp of* **spy**.

spiel [ʃpi:l; US spi:l] *n* **1**. perorata *f*. **2**. INFML charlatanería *f*; camelo *m*.

spif·fing, spif·fy ['spifiŋ], ['spifi] *adj* FAM estupendo/a; guapo/a.

spig·ot ['spigət] *n* **1**. bitoque *m*, espita *f* (*barrel*). **2**. espiga *f*, macho *m* (*tenon*). **3**. US grifo *m* (*tap*).

spike [spaik] **I**. *n* **1**. púa *f*, pincho *m*, punta *f*. **2**. clavo *m* (*running shoes*). **3**. espigón *m*, escarpia *f*. **4**. BOT espiga *f*. **II**. *v* **1**. clavar (*put ~s on shoes*, etc); sujetar con un pincho *m*. **2**. atravesar, empalar. **3**. FIG frustrar (*plan, gun*); inutilizar. **spike·nard** ['spaikna:d] *n* BOT nardo *m*. **spikes** [spaiks] *n/pl* zapatillas *f/pl* con clavos *m/pl* (*running shoes*). **spik·y** ['spaiki] *adj* (*comp* **-ier**, *sup* **-iest**) puntiagudo/a; erizado/a; armado/a de púas *f/pl*.

spill [spil] **I**. *v* (*pret/pp* **spilt/spilled**) **1**. (**from, out, of**) volcar(se), verter(se), derramar(se). **2**. hacer caer (*rider*). **3**. FAM soltar (*divulge*). LOC **To ~ the beans**, *col* descubrir el pastel *m*. **II**. *n* **1**. derrame *m*, derramamiento *m*. **2**. caída *f* (*from a horse*); vuelco *m*. **spill·way** ['spilwei] *n* aliviadero *m*.

spilt *pret/pp of* **spill**.

spin [spin] **I**. *v* (**-nn-**; *pret/pp* **spun**) **1**. dar vueltas, hacer girar. **2**. hilar (*thread*); tejer. **3**. hacer girar/bailar (*dancing partner*). **4**. TEC tornear. **4**. DEP dar efecto *m* (a) (*ball*). **5**. AER entrar en barrena *f*. **6**. (**along**) ir volando. **7**. (**out**) alargar, prolongar. **II**. *n* **1**. giro *m*, vuelta *f*. **2**. DEP efecto *m* (*ball*). **3**. paseo *m*, vuelta *f*. **4**. AER barrena *f*. LOC ~ **bowler**, DEP lanzador *m* de bola (*in cricket*). **~-drier**, secador *m* centrífugo. **~-off**, TEC subproducto *m*, derivado *m*. **spin·ner** ['spinə(r)] *n* **1**. hiladero/a (*person*). **2**. máquina *f* de hilar (~.*ning machine*). **2**. DEP bola *f* con efecto *m* (*in cricket; also ~ bowler*). **spin·ner·et** ['spinəret] *n* hilera *f*. **spin·ning** ['spiniŋ] *n* hilado *m*; hiladería *f*. LOC ~ **ma- chi·ne**, máquina de hilar. ~ **mill**, hiladería *f*. ~ **top**, trompo *m*, peonza *f*. **~-wheel**, rueca *f*, torno *m* de hilar.

spin·ach ['spinidʒ] *n* espinaca *f* (*plant*).

spin·al ['spainl] *adj* ANAT vertebral, espinal. LOC ~ **column**, ANAT espina *f* dorsal, columna *f* vertebral. ~ **cord**, ANAT médula espinal.

spin·dle ['spindl] *n* **1**. TEC eje *m*. **2**. huso *m*. **spin·dle·shanks** ['spindlʃæŋks] *n* zanquivano/a. **spin·dly** ['spindli] *adj* FAM largo/a y delgado/a, larguirucho/a; zanquilargo/a (*leg; also n*).

spin·drift ['spindrift] *n* espuma *f*.

spine [spain] *n* **1**. ANAT columna *f* vertebral, espina *f*, espinazo *m*. **2**. ZOOL púa *f*. **3**. BOT espina *f*. **4**. GEOL cresta *f*. **5**. lomo *m* (*of book*). **spine·less** ['spainlis] *adj* **1**. invertebrado/a; sin espinas *f/pl*, sin púas *f/pl*. **2**. FIG débil, flojo/a; sin carácter *m*; cobarde.

spi·net [spi'net; US 'spinit] *n* MUS espineta *f*.

spin·nak·er ['spinəkə(r)] *n* NAUT vela *f* balón *m*, velón *m* (*sail*).

spin·ney ['spini] *n* soto *m* (*small wood*).

spin·ster ['spinstə(r)] *n* **1**. JUR soltera *f*. **2**. solterona *f* (*derogatory*). **spin·ster·hood** ['spinstəhud] *n* soltería *f*.

spin·y ['spaini] *adj* espinoso/a, peliagudo/a (*also* FIG).

spi·ra·cle ['spairəkl] *n* espiráculo *m*.

spir·al ['spaiərəl] **I**. *adj* **1**. espiral. **2**. helicoidal. LOC ~ **staircase**, escalera *f* de caracol *m*. **II**. *n* **1**. espiral *f*. **2**. hélice *f*. **III**. *v* (**-ll-**; US **-l-**) moverse en espiral, dar vueltas *f/pl*. **spir·al·ly** ('spai | r | li) *adv* en espiral.

spire ['spaiə(r)] *n* vuelta *f*, rosca *f*. **2**. ARQ aguja *f*. **3**. cima *f* (*top*).

spir·it ['spirit] **I**. *n* **1**. alma *f*, espíritu *m* (*soul, ghost*, etc). **2**. ánimo *m*; energía *f*, brío *m*; humor *m*, temple *m*. **3**. vitalidad *f*; vigor *m*. **4**. espectro *m*. **5**. valor *m* (*courage*). **6**. QUIM alcohol *m*; *pl* licor *m*; espíritu *m*. LOC **In (high) ~s**, animado/a. **In low ~s**, apagado/a, abatido/a. **Poor in ~**, pobre de espíritu *m*. **~s**, *pl* ánimo *m*, humor *m*. ~ **lamp**, lámpara *f* de alcohol *f*. ~ **level**, nivel *m* de aire *m*. ~ **of wine**, espíritu *m* del vino *m*. **That's the ~!**, ¡así me gusta! **The Holy ~**, REL el Espíritu *m* Santo. **To keep up one's ~s**, no desanimarse. **To raise sb's ~s**, animar a alguien. **II**. *v* **1**. animar, alentar. **2**. (**away, off**) hacer desaparecer. **spi·rit·ed** ['spiritid] *adj* **1**. animado/a. **2**. vigoroso/a, brioso/a, enérgico/a. **3**. fogoso/a (*horse*). **spir·it·ism** ['spiritizm] *n* espiritismo *m*. **spir·it·less** ['spiritlis] *adj* desanimado/a; deprimido/a; sin ánimo *m*, apagado/a. **spir·it·u·ous** ['spiritjuəs] *adj* espirituoso/a, alcohólico/a (*drink*).

spir·it·u·al ['spiritʃuəl] **I**. *adj* **1**. espiritual. **2**. REL eclesiástico/a. LOC ~ **home**, patria *f* espiritual. **II**. *n* (*also* **Negro ~**) MUS espiritual *m* negro. **spir·it·u·al·ism** ['spiritʃuəlizm] *n* espiritismo *m*. **spir·it·u·al·ist** ['spiritʃuəlist] *n* espiritista *m/f*. **spir·it·u·al·ity** [spiritʃu'æliti] *n* espiritualidad *f*. **spir·it·u·al·ize, -ise** ['spiritʃuəlaiz] *v* espiritualizar. **spir·it·u·al·ly** ['spiritʃuəli] *adv* espiritualmente.

spirt [spɜːt] **I**. *v* salir a borbotones *m/pl*/chorros *m/pl*, brotar. **II**. *n* chorro *m*, chorretada *f*. V. **spurt**.

spit [spit] **I**. *v* (**-tt-**; *pret/pp* **spat**, US **spit**) **1**. (**at, on, onto**) escupir (*saliva, liquid, food*). **2**. FIG echar, escupir, arrojar. **3**. dar un bufido *m* (*cat*). **4**. chispear, gotear (*rain*). **5**. atravesar, espetar (*pierce*). **II**. *n* **1**. saliva *f*. **2**. escupitajo *m*, gargajo *m*. **3**. bufido *m* (*cat*). **4**. GEOL banco *m* (*sand*); lengua *f*, punta *f* (*land*). **5**. asador *m*, espetón *m*. **6**. paletada *f* (*spadeful*). LOC ~ **and polish**, limpieza *f*. **To be the ~·ting image of sb/sth**, ser el fiel retrato *m* de alguien/algo. **spit·ting** ['spitiŋ] *n* MED expectoración *f*. LOC ~ **image**, retrato *m* vivo/fiel. **spit·tle** ['spitl] *n* escupitajo *m*, gargajo *m*; saliva *f*; baba *f*. **spit·toon** [spi'tu:n] *n* escupidera *f*.

spite [spait] **I**. *n* **1**. ojeriza *f*, rencor *m*. LOC **In ~ of**, pese a, a pesar de. **II**. *v* fastidiar, molestar, causar pena *f* (a). **spite·ful** ['spaitful] *adj* rencoroso/a; malévolo/a; viperino/a (*tongue*). **spite·ful·ness** ['spaitfulnis] *n* rencor *m*; malevolencia *f*.

spit·fire ['spitfaiə(r)] *n* colérico/a.

spiv [spiv] *n* chanchullero/a; sablista *m/f*; gandul/la.

splash [splæʃ] **I**. *v* **1**. salpicar. **2**. (**about**) agitar, chapotear; rociar (*spray*). **3**. (**down**) aterrizar, amerizar (*spaceship*). **4**. FIG (**out**) derrochar/tirar (*money*). **II**. *n* **1**. salpicadura *f*. **2**. chapoteo *m*; rociada *f*. **3**. mancha *f* (*of colour*). **4**. FIG grandes titulares *m/pl* (*of news*). LOC **To make a ~**, FIG causar sensación *f*. **splash·board** ['splæʃbɔ:d] *n* **1**. (*also* **~er/~ guard**) guardabarros *m* (*of a car*). **2**. US alza *m* (*of a dam*). **splash·down** ['splæʃdaun] *n* aterrizaje *m*, amaraje *m* (*spaceship*). **splash·y** ['splæʃi] *adj* **1**. fangoso/a (*muddy*). **2**. FIG llamativo/a.

splat·ter ['splætə(r)] **I**. *n* salpicadura *f*. **II**. *v* salpicar (*splash*).

splay [splei] **I**. *v* **1**. (**out**) ensanchar(se), extender(se). **2**. ARQ, TEC achaflanar, biselar (*bevel*). **II**. *n* **1**. extensión *f*. **2**. ARQ, TEC chaflán *m*, bisel *m*. **splay·foot** ['spleifut] *n* pie *m* plano y torcido. **splay·foot·ed** ['spleifutid] *adj* zancajoso/a; de pies *m/pl* planos.

spleen [spli:n] *n* **1**. ANAT bazo *m*. **2**. melancolía *f*. **3**. esplín *m* (*depression*). **4**. mal humor *m*; rencor *m*.

splen·did ['splendid] *adj* espléndido/a. **splen·di·fer·ous** [splen'difərəs] *adj* INFML espléndido/a.

splen·dour (US **splendor**) ['splendə(r)] *n* esplendor *m*; resplandor *m*; brillantez *f*.

sple·net·ic [spli'netik] *adj* (*also* **~al**) **1**. malhumorado/a, irritable. **2**. ANAT esplénico/a.

splice [splais] **I**. *v* **1**. NAUT empalmar (*ropes*). **2**. pegar, encolar. **3**. INFML casar, unir. LOC **To get ~d**, INFML casarse. **II**. *n* **1**. NAUT empalme *m* (*ropes*). **2**. INFML casorio *m*. **splic·er** ['splaisə(r)] *n* encoladora *f*.

splint [splint] **I**. *n* MED tablilla *f*. LOC **In a ~**, entablillado/a. **II**. *v* MED entablillar. **splint·er** ['splintə(r)] **I**. *n* astilla *f* (*of wood*); pedazo *m*, fragmento *m*. **II**. *adj* disidente. LOC **~ group**, grupo *m* disidente/minoritario. **III**. *v* hacer(se) astillas *f/pl*, astillar(se). **splin·ter bone** ['splintə(r)bəun] *n* ANAT peroné *m*. **splin·ter·ing** ['splintəriŋ] *adj* astillado/a. **splin·ter·less** ['splintəlis] *adj* inastillable.

split [split] **I**. *v* (**-tt-**; *pret/pp* **split**) **1**. (**into, up**) partir(se); dividir(se); separarse. **2**. rajar(se), hendir(se). **3**. rajar(se), desgarrar(se). **4**. FAM delatar, vender. **5**. INFML huir, irse. **6**. FIS, QUIM descomponer(se). LOC **To ~ hairs**, FIG hilar muy fino, ser quisquilloso/a. **To ~ one's sides laughing/(with laughter)**, partirse de risa *f*. **II**. *n* **1**. hendidura *f*, grieta *f* (*fissure*). **2**. desgarrón *m*, raja *f*. **3**. división *f*, ruptura *f*, cisma *f* (*also* FIG). **4**. helado *m* (*banana ~*). **5**. LOC **Do the ~s** (ballet) abrirse de piernas sobre el suelo. **III**. *adj* hendido/a, partido/a; dividido/a (*also* FIG). **split·ting** ['splitiŋ] *adj* insoportable, atroz (*headache*).

splotch [splɔtʃ] (*also* **splodge**) **I**. *n* mancha *f*, borrón *m*. **II**. *v* manchar (*stain*).

splurge [splɜ:dʒ] **I**. *n* **1**. INFML derroche *m* (*of money*). **2**. INFML ostentación *f*, faroleo *m*. **II**. *v* **1**. INFML derrochar, tirar (*money*). **2**. INFML farolear (*show off*).

splut·ter ['splʌtə(r)] **I**. *v* **1**. (*also* **sputter**) (**out**) farfullar, balbucear (*a person*). **2**. ELECTR chisporrotear (*collector, also a candle*). **II**. *n* **1**. farfulla *f* (*speech*). **2**. chisporroteo *m*.

spoil [spɔil] **I**. *v* (*pret/pp* **spoilt/spoiled**) **1**. estropear(se), echar(se) a perder; deteriorar(se). **2**. aguar(se). **3**. malograr(se). **4**. dañar(se). **5**. consentir, mimar (*child*). **6**. despojar (*deprive*). **7**. saquear (*town*). LOC **To be ~·ing for**, tener ganas *f/pl* (de), ansiar. **II**. *n* **1**. **~s** *pl* botín *m*. **2**. **~s** *pl* ventajas *f/pl* (*political privilege*). **3**. **~s** *pl* US empleos *m/pl* que se reparten los del partido *m* victorioso (*in politics*). LOC **~ sport**, aguafiestas *m/f*. **~s system**, acaparamiento *m* de los cargos *m/pl* públicos por el partido *m* victorioso. **spoil·age** ['spɔilidʒ] *n* desechos *m/pl*, desperdicios *m/pl*. **spoil·er** ['spɔilə(r)] *n* aguafiestas *m/f*; expoliador/ra. **spoilt** [spɔilt] **I**. *v pret/pp of* **spoil**. **II**. *adj* **1**. mimado/a, consentido/a (*child*). **2**. estropeado/a (*merchandise*).

spoke [spəuk] **I**. *v pret of* **speak**. **II**. *n* **1**. peldaño *m*, escalón *m* (*of ladder*). **2**. radio *m*, rayo *m* (*of a wheel*). LOC **To put a ~ in sb's wheel**, poner trabas *f/pl* a alguien. **spok·en** ['spəukən] *v pp of* **speak**. **spokes·man** ['spəuksmən] *n* (*pl* **-men** [-men]; *f* **spokes·wo·man** ['spəukswumən], *pl* **-women** [-wimin]) **1**. portavoz *m/f*. **2**. *Amer* vocero/a.

spo·li·ation [,spəuli'eiʃn] *n* expoliación *m*, despojo *m* (*also* JUR).

spon·dee ['spɔndi:] *n* POET espondeo *m*.

sponge [spʌndʒ] **I**. *n* **1**. ZOOL esponja *n*. **2**. esponja *f* (*for domestic use*). **3**. bizcocho *m* (*~-cake*). LOC **To throw up the ~**, INFML darse por vencido/a, tirar la toalla *f* (*esp in boxing*). **II**. *v* **1**. limpiar/lavar con esponja *f*. **2**. (**from**) INFML sacar de gorra *f*, gorrear. **3**. (**off, on**) INFML vivir a costa de alguien. **4**. (**up**) absorber. **spon·ger** ['spʌdʒə(r)] *n* INFML gorrón/na; sablista *m/f*. **spon·gi·ness** ['spʌndʒinis] *n* esponjosidad *f*. **spon·gy** ['spʌndʒi] *adj* (*comp* **-ier**, *sup* **-iest**) esponjoso/a.

spon·sor ['spɔnsə(r)] **I**. *n* **1**. patrocinador/ra, promotor *m/f*, mecenas *m/f*, padrino/a. **2**. COM fiador/ra. **II**. *v* **1**. patrocinar. **2**. apadrinar. **3**. fiar. **spon·sor·ship** ['spɔnsəʃip] *n* **1**. patrocinio *m*. **2**. fianza *f*.

spon·ta·ne·ity [spɔntə'neiəti] *n* espontaneidad *f*. **spon·ta·ne·ous** [spɔn'teiniəs] *adj* espontáneo/a.

spoof [spu:f] **I**. *n* INFML **1**. (**of, on**) broma *f*. **2**. engaño *m* (*hoax*). **II**. *v* **1**. bromear. **2**. engañar.

spook [spu:k] **I**. *n* INFML aparición *f*, espectro *m* (*ghost*). **spook·y** ['spu:ki] *adj* (*comp* **-ier**, *sup* **-iest**) INFML fantasmal; espectral; espeluznante.

spool [spu:l] **I**. *n* bobina *f*, carrete *m*; canilla *f*. **II**. *v* encanillar, enrollar.

spoon [spu:n] **I**. *n* **1**. cuchara *f*. **2**. cucharada *f* (*~.ful*). LOC **Basting ~**, cucharón *m*. **Coffee ~**, cucharilla *f* de café. **Dessert ~**, cuchara *f* de postre *m*. **Serving ~**, cuchara *f* de servir. **Soup ~**, cuchara *f* sopera. **To be born with a silver ~ in one's mouth**, nacer en buena cuna *f*. **II**. *v* **1**. (**out**) cucharear, sacar con la cuchara *f*. **2**. (**up**) DEP golpear de cuchara *f* (*ball*). **spoon·er·ism** ['spu:nərizm] *n* juego *m* de palabras/sonidos. **spoon-feed** ['spu:nfi:d] *v* (*pret/pp* **~-fed**) **1**. dar de comer con la cuchara *f*. **2**. FIG mimar. **spoon·ful** ['spu:nful] *n* (*pl* **-fuls**) cucharada *f*. **spoon·y** ['spu:ni] *adj* FAM sentimental; sobón/na.

spo·rad·ic [spə'rædik] *adj* esporádico/a.

spore [spɔ:(r)] *n* BOT espora *f*.

spor·ran ['spɔrən] *n* escarcela *f* realista.

sport [spɔ:t] **I**. *n* **1**. deporte *m*. **2**. diversión *f*, juego *m*. **3**. caza *f* (*hunting*). **4**. juguete *m* (*plaything*). **5**. BIOL mutación *f*. **6**. **~s** *pl* DEP campeonatos *m/pl*, competiciones *f/pl*. **7**. buen chico/a; buen/na perdedor/ra. LOC **To**

make ~ of sb, burlarse/mofarse de alguien. **II.** *v* **1**. jugar, juguetear, divertirse. **2**. bromear. **3**. llevar, lucir (*clothes*). **sport·ing** ['spɔ:tiŋ] *adj* **1**. deportivo/a. **2**. aficionado/a. **3**. que juega (*gambling*). **4**. ecuánime (*fair*). LOC **~ chance**, posibilidad *f* de éxito *m*. **~ offer**, oferta *f*. **sport·ive** ['spɔ:tiv] *adj* juguetón/na. **sports** [spɔ:ts] *adj* deportivo/a. LOC **~ car**, coche *m* deportivo. **~·cast**, retransmisión *f* deportiva. **~·man** (*pl* **~·men**; *f* **~·woman**, *pl* **~·women**) deportista *m/f*; persona *f* honrada; buen/na perdedor/ra. **~·man·like**, de espíritu deportivo; magnánimo/a; honrado/a. **~·man·ship**, deportividad *f*; caballerosidad *f*. **~·wear**, ropa *f* de deporte *m*. **~·writer**, cronista *m/f* deportivo. **sport·y** [spɔ:ti] *adj* **1**. deportivo/a. **2**. de espíritu deportivo. **3**. alegre.

spot [spɔt] **I.** *n* **1**. mancha *f*. **2**. lunar. **3**. MED grano *m*; espinilla *f*. **4**. sitio *m*, lugar *m* (*place*). **5**. puesto *m* (*job*). **6**. punto *m*, marca *f*. **7**. espacio *m* (*in television, radio*). **8**. FAM poco *m*, poquito *m*: *A ~ of bother*, Un pequeño contratiempo. **9**. gota *f* (*of liquid*). **10**. **~s** COM mercancías *f/pl* disponibles. LOC **A ~ of**, un poco *m* de. **On the ~**, en el acto *m*. **Sore/Tender ~**, FIG punto *m* sensible. **Ten ~**, FAM billete *m* de diez dólares *m/pl*. **To be in a tight ~**, estar en un apuro *m*. **To have a soft ~ for sb/sth**, tener una debilidad *f* por alguien/algo. **To knock ~s off**, INFML vencer fácilmente a alguien. **To put sb on the ~**, poner a alguien en un aprieto *m*. **Weak ~**, punto *m* débil. **II.** *v* (**-tt-**) **1**. manchar(se); motear, salpicar. **2**. adivinar, pronosticar (*guess*). **3**. FAM observar, notar, ver. **4**. encontrar; descubrir. LOC **To ~ with rain**, chispear, gotear. **III.** *adj* COM contante; en existencia, disponible. LOC **~ news**, noticias *f/pl* de última hora. **~ remover**, quitamanchas *m*. **spot·less** ['spɔtlis] *adj* **1**. inmaculado/a; sin manchas *f/pl*, nítido/a. **2**. intachable. **spot·less·ness** ['spɔtlisnis] *n* nitidez *f*; limpieza *f* perfecta. **spot·light** ['spɔtlait] *n* (*also* **~**) TEATR foco *m*, proyector *m*; lámpara *f*; faro *m* auxiliar (*in a car*). LOC **To be in the ~**, ser objeto *m* de la atención *f* pública. **spot·ted** ['spɔtid] *adj* **1**. moteado/a; manchado/a. **2**. con lunares *m/pl*/ manchas *f/pl*. **spot·ter** ['spɔtə(r)] *n* **1**. AER avión *m* de observación *f*. **2**. coleccionista *m/f*. **3**. MIL observador/ra de tiro; vigilante *m/f* secreto. **spot·ty** ['spɔti] *adj* (*comp* **-ier**, *sup* **-iest**) **1**. con manchas *f/pl*, con la cara llena de granos. **2**. MED con granos *m/pl*/espinillas *f/pl*. **3**. FIG irregular, desigual.

spouse [spauz; US spaus] *n* JUR cónyuge *m/f*, esposo/a.

spout [spaut] **I.** *n* **1**. pitorro *m* (*of a teapot*); pito *m* (*of a jug*). **2**. ARQ canalón *m* (*of a roof*); conducto *m*, caño *m*. **3**. chorro *m*. LOC **Up the ~**, en un aprieto. **II.** *v* **1**. arrojar, echar (*liquid*). **2**. salir a chorro *m*, chorrear. **3**. FIG perorar, declamar.

sprain [sprein] **I.** *v* torcer(se) (*ancle*, etc). **II.** *n* torcedura *f*.

sprang *pret of* **spring**.

sprat [spræt] *n* ZOOL sardineta *f*, arenque *m* pequeño.

sprawl [sprɔ:l] **I.** *v* **1**. tumbarse, dejarse caer. **2**. extender(se). **II.** *n* postura *f* desgarbada. LOC **Urban ~**, urbanización *f* irregular.

spray [sprei] **I.** *n* **1**. BOT rama *f* pequeña. **2**. ramo *m* (*of flowers*). **3**. vaporizador *m*, pulverizador *m*. **4**. rociada *f*, pulverización *f* (*of liquid*). **5**. NAUT espuma *f*. **6**. AGR riego *m* por aspersión *f*. **II.** *v* **1**. rociar, pulverizar. **2**. AGR regar; fumigar.

spread [spred] **I.** *v* (*pret/pp* **spread**) **1**. (**out, on, over**) extender(se); desparramar(se), esparcir(se). **2**. cubrir; poner (*table*). **3**. MED propagar(se) (*disease, fire, news*). **4**. difundir(se); correr (*rumour*). **5**. imprimir a doble página *f*; espaciar (*lines*). **6**. desplegar(se) (*sail, wings*). **7**. untar (*butter on bread*). **8**. (**oneself**) ponerse a sus anchas. **II.** *n* **1**. extensión *f*. **2**. difusión *f*; propagación *f*. **3**. expansión *f*. **4**. envergadura *f* (*sail, wings*). **5**. FAM comilona *f* (*meal*). **6**. colcha *f* (*bed*). **7**. tapete *m* (*for a table*). **8**. gama *f* (*range*). LOC **~-eagle**, extender completamente. **~-eagled**, con los miembros *m/pl* completamente extendidos. **~·sheet**, hoja *f* de cálculo *m* (*computing*).

spree [spri:] *n* INFML jarana *f*, juerga *f*, parranda *f*. LOC **To go on a ~**, salir de juerga *f*.

sprig [sprig] *n* (**of sth**) **1**. BOT ramita *f*; espiga *f* (*of heather*). **2**. TEC puntilla *f*.

spright·li·ness ['spraitlinis] *n* energía *f*, viveza *f*, vivacidad *f*. **spright·ly** ['spraitli] *adj* (*comp* **-ier**, *sup* **-iest**) enérgico/a, vivo/a.

spring [spriŋ] **I.** *n* **1**. primavera *f*. **2**. brinco *m*, salto *m* (*jump*). **3**. manantial *m*, fuente *f* (*water, also* FIG). **4**. TEC muelle *m*, resorte *m* (*of a watch, mattress*). **5**. elasticidad *f*. LOC **Hot ~**, fuente *f* termal. **~ of life**, fuente *f* de vida *f*. **II.** *adj* **1**. de muelles *m/pl* (*watch, mattress*). **2**. de manantial (*water*). **3**. resistente. **4**. primaveral (*season*). **III.** *v* (*pret* **sprang** [spræŋ], *pp* **sprung** [sprʌŋ]) **1**. saltar, brincar; (**up**) levantarse de un salto *m*; moverse rápidamente. **2**. hacer saltar (*trap*); (hacer) explotar/volar (*mine*). **3**. INFML organizar la fuga/liberación de un preso. **4**. hacer brotar/surgir; nacer (*water*). **5**. poner muelles *m/pl* (a). **6**. FAM soltar de repente, decir algo a alguien de buenas a primeras. **7**. torcer, combar (*warp*). **8**. surgir; BOT brotar. **9**. hender(se) (*split*). **10**. (**back**) volver a su posición *f* original. LOC **Hope ~s eternal**, la esperanza *f* es lo último que se pierde. **spring·i·ness** ['spriŋinis] *n* elasticidad *f*. **spring·y** ['spriŋi] *adj* (*comp* **-ier**, *sup* **-iest**) **1**. elástico/a. **2**. FIG ligero/a.

spring..., **~ balance**, *n* peso *m* de muelle *m*. **~·board**, *n* trampolín *m*. **~ bolt**, *n* pestillo *m* de golpe *m*. **~ chicken**, *n* pollo *m* (*young chicken;* FIG *young person*). **~-clean**, *v* hacer una limpieza *f* general. **~-cleaning**, *n* limpieza *f* general. **~ gun**, *n* trampa *f* de alambre *m* y escopeta *f*. **~-head**, *n* manantial *m*. **~ mattress**, *n* somier *m*. **~-tide**, *n* NAUT marea *f* viva. **~·tide/~·time**, *n* POET primavera *f*. **~-water**, *n* agua *f* de manantial *m*.

springe [sprindʒ] *n* lazo *m* (*for hunting*).

sprin·kle ['spriŋkl] **I.** *v* **1.** (**with**) rociar, salpicar; asperjar (*with Holy Water*). **2.** sembrar. **3.** desparramar, diseminar. **4.** lloviznar, chispear (*rain*). **II.** *n* salpicadura *f*, rociada *f*. **sprin·kler** ['spriŋkə(r)] *n* **1.** AGR regadera *f*. **2.** REL aspersorio *m*, hisopo *m*. **3.** extintor *m*. **sprin·kling** ['spriŋkliŋ] *n* **1.** salpicadura *f*; rociada *f*; aspersión *f* (*also* REL). **2.** FIG un poco (de algo).

sprint [sprint] **I.** *v* DEP (e)sprintar, correr a toda velocidad *f*. **II.** *n* DEP (e)sprint *m*. **sprint·er** ['sprintə(r)] *n* DEP (e)sprinter *m/f*, velocista *m/f*.

sprit [sprit] *n* NAUT botavara *f* (*spar*).

sprite [sprait] *n* hada *f* (*fairy*); duende *m* (*elf*).

sproc·ket ['sprɔkit] *n* diente *m* (*of a chain*). LOC **~-wheel**, rueda *f* dentada.

sprout [spraut] **I.** *v* **1.** (**out, up**) BOT brotar, echar brotes *m/pl*. **2.** ZOOL salir, echar (*horns*). **3.** FIG crecer rápidamente. **II.** *n* BOT retoño *m*, brote *m*. LOC **Brussels ~**, col *m* de Bruselas.

spruce [spru:s] **I.** *adj* **1.** pulcro/a. **2.** cuidado/a. **3.** elegante, apuesto/a. **II.** *v* (**oneself/sb up**) acicalarse. **III.** *n* BOT pícea *f*. **spruce·ness** ['spru:snis] *n* **1.** pulcritud *f*. **2.** elegancia *f*.

sprung *pp of* **spring**.

spry [sprai] *adj* (*comp* **-ier**, *sup* **-iest**) activo/a, vivo/a, ágil.

spud [spʌd] *n* **1.** INFML patata *f*. **2.** AGR escarda *f*.

spume [spju:m] *n* LIT espuma *f*.

spun *pret of* **spin**.

spunk [spʌŋk] *n* **1.** INFML coraje *m*, valor *m*. **2.** Br SL esperma *m*. **spunk·y** [spʌŋki] *adj* (*comp* **-ier**, *sup* **-iest**) valiente, animoso/a.

spur [spɜ:(r)] **I.** *n* **1.** espuela *f*. **2.** FIG aguijón *m*, estímulo *m*. **3.** ZOOL espolón *m*. **4.** GEOL estribación *f*. **5.** vía *f* muerta (*in railway; also ~ track*). LOC **On the ~ of the moment**, sin pensarlo. **~ gear/wheel**, TEC engranaje *m* cilíndrico. **To win one's ~s**, distinguirse. **To put/set ~s to**, espolear. **To give a ~ to sb's effort**, FIG estimular los esfuerzos *m/pl* de alguien. **II.** *v* **1.** espolear. **2.** poner espuelas *f/pl*/espolones *m/pl*. **3.** (**on**) incitar, estimular; hincar las espuelas *f/pl*.

spu·ri·ous ['spjuəriəs] *adj* espúreo/a; falso/a. **spu·ri·ous·ness** [spjuəriəsnis] *n* falsedad *f*.

spurn [spɜ:n] *v* rechazar, despreciar.

spurt [spɜ:t] **I.** *v* **1.** (**from, out**) salir a chorro *m*, chorrear (*liquid*). **2.** hacer un gran esfuerzo *m*. **3.** DEP acelerar. **II.** *n* **1.** chorro *m*. **2.** gran esfuerzo *m*. V. **spirt**.

sput·nik ['sputnik] *n* AER satélite *m* artificial.

sput·ter V. **splutter**.

spu·tum ['spju:təm] *n* MED (*pl* **sputa**) esputo *m*.

spy [spai] **I.** *n* espía *m/f*. LOC **Police ~**, soplón/na. **II.** *v* (*pret/pp* **spied**) **1.** (**on sb, on/into sth**) ser espía *m/f*, espiar. **2.** ver, divisar. **3.** (**out**) reconocer (*land*). LOC **~-glasses**, catalejo *m*. **~ hole**, mirilla *f*.

squab [skɔb] *n* **1.** ZOOL pichón *m* (*young pigeon*). **2.** almohadón *m*, cojín *m*.

squab·ble ['skwɔbl] **I.** *v* (**with sb; about, over sth**) pelearse, reñir. **II.** *n* pelea *f*, riña *f*. **squab·bler** ['skwɔblə(r)] *n* pendenciero/a.

squad [skwɔd] *n* brigada *f*, pelotón *m*, escuadrón *m*, unidad *f* (*also* MIL); DEP selección *f*. LOC **~ car**, coche *m* patrulla. **squad·ron** ['skwɔdrən] *n* **1.** AER escuadrilla *f*. **2.** MIL escuadrón *m*. **3.** NAUT escuadra *f*. LOC **~ leader**, (*abrev* **Sqn Ldr**) AER comandante *m*.

squal·id ['skwɔlid] *adj* **1.** sucio/a, mugriento/a. **2.** miserable (*poor*). **3.** sórdido/a.

squall [skwɔ:l] **I.** *n* **1.** borrasca *f*, tormenta *f*. (*sudden violent wind, rain*, etc) **2.** berrido *m*, chillido *m*. **II.** *v* chillar. **squall·y** ['skwɔ:li] *adj* borrascoso/a, tempestuoso/a.

squal·or ['skwɔlə(r)] *n* **1.** miseria *f* (*poverty*). **2.** suciedad *f*, mugre *f*.

squan·der ['skwɔndə(r)] *v* despilfarrar, malgastar. **squan·der·er** ['skwɔndərə(r)] *n* despilfarrador/ra.

square [skweə(r)] **I.** *adj* **1.** cuadrado/a (*having four sides and four right angles*). **2.** en ángulo *m* recto. **3.** FIG equitativo/a, justo/a; honrado/a; claro/a, categórico/a. **4.** satisfactorio/a (*meal*). **5.** FAM inocente. LOC **~ bracket**, corchete *m*. **~ dance**, danza *f* de figuras *f/pl*. **~-rigged**, de cruz *f*. **~ shooter**, FAM persona *f* honrada. **To be all ~**, estar en paz *f*; DEP ir empatado/a (*tied*). **To get ~ with sb**, FIG ajustarle las cuentas *f/pl* a uno. **II.** *n* **1.** cuadrado *m* (*geometric figure; also* MAT). **2.** cuadro *m* (*also* MIL *of soldiers*). **3.** escuadra *f* (*instrument*). **4.** ARQ plaza *f* (*in a town; abrev* **Sq**). **5.** casilla *f* (*of a chessboard*). **6.** FAM anticuado/a (*old-fashioned person*). **III.** *v* **1.** ajustar, cuadrar (*also* MAT). **2.** TEC labrar a escuadra *f*, escuadrar. **3.** cuadricular. **4.** INFML sobornar. **5.** FIG adaptar. **6.** DEP empatar, igualar. **7.** (**up**) ponerse en guardia *f*. **8.** (**with**) conformarse (con). LOC **To ~ accounts with sb**, ajustarle las cuentas *f/pl* a alguien. **~d paper**, papel *m* cuadriculado. **square·ly** ['skweəli] *adv* **1.** con/en ángulo *m* recto. **2.** FIG honradamente. **3.** exactamente; directamente.

squash [skwɔʃ] **I.** *v* **1.** aplastar(se) (*crush; also* FIG). **2.** apretujar(se), apretar(se). **3.** FAM callar, apabullar. **4.** FAM echar por tierra *f* (*argument*). **5.** (**into**) conseguir entrar (en). **II.** *n* **1.** gentío *m*. **2.** DEP squash *m*. **3.** zumo *m* (*of fruit*). **4.** BOT calabaza *f*. **squash·y** ['skwɔʃi] *adj* blando/a; de pulpa *f* blanda (*fruit*).

squat [skwɔt] **I.** *v* (**-tt-**) **1.** (**down**) agacharse, ponerse en cuclillas *f/pl* (*crouch*). **2.** FAM sentarse. **3.** JUR ocupar una vivienda, establecerse (ilegalmente). **II.** *n* posición *f* en cuclillas *f/pl*. **III.** *adj* (*comp* **-tter**, *sup* **-ttest**)

1. en cuclillas *f/pl.* 2. rechoncho/a (*person*). 3. desproporcionado/a. **squat·ter** ['skwɔtə(r)] *n* colono *m* usurpador, intruso/a.

squaw [skwɔ:] *n* india *f* norteamericana.

squawk [skwɔ:k] I. *v* chillar, graznar (*esp of birds*). II. *n* chillido *m*, graznido *m*.

squeak [skwi:k] I. *n* chillido *m* (*of mice, rats,* etc); chirrido *m*. LOC **To have a narrow ~**, librarse por los pelos *m/pl.* II. *v* chillar, chirriar, rechinar; raspear (*pen*). **squeak·y** ['skwi:ki] *adj* (*comp* **-ier**, *sup* **-iest**) chillón/na, chirriante, chirriador/ra.

squeal [skwi:l] I. *n* 1. chillido *m*. 2. protesta *f*. II. *v* 1. chillar. 2. protestar. 2. (**on**) chivarse (de) (*esp to a teacher/the police*).

squeam·ish ['skwi:miʃ] *adj* 1. delicado/a (*stomach*). 2. susceptible; escrupuloso/a. 3. remilgado/a. **squeam·ish·ness** [skwi:miʃnis] *n* 1. delicadeza *f*. 2. susceptibilidad *f*. 3. remilgos *m/pl.* 4. repugnancia *f*.

squee·gee ['skwi:dʒi; ,skwi:'dʒi:] *n* rodillo *m* de goma *f*.

squeeze [skwi:z] I. *v* 1. estrujar, apretar. 2. (**from**, **out**) exprimir (*orange,* etc). 3. FIG oprimir. 4. FAM sonsacar (*money*). 5. FAM excluir (*person*). II. *n* 1. estrujón *m*, apretón *m* (*of hand*). 2. presión *f*. 3. bullicio *m*, gentío *m*. 4. COM restricción *f*. 5. FIG apuro *m* (*also tight ~, difficulty*). **squeez·er** ['skwi:zə(r)] *n* exprimidor *m*.

squelch [skweltʃ] I. *v* 1. aplastar, despachurrar. 2. chapotear. II. *n* chapoteo *m*.

squib [skwib] *n* 1. carretilla *f*, buscapiés *m* (*firework*). 2. FIG pasquín *m*.

squid [skwid] *n* (*pl unchanged or* **-s**) ZOOL calamar *m* (*fish*).

squif·fy ['skwifi] *adj* (*comp* **-ier**, *sup* **-iest**) FAM achispado/a.

squig·gle ['skwigl] I. *v* 1. menearse, moverse. 2. garabatear. II. *n* garabato *m*.

squint [skwint] I. *v* 1. ser bizco, bizquear. 2. (**at**, **through**, **up**, **etc sth**) mirar de reojo *m*. 3. entrecerrar los ojos *m/pl.* II. *n* 1. bizquera *f*, estrabismo *m*. 2. mirada *f* bizca. 3. FIG vistazo *m*, ojeada *f*. III. *adj* bizco/a (*eyes*).

squire ['skwaiə(r)] I. *n* 1. (*in titles* **Squire**) señor *m*; hacendado *m*, propietario *m*. 2. HIST escudero *m*. II. *v* acompañar (*a lady*). **squire·ar·chy** ['skwaiəra:ki] *n* terratenientes *m/f/pl.*

squirm [skwɜ:m] *v* 1. retorcerse (*twist*). 2. FIG sentirse violento/a (*feel embarrassment, discomfort or shame*).

squir·rel ['skwirəl; US 'skwɜ:rəl] *n* ZOOL ardilla *f*.

squirt [skwɜ:t] I. *v* 1. (**from**, **out of**) echar/salir a chorros *m/pl.* 2. inyectar. 2. jeringa *f*; jeringazo *m*. 3. FAM farsante *m/f*, farolero/a.

St *abrev* 1. **Saint**, *n* Santo/a. 2. **Street**, *n* calle *m*.

stab [stæb] I. *v* (**-bb-**) 1. dar una puñalada *f*, apuñalar. II. *n* 1. puñalada *f*, navajazo *m*. 2. herida *f*. 3. FAM intento *m*, tentativa *f*.

sta·bil·ity [stə'biləti] *n* firmeza *f*; estabilidad *f*. **sta·bi·liz·ation**, **-s·ation** [,steibəlai'zeiʃn] *n* estabilización *f*. **sta·bil·ize**, **-ise** ['steibəlaiz] *v* estabilizar. **sta·bil·iz·er**, **-is·er** ['steibəlaizə(r)] *n* estabilizador *m*.

sta·ble ['steibl] I. *n* 1. caballeriza *f*, cuadra *f* (*also group of racehorses*). 2. equipo *m*. II. *v* poner en una cuadra *f*. III. *adj* estable; firme. LOC **~-boy** (*also* **~-lad**) mozo *m* de cuadra *f*.

stac·ca·to [stə'ka:təu] *n/adj* 1. MUS stacato *m*. 2. FIG entrecortado/a.

stack [stæk] I. *n* 1. pila *f*, montón *m*, rimero *m*. 2. AGR hacina *f*, niara *f*. 3. MIL pabellón *m* (*of rifles*). 4. cañón *m* (*of chimney*). II. *v* 1. apilar, amontonar. 2. AGR hacinar.

sta·di·um ['steidiəm] *n* (*pl* **-s** *or* **-dia** [-diə]) estadio *m*.

staff [sta:f; US stæf] I. *n* 1. palo *m*, bastón *m* (de mando). 2. REL báculo *m* (*of a bishop*). 3. (*pl*) personal *m* empleado (*hotel, office,* etc); (*teaching ~*) profesorado *m* (*school, university*); servidumbre *f* (*of a house*). 4. MIL estado *m* mayor. 5. MUS pentagrama *m* (*also* **stave** [steiv]). 6. FIG sostén *m*. LOC **The ~ of life**, el sostén *m* de la vida *f* (*bread*). II. *v* proveer de personal *m*.

stag [stæg] I. *n* 1. ZOOL venado *m*, ciervo *m*. 2. ZOOL macho *m*. 3. COM especulador/ra. 4. soltero *m* (*bachelor*). II. *adj* (sólo) para hombres *m/pl.* LOC **~-beetle**, ZOOL ciervo *m* volante (*insect*). **~-party**, despedida *f* de soltero *m*.

stage [steidʒ] I. *n* 1. TEATR escena *f*, escenario *m* (*also* FIG). 2. tablas *f/pl*, teatro *m*. 3. plataforma *f*, tribuna *f*, estrado *m*. 4. fase *f*, etapa *f*; período *m*. 5. NAUT desembarcadero *m*. 6. parada *f* (*stop*). 7. relevo *m*. LOC **By ~s**, progresivamente. **In ~s**, por etapas *f/pl.* **To come on ~**, salir a escena *f*. **To go on ~**, TEATR hacerse actor *m*. II. *v* 1. TEATR poner en escena *f*, representar (*a play*). 2. lograr, efectuar (*carry out*). 3. organizar. **sta·gey** ['steidgʒi] *adj* teatral. **stag·ing** ['steidgʒiŋ] *n* TEATR escenificación *f*, puesta *f* en escena *f*.

stage..., **~ box**, *n* palco *m* de proscenio *m*. **~-coach**, *n* diligencia *f*. **~-craft**, *n* arte *m* escénico. **~ direction**, *n* acotación *f*. **~ door**, *n* entrada *f* de artistas *m/f/pl.* **~ fright**, *n* miedo *m* escénico. **~-hand**, *n* maquinista *m/f* tramoyista *m/f*. **~-manage**, *v* dirigir una obra *f*. **~-manager**, *n* director/ra de escena *f*. **~-struck**, *adj* apasionado/a por el teatro *m*.

stag·fla·tion [,stæg'fleiʃn] *n* COM inflación *f* con estancamiento económico.

stag·ger ['stægə(r)] I. *v* 1. (hacer) titubear/tambalear(se). 2. vacilar (*hesitate*). 3. sorprender, asombrar (*astonish*). 3. escalonar; colocar al tresbolillo. II. *n* tambaleo *m*. **stag·ger·ing** ['stægəriŋ] *adj* 1. tambaleante. 2. FIG asombroso/a. **stag·gers** ['stægəz] *n* modorra *f* (*in veterinary medicine*).

stag·nan·cy ['stægnənsi] *n* estancamiento *m*. **stag·nant** ['stægnənt] *adj* 1. estancado/a (*also* FIG). 2. COM inactivo/a (*market*). **stag·nate** [stæg'neit; US 'stægneit] *v* estar/quedarse estancado/a; estancarse (*also* FIG). **stag·na·tion** [stæg'neiʃn] *n* estancamiento *m* (*also* FIG).

staid [steid] *adj* formal; serio/a. **staid·ness** ['steidnis] *n* formalidad *f*; seriedad *f*.

stain [stein] **I.** *v* **1.** (**with**) ensuciar, manchar (*also* FIG). **2.** color(e)ar, teñir (*dye*). LOC **~·ed glass**, vidrio *m* de color *m*. **~·ed glass window**, vidriera *f*. **II.** *n* **1.** mancha *f*. **2.** colorante *m*; tinte *m*. **stain·less** ['steinlis] *adj* **1.** que no mancha. **2.** inmaculado/a. LOC **~ steel**, acero *m* inoxidable.

stair [steə(r)] *n* **1.** **~s** *pl* escalera(s) *f/(pl)*. **2.** peldaño *m*, escalón *m*. LOC **A flight of ~s**, un tramo *m* de escalera *f*. **Moving ~·case**, escalera *f* mecánica. **Spiral ~·case**, escalera *f* de caracol *m*. **~·case**, (*also* **~·way**), escalera *f*. **~·head**, descansillo *m*. **~·well**, hueco *m* de la escalera.

stake [steik] **I.** *n* **1.** estaca *f*. **2.** poste *m*. **3.** hoguera *f*. **4.** apuesta *f* (*bet*). **5.** **~s** *pl* premio *m*. **6.** intereses *m/pl*. LOC **At ~**, en juego *m*. **Put down your ~s!**, ¡hagan juego *m*! **To pull up ~s**, irse. **II.** *v* **1.** delimitar/sujetar con estacas *f/pl*; (**off, out**) estacar. **2.** (**on**) apostar. **3.** COM arriesgar(se). LOC **To ~ one's all**, jugárselo uno todo.

sta·lac·tite ['stæləktait] *n* GEOL estalactita *f*.

sta·lag·mite ['stæləgmait] *n* GEOL estalagmita *f*.

stale [steil] **I.** *adj* **1.** pasado/a, rancio/a (*esp food*). **2.** echado/a a perder, picado/a (*wine*). **3.** duro/a (*bread*). **4.** viejo/a (*news*). **5.** decaído/a; cansado/a (*person*). **6.** viciado/a (*air*). **7.** trillado/a, viejo/a (*joke*). **8.** DEP sobreentrenado/a. LOC **To go/get ~**, echarse a perder. **II.** *v* **1.** echarse a perder. **2.** perder/quitar interés *m*. **stale·ness** ['steilnis] *n* **1.** ranciedad *f* (*esp food*). **2.** dureza *f* (*bread*). **3.** deterioro *m*.

stale·mate ['steilmeit] **I.** *n* **1.** ahogo *m* (*in chess*). **2.** FIG callejón *m* sin salida *f*, punto *m* muerto, paralización *f*. **II.** *v* **1.** ahogar (*in chess*). **2.** estancar, paralizar.

stalk [stɔ:k] **I.** *n* **1.** BOT pedúnculo *m* (*of a flower*); tallo *m* (*stem*); tronco *m* (*cabbage*). **2.** pie *m* (*of a glass*). **II.** *v* **1.** acechar (*animals*); cazar al acecho *m* (*hunting*). **2.** andar con paso *m* majestuoso. LOC **~·ing-horse**, FIG tapadera *f*, pretexto *m*.

stall [stɔ:l] **I.** *n* **1.** establo *m*. **2.** pesebre *m*. **3.** caseta *f*. **4.** COM puesto *m* (*in a market*). **5.** asiento *m*, butaca *f* (*cinema, theatre*). **6.** dedil *m*. **7.** REL sillería *f*. **II.** *v* **1.** encerrar/poner en un establo *m*. **2.** TEC atascar(se); calar(se), parar(se) (*engine*). **3.** FIG (**off**) buscar pretextos *m/pl*/evasivas *f/pl*. LOC **~-fed**, engordado/a en establo *m*. **~-holder**, dueño/a de un puesto *m* (*in a market*).

stal·lion ['stæliən] *n* ZOOL semental *m*, caballo *m* padre.

stal·wart ['stɔ:lwət] **I.** *adj* **1.** fornido/a, robusto/a (*strong and sturdy*). **2.** leal. **II.** *n* partidario/a incondicional/leal.

sta·men ['steimən] *n* BOT estambre *m*.

stam·i·na ['stæminə] *n* **1.** energía *f*, vigor *m*. **2.** resistencia *f*, aguante *m*.

stam·mer ['stæmə(r)] **I.** *v* (*also* **stutter**) decir tartamudeando, tartamudear. **II.** *n* tartamudeo *m*, tartamudez *f*. **stam·mer·er** ['stæmərə(r)] *n* tartamudo/a. **stam·mer·ing** ['stæməriŋ] **I.** *n* tartamudez *f*. **II.** *adj* tartamudo/a.

stamp [stæmp] **I.** *v* **1.** (**down**) imprimir, estampar. **2.** sellar, timbrar, franquear (*letter*, etc). **3.** FIG marcar, señalar, impresionar. **4.** (**out**) extirpar; apagar pateando (*fire*). **5.** (**on**) pisar, pisotear. **6.** patear; dar zapatazos *m/pl* (*angrily*). **7.** piafar, escarbar (*a horse*). LOC **To ~ one's foot on the ground**, estampar el pie *m* en el suelo. **To ~ one's feet**, patear (*in anger*). **~ album**, álbum *m* de sellos *m/pl*. **~ collecting**, filatelia *f*. **~ duty**, impuesto *m* de timbre/póliza *f*. **~ pad**, tampón *m*. **Paper ~·ed with one's name**, papel *m* con membrete *m*. **II.** *n* **1.** sello *m* (*postage ~*); timbre *m*. **2.** tampón *m*, cuño *m*. **3.** huella *f*, marca *f*, señal *f*. **4.** zapatazo *m*, patada *f*. **5.** FIG clase *f*, calaña *f* (*kind*). LOC **Rubber ~**, sello *m*, tampón *m*. **stamp·er** ['stæmpə(r)] *n* TEC máquina *f* de estampar.

stam·pede [stæm'pi:d] **I.** *n* **1.** desbandada *f*, fuga *f*, espantada *f*. **2.** desbocamiento *m* (*of a horse*). **II.** *v* **1.** salir en desbandada *f*, dar una espantada *f*. **2.** provocar una desbandada *f*.

stance [stæns] *n* postura *f*.

stanch [sta:ntʃ, US stæntʃ] (*also* **staunch** [stɔ:ntʃ]) *v* restañar.

stan·chion ['stænʃən, US 'stæntʃən] *n* montante *m*, puntal *m* (*post/upright bar*).

stand [stænd] **I.** *n* **1.** parada *f* (*stop*). **2.** postura *f*; posición *f*, situación *f*. **3.** MIL resistencia *f* (*against an attack*). **4.** pedestal *m*, pie *m* (*of a rack, frame,* etc); percha *f*, perchero *m*; paragüero *m*. **5.** quiosco *m*; barraca *f*; puesto *m*; stand *m*. **6.** parada *f* (*buses, taxis*). **7.** representación *f*, función *f* (*performance*). **8.** DEP tribuna *f*; estrado *m*. **9.** TEC soporte *m*. LOC **To make a ~ (against/for sth/sb)**, MIL resistir (*enemy*). **To take a/one's ~ (on sth)**, adoptar una actitud *f*. **II.** *v* (*pret/pp* **stood** [stud]) **1.** colocar(se), poner(se) (*place*). **2.** estar/poner(se) de pie *m*; poner derecho; levantarse (*set upright*). **3.** soportar, aguantar; resistir (*resist*); mantenerse (firme) (*remain*); (per)durar (*last*). **4.** someterse (*exam*). **5.** FAM pagar; invitar. **6.** sopotar, aguantar: *I can't ~ it this girl*, No puedo soportar a esta muchacha. **7.** FIG andar: *How do you stand for money?*, ¿Cómo andas de dinero? **8.** cotizarse. **9.** marcar, medir (*measure*). **10.** parar(se) (*stop*). **11.** (**aside, away**), apartarse. **12.** (**back**) (hacer) retroceder. **13.** (**by**) estar dispuesto/preparado; estar al lado *m* de; estar alerta; atenerse (a) (*decision*); cumplir (*a promise*); quedarse sin hacer nada; sostener, apoyar (*support*). **14.** (**down**) retirarse. **15.** (**for**) significar; representar; apoyar, ser partidario/a de (*party*); presentarse como candidato/a; tolerar, aguantar (*bear*). **16.** (**in**) asociarse, unirse; compartir; costar (*cost*); (**for**) suplir; (**with**) declararse (por). **17**. (**off**) apartarse, mantenerse apartado/a. **18**. (**out**) FIG destacarse, sobresalir; no ceder (hasta conseguir algo); (**against**) resistir (a); (**for**) insistir (en). **19**. (**over**) vigilar (*watch*); quedar pendiente. **20**. (**to**) estar alerta. **21**. (**up**) ponerse en pie *m*, levantarse; resistir; (**for**) defender; (**to**) resistir (a). **22**. (**upon**) insistir (en). LOC **How do we ~ ?**, ¡cómo estamos? **~ to your arms!**, MIL ¡a las armas! *f/pl*. **To ~ a chance**, tener una posibilidad *f*. **To ~ firm**, mantenerse firme, resistir. **To ~ for nothing**, no contar para nada. **To ~ out to sea**, NAUT hacerse a la mar *f*. **To ~ sb up**, INFML dar plantón *m* a alguien. **To ~ still**, estarse quieto. **To ~ to lose**, llevar las de perder. **To ~ to win**, tener posibilidad *m* de ganar. **To ~ up to a test**, salir bien de una prueba *f*. **stand·ee** [stænd'di:] *n* US espectador/ra que asiste de pie *m*. **stand·ing** ['stændiŋ] **I**. *n* **1**. posición *f*, reputación *f* (*esp social*). **2**. importancia *f*. **3**. posición *f* vertical. LOC **Of long ~**, de mucho tiempo *m*: *A friend of long ~*, Un amigo/a de siempre/toda la vida. **~-room**, lugar *m* para estar de pie *m*; pasillo *m* (*in a theatre*). **II**. *adj* **1**. vertical; de pie *m*. **2**. fijo/a; permanente (*also camp, army*); eterno/a, constante, clásico/a (*joke, grievance*). **3**. parado/a; estancado/a, encharcado/a (*water*). **4**. estacionado/a (*car*). **5**. vigente (*order*). LOC **~ expenses**, gastos *m/pl* generales. **~ order**, reglamento *m*, orden *f* bancaria.

stand..., **~-by**, **I**. *n* recurso *m*; persona *f* de confianza; sustituto/a; paño *m* de lágrimas *f/pl*; AER persona *f* en lista *f* de espera. **II**. *adj* de reserva *f*; sustituto/a; alternativo/a. **~-in**, *n* doble *m* (*in cinema*); sustituto/a, suplente *m/f*. **~-off**, *n* reserva *f*; empate *m* (*in a game*). **~-offish**, *adj* reservado/a, distante. **~-pat**, *adj* US conservador/ra (*in politics*). **~-patter**, *n* US conservador/ra (*in politics*). **~-pipe**, *n* columna *f* de alimentación *f*. **~-point**, *n* punto *m* de vista *f*. **~-still**, *n* parada *f*, alto *m*, paro *m*; COM estancamiento *m*, inactividad *f*. LOC **To be at a ~-still**, estar parado/a (*in work/economy*). **To bring to a ~-still**, parar (*a car*). **To come to a ~-still**, estancarse, pararse, detenerse. **~-up**, *adj* vertical; tomado de pie *m*.

stan·dard ['stændəd] **I**. *n* **1**. norma *f*, patrón *m* (*gold ~*, patrón *m* oro), pauta *f*, modelo *m*, estándar *m*, tipo *m*. **2**. nivel *m*: *~ of living*, Nivel de vida. **3**. criterio *m*. **4**. valor *m* moral. **5**. MIL bandera *f*, estandarte *m*. **6**. NAUT pabellón *m*. **7**. pie *m* (*of a lamp*). **8**. AGR árbol *m* de tronco *m*. LOC **Of low ~**, de baja calidad *f*. **To be below ~**, estar por debajo del nivel *m* correcto. **To be up to ~**, ajustarse a lo requerido. **II**. *adj* **1**. normal, corriente, (e)stándar, tipo. **2**. legal, oficial. LOC **~-bearer**, MIL portaestandarte *m*, abanderado *m*; FIG caudillo *m*, jefe *m*. **~ English**, el inglés *m* normativo. **~ gauge**, *n/adj* (de) vía *f* normal. **~ lamp** (US **floor lamp**), lámpara *f* de pie *m*. **~ model**, modelo *m* estándar. **~ measure**, medida *f* estándar. **~ model**, modelo *m* estándar. **~ work**, obra *f* clásica. **stand·ard·iz·ation**, **-s·ation** [stændədai'zeiʃn] *n* (e)standar(d)ización *f*, normalización *f*. **stand·ard·ize**, **-ise** ['stændərdaiz] *v* (e)standar(d)izar, normalizar, regularizar.

stank *pret of* **stink**.

stan·na·ry ['stænəri] *n* mina *f* de estaño *m*. **stan·nic** ['stænik] *adj* estánico/a.

stan·za ['stænzə] *n* POET estrofa *f*, estancia *f*.

sta·ple ['steipl] **I**. *n* **1**. grapa *f*. **2**. armella *f* (*hammered into wood*). **3**. fibra *f* (*cotton*). **II**. *v* grapar, sujetar con grapas *f/pl*. **III**. *adj* **1**. básico/a, principal, primo/a. **2**. clásico/a. **sta·pler** ['steipə(r)] *n* grapadora *f*.

star [sta:(r)] **I**. *n* **1**. ASTR, FIG astro *m*, estrella *f*. **2**. TEATR primer actor *m*/actriz *f*, estrella *f*, astro *m*, vedette *f* (*also in cinema*). **3**. DEP figura *f*. **4**. asterisco *m*. LOC **North ~**, ASTR estrella *f* del Norte *m*. **Polar ~**, ASTR estrella *f* Polar. **Shooting ~**, ASTR estrella *f* fugaz. **~-fish**, ZOOL estrella *f* de mar *m*. **~s and Stripes**, bandera *f* estrellada (*of the* USA). **~-spangled**, (bandera *f*) estrellada. **~ turn**, TEAT R atracción *f* principal. **II**. *v* **1**. adornar/sembrar con estrellas *f/pl*, estrellar. **2**. marcar con asterisco *m*. **3**. protagonizar, ser el/la protagonista *m/f* (*of a film*). **III**. *adj* **1**. estelar (*also* FIG). **2**. principal, más destacado/a. **star·dom** ['sta:dəm] *n* estrellato *m*, fama *f*. **star·lit** ['sta:lit] *adj* iluminado/a por las estrellas *f/pl*. **star·ring** ['sta:riŋ] *adj* TEATR que presenta como primer actor *m*/actriz *f* (*also in cinema*). **star·ry** ['sta:ri] *adj* estrellado/a; brillante, resplandeciente. LOC **~- eyed**, soñador/ra; idealista; ingenuo/a.

star·board ['sta:bəd] **I**. *n* NAUT estribor *m*. **II**. *adj* a/de estribor *m*. **III**. *v* poner a estribor *m*.

starch [sta:tʃ] **I**. *n* **1**. QUIM almidón *m*. **2**. BIOL fécula *f*. **3**. FIG rigidez *f*. **II**. *v* almidonar. **starch·y** ['sta:tʃi] *adj* **1**. almidonado/a. **2**. feculento. **3**. rígido/a.

stare [steə(r)] **I**. *v* (**at sb/sth**) fijar la mirada *f*, mirar fijamente. LOC **To ~ into space**, FIG mirar a las musarañas *f/pl*. **To ~ sb in the face**, FIG saltar a la vista *f*. **II**. *n* mirada *f* fija. **star·ing** ['steəriŋ] *adj* que mira fijamente. LOC **~ eyes**, ojos *m/pl* saltones.

star·gaze ['sta:geiz] *v* mirar las estrellas, distraerse; soñar despierto.

stark [sta:k] **I**. *adj* (*comp* **-er**, *sup* **-est**) **1**. tieso/a, rígido/a (*stiff*). **2**. decidido/a. **3**. puro/a, completo/a (*utter*). **4**. escueto/a. LOC **~ naked**, en cueros *m/pl*. **~ raving/~-ing mad**, loco/a de atar.

star·ling ['sta:liŋ] *n* ZOOL estornino *m* (*bird*).

start [sta:t] **I**. *n* **1**. principio *m*, comienzo *m*. **2**. DEP salida *f* (*race*). **3**. ventaja *f* (*advantage*). **4**. susto *m*; sobresalto *m*. **5**. respingo *m* (*of a horse*). LOC **At the ~**, al principio *m*. **For a ~**, para empezar. **To give a ~**, dar la una ventaja (*race*); sobresaltarse. **To make a ~**, empezar. **II**. *v* **1**. iniciar, comenzar, empezar. **2**. entablar (*conversation*). **3**. TEC poner(se) en marcha *f*, arrancar (*engine*). **4**. irse, salir (*set off*). **5**. sobrecogerse, sobresaltarse (*jump*). **6**. DEP dar la salida *f* (*race*). **7**. soltarse, aflojarse (*screw*). **8**. FIG lanzar (*rumour*). LOC **To ~ afresh**, empezar de nuevo. **start·er** ['sta:tə(r)] *n* **1**. DEP juez *m* de salida *f* (*in a race*). **2**. TEC motor *m* de arranque *m*; botón *m*/palanca *f* de arranque *m*. **3**. INFML (US *also* **appetizer**) entremés *m* (*first course of a meal*). **start·ing** ['sta:tiŋ] *n* **1**. comienzo *m*; salida *f*. **2**. arranque *m*. LOC **~-gate**, DEP barrera *f* en la línea *f* de salida *f*. **~-point**, punto *m* de partida *f*. **~-post**, DEP línea *f* de salida *f*. **~-price**, precio *m* inicial. **~ switch**, TEC arranque *m*.

star·tle ['sta:tl] *v* sobresaltar, asustar. **startling** ['sta:tliŋ] *adj* sobrecogedor/ra, sorprendente; alarmante; llamativo/a.

starv·ation [sta:'veiʃn] *n* hambre *m/f*; inanición *f*. LOC **~ diet**, régimen *m* de hambre *m*. **~ wages**, sueldos *m/pl* de hambre *m*. **starve** [sta:v] *v* **1**. matar/hacer morir de hambre *m*. **2**. privar de comida *f*/alimento *m*. **3**. FIG privar. **4**. FAM tener mucha hambre *f*. **5**. **(for)** carecer (dm). **6**. **(out)** hacer rendir por hambre *m*. **starv·ing** ['sta:viŋ] *adj* muerto/a de hambre *m*; hambriento/a.

stash [stæʃ] **I**. *v* **(sth away)** INFML guardar, esconder. **II**. *n* cosa *f* guardada o lugar *m* donde se guarda.

state [steit] **I**. *n* **1**. estado *m* (*in general*). **2**. condición *f*. **3**. lujo *m*, pompa *f*, fausto *m*. LOC **In ~**, con gran pompa *f*. **Married ~**, matrimonio *m*. **The ~s**, los Estados *m/pl* Unidos. **To be in a ~**, FAM estar fuera de sí. **To lie in ~**, estar de cuerpo *m* presente. **II**. *adj* (*also* **State**) **1**. del estado *m*, estatal. **2**. público/a. **3**. oficial. **4**. solemne. **5**. de gala *f*. LOC **~ Department**, US Ministerio *m* de Asuntos *m/pl* Exteriores. **~ education**, enseñanza *f* pública. **~ House**, US Cámara *f* legislativa. **~·room**, NAUT camarote *m*. **~ secret**, secreto *m* de estado *m*. **~·side**, FAM estadounidense. **~s' rights**, derechos *m/pl* de los estados *m/pl*. **III**. *v* **1**. manifestar, afirmar, declarar. **2**. JUR formular, exponer (*claim*). **3**. plantear (*problem*). **state·craft** ['steitkra:ft] *n* habilidad *f* política. **state·less** ['steitlis] *adj* sin patria, apátrida. **state·liness** ['steitlinis] *n* majestuosidad *f*, majestad *f*. **state·ly** ['steitli] *adj* impresionante; majestuoso/a. LOC **~ home**, casa *f* solariega. **state·ment** ['steitmənt] *n* **1**. declaración *f*. **2**. relación *f*, informe *m*. **3**. COM extracto *m* de cuentas *f/pl*, liquidación *f*. **4**. MUS exposición *f*.

states·man ['steitsmən] *n* (*pl* **-men** [-mən]; *f* **-woman** [-wumən], *pl* **-women** [-wimin]) hombre *m*/mujer *f* de estado *m*, estadista *m/f*. **states·man·like** ['steitsmənlaik] *adj* propio de estadista *m/f*. **states·man·ship** ['steitsmənʃip] *n* arte *m* de gobernar, habilidad *f* política.

stat·ic ['stætik] **I**. *adj* **1**. FIS estático/a. **2**. inactivo/a, estancado/a. **II**. *n* TEC interferencias *f/pl* (*radio, television*). **stat·ics** ['stætiks] *n* FIS estática *f*.

sta·tion ['steiʃn] **I**. *n* **1**. lugar *m*, comisaría *f* (*police; also* MIL). **2**. estación *f* (*in general; railway*, etc). **3**. posición *f* social. LOC **-First-aid ~**, casa *f* de socorro. **Naval ~**, Puerto *m* militar. **Petrol ~**, gasolinera *f*. **Police ~**, comisaría *f*. **~-master**, jefe *m* de estación *f*. **~ wagon**, US furgoneta *f*. **II**. *v* **1**. MIL estacionar, apostar. **2**. situar, colocar. **sta·tion·ary** ['steiʃənri] *adj* estacionario/a; fijo/a; inmóvil. **sta·tion·er** ['steiʃnə(r)] *n* papelero/a, librero/a. LOC **~'s**, papelería *f*, librería *f*. **sta·tion·ery** ['steiʃnəri] *n* **1**. papelería *f*. **2**. papel *m* de escribir y sobres *m/pl*.

sta·tist·ic·al [stə'tistikl] *adj* estadístico/a. **stat·ist·ic·al·ly** [stə'tistikli] *adv* estadísticamente, según las estadísticas *f/pl*. **sta·tis·tic·ian** [,stæti'stiʃn] *n* estadista *m/f*. **sta·tist·ics** [stə'tistiks] *n* estadística *f*.

sta·tu·ary ['stætʃuəri; US -ueri] **I**. *n* **1**. estatuaria *f* (*art of making statues*, etc). **2**. estatuas *f/pl* (*statues*). **II**. *adj* estatuario/a.

sta·tue ['stætʃu:] *n* estatua *f*. **sta·tu·es·que** [,stætʃu'esk] *adj* escultural, estatuario/a. **sta·tu·ette** [,stætʃu'et] *n* estatuilla *f*, figurina *f*.

stat·ure ['stætʃə(r)] *n* **1**. talla *f*, estatura *f*. **2**. FIG categoría *f*.

sta·tus ['steitəs] *n* **1**. rango *m*, condición *f*, estado *m*. **2**. condición *f* social. **3**. categoría *f*. LOC **Marital/civil ~**, estado *m* civil. **~ seeker**, ambicioso/a. **~ symbol**, símbolo *m* de categoría *f* social.

stat·ute ['stætʃu:t] *n* JUR ley *f*, leyes *f/pl*, estatuto *m*. LOC **~-book**, JUR código *m*. **sta·tut·ory** ['stætʃutri; US -ɔ:ri] *adj* estatutario/a; reglamentario/a, legal.

staunch [stɔ:ntʃ] **I**. *adj* (*comp* **-er**, *sup* **-est**) **1**. inquebrantable. **2**. constante, leal, firme. **II**. *v* restañar (V. **stanch**).

stave [steiv] **I**. *n* **1**. duela *f* (*of a barrel, tub*). **2**. peldaño *m* (*of a ladder*). **3**. palo *m*, barrote *m*. **4**. MUS pentagrama *m* (*also* **staff**). **II**. *v* (*pret/pp* **staved** *or* **stove** [stəuv]) **1**. **(sth in)** romper; desfondar (*a cask*, etc). **2**. **(sth off)** apartar; rechazar.

stay [stei] **I**. *v* **1**. permanecer, quedarse. **2**. aguantar, resistir. **3**. JUR diferir, aplazar (*postpone*); suspender. **4**. parar(se), detener(se); frenar. **5**. sostener, soportar. **6**. FIG mantener (*support*). **7**. alojarse, hospedarse. **8**. esperar (*wait*). **9**. NAUT virar. **10**. **(away)** ausentarse. **11**. **(in)** no salir, quedarse en casa *f*. **12**. **(on)** quedarse. **13**. **(out)** quedarse fuera (*also* FIG); quedarse hasta el final *m* (*film*, etc). **14**. **(over)** pasar la noche *f*. **15**. **(up)** no acostarse, velar. LOC **~-at-home** *adj* hogareño/a, casero/a. **~·ing power**, resistencia *f*. **To ~ one's hand**, contenerse. **To ~ one's hunger**, engañar el hambre *m*. **II**. *n* **1**. permanencia *f*, estancia *f*. **2**. JUR prórroga *f*; aplazamiento *m*, suspensión *f*. **3**. visita *f*. **4**. soporte *m*, sostén *m* (*also* ARQ). **5**. NAUT estay *m*. **6**. **~s** *pl* corsé *m*. **stay·er** ['steiə(r)] *n* caballo *m* de carreras *f/pl* de fondo *m*.

stead [sted] *n* utilidad *f*. LOC **In sb's/sth's ~**, en lugar *m* de alguien/algo. **To stand sb in good ~**, aprovechar a uno, ser útil a uno. **stead·fast** ['stedfa:st; US -fæst] *adj* **(in sth/to sb/sth)** firme, constante; fijo/a; estable. **stead·fast·ness** ['stedfa:stnis] *n* firmeza *f*, constancia *f*.

stead·i·ness ['stedinis] *n* **1**. firmeza *f*, constancia *f*. **2**. regularidad *f*. **3**. uniformidad *f*. **stead·y** ['stedi] **I**. *adj* (*comp* **-ier**, *sup* **-iest**) **1**. firme, constante, fijo/a. **2**. regular. **3**. uniforme. **4**. continuo/a, ininterrumpido/a. **5**. formal, sensato/a (*a person*). **6**. COM constante, en calma. **II**. *adv* **To go ~ with sb**, salir (con), tener relaciones *f/pl* (con). **III**. *n*. INFML novio/a formal. **IV**· *v* (*pret/pp* **stead·i·ed**) **1**. estabilizar. **2**. regularizar. **3**. sentar la cabeza *f*. **4**. calmar (*nerves*).

steak [steik] *n* bistec *m*, filete *m*. LOC **~ house**, restaurante *m* especializado en preparar bistecs *m/pl*.

steal [sti:l] **I**. *v* (*pret* **stole**, *pp* **stolen**) **1**. **(from sb/sth)** robar, hurtar. **2**. **(away)** escabullirse. **3**. **(in, out)** entrar/salir furtivamente. **II**. *n* **1**. US *col* robo *m*. **2**. US INFML ganga *f*.

stealth [stelθ] *n* sigilo *m*, cautela *f*. LOC **By ~**, furtivamente, a escondidas. **stealth·i·ness** ['stelθinis] *n* sigilo *m*, cautela *f*; clandestinidad *f*. **stealth·y** ['stelθi] *adj* (*comp* **-ier**, *sup* **-iest**) sigiloso/a; a escondidas.

steam [sti:m] **I**. *n* vapor *m*; vaho *m*. LOC **At full ~**, a todo vapor *m*. **To let off ~**, FIG desahogarse, desfogarse; TEC descargar vapor *m*. **II**. *v* **1**. echar vapor *m*; humear. **2**. limpiar/tratar con vapor *m*. **3**. despedir, arrojar. **4**. funcionar con vapor *m*. **5**. NAUT navegar; **(out)** zarpar. **6**. **(up)** empañar(se) (*window*). **7**. cocer al vapor *m* (*food*). **III**. *adj* de vapor *m*. LOC **~-boat**, NAUT buque *m* de vapor *m*. **~-engine**, TEC máquina *f* de vapor *m*. **~-roller**, **1**. *n* TEC apisonadora *f*. **2**. *v* allanar, apisonar (*also* FIG). **~-ship**, buque *m* de vapor *m*. **~-shovel**, excavadora *f*. **steam·er** ['sti:mə(r)] *n* NAUT buque *m* a vapor *m*; máquina *f* a vapor *m*. **steam·y** ['sti:mi] *adj* húmedo/a; lleno/a de vapor *m*; humeante; empañado/a.

stear·in(e) [stiəri(:)n] *n* QUIM estearina *f*.

steed [sti:d] *n* LIT corcel *m*.

steel [sti:l] **I**. *n* **1**. acero *m*. **2**. eslabón *m*, chaira *f* (*knife sharpener*). **3**. FIG firmeza *f*. **II**. *v* **1**. acerar. **2**. FIG fortalecer, endurecer. **III**. *adj* de acero *m*. LOC **~-clad**, revestido/a de acero *m*. **~ grey**, gris *m* metálico. **~ wool**, estropajo *m* de acero *m*. **~-yard**, romana *f* (*weighing machine*). **steel·y** ['sti:ly] *adj* **1**. acerado/a. **2**. FIG duro/a, inflexible.

steep [sti:p] **I**. *adj* (*comp* **-er**, *sup* **-est**) **1**. escarpado/a, empinado/a. **2**. FAM excesivo/a, exorbitante. **II**. *v* **1**. estar en remojo *m*; remojar. **2**. FIG impregnar, empapar: *He is well ~ed in Maths*, Sabe mucho de matemáticas. **steep·en** ['sti:pən] *v* poner/volver más empinado/a. **steep·ly** ['sti:pli] *adv* en pendiente. **steep·ness** ['sti:pnis] *n* inclinación *f*, pendiente *f*.

stee·ple ['sti:pl] *n* torre *f*, campanario *m*. LOC **~·chase**, carrera *f* de obstáculos *m/pl*. **~·jack**, reparador/ra de torres o chimeneas.

steer [stiə(r)] **I**. *v* **1**. conducir (*car*, etc); llevar el timón *m* (*boat*). **2**. encaminar, dirigir (*also* FIG). **3**. **(for)** dirigirse (a). LOC **To ~ clear of**, evitar. **II**. *n* ZOOL novillo *m*; buey *m*. **steer·age** ['stiəridʒ] *n* NAUT entrepuente *m*. LOC **~ way**, NAUT velocidad *f* mínima para gobernar. **steer·ing** ['stiəriŋ] *n* **1**. conducción *f*; NAUT gobierno *m*. **2**. dirección *f*. LOC **~ arm**, brazo *m* de dirección *f*. **~ column**, columna *f* de dirección *f*. **~ committee**, comité *m* de dirección *f*. **~ wheel**, volante *m* (*in a car*). **steers·man** ['stiəzmən] *n* (*pl* **-men** [-mən]) NAUT timonel *m*, timonero *m*.

stel·lar ['stelə(r)] *adj* ASTR estelar.

stem [stem] **I**. *n* **1**. BOT tronco *m*, tallo *m*. **2**. TEC vástago *m* (*rod*). **3**. MUS rabo *m* (*of a note*). **4**. GRAM radical *m*, tema *m*. **5**. cañón *m* (*of a feather; pipe*). **6**. NAUT roda *f*, tajamar *m*; proa *f*. **7**. pie *m* (*of a glass*). LOC **From ~ to stern**, de proa *f* a popa *f*. **II**. *v* **1**. contener, detener (*an attack; also* FIG). **2**. estancar, embalsar. **3**. **(from)** resultar (de), derivarse (de).

stench [stentʃ] *n* hedor *m*, peste *f*.

sten·cil ['stensl] **I**. *n* **1**. plantilla *f*, patrón *m*. **2**. cliché *m* (*for typing*); estarcido *m* (*for lettering*). **II**. *v* estarcir.

ste·no·graph·er [stə'nɔgrəfə(r)] *n* taquígrafo/a (*also* **shorthand-typist**; INFML *esp* US **steno** ['stenəu]). **ste·no·gra·phy** [stə'nɔgrəfi] *n* taquigrafía *f* (*also* **shorthand**).

step [step] **I**. *v* **(-pp-)** **1**. dar un paso *m*; ir, andar. **2**. pisar. **3**. **(aside)** hacerse a un lado *m*, apartarse. **4**. **(back)** echarse atrás, retroceder. **5**. **(down)** bajar; reducir; renunciar. **6**. **(in)** intervenir; entrar. **7**. **(into)** entrar, meterse, intervenir. **8**. **(on)** pisar. **9**. **(out)** apartarse; apretar el paso *m*; medir a pasos *m/pl* (*distance*). **10**. **(up)** ascender, subir; elevar, incrementar. **11**. escalonar. **12**. bailar. LOC **~·brother**, hermanastro *m*. **~-by-~**, gradual; progresivo/a. **~·child** (*pl* **~·children**), hijastro/a. **~·daughter**, hijastra *f*. **~-down**, reducción *f*; reductor/ra. **~·father**, padrastro *m*. **~ in!**, ¡adelante! **~·ladder**, escalera *f* de tijera. **~·mother**, madrastra *f*. **~ on it!**, FAM ¡date prisa! **~·sister**, hermanastra *f*. **~·son**, hijastro *m*. **~ this way!**, ¡pase por aquí! **II**. *n* **1**. paso *m* (*also* FIG). **2**. escalón *m*, peldaño *m* (*of stairs*); grada *f*. **3**. huella *f*; pisada *f*. **4**. estribo *m* (*of a vehicle*). **5**. FIG medida *f*, escalón *m* (*degree in scale*). **6**. **~s** *pl* escalinata *f*, escalera *f*; escalerilla *f* (*of a plane*). **7**. **~s** *pl* escalera *f* de tijera *f* (*~.ladder*). LOC **At every ~**, a cada paso *m*. **Flight of ~s**, tramo *m* (*of stairs*). **In ~**, llevando el paso *m*; FIG de acuerdo (con). **To keep in ~**, llevar el compás *m* (*dancing*). **To take ~s**, tomar medidas *f/pl*. **To watch one's ~**, ir con cuidado *m*. **step·ped** [stept] *adj* escalonado/a; gradual. **step·ping sto·ne** ['stepiŋstəun] *n* **1**. pasadera *f*. **2**. FIG trampolín *m*; escalón *m*.

step·pe [step] *n* estepa *f*.

ste·reo ['steriəu] **I.** *n* **1.** TEC equipo *m*/sonido *m* estereofónico. **2.** estereotipo *m* (*in printing*). **II.** *adj* **1.** TEC estereofónico/a. **2.** estereotipado/a (*in printing*). LOC **~·phon·ic**, estereofónico/a. **~·scope**, estereoscopio *m*. **~·scop·ic·(al)**, estereoscópico/a. **~·type**, estereotipo *m*, cliché *m* (*in printing; also* FIG); estereotipar (*also* FIG).

ster·ile ['sterail; US 'sterəl] *adj* estéril. **ster·il·ity** [stə'riləti] *n* esterilidad *f*. **ster·il·iz·ation, -s·ation** [ˌsterəlai'zeiʃn] *n* esterilización *f*. **ster·il·ize, -·ise** ['sterəlaiz] *v* esterilizar.

ster·ling ['stɜ:liŋ] **I.** *adj* **1.** (*abrev* **stg**) de libra *f* esterlina; esterlina. **2.** FIG excelente (*also for quality*). **3.** auténtico/a, verdadero/a. LOC **Pound ~**, libra *f* esterlina. **~ silver**, plata *f* de ley *f*. **The ~ area**, zona *f* de la libra *f* esterlina. **II.** *n* libra *f* esterlina (*British currency*).

stern [stɜ:n] **I.** *adj* (*comp* **-er**, *sup* **-est**) **1.** severo/a. **2.** austero/a. LOC **~·wards**, NAUT marcha *f* atrás. **II.** *n* **1.** NAUT popa *f*. **2.** FAM parte *f* trasera (*of a person*); cuarto *m* trasero (*of an animal*). **stern·ness** ['stɜ:nis] *n* **1.** severidad *f*. **2.** austeridad *f*.

ster·num ['stɜ:nəm] *n* (*pl* **-s** *or* **sterna**) ANAT esternón *m*.

ster·tor·ous ['stɜ:tərəs] *adj* ANAT, MED estertóreo/a.

stet [stet] *v* (**-tt-**) dar/valer como válido (lo tachado).

steth·o·sco·pe ['steθəskəup] *n* estetoscopio *m*.

steve·dore ['sti:vədɔ:(r)] *n* NAUT estibador *m*.

stew [stju:; US stu:] **I.** *v* **1.** cocer a fuego *m* lento, guisar, estofar (*meat*). **2.** INFML pasar calor *m*, cocer(se). **3.** FAM, FIG pasar apuros *m/pl*, estar en ascuas *f/pl*. **II.** *n* **1.** guisado *m*, estofado *m*. **2.** FAM, FIG preocupación *f*, apuro *m*. LOC **~·pan/~·pot**, cacerola *f*, cazuela *f*. **To be in a ~**, estar en un apuro *m*/lío *m*. **stew·ed** [stju:d] *adj col* bebido/a.

ste·ward [stjuəd; US 'stu:ərd] *n* **1.** mayoral *m*; mayordomo *m*. **2.** administrador/ra. **3.** camarero *m* (*on a ship, plane,* etc). **4.** AER auxiliar *m* de vuelo *m*. **ste·ward·ess** ['stju:ədes] *n* camarera *f* (*on a ship, plane,* etc); AER azafata *f*.

stick [stik] **I.** *n* **1.** trozo *m* de madera *f*. **2.** estaca *f*, palo *m*, vara *f*; porra *f*; garrote *m*; bastón *m* (*walking*). **3.** barra *f* (*wax, soap, chewing gum,* etc). **4.** stick *m*, palo *m* (*in hockey*). **5.** **~s** *pl* leña *f*, astillas *f/pl* (*to make fire*). LOC **Old ~**, FAM tío/a. **Poor ~**, INFML desgraciado/a. **~-in-the-mud**, INFML persona *f* chapada a la antigua; aguafiestas *m/f*. **~·pin**, alfiler *m* de corbata *f*. **~-up**, US robo *m* a mano *f* armada. **To be in a cleft ~**, FIG estar entre la espada *f* y la pared *f*. **To take a lot of ~s**, aguantar. **II.** *v* (*pret/pp* **stuck**) **1.** clavar(se); adherir(se), pegar(se), encolar (*gum,* etc). **2.** fijar, sujetar (*with tacks*). **3.** hincar, clavar (*bayonet, knife*); estar prendido/a (*with pins*). **4.** atrancarse, bloquearse; atascarse (*a machine*); quedar(se) parado/a, pararse. **5.** FAM poner, colocar, meter (*put*). **6.** permanecer, quedarse (*stay*). **7.** picar (*pierce*). **8.** apuñalar (*a person*). **9.** degollar (*an animal*). **10.** **(around)** quedarse. **11.** **(at)** seguir (con); tropezar; vacilar. **12.** **(by)** ser fiel (*friend*). **13.** **(down)** encolar, pegar. **14.** **(on)** pegar(se). **15.** **(out)** asomar; sacar; sobresalir; aguantar; FIG asomar la cabeza, ser evidente; **(out for)** insistir (en), obstinarse (en); FIG verse a la legua *f*, ser evidente. **16.** **(to)** ser fiel (a) (*friend*); aferrarse (a); atenerse (a); cumplir (con); ceñirse, seguir de cerca. **17.** **(together)** no separarse (*person*). **18.** **(up)** (sobre)salir; fijar (*poster*); erizarse (*hair*); *col* atracar (*rob*). LOC **~'em up!**, ¡manos *f/pl* arriba! **To ~ at nothing**, no tener escrúpulos *m/pl*. **To ~ fast**, quedarse clavado/a. **To ~ up for**, FAM defender. **To ~ sth out**, aguantar hasta el final *m*. **stick·er** ['stikə(r)] *n* **1.** etiqueta *f* adhesiva. **2.** FAM persona *f* tenaz. **stick·i·ness** ['stikinis] *n* **1.** adherencia *f*. **2.** pegajosidad *f*. **3.** viscosidad *f*. **stick·ing** ['stikiŋ] *adj* adhesivo/a, engomado/a. LOC **-plaster** (*also* **plaster**; US **adhesive plaster**), esparadrapo *m*. **stick·y** ['stiki] *adj* (*comp* **-ier**, *sup* **-iest**) **1.** pegajoso/a. **2.** adhesivo/a, engomado/a. **3.** FAM quisquilloso/a. **4.** obstinado/a. **5.** difícil. LOC **To come to a bad/~ end**, acabar mal.

stick·le·back ['stiklbæk] *n* ZOOL picón *m*, espinoso *m* (*fish*).

stick·ler ['stiklə(r)] *n* **1.** **(for sth)** rigorista *m/f* (*person*). **2.** FAM rompecabezas *m*.

stiff [stif] **I.** *adj* (*comp* **-er**, *sup* **-est**) **1.** rígido/a, tieso/a. **2.** almidonado/a, duro/a (*cuffs, collar,* etc). **3.** espeso/a (*paste*). **4.** empinado/a. **5.** MED entumecido/a (*a limb*); anquilosado/a (*numb*). **6.** fuerte (*wind*). **7.** alto/a, subido/a (*price*). **8.** FIG envarado/a; estirado/a (*manner*). **9.** duro/a, difícil (*difficult*); reñido/a. **10.** borracho/a (*drunk*). LOC **~-necked**, FIG obstinado/a, terco/a. **~ with cold**, aterido/a de frío *m*. **II.** *adv* INFML **To be bored ~**, estar muy aburrido/a. **To be scared ~**, estar muerto/a de miedo *m*. **III.** *n* **1.** *col* cadáver *m*, fiambre *m* (*corpse*). **2.** vagabundo/a. **3.** persona *f* cansada. **stif·fen** ['stifn] *v* **1.** poner rígido/a, atiesar. **2.** endurecer(se). **3.** MED anquilosarse; entumecerse. **4.** FIG volverse más duro/a, fortalecer. **stif·fen·er** ['stifnə(r)] *n* refuerzo *m*. **stiff·ness** ['stifnis] *n* **1.** rigidez *f*. **2.** dureza *f*. **3.** MED anquilosamiento *m*; entumecimiento *m*. **4.** FIG dificultad *f*.

sti·fle ['staifl] **I.** *v* **1.** ahogar(se), sofocar(se). **2.** contener (*cough*). **3.** reprimir, sofocar; suprimir (*also* FIG). **II.** *n* babilla *f* (*in veterinary medicine*). **sti·fling** ['staifliŋ] *adj* bochornoso/a; sofocante.

stig·ma ['stigmə] *n* estigma *m*. **stig·mat·ize, -t·ise** [-taiz] *v* estigmatizar.

stile [stail] *n* **1.** montante *m* (*of a door*). **2.** escalera *f* para pasar por encima de un cerca *f*.

sti·let·to [sti'letəu] *n* (*pl* **-s** [təuz]) punzón; estilete *m*. LOC **~ heel**, tacón *m* de aguja *f* (*on woman's shoe*).

still [stil] **I.** *adj* (*comp* **-er**, *sup* **-est**) **1**. tranquilo/a, sosegado/a. **2**. silencioso/a. **3**. quieto/a, inmóvil (POET *also* **~·y**). **4**. no espumoso/a (*wine*); no gaseoso/a (*drinks*). LOC **~ birth**, nacimiento *m* de un niño/a muerto/a. **~·born**, nacido/a muerto/a. **~ life**, ART bodegón *m*. **II.** *adv* aún, todavía. LOC **To stand ~**, estarse quieto/a. **~ more**, más aún. **III.** *n* **1**. tranquilidad *f*, sosiego *m*, calma *f*. **2**. fotografía *f*, vista *f* fija (*in cinema*). **3**. alambique *m*; destilería *f*. **IV.** conj no obstante, sin embargo, con todo. **V.** *v* **1**. tranquilizar, sosegar, calmar. **2**. (hacer) callar; aplacar. **still·ness** ['stilnis] *n* **1**. tranquilidad *f*, sosiego *m*, clama *f*. **2**. quietud *f*, inmovilidad *f*.

stilt [stilt] *n* zanco *m*. **stilt·ed** ['stilid] *adj* **1**. peraltado/a. **2**. FIG pomposo/a, hinchado/a; afectado/a.

stim·ul·ant ['stimjulənt] *n/adj* estimulante *m*. **stim·ul·ate** ['stimjuleit] *v* **(to)** estimular; actuar/servir como estimulante *m*. **stim·ul·at·ing** ['stimjuleitiŋ] *adj* estimulante. **stim·ul·ation** [,stimju'leiʃn] *n* estímulo *m*. **stim·ul·at·ive** ['stimjulətiv] *adj* estimulante; estimulador/ra.

stim·u·lus ['stimjuləs] *n* (*pl* **-li** [-lai]) **(to)** estímulo *m*.

sting [stiŋ] **I.** *n* **1**. ZOOL aguijón *m* (*wasps, bees*). **2**. BOT urticaria *f*. **3**. picadura *f*. **4**. escozor *m*. **5**. FIG punzada *f*. **II.** *v* (*pret/pp* **stung**) **1**. picar; punzar. **2**. escocer, picar. **3**. FAM clavar (*overcharge*). LOC **~·ing-nettle** (*also* **nettle**), BOT ortiga *f*. **sting·er** ['stiŋə(r)] *n* INFML pulla *f* (*painful blow*).

stin·gi·ly ['stindʒili] *adv* tacañamente. **stin·gi·ness** ['stindʒinis] *n* **1**. tacañería *f*. **2**. escasez *f*. **stin·gy** ['stindʒi] *adj* **1**. tacaño/a. **2**. escaso/a.

stink [stiŋk] **I.** *v* (*pret* **stank** [stæŋk], *or* **stunk** [stʌŋk]; *pp* **stunk**) INFML **1**. **(of)** oler mal, heder, apestar (*also* FIG). **2**. FIG ser horrible. LOC **To ~ of/with (money)**, FAM tener tanto dinero *m* que da asco *m*. **II.** *n* mal olor *m*, hedor *m*. LOC **~-bomb**, bomba *f* fétida. **stink·er** ['stiŋkə(r)] *n col* mala persona *f*; sinvergüenza *m/f*. **stink·ing** ['stiŋkiŋ] *adj* **1**. apestoso/a, hediondo/a. **2**. FAM asqueroso/a.

stint [stint] **I.** *v* **(on sth; sb/oneself of sth)** **1**. restringir, limitar; estrecharse. **2**. escatimar. **3**. privar. **II.** *n* **1**. restricción *f*, límite *m*. **2**. trabajo *m*, tarea *f*. **3**. destajo *m* (*work*).

sti·pend ['staipend] *n* remuneración *f*, estipendio *m*. **sti·pend·i·ary** [stai'pendiəri; US -diəri] *adj* asalariado/a, remunerado/a.

stip·ple ['stipl] *v* granear, puntear.

stip·ul·ate ['stipjuleit] *v* estipular. **stip·ul·ation** [,stipju'leiʃn] *n* estipulación *f*.

stir [stɜ:(r)] **I.** *v* **(-rr-)** **1**. **(with)** (re)mover (*coffee, tea*). **2**. agitar, mover; mezclar; revolver. **3**. avivar, atizar (*fire*). **4**. menearse, moverse. **5**. FIG animar, incitar; provocar; excitar (*imagination*). **6**. **(up)** (re)mover (*liquid*); armar, provocar; fomentar (*revolt, discord*); excitar (*passions*). LOC **Nobody ~·red**, nadie se movía. **II.** *n* **1**. movimiento *m*; meneo *m*. **2**. FIG alboroto *m*, agitación *f*. **3**. emoción *f*, conmoción *f*. **4**. gran impresión *f*/interés *m*. **5**. *col* cárcel *f*, chirona *f*. LOC **To cause a ~**, causar una sensación *f*. **stir·rer** ['stɜ:rə(r)] *n* QUIM agitador *m* (INFML *also* FIG, of a person). **stir·ring** ['stɜ:riŋ] *adj* revoltoso/a, bullicioso/a; conmovedor/ra; sensacional; emocionante.

stir·rup ['stirəp] *n* estribo *m*. LOC **~-cup**, espuela *f* (*drink of wine*). **~-pump**, bomba *f* pequeña de mano *f* (*for water*).

stitch [stitʃ] **I.** *n* **1**. puntada *f*; punto *m*. **2**. MED punto *m* de sutura *f*. LOC **To be in ~·es**, partirse/desternillarse de risa *f*. **II.** *v* **1**. coser; hilvanar. **2**. MED suturar.

stoat [stəut] *n* ZOOL armiño *m* (*animal*).

stock [stɔk] **I.** *n* **1**. COM stock *m*, reservas *f/pl*, existencias *f/pl*; depósito *m*; surtido *m*. **2**. COM capital *m*. **3**. COM **~s** *pl* valores *m/pl*, acciones *f/pl*. **4**. familia *f*, linaje *m*, estirpe *m*; raza *f*. **5**. AGR ganado *m* (*live.~*). **6**. AGR apero *m*. **7**. BOT tronco *m* (*of tree*); tocón *m*; cepa *f* (*of wine*). **8**. BOT alhelí *m* (*flower*). **9**. patrón *m* (*in grafting*). **10**. mango *m* (*of a whip, tool*). **11**. culata *f*, caja *f* (*of gun*). **12**. TEATR repertorio *m*. **13**. **~s** *pl* NAUT astillero *m*. **14**. **~s** cepo *m*, picota *f* (*punishment*). LOC **In ~**, en existencia *f*, en almacén *m*. **On the ~s**, NAUT en vía *f* de construcción *f*. **Out of ~**, agotado/a. **Surplus ~**, excedentes *m/pl*. **To take ~**, hacer el inventario *m*. **To take ~ of**, FIG evaluar examinar. **II.** *adj* **1**. en existencia *f/pl*. **2**. de serie *f*, corriente, normal; acostumbrado/a. **3**. clásico/a. **4**. TEATR del repertorio *m*. **III.** *v* **1**. abastecer, proveer. **2**. tener en el almacén *m*. **3**. **(up)** acumular; almacenar. **4**. poblar (*with trees, fish*, etc). **5**. FIG enriquecer. **stock·ist** ['stɔkist] *n* COM depositario/a; distribuidor/ra.

stock..., **~-breeder**, *n* AGR ganadero/a. **~-broker** (*also* **broker**), *n* COM agente *m/f*/ corredor *m/f* de bolsa *f*. **~-car**, *n* vagón *m* de ganado *m*. **~ company**, *n* TEATR compañía *f* de repertorio *m*; COM sociedad *f* anónima. **~ exchange**, *n* COM bolsa *f*. **~-holder**, *n* accionista *m/f*. **~-in-trade**, *n* existencias *f/pl*. **~-jobber**, *n* agiotista *m/f*. **~-jobbing**, *n* agiotaje *m*. **~-pile**, *n* reservas *f/pl*; *v* acumular. **~ split** (*also* **~ divided**), *n* reparto *m* gratuito de acciones *f/pl*. **~-pot**, *n* marmita *f*, olla *f*. **~-still**, *adj* totalmente inmóvil. **~-taking**, *n* inventario *m*. **~-yard**, *n* corral *m* de ganado *m*.

stock·ade [stɔ'keid] **I.** *n* vallado *m*; empalizada *f*. **II.** *v* vallar; empalizar.

stoc·ki·net (*also* **stockinette**) [,stɔki'net] *n* tejido *m*/tela *f* de punto *m*.

stock·ing ['stɔkiŋ] *n* **1**. media *f*. **2**. calceta *f*; calcetín *m*.

stock·y [stɔki] *adj* (*comp* **-ier**, *sup* **-iest**) rechoncho/a, regordete.

stodge [stɔdʒ] **I.** *n* INFML comida *f* indigesta. **II.** *v* **1.** abarrotar. **2.** FAM atiborrarse (*with food*). **stodg·y** ['stɔdʒi] *adj* (*comp* **-ier**, *sup* **-iest**) FAM pesado/a, indigesto/a (*also* FIG).

sto·ic ['stəuik] *n/adj* estoico/a. **sto·ic·al** ['stəuikl] (*also* **stoic**) *adj* estoico/a. **sto·ic·ism** ['stəuisizəm] *n* estoicismo *m*.

stoke [stəuk] *v* **1.** cebar, cargar, alimentar (*boiler, fire*); echar carbón *m*; avivar, atizar (*fire*). **2.** FIG cebar. LOC **~·hole** (*also* **~·hold**), NAUT sala *f* de máquinas *f/pl*. **stok·er** ['stəukə(r)] *n* fogonero/a.

stole [stəul] **I.** *n* estola *f* (*women's garment*). **II.** *v pret of* **steal**. **stol·en** *pp of* **steal**.

stol·id ['stɔlid] *adj* imperturbable, impasible. **sto·lid·ity** [stə'lidəti] (*also* **stolidness**) *n* imperturbabilidad *f*, impasibilidad *f*.

stom·ach ['stʌmək] **I.** *n* **1.** ANAT estómago *m*; barriga *f*, vientre *m*. **2.** FIG deseo *m*, ganas *f/pl*, apetito *m*. LOC **~-ache**, dolor *m* de estómago *m*. **~-pump**, MED bomba *f* gástrica. **To turn one's ~**, revolvérsele el estómago *m* a uno. **II.** *v* FIG aguantar, soportar. **stom·ach·er** ['stʌməkə(r)] *n* peto *m*. **stom·ach·ic** ['stʌməkik] *n/adj* MED estomacal *m*, digestivo/a *m*.

stomp [stɔmp] *v* (**about**, **around**, **off**) pisar muy fuerte.

stone [stəun] **I.** *n* **1.** piedra *f*. **2.** MED cálculo *m*. **3.** lápida *f* (*on graves*). **4.** hueso *m* (*of fruit*). **5.** peso *m* que equivale a 14 libras *f/pl*. **6.** granizo *m*. **7.** (*also* **precious ~**) piedra *f* preciosa. LOC **Pumice ~**, piedra *f* pómez. **To kill two birds with one ~**, matar dos pájaros *m/pl* de un tiro *m*. **Within a ~'s throw**, muy cerca. **II.** *adj* de piedra *f*. **III.** *v* **1.** apedrear, lapidar. **2.** quitar el hueso *m* (*of fruit*). **ston·ed** [stəund] *adj col* **1.** borracho/a. **2.** drogado/a, narcotizado/a. **ston·y** ['stəuni] *adj* (*comp* **-ier**, *sup* **-iest**) **1.** pedregoso/a (*full of ~s*). **2.** de piedra *f*, pétreo/a (*like ~; also* FIG). **3.** glacial, frío/a. **4.** empedernido/a (*heart*). LOC **Flat/~ broke**, sin un centavo *m*, sin blanca *f*.

stone..., **~ Age**, *n* Edad *f* de Piedra *f*. **~-blind**, *adj* completamente ciego/a. **~-broke**, *adj* sin un centavo *m*, sin blanca *f*. **~-cold**, *adj* frío/a, helado/a. **~-dead**, *adj* muerto/a, tieso/a. **~-deaf**, *adj* sordo/a como una tapia *f*. **~-fruit**, *n* fruta *f* de hueso *m*. **~·mason**, *n* picapedrero *m*, cantero *m*; albañil *m*. **~ pit/~ quarry**, *n* cantera *f*. **~·wall**, *v* DEP, FIG jugar a la defensiva *f*. **~·walling**, *n* DEP, FIG táctica *f* defensiva. **~·ware**, *n* gres *m* (*clay*). **~·work**, *n* construcción *f* de piedra *f*.

stood *pret/pp of* **stand**.

stooge [stu:dʒ] **I.** *n* **1.** TEATR compañero/a; comparsa *f*. **2.** partidario/a, secuaz *m/f*. **3.** hombre *m* de paja *f*, paniaguado/a. **II.** *v* (**for sb**) actuar como comparsa u hombre de paja.

stool [stu:l] *n* **1.** banquillo *m*, taburete *m*. **2.** escabel *m* (*foot.~*). **3.** BOT pie *m*, planta *f* madre *f*. **4.** silla *f* de tijera *f*. (*folding*). **5.** deposición *f*, evacuación *f*. LOC **~-pigeon**, FAM soplón/na, chivato/a; reclamo *m* (*for birds*). **To fall between two ~s**, no conseguir ni una cosa *f* ni la otra.

stoop [stu:p] **I.** *v* **1.** (**down**) agachar(se), inclinar(se), encorvar(se). **2.** ser cargado/a de espaldas *f/pl*. **3.** FIG rebajarse. **II.** *n* **1.** inclinación *f*. **2.** espaldas *f/pl* encorvadas. **3.** ARQ pórtico *m*; escalinata *f* de entrada *f*.

stop [stɔp] **I.** *v* (**-pp-**) **1.** parar(se), paralizar (se), detener(se); interrumpir, cortar (*supply*); poner fin *m*. **2.** dejar (de); impedir. **3.** evitar. **4.** (**up**) cegar, tapar; obturar; rellenar; empastar (*tooth*). **5.** suprimir(se), suspender(se) (*pay*). **6.** prohibir(se). **7.** (**at**) vivir, alojarse; quedarse, hospedarse (*stay*). **8.** *~ ger*, dejar (de). **9.** (**away**) no venir. **10.** (**in**) quedarse en casa *f*, no salir. **11.** (**off**) detenerse un rato *m* (*during a journey*). **12.** (**over**) pasar la noche *f*. LOC **~ it!**, ¡ya está bien! **To ~ at nothing**, no pararse en barreras *f/pl*. **To ~ dead/short**, pararse en seco. **To ~ sb talking**, impedirle a uno hablar. **To ~ sb going**, prohibirle a uno ir. **II.** *n* **1.** parada *f*; detención *f*; alto *m*. **2.** interrupción *f*; pausa *f*. **3.** TEC tope *m* (*of a mechanism*). **4.** MUS llave *f* (*saxophone*, etc); registro *m* (*of an organ*). **5.** stop *m*, fin *m*, punto *m* (*in a telegram*). **6.** GRAM punto *m*. LOC **To be at a ~**, estar parado/a. **To come to a ~**, pararse. **To put a ~ to**, poner fin *m* (a). **stop·per** ['stɔpə(r)] **I.** *n* **1.** tapón *m*. **2.** TEC tope *m*; taco *m*. **3.** obturador *m*. LOC **~ circuit**, TEC circuito *m* anti-resonante (*in a radio*). **To put a ~**, poner tope *m* (a). **stop·ping** ['stɔpiŋ] *n* **1.** alto *m*, parada *f*. **2.** suspensión *f*. **3.** MED empaste *m* (*tooth*).

stop..., **~·cock**, *n* llave *f* de paso *m*. **~·gap**, *n* recurso *m* transitorio; sustituto/a (*person*). **~·light**, *n* luz *f* de frenado *m*. **~-off/~-over**, *n* parada *f*; escala *f*. **~-page**, *n* paro *m*, parada *f*; huelga *f*; detención *f*; suspensión *f*; obstrucción *f*. **~-press** (**news**), *n* noticias *f/pl* de última hora *f*. **~-watch**, *n* cronómetro *m*.

stor·age ['stɔ:ridʒ] *n* **1.** almacenaje *m*, almacenamiento *m*. **2.** almacén *m*, depósito *m*. LOC **~ battery**, batería *f*, acumulador *m*.

store [stɔ:(r)] **I.** *n* **1.** provisión *f*. (*reserve*). **2.** depósito *m*, almacén *m* (*warehouse*); grandes almacenes *m/pl*. **3.** tienda *f* (*shop*). **4.** repuesto *m*, reserva *f* (*also* FIG). **5.** **~s** *pl* víveres *m/pl*, provisiones *f/pl* (*supplies*). **6.** MIL pertrechos *m/pl*. LOC **In ~**, en reserva *f*, en almacén *m*. **To hold in ~**, guardar/reservar (para). **To put/set great ~ by**, valorar en mucho. **II.** *v* **1.** (**away**) guardar, almacenar, tener en reserva *f*; archivar (*documents*). **2.** suministrar, abastecer. **3.** (**up**) acumular, almacenar. LOC **~·house**, depósito *m*, almacén *m*; FIG tesoro *m*, mina *f*. **~·keeper**, almacenista *m/f*; US tendero/a; NAUT pañolero/a. **~·room**, almacén *m*, despensa *f*; NAUT pañol *m*.

sto·rey ['stɔ:ri] (US **story**) Br piso *m*.

stork [stɔ:k] *n* ZOOL cigüeña *f*.

storm [stɔ:m] I. *n* tormenta *f*; borrasca *f*; temporal *m*, tempestad *f*. LOC **A ~ in a teacup**, mucho ruido *m* y pocas nueces *f/pl*. **~ belt**, zona *f* de tormentas *f/pl*. **~ cloud**, nubarrón *m*. **~ signal**, señal *f* de temporal *m*. **~ troops**, MIL tropas *f/pl* de asalto *m*. **To take by ~**, tomar por asalto *m*. II. *v* **1**. tronar, haber tormenta *f*. **2**. MIL tomar por asalto *m*, asaltar. **3**. FIG rabiar, echar pestes *f/pl* (*with anger*). **storm·y** ['stɔ:mi] *adj* borrascoso/a, tempestuoso/a; agitado/a (*also* FIG).

sto·ry ['stɔ:ri] *n* **1**. (**about**, **of**) cuento *m*; historia *f*; relato *m*. **2**. trama *f*, argumento *m* (*book, play, film*, etc). **3**. anécdota *f*; chiste *m* (*joke*). **4**. embuste *m*, mentira *f*. **5**. rumor *m*. **6**. US planta *f*, piso *m* (Br **storey**). LOC **~-book**, libro *n* de cuentos *m/pl*. **~-teller**, autor/ra de cuentos, cuentista *m/f*; FAM mentiroso/a, embustero/a. **sto·ri·ed** (*also* **sto·rey·ed**) ['stɔ:rid] *adj* de pisos *m/pl*: *A 6 storied building*, Un edificio de seis pisos.

stoup [stu:p] *n* REL pila *f* para el agua *m* bendita.

stout [staut] I. *adj* **1**. fuerte; corpulento/a; robusto/a. **2**. macizo/a, sólido/a. **3**. valiente (*brave*). **4**. decidido/a; resuelto/a. LOC **~-hearted**, valiente. II. *n* cerveza *f* negra fuerte. **stout·ness** ['stautnis] *n* **1**. fortaleza *f*; corpulencia *f*; robustez *f*. **2**. solidez *f*. **3**. valor *m*. **4**. decisión *f*.

stove [stəuv] I. *n* estufa *f*. **2**. cocina *f*; hornillo *m*; horno *m*. II. *v pret/pp of* **stave**. LOC **~-pipe**, FAM chistera *f* (*hat*); tubo *m* de estufa *f*.

stow [stəu] *v* **1**. almacenar; meter. **2**. NAUT arrumar, estibar. **3**. esconder. **4**. (**away**) guardar; viajar de polizón *m*. **stow·age** ['stəuidʒ] *n* **1**. NAUT arrumaje *m*, estiba *f*. **2**. almacén *m*; depósito *m*; bodega *f*. **stow·a·way** ['stəuəwei] *n* polizón *m*.

strad·dle ['strædl] *v* **1**. esparrancarse, estar con una pierna *f* en cada lado *m*. **2**. montar/sentarse a horcajadas *f/pl* (*a horse*). **3**. MIL encuadrar (*a target*). **4**. cruzar, pasar por encima.

strafe [stra:f, streif] *v* MIL bombardear.

strag·gle ['strægl] *v* **1**. rezagarse. **2**. dispersarse; desparramarse. **3**. extraviarse; vagar. **strag·gler** ['stæglə(r)] *n* extraviado/a; rezagado/a. **strag·gling** ['stæglıŋ] *adj* rezagado/a; extraviado/a; disperso/a; desordenado/a.

straight [streit] I. *adj* **1**. recto/a, derecho/a. **2**. liso/a; lacio/a (*hair*). **3**. erguido/a (*erect*). **4**. justo/a; honrado/a (*honest, fair*). **5**. impasible; serio/a (*serious*); sincero/a. **6**. franco/a, claro/a, directo/a (*repay, answer*, etc). **7**. puro/a, sin mezcla *f* (*drink*). **8**. auténtico/a. **9**. bien puesto/a/colocado/a. **10**. TEC con los cilindros *m/pl* en línea *f*. LOC **~-edge**, regla *f*. **~ fight**, campaña *f* electoral de dos candidatos *m/pl*. **~-forward**, sincero/a, franco/a, honrado/a; claro/a, sencillo/a. **~-out**, franco/a, sincero/a; cabal; completo/a. **~-way**, inmediatamente, en seguida. **To have a ~ eye**, tener buena vista *f*. **To put/set ~**, corregir; curar; poner en orden *m*, arreglar. II. *adv* **1**. en línea *f* recta, derecho/a. **2**. francamente, sinceramente. **3**. correctamente. LOC **~ ahead/on**, todo seguido/recto. **~ away**, en seguida. **~ off**, inmediatamente; de un tirón *m*; sin interrupción *f*. **~ out**, sin rodeos *m/pl*. **To go ~**, enmendarse (*after leading a life of crime*). III. *n* recta *f*; línea *f* recta. **straight·en** [streitn] *v* **1**. (**up**) poner(se) derecho/a, enderezar(se). **2**. ordenar (*tidy up*). **3**. estirar (*hair*). **4**. (**out**) FIG arreglar(se). **straight·ness** ['streitnis] *n* rectitud *f*.

strain [strein] I. *v* **1**. tensar, poner tirante, estirar. **2**. encorvar; torcer (*twist; also* MED *a limb, muscle*). **3**. cansar (*one's eyes*); agotar. **4**. forzar. **5**. colar; filtrar (*filter*); tamizar. **6**. TEC forzar. **7**. (**after**) hacer un gran esfuerzo *m*, esforzarse. **8**. (**at**) tirar (de). LOC **To ~ oneself**, agotarse. II. *n* **1**. tendencia *f*, vena *f* (*of madness*). **2**. estilo *m*, tono *m*. **3**. presión *f*; tensión *f*; tirantez *f* (*also* FIG). **4**. TEC deformación *f*. **5**. (un gran) esfuerzo *m*. **6**. MED torsión *f*, torcedura *f* (*twisting*); agotamiento *m* (*state of anxiety, exhaustion*, etc). **7**. **~s** *pl* POET acentos *m/pl*. **8**. **~s** *pl* MUS compases *m/pl*, acordes *m/pl*, son *m*; sonidos *m/pl* lejanos. LOC **A great ~**, un gran esfuerzo *m*. **strain·ed** [streind] *adj* tenso/a, muy tirante (*also* FIG). **strain·er** ['streinə(r)] *n* **1**. colador *m* (*device for ~.ing liquids*). **2**. filtro *m*.

strait [streit] *n* **1**. estrecho *m* (*also* GEOG). **2**. FIG **~s** *pl* apuro *m*, aprieto *m*, estrecheces *f/pl* LOC **In dire ~**, en gran aprieto *m*. **~-jacket**, camisa *f* de fuerza *f*. **~-laced**, remilgado/a; gazmoño/a. **strait·en** [-n] *v* estrechar. **strait·en·ed** [streitnd] *adj* tenso/a, muy tirante. LOC **To be in ~ circumstances**, estar muy apurado/a.

strand [strænd] I. *n* **1**. POET costa *f*, playa *f*; ribera *f*, orilla *f*. **2**. cable *m*. **3**. ramal *m*. **4**. hilo *m*, hebra *f*. **5**. pelo *m* (*hair*). II. *v* **1**. NAUT hacer encallar, vallar. **2**. FIG dejar desamparado/a.

strange [streindʒ] *adj* (*comp* **-r**, *sup* **-st**) **1**. desconocido/a (*person*). **2**. raro/a, extraño/a; peregrino/a. **3**. inesperado/a. **4**. nuevo/a. LOC **~ to relate/say**, aunque parezca extraño. **strange·ly** ['streindʒli] *adv* extrañamente. **strange·ness** ['streindʒnis] *n* extrañeza *f*; novedad *f*; rareza *f*. **strang·er** ['streingʒə(r)] *n* desconocido/a; extranjero/a; forastero/a. LOC **To be no ~ to**, conocer bien.

stran·gle ['stræŋgl] *v* estrangular(se). **2**. FIG sofocar(se), ahogar(se). **stran·gle·hold** ['stræŋglhəuld] *n* **1**. FIG dominio *m* completo. **2**. DEP collar *m* de fuerza *f*. LOC **To have a ~ on sth**, dominar algo completamente. **stran·gler** ['stræŋglə(r)] *n* estrangulador/ra. **stran·gling** ['stræŋglıŋ] *n* estrangulación *f*.

stran·gul·ate ['stræŋgjuleit] *v* MED estrangular. **stran·gul·ation** [,stræŋgjuleiʃn] *n* estrangulamiento *m*, estrangulación *f* (*also* MED).

strap [stræp] I. *n* **1**. tira *f*, correa *f* (*belt*); banda *f*; tirante *m* (*of a dress*). **2**. abrazadera *f*. LOC **~-hanger**, persona *f* que viaja de pie *m*. **II**. *v* **1**. azotar (*beat*). **2**. atar con correa *f*. **3**. MED vendar. **strap·less** ['stræplis] *adj* sin tirantes *m/pl*. **strap·ping** ['stræpiŋ] *adj* FAM fuerte, fornido/a, robusto/a.

stra·ta *pl of* **stratum**.

stra·ta·gem ['strætədʒəm] *n* estratagema *f*.

stra·teg·ic(·al) [strə'tidʒik(l)] *adj* estratégico/a. **stra·teg·ist** ['strætədʒist] *n* estratega *m/f* (*esp* MIL). **strat·e·gy** ['strætədʒi] *n* estrategia *f*.

stra·ti·fic·ation [,strætifi'keiʃn] *n* estratificación *f*. **strat·i·fy** ['strætifai] *v* estratificar(se).

stra·to·cu·mu·lus [,strætəu'kju:mjuləs] *n* estratocúmulo *m*.

stra·to·cru·is·er ['strætəukru:zə(r)] *n* AER avión *m* estratosférico.

stra·to·sphere ['strætəsfiə(r)] *n* estratosfera *f*.

stra·tum ['stra:təm; US 'streitəm] *n* (*pl* **strata**) estrato *m*, capa *f*.

straw [strɔ:] **I**. *n* **1**. paja *f*. **2**. caña *f*, pajita *f* (*for drinking*). LOC **It's the last ~!**, ¡es el colmo! **It's the last ~ that breaks the camel's back**, es la gota *f* que colma el vaso *m*. **II**. *adj* **1**. de paja *f*. **2**. pajizo/a (*colour*). LOC **~-coloured**, de color *m* paja *f*, pajizo/a. **~ hat**, sombrero *m* de paja *f*. **~ man**, hombre *m* de paja *f*. **~ poll** (*also* **~ vote**), US sondeo *m*.

straw·ber·ry ['strɔ:bri; US -beri] *n* **1**. BOT fresa *m*, fresón *m*. **2**. color *m* fresa. LOC **~ bed**, fresal *m*. **~ mark**, antojo *m*.

stray [strei] **I**. *v* **1**. **(from)** apartarse (de), desviarse (de). **2**. perderse, extraviarse. **3**. descarriarse. **II**. *adj* **1**. apartado/a, desviado/a. **2**. perdido/a (*bullet, animal*); extraviado/a. **3**. aislado/a (*house*). **4**. descarriado/a (*morally*); errante. **III**. *n* **1**. animal *m* perdido/a/extraviado/a. **2**. gato/a/perro/a callejero/a. **3**. niño/a abandonado/a.

streak [stri:k] **I**. *n* **(of sth) 1**. línea *f*, lista *f*, raya *f*. **2**. señal *f*. **3**. racha *f* (*luck*, etc). **4**. vena *f* (*of genious, madness*). LOC **~ of lightning**, rayo *m*. **II**. *v* **1**. listar, rayar. **2**. correr muy deprisa, pasar como una flecha *f*; correr desnudo en público. **streak·er** ['stri:kə(r)] *n* corredor/ra desnudo/a. **streak·y** ['stri:ki] *adj* (*comp* **-ier**, *sup* **-iest**) **1**. listado/a, rayado/a. **2**. veteado/a. **3**. entreverado/a (*bacon*). **4**. con suerte *f* (*shot*).

stream [stri:m] **I**. *n* **1**. río *m*; riachuelo *m*, arroyo *m* (*small river*). **2**. chorro *m*; torrente *m* (*of lava, tears*); flujo *m*. **3**. FIG riada *f*, torrente *m*, oleada *f*. LOC **Against the ~**, a contracorriente *f*. **On ~**, en marcha *f*. **To go with the ~**, seguir la corriente *f*. **II**. *v* **1**. derramar; fluir; hacer correr, correr. **2**. flotar, ondear (*a flag*). **3**. **(forth, out)** manar, chorrear, brotar (*blood, liquid*); derramar; arrojar; salir en tropel *m* (*people*). **4**. poner en grupos *m/pl*, clasificar (*pupils*). **5**. **(in)** entrar a torrentes *m/pl*/raudales *m/pl* (*people, sunlight*). LOC **His eyes were ~·ing with tears**, tenía la cara *f* bañada en lágrimas *f/pl*. **His eyes ~ed tears**, estaba hecho un mar *m* de lágrimas *f/pl*. **stream·er** ['stri:mə(r)] *n* **1**. NAUT gallardete *m*. **2**. serpentina *f* (*of paper*). **3**. **~s** *pl* aurora *f* boreal. **4**. US titulares *m/pl*. **stream·line** ['stri:mlain] **I**. *v* **1**. FIG modernizar; perfeccionar. **2**. dar línea *f* aerodinámica (*to vehicles*). **II**. *n* línea *f* aerodinámica. **stream·lin·ed** ['stri:mlaind] *adj* de línea *f* aerodinámica.

street [stri:t] *n* calle *f*. LOC **One-way ~**, calle *f* de dirección *f* única. **~ accident**, accidente *m* de tráfico *m*. **~ ·car**, US tranvía *m*. **~ floor**, US planta *f* baja. **~-girl** (*also* **~-walker**), prostituta *f*, buscona *f*. **~ guide**, callejero *m*. **To be on easy ~**, tener una vida *f* fácil. **To turn sb out into ~**, FAM poner a alguien de patitas *f/pl* en la calle *f*.

strength [streŋθ] *n* **1**. fuerza *f*. **2**. solidez *f*, resistencia *f*. **3**. intensidad *f*. **4**. número *m*; MIL efectivos *m/pl*, fuerzas *f/pl*. **5**. COM firmeza *f*. LOC **On the ~ of**, teniendo como base *f*. **strength·en** [streŋθn] *v* **1**. reforzar (se); consolidar(se), fortalecer(se); fortificar (se). **2**. FIG intensificar.

stren·u·ous ['strenjuəs] *adj* **1**. enérgico/a, vigoroso/a. **2**. activo/a, intenso/a. **3**. cansado/a; arduo/a.

strep·to·coc·cus [,streptə'kɔkəs] *n* (*pl* **-cocci** [-'kɔkai]) MED estreptococo *m*.

strep·to·my·cin [,streptəu'maisin] *n* MED estreptomicina *f*.

stress [stres] **I**. *n* **1**. estrés *m*, fuerza *f*, coacción *f*, presión *f*. **2**. MED estrés *m*, fatiga *f*/tensión *f* nerviosa. **3**. esfuerzo *m*. **4**. hincapié *m*, énfasis *m*. **5**. FIS , TEC carga *f*; esfuerzo *m*; tensión *f*. **6**. GRAM acento *m*. LOC **By ~ of weather**, a causa *f* del temporal *m*. **To lay ~ on**, hacer hincapie *m* (en). **II**. *v* **1**. recalcar, insistir (en), hacer hincapié *m*. **2**. GRAM acentuar. **3**. FIS, TEC someter a un esfuerzo *m*; cargar.

stretch [stretʃ] **I**. *v* **1**. alargar(se); estirar(se); extender(se). **2**. tender(se) (*hand*). **3**. desentumecer(se) (*leg*). **4**. ensanchar(se) (*shoes*), dilatar(se). **5**. JUR violar, sobrepasar (*law*). **6**. FIG forzar (*meaning*); dar de sí (*money*). **7**. FAM derribar. **8**. **(out)** desperezarse (*limbs*). LOC **To ~ a point**, hacer una excepción *f*. **To ~ out on the ground**, echarse en el suelo *m*. **II**. *n* **1**. alargamiento *m*; extensión *f*; tramo *m*, trecho *m* (*distance*). **2**. tiempo *m*, período *m*, intervalo *m*. **3**. esfuerzo *m* (*of imagination*). **4**. ensanche *m*. **5**. (es)tirón *m* (*act*). **6**. paseo *m* (*short walk*). LOC **At a ~**, de un tirón *m*. **Home ~**, última etapa. **stretch·er** ['stretʃə(r)] *n* **1**. camilla *f*. **2**. TEC tensor *m*; ensanchador *m*. **3**. barrote *m*; varilla *f*. **4**. ARQ soga *f*. LOC **~-bearer**, camillero/a. **stretch·ing** ['stretʃiŋ] *n* estiramiento *m*. **stretch·y** ['stretʃi] *adj* (*comp* **-ier**, *sup* **-iest**) que ensancha.

strew [stru:] *v* (*pret* **strewed**, *pp* **strewed** *or* **strewn**) **1**. derramar, esparcir. **2**. **(with)** cubrir/llenar/sembrar (con) (*cover*).

stri·ate ['straiit] *v* estriar. **stri·ate** ['straiit], **stri·at·ed** [strai'eitid; US 'straieitid] *adj* estriado/a.

strick·en ['strikən] *adj* (**by**, **with sth**) afectado/a; afligido/a.

strict [strikt] *adj* **1**. estricto/a; severo/a; riguroso/a. **2**. completo/a; absoluto/a; terminante. **strict·ly** ['striktli] *adv* **1**. estrictamente; rigurosamente. **2**. terminantemente. LOC **~ speaking**, en realidad *f*/rigor *m*, hablando con propiedad *f*. **strict·ness** ['striktnis] *n* **1**. severidad *f*. **2**. exactitud *f*, rigor *m*. **stric·ture** ['striktʃə(r)] *n* **1**. crítica *f*; censura *f*. **2**. MED constricción *f*, estrechamiento *m*.

stride [straid] **I**. *v* (*pret* **strode**, *pp* **stridden** (*rarely*)) **1**. montar/sentarse a horcajadas *f/pl*. **2**. andar a grandes pasos *m/pl*/zancadas *f/pl*. **II**. *n* **1**. paso *m*, zancada *f*. **2**. FIG adelanto *m*, progreso *m*. LOC **To get into one's ~**, coger el ritmo *m*. **To take it in one's ~**, tomárselo con calma *f*.

strid·ency ['straidənsi] *n* estridencia *f*. **strid·ent** ['straidnt] *adj* estridente.

strife [straif] *n* lucha *f*, contienda *f*, disensión *f*, disputa *f*.

strike [straik] **I**. *n* **1**. huelga *f*. **2**. golpe *m* (*also* DEP). **3**. descubrimiento *m* (*of gold, oil*). LOC **Hunger ~**, huelga *f* de hambre *m*. **Sit-down ~**, huelga *f* de brazos *m/pl* caídos. **~-bound**, paralizado/a por la huelga *f*. **~-breaker**, esquirol *m* (*blackleg*). **~ pay**, subsidio *m* de huelga *f*. **To be/go on ~**, estar/declararse en huelga *f*. **II**. *v* (*pret/pp* **struck** [strʌk]) **1**. chocar; golpear; pegar. **2**. herir (*wound*). **3**. dar, alcanzar (*bullet; also* FIG). **4**. tocar, dar (*a clock*); sonar (*bell*). **5**. chocar (con). **6**. atropellar. **7**. encender (*match*). **8**. hundir, clavar, meter. **9**. COM cerrar, liquidar (*an account*); hacer (*balance*). **10**. acuñar (*coins, medals*). **11**. NAUT atracar; recoger, amainar (*sails*); arriar (*flag*). **12**. dar (con); descubrir (*track, oil*). **13**. asestar (*blow*). **14**. BOT echar (*roots*). **15**. MIL atacar; rendirse. **16**. abandonar (*work*). **17**. estar/ponerse en huelga *f*. **18**. adoptar, tomar (*attitude*). **19**. (**at**) intentar golpear; FIG amenazar, acometer. **20**. (**back**) devolver golpe *m* por golpe *m*. **21**. (**down**) derribar. **22**. (**in**) clavar (*nail*). **23**. (**into**) empezar (a); entrar (en). **24**. (**off**) quitar de golpe *m*; borrar; cortar. **25**. (**out**) tachar, borrar. **26**. (**to**) torcer hacia. **27**. (**up**) empezar; MUS empezar a cantar/tocar. LOC **To ~ home**, dar en el blanco *m*. **strik·er** ['straikə(r)] *n* **1**. huelgista *m/f*. **2**. badajo *m* (*bell*). **3**. TEC percutor *m*. **strik·ing** ['straikiŋ] *adj* **1**. llamativo/a (*a colour*). **2**. sorprendente. **3**. impresionante.

string [striŋ] **I**. *n* **1**. cordel *m*, cuerda *f*. **2**. ristra *f* (*of sausages*). **3**. sarta *f* (*of lies*). **4**. fila *f*, hilera *f* (*of cars*, etc). **5**. sucesión *f*, cadena *f*; serie *m*; retahíla *f*. **6**. MUS cuerda *f* (*of instrument*). **7**. BOT nervio *m*, fibra *f*; hebra *f* (*beans*). **8**. **~s** *pl* MUS instrumentos *m/pl* de cuerda. LOC **~ band/~ orchestra**, MUS orquesta *f* de cuerda *f*. **~ bean**, BOT judía *f* verde; FAM persona *f* alta y delgada. **To have two ~s to one's bow**, MUS tener dos cuerdas *f/pl* en su arco *m*.**To pull ~s**, tener enchufe. **To pull the ~s**, FIG mover los hilos *m/pl*. **II**. *v* **1**. poner (una) cuerda(s) *f(pl)* (*also* MUS). **2**. atar con una cuerda *f*. **3**. enhebrar, ensartar (*pearls*). **4**. (**out**) estirar(se); extender(se). **5**. formar hilos *m/pl*. **6**. (**up**) INFML ahorcar. LOC **To ~ sb along**, tomarle el pelo *m* a alguien. **string·ed** [striŋd] *adj* MUS de cuerda *f*. **string·y** ['striŋi] *adj* fibroso/a; lleno/a de hebras *f/pl*.

string·ency ['strindʒənsi] *n* **1**. severidad *f*, rigor *m*. **2**. COM escasez *f*. **string·ent** ['strindʒənt] *adj* **1**. severo/a, riguroso/a. **2**. COM escaso/a.

strip [strip] **I**. *v* (**-pp-**) **1**. desnudar(se); despojar(se) (de)/quitar(se) la ropa *f*. **2**. TEC desarmar, desmontar; estropear (*a screw thread*). **3**. destaparse, hacer (e)striptease *m*. **II**. *n* **1**. faja *f*; banda *f*. **2**. tira (*of paper*). **3**. franja *f* (*of land*). LOC **~ cartoon** (*also* **comic ~**), historieta *f*, tira *f* cómica. **~ light(ing)**, alumbrado *m* de banda *f*. **~-tease**, destape *m*, (e)striptease *m*. **To tear a ~ off**, echar una bronca *f*. **strip·ling** ['stripliŋ] *m* joven *m*, mozuelo *m*, mozalbete *m*; DEP camiseta *f*.

stripe [straip] **I**. *n* **1**. lista *f*, raya *f*. **2**. tira *f*; banda *f*. **3**. latigazo *m*. **4**. MIL galón *m*. **II**. *v* hacer rayas *f/pl*, listar. **strip·ed** [straipt] *adj* rayado/a, a rayas *f/pl*. **strip·y** ['straipi] *adj* (*comp* **-ier**, *sup* **-iest**) rayado/a.

strive [straiv] *v* (*pret* **strove** [strəuv], *pp* **striv·en** ['strivn]) **1**. (**for**, **after sth**) luchar por conseguir algo. **2**. (**against**, **with**) luchar (contra). **3**. procurar, esforzarse. **striv·en** *pp of* **strive**.

strode *pret of* **stride**.

stroke [strəuk] **I**. *n* **1**. golpe *m* (*strike a ball, blow*). **2**. campanada *f* (*of bell*). **3**. caricia *f* (*caress*). **4**. trazo *m*; pincelada *f* (*with a brush*); raya *f*; plumazo *m* (*of a pen*). **5**. MED apoplejía *f*, ataque *m* fulgurante. **6**. TEC carrera *f*, recorrido *m* (*of a piston*). **7**. DEP brazada *f* (*in swimming*); palada *f* (*in rowing*); primer remero/a (*oarsman*). estilo *m* (*style of ~ in swimming*); jugada *f*, golpe *m*; tacada *f* (*in billiards*). LOC **At a ~**, de un golpe *m*. **Butterfly ~**, DEP estilo *m* mariposa *f*. **By a ~ of luck**, FIG por suerte *f*. **~ of genius**, FIG idea *f* genial. **~ of lightning**, rayo *m*. **Not to do a ~ of work**, FAM no dar golpe *m*. **II**. *v* acariciar (*with hand*).

stroll [strəul] **I**. *n* vuelta *f*, paseo *m*. LOC **To go for a ~**, dar un paseo *m*. **II**. *v* **1**. dar(se) un paseo *m*/vuelta *f*, pasear. **2**. vagar, deambular. **strol·ler** ['strəulə(r)] *n* **1**. paseante *m/f*, vagabundo/a. **2**. US cochecito *m* (*also* **push-chair**). **strol·ling** ['strəuliŋ] *adj* TEATR ambulante.

strong [strɔŋ] *adj* **1**. robusto/a, fuerte, recio/a (*person*). **2**. sólido/a; resistente. **3**. potente. **4**. convincente (*argument*). **5**. fuerte (*food, drink*); alcohólico/a; cargado/a (*coffee, tea*); rancio/a (*butter*). **6**. marcado/a, fuerte (*accent*); enfático/a. **7**. indecente, malsonante (*language*). **8**. fuerte, intenso/a (*emotion; also* ELECTR). **9**. arraigado/a (*habit*). **10**. acérrimo/a (*supporter*). **11**. violento/a, dramático/a (*situation*). **12**. GRAM fuerte, irregular (*verb form*). **13**. vivo/a, intenso/a (*colour*). **14**. notable; marcado/a. LOC **An army 1000 ~**, un ejército *m* de mil hombres *m/pl*. **~-arm**, de mano *m* dura; severo/a. **~-box**, caja *f* fuerte. **~-hold**, MIL plaza *f* fuerte, fortaleza *f*; FIG baluarte *m*. **~-minded**, decidido/a. **~-point**, puesto *m* fortificado. **~-willed**, decidido/a; obstinado/a. **That's too ~**, FIG eso es demasiado. **strong·ly** ['strɔŋli] *adv* fuertemente; firmemente; vigorosamente. LOC **To feel ~ about**, sentir profundamente.

stron·ti·um ['strɔntiəm] *n* QUIM estroncio *m*.

strop [strɔp] **I**. *n* suavizador *m* (*leather strap*). **II**. *v* **(-pp-)** suavizar.

strophe ['strəufi] *n* MUS, POET estrofa *f*.

strove *pret of* **strive**.

struck *pret/pp of* **strike**.

struc·tur·al ['strʌktʃərəl] *adj* estructural. **struc·tur·al·ism** ['strʌktʃərəlizəm] *n* estructuralismo *m*. **struc·tur·al·ist** ['strʌktʃərəlist] *n/adj* estructuralista *m/f*. **struc·tu·re** ['strʌktʃə(r)] *n* **1**. estructura *f*; construcción *f*. **2**. FIG base *f*.

strug·gle ['strʌgl] **I**. *v* **1**. **(for, to)** luchar (por). **2**. **(to)** esforzarse (por). **3**. forcejear. **II**. *n* **1**. **(for)** lucha *f*; combate *m*. **2**. esfuerzo *m*.

strum [strʌm] *v* **(-mm-)** **(on sth)** **1**. MUS rasguear (*guitar*). **2**. MUS tocar (*instrument*).

strum·pet ['strʌmpit] *n* prostituta *f*, ramera *f*.

strung *pret/pp of* **string**.

strut [strʌt] **I**. *n* ARQ riostra *f*, tornapunta *f*, puntal *m*. **2**. contoneo *m* (*a way of walking*). **II**. *v* **(-tt-)** **1**. ARQ apuntalar. **2**. contonearse, pavonearse.

strych·nine ['strikni:n] *n* QUIM estricnina *f*.

stub [stʌb] **I**. *n* **1**. cabo *m* (*of a candle*); colilla *f* (*of a cigarette*). **2**. cepa *f*, tocón *m*. **3**. matriz *f*, talón *m* (*counterfoil*). **II**. *v* **(-bb-)** **1**. **(against, on sth)** tropezar. **2**. **(out)** apagar (*esp a cigarette*).

stub·ble ['stʌbl] *n* **1**. AGR rastrojo *m*. **2**. barba *f* de "tres" días *m/pl*. **stub·bly** ['stʌbli] *adj* con barba *f* incipiente.

stub·born ['stʌbən] *adj* **1**. testaturo/a, obstinado/a (*often derogatory*); tenaz, inflexible. **2**. MED difícil de curar (*cough*); duro/a. **stub·born·ness** ['stʌbənis] *n* testarudez *f*, terquedad *f*; tenacidad *f*.

stub·by ['stʌbi] *adj* (*comp* **-ier**, *sup* **-iest**) rechoncho/a (*short and fat*).

stuc·co ['stʌkəu] **I**. *n* estuco *m*. **II**. *v* estucar. **stuc·co·ed** ['stʌkəut] *adj* de estuco *m*, estucado/a.

stuck [stʌk] **I**. *v pret/pp of* **stick**. **II**. *adj* **1**. atascado/a (*in a traffic jam*, etc). **2**. FIG arrinconado/a. LOC **To be ~ on sb**, INFML estar loco/a por alguien. **~-up**, INFML engreído/a, presumido/a.

stud [stʌd] **I**. *n* **1**. tachón *m*. **2**. botón *m* (*skirt collar*); gemelo *m*. **3**. taco *m* (*on boots*). **4**. caballeriza *f*, cuadra *f*. **5**. semental *m* (*~ mare*). LOC **~ book**, registro *m* genealógico de caballos *m/pl*. **~ horse**, semental *m*. **II**. *v* **1**. adornar, tachonar. **2**. poner tacos *m/pl*. **3**. FIG **(with)** llenar (de).

stud·ding ['stʌdiŋ] *n* ARQ montantes *m/pl* de tabique *m*.

stu·dent ['stju:dnt; US 'stu:-] *n* **1**. alumno/a (*pupil*). **2**. estudiante *m/f* (*at a college, university*). **3**. investigador/ra. LOC **~ body**, estudiantes *m/pl*. **~-ship**, beca *f*.

stud·i·ed ['stʌdid] *adj* calculado/a; premeditado/a; estudiado/a; pensado/a.

stu·dio ['stju:diəu; US stu:-] *n* (*pl* **-s**) **1**. taller *m*, estudio *m* (*of a painter*, etc). **2**. estudio *m* (*radio, television*). **3**. **~s** *pl* estudios *m/pl* (*in cinema companies*). LOC **~ couch**, sofá-cama *m*.

stu·di·ous ['stju:diəs; US stu:-] *adj* **1**. aplicado/a, estudioso/a (*pupil*). **2**. atento/a; solícito/a; asiduo/a. **stu·di·ous·ness** ['stju:diəsnis] *n* aplicación *f*.

stud·y ['stʌdi] **I**. *n* **1**. (*also* **studies**) estudio *m*. **2**. asignatura *f* (*subject*). **3**. ART , MUS estudio *m* (*room*). **4**. gabinete *m*, despacho *m*. **II**. *v* estudiar; investigar.

stuff [stʌf] **I**. *n* **1**. material *m*, materia *f*. **2**. género *m*, paño *m*, tejido *m* (*cloth*). **3**. cosas *f/pl*. **4**. FIG chismes *m/pl*, tonterías *f/pl*. LOC **~ and nonsense!**, ¡tonterías *f/pl*! **That's the ~!**, ¡eso es! **To know one's ~**, saber lo que uno hace. **II**. *v* **1**. **(with, up)** (re)llenar (completamente); meter; llenar, atiborrar (*with food*). **2**. disecar (*animals*). **3**. FIG llenar, meter (*ideas*). **4**. tapar, atascar. **5**. (FAM hartarse, atracarse (*with food*). **6**. **(away)** INFML zampar. **7**. **(up)** tapar, taponar. **8**. DEP dar la gran paliza. **stuff·ed** [stʌft] *adv* relleno/a. LOC **Get ~!**, *col* ¡vete a hacer puñetas!. **~ shirt**, INFML tragavirotes *m/f*. **stuff·ing** ['stʌfiŋ] *n* **1**. (US **dressing**) relleno *m* (*food*). **2**. borra *f*, relleno *m* (*for cushions*, etc). LOC **To knock the ~ out of sb**, quitarle los humos *m/pl* a uno. **stuff·y** ['stʌfi] *adj* (*comp* **-ier**, *sup* **-iest**) **1**. cargado/a, mal ventilado/a (*room*). **2**. FAM estirado/a (*pompous*). **3**. INFML chapado/a a la antigua.

stul·ti·fic·ation [,stʌltifi'keiʃn] *n* **1**. aniquilamiento *m*, anulación *f*. **2**. atontamiento *m*. **stul·tif·y** ['stʌltifai] *v* **1**. aniquilar, anular; restar importancia *f*. **2**. atontar.

stum·ble ['stʌmbl] **I**. *v* **1**. **(over sth)** dar un traspié *m*, tropezar (*also* FIG). **2**. **(across, on, upon)** tropezar (con). **II**. *n* **1**. traspié *m*, tropezón *m*. **stumb·ling-block** ['stʌmpliŋblɔk] *n* FIG escollo *m*, tropiezo *m*.

stump [stʌmp] **I**. *n* **1**. cepa *f*, tocón *m*. **2**. raigón *m* (*of a tooth*). **3**. muñón *m* (*of an arm, leg*). **4**. colilla *f* (*of a cigarette*). **5**. cabo *m* (*of candle*, etc). **6**. DEP palo *m* (*in cricket*). LOC **To stir one's ~s**, moverse, menearse. **II**. *v* **1**. pisar fuerte. **2**. renquear; cojear. **3**. US pronunciar discursos *m/pl* en una campaña *f* electoral. **4**. FAM dejar confuso/a, perplejo/a. **5**. **(up)** INFML aflojar (*money*). **stump·y** ['stʌmpi] *adj* (*comp* **-ier**, *sup* **-iest**) rechoncho/a.

stun [stʌn] *v* (**-nn-**) atontar, aturdir, pasmar (*also* FIG). **stun·ner** ['stʌnə(r)] *n* INFML persona *f*/cosa *f* hermosísima. **stun·ning** ['stʌnɪŋ] *adj* INFML **1**. que atonta/aturde. **2**. imponente; sorprendente.

stung *pret/pp of* **sting**.

stunk *pp of* **stink**.

stunt [stʌnt] **I**. *n* INFML **1**. hazaña *f*, proeza *f*. **2**. acrobacia *f* (*aerobatics*). **3**. truco *m* publicitario. **4**. noticia *f* sensacional. LOC **~ man** (*f* **~ woman**), doble *m/f* (*in films*, etc) **II**. *v* **1**. hacer acrobacias *f/pl*. **2**. BOT impedir el crecimiento *m*, atrofiar. **stunt·ed** ['stʌntid] *adj* canijo/a; enano/a.

stu·pe·fac·tion [,stju:pi'fækʃn; US stu:-] *n* estupefacción *f*. **stu·pe·fy** ['stju:pifai; US stu:-] *v* (*pret, pp* **-fied**) (**with sth**) dejar pasmado/a/atolondrado/a; atontar.

stu·pend·ous [stju:'pendəs; US stu:-] *adj* estupendo/a, formidable.

stu·pid ['stju:pid; US stu:-] *adj* (*comp* **-er**, *sup* **-est**) atontado/a, estúpido/a. **stu·pid·ity** [stju:'pidəti; US stu:-] *n* tontería *f*, estupidez *f*.

stu·por ['stju:pə(r); US stu:-] *n* estupor *m*.

stur·di·ness ['stɜ:dinis] *n* firmeza *f*; fuerza *f*, robustez *f*. **stur·dy** ['stɜ:di] *adj* (*comp* **-ier**, *sup* **-iest**) firme; fuerte, robusto/a; decidido/a; tenaz.

stur·ge·on ['stɜ:dʒən] *n* ZOOL esturión *m* (*fish*).

stut·ter ['stʌtə(r)] **I**. *v* balbucear; tartamudear. **II**. *n* balbuceo *m*; tartamudeo *m*. **stut·ter·er** [stʌtətə(r)] *n* tartamudo/a. **stut·ter·ing** ['stʌtəriŋ] *adj* tartamudo/a.

sty [stai] *n* **1**. pocilga *f* (*pig.~*; *also* FIG). **2**. (*also* **stye**; *pl* **sties** *or* **styes**) MED orzuelo *m*.

Styg·ian ['stidʒiən] *adj* estigio/a.

style [stail] **I**. *n* **1**. estilo *m* (*also* BOT), manera *f*. **2**. tipo *m*, modelo *m*. **3**. moda *f* (*fashion*). **4**. clase *f*, elegancia *f*. **5**. tratamiento *m*, título *m* (*mode of address*). LOC **To do sth in ~**, hacer algo como es debido. **To live in ~**, darse a la buena vida *f*. **II**. *v* **1**. titular, dar el nombre *m* de. **2**. diseñar. **3**. hacer a la moda *f* (*clothes*). **styl·ing** ['stailiŋ] *n* estilización *f*. **styl·ish** ['stailiʃ] *adj* **1**. a la moda *f*. **2**. elegante; con estilo *m*. **styl·ish·ness** ['stailiʃnis] *n* estilo *m*; elegancia *f*. **styl·ist** ['stailist] *n* estilista *m/f*; diseñador/ra. **styl·is·tic** ['stailistik] *adj* estilístico/a. **styl·ist·ics** ['stailistiks] *n* estilística *f*. **styl·ize, -·ise**, ['stailaiz] *v* estilizar. **styl·iz·ed** ['stailaizd] *adj* estilizado/a.

sty·lo·graph ['stailəgræf] *n* estilógrafo *m*. **sty·lo·graph·ic** [stailəu'græfik] *adj* estilográfico/a.

sty·lus ['stailəs] *n* estilete *m*; aguja *f* (*record-player*).

styp·tic ['stiptik] *n/adj* estíptico/a.

su·a·sion ['sweiʒn] *n* persuasión *f*.

su·ave [swa:v] *adj* **1**. suave. **2**. amable, afable. **su·ave·ness** ['swa:vnis], **su·av·ity** ['swa:vəti] *n* **1**. suavidad *f*. **2**. amabilidad *f*, afabilidad *f*.

sub [sʌb] **I**. *n* INFML **1**. submarino *m*. **2**. suplente *m/f*, sustituto/a (*esp in football, cricket*). **3**. suscripción *f*. **4**. subordinado/a. **II**. *v* (**-bb-**) (**for**) sustituir (a). **III**. *pref* por debajo de (*also* FIG).

sub·a·cid ['sʌb'æsid] *adj* agridulce.

sub·al·tern ['sʌbltən; US sə'bɔ:ltərn] *n* MIL alférez *m*.

sub·a·tom [,sʌb'ætəm] *n* subátomo *m*.

sub·base·ment ['sʌb,beismənt] *n* segundo sótano *m*

sub·com·mit·tee ['sʌbkəmiti] *n* subcomité *m*, subcomisión *f*.

sub·cons·ci·ous [,sʌb'kɔnʃəs] *n/adj* subconsciente *m*. **sub·cons·ci·ous·ness** [,sʌb'kɔnʃəsnis] *n* subconsciencia *f*.

sub·con·tin·ent [,sʌb'kɔntinənt] *n* subcontinente *m*.

sub·con·tract **I**. [sʌb'kɔntrækt] *n* subcontrata *f*. **II**. [,sʌbkən'trækt; US -'kɔntrækt] *v* (**to sb**) subcontratar.

sub·cu·ta·ne·ous [,sʌbkju:'teiniəs] *adj* ANAT subcutáneo/a.

sub·dea·con [,sʌb'di:kən] *n* REL subdecano *m*.

sub·dean [,sʌb'di:n] *n* subdecano *m* (*at a university*).

sub·di·vide [,sʌbdi'vaid] *v* (**into**) subdividir(se). **sub·di·vi·sion** [,sʌbdi'viʒn] *n* subdivisión *f*.

sub·due [səb'dju:; US -'du:] *v* **1**. someter, dominar, sojuzgar. **2**. suavizar. **3**. aliviar, calmar. **4**. abatir, deprimir. **sub·du·ed** [səb'dju:d] *adj* **1**. sometido/a, dominado/a. **2**. suavizado/a; amortiguado/a, tenue (*light, sound, colour*); bajo/a (*voice*). **3**. calmado/a. **4**. abatido/a, deprimido/a (*depressed*).

sub·e·dit [sʌb'edit] *v* corregir (*text of a book, newspaper before being printed*). **sub·e·dit·or** [sʌb'editə(r)] *n* redactor *m*.

sub·head·ing ['sʌbhediŋ] *n* subtítulo *m* (*in a newspaper*).

sub·ject ['sʌbdʒikt] **I**. *n* **1**. súbdito/a (*country*). **2**. materia *f*, asunto *m*, tema *m* (*matter*); asignatura *f* (*at school*). **3**. ART, MUS tema *m*, motivo *m*. **4**. GRAM sujeto *m*. **5**. MED paciente *m/f*. LOC **To come to one's ~**, entrar en materia *f*. **II**. [səb'dʒekt] *v* **1**. (**to**) dominar, sojuzgar (*conquer*). **2**. someter (*to an exam*). LOC **To ~ oneself to**, someterse/sujetarse (a). **III**. ['sʌbdʒikt] *adj* **1**. dominado/a, sometido/a. **2**. sujeto/a. **3**. subyugado/a, esclavizado/a (*people*). LOC **~-matter**, tema *m*. **~ to**, sometido/a (a) (*fee, charge*); propenso (a). **~ to change without notice**, sujeto/a a cambio *m* sin aviso *m* previo. **~ to correction**, que puede ser corregido/a. **~ to earthquakes**, propenso/a a terremotos *m/pl*. **~ to government approval**, previa aprobación *f* del gobierno *m*. **To be ~ to natural laws**, estar expuesto/a a las leyes *f/pl* naturales. **sub·jec·tion** [səb'dʒekʃn] *n* dominación *f*, avasallamiento *m*; sujeción *f*. **sub·ject·ive** [səb'dʒektiv] *adj* subjetivo/a. **sub·ject·iv·ity** [,sʌbdʒek'tivəti] *n* subjetividad *f*.

sub·join [,sʌb'dʒɔin] *v* (**to**) adjuntar.
sub·jug·ate [,sʌb'dʒugeit] *v* subyugar, sojuzgar. **sub·jug·ation** [,sʌbdʒu'geiʃn] *n* sometimiento *m*, subyugación *f*.
sub·junct·ive [səb'dʒʌŋktiv] *n/adj* GRAM subjuntivo/a *m* (*mood*).
sub·lease [,sʌb'li:s] **I**. *v* (**to sb**) subarrendar. **II**. *n* subarriendo *m*.
sub·let [,sʌb'let] **I**. *v* (**-tt-**; *pret/pp* **sublet**) (**to sb**) subarrendar. **II**. *n* subarriendo *m*.
sub·lieu·ten·ant [,sʌblef'tenənt; US -lu:'t-] *n* MIL alférez *m* (de navío *m*).
sub·lim·ate ['sʌblimeit] **I**. *v* sublimar (QUIM; *psychology*). **II**. *n* QUIM sublimado *m*. **sub·lim·ation** [,sʌbli'meiʃn] *n* sublimación *f*.
sub·lime [sə'blaim] **I**. *adj* **1**. supremo/a. **2**. sublime. **II**. *n* lo sublime. **III**. *v* sublimar. **sub·lime·ness** [sə'blaimnis], **sub·lim·ity** [sə'bliməti] *n* sublimidad *f*.
sub·li·min·al [,sʌb'liminl] *adj* subliminal, subconsciente.
sub·ma·chine-gun [sʌbmə'ʃi:ngʌn] *n* MIL metralleta *f*.
sub·ma·rine [,sʌbmə'ri:n] *n/adj* submarino/a *m*. LOC ~ **chaser** (*also* **subchaser**), MIL cazasubmarinos *m*. **sub·ma·rin·er** [sʌb'mærinə(r)] *n* submarinista *m/f*.
sub·merge [səb'mɜ:dʒ] *v* sumergir(se). **sub·merg·ence** [səb'mɜ:dʒəns], **sub·mer·sion** [səb'mɜ:ʃn; US -mɜ:rʒn] *n* sumersión *f*. **sub·mers·ible** [səb'mɜ:səbl] *n/adj* submarino/a *m*, sumergible *m*.
sub·mis·sion [səb'miʃn] *n* (**to sb/sth**) sumisión *f*; sometimiento *m*. **sub·mis·sive** [səb'misv] *adj* sumiso/a; sometido/a. **sub·mis·sive·ness** [səb'misivnis] *n* sumisión *f*.
sub·mit [səb'mit] *v* (**-tt-**) **1**. (**to sb/sth**) rendir (se), someter(se). **2**. exponer, proponer; sugerir (*an idea, theory*). **3**. presentar (*a proposal*); indicar, señalar. **4**. conformarse, resignarse. LOC **To ~ that**, proponer que; sugerir que.
sub·norm·al [,sʌb'nɔ:ml] *n/adj* MED subnormal *m/f*.
sub·or·din·ate [sə'bɔ:dinət; US -dənət] **I**. *n/adj* subordinado/a. **II**. [sə'bɔ:dineit] *v* (**to sth**) subordinar. LOC ~ **clause** (*also* **dependent clause**), GRAM oración *f* subordinada. **sub·or·din·ation** [sə,bɔ:di'neiʃn] *n* subordinación *f*.
sub·orn [sə'bɔ:n] *v* sobornar. **sub·orn·ation** [,sʌbɔ:'neiʃn] *n* soborno *m*. **sub·orn·er** [sə'bɔ:nə(r)] *n* sobornador/ra.
sub·plot ['sʌbplot] *n* argumento *m* secundario (*of a play, novel*).
sub·poe·na [sə'pi:nə] **I**. *v* JUR mandar comparecer, citar. **II**. *n* JUR citación *f*.
sub·rout·ine ['sʌbru:ti:n] *n* (sub)rutina *f* (*in computing*).
sub·scribe [səb'skraib] *v* **1**. suscribir, firmar. **2**. (**to sth**) abonar(se), suscribir(se) (*to a newspaper, periodical, magazine*). **3**. (**to**) estar de acuerdo (con) (*agree with*). **sub·scrib·er** [səb'skraibə(r)] *n* abonado/a, suscriptor/ra. **sub·scrip·tion** [səb'skripʃn] *n* **1**. firma *f*. **2**. abono *m*, suscripción *f*. **3**. cuota *f*/tarifa *f* de suscripción *f*.
sub·sec·tion ['sʌbsekʃn] *n* apartado *m*; subdivisión *f*.
sub·se·quence ['sʌbsikwəns] *n* subsecuencia *f*. **sub·se·quent** ['sʌbsikwənt] *adj* consecutivo/a, subsiguiente; posterior. **sub·se·quent·ly** ['sʌbsikwəntli] *adv* más tarde, después, con posterioridad *f*.
sub·serve [səb'sɜ:v] *v* ayudar. **sub·ser·vi·ence** [səb'sɜ:viəns] *n* servilismo *m*; subordinación *f*; sumisión *f*. **sub·ser·vi·ent** [səb'sɜ:viənt] *adj* servil; subordinado/a; sumiso/a.
sub·side [səb'said] *v* **1**. descender, bajar (*water*); hundirse (*ground*). **2**. apaciguarse, calmarse (*storm, anger*). **3**. amainar (*wind*). **4**. disminuir. **5**. INFML (**into**) dejarse caer, desplomarse (*drop into a chair*). **sub·sid·ence** [səb'saidns] *n* **1**. descenso *m*, bajada *f* (*water*); hundimiento *m* (*ground*); socavón *m* (*road, street*). **2**. apaciguamiento *m* (*storm*). **3**. disminución *f*.
sub·si·di·ary [səb'sidiəri; US -dieri] **I**. *adj* **1**. secundario/a. **2**. auxiliar. **3**. subsidiario/a. LOC ~ **company**, COM filial *f*, sucursal *f*. **II**. *n* COM ayudante *m/f*, auxiliar *m/f*. **2**. COM filial *f*, sucursal *f*. **sub·sid·ize, -ise** ['sʌbsidaiz] *v* subvencionar. **sub·si·dy** ['sʌbsidi] *n* subsidio *m*; subvención *f*.
sub·sist [səb'sist] *v* (**on sth**) sustentarse, subsistir. **sub·sist·ence** [səb'sistəns] *n* sustento *m*, subsistencia *f*. LOC ~ **allowance**, dietas *f/pl*.
sub·soil ['sʌbsoil] *n* subsuelo *m*.
sub·son·ic [,sʌb'sɔnik] *adj* AER subsónico/a (*below the speed of sound*).
sub·stance ['sʌbstəns] *n* **1**. su(b)stancia *f*. **2**. esencia *f*. **3**. FIG fortuna *f*, bienes *m/pl*. LOC **A man of ~**, un hombre *m* adinerado. **In ~**, en esencia *f*.
sub·stand·ard [,sʌb'stændəd] *adj* por debajo de lo normal.
sub·stan·tial [səb'stænʃl] *adj* **1**. verdadero/a, real. **2**. sustancial, considerable (*income, sum*). **3**. nutritivo/a (*food*). **4**. fuerte, sólido/a (*solidly or strongly built*). **5**. adinerado/a; acomodado/a (*a person*). **sub·stan·tial·ly** [səb'stænʃəli] *adv* considerablemente, sustancialmente.
sub·stan·ti·ate [səb'stænʃieit] *v* justificar; verificar; establecer. **sub·stan·ti·ation** [səb,stænʃi'eiʃn] *n* justificación *f*.
sub·stan·tiv·al [,sʌbstən'taivəl] *adj* sustantivo/a. **sub·stant·ive** ['sʌbstəntiv] **I**. *adj* sustantivo/a. **II**. *n* GRAM sustantivo *m*.
sub·sta·tion ['sʌbsteiʃn] *n* ELECTR subcentral *f*.
sub·sti·tute ['sʌbstitju:t; US -tu:t] **I**. *n* (**for sb/sth**) **1**. suplente *m/f*, sustituto/a. **2**. DEP reserva *m/f*. **3**. imitación *f*. **4**. sucedáneo *m*. **II**. *adj* (**sb/sth for sb/sth**) suplir, sustituir, reemplazar. **sub·sti·tu·tion** ['sʌbstitju:ʃn] *n* suplencia *f*, sustitución *f*, reemplazo *m*.
sub·stra·tum [,sʌb'stra:təm; US 'sʌbstreitəm] *n* (*pl* **substrata** [,sʌb'stra:tə; US 'sʌbstreitə] *n* **1**. sustrato *m*. **2**. GEOL subsuelo *m*.

sub·struc·ture ['sʌbstrʌktʃə(r)] *n* infraestructura *f.*

sub·ten·ant ['sʌbtenənt] *n* subarrendatario/a.

sub·ter·fuge ['sʌbtəfju:dʒ] *n* subterfugio *m.*

sub·ter·ra·ne·an [,sʌbtə'reiniən] *adj* subterráneo/a.

sub·til·ize, -·ise ['sʌtilaiz] *v* sutilizar.

sub·ti·tle ['sʌbtaitl] **I.** *n* subtítulo *m.* **II.** *v* subtitular.

sub·tle ['sʌtl] *adj* (*comp* **-r**, *sup* **-st**) **1.** sutil. **2.** ingenioso/a; astuto/a. **3.** insidioso/a. **sub·tle·ty** ['sʌtlti] *n* **1.** sutileza *f.* **2.** ingenio *m*; astucia *f.* **sub·tly** ['sʌtli] *adv* sutilmente.

sub·tract [səb'trækt] *v* **(from)** MAT restar, sustraer. **sub·trac·tion** [səb'trækʃn] *n* FIG, MAT resta *f*, sustracción *f.*

sub·trop·ic·al [,sʌb'trɔpikl] *adj* subtropical.

sub·urb ['sʌbɜ:b] *n* **1.** arrabal *m*, suburbio *m.* **2. ~s** *pl* afueras *f/pl* (*outskirts*); zona *f* residencial (*residential*). **sub·ur·ban** [sə'bɜ:bən] *adj* suburbano/a. LOC **~ train**, tren *m* de cercanías *f/pl.* **sub·urb·an·ite** [sə'bɜ:bənait] *n* INFML (PEY) persona *f* que vive en las afueras.

sub·ven·tion [səb'venʃn] *n* subvención *f.*

sub·ver·sion [səb'vɜ:ʃn; US -'vɜ:rʒn] *n* subversión *f.* **sub·vers·ive** [səb'vɜ:siv] *adj* subversivo/a.

sub·vert [sʌb'vɜ:t] *v* **1.** derrocar, derribar (*a political system*, etc). **2.** pervertir, corromper (*a person*).

sub·way ['sʌbwei] *n* **1.** paso *m* subterráneo. **2.** US metro *m.*

sub·ze·ro [,sʌb'ziərəu] *adj* bajo cero.

suc·ceed [sək'si:d] *v* **1. (in sth/doing sth)** salir bien; tener éxito *m.* **2.** lograr, conseguir: *To ~ in doing sth*, Lograr/conseguir hacer algo. **3.** suceder (a), seguir; heredar (*crown*). **suc·ceed·ing** [sək'si:diŋ] *adj* siguiente; sucesivo/a.

suc·cess [sək'ses] *n* **1.** triunfo *m*; éxito *m*: *She was a great ~*, Tuvo mucho éxito. **2.** prosperidad *f.* LOC **Box-office ~**, éxito *m* de taquilla *f.* **To be a ~**, salir bien (*portrait*). **To make a ~ of sth**, tener éxito *m* en algo. **suc·cess·ful** [sək'sesfl] *adj* **1.** que tiene éxito *m.* **2.** afortunado/a. **3.** feliz; próspero/a. **4.** atinado/a, acertado/a. **5.** logrado/a. LOC **~ attempt**, intento *m* logrado. **To be ~**, tener éxito *m*; prosperar (*also* COM). **suc·cess·ful·ly** [sək'sesfəli] *adv* con éxito *m.*

suc·ces·sion [sək'seʃn] *n* **1.** serie *f*, sucesión *f.* **2.** descendientes *m/pl*; descendencia *f.* LOC **In ~**, seguido/a. **In ~ to**, como sucesor/ra. **~ duty**, derechos *m/pl* de sucesión *f.*

suc·ces·sive [səksesiv] *adj* consecutivo/a; sucesivo/a.

suc·ces·sor [sək'sesə(r)] *n* **(to sb/sth)** sucesor/ra.

suc·cinct [sək'siŋkt] *adj* sucinto/a.

suc·cour (US **succor**) ['sʌkə(r)] **I.** *n* auxilio *m*, socorro *m.* **II.** *v* auxiliar, socorrer.

suc·cul·ence ['sʌkjuləns] *n* suculencia *f.* **suc·cul·ent** ['sʌkjulənt] **I.** *adj* suculento/a. **II.** *n* BOT planta *f* carnosa (*cactus*, etc).

suc·cumb [sə'kʌm] *v* **(to sth)** sucumbir.

such [sʌtʃ] **I.** *adj* **1.** semejante, tal. **2.** parecido/a. LOC **And ~**, y tal. **As ~**, como tal. **No ~ thing**, no hay tal cosa *f.* **~ a lot**, tanto. **~ and ~**, tal y/o cual. **~ as**, como. **~ as it is**, tal y como es. **~ as to**, tal que, de tal manera *f* que. **~ is life**, así es la vida *f.* **II.** *pron* **~ as** (todo) lo que; los/las que. **III.** *adv* tan: *~ an interesting book*, Un libro tan interesante. **such·like** ['sʌtʃlaik] **I.** *adj* de esta clase *f*/tipo *m*; tal.

suck [sʌk] **I.** *v* **1.** sorber. **2.** mamar, chupar. **3. (in)** (ab)sorber, aspirar (*air*). **4. (out)** chupar. **5. (up)** absorber. **II.** *n* **1.** succión *f.* **2.** mamada *f*, chupada *f.* LOC **To give ~ to**, amamantar. **suck·er** ['sʌkə(r)] *n* **1.** chupón/na (*person*). **2.** ventosa *f.* **3.** lechón *m* (*also* **~·ing pig**). **4.** TEC tubo *m* de aspiración *f*; émbolo *m.* **5.** BOT chupón *m.* **6.** FAM novato/a; inocentón/na; primo/a. LOC **~·ing pig** (*also* **sucker**), lechón *m.* **suck·le** ['sʌkl] *v* **1.** dar de mamar, dar el pecho *m*, amamantar. **2.** FIG criar. **suck·ling** ['sʌkliŋ] *n* **1.** lactante *m/f*; cría *f.* **2.** lactancia *f.*

suc·rose ['su:krəuz, -rəus] *n* BOT sacarosa *f.*

suc·tion ['sʌkʃn] **I.** *n* aspiración *f*, succión *f.* **II.** *adj* de aspiración *f*/succión *f.* LOC **~ pump**, bomba *f* aspirante.

sud·den ['sʌdn] *adj* **1.** súbito/a, repentino/a. **2.** inesperado/a, imprevisto/a. **3.** brusco/a. LOC **All of a ~/On a ~**, de repente. **~ death**, DEP muerte *f* súbita. **sud·den·ly** ['sʌdnli] *adv* de repente, repentinamente. **sud·den·ness** ['sʌdnnis] *n* lo súbito/repentino; lo inesperado; precipitación *f*; brusquedad *f.*

su·dor·if·ic [,sju:də'rifik] *n/adj* sudorífico/a.

suds [sʌdz] *n* **1.** espuma *f* de jabón *m.* **II.** US INFML cerveza *f.* **sud·sy** ['sʌdzi] *adj* espumoso/a.

sue [su:; sju:] *v* **1. (sb for sth)** JUR demandar, presentar una demanda *f.* **2. (for)** pedir, solicitar: *To ~ for divorce*, Solicitar el divorcio.

suede [sweid] *n* ante *m* (*soft leather with one side rubbed*).

suet ['su:it; 'sju:it] *n* sebo *m.* **su·ety** ['su:iti] *adj* seboso/a; grasiento/a.

suf·fer ['sʌfə(r)] *v* **1. (from, with, for sth)** padecer, sufrir (*also* MED); sentir. **2.** soportar, aguantar. **3.** tolerar, permitir. **4.** FIG ser víctima *f* de. **suf·fer·ance** ['sʌfərəns] *n* tolerancia *f.* LOC **On ~**, con permiso *m* tácito. **suf·fer·er** ['sʌfərə(r)] *n* víctima *f*; MED enfermo/a, paciente *m/f.* **suf·fer·ing** ['sʌfəriŋ] **I.** *n* sufrimiento *m*; dolor *m.* **II.** *adj* que sufre.

suf·fice [sə'fais] *v* **1. (for sth)** bastar, ser suficiente. **2.** satisfacer. LOC **~ it to say**, baste decir. **suf·fi·ci·ency** [sə'fiʃnsi] *n* lo suficiente; cantidad *f* suficiente. **suf·fi·ci·ent** [sə'fiʃnt] *adj* bastante, suficiente.

suf·fix ['sʌfiks] **I.** *n* GRAM sufijo *m.* **II.** *v* GRAM añadir como sufijo *m.*

suf·foc·ate ['sʌfəkeit] *v* ahogar(se), asfixiar(se); sofocar(se). **suf·foc·at·ing** ['sʌfəkeitŋ] *adj* sofocante. **sof·foc·ation** [,sʌfə'keiʃn] *n* ahogo *m*, asfixia *f*.

suf·fra·gan ['sʌfrəgən] **I**. *adj* REL sufragáneo/a. **II**. *n* REL obispo *m* sufragáneo.

suf·frage ['sʌfridʒ] *n* **1**. sufragio *m*. **2**. asentimiento *m*, aprobación *f*. **3**. derecho *m* al voto *m*. **suf·frag·ette** [,sʌfrə'dʒet] *n* sufragista *f*. **suf·frag·ist** ['sʌfədʒist] *n* sufragista *m/f*.

suf·fuse [sə'fju:z] *v* (**sth with sth**) **1**. cubrir. **2**. bañar (*tears*). **3**. extenderse/difundirse (por). **suf·fu·sion** [sə'fju:ʒn] *n* difusión *f*.

su·gar ['ʃugə(r)] **I**. *n* azúcar *m/f*. LOC **Cane** ~, azúcar de caña *f*. **Icing** ~, azúcar en polvo *m*. ~ **almond**, peladilla *f*. ~ **bowl**, azucarero *m*. ~ **cane**, caña *f* de azúcar. ~**-coat**, garrapiñar, azucarar. ~ **crop**, zafra *f*. ~**-loaf**, pan *m* de azúcar. ~**-plum**, tofite *m*. ~ **tongs**, tenacillas *f* para el azúcar *m*. **II**. *v* echar/poner azúcar, azucarar. **sug·ary** ['ʃugəri] *adj* **1**. azucarado/a. **2**. FIG meloso/a.

sug·gest [sə'dʒest] *v* proponer, sugerir; indicar, aconsejar. **sug·gest·ible** [sə'dʒestəbl] *adj* **1**. influenciable. **2**. que puede proponerse (*sth*). **sug·ges·tion** [sə'dʒestʃən] *n* **1**. sugerencia *f*; indicación *f*. **2**. sugestión *m*. **3**. FIG traza *f*, sombra *f* (*trace*). **sug·gest·ive** [sə'dʒestiv] *adj* **1**. sugerente; evocador/ra; sugestivo/a. **2**. insinuante. **sug·gest·ive·ness** [sə'dʒestivnis] *n* lo sugerente; lo sugestivo; lo insinuante.

sui·cid·al [,s(j)u:i'saidl] *adj* suicida. **sui·ci·de** ['s(j)u:isaid] *n* **1**. suicida *m/f* (*a person*). **2**. suicidio *m*. LOC **To attempt** ~, intentar suicidarse. **To commit** ~, suicidarse.

suit [s(j)u:t] **I**. *n* **1**. traje *m* (*clothes*). **2**. juego *m*, conjunto *m*. **3**. palo *m* (*cards*). **4**. JUR petición *f*; pleito *m*. **5**. cortejo *m*, galanteo *m* (*courtship*). LOC **Bathing** ~, traje *m* de baño *m*, bañador *m*. ~**-case**, maleta *f*. **To follow** ~, jugar/servir del mismo palo *m* (*in card-game*). **II**. *v* **1**. caer bien, sentar bien, ir bien (*clothes*). **2**. acomodar(se), adaptar(se), ajustar(se). **3**. satisfacer; convenir. LOC ~ **yourself!**, ¡como quieras!, ¡haz lo que quieras! **To be ~-ed with**, haber encontrado/a, ir bien juntos. **To** ~ **sb**, hacer lo que uno quiere. **suit·a·bil·ity** [,su:tə'biləti], **suit·able·ness** ['s(j)u:təblnis] *n* oportunidad *f*; conveniencia *f*; aptitud *f*; idoneidad *f*. **suit·able** ['s(j)u:təbl] *adj* oportuno/a; conveniente; apropiado/a, apto/a; idóneo/a; indicado/a, adecuado/a.

suite [swi:t] *n* **1**. apartamento *m*, suite *f*. **2**. comitiva *f*, séquito *m*. **3**. mobiliario *m*. **4**. sucesión *f*, serie *f*. **5**. MUS suite *f*.

suit·or ['su:tə(r)] *n* **1**. JUR demandante *m/f*. **2**. pretendiente *m*, galán *m*.

sulf·ate (US) V. **sulphate**.

sulf·ide (US) V. **sulphide**.

sul·fur (US) V. **sulphur**.

sulk [sʌlk] **I**. *v* (**about**, **over sth**) estar de mal humor *m*. **II**. **~s** *pl* INFML mal humor *m*. **sulk·i·ness** ['sʌlkinis] *n* mal humor *m*; FAM cabreo *m*. **sulk·y** ['sʌlki] *adj* (*comp* **-ier**, *sup* **-iest**) malhumorado/a; triste; resentido/a.

sul·len ['sʌlən] *adj* **1**. malhumorado/a; hosco/a. **2**. triste. **3**. resentido/a. **4**. de color *m* plomo *m*, plomizo/a (*sky*). **sul·len·ness** ['sʌlənnis] *n* **1**. malhumor *m*. **2**. tristeza *f*. **3**. resentimiento *m*.

sul·ly ['sʌli] *v* (*pret/pp* **sullied**) mancillar, manchar (*also* FIG).

sul·phate (US **sulfate**) ['sʌlfeit] *n* QUIM sulfato *m*.

sul·phide (US **sulfide**) ['sʌlfaid] *n* QUIM sulfuro *m*.

sul·phur (US **sulfur**) ['sʌlfə(r)] **I**. *n* QUIM azufre *m*. **II**. *v* (*also* **sul·phur·ize** ;US **sul·fu-** ['sʌlfjəraiz]) QUIM sulfurar; azufrar. **sul·phur·ate** (US **sul·fu-**) ['sʌlfjurit] *adj* QUIM sulfurado/a. **sul·phur·(e)ous** (US **sul·fu-**) ['sʌlfərəs] *adj* sulfuroso/a, sulfúreo/a. **sul·phur·ic** (US **sul·fu-**) [sʌl'fjərik] *adj* sulfúrico/a. LOC ~ **acid**, QUIM ácido *m* sulfúrico.

sul·tan ['sʌltən] *n* sultán *m*. **sul·ta·na** [sʌl'ta:nə; US -ænə] *n* **1**. sultana *f*. **2**. pasa *f* (**raisin**). **sul·tan·ate** ['sʌltəneit] *n* sultanato *m*.

sul·tri·ness ['sʌltrinis] *n* calor *m* sofocante; bochorno *m*. **sul·try** ['sʌltri] *adj* (*comp* **-ier**, *sup* **-iest**) **1**. sofocante; bochornoso/a. **2**. FIG apasionado/a; provocativo/a; seductor/ra.

sum [sʌm] **I**. *n* **1**. cantidad *f*; total *m*, suma *f*. **2**. MAT adición *f*, suma *f*. **3**. **~s** *pl* MAT aritmética *f*; problema *f* de aritmética. LOC **In** ~, en resumen *m*. **II**. *v* (**-mm-**) **1**. sumar. **2**. (**up**) sumar; FIG recapitular, resumir. **3**. (**to**) ascender (a). LOC **~-ming-up**, resumen *m*, recapitulación *f*. **To ~ up**, en resumen *m*. **sum·mar·ize**, **-ise** ['sʌməraiz] *v* resumir. **sum·mar·y** ['sʌməri] **I**. *adj* sumario/a. **II**. *n* resumen; sumario *m* (*also* JUR). **sum·ma·tion** [sʌ'meiʃn] *n* **1**. suma *f*. **2**. recapitulación *f*, resumen *m*.

sum·mer ['sʌmə(r)] **I**. *n* estío *m*, verano *m*. **II**. ARQ viga *f* maestra. LOC **A girl of eighteen ~s**, una chica *f* de veinte abriles *m/pl*. **In** ~, en verano *m*. ~ **holidays**, vacaciones *f/pl* de verano *m*. **~-house**, glorieta *f*, cenador *m*. ~ **resort**, estación *f*/lugar *m* de veraneo. **II**. *v* pasar el verano *m*, veranear. **III**. *adj* veraniego/a, estival, de verano. **sum·mer·like** ['sʌməlaik], **sum·mer·y** ['sʌməri] *adj* estival, veraniego/a.

sum·mit ['sʌmit] *n* **1**. cumbre *f*, cima *f*. **2**. FIG apogeo *m*, cumbre *f*. LOC ~ **conference**, conferencia *f*.

sum·mon ['sʌmən] *v* **1**. (**to**) llamar, convocar. **2**. JUR emplazar, citar. **3**. MIL intimar. **4**. FIG evocar. **5**. (**up sth**) reunir, concitar. armarse de (*strength, enthusiasm, courage*). **sum·mon·er** ['sʌmənə(r)] *n* JUR requeridor/ra. **sum·mons** ['sʌmənz] **I**. *n* **1**. requerimiento *m*, citación *f* judicial. **II**. *v* JUR emplazar, citar.

sump [sʌmp] *n* **1**. TEC cárter *m*. **2**. sumidero *m* (*of a mine*).

sump·tu·ary ['sʌmptjuəri] *adj* suntuario/a.

sump·tu·ous ['sʌmptʃuəs] *adj* suntuoso/a. **sump·tu·ous·ness** ['sʌmptʃuəsnis] *n* suntuosidad *f.*

sun [sʌn] **I.** *n* ASTR, FIG sol *m.* **II.** *v* **(-nn-) 1.** exponer al sol *m*; asolar. **2. (oneself)** tomar el sol *m*; asolarse. **III.** *adj* del sol *m*, solar. **sun·ny** ['sʌni] *adj* **1.** de sol. **2.** expuesto/a al sol *m*; iluminado/a por el sol *m.* **3.** FIG sonriente, risueño/a; alegre.

sun..., ~·**baked**, *adj* curtido/a, secado/a, expuesto/a al sol *m.* ~·**bath**, *n* baño *m* de sol *m.* ~·**bathe**, *v* tomar el sol *m.* ~·**beam**, *n* rayo *m* de sol *m.* ~·**blind**, *n* persiana *f*, toldo *m.* ~·**burn**, *n* quemadura *f* de sol *m*, bronceo *m*; *v* quemar al sol *m*, broncear(se). ~·**burnt** *adj* quemado/a al sol *m*, bronceado/a. ~·**dial**, *n* reloj *m* de sol *m.* ~·**down**, *n* anochecer *m*, ocaso *m*, puesta *f* del sol *m.* LOC **At ~·down**, al anocher. ~·**fish**, *n* ZOOL pez *m* luna *f.* ~·**flower**, *n* BOT girasol *m.* ~·**flower**, *n* BOT pipas *f/pl* de girasol. ~·**glasses**, *n/pl* gafas *f/pl* de sol *m.* ~·**lamp**, *n* lámpara *f* de rayos *m/pl* ultravioleta. ~·**light**, *n* luz *f* del sol *m.* ~·**lit**, *adj* iluminado/a por el sol *m.* ~·**ray**, *n* rayo *m* de sol *m.* ~·**rise**, *n* salida *f* del sol *m.* ~·**set**, *n* puesta *f* del sol *m*, ocaso *m* (*also* FIG). ~·**shade**, *n* toldo *m*, sombrilla *f*, quitasol *m.* ~·**shine**, *n* sol *m*; FIG alegría *f*; **Hours of ~·shine**, horas *f/pl* de sol *m.* ~·**spot**, ASTR mancha *f* solar; lugar *m* selecto. ~·**stroke**, *n* insolación *f.* ~·**suit**, *n* traje *m* de playa *f.* ~·**tan**, *v* broncearse; *adj* bronceado/a.~·**up**, salida *f* del sol *m.*

sun·dae ['sʌndei; US -di:] *n* helado *m* con frutas, zumo *m*, nueces, etc.

Sun·day ['sʌndi] **I.** *n* (*abrev* **Sun**) domingo *m.* **II.** *adj* dominical, del domingo *m.* LOC **Easter ~**, Domingo *m* de Resurección *f.* **On ~**, en domingo *m.* **Palm ~**, Domingo *m* de Ramos. ~ **best**, ropa *f*/traje *m* de domingo.

sund·er ['sʌndə(r)] *v* **(from)** separar(se), partir(se), romper(se).

sun·dri·es ['sʌndriz] *pl* artículos *m/pl* diversos, miscelánea *f.* **sun·dry** ['sʌndri] *adj* diversos/as, varios/as. LOC **All and ~**, todos sin excepción *f.*

sung *pp of* **sing**.

sunk *pret/pp of* **sink**. **sunken** ['sʌŋkən] *adj* hundido/a.

sup [sʌp] **I.** *v* **(-pp-) 1. (up)** sorber. **2. (on, off)** cenar; dar de cenar. **II.** *n* sorbo *m.*

su·per ['s(j)u:pə(r)] **I.** *adj* **1.** formidable, estupendo/a. **2.** extrafino/a (*of quality*). **II.** *n* **1.** TEATR comparsa *m/f*, figurante *m/f.* **2.** calidad *f* extrafina. **3.** gasolina *f* súper. **4.** segundo jefe *m/f*; superintendente *m/f.* **III.** *pref* sobre-; super-.

super...,~·**able**, *adj* superable. ~·**abound**, *v* sobreabundar. ~·**abundant**, *adj* sobreabundante. ~·**abundance**, *n* sobreabundancia *f.* ~·**annuate**, *v* jubilar; arrinconar. ~·**annuated**, *adj* jubilado/a; FIG anticuado/a. ~·**annuation**, *n* jubilación *f.* ~·**cargo**, *n* NAUT sobrecargo *m.* ~·**charge**, *v* sobrealimentar. ~·**charged**, *adj* sobrealimentado/a. ~·**charger**, TEC sobrealimentador *m*, compresor *m.* ~·**cilious**, *adj* desdeñoso/a, arrogante. ~·**ciliousness**, *n* desdén *m*, arrogincia *f.* ~·**erogation**, *n* supererogación *f.* ~·**erogatory**, *adj* supererogatorio/a. ~·**excellent**, superexcelente. ~·**ficial**, *adj* superficial. ~·**ficiality**, *n* superficialidad *f.* ~·**ficially**, *adv* superficialmente. ~·**ficies**, *n* superficie *f.* ~·**fine**, *adj* superfino/a, extrafino/a. ~·**fluity**/ ~·**fluousness**, *n* superfluidad *f.* ~·**fluous**, *adj* superfluo/a. ~·**heat**, *v* recalentar; *n* recalentamiento *m.* ~·**highway**, *n* US autopista *f.* ~·**human**, *adj* sobrehumano/a. ~·**impose**, *v* sobreponer. ~·**imposed**, *adj* superpuesto/a. ~·**induce**, *v* sobreañadir. ~·**intend**, *v* supervisar; vigilar; dirigir. ~·**intendence**/~·**intendency**, *n* supervisión *f*; superintendencia *f.* ~·**intendent**, *n* supervisor/ra; superintendente *m/f*; inspector/ra. ~·**lative**, *n/adj* GRAM superlativo/a *m.* ~·**man**, *n* superhombre *m.* ~·**market**, *n* supermercado *m.* ~·**natural**, *adj* sobrenatural. ~·**naturalness**, *n* lo sobrenatural. ~·**numerary**, *n* supernumerario/a, TEATR comparsa *m/f*, figurante *m/f*; *adj* supernumerario/a. ~·**pose**, *v* sobreponer. ~·**position**, *n* superposición *f.* ~·**saturation**, *n* sobresaturación *f.* ~·**scribe**, *v* sobrescribir. ~·**scription**, *n* inscripción *f*, sobrescrito *m*, membrete *m.* ~·**sede**, *v* suplantar, reemplazar, sustituir. ~·**sensible**, *adj* supersensible. ~·**sonic**, *adj* supersónico/a. ~·**sound**, *n* ultrasonido *m.* ~·**stition**, *n* superstición *f.* ~·**stitious**, *adj* supersticioso/a. ~·**structure**, *n* ARQ superestructura *f.* ~·**tanker**, *n* NAUT superpetrolero *m.* ~·**tax**, *n* sobretasa *f.* ~·**vene**, *v* ocurrir, sobrevenir. ~·**vise**, *v* supervisar, dirigir. ~·**vision**, *n* supervisión *f.* ~·**visor**, *n* supervisor/ra, director/ra. ~·**visory**, *adj* de supervisión *f.* ~·**voltage**, *n* ELECTR sobretensión *f.*

su·perb [su:'pɜ:b] *adj* excelente, magnífico/a.

su·per·ior [s(j)u:'piəriə(r)] **I.** *adj* **1.** superior. **2.** altanero/a, orgulloso/a, arrogante. **II.** *n* **1.** superior/ra (*also* REL). **su·per·ior·ity** [su:ˌpiəri'ɔrəti] *n* **(in)** superioridad *f.*

su·pine ['s(j)u:pain] **I.** *n* GRAM supino *m.* **II.** *adj* **1.** GRAM supino/a. **2.** FIG indolente.

sup·per ['sʌpə(r)] *n* cena *f.* LOC **To have ~**, cenar.

sup·plant [sə'pla:nt] *v* reemplazar, sustituir; suplantar.

sup·ple ['sʌpl] *adj* (*comp* **-r**, *sup* **-st**) adaptable, flexible, dócil (*also* FIG).

sup·ple·ment ['sʌplimənt] **I.** *n* **(to sth)** suplemento *m.* **II.** *v* **1.** completar, suplir. **2.** aumentar. **sup·ple·ment·al** [ˌsʌpli'mentl] *adj* supletorio/a, suplementario/a. **sup·ple·ment·ary** [ˌsʌpli'mentəri] *adj* supletorio/a; suplementario/a.

sup·ple·ness ['sʌplnis] *n* flexibilidad *f* (*also* FIG).

sup·pli·ant ['sʌpliənt] *n/adj* suplicante *m/f.*

sup·plic·ant ['sʌplikənt] *n/adj* suplicante *m/f.* **sup·plic·ate** ['sʌplikeit] *v* **(for)** rogar, suplicar. **sup·plic·ation** [ˌsʌpli'keiʃn] *n* súplica *f.*

sup·pli·er [sə'plaiə(r)] *n* **1**. suministrador/ra. **2**. COM abastecedor/ra, proveedor/ra. **sup·ply** [sə'plai] **I**. *v* (*pret/pp* **supplied**) **1**. **(to, with)** abastecer (de), proveer (de); aprovisionar. **2**. surtir. **3**. TEC alimentar (*engine*). **4**. proporcionar, facilitar; suministrar. **5**. sustituir, suplir. **II**. *n* **1**. suministro *m*, abastecimiento *m*. **2**. surtido *m*. **3**. provisión *f*. **4**. COM oferta *f*: *The law of ~ and demand*, La ley de la oferta y la demanda. **5**. **(supplies** *pl*) víveres *m/pl*; suministros *m/pl*; provisiones *f/pl*. **6**. **~s** *pl* MIL municiones *f/pl*; pertrechos *m/pl*. LOC **~ teacher**, profesor/ra suplente. **To be in short ~**, escasear, andar escaso/a.

sup·port [sə'pɔ:t] **I**. *v* **1**. mantener, apoyar, sostener (*also* FIG). **2**. respaldar, sustentar (*a candidature, motion*). **3**. apoyar, soportar; confirmar. LOC **To ~ oneself**, mantenerse, ganarse la vida *f*. **II**. *n* **1**. ayuda *f*, apoyo *m*, sostén *m* (*also* FIG). **2**. ARQ pilar *m*, soporte *m*. **3**. sustento *m*, mantenimiento *m*. LOC **In ~ of**, en favor *m* de, en apoyo *m* de. **sup·port·able** [sə'pɔ:təbl] *adj* soportable. **sup·port·er** [sə'pɔ:tə(r)] *n* **1**. DEP hincha *m/f*, seguidor/ra; aficionado/a. **2**. apoyo *m*, soporte *m*. LOC **~s' club**, DEP peña *f* deportiva. **sup·port·ing** [sə'pɔ:tiŋ] *adj* TEATR secundario/a. LOC **~ fire**, MIL fuego *m* de apoyo *m*. **~ programme**, películas *f/pl* secundarias (*film*). **~ role**, TEATR papel *m* secundario.

sup·pose [sə'pəuz] *v* **1**. (pre)suponer; presumir. **2**. imaginarse, figurarse. LOC **I ~ so**, creo que sí, supongo que sí (*unwillingly*). **Let us ~**, supongamos, pongamos por caso *m*. **~/~·ing he rang**, y ¿si llamase? **To be ~d to be**, considerar. **To be ~d to do sth**, dar por supuesto que (alguien) debe hacer algo. **sup·pos·ed** [sə'pəuzd] *adj* presunto/a; supuesto/a; pretendido/a. **sup·pos·ed·ly** [sə'pəuzdli] *adv* según cabe suponer.

sup·po·si·tion [,sʌpə'ziʃn] *n* suposición *f*. **sup·po·si·ti·ous** [sə,pɔzi'tiʃəs] *adj* supuesto/a; hipotético/a; falso/a, fingido/a.

sup·po·sit·ory [sə'pɔzitri; US -tɔ:ri] *n* MED supositorio *m*.

sup·press [sə'pres] *v* **1**. suprimir. **2**. reprimir, sofocar (*a revolt*). **sup·pres·sion** [sə'preʃn] *n* supresión *f*. **sup·pres·sive** [sə'presiv] *adj* represivo/a. **sup·pres·sor** [sə'presə(r)] *n* **1**. represor/ra (*person or thing*). **2**. TEC antiparásito *m* (*in a radio*); ELECTR supresor *m*.

sup·pur·ate ['sʌpjureit] *v* MED supurar (*wound*). **sup·pur·ation** [,sʌpju'reiʃn] *n* MED supuración *f*.

su·prem·acy [s(j)u:preməsi] *n* **(over sb/sth)** supremacía *f*. **su·preme** [s(j)u:prim] *adj* sumo/a; supremo/a

sur·char·ge ['sɜ:tʃa:dʒ] **I**. *n* **(on sth)** sobretasa *f*; sobrecarga *f*; recargo *m*. **II**. *v* **(on)** recargar, sobrecargar.

surd [sɜ:d] *n* MAT número *m* irracional.

sure [ʃɔ:(r); US ʃuər] **I**. *adj* (*comp* **-r**, *sup* **-st**) **1**. **(about, of)** cierto/a, seguro/a. **2**. firme (*hand*). **3**. certero/a (*aim*). LOC **~ (thing)!**, ¡seguro!, ¡claro! **~·fire**, seguro/a, de éxito *m* seguro/a. **~·footed**, de pie *m* firme. **To be ~**, por supuesto, seguro. **To be ~ that**, estar seguro/a de que. **To make sb ~ of sth**, asegurar a uno algo. **To make ~**, cerciorarse, asegurarse. **II**. *adv* **1**. seguramente. **2**. por supuesto, claro. **3**. realmente. LOC **For ~**, INFML con seguridad *f*. **~ enough**, efectivamente. **sure·ly** ['ʃɔ:li; US 'ʃuərli] *adv* seguramente, sin duda *f*. **sure·ness** ['ʃɔ:nis] *n* seguridad *f*; certeza *f*; firmeza *f*. **sure·ty** ['ʃɔ:ti] *n* **1**. certeza *f*, seguridad *f*. **2**. garantía *f*, fianza *f*. **3**. garante *m/f*, fiador/ra. **sure·ty·ship** ['ʃɔ:tiʃip] *n* garantía *f*, fianza *f*.

surf [sɜ:f] **I**. *n* **1**. espuma *f*. **2**. rompientes *m/pl* (*waves*). **3**. oleaje *m*. LOC **~·board**, DEP tabla *f* de surf *m*. **~·ing** (*also* **~·riding**), DEP patinaje *m* sobre olas *f/pl*, surn *m*. **II**. *v* (*also* **go ~·ing**) DEP practicar el surf *m*.

sur·face [sɜ:fis] **I**. *n* **1**. superficie *f*. **2**. firme *m* (*of a road*). **3**. FIG apariencia *f*. LOC **On the ~**, en apariencia *f*. **II**. *adj* superficial. LOC **~ workers**, personal *m* del exterior (*in a mine*). **III**. *v* **1**. alisar, pulir. **2**. salir a la superficie *f*, emerger (*skin-diver, submarine*). **3**. TEC recubrir; revestir (*road*).

sur·feit ['sɜ:fit] **I**. *n* **(of sth) 1**. saciedad *f*, hartura *f*. **2**. exceso *m*. **3**. empacho *m*. **II**. *v* **(with/on sth) 1**. saciar(se), hartar(se). **2**. empachar(se).

surge [sɜ:dʒ] **I**. *v* **1**. levantarse, encresparse (*sea; also* FIG). **2**. hervir, agitarse. **II**. *n* ola *f*, oleaje *m*, oleada *f* (*also* FIG).

sur·geon ['sɜ:dʒən] *n* MED cirujano/a.

sur·ger·y ['sɜ:dʒəri] *n* **1**. MED cirugía *f*. **2**. MED clínica *f*, consultorio *m*; quirófano *m*. LOC **Plastic ~**, cirugía *f* estética. **~ hours**, horas *f/pl* de consulta *f*.

surg·ic·al ['sɜ:dʒikl] *adj* MED quirúrgico/a.

sur·li·ness ['sɜ:linis] *n* malhumor *m*. **sur·ly** ['sɜ:li] *adj* (*comp* **-ier**, *sup* **-iest**) malhumorado/a; arisco/a.

surm·ise [sə'maiz] **I**. *v* suponer, conjeturar. **II**. *n* suposición *f*, conjetura *f*.

sur·mount [sə'maunt] *v* **1**. vencer, superar (*a difficulty*). **2**. coronar (*be or placed on top of*). **sur·mount·able** [sə'mauntəbl] *adj* superable (*of difficulties*).

sur·name ['sɜ:neim] **I**. *n* apellido *m*. **II**. *v* apellidar.

sur·pass [sə'pa:s; US -'pæs] *v* **(in)** superar, sobrepasar; excederse. **sur·pas·sing** [sə'pa:siŋ] *adj* sin par *m*, incomparable; sobresaliente.

sur·plice ['sɜ:plis] *n* REL sobrepelliz *f*.

sur·plus ['sɜ:pləs] **I**. *n* **1**. COM superávit *m*. **2**. sobrante *m*, excedente *m*. **II**. *adj* **(to)** excedente, que sobra.

sur·prise [sə'praiz] **I**. *n* asombro *m*, sorpresa *f*; extrañeza *f*. LOC **Much to my ~/To my great ~**, con gran sorpresa *f* mía. **To spring a ~ on sb**, dar una sorpresa *f* a alguien. **To take by ~**, coger desprevenido/a. **II**. *v* asombrar, sorprender; coger por sorpresa *f* (*also* MIL). LOC **To be ~d at**, sorprenderse (de). **III**. *adj* inesperado/a. LOC **~ attack**, MIL ataque *m* por sorpresa *f*. **sur·pris·ing** [sə'praiziŋ] *adj* asombroso/a, sorprendente.

sur·real·ism [sə'riəlizəm] *n* surrealismo *m*. **sur·real·ist** [sə'riəlist] *n* surrealista *m/f*. **sur·real·ist·ic** [sə'riəlistik] *adj* surrealista.

sur·rend·er [sə'rendə(r)] **I**. *v* **1**. entregar(se), rendir(se). **2**. JUR renunciar (a), ceder. **II**. *n* **1**. abandono *m*; entrega *f* (*handing over*), rendición *f*. **2**. JUR renuncia *f*, cesión *f*.

sur·rep·ti·ti·ous [,sʌrəp'tiʃəs] *adj* subrepticio/a.

sur·rog·ate ['sʌrəgeit] *n* (**for sb/sth**) **1**. REL vicario *m*. **2**. sustituto/a.

sur·round [sə'raund] **I**. *v* **1**. (**with**) rodear, cercar, circundar. **2**. (**by**) MIL sitiar. **II**. *n* cerco *m* (*border around an object*). **sur·round·ing** [sə'raundiŋ] *adj* circundante. **sur·round·ings** [sə'raundiŋz] *n/pl* **1**. contornos *m/pl*, alrededores *m/pl*. **2**. FIG ambiente *m*, medio *m*.

sur·tax ['sɜ:tæks] **I**. *v* poner un recargo *m*. **II**. *n* recargo *m*, sobretasa *f*.

sur·veil·ance [sɜ:'veiləns] *n* vigilancia *f*.

sur·vey [sə'vei] **I**. *v* **1**. reconocer; inspeccionar; examinar. **2**. registrar. **3**. medir. **4**. hacer una encuesta *f*. **5**. levantar un plano *m* de. **II**. *n* **1**. reconocimiento *m*; inspección *f*; examen *m*. **2**. encuesta *f*; informe *m* (*report*). **3**. medición *f*. **4**. levantamiento *m* de un mapa *m*. **sur·vey·ing** [sə'veiiŋ] *n* **1**. inspección *f*. **2**. agrimensura *f*, topografía *f*. **3**. levantamiento *m* de planos *m/pl*. **sur·vey·or** [sə'veiə(r)] *n* **1**. inspector/ra *m(f*. **2**. agrimensor *m/f*, topógrafo/a; aparejador *m/f*.

sur·viv·al [sə'vaivl] *n* supervivencia *f*. **sur·vi·ve** [sə'vaiv] *v* **1**. (**from**, **on**) sobrevivir; subsistir. **2**. quedar; perdurar. **sur·viv·ing** [sə'vaiviŋ] *adj* superviviente. **sur·viv·or** [sə'vaivə(r)] *n* superviviente *m/f*.

sus (*also* **suss**) [sʌs] *v* (**-ss-**) *col* (**out**) investigar, intentar comprender.

sus·cep·ti·bil·ity [sə,septə'biləti] *n* sensibilidad *f*; susceptibilidad *f*; delicadeza *f*. **sus·cept·ible** [sə'septəbl] *adj* **1**. (**to**) sensible; susceptible. **2**. vulnerable; impresionable. LOC **To be ~ of**, estar expuesto/a a. **sus·cept·ive** [sə'septiv] *adj* sensible; susceptible.

sus·pect [sə'spekt] **I**. *v* **1**. recelar, sospechar. **2**. figurarse, imaginarse. **II**. *n/adj* sospechoso/a.

sus·pend [sə'spend] *v* suspender. **sus·pend·er** [sə'spendə(r)] *n* liga *f* (*for socks, stockings*). LOC **~ belt**, liga *f*. **sus·pend·ers** [sə'spendəz] *n/pl* US tirantes *m/pl* (*braces*).

sus·pense [sə'spens] *n* **1**. duda *f*, incertidumbre *f*. **2**. ansiedad *f*. **3**. JUR suspensión *f*. **4**. suspense *m* (*film, play*, etc). LOC **To remain in ~**, quedar pendiente. **sus·pen·sion** [səs'penʃn] *n* suspensión *f*. LOC **~ bridge**, puente *m* colgante. **sus·pens·ive** [səs'pensiv] *adj* suspensivo/a. **sus·pens·ory** [səs'pensəri] *n/adj* MED suspensorio/a *m* (*a bandage*).

sus·pi·cion [sə'spiʃn] *n* **1**. desconfianza *f*, recelo *m*. **2**. sospecha *f*. **3**. FIG ligera idea *f*. **4**. poco *m*, pizca *f* (*of onion, garlic*, etc).

sus·pi·ci·ous [sə'spiʃəs] *adj* (**about**, **of**) **1**. desconfiado/a, receloso/a, suspicaz (*having or showing suspicion*). **2**. sospechoso/a (*suspected*). **sus·pi·ci·ous·ness** [sə'spiʃəsnis] *n* **1**. suspicacia *f*, desconfianza *f*, recelo *m*. **2**. carácter *m* sospechoso, lo sospechoso.

sus·tain [sə'stein] *v* **1**. mantener (*bear*). **2**. sostener, sustentar (*a family*). **3**. MUS sostener (*a note*). **4**. sufrir (*a defeat, an injury, a loss*, etc). **sus·tain·ed** [sə'steind] *v* sostenido/a; continuo/a; ininterrumpido/a.

sus·ten·ance ['sʌstinəns] *n* subsistencia *f*; sustento *m*.

su·ture ['su:tʃə(r)] **I**. *n* MED sutura *f* (*stich, stitches*). **II**. *v* MED coser, suturar.

suze·rain ['su:zərein; US -rin] *n* **1**. soberano/a. **2**. HIST feudal *m*. **suze·rain·ty** ['su:zərənti] *n* **1**. soberanía *f*. **2**. señorío *m*.

svelte [svelt] *adj* esbelto/a. **svelte·ness** ['sveltnis] *n* esbeltez *f*.

swab [swɔb] **I**. *n* **1**. estropajo *m*. **2**. MED tapón *m*; algodón *m*. **3**. NAUT lampazo *m*. **4**. MIL escobillón *m* (*of a gun*). **II**. *v* fregar/limpiar con estropajo *m*.

swad·dle ['swɔdl] **I**. *v* (**in**) **1**. envolver. **2**. poner pañales *m/pl*. LOC **~·ing clothes**, pañales *m/pl*. **II**. *n* pañal *m*.

swag [swæg] *n* ARCHAIC botín *m* (*stolen goods*).

swag·ger ['swægə(r)] **I**. *v* **1**. pavonearse, contonearse. **2**. fanfarronear. **II**. *n* **1**. contoneo *m*. **2**. fanfarronada *f*. **III**. *adj* FAM elegante. LOC **~-cane/~-stick**, bastón *m* delgado; junco *m*.

swain [swein] *n* **1**. pretendiente *m*, enamorado *m*. **2**. zagal *m*.

swal·low ['swɔləu] **I**. *v* **1**. tragar; tomar (*a pill*). **2**. FIG creer, tragar(se). **3**. (**up**) consumir, agotar; tragarse. LOC **To ~ one's pride**, humillarse, tragarse el orgullo *m*. **To ~ one's words**, retractarse. **II**. *n* **1**. trago *m* (*of a drink*); bocado *m* (*of food*). **2**. ZOOL golondrina *f*. LOC **One ~ does not make a summer**, una golondrina *f* no hace verano *m*. **~-dive** (US **swan-dive**), salto *m* de ángel *m*.

swam *pret of* **swim**.

swamp [swɔmp] **I**. *n* **1**. ciénaga *f*, pantano *n*. **2**. marisma *f*. **II**. *v* **1**. inundar(se); sumergir(se). **2**. empantanar(se). **3**. hundir(se) (*a boat*). **4**. (**with**) FIG agobiar, abrumar; inundar (*work*). **swamp·y** ['swɔmpi] *adj* (*comp* **-ier**, *sup* **-iest**) pantanoso/a.

swan [swɔn] **I**. *n* ZOOL cisne *m*. LOC **~-dive**, US (*also* **swamp-dive**) salto *m* de ángel *m*. **~-song**, canto *m* del cisne *m*. **II**. *v* (**-nn-**) (**off**, **around**) INFML dar una vuelta *f* (*in a leisurely but irresponsible manner*). **swan·nery** ['swɔnəri] *n* ZOOL colonia *f* de cisnes *m/pl*.

swank [swæŋk] **I**. *v* INFML fanfarronear. **II**. *n* INFML **1**. fanfarronada *f*. **2**. ostentación *f*. **3**. cursi *m/f*. **swank·y** ['swæŋki] *adj* (*comp* **-ier**, *sup* **-iest**) **1**. fanfarrón/na. **2**. ostentoso/a.

swap (*also* **swop**) [swɔp] **I.** *v* (**-pp-**) INFML canjear, (inter)cambiar, cambalachear. **II.** *n* canjeo *m*, (inter)cambio *m*, cambalache *m*.

sward [swɔ:d] *n* césped *m*.

swarm [swɔ:m] **I.** *n* **1.** ZOOL enjambre *m* (*of bees*). **2.** (*often pl*) gentío *m*, muchedumbre *m* (*of people*). **II.** *v* **1.** salir en enjambre *m* (*of bees*). **2.** FIG pulular, hormiguear (*people*). **3.** (**with**) rebosar, hervir (de) (*of people, things*). **4.** (**up**) trepar.

swarth·i·ness ['swɔ:ðinis] *n* color *m* moreno; tez *f* morena. **swarth·y** ['swɔ:ði] *adj* (*comp* **-ier**, *sup* **-iest**) moreno/a; de tez *f* morena.

swash·buck·ler ['swɔʃbʌklə(r)] *n* fanfarrón/na; matón/na; bravucón/na; espadachín/na. **swash·buck·ling** ['swɔʃbʌkliŋ] *adj* fanfarrón/na; matón/na; bravucón/na.

swas·ti·ka ['swɔstikə] *n* cruz *f* gamada, (e)svástica *f*.

swat [swɔt] **I.** *v* (**-tt-**) matar, aplastar (*insects*). **II.** *n* golpe *m* (*blow*). **swat·ter** ['swɔtə(r)] *n* matamoscas *m*.

swathe [sweið] **I.** *n* (*also* **swath** [swɔ:θ] **1.** AGR ringlera *f*. **2.** banda *f*; venda *f*. **II.** *v* (**in**) vendar; envolver.

sway [swei] **I.** *v* mover, agitar; hacer oscilar. **2.** inclinar. **3.** FIG dirigir, dominar. **4.** FIG dudar, vacilar. **5.** balancearse, oscilar. **6.** tambalearse. **II.** *n* **1.** movimiento *m* (*of a train*); balanceo *m*, oscilación *f*, vaivén *m*. **2.** dominio *m* (*influence, power*). **sway·ing** ['sweiiŋ] *adj* que oscila, oscilante.

swear [sweə(r)] *v* (*pret* **swore** [swɔ:(r)], *pp* **sworn** [swɔ:n]) **1.** (**at**) blasfemar, maldecir. echar pestes *f/pl* de. **2.** prometer, jurar; juramentar. **3.** (**by**) jurar (por). **4.** (**in**) JUR tomar juramento *m*. **5.** (**off**) INFML jurar renunciar (a). **6.** (**to**) JUR declarar bajo juramento *m*, jurar. LOC **~-word**, taco *m*, palabrota *f*. **To ~ an oath**, prestar juramento *m*. **To ~ black and blue**, INFML echar sapos *m/pl* y culebras *f/pl* (*blaspheme*). **To ~ to do sth**, jurar hacer algo. **swear·er** ['sweərə(r)] *n* blasfemo/a.

sweat [swet] **I.** *n* **1.** sudor *m*. **2.** rezumamiento *m*. **3.** FIG trabajo *m*. LOC **By the ~ of one's brow**, con el sudor *m* de su frente *f*. **~-band**, tafilete *m* (*of a hat*); muñequera *f*, cinta *f* (*band of absorbent cloth*). **~-gland**, ANAT glándula *f* sudorípara. **~-shirt**, niki *m*, suéter *m* de manga *f* larga. **~-shop**, empresa *f* que explota al obrero *m*. **To be in a ~**, estar sudando/a; FIG estar en un apuro *m*. **II.** *v* **1.** sudar (*produce ~*). **2.** FIG explotar (*a worker*). **3.** cepillar (*a horse*). **4.** TEC soldar; calentar. LOC **To slog/~ one's guts out**, sudar/hacer sudar a alguien la gota *f* gorda. **sweat·er** ['swetə(r)] *n* jersey *m*, suéter *m*. **sweat·ing** ['swetiŋ] **I.** *adj* sudororo/a. **II.** *n* sudación *f*. **sweat·y** ['sweti] *adj* (*comp* **-ier**, *sup* **-iest**) sudoso/a, sudoroso/a.

Swede [swi:d] *n* **1.** GEOG sueco/a. **2.** BOT (US *also* **rutabaga**) nabo *m* sueco. **Swed·ish** ['swi:diʃ] *n/adj* sueco/a *m* (*also language*).

sweep [swi:p] **I.** *v* (*pret/pp* **swept** [swept]) **1.** barrer. **2.** deshollinar (*a chimney*). **3.** asolar, arrasar (*(re)move sb/sth powerfully*). **4.** dragar (*a river*). **5.** explorar (*radar*). **6.** rastrear (*mines*). **7.** rozar, tocar; pasar ligeramente por. **8.** difundirse, extenderse (*news*). **9.** (**along**) ir volando, pasar rápidamente; andar/pasar majestuosamente (*movement*). **10.** (**away**) barrer; suprimir; arrastrar. **11.** (**by**) pasar rápidamente. **12.** (**down**) llevarse; echarse encima; bajar/descender rápidamente. **13.** (**off**) llevarse. **14.** (**out**) limpiar, quitar, barrer. **15.** (**up**) barrer; llegar rápidamente. LOC **To ~ the board**, ganar todas las bazas *f/pl*. **II.** *n* **1.** barrido *m*; barredura *f*. **2.** deshollinador/ra (*of a chimney*). **3.** envergadura *f*; extensión *f*; recorrido *m*. **4.** MIL alcance *m*. **5.** redada *f* (*police*). **6.** TEC aerodinamismo *m*. LOC **~-stake**, (*also* INFML **~**) lotería *f* de carrera de caballos. **To make a clean ~ of**, llevarse todo, acaparar; hacer tabla *f* rasa de. **sweep·er** ['swi:pə(r)] *n* **1.** barrendero/a. **2.** limpia *m/f* chimeneas *f/pl*. **3.** barredora *f* (*machine*). **sweep·ing** ['swi:piŋ] *adj* **1.** arrollador/ra; aplastante. **2.** demasiado general. **3.** amplio/a. **sweep·ings** ['swi:piŋz] *n/pl* basuras *f/pl*; barreduras *f/pl*.

sweet [swi:t] **I.** *adj* (*comp* **-er**, *sup* **-est**) **1.** azucarado/a; dulce. **2.** AGR fértil (*land*). **3.** fresco/a (*food*). **4.** bueno/a, fragante (*also ~-smelling*). **5.** TEC suave (*machine, engine*). **6.** bonito/a, lindo/a, mono/a, majo/a (*dress, face*, etc). **7.** bondadoso/a, afable. **8.** encantador/ra, amable; grato/a, agradable (*a person*). LOC **~-and-sour**, agridulce. **~·bread**, mollejas *f/pl*. **~·heart**, novio/a, cariño *m*, cielo *m*, amor *m*. **~·meat**, *pl* confites *m/pl*, dulces *m/pl*. **~ pea**, BOT guisante *m* de olor. **~ potato**, BOT boniato *m*, batata *f*. **~·shop**, confitería *f*. **To have a ~ tooth**, ser (un/una) goloso/a. **To taste ~**, estar dulce. **II.** *n* **1.** dulce *m*; caramelo *m*. **3.** postre *m*. **4.** FIG cielo *m*, amor *m*. **5.** **~s** *pl* golosinas *f/pl*, dulces *m/pl*. **sweet·en** ['swi:tn] *v* **1.** endulzar, azucarar (*also* FIG). **2.** calmar, aplacar. **sweet·ish** ['swi:tiʃ] *adj* dulzón/na; algo dulce. **sweet·ness** ['swi:tnis] *n* **1.** dulzura *f*, dulzor *m* (*also* FIG). **2.** amabilidad *f*. **3.** suavidad *f*.

swell [swel] **I.** *v* (*pret* **swelled** [sweld], *pp* **swelled** *or* **swollen** ['swəulən]) **1.** inflar(se); hinchar(se); abultar(se); abombar(se). **2.** (hacer) aumentar/crecer (*also* FIG); engrosar. **3.** crecer, subir (*river*). LOC **To get a ~ed/swollen head**, engreírse. **To ~ with pride**, sentirse lleno/a de orgullo *m*. **II.** *n* **1.** hinchazón *m*; inflamiento *m*. **2.** GEOL ondulación *f*. **3.** NAUT oleaje *m*, marejada *f*. **4.** MUS crescendo *m*. **5.** FAM pez *m* gordo (*big shot*); ricachón/na; guapo/a. **III.** *adj* US INFML **1.** elegantísimo/a. **2.** fenomenal, estupendo/a. LOC **~ head**, INFML engreído/a. **swell·ing** ['sweliŋ] *n* **1.** hinchazón *m*; inflamiento *m*. **2.** MED tumefacción *f*; bulto *m*; chichón *m*. **3.** abultamiento *m*.

swel·ter ['sweltə(r)] *v* INFML **1.** sudar a chorro *m*. **2.** sofocarse de calor *m*. **swel·ter·ing**

['sweltəriŋ] *adj* **1**. sudando a chorro *m*. **2**. abrasador/ra, sofocante.

swept *pret/pp of* **sweep**.

swerve [swɜ:v] **I**. *v* **1**. apartar(se), desviar(se). **2**. dar un viraje *m* (*with a car*). **3**. DEP dar/tener efecto *m*, cortar (*ball*); hacer un regate *m*. **4**. torcer. **II**. *n* **1**. desviación *f*, desvío *m*. **2**. viraje *m*. **3**. DEP efecto *m* (*ball*); regate *m*.

swift [swift] **I**. *adj* (*comp* **-er**, *sup* **-est**) **1**. ligero/a; rápido/a; veloz. **2**. pronto/a. **3**. repentino/a. **II**. *n* **1**. ZOOL lagartija *f*. **2**. ZOOL vencejo *m* (*bird*). **swift·ness** ['swiftnis] *n* rapidez *f*.

swig [swig] **I**. *v* **(-gg-)** **(down)** INFML beber a (grandes) tragos *m/pl*. **II**. *n* INFML trago *m*.

swill [swil] **I**. *v* **1**. **(out, down)** enjuagar. **2**. INFML beber a (grandes) tragos *m/pl*. **3**. INFML emborracharse. **II**. *n* **1**. trago *m*. **2**. (*also* **pig·~**) basura *f*, bazofia *f*.

swim [swim] **I**. *v* **(-mm-)** (*pret* **swam** [swæm], *pp* **swum** [swʌm]) **1**. nadar; bañarse. **2**. flotar. **3**. FIG dar vueltas *f/pl* (*one's head*). **4**. **(across)** atravesar/cruzar a nado. LOC **To go ~·ming**, ir a bañarse/nadar. **To ~ under water**, bucear. **II**. *n* natación *f*; baño *m*. LOC **~-suit**, bañador *m*, traje *m* de baño *m*. **To be in the ~**, estar al corriente. **To go for a ~**, ir a bañarse/nadar. **swim·mer** ['swimə(r)] *n* nadador/ra. **swim·ming** ['swimiŋ] **I**. *adj* que nada. LOC **~-pool**, piscina *f*. **~ costume** (*also* **bathing-costume**; **bathing-suit**), traje *m* de baño *m*, bañador *m*. **II**. *n* natación *f*. **swim·ming·ly** ['swimiŋli] *adv* INFML a las mil maravillas *f/pl*.

swin·dle ['swindl] **I**. *v* INFML **(out of)** timar, estafar: *To ~ sb out of sth*, Estafar algo a uno. **II**. *n* timo *m*, estafa *f*. **swin·dler** ['swindlə(r)] *n* timador/ra, estafador/ra.

swine [swain] *n* **1**. ZOOL puerco *m*, cerdo *m*. **2**. INFML sinvergüenza *m/f*, canalla *m/f*. LOC **~-fever**, peste *m* porcina (*virus disease affecting pigs*). **~-herd**, porquero/a.

swing [swiŋ] **I**. *v* (*pret/pp* **swung** [swʌŋ]) **1**. balancear(se), columpiar(se), mecer(se). **2**. hacer girar, dar vueltas *f/pl*. **3**. colgar. **4**. oscilar. **5**. contonearse; bailar. **6**. menear (*arms*). **7**. FIG cambiar de dirección *f*, dar un giro *m*. **8**. **(to)** cerrarse (*door*). LOC **To ~ into action**, ponerse en marcha *f*. **II**. *n* **1**. balanceo *m*; columpio *m*; vaivén *m*; oscilación *f*. **2**. MUS swing *m* (*type of jazz*). **3**. DEP swing *m* (*in golf, boxing*). **4**. FIG viraje *m*, cambio *m* brusco. LOC **In full ~**, en pleno/a apogeo *m*/actividad *f*. **III**. *adj* giratorio/a. LOC **~ bridge**, puente *m* giratorio. **~-door**, puerta *f* giratoria. **swing·ing** ['swiŋiŋ] **I**. *n* balanceo *m*; oscilación *f*. **II**. *adj* oscilante.

swinge·ing ['swindʒiŋ] *adj* de gran envergadura; inmenso/a.

swipe [swaip] **I**. *v* INFML **1**. **(at)** golpear con fuerza *f*. **2**. birlar, afanar, hurtar. **II**. *n* INFML golpe *f* fuerte, golpetazo *m*.

swirl [swɜ:l] **I**. *v* hacer remolinos *m/pl*, arremolinarse. **II**. *n* torbellino *m*; remolino *m*.

swish [swiʃ] **I**. *v* **1**. blandir, agitar (*with a hissing sound*). **2**. dar un chasquido *m*; crujir; sonar; silbar. **3**. azotar (*air*); agitar (*tail*). **4**. fustigar (*a horse*); zurrar (*flog*). **II**. *n* **1**. chasquido *m*; crujido *m*; silbido *m*. **2**. latigazo *m*. **III**. *adj* INFML elegante; majo/a; guapo/a.

Swiss [swis] *n/adj* GEOG suizo/a.

switch [switʃ] **I**. *n* **1**. ELECTR interruptor *m*, llave *f*, conmutador *m*. **2**. agujas *f/pl* (*in railway*); desviación *f*. **3**. (*also* **~-over**) INFML cambio *m* (*in policy*). **4**. varilla *f*; palmeta *f* (*for punishment*); fusta *f*. **5**. *col* cambio *m* engañoso. LOC **~·back**, carretera *m*/vía *f* de tren *m* en zigzag *m*; montaña *f* rusa. **~·board**, centralita *f* (*telephone*); cuadro *m* de mandos *m/pl*/distribución *f*. **~-man**, guardagujas *m/f* (*in railway*). **II**. *v* **1**. cambiar (*place, policy*). **2**. cambiar de vía *f*, desviar (*a train*). **3**. **(off)** desconectar. **4**. **(on)** encender. **5**. **(round)** cambiar (*place, idea*).

swiv·el ['swivl] **I**. *n* TEC pivote *m*, eslabón *m* giratorio. **II**. *v* hacer girar, girar.

swiz·z(le) ['swiz(l)] *n* estafa *f*, fraude *m*. **swiz·zle** ['swizl] *n* cóctel *m*.

swol·len *pp of* **swell**.

swoon [swu:n] **I**. *v* desvanecer(se), desmayar(se). **II**. *n* desvanecimiento *m*, desmayo *m*.

swoop [swu:p] **I**. *v* **1**. **(down)** precipitarse, abalanzarse, calar; bajar en picado *m* (*bird, plane*). **2**. irrumpir. **II**. *n* calada *f* (*bird*); descenso *m* en picado.

sword [sɔ:d] *n* espada *f*; estoque *m*. LOC **~·fish**, ZOOL pez *m* espada *f*, emperador *m*. **~ knot**, borla *f* de espada *f*. **~-play**, DEP esgrima *f*. **~ rattling**, chulería *f*, fanfarronería *f*. **~s·man**, espadachín/na. **~s·manship**, DEP esgrima *f*. **~ thrust**, estocada *f*. **To cross ~s with**, medir las fuerzas *f/pl* con. **To put to(the ~**, pasar a cuchillo *m*.

swore *pret of* **swear**.

sworn [swɔ:n] **I**. *v pp of* **swear**. **II**. *adj* **1**. jurado/a; declarado/a (*friends, enemies*). **2**. JUR bajo juramento *m*.

swot [swɔt] **I**. *v* **(-tt-)** **(up)** INFML empollar (*in studies*). **II**. *n* (*also* **~·ter**) empollón/na.

swum *pp of* **swim**.

swung *pret/pp of* **swing**.

syb·ar·ite ['sibərait] *n/adj* sibarita *m/f*.

syc·a·more ['sikəmɔ:(r)] *n* BOT sicomoro *m* (*tree, wood*).

sy·coph·ancy ['sikəfənsi] *n* adulación *f*. **sy·coph·ant** ['sikəfænt] *n* adulador/ra. **sy·coph·ant·ic** [,sikə'fæntik] *adj* adulatorio/a.

syl·lab·ic [si'læbik] *adj* silábico/a. **syl·lable** ['siləbl] **I**. *n* sílaba *f*. **II**. *v* silabear.

syl·la·bus ['siləbəs] *n* (*pl* **-es**; *also* **syllabi**) **1**. programa *m*, plan *m* (de estudios), programación *f*. **2**. resumen *m*, extracto *m*.

syl·log·ism ['silədʒizəm] *n* silogismo *m*. **syl·lo·gist·ic** [,silə'dʒistik] *adj* silogístico/a.

sylph [silf] *n* sílfide *f* (*in ancient myth; also* FIG).

syl·van ['silvən] *adj* BOT silvestre; selvático/a.

sym·bi·o·sis [,simbi'əusis, -bai-] *n* BIOL simbiosis *f*. **sym·bi·ot·ic** [,simbi'ɔtik] *adj* BIOL simbiótico/a.

sym·bol ['simbl] *n* símbolo *m*. **sym·bol·ic(·al)** [sim'bɔlik(l)] *adj* simbólico/a. **sym·bol·ism** ['simbəlizəm] *n* simbolismo *m*. **sym·bol·ist** ['simbəlist] *n* ART simbolista *m/f*. **sym·bol·ize, -ise** ['simbəlaiz] *v* simbolizar.

sym·met·ric(·al) [si'metrik(l)] *adj* simétrico/a. **sym·me·try** ['simətri] *n* simetría *f*.

sym·pa·thet·ic [,simpə'θetik] *adj* **1**. (**to, towards, with**) comprensivo/a. **2**. compasivo/a. **3**. ANAT, FIS simpático/a. **4**. que simpatiza. **sym·pa·thet·ic·al·ly** [,simpə'θetikəli] *adv* **1**. comprensivamente. **2**. con compasión *f*.

sym·path·ize, --ise ['simpəθaiz] *v* **1**. comprender, entender. **2**. (**with**) compadecer(se) (de). **sym·path·iz·er** ['simpəθaizə(r)] *n* simpatizante *m/f*. **sym·path·iz·ing** ['simpəθaiziŋ] *adj* simpatizante.

sym·pa·thy ['simpəθi] *n* **1**. comprensión *f*. **2**. conmiseración *f*, lástima *f*, compasión *f*. **3**. sentimiento *m*. **4**. MED simpatía *f*. **5**. FIS resonancia *f*. LOC **My deepest ~**, mi más sentido pésame *m*. **~ pains**, MED dolores *m/pl* por simpatía *f*. **~ strike**, huelga *f* por solidaridad *f*.

sym·phon·ic [sim'fɔnik] *adj* MUS sinfónico/a. **sym·pho·ny** ['simfəni] *n* MUS sinfonía *f*. LOC **~ orchestra**, orquesta *f* sinfónica.

sym·po·si·um [sim'pəuziəm] *n* (*pl* **-sia** [-ziə]) *n* simposio *m*.

symp·tom ['simptəm] *n* síntoma *m*. **symp·to·mat·ic** ['simptə'mætik] *adj* sintomático/a.

sy·na·go·gue ['sinəgɔg] *n* REL sinagoga *f*.

sync (*also* **synch**) [siŋk] *n* = **synchronization**. **syn·chro·mesh** (*also* **~ gear**) [-krəu'meʃ] *n* TEC caja *f* de cambios *m/pl* sincronizada; engranaje *m* sincronizado. **syn·chron·ic** [siŋ'krɔnik] *adj* sincrónico/a. **syn·chron·ism** ['siŋkrənizəm] *n* sincronismo *m*. **syn·chro·niz·ation** [,siŋkrənai'zeiʃn] *n* sincronización *f*. **syn·chron·ize, --ise** ['siŋkrənaiz] *v* sincronizar; ser sincrónico/a. **syn·chron·ous** ['sinkrənəs] *adj* sincrónico/a.

syn·cop·ate ['siŋkəpeit] *v* MUS sincopar. **syn·cop·ation** [,siŋkə'peiʃn] *n* MUS, GRAM síncopa *f*.

syn·cope ['siŋkəpi] *n* **1**. MUS, GRAM síncopa *f*. **2**. MED síncope *m*.

syn·dic ['sindik] *n* síndico *m*. **syn·dic·al** ['sindikl] *adj* sindical. **syn·dic·al·ism** ['sindiklizəm] *n* sindicalismo *m*. **syn·dic·al·ist** ['sindiklist] *n* sindicalista *m/f*. **syn·dic·ate** ['sindikeit] **I**. *n* sindicato *m*. **II**. *v* sindicar(se).

syn·drome ['sindrəum] *n* MED síndrome *m*. LOC **Acquired Immune Deficiency ~** (*abrev* **AIDS**), MED síndrome *m* de inmunodeficiencia *f* adquirida (*abrev* SIDA *m*).

sy·nec·do·che [si'nekdəki] *n* sinécdoque *f*.

syn·er·get·ic [sinə'dʒetik] *adj* sinérgico/a. **syn·erg·ism** ['sinədʒizəm] *n* sinergia *f*.

syn·od ['sinəd] *n* REL sínodo *m*. **syn·od·al** ['sinədl] *adj* REL sinodal. **syn·od·ic(·al)** [si'nɔdik(l)] *adj* REL sinódico/a.

syn·o·nym ['sinənim] *n* sinónimo *m*. **syn·o·nym·ity** [,sinə'niməti] *n* sinonimia *f*. **syn·o·nym·ous** [si'nɔniməs] *adj* (**with**) sinónimo/a.

sy·nop·sis [si'nɔpsis] *n* (*pl* **-ses**) sinopsis *f*. **sy·nopt·ic(·al)** [si'nɔptik(l)] *adj* sinóptico/a.

syn·tact·ic(·al) [sin'tæktik(l)] *adj* GRAM sintáctico/a. **syn·tax** ['sintæks] *n* GRAM sintaxis *f*.

syn·the·sis ['sinθəsis] *n* (*pl* **-theses** [-si:z]) síntesis *f*. **syn·thes·ize, -ise** ['sinθəsaiz] *v* sintetizar. **syn·the·siz·er** ['sinθəsaizə(r)] *n* MUS sintetizador *m* (*electronic musical instrument*). **syn·thet·ic(·al)** [sinθetik(l)] *adj* sintético/a.

syph·i·lis ['sifilis] *n* (*also* **the pox**) MED sífilis *f*. **syph·i·lit·ic** [,sifi'litik] *adj* MED sifilítico/a.

sy·phon V. **siphon**.

Syr·i·ac ['siriæk] *n* siriaco *m* (*language*). **Syr·ian** ['siriən] *n/adj* GEOG sirio/a.

syr·inge [si'rindʒ] **I**. *n* jeringuilla *f*, jeringa *f*. **II**. *v* inyectar con una jeringuilla *f*.

syr·up ['sirəp] *n* **1**. jarabe *m* (*also* MED). **2**. almíbar *m*.

sys·tem ['sistəm] *n* **1**. sistema *m* (ASTR, BIOL, GEOL, MED, etc). **2**. método *m* (*of work*). **3**. red *f* (*in railway*). **4**. TEC mecanismo *m*. **5**. ELECTR instalación *f*, circuito *m*. **6**. MED organismo *m*; constitución *f*. LOC **Decimal ~**, sistema *m* decimal. **Solar ~**, ASTR sistema *m* solar. **~ analysis**, análisis *m* de sistemas *m/pl* (comp). **sys·te·mat·ic** [,sistə'mætik] *adj* sistemático/a. **sys·te·ma·tiz·ation, -s·ation** [,sistəmətai'zeiʃn; US -ti'z-] *n* sistematización *f*. **sys·te·mat·ize, --ise** ['sistəmətaiz] *v* sistematizar.

T, t [ti:] *n* **1.** (*pl* **Ts, ts** [ti:z]) 't' *f* (*letter*). **2.** *abrev of* **ton(e)**; **tonne(s)**, tonelada(s) *f(pl)*. LOC **~-bone**, entrecote *m*. **~-junction**, cruce *m* en 'T'. **To a ~**, como anillo *m* al dedo *m*; exactamente. **~-shirt**, camiseta *f* de manga *f* corta.

ta [ta:] *int* BR INFML ¡gracias!

tab [tæb] *n* lengüeta *f*; etiqueta *f*. LOC **To keep a ~/~s on sth/sb**, INFML no perder de vista, vigilar.

tab·ard ['tæbəd] *n* tabardo *m*.

Ta·bas·co [tə'bæskəu] *n* tabasco *m* (*spicy sauce*).

tab·by ['tæbi] **I.** (*also* **~-cat**) *n* ZOOL gato/a atigrado/a. **II.** *adj* atigrado/a.

tab·er·na·cle ['tæbənækl] *n* REL tabernáculo *m*, sagrario *m*.

ta·ble ['teibl] **I.** *n* **1.** mesa *f*. **2.** GEOG meseta *f*. **3.** ARQ tablero *m*; moldura *f*. **4.** lista *f*, relación *f*; tabla *f* (*also* MAT). LOC **~ of contents**, índice *m*. **To clear the ~**, quitar la mesa *f*. **To turn the ~s on**, FIG volver las tornas *f/pl*. **II.** *v* **1.** presentar, poner sobre la mesa *f* (*a report, motion*). **2.** poner en un cuadro *m*; disponer en una tabla *f*. **3.** catalogar. **4.** dar carpetazo a (*postpone*).

table..., **~-cloth**, *n* tapete *m*; mantel *m*. **~ d'hôte**, *n* menú *m*. **~-land**, *n* GEOG meseta *f*. **~ linen**, *n* mantelería *f*. **~-mat**, *n* salvamanteles *m*. **~ napkin**, *n* servilleta *f*. **~-spoon**, *n* cuchara *f* para servir. **~-spoonful**, *n* cucharada *f* (*amount*). **~-talk**, *n* conversación *f* de sobremesa *f*. **~ tennis**, *n* DEP ping-pong *m*, tenis *m* de mesa *f*. **~-ware**, *n* servicio *m* de mesa *f*. **~ water**, *n* agua *f* de mesa *f*.

ta·bleau ['tæbləu] *n* (*pl* **-x** [-ləuz]) *n* (*also* **~ vivant**) ART, TEATR cuadro *m* vivo.

ta·blet ['tæblit] *n* **1.** pastilla *f*, tableta *f*; (*pill, pastille*); MED comprimido *m*. **2.** tabla *f*; tablilla *f* (*for writing*); lápida *f*. **3.** taco *m*; bloc *m* (*of writing paper*).

tab·lo·id ['tæblɔid] *n* **1.** MED tableta *f*. **2.** tabloide *m*.

ta·boo [tə'bu:; US tæ'bu:] **I.** *n* (*pl* **-s**) prohibición *f*, tabú *m*. **II.** *adj* prohibido/a, tabú. **III.** *v* prohibir, declarar tabú.

tab·ul·ar ['tæbjulə(r)] *adj* tabular. **tab·ul·ate** ['tæbjuleit] *v* tabular, (ex)poner en tablas *f/pl*. **tab·ul·ation** [,tæbju'leiʃn] *n* tabulación *f*.

tach·o·graph ['tækəgra:f] *n* tacógrafo *m*.

tac·it ['tæsit] *adj* tácito/a. **tac·it·ly** ['tæsitli] *adv* tácitamente. **tac·it·urn** ['tæsitɜ:n] *adj* taciturno/a. **tac·it·urn·ity** [,tæsi'tɜ:nəti] *n* taciturnidad *f*.

tack [tæk] **I.** *n* **1.** tachuela *f* (*small nail*). **2.** hilván *m* (*long loose stitch*). **3.** NAUT bordada *f*; virada *f*; amura *f*. **4.** FIG dirección *f*, rumbo *m*; táctica *f*. LOC **To be on the right/wrong ~**, ir por el buen/mal camino *m*. **To get down to brass ~s**, ir sin rodeos *m/pl*, ir al grano *m*. **II.** *v* **1.** fijar/clavar con tachuelas *f/pl*. **2.** hilvanar. **3.** (**on, on to**) añadir. **4.** NAUT cambiar de bordada *f*, virar.

tac·kle ['tækl] **I.** *n* **1.** NAUT jarcias *f/pl*; aparejo *m*. **2.** avíos *m/pl*, trastos *m/pl*. **3.** FIG cosas *f/pl*. **4.** DEP placaje *m* (*in rugby*). **II.** *v* **1.** agarrar. **2.** FIG abordar (*a problem*); emprender (*an awkward matter*). **3.** DEP placar, hacer un placaje *m* (*in rugby*).

tac·ky ['tæki] *adj* (*comp* **-ier**, *sup* **-iest**) **1.** pegajoso/a. **2.** US INFML desastrado/a; desaseado/a. **3.** común, vulgar.

tact [tækt] *n* discreción *f*, tacto *m*. **tact·ful** ['tæktfl] *adj* con tacto *m*, discreto/a. **tact·less** ['tæktlis] *adj* sin tacto *m*, indiscreto/a. **tact·less·ness** ['tæktlisnis] *n* la falta de tacto *m*, indiscreción *f*.

tact·ic ['tæktik] *n* táctica *f*. **tact·ic·al** ['tæktikl] *adj* táctico/a. **tact·ic·ian** [tæk'tiʃn] *n* táctico/a (*person*). **tact·ics** ['tæktiks] *n* táctica *f*.

tact·ile ['tæktail; US -təl] *adj* tangible; táctil.

tad·pole ['tædpəul] *n* ZOOL renacuajo *m*.

taf·fe·ta ['tæfitə] *n* tafetán *m*.

Taf·fy ['tæfi] *n* **1.** INFML PEY galés/sa. **2.** (*also* **toffee**) US caramelo *m*.

tag [tæg] **I.** *n* **1.** herrete *m* (*metal or plastic tip at the end of a shoe-lace*). **2.** etiqueta *f* (*label*). **3.** cabo *m* (*end*). **4.** colgajo *m*, pingajo *m* (*loose or ragged end*). **5.** FIG mote *m*, apodo *m*; etiqueta *f*; muletilla *f*; dicho *m*; chapa *f*. **6.** juego *m* de pillar (*also* **tig**). **II.** *v* (**-gg-**) **1.** etiquetar, pegar/poner una etiqueta *f*. **2.** (**along**) seguir (*follow closely*). **3.** DEP batear (*in baseball*). **4.** pillar (*in the game of ~*). **5.** (**on to sb**) unirse; pegarse (a).

tail [teil] **I.** *n* **1.** ZOOL rabo *m*, cola *f* (*also* FIG). **2.** fila *f*, cola *f*; séquito *m*, comitiva *f*. **3.** trenza *f* (*of hair*). **4.** ASTR cola *f*, cabellera *f* (*of a comet*). **5.** faldillas *f/pl*, faldón *m*. **6. ~s** *pl* frac *m*. **7. ~s** *pl* cruz *f* (*of a coin*). LOC **From head to ~**, de pies *m/pl* a cabeza *f*. **To turn ~**, volver la espalda *f*. **II.** *v* **1.** seguir (de cerca). **2.** añadir (*add*). **3.** quitar el rabo *m* (*a fruit*); descolar (*animal*). **4.** (**away, off**) ir apagándose; ir disminuyendo. **tail·ed** [teild] *adj* con cola *f*/rabo *m*. **tail·less** ['teilis] *adj* sin cola *f*/rabo *m*.

tail..., ~ **back**, *n* retención *f*. ~**-board** (*also* ~**-gate**), *n* tablero *m* posterior (*vehicle*). ~**·coat** (*also* ~**s**), *n* frac *m*. ~**-end**, *n* final *m*, extremo *m*; cola *f*; FAM trasero *m*; FIG lo que queda. ~**-gate**, *n* tablero *m* posterior; *v* seguir muy de cerca. ~**-light** (US ~**-lamp**), luz *f* trasera (*of a vehicle*); piloto *m*. ~**·piece**, *n* MUS cordal *m*; florón *m*, colofón *m* (*in printing*); FIG apéndice *m*. ~**·pipe**, *n* tubo *m* de escape *m*. ~**·plane**, *n* AER plano *m* de cola *f*. ~ **skid**, *n* AER patín *m* de cola **f**. ~ **-spin**, *n* AER barrena *f*. ~ **unit**, *n* AER empanaje *m*, planos *m/pl* de estabilización *f*. ~ **wind**, *n* viento *m* trasero/de cola *f*.

tail·or ['teilə(r)] **I**. *n* sastre *m/f*. **II**. *v* cortar, confeccionar (*a suit*). LOC ~**ed suit**, traje *m* sastre. ~**-made**, *adj* hecho a medida *f*. **tail·or·ing** ['teiləriŋ] *n* confección *f*; sastrería *f*.

taint [teint] **I**. *n* **1**. mancha *f*. **2**. infección *f*, corrupción *f*. **II**. *v* **1**. manchar(se). **2**. estropear(se); contaminar(se); corromper(se).

take [teik] **I**. *v* (*pret* **took** [tuk], *pp* **taken** ['teikn]) **1**. coger, tomar (*breakfast, food, bus*); tomar (*example, note, decison, exercise, military objective*) ~ *a seat*, Tomar asiento; coger (*disease, illness*). **2**. cargarse (*sth on one's back*). **3**. llevar(se): ~ *your coat with you*, Llévate el abrigo. **4**. quitar, robar (*thief*). **5**. detener, capturar (*arrest*). **6**. arrebatar. **7**. pescar; coger (*catch*). **8**. cobrar, ganar. **9**. costar. **10**. usar (*size*): *What size shirts does he ~?*, ¿Qué talla de camisa usa?; calzar (*shoes*). **11**. asumir (*responsibility*); aceptar (*accept*); seguir (*tip, advice*). **12**. aprovechar (*opportunity*). **13**. ocupar (*place*). **14**. aguantar (*tolerate*). **15**. tomar, comer (*in chess*). **16**. tardar (*time*): *It ~s me five minutes to get there*, Tardo cinco minutos en llegar allí; durar (*last*). **17**. MAT restar. **18**. saltar (*obstacle*). **19**. GRAM llevar (*verb*, etc): *This verb ~s a direct object*, Este verbo lleva complemento directo. **20**. suscribirse (*magazine*). **21**. sacar (*ticket, photo*). **22**. prestar (*oath*). **23**. tomarse (*holidays*); hacer (*trip*). **24**. dar (*a class, walk, step*). **25**. estudiar (*a subject*). **26**. BOT arraigar. **27**. agarrar, prender (*vaccination*). **28**. pegar (*stick*). **29**. tener éxito *m*; ser eficaz. **30**. salir (*in a photo*): *To ~ well*, Salir bien en una fotografía. **31**. resultar. **32**. (**about**) mostrar, enseñar. **33**. (**after**) parecerse (a). **34**. (**apart**) descomponer, desmontar. **35**. (**away**) llevarse, quitar; MAT restar. **36**. (**back**) acompañar; devolver (*return*); recibir devuelto; llevar de nuevo; retirar, retractar (*retract*); volver a quitar; recobrar. **37**. (**down**) descolgar; quitar; bajar; TEC desmontar; tomar nota *f* de, apuntar; poner por escrito *m*. **38**. (**for**) tomar (por). **39**. (**from**) disminuir; reducir; privar (de); MAT restar. **40**. (**in**) aceptar (*job*); acoger, alojar; recoger (*crop*); comprender, darse cuenta; FAM engañar; acortar, encoger (*clothes*); estar suscrito/a (a), abonarse (a) (*newspaper*); disminuir, acotar; abarcar (*include*). **41**. (**into**) meter (en). **42**. (**off**) salir; AER despegar; parodiar; quitar(se) (*clothes*); descolgar (*receiver*); hacer un descuento *m*, descontar (*deduct*). **43**. (**on**) quejarse; acongojarse; tomar (*quality, form*); asumir; contratar (*worker*); competir (con); luchar (con), desafiar; emprender (*job*); acompañar. **44**. (**out**) quitar, sacar (*stain, money*); agotar; cortejar; sacar a paseo *m*; invitar (*a girl*); obtener. **45**. (**over**) encargarse (de); tomar posesión *f* (de). **46**. (**to**) empezar (a); aficionarse (a); tener simpatía *f* (por); tomar cariño *m* (a). **47**. (**up**) tomar, coger; subir, levantar; quitar, absorber; llenar, ocupar (*time, place*); tomar posesión *f* de (*a post*); fijar, establecer (*one's residence*); dedicarse (a) (*career*); empezar (a) (*study*); proteger; entender; reprender; mejorar (*weather*); empezar a contar (*tale, story*). **48**. (**upon**) encargarse (de). LOC **Don't ~ on so!**, ¡no te apures! ~ **that!**, ¡toma! **The devil ~ it!**, ¡demonios *m/pl*!, ¡maldición *f*! **To be ~n ill**, ponerse enfermo/a. **To be ~n in**, FIG picar en el anzuelo *m*. **To be ~n in by**, dejarse engañar (por). **To be ~n up with**, estar ocupado/a en. **To ~ a bath**, bañarse. **To ~ action against**, tomar medidas *f/pl* contra. **To ~ fright**, llevarse un susto *m*. **To ~ a shower**, ducharse. **To ~ an exam**, examinarse. **To ~ it into one's head to do sth**, meterse uno en la cabeza *f* la idea *f* de hacer algo. **To ~ it out sb**, vengarse de alguien; FAM cansarle a uno algo. **To ~ it out on sb**, desquitarse con alguien. **To ~ it upon oneself to**, atreverse a. **To ~ one's advise**, seguir el consejo *m* de alguien. **To ~ oneself off**, irse. **To ~ to be**, considerar. **To ~ to flight**, darse a la fuga *f*. **To ~ to pieces**, desmontar. **To ~ sb down**, FAM quitar los humos *m/pl* a alguien. **To ~ sb's at his/her words**, cogerle la palabra *f* a uno. **To ~ sb's life**, quitar la vida *f* a alguien. **To ~ sb up on sth**, censurar a alguien por algo. **To ~ up with**, trabar amistad *f* con. **To ~ wa·ter**, NAUT hacer agua. **II**. *n* **1**. captura *f*; pesca *f* (*in fishing*); presa *f* (*in hunting*). **2**. toma *f* (*in cinema*). **3**. US ingresos *m/pl*. LOC ~**-down**, desmontaje *m*. ~**-home pay**, salario *m* neto. ~**-in**, engaño *m*. ~**-off**, AER despegue *m*; parodia *f*; caricatura *f*; DEP impulso *m*. ~**-over**, toma *f* de posesión *f*. **ta·ke·a·way** ['teikəwei] *n* comida *f* para llevar. **tak·er** ['teikə(r)] *n* persona *f* que acepta, tomador/ra, apostante *m/f*. **tak·ing** ['teikiŋ] **I**. *adj* encantador/ra, atractivo/a. **II**. *n* **1**. toma *f*. **2**. detención *f*. **3**. ~**s** *pl* recaudación *f*; ingresos *m/pl*.

talc [tælk] (*also* **talc·um** ['tælkəm]) *n* talco *m*. LOC ~**·um powder**, polvos *m/pl* de talco *m*.

tale [teil] *n* **1**. cuento *n*; narración *f*; relato *m*; historia *f*. **2**. chisme *m*, habladuría *f*. **3**. mentira *f*. LOC **Old wives'** ~, cuento *m* de viejas. ~**-bearer**, chivato/a; soplón/na. **To tell ~s**, cotillear; chivar(se); soplar (*at school*).

tal·ent ['tælənt] *n* aptitudes *f/pl*; talento *m*. LOC ~**-scout**, buscatalentos *m/f*. **tal·ent·ed** ['tæləntid] *adj* con talento *m*. **tal·ent·less** ['tæləntlis] *adj* sin talento *m*.

tal·is·man ['tælizmən; also 'tælis-] *n* talismán *m*.

talk [tɔ:k] **I**. *n* **1**. charla *f*, conversación *f*. **2**. discurso *m*; conferencia *f*. **3**. chisme *m*, habladuría *f*. **4**. FAM palabras *f/pl*. LOC **It's just ~**, sólo son habladurías *f/pl*. **~ show**, programa *m* de conversación *f* y entrevistas *f/pl* (*on television*). **There is ~ of**, se habla de. **To be the ~ of the town**, ser la comidilla *f* de la ciudad *f*. **To have a ~ to/with sb**, hablar con alguien. **II**. *v* **1**. (**to, with**) charlar, hablar: *He ~s too much*, Habla demasiado. **2**. decir. **3**. (**at**) lanzar indirectas *f/pl*. **4**. (**back**) replicar, contestar. **5**. (**down**) (hacer) callar; AER dirigir un aterrizaje *m*. **5**. (**into**) convencer, persuadir. **6**. (**on**) continuar hablando. **7**. (**out**) discutir a fondo *m*; (**of**) disuadir (de). **8**. (**over**) hablar de. **9**. (**round**) convencer. LOC **To ~ big**, fanfarronear. **talk·at·ive** ['tɔ:kətiv] *adj* hablador/ra; locuaz. **talk·at·ive·ness** ['tɔ:kətivnis] *n* locuacidad *f*. **talk·er** ['tɔ:kə(r)] *n* hablador/ra; orador/ra; parlanchín/na. **talk·ie** ['tɔ:ki] *n* película *f* sonora. **talk·ing** ['tɔ:kiŋ] **I**. a*dj* **1**. sonoro/a. **2**. que habla. **II**. *n* conversación *f*. LOC **~-point**, tema *f* de conversación *f*. **~-to**, bronca *f*, rapapolvo *m*.

tall [tɔ:l] *adj* (*comp* **-er**, *sup* **-est**) **1**. alto/a, grande; de alto: *To be seven feet ~*, Tener siete pies de alto. **2**. FIG increíble. LOC **~ order**, INFML algo muy difícil. **a ~ tale/ story**, INFML historia *f* increíble. **tall·ness** [-nis] *n* altura *f*; talla *f*.

tal·low ['tæləu] *n* sebo *m* (*animal fat*). **tal·low·y** ['tæləui] *adj* seboso/a.

tal·ly ['tæli] **I**. *n* **1**. cuenta *f*; total *m* (*of an account*); resguardo *m*. **2**. tarja *m* (*stick*). **II**. *v* (*pret/pp* **tallied**) (**with**) concordar, corresponder; cuadrar; etiquetar.

Tal·mud ['tælmud; US 'ta:l-] *n* Talmud *m*. **Tal·mud·ic** [tæl'mudik] *adj* talmúdico/a.

tal·on ['tælən] *n* zarpa *f*; garra *f* (*claw*).

tal·us ['teiləs] *n* **1**. GEOL talud *m*. **2**. ANAT astrágalo *m*. **3**. MIL escarpa *f*.

tam·able ['teiməbl] *adj* domable; domesticable.

tam·a·rind ['tæmərind] *n* BOT tamarindo *m* (*tropical fruit tree*).

tam·a·risk ['tæmərisk] *n* BOT tamarisco *m* (*evergreen shrub*).

tam·bour ['tæmbuə(r)] **I**. *n* **1**. bastidor *m*, tambor *m* (*for embroidery*). **2**. ARQ, MUS tambor *m*. **II**. *v* bordar con bastidor *m*.

tam·bour·ine [,tæmbə'ri:n] *n* MUS pandereta *f*.

tame [teim] **I**. *adj* (*comp* **-r**, *sup* **-st**) **1**. domado/a; domesticado/a; doméstico/a. **2**. manso/a; amansado/a. **3**. FIG soso/a; aburrido/a. **II**. *n* **1**. domesticar; domar. **2**. amansar. **tame·less** [-lis] *adj* indomable. **tame·ness** ['teimnis] *n* mansedumbre *f*. **tam·er** ['teimə(r)] *n* domador/ra. **tam·ing** ['teimiŋ] *n* domesticación *f*.

tam-o'-shant·er [,tæm ə 'ʃæntə(r)] (*also* **tammy** ['tæmi]) *n* boina *f* escocesa.

tamp [tæmp] *v* (**sth down**) **1**. atacar (*in mining*). **2**. apisonar.

tamp·er ['tæmpə(r)] *v* (**with**) **1**. falsificar; amañar; sobornar (*bribe*). **2**. entrometerse (en). **3**. cambiar indebidamente.

tam·pon ['tæmpɔn] *n* tampón *m*; tapón *m*.

tan [tæn] **I**. *v* (**-nn-**) **1**. adobar, curtir (*leather*). **2**. broncear(se), tostar(se) (*by exposure to the sun*). **3**. INFML zurrar (*beat, thrash*). LOC **To ~ sb's hide**, INFML zurrar la badana *f* a alguien. **II**. *n* **1**. bronceado *m*. **2**. color *m* marrón. **3**. MAT (*abrev*) tangente *f* (*tangent*). **III**. *adj* **1**. bronceado/a. **2**. de color *m* marrón *m*. **tan·ned** [tænd] *adj* **1**. curtido/a. **2**. moreno/a, bronceado/a. **tan·ner** [-ə(r)] *n* curtidor/ra. **tan·ne·ry** ['tænəri] *n* tenería *f*, curtiduría *f*. **tan·ning** ['tæniŋ] *n* **1**. curtido *m*. **2**. bronceado *m*. **3**. FAM zurra *f*, paliza *f*.

tan·dem ['tændəm] **I**. *n* tándem *m* (*also bicycle*). **II**. *adv* en tándem *m*, en fila *f*.

tang [tæŋ] **I**. *n* **1**. sabor *m*/olor *m* fuerte. **2**. espiga *f* (*of a tool, knife*). **3**. FIG sabor *m* fuerte. **4**. repique *m*, tañido *m* (*of a bell*). **II**. *v* tañir. **tang·y** ['tæŋi] *adj* (*comp* **-ier**, *sup* **-iest**) fuerte.

tan·gent ['tændʒənt] *n/adj* tangente *f* (*also* MAT: *abrev* **tan**). LOC **To go/fly off at a ~**, FIG salirse por la tangente *f*. **tan·gent·i·al** [tæn'dʒenʃəl] *adj* tangencial.

tan·ger·ine [,tændʒə'ri:n; US 'tændʒəri:n] *n* BOT mandarina *f*.

tan·gi·bil·ity [,tændʒə'biləti] *n* carácter *m* tangible, tangibilidad *f*. **tang·ible** ['tændʒəbl] *adj* tangible; material (*also* FIG).

tan·gle ['tæŋgl] **I**. *n* **1**. maraña *f*; enredo *m*. **2**. nudo *m*. **3**. FIG enredo *m*, embrollo *m*. **II**. *v* **1**. enmarañar(se), enredar(se). **2**. (**with sb**) reñir, pelear; meterse con alguien.

tan·go ['tæŋgəu] **I**. *n* MUS tango *m* (*dance*). **II**. *v* (*pret/pp* **-goed**, *present p* **-going**) bailar el tango *m*.

tank [tæŋk] **I**. *n* **1**. tanque *m*, depósito *m*; cisterna *f*; aljibe *m*. **2**. MIL carro *m* de combate *m*. LOC **~ car/truck/wagon**, camión *m*/ vagón *m* cisterna *f*. **~ engine**, locomotora *f* ténder (*in railway*). **II**. *v* (**up**) repostar (*fill the ~ of a vehicle*). LOC **To be ~ed up**, INFML estar como una cuba *f* (*drunk*). **tank·age** ['tæŋkidʒ] *n* capacidad *f* de un depósito *m*. **tank·er** ['tæŋkə(r)] *n* **1**. NAUT petrolero *m*. **2**. camión *m* cisterna *f*.

tank·ard ['tæŋkəd] *n* jarra *f* (*esp for beer*).

tan·nic ['tænik] *adj* QUIM tánico/a.

tan·nin ['tænin] *n* QUIM tanino *m*.

tan·tal·ize, -ise ['tæntəlaiz] *v* **1**. tentar. **2**. atormentar. **tan·tal·iz·ing** ['tæntəlaiziŋ] *adj* **1**. tentador/ra. **2**. atormentador/ra.

tan·ta·lum ['tæntələm] *n* QUIM tantalio *m* (*metal*).

tan·ta·mount ['tæntəmaunt] *adj* (**to**) equivalente (a).

tan·trum ['tæntrəm] *n* berrinche *m*, rabieta *f*.

tap [tæp] **I**. *n* **1**. (US **faucet**) grifo *m* (*liquid*); llave *f* (*gas*); canilla *f*, espita *f* (*of a barrel*). **2**. TEC macho *m* de aterrajar, roscar. **3**. tapa *f*. **4**. ELECTR derivación *f*. **5**. golpecito *m* (*on the door*). LOC **On ~**, de barril *m* (*beer*); disponible, a mano *f*. **~ circuit**, ELECTR derivación *f*. **~ dance**, *n* zapateado *m* (*dance*). **~-dance**, *v* zapatear. **~·room**, cervecería *f* (*bar*). **~·root**, BOT raíz *f* central. **~·water**, agua *f* del grifo *m*. **II**. *v* (**-pp-**) **1**. poner una espita *f* (*barrel*). **2**. sangrar (*a tree*); sacar. **3**. ELECTR derivar, hacer una derivación *f*; hacer una conexión *f*; pinchar, intervenir (*telephone*). **4**. TEC roscar. **5**. aprovechar, explotar (*resources*). **6**. dar un golpecito *m* (*on the door*). **tap·per** ['tæpə(r)] *n* ELECTR manipulador *m*. **tap·ping** ['tæpiŋ] *n* **1**. BOT sangría *f* (*of a tree*). **2**. ELECTR derivación *f*. **3**. **~s 1**. US MIL toque *m* de silencio *m*. **2**. *col* muerte *f*, fin *m*.

tape [teip] **I**. *n* **1**. cinta *f* (*strip of cloth*). **2**. cinta *f* métrica. **3**. cinta *f* adhesiva. **4**. cinta *f* magnetofónica. **5**. MED esparadrapo *m*. **6**. DEP cinta *f* de llegada *f*. **7**. cinta *f* conmemorativa (*at a ceremony*). LOC **~ deck**, pletina *f* de magnetófono *m*. **~ measure**, cinta *f* métrica. **~-record**, grabar en cinta *f*. **~-recorder**, magnetófono *m*. **~-recording**, grabación *f* en cinta *f*. **~·worm**, ZOOL tenia *f*, solitaria *f* (*parasite*). **II**. *v* **1**. atar/pegar con cinta *f*. **2**. medir con cinta *f*. **3**. grabar en cinta *f*.

tap·er ['teipə(r)] **I**. *n* **1**. REL vela *f*, cirio *m*. **2**. cerilla *f*. **3**. estrechamiento *m*. **II**. *v* **1**. afilar (se). **2**. estrechar(se). **3**. (**off**) disminuir. **III**. *adj* ahusado/a; en forma de huso *m*.

tap·es·tried ['tæpəstrid] *adj* tapizado/a. **tap·es·try** ['tæpəstri] *n* tapiz *m*; tapicería *f*.

ta·pi·o·ca [,tæpi'əukə] *n* tapioca *f*.

ta·pir ['teipə(r)] *n* ZOOL tapir *m*.

tap·pet ['tæpit] *n* TEC alzaválvulas *m*.

tap·ster ['tæpstə(r)] *n* mozo *m* de taberna *f*.

tar [ta:r] **I**. *n* **1**. brea *f*, alquitrán *m*. **2**. (*also* **Jack ~**) INFML marinero *m*. LOC **~·mac**, asfaltado *m*, alquitranado *m*; pista *f*. **~·paulin**, lienzo *m*/lona *f* alquitranado/a. **II**. *v* (**-rr-**) alquitranar. LOC **~·red with the same brush (as sb)**, cortado/a por el mismo patrón *m*. **tar·red** [ta:d], **tar·ry** ['ta:ri] *adj* alquitranado/a.

ta·ran·tel·la [,tærən'telə] *n* MUS tarantela *f*.

ta·ran·tu·la [tə'ræntjulə] *n* ZOOL tarántula *f*.

tard·ily ['ta:dili] *adv* **1**. lentamente. **2**. tardíamente. **tar·di·ness** ['ta:dinis] *n* **1**. lentitud *f*. **2**. tardanza *f*. **tar·dy** ['ta:di] *adj* **1**. lento/a. **2**. tardío/a.

tare [teə(r)] **I**. *n* **1**. tara *f* (*weight*). **2**. **~s** *pl* REL cizaña *f*. **3**. **~s** *pl* BOT arveja *f*. **II**. *v* destarar.

tar·get ['ta:git] **I**. *n* diana *f*, blanco *m*. LOC **Production ~**, objetivo *m* de producción *f*. **~ day**, día *m* señalado. **~ practice**, tiro *m* al blanco *m*. **II**. *v* (**at**, **on**) apuntar, tener como objetivo *m*.

ta·riff ['tærif] *n* arancel *m*, tarifa *f*. LOC **~ barrier**, barrera *f* arancelaria.

tarn [ta:n] *n* laguna *f*, pequeño lago *m*.

tar·nish ['ta:niʃ] **I**. *v* perder el brillo *m*, deslustrar(se) (*also* FIG). **II**. *n* deslustre *m*, empañadura *f*.

tar·ot ['tærəu] *n* tarot *m*, naipe *m* (*used for fortune-telling*).

tar·ra·gon ['tærəgən] *n* BOT estragón *m*.

tar·ry **I**. ['ta:ri] *adj* (*comp* **-ier**, *sup* **-iest**) alquitranado/a. **II**. ['tæri] *v* (*pret/pp* **tarried**) **1**. quedarse (atrás); detenerse. **2**. tardar.

tar·sus ['ta:səs] *n* (*pl* **tarsi** [-sai]) ANAT tarso *m*.

tart [ta:t] **I**. *adj* **1**. ácido/a, agrio/a. **2**. FIG áspero/a. **II**. *n* **1**. torta *f*, tarta *f*. **2**. *col* furcia *f*, puta *f*. **tart·ness** ['ta:tnis] *n* acidez *f*.

tar·tan ['ta:tn] *n* tartán *m* (*woolen cloth*).

tar·tar ['ta:tə(r)] *n* **1**. sarro *m* (*on the teeth*). **2**. QUIM tártaro *m*. **3**. tártaro/a (*also adj*). **4**. FIG persona *f* intratable. LOC **~ sauce**, salsa *f* tártara.

task [ta:sk; US tæsk] **I**. *n* **1**. labor *m*, tarea *f*, faena *f*. **2**. obligación *m*, deber *m*. LOC **~ force**, MIL destacamento *m* de fuerzas *f/pl*. **~·master** (*f* **~·mistress**), supervisor/ra; capataz *m/f*. **To take sb to ~ (about/for/over sth)**, regañar, reprender. **II**. *v* (**sb with sth**) poner a prueba *f*.

tas·sel ['tæsl] *n* borla *f* (*ornament*). **tas·sel·led** (US **tasseled**) ['tæsld] *adj* adornado/a con borlas *f/pl*.

taste [teist] **I**. *n* **1**. sabor *m*, gusto *m*. **2**. degustación *f*; prueba *f*, experiencia *f*. **3**. pizca *f*; sorbo *m*, trago *m* (*a sip*); muestra *f* (*sample*). LOC **Each to his own ~/There is no accounting for ~s**, sobre gustos *m/pl* no hay nada escrito. **In bad ~**, de mal gusto *m*. **~-bud**, ANAT papila *f* gustativa. **To acquire/develop a ~ for**, tomar el gusto *m* a. **To be to one's ~**, ser del agrado *m*/gusto *m* de uno. **To have a ~ for**, ser aficionado/a a. **To leave a nasty ~ in one's mouth**, dejar mal sabor *m* de boca *f*. **II**. *v* **1**. saborear; probar, catar. **2**. experimentar (*an experience*). **3**. notar un gusto *m*/sabor *m*. **4**. (**of**) saber (a). LOC **To ~ good/nice**, ser sabroso; estar muy rico/sabroso. **taste·ful** ['teistfl] *adj* elegante; de buen gusto *m*. **taste·ful·ness** ['teistflnis] *n* elegancia *f*; buen gusto *m*. **taste·less** ['teistlis] *adj* de mal gusto *m*; soso/a, insípido/a. **taste·less·ness** ['teistlisnis] *n* mal gusto *m*; insipidez *f*. **tast·er** ['teistə(r)] *n* catador/ra. **tast·i·ness** ['teistinis] *n* gusto *m*, sabor *m*. **tast·y** ['teisti] *adj* (*comp* **-ier**, *sup* **-iest**) de buen gusto *m*; sabroso/a.

tat [tæt] **I**. *v* (**-tt-**) hacer encaje de frivolité (*do ~.ting*). LOC **Tit for ~**, donde las dan las toman. **II**. *n* V. **tit**. **tat·ting** ['tætiŋ] *n* encaje *m* de frivolité.

ta-ta [tə 'ta:] *int* INFML ¡adios!

tat·ter·ed ['tætəd] *adj* **1**. harapiento/a, andrajoso/a (*a person*). **2**. en jirones *m/pl* (*flag, dress*). **tat·ters** ['tætəz] *n/pl* jirones *m/pl*, andrajos *m/pl*. LOC **To be in rags and ~**, ir con ropa *f* andrajosa.

tat·tle ['tætl] **I**. *v* charlar; chismorrear. **II**. *n* charla *f*; chismorreo *m*. **tat·tler** ['tætlə(r)] (US **~-tale**) *n* parlanchín/na; chismoso/a.

tat·too [tə'tu:; US tæ'tu:] **I**. *n* **1**. MIL retreta *f*, toque *m* de retreta *f*. **2**. MIL desfile *m* militar. **3**. tatuaje *m*. **II**. *v* tatuar.

tat·ty ['tæti] *adj* (*comp* **-ier**, *sup* **-iest**) **1**. sucio/a, desaseado/a. **2**. raído/a, gastado/a (*clothes*).

taught *pret/pp of* **teach**.

taunt [tɔ:nt] **I**. *v* **1**. **(with)** provocar con insultos *m/pl*. **2**. burlar(se), mofar(se). **II**. *n* sarcasmo *m*, pulla *f*; mofa *f*.

tau·rine ['tɔ:rain] *adj* taurino/a. **tau·ro·ma·chy** [tɔ:'rɔməki] *n* tauromaquia *f*.

Tau·rus ['tɔ:rəs] *n* ASTR Tauro *m*.

taut [tɔ:t] *adj* tenso/a; tieso/a; tirante (*also* FIG). **taut·en** ['tɔ:tn] *v* tensar(se); poner(se) tieso/a. **taut·ness** ['tɔ:tnis] *n* tensión *f*.

tau·to·log·ic·al [,tɔ:tə'lɔdʒikl] *adj* tautológico/a. **tau·tol·o·gy** [tɔ:'tɔlədʒi] *n* tautología *f*.

tav·ern ['tævən] *n* venta *f* (*inn*); taberna *f*.

taw·dri·ness ['tɔ:drinis] *n* relumbrón *m*, oropel *m*. **taw·dry** ['tɔ:dri] *adj* (*comp* **-ier**, *sup* **-iest**) de relumbrón *m*, de oropel *m*.

taw·ny ['tɔ:ni] *adj* leonado/a, rojizo/a.

tax [tæks] **I**. *n* **(on)** **1**. contribución *f*, impuesto *m*, arancel *m*. **2**. FIG esfuerzo *m*; carga *f*. LOC **Capital gains ~**, impuesto *m* de plusvalía *f*. **Luxury ~**, impuesto *m* de lujo *m*. **Value added ~** (*abrev* **VAT**), impuesto *m* al valor *m* añadido (*abrev* IVA *m*). **II**. *v* **1**. gravar con impuesto *m*; imponer contribuciones *f/pl*. **2**. agotar (*also* FIG). **3**. JUR tasar. **4**. poner a prueba *f*; someter a un esfuerzo *m* excesivo. **5**. **(with)** tachar, acusar. **tax·able** ['tæksəbl] *adj* impositivo/a; imponible; sujeto/a a impuesto *m*. **tax·ation** [tæk'seiʃn] *n* contribuciones *f/pl*, impuestos *m/pl*; sistema *f* tributario.

tax..., **~ collector/~·gather- er/~·man**, *n* recaudador/ra de impuestos *m/pl*. **~ dodging**, *n* fraude *m* fiscal. **~ evasion**, evasión *f* fiscal. **~-exempt/~-free**, *adj* libre de impuestos *m/pl*. **~ haven**, *n* paraíso *m* fiscal. **~·payer**, *n* contribuyente *m/f*. **~ relief**, *n* desgravación *f* fiscal. **~ return**, *n* declaración *f* de ingresos *m/pl*/renta *f*.

taxi ['tæksi] **I**. (*also* **~-cab**, *esp* US **cab**) *n* taxi *m*. **II**. *v* **1**. ir en taxi *m*. **2**. llevar en taxi *m*. **3**. AER hacer rodar por la pista *f*, deslizarse por la pista *f*. LOC **~ driver/~·man**, taxista *m/f*. **~·meter**, taxímetro *m*. **~ rank** (US **cab-rank**, **cab stand**, **~ stand**), parada *f* de taxis *m/pl*.

tax·i·derm·ist ['tæksidɜ:mist] *n* taxidermista *m/f*. **tax·i·der·my** ['tæksidɜ:mi] *n* taxidermia *f*.

tbsp (*pl* **tbsps**) *abrev* (V.) **tablespoonful**.

te [ti:] *n* MUS si *n*.

tea [ti:] *n* **1**. infusión *f*, té *m*. **2**. merienda *f* (*snack, light meal*). LOC **Not for all the ~ in China**, ni por todo el oro *m* del mundo *m*. **Not to be sb's cup of ~**, INFML no ser santo de la devoción de alguien.

tea..., **~-bag**, *n* bolsa *f*/sobre *m* de té *m*. **~-break**, *n* descanso *m* para el té *m*. **~-caddy** (*also* **caddy**), *n* bote *m* para el té *m*. **~·cake**, *n* bollo *m* (*usually eaten hot with butter at ~*). **~ cosy**, *n* guardacalor *m* de tetera *f*. **~·cup**, *n* taza *f* de té *m*; LOC **A storm in a ~·cup**, FIG una tormenta *f* en un vaso *m* de agua *m*. **~·house/~·room/~·shop**, *n* salón *m* de té *m*. **~·pot**, *n* tetera *f*. **~-service/ ~-set**, *n* juego *m* de té *m*. **~·spoon**, *n* cucharilla *f*; cucharadita *f* (*amount*). **~ strainer**, *n* colador *m*. **~-time**, *n* hora *f* del té *m*. **~ tray**, *n* bandeja *f* del té *m*.

teach [ti:tʃ] *v* (*pret/pp* **taught** [tɔ:t]) **1**. enseñar; dar clases *f/pl*: *He ~es the piano*, Da clases de piano. **2**. FIG INFML escarmentar. LOC **~-in**, seminario *m*. **teach·er** ['ti:tʃə(r)] *n* maestro/a; profesor/ra. LOC **~s' college**, escuela *f* universitaria de profesorado *m*. **~ training**, formación *f* pedagógica. **teach·ing** ['titʃiŋ] **I**. *adj* docente; pedagógico/a. **II**. *n* enseñanza *f*, doctrina *f*.

teak [ti:k] *n* BOT teca *f*.

teal [ti:l] *n* ZOOL cerceta *f*.

team [ti:m] **I**. *n* **1**. tiro *m*, tronco *m* (*for horses*). **2**. yunta *f* (*for oxen*). **3**. equipo *m* (*also* DEP). LOC **Away ~**, DEP equipo *m* visitante. **Home ~**, DEP equipo *m* de casa. **~·mate**, compañero *m* de equipo *m*. **~ spirit**, espíritu *m* de equipo *m*. **~·work**, trabajo *m* en equipo *m*. **II**. *v* **1**. trabajar en equipo *m*. **2**. formar un equipo *m*. **3**. **(up)** unirse, agruparse. **team·ster** ['ti:mstə(r)] *n* US camionero/a.

tear [tiə(r)] **I**. *n* **1**. lágrima *f*. LOC **Crocodile ~s**, FIG lágrimas *f/pl* de cocodrilo *m*. **~-drop**, lágrima *f*. **~-gas**, gas *m* lacrimógeno. **II**. *v* derramar lágrimas *f/pl*. **tear·ful** ['tiəfl] *adj* lacrimoso/a; lloroso/a.

tear [teə(r)] **I**. *v* (*pret* **tore** [tɔ:(r),] *pp* **torn** [tɔ:n] **1**. romper(se); desgarrar(se); rasgar (se). **2**. lacerar, herir (*flesh*). **3**. quitar, arrancar. **4**. FIG atormentar. **5**. **(along)** ir a toda velocidad *f*. **6**. **(at)** quitar con precipitación *f*. **7**. **(down)** arrancar; demoler, derribar (*house,* etc); desarmar (*an engine*). **8**. **(into)** acometer. **9**. **(off)** cortar; arrancar. **10**. **(past)** pasar como una flecha *f*. **11**. **(up)** hacer añicos *m/pl*, romper; sacar de raíz *f* (*a plant*). LOC **To ~ one's hair**, tirarse de los pelos *m/pl*. **II**. *n* **1**. desgarrón *m*, rasgón *m* (*hole, split*). **2**. precipitación *f*. **tear·a·way** ['teərəwei] *n* gamberro *m*.

tease [ti:z] **I**. *v* **1**. tomar el pelo *m*; fastidiar, molestar; importunar. **2**. cardar (*wool*). **II**. *n* **1**. broma *f*. **2**. bromista *m/f*. **teas·er** ['ti:zə(r)] *n* INFML problema *f*, rompecabezas *m*.

tea·sel (*also* **teazel**, **teazle**) ['ti:zl] *n* **1**. BOT cardencha *f*. **2**. TEC carda *f* (*device*).

teat [ti:t] *n* **1**. ANAT pezón *m* (*also* **nipple**); teta *f*. **2**. tetina *f* (*of a feeding bottle*).

tech [tek] *n* INFML escuela *f* de enseñanza profesional. **tech·nic·al** ['teknikl] *adj* técnico/a. **tech·ni·cal·ity** [,tekni'kæləti] *n* **1**. tecnicismo *m*. **2**. cosa *f*/detalle *m* técnico. **tech·ni·cal·ly** ['teknikli] *adv* técnicamente. **tech·ni·cian** [tek'niʃn] *n* especialista *m/f*, técnico/a. **tech·nics** ['tekniks] *n* tecnología *f*. **tech·nique** [tek'ni:k] *n* técnica *f*.

Tech·ni·col·or ['teknikʌlə(r)] *n* tecnicolor *m*.

tech·no·cra·cy [tek'nɔkrəsi] *n* tecnocracia *f.* **tech·no·crat** ['teknəkræt] *n* tecnócrata *m/f.*

tech·no·log·ic·al [,teknə'lɔdʒikl] *adj* tecnológico/a. **tech·no·log·ic·al·ly** [,teknə'lɔdʒikli] *adv* tecnológicamente. **tech·no·log·ist** [tek'nɔlədʒist] *n* tecnólogo/a. **tech·no·lo·gy** [tek'nɔlədʒi] *n* tecnología *f.*

ted [ted] *v* AGR henificar. **ted·der** ['tedə(r)] *n* AGR henificadora *f.*

ted·dy bear ['tedi beə(r)] *n* oso *m* de peluche *m.*

te·di·ous ['ti:diəs] *adj* tedioso/a, molesto/a, aburrido/a, fastidioso/a. **te·di·ous·ness** ['ti:diəsnis], **te·di·um** ['ti:diəm] *n* tedio *m*, aburrimiento *m*, fastidio *m.*

tee [ti:] **I.** *n* DEP tee *m* (*in golf*). **II.** *v* **(off)** DEP dar el primer golpe *m*, golpear desde el tee *m* (*in golf*).

teem [ti:m] *v* **1. (with sth)** pulular, hormiguear; rebosar, hervir. **2. (with sth/down**; *esp rain, water*) llover a cántaros *m/pl*, diluviar.

teen·age ['ti:neidʒ] *adj* adolescente. **teen·ag·er** ['ti:neidʒə(r)] *n* joven *m/f*, adolescente *m/f.* **teens** [ti:nz] *n/pl* adolescencia *f* (edad de 13 a 19 años). LOC **To be in one's ~**, estar en la adolescencia *f.*

teen(·s)y ['ti:n(s)i] (*also* **teen(s)y-ween(s)y** [,ti:n(s)i 'wi:n(s)i]) *adj* (*comp* **-ier**, *sup* **-iest**) INFML chiquitín/na, pequeñín/na; minúsculo/a.

tee-shirt V. **T-shirt**.

teet·er ['ti:tə(r)] *v* balancear(se).

teeth *pl of* **tooth**. **teethe** [ti:ð] *v* echar los dientes *m/pl*, endentecer (*a baby*). **teeth·ing** ['ti:ðiŋ] *n* dentición *f.* LOC **~ ring**, chupador *m*, chupete *m.* **~ troubles**, FIG pequeños problemas *m/pl* iniciales (*in the early stages of an enterprise*).

tee·to·tal [ti:təutl; US 'ti:təutl] *adj* abstemio/a. **tee·to·tal·ism** [ti:'təutlizəm] *n* abstinencia *f.* **tee·to·tal(·l)er** [ti:təutlə(r)] *n* abstemio/a (*person*).

tel (*abrev*) **1. telegraph**, *n* telégrafo *m.* **2. telegraphic**, *adj* telegráfico/a. **3. telephone**, *n* teléfono *m.* **4. telephone number**, *n* número *m* de teléfono *m.*

tel·e·com·mu·nic·ation [,telikə,mju:ni'keiʃn] *n* telecomunicación *f.*

tel·e·gram ['teligræm] *n* telegrama *m.*

tel·e·graph ['teligra:f; US -græf] **I.** *n* telégrafo *m.* **II.** *adj* (*also* **telegraphic**) telegráfico/a. LOC **~ pole**, poste *m* telegráfico. **~ wire**, hilo *m* telegráfico. **III.** *v* telegrafiar. **te·le·graph·er** ['teligra:fə(r)], **tel·e·graph·ist** ['teligra:fist] *n* telegrafista *m/f.* **tel·e·gra·phy** ['teligra:fi] *n* telegrafía *f.*

te·le·me·try [ti'lemətri] *n* telemetría *f.*

tel·e·path·ic [,teli'pæθik] *adj* telepático/a. **te·le·pa·thy** [ti'lepəθi] *n* telepatía *f.*

tel·e·pho·ne ['telifəun] (*also* **phone**) **I.** *n* teléfono *m.* LOC **~ book/~ directory** (*also* **phone book**), guía *f* telefónica. **~ call**, llamada *f* telefónica. **~ exchange**, central *f* telefónica. **~ number**, número *m* de abonado *m*/teléfono *m.* **~ operator**, telefonista *m/f.* **To be on the ~**, estar hablando por teléfono *m.* **II.** *v* telefonear, hablar/llamar por teléfono *m.* **te·le·phon·ic** [,teli'fɔnik] *adj* telefónico/a. **te·le·phon·ist** [ti'lefənist] *n* telefonista *m/f.* **te·le·pho·ny** [ti'lefəni] *n* telefonía *f.*

tel·e·pho·to [,teli'fəutəu] **I.** *adj* (*also* **~·graphic**) telefotográfico/a. **II.** *n* (*also* **~·graphy**) telefoto *f.*

tel·e·print·er ['teliprintə(r)] (US **teletype-writer**) *n* teletipo *m*, teleimpresor(a) *m/(f).*

tel·e·prompt·er ['teilprɔmptə(r)] *n* pantalla *f* utilizada para leer el texto un locutor en TV.

tel·e·scope ['teliskəup] **I.** *n* **1.** ASTR telescopio *m.* **2.** catalejo *m.* **II.** *v* **1.** abreviar(se), resumir(se). **2.** plegar(se). **3.** enchufar(se). **tel·e·scop·ic** [,teli'skɔpik] *adj* **1.** telescópico/a. **2.** que se acopla/enchufa.

tel·e·text ['telitekst] *n* teletexto *m.*

tel·e·type(·writ·er) [,teli'taip(raitər)] **I.** *n* US (*also* **teleprinter**) teletipo *m.* **II.** *v* transmitir por teletipo *m.* **tel·e·typ·er** [,teli'taipə(r)] *n* teletipista *m/f* (*person*).

tel·e·view·er ['telivju:ə(r)] *n* telespectador/ra.

tel·e·vise ['telivaiz] *v* televisar. **te·le·vi·sion** ['teliviʒn] (*also* INFML **telly**) *n* **1.** televisor *m* (*set*). **2.** televisión *f* (*system*). LOC **Cable ~**, televisión *f* por cable *m.* **~ audience**, telespectadores *m/f/pl.* **~ broadcasting**, teledifusión *f.* **~ screen**, pantalla *f* de televisión *f.* **~ set**, televisor *m*, aparato *m* de televisión *f.* **To be on ~**, salir en la televisión *f.* **To watch ~**, ver la televisión *f.*

tel·ex ['teleks] **I.** *n* télex *m.* **II.** *v* poner un télex *m*; enviar por télex *m.*

tell [tel] *v* (*pret/pp* **told** [təuld]) **1. (to)** decir. **2.** comunicar; divulgar; difundir. **3.** contar (*a story*). **4. (against)** perjudicar. **5. (by)** conocer (por). **6. (from)** distinguir (de), deducir: *He is able to ~ right from wrong*, Sabe distinguir el bien del mal. **7. (of, about)** hablar (de). **8. (off)** reñir (*rebuke*); designar; mandar. **9. (on)** denunciar (*report*); delatar, FAM chivarse, soplar; afectar (a); surtir efecto *m* (en); hacer mella *f*; MED afectar (*health*). LOC **To hear ~ of**, oír hablar de. **To ~ one's beads**, REL rezar el rosario *m.* **To ~ sb the truth**, decir la verdad *f* a alguien. **To ~ the time**, decir la hora *f.* **tell·er** ['telə(r)] *n* **1.** narrador/ra. **2.** cajero/a (*in a bank*). **3.** escrutador/ra. **tell·ing** ['teliŋ] *adj* contundente, eficaz. LOC **~-off**, bronca *f.* **tell-tale** ['tel,teil] **I.** *n* **1.** chivato/a, soplón/na. **2.** TEC indicador *m.* **3.** NAUT anxiómetro *m.* **II.** *adj* **1.** revelador/ra. **2.** indicador/ra.

tel·ly ['teli] *n* INFML tele *f* (*television*).

te·mer·ity [ti'merəti] *n* temeridad *f.*

tem·per ['tempə(r)] **I.** *n* **1.** (mal) genio *m*; temperamento *m* (*character*). **2.** ira *f*, cólera *f.* **3.** humor (*mood*); disposición *f.* **4.** TEC temple *m* (*glass, metal*). LOC **Out of ~**, de mal genio *m.* **To be in a good ~**, estar de buen humor *m.* **To keep one's ~**, contenerse. **To lose one's ~**, enfadarse, ponerse de mal humor *m*. **II**. *v* templar, moderar, suavizar, mitigar (*also* FIG).

tem·per·a ['tempərə] *n* ART pintura *f* al temple.

tem·per·a·ment ['temprəmənt] *n* **1**. disposición *f*, temperamento *m*; genio *m*. **2**. sensibilidad *f*. **tem·pe·ra·ment·al** [,temprə'mentl] *adj* **1**. temperamental. **2**. inconstante. **3**. caprichoso/a, inestable. **4**. excitable. LOC **To be ~**, tener temperamento *m*/genio *m*.

tem·per·ance ['tempərəns] *n* **1**. templanza *f*. **2**. moderación *f*, sobriedad *f*. **3**. abstinencia *f* (*from alcoholic drinks*). LOC **~ movement**, campaña *f* en contra del alcohol *m*.

tem·per·ate ['tempərət] *adj* **1**. moderado/a; templado/a. **2**. abstemio/a, sobrio/a. LOC **~ zone**, GEOG zona *f* templada.

tem·per·a·ture ['temprətʃə(r); US 'tempərtʃuər] *n* **1**. temperatura *f*. **2**. MED calentura *f*, fiebre *f*.

tem·per·ed ['tempəd] *adj* **1**. templado/a. **2**. disgustado/a. **tem·per·er** ['tempə(r)] *n* TEC templador *m*.

tem·pest ['tempist] *n* tempestad *f*. **tem·pes·tu·ous** [tem'pestʃuəs] *adj* tempestuoso/a.

Tem·plar ['templə(r)] *n* HIST templario *m*.

tem·plate ['templeit] *n* plantilla *f*.

tem·ple ['templ] *n* **1**. REL templo *m*. **2**. ANAT sien *f*.

tem·po ['tempəu] *n* MUS compás *m*, tempo *m*. **tem·por·ize, -ise** ['tempəraiz] *v* (con)temporizar.

tem·po·ral ['tempərəl] *adj* temporal. **tem·po·ral·it·ies** [,tempə'rælitis] *n/pl* REL bienes *m/pl* temporales. **tem·po·ral·ity** [,tempə'ræliti] *n* temporalidad *f*. **tem·po·rar·i·ly** ['temprərəli] *adv* temporalmente.

tem·por·ary ['temprəri; US -pəreri] *adj* transitorio/a; provisional; temporero/a (*worker*); interino/a (*officer*). LOC **~ job**, trabajo *m* temporal.

tempt [tempt] *v* **(into sth/doing sth)** provocar; inducir, incitar; tentar. LOC **To ~ fate/ providence**, tentar a Dios. **temp·ta·tion** [temp'teiʃn] *n* tentación *f*. **tempt·er** ['temptə(r)] *n* **1**. tentador/ra. **2**. el Demonio *m*. **tempt·ing** ['temptiŋ] *adj* tentador/ra. **tempt·ress** ['temptris] *n* tentadora *f* (*esp sexually*).

ten [ten] **I**. *pron/num/adj* diez. LOC **~ pence (10p)**, moneda *f* de diez peniques *m/pl*. **~ to one**, muy probable. **II**. *n* diez *m*. **ten·fold** [-fəuld] **I**. *adj* décuplo/a. **II**. *adv* diez veces. **tenth** [ten] *pron/num/adj* décimo/a. **ten·ner** ['tenə(r)] *n* INFML billete *m* de diez libras *f/pl*.

ten·ab·il·ity [,tenə'biləti] *n* validez *f*, valor *m*. **ten·able** ['tenəbl] *adj* sostenible; defendible.

te·na·ci·ous [ti'neiʃəs] *adj* obstinado/a, tenaz. **te·nac·ity** [ti'næsəti] *n* obstinación *f*, tenacidad *f*.

ten·ancy ['tenənsi] *n* arrendamiento *m*, alquiler *m*. **ten·ant** ['tenənt] **I**. *n* **1**. ocupante *m/f*, habitante *m/f*. **2**. arrendatario/a, inquilino/a. **II**. *v* **1**. ocupar. **2**. arrendar, alquilar.

ten·ant·ry ['tenəntri] *n* inquilinos *m/f/pl*, arrendatarios *m/f/pl*.

tench [tentʃ] *n* ZOOL tenca *f*.

tend [tend] *v* **1**. atender, cuidar. **2**. manejar (*a machine*). **3**. AGR cultivar. **4**. contribuir. **5**. tener tendencia *f* a, tender. **tend·ency** ['tendənsi] *n* tendencia *f*. **ten·den·ti·ous** [ten'denʃəs] *adj* partidario/a, propenso/a, tendencioso/a.

ten·der ['tendə(r)] **I**. *adj* **1**. delicado/a, frágil. **2**. tierno/a (*steak*). **3**. MED dolorido/a (*painful*). LOC **~-foot**, inexperto/a; novato/a; recien llegado/a. **~-hearted**, compasivo/a. **~-loin** (*also* **~-loin steak**), lomo *m*, solomillo *m* (*beef, pork*). **II**. *n* **1**. NAUT buque *m* nodriza. **2**. ténder *m* (*in railway*). **3**. COM , JUR oferta *f*; propuesta *f*. LOC **Legal ~**, moneda *f* de curso *m* legal. **III**. *v* **1**. ofrecer, presentar (*one's resignation*); dar (*thanks*). **2**. JUR presentar. **3**. COM ofertar. **4**. enternecer(se). **ten·der·ly** ['tendəli] *adv* tiernamente. **ten·der·ness** ['tendənis] *n* **1**. ternura *f*; cariño *m*, dulzura *f*. **2**. sensibilidad *f*.

ten·don ['tendən] *n* ANAT tendón *m*.

ten·dril ['tendrəl] *n* ZOOL zarcillo *m* (*plant*).

ten·e·ment ['tenəmənt] *n* **1**. piso *m*, vivienda *f*, casa *f*. **2**. (US *also* **~-house**) casa *f* de vecindad *f*. **3**. JUR propiedad *f*.

ten·et ['tenit] *n* dogma *f*; principio *m*; credo *m*.

ten·nis ['tenis] *n* (*also* **lawn ~**) DEP tenis *m*. LOC **~ court**, pista *f*/cancha *f* de tenis *m*. **~ elbow**, MED inflamación *f* del codo *m* (*caused by playing ~*). **~ player**, DEP tenista *m/f*.

ten·on ['tenən] *n* macho *m*, espiga *f*, almilla *f*.

ten·or ['tenə(r)] *n* **1**. MUS tenor *m* (*also adj*). **2**. significado *m*; contenido *m*. **3**. tendencia *f*. **4**. curso *m*.

ten·pin bowl·ing [,tenpin 'bəuliŋ] (US *also* **tenpins** ['tenpinz] *pl*) *n* DEP bolos *m/pl*.

tense [tens] **I**. *adj* (*comp* **-r**, *sup* **-st**) **1**. tirante, tenso/a, estirado/a. **2**. nervioso/a. LOC **A ~ situation**, una situación *f* tirante/tensa. **II**. *v* tensar. **III**. *n* GRAM tiempo *m*: *Present ~*, Tiempo presente. **tense·ness** ['tensnis] *n* tirantez *f*, tensión *f*.

tens·ile ['tensail; US 'tensl] *adj* de tensión *f*; tensor/ra; extensible; dúctil.

ten·sion ['tenʃn] *n* **1**. tirantez *f*, tensión *f* (*also* ELECTR). **2**. FIG ansia *f*, emoción *f*. LOC **High ~**, de alta tensión *f*.

tent [tent] *n* tienda *f* de campaña *f*. LOC **~ peg**, estaca *f*. **~ pole**, mástil *m* (*of a ~*).

ten·ta·cle ['tentəkl] *n* tentáculo *m*. **ten·ta·cu·lar** [ten'tækjulə(r)] *adj* tentacular.

ten·tat·ive ['tentətiv] *adj* **1**. de tanteo *m*, tentativo/a. **2**. provisional; de ensayo *m*. **ten·tat·ive·ly** ['tentətivli] provisionalmente.

ten·ter·hook ['tentəhuk] *n* gancho *m* de bastidor *m*. LOC **To be on ~s**, estar sobre ascuas *f/pl*.

ten·u·ity [te'nju:əti], **ten·u·ous·ness** ['tenjuəsnis] *n* delgadez *f*; tenuidad *f*; enrarecimiento *m* (*of air*). **ten·u·ous** ['tenjuəs] *adj* delgado/a; tenue; raro/a (*air*); sutil.

ten·ure ['tenjuə(r); US -jər] *n* **1**. posesión *f*. **2**. ejercicio *m*, ocupación *f* (*of land, office*). **3**. arrendamiento *m*. **4**. plaza *f* en propiedad (*at a university*, etc).

tep·id ['tepid] *adj* tibio/a. **te·pid·ity** ['tepidəti], **tep·id·ness** ['tepidnis] *n* tibieza *f*.

te·qui·la [tə'ki:lə] *n* tequila *f*.

ter·cen·ten·ary [,tɜ:sen'ti:nəri; US tɜ:'sentəneri] (*also* **tercentennial** [,tɜ:sen'teniəl]) *n* tricentenario *m*. **ter·cen·ten·ni·al** *adj* de tres siglos *m/pl*.

term [tɜ:m] **I**. *n* **1**. período *m*, plazo *m* (*period of time*). **2**. término *m*. **3**. trimestre *m*, semestre *m* (*at school, university*); curso *m*. **4**. mandato *m* (*of a minister, president*). **5**. GRAM voz *f*, término *m* (*word*). **6**. condena *f* (*imprisonment*). **7**. **~s** *pl* condiciones *f/pl*. **8**. **~s** *pl* términos *m/pl* (*of a contract*). **9**. **~s** *pl* COM tarifa *f*, precios *m/pl*. **10**. **~s** *pl* relaciones *f/pl*. LOC **In ~s of**, por lo que se refiere a. **Not on any ~**, bajo ningún concepto *m*. **On easy ~s**, a plazos *m/pl*; con facilidades *f/pl* de pago *m*. **To be on good ~s**, estar en buenas relaciones *f/pl*. **To come/make ~s**, acordar; llegar a un acuerdo *m*. **To come to ~s with**, llegar a un acuerdo *m*. **II**. *v* calificar de; nombrar, llamar.

ter·mag·ant ['tɜ:məgənt] *n* fiera *f*, arpía *f*.

ter·min·able ['tɜ:minəbl] *adj* terminable.

ter·min·al ['tɜ:minl] **I**. *adj* último/a; terminal (*of the end*; BOT *bud*). **II**. *n* **1**. extremo *m*. **2**. ELECTR terminal *m* (*also of computer*), borne *m*; polo *m*. **3**. AER, NAUT terminal *f* (*also in railway*). **ter·min·ate** ['tɜ:mineit] *v* finalizar(se), terminar(se); despedir. **ter·min·ation** [,tɜ:mi'neiʃn] *n* **1**. terminación *f* (*also* GRAM). **2**. MED aborto *m*.

ter·mi·no·lo·gy [tɜ:mi'nɔlədʒi] *n* terminología *f*.

ter·mi·nus ['tɜ:minəs] *n* (*pl* **-ni** ['tɜ:minai] *or* **-es** [-nəsiz]) **1**. final *m*, término *m*. **2**. AER, NAUT terminal *f*. **3**. final *m* de línea *f* (*bus*). **4**. estación *f* terminal (*railway*).

term·ite ['tɜ:mait] *n* ZOOL termita *f*.

tern [tɜ:n] *n* ZOOL golondrina *f* de mar.

tern·ary ['tɜ:nəri] *adj* ternario/a.

ter·race ['terəs] **I**. *n* **1**. azotea *f* (*roof*); terraza *f* (*balcony*). **2**. AGR bancal *m*, terraza *f*; terraplén *m*. **3**. **~s** DEP gradas *f/pl*. **4**. hilera *f* de casas *f/pl*. **II**. *v* **1**. terraplenar. **2**. abancalar.

ter·ra·cot·ta [,terə'kɔtə] *n* terracota *f*.

ter·ra fir·me [,terə 'fɜ:mə] *n* tierra *f* firme.

ter·rain [tə'rein] *n* terreno *m*.

ter·ra·pin ['terəpin] *n* ZOOL tortuga *f* acuática.

ter·res·tri·al [tə'restriəl] *adj* terrestre.

ter·rible ['terəbl] *adj* **1**. terrible. **2**. pésimo/a. **3**. atroz. **ter·ri·bly** ['terəbli] *adv* terriblemente.

ter·ri·er ['teriə(r)] *n* ZOOL terrier *m* (*dog*).

ter·rif·ic [tə'rifik] *adj* INFML terrible; tremendo/a; extraordinario/a, fanático/a. **ter·rif·y** ['terifai] *v* (*pret/pp* **terrified**) aterr(oriz)ar. **ter·ri·fy·ing** ['terifaiŋ] *adj* terrible; espantoso/a.

ter·ri·to·ri·al [,terə'tɔ:riəl] **I**. *adj* territorial; jurisdiccional. LOC **~ Army**, MIL reserva *f* (*of soldiers*). **~ waters**, aguas *f/pl* jurisdiccionales. **II**. *n* MIL reservista *m/f*. **ter·rit·ory** ['terətri; US -tɔ:ri] *n* **1**. territorio *m*. **2**. zona *f*, región *f*. **3**. DEP campo *m*. **4**. pertenencia *f*; competencia *f*.

ter·ror ['terə(r)] *n* pánico *m*, terror *m*, espanto *m*. LOC **~-stricken** (*also* **~-struck**), aterrorizado/a. **ter·ror·ism** ['terərizəm] *n* terrorismo *m*. **ter·ror·ist** ['terərist] *n* terrorista *m/f*. **ter·ror·ize**, **-·ise** ['terəraiz] *v* aterr(oriz)ar.

ter·ry (cloth) ['teri (clɔθ)] *n* **1**. felpa *f* (*cloth*). **2**. US albornoz *m*.

terse [tɜ:s] *adj* sucinto/a; breve; conciso/a. **terse·ness** ['tɜ:snis] *n* brevedad *f*; concisión *f*.

ter·tian ['tɜ:ʃiən] *n/adj* terciana *f* (MED *fever*). **ter·ti·ary** ['tɜ:ʃəri] *adj* **1**. GEOL terciario/a (*also n/m*). **2**. tercero/a.

Te·ry·lene ['terəli:n] (US **Dacron**) *n* terylene *m*.

tes·sel·(l)ate ['tesəleit] *v* hacer un mosaico *m*. **tes·sel·(l)at·ed** ['tesəleitid] *adj* de mosaico *m*.

test [test] **I**. *n* **1**. examen *m*; prueba *f*, test *m* (*intelligence ~*). **2**. MED análisis *m*. **3**. experimento *m*, ensayo *m*. **4**. piedra *m* de toque *m*. LOC **To put to the ~**, poner a prueba *f*. **II**. *v* **1**. examinar. **2**. ensayar; someter a prueba *f*; (com)probar. **3**. MED hacer un análisis *m*; graduar (*sight*). **test·er** ['testə(r)] *n* **1**. ensayador/ra, probador/ra. **2**. baldaquín *m*; dosel *m* (*of a bed*). **test·ing** ['testiŋ] *adj* de pruebas. LOC **~ ground**, zona *f* de pruebas *f/pl*.

test..., **acid ~**, *n* FIG prueba *f* de fuego *m*. **~ ban**, *n* prohibición *f*/suspensión *f* de pruebas *f/pl* nucleares. **~ case**, *n* JUR juicio *m*/pleito *m* de ensayo *m* (que hace jurisprudencia *f*). **~ flight**, *n* AER vuelo *m* de ensayo *m*/prueba *f*. **~ match** (*also* INFML **~**), *n* DEP partido *m* internacional (*in cricket, rugby*). **~ paper**, *n* QUIM papel *m* indicador/reactivo; examen *m* (*at school*). **~ pilot**, *n* AER piloto *m/f* de pruebas *f/pl*. **~ print**, *n* copia *f* de prueba *f*. **~-tube**, *n* probeta *f*, tubo *m* de ensayo *m*. **~-tube baby**, *n* niño/a probeta.

tes·ta·ment ['testəmənt] *n* testamento *m*. LOC **The New ~**, REL el Nuevo Testamento *m*. **The Old ~**, REL el Antiguo Testamento *m*. **tes·ta·ment·ary** [,testə'mentri] *adj* testamentario/a.

test·ate ['testeit] *adj* JUR testado/a. **test·at·or** [tes'teitə(r)] *n* JUR testador *m*. **test·at·rix** [tes'teitriks] *n* JUR testadora *f*.

tes·tes *pl of* **testis**.

tes·ti·cle ['testikl] *n* ANAT testículo *m*.

test·i·fy ['testifai] *v* (*pret/pp* **testified**) (**to; against/in favour of sb**) demostrar, atestiguar; testificar; declarar (*also* JUR); atestar.

tes·ti·mo·ni·al [,testi'məuniəl] *n* **1**. testimonio *m*. **2**. certificado *m*. **3**. (carta de) recomendación *f*. **tes·ti·mo·ny** ['testiməni; US -məuni] *n* JUR declaración *f*, testimonio *m*.

tes·tis ['testis] *n* (*pl* **-tes** [-ti:z]) ANAT testículo *m*.

tes·ty ['testi] *adj* (*comp* **-ier**, *sup* **-iest**) malhumorado/a; irritable.

te·ta·nus ['tetənəs] *n* MED tétanos *m* (*disease*).

tet·chy ['tetʃi] *adj* (*comp* **-ier**, *sup* **-iest**) picajoso/a, irritable.

tê·te-à-tê·te [,teit a: 'teit] **I.** *n* conversación *f* confidencial. **II.** *adv* confidencial, en privado.

teth·er ['teðə(r)] **I.** *n* atadura *f*, ronzal *m*. LOC **At the end of one's ~**, hasta la coronilla *f*, hartísimo/a. **II.** *v* (**to**) atar (*fasten with a ~*).

Teu·ton ['tju:tən] *n/adj* GEOG teutón/na. **Teu·ton·ic** [tju:'tɔnik; US tu:-] *adj* teutónico/a.

text [tekst] *n* **1**. texto *m*. **2**. (*also* **~·book**) libro *m* de texto *m*. **3**. tema *m*.

tex·tile ['tekstail] *n/adj* tejido/a *m*, texil *m*.

text·u·al ['tekstʃuəl] *adj* textual. **text·u·al·ly** ['tekstʃuəli] *adv* textualmente.

tex·ture ['tekstʃə(r)] *n* textura *f* (*also* FIG).

tha·li·do·mide [θə'lidəmaid] *n* talidomida *f* (*sedative drug*).

than [ðən; *strong form* ðæn] *conj* **1**. que: *He arrived earlier ~ I*, Llegó antes que yo. **2**. de: *More ~ five people*, Más de cinco personas. **3**. cuando: *Hardly had I arrived ~ the phone rang*, Apenas había llegado cuando sonó el teléfono. **4**. de lo/la que, del que (*sing*); de los/las que (*pl*): *It's cheaper ~ I expected*, Es más barato de lo que esperaba. LOC **No other ~**, nadie más que. **Other ~**, aparte de.

thank [θæŋk] **I.** *v* (**for sth/doing sth**) dar las gracias *f/pl*, agradecer. LOC **~ God/goodness/heaven!**, ¡gracias *f/pl* a Dios! **~ you (very much)!**, ¡(muchísimas) gracias *f/pl*! **II.** **~s** *n/pl* agradecimiento *m*, gracias *f/pl*. LOC **~s to**, gracias *f/pl* a. **thank·ful** ['θæŋkfl] *adj* agradecido/a. LOC **To be ~ that**, alegrarse de que. **thank·ful·ness** ['θæŋkflnis] *n* agradecimiento *m*. **thank·less** ['θæŋklis] *adj* ingrato/a. **thank·less·ness** ['θæŋklisnis] *n* ingratitud *f*. **thanks·giv·ing** ['θæŋks,giviŋ] *n* acción *m* de gracias *f/pl*. LOC **~ (Day)**, US día *m* de acción *f* de gracias *f/pl*.

that [ðæt] **I.** *adj* (*demostrative*) (*pl* **those** [ðəuz]) ese/a; aquel/lla. **II.** *pron* (*demostrative*) (*pl* **those** [ðəuz] **1**. ése/a, eso (*neuter*); aquél/lla, aquello (*neuter*). **2**. el *m*, la *f*. lo (*neuter*) (*when followed by a relative pronoun or 'of'*). **3**. (el/la/lo) que (*with prep*). LOC **And ~'s ~**, ¡y eso es todo! **At ~**, con todo; sin más; acto *m* seguido. **For all ~**, a pesar de todo. **Like ~**, así, de esa manera *f*. **~ is**, es decir. **~'s it!**, ¡eso es! **III.** *adv* tan, así de. LOC **~ far**, tan lejos, así de lejos. **~ many**, tantos/as. **~ much**, tanto. **IV.** *conj* que; para que; de que. LOC **In ~**, en la medida en que, ya que, por cuanto, en que. **So ~**, para que; de modo que.

thatch [θætʃ] **I.** *n* **1**. techo *m* de paja *f*. **2**. paja *m*. **II.** *v* poner un techo *m* de paja *f*; cubrir con paja *f*.

thaw [θɔ:] **I.** *v* **1**. descongelar(se); deshelar(se); derretir(se). **2**. ablandar(se). **II.** *n* derretimiento *m*, deshielo *m*.

the [ðə; ði (*before vocalic sound*) ði: (*strong form*)] **I.** *art* el, la (*sing*); los, las (*pl*); lo (*neuter*). LOC **At ~ time**, en aquel entonces. **~ one**, el, la (*pron*). **II.** *adv* cuanto más/menos ... (tanto) más/menos: *~ more you eat, ~ fatter you get*, Cuanto más comas más engordarás. LOC **~ sooner ~ better**, cuanto antes mejor.

the·a·tre (US **theater**) ['θiətə(r)] *n* **1**. teatro *m*. **2**. MIL escenario *m*. **3**. aula *f* (*for lectures*). LOC **Operating ~**, MED quirófano *m*. **~-goer**, aficionado/a al teatro *m*. **the·a·tric·al** [θi'ætrikl] *adj* teatral, de teatro *m*. **the·a·tric·al·ly** [θi'ætrikəli] *adv* teatralmente. **the·a·tric·als** [θi'ætrikəlz] *n/pl* funciones *f/pl* de teatro *m*.

thee [ði:] *pron* (ARC , *dialect*, POET) te; ti (*after prep*). LOC **With ~**, contigo.

theft [θeft] *n* hurto *m*, robo *m*, sustracción *f*.

their [ðeə(r)] *adj* (*possessive*) su, sus; de ellos/as. **theirs** [ðeəz] *pron* (*possessive*) (el/la) suyo/a; (los/las) suyos/as.

the·ism ['θi:zəm] *n* REL teísmo *m*. **the·ist** ['θi:st] *n* teísta *m/f*. **the·ist·ic(·al)** [θi:'istik(l)] *adj* teísta.

them [ðəm; ðem] *pers pron* los/as (*direct object*); les (*indirect object*!; ellos/as (*after prep*). **them·sel·ves** [ðəm'selvz] *pron* (*reflexive*) ellos/as mismos/as (*subject*); se (*direct/indirect object*); sí (mismos/as) (*after prep*).

the·mat·ic [θi'mætik] *adj* temático/a.

theme [θi:m] *n* tema *m* (*also* MUS). LOC **~ song** (*also* **~ tune**) tema *m* musical; (*also* **signature tune**) sintonía *f*.

then [ðen] **I.** *adv* (en aquel) entonces; luego, después; además. LOC **By ~**, antes de eso; para entonces. **Now and ~**, de vez en cuando. **Now ~**, ahora bien. **~ and there/There and ~**, inmediatamente. **II.** *conj* en ese caso *m*, por tanto; así que, conque; pues. **III.** *adj* (de) entonces.

thence [ðens] *adv* ARC por eso, por consiguiente; de allí. **thence·forth** [,ðens'fɔ:θ] *adv* ARC a partir de entonces, desde entonces.

the·o·cra·cy [θi'ɔkrəsi] *n* teocracia *f*. **theo·crat·ic** [θ,iə'krætik] *adj* teocrático/a.

the·o·dol·ite [θi'ɔdəlait] *n* TEC teodolito *m*.

the·o·log·ian [θ,iə'ləudʒən] *n* REL teólogo/a. **theo·log·ic(·al)** [θiə'lɔdʒikl] *adj* REL teológico/a. **theol·o·gy** [θi'ɔlədʒi] *n* REL teología *f*.

the·o·rem ['θiərəm] *n* MAT teorema *m*.

the·o·ret·ic(·al) [θ,iə'retik(l)] *adj* teórico/a. **the·o·ret·ic·al·ly** [θ,iə'retikli] *adv* teóricamente. **the·or·ist** ['θiərist] *n* teórico/a. **the·or·ize, -ise** ['θiəraiz] *v* (**about**) teorizar. **the·o·ry** ['θiəri] *n* teoría *f*.

the·o·soph·ic·al [,θi:ə'sɔfikl] *adj* FIL teosófico/a. **the·o·soph·ist** [θi:'ɔsəfist] *n* FIL teósofo/a. **the·o·so·phy** [θi:'ɔsəfi] *n* FIL teosofía *f*.

ther·a·peut·ic [,θerə'pju:tik] *adj* MED terapéutico/a. **ther·a·peut·ics** [,θerə'pju:tiks] *n* MED terapéutica *f*. **ther·ap·ist** ['θerəpist] *n* MED terapeuta *m/f*. **ther·a·py** ['θerəpi] *n* MED terapéutica *f*, terapia *f*. LOC **Occupational ~**, terapia *f* laboral/vocacional.

there [ðeə(r)] I. *adv* allí, allá; ahí; en eso. LOC **Then and ~/~ and then**, inmediatamente, enseguida. **~ is/are**, hay. **~ or ~-about**, más o menos. **To be all ~**, ser vivo/a/despierto/a/cuerdo/a. **II.** *int* ¡vaya! LOC **~ now!**, ¡ya está!

there..., **~·abouts** (US **~about**), *adv* más o menos; por ahí. **~·after**, *adv* más tarde, a continuación. **~·by**, *adv* por eso; de ese modo *m*. **~·fore**, *adv* por (lo) tanto, por consiguiente. **~·in**, *adv* en eso; allí dentro. **~·in·after**, *adv* JUR más abajo (*of a document*). **~·of**, *adv* del mismo, de la misma, su; de eso. **~·to**, *adv* además; a ello, a eso. **~·un·der**, *adv* JUR más abajo (*of a document*). **~·upon**, *adv* por consiguiente; inmediatamente después, en seguida, al momento *m*. **~·with**, *adv* además; con eso.

therm [θɜ:m] *n* FIS termia *f*. **therm·al** ['θɜ:ml] *adj* **1**. FIS térmico/a. **2**. termal. LOC **~ power**, FIS energía *f* térmica. **therm·ic** ['θɜ:mik] *adj* térmico/a. **ther·mi·on·ic** [,θɜ:mi'ɔnik] *adj* FIS termoiónico/a. LOC **~ valve** (US **~ tube**), lámpara *f* termoiónica.

ther·mo..., **~·chemistry**, *n* QUIM termoquímica *f*. **~·dynamics**, *n* FIS termodinámica *f*. **~·electric**, *adj* FIS termoeléctrico/a; LOC **~·electric couple**, termopar *m*, par *m* termoeléctrico. **~·meter**, termómetro *m*. **~·metric(al)**, *adj* termométrico/a. **~·nuclear**, *adj* termonuclear. **~·pile**, *n* termopila *f*. **~·regulation**, *n* termorregulación *f*. **~·stat**, termostato *m*.

Ther·mos ['θɜ:məs] *n* (*also* **~ flask**, US **~ bottle**) termo(s) *m*.

the·sau·rus [θi'sɔ:rəs] *n* (*pl* **-es** [-rəsiz] *or* **thesauri** [θi'sɔ:rai]) diccionario *m* ideológico, tesoro *m*.

these [ði:z] *adj/pron* (*demostrative*) *pl of* **this** (V. **this**).

the·sis ['θi:sis] *n* (*pl* **theses** ['θi:si:z] tesis *f*.

Thesp·ian (*also* **thespian**) ['θespiən] **I**. *adj* TEATR trágico/a, dramático/a, de Tespis. **II**. *n* actor *m*, actriz *f*.

they [ðei] *pron* (*pers*) *pl* **1**. ellos/as. **2**. la gente *f* (*people in general*). LOC **~'d** (*contracted form*), **~ had**; **~ would**. **~'ll** (*contracted form*), **~ will**. **~'re** (*contracted form*), **~ are**. **~'ve** (*contracted form*), **~ have**. **~ who**, los que, quienes.

thick [θik] **I**. *adj* (*comp* **-er**, *sup* **-est**) **1**. grueso/a, gordo/a; de grosor *m*, de espesor *m*; ancho/a. **2**. abultado/a (*lips*). **3**. espeso/a, poblado/a (*eyebrows*). **4**. denso/a (*smoke*). **5**. cargado/a (*atmosphere*). **6**. turbio/a (*liquid*). **7**. nebuloso/a, brumoso/a. **8**. apagado/a, poco claro/a (*voice*). **9**. FAM estúpido/a, torpe. **10**. FAM íntimo/a (*friends*). LOC **It's a bit ~!**, ¡esto es el colmo *m*! **~-headed**, estúpido/a, torpe. **~-skinned**, de piel *f* gruesa; FIG insensible. **~ with**, que abunda en; atestado/a de. **To be ~**, ser uña *f* y carne *f*. **To be ~ with**, estar lleno/a de. **To lay it on ~**, FAM exagerar. **II**. *adv* **1**. densamente; espesamente. **2**. con voz *f* poco clara. **III**. *n* **1**. espesor *m*, grosor *m*; la parte *f* más gruesa. **2**. FAM estúpido/a, torpe *m/f*. LOC **In the ~ of the fight**, en lo más reñido del combate *m*. **Through ~ and thin**, pase lo que pase, contra viento *m* y marea *f*. **thick·en** ['ikən] *v* **1**. espesar(se). **2**. FIG embrollar(se); complicar(se). **thick·en·ing** ['θikəniŋ] *n* espesamiento *m*. **thick·ness** ['θiknis] *n* **1**. grueso *m*, grosor *m*, espesor *m*, densidad *f*. **2**. consistencia *f*.

thick·et ['θikit] *n* BOT bosquecillo *m*; matorral *m*.

thief [θi:f] *n* (*pl* **thieves** [iθ:vz]) ladrón/na. **thieve** [θi:v] *v* hurtar, robar. **thiev·ery** ['θi:vəri] *n* hurto *m*, robo *m*. **thiev·ing** ['θi:viŋ] **I**. *n* hurto *m*, robo *m*. **II**. *adj* ladrón/na. **thiev·ish** ['θi:viʃ] *adj* ladrón/na.

thigh [θai] *n* ANAT muslo *m*. LOC **~-bone**, ANAT fémur *m*.

thim·ble ['θimbl] *n* **1**. dedal *m*. **2**. NAUT guardacabo *m*. **3**. abrazadera *f*. **thim·ble·ful** ['θimblful] *n* poco *m*, dedo *m*, pizca *f*.

thin [θin] **I**. *adj* (*comp* **-nner**, *sup* **-nnest**) **1**. flaco/a, delgado/a. **2**. fino/a, ligero/a (*cloth*). **3**. enrarecido/a (*air*). **4**. transparente. **5**. ralo/a (*hair*). **6**. tenue, débil (*sound, voice*). **7**. aguado/a (*wine*). **8**. escaso/a, pobre (*audience, crop*). LOC **~-skinned**, de piel *f* fina; FIG muy sensible. **II**. *v* (**-nn-**) **1**. (hacer) adelgazar(se); enflaquecer(se). **2**. reducir. **3**. despoblar; diezmar. **4**. entresacar (*hair, plants*). **thin·ly** ['θinli] *adv* poco; apenas. **thin·ness** ['θinis] *n* **1**. flaqueza *f*, delgadez *f*. **2**. tenuidad *f*. **3**. ligereza *f*.

thine [ðain] ARC **I**. *pron* (*possessive*) (el/la) tuyo/a (*sing*); (los/las) tuyos/as (*pl*). **II**. *adj* (*possessive*) tu (*sing*); tus (*pl*).

thing [θiŋ] *n* **1**. objeto *m*; cosa *f*; artículo *m*. **2**. FIG manía *f*; obsesión *f*: *To have a ~ about sth*, Tener obsesión por algo. **3**. **~s** *pl* ropa *f*. **4**. **~s** *pl* cosas *f/pl*, efectos *m/pl* (*belongings*). LOC **A dumb ~**, un memo *m*, un idiota *m*. **Above all ~s**, ante todo. **As ~s stand**, tal como están las cosas *f/pl*. **For one ~**, en primer lugar *m*. **It's a good ~ that**, menos mal que. **Last ~**, a última hora *f*. **Not to know the first ~ about**, no tener ni la más mínima idea *f* de. **Of all ~s!**, ¡qué sorpresa *f*! **The best ~**, lo mejor. **The latest ~**, el último grito *m*. **The only ~**, lo único. **The ~**, lo importante; lo que está de moda *f*. **The ~ is that**, el caso *m* es que. **~s are going better now**, las cosas *f/pl* van mejor ahora. **To be quite the ~**, estar muy de mola *f*. **To have a ~ about**, estar obsesionado/a por. **To make a good ~ out of**, sacar provecho *m* de.

thin·gum·my ['θiŋəmi] (*also* **thin·gu·ma·jig** ['θiŋəmədʒig], **thin·gu·ma·bob** ['θiŋəməbɔb], **thin·gy** ['θiŋi]) *n* INFML chisme *m*, cosa *f*.

think [θiŋk] **I**. *v* (*pret/pp* **thought** [θɔ:t]) **1**. (**about, of**) pensar: *Let him ~ a moment*, Déjale pensar un momento; meditar; reflexionar. **2**. creer, parecer; imaginar(se). **3**. acordarse. **4**. entender. **5**. ocurrírsele (a uno); tener (*thoughts*). **6**. (**away**) seguir meditando. **7**. (**out**) idear, elaborar; resolver. **8**. (**over**) pensarlo bien, meditar. **9**. (**up**) in~entar, elaborar, idear (*a plan*); imaginar. LOC **I ~ so**, me parece que sí, creo que sí. **I should ~ so!**, ¡ya lo creo! **Not to know what to ~**, no saber a qué atenerse. **~·ing of**, con la intención *f* de. **To ~ better of it**, cambiar de parecer. **To ~ great thoughts**, tener pensamientos *m/pl* profundos. **To ~ highly/much of sb**, tener(en mucho a alguien. **To ~ ill**, pensar mal (de).(**To ~ little of**, valorar poco, tener en poco. **To ~ well of**, apreciar, tener buen concepto *m* de. **I.** *n* **1**. pensamiento *m*, idea *f*. **2**. ejercicio *m* mental. **think·able** ['θiŋkəbl] *adj* imaginible, concebible. **think·er** ['θiŋkə(r)] *n* pensador/ra. **think·ing** ['θiŋkiŋ] **I.** *n* pensar *m*, pensamiento *m*. LOC **Way of ~**, modo *m* de pensar. **II.** *adj* **1**. que piensa. **2**. considerado/a; razonable.

third [θɜ:d] **I.** *adj* tercero/a. LOC **~ class**, tercera clase *f*. **~ gear**, tercera *f* (marcha). **~ party**, tercera persona *f*, tercero(s). **~ person**, GRAM tercera persona *f*. **~ rate**, de baja categoría *f*; FIG inferior. **~ World**, Tercer Mundo *m*. **II.** *n* **1**. tercero/a. **2**. tercera parte *f*, tercio *m*. **3**. MUS tercera *f*. **third·ly** ['θɜ:dli] *adv* en tercer lugar *m*.

thirst [θɜ:st] **I.** *n* **1**. sed *f*. **2**. FIG afán *m*. **II.** *v* estar sediento/a, tener sed *f* (*also* FIG). **thirst·y** ['θɜ:sti] *adj* (*comp* **-ier**, *sup* **-iest**) **1**. **(for)** sediento/a (de) (*also* FIG). **2**. FAM sudoroso/a; que da sed *f* (*work*). **3**. árido/a (*land*).

thir·teen [,θɜ:'ti:n] *n/adj* (*num*) trece *m*. **thir·teenth** [,θɜ:'ti:nθ] *n/adj* (*num*) decimotercero/a.

thir·ti·eth ['θɜ:tiəθ] *n/adj* (*num*) trigésimo/a. **thir·ty** ['θɜ:ti] *n/adj* (*num*) treinta *m*.

this [ðis] (*pl* **these** [ði:z]) **I.** *adj* (*demostrative*) este *m*, esta *f*. **II.** *pron* (*demostrative*) éste *m*, ésta *f*, esto (*neuter*). **III.** *adv* tan; así de.

this·tle ['θisl] *n* BOT cardo *m*.

thith·er ['ðiðə(r)] *adv* ARC (hacia) allá.

tho' V. **though**.

thole [θəul] (*also* **~-pin**) *n* NAUT tolete *m*, escálamo *m*.

thong [θɔŋ; US θɔ:ŋ] *n* correa *f* de cuero.

tho·rax ['θɔ:ræks] *n* (*pl* **-es** *or* **thoraces** [θɔ:'reisi:z] ANAT tórax *m*.

thorn [θɔ:n] *n* BOT, FIG espina *f*. LOC **A ~ in one's flesh/side**, FIG una espina *f* clavada. **thorn·y** ['ɔ:ni] *adj* (*comp* **-ier**, *sup* **-iest**) espinoso/a (*also* FIG).

thor·ough ['θʌrə; US 'θʌrəu] *adj* **1**. completo/a. **2**. minucioso/a. **3**. concienzudo/a. **4**. cabal; perfecto/a. **5**. redomado/a; empedernido/a. LOC **No ~fare**, prohibido el paso *m*; calle *f* sin salida *f*. **~·bred** (*also* **pure-bred**), ZOOL pura sangre *m/f*; de pura sangre *f*/raza *f*. **~·fare**, vía *f* pública; calle *f*. **~·going**, perfecto/a; completo/a; cabal; minucioso/a. **thor·ough·ly** ['θʌrəli] *adv* perfectamente; a fondo *n*. **thor·ough·ness** ['θʌ:rinis] *n* minuciosidad *f*, lo concienzudo.

those [ðəuz] *n/adj* (*demonstrative*) (*pl of* **that**) V. **that**.

thou [ðau] *pron* (*pers*) ARC tú.

though (*also* **tho'**) [ðəu] **I.** *conj* si bien; aunque. LOC **As ~**, como si. **Even ~**, aunque. **II.** *adv* sin embargo.

thought [θɔ:t] **I.** *v pret/pp of* **think**. **II.** *n* **1**. reflexión *f*; pensamiento *m*. **2**. intención *f*. **3**. punto *m* de vista *f*. **4**. solicitud *f*. LOC **At the ~ of**, al pensar en. **To fall into deep ~**, ensimismarse. **To give ~ to**, pensar en. **thought·ful** ['θɔ:tfl] *adj* **1**. meditativo/a; pensativo/a (*thinking deeply*). **2**. solícito/a; atento/a (*kind*). **3**. serio/a (*serious*). **4**. considerado/a. **5**. previsor/ra; clarividente. **thought·ful·ness** ['θɔ:tfulnis] *n* **1**. meditación *f*. **2**. atención *f*. **3**. seriedad *f*. **4**. previsión *f*. **thought·less** ['θɔ:tlis] *adj* **1**. irreflexivo/a. **2**. desconsiderado/a. **3**. descuidado/a. **thought·less·ness** ['θɔ:tlisnis] *n* **1**. irreflexión *f*. **2**. desconsideración *f*. **3**. descuido *m*.

thou·sand ['θauznd] *n/adj* (*num*) millar *m*, mil *m*. LOC **~·fold**, mil veces *f/pl*; multiplicado/a por mil. **thou·sandth** ['θauznd] *n/adj* (*num*) milésimo/a (parte *f*).

thrall [θrɔ:l] **I.** *v* esclavizar. **II.** *n* **1**. esclavitud *f*. **2**. esclavo/a.

thrash [θræʃ] *v* **1**. azotar, dar una paliza *n*, zurrar; golpear (*person, animal*). **2**. **(about)** revolverse, agitarse. **3**. **(out)** FIG dar vueltas *f/pl* (*matter, question*). **4**. AGR trillar (*thresh*). **thrash·ing** ['θræʃiŋ] *n* zurra *f*, paliza *f*.

thread [θred] **I.** *n* **1**. hebra *f*; hilo *m*. **2**. TEC filete *m*, rosca *f* (*screw*). **3**. veta *f*, filón *m* (*in mining*). LOC **~·bare**, andrajoso/a; raído/a (*clothes*). **~·like**, filiforme (*resembling a ~*). **To be hanging by a ~**, FIG estar pendiente de un hilo *m*. **To lose the ~**, FIG perder el hilo *m* (*of a conversation*). **To pick/take up the ~**, FIG coger el hilo *m* (*of a conversation*). **II.** *v* **1**. enhebrar, ensartar (*a needle*). **2**. TEC filetear, roscar (*a screw*); aterrajar. **3**. **(through)** colarse; abrir(se) paso *m*.

threat [θret] *n* amenaza *f*. **threat·en** [θretn] *v* **(to, with)** amenazar (con). **threat·en·ing** ['θretniŋ] **I.** *n* amenazas *f/pl*. **II.** *adj* amenazador/ra, amenazante.

three [θri:] *n/adj* tres *m*. **three...**, **~-act**, *adj* TEATR de tres actos *m/pl*. **~-coloured** (US **~-colored**), *adj* tricolor. **~-cornered**, *adj* triangular. **~-cornered hat**, *n* tricornio *m*. **~-dimensional** (*also* **~-D**, **3-D**), *adj* tridimensional. **~·fold**, *adv* tres veces *f/pl*; *adj* triple. **~·pence**, *n* tres peniques *m/pl*. **~·penny**, *adj* de tres peniques *m/pl*. **~-piece**, *adj* de tres piezas *f/pl*. **~-phase**, *adj* ELECTR trifásico/a. **~-ply**, *adj* de tres caxas *f/pl*; contrachapado/a. **~-quarters**, *n/adj* tres cuartos/as. **~·score**, *adj* ARC sesenta. **~·some**, *n* trío *m*. **~-way switch**, *n* ELECTR conmutador *m* de tres terminales *f/pl*.

thresh [θreʃ] *v* AGR trillar. **thresh·er** ['θreʃə(r)] *n* AGR trillador/ra (*person or machine, also* **~·ing machine**) **thresh·ing** ['θreʃiŋ] *n* AGR trilla *f*. LOC **~ floor**, AGR era *f*.

thresh·old ['θreʃhəuld] *n* umbral *m* (*also* FIG).

threw *pret of* **throw**.

thrice [θrais] *adv* tres veces *f/pl.*
thrif·t(i·ness) ['θrift(inis)] *n* frugalidad *f*; economía *f*. **thrift·less** ['θriftlis] *adj* despilfirradoz/za, malgastador/ra. **thrift·less·ness** ['θriftlisnis] *n* despilfarro *m*, derroche *m*. **thrift·y** ['θrifti] *adj* (*comp* **-ier**, *sup* **-iest**) ahorrativo/a, económico/a.
thrill [θril] **I**. *n* **1**. emoción *f*. **2**. escalofrío *m*. **3**. sensación *f*. **II**. *v* **1**. emocionar(se). **2**. (**with**) estremecer(se). LOC **To be ~ed with**, estaz cautivado/a/emocionado/i por. **thrill·er** ['θrilə(z)] *n* **1**. novela *f* policíaca. **2**. obra *f*/ película *f* escalofriante. **thrill·ing** ['θriliŋ] *adj* escalofriante; cautivador/ra; emocionante; apasionante. **thrill·ing·ly** ['θriliŋli] *adv* de forma *f* emocionante.
thrive [θraiv] *v* (*pret* **thriv·ed** *or* **throve** [θrəuv], *pp* **thriv·ed** *or* **thriv·en** ['θrivn]) (**on**) crecer; desarrollarse (*a child, plant*). **thriv·ing** ['θraiviŋ] *adj* próspero/a; floreciente; lozano/a.
throat [θrəut] *n* **1**. ANAT garganta *f*. **2**. cuello *m*. **3**. GEOG desfiladero *m*, paso *m*. LOC **To clear one's ~**, aclararse la voz *f*. **To moisten one's ~**, FAM mojarse el gaznate *m*. **throat·y** ['θrəuti] *adj* (*comp* **-ier**, *sup* **-iest**) ronco/a; gutural.
throb [θrɔb] **I**. *v* (**-bb-**) (**with**) **1**. palpitar, latir. **2**. zumbar, vibrar (*an engine*). **3**. dar punzadas *f/pl*. **II**. *n* **1**. palpitación *f*, latido *m*. **2**. zumbido *m*, vibración *f* (*an engine*). **3**. punzada *f*. **throb·bing** ['θrɔbiŋ] **I**. *n* V. **throb**. **II**. *adj* **1**. palpitante. **2**. que zumba. **3**. punzante.
throes [θrəuz] *n/pl* **1**. angustias *f/pl*, ansias *f/pl*. **2**. dolores *m/pl*. **3**. agonía *f*. LOC **To be in the ~ of sth/doing sth**, INFML estar sufriendo todas las molestias *f/pl* de; estar en medio de.
throm·bo·sis [θrɔm'bəusis] *n* (*pl* **-boses** [-'bəusi:z] MED trombosis *f*.
throne [θrəun] *n* trono *m*.
throng [θrɔŋ; US θrɔ:ŋ] **I**. *n* multitud *f*, gentío *m*, muchedumbre *f*. **II**. **1**. llenar, atestar. **2**. amontonarse, apiñarse. **3**. acudir/llegar en tropel *m*.
throt·tle ['θrɔtl] **I**. *v* **1**. ahooar, estrangular (*also* TEC). **2**. FIG suprimir; reducir. LOC **To ~ sth back/down**, reducir la velocidad *f* (*vehicle, engine*). **II**. *n* **1**. TEC (*also* **~ valve**) válvula *f* de admisión *f*; acelerador *m*. **2**. FAM gaznate *m*.
through (US *also* **thru**) [θru:] **I**. *prep* **1**. a través de. **2**. por (*place*). **3**. durante. **4**. entre. **5**. por medio de, mediante. **6**. a causa *f* de; debido a. **II**. *adv* **1**. de un lado *m* a otro, de parte *f* a parte. **2**. completamente. **3**. (desde el principio *m*) hasta el final *m*. LOC **~ and ~**, hasta la médula *f*. **III**. *adj* **1**. directo/a (*ticket*). **2**. acabado/a: *To be ~*, Haber acabado/a. LOC **No ~ road**, calle *f* sin salida *f*. **~·way**, *n* US (*also* **expressway**) autopista *f*, autovía *f*. **through·out** [θru:'aut] **I**. *adv* **1**. todo/a; en/por todas partes *f/pl* (*place*). **2**. (desde el principio *m*) hasta el final *m*. **3**. todo el tiempo *m*. **II**. *prep* **1**. en todo; por todo (*time*); a lo largo de. **2**. durante (todo) (*time*).
throve *pret of* **thrive**.
throw [θrəu] **I**. *v* (*pret* **threw** [θru:], *pp* **thrown** [θrəun]) **1**. arrojar, tirar, echar, lanzar. **2**. proyectar (*light, shadow*). **3**. asestar, dar. **4**. tender (*a bridge*). **5**. sacar (*a number, with the dice*). **6**. moldear, tornear; dar forma *f* a; hacer. **7**. armar (*a scandal*). **8**. DEP derribar (*in boxing*). **9**. torcer (*silk*). **10**. FIG echar (*blame*). **11**. perder adrede (*a fight*). **12**. (**about**) esparcir, tirar; despilfarrar, derrochar (*money*). **13**. (**aside**) echar a un lado *m*. **14**. (**away**) arrojar; malgastar, despilfarrar (*money*). **15**. (**back**) devolver (*ball*); rechazar; MIL arrollar. **16**. (**down**) tirar al suelo *m*; deponer (*arms*); derribar (*house*); lanzar (*a challenge*). **17**. (**in**) tirar, echar; añadir, dar de más; DEP sacar de banda *f* (*in football*). **18**. (**off**) quitarse (*clothes*); quitarse de encima, deshacerse de; abandonar, renunciar; improvisar (*a speech*). **19**. (**on**) vestirse(rápidamente. **20**. (**out**) echar, expulsar; despedir, poner en la calle *f*; hacer resaltar; soltar, proferir (*suggestion, hint*); rechazar (*reject*). **21**. (**over**) dejar, abandonar; echar por encima (*jacket, coat*); mandar a paseo (*a friend*). **22**. (**together**) hacer sin cuidado *m*. **23**. (**up**) construir con rapidez *f* (*building*), levantar; renunciar; arrojar; devolver, vomitar. **II**. *n* **1**. tiro *m*, lanzamiento *m*. **2**. TEC carrera *f* (*of a piston*). **3**. US colcha *f*. LOC **At a stone's ~**, a tiro *m* de piedra *f*. **~- away**, para tirar. **~-back**, BIOL retroceso *m*, salto *m* atrás. **~-in**, DEP saque *m* de banda *f* (*in football*).
thru (US) V. **through**.
thrum ['θrʌm] **I**. *v* **1**. MUS rasguear (*a guitar*). **2**. MUS teclear (*a piano*). **3**. MUS tamborilear (*a drum*). **II**. *n* hilo *m* basto.
thrush [θrʌʃ] *n* **1**. ZOOL tordo *m*, zorzal *m* (*bird*). **2**. MED ubrera *f*. **3**. arestín *m*, higo *m* (*in veterinary science*).
thrust [θrʌst] **I**. *v* (*pret/pp* **thrust**) **1**. empujar (*suddenly and violently*). **2**. meter (*hand in one's pocket*). **3**. (**at sb**) asestar un golpe *m* a alguien. **4**. (**aside, away**) rechazar. **5**. (**back**) hacer retroceder. **6**. (**down**) bajar. **7**. (**sb forward**) poner en evidencia *f*; MIL avanzar; seguir adelante. **8**. (**into**) hincar en, clavar en; introducir en. **9**. (**out**) sacar (*tongue, head*); tender (*hand*). **10**. (**through**) atravesar; abrirse paso *m*. **11**. (**sb upon**) pegarse a. **II**. *n* **1**. puñalada *f* (*with a knife*); estocada *f* (*with a sword*). **2**. empujón *m*. **3**. AER, FIG empujón *m*. **4**. MIL ataque *m*; arremetida *f*; avance *m*. **5**. GEOL deslizamiento *m*.
thud [θʌd] **I**. *n* **1**. baquetazo(*m*. **2**. golpe *m*/ruido *m* sordo.(**II**. *v* (**-dd-**) hacer un ruido *m* sordo; caer/golpear con un ruido *m* sordo.
thug [θʌg] *n* **1**. criminal *m/f*; asesino/a; ladrón/na (*brutal, violent*). **2**. FIG bestia *m/f*, bruto/a. **thug·ge·ry** ['θʌgəri] *n* gamberrismo *m*.
thumb [θʌm] **I**. *n* ANAT dedo *m* pulgar, pulgar *m*. **II**. *v* **1**. tocar con el pulgar *m*. **2**. ma-

nosear. **3.** **(through)** hojear. LOC **~-index**, uñeros *m/pl*; índice *m* con pestañas *f/pl*; escalerilla *f* (*at the edge of a book*). **~-print**, huella *f* digital; impresión *f* del pulgar *m*. **~-screw**, tornillo *m* de mariposa *f*. **~-stall**, dedil *m* (*to cover injured ~*). **~-tack**, chincheta *f* (*drawing-pin*). **To ~ a lift/ride**, hacer autoestop *m*.

thump [θʌmp] **I.** *v* **1.** dar golpes *m/pl*, golpear, aporrear. **2.** latir con fuerza *f* (*heart*). **3.** FAM zurrar, dar una paliza *f*. **II.** *n* **1.** ruido *m* sordo. **2.** golpe *m*, golpetazo *m*, porrazo *m*. **thump·ing** ['θʌmpiŋ] *adj* FAM descomunal, grandote, enorme.

thun·der ['θʌndə(r)] **I.** *n* **1.** trueno *m*. **2.** FIG estrépito *m*, estruendo *m*. LOC **~-bolt**, rayo *m*; FIG bomba *f*. **~-clap**, tronido *m*, trueno *m*. **~-cloud**, nubarrón *m*. **~-storm**, tormenta *f*. **~-struck**, asombrado/a, atónito/a. **II.** *v* **1.** tronar. **2.** FIG retumbar. LOC **To ~ threats against sb**, fulminar amenazas *f/pl* contra alguien. **thun·der·ing** ['θʌndəriŋ] *adj* **1.** tremendo/a, enorme. **2.** estruendoso/a. **thun·der·ous** ['θʌndərəs] *adj* **1.** ensordecedor/ra (*applause*). **2.** estruendoso/a. **thun·der·y** ['θʌndəri] *adj* tormentoso/a.

Thurs·day ['θɜ:zdi, -dei] *n* (*abrev* **Thur(s)**) jueves *m*.

thus [ðʌs] *adv* de esta manera *f*, así. LOC **~ far**, hasta aquí. **~ it is that**, así es que.

thwack V. **whack**.

thwart [θwɔ:t] **I.** *v* desbaratar, frustrar; impedir. **II.** *n* NAUT bancada *f*.

thy [ðai] *adj* (*possessive*) ARC tu, tus. **thy·self** [ðai'self] *pron* **1.** tú mismo/a (*subject*). **2.** te (*object*). **3.** ti (mismo/a) (*after prep*).

thyme [taim] *n* BOT tomillo *m*.

thy·roid ['θairɔid] **I.** *n* (*al(o* **~ gland**) MED tiroides *m*. **II.** *adj* tiroideo/a.

ti [ti:] *n* MUS si *m* (*note*).

ti·a·ra [ti'a:rə] *n* **1.** diadema *f*. **2.** tiara *f*.

ti·bia ['tibiə] *n* ANAT tibia *f*.

tic [tik](*n* tic *m*.

tick [tik] **I.** *n* **1.** señal *f*, marca *f* (*mark*). **2.** tictac *m* (*of a clock; also* **~-tock**). **3.** ZOOL garrapata *f*. **4.** funda *f* (*of a pillow, mattress; also* **~-ing**). **5.** FAM momento *m*. **II.** *v* **1.** señalar, marcar. **2.** hacer tictac *m*. **3.** **(off)** reprender; *col* enfadar/enojar (a). **4.** **(out)** registrar. **5.** **(over)** TEC estar al ralentí *m* (*an engine*)

tick·er ['tikə(r)] *n* **1.** teletipo *m*, teleimpresor(a) *m/(f)*. **2.** INFML corazón *m*. LOC **~-tape**, cinta *f* perforada.

tick·et ['tikit] **I.** *n* **1.** billete *m*. **2.** pase *m*; entrada *f*, localidad *f* (*for theatre, cinema, concert*, etc). **3.** vale *m* (*for meal*). **4.** rótulo *m*; etiqueta *f* (*label*). **5.** permiso *m*, título *m* (*licence*). **6.** multa *f* (*fine*). **7.** talón *m* (*counterfoil*). **8.** US candidatura *f*. LOC **~ collector**, revisor/ra. **~ holder**, poseedor/ra de billete *m*. **~ punch**, máquina *f* de picar billetes *m/pl*. **~ scalper**, revendedor/ra de billetes *m/pl*. **~ window**, TEATR taquilla (*f*; ventanilla *f*;(despacho m de billetes *m/pl* (*in railway*). **II.** *v* etiquetar, poner etiquetas *f/pl* (a); rotular.

tic·kle ['tikl] **I.** *v* **1.** hacer cosquillas *f/pl* (a); sentir cosquillas *f/pl*. **2.** hacer gracia *f*, divertir (*amuse*). **3.** picar. **II.** *n* **1.** cosquilleo *m*. **2.** picor *m*. **tic·kler** ['tiklə(r)] *n* **1.** INFML problema *f* grande. **2.** ELECTR bobina *f* de regeneración *f* (*also* **~ coil**). **tic·kling** ['tikliŋ] *n* cosquillas *f/pl*, cosquilleo *m*. **tic·klish** ['tikliʃ] *adj* **1.** cosquilloso/a. **2.** FIG difícil, peliagudo/a, espinoso/a, delicado/a. LOC **A ~ situation**, una situación *f* difícil. **To be ~**, tener cosquillas *f/pl*.

tid·al ['taidl] *adj* de la marea *f*. LOC **~ flood**, maremoto *m*. **~ flow**, carril *m* (*roadway*). **~ wave**, ola *f* de marea *f*; mar *m* de fondo *m*.

tid·bit (US) V. **titbit**.

tide [taid] **I.** *n* **1.** marea *f*. **2.** FIG corriente *f*. LOC **Ebb/Low ~**, marea *f* baja, bajamar *f*. **High/Full ~**, marea *f* alta, pleamar *f*. **~-land**, tierra *f* inundada por la marea *f*. **~-mark**, lengua *f* de agua *f*. **~-race**, marejada *f*. **~-water**, tierras *f/pl* bajas del litoral; agua *f* de marea *f*;(cost(an)ero/a. **The ~ has turned**, FIG han cambiado las cosas *f/pl*. **II.** *v* **1.** dejarse llevar por la marea *f*; arrastrar con la marea *f*. **2.** **(over)** FIG sacar de un aprieto *m*/apuro *m*.

ti·di·ness ['taidinis] *n* **1.** limpieza *f*, aseo *m*, pulcritud *f*. **2.** orden *m*. **ti·dy** ['taidi] **I.** *adj* (*comp* **-ier**, *sup* **-iest**) **1.** limpio/a, aseado/a, pulcro/a. **2.** ordenado/a. **3.** claro/a (*mind*). **II.** *v* **1.** limpiar. **2.** ordenar. **3.** arreglar(se).

ti·dings ['taidiŋz] *n/pl* ARC noticias *f/pl*.

tie [tai] **I.** *n* **1.** (*also* **neck·~**) corbata *f*. **2.** atadura *f*, cuerda *f*. **3.** lazo *m*. **4.** MUS ligado *m*. **5.** DEP partido *m* (*match*); empate *m*. **6.** ARQ tirante *m*. **7.** lazo *m*, vínculo *m* (*bond*). **8.** FIG estorbo *m* (*hindrance*); atadura *f*; MUS ligado *m*. LOC **~-beam**, ARQ tirante *m*. **~-pin** (*also* **stick·~**, **~-tack**), alfiler *m* de corbata *f*. **~-up**, conexión *f*, enlace *m*; US bloqueo *m*, paralización *f* (*stoppage*). **II.** *v* (*present p* **tying**, *pret/pp* **tied**) **1.** atar; enlazar; liar. **2.** hacer un nudo *m*. **3.** ligar (*also* MUS), vincular. **4.** restringir. **5.** DEP empatar. **6.** estorbar, obstruir (*hinder*). **7.** NAUT atracar. **8.** arreglar, despachar (*a matter*). **9.** **(down)** sujetar, atar. **10.** **(in)** unir. **11.** **(up)** atar; bloquear, obstruir; amarrar (*boat*); COM invertir; FIG estar ocupado/a.

tier [tiə(r)] **I.** *n* **1.** grada *f*. **2.** hilera *f*, fila *f*. **II.** *v* poner en filas *f/pl*.

tiff [tif] *n* pelea *f*, riña *f*.

tig V. **tag** (6).

ti·ger ['taigə(r)] *n* ZOOL tigre *m*. LOC **~ cat**, ZOOL ocelote *m*. **ti·ger·ish** ['taigəriʃ] *adj* **1.** atigrado/a, de tigre. **2.** FIG feroz. **ti·gress** ['taigris] *n* ZOOL tigresa *f*.

tight [tait] **I.** *adj* (*comp* **-er**, *sup* **-est**) **1.** ajustado/a, ceñido/a (*clothes*); apretado/a; estrecho/a. **2.** cerrado/a (*a bend, box*). **3.** hermético/a. **4.** tirante (*taut*). **5.** FIG difícil (*situation*). **6.** conciso/a. **7.** FAM tacaño/a, agarrado/a (*mean*). **8.** escaso/a (*money*). **9.** callado/ a. **10.** borracho/a. LOC **~-fisted**, FAM agarrado/a, tacaño/a (*mean*). **~-fitting**, ajustado/a, ceñido/a. **~-knit**, muy unido/a. **~-lipped**, callado/a. **~·rope**, cuerda *f* floja. **~·rope walker**, equilibrista *m/f*; funámbulo/a. **~ squeeze**, apuro *m*, aprieto *m*. **~·wad**, US FAM agarrado/a, tacaño/a. **To be in a ~ corner/spot**, estar en un apuro *m*/ aprieto *m*. **II**. *adv* bien (*also* **~·ly**). LOC **¡Hold ~!**, ¡agárrate bien! **To sit ~**, estarse quieto/a, esperar sin impacientarse. **tight·en** ['taitn] *v* **(up)** tensar (se); apretar(se); poner (se) tieso/a; estrechar(se). **tight·ness** ['taitnis] *n* tensión *f*; estrechez *f*; tirantez *f*. **tights** [taits] *n/pl* mallas *f/pl*; leotardos *m/pl*.

tike V. **tyke**.

til·de [tild(ə)] *n* tilde *f*.

tile [tail] **I**. *n* **1**. baldosa *f*. **2**. teja *f*. **3**. azulejo *m* (*coloured*). **4**. FAM sombrero *m*. **5**. tubo *m* de desagüe *m*. LOC **On the ~s**, *col* de juezga *f*. **II**. *v* **1**. emballosar (*floor*). **2**. poner tejas *f/pl*. **3**. poner azulejos *m/pl*.

till [til] **I**. *prep* (*also* **until**) hasta. **II**. *conj* (*also* **until**) hasta que. **III**. *n* caja *f* registradora. LOC **Pay at the ~**, pague en caja. **IV**. *v* AGR cultivar, labrar. **till·age** [tilidʒ] *n* AGR cultivo *m*, labranza *f*. **till·er** ['tilə(r)] **I**. *v* BOT retoñar. **II**. *n* **1**. BOT retoño *m*. **2**. AGR labrador/ra. **3**. NAUT caña *f* del timón *m*.

tilt [tilt] **I**. *v* **1**. ladear(se), inclinar(se). **2**. TEC forjar. **3**. MIL participar en justa *f*/torneo *m*. **4**. **(at)** arremeter (contra). **II**. *n* **1**. inclinación *f*. **2**. MIL justa *f*, torneo *m*. LOC **(At) full pelt/speed/~**, a toda velocidad *f*. **To be on a ~**, estar inclinado/a.

tilth [tilθ] *n* AGR cultivo *m*, labranza *f*.

tim·ber ['timbə(r)] **I**. *n* **1**. (US **lumber**) madera *f* (*used for building or carpentry*). **2**.(árboles *m/pl* para malera *f*. **3**. viga *f* (*beam*). **4**. NAUT cuaderna *f*. LOC **~-line**, límite *m* forestal. **~-wolf**, ZOOL lobo *m* gris. **II**. *v* enmaderar (*ceiling, wall*). **III**. *int* ¡árbol va! **tim·ber·ed** ['timbəd] *adj* enmaderado/a. **tim·ber·ing** ['timbəriŋ] *n* maderaje *m*, maderamen *m*.

tim·bre ['tæmbrə, 'timbə(r)] *n* MUS, LING timbre *m*.

time [taim] **I**. *n* **1**. momento *m*; vez *f*, ocasión *f*, oportunidad *f*. **2**. tiempo *m*: *It lasted a long ~*, duró mucho tiempo. **3**. hora *f*. **4**. rato *m*. **5**. plazo *m*. **6**. época *f*: *During harvest ~*, Durante la época de cosecha. **7**. MUS compás *m*; duración *f*. **8**. horas *f/pl* de trabajo *m*. **9**. DEP final *m* (*of a match*). LOC **Against ~**, contra reloj *m*. **All in good ~**, todo a su debido tiempo *m*. **At (same) ~**, al mismo tiempo *m*. **At any ~**, a cualquier hora *f*. **At no ~**, nunca. **At one ~**, en un tiempo *m*, en cierta época *f*. **At ~s**, a veces. **Behind ~**, atrasado/a. **Behind the ~s**, anticuado/a. **Between ~s**, en el intervalo *m*. **By that ~**, para entonces; antes de eso. **Each/Every ~**, cada vez. **For all ~**, para siempre. **For the ~ being**, por ahora, de momento *m*. **From ~ to ~**, de vez en cuando. **Greenwich mean ~**, (*abrev* **GMT**) hora *f* según el meridiano *m* de Greenwich. **In former/olden ~s**, en otros tiempos *m/pl*. **In good ~**, a su debido tiempo *m*; a tiempo (*in ~*); rápidamente. **In no ~**, en un abrir y cerrar de ojos *m/pl*. **In ~**, a tiempo *m*. **It's about ~ too!**, ¡ya era hora *f*! **It is high ~ that**, ya es hora *f* de que. **It is ~ to go**, es la hora *f* de irse. **On ~**, puntualmente; a la hora *f*. **Out of ~**, MUS fuera del compás *m*. **Some ~ ago**, hace algún tiempo *m*. **~!**, ¡la hora! **~ after ~/~ and ~ again**, repetidas veces *f/pl*. **~ off**, tiempo *m* libre, tiempo *m* ausente del trabajo. **~'s up!**, ¡ya es la hora *f*! **To be behind ~**, llevar retraso *m*. **To beat/keep ~**, llevar el compás *m*. **To do ~**, FAM cumplir una condena *f*. **To gain ~**, ganar tiempo *m*. **To have a bad ~**, pasarlo mal. **To have a good ~**, pasarlo bien, divertirse. **To have no ~ for**, no tener tiempo *m* para. **To have a whale of a ~**, pasarlo en grande. **To keep good/bad ~**, anlar bien/mal (*a watch, clock*). **To lose/make ~**,(perder/ganar tiempo *m*. **(To mark ~**, MIL marcar el.paso *m*; hacer tiempo *m*. **To serve one's ~**, estar de aprendiz *m/f*. **To take a long ~ to**, tardar mucho tiempo *m* en. **To take one's ~**, no apresurarse, tomarse el tiempo *m* necesario. **To waste ~**, perder el tiempo *m*. **What is the ~?/What ~ is it?**, ¿qué hora *f* es? **II**. *v* **1**. medir el tiempo *m*, cronometrar (*runner, race*). **2**. poner en hora *f*, regular (*set a watch*). **3**. fijar la hora (de), calcular. **4**. hacer en el momento *m* oportuno. **tim·ed** [taimd] *adj* cronometrado/a; calculado/a. **time·less** ['taimlis] *adj* intemporal, sin límite *m* de tiempo *m*; eterno/a. **time·li·ness** ['taimlinis] *n* oportunidad *f*. **time·ly** ['taimli] *adj* oportuno/a. **tim·er** ['taimə(r)] *n* **1**. reloj *m* (automático, de arena *f*); cronómetro *m*. **2**. cronometrador/ra (*person*). **3**. TEC distribuidor *m* de encendido *m* (*in an engine*). **tim·ing** ['taimiŋ] *n* **1**. cronometraje *m*, medida *f* del tiempo *m*. **2**. coordinación *f*. **3**. oportunidad *f*. **4**. TEC regulación *f*, reglaje *m*. LOC **~ gear**, TEC engranaje *m* de distribución *f*.

time..., **~ bomb**, *n* bomba *f* con mecanismo *m* de relojería *f*. **~ card/sheet**, *n* tarjeta *f* (*record of hours sb works*). **~ exposure**, *n* exposición *f* (*in photography*). **~-honoured** (US **~-honored**), *adj* consagrado/a, tradicional. **~-keeper**, *n* cronómetro *m*; cronometrador/ra. **~-lag**, *n* retraso *m*; intervalo *m*. **~-limit**, *n* límite *m*/limitación *f* de tiempo *m*; luración *f*; fecha *f* tope, plazo *m*. **~ payment**, *n* pago *m* a plazos *m/pl*. **~-piece**, *n* reloj *m*. **~-sever**, *n* contemporizador *m*. **~-serving**, *adj* contemporizador/ra. **~sharing/~share**, *n* propiedad *f* compartida por temporadas. **~-signal**, *n* señal *f* horaria (*in radio*). **~-switch**, *n* ELECTR intezruptor *m* automático. **~·table** (*also* US **schedule**), *n* horario *m*; programa *m*; guía *f*. **~-worn**, *adj* gastado/a. **~ zone**, *n* huso *m* horario.

tim·id ['timid] *adj* tímido/a. **tim·id·ity** [ti'midəti], **tim·id·ness** ['timidnis] *n* timidez *f*.

tim·or·ous ['timərəs] *adj* asustadizo/a; tímido/a; temeroso/a. **tim·or·ous·ness** ['timərəsnis] *n* timidez *f*.

tin [tin] **I.** *n* **1.** hojalata *f.* **2.** (US *also* **can**) bote *m*, lata *f* (*can, container*). **3.** QUIM estaño *m.* **II.** *v* (**-nn-**) (US **can**) **1.** conservar/envasar en lata *f*, enlatar (*food*): **~-ned sardines**, Sardinas enlatadas. **2.** estañar. **III.** *adj* **1.** de hojalata *f.* **2.** de estaño *m.* **3.** de poco valor *m*, inferior. LOC **~ foil**, papel *m* de estaño *m.* **~ hat**, MIL *col* casco *m* de acero *m.* **~·horn**, *col* vil y pretencioso/a. **~-opener**, abrelatas *m.* **~ plate**, hojalata *f.* **~·sel**, *n* relumbrón *m*, oropel *m* (*also* FIG); *adj* de relumbrón *m*, de oropel *m*; *v* oropelear. **~·smith**, hojalatero/a. **~ soldier**, soldado *m* de plomo *m.* **tin·ny** ['tini] *adj* (*comp* **-ier**, *sup* **-iest**) **1.** de hojalata *f*, de estaño *m.* **2.** metálico/a (*sound*).

tinc·ture ['tiŋktʃə(r)] **I.** *n* (**of**) **1.** tinte *m*, color *m* (*also* FIG). **2.** MED tintura *f.* **II.** *v* teñir, tintar.

tin·der ['tində(r)] *n* yesca *f.* LOC **~-box**, yesquero *m.*

tine [tain] *n* **1.** diente *m* (*fork, harrow*). **2.** púa *f*, punta *f.*

ting [tiŋ] **I.** *n* tilín *n* (*ringing sound*). **II.** *v* tintinear. LOC **~-a-ling**, tilín *m* (*sound*).

tinge [tindʒ] **I.** *v* (**with**) **1.** teñir, tintar. **2.** FIG matizar. **II.** *n* **1.** tinte *m.* **2.** matiz *m.*

tin·gle ['tiŋgl] **I.** *v* **1.** (**with**) estremecerse. **2.** sentir hormigueo *m.* **II.** *n* **1.** estremecimiento *m.* **2.** escalofrío *m.* **3.** escozor *m.* **4.** hormigueo *m.*

tink·er ['tiŋkə(r)] **I.** *n* **1.** chapucero/a. **2.** calderero/a. LOC **Not to be worth a ~'s cuss/damn**, no valer un bledo *m*/comino *m.* **II.** *v* **1.** (**up**) arreglar; remendar; chapucear. **2.** jugar, entretenerse. **3.** estropear (*spoil*). **4.** (**at, with**) enredar, tocar.

tin·kle ['tiŋkl] **I.** *n* **1.** campanilleo *m*; tintineo *m.* **2.** INFML telefonazo *m* (*telephone call*). **II.** *v* (hacer) campanillear; tintinear. **tin·kling** ['tiŋkliŋ] *n* campanilleo *m*; tintineo *m.*

tint [tint] **I.** *n* **1.** tono *m*, tinte *m.* **2.** FIG dejo *m*, matiz *m.* **3.** ART sombreado *m*; media tinta *f.* **II.** *v* teñir, matizar (*also* FIG).

tin·tin·nab·ul·ation ['tinti,næbju'leiʃn] *n* campanilleo *m*, tintineo *m.*

ti·ny ['taini] *adj* (*comp* **-ier**, *sup* **-iest**) pequeño/a; diminuto/a; chiquitín/na; menudo/a.

tip [tip] **I.** *n* **1.** extremidad *f*, punta *f* (*of a finger, stick*). **2.** filtro *m*, embocadura *f* (*of a cigarette*). **3.** vertedero *m.* **4.** DEP golpe *m* con efecto *m.* **5.** consejo *m*; aviso *m.* **6.** información *f*; soplo *m.* **7.** propina *f.* LOC **On the ~ of the tongue**, a flor de labios, en la punta de la lengua. **~·cart**, volquete *m.* **~-off**, FAM soplo *m*, información *f.* **~·top**, FAM estupendo/a, excelente. **~-up**, abatible (*seat*). **~-up truck**, volquete *m.* **To walk on the ~s of one's toes**, andar de puntillas *f/pl.* **II.** *v* **1.** ladear(se), inclinar(se). **2.** poner una contera *f*/un casquillo(*m*/regatón *m* (*stick*). **3.** LEP dar con efecto *m.* **4.** dar un golpe *m.* **5.** dar propina *f.* **6.** (**off**) dar una información *f.* **7.** (**out**) vaciar. **8.** (**over**) volcar(se). **9.** (**up**) volcar(se); inclinar(se). **10.** mencionar como posible ganador. **tip·ped** [tipt] *adj* con filtro *m* (*cigarette*).

tip·pet ['tipit] *n* estola *f.*

tip·ple ['tipl] **I.** *v* FAM empinar el codo *m*, soplar. **II.** *n* bebida *f* alcohólica. **tip·pler** ['tiplə(r)] *n* FAM bebedor/ra, borrachín/na.

tip·ster ['tipstə(r)] *n* pronosticador *m*; vendedor/ra de información *f* confidencial.

tip·si·ness ['tipsinis] *n* INFML embriaguez *f.* **tip·sy** ['tipsi] *adj* (*comp* **-ier**, *sup* **-iest**) INFML piripi, achispado/a (*slightly drunk*).

ti·rade [tai'reid; US 'taireid] *n* invectiva *f*, crítica *f*, diatriba *f.*

tire ['taiə(r)] **I.** *n* US V. **tyre. II.** *v* **1.** poner neumáticos *m/pl*/llantas *f/pl.* **2.** (**of**) cansar(se) (de); aburrirse (de). **3.** (**out**) agotar. **tir·ed** [taiəd] *adj* **1.** cansado/a; harto/a. **2.** (**out**) igotado/a. **tir·ed·ness** ['taiədnis] *n* cansancio *m.* **tire·less** ['taiəlis] incansable, infatigable. **tire·some** ['taiəsəm] *adj* **1.** pesado/a, aburrido/a. **2.** cansado/a. **3.** molesto/a, fastidioso/a. **tire·some·ness** ['taiəsʌmnis] *n* pesadez *f.*

ti·ro (*also* **tyro**) ['taiərəu] *n* principiante *m/f*; novato/a.

tis·sue ['tiʃu:] *n* **1.** ANAT, BIOL tejido *m.* **2.** pañuelo *m* de papel *m.* **3.** tisú *m* (*cloth*). **4.** FIG sarta *f* (*of lies*). LOC **~-paper**, papel *m* de seda *f.*

tit [tit] *n* **1.** ZOOL herrerillo *m* (*bird*). **2.** INFML (*esp pl*) teta *f* (*woman's breast*). LOC **~ for tat**, devolver la pelota *f*, donde las dan las toman.

Ti·tan ['taitn] *n* (*also* **titan**) titán *m.* **ti·tan·ic** [tai'tænik] *adj* titánico/a.

tit·bit ['titbit] (US **tidbit**) *n* golosina *f*, bocado *m* de cardenal *m.*

tithe [taið] *n* diezmo *m.*

tit·il·late ['titileit] *v* estimular, excitar (*esp sexually*). **tit·il·la·tion** [,titi'leiʃn] *n* estimulación *f*, excitación *f.*

ti·tiv·ate ['titiveit] *v* INFML acicalar(se), emperejilar(se). **ti·tiv·ation** [,titi'veiʃn] *n* emperejilamiento *m.*

ti·tle ['taitl] **I.** *n* **1.** título *m.* **2.** DEP campeonato *m.* **3.** JUR título *m* de propiedad *f.* **4.** letrero *m.* LOC **~-deed**, JUR título *m* de propiedad *f.* **~-holder**, titular *m/f*; DEP campeón/na. **~-page**, portada *f.* **~-role**, TEATR papel *m* principal. **II.** *v* titular. **ti·tled** ['taitld] *adj* titulado/a, noble.

ti·trate ['titreit] *n* QUIM valorar, titular. **ti·tra·tion** [,ti'treiʃn] *n* valoración *f.*

tit·ter ['titə(r)] **I.** *n* risa *f* disimulada. **II.** *v* reírse con disimulo *m.*

tit·tle ['tilt] *n* pizca *f*, ápice *m.* **tit·tle-tat·tle** ['tilt tælt] **I.** *v* chismorrear. **II.** *n* chismorreo *m.*

tit·u·lar ['titjulə(r); US -tʃu] *adj* nominal, titular.

tiz·zy ['tizi] *n* INFML nerviosismo *m*, excitación *f.*

to (*before consonants* [tə]; *before vowels* [tu] *or* [tu:] *strong form* [tu:]) **I.** *prep* **1.** a, hacia; hasta; con destino *m* a (*direction towards, motion*): *I'm going ~ Madrid*, Me voy a Madrid. **2**. de, para. **3**. para (*purpose*): *It's too hot ~ go out*, Hace demasiado calor para salir. **4**. con: *To be kind ~*, Ser amable con. **5**. según: *Made ~ his size*, Hecho a su medida. **6**. contra: *The chances are three ~ one in his favour*, Tiene tres posibilidades contra una a su favor *m*. **7**. comparado con: *That is nothing ~ what he saw*, Eso no es nada comparado con lo que él vio. **8**. por: *Five people ~ a room*, Cinco personas por habitación *f*. **9**. en honor *m* a/de: *He erected a statue ~ the Mayor*, Erigió una estatua en honor al alcalde. **10**. a (*indirect object*): *Give the magazine ~ John*, Dale(la revista a John. LOC **Back ~ back**, de espaldas *f/pl*. **Back ~(to the wall**, de espaldas *f/pl* i la pared *f*. **From door ~ door**, de puerta *f* en puerta *f*. **That's all there is ~ it**, eso es todo. **Up to**, hasta. **II**. *adv* cerca LOC **~ and fro**, de acá para allá, de un lado *m* a otro.

toad [təud] *n* ZOOL sapo *m*. LOC **~·fish**, ZOOL pejesapo *m*. **~·stool**, BOT hongo *m* venenoso; seta *f*. **toad·y** ['təudi] **I**. *n* adulador/ra, pelotillero/a. **II**. *v* (*pret/pp* **toadied**) (**to**) dar coba *f*, adular. **toad·y·ing** ['təudiiŋ], **toad·y·ism** ['təudiizəm] *m* coba *f*, adulación *f*.

toast [təust] **I**. *n* **1**. tostada *f*; pan *m* tostado. **2**. (**to**) brindis *m*. **3**. FIG héroe *m*, heroína *f*, celebridad *f*. LOC **~-master**, maestro *m* de ceremonias *f/pl*. **II**. *v* **1**. tostar(se) (*bread; also* FIG). **2**. (**to**) brindar (por). **toast·er** ['təustə(r)] *n* tostador/ra.

to·bac·co [tə'bækəu] *n* tabaco *m* (*also colour*). LOC **Black ~**, tabaco *m* negro. **Cut ~**, picadura *f*. **Pipe ~**, tabaco *m* de pipa *f*. **Smokeless ~**, tabaco *m* sin humo *m*. **~ pouch**, petaca *f*. **Virginian ~**, tabaco *m* rubio. **to·bac·con·ist** [tə'bækəunist] *n* estanquero/a (*shopkeeper*). LOC **~'s**, tabaquería *f*, estanco *m*.

to·bog·gan [tə'bɔgən] **I**. *n* tobogán *m*. **II**. *v* bajar/deslizarse por un tobogán *m*.

toc·ca·ta [tə'ka:tə] *n* MUS tocata *f*.

toc·sin ['tɔksin] *n* campana *f*/señal *f* de alarma *f*.

to·day [tə'dai] *adv* hoy; hoy en día *m*. LOC **A week from ~**, de hoy en una semana *f*. **As from ~**, a partir de hoy.

tod·dle ['tɔdl] **I**. *n* pinito *m* (*of a child*). **II**. *v* **1**. empezar a andar (*a child*), hacer pinitos *m/pl*. **2**. INFML andar tambaleándose. **toddler** ['tɔdlə(r)] *n* niño/a que está aprendiendo a andar.

tod·dy ['tɔdi] *n* ponche *m*.

to-do [tə'du:] *n* FAM jaleo *m*, alboroto *m*, lío *m*.

toe [təu] **I**. *n* **1**. ANAT dedo *m*; punta *f* del pie *m*. **2**. punta *f*, puntera *f* (*shoe, sock*). LOC **To tread on sb's corns/~s**, pisotear a alguien. **~-cap**, puntera *f*. **~-hold**, punto *m* de apoyo *m*. **~-nail**, ANAT uña *f* del dedo *m* del pie *m*. **II**. *v* (*present p* **toeing**; *pret/pp* **toed**) **1**. tocar con la punta *f* del pie *m*. **2**. poner puntera *f* a (*shoe, sock*). LOC **To ~ a cigarette out**, apagar un cigarrillo *m*. **To ~ the (party) line** (US *also* **To ~ the mark**), someterse (a), obedecer (a); conformarse (con).

toff [tɔf] *n col* ricachón/na.

tof·fee ['tɔfi: US 'tɔ:fi] (US *also* **taffy**) *n* toffee *m*; caramelo *m*. LOC **~-nosed**, engreído/a.

tog [tɔg] *v* (**-gg-**) vestir(se), ataviar(se). **togs** [tɔgz] *n/pl* INFML ropa *f*.

to·ga ['təugə] *n* toga *f* (*garment*). LOC **~ party**, bacanal *f* (*esp at university*).

to·geth·er [tə'geðə(r)] **I**. *adv* **1**. al mismo tiempo *m*, a la vez *f*. **2**. juntamente. LOC **~ with**, junto con. **To go ~**, salir juntos; ir juntos. **II**. *adj* juntos/a{. LOC **All ~**, todos/as juntos/as. **to·geth·er·ness** [tə'geðənis] *n* solidaridad *f*; unión *f*.

tog·gle ['tɔgl] *n* fijador *m* de pasador *m*. LOC **~-switch**, ELECTR interruptor *m*. **II**. *v* asegurar/sujetar (*with a ~*).

toil [tɔil] **I**. *v* **1**. fatigarse. **2**. (**away**) trabajar duro. **II**. *n* **1**. fatiga *f*. **2**. esfuerzo *m*, trabajo *m*; afán *m*. **toil·er** ['tɔilə(r)] *n* trabajador/ra. **toils** [tɔilz] *n/pl* lazo *m*, red *f* (*also* FIG).

toi·let ['tɔilit] *n* **1**. aseo *m*, atavío *m*. **2**. coqueta *f*, tocador *m*. **3**. retrete *f*, lavabo *m*, wáter *m*. LOC **~ bowl**, inodoro *m*. **~-paper/~-roll/~-tissue**, papel *m* higiénico. **~-ries**, artículos *m/pl* de tocador *m*. **~-set**, juego *m* de tocador *m*. **~-soap**, jabón *m* de tocador *m*. **~ water**, agua *f* de tocador *m*.

tok·en ['təukən] **I**. *n* **1**. señal *m*, muestra *f*, prueba *f*. **2**. recuerdo *m*. **3**. prenda *f*. **4**. ficha *f* (*disk, coin*). LOC **As a/In ~ of**, en señal *f* de, como prueba *f* de. **By the same ~**, por la misma razón *f*. **II**. *adj* simbólico/a.

told *pret/pp of* **tell**.

tol·er·able ['tɔlərəbl] *adj* **1**. soportable, tolerable. **2**. regular, mediano/a. **tol·er·ance** ['tɔlərəns] *n* tolerancia *f*. **tol·er·ant** [-rənt] *adj* tolerante. **tol·er·ate** ['tɔləreit] *v* tolerar. **tol·er·ation** [,tɔlə'reiʃn] *n* tolerancia *f*.

toll [təul] **I**. *n* **1**. tasa *f*; peaje *m*. **2**. pontazgo *m* (*of a bridge*). **3**. número *m* de víctimas *f/pl*, bajas *f/pl*. LOC **~-bridge**, puente *m* de peaje *m*. **~ call**, US conferencia *f* interurbana. **~-gate**, barrera *f* de peaje *m*. **~ road**, carretera *f* de peaje *m*. **II**. *v* doblar/tocar/tañer a muerto *m*.

Tom [tɔm] *n* **1**. Tomás *m*. **2**. macho *m*: *~-cat* (*also ~*), gato *m* (*male cat*). LOC **~, Dick and Harry**, Fulano, Mengano y Zutano.

tom·a·hawk ['tɔməhɔ:k] *n* hacha *f* de guerra *f*, tomahawk *m*.

to·ma·to [tə'ma:təu; US tə'meitəu] *n* (*pl* **-es**) BOT **1**. tomate *m*. **2**. tomatera *f*.

tomb [tu:m] *n* sepulcro *m*, tumba *f*. LOC **~·stone**, lápida *f*, sepulcral *m*.

tom·bo·la [tɔm'bəulə] *n* tómbola *f*.

tom·boy ['tɔmbɔi] *n* machorra *f*, marimacho *m*; muchacha *f* traviesa.

tome [təum] *n* tomo *m*, volumen *m*; libraco *m*, librote *m*.

tom·fool [,tɔm'fu:l] *n/adj* bobo/a, tonto/a, necio/a. **tom·fool·ery** [tɔm'fu:ləri] *n* tontería *f*, estupidez *f*.

tom·my ['tɔmi] *n* **1**. MIL soldado *m*. **2**. US soldado *m* inglés. LOC **~-gun**, MIL pistola *f* ametralladora. **~-rot**, INFML tonterías *f/pl*; disparates *m/pl*.

to·mor·row [tə'mɔrəu] *n/adv* mañana *m*. LOC **The day after ~**, pasado mañana. **~ week**, de mañana en ocho días *m/pl*.

tom·tom ['tɔm tɔm] *n* tantán *m*.

ton [tʌn] *n* 1. (*also* **tonne**) tonelada *f*. 2. **~s** *pl* FIG montones *m/pl*. **ton·nage** ['tʌnidʒ] *n* tonelaje *m*. **ton·ner** [tʌnə(r)] *n* barco *m* de ... toneladas *f/pl*: *A two thousand-~*, Un barco de dos mil toneladas.

ton·al ['təunl] *adj* tonal (*also* MUS). **to·nal·ity** [təunæləti] *n* MUS tonalidad *f*.

tone [təun] **I.** *n* 1. MED , MUS tono *m*. 2. FIG tendencia *f*. LOC **~ colour**, timbre *m*. **~-deaf**, que tiene mal oído musical. **~-poem**, MUS poema *f* sinfónico. **II.** *v* 1. entonar. 2. MUS afinar (*an instrument*). 3. **(down)** suavizar(se), atenuar(se); moderar(se). 4. **(with)** armonizar (*sounds, colours*). 5. **(up)** entonar (se); FIG embellecer(se). 6. virar (*in photography*).

tongs ['tʌŋs] *n/pl* pinzas *f/pl*; tenazas *f/pl* (*for coal*); tenacillas *f/pl* (*for ice, sugar*).

tongue [tʌŋ] *n* 1. ANAT lengua *f*. 2. lengüeta *f* (*of shoes, scales*). 3. idioma *m*: *Mother ~*, Idioma materno. LOC **To bite/hold one's ~**, morderse la lengua *f*, callarse. **To put/stick out one's ~**, sacar la lengua *f*. **To speak with one's ~ in one's cheek**, hablar con ironía *f*. **~-lashing**, rapapolvo *m*, bronca *f*. **~-tied**, MED que tiene frenillo *m*; mudo/a; FIG tímido/a. **~-twister**, trabalenguas *m*.

ton·ic ['tɔnik] **I.** *n* 1. FIG, MED tónico *m*. 2. MUS tónica *f*. **II.** *adj* tónico/a. LOC **~ water** (*also* ~), tónica *f*.

to·night [tə'nait] *n/adv* esta noche *f*.

ton·sil ['tɔnsl] *n* ANAT amígdala *f*. **ton·sil·li·tis** [,tɔnsi'laitis] *n* MED amigdalitis *f*.

ton·sure ['tɔnʃə(r)] **I.** *n* tonsura *f*. **II.** *v* tonsurar.

to·ny ['təuni] *adj* US , SL elegante; mundano/a.

too [tu:] *adv* 1. también. 2. además (*as well as*). 3. demasiado. LOC **To be ~ much for one**, ser demasiado para uno. **~ little**, demasiado poco; muy pequeño/a. **~ many**, demasiados/as. **~ much**, demasiado.

took *pret of* **take**.

tool [tu:l] **I.** *n* 1. utensilio *m*, útil *m*; herramienta *f*. 2. FIG instrumento *m* (*person, thing*). 3. SL *pene*. LOC **~-bag**, bolsa *f* de herramientas *f/pl*. **~-box**, caja *f* de herramientas *f/pl*. **~ kit**, juego *m* de herramientas *f/pl*. **II.** *v* 1. **(up)** equipar con herramientas *f/pl*; mecanizar. 2. labrar (*shape*).

toot [tu:t] **I.** *n* toque *m*, bocinazo *m*. **II.** *v* tocar/sonar.

tooth [tu:θ] *n* (*pl* **teeth**) 1. muela *f*; diente *m*. 2. diente *m* (*of a saw*). 3. púa *f* (*of a comb*). LOC **False teeth**, dentadura *f* postiza. **To cut one's teeth**, echar los dientes *m/pl*. **To fight ~ and nail**, luchar con uñas *f/pl* y dientes *m/pl*. **~-ache**, MED dolor *m* de muelas *f/pl*. **~-brush**, cepillo *m* de dientes *m/pl*. **~-paste**, pasta *f* dentífrica. **~-pick**, palillo *m* de dientes *m/pl*. **~-pick holder**, palillero *m*. **~-some**,(apetitoso/a; sabroso/a. **tooth·ed** [tu:θt] *adj* de/con dientes *m/pl*, dentado/a. **tooth·ing** ['tu:θiŋ] *n* dientes *m/pl*. **tooth·less** [tu:θlis] *adj* sin dientes *m/pl*, desdentado/a.

top [tɔp] **I.** *n* 1. parte *f* alta; cumbre *f*, cima *f*; copa *f* (*tree*); cabeza *f* (*of a list, page*). 2. techo *m*; remate *m* (*of a roof*); tejado *m*. 3. capota *f* (*of a car*). 4. baca *f* (*of a coach*). 5. coronilla *f* (*of a head*). 6. cresta *f* (*of a wave*). 7. capuchón *m* (*of a pen*). 7. chaqueta *f*; blusa *f*. 8. parte *f* de arriba (*of a bikini*). 9. NAUT cofa *f*. 10. FIG los/as mejores. 11. trompo *m*, peonza *f*, peón *m*. LOC **At the ~ of**, a la cabeza *f* de. **From ~ to bottom**, de arriba abajo. **From ~ to toe**, de pies *m/pl* a cabeza *f*. **On ~**, encima. **On ~ of**, además de. **On ~ of it all/On ~ of that**, para colmo *m*. **To be on ~**, llevar ventaja *f*. **II.** *adj* 1. de arriba. 2. máximo/a. 3. más alto/a. 4. más importante. 5. primero/a, mejor. 6. último/a (*floor*). LOC **To earn ~ money**, estar muy bien pagado/a. **To sleep like a ~/log**, dormir como un tronco *m*. **III.** *v* **(-pp-)** 1. rematar, coronar. 2. estar a la cabeza *f*. 3. mejorar, superar; aventajar. 4. AGR desmochar, descabezar (*trees*). 5. **(off)** rematar. 6. **(up)** llenar a tope *m* (*fill*). **top·per** [tɔpə(r)] *n* INFML chistera *f*, sombrero *m* de copa *f*. **top·ping** [tɔpiŋ] *adj* extraordinario/a, estupendo/a. **tops** [tɔps] *n/pl* INFML el/la/lo mejor.

top..., **~ banana**, *n col* jefe/a. **~-boot**, *n* bota *f* alta. **~-coat**, *n* abrigo *m*; sobretodo *m*. **~ drawer**, *adj* de primera clase *f*; de la jet-set *f*. **~-dress**, *v* AGR abonar. **~-dressing**, *n* AGR abono *m*. **~-flight**, *adv* de primera klase *f*; sobresaliente. **~-gallant**, *n* NAUT juanete *m* (*sail*). **~ hat** (*also* **~-per**), *n* chistera *f*, sombrero *m* de copa *f*. **~-heavy**, *adj* con demasiado peso *m* en la parte *f* superior. **~-knot**, *n* moño *m*. **~-mast**, *n* NAUT mastelero *m*. **~-most**, *adj* más alto/a. **~-notch**, *adj* INFML de primera clase *f*; sobresaliente. **~-sail**, *n* NAUT gavia *f*. **~ secret**, *adj* muy confidencial. **~-side**, *n* NAUT obra *f* muerta. **~-soil**, *n* capa *f* más superficial del suelo *m*.

to·paz ['təupæz] *n* topacio *m*.

tope [təup] *v* emborracharse, beber en exceso *m*. **top·er** [təupə(r)] *n* borrachín/na.

to·pi ['təupi; US təu'pi:] *n* salacot *m* (*sun hat; also* **topee**).

top·ic ['tɔpik] *n* tema *f*, asunto *m*; LIN G tópico *m*. **top·ic·al** ['tɔpikl] *adj* 1. MED tópico/a. 2. de actualidad *f*. **top·ic·al·ity** [,tɔpikæləti] *n* actualidad *f*.

to·po·graph·er [tə'pɔgrəfə(r)] *n* topógrafo/a. **to·po·graph·ic(·al)** [,tɔpə'græfik(l)] *adj* topográfico/a. **to·po·gra·phy** [tə'pɔgrəfi] *n* topografía *f*.

to·po·nym ['tɔpənim] *n* topónimo *m*. **to·po·nym·y** ['tɔpənəmi] *n* toponimia *f*.

top·ple ['tɔpl] *v* **(over)** 1. tambalearse; caerse; volcar(se); hacer caer.

top·sy-tur·vy [,tɔpsi 'tɜ:vi] **I.** *adj* desordenado/a, revuelto/a. **II.** *adv* en desorden *m*.

tor [tɔ:(r)] *n* peñasco *m*, colina *f* abrupta y rocosa.

torch [tɔ:tʃ] **I**. *n* **1**. (US **flashlight**) linterna *f*. **2**. antorcha. LOC **~-bearer**, el/la que lleva una antorcha *f*. **~-light**, luz *f* de antorcha *f*. **~-light procession**, desfile *m*/procesión *f* con antorchas *f/pl*. **~-song**, MUS fado *m*, canción *f* de murria *f*.

tore *pret of* **tear** (2).

to·re·a·dor ['tɔriədɔ:(r)] *n* torero *m*.

tor·ment ['tɔ:ment] **I**. *n* suplicio *m*, tormento *m*. **II**. *v* torturar, atormentar. **tor·ment·or** [tɔ:'mentə(r)] *n* atormentador/ra; verdugo *m*.

torn *pp of* **tear** (2).

tor·na·do [tɔ:'neidəu] *n* (*pl* **-es**) tornado *m*, huracán *m*.

tor·pe·do [tɔ:'pidəu] **I**. *n* (*pl* **-es**) **1**. MIL torpedo *m*. **2**. petardo *m*. **3**. detonador *m*. LOC **~-boat**, NAUT , MIL torpedero *m*. **~ tube**, MIL lanzatorpedos *m*. **II**. *v* (*present p* **torpedoing**; *pret/pp* **torpedoed**) torpedear (*also* FIG). **tor·pe·do·ing** [tɔ:'pidəuiŋ] *n* torpedeo *m*.

tor·pid ['tɔ:pid] *adj* **1**. aletargado/a, letárgico/a. **2**. apático/a. **3**. entorpecido/a, torpe. **tor·pid·ity** [tɔ:'pidəti], **tor·pid·ness** ['tɔ:pidnis], **tor·por** ['tɔ:pə(r)] *n* **1**. letargo *m*. **2**. apatía *f*. **3**. entorpecimiento *m*.

torque [tɔ:k] *n* TEC par *m* de torsión *f*.

tor·rent ['tɔrənt; US 'tɔ:r-] *n* torrente *m*. **tor·rent·i·al** [tə'renʃl] *adj* torrencial.

tor·rid ['tɔrid; US 'tɔ:r-] *adj* tórrido/a. LOC **~ zone**, GEOG zona *f* tórrida. **tor·rid·ity** ['tɔridəti] *n* calor *m* tórrido.

tor·sion ['tɔ:ʃn] *n* torcedura *f*, torsión *f* (*twisting*). **tor·sion·al** ['tɔ:ʃnl] *adj* torcido/a, torsional.

tor·so ['tɔ:səu] *n* ANAT torso *m*.

tort [tɔ:t] *n* agravio *m*; JUR infracción *f*.

tor·toise ['tɔ:təs] *n* ZOOL tortuga *f*. LOC **~-shell**, concha *f*, carey *m*.

tor·tu·os·ity [,tɔ:tʃu'ɔsəti] *n* tortuosidad *f*. **tor·tu·ous** ['tɔ:tʃuəs] *adj* **1**. torcido/a. **2**. tortuoso/a (*also* FIG).

tor·ture ['tɔ:tʃə(r)] **I**. *n* tormento *m*, tortura *f*. **II**. *v* **1**. itormentar, torturar. **2**. FIG deformar, torcer; violentar. **tor·tur·er** ['tɔ:tʃərə(r)] *n* verdugo *m*.

To·ry ['tɔ:ri] *n/adj* conservador/ra (*of the British Conservative Party*). **To·ry·ism** ['tɔ:rizəm] *n* conservadurismo *m*.

toss [tɔs; US tɔ:s] **I**. *v* **1**. lanzar, tirar; echar. **2**. mover, revolver (*salad*). **3**. sacudir; mantear (*blanket*); menear, agitar. **4**. echar para atrás, levantar airosamente (*one's head*). **5**. coger: *The bull ~ed the toreador*, El toro cogió al torero. **6**. **(aside)** echar a un lado *m*. **7**. **(back)** echar para atrás. **8**. **(off)** beber de un trago *m*. **9**. **(up)** echar/jugar a cara *f* o cruz *f*. LOC **To ~ and turn**, dar vueltas en la cama *f*. **To ~ oneself off**, SL masturbarse. **II**. *n* **1**. lanzamiento *m*. **2**. movimiento *m*. **3**. sacudida *f*. **4**. sorteo *m* a cara *f* o cruz *f*. **5**. caída *f* (*fall*). **6**. cogida *f* (*by a bull*). LOC **To argue the ~**, discutir. **To be a ~-up**, ser una cosa *f* insegura/no decidida. **To decide sth by a ~-up**, decidir algo a cara *f* o cruz *f*. **To win a ~-up**, ganar a cara o cruz.

tot [tɔt] **I**. *n* **1**. nene/a. **2**. copita *f*. **II**. *v* **(-tt-)** **(up)** INFML sumar.

to·tal ['təutl] *n/adj* total *m*. LOC **In ~**, en total. **Sum ~**, colectividad *f* (*of people*). **~ wreck**, restos *m/pl* (*of a car, ship,* etc). **II**. *v* **(-ll-**; US **-l-)** sumar, ascender (a), totalizar. **to·tal·i·tar·ian** [,təutæli'teəriən] *n/adj* totalitario/a. **to·tal·i·tar·ian·ism** [,təutæli'teərizəm] *n* totalitarismo *m*. **to·tal·ity** [təu'tæləti] *n* totalidad *f*. **to·tal·iz·at·or, -s·at·or** ['təutəlaizeitə(r)] *n* totalizador/ra. **to·tal·ize, -·ise** ['təutəlaiz] *v* totalizar. **to·tal·ly** ['təutəli] *adv* totalmente, completamente.

tote [təut] **I**. *n* INFML totalizador/ra. LOC **~ bag**, bolsa *f* grande. **II**. *v* US INFML cargar, llevar, acarrear.

to·tem ['təutəm] *n* tótem *m*.

tot·ter ['tɔtə(r)] *v* **1**. tambalearse. **tot·ter·ing** ['tɔtəriŋ], **tot·tery** ['tɔtəri] *adj* **1**. tambaleante. **2**. vacilante. **3**. ruidoso/a.

tou·can ['tu:kæn, -kən; US *also* tu'ka:n] *n* ZOOL tucán *m*.

touch [tʌtʃ] **I**. *v* **1**. palpar(se); tocar(se); rozar(se); pasar rozando; estar contiguo/a. **2**. lindar (con). **3**. alcanzar, llegar (a) (*reach*). **4**. enternecer, conmover (*feelings*). **5**. afectar (a). **6**. probar, tomar (*food*). **7**. igualar; compararse con; contratar. **8**. FAM dar un sablazo *m*. **9**. **(at)** hacer escala *f* en; tocar en. **10**. **(in)** esbozar. **11**. **(off)** provocar; FIG hacer estallar. **12**. **(on, upon)** aludir brevemente a; tratar superficialmente. **13**. **(up)** retocar (*drawing, photograph*). LOC **~ wood**, FIG tocar madera *f*. **II**. *n* **1**. toque *m*; tacto *m*. **2**. contacto *m*. **3**. FIG poco *m*, pizca *f*. **4**. MUS pulsaciones *f/pl*; tecleo *m* (*of a typist*). **5**. ART pincelada *f*. **6**. mano *f*: *The master's ~*, La mano del maestro. **7**. FIG rasgo *m*. **8**. MED amago *m*, ataque *m* leve. **9**. DEP tocado *m*, toque *m* (*in fencing*); banda *f* (*in football*). LOC **A clever ~**, un detalle *m*, un acierto *m*. **A ~ of irony**, cierta ironía *f*. **A ~ of the sun**, una leve insolación *f*. **By ~**, al tacto *m*. **To be in ~ with sth**, estar al corriente de. **To give/put the finishing ~ to**, dar el toque *m* final. **To get in ~ with**, ponerse en contacto *m* con. **To keep in ~ with**, estar en contacto *m* con. **~-and-go**, dudoso/a; arriesgado/a; difícil. **~-down**, AER aterrizaje *m*. **~-stone**, piedra *f* de toque *m*. **~-type**, mecanografiar al tacto *m*. **~-typing**, mecanografía *f* al tacto *m*. **touch·able** ['tʌtʃəbl] *adj* palpable, tangible. **touch·ed** [tʌtʃt] *adj* **1**. FAM chiflado/a. **2**. conmovido/a. **tou·chi·ness** ['tʌtʃinis] *n* susceptibilidad *f*. **touch·ing** ['tʌtʃiŋ] **I**. *prep* relativo a. **II**. *adj* conmovedor/ra. **touch·y** ['tʌtʃi] *adj* (*comp* **-ier**, *sup* **-iest**) delicado/a; susceptible.

tough [tʌf] **I**. *adj* (*comp* **-er**, *sup* **-est**) **1**. fuerte, resistente, duro/a (*material*). **2**. robusto/a. **3**. difícil. **4**. estropajoso/a (*meat*). **5**. correoso/a. **6**. severo/a. **7**. inflexible. **8**. injusto/a. **9**. malvado/a; criminal. LOC **~ luck**, mala suerte *f*. **II**. (*also* **toughie**) *n* INFML **1**. forzudo/a; gorila *m/f*. **2**. machote *m*. **3**. criminal *m/f*;

pendenciero/a. **4**. caradura *m/f*. **tough·en** ['tʌfn] *v* endurecer(se). **tough·ness** ['tʌfnis] *n* **1**. resistencia *f*; dureza *f*. **2**. dificultad *f*. **3**. inflexibilidad *f*; tenacidad *f*.

tou·pee ['tu:pei; US tu:'pei] *n* tupé *m*.

tour [tuə(r); tɔ:(r)] **I**. *n* **1**. visita *f*; viaje *m*; excursión *f*. **2**. gira *f*. **3**. DEP vuelta *f*: *The ~ de France*, La vuelta ciclista a Francia. LOC **On ~**, de/en gira *f*. **~ de force**, hazaña *f*, proeza *f*. **~ of duty**, período *m* de servicio *m*. **~ operator**, agencia *f* de viajes; agente *m/f* mayorista de viajes *m/pl*. **II**. *v* **1**. recorrer, viajar (por). **2**. estar/ir de gira *f*. **tour·er** ['tuərə(r)] *n* turismo *m* (*car*). **tour·ing** ['tuəriŋ] **I**. *adj* de turismo *m*. LOC **~ car**, coche *m* de turismo *m*. **II**. *n* turismo *m*. **tour·ism** ['tuərizəm; 'tɔ:r-] *n* turismo *m*. **tour·ist** ['tuərist] *n/adj* turista *m/f*. LOC **~ agency**, agencia *f* de viajes *m/pl*. **~ attraction**, atracción *f* turística. **~ class**, tarifa *f* turística; clase *f* turista.

tour·na·ment ['tɔ:nəmənt; US 'tɜ:rn-] *n* **1**. DEP torneo *m*, campeonato *m*. **2**. concurso *m*.

tour·ney ['tuəni] **I**. *v* participar en un torneo *m*. **II**. *n* torneo *m*.

tour·ni·quet ['tuənikei; US 'tɜ:rnikət] *n* MED torniquete *m*.

tou·sel ['tauzl] *v* **1**. arrugar (*clothes*). **2**. despeinar (*hair*).

tout [taut] **I**. *v* **1**. **(for sth)** intentar enganchar (*for business*). **2**. revender. **II**. *n* **1**. COM corredor/ra. **2**. revendedor/ra (*of tickets*). **3**. FAM gancho *m/f* (*person*).

tow [təu] **I**. *v* **1**. remolcar. **2**. FIG llevar a remolque *m*. **II**. *n* **1**. remolque *m*. **2**. estopa *f*. LOC **To have/take in ~**, remolcar. **~·boat**, NAUT remolcador *m*. **~ car/~ truck**, grúa *f* remolque. **~·line**, sirga *f*. **~·path**, camino *m* de sirga *f*. **~·rope**, cable *m* de remolque *m*. **tow·age** ['təuidʒ] *n* remolque; derechos *m/pl* de remolque *m*.

to·wards [tə'wɔ:dz; US tɔ:rdz] (*also* **toward** [tə'wɔ:d; US tɔ:rd]) *prep* **1**. hacia (*direction*). **2**. para (*for*). **3**. con (*with*). **4**. para con; respecto, con respecto a. **5**. cerca de, próximo/a.

tow·el ['tauəl] **I**. *n* toalla *f*. LOC **To throw in the ~**, FIG tirar la toalla *f*, rendirse. **~ rack**, toallero *m*. **II**. *v* (**-ll-**; US **-l-**) secar/frotar con toalla *f*.

tow·er ['tauə(r)] **I**. *n* **1**. torre *f*. **2**. fortaleza *f*. **3**. campanario *m*. LOC **Ivory ~**, FIG torre *m* de marfil *m*. **Water ~**, lepósito *m* de agua *f*. **II**. *v* **1**. encumbrarse, elevarse. **2**. **(above, over)** destacarse de, descollar entre; dominar. **tow·er·ing** ['tauəriŋ] *adj* **1**. encumbrado/a, elevado/a. **2**. destacado/a, sobresaliente. **3**. intenso/a; violento/a.

town [taun] *n* **1**. ciudad *f*; pueblo *m*. **2**. población *f*. **3**. centro *m*. LOC **To be the talk of the ~**, ser la comidilla *f* de la ciudad *f*. **To go to ~**, INFML no reparar en gastos *m/pl*. **To paint the ~ red**, salir de juerga *f*; echar una cana *f* al aire *m*.

town..., **~ clerk**, secretario/a del ayuntamiento *m*. **~ council**, concejo *m* municipal, ayuntamiento *m*. **~ councillor**, concejal/la. **~ crier**, pregonero/a. **~ hall**, casa *f* consistorial, ayuntamiento *m*. **~·let**, aldea *f*. **~ meeting**, pleno *m* municipal. **~ planner**, urbanista *m/f*. **~ planning**, urbanismo *m*. **~s·folk/~s·people**, ciudadanos *m/f/pl*. **~·ship**, municipio *m*. **~s·man** (*pl* **-men**), vecino *m*, ciudadano *m*. **~ talk**, FIG comidilla *f* de la ciudad *f*/pueblo *m*.

tox·ic ['tɔksik] *adj* tóxico/a. **tox·ic·ity** [tɔk'sisəti] *n* toxicidad *f*. **tox·ic·o·lo·gist** [,tɔksi'kɔlədʒist] *n* toxicólogo/a. **tox·ic·o·lo·gy** [,tɔksi'kɔlədʒi] *n* toxicología *f*.

tox·in ['tɔksin] *n* toxina *f*.

toy [tɔi] **I**. *n* chuchería *f*, juguete *m*. **II**. *adj* **1**. de juguete *m*. **2**. enano/a, de miniatura *f*. LOC **~·shop**, tienda *f* de juguetes *m/pl*, juguetería *f*. **III**. *v* **1**. **(with)** jugar/juguetear (con); divertirse (con). **2**. toquetear, manosear. **3**. acariciar (*idea, plan*, etc).

trace [treis] **I**. *n* **1**. rastro *m*; huella *f*; indicio *m*; vestigio *m*. **2**. poco *m*, pizca *f*. **3**. tirante *m* (*harness*). LOC **To kick over the ~s**, rebelarse. **II**. *v* **1**. seguir; rastrear (*tracks*). **2**. **(to)** encontrar, localizar (*find sth*). **3**. dibujar, trazar; calcar (*a drawing*). **4**. **(out)** descubrir el rastro *m*; determinar (*an origin*). LOC **To ~ back to**, remontarse (a). **trac·er** ['treisə(r)] *n* **1**. diseñador/ra. **2**. MIL bala *f* trazadora. **3**. FIS, QUIM indicador *m*. **trac·ery** ['treisəri] *n* ARQ tracería *f*. **trac·ing** ['treisiŋ] *n* **1**. trazado *m*. **2**. calco *m*. LOC **~ bullet**, MIL bala *f* trazadora. **~ paper**, papel *m* de calco *m*.

tra·chea [trə'kiə; US 'treikiə] *n* (*pl* **-s** *or* **-e** [-kii:]) ANAT tráquea *f*.

tra·che·o·to·my [,træki'ɔtəmi] *n* MED traqueotomía *f*.

track [træk] **I**. *n* **1**. camino *m*, sendero *m*, senda *f* (*path*). **2**. huella *f*, rastro *m*; rodada *f* (*of a wheel*). **3**. trayectoria *f*, curso *m*; AER rumbo *m*. **4**. DEP pista *f*. **5**. TEC oruga *f* (*of a tractor*). **6**. **~s** *pl* huellas *f/pl* (*footprints*). LOC **To be on sb's ~s**, seguir la pista *f* a alguien. **To be way off the ~**, estar despistado/a. **To keep ~ of**, vigilar; seguir de cerca. **To make ~s**, FAM largarse, irse. **~ events**, *pl* DEP atletismo *m* en pista *f*. **~ meet**, DEP concurso *m* de atletismo *m*. **~ suit**, DEP chándal *m*. **II**. *v* **1**. seguiz la pista *f*/las huellas *f/pl*. **2**. **(down)** localizar; capturar; averiguar el origen *m* de. **track·age** ['trækidʒ] *n* remolque *m*. **track·er** ['trækə(r)] *n* **1**. perro *m* rastreador (*~ dog*). **2**. perseguidor/ra. **track·ing** ['trækiŋ] *n* **1**. rastreo *m*. **2**. seguimiento *m* (*of a spacecraft*). LOC **~ station**, estación *f* de seguimiento *m*. **track·less** ['træklis] *adj* **1**. sin caminos *m/pl*. **2**. sin huellas *f/pl*.

tract [træct] *n* **1**. zona *f*, región *f*. **2**. extensión *f*. **3**. ANAT vías *f/pl*: *Respiratory ~*, Vías respiratorias; aparato *m*: *Digestive ~*, Aparato digestivo. **4**. folleto *m*, octavilla *f*; tratado *m*. **tract·able** ['træktəbl] *adj* **1**. manejable; tratable. **2**. dócil. **3**. maleable, dúctil. **trac·tion** ['trækʃn] *n* tracción *f*. **trac·tion·al** ['trækʃnəl], **tract·ive** ['træktiv] *adj* de tracción *f*. **tract·or** ['træktə(r)] *n* AGR tractor *m*. LOC ~ **driver**, tractorista *m/f*. ~**-trailer**, tráiler *m* (*truck*).

trade [treid] **I**. *n* **1**. negocio *m*; industria *f*, comercio *m*. **2**. artesanía *f*. **3**. profesión *f*, oficio *m* (*job*). **4**. gremio *m*. LOC **By** ~, de profesión *f*. **To be in** ~, tener un negocio *m*. **II**. *v* **1**. (**in, with**) negociar; comerciar; (**in**) dar/entregar como parte del pago *m*. **2**. (**for**) trocar/cambiar (por). **3**. (**on**) explotar, aprovecharse (de). **trad·er** ['treidə(r)] *n* **1**. comerciante *m/f*; traficante *m/f*. **2**. NAUT barco *m* mercante. **trad·ing** ['treidiŋ] **I**. *adj* comercial; mercantil. **II**. *n* comercio *m*. LOC ~ **post**, factoría *f*. ~ **year**, año *m*/ejercicio *m* económico.

trade..., ~ **discount**, *f* descuento *m* comercial. ~ **fair**, feria *f* de muestras *f/pl*. ~ **gap**, *n* COM déficit *m*. ~**-in**, canje *m*; trueque *m*. ~**·mark**, *n* marca *f* registrada (*also* **registered** ~**·mark**); *v* registrar (*as* ~*.mark*). ~ **name**, *n* nombre *m* comercial; razón *m* social. ~ **price**, *n* precio *m* al por mayor. ~**s·man**, *n* comerciante *m*; tendero *m*. ~**s·man en·trance**, *n* entrada *f* de proveedores *m/pl*; puerta *f* de servicio *m*. ~**s·people**, *n* comerciantes *m/pl*. ~ **union** (*also* ~**s union**, **union**, US **labor union**), sindicato *m*, gremio *m*. ~ **unionism**, sindicalismo *m*. ~ **unionist**, sindicalista *m/f*, sindicado *m/f*. ~ **winds**, vientos *m/pl* alisios.

tra·di·tion [trə'diʃn] *n* tradición *f*. **tra·di·tion·al** [trə'diʃənl] *adj* tradicional. **tra·di·tion·al·ism** [trə'diʃənəlizəm] *n* tradicionalismo *m*.

tra·duce [trə'dju:s; US -'du:s] *v* calumniar. **tra·duc·er** [trədju:sə(r)] *n* calumniador/ra.

traf·fic ['træfik] **I**. *n* **1**. circulación *f*, tráfico *m*. **2**. tránsito *m*. **3**. comercio *m* (*trade*); negocio *m*. LOC ~ **circle**, glorieta *f* (*roundabout*). ~ **control**, regulación *f* de tráfico *m*. ~ **controller**, AER controlador/ra aéreo. ~ **island** (*also* **island**, **refuge**, **safety island**), refugio *m*, isleta *f*. ~ **jam**, atasco *m* (de tráfico). ~ **light**, semáforo *m*. **II**. *v* (*present p* **trafficking**, *pret/pp* **trafficked**) (**in sth**) negociar, traficar, comerciar. **traf·fick·er** ['træfikə(r)] *n* **1**. negociante *m/f*. **2**. traficante *m/f*.

tra·ge·di·an [trə'dʒi:diən] *n* **1**. TEATR trágico *m* (*writer(of tragedies*). **2**. TEATR actor *m* de tragedias *f/pl*. **tra·ge·di·enne** [trə'dʒi:diən] *n* TEATR actriz *f* de tragedias *f/pl*. **trag·e·dy** ['trædʒədi] *n* TEATR tragedia *f*. **trag·ic** ['trædʒik] *adj* trágico/a.

trail [treil] **I**. *n* **1**. pista *f*, rastro *m*, huellas *f/pl*. **2**. sendero *m*, camino *m* (*path*). **3**. nube *f*; estela *f*. **4**. ASTR cola *f*. LOC ~**-blazer**, pionero/a. **II**. *v* **1**. rastrear, seguir el rastro *m*. **2**. arrastrar(se) (*be dragging behind*). **3**. MIL bajar, suspender (*arms*). **4**. BOT trepar. **5**. ir lentamente; rezagarse. **6**. (**behind**) quedarse atrás. **7**. (**away**, **off**) desvanecerse; ir desapareciendo. **trail·er** ['treilə(r)] *n* **1**. tráiler *m* (*in cinema*). **2**. remolque *m*. **3**. BOT planta *f* trepadora.

train [trein] **I**. *n* **1**. tren *m* (*railway*). **2**. sucesión *f*, serie *f*. **3**. comitiva *f*, séquito *m*. **4**. ASTR , ZOOL cola *f* (*also of a dress*). **5**. recua *f* (*pack of animals*). **6**. convoy *m*. **7**. hilo *m* (*of thought*). LOC **By** ~, por ferrocarril *m*, en tren *m*. **To be in** ~, estar en curso *m*. ~ **dress**, traje *m* de cola *f*. **II**. *v* **1**. educar, enseñar (*a child*). **2**. adiestrar, formar, preparar (*sb to do sth*). **3**. MIL instruir. **4**. DEP entrenar. **5**. BOT guiar (*a plant*). **6**. (**on**) enfocar (*a camera*); apuntar (*a gun*). **7**. FAM ir/viajar en tren *m*. **train·ee** [trei'ni:] *n* persona *f* en prácticas *f/pl*; aprendiz/za. **train·er** ['treinə(r)] *n* **1**. domador/ra; amaestrador/ra (*of animals*). **2**. DEP preparador/ra; entrenador/ra. **train·ing** ['treiniŋ] *n* **1**. formación *f*, enseñanza *f*, instrucción *f*, preparación *f*. **2**. DEP entrenamiento *m*. **3**. doma *f*, adiestramiento *m* (*of animals*). **4**. MIL puntería *f*. LOC **Physical** ~, gimnasia *f*, educación *f* física. ~ **centre**/~ **school**, centro *m* de formación *f* profesional. ~ **college**, escuela *f* universitaria; Escuela Universitaria de Formación de Profesorado *m*. ~ **ship**, NAUT buque *m* escuela *f*.

traipse [treips] *v* INFML andar sin dirección *f* fija.

trait [trei(t)] *n* característica *f*, rasgo *m*. **trait·or** ['treitə(r)] *n* traidor *m*. **trai·tor·ous** ['treitərəs] *adj* traicionero/a; traidor/ra. **trait·ress** ['treitris] *n* traidora *f*.

tra·ject·ory [trə'dʒektəri] *n* trayectoria *f*.

tram [træm] (*also* ~**-car** ['træmka:(r);] US **streetcar**, **trolley**) *n* tranvía *f*. LOC ~**-line**, vía *f* de tranvía *m*; línea *f* de tranvía *m*. ~**-way**, vía *f* de tranvía *m*.

tram·mel [træml] **I**. *v* (**-ll-**; US **-l-**) poner trabas *f/pl* a (*horse; also* FIG). **II**. *n* **1**. traba *f* (*for a horse*). **2**. FIG obstáculos *m/pl*, trabas *f/pl*.

tramp [træmp] **I**. *v* **1**. andar/marchar pesadamente; pisar fuerte. **2**. caminar, ir/recorrer/viajar a pie *m*. **II**. *n* **1**. caminata *f*, paseo *m* largo; marcha *f* pesada. **2**. excursión *f* a pie *m*. **3**. vagabundo/a. **4**. NAUT barco *m* mercante (*also* ~ **steamer**).

tram·ple ['træmpl] **I**. *v* **1**. (**down**) pisar (*corn, grapes*). **2**. (**on, up, upon**) pisotear. **II**. *n* pisoteo *m*.

tram·po·line ['træmpəli:n] **I**. *n* trampolín *m*, cama *f* elástica. **II**. *v* saltar en trampolín *m*.

trance [tra:ns; US træns] *n* **1**. MED catalepsia *f*. **2**. éxtasis *m*. **3**. trance *m*; estado *m* hipnótico.

tran·quil ['træŋkwil] *adj* tranquilo/a. **tran·quil·lize** (US *also* **tranquilize**), ['træŋkwilaiz] *v* tranquilizar. **tran·quil·liz·er** (US *also* **tranquilizer**), **-iser**, ['træŋkwilaizə(r)] *n* MED tranquilizante *m*, calmante *m*. **tran·quil·li·ty** (US *also* **tranquility**) [træŋ'kwiləti] *n* tranquilidad *f*.

trans [trænz] **I**. *pref* trans. **II**. *abrev* **translated (by)**, traducido/a (por).

trans·act [træn'zækt] *v* (**with**) **1**. negociar, tratar. **2**. hacer, llevar a cabo. **trans·ac·tion**

[træn'zækʃn] *n* **1**. negociación *f*, tramitación *f*. **2**. **~s** *pl* actas *f/pl*, memorias *f/pl*. **trans·act·or** [træn'zæktə(r)] *n* negociador/ra.

trans·at·lant·ic [,trænzət'læntik] *adj* transatlántico/a.

trans·cend [træn'send] *v* rebasar, superar, exceder; ir más allá. **trans·cend·ence** [træn'sendəns], **trans·cend·ency** [træn'sendənsi] *n* **1**. superioridad *f*. **2**. FIL, REL trascendencia *f*. **trans·cend·ent** [træn'sendənt] *adj* **1**. sobresaliente, superior. **2**. FIL, REL trascendente. **trans·cend·ent·al** [,trænsen'dentl] *adj* trascendental.

trans·con·tin·ent·al [,trænzkɔnti'nentl] *adj* transcontinental.

trans·cribe [træn'skraib] *v* **1**. trascribir. **2**. copiar, grabar. **trans·cript** ['trænskript] *n* **1**. transcripción *f*. **2**. US certificado *m* académico. **trans·crip·tion** [træn'skripʃn] *n* **1**. transcripción *f* (*also in phonetics*). **2**. emisión *f* diferida (*of radio or TV programmes*).

trans·ept ['trænsept] *n* ARQ crucero *m*.

trans·fer [træns'fɜ:(r)] **I**. *v* (**-rr-**) **1**. transferir; trasladar(se). **2**. JUR transmitir (*a title, right*). **3**. transbordar, hacer transbordo. **4**. DEP traspasar (*a player*). **5**. calcar (*a picture*). **II**. *n* **1**. transferencia *f* (*also* COM); traslado *m*. **2**. JUR transmisión *f*. **3**. (billete *m* de) transbordo *m*. **4**. DEP traspaso *m* (*of a player*). **5**. cromo *m*; recorte *m*; calcomanía *f*. LOC **~ paper**, papel *m* de calcar. **trans·fer·able** [træns'fɜ:rəbl] *adj* **1**. transferible. **2**. transportable. LOC **Not ~**, inalienable (*right*); intransferible (*ticket*). **trans·fer·ee** [træns'fɜ:ri:], **trans·fer·or** [træns'fɜ:rə(r)] *n* JUR cesionario/a. **trans·fer·ence** [træns'fɜ:rəns] *n* transferencia *f*.

trans·fi·gur·ation [,trænsfigə'reiʃn] *n* transfiguración *f*. **trans·fig·ure** [træns'figə(r)] *v* transfigurar.

trans·fix [træns'fiks] *v* (**with, on**) **1**. atravesar, traspasar (*also* FIG). **2**. paralizar (*with astonishment, fear*).

trans·form [træns'fɔ:m] *v* (**from, into**) transformar. **trans·form·able** [træns'fɔ:məbl] *adj* transformable. **trans·form·ation** [trænsfə'meiʃn] *n* transformación *f*. **trans·form·er** [træns'fɔ:mə(r)] *n* transformador *m* (*also* ELECTR).

trans·fuse [træns'fju:z] *v* **1**. trasegar; transfundir. **2**. FIG (**with**) impregnar (de). **3**. comunicar. **4**. MED hacer una transfusión *f* (*of blood*). **trans·fu·sion** [træns'fju:ʒn] *n* MED transfusión *f*.

trans·gress [trænz'gres] *v* **1**. transgredir, cometer una transgresión *f*. **2**. quebrantar, violar. **3**. REL pecar (*to sin*). **trans·gres·sion** [trænz'greʃn] *n* **1**. transgresión *f*. **2**. REL pecado *m*. **trans·gres·sor** [trænz'gresə(r)] *n* **1**. transgresor/ra. **2**. REL pecador/ra.

tran·ship [træn'ʃip] *v* transbordar. **tran·ship·ment** [træn'ʃipmənt] *n* transbordo *m*.

trans·i·ence ['trænziəns], **trans·i·ency** ['trænziənsi] *n* transitoriedad *f*. **trans·i·ent** ['trænziənt] **I**. *n* transeúnte *m/f*. **II**. *adj* transitorio/a.

trans·ist·or [træn'zistə(r)] *n* **1**. ELECTR transistor *m*. **2**. (*also* **~ radio**) transistor *m* (*portable radio*). **trans·ist·or·ize**, **--ise** [træn'zistəraiz] *v* ELECTR transistorizar. **trans·ist·or·iz·ed**, **--is·ed** [træn'zistəraizd] *adj* transistorizado/a (*equipped with ~s*).

trans·it ['trænzit, -sit] *n* paso *m*, tránsito *m*. LOC **In ~**, de paso *m*, en tránsito *m*.

trans·i·tion [træn'ziʃn] *n* (**from ... to**) transición *f*. **trans·i·tion·al** [træn'ziʃənl] *adj* de transición *f*, transitorio/a.

trans·it·ive ['trænzətiv] *adj* GRAM transitivo/a (*of a verb*).

trans·it·or·i·ness ['trænzitərinis] *n* transitoriedad *f*. **trans·it·ory** ['trænsitri; US -tɔ:ri] *adj* transitorio/a.

trans·lat·able [trænz'leitəbl] *adj* traducible. **trans·late** [trænzleit] *v* (**from ... into**) **1**. traducir(se) (a). **2**. trasladar (*from a place/post to another*). **3**. retransmitir. **trans·la·tion** [trænz'leiʃn] *n* **1**. traducción *f*. **2**. retransmisión *f*. **trans·lat·or** [trænz'leitə(r)] *n* traductor/ra.

trans·li·ter·ate [trænz'litəreit] *v* (**into**) transcribir. **trans·li·ter·ation** [,trænzlitə'reiʃn] *n* transcripción *f*.

trans·luc·ence [trænz'lu:sns], **trans·luc·ency** [trænz'lu:snsi] *n* translucidez *f*. **trans·luc·ent** [trænz'lu:snt], **trans·lu·cid** [trænz'lu:sid] *adj* translúcido/a.

trans·mi·grate ['trænzmai,greit] *v* emigrar, transmigrar. **trans·mi·gra·tion** [,trænzmai'greiʃn] *n* transmigración *f*.

trans·mis·si·bil·ity [,trænzmisə'biləti] *n* transmisibilidad *f*. **trans·mis·sible** [trænz'misəbl] *adj* transmisible. **trans·mis·sion** [trænz'miʃn] *n* transmisión *f*.

trans·mit [trænz'mit] *v* (**-tt-**) transmitir. **trans·mit·ter** [trænz'mitə(r)] *n* **1**. transmisor *m*. **2**. emisora *f* (*also* **transmitting station**).

trans·mo·gri·fy [trænz'mɔgrifai] *v* (*pret/pp* **-fied**) metamorfosear(se), transformar(se) (*esp in a magical way*).

trans·mut·able [trænz'mju:təbl] *adj* transmutable. **trans·mut·ation** [,trænzmju:'teiʃn] *n* transmutación *f*. **trans·mute** [trænz'mju:t] *v* transmutar.

trans·o·ce·an·ic [,trænz,əuʃi'ænik] *adj* transoceánico/a.

tran·som ['trænsəm] *n* ARQ travesaño *m*; dintel *m*.

trans·par·ence [træns'pærəns], **trans·par·ency** [træns'pærənsi] *n* transparencia *f*. **trans·par·ent** [træns'pærənt] *adj* transparente.

tran·spir·ation [,trænspi'reiʃn] *n* transpiración *f*. **tran·spire** [træn'spai(r)] *v* **1**. transpirar. **2**. suceder, ocurrir. **3**. FIG divulgarse, revelarse. LOC **To ~ that**, FIG desprenderse que.

trans·plant [træns'pla:nt; US -plænt] **I**. *v* (**from ... to, in, into**) trasplantar. **II**. *n* AGR, MED trasplante *m*.

trans·port [træn'spɔ:t] **I.** *v* (**from** ... **to**) **1.** transportar. **2.** FIG arrebatar. **II.** *n* **1.** transporte *m*. **2.** FIG arrebato *m*. LOC **Means of** ~, medios *m/pl* de transporte *m*. **trans·port·able** [træn'spɔ:təbl] *adj* transportable. **trans·port·ation** [,trænspɔ:'teiʃn] *n* transporte *m*. **trans·port·ing** [,træn'spɔ:tiŋ] *adj* transportador/ra.

trans·pose [træn'spəuz] *v* **1.** MUS transportar. **2.** transponer (*also* FIG). **trans·po·si·tion** [,trænspə'ziʃn] *n* MUS transporte *m*, transposición *f*.

trans·sex·u·al [trænz'sekʃuəl] *n* transexual *m/f*.

tran(s)·ship [træn'ʃip] *v* (**-pp-**) transbordar. **tran(s)·ship·ment** [træn'ʃipmənt] *n* transbordo *m*.

tran·sub·stan·ti·ate [trænsəb'stænʃieit] *v* transubstanciar. **tran·sub·stan·ti·ation** [,trænsəb,stænʃi'eiʃn] *n* REL transubstanciación *f*.

trans·vers·al [trænz'vɜ:rsl] *adj* transversal. **trans·verse** ['trænzvɜ:s] *adj* transversal; transverso/i.

trans·vest·ite [trænz'vestait] *n/adj* travestido/a, travesti *m*. **trans·vest·ism** [trænz'vestizəm] *n* travestismo *m*.

trap [træp] **I.** *n* **1.** trampa *f* (*also* FIG). **2.** ratonera *f*. **3.** TEC sifón *m*, bombillo *m*. **4.** TEATR escotillón *m*. **5.** ~**s** *pl* chismes *m/pl*, cosas *f/pl*. LOC ~**·door** (*also* ~), trampa *f* (*in a floor*). ~**·shooting**, tiro *m* al plato *m*. **II.** *v* **1.** coger en una trampa *f*. **2.** poner trampas *f/pl*. **3.** pillar, atrapar. **4.** FIG hacer caer en la trampa *f*. **trap·per** ['træpə(r)] *n* cazador/ra; trampero/a. **trap·pings** ['træpiŋz] *n/pl* **1.** atavíos *m/pl*, adornos *m/pl*; FIG señales *f/pl* externas. **2.** jaeces *m/pl*, arreos *m/pl* (*for a horse*).

tra·peze [trə'pi:z; US træ-] *n* trapecio *m*. **tra·pez·ium** [trə'pi:ziəm] *n* (*pl* **-s**; US **trapezoid** [træpizɔid] MAT trapecio *m*; trapezoide *m*.

Trap·pist ['træpist] *n/adj* REL trapense *m*.

trash [træʃ] *n* **1.** desperdicios *m/pl*, deshechos *m/pl*. **2.** baratijas *f/pl*. **2.** US INFML gentuza *f*. LOC ~**·can**, US cubo *m* de la basura *f*. **trash·y** ['træʃi] *adj* **1.** de baja calidad *f*. **2.** banal; despreciable.

trau·ma ['trɔ:mə; US 'traumə] *n* MED trauma *m*. **trau·ma·tic** ['trɔ:mətik] *adj* MED traumático/a.

tra·vail ['træveil; US trə'veil] ARC *n* **1.** trabajo *m* duro. **2.** dolores *m/pl* de parto *m*. LOC **To be in** ~, estar de parto *m*.

trav·el ['trævl] **I.** *v* (**-ll-**; **-l-**) **1.** viajar (por); recorrer. **2.** correr, ir. **3.** recorrer (*glance*). **4.** transportar (*goods*). **5.** ser viajante *m/f* de. **II.** *n* **1.** viaje(s) *m(pl)*, el viajar *m*. **2.** TEC recorrido *m* (*of a piston*). LOC ~ **agency**/~ **agent's**, agencia *f* de viajes *m/pl*. ~**·sick**, mareado/a. ~**·sickness**, mareo *m*. **trav·el·led** (US **traveled**) ['trævld] *adj* que ha viajado a muchos lugares *m/pl* (*person*). **tra·vel·ler** (US **traveler**) ['trævlə(r)] *n* **1.** viajero/a. **2.** COM viajante *m/f*. LOC ~**'s cheque** (US ~**'s check**), cheque *m* de viaje *m*. **trav·el·ling** (US **traveling**) ['trævliŋ] **I.** *adj* **1.** de viaje *m*. **2.** móvil, corredizo/a (*thing*). **3.** ambulante (*salesman*). LOC ~ **bag**, bolsa *f* de viaje *m*. ~ **salesman**, viajante *m/f*. **trav·e·logue** (US *also* **travelog**) ['trævəlɔg; US -lɔ:g] *n* conferencia *f*/documental *m* sobre un viaje *m*.

tra·verse [trə'vɜ:s] **I.** *v* **1.** cruzar, atravesar. **2.** trazar un itinerario *m*. **3.** recorrer. **4.** MIL apuntar (*a gun*). **II.** *n* **1.** travesía *f* (*in mountaineering*). **2.** zigzag *m*. **3.** travesaño *m*. **4.** MIL, NAUT través *m*. **tra·vers·er** [trə'vɜ:sə(r)] *n* transbordador *m*.

trav·es·ty ['trævəsti] **I.** *n* (**of**) parodia *f*. **II.** *v* (*pret/pp* **-tied**) parodiar.

trawl [trɔ:l] **I.** *n* (*also* ~**-net**) NAUT red *f* de arrastre *m*, red *f* barredera. **II.** *v* NAUT pescar con red *m* birredera, rastrear. **trawl·er** ['trɔ:lə(r)] *n* NAUT barco *m* de pesca *f* a la rastra *f*, barco *m* rastreador.

tray [trei] *n* **1.** bandeja *f*. **2.** platillo *m* (*of scales*). **3.** cubeta *f* (*in photography*).

treach·er·ous ['treiʃərəs] *adj* **1.** traicionero/a; traidor/ra. **2.** poco firme; movedizo/a (*ground*). **3.** FIG engañoso/a; falso/a; incierto/a; peligroso/a. **treach·er·ous·ness** ['treiʃərəsnis] *n* alevosía *f*. **treach·ery** ['treiʃəri] *n* traición *f*.

trea·cle [tri:kl] (US **molasses**) *n* melaza *f*.

tread [tred] **I.** *v* (*pret* **trod** [trɔd], *pp* **trodden** ['trɔdn] *or* **trod**) **1.** (**down**) pisotear; pisar. **2.** andar. **3.** (**out**) sofocar (*revolt, fire*). **4.** meter el pie *m* (*in a puddle*). LOC **To** ~ **on sb's heels**, pisarle a alguien los talones *m/pl*. **II.** *n* **1.** paso *m*, (modo *m* de) andar *m*; andares *m/pl*. **2.** escalón *m* (*step of a staircase*). **3.** banda *f* de rodadura *f* (*of a tyre*). **4.** suela *f* (*of boots, shoes*). LOC ~**·mill**, rueda *f* de andar (*turned by people or animals*); FIG monotonía *f*, rutina *f*.

trea·dle ['tredl] **I.** *v* pedalear. **II.** *n* pedal *m*.

treas *abrev of* **treasurer**.

treas·on ['tri:zn] *n* traición *f*. **treas·on·able** ['tri:znəbl] *adj* traicionero/a.

treas·ure ['treʒə(r)] **I.** *n* tesoro *m* (*also* FIG). LOC ~**-hunt**, caza *f* del tesoro *m*. ~ **trove**, tesoro *m* hallado. **II.** *v* **1.** estimar, apreciar, valorar. **2.** (**up**) guardar, atesorar. **treas·ur·er** ['treʒərə(r)] *n* tesorero/a. **treas·ure·ship** ['treʒəʃip] *n* tesorería *f*. **treas·ur·y** ['treʒəri] *n* **1.** tesorería *f*. **2.** tesoro *m* (*also* FIG). LOC **The** ~, el Ministerio *m* de Hacienda *f*. ~ **bill**/~ **bond**/~ **note**, bono *m* del Tesoro *m*.

treat [tri:t] **I.** *n* **1.** banquete *m*, festín *m*; convite *m*. **2.** alegría *f*, placer *m*. **3.** regalo *m*; recompensa *f*. LOC **To be one's** ~, invitar uno. **To have a Dutch** ~, pagar cada uno lo suyo. **II.** *v* **1.** tratar. **2.** (**of**) tratar de/sobre (*a film, book*, etc). **3.** invitar, convidar. **4.** (**with**) tratar (con), negociar (con). **5.** MED curar, tratar. LOC **To** ~ **oneself to sth**, permitirse uno hacer algo. **treat·er** ['tri:tə(r)] *n* negociador/ra. **treat·ise** ['tri:tiz] *n* tratado *m*. **treat·ment** [tri:tmənt] *n* trato *m*, tratamiento *m*. **treat·y** ['tri:ti] *n* acuerdo *m*; tratado *m*.

tre·ble [trebl] **I.** *n* MUS soprano *m/f*, tiple *m/f*. **II.** *adj* **1.** MUS de soprano/a, de triple.

2. triple. LOC ~ **clef**, MUS clave *f* de sol. **III.** *v* multiplicar por tres *m*, triplicar(se).

tree [tri:] **I.** *n* BOT árbol *m*. LOC **At the top of the** ~, FAM en la cumbre *f*. **To bark up the wrong** ~, FIG equivocarse. ~**-top**, copa *f* (*of a* ~). ~ **trunk**, tronco *m* (*of a* ~). **Up a** ~, en un apuro *m*. **II.** *v* hicer refugiarse en un árbol *m* (*an animal*). **tree·less** ['tri:lis] *adj* sin árboles *m/pl*.

tre·foil ['trefɔil] *n* ARQ, BOT trébol *m*.

trek [trek] **I.** *n* **1.** viaje *m* largo y pesado. **2.** FAM caminata *f*. **II.** *v* (**-kk-**) **1.** hacer un viaje *m* largo y pesado. **2.** ir(se).

trel·lis ['trelis] **I.** *n* **1.** (em)parra(do) *m* (*for grapes*). **2.** espalderas *f/pl*, enrejado *m*. **II.** *v* **1.** hacer trepar por espalderas *f/pl*. **2.** poner un enrejado *m*.

trem·ble ['trembl] **I.** *v* **1.** temblar. **2.** (**at, with**) agitarse; vibrar; estremecerse. **II.** *n* **1.** temblor *m*. **2.** estremecimiento *m*. **trem·bler** ['tremblə(r)] *n* ELECTR vibrador *m*. **trem·bly** ['trembli] *adj* tembloroso/a.

tre·mend·ous [tri'mendəs] *adj* **1.** tremendo/a, formidable, inmenso/a. **2.** FAM estupendo/a.

trem·o·lo ['tremələu] *n* MUS trémolo *m*.

trem·or ['tremə(r)] *n* temblor *m*; agitación *f*; vibración *f*.

trem·ul·ous ['tremjuləs] *adj* **1.** tembloroso/a; trémulo/a. **2.** tímido/a. **trem·ul·ous·ness** ['tremjuləsnis] *n* **1.** temblor *m*. **2.** timidez *f*.

trench [trentʃ] **I.** *n* **1.** foso *m*, zanja *f*. **2.** AGR acequia *f*. **3.** MIL trinchera *f*. LOC **A good ~er·man**, un buen comilón *m*. ~ **coat**, trinchera *f*. ~ **warfare**, MIL guerra *f* de trincheras *f/pl*. **II.** *v* **1.** abrir/hacer zanjas *f/pl*. **2.** AGR abrir/hacer acequias *f/pl*; remover, excavar. **3.** MIL abrir trincheras *f/pl*, atrincherar. **trench·ant** ['trentʃənt] incisivo/a, mordaz. **trench·er** ['trentʃə(r)] *n* **1.** tajo *m*. **2.** persona *f* que hace acequias *f/pl*, zanjas *f/pl*, trincheras *f/pl*.

trend [trend] **I.** *n* tendencia *f*, orientación *f*, dirección *f*. **II.** *v* **1.** tender, orientarse. **2.** dirigirse. LOC ~ **setter**, líder *m* en lo concerniente a la moda. **trend·y** ['trendi] *adj* (*comp* **-ier**, *sup* **-iest**) INFML **1.** de moda *f*. **2.** elegante.

tre·pan [tri'pæn] (*also* **trephine** [tri'fi:n; US -'fain]) **I.** *v* (**-nn-**) MED trepanar. **II.** *n* MED trépano *m*.

trep·id·ation [,trepi'deiʃn] *n* inquietud *f*, turbación *f*.

tres·pass ['trespəs] **I.** *v* **1.** (**on sth**) entrar ilegalmente, allanar. **2.** invadir, violar. **3.** REL (**against sb**) pecar. LOC **No ~·ing**, prohibido el paso *m*. **II.** *n* **1.** entrada *f* ilegal, allanamiento *m*. **2.** intrusión *f*, violación *f*; abuso *m* (*also* FIG). **3.** REL pecado *m*. **tres·pass·er** ['trespəsə(r)] *n* **1.** intruso/a; violador/ra. **2.** REL pecador/ra. LOC **~s will be prosecuted**, se denunciará a los intrusos *m/pl*.

tress [tres] *n* trenza *f*. **2.** **~es** *pl* cabello *m* largo.

tres·tle ['tresl] *n* caballete *m*. LOC **~-bridge**, puente *m* de caballetes *m/pl*. **~-table**, mesa *f* de caballete *m*.

trews [tru:z] *n* pantalón *m* estrecho de diseño tartán.

tri- [trai] *pref* tri.

tri·ad ['traiæd] *n* triada *f*, trío *m*.

trial ['traiəl] *n* **1.** experimento *m*; ensayo *m*, prueba *f*. **2.** FIG dificultad *f*, adversidad *f*; molestia *f*; sufrimiento *m*. **3.** JUR proceso *m*, vista *f*, juicio *m*. **4.** DEP trial *m* (*in motor cycling*); partido *m* de preselección *f*. **5.** **~s** *pl* pruebas *f/pl*, concurso *m*. LOC **On** ~, sometido/a a juicio *m*; juzgado/a, procesado/a. **To bring sb to** ~, procesar a alguien, someter a alguien a juicio *m*. **To do sth by ~ and error**, hacer algo por tanteo *m*. **To give a** ~, poner a prueba *f*. **To put on** ~, procesar. ~ **balance**, COM balance *m*. ~ **jury**, JUR jurado *m*. ~ **run**/~ **trip**, periodo *m*/viaje *m* de ensayo *m*/prueba *f*; prueba *f* (*also* FIG).

tri·an·gle ['traiæŋgl] *n* MAT , MUS triángulo *m*. **tri·an·gu·lar** [trai'æŋgjulə(r)] *adj* triangular. **tri·an·gul·ate** [trai'æŋgjuleit] **I.** *v* triangular. **II.** *adj* triangulado/a.

trib·al ['traibl] *adj* de tribu *f*, tribal. **trib·al·ism** ['traibəlizəm] *n* sistema *m* tribal.

tribe [traib] *n* **1.** tribu *f* (*also* ZOOL). **2.** INFML ralea *f*. **3.** FAM familia *f*. **tribes·man** ['traibzmən] *n* (*pl* **-men** [-mən]) miembro *m* de una tribu *f*.

trib·ul·ation [,tribju'leiʃn] *n* tribulación *f*.

trib·un·al [trai'bju:nl] *n* JUR, FIG tribunal *m*.

trib·une ['tribju:n] *n* **1.** HIST tribuno *m* (*in Rome*). **2.** tribuna *f*.

trib·ut·ary ['tribjutri; US -teri] **I.** *n* **1.** afluente *m* (*of a river*). **2.** tributario/a (*person*). **II.** *adj* **1.** (**to sth**) que afluye (*to a river*). **2.** tributario/a.

trib·ute ['tribjut] *n* **1.** tributo *m*. **2.** elogio *m*; homenaje *m*.

trice [trais] *n* LOC **In a** ~, en un abrir *m* y cerrar *m* de ojos *m/pl*.

trick [trik] **I.** *n* **1.** habilidad *f*, maña *f*. **2.** truco *m*; burla *f*; engaño *m*; trampa *f*. **3.** ardid *m*, astucia *f*. **4.** timo *m*, estafa *f* (*swindel*). **5.** faena *f*; diablura *f*, travesura *f* (*prank*). **6.** juego *m* de manos *f/pl*, truco *m* (*dextrous feat*). **7.** baza *f* (*in card games*). **8.** monería *f*, gracia *f*. **9.** peculiaridad *f*, singularidad *f* (*of style*). LOC **A dirty** ~, una mala pasada *f*. **To be up to one's old ~s again**, volver uno/a a hacer de las suyas.~ **photography**, montaje *m* fotográfico. ~ **question**, pregunta *f*, pega *f*. **II.** *v* **1.** embaucar, engañar; burlar. **2.** (**out of**) timar, estafar. **3.** (**out, up**) acicalar(se), ataviar(se). LOC **To be ~ed into**, dejarse engañar. **To ~ sb into marriage**, lograr casarse con alguien por engaño. **trick·ery** ['trikəri] *n* **1.** astucia *f*. **2.** engaño *m*; fraude *m*. **trick·i·ness** ['trikinis] *n* astucia *f*. **trick·ish** ['trikiʃ] *adj* astuto/a. **trick·ster** ['trikstə(r)] *n* timador/ra, embaucador/ra, estafador/ra. **trick·y** ['triki] *adj* (*comp* **-ier**, *sup* **-iest**) **1.** astuto/a. **2.** mañoso/a, hábil. **3.** tramposo/a. **4.** complicado/a, delicado/a, difícil (*a situation*).

tric·kle ['trikl] **I.** *v* **1**. gotear; chorrear. **2**. escurrir. **3**. gotear/salir poco a poco. **II.** *n* **1**. chorrito *m*, hilo *m* delgado, hilillo *m*.
tri·col·our (US **tricolor**) ['trikələ(r); US 'traikʌlə(r)] **I.** *adj* tricolor. **II.** *n* bandera *f* tricolor.
tri·cy·cle ['traisikl] (*also* INFML **trike**) *n* triciclo *m*.
tri·dent ['traidnt] *n* tridente *m*.
tried *pret/pp of* **try**.
tri·en·ni·al [trai'eniəl] *adj* trienal. **tri·en·ni·um** [trai'eniəm] *n* trienio *m*.
tri·fle ['traifl] **I.** *n* **1**. fruslería *f*, pequeñez *f*, bagatela *f*. **2**. miseria *f*. **3**. poquito *m*, pizca *f*. **4**. bizcocho *m* borracho. LOC **A ~**, algo. **II.** *v* **1**. **(away)** malgastar (*money, time*). **2**. **(with)** jugar (con). **tri·fler** ['traiflə(r)] *n* frívolo/a (*person*). **tri·fling** ['traifliŋ] **I.** *adj* sin importancia *f*, insignificante. **II.** *n* frivolidad *f*.
tri·foc·al [trai'fəukl] **I.** *n* lente *f* trifocal. **II.** *adj* trifocal.
trig·ger ['trigə(r)] **I.** *n* **1**. TEC disparador *m*. **2**. gatillo *m* (*of a gun*). **II.** *v* **1**. iniciar. **2**. disparar (*a gun*). **3**. **(off)** desencadenar, provocar.
trig·o·no·met·ric(·al) [,trigənə'metrik(l)] *adj* MAT trigonométrico/a. **trig·o·no·me·try** [,trigə'nɔmətri] *n* MAT trigonometría *f*.
tri·he·dron [trai'hi:drən] *n* MAT triedro *m*.
trike [traik] *n* INFML triciclo *m*.
tri·la·ter·al [,trai'lætərəl] *adj* trilátero/a.
tril·by ['trilbi] *n* sombrero *m* flexible.
tri·lin·gual [,trai'liŋgwəl] *adj* trilingüe.
trill [tril] **I.** *n* **1**. gorjeo *m*, trino *m* (*also* MUS). **2**. vibración *f* (*sound*). **II.** *v* **1**. gorjear, trinar (*also* MUS). **2**. pronunciar con vibración *f* (*a sound*).
tril·li·on ['triliən] *n/adj/pron* trillón *m*.
tril·o·gy ['trilədʒi] *n* trilogía *f*.
trim [trim] **I.** *adj* (*comp* **-mmer**, *sup* **-mmest**) **1**. arreglado/a, aseado/a; cuidado/a. **2**. apuesto/a. **3**. elegante. **II.** *v* **(-mm-)** **1**. ajustar, arreglar. **2**. guarnecer, adornar (*a garment*). **3**. recortar; componer. **4**. NAUT orientar (*sails*); equilibrar (*boat*). **5**. AGR podar. **6**. cepillar, alisar (*wood*). **7**. despabilar (*a lamp*). LOC **To ~ oneself up**, acicalarse, arreglarse. **III.** *n* **1**. condición *f*, estado *m*; disposición *f*. **2**. NAUT orientación *f* (*of sails*); asiento *m* (*of a boat*). **3**. corte *m* (*of hair*). **trim·mer** ['trimə(r)] *n* **1**. persona *f*/máquina *f* desbastadora. **2**. FAM oportunista *m/f*. **trim·ming** ['trimiŋ] *n* **1**. orden *m*, arreglo *m*. **2**. adorno *m*, guarnición *f*. **3**. recorte *m*. **4**. orla *f*. **5**. FAM oportunismo *m*. **6**. **~s** *pl* adornos *m/pl*; recortes *m/pl*; accesorios *m/pl*. **trim·ness** ['trimnis] *n* **1**. elegancia *f*. **2**. orden *m*.
tri·nit·ro·to·lu·ene [,trai,naitrəu'tɔljui:n] *n* QUIM (*abrev* **TNT**) trinitrotolueno *m*.
Trin·i·ty ['trinəti] *n* REL Trinidad *f*.
trin·ket ['triŋkit] *n* dije *m*; chucherías *f/pl*, baratijas *f/pl*.
trio ['tri:əu] *n* trío *m*.
trip [trip] **I.** *v* **(-pp-)** **1**. **(over, up)** tropezar, dar un traspié *m*. **2**. andar/ir con paso *m* ligero. **3**. **(sb up)** echar/poner la zancadilla *f*. **4**. FIG confundir, coger en una falta *f*. **II.** *n* **1**. traspié *m*, tropezón *m*. **2**. excursión *f*, viaje *m*. **3**. zancadilla *f*. **4**. paso *m* ligero. **5**. TEC escape *m*; trinquete *m*; disparador *m*. **6**. FIG error *m*, desliz *m*. **7**. INFML viaje *m* (*caused by hallucinating drugs*). **trip·per** ['tripə(r)] *n* **1**. turista *m/f*; excursionista *m/f*. **2**. TEC trinquete *m*; disparador *m*. **3**. INFML drogado/a. **trip·ping** ['tripiŋ] *adj* ágil, ligero/a.
tri·part·ite [,trai'pa:tait] *adj* tripartito/a.
tripe [traip] *n* **1**. callos *m/pl* (*food*). **2**. *col* tonterías *f/pl*. **3**. *col* chapuza *f*.
tri·phase ['traifeiz] *adj* ELECTR trifásico/a.
tri·ple ['tripl] **I.** *adj* **1**. MUS ternario/a. **2**. triple. **II.** *v* triplicar(se). LOC **~ jump**, DEP salto *m* triple (*in athletics*). **trip·let** ['triplit] *n* **1**. trío *m*. **2**. POET terceto *m*. **3**. trillizo/a.
tri·plic·ate ['triplikət] **I.** *n/adj* triplicado/a *m*. **II.** *v* triplicar(se).
tri·pod ['traipɔd] *n* trípode *m*.
trip·tych ['triptik] *n* ART tríptico *m*.
tri·sect [trai'sekt] *v* trisecar.
tri·syl·lab·ic ['traisi'læbik] *adj* GRAM trisílabo/a. **tri·syl·lable** ['trai'siləbl] *n* GRAM trisílabo *m*.
trite [trait] *adj* **1**. vulgar. **2**. trillado/a; trivial. **trite·ness** ['traitnis] *n* **1**. vulgaridad *f*. **2**. lo trillado; trivialidad *f*, perogrullada *f*.
tri·umph ['traiʌmf] **I.** *n* **1**. victoria *f*, triunfo *m*. **2**. júbilo *m*. **II.** *v* **1**. vencer, triunfar. **2**. congratularse, alegrarse. **tri·umph·al** ['traiʌmfl] *adj* triunfal. LOC **~ arch**, arco *m* de triunfo *m*. **tri·umph·ant** ['traiʌmfnt] *adj* triunfante. **tri·umph·er** ['traiʌmfə(r)] *n* triunfador/ra.
tri·um·vir·ate [trai'ʌmvirət] *n* triunvirato *m*.
tri·vet ['trivit] *n* trébedes *m*.
tri·via ['triviə] *n/pl* banalidades *m/pl*, trivialidades *f/pl*. **tri·vial** ['triviəl] *adj* **1**. banal, trivial. **2**. poco importante, insignificante. **3**. frívolo/a. **tri·vi·al·ity** [,trivi'æləti] *n* **1**. banalidad *f*, trivialidad *f*. **2**. frivolidad *f*.
tro·chee ['trəuki:] *n* POET troqueo *m*.
trod *pret of* **tread**.
trod·den *pp of* **tread**.
tro·glo·dyte ['trɔglədait] *n/adj* HIST troglodita *m/f*.
troi·ka ['trɔikə] *n* troica *f*.
Tro·jan ['trəudʒən] *n/adj* troyano/a. LOC **To work like a slave/~**, trabajar como un negro/a.
troll [trəul] **I.** *v* **(for sth)** pescar con cebo *m*. **II.** *n* **1**. HIST gnomo *m* (*in Scandinavian myths*). **2**. cebo *m*.
trol·ley ['trɔli] *n* **1**. tranvía *m* (*also* **~ car**; US **tram**). **2**. teleférico *m*. **3**. carretilla *f*. **4**. carrito *m*/mesita *f* con/de ruedas *f/pl*. **5**. vagoneta *f* (*in mining*). **6**. ELECTR trole *m* (*pole; also* **~-wheel**). LOC **~ bus**, trolebús *m*.
trol·lop ['trɔləp] *n* puta *f*, ramera *f*; marrana *f*.

trom·bone [trɔm'bəun] *n* MUS trombón *m*. **trom·bon·ist** [trɔm'bəunist] *n* MUS trombón *m/f* (*person*).

troop [tru:p] **I.** *n* **1.** grupo *m*, banda *f*. **2.** MIL escuadrón *m*, escuadra *f*; tropa *f*. **3.** TEATR compañía *f*. **4.** **~s** *pl* MIL tropas *f/pl*. LOC **~ carrier**, camión *m* blindado; MIL avión *m* de transporte *m* de tropas *f/pl*. **~·ship**, NAUT buque *m* de transporte *m*. **II.** *v* **1.** ir juntos/en grupo *m*. **2.** (**away**, **off**) apiñarse, ir/marcharse en tropel *m*. **troop·er** ['tru:pə(r)] *n* **1.** NAUT buque *m* de transporte *m*. **2.** policía *f* montada. **3.** MIL soldado *m* de caballería *f*. LOC **To swear like a ~**, jurar como un carretero *m*.

trope [trəup] *n* POET tropo *m*.

tro·phy ['trəufi] *n* trofeo *m*.

trop·ic ['trɔpik] *n* **1.** trópico *m*. **2.** **~s** *pl* GEOG trópicos *m/pl*. **trop·ic(·al)** ['trɔpikl] *adj* tropical.

trot [trɔt] **I.** *v* (**-tt-**) **1.** trotar (*a horse*). **2.** (**off**) FAM irse corriendo. **3.** (**out**) hacer trotar; alardear; sacar a relucir. **II.** *n* **1.** trote *m*. **2.** *col* diarrea *f*. LOC **On the ~**, uno tras otro. **trot·ter** ['trɔtə(r)] *n* **1.** trotón *m* (*horse*). **2.** mano *m* (*of pig, esp as food*).

troth [trəuθ; US trɔ:θ] *n* ARC **1.** fidelidad *f*. **2.** promesa *f*. **3.** REL fe *f*. LOC **To plight one's ~**, dar su palabra *f* de casamiento *m*.

trou·ba·dour ['tru:bədɔ:(r); US -duər] *n* trovador *m*.

trou·ble ['trʌbl] **I.** *n* **1.** apuro *m*, preocupación *f*. **2.** desgracia *f* (*misfortune*). **3.** dificultad *f*, problema *m*. **4.** disgusto *m*. **5.** congoja *f*, aflicción *f*. **6.** MED trastorno *m*, molestia *f* (*illness*); mal *m*; enfermedad *f*. **7.** disturbios *m/pl*; conflictos *m/pl*. **8.** TEC fallo *m*. LOC **To be in ~**, estar en apuros *m/pl*. **To be worth the ~**, merecer/valer la pena *f*. **To go to great ~ to do sth / To take great ~ in doing sth**, tomarse mucho trabajo *m* haciendo algo. **To get into ~**, tener dificultades. **What's the ~?**, ¿qué pasa? **II.** *v* **1.** inquietar(se), preocupar(se). **2.** fastidiar(se); molestar(se). **3.** afligir, afectar. **4.** (en)turbiar. **5.** trastornar, perturbar. LOC **To ~ oneself about sth**, preocuparse por algo. **To ~ oneself to do sth**, molestarse en hacer algo. **troub·led** ['trʌbld] *adj* **1.** agitado/a. **2.** inquieto/a; preocupado/a. **3.** turbulento/a, revuelto/a (*waters*). **4.** MED enajenado/a. **trou·ble·some** ['trʌblsəm] *adj* dificultoso/a; inoportuno/a; molesto/a.

trough [trɔf; US trɔ:f] *n* **1.** comedero *m* (*for eating*); abrevadero *m*, bebedero *m* (*for drinking*). **2.** pesebre *m*. **3.** artesa *f* (*for kneading*). **4.** canal *m*, canalón *m*. **5.** zona *f* de bajas presiones *m/pl* (*in metereology*). **6.** seno *m* (*of waves*).

trounce [trauns] *v* zurrar, dar una paliza *f* (*also* DEP).

troupe [tru:p] *n* TEATR compañía *f*. **troup·er** ['tru:pə(r)] *n* TEATR miembro *m* de una compañía *f*.

trou·sers ['trauzəz] *n/pl* pantalón *m*, pantalones *m/pl*. LOC **To wear the pants/~**, FIG llevar los pantalones *m/pl*.

trous·seau ['tru:səu] *n* (*pl* **-s** *or* **-x**) ajuar *m*.

trout [traut] *n* ZOOL trucha *f*.

trow·el ['trauəl] *n* **1.** ARQ llana *f*, paleta *f*. **2.** desplantador *m* (*small gardening tool*).

troy weight ['trɔi weit] *n* peso *m* troy, libra *f* (*1 pound = 12 ounces or 5760 grains*).

tru·ancy ['tru:ənsi] *n* **1.** falta *f* a clase *f*. **2.** evasión *f* de responsabilidades *f/pl*. **tru·ant** ['tru:ənt] *n* **1.** alumno/a que hace novillos *m/pl*. **2.** haragán/na. LOC **To play ~**, hacer novillos *m/pl*.

truce [tru:s] *n* tregua *f*.

truck [trʌk] **I.** *n* **1.** vagón *m* de mercancías *f/pl*, batea *f* (*in railway*). **2.** camión *m*. **3.** carretilla *f*; vagoneta *f* (*in mining*). **4.** trueque *m*, cambio *m*. **5.** **~s** *pl* baratijas *f/pl*. **6.** pago *m* de salario *m* en especie *f*. **7.** verduras *f/pl* frescas para el mercado *m*. LOC **To have no ~**, no tener trato *m* (con). **~ farm**, US huerto *m*. **II.** *v* **1.** transportar en camión *m*. **2.** cambiar, trocar. **truck·er** ['trʌkə(r)] *n* US camionero/a. **truck·ing** ['trʌkiŋ] *n* US transporte *m* por carretera *f*.

truc·kle ['trʌkl] *v* (**to sb**) actuar servilmente.

truc·ul·ence ['trʌkjuləns], **truc·ul·ency** ['trʌkjulənsi] *n* **1.** crueldad *f*. **2.** agresividad *f*. **3.** aspereza *f*. **truc·ul·ent** ['trʌkjulənt] *adj* **1.** cruel. **2.** agresivo/a. **3.** áspero/a.

trudge [trʌdʒ] **I.** *v* andar con dificultad *f*. **II.** *n* paseo *m* largo y cansado.

true [tru:] **I.** *adj* (*comp* **-r** *sup* **-st**) **1.** verídico/a, verdadero/a; auténtico/a, genuino/a. **2.** leal, fiel (*to one's principles*). **3.** exacto/a (*accurate*). **4.** legítimo/a. **5.** seguro/a. **6.** alineado/a; a nivel *m*; a plomo *m* (*a wall*); uniforme. LOC **To be ~**, ser cierto/verdad *f*. **To come ~**, cumplirse, llegar a ser realidad *f*. **Too good to be ~**, demasiado bueno para ser cierto. **Too ~!**, ¡tiene razón *f*! **~-blue**, leal, fiel. **~·bred**, de pura sangre *f*. **~-love**, novio/a, amante *m/f* fiel. **~ to life**, conforme con la realidad *f*. **II.** *adv* **1.** (*also* **truly**) verdaderamente. **2.** exactamente. **III.** *v* **1.** centrar (*a wheel*). **2.** corregir. **tru·ly** ['tru:li] *adv* **1.** verdaderamente. **2.** lealmente, fielmente. **3.** sinceramente. LOC **Yours ~**, le saluda atentamente; INFML mi menda, un/una servidor/ra.

truf·fle ['trʌfl] *n* trufa *f*.

tru·ism ['tru:izəm] *n* tópico *m*, perogrullada *f*.

trump [trʌmp] **I.** *n* **1.** triunfo *m*. **2.** MUS trompetazo *m* (*sound*). **3.** INFML buena persona *f*. LOC **To turn up ~s**, favorecerle a uno la suerte *f*. **II.** *v* **1.** (**with**) fallar. **2.** (**up**) inventar, forjar (*an accusation, a false excuse*). **trump·ery** ['trʌmpəri] **I.** *n* **1.** tonterías *f/pl*. **2.** baratijas *f/pl*, oropel *m*. **II.** *adj* **1.** tonto/a; inútil. **2.** de oropel *m*/relumbrón *m*. **3.** frívolo/a.

trum·pet ['trʌmpit] **I.** *n* **1.** MUS trompeta *f* (*instrument, musician*). **2.** MUS trompetazo *m*. LOC **Ear ~**, trompetilla *f* acústica. **II.** *v* **1.**

tocar la trompeta *f*. **2**. bramar, barritar (*an elephant*). **3**. anunciar/pregonar a son *m* de trompeta *f*. **trum·pet·er** ['trʌmpitə(r)] *n* MUS trompeta *m/f* (*musician*).

trunc·ate [trʌŋ'keit; US 'trʌŋkeit] **I**. *v* truncar. **II**. *adj* truncado/a. **trunc·ation** [trʌŋ'keiʃn] *n* truncamiento *m*.

trun·cheon ['trʌntʃən] (*also* **baton**) *n* porra *f*.

trun·dle ['trʌndl] **I**. *v* **1**. empujar. **2**. (hacer) rodar. **II**. *n* ruedecilla *f*.

trunk [trʌŋk] *n* **1**. ZOOL trompa *f* (*of an elephant*); tórax *m* (*of an insect*). **2**. BOT tronco *m*. **3**. baúl *m* (*luggage*). **4**. TEC tubería *f*, conducto *m*. **5**. portaequipaje *m*; maletero *m*. **6**. **~s** *pl* bañador *m*. LOC **~-call** (US **long-distance call**), conferencia *f*/llamada *f* interurbana. **~-line**, línea *f* interurbana (*telephone*); línea *f* principal (*in railway*).

truss [trʌs] **I**. *n* **1**. MED braguero *m* (*paddle belt*). **2**. ARQ armazón *m*; entramado *m*. **3**. AGR haz *m*. **II**. *v* **1**. sujetar. **2**. ARQ apuntalar. **3**. atar, liar.

trust [trʌst] **I**. *n* **1**. **(in sb/sth)** confianza *f*. **2**. obligación *f*, deber *m*; cargo *m*. **3**. esperanza *f* (*hope*). **4**. COM trust *m*; fiado *m*, crédito *m*. **5**. JUR fideicomiso *m*. LOC **Breach of ~**, abuso *m* de confianza *f*. **In ~**, en administración *f*. **To take on ~**, aceptar a ojos *m/pl* cerrados. **~ company**, empresa *f* fideicomisaria. **II**. *v* **1**. fiarse de, confiar en. **2**. dar crédito *m* (*also* COM), creer. **3**. **(in)** confiar: *To ~ in sb*, Confiar en alguien. **4**. esperar (*to hope*). LOC **To ~ sb to do sth**, confiar en que uno haga algo. **To ~ sb with sth**, confiar algo a alguien. **To ~ that**, esperar que (*hope*). **trust·ee** [,trʌs'ti:] *n* **1**. fideicomisario/a. **2**. depositario/a. **3**. administrador/ra de una empresa *f*. **trust·ee·ship** ['trʌsti:ʃip] *n* **1**. fideicomiso *m*. **2**. cargo *m* de administrador *m*. **trust·ful** ['trʌstfl] *adj* confiado/a. **trust·ful·ness** ['trʌstfəlnis] *n* confianza *f*. **trust·ing** ['trʌstiŋ] *adj* confiado/a. **trust·wor·thi·ness** ['trʌst,wɜ:ðinis] *n* fidelidad *f*; confiabilidad *f*. **trust·wor·thy** ['trʌst,wɜ:ði] *adj* **1**. digno/a de confianza *f*. **2**. fidedigno/a (*news*). **trust·y** ['trʌsti] **I**. *adj* (*comp* **-ier**, *sup* **-iest**) **1**. leal, fiel. **2**. digno/a de confianza *f*. **II**. *n col* preso/a que ha dado prueba *f* de su buena conducta *f*.

truth [tru:θ] *n* (*pl* **-s** [tru:ðz]) **1**. verdad *f*; veracidad *f*. **2**. sinceridad *f*. **truth·ful** ['tru:θfl] *adj* veraz; verídico/a. **truth·ful·ness** ['tru:θfəlnis] *n* veracidad *f*. **truth·less** ['tru:θlis] *adj* falso/a. **truth·less·ness** ['tru:θlisnis] *n* falsedad *f*.

try [trai] **I**. *v* (*pret/pp* **tried**) **1**. intentar; procurar; tratar (de). **2**. ensayar, probar. **3**. JUR ver, procesar, juzgar. **4**. cansar, fatigar (*to tire*). **5**. esforzarse. **6**. **(for)** intentar conseguir. **7**. **(on)** probarse (*a dress*, etc). **8**. **(out)** probar, poner a prueba *f*. **9**. **(over)** MUS ensayar. LOC **To ~ and do sth**, tratar de hacer algo. **To ~ one's best**, hacer todo lo posible. **II**. *n* tentativa *f*; prueba *f*; ensayo *m* (*also* DEP *in rugby*). LOC **Give it a ~**, trata de hacerlo. **try·ing** ['traiiŋ] *adj* **1**. penoso/a. **2**. molesto/a. **3**. difícil. **try·out** ['traiaut] *n* **1**. prueba *f*; experimento *m*. **2**. TEATR audición *f*.

tryst [tr(a)ist] *n* cita *f*.

tsar (*also* **tzar**, **czar**) [za:(r)] *n* zar *m*. **tsar·ine** (*also* **tzar·ine**, **czar·ine**) [za:'ri:nə] *n* zarina *f*.

tset·se ['tsetsi] *n* (*also* **tsese fly**) ZOOL mosca *f* tsetsé.

tub [tʌb] **I**. *n* **1**. barreño *m*, tina *f*. **2**. cuba *f*, cubo *m*. **3**. NAUT bote *m*. **4**. FAM baño *m*; bañera *f*. **II**. *v* FAM tomar un baño *m*.

tu·ba ['tju:bə; US 'tu:-] *n* MUS tuba *f*.

tub·by ['tʌbi] *adj* (*comp* **-ier**, *sup* **-iest**) INFML rechoncho/a.

tube [tju:b; US tu:b] *n* **1**. tubo *m*. **2**. (*also* **underground**) INFML metro *m*. **3**. cámara *f* (*of a tyre*). **4**. TEC lámpara *f* (*valve*). LOC **~ sta- tion**, estación *f* de metro *m*. **tube·less** ['tju:blis] *adj* sin cámara *f* (*tyre*). **tub·ing** ['tju:biŋ] *n* tubería *f*. **tu·bu·lar** ['tju:bjulə(r); US 'tu:-] *adj* tubular.

tu·ber(-cle) ['tju:bə(r)(kl); US 'tu:-] *n* ANAT, BOT, MED tubérculo *m*. **tu·ber·ous** ['tju:bərəs; US 'tu:-] *adj* BOT tuberoso/a.

tu·ber·cu·lar [tju:'bɜ:kjulə(r); US tu:-] *n/adj* tuberculoso/a. **tu·ber·cu·lo·sis** [tju:,bɜ:kju'ləusis; US tu:-] *n* MED tuberculosis *f*. **tu·ber·cul·ous** [tju:,bɜ:kjuləs; US tu:-] *adj* MED tuberculoso/a.

tuck [tʌk] **I**. *n* pliegue *m*; alforza *f*. **II**. *v* **1**. **(sth into sth)** plegar, alforzar. **2**. **(away)** esconder, ocultar; *col* tragar (*food*). **3**. **(up)** arropar (*in bed*); remangar (*trousers, sleeves*). **tuck·er** ['tʌkə(r)] **I**. *n* FAM comida *f*; golosinas *f/pl*. **II**. *v* **(out)** US cansar, agotar.

Tues·day ['tju:zdi; US 'tu:-] *n* (*abrev* **Tue(s)**) martes *m*.

tuft [tʌft] *n* **1**. mechón *m* (*of hair*). **2**. penacho *m* (*of feathers*). **3**. manojo *m*. **4**. copo *m* (*of wool*). **tuft·ed** ['tʌftid] *adj* copetudo/a.

tug [tʌg] **I**. *v* (**-gg-**) **1**. **(at)** arrastrar, tirar de. **2**. remolcar. **II**. *n* **1**. (es)tirón *m*. **2**. NAUT (*also* **~-boat**) remolcador *m*. **3**. FIG lucha *f*. LOC **~ of war**, juego *m* de la cuerda *f*; FIG lucha *f*.

tu·i·tion [tju:'iʃn; US tu:-] *n* **1**. educación *f*, enseñanza *f*. **2**. matrícula *f*.

tu·lip ['tju:lip; US tu:-] *n* BOT tulipán *m*.

tul·le ['tju:l; US tu:l] *n* tul *m* (*material*).

tum·ble ['tʌmbl] **I**. *v* **1**. tropezar; caer(se). **2**. derrocar; derribar. **3**. desarreglar. **4**. **(down)** caerse, desplomarse; hundirse; venirse abajo. **5**. **(into)** tropezar (con). **6**. **(out)** desordenar, desarreglar. **7**. **(to)** caer en la cuenta *f* (de). **II**. *n* **1**. caída *f*. **2**. voltereta *f*. LOC **In a ~**, en desorden *m*. **To take a ~**, caerse. **~-drier**, secadora *f*. **tum·bler** ['tʌmblə(r)] *n* **1**. vaso *m* (*glass*). **2**. titiritero/a. **3**. guarda *f*, seguro *m* (*of a lock*). **4**. ZOOL pichón *m* volteador.

tum·brel (*also* **tumbril**) ['tʌmbrəl] *n* carreta *f*.

tu·mesc·ence [tju:'mesns; US tu:-] *n* MED tumescencia *f*. **tu·mesc·ent** [tju:'mesnt; US tu:-] *adj* MED tumescente.

tu·mid·ity [tju:midəti; US tu:-] *n* MED hinchazón *f.*

tum·my ['tʌmi] *n* FAM estómago *m*, barriguita *f.*

tu·mour (US **tumor**) ['tju:mə(r); US 'tu:-] *n* MED tumor *m.*

tu·mult ['tju:mʌlt; US 'tu:-] *n* tumulto *m.* **tu·mul·tu·ous** [tju:'mʌltʃuəs] *adj* tumultuoso *m.*

tu·mu·lus ['tju:mjuləs; US 'tu:-] *n* (*pl* **-li**) túmulo *m.*

tun [tʌn] *n* tonel *m*, cuba *f.*

tu·na ['tju:nə; US 'tu:nə] *n* (*also* **tunny**) ZOOL atún *m.*

tun·dra ['tʌndrə] *n* GEOG tundra *f.*

tune [tju:n; US tu:-] **I.** *n* **1.** MUS tono *m*; tonada *f*, aire *m*; armonía *f.* **2.** sintonización *f* (*radio*). LOC **In ~**, MUS afinado/a; afinadamente. **To be in ~ with**, FIG concordar (con). **To be out of ~ with**, FIG desentonar (con). **To change one's ~**, cambiar de tono *m.* **To the ~ of**, por la cantidad *f* de. **II.** *v* **1.** MUS afinar. **2.** FIG armonizar. **3.** (**in**, **to**) sintonizar (con) (*a radio*). **4.** (**up**) poner a punto *m* (*an engine*); MUS afinar (*an instrument*). **tune·ful** ['tju:nfl] *adj* armonioso/a, melodioso/a. **tune·less** ['tju:nlis] *adj* discordante. **tun·er** ['tju:nə(r)] *n* **1.** MUS afinador/ra. **2.** sintonizador *m* (*in a radio*). **tun·ing** ['tju:niŋ] *n* **1.** MUS afinamiento *m.* **2.** sintonización *f.* LOC **~ fork**, MUS diapasón *m.*

tung·sten ['tʌŋstən] (*also* **wolfram**) *n* QUIM tungsteno *m.*

tu·nic ['tju:nik; US 'tu:-] *n* túnica *f* (*garment*).

tun·nel ['tʌnl] **I.** *n* **1.** túnel *m.* **2.** galería *f* (*in mining*). **II.** *v* (**-ll-**; US **-l-**) **1.** (**into**, **through**, **under**) construir un túnel *m* (bajo, a través de). **2.** cavar. LOC **~ vision**, prejuicio *m*; visión *f* estrecha.

tun·ny V. **tuna**.

tup [tʌp] *n* ZOOL morueco *m.*

tup·pence ['tʌpəns] *n* INFML dos peniques *m/pl.*

tur·ban ['tɜ:bən] *n* turbante *m.* **tur·ban·ed** ['tɜ:bənd] *adj* con turbante *m.*

tur·bid ['tɜ:bid] *adj* turbio/a (*also* FIG).

tur·bine ['tɜ:bain] *n* TEC turbina *f.*

tur·bo-jet [,tɜ:bəu'dʒet] *n* TEC turborreactor *m.*

tur·bo-prop [,tɜ:bəu'prɔp] (*also* **prop-jet**) *n* AER , TEC turbopropulsor *m*, turbohélice *f.*

tur·bot ['tɜ:bət] *n* ZOOL rodaballo *m* (*fish*).

tur·bul·ence ['tɜ:bjuləns] *n* turbulencia *f.* **tur·bul·ent** ['tɜ:bjulənt] *adj* turbulento/a.

tur·een [tə'ri:n] *n* sopera *f.*

turf [tɜ:f] **I.** *n* (*pl* **turfs** *or* **turves**) **1.** césped *m.* **2.** tepe *m* (*sod*). **3.** turba *f* (*peat for fuel*). **4.** DEP turf *m* (*racecourse*). **II.** *v* cubrir con césped *m.* **2.** (**out**) INFML echar.

tur·gid ['tɜ:dʒid] *adj* **1.** FIG hinchado/a, ampuloso/a. **2.** MED turgente. **tur·gid·ity** [tɜ:dʒidəti] *n* **1.** FIG ampulosidad *f.* **2.** MED turgencia *f.*

Turk [tɜ:k] *n* turco/a. **Turk·ish** ['tɜ:kiʃ] *n/adj* GEOG turco/a. LOC **~ bath**, baño *m* turco. **~ towel**, toalla *f* de felpa *f.*

tur·key ['tɜ:ki] *n* ZOOL pavo *m.* LOC **To talk ~**, ir al grano *m.*

tur·mer·ic ['tɜ:mərik] *n* BOT cúrcuma *f.*

tur·moil ['tɜ:mɔil] *n* **1.** desorden *m*, confusión *f.* **2.** tumulto *m*, alboroto *m.* **3.** trastorno *m.*

turn [tɜ:n] **I.** *v* **1.** dar vueltas *f/pl*; (hacer) girar (*wheel*); volver(se): *She ~ed her head*, Volvió la cabeza. **2.** dar la vuelta *f* (a) (*key*). **3.** doblar, torcer (*corner, ankle*). **4.** cambiar, pasar (*a page*). **5.** TEC tornear, labrar. **6.** AER, NAUT virar. **7.** FAM cambiar de (color *m*). **8.** poner(se) (*sick*); revolver (*one's stomach*). **9.** sortear, eludir. **10.** cambiar (*weather*). **11.** repuntar (*tide*). **12.** cortarse (*milk*); agriarse (*milk, wine*). **13.** DEP dar efecto *m* (*ball*). **14.** (**about**) dar la vuelta *f* (a); MIL dar media vuelta *f.* **15.** (**against**) ponerse/volverse en contra (de). **16.** (**around**) dar la vuelta *f.* **17.** (**aside**) desviar(se), apartar(se) (*gaze*). **18.** (**away**) apartar, volver, desviar (*gaze, face*); despedir; FIG volver la espalda *f.* **19.** (**back**) retroceder; volver (*one's job*); hacer retroceder; volver atrás. **20.** (**down**) mitigar; bajar (*light, music*); rehusar, no aceptar (*an offer*). **21.** (**from**) apartar(se) (de). **22.** (**in**) denunciar, entregar (*a person*); doblar(se) hacia dentro (*toes*); FAM acostarse. **23.** (**into**) convertir/transformar (en); poner (en) (*translate*). **24.** (**off**) cerrar, cortar (*gas*); apagar (*TV, radio*); desviarse; despedir; desanimar. **25.** (**on**) poner, encender (*TV, radio, light*); abrir (*water-tap*); volverse (contra) (*sb*); versar (sobre) (*matter*); depender (de). **26.** (**out**) vaciar (*one's pocket*); resultar; salir a la calle *f*; salir de casa *f*; FAM levantarse (*get up*); fabricar, producir (*a product*); expulsar; vestir, equipar. **27.** (**over**) (re)volver; pasar (*a page*); entregar; TEC hacer girar (*an engine*); COM rendir; convertir. **28.** (**round**) volverse; dar la vuelta *f* (a); girar. **29.** (**to**) empezar; acudir/recurrir (a) (*for help*); convertirse (en). **30.** (**up**) doblar(se) hacia arriba; subir, poner más fuerte (*radio*); presentarse, asistir, llegar; abrir (*gas*); consultar, buscar (*references in a book*); AGR revolver (*soil*); desenterrar; subir(se), remangar(se) (*sleeves*). LOC **To ~ a screw**, atornillar. **To ~ inside out**, volver al revés *m.* **To ~ one's attention to**, fijar la atención *f* (en). **To ~ out to be**, resultar. **To ~ out well**, ir bien vestido/a; salir bien. **To ~ round and round**, dar vueltas *f/pl.* **II.** *n* **1.** giro *m*, vuelta *f*; revolución *f* (*of a wheel*). **2.** recodo *m*, curva *f* (*of a river, road*). **3.** vez *f*, turno *m*: *Wait your ~*, Espere su turno. **4.** AER, NAUT viraje *m.* **5.** TEATR número *m.* **6.** FIG cambio *m*, giro *m* (*change*). **7.** cambio *m* (*tide*). **8.** susto *m* (*fright*). **9.** FIG cariz *m*, sesgo *m* (*change in condition*); disposición *f.* **10.** MED desvanecimiento *m.* LOC **A ~ of**, un cambio *m*/giro *m* de. **At every ~**, a cada momento *m.* **Bad ~**, mala jugada *f.* **By ~s**, por turnos *m/pl.* **Good ~**, buena acción *f*, favor *m.* **In the ~ of a hand**, en un santiamén *m*. **In ~**, por turno *m*. **Out of ~**, fuera de orden *m*, cuando no le toca a uno. **To a ~**, FIG en su punto *m*. **To be one's ~**, tocarle a uno. **To take a ~**, dar una vuelta *f*, tomar parte (en). **To take one's ~**, esperar su turno *m*. **To take ~s at**, alternar (en), turnarse (en). **~ of mind**, FIG manera *f* de ver las cosas *f/pl*. **turn·er** ['tɜ:nə(r)] *n* TEC tornero/a. **turn·ery** ['tɜ:nəri] *n* TEC torneado *m*; tornería *f*. **turn·ing** ['tɜ:niŋ] *n* **1**. viraje *m*, curva *f*. **2**. vuelta *f*. **3**. ángulo *m*. LOC **~ lathe**, TEC torno *m*. **~ point**, momento *m* crucial, punto *m* decisivo. **~ radius**, ángulo *m* de giro *m*.

turn..., **~·about**, *n* cambio *m* completo; vuelta *f*. **~·coat**, *n* renegado/a. **~·down**, *adj* vuelto/a (*collar*); *n* rechazo *m*, negativa *f*. **~ed-up**, *adj* respingón/na (*nose*). **~ indicator**, *n* intermitente *m* (*of a vehicle*). **~·key**, *n* llavero *m* (*in a prison*). **~·off**, *n* desviacion *f*, desvío *m*; salida *f*; negativa *f*, rechazo *m*. **~·out**, *n* público *m*, asistencia *f*, concurrencia *f*; atuendo *m*; COM producción *f*. **~·over**, *n* COM volumen *m* de ventas *f/pl*/facturación *f*/negocios *m/pl*/ transacciones *f/pl*/ operaciones *f/pl*; movimiento *m* de personal *m*/operaciones *f/pl*; empanada *f* (*food*). **~·pike**, *n* peaje *m* (de autopista); barrera *f* de peaje *m*. **~·plate/~·table**, *n* plato *m* giratorio (*record player*); plataforma *f* giratoria (*in railway*). **~·screw**, *n* destornillador *m*. **~ signal**, *n* señal *f* de dirección *f*. **~·stile**, *n* torniquete *m*. **~·up**, *n* FAM pelea *f*; racha *f* de buena suerte *f*; vuelta *f* (*of trousers*).

tur·nip ['tɜ:nip] *n* BOT nabo *m*.

tur·pen·tine ['tɜ:pəntain] (*also* INFML **turps**) *n* QUIM trementina *f*, aguarrás *m*.

tur·pi·tude ['tɜ:pitju:d; US -tu:d] *n* bajeza *f*, infamia *f*.

tur·quoise ['tɜ:kwɔiz] **I**. *n* turquesa *f*. **II**. *adj* color turquesa *f*.

tur·ret ['tʌrit] *n* **1**. AER, MIL, TEC torreta *f*. **2**. ARQ torreón *m*. **3**. NAUT torre *f*. **4**. TEC portaherramientas *m*. LOC **~ lathe**, TEC torno *m* de revólver *m*. **tur·ret·ed** ['tʌritid] *adj* con torretas *f/pl*/torreones *m/pl*.

tur·tle ['tɜ:tl] *n* ZOOL **1**. tortuga *f* de mar *m*. **2**. US tortuga *f*. LOC **To turn ~**, volcar. **~-dove**, ZOOL tórtola *f* (*bird*). **~-neck**, cuello *m* vuelto (*esp in a sweater*).

turv·es *pl of* **turf**.

Tusc·an ['tʌskən] *n/adj* toscano/a.

tusk ['tʌsk] *n* ANAT colmillo *m*.

tus·sle ['tʌsl] **I**. *n* INFML pelea *f* (*struggle, fight*). **II**. *v* (**about**, **for**, **over**, **with**) pelearse; luchar (con).

tus·sock ['tʌsək] *n* BOT mata *f* de hierba *f*.

tut [tʌt] (*also* **tut-tut** [ˌtʌt 'tʌt]) *int* ¡qué va!

tu·tel·age ['tju:tilidʒ; US 'tu:-] *n* tutela *f*; cargo *m* de preceptor/ra. **tu·tel·ary** ['tju:tiləri; US 'tu:təleri] *adj* tutelar.

tut·or ['tju:tə(r)] **I**. *n* **1**. tutor *m* (*also* JUR). **2**. preceptor *m*; ayo *m*. **3**. profesor *m* particular. **II**. *v* dar clases *f/pl* particulares; enseñar. **tu·tor·ial** [tju:'tɔ:riəl; US tu:-] **I**. *n* tutoría *f* (*at university*). **II**. *adj* de tutor/ra/preceptor/ ra.

tut·or·ship ['tju:təʃip] *n* tutoría *f* (*at university*).

tu·tu ['tu:tu:] *n* tutú *m*, faldilla *f* de bailarina *f*.

tu·xe·do [tʌk'sidəu] US *n* (*also* INFML **tux**) esmoquin *m*, smoking *m*.

TV [ˌti: 'vi:] *n* (*abrev of* **television set**) televisión *f*.

twad·dle ['twɔdl] *n* tonterías *f/pl*; disparates *m/pl*.

twang [twæŋ] **I**. *n* **1**. sonido *m* vibrante. **2**. timbre *m* nasal, gangueo *m*. **3**. MUS punteo *m* (*guitar*). **II**. *v* **1**. hacer vibrar. **2**. puntear, tañer (*guitar*).

tweak [twi:k] **I**. *v* pellizcar. **II**. *n* pellizco *m*.

tweed [twi:d] *n* **1**. tejido *m* de lana *f*. **2**. **~s** *pl* traje *m* de tweed *m*.

'tween V. **between**.

tweet [twi:t] **I**. *n* pío *m* (*of a bird*). **II**. *v* piar.

tweez·ers ['twi:zəz] *n/pl* pinzas *f/pl*.

twelfth [twelfθ] *n/adj* duodécimo/a. LOC **~ Night**, noche *f* de Reyes *m/pl*. **twel·ve** [twelv] *n/adj* doce *m*. LOC **~·month**, año *m*.

twen·ti·eth ['twentiəθ] *n/adj* vigésimo/a. **twen·ty** ['twenti] *n/adj* veinte *m*. LOC **~·fold**, veinte veces *f/pl* (mayor). **~ odd**, veintitantos/as.

twerp [twɜ:p] *n* INFML imbécil *m/f*, idiota *m/f*.

twice [twais] *adv* el doble *m* de, dos veces *f/pl*. LOC **~ as/~ as many/much**, dos veces *f/pl*. **~ the amount/sum**, el doble *m*.

twid·dle ['twidl] **I**. *v* **1**. (**with sth**) jugar/juguetear (con). **2**. girar, dar vueltas *f/pl* (a). **II**. *n* vuelta *f*.

twig [twig] **I**. *n* **1**. ANAT vaso *m* capilar. **2**. BOT ramita *f*. **3**. **~s** *pl* leña *f* menuda. **II**. *v* (**-gg-**) darse cuenta de; fijarse en. **twig·gy** ['twigi] *adj* **1**. delgado/a. **2**. ramoso/a.

twi·light ['twailait] **I**. *n* media luz *f*; crepúsculo *m* (*also* FIG). **II**. *adj* crepuscular.

twill [twil] **I**. *v* cruzar. **II**. *n* tela *f* cruzada/asargada.

twin [twin] **I**. *n/adj* mellizo/a, gemelo/a. LOC **~-cylinder**, TEC de dos cilindros *m/pl*. **~-engine(d)**, AER bimotor/ra. **~-jet**, birreactor/ra (*n/adj*). **II**. *v* (**-nn-**) **1**. dar a luz *f* mellizos/as. **2**. hermanar. **3**. vincular, ligar.

twine [twain] **I**. *v* **1**. (re)torcer. **2**. enrollar(se); enroscar(se). **3**. (**with**) FIG ceñir(se). **II**. *n* guita *f*, bramante *m* (*cord*).

twinge [twindʒ] *n* **1**. punzada *f*. **2**. FIG arrebato *m*.

twin·ing ['twiniŋ] *adj* BOT sarmentoso/a; trepador/ra.

twin·kle ['twiŋkl] **I**. *v* **1**. parpadear. **2**. (hacer) brillar (*eyes*). **3**. mover(se) rápidamente (*one's feet*). **II**. *n* (*also* **twinkling**) **1**. parpadeo *m*. **2**. brillo *m*, centelleo *m*. LOC **In the ~·ing of an eye**, en un santiamén *m*.

twirl [twɜ:l] **I**. *v* **1**. dar vueltas *f/pl*/girar (rápidamente). **2**. retorcer. **II**. *n* **1**. vuelta *f*/giro *m* (rápida). **2**. pirueta *f*. **3**. rasgo *m* (*with a pen*).

twist [twist] **I**. *v* **1**. (re)torcer(se). **2**. enrollar (*a rope*). **3**. entrelazar; entretejer; trenzar (*hair*). **4**. MED torcer (*one's ankle*). **5**. dar vueltas *f/pl* (*a road*). **6**. escurrirse (*slip*). **7**. FIG estafar, timar (*swindle*). **II**. *n* **1**. torsión *f*. **2**. rosca *f* (*of bread*). **3**. trenza *f* (*of hair*). **4**. MED torcedura *f*; deformación *f* (*mental ~*). **5**. rollo *m*, andullo *m* (*of tobacco*). **6**. vuelta *f* (*of wire*). **7**. enroscadura *f*. **8**. peculiaridad *f*, rasgo *m*. **9**. recodo *m*, vuelta *f* (*of a road*). **10**. DEP efecto *m* (*ball*). **11**. MUS FAM rock'-n'roll *m* (*dance*). **twist·er** ['twistə(r)] *n* **1**. torcedor/ra. **2**. DEP bola *f*/pelota *f* con efecto. **3**. INFML estafador/ra, timador/ra. **4**. problema *f*, rompecabezas *m*. **5**. tornado *m*. **twist·y** ['twisti] *adj* (*comp* **-ier**, *sup* **-iest**) (re)torcido/a.

twit [twit] **I**. *n* INFML idiota *m/f*, imbécil *m/f*. **II**. *v* **(-tt-)** **(about, with)** **1**. tomar el pelo *m*. **2**. echar en cara *f*.

twitch [twitʃ] **I**. *n* **1**. punzada *f*, tirón *m*. **2**. MEC tic *m* nervioso; retortijón *m* (*stomach*). **II**. *v* tirar/sacudir con brusquedad *f*. **2**. crispar(se). LOC **To ~ sth off sb**, arrancar/quitar algo a alguien de un tirón *m*. **twitch·y** ['twitʃi] *adj* (*comp* **-ier**, *sup* **-iest**) INFML asustado/a; preocupado/a; nervioso/a.

twit·ter ['twitə(r)] **I**. *v* **1**. temblar. **2**. ponerse nervioso/a. **3**. gorjear (*a bird*). **II**. *n* **1**. agitación *f*; nerviosismo *m*. **2**. gorjeo *m* (*of a bird*). **twit·tery** ['twitəri] *adj* INFML nervioso/a.

two [tu:] *n/adj* dos *m*. LOC **By ~s/In ~s/~ by ~**, de dos en dos. **To go ~ and ~**, ir de dos en dos. **To put ~ and ~ together**, FIG atar cabos *m/pl*.

two..., **~-bit**, *adj* US INFML poco importante, insignificante. **~-dimensional**, *adj* de dos dimensiones *f/pl*. **~-edged**, *adj* de dos filos *m/pl*. **~-faced**, *adj* de dos caras *f/pl*; FIG falso/a. **~-fold**, *adv* dos veces; *adj* doble. **~-fisted**, *adj* viril; fuerte. **~-handed**, *adj* de dos manos *f/pl*. **~·pence**, *n/pl* dos peniques *m/pl*. **~·penny**, *adj* de dos peniques *m/pl*; FAM barato/a. **~-phase**, *adj* ELECTR bifásico/a. **~-piece**, *adj* de dos piezas *f/pl*. **~-ply**, *adj* de dos cabos *m/pl*/capas *f/pl*. **~-seater**, *n* biplaza *m*. **~·some**, *n* pareja *f*. **~-step**, *n* pasodoble *m*. **~-story**, *adj* de dos pisos *m/pl*. **~-stroke**, *adj* TEC de dos tiempos *m/pl* (*engine*). **~-time**, *v* INFML engañar (*esp a lover*). **~-tone**, *adj* de dos tonos *m/pl* (*colours or sounds*). **~-way**, *adj* de doble dirección *f* (*valve, switch*).

ty·coon [tai'ku:n] *n* INFML magnate *m/f*.

tyke (*also* **tike**) [taik] *n* INFML **1**. tío/a (*fellow*). **2**. US chiquillo/a. **3**. chucho *m* (*dog*).

tym·pa·num ['timpənəm] *n* (*pl* **-s** *or* **-na** [-nə]) ANAT tímpano *m*.

type [taip] **I**. *n* **1**. clase *f*, tipo *m*; modelo *m*. **2**. individuo/a. **3**. tipos *m/pl*; tipo *m*, carácter *m* (*in printing*). LOC **~-face** (*also* **face**), tipografía *f*, tipo *m* de letra. **~·script**, original *m*/texto *m* mecanografiado. **~·setter**, máquina *f* para componer tipos *m/pl*; cajista *m/f* (*person*). **~·write**, mecanografiar. **~·writer**, mecanógrafo/a; máquina *f* de escribir. **~·writer ribbon**, cinta *f* para máquina *f* de escribir. **~·writing**, mecanografía *f*. **~·written**, mecanografiado/a. **II**. *v* **1**. clasificar. **2**. mecanografiar, escribir a máquina *f*. **typ·ic·al** ['tipikl] *adj* típico/a. **typ·ing** ['taipiŋ] *n* mecanografía *f*. **typ·ist** ['taipist] *n* mecanógrafo/a.

ty·phoid [tai'fɔid] *n* (*also* **~ fever**) MED fiebre *f* tifoidea.

ty·phoon [tai'fu:n] *n* tifón *m*.

ty·phus ['taifəs] *n* MED tifus *m*.

typ·ify ['tipifai] *v* (*pret/pp* **-fied**) **1**. tipificar; representar. **2**. simbolizar.

ty·po·graph·er [tai'pɔgrəfə(r)] *n* tipógrafo/a. **ty·po·graph·ic(·al)** [,taipə'græfik(l)] *adj* tipográfico/a. **ty·po·gra·phy** [tai'pɔgrəfi] *n* tipografía *f*.

ty·ran·nic(·al) [ti'rænik(l)] *adj* tiránico/a. **ty·ra·ni·cide** [ti'rænəsaid] *n* **1**. tiranicida *m/f* (*person*). **2**. tiranicidio *m*. **tyr·an·nize, -ise** ['tirənaiz] *v* ser tirano/a, tiranizar. **tyr·an·ny** ['tirəni] *n* tiranía *f*. **ty·rant** ['taiərənt] *n* tirano/a.

tyre (US **tire**) ['taiə(r)] *n* **1**. neumático *m*. **2**. llanta *f*.

ty·ro V. **tiro**.

tzar, **tza·ri·na** V. **tsar**.

U, u [ju:] *n* 'u' *f* (*letter*).

u·bi·quit·ous [ju:'bikwitəs] *adj* omnipresente, ubicuo/a. **u·bi·qui·ty** [ju:'bikwəti] *n* omnipresencia *f*, ubicuidad *f*.

U-boat ['ju:bəut] *n* MIL submarino *m* alemán.

ud·der ['ʌdə(r)] *n* ZOOL ubre *m*.

UFO (*also* **ufo**) [,ju: ef 'əu; INFML 'ju:fəu] *n* ovni *m* (*abrev of* **unidentified flying object**).

ugh [ɜ:] *int* ¡uf!, ¡puf!

u·gli·fy ['ʌglifai] *v* afear. **u·gli·ness** ['ʌglinis] *n* fealdad *f*. **u·gly** ['ʌgli] *adj* (*comp* **-ier**, *sup* **-iest**) **1**. feo/a. **2**. inquietante, nada grato/a (*a rumour*); amenazador (*sky*); violento/a, peligroso/a (*mood, situation*). **3**. repugnante, asqueroso/a (*vice, custom*). LOC **An ~ customer**, una persona *f* de cuidado *m*. **To be in an ~ mood**, estar de muy mal humor *m*. **To turn ~**, FIG ponerse feo/a (*a situation*); ponerse furioso/a/violento/a. **~ duckling**, patito *m* feo.

U·krai·ni·an [ju:'kreiniən] *n/adj* ucraniano/a.

ul·cer ['ʌlsə(r)] *n* **1**. MED úlcera *f*. **2**. FIG cáncer *m*, llaga *f*. **ul·cer·ate** ['ʌlsəreit] *v* ulcerar (se). **ul·cer·ation** [,ʌlsə'reiʃn] *n* MED ulceración *f*. **ul·cer·ous** ['ʌlsərəs] *adj* MED ulceroso/a.

ul·lage ['ʌlidʒ] *n* merma *f* (de un tonel).

ul·na ['ʌlnə] *n* (*pl* **-nae** [-ni:]) ANAT cúbito *m*.

ul·ster ['ʌlstə(r)] *n* úlster *m*, abrigo *m* largo y amplio.

ul·ter·ior [ʌl'tiəriə(r)] *adj* **1**. ulterior. **2**. oculto/a. LOC **~ motive**, segunda intención *f*.

ul·tim·ate ['ʌltimət] **I**. *adj* **1**. final, último/a; definitivo/a. **2**. esencial, fundamental. **II**. *n* INFML el no va más. **ul·tim·ate·ly** ['ʌltimətli] *adv* **1**. finalmente, últimamente. **2**. en el fondo *m*. **3**. a lo largo.

ul·ti·ma·tum [,ʌlti'meitəm] *n* (*pl* **-s** *or* **-ta** [-tə]) ultimátum *m*.

ul·ti·mo ['ʌltiməu] *adv* (*usually abrev* **ult·**) COM del mes *m* pasado: *On the 20th ~*, El pasado día veinte.

ul·tra ['ʌltrə] *pref* ultra. **ul·tra·ism** ['ʌltrəizəm] *n* extremismo *m*.

ultra..., **~·centrifuge**, *n* ultracentrifugadora *f*. **~·fashionable**, *adj* muy en boga *f*, muy de moda *f*. **~·high**, *adj* ELECTR ultraelevado/a. **~·marine**, *n/adj* ultramarino/a *m* (*colour*). **~·modern**, *adj* ultramoderno/a. **~·montane**, *n/adj* ultramontano/a. **~·red**, *adj* FIS ultrarrojo/a. **~·short**, *adj* ultracorto/a (*wave*). **~·sonic**, *adj* ultrasónico/a. **~·sound**, *n* ultrasonido *m*. **~·violet**, *adj* ultravioleta.

u·lu·late ['ju:ljuleit] *v* aullar, ulular. **ulu·la·tion** [,ju:lju'leiʃn] *n* aullido *m*, ululación *f*.

um·ber ['ʌmbə(r)] **I**. *adj* ocre oscuro (*colour*). **II**. *n* AGR tierra *f* de sombra *f*.

um·bil·ic·al [ʌm'bilikl; MED ,ʌmbi'laikl] *adj* ANAT umbilical. LOC **~ cord**, ANAT cordón *m* umbilical. **um·bil·ic·us** [ʌm'bilikəs; MED ,ʌmbi'laikəs] *n* ANAT , BOT ombligo *m*.

um·brage ['ʌmbridʒ] *n* resentimiento *m*. LOC **To take ~ at**, quedar resentido/a (por); ofenderse (por).

um·brel·la [ʌm'brelə] *n* **1**. paraguas *m*. **2**. sombrilla *f*. **3**. MIL cobertura *f* aérea. LOC **~ stand**, paragüero *m*.

um·pire ['ʌmpaiə(r)] **I**. *n* árbitro *m*. **II**. *v* arbitrar, ser árbitro *m*.

ump·teen ['ʌmpti:n] *adj/pron* INFML más; numerosos/as; muchísimos/as. **ump·teenth** ['ʌmpti:nθ] *adj/pron* INFML enésimo/a.

U.N. [,ju:'en] *abrev* (**United Nations**) O.N.U. (Organización de las Naciones Unidas).

'un [ən] *pron* INFML uno, un: *A little ~ Un/una chiquitín/a*.

un- [ʌn] *pref* des...; no...; nada...; in...; poco... .

un·a·bash·ed [,ʌnə'bæʃt] *adj* **1**. desvergonzado/a; descarado/a. **2**. imperturbable.

un·a·bat·ed [,ʌnə'beitid] *adj* no disminuido/a; constante.

un·ab·bre·viat·ed [,ʌnə'bri:vieitid] *adj* sin abreviar.

un·a·ble [ʌn'eibl] *adj* (**to do sth**) incapaz; imposibilitado/a.

un·a·brid·ged [,ʌnə'bridʒd] *adj* completo/a; íntegro/a.

un·ac·cent·ed [,ʌnæk'sentid] *adj* átono/a, inacentuado/a.

un·ac·cep·table [,ʌnək'septəbl] *adj* inaceptable.

un·ac·com·mo·dat·ing [,ʌnə'kɔmədeitiŋ] *adj* **1**. poco sociable; intransigente. **2**. poco complaciente. **3**. poco acogedor/ra.

un·ac·com·pa·nied [,ʌnə'kʌmpənid] *adj* no acompañado/a; sólo/a; sin acompañamiento *m* (*also* MUS).

un·ac·count·able [,ʌnə'kauntəbl] *adj* extraño/a; inexplicable.

un·ac·count·ed [,ʌnə'kauntid] *adj* (**for**) **To be ~ for**, ignorarse, no haber noticias *f/pl* (de).

un·ac·cus·tomed [,ʌnə'kʌstəmd] *adj* (**to sth**) no/poco acostumbrado/a; desacostumbrado/a; insólito/a.

un·ac·know·ledg·ed [,ʌnək'nɔlidʒd] *adj* **1**. sin contestar (*a letter*). **2**. no reconocido/a.

un·ac·quain·tance [,ʌnə'kweintəns] *n* desconocimiento *n*. **un·ac·quaint·ed** [,ʌnə'kweintid] *adj* desconocido/a. LOC **To be ~ with**, ignorar, desconocer.

un·a·dopt·ed [,ʌnə'dɔptid] *adj* no adoptado/a; rechazado/a.

un·a·dorned [,ʌnə'dɔ:nd] *adj* sencillo/a; sin adornos *m/pl*.

un·a·dul·ter·at·ed [,ʌnə'dʌltəreitid] *adj* puro/a; sin mezcla *f*, sin adulterar.

un·ad·vis·able [,ʌnəd'vaizəbl] *adj* poco aconsejable. **un·ad·vised** [,ʌnəd'vaizd] *adj* imprudente.

un·af·fect·ed [,ʌnə'fektid] *adj* (**by sth**) **1**. insensible (a); no afectado/a (por). **2**. sencillo/a, natural, sin afectación *f*.

un·a·fraid [,ʌnə'freid] *adj* (**of**) sin miedo *m*/temor *m*.

un·aid·ed [,ʌn'eidid] *adv* sólo, sin ayuda *f*.

un·al·loy·ed [,ʌnə'lɔid] *adj* sin mezcla *f*, puro/a.

un·al·ter·able [,ʌn'ɔlteərəbl] *adj* invariable, inalterable. **un·al·ter·ed** [,ʌn'ɔ:lted] *adj* inalterado/a.

un·am·bi·gu·ous [,ʌnæm'bigjuəs] *adj* inequívoco/a, sin ambigüedad *f*.

un·am·bi·ti·ous [,ʌnæm'biʃəs] *adj* sin ambiciones *f/pl*, poco/a ambicioso/a.

un-A·mer·ic·an [,ʌnə'merikən] *adj* antiamericano/a.

un·ami·able [,ʌn'eimjəbl] *adj* poco amable/simpático/a.

un·an·im·ity [,ju:nə'niməti] *n* unanimidad *f*. **un·an·im·ous** [ju:'nænimәs] *adj* (**in sth**) unánime.

un·an·nounc·ed [,ʌnə'naunst] *adj* sin ser anunciado/a.

un·ans·wer·able [,ʌn'a:nsərəbl; US ,ʌn'æn-] *adj* irrefutable; incontestable.

un·an·ti·ci·pat·ed [,ʌnæn'tisipeitid] *adj* imprevisto/a.

un·ap·peal·able [,ʌnə'pi:ləbl] *adj* JUR inapelable; implacable; insaciable.

un·ap·pe·tiz·ing [,ʌn'æpitaiziŋ] *adj* poco apetitoso/a (*food*); poco apetecible.

un·ap·proach·able [,ʌnə'prəutʃəbl] *adj* sin igual, sin par, inasequible; intratable (*sb*); inaccesible.

un·ap·pro·priat·ed [,ʌnə'prəuprieitid] *adj* libre; no asignado/a.

un·armed [,ʌn'a:md] *adj* sin armas *f/pl*; desarmado/a.

un·a·shamed [,ʌnə'ʃeimd] *adj* descarado/a; desvergonzado/a.

un·asked [,ʌn'a:skt; US ,ʌn'æskt] *adj* no solicitado/a; sin ser invitado/a. LOC **~ for**, espontáneo/a.

un·as·sail·able [,ʌnə'seiləbl] *adj* inatacable; irrebatible.

un·as·sum·ing [,ʌnə'sju:miŋ; US ,ʌnə'su:-] *adj* sin pretensiones *f/pl*; modesto/a.

un·at·tached [,ʌnə'tæʃt] *adj* **1**. suelto/a; sin atar. **2**. JUR no embargado/a. **3**. soltero/a (*single*); libre. **4**. MIL de reemplazo *m*.

un·at·tain·able [,ʌnə'teinəbl] *adj* inalcanzable; inasequible.

un·at·tend·ed [,ʌnə'tendid] *adj* descuidado/a; desatendido/a; sin guarda *m/f*.

un·at·test·ed [,ʌnə'testid] *adj* no atestiguado/a.

un·at·tract·ive [,ʌnə'træktiv] *adj* poco atractivo/a.

un·au·then·ti·cat·ed [,ʌnɔ:'θenti,keitid] *adj* no autentificado/a; anónimo/a.

un·au·tho·rized [,ʌn'ɔ:θəraizd] *adj* sin legalizar; desautorizado/a.

un·a·vail·able [,ʌnə'veiləbl] *adj* no disponible, indisponible. **un·a·vail·ing** [,ʌnə'veiliŋ] *adj* inútil, vano/a; infructuoso/a.

un·a·void·able [,ʌnə'vɔidəbl] *adj* inevitable.

un·a·ware [,ʌnə'weə(r)] *adj* (**of sth/that**) ignorante; inconsciente. LOC **To be ~ of**, ignorar. **To be ~ that**, ignorar que. **un·a·wa·res** [,ʌnə'weəz] *adv* de improviso *m*; desprevenido/a. LOC **To catch/take sb ~**, coger a alguien desprevenido/a.

un·backed [,ʌn'bækt] *adj* **1**. sin ayuda *f*/apoyo *m*. **2**. COM a descubierto.

un·baked [,ʌn'beikt] *adj* crudo/a.

un·bal·ance [,ʌn'bæləns] **I**. *n* desequilibrio *m*. **II**. *v* desequilibrar. **un·bal·anc·ed** [,ʌn'bælənst] *adj* desequilibrado/a.

un·bap·tized [,ʌnbæp'taizd] *adj* sin bautizar.

un·bar [,ʌn'ba:(r)] *v* (**-rr-**) desatrancar (*a door, gate*, etc).

un·bear·able [ʌn'beərəbl] *adj* insoportable, inaguantable.

un·beat·able [,ʌn'bi:təbl] *adj* **1**. invencible, imbatible. **2**. inmejorable, insuperable (*price*). **un·beat·en** [,ʌn'bi:tn] *adj* **1**. inexplorado/a. **2**. no pisado/a/trillado/a (*track*). **3**. invicto/a, imbatido/a (*champion, team*). **4**. no mejorado/a (*price*). **5**. DEP sin batir (*a record*).

un·be·com·ing [,ʌnbi'kʌmiŋ] *adj* **1**. que sienta mal (*a dress*). **2**. (**to/for sb**) impropio/a. **3**. indecoroso/a.

un·be·known [,ʌnbi'nəun] *adj* sin ser sabido/a. LOC **~ to me**, sin que yo lo supiera.

un·be·lief [,ʌnbi'li:f] *n* incredulidad *f*; descreimiento *m*. **un·be·liev·able** [,ʌnbi'li:vəbl] *adj* increíble. **un·be·liev·er** [,ʌnbi'li:və(r)] *n* incrédulo/a. **un·be·liev·ing** [,ʌnbi'li:viŋ] *adj* incrédulo/a.

un·bend [,ʌn'bend] *v* (*pret/pp* **unbent** [,ʌn'bent]) **1**. aflojar (*a bow*). **2**. enderezar, desencorvar. **3**. FIG suavizar(se), relajar(se). **un·bend·ing** [,ʌn'bendiŋ] *adj* firme; inflexible; poco afable (*a person*).

un·bi·as·(s)ed [,ʌn'baiəst] *adj* imparcial.

un·bid·den [,ʌn'bidn] *adv* **1**. sin ser invitado/a. **2**. FIG espontáneo/a.

un·bind [,ʌnbaind] *v* (*pret/pp* **unbound**) **1**. desatar. **2**. MED desvendar.

un·blam(e)·able [,ʌn'bleiməbl] *adj* irreprochable.
un·bleached [,ʌn'bli:tʃt] *adj* sin blanquear (*cloth*).
un·ble·mished [ʌn'blemiʃt] *adj* sin mancha *f*/tacha *f*.
un·blush·ing [,ʌn'blʌʃiŋ] *adj* desvergonzado/a.
un·bolt [,ʌnbəult] *v* desatrancar; descorrer el cerrojo *m* (de).
un·born [,ʌn'bɔ:n] *adj* futuro/a, venidero/a; nonato/a, aún no nacido/a.
un·bo·som [ʌn'buzəm] *v* revelar, descubrir. LOC **To ~ oneself**, FIG abrir su corazón *m*; desahogarse.
un·bound [,ʌn'baund] **I**. *pret/pp of* **unbind**. **II**. *adj* **1**. desatado/a. **2**. sin encuadernar (*a book*). **un·bound·ed** [,ʌn'baundid] *adj* ilimitado/a.
un·bowed [,ʌn'baud] *adj* no conquistado/a/sometido/a.
un·break·able [,ʌn'breikəbl] *adj* irrompible.
un·bridl·ed [,ʌn'braidld] *adj* desenfrenado/a (*also* FIG).
un·brok·en [,ʌn'brəukən] *adj* **1**. continuo/a, ininterrumpido/a. **2**. DEP que no ha sido batido/a (*a record*). **3**. no domado/a (*a horse*). **4**. intacto/a. **5**. AGR sin labrar. **6**. JUR inviolado/a.
un·buck·le [,ʌn'bʌkl] *v* desabrochar; deshebillar.
un·burd·en [,ʌn'bɜ:dn] *v* (**oneself/sth** (**of sth**) (**to sb**)) FIG aliviar(se), desahogar(se), descargar(se) (*one's worries, troubles*).
un·bu·ried [,ʌn'berid] *adj* insepulto/a. **un·bu·ry** [,ʌnberi] *v* desenterrar.
un·bu·si·ness·like [,ʌn'biznislaik] *adj* **1**. ineficaz. **2**. incorrecto/a. **3**. poco metódico/a/práctico/a, impropio de un negociante.
un·but·ton [,ʌn'bʌtn] *v* desabrochar(se); desabotonar(se).
un·cal·led-for [ʌn'kɔ:ld fɔ:(r)] *adj* **1**. inapropiado/a, fuera de lugar *m*. **2**. impropio/a. **3**. inmerecido/a.
un·can·ny [ʌn'kæni] *adj* (*comp* **-ier**, *sup* **iest**) misterioso/a; extraño/a; que excede lo que se podría esperar.
un·car·ed-for [ʌn'keəd fɔ:(r)] *adj* **1**. desamparado/a, abandonado/a (*a person*). **2**. descuidado/a.
un·ceas·ing [,ʌn'si:siŋ] *adj* continuo/a, incesante.
un·ce·re·mo·ni·ous [,ʌn,seri'məuniəs] *adj* **1**. descortés. **2**. poco ceremonioso/a. **un·ce·re·mo·ni·ous·ly** [,ʌn,seri'məuniəsli] *adv* sin miramientos *m/pl*; sin cumplidos *m/pl*.
un·cer·tain [ʌn'sɜ:tn] *adj* dudoso/a, incierto/a. LOC **To be ~ of**, no estar seguro/a de. **un·cer·tain·ty** [ʌn'sɜ:tnti] *n* duda *f*, incertidumbre *f*.
un·chain [,ʌn'tʃein] *v* desencadenar.
un·chal·len·ge·able [,ʌn'tʃælindʒəbl] *adj* indiscutible. **un·chal·lenged** [,ʌn'tʃælindʒd] *adj* indiscutido/a.
un·chan·ge·able [ʌn'tʃeindʒəbl], **un·chang·ing** [ʌn'tʃeindʒiŋ] *adj* invariable, inmutable.
un·char·it·able [,ʌn'tʃæritəbl] *adj* **1**. despiadado/a. **2**. poco caritativo/a.
un·chart·ed [,ʌn'tʃa:tid] *adj* **1**. desconocido/a. **2**. que no figura en el mapa *m*.
un·chaste [,ʌn'tʃeist] *adj* **1**. incontinente. **2**. impúdico/a.
un·checked [,ʌn'tʃekt] **I**. *adj* **1**. desenfrenado/a (*one's passions*). **2**. no comprobado/ a (*facts*). **II**. *adv* **1**. de forma *f* o manera *f* desenfrenada. **2**. sin estorbo *m*/obstáculos *m/pl*.
un·chris·ti·an [,ʌn'kristʃən] *adj* anticristiano/a.
un·ci·vil [,ʌn'sivl] *adj* descortés. **un·ci·vi·liz·ed** [,ʌn'sivlaizd] *adj* incivilizado/a.
un·clad [,ʌn'klæd] *adj* desnudo/a.
un·claimed [,ʌn'kleind] *adj* sin reclamar.
un·clas·si·fi·ed [,ʌn'klæsifaid] *adj* no clasificado/a.
un·cle ['ʌnkl] *n* **1**. tío *m*. **2**. SL prendero *m*; prestamista *m/f*. LOC **To talk like a Dutch ~**, decir a uno/a cuatro cosas *f/pl*/verdades *f/pl*.
un·clean [,ʌn'kli:n] *adj* desaseado/a; sucio/a.
un·clear [,ʌn'kliə(r)] *adj* poco claro/a.
un·clench [,ʌn'klentʃ] *v* aflojar.
un·clothed [,ʌn'kləuðd] *adj* desnudo/a, sin vestir.
un·cloud·ed [,ʌn'klaudid] *adj* **1**. sin nubes *f/pl*, despejado/a. **2**. FIG sereno/a.
un·coil [,ʌn'kɔil] *v* desenrollar(se).
un·col·lect·ed [,ʌnkə'lektid] *adj* **1**. no reunido/a, disperso/a. **2**. sin cobrar (*tax*), sin recoger.
un·co·lour·ed (US **uncolored**) [,ʌn'kʌləd] *adj* sin color *m*, incoloro/a.
un·come·ly [,ʌn'kʌmli] *adj* falto de garbo *m*/gracia *f*.
un·com·fort·able [ʌn'kʌmftəbl; US -fərt-] *adj* **1**. incómodo/a. **2**. inquietante. **3**. molesto/a.
un·com·mit·ted [,ʌnkə'mitid] *adj* sin comprometer.
un·com·mon [ʌn'kɔmən] *adj* fuera de lo común; raro/a, poco corriente. **un·com·mon·ly** [ʌn'kɔmənli] *adv* extraordinariamente.
un·com·mu·ni·cat·ive [,ʌnkə'mju:nikətiv] *adj* reservado/a, poco comunicativo/a.
un·com·plain·ing [,ʌnkəm'pleiniŋ] *adj* sumiso/a; resignado/a.
un·com·pli·ment·ary [,ʌn,kɔmpli'mentəri] *adj* ofensivo/a; poco halagüeño/a.
un·com·prom·is·ing [ʌn'kɔmprəmaiziŋ] *adj* intransigente, inflexible.
un·con·cern [,ʌnkən'sɜ:n] *n* **1**. indiferencia *f*. **2**. despreocupación *f*. **3**. tranquilidad *f*. **un·con·cern·ed** [,ʌnkən'sɜ:nd] *adj* **1**. indiferente. **2**. despreocupado/a. **3**. tranquilo/a.
un·con·di·tion·al [,ʌnkən'diʃənl] *adj* incondicional, sin condiciones. **un·con·di·**

tion·ed [ˌʌnkənˈdiʃnd] *adj* no condicionado/a, espontáneo/a.
un·con·fined [ˌʌnkənˈfaind] *adj* sin límites *m/pl*, ilimitado/a; libre.
un·con·firmed [ˌʌnkənˈfɜːmd] *adj* sin confirmar.
un·con·ge·ni·al [ˌʌnkənˈdʒiːniəl] *adj* **1.** desagradable. **2.** antipático/a (*a person*).
un·con·nect·ed [ˌʌnkəˈnektid] *adj* (**with**) no relacionado/a; inconexo/a.
un·con·quer·able [ʌnˈkɔŋkərəbl] *adj* inconquistable; invencible; insuperable.
un·con·scion·able [ʌnˈkɔnʃənəbl] *adj* **1.** poco escrupuloso/a. **2.** desmedido/a.
un·con·scious [ʌnˈkɔnʃəs] **I.** *adj* **1.** inconsciente. **2.** MED desmayado/a, sin sentido *m*. **II.** *n* inconsciente *m*. **un·con·scious·ness** [ʌnˈkɔnʃəsnis] *n* **1.** inconsciencia *f*. **2.** insensibilidad *f*.
un·con·se·crat·ed [ˌʌnˈkɔnsikreitid] *adj* sin consagrar.
un·con·si·dered [ˌʌnkənˈsidəd] *adj* desatendido/a; inconsiderado/a.
un·con·sti·tu·tion·al [ˌʌnkɔnstiˈtjuːʃnl] *adj* anticonstitucional.
un·con·strained [ˌʌnkənˈstreind] *adj* **1.** libre; no cohibido/a. **2.** sin restricción *f*.
un·con·test·ed [ˌʌnkənˈtestid] *adj* sin contestar, incontestado/a; sin oposición.
un·con·trol·lable [ʌnkənˈtrəuləbl] *adj* incontrolable; ingobernable.
un·con·ven·tion·al [ˌʌnkənˈvenʃnl] *adj* **1.** poco convencional/formalista; desenfadado/a. **2.** original.
un·con·vert·ed [ˌʌnkənˈvɜːtid] *adj* sin convertir.
un·con·vinc·ed [ˌʌnkənˈvinst] *adj* no/poco convencido/a. **un·con·vinc·ing** [ˌʌnkənˈvinsiŋ] *adj* poco convincente.
un·cooked [ˌʌnˈkukt] *adj* sin cocer, crudo/a.
un·cork [ˌʌnˈkɔːk] *v* destapar, descorchar (*a bottle*).
un·cor·rect·ed [ˌʌnkəˈrektid] *adj* sin corregir.
un·cor·rupt·ed [ˌʌnkəˈrʌptid] *adj* incorrupto/a.
un·count·able [ˌʌnˈkauntəbl] *adj* innumerable, incontable. **un·count·ed** [ˌʌnˈkauntid] *adj* sin contar.
un·cou·ple [ˌʌnˈkʌpl] *v* (**from**) desenganchar; desacoplar.
un·couth [ʌnˈkuːθ] *adj* **1.** tosco/a; rústico/a. **2.** grosero/a. **un·couth·ness** [ʌnˈkuːθnis] *n* grosería *f*.
un·cov·er [ʌnˈkʌvə(r)] *v* descubrir; destapar.
un·crit·ic·al [ˌʌnˈkritikl] *adj* (**of sth/sb**) poco juicioso/a; falto de sentido *m* crítico.
un·cros·sed [ˌʌnˈkrɔst; US -ˈkrɔːst] *adj* sin cruzar (*a cheque*).
un·crown·ed [ˌʌnˈkraund] *adj* sin corona *f*.
unc·tion [ˈʌŋkʃn] *n* (*also* **unc·tu·ous·ness** [ˈʌŋktjuəsnis]) **1.** ungüento *m*; unción *f* (*also* FIG). **2.** FIG fervor *m*. **3.** zalamería *f*. LOC **Extreme ~**, REL extremaunción *f*. **unc·tu·ous** [ˈʌŋktjuəs] *adj* **1.** grasiento/a; untuoso/a (*also* FIG). **2.** FIG fervoroso/a. **3.** zalamero/a.
un·cul·ti·vat·ed [ˌʌnˈkʌltiveitid] *adj* **1.** sin cultivar (*also* FIG). **2.** inculto/a (*a person*).
un·curl [ˌʌnˈkɜːl] *v* **1.** estirar(se), desrizar (se) (*hair*). **2.** desenroscar(se).
un·cut [ˌʌnˈkʌt] *adj* **1.** sin cortar. **2.** sin tallar; en bruto (*a diamond*). **3.** sin cortes *m/pl* (*a film*).
un·da·mag·ed [ˌʌnˈdæmidʒd] *adj* intacto/a; indemne, ileso/a.
un·damped [ˌʌnˈdæmpt] *adj* **1.** seco/a, no mojado/a. **2.** FIG no disminuido/a.
un·dat·ed [ˌʌnˈdeitid] *adj* sin fecha *f*.
un·daunt·ed [ˌʌnˈdɔːntid] *adj* **1.** intrépido/a. **2.** impávido/a.
un·de·ceive [ˌʌndiˈsiːv] *v* desengañar.
un·de·cid·ed [ˌʌndiˈsaidid] *adj* **1.** indeciso/a. **2.** no resuelto/a.
un·de·ci·pher·able [ˌʌndiˈsaifərəbl] *adj* indescifrable.
un·de·clared [ˌʌndiˈkleəd] *adj* sin declarar.
un·de·fend·ed [ˌʌndiˈfendid] *adj* **1.** indefenso/a. **2.** JUR ganado/a por incomparecencia *f* del demandado *m* (*a suit*).
un·de·feat·ed [ˌʌndiˈfiːtid] *adj* invicto/a.
un·de·fil·ed [ˌʌndiˈfaild] *adj* inmaculado/a; impoluto/a.
un·de·fined [ˌʌndiˈfaind] *adj* indefinido/a.
un·de·mon·strat·ive [ˌʌndiˈmɔnstrətiv] *adj* reservado/a.
un·de·ni·able [ˌʌndiˈnaiəbl] *adj* irrefutable, innegable.
un·de·no·mi·na·tion·al [ˌʌndinɔmiˈneiʃnl] *adj* laico/a; no sectario/a.
un·de·pend·able [ˌʌndiˈpendəbl] *adj* poco seguro/a, poco de fiar.
un·der [ˈʌndə(r)] **I.** *prep* **1.** debajo de (*movement*): ~ *the chair*, Debajo de la silla. **2.** menos de; menor que. **3.** durante: ~ *Richard I*, Durante el reinado de Ricardo I. **II.** *adv* **1.** debajo. **2.** menos: *Five dollars or ~*, Cinco dólares o menos. **3.** (más) abajo. **III.** *adj* **1.** inferior: *The ~ jaw*, La mandíbula *f* inferior. **2.** interior (*clothes*). **3.** insuficiente(mente).
under..., **~·act**, *v* no dar de sí. **~·arm**, *adj* por debajo del brazo *m*. **~·bid**, *v* (**-dd-**; *pret/pp* **underbid**) ofrecer menos que otro (*esp in an auction*); declarar menos de lo que se tiene (*in card-games*). **~·brush**, *n* monte *m* bajo. **~·carriage/~·cart** (*also* **landing-gear**), *n* AER tren *m* de aterrizaje *m*. **~·charge**, *n* precio *m* insuficiente. **~·clothes** (*also* **~·clothing**), *n* ropa *f* interior. **~·coat**, *n* ART primera mano *m* (*of paint*). **~·cover**, *adj* secreto/a. **~·current**, *n* corriente *f* submarina; FIG fondo *m*. **~·cut**, *n* solomillo *m* (*meat*); *v* (**-tt-**; *pret/pp* **~·cut**) vender más barato (que). **~·developed**, *adj* subdesarrollado/a. **~·dog**, *n* desvalido/a; perdedor/ra. **~·done**, *adj* poco hecho/a (*food*). **~·estimate**, *v* infravalorar, subestimar; menospreciar; *n* infravaloración *f*; menosprecio *m*. **~·expose**, *v* subexponer (*in photography*). **~·exposure**, *n* subexposición *f*. **~·fed**, *adj* sub- alimentado/a; desnu-

trido/a. ~**feeding**, *n* desnutrición *f.* ~·**felt**, *n* arpillera *f.* ~·**foot**, *adv* bajo los pies *m/pl.* ~·**garment**, *n* ropa *f*/prenda *f* interior. ~·**go**, *v* (*pret* ~·**went**, *pp* ~·**gone**) experimentar; sufrir (*also* MED). ~·**graduate**, *n* estudiante *m/f* de licenciatura. ~·**ground**, *n* (INFML **tube**, US **subway**) metro *m*; MIL resistencia *f*; *adv* bajo *adj* subterráneo/a; FIG clandestino/a, secreto/a. ~·**growth**, *n* (US ~·**brush**) BOT maleza *f.* ~·**hand**, *adj* clandestino/a, secreto/a; poco limpio/a, turbio/a; FIG bajo cuerda *f.* ~·**hand service**, *n* DEP saque *m* con la mano *f* debajo del hombro *m.* ~·**lay**, *v* (*pret/pp* ~·**laid**) poner debajo (de); reforzar. ~·**lie**, *v* (*pret* ~·**lay**, *pp* ~·**lain**) estar debajo (de); FIG servir de base *f* (a). ~·**line**, *v* (*also* ~·**score**) subrayar. ~·**ling**, *n* inferior *m/f*, subordinado/a; secuaz *m/f* (*follower*). ~·**manned**, *adj* NAUT con una tripulación *f* insuficiente; falto de personal *m.* ~·**mentioned**, *adj* abajo citado/a/mencionado/a. ~·**mine**, *v* minar, socavar. ~·**most**, *adj* inferior; más abajo. ~·**neath**, *prep/pron* bajo, debajo de; *adv* (por) debajo; *adj* de abajo, inferior; *n* parte *f* inferior, fondo *m.* ~·**nourished**, *adj* desnutrido/a. ~·**nourishment**, *n* desnutrición *f.* ~·**pants**, *n/pl* (INFML **pants**) calzoncillos *m/pl.* ~·**pass**, *n* paso *m* subterráneo. ~·**pay**, *v* (*pret/pp* ~·**paid**) pagar poco/mal. ~·**pin**, *v* (-**nn**-) sostener, apuntalar, servir de apoyo. ~·**pinning**, *n* apuntalamiento *m.* ~·**play**, *v* TEAT R estar flojo en un papel *m.* ~·**privileged**, *adj* desfavorecido/a; desvalido/a. ~·**rate**, *v* infravalorar, menospreciar, subestimar. ~·**score**, *v* subrayar. ~·**sea**, *adj* submarino/a. ~·**secretary**, *n* subsecretario/a. ~·**sell**, *v* (*pret/pp* ~·**sold**) malvender; vender a menor precio *m.* ~·**shirt**, *n* US camiseta *f* (*vest*). ~·**side**, *n* revés *m*, parte *f* inferior. ~·**signed**, *adj* abajo firmante; *n* los abajo firmantes *m/pl.* ~·**sized**, *adj* de tamaño *m* insuficiente/reducido; pequeño/a. ~·**skirt**, *n* enaguas *f/pl.* ~·**slung**, *adj* debajo del eje *m*, colgante (*chassis*). ~·**staffed**, *adj* falto de personal *m.* ~·**stand**, *v* (*pret/pp* ~·**stood**) entender, comprender: *I don't ~ Chinese,* No entiendo el chino; creer; sobrentender; LOC **An ~·stood thing**, lo normal. **It is ~·stood that**, se supone que, tenemos entendido que. **To give to ~**, dar a entender. **To make oneself understood**, hacerse entender. **To ~ each other**, entenderse, comprenderse. ~·**stood?**, ¿entendido? ~·**standable**, comprensible. ~·**standing**, *n* comprensión *f*, entendimiento *m*; juicio *m*, razón *f*; interpretación *f*; compenetración *f*; acuerdo *m* (*agreement*); LOC **On the ~ that**, con tal que, a condición *f* de que; *adj* comprensivo/a; razonable, compasivo/a; inteligente. ~·**state**, *v* subestimar; quitar importancia *f* (a); exponer incompletamente. ~·**statement**, *n* subestimación *f*; eufemismo *m*; exposición *f* incompleta. ~·**study**, *n* TEAT R suplente *m/f*; *v* TEAT R aprender un papel *m* para poder sustituir (a). ~·**take**, *v* (*pret* ~·**took**, *pp* ~·**taken**) encargarse (de); emprender (*a task*); comprometerse, prometer (*to promise*); LOC **To ~·that**, prometer que, comprometerse a que. ~·**taker**, *n* director/ra/empresario/a de pompas *f/pl* fúnebres; LOC ~'**s**, funeraria *f.* ~·**taking**, *n* empresa *f*, tarea *f* (*task*); garantía *f*, compromiso *m* (*pledge*); promesa *f*; pompas *f/pl* fúnebres, funeraria *f* (~'*s*). ~·**tone**, *n* murmullo *m*; voz *f* baja; FIG (tras)fondo *m* (*underlying element*); LOC **In an ~**, en voz *f* baja. ~·**tow**, *n* NAUT resaca *f*, contracorriente *f.* ~·**value**, *v* menospreciar; subestimar, infravalorar. ~·**water**, *adj* submarino/a. ~ ·**water fishing**, *n* pesca *f* submarina. ~·**wear**, *n* ropa *f* interior (*also* ~·**clothes**, ~·**clothing**). ~·**weight**, *n* peso *m* insuficiente; *adj* de peso *m* insuficiente. ~·**went**, *pret of* ~·**go**. ~·**world**, *n* infierno *m*; mundo *m* de los muertos *m/pl*; gente *f* maleante, hampa *f* (*criminal world*). ~·**write**, *v* (*pret* ~·**wrote**, *pp* ~·**written**) garantizar, asegurar; suscribir (*bonds, to sign*). ~·**writer**, *n* compañía *f* aseguradora, asegurador *m*; suscriptor *m* (*of bonds*).

un·de·served [,ʌndi'zɜ:vd] *adj* inmerecido/a. **un·de·serv·ing** [,ʌndi'zɜ:viŋ] *adj* **1**. de poco mérito *m.* **2**. indigno/a.

un·de·sir·able [,ʌndi'zaiərəbl] *n/adj* indeseable *m/f.*

un·de·terred [,ʌndi'tɜ:d] *adj* sin dejarse desanimar/intimidar.

un·de·ve·loped [,ʌndi'veləpt] *adj* **1**. subdesarrollado/a; sin desarrollar. **2**. AGR sin explotar (*soil*). **3**. sin revelar (*in photography*).

un·de·vi·at·ing [ʌn'di:vieitiŋ] *adj* **1**. constante. **2**. recto/a.

un·did *pret of* **undo**.

un·dies ['ʌndiz] *n/pl* INFML paños *m/pl* menores; ropa *f* interior.

un·di·gest·ed [,ʌndi'dʒestid] *adj* indigesto/a; no digerido/a.

un·dig·ni·fi·ed [ʌn'dignifaid] *adj* poco digno/a; indecoroso/a.

un·di·mi·nished [,ʌndi'miniʃt] *adj* no disminuido/a.

un·dis·cern·ing [,ʌndi'sɜ:niŋ] *adj* poco discernidor/ra, sin discernimiento *m.*

un·dis·charged [,ʌndis'tʃa:dʒd] *adj* COM por pagar, impagado/a.

un·dis·ci·plined [ʌn'disəplind] *adj* indisciplinado/a.

un·dis·co·vered [,ʌndis'kʌvəd] *adj* sin descubrir.

un·dis·cri·mi·nat·ing [,ʌndis'krimәneitiŋ] *adj* **1**. sin discriminación *f.* **2**. poco juicioso/a; falto de sentido *m* crítico.

un·dis·guised [,ʌndis'gaizd] *adj* **1**. sincero/a; franco/a. **2**. FIG sin disfraz *m.*

un·dis·mayed [,ʌndis'meid] *adj* **1**. sin desmayarse/desanimarse. **2**. impávido/a.

un·dis·posed-of [,ʌndis'pəuzd ɔv] *adj* COM sin vender, no vendido/a, aún disponible.

un·dis·put·ed [,ʌndi'spju:tid] *adj* incontestable.

un·dis·tin·guished [,ʌndi'stiŋgwiʃt] *adj* (más bien) mediocre.

un·dis·turbed [,ʌndi'stɜ:bd] *adj* **1**. sereno/a, tranquilo/a. **2**. sin tocar (*untouched*). **3**. no perturbado/a (*sleep, person,* etc).

un·di·vid·ed [,ʌndi'vaidid] *adj* **1**. entero/a. **2**. indiviso/a. **3**. no distribuido/a. LOC **To give one's ~ attention (to sth/sb)**, prestar toda la atención *f* (a).
un·do [ʌn'du:] *v* (*pret* **undid** [ʌn'did], *pp* **undone** [ʌn'dʌn]) **1**. deshacer; desanudar, de- satar (*a tie, knot,* etc). **2**. desabrochar (*a button, clasp*). **3**. destruir, deshacer (*to destroy*). **un·do·ing** [ʌn'du:iŋ] *n* ruina *f*; perdición *f*. **un·done** [,ʌn'dʌn] **I**. *pp of* **undo**. **II**. *adj* por hacer; sin hacer; inacabado/a. LOC **To be ~**, FIG estar perdido/a/acabado/a (*a person*). **To come ~**, soltarse, desatarse. **To leave ~**, dejar sin hacer.
un·do·mes·ti·cat·ed [,ʌndə'mestikeitid] *adj* sin domesticar.
un·doubt·ed [ʌn'dautid] *adj* indudable. **un·doubt·ed·ly** [ʌn'dautidli] *adv* sin duda *f* alguna, indudablemente.
un·dreamed-of [ʌn'drimd ɔv] (*also* **un·dreamt-of** [ʌn'dremt ɔv]) *adj* nunca soñado/a.
un·dress [,ʌn'dres] **I**. *v* **1**. desnudar(se). **2**. MED quitar (*a bandage*). **II**. *n* **1**. desabillé *m*; bata *f*. **2**. MIL uniforme *m* de cuartel *m*. **un·dres·sed** [,ʌn'drest] *adj* desnudo/a.
un·drink·able [,ʌn'driŋkəbl] *adj* no potable.
un·due [,ʌn'dju:; US -'du:] *adj* indebido/a; impropio/a.
un·dul·ate ['ʌndjuleit; US -dʒu-] **I**. *v* (hacer) ondear, ondular. **II**. *adj* ondulado/a. **un·dul·at·ing** ['ʌndjuleitiŋ] *adj* **1**. ondulado/a (*land, country*). **2**. ondulante, ondeante. **un·dul·ation** [,ʌndju'leiʃn] *n* **1**. ondulación *f*. **2**. onda *f* (*wave*). **un·dul·at·ory** ['ʌndjulətri] *adj* ondulatorio/a.
un·du·ly [,ʌn'dju:li; US -'du:li] *adv* excesivamente, indebidamente.
un·dy·ing [,ʌn'daiiŋ] *adj* FIG imperecedero/a.
un·earned [,ʌn'ɜ:nd] *adj* **1**. inmerecido/a. **2**. no ganado/a.
un·earth [ʌn'ɜ:θ] *v* (**from sth**) **1**. desenterrar. **2**. FIG descubrir. **un·earth·ly** [ʌn'ɜ:θli] *adj* **1**. extraterrestre, sobrenatural. **2**. misterioso/a. **3**. espectral. **4**. inverosímil (*time*). **5**. FAM infernal.
un·ease [ʌn'i:z], **un·eas·i·ness** [-əniz] *n* desasosiego *m*, intranquilidad *f*, inquietud *f*. **un·ea·sy** [ʌn'i:zi] *adj* (*comp* **-ier**, *sup* **-iest**) **1**. (**about/at sth**) desasosegado/a, intranquilo/ a, inquieto/a. **2**. molesto/a (*annoying*). LOC **To become ~**, empezar a inquietarse. **To make sb ~**, preocupar, inquietar, alarmar.
un·eat·able [,ʌn'i:təbl] *adj* incomible.
un·e·co·nom·ic(al) [,ʌn,i:kə'nɔmik(l)] *adj* poco económico/a/rentable; antieconómico/a.
un·e·di·fy·ing [,ʌn'edifaiiŋ] *adj* poco edificante; indecoroso/a.
un·e·du·cat·ed [ʌn'edʒukeitid] *adj* inculto/a.
un·e·mo·tion·al [,ʌnə'məuʃnl] *adj* **1**. reservado/a, impasible (*character*). **2**. objetivo/a.
un·em·ployed [,ʌnim'plɔid] **I**. *adj* desempleado/a, parado/a, sin trabajo *m*. **II**. *n* desempleados *m/pl* (*people*). **un·em·ploy·ment** [,ʌnim'plɔimənt] *n* desempleo *m*, paro *m*; desocupación *f*. LOC **Seasonal ~**, paro *m* temporal. **~ benefit** (US **~ compensation**), subsidio *m* de paro *m*. **~ insurance**, seguro *m* de desempleo *m*/paro *m*.
un·end·ing [ʌn'endiŋ] *adj* inacabable, interminable.
un·en·dur·able [,ʌnin'djuərəbl] *adj* insoportable, inaguantable.
un·en·gaged [,ʌniŋ'geidʒd] *adj* sin compromiso *m*, libre.
un·en·light·ened [,ʌnin'laitnd] *adj* ignorante, no enterado/a.
un·en·ter·pris·ing [,ʌn'entəpraiziŋ] *adj* sin iniciativa *f*, poco emprendedor/ra o dinámico/a.
un·en·vi·able [,ʌn'enviəbl] *adj* poco envidiable.
un·e·qual [,ʌn'i:kwəl] *adj* **1**. (**in**) distinto/a, desigual. **2**. MED irregular (*pulse*). LOC **To be ~ to doing sth**, ser incapaz de hacer algo. **un·e·qual·(l)ed** [ʌn'i:kwəld] *adj* sin par; inigualado/a.
un·e·qui·voc·al [,ʌni'kwivəkl] *adj* inequívoco/a.
un·er·ring [,ʌn'ɜ:riŋ] *adj* infalible.
un·es·sen·tial [,ʌni'senʃl] *adj* accesorio/a, no esencial.
un·eth·ic·al [,ʌn'eθikl] *adj* inmoral, poco ético/a.
un·e·ven [,ʌn'i:vn] *adj* **1**. desigual; irregular. **2**. ondulado/a; accidentado/a (*land, road*). **3**. MAT impar (*number*). **un·e·ven·ness** [,ʌn'i:vnnis] *n* desigualdad *f*; irregularidad *f*.
un·e·vent·ful [,ʌni'ventful] *adj* sin incidentes *m/pl* o acontecimientos *m/pl*.
un·e·xam·pled [,ʌnig'za:mpld] *adj* sin igual, sin precedentes *m/pl*.
un·ex·cep·tion·able [,ʌnik'sepʃənəbl] *adj* irreprochable, intachable. **un·ex·cep·tion·al** [,ʌnik'sepʃənl] *adv* **1**. irreprochable, intachable. **2**. corriente; ordinario/a.
un·ex·pect·ed [,ʌnik'spektid] *adj* inopinado/a; inesperado/a. **un·ex·pec·ted·ly** [,ʌnik'spektidli] *adv* inesperadamente.
un·ex·pired [,ʌniks'paiəd] *adj* **1**. válido/a, no caducado/a (*a ticket*). **2**. COM no vencido/a (*a bill*).
un·ex·plained [,ʌniks'pleind] *adj* inexplicado/a.
un·ex·plored [,ʌniks'plɔ:d] *adj* inexplorado/a.
un·ex·posed [,ʌniks'pəuzd] *adj* no expuesto/a.
un·ex·pressed [,ʌniks'prest] *adj* **1**. sobreentendido/a. **2**. no expresado/a.
un·ex·pur·gat·ed [,ʌn'ekspɜ:geitid] *adj* sin expurgar; íntegro/a.
un·ex·tend·ed [,ʌniks'tendid] *adj* inextenso/a.
un·fad·ing [ʌn'feidiŋ] *adj* imperecedero/a.
un·fail·ing [ʌn'feiliŋ] *adj* **1**. constante; inagotable.

un·fair [ˌʌn'feə(r)] *adj* **1**. sucio/a (*play*). **2**. injusto/a. **3**. desleal (*competition*). **4**. no equitativo/a. **un·fair·ness** [ˌʌn'feənis] *n* **1**. suciedad *f* (*in playing*). **2**. injusticia *f*. **3**. deslealtad *f*.

un·faith·ful [ˌʌn'feiθfl] *adj* **(to sb/sth)** desleal; infiel. **un·faith·ful·ness** [ˌʌn'feiθflnis] *n* deslealtad *f*; infidelidad *f*.

un·fal·ter·ing [ˌʌn'fɔ:ltəriŋ] *v* decidido/a, resuelto/a.

un·fa·mi·li·ar [ˌʌnfə'miljə(r)] *adj* poco familiar; desconocido/a. LOC **To be ~ with**, desconocer.

un·fa·shion·able [ˌʌn'fæʃənəbl] *adj* pasado/a de moda *f*.

un·fas·ten [ˌʌn'fa:sn] *v* soltar, desatar; desabrochar.

un·fa·thom·able [ʌn'fæðəməbl] *adj* **1**. insondable. **2**. FIG misterioso/a.

un·fa·vo(u)r·able [ˌʌn'feivərəbl] *adj* adverso/a, desfavorable.

un·feel·ing [ʌn'fi:liŋ] *adj* insensible.

un·feigned [ʌn'feind] *adj* sincero/a, no fingido/a.

un·felt [ʌn'felt] *adj* no sentido/a.

un·fer·ment·ed [ˌʌnfɜ:'mentid] *adj* sin fermentar.

un·fet·ter [ˌʌn'fetə(r)] *v* **1**. destrabar (*a horse*). **2**. desencadenar. **un·fet·ter·ed** [ˌʌn'fetəd] *adj* libre; sin trabas *f/pl* (*also* FIG).

un·fil·led [ˌʌn'fild] *adj* sin llenar, sin cubrir, vacante, pendiente.

un·fin·ished [ˌʌn'finiʃt] *adj* incompleto/a; sin acabar, inacabado/a.

un·fit [ˌʌn'fit] **I**. *adj* **(fot sth/to do sth) 1**. no apto/a; incapaz. **2**. DEP , MED enfermo/a, en malas condiciones *f/pl* físicas; lesionado/a. **II**. *v* incapacitar, inhabilitar. **un·fit·ness** [ˌʌn'fitnis] *n* falta *f* de aptitud *f*, incapacidad *f*. **un·fit·ted** [ˌʌn'fitid] *adj* **(for) 1**. incapacitado/a. **2**. impropio/a. **un·fit·ting** [ˌʌn'fitiŋ] *adj* impropio/a.

un·flag·ging [ˌʌn'flægiŋ] *adj* incansable, infatigable.

un·flat·ter·ing [ˌʌn'flætəriŋ] *adj* **1**. que favorece poco (*dress, hat*, etc). **2**. poco grato/a/lisonjero/a.

un·flap·pable [ˌʌn'flæpəbl] *adj* INFML imperturbable.

un·fledged [ˌʌn'fledʒd] *adj* inexperto/a; implume.

un·flinch·ing [ʌn'flintʃiŋ] *adj* resuelto/a, impávido/a.

un·fly·able [ˌʌn'flaiəbl] *adj* ARE que imposibilita el despegue *m* de los aviones *m/pl* (*~ weather*).

un·fold [ʌn'fəuld] *v* **1**. desdoblar(se), desplegar(se). **2**. descubrir(se), revelar(se) (*a secret*). **3**. exponer (*an idea, a theory*).

un·fore·see·able [ˌʌnfɔ:'si:əbl] *adj* imprevisible. **un·fore·seen** [ˌʌnfɔ:'si:n] *adj* imprevisto/a.

un·for·get·table [ˌʌnfə'getəbl] *adj* inolvidable.

un·for·giv·able [ˌʌnfə'givəbl] *adj* imperdonable. **un·for·giv·en** [ˌʌnfə'givn] *adj* no perdonado/a. **un·for·giv·ing** [ˌʌnfə'giviŋ] *adj* que no perdona, implacable.

un·formed [ˌʌn'fɔ:md] *adj* informe; no formado/a.

un·for·ti·fi·ed [ˌʌn'fɔ:tifaid] *adj* **1**. sin fortificar. **2**. abierto/a (*a town*).

un·for·tun·ate [ʌn'fɔ:tʃənit] **I**. *adj* **1**. desgraciado/a, desafortunado/a (*a person*). **2**. desacertado/a (*a decision*); inoportuno/a (*a remark, manner*); infeliz. **3**. funesto/a (*an event*). **4**. malogrado/a. **II**. *n* desgraciado/a, infortunado/a. **un·for·tun·ate·ly** [ʌn'fɔ:tʃənitli] *adv* por desgracia *f*.

un·found·ed [ˌʌn'faundid] *adj* sin fundamento *m*.

un·freeze [ˌʌn'fri:z] *v* (*pret* **unfroze** [-'frəuz], *pp* **unfrozen** [-'frəuzn] **1**. descongelar. **2**. COM desbloquear (*money, credits, wages*, etc).

un·fre·quent·ed [ˌʌn'fri:kwentid] *adj* poco frecuentado/a.

un·friend·li·ness [ˌʌn'frendlinis] *n* hostilidad *f*. **un·friend·ly** [ˌʌm'frendli] *adj* (*comp* **-ier**, *sup* **-iest**) hostil; poco amistoso/a.

un·frock [ˌʌn'frɔk] (*also* **defrock**) *v* REL secularizar, privar de los hábitos (y funciones anejas).

un·fruit·ful [ˌʌn'fru:tful] *adj* **1**. FIG infructuoso/a. **2**. estéril.

un·ful·fil·led [ˌʌnful'fild] *adj* no cumplido/a, incumplido/a.

un·furl [ˌʌn'fɜ:l] *v* desplegar(se).

un·fur·nished [ˌʌn'fɜ:niʃt] *adj* sin amueblar.

un·gain·li·ness [ʌn'geinlinis] *n* torpeza *f*. **un·gain·ly** [ʌn'geinli] *adj* desgarbado/a, torpe.

un·gal·lant [ˌʌn'gælənt] *adj* descortés, poco galante.

un·ge·ner·ous [ˌʌn'dʒenərəs] *adj* poco generoso/a.

un·gen·tle·man·like [ʌn'dʒentlimənlaik], **un·gen·tle·man·ly** [ʌn'dʒentlimənli] *adj* poco caballeroso; mal educado.

un·get-at-able [ˌʌnget'ætəbl] *adj* INFML inaccesible.

un·glazed [ˌʌn'gleizd] *adj* sin cristales *m/pl*, no vidriado/a.

un·god·li·ness [ˌʌn'gɔdlinis] *n* impiedad *f*. **un·god·ly** [ˌʌn'gɔdli] *adj* **1**. impío/a. **2**. INFML atroz; inverosímil.

un·go·vern·able [ˌʌn'gʌvənəbl] *adj* ingobernable.

un·gra·ci·ous [ˌʌn'greiʃəs] *adj* descortés, poco amable.

un·gram·mat·ic·al [ˌʌngrə'mætikl] *adj* GRAM antigramatical.

un·gra·te·ful [ʌn'greitfl] *adj* **(to sb, for sth)** ingrato/a, desagradecido/a.

un·grudg·ing [ˌʌn'grʌdʒiŋ] *adj* **1**. generoso/a. **2**. incondicional.

un·guard·ed [ˌʌn'ga:did] *adj* **1**. indefenso/a. **2**. descuidado/a, desprevenido/a. **3**. imprudente (*words, speech*).

un·guent ['ʌŋgwənt] *n* ungüento *m*.

un·gul·ate ['ʌŋgjuleit] *n/adj* ungulado/a *m*.

un·ham·pered [,ʌn'hæmpəd] *adj* libre, sin obstáculos *m/pl*, sin estorbos *m/pl*.
un·hand [,ʌn'hænd] *v* soltar. **un·han·dy** [,ʌn'hændi] *adj* **1**. torpe. **2**. incómodo/a.
un·hand·some [,ʌn'hændsəm] *adj* sin atractivo *m*.
un·hap·pi·ness [ʌn'hæpinis] *n* desgracia *f*, desdicha *f*. **un·hap·py** [ʌn'hæpi] *adj* **1**. desgraciado/a, infeliz, desdichado/a. **2**. poco afortunado/a. **3**. infausto/a (*an event*). **4**. triste (*sad*).
un·harmed [,ʌn'ha:md] *adj* indemne, ileso/a.
un·har·mo·ni·ous [,ʌnha:'məunjəs] *adj* sin armonía *f*.
un·har·ness [,ʌn'ha:nis] *v* desenjaezar, desguarnecer.
un·heal·thy [ʌn'helθi] *adj* (*comp* **-ier**, *sup* **-iest**) **1**. enferm(iz)o/a. **2**. insalubre; malsano/a (*a place*; *also* FIG).
un·heard [,ʌn'hɜ:d] *adj* no oído/a. LOC **~-of**, sin precedente *m*; inaudito/a.
un·heed·ed [,ʌn'hi:did] *adj* ignorado/a; desatendido/a.
un·help·ful [,ʌn'helpful] *adj* **1**. poco servicial (*a person*). **2**. vano/a; inútil.
un·he·sit·at·ing [ʌn'heziteitiŋ] *adj* **1**. resuelto/a, decidido/a (*a person*). **2**. inmediato/a. **un·he·sit·at·ing·ly** [ʌn'heziteitiŋli] *adj* sin vacilar.
un·hinge [ʌn'hindʒ] *v* desquiciar, sacar de quicio.
un·his·tor·ic(al) [,ʌnhis'tɔrik(l)] *adj* antihistórico/a.
un·hitch [,ʌn'hintʃ] *v* desenganchar.
un·ho·ly [,ʌn'həuli] *adj* (*comp* **-ier**, *sup* **-iest**) **1**. profano/a. **2**. impío/a. **3**. FAM infernal, atroz.
un·hook [,ʌn'huk] *v* **1**. descolgar. **2**. desenganchar.
un·hop·ed-for [ʌn'həupt fɔ:(r)] *adj* inesperado/a.
un·hope·ful [ʌn'həupful] *adj* poco prometedor/ra, poco optimista.
un·horse [,ʌn'hɔ:s] *v* desmontar.
un·hurt [,ʌn'hɜ:t] *adj* ileso/a, indemne.
uni·cel·lul·ar [,ju:ni'seljulə(r)] *adj* BIOL unicelular.
u·ni·corn ['ju:nikɔ:n] *n* MIT unicornio *m*.
un·i·den·ti·fi·ed [,ʌnai'dentifaid] *adj* no identificado/a. LOC **~ flying object**, (*abrev* **UFO**) objeto *m* volador no identificado (*abrev* **OVNI** *m*).
u·ni·fic·ation [ju:nifi'keiʃn] *n* unificación *f*.
u·ni·form ['ju:nifɔ:m] **I**. *n/adj* uniforme *m*. **II**. *v* uniformar; poner un uniforme *m*. **u·ni·formed** ['ju:nifɔ:md] *adj* con uniforme *m*. **u·ni·form·ity** ['ju:nifɔ:məti] *n* uniformidad *f*.
u·ni·fy ['ju:nifai] *v* (*pret/pp* **-fied**) unir, unificar.
u·ni·lat·er·al [,ju:ni'lætrəl] *adj* unilateral.
un·i·ma·gin·able [,ʌni'mædʒinəbl] *adj* inimaginable. **un·i·ma·gin·at·ive** [,ʌni'mædʒinətiv] *adj* falto/a de imaginación *f*, poco imaginativo/a.
un·im·paired [,ʌnim'peəd] *adj* **1**. intacto/a. **2**. inalterado/a.
un·im·peach·able [,ʌnim'pi:tʃəbl] *adj* **1**. irreprochable. **2**. irrecusable.
un·im·peded [,ʌnim'pi:did] *adj* libre, sin estorbo *m*.
un·im·port·ant [,ʌnim'pɔ:tənt] *adj* sin importancia *f*, insignificante.
un·in·formed [,ʌnin'fɔ:md] *adj* **1**. mal informado/a. **2**. ignorante, poco instruido/a.
un·in·ha·bit·able [,ʌnin'hæbitəbl] *adj* inhabitable. **un·in·ha·bit·ed** [,ʌnin'hæbitid] *adj* deshabitado/a.
un·in·jured [,ʌn'indʒed] *adj* indemne, ileso/a.
un·in·spired [,ʌnin'spaiəd] *adj* falto/a de inspiración *f*, sin inspiración *f*.
un·in·sured [,ʌnin'ʃuəd] *adj* sin asegurar, no asegurado/a.
un·in·tel·li·gence [,ʌnin'telidʒəns] *n* falta *f* de inteligencia *f*. **un·in·tel·li·gent** [,ʌnin'telidʒənt] *adj* no inteligente. **un·in·tel·li·gi·bil·ity** [,ʌnin,telidʒə'biləti] *n* ininteligibilidad *f*; incomprensibilidad *f*. **un·in·tel·li·gi·ble** [,ʌnin'telidʒəbl] *adj* ininteligible.
un·in·tend·ed [,ʌnin'tendid], **un·in·ten·tion·al** [,ʌnin'tenʃənl] *adj* involuntario/a. **un·in·ten·tion·al·ly** [,ʌnin'tenʃənəli] *adv* no intencionadamente, sin querer.
un·in·te·rest·ed [,ʌn'intristid] *adj* no interesado/a. **un·in·te·rest·ing** [,ʌn'intristiŋ] *adj* poco interesante.
un·in·ter·rupt·ed [,ʌn,intə'rʌptid] *adj* ininterrumpido/a.
un·in·vit·ed [,ʌnin'vaitid] *adj* **1**. no invitado/a. **2**. no solicitado/a. **3**. gratuito/a. **un·in·vit·ing** [,ʌnin'vaitiŋ] *adj* **1**. poco apetitoso/a. **2**. poco atractivo/a.
un·ion ['ju:niən] **I**. *n* **1**. unión *f* (*all senses*). **2**. gremio *m*; sindicato *m*. **3**. enlace *m* (*marriage*). **II**. *adj* sindical; del sindicato *m*. LOC **Customs ~**, unión *f* aduanera. **~ Jack** (*also* **~ flag**), bandera *f* del Reino *m* Unido. **~ shop**, taller *m* de obreros *m/pl* sindicados/afiliados. **~ suit**, US combinación *f* (*garment*). **un·ion·ism** ['ju:niənizəm] *n* sindicalismo *m*. **un·ion·ist** ['ju:niənist] *n* sindicalista *m/f*. **un·ion·ize, -ise** ['ju:niənaiz] *v* sindicar, agremiar(se).
u·nique [ju:'nik] *adj* único/a (*also* FIG).
u·ni·sex ['ju:niseks] *adj* unisexo.
u·ni·son ['ju:nisn; 'ju:nizn] *n* (**with**) **1**. FIG armonía *f*. **2**. MUS unisonancia *f*. LOC **In ~**, al unísono. **u·ni·son·ous** [ju:'nisənəs] *adj* MUS unísono/a.
u·nit ['ju:nit] *n* **1**. unidad *f* (*also* MAT, MIL; *measurement, monetary ~*). **2**. TEC grupo *m*, conjunto *m*; aparato *m*, máquina *f*. **3**. centro *m* (*of research*). LOC **~ cost**, coste *m* por unidad *f*. **~ price**, precio *m* por unidad *f*. **unit·ary** ['ju:nitəri] *adj* unitario/a. **u·nite** [ju:'nait] *v* **1**. juntar(se), unir(se). **2**. reunir(se). **3**. casar(se). **u·nit·ed** [ju:'naitid] *adj* unido. LOC **U~ Kingdom**, GEOG Reino *m* Unido. **~ Nations** (*abrev* **UN**), (Organización *f* de las) Naciones *f/pl* Unidas (*abrev* ONU *f*). **~ States**

of America (*abrev* USA), GEOG los Estados *m/pl* Unidos de América (*abrev* EEUU). **u·ni·ty** ['ju:nəti] *n* 1. unidad *f*; unión *f*. 2. FIG armonía *f*.T

U·ni·tar·ian [.ju:ni'teəriən] *n/adj* REL unitario/a.

u·ni·ver·sal [,ju:ni'vɜ:sl] *adj* 1. universal. 2. mundial. LOC **By ~ request**, a petición *f* general. **~ coupling/joint**, TEC junta *f* universal/de cardán *m*. **~ Postal Union**, Unión *f* Postal Universal. **~ remedy**, panacea *f*. **~ suffrage**, sufragio *m* universal. **u·ni·ver·sal·ity** [,ju:nivɜ:'sæləti] *n* universalidad *f*. **u·ni·ver·sa·liz·ation** [,ju:ni,vɜ:sələ'zeiʃən] *n* universalización *f*.

u·ni·verse ['ju:nivɜ:s] *n* universo *m*.

u·ni·ver·si·ty [,ju:ni'vɜ:səti] *n* (*abrev* **Univ**) universidad *f*. LOC **~ campus**, ciudad *f* universitaria, campus *m*. **~ degree**, título *m* universitario.

un·just [,ʌn'dʒʌst] *adj* (**to, with**) injusto/a. **un·jus·ti·fi·able** [ʌn'dʒstifaiəbl] *adj* injustificable. **un·jus·ti·fi·ed** [ʌn'dʒʌstifaid] *adj* injustificado/a.

un·kempt [,ʌnkempt] *adj* 1. despeinado/a (*one's hair*). 2. descuidado/a, desaseado/a.

un·kind [,ʌn'kaind] *adj* 1. poco amable. 2. despiadado/a, cruel; mal intencionado (*word, remark*). 3. severo/a; riguroso/a.

un·know·ing [,ʌn'nəuiŋ] *adj* ignorante.

un·known [,ʌn'nəun] I. *adj* (**to sb**) 1. desconocido/a. 2. FIG , MAT incógnita. II. *n* 1. desconocido/a (*person*). 2. FIG , MAT incógnita *f*.

un·lace [ʌn'leis] *v* desatar, desenlazar.

un·lad·en [,ʌn'leidn] *adj* vacío/a, sin cargamento *m*.

un·la·dy·like [,ʌn'leidilaik] *adj* poco distinguido/a; impropio/a de una señora *f*.

un·la·ment·ed [,ʌnlə'mentid] *adj* no lamentado/a.

un·latch [,ʌn'lætʃ] *v* levantar el picaporte *m*, abrir.

un·law·ful [,ʌn'lɔ:fl] *adj* ilegal; ilícito/a.

un·learn [,ʌn'lɜ:n] *v* (*pret/pp* **unlearnt** [-t] *or* **unlearned** [-d]) desaprender, olvidar. **un·learn·ed** [,ʌn'lɜ:nid] *adj* ignorante, inculto/a.

un·leash [ʌn'li:ʃ] *v* (**against/on sb/sth**) 1. soltar, liberar (*also* FIG). 2. dar rienda *f* suelta.

un·lea·vened [,ʌn'levnd] *adj* sin levadura *f* (*bread*). LOC **~ bread**, pan *m* ácimo.

un·less [ən'les] I. *conj* si no; a menos que, a no ser que. II. *prep* excepto, salvo.

un·let·tered [,ʌn'letəd] *adj* analfabeto/a.

un·li·cens·ed [,ʌn'laisənst] *adj* no autorizado/a, sin licencia *f*.

un·like [,ʌn'laik] I. *adj* 1. distinto/a, diferente. 2. ELECTR , FIS de polo *m* opuesto. II. *prep* a diferencia *f* de. **un·like·li·hood** [,ʌn'laiklihud], **un·like·li·ness** [,ʌn'laiklinis] *n* improbabilidad *f*. **un·like·ly** [,ʌn'laikli] *adj* 1. improbable. 2. inverosímil. 3. poco promete- dor/ra.

un·li·mit·ed [,ʌn'limitid] *adj* ilimitado/a.

un·lined [,ʌn'laind] *adj* 1. sin arrugas *f/pl* (*face*). 2. sin forro (*boots, coat*). 3. sin rayar (*paper*).

un·li·qui·dat·ed [,ʌn'likwideitid] *adj* sin liquidar.

un·list·ed [,ʌn'listid] *adj* que no figura en la lista *f*.

un·load [,ʌn'ləud] *v* 1. descargar. 2. FIG abrir (*one's heart*); deshacerse (de).

un·lock [,ʌn'lɔk] *v* 1. abrir con llave. 2. FIG revelar (*secret*). 3. resolver.

un·look·ed-for [ʌn'lukt fɔ:(r)] *adj* imprevisto/a; inesperado/a.

un·loose [,ʌn'lu:s] (*also* **unloosen** [-n]) *v* soltar; desatar; aflojar.

un·lov·able [ʌn'lʌvəbl] *adj* antipático/a; poco amable. **un·love·ly** [ʌn'lʌvli] *adj* sin atractivo *m*, desgarbado/a. **un·lov·ing** [ʌn-'lʌviŋ] *adj* nada/poco cariñoso/a.

un·luc·ky [ʌn'lʌki] *adj* 1. desdichado/a, desgraciado/a, desafortunado/a. 2. gafe, de mala suerte *f*. 3. funesto/a (*fateful*). LOC **To be ~**, tener mala suerte *f*. **~ devil**, pobre diablo *m*.

un·made [,ʌn'meid] I. *pret/pp of* **unmake**. II. *adj* sin hacer.

un·make [,ʌn'meik] *v* (*pret/pp* **unmade** [,ʌn'meid]) deshacer.

un·man [,ʌn'mæn] *v* (**-nn-**) 1. acobardar. 2. desanimar. **un·man·li·ness** [,ʌn'mænlinis] *n* 1. poca virilidad *f*. 2. cobardía *f*. **un·man·ly** [,ʌn'mænli] *adj* 1. afeminado/a, poco viril. 2. cobarde.

un·man·age·able [ʌn'mænidʒəbl] *adj* 1. poco manejable; inmanejable. 2. poco dócil.

un·man·ner·ly [ʌn'mænəli] *adj* mal educado/a, descortés.

un·marked [,ʌn'ma:kt] *adj* 1. sin marcar. 2. indemne, ileso/a. 3. desapercibido/a, inadvertido/a (*unnoticed*). 4. DEP desmarcado/a (*player*).

un·mar·ket·able [,ʌn'ma:kitəbl] *adj* invendible.

un·mar·ried [,ʌn'mærid] *adj* soltero/a.

un·mask [,ʌn'ma:sk; US -'mæsk] *v* 1. desenmascarar. 2. FIG descubrir(se).

un·matched [,ʌn'mætʃt] *adj* sin igual/par, inigualable.

un·men·tion·able [ʌn'menʃənəbl] I. *adj* que no se debe decir/mencionar. II. *n/pl* ropa *f* interior.

un·mer·ci·ful [ʌn'mɜ:siful] *adj* sin piedad *f*, despiadado/a.

un·me·rit·ed [,ʌn'meritid] *adj* inmerecido/a.

un·me·thod·ic·al [ʌnmi'θɔdikəl] *adj* no/poco metódico/a.

un·mind·ful [ʌn'maindfl] *adj* descuidado/a. LOC **Not ~**, teniendo presente. **To be ~ of**, no pensar (en).

un·mis·tak·able [,ʌnmi'steikəbl] *adj* inequívoco/a; inconfundible.

un·mi·tig·at·ed [ʌn'mitigeitid] *adj* 1. implacable. 2. no mitigado/a; desenfrenado/a. 3. redomado/a (*rogue*). 4. FIG rematado/a. 5. completo/a (*disaster*).

un·mo·lest·ed [,ʌnmə'lestid] *adj* tranquilo/a.
un·mort·gaged [,ʌn'mɔ:gidʒd] *adj* COM libre de hipoteca *f*.
un·mo·ti·vated [,ʌn'məutiveitid] *adj* no motivado/a.
un·mount·ed [,ʌn'mauntid] *adj* **1**. sin engastar (*precious stone*). **2**. desmontado/a (*rider*). **3**. sin pegar (*stamp, photograph*).
un·mov·able [,ʌn'mu:vəbl] *adj* inamovible. **un·mov·ed** [,ʌn'mu:vd] *adj* **1**. sin mover. **2**. FIG impasible, indiferente.
un·mu·sic·al [,ʌn'mju:sikl] *adj* **1**. FIG , MUS que tiene mal oído *m*. **2**. poco armonioso/a.
un·named [,ʌn'neimd] *adj* **1**. anónimo/a. **2**. sin nombre *m*.
un·na·tur·al [ʌn'nætʃrəl] *adj* **1**. no natural, antinatural. **2**. anormal. **3**. afectado/a.
un·na·vig·able [,ʌn'nævigəbl] *adj* NAUT innavegable.
un·ne·ces·sa·ry [ʌn'nesisəri; US -seri] *adj* innecesario/a; superfluo/a. **un·ne·ces·sa·ri·ly** [,ʌn'nesisərəli; US ,ʌn,næsə'serəli] *adv* sin necesidad *f*.
un·nerve [,ʌn'nɜ:v] *v* turbar, desconcertar, acobardar.
un·no·ti·ce·able [,ʌn'nəutisəbl] *adj* imperceptible. **un·no·ticed** [,ʌn'nəutist] *adj* desapercibido/a; inadvertido/a.
un·num·bered [,ʌn'nʌmbəd] *adj* **1**. innumerable (*countless*). **2**. sin numerar (*pages*).
U.N.O. ['ju:nəu] *n abrev* (**United Nations Organization**) O.N.U. (Organización de las Naciones Unidas).
un·ob·jec·tion·able [,ʌnəb'dʒekʃənəbl] *adj* irreprochable, intachable.
un·ob·serv·ant [,ʌnəb'zɜ:vənt] *adj* distraído/a; poco observador/ra. **un·ob·served** [,ʌnəb'zɜ:vd] *adj* inadvertido/a.
un·ob·struct·ed [,ʌnəb'strʌktid] *adj* no obstruido/a; despejado/a.
un·ob·tain·able [,ʌnəb'teinəbl] *adj* inasequible; inalcanzable.
un·ob·trus·ive [,ʌnəb'tru:siv] *adj* modesto/a; discreto/a.
un·oc·cu·pi·ed [,ʌn'ɔkjupaid] *adj* **1**. libre (*time, seat*). **2**. desocupado/a; deshabitado/a (*house*). **3**. vacante (*job, post*). **4**. despoblado/a (*region*); sin colonizar.
un·of·fi·cial [,ʌnə'fiʃl] *adj* no oficial, extraoficial.
un·o·pened [,ʌn'əupənd] *adj* sin abrir.
un·op·posed [,ʌnə'pəuzd] *adj* sin (encontrar) oposición *f*/resistencia *f* (*also* MIL).
un·or·ga·nized [,ʌn'ɔ:gənaizd] *adj* sin organizar, no organizado/a.
un·or·tho·dox [,ʌn'ɔ:θədɔks] *adj* **1**. REL heterodoxo/a. **2**. poco ortodoxo/a.
un·pack [,ʌn'pæk] *v* **1**. desempaquetar, desembalar. **2**. deshacer.
un·paid [,ʌn'peid] *adj* **1**. impagado/a, sin pagar. **2**. no retribuido/a (*work*). LOC ~ **up capital**, COM capital *m* no desembolsado.
un·pal·at·able [ʌn'pælətəbl] *adj* **1**. de mal sabor *m* (*food*). **2**. FIG desagradable.
un·par·al·leled [ʌn'pærəleld] *adj* incomparable, sin igual/par.
un·par·lia·ment·ary [,ʌn,pa:lə'mentri] *adj* antiparlamentario/a.
un·pa·tent·ed [,ʌn'pætəntid] *adj* sin patentar.
un·pa·tri·ot·ic [,ʌn,pætri'ɔtik] *adj* antipatriótico/a.
un·pave [,ʌn'peiv] *v* desempedrar. **un·paved** [,ʌn'peivd] *adj* desempedrado/a; sin pavimentar.
un·peo·ple [,ʌn'pi:pl] *v* despoblar.
un·per·ceiv·able [,ʌnpə'si:vəbl] *adj* imperceptible. **un·per·ceived** [,ʌnpə'si:vd] *adj* desapercibido/a; inadvertido/a.
un·per·turbed [,ʌnpə'tɜ:bd] *adj* **1**. **(by)** no perturbado/a. **2**. impávido/a, impasible.
un·pick [,ʌn'pik] *v* descoser.
un·pin [,ʌn'pin] *v* **1**. desprender. **2**. quitar alfileres *m/pl* (a).
un·placed [,ʌn'pleist] *adj* DEP sin colocar, no colocado/a.
un·pleas·ant [ʌn'pleznt] *adj* **1**. molesto/a (*annoying*). **2**. antipático/a. **3**. desagradable (*weather*, etc). **un·pleas·ant·ness** [ʌn'plezntnis] *n* **1**. molestia *f*; disgusto *m*. **2**. antipatía *f*. **3**. lo desagradable.
un·plug [,ʌn'plʌg] *v* desenchufar.
un·plumbed [,ʌn'plʌmd] *adj* no sond(e)ado/a.
un·po·et·ic(al) [,ʌnpəu'etikl] *adj* POET poco poético/a.
un·po·lished [,ʌn'pɔliʃt] *adj* **1**. sin pulir; no encerado/a (*floor*). **2**. en bruto (*diamonds*, etc). **3**. FIG grosero/a, tosco/a.
un·pol·lut·ed [,ʌnpə'lju:tid] *adj* no contaminado/a.
un·po·pu·lar [,ʌn'pɔpjulə(r)] *adj* **(with sb)** impopular. **un·po·pu·lar·ity** [,ʌn,pɔpju'lærəti] *n* impopularidad *f*.
un·prac·tic·al [,ʌn'præktikəl] *adj* poco práctico/a. **un·prac·ticed, -tized** [ʌn'præktist] *adj* falto/a de práctica *f*; inexperto/a.
un·pre·ce·dent·ed [ʌn'presidentid] *adj* sin precedente *m*.
un·pre·dict·able [,ʌnpri'diktəbl] *adj* **1**. imprevisible. **2**. antojadizo/a.
un·pre·ju·diced [,ʌn'predʒudist] *adj* **1**. sin prejuicios *m/pl*. **2**. imparcial.
un·pre·me·di·tat·ed [,ʌnpri:'mediteitid] *adj* improvisado/a; no premeditado/a.
un·pre·pared [,ʌnpri:'peəd] *adj* no preparado/a; desprevenido/a; hecho/a sin preparación *f*.
un·pre·pos·ses·sing [,ʌn,pri:pə'zesiŋ] *adj* poco atractivo/a.
un·pre·sent·able [,ʌnpri'zentəbl] *adj* impresentable.
un·pre·ten·ti·ous [,ʌnpri'tenʃəs] *adj* sin pretensiones *f/pl*, modesto/a.
un·prin·ci·pled [ʌn'prinsəpld] *adj* **1**. falto/a de principios *m/pl*. **2**. poco escrupuloso/a.

un·print·able [ʌn'printəbl] *adj* **1**. impublicable. **2**. intranscribible.

un·pro·duct·ive [,ʌnprə'dʌktiv] *adj* **1**. improductivo/a. **2**. infructuoso/a.

un·pro·fes·sion·al [,ʌnprə'feʃənl] *adj* **1**. poco experto/a (*incompetent, unskilled*). **2**. contrario/a a la ética *f* profesional. **3**. DEP aficionado/a.

un·prof·it·able [ʌn'prɔfitəbl] *adj* **1**. improductivo/a. **2**. poco lucrativo/a/provechoso/a.

un·pro·mis·ing [,ʌn'prɔmisiŋ] *adj* poco prometedor/ra.

un·prompt·ed [,ʌn'prɔmptid] *adj* espontáneo/a.

un·pro·noun·ce·able [,ʌnprə'naunsəbl] *adj* impronunciable.

un·pro·tect·ed [,ʌnprə'tektid] *adj* desprotegido/a, sin protección *f*.

un·prov·able [ʌn'pru:vəbl] *adj* indemostrable. **un·proved** [ʌn'pru:vd] *adj* no probado/a.

un·pro·vid·ed [,ʌnprə'vaidid] *adj* **1**. **(with)** desprovisto/a. **2**. desprevenido/a. LOC ~ **for**, imprevisto/a; sin recursos *m/pl*; desvalido/a (*child*).

un·pro·voked [,ʌnprə'vəukt] *adj* **1**. sin provocación *f*; no provocado/a. **2**. sereno/a, tranquilo/a.

un·pu·blished [,ʌn'pʌbliʃt] *adj* sin publicar, inédito/a (*book*).

un·pu·nished [,ʌn'pʌniʃt] *adj* impune. LOC **To go ~**, quedar impune, escapar al castigo *m*.

un·put·down·able [,ʌnput'daunəbl] *adj* INFML absorbente (*of a book*, etc).

un·qua·li·fi·ed [ʌn'kwɔlifaid] *adj* **1**. **(as sth, for sth, to do sth)** indocumentado/a; sin título *m*; sin autorización *f*; no cualificado/a. **2**. incompetente (*person*). **3**. incondicional, sin reserva *f* (*without reservation*). **4**. grande (*praise*).

un·quench·able [ʌn'kwentʃəbl] *adj* **1**. insaciable (*hunger, thirst*). **2**. inextinguible (*fire*).

un·ques·tion·able [ʌn'kwestʃənəbl] *adj* indiscutible; incuestionable. **un·ques·tioned** [ʌn'kwestʃənd] *adj* **1**. no interrogado/a. **2**. incontestable. **un·ques·tion·ing** [ʌn'kwestʃəniŋ] *adj* incondicional.

un·quiet [ʌn'kwaiət] *adj* **1**. ruidoso/a. **2**. inquieto/a.

un·quote [ʌn'kwəut] *v* finalizar una cita *f*: ~, Fin de la cita. **un·quot·ed** [ʌn'kwəutid] *adj* no cotizado/a.

un·rav·el [ʌn'rævl] **(-ll-**; US **-l-)** desenredar, desenmarañar; deshacer (*also* FIG).

un·read [,ʌn'red] *adj* no leído/a, sin leer. **un·read·able** [ʌn'ri:dəbl] *adj* **1**. ilegible. **2**. FIG pesado/a.

un·read·i·ness [,ʌn'redinis] *n* falta *f* de preparación *f*. **un·read·y** [,ʌn'redi] *adj* no preparado/a, desprevenido/a.

un·real [,ʌn'riəl] *adj* irreal. **un·real·ism** [,ʌn'riəlizəm] *n* irrealismo *m*. **un·real·ist·ic** [,ʌn'riəlistik] *adj* poco realista (*person*); impracticable. **un·real·ity** [,ʌn'riəlæləti] *n* irrealidad *f*. **un·real·iz·able** [,ʌn'riəlaizəbl] *adj* irrealizable.

un·reas·on [,ʌn'ri:zn] *n* insensatez *f*. **un·reas·on·able** [,ʌn'ri:znəbl] *adj* **1**. irracional; irrazonable. **2**. desmedido/a; excesivo/a (*demand*). **un·reas·on·able·ness** [,ʌn'ri:znəblnis] *n* irracionalidad *f*. **un·reas·on·ing** [,ʌn'ri:zniŋ] *adj* irracional.

un·re·claim·ed [,ʌnri'kleimd] *adj* **1**. AGR sin aprovechar (*land, soil*). **2**. sin reclamar.

un·re·cog·niz·able [,ʌn'rekəgnaizəbl] *adj* irreconocible. **un·re·cog·nized** [,ʌn'rekəgnaizd] *adj* desconocido/a; no reconocido/a.

un·re·corded [,ʌnri'kɔ:did] *adj* **1**. sin registrar. **2**. COM no registrado/a/inscrito/a. **3**. no grabado (*on tape*, etc).

un·re·deemed [,ʌnri'di:md] *adj* **1**. sin cumplir (*promise*); sin desempeñar. **2**. COM sin amortizar. **3**. no redimido/a. **4**. FIG **(by)** no mitigado/a (por).

un·reel [,ʌn'ri:l] *v* desenrollar.

un·re·fined [,ʌnri'faind] *adj* **1**. no refinado/a, sin refinar. **2**. FIG inculto/a.

un·re·flect·ing [,ʌnri'flektiŋ] *adj* irreflexivo/a.

un·re·formed [,ʌnri'fɔ:md] *adj* sin reformar.

un·re·garded [,ʌnri'ga:did] *adj* no estimado/a; desatendido/a.

un·re·gis·tered [,ʌn'redʒistəd] *adj* **1**. sin certificar (*a letter*). **2**. no registrado/a.

un·re·gret·ted [,ʌnri'gretid] *adj* no lamentado/a.

un·re·hearsed [,ʌnri'hɜ:st] *adj* **1**. improvisado/a. **2**. TEAT sin ensayar.

un·re·lated [,ʌnri'leitid] *adj* no relacionado/a, inconexo/a.

un·re·lent·ing [,ʌnri'lentiŋ] *adj* implacable, inexorable.

un·re·li·able [,ʌnri'laiəbl] *adj* **1** que no es de fiar, de poca confianza *f*. **2**. poco fiable/seguro/a (*information*). **3**. inestable, inconstante.

un·re·lieved [,ʌnri'li:vd] *adj* **1**. no aliviado/a. **2**. monótono/a.

un·re·mit·ting [,ʌnri'mitiŋ] *adj* incansable; incesante.

un·re·pealed [,ʌnri'pi:ld] *adj* JUR no revocado/a.

un·re·peat·able [,ʌnri'pi:təbl] *adj* irrepetible, que no se puede repetir.

un·re·pent·ant [,ʌnri'pentənt] *adj* impenitente.

un·re·quest·ed [,ʌnri'kwestid] *adj* no solicitado/a.

un·re·quit·ed [,ʌnri'kwaitid] *adj* no correspondido/a (*love*).

un·re·served [,ʌnri'zɜ:vd] *adj* **1**. libre, sin reservar (*seat*). **2**. sin reserva *f* (*approval*). **un·re·serv·ed·ly** [,ʌnri'zɜ:vdli] *adv* sin reserva *f*.

un·re·sist·ing [,ʌnri'zistiŋ] *adj* sin resistencia *f*; sumiso/a.

un·re·solved [,ʌnri'zɔlvd] *adj* pendiente (de resolución).

un·re·spon·sive [ˌʌnri'spɔnsiv] *adj* insensible.
un·rest [ˌʌn'rest] *n* **1.** malestar *m*. **2.** inquietud *f*. **3.** disturbios *m/pl*, agitación *f* (*civil, industrial, political, social*).
un·res·trained [ˌʌnri'streind] *adj* **1.** libre. **2.** no contenido/a. **3.** desenfrenado/a.
un·res·trict·ed [ˌʌnri'striktid] *adj* sin restricción *f*.
un·re·vealed [ˌʌnri'vi:ld] *adj* sin revelar, no revelado/a.
un·re·ward·ed [ˌʌnri'wɔ:did] *adj* no recompensado/a. **un·re·ward·ing** [ˌʌnri'wɔ:diŋ] *adj* **1.** ingrato/a. **2.** infructuoso/a.
un·rig [ˌʌn'rig] *v* NAUT desaparejar.
un·right·eous [ʌn'raitʃəs] *adj* **1.** perverso/a, malo/a. **2.** injusto/a.
un·ripe [ˌʌn'raip] *adj* verde, inmaduro/a.
un·ri·val·led (US **un·rivaled**) [ʌn'raivld] *adj* sin igual/par/rival; incomparable.
un·roll [ˌʌn'rəul] *v* desenrollar(se).
un·roof [ˌʌn'ru:f] *v* quitar el techo *m* (de).
un·rope [ˌʌn'rəup] *v* desatar(se).
un·ruf·fled [ˌʌn'rʌfld] *adj* **1.** sereno/a, tranquilo/a. **2.** imperturbable.
un·ruled [ˌʌn'ru:ld] *adj* **1.** sin rayar (*paper*). **2.** sin gobernar. **un·ru·li·ness** [ˌʌn'ru:linis] *n* insumisión *f*. **un·ru·ly** [ˌʌn'ru:li] *adj* **1.** revoltoso/a (*child*). **2.** ingobernable.
un·sad·dle [ˌʌn'sædl] *v* **1.** desensillar (*horse*). **2.** desmontar (*rider*).
un·safe [ˌʌn'seif] *adj* peligroso/a; inseguro/a.
un·said [ˌʌn'sed] *adj* **I.** *pret/pp of* **unsay**. **II.** *adj* callado/a; no dicho.
un·sal(e)·able [ˌʌn'seiləbl] *adj* COM invendible.
un·sat·is·fact·ory [ˌʌnˌsætis'fæktəri] *adj* insatisfactorio/a. **un·sat·is·fi·ed** [ˌʌn'sætisfaid] *adj* insatisfecho/a. **un·sat·is·fy·ing** [ˌʌn'sætisfaiiŋ] *adj* **1.** insuficiente. **2.** poco satisfactorio/a.
un·sa·tu·rat·ed [ʌn'sætʃəreitid] *adj* no saturado/a.
un·sa·vou·ry (US **un·sa·vo·ry**) [ˌʌn'seivəri] *adj* **1.** insípido/a. **2.** desagradable. **3.** indeseable; repugnate (*person*). **4.** deshonroso/a.
un·say [ˌʌn'sei] *v* (*pret/pp* **unsaid** [ˌʌn'sed]) desdecir(se) (de).
un·scathed [ˌʌn'skeiðd] *adj* indemne, ileso/a.
un·sche·duled [ˌʌn'ʃedju:ld] *adj* no previsto/a en el horario/programa.
un·scram·ble [ˌʌn'skræmbl] *v* descifrar.
un·screw [ˌʌn'skru:] *v* des(a)tornillar.
un·scru·pul·ous [ʌn'skru:pjuləs] *adj* sin escrúpulos *m/pl*, desaprensivo/a. **un·scru·pul·ous·ness** [ʌn'skru:pjuləsnis] *n* falta *f* de escrúpulos *m/pl*.
un·seal [ˌʌn'si:l] *v* desprecintar, abrir.
un·sea·son·able [ʌn'si:znəbl] *adj* **1.** que no es del tiempo *m* (*fruit*). **2.** intempestivo/a. **un·sea·soned** [ʌn'si:znd] *adj* **1.** verde, no maduro/a. **2.** sin sazonar (*food*).
un·seat [ˌʌn'si:t] *v* **1.** quitar el puesto *m*; destituir (*from a job/post*). **2.** derribar (*government*). **3.** tirar, desmontar (*rider*).
un·sea·wor·thy [ˌʌn'si:ˌwɜ:ði] *adj* NAUT innavegable.
un·seem·li·ness [ʌn'si:mlinis] *n* impropiedad *f*. **un·seem·ly** [ʌn'si:mli] **I.** *adj* **1.** impropio/a. **2.** indecoroso/a. **II.** *adv* **1.** impropiamente. **2.** indecorosamente.
un·seen [ʌn'si:n] **I.** *adj* **1.** inadvertido/a, sin ser visto/a. **2.** invisible. **II.** *n* **1.** lo invisible. **2.** (traducción *f*) hecha deprisa.
un·self·ish [ˌʌn'selfiʃ] *adj* altruista; desinteresado/a.
un·ser·vice·able [ˌʌn'sɜ:visəbl] *adj* (*abrev* US **u/s**) inutilizable, inservible.
un·set·tle [ˌʌn'setl] *v* **1.** perturbar; inquietar. **2.** desarreglar. **un·set·tled** [ˌʌn'setld] *adj* **1.** perturbado/a; intranquilo/a. **2.** indeciso/a. **3.** inseguro/a; inestable (*weather*). **4.** sin colonizar; inhabitado/a (*land, region*). **5.** pendiente (*matter, question*). **6.** sin saldar, por pagar (*account*).
un·sew [ˌʌn'səu] *v* (*pret* **unsewed** [-d], *pp* **unsewn** [-n] *or* **unsewed**) descoser.
un·shack·le [ˌʌn'ʃækl] *v* desencadenar.
un·shak(e)·able [ʌn'ʃeikəbl], **un·shak·en** [ˌʌn'ʃeikn] *adj* firme; inquebrantable.
un·shaped [ˌʌn'ʃeipt] *adj* informe, sin forma *f*. **un·sha·pe·ly** [ˌʌn'ʃeipli] *adj* deforme.
un·shav·en [ˌʌn'ʃeivn] *adj* sin afeitar.
un·sheathe [ˌʌn'ʃi:ð] *v* desenvainar (*sword*).
un·ship [ˌʌn'ʃip] *v* **1.** NAUT descargar, desembarcar. **2.** FAM deshacerse (de).
un·shod [ˌʌn'ʃɔd] **I.** *adj* **1.** desherrado/a (*horse*). **2.** descalzo/a (*person*). **II.** *pret/pp of* **unshoe**.
un·shoe [ˌʌn'ʃu:] *v* (*pret/pp* **unshod** [ˌʌn'ʃɔd]) desherrar (*horse*).
un·shrink·able [ˌʌn'ʃriŋkəbl] *adj* que no encoge. **un·shrink·ing** [ˌʌn'ʃriŋkiŋ] *adj* impávido/a.
un·sight·li·ness [ʌn'saitlinis] *n* fealdad *f*. **un·sight·ed** [ʌn'saitid] *adj* de vista *f* impedida. **un·sight·ly** [ʌn'saitli] *adj* feo/a.
un·signed [ˌʌn'saind] *adj* no firmado/a, sin firmar.
un·skil·led [ˌʌn'skild] *adj* no cualificado/a; inexperto/a; no especializado/a. LOC ~ **labourer**, peón *m*, bracero *m*, obrero *m* manual. **un·skil(l)·ful** [ˌʌn'skilful] *adj* torpe.
un·skimmed [ˌʌn'skimd] *adj* sin desnatar (*milk*).
un·so·ci·able [ʌn'səuʃəbl] *adj* insociable.
un·so·cial [ʌn'səuʃl] *adj* insocial, insociable.
un·sold [ˌʌn'səuld] *adj* no vendido/a.
un·sold·er [ʌn'sɔldə(r)] *v* desoldar.
un·sol·dier·ly [ˌʌn'səuldʒəli] *adj* MIL indigno de un soldado *m*/militar *m*.
un·solv·able [ˌʌn'sɔlvəbl] *adj* irresoluble, insoluble. **un·solved** [ˌʌn'sɔlvd] *adj* sin resolver.
un·so·phis·tic·at·ed [ˌʌnsə'fistikeitid] *adj* no sofisticado/a, sencillo/a.

un·sought [,ʌn'sɔ:t] *adj* **1**. sin solicitar. **2**. espontáneo/a.

un·sound [,ʌn'saund] *adj* **1**. MED enfermizo/a; demente. **2**. defectuoso/a; imperfecto/a. **3**. podrido/a (*fruit*). **4**. COM poco seguro/a. **5**. FIG erróneo/a; falso/a (*idea, opinion*).

un·spar·ing [ʌn'speəriŋ] *adj* **(in sth) 1**. generoso/a; pródigo/a. **2**. despiadado/a (*without mercy*). **3**. incansable. LOC **To be ~ of**, no escatimar. **un·spar·ing·ly** [ʌn'speəriŋli] *adv* generosamente.

un·speak·able [ʌn'spi:kəbl] *adj* **1**. inexpresable; indecible. **2**. incalificable; horrible.

un·spe·ci·fi·ed [,ʌn'spesifaid] *adj* no especificado/a.

un·splin·ter·able [,ʌn'splintərəbl] *adj* inastillable.

un·spoiled [,ʌn'spɔild], **un·spoilt** [,ʌn'spɔilt] *adj* **1**. sin estropear. **2**. intacto/a. **3**. no mimado/a (*child*).

un·spok·en [,ʌn'spəukən] *adj* tácito/a. LOC **~ word**, palabra *f* sobreentendida.

un·sport·ing [,ʌn'spɔ:tiŋ], **un·sports·man·like** [,ʌn'spɔ:tsmənlaik] *adj* antideportivo/a.

un·spot·ted [,ʌn'spɔtid] *adj* inmaculado/a; sin mancha *f*.

un·stable [,ʌn'steibl] *adj* inestable.

un·stained [,ʌn'steind] *adj* sin manchas *f/pl*.

un·states·man·like [,ʌn'steitsmənlaik] *adj* impropio/a/indigno/a de un estadista *m/f*.

un·stead·y [,ʌn'stedi] *adj* (*comp* **-ier**, *sup* **-iest**) **1**. vacilante, inseguro/a. **2**. inestable. **3**. irregular. **4**. inconstante. **5**. FIG indeciso/a; irresoluto/a; poco serio/a.

un·stint·ed [,ʌn'stintid] *adj* ilimitado/a. **un·stint·ing** [,ʌn'stintiŋ] *adj* **(in sth)** pródigo/a.

un·stop [,ʌn'stɔp] *v* **(-pp-)** desatascar; destaponar. **un·stop·pable** [,ʌn'stɔpəbl] *adj* imparable; incontenible.

un·stressed [,ʌn'strest] *adj* átono/a, sin acentuar.

un·string [,ʌn'striŋ] *v* (*pret/pp* **unstrung** [,ʌn'strʌŋ]) **1**. desensartar (*pearls, beads*). **2**. FIG, MED trastornar (*one's nerves*). **3**. MUS quitar las cuerdas *f/pl* (de); desencordar.

un·stuck [,ʌn'stʌk] *adj* despegado/a (*not stuck or glued*). LOC **To come ~**, INFML soltarse; despegarse; FIG fracasar.

un·stu·di·ed [,ʌn'stʌdid] *adj* sin afectación *f*, natural.

un·sub·stan·tial [,ʌnsəb'stænʃəl] *adj* **1**. sin fundamento *m*. **2**. insustancial.

un·suc·cess·ful [,ʌnsək'sesful] *adj* **1**. fracasado/a; sin éxito *m*. **2**. infructuoso/a; fallido/a (*an attempt*); ineficaz. **3**. suspendido/a (*in an exam*). LOC **To be ~**, no tener éxito *m*, fracasar. **To be ~ in**, no conseguir/lograr.

un·sui·ta·bil·ity [,ʌn,sju:tə'biləti] *n* **1**. inadecuación *f*. **2**. impropiedad *f*. **3**. inconveniencia *f*. **un·suit·able** [,ʌn'sju:təbl] *adj* **1**. inadecuado/a; incompetente. **2**. impropio/a. **3**. inconveniente. **un·suit·ed** [,ʌn'sju:tid] *adj* inadecuado/a; no apto/a.

un·sul·li·ed [,ʌn'sʌlid] *adj* sin mancha *f*; inmaculado/a.

un·sung [,ʌn'sʌŋ] *adj* **1**. no celebrado/a; no alabado/a. **2**. no cantado/a.

un·sure [,ʌn'ʃɔ:(r); US -ʃuər] *adj* poco seguro/a; inseguro/a.

un·sur·mount·able [,ʌnsə'mauntəbl] *adj* insuperable.

un·sur·pas·sable [,ʌnsə'pa:səbl] *adj* insuperable. **un·sur·passed** [,ʌnsə'pa:st] *adj* no superado/a.

un·sus·pect·ed [,ʌnsəs'pektid] *adj* **1**. desconocido/a. **2**. insospechado/a. **un·sus·pect·ing** [,ʌnsəs'pektiŋ] *adj* confiado/a.

un·swerv·ing [ʌn'swɜ:viŋ] *adj* **(in sth) 1**. firme, inquebrantable (*loyalty*). **2**. sin vacilar (*course*). **3**. recto/a.

un·sworn [,ʌn'swɔ:n] *adj* sin jurar.

un·sym·me·tric·al [,ʌnsi'metrikəl] *adj* asimétrico/a.

un·sym·pa·thet·ic [,ʌn,simpə'θetik] *adj* **1**. sin compasión *f*. **2**. indiferente, impávido/a.

un·taint·ed [,ʌn'teintid] *adj* **1**. no contaminado/a; incorrupto/a. **2**. no mancillado/a; inmaculado/a.

un·tam(e)·able [,ʌn'teiməbl] *adj* indomable (*also* FIG). **un·tamed** [,ʌn'teimd] *adj* indomado/a.

un·tan·gle [,ʌn'tæŋgl] *v* desenredar.

un·tan·ned [,ʌn'tænd] *adj* sin curtir.

un·tap·ped [,ʌn'teipt] *adj* sin explotar (*source*).

un·tar·nish·ed [,ʌn'ta:niʃt] *adj* no oxidado/a (*metal*); sin manchar.

un·tast·ed [,ʌn'teistid] *adj* sin probar.

un·taught [,ʌn'tɔ:t] *adj* **1**. no enseñado/a. **2**. espontáneo/a; natural.

un·taxed [,ʌn'tækst] *adj* libre de tasa *f/pl* impuestos *m/pl*.

un·teach·able [,ʌn'ti:tʃəbl] *adj* incapaz de aprender; indócil.

un·tem·pered [,ʌn'tempəd] *adj* TEC sin templar (*steel*).

un·ten·able [,ʌn'tenəbl] *adj* insostenible.

un·test·ed [,ʌn'testid] *adj* (aún) no probado/a.

un·think·able [,ʌn'θiŋkəbl] *adj* impensable, inconcebible. **un·think·ing** [,ʌn'θiŋkiŋ] *adj* irreflexivo/a.

un·thread [,ʌn'θred] *v* **1**. desensartar (*needle; pearls*) **2**. deshebrar (*cloth*). **3**. FIG desenmarañar, desenredar.

un·thrift·y [,ʌn'θrifti] *adj* gastador/ra; despilfarrador/ra.

un·ti·di·ness [ʌn'taidinis] *n* **1**. desorden *m*. **2**. desaseo *m*. **un·ti·dy** [ʌn'taidi] *adj* (*comp* **-ier**, *sup* **-iest**) **1**. desordenado/a. **2**. desaseado/a, desaliñado/a (*person*). **3**. desgreñado/a (*one's hair*).

un·tie [,ʌn'tai] *v* soltar; desatar.

un·til [ən'til] (*also* **till**) **I**. *conj* hasta que. **II**. *prep* hasta. LOC **~ now**, hasta ahora.

un·time·li·ness [ʌn'taimlinis] *n* inoportunidad *f*. **un·time·ly** [ʌn'taimli] *adj* **1**. temprano/a; prematuro/a. **2**. inoportuno/a.

un·tir·ing [ʌn'taiəriŋ] *adj* (*in sth*) infatigable, incansable.

un·to ['ʌntu] *prep* ARC a; hasta; hacia, para con.

un·told [,ʌn'təuld] *adj* **1**. incalculable; fabuloso/a. **2**. inédito/a, nunca contado/a (*a secret, story*).

un·touch·able [ʌn'tʌʃəbl] *n/adj* intocable *m/f*. **un·touch·ed** [,ʌn'tʌʃt] *adj* **1**. sin tocar; no tocado/a; intacto/a. **2**. (**by**) insensible (a). **3**. sin retocar (*photography*). **4**. sin probar (*food*). **5**. ileso/a.

un·to·ward [,ʌntəwɔ:d; US ʌn'tɔ:rd] *adj* **1**. contrario/a, adverso/a. **2**. desafortunado/a. **3**. incómodo/a.

un·trained [,ʌn'treind] adj 1. sin formación *f* (worker). 2. sin adiestramiento m (animal). 3. DEP sin preparar.

un·tram·mel·led (US *also* **-meled**) [ʌn-'træmld] *adj* libre; sin límites *m/pl*.

un·trans·fer·able [,ʌntræns'fɜ:rəbl] *adj* intransferible.

un·trans·lat·able [,ʌntræns'leitəbl] *adj* intraducible.

un·trav·el·(l)ed [,ʌn'trævld] *adj* **1**. poco transitado/a (*road*). **2**. poco conocido/a; inexplorado/a. **3**. que no ha viajado (*person*).

un·tri·ed [,ʌn'traid] *adj* **1**. no probado/a. **2**. no experto/a. **3**. JUR no visto/a (*a case*); sin procesar (*a person*).

un·trod(·den) [,ʌn'trɔd(n)] *adj* **1**. inexplorado/a. **2**. no trillado/a.

un·trou·bled [,ʌn'trʌbld] *adj* **1**. sin molestar. **2**. tranquilo/a.

un·true [,ʌn'tru:] *adj* **1**. erróneo/a; falso/a. **2**. desleal, infiel. **un·truth** [,ʌn'tru:θ] *n* falsedad *f*; mentira *f*. **un·truth·ful** [,ʌn'tru:θful] *adj* falso/a; mentiroso/a.

un·trust·wor·thy [,ʌn'trʌst,wɔ:ði] *adj* **1**. que no es de fiar. **2**. poco seguro/a.

un·turned [,ʌn'tɜ:nd] *adj* no vuelto/a. LOC **To leave no stone ~**, remover cielos y tierra.

un·tu·tored [,ʌn'tju:təd; US -'tu:-] *adj* no formado/a; ignorante; no instruido/a.

un·used [,ʌn'ju:zd] *adj* **1**. nuevo/a, sin usar. **2**. [,ʌn'ju:st] (**to sb/sth**) no acostumbrado/a. **un·us·u·al** [ʌn'ju:ʒl] *adj* **1**. raro/a. **2**. original. **3**. insólito/a. **4**. extraordinario/a. **5**. poco común, nada usual. **un·us·u·al·ly** [ʌn'ju:ʒəli] *adv* extraordinariamente.

un·ut·ter·able [ʌn'ʌntərəbl] *adj* indecible.

un·va·lued [,ʌn'vælju:d] *adj* no valorado/a.

un·var·nished [ʌn'va:niʃt] *adj* **1**. sin barnizar. **2**. FIG sencillo/a, puro/a. LOC **The ~ truth**, la pura verdad *f*.

un·va·ry·ing [ʌn'veəriiŋ] *adj* invariable.

un·veil [,ʌn'veil] *v* **1**. descubrir (*statue, monument*). **2**. quitar el velo *m* (a).

un·voiced [,ʌn'vɔist] *adj* **1**. no expresado/a (*idea, thought*). **2**. GRAM sordo/a (*consonant*).

un·vouched [,ʌn'vauʃt] *adj* no garantizado/a.

un·want·ed [,ʌn'wɔntid] *adj* **1**. no pedido/a/solicitado/a. **2**. no deseado/a. **3**. superfluo/a.

un·wa·ri·ness [ʌn'weərinis] *n* imprudencia *f*. **un·wa·ry** [ʌn'weəri] *adj* **1**. incauto/a. **2**. imprudente.

un·war·like [,ʌn'wɔ:laik] *adj* pacífico/a.

un·warned [,ʌn'wɔ:nd] *adj* sin avisar.

un·war·rant·able [ʌn'wɔrəntəbl; US -'wɔ:r-] *adj* injustificable. **un·war·rant·ed** [ʌn'wɔrəntid] adj 1. injustificado/a; injustificable. 2. desautorizado/a. 3. sin garantía f.

un·washed [,ʌn'wɔʃt] *adj* sucio/a; sin lavar.

un·wa·ver·ing [ʌn'weivəriŋ] *adj* **1**. firme, constante. **2**. inquebrantable. **3**. fijo/a (*one's gaze*).

un·wea·ry·ing [ʌn'wiəriiŋ] *adj* incansable.

un·wel·come [ʌn'welkəm] *adj* **1**. mal recibido/a, no deseado/a (*visitor*). **2**. molesto/a; inoportuno/a.

un·well [,ʌn'wel] *adj* malo/a, indispuesto/a (*sick*).

un·who·le·some [,ʌn'həulsəm] *adj* **1**. nocivo/a; malsano/a. **2**. indeseable.

un·wield·y [ʌn'wi:ldi] *adj* **1**. difícil de manejar. **2**. pesado/a. **3**. voluminoso/a; abultado/a.

un·wil·ling [ʌn'wiliŋ] *adj* no dispuesto/a. LOC **To be ~ to**, no estar dispuesto/a (a). **un·wil·ling·ly** [ʌn'wiliŋli] *adv* a disgusto *m*, de mala gana *f*.

un·wind [,ʌn'waind] *v* (*pret/pp* **unwound** [-'waund]) **1**. desenrollar(se). **2**. FIG desenredar.

un·wis·dom [,ʌn'wizdəm] *n* imprudencia *f*. **un·wise** [,ʌn'waiz] *adj* **1**. insensato/a; imprudente. **2**. poco/mal aconsejado/a.

un·wit·ting [ʌn'witiŋ] *adj* involuntario/a; inconsciente. **un·wit·ting·ly** [ʌn'witiŋli] *adv* involuntariamente, sin querer.

un·wont·ed [ʌn'wəuntid] *adj* raro/a; extraño/a; insólito/a.

un·work·able [,ʌn'wɜ:kəbl] *adj* irrealizable; impracticable.

un·world·ly [,ʌn'wɜ:ldli] *adj* **1**. no/poco mundano/a. **2**. celestial; espiritual.

un·worth·i·ness [,ʌn'wɜ:ðinis] *n* indignidad *f*. **un·worth·y** [ʌn'wɜ:ði] *adj* indigno/a.

un·wound *pret/pp of* **unwind**.

un·wound·ed [,ʌn'wu:ndid] *adj* indemne, ileso/a.

un·wrap [,ʌn'ræp] *v* **1**. deshacer, desempaquetar (*a parcel*). **2**. desenvolver.

un·wrin·kle [ʌn'riŋkəl] *v* desarrugar.

un·writ·ten [,ʌn'ritn] *adj* **1**. no escrito/a. **2**. en blanco. LOC **~ law/rule**, JUR derecho *m* consuetudinario.

un·wrought [,ʌn'rɔ:t] *adj* sin labrar.

un·yield·ing [ʌn'ji:ldiŋ] *adj* (**in sth**) inquebrantable, inflexible.

un·yoke [,ʌn'jəuk] *v* desuncir; separar (*also* FIG).

up [ʌp] **I**. *adv* **1**. (hacia) arriba. **2**. para arriba: *From twenty dollars ~*, De veinte dólares para arriba. **3**. al aire *m*. **4**. en el aire *m*. **5**. más alto: *Speak* ~, Habla más alto. **6**. levantado/a (*out of bed*). **7**. alto/a (*tide*). **8**. crecido/a (*river*). **9**. de/en pie *m* (*standing*). **10**. salido/a (*sun*). **11**. expirado/a, pasado/a (*time*). LOC **Close ~ to**, muy cerca de. **From ... ~**, a partir de. **Hard ~**, apurado/a. **High ~**, muy arriba. **To be all ~**, haberse acabado todo. **To be all ~ with sb**, no haber remedio *m* para alguien. **To be ~ against it**, tener mala suerte *f*; estar en un apuro *m*. **To be well ~ in**, ser un experto *m* (en). **To be ~ to**, estar en condiciones *f/pl* (de); FIG estar a la altura *f* (de). **To come/go ~ to**, acercarse (a). **~ to**, hasta. **~ to date**, hasta la fecha *f*. **What's ~?**, ¿qué pasa? **II**. *prep* **1**. arriba. **2**. en (lo alto de). **3**. contra: ~ *wind*, Contra el viento. LOC **Halfway ~ the street**, a la mitad *f* de la calle *f*. **~ the street**, calle *f* arriba. **III**. *adj* **1**. de subida *f*. **2**. ascendente: ~ *train*, Tren con destino (a). **IV**. *int* ¡arriba!, ¡aúpa! **V**. *v* **(-pp-) 1**. alzar, levantar. **2**. aumentar (*taxes*). LOC **To ~ and**, ponerse de repente (a), coger y de pronto. **VI**. *n* **~s and downs**, altibajos *m/pl*, vicisitudes *f/pl*. **up·per** [-pə(r)] **I**. *adj* **1**. superior: ~ *jaw*, ANAT Mandíbula superior. **2**. alto/a: ~ *class*, Clase alta. **3**. MUS agudo/a. LOC **To get/have the ~ hand**, dominar, llevar ventaja *f*. **~ berth**, cama *f*/litera *f* alta. **~ case**, caja *f* alta (*in printing*). **~-class**, de clase *f* alta. **~ crust**, la flor *m* y nata *f*. **~·cut**, DEP gancho *m*; dar/colocar un gancho *m* (*in boxing*). **~ deck**, piso *m* de arriba (*on a bus*). **~ hand**, dominio *m*; ventaja *f*. **~ mid- dle class**, alta burguesía *f*. **~ most**, más alto/a; predominante (*in one's mind*). **II**. *n* pala *f* (*of a shoe*). LOC **To be on one's ~s**, INFML no tener un duro *m*. **up·pish** [-iʃ] *adj* presumido/a; engreído/a. **up·pish·ness** [-iʃnis] *n* presunción *f*; engreimiento *m*.

up..., **~-anchor**, *v* NAUT levar anclas *f/pl*. **~-and-coming**, *adj* INFML prometedor/ra (*esp in a career*). **~-and-down**, *adj* vertical; variable; con altibajos *m/pl*; accidentado/a. **~-and-~**, *n* LOC **To be on the ~-and-~**, ir cada vez *f* mejor. **~·bear**, *v* (*pret* **upbore**, *pp* **upborne**) sostener; levantar. **~·braid**, *v* **(sb for sth)** reprender, regañar. **~·braiding**, *n* recriminación *f*. **~·bringing**, *n* crianza *f*; educación *f*. **~·cast**, *adj* dirigido/a hacia arriba; *n* pozo *m* de ventilación *f* (*in mining*). **~ ·coming**, *adj* venidero/a. **~-country**, *n* interior *m*; *adj* del interior *m*; *adv* hacia el interior. **~·current**, *n* AER viento *m* ascendente. **~·date**, *v* poner al día *m*, actualizar. **~·end**, *v* volver de arriba a abajo. **~·grade**, *v* **(sb/sth to sb/sth)** ascender; mejorar; *adj* ascendente; *n* pendiente *f*, cuesta *f*; LOC **To be on the ~·grade**, prosperar, ir mejorando. **~·heaval**, *n* GEOL levantamiento *m*; sacudida *f*, agitación *f*. **~·heave**, *v* levantar(se). **~·hill**, *n* pendiente *f*, cuesta *f*; *adj* ascendente; FIG penoso/a; *adv* cuesta *f* arriba. **~·hold**, *v* (*pret/ pp*~·**held**) soportar, sostener; levantar; apoyar. **~·holster**, *v* **(in, with)** (en)tapizar (con). **~·holsterer**, *n* tapicero/a. **~·holstery**, *n* relleno *m*; tapicería *f*. **~·keep**, *n* (gastos *m/pl* de) conservación *f*/mantenimiento *m*. **~·land**, *n* meseta *f*; *adj* alto/a, elevado/a. **~·lift**, *n* GEOL elevación *f*; FIG inspiración *f*; mejoramiento *m*; *v* levantar; elevar (*soul*); inspirar. **~·on**, *prep* sobre, en (V. **on**). **~·raise**, *v* levantar. **~·right**, *n* montante *m*; piano *m* vertical; *adj* derecho/a, vertical; FIG honrado/a, recto/a; de pie *m*. **~·rightness**, *n* verticalidad *f*, honradez *f*. **~·rise**, *v* (*pret* **~·rose**, *pp* **~·risen**) levantar(se). **~·rising**, *n* sublevación *f*, levantamiento *m*. **~·river**, *adj/adv* río *m* arriba. **~·roar**, *n* tumulto *m*, alboroto *m*. **~·roarious**, *adj* tumultuoso/a, ruidoso/a; clamoroso/a. **~·root**, *v* desarraigar; eliminar, arrancar (*also* FIG). **~·rush**, *n* subida *f*. **~·set**, *v* (*pret/pp* **~·set**) derramar (*spill*); volcar; revolver, desordenar; **(oneself)** preocupar(se) (*worry*); FIG trastornar, desconcertar; disgustar; derrocar, derribar (*a government*); sentar mal, hacer daño *m* (a): *Onions ~ me*, La cebolla me sienta mal; DEP ganar/vencer inesperadamente; *n* vuelco *m*; MED indisposición *f*, trastorno *m*, malestar *m*; dificultad *f*, contratiempo *m*; *adj* trastornado/a; perturbado/a; disgustado/a, enfadado/a; preocupado/a; indispuesto/a; LOC **~ price**, precio *m* de salida *f* (*in an auction*). **~·setting**, *adj* desconcertante; preocupante; inquietante. **~·shot**, *n* **(of sth)** resultado *m*; LOC **In the ~**, al fin *m* y al cabo *m*. **~·side**, *n* parte *f* superior; LOC **~-down**, al revés *m*; FIG en desorden *m*, patas *f/pl* arriba. **~·stage**, *adv* en/hacia el fondo *m* del escenario *m*; *adj* situado/a en/hacia el fondo *m* del escenario *m*; FAM presumido/a; arrogante; *v* eclipsar; desairar, mirar por encima del hombro *m*; TEAT R **(sb)** captar la atención *f* del público *m* a costa de otro/a. **~·stairs**, *adv* en un piso *m* superior; arriba; LOC **To go ~**, subir; *adj* del piso *m* superior; de arriba. **~·stand·ing**, *adj* honrado/a; de pie *m*. **~·start**, *n/adj* arribista *m/f*, advenedizo/a. **~·state**, *n/adj* interior *m*. **~·stream**, *adj/adv* aguas *f/pl*/río *m* arriba. **~·stroke**, *n* TEC carrera *f* ascendente; plumada *f* ascendente (*with a pen*). **~·surge**, *n* **(in sth)** aumento *m* (*in sales, costs,* etc); **(of sth)** acceso *m*, arrebato *m* (*of enthusiasm, anger,* etc). **~·swing**, *n* **(in sth)** mejora *f* (notable). **~·take**, *n* LOC **To be quick on the ~**, ser muy listo/a, coger algo al vuelo. **To be slow on the ~**, ser duro/a de mollera *f*. **~-to-date**, *adj* de moda *f*, moderno/a; reciente; al corriente/tanto; al día *m*. **~-to-the-min·ute**, *adj* de última hora *f*; de actualidad *f*. **~·town**, US *adj* de la parte *f* residencial de la ciudad *f*. **~·turn**, *n* **(in sth)** aumento *m*; mejora *f*; *v* alzar, levantar; volcar(se). **~·turned**, *adj* respingón/na (*nose*). **~·ward**, *adj* hacia arriba, ascendente; *adv* (*also* **~s**) hacia arriba; LOC **And ~**, y aún más. **~ of**, más de. **~·wind**, *adv/adj* contra el viento *m*.

u·ra·ni·um [ju'reiniəm] *n* QUIM uranio *m*.

ur·ban ['ɜ:bən] *adj* urbano/a. **ur·bane** [ɜ:'bein] *adj* cortés; urbano/a. **ur·ban·ism** ['ɜ:bənizəm] *n* urbanismo *m*. **ur·ban·ity** ['ɜ:bənəti] *n* cortesía *f*; urbanidad *f*. **ur·ban·iz·ation**, **-is·ation** [-ai'zeiʃn; US -ni'z-] *n* urbanización *f.* **ur·ban·ize, -ise** ['ɜ:bənaiz] v urbanizar.

ur·chin ['ɜ:tʃin] *n* **1**. golfillo *m* (*naughty boy*). **2**. ZOOL (*also* **sea-~**) erizo *m* de mar *m*.

urge [ɜ:dʒ] **I**. *v* **1**. (**to**) instar, impeler (a). **2**. exhortar. **3**. (**sb to sth/sth on sb**) incitar (a). **4**. (**sb on**) animar. **5**. alegar. **6**. recomendar. **7**. (**for**) abogar (por). **II**. *n* **1**. impulso *m*. **2**. deseo *m*; instinto *m*. **urg·ency** [ɜ:dʒənsi] *n* **1**. urgencia *f*. **2**. petición *f*. **urg·ent** [ɜ:dʒənt] *adj* urgente. **urg·ent·ly** [ɜ:dʒəntli] *adv* urgentemente.

ur·ic ['juric] *adj* úrico/a. LOC **~ acid**, MED, QUIM ácido *m* úrico.

u·rin·al ['juərinl] *n* urinario *m*. **u·rin·ary** ['juərinəri; US -neri] *adj* ANAT urinario/a. **u·rin·ate** ['juərineit] v orinar. **u·rin·ation** [,juəri'neiʃn] *n* MED micción *f*. **u·rine** ['juərin] *n* MED orina *f*.

urn [ɜ:n] *n* **1**. urna *f*. **2**. recipiente *m*; tetera *f*; cafetera *f*.

us [əs; ʌs] *pron* (*personal*) **1**. nos. **2**. nosotros/as (*after prep*).

US [,ju: 'es], **USA** [- 'ei] *n abrev* GEOG EEUU *m/pl*.

us·able ['ju:zəbl] *adj* utilizable. **us·age** ['ju:sidʒ; 'ju:zidʒ] *n* **1**. usanza *f*, uso *m*. **2**. tratamiento *m*, tratos *m/pl*.

us·ance ['ju:zəns] *n* COM plazo *m*. LOC **Bill at ~**, letra *f* de cambio *m* a plazos *m/pl*.

use [ju:z] **I**. *v* (*pret/pp* **~d** [-d]) **1**. utilizar, usar. **2**. manejar: *Can you ~ this gadget?*, ¿Sabe utilizar este chisme?; emplear. **3**. coger, tomar. **4**. (**up**) agotar; consumir: *This engine ~s coal*, Esta máquina *f* consume carbón *m*. LOC **To ~ badly**, maltratar. **II**. *n* **1**. utilidad *f*, uso *m*. **2**. manejo *m*, empleo *m*. **3**. costumbre *f*. **4**. JUR usufructo *m*. **5**. REL rito *m*. LOC **In ~**, en uso *m*. **Out of ~**, no funciona. **To be in ~**, estar funcionando. **To be of no ~**, no servir para nada. **To be of no ~ doing/to do sth**, ser inútil hacer algo. **To be of ~**, servir; ayudar. **To have no ~ for**, no tener ocasión *f* de emplear/usar; no necesitar; tener en poco. **To make good/bad ~ of**, hacer buen/mal uso *m* (de). **To make ~ of**, hacer uso *m* de, utilizar. **To put sb's advice to ~**, seguir un consejo *m*. **To put to ~**, poner en servicio *m*; utilizar. **used** ['ju:st] **I**. *adj* **1**. usado/a; de segunda mano *m*. **2**. acostumbrado/a. LOC **To be ~ to**, estar acostumbrado/a. **To get ~ to**, acostumbrar(se). **II**. *v* (*modal*) (**to**): *He ~ to come everyday*, Solía venir todos los días, antes venía todos los días. **use·ful** ['ju:sfl] *adj* útil; provechoso/a. **use·ful·ness** ['ju:sfulnis] *n* utilidad *f*. **use·less** ['ju:slis] *adj* **1**. ineficaz. **2**. inútil. **3**. inservible. **use·less·ness** ['ju:slisnis] *n* inutilidad *f*. **us·er** ['ju:zə(r)] *n* usuario/a.

ush·er ['ʌʃə(r)] **I**. *n* **1**. portero *m*, ujier *m*. **2**. TEAT R acomodador *m* (*f* **ush·er·ette** [-'et]). **II**. *v* **1**. TEAT R acomodar. **2**. acompañar, llevar. **3**. (**in**) anunciar, hacer pasar (*a guest*). **4**. (**out**) acompañar hasta la puerta *f*.

u·su·al ['ju:ʒl] *adj* usual; habitual; corriente. LOC **As ~**, como siempre. **u·su·al·ly** ['ju:ʒli] *adv* normalmente.

u·su·fruct ['ju:zjufrʌkt] **I**. *n* JUR usufructo *n*. **II**. *v* usufructuar. **u·su·fruc·tu·ary** ['ju:zjufrʌktʃəri] *n/adj* usufructuario/a.

u·sur·er ['ju:ʒərə(r)] *n* usurero/a. **u·su·ri·ous** [ju:'zjuəriəs] *adj* de usurero/a. **u·su·ry** ['ju:ʒəri] *n* usura *f*.

u·surp ['ju:zɜ:p] *v* usurpar. **u·sur·pa·tion** [,ju:zɜ:'peiʃn] *n* usurpación *f*. **u·sur·pat·ive** [ju:'zɜ:pətiv] *adj* usurpatorio/a. **u·surp·er** [,ju:'zəpə(r)] *n* usurpador/ra. **u·surp·ing** [,ju:'zɜ:piŋ] *adj* usurpador/ra.

u·ten·sil [ju:'tensl] *n* utensilio *m*.

u·ter·ine ['ju:tərain] *adj* ANAT uterino/a. **u·ter·us** ['ju:tərəs] *n* (*pl* **-es** *or* **u·ter·i** [-rai]) ANAT útero *m*.

u·tile ['ju:tail] *adj* útil. **u·til·i·tar·i·an** [,ju:təli'teəriən] **I**. *adj* utilitario/a. **II**. *n* utilitarista *m/f*. **u·til·ity** [ju:'tiləti] **I**. *n* utilidad *f*. LOC **Public ~**, empresa *f* de servicio *m* público. **II**. *adj* utilitario/a. **u·til·iz·ation, -is·ation** [ju:təlai'zeiʃn; US -li'z-] *n* utilización *f*. **u·til·ize, -ise** ['ju:təlaiz] v utilizar.

ut·most ['ʌtməust] (*also* **uttermost** ['ʌtəməust]) **I**. *adj* sumo/a; extremo/a; supremo/a. **II**. *n* máximo *m*. LOC **To do one's ~**, hacer todo lo posible. **To the ~**, hasta más no poder, al máximo *m*.

u·to·pia [ju:'təupiə] *n* utopía *f*. **u·to·pi·an** [ju:'təupiən] **I**. *n* utopista *m/f*. **II**. *adj* utópico/a.

u·tri·cle ['ju:trikl] *n* utrículo *m*.

ut·ter ['ʌtə(r)] **I**. *adj* **1**. absoluto/a, total; completo/a. **2**. rematado/a, de remate *m* (*a fool*). **3**. empedernido/a. **II**. *v* **1**. decir, pronunciar. **2**. dar (*shouts*). **3**. proferir. **4**. poner en circulación *f* (*counterfeit money*, etc). **ut·ter·ance** ['ʌtərəns] *n* **1**. pronunciación *f*; expresión *f*. **2**. emisión *f* (*of sounds*). **3**. palabras *f/pl*. LOC **To give ~ to**, expresar. **ut·ter·ly** ['ʌtəli] *adv* totalmente, completamente. **ut·ter·most** V. **utmost**.

u·vu·la ['ju:vjulə] *n* (*pl* **-s** *or* **-lae** [-li:]) ANAT úvula *f*. **u·vu·lar** ['ju:vjulə(r)] *adj* uvular.

u·xo·ri·ous [ʌk'sɔ:riəs] *adj* locamente enamorado de su mujer *f*, excesivamente sometido a ella.

V, v [vi:] *n* **1.** 'v' *f* (*letter*). **2.** *abrev* de 'versus', contra. LOC **V-shaped**, en forma de V.

vac [væk] *n* INFML **1.** vacaciones *f,pl*. **2.** aspiradora *f*.

vac·ancy ['veikənsi] *n* **1.** habitación *f* libre (*accommodation*). **2.** vacante *f* (*post*). **3.** vacío *m*, vacuidad *f*; vaciedad *f* (*mind*). LOC **No vacancies**, completo. **To fill a ~**, proveer una vacante.

vac·ant ['veikənt] *adj* **1.** disponible, libre (*seat*); vacío/a. **2.** perdido/a, vago/a (*stare, look*). **3.** bobo/a, alelado/a. **va·cant·ly** ['veikəntli] *adv* distraídamente. **va·cate** [və'keit; US 'veikeit] *v* **1.** dejar libre, desocupar (*place*). **2.** dejar (vacante). **va·cation** [və'keiʃn; US vei-] **I.** *n* (*also* **recess**, INFML **vac**) vacaciones *f,pl*. LOC **To be on ~**, US estar de vacaciones. **II.** *v* (**at, in**) US tomar vacaciones. **va·cation·ist** [və'keiʃnist] n persona f que está de vacaciones.

vac·cin·ate ['væksineit] *v* (**against**) MED vacunar. **vac·cin·ation** [,væksineiʃn] *n* MED vacunación *f*.

vac·cine ['væksi:n; US væk'si:n] *n* MED vacuna *f*.

va·cil·late ['væsəleit] *v* (**between**) titubear, dudar, vacilar. **va·cil·la·tion** [,væsə'leiʃn] *n* titubeo *m*, duda *f*, vacilación *f*.

va·cu·ity [və'kju:əti] *n* vacío *m*, vacuidad *f*, vaciedad *f* (*also* FIG). **va·cu·ous** ['vækjuəs] *adj* **1.** vacío/a, vacuo/a. **2.** FIG necio/a, alelado/a. **3.** perdido/a (*look*). **va·cu·ous·ness** ['vækjuəsnis] *n* vacío *m*, vacuidad *f*, vaciedad *f* (*also* FIG). **va·cu·um** ['vækjuəm] **I.** *n* (*pl* **-s** *or* **vacua** [-juəl) vacío *m*. LOC **~ bottle/flask**, termo *m*. **~ brake**, freno *m* de vacío. **~ cleaner**, aspiradora *f*. **~ pump**, bomba *f* neumática. **~ tube**, tubo *m* al vacío. **II.** *v* (**out**) INFML limpiar con una aspiradora *f*.

va·de-me·cum [,va:di'meikum] *n* vademécum *m*.

vag·a·bond ['vægəbɔnd] **I.** *n/adj* vagabundo/a. **II.** *v* vagabundear. **vag·a·bond·age** ['vægəbɔndidʒ] *n* vagabundeo *m*.

vag·ary ['veigəri] *n* **1.** manía *f*. **2.** extravagancia *f*. **3.** capricho *m*.

va·gi·na [və'dʒainə] *n* (*pl* **-s** *or* **-nae** [-ni:]) ANAT vagina *f*. **va·gin·al** [və'dʒainəl] *adj* vaginal.

vag·ran·cy ['veigrənsi] *n* vagabundeo *m*, vagancia *f*. **vag·rant** ['veigrənt] **I.** *n* vagabundo/a. **II.** *adj* **1.** vagabundo/a. **2.** errante, errabundo/a.

vague [veig] *adj* (*comp* **-r**, *sup* **-st**) **1.** vago/a; impreciso/a; borroso/a. **2.** distraído/a; indeciso/a. **vague·ly** ['veigli] *adv* vagamente. **vague·ness** ['veignis] *n* vaguedad *f*; imprecisión *f*.

vain [vein] *adj* (*comp* **-er**, *sup* **-est**) **1.** inútil, vano/a. **2.** vanidoso/a, presumido/a (*a person*). LOC **In ~**, vanamente, en vano. **vain·ness** ['veinis] *n* vanidad *f*.

vain·glo·ri·ous [,vein'glɔ:riəs] *adj* vanaglorioso/a. **vain·glo·ry** [,vein'glɔ:ri] *n* vanagloria *f*.

val·ance ['væləns] *n* doselera *f*, cenefa *f*.

vale [veil] *n* valle *m*: *A ~ of tears*, Un valle de lágrimas.

va·le·dic·tion [,væli'dikʃn] *n* despedida *f*, adiós *m*. **va·le·dic·tor·i·an** [,vælidik'tɔ:riən] *n* US alumno/a que hace el discurso de fin de curso. **va·le·dict·ory** [,væli'diktəri] **I.** *n* discurso *m* de despedida. **II.** *adj* de despedida.

val·en·cy ['veilənsi] (US **valence**) *n* QUIM GRAM valencia *f*.

val·en·tine ['væləntain] *n* **1.** novio/a. **2.** (*also* **~ card**) tarjeta de San Valentín.

va·le·ri·an [væ'liəriən] *n* BOT valeriana *f* (*herb*).

val·et ['vælei, 'vælit] **I.** *n* **1.** mozo/a de habitación. **2.** camarero/a. **3.** ayuda *f* de cámara. **II.** *v* servir de ayuda de cámara.

va·le·tu·di·nar·i·an [,vælitju:di'neəriən] *n/adj* enfermizo/a, valetudinario.

va·li·ant ['væliənt] *adj* valiente; esforzado/a.

val·id ['vælid] *adj* **1.** valedero/a; válido/a. **2.** JUR vigente. LOC **No longer ~**, caducado/a. **To be ~**, valer. **val·id·ate** ['vælideit] *v* dar validez, validar; avalar. **val·id·ity** [və'lidəti] *n* **1.** validez *f*. **2.** JUR vigencia *f*.

va·lise [və'li:z; US və'li:s] *n* maleta *f*.

va·li·um ['væliəm] *n* valium *m*.

val·ley ['væli] *n* valle *m*.

val·our (US **valor**) ['vælə(r)] *n* valentía *f*, valor *m*. **val·or·iz·ation** [,vælərai'zeiʃn] *n* valorización *f*. **val·or·ize, --ise** ['væləraiz] *v* valorar. **val·or·ous** ['vælərəs] *adj* valeroso/a, va- liente.

val·u·able ['væljuəbl] **I.** *adj* **1.** valioso/a, de valor *m*; precioso/a. **2.** estimable. **II.** **~s** *n,pl* objetos *m,pl* de valor. **val·u·ation** [,vælju'eiʃn] *n* valoración *f*, tasación *f*; estimación *f*. **val·ue** ['vælju:] **I.** *n* **1.** valor *m*. **2.** GRAM significado *m*. LOC **~ added tax** (*abrev* **VAT**), impuesto *m* sobre el valor añadido (*abrev* IVA *m*). **II.** *v* **1.** tasar, valorizar, valorar. **2.** apreciar, estimar. **val·ued** ['vælju:d] *adj* apreciado/a, estimado/a. **va·lue·less** ['vælju:lis] *adj* sin valor. **va·lu·er** ['vælju:ə(r)] *n* tasador/ra.

valve [vælv] *n* **1**. válvula *f*. **2**. ZOOL valva *f*. **3**. lámpara *f* (*radio*). **4**. llave *f* (*trumpet*).

va·moose [və'mu:s] *v* INFML largarse.

vamp [væmp] **I**. *n* **1**. empeine *m*, pala *f* (*of a shoe, boot*). **2**. MUS acompañamiento *m* improvisado. **3**. remiendo *m*. **4**. INFML vampiresa *f*, mujer *f* fatal. **II**. *v* **1**. poner el empeine/pala. **2**. MUS improvisar un acompañamiento. **3**. (**up**) INFML remendar. **4**. INFML seducir (*unscrupulously*). **vam·pire** ['væmpaiə(r)] *n* **1**. FIG, ZOOL vampiro *m*. **2**. INFML mujer *m* fatal, vampiresa *f*.

van [væn] *n* **1**. furgoneta *f*; camioneta *f*. **2**. vagón *m* cerrado, furgón *m* (*in railway*). **3**. FIG vanguardia *f*.

va·na·di·um [,və'neidiəm] *n* QUIM vanadio *m*.

van·dal [vændl] **I**. *adj* vandálico/a. **II**. *n* vándalo/a, gamberro/a. **van·dal·ic** ['vændəlik], **van·dal·ism** ['vændəlizəm] *n* vandalismo *m*. **van·dal·ize**, **--ise** ['vændəlaiz] *v* destrozar, destruir.

vane [vein] *n* **1**. pala *f*, paleta *f* (*of a propeller*). **2**. aspa *f* (*of a mill*). **3**. veleta *f*.

van·guard ['vænga:d] *n* vanguardia *f*.

va·nil·la [və'nilə] *n* BOT vainilla *f*.

van·ish ['væniʃ] *v* esfumarse; desaparecer; desvanecerse. LOC **~·ing point**, punto *m* de fuga.

van·ity ['vænəti] *n* vanidad *f*; orgullo *m*. LOC **~ case**, neceser *m*. **~ unit**, lavabo *m* empotrado.

van·quish ['væŋkwiʃ] *v* (**at, in**) vencer.

vant·age ['va:ntidʒ; US 'væn-] *n* ventaja *f*. LOC **~-ground/~-point**, posición *f* ventajosa.

vap·id ['væpid] *adj* soso/a; insípido/a. **va·pid·ity** ['væpidəti] *n* insipidez *f*.

va·por·iz·ation, --is·ation [,veipərai'zeiʃn; US -ri'z-] *n* vaporización *f*. **va·por·ize, --ise** ['veipəraiz] v vaporizar(se). **va·por·iz·er, --is·er** ['veipəraizə(r)] *n* vaporizador *m*. **va·por·ous** ['veipərəs] *adj* **1**. vaporoso/a. **2**. FIG nebuloso/a; quimérico/a.

va·pour (US **vapor**) ['veipə(r)] **I**. *n* **1**. vapor *m*. **2**. exhalación *f*; vaho *m*. LOC **~ trail** (*also* **condensation trail**), AER estela *f* (*of condensed water*). **II**. *v* **1**. vaporizar(se). **2**. FIG fanfarronear.

var·i·ab·il·ity [,veəriə'biləti], **var·i·able·ness** ['veəriəblnis] *n* variabilidad *f*. **var·i·able** ['veəriəbl] **I**. *n* **1**. MAT variable *f*. **2**. viento *m* variable. **II**. *adj* variable. **var·i·ance** ['veəriəns] *n* **1**. discrepancia *f*, desavenencia *f*. **2**. JUR divergencia *f*. **3**. variación *f*. LOC **To be at ~ with**, estar en desacuerdo con. **va·ri·ant** ['veəriənt] *n/adj* variante *f*. **var·i·ation** [,veə- ri'eiʃn] *n* **1**. (**in, of**) variación *f*. **2**. (**on**) MUS variación *f*. **var·i·ed** ['veərid] *adj* variado/a. **va·ri·ety** [və'raiəti] *n* **1**. diversidad *f*; variedad *f* (*also* BOT, BIOL). **2**. surtido *m* (*of cloths*). **3**. TEAT R variedades *f,pl*. LOC **~ artist**, TEAT R artista *m,f* de variedades. **~ entertainment** / **~ show**, TEAT R espectáculo *m* de variedades. **~ theatre**, TEAT R teatro *m* de variedades. **var·i·ous** ['veəriəs] *adj* diverso/a, vario/a.

var·ic·ose ['værikəus] *adj* MED varicoso/a. LOC **~ veins**, MED varices *f,pl*.

var·i·eg·ate ['veərigeit] *v* jaspear, abigarrar (*with different colours*). **var·i·eg·ation** [,veəri'geiʃn] *n* abigarramiento *m*.

var·i·o·la [və'raiələ] *n* MED viruela *f*.

var·nish ['va:niʃ] **I**. *n* **1**. barniz *f*. **2**. vidriado *m* (*pottery*). **3**. FIG baño *m*, capa *f*. LOC **Nail ~**, esmalte *m* para uñas. **II**. *v* **1**. barnizar. **2**. vidriar (*pottery*). **3**. pintar (*nails*). **4**. embellecer; disimular; paliar.

var·si·ty ['va:səti] *n* **1**. INFML universidad *f*. **2**. US, DEP equipo *m* de una universidad.

var·y ['veəri] *v* (pret, pp **varied**) cambiar; variar; modificar.

vas·cul·ar ['væskjulə(r)] *adj* vascular.

vase [va:z; US veis, veiz] *n* jarrón *m*; florero *m*.

va·sec·to·my [və'sektəmi] *n* MED vasectomía *f*.

va·se·line ['væsəli:n] *n* vaselina *f*.

vas·sal ['væsl] *n/adj* vasallo/a. **vas·sal·age** ['væslidʒ] *n* vasallaje *m*.

vast [va:st; US væst] *adj* extenso/a; vasto/a; inmenso/a. **vast·ly** ['va:stli] adv 1. extensamente. 2. muy, sumamente. **vast·ness** ['va:stnis] *n* inmensidad *f*.

vat [væt] **I**. *n* **1**. tinaja *f*, cuba *f*. **2**. (*abrev* de **value added tax, VAT**) IVA *m*. **II**. *v* poner en tinaja *f*, encubar.

Va·ti·can ['vætikən] *n/adj* Vaticano/a (*m*).

vau·de·ville ['vɔ:dəvil] *n* US, TEAT R variedades *f,pl*; vodevil *m*.

vault [vɔ:lt] **I**. *n* **1**. ARQ bóveda *f*. **2**. cripta *f*; panteón *m*; tumba *f*. **3**. DEP salto *m*. LOC **Wine-~**, bodega *f*. **II**. *v* **1**. ARQ abovedar. **2**. saltar (*also* DEP). **vault·ed** ['vɔ:ltid] *adj* abovedado/a. **vault·er** ['vɔ:ltə(r)] *n* DEP saltador/ra. **vault·ing** ['vɔ:ltiŋ] *n* **1**. abovedado *m*, construcción *f* en bóvedas. **3**. DEP salto *m*. LOC **~ horse**, DEP potro *m*.

vaunt [vɔ:nt] **I**. *v* **1**. hacer alarde *m* (de), jactarse (de). **2**. alabar. **II**. *n* jactancia *f*. **vaunt·ed** ['vɔ:ntid] *adj* alabado/a; alardeado/a. **vaunt·ing** ['vɔ:ntiŋ] **I**. *n* jactancia *f*. **II**. *adj* jactancioso/a.

veal [vi:l] *n* carne *f* de ternera *f*. LOC **~ chop/~ cutlet**, chuleta *f* de ternera.

vec·tor ['vektə(r)] *n* **1**. MAT vector *m*. **2**. BIOL portador/ra (*of disease, infection*).

veer [viə(r)] *v* **1**. AER, NAUT virar. **2**. cambiar (*wind, conversation*, etc); cambiar de dirección (*vehicle*).

veg [vedʒ] *n* INFML verdura *f*, legumbre *f*. **veg·an** ['vi:gən] *n* vegetariano/a estricto/a. **veg·et·able** ['vedʒtəbl] **I**. *n* **1**. BOT planta *f*, vegetal *m*. **2**. AGR verdura *f*, legumbre *f*, hortaliza *f*; **~s** *pl* verduras *f,pl*. LOC **Green ~s**, verduras *f,pl*. **~ garden**, huerto *m* de hortalizas/verduras. **~ market**, mercado *m* de verduras. **~ soup**, menestra *f*. **veg·et·ar·i·an** [,vedʒi'teəriən] *n/adj* vegetariano/a. **veg·et·**

ar·i·an·ism [,vedʒi'teəriənizəm] *n* vegetarianismo *m*.

veg·et·ate ['vedʒiteit] *v* BOT, FIG vegetar. **veg·et·ation** [,vedʒi'teiʃn] *n* vegetación *f*. **veg·et·at·ive** ['vedʒitətiv] *adj* vegetativo/a.

ve·he·mence ['vi:əməns] *n* vehemencia *f*. **ve·he·ment** ['vi:əmənt] *adj* vehemente; violento/a.

ve·hi·cle ['viəkl; US 'vi:hikl] *n* vehículo *m* (*also* FIG). **ve·hi·cul·ar** [vi'hikjulə(r)] *adj* para coches, de vehículos. LOC ~ **traffic**, circulación *f* rodada.

veil [veil] **I.** *n* **1**. velo *m*. **2**. FIG pretexto *m*; capa *f*. LOC **To draw a curtain/~ over sth**, correr un tupido velo sobre. **To take the ~**, hacerse monja. **II.** *v* cubrir con un velo, velar (*also* FIG). **veil·ing** ['veiliŋ] *n* **1**. material *m*/tela *f* para velos. **2**. acción *f* de velar *(in photography)*.

vein [vein] *n* ANAT, BOT, ZOOL, vena *f*; GEOL filón *m*; veta *m*. LOC **To be in the ~ for**, estar de humor/en vena (para). **vein·ed** [veind] *adj* **1**. que tiene venas, venoso/a. **2**. veteado/ a. **vein·ing** ['veiniŋ] *n* ANAT (red *f* de) venas *f,pl*.

ve·lar ['vi:lə(r)] *adj* velar. **ve·lum** ['vi:ləm] *n* ANAT velo *m*.

vel·cro ['velkrəu] *n* velcro *m*.

vel·lum ['veləm] *n* vitela *f*. LOC ~ **paper**, papel *m* de vitela.

ve·lo·ci·ty [vi'lɔsəti] *n* velocidad *f*.

vel·our (*also* **velor**) [və'luə(r)] *n* terciopelo *m*.

vel·vet ['velvit] **I.** *n* **1**. terciopelo *m*. **2**. vello *m*; piel *f* velluda. LOC **An iron fist/hand in a ~ glove**, mano *f* dura/férrea con guante de seda. **Smooth as ~**, suave; como la seda. **II.** *adj* **1**. de terciopelo *m*; aterciopelado/a. **2**. FIG suave. **vel·ve·teen** [,veli'ti:n] *n* pana *f* fina. **vel·ve·ty** ['velviti] *adj* aterciopelado/a.

ven·al ['vi:nl] *adj* venal, sobornable. **ve·nal·ity** [vi:'næləti] *n* venalidad *f*.

vend [vend] *v* JUR vender. **vend·ee** [ven'di:] *n* JUR comprador/ra. **vend·or, --er** ['vendə(r)] *n* **1**. vendedor/ra. **2**. vendedor/ra ambulante, buhonero/a. **vend·ible** ['vendəbl] *adj* vendible. **vend·ing** ['vendiŋ] *n* venta *f*, distribución *f*. LOC ~ **machine**, distribuidor *m* automático.

ven·det·ta [ven'detə] *n* venganza *f*.

ven·eer [və'niə(r)] **I.** *n* **1**. chapa *f*; chapeado *m*. **2**. FIG capa *f*; apariencia *f*; barniz *m*. **II.** *v* (**with**) **1**. (en)chapar. **2**. FIG encubrir.

ven·er·able ['venərəbl] *adj* venerable.

ven·er·ate ['venəreit] *v* venerar. **ven·er·ation** [,venə'reiʃn] *n* veneración *f*.

ve·ne·re·al [və'niəriəl] *adj* MED venéreo/a. LOC ~ **disease** (*abrev* **VD**), MED enfermedad *f* venérea.

Ve·ne·ti·an [və'ni:ʃn] *n/adj* veneciano/a. LOC ~ **blind**, persiana *f* (graduable).

Ve·ne·zue·lan [,veni'zweilən] *n/adj* venezolano/a.

venge·ance ['vendʒəns] *n* (**on, upon**) venganza *f*. LOC **With a ~**, INFML muy severamente; con creces. **venge·ful** ['vendʒfl] *adj* vengativo/a.

ve·ni·al ['vi:niəl] *adj* venial.

ven·i·son ['venizn, 'venisn] *n* carne *f* de venado.

ven·om ['venəm] *n* **1**. veneno *m*. **2**. malignidad *f*, virulencia *f*. **ven·om·ous** ['venəməs] *adj* **1**. venenoso/a. **2**. maligno/a, virulento/a.

ven·ous ['vi:nəs] *adj* ANAT, BOT venoso/a, venal.

vent [vent] **I.** *n* **1**. salida *f*; agujero *m* de ventilación *f*; respiradero *m*. **2**. TEC válvula *f* (de seguridad). **3**. abertura *f*; orificio *m*. **4**. cañón *m* (*of a chimney*). **5**. ZOOL ano *m*. LOC **To give (full) ~ to sth**, desahogarse de algo. **II.** *v* **1**. dar salida. **2**. hacer un agujero. **3**. FIG descargar, desahogar. **vent·il·ate** ['ventileit; US -təleit] *v* **1**. airear, ventilar. **2**. discutir, ventilar. **vent·il·ation** [,venti'leiʃn; US -tə'leiʃn] *n* **1**. ventilación *f*. **2**. FIG discusión *f*. **vent·il·at·or** ['ventileitə(r)] n ventilador m.

ven·tral ['ventrəl] *adj* BIOL abdominal, ventral.

ven·tri·cle ['ventrikl] *n* ANAT ventrículo *m*.

ven·tri·lo·qui·al [,ventri'ləukwiəl] *adj* ventrílocuo/a. **vent·ri·lo·quism** [ven'triləkwizəm] *n* ventriloquia *f*. **vent·ri·lo·quist** [ven'triləkwist] *n* ventrílocuo/a.

ven·ture ['ventʃə(r)] **I.** *n* **1**. empresa *f*, aventura *f*. **2**. especulación *f*. **3**. riesgo *m*. LOC **At a ~**, por casualidad, al azar. **II.** *v* **1**. (**to**) aventurar(se)/atrever(se) (a). **2**. (**up, upon**) arriesgarse (en). LOC **Nothing ~d, nothing gained**, quien no se arriesga no pasa el río. **ven·tur·er** ['ventʃərə(r)] *n* aventurero/a. **ven·ture·some** ['ventʃəsəm] *adj* **1**. atrevido/a, aventurero/a. **2**. emprendedor/ra.

ven·ue ['venju:] *n* **1**. lugar *m* (de reunión). **2**. JUR lugar *m* de un juicio.

Ve·nus ['vi:nəs] *n* ASTR Venus *f*.

ve·ra·ci·ous [və'reiʃəs] *adj* verídico/a, veraz. **ve·ra·ci·ty** [və'ræsəti] *n* verdad *f*, veracidad *f*.

ve·ran·da (*also* **verandah**) [və'rændə] (US *also* **porch**) *n* galería *f*; veranda *f*.

verb [vɜ:b] *n* GRAM verbo *m*. **verb·al** [vɜ:bl] *adj* **1**. verbal. **2**. literal. **verb·al·ize, --ise** ['vɜ:bəlaiz] *v* **1**. expresar con palabras. **2**. GRAM convertir en verbo. **ver·ba·tim** ['vɜ:beitim] *adj/adv* literalmente, palabra por palabra. **ver·bi·age** ['vɜ:biidʒ] *n* palabrería *f*. **verb·ose** [vɜ:'bəus] *adj* prolijo/a. **ver·bos·ity** [vɜ:bɔsəti] *n* verbosidad *f*, verborrea *f*.

ver·be·na [vɜ:'bi:nə] *n* BOT verbena *f*.

verd·ant ['vɜ:dnt] *adj* **1**. verde. **2**. FIG inocente, ingenuo/a.

ver·dict ['vɜ:dikt] *n* **1**. JUR juicio *m*, fallo *m*, veredicto *m*. **2**. opinión *f*, juicio *m*. LOC **A ~ of guilty**, un fallo *m* de culpabilidad. **To bring in a ~/To return a ~**, fallar, pronunciar sentencia.

ver·di·gris ['vɜ:digri(:)s] *n* cardenillo *m*, verdín *m*.

ver·dure ['vɜ:djuə(r)] *n* verdor *m*.

verge [vɜ:dʒ] **I.** *n* **1**. arcén *f*. **2**. margen *m*, borde *m*. **3**. REL vara *f* (*of office*). LOC **On/To**

the ~ of, FIG al borde de. II. *v* 1. **(on sth)** rayar (en); tirar (a); acercarse (a). 2. torcer (*a road*). 3. inclinarse, orientarse. **ver·ger** ['vɜ:gə(r)] *n* REL 1. sacristán *m*. 2. macero *m* (*official*).

ver·i·fi·able ['verifaiəbl] *adj* comprobable, verificable. **ver·i·fic·ation** [,verifi'keiʃn] *n* comprobación *f*, verificación *f*. **ver·i·fy** ['verifai] *v* (pret, pp **verified**) comprobar, verificar.

ver·i·si·mi·li·tude [,verisi'militju:d; US -tu:d] *n* verosimilitud *f*.

ver·it·able ['veritəbl] *adj* verdadero/a. **ver·ity** ['verəti] *n* ARC verdad *f*.

ver·mi·cel·li [,vɜ:mi'seli, -'tʃeli] *n* fideos *m,pl*.

ver·mi·cide ['vɜ:misaid] *n* MED vermicida *f*.

ver·mi·cu·lar [vɜ:'mikjulə(r)] *adj* vermicular.

ver·mi·form ['vɜ:mifɔ:m] *adj* ANAT vermiforme.

ver·mi·fuge ['vɜ:mifju:dʒ] *n/adj* MED vermífugo/a *m*.

ver·mil·ion [və'miliən] I. *adj* bermejo/a, de color rojo vivo. II. *n* bermellón *m*.

ver·min ['vɜ:min] *n* 1. parásitos *m,pl*; sabandijas *f,pl*. 2. alimañas *f,pl*; bichos *m,pl*. 3. FIG chusma *f*, gentuza *f*. **ver·min·ous** ['vɜ:minəs] *adj* 1. lleno/a de bichos. 2. piojoso/a.

ver·mouth ['vɜ:məθ; US vər'mu:θ] *n* vermú(t) *m*.

ver·na·cu·lar [və'nækjulə(r)] I. *n* 1. lengua *f* vernácula. 2. lenguaje *m* coloquial. II. *adj* vernáculo/a.

ver·nal ['vɜ:nl] *adj* vernal.

ver·ni·er ['vɜ:njə(r)] *n* TEC vernier *m*, nonio *m*.

ve·ron·i·ca [və'rɔnika] *n* BOT verónica *f* (*herb*).

ver·sant ['vɜ:sənt] *n* GEOL ladera *f*, vertiente *f*.

ver·sa·tile ['vɜ:sətail; US -tl] *adj* 1. versátil; polifacético/a; hábil para muchas cosas. 2. flexible, ágil (*mind*). 3. de muchos usos. **ver·sa·ti·li·ty** [,vɜ:sə'tiləti] n 1. versatilidad f. 2. flexibilidad f, agilidad f.

verse [vɜ:s] *n* POET 1. estrofa *f*; verso *m*. 2. REL versículo *m*. 3. ~s *pl* poesías *f,pl*. **versed** [vɜ:st] *adj* **(in sth)** versado/a (en). **ver·si·cle** ['vɜ:sikl] *n* versículo *m*. **ver·si·fic·ation** [,vɜ:sifi'keiʃn] *n* versificación *f*. **ver·si·fy** ['vɜ:sifai] *v* (pret, pp **-fied**) versificar.

ver·sion ['vɜ:ʃn; US -ôn] *n* 1. versión *f*. 2. MUS interpretación *f*. 3. traducción *f* directa.

ver·so ['vɜ:səu] *n* verso *m*, dorso *m*.

ver·sus ['vɜ:səs] *prep* (*abrev* de **v(s)**) contra.

ver·te·bra ['vɜ:tibrə] *n* (*pl* **-rae** [-ri:]) ANAT vértebra *f*. **ver·te·bral** ['vɜ:tibrəl] *adj* vertebral. **ver·te·brate** ['vɜ:tibreit] *n/adj* vertebrado/a.

ver·tex ['vɜ:teks] *n* (*pl* **-tices** [-tisi:z]) 1. ANAT , MAT vértice *m*. 2. FIG cumbre *f*.

ver·tic·al ['vɜ:tikl] *n/adj* vertical *f*. LOC **~ rudder**, AER timón *m* direccional.

ver·ti·ces *pl* de **vertex**.

ver·ti·gin·ous [vɜ:'tidʒinəs] *adj* vertiginoso/a.

ver·ti·go ['vɜ:tigəu] *n* MED vértigo *m*.

verve [vɜ:v] *n* vigor *m*, entusiasmo *m*, brío *m*.

ver·y ['veri] I. *adv* muy; mucho (*intensifier*): ~ *well*, Muy bien. LOC **A ~ little**, muy poco. **The ~ best**, el/la mejor de todos/as. **The ~ last**, el/la último/a de todos/as. **~ good**, muy bien; muy bueno/a. **~ much**, muchísimo; mucho. II. *adj* 1. mismo/a. 2. propio/a. 3. verdadero/a. 4. puro/a. LOC **The ~ idea!**, ¡ni soñarlo!, ¡vaya idea! **The ~ same**, el mismísimo. **The ~ woman you need**, exactamente la mujer que necesitas.

ves·i·cle ['vesikl], **ve·si·cu·la** [və'sikjulə] *n* ANAT BIOL vesícula *f*. **ve·si·cu·lar** [və'sikjulə(r)] *adj* vesicular.

ves·pers ['vespəz] *n,pl* REL vísperas *f,pl*.

ves·sel ['vesl] *n* 1. recipiente *m*, vaso *m*. 2. NAUT barco *m*, navío *m*, buque *m*.

vest [vest] I. *n* 1. camiseta *f* (US **undershirt**). 2. chaleco *m* (US **waistcoat**). LOC **~-pocket**, de bolsillo; diminuto/a. II. *v* **(in, with)** investir (a uno de); conceder, dar, conferir. LOC **To ~ rights in sb**, ceder, dar (*a property*); conceder derechos a alguien. **vest·ed** ['vestid] concedido/a. LOC **~ interest**, interés *m* personal; derecho *m* adquirido, intereses *m,pl* creados.

ves·ta ['vestə] *n* cerilla *f*.

ves·tal ['vestl] *n/adj* vestal *f*.

ves·ti·bule ['vestibju:l] *n* zaguán *m*; vestíbulo *m*. LOC **~ car**, coche *m* de vestíbulo (*in railway*).

ves·tige ['vestidʒ] *n* rastro *m*, vestigio *m*. **ves·ti·gi·al** ['vestidʒiəl] *adj* vestigial.

vest·ment ['vestmənt] *n* vestidura *f*.

ves·try ['vestri] *n* 1. junta *f* parroquial. 2. REL sacristía *f*. LOC **~·man**, miembro *m* de la junta parroquial.

ves·ture ['vestʃə(r)] *n* ARC vestidura *f*.

vet [vet] I. *n* 1. INFML veterinario. 2. US INFML veterano/a. II. *v* **(-tt-)** 1. examinar, reconocer (*an animal*); castrar. 2. revisar; corregir. 3. investigar.

vetch [vetʃ] *n* BOT arveja *f*.

vet·e·ran ['vetərən] *n/adj* veterano/a.

vet·e·rin·ary ['vetrinri; US 'vetərineri] *n/adj* veterinario/a. LOC **~ medicine/science**, (medicina) veterinaria *f*. **~ surgeon** (INFML **vet**, US **vet·e·rin·ari·an**), veterinario/a.

ve·to ['vi:təu] I. *n* (*pl* **-es**) veto *m*. LOC **To put a ~ on sth**, vetar, poner el veto a. II. *v* (*ger* **vetoing**) vetar, prohibir, vedar.

vex [veks] *v* molestar, vejar, enojar. **vex·ation** [vex'seiʃn] *n* fastidio *m*, molestia *f*, vejación *f*, enojo *m*. **ve·xa·ti·ous** [vex'seiʃəs] *adj* fastidioso/a, vejatorio/a. **vex·ed** [vekst] *adj* **(with sb; at sth)** 1. enfadado/a, enojado/a. 2. controvertido/a (*a question*). LOC **To become ~**, enfadarse. **vex·ing** ['veksiŋ] *adj* fastidioso/a, molesto/a.

via ['vaiə] *prep* vía, por.

via·bil·ity [,vaiə'biləti] *n* viabilidad *f*. **via·ble** ['vaiəbl] *adj* viable.

via·duct ['vaiədʌkt] *n* viaducto *m*.
vial ['vaiəl] (*also* **phial**) *n* frasco *m*.
vi·ands ['vaiəndz] *n,pl* manjares *m,pl*.
via·ti·cum [vai'ætikəm] *n* viático *m*.
vi·bes [vaibz] *n* INFML MUS vibráfono *m*; ambiente *m*, sensación *f*.
vi·bran·cy ['vaibrənsi] *n* vibración *f*. **vi·brant** ['vaibrənt] *adj* vibrante (*also* FIG). **vi·bra·phone** ['vaibrəfəun] *n* MUS vibráfono *m*.
vi·brate [vai'breit; US 'vaibreit] *v* (hacer) vibrar. **vi·bra·tion** [vai'breiʃn] n vibración f. **vi·bra·to** [vi'bra:təu] *n* MUS vibrato *m*. **vi·brat· or** [vai'breitə(r)] *n* vibrador *m*. **vi·brat·ory** [vai'breitəri] *adj* vibratorio/a.
vi·car ['vikə(r)] *n* REL vicario *m*, párroco *m*; pastor *m*. **vi·car·age** ['vikəridʒ] *n* casa *f* del vicario *m*. **vi·car·ate** ['vikərit] *n* vicaría *f*. **vi·ca·ri·ous** [vi'keəriəs] *adj* **1**. sustituto/a. **2**. delegado/a. **3**. hecho, experimentado, sufrido por otro/a.
vice [vais] **I**. *n* **1**. vicio *m*. **2**. defecto *m*, mala costumbre *f*. **3**. TEC torno *m*/tornillo *m* de banco o grapa (US **vise**). **II**. *pref* vice-. LOC **~ admiral**, vicealmirante *m*. **~-chairman**, vicepresidente *m*. **~-chairmanship**, vicepresidencia *f*. **~-chancellor**, rector *m* (*of a university*); vicecanciller *m*. **~-clamp**, TEC mordaza *f*. **~-consul**, vicecónsul *m*. **~-consulate**, viceconsulado *m*. **~-presidency**, vicepresidencia *f*. **~-president**, vicepresidente *m*. **~-rector**, vicerrector *m*. **~-reine**, virreina *f*. **~-roy**, virrey *m*. **~ versa**, a la inversa *f*, viceversa. **III**. ['vaisi] *prep* en lugar de.
vi·cin·ity [vi'sinəti] *n* proximidad *f*; vecindad *f*; inmediaciones *f,pl*. LOC **In the ~ of**, cerca de. **In the ~ of thirty**, alrededor de treinta.
vi·cious ['viʃəs] *adj* **1**. duro/a, severo/a, cruel. **2**. vicioso/a; pervertido/a. **3**. incorrecto/a. **4**. rencoroso/a. **5**. arisco/a (*horse*). **6**. horrible, atroz (*crime*). LOC **~ circle**, FIG círculo *m* vicioso. **vi·cious·ness** ['viʃəsnis] *n* perversidad *f*; maldad *f*.
vi·cis·si·tude [vi'sisitju:d; US -tu:d] *n* vicisitud *f*.
vic·tim ['viktim] *n* víctima *f*. LOC **To fall ~ to sth**, sucumbir ante algo/alguien. **vic·tim·iz·ation**, **-·is·ation** [,viktim'zai'zeiʃn] *n* **1**. represalias *f,pl*. **2**. persecución *f*. **vic·tim·ize**, **-·ise** ['viktimaiz] *v* (**sb for sth**) **1**. tomar como víctima *f*. **2**. tomar represalias *f,pl* (contra). **3**. perseguir; castigar.
vic·tor ['viktə(r)] *n* triunfador *m*, vencedor *m*. **vic·to·ri·ous** ['viktəriəs] *adj* victorioso/a. **vic·to·ry** ['viktəri] *n* victoria *f*. **vic·tress** ['viktris] *n* vencedora *f*.
vic·to·ri·an [vik'tɔ:riən] *n/adj* victoriano/a.
vic·tu·al ['vitl] *v* (**-ll-**; US *also* **-l-**) **1**. aprovisionar, abastecer. **2**. MIL avituallar. **3**. comer. **vic·tu·al·(l)er** ['vitlə(r)] *n* abastecedor/ra; proveedor/ra. LOC **Licensed ~**, vendedor/ra autorizado/a de bebidas alcohólicas. **vic·tu·als** ['vitlz] *n,pl* víveres *m,pl*, provisiones *f,pl*, vituallas *f,pl*.
vide ['videi, 'vaidi:] *v* véase.
vi·de·li·cet [vi'di:liset] *adv* es decir, a saber.
vi·deo ['vidiəu] **I**. *n* vídeo *m*. **II**. *adj* de vídeo *m*. LOC **~ cassette recorder** (*abrev* **VCR**) (*also* **~**, **~ recorder**), vídeo *m*. **~·disk**, videodisco *m*. **~ signal**, señal *f* de vídeo. **~·tape**, cinta *f* de vídeo. **II**. *v* (*present p* **videoing**) grabar en vídeo.
vie [vai] *v* (pret, pp **vied** [vaid], *ger* **vying** ['vaiiŋ]) (**with sb**; **for sth**) rivalizar, competir (con).
view [vju:] **I**. *n* **1**. panorama *f*, vista *f* (*also* ART, *photography*). **2**. paisaje *m*. **3**. perspectiva *f*; aspecto *m*. **4**. idea *f*; parecer *m*, opinión *f*. **5**. vision *f* de conjunto *m*, panorama *m* (*survey*). LOC **At first ~**, a primera vista. **Field of ~**, campo *m* de visión. **In full ~ of**, bien visible, ante, a plena vista de. **In one's ~**, en opinión de uno. **In ~**, visible. **In ~ of**, en vista de. **To be on ~**, estar expuesto/a. **To go out of ~**, desaparecer. **To have/keep in ~**, tener algo a la vista; tener en cuenta. **~·find- er**, mirilla *f*, visor *m*. **~·point**, punto de vista; mirador *m*. **With a ~ to**, con vistas/miras a. **II**. *v* **1**. visitar. **2**. ver, mirar; contemplar. **3**. considerar; examinar. **view·er** ['vju:ə(r)] *n* telespectador/ra; espectador/ra. **view·ing** ['vju:iŋ] *n* **1**. visita *f*. **2**. inspección *f*, visita *f*.
vig·il ['vidʒil] *n* vela *f*, vigilia *f*. **vig·il·ance** ['vidʒiləns] *n* vigilancia *f*. LOC **Police ~**, vigilancia *f* policial. **~ committee**, comité *m* de vigilancia *f*. **vig·il·ant** ['vidʒilənt] *adj* vigilante. **vig·il·ante** [,vidʒi'lænti] *n* vigilante *m*.
vign·ette [vi'njet] *n* **1**. viñeta *f*. **2**. TEAT R sainete *m*.
vig·our (US **vigor**) ['vigə(r)] *n* energía *f*, vigor *m* (*also* FIG). **vig·or·ous** ['vigərəs] *adj* enérgico/a, vigoroso/a.
Vi·king ['vaikiŋ] *n* vikingo/a.
vile [vail] *adj* (*comp* **-r**, *sup* **-st**) **1**. ruin, vil. **2**. horrible, pésimo/a, malísimo/a. **3**. repugnante, asqueroso/a. **vile·ly** ['vaili] *adv* vilmente. **vile·ness** ['vailnis] *n* **1**. vileza *f*. **2**. infamia *f*.
vil·i·fic·ation [,vilifi'keiʃn] *n* denigración *f*; vilipendio *m*. **vil·ify** ['vilifai] *v* (pret, pp **-fied**) denigrar; vilipendiar.
vil·la ['vilə] *n* **1**. quinta *f*, casa *f* de campo *m*. **2**. chalet *m*. **3**. HIST villa *f*.
vil·lage ['vilidʒ] **I**. *n* **1**. pueblo *m*; aldea *f*, pueblecito *m*. **2**. lugar *m*. **II**. *adj* del pueblo; pueblerino/a. **vil·lag·er** ['vilidʒə(r)] *n* aldeano/a.
vil·lain ['vilən] *n* **1**. malvado/a; canalla *m,f*. **2**. FAM bribón/na. **3**. HIST villano/a. **4**. HIST traidor/ra, malo/a. **vil·lain·ous** ['vilənəs] *adj* **1**. horrible, pésimo/a. **2**. infame, vil. **vil·lain·y** ['viləni] *n* vileza *f*, villanía *f*, maldad *f*.
vil·lein ['vilein] *n* villano/a *m,f*. **vil·lein·age** ['vilinidʒ] *n* villanía *f*.
vim [vim] *n* INFML energía *f*, fuerza *f*.
vi·nai·grette [,vini'gret] *n* (*also* **~ sauce**) vinagreta *f*.

vin·dic·ate ['vindikeit] *v* **1**. justificar(se). **2**. reivindicar; defender. **vin·dic·ation** [,vindi'keiʃn] *n* **1**. justificación *f*. **2**. reivindicación *f*.

vin·dict·ive [vin'diktiv] *adj* vindicativo/a, vengativo/a. **vin·dict·ive·ness** [vin'diktivnis] *n* rencor *m*; carácter *m* vengativo.

vine [vain] *n* BOT **1**. vid *f*. **2**. parra *f*; enredadera *f*. LOC **~ arbour**, parra *f*. **~ dresser/~ grower**, viticultor/ra. **~ growing**, viticultura *f*. **~ leaf**, hoja *f* de parra. **~ shoot**, sarmiento *m*. **~·stock**, cepa *f*. **~·yard**, viñedo *m*, viña *f*. **vin·egar** ['vinigə(r)] **I**. *n* vinagre *m*. **II**. *v* avinagrar. **vin·eg·ary** ['vinigəri] *adj* avinagrado/a. **vino** ['vi:nəu] *n* INFML tintorro *m* (*wine*). **vin·ous** ['vainəs] *adj* vinoso/a.

vin·tage ['vintidʒ] **I**. *n* cosecha *f*, solera *f*, vendimia *f*: *The 1976 ~*, La cosecha de 1976. **II**. *adj* **1**. añejo/a, de buena cosecha *f* (*wine*). **2**. de época, antiguo/a (*car*). **3**. excelente: *A ~ year for*, Un año excelente para (*wine, sport,* etc). **vint·ag·er** ['vintidʒə(r)] *n* vendimiador/ra.

vint·ner ['vintnə(r)] *n* vinatero/a.

vi·nyl ['vainl] *n* vinilo *m*.

vi·o·la *n* **1**. [vi'əulə] MUS viola *f* (*instrument*). **2**. ['vaiələ] BOT viola *f* (*plant*).

vi·ol·ate ['vaiəleit] *v* infringir, violar. **vi·ol·ation** [,vaiə'leiʃn] *n* violación *f*. **vi·ola·tor** ['vaiəleitə(r)] *n* violador/ra.

vi·ol·ence ['vaiələns] *n* violencia *f*. LOC **Acts of ~**, JUR vías de hecho. **To do ~ to**, ir en contra de; violentar; agredir. **vi·ol·ent** ['vaiələnt] *adj* **1**. violento/a. **2**. chillón/na (*colour*).

vi·o·let ['vaiələt] **I**. *n* **1**. BOT violeta *f*. **2**. violeta *m*, violado *m* (*colour*). **II**. *adj* violeta (*of colour*).

vi·o·lin [,vaiə'lin] *n* MUS violín *m*. **vi·olin·ist** ['vaiəlinist] *n* MUS violinista *m,f*.

vi·o·lon·cel·list [,vaiələn'tʃelist] *n* MUS violonc(h)elista *m,f*. **vi·o·lon·cel·lo** [,vaiələn'tʃeləu] *n* MUS violonc(h)elo *m*.

VIP [,vi: ai 'pi:] *n* (*abrev* **very important person**) INFML personalidad *f*.

vi·per ['vaipə(r)] *n* ZOOL víbora *f* (*also* FIG). **vi·per·ine** ['vaipərain], **vi·per·ous** ['vaipərəs] *adj* viperino/a. **vi·per·ish** ['vaipəriʃ] *adj* FIG viperino/a.

vi·ra·go [vi'ra:gəu] *n* mujer *f* varonil/regañona.

vir·gin ['vɜ:dʒin] *n/adj* virgen *f*. LOC **The Blessed ~**, REL la Santísima Virgen. **~ forest**, BOT selva *f* virgen. **vir·gin·al** ['vɜ:dʒinl] *adj* virginal, puro/a. **vir·gin·ity** [və'dʒinəti] *n* virginidad *f*.

Vir·gin·ia [və'dʒiniə] *n* **1**. Virginia. **2**. (*also* **~ tobacco**) tabaco *m* rubio. LOC **~ creeper** (US *also* **woodbine**), BOT guau *m*.

Vir·go ['vɜ:gəu] *n* ASTR virgo *m*.

vir·ile ['virail; US 'virail] *adj* viril, varonil. **vi·ril·ity** [vi'riləti] n virilidad f.

vi·ro·lo·gy [vaiə'rɔlədʒi] *n* MED virología *f*.

vir·tu·al ['vɜ:tʃuəl] *adj* virtual; verdadero/a. **vir·tu·al·ity** [,vɜ:tju'æləti] *n* virtualidad *f*.

vir·tue ['vɜ:tʃu:] *n* virtud *f*. LOC **By/In ~ of**, en virtud de, debido a. **To make a ~ of necessity**, hacer de necesidad virtud. **vir·tu·ous** ['vɜ:tʃuəs] *adj* virtuoso/a. **vir·tu·ous·ness** ['vɜ:tʃuəsnis] *n* virtud *f*. **vir·tu·o·so** [,vɜ:tʃu'əuzəu, -'əusəu] *n* (*pl* **-s** *or* **-si** [-zi:, -si:]) virtuoso/a *m,f*: *A ~ performance*, Una actuación magistral. **vir·tu·os·ity** [,vɜ:tʃu'ɔsəti] *n* virtuosidad *f*.

vir·u·lence ['viruləns] *n* virulencia *f*. **vir·u·lent** ['virulənt] *adj* virulento/a.

vi·rus ['vaiərəs] *n* (*pl* **viruses** ['-iz]) MED virus *m*. LOC **~ disease**, MED enfermedad causada por virus.

Vis(c) *abrev* de vizconde *m*, vizcondesa *f*.

vi·sa ['vi:zə] **I**. *v* (pret, pp **visaed** [vi:zəd]) visar. **II**. *n* visado *m*.

vis·age ['vizidʒ] *n* **1**. cara *f*, rostro *m*. **2**. semblante *m*.

vis-à-vis [,vi:za:'vi:] *prep* acerca de, respecto a.

vis·ce·ra ['visərə] *n,pl* ANAT víscera *f*. **vis·cer·al** ['visərəl] *adj* visceral.

vis·cose ['viskəuz, -əus] **I**. *adj* viscoso/a. **II**. *n* viscosa *f*. **vis·cos·ity** [,vis'kɔsəti] *n* viscosidad *f*. **vis·cous** ['viskəs] *adj* viscoso/a.

vis·count ['vaikaunt] *n* vizconde *m*. **vis·count·ess** ['vaikauntis] *n* vizcondesa *f*. **vis·coun·ty** ['vaikaunti] *n* vizcondado *m*.

vis·ib·il·ity [,vizə'biləti] *n* visibilidad *f*. **vis·ible** ['vizəbl] *adj* **(to) 1**. visible. **2**. evidente. **vis·ib·ly** ['vizəbli] *adv* visiblemente.

vi·sion ['viʒn] *n* **1**. visión *f*. **2**. vista *f*. **3**. sueño *m*. **4**. clarividencia *f*. **vi·sion·ary** ['viʒənri; US -ʒəneri] *n/adj* **1**. visionario/a. **2**. soñador/ra.

vis·it ['vizit] **I**. *v* **1**. hacer una visita, visitar. **2**. inspeccionar. **3**. castigar. LOC **To ~ a punishment on sb**, mandar un castigo a alguien. **II**. *n* visita *f*. LOC **Flying ~**, FIG visita relámpago. **To pay a ~**, INFML ir al lavabo. **To pay sb a ~**, visitar a alguien. **vis·it·ation** [,vizi'teiʃn] *n* **1**. visita *f*. **2**. REL castigo *m*; visitación *f*. **vis·it·ing** ['viziṭiŋ] *adj* de visita; visitante. LOC **~ card**, tarjeta *f* de visita. **~ hours**, horas *f,pl* de visita. **~ nurse**, enfermera *f* ambulante. **~ team**, DEP equipo *m* visitante. **vis·it·or** ['vizitə(r)] *n* **1**. visita *f*; visitante *m,f*. **2**. cliente *m,f*. LOC **~'s book**, libro *m* de registro (*in a hotel*, etc).

vi·sor ['vaizə(r)] *n* visera *f*.

vis·ta ['vistə] *n* perspectiva *f*, vista *f*; panorama *f*; horizonte *m* (*also* FIG).

vis·u·al ['viʒuəl] *adj* visual; visible. **vis·u·al·iza·tion, -s·ation** [,viʒuəlai'zeiʃn; US -li'z-] *n* visualización *f*; imagen *f*. **vis·u·al·ize, -ise** ['viʒəlaiz] v (as) 1. imaginar(se). 2. prever; representarse (in one's mind).

vi·tal ['vaitl] *adj* **1**. vital. **2**. esencial, fundamental. **3**. enérgico/a. **4**. crucial (*moment*). **vi·tals** ['vaitlz] *n,pl* órganos *m,pl*/partes *f,pl* esenciales o vitales. **vi·tal·ity** [vai'tæləti] *n* vitalidad *f*. **vi·tal·ize, -ise** ['vailəlaiz] *v* vitalizar.

vi·ta·min ['vitəmin; US 'vait-] **I**. *n* vitamina *f*. **II**. *adj* (*also* **~·ic**) vitaminado/a, vitamínico/a. **vi·tam·in·ized** ['vitəminaizd] adj vitaminado/a.

vi·ti·ate ['viʃieit] *v* viciar.

vit·i·cul·tur·al [,viti'kʌltʃərəl] *adj* vitícola. **vit·i·cul·ture** ['vitikʌltʃə(r)] *n* viticultura *f*.

vit·re·ous ['vitriəs] *adj* vítreo/a. **vit·ri·fac·tion** [,vitri'fækʃn], **vit·ri·fic·ation** [,vitrifi'keiʃn] *n* vitrificación *f*. **vit·ri·fy** ['vitrifai] *v* (pret, pp **-fied**) vitrificar(se).

vit·ri·ol ['vitriəl] *n* 1. QUIM vitriolo *m*. 2. FIG veneno *m*. **vit·ri·ol·ic** ['vitriəlik] *adj* FIG mordaz.

vit·u·per·ate [vi'tju:pəreit; US vai'tu:-] *v* llenar de injurias, vituperar. **vit·u·per·ation** [vi,tju:pə'reiʃn] *n* vituperio *m*, injurias *f,pl*. **vit·u·per·at·ive** [vi'tju:pərətiv] *adj* vituperante, injurioso/a.

vi·va·ci·ous [vi'veiʃəs] *adj* 1. vivo/a. 2. vivaracho/a; alegre. 3. BOT vivaz. **vi·va·ci·ous·ness** [vi'veiʃəsnis], **vi·va·ci·ty** [vi'væsəti] *n* vivacidad *f*, viveza *f*.

viv·id ['vivid] *adj* 1. vivo/a, intenso/a (*colour*). 2. fuerte (*impression*). 3. pintoresco/a. 4. gráfico/a (*description*). **viv·id·ness** ['vividnis] *n* viveza *f*, vivacidad *f*; intensidad *f*; fuerza *f*. **viv·ify** ['vivifai] *v* (pret, pp **-fied**) vivificar.

vi·vi·par·ous [vi'vipərəs; US vai-] *adj* BIOL vivíparo/a.

vi·vi·sec·tion [,vivisekʃn] *n* vivisección *f*.

vix·en ['viksn] *n* 1. ZOOL zorra *f*. 2. FIG mujer *f* regañona, arpía *f*.

viz [viz] *abrev*, a saber.

vi·zi·er [vi'ziə(r)] *n* visir *m*.

vo·ca·bul·ary [və'kæbjuləri; US -leri] *n* vocabulario *m*.

vo·cal ['vəukl] *adj* 1. GRAM vocálico/a. 2. ANAT, MUS vocal. 3. ruidoso/a; sonoro/a. 4. expresivo/a. LOC ~ **cords**, *pl* ANAT cuerdas *f,pl* vocales. **vo·cal·ist** ['vəukəlist] *n* MUS vocalista *m,f*, cantante *m,f*. **vo·cal·iz·ation, --is·ation** [,vəukəlai'zeiʃn] n vocalización f. **vo·cal·ize, --ise** [,vəukəlaiz] *v* 1. GRAM vocalizar(se). 2. articular.

vo·ca·tion [vəu'keiʃn] *n* vocación *f*. **vo·ca·tion·al** [vəu'keiʃnl] *adj* vocacional; profesional: ~ *guidance*, Orientación profesional.

vo·cat·ive ['vɔkətiv] I. *n* GRAM vocativo *m*. II. *adj* del vocativo.

vo·ci·fer·ate [və'sifəreit; US vəu-] *v* vociferar. **vo·ci·fer·ation** [və,sifə'reiʃn] n vociferación f. **vo·ci·fer·ous** [və'sifərəs] *adj* vociferante.

vod·ka ['vɔdkə] *n* vodka *m,f*.

vogue [vəug] *n* moda *f*, boga *f*. LOC **To be in** ~, estar de moda.

voice [vɔis] I. *n* voz *f* (*also* GRAM, MUS). LOC **High-pitched** ~, voz *f* aguda o chillona. **In a loud** ~, en voz alta. **To give ~ to**, expresar. **To have a ~ but no vote**, tener voz consultiva. **To have no ~ in a matter**, no tener voz ni voto en un asunto. **With one** ~, por unanimidad. II. *v* 1. hacerse eco de, expresar. 2. GRAM sonorizar. 3. articular. **voic·ed** [vɔist] *adj* 1. GRAM sonoro/a. 2. expresado/a. **voice·less** ['vɔislis] *adj* 1. GRAM sordo/a. 2. mudo/a.

vo·id [vɔid] I. *n* 1. vacío *m* (*also* FIG). 2. fallo *m*. 3. espacio *m*, hueco *m*. II. *adj* 1. vacío/a. 2. vacante. 3. JUR inválido/a, nulo/a. LOC **To be ~ of**, carecer de. III. *v* 1. JUR invalidar, anular. 2. vaciar, desocupar; evacuar.

voile [vɔil] *n* gasa *f*.

vol·at·ile ['vɔlətail; US -tl] *adj* 1. volátil. 2. FIG inconstante. **vol·at·il·ity** [,vɔlə'tiləti] n 1. volatilidad f. 2. FIG inconstancia *f*. **vol·at·il·ize, --ise** [vɔ'lætilaiz] *v* volatilizar(se).

vol·au·vent ['vɔləva:ŋ] *n* volován *m*.

vol·can·ic [vɔl'kænik] *adj* GEOL volcánico/a. **vol·can·ism** ['vɔlkənizəm] *n* GEOL volcanismo *m*. **vol·ca·no** [vɔlkeinəu] *n* (*pl* **-es**) GEOL volcán *m*.

vole [vəul] *n* ZOOL ratón *m* de campo *m*, campañol *m*.

vo·li·tion [və'liʃn; US vəu-] *n* volición *f*. LOC **Of one's own** ~, por propia voluntad.

vol·ley ['vɔli] I. *n* 1. lluvia *f* (*of arrows, stones,* etc). 2. MIL descarga *f*. 3. torrente *m*; retahíla *f* (*of abuse; insults*). 4. DEP voleo *m* (*in tennis,* etc). 5. salva *f* (*of applause*). LOC **~-ball**, DEP vóleibol *m*, balón *m* volea. II. *v* 1. MIL lanzar (una descarga). 2. dirigir (*insults*). 3. DEP volear (*in tennis*).

volt [vəult] *n* (*abrev* **v**) ELECTR voltio *m*. LOC **~-meter**, ELECTR voltímetro *m*. **~-ampere**, ELECTR voltamperio *m*. **volt·age** ['vəultidʒ] *n* ELECTR tensión *f*, voltaje *m*. **volt·aic** [vɔl'teiik] *adj* ELECTR voltaico/a.

volte-face [,vɔlt 'fa:s] *n* cambio *m* repentino de opinión *f*.

vol·u·bil·ity [,vɔlju'biləti] *n* locuacidad *f*. **vol·u·ble** ['vɔljubl] *adj* locuaz.

vol·ume ['vɔlju:m; US -jəm] *n* 1. volumen *m*. 2. gran cantidad *f*. 3. tomo *m* (*of a book*). 4. cantidad *f*, masa *f*. LOC **To speak ~s**, ser sumamente significativo. **To speak ~s for**, indicar con toda claridad. **~ control**, control *m* del volumen. **~ of sound**, volumen *m* sonoro. **vo·lu·min·ous** [və'lu:minəs] adj 1. voluminoso/a. 2. abundante.

vol·un·ta·ri·ness ['vɔləntərinis] *n* voluntariedad *f*. **vol·un·ta·ry** ['vɔləntri; US -teri] I. *adj* 1. voluntario/a. 2. espontáneo/a; sin premeditación. 3. JUR a título gratuito. II. *n* MUS solo *m* de órgano.

vol·un·teer [,vɔlən'tiə(r)] I. *n/adj* (**for sth/to do sth**) voluntario/a. II. *v* (**for**) 1. ofrecer(se) (a), apuntarse (a). 2. (permitirse) hacer (*a remark*). 3. MIL alistarse voluntario. 4. FIG designar.

vo·lup·tu·ary [və'lʌptʃuəri; US -ueri] *n/adj* voluptuoso/a. vo-lup-tu-ous [və'lʌptʃuəs] adj voluptuoso/a. **vo·lup·tu·ous·ness** [və'lʌptʃuəsnis] *n* voluptuosidad *f*.

vo·lute [və'lu:t] I. *adj* (en) espiral *f*. II. *n* voluta *f*. **vo·lut·ed** [və'lu:tid] *adj* en forma de espiral *f* o volutas *f,pl*.

vom·it ['vɔmit] I. *v* (**up**) vomitar. II. *n* vómito *m*; vomitivo *m*. **vom·it·ing** ['vɔmitiŋ] *n* MED vómito *m*.

voo·doo ['vu:du:] *n* REL vudú *m*.

vo·ra·ci·ous [və'reiʃəs] *adj* voraz; ávido/a. **vo·ra·ci·ous·ness** [və'reiʃəsnis], **vo·ra·ci·ty** [və'ræsəti] *n* voracidad *f*; avidez *f*.

vor·tex ['vɔ:teks] *n* (*pl* **-es** *or* **-tices** [-tisi:z]) vórtice *m*.

vot·ary ['vəutəri] *n* **(of sb/sth)** partidario/a; adorador/ra; devoto/a.

vote [vəut] **I.** *n* **1. (for, against)** voto *m* (a favor/en contra). **2.** derecho *m* a votar. **3.** votación *f*. **4.** sufragio *m*. LOC **By a majority ~**, por una mayoría de votos. **Secret ~**, votación *f* secreta. **~ of confidence**, voto *f* de confianza. **~ getter**, el/la que acapara votos. **To cast a ~**, votar, otorgar el voto. **To put to a ~/To take a ~ on**, someter/poner a votación. **~ by show of hands**, votación *f* a mano alzada. **II.** *v* **1. (for)** votar (por). **2.** sugerir, proponer. **3. (in)** elegir. **4. (down)** rechazar. **5. (out)** derrotar en una votación. **vot·er** ['vəutə(r)] *n* votante *m,f*. **vot·ing** ['vəutiŋ] **I.** *adj* electoral; votante. **II.** *n* votación *f*. LOC **~ booth**, cabina *f* electoral. **~ paper**, papeleta *f*. **vot·ive** ['vəutiv] *adj* votivo/a.

vouch [vautʃ] *v* **(for) 1.** confirmar. **2.** atestiguar. **3.** garantizar, responder (de, por). **4.** JUR citar. **vouch·er** [vautʃə(r)] *n* **1.** prueba *f*. **2.** documento *m* justificativo. **3.** vale *m*, comprobante *m*. **4.** TEAT R contraseña *f*. **vouch·safe** [vautʃ'seif] ARC REL *v* **(to)** otorgar, conceder, dignarse (hacer): *She ~d no answer*, No se dignó contestar.

vow [vau] **I.** *n* **1.** promesa *f* solemne. **2.** REL voto *m*. **II.** *v* **1.** prometer solemnemente; jurar. **2.** REL hacer voto(s) (de).

vow·el ['vauəl] *n* GRAM vocal *f*.

voy·age ['vɔiidʒ] **I.** *n* travesía *f*, viaje *m* (*esp by sea or in space*). **II.** *v* viajar; navegar. **voy·ag·er** ['vɔiidʒə(r)] *n* viajero/a.

voy·eur [vɔi'e:r] *n* mirón/na.

vul·can·ism ['vʌlkənizəm] *n* GEOL volcanismo *m*.

vul·can·ite ['vʌlkənait] *n* vulcanita *f*. **vul·can·iz·ation, -·is·ation** [,vʌlkənai'zeiʃn] *n* TEC vulcanización *f*. **vul·can·ize, -·ise** ['vʌlkənaiz] *v* vulcanizar.

vul·gar ['vʌlgə(r)] **I.** *n* vulgo *m* (*also* **vulgus**). **II.** *adj* **1.** ordinario/a, vulgar; grosero/a. **2.** corriente, común. **3.** verde (*joke*). **4.** cursi; de mal gusto. **vul·gar·ian** [vʌl'geəriən] *n* persona *f* vulgar. **vul·gar·ism** ['vʌlgərizəm] *n* vulgaridad *f*; vulgarismo *m*. **vul·gar·ity** [vʌl'gærəti] *n* vulgaridad *f*; ordinariez *f*, grosería *f*. **vul·gar·ize, -·ise** ['vʌlgəraiz] *v* vulgarizar.

Vul·gate ['vʌlgeit] *n* REL Vulgata *f*.

vul·ner·ab·il·ity [,vʌlnərə'biləti] *n* vulnerabilidad *f*. **vul·ner·able** ['vʌlnərəbl] *adj* **(to)** vulnerable.

vulp·ine ['vʌlpain] *adj* vulpino/a.

vul·ture ['vʌltʃə(r)] *n* ZOOL buitre *m* (*also* FIG).

vul·va ['vʌlvə] *n* (*pl* **-s** *or* **vulvae** ['vʌlvi:]) ANAT vulva *f*.

vy·ing *ger* de **vie**.

W, w [dʌblju] *n* **1**. 'uve doble' *f* (*letter*). **2**. *abrev* de *west*.

wac·ky ['wæki] *adj* (*comp* **-ier**, *sup* **-iest**) US INFML chalado/a, chiflado/a.

wad [wɔd] **I**. *n* **1**. tapón *m*; taco *m*. **2**. fajo *m* (*of banknotes*); manojo *m*. **3**. bolita *f* (*of cotton wool*). **4**. lío *m* (*of papers*). **5**. INFML pastel *m*. **II**. *v* (**-dd-**) **1**. obstruir; tapar. **2**. rellenar. **wad·ding** ['wɔdiŋ] *n* **1**. relleno *m*; taco *m*. **2**. acolchado *m*. **3**. MED algodón *m* absorbente; guata *f*.

wad·dle ['wɔdl] **I**. *v* andar como un pato, contonearse. **II**. *n* contoneo *m*.

wade [weid] *v* **1**. andar con dificultad *f*. **2**. (**across**) vadear (*a river*, etc). **3**. (**ashore**) salir del agua. **4**. (**in**) meterse en el agua. **5**. (**into**) atacar, arremeter (contra); meterse (en) (*water*). **6**. (**through**) abrirse paso (entre). **wad·er** ['weidə(r)] *n* **1**. ZOOL (*also* **wading bird**) ave *f* zancuda. **2**. **~s** *pl* botas *f,pl* altas impermeables.

waf·er ['weifə(r)] *n* **1**. barquillo *m*; galleta *f*. **2**. REL hostia *f*. **3**. oblea *f*, sello *m* de lacre. LOC **~-thin**, finísimo/a, delgadísimo/a.

waf·fle ['wɔfl] **I**. *v* FAM meter paja; perorar. **II**. *n* **1**. barquillo *m*; buñuelo *m*. **2**. FAM paja *f*; palabrería *f*.

waft [wɔft; US wæft] **I**. *v* llevar/traer por el agua/aire. **II**. *n* ráfaga *f*, soplo *m* (*of wind*); bocanada *f* (*of smoke*).

wag [wæg] **I**. *v* (**-gg-**) mover(se), menear(se), agitar(se). **II**. *n* **1**. movimiento *m*, meneo *m*. **2**. coletazo *m* (*of a tail*). **3**. bromista *m,f*. LOC **~·tail**, ZOOL aguzanieves *m*. **wag·ge·ry** ['wægəri] *n* broma *f*; jocosidad *f*. **wag·gish** ['wægiʃ] *adj* bromista; divertido/a. **wag·gish·ly** ['wægiʃli] *adv* en broma *f*. **wag·gish·ness** ['wægiʃnis] *n* carácter *m* bromista.

wage [weidʒ] **I**. *n* sueldo *m* (semanal), salario *m*, jornal *m*. **II**. *v* **1**. (**against/on sth**) librar (*a battle*); hacer (*war*). **2**. emprender. **3**. proseguir. LOC **~-earner**, asalariado/a. **~ freeze**, congelación *f* de salarios. **~ increase**, aumento *m* de sueldo. **~·worker**, asalariado/a. **wag·er** ['weidʒə(r)] **I**. *v* (**on sth**) apostar. **II**. *n* apuesta *f*.

wag·gle INFML V. **wag** (I;II:1,2).

wag·(g)on ['wægən] *n* **1**. carro *m*. **2**. furgón *m*; vagón *m* (*in railway*). **3**. camioneta *f*. LOC **To be on the ~**, INFML no beber. LOC **~-lit**, coche-cama *m*. **wag·(g)on·er** ['wægənə(r)] *n* carretero/a.

waif [weif] *n* **1**. niño/a abandonado/a. **2**. animal *m* abandonado. LOC **~s and strays**, niños/as desamparados/as.

wail [weil] **I**. *v* **1**. (**about/over sth**) lamentar(se); gemir; llorar (*also* FIG). **II**. *n* lamento *m*; gemido *m*; vagido *m* (*of a baby*). **wail·ing** ['weiliŋ] *n* gemidos *m,pl*.

wains·cot ['weinskət] **I**. *n* (*also* **wainscoting**) ARQ **1**. revestimiento *m* de madera. **2**. friso *m*. **II**. *v* ARQ revestir de madera *f*.

waist [weist] *n* **1**. talle *m*, cintura *f*. **2**. estrechamiento *m*. **3**. NAUT combés *m*. LOC **~·band**, cinturón *m*. **~·coat**, chaleco *m*. **~-deep**, hasta la cintura. **~-high**, al nivel de la cintura. **~·line**, cintura *f*, talle *m*. **waist·ed** ['weistid] *adj* de cintura *f*: *Slim-~*, De cintura delgada.

wait [weit] **I**. *v* **1**. (**for sb/sth**) aguardar, esperar. **2**. retrasar; atrasar. **3**. servir, atender (*a table*). **4**. (**about**) perder tiempo, esperar. **5**. (**up**) no acostarse, velar. **6**. (**upon**) derivarse (de); depender (de) (*a decision*); presentar sus respetos (a). LOC **To keep sb ~·ing**, hacer esperar a alguien. **~ and see!**, espera y verás. **II**. *n* **1**. espera *f*: *A long ~*, Una larga espera. **2**. emboscada *f*. **3**. **~s** *pl* murga *f* de Nochebuena. LOC **To lie in ~ for**, acechar. **wait·er** ['weitə(r)] *n* **1**. camarero *m* (*f* **waitress** [-ris] camarera). **2**. bandeja *f*. **wait·ing** ['weitiŋ] **I**. *adj* de/que espera. **II**. *n* **1**. espera *f*. **2**. servicio *m*. LOC **~ list**, lista *f* de espera. **~ room**, sala *f* de espera.

waive [weiv] *v* **1**. (*also* JUR) renunciar (*a right*). **2**. desistir (de) (*a claim*). **waiv·er** ['weivə(r)] *n* JUR renuncia *f* (*of a right*).

wake [weik] **I**. *v* (pret **woke** [wəuk], pp **woken** ['wəukən]; ARC pret, pp **waked**) **1**. (**up**) despertar(se). **2**. resucitar. **3**. velar (*a corpse*). **II**. *n* **1**. velatorio *m*. **2**. FIG huella *f*; NAUT estela *f*. **3**. verbena *f*; fiesta *f* anual. LOC **In the ~ of sth**, a raíz (de), como consecuencia (de). **To make enough noise to ~ the dead**, hacer un ruido espantoso. **wake·ful** ['weikfl] *adj* **1**. desvelado/a; despierto/a. **2**. alerta. **wake·ful·ness** ['weikfulnis] *n* **1**. insomnio *m*. **2**. vigilancia *f*. **wak·en** ['weikən] *v* despertar(se).

walk [wɔ:k] **I**. *v* **1**. caminar; andar; recorrer a pie. **2**. pasear(se) (*stroll*). **3**. llevar el paso *m* (*a horse*). **4**. aparecer (*a ghost*). **5**. DEP avanzar (*in basketball*). **6**. (**about**) pasear(se). **7**. (**along**) caminar. **8**. (**away**) marcharse, irse. **9**. (**away with**) llevarse. **10**. (**in**) entrar. **11**. (**off**) marcharse, irse. **12**. (**off with**) robar; llevarse. **13**. (**on**) andar (sobre); pisar; seguir su camino. **14**. (**out**) salir; retirarse; sacar; declararse en huelga. **15**. (**out on**) dejar, abandonar; dejar plantado/a. **16**. (**round**) dar una vuelta. **II.** *n* **1**. (manera *f* de) andar *m*. **2**. paseo *m* (*stroll*). **3**. avenida *f*; alameda *f*, paseo *m*. **4**. camino *f*, senda *f*. LOC **To go for/have/take a ~**, dar un paseo. **~ of life**, FIG clase*f*/posición*f* social; profesión *f*. **~-out**, huelga *f*. **~-over**, triunfo *m*/victoria *f* fácil; FIG pan *m* comido. **~-up**, US edificio *m* sin ascensor *m*. **walk·er** ['wɔ:kə(r)] *n* **1**. paseante *m,f*. **2**. peatón *m*. **3**. tacatá *m*. LOC **~-on**, TEAT R papel *m* de figurante. **walk·ing** ['wɔ:kiŋ] **I**. *n* andar *m*; excursionismo *m* a pie. **II**. *adj* ambulante. LOC **~ papers**, despido *m*. **~ race**, DEP carrera *f* pedestre. **~·man**, radio-casete pequeña con auriculares. **~-stick**, (*also* **stick**) bastón *m*. **~ tour**, excursión *f* a pie. **~·way**, pasarela.

wal·kie-tal·kie [,wɔ:ki 'tɔ:ki] *n* INFML radioteléfono *m*, transmisor-receptor portátil.

wall [wɔ:l] **I**. *n* **1**. pared *f*; muro *m*. **2**. tapia *f* (*of a garden*). **3**. muralla *f* (*of a city*). **4**. FIG barrera *f*. LOC **To go to the ~**, arruinarse; fracasar; quebrar; quedar arrinconado/a; ser desechado/a por inútil. **~s have ears**, las paredes oyen. **II**. *v* **1**. poner un muro/una muralla. **2**. (**in**, **off**) cercar/separar con un muro/una pared. **3**. (**up**) tapiar.

wall..., **~·board** *n* tablero *m*. **~ clock** *n* reloj *m* de pared *f*. **~-eyed** *adj* de ojos *m,pl* incoloros. **~·flower** *n* BOT alhelí *m*. **~ fruit** *n* BOT fruta *f* de espalera. **~ lamp** *n* aplique *m*. **~ map** *n* mapa *m* mural. **~ painting** *n* pintura *f* mural. **~·paper** *n* papel *m* pintado/de empapelar. **~ seat** *n* banqueta *f*. **~ socket** *n* enchufe *m* de pared.

wal·lah ['wɔlə] *n* INFML encargado/a.

wal·let ['wɔlit] *n* (US *also* **billfold**, **pocketbook**) cartera *f*.

wal·lop ['wɔləp] **I**. *v* INFML **1**. golpear/pegar fuerte. **2**. zurrar. **II**. *n* INFML **1**. golpetazo *m*, golpe *m* fuerte. **2**. zurra *f*. **3**. cerveza *f*. **wal·lop·ing** ['wɔləpiŋ] *adj* INFML enorme; grandote.

wal·low ['wɔləu] **I**. *v* **1**. (**about**, **around**) revolcarse (*animals*). **2**. FIG (**in**) nadar (en) (*money*).

wal·nut ['wɔ:lnʌt] *n* **1**. BOT (*also* **~ tree**) nogal *m*. **2**. nuez *f*.

wal·rus ['wɔ:lrəs] *n* ZOOL morsa *f*.

waltz [wɔ:ls; US wɔ:lts] **I**. *n* MUS vals *m*. **II**. *v* bailar un vals.

wan [wɔn] *adj* (*comp* **-ner**, *sup* **-nest**) pálido/a; débil; macilento/a. **wan·ly** ['wɔnli] *adv* pálidamente. **wan·ness** ['wɔnnis] *n* palidez *f*.

wand [wɔnd] *n* **1**. vara *f* (*symbol of authority*). **2**. varita *f* mágica.

wan·der ['wɔndə(r)] *v* **1**. errar/vagar (por). **2**. delirar, desvariar, divagar (*the mind*). **3**. extraviarse. **4**. (**about**) ir a la ventura; deambular. **5**. (**off**) alejarse. **wan·der·er** ['wɔndərə(r)] *n* **1**. viajero/a. **2**. nómada *m,f*; vagabundo/a. **wan·der·ing** ['wɔndəriŋ] **I**. *n* **1**. vagabundeo *m*. **2**. MED delirio *m*. **II**. *adj* **1**. vagabundo/a; errante; nómada. **2**. distraído/a. **3**. MED que delira. **wan·der·lust** ['wɔndəlʌst] *n* ansia *f*/pasión *f* por viajar.

wane [wein] **I**. *v* **1**. ASTR menguar (*moon*). **2**. disminuir; declinar. **II**. *n* **1**. menguante *f* (*of the moon, tide*). **2**. decadencia *f*, ocaso *m*.

wan·gle ['wæŋgl] **I**. *v* INFML **1**. conseguir, agenciarse. **2**. arreglárselas. **II**. *n* INFML trampa *f*; chanchullo *m*. **wang·ler** ['wæŋglə(r)] *n* tramposo/a.

wank [wæŋk] **I**. *v* SL masturbarse. **II**. *n* masturbación *f*.

wan·na ['wɔnə] (*contracted form*) INFML (*esp* US) **1**. **want to**. **2**. **want a**.

want [wɔnt; US w}.nt] **I**. *v* **1**. desear, querer: *I want her to come*, Quiero que venga. **2**. necesitar. **3**. carecer, faltarla a uno/a: *The car ~s a steering wheel*, Al coche le falta el volante. **4**. querer hablar (con). **5**. buscar: *They are ~.ed by the police*, Los busca la policía. LOC **To ~ for**, carecer de, faltarle a uno/a. **To ~ for nothing**, tenerlo todo. **II**. *n* **1**. deseo *m*. **2**. necesidad *f*. **3**. carencia *f*, falta *f*. **4**. miseria *f*, indigencia *f*. **5**. vacío *m*, laguna *f*. LOC **For ~ of**, a/por falta *f* (de). **To be in ~ of**, necesitar. **~ ad**, US INFML anuncio *m* (*in a newspaper*). **want·ed** ['wɔntid] adj se busca, se necesita. want-ing['wɔntiŋ] **I**. *adj* (**in**) **1**. deficiente. **2**. ausente; falto de (sin).

wan·ton ['wɔntən; US 'wɔ:n-] **I**. *adj* **1**. sensual; lascivo/a. **2**. desenfrenado/a. **3**. juguetón/na (*playful*). **4**. caprichoso/a. **5**. exhuberante. **6**. sin propósito/sentido. **II**. *n* libertino/a. **III**. *v* retozar, jug(uete)ar. **wan·ton·ness** ['wɔntənnəs] n 1. libertinaje m. 2. desenfreno m. 3. lascivia f.

war [wɔ:(r)] **I**. *n* guerra *f*. LOC **At ~**, en guerra. **Civil ~**, guerra *f* civil. **Cold ~**, guerra *f* fría. **Hot/Shotting ~**, guerra *f* a tiros. **To declare ~ (up)on**, declarar la guerra (a). **To make/wage ~ on**, hacer la guerra (a). **~ of nerves**, guerra *f* de nervios. **~ crime**, crimen *m* de guerra. **~ criminal**, criminal *m* de guerra. **~ cry**, grito *m* de guerra. **~ dance**, danza *f* guerrera. **~·fare**, guerra *f*; arte *m* militar. **~ game**, simulacro *m* de guerra. **~·head**, ojiva *f* explosiva (de torpedo o misil). **~-horse**, caballo *m* de batalla; FIG veterano/a. **~ memorial**, monumento *m* a los caídos. **~·monger**, belicista *m,f*, incendiario/a de la guerra. **~·path, (to be on ~)**, 1. estar buscando lío/jaleo. 2. estar en pie de guerra. **~·plane**, AER avión *m* militar. **~·ship**, NAUT buque *m* de guerra. **II**. *adj* de guerra. **III**. *v* **1**. guerrear. **2**. FIG luchar. **war·like** ['wɔ:laik] *adj* **1**. guerrero/a; belicoso/a. **2**. marcial, militar. **war·ring** ['wɔ:riŋ] *adj* en guerra/lucha. **war·ri·or** ['wɔ:riə(r)] *n* guerrero *m*.

war·ble ['wɔ:bl] **I**. *v* **1**. trinar, gorjear (*birds*). **2**. cantar. **II**. *n* trino *m*, gorjeo *m*. **war·bler** ['wɔ:blə(r)] *n* ZOOL curruca *f*.

ward [wɔ:d] **I**. *n* **1**. tutela *f*, custodia *f*. **2**. pupilo/a. **3**. pabellón *m*, sala *f* (*in a hospital, prison*). **4**. distrito *m*, barrio *m* (*of a town*). **5**. muesca *f* (*of a key*). **6**. guarda *f* (*of a lock*). LOC **In ~**, bajo tutela. **Casual ~**, asilo *m* para pobres/vagabundos. **To walk the ~s**, hacer prácticas de clínica. **~ heeler**, US muñidor *m* (*in politics*). **~·robe**, guardarropa *m*, armario *m*; TEAT R vestuario *m*. **~·robe dealer**, ropavejero/a. **~·robe keeper**, TEAT R guardarropa *m*. **~·robe master** (*f* **~·robe mistress**), TEAT R encargado/a del vestuario. **~·robe trunk**, baúl *m*/armario *m* ropero. **~·room**, NAUT cámara *f* de oficiales. **II**. *v* **1**. proteger. **2**. **(off)** parar; desviar; evitar; prevenir.

war·den ['wɔ:dn] **1**. vigilante *m,f*; guardián/na. **2**. director/ra (*of a college, institution*, etc). **war·den·ship** ['wɔ:dnʃip] *n* **1**. tutela *f*. **2**. cargo *m* de director/ra o guarda *m,f*. **war·der** ['wɔ:də(r)] *n* (*f* **ward·ress** [-ris]) **1**. carcelero/a, celador/ra. **2**. guardián/na; vigilante *m,f*.

ware [weə(r)] **I**. *n* **1**. loza *f*. **2**. **~s** *pl* mercancías *f,pl*. LOC **~·house**, *n* almacén *m*; depósito *m* de mercancías; *v* almacenar; depositar. **~·houseman**, almacenista *m,f*. **~·housing**, almacenamiento *m*.

war·i·ly ['weərili] *adj* con cautela. **war·i·ness** ['weərinis] *n* precaución *f*, cautela *f* (V. **wary**).

warm [wɔ:m] **I**. *adj* (*comp* **-er**, *sup* **-est**) **1**. caluroso/a; cálido/a (*climate*). **2**. caliente. **3**. tibio/a. **4**. acalorado/a. **5**. entusiasta; fervoroso/a; ardiente. **6**. afectuoso/a, cariñoso/a. LOC **To be ~**, hacer/tener calor. **To keep sb ~**, entrar en calor. **~-blooded**, de sangre *f* caliente. **~-hearted**, simpático/a; afectuoso/a, cariñoso/a. **~-up**, DEP calentamiento *m*. **II**. *v* **1**. calentar(se). **2**. regocijar(se); alegrarse. **3**. **(over)** recalentar (*food*). **4**. **(to sb)** tomar simpatía *f* (a alguien). **5**. **(up)** animarse; entrar en calor; DEP hacer ejercicios de calentamiento. LOC **To ~ sb's ears**, zurrar (a alguien). **III**. *n* calentamiento *m*. **warm·ing** ['wɔ:miŋ] *n* zurra *f*, paliza *f*. LOC **~-pan**, calentador *m* de cama. **warm·ly** ['wɔ:mli] *adv* **1**. calurosamente. **2**. cariñosamente. **warmth** [wɔ:mθ] *n* (*also* **~·ness**) **1**. calor *m*. **2**. entusiasmo *m*; ardor *m*. **3**. cordialidad *f*.

warn [wɔ:n] *v* **1**. **(against)** prevenir. **2**. avisar; advertir: *To ~ sb of sth/doing sth*, Advertir a alguien (de algo/hacer algo). **warn·ing** ['wɔ:niŋ] **I**. *n* **1**. aviso *m*, advertencia *f*. **2**. lección *f*; escarmiento *m*. **II**. *adj* de advertencia/aviso/amonestación.

warp [wɔ:p] **I**. *v* **1**. torcer(se), alabear(se) (*wood, timber*). **2**. FIG pervertir; deformar. **3**. NAUT halar. **II**. *n* **1**. urdimbre *f* (*in weaving*). **2**. albeo *m* (*of wood, timber*). **3**. FIG perversión *f*. **4**. NAUT espía *f*. **warp·ing** ['wɔ:piŋ] *n* **1**. alabeo *m*; deformación *f*. **2**. AER torsión *f*.

war·rant ['wɔrənt; US 'wɔ:r-] **I**. *n* **1**. garantía *f*. **2**. justificación *f*; autorización *f*. **3**. COM vale *m*, cédula *f*. **4**. JUR orden *f* judicial: *Arrest ~*, Orden de arresto. LOC **~-officer**, MIL suboficial *m*; NAUT contramaestre *m*. **II**. *v* **1**. garantizar. **2**. justificar; autorizar. **war·rant·able** ['wɔrəntəbl] adj garantizable; justificable. war-rant-ee ['wɔrənti:] *n* JUR persona *f* que recibe una garantía. **war·rant·or** [-ə(r); US wɔ:r-] *n* JUR garante *m,f*; fiador/ra. **war·rant·y** ['wɔrənti] n 1. JUR garantía *f*. **2**. justificación *f*.

war·ren ['wɔrən; US 'wɔ:rən] *n* madriguera *f*; conejera *f* (*also* FIG).

wart [wɔ:t] *n* BOT, MED verruga *f*. **wart·y** ['wɔ:ti] *adj* verrugoso/a.

war·y ['weəri] *adj* (*comp* **-ier**, *sup* **-iest**) **(of sb/sth)** precavido/a, cauto/a, cauteloso/a; prudente.

was pret de **be**.

wash [wɔʃ; US wɔ:ʃ] **I**. n **1**. lavar. **2**. fregar. **3**. bañar. **4**. inundar. **5**. humedecer, mojar. **6**. erosionar. **7**. **(away)** quitar lavando; erosionar. **8**. **(down)** lavar; rociar. **9**. **(off)** quitar(se) lavando. **10**. **(out)** lavar; desteñirse. **11**. **(up)** fregar (*dishes*). LOC **To ~ one's hands of sth**, FIG desentenderse de algo. **~ed out**, SL rendido/a. **~ed up**, SL fracasado/a; deslomado/a. **II**. *n* **1**. lavado *m*. **2**. friegue *m* (*of dishes*). **3**. colada *f*. **4**. ropa *f* sucia/para lavar. **4**. TEC depuración *f*. **5**. NAUT remolinos *m,pl*; estela *f*. **6**. AER turbulencias *f,pl*. **7**. champú *m*; lavazas *f,pl*; INFML aguachirle *f*. LOC **~-and-wear**, que no hace falta planchar. **~-basin** (*also* **~-hand basin**, **basin**, US **~-bowl**), lavabo *m*; palangana *f*. **~-cloth**, US toalla *f* para la cara. **~-leather**, gamuza *f*. **~-out**, INFML desastre *m*; fracaso *m*. **~·rag**, US paño *m* de cocina. **~·room**, US servicios *m,pl*. **~-stand**, lavabo *m*. **~-tub**, bañera *f*; tina *f* de lavar. **wash·able** ['wɔʃəbl] adj lavable. wash-er ['wɔʃə(r)] *n* **1**. lavador/ra (*person*). **2**. TEC arandela *f*. LOC **~·man** (*f* **~·woman**), lavandero/a. **wash·ing** ['wɔʃiŋ] **I**. *n* **1**. lavado *m*. **2**. friegue *m*. **3**. colada *f*. **4**. ropa *f* sucia, para lavar. LOC **~ day**, día *m* de la colada. **~-machine**, lavadora *f*. **~-powder**, detergente *m*. **~-soda**, sosa de lavar. **~-up**, friegue *m*; platos *m,pl* sucios, para fregar. **wash·y** ['wɔʃi] *adj* **1**. aguado/a. **2**. insípido/a, soso/a. **3**. FIG flojo/a.

wasp [wɔsp] *n* ZOOL avispa *f*. LOC **~'s nest**, avispero *m*. **~ waist**, talle *m* de avispa. **wasp·ish** ['wɔspiʃ] *adj* **1**. irritable. **2**. punzante; mordaz.

wast·age ['weistidʒ] *n* **1**. pérdida *f*; merma *f*. **2**. desgaste *m*. **3**. derroche *m*.

waste [weist] **I**. *adj* **1**. de desecho; residual. **2**. yermo/a; baldío/a; incultivable. **3**. inútil. **4**. desperdiciado/a. **5**. sobrante. LOC **To lay ~**, devastar, asolar. **To lie ~**, AGR quedar sin cultivar. **~·land**, yermo *m*. **~·paper**, papeles *m,pl* viejos; papel usado. **~-paper basket** (US **~-basket**, **~-bin**), papelera *f*. **~ pipe**, tubo *m* de desagüe. **~ product**, residuo *m*, desecho *m*. **II**. *v* **1**. desperdiciar(se); perder(se); malgastar(se). **2**. desaprovechar(se). **3**. perder (*time*). **4**. **(away)** consumir(se); debilitar(se); mermar(se). **5**. asolar, devastar. **III**. *n* **1**. deterioro *m*, desgaste *m*. **2**. pérdida *f*. **3**. residuos *m,pl*, desperdicios *m,pl*; basura *f*. **4**. derroche *m*, despilfarro *m*. **5**. yermo *m* (*land*). LOC **Radioactive ~**, deshechos *m, pl* radioactivos. **To go/run to ~**, perderse. **waste·ful** ['weistfl] *adj* **1**. derrochador/ra, despilfarrador/ra. **2**. ruinoso/a. **waste·ful·ness** ['weistfulnis] *n* derroche *m*, despilfarro *m*. **wast·er** ['weistə(r)] *n* (*also* **wastrel** ['weistrəl]) derrochador/ra.

watch [wɔtʃ] **I**. *n* **1**. reloj *m* de bolsillo/pulsera. **2**. vigilante *m*, guarda *m*. **3**. vigilancia *f.* 4. NAUT vigía *f*; guardia *f* (*also* MIL). 5. ronda *f*. LOC **To be on the ~ for sb**, estar al acecho de alguien. **To keep ~ on/over**, vigilar. **~·chain**, cadena *m* de reloj. **~-dog**, perro *m* guardián. **~·maker**, relojero *m*. **~·maker's**, relojería *f*. **~·man**, vigilante *m*; sereno *m*. **~·strap** (US **~·band**), cadena *f*/correa *f* de reloj. **~·tower**, atalaya *f*. **~·word**, MIL contraseña *f*, santo y seña *f*; consigna *f*, lema *m*. **II.** *v* **1**. mirar, observar. **2**. guardar; vigilar. **3**. (**by**) velar. **4**. (**for**) esperar. **5**. (**out**) tener cuidado; estar atento/a. **6**. (**out for**) estar al acecho (de). **7**. (**over**) vigilar; cuidar; velar. **watch·er** ['wɔtʃə(r)] *n* **1**. observador/ra. **2**. vigilante. **watch·ful** ['wɔtʃful] *adj* vigilante; atento/a. **watch·ful·ness** ['wɔtʃfulnis] *n* cuidado *m*; vigilancia *f*.

wa·ter ['wɔ:tə(r)] **I**. *n* **1**. agua *f*. **2**. marea *f*. **3**. MED orina *f*. LOC **By ~**, por mar. **High ~**, pleamar *f*. **Holy ~**, REL agua *f* bendita. **Low ~**, bajamar *f*. **Of the first ~**, de primera categoría. **Rain ~**, agua de lluvia. **To be in hot ~**, estar en un aprieto. **To fish in troubled ~s**, pescar en río revuelto. **To get into deep ~**, meterse en un lío. **To hold ~**, retener el agua. **Not to hold ~**, no tener validez (*argument*). **To make ~**, hacer aguas; orinar. **II**. *adj* **1**. acuático/a; de/para agua. **2**. DEP náutico/a. **3**. TEC hidráulico/a. **III**. *v* **1**. humedecer; mojar. **2**. regar (*land, garden*). **3**. abrevar (*animals*). **4**. diluir; aguar. **5**. llorar. **6**. FIG hacer(se) agua (*one's mouth*). **7**. (**down**) FIG suavizar, moderar. **wa·ter·i·ness** ['wɔ:tərinis] *n* acuosidad *f*. **wa·ter·ing** ['wɔ:təriŋ] *n* irrigación *f*; riego *m*. **wa·ter·y** ['wɔ:təri] *adj* **1**. aguado/a. **2**. acuoso/a (*eye*). **3**. insípido/a, soso/a. **4**. pálido/a. **5**. que amenaza lluvia. **6**. húmedo/a.

water..., **~-bed** *n* colchón *m* de agua. **~-bird** *n* ZOOL ave *m* acuática. **~-borne** *adj* transportado/a por barco. **~-bottle** *n* cantimplora *f*. **~ can** *n* regadera *f*. **~-cannon** *n* cañón *m* de agua. **~-carrier** *n* aguador *m*. **~-cart** *n* cuba *f*/carro *m* de riego. **~-closet** *n* (*abrev* **WC**) retrete *m*, wáter *m*. **~-colour** (US **~-color**) *n* ART acuarela *f*. **~·cooled** *adj* refrigerado/a por agua. **~-cooling** *n* refrigeración *f* por agua. **~·course** *n* cauce *m*; corriente *f* de agua. **~·cress** *n* BOT berro *m*. **~-diviner** *n* zahorí *m*. **~·fall** *n* salto *m* de agua; cascada *f*. **~-fowl** *n* ZOOL ave *f* acuática. **~·front** *n* puerto *m*; parte *f* que da al mar (*of a town*). **~-hole** *n* charco/a. **~-ice** *n* sorbete *m*. **~ jacket** *n* camisa *f* de agua. **~-jump** *n* DEP foso de agua (*in steeplechase*, etc). **~-level** *n* nivel *m* del agua; NAUT línea *f* de flotación (*also* **~-line**). **~-lily** *n* BOT nenúfar *m*. **~-log- ged** *adj* empapado/a; saturado/a de agua; inundado/a. **~-main** *n* tubería *f* general. **~·man** *n* barquero *m*. **~·mark** *n* filigrana *f* (*in papermaking*). **~-meadow** *n* vega *f*. **~-melon** *n* BOT sandía *f*. **~-mill** *n* molino *m* de agua. **~ pipe** *n* tubería *f* de agua. **~ place** *n* abrevadero *m*; balneario *m*. **~ polo** *n* DEP waterpolo *m*. **~-power** *n* energía *f* hidráulica. **~·proof** *n/adj* impermeable *m*; *v* impermeabilizar. **~-rat** *n* ZOOL rata *f* de agua. **~-rate** *n* tarifa *f* del agua. **~·shed** *n* cuenca *f*; GEOG línea *f* divisoria de las aguas; FIG coyuntura *f* crítica. **~-side** *n* orilla *f*. **~-skiing** *n* DEP esquí *m* acuático/náutico. **~·spout** *n* canalón *m*. **~-supply** *n* abastecimiento *m* de agua. **~-table** *n* nivel *m* hidrostático. **~ tank** *n* aljibe *m*; depósito *m* de agua; cisterna *f*. **~·tight** *adj* hermético/a, estanco/a; FIG perfecto/a; irrecusable. **~-tower** *n* depósito *m* elevado de agua. **~ trough** *n* abrevadero *m*. **~·wave** *n* ondulación *f*, ola *f*. **~·way** *n* canal *m* navegable; vía *f* fluvial. **~-wheel** *n* rueda *f* hidráulica. **~-wings** *n,pl* flotadores *m,pl*. **~·works** *n* central *f*, sistema *m* de abastecimiento de agua.

Wa·ter·loo ['wɔtəlu:] *n* (**meet one's ~**) derrota *f*, caída *f*; llegarle a uno su hora.

watt [wɔt] *n* ELECTR vatio *m*. **wat·tage** ['wɔtidʒ] *n* ELECTR potencia *f* en vatios *m,pl*.

wat·tle ['wɔtl] *n* **1**. barbilla *f* (*of a fish*); barba *f* (*of a bird*). **2**. zarzo *m*.

wave [weiv] **I**. *v* **1**. ondear. **2**. ondular (*hair*). **3**. agitar (*one's hands/arms*). **4**. hacer señales con la mano. **5**. blandir (*a sword*). **6**. (**aside**) rechazar. **7**. (**sb on**) hacer señales con la mano para que alguien pase. **8**. (**to sb**) hacer señas con la mano. **II**. *n* **1**. FIS onda *f*; ondulación *f*; ola *f*. **2**. FIG oleada *f* (*of people*). **3**. FIG racha *f*. **4**. seña *f*, ademán *m*, movimiento *m* (*with the hand*). LOC **Cold ~**, ola *f* de frío. **~-band**, banda *f* de frecuencias. **~-length**, FIS longitud *f* de onda. **~ meter**, ondímetro *m*. **~ range**, gama *f* de ondas. **wav·er** ['weivə(r)] **I**. *n* vacilación *f*. **II**. *v* vacilar, dudar. **wav·er·er** ['weivərə(r)] *n* indeciso/a. **wav·i·ness** ['weivinis] *n* ondulación *f*. **wav·y** ['weivi] *adj* ondulado/a; onduloso/a; ondeado/a.

wax [wæks] **I**. *n* **1**. cera *f*. **2**. lacre *m*. **II**. *v* **1**. encerar. **2**. crecer (*the moon*). **3**. ponerse; hacerse: *To ~ old*, Hacerse viejo/a. **III**. *adj* de cera. LOC **~-work**, figura *f* de cera. **~·works**, museo de cera. **wax·en** ['wæksn] *adj* **1**. encerado/a. **2**. de cera. **3**. ceroso/a. **wax·ing** ['wæksiŋ] *adj* creciente (*the moon*). **wax·y** ['wæksi] *adj* **1**. encerado/a. **2**. de cera. **3**. ceroso/a. **4**. INFML enojado/a; rabioso/a.

way [wei] **I**. *n* **1**. camino *m*: *The ~ to the bus station*, El camino hacia la estación de autobuses. **2**. carretera *f*, vía *f*. **3**. trayecto *m*; recorrido *m*; viaje *m*; distancia *f*. **4**. sentido *m*; dirección *f*. **5**. modo *m*, manera *f*; estilo *m* (*of life*). **6**. distancia *f*, trecho *m*: *It's a long ~ to Madrid*, Hay un largo camino hasta Madrid. **7**. costumbre *f*; manera *f*, modal *m*. LOC **A good ~**, un buen trecho. **Across/ Over the ~**, enfrente. **By a long ~**, con mucho. **By the ~**, a propósito. **By ~ of**, (pasando) por; con la intención de; a modo de. **In a bad ~**, en mal estado. **In a big ~**, en gran escala; en grande. **In a ~**, en cierto modo; hasta cierto punto. **In every ~**, bajo todos los aspectos. **In no ~**, de ninguna manera. **Milky ~**, ASTR vía *f* láctea. **On the ~**, en camino. **On the ~ to**, camino de. **Out of the ~**, aislado/a; apartado/a; arrinconado/a; fuera de lo común. **That's the ~!**, ¡así es! **There's no ~ out**, no hay salida; no hay solución. **This ~**, en esta dirección, por aquí. **To be a long ~ out**, FIG estar muy equivocado/a. **To be in the ~**, estorbar. **To be on the ~ to**, ir camino (de). **To clear the ~**, despejar el camino. **To feel one's ~**, andar a tientas. **To find a ~**, encontrar una solución. **To get in the ~**, ponerse en medio, estorbar. **To get/have one's (own) ~**, FIG salirse con la suya. **To get out of one's ~**, tomarse la molestia (de). **To get out of the ~**, quitarse de en medio. **To get under ~**, ponerse en marcha. **To give ~**, ceder ante; ceder el paso; dejarse llevar (por). **To go a long ~**, llegar muy lejos. **To go a long ~ towards**, contribuir mucho (a), proveer buena parte de. **To go one's own ~**, ir a lo suyo. **To lead the ~**, ir primero/a. **To leave the ~ open for**, FIG dejar una puerta abierta (para). **To lose one's ~**, perderse; extraviarse. **To make one's ~ (through)**, abrirse paso; progresar. **To make ~ for**, dejar paso (a). **To put sb in a ~ to do sth**, dar a alguien la posibilidad de hacer algo. **To see one's ~ to**, ver la forma (de), encontrar la manera (de). **Under ~**, en marcha. **II.** *adv* **1**. muy lejos: *It has been ~ off target*, Ha dado muy lejos del objetivo. **2**. **(back)** hace mucho tiempo (*time*).

way..., **~-bill** *n* hoja *f* de ruta. **~farer** *n* caminante *m*; viajero/a. **~-in** *n* entrada *f*. **~lay** *v* (pret, pp **~laid**) detener; abordar (*by surprise*). **~-out** *adj* exótico/a, excéntrico/a, extravagante (*clothes*, etc). **~ out**, *n* salida *f*. **~s and means** *n,pl* medios *m,pl*. **~·side** *n* borde *m* del camino; *adj* al borde del camino. **~ station** *n* US apeadero *m*. **~·ward** *adj* desobediente; caprichoso/a; voluntarioso/a. **~·wardness** *n* desobediencia *f*; capricho *m*; voluntariedad *f*.

we [wi:] *pron* **1**. nosotros/as. **2**. nos. LOC **~'ll**, *abrev de* **~ shall**. **~'re**, *abrev de* **~ are**. **~'ve**, *abrev de* **~ have**.

weak [wi:k] **I.** *adj* (*comp* **-er**, *sup* **-est**) **1**. flojo/a; débil. **2**. poco enérgico/a. **3**. tenue (*sound*). LOC **~-minded**, tonto/a, imbécil; sin personalidad. **~ moment**, momento *m* de debilidad. **~ point**, punto *m* débil. **~ sex**, sexo *m* débil. **weak·en** ['wi:kn] *v* **1**. disminuir(se). **2**. debilitar(se). **weak·ling** ['wi:kliŋ] **I.** *adj* debilitante. **II.** *n* **1**. debilitación *f*. **2**. MED canijo/a. **3**. FAM cobarde *m,f*. **weak·ly** ['wi:kli] *adj* débil. **weak·ness** ['wi:knis] *n* debilidad *f* (*also* MED). LOC **To have a ~ for sb/sth**, tener preferencia por.

weal [wi:l] *n* verdugón *m*.

wealth [welθ] *n* **1**. abundancia *f* (*also* FIG). **2**. riqueza *f*. **wealth·i·ness** ['welθinis] *n* riqueza *f*. **wealth·y** ['welθi] *adj* (*comp* **-ier**, *sup* **-iest**) rico/a.

wean [wi:n] *v* **1**. **(sb/sth off sth/on to sth)** destetar. **2**. **(sb (away) from sth/doing sth)** desacostumbrar; apartar gradualmente (de). **wean·ing** ['wi:niŋ] *n* destete *m*.

weap·on ['wepən] *n* MIL arma *f*. **weap·on·less** ['wepənlis] *adj* sin armas, desarmado/a. **weap·on·ry** ['wepənri] *n* MIL armamento *m*.

wear [weə(r)] **I.** *n* **1**. deterioro *m*, desgaste *m*. **2**. uso *m*. **3**. resistencia *f*; durabilidad *f*. **4**. moda *f*; ropa *f*. LOC **For every-day ~**, para todos los días. **For hard ~**, duradero/a, resistente. **Of never-ending ~**, que no se desgasta. **~ and tear**, desgaste *m*. **II.** *v* (pret **wore** [wɔ:(r)], pp **worn** [wɔ:n]) **1**. llevar: *She ~s a skirt*, Lleva una falda. **2**. usar. **3**. calzar. **4**. tener (*a smile, look*). **5**. durar. **6**. **(away)** (des)gastar(se); consumir(se). **7**. **(down)** agotar; (des)gastar(se). **8**. **(off)** borrar(se); desaparecer. **9**. **(on)** pasar lentamente (*time*). **10**. **(out)** usar(se), gastar(se). **wear·able** ['weərəbl] *adj* que se puede llevar/usar. **wear·er** ['weərə(r)] *n* persona *f* que lleva algo.

wea·ri·ly ['wiərəly] *adv* con cansancio. **wea·ri·ness** ['wiərinis] *n* **1**. cansancio *m*. **2**. aburrimiento *m*. **wear·ing** ['weəriŋ] *adj* cansado/a, que causa fatiga. **wea·ri·some** ['wiərisʌm] *adj* **1**. cansado/a. **2**. aburrido/a. **wea·ry** ['wiəri] **I.** *adj* (*comp* **-ier**, *sup* **-iest**) **1**. cansado/a; fatigado/a. **2**. aburrido/a. **3**. fastidioso/a. **II.** *v* **1**. cansar(se), fatigar(se). **2**. **(of)** aburrir(se).

wea·sel ['wi:zl] *n* ZOOL comadreja *f*. LOC **~ word**, US INFML palabra *f* equívoca.

weath·er ['weðə(r)] **I.** *n* **1**. tiempo *m*. **2**. intemperie *f*. **3**. boletín *m* meteorológico. LOC **To keep one's ~ eye open**, FIG estar ojo avizor. **To make heavy ~ of sth**, hacer algo a desgana y pesadamente. **Under the ~**, INFML indispuesto/a; en apuros; SL borracho/a. **II.** *adj* **1**. del tiempo. **2**. meteorológico. **III.** *v* **1**. curtir(se)/exponer(se) a la intemperie. **2**. resistir. **3**. deteriorar(se). **4**. secarse a la intemperie (*wood*). **5**. GEOL erosionar(se). **6**. FIG superar (*a crisis*); aguantar.

weather..., **~-beaten** *adj* azotado/a por el viento; curtido/a, deteriorado/a por la intemperie. **~-board** *n* vierteaguas *m*. **~-bound** *adj* bloqueado/a a causa del mal tiempo. **~-bureau** *n* servicio *m* meteorológico. **~-chart**, **~-map** *n* mapa *m* meteorológico. **~·cock** *n* veleta *f*. **~ forecast** *n* pronóstico *m* del tiempo. **~·man** *n* meteorólogo/a. **~·proof** *adj* impermeable; a prueba de la intemperie. **~ station** *n* estación *f* meteorológica. **~ strip** *n* burlete *m*. **~-vane** *n* veleta *f*.

weave [wi:v] **I.** *v* (pret **wove** [wəuv], pp **woven** ['wəuvn]) **1**. **(sth from sth)** trenzar; tejer; entrelazar(se). **2**. FIG tramar, urdir. **3**. zigzaguear (pret, pp **weaved**). **II.** *n* tejido *m*. **weav·er** ['wi:və(r)] *n* tejedor/ra. LOC **~-bird**, ZOOL tejedor *m*. **weav·ing** ['wi:viŋ] **I.** *n* tejido *m*. **II.** *adj* de tejido; para tejer.

web [web] *n* **1**. tela *f*, tejido *m*. **2**. telaraña *f*. **3**. ANAT, ZOOL membrana *f*. **4**. rollo *m* de papel. **5**. FIG sarta *f*. **6**. alma *f* (*of beam*). LOC **~-footed/~-toed**, ZOOL palmípedo/a. **web·bed** [webd] *adj* ZOOL palmeado/a. **web·bing** ['webiŋ] *n* correas *f,pl*, cinchas *f,pl*.

wed [wed] **I.** *v* (pret, pp **wedded** *or* **wed**) **1**. casar(se) (con). **2**. FIG unir, casar. LOC **~-lock**, matrimonio *m*. **II.** *n* (*also* **Weds**) *abrev* de **Wednesday**. **wed·ded** ['wedid] *adj* **1**. casado/a; conyugal. **2.** FIG unido/a. LOC **~ to**, casado/a, unido/a, aferrado/a (a). **wed·ding** ['wediŋ] **I.** *n* **1.** boda *f*; casamiento *m*, matrimonio *m*. **2.** FIG unión *f*. **II.** *adj* de boda *f*. LOC **Civil ~**, matrimonio *m* civil. **~ breakfast**, banquete *m* nupcial. **~ cake**, tarta *f* nupcial. **~ day**, día *m* de la boda. **~ dress**, traje *m* de novia. **~ march**, marcha *f* nupcial. **~-ring**, alianza *f*.

we'd *abrev* de **we had, we would**.

wedge [wedʒ] **I.** *n* **1.** cuña *f*. **2.** calzo *m*, calce *m*. **3.** porción *f*; trozo *m*. **II.** *v* **1.** acuñar; calzar. **2.** FIG apretar.

Wed·nes·day ['wenzdi] *n* (*abrev* **Wed(s)**) miércoles *m*.

wee [wi:] (*also* **wee-wee** ['wi:wi:] INFML **I.** *adj* pequeño/a. **II.** *n* meada *f*, pis *m*. **III.** *v* (pret, pp **(wee-)weed**) mear, hacer pis.

weed [wi:d] **I.** *n* **1.** BOT (mala) hierba *f*. **2.** FAM tabaco *m*; puro *m*. **3.** (widow's ~s) *pl* traje *m* de luto (de una viuda). LOC **~-killer**, herbicida *m*. **II.** *v* **1.** desherbar; escardar. **2.** **(out)** FIG suprimir, eliminar. **weed·y** ['wi:di] *adj* (*comp* **-ier**, *sup* **-iest**) **1.** cubierto/a/lleno/a de malas hierbas. **2.** enclenque; canijo/a; flaco/a.

week [wi:k] *n* semana *f*: *Two ~s ago*, Hace dos semanas. LOC **A ~ from now/today ~**, de hoy en ocho días. **~·day**, día *m* laborable/de semana. **~·end**, *n/adj* (de) fin de semana; *v* pasar el fin de semana. **~·end·er**, persona que pasa el fin de semana fuera de su casa. **~ in ~ out**, semana tras semana. **Working ~**, semana *f* laborable. **week·ly** ['wi:kli] **I.** *n* semanario *m* (*a paper, magazine*). **II.** *adj* semanal. **III.** *adv* semanalmente.

wee·ny ['wi:ni] *adj* (*comp* **-ier**, *sup* **-iest**) INFML diminuto/a; pequeño/a.

weep [wi:p] *v* (pret, pp **wept** [wept]) **1.** **(for)** lamentar(se); llorar. **2.** verter, derramar (*tears*). **3.** rezumar. **weep·ing** ['wi:piŋ] **I.** *n* llanto *m*. **II.** *adj* lloroso/a; llorón/na. LOC **~ willow**, BOT sauce *m* llorón. **weep·y** ['wi:pi] *adj* (*comp* **-ier**, *sup* **-iest**) lloroso/a.

wee·vil ['wi:vl] *n* ZOOL gorgojo *m*.

wef [,dʌblju: i: 'ef] *abrev* de **with effect from**.

weft [weft] *n* trama *f* (*in weaving*).

weigh [wei] **I.** *v* **1.** pesar (*also* FIG). **2.** NAUT (**~ anchor**) levar (anclas). **3.** **(against)** considerar en relación (con). **4.** **(down)** inclinar; sobrecargar; FIG abrumar. **5.** **(with)** tener importancia *f* (para); influir (en). **II.** *n* camino *m*. LOC **Under ~**, en camino; NAUT en marcha. **~·bridge**, báscula *f*. **weigh·ing** ['weiiŋ] *n* peso *m*. LOC **~-machine**, báscula *f*.

weight [weit] **I.** *n* **1.** peso *m*. **2.** pesa *f*. **3.** MED pesadez *f*. LOC **Gross ~**, peso *m* bruto. **Putting the ~**, DEP lanzamiento *m* de peso. **To carry ~**, FIG tener peso; influir (en). **To throw one's ~ about**, FIG darse importancia. **~ lifting**, DEP halterofilia *f*. **~s and measures**, (departamento *m* de) pesas y medidas. **II.** *v* **1.** añadir/poner peso (a, en). **2.** **(with)** (sobre)cargar (*also* FIG). **3.** lastrar. **4.** ponderar. **weight·i·ness** ['weitinis] *n* **1.** peso *m*. **2.** FIG importancia *f*. **weight·less** ['weitlis] *adj* ingrávido/a. **weight·less·ness** ['weitlisnis] *n* ingravidez *f*. **weight·y** ['weiti] *adj* (*comp* **-ier**, *sup* **-iest**) **1.** pesado/a. **2.** FIG de peso; importante (*argument*).

weir [wiə(r)] *n* **1.** pesquera *f*; presa *f*. **2.** vertedero *m*.

weird [wiəd] *adj* (*comp* **-er**, *sup* **-est**) **1.** sobrenatural. **2.** raro/a; extraño/a. **weird·ness** [-nis] *n* lo sobrenatural. **weir·do** ['wiədəu] *n* (*also* **weirdie** ['wiədi]) INFML persona *f* rara/extravagante.

welch [welʃ] *v* **(on)** SL **1.** dejar de cumplir una obligación. **2.** dejar de pagar una apuesta.

wel·come ['welkəm] **I.** *adj* **1.** agradable; grato/a. **2.** bienvenido/a. LOC **You are ~**, ¡Bienvenido/a!; de nada, no hay de qué. **You are ~ to it**, está a su disposición. **~ on board**, AER bienvenido/a a bordo. **II.** *int* ¡bienvenido/a! **III.** *n* **1.** bienvenida *f*. **2.** acogida *f*; recepción *f*. **IV.** *v* **1.** dar la bienvenida. **2.** recibir, acoger. **3.** alegrarse (por). **wel·com·ing** ['welkəmiŋ] *adj* acogedor/ra.

weld [weld] **I.** *v* **1.** soldar(se). **2.** FIG unir. **II.** *n* soldadura *f*. **weld·er** ['weldə(r)] *n* **1.** soldadora *f* (*machine*). **2.** soldador/ra. **weld·ing** ['weldiŋ] **I.** *n* soldadura *f*. **II.** *adj* de soldar.

wel·fare ['welfeə(r)] *n* **1.** bien(estar) *m*. **2.** asistencia *f* social. **3.** prosperidad *f*. LOC **~ centre**, centro *m* de asistencia social. **~ state**, estado *m* de bienestar o benefactor. **~ work**, asistencia *f* social. **~ worker**, asistente/a social.

well [wel] **I.** *n* **1.** caja *f*, hueco *m* (*of stairs*). **2.** pozo *m*. **3.** FIG manantial *m*, fuente *f*. **4.** depósito *m*. **5.** tintero *m*. **II.** *v* **(out, up)** fluir, manar, brotar. **III.** *adj* (*comp* **better** ['betə(r)], *sup* **best** [best]) bien (*also* MED): *It's ~ that she has arrived*, Está bien que haya llegado. LOC **~ and good**, muy bien. **IV.** *adv* **1.** bien. **2.** completamente. LOC **As ~ as**, así como; lo mismo que. **~ and truly**, completamente. **V.** *int* **1.** bueno; bien. **2.** ¡vaya! **3.** pues. LOC **~ then**, pues bien.

well..., **~-advised** *adj* sensato/a; bien aconsejado/a. **~ aimed** *adj* acertado/a. **~-appointed** *adj* bien amueblado/a. **~-attended** *adj* muy concurrido/a. **~-balanced** *adj* bien equilibrado/a. **~-behaved** *adj* formal; bien educado/a. **~-being** *n* bienestar *m*. **~-born** *adj* bien nacido/a. **~-bred** *adj* de buena familia; bien educado/a; cortés. **~-built** *adj* bien hecho/a. **~-disposed** *adj* **(towards sb/sth)** favorable; benévolo/a; bien dispuesto/a. **~-done** *adj* bien hecho/a. **~-favoured** *adj* bien parecido/a. **~-fed** *adj* bien alimentado/a. **~-founded** *adj* bien fundado/a. **~ groomed** *adj* acicalado/a. **~-heeled** *adj* rico/ a; pudiente. **~-informed** *adj* **(about)** bien informado/a; instruido/a. **~-intentioned** *adj* bien intencionado/a. **~-judged** *adj* juicioso/a; bien calculado/a. **~-known** *adj* conocido/a. **~-mannered** *adj* cortés. **~-meaning** *adj* bien intencionado/a. **~-meant** *adj* bien intencionado/a. **~-nigh** *adv* casi. **~-off** *adj* adinerado/a; rico/a. **~-oiled** *adj* SL borracho/a. **~-preserved** *adj* bien conservado/a. **~-read**

adj instruido/a; leído/a. **~-spoken** *adj* bien hablado/a. **~-thought-of** *adj* bien considerado/a. **~-timed** *adj* oportuno/a. **~-to-do** *adj* adinerado/a; rico/a. **~-tried** *adj* comprobado/a. **~-trodden** *adj* trillado/a. **~-turned** *adj* bien hecho/a o construido/a; FIG elegante. **~-wisher** *n* amigo/a sincero/a. **~-worn** *adj* (des)gastado/a; FIG trillado/a.

wel·ling·ton ['weliŋtən] *n* (*also* **~ boots**, INFML **welly**) botas *f* altas de goma.

Welsh [welʃ] **I.** *n/adj* galés/sa (*also language*). LOC **~·man**, galés *m*. **~·woman**, galesa *f*. **~ rarebit** (*also* **rarebit**, **~ rabbit**), pan con queso fundido. **II.** *v* estafar. **welsh·er** ['welʃə(r)] *n* estafador/ra.

welt [welt] **I.** *n* **1**. ribete *m*. **2**. vira *f* (*of a shoe*). **3**. verdugón *m* (*weal*). **II.** *v* **1**. ribetear. **2**. poner vira (a) (*shoes*). **3**. FAM zurrar.

welt·er ['weltə(r)] **I.** *n* **1**. **(of sth/sb)** confusión *f*; revoltijo *m*. **2**. peso *m* welter. LOC **~·weight**, DEP peso welter. **II.** *v* **1**. revolcarse. **2**. **(in)** estar empapado/a (de); FIG bañar.

wen [wen] *n* quiste *m* sebáceo, lobanillo *m*.

wench [wentʃ] *n* moza *f*, muchacha *f*.

wend [wend] *v* LOC **To ~ one's way to**, encaminarse (a).

went pret de **go**.

were pret de **be**.

we're *abrev* de **we are**.

were·wolf ['wiəwulf] *n* (*pl* **-wolves** [-wulvz]) hombre *m* lobo.

west [west] **I.** *n* **1**. oeste *m*. **2**. poniente *m*, occidente *m*. LOC **To go ~**, SL fracasar; morirse. **II.** *adj* del oeste; occidental. LOC **~·bound**, con rumbo al oeste. **~ End**, Oeste *m* de Londres. **~ Indies**, Antillas *f,pl*. **III.** *adv* al/hacia el oeste. **west·er·ly** ['westli] **I.** *adj/adv* en/hacia el oeste; del oeste (*wind*). **II.** *n* viento *m* del oeste. **west·ern** ['westən] **I.** *adj* del oeste, occidental. **II.** *n* western *m*, película *f* del oeste. **west·ern·er** ['westənə(r)] *n* occidental *m,f*. **west·er·niz·ation**, **-·is·ation** [,westənai'zeiʃən] *n* occidentalización *f*. **west·ern·ize**, **-·ise** ['westənaiz] *v* occidentalizar. **west·ern·most** ['westənməust] *adj* más occidental. **west·ward(s)** ['westwɜ:d(z)] *adv* hacia el oeste.

wet [wet] **I.** *adj* (*comp* **-ter**, *sup* **-test**) **1**. húmedo/a (*climate*). **2**. mojado/a. **3**. lluvioso/a. **4**. fresco/a (*paint*). **5**. FIG soso/a. **6**. US antiprohibicionista; moderado/a (*politics*). LOC **To be ~ through / To be ~ to the skin**, estar mojado/a hasta los huesos. **To get ~**, mojarse. **II.** *n* **1**. humedad *f*. **2**. tiempo *m* lluvioso; lluvia *f*. LOC **~·back**, SL inmigrante *m,f* ilegal. **~ bar**, bar *m* con agua corriente. **~ cell**, ELECTR pila *f* húmeda. **~ nurse**, nodriza *f*. **~·suit**, vestido *m* isotérmico. **III.** *v* (pret, pp **wet(ted)** **1**. mojar(se). **2**. humedecer(se). **3**. FAM remojar(se) el gaznate. LOC **To ~ the/one's bed**, orinarse en la cama. **wet·ting** ['wetiŋ] *n* remojo *m*. **wet·ness** ['wetnis] *n* humedad *f*.

weth·er ['weðə(r)] *n* ZOOL carnero *m* castrado.

whack [wæk; US hwæk] INFML **I.** *v* **1**. golpear. **2**. dar una paliza; pegar. **II.** *n* **1**. golpe *m* (fuerte, ruidoso). **2**. **(at sth)** intento *m*, tentativa *f*. **3**. porción *f*, parte *f*. LOC **To have/take a ~ at**, intentar. **whack·ed** [wækt] adj INFML cansado/a, exhausto/a. **whack·ing** ['wækiŋ] INFML **I.** *n* paliza *f*. **II.** *adj* enorme; imponente. **III.** *adv* sumamente; extremadamente.

whale [weil, hweil] **I.** *n* ZOOL ballena *f*. LOC **A ~ of a**, extraordinario/a. **To have a ~ of a time**, INFML pasarlo bomba. **~·bone**, ZOOL barba *f* de ballena. **~ oil**, aceite *m* de ballena. **II.** *v* cazar ballenas. **whal·er** ['weilə(r)] *n* ballenero *m* (*man, boat*). **whal·ing** ['weiliŋ] *n* caza *f*/pesca *f* de ballenas.

wham [wæm; US hwæm] *n/int* INFML ¡zas! *m*.

whang [wæŋ] **I.** *n* golpe *m* resonante. **II.** *v* golpear con fuerza. **III.** *int* ¡zas!

wharf [wɔ:f; US hwɔ:f] *n* (*pl* **-s** *or* **-ves** [wɔ:vz; US hwɔ:vz]) NAUT embarcadero *m*; muelle *m*. **wharf·age** ['wɔ:fidʒ] n muellaje m.

what [wɔt; US hwɔt] **I.** *pron* **1**. (*relative*) lo que: *She repeated ~ I said*, Repitió lo que dije. **2**. (*inter*) ¿qué?: *~'s the weather like?*, ¿Qué tiempo hace?; ¿cuál?; ¿(a) cuánto?; ¿cómo? LOC **So ~**, ¿y qué? **~ about** ...?, ¿qué hay de ...?, ¿qué te parece ...? **~ else?**, ¿qué más? **~ for?**, ¿para qué? **~ if**, y si. **~ next?**, y ahora ¿qué? **Give sb ~ for**, castigar, echar un rapapolvo. **II.** *adj* (*relative*) el/la/lo que, los/las que. LOC **~-d'you-call-him/her** (*also* **~'s-his/her name**), ése/a; fulano/a. **~-d'you-call-it**, cosa *f*, chisme *m*. **III.** *int* ¡qué!: *~ a pity!*, ¡Qué pena! **what(·so)·ever** [,wɔt(səu)-'evə(r)] **I.** *adv* cual(es)quiera que. **II.** *pron* (todo) lo que. LOC **Nothing ~**, absolutamente nada.

what·not ['wɔtnət] *n* **1**. estantería *f*. **2**. pequeñez *f*.

wheal [wi:l] *n* MED verdugón *m*.

wheat [wi:t] **I.** *n* BOT trigo *m*. **II.** *adj* triguero/a. LOC **~ field**, AGR trigal *m*. **wheat·en** ['wi:tn] *adj* de trigo.

whee·dle ['wi:dl; US 'hwi:-] *v* **1**. conseguir. **2**. **(into)** engatusar. **3**. **(sth out of sb)** sonsacar.

wheel [wi:l; US hwi:l] **I.** *n* **1**. volante *m* (*also* **steering ~**). **2**. rueda *f*. **3**. NAUT timón *m*. **4**. MIL giro *m*, vuelta *f*. **5**. US FAM bici *f*. LOC **Big ~**, INFML pez *m* gordo; noria *f*. **~·barrow** (*also* **barrow**), carretilla *f*. **~·base**, distancia *f* entre ejes (*in a car*). **~·chair**, silla *f*/sillón *m* de ruedas. **~·er-dealer**, INFML empresario/a enredador/ra y mentiroso/a. **~-house**, cámara *f* del timón. **~·wright**, carretero *m*. **II.** *v* **1**. (hacer) girar/rodar. **2**. revolotear. **3**. empujar (*a bike*). **4**. MIL dar la vuelta. **wheeled** [wi:ld] *adj* **1**. rodado/a (*traffic*). **2**. de ruedas (*a chair*).

wheeze [wi:z, hwi:z] **I.** *v* **1**. respirar con dificultad. **2**. **(out)** decir resollando/a. **II.** *n* MED respiración *f* dificultosa. **2**. INFML idea *f*, gracia *f*. **wheez·y** ['wi:zi] *adj* (*comp* **-ier**, *sup* **-iest**) jadeante.

whelk [welk, hwelk] *n* ZOOL buccino *m*.
whelp [welp, hwelp] **I**. *n* **1**. ZOOL cachorro *m*. **2**. granuja *m,f*. **II**. *v* ZOOL parir.
when [wen, hwen] **I**. *adv* **1**. (*inter*) ¿cuándo? **2**. (*relative*) cuándo. **II**. *conj* cuando. **when (·so)·ever** [,wen(səu)'evə(r)] *adv/conj* cada vez que; cuando, en cualquier momento que.
whence [wens, hwens] *adv* ¿de dónde?; de donde, por consiguiente.
where [weə(r), hweə(r)] **I**. *adv* **1**. (*inter*) ¿dónde?: ~ *is he?*, ¿Dónde está?; ¿a dónde? **2**. (*relative*) donde. **II**. *n* sitio *m*, lugar *m*.
where..., **~·abouts** *adv* (por) donde; *n* paradero *m*. **~·as** *conj* en tanto que; mientras; JUR considerando/visto que. **~·at** *adv* a/con lo cual. **~·by** *adv* por el/la que; como. **~·fore** *adv* por qué; *n* porque *m*. **~·in** *adv* en que, en donde. **~·of** *adv* de que. **~·on** *adv* en que. **~·(so)ever** *adv* dondequiera que. **~·upon** *adv* con lo cual. **~·with** *conj* con el/la que. **~·withal** *n* recursos *m,pl*, medios *m,pl*.
whet [wet; US hwet] *v* **(-tt-) 1**. afilar (*knife*, etc). **2**. estimular, despertar (*appetite*, etc). LOC **~·stone**, piedra de afilar.
wheth·er ['weðə(r), 'hweðə(r)] *conj* si. LOC ~ ... **or**, sea ... o. ~ **or not**, de todos modos.
whew (*also* **phew**) [hwju:; fju:] *int* ¡vaya!
whey [wei; US hwei] *n* suero *m*.
which [witʃ; US hwitʃ] **I**. *adj* **1**. cuál/les: ~ *pencil do you like?* ¿Cuál de los lápices te gusta? **2**. qué. **3**. cuyo/a. **II**. *pron* **1**. (*inter*) cuál: ~ *do you prefer?*, ¿Cuál prefieres?; qué. **2**. (*relative*) el/la cual, los/las cuales; (lo) que. LOC **All** ~, todo lo cual. **Of** ~, del que, de la que; de los/las que. **which(·so)·ever** [,witʃ(səu)evə(r)] **I**. *pron* el/la que; cualquiera que. **II**. *adj* cualquier/ra.
Whig [hwig] *adj* (*politics*) liberal.
whiff [wif; US hwif] *n* **(of sth) 1**. calada *f*; chupada *f*; bocanada *f*. **2**. soplo *m*.
whif·fle·tree ['wifltri:] *n* volea *f*.
while [wail, hwail] **I**. *n* tiempo *m*, rato *m*. LOC **After a** ~, poco tiempo después. **All the** ~, todo el tiempo. **For a** ~, durante un rato. **In a** ~, dentro de un rato. **The** ~, mientras tanto. **To be worth** ~, valer la pena. **II**. *conj* (*also* **whilst** [wailst; US hwailst]) mientras (que). **III**. *v* (*away*) pasar; entretener.
whim [wim; US hwim] *n* antojo *m*, capricho *m*.
whim·per ['wimpə(r); US 'hwi-] **I**. *v* **1**. quejarse. **2**. gimotear, lloriquear; decir lloriqueando. **II**. *n* **1**. quejido *m*. **2**. gimoteo *m*, lloriqueo *m*.
whim·sic·al ['wimzikl; US 'hwi-] *adj* **1**. antojadizo/a, caprichoso/a. **2**. fantástico/a; extraño/a. **whim·sic·al·ity** [,winzi'kæləti] *n* **1**. carácter *m* caprichoso. **2**. capricho *m*. **3**. fantasía *f*; rareza *f*. **whim·sy** ['wimzi] *n* **1**. antojo *m*, capricho *m*. **2**. rareza *f*.
whin [win; US hwin] *n* BOT tojo *m*.
whine [wain; US hwain] **I**. *n* quejido *m*; gimoteo *m*. **II**. *v* quejarse; gimotear; decir gimoteando.
whin·ny ['wini; US hwi-] **I**. *n* relincho *m*. **II**. *v* (pret, pp **whinnied**) relinchar.
whip [wip; US hwip] **I**. *n* **1**. azote *m*; látigo *m*; fusta *f*. **2**. TEC aparejo *m*. **3**. político *m* encargado de la disciplina en un partido. **4**. llamada *f* (*in parliament*). LOC **Have/Hold, etc. the ~ hand (over sb)**, tener poder sobre alguien, llevar la batuta. **Three-line ~**, llamada *f* disciplinaria para que voten los diputados. **~·cord**, cuerda *f* de látigo; pana *f*. **~·ped cream**, crema *f* batida, nata *f* montada. **~·per-in**, montero *m* (*in hunting*). **~·per snapper**, mequetrefe *m*. **~·round**, INFML colecta *f*. **~·saw**, *v* aserrar; *n* sierra *f* cabrilla. **II**. *v* **1**. azotar; dar latigazos. **2**. rebatir (*in sewing*). **3**. FIG fustigar; derrotar. **4**. agitar(se); batir (*cream*). **5**. NAUT elevar con el aparejo. **6**. INFML hacer una colecta. **7**. volverse de repente (*a sound*). **8**. **(away)** irse rápido; arrebatar. **9**. **(in)** reunir; llamar para votar (*in parliament*). **10**. **(off)** quitar(se) rápidamente. **11**. **(on)** ponerse rápidamente; dar latigazos (para avanzar). **12**. **(out)** salir rápidamente; avivar. **whip·ping** ['wipiŋ] *n* paliza *f*; vapuleo *m*. LOC **~·boy**, FIG cabeza de turco *m*. **~·top**, peonza *f*, trompo *m*.
whip·pet ['wipit; US 'hw-] *n* ZOOL perro *m* lebrel.
whirl [wɜ:l; US hw-] **I**. *v* **1**. dar vueltas, (hacer) girar. **2**. agitar. **3**. arremolinarse (*leaves*). **4**. llenar/pasar rápidamente. **II**. *n* **1**. vuelta *f*, giro *m*. **2**. torbellino *m*, remolino *m* (*also* FIG). LOC **In a ~**, dando vueltas (*in one's head*). **To give sth a ~**, probar algo. **~·bone**, ANAT rótula *f*. **~·igig**, caballitos *m,pl*, tiovivo *m*. **~·pool/~·wind**, remolino *m*, torbellino *m*. **~·ybird**, US FAM helicóptero *m*.
whirr (*also esp* US **whir**) [wɜ:(r); US hw-] **I**. *n* **1**. zumbido *m*. **2**. aleteo *m*. **II**. *v* zumbar.
whisk [wisk; US hw-] **I**. *n* **1**. cepillo *m*; escobilla *f*. **2**. matamoscas *m*. **3**. batidor/ra. **II**. *v* **1**. mover; sacudir. **2**. batir (*cream*). **3**. quitar (*dust*). **4**. **(along)** llevarse rápidamente. **5**. **(away)** arrebatar; llevar rápidamente. **6**. **(away, off)** quitar o llevar algo rápida y bruscamente.
whisk·er ['wiskə(r); US 'hwi-] *n* **1**. patillas *f,pl*. **2**. bigotes *m,pl* (*of an animal*); pelo *m* del bigote. **whisk·er·ed** ['wiskəd] adj bigotudo/a; barbudo/a.
whis·ky (US *or* Irish **whis·key**) ['wiski; US 'hwi-] *n* whisky *m*.
whis·per ['wispə(r); US 'hwi-] **I**. *v* **1**. decir al oído; decir en voz baja; cuchichear. **2**. susurrar (*also* FIG). II. n 1. cuchicheo m. 2. murmullo m; susurro m; rumor m (also FIG). LOC **~·ing campaign**, campaña *f* de difamación.
whist [wist; US hwist] *n* whist *m*. LOC ~ **drive**, certamen *m* de whist.
whis·tle ['wisl; US 'hwi-] **I**. *n* **1**. silbido *m*, pitido *m*. **2**. silbato *m*, pito *m*. LOC **To blow a ~**, tocar el pito. **~·stop**, US apeadero. **II**. *v* **1**. silbar, pitar. **2**. **(for)** llamar con un silbido.
whit [wit; US hwit] *n* ápice *m*, pizca *f*. **Whit·sun** ['witsn; US 'hwi-] (*also* **Whit·sun tide**

[-taid], Whit [wit; US hwit]) *n* REL Pentecostés *m*.

white [wait; US hwait] **I**. *adj* (*comp* **-r**, *sup* **-st**) **1**. blanco/a. **2**. cano/a (*hair*). **3**. pálido/a. **4**. honrado/a; piadoso/a. LOC **As ~ as a ghost/sheet**, pálido/a como la muerte. **As ~ as snow**, blanco/a como la nieve. **To turn ~**, palidecer, ponerse blanco/a. **II**. *n* **1**. (color *m*) blanco *m*. **2**. blancura *f*. **3**. ropa *f* blanca. **4**. clara *f* (*of an egg*). **whit·en** ['waitn] v 1. blanquear. 2. encanecer (hair). 3. palidecer. **white·ness** ['waitnis] *n* **1**. blancura *f*. **2**. palidez *f*. **whi·ten·ing** ['waitniŋ] *n* **1**. enlucido *m*. **2**. blanqueo *m*. **3**. tiza *f*. **whit·ing** ['waitiŋ] *n* **1**. albayalde *m*, blanco *m* de España. **2**. ZOOL pescadilla *f*. **whit·ish** ['waitiʃ] *adj* blancuzco/a; blanquecino/a.

white..., **~bait** *n* ZOOL salmonetes *m,pl*. **~ cell** (*also* **~ corpuscle**) *n* ANAT glóbulo *m* blanco. **~ coffee** *n* café *m* con leche. **~-collar** *adj* de oficina. **~ elephant** *n* cosa de poco valor. **~ heat** *n* rojo *m* blanco; candencia *f*. **~ horses** *n* NAUT cabrillas *f,pl*. **~-hot** *adj* al rojo vivo; candente (*also* FIG). **~ House** *n* la Casa *f* Blanca. **~ lead** *n* albayalde *m*. **~ lie** *n* mentirijilla *f*. **~ Paper** *n* Libro *m* blanco. **~ slaver** *n* traficante *m,f* de blancas. **~ slavery** (*also* **~ slave trade**) *n* trata *f* de blancas. **~·thorn** *n* espino *m*. **~ tie** *n* traje *m* de etiqueta; *adj* de traje de etiqueta. **~·wash** 1. *n* cal *f*; FIG disculpa *f*; encubrimiento *m* de faltas. 2. *v* encalar; FIG encubrir faltas. **~ wine** *n* vino *m* blanco.

whith·er ['wiðə(r); US 'hwi-] *adv* ARC **1**. adonde; a donde. **2**. ¿adónde?; ¿a dónde?

whit·low ['witləu; US 'hwi-] *n* MED panadizo *m*.

whit·tle ['witl; US 'hwi-] *v* **1**. cortar pedazos (a). **2**. (**away**, **down**) FIG cercenar; rebajar gradualmente.

whiz [wiz; US hwiz] **I**. *v* (**-zz-**) **1**. zumbar; silbar. **2**. (**along**) ir/pasar como un rayo. **II**. *n* zumbido *m*; silbido *m*. LOC **~ kid**, INFML promesa *f*, persona prometedora.

who [hu:] **I**. *pron* **1**. (*relative*) el/la que, los/las que; quien/nes. **2**. (*inter*) ¿quién/nes? LOC **~'ll**, *abrev* de **~ will**. **~'re**, *abrev* de **~ are**. **~'s**, *abrev* de **~ is**; **~ has**. **~'ve**, *abrev* de **~ have**. **who·ev·er** [hu:'evə(r)] *pron* **1**. (*relative*) cualquiera que; quienquiera que. **2**. (*inter*) ¿quién?

whoa [wəu] *int* ¡so!

who·dun(n)it [,hu:'dʌnit] *n* INFML novela *f* policíaca/negra.

whole [həul] **I**. *adj* **1**. todo/a; entero/a, total: *The ~ truth*, Toda la verdad. **2**. ileso/a; sano/a. **3**. intacto/a. **4**. completo/a; íntegro/a. LOC **A ~ lot of**, muchísimo/a. **~ food**, comida *f* naturista. **~-hearted**, franco/a; sincero/ a; incondicional. **~ meal**, integral (*bread*). **~ milk**, leche *f* sin desnatar. **~ number**, MAT número *m* entero. **~-sale**, *v* vender al por mayor; *adj* al por mayor; FIG en masa/serie; general. **~-saler**, mayorista *m,f*. **~-some**, sano/a; saludable. **~ wheat**, integral (*bread*). **whole·ness** ['həulnis] *n* integridad *f*. **whol·ly** ['həuli] *adj* totalmente; enteramente; completamente.

whom [hu:m] *pron* **1**. (*relative*) que, (a) quien/nes. **2**. (*inter*) ¿(a) quién/nes? LOC **Both of ~**, ambos/as. **Of ~**, del cual, de la cual, de los/las cuales.

whoop [hu:p; wu:p; US hwu:p] **I**. *n* alarido *m*; grito *m*. **II**. *v* **1**. gritar. **2**. MED toser. **3**. (**for**) US aplaudir. LOC **~·ing cough**, MED tos *f* ferina. **whoop·ee** ['wupi:] **I**. int ¡viva!, ¡hurra! **II**. n juerga f. LOC **To make ~**, INFML pasarlo en grande.

whop [wɔp; US hwɔp] *v* US INFML dar/pegar una paliza (a). **whop·per** ['wɔpə(r)] *n* INFML cosa *f* grande/enorme. **whop·ping** ['wɔpiŋ] *adj* INFML grande, enorme.

whore [hɔ:(r)] *n* prostituta *f*. LOC **~-house**, burdel *m*.

whorl [wɜ:l; US hw-] *n* **1**. ZOOL espira *f*. **2**. TEC espiral *f*. **3**. BOT verticilo *m*.

whor·tle·ber·ry ['wɜ:tlberi; US 'hwɜ:rtlberi] *n* BOT arándano *m*.

whose [hu:z] *pron* **1**. (*relative*) cuyo/a; cuyos/as. **2**. (*inter*) de quién/nes. **whose(·so)·ever** [,hu:(səu)'evə(r)] *pron* (de) quien(es)-quiera.

why [wai; US hwai] **I**. *adv* **1**. (*inter*) ¿por qué? **2**. (*relative*) por qué. LOC **~ not?**, ¿por qué no? **~ so?**, ¿y eso por qué? **II**. *int* ¡toma!, ¡vaya!, ¡vamos! **III**. *n* (el/un) porqué *m*.

wick [wik] *n* mecha *f*. LOC **To get on sb's ~**, INFML irritar, poner negro a uno/a.

wick·ed ['wikid] *adj* (*comp* **-er**, *sup* **-est**) **1**. perverso/a; malo/a; malvado/a. **2**. pícaro/a; travieso/a. **3**. FAM horrible; terrible. **wick·ed·ness** ['wikidnis] *n* **1**. perversidad *f*. **2**. maldad *f*.

wic·ker ['wikə(r)] **I**. *n* mimbre *m*. **II**. *adj* de mimbre. LOC **~·work**, artículos *m,pl* de mimbre; rejilla *f*; cestería *f*.

wick·et ['wikit] *n* **1**. ventanilla *f*. **2**. portillo *m*, postigo *m*. **3**. DEP portería *f*, puerta *f*; campo *m*, terreno *m*. LOC **~-keeper**, DEP portero *m* (*in cricket*).

wide [waid] **I**. *adj* (*comp* **-r**, *sup* **-st**) **1**. (de) ancho/a. **2**. vasto/a, extenso/a. **3**. amplio/a. **4**. FIG considerable. LOC **~-angle**, gran angular *m* (*in photography*). **~-spread**, extendido/a; muy difundido/a. **~-ranging**, de gran amplitud. **~ views**, amplitud *f* de miras. **II**. *adv* **1**. lejos. **2**. mucho. **3**. de par en par: *To be ~ open*, Estar abierto/a de par en par (*a window, door*). LOC **Far and ~**, por todas partes. **wide·ly** ['waidli] *adv* muy; mucho. **wid·en** ['waidn] *v* **1**. ensanchar(se). **2**. FIG extender(se). **wide·ness** ['waidnis] *n* **1**. anchura *f*. **2**. FIG extensión *f*.

wid·ow ['widəu] **I**. *n* viuda *f*. **II**. *v* dejar viuda. **wid·ow·ed** ['widəud] *adj* viudo/a. **wid·ow·er** ['widəuə(r)] *n* viudo *m*. **wid·ow·hood** ['widəuhud] *n* viudez *f*.

width [widθ; witθ] *n* **1**. anchura *f*; ancho *m*. **2**. extensión *f*. **3**. envergadura *f*.

wield [wi:ld] *v* **1**. manejar. **2**. esgrimir; empuñar (*a weapon*). **3**. ejercer (*power, control*).

wife [waif] *n* (*pl* **wives** [-z]) esposa *f*, mujer *f*. LOC **To take a ~**, casarse. **~-swapping**, cambio de pareja. **wife·hood** ['waifhud] *n* estado *m* de casada. **wife·ly** ['waifli] *adj* de mujer casada.

wig [wig] *n* peluca *f*.

wig·ging ['wigiŋ] *n* INFML rapapolvo *m*.

wig·gle ['wigl] **I**. *v* menear(se). **II**. *n* meneo *m*.

wight [wait] *n* individuo *m*; criatura *f*.

wig·wam ['wigwæm; -wa:m] *n* tienda *f* de campaña (de indios norteamericanos).

wild [waild] **I**. *adj* (*comp* **-er**, *sup* **-est**) **1**. salvaje; BOT silvestre. **2**. AGR sin cultivar. **3**. violento/a; feroz. **4**. inculto/a. **5**. borrascoso/a; tormentoso/a (*weather*). **6**. desmandado/a (*a child*). **7**. extravagante. **8**. temerario/a; insensato/a. **9**. frenético/a. **10**. FAM hecho/a una fiera; enfadado/a, furioso/a. LOC **To be ~ about sth**, estar loco/a por algo. **To drive ~**, volver loco/a. **To grow/run ~**, BOT crecer en estado salvaje; vivir como un salvaje. **To spread like ~·fire**, propagarse como la pólvora. **~ beast**, fiera *f*. **~·cat**, ZOOL gato *m* montés; FIG fiera *f*; TEC sondeo *m* de exploración (*of oil*); *adj* arriesgado/a. **~·cat strike**, huelga *f* salvaje. **~ goose**, ZOOL ganso *m* salvaje. **~-goose chase**, empresa *m* desatinada. **~·life**, ZOOL fauna *f*. **wil·der·ness** ['wildənis] *n* **1**. desierto *m*. **2**. soledad *f*. **3**. FIG infinidad *f*. **wild·ness** ['waildnis] *n* **1**. estado *m* salvaje/silvestre. **2**. violencia *f*; ferocidad *f*. **wild·ly** ['waildli] *adj* **1**. furiosamente; violentamente. **2**. de manera extravagante.

wile [wail] *n* artimaña *f*; engaño *m*; ardid *m*. **wil·ily** ['wailili] *adv* astutamente. **wili·ness** ['wailinis] *n* astucia *f*. **wi·ly** ['waili] *adj* (*comp* **-ier**, *sup* **-iest**) astuto/a.

wil(l)·ful ['wilfl] **1**. intencionado/a; deliberado/a. **2**. voluntarioso/a. **3**. JUR premeditado/a. **wil·ful·ly** ['wilfəli] *adv* intencionadamente; deliberadamente. **wil·ful·ness** ['wilfəlnis] *n* **1**. intención *f*. **2**. JUR premeditación *f*.

will [wil] **I**. *v* **1**. (*modal*) *abrev* de **'ll** [-l], *neg* **~ not** (*abrev* **won't** [wəunt]); pret **would** [wəd; wud] (*abrev* **'d**), *neg* **would not** (*abrev* **wouldn't** ['wudnt]); (*se emplea para formar el futuro de indicativo*): *She ~ come tomorrow*, Vendrá mañana. **2**. disponer; querer; ordenar. **3**. desear. **4**. JUR legar. LOC **~-o'-the-wisp**, fuego *m* fatuo; FIG quimera *f*. **~·power**, fuerza *f* de voluntad. **II**. *n* **1**. voluntad *f*. **2**. JUR testamento *m*. LOC **Against one's ~**, en contra de su voluntad. **At ~**, a voluntad. **With a ~**, de buena gana. **will·ing** ['wiliŋ] *adj* **1**. dispuesto/a. **2**. complaciente. **3**. gustoso/a. **4**. de buena voluntad. LOC **God ~**, si Dios quiere. **To be ~ to**, estar dispuesto/a (a). **will·ing·ly** ['wiliŋli] *adv* de buena gana. **will·ing·ness** ['wiliŋnis] *n* **1**. buena voluntad *f*; complacencia *f*. **2**. consentimiento *m*.

wil·low ['wiləu] *n* BOT (*also* **~-tree**) sauce *m*. **wil·low·y** ['wiləui] *adj* **1**. BOT poblado/a de sauces. **2**. FIG esbelto/a.

wil·lies ['wiliz] *n* nerviosismo *m*, escalofrío *m*.

wil·ly ['wili] *n* BR INFML pene *m*. LOC **~-nilly**, de grado o por fuerza.

wilt [wilt] *v* **1**. BOT marchitar(se). **2**. FIG debilitarse; desanimarse.

wim·ple [wimpl] *n* griñón *m*, toca *f*.

win [win] **I**. *v* (**-nn-**; pret, pp **won** [wʌn]) **1**. ganar; triunfar. **2**. conseguir; obtener; lograr. **3**. conquistar. **4**. captar(se) (*friendship, sympathy*). **5**. alcanzar (*reach*). **6**. sacar, extraer (*in mining*). **7**. (**over, round**) ganar (con persuasión); conseguir; conquistar. **8**. (**through**) conseguir ganar; alcanzar. **II**. *n* **1**. victoria *f*. **2**. ganancia *f*. **win·ner** ['winə(r)] *n* ganador/ra; vencedor/ra. **win·ning** ['winiŋ] **I**. *adj* **1**. victorioso/a; vencedor/ra. **2**. decisivo/a (*game, shot*). **3**. premiado/a. **4**. persuasivo/a; encantador/ra. LOC **~ post**, DEP poste *m* de llegada. **II**. *n,pl* ganancias *f,pl*.

wince [wins] **I**. *v* (**at sth**) sobresaltarse de dolor. **II**. *n* mueca *f* de dolor *m*.

winch [wintʃ] **I**. *n* **1**. torno *m*. **2**. manivela *f*. **II**. *v* levantar con un torno.

wind [wind] **I**. *n* **1**. viento *m*; aire *m*. **2**. MUS instrumento *m* de viento *m*. **3**. aliento *m*. **4**. MED gases *m/pl*, flatulencia *f*; FAM pedo *m*. LOC **Head ~**, viento en contra. **To be in the ~**, estar a punto de ocurrir/suceder. **To get the ~ up**, asustarse. **To get ~ of**, descubrir; husmear. **To sail with the ~**, NAUT navegar con el viento. **To throw to the ~s**, desechar. **~·bag**, INFML charlatán/na. **~·break**, protección contra el viento. **~·cheater** (US **~ breaker**), cazadora (*jacket*). **~·fall**, fruta *f* caída; FIG ganga *f*, ganancia *f* inesperada. **~-gauge**, anemómetro *m*. **~ instrument**, MUS instrumento *m* de viento. **~·jammer**, NAUT velero *m*. **~·lass**, torno *m*. **~·mill**, molino *m* de viento; molinillo *m* (*toy*). **~·pipe**, ANAT tráquea *f*. **~·screen** (US **~·shield**), parabrisas *m*. **~·screen washer**, **~·screen wiper**, limpiaparabrisas *m*. **~-sock** (*also* **~-sleeve**), AER manga *m* de aire. **~·surf** (*also* **go ~·surfing**), DEP practicar el windsurf. **~-swept**, azotado/a por los vientos. **~·ward**, *adj* de barlovento; *n* barlovento *m*; *adv* a/hacia barlovento *m*. **II**. *v* **1**. dejar sin aliento; quitar el resuello. **2**. husmear; olfatear. **wind·ed** ['windid] *adj* jadeante, sin aliento.

wind [waind] *v* (pret, pp **wound** [waund]) **1**. envolver; enrollar. **2**. devanar (*cotton*). **3**. torcer. **4**. dar cuerda a (*watch*). **5**. TEC sacar, extraer. **6**. dar vueltas (a). **7**. (**in**) enrollar. **8**. (**round**) (re)torcerse; enroscarse. **9**. (**up**) terminar; concluir; COM liquidar. LOC **To ~ one's arms round sb**, abrazar a alguien.**~-up** INFML conclusión; final. **wind·er** ['waində(r)] *n* **1**. devanadora *f*. **2**. BOT enredadera *f*. **wind·ing** ['waindiŋ] **I**. *n* **1**. vueltas *f/pl*. **2**. serpenteo *m*; sinuosidad *f*. **3**. cuerda *f* (*of a watch*). **4**. ELECTR bobinado *m*. **II**. *adj* **1**. sinuoso/a; tortuoso/a. **2**. en espiral. LOC **~ key**, llave *m* (*of a watch*). **~-sheet**, mortaja *f*. **~-up**, COM liquidación *f*; conclusión *f*.

win·dow ['windəu] *n* **1**. ventana *f*. **2**. cristal *m*; ventanilla *f*. **3**. escaparate *m*. **4**. taquilla *f*.

win·dow..., **~-box** *n* jardinera *f*. **~-cleaner** *n* limpiacristales *m*. **~-dresser** *n* escaparatista *m,f*. **~-dressing** *n* decoración *f* de escaparate; FIG fachada *f*. **~-frame** *n* bastidor *m*/marco *m* de ventana. **~-pane** *n* cristal *m* de ventana. **~ shade** *n* US persiana *f*; visillo *m*. **~-shop** *v* mirar los escaparates. **~-sill** (*also* **~-ledge**) *n* alféizar *m*.

wind·y ['windi] *adj* (*comp* **-ier**, *sup* **-iest**) **1**. de mucho viento; ventoso/a. **2**. MED flatulento/a. **3**. expuesto/a al viento. **4**. FIG ampuloso/a (*speech*). LOC **To be ~**, hacer viento. **To get ~**, FAM tener miedo.

wine [wain] *n* vino *m*. LOC **Red ~**, vino tinto. **To ~ and dine sb**, agasajar a alguien. **White ~**, vino blanco. **~-cellar** (*also* **cellar**), bodega *f*. **~-glass**, copa *f*/vaso *m* para vino. **~·grower**, AGR viticultor/ra. **~ merchant**, tratante *m,f* de vinos. **~-press**, lagar *m*. **~-skin**, odre *m*, pellejo *m*.

wing [wiŋ] **I**. *n* **1**. AER, ARQ, ZOOL ala *f* (*also in politics*; FIG) **2**. ANAT ala, aleta *f*. **3**. FAM brazo *m*; remo *m*. **4**. guardabarros *m*. **5**. DEP extremo *m*, ala *m*. **6**. aspa *f* (*of a mill*). **7**. **~s** *pl* TEAT R bastidores *m,pl*. LOC **To be on the ~**, estar volando. **To clip sb's ~s**, cortarle las alas a alguien. **To take ~**, irse volando. **~-beat**, aletazo *m*. **~-chair**, sillón *m* de orejas. **~ commander**, AER teniente coronel *m*. **~ mirror**, espejo *m* retrovisor. **~ nut**, tuerca *f* de mariposa. **~-span/~-spread**, AER, ZOOL envergadura *f*. **II**. *v* **1**. pasar volando (por). **2**. herir en el ala/brazo. **3**. volar. LOC **To ~ one's way**, volar. **wing·ed** [wiŋd] *adj* alado/a. **wing·er** ['wiŋə(r)] *n* DEP extremo *m*, ala *m*.

wink [wiŋk] **I**. *v* **1**. **(at sb)** guiñar (el ojo) (a); FIG hacer la vista gorda. **2**. pestañear; parpadear. **3**. centellear. **4**. titilar, vacilar (*light*). **II**. *n* **1**. guiño *m*. **2**. pestañeo *m*. **3**. parpadeo *m*, centelleo *m*. LOC **In a ~**, FIG en un abrir y cerrar de ojos. **Not to get a ~ of sleep**, no pegar ni ojo. **To snatch forty ~s**, FIG echar un sueñecito.

win·kle ['wiŋkl] **I**. *n* bigarro *m*. **II**. *v* **(out of sb)** sacar, hacer salir (a alguien).

win·now ['winəu] *v* **1**. aventar. **2**. separar; seleccionar. LOC **~-ing machine**, aventadora *f*.

win·some ['winsəm] *adj* encantador/ra; atractivo/a. **win·some·ness** ['winsəmnis] *n* encanto *m*; atractivo *m*.

win·ter ['wintə(r)] **I**. *n* invierno *m*. **II**. *v* (hacer) invernar. **III**. *adj* de invierno, invernal. LOC **~ sports**, DEP deportes *m,pl* de invierno. **~-time**, invierno *m*. **win·ter·ize**, **-ise** ['wintəraiz] *v* preparar para el invierno. **win·try** ['wintri] *adj* (*comp* **-ier**, *sup* **-iest**) **1**. de invierno, invernal. **2**. FIG glacial; frío/a.

wipe [waip] **I**. *v* limpiar; enjuagar. **2**. secar (*one's hands*). **3**. **(away, off, up)** borrar; quitar frotando; extirpar; destruir, aniquilar; liquidar (*a debt*). **4**. **(out)** limpiar; secar. **5**. **(up)** limpiar. LOC **To ~ one's nose**, sonarse (las narices). **II** *n* **1**. limpieza *f*. **2**. FAM golpe *m*; bofetada *f*. **wip·er** ['waipə(r)] *n* paño *m*, trapo *m*.

wire [waiə(r)] **I**. *n* **1**. alambre *m*. **2**. ELECTR cable *m*. **3**. tela *f* metálica. **4**. telegrama *f*. LOC **To get one's ~s crossed**, sufrir un malentendido. **II**. *v* **1**. alambrar. **2**. instalar/poner el alambrado (de). **3**. poner un telegrama; telegrafiar. **III**. *adj* de alambre. **wire·less** ['waiəlis] **I**. *adj* **1**. sin hilos (*telegraphy*). **2**. radiofónico/a. LOC **~ station**, emisora *m*. **II**. *v* **1**. comunicar/transmitir por radio; radiar. **III**. *n* **1**. radio *f* (*also* **~ set**). **2**. radiograma *m* (*also* **~ message**). **3**. radiotelegrafía *f* (*also* **~ telegraphy**).

wire..., **~-cutter(s)** *n* cizalla *f*. **~-dancer** *n* funámbulo/a. **~ gauge** *n* calibre *m* para alambres. **~ gauze** *n* tela *f* metálica. **~-haired** *adj* de pelo áspero. **~ netting** *n* tela *f* metálica. **~-puller** *n* FAM intrigante *m,f*; enchufado/a *m,f*. **~ service** *n* servicio *m* telefónico y telegráfico. **~-tapping** *n* intervención *f* de líneas telefónicas.

wir·ing ['waiəriŋ] *n* **1**. ELECTR instalación *f* eléctrica. **2**. alambrado *m*. LOC **~ diagram**, esquema *m* de la instalación alámbrica. **wir·y** ['wairi] *adj* (*comp* **-ier**, *sup* **-iest**) **1**. enjuto/a y fuerte. **2**. nervudo/a. **3**. tieso/a (*hair*).

wis·dom ['wizdəm] *n* **1**. saber *m*; sabiduría *f*. **2**. sensatez *f*; juicio *m*; prudencia *f*. LOC **~ tooth**, muela *f* del juicio.

wise [waiz] **I**. *adj* (*comp* **-r**, *sup* **-st**) **1**. sabio/a. **2**. sensato/a; juicioso/a; prudente. LOC **A ~ man**, un sabio. **To get ~ to**, darse cuenta de. **To put sb ~ to**, poner a alguien al tanto (de). **~-acre**, sabelotodo *m,f*. **~-crack**, *n* INFML dicho *m* gracioso; agudeza *f*; *v* ser gracioso/a/ocurrente. **~ guy**, US FAM sabelotodo *m,f*; persona *f* atrevida. **II**. *n* modo *m*, manera *f*. **III**. *sufijo* **(-wise)** en lo referente a, a manera de.

wish [wiʃ] **I**. *v* **1**. **(for, to)** desear, querer; anhelar. **2**. gustar. LOC **I ~ I could**, ojalá pudiera. **To ~ sb good luck**, desear a alguien mucha suerte. **To ~ sb good morning**, dar a alguien los buenos días. **II**. *n* **(for sth, to do sth)** deseo *m*; anhelo *m*. LOC **Best ~-es**, enhorabuena *f*, saludos *m,pl*. **~-bone**, espoleta *f*. **With best ~-es**, un abrazo *m*; saludos *m,pl* (*in a letter*). **wish·ful** ['wiʃfl] *adj* deseoso/a. LOC **~ thinking**, ilusiones *f,pl*.

wi·shy-wa·shy ['wiʃi wɔʃi; US -wɔ:ʃi] *adj* **1**. flojo/a; soso/a. **2**. aguado/a.

wisp [wisp] *n* **1**. manojo *m* (*of hay, grass*). **2**. vestigio *m*. **3**. mechón *m* (*of hair*). **4**. jirón *m* (*of a cloud*). **wisp·y** ['wispi] *adj* (*comp* **-ier**, *sup* **-iest**) fino/a.

wist·ful ['wistfl] *adj* melancólico/a; triste; pensativo/a. **wist·ful·ness** ['wistflnis] *n* melancolía *f*; tristeza *f*.

wit [wit] **I**. *n* **1**. ingenio *m*; agudeza *f*. **2**. dicho *m*/persona *f* agudo/a. **3**. gracia *f*. **4**. inteligencia *f*. **5**. **~s** *pl* juicio *m*. LOC **To be at one's ~'s end**, no saber qué hacer. **To collect one's ~s**, serenarse. **To have a ready ~**, ser agudo/a. **To keep one's ~s about one**, no perder la cabeza. **To live by one's ~s**, vivir de su ingenio. **Out of one's ~s**, fuera de sí. **II.** *v* saber. LOC **To ~**, a saber. **wit·less** ['witlis] *adj* tonto/a; estúpido/a. **wit·ted** ['witid] *adj* ingenioso/a; agudo/a. **wit·tic·ism** ['witisizəm] *n* **1**. dicho *m* gracioso. **2**. agudeza *f*. **wit·ti·ness** ['witinis] *n* gracia *f*; agudeza *f*. **wit·ting·ly** ['witiŋli] *adv* a sabiendas. **wit·ty** ['witi] *adj* (*comp* **-ier**, *sup* **-iest**) agudo/a; gracioso/a; ingenioso/a.

witch [witʃ] *n* hechicera *f*, bruja *f* (*also* FAM). LOC **~craft**, brujería *f*. **~-doctor** (*also* **medicine-man**), hechicero *m*. **~-hunt**, persecución *f* de brujas; persecución *f* (política).

with [wið, wiθ] *prep* **1**. con; en compañía *f* (de): *I was ~ my friend*, Estuve con mi amigo *m*. **2**. de: *To be in love ~ sb*, Estar enamorado/a de alguien. **3**. junto con. **4**. para con (*towards*). **5**. a pesar de. LOC **To vote ~ a party**, votar por un partido. **~ child**, embarazada. **~ it**, FAM, FIG al tanto. **~ no trouble at all**, sin dificultad alguna.

with·al [wi'ðɔ:l] *adv* ARC también, además. LOC **Still ~**, a pesar de ello.

with·draw [wið'drɔ:, wiθ'd-] *v* (pret **withdrew** [-dru:], pp **withdrawn** [-drɔ:n]) **1**. **(from)** retirar(se) (de); quitar; sacar. **2**. apartar(se). **3**. retractar(se); desdecirse (de). **with·draw·al** [wið'drəl] *n* **1**. abandono *m*; retirada *f* (*also* MIL). **2**. renuncia *f*. **with·drawn** [wið'drɔ:n] *adj* **1**. reservado/a. **2**. aislado/a.

withe [wiθ], **withy** ['wiði] *n* mimbre *m*.

with·er ['wiðə(r)] **I**. *v* **1**. **(away)** marchitar (se). **2**. debilitar; consumir (*an illness*). **3**. FIG fulminar; aplastar. **II**. *n,pl* cruz *f* (*of a horse*). **with·er·ing** [-riŋ] *adj* **1**. que se marchita. **2**. abrasador/ra. **3**. FIG fulminante.

with·hold [wið'həuld, wiθ'h-] *v* (pret, pp **withheld** [-held]) **1**. **(from)** negar(se). **2**. retener. **3**. callar; ocultar; no revelar. **4**. suspender (*payment*). LOC **~-ing tax**, US impuesto *m* retenido.

with·in [wi'θin] **I**. *prep* **1**. dentro de. **2**. al alcance de (*also* **~ reach of**). **3**. a menos de. LOC **A voice ~**, FIG una voz *m* interior. **~ an inch of**, FIG a dos dedos (de). **~ sb**, en su fuero interno. **~ walking distance**, a corta distancia. **II**. *adv* **1**. dentro. **2**. en casa. LOC **From ~**, desde dentro. **~ and without**, dentro y fuera.

with·out [wi'ðaut] **I**. *prep* **1**. sin (que). **2**. fuera de. LOC **To do/go ~**, prescindir (de). **II**. *adv* fuera. LOC **From ~**, desde fuera.

with·stand [wið'stænd, wiθ's-] *v* (pret, pp **-stood** [-stud]) aguantar, resistir (a), oponerse.

wit·ness ['witnis] **I**. *n* **1**. (*also* **eye-~**) testigo *m*. **2**. testimonio *m*; prueba *f*. LOC **In ~ · whereof**, en fe de lo cual. **To bear ~ to**, atestiguar. **II**. *v* **1**. presenciar; asistir (a). **2**. **(to)** atestiguar. **3**. firmar como testigo.

wiz·ard ['wizəd] **I**. *n* **1**. mago *m*, hechicero *m*. **2**. FIG genio *m*. **II**. *adj* estupendo/a. **wiz·ard·ry** ['wiz:dri] *n* magia *f*.

wiz·en, wiz·ened ['wizn; 'wiznd] *adj* marchitado/a; apergaminado/a; arrugado/a.

wk *abrev* de **1**. (*pl* **wks**) **week**. **2**. **work**.

wo(**a**) [wəu] *int* ¡so!

wob·ble ['wɔbl] **I**. *v* **1**. (hacer) tambalearse. **2**. balancearse, bambolearse; cojear, no asentar bien (*furniture*). **3**. TEC oscilar. **4**. FIG vacilar. **II**. *n* tambaleo *m*; bamboleo *m*. **wob·bly** ['wɔbli] *adj* tambaleante; bamboleante.

woe [wəu] **I**. *n* **1**. infortunio *m*. **2**. aflicción *f*. **3**. dolor *m*. **3**. **~s** *pl* penas *f,pl*. **II**. *int* ¡ay! **woe·be·gone** ['wəubigɔn; US -gɔ:n] *adj* desolado/a; desconsolado/a; abatido/a. **woe·ful** ['wəufl] adj apenado/a; afligido/a; triste. LOC **~ly inadequate**, absolutamente inútil.

woke pret de **wake**. **wo·ken** pp de **wake**.

wold [wəuld] *n* LIT campiña *f* ondulada.

wolf [wulf] **I**. *n* (*pl* **wolves** [wulvz]) **1**. ZOOL lobo *m*. **2**. MUS sonido *m* discordante. **3**. US conquistador *m*; mujeriego *m*. LOC **To cry ~**, dar una falsa alarma. **~-cub**, ZOOL lobezno *m*. **~-hound**, ZOOL perro *m* lobo. **To throw sb to the ~-ves**, abandonar a alguien a una suerte difícil. **II**. *v* **(down)** tragar(se); zampar(se). **wolf·ish** ['wulfiʃ] *adj* ZOOL lobuno/a.

wolf·ram ['wulfrəm] *n* QUIM tungsteno *m*, volframio *m*.

wo·man ['wumən] **I**. *n* (*pl* **women** ['wimin]) **1**. mujer *f*. **2**. criada *f*. LOC **Old ~**, anciana *f*. **~ of the world**, mujer mundana. **Young ~**, joven *f*. **II**. *adj* de mujer, femenino/a. LOC **~ chaser**, mujeriego *m*. **~ doctor**, MED doctora *f*. **~ hater**, misógeno *m*. **~ writer**, escritora *f*. **wo·man·hood** ['wumənhud] *n* **1**. sexo *m* femenino. **2**. feminidad *f*; condición *f* de mujer *f*; mujeres *f,pl*. **wo·man·ish** ['wuməniʃ] *adj* mujeril; afeminado/a. **wo·man·ize, -ise** ['wumənaiz] *v* ser mujeriego *m*. **wo·man·kind** ['wumənkaind] *n* mujeres *f,pl*. **wo·man·like** ['wumənlaik] *adj* femenino/a, de mujer. **wo·man·ly** ['wumənli] *adj* femenino/a. **wo·men** ['wimin] *n,pl* mujeres *f,pl*. LOC **~-folk**, mujeres *f,pl*. **~'s liberation** (*also* INFML **~'s lib**), movimiento *m* feminista. **~'s rights**, derechos *m,pl* de la mujer. **~'s team**, equipo *m* femenino.

womb [wu:m] *n* **1**. ANAT matriz *f*, útero *m*. **2**. FIG entrañas *f,pl*; seno *m*.

won pret, pp de **win**.

won·der ['wʌndə(r)] **I**. *n* **1**. prodigio *m*; maravilla *f*. **2**. milagro *m*. **3**. asombro *m*; admiración *f*. LOC **For a ~**, por milagro. **To fill with ~**, maravillar. **To work/do ~s**, hacer maravillas. **II**. *adj* milagroso/a. LOC **~-land**, país *m* de las maravillas. **~-struck**, asombrado/a. **III**. *v* **1**. pensar. **2**. preguntarse: *I ~ if...*, Me pregunto si... **3**. **(at)** maravillarse; admirarse. **won·der·ful** ['wʌndəfl] *adj* estupendo/a; maravilloso/a. **won·der·ing** ['wʌndəriŋ] *adj* asombrado/a. **won·der·ing·ly** ['wʌndəriŋli] *adv* con perplejidad. **won·der·ment** ['wʌndəmənt] *n* admiración *f*; asombro *m*. **won·drous** ['wʌndrəs] *adj* LIT maravilloso/a.

won·ky ['wɔŋki] *adj* (*comp* **-ier**, *sup* **-iest**) flojo/a; poco seguro/a; roto/a.

wont [wəunt; US wɔ:nt] **I.** *adj* acostumbrado/a. LOC **As is his/her ~**, como suele hacer. **To be ~ to**, soler, acostumbrar. **II.** *n* costumbre *f*.

won't [wəunt] *abrev* de **will not**.

woo [wu:] *v* (pret, pp **wooed**) **1.** galantear; cortejar. **2.** FIG buscar; solicitar. **woo·er** ['wu:ə(r)] *n* galán *m*; pretendiente *m*.

wood [wud] *n* **1.** BOT bosque *m*. **2.** leña *f*; madera *f*. **3.** palo *m*. **4.** DEP bola *f*. **5.** barril *m*. **6.** MUS instrumento *m* de madera. **7.** **~s** *pl* bosque *m*. **wood·ed** ['wudid] *adj* poblado/a de árboles. **wood·en** ['wudn] *adj* **1.** de madera *f*. **2.** FIG inexpresivo/a. LOC **~-headed**, mentecato/a. **~ shoe**, zueco *m*. **wood·y** ['wudi] *adj* **1.** poblado/a de árboles. **2.** leñoso/a.

wood..., **~·bine** *n* BOT madreselva *f*. **~-block** *n* tarugo *m*. **~ carving** *n* talla *f*/tallado *m* en madera. **~·chuck** *n* ZOOL marmota *f* de América. **~·cock** *n* ZOOL becada *f*. **~·craft** *n* artesanía *f* en madera. **~·cut** *n* grabado *m* en madera. **~·cutter** *n* leñador *m*. **~ engraving** *n* grabado *m* en madera. **~·land** *n* bosque *m*; *adj* silvestre. **~·lark** *n* ZOOL totovía *f*. **~·louse** *n* (*pl* **~·lice**) ZOOL cochinilla *f*. **~·man** *n* leñador *m*. **~·pecker** *n* ZOOL pájaro *m* carpintero. **~-pigeon** *n* ZOOL paloma *f* torcaz. **~·pile** *n* montón *m* de leña. **~-pulp** *n* pasta *f*/pulpa *f* de madera. **~ shavings** *n,pl* virutas *f,pl*. **~-shed** *n* leñera *f*. **~·wind** *n* MUS instrumento *m* de viento hecho de madera. **~·work** *n* carpintería *f*. **~·worm** *n* ZOOL carcoma *f*.

woof [wu:f] **I.** *n* **1.** trama *f*. **2.** ladrido *m*. **II.** *v* ladrar.

woof·er ['wufə(r)] *n* altavoz *m* para sonidos graves.

wool [wul] **I.** *n* lana *f*. **II.** *adj* lanar, de lana. LOC **Dyed-in-the-~**, FIG acérrimo/a; de pura cepa. **~-gathering**, *n* FIG distracción *f*; *adj* distraído/a. **~·pack**, bala *f* de lana. **~·sack**, saco *m* de lana. **~ stapler**, lanero *m*. **wool·len** (US **woo·len**) ['wulən] *adj* de lana. **wool·lens** ['wulənz] *n,pl* ropa de lana. **wool·lies** ['wuliz] *n,pl* ropa *f* de lana. **wool·ly** ['wuli] *adj* (*comp* **-ier**, *sup* **-iest**) **1.** de lana; lanoso/a. **2.** aterciopelado/a. **3.** FIG borroso/a; confuso/a.

woo·zy ['wu:zi] *adj* (*comp* **-ier**, *sup* **-iest**) INFML mareado/a.

word [wɜ:d] **I.** *n* **1.** palabra *f*; voz *f*, vocablo *m*. **2.** noticia *f*. **3.** recado *m*. **4.** orden *f*. **5.** MIL santo y seña *m*. **6.** (**~s**) MUS letra *f*. **7.** TEAT R papel *m*. LOC **Actions speak louder than ~s**, obras *f, pl* son amores, que no buenas razones. **By ~ of mouth**, oralmente. **In other ~s**, en otras palabras. **Key ~**, palabra *f* clave. **My ~!**, ¡Dios mío! **Not to say a ~**, no decir ni una palabra. **To be as good as one's ~**, cumplir con su palabra. **To eat one's ~**, retractarse. **To have a ~ to say**, tener algo que decir. **To have ~s**, reñir. **To have ~s with sb**, tener unas palabras con alguien. **To keep one's ~**, cumplir su palabra. **To leave ~**, dejar recado. **To send sb ~ of sth**, avisar a alguien de algo. **To take sb at his/her ~**, cogerle a uno/a la palabra. **To take sb's ~ for it**, creer en la palabra de alguien. **~·book**, vocabulario *m*; léxico *m*; glosario *m*. **~-perfect** (US **letter-perfect**), que se sabe perfectamente su papel o un texto. **~ processing**, COM P tratamiento *m* de textos. **II.** *v* **1.** expresar. **2.** redactar. **word·i·ness** ['wɜ:dinis] *n* palabrería *f*; verbosidad *f*. **word·ing** ['wɜ:diŋ] *n* **1.** redacción *f*. **2.** fraseología *f*; términos *m,pl*. **word·less** ['wɜ:dlis] *adj* mudo/a. **wor·dy** [wɜ:di] *adj* verbal; prolijo/a.

wore pret de **wear**.

work [wɜ:k] **I.** *n* **1.** labor *f*; trabajo *m*. **2.** empleo *m*. **3.** **~s** *pl* ART obra *f* (de arte). **4.** **~s** *pl* fábrica *f*. **5.** **~s** *pl* TEC mecanismo *m*); (*public*) obras *m,pl* públicas. LOC **To be in ~**, tener trabajo/empleo. **To be out of ~**, estar parado/a/sin trabajo. **To make short ~ of sth**, terminar algo rápidamente; FAM comerse algo rápidamente. **To put sb out of ~**, despedir a alguien. **To set to ~**, poner(se) a trabajar. **II.** *v* **1.** (hacer) trabajar. **2.** TEC (hacer) marchar/funcionar; manejar. **3.** explotar (*a mine*). **4.** AGR cultivar (*land*). **5.** realizar (*a plan*). **6.** obrar, proceder; efectuar, hacer. **7.** ser eficaz, surtir efecto *m*. **8.** soltarse. **9.** bordar; tallar. **10.** tener éxito *m*. **11.** (**at**) trabajar (en). **12.** (**in**) penetrar poco a poco, introducir. **13.** (**off**) quitarse (*weight*); desprenderse. **14.** (**on**) trabajar (en); influir. **15.** (**out**) resolverse; resultar; sumar, calcular; agotar (*a mine, person*). **16.** (**out at**) ascender (a), llegar (a) (*costs*). **17.** (**round**) cambiar de dirección. **18.** (**up**) COM desarrollar; excitar. LOC **To get ~ed/To ~ sb up**, excitarse. **work·able** ['wɜ:kəbl] *adj* **1.** que se puede trabajar. **2.** practicable; realizable. **3.** factible. **work·er** ['wɜ:kə(r)] *n* trabajador/ra, obrero/a. **work·ing** ['wɜ:kiŋ] **I.** *adj* **1.** de trabajo; laborable. **2.** obrero/a. LOC **In ~ order**, en estado de funcionamiento. **~ capital**, capital *m* de explotación. **~ class**, clase *f* obrera. **~ day**, jornada *f*; día *m* laborable. **~ expenses**, gastos *m,pl* de explotación. **~ hypothesis**, hipótesis *f* de trabajo. **~·man**, trabajador *m*, obrero *m*. **~·mate**, compañero *m* de trabajo. **~ out**, resolución *f*. **~ party**, comisión *f* de investigación.

work..., **~·aday** *adj* de cada día; FIG ordinario/a. **~·aholic** *n* adicto *m* al trabajo. **~-basket** *n* costurero *m*. **~-bench** *n* banco *m*/mesa *f* de trabajo. **~·book** *n* cuaderno *m* de ejercicios o trabajo; folleto *m* de instrucciones. **~·box** *n* costurero *m*. **~·day** (*also* **~·ing day**) *n* día *m* laborable. **~-force** *n* mano *f* de obra. **~-horse** *n* ZOOL caballo *m* de tiro; FIG fiera *f* para el trabajo. **~·house** *n* asilo *m* para pobres. **~·man** *n* trabajador *m*; obrero *m*. **~·manlike** *adj* competente; bien ejecutado/a. **~·manship** *n* artificio *m*; arte *m*; hechura *f*; confección *f*. **~ of art** *n* obra *f* de arte. **~·out** *n* DEP entrenamiento *m*. **~·people** *n* obreros *m,pl*. **~-room**, **~·shop** *n* taller *m*. **~-shy** *adj* perezoso/a.

world [wɜ:ld] **I.** *n* tierra *f*; mundo *m*. LOC **A ~ of**, la mar de. **All the ~ over/Over the ~**, en el mundo entero. **For all the ~ like/as (if)**, exactamente como (si). **The next/other**

~, la otra vida. **To bring into the ~**, traer al mundo. **To come down in the ~**, venir a menos. **To feel/be on top of the ~**, FIG sentirse en la gloria. **To see the ~**, ver mundo. **To take the ~ as it is**, aceptar la vida como es. **To think the ~ of sb**, tener muy buen concepto de alguien. **II.** *adj* mundial; universal. LOC **~-famous**, de fama *f* mundial. ~ **champion**, campeón/na mundial. ~ **power**, potencia *f* mundial. ~ **series**, US DEP serie *f* mundial. **~-war**, guerra *f* mundial. **~-weary**, cansado/a de la vida. **~-wide**, mundial. **world·li·ness** ['wɜ:ldlinis] *n* espíritu *m* mundano. **world·ly** ['wɜ:ldli] *adj* (*comp* **-ier**, *sup* **-iest**) mundano/a; del mundo. LOC ~ **wisdom**, mundología *f*; astucia *f*. **~-wise**, que tiene experiencia de la vida; astuto/a.

worm [wɜ:m] **I.** *n* **1.** ZOOL lombriz *f*; gusano *m*. **2.** FAM granuja *f*, canalla *m*. **3.** TEC tornillo *m* sin fin; filete *m*, rosca *f*. LOC ~ **drive**, TEC transmisión *f* por tornillo sin fin. ~ **·eaten**, apolillado/a (*cloth*); carcomido/a (*wood*). **~·gear**, TEC engranaje *m* de tornillo sin fin. **~-hole**, agujero *m* de gusano. ~ **wheel**, TEC rueda *f* helicoidal. **~·wood**, BOT ajenjo *m*; FIG amargura *f*. **II.** *v* **1.** TEC roscar. **2.** quitar las lombrices (a). **3.** FAM (son)sacar. **4.** **(into)** insinuarse. LOC **To ~ one's way along**, arrastrarse como un gusano.

worn [wɔ:n] *v* pret, pp **wear**. LOC **~-out**, estropeado/a; gastado/a; FIG anticuado/a, viejo/a; agotado/a.

wor·ried ['wʌrid] *adj* **(about)** preocupado/a. **wor·ri·er** ['wʌriə(r)] *n* aprensivo/a. **wor·ri·some** ['wʌrisəm] *adj* preocupante; inquietante. **wor·ry** ['wʌri] **I.** *v* (pret, pp **worried**) **1.** **(about)** preocupar(se); inquietar (se). **2.** molestar(se). **3.** atacar. **4.** **(along)** arreglárselas. LOC **To ~ sth out**, resolver algo. **II.** *n* **1.** preocupación *f*; inquietud *f*. **2.** problema *m*. **3.** molestia *f*. **wor·ry·ing** ['wʌriiŋ] **I.** *adj* preocupante. **II.** *n* preocupación *f*.

worse [wɜ:s] **I.** *adj* peor. LOC **So much the ~**, tanto peor. **To get/grow ~**, empeorar. **~ and ~**, cada vez peor. ~ **luck**, mala suerte. ~ **than ever**, peor que nunca. **II.** *adv* peor. LOC **To be ~ off**, estar peor. ~ **still**, peor aún. **III.** *n* lo peor. LOC **From bad to ~**, de mal en peor. **To change for the ~**, empeorar. **wors·en** [wɜ:sn] *v* empeorar.

wor·ship ['wɜ:ʃip] **I.** *n* adoración *f*; culto *m*. **II.** *v* (**-pp-**; US **-p-**) adorar, venerar, rendir culto (a). **wor·ship·ful** ['wɜ:ʃipfl] *adj* **1.** venerable. **2.** excelentísimo/a. **wor·ship·per** (US **worshiper**) ['wɜ:ʃipə(r)] *n* adorador/ra; feligrés/sa.

worst [wɜ:st] **I.** *adj/adv* peor. **II.** *n* lo peor. LOC **At (the) ~**, en el peor de los casos. **Do your ~!**, ¡haga lo que le dé la gana! **To assume the ~**, imaginar lo peor. **To get the ~ of it**, llevar la peor parte. **To give sb the ~ of it**, hacerle pasar un mal rato a alguien. **III.** *v* vencer, derrotar.

wors·ted ['wustid] *n* estambre *m*.

worth [wɜ:θ] **I.** *adj* **1.** merecedor/ra (de); digno/a (de). **2.** equivalente (a). LOC **To be ~**, valer: *It's ~ $15*, Vale quince dólares; ser digno/a (de). ~ **reading**, que vale la pena leer. **II.** *n* **1.** valía *f*; valor *m*. **2.** mérito *m*. **worth·i·ness** ['wɜ:θinis] *n* merecimiento *m*; mérito *m*. **worth·less** ['wɜ:θlis] *adj* **1.** sin valor. **2.** despreciable. **3.** inútil. **worth·less·ness** ['wɜ:θlisnis] *n* carencia *f* de valor. **worth·while** ['wɜ:θwail] *adj* que vale la pena; valioso/a. **worth·y** [wɜ:θi] **I.** *adj* (*comp* **-ier**, *sup* **-iest**) **1.** **(of)** justo/a. **2.** meritorio/a; valioso/a. **3.** digno/a. LOC **To be ~ of**, ser digno/a (de). **II.** *n* dignatario/a; personaje *m*.

would [wəd, wud] *v* (*modal aux; abrev* **'d** [-d]; *neg* ~ **not**, *abrev* de **wouldn't** ['wudnt]) (*used for conditional mood*): *He ~ go*, Iría. LOC **~-be**, aspirante *m,f* (a); supuesto/a. ~ **that** ..., ojalá (que) ... .

wound [wu:nd] **I.** *n* herida *f* (*also* FIG). **II.** *v* **1.** herir. **2.** [waund] pret, pp de **wind**.

wove pret de **weave**.

wov·en pp de **weave**.

wow [wau] **I.** *int* INFML ¡guay! **II.** *n* SL exitazo *m*, boom *m*. **III.** *v* US SL impactar/impresionar mucho.

WP [,dʌblju: 'pi:] COMP *abrev* de **word processing/processor**.

wrack [ræk] **I.** *n* BOT fuco *m*. **II.** *v* destruir.

wraith [reiθ] *n* fantasma *m*, espectro *m*.

wran·gle ['ræŋgl] **I.** *n* **(with sb, about/over sth)** riña *f*, altercado *m*. **II.** *v* **(with sb, about/over sth)** discutir; regatear. **wran·gler** ['ræŋglə(r)] *n* **1.** camorrista *m,f*. **2.** US vaquero *m*.

wrap [ræp] **I.** *v* (**-pp-**) **1.** **(up)** envolver; cubrir(se); arropar(se); abrigar(se). **2.** cubrir. LOC **To be ~ped up in**, estar envuelto/a (en). **II.** *n* abrigo *m*; bata *f*. **wrap·per** ['ræpə(r)] *n* envoltura *f*; envase *m*. **wrap·ping** ['ræpiŋ] *n* embalaje *m*; envoltura *f*. LOC ~ **paper**, papel *m* de envolver.

wrath [rɔθ; US ræθ] *n* ira *f*; cólera *f*; furia *f*. **wrath·ful** ['rɔθfl] adj iracundo/a; colérico/a.

wreak [ri:k] *v* **(on)** **1.** tomar (*revenge*). **2.** descargar (*anger*). LOC **To ~ havoc**, hacer estragos.

wreath [ri:θ] *n* **1.** corona *f* (*also for a funeral*), guirnalda *f*. **2.** espiral *m* (*of smoke*). **wreathe** [ri:ð] *v* **1.** hacer una guirnalda *f* (de); enguirnaldar. **2.** coronar. **3.** formar espirales (*smoke*). LOC **A face ~d in smiles**, una cara muy risueña.

wreck [rek] **I.** *n* **1.** NAUT naufragio *m*. **2.** barco *m*/buque *m* hundido/naufragado. **3.** choque *m*, colisión *f* (*of cars, trains*). **4.** restos *m,pl*; escombros *m,pl*. **5.** FIG ruina *f*; fin *m*; destrucción *f*. LOC **To be a ~**, INFML estar hecho polvo. **To be a nervous ~**, tener los nervios destrozados. **II.** *v* **1.** (hacer) naufragar, hundir/se). **2.** hacer descarrilar (*trains*). **3.** FIG destrozar; acabar (con); arruinar. LOC **To be ~ed**, NAUT naufragar. **wreck·age** ['rekidʒ] *n* escombros *m,pl*; restos *m,pl*; NAUT pecios *m,pl*. **wrecked** [rekt] *adj* **1.** naufragado/a. **2.** destrozado/a. **wreck·er** ['rekə(r)] *n* **1.** NAUT raquero *m*. **2.** US demoledor *m* de casas. **3.** (camión *m*) grúa *f*. **wreck·ing** ['rekiŋ] *n* **1.** destrucción *f*. **2.** descarrilamiento *m* (*of* *trains*). LOC ~ **service**, servicio *m* de auxilio en carretera.

wren [ren] *n* ZOOL reyezuelo *m*.

wrench [rentʃ] **I.** *v* **1.** **(sth off, sb/sth away)** forzar, torcer (*also* MED). **2.** **(out)** arrebatar; arrancar. LOC **To ~ sth open**, abrir algo de un tirón. **II.** *n* **1.** tirón *m*. **2.** MED torcedura *f*. **3.** FIG pena *f*; dolor *m*; choque *m*; sacudida *f*. **4.** TEC llave *f* inglesa.

wrest [rest] *v* **1.** **(from)** arrebatar; arrancar. **2.** FIG alterar; desvirtuar (*truth*).

wres·tle ['resl] **I.** *v* **(with sb)** luchar (con (tra)) (*also* FIG). **II.** *n* **(with sb)** lucha *f*. LOC **To have a ~**, luchar. **wres·tler** ['reslə(r)] *n* luchador/ra. **wres·tling** ['resliŋ] *n* DEP lucha *f* (libre).

wretch [retʃ] *n* **1.** miserable *m,f*. **2.** desgraciado/a *m,f*. LOC **Little ~**, pillo/a, pícaro/a. **Poor little ~**, pobrecito/a. **wretch·ed** ['retʃid] *adj* **1.** miserable. **2.** desgraciado/a; desdichado/a. **3.** pésimo/a. **4.** maldito/a. **5.** mezquino/a; pobre. **wretch·ed·ness** ['retʃidnis] *n* **1.** miseria *f*. **2.** desgracia *f*; desdicha *f*. **3.** tristeza *f*. **4.** vileza *f*.

wrick [rik] **I.** *n* torcedura *f*. **II.** *v* torcer.

wrig·gle ['rigl] **I.** *v* **1.** menear(se), mover(se). **2.** serpentear. **3.** **(out)** librarse hábilmente; escaparse de. **II.** *n* **1.** meneo *m*. **2.** serpenteo *m*.

wring [riŋ] *v* (pret, pp **wrung** [rʌŋ]) **1.** escurrir (*wet clothes*). **2.** retorcer. **3.** FIG partir (*one's heart*); sacar (*money, truth*). LOC **To ~ sb's hand**, dar un apretón de mano a alguien. **wring·er** ['riŋə(r)] *n* escurridor *m* (*machine*). **wring·ing** ['riŋiŋ] *adj* (*also* **~ wet**) muy mojado/a, chorreando.

wrin·kle ['riŋkl] **I.** *n* **1.** arruga *f*. **2.** GEOL pliegue *m*. **3.** FIG idea *f*; truco *m*. **II.** *v* **1.** arrugar(se). **2.** fruncir. **3.** rizarse (*water*). **wrin·kled** ['riŋkld] *adj* arrugado/a.

wrist [rist] *n* **1.** ANAT muñeca *f*. **2.** ZOOL codillo *m*. LOC **~·band**, puño *m* (*of a shirt*); DEP, MED muñequera *f*. **~·let**, pulsera *f*; muñequera *f*. **~·watch**, reloj *m* de pulsera.

writ [rit] **I.** *n* **1.** JUR mandato *m*, orden *f*; demanda *f* judicial. **2.** REL escritura *f*: *The Holy ~*, La Sagrada Escritura. LOC **To draw up a ~**, extender un mandato judicial. **~ for an election**, autorización *f* para celebrar elecciones. **~ of attachment**, mandato *m* de embargo. **~ of execution**, ejecutoria *f*, auto *m* de ejecución. **II.** *v* pp ARC *de* **write**.

write [rait] *v* (pret **wrote** [rəut], pp **written** ['ritn]) **1.** escribir; redactar. **2.** MUS componer. **3.** rellenar (*a form*). **4.** **(back)** contestar (*a letter*). **5.** **(down)** anotar; poner por escrito; COM rebajar (de precio). **6.** **(off)** copiar; solicitar por escrito; cancelar (*a debt*). **7.** **(out)** copiar; escribir (*a letter*); escribir con todas las letras. **8.** **(up)** escribir un artículo/crónica (de, sobre); poner por escrito; poner al día; exagerar. LOC **Nothing to ~ home about**, nada del otro mundo; nada en particular. **~ off**, *n* desastre/pérdida total; *v* cancelar. **~-up**, relato *m*; crónica *f*; crítica *f*; valoración *f* excesiva. **writ·er** ['raitə(r)] *n* escritor/ra; escribano/a; autor/ra. LOC **The present ~**, el/la abajo firmante. **~'s cramp**, calambre *m* de escribiente. **writ·ing** ['raitiŋ] *n* **1.** letra *f*; escritura *f*. **2.** el escribir. **3.** escrito *m*. **4.** profesión *f* de escritor/ra. **5.** estilo *m*; redacción *f*. LOC **In one's own ~**, de su puño y letra. **~ case**, cartera *f* para papeles de escribir. **~ desk**, escritorio *m*. **~ off**, COM amortización *f*. **~ pad**, bloc *m*. **~ paper**, papel *m* de escribir.

writhe [raið] *v* **1.** retorcerse. **2.** angustiarse.

writ·ten ['ritn] **I.** *v* pp de **write**. **II.** *adj* escrito/a.

wrong [rɔŋ; US rɔːŋ] **I.** *adj* **1.** malo/a: *It's ~ to steal*, Es malo robar. **2.** erróneo/a; incorrecto/a; equivocado/a: *We got the ~ answer*, Recibimos la respuesta equivocada; falso/a. **3.** inoportuno/a; impropio/a. **4.** injusto/a. LOC **At the ~ time**, en un mal momento. **Not to be far ~**, no equivocarse en mucho. **The ~ way (round)**, al revés. **There is something ~ with**, algo no va bien aquí. **To be ~**, equivocarse; no tener razón. **To do the ~ thing**, hacer lo que no se debe. **What's ~?**, ¿qué pasa? **~ doer**, delincuente *m,f*, malhechor/ra. **~ doing**, mal *m*; maldad *f*. **~-headed**, obstinado/a. **~ number**, número *m* equivocado (*in telephoning*). **II.** *adv* **1.** mal. **2.** incorrectamente. **3.** injustamente. **4.** al revés. LOC **To get it ~**, entender equivocadamente. **To go ~**, equivocarse de dirección; extraviarse; funcionar mal. **III.** *n* **1.** mal *m*. **2.** error *m*. **3.** injusticia *f*; agravio *m*. LOC **To be in the ~**, estar equivocado/a, tener la culpa. **To do ~**, hacer mal. **To put sb in the ~**, echarle la culpa a alguien. **IV.** *v* **1.** agraviar, perjudicar. **2.** ser injusto/a (con). **wrong·ful** ['rɔŋfl] adj 1. ilegal. 2. injusto/a. **wrong·nes** ['rɔŋnis] *n* **1.** error *m*, equivocación *f*. **2.** injusticia *f*. **3.** maldad *f*.

wrote pret de **write**.

wroth [rəuθ] *adj* ARC airado/a; iracundo/a.

wrought [rɔːt] **I.** *v* ARC pret, pp de **work**. **II.** *adj* **1.** trabajado/a. **2.** labrado/a; forjado/a. LOC **~ iron**, hierro *m* forjado.

wrung pret, pp de **wring**.

wry [rai] *adj* (*comp* **-er**, *sup* **-est**) **1.** doblado/a; torcido/a. **2.** forzado/a. **3.** irónico/a; pervertido/a. LOC **~ face**, mueca *f*, gesto *m*. **~·neck**, MED tortículis *f*.

wych-elm ['witʃ elm] *n* BOT olmo *m* escocés.

X, x [eks] *n* (*pl* **X's, x's** ['eksis]) **1.** 'x' *f* (*letter*). **2.** FIG, MAT incógnita *f*, x *f*. LOC **~-film**, película *f* X/pornográfica.

xe·non ['zi:nɔn] *n* QUIM xeno(n) *m*.

xe·no·pho·bia [,zenə'fəubiə] *n* xenofobia *f*. **xe·no·pho·bic** [,zenə'fəubik] *adj* xenófobo/a.

xe·ro·gra·phy [zi:'rɔgræfi] *n* xerografía *f*. **xer·ox** ['ziərɔks] **I.** *v* fotocopiar. **II.** *n* fotocopia *f*.

Xmas ['krisməs, 'eksməs] *n* INFML (*short form for* **Christmas**) Navidad *f*.

X-rat·ed ['eks 'reitid] *adj* FAM condenado/a; no recomendado/a (*film*).

X-ray ['eks rei] **I.** *n* **1.** radiografía *f*. **2.** **~s** *pl* rayos *m,pl* X. **II.** *v* **1.** examinar/tratar con rayos X. **2.** radiografiar. **III.** *adj* radiográfico/a. LOC **~ photograph/~ print**, radiografía *f*. **~ therapy**, radioterapia *f*.

xy·lene ['zaili:n] *n* QUIM xileno *m*.

xy·lo·graph·er [zai'lɔgrəfə(r)] *n* xilógrafo/a. **xy·lo·graph·ic(al)** [zailə'græfik(l)] *adj* xilográfico/a. **xy·lo·gra·phy** [zai'lɔgrəfi] *n* xilografía *f*.

xy·lo·pha·gous [zai'lɔfəgəs] *n* ZOOL xilófago *m*.

xy·lo·phone ['zailəfəun] *n* MUS xilófono *m*.

Y, y [wai] *n*, 'y griega' *f* (*letter*).

yacht [jɔt] **I.** *n* NAUT balandro *m*; yate *m*. LOC **~ club**, club *m* náutico. **~s·man**, balandrista *m,f*; aficionado/a a la navegación; deportista *m,f* náutico. **II.** *v* pasear/recrearse en yate. **yacht·ing** ['jɔtiŋ] *n* **1.** navegación *f* a vela; paseo *m* en yate. **2.** DEP regatas *f,pl* de balandros.

ya·hoo [jə'hu:] *n* (*pl* **-s**) patán *m,f*; bruto/a.

yak [jæk] *n* ZOOL yac *m* (*ox*).

Yale lock ['yeil lɔk] *n* cerradura *f* de cilindro. **Yale key**, llavín *m*.

yam [jæm] *n* **1.** BOT ñame *m* (*plant*). **2.** BOT US boniato *m*, batata *f*.

yam·mer ['jæmə(r)] **I.** *v* **1.** **(about, on)** INFML parlotear. **2.** lloriquear. **II.** *n* **1.** INFML parloteo *m*. **2.** lloriqueo *m*.

Yank [jæŋk] **I.** *n* **1.** INFML yanqui *m,f* (*Yankee*). **2.** tirón *m*. **II.** *v* **1.** INFML dar un tirón. **2.** **(out)** sacar de un tirón. **3.** (off) arrancar con fuerza. **Yank·ee** ['jæŋki] (*also* **Yank**) *n/adj* INFML yanqui *m,f*.

yap [jæp] **I.** *v* **(-pp-)** **1.** **(at)** ladrar (*esp of small dogs*). **2.** *col* protestar. **II.** *n* ladrido *m*.

yard [ja:d] **I.** *n* **1.** corral *m*; patio *m*. (US **back·~**). **2.** depósito *m*, almacén *m*. **3.** NAUT astillero *m*; verga *f*; vara *f*. **5.** yarda *f* (*abrev* **yd**; *unit of length =0.9144 m*). LOC **~·age**, medida en yardas. **~·arm**, penol *m*; verga *f*. **~·stick**, norma *f*, patrón *m*, criterio *m*; vara *f* para medir yardas.

yarn [ja:n] **I.** *n* **1.** hilo *m*, hilado *m*; fibra *f*. **2.** INFML cuento *m*, historia *f*. **II.** *v* contar un cuento/historia.

yar·row ['jærəu] *n* BOT milenrama *f* (*plant*).

yaw [jɔ:] **I.** *v* NAUT dar guiñadas; AER derrapar, dar un bandazo. **II.** *n* NAUT guiñada *f*; AER derrape, bandazo *m*.

yawl [jɔ:l] *n* NAUT yola *f* (*boat*).

yawn [jɔ:n] **I.** *v* **1.** bostezar. **2.** FIG abrir. **II.** *n* **1.** bostezo *m*. **2.** FIG apertura *f*. **3.** INFML aburrimiento *m*. **yawn·ing** ['jɔ:niŋ] **I.** *n* bostezo *m*. **II.** *adj* FIG abierto/a.

ye [ji:] *pron* ARC vos, vosotros/as.

yea [jei] *n/adv* INFML sí *m*. **yeah** [jeə] *adv* INFML sí.

year [jiə(r), jɜ:(r)] *n* **1.** año *m*. **2.** curso *m* (*at school*). LOC **~-book**, anuario *m*. **~·long**, que dura un año. **year·ling** ['jiəliŋ] **I.** *n* añal *m*. **II.** *adj* de un año, añal. **year·ly** ['jiəli] **I.** *adj* anual. **II.** *adv* cada año, anualmente.

yearn [jɜ:n] *v* **(for)** anhelar, ansiar, añorar; suspirar (por). **yearn·ing** ['jɜ:niŋ] **I.** *n* ansia *f*, anhelo *m*, añoranza *f*. **II.** *adj* ansioso/a.

yeast [ji:st] *n* fermento *m*; levadura *f*. **yeast·y** ['ji:sti] *adj* **1.** de levadura *f*. **2.** espumoso/a. **3.** FIG frívolo/a.

yegg [jeg] *n* US col ladrón/na de cajas de caudales.

yell [jel] **I.** *v* **1.** **(out)** decir a gritos. **2.** chillar, gritar. **II.** *n* chillido *m*, grito *m*.

yel·low ['jeləu] **I.** *adj* **1.** amarillo/a, de color amarillo. **2.** rubio/a (*hair*). **3.** FAM miedoso/a, cobarde. LOC **~·back**, FAM novelucha *f*. **~ fever/~ jack**, MED fiebre *f* amarilla. **~·hammer**, ZOOL verderón *m* (*bird*). **~ jacket**, ZOOL US avispa *f*. **~ pages**, páginas *f,pl* amarillas (*telephone directory*). **~ press**, INFML periódicos *m,pl* sensacionalistas. **II.** *n* **1.** amarillo *m* (*colour*). **2.** yema *f* (*of an egg*). **III.** *v* amarillear; poner(se)/volver(se) amarillo. **yel·low·ish** ['jeləuiʃ] *adj* amarillento/a. **yel·low·ness** ['jeləunis] *n* amarillez *f*.

yelp [jelp] **I.** *n* aullido *m*, gañido *m* (*of animals*). **II.** *v* aullar, gañar.

yen [jen] *n* **1.** yen *m*. **2.** **(for sth/to do sth)** INFML ganas *f,pl*, deseo *m*.

yeo·man ['jəumən] *n* (*pl* **-men** [-mən]) **1.** pequeño terrateniente *m*. **2.** MIL soldado *m* de caballería. LOC **~ of the Guard**, alabardero *m* de la Casa Real. **yeo·man·ry** ['jəumənri] *n* **1.** pequeños terratenientes *m,pl*. **2.** MIL cuerpo *m* voluntario de caballería.

yep [jep] *adv* FAM sí.

yes [jes] *n/adv* (*pl* **yeses** ['jesiz]) sí *m*. LOC **~-man**, adulador/ra, FAM pelota.

yes·ter·day ['jestədi, -dei] *n/adv* ayer *m*. LOC **The day before ~**, anteayer, antes de ayer. **~ afternoon**, ayer por la tarde. **~ morning**, ayer por la mañana. **yes·ter·night** ['jestənait] *adv* ARC anoche. **yes·ter·year** ['jestəjiə(r)] *n* ARC antaño *m*.

yet [jet] **I.** *adv* todavía, aún (*used in questions and negative sentences; also when expressing uncertainty*). LOC **As ~**, hasta ahora. **Not ~**, aún no, todavía no. **~ again**, otra vez. **II.** *conj* no obstante, con todo, sin embargo.

yet·i ['jeti] (*also* **Abominable Snowman**) *n* yeti *m* (abominable hombre de las nieves).

yew [ju:] *n* BOT (*also* **~-tree**) tejo *m* (*tree; wood*).

yid [jid] *n col* judío/a (*offensive*). **Yid·dish** ['jidiʃ] *n* judeoalemán *m*, yiddish *m*; idioma *m* judeoalemán.

yield [ji:ld] **I.** *v* **1.** dar, producir; proporcionar; rendir (*profit, interest, crop*). **2.** entregar; ceder (*to the enemy*); someterse, rendirse. **3.** conceder. LOC **To ~ up the ghost**,

FIG entregar el alma. **II**. *n* **1**. beneficio *m*; rendimiento *m*, rédito *m*; producción *f*. **2**. AGR cosecha *f*. **yield·ing** ['ji:ldiŋ] *adj* **1**. productivo/a. **2**. flexible; blando/a. **3**. condescendiente, complaciente.

yip·pee ['jipi:] *int* INFML ¡yupi!

yo·del (*also* **yo·dle**) ['jəudl] **I**. *v* (**-ll-**; US **-l-**) MUS cantar a la tirolesa. **II**. *n* MUS canto *m* a la tirolesa.

yo·ga ['jəugə] *n* yoga *f*. **yogi** ['jəugi] *n* (*pl* **-s**) yogui *m,f*.

yog·hurt (*also* **yog·urt**, **yog·hourt**) ['jɔgət; US 'jəugərt] *n* yogur *m*.

yoke [jəuk] **I**. *n* **1**. yugo *m*. **2**. yunta *f*. **3**. percha *f*, balancín *m*. **4**. TEC estribo *m*; horquilla *f*. **5**. canesú *m*. **6**. FIG servidumbre *f*; esclavitud *f*. **II**. *v* **1**. uncir. **2**. acoplar; atar; unir (*also* FIG).

yo·kel ['jəukl] *n* cateto/a *m,f*, palurdo/a *m,f*, paleto/a *m,f*.

yolk [jəuk] *n* yema *f* (*of an egg*).

yon·der ['jɔndə(r)] **I**. *adj* ARC aquel/lla, aquellos/as. **II**. *art* ARC aquél/lla, aquéllos/as. **III**. *adv* allá, a lo lejos.

yore [jɔ:(r)] *n* LOC **In days of ~**, antaño.

you [ju:] **I**. *pron* **1**. tú *sing*; vosotros/as *pl*. **2**. te *sing*; os *pl* (*objective case*). **3**. ti *sing*; vosotros/as *pl* (*after prep*). LOC **With ~**, contigo *sing*; con vosotros/as *pl*. **II**. *pron pers* **1**. usted *sing*; ustedes *pl* (*subject case, formal*). **2**. le *m, sing*, la *f,sing*; les *pl* (*objective case: accusative, dative*). **3**. usted *sing*; ustedes *pl* (*after prep*). LOC **With ~**, con usted *sing*; con ustedes *pl*; consigo. **III**. *pron imper* **1**. se: *~ can't smoke in here*, No se puede fumar aquí dentro. **2**. uno: *~ can't trust anyone*, Uno no se puede fiar de nadie. LOC **~'d**, *abrev* de **~ had**; **~ would**. **~'ll**, *abrev* de **~ will**. **~'re**, *abrev* de **~ are**. **~'ve**, *abrev* de **~ have**.

your [jɔ:(r); US juər] *adj* (*possessive*) **1**. tu, tus *sing*; vuestros/as *pl* (*informal*). **2**. su, de usted *sing*; sus, de ustedes *pl* (*formal*). **yours** [jɔ:z; US juərz] *pron* (*possessive*) **1**. (el) tuyo *m,sing*, (la) tuya *f,sing*; (el) vuestro *m,pl*, (la) vuestra *f,pl* (*informal*). **2**. (el) suyo *m*, (la) suya *f*; (el) de usted *m*, (la) de usted *f* (*formal*). LOC **~ truly/ sincerely/faithfully**, atentamente, cordialmente (*used in ending letters*). **your·self** [jɔ:'self; US juər'self] (*pl*) **-selves** [-'selvz]) pron (*reflexive*) 1. (as subject) tú (mismo/a) sing, vosotros/as (mismos/as) pl (INFML); usted (mismo/a) *sing*, ustedes (mismos/as) *pl* (FML). **2**. (*as object*) te *sing*, os *pl* (*informal*); se *sing/pl* (*formal*). **3**. (*after preposition*) ti (mismo/a) *sing*, vosotros/as (mismos/as) *pl* (*informal*); usted (mismo/a) *sing*, ustedes (mismos/as) *pl*, sí (mismo(s)/misma(s)) *sing/pl*.

young [jʌŋ] **I**. *adj* (*comp* **-er** [ŋgə(r)], *sup* **-est** [ŋgist]) **1**. joven. **2**. menor (*brother, sister*). **3**. nuevo/a. LOC **~-looking**, de aspecto joven. **~ people** (*also* **the ~**), la gente *f* joven. **~ person**, persona *f* joven. **II**. *n* **~s** *pl* ZOOL cría *f*. LOC **With ~**, ZOOL en cinta, preñada. **young·ish** ['jʌŋiʃ] *adj* jovencito/a, bastante joven. **young·ster** ['jʌŋstə(r)] *n* jovenzuelo/a, joven *m,f*.

youth [ju:θ] *n*, *pl* **-s** [ju:ðz] **1**. joven *m,f* (*a young person*). **2**. juventud *f*. LOC **~ hostel**, albergue *m* juvenil. **youth·ful** ['ju:θfl] *adj* joven; juvenil **youth·ful·ness** ['ju:θfulnis] *n* juventud *f*.

yowl [jaul] **I**. *n* aullido *m*. **II**. *v* aullar.

yuc·ca ['jʌkə] *n* BOT yuca *f*.

Yu·go·slav ['ju:gəusla:v] *n/adj* yugoslavo/a.

yule [ju:l] (*also* **yule-tide** [ju:l taid]) *n* Navidad *f*. LOC **~-log**, leño *m* de Navidad *f*.

yum·my ['jʌmi] *adj* INFML delicioso/a.

Z, z [zed, US zi:] *n* 'zeta'/'zeda' *f* (*letter*).

za·ny ['zeini] *adj* (*comp* **-ier**, *sup* **-iest**) INFML divertido/a; excéntrico/a; estrafalario/a.

zap [zæp] **I**. *v* (pp **-pp-**) INFML **1**. matar (a alguien) (*with gun*). **2**. atacar, golpear. **3**. mover con rapidez, cambiar (*TV channels*). **II**. *n* viveza, *f*, vigor *m*. **zap·ping** ['zæpiŋ] *n* cambio *m* (*TV channels*). **zap·py** ['zæpi] *adj* INFML enérgico/a, divertido/a.

zeal [zi:l] *n* (**for sth**) ardor *m*, celo *m*, entusiasmo *m*. **zeal·ot** ['zelət] *n* **1**. defensor/ra. **2**. fanático/a. **zeal·ot·ry** ['zelətri] *n* fanatismo *m*. **zeal·ous** ['zeləs] *adj* celoso/a; entusiasta. **zeal·ous·ly** ['zeləsli] *adv* celosamente; con entusiasmo.

ze·bra ['zebrə, 'zi:brə] *n* (*pl unchanged or* **-s**) ZOOL zebra *f*. LOC ~ **crossing**, paso *m* peatonal.

ze·bu ['zi:bu:] *n* ZOOL cebú *m*.

ze·nith ['zeniθ] *n* **1**. cénit *m* (*also* ASTR). **2**. FIG apogeo *m*.

zeph·yr ['zefə(r)] *n* céfiro *m*.

Zep·pe·lin ['zepəlin] *n* AER zepelín *m*.

ze·ro ['ziərəu] **I**. *adj, num, pron* **1**. cero. **2**. nulo/a. LOC ~ **altitude**, altitud cero. ~ **growth**, sin aumento. ~ **hour**, MIL hora *f* (*moment of attack*). ~ **option**, opción *m* cero. ~ **visibility**, visibilidad *f* nula. **II**. *n* cero *m*.

zest [zest] *n* (**for sth**) gusto *m*; ánimo *m*, entusiasmo *m*. **zest·ful** ['zestful] *adj* enérgico/a, entusiasta.

zig·zag ['zigzæg] **I**. *adj* en zigzag. **II**. *n* zigzag *m*. **III**. *v* zigzaguear, andar haciendo eses.

zil·lion [ziliən] *n* INFML un montón (de) (*money, problems*, etc).

zinc [ziŋk] **I**. *n* QUIM cinc *m*. **II**. *v* cubrir/galvanizar con cinc *m*.

Zi·on ['zaiən] *n* REL Sión *m*. **Zi·on·ism** ['zaiənizəm] *n* REL sionismo *m*. **Zi·on·ist** ['zaiənist] *n/adj* REL sionista *m,f*.

zip [zip] **I**. *n* **1**. (*also* **zip-fastener**; *esp* US **zipper**) cremallera *f*. **2**. zumbido *m*; silbido *m*. **3**. FAM energía *f*, nervio *m*. LOC ~ **code**, US código *m* postal. **zip·py** ['zipi] *adj* (*comp* **-ier**, *sup* **-iest**) INFML veloz, rápido/a; enérgico/a.

zith·er ['ziðə(r)] *n* MUS cítara *f*.

zo·di·ac ['zəudiæk] *n* ASTR zodíaco *m*. LOC **The signs of the** ~, los signos del zodíaco. **zo·di·ac·al** ['zəudiækl] *adj* ASTR zodiacal.

zom·bi(e) ['zɔmbi] *n* zombi.

zon·al ['zəunl] *adj* en zonas, zonal. **zone** [zəun] *n* zona *f*.

zoo [zu:] *n* (*also* **zoological gardens**) parque *m* zoológico, zoo *m*. **zoo·log·ic·al** [,zəuə'lɔdʒikl] *adj* zoológico/a. **zoo·lo·gist** [zəu'ɔlədʒist] *n* zoólogo/a. **zoo·lo·gy** [zəu'ɔlədʒi] *n* zoología *f*.

zoom [zu:m] **I**. *v* **1**. zumbar (*bee*). **2**. AER subir verticalmente (*also* FIG *prices*, etc). **3**. enfocar con el zoom *m* (*in photography*). **4**. (**away**, **off**) ir/salir zumbando. **5**. (**in/out**) acercar/alejar el objetivo. **II**. *n* **1**. zumbido *m*. **2**. AER subida *f* vertical (*also* FIG *prices*, etc). **3**. objetivo *m*, zoom *m*.

zoo·phyte ['zəuəfait] *n* ZOOL zoófito *m*.

Zu·lu ['zu:lu:] *n/adj* GEOG zulú *m,f*.

zy·gote ['zaigəut] *n* BIOL cigoto *m*.

zy·mot·ic [zai'mɔtik] *adj* cimótico/a.

DICCIONARIO DE USO

SPANISH - ENGLISH

- **Editor in Chief:**
  Aquilino Sánchez
  University of Murcia

- **Editors:**
  Francisco Garrudo,
  University of Seville
  Fernando Huerta,
  Autonomous University of Barcelona
  Pascual Cantos,
  University of Murcia
  A. S. Dawson,
  University of Seville
  Helen Wing and Nicola Tear,
  University of Hull

- **Language Consultants:**
  Leo Hickey,
  University of Salford
  Francisco Ariza,
  Metropolitan University of Manchester

INTRODUCTION

Over the centuries all lexicographical reference works have inevitably undergone constant renovation and updating which have allowed them to remain closely relevant to the demands of the time. This was as true of the first word-lists as it will be of any such work yet to appear. Dictionaries, then, as archetypical examples of this type of reference work, have to evolve as languages themselves evolve, since languages in turn are, like the human beings who produce them, constantly changing and developing. A living language can never be considered as something definitively standardized, fixed or totally regulated or systematized - this can only be true of what we know as "dead" languages.

Practical dictionaries of language usage, such as those included in the present series, are specially concerned with this palpable reality since in them the emphasis is placed on **the use people make of their language at the present time**: they deal only on a secondary level, if at all, with words perhaps widely used in the past but which have little or no present life. We should insist that the present volume is not intended to serve as an **authority** or normative work for the speaker: its aim is rather to be a useful reference work to be consulted, or, what amounts to the same thing, a work "of usage".

Within "current usage", both different sectorial language variants (e.g. the language of politics, administration and commerce, technical work, etc.) and geographical varieties can be included. We have tried to maintain a difficult balance: while resisting the temptation to record a large and indiscriminate number of regionally accepted words, we have at the same time included those regional items which are really significant and readily used. The criterion which has been used to select regional varieties (from Spain and South America, or from Britain and the United States of America), has been that of the **universality** of the recorded usage of the expression in question. This criterion excludes a large number of terms which are exclusive to each one of the Spanish-speaking countries, and to a lesser extent those exclusive to each English-speaking one; the reason for this is that such words would not be useful for the generality of speakers of the language, and it is this widespread usefulness which is the aim of this dictionary.

The illustration of meaning by way of translation together with examples illustrating the use of the item in context is often not only useful but indispensable. We have therefore included several contextualized examples, especially in those words and expressions which are most widely used, where concrete examples are most helpful.

In many traditional Spanish dictionaries it has been the custom to ignore, explicitly or implicitly, certain features which have long been regarded as standard in English language reference works, for example the giving of the **phonetic transcription** of an item and also of the way in which it can be **divided syllabically**. A significant aspect of the present dictionary, however, is that it includes both features for the Spanish as well as the English entries. There are many reasons which have led us to adopt this decision. It may well be true that the system of pronunciation and syllable division is less complex in Spanish than in English, but it is no less so that these elements still offer a certain degree of difficulty to the foreign learner, at least to the extent that the principles applying in one language differ from those applying in the other.

One last observation: we have made a special effort to include the words **we really use** nowadays, in our ever more international and "intranational" world, whether these items are neologisms, loan words or derivatives. Our guiding principle has been a simple one: if a word is widely used by speakers of the language, it should be included and translated, since the interested reader will inevitably come across it in her search for equivalents to items in her own language.

A work such as this cannot be the work of one or even of several hands. The editors, those responsible for revision of the material, advisers and proof-readers have collaborated in the task. Our sincerest thanks are due to all.

Aquilino Sánchez
Editor in Chief

Abbreviations

abrev	abbreviation
adj	adjective
adv	adverb
AER	aeronautics
AGR	agriculture
Amer	americanism
ANAT	anatomy
ARC	archaic
ARG	slang
ARQ	architecture
art	article
ART	arts
ASTR	astronomy
AUT	automobile
aux	auxiliary
BIOL	biology
BOT	botany
Br	British English
COM	business
col	colloquial/informal
COMP	computing
comp	comparative
conj	conjunction
DEP	sports
DER	derogatory
dim	diminutive
ELECTR	electricity
esp	especially
exclam	exclamatory
f	femenine
FAM	familiar, colloquial
FIG	figurative
FIL	philosophy
FIS	Physics
FML	formal
freq	frequently
gen	generally
GEOG	geography
GEOL	geology
ger	gerund
GRAM	grammar
HIST	history
imper	impersonal
imp	imperative
ind	indicative
indef	indefinite
INFML	informal
inf	infinitive
int	interjection
inter	interrogative
IR	ironical
JUR	law
LIN	linguistics
lit/LIT	literary
m	masculine
MAT	mathematics
MED	medicine
MIL	military
MIT	mythology
MUS	music
n	noun
n,f / n,m / n,pl	noun femenine / noun masculine / noun plural
n,sing	noun singular.
NAUT	nautical
num	numeral
p.us.	infrequent
o.s.	oneself
pers	personal
PEY	pejorative
pl	plural
POET	poetry
pp	past participle
pref	prefix
prep	preposition
pret	past
pron	pronoun
QUIM	chemistry
REL	religion
RPr	dependent prepositions
sb	somebody
sing	singular
SL	slang
sth	something
subj	subjunctive
sup	superlative
TAUR	tauromachy
TAB	taboo
TEAT	theatre
TEC	technology, mechanical/ engineering, industry
US	United States
v	verb
V.	see
v/Refl(se)	reflexive verb
ZOOL	zoology

THE ENTRIES: SOME GUIDELINES

1. Entries are given in strict alphabetical order.
2. For reasons of space, the entries are grouped together in those cases in which a set of words has a common root. Thus, for example,

   generate, generation, generative, generator
   chispa, chispazo, chispeante, chispear

   form sets in their respective sections (English-Spanish or Spanish-English).
3. The indication '~' is used to represent the root, or the element which is common to several words, e.g.

   gal·ley ['gæli] (...) ~ **proof** (= galley proof), galerada *f*
4. The simple translation of a word is very often ambiguous unless the specific context of usage is clearly indicated. This information is given within brackets and in italics:

   gal·le.ry ... *n* 1. galería (*of mine, theatre*, etc.)

   In the same way we sometimes offer an exemplification, together with the translation, thus:

   get (...) **3**. llamar, hacer venir: *You'd better get a plumber*, Deberías llamar a un fontanero.

   chis·pa (...) **4**. FIG ounce, very little, glimmer (*de algo inmaterial*): *No tiene ni chispa de talento para cocinar*, He doesn't have an ounce of talent when it comes to cooking.
5. Syllable division is indicated by a dot: '·'. This means that the word can be divided at the end of a line of print at any of the syllable divisions shown. We should note, however, that the version offered here should not be taken as definitive, but is merely intended to serve as a fairly reliable practical guide.
6. The pronunciation of each entry is also given in square brackets ([...]). The phonetic symbols used are basically those of the International Phonetic Alphabet and these are specified for each language at the beginning of each part of the dictionary:

   gal·ley ['gæli]
   a·ve·ría [aβería]
7. In the English-Spanish section we give the gender of most Spanish equivalents:

   gap [gæp] *n* 1. vacío *m*, hueco *m*, abertura *f*, brecha *f* ...
8. We have preferred to avoid long lists of abbreviations and have reduced these to a minimum. The same abbreviations are used for entries in both languages, as can be seen in the table.
9. Lists of irregular verbs in both languages, together with other irregular forms are included in the introductions. These are intended to answer any grammatical or lexical queries the interested reader might have. Similarly, we include a brief description of the phonetic systems of English and Spanish and also a list of the most frequent proper nouns - both personal and geographical - together with their respective translations, where appropriate.
10. The editorial policy followed both as regards the choice of the entries to be included in this dictionary and as to their treatment can be summarized as follows:

- We have updated the meanings of the entries and of the contextualized examples provided, giving priority to current use in each language in formal and informal contexts.
- We have also included some words and meanings which are widely used at the present time but which are not included in "official" dictionaries.
- Many obsolete, rare or highly specialized words have been excluded, while others are included, since they may occur in formal or literary texts which the reader of this type of reference work may have to consult.
- It is clear that in a work of limited scope such as this dictionary, whose aim is to occupy a place somewhere between the middle- and larger-sized dictionaries only a limited number of language varieties can be included. We have therefore followed the policy - both in the English-Spanish and the Spanish-English sections - of including only those regional varieties which are widely accepted in a language community covering several regions or countries and excluding those of a purely local or dialectal nature.

SOME FEATURES OF THE SPANISH LANGUAGE

1. Phonemes and phonetic symbols

PHONEME / GRAPHEME	PHONETIC SYMBOL
/p/	[p] (paso)
/b/	[b] (bala, vela)
....	[ß] (habano)
/t/	[t] (taco)
/d/	[d] (diente)
	[] (redada)
/k/	[k] (kilo, carro, queso)
/g/	[g] (gota, guerra)
	[] (ceguera, haga)
/m/	[m] (momia, ramo)
	[m̥] (before plosices: acompañar)
	[ɱ] (before fricatives: anfibio)
/n/	[n] (nada)
	[ṇ] (before dental fricatives: once)
	[n̪] (before dental plosives: conde)
	[ṇ] (before affricates: hinchar)
	[ŋ] (before velar plosives: anca)
/ɲ/ (ñ)	[ɲ] (año)
/ch/	[tʃ] (chico, cacho)
/y/	[ʃ] (aya) ([ʒ] in Argentina)
	[ɟ] (inicial: yunque).
/f/	[f] (fácil)
/θ/, /s/ (c,z):	*Peninsular Spanish*: [θ] (fácil, zorro, ceja) *Canary Islands, Andalucía, South America:* [s]
/s/	[s] (saco)
	[z] (before voiced sounds: desvelar, esbelto)
/x/ (j, g).................	[x] (ajo, jabón)
/l/	[l] (lado)
	[ḷ] (before dental fricatives: alzar)
	[l̪] (before dental plosives: aldaba)
/ʎ/ (ll)..................	[ʎ] (llano)
/r/	[r] (arena)
/rr/	[rr] (rana, arroz)
/i/	[j] (bien, conciencia)
/w/	[w] (hueco, residuo)
/a/	[a] (pan)
/e/	[e] (vez)
/i/	[i] (sí)
/o/	[o] (sol)
/u/	[u] (luz)

Diphtongs and triphtongs

/ai/	[ai] (aire)
/au/	[au] (aura)
/ei/	[ei] (ley)
/eu/	[eu] (reuma)
/oi/	[oi] (boina)

/je/	[je] (pie)
/ja/	[ja] (piano)
/jo/	[jo] (piojo)
/ju/	[ju] (viuda)
/we/	[we] (pues)
/wa/	[wa] (casual)
/wo/	[wo] (residuo)
/wi/	[wi] (ruido)
/wei/	[wei] (buey)
/wau/	[wau] (guau)

2. *The letters (graphemes) in Spanish*

Grapheme	Name
a	a
b	be
c	ce
ch	che
d	de
e	e
f	efe
g	ge
h	hache
i	i
j	jota
k	ka
l	ele
ll	elle
m	eme
n	ene
ñ	eñe
o	o
p	pe
q	qu
r	ere
rr	erre
s	ese
t	te
u	u
v	uve, ve
w	uve doble
x	equis
y	i griega
z	zeda, zeta

3. *Consonant phonemes in Spanish*

/p/ This is a bilabial plosive sound: the air-stream is obstructed by closure of the lips, which are then suddenly opened. There are various allophones in initial (*paso*) or medial position (*culpa*). Spelling: "p".

/b/ A voiced bilabial plosive, this is basically articulated in the same way as /p/. It is, however, affected by its context, and when pronounced between voiced sounds is also voiced and, significantly, takes on a fricative aspect, as in such words as "*haba, abertura, advertir*", etc.. The phonetic symbol for this sound is the Greek letter [θ].

Spelling: /b/ is represented both by the letter "b" and by "v", and even on occasion by "w": *bala, vela, wáter, avellana* [bála, béla, báter, aβeʎána]. Some speakers tend to differentiate between these letters, and pronounce "v" as a clear fricative. However, this is not widespread and is considered somewhat pedantic.

/t/ The obstruction of the air-stream takes is brought about by the tip of the tongue, which touches the top of the upper incisors (hence the term "dental plosive") and is then released: *taco, monte* [táko, mónte]. The position of the tongue may vary: it may be placed **between** the teeth (*interdental*), depending on the immediate context (*azteca*), and may also effect the closure behind the teeth, on the alveolar ridge - this would depend on the force given to the articulation.
Spelling: **"t"**.

/d/ The point of articulation is similar to that of /t/ (closure effected by the tip of the tongue touching the upper incisors). This plosive sound differs from /t/ in being **voiced**, whereas /t/ is voiceless.
However, /d/ may often lose its plosive nature when it occurs in contexts of other voiced sounds (except when it precedes "n" or "l"): it becomes a voiced **fricative** (somewhat softer than the English sound corresponding to "th" in words such as "the", "that", those", etc.): *hada, moneda, madre* [aðа, moneða, maðre]. But *andar, aldea* [andár, aldéa].
Spelling: **"d"**.

/k/ A voiceless plosive. The closure is effected by the back of the tongue touching the soft palate.
This phoneme can be spelt in three different ways:

k: *kilo, kilómetro* [kílo, kilómetro] (rare);
c (before -a, -o, -u): *carro, corro, curro* [kárro, kórro, kúrro]. It is also spelt "c" when it occurs **after a-**, **o-** or **u-**, though usually in words of foreign origin: *coñac, frac* [kóɲak, frak].
qu (before -e, -i): *querer, quiero* [kerér, kjéro].

Note also: **x (k + s)**: *éxito, asfixia* [éksito, asfiksja]

/g/ Unlike /k/, this sound is voiced. Its point of articulation is very similar to /k/, though the occlusion is softer. Within a context of other voiced sounds, /g/ becomes a voiced **fricative** [γ].
Spelling:

g (before -a, -o, -u or the sequence **-üe, -üi)**: *gastar, gota, gustar, cigüeña, pingüino* [gastár, góta, gustár, θiγwéɲa, piŋgwíno].
gu (before -e, -i): *ceguera, guitarra* [θeγéra, gitárra].

/m/ The articulation of this voiced nasal is similar to that for /b/ (the air-stream is obstructed by closing of the lips, while the soft palate remains open and allows the release of the air-stream through the nose, thus giving the characteristically nasal sound: *ramo, hombre* [rámo, ómbre]. Note that when "m" occurs in final position, it is generally pronounced as if it were an "n": *máximum, album* [máksimun, álbun]. When occurring before certain sounds, the pronunciation of /m/ has other nuances (see the section on the phonetic symbols).
Spelling: **"m"**.

/n/ Another voiced nasal sound, this is articulated with the tip of the tongue touching the alveolar ridge, or even the gums, thus preventing the air from emerging from the mouth. The soft palate is lowered, and the air is released through the nose. As occurs with /m/, /n/, when occurring before certain sounds, it has other allophones (see the section on the phonetic symbols).
Spelling: **"n"**.

/ɲ/ (ñ) In order to pronounce this sound, the tip of the tongue should touch the lower front teeth lightly, while the back is raised to press firmly against the soft palate, with a tendency to move backwards towards the velum. Thus the air-stream is obstructed and the air is released through the nose: *cañón, niño*: [kaɲón, níɲo]. This sound is similar to French or Italian "gn" : *vigne; ogni.*
Spelling: "**ñ**".

/tʃ/ This voiceless sound is articulated by raising the front of the tongue until it touches the hard palate, thus temporarily blocking the air-stream. This obstruction is then gradually released, producing a friction between the tongue and the palate: *chico, cacho* [tʃíko, kátʃo]. It is similar to the sound represented by the group "ch" in English and "t + ch" in French, and is practically the same as Italian "c" in *cento* or German "tsch", as in *deutsch.*
Spelling: the digraph "**ch**", which in the Spanish alphabetical system is usually entered as a separate letter, after "c". The international phonetic symbol is [tʃ].

/J/ The articulation of this sound is similar to that of "ch", but it is **voiced**: *yo, yunque, yeso, hierro* [ɟo, ɟúnke, ɟéso, ɟérro].
Spelling: in initial position in the syllable or after "n" or "l": "**y**", "**hi**".
Note: In Argentina this sound is pronounced differently, as [ʒ].

/f/ This voiceless labio-dental fricative sound is produced when the air-stream is partially obstructed by the closure produced when the lower lip comes into contact with the upper incisors.
Spelling: "**f**"

/θ/ This sound is the result of the friction produced when the tongue is placed in contact with the tip of the upper incisors, while at the same time lightly touching the lower incisors. It is similar to English "th" in words such as *third, through*, although the Spanish sound is slightly stronger and more vigorously articulated.
Spelling:

c (followed by -e, -i): *vecino, hacer* [beθíno , aθér]
z: *zorro, cruz, zarpa* [θórro, kruθ, θárpa]

Note: In Spanish-speaking countries of South America, in the Canary Islands and the south of Spain, this phoneme is usually replaced by /s/.

/s/ Here the edge of the blade of the tongue touches the alveolar ridge and also the upper gums, thus allowing air to be released through a small free space made by slightly hollowing the tongue. This sound may be voiced or voiceless, according to context: *saco, aspirar; desvelar, esbelto* [sáko, aspirár; dézßelár, ezßélto].
Spelling: "**s**".
Note: In Spanish-speaking countries of South America, in the Canary Islands and the south of Spain, this sound can also be spelt "z", "ce" or "ci".

/x/ In order to produce this sound the back of the tongue is raised to touch the velum, without totally obstructing the air-stream, which is released through the constricted space, thus producing the voiceless fricative /x/. The sound is similar to the "ch" in German *brauchen.*
Spelling: The sound may be spelt

j: *jabón, reloj* [xaßón, rrelóx] or
g (before e, i): *girar, gerente* [xirár, xerénte].
"g" preceding "a", "o" or "u" is usually pronounced slightly more softly and is voiced: *dogma, digno* [dóɣma, díɣno].

/l/ The tip of the tongue is placed against the alveolar ridge and space is left on each side: slight friction is produced as the air is released through these spaces. The pronunciation of /l/ is strongly affected by the context in which it is found and the sounds which surround it (e.g. /θ, t, d, n/, etc.), or by its final position. There are, then, several allophones: *lado, alzar, caldero...* [láðo, al̪θár, cal̪déro] (see table of phonetic symbols).
Spelling: "**l**".

/ʎ/ (ll) Here the tip of the tongue touches the lower front teeth, while the back is raised and spread against the alveolar ridge. The air is released through openings on each side of the tongue. This sound is similar to "gl" in Italian *foglia*.
Spelling: "**ll**".
Note that many speakers pronounce "ll" as /ɟ/ (the so-called "yeismo").

/r/ This phoneme (sometimes called the "simple" or "single r") is articulated by raising the tip of the tongue quickly towards the alveolar ridge, while the edges touch the inside of the upper teeth and gums. It is a rolled, voiced sound: *coral, pereza, fresco* [korál, peréθa, frésko].
Spelling: "**r**".

/rr/ This sound is articulated in a similar way to /r/, but the tip of the tongue, which is retroflexed, is momentarily pushed forward by the force of the air-stream. The tip then returns immediately to its original, retroflex position. The process is repeated several times, and each time the air is obstructed and released a vibrating or "trilled" sound is produced, which is /rr/, a "multiple" rolled phoneme: *raro, pérro* [rráro, pér̄o].
Spelling:

r (in word-initial position): *rabo* [rráβo]
rr (in any other position): *guerra, torre* [gérra, tórre].

/j/ This sound is usually termed a "semi-consonant", if thought of in connection with the phoneme /J/, or a "semi-vowel", if associated with the vowel /i/. The articulation is similar to those of these two respective phonemes. An "i" which occurs at the beginning of a diphthong or triphthong will tend to be pronounced as a semi-consonant (*bien, conciencia, cambiáis*).

/w/ The semi-consonant /w/ is similar in sound to the vowel /u/, but it is articulated almost as a fricative consonant: *hueco, huerto* [wéko, wérto].

4. Vowel phonemes

If we imagine the buccal cavity in a two-dimensional plane divided into nine sectors (front, central, back; high, medium, low) and consider the position of the tongue within this scheme, we can illustrate the articulation of the Spanish vowel system as follows:

	Front	*Central*	*Back*
High	**i**		**u**
Middle	**e**		**o**
Low		**a**	

If we take the table above as our point of reference we can readily identify and describe the Spanish vowels:

/i/: This is a high front vowel. There are several allophones (one could include the semi-consonant /y/).
Spelling: **i:** *imagen, río*
y: *hay, hoy*

/e/: A middle front vowel.
Spelling: **e:** *resumen, pera*

/a/: This is a low central vowel.
Spelling: **a:** *amar, hada*

/u/: High back vowel. Among its allophones we could include the semi-consonant /w/.
Spelling: **u**: *humo, salud, deuda*

/o/: A middle back vowel.
Spelling: **o:** *orden, oro, coma*

Diphtongs and trophtongs:

When two vowels combine to form a single syllable, they constitute a diphthong. When three vowels combine, they form a triphthong.

Diphthongs:

Spanish diphthongs always include the sounds **i** or **u**, in combination with **e, o** and **a** (in addition to the sequence "**iu**"). There are two types of diphthong:

"Opening" diphthongs:

u +	**a:** *(cuatro)*	i +	**a:** *(cianuro)*
	e: *(suelo)*		**e:** *(tiene)*
	o: *(cuota)*		**o:** *(labio)*
			u: *(ciudad)*

"Closing" diphthongs:

a	+ **u**	*(aula)*	**a**	+ **i**	*(aire)*
e		*(Europa)*	**e**		*(ley)*
o		*(lo-usó)*	**o**		*(voy)*

NOTE: Any vowel group which includes "i" or "u" together with another middle or low vowel will not form a diphthong if the high vowel /i,u/ carries the main stress in the word (this is indicated by the graphic accent): *tía, dúo, río, maíz, sitúe.*

Two middle or low vowels grouped together never form a diphthong, but are considered as distinct syllabic nuclei: *ca-er, rale-a, a-é-re-o, co-herente.*

Triphthongs

Triphthongs are formed by one middle or low vowel (generally **a** or **e**) and two high vowels (**i** or **u**). Most triphthongs occur in verb conjugations: *despreciáis, continuéis*, etc.

5. *Word stress*

In Spanish, tonic stress only falls on one syllable in the word. The position of this tonic syllable is, in theory, free: that is, Spanish is unlike French, where the last syllable is tonic, or the Germanic languages, where the stress normally occurs on the root syllable. The distribution of the stress will sometimes give rise to situations in which the same sound sequence can have a different meaning:

término	*termino*	*terminó*
límite	*limite*	*limité*
libro	*libró*	
calle	callé	

In these cases the function of the accent includes that of phonological distinction.

In general, there are **four** syllables in the word which may receive tonic stress:

1. Tonic stress may be **final** (oxytones):
reunió, tapiz, tabú
2. The tonic stress may fall on the penultimate syllable (paroxytones):
gobierno, cárcel, hada
3. The third-last syllable may be stressed (proparoxytones):
régimen, bolígrafo
4. In some compound words the tonic stress may fall on the fourth last syllable (superproparoxytones):
cómetelo, coméntaselo.

6. *Some special characteristics of Spanish*

6.1. Spelling

- There are three special letters in Spanish: **ch, ll** and **ñ**.
- All sounds produced are also represented graphically, except for **h** and **u** in the combinations **que, qui, gue, gui**. In these cases the dieresis (**ü**) is placed on the "u" to indicate when this phoneme should be pronounced (*cigüeña, pingüino*).
- There are only three double consonants: **c, r** and **n**: *lección, borrar, sinnúmero.*

6.2. Pronunciation

There are also three sounds which are characteristic of Spanish:

/θ/: this is written **c** (before "e", "i") or **z** (before "a", "o", "u")

/x/: this is written **g** (before "e", "i") or **j** (before "a", "o", "u").

/rr/: this is written **r** at the beginning of a word and after "l", "n" or "s", and **rr** in all other cases.

7. *Syllable division in Spanish*

There are few fixed rules for syllable division at the end of a line of writing at present, due in large measure to the difficulty of defining exactly what constitutes a syllable, especially when diphthongs are involved. Such rules as exist have been established following various different criteria (phonetic, orthographic, etymological, aesthetic, stylistic and metric). We shall, however, make a brief attempt to clarify the issue and establish the following basic guidelines:

1. All syllables should be kept intact, though they may be formed of more than two phonemes. In those words which contain a Latin or Castillian preposition followed by "s" or by another consonant, an "s" is added to the preposition where necessary before the division: *cons·tan.te, naf·ta.li·na.*
2. **Compound words** where the etymology is unambiguous are separated into their component parts according to semantic "common sense": *des.ha.cer.* If the etymology of the elements does not appear so clear to the user, the word may be divided either on etymological lines or by using syllabic groups (consonant + vowel): *no·so·tros/nos·o·tros, de·sa·pa·re·ci·do/des·a·pa·re·ci·do.*

3. When dividing words we usually avoid leaving a single vowel at the end of the word, although it may technically constitute a syllable; thus: *Ma·ría, a·ve·ría, ca·ma·feo.*
4. **Unstressed vowel groups** are never separated, no matter what their position in the word may be: *gar·fio, es·te·reos·co·pia, ae·ró·me·tro.*

   Exceptions: - if there is an "h" among the vowels of the group, then "h" + vowel can constitute a syllable and appear at the end of the line: *en·de·he·sar.*

   - if the etymology is very clear: *en·tre·a·bier.to.*
5. **Vowel groups formed by stressed + unstressed or unstressed + stressed sounds** follow the following rule:
   – if the vowels "i" or "u" are part of the group, they are never separated: *cie·lo, en·friar, egip·cía·co, deísta.*
   – if the vowels of the group are "a", "e" or "o", in any combination, and if they cannot of themselves constitute a syllable without the aid of a consonant, then they are separated: *lo·ar, des·le·al, re·al·ce.* But: *tam·ba·lea·do, poe·ta, aor·ta.*
6. **Triphthongs are never separated**: *des.pre.ciáis, ave·ri·guáis.*
7. **Prefixes** which appear in the combination **consonant - vowel - consonant + vowel - consonant** are separated thus: *des·em·pol·var, des·in·te·rés.*
8. **The graphemes "ch", "rr" and "ll"** should never be separated, since each represents one single sound: *he·cho, de·rra·mar, aca·llar.*

8. *Verb forms*

8.1 THE CONJUGATION OF REGULAR VERBS

AMAR (1st conj.)	*TEMER (2nd conj.)*	*PARTIR (3rd conj.)*

INDICATIVE

SIMPLE TENSES

Present:

amo	*temo*	*parto*
amas	*temes*	*partes*
ama	*teme*	*parte*
amamos	*tememos*	*partimos*
amáis	*teméis*	*partís*
aman	*temen*	*parten*

Imperfect:

amaba	*temía*	*partía*
amabas	*temías*	*partías*
amaba	*temía*	*partía*
amábamos	*temíamos*	*partíamos*
amábais	*temíais*	*partíais*
amaban	*temían*	*partían*

Indefinite preterit or past simple:

amé	*temí*	*partí*
amaste	*temiste*	*partiste*
amó	*temió*	*partió*

amamos	*temimos*	*partimos*
amasteis	*temisteis*	*partisteis*
amaron	*temieron*	*partieron*

Future simple:

amaré	*temeré*	*partiré*
amarás	*temerás*	*partirás*
amará	*temerá*	*partirá*
amaremos	*temeremos*	*partiremos*
amaréis	*temeréis*	*partiréis*
amarán	*temerán*	*partirán*

Conditional or hypothetical future:

amaría	*temería*	*partiría*
amarías	*temerías*	*partirías*
amaría	*temería*	*partiría*
amaríamos	*temeríamos*	*partiríamos*
amaríais	*temeríais*	*partiríais*
amarían	*temerían*	*partirían*

COMPOUND TENSES

Present perfect:

he amado	*he temido*	*he partido*
has amado	*has temido*	*has partido*
ha amado	*has temido*	*has partido*
hemos amado	*hemos temido*	*hemos partido*
habéis amado	*habéis temido*	*habéis partido*
han amado	*han temido*	*han partido*

Past perfect / Pluperfect:

había amado	— *temido*	— *partido*
habías amado	*temido*	*partido*
había amado	*temido*	*partido*
habíamos amado	*temido*	*partido*
habíais amado	*temido*	*partido*
habían amado	*temido*	*partido*

Past anterior:

hube amado	— *temido*	— *partido*
hubiste amado	*temido*	*partido*
hubo amado	*temido*	*partido*
hubimos amado	*temido*	*partido*
hubisteis amado	*temido*	*partido*
hubieron amado	*temido*	*partido*

Future perfect:

habré amado	— *temido*	— *partido*
habrás amado	*temido*	*partido*
habrá amado	*temido*	*partido*
habremos amado	*temido*	*partido*
habréis amado	*temido*	*partido*
habrán amado	*temido*	*partido*

Perfect conditional:

habría amado	— *temido*	— *partido*
habrías amado	*temido*	*partido*
habría amado	*temido*	*partido*

habríamos amado	*temido*	*partido*
habríais amado	*temido*	*partido*
habrían amado	*temido*	*partido*

SUBJUNCTIVE MOOD:

SIMPLE TENSES

Present subjunctive:

ame	*tema*	*parta*
ames	*temas*	*partas*
ame	*tema*	*parta*
amemos	*temamos*	*partamos*
améis	*temáis*	*partáis*
amen	*teman*	*partan*

Past imperfect subjunctive:

amara/amase	*temiera/temiese*	*partiera/partiese*
amaras/-ases	*temieras/-ieses*	*partieras/-ieses*
amara/-ase	*temiera/-iese*	*partiera/-iese*
amáramos/-ásemos	*temiéramos/-iésemos*	*partiéramos/-iésemos*
amarais/-aseis	*temierais/-ieseis*	*partierais/-ieseis*
amaran/-asen	*temieran/-esen*	*partieran/-iesen*

Future subjunctive:

amare	*temiere*	*partiere*
amares	*temieres*	*partiere*
amare	*temiere*	*partiere*
amáremos	*temiéremos*	*partiéremos*
amareis	*temiereis*	*partiereis*
amaren	*temieren*	*partieren*

COMPOUND TENSES

Perfect subjunctive:

haya amado	*haya temido*	*haya partido*
hayas amado	*hayas temido*	*hayas partido*
haya amado	*haya temido*	*haha partido*
hayamos amado	*hayamos temido*	*hayamos partido*
hayáis amado	*hayáis temido*	*hayáis partido*
hayan amado	*hayan temido*	*hayan partido*

Past perfect subjunctive:

hubiera/hubiese amado	— *temido*	— *partido*
hubieras/-ieses amado	*temido*	*partido*
hubiera/-ese amado	*temido*	*partido*
hubiéramos/-iésemos amado	*temido*	*partido*
hubierais/-ieseis amado	*temido*	*partido*
hubieran/-iesen amado	*temido*	*partido*

Compound future subjunctive:

hubiere amado	— *temido*	— *partido*
hubieres amado	*temido*	*partido*
hubiere amado	*temido*	*partido*
hubiéremos amado	*temido*	*partido*
hubiereis amado	*temido*	*partido*
hubieren amado	*temido*	*partido*

IMPERATIVE:

Present:

ama	*teme*	*parte*
amad	*temed*	*partid*

8.2 CONJUGATION OF IRREGULAR VERBS

Spanish verbs may be irregular in spelling or undergo changes in their roots and endings:

a. Roots and inflexions preserve their nature and function even though they may undergo spelling changes. Some consonants are changed when they occur before "**-e**":

c > qu	explicar	explique
g > gu	obligar	obligue
z > c	alcanzar	alcance

or before the vowel "**-o**":

c > z	*vencer*	*venzo*
g > i	*proteger*	*protejo*
gu > g	*conseguir*	*consigo*

Verbs ending in **-llir, -ñer**: the first vowel of the inflexion is assimilated into the preceding palatal consonant:

gruñir	*gruño*	*gruñera*	(**Not** **gruñió, gruñiera...*)
bullir	*bulló*	*bullera*	
tañer	*taño*	*tañera*	

Some verbs change unstressed "**i**" to "**y**":

leer	*leyó*	*leyera*
roer	*royó*	*royera*

In some persons of other verbs **qu** changes to **c**:

delinquir *delinco*

b. Verbs which undergo **changes of stress** on a particular vowel (many of these end in **-uar, -iar**):

confiar	*confío*	*confíe*	*confiaban*
continuar	*continúo*	*continúe*	*continuaba*

These changes in stress normally affect the present indicative and subjunctive (in all forms except 1st and 2nd person plural), and the imperative (2nd person singular: *acentúa, confía*).

desconfiar	*desviar*	*enfriar*	*enviar*	*espiar*
evaluar	*exceptuar*	*fiar*	*fotografiar*	*graduar*
guiar	*insinuar*	*liar*	*preceptuar*	*resfriar*
vaciar	*variar*	*ataviar*	*chirriar*	*piar*
rociar	*graduar*			

and some others.

NOTE that some verbs vary in their stress pattern, e.g. "*evacuar, adecuar*". Others also ending in **-iar, -uar** do not undergo any change in stress: **acariciar (*acaricio* ...), apaciguar (*apaciguo* ...), despreciar (desprecio...)**, etc.

c. Some irregular forms are the result of phonetic influence on the language as a whole. These irregular forms can be divided into three main groups:
- those due to vowel mutation
- those due to consonant mutation
- those of a mixed character: due both to vowel and consonant mutation

These changes can affect the root of the verb, the ending, or the whole verb form.

c. 1 *Verbs with changes in their root*

Change due to the closure of a root vowel:

e > i *pedir - pido*
o > u *podrir - pudrió*

The vowel change "e > i" affects all tenses except the imperfect if the root syllable carries the stress (*pido, pida ...*) or if the following syllable does not contain syllabic "i" (*pidió, pidiera ...*):

pedir pido pedí/pidió pide pida pidiera pidiendo

MODEL: pedir

Present indicative: *Pido, pides, pide, pedimos, pedís, piden*
Present subjunctive: *Pida, pidas, pida, pidamos, pidáis, pidan*
Imperative: *Pide, pedid*
Preterite indicative: *Pedí, pediste, pidió, pedimos, pedisteis, pidieron*
Imperfect (past) subjunctive: *Pidiera/pidiese, pidieras, pidiera, pidiéramos, pidierais, pidieran*
Gerund: *Pidiendo*

The following irregular verbs follow these rules:

Concebir, conseguir, corregir, derretir, despedir, elegir, impedir, medir, perseguir, repetir, seguir, servir, teñir, vestir(se).

and some others.

The vowel change **o > u** affects the indefinite preterite (past simple), the past subjunctive, future subjunctive and imperative:

podrir pudrió pudriera/-ese pudriendo

MODEL: Podrir / Pudrir

Indefinite preterite (past): *Podrí, podriste, pudrió, podrimos, podristeis, pudrieron*
Imperfect (past) subjunctive: *Pudriera/-ese, pudrieras, pudriera, pudriéramos, pudrierais, pudrieran*
Gerund: *Pudriendo*

Many verbs in which the root changes from vowel **o** to diphthong **ue** follow this rule (e.g. *dormir (duerme)*)

c.2. *Changes where the root vowel changes to a diphthong:*

e > ie	*querer*	*quiero*	*quiera*	*quiere*
o > ue	*poder*	*puedo*	*pueda*	*puede*
i > ie	*adquirir*	*adquiero*	*adquiera*	*adquiere*
u > ue	*jugar*	*juego*	*juegue*	*juega*

The changes from vowel to diphthong occur only when the vowel has the main stress in the verb (i.e. present indicative, present subjunctive and singular imperative).

Irregular verbs of all three conjugations show this type of change:

acertar	*acostar*	*alentar*	*almorzar*	*apacentar*
apostar	*apretar*	*atravesar*	*avergonzar*	*calentar*
cegar	*cerrar*	*cimentar*	*colar*	*comentar*
confesar	*consolar*	*contar*	*costar*	*despertar*
empezar	*encomendar*	*engrosar*	*enmendar*	*forzar*
fregar	*gobernar*	*helar*	*manifestar*	*merendar*
mostrar	*negar*	*pensar*	*plegar*	*poblar*
podar	*probar*	*recordar*	*renovar*	*reventar*

sentir	*soltar*	*soldar*	*sonar*	*soñar*
tentar	*tostar*	*trocar*	*tronar*	*tropezar*
volar	*volcar*	*volver*		

etc.

NOTE: In some verbs two irregular changes take place: the change in the root vowel and its conversion to diphthong:

mentir	*miento*	*mintió*
morir	*muero*	*murió*

MODELS

ACERTAR

Present indicative: *Acierto, aciertas, acierta, acertamos, acertáis, aciertan*
Present subjunctive: *Acierte, aciertes, acierte, acertemos, acerteís, acierten*
Imperative: *Acierta, acertad*

CONTAR

Present indicative: *Cuento, cuentas, cuenta, contamos, contáis, cuentan*
Present subjunctive: *Cuente, cuentes, cuente, contemos, contéis, cuenten*
Imperative: *Cuenta, contad*

SENTIR

Present indicative: *Siento, sientes, siente, sentimos, sentís, sienten*
Present subjunctive: *Sienta, sientas, sienta, sintamos, sintáis, sientan*
Imperative: *Siente, sentid*

(**NOTE** that "*sentir*" also follows the model "**e > i**". Thus the infinitive preterite is *sentí, sentiste, sintió, sentimos, sentisteis, sintieron*).

SOLTAR

Present indicative: *Suelto, sueltas, suelta, soltamos, soltáis, sueltan*
Present subjunctive: *Suelte, sueltes, suelte, soltemos, soltéis, suelten*
Imperative: *Suelta, soltad*

c. 3. Verbs which undergo consonant changes

c.3.1. 'c' changes to 'g'.

decir	*digo*
hacer	*hago*

DECIR

Present indicative: *Digo, dices, dice, decimos, decís, dicen*
Present subjunctive: *Diga, digas, diga, digamos, digáis, digan*

c.3.2. 'z' inserted before 'c' of final syllable:

nacer	*nazco*	*nazca*
conocer	*conozco*	*conozca*
enardecer	*enardezco*	*enardezca*

These changes affect the first person, present indicative and subjunctive and take place:

1. in verbs ending in **-acer,** except **hacer** and its compound forms: thus, **placer, yacer**;
2. in verbs ending in **-ecer** (except **mecer**); and

3. in those ending in **-ocer** (except **cocer, escocer** and **recocer**) and **-ucir**:

nacer, renacer, pacer, conocer, reconocer, desconocer, lucir, relucir, traslucir, deslucir, aducir, conducir, deducir, inducir, introducir, producir, reducir, seducir, traducir, placer, yacer, complacer.

MODEL: Nacer

Present indicative: *Nazco, naces, nace, nacemos, nacéis, nacen*
Present subjunctive: *Nazca, nazcas, nazca, nazcamos, nazcáis, nazcan*

c.3.3. Verbs which add "g" or "y":

l > lg	*salir*	*salgo*	*salga*
n > ng	*poner*	*pongo*	*ponga*
s > sg	*asir*	*asgo*	*asga*
u > uy	*huir*	*huyo*	*huya*

The following verbs undergo this change:
Those ending in **-alir, -aler** (*salir, valer ...*)
Those ending in *-ner, nir* (*poner, mantener, prevenir ...*)
Those ending in **-uir** (*argüir, concluir ...*)

MODEL: salir

Present indicative: *Salgo, sales, sale, salimos, salís, salen*
Present subjunctive: *Salga, salgas, salga, salgamos, salgáis, salgan*

c.3.4. Verbs which add vowel and consonant

e > ig: *caer* *caigo* *caiga*

The following verbs follow this model: **oír, traer** (*oigo, traigo*) and their compounds, **roer, raer** (*roigo, raigo*).

MODEL: caer

Present indicative: *Caigo, caes, cae, caemos, caéis, caen*
Present subjunctive: *Caiga, caigas, caiga, caigamos, caigáis, caigan*

c.3.5. Changes in vowel and consonant

caber: *quepo* *quepa*

But:

saber: *sé* *sepa*

MODEL: caber

Present indicative: *Quepo, cabes, cabe, cabemos, cabéis, caben*
Present subjunctive: *Quepa, quepas, quepa, quepamos, quepáis, quepan*

SABER (only in the present subjunctive: *sepa, sepas...*).

c.3.6. Irregular forms due to changes in the root or which are derived from more than one root

haber	*hay*	—	*haya*
ser	*soy*	*era/fui*	*fuese*
ir	*voy*	*fui*	*fuese*

MODELS

HABER	*SER*	*IR*
Present indicative:		
he	*soy*	*voy*
has	*eres*	*vas*

ha / hay	*es*	*va*
habemos	*somos*	*vamos*
habéis	*sois*	*váis*
han	*son*	*van*

Imperfect:

había	*era*	*iba*
habías	*eras*	*ibas*
etc.	*etc.*	*etc.*

Future:

habré	*seré*	*iré*
habrás	*serás*	*irás*
etc.	*etc.*	*etc.*

Indefinite preterite:

hube	*fui*	*fui*
hubiste	*fuiste*	*fuiste*
hubo	*fue*	*fue*
hubimos	*fuimos*	*fuimos*
hubisteis	*fuisteis*	*fuisteis*
hubieron	*fueron*	*fueron*

Conditional:

habría	*sería*	*iría*
habrías	*serías*	*irías*
etc.	*etc.*	*etc.*

Imperativo:

—	*sé*	*ve*
—	*sed*	*id*

Present subjunctive:

haya	*sea*	*vaya*
hayas	*seas*	*vayas*
haya	*sea*	*vaya*
hayamos	*seamos*	*vayamos*
hayáis	*seáis*	*vayáis*
hayan	*sean*	*vayan*

Past subjunctive:

hubiera/hubiese	*fuera/fuese*	*fuera/fuese*
hubieras/hibieses	*fueras/fueses*	*fueras/fueses*
etc.	*etc.*	*etc.*

Gerund:

habiendo	*siendo*	*yendo*

c. 4. Changes affecting the vowel in the infinitive ending

c.4.1. Due to the disappearance of the vowel in the future and conditional tenses

caber	*cabré*	*cabría*
haber	*habré*	*habría*
poder	*podré*	*podría*
querer	*querré*	*querría*
saber	*sabré*	*sabría*

MODELS:

CABER	**PODER**	**QUERER**
cabré	*podré*	*querré*
cabrás	*podrás*	*querrás*
cabrá	*podrá*	*querrá*
cabremos	*podremos*	*querremos*
cabréis	*podréis*	*querréis*
cabrán	*podrán*	*querrán*

c.4.2. Ellipsis (apocope) of the final vowel in the first person singular of the imperative:

poner	*pon*
tener	*ten*
hacer	*haz*
salir	*sal*
venir	*ven*

together with their compounds *anteponer, retener, deshacer, prevenir,* etc.

NOTA: the imperative of the verbs *haber, ser, ir, dar* is formed by a simple monolsyllable: **ha** (not in current use), **sé, ve, da**.

c.4.3. Ellipsis of the final vowel and introduction of "d" in the future and conditional tenses:

poner	*pondré*	*pondría*
salir	*saldré*	*saldría*
tener	*tendré*	*tendría*
valer	*valdré*	*valdría*
venir	*vendré*	*vendría*

(together with their compounds **posponer, retener, intervenir**, etc..)

MODEL: Poner

Future: *Pondré, pondrás, pondrá, pondremos, pondréis, pondrán*
Conditional: *Pondría, pondrías, pondría, pondríamos, pondríais, pondrían*

c.4.4. Contracted forms, due to ellipsis of a syllable:

hacer: *haré (harás, hará, haremos, haréis, harán)*
decir: *diré (dirás, dirá, diremos, diréis, dirán)*

togeteher with their compounds.

c. 5. Irregular forms due to changes in ending:

This group comprises the indefinite preterite forms of a series of verbs which are irregular in a variety of ways, undergoing vowel changes (e.g. **e/i, a/i, o/u**), consonant changes (**c/j**), both vowel and consonant changes (**ab/up, ec/ij, en/uv, er/is**), or the addition of **-j-** or **-uv-**:

andar	*anduve*
conducir	*conduje*
caber	*cupe*
decir	*dije*
estar	*estuve*
haber	*hube*
hacer	*hice*
poder	*pude*
poner	*puse*
querer	*quise*
saber	*supe*

tener	*tuve*
venir	*vine*
ver	*vi*

MODELS:

ANDAR	*HACER*	*DECIR*	*PONER*	*TENER*	*QUERER*
Indefinite past:					
anduve	*hice*	*dije*	*puse*	*tuve*	*quise*
anduviste	*hiciste*	*dijiste*	*pusiste*	*tuviste*	*quisiste*
anduvo	*hizo*	*dijo*	*puso*	*tuvo*	*quiso*
anduvimos	*hicimos*	*dijimos*	*pusimos*	*tuvimos*	*quisimos*
anduvisteis	*hiscisteis*	*dijisteis*	*pusisteis*	*tuvisteis*	*quisisteis*
anduvieron	*hicieron*	*dijeron*	*pusieron*	*tuvieron*	*quisieron*

Defective verbs:

Spanish defective verbs may undergo any of the changes mentioned above. In addition to this, however, their "irregularity" is mainly due to the fact that they can only be used in certain tenses and persons:

a. Verbs which are only conjugated in the 3rd person:
arreciar, placer, gustar .... with certain meanings:-

Me gusta el té
Me gustan los vestidos floreados
Me duele la cabeza
Me duelen las costillas

b. "*soler*", as an auxiliary modal verb, is always followed by the infinitive:

Suele llegar pronto
Suelen decirlo con claridad

c. Other defective verbs occur in set phrases:

En lo que atañe a ... (su salud...)
No nos compete ..... (resolver este asunto)
Aquí yace ..... (el héroe del descubrimiento)

d. Still others, like *abolir, balbucir, blandir* ... are only used in forms which contain the vowel "i" in the ending:

abolía, abolirá, abolido ....

e. Some verbs, especially those which describe the weather, are only used in the 3rd person singular:

nevar	*nieva*
llover	*llueve*

Note also: *Dicen (que no ha llegado nadie).*

In general, impersonal forms are used when we are uncertain about something, are not very interested in mentioning it or actively seek to conceal the agent of the action in question.
Typical impersonal verbs include the following:

granizar	*amanecer*	*convenir*
helar	*llover*	*ocurrir*
lloviznar	*acaecer*	
pasar	*suceder*	
opinar	*parecer*	
nevar	*acontecer*	
granizar		
relampaguear		
tronar		
diluviar, etc		

SOME FEATURES OF THE ENGLISH LANGUAGE

1. Phonemes and phonetic symbols

PHONEMES	PHONETIC SYMBOL
/p/	[p] (paper)
/b/	[b] (boy)
/t/	[t] (tea)
/d/	[d] (do, bed)
/k/	[k] (key)
/g/	[g] (go)
/tʃ/	[tʃ] (chain, nature)
/dʒ/	[dʒ] (Jim, fragile)
/f/	[f] (feet)
/v/	[v] (view)
/θ/	[θ] (teeth, thorn)
/ð/	[ð] (there)
/s/	[s] (soap)
/z/	[z] (roses)
/ʃ/	[ʃ] (ship)
/ʒ/	[ʒ] (pleasure)
/h/	[h] (hill)
/m/	[m] (more)
/n/	[n] (nose)
/ŋ/	[ŋ] (sing)
/l/	[l] (label)
/r/	[r] (library)
/j/	[j] (union)
/w/	[w] (war)
/i:/	as in **see**
/i/	as in **sit**
/e/	as in **ten**
/æ/	as in **hat**
/a:/	as in **arm**
/o/	as in **got**
/o:/	as in **saw**
/u/	as in **put**
/u:/	as in **too**
/ʌ/	as in **cup**
/ɑ:/	as in **fur/dirty.**
/,ə/	schwa (formul*a*)

2. *The English alphabet*

Letter	Pronunciation
a	[ei]
b	[bi:]
c	[si:]
d	[di:]
e	[i:]
f	[ef]

g .... [dʒi:]
h .... [eitʃ]
i .... [ai]
j .... [dʒei]
k .... [kei]
l .... [el]
m .... [em]
n .... [en]
o .... [əu]
p .... [pi:]
q .... [kju:]
r .... [a:(r)]
s .... [es]
t .... [ti:]
u .... [iu:]
v .... [vi:]
w .... [dʌblju:]
x .... [eks]
y .... [wai]
z .... [zed]; US [zi:]

3. *Consonant phonemes: description*

/p/ This voiceless plosive is somewhat similar to Spanish /p/: it is articulated using the upper and lower lips, though a slight "explosion" is produced when the air is released, a feature which is not present in the Spanish sound. Spelling: "p": *paper, crop.*

/b/ The voiced equivalent of /p/, though not so "explosive". Spelling: "b": *boy, cab.*

/t/ A voiceless aspirated plosive. The tongue is placed against the alveolar ridge, thus the sound is articulated differently from its Spanish equivalent, which is *dental*. Examples: *tool, tea, cat.* Spelling: usually "t" (very occasionally "th": *Thames, Thomas*).

/d/ This voiced sound is also plosive and slightly aspirated. The tongue is again placed against the alveolar ridge, thus obstructing the air-stream. The sound is similar to Spanish /d/ in initial position: *do, bed, candy.* Spelling: "d" or "dd".

/k/ A voiceless velar plosive. The principal difference with respect to the Spanish equivalent is that the English form is aspirated, like /t/ and /p/: *key, knock, quiet.* Spelling: "c" or "cc" (before **-a, -o, -u**), "k", "ck", "qu" (in some positions) or "ch" (in a few words, e.g. *character, chemistry*).

/g/ A velar plosive, this is basically the voiced equivalent of /k/. Spelling: "g", "gu-" or "gh": *go, haggle, dog, guide, ghost.*

/tʃ/ A voiceless affricate, this sound is articulated by allowing the air-stream to pass over a restricted space between the tongue and the hard palate or alveolar ridge. Spelling: "ch", "tch" or "t" [followed by **-ure**, **-eous** or **-tion** (if the "t" is preceded by as "s")]: *chain, wretch, nature, question.*

/dʒ/ The articulation of this sound is similar to that for /tʃ/, but it is voiced. Spelling: mainly "j", "g" or "dg"; sometimes "gg", "dj", "de", "di", (very rarely, "ch"): *Jim, gadget, fragile*

/f/ A voiceless fricative produced by the air stream passing between the lower lip and the upper incisors. It is similar to Spanish /f/, and is spelt: "f", "ph", "gh": *feet, photo, cough.*

/v/ The voiced equivalent of /f/. Spelling: "v", "f" or "ph", according to the context: *service, view, of, nephew.*

/θ/ This voiceless fricative is articulated by placing the tip of the tongue against the inside of the upper incisors. Spelling: "th": *thief, earth.*

/ð/ Articulated in a similar way to /θ/, this is a voiced sound, released softly. It is also spelt "th": *there, gather.* It is similar to Spanish "d" when it occurs between vowels (de*d*o).

/s/ A voiceless fricative, this sound is produced by placing the tip and the blade of the tongue very close to the alveolar ridge. The air-stream is released through the narrow space left. Spelling: "s", "ss", "sc", "c", "x" (together with /k/): *soap, science, pass, pencil, tax.*

/z/ The voiced equivalent of /s/, and therefore pronounced more softly. Spelling: "s", "ss", "z", "zz", "x": *roses, dizzy, zoo, scissors, exact.*

/ʃ/ A voiceless fricative, where the air is released quite strongly through the space left between the back of the tongue and the soft palate. Spelling: "sh", "ch", "sch" and sometimes "s", "ss" before "u", "ti", "si", "sci", "ci" and "ce": *shoe, machine, sure, nation, ocean.*

/ʒ/ The voiced equivalent of /ʃ/. Spelling: "-si", "s", "z" (before "u"): *pleasure, vision, seizure.*

/h/ This voiceless fricative sound is articulated by allowing the air to be released fairly freely through the mouth. Spelling: "h", "wh": *he, who, hill.* In colloquial speech, it is frequently omitted.

/m/ A nasal phoneme, produced by closing the mouth and allowing the air stream to be released through the nose. The sound is similar to Spanish /m/, and is spelt "m", "mm": *move, simple.*

/n/ Also a nasal sound, the air passing through the nose due to the closure formed by the tongue and the alveolar ridge. Spelling: "n": *nose, evening, pen.*

/ŋ/ Here the air is prevented from passing through the mouth by the closure formed by the back of the tongue pressing against the soft palate. Spelling: "ng", "n" + "k", "n" + "x": *sing, ankle, anxious.*

/l/ The air is obstructed by the tongue which touches the centre of the alveolar ridge and is released on each side of the tongue. The sound is similar to Spanish /l/. Spelling: "l", "ll": *label, filling.*

/r/ The tip of the tongue approaches the rear part of the alveolar ridge, leaving a space for the air-stream to be released. It is usually a frictionless sound of which there are many variants. Spelling: "r", "rr": *rush, library, bright.*

/j/ This sound may be pronounced in several different ways, depending upon its context. Since it is similar to English /i/ it is termed "semi-vowel". To a lesser extent, its slight similarity to /J/ has led to its also being called a "semi-consonant". The tongue is placed high in the mouth, and in a front position. Spelling: "i", "y": *yield, yes,* or in the combination /ju:/: *beauty, union.*

/w/ The tongue takes up the position of a semi-open vowel, while the lips are slightly rounded. Spelling: "w", "wh" or "u" (following "k" and sometimes "g"): *wet, squirrel, wheat.*

4. *Vowel phonemes*

4.1 Vowels

It is well-known that the English vowel system is considerably more complex than its Spanish equivalent. The number of vowels and their places of articulation may be conveniently illustrated in the following table:

i: i		u u:
e	ə ɜ:	o:
æ	a:	ʌ o

One of the special difficulties is that each sound may be spelt in a variety of different ways. Thus, /i:/ may be represented graphically by **"ee"**, **"e"**, **"ea"**, **"ie"**, **"ei"**, **"ey"**, **"i"**. The English vowel phonemes are the following:

/i:/ .... as in *tree.*
/i/ .... as in *sit.*
/e/ .... as in *set.*
/æ/ .... as in *bad.*
/ʌ/ .... as in *come, dull.*
/a:/ .... as in *car.*
/o/ .... as in *dog, cod.*
/o:/ .... as in *horse, war.*
/u/ .... as in *put.*
/u:/ .... as in *soon, move.*
/ɜ:/ .... as in *girl.*
/ə/ .... as in *banana.*

4.2. *Diphthongs and triphthongs*

a. Diphthongs:

/ei/ .... as in *ape, veil.*
/ai/ .... as in *time, mine.*
/oi/ .... as in *boy, noise.*
/əu/ .... as in *soul, old.*
/au/ .... as in *house, town.*
/iə/ .... as in *ear.*
/eɜ/ .... as in *care, fair.*
/uə/ .... as in *poor.*

b. Triphtongs:

/aiə/ .... as in *fire.*
/auə/ .... as in *our.*
/eiə/ .... as in *player.*
/ouə/ .... as in *lower.*
/oiə/ .... as in *royal.*

5. *Word stress*

As regards word stress and the placing of the tonic, English has generally followed the Germanic tradition. The following features are the most significant:

a. The main stress usually falls on the first syllable of the root of each word: *'runner, 'copy, 'earlier.*

b. However, the influence of Latin means that the stress pattern of many words of Latin or Romance origin depends rather on the type of ending, or on vowel quantity, as occurs in Latin itself: *centrali'zation, circu'lation*.

It is thus difficult to 'predict' where the tonic stress will come in many English words, and there are few simple rules for this language, as there are for Spanish.

6. *Syllable division*

There are some important variations as regards orthographic syllable-division, when a word runs over from one line to the next, according to the criteria taken as a starting point. The general tendency has been to be guided by etymological criteria; more recently, in some works phonetic criteria or those based upon pronunciation have been added, as well as the criterion of separation by sequences ('consonant + vowel', 'consonant + vowel + consonant', etc.). This shows that the issue is a complex one and can be resolved from different points of view. In this dictionary (both in the English-Spanish and the Spanish-English sections) we have attempted to resolve the problem without being dogmatic, seeking above all simplicity for the non-specialized user. We cannot, however, conceal the difficulty of this issue. The criterion most widely followed in this dictionary continues to be that of **etymology**. Thus the syllable divisions in words such as **gar.den.er, gar.rul.ous, gi.gant.ic, gild.ing, an.arch.ism** are based mainly on etymology. In general we do not use criteria which involve, for example, considering the monosyllabic or quasi-monosyllabic nature of the pronunciation of a particular word (**little** as opposed to **lit.tle**), nor the weak form of the medial vowel (-le-) and the consequent weakness of the syllable to which it belongs (**gal.lery** as opposed to **gal.le.ry**). To sum up, then: the criterion of etymology within the word prevails, and we should point out specially that suffixes and endings, as well as monosyllabic prefixes constitute a decisive criterion for deciding how to separate syllables at the end of a line.

7. *THE ENGLISH VERB. Verb forms.*

The system of verb inflexions in English is extraordinarily simple if we compare it to that of Spanish. English recognizes two types of verb: regular and irregular verbs. The first are derived from the so-called "weak verbs" of the Germanic languages, while the second group are the successors of the so-called "strong verbs".

7.1. Regular verbs

Regular verbs are conjugated as follows:

Infinitive:	*to walk*
Present indicative	*I walk*
	you walk
	he/she/it walks
	we walk
	you walk
	they walk
Past	*I, you, he ....walked*
Past participle	*walked*
Gerund	*walking*

The **future** is formed using the auxiliary verbs **shall / will:**

I shall / will walk
you will walk
etc.

The **conditional** is formed with the auxiliaries **should / would:**

I should / would walk
you would walk
etc.

Compound tenses are formed with the auxiliary **have***:*

I have walked
She has walked ...
etc.

For the **passive voice** *we* use the auxiliary verb **to be***:*

I was brought home by my sister
etc.

7.2. Irregular verbs

The inflexion system is similar to that of the regular verbs. But **the root** changes in the past tense, and sometimes in the past participle. The reason for this is that these indicate a change in tense by undergoing what might be termed a "vowel shift":

*sp**ea**k*	*sp**o**ke*	*sp**o**ken*

List of irregular verbs:

abide	*abode*	*abode*
arise	*arose*	*arisen*
awake	*awoke*	*awoken*
be	*was*	*been*
bear	*bore*	*borne*
bear	*bore*	*born*
beat	*beat*	*beat, beaten*
become	*became*	*become*
beget	*begot*	*begotten*
begin	*began*	*begun*
bend	*bent*	*bent*
beseech	*besought*	*besought*
bestride	*bestrode*	*bestridden*
bet	*bet*	*bet/ betted*
bid	*bade/bid*	*bid/bidden*
bind	*bound*	*bound*
bite	*bit*	*bitten*
bleed	*bled*	*bled*
blow	*blew*	*blown*
break	*broke*	*broken*
breed	*bred*	*bred*
bring	*brought*	*brought*
build	*built*	*built*
burn	*burnt*	*burnt/burned*
burst	*burst*	*burst*
buy	*bought*	*bought*
can	*could*	
cast	*cast*	*cast*
catch	*caught*	*caught*
chide	*chid*	*chid/chidden*
choose	*chose*	*chosen*
cleave	*clove*	*cloven/cleft*
cling	*clung*	*clung*
come	*came*	*come*
cost	*cost*	*cost*

creep	*crept*	*crept*
cut	*cut*	*cut*
deal	*dealt*	*dealt*
dig	*dug*	*dug*
do	*did*	*done*
draw	*drew*	*drawn*
drink	*drank*	*drunk*
dwell	*dwelt*	*dwelt*
eat	*ate*	*eaten*
fall	*fell*	*fallen*
feed	*fed*	*fed*
feel	*felt*	*felt*
fight	*fought*	*fought*
find	*found*	*found*
flee	*fled*	*fled*
fling	*flung*	*flung*
fly	*flew*	*flown*
forbid	*forbade*	*forbidden*
forget	*forgot*	*forgotten*
forgive	*forgave*	*forgiven*
forsake	*forsook*	*forsaken*
freeze	*froze*	*frozen*
get	*got*	*got (US gotten)*
gild	*gilt/gilded*	*gilt/gilded*
give	*gave*	*given*
go	*went*	*gone*
grind	*ground*	*ground*
grow	*grew*	*grown*
hang	*hung*	*hung/hanged*
have	*had*	*had*
heave	*hove/heaved*	*hove / heaved*
hew	*hewed*	*hewed / hewn*
hide	*hid*	*hidden*
hit	*hit*	*hit*
hold	*held*	*held*
hurt	*hurt*	*hurt*
kneel	*knelt*	*knelt*
knit	*knit*	*knit /knitted*
know	*knew*	*known*
lade	*laded*	*laded /laden*
lay	*laid*	*laid*
lead	*led*	*led*
lean	*leant/leaned*	*leant/leaned*
leap	*leaped*	*leaped/leapt*
learn	*learnt/learned*	*learnt/learned*
leave	*left*	*left*
lend	*lent*	*lent*
let	*let*	*let*
lie	*lay*	*lain*
light	*lighted/lit*	*lighted/lit*
lose	*lost*	*lost*
make	*made*	*made*
mean	*meant*	*meant*
meet	*met*	*met*
mow	*mowed*	*mowed/mown*
must	*must*	
pay	*paid*	*paid*

put	*put*	*put*
read	*read*	*read*
rend	*rent*	*rent*
rid	*rid*	*rid*
ride	*rode*	*ridden*
ring	*rang*	*rung*
rise	*rose*	*risen*
rive	*rived*	*riven*
run	*ran*	*run*
saw	*sawed*	*sawn / sawed*
say	*said*	*said*
see	*saw*	*seen*
seek	*sought*	*sought*
sell	*sold*	*sold*
send	*sent*	*sent*
set	*set*	*set*
sew	*sewed*	*sewed / sewn*
shake	*shook*	*shaken*
shall	*should*	
shear	*sheared*	*shorn*
shed	*shed*	*shed*
shine	*shone*	*shone*
shoe	*shod*	*shod*
shoot	*shot*	*shot*
show	*showed*	*shown*
shrink	*shrank*	*shrunk*
shut	*shut*	*shut*
sing	*sang*	*sung*
sink	*sank*	*sunk*
sit	*sat*	*sat*
slay	*slew*	*slain*
sleep	*slept*	*slept*
slide	*slid*	*slid*
sling	*slung*	*slung*
slink	*slunk*	*slunk*
slit	*slit*	*slit*
smell	*smelled*	*smelled / smelt*
smite	*smote*	*smitten*
sow	*sowed*	*sowed / sown*
speak	*spoke*	*spoken*
speed	*sped*	*sped*
spell	*spelt*	*spelt /spelled*
spend	*spent*	*spent*
spin	*spun /span*	*spun*
split	*split*	*split*
spoil	*spoilt*	*spoilt / spoiled*
spread	*spread*	*spread*
spring	*sprang*	*sprung*
stand	*stood*	*stood*
stave	*staved / stove*	*staved / stove*
steal	*stole*	*stolen*
stick	*stuck*	*stuck*
sting	*stung*	*stung*
stride	*strode*	*stridden*
strike	*struck*	*struck*
string	*strung*	*strung*
strive	*strove*	*striven*

swear	*swore*	*sworn*
sweep	*swept*	*swept*
swell	*swelled*	*swollen*
swim	*swam*	*swum*
swing	*swung*	*swung*
take	*took*	*taken*
teach	*taught*	*taught*
tear	*tore*	*torn*
tell	*told*	*told*
think	*thought*	*thought*
thrive	*throve*	*thriven*
throw	*threw*	*thrown*
thrust	*thrust*	*thrust*
tread	*trod*	*trodden*
wake	*woke*	*woken / waked*
wear	*wore*	*worn*
weave	*wove*	*woven*
weep	*wept*	*wept*
wet	*wetted/wet*	*wetted/wet*
will	*would*	
win	*won*	*won*
wind	*wound*	*wound*
work	*worked/(wrought)*	*worked (wrought)*
wring	*wrung*	*wrung*
write	*wrote*	*written*

7.3. *To BE and To HAVE*

Present indicative:

BE	**HAVE**
I am	*I have*
You are	*You have*
He/she/it is	*He/she/it has*
We are	*We have*
You are	*You have*
They are	*They have*

Past

I was	*I had*
You were	*You, he, she, it, we, they had*
He/she/it was	
We, you, they were.	

Past participle

been *had*

Gerund

being *having*

THE NUMBERS IN SPANISH AND ENGLISH

1	*uno*	*one*
2	*dos*	*two*
3	*tres*	*three*
4	*cuatro*	*four*
5	*cinco*	*five*
6	*seis*	*six*
7	*siete*	*seven*
8	*ocho*	*eight*
9	*nueve*	*nine*
10	*diez*	*ten*
11	*once*	*eleven*
12	*doce*	*twelve*
13	*trece*	*thirteen*
14	*catorce*	*fourteen*
15	*quince*	*fifteen*
16	*dieciséis*	*sixteen*
17	*diecisiete*	*seventeen*
18	*dieciocho*	*eighteen*
19	*diecinueve*	*nineteen*
20	*veinte*	*twenty*
21	*veintiuno*	*twenty-one*
22	*veintidós*	*twenty-two*
30	*treinta*	*thirty*
40	*cuarenta*	*forty*
50	*cincuenta*	*fifty*
60	*sesenta*	*sixty*
70	*setenta*	*seventy*
80	*ochenta*	*eighty*
90	*noventa*	*ninety*
100	*cien*	*one hundred*
101	*ciento uno*	*one hundred and one*
200	*doscientos*	*two hundred*
300	*trescientos*	*three hundred*
400	*cuatrocientos*	*four hundred*
500	*quinientos*	*five hundred*
600	*seiscientos*	*six hundred*
700	*setecientos*	*seven hundred*
800	*ochocientos*	*eight hundred*
900	*novecientos*	*nine hundred*
1.000	*mil*	*one thousand*
1.992	*mil novecientos noventa y dos.* *one thousand nine hundred and ninety-two* or *nineteen hundred and ninety-two.*	
10.000	*diez mil*	*ten thousand*
1.000.000	*un millón*	*one million*
1.000.000.000	*mil millones*	*one thousand million(s)* *US: one billion*

Ordinal numbers

1º	*primero*	*first (1st.)*
2º	*segundo*	*second (2nd.)*
3º	*tercero*	*third (3rd.)*
4º	*cuarto*	*fourth (4th.)*
5º	*quinto*	*fifth (5th., etc.)*
6º	*sexto*	*sixth*

7º	*séptimo*	*seventh*
8º	*octavo*	*eighth*
9º	*noveno*	*ninth*
10º	*décimo*	*tenth*
11º	*undécimo*	*eleventh*
12º	*duodécimo*	*twelfth*
13º	*decimotercero*	*thirteenth*
14º	*decimocuarto*	*fourteenth*
15º	*decimoquinto*	*fifteenth*
16º	*decimosexto*	*sixteenth*
17º	*decimoséptimo*	*seventeenth*
18º	*decimoctavo*	*eighteenth*
19º	*decimonono*	*nineteenth*
20º	*vigésimo*	*twentieth*
21º	*vigésimo primero*	*twenty-first*
30º	*trigésimo*	*thirtieth*
40º	*cuadragésimo*	*fortieth*
50º	*quincuagésimo*	*fiftieth*
60º	*sexagésimo*	*sixtieth*
70º	*septuagésimo*	*seventieth*
80º	*octogésimo*	*eightieth*
90º	*nonagésimo*	*ninetieth*
100º	*centésimo*	*hundredth*
1.000º	*milésimo*	*thousandth*
1.000.000º	*millonésimo*	*millionth*

GEOGRAPHICAL NAMES

ENGLISH	ENGLISH & SPANISH	SPANISH
Afghan		*Afganistán*
	Africa	
African		*Africano/a*
	Alaska	
	Albania	
Algeria		*Argelia*
Alps		*Alpes*
America		*América*
	Andorra	
	Angola	
Antarctic		*Antártica*
Arctic		*Artico*
	Argentina	
	Asia	
Athens		*Atenas*
	Australia	
Balearic Islands		*Islas Baleares*
	Austria	
Baltic		*Báltico*
Belgium		*Bélgica*
	Bolivia	
Brazil		*Brasil*
Britain		*Bretaña*
Brussels		*Bruselas*
	Bulgaria	
Cambodia		*Camboya*
Cameroon		*Camerún*
Canada		*Canadá*
Canary Islands		*Islas Canarias*
Caribbean		*Caribe*
Ceylon		*Ceilán*
	Chad	
	Chile	
	China	
	Colombia	
	Congo	
	Costa Rica	
	Cuba	
Cyprus		*Chipre*
Denmark		*Dinamarca*
Dominican Republic		*República Dominicana*
	Ecuador	
Egypt		*Egipto*
	El Salvador	
England		*Inglaterra*
Ethiopia		*Etiopía*
Europe		*Europa*
Finland		*Finlandia*
France		*Francia*
Germany		*Alemania*
	Ghana	
	Gibraltar	
Great Britain		*Gran Bretaña*

Greece		*Grecia*
Grenada		*Granada*
	Guatemala	
Guiana		*Guayana*
	Guinea	
Haiti		*Haití*
Holland		*Holanda*
	Honduras	
	Hong Kong	
Hungary		*Hungría*
Iceland		*Islandia*
	India	
	Indonesia	
Iran		*Irán*
	Irak	
	Israel	
Italy		*Italia*
Ivory Coast		*Costa de Marfil*
	Jamaica	
Japan		*Japón*
	Java	
Jordan		*Jordania*
Kenya		*Kenia*
Korea		*Corea*
	Kuwait	
	Laos	
Lebanon		*Líbano*
Lesotho		*Lesoto*
	Liberia	
	Lichtenstein	
Lisbon		*Lisboa*
London		*Londres*
Luxemburg		*Luxemburgo*
	Madagascar	
Majorca		*Mallorca*
Malaysia		*Malasia*
Mali		*Malí*
	Malta	
	Mauritania	
Mediterranean		*Mediterráneo*
	Melanesia	
Mexico		*México/Méjico*
Monaco		*Mónaco*
	Mongolia	
Morocco		*Marruecos*
	Mozambique	
	Namibia	
	Nepal	
(the) Netherlands		*Países Bajos*
	Nigeria	
Northern Ireland		*Irlanda del Norte*
Norway		*Noruega*
Pacific		*(el) Pacífico*
Pakistan		*Pakistán*
Palestine		*Palestina*
Panama		*Panamá*
	Paraguay	

	Persia	
Peru		*Perú*
Philippines		*Filipinas*
Poland		*Polonia*
	Portugal	
	Puerto Rico	
Pyrenees		*Pirineos*
Rhine		*Rin (río)*
Romania		*Rumania*
Russia		*Rusia*
Sahara		*Sáhara*
	San Marino	
Saudi Arabia		*Arabia Saudí*
Scotland		*Escocia*
	Senegal	
Seville		*Sevilla*
Sierra Leone		*Sierra Leona*
Singapore		*Singapur*
	Somalia	
South Africa		*Sudáfrica*
Spain		*España*
	Sri Lanka	
Sudan		*Sudán*
Sweden		*Suecia*
Switzerland		*Suiza*
Syria		*Siria*
Tahiti		*Tahití*
	Tanzania	
Thailand		*Tailandia*
Tunisia		*Túnez*
Turkey		*Turquía*
	Uganda	
United Kingdom		*Reino Unido*
United States of America		*Estados Unidos (de América)*
	Uruguay	
	Venezuela	
	Vietnam	
Wales		*Gales*
	Yemen	
	Yugoslavia	
	Zaire	
	Zambia	
	Zimbabwe	

A, a [a] **I.** *n/f* (*pl* ***aes***) a (*letra/vocal*). LOC **A por a y be por be**, In detail, point by point. **II.** *prep* **1.** (*dirección*) to: *Venir a Sevilla*, To come to Seville; *Ir a casa*, To go home (*no traducido*); in: *Llegar a España*, To arrive in Spain. **2.** (*distancia*) away: *A seis km*, Six km away; to: *De Madrid a Aranjuez*, From Madrid to Aranjuez. **3.** (*posición*) on: *A mi derecha*, On my right; at: *A la mesa*, At the table; *A la puerta*, At the door; in: *A retaguardia*, In the rear; in(to): *Cayó al agua*, She fell into the water; on: *Subir al autobús*, To get on the bus; *A orillas del Ebro*, On the banks of the river Ebro. **4.** (*modo/medio*) *A la francesa*, In the French way; *A lápiz*, In pencil; with: *A puñetazos*, With his fists; by: *Hecho a mano*, Handmade; on: *A pie* On foot. **5.** (*precio*) at: *A 40 pesetas el kilo*, At 40 pesetas a kilo; *¿A cuánto es esto?*, How much is this? **6.** (*promedio, evaluación*) at: *A 100 km por hora*, At 100 km per hour; by, in: *A docenas*, By the dozen, in the dozens; a, per: *Gano cincuenta mil pesetas a la semana*, I earn 50,000 pesetas a week. **7.** (*tiempo*) at: *A las cinco*, At five o'clock; between: *De las cinco a las seis*, Between five and six o'clock, from five to six; *A los veinte años*, At twenty; after: *A los tres meses de su llegada*, Three months after her arrival; after(wards), later: *A los cinco minutos volvió*, Five minutes later he came back; *A 23 de Enero*, It's the 23rd January; within: *A los pocos días*, Within a few days; in: *A tiempo*, In time; *A lo lejos*, In the distance. **8.** (*dativo*) to: *Se lo di a él*, I gave it to him; from: *Se lo compré a ella*, I bought it from her. **9.** (*objeto personal - no traducido*) *Vio a su profesor*, She saw her teacher. **10.** (*con ciertos verbos*) to: *Voy a cantar*, I'm going to sing; *Empezó a llover*, It started to rain; (*no traducido*): *Sal a buscar agua*, Go out and fetch water. **11.** (*sabor/olor*) of: *Sabe a anís*, It tastes of aniseed; *Huele a pescado*, It smells of fish. **12.** (**~** + *inf*) on + *ger*: *Al entrar*, On entering; *Al verla*, On seeing her. **13.** *exclam* *¡A la cama!*, Go to bed!; *¡A comer!*, Lunch is ready! **14.** I bet: *¡A que no aparece!*, I bet he doesn't turn up!; *A que no lo adivinas*, I bet you can't guess. LOC **~ beneficio de**, in aid of. **~ caballo**, on horseback. **~ decir verdad**, to tell (you) the truth. **~ docenas**, by the dozen, in dozens. **~ duras penas**, with great difficulty. **~ eso de**, around: *A eso de las diez*, Around ten o'clock. **~ lo grande**, in a big way. **~ mi entender**, as far as I know/understand. **~ partir de hoy**, as from today. **Al parecer**, it seems. **¿~ qué?**, What for?, Why? **¿~ qué viene ud?**, What are you doing here? **~ solicitud**, on request. **Cercano ~ Jaén**, near Jaén. **Conforme ~ la ley**, JUR in accordance with. **Empatar ~ tres**, DEP to draw three all. **Escrito ~ máquina**, typewritten. **Ir ~ tientas**, to feel one's way. **Paso ~ paso**, step by step. **Poco ~ poco**, little by little.

a·ba·ce·ría [aβaθería] *n/f* Br grocer's, US grocery store (*tienda*). **a·ba·ce·ro/a** [aβaθéro/a] *n/m* **1.** grocer. **2.** NÁUT chandler.

á·ba·co [áβako] *n/m* abacus, counting frame.

a·bad [aβáð] *n/m* abbot. **a·ba·de·sa** [aβaðésa] *n/f* abbess. **a·ba·día** [aβaðía] *n/f* **1.** abbey, convent. **2.** abbacy (*dignidad*).

a·ba·ja·de·ro [aβaxaðéro] *n/m* slope, incline.

a·ba·jo [aβáxo] **I.** *adj* under: *El abajo firmante*, The undersigned. **II.** *adv* (*dirección*) down, down here, downward, downstairs. LOC **¡~ la dictadura!**, *exclam* Down with the dictatorship! **Cuesta ~**, downhill. **De arriba ~**, from top to bottom, up and down. **Del rey ~**, FIG from the king down. **Echar ~**, to break down (*puerta*). **Hacia ~**, downwards. **Ir calle ~**, to go (off) down the street. **Los de ~**, the underdogs. **Más ~**, below (*texto*). **Mirar a alguien de arriba ~**, to look sb up and down (*con desdén*). **Río ~**, downstream. **Venirse ~**, 1. to collapse, fall down (*edificio*). 2. to collapse, fall through (*proyecto*).

a·ba·lan·zar [aβalan̪θár] **I.** *v* (*abalance*) **1.** to balance (*pesas*). **2.** to throw, impel. **3.** to rear (*caballo*). **II.** *v/Refl(-se)* **(~se a/contra/sobre)** to hurl oneself at, pounce on.

a·bal·do·nar [aβal̪donár] *v* **1.** to debase. **2.** to affront.

a·ba·le·ar [aβaleár] *v* **1.** to thresh. **2.** *Amer* to shoot.

a·ba·li·zar [aβaliθár] *v* (*abalice*) NÁUT to mark with buoys.

a·ba·lo·rio [aβalórjo] *n/m* **1.** beadwork. **2.** glassbead.

a·ba·luar·tar [aβalwartár] *v* MIL to fortify with a bulwark.

a·ban·de·ra·do [aβan̪deráðo] *n/m* **1.** MIL standard bearer. **2.** FIG champion (*de una causa*). **a·ban·de·rar** [aβan̪derár] *v* NÁUT to register. **2.** FIG to champion (*una causa*). **3.** *Amer* to draw up a program/plan.

a·ban·do·na·do/a [aβbaṇdonáðo] **I**. *adj* **1**. abandoned, deserted (*lugar*). **2**. derelict, abandoned (*edificio*). **3**. neglected, slovenly (*apariencia*). **a·ban·do·nar** [aβaṇdonár] **I**. *v* **1**. to leave, abandon (*lugar/persona*). **2**. to give up, drop (*proyecto*). **3**. DEP to retire, give up (*dimitir*). **4**. FIG to neglect. **II**. *v/Refl(-se)* **1**. to let oneself go, become slovenly. **2**. to lose heart, get discouraged. **3**. **(~se a/en)** to succumb (to), give in (to). **4**. **(~se a alguien)** to open oneself up to sb, confide in sb. **a·ban·do·no** [aβaṇdóno] *n/m* **1**. abandonment, desertion. **2**. neglect (*deberes*). **3**. DEP retirement. **4**. FIG abandon. **5**. profligacy, recklessness. LOC **Ganar por ~**, to win by default. **Vivir en el mayor ~**, to live in utter degradation.

a·ba·ni·car [aβanikár] *v* (*abanique*) to fan (*aire*). **a·ba·ni·co** [aβaníko] *n/m* **1**. fan. **2**. fan-light (*ventana*). **3**. NÁUT derrick. **4**. tail (*del pavo real*). **5**. FIG range (*salario*). LOC **En ~**, fan-shaped. **a·ba·ni·queo** [aβanikéo] *n/m* fanning.

a·ba·ra·ta·mien·to [aβaratamjéṇto] *n/m* reduction, cheapening. **a·ba·ra·tar** [aβaratár] *v* to lower/reduce the price of.

a·bar·ca [aβárka] *n/f* sandal.

a·bar·car [aβarkár] *v* (*abarque*) **1**. *gen* to cover, include. **2**. to embrace, put one's arms around. **2**. FIG to cope with. **3**. FIG to be able to see, take in (*vista*). LOC **Quien mucho ~ poco aprieta**, Don't bite off more than you can chew.

a·bar·qui·llar [aβarkiʎár] *v* **1**. to warp (*madera*). **2**. to curl, crinkle (*papel*). **3**. to blister (*pintura*). **4**. to buckle (*metal*).

a·ba·rra·ga·na·mien·to [aβarraγanamjéṇto] *n/m* cohabitation. **a·ba·rra·ga·nar·se** [aβarraγanárse] *v/Refl(-se)* to cohabit, live together.

a·ba·rran·car [aβarraŋkár] **I**. *v* (*abarranque*) **1**. GEOG to make cracks/fissures in. **2**. to bog down. **II**. *v/Refl(-se)* **1**. **(~se en)** to fall into a pit/ditch. **2**. NÁUT to run aground. **3**. **(~se en)** to get stuck in, bogged down in (*fango*). **4**. FIG **(~se en)** to be stuck on (*problema*).

a·ba·rro·ta·do/a [aβarrotáđo] *adj* overfilled, overcrowded. **a·ba·rro·tar** [aβarrotár] **I**. *v* **1**. to bar, put bars on. **2**. FIG **(~ de/con)** to pack tightly, cram. **3**. NÁUT to stow. **II**. *v/Refl(-se)* *Amer* to become cheaper. **a·ba·rro·te** [aβarróte] *n/m* **1**. NÁUT stowing, packing. **2**. *Amer pl* groceries. LOC **Tienda de ~**, Br grocer's (shop), US grocery store.

a·bas·te·cer [aβasteθér] *v* (*abastezco*) **(~ de/con)** to supply, provide (with). **a·bas·te·ci·mien·to** [aβasteθimjéṇto] *n/m* **1**. supplies (food), catering, supplying. **2**. supply, provision. **a·bas·te·ro** [aβastéro] *n/m* *Amer* cattle dealer. **a·bas·to** [aβásto] *n/m* **1**. supply, provision. **2**. *pl* provisions, supplies. LOC **No dar ~ a/para,** not to be able to satisfy/keep up with (*demanda*).

a·ba·ta·na·dor/a [aβatanaðór/a] *n/m,f* fuller. **a·ba·ta·nar** [aβatanár] *v* TÉC to full (*paño*).

a·ba·te [aβáte] *n/m* REL Father.

a·ba·ti·ble [aβatíβle] *adj* folding, collapsible. LOC **Asiento ~**, folding chair. **a·ba·ti·do** [aβatíðo] *adj* **1**. abject. **2**. downcast, depressed. **3**. frustrated. **4**. drooping (*párpados*). **a·ba·ti· mien·to** [aβatimjéṇto] *n/m* **1**. demolition (*edificio*). **2**. debilitation (*físico*). **3**. FIG depression, FAM low spirits. **a·ba·tir** [aβatír] *v* **1**. to demolish, knock down (*edificio*). **2**. to take down, dismantle (*tienda*). **3**. to fell (*árbol*). **4**. to shoot/bring down (*avión/pájaro*). **5**. to lay sb low, bring sb down (*enfermedad*). **6**. FIG to dishearten, depress. **7**. FIG to humiliate sb. **8**. to kill, wound: *El asesino fue abatido a tiros por la policía*, The murderer was shot down by the police. **II**. *v/Refl(-se)* **(~se ante/sobre) 1**. to swoop, sweep down on, pounce on (*ave*). **2**. FIG to become disheartened/depressed. **3**. FIG to fall (*desgracia*).

ab·di·ca·ción [abdikaθjón] *n/f* abdication. **ab·di·car** [abdikár] *v* (*abdique*) **1**. **(~ en alguien)** to abdicate (in favour of). **2**. **(~ de algo)** to renounce, surrender.

ab·do·men [abdómen] *n/m* ANAT abdomen. **ab·do·mi·nal** [abdominál] *adj* abdominal.

ab·duc·ción [abdu(k)θjón] *n/f* abduction.

a·be·cé [aβeθé] *n/m* **1**. A.B.C. **2**. FIG rudiments, FAM the basics *pl*. **a·be·ce·da·rio** [aβeθeðárjo] *n/m* **1**. alphabet. **2**. spelling book. LOC **~ manual**, sign language.

a·be·dul [aβeðúl] *n/m* BOT birch.

a·be·ja [aβéxa] *n/f* **1**. bee (*insecto*). **2**. FIG conscientious person, FAM busy bee. LOC **~ macho**, drone. **~ reina**, queen bee. **~ obrera**, worker bee. **a·be·jar** [aβexár] *n/m* apiary. **a·be·jo·rreo** [aβexorréo] *n/m* buzzing. **a·be·jo·rro** [aβexórro] *n/m* **1**. bumblebee. **2**. cockchaffer (*escarabajo*). LOC **Ser un ~**, FIG FAM to be sb who drones on and on (*en conversación*), be a pain in the neck.

a·be·rra·ción [aβerraθjón] *n/f* **1**. aberration. **2**. MED ASTR aberration. **a·be·rran·te** [aβerráṇte] *adj* aberrant, silly. **a·be·rrar** [aβerrár] *v* **1**. to be mistaken. **2**. to err.

a·ber·tu·ra [aβertúra] *n/f* **1**. opening, gap. **2**. crack, split, fissure (*grieta*). **3**. GEOG cove, creek (*ensenada*). **4**. MED aperture. **5**. FIG openness, frankness. LOC **~ de espíritu**, broadmindedness.

a·be·to [aβéto] *n/m* BOT fir tree/cone.

a·bier·to/a [aβjérto/a] **I**. pp **abrir**. **II**. *adj* **1**. **(~ a/de)** open (to), openminded. **2**. MIL open, unfortified (*ciudad*). **3**. clear, open (*terreno*). **4**. GRAM open (*vocal*). **5**. *Amer* conceited. **6**. FIG open, sincere. LOC **A cielo ~**, open-cast (*mina*). **~ de par en par/muy ~**, wide open. **A tumba ~a**, flat out, at top speed. **Con las piernas ~as**, with one's legs apart. **Dejar el grifo ~**, to leave the tap running. **Herida ~a**, gaping wound, FIG running sore. **Quedarse con la boca ~a**, to gape in amazement. **Ver el cielo ~**, to see a way out.

a·bi·ga·rra·do/a [aβiγarráðo/a] *adj* **1**. multicoloured, variegated (*tela*). **2**. piebald (*caballo*). **3**. FIG motley, mixed. **4**. disjointed (*discurso*). **a·bi·ga·rra·mien·to** [aβiγarramjéṇto] *n/m* variegation. **a·bi·ga·rrar** [aβi-

γarrár] *v* **1**. to variegate. **2**. to paint in clashing colours.
a·bi·go·ta·do [aβiγotáðo] *adj* with a moustache.
a·bin·tes·ta·do/a [aβiṇtestáðo/a] *adj* JUR intestate.
a·bi·si·nio/a [aβisínjo/a] GEOG **I**. *adj* Abyssinian. **II**. **1**. *n/m,f* Abyssinian. **2**. *n/f* Abyssinia.
a·bis·mal [aβismál] *adj* abysmal, appalling. **a·bis·mar** [aβismár] **I**. *v* to plunge into. **2**. FIG to humiliate, cast down. **II**. *v/Refl(-se)* **1**. **(~se en)** to be absorbed in (*lectura*). **2**. *Amer* to be amazed. **a·bis·mo** [aβísmo] *n/m* **1**. abyss, chasm. **2**. FIG abyss, rift, gulf. **3**. *pl* FIG depths: *Los abismos del alma*, The depths of the soul. LOC **Estar al borde del ~**, FIG to be on the brink of ruin/disaster.
ab·ju·rar [aβxurár] *v* **(~ de)** to foreswear, abjure.
a·bla·ción [aβlaθjón] *n/f* **1**. MED ablation. **2**. GEOL wearing away.
a·blan·da·bre·vas [aβlaṇdaβréβas] *n/m,f* FAM good-for-nothing.
a·blan·da·mien·to [aβlaṇdamjéṇto] *n/m* **1**. softening. **2**. FIG soothing, calming (*acción*). **a·blan·dar** [aβlaṇdár] *v* **1**. to soften. **2**. to melt (*nieve/cera*). **3**. to tenderize (*carne*). **4**. to loosen (*con laxante*). **5**. FIG to soothe, calm (down). **6**. FIG to touch, move (*conmover*). **7**. FIG to hit sb/sth (*golpear*). **II**. *v/Refl(-se)* **1**. to soften (up). **2**. to get milder (*clima*). **3**. FIG to mellow, get soft (*persona*).
a·bla·ti·vo [aβlatíβo] *n/m* GRAM ablative.
a·blu·ción [aβluθjón] *n/f* REL ablution.
ab·ne·ga·ción [aβneγaθjón] *n/f* abnegation, self-denial. **ab·ne·gar** [aβneγár] *v* (*abniego, abnegué*) to renounce, deny oneself, go without.
a·bo·ba·do/a [aβoβáðo/a] *adj* **1**. silly, Br FAM divvy. **2**. stupefied. **a·bo·ba·mien·to** [aβoβamjéṇto] *n/m* **1**. silliness. **2**. daze, bewilderment. **a·bo·bar** [aβoβár] **I**. *v* to stupefy, daze. **II**. *v/Refl(-se)* to be(come) silly.
a·bo·ca·do/a [aβokáðo/a] *adj* **1**. smooth, medium-dry (*jerez*). **2**. **(~ a)** exposed (to), facing. LOC ~ **al desastre**, heading for disaster. **a·bo·car** [aβokár] *v* (*aboque*) **1**. to catch in one's mouth. **2**. to decant (*vino*). **3**. MIL to close/draw in, bring nearer (*tropas*). **4**. NÁUT to enter port. **5**. to approach (*solución*), result in, arrive at.
a·bo·ci·na·do [aβoθináðo] *adj* trumpet-shaped. **a·bo·ci·nar** [aβoθinár] *v* to widen the opening/mouth of (*tubo*).
a·bo·chor·nar [aβotʃornár] **I**· *v* **1**. to suffocate (*calor*), overheat. **2**. FIG to embarrass. **II**. *v/Refl(-se)* **1**. to get flushed (*de calor*). **2**. **(~de/por)** to be ashamed, get embarrassed (about).
a·bo·fe·te·ar [aβofeteár] *v* to slap.
a·bo·ga·cía [aβoγaθía] *n/f* JUR legal profession, advocacy. **a·bo·ga·do/a** [aβoγáðo/a] *n/m,f* **1**. JUR lawyer, solicitor. **2**. JUR barrister (*en el tribunal*). **3**. mediator, patron saint. LOC ~ **criminalista**, JUR criminal lawyer. ~ **defensor**, JUR counsel for the defense, defending counsel. ~ **del diablo**, devil's advocate. ~ **del estado**, JUR Br public prosecutor, US attorney general. ~ **fiscal**, JUR Br prosecuting counsel, US district attorney. **Ejercer de ~**, JUR to practise law. **Recibirse de ~** JUR to be called to the bar. **a·bo·gar** [aβoγár] *v* (*abogue*) **1**. **(~ por/en/a favor de)** to plead on behalf of, defend. **2**. to advocate, champion. **3**. FIG to mediate.
a·bo·len·go [aβoléŋgo] *n/m* **1**. inheritance. **2**. lineage, ancestry. LOC **De ~**, prestigious.
a·bo·li·ción [aβoliθjón] *n/f* abolition. **a·bo·li·cio·nis·mo** [aβoliθjonísmo] *n/m* abolitionism. **a·bo·li·cio·nis·ta** [aβoliθjonísta] *adj n/ m,f* abolitionist. **a·bo·lir** [aβolír] *v* (*usado sólo en las formas con desinencia que empieza por **i**: **abolió, abolía**...*) **1**. to abolish. **2**. to revoke.
a·bol·sar·se [aβolsárse] *v/Refl(-se)* **1**. to form a pocket. **2**. to go/be baggy (*ropa*).
a·bo·lla·du·ra [aβoʎaðúra] *n/f* **1**. bump (*para fuera*). **2**. dent (*para dentro*). **a·bo·llar** [aβoʎár] *v* **1**. to dent. **2**. ART to emboss.
a·bom·bar [aβoṃbár] *v* **1**. to make convex. **2**. FIG FAM to stun, confuse.
a·bo·mi·na·ble [aβomináβle] *adj* abominable. **a·bo·mi·na·ción** [aβominaθjón] *n/f* abomination. **a·bo·mi·nar** [aβominár] *v* **1**. **(~ de)** to detest, loathe. **2**. to curse (*el sino*).
a·bo·na·do/a [aβonáðo/a] **I**. *adj* **1**. paid. **2**. fertilized. **II**. *n/m,f* **1**. subscriber. **2**. season-ticket holder (*transporte/teatro*). **3**. *n/m* fertilizing (*acción*).
a·bo·nan·zar [aβonaṇθár] *v* (*abonan**c**e*) **1**. NÁUT to abate, calm (down) (*tormenta*). **2**. to clear up (*tiempo*).
a·bo·nar [aβonár] **I**. *v* **1**. to vouch for, guarantee. **2**. COM to pay, credit. **3**. AGR to fertilize, manure. **4**. to subscribe for sb. **II**. *v/Refl(-se)* **(~se a)** to subscribe to (*periódico*). **a·bo·no** [aβóno] *n/m* **1**. payment. **2**. AGR fertilizer. **3**. guarantee, vouching. **4**. season ticket (*teatro/transporte*).
a·bor·da·ble [aβorðáβle] *adj* **1**. approachable, accessible (*persona*). **2**. accessible, of easy access (*lugar*). **a·bor·da·je** [aβorðáxe] *n/m* NÁUT boarding. LOC **¡Al ~!**, NÁUT *exclam* Board! (attack!). **Saltar al ~**, NÁUT to attack a ship by boarding it. **a·bor·dar** [aβorðár] *v* **1**. NÁUT to board. **2**. NÁUT to dock (*barco*). **3**. FIG to approach (*persona*). **4**. FIG to accost (*persona*). **5**. to tackle (*problema*). **6**. to undertake, FAM get down to (*tarea*). **7**. to broach (*tema*)
a·bo·ri·gen [aβoríxen] *adj n/m,f* GEOG aborigine.
a·bo·rra·jar·se [aβorraxárse] *v/Refl(-se)* to dry prematurely (*mieses*).
a·bo·rras·car·se [aβorraskárse] *v/Refl(-se)* (*aborras**qu**e*) **1**. to turn/become stormy (*tiempo*). **2**. to brew (*tormenta*).
a·bo·rre·cer [aβorreθér] *v* (*aborre**zc**o, aborrecí*) **1**. to detest, hate. **2**. to tire of sb. **3**. to abandon/leave the nest (*pájaros*). LOC ~ **de muerte**, to loathe. **a·bo·rre·ci·ble** [aβorreθíβle] *adj* detestable, hateful, loathesome. **a·bo·rre·ci·mien·to** [aβorreθimjéṇto] *n/m* hatred, loathing, abhorrence.

a·bo·rre·ga·do [aβorreγáðo] *adj* LOC **Un cielo ~**, mackerel sky. **a·bo·rre·gar·se** [aβorreγárse] *v/Refl(-se)* (*aborregue*) FIG to tag on/along.

a·bor·tar [aβortár] *v* **1**. to abort. **2**. MED to miscarry, have a miscarriage. **3**. FIG to fail, miscarry. **a·bor·ti·vo/a** [aβortíβo/a] *adj* abortive. **a·bor·to** [aβórto] *n/m* **1**. miscarriage (*involuntario*). **2**. abortion (*voluntario*). **3**. FIG miscarriage, failure. **4**. FIG FAM freak (*persona*).

a·bo·ta·ga·mien·to [aβotaγamjento] *n/m* swelling. **a·bo·ta·gar·se** [aβotaγárse] *v/Refl (-se)* (*abotague*) to swell up, become bloated.

a·bo·to·nar [aβotonár] *v* **1**. to button (up). **2**. BOT to bud.

a·bo·ve·da·do/a [aβoβeðáðo/a] *adj* vaulted, arched. **a·bo·ve·dar** [aβoβeðár] *v* to vault, (cover with an) arch.

a·bo·yar [aβoJár] *v* NÁUT to mark with buoys.

a·bra [áβra] *n/f* **1**. cove, bay. **2**. dale (*valle*). **3**. GEOL fissure, cleft.

a·bra·ca·da·bra [aβrakaðáβra] *n/m* abracadabra (*palabra mágica*).

a·bra·sa·dor/ra [aβrasaðór/ra] *adj* burning, scorching. **a·bra·sar** [aβrasár] *v* **1**. to burn (up), scorch. **2**. to parch (*terreno*). **3**. to nip (*frío*). **4**. to sear (*viento*). **5**. FIG to squander (*dinero*). LOC **~se de calor**, to be sweltering hot. **~se de/en**, to be consumed with (*pasión*).

a·bra·sión [aβrasjón] *n/f* **1**. abrasion, graze. **2**. GEOL erosion. **a·bra·si·vo/a** [aβrasíβo/a] *adj n/m* abrasive.

a·bra·za·de·ra [aβraθaðéra] *n/f* bracket, brace, clasp. **a·bra·zar** [aβraθár] *v* (*abrace*) **1**. *gen* to embrace. **2**. **(~se a/con)** to hug, clasp, take in one's arms. **3**. FIG to take in, include. **4**. to espouse (*doctrina*). **a·bra·zo** [aβráθo] *n/m* embrace, hug. LOC **Abrazos/Un ~**, with love, best wishes (*correspondencia*).

a·bre·car·tas [aβrekártas] *n/m* paper knife, letter opener.

á·bre·go [áβreγo] *n/m* south (west) wind.

a·bre·la·tas [aβrelátas] *n/m* can/tin opener.

a·bre·va·de·ro [aβreβaðéro] *n/m* **1**. drinking trough. **2**. watering place. **a·bre·var** [aβreβár] *v* to water, give water to (*ganado*).

a·bre·via·ción [aβreβjaθjón] *n/f* **1**. shortening, abridgement. **2**. abbreviation. **3**. reduction. **a·bre·viar** [aβreβjár] *v* **1**. to abbreviate (*palabra*). **2**. to abridge (*texto*). **3**. to shorten, lessen. **4**. to hasten (*suceso*). **5**. to bring forward (*fecha*). **6**. to be quick, be short/brief: *Abrevia, que no tengo mucho tiempo*, Be brief, I have not got much time. **a·bre·via·tu·ra** [aβreβjatúra] *n/f* abbreviation (*de palabra*).

a·bri·dor/ra [aβriðór/ra] *n/m,f* opener.

a·bri·ga·ño [aβriγáɲo] *n/m* shelter.

a·bri·gar [aβriγár] *v* (*abrigue*) **1**. **(~ de/contra)** to shelter, shield (from/against). **2**. to keep warm: *Esta rebeca me abriga mucho*, This cardigan keeps me warm. **3**. **(~ con/en)** to wrap up (with/in). **4**. to entertain, foster (*esperanza*). **5**. to harbour, have (*duda/sospecha*). LOC **~se bien**, to wrap up warm. **a·bri·go** [aβríγo] *n/m* **1**. shelter, haven (*refugio*). **2**. overcoat, coat. **3**. NÁUT natural harbour. **4**. protection, shield, cover. LOC **Al ~ de**, 1. sheltered/protected from. 2. under the protection of (*ley*). **De ~**, 1. warm: *Un jersey de abrigo*, A warm sweater. 2. FIG tremendous, first-class: *Ese joven es de abrigo*, That lad is first-class.

a·bril [aβríl] *n/m* **1**. April. **2**. FIG youth, springtime (*de la vida*). LOC **En ~ aguas mil**, April showers bring May flowers. **Un muchacho de veinte ~s**, a lad of twenty. **a·bri·le·ño/a** [aβriléɲo/a] *adj* April, springtime.

a·bri·llan·ta·dor [aβriʎantaðór] *n/m* **1**. gem cutter/polisher, lapidary. **2**. polisher, burnisher (*utensilio*). **a·bri·llan·tar** [aβriʎantár] *v* **1**. to cut/polish (*piedras preciosas*). **2**. to polish, burnish (*pulir*). **3**. FIG to enhance.

a·brir [aβrír] **I**. *v* (pp *abierto*) **1**. *gen* to open. **2**. to begin (*curso*). **3**. to unlock (*con llave*). **4**. MED to cut open. **5**. to make (*agujero*). **6**. to dig, to make (*zanja*); to sink, dig (*pozo*). **7**. to turn on (*grifo*). **8**. to clear, make (*camino*), clear (*bosque*). **9**. COM to open (*cuenta*), set up (*negocio*). **10**. to head, lead (*manifestación/lista*). **11**. to whet (*apetito*). **12**. to open, unfold (*flor/silla plegable*). **II**. *v/Refl(-se)* **1**. to open (*puerta*, etc). **2**. to spread (out), open out, unfold (*extenderse*). **3**. to clear (*el tiempo*). **4**. to burst (*un absceso*). **5**. to split/crack open, open up (*la tierra*). **6**. **(~se a)** to look, open (on to) (*ventana*). **7**. **(~se ante)** to open up before one (*posibilidades*). **8**. to get better (*tiempo, clima*): *El día se abrió*, The sun shone through. LOC **~ el día**, to dawn. **~ la boca a alguien**, to be surprised, gape in amazement. **~ los brazos a alguien**, to welcome sb with open arms. **~ los ojos**, to open one's eyes to, realize the truth. **~se camino**, FIG to make a way for oneself. **~se con alguien**, to confide in sb. **~se paso**, to make way for oneself. **No ~ la boca**, to keep one's lips sealed.

a·bro·char [aβrotʃár] *v* **1**. to button (up), do up (*con botones*). **2**. to clasp, fasten (*broche*). **3**. to tie/lace/do up (*zapatos*).

a·bro·gar [aβroγár] *v* (*abrogue*) JUR to abrogate, repeal (*abolir*).

a·bro·jo [aβróxo] *n/m* BOT caltrop, thistle.

a·bru·ma·dor/ra [aβrumaðór/ra] *adj* **1**. overwhelming (*calor*), exhausting (*trabajo*). **2**. overwhelming, crushing (*derrota*). **3**. damning (*testimonio*). **a·bru·mar** [aβrumár] *v* **1**. to crush, oppress, hassle. **2**. **(~ con)** FIG to swamp, weigh down (with). LOC **~se**, to get foggy, become cloudy.

a·brup·to/a [aβrúpto/a] *adj* **1**. steep, abrupt. **2**. craggy, rugged. **3**. sudden, abrupt.

abs·ce·so [a(β)sθéso] *n/m* MED abscess.

ab·sen·tis·mo [aβsentísmo] *n/m* absenteeism.

áb·si·de [áβsiðe] *n/m* ARQ apse.

ab·so·lu·ción [aβsoluθjón] *n/f* absolution, acquittal.

ab·so·lu·ta·men·te [aßsolútameṇte] *adv* 1. absolutely, entirely, completely. 2. definitely. **ab·so·lu·tis·mo** [aßsolutísmo] *n/m* 1. absolutism. 2. despotism. **ab·so·lu·tis·ta** [aßsolutísta] *adj n/m,f* absolutist. **ab·so·lu·to/a** [aßsolúto/a] *adj* 1. absolute. 2. independent, unrestricted, unlimited. 3. imperious, domineering. LOC **Dominio ~**, JUR freehold. **En ~**, 1. not at all. 2. absolutely not. **Lo ~**, the absolute, the ultimate.

ab·sol·ver [aßsolßér] *v* (*absuelvo, absolví*, pp *absuelto*) 1. to absolve. 2. JUR to acquit.

ab·sor·ben·te [aßsorßéṇte] I. *adj* absorbent, absorbing. II. *n/m* absorbent. **ab·sor·ber** [aßsorßér] *v* (pp *absorbido, absorto*) to absorb. **ab·sor·bi·ble** [aßsorßíßle] *adj* absorbable. **ab·sor·ción** [aßsorθjón] *n/f* absorption. **ab·sor·to/a** [aßsórto/a] I. pp de **absorber**. II. *adj* entranced, absorbed, engrossed. LOC **Estar ~ en**, to be engrossed in.

abs·te·mio/a [a(ß)stémjo/a] *adj gen* abstemious, temperate.

abs·ten·ción [a(ß)steṇθjón] *n/f* abstention. **abs·ten·cio·nis·mo** [a(ß)steṇθjonísmo] *n/m* abstentionism. **abs·ten·cio·nis·ta** [a(ß)steṇθjonísta] *adj n/m,f* abstentionist. **abs·te·ner·se** [aßstenérse] *v/Refl(-se)* (*abstengo, abstuve, abstendré*) **(~se de)** 1. to refrain (from). 2. to abstain (from). 3. to give up/stop.

abs·ti·nen·cia [a(ß)stinénθja] *n/f gen* abstinence.

abs·trac·ción [a(ß)strakθjón] *n/f* 1. abstraction. 2. introspection, concentration. **abs·trac·to/a** [a(ß)strákto/a] I. pp de **abstraer**. II. *adj* abstract. LOC **En ~**, in the abstract. **Lo ~**, the abstract. **abs·tra·er** [a(ß)straér] I. *v* (*abstraigo, abstraje, abstraeré*, pp *abstraído/abstracto*) 1. to abstract, consider apart. 2. **(~ de)** to do without, leave aside. II. *v/Refl (se)* 1. **(~se en)** to withdraw (into), be lost in thought. 2. **(~se de)** to do without. **abs·traí·do/a** [aßstraíðo/a] *adj* 1. engrossed, absorbed. 2. abstracted. 3. absent-minded. 4. withdrawn.

abs·tru·so/a [a(ß)strúso/a] *adj* 1. abstruse, recondite. 2. obscure.

ab·sur·di·dad [aßsurðiðáð] *n/f* absurdity. **ab·sur·do/a** [aßsúrðo/a] I. *adj* absurd. II. *n/m* absurdity (*cosa*).

a·bu·bi·lla [aßußíʎa] *n/f* hoopoe (*ave*).

a·bu·che·ar [aßutʃeár] *v* to hiss, boo, jeer at. **a·bu·cheo** [aßutʃéo] *n/m* hissing, booing, jeering.

a·bue·lo/a [aßwélo/a] 1. *n/m* grandfather, FAM Br grandad(dy), US grandpa, FIG elderly man. 2. *n/f* grandmother, FAM Br gran(ny), US grandma, FIG old dear. 3. *pl n/m* grandparents. LOC **Cuéntaselo a tu abuela**, IR tell that to the marines!

a·bu·len·se [aßulénse] GEOG *adj n/m,f* native to/of Avila.

a·bu·lia [aßúlja] *n/f* abulia, loss of energy. **a·bú·li·co/a** [aßúliko/a] *adj* lacking in willpower/energy.

a·bul·ta·mien·to [aßuḷtamiéṇto] *n/m* 1. heap, pile. 2. enlarging, augmenting. 3. swelling, prominence. **a·bul·tar** [aßuḷtár] *v* 1. to augment, enlarge. 2. to swell. 3. FIG to exaggerate. 4. to be bulky, take up room.

a·bun·da·mien·to [aßuṇdamjéṇto] *n/m* abundance. LOC **A mayor ~**, moreover, furthermore. **a·bun·dan·cia** [aßuṇdáṇθja] *n/f* abundance, great quantity. LOC **En ~**, in abundance/plenty. **Nadar en la ~**, to be rolling in it/money. **a·bun·dan·te** [aßuṇdáṇte] *adj* 1. abundant, plentiful. 2. copious, heavy. 3. generous. **a·bun·dar** [aßuṇdár] *v* - **(~ en)** to abound (in), be rich (in).

¡a·bur! [aßúr] *int* cheerio!, see you!

a·bur·gue·sar·se [aßurɣesárse] *v/Refl(-se)* 1. to become bourgeois. 2. to take the path of least resistance.

a·bu·rri·do/a [aßurríðo/a] *adj* 1. boring. 2. dull, tedious. **a·bu·rrir** [aßurrír] I. *v* 1. to tire, weary. 2. to bore. 3. ZOOL to abandon. II. *v/Refl(-se)* **(~se de/con/por)** to get/be bored/tired of/with. LOC **~se como una ostra**, FAM to be bored stiff. **~se de**, to tire of/be bored of.

a·bu·sar [aßusár] *v* **(~ de)** 1. to abuse, misuse, make bad use of. 2. to take advantage of, impose upon (*amigos*). 3. to maltreat, mistreat. 4. to rape, violate. **a·bu·si·vo/a** [aßusíßo/a] *adj* improper, corrupt. **a·bu·so** [aßúso] *n/m* 1. *gen* abuse. 2. misuse, misapplication. 3. imposition. 4. injustice, violation, FAM crime: *El precio del pan es un abuso*, The price of bread is a crime. LOC **~ de autoridad**, abuse of authority. **~ de cargo**, misuse of one's position. **~ de confianza**, breach of confidence/trust.

ab·yec·ción [abJekθjón] *n/f* 1. abjection, degradation. 2. dejection, depression. **ab·yec·to/a** [abJékto/a] *adj* 1. abject, wretched, miserable. 2. base, low, vile.

a·cá [aká] *adv* 1. here, over here, *lit* hither. 2. *Amer* here. LOC **~ y allá/~ y acullá**, here and there, everywhere. **¿De cuándo ~ ?**, since when? **De ~ para allá**, to and fro. **Desde entonces ~**, since then. **Más ~**, nearer, closer. **Por ~**, around here. **¡Ven ~!**, *exclam* come (over) here!

a·ca·ba·do/a [akaßáðo/a] I. pp **acabar**. II. *adj* 1. perfect, complete. 2. finished, worn out, exhausted. III. *n/m* finish (*último retoque*).

a·ca·bar [akaßár] *v* 1. to finish, conclude. 2. **(~ con)** to kill (off), be the end of: *Este clima va a acabar conmigo*, This weather will be the end of me. 3. to finish/use up (*recursos*). 4. **(~ con)** to put paid (to), put an end (to). 5. to put the finishing touches to. 6. to destroy. 7. **(~ con)** to finish with, break off with (*amistad*). 8. **(~ con)** to be rid of. 9. **(~ por + *inf*/~ + *ger*)** to end up (by) + *ger*: *Acabó llorando*, He ended crying. 10. **(~ en)** to end in. II. *v/Refl(-se)* 1. to finish, come to an end. 2. to run out (*gastarse*). 3. to die. LOC **¡Acabáramos!**, *exclam* Finally! At last! **~ de una vez**, to finish once and for all. **~ de + *inf***, to have/had just + pp: *Acabo de comer*, I have just eaten. **~ mal**, to come to a nasty end, FIG end in tears. **Es cosa de nunca ~**, FAM There's no end to it. **Hemos acabado/Se acabó**, 1. That's it, That's final.

2. That's settled then (*fin a una discusión*). **Se acabó para él,** FAM he's had it. **a·ca·bó·se** [akaβóse] *n/m* LOC **Ser el ~**, to be all over/the end (*ser una calamidad*).

a·ca·cia [akáθja] *n/f* BOT acacia.

a·ca·de·mia [akaðémja] *n/f* **1**. academy, (private) school: *Academia de idiomas*, (Private) language school. **2**. ART life class. LOC **~ de baile,** dance school. **~ de comercio,** COM business school. **~ de chóferes/conductores,** AUT driving school. **~ de música,** MÚS conservatoire. **a·ca·dé·mi·co/a** [akaðémiko/a] *adj n/m,f* academic. LOC **Académico de Número,** member of the Spanish Academy.

a·cae·cer [akaeθér] *v* (*acae**zc**a*) (*usado sólo en inf y en la 3ª pers sing y pl*) to happen, occur. LOC **Acaeció que,** it came about that. **a·cae·ci·mien·to** [akaeθimjéṇto] *n/m* happening, occurrence.

a·ca·lam·brar·se [akalaṃbrárse] *v/Refl(-se)* MED to get cramp.

a·ca·lo·ra·mien·to [akaloramjéṇto] *n/m* **1**. ardour, heat. **2**. passion, enthusiasm. **3**. anger. **a·ca·lo·rar** [akalorár] **I**. *v* **1**. to make hot, warm up (*calentar*). **2**. to overheat. **3**. to tire. **4**. FIG to excite, encourage, stir up (*animar*). **5**. to inflame (*pasiones*). **II**. *v/Refl(-se)* **1**. to get hot, become overheated. **2**. **(~se por)** FIG to get angry (about), FAM get (all) worked up (about): *Se acalora por nada*, He's getting all worked up about nothing. **3**. **(~se con)** to get excited (about). **4**. to get/become heated (*discusión*).

a·ca·llar [akaʎár] *v* **1**. to silence, hush. **2**. to calm (down), pacify.

a·cam·pa·na·do/a [akaṃpanáðo/a] *adj* bell-shaped.

a·cam·par [akaṃpár] *v* to camp.

a·ca·na·la·do/a [akanaláðo/a] *adj* **1**. furrowed, grooved. **2**. ARQ fluted. **a·ca·na·lar** [akanalár] *v* **1**. to groove. **2**. ARQ to flute.

a·ca·na·lla·do/a [akanaʎáðo/a] *adj* **1**. disreputable. **2**. base, vile.

a·can·ti·la·do/a [akaṇtiláðo/a] **I**. *adj* **1**. steep, sheer. **2**. shelving (*fondo del mar*). **3**. rocky. **II**. *n/m* **1**. steep slope. **2**. cliff.

a·can·to [akáṇto] *n/m* ARQ BOT acanthus.

a·can·to·nar [akaṇtonár] *v* **(~ en)** MIL to quarter, billet, to take up positions.

a·ca·pa·ra·dor/ra [akaparaðór/ra] **I**. *adj* monopolistic. **II**. *n/m,f* monopolizer. **a·ca·pa·rar** [akaparár] *v* **1**. to monopolize, corner the market. **2**. to hoard, FAM hog.

a·ca·ra·co·la·do/a [akarakoláðo/a] *adj* spiral.

a·ca·ra·me·lar [akaramelár] **I**. *v* to coat with caramel. **II**. *v/Refl(-se)* FIG FAM to be sugar-sweet (*persona*).

a·ca·ri·ciar [akariθjár] *v* **1**. to caress, fondle (*personas*). **2**. to stroke, pat (*animal*). **3**. to brush (*rozar*). **4**. FIG to cherish: *Acaricia la idea de ...*, She cherishes the thought of... **5**. to have in mind (*proyecto*).

a·ca·rre·ar [akarreár] *v* **1**. to transport, carry. **2**. FIG to cause, bring about (*desgracias*). **3**. to bring/carry along (*río*). **a·ca·rreo** [akarréo] *n/m* **1**. transporting, carrying. **2**. haulage, costs *pl*. LOC **Terrenos/tierras de ~**, GEOL alluvium, drift.

a·car·to·nar·se [akartonárse] *v/Refl(-se)* **1**. to go stiff/hard (*como cartón*). **2**. FIG to become wizened (*persona*).

a·ca·so [akáso] **I**. *adv* perhaps, maybe. **II**. *n/m* chance. LOC **Por si ~**, (just) in case. **Si ~**, if.

a·ca·ta·mien·to [akatamjéṇto] *n/m* **1**. respect (*a una persona*). **2**. observance, acceptance, respect (*a la ley*). **a·ca·tar** [akatár] *v* **1**. to respect, esteem (*persona*). **2**. to heed (*consejo*). **3**. to observe, respect, adhere to (*ley*). **4**. to revere. **a·ca·ta·rrar·se** [akatarrárse] *v/Refl(-se)* to catch (a) cold.

a·cau·da·la·do/a [akauðaláðo/a] *adj* **1**. wealthy, rich (*persona*). **2**. opulent (*bienes*). **a·cau·da·lar** [akauðalár] *v* to accumulate, amass (*dinero*).

a·cau·di·llar [akauðiʎár] *v* to lead, command.

ac·ce·der [a(k)θeðér] *v* **(~ a)** to accede, agree (to).

ac·ce·si·bi·li·dad [a(k)θesiβiliðáð] *n/f* accessibility. **ac·ce·si·ble** [a(k)θesíβle] *adj* **1**. accessible. **2**. approachable (*persona*). **3**. **(~ a)** open to, accessible to. **ac·cé·sit** [a(k)θésit] *n/m* accessit, honourable mention. **ac·ce·so** [a(k)θéso] *n/m* **1**. access (*camino*). **2**. AER approach. **3**. admittance, access (*acto de entrar*). **4**. MED attack, fit. **5**. FIG outburst, fit. **6**. accession (*al poder*). LOC **Tener ~ a**, to have access to. **ac·ce·so·rio/a** [a(k)θesórjo/a] **I**. *adj* **1**. accessory. **2**. dependent. **3**. incidental (*secundario*). **II**. *n/m* **1**. accessory. **2**. fixture, attachment. **3**. *pl* TEAT props *abrev*.

ac·ci·den·ta·do/a [a(k)θiðeṇtáðo/a] *adj* **1**. uneven, hilly, rough (*terreno*). **2**. FIG troubled, agitated, stormy (*vida*). **3**. eventful (*complicado*). **ac·ci·den·tal** [a(k)θiðeṇtál] *adj* **1**. accidental, unintentional. **2**. chance, fortuitous (*casual*). **3**. acting, temporary (*trabajo*). **4**. incidental, contingent. **ac·ci·den·tar** [a(k)θiðeṇtár] **I**. *v* **1**. to cause an accident. **2**. to injure. **II**. *v/Refl(-se)* **1**. to have an accident. **2**. to be hurt/injured. **ac·ci·den·te** [a(k)θiðéṇte] *n/m* **1**. *gen* accident. **2**. mishap, misadventure. **3**. roughness, uneveness (*de terreno*). **4**. MED fainting fit. **5**. GRAM accidence. LOC **Por ~**, accidentally, by accident.

ac·ción [a(k)θjón] *n/f* **1**. *gen* action. **2**. activity. **3**. COM share, *pl* stocks.**4**. MIL action, engagement. **5**. TEAT action, plot. **6**. FÍS effect, reaction. **7**. act, deed. **8**. gesture, gesticulation, pose. **9**. JUR lawsuit, action. **10**. *lit* action, story, plot. LOC **~ de gracias**, expression of thanks, thanksgiving. **~ de guerra**, MIL war action. **De ~ retardada**, TÉC delayed action. **Mala ~**, evil deed, double-crossing. **Poner en ~**, to set in motion. **ac·cio·nar** [a(k)θjonár] *v* **1**. TÉC to work, drive, propel. **2**. to gesticulate. **ac·cio·na·ria·do** [a(k)θjonariáðo] *n/m* COM shareholders *pl*, stockholders *pl* (*conjunto*). **ac·cio·nis·ta** [a(k)θjonísta] *n/m,f* COM shareholder, stockholder.

a·ce·bo [aθéβo] *n/m* BOT holly, holly tree.
a·ce·bu·che [aθeβútʃe] *n/m* BOT wild olive (tree).
a·ce·ci·nar [aθeθinár] I. *v* to cure (*la carne*). II. *v/Refl(-se)* to become wizened.
a·ce·chan·za [aθetʃáṇθa] *n/f* V **acecho**. **a·ce·char** [aθetʃár] *v* **1**. to lie in wait for, FAM to lurk. **2**. to spy on, watch. **3**. to stalk (*caza*). **a·ce·cho** [aθétʃo] *n/m* **1**. watching, observation. **2**. lying in wait/ambush. **3**. observation post. LOC **Estar al/en ~**, 1. to lie in wait/ambush. 2. to be on the look out, be on watch.
a·ce·de·ra [aθeðéra] *n/f* BOT sorrel.
a·cé·fa·lo/a [aθéfalo/a] *adj* **1**. acephalous, headless. **2**. FIG leaderless.
a·cei·tar [aθeitár] *v* **1**. to oil, lubricate. **2**. to baste, add oil to (*comida*). **a·cei·te** [aθéite] *n/m* **1**. *gen* oil. **2**. essence (*perfume*). LOC **~ combustible,** fuel oil. **~ de hígado de bacalao,** codliver oil. **~ de oliva,** olive oil. **~ de ricino,** castor oil. **~ secante/de linaza,** linseed oil. **a·cei·te·ra** [aθeitéra] *n/f* **1**. AUT oil can. **2**. (the) oil (*frasco*). **3**. *pl* salad dressing jars/bottles (*vinagreras*). **a·cei·te·ro/a** [aθeitéro/a] *adj* oil. **a·cei·to·so/a** [aθeitóso/a] *adj* **1**. oily. **2**. greasy (*grasiento*). **a·cei·tu·na** [aθeitúna] *n/f* olive (*fruto*). LOC **~ rellena,** stuffed olive. **a·cei·tu·na·do/a** [aθeitunáðo/a] *adj* olive. LOC **Tez aceitunada,** olive-skinned, olive complexion. **a·cei·tu·ne·ro/a** [aθeitunéro/a] *n/m,f* olive seller/harvester.
a·ce·le·ra·ción [aθeleraθjón] *n/f* acceleration, reprise. **a·ce·le·ra·dor/ra** [aθeleraðór/ra] I. *adj* accelerating. II. *n/m* AUT accelerator (*pedal*). **a·ce·le·ra·mien·to** [aθeleramjeṇto] *n/m* acceleration, fast progression. **a·ce· le·rar** [aθelerár] *v* **1**. to accelerate, speed up. **2**. to quicken (*paso*), hurry. **a·ce·le·ra·triz** [aθeleratriθ] *adj* accelerating. **a·ce·le·rón** [aθelerón] *n/m* sudden acceleration. LOC **Dar un ~**, AUT to put one's foot down.
a·cel·ga [aθélγa] *n/f pl* BOT chard.
a·cé·mi·la [aθémila] *n/f* **1**. mule, beast of burden. **2**. FIG ass, clot (*persona torpe*). **a·ce·mi·le·ro** [aθemiléro] *n/m* muledriver.
a·cen·drar [aθeṇdrár] *v* **1**. TÉC to purify, refine. **2**. FIG to perfect.
a·cen·to [aθéṇto] *n/m* **1**. *gen* accent. **2**. stress, emphasis. LOC **~ agudo,** GRAM acute accent. **~ ortográfico,** GRAM written accent. **a·cen·tua·ción** [aθeṇtwaθjón] *n/f* accentuation, stress. **a·cen·tua·da·men·te** [aθeṇtwaðaménte] *adv* markedly, clearly. **a·cen·tuar** [aθeṇtwár] *v* (*acentúo, acentúen*) **1**. GRAM to accent, put an accent on. **2**. FIG to stress, accentuate.
a·cep·ción [aθepθjón] *n/f* meaning, sense.
a·ce·pi·llar [aθepiʎár] *v* **1**. to brush. **2**. TÉC to plane (*madera*).
a·cep·ta·bi·li·dad [aθeptaβiliðáð] *n/f* acceptability. **a·cep·ta·ble** [aθeptáβle] *adj* **1**. acceptable. **2**. palatable. **a·cep·ta·ción** [aθeptaθjón] *n/f* **1**. acceptance. **2**. approval. **a·cep·tar** [aθeptár] *v* to accept, to approve, admit.
a·ce·quia [aθékja] *n/f* AGR irrigation channel/ditch.
a·ce·ra [aθéra] *n/f* Br pavement, US sidewalk.
a·ce·ra·do/a [aθeráðo/a] *adj* **1**. steel, steel-like. **2**. cutting. **a·ce·rar** [aθerár] *v* **1**. TÉC to make/turn into steel. **2**. FIG to strengthen (*moralmente*).
a·cer·bo/a [aθérβo/a] *adj* **1**. bitter, sour, sharp (*sabor*). **2**. FIG harsh, scathing.
a·cer·ca (de) [aθérka (ðe)] *adv* about, concerning. **a·cer·ca·mien·to** [aθerkamjéṇto] *n/m* **1**. bringing together, reconciling (*personas*). **2**. approach. **3**. rapprochement (*entre naciones*). **4**. closeness, nearness (*de dos cosas*). **a·cer·car** [aθerkár] I. *v* (*acer**que***) **1**. to bring nearer/closer. **2**. to draw up (*silla*), bring nearer (*luz*), bring over (here) (*objeto*). **3**. FAM to give (to sb), pass over (to sb): *Acércame ese vaso*, Pass me (over) that glass. **4**. **(~ a)** to take sb, drop sb off (at) (*casa*). II. *v/Refl(-se)* **(~se a) 1**. to approach, come near (to). **2**. to go up/over (to). **3**. FAM to drop in (on) (*visitar*).
a·ce·ría, a·ce·re·ría [aθería/aθerería] *n/f* steelworks.
a·ce·ri·co [aθeríco] *n/m* pin cushion.
a·ce·ro [aθéro] *n/m* **1**. steel. **2**. FIG sword. LOC **~ inoxidable,** TÉC stainless steel. **Voluntad de ~**, iron will.
a·cé·rri·mo/a [aθérrimo/a] *adj* fierce, staunch.
a·cer·ta·do/a [aθertáðo/a] *adj* **1**. right, correct. **2**. clever, bright (*idea*). **3**. wise, fitting. **4**. apt, fitting. **5**. skilful (*hábil*). **6**. well-done (*bien hecho*). **a·cer·tan·te** [aθertáṇte] I. *adj* winning. II. *n/m,f* winner. **a·cer·tar** [aθertár] *v* (**acierto**) **1**. to hit (*en el blanco*). **2**. to be right, FAM hit the nail on the head. **3**. to get (sth) right, guess right. **4**. **(~ a +** *inf***)** to manage (to + *inf*), succeed (in + *ger*). **5**. **(~ con)** to hit upon, find (*solución*). **6**. **(~ a +** *inf***)**, to happen to + *inf* (*por casualidad*). **a·cer·ti·jo** [aθertíxo] *n/m* riddle, puzzle.
a·cer·vo [aθérβo] *n/m* **1**. heap, pile. **2**. hoard. **3**. FIG riches, wealth, patrimony.
a·ce·ta·to [aθetáto] *n/m* QUÍM acetate. **a·cé·ti·co/a** [aθétiko/a] *adj* QUÍM acetic. **a·ce·ti·le·no** [aθetiléno] *n/m* QUÍM acetylene. **a·ce·to·na** [aθetóna] *n/f* QUÍM acetone.
a·cia·go/a [aθjáγo/a] *adj* ill-fated, unlucky.
a·cí·bar [aθíβar] *n/m* **1**. BOT aloe. **2**. FIG sorrow.
a·ci·ca·la·do/a [aθikaláðo/a] *adj* **1**. smart, dressed up, FAM dressed to kill. **2**. polished (*armas*). **3**. well-groomed. **4**. FAM squeaky clean (*muy limpio*). **a·ci·ca·la·mien·to** [aθikalamjéṇto] *n/m* **1**. grooming. **2**. dressing up. **3**. polishing (*armas*). **a·ci·ca·lar** [aθikalár] *v* **1**. to dress up. **2**. to groom (*pelo*). **3**. to polish, clean. **4**. FAM PEY to do up.
a·ci·ca·te [aθikáte] *n/m* **1**. spur (*espuela*). **2**. FIG incentive, spur.
a·ci·dez [aθiðéθ] *n/f* **1**. MED heartburn, QUÍM acidity. **2**. tartness, sourness. **a·ci·di·fi·car** [aθiðifikár] *v* (*acidifi**que***) toacidify. **á·ci·do/a** [áθiðo/a] I. *adj* **1**. sour, tart (*sabor*). **2**. FIG bitter, harsh (*áspero*). II. *n/m* QUÍM acid.

a·cier·to [aθjérto] *n/m* **1**. hit. **2**. good guess. **3**. good/wise choice/move. **4**. right answer. **5**. success. **6**. skill. LOC **Obrar con ~**, to do the right thing.

á·ci·mo [áθimo] *adj* LOC **Pan ~**, unleavened bread.

a·cla·ma·ción [aklamaθjón] *n/f* acclaim, acclamation. LOC **Por ~**, by acclamation. **a·cla·mar** [aklamár] *v* **1**. to acclaim. **2**. to applaud. **3**. to hail (*líder*).

a·cla·ra·ción [aklaraθjón] *n/f* **1**. explanation. **2**. clearing (up) (*del tiempo*). **3**. rinse (*de ropa*). **a·cla·ra·do** [aklaráðo] *n/m* rinse, rinsing. **a·cla·rar** [aklarár] *v* **1**. to explain, clarify, make clear (*asunto*). **2**. to rinse (*ropa*). **3**. to clear, thin out (*bosque*). **4**. to thin down (*salsa*). **5**. to brighten/clear up (*tiempo*). **6**. to clear (*voz*). **a·cla·ra·to·rio/a** [aklaratórjo/a] *adj* clarifying, explanatory.

a·cli·ma·ta·ción [aklimataθjón] *n/f* acclimatization. **a·cli·ma·tar** [aklimatár] **I**. *v*. **1**. to acclimatize. **2**. to absorb, take on. **II**. *v/Refl(-se)* **(~se a)** to become accustomed (to).

ac·né [akné] *n/f* MED acne.

a·co·bar·da·mien·to [akoβarðamjéṇto] *n/m* loss of nerve. **a·co·bar·dar** [akoβarðár] **I**. *v* to frighten, intimidate. **II**. *v/Refl(-se)* **1**. to be frightened, feel daunted. **2**. to turn coward.

a·co·dar [akoðár] **I**. *v* **1**. ARQ to prop, shore, stay. **2**. to square (*madera*). **II**. *v/Refl(-se)* **(~se a/en)** to lean/rest (one's elbow) on. **a·co·do** [akóðo] *n/m* **1**. AGR shoot. **2**. ARQ layer, raised border (*moldura*).

a·co·ge·dor/ra [akoxeðór/ra] *adj* **1**. welcoming, hospitable. **2**. cosy, snug (*lugar*). **a·co·ger** [akoxér] **I**. *v* (*acojo*) **1**. to welcome. **2**. to shelter, Br harbour, US harbor (*fugitivo*). **3**. to admit, receive (*noticia*). **II**· *v/Refl(-se)* **1**. **(~se en/bajo)** to take refuge, shelter (in). **2**. **(~se a)** to make use of, resort to: *Acogerse a la ley,* To have recourse to the law. **3**. **(~se a)** FIG to take refuge in (*pretexto*); to avail oneself of (*promesa*). **a·co·gi·do/a** [akoxíðo/a] **I**. pp de **acoger**. **II**. *adj* **1**. welcomed. **2**. **(~ a)** protected by (*la ley*). **III**. **1**. *n/m,f* inmate (*de un hospicio*). **2**. *n/f* welcome, reception. **a·co·gi·mien·to** [akoximjéṇto] *n/m* welcome.

a·co·go·tar [akoɣotár] *v* **1**. to knock down. **2**. to kill (with a blow to the back of the neck). **3**. FIG to tyrannize.

a·co·jo·nan·te [akoxonáṇte] *adj* SL **1**. great, Br brill (*positivo*). **2**. crap (*negativo*), impressive. **a·co·jo·nar·se** [akoxonárse] *v* SL to shrink back, back down.

a·col·cha·do [akoltʃáðo] *n/m* **1**. padding, quilting. **2**. facing, covering. **a·col·char** [akoḽtʃár] *v* **1**. to pad, stuff, quilt. **2**. to cushion.

a·co·li·ta·do [akolitáðo] *n/m* REL order of Acolytes. **a·có·li·to** [akólito] *n/m* REL **1**. acolyte (*ministro*). **2**. altar boy (*monaguillo*). **3**. FIG acolyte.

a·co·me·te·dor/ra [akometeðór/ra] *adj* aggressive, attacking. **a·co·me·ter** [akometér] *v* **1**. to attack, rush upon/at. **2**. to undertake, attempt. **3**. to overtake, overcome (*enfermedad/sueño*). **4**. TÉC to converge, join, connect (with) (*cañería*). **5**. FAM to attack, get down to (*trabajo*). **a·co·me·ti·da** [akometíða] *n/f* **1**. attack. **2**. TÉC connection (*de tubos*). **a·co·me·ti·vi·dad** [akometiβiðáð] *n/f* **1**. aggression, aggressiveness. **2**. COM enterprise (*de un vendedor*).

a·co·mo·da·ble [akomoðáβle] *adj* adjustable, adaptable, accommodating. **a·co·mo·da·di·zo/a** [akomoðaðíθo/a] *adj* **1**. accommodating, complaisant. **2**. pliable, adaptable, yielding. **a·co·mo·da·do/a** [akomoðáðo/a] **I**. pp **acomodar**. **II**. *adj* **1**. comfortably off, rich, well-to-do. **2**. comfort-loving, sybaritic. **3**. moderate, reasonable (*precio*). **4**. suitable. **a·co·mo·da·dor/ra** [akomoðaðór/ra] **1**. *n/m* TEAT usher. **2**. *n/f* TEAT usherette. **a·co·mo·dar** [akomoðár] **I**. *v* **1**. to arrange (*componer*). **2**. to accommodate, fit in. **3**. **(~ a)** to adapt/accommodate/adjust to/for (*uso*). **4**. **(~ a)** to apply (to). **5**. to adjust, put right. **6**. to place, find employment for. **7**. to employ, take on. **8**. to reconcile (*enemigos*). **9**. to accommodate, furnish, provide. **10**. to suit, fit, be suitable. **11**. TEAT to show to a seat. **12**. to make comfortable (*visitantes*). **II**. *v/Refl(-se)* **1**. to comply, conform. **2**. to adapt/adjust oneself. **3**. **(~se a)** to adapt oneself to, settle down to/in (*situación nueva*). **4**. **(~se en)** to make oneself comfortable in (*sillón*). **5**. **(~se con)** to comply with (*avenirse*). **a·co·mo·da·ti·cio/a** [akomoðatíθjo/a] *adj* **1**. accommodating, obliging. **2**. PEY opportunistic. **a·co·mo·do** [akomóðo] *n/m* **1**. arrangement. **2**. lodgings *pl*. **3**. job, employment, sinecure.

a·com·pa·ña·mien·to [akoɱpaɲamjéṇto] *n/m* **1**. accompaniment. **2**. company, retinue, escort. **3**. TEAT extra. **4**. MÚS accompaniment. **a·com·pa·ñan·te/a** [akoɱpaɲáṇte/a] **I**. *adj* accompanying. **II**. **1**. *n/m,f* companion, company. **2**. *n/m,f* escort. **3**. *n/m* attendant. **4**. *n/f* chaperone. **5**. *n/m,f* MÚS accompanist. **a·com·pa·ñar** [akoɱpaɲár] *v* **1**. *gen* to accompany. **2**. to go with, escort, chaperone. **3**. to keep company, join. **4**. **(~ en)** to share. LOC **~ a alguien en**, to sympathize with sb in. **~ a alguien en +** *inf*, to join sb in + *ger*. **~ a la puerta**, to see out. **Le acompaño en el sentimiento**, My condolences. **~se de**, to be accompanied by.

a·com·pa·sa·do/a [akoɱpasáðo/a] *adj* **1**. rhythmic, regular, measured. **2**. FIG slow, steady (*en hablar/andar*). **a·com·pa·sar** [akoɱpasár] *v* **1**. **(~ a)** MÚS to mark the rhythm. **2**. MAT to measure with a compass. **3**. **(~ con)** FIG to adjust to.

a·com·ple·jar [akoɱplexár] **I**. *v* to make sb feel inferior, give sb a complex. **II**. *v/Refl (-se)* **(~se por algo)** to get a complex (about sth).

a·con·di·cio·na·mien·to [akoṇdiθjonamjéṇto] *n/m* **1**. conditioning (*del aire*). **2**. preparation of foodstuffs (*para vender*). **3**. fitting out/up (*edificio*). **a·con·di·cio·nar** [akoṇdiθjonár] **I**. *v* **1**. to fix/set up. **2**. TÉC to condition. **3**. to improve (*carreteras*). **II**. *v/Refl (-se)* to prepare oneself (*para un empleo*). LOC **Aire acondicionado**, air conditioning.

a·con·go·jar [akoŋgoxár] *v* to distress, upset.
a·con·se·ja·ble [akonsexáβle] *adj* advisable. LOC **No ~**, inadvisable. **a·con·se·jar** [akonsexár] **I**. *v* **1**. to advise, counsel. **2**. to recommend. **II**. *v/Refl(-se)* **1**. **(~ en/sobre)** to seek/take advice (on/about). **2**. **(~se con/de)** to consult (with sb).
a·con·te·cer [akon̪teθér] *v* (*usado sólo en la 3ª pers sing y pl*) to happen, occur. **a·con·te· ci·mien·to** [akon̪teθimjén̪to] *n/m* **1**. happening, occurrence. **2**. event, occasion.
a·co·piar [akopjár] *v* **1**. to gather (together), collect. **2**. to stock (up/pile). **a·co·pio** [akópjo] *n/m* **1**. gathering, collecting (*acción*). **2**. collection (*efecto*). **3**. COM stock (*provisión*). **4**. abundance. LOC **Hacer ~ de**, to hoard (*víveres/comida*).
a·co·pla·mien·to [akoplamjén̪to] *n/m* **1**. joining, coupling, engaging, connection (*acción*). **2**. joint, connection (*efecto*). **a·co·plar** [akoplár] *v* **1**. to join, fit together, connect. **2**. **(~ a)** TÉC to fit (into place), join up, connect. **3**. to co-ordinate, fit sth in (*horario*). **4**. **(~ a)** to fit, adapt (to).
a·co·qui·na·mien·to [akokinamjén̪to] *n/m* intimidation. **a·co·qui·nar** [akokinár] *v* **I**. to intimidate, scare. **II**· *v/Refl(-se)* to be intimidated/cowed.
a·co·ra·za·do/a [akoraθáðo/a] **I**. *adj* FIG hardened, impervious, FAM tough. **II**. *n/m* MIL battleship. **a·co·ra·zar** [akoraθár] *v* (*acorace*) to armour (plate). LOC **~se contra**, FIG to steel oneself against.
a·cor·cha·do/a [akortʃáðo/a] *adj* cork-like, spongy. **a·cor·cha·mien·to** [akortʃamjén̪to] *n/m* sponginess. **a·cor·char·se** [akortʃárse] *v/Refl(-se)* **1**. to become cork-like. **2**. FIG ANAT to go numb.
a·cor·da·do/a [akorðáðo/a] **I**. pp **acordar**. **II**. *adj* **1**. agreed to/upon. **2**. sensible, prudent. LOC **Lo ~**, what has been agreed upon. **a·cor·dar** [akorðár] **I**. *v* (*acuerdo*) **1**. to agree, resolve. **2**. to agree upon. **3**. to decide. **4**. to blend (*colores*). **5**. MÚS to tune (*afinar*). **II**. *v/Refl(-se)* **1**. **(~se con)** to agree/come to an agreement with. **2**. **(~se de)** to remember. LOC **No se acordaba**, he couldn't remember. **Si mal no me acuerdo**, if I remember rightly. **¡Te acordarás de mí!**, *exclam* FAM You haven't seen the last of me! **a·cor·de** [akórðe] **I**. *adj* **1**. **(~ con/a)** according (to), in agreement (with). **2**. in agreement. **3**. same, identical. **4**. **(Estar ~)** in tune/harmony. **II**. *n/m* MÚS **1**. chord. **2**. harmony.
a·cor·de·ón [akorðeón] *n/m* MÚS accordion. **a·cor·deo·nis·ta** [akorðeonísta] *n/m,f* MÚS accordionist.
a·cor·do·nar [acorðonár] *v* **1**. to lace, tie (up) (*zapatos*). **2**. to cordon off, surround.
a·cor·ne·ar [akorneár] *v* TAUR to butt, gore.
a·co·rra·la·mien·to [akorralamjén̪to] *n/m* **1**. enclosing, penning (*ganado*). **2**. trapping, cornering. **a·co·rra·lar** [akorralár] *v* **1**. to enclose, pen (*ganado*). **2**. to corner (*enemigo*). **3**. FIG to put sb into a corner (*en una discusión*).
a·cor·ta·mien·to [akortamjén̪to] *n/m* **1**. shortening. **2**. reduction.
a·cor·tar [akortár] **I**. *v* **1**. to shorten (*un vestido*). **2**. to reduce, cut down. **3**. to abridge (*cuento*). **II**. *v/Refl(-se)* FIG to be shy.
a·co·sa·mien·to [akosamjén̪to] *n/m* pursuit, harassment. **a·co·sar** [akosár] *v* **(~ a)** **1**. to pursue, hound. **2**. FIG to pester, badger, bait (*con preguntas*). **a·co·so** [akóso] *n/m* V **acosamiento**. LOC **~ sexual**, sexual harassment.
a·cos·tar [akostár] **I**. *v* (*acuesto, acosté*) **1**. to lay down. **2**. to put to bed (*niño*). **3**. NÁUT to bring alongside. **II**. *v/Refl(-se)* **1**. to lie down (*tumbarse*). **2**. to go to bed.
a·cos·tum·brar [akostum̪brár] **I**. *v* **1**. **(~ a)** to accustom, get used to. **2**. to be in the habit of, be accustomed to. **II**. *v/Refl(-se)* **1**. **(~se a)** to get accustomed/used to. **2**. **(~se a)** to get into the habit of. **3**. to be customary/usual.
a·co·ta·ción [akotaθjón] *n/f* **1**. demarcation (*acción*). **2**. boundary mark (*señal*). **3**. GEOG elevation mark. **4**. TEAT stage direction. **5**. note (*apunte*). **a·co·ta·mien·to** [akotamjén̪to] *n/m* **1**. demarcation (*acción*). **2**. *Amer* shoulder (of the road). **a·co·tar** [akotár] *v* **1**. to mark out, demarcate. **2**. to survey (*terreno*). **3**. to accept (*oferta*). **4**. FAM to vouch for (*atestiguar*). **5**. to annotate (*en un texto*). **6**. to delimit, define (*limitar*).
á·cra·ta [ákrata] *n/m,f* anarchist, drop-out.
a·cre [ákre] **I**. *adj* acrid, pungent (*olor*). **2**. bitter, tart (*sabor*). **3**. FIG sharp, cutting (*crítica*). **II**. *n/m* acre (*medida*).
a·cre·cen·ta·mien·to [akreθen̪tamjén̪to] *n/m* increase. **a·cre·cen·tar** [akreθen̪tár] *v* (*acreciento*) to increase, augment. **a·cre·cer** [akreθér] *v* (*acrezco, acrecí*) to increase, grow. LOC **Derecho de ~**, JUR right of accretion.
a·cre·di·ta·do/a [akreðitáðo/a] *adj* **1**. COM credited, prestigious. **2**. **(~ en/para)** accredited (in/for) (*un oficio*). **3**. reputable. **a·cre·di·tar** [akreðitár] **I**. *v* **1**. to accredit (*diplomático*). **2**. **(~ para)** to qualify. **3**. to authorise, sanction. **4**. COM to credit. **5**. **(~ como)** to prove to be, prove that. **6**. to prove, support: *Esto acredita mi teoría*, This proves my theory. **7**. to vouch for, guarantee. **II**. *v/Refl(-se)* **(~se como/de)** to gain a reputation (as/for), make a name for oneself. **a·cre·di·ta·ti·vo/a** [akreðitatíβo/a] *adj* accrediting.
a·cree·dor/ra [akre(e)ðór/ra] **I**. *adj* **(~ a)** deserving/worthy (of). **II**. *n/m,f* creditor. LOC **~ hipotecario**, mortgagee.
a·cri·bi·llar [akriβiʎár] *v* **1**. to riddle, pepper: *Lo acribillaron a balazos*, They riddled him with bullet holes. **2**. to cover (*de picaduras*). **3**. FIG to pester, harass (*con preguntas*).
a·cri·mo·nia [akrimónja] *n/f* **1**. acridity, pungency (*olor*). **2**. sharpness, bitterness (*sabor*). **3**. FIG acrimony, bitterness..
a·crio·llar·se [akrioʎárse] *v/Refl(-se)* *Amer* to go native.

a·cri·so·lar [akrisolár] *v* **1**. to purify (*metales*). **2**. FIG to prove, become firmly established (*amor/amistad*).

a·cris·tia·nar [akristjanár] *v* **1**. to christianize. **2**. to baptise.

a·cri·tud [akritúð] *n/f* V **acrimonia**.

a·cro·ba·cia [akroßáθja] *n/f* acrobatics *pl* (*arte*). LOC **~s aéreas**, aerobatics. **a·cró·ba·ta** [akróßata] *n/m,f* acrobat. **a·cro·bá·ti·co/a** [akroßátiko/a] *adj* acrobatic.

a·cro·má·ti·co/a [akromátiko/a] *adj* achromatic. **a·cro·ma·tis·mo** [akromatísmo] *n/m* (*acromatice*) achromatism.

a·cró·po·lis [akrópolis] *n/f* Acropolis.

ac·ta [ákta] *n/f* (*El/Un ~*) **1**. minutes *pl*, record (*en una reunión*). **2**. *pl* REL life, acts (*de un santo*). **3**. certificate (*de elección*). **4**. transactions (*de una sociedad*). **5**. proceedings (*de un congreso*). LOC **~ notarial**, JUR affidavit. **~ de nacimiento/matrimonio**, birth/marriage certificate. **Levantar ~**, to take the minutes, to write an official record.

ac·ti·tud [aktitúð] *n/f* **1**. posture, pose, position (*del cuerpo*). **2**. attitude, position (*comportamiento*).

ac·ti·var [aktißár] *v* **1**. to speed up, expedite (*trabajo*). **2**. to stimulate, activate (*mercado*). **3**. QUÍM to activate. **4**. to stir up (*fuego*). **ac·ti·vi·dad** [aktißiðáð] *n/f* **1**. activity. **2**. bustle, movement (*muchedumbre*). LOC **En ~**, in operation. **En plena ~**, in full swing. **ac·ti·vis·ta** [aktißísta] *n/m,f* activist. **ac·ti·vo/a** [aktíßo/a] **I**. *adj* **1**. active. **2**. GRAM active. **3**. energetic, active (*persona*). **4**. busy (*ocupado*). **II**. *n/m* COM assets. LOC **~ fijo/permanente,** COM capital assets. **En ~**, MIL on active service.

ac·to [ákto] *n/m* **1**. act, action (*hecho*). **2**. act (*de fe*). **3**. ceremony, function (*público*). **4**. TEAT act. LOC **~ carnal,** carnal act. **~ reflejo,** reflex action. **~ seguido**, next, immediately afterwards. **En el ~**, immediately, on the spot. **Hacer ~ de presencia**, to put in an appearance. **Muerto en ~ de servicio,** MIL killed in action, killed on active service. **Salón de ~s**, assembly hall. **ac·tor** [aktór] *n/m* TEAT actor. **ac·triz** [aktríθ] *n/f* TEAT actress. **ac·tua·ción** [aktwaθjón] *n/f* **1**. behaviour, conduct. **2**. JUR action, intervention. **3**. TEAT performance, acting. LOC **~ en directo,** TEAT live performance.

ac·tual [aktwál] **I**. *adj* **1**. present, present day. **2**. modern, contemporary. **3**. topical. **II**. *adv* **actualmente** at present/the moment. **ac·tua·li·dad** [aktwaliðáð] *n/f* **1**. present, present time. **2**. current issue, topical subject. **3**. *pl* current affairs. **4**. newsreel (*cine*). LOC **De ~**, current, topical. **En la ~**, nowadays. **ac·tua·li·za·ción** [aktwaliθaθjón] *n/f* modernization. **ac·tua·li·zar** [aktwaliθár] *v* (*actualice*) to modernize, bring up to date. **actuar** [aktwár] *v* (*actúo, actúe*) **1**. **(~ de/como)** to act (as). **2**. **(~ como)** to behave (like). **3**. TEAT to act, play, perform. **4**. TÉC to operate. **ac·tua·rio** [aktwárjo] *n/m* **1**. JUR clerk. **2**. COM actuary.

a·cua·re·la [akwaréla] *n/f* ARTE watercolour. **a·cua·re·lis·ta** [akwarelísta] *n/m,f* ARTE water-colourist.

a·cua·rio [akwárjo] *n/m* **1**. aquarium. **2**. ASTR Aquarius.

a·cuar·te·la·mien·to [akwartelamjéṇto] *n/m* MIL **1**. quartering, billeting. **2**. billet, quarters. **3**. confinement to barracks. **a·cuar·te·lar** [akwartelár] *v* MIL **1**. to quarter, billet. **2**. to confine to barracks.

a·cuá·ti·co/a [akwátiko/a] *adj* aquatic. LOC **Deporte ~**, DEP watersport. **Esquí ~**, DEP water-skiing.

a·cu·cian·te [akuθjáṇte] *adj* pressing, urgent. **a·cu·ciar** [akuθjár] *v* **1**. to urge on. **2**. to pester, harass. **3**. to long for, desire (*con vehemencia*).

a·cu·chi·llar [akutʃiʎár] *v* **1**. to stab, knife. **2**. to slash (*tela*). **3**. to plane (*madera*).

a·cu·cli·llar·se [akukliʎárse] *v/Refl(-se)* to crouch, squat (down).

a·cu·dir [akuðír] *v* **1**. **(~ a)** to come/go (to) (*trabajo*). **2**. to attend, keep, FAM turn up to (*cita*). **3**. **(~ a)** to have recourse to, call on (*recurrir*).

a·cue·duc·to [akwedúkto] *n/m* ARQ aquaduct.

a·cuer·do [akwérðo] *n/m* **1**. *gen* agreement. **2**. understanding. **3**. accord, harmony. LOC **De ~**, in agreement. **¡De ~!**, *exclam* I agree! Agreed! OK! **De ~ con**, in accordance/line with, according to. **De común ~**, with one accord, unanimously. **Estar de ~ con,** to agree with. **Estar en perfecto ~**, to be in perfect harmony. **Llegar a un ~/Ponerse de ~**, to come to/reach an agreement.

a·cu·llá [akuʎá] *adv* over there, yonder.

a·cu·mu·la·ción [akumulaθjón] *n/f* **1**. accumulation (*acción*), piling up. **2**. store, pile, accumulation. **a·cu·mu·la·dor/ra** [akumulaðór/ra] **I**. *adj* (ac)cumulative. **II**. *n/m* TÉC storage battery. **a·cu·mu·lar** [akumulár] *v* **1**. to accumulate, amass. **2**. to store up, collect. **3**. COM to accumulate (*interés*). **a·cu·mu·la·ti·vo/a** [akumulatíßo/a] *adj* accumulative.

a·cu·nar [akunár] *v* to rock (*la cuna*).

a·cu·ña·ción [akuɲaθjón] *n/f* minting (*de monedas*). **a·cu·ñar** [akuɲár] *v* to mint (*monedas*), strike (*medallas*). LOC **Expresión acuñada,** set phrase.

a·cuo·si·dad [akwosiðáð] *n/f* wateriness. **a·cuo·so/a** [akwóso/a] *adj* **1**. watery. **2**. juicy (*fruta*).

a·cu·pun·tu·ra [akupuṇtúra] *n/f* MED acupuncture.

a·cu·rru·car·se [akurrukárse] *v/Refl(-se)* (*acurru***que**) **1**. to curl/snuggle up. **2**. to huddle up (*por el frío*).

a·cu·sa·ción [akusaθjón] *n/f* **1**. accusation. **2**. JUR charge, indictment. LOC **Cargo de ~**, JUR count of indictment. **a·cu·sa·do/a** [akusáðo/a] **I**. *adj* **1**. accused. **2**. pronounced, marked, clear (*saliente*). **II**. *n/m,f* accused, defendant. **a·cu·sa·dor/ra** [akusaðór/ra] **I**. *adj* accusing. **II**. *n/m,f* ccuser. LOC **~ público,** JUR Public Prosecutor. **a·cu·sar** [akusár] **I**. *v* **1**. **(~ de)** to accuse (of). **2**. **(~ de/por/ante)** JUR to accuse (of), indict (on a charge/before a court). **3**. to blame. **4**. FIG to point to (*indicios*). **5**. to show, indicate (*un cambio*). **6**. to reflect, register, show (*alegría/dolor*). **7**. to acknowledge receipt of a letter. **II**. *v/Refl(-se)* **1**. **(~se de)** to confess to. **2**. to become clear/pronounced/marked. **a·cu·sa·ti·vo** [akusatíβo] *n/m* GRAM accusative. **a·cu·se** [akúse] *n/m* **1**. acknowledgement. **2**. winning card (*naipes*). LOC **~ de recibo**, acknowledgement. **a·cu·si·ca** [akusíka] *n/m,f* FAM telltale (*niño*), sneak (*adulto*). **a·cu·són/na** [akusón/na] *adj* FAM sneaky.

a·cús·ti·co/a [akústiko/a] **I**. *adj* acoustic. **II**. *n/f* acoustics *pl*.

a·cu·tán·gu·lo [akutáŋgulo] *adj* MAT acute-angle.

a·cha·car [atʃakár] *v* (*acha**que***) to attribute, impute. LOC **~ la culpa a alguien**, to lay the blame on sb. **~ a uno la responsabilidad de**, to hold sb responsible for. **a·cha·co·so/a** [atʃakóso/a] *adj* **1**. sickly, ailing (*enfermizo*). **2**. ill, unwell (*ligeramente*). **3**. faulty.

a·chan·tar·se [atʃantárse] *v/Refl(-se)* to become intimidated.

a·cha·pa·rra·do/a [atʃaparráðo/a] *adj* **1**. stocky, squat. **2**. PEY stumpy, FAM chubby.

a·cha·que [atʃáke] *n/m* **1**. ailment, complaint (*físico*): *Los ~s de la vejez*, Old age troubles. **2**. FIG excuse, pretext. **3**. FAM period, menstruation. **4**. matter, subject (*asunto*).

a·cha·ta·mien·to [atʃatamjénto] *n/m* flattening. **a·cha·tar** [atʃatár] *v* to flatten, squash.

a·chi·car [atʃikár] *v* (*achi**que***) **1**. to reduce, make smaller. **2**. to take in (*ropa*). **3**. NÁUT to bale out. **4**. FIG to intimidate.

a·chi·co·ria [atʃikória] *n/f* BOT chicory.

a·chi·cha·rrar [atʃitʃarrár] **I**. *v* **1**. to overcook, burn (*comida*). **2**. to singe (*pelo/ropa*). **3**. **(~ a)** FIG to bombard, plague (with) (*preguntas*). **II**. *v/Refl(-se)* to get (sun)burnt.

a·chi·na·do [atʃináðo] *adj* **1**. slanting (*ojos*). **2**. *Amer* Indian looking (*mestizo*).

a·chis·par·se [atʃispárse] *v/Refl(-se)* to get merry/tipsy.

a·chu·char [atʃutʃár] *v* FAM **1**. to squash, flatten (*aplastar*). **2**. to jostle, shove (*empujar*). **3**. to press (down) on (*apretar*). **4**. to crush, crumple, squeeze. LOC **La vida está muy achuchada**, It's a hard life. **a·chu·chón** [atʃutʃón] *n/m* FAM **1**. push, shove. **2**. flattening, squeezing. **3**. *pl* pushing *sing*. LOC **Dar un ~**, to give a push, shove.

a·chu·la·(pa)·do/a [atʃulá(pá)ðo/a] *adj* **1**. vulgar, crude. **2**. shameless (*descarado*). **3**. FAM cocky (*presumido*).

a·da·gio [aðáxjo] *n/m* **1**. proverb, adage. **2**. MÚS adagio.

a·da·lid [aðalíð] *n/m* **1**. leader (*caudillo*). **2**. FIG champion.

a·da·mas·ca·do/a [aðamaskáðo/a] *adj* damask (*tela*).

a·dán [aðán] *n/m* **1**. Adam, Adan. **2**. lazybones, idler. LOC **Nuez (de ~)**, ANAT adam's apple. **Ser un ~**, to be a filthy person, be slovenly.

a·dap·ta·bi·li·dad [aðaptaβiliðáð] *n/f* adaptability. **a·dap·ta·ble** [aðaptáβle] *adj* adaptable, flexible. **a·dap·ta·ción** [aðaptaθjón] *n/f* **1**. adaptation. **2**. acclimatization. **a·dap·ta·dor/ra** [aðaptaðór/ra] **I**. *adj* adapting. **II**. *n/m* TÉC adapter. **a·dap·tar** [aðaptár] **I**. *v* **1**. to adapt. **2**. to adjust, fit. **3**. to adapt, make suitable. **4**. to model (*conducta*). **II**. *v/ Refl (-se)* **(~se a)** **1**. to adjust, adapt (oneself) to. **2**. to conform (to).

a·dar·ga [aðárγa] *n/f* heart-shaped shield.

a·dar·me [aðárme] *n/m* FAM drop, bit.

a·de·cen·tar [aðeθentár] *v* to tidy up, make decent.

a·de·cua·ción [aðekwaθjón] *n/f* fitting, adjusting. **a·de·cua·do/a** [aðekwáðo/a] *adj* **(~ a/para)** **1**. appropriate, suitable. **2**. adequate, sufficient. **a·de·cuar** [aðekwár] *v* (*adecúo/adecuo*) to adapt, make appropriate/suitable.

a·de·fe·sio [aðefésjo] *n/m* ridiculously dressed person, FAM mess, oddball.

a·de·lan·ta·do/a [aðelantáðo/a] *adj* **1**. **(~ para)** advanced, precocious (*niño*). **2**. early. **3**. in advance (*pago*). **4**. **(~ en)** developed, advanced (*país*). **5**. rash, forward (*atrevido*). **6**. fast (*reloj*). LOC **Por ~**, in advance. **a·de·lan·ta·mien·to** [aðelantamjénto] *n/m* **1**. advance, progress, improvement. **2**. AUT overtaking. **a·de·lan·tar** [aðelantár] **I**. *v* **1**. to advance, improve, move/go forward. **2**. to put on/forward (*reloj*). **3**. to go up, advance. **4**. to speed up, hurry along (*un trabajo*). **5**. AUT to overtake. **6**. DEP to pass forward (*un balón*). **7**. **(~ en)** to gain (on). **8**. FIG to further, promote (*idea*). **9**. to (make) progress, make headway. **10**. to be fast, gain: *Mi reloj adelanta mucho*, My watch gains a lot. **11**. **(~ con)** to gain (sth), get (somewhere) by. LOC **~ dinero**, to advance money, FAM sub. **~ en edad**, to be getting on. **Prohibido ~**, AUT no overtaking. **a·de·lan·te** [aðelante] **I**. *adv* forward(s), onward(s), further (on), ahead. **II**. *int* **(¡~!)** **1**. forward!, go on!, go ahead!, carry on! **2**. come in! LOC **De aquí en ~ / De hoy en ~/en ~**, henceforth, from now on. **Ir ~**, to (make) progress. **Llevar ~**, to carry out, go ahead with. **Más ~**, later, further on. **Salir ~**, to get by. **a·de·lan·to** [aðelánto] *n/m* **1**. progress, advance(ment). **2**. COM advance (payment), payment on account.

a·del·fa [aðélfa] *n/f* BOT oleander, rosebay.

a·del·ga·za·mien·to [aðelγaθamjénto] *n/m* slimming. **a·del·ga·za·dor/ra, a·del·ga·zan·te** [aðelγaθaðór/a, aðelγaθánte] *adj* slimming. **a·del·ga·zar** [aðelγaθár] *v* (*adelgace*) **1**. to slim (*con un régimen*). **2**. to thin (down), make/plane thin (*madera*). **3**. to taper (*una punta*). **4**. to purify, refine. **5**. to (make sb) lose weight. **6**. to make look slim/slender: *Ese pantalón te adelgaza mucho*, Those trousers make you look slim.

a·de·mán [aðemán] *n/m* **1**. gesture, movement (*de las manos*). **2**. pose, posture (*del cuerpo*). **2**. look, expression, attitude. **3**. *pl* manners, way (of sb). LOC **En ~ de**, as if (about) to. **Hacer ~ de**, make a move to.

a·de·más [aðemás] *adv* **1**. moreover, furthermore. **2**. **(~ de)** *prep* besides, not to mention. LOC **~ de esto**, besides this, on top of this.

a·den·trar·se [aðen̪trárse] *v/Refl(-se)* **(~se en)** **1**. to penetrate/go/enter deep (into). **2**. to study thoroughly/deeply (*un tema*). **a·den· tro** [aðén̪tro] **I**. *adv* **1**. inside. **2**. far in, deep inside. **II**. *n/m pl* innermost self/being (*persona*). LOC **Decir para sus ~s**, to say to oneself. **Hablar para sus ~s**, to talk to oneself. **Mar ~**, NÁUT out to sea. **Tierra ~**, inland.

a·dep·to/a [aðépto/a] **I**. *adj* **1**. adept, initiated. **2**. supporting, in favour. **II**. *n/m,f* **(~ a/de)** supporter, follower (of).

a·de·re·zar [aðereθár] *v* (*aderece*) **I**. **1**. to prepare, get ready. **2**. to make beautiful, dress up (*persona*). **3**. to adorn, decorate, deck out (*adornar*). **4**. to cook, prepare (*comida*). **5**. to garnish, season (*aliñar*). **6**. to dress (*ensalada*). **7**. to mix (*bebidas*). **II**. *v/Refl(-se)* to dress up. **a·de·re·zo** [aðeréθo] *n/m* **1**. preparation (*acción*). **2**. ornament, decoration, adornment (*adorno*). **3**. dressing (*ensalada*). **4**. seasoning, garnishing. **5**. cooking (*comida*). **6**. set of jewels *pl*, jewellery *sing* (*joyas*).

a·deu·dar [aðeuðár] *v* **1**. to owe, have a debt of. **2**. COM to debit (*en cuenta bancaria*).

ad·he·ren·cia [aðerén̪θja] *n/f* **1**. adherence. **2**. adhesion (*pega*). LOC **Tener buena ~**, AUT to have a good hold on the road. **ad·he·ren·te** [aðerén̪te] **I**. *adj* adherent. **II**. *n/m,f* adherent, follower. **ad·he·rir** [aðerír] **I**. *v* (*adhiero*) **(~ algo a)** to affix sth (to), stick sth (on). **II**. *v/Refl(-se)* **(~se a)** **1**. to adhere/stick to, follow (*doctrina*). **2**. to agree with. **3**. to join, support. **ad·he·sión** [aðesjón] *n/f* **1**. adhesion, sticking (*de algo pegado*). **2**. adherence, support, loyalty. **ad·he·si·vo/a** [aðesíßo/a] *adj n/m,f* adhesive.

a·di·ción [aðiθjón] *n/f* **1**. addition. **2**. JUR acceptance. **3**. MAT adding up, addition. **3**. note (*en un texto*). **4**. *Amer* bill (*cuenta*). **a·di·cio·nal** [aðiθjonál] *adj* additional, extra. **a·di·cio·nar** [aðiθjonár] *v* **1**. **(~ a)** to add to. **2**. MAT to add (up).

a·dic·to/a [aðíkto/a] *adj* **1**. faithful, devoted. **2**. **(~ a)** MED addicted (to).

a·dies·tra·mien·to [aðjestramjén̪to] *n/m* **1**. training, instruction, coaching. **2**. breaking (*caballos*), training (*animales*). **a·dies·trar** [aðjestrár] **I**. *v* **1**. to train, instruct (*personas*). **2**. to train (*animal*). **3**. to guide, lead sb. **II**. *v/Refl(-se)* **(~se en)** **1**. to train oneself to + *inf*. **2**. to practise + *ger*.

a·di·ne·ra·do/a [aðineráðo/a] *adj* rich, FAM well-off, well-to-do.

a·diós [aðjós] **I**. *int* Good-bye!; *p.us.* Farewell! **II**. *n/m* good-bye.

a·di·po·si·dad [aðiposiðáð] *n/f* adiposity. **a·di·po·sis** [aðipósis] *n/f* MED adiposis, obesity. **a·di·po·so/a** [aðipóso/a] *adj* **1**. adipose, fatty (*tejido*). **2**. fat, obese (*persona*).

a·di·ta·men·to [aðitaménto] *n/m* complement, accessory.

a·di·ti·vo [aðitíßo] *n/m* additive.

a·di·vi·na·ción [aðißinaθjón] *n/f* **1**. divination, prophecy. **2**. guessing. **a·di·vi·na·dor/ra** [aðißinaðór/ra] **I**. *adj* prophetic. **II**. *n/m,f* fortune teller.

a·di·vi·nan·za [aðißinán̪θa] *n/f* conundrum, riddle. **a·di·vi·nar** [aðißinár] *v* **1**. to prophesy, foretell. **2**. to guess. **3**. to read (*el pensamiento*). **4**. to solve (*enigma*). **a·di·vi·na·to·rio/a** [aðißinatórjo/a] *adj* prophetic. **a·di·vi·no/a** [aðißíno/a] *n/m,f* prophet, fortune-teller.

ad·je·ti·va·ción [aðxetißaθjón] *n/f* GRAM adjectival use. **ad·je·ti·var** [aðxetißár] *v* **1**. GRAM to use as an adjective. **2**. GRAM to qualify. **3**. to describe. **ad·je·ti·vo/a** [aðxetíßo/a] GRAM **I**. *adj* adjectival. **II**. *n/m* adjective.

ad·ju·di·ca·ción [aðxuðikaθjón] *n/f* **1**. award(ing). **2**. sale (*subasta*). **ad·ju·di·car** [aðxuðikár] **I**. *v* (*adjudi**que***) **1**. to award, adjudge. **2**. **(~ a/en)** to knock down (to/for) (*subasta*). **II**. *v/Refl(-se)* **(~se algo)** to appropriate sth. LOC **¡Adjudicado!**, *exclam* Sold!, Gone! (*en subasta*). **ad·ju·di·ca·ta·rio/a** [aðxuðikatárjo/a] *n/m,f* **1**. awardee. **2**. successful bidder (*en subasta*).

ad·jun·tar [aðxun̪tár] *v* **1**. to attach, append. **2**. to enclose (*en una carta*). **ad·jun·to/a** [aðxún̪to/a] *adj* **1**. joined on, attached. **2**. attached, enclosed (*en una carta*). **3**. assistant (*auxiliar*).

ad·mi·ní·cu·lo [aðminíkulo] *n/m* **1**. gadget, thing, FAM thingimajig. **2**. *pl* emergency kit.

ad·mi·nis·tra·ción [aðministraθjón] *n/f* **1**. administration. **2**. management, running. **3**. manager's office. **4**. government. LOC **Consejo de ~**, COM board of directors. **ad·mi·nis·tra·dor/ra** [aðministraðór/ra] **I**. *adj* administrating. **II**. *n/m,f* **1**. administrator. **2**. manager (*gerente*). LOC **~ de correos**, postmaster. **ad·mi·nis·trar** [aðministrár] *v* **1**. to administer, manage, run. **2**. to administer (*medicina/sacramento*). **3**. FAM to dish out (*castigo*). **4**. to dispense, administer (*justicia*). **ad·mi·nis·tra·ti·vo/a** [aðministratíßo/a] **I**. *adj* **1**. administrative. **2**. managerial. **II**. *n/m,f* white collar/office worker.

ad·mi·ra·ble [aðmiráßle] *adj* admirable. **ad·mi·ra·ción** [aðmiraθjón] *n/f* **1**. admiration. **2**. wonder(ment), astonishment. **ad·mi·ra·dor/ra** [aðmiraðór/ra] **I**. *adj* admiring. **II**. *n/m,f* admirer. **ad·mi·rar** [aðmirár] *v* **1**. to admire. **2**. to respect, look up to. **3**. **(~se de)** to be surprised/amazed/astonished (at).

ad·mi·si·ble [aðmisíßle] *adj* **1**. admissible, acceptable, permissible. **2**. valid, legitimate (*excusa*).

ad·mi·sión [aðmisjón] *n/f* **1**. admission. **2**. acceptance. **3**. TÉC intake (*en un motor*). **ad·mi·tir** [aðmitír] *v* **1**. **(~ a)** to admit to/into. **2**. **(~ en)** to allow/admit into. **3**. **(~ como / por)** to accept as. **4**. to allow, permit (*explicación/propina*). **5**. to hold: *La sala sólo admite cien personas*, The hall only holds a hundred people. **6**. to suppose, assume. **7**. to leave room for (*dudas*). **8**. to acknowledge, admit, recognize.

ad·mo·ni·ción [aðmoniθjón] *n/f* admonition, warning.

a·do·bar [aðoβár] *v* **1.** to season, dress (*aliñar*). **2.** to pickle, marinate (*una vianda*). **3.** to cook, prepare (*guisar*). **4.** to tan (*pieles*). **5.** FIG to twist (*un relato*). **a·do·be** [aðóβe] *n/m* **1.** adobe. **2.** fetters, shackles. **a·do·bo** [aðóβo] *n/m* **1.** seasoning, dressing. **2.** marinate, pickling sauce.

a·do·ce·na·do/a [aðoθenáðo/a] *adj* commonplace, ordinary. **a·do·ce·nar** [aðoθenár] **I.** *v* **1.** to divide into dozens. **II.** *v/Refl(-se)* to become commonplace/ordinary.

a·doc·tri·na·mien·to [aðoktrinamjén̪to] *n/m* indoctrination. **a·doc·tri·nar** [aðoktrinár] *v* **(~ en)** to indoctrinate (with).

a·do·le·cer [aðoleθér] *v* (*adolezco*) **(~ de) 1.** to fall ill (with). **2.** to suffer (from).

a·do·les·cen·cia [aðolesθén̪θja] *n/f* adolescence. **a·do·les·cen·te** [aðolesθén̪te] *adj n/m,f* adolescent.

a·don·de [aðón̪de] **I.** *adv* where. **II.** *inter* **¿Adónde?**, where to? **a·don·de·quie·ra** [aðon̪dekjéra] *adv* wherever.

a·do·nis [aðónis] *n/m* MIT FIG Adonis.

a·dop·ción [aðopθjón] *n/f* adoption. **a·dop·tar** [aðoptár] *v* **1. (~ por/como)** to adopt as (*hijo*). **2.** to adopt, select (*medida*). **3.** to adopt, take up (*actitud/creencia*). **a·dop·ti·vo/a** [aðoptíβo/a] *adj* adoptive, foster (*padres*), adopted. LOC **Hijo ~, 1.** adopted son. **2.** FIG honorary citizen.

a·do·quín [aðokín] *n/m* **1.** paving stone. **2.** FIG FAM dimwit. **a·do·qui·na·do** [aðokináðo] *n/m* **1.** paving (*acción*). **2.** pavement. **a·do·qui·nar** [aðokinár] *v* to pave.

a·do·ra·ble [aðoráβle] *adj* adorable. **a·do·ra·ción** [aðoraθjón] *n/f* **1.** worship. **2.** adoration, idolization (*persona*). **a·do·ra·dor/ra** [aðoraðór/ra] **I.** *adj* **1.** worshipping. **2.** adoring, idolizing. **II.** *n/m,f* **1.** worshipper. **2.** adorer, idolizer. **a·do·rar** [aðorár] *v* **1.** to worship. **2.** to adore, idolize.

a·dor·me·ce·dor/ra [aðormeθeðór/ra] *adj* soporific. **a·dor·me·cer** [aðormeθér] **I.** *v* (*adormezco, adormecí*) **1.** to send to sleep, make sleepy/drowsy. **2.** FIG to calm, soothe (*dolor*). **II.** *v/Refl(-se)* **1.** to fall asleep. **2.** to doze, FAM nod off (*amodorrarse*). **3.** to go to sleep, go numb (*miembro*). **a·dor·me·ci·do/a** [aðormeθíðo/a] *adj* **1.** sleepy, drowsy. **2.** numb, asleep (*miembro*). **a·dor·me·ci·mien·to** [aðormeθimjén̪to] *n/m* **1.** sleepiness, drowsiness. **2.** numbness (*de un miembro*). **a·dor·mi·de·ra** [aðormiðéra] *n/f* BOT opium poppy. **a·dor·mi·lar·se** [aðormilárse] *v/Refl (-se)* to doze (off).

a·dor·nar [aðornár] *v* **1. (~ de)** to adorn, embellish (with). **2.** to trim (*vestido*). **3.** to decorate (*cuarto*). **4.** to be graced/blessed (with): *Le adorna su gran inteligencia*, He is blessed with great intelligence. **5.** to garnish (*comida*). **a·dor·no** [aðórno] *n/m* **1.** decoration, adornment. **2.** ornament. **3.** trimming (*de vestidos*). **4.** garnishing (*de comida*). **5.** *pl* FIG trappings.

a·do·sar [aðosár] *v* **(~ algo a)** to lean (sth against). LOC **Casa adosada**, terrace house.

ad·qui·rir [aðkirír] *v* (*adquiero, adquirí*) **1.** to acquire. **2.** to purchase, buy. **ad·qui·si·ción** [aðkisiθjón] *n/f* **1.** acquisition. **2.** purchase. **ad·qui·si·ti·vo/a** [aðkisitíβo/a] *adj* acquisitive. LOC **Poder ~**, purchasing power.

a·dre·de [aðréðe] *adv* on purpose, deliberately.

a·dre·na·li·na [aðrenalína] *n/f* BIOL adrenalin.

A·driá·ti·co/a [aðrjátiko/a] *adj n/m* GEOG Adriatic.

ads·cri·bir [a(ð)skriβír] *v* (pp *adscrito*) **(~ a)** to ascribe, assign, appoint (to). **ads·crip·ción** [a(ð)skripθjón] *n/f* assignment, appointment. **ads·cri·to/a, ads·crip·to** [a(ð)skríto/ a(ð)skrí(p)to] *adj* assigned, appointed.

ad·sor·ción [aðsorθjón] *n/m* QUÍM adsorption.

a·dua·na [aðwána] *n/f* customs. LOC **Derechos de ~**, customs duty. **Exento de ~/ libre de ~**, duty free. **Pasar por la ~**, to go through customs. **Vista de ~**, customs office. **a·dua·ne·ro/a** [aðwanéro/a] **I.** *adj* customs. **II.** *n/m,f* customs officer.

a·du·cir [aðuθír] *v* (*aduzco*, ***aduje***, ***aduciré***) **1.** to produce, bring forward (*pruebas*). **2.** to adduce, cite (*como prueba*).

a·due·ñar·se [aðweɲárse] *v/Refl(-se)* **(~se de)** to appropriate, take possession of.

a·du·la·ción [aðulaθjón] *n/f* flattery, adulation. **a·du·la·dor/ra** [aðulaðór/ra] **I.** *adj* flattering, adulating. **II.** *n/m,f* flatterer. **a·du·lar** [aðulár] *v* to flatter, adulate.

a·dul·te·ra·ción [aðul̪teraθjón] *n/f* adulteration. **a·dul·te·rar** [aðul̪terár] *v* **1.** to adulterate. **2.** to commit adultery. **a·dul·te·ri·no/a** [aðul̪teríno/a] *adj* **1.** adulterous. **2.** adulterine (*hijo*). **a·dul·te·rio** [aðul̪térjo] *n/m* adultery. **a·dúl·te·ro/a** [aðúl̪tero/a] **I.** *adj* adulterous. **II. 1.** *n/m* adulterer. **2.** *n/f adulteress.*

a·dul·to/a [aðúl̪to/a] *adj n/mf* adult, grown-up.

a·dus·tez [aðustéθ] *n/f* austerity, harshness. **a·dus·to/a** [aðústo/a] *adj* austere, stern, harsh.

ad·ve·ne·di·zo/a [aðβeneðíθo/a] **I.** *adj* newly arrived. **II.** *n/m,f* **1.** newcomer. **2.** parvenu, PEY social climber. **ad·ve·ni·mien·to** [aðβenimjén̪to] *n/m* advent, coming.

ad·ver·bial [aðβerβjál] *adj* adverbial. **ad·ver·bio** [aðβérβjo] *n/m* GRAM adverb.

ad·ver·sa·rio/a [aðβersárjo/a] *n/m,f* adversary, opponent. **ad·ver·sa·ti·vo/a** [aðβersatíβo/a] *adj* opposing. **ad·ver·si·dad** [aðβersiðáð] *n/f* adversity, misfortune. **ad·ver·so/a** [aðβerso/a] *adj* **1.** adverse, unfavourable (*condiciones*). **2.** bad (*suerte*). **3.** opposing (*adversario*). **4.** opposite.

ad·ver·ten·cia [aðβertén̪θja] *n/f* **1.** warning (*aviso*). **2.** observation. **3.** reminder. **4.** notice, advice. **5.** foreword (*en un libro*). **ad·ver·tir** [aðβertír] *v* (***advierto***, ***advertí***) **1. (~ de)** to warn of. **2.** to notice, observe. **3.** to advise, recommend, tell. **4.** to inform, warn. **5.** to realise, understand.

Ad·vien·to [aðβjén̪to] *n/m* REL Advent.

ad·vo·ca·ción [aðβokaθjón] *n/f* REL name, dedication.

ad·ya·cen·te [aðɟaθén̪te] *adj* adjacent.

aé·reo/a [aéreo/a] *adj* **1**. air. **2**. aerial. **3**. flimsy, light (*ligero*). LOC **Compañía ~**, AER airline company. **ae·ro·bio** [aeróßjo] *adj* aerobic. **ae·ro·di·ná·mi·co/a** [aeroðinámiko/a] **I**. *adj* **1**. aerodynamic. **2**. streamlined. **II**. *n/f* aerodynamics *pl*. **ae·ró·dro·mo** [aeróðromo] *n/m* AER airfield, aerodrome. **ae·ro·es·pa·cial** [aeroespaθjál] *adj* aerospace. **ae·ro·fa·ro** [aerofáro] *n/m* AER runway beacon. **ae·ro·li·to** [aerolíto] *n/m* ASTR meteorite. **ae·ró·me·tro** [aerómetro] *n/m* AER aerometer. **ae·ro·mo·de·lis·mo** [aeromoðelísmo] *n/m* AER airplane modelling. **ae·ro·nau·ta** [aeronáuta] *n/m,f* AER aeronaut. **ae·ro·náu·ti·co/a** [aeronáutiko/a] **I**. *adj* aeronautical. **II**. *n/f* AER aeronautics *pl*. **ae·ro·na·val** [aeronaßál] *adj* air-sea. **ae·ro·pla·no** [aeropláno] *n/m* Br aeroplane, US airplane. **ae·ro·puer·to** [aeropwérto] *n/m* AER airport. **ae·ro·sol** [aerosól] *n/m* aerosol, spray. **ae·ros·tá·ti·co/a** [aerostátiko/a] **I**. *adj* aerostatic. **II**. *n/f* aerostatics *pl*. **ae·rós·ta·to** [aeróstato] *n/m* aerostat, balloon. **ae·ro·te·rres·tre** [aeroterréstre] *adj* MIL air-land, air-ground. **ae·ro·trans·por·ta·do/a** [aerotra(n)sportáðo/a] *adj* airborne, airlifted. **ae·ro·vía** [aeroßía] *n/f* airway.

a·fa·bi·li·dad [afaßiliðáð] *n/f* affability. **a·fa·ble** [afáßle] *adj* affable.

a·fa·ma·do/a [afamáðo/a] *adj* famous, renowned. **a·fa·mar** [afamár] **I**. *v* to make famous. **II**. *v/Refl(-se)* to become famous.

a·fán [afán] *n/m* **1**. exertion, toil. **2**. anxiety. **3**. keenness, zeal. **4**. **(~ de)** urge, desire (for). **a·fa·nar** [afanár] *v* **1**. to work hard. **2**. FAM to pinch, swipe (*robar*). LOC **~se en**, FAM to drudge/toil away at. **~se por**, to strive, Br labour, US labor, exert oneself to + *inf*. **a·fa·no·so/a** [afanóso] *adj* laborious, hectic.

a·fa·sia [afásja] *n/f* MED aphasia, loss of speech. **a·fá·si·co/a** [afásiko/a] *adj* aphasic.

a·fe·ar [afeár] *v* **1**. to deform, deface, make ugly. **2**. to discredit.

a·fec·ción [afe(k)θjón] *n/f* **1**. affection, fondness. **2**. MED condition, complaint, disease. **3**. affect, impression. LOC **~ cardíaca**, heart complaint/condition. **a·fec·ta·ción** [afektaθjón] *n/f* **1**. affectation, pose. **2**. **(~ de)** pretence, affectation (of) (*ignorancia*). **a·fec·ta·do/a** [afektáðo/a] *adj* **1**. affected, artificial. **2**. afflicted. **3**. concerned. **4**. stilted, precious (*estilo*). **5**. damaged, spoiled: *Finca afectada por la inundación*, Farm damaged by the flood. **a·fec·tar** [afektár] *v* **1**. to affect. **2**. to have an effect on. **3**. to damage, injure. **4**. to concern, have to do with. **5**. to sadden, grieve. **6**. to feign, put on. **7**. to yearn for, desire. **8**. JUR to affect, pledge, mortgage. **a·fec·ti·vi·dad** [afektißiðáð] *n/f* **1**. sensitivity, sensitiveness. **2**. affectivity, emotionality. **a·fec·ti·vo/a** [afektíßo/a] *adj* **1**. affective. **2**. sensitive (*sensible*). **3**. affectionate (*cariñoso*). **a·fec·to/a** [afékto/a] **I**. *adj* **1**. **(~ a)** fond of, attached to (sb). **2**. **(~ a)** subject to, liable to (*impuestos*). **3**. **(~ de)** MED suffering from. **4**. **(~ a)** assigned to, allocated to. **II**. *n/m* **1**. affection, fondness (for) (*cariño*): *Con afecto*, Affectionately. **2**. emotion, feeling. **3**. MED condition, disease. LOC **Tomar ~ a alguien**, to become attached to, fond of (sb). **a·fec·tuo·si·dad** [afektwosiðáð] *n/f* fondness, affection. **a·fec·tuo·so/a** [afektwóso/a] *adj* affectionate, loving.

a·fei·ta·do/a [afeitáðo/a] **I**. *adj* shaved, shaven. **II**. *n/m* **1**. TAUR shaving off/blunting of horns. **2**. shave. **a·fei·ta·dora** [afeitaðóra] *n/f* razor, shaver. **a·fei·tar** [afeitár] **I**. *v* **1**. to shave. **2**. TAUR to blunt the horns. **3**. to trim (*animales*). **4**. to cut, trim. **5**. FIG FAM to brush, graze. **II**. *v/Refl(-se)* **1**. to shave, have a shave. **a·fei·te** [aféite] *n/m* embellishment, adornment.

a·fel·pa·do/a [afelpáðo/a] *adj* plush, velvety. **a·fel·par** [afelpár] *v* **1**. to make velvety/plush. **2**. NÁUT to patch (*vela*).

a·fe·mi·na·do/a [afemináðo/a] *adj* effeminate. **a·fe·mi·nar** [afeminár] **I**. *v* to make effeminate. **II**. *v/Refl(-se)* to become effeminate.

a·fe·ren·te [aferéṇte] *adj* BIOL afferent.

a·fe·rra·do/a [aferráðo/a] *adj* **1**. stubborn. **2**. **(~ a/en)** FIG wedded to (*opinión*). **a·fe·rrar** [aferrár] **I**. *v* **1**. to grasp, seize. **2**. NÁUT to furl (*vela*). **3**. NÁUT to hook. **II**. *v/Refl(-se)* **1**. to grapple with. **2**. NÁUT to anchor, moor. **3**. **(~se a)** to cling to, hold on to (*opinión*). **4**. FIG FAM to stick to.

af·ga·no/a [afɣáno/a] *adj n/m,f* Afghan.

a·fian·za·mien·to [afjaṇθamjéṇto] *n/m* **1**. fastening, securing. **2**. security, guarantee, JUR bail. **3**. support, prop. **4**. FIG backing, support. **a·fian·zar** [afjaṇθár] *v* (*afiance*) **1**. to support, prop up (*muro*). **2**. to fasten (*sujetar*). **3**. to grasp (*asir*). **4**. FIG to back, support (*apoyar*). **5**. to vouch for (*persona*).

a·fi·ción [afiθjón] *n/f* **1**. **(~ a)** fondness, taste (for). **2**. keenness, eagerness, zeal. **3**. **(~ a)** liking (for), love (of). **4**. fans *pl*, public. **5**. hobby, interest. LOC **Cobrar ~ a**, to become fond of. **Tener ~ a**, 1. to have a liking/taste for. 2. to like, be fond of. 3. to be a fan of. **Tomar ~ a**, to take a liking to. **a·fi·cio·na·do/a** [afiθjonáðo/a] **I**. *adj* **1**. enthusiastic, keen. **2**. **(~ a)** fond of, keen on. **3**. amateur. **II**. *n/m,f* **1**. fan, enthusiast. **2**. amateur. **a·fi·cio·nar** [afiθjonár] **I**. *v* **1**. to make fond (of). **2**. to (awaken an) interest (for sth in sb), give a liking/taste (for). **II**. *v/Refl(-se)* **(~se a)** **1**. to become fond of. **2**. to pick up a habit, FAM get hooked on.

a·fi·jo/a [afíxo/a] *n/m* GRAM affix.

a·fi·la·dor/ra [afilaðór/ra] **I**. *adj* sharpening. **II**. *n/m,f* **1**. knifegrinder (*persona*), sharpener (*lápices*), grinder (*máquina*). **2**. razor strop. **a·fi·lar** [afilár] **I**. *v* to sharpen, grind. **II**. *v/Refl(-se)* **1**. to grow thin (*persona*). **2**. to grow pointed (*barba*).

a·fi·lia·ción [afiljaθjón] *n/f* membership, affiliation. **a·fi·liar** [afiljár] *v* **1**. to affiliate, join. **2**. **(~se a)** to join, become a member (of) (*club*). **a·fi·lia·do/a** [afiljáðo] *n/m,f* member (*partido político/sindicato*).

a·fi·li·gra·na·do/a [afiliɣranáðo/a] *adj* **1**. filigreed. **2**. fine, delicate. **a·fi·li·gra·nar** [afiliɣranár] *v* **1**. to filigree. **2**. to adorn, embellish finely.

a·fín [afín] *adj* **1**. akin, kindred. **2**. allied, related, connected. **3**. similar.
a·fi·na·mien·to [afinamjéņto] *n/m* **1**. MÚS tuning. **2**. finishing. **3**. TÉC refining. **4**. FIG refinement (*de persona*). **a·fi·nar** [afinár] *v* **1**. TÉC to refine, purify. **2**. FIG to refine (*persona*). **3**. MÚS to tune. **4**. to improve, sharpen. **5**. to complete, finish. **6**. MÚS to play/sing in tune.
a·fin·car [afiŋkár] *v/Refl(-se)* (*afin**que***) **(~se en)** to settle down, take up residence (in).
a·fi·ni·dad [afiniðáð] *n/f* **1**. **(~ con)** kinship (with). **2**. affinity, likeness. LOC **Por ~**, by marriage.
a·fir·ma·ción [afirmaθjón] *n/f* statement, affirmation, assertion. **a·fir·mar** [afirmár] **I**. *v* **1**. to strengthen, secure (*reforzar*). **2**. to affirm, assert. **3**. to assure. **4**. to state. **II**. *v/Refl(-se)* **1**. to steady oneself. **2**. **(~se en)** to confirm. **a·fir·ma·ti·vo/a** [afirmatíβo/a] *adj* affirmative.
a·flic·ción [afli(k)θjón] *n/f* affliction, sorrow. **a·flic·ti·vo/a** [afliktíβo/a] *adj* **1**. afflicting, distressing. **2**. JUR corporal (*pena*). **a·fli·gir** [aflixír] **I**. *v* (*afli**ja***) **1**. to afflict, make suffer (*padecimiento físico*). **2**. to afflict, distress (*congoja*). **3**. to beset, trouble (*desgracia*). **II**. *v/Refl(-se)* **(~se con/por)** to be distressed (about).
a·flo·jar [afloxár] *v* **1**. to slacken (*cuerda*). **2**. to loosen (*tornillo*). **3**. to release, take off (*freno*). **4**. to relax, ease (*severidad*). **5**. to soften, relent (*ablandar*). **6**. to cough up, fork out (*dinero*). **7**. to flag (*interés*).
a·flo·rar [aflorár] *v* **1**. GEOL to outcrop (*minerales*). **2**. FIG to arise.
a·fluen·cia [aflwéņθja] *n/f* **1**. crowd. **2**. inflow, influx. **3**. flow (*de sangre*). **4**. abundance. **5**. eloquence. **a·fluen·te** [aflwéņte] **I**. *adj* **1**. flowing. **2**. eloquent. **II**. *n/m* tributary (*río*). **a·fluir** [aflwír] *v* (*aflu**ye***) **1**. to *gen* flow. **2**. **(~ a)** to flood (into), flock (to) (*personas*).
a·fo·nía [afonía] *n/f* MED aphony. **a·fó·ni·co/a** [afóniko/a] *adj* MED aphonic. LOC **Estar ~**, 1. to be hoarse. 2. to have lost one's voice.
a·fo·rar [aforár] *v* (*a**fue**ro*) **1**. to gauge, measure. **2**. to appraise, assess.
a·fo·ris·mo [aforísmo] *n/m* GRAM aphorism. **a·fo·rís·ti·co/a** [aforístiko/a] *adj* aphoristic.
a·fo·ro [afóro] *n/m* **1**. gauging, measuring (*acción*). **2**. measurement. **3**. appraisal. **4**. flow (*de un río*).
a·for·tu·na·do/a [afortunáðo/a] *adj* **1**. **(~ en)** fortunate, lucky (in). **2**. happy, joyous (*época*). **3**. NÁUT stormy (*tiempo*).
a·fran·ce·sa·do/a [afranθesáðo/a] *adj* **1**. Francophile. **2**. Frenchified. **3**. pro-French. **a·fran·ce·sa·mien·to** [afraņθesamjéņto] *n/m* Frenchification, Gallicisation. **a·fran·ce·sar·se** [afranθesárse] *v* to go French.
a·fren·ta [afréņta] *n/f* **1**. affront, insult. **2**. outrage. **3**. disgrace, shame. **a·fren·tar** [afreņtár] *v* **1**. to affront, insult. **2**. to disgrace, shame. **3**. to humilliate, outrage. **a·fren·to·so/a** [afreņtóso/a] *adj* **1**. insulting. **2**. outrageous, disgraceful. **3**. offensive, offending.
Á·fri·ca [áfrika] *n/m* GEOG África. **a·fri·ca·nis·ta** [afrikanísta] *adj n/m,f* Africanist. **a·fri·ca·ni·zar** [afrikaniθár] *v* (*africani**ce***) to Africanize. **a·fri·ca·no/a** [afrikáno/a] *adj n/m,f* African.
a·fro·di·sía·co/a [afroðisíako/a] *adj* aphrodisiac. **a·fro·di·ta** [afroðíta] *n/f* MIT Aphrodite.
a·fron·tar [afroņtár] *v* to confront, face up to.
a·fue·ra [afwéra] **I**. *adv* outside. **II**. *n/f pl* outskirts, suburbs *pl*. LOC **¡~!**, *exclam* Get out! Out! **De puertas ~**, on the outside. **La parte de ~**, the outside. **Más ~**, further out.
a·ga·char [aγat∫ár] **I**. *v* to lower, bow, bend (*cabeza*). **II**. *v/Refl(-se)* **1**. to lean over, bend over/down. **2**. to crouch, squat. **3**. to duck.
a·ga·lla [aγáʎa] *n/f* **1**. BOT gall, gallnut. **2**. gills (*de los peces*). **3**. ANAT tonsil. LOC **Tener ~s**, FIG FAM to have guts.
á·ga·pe [áγape] *n/m* banquet.
a·ga·re·no/a [aγaréno/a] *n/m,f adj* REL Muslim.
a·ga·rra·da [aγarráða] *n/f* FAM row, quarrel. **a·ga·rra·de·ra** [aγarraðéra] *n/f pl* LOC **Tener buenas ~s**, to have connections, FAM have friends in the right places. **a·ga·rra·de·ro** [aγarraðéro] *n/m* **1**. handle (*mango*). **2**. curtain hook. **3**. influence, pull. **a·ga·rra·do/a** [aγarráðo/a] *adj* FAM stingy, tight-fisted (*tacaño*). LOC **Baile ~**, dance in couples. **a·ga·rrar** [aγarrár] **I**. *v* **1**. to grab, grasp, seize. **2**. FAM to land oneself, wangle (*aprovecharse de algo*). **3**. to catch, get, FAM cop. **4**. to grasp, get (*comprender*). **5**. BOT to take root. **6**· **(~ de)** to take hold (of). **7**. **(~ para)** to set out for, take (*dirección*). **II**· *v/Refl(-se)* **1**. to fight (it out), quarrel. **2**. **(~se a/de)** to hold on, hold tight (to), cling to. LOC **~la**, to get drunk, FAM get plastered. **~se a la carretera**, AUT to hold the road. **~se a un clavo ardiendo**, FIG FAM to clutch at straws. **~se del brazo**, to link arms. **~ una fiebre**, to catch a fever. **¡Agárrate!**, *exclam* FIG Wait for it!, Listen to this! **a·ga·rre** [aγárre] *n/m* pull, hold (over).
a·ga·rro·ta·mien·to [aγarrotamjéņto] *n/m* **1**. binding, tying up. **2**. tightening, stiffening (*músculos*). **3**. seizing (up) (*motor*). **4**. garrotting (*ejecución*). **a·ga·rro·tar** [aγarrotár] *v* **1**. to bind, tie up. **2**. to tighten, stiffen. **3**. to garrotte (*ejecutar*). **4**. to seize up (*motor*).
a·ga·sa·jar [aγasaxár] *v* **1**. to shower attentions on. **2**. to receive warmly (*acoger*). **3**. to entertain lavishly, regale, FAM wine and dine. **a·ga·sajo** [aγasáxo] *n/m* **1**. royal/warm welcome, lavish hospitality. **2**. gift, present, treat (*regalo*). **3**. *pl* hospitality.
á·ga·ta [áγata] *n/f* agate.
a·ga·vi·llar [aγaβiʎár] *v* AGR to bind (in sheaves), sheaf.
a·ga·za·par [aγaθapár] **I**. *v* to catch, grab/get hold of. **II**. *v/Refl(-se)* **1**. to hide (away). **2**. to duck, crouch (down).
a·gen·cia [axéņθja] *n/f* **1**. *gen* agency. **2**. bureau. LOC **~ de colocaciones**, employment agency. **~ de noticias/prensa**, news agency. **~ de publicidad**, advertising agency. **~ de**

transportes, haulage company, carriers. ~ **de turismo,** tourist information office. ~ **de viajes,** travel agency, travel agent's. ~ **funeraria,** undertakers. ~ **inmobiliaria,** estate agent's. **a·gen·ciar** [axen̪θjár] **I.** *v* **1.** to get, obtain (*trabajo*). **2.** FAM to wangle. **3.** to engineer. **4.** to negotiate (*trato*). **II.** *v/Refl(-se)* **1.** to manage to obtain, get along/by: *Se las agenció como pudo*, He managed as best he could. **2.** to get oneself (*trabajo*).

a·gen·da [axén̪da] *n/f* **1.** notebook. **2.** diary, appointment book. **3.** agenda, timetable (*de actividades*).

a·gen·te [axén̪te] *n/m,f gen* agent. LOC ~ **de bolsa/cambio**, COM stockbroker. ~ **de negocios**, COM broker. ~ **(de policía)**, policeman, policewoman. ~ **de publicidad**, 1. COM advertising agent. 2. TEAT publicity agent. ~ **de turismo**, travel agent. ~ **ejecutivo**, JUR bailiff. ~ **especial**, special agent. ~ **inmobiliario**, estate agent. ~ **marítimo**, NÁUT shipping agent. ~ **provocador**, agent provocateur. ~ **químico,** QUÍM chemical agent.

a·gi·gan·ta·do/a [axiɣan̪táðo/a] *adj* gigantic, huge. **a·gi·gan·tar** [axiɣan̪tár] *v* **1.** to enlarge, make (seem) much greater. **2.** to exaggerate.

á·gil [axíl] *adj* agile, nimble, quick. **a·gi·li·dad** [axiliðáð] *n/f* agility. **a·gi·li·zar** [axiliθár] *v* (*agilice*) **1.** to make agile. **2.** to ease, facilitate.

a·gio·ta·je [axjotáxe] *n/m* stock-market speculation.

a·gi·ta·ción [axitaθjón] *n/f* **1.** agitation, shaking, stirring (*líquido*). **2.** bustle, stir, flurry (*de movimiento*). **3.** nervousness, FAM nerves *pl* (*de ánimo*). **a·gi·ta·do/a** [axitáðo/a] *adj* **1.** rough, choppy (*mar*). **2.** upset, agitated. **3.** fretful, worried (*preocupado*). **a·gi·ta·dor/ra** [axitaðór/ra] **I.** *adj* agitating. **II. 1·** *n/m,f* agitator (*subversivo*). **2.** *n/m* QUÍM stirring rod.

a·gi·ta·na·do/a [axitanáðo/a] *adj* gypsy-like.

a·gi·tar [axitár] **I.** *v* **1.** shake up, stir (*líquido*). **2.** to wave (*brazos/bandera*). **3.** to flap (*ala*). **4.** FIG to stir up, agitate. **5.** to upset, worry (*inquietar*). **II.** *v/Refl(-se)* **1.** to wave (to and fro) (*brazos*). **2.** to sway (*árboles*). **3.** to fidget (*niño*). **4.** NÁUT to get rough/ choppy (*mar*). **5.** to flutter, flap (*bandera*). **6.** FIG to fret, to become agitated, FAM get worked up.

a·glo·me·ra·ción [aɣlomeraθjón] *n/f* mass, agglomeration. LOC ~ **de tráfico,** traffic jam. **a·glo·me·ra·do** [aɣlomeráðo] *n/m* **1.** agglomerate. **2.** coal briquet. **a·glo·me·rar** [aɣlomerár] *v* **1.** to amass, agglomerate, pile up. **2.** to form a crowd, crowd round.

a·glu·ti·na·ción [aɣlutinaθjón] *n/f* agglutination. **a·glu·ti·nan·te** [aɣlutinán̪te] *adj n/m* agglutinant. **a·glu·ti·nar** [aɣlutinár] *v* **1.** to agglutinate, bind. **2.** FIG to draw/bring together.

ag·nos·ti·cis·mo [aɣnostiθísmo] *n/m* agnosticism. **ag·nós·ti·co/a** [aɣnóstiko/a] *adj n/m,f* agnostic.

a·go·bia·do/a [aɣoβjáðo/a] *adj* **1.** **(~ de)** overwhelmed, overburdened (with). **2.** **(~ con/por/bajo)** bowed under, bent over, weighed down (by). **3.** exhausted, worn-out. **a·go·biar** [aɣoβjár] *v* **1.** to oppress, burden. **2.** **(~ de)** to weigh down, burden (with). **3.** to exhaust, wear out. **4.** **(~ con)** to depress, FAM get down: *Me agobias con tus problemas*, You get me down with your problems. **a·go·bio** [aɣóβjo] *n/m* **1.** burden, weight. **2.** oppression, worry, anguish. **3.** MED anxiety, FAM nerves.

a·gol·pa·mien·to [aɣolpamjén̪to] *n/m* **1.** accumulation, pile, bunch (*cosas*). **2.** crush, rush, throng (*gente*). **a·gol·par** [aɣolpár] *v/Refl(-se)* **1.** to accumulate, amass, pile up. **2.** to crowd (together), throng. **3.** to well up, come in a flood (*lágrimas*).

a·go·nía [aɣonía] *n/f* **1.** agony, anguish. **2.** (death) throes. **3.** desire, yearning. **4.** *pl* FAM misery *sing*. **a·gó·ni·co/a** [aɣóniko/a] *adj* agonizing. LOC **Estar ~,** to be dying. **a·go·ni·zan·te** [aɣoniθán̪te] **I.** *adj* **1.** agonizing. **2.** dying. **3.** FIG failing, dying (*luz*). **II.** *n/m,f* dying person. **a·go·ni·zar** [aɣoniθár] *v* (*agonice*) **1.** to be dying/in agony. **2.** to fail, falter (*luz*). **3.** FAM to pester, annoy. **4.** **(~ por** + *inf*) FIG to be dying to + *inf*. **5.** to be ending (*cosa*).

a·go·rar [aɣorár] *v* (*agüero*) to predict, forecast. **a·go·re·ro/a** [aɣoréro/a] **I.** *n/m,f* fortune-teller, oracle. **II.** *adj* ominous.

a·gos·tar [aɣostár] *v* to fade, wither (*planta*).

a·gos·to [aɣósto] *n/m* August.

a·go·ta·ble [aɣotáβle] *adj* exhaustible. **a·go·ta·dor/ra** [aɣotaðór/ra] *adj* exhausting. **a·go·ta·mien·to** [aɣotamjén̪to] *n/m* exhaustion. **a·go·tar** [aɣotár] **I.** *v* **1.** to exhaust, deplete, use up (*recursos*). **2.** to tire/wear out (*cansar*). **3.** to empty, drain. **4.** to exhaust, try (*paciencia*). **II.** *v/Refl(-se)* **1.** to become exhausted. **2.** **(~se de)** to run out (of). **3.** to go out of print (*libro*).

a·gra·cia·do/a [aɣraθjáðo/a] **I.** *adj* **1.** pretty (*mujer*), goodlooking (*hombre/mujer*). **2.** graceful. **II.** *n/m,f* lucky person. **a·gra·ciar** [aɣraθjár] *v* **1.** to adorn, enhance. **2.** **(~ con)** to reward (with), award (to). **3.** to pardon (*reo*).

a·gra·da·ble [aɣraðáβle] *adj* **1.** **(~ a)** pleasant (to). **2.** **(~ para/con)** nice (to) (*persona*). **3.** **(~ de/en)** pleasant, agreeable (*en el trato*). **4.** enjoyable. **a·gra·dar** [aɣraðár] *v* **1.** **(~ a)** to please, be pleasing to. **2.** to be to the liking of, like: *Esto me agrada*, I like this. **a·gra·de·cer** [aɣraðeθér] **I.** *v* (*agradezco, agradecí*) **1.** to thank. **2.** to be grateful/ thankful for. **3.** **(~se)** to be welcome: *Una cerveza siempre se agradece*, A beer is always welcome. LOC **Se agradece,** Much obliged. **a·gra·de·ci·mien·to** [aɣraðeθimjén̪to] *n/m* gratitude, gratefulness. **a·gra·do** [aɣráðo] *n/m* **1.** affability, friendliness. **2.** pleasure. **3.** taste, liking.

a·gran·da·mien·to [aɣran̪damjén̪to] *n/m* enlargement, enlarging. **a·gran·dar** [aɣran̪dár] *v* **1.** to enlarge, make bigger. **2.** to magnify (*problema*).

a·gra·rio/a [aɣrárjo/a] *adj* agrarian, land, agricultural. LOC **Clase ~**, agricultural community. **Política ~**, agricultural policy. **Reforma ~**, land reform.

a·gra·va·mien·to [aγraβamjén̪to] *n/m* **1**. aggravation, worsening. **2**. increase (*impuesto*). **3**. MED change/turn for the worse. **a·gra·var** [aγraβár] *v* **1**. to aggravate, make worse (*situación/dolor*). **2**. to increase (*impuesto*).

a·gra·viar [aγraβjár] **I**. *v* **1**. to (do) wrong. **2**. to offend, insult. **II**. *v/Refl(-se)* **(~se de/por)** to take offence (at), be offended (by). **a·gra·vio** [aγráβjo] *n/m* **1**. wrong, injury. **2**. offence, insult. **3**. JUR injustice, grievance.

a·graz [aγráθ] *n/m* (*pl agraces*) **1**. sour grape. **2**. FIG bitterness.

a·gre·dir [aγreðír] *v* (*usado sólo cuando la desinencia empieza por i: agredía, agrediendo*) to attack. LOC **~ de palabra**, to insult.

a·gre·ga·ción [aγreγaθjón] *n/f* aggregation. **a·gre·ga·do** [aγreγáðo] *n/m* **1**. aggregate (*conjunto*). **2**. attaché, assistant (*persona*). **3**. addition (*cosa añadida*). **a·gre·gar** [aγreγár] *v* (*agregue*) **1**. to aggregate, admit. **2**. to join (*unir*). **3**. to gather, collect. **4**. **(~ a)** to add (*números*). **5**. **(~ a)** to appoint, attach (to) (*adscribir*).

a·gre·miar [aγremjár] *v* to form into a union.

a·gre·sión [aγresjón] *n/f* aggression, attack. **a·gre·si·vi·dad** [aγresiβiðáð] *n/f* aggressiveness. **a·gre·si·vo/a** [aγresíβo/a] *adj* aggressive. **a·gre·sor/ra** [aγresór/ra] **I**. *adj* attacking. **II**. *n/m,f* aggressor.

a·gres·te [aγréste] *adj* **1**. country, rustic. **2**. uncultivated. **3**. FIG uncouth.

a·griar [aγrjár] *v* **1**. to sour, go off (*leche*). **2**. FIG to embitter. **3**. FIG to annoy (*enfadar*).

a·grí·co·la [aγríkola] *adj* AGR agricultural, farming. **a·gri·cul·tor/ra** [aγrikultór/ra] *n/m,f* farmer. **a·gri·cul·tu·ra** [aγrikultúra] *n/f* agriculture, farming.

a·gri·dul·ce [aγriðúlθe] *adj* bittersweet.

a·grie·ta·mien·to [aγrjetamjén̪to] *n/m* **1**. cracking (*en el suelo*). **2**. chapping (*en la piel*). **a·grie·tar** [aγrjetár] *v* **1**. to crack, make cracks in. **2**. to chap (*la piel*).

a·gri·men·sor [aγrimensór] *n/m* surveyor. **a·gri·men·su·ra** [aγrimensúra] *n/f* surveying.

a·grio/a [áγrjo/a] **I**. *adj* **1**. sour, tart, acidic (*paladar*). **2**. bitter, disagreeable (*persona*). **II**. *n/m* **1**. (sour) juice. **2**. acidity, sourness (*sabor*). LOC **Frutas ~as**, citrus fruits.

a·gri·sa·do/a [aγrisáðo/a] *adj* greyish, grayish.

a·gro [áγro] *n/m* AGR farmland. **a·gro·no·mía** [aγronomía] *n/f* AGR agronomy. **a·gro·nó·mi·co/a** [aγronómiko/a] *adj* AGR agronomical. **a·gró·no·mo** [aγrónomo] *n/m* AGR agronomist. **a·gro·pe·cua·rio/a** [aγropekwárjo/a] *adj* AGR pertaining to farming and stockbreeding.

a·gru·pa·ción [aγrupaθjón] *n/f* **1**. group. **2**. crowd, gathering. **3**. unit, club (*social*). **a·gru·pa·mien·to** [aγrupamjén̪to] *n/m* V **agrupación**. **a·gru·par** [aγrupár] *v* to group, assemble.

a·gua [áγwa] *n/f* (*el/un agua*) **1**. *gen* water. **2**. distilled liquid: *Agua de rosas*, Rosewater. **3**. NÁUT leak (*en una nave*). **4**. rain. **5**. ARQ slope (*tejado*). **6**. NÁUT tide, water (*flujo/reflujo*). **8**. *pl* water, sparkle, glint (*en piedra preciosa*). **9**. *pl* NÁUT current *sing* (*corriente*), waters, seas *pl*. **10**. *pl* waters, minerals, springs. **11**. *pl* urine, water. **12**. *pl* water, moiré *sing* (*en las telas*). **13**. *pl* current. LOC **~(s) abajo**, downstream. **~(s) arriba,** upstream, upriver. **~ bendita**, REL holy water. **~ blanda**, soft water. **~ corriente**, running water. **~ de colonia**, eau de Cologne. **~ (de) manantial**, spring water. **~ dulce**, fresh water. **~ potable**, drinking water. **~s residuales**, sewage. **De ~ dulce**, freshwater (*pez*). **Echar al ~**, to launch. **Estar como pez en el ~**, to be in one's element. **Estar con el ~ al cuello**, to be up to one's neck in it, to be in deep water. **Hacer ~**, to relieve oneself. **Hacérsele a uno la boca ~**, to make one's mouth water. **Llevar uno el ~ a su molino,** FIG to look after number one. **Nadar entre dos ~s**, FIG to be in two minds, be undecided. **Pescar en ~ turbia**, to fish in troubled water. **Romper ~s**, to break one's water (*parturienta*). **Tomar las ~s**, to take the waters.

a·gua·cal [aγwakál] *n/m* whitewash.

a·gua·ca·te [aγwakáte] *n/m* **1**. BOT avocado. **2**. pear-shaped emerald.

a·gua·ce·ro [aγwaθéro] *n/m* **1**. shower, downpour. **2**. host, shower (*desgracias*). **3**. *Amer* glowworm. **a·gua·da** [aγwáða] *n/f* coloured wash, gouache, watercolour (*pintura*). **a·gua·dor/ra** [aγwaðór/ra] *n/m,f* water vendor.

a·gua·fies·tas [aγwafjéstas] *n/m,f* (*pl aguafiestas*) FAM spoilsport, kill-joy, party pooper. **a·gua·fuer·te** [aγwafwérte] *n/f* etched plate, etching. **a·gua·ma·nil** [aγwamaníl] *n/m* **1**. water jug, wash jug. **2**. washbowl, basin. **a·gua·ma·ri·na** [aγwamarína] *n/f* aquamarine. **a·gua·miel** [aγwamjél] *n/f* honey and water, mead. **a·gua·nie·ve** [aγwanjéβe] *n/f* sleet.

a·guan·tar [aγwan̪tár] **I**. *v* **1**. to bear, endure. **2**. to stand, tolerate, FAM put up with. **3**. to hold up, bear, sustain. **4**. NÁUT to tauten. **5**. to hold (one's breath). **6**. to hold on/out. **II**. *v/Refl(-se)* **1**. to control/contain oneself. **2**. **(~se con)** to resign oneself (to), restrain oneself. **3**. to keep quiet, not to say a word (*no reaccionar*). LOC **¡Que se aguante!**, he can lump it! **a·guan·te** [aγwán̪te] *n/m* **1**. endurance, fortitude. **2**. patience.

a·guar [aγwár] **I**. *v* **1**. to dilute, water down. **2**. FIG to spoil, ruin, mar (*diversión*). **II**. *v/Refl(-se)* **1**. to become flooded/inundated. **2**. to become diluted/watery. **3**. to become dull/boring (*diversión*). LOC **~ la fiesta**, to put a damper on things.

a·guar·dar [aγwarðár] *v* **1**. to wait (for), await. **2**. to expect.

a·guar·den·to·so/a [aγwarðen̪tóso/a] *adj* **1**. brandy. **2**. smelling of brandy, mixed with brandy. **3**. FIG husky (*tono de voz*). **a·guar·**

dien·te [aɣwarðjéɲte] *n/m* 1. brandy. 2. Br liquor, US licor. LOC ~ **de caña**, rum.
a·gua·rrás [aɣwarrás] *n/m* turpentine.
a·gua·za [aɣwáθa] *n/f* sap, juice.
a·gua·zal [aɣwaθál] *n/m* mire, marsh, fen.
a·gu·de·za [aɣuðéθa] *n/f* 1. sharpness. 2. acuteness, keenness. 3. witty remark; insight. **a·gu·di·zar** [aɣuðiθár] I. *v* (*agudice*) 1. to sharpen. 2. FIG to make more keen/acute. II. *v/Refl(-se)* to become (more) serious, get worse (*enfermedad*). **a·gu·do/a** [aɣúðo/a] *adj* 1. *gen* sharp. 2. witty, clever (*gracioso*). 3. acute, serious (*enfermedad, problema*). 4. pungent, acrid (*olor*). 5. high-pitched, piercing (*voz*). 6. GRAM acute. 7. GRAM oxytone.
a·güe·ro [aɣwéro] *n/m* augury, omen, presage.
a·gue·rri·do/a [aɣerríðo/a] *adj* **(~ en)** hardened, bold, brave.
a·gui·ja·da [aɣixáða] *n/f* goad. **a·gui·jar** [aɣixár] *v* 1. to goad. 2. FIG to incite, urge on. 3. to hurry along, make haste. **a·gui·jón** [aɣixón] *n/m* 1. goad. 2. barb. 3. sting (*de insecto*). 4. spur. 5. BOT prickle, thorn. 6. FIG stimulus. **a·gui·jo·ne·ar** [aɣixoneár] *v* 1. to goad. 2. to prick. 3. to incite. 4. to spur/urge on.
á·gui·la [áɣila] *n/f* **(el/un ~)** 1. eagle (*ave*). 2. FIG genius, superior mind. 3. FAM wily bird (*astuto*). LOC ~ **real**, golden eagle. **a·gui·le·ño/a** [aɣiléɲo/a] I. *adj* aquiline (*nariz*), sharp-featured (*rostro*). II. *n/f* BOT columbine. **a·gui·lu·cho** [aɣilutʃo] *n/m* eaglet.
a·gui·nal·do, a·gui·lan·do [aɣináldo/aɣiláɲdo] *n/m* 1. Christmas present/gift. 2. *Amer* **aguinaldo** (Christmas) bonus (*salarial*).
a·gu·ja [aɣúxa] *n/f* 1. *gen* needle. 2. hand (*de reloj*), style (*reloj de sol*). 3. bodkin (*roma*). 4. ARQ spire, steeple. 5. firing pin (*de arma*). 6. needle, stylus (*de tocadiscos*). 7. *pl* points (*de ferrocarril*). 8. *pl* ribs (*de animal*). LOC ~ **de gancho**, crochet hook. ~ **de hacer punto/de hacer media**, knitting needle. **Buscar una ~ en un pajar**, To look for a needle in a haystack. **Carne de ~**, shoulder of meat (*res*). **a·gu·je·rar, a·gu·je·re·ar** [aɣuxerár/aɣuxereár] *v* 1. to pierce. 2. to make holes in. **a·gu·je·ro** [aɣuxéro] *n/m* 1. hole. 2. needlecase. 3. financial gap, missing funds/money. **a·gu·je·ta** [aɣuxéta] *n/f pl* MED stitch.
a·gu·sa·nar·se [aɣusanárse] *v/Refl(-se)* to become worm-ridden/worm-eaten.
a·gu·za·do/a [aɣuθáðo/a] *adj* 1. sharpened. 2. sharp, pointed. **a·gu·zar** [aɣuθár] *v* (*aguce*) 1. to sharpen. 2. FIG to arouse, stimulate. 3. to whet (*apetito*). LOC ~ **el ingenio**, to sharpen one's wits. ~ **el oído**, to prick up one's ears. ~ **la vista**, to take a closer look.
¡ah! [a] *int* Oh! What!
a·he·rro·jar [aerroxár] *v* 1. to fetter, shackle, put in irons. 2. FIG to oppress.
ahí [aí] *adv* there. LOC ~ **no más**, just over there. **¡~ va!**, *exclam* There she/he/it goes! **De ~**, hence. **De ~ en adelante**, from then on. **De ~ que**, hence. **Estará por ~**, She/He's around somewhere. **Por ~**, 1. over there, that way. 2. somewhere around. 3. more or less.
a·hi·ja·do/a [aixáðo/a] *n/m,f* 1. godchild. 2. protegé(e). 3. *n/m* godson. 4. *n/f* goddaughter. **a·hi·jar** [aixár] *v* 1. to adopt. 2. FIG to impute.
a·hín·co [aíŋko] *n/m* 1. effort. 2. enthusiasm, eagerness. LOC **Con ~**, earnestly, keenly.
a·hí·to/a [aíto/a] *adj* 1. full, satiated. 2. **(~ de)** FIG fed up (*harto*).
a·ho·ga·mien·to [aoɣamjéɲto] *n/m* 1. suffocation. 2. drowning (*en agua*). **a·ho·gar** [aoɣár] I. *v* (*ahogue*) 1. to drown (*en agua*). 2. to suffocate, asphyxiate. 3. to FIG to afflict, oppress. 4. to flood, submerge. 5. to stifle (*calor*). 6. FIG to stem, put down (*rebelión*). II. *v/Refl(-se)* **(~se en/de/por)** 1. to drown. 2. to suffocate, be choked/stifled. 3. to feel overwhelmed/oppressed. 4. to sink, submerge. LOC **~se en un vaso de agua**, to make a mountain out of a molehill. **a·ho·go** [aóɣo] *n/m* 1. MED shortness of breath. 2. FIG affliction. 3. COM stringency, necessity.
a·hon·da·mien·to [aoɲdamjéɲto] *n/m* 1. deepening. 2. digging, excavation. 3. FIG investigation. **a·hon·dar** [aoɲdár] I. *v* 1. to deepen, make deeper. 2. **(~ en)** to penetrate, go (deep) into. 3. **(~ en)** to study in depth. II. *v/Refl(-se)* to go down deeper, sink in more deeply.
a·ho·ra [aóra] I. *adv* 1. now. 2. just now (*hace poco*). 3. in a little while (*dentro de poco*). II. *conj* now. LOC ~ **bien**, 1. now then. 2. nevertheless. ~ **mismo**, right now. ~ **pues**, well then. **Desde ~**, from now on. **Hasta ~**, up to now, as yet. **¡Hasta ~!**, *exclam* See you! **Por ~**, for the time being/present.
a·hor·ca·do/a [aorkáðo/a] *n/m,f* hanged person. **a·hor·ca·mien·to** [aorkamjéɲto] *n/m* hanging. **a·hor·car** [aorkár] *v* (*ahorque*) 1. to hang. 2. **(~se de/en)**, to hang oneself from (*árbol*).
a·hor·mar [aormár] *v* 1. **(~ a)** to adjust, fit (to). 2. to break in, stretch, wear in (*zapatos*). 3. FIG to mould (*carácter*).
a·ho·rra·dor/ra [aorraðór/ra] *adj* thrifty. **a·ho·rrar** [aorrár] *v* 1. to save. 2. to save, spare. **a·ho·rra·ti·vo/a** [aorratíβo/a] *adj* 1. thrifty. 2. tightfisted, miserly. 3. economy, economizing (*medidas*). **a·ho·rro** [aórro] *n/m* 1. saving, economy. 2. *pl* savings. LOC **Caja postal de ~s**, Post Office savings bank.
a·hue·ca·mien·to [awekamjéɲto] *n/m* 1. hollowing-out, scooping-out. 2. loosening (*del suelo*). 3. fluffing up (*de un colchón*). 4. vanity, conceit. **a·hue·car** [awekár] I. *v* (*ahueque*) 1. to make hollow, hollow out. 2. to fluff up, loosen. 3. to loosen, turn over, dig. 4. to make deep and solemn (*voz*). II. *v/Refl(-se)* FIG to put on airs (and graces) *pl*, swagger. LOC FAM ~ **el ala**, to scram, leave, take off.
a·hu·ma·do/a [aumáðo/a] I. *adj* 1. smoked (*salmón*). 2. dark, sun (*gafas*). 3. smokey, smoke filled. II. *n/m* smoking, curing. **a·hu·mar** [aumár] *v* (*ahúma*) 1. *gen* to

smoke. **2**. to cure (*acecinar*). **3**. to fill with smoke.

a·hu·yen·tar [auJeṇtár] *v* **1**. to drive/chase/scare away. **2**. to shoo away (*animal*). **3**. to banish, dispel (*pensamiento*).

ai·ra·do/a [airáðo/a] *adj* angry, vexed, irate. **ai·rar** [airár] *v* (*aíro, aíres*) **1**. to anger. **2**. to irritate, annoy.

ai·re [áire] *n/m* **1**. *gen* air. **2**. wind, draught (*viento*). **3**. MÚS tune, air. **4**. atmosphere. **5**. air, look, appearance. **6**. likeness, resemblance (*semejanza*). **7**. pace, gait (*caballo*). **8**. triviality. **9**. style, elegance, ease. **10**. *pl* airs, vanity, conceit. LOC **~ acondicionado**, air-conditioning. **~ comprimido**, compressed air. **~ popular,** MÚS folk song/dance. **~ viciado**, stale air. **Al ~ libre**, 1. *adj* outdoor. 2. *adv* in the open/fresh air, outdoors. **Darse ~s de**, to boast of being. **Darse ~ de suficiencia**, to get on one's high horse. **Dejar en el ~ (una pregunta)**, to leave (a question) unanswered, unsettled. **Estar en el ~,** 1. to be on the air (*radio*). 2. FIG to be up in the air (*proyecto*). **Hace ~**, It's windy. **Mudarse de ~s**, 1. to have a change of air. 2. FAM to run away (*de un peligro*). **Saltar por los ~s**, to go up in smoke. **Salir al ~**, to go out on the air (*radio*). **Tener ~ de**, to look like. **Tomar el ~**, to go for a stroll, get some fresh air. **Vivir del ~**, FIG to live on thin air/next to nothing. **ai·rea·ción** [aireaθjón] *n/f* ventilation. **ai·re·ar** [aireár] **I**. *v* **1**. to air, ventilate. **2**. FIG to air, make public. **II**. *v/Refl(-se)* **1**. to take (a breath of) air **2**. MED to catch cold/chill. **ai·ro·si·dad** [airosiðáð] *n/f* elegance, grace(fulness). **ai·ro·so/a** [airóso/a] *adj* **1**. ventilated. **2**. FIG elegant, graceful. **3**. windy. LOC **Salir ~ de algo**, FIG to come through with flying colours.

ais·la·ción [aislaθjón] *n/f* insulation. **ais·la·cio·nis·mo** [aislaθjonísmo] *n/m* isolationism. **ais·la·cio·nis·ta** [aislaθjonísta] *adj n/m, f* isolationist. **ais·la·do/a** [aisláðo/a] *adj* **1**. remote, isolated, out of the way. **2**. cut off. **3**. ELECTR TÉC insulated. **4**. alone, by oneself: *Vive aislado,* He lives by himself. **ais·la·dor** [aislaðór] *n/m* ELECTR insulator. **ais·la·mien·to** [aislamjéṇto] *n/m* **1**. isolation. **2**. ELECTR insulation, insulating material. **ais·lan·te** [aisláṇte] **I**. *adj* insulating. **II**. *n/m* ELECTR insulator. **ais·lar** [aislár] **I**. *v* (*aíslo, aíslen, aísla*) **1**. to isolate. **2**. **(~ de)** FIG to isolate, separate (from). **3**. ELECTR to insulate. **II**. *v/Refl(-se)* **1**. **(~se de)** to isolate oneself (from). **2**. to live in isolation, go into seclusion.

a·ja·mo·nar·se [axamonárse] *v/Refl(-se)* FAM to get plump.

a·ja·do/a [axáðo/a] *adj* **1**. crumpled, creased (*vestido*). **2**. withered (*flor*). **3**. wrinkled (*piel*). **a·jar** [axár] *v* **1**. to crumple, crease, FAM mess up (*vestido*). **2**. to fade, wither. **3**. FIG to batter, crush (*persona*).

a·jar·di·nar [axarðinár] *v* to landscape.

a·je·dre·cis·ta [axeðreθísta] *n/m,f* chess player. **aje·drez** [axeðréθ] (*pl ajedreces*) *n/m* **1**. chess. **2**. **(Un ~)** chess set. **a·je·dre·za·do/a** [axeðreθáðo/a] *adj* **1**. BR chequered, US checkered. **2**. check (*tejido*).

a·jen·jo [axéŋxo] *n/m* **1**. BOT wormwood, absinth(e). **2**. absinthe (*bebida*).

a·je·no/a [axéno/a] *adj* **1**. somebody else's, of others. **2**. **(~ a)** outside (*especialidad*). **3**. foreign, alien. **4**. **(~ a)** inappropriate (for/to). **5**. irrelevant (to). **6**. **(~ a/de)** unaware (of). **7**. **(~ a)** detached (from). **8**. strange, different. LOC **Campo ~,** DEP away (*partido*). **Los bienes ~s/ Lo ~,** other people's property.

a·je·tre·ar·se [axetreárse] *v/Refl(-se)* **1**. to be busy. **2**. to hurry/rush/bustle about. **3**. to tire oneself out. **aje·treo** [axetréo] *n/m* **1**. hustle and bustle, movement. **2**. rush. **3**. drudgery.

a·jí [axí] *n/m* red chilli pepper.

a·ji·llo [axíʎo] *n/m* chopped garlic. LOC **Al ~** cooked in garlic. **a·jo** [áxo] *n/m* garlic. LOC **Diente de ~**, garlic clove. **Ristra de ~s,** string of garlic.

a·jor·ca [axórka] *n/f* **1**. bracelet, bangle (*muñeca*). **2**. ankle chain (*tobillo*).

a·jor·na·lar [axornalár] *v* to employ on a daily basis.

a·juar [axwár] *n/m* **1**. furnishings. **2**. dowry (*novia*). **3**. chattels (*enseres*).

a·jus·ta·do/a [axustáðo/a] *adj* **1**. adjusted. **2**. tight, tight-fitting, clinging (*vestido*). **3**. correct, right. LOC **Bien/Mal ~,** well/badly fitted. **a·jus·ta·dor** [axustaðór] *n/m* **1**. waistcoat. **2**. TÉC fitter (*persona*). **a·jus·tar** [axustár] **I**. *v* **1**. to fit (*vestido*). **2**. **(~ a)** to fit (into/to) (*encajar*). **3**. to adjust, regulate (*mecanismo*). **4**. **(~ a)** to adjust, adapt (to). **5**. to work out, arrange (*horario*). **6**. to settle, pay (*cuenta*), fix (*tarifa*). **7**. to employ, take on (*empleado*). **II**. *v/Refl(-se)* **1**. **(~se a)** to adjust/adapt oneself (to). **2**. **(~se a)** to conform (to). **3**· **(~se en)** to agree (on). **4**. **(~se a)** to fit (in/with), be consistent (with). LOC **~ bien,** to be a good fit. **~ las cuentas,** FIG to settle accounts. **~se el cinturón**, to tighten one's belt. **a·jus·te** [axúste] *n/m* **1**. fitting (*acción*). **2**. adjustment (*encaje*). **3**. agreement. **4**. hiring, employment. **5**. fixing (*precio*). **6**. TÉC assembly, fitting. **7**. COM payment. **8**. splicing (*cine*). **9**. JUR retaining fee. LOC **Carta de ~**, test card (*televisión*). **Llegar a un ~**, to come to an agreement.

a·jus·ti·cia·do/a [axustiθjáðo/a] *n/m,f* executed person. **a·jus·ti·cia·mien·to** [axustiθjamjéṇto] *n/m* execution. **a·jus·ti·ciar** [axustiθjár] *v* to execute (*persona*).

al [ál] (*a + el*) **I**. (seguido de *n*) **1**. into: *Traducir al inglés*, Translate into English. **2**. at (*noon*). **II**. (seguido de *inf*) when, on: *Al llegar*, Upon arrival.

a·la [ála] *n/f* (*el/un ala*) **1**. *gen* wing. **2**. brim (*sombrero*). **3**. eave. **4**. flap, leaf (*de mesa*). **5**. blade (*hélice*). **6**. DEP winger. LOC **Cortar las ~s a alguien**, FIG to take the wind out of sb's sails. **Ahuecar el ~**, FAM to beat it, scram (*marcharse*). **Dar ~s a alguien**, to encourage sb.

A·lá [alá] *n/m* REL Allah.

a·la·ban·za [alaβáṇθa] *n/f* praise (of). **a·la·bar** [alaβár] **I**. *v* **(~ de/por)** to praise. **II**. *v/*

Refl(-se) **1.** to be pleased. **2.** **(~se de)** to boast (about/of being).
a·la·bar·de·ro [alaßardéro] *n/m* MIL halberdier.
a·la·bas·tri·no/a [alaßastríno/a] *adj* alabaster. **a·la·bas·tro** [alaßástro] *n/m* alabaster.
a·la·be·ar [alaßeár] *v* to warp. **a·la·beo** [alaßéo] *n/m* warping.
a·la·ce·na [alaθéna] *n/f* larder, food cupboard.
a·la·crán [alakrán] *n/m* ZOOL scorpion.
a·la·do/a [aláðo/a] *adj* **1.** winged. **2.** FIG swift.
a·lam·bi·car [alaɱbikár] *v* (*alambique*) **1.** to distill. **2·** FIG to over-refine (sth), elaborate. **3.** to keep to a minimum (*precio*). **a·lam·bi·que** [alaɱbíke] *n/m* still.
a·lam·bra·da [alaɱbráða] *n/f* **1.** wire fence. **2.** barbed-wire barrier. **a·lam·bra·do** [alaɱbráðo] *n/m* **1.** wire fencing. **2.** ELECTR wiring. **a·lam·brar** [alaɱbrár] *v* **1.** ELECTR to wire. **2.** to enclose, fence/wire off. **a·lam·bre** [aláɱbre] *n/m* wire. **a·lam·bre·ra** [alaɱbréra] *n/f* **1.** wire mesh(ing). **2.** wire cover. **a·lam·bris·ta** [alaɱbrísta] *n/m,f* tightrope walker.
a·la·me·da [alaméða] *n/f* **1.** BOT poplar grove. **2.** boulevard. **á·la·mo** [álamo] *n/m* BOT poplar.
a·lan·ce·ar [alaṇθeár] *v* to spear, lance.
a·lar·de [alárðe] *n/m* **1.** MIL review. **2.** FIG display, parade. LOC **Hacer ~ de**, to show off, display. **a·lar·de·ar** [alarðeár] *v* **(~ de)** to show off, boast, brag (about).
a·lar·ga·de·ra [alarγaðéra] *n/f* TÉC **1.** adaptor/er. **2.** extension. **a·lar·ga·mien·to** [alarγamjéṇto] *n/m* lengthening, extension, stretching. **a·lar·gar** [alarγár] **I.** *v* (*alargue*) **1.** to lengthen, make longer, extend. **2.** to stretch/hold out. **3.** to hand, pass (sth to sb). **4.** to let out, play out (*cuerda*). **5.** to stretch (*paga*). **II.** *v/Refl(-se)* to lengthen, grow/get longer; to drag on/out (*conferencia*). LOC **~ la vista**, to keep one's eyes open. **~ el oído**, to prick up one's ears. **a·lar·gue** [alárγe] *n/m* extension (*cable*).
a·la·ri·do [alaríðo] *n/m* **(dar un ~)** yell, shriek, howl.
a·lar·ma [alárma] *n/f* **1.** *gen* alarm. **2.** warning (*señal*). **3.** alarm, fright. LOC **~ aérea**, air-raid warning. **~ contra robos/ladrones**, burglar alarm. **~ de incendios**, fire alarm. **Dar la ~**, to give/sound the alarm. **Falsa ~**, false alarm. **a·lar·man·te** [alarmáṇte] *adj* alarming, startling. **a·lar·mar** [alarmár] **I.** *v* **1.** to alert. **2.** to alarm, disquiet. **II.** *v/Refl(-se)* to become alarmed/frightened. **a·lar·mis·ta** [alarmísta] *n/m,f* alarmist.
a·la·zán/na [alaθán/na] *adj* sorrel.
al·ba [álßa] *n/f* **1.** dawn, daybreak. **2.** REL alb. **3.** MIL last watch. LOC **Al romper el ~**, at dawn.
al·ba·cea [alßaθéa] JUR **1.** *n/m* executor. **2.** *n/f* executrix.
al·ba·ha·ca [alß(a)áka] *n/f* BOT (sweet) basil.
al·ba·nés/sa [alßanés/sa] *adj n/m,f* GEOG Albanian. **Al·ba·nia** [alßánja] *n/f* GEOG Albania.
al·ba·ñal, al·ba·ñar [alßaɲál/alßaɲár] *n/m* sewer, drain.
al·ba·ñil [alßaɲíl] *n/m* **1.** bricklayer. **2.** mason, builder. **al·ba·ñi·le·ría** [alßaɲilería] *n/f* **1.** brickwork (*obra*). **2.** masonry. **3.** bricklaying (*arte*). **4.** building.
al·ba·rán [alßarán] *n/m* COM delivery note (of purchase).
al·bar·da [alßárða] *n/f* packsaddle. **al·bar·di·lla** [alßarðíʎa] *n/f* **1.** breaking/ training saddle. **2.** cushion, pad. **3.** ARQ cope, coping. **4.** lard (*tocino*).
al·ba·ri·co·que [alßarikóke] *n/m* apricot. **al·ba·ri·co·que·ro** [alßarikokéro] *n/m* BOT apricot (tree).
al·ba·tros [alßátros] *n/m* albatross (*ave*).
al·ba·yal·de [alßaɟáḷde] *n/m* white lead.
al·be·ar [alßeár] *v* to turn white.
al·be·drío [alßeðrío] *n/m* **1.** **(libre ~)** free will. **2.** whim, fancy, caprice. LOC **Al ~ de alguien**, as one sees fit.
al·ber·ca [alßérka] *n/f* **1.** pool, reservoir. **2.** tank, cistern.
al·bér·chi·go [alßértʃiγo] *n/m* BOT **1.** peach (*fruto*). **2.** peach tree. **al·ber·chi·gue·ro** [alßertʃiγéro] *n/m* peach tree.
al·ber·gar [alßerγár] *v* (*albergue*) **1.** to give lodging to, lodge. **2.** to shelter, harbour. **al·ber·gue** [alßérγe] *n/m* **1.** inn, lodgings. **2.** shelter, refuge. **3.** den, lair (*animal*). **4.** hostel. LOC **~ de juventud**, youth hostel.
al·bi·nis·mo [alßinísmo] *n/m* albinism. **al·bi·no/a** [alßíno/a] *adj* albino.
al·bis [álßis] LOC **Estar/Quedarse en ~**, not to understand/catch sth. **al·bo/a** [álßo/a] *adj* white.
al·bón·di·ga, al·bon·di·gui·lla [alßóṇdiγa/alßoṇdiγíʎa] *n/f* fishcake (*pescado*), meatball (*carne*).
al·bor [alßór] *n/m* **1.** whiteness. **2.** dawn, light of dawn. **3.** *pl* beginning. **al·bo·ra·da** [alßoráða] *n/f* **1.** dawn. **2.** MIL reveille. **al·bo·re·ar** [alßoreár] *v* to dawn.
al·bor·noz [alßornóθ] *n/m* (*pl albornoces*) **1.** burnoose. **2.** bathrobe, wrap.
al·bo·ro·ta·di·zo/a [alßorotaðíθo/a] *adj* excitable, restive. **al·bo·ro·ta·dor/ra** [alßorotaðór/ra] *n/m,f* **1.** noisy person. **2.** agitator, rioter. **3.** troublemaker. **al·bo·ro·tar** [alßorotár] *v* **1.** to make a racket/din. **2.** to stir up, agitate, incite. **3.** to get rough (*mar*). **al·bo·ro·to** [alßoróto] *n/m* **1.** tumult, uproar. **2.** riot, disturbance, unrest. **3.** confusion, disorder. **4.** hubbub, fuss. **5.** brawl (*pelea*).
al·bo·ro·zar [alßoroθár] *v* (*alboroce*) *Refl (-se)* to feel elated/overjoyed. **al·bo·ro·zo** [alßoróθo] *n/m* **1.** joy, delight. **2.** jubilation, gaiety.
al·bri·cias [alßríθjas] *n/f pl* LOC **¡Albricias!**, *exclam* Congratulations! Great!
al·bu·fe·ra [alßuféra] *n/f* lagoon.
ál·bum [álßum/-n] *n/m* (*pl álbum(e)s*) album.
al·bu·men [alßúmen] *n/m* BOT albumen.
al·bú·mi·na [alßúmina] *n/f* QUÍM albumin. **al·bu·mi·noi·deo/a** [alßuminoiðéo/a] *adj* QUÍM albuminoid.

al·bur [alβúr] *n/m* 1. dace (*pez*). 2. FIG risk, hazard.
al·bu·ra [alβúra] *n/f* 1. white(ness). 2. white of an egg.
al·ca·cho·fa [alkatʃófa] *n/f* 1. BOT artichoke. 2. nozzle, sprinkler, rose (*de la ducha*).
al·ca·hue·te/a [alkawéte/a] 1. *n/m* pimp, procurer. 2. *n/f* madame, procuress. 3. *n/m,f* FIG FAM scandalmonger, gossip. 4. *n/m* TEAT draw/drop-curtain. **al·ca·hue·te· ría** [alkawetería] *n/f* 1. pimping, procuring. 2. FIG FAM complicity.
al·cai·de [alkáiðe] *n/m* prison governor. **al·cal·da·da** [alkaḻdáða] *n/f* 1. abuse of power. 2. arbitrary action. **al·cal·de** [alkáḻde] *n/m* mayor. **al·cal·de·sa** [alkaldésa] *n/f* mayoress. **al·cal·día** [alkaḻdía] *n/f* mayoralty (*cargo*).
ál·ca·li [álkali] *n/m* QUÍM alkali. **al·ca·li·ni·dad** [alkaliniðáð] *n/f* QUÍM alkalinity. **al·ca·li·no/a** [alkalíno/a] *adj* QUÍM alkaline. **al·ca·li·za·ción** [alkaliθaθjón] *n/f* QUÍM alkalinization. **al·ca·li·zar** [alkaliθár] *v* (*alcalice*) QUÍM to alkalize. **al·ca·loi·de** [alkalóiðe] *n/m* QUÍM alkaloid.
al·can·ce [alkaṇθe] *n/m* 1. reach. 2. MIL range. 3. range, scope, capacity. 4. FIG significance, importance (*noticia*), stop-press (*periódico*). 5. pursuit (*caza*). LOC **Al ~ de la mano,** within reach. **Al ~ de la vista,** within sight. **Al ~ del oído,** within earshot. **Dar ~ a alguien**, to reach sb, catch up with sb. **Estar fuera del ~ de uno,** 1. to go over one's head (*demasiado complicado*). 2. to be unaffordable (*demasiado caro*).
al·can·cía [alkaṇθía] *n/f* money box.
al·can·for [alkaɱfór] *n/m* camphor. **al·can·fo·rar** [alkaɱforár] *v* to camphorate.
al·can·ta·ri·lla [alkaṇtaríʎa] *n/f* 1. sewer, drain. 2. conduit, canal. **al·can·ta·ri·lla·do** [alkaṇtariʎáðo] *n/m* sewers *pl*, drains. **al·can·ta·ri·llar** [alkaṇtariʎár] *v* to lay sewers (in).
al·can·zar [alkaṇθár] *v* (*alcance*) 1. to reach (*con la mano*). 2. to catch up with (*arrimar*). 3. to grasp, catch hold of (*coger*). 4. to understand, grasp. 5. to reach, come/get to (*lugar*). 6. FIG to live through (*época*). 7. to hit (*bala*). 8. to get, obtain (*empleo*). 9. to make out, perceive. 10. to have, enjoy (*éxito*). 11. to catch, be able to get (*tren*). 12. to pass: *Alcánzame el libro*, Pass me the book. 13. to amount to, be enough. LOC **~ a** + *inf*, to manage to + *inf*.
al·ca·pa·rra [alkapárra] *n/f* BOT caper (*planta*). **al·ca·pa·rrón** [alkaparrón] *n/m* BOT caper (*fruto*).
al·ca·ra·ván [alkaraβán] *n/m* ZOOL stone-curlew.
al·ca·traz [alkatráθ] *n/m* 1. gannet (*ave*). 2. BOT arum.
al·ca·ya·ta [alkaɟáta] *n/f* hook.
al·ca·za·ba [alkaθáβa] *n/f* citadel, fortress. **al·cá·zar** [alkáθar] *n/m* 1. citadel, fortress. 2. palace. 3. NÁUT quarterdeck.
al·ce [áḻθe] *n/m* ZOOL elk, moose.
al·cis·ta [aḻθísta] *n/m,f* COM bull, rising. LOC **Tendencia ~**, COM Upward trend.
al·co·ba [alkóβa] *n/f* bedroom.
al·co·hol [alk(o)ól] *n/m* 1. alcohol. 2. spirits. LOC **~ metilado**, methylated spirit(s). **al·co·hó·li·co/a** [alk(o)óliko/a] *adj n/m,f* alcoholic. **al·co·ho·lis·mo** [alk(o)olísmo] *n/m* alcoholism. **al·co·ho·li·za·do/a** [alk(o)oliθáðo/a] *adj* poisoned by alcohol. **al·co·ho·li·zar·se** [alk(o)oliθárse] *v/Refl(-se)* (*alcoholice*) to become an alcoholic.
al·cor·no·que [alkornóke] *n/m* 1. BOT cork oak. 2. FIG FAM Br wally, dimwit.
al·co·tán [alkotán] *n/m* lanner (*ave*).
al·cur·nia [alkúrnja] *n/f* ancestry, lineage.
al·cu·za [alkúθa] *n/f* oil jug.
al·da·ba [aḻdáβa] *n/f* 1. (door) knocker. 2. latch, bolt, bar. **al·da·bo·na·zo** [aḻdaβonáθo] *n/m* 1. loud knock(ing) at the door. 2. FIG warning, shock.
al·dea [aḻdéa] *n/f* village. **al·dea·no/a** [aḻdeáno/a] I. *adj* 1. village. 2. rustic, country. 3. FIG uncouth. II. *n/m,f* villager.
a·lea·ción [aleaθjón] *n/f* aloy. **a·le·ar** [aleár] *v* 1. to flap (its wings) (*ave*). 2. to aloy.
a·lea·to·rio/a [aleatórjo/a] *adj* aleatory, contingent, random.
a·lec·cio·na·mien·to [ale(k)θjonamjéṇto] *n/m* instruction. **a·lec·cio·na·dor/ra** [ale(k)θjonaðór/ra] *adj* 1. instructive, enlightening. 2. exemplary. **a·lec·cio·nar** [ale(k)θjonár] *v* 1. to teach, give lessons to. 2. **(~ en)** to train, coach, instruct (in).
a·le·da·ño/a [aleðáɲo/a] I. *adj* bordering. II. *n/m pl* outskirts, surrounding area. LOC **Los ~s del poder**, near positions of power.
a·le·ga·ción [aleγaθjón] *n/f* allegation. **a·le·gar** [aleγár] *v* (*alegue*) 1. to allege, claim. 2. to point out, stress. 3. **(~ en)** JUR to plead (in) (*defensa*). 4. to put forward (*razones*). **a·le·ga·to** [aleγáto] *n/m* 1. JUR allegation, plea. 2. FIG statement, declaration.
a·le·go·ría [aleγoría] *n/f* allegory. **a·le·gó·ri·co/a** [aleγóriko/a] *adj* allegorical. **a·le·go·ri·zar** [aleγoriθár] *v* (*alegorice*) to allegorize.
a·le·grar [aleγrár] I. *v* 1. to cheer up, make happy, gladden. 2. FIG to liven up, brighten up (*avivar*). 3. FAM to make tipsy/merry (*vino*). 4. to poke, stir (*fuego*). II. *v/Refl(-se)* 1. to be glad, happy (about). 2. FAM to get merry/tipsy. 3. **(~se de/con/por)** to be glad (because of), rejoice (at). 4. to light up (*rostro*). **a·le·gre** [aléγre] *adj* 1. happy, cheerful. 2. **(~ con)** happy (with/about), glad (about). 3. pleasant, bright (*tiempo*). 4. lively, cheery, bright (*música/color*). 5. tipsy, merry. 6. reckless, daring. LOC **~ de cascos,** scatter-brained. **~ de corazón,** light-hearted. **a·le·gre·to** [aleγréto] *adv n/m* MÚS allegretto. **a·le·gría** [aleγría] *n/f* 1. happiness. 2. joyfulness, gladness. 3. brightness (*de colores*). 4. merriment, gaiety (*regocijo*). 5. **~s** *pl* flamenco music, song from Cádiz. **a·le·gro** [aléγro] *adv n/m* MÚS allegro. **a·le·grón** [aleγrón] *n/m* FAM great/sudden thrill/happiness.
a·le·ja·mien·to [alexamjéṇto] *n/m* 1. absence. 2. removal, withdrawal (*acción*). 3. distance, distancing. 4. estrangement (*entre amigos*). **a·le·jar** [alexár] *v* 1. to move

away/off (into the distance). **2.** to keep away. **3.** to remove, get rid of. **4.** to place at a distance. **5.** to avert (*sospechas*). LOC **~se de,** to distance oneself from.

a·le·lar·se [alelárse] *v/Refl(-se)* FAM to become silly, go foolish.

a·le·lu·ya [alelúJa] *int* Hallelujah!

a·le·mán/na [alemán/na] *adj n/m* German. **A·le·ma·nia** [alemánja] *n/f* GEOG Germany.

a·len·ta·dor/ra [aleṇtaðór/ra] *adj* encouraging. **a·len·tar** [aleṇtár] *v* (*aliento*) **1.** to breathe. **2.** FIG to encourage (*animar*). **3.** to raise (*ánimos*), bolster up (*resistencia*). **4.** FIG to burn (*amor*).

a·ler·gia [alérxja] *n/f* **1.** MED allergy. **2.** FIG sensitivity. **a·lér·gi·co/a** [alérxiko/a] *adj* allergic.

a·le·ro [aléro] *n/m* **1.** AUT Br mudguard, US fender. **2.** ARQ eaves, gutter.

a·ler·ta [alérta] **I.** *adv adj* alert, watchful. **II.** *n/m* alert. LOC **¡~!,** *int* Watch out! Watch it! **Estar ~/Ojo ~,** to be on the alert. **a·ler·tar** [alertár] *v* to alert, give the alert.

a·le·ta [aléta] *n/f* **1.** fin (*peces*). **2.** blade (*hélice*). **3.** flipper (*foca*). **4.** AUT wing, fender.

a·le·tar·ga·mien·to [aletarγamjéṇto] *n/m* **1.** lethargy, drowsiness. **2.** numbness (*de un miembro*). **a·le·tar·gar** [aletarγár] *v* (*aletargue*) **1.** to make drowsy/sleepy. **2.** to numb (*miembro*).

a·le·ta·zo [aletáθo] *n/m* **1.** flap (of a wing), wingbeat (*ave*). **2.** movement, flick (of a fin) (*pez*). **a·le·te·ar** [aleteár] *v* **1.** to flap/flutter its wings (*ave*). **2.** to wave/flap one's arms. **a·le·teo** [aletéo] *n/m* **1.** fluttering, flapping (*de las alas*). **2.** palpitation (*del corazón*).

a·le·vín [aleβín] *n/m* **1.** fry, young fish. **2.** FIG beginner.

a·le·vo·sía [aleβosía] *n/f* treachery. **a·le·vo·so/a** [aleβóso/a] *adj* treacherous.

al·fa·bé·ti·co/a [alfaβétiko/a] *adj* alphabetical. **al·fa·be·ti·za·ción** [alfaβetiθaθjón] *n/f* teaching of literacy, teaching to read and write. **al·fa·be·ti·zar** [alfaβetiθár] *v* (*alfabetice*) to teach to read and write. **al·fa·be·to** [alfaβéto] *n/m* alphabet.

al·fa·gua·ra [alfaγwára] *n/f* babbling brook.

al·fal·fa [alfálfa] *n/f* BOT alfalfa. **al·fal·fal** [alfalfál] *n/m* alfalfa field.

al·fan·je [alfáŋxe] *n/m* **1.** scimitar. **2.** swordfish (*pez*).

al·fa·que [alfáke] *n/m* NÁUT sand bank.

al·fa·re·ría [alfarería] *n/f gen* pottery. **al·fa·re·ro** [alfaréro] *n/m* potter.

al·féi·zar [alféiθar] *n/m* ARQ **1.** embrasure, sill. **2.** windowsill.

al·fé·rez [alféreθ] *n/m* (*pl alféreces*) MIL **1.** second lieutenant. **2.** standard bearer.

al·fil [alfíl] *n/m* bishop (*ajedrez*).

al·fi·ler [alfilér] *n/m* **1.** pin. **2.** brooch (*broche*). LOC **~ de corbata,** tie-pin. **~ de la ropa,** Br clothes peg, US clothes pin. **Prendido con alfileres,** FIG FAM shaky, suspect. **al·fi·le·te·ro** [alfiletéro] *n/m* pin box.

al·fom·bra [alfómbra] *n/f* **1.** carpet. **2.** rug, mat. **al·fom·bra·do** [alfombráðo] *n/m* **1.** carpeting, carpets. **2.** carpeting (*acción*). **al·fom·brar** [alfombrár] *v* to carpet.

al·fon·sí, al·fon·si·no/a [alfonsí, alfonsíno/a] *adj* (*pl alfonsíes*) Alphonsine.

al·for·ja [alfórxa] *n/f* **1.** *pl* supplies, provisions. **2.** *pl* saddle bags.

al·ga [álγa] *n/f* BOT algae, seaweed.

al·ga·lia [alγálja] *n/f* civet. LOC **Gato de ~,** ZOOL civet cat.

al·ga·ra·bía [alγaraβía] *n/f* noise, FIG gibberish. **al·ga·ra·da** [alγaráða] *n/f* **1.** MIL raid (*ataque*), raiding party (*tropa*). **2.** FIG racket, din.

al·ga·rro·ba [alγarróβa] *n/f* **1.** BOT carob (bean) (*fruto*). **2.** BOT vetch, vetch seed. **al·ga·rro·bo** [alγarróβo] *n/m* BOT carob tree.

ál·ge·bra [álxeβra] *n/f* MAT algebra. **al·ge·brai·co/a, al·gé·bri·co/a** [alxeβráiko/a, alxéβriko/a] *adj* algebraic.

ál·gi·do/a [álxiðo/a] *adj* **1.** MED algid, cold (*fiebre*). **2.** FIG FAM culminating, climax.

al·go [álγo] **I.** *pron* **1.** something. **2.** anything. **II.** *adv* rather, somewhat, quite. LOC **Eso ya es ~,** that is something (at least). **Por ~ será,** there must be some reason behind it. **Tener ~ que ver con,** to have something to do with. **Tomar ~,** to have a drink/something to eat.

al·go·dón [alγoðón] *n/m* **1.** BOT cotton plant. **2.** cotton (*tejido*). **3.** MED swab. **4.** *pl* ear plugs. **5.** candy floss (*golosina*). LOC **~ hidrófilo,** cotton wool. **~ en rama,** raw cotton. **Criado entre ~es,** FIG FAM mollycoddled. **al·go·do·ne·ro/a** [alγoðonéro/a] **I.** *adj* cotton. **II.** *n/m* BOT cotton plant.

al·gua·cil [alγwaθíl] *n/m* **1.** bailiff. **2.** constable. **3.** governor. **4.** ZOOL jumping spider. **al·gua·ci·li·llo** [alγwaθilíʎo] *n/m* TAUR alguazil.

al·guien [álγjen] *pron* **1.** somebody, someone. **2.** *inter* anybody, anyone: *¿Conoces a ~?*, Do you know anyone? LOC **Creerse ~,** to think one is somebody. **Ser ~,** to be somebody. **al·gu·no/a** [alγúno/a] (***algún** ante n/m sing*) **I.** *adj* **1.** a, some, some or other, a certain: *Alguna mujer*, Some woman or other. *Algún hombre*, A certain man. **2.** some: *Alguna pobre niña*, Some poor child; *Quiere algunos libros*, He wants some books. **3.** any: *¿Necesitas alguna ayuda?*, Do you need any help? **4.** *inter* any, a: *¿Hay alguna traducción para esto?*, Is there a translation for this? **II.** *pron* **1.** **(~ de)** one, some: *Alguno de ellos*, One of them. **2.** someone, somebody (*alguien*). LOC **Alguna cosa,** something. **Alguna que otra vez,** from time to time, now and again. **Alguna vez,** 1. occasionally, sometimes. 2. *inter* ever: *¿Vas alguna vez al cine*, Do you ever go to the cinema? **Algunas veces,** sometimes. **~ que otro,** one or two, some, a few. **No (....) ~,** Not...any, not...any at all, no...at all: *No tengo dinero alguno*, I haven't any money, I have no money at all. **Sin prisa alguna,** without hurrying.

al·ha·ja [aláxa] *n/f* **1.** jewel, gem. **2.** fine ornament/piece (of furniture) (*mueble*). **3.** FAM treasure, gem (*de persona*).

al·he·lí [alelí] *n/m* (*pl alhelíes*) BOT **1**. wallflower. **2**. stock, gillyflower.
a·liá·ceo/a [aljáθeo/a] *adj* garlicky.
a·lia·do/a [aljáðo/a] **I**. *adj* allied. **II**. *n/m* **1**. ally. **2**. *pl* HIST The Allies.
a·lian·za [aljáṇθa] *n/f* **1**. alliance, union. **2**. alliance, pact. **3**. wedding ring. **a·liar** [aljár] **I**. *v* (*alío, alíe*) **1**. to ally, join together. **2**. to combine. **II**. *v/Refl(-se)* **(~se a/con/contra)** **1**. to ally, become allied. **2**. to form/make an alliance.
a·lias [áljas] **I**. *adv* alias, otherwise known as. **II**. *n/m* alias.
a·li·caí·do/a [alikaíðo/a] *adj* **1**. with drooping wings. **2**. FIG FAM weak, frail. **3**. FIG depressed, crestfallen, dejected.
a·li·ca·ta·do [alikatáðo] *n/m* tiled, decorated with glazed tiles. **a·li·ca·tar** [alikatár] *v* to tile, decorate with glazed tiles.
a·li·ca·tes [alikátes] *n/m pl* pliers.
a·li·cien·te [aliθjéṇte] *n/m* **1**. attraction, allure. **2**. interest. **3**. encouragement, incentive, inducement.
a·lí·cuo·ta [alíkwota] *adj* aliquot, proportional.
a·lie·na·ble [aljenáβle] *adj* alienable. **a·lie·na·ción** [aljenaθjón] *n/f* **1**. alienation. **2**. MED mental derangement. **3**. COM transfer, sale. **a·lie·na·do/a** [aljenáðo/a] **I**. *adj* **1**. alienated. **2**. insane, mad. **II**. *n/m,f* lunatic. **a·lie·nar** [aljenár] **I**. *v* **1**. to alienate. **2**. COM to transfer, sell, give away. **II**. *v/Refl(-se)* to become alienated.
a·lien·to [aljéṇto] *n/m* **1**. breath, breathing. **2**. encouragement. **3**. spirit, courage. LOC **Cobrar ~**, to take courage. **Dar ~**, to encourage. **Dejar sin ~**, to wind, leave breathless. **Estar sin ~**, to be out of breath (*jadeante*). **Exhalar el postrer ~**, to breath one's last. **Recobrar el ~**, to get one's breath back. **Sin ~**, breathless.
a·li·ge·ra·mien·to [alixeramjéṇto] *n/m* **1**. easing, alleviation. **2**. lightening. **3**. hastening, hurrying, shortening. **a·li·ge·rar** [alixerár] **I**. *v* **1**. to lighten, make lighter. **2**. to alleviate, relieve, ease. **3**. to shorten, hasten, accelerate. **II**. *v/Refl(-se)* to hasten, hurry. LOC **~se de ropa**, to take a garment off, put lighter clothes on.
a·li·jar [alixár] **I**. *n/m* **1**. wasteland. **2**. *pl* common land. **II**. *v* **1**. to lighten. **2**. to unload (*descargar*). **3**. to land (*contrabando*). **4**. to sandpaper (*pulir*).
a·li·jo [alíxo] *n/m* **1**. unloading, lightening (*de un barco*). **2**. contraband, smuggling. LOC **~ de armas**, cache of arms.
a·li·ma·ña [alimáɲa] *n/f* **1**. animal. **2**. PEY vermin. **a·li·ma·ñe·ro/a** [alimaɲéro/a] *n/m* gamekeeper, pest controller.
a·li·men·ta·ción [alimeṇtaθjón] *n/f* **1**. food. **2**. feeding, nourishment. **3**. TÉC feed, supply. **a·li·men·tar** [alimeṇtár] **I**. *v* **1**. *gen* to feed. **2**. to nourish, nurture, maintain. **3**. to encourage, feed (*sentimiento*). **4**. JUR to pay alimony/an allowance to. **5**. to be nourishing/nutritious. **II**. *v/Refl(-se)* **1**. to feed. **2**. **(~se con/de)** to feed on, live on/off. **a·li·men·ta·rio/a** [alimeṇtárjo/a] *adj* alimentary, nourishing. **a·li·men·ti·cio/a** [alimeṇtíθjo/a] *adj* nutritional, nutritive, food. **a·li·men·to** [aliméṇto] *n/m* **1**. food. **2**. fuel. **3**. *pl* food *sing*, foodstuffs *pl*. **4**. FIG sustenance, encouragement. **5**. *pl* allowance, alimony. LOC **~ congelado**, frozen food. **~ deshidratado**, dried food. **De mucho ~**, very nourishing.
a·li·mo·che [alimótʃe] *n/m* Egyptian vulture (*ave*).
a·li·món [alimón] *adv* LOC **Al ~**, together.
a·li·nea·ción [alineaθjón] *n/f* **1**. alignment, lining up. **2**. tracking. **3**. DEP line-up, formation of a team. **4**. parallel arrangement. **a·li·ne·ar** [alineár] **I**. *v* **1**. to align, put in line. **2**. to make up, form (*equipo*). **II**. *v/Refl(-se)* **(~se con/de/en)** to line-up, form a line.
a·li·ñar [aliɲár] *v* **1**. to season, flavour (*comida*). **2**. to dress (*ensalada*). **3**. MED to set (*hueso*). **a·li·ño** [alíɲo] *n/m* **1**. seasoning. **2**. dressing (*ensalada*). **3**. neatness.
a·lio·li [aljóli] *n/m* garlic sauce/dip.
a·li·sar [alisár] *v* **1**. to smooth (down), polish. **2**. TÉC to level, finish.
a·li·sios [alísjos] *adj pl* LOC **Vientos ~**, NÁUT trade winds.
a·lis·ta·mien·to [alistamjéṇto] *n/m* **1**. MIL recruitment, enlistment. **2**. enrolment. **a·lis·tar** [alistár] **I**. *v* **1**. to list, put on a list. **2**. MIL to enlist, recruit. **II**. *v/Refl(-se)* **1**. **(~se en)** to enrol. **2**. **(~se como/en)** MIL to enlist, enrol. **3**. **(~se en)** FIG to rally.
a·li·te·ra·ción [aliteraθjón] *n/f* alliteration.
a·li·via·de·ro [aliβjaðéro] *n/m* overflow (channel). **a·li·via·dor/ra** [aliβjaðór/ra] *adj* soothing, comforting, consoling, reassuring. **a·li·viar** [aliβjár] **I**. *v* **1**. to lighten, make lighter. **2**. FIG to relieve, give relief to. **3**. to help (out) (*ayudar*). **4**. to quicken (*paso*), speed up. **5**. to soothe, comfort, console. **II**. *v/Refl(-se)* **(~se de)** to unburden oneself (of) (*confesarse*). **a·li·vio** [alíβjo] *n/m* **1**. lightening. **2**. relief. **3**. comfort, consolation. **4**. mitigation, alleviation.
al·ja·ba [alxáβa] *n/f* quiver.
al·ja·ma [alxáma] *n/f* **1**. synagogue. **2**. mosque. **3**. Moorish/Jewish gathering.
al·ji·be [alxíβe] *n/m* **1**. cistern, tank. **2**. NÁUT water tanker (*transportador*).
al·ma [álma] *n/f* (*el/un alma*) **1**. soul. **2**. spirit. **3**. FIG soul, living soul. **4**. FIG heart and soul, lifeblood (*aliento*). **5**. heart, crux (*de un asunto*). **6**. life and soul (*de una fiesta*). **7**. BOT pith. **8**. ELECTR core. **9**. MIL bore (*de un cañón*). **10**. FIG energy, vigour, will. LOC **~ de Dios**, kindhearted soul. **~ de cántaro**, FIG FAM insensitive/indiscreet person. **~ en pena**, FIG lost/poor soul. **Agradecer algo en el ~**, to thank from the bottom of one's heart. **Caérsele a alguien el ~ a los pies**, to have one's heart sink. **Clavarse una cosa en el ~**, to be deeply moved. **Como ~ que lleva el diablo**, like a shot. **Con toda mi ~**, with all my heart. **No poder alguien con su ~**, to be absolutely exhausted. **No tener uno ~**, to be merciless/without compassion. **Sentir algo en el ~**, to be deeply sorry. **Tener el**

~ **en un hilo,** to have one's heart in one's mouth.

al·ma·cén [almaθén] *n/m* **1**. BR shop, US store (*tienda*), *pl* department store (*tienda grande*). **2**. warehouse, store. **3**. MIL magazine (*para armas*). **al·ma·ce·na·je** [almaθenáxe] *n/m* **1**. storage. **2**. *pl* storage charge. **al·ma·ce·na·mien·to** [almaθenamjénto] *n/m* **1**. storage, warehousing. **2**. COMP memory, data storage. **3**. supply, stock. **al·ma·ce·nar** [almaθenár] *v* **1**. to store, (ware)house. **2**. to stock (up) (*tienda*). **3**. FIG to hoard, collect, accumulate. **al·ma·ce·nis·ta** [almaθenísta] *n/m,f* **1**. warehouse owner. **2**. shopkeeper. **3**. wholesale supplier.

al·má·ci·ga [almáθiγa] *n/f* **1**. AGR seedbed. **2**. mastic (*resina*).

al·má·de·na [almáðena] *n/m* sledgehammer.

al·ma·día [almaðía] *n/f* raft.

al·ma·dra·ba [almaðráβa] *n/f* **1**. tuna/tunny fishing. **2**. tunny net(s) (*red*). **3**. tunny fishing waters.

al·ma·dre·ña [almaðréɲa] *n/f* clog.

al·ma·gre [almáγre] *n/m* red ochre.

al·ma·na·que [almanáke] *n/m* **1**. almanac. **2**. calendar. **3**. diary.

al·ma·za·ra [almaθára] *n/f* oil mill/press.

al·me·ja [alméxa] *n/f* clam, cockle.

al·me·na [alména] *n/f pl* ramparts, battlements.

al·me·na·ra [almenára] *n/f* **1**. beacon, torch. **2**. chandalier.

al·men·dra [alméndra] *n/f* BOT almond. **al·men·dra·do/a** [almendráðo/a] *adj* **1**. almond-/pear-shaped. **2**. nutty (*sabor*). **al·men·dral** [almendrál] *n/m* BOT almond grove. **al·men·dro** [alméndro] *n/m* BOT almond tree. **al·men·dru·co** [almendrúko] *n/m* BOT green almond.

al·me·te [alméte] *n/m* HIST helmet.

al·miar [almjár] *n/m* AGR haystack.

al·mí·bar [almíβar] *n/m* syrup. **al·mi·ba·ra·do/a** [almiβaráðo/a] *adj* **1**. syrupy. **2**. FIG FAM sugary-sweet (*persona*). **al·mi·ba·rar** [almiβarár] *v* **1**. to preserve in syrup. **2**. FIG to speak with a honeyed tongue.

al·mi·dón [almiðón] *n/m* starch. **al·mi·do·nar** [almiðonár] *v* to starch.

al·mi·nar [alminár] *n/m* minaret.

al·mi·ran·taz·go [almirantáθγo] *n/m* MIL admiralty. **al·mi·ran·te** [almiránte] *n/m* MIL admiral.

al·mi·rez [almiréθ] *n/m* mortar (*para moler*).

al·miz·cle [almíθkle] *n/m* musk. **al·miz·cle·ño/a** [almiθkléɲo/a] *adj* musky, scented with musk, musk. **al·miz·cle·ro/a** [almiθkléro/a] **I**. *adj* musky. **II**. *n/m* ZOOL musk deer. LOC **Lirón ~**, ZOOL dormouse. **Ratón ~**, ZOOL muskrat.

al·mo·ha·da [almoáða] *n/f* **1**. pillow. **2**. pillowcase (*funda*). **3**. cushion. LOC **Consultar algo con la ~**, FIG FAM to sleep on it.

al·mo·ha·de [almoáðe] *adj* GEOG Almohad.

al·mo·ha·di·lla [almoaðíʎa] *n/f* **1**. pincushion. **2**. small cushion. **3**. ARQ boss. **4**. TÉC pad. **al·mo·ha·di·llar** [almoaðiʎár] *v* ARQ to boss. **al·mo·ha·dón** [almoaðón] *n/m* **1**. cushion, bolster. **2**. pillowcase (funda).

al·mo·ne·da [almonéða] *n/f* **1**. clearance sale. **2**. auction (*subasta*). LOC **Vender en ~**, 1. to (put up for) auction. 2. to sell off (*a bajo precio*).

al·mo·rá·vid [almoráβið] *adj* GEOG Almoravide.

al·mo·rra·na [almorrána] *n/f pl* MED piles, haemorrhoids.

al·mor·zar [almorθár] *v* (*almuerzo, almorcé*) **1**. to (have) lunch. **2**. to have for lunch, lunch on. **3**. to (have) breakfast (*late*).

al·mue·cín [almweθín] *n/m* muezzin.

al·muer·zo [almwérθo] *n/m* **1**. lunch. **2**. formal luncheon. **3**. breakfast (*desayuno*).

a·lo·ca·do/a [alokáðo/a] *adj* mad, wild.

a·lo·cu·ción [alokuθjón] *n/f* allocution, speech.

á·loe [áloe] *n/m* **1**. BOT aloe. **2**. MED aloes. **a·loí·na** [aloína] *n/f* QUÍM aloin.

a·lo·ja·mien·to [aloxamjénto] *n/m* **1**. *gen* accommodation. **2**. lodgings *pl*. **3**. lodging, boarding (*acción*). **4**. MIL billeting, quartering (*acción*). **5**. MIL billet, quarters. **a·lo·jar** [aloxár] *v* **1**. to lodge, put up, give accommodation to. **2**. MIL to quarter, billet. **3**. to take (up) lodgings *pl*. LOC **~se (algo) en**, to become lodged in (*bala*).

a·lón [alón] *n/m* wing (*ave*).

a·lon·dra [alóndra] *n/f* lark.

a·lo·pa·tía [alopatía] *n/f* MED allopathy.

a·lo·pe·cia [alopéθja] *n/f* MED alopecia.

a·lo·que [alóke] *adj* **1**. light-red. **2**. rosé (*vino*).

a·lo·tro·pía [alotropía] *n/f* QUÍM allotropy. **a·lo·tró·pi·co/a** [alotrópiko/a] *adj* allotropic.

al·pa·ca [alpáka] *n/f* **1**. alpaca (*animal, tejido*). **2**. nickel silver (*metal*).

al·par·ga·ta [alparγáta] *n/f* espadrille, rope-soled canvas shoe.

al·pes·tre [alpéstre] *adj* **1**. alpine. **2**. FIG mountainous. **al·pi·nis·mo** [alpinísmo] *n/m* DEP mountaineering, climbing. **al·pi·nis·ta** [alpinísta] *n/m,f* mountaineer, climber. **al·pi·no/a** [alpíno/a] *adj* alpine.

al·pis·te [alpíste] *n/m* BOT canary grass, bird seed.

al·que·ría [alkería] *n/f* farmstead, farm.

al·qui·lar [alkilár] *v* **1**. to rent (*piso*). **2**. to hire, hire out (*coche*). **3**. to charter (*avión*). LOC **Piso por ~/Se alquila piso**, flat to let. **al·qui·ler** [alkilér] *n/m* **1**. renting, letting, hiring, leasing (*con opción de compra*). **2**. rent (*piso*), rental, hire charge. LOC **De ~**, for hire.

al·qui·mia [alkímja] *n/f* alchemy. **al·qui·mis·ta** [alkimísta] *n/m,f* alchemist.

al·qui·ta·ra [alkitára] *n/f* still.

al·qui·trán [alkitrán] *n/m* tar. **al·qui·tra·nar** [alkitranár] *v* to tar.

al·re·de·dor [alreðeðór] **I**. *adv* **(~ de) 1**. around, round. **2**. FAM about, around, round about. **II**. *n/m pl* **1**. surrounding districts, outskirts, environs. **2**. *pl* surroundings, environment (*ambiente*). LOC ~ **suyo**, around him. **Mirar a su ~**, to look all around.

al·ta [ál̥ta] *n/f* **1**. discharge. **2**. enrolment, entry into, admittance to (*ingreso*). LOC **Dar de ~**, 1. MIL to pass as fit. 2. MIL to enrol. 3. to discharge (*a un enfermo*).

al·ta·ne·ría [al̥tanería] *n/f* **1**. falconry (*caza*). **2**. FIG arrogance, haughtiness. **al·ta·ne·ro/a** [al̥tanéro/a] *adj* FIG haughty, proud.

al·tar [al̥tár] *n/m* **1**. REL altar. **2**. FIG religion. LOC **~ mayor**, high altar.

al·ta·voz [al̥taβóθ] *n/m* (*pl altavoces*) TÉC **1**. loudspeaker. **2**. amplifier.

al·te·ra·bi·li·dad [al̥teraβiliðáð] *n/f* alterability, changeability. **al·te·ra·ble** [al̥teráβle] *adj* changeable, alterable. **al·te·ra·ción** [al̥teraθjón] *n/f* **1**. alteration. **2**. deterioration (*salud*). **3**. upset. **4**. agitation, strong feeling (*emoción*). **5**. quarrel, argument (*disputa*). **6**. MED irregular pulse. LOC **~ del orden público**, JUR public disturbance. **al·te· rar** [al̥terár] *v* **1**. to alter, change. **2**. MED to upset (*estómago*), change for the worse. **3**. PEY to falsify (*documento*). **4**. to stir up. **5**. to falter (*la voz*). **6**. to be upset, disturbed, angry. **7**. (**~se**) to lose (one's) temper.

al·ter·ca·do [al̥terkáðo] *n/m* argument, quarrel, altercation. **al·ter·car** [al̥terkár] *v* (*alterque*) to argue, quarrel.

al·ter·na·dor [al̥ternaðór] *n/m* ELECTR alternator.

al·ter·nan·cia [al̥ternáṇθja] *n/f* alternation. **al·ter·nar** [al̥ternár] *v* **1**. **(~ con)** to alternate (with). **2**. to interchange, vary, change about. **3**. AGR to rotate (*cultivos*). **4**. **(~ en)** to take turns, relieve one another, work in relays (in/on/at). **5**. **(~ con)** to mix, associate, go around (with) (*gente*), move in (*sociedad*). **6**. TÉC to reciprocate. **7**. SL to go on a pub crawl. **al·ter·na·ti·vo/a** [al̥ternatíβo/a] **I**. *adj* **1**. alternating, alternate. **2**. alternative. **II**. *n/f* **1**. shift work, service by rotation (*trabajo*). **2**. alternative, choice, option (*elección*). **3**. TAUR bullfighting ceremony: *Tomar la alternativa*, to become a qualified bullfighter. LOC **No dejar alternativa**, to leave no alternative/option. **al·ter·no/a** [al̥térno/a] *adj* V **alternativo**. LOC **Corriente ~a**, ELECTR alternating current.

al·te·za [al̥téθa] *n/f* **1**. height, elevation. **2**. FIG sublimity. **3**. highness (*título*). LOC **Su Alteza Real**, His/Her Royal Highness.

al·ti·ba·jo [al̥tiβáxo] *n/m* unevenness (*terreno*); FIG FAM ups and downs, vicissitudes.

al·ti·lo·cuen·cia [al̥tilokwéṇθja] *n/f* grandiloquence. **al·ti·lo·cuen·te** [al̥tilokwéṇte] *adj* grandiloquent.

al·ti·llo [al̥tíʎo] *n/m* **1**. hill, hillock. **2**. attic.

al·tí·me·tro [al̥tímetro] *n/m* altimeter.

al·ti·pla·ni·cie [al̥tiplaníθje] *n/f* high plateau.

al·ti·so·nan·te [al̥tisonáṇte] *adj* grandiloquent, bombastic, pompous.

al·ti·tud [al̥titúð] *n/f* altitude, height, elevation.

al·ti·vez [al̥tiβéθ] *n/f* arrogance, haughtiness. **al·ti·vo/a** [al̥tíβo/a] *adj* arrogant, haughty.

al·to/a [ál̥to/a] **I**. *adj* **1**. *gen* high. **2**. tall, big (*persona/ edificio/árbol*). **3**. high, open (*mar*). **4**. rough (*mar*). **5**. loud (*voz*). **6**. upper (*clase/piso/río*). **7**. FIG elevated, noble, lofty. **8**. FIG refined, high, excellent, superior. **II**. *adv* **1**. high up, (on) high. **2**. loud, loudly, aloud. **III**. *n/m* **1**. height, hill. **2**. break, pause. LOC **~a traición**, high treason. **~as horas de la mañana**, early hours of the morning. **~as horas de la noche**, late at night. **¡~ (ahí)!**, *int* Halt! Stop! **¡~ al fuego!**, *int* MIL Ceasefire! **De ~**, high. **De lo ~**, from above. **(El) más ~**, uppermost, highest, top. **El piso ~**, upper floor (flat). **En (lo) ~**, up, high (up), on top. **En lo ~ de**, up, on top of. **Hacer ~**, to halt/stop. **Los ~s y bajos**, the ups and downs. **La clase ~a**, the upper classes *pl*. **Mantener en ~**, to hold up high. **Pasar por ~**, 1. to ignore, omit, forget. 2. to overlook, excuse. **Poner ~ a**, to put a stop to. **Por lo ~**, overhead. **Terreno ~**, high ground.

al·to·par·lan·te [al̥toparláṇte] *n/m* V **altavoz**.

al·to·za·no [al̥toθáno] *n/m* hillock, hill.

al·tra·muz [al̥tramúθ] *n/m* (*altramuces*) BOT lupin.

al·truís·mo [al̥truísmo] *n/m* altruism. **al·truis·ta** [al̥truísta] *adj* altruist.

al·tu·ra [al̥túra] *n/f* **1**. *gen* height, altitude. **2**. height, tallness (*persona*). **3**. depth (*de agua*). **4**. height, altitude, summit, top (*de monte*). **5**. GEOG latitude. **6**. NÁUT high seas. **7**. MÚS pitch. **8**. FIG loftiness, sublimity. **9**. *pl* heights. **10**. *pl* REL heaven *sing*, the heavens. LOC **A estas ~s**, at this point (in time), now. **A la ~ de**, opposite, GEOG on the same latitude as, NÁUT off. **De ~**, 1. high. 2. deep-water (*pesca*). **En las ~s**, on high. **Estar a la ~ de**, to be up to, measure up to (*tarea*). **Estar a la ~ de las circunstancias**, to be equal to the occasion. **Ponerse a la ~ de las circunstancias**, to rise to the occasion. **De tres metros de ~**, three meters high. **Tomar ~**, AER to climb.

a·lu·bia [alúβja] *n/f* BOT kidney bean.

a·lu·ci·na·ción [aluθinaθjón] *n/f* hallucination. **a·lu·ci·na·dor/ra** [aluθinaðór/ra] *adj* **1**. hallucinatory. **2**. delusive, deceptive (*engañoso*). **a·lu·ci·na·mien·to** [aluθinamjéṇto] *n/m* **1**. hallucination. **2**. delusion (*error*). **3**. deceit (*engaño*). **a·lu·ci·nan·te** [aluθináṇte] *adj* **1**. hallucinating. **2**. dazzling, surprising. **3**. amazing. **4**. FAM highly impressive. **a·lu·ci·nar** [aluθinár] *v* **1**. to hallucinate. **2**. to delude, dazzle, deceive. **3**. to amaze, fascinate, charm. **4**. to impress.

a·lu·ci·nó·ge·no/a [aluθinóxeno/a] *adj* hallucinogenic.

a·lud [alúð] *n/m* avalanche.

a·lu·dir [aluðír] *v* **(~ a)** to allude/refer to.

a·lum·bra·do [alum̥bráðo] **I**. *adj* **1**. lit, lit up. **2**. illuminated. **II**. *n/m* **1**. street lighting (*público*). **2**. AUT lights. **3**. HIST illuminist. **a·lum·bra·mien·to** [alum̥bramjéṇto] *n/m* **1**. lighting. **2**. illumination. **3**. childbirth. **a·lum·brar** [alum̥brár] *v* **1**. to light, light up, illuminate. **2**. to restore sight to (*un ciego*).

3. FIG to enlighten. 4. to give birth (*parir*). 5. to light the way for sb. 6. FIG to strike, find, discover (*agua*). 7. FIG FAM to beat (the living daylights out of) (*paliza*).

a·lum·bre [alúm̩bre] *n/m* QUÍM alum. **a·lú·mi·na** [alúmina] *n/f* QUÍM alumina. **a·lu·mi·nio** [alumínjo] *n/m* Br aluminium, US aluminum.

a·lum·nado [alumnáðo] *n/m* 1. pupils. 2. student body (*universidad*). **a·lum·no/a** [alúmno/a] *n/m,f* 1. pupil. 2. student (*universidad*). 3. JUR foster-child, ward. LOC ~ **externo**, day-pupil. ~ **interno,** boarder. **Antiguo/a ~,** old boy/girl.

a·lu·ni·za·je [aluniθáxe] *n/m* moon landing. **a·lu·ni·zar** [aluniθár] *v* (*alunice*) to land on the moon.

a·lu·sión [alusjón] *n/f* allusion. **a·lu·si·vo/a** [alusíβo/a] *adj* allusive.

a·lu·vial [aluβjál] *adj* alluvial. **a·lu·vión** [aluβjón] *n/m* 1. GEOL alluvium, alluvial deposit (*depósito*). 2. flood. 3. JUR alluvion.

ál·veo [álβeo] *n/m* bed (*cauce*).

al·veo·lar [alβeolár] *adj* alveolar. **al·véo·lo** [alβéolo] *n/m* ANAT 1. alveolus, alveole. 2. cell (*de panal*).

al·za [álθa] *n/f* (*el/un* ~) 1. (~ **de**) rise (in) (*precios*). 2. MIL sight (*de un arma*). LOC **En ~,** COM rising, bullish. **Jugar al ~,** COM to speculate, bull (*el mercado*). **al·za·cue·llo** [al̩θakwéʎo] *n/m* REL clerical collar, FAM dogcollar. **al·za·do/a** [al̩θáðo/a] I. *adj* 1. elevated, raised. 2. fixed (*precio*). 3. *Amer* insolent. II. *n/m* 1. ARQ elevation. 2. *n/f* JUR appeal. **al·za·mien·to** [al̩θamjéṇto] *n/m* 1. raising, lifting. 2. uprising, revolt. 3. increase, rise (*de precio*).

al·za·pa·ño [al̩θapáɲo] *n/m* curtain hook. **al·za·pri·ma** [al̩θapríma] *n/f* 1. crowbar, lever (*palanca*). 2. MÚS bridge.

al·zar [al̩θár] I. *v* (*alce*) 1. to raise, lift (up). 2. to pick up. 3. to hold up, raise, hoist (*bandera*). 4. to lift, draw up (*telón*). 5. to lift (*castigo*). 6. AGR to gather, bring in (*cosecha*). 7. to cut (*baraja*). 8. to turn up (*cuello de abrigo*). 9. to raise (*voz/precio*). 10. to remove, take off (*quitar*). 11. to draw up (*plano*). 12. to clear away, put away (*manteles*). 13. to put up, build (*edificio*). II. *v/Refl(-se)* 1. to get up, rise, stand up (*ponerse de pie*). 2. FAM (**~se con**) to run/make off with. 3. (**~se contra**) FIG to rise, rebel (against). 4. to clear (*cielo*) 5. JUR to lodge an appeal. 6. (**~se de**) to get up/out (of) (*la cama*).

a·llá [aʎá] *adv* 1. there, over there, back there (*lugar*). 2. way back, long ago. LOC ~ **abajo**, down there. ~ **arriba,** 1. up there. 2. above (*en el Cielo*). ~ **cada uno,** everyone to his own. ~ **por el año 1936,** 1. back in 1936. 2. around about 1936. **¡~ tú!,** *exclam* That's your business/problem!, It's up to you! **¡~ voy!,** *exclam* I'm coming! **Hacerse ~,** to move off/to one side/over. **El más ~,** the hereafter, the beyond. **Más ~,** further away/on. **No muy ~,** nothing special. **Por ~,** thereabouts.

a·lla·na·mien·to [aʎanamjéṇto] *n/m* 1. flattening, levelling. 2· (**~ a**) JUR submission (to). LOC ~ **de morada,** 1. search-warrant (*policía*). 2. forced entry. **a·lla·nar** [aʎanár] *v* 1. to flatten, level (out), make even. 2. to smooth (down) (*alisar*). 3. FIG to smooth away, iron out (*dificultades*). 4. to break into, force entry into. 5. to level to the ground (*edificio*). 6. to subdue (*país*). II. *v/Refl(-se)* (**~se a**) to agree (to), comply (with).

a·lle·ga·do/a [aʎeγáðo/a] *adj* 1. close (*relative, friend*). 2. supporting (*partidario*). 3. related to (*pariente*). **a·lle·gar** [aʎeγár] *v* (*allegue*) 1. to bring closer/near. 2. to collect, raise (*fondos, recursos*).

a·llen·de [aʎéṇde] *adv* beyond. LOC ~ **los mares**, overseas.

a·llí [aʎí] *adv* 1. there (*lugar*). 2. then (*tiempo*). LOC ~ **dentro**, in there. **Por ~,** over there, that way.

a·ma [áma] *n/f* (**el/un** ~) 1. owner, proprietress, landlady (*dueña*), mistress of the household. 2. foster mother. LOC ~ **de brazos,** *Amer* nursemaid. ~ **de casa**, housewife. ~ **de leche,** wet nurse. ~ **de llaves**, 1. housekeeper. 2. matron (*de colegio*).

a·ma·bi·li·dad [amaβiliðað] *n/f* kindness, amiability. **a·ma·bi·lí·si·mo/a** [amaβilísimo/a] *adj sup* de **amable** 1. very kind. 2. very friendly. **a·ma·ble** [amáβle] *adj* 1. (**~ con/para con**) kind (to). 2. loveable. 3. amiable, nice, pleasant. **a·ma·do/a** [amáðo/a] I. *adj* dear, beloved. II. *n/m,f* love(r), beloved.

a·ma·dri·nar [amaðrinár] *v* to sponsor.

a·maes·tra·mien·to [amaestramjéṇto] *n/m* training. **a·maes·trar** [amaestrár] *v* to train (*gen animales*).

a·ma·gar [amaγár] *v* (*amague*) 1. to show signs of, portend. 2. (**~ con**) to threaten. 3. MED to show the first signs of. 4. to promise to be: *Amaga un día de sol*, It promises to be a sunny day. 5. to threaten (*tormenta*). 6. to parry (*golpe*). **a·ma·go** [amáγo] *n/m* 1. sign, indication, hint. 2. threat. 3. MED sign, sympton. 4. attempt. 5. MIL feint.

a·mai·nar [amainár] I. *v* 1. NÁUT to lower, take in (*velas*). 2. FIG to calm (down) (*furia*). 3. to die down (*tormenta*), to drop (*viento*).

a·mal·ga·ma [amalγáma] *n/f* 1. QUÍM amalgam. 2. FIG concoction. **a·mal·ga·ma·ción** [amalγamaθjón] *n/f* amalgamation. **a·mal·ga·ma·mien·to** [amalγamamjéṇto] *n/m* V **amalgamación. a·mal·ga·mar** [amalγamár] *v* 1. to amalgamate. 2. to mix, blend.

a·ma·man·ta·mien·to [amamaṇtamjéṇto] *n/m* breast-feeding, suckling. **a·ma·man·tar** [amamaṇtár] *v* to breast-feed, suckle.

a·man·ce·ba·mien·to [amaṇθeβamjéṇto] *n/m* living together, common-law marriage. **a·man·ce·bar·se** [amaṇθeβárse] *v/Refl(-se)* to live together.

a·ma·ne·cer [amaneθér] I. *n/m* dawn, daybreak. II. *v* (*amanezco, amanecí*) 1. to dawn, begin to get light. 2. to be or arrive at dawn/daybreak. 3. to wake up (in the morning). 4. to be at dawn/daybreak: *La ciudad amaneció totalmente blanca*, The city was

all white at dawn. LOC **Al ~**, at dawn/daybreak.
a·ma·ne·ra·do/a [amaneráðo/a] *adj* affected, mannered. **a·ma·ne·ra·mien·to** [amaneramjénto] *n/m* **1**. affectation. **2**. *lit* mannerism (of style). **a·ma·ne·rar·se** [amanerárse] *v/Refl(-se)* to become affected/mannered.
a·man·sar [amansár] *v* **1**. to tame (*animal*). **2**. to break (*caballo*). **3**. FIG to tame, subdue (*persona*). **4**. to soothe, appease (*pasiones*).
a·man·te [amánte] **I**. *adj* **1**. loving, fond. **II**. *n/m,f* lover.
a·ma·nuen·se [amanwénse] *n/m,f* scribe, copyist.
a·ma·ñar [amaɲár] **I**. *v* **1**. to arrange, do cleverly. **2**. PEY to fix, rig. **II**. *v/Refl(-se)* **1**. **(~se para)** to be expert/skilful (at), manage. **2**. **(~se con)** to get along with. **a·ma·ño** [amáɲo] *n/m* **1**. skill, cleverness. **2**. scheme, trick.
a·ma·po·la [amapóla] *n/f* BOT poppy.
a·mar [amár] *v* **1**. to love. **2**. to like.
a·ma·ra·je [amaráxe] *n/m* AER sea-landing. **a·ma·rar** [amarár] *v* AER to land on the sea (*hidroavión*).
a·mar·ga·do/a [amarɣáðo/a] *adj* FIG bitter, embittered. **a·mar·gar** [amarɣár] *v* (*amargue*) **1**. to be/taste bitter. **2**. to embitter, make bitter. LOC **~le la vida a alguien,** to make sb's life a misery. **a·mar·go/a** [amárɣo/a] **I**. *adj* **1**. bitter. **2**. FIG bitter, embittered. **3**. FIG aggrieved (*afligido*). **II**. *n/m* **1**. bitterness. **2**. *pl* bitters. **a·mar·gor** [amarʎór] *n/m* **1**. bitterness, sourness. **2**. FIG grief, sorrow. **a·mar·gu·ra** [amarʎúra] *n/f* FIG bitterness (*sentimiento*).
a·ma·ri·co·na·do [amarikonáðo] *n/m* PEY queer.
a·ma·ri·lle·ar [amariʎeár] *v* **1**. to yellow, go yellow. **2**. to be yellowish. **a·ma·ri·llen·to/a** [amariʎénto/a] *adj* yellowish. **a·ma·ri·llo/a** [amaríʎo/a] *adj n/m* yellow. LOC **Fiebre ~**, MED yellow fever.
a·ma·ri·po·sa·do/a [amariposáðo/a] *adj* **1**. like a butterfly. **2**. effeminate, unmanly.
a·ma·rra [amárra] *n/f* **1**. NÁUT mooring line, painter. **2**. *pl* NÁUT moorings. **3**. FIG support, protection, connections *pl* (*política*). LOC **Echar las ~s**, NÁUT to moor. **Soltar las ~s**, NÁUT to cast off. **a·ma·rra·de·ro** [amarraðéro] *n/m* **1**. post, bollard. **2**. NÁUT moorings *pl*. **3**. NÁUT berth, mooring (*sitio*). **a·ma·rra·du·ra** [amarraðúra] *n/f* NÁUT mooring. **a·ma·rrar** [amarrár] *v* **1**. NÁUT to moor, tie up. **2**. FIG to tie down (*persona*). **3**. **(~ a)** to tie (to). **a·ma·rre** [amárre] *n/m* **1**. NÁUT mooring. **2**. fastening, tying.
a·mar·te·la·mien·to [amartelamjénto] *n/m* deep love; infatuation. **a·mar·te·lar·se** [amartelárse] *v/Refl(-se)* to fall in love, feel deep love (for each other).
a·mar·ti·llar [amartiʎár] *v* **1**. to hammer. **2**. to cock (*pistola*).
a·ma·sa·do·ra [amasaðóra] *n/f* kneading machine. **a·ma·sar** [amasár] *v* **1**. to knead (*masa*). **2**. to mash (*patatas*). **3**. MED to massage. **4**. FIG to amass, accumulate. **a·ma·si·jo** [amasíxo] *n/m* **1**. dough (*masa*). **2**. kneading. **3**. FIG mixture, hotchpotch. **4**. mixture (*yeso y cal*).
a·ma·tis·ta [amatísta] *n/f* amethyst.
a·ma·to·rio/a [amatórjo/a] *adj* love, amorous.
a·ma·za·co·ta·do/a [amaθakotáðo/a] *adj* **1**. heavy, clumsy. **2**. shapeless. **3**. stodgy, heavy (*comida*). **4**. crammed, tightly packed.
a·ma·zo·na [amaθóna] *n/f* **1**. MIT *gen* Amazon. **2**. FIG horsewoman. **a·ma·zó·ni·co/a** [amaθóniko/a] *adj* GEOG Amazon, Amazonian.
am·ba·ges [ambáxes] *n/m pl* LOC **Andarse con ~**, to beat about the bush. **Decir algo sin ~**, to get straight to the point.
ám·bar [ámbar] *n/m* amber. LOC **~ gris**, ambergris. **am·ba·ri·no/a** [ambaríno/a] *adj* amber.
am·bi·ción [ambiθjón] *n/f* ambition. **am·bi·cio·nar** [ambiθjonár] *v* **1**. to seek, want, strive for. **2**. PEY to hanker after. **am·bi·cio·so/a** [ambiθjóso/a] *adj* ambitious.
am·bi·dex·tro/a [ambiðé(k)stro/a] *adj* ambidextrous.
am·bien·tal [ambjental] *adj* environmental. **am·bien·tar** [ambjentár] **I**. *v* **1**. to give (an) atmosphere to. **2**. to set (in) (*película*). **II**. *v/Refl(-se)* to adapt oneself. **am·bien·te** [ambjénte] **I**. *adj* ambient. **II**. *n/m* **1**. atmosphere. **2**. FIG atmosphere, ambiance. **3**. environment, surroundings *pl*. **4**. FIG milieu. LOC **Hacer buen/mal ~ a**, to create a good/bad atmosphere. **Medio ~**, environment.
am·bi·güe·dad [ambiɣweðáð] *n/f* ambiguity. **am·bi·guo/a** [ambíɣwo/a] *adj* **1**. ambiguous. **2**. GRAM of either gender. **3**. uncertain, doubtful.
ám·bi·to [ámbito] *n/m* **1**. ambit, compass. **2**. confines *pl*, scope, extent. LOC **En el ~ nacional y extranjero,** at home and abroad. **En todo el ~ nacional,** throughout the country.
am·bi·va·len·cia [ambiβalénθja] *n/f* ambivalence. **am·bi·va·len·te** [ambiβalénte] *adj* ambivalent.
am·bos/as [ámbos/as] *adj pron* both, both together.
am·bro·sía [ambrosía] *n/f* MIT FIG ambrosia.
am·bu·lan·cia [ambulánθja] *n/f* ambulance. **am·bu·lan·te** [ambulánte] *adj* **1**. roving, itinerant (*que viaja*). **2**. walking (*que anda*). **3**. strolling (*actor*). LOC **Circo ~**, travelling circus. **Vendedor ~**, pedlar, street hawker. **am·bu·la·to·rio** [ambulatórjo] *n/m* out-patients *pl* (*hospital*).
a·me·ba [améβa] *n/f* BIOL amoeba.
a·me·dren·tar [ameðrentár] *v* to frighten, scare, intimidate.
a·mel·gar [amelɣár] *v* (*amelgue*) AGR to furrow.
a·mén [amén], [amén] *n/m* REL amen. LOC **~ de**, *prep* except for, besides. **Decir a todo ~**, to be a yes-man. **En un decir ~**, before you can say Jack Robinson.
a·me·na·za [amenáθa] *n/f* threat, menace. **a·me·na·za·dor/ra** [amenaθaðór/ra] *adj* threatening, menacing. **a·me·na·zar** [amenaθár] *v* (*amenace*) **1**. **(~ con)** to threaten, menace. **2**.

FIG top threaten, loom: *Nos amenaza la guerra*, War is looming.

a·men·guar [ameŋgwár] *v* (*amen*g**üe**) **1**. to lessen, diminish. **2**. FIG to dishonour.

a·me·ni·dad [ameniðáð] *n/f* politeness, agreeableness, amenity. **a·me·ni·zar** [ameniθár] *v* (*ameni***ce**) **1**. to liven/brighten up (*fiesta*). **2**. to make more agreeable. **a·me·no/a** [améno/a] *adj* pleasant, agreeable.

a·me·no·rrea [amenorréa] *n/f* MED amenorrhoea.

A·mé·ri·ca [amérika] *n/f* GEOG **1**. *gen* Latin America, North America. **2**. America (*continente*). **a·me·ri·ca·nis·mo** [amerikanísmo] *n/m* Americanism. **a·me·ri·ca·nis·ta** [amerikanísta] *n/m,f* Americanist. **a·me·ri·ca·ni·za·ción** [amerikaniθaθjón] *n/f* Americanization. **a·me·ri·ca·ni·zar** [amerikaniθár] *v* (*americani***ce**) to americanize. **a·me·ri·ca·no/a** [amerikáno/a] **I**. *adj* GEOG American. **II**. **1**. *n/m,f* GEOG American. **2**. *n/f* jacket. **a·me·rin·dio/a** [ameríndjo/a] *n/m,f* GEOG American Indian, Ameridian.

a·me·ri·zar [ameriθár] *v* (*ameri***ce**) AER to land on the sea.

a·me·tra·lla·do·ra [ametraʎaðóra] *n/f* machine-gun. LOC ~ **antiaérea,** MIL anti-aircraft gun. **a·me·tra·lla·mien·to** [ametraʎamjéņto] *n/m* machine-gunning. **a·me·tra·llar** [ametraʎár] *v* to machine-gun.

a·mian·to [amjáņto] *n/m* asbestos.

a·mi·ba [amíβa] *n/f* V **ameba**.

a·mi·ga·ble [amiγáβle] *adj* friendly, amicable.

a·míg·da·la [amíγðala] *n/f* ANT tonsil. **a·mig·da·li·tis** [amiγðalítis] *n/f* MED tonsilitis.

a·mi·go/a [amíγo/a] **I**. *adj* **1**. friendly. **2**. (~ **de**) fond (of). **II**. *n/m,f* **1**. friend. **2**. lover. LOC **Hacerse ~ de**, to become friendly with. **a·mi·go·te** [amiγóte] *n/m* FAM chum, US buddy.

a·mi·la·nar [amilanár] *v* **1**. to terrify, intimidate, paralyse with fear. **2**. (**~se**) to be frightened/intimidated, be discouraged.

a·mi·no·ra·ción [aminoraθjón] *n/f* decrease, lessening. **a·mi·no·rar** [aminorár] *v* **1**. to lessen, decrease. **2**. to cut down (*gastos*). LOC ~ **el paso,** to slow down.

a·mis·tad [amistáð] *n/f* **1**. friendship. **2**. *pl* friends. LOC **Trabar ~ con alguien,** to make friends with sb. **a·mis·to·so/a** [amistóso/a] *adj* friendly, amicable.

am·ne·sia [amnésja] *n/f* MED amnesia. **am·né·si·co/a** [amnésiko/a] **I**. *adj* amnesic. **II**. *n/m,f* amnesiac.

am·nios [ámnjos] *n/m* ANAT amnion. **am·nió·ti·co/a** [amnjótiko/a] *adj* amniotic.

am·nis·tía [amnistía] *n/f* amnesty. **am·nis·tiar** [amnistjár] *v* (*amnis***tíe/n**) to amnesty, grant an amnesty (to).

a·mo [ámo] *n/m* **1**. head (*de la familia*). **2**. master (*del perro*). **3**. owner, proprietor, landlord (*dueño*). **4**. boss, Br FAM gov'ner (*trabajo*). LOC **Hacerse el ~ (de),** to take over.

a·mo·blar [amoβlár] *v* (*am***ueblo**) to furnish.

a·mo·do·rra·mien·to [amoðorramjéņto] *n/m* sleepiness, drowsiness. **a·mo·do·rrar·se** [amoðorrárse] *v/Refl(-se)* to become sleepy/drowsy, FAM feel woozy.

a·mo·hi·nar [amoinár] **I**. *v* (*amoh***í***na, amoh***í***nan*) to annoy, irritate, vex. **II**. *v/Refl(-se)* **1**. to get annoyed. **2**. to sulk (*niño*).

a·mo·ja·mar [amoxamár] **I**. *v* to dry, salt (*pescado*). **II**. *v/Refl(-se)* to become wizened.

a·mo·jo·na·mien·to [amoxonamjéņto] *n/m* marking out. **a·mo·jo·nar** [amoxonár] *v* to mark out (*límites*).

a·mo·lar [amolár] *v* (*am***uelo**) **1**. to grind, sharpen (*cuchillo*). **2**. FIG FAM to harrass, pester, get on sb's nerves.

a·mol·da·mien·to [amoḷdamjéņto] *n/m* molding. **a·mol·dar** [amoḷdár] **I**. *v* **1**. to mold, model, fashion. **2**. to fit, adapt. LOC **~se a**, to conform, adapt oneself to.

a·mo·nes·ta·ción [amonestaθjón] *n/f* **1**. admonition. **2**. warning, reproof, reprimand. **3**. *pl* banns. **a·mo·nes·tar** [amonestár] *v* **1**. to admonish, reprove. **2**. to advise, warn. **3**. to publish the banns of.

a·mo·nia·cal [amonjakál] *adj* ammoniacal. **a·mo·nía·co** [amoníako] **I**. *adj* ammoniac(al). **II**. *n/m* ammonia. **a·mó·ni·co/a** [amóniko/a] *adj* QUÍM ammonic.

a·mon·ti·lla·do [amoņtiʎáðo] *adj n/m* amontillado.

a·mon·to·na·mien·to [amoņtonamjéņnto] *n/m* **1**. pile, heap. **2**. accumulation, piling up. **a·mon·to·nar** [amoņtonár] *v* **1**. to pile/heap/cram together, put in a pile. **2**. FIG to accumulate, hoard. **3**. FIG to collect together.

a·mor [amór] *n/m* **1**. *gen* **(~ a/de/por)** love (for/of), romance. **2**. gentleness, kindness, affection. **3**. darling, love, beloved (*persona*). **4**. devotion, zeal. **5**. *pl* love affairs. **6**. *pl* terms of endearment, compliments. LOC **Al ~ de la lumbre**, by the fireside. **¡~ mío!**, *exclam*, (My) darling! **~ propio**, self-respect, amour propre. **Con/De mil ~es**, with the greatest of pleasure. **Hacer el ~**, to make love. **¡Por ~ de Dios!**, For God's sake! **Por el ~ de**, for the love of.

a·mo·ral [amorál] *adj* amoral. **a·mo·ra·li·dad** [amoraliðáð] *n/f* amorality.

a·mo·ra·ta·do/a [amoratáðo/a] *adj* **1**. livid, blue, purple. **2**. black and blue (*cardenal*). LOC **~ de frío**, blue with cold. **Un ojo ~**, black eye, shiner. **a·mo·ra·tar·se** [amoratárse] *v/Refl(-se)* to bruise.

a·mor·ci·llo [amorθíʎo] *n/m* **1**. cupid (*figura*). **2**. FIG affair, flirtation.

a·mor·da·za·mien·to [amorðaθamjéņto] *n/m* **1**. gagging (*persona*). **2**. muzzling (*animal*). **3**. FIG silencing. **a·mor·da·zar** [amorðaθár] *v* (*amorda***ce**) **1**. to gag. **2**. to muzzle. **3**. to silence.

a·mor·fo/a [amórfo/a] *adj* amorphous, shapeless.

a·mo·río [amorío] *n/m* FAM **1**. fling, crush, romance. **2**. *pl* gallavanting *sing*. **a·mo·ro·so/a** [amoróso/a] *adj* **1**. **(~ con/para (con))** loving, affectionate, kind. **2**. love (*carta*). **3**. AGR workable (*terreno*). **4**. mild (*tiempo*). **5**. amorous (*miradas*).

a·mor·ta·ja·mien·to [amortaxamjéṇto] *n/m* shrouding, laying out (*muerto*). **a·mor·ta·jar** [amortaxár] *v* to shroud, wrap in a shroud.
a·mor·ti·gua·ción [amortiɣwaθjón] *n/f* **1**. muffling, deadening (*ruido*). **2**. subduing, dimming (*luz*). **3**. cushioning (*golpe*). **4** damping (*fuego*). **5**. FIG lessening, reduction. **6**. toning down (*colores*). **a·mor·ti·gua·dor/ra** [amortiɣwaðór/ra] **I**. *adj* **1**. muffling, deadening (*ruido*). **2**. subduing, softening (*luz*). **3**. absorbing (*golpe*). **II**. *n/m* TÉC shock absorber, damper. **a·mor·ti·gua·mien·to** [amortiɣwamjéṇto] *n/m* **a·mor·ti·guar** [amortiɣwár] *v* (*amortigüe*) **1**. to muffle, deafen (*ruido*). **2**. to tone down, dim (*luz*). **3**. to absorb (*golpe*). **4**. to damp down (*fuego*). **5**. FIG to mitigate, diminish.
a·mor·ti·za·ble [amortiθáßle] *adj* COM redeemable, payable. LOC **Renta ~**, redeemable annuity. **a·mor·ti·za·ción** [amortiθaθjón] *n/f* **1**. COM pay off, redemption, amortization (*deuda*). **2**. depreciation (*de máquina*). **3**. COM writing off (*capital*). **4**. JUR amortization. **5**. abolition (*empleo*). LOC **Fondo de ~**, COM sinking fund. **a·mor·ti·zar** [amortiθár] *v* (*amortice*) **1**. COM to pay off, amortize (*deuda*). **2**. to depreciate (*máquina*). **3**. COM to refund (*capital*). **4**. JUR to amortize. **5**. to abolish (*empleo*). **6**. to write off.
a·mos·car·se [amoskárse] *v/Refl(-se)* (*me amosque*) FAM to get cross, go into a huff.
a·mo·ti·na·do/a [amotináðo/a] **I**. *adj* seditious, mutinous. **II**. *n/m,f* mutineer, rebel, rioter. **a·mo·ti·na·mien·to** [amotinamjéṇto] *n/m* mutiny, uprising, rebellion, riot. **a·mo·ti·nar** [amotinár] **I**. *v* **1**. to agitate, incite to riot/mutiny. **2**. FIG to stir up, agitate, disquiet. **II**. *v/Refl(-se)* to mutiny, rebel.
a·mo·ver [amoßér] *v* (*amuevo, amoví*) to remove, dismiss (*de un empleo*). **a·mo·vi·ble** [amoßíßle] *adj* **1**. removable, revocable. **2**. detachable.
a·mo·vi·li·dad [amoßiliðáð] *n/f* **1**. removability. **2**. revocability (*empleo*).
am·pa·rar [aṃparár] **I**. *v* **1**. to aid, help. **2**. to protect, shelter. **II**. *v/Refl(-se)* **1**. **(~se de/contra)** to shelter, protect oneself. **2**. **(~se con/bajo)** to seek shelter/sanctuary. **3**. **(~se en)** to seek protection (in) (*la ley/persona*). **am·pa·ro** [aṃpáro] *n/m* **1**. shelter, sanctuary. **2**. protection, assistance. **3**. aid, help, favour. LOC **Al ~ de**, under the protection of.
am·pe·rio [aṃpérjo] *n/m* ELECTR amp, ampere.
am·plia·ble [aṃpliáßle] *adj* expandable. **am·plia·ción** [aṃpljaθjón] *n/f* **1**. enlargement, expansion. **2**. magnification. **3**. amplification, development (*explicación*). **4**. widening (*calle*). **5**. enlargement (*foto*). LOC **~ de capital**, COM increase of capital. **~ de estudios**, undertaking further studies. **am·pliar** [aṃpliár] *v* (*amplío, amplían*) **1**. to extend, enlarge, amplify. **2**. to enlarge (*foto*). LOC **~ el plazo**, to extend the deadline. **am·pli·fi·ca·ción** [aṃplifikaθjón] *n/f* amplification, magnification, enlargement. **am·pli·fi·ca·dor/ra** [aṃplifikaðór/ra] **I**. *adj* amplifying. **II**. *n/m* **1**. TÉC amplifier, enlarger. **2**. amplifier, loudspeaker. **am·pli·fi·car** [aṃplifikár] *v* (*amplifique*) to amplify. **am·plio/a** [áṃpljo/a] *adj* **1**. ample, extensive, comprehensive. **2**. large, roomy, spacious. **3**. big, baggy (*ropa*). **am·pli·tud** [aṃplitúð] *n/f* **1**. ampleness, width, extent. **2**. amplitude, room. **3**. FIG breadth, extent.
am·po·lla [aṃpóʎa] *n/f* **1**. MED blister (*de la piel*). **2**. bubble. **3**. flask (*vasija*). **4**. MED ampoule (*de vidrio*).
am·pu·lo·si·dad [aṃpulosiðáð] *n/f* verbosity, bombast. **am·pu·lo·so/a** [aṃpulóso/a] *adj* verbose, pompous.
am·pu·ta·ción [aṃputaθjón] *n/f* amputation. **am·pu·tar** [aṃputár] *v* to amputate, truncate.
a·mue·blar [amweßlár] *v* to furnish.
a·mu·je·ra·do/a [amuxeráðo/a] *adj* womanish.
a·mu·la·ta·do/a [amulatáðo/a] *adj* swarthy, mulatto-like.
a·mu·le·to [amuléto] *n/m* amulet, charm.
a·mu·ni·cio·nar [amuniθjonár] *v* to supply with munitions.
a·mu·ra [amúra] *n/f* NÁUT **1**. bow timbers *pl* (*proa*). **2**. tack of a sail (*cabo*).
a·mu·ra·llar [amuraʎár] *v* to wall, fortify with walls.
a·na·bap·tis·mo [anaßaptísmo] *n/m* REL Anabaptism. **a·na·bap·tis·ta** [anaßaptísta] *adj* REL Anabaptist.
a·na·con·da [anakóṇda] *n/f* ZOOL anaconda.
a·na·co·re·ta [anakoréta] *n/m,f* anchorite, hermit. **a·na·co·ré·ti·co/a** [anakorétiko/a] *adj* anchoretic.
a·na·cre·ón·ti·co/a [anakreóṇtiko/a] *adj* POÉT Anacreontic.
a·na·cró·ni·co/a [anakróniko/a] *adj* anachronistic, dated. **a·na·cro·nis·mo** [anakronísmo] *n/m* **1**. anachronism. **2**. antique.
á·na·de [ánaðe] *n/m,f* (water)duck (*ave*).
a·nae·ro·bio/a [anaeróßjo/a] *adj* anaerobic.
a·ná·fo·ra [anáfora] *n/f* anaphora.
a·na·gra·ma [anaɣráma] *n/m* anagram.
a·nal [anál] **I**. *adj* anal. **II**. *n/m pl* annals.
a·nal·fa·be·tis·mo [analfaßetísmo] *n/m* illiteracy. **a·nal·fa·be·to/a** [analfaßéto/a] *adj* illiterate.
a·nal·ge·sia [analxésja] *n/f* MED analgesia. **a·nal·gé·si·co** [analxésiko] *n/m* analgesic.
a·ná·li·sis [análisis] *n/m* analysis, MED test. LOC **~ de sangre**, MED blood test. **a·na·lis·ta** [analísta] *n/m,f* **1**. analyst. **2**. psychoanalyst. **3**. annalist, chronicler. **a·na·lí·ti·co/a** [analítiko/a] *adj* analitic(al). **a·na·li·za·dor/ra** [analiθaðór/ra] **I**. *adj* analysing. **II**. **1**. *n/m,f* analyst. **2**. *n/m* FÍS analyzer. **a·na·li·zar** [analiθár] *v* (*analice*) to analyze.
a·na·lo·gía [analoxía] *n/f* analogy. **a·ná·lo·go/a** [análoɣo/a] *adj* **(~ a)** analogous, similar (to).
a·na·quel [anakél] *n/m* shelf.
a·na·ran·ja·do/a [anaraŋxáðo/a] *adj* orange (*color*).
a·nar·co/a [anárko/a] *n/m,f* anarchist. **a·nar·quía** [anarkía] *n/f* anarchy. **a·nár·qui·co/a** [anárkiko/a] *adj* anarchic(al). **a·nar· quis·mo**

[anarkísmo] *n/m* anarchism. **a·nar·quis·ta** [anarkísta] *adj* anarchist.

a·na·te·ma [anatéma] *n/m* anathema. LOC **Lanzar / Fulminar un ~ contra alguien**, to curse sb. **a·na·te·ma·ti·zar** [anatematiθár] *v* (*anatemice*) **1**. REL to anathemize. **2**. to curse.

a·na·to·mía [anatomía] *n/f* anatomy. **a·na·tó·mi·co/a** [anatómiko/a] *adj* anatomic (al). **a·na·to·mis·ta** [anatomísta] *n/m,f* anatomist.

an·ca [áŋka] *n/f* (*el/un anca*) **1**. haunch, rump. **2**. *pl* FAM bottom, behind (*nalgas*). LOC **~s de rana**, frogs' legs.

an·ces·tral [an̪θestrál] *adj* ancestral.

an·cia·ni·dad [an̪θjaniðáð] *n/f* old age. **an·cia·no/a** [an̪θjáno/a] **I**. *adj* old, aged. **II**. *n/m,f* old man/woman, elder.

an·cla [áŋkla] *n/f* anchor. LOC **Echar ~s**, 1. NÁUT to cast/drop anchor. 2. FAM to stay firmly in one place. **Levar ~s**, NÁUT to weigh anchor. **an·clar** [aŋklár] *v* NÁUT **1**. to anchor, cast anchor. **2**. to be anchored.

an·cho/a [án̪tʃo/a] **I**. *adj* **(~ de) 1**. wide, broad. **2**. full, ample. **3**. loose, loose-fitting (*ropa*). **4**. **(Estar ~)** FIG relieved. **II**. *n/m* **1**. width, breadth (*anchura*). **2**. TÉC gauge (*ferrocarril*). LOC **A lo largo y a lo ~**, lengthwise and breadthwise. **A mis/tus/sus ~as**, at ease, comfortable. **~a es Castilla,** FIG FAM the world is your oyster. **Quedarse tan ~**, to behave as if nothing has happened. **Ser ~ de espaldas**, to be broad-shouldered. **Tener la conciencia ~a**, not to be overscrupulous. **Venir algo un poco ~**, FIG to be not yet ready for.

an·choa [an̪tʃóa] *n/f* anchovy.

an·chu·ra [an̪tʃúra] *n/f* **1**. width, breadth. **2**. measurement (*medida*). **3**. fullness (*ropa*). **an·chu·ro·so/a** [an̪tʃuróso/a] *adj* **1**. wide, large. **2**. spacious.

an·da·dor/ra [an̪daðór/ra] **I**. *adj* **1**. wandering, roving. **2**. fast-walking, swift. **II**. **1**. *n/m,f* walker, rover. **2**. *n/m* baby-walker, stroller. **3**. *n/m pl* reins (*de niño*). **an·da·du·ra** [an̪daðúra] *n/f* **1**. gaite, pace. **2**. walking.

an·da·luz/za [an̪dalúθ/θa] *adj n/m,f* (*andaluces*) Andalusian.

an·da·mia·da, an·da·mia·je [an̪damjáða/ an̪damjáxe] *n/m* scaffold(ing). **an·da·mio** [an̪dámjo] *n/m* **1**. scaffold(ing). **2**. platform. **3**. grandstand. **4**. footwear, shoes.

an·da·na·da [an̪danáða] *n/f* **1**. NÁUT broadside. **2**. FAM reproof. LOC **Soltar una ~ (de insultos, etc)**, to give a dressing down.

an·dan·te [an̪dán̪te] **I**. *adj* **1**. walking. **2**. errant (*caballero*). **II**. *adv* MÚS andante.

an·dan·za [an̪dán̪θa] *n/f* **1**. occurrence, event. **2**. *pl* adventures, deeds. **an·dar** [an̪dár] **I**. *n/m* **1**. *gen pl* gait, pace. **2**. behaviour, manner. **II**. *v* (*anduve*) **1**. to walk. **2**. to go, move. **3**. to amble. **4**. to travel, go, cover (*distancia*). **5**. to go, work, function (*coche*). **6**. to pass, go by, elapse (*tiempo*). **7**. to be, feel: *Anda alegre*, He's cheerful. **8**. to go, be: *¿Cómo andan los negocios?*, How's business? **9**. to move (*cosa*). **10**. **(~ en)** to be mixed up/involved (in). **11**. **(~ en)** to go through, search. **12**. **(~ por)** to be about. **13**. **(~ a + *pl*)** to go around: *Estos dos siempre andan a golpes*, These two always go around making trouble. **14**. to behave (*comportarse*). **III**. *v/Refl(-se)* **1**. **(~se con)** to make use of, use. **2**. **(~se en)** to indulge in. **3**. **(~se con/en)** FAM to be full of. LOC **¡Anda!** *exclam* 1. Come on! Go on! (*ánimo*). 2. You don't say! (*sorpresa*). 3. Get away!. **~ a caballo**, to ride. **~ a gatas**, to walk on all fours. **~ a una**, to be at one, agree. **~ bien**, to keep time (*reloj*). **~ + *ger***, 1. to have been + *ger*. 2. to be in the course of + *ger*. **~ por + *inf***, to try to + *inf*. **~se por las ramas**, FIG to beat about the bush. **¿Cómo andas de dinero?**, *inter* How are you off for money? **Seguir andando**, to go/carry on walking. **¡Todo se andará!**, *exclam* 1. It will all work out in the end! 2. It shall be done! (*promesa*). **an·da·rie·go/a** [an̪darjéɣo/a] *adj* wandering, roving.

an·da·ri·vel [an̪dariβél] *n/m* cable ferry (*en un río*).

an·das [án̪das] *n/f pl* **1**. stretcher. **2**. litter, portable platform. **3**. bier (*para muerto*). LOC **Llevar en ~**, FIG to handle with kid gloves (*persona*).

an·dén [an̪dén] *n/m* (railway) platform.

An·des [án̪des] *n/m pl* GEOG **Los ~s**, The Andes. **an·di·no/a** [an̪díno/a] *adj* Andian.

An·do·rra [an̪dórra] *n/f* GEOG Andorra. **an·do·rra·no/a** [an̪dorráno/a] *adj* Andorran.

an·dra·jo [an̪dráxo] *n/m* rag, tatter. **an·dra·jo·so/a** [an̪draxóso/a] *adj* ragged, tattered.

an·dro·ceo [an̪droθéo] *n/m* BOT androecium.

an·dró·gi·no/a [an̪dróxino/a] *adj* androgynous.

an·droi·de [an̪dróiðe] *n/m* android.

an·du·rrial [an̪durrjál] *n/m gen pl* byway, out-of-the-way place.

a·néc·do·ta [anékdota] *n/f* anecdote. **a·nec·do·ta·rio** [anekdotárjo] *n/m* collection of anecdotes. **a·nec·dó·ti·co/a** [anekdótiko/a] *adj* anecdotic(al), anecdotal.

a·ne·ga·ción [aneɣaθjón] *n/f* **1**. flooding, inundation. **2**. drowning. **a·ne·ga·di·zo/a** [aneɣaðíθo/a] *adj* liable to flood, subject to flooding. **a·ne·gar** [aneɣár] *v* (*anegue*) **1**. to drown. **2**. to sink. **3**. to flood, inundate. LOC **~se en llanto**, to be overcome/overwhelmed by tears.

a·ne·jo/a [anéxo/a] **I**. *adj* **1**. annexed, attached. **2**. dependent. **II**. *n/m* annex. LOC **Llevar ~**, to be implicit.

a·né·li·do/a [anéliðo/a] *adj* ZOOL annelid.

a·ne·mia [anémja] *n/f* MED Br anaemia, US anemia. LOC **~ perniciosa**, MED pernicious anaemia. **a·né·mi·co/a** [anémiko/a] *adj* Br anaemic, US anemic.

a·né·mo·na, a·né·mo·ne [anémona/ anémone] *n/f* BOT anemone. LOC **~ de mar**, sea anemone.

a·nes·te·sia [anestésja] *n/f* Br anaesthesia, US anesthesia. **a·nes·te·siar** [anestesjár] *v* **1**. Br to anaesthetize, US anesthetize. **2**. FIG FAM to bore stiff. **a·nes·té·si·co/a** [anestésiko/a] *adj* Br anaesthetic, US anesthetic. **a·nes·te·sis·ta** [anestesísta] *n/m,f* Br anaesthetist, US anesthetist.

a·ne·xión [ane(k)sjón] *n/f* annexation. **a·ne·xio·nar** [ane(k)sjonár] *v* to annex. **a·ne·xo/a** [ané(k)so/a] **I.** *adj* **1.** annexed, attached. **2.** incorporated. **3.** dependent. **II.** *n/m* annex, appendix (to a document).

an·fi·bio/a [aɱfíβjo/a] **I.** *adj* amphibious, amphibian. **II.** *n/m pl* **1.** ZOOL amphibian. **2.** *pl* ZOOL amphibia. **3.** amphibian (*vehículo*).

an·fi·tea·tro [aɱfiteátro] *n/m* **1.** amphitheatre. **2.** TEAT balcony.

an·fi·trión/na [aɱfitrjón/na] **1.** *n/m* FAM host. **2.** *n/f* hostess.

án·fo·ra [áɱfora] *n/f* **1.** amphora. **2.** *Amer* ballot box.

an·frac·tuo·si·dad [aɱfraktwosiðáð] *n/f* **1.** anfractuosity, tortuousness. **2.** ANAT sulcus, anfractuosity. **an·frac·tuo·so/a** [aɱfraktwóso/a] *adj* tortuous, circuitous, winding.

an·ga·ri·llas [aŋgaríʎas] *n/f pl* **1.** wheelbarrow *sing*. **2.** panniers. **3.** cruet stand.

án·gel [áŋxel] *n/m* angel. LOC **~ de la guarda,** Guardian angel. **Tener ~,** to have charm, be charming. **an·ge·li·cal, an·gé·li·co/a** [aŋxelikál/aŋxéliko/a] *adj* angelical. **an·ge·li·to** [aŋxelíto] *n/m* FIG cherub. LOC **Dormir como un ~,** to sleep well.

an·gi·na [aŋxína] *n/f* **1.** MED angina. **2.** *pl* MED tonsilitis, quinsy. LOC **~ de pecho,** MED angina pectoris. **Tener ~s,** to have a sore throat.

an·gio·ma [aŋxjóma] *n/m* MED angioma.

an·gli·ca·nis·mo [aŋglikanísmo] *n/m* REL Anglicanism. **an·gli·ca·no/a** [aŋglikáno/a] *adj* REL Anglican.

an·gli·cis·mo [aŋgliθísmo] *n/m* Anglicism. **an·glo/a** [áŋglo/a] *adj* Anglian, Anglo. **an·glo·a·me·ri·ca·no/a** [aŋgloamerikáno/a] *adj* Anglo-American. **an·gló·fi·lo/a** [aŋglófilo/a] *adj* anglophile. **an·gló·fo·bo/a** [aŋglófoβo/a] *adj* anglophobe. **an·gló·fo·no/a** [aŋglófono/a] *adj, s/m,f* English-speaking. **an·glo·ma·nía** [aŋglomanía] *n/f* anglomania. **an·glo·sa·jón/na** [aŋglosaxón/na] **I.** *adj n/m,f* Anglo-Saxon. **II.** *n/m* Anglo-Saxon (*lengua*).

an·gos·to/a [aŋgósto/a] *adj* narrow. **an·gos·tu·ra** [aŋgostúra] *n/f* **1.** narrowness. **2.** narrow part. **3.** GEOG narrow pass. **4.** BOT angostura. **5.** *pl* narrows, strait *sing*.

an·gui·la [aŋgíla] *n/f* **1.** eel (*pez*). **2.** *pl* NÁUT slipway. LOC **~ de mar,** conger eel. **an·gu·la** [aŋgúla] *n/f* elver.

an·gu·lar [aŋgulár] **I.** *adj* angular. **II.** *n/m* TÉC angle iron. LOC **Objetivo gran ~,** wide-angle lens (*fotografía*). **Piedra ~,** cornestone. **án·gu·lo** [áŋgulo] *n/m* **1.** GEOM angle. **2.** corner (*rincón/arista*). LOC **~ agudo/obtuso/recto,** GEOM acute/obtuse/right angle. **an·gu·lo·so/a** [aŋgulóso/a] *adj* **1.** angular. **2.** winding (*camino*).

an·gus·tia [aŋgústja] *n/f* **1.** anguish, distress. **2.** *pl* throes, agonies. LOC **Dar ~ a,** to worry, distress, grieve. **an·gus·tia·do/a** [aŋgustjáðo/a] *adj* **1.** anguished, distressed. **2.** miserable. **3.** worried, troubled. **an·gus·tiar·se** [aŋgustjárse] *v/Refl(-se)* **(~se por)** to be distressed at. **an·gus·tio·so/a** [aŋgustjóso/a] *adj* **1.** distressing, distressed. **2.** agonizing.

an·he·lan·te [aneláṇte] *adj* panting, longing. **an·he·lar** [anelár] **I.** *v* **1.** to yearn/ long for. **2.** to pant, gasp. **an·he·lo** [anélo] *n/m* **1.** yearning, longing. **2.** *pl* aspirations.

a·ni·dar [aniðár] *v* **1.** to shelter, take in. **2.** to nest (*ave*). **3.** FIG to harbour, nurture (*sentimiento*).

a·ni·lla [aníʎa] *n/f* **1.** *gen* ring. **2.** curtain ring. **3.** *pl* DEP gymnasium ring. **a·ni·lla·do/a** [aniʎáðo/a] *adj* **1.** ZOOL annelid. **2.** ringed (*ave*). **3.** ring-shaped. **a·ni·llar** [aniʎár] *v* **1.** to ring (*ave*). **2.** to fasten with rings. **a·ni·llo** [aníʎo] *n/m* **1.** *gen* ring. **2.** ZOOL segment, annulus, coil (*de culebra*). **3.** ARQ annulet. LOC **~ de boda,** wedding ring. **~ de compromiso,** engagement ring. **Venir algo como ~ al dedo,** FIG FAM to be just right for the purpose.

á·ni·ma [ánima] *n/f* **1.** soul. **2.** MIL bore (*cañón*).

a·ni·ma·ción [animaθjón] *n/f* **1.** animation. **2.** liveliness, vivacity. **3.** ARTE life (*cuadro*). **4.** life, bustle, activity. **5.** sprightliness, agility (*de movimiento*). **a·ni·ma·do/a** [animáðo/a] *adj* **1.** lively, animated. **2.** sprightly. **3.** **(~ de)** prompted, moved (by). **4.** busy, bustling, lively. **5.** **(~ por)** encouraged by. LOC **Dibujos ~s,** (animated) cartoons. **a·ni·ma·dor/ra** [animaðór/ra] *n/m,f* compère, entertainer.

a·ni·mad·ver·sión [animaðβersjón] *n/f* ill-will.

a·ni·mal [animál] **I.** *adj* **1.** animal. **2.** FIG FAM brutish, beastly, stupid. **II.** *n/m* **1.** animal. **2.** FIG fool. **3.** FIG brute. **a·ni·ma·le·jo** [animaléxo] *n/m* small creature, little animal. **a·ni·ma·li·dad** [animaliðáð] *n/f* animality. **a·ni·ma·lu·cho** [animalútʃo] *n/m* PEY nasty/ ugly brute.

a·ni·mar [animár] **I.** *v* **1.** to animate, give life to. **2.** **(~ a)** to encourage. **3.** to enliven. **4.** to cheer/buck (sb) up (*dar ánimos*). **5.** to inspire, move. **II.** *v/Refl(-se)* **(~ se a + *inf*)** **1.** to dare to + *inf*. **2.** to make up one's mind to + *inf*. **3.** to feel like + *ger*. LOC **¡Anímate!,** *exclam* 1. Cheer up! 2. Make up your mind. **a·ní·mi·co/a** [anímiko/a] *adj* mental, psychic. **a·ni·mis·mo** [animísmo] *n/m* animism. **a·ni·mis·ta** [animísta] *n/m,f* animist. **á·ni·mo** [ánimo] *n/m* **1.** soul. **2.** spirit. **3.** intention. **4.** courage, FAM nerve. **5.** energy. **6.** mind. LOC **¡~!,** *int* 1. Come on! 2. Cheer up! **Con ~s de,** in the mood for. **Estado de ~,** frame of mind, spirits. **Estar sin ~,** to be in low spirits. **Hacerse al ~ de,** to get used to the idea of. **a·ni·mo·si·dad** [animosiðað] *n/f* **1.** animosity, emnity. **2.** courage. **a·ni·mo·so/a** [animóso/a] *adj* **1.** brave, daring. **2.** **(~ para)** ready (for), determined (to).

a·ni·ña·do/a [aniɲáðo/a] *adj* **1** childlike. **2·** childish, puerile. **a·ni·ñar·se** [aniɲárse] *v/Refl (-se)* to become childish.

a·ni·qui·la·ción [anikilaθjón] *n/f* annihilation, obliteration, destruction. **a·ni·qui·la·mien·to** [anikilamjéṇto] *n/m* V **aniquila-**

ción. **a·ni·qui·lar** [anikilár] *v* **1**. to annihilate, destroy, wipe out. **2**. (**~se**) MED to waste away, ruin, deteriorate.

a·nís [anís] *n/m* BOT **1**. aniseed (*semilla*). **2**. anise (*planta*). **a·ni·sa·do/a** [anisáðo/a] **I**. *adj* flavoured with aniseed. **II**. *n/m* anisette (*aguardiente*). **a·ni·se·te** [aniséte] *n/m* anisette.

a·ni·ver·sa·rio [anißersárjo] *n/m* anniversary.

a·no [áno] *n/m* ANAT anus.

a·no·che [anótʃe] *adv* last night. **a·no·che·cer** [anotʃeθér] **I**. *n/m* nightfall, dusk. **II**. *v* **1**. to get dark. **2**. to be/arrive at nightfall. **a·no·che·ci·do** [anotʃeθíðo] *adv* night, dark.

a·nó·di·co/a [anóðiko/a] *adj* FÍS anodic.

a·no·di·no/a [anoðíno/a] **I**. *adj* **1**. MED anodyne. **2**. insubstantial, insignificant. **3**. FIG inoffensive, harmless. **4**. uninteresting. **II**. *n/m* MED anodyne.

á·no·do [ánodo] *n/m* FÍS anode.

a·no·ma·lía [anomalía] *n/f* anomaly. **a·nó·ma·lo/a** [anómalo/a] *adj* anomalous.

a·no·na·da·mien·to [anonaðamjénto] *n/m* annihilation, overwhelming. **a·no·na·dar** [anonaðár] **I**. *v* **1**. to annihilate, destroy. **2**. FIG to overwhelm, overcome. **3**. FIG to dumbfound, flabbergast. **II**. *v/Refl(-se)* **1**. to be humiliated. **2**. to be discouraged.

a·no·ni·ma·to [anonimáto] *n/m* anonymity. LOC **Conservar/Guardar el ~**, to remain anonymous. **a·nó·ni·mo/a** [anónimo/a] **I**. *adj* **1**. anonymous. **2**. unknown (*poco famoso*). **II**. *n/m* **1**. anonymous letter. **2**. anonymous person/piece of writing. **3**. anonymity. **Sociedad ~**, COM limited company.

a·no·rak [anorák] *n/m* anorak.

a·no·re·xia [anoré(k)sja] *n/f* MED anorexia.

a·nor·mal [anormál] *adj* abnormal. **a·nor·ma·li·dad** [anormaliðáð] *n/f* abnormality.

a·no·ta·ción [anotaθjón] *n/f* **1**. annotation (*acción*). **2**. note, noting. **a·no·tar** [anotár] *v* **1**. to annotate. **2**. to make a note of, jot down, note down. **3**. to put down (name of) (*en una lista*).

a·no·ve·la·do/a [anoßeláðo/a] *adj* fictional(ized), in novel form.

an·qui·lo·sa·mien·to [aŋkilosamjénto] *n/m* **1**. MED anchylosis. **2**. FIG paralysis. **an·qui·lo·sar** [aŋkilosár] **I**. *v* **1**. MED to anchylose. **2**. FIG to paralyse. **II**. *v/Refl(-se)* **1**. to decline. **2**. to stop/halt the progress of. **an·qui·lo·sis** [aŋkilósis] *n/f* MED anchylosis.

án·sar [ánsar] *n/m* goose (*ave*).

an·sia [ánsja] *n/f* **1**. anxiety, tension. **2**. anguish. **3**. (**~ de**) yearning, longing (for). **4**. *pl* MED nausea. **an·siar** [ansjár] *v* (*ansío, ansíe*) **1**. to long for, yearn for. **2**. (**~ +** *inf*) to long to + *inf*. **an·sie·dad** [ansjeðáð] *n/f* **1**. anxiety. **2**. longing, yearning. **an·sio·so/a** [ansjóso/a] **I**. *adj* **1**. anxious, worried. **2**. (**~ de/por**) eager/avid (for). **3**. greedy, avaricious.

an·ta·gó·ni·co/a [antaγóniko/a] *adj* antagonistic. **an·ta·go·nis·mo** [antaγonísmo] *n/m* antagonism. **an·ta·go·nis·ta** [antaγonísta] *n/m,f* antagonist.

an·ta·ño [antáɲo] *adv* **1**. formerly. **2**. FIG long ago.

an·tár·ti·co/a [antártiko/a] **I**. *adj* GEOG Antarctic. **II**. *n/m* LOC **El ~**, GEOG The Antarctic. **An·tár·ti·da** [antártiða] *n/f* GEOG Antarctica.

an·te [ánte] **I**. *n/m* **1**. ZOOL elk. **2**. ZOOL buffalo. **3**. buckskin, suede (*piel*). **II**. *prep* **1**. before, in the presence of. **2**. faced with (*dificultad*). **3**. in view of (*asunto*). **4**. compared with.

an·te·a·no·che [anteanótʃe] *adv* the night before last. **an·te·a·yer** [anteaʝér] *adv* the day before yesterday.

an·te·bra·zo [anteßráθo] *n/m* ANAT forearm.

an·te·cá·ma·ra [antekámara] *n/f* antechamber, lobby.

an·te·ce·den·te [anteθeðénte] **I**. *adj* antecedent, previous. **II**. *n/m* **1**. antecedent. **2**. *pl* record, past history. LOC **~s penales,** *pl* JUR criminal record. **Estar en ~**, to be fully briefed, FAM know all about it. **Poner en ~**, to put (sb) in the picture. **Sin ~s**, JUR with a clean record. **an·te·ce·der** [anteθeðér] *v* to precede. **an·te·ce·sor/ra** [anteθesór/ra] *n/m,f* **1**. predecessor. **2**. *pl* ancestors.

an·te·di·cho/a [anteðítʃo/a] *adj* aforementioned.

an·te·di·lu·via·no/a [anteðilußjáno/a] *adj* **1**. antediluvian. **2**. FAM out of fashion.

an·te·la·ción [antelaθjón] *n/f* LOC **Con ~**, in advance, beforehand. **Con la debida ~**, in good time. **an·te·ma·no** [antemáno] *adv* LOC **De ~**, in advance, beforehand.

an·te·na [anténa] *n/f* **1**. ZOOL antenna, feeler. **2**. ELECTR antenna, aerial. **3**. NÁUT lateen yard. LOC **~ emisora/receptora,** transmitting/receiving aerial. **~ interior,** indoor aerial. **En ~**, on the air. **~ incorporada**, built-in antenna.

an·te·o·je·ra [anteoxéra] *n/f* **1**. spectacle/glasses *pl* case. **2**. blinkers. **an·te·o·jo** [anteóxo] *n/m* **1**. telescope. **2**. monocle. **3**. *pl* glasses, spectacles. **4**. *pl* binoculars. **5**. goggles (*de protección*) **6**. *pl* blinkers (*de caballo*).

an·te·pa·sa·do/a [antepasáðo/a] **I**. *adj* before last. **II**. *n/m* **1**. ancestor, predecessor. **2**. *pl* forebears.

an·te·pe·cho [antepétʃo] *n/m* **1**. rail, guardrail, parapet. **2**. ledge, sill (*ventana*).

an·te·pe·núl·ti·mo/a [antepenúltimo/a] *adj* antepenultimate, last but two.

an·te·po·ner [anteponér] *v* (*ante**pongo**, ante**puse**, ante**pondré**,* pp *ante**puesto***) (**~ a**) **1**. to place/put in front. **2**. FIG to put before.

an·te·por·ta·da [anteportáða] *n/f* IMPR fly leaf.

an·te·pro·yec·to [anteproʝékto] *n/m* draft, preliminary sketch. LOC **~ de ley**, draft bill.

an·te·ra [antéra] *n/f* BOT anther.

an·te·rior [anterjór] *adj* **1**. previous, former, preceding. **2**. front: *La parte ~*, The front part. **3**. ANAT ZOOL anterior. LOC **~ a**, previous to, prior to. **an·te·rio·ri·dad** [anterjoriðáð] *n/f* anteriority, precedence, previousness. LOC **Con ~**, beforehand.

an·tes [ántes] **I**. *adj* before, previous. **II**. *adv* **1**. before. **2**. formerly. **3**. once, earlier (*en* *otro tiempo*). **4**. sooner. **5**. first: *¿Quién ha llegado antes?*, Who got there first? **III**. *prep* **1**. **(~ de)** before. **2**. **(~ de +** *inf***)** before + *ger*. **IV**. *conj* **1**. **(~ de que)** before. **2**. on the contrary: *No se amilanó, antes le plantó cara*, He wasn't cowed, on the contrary he faced up to him. LOC **~ (bien)**, rather, on the contrary. **~ de anoche**, the night before last.**~ de ayer**, the day before yesterday. **~ de/que nada**, above all, more than anything else. **~ de Jesucristo**, before Christ, B.C. **Cuanto ~ mejor**, the sooner the better. **Poco ~**, a while ago.

an·te·sa·la [an̪tesála] *n/f* **1**. ante-room, ante-chamber. **2**. waiting room. LOC **Estar en la ~ de**, FIG to be on the verge of. **Hacer ~**, to have to wait.

an·te·úl·ti·mo/a [an̪teúltimo/a] *adj* penultimate.

an·te·vís·pe·ra [an̪teβíspera] *n/f* day before yesterday.

an·ti·aé·reo/a [an̪tjaéreo/a] *adj* anti-aircraft. **an·ti·al·co·ho·lis·mo** [an̪tjalko(o)lísmo] *n/m* antialcoholism. **an·ti·a·tó·mi·co/a** [an̪tjatómiko/a] *adj* antiatomic. LOC **Refugio ~**, fall-out shelter. **an·ti·bió·ti·co/a** [an̪tiβjótiko/a] *adj n/m* MED antibiotic. **an·ti·can·ce·ro·so/a** [an̪tikanθeróso/a] *adj* MED anticancerous. **an·ti·ca·rro** [an̪tikárro] *n/m* MIL antitank. **an·ti·ci·clón** [an̪tiθiklón] *n/m* anticyclone.

an·ti·ci·pa·ción [an̪tiθipaθjón] *n/f* **1**. anticipation. **2**. COM advance (*de dinero*). **3**. prediction. LOC **Con ~**, **1**. in advance. **2**. early. **an·ti·ci·pa·do/a** [an̪tiθipáðo/a] *adj* (in) advance. LOC **Por ~**, in advance. **an·ti·ci·par** [an̪tiθipár] **I**. *v* to bring forward, advance. **2**. to hasten, anticipate. **3**. COM to anticipate, pay beforehand. **4**. COM to lend, advance (*dinero*). **5**. to tell in advance. **II**. *v/Refl(-se)* **1**. to be early, come early. **2**. **(~ a)** to anticipate, foresee, FAM see (sth) coming. **3**. **(~ a)** to forestall, FAM beat (sb) to it. **4**. **(~se a +***inf***)** to...before: *Me anticipé a pagar*, I paid before. LOC **~se a su época**, to be ahead of one's time. **an·ti·ci·po** [an̪tiθípo] *n/m* **1**. COM advance (payment). **2**. FIG foretaste. **3**. JUR retainer, retaining fee.

an·ti·cle·ri·cal [an̪tiklerikál] *adj* anticlerical. **an·ti·cle·ri·ca·lis·mo** [an̪tiklerikalísmo] *n/m* anticlericalism. **an·ti·cli·nal** [an̪tiklinál] *n/m* GEOL anticline. **an·ti·coa·gu·lan·te** [an̪tikoaγulán̪te] *adj n/m* anticoagulant.

an·ti·co·mu·nis·ta [an̪tikomunísta] *adj n/m,f* anticommunist. **an·ti·con·cep·ti·vo/a** [an̪tikoṋθeptíβo/a] *adj n/m* contraceptive. **an·ti·con·ge·lan·te** [an̪tikoŋxelán̪te] *n/m* AUT antifreeze. **an·ti·cons·ti·tu·cio·nal** [an̪tiko(n)stituθjonál] *adj* unconstitutional. **an·ti·cris·to** [an̪tikrísto] *n/m* Antichrist. **an·ti·cua·do/a** [an̪tikwáðo/a] *adj* **1**. antiquated, old fashioned. **2**. obsolete. **an·ti·cua·rio** [an̪tikwárjo] *n/m* **1**. antiquarian, antiquary. **2**. antique dealer. **an·ti·cuar·se** [an̪tikwárse] *v/Refl(-se)* (*anticúo, anticúan*) to become antiquated/out of date. **an·ti·cuer·po** [an̪tikwérpo] *n/m* BIOL antibody.

an·ti·de·por·ti·vo/a [an̪tiðeportíβo/a] *adj* unsporting. **an·ti·des·li·zan·te** [an̪tiðesliθán̪te] *adj* non-slip, non-skid. **an·tí·do·to** [an̪tíðoto] *n/m* antidote.

an·ti·e·co·nó·mi·co/a [an̪tiekonómiko/a] *adj* **1**. uneconomic, unprofitable. **2**. wasteful. **3**. overpriced. **an·ti·es·té·ti·co/a** [an̪tiestétiko/a] *adj* unaesthetic.

an·ti·faz [an̪tifáθ] *n/m* (*pl antifaces*) mask.

an·tí·fo·na [an̪tífona] *n/f* REL antiphon (*versículo*).

an·tí·ge·no/a [an̪tíxeno/a] **I**. *adj* MED antigenic. **II**. *n/m* antigen. **an·ti·gua·lla** [an̪tiγwáʎa] *n/f* **1**. *gen* antique. **2**. old-fashioned dress/piece of furniture. **3**. jalopy. **an·ti·gu·ber·na·men·tal** [an̪tiγuβernamen̪tál] *adj* antigovernment(al). **an·ti·güe·dad** [an̪tiγweðáð] **I**. *n/f* **1**. antiquity, ancient times. **2**. service, years of service, seniority (*empleo*). **3**. *pl* antiques. **an·ti·guo/a** [an̪tíγwo/a] **I**. *adj* **1**. ancient. **2**. antique. **3**. old. **4**. veteran. **II**. *n/m pl* the ancients. LOC **A la ~**, in the old fashioned way.

an·ti·hé·roe [an̪tiéroe] *n/m* antihero.

an·tí·lo·pe [an̪tílope] *n/m* ZOOL antelope.

An·ti·llas [an̪tíʎas] *n/f pl* GEOG **Las ~s**, The Antilles, The West Indies. **an·ti·lla·no/a** [an̪tiʎáno/a] *adj n/m,f* West Indian, Antillean, Caribbean.

an·ti·mo·nio [an̪timónjo] *n/m* QUÍM antimony.

an·ti·no·mia [an̪tinómja] *n/f* antinomy. **an·ti·nó·mi·co/a** [an̪tinómiko/a] *adj* antinomic(al).

an·ti·pa·ra·si·ta·rio/a [an̪tiparasitárjo/a] *adj n/m* suppressor (*radio*). **an·ti·pa·rras** [an̪tipárras] *n/f pl* FAM glasses, specs. **an·ti·par·tí·cu·la** [an̪tipartíkula] *n/f* FÍS antiparticle. **an·ti·pa·tía** [an̪tipatía] *n/f* **1**. dislike, unfriendliness. **2**. unpleasantness, antipathy. **3**. antipathy, opposition (*entre dos cosas*). **an·ti·pá·ti·co/a** [an̪tipátiko/a] *adj* **1**. disagreeable, unpleasant. **2**. unfriendly, nasty. **3**. uncongenial (*ambiente*).

an·ti·pe·da·gó·gi·co/a [an̪tipeðaγóxiko/a] *adj* antipedagogic. **an·ti·pi·ré·ti·co/a** [an̪tipirétiko/a] *adj* MED antipyretic. **an·ti·pi·ri·na** [an̪tipirína] *n/f* antipyrine. **an·tí·po·da** [an̪típoða] **I**. *adj* antipodal. **II**. *n/m* **1**. antipode, *gen pl* antipodes. **2**. FIG antithesis.

an·ti·rrá·bi·co/a [an̪tirráβiko/a] *adj* MED antirabies. **an·ti·rro·bo** [an̪tirróβo] *n/m* **1**. AUT antitheft (device). **2**. burglar alarm.

an·ti·se·mi·ta [an̪tisemíta] *adj* anti-Semitic. *n/m,f* anti-Semite. **an·ti·se·mi·tis·mo** [an̪tisemitísmo] *n/m* anti-Semitism. **an·ti·sép·ti·co/a** [an̪tiséptiko/a] *adj n/m* MED antiseptic. **an·ti·so·cial** [an̪tisoθjál] *adj* antisocial, unsociable.

an·ti·tan·que [an̪titáŋke] *adj* MIL antitank. **an·ti·te·rro·ris·ta** [an̪titerrorísta] *adj* antiterrorist. **an·tí·te·sis** [an̪títesis] *n/f* (*pl antítesis*) antithesis. **an·ti·té·ti·co/a** [an̪titétiko/a] *adj* antithetic(al). **an·ti·to·xi·na** [an̪tito(k)sína] *n/f* antitoxin. **an·ti·tu·ber·cu·lo·so/a** [an̪tituβerkulóso/a] *adj* MED antitubercular.

an·to·ja·di·zo/a [an̪toxaðíθo/a] *adj* **1**. whimsical, capricious. **2**. fickle. **an·to·jar·se** [an̪toxárse] *v/Refl(-se)* **1**. to fancy, feel like. **2**. to take a fancy, have a mind to. LOC **~se**

que, to imagine/have a feeling that. **an·to·jo** [an̪tóxo] *n/m* **1**. whim, passing fancy. **2**. *pl* cravings *pl* (*caprichos de embarazadas*). **3**. ANAT mole, birthmark. LOC **A su ~**, as one pleases. **Cada uno a su ~**, each to his/her own. **Manejar a alguien a su ~**, FIG to twist sb round one's little finger.

an·to·lo·gía [an̪toloxía] *n/f* **1**. anthology. **2**. selection. LOC **De ~**, memorable, FAM fantastic. **an·to·ló·gi·co/a** [an̪tolóxiko/a] *adj* anthological.

an·to·ni·mia [an̪tonímja] *n/f* antonymy. **an·tó·ni·mo** [an̪tónimo] **I**. *adj* antonymous. **II**. *n/m* antonym.

an·to·no·ma·sia [an̪tonomásja] *n/f* antonomasia. LOC **Por ~**, par excellence.

an·tor·cha [an̪tórtʃa] *n/f* **1**. torch. **2**. FIG guide (*persona*).

an·tra·ci·ta [an̪traθíta] *n/f* anthracite.

án·trax [án̪tra(k)s] *n/m* MED anthrax.

an·tro [án̪tro] *n/m* **1**. ANAT antrum. **2**. cave, cavern, grotto. **3**. FIG den (of iniquity).

an·tro·po·cén·tri·co/a [an̪tropoθén̪triko/a] *adj* FIL anthropocentric. **an·tro·po·cen·tris·mo** [an̪tropoθen̪trísmo] *n/m* FIL anthropocentrism. **an·tro·po·fa·gia** [an̪tropofáxja] *n/f* anthropophagy, cannibalism. **an·tro·pó·fa·go/a** [an̪tropófaγo/a] **I**. *adj* anthropophagous, man-eating. **II**. *n/m,f* anthropophagite, cannibal. **an·tro·poi·de** [an̪tropóiðe] *adj n/m,f* anthropoid. **an·tro·po·lo·gía** [an̪tropoloxía] *n/f* anthropology. **an·tro·po·ló·gi·co/a** [an̪tropolóxiko/a] *adj* anthropological. **an·tro·pó·lo·go/a** [an̪tropóloγo/a] *n/m,f* anthropologist. **an·tro·po·mor·fo/a** [an̪tropomórfo/a] ZOOL *adj* anthropomorphous.

an·tru·e·jo [an̪trwéxo] *n/m* carnival.

a·nual [anwál] *adj* **1**. annual. **2**. per annum, a year. **a·nua·li·dad** [anwaliðáð] *n/f* **1**. annual occurrence/event. **2**. COM annuity, annual payment. **a·nua·rio** [anwárjo] *n/m* year-book.

a·nu·ba·rra·do/a [anuβarráðo/a] *adj* cloudy.

a·nu·dar [anuðár] **I**. *v* **1**. to knot, tie. **2**. to tie, fasten. **3**. FIG to unite, join (*amistad*). **II**. *v/Refl(-se)* **1**. AGR FIG to remain stunted/undeveloped. **2**. to get tied up in knots.

a·nuen·cia [anwén̪θja] *n/f* agreement, consent. **a·nuen·te** [anwén̪te] *adj* consenting.

a·nu·la·ción [anulaθjón] *n/f* **1**. annulment, cancellation. **2**. JUR repeal, annulment, revocation. **3**. cancellation (*cheque*). **a·nu·lar** [anulár] **I**. *adj* ring-shaped. **II**. *adj n/m* ring-finger. **III**. *v* **1**. to annul, invalidate (*contrato*). **2**. to cancel (*cheque*). **3**. JUR to repeal, revoke (*ley*). **4**. DEP to disallow (*gol*). **5**. FIG to steal (sb's) initiative.

a·nun·cia·ción [anun̪θjaθjón] *n/f* LOC **La ~**, REL the Annunciation. **a·nun·ciar** [anun̪θjár] *v* **1**. to announce, notify. **2**. to tell, announce. **3**. to advertise. **4**. to foretell, be a sign of (*presagiar*). **a·nun·cio** [anún̪θjo] *n/m* **1**. announcement. **2**. sign, omen. **3**. advertisement. **4**. poster, notice, placard (*cartel*). LOC **~ luminoso**, neon light/sign. **~s por palabras**, *pl* classified advertisements/ads. **Tablón de ~s**, notice board.

an·ver·so [am̪bérso] *n/m* obverse, face, head (*moneda*).

an·zue·lo [an̪θwélo] *n/m* **1**. hook, fishook. **2**. FIG lure, bait, attraction. LOC **Caer en el ~**, FIG to fall into the trap. **Echar el ~**, FIG to entice. **Picar en el ~, Tragar el ~**, FIG to swallow the bait.

a·ña·di·do/a [aɲaðíðo/a] **I**. *adj* added, additional, extra. **II**. *n/m* **1**. hair-piece, toupee. **2**. addition (*al texto*). **a·ña·di·du·ra** [aɲaðiðúra] *n/f* **1**. addition (*al texto*). **2**. extra piece. **3**. extra weight. LOC **Por ~**, in addition, besides. **a·ña·dir** [aɲaðír] *v* **1**. to add. **2**. to increase (*aumentar*). **3**. FIG to add, lend to.

a·ña·ga·za [aɲaγáθa] *n/f* **1**. decoy. **2**. FIG bait, snare.

a·ñal [aɲál] **I**. *adj* **1**. annual, yearly. **2**. AGR year-old. **II**. *n/m* AGR year-old lamb/calf (*recental*).

a·ñe·jar·se [aɲexárse] *v/Refl(-se)* to age. **a·ñe·jo/a** [aɲéxo/a] *adj* **1**. old. **2**. mature, mellow (*vino*). **3**. PEY stale.

a·ñi·cos [aɲíkos] *n/m pl* smithereens, shreds, bits and pieces *pl*. LOC **Hacerse ~**, 1. to smash to smithereens (*objeto*). 2. to tear to shreds (*papel*).

a·ñil [aɲíl] *n/m* **1**. BOT indigo plant/bush. **2**. indigo (*color*).

a·ño [áɲo] *n/m* **1**. *gen* year. **2**. *pl* days *pl*: *¡Qué años aquellos!*, Those were the days! **3**. *pl* birthday. LOC **~ bisiesto**, leap year. **~ civil/común**, calendar year. **~ de la nana**, the year dot. **~ económico**, COM financial/fiscal year. **~ entrante**, coming year. **~ escolar/lectivo**, school year. **~-luz/de luz**, ASTR lightyear. **~ tras ~**, year after year. **¿Cuántos ~s tienes?**, How old are you?. **En los ~s noventa**, in the nineties. **En sus ~s mozos**, in his youth. **Entrado en ~s**, elderly. **(Estar) de buen ~**, to be in good health. **¡Feliz ~! ¡Feliz ~ Nuevo!**, *exclam* Happy New Year! **Hace ~s**, years ago, ages ago. **Tener veinte ~s**, to be twenty years old, be twenty. **Tener veinte ~s cumplidos**, to be twenty/in one's 21st year. **a·ño·jo/a** [aɲóxo/a] *n/m,f* yearling.

a·ño·ran·za [aɲorán̪θa] *n/f* **1**. **(~ de)** longing, yearning, nostalgia (for). **2**. **(~ de)** hankering (after). **3**. grief. **a·ño·rar** [aɲorár] *v* **1**. to long for, yearn for, miss. **2**. to hanker after, pine for. LOC **~ el país/la casa**, to be homesick.

a·ño·so/a [aɲóso/a] *adj* old, aged.

a·ñus·gar [aɲusγár] *v* to choke.

ao·jar [aoxár] *v* to put a curse on sb.

aor·ta [aórta] *n/f* ANAT aorta. **aór·ti·co/a** [aórtiko/a] *adj* aortic.

ao·va·do/a [aoβáðo/a] *adj* oval, egg-shaped. **ao·var** [aoβár] *v* to lay eggs.

a·pa·bu·lla·mien·to [apaβuʎamjén̪to] *n/m* crushing, flattening, squashing. **a·pa·bu·llar** [apaβuʎár] *v* FIG to silence, PEY crush, overwhelm.

a·pa·cen·ta·mien·to [apaθen̪tamjén̪to] *n/m* AGR grazing. **a·pa·cen·tar** [apaθen̪tár] *v* (*apaciento*) **1**. to graze, pasture. **2**. FIG to feed (*intelecto*). **3**. FIG to teach, minister to.

a·pa·ci·bi·li·dad [apaθiβiliðáð] *n/f* gentleness, mildness, even temper. **a·pa·ci·ble** [apaθíβle] *adj* **1**. gentle, mild, peaceful. **2**. temperate (*clima*).

a·pa·ci·gua·mien·to [apaθiγwamjénto] *n/m* apeasement, pacifying. **a·pa·ci·guar** [apaθiγwár] **I**. *v* (*apacigüe*) **1**. to pacify, calm down. **2**. to relieve (*dolor*). **II**. *v/Refl(-se)* **1**. to calm down, die down, abate (*tormenta*). **2**. to quieten/calm down (*serenarse*).

a·pa·che [apátʃe] *adj n/m,f* GEOG Apache.

a·pa·dri·nar [apaðrinár] *v* **1**. to be godfather to. **2**. to be the best man for (*boda*). **3**. to sponsor. **4**. to support (*ideas*).

a·pa·ga·di·zo/a [apaγaðiθo/a] *adj* **1**. fire-resistant, flame-resistant. **2**. slow to burn. **a·pa·ga·do/a** [apaγáðo/a] *adj* **1**. extinguished, put out (*fuego*). **2**. extinct (*volcán*). **3**. muffled (*sonido*). **4**. quiet, weak (*voz*). **5**. lifeless (*persona*). **a·pa·gar** [apaγár] **I**. *v* (*apa***gue**) **1**. to extinguish, put out (*fuego*). **2**. to switch/turn off (*luz/radio*). **3**. to deaden, muffle (*sonido*). **4**. to fade (*sol*), soften (*color*). **5**. to quench (*sed*). **6**. MIL to silence (*cañón*). **7**. to calm, soothe (*dolor*). **II**. *v/Refl(-se)* **1**. to go out (*fuego*) **2**. to out/off (*luz*). **3**. to fade/die away (*sonido*). **4**. to calm down. **a·pa·ga·ve·las** [apaγaβélas] *n/m* (*pl apagavelas*) candle snuffer. **a·pa·gón** [apaγón] *n/m* ELECTR blackout.

a·pai·sa·do/a [apaisáðo/a] *adj* oblong.

a·pa·la·brar [apalaβrár] *v* to make a verbal agreement, give one's word.

a·pa·lan·ca·mien·to [apalaŋkamjénto] *n/m* leverage. **a·pa·lan·car** [apalaŋkár] *v* (*apalan***que**) to lever (up), lift/open with a lever.

a·pa·lea·mien·to [apaleamjénto] *n/m* **1**. beating. **2**. AGR beating, thrashing (*frutos*). **a·pa·le·ar** [apaleár] *v* **1**. to beat, thrash. **2**. AGR to thresh, winnow. **a·pa·leo** [apaléo] *n/m* **1**. beating, thrashing. **2**. AGR threshing, winnowing.

a·pan·ta·nar [apantanár] *v* to flood.

a·pa·ña·do/a [apaɲáðo/a] *adj* FIG **1**. handy, practical. **2**. skilful. **3**. **(~ para)** suitable/fit (for). LOC **¡Estamos ~s!** FAM *exclam* That's all we needed! **a·pa·ñar** [apaɲár] **I**. *v* **1**. to pick up, grab. **2**. to patch (up), mend (*ropa*). **3**. FAM Br to nick, steal. **4**. to dress up (*ataviar*). **II**. *v/Refl(-se)* **1**. to manage. **2**. **(~se con)** to get by on. LOC **Apañárselas**, to manage (to do/get sth), Br wangle (*conseguir*). **a·pa·ño** [apáɲo] *n/m* **1**. FAM repair, patched-up job. **2**. skill, FAM knack. LOC **Tener un ~**, to have a love affair.

a·pa·ra·dor [aparaðór] *n/m* **1**. sideboard, welsh dresser. **2**. shop window.

a·pa·ra·to [aparáto] *n/m* **1**. TÉC apparatus. **2**. device, instrument, appliance, gadget. **3**. TÉC machine. **4**. FAM airplane. **5**. show, pomp, ostentation. **6**. display, sign, flash. LOC **~s de mando**, *pl* AER controls *pl*. **Ponerse al ~**, to come to the phone. **a·pa·ra·to·si·dad** [aparatosiðáð] *n/f* ostentation, pomp and circumstance. **a·pa·ra·to·so/a** [aparatóso/a] *adj* **1**. pompous. **2**. ostentatious, FAM showy. **3**. spectacular.

a·par·ca·mien·to [aparkamjénto] *n/m* **1**. parking. **2**. Br carpark, US parking lot. **a·par·car** [aparkár] *v* (*apar***que**) **1**. to park. **2**. to shelve (*ley*). LOC **Prohibido ~**, No Parking.

a·par·ce·ría [aparθería] *n/f* AGR partnership. **a·par·ce·ro/a** [aparθéro/a] *n/m,f* AGR **1**. tenant farmer. **2**. co-owner, part owner.

a·pa·rea·mien·to [apareamjénto] *n/m* **1**. pairing off. **2**. mating (*animales*). **a·pa·re·ar** [apareár] **I**. *v* to match up, pair up. **II**. *v/Refl(-se)* to mate (*animales*).

a·pa·re·cer [apareθér] *v* (*apare***zco**) **1**. to appear. **2**. to be, appear (*en una lista*). **3**. to turn up, show up. **4**. to be published, come out (*libro*). **5**. **(~ como)** to seem/look (like). **6**. to be found (*niño*, etc). **a·pa·re·ci·do/a** [apareθíðo/a] *n/m,f* ghost.

a·pa·re·ja·do/a [aparexáðo/a] *adj* **(~ para)** **1**. ready, fit (for). **2**. suitable, adequate (for). LOC **Llevar ~**, to entail, involve. **a·pa·re·ja·dor/ra** [aparexaðór/ra] **I**. *n/m* **1**. ARQ quantity (surveyor). **2**. overseer. **a·pa·re·jar** [aparexár] *v* **1**. to get ready, prepare. **2**. to harness, saddle (*montura*). **3**. NÁUT to rig out. **a·pa·re·jo** [aparéxo] *n/m* **1**. preparation. **2**. gear, equipment. **3**. harness (*arreo*). **4**. NÁUT rigging. **5**. ARQ bond. **6**. *pl* equipment *sing*, materials *pl*. LOC **~ de pescar**, fishing tackle.

a·pa·ren·tar [aparentár] *v* **1**. to pretend, feign, affect. **2**. to seem to be, look: *No aparenta ochenta años*, He doesn't look eighty. **a·pa·ren·te** [aparénte] *adj* **1**. apparent. **2**. evident (*patente*). **3**. visible, outward.

a·pa·ri·ción [apariθjón] *n/f* **1**. appearance. **2**. apparition, spectre, ghost. **a·pa·rien·cia** [aparjénθja] *n/f* **1**. appearance. **2**. look(s). **3**. *pl* appearances *pl*. **4**. *pl* TEAT décor. LOC **Cubrir/Guardar las ~s**, to save one's face. **En ~**, seemingly, apparently. **Tener ~ de**, to look like.

a·par·ta·do/a [apartáðo/a] **I**. *adj* **(~ de)** **1**. remote, secluded, isolated, distant. **2**. aloof, distant (*persona*). **II**. *n/m* **1**. paragraph, section (*escrito*). **2**. TEAT aside. **3**. spare room (*casa*). LOC **~ de correos**, P.O. Box (Post Office Box). **a·par·ta·men·to** [apartaménto] *n/m* **1**. studio-apartment. **2**. Br flat, US apartment. **3**. second/holiday home (*vivienda secundaria*). **a·par·tar** [apartár]. **I**. *v* **1**. to separate, move away. **2**. to put aside/to one side. **3**. **(~ de)** to distance (from). **4**. to withdraw (from use). **5**. to part. **6**. to isolate. **7**. to take aside (*persona*). **8**. to keep, save (*comida*). **9**. to put off, sidetrack. **10**. to shunt (*vagones*). **II**. *v/Refl(-se)* **1**. to leave, go away. **2**. **(~se de)** to keep away (from), stand aside. **3**. to part, separate. **4**. to move aside. **5**. **(~se de)** to withdraw, distance oneself, retire (from). **7**. **(~se de)** to stray, move away (from) (*tema/religión*). LOC **¡Apártate!**, *exclam* Get out of the way! **a·par·te** [apárte] **I**. *adv* **1**. separated. **2**. **(~ de)** apart (from). **3**. besides. **4**. separately. **II**. *adj* **1**. private: *Una conversación aparte*, Private conversation. **2**. additional. **III**. *n/m* **1**. (new) paragraph. **2**. TEAT aside. LOC **Dejando ~**, not to mention, leaving aside. **Eso ~**, apart from that, that aside, besides that. **Poner ~**, to put aside. **Punto y ~**, Br new paragraph.

a·pa·sio·na·do/a [apasjonáðo/a] I. *adj* 1. passionate, impassioned. 2. **(~ a/por)** passionately fond (of). II. *n/m,f* **(~ de)** enthusiast, admirer, lover (of). **a·pa·sio·na·mien·to** [apasjonamjénto] *n/m* passion, enthusiasm, excitement. **a·pa·sio·nan·te** [apasjonánte] *adj* exciting, thrilling. **a·pa·sio·nar** [apasjonár] I. *v* to rouse, stir, excite. II. *v/Refl(-se)* **(~se por/con)** 1. to be mad about, enthuse over. 2. to fall in love with.

a·pa·tía [apatía] *n/f* 1. apathy. 2. indifference. 3. MED listlessness. **a·pá·ti·co/a** [apátiko/a] *adj* apathetic, indifferent. 2. MED listless.

a·pá·tri·da [apátriða] *adj* stateless.

Apdo. *abrev* de *Apartado de Correos*, P.O.

a·pea·de·ro [apeaðéro] *n/m* 1. halt, stopping place. 2. wayside station (*ferrocarril*). **a·pe·ar** [apeár] I. *v* 1. to help down (*de un carruaje*). 2. to help out (*de un coche*). 3. to take down. 4. FIG FAM **(~ de)** to dissuade, make (sb) back down: *No pude apearlo de sus ideas*, I couldn't dissuade him from his beliefs. II. *Refl(-se)* (~ **de**) to light, get down (*vehículo, animal*). LOC **No ~se del burro**, not to back down.

a·pe·chu·gar [apetʃuγár] *v* (*apechugue*) FIG FAM **(~ con)** to push ahead courageously.

a·pe·drea·mien·to [apeðreamjénto] *n/m* stoning. **a·pe·dre·ar** [apeðreár] I. *v* 1. to throw stones at. 2. to stone (to death). II. *v imper* to hail (*granizar*). III. *v/Refl(-se)* 1. AGR to be damaged by hail. 2. to throw stones at each other. **a·pe·dreo** [apeðréo] *n/m* 1. stoning. 2. hail.

a·pe·gar·se [apeγárse] *v/Refl(-se)* (*me apegué*) FIG **(~se a)** to become attached/devoted (to). **a·pe·go** [apéγo] *n/m* **(~ a/por)** attachment (to), fondness (for).

a·pe·la·ble [apeláßle] *adj* JUR appealable. **a·pe·la·ción** [apelaθjón] *n/f* JUR appeal. LOC **Interponer ~**, JUR to give notice of appeal. **Juicio sin ~**, JUR without appeal, final. **Recurso de ~**, JUR appeal. **Tribunal de ~**, JUR court of appeal. **a·pe·lan·te** [apelánte] *adj n/m,f* JUR appellant. **a·pe·lar** [apelár] *v* 1. **(~ de/contra)** JUR to appeal (against). 2. **(~ a)** to resort (to), have recourse (to). 3. **(~ a)** FIG to appeal (to) (*bondad*, etc). **a·pe·la·ti·vo** [apelatíßo] *n/m* 1. GRAM appellative. 2. family name, surname.

a·pel·ma·zar [apelmaθár] *v* (*apelmace*) to squeeze, compress.

a·pe·lo·to·nar·se [apelotonárse] *v/Refl(-se)* 1. to crowd together (*gente*). 2. to roll/curl up (into a ball).

a·pe·lli·dar [apeʎiðár] I. *v* 1. to name, call. 2. **(~ de)** to call (*calificar*). II. *v/Refl(-se)* to be called (*apellido/mote*). **a·pe·lli·do** [apeʎíðo] *n/m* 1. surname, last name. 2. nickname (*apodo*). LOC **~ de soltera,** maiden name. **Con nombre y ~**, with all one's particulars. **Nombre y ~s**, full name.

a·pe·nar [apenár] *v* to grieve, pain.

a·pe·nas [apénas] *adv* 1. scarcely, hardly (at all). 2. only just. 3. as soon as. LOC **~... cuando,** no sooner...than. **~ si,** hardly.

a·pen·car [apeŋkár] *v* (*apenque*) **(~ con)** to take on; to put up with (sth).

a·pén·di·ce [apéndiθe] *n/m* 1. appendix. 2. appendage. 3. ANAT appendix. **a·pen·di·ci·tis** [apendiθítis] *n/f* MED appendicitis.

a·per·ci·bi·mien·to [aperθißimjénto] *n/m* 1. preparation. 2. warning (*aviso*). 3. JUR summons. **a·per·ci·bir** [aperθißír] I. *v* 1. to prepare. 2. **(~ para)** to prepare (for). 3. **(~ de)** to warn. 4. JUR to summon. II. *v/Refl(-se)* (~ **de**) to notice, realize.

a·per·ga·mi·na·do/a [aperγamináðo/a] *adj* 1. parchment-like. 2. FIG wizened (*persona*). **a·per·ga·mi·nar·se** [aperγaminárse] *v/Refl (-se)* FIG FAM to become wizened.

a·pe·ri·ti·vo [aperitíßo] *n/m* apéritif, appetizer.

a·pe·ro [apéro] *n/m* 1. *pl* AGR farm equipment. 2. *pl* tools *pl*, equipment.

a·pe·rre·ar [aperreár] *v* 1. to set (the) dogs on. 2. FIG FAM to tire (sb) out. 3. FIG FAM to annoy, pester.

a·per·so·nar·se [apersonárse] *v/Refl(-se)* to appear (in person).

a·per·tu·ra [apertúra] *n/f* 1. *gen* opening. 2. beginning, start (*de trimestre*). 3. FIG liberalization (*política*).

a·pe·sa·dum·brar [apesaðumbrár] *v* to distress, grieve. LOC **~se de/por/con**, to be grieved/distressed by/at. **a·pe·sa·rar** [apesarár] *v* V **apesadumbrar**.

a·pes·ta·do/a [apestáðo/a] *adj* 1. pestilential, foul (*olor*). 2. MED suffering from the plague (*peste*). 3. FIG infested. **a·pes·tar** [apestár] *v* 1. to smell, stink. 2. MED to infect with the plague. 3. **(~ a)** to smell, stink (of). **a·pes·to·so/a** [apestóso/a] *adj* 1. stinking. 2. foul, awful.

a·pe·te·cer [apeteθér] *v* (*apetezco, apetecí*) to attract, appeal (to), long for. LOC **¿Qué te apetece (tomar)?**, What would you like (to drink)? **Me apetece ir**, I feel like going. **a·pe·te·ci·ble** [apeteθíßle] *adj* desirable, tempting. **a·pe·ten·cia** [apeténθja] *n/f* 1. hunger. 2. **(~ de)** FIG hunger, desire (for). **a·pe·ti·to** [apetíto] *n/m* **(~ de/por)** 1. *gen* appetite. 2. FIG relish. LOC **Abrir/Despertar el ~**, to whet the appetite. **a·pe·ti·to·so/a** [apetitóso/a] *adj* 1. appetizing. 2. tempting, inviting.

a·pia·dar [apjaðár] I. *v* to fill with pity. II. *v/Refl(-se)* **(~ se de)** to pity, have pity on.

a·pi·cal [apikál] *adj* apical.

á·pi·ce [ápiθe] *n/m* 1. apex. 2. FIG whit, jot (*negativo*). 3. accent (*signo gráfico*). 4. tip (*de la lengua*). LOC **No ceder ni un ~**, FIG not to give an inch.

a·pi·cul·tor/ra [apikultór/ra] *n/m,f* beekeeper, apiarist. **a·pi·cul·tu·ra** [apikultúra] *n/f* beekeeping.

a·pi·la·mien·to [apilamjénto] *n/m* piling up. **a·pi·lar·se** [apilárse] *v/Refl(-se)* to pile up.

a·pi·ña·mien·to [apiɲamjénto] *n/m* congestion, overcrowding. **a·pi·ñar** [apiɲár] *v* **1.** to pile up, squeeze. **2.** to cram/crowd together.
a·pio [ápjo] *n/m* BOT celery.
a·pi·par·se [apipárse] *v/Refl(-se)* **(~se de)** FAM **1.** to gorge, overeat (*comida*). **2.** to drink oneself silly.
a·pi·so·na·do·ra [apisonaðóra] *n/f* steamroller, roller. **a·pi·so·nar** [apisonár] *v* **1.** to ram/pound/pack down, steamroll. **2.** to roll flat.
a·pla·ca·mien·to [aplakamjénto] *n/m* **1.** appeasement. **2.** soothing. **a·pla·car** [aplakár] *v* (*apla**que***) **1.** to placate, appease. **2.** to calm, soothe.
a·pla·nar [aplanár] **I.** *v* **1.** to smooth, level. **2.** to roll flat. **3.** FAM to knock out, bowl over. **II.** *v/Refl(-se)* **1.** ARQ to collapse. **2.** FIG FAM to lose heart.
a·plas·ta·mien·to [aplastamjénto] *n/m* crushing, flattening. **a·plas·tan·te** [aplastánte] *adj* overwhelming. **a·plas·tar** [aplastár] *v* **1.** to crush, flatten. **2.** to overwhelm, quell (*rebelión*).
a·pla·ta·nar·se [aplatanárse] *v/Refl(-se)* FAM to grow/become lazy/indolent.
a·plau·dir [aplauðír] *v* to applaud, clap. **a·plau·so** [apláuso] *n/m* **1.** applause. **2.** approbation. LOC **~ cerrado**, deafening applause.
a·pla·za·ble [aplaθáβle] *adj* deferable, postponable. **a·pla·za·mien·to** [aplaθamjénto] *n/m* **1.** summoning. **2.** postponement. **a·pla·zar** [aplaθár] *v* (*apla**ce***) **1.** to postpone. **2.** to summon.
a·pli·ca·ble [aplikáβle] *adj* **(~ a)** applicable (to). **a·pli·ca·ción** [aplikaθjón] *n/f* **1.** *gen* application. **2.** industry, assiduousness. **a·pli·ca·do/a** [aplikáðo/a] *adj* **1.** diligent, industrious. **2.** studious (*alumno*). **a·pli·car** [aplikár] **I.** *v* (*apli**que***) **1. (~ a)** *gen* to apply (to). **2. (~ sobre)** to lay (on). **3. (~ a/para)** to assign (to) (*recursos*). **4.** to adjudge (*bienes*). **5. (~ a)** to enter, put in (for). **6. (~ a)** to attach, fix (to), put, fix (on). **II.** *v/Refl(-se)* **1. (~se a)** to be used for. **2.** to **(~se a)** to apply to, be applicable to. **3. (~se a)** to apply/devote oneself to (*estudios*). **4.** to take effect. LOC **~ el oído**, to listen attentively.
a·pli·que [aplíke] *n/m* wall lamp/light.
a·plo·mo [aplómo] *n/m* **1.** aplomb, poise. **2.** verticality. **3.** gravity, seriousness.
a·po·ca·do/a [apokáðo/a] *adj* spiritless, spineless, timid.
a·po·ca·lip·sis [apokalípsis] *n/m* apocalypse; (book of) Revelations. **a·po·ca·líp·ti·co/a** [apokalíptiko/a] *adj* apocalyptic.
a·po·ca·mien·to [apokamjénto] *n/m* timidity, spinelessness. **a·po·car** [apokár] **I.** *v* (*apo**que***) **1.** to lessen, reduce. **2.** to limit, restrict. **3.** to cow, humble. **II.** *v/Refl(-se)* **1.** to humble oneself. **2.** to get intimidated. **3.** FIG FAM to get cold feet.
a·po·co·par [apokopár] *v* GRAM to apocopate. **a·pó·co·pe** [apókope] *n/m* apocope, clip.
a·pó·cri·fo/a [apókrifo/a] *adj* **1.** REL apocryphal. **2.** unauthentic.
a·po·dar [apoðár] *v* to nickname.
a·po·de·ra·do/a [apoðeráðo/a] **I.** *adj* empowered, authorised. **II.** *n/m,f* **1.** JUR attorney. **2.** DEP manager. **3.** agent. **a·po·de·rar** [apoðerár] **I.** *v* **1.** to empower. **2.** JUR to grant power of attorney to. **II.** *v/Refl(-se)* **(~se de) 1.** to seize, take hold of (*poder*). **2.** to take possession of.
a·po·do [apóðo] *n/m* nickname, label.
á·po·do/a [ápoðo/a] *adj* ZOOL apodal.
a·po·geo [apoxéo] *n/m* **1.** apogee. **2.** FIG peak, summit, zenith.
a·po·li·llar·se [apoliʎárse] *v/Refl(-se)* to get worm-eaten (*madera*); to get moth-eaten (*ropa*).
a·po·lí·neo [apolíneo] *adj* MIT Apollonian.
a·po·lí·ti·co/a [apolítiko/a] *adj* apolitical.
a·po·lo·gé·ti·co/a [apoloxétiko/a] *adj* apologetic. **a·po·lo·gía** [apoloxía] *n/f* **1.** apology. **2.** FAM eulogy, panegyric. **a·po·lo·gis·ta** [apoloxísta] *n/m,f* apologist.
a·pó·lo·go [apóloγo] *n/m* apologue, fable.
a·pol·tro·na·mien·to [apoltronamjénto] *n/m* laziness, idleness. **a·pol·tro·nar·se** [apoltronárse] *v/Refl(-se)* **1.** to become sedentary. **2.** to become lazy/idle, FAM loll about.
a·po·ple·jía [apoplexía] *n/f* MED apoplexy. LOC **Ataque de ~**, MED stroke. **a·po·plé·ti·co/a** [apoplétiko/a] *adj* aploplectic.
a·por·car [aporkár] *v* (*apor**que***) AGR to earth over, bank up (with soil).
a·po·rre·ar [aporreár] *v* **1.** to cudgel, club, beat. **2.** FIG to pester. **3.** to thump/pound on (*mesa/teclas*). **a·po·rreo** [aporréo] *n/m* beating (-up).
a·por·ta·ción [aportaθjón] *n/f* contribution. **a·por·tar** [aportár] **I.** *v* **1.** to contribute. **2.** to bring forward. **3.** to reach port, arrive. **4.** to arrive (somewhere) by chance. **a·por·te** [apórte] *n/m* contribution.
a·po·sen·ta·mien·to [aposentamjénto] *n/m* **1.** accommodation. **2.** room, lodgings *pl*. **a·po·sen·tar** [aposentár] **I.** *v* **1.** to lodge, accommodate, house. **II.** *v/Refl(-se)* to take rooms *pl*, lodge. **a·po·sen·to** [aposénto] *n/m* **1.** room, chamber. **2.** lodging (*hospedaje*).
a·po·si·ción [aposiθión] *n/f* GRAM apposition. **a·po·si·ti·vo/a** [apositíβo/a] *adj* GRAM appositional.
a·pó·si·to [apósito] *n/m* MED dressing, poultice.
a·pos·ta [apósta] *adv* on purpose.
a·pos·tar [apostár] **I.** *v* (*apuesto*) **1. (~ a/por)** to bet, wager (on). **2.** MIL to post, station. **3.** to compete, vie. LOC **~ a que**, to bet that.
a·pos·ta·sía [apostasía] *n/f* apostasy.
a·pós·ta·ta [apóstata] *n/m,f* **1.** apostate. **2.** renegade. **a·pos·ta·tar** [apostatár] *v* **1. (~ de)** REL to apostatize (from). **2.** FIG to change sides.
a·pos·ti·lla [apostíʎa] *n/f* footnote, annotation. **a·pos·ti·llar** [apostiʎár] *v* to annotate, add.
a·pós·tol [apóstol] *n/m* apostle. **a·pos·to·la·do** [apostoláðo] *n/m* **1.** apostolate. **2.** propagation of ideas. **a·pos·tó·li·co/a** [apostóliko/a] *adj* apostolic.
a·pos·tro·far [apostrofár] *v* **1.** to apostrophize, address. **2.** to rebuke. **3.** FAM to

insult. **a·pós·tro·fe** [apóstrofe] *n/m,f* 1. apostrophe. 2. FAM insult. **a·pós·tro·fo** [apóstrofo] *n/m* apostrophe (*signo ortográfico*).

a·pos·tu·ra [apostúra] *n/f* bearing, grace.

a·po·teó·si·co/a [apoteósiko/a] *adj* glorious, grandiose. **a·po·teo·sis** [apoteósis] *n/f* apotheosis.

a·po·yar [apoJár] **I.** *v* **1.** **(~ en/sobre)** to lean, rest (on). **2.** ARQ to hold up. **3.** FIG to support, back. **4.** FIG to aid, abet. **5.** FIG to confirm, support. **6.** to second (*una moción*). **II.** *v/Refl(-se)* **(~se en)** **1.** to rest on, be based on. **2.** FIG to rely on (*persona*). **a·po·ya·tu·ra** [apoJatúra] *n/f* MÚS appoggiatura. **a·po·yo** [apóJo] *n/m* **1.** support. **2.** FIG backing, support. **3.** approval.

a·pre·cia·ble [apreθjáßle] *adj* **1.** appreciable, considerable. **2.** FIG worthy (*persona*). **3.** audible (*ruido*). **a·pre·cia·ción** [apreθjaθjón] *n/f* **1.** appreciation. **2.** appraisal. **3.** COM valuation. **a·pre·ciar** [apreθjár] *v* **1.** **(~ en)** to value, assess (at). **2.** to prize, value. **3.** FIG to appreciate. **4.** (~ por) to hold in esteem, value (for). **a·pre·cia·ti·vo/a** [apreθjatíßo/a] *adj* appreciative. **a·pre·cio** [apréθjo] *n/m* **1.** appraisal, valuation. **2.** FIG appreciation, (high) regard.

a·pre·hen·der [apr(e)en̪dér] *v* **1.** to apprehend (*criminal*). **2.** to seize (*bienes*). **a·pre·hen·si·ble** [apre(e)nsíßle] *adj* conceivable. **a·pre·hen·sión** [apr(e)ensjón] *n/f* **1.** **(~ de)** apprehension, arrest (of). **2.** seizure (*de bienes*). **3.** FIG perception.

a·pre·mian·te [apremján̪te] *adj* urgent, pressing. **a·pre·miar** [apremjár] *v* **1.** to press, urge. **2.** to hurry (up). **3.** to oblige, force, compel (*obligar*). **a·pre·mio** [aprémjo] *n/m* **1.** haste, hurry. **2.** compulsion. **3.** JUR writ, summons. LOC **Por vía de ~,** JUR under duress.

a·pren·der [apren̪dér] *v* to learn. LOC **~ de memoria,** to learn by heart. **a·pren·diz/za** [apren̪díθ/θa] *n/m,f* (*pl aprendi**ces**/aprendi**zas***) **1.** learner, beginner, novice. **2.** trainee, apprentice (*trabajo*). **a·pren·di·za·je** [apren̪diθáxe] *n/m* apprenticeship, learning.

a·pren·sión [aprensjón] *n/f* **1.** apprehension, fear. **2.** *pl* strange notions *pl*. **a·pren·si·vo/a** [aprensíßo/a] *adj* **1.** apprehensive, fearful. **2.** squeamish. **3.** worried, anxious. LOC **Ser ~,** FIG to be a hypochondriac.

a·pre·sa·mien·to [apresamjén̪to] *n/m* seizure, capture. **a·pre·sar** [apresár] *v* **1.** to capture, take prisoner (*persona*). **2.** to catch, seize (*con garras,* etc). **3.** JUR to seize.

a·pres·tar [aprestár] *v* **1.** to prepare, get ready. **2.** TÉC to size (*telas*). LOC **~se a/para,** to get ready for. **a·pres·to** [apresto] *n/m* **1.** preparation. **2·** TÉC sizing (*acción*).

a·pre·su·ra·mien·to [apresuramjén̪to] *n/m* haste(ning). **a·pre·su·rar** [apresurár] *v* **1.** to hurry (up/along). **2.** to speed up, accelerate. **3.** to rush (sb), pressurize (sb). LOC **~se a/en/por +** *inf*, to hasten/hurry to + *inf*.

a·pre·ta·do/a [apretáðo/a] *adj* **1.** tight. **2.** squashed, tightly-packed. **3.** difficult. **4.** short of money. **5.** close: *Un resultado apretado,* A close score. **a·pre·tar** [apretár] **I.** *v* (*aprieto*) **1.** to tighten (*tornillo, etc*). **2.** to squeeze, hug (*estrechar*). **3.** to pack tight, press down (*comprimir*). **4.** to clasp (*mano*). **5.** to shake (*la mano*); to clench (*puño*); to set, grit (*dientes*). **6.** to press (*botón*). **7.** to be small on (*vestido*). **8.** to pinch (*zapato*). **9.** to tighten up (*disciplina*). **10.** to intensify (*ataque/calor*). **11.** to get worse. **12.** to insist; to coerce, pressurize (*presionar*). **13.** to make, redouble one's efforts. **II.** *v/Refl(-se)* **1.** to narrow. **2.** to squeeze up, huddle together. LOC **~ a correr**, to break into a run. **~ el paso**, to quicken one's pace. **~ entre los brazos**, to squeeze in one's arms. **~ las clavijas/tuercas**, FIG FAM to put the screws on. **~se el cinturón,** FIG FAM to tighten one's belt. **Me aprieta el tiempo**, time is running out. **a·pre·tón** [apretón] *n/m* **1.** squeeze, sudden pressure. **2.** FAM dash, short run. LOC **~ de manos**, a warm handshake. **a·pre·tu·jar** [apretuxár] *v* **1.** to squeeze/press hard. **2.** to jam/cram together. **a·pre·tu·jón** [apretuxón] *n/m* FAM tight squeeze, crush. **a·prie·to** [aprjéto] *n/m* **1.** difficult situation, trouble. **2.** tight spot, jam. LOC **Poner a alguien en un ~**, to put sb into a tight corner.

a·prio·ris·mo [aprjorísmo] *n/m* apriorism. **a·prio·rís·ti·co/a** [aprjorístiko/a] *adj* aprioristic.

a·pri·sa [aprísa] *adv* promptly, quickly.

a·pris·co [aprísko] *n/m* corral, fold.

a·pri·sio·nar [aprisjonár] *v* **1.** to imprison. **2.** to capture. **3.** to bind, tie.

a·pro·ba·ción [aproßaθjón] *n/f* approbation, approval. **a·pro·ba·do** [aproßáðo] *n/m* pass (mark). **a·pro·bar** [aproßár] *v* (*ap**rue**bo*) **1.** to approve, ratify, confirm. **2.** to approve of, agree with. **3.** to pass (*un examen*).

a·pron·tar [apron̪tár] *v* to prepare, get ready quickly.

a·pro·pia·ción [apropjaθjón] *n/f* appropriation. **a·pro·pia·do/a** [apropjáðo/a] *adj* **(~ para)** appropriate, proper, suitable (for). **a·pro·piar** [apropjár] **I.** *v* **1.** to give possession of, bequeath. **2.** **(~ a)** to adapt, fit (to). **II.** *v/Refl(-se)* **(~se de)** to appropriate, take over.

a·pro·ve·cha·ble [aproßetʃáßle] *adj* **1.** serviceable. **2.** usable, useful. **a·pro·ve·cha·do/a** [aproßetʃáðo/a] *adj* **1.** hardworking, diligent. **2.** thrifty. **3.** shrewd, opportunistic. **a·pro·ve·cha·mien·to** [aproßetʃamjén̪to] *n/m* **1.** use, utilization. **2.** exploitation, development. **3.** diligence. **4.** profit, advantage. **5.** improvement. **a·pro·ve·char** [aproßetʃár] **I.** *v* **1.** to make (good) use of. **2.** to take advantage of (*oferta*). **3.** to profit by, learn a lot (*enseñanza*). **4.** to seize, avail oneself of (*ocasión*). **5.** to make the most of (*posibilidades*). **6.** **(~ en)** to make progress, improve (in). **7.** **(~ a)** to be of use to. **II.** *v/Refl(-se)* **(~se de)** to take advantage of. LOC **¡Que aproveche!**, *exclam* Bon appétit!

a·pro·vi·sio·na·mien·to [aproßisjonamjén̪to] *n/m* **1.** provisioning, supplying. **2.** provisions, supplies *pl*. **a·pro·vi·sio·nar** [aproßisjonár] *v* **(~ de)** to provide, supply.

a·pro·xi·ma·ción [apro(k)simaθjón] *n/f* **1.** closeness, nearness. **2.** approximation. **3.** consolation prize (*lotería*). **a·pro·xi·ma·do/a** [apro(k)simáðo/a] *adj* approximate, close. **a·pro·xi·mar** [apro(k)simár] *v* **1.** to approximate. **2.** to bring close, move near. LOC **~se a**, to approach, get close to. **a·pro·xi·ma·ti·vo/a** [apro(k)simatíβo/a] *adj* approximate.

áp·te·ro [áptero] *adj* apteral, wingless.

ap·ti·tud [aptitúð] *n/f* **(~ para) 1.** aptitude, fitness (for). **2.** ability, capability (of). **ap·to/a** [ápto/a] *adj* **(~ para)** apt, fit (for), capable (of).

a·pues·ta [apwésta] *n/f* bet, wager.

a·pues·to/a [apwésto/a] *adj* spruce, neat.

a·pun·ta·dor/ra [apuntaðór/ra] *n/m,f* **1.** TEAT prompter. **2.** timekeeper, notetaker.

a·pun·ta·la·mien·to [apuntalamjénto] *n/m* **1.** propping up, shoring (up). **2.** support. **a·pun·ta·lar** [apuntalár] *v* to prop up, shore up.

a·pun·ta·mien·to [apuntamjénto] *n/m* **1.** aiming (*arma*). **2.** JUR record (of the proceeding).

a·pun·tar [apuntár] **I.** *v* **1. (~ a)** to aim (at), take aim, train (on) (*fusil*). **2.** to point out, indicate (*señalar*). **3.** to note (down). **4.** DEP to score, to enter (*partida*). **5.** to patch, darn, tack (*ropa*). **6.** TEAT to prompt. **7. (~ que)** to point out that. **8.** to underline, mark (*texto*). **9.** to mention, make a passing remark, to suggest: *Apuntó esa posibilidad*, He suggested such a possibility. **10.** to appear, begin to show. **11.** to dawn. **II.** *v/Refl (-se)* **1.** to enrol(l). **2.** to begin to go sour (*vino*). **a·pun·te** [apúnte] *n/m* **1.** note. **2.** entry (*partida*). **3.** sketch, outline. **4.** TEAT prompt. LOC **Libro de ~s**, notebook.

a·pun·ti·llar [apuntiʎár] *v* TAUR to deal the coup de grâce to the bull (with a dagger), finish off.

a·pu·ña·lar [apuɲalár] *v* to stab, knife.

a·pu·ra·do/a [apuráðo/a] *adj* **1. (~ de)** hard up, needy (for), short (of). **2.** dangerous, difficult. **3.** carefully done. **4.** rushed, hurried. **5.** distressed. **a·pu·rar** [apurár] **I.** *v* **1.** TÉC to refine, purify. **2.** to drain, exhaust. **3.** to carry out, finish. **4.** to embarrass. **5.** to hurry, press (*apremiar*). **II.** *Refl(-se)* **1. (~se por)** to worry. **2.** to hurry. **a·pu·ro** [apúro] *n/m* **1.** hardship, trouble, want. **2.** *gen pl* difficulty, fix. **3.** hurry. LOC **Estar/Poner en ~s**, to be/put in a fix.

a·que·jar [akexár] *v* **1.** to afflict, trouble. **2.** to grieve. LOC **Estar aquejado de/por**, to be suffering from.

a·quel, a·que·lla [akél/akéʎa] **I.** *adj* (*pl* **aquellos/-as**) **1.** that. **2.** *pl* those. **II.** *pron* **1.** that one. **2.** the former. **3.** *pl* those. **4.** *pl* the former *sing*. **III.** *n/m* **(aquél)** FAM charm, something special. **a·que·llo** [akéllo] *pron* that, that thing.

a·que·la·rre [akelárre] *n/m* **1.** witches' sabbath. **2.** FIG uproar, din (*jaleo*).

a·quí [akí] *adv* **1.** here. **2.** then, at that moment (*entonces*). **3.** now, here. LOC **~ abajo,** down here. **~ dentro,** in here. **~ y allá,** here and there. **~ mismo,** right here. **De ~,** from here. **De ~ a 15 días,** within two weeks. **De ~ en adelante,** from now on. **De ~ para allá,** to and fro. **De ~ que**, hence, so. **Hasta ~, 1.** so far. 2. up to now. **Por ~, 1.** around here. 2. this way. **Ven ~,** Come here.

a·quies·cen·cia [akjesθénθja] *n/f* acquiescence. **a·quies·cen·te** [akjesθénte] *adj* acquiescent.

a·quie·tar [akjetár] *v* to calm (down).

a·qui·la·ta·mien·to [akilatamjénto] *n/m* **1.** evaluation. **2.** FIG appraisal (*de carácter*). **a·qui·la·tar** [akilatár] *v* **1.** to assay (*oro*). **2.** to value, grade (*piedras preciosas*). **3.** FIG to appraise, assess (*persona*). **4.** FIG to refine. **5.** to reduce the price (as much as possible).

a·qui·li·no/a [akilíno/a] *adj* aquiline.

a·qui·lón [akilón] *n/m* north wind.

a·ra [ára] *n/f* **1.** altar. **2.** altar stone. LOC **En ~s de**, for the sake of.

á·ra·be [áraβe] **I.** *adj* Arab(ic), Arabian. **II. 1.** *n/m,f* Arab. **2.** *n/m* Arabic (*idioma*). **a·ra·bes·co/a** [arabésko/a] **I.** *adj* Arab(ic). **II.** *n/m* ARQ arabesque. **a·rá·bi·go/a** [aráβiɣo/a] *adj* Arabic, Arabian. **a·ra·bis·mo** [araβísmo] *n/m* Arabism. **a·ra·bis·ta** [araβísta] *n/m,f* Arabist.

a·rác·ni·do/a [arákniðo/a] *adj n/m* arachnid.

a·ra·do [aráðo] *n/m* plough.

a·ran·cel [aranθél] *n/m* (customs) tariff/duty. **a·ran·ce·la·rio/a** [aranθelárjo/a] *adj* tariff.

a·rán·da·no [arándano] *n/m* BOT bilberry, whortleberry.

a·ran·de·la [arandéla] *n/f* TÉC washer.

a·ra·ña [aráɲa] *n/f* spider. LOC **~ de luces,** chandelier.

a·ra·ñar [araɲár] *v* **1.** to scratch. **2.** to scrape; FIG to scrape together (*dinero*). **3.** FAM to be itchy (*jersey*). **a·ra·ña·zo** [araɲáθo] *n/m* scratch.

a·rar [arár] *v* AGR to plough, till.

a·rau·ca·no/a [araukáno/a] *adj* GEOG Araucanian.

ar·bi·tra·je [arβitráxe] *n/m* **1.** arbitration. **2.** DEP umpirage (*tenis*). **3.** DEP refereeing (*fútbol*). **4.** COM arbitrage. **ar·bi·tral** [arβitrál] *adj* **1.** JUR by arbitration. **2.** DEP of the referee/umpire. **ar·bi·trar** [arβitrár] *v* **1. (~ en/entre)** JUR to arbitrate (in/between). **2.** DEP to referee, umpire. **3.** to work out, determine. **ar·bi·tra·rie·dad** [arβitrarjeðáð] *n/f* arbitrariness. **ar·bi·tra·rio/a** [arβitrárjo/a] *adj* arbitrary. **ar·bi·trio** [arβítrjo] *n/m* **1.** freewill. **2.** means *pl*, expedient (*recurso*). **3.** *pl* taxes *pl*. LOC **Al ~ de,** at the discretion of. **Estar al ~ de,** to be dependent on (*alguien/algo*). **ár·bi·tro/a** [árβitro/a] *n/m* **1.** JUR arbiter, arbitrator. **2.** DEP judge (*concurso*), umpire (*tenis*), referee (*fútbol*).

ár·bol [árβol] *n/m* **1.** BOT tree. **2.** NÁUT mast. **3.** TÉC shaft, axle. LOC **~ de la vida**, tree of life. **~ de levas**, AUT camshaft. **~ de Navidad**, Christmas tree. **~ genealógico**, genealogical/family tree. **ar·bo·la·do/a** [arβoláðo/a] **I.** *adj* wooded. **II.** *n/m* trees *pl*, woodland. **ar·bo·la·du·ra** [arβolaðúra] *n/f* NÁUT masts and spars *pl*. **ar·bo·lar** [arβolár] **I.** *v* **1.** to hoist (*bandera*). **2.** NÁUT to mast. **II.**

v/Refl(-se) to rear up (*caballo*). **ar·bo·le·da** [arβoléða] *n/f* grove, plantation, copse, spinney. **ar·bó·reo/a** [arβóreo/a] *adj* **1**. sylvan, arboreal. **2**. tree-like/shaped. **ar·bo·res·cen·cia** [arβoresθéṇθja] *n/f* BOT arborescence. **ar·bo·res·cen·te** [arβoresθéṇte] *adj* arborescent. **ar·bo·rí·co·la** [arβoríkola] *adj* ZOOL tree-dwelling, arboreal. **ar·bo·ri·cul·tu·ra** [arβorikuḷtúra] *n/f* arboriculture. **ar·bo·ri·for·me** [arβorifórme] *adj* tree-shaped.

ar·bo·tan·te [arβotáṇte] *n/m* ARQ flying buttress.

ar·bus·to [arβústo] *n/m* BOT shrub, bush.

ar·ca [árka] *n/f* (*el/un*) **1**. chest, coffer (*cofre*). **2**. safe. **3**. ANAT sides, flanks. LOC **~s municipales**, COM municipal funds. **~ de Noé,** REL Noah's Ark. **Las ~s públicas**, COM The Treasury *sing*.

ar·ca·buz [arkaβúθ] *n/m* (*arcabuces*) HIST harquebus (*arma*).

ar·ca·da [arkáða] *n/f* **1**. arcade. **2**. *pl* nausea *sing*. **3**. arches *pl* (*puente*).

ar·cai·co/a [arkáiko/a] *adj* archaic. **ar·caís·mo** [arkaísmo] *n/m* archaism. **ar·cai·zan·te** [arkaiθáṇte] *adj* archaic.

ar·cán·gel [arkáŋxel] *n/m* archangel.

ar·ca·no/a [arkáno/a] **I**. *adj* arcane. **II**. *n/m* mystery, secret.

ar·ce [árθe] *n/m* BOT maple (*árbol*).

ar·ce·dia·no [arθeðjáno] *n/m* REL arch-deacon.

ar·cén [arθén] *n/m* **1**. curb, kerb. **2**. hard-shoulder (*autopista*). **3**. border, edge.

ar·ci·lla [arθíʎa] *n/f* clay. **ar·ci·llo·so/a** [arθiʎóso/a] *adj* clayey, argillaceous.

ar·ci·pres·te [arθipréste] *n/m* REL arch-priest.

ar·co [árko] *n/m* **1**. ARQ ANAT arch. **2**. ELECTR MAT arc. **3**. bow (*arma/violín*). **4**. hoop (*de tonel*). **5**. ELECTR spotlight. LOC **~ abocinado**, ARQ splayed arch. **~ adintelado**, ARQ flat arch. **~ de herradura**, ARQ horseshoe arch. **~ de medio punto**, ARQ round/semi-circular arch. **~ iris**, rainbow. **~ triunfal**, triumphal arch(way). **Tiro de ~**, DEP archery.

ar·cón [arkón] *n/m* large chest.

ar·chi·dió·ce·sis [artʃiðjóθesis] *n/f* REL archbishopric, archdiocese. **ar·chi·du·que** [artʃiðúke] *n/m* archduke. **ar·chi·du·que·sa** [artʃiðukésa] *n/f* archduchess. **ar·chi·mi·llo·na·rio/a** [artʃimiʎonárjo/a] **1**. *n/m* multimillionaire. **2**. *n/f* multimillionairess. **ar·chi·pié·la·go** [artʃipjélaɣo] *n/m* archipelago.

ar·chi·va·dor [artʃiβaðór] *n/m* filing cabinet. **ar·chi·var** [artʃiβár] *v* **1**. to file (away). **2**. to archive, deposit in the archives *pl*. **3**. FIG FAM to shelve (*proyectos*). **ar·chi·ve·ro/a** [artʃiβéro/a] *n/m,f* **1**. filing clerk. **2**. archivist. **3**. registrar. **ar·chi·vo** [artʃíβo] *n/m* **1**. file. **2**. files, archives *pl*. **3**. registry. LOC **~ Nacional,** Br Public Records Office, US National Archives.

ar·den·tía [arðeṇtía] *n/f* **1**. burning. **2**. heartburn. **ar·der** [arðér] *v* **1**. to burn. **2**. to blaze, glow. **3**. **(~ en)** FIG to burn with (*deseo*), be ablaze, rage with. **4**. **(~ de/en)** FIG to seethe, boil with (*ira*). **5**. **(~ por)** FIG to burn to, die to (*saber*). LOC **~ sin llama**, to smoulder. **(...) está que arde**, 1. (sth) is burning (*algo*). 2. FIG (Mary) is fuming (*persona*). 3. FAM (things) are pretty hot (*situación*).

ar·did [arðíð] *n/m* **1**. ruse, trick. **2**. *pl* wiles.

ar·dien·te [arðjéṇte] *adj* **1**. burning. **2**. flaming, blazing. **3**. bright (*color*). **4**. FIG ardent, passionate, fervent. **5**. fiery. **6**. parching (*sed*).

ar·di·lla [arðíʎa] *n/f* ZOOL squirrel. LOC **~ gris**, grey squirrel. **~ listada**, chipmunk.

ar·dor [arðór] *n/m* **1**. ardour, passion. **2**. vehemence. **3**. heat, warmth. **4**. keenness, zeal. **5**. courage. **ar·do·ro·so/a** [arðoróso/a] *adj* **1**. hot, burning. **2**. passionate.

ar·duo/a [árðwo/a] *adj* arduous, difficult.

á·rea [área] *n/f* **1**. *gen* area. **2**. AGR are (*medida*). LOC **~ de castigo**, DEP penalty area. **~ metropolitana de Londres/Nueva York**, Greater London, metropolitan New York.

a·re·na [aréna] *n/f* **1**. sand. **2**. arena. **3**. TAUR bullring. **4**. *pl* MED stones *pl*, gravel *sing*. **5**. *pl* dust: *Arenas de oro*, Gold dust. LOC **~ movediza**, quicksand. **Dar una de cal y otra de ~**, FIG FAM to take the rough with the smooth. **Reloj de ~**, 1. hourglass. 2. egg-timer. **Una playa de ~**, a sandy beach. **a·re·nal** [arenál] *n/m* **1**. sands. **2**. quicksand.

a·ren·ga [areŋga] *n/f* harangue. **a·ren·gar** [areŋgár] *v* (*arengue*) to harangue.

a·re·ni·lla [areníʎa] *n/f* **1**. fine sand. **2**. granulated saltpetre. **3**. MED calculus, gallstone. **a·re·nis·co/a** [arenísko/a] **I**..*adj* **1**. sandy. **2**. stoneware. **II**. *n/f* sandstone. **a·re·no·so/a** [arenóso/a] *adj* sandy.

a·ren·que [areŋke] *n/m* herring (*pez*). LOC **~ ahumado**, kipper.

a·réo·la [aréola] *n/f* MED ANAT areola, areole. **a·reo·lar** [areolár] *adj* BIOL areolar.

a·re·te [aréte] *n/m* ear-ring.

ar·ga·ma·sa [arɣamása] *n/f* mortar.

Ar·gel [arxél] *n/f* Algiers. **Ar·ge·lia** [arxélja] *n/f* GEOG Algeria. **ar·ge·li·no/a** [arxelíno/a] *adj n/m,f* Algerian.

ar·gen·ta·do/a [arxeṇtáðo/a] *adj* **1**. silvery. **2**. silver-plated. **ar·gén·teo** [arxéṇteo] *adj* V **argentado**. **ar·gen·tí·fe·ro/a** [arxeṇtífero/a] *adj* argentiferous.

Ar·gen·ti·na [arxeṇtína] *n/f* GEOG Argentina, the Argentine. **ar·gen·ti·nis·mo** [arxeṇtinísmo] *n/m* argentine expression/word. **ar·gen·ti·no/a** [arxeṇtíno/a] **I**. *adj* **1**. silvery, argentine. **2**. Argentine, Argentinean. **II**. *n/m,f* Argentine, Argentinean. LOC **Voz ~**, crystal-clear/silvery voice.

ar·go [árɣo], **ar·gón** [arɣón] *n/m* QUÍM argon.

ar·go·lla [arɣóʎa] *n/f* **1**. hoop, ring. **2**. collar, necklace. **3**. *gen pl* bonds, fetters. **4**. knocker (*de puerta*). **5**. DEP croquet.

ar·go·nau·ta [arɣonáuta] *n/m* MIT argonaut.

ar·got [arɣó(t)] *n/m* (*pl argots*) **1**. argot, jargon. **2**. slang. **3**. cant.

ar·gu·cia [arɣúθja] *n/f* sophistry, specious argument/reasoning, trick. **ar·güir** [arɣwír] *v* (*arguyo, argüí, argüiré, argüído*) to argue, reason. **ar·gu·men·ta·ción** [arɣumeṇtaθjón] *n/f* **1**. argumentation, arguing. **2**. argument.

ar·gu·men·tar [arγumeṇtár] *v* V **argüir**.
ar·gu·men·to [arγuméṇto] *n/m* **1**. argument, reasoning. **2**. plot, story.
a·ria [árja] *n/f* MÚS aria.
a·ri·dez [ariðéθ] *n/f* aridity, dryness.
á·ri·do/a [áriðo/a] **I**. *adj* **1**. arid, dry. **2**. FIG dull, arid, dry. **II**. *n/m pl* COM dry commodities. LOC **Medida de ~s**, dry measure.
A·ries [árjes] *n/m* ASTR Aries.
a·rie·te [arjéte] *n/m* **1**. MIL battering ram. **2**. DEP striker (*fútbol*).
a·rio/a [árjo/a] *adj* Aryan.
a·ris·co/a [arísko/a] *adj* **1**. surly, churlish. **2**. unfriendly. **3**. vicious (*animales*).
a·ris·ta [arísta] *n/f* **1**. BOT chaff (*del trigo*). **2**. GEOM edge. **3**. ARQ arris, edge.
a·ris·to·cra·cia [aristokráθja] *n/f* aristocracy. **a·ris·tó·cra·ta** [aristókrata] *n/m,f* aristocrat. **a·ris·to·crá·ti·co/a** [aristokrátiko/a] *adj* aristocratic.
a·ris·to·té·li·co/a [aristotéliko/a] *adj n/m,f* Aristotelian.
a·rit·mé·ti·ca [aritmétika] *n/f* MAT arithmetic. **a·rit·mé·ti·co/a** [aritmétiko/a] **I**. *adj* arithmetic(al). **II**. *n/m,f* arithmetician.
ar·le·quín [arlekín] *n/m* harlequin.
ar·ma [árma] *n/f* (*el/un arma*) **1**. weapon. **2**. *pl* arms, weapons *pl*. **3**. MIL branch of an army. **4**. TAUR horn. **5**. *pl* natural defences (*de animal*). **6**. MIL *pl* troops *pl*, army. **7**. MIL army, military profession. **8**. coat of arms, escutcheon. LOC **¡A las ~s!**, *exclam*, To arms! **Alzarse en ~s**, to rebel, rise. **~ arrojadiza**, missile. **~ atómica**, atomic weapon. **~ blanca**, knife, steel, cold steel. **~ de doble filo** 1. double-edged sword. 2. FIG argument which cuts both ways. **~ de fuego**, firearm, gun. **De ~s tomar**, formidable, of action, resolute. **Estar en ~s**, 1. to be up in arms. 2. to be engaged in civil war. **Hecho de ~s**, feat of arms. **Llegar a las ~s**, to take up arms. **Pasar por las ~s**, to execute, shoot down. **Tomar las ~s**, to take up arms.
ar·ma·da [armáða] *n/f* **1**. fleet. **2**. navy. LOC **La A~ Invencible**, The Spanish Armada (1588). **ar·ma·día** [armaðía] *n/f* raft, float.
ar·ma·di·llo [armaðíʎo] *n/m* ZOOL armadillo.
ar·ma·dor [armaðór] *n/m* **1**. assembler, fitter. **2**. shipowner. **ar·ma·du·ra** [armaðúra] *n/f* **1**. armour, armature. **2**. frame(work). **3**. shell, truss. **4**. ANAT skeleton. **5**. MÚS key signature. **6**. ELECTR armature. **7**. MIL suit of armour.
ar·ma·men·tis·ta [armameṇtísta] *n/m* arms dealer. LOC **Carrera ~**, arms race. **ar·ma·men·to** [armaméṇto] *n/m* **1**. armament. **2**. weaponry. **ar·mar** [armár] **I**. *v* **1**. **(~ de/con)** to arm (with). **2**. to load (*arma*). **3**. TÉC to mount, put together. **4**. NÁUT to equip, fit out. **5**. to reinforce (*hormigón*). **6**. to pitch, set up (*tienda*). **7**. to set (*trampa*). **8**. FIG to prepare, get ready. **9**. to make, start (*jaleo*). **10**. **(~ caballero)** to knight. **II**. *v/Refl(-se)* **1**. **(~se de)** to arm oneself (with). **2**. FIG to get ready (for). **~ un gran jaleo**, FAM to raise hell, to start a row. **~ un escándalo**, to create a scandal. **Se armó la gorda/la de San Quintín**, an almighty row broke out.
ar·ma·rio [armárjo] *n/m* cupboard, wardrobe.
ar·ma·tos·te [armatóste] *n/m* FIG FAM fat oaf, large object.
ar·ma·zón [armaθón] *n/m,f* **1**. frame(work). **2**. AER AUT chassis. **3**. body. **4**. ARQ shell.
ar·me·ría [armería] *n/f* **1**. MIL armoury. **2**. gunsmith's (shop) (*tienda*). **ar·me·ro** [arméro] *n/m* **1**. gunsmith. **2**. gun rack (*estante*).
ar·mi·ño [armíɲo] *n/m* **1**. ZOOL stoat. **2**. ermine (*la piel*).
ar·mis·ti·cio [armistíθjo] *n/m* armistice.
ar·mo·nía [armonía] *n/f* **1**. FIG MÚS harmony. **2**. accord. **3**. agreement. LOC **En ~ con**, in harmony with. **ar·mó·ni·co/a** [armóniko/a] **I**. *adj* harmonic, harmonious. **II**. *n/f* **1**. MÚS harmonica, mouth-organ. **2**. *n/m* MÚS FÍS harmonic. **ar·mo·nio** [armónjo] *n/m* MÚS harmonium. **ar·mo·nio·so/a** [armónjoso/a] *adj* **1**. harmonious. **2**. tuneful. **ar·mo·ni·za·ción** [armoniθaθjón] *n/f* harmonizing. **ar·mo·ni·zar** [armoniθár] *v* (*armonice*) **1**. to harmonize. **2**. to reconcile (*diferencias*). **3**. **(~ con)** to harmonize with. **4**. **(~ con)** to go together, blend in with (*colores*).
ar·nés [arnés] *n/m* **1**. MIL armour. **2**. *pl* harness, trappings *pl*; FIG gear.
ár·ni·ca [árnika] *n/f* BOT arnica.
a·ro [áro] *n/m* **1**. ring, hoop. **2**. ear-ring. LOC **Entrar/Pasar por el ~**, FIG to give up.
a·ro·ma [aróma] *n/m* **1**. aroma. **2**. fragrance, perfume. **3**. bouquet (*vino*). **a·ro·má·ti·co/a** [aromátiko/a] *adj* aromatic, fragrant, sweet-smelling. **a·ro·ma·ti·za·ción** [aromatiθaθjón] *n/f* **1**. perfuming. **2**. flavo(u)ring (*comida*). **a·ro·ma·ti·zar** [aromatiθár] *v* (*aromatice*) **1**. to perfume, scent. **2**. to flavour, flavo(u)r (*comida*).
ar·pa [árpa] *n/f* **(el/un)** MÚS harp. LOC **Tañer el ~**, to play the harp.
ar·pe·gio [arpéxio] *n/m* MÚS arpeggio.
ar·pía [arpía] *n/f* MIT harpy.
ar·pi·lle·ra [arpiʎéra] *n/f* sacking, sackcloth (*tela*).
ar·pis·ta [arpísta] *n/m,f* MÚS harpist.
ar·pón [arpón] *n/m* harpoon. **ar·po·ne·ar** [arponeár] *v* to harpoon. **ar·po·ne·ro** [arponéro] *n/m* harpooner.
ar·que·ar [arkeár] *v* **1**. to arch, curve. **2**. NÁUT to gauge (the tonnage of). **3**. COM to check, count. **ar·queo** [arkéo] *n/m* **1**. arching, curving. **2**. NÁUT gauging. **3**. TÉC beating. **4**. tonnage (*medida*). LOC **Hacer el ~**, COM to cash up, FAM do the tills *pl*.
ar·queo·lo·gía [arkeoloxía] *n/f* archaeology. **ar·queo·ló·gi·co/a** [arkeolóxiko/a] *adj* archaeological. **ar·queó·lo·go/a** [arkeóloγo/a] *n/m,f* archaeologist.
ar·que·ría [arkería] *n/f* arcade.
ar·que·ro [arkéro] *n/m* **1**. bowman, archer. **2**. *Amer* DEP goalkeeper (*fútbol*).
ar·que·ta [arkéta] *n/f* small chest.
ar·que·ti·po [arketípo] *n/m* archetype.
ar·qui·tec·to/a [arkitékto/a] *n/m,f* architect. **ar·qui·tec·tó·ni·co/a** [arkitektóniko/a] *adj*

architectural. **ar·qui·tec·tu·ra** [arkitektúra] *n/f* architecture.

ar·qui·tra·be [arkitráβe] *n/m* ARQ architrave.

a·rra·bal [arraβál] *n/m* **1**. suburb. **2**. *pl* outskirts, suburbs *pl*. **a·rra·ba·le·ro/a** [arraβaléro/a] *adj* **1**. suburban. **2**. FAM PEY common, vulgar, uncouth.

a·rra·bio [arráβjo] *n/m* TÉC cast iron. LOC **Lingote de ~,** pig iron.

a·rra·ca·da [arrakáða] *n/f* drop ear-ring.

a·rra·ci·ma·do/a [arraθimáðo/a] *adj* clustered, bunched (together). **a·rra·ci·mar·se** [arraθimárse] *v/Refl(-se)* to bunch/cluster together.

a·rrai·gar [arraiγár] **I**. *v* (*arraigue*) **1**. BOT to (take) root. **2**. FIG to settle down, establish. **II**. *v/Refl(-se)* **(~se en) 1**. to settle down, establish oneself (in). **2**. to take (a) hold of, become deeply rooted (*costumbres*). **a·rrai·go** [arraíγo] *n/m* rooting, hold.

a·rram·blar [arramblár] *v* **(~ con) 1**. to cover with sand/gravel. **2**. FIG FAM to make off with.

a·rran·ca·da [arraŋkáða] *n/f* **1**. dart/dash forward. **2**. AUT sudden start/acceleration. **a·rran·car** [arraŋkár] **I**. *v* (*arranque*) **1**. to uproot, pull up (*desarraigar*). **2**. **(~ a/de)** to snatch away, grab. **3**. to force/get (sth) out of, extricate (*promesa/verdad*). **4**. to extract (*diente*). **5**. AUT to start (up). **6**. to tear off (*botón*) **7**. to pull/tear out (*pelo/página*). **8**. to cough up, hack up (*flema*). **9**. to heave (*suspiro*). **10**. to wrest/wrench from. **11**. FIG to drive out. **12**. FIG to drag away. **13**. to draw (*aplauso*). **14**. **(~ de)** to spring from, date back to. **15**. to snatch (*victoria*). **16**. **(~ contra)** assault, charge. **17**. to begin (*carretera*). **18**. **(~ a + *inf*)** to begin + *ger* (again): *Después de tres copas arrancó a decir barbaridades*, After a few drinks he began swearing (again). **II**. *v/Refl(-se)* **1**. **(~se de)** to manage to get away (from) (*con esfuerzo*). **2**. **(~se + *ger*)** to do sth suddenly/unexpectedly. **3**. **(~se a +*inf*)** to burst into + *n*: *Se arrancó a llorar*, He burst into tears. **a·rran·que** [arráŋke] *n/m* **1**. dash forward, (sudden) start/spurt (*persona*). **2**. start, jump, jerk (*arrebato*). **3**. TÉC AUT starting. **4**. burst/spurt of (*energía*), motivation. **5**. impulse, whim. **6**. thrust, drive (*ímpetu*). **7**. ARQ spring (*de bóveda*). **8**. outburst, fit (*de ira*). **9**. FIG flash of wit. **10**. AUT starter (*motor*).

a·rra·pie·zo/a [arrapjéθo/a] *n/m* rag, tatter.

a·rra·sar [arrasár] *v* **1**. to demolish, raze to the ground. **2**. to ravage, devastate. **3**. to level, flatten (*allanar*). **4**. to fill to the top.

a·rras·tra·do/a [arrastráðo/a] *adj* **1**. FAM miserable, wretched. **2**. FIG roguish. **3**. drawn-out, lengthened (*sílaba*). **a·rras·trar** [arrastrár] **I**. *v* **(~ por/a) 1**. *gen* to drag (along). **2**. to haul, pull (*carro*). **3**. to trail (*vestido*), drag, shuffle (*pies*). **4**. to carry away, sweep away/along (*viento/agua*). **5**. to draw, trail (*palabras*). **6**. to oblige, induce. **7**. to drag down. **II**. *v/Refl(-se)* **1**. to drag oneself along. **2**. to crawl, creep. **3**. to trail, drag. **4**. to slither (*serpiente*). **5**. **(~se ante)** FIG to grovel, creep. **a·rras·tre** [arrástre] *n/m* **1**. drag(ging). **2**. DEP crawl (*natación*). **3**. haulage (*transporte*). **4**. pull, influence. LOC **Estar para el ~**, FIG FAM to have had it.

a·rre·ar [arreár] *v* **1**. to urge on, goad. **2**. to hurry, rush. **3**. FAM to give, deal (*golpe*). LOC **¡Arrea!**, *exclam* **1**. Come on! **2**. Get away! Good gracious! (*sorpresa*).

a·rre·ba·ñar [arreβaɲár] *v* **1**. to scrape together. **2**. to finish off, eat up (*comida*).

a·rre·ba·ta·do/a [arreβatáðo/a] *adj* **1**. sudden, rushed. **2**. impetuous, rash. **3**. violent, enraged. **a·rre·ba·ta·dor/ra** [arreβataðór/ra] *adj* **1**. which snatches. **2**. FIG captivating. **3**. catchy (*ritmo*). **4**. devouring (*pasión*). **a·rre·ba·tar** [arreβatár] **I**. *v* **1**. **(~ a)** to snatch (away) (from) (*quitar*). **2**. **(~ a)** to wrench, wrest (from) (*con fuerza*). **3**. to carry away/off (*llevarse*). **4**. to rip off (*parte*). **5**. FIG to captivate, move. **6**. BOT to parch. **II**. *v/Refl(-se)* **(~se en)** to get carried away by. **a·rre·ba·to** [arreβáto] *n/m* **1**. fury. **2**. ecstasy, rapture.

a·rre·bol [arreβól] *n/m* **1**. red, glow (*del cielo*). **2**. rouge, blusher (*cosmética*). **3**. rosiness (*tez*). **a·rre·bo·lar** [arreβolár] **I**. *v* to redden. **II**. *v/Refl(-se)* to redden, flush (red).

a·rre·bu·jar [arreβuxár] **I**. *v* **1**. to jumble up. **2**. to wrap up. **II**. *v/Refl(-se)* **(~se con)** to wrap oneself up with/in.

a·rre·ciar [arreθjár] *v* **1**. to get worse/heavier (*lluvia*). **2**. to intensify.

a·rre·ci·fe [arreθífe] *n/m* **1**. causeway. **2**. NÁUT reef.

a·rre·cir·se [arreθírse] *v/Refl(-se)* **(~se de)** to be frozen stiff.

a·rre·drar [arreðrár] **I**. *v* **1**. to drive back. **2**. FIG to scare. **II**. *v/Refl(-se)* **(~se ante/por algo)** to shrink (at/before); to be frightened (of).

a·rre·glar [arreγlár] **I**. *v* **1**. to arrange, set out. **2**. to put in order/straight. **3**. **(~ a)** to adjust (to). **4**. to repair, mend, fix. **5**. to get ready, fix up. **6**. to arrange, fix up (*cita*). **7**. to settle, sort out. **8**. to regulate, organize. **9**. to dress (*escaparate*). **II**. *Refl(-se)* **1**. **(~se a/con)** to come to terms (with). **2**. **(~se con)** to be satisfied (with). **3**. to manage. **4**. to improve, get better (*situación*). **5**. **(~se para + *inf*)** to get ready to + *inf*. LOC **~se el pelo,** 1. to do one's hair. 2. to have one's hair done. **Arreglárselas**, to get by, manage. **a·rre·glo** [arréγlo] *n/m* **1**. arrangement. **2**. agreement (*acuerdo*). **3**. settlement; FAM affair. **4**. repair(ing). **5**. order. **6**. MÚS arrangement. LOC **Con ~ a**, in accordance with. **El asunto no tiene ~**, there is no solution to this matter.

a·rre·lla(/e)·nar·se [arreʎa(/e)nárse] *v/Refl(-se)* to sprawl out, lounge (in) (*sillón*).

a·rre·man·gar [arremaŋgár] *v* (*arremangue*) **1**. to roll/turn up (*manga*). **2**. to tuck up (*falda*).

a·rre·me·ter [arremetér] *v* **(~ con/contra) 1**. to attack, rush, charge. **2**. FIG to attack. **a·rre·me·ti·da** [arremetíða] *n/f* **1**. attack, assault. **2**. rush, FAM push and shove (*de gente*).

a·rre·mo·li·nar·se [arremolinárse] *v/Refl (-se)* 1. to swirl, whirl (around/about). 2. FIG to crowd around (*gente*). 3. to swirl, eddy (*agua*).

a·rren·da·ble [arreṇdáβle] *adj* rentable, leasable. **a·rren·da·dor/ra** [arreṇdaðór/ra] *n/m,f* 1. landlord. 2. tenant. **a·rren·da·mien·to** [arreṇdamjéṇto] *n/m* 1. renting, letting. 2. rent, lease. **a·rren·dar** [arreṇdár] *v* (*arriendo*) 1. to lease. 2. to rent. **a·rren·da·ta·rio/a** [arreṇdatárjo/a] I. *adj* leasing. II. *n/m,f* tenant (farmer), lessee, lease-holder.

a·rreo [arréo] *n/m* 1. adornment, ornament. 2. *pl* harness *sing*.

a·rre·pan·chi(n)·gar·se [arrepaṇtʃi(ŋ)gárse] *v/Refl(-se)* FAM to stretch/sprawl out (*en un sofá*).

a·rre·pen·ti·do/a [arrepeṇtíðo/a] *adj* repentant, sorry, regretful. LOC **Estar ~ de algo,** to regret sth. **a·rre·pen·ti·mien·to** [arrepeṇtimjéṇto] *n/m* repentance, regret. **a·rre·pen·tir·se** [arrepeṇtírse] *v/Refl(-se)* (*me arrepiento*) 1. to repent, regret. 2. **(~se de)** to repent of/for.

a·rres·ta·do/a [arrestáðo/a] *adj* imprisoned. **a·rres·tar** [arrestár] *v* to (put under) arrest. **a·rres·to** [arrésto] *n/m* 1. arrest. 2. detention, imprisonment. 3. remand (*provisional*). 4. **(Tener ~s)** *pl* boldness. LOC **Bajo ~ domiciliario**, under house arrest.

a·rria·nis·mo [arrjanísmo] *n/m* REL Arianism. **a·rria·no/a** [arrjáno/a] *adj n/m,f* Arian.

a·rriar [arrjár] *v* (*arrío, arríe*) NÁUT to strike (*bandera*), lower (*vela*), slacken (*cable*).

a·rria·te [arrjáte] *n/m* flower bed, border.

a·rri·ba [arríβa] *adv* 1. above (*situación*). 2. upstairs (*casa*). 3. up, upwards (*dirección*). 4. overhead (*cielo*), aloft. LOC **Aguas ~**, upstream. **¡~!**, *int*, Up you get! **~ citado**, above mentioned. **~ de**, *prep* 1. above. 2. further up than. **¡~ España!**, *exclam* Spain forever! **¡~ las manos!**, *exclam* Hands up! **Cuesta ~**, uphill. **De/Desde ~**, from above. **De ~ abajo**, 1. from beginning to end. 2. from top to bottom. 3. radically, completely. **Hacia/Para ~**, up(wards). **La parte de ~**, the upper part. **Los de ~**, 1. those above. 2. FIG those on top. **Más ~**, higher/further up. **Mirar a alguien de ~ abajo**, to look sb up and down. **Río ~**, upstream, upriver.

a·rri·ba·da [arriβáða] *n/f* NÁUT arrival. **a·rri·bar** [arriβár] *v* **(~ a)** 1. NÁUT to put into port. 2. to arrive. **a·rri·bis·ta** [arriβísta] I. *adj* self-seeking. II. *n/m,f* arriviste, upstart. **a·rri·bo** [arríβo] *n/m* arrival.

a·rrien·do [arrjéṇdo] *n/m* JUR leasing, letting, hiring out.

a·rrie·ro [arrjéro] *n/m* muleteer.

a·rries·gar [arrjesγár] I. *v* (*arriesgue*) 1. to risk, venture. 2. endanger, jeopardize. 3. to hazard (*conjetura*). II. *v/Refl(-se)* to take/run a risk. LOC **~se a + *inf***, to risk + *ger*.

a·rri·ma·di·zo/a [arrimaðíθo/a] *n/m,f* sycophant, hanger-on. **a·rri·mar** [arrimár] I. *v* 1. **(~ a)** to bring close (to). 2. **(~ a)** to lean (against). 3. NÁUT to stow. 4. to put away (*cosa*), push aside (*persona*). 5. to lay aside (*abandonar*). 6. to bring/move together, join. II. *v/Refl(-se)* **(~se a)** 1. to come close to. 2. FIG to seek the protection of. 3. to move up to. 4. to lean against. LOC **~ el hombro,** FIG to lend a hand. **~se al sol que más calienta,** FIG FAM to get on the winning side. **Estar arrimado a alguien**, to live off sb. **a·rri·mo** [arrímo] *n/m* 1. support. 2. FIG attachment, support.

a·rrin·co·na·do/a [arriŋkonáðo/a] *adj* 1. neglected, forgotten. 2. foresaken, abandoned (*persona*). **a·rrin·co·na·mien·to** [arriŋkonamjéṇto] *n/m* discarding, laying aside. **a·rrin·co·nar** [arriŋkonár] *v* 1. to put/lay aside. 2. to ignore, pay no attention to (*persona*). 3. to push into the background. 4. drive sb into a corner.

a·rrit·mia [arrítmja] *n/f* 1. lack of rhythm. 2. MED arrhythmia. **a·rrít·mi·co/a** [arrítmiko/a] *adj* arrhythmic.

a·rro·ba [arróβa] *n/f* arroba (*medida*).

a·rro·ba·mien·to [arroβamjéṇto] *n/m* ecstasy, entrancement, rapture. **a·rro·bar** [arroβár] I. *v* to enrapture, entrance. II. *v/Refl (-se)* **(~se ante)** to be transported/entranced by. **a·rro·bo** [arróβo] *n/m* ecstasy, rapture.

a·rro·ce·ro/a [arroθéro/a] I. *adj* rice. II. *n/m,f* rice grower/merchant.

a·rro·di·llar [arroðiʎár] I. *v* to make sb kneel (down). II. *v/Refl(-se)* to kneel (down).

a·rro·ga·ción [arroγaθjón] *n/f* 1. adoption. 2. arrogation, claim (*derechos*).

a·rro·gan·cia [arroγáṇθja] *n/f* arrogance. **a·rro·gan·te** [arroγáṇte] *adj* 1. arrogant. 2. gallant, poised.

a·rro·gar [arroγár] *v/Refl(-se)* to arrogate (to oneself), claim (*derechos*).

a·rro·ja·di·zo/a [arroxaðíθo/a] *adj* for throwing. **a·rro·ja·do/a** [arroxáðo/a] *adj* intrepid, daring. **a·rro·jar** [arroxár] I. *v* 1. *gen* to throw. 2. to fling, hurl, chuck (*con fuerza*). 3. DEP to bowl, pitch (*pelota*). 4. to cast (*sedal*). 5. to emit, throw out (*lava/humo*). 6. BOT to sprout. 7. to drop (*bomba*). 8. to puke, FAM chuck up. 9. to eject, throw out. 10. COM to total. II. *v/Refl(-se)* 1. **(~se a/por)** to throw oneself (into/out of). 2. **(~se a /en)** fling oneself, plunge (into). 3. **(~se sobre)** to fling oneself at/on to (*ladrón*). **a·rro·jo** [arróxo] *n/m* bravery.

a·rro·lla·dor/ra [arroʎaðór/ra] *adj* 1. overwhelming. 2. devastating. **a·rro·llar** [arroʎár] *v* 1. to roll up. 2. to run (sb/sth) over. 3. to sweep/carry away. 4. FIG to defeat.

a·rro·pa·mien·to [arropamjéṇto] *n/m* wrapping/covering up. **a·rro·par** [arropár] *v* 1. to wrap up. 2. FIG to shelter, protect. 3. to tuck up (*en la cama*).

a·rro·pe [arrópe] *n/m* syrup.

a·rros·trar [arrostrár] *v* to face (up to) (*peligro*).

a·rro·yo [arróɟo] *n/m* stream, brook. **a·rro·yue·lo** [arroɟwélo] *n/m* streamlet.

a·rroz [arróθ] *n/m* (*arroces*) rice. LOC **~ blanco,** boiled rice. **~ con leche,** rice pudding. **a·rro·zal** [arroθál] *n/m* rice paddy/field.

a·rru·ga [arrúγa] *n/f* 1. wrinkle (*piel*). 2. crease (*ropa*). **a·rru·gar** [arruγár] I. *v* (*arru-*

gue) **1**. to wrinkle, crease. **2**. to crumple up (*papel*). **II**. *v/Refl(-se)* to wrinkle. LOC **~se el ceño,** to frown.

a·rrui·nar [arrwinár] **I**. *v* to ruin, wreck. **II**. *v/Refl(-se)* **1**. to be ruined, go bankrupt. **2**. to fall into ruins *pl* (*edificio*).

a·rru·llar [arruʎár] *v* **1**. to coo (*paloma*). **2**. to lull to sleep (*niño*). **3**. to whisper sweet nothings to. **a·rru·llo** [arrúʎo] *n/m* **1**. billing and cooing. **2**. lullaby.

a·rru·ma·co [arrumáko] *n/m* flattery, cajolery, sweet nothings.

a·rrum·bar [arrumbár] *v* **1**. to put aside, forget, discard. **2**. to exclude. **3**. NÁUT to set course.

ar·se·nal [arsenál] *n/m* **1**. shipyard. **2**. arsenal.

ar·sé·ni·co [arséniko] *n/m* QUÍM arsenic.

ar·te [árte] *n/m,f* **1**. *gen* art. **2**. artistry. **3**. **(~ para)** skill (to), FAM knack (of). **4**. *gen pl* cunning. LOC **~s y oficios,** arts and crafts. **Bellas ~s,** Fine Art/s. **Con malas ~s,** guilefully.

ar·te·fac·to [artefákto] *n/m* **1**. device, appliance. **2**. artefact.

ar·te·jo [artéxo] *n/m* **1**. ANAT knuckle. **2**. ZOOL article (*de artrópodos*)

ar·te·ria [artérja] *n/f* ANAT FIG artery.

ar·te·ro/a [artéro/a] *adj* sly, cunning.

ar·te·rial [arterjál] *adj* arterial. **ar·te·rios·cle·ro·sis** [arterjosklerósis] *n/f* MED arteriosclerosis.

ar·te·ro/a [artéro/a] *adj* artful, cunning.

ar·te·sa [artésa] *n/f* trough.

ar·te·sa·nal [artesanál] *adj* craft. **ar·te·sa·nía** [artesanía] *n/f* **1**. craftsmanship. **2**. (handi) crafts. **ar·te·sa·no/a** [artesáno/a] *n/m,f* artisan.

ar·te·són [artesón] *n/m* ARQ coffer (*de techo*). **ar·te·so·na·do/a** [artesonáðo/a] **I**. *adj* ARQ coffered. **II**. *n/m* coffered ceiling. **ar·te·so·nar** [artesonár] *v* ARQ to coffer.

ár·ti·co/a [ártiko/a] *adj n/m* GEOG Arctic. LOC **Círculo Polar ~,** GEOG Arctic Circle.

ar·ti·cu·la·ción [artikulaθjón] *n/f* **1**. ANAT TÉC joint. **2**. articulation. **ar·ti·cu·la·do/a** [artikuláðo/a] **I**. *adj* **1**. articulated, jointed. **2**. articulate. **II**. *n/m* **1**. JUR articles *pl*. **2**. *pl* ZOOL Articulata. **ar·ti·cu·lar** [artikulár] **I**. *adj* articular. **II**. *v* **1**. to articulate, join together. **2**. to enunciate.

ar·ti·cu·lis·ta [artikulísta] *n/m,f* article/feature writer. **ar·tí·cu·lo** [artíkulo] *n/m* **1**. *gen* article. **2**. ANAT TÉC joint. **3**. entry (*escrito*). **4**. item, article (*mercancía*). LOC **~s de consumo,** *pl* consumer goods *pl*. **~ de escritorio,** stationery. **~ de fondo**, editorial. **~ de lujo**, luxury item.

ar·tí·fi·ce [artífiθe] *n/m,f* author, maker.

ar·ti·fi·cial [artifiθjál] *adj* artificial. LOC **Fuegos ~es,** *pl* fireworks.

ar·ti·fi·cie·ro [artifiθjéro] *n/m* MIL bomb expert.

ar·ti·fi·cio [artifíθjo] *n/m* **1**. TÉC device, appliance. **2**. artifice, skill. **ar·ti·fi·cio·so/a** [artifiθjóso/a] *adj* **1**. artificial, false. **3**. cunning, crafty.

ar·ti·lu·gio [artilúxjo] *n/m* PEY gadget.

ar·ti·lle·ría [artiʎería] *n/f* **1**. *gen* artillery. **2**. NÁUT armament. LOC **~ pesada,** heavy artillery. **ar·ti·lle·ro** [artiʎéro] *n/m* MIL artilleryman, gunner.

ar·ti·ma·ña [artimáɲa] *n/f* **1**. trap, snare (*caza*). **2**. trick.

ar·tis·ta [artísta] *n/m,f* **1**. *gen* artist. **2**. TEAT artiste. **ar·tís·ti·co/a** [artístiko/a] *adj* artistic.

ar·trí·ti·co/a [artrítiko/a] *adj* MED arthritic. **ar·tri·tis** [artrítis] *n/f* MED arthritis.

ar·zo·bis·pa·do [arθoßispáðo] *n/m* REL archbishopric. **ar·zo·bis·pal** [arθoßispál] *adj* archiepiscopal. **ar·zo·bis·po** [arθoßíspo] *n/m* archbishop.

ar·zón [arθón] *n/m* saddle (tree).

as [ás] *n/m gen* **(ser un ~)** ace.

a·sa [ása] *n/f* handle.

a·sa·do [asáðo] *n/m* roast. **a·sa·dor** [asaðór] *n/m* spit. **a·sa·du·ra** [asaðúra] *n/f* offal, entrails.

a·sae·t(e·)ar [asaet(e)ár] *v* **1**. to wound (with arrows). **2**. to pester, harass.

a·sa·la·ria·do/a [asalariáðo/a] *adj/n/m,f* salaried, wage-earning. **a·sa·la·riar** [asalarjár] *v* to fix/pay a salary/wage.

a·sal·ta·dor/ra [asaltaðór/ra] **I**. *adj* attacking, assaulting. **II**. *n/m,f* **1**. attacker, assailant. **2**. robber. **a·sal·tan·te** [asaltánte] *adj n/m,f* V **asaltador/ra**. **a·sal·tar** [asaltár] *v* **1**. to assault, attack. **2**. to raid, rob. **3**. MIL to storm, attack. **4**. FIG to enter one's mind (*duda/temor*). **5**. to assail (*con preguntas*). **a·sal·to** [asálto] *n/m* **1**. assault, attack, raid. **2**. DEP round (*boxeo*); bout (*esgrima*). LOC **Tomar por ~,** to take by storm.

a·sam·blea [asambléa] *n/f* assembly, congress. **a·sam·bleís·ta** [asambleísta] *n/m,f* member of assembly/congress.

a·sar [asár] **I**. *v* to roast. **II**. *Refl(-se)* to be roasting (hot). **~ en/a la parrilla**, to grill, barbecue.

a·saz [asáθ] *adv lit* **1**. exceedingly. **2**. rather.

as·bes·to [asßésto] *n/m* GEOL asbestos.

as·cen·den·cia [asθendénθja] *n/f* **1**. ancestry, descent. **2**. ascendancy, influence. **as·cen·den·te** [asθendénte] *adj* ascending, upward, rising. **as·cen·der** [asθendér] *v* (*asciende*) **1**. to ascend, go up, rise. **2**. **(~ a)** to amount to, reach. **3**. **(~ a)** to be promoted (to) (*en cargo, dignidad*). **4**. to climb. **as·cen·dien·te** [asθendjénte] *n/m,f* V **ascendencia**.

as·cen·sión [asθensjón] *n/f* **1**. ascent, climbing. **2**. accession. LOC **Día de la ~,** REL Ascension Day. **as·cen·sio·nal** [asθensjonál] *adj* upward, ascendant. **as·cen·so** [asθénso] *n/m* **1**. ascent, climb. **2**. promotion. **as·cen·sor** [asθensór] *n/m* Br lift, US elevator. **as·cen·so·ris·ta** [asθensorísta] *n/m,f* lift attendant.

as·ce·ta [asθéta] *n/m,f* ascetic. **as·cé·ti·co/a** [asθétiko/a] *adj* ascetic. **as·ce·tis·mo** [asθetísmo] *n/m* asceticism.

as·ci·for·me [asθifórme] *adj* axe-like.

as·co [ásko] *n/m* **1**. nausea. **2**. revulsion, disgust. LOC **Dar ~ a,** to sicken, disgust. **Estar hecho un ~,** to be filthy. **Hacer ~ de todo,** to turn one's nose up at everything. **Poner**

cara de ~, to look disgusted. **¡Qué ~!**, *exclam* How revolting!

as·cua [áskwa] *n/f* ember. LOC **Arrimar el ~ a su sardina**, to look after number one. **Estar en/sobre ~s**, to be on tenterhooks.

a·sea·do/a [aseáðo/a] *adj* clean, neat and tidy. **a·se·ar** [aseár] **I.** *v* **1.** to wash, clean. **2.** to tidy up, decorate. **II.** *v/Refl(-se)* **1.** to have a wash (and brush up). **2.** to get ready, tidy oneself up.

a·se·chan·za [asetʃáṇθa] *n/f* FIG trap, snare.

a·se·diar [aseðjár] *v* **1.** to besiege, lay siege to. **2.** **(~ a/con)** to bombard (*preguntas*, etc) **a·se·dio** [aséðjo] *n/m* siege.

a·se·gu·ra·do/a [aseɣuráðo/a] **I.** *adj* insured, assured. **II.** *n/m,f* (insurance) policy holder, insured. **a·se·gu·ra·dor/ra** [aseɣuraðór/ra] **I.** *adj* insurance. **II.** *n/m,f* insurer, underwriter. **a·se·gu·rar** [aseɣurár] **I.** *v* **1.** to secure, fix (*sujetar*). **2.** to assure, insure. **3.** to safeguard. **4.** **(~ que)** to affirm, assure (that). **5·** to strengthen. **II.** *v/Refl(-se)* **1.** to take out an insurance policy. **2.** **(~se de)** to make sure.

a·se·me·jar [asemexár] **I.** *v* **1.** to make similar/like. **2.** to liken, compare. **II.** *v/Refl(-se)* **1.** to be alike. **2.** **(~se a)** to be like.

a·sen·de·re·ar [aseṇdereár] *v* **1.** to open paths through. **2.** to bother.

a·sen·ta·de·ras [aseṇtaðéras] *n/f* FAM *pl* buttocks *pl*, behind, bottom. **a·sen·ta·do/a** [aseṇtáðo/a] *adj* **1.** stable. **2.** settled, established. **a·sen·ta·dor** [aseṇtaðór] *n/m* wholesale merchant. **a·sen·ta·mien·to** [aseṇtamjéṇto] *n/m* establishment, settling. **a·sen·tar** [aseṇtár] **I.** *v* (*asiento*) **1.** to seat, lay. **2.** to place, make firm. **3.** to give (*bofetada*). **4.** to affirm, assert. **5.** to enter, set down (*anotar*). **6.** to calm down. **7.** JUR to award (*juicio*). **8.** to establish, consolidate. **9.** to fix in the mind. **II.** *v/Refl(-se)* **1.** to settle down. **2.** to establish oneself. **3.** to be situated. LOC **~ la cabeza**, to settle down.

a·sen·ti·mien·to [aseṇtimjéṇto] *n/m* consent, assent. **a·sen·tir** [aseṇtír] *v* (*asiento*) **1.** to assent. **2.** **(~ a)** to agree to. LOC **~ con la cabeza**, to nod (one's approval).

a·seo [aséo] *n/m* **1.** cleanliness, tidiness, neatness. **2.** Br toilet, FAM loo, US restroom.

a·sep·sia [asépsia] *n/f* MED asepsis. **a·sép·ti·co/a** [aséptiko/a] *adj* MED aseptic, free from infection.

a·se·qui·ble [asekíßle] *adj* **(~ a)** **1.** obtainable, available (to), accessible. **2.** FIG attainable.

a·ser·ción [aserθjón] *n/f* assertion, affirmation.

a·se·rra·de·ro [aserraðéro] *n/m* TÉC sawmill. **a·se·rra·dora** [aserraðóra] *n/f* TÉC power saw. **a·se·rra·du·ra** [aserraðúra] *n/f* **1.** saw cut. **2.** *pl* sawdust *sing*. **a·se·rrar** [aserrár] *v* (*asierro*) to saw (up).

a·ser·to [asérto] *n/m* assertion.

a·se·si·nar [asesinár] *v* to murder, assassinate. **a·se·si·na·to** [asesináto] *n/m* murder, assassination. **a·se·si·no/a** [asesíno/a] **I.** *adj* murderous. **II.** *n/m,f* murderer, assassin.

a·se·sor/ra [asesór/ra] *n/m,f* adviser, consultant. **a·se·so·ra·mien·to** [asesoramjéṇto] *n/m* **1.** advising. **2.** opinion, advice. **a·se·so·rar** [asesorár] **I.** *v* to advise, counsel. **II.** *v/Refl(-se)* **(~se de)** to take advice from. **a·se· so·ría** [asesoría] *n/f* consultancy.

a·ses·tar [asestár] *v* to strike, land (*bofetada*). LOC **~ una puñalada**, to stab.

a·se·ve·ra·ción [aseßeraθjón] *n/f* assertion, contention. **a·se·ve·rar** [aseßerár] *v* to assert, asseverate. **a·se·ve·ra·ti·vo/a** [aseßeratíßo/a] *adj* assertive, affirmative.

a·se·xua·do/a [ase(k)swáðo/a] *adj* sexless. **a·se·xual** [ase(k)swál] *adj* asexual.

as·fal·ta·do/a [asfaḷtáðo/a] **I.** *adj* asphalt. **II.** *n/m* **1.** asphalting (*operación*). **2.** asphalt. **as· fal·tar** [asfaḷtár] *v* to asphalt. **as·fál·ti·co/a** [asfáḷtiko/a] *adj* asphalt. **as·fal·to** [asfáḷto] *n/m* asphalt.

as·fi·xia [asfí(k)sja] *n/f* **1.** MED asphyxia. **2.** suffocation, asphyxiation. **as·fi·xian·te** [asfi(k)sjáṇte] *adj* **1.** asphyxiating, suffocating. **2.** poison (*gas*). **as·fi·xiar** [asfi(k)sjár] *v* **1.** to asphyxiate, suffocate. **2.** MIL to gas.

a·sí [así] **I.** *adv* **1.** so, in this/that way/manner: *¡Así se habla!*, That's the way to talk! **2.** so much, in such a way. **3.** thus, thereby. **4.** **(~ +** *subj***)** may: *Así te estrelles*, May you come a cropper. **5.** **(~...como)** as well as: *Así los lunes como los martes*, Mondays as well as Tuesdays. **6.** **(o ~)** around, thereabouts, so: *Mil pesetas o así*, 1000 pesetas or so. **7.** **(~...como)** just as, as much as: *Así la madre como la hija*, Like mother like daughter. **8.** so, then: *¿Así me dejas?*, So you're leaving me? **9.** **(~ de +** *adj***)** so, that: *¿Así de tonto me crees?*, You think I'm so/that stupid? **10.** **(~ +** *subj***)** even if: *Saldremos así diluvie*, We are going out even if it pours. **II.** *adj* like that, such: *Así es la vida*, Such is life. **III.** *conj* **(~ ...como/que)** as soon as. LOC **~, ~**, fair to middling. **~ como ~**, just like that. **~ es**, that's right. **~ pues/que**, so, then. **~ y todo**, even so, in spite of everything.

A·sia [ásja] *n/f* GEOG Asia. LOC **~ Menor,** Asia Minor. **a·siá·ti·co/a** [asjátiko/a] *adj n/m,f* GEOG Asian.

a·si·de·ro [asiðéro] *n/m* **1.** handle, hold(er). **2.** pretext.

a·si·duo/a [asíðwo/a] **I.** *adj* **1.** assiduous. **2.** regular, frequent. **II.** *n/m,f* regular.

a·sien·to [asjéṇto] *n/m* **1.** seating. **2.** seat, chair, place. **3.** site, emplacement. **4.** bottom, seat (*fondo*). **5.** ARQ settling. **6.** FIG stability. **7.** item, entry (*contabilidad*). LOC **Tomar ~**, to take a seat.

a·sig·na·ción [asiɣnaθjón] *n/f* **1.** assignment, allocation. **2.** appointment. **3.** COM allowance, salary. **a·sig·nar** [asiɣnár] *v* **1.** to assign. **2.** to attribute, assign; to set. **3.** to allocate, allot. **a·sig·na·ta·rio/a** [asiɣnatárjo/a] *n/ m* heir, beneficiary. **a·sig·na·tu·ra** [asiɣnatúra] *n/f* subject. LOC **~ pendiente**, 1. failed subject (*colegio*, etc). 2. FIG unfinished business.

a·si·la·do/a [asiláðo/a] *n/m,f* inmate. **a·si·lar** [asilár] *v* **1.** **(~ a)** to take in, give shelter (to) **2.** to put in a home (*anciano*). **a·si·lo** [asílo] *n/m* 1. asylum. 2. shelter. 3. institution (*de ancianos*). 4. FIG consolation. LOC **Buscar/Pedir/Solicitar ~**, to seek (political) asylum.

a·si·me·tría [asimetría] *n/f* asymmetry. **a·si·mé·tri·co/a** [asimétriko/a] *adj* asymmetric(al).

a·si·mi·la·ble [asimiláβle] *adj* 1. assimilable. 2. comparable. **a·si·mi·la·ción** [asimilaθjón] *n/f* assimilation. **a·si·mi·lar** [asimilár] *v* 1. to assimilate. 2. to compare. 3. to take (in).

a·si·mis·mo [asimísmo] *adv* 1. in the same way, likewise. 2. also, too.

a·sir [asír] I. *v* (*asgo, ases*) 1. **(~ con/de/por)** to grasp (with), seize, grab (by). 2. FIG to seize (*oportunidad*). II. *v/Refl(-se)* **(~se a/de)** *gen* to grasp (hold of), seize.

A·si·ria [asírja] *n/f* GEOG Assyria. **a·si·rio/a** [asírjo/a] *adj n/m,f* Assyrian.

a·sis·ten·cia [asisténθja] *n/f* 1. attendance. 2. audience. 3. **(~ a)** presence (at). 4. assistance, help, aid. LOC **~ médica,** medical care/aid. **~ social,** social welfare. **~ técnica,** maintenance, repairs *pl*. **a·sis·ten·ta** [asisténta] *n/f* assistant, cleaner. **a·sis·ten·te** [asisténte] I. *adj* assistant. II. *n/m* 1. orderly, assistant. 2. *pl* those present. LOC **~ social**, social worker. **a·sis·tir** [asistír] *v* 1. **(~ a)** to attend, be present at. 2. to serve, attend (*en acto público*): *Asiste al rey*, He serves the king. 3. to help (out), assist. 4. to attend to, treat (*enfermo*). 5. JUR to be on the side of.

as·ma [ásma] *n/f* **(el/un)** MED asthma. **as·má·ti·co/a** [asmátiko/a] *adj n/m,f* asthmatic.

as·no/a [ásno/a] *n/m,f* ZOOL ass. **as·nal** [asnál] *adj* asinine.

a·so·cia·ción [asoθjaθjón] *n/f* 1. association. 2. COM partnership. **a·so·cia·cio·nis·mo** [asoθjaθjonísmo] *n/m* associationism. **a·so·cia·do/a** [asoθjáðo/a] *n/m,f* associate, member, partner. **a·so·ciar** [asoθjár] I. *v* 1. to associate. 2. to pool (together) (*esfuerzos*, etc). II. *v/Refl(-se)* 1. **(~se con)** to team up, join forces with. 2. **(~se a)** FIG to share (in) (*sentimientos*). 3. **(~se con)** COM to become partners.

a·so·la·mien·to [asolamjénto] *n/m* devastation, destruction. **a·so·lar** [asolár] *v* (*asuela*) 1. to destroy, flatten. 2. AGR to dry up, parch (*cosecha*).

a·so·le·ar [asoleár] I. *v* 1. to put in/expose to the sun. II. *v/Refl(-se)* 1. to sunbathe. 2. to get heat-stroke (*animal*).

a·so·mar [asomár] I. *v* 1. to appear, show. 2. to come out (*sol*). 3. **(~ entre)** to peep through. 4. to stick/hang out. 5. to loom up. II. *v/Refl(-se)* 1. **(~se a/por)** to lean out of. 2. to look/pop in (*visita breve*), PEY show up. 3. to glance, look, FAM take a peek.

a·som·brar [asombrár] I. *v* 1. to amaze, astound, surprise. 2. to shade. II. *Refl(-se)* **(~se por/de)** to be amazed/surprised (at/by): *No se asombra de nada ni por nada*, Nothing surprises him. **a·som·bro** [asómbro] *n/m* surprise, amazement, wonder. LOC **No salir de su ~,** not to be able to get over it. **a·som·bro·so/a** [asombróso/a] *adj* 1. amazing, astonishing. 2. bewildering. 3. PEY outrageous.

a·so·mo [asómo] *n/m* sign, hint. LOC **Ni por ~**, by no means. **Sin el menor ~ de duda,** without a shadow of a doubt.

a·so·na·da [asonáða] *n/f* disturbance, riot.

a·so·nan·cia [asonánθja] *n/f* assonance. **a·so·nan·te** [asonánte] *adj* assonant.

as·pa [áspa] *n/f* **(el/un)** 1. X-shaped cross; MAT multiplication sign. 2. ARQ cross-piece; sail (*molino*). 3. TÉC reel. **as·par** [aspár] *v* TÉC to reel, wind.

as·pa·vien·to [aspaβjénto] *n/m* fuss, theatricals, histrionics *pl*.

as·pec·to [aspékto] *n/m* look, appearance, aspect. LOC **A(l) primer ~**, at first sight. **Bajo ese ~**, from that point of view.

as·pe·re·za [asperéθa] *n/f* 1. roughness, harshness. 2. sourness, tartness (*sabor*). 3. *pl* ruggedness (*terreno*).

as·per·jar [asperxár] *v* to sprinkle.

ás·pe·ro/a [áspero/a] *adj* **(~ a/con/de/en)** 1. rough. 2. tart, sour (*sabor*). 3. gruff (*voz*); brusque (*trato*). 4. aggressive, rude (*carácter*). 5. rugged, uneven (*terreno*). 6. harsh (*clima*). **as·pe·rón** [asperón] *n/m* 1. sandstone. 2. TÉC grindstone.

as·per·sión [aspersjón] *n/f* aspersion, sprinkling. LOC **Riego por ~**, crop-spraying. **as·per·so·rio** [aspersórjo] *n/m* REL aspergillum.

ás·pid [áspið] *n/m* ZOOL asp.

as·pi·lle·ra [aspiʎéra] *n/f* loophole.

as·pi·ra·ción [aspiraθjón] *n/f* 1. inhalation, breathing in. 2. GRAM FIG aspiration. 3. TÉC intake. **as·pi·ra·do/a** [aspiráðo/a] *adj* aspirate. **as·pi·ra·dor/ra** [aspiraðór/ra] I. *adj* TÉC suction. II. *n/f* vacuum cleaner. **as·pi·ran·te** [aspiránte] I. *adj* aspiring. II. *n/m,f* applicant, candidate. **as·pi·rar** [aspirár] *v* 1. to breathe in, inhale. 2. TÉC to suck up/in. 3. GRAM to aspirate. 4. **(~ a)** to aspire to.

as·pi·ri·na [aspirína] *n/f* MED aspirin.

as·que·ar [askeár] *v* to repulse, disgust, sicken. LOC **~se de,** to be sick of. **as·que·ro·si·dad** [askerosiðáð] *n/f* filth (iness), dirtiness. **as·que·ro·so/a** [askeróso/a] *adj* 1. disgusting, foul, sickening. 2. filthy dirty. 3. vile, loathesome.

as·ta [ásta] *n/f* 1. pike, spear, point. 2. staff, pole (*de bandera*). 3. *pl* antlers, horns *pl*. LOC **A media ~**, at half-mast (*bandera*). **Dejar a uno en las ~s del toro,** FIG FAM to leave sb in the lurch, leave sb high and dry. **as·ta·do/a** [astáðo/a] *adj* horned.

as·te·nia [asténja] *n/f* MED asthenia.

as·te·ris·co [asterísko] *n/m* asterisk.

as·te·roi·de [asteróiðe] *adj n/m* ASTR asteroid.

as·tig·má·ti·co/a [astiɣmátiko/a] *adj* astigmatic. **as·tig·ma·tis·mo** [astiɣmatísmo] *n/m* MED astigmatism.

as·til [ástil] *n/m* 1. TÉC handle, haft. 2. shaft (*de una flecha*). 3. beam (*balanza*). 4. quill (*pluma*).

as·ti·lla [astíʎa] *n/f* splinter. LOC **Hacer ~s**, to smash to smithereens. **as·ti·llar** [astiʎár] *v* to splinter.

as·ti·lle·ro [astiʎéro] *n/m* shipyard.

as·ti·llo·so/a [astiʎóso/a] *adj* easily-splintered.
as·tra·ca·na·da [astrakanáðа] *n/f* TEAT farce.
as·trá·ga·lo [astráγalo] *n/m* ARQ ZOOL astragalus.
as·tral [astrál] *adj* astral.
as·trin·gen·cia [astriŋxéṇθja] *n/f* astringency. **as·trin·gen·te** [astriŋxéṇte] *adj n/m* astringent. **as·trin·gir** [astriŋxír] *v* (*astrinjo,* pp *astricto*) MED to astringe, contract.
as·tro [ástro] *n/m* ASTR star, heavenly body. LOC **~ de la pantalla**, TV personality, film star.
as·tro·fí·si·ca [astrofísika] *n/f* ASTR astrophysics *pl.* **as·tro·fí·si·co/a** [astrofísiko/a] I. *adj* astrophysical. II. *n/m,f* astrophysicist. **as·tro·la·bio** [astroláβjo] *n/m* ASTR astrolabe. **as·tro·lo·gía** [astroloxía] *n/f* astrology. **as·tro·ló·gi·co/a** [astrolóxiko/a] *adj* astrological. **as·tró·lo·go/a** [astróloγo/a] *n/m,f* astrologist. **as·tro·nau·ta** [astronáuta] *n/m,f* astronaut. **as·tro·náu·ti·ca** [astronáutika] *n/f* astronautics *pl.* **as·tro·na·ve** [astronáβe] *n/f* spaceship, spacecraft. **as·tro·no·mía** [astronomía] *n/f* astronomy. **as·tro·nó·mi·co/a** [astronómiko/a] *adj gen* astronomic(al). **as·tró·no·mo** [astrónomo] *n/m* astronomist.
as·tro·so/a [astróso/a] *adj* 1. unfortunate, hapless. 2. untidy, shabby.
as·tu·cia [astúθja] *n/f* 1. astuteness, cunning. 2. trick, ruse.
as·tu·to/a [astúto/a] *adj* 1. astute, cunning, clever. 2. sly.
a·sue·to [aswéto] *n/m* 1. time off. 2. half-day, day off. 3. leisure.
a·su·mir [asumír] *v* 1. to assume, take on. 2. to adopt (*actitud*). 3. FIG to take on board (*propuesta*). **a·sun·ción** [asuṇθjón] *n/f* 1. assumption (*tarea*); supposition. 2. REL Assumption.
a·sun·to [asúṇto] *n/m* 1. theme, subject (matter). 2. business, affair, matter. 3. issue, question. LOC **A~s Exteriores,** Foreign Affairs. **~s pendientes,** matters in hand. **El ~ es que**, the fact is that. **Ese es otro ~**, that's another matter/story. **Ir al ~**, to get (down) to the heart of the matter, get to the point.
a·sus·ta·di·zo/a [asustaðíθo/a] *adj* easily frightened. **a·sus·tar** [asustár] *v* I. 1. to frighten, scare. 2. FIG to horrify. II. **(~se de/con)** to be frightened of/by.
a·ta·ba·le·ar [ataβaleár] *v* to drum, tap (*con los dedos*).
a·ta·can·te [atakáṇte] I. *adj* attacking, assailing. II. *n/m,f* attacker, assailant. **a·ta·car** [atakár] *v* (*ataque*) 1. **(~ a)** to attack, assail, charge. 2. MED to attack, affect. 3. to tackle (*problema*), overcome (*sueño*). 4. FIG to condemn, vilify (*censurar*). 5. QUÍM to corrode. 6. to begin (*acción, empresa*).
a·ta·de·ro [ataðéro] *n/m* 1. site for tying. 2. ring, hook. 3. FIG bond, tie. **a·ta·di·jo** [ataðíxo] *n/m* 1. (loose) package. 2. rope, tether. **a·ta·do** [atáðo] *n/m* bundle. **a·ta·du·ra** [ataðúra] *n/f* 1. fastening, tying (*acción*). 2. rope, cord. 3. FIG bond, tie.
a·ta·jar [ataxár] *v* 1. to take a short cut. 2. to intercept. 3. to block, obstruct (*camino*). 4. ARQ to partition off. 5. DEP to tackle. 6. to check, stem, to stop. **a·ta·jo** [atáxo] *n/m* 1. FIG PEY bunch, group. 2. load/lot (of) (*mentiras, etc*). 3. short cut. 4. DEP tackle.
a·ta·la·ya [atalá]a] I. *n/f* 1. watchtower. 2. vantage point. II. *n/m* lookout, sentinel.
a·ta·ñer [ataɲér] *v* **(~ a)** to have to do with, concern. LOC **En/por lo que atañe a**, with regard to,
a·ta·que [atáke] *n/m* 1. attack. 2. MED attack, fit. LOC **¡ Al ~!**, *int* MIL Charge! **~ de nervios**, fit of hysterics, nervous breakdown.
a·tar [atár] *v* 1. to tie (up), fasten. 2. to tether (*animal*). 3. to bind (together). 4. FIG to tie down. 5. FIG to root to the spot, paralyse (*miedo*). LOC **~ corto a uno**, to keep a tight rein on sb. **~ la lengua**, to silence sb.
a·ta·ra·xia [atará(k)sja] *n/f* ataraxia.
a·tar·de·cer [atarðeθér] I. *v* to get dark/late. II. *n/m* late afternoon, evening. LOC **Al ~**, at dusk.
a·ta·rea·do/a [atareáðo/a] *adj* busy. **a·ta·re·ar** [atareár] *v* to assign work/a job to.
a·ta·ru·gar [ataruγár] I. *v* (*atarugue*) 1. to peg, wedge. 2. to fill, plug (*hueco*). II. *v/Refl (-se)* 1. to become embroiled in. 2. to stutter from confusion/embarrassment.
a·tas·ca·de·ro [ataskaðéro] *n/m* 1. bog, mire. 2. FIG difficulty. **a·tas·ca·mien·to** [ataskamjéṇto] *n/m* V **atasco**. **a·tas·car** [ataskár] I. *v* (*atasque*) 1. to obstruct, block (up), clog (up). 2. to plug, stop (up). 3. TÉC to jam. II. *v/Refl(-se) gen* to get stuck: *El coche se atascó en la nieve*, The car got stuck in the snow. **a·tas·co** [atásko] *n/m* 1. obstruction, blocking. 2. traffic jam. 3. FIG stumbling block.
a·taúd [ataúð] *n/m* coffin.
a·ta·viar [ataβjár] *v* (*atavío, atavían*) to adorn.
a·tá·vi·co/a [atáβiko/a] *adj* atavistic.
a·ta·vío [ataβío] *n/m* 1. dressing, adornment (*acción*). 2. *sing/pl* attire, PEY get-up.
a·ta·vis·mo [ataβísmo] *n/m* atavism.
a·teís·mo [ateísmo] *n/m* atheism.
a·te·mo·ri·zar [atemoriθár] *v* (*atemorice*) 1. to frighten, scare. 2. **(~se de/por)** to be frightened of/at.
a·tem·pe·ra·ción [atemperaθjón] *n/f* moderation, temperance. **a·tem·pe·rar** [atemperár] *v* 1. to moderate, temper, restrain. 2. **(~ a)** to adjust, accommodate (to).
a·te·na·zar [atenaθár] *v* (*atenace*) 1. to hold tightly, to tie down. 2. FIG to torment, torture (*obsesión*).
a·ten·ción [ateṇθjón] *n/f* 1. *gen* attention. 2. *pl* respect, consideration *sing.* 3. courtesy, politeness. 4. **(~ con)** care (with). 5. **(~ por)** interest (in). LOC **A la ~ de,** for the attention of. **¡~!**, *exclam* 1. MIL Attention! 2. Look out! (*cuidado*). 3. Your attention, please! **En ~ a**, in view of, considering. **Llamar la ~**, to attract attention. **Prestar ~ a**, to pay attention, listen (to). **a·ten·der** [ateṇdér] *v* (*atiendo*) 1. to attend to. 2. **(~ a)** MED to look after. 3. to service. 4. to heed, pay attention to, listen

to (*consejo*). 5. **(~ a)** to take note (of). 6. **(~ por)** to answer to the name of. 7. **(~ a)** to see about/to, attend to. 8. to meet (*petición*, etc). LOC ~ **al teléfono**, to answer the telephone. **Estar bien/mal atendido**, to be well/badly cared for. **¿Le atienden?**, Are you being served? (*en tienda*).

a·te·neo [ateneo] *n/m* cultural association/centre.

a·te·ner·se [atenérse] *v/Refl(-se)* (***atengo, atuve, atendré***) **(~se a)** 1. to stand (by), stick (to). 2. to hold, abide (by) (*reglas*). LOC **~se a las consecuencias,** to face/take the consequences.

a·ten·ta·do [atentáðo] *n/m* 1. attack, hit (*política*). 2. attempted murder. LOC ~ **contra la ley,** offence.

a·ten·ta·men·te [aténtaménte] *adv* 1. attentively. 2. politely. LOC **Le saluda** ~, Yours faithfully/sincerely (*carta*).

a·ten·tar [atentár] *v* 1. **(~ a/contra)** to make an attempt (on). 2. **(~ contra)** to offend (*ley*).

a·ten·to/a [aténto/a] *adj* 1. **(~ a)** attentive to(wards), observant. 2. **(~ con)** kind to. 3. **(~ a)** aware (of). LOC **Su atta,** COM your letter (*correspondencia*).

a·te·nua·ción [atenwaθjón] *n/f* attenuation. **a·te·nuan·te** [atenwánte] *adj* extenuating. LOC **Circunstancias ~s**, JUR extenuating circumstances. **a·te·nuar** [atenwár] *v* (***atenúo, atenúan***) 1. to attenuate. 2. JUR to extenuate, mitigate. 3. to dim (*luz*), diminish (*intensidad*).

a·teo [atéo] *n/m,f* atheist.

a·ter·cio·pe·la·do/a [aterθjopeláðo/a] *adj* velvet(y).

a·te·ri·do/a [ateríðo/a] *adj* **(~ de)** frozen stiff, numb. **a·te·rir** [aterír] *v/Refl(-se)* (sólo se usa en *inf* y *pp*) **(~se de)** to be frozen.

a·te·rrar [aterrár] *v* 1. to terrify, frighten. 2. GEOL to dump.

a·te·rri·za·je [aterriθáxe] *n/m* AER landing, touchdown. LOC ~ **forzoso,** AER emergency landing. **Tren de** ~, AER (retractable) undercarriage. **a·te·rri·zar** [aterriθár] *v* (***aterrice***) AER to land.

a·te·rro·ri·zar [aterroriθár] *v* (***aterrorice***) to terrorize.

a·te·so·ra·mien·to [atesoramjénto] *n/m* hoarding, accumulation. **a·te·so·rar** [atesorár] *v* 1. to amass, accumulate. 2. FIG to possess (*cualidades*), have (*defectos*).

a·tes·ta·do/a [atestáðo/a] I. *adj* full (*repleto*). II. *n/m* JUR affidavit, attestation (*documento*). LOC ~ **de gente,** crowded with people. **Hacer un** ~, JUR to make an official report. **a·tes·tar** [atestár] *v* (***atiesto***) 1. to fill (up), cram. 2. to clutter (up). 3. JUR to attest, testify. LOC **~se de,** FIG FAM to gorge oneself on (*pasteles*, etc).

a·tes·ti·guar [atestiɣwár] *v* (***atestigüe***) 1. to attest, testify. 2. FIG to prove.

a·te·zar [ateθár] *v* (***atece***) 1. to tan (*piel*). 2. to polish.

a·ti·bo·rrar [atiβorrár] I. *v* to cram (full). II. *v/Refl(-se)* **(~se de)** to gorge oneself on.

á·ti·co [átiko] *n/m* ARQ attic.

a·tie·sar [atjesár] *v* 1. to stiffen, harden. 2. to tighten, make taut.

a·til·dar [atildár] I. *v* 1. to put accent/tilde on/over. 2. FIG to criticize. II. *v/Refl(-se)* FIG to smarten/spruce oneself up.

a·ti·na·do/a [atináðo/a] *adj* 1. fitting, apt. 2. sensible, sound. **a·ti·nar** [atinár] *v* 1. **(~ a/con)** to hit on, find (*solución*). 2. **(~ a/con)** to discover, come across. 3. **(~ en)** to hit the target. 4. **(~ en)** to do the right thing.

a·tí·pi·co/a [atípiko/a] *adj* atypical, untypical.

a·ti·pla·do/a [atipláðo/a] *adj* high-pitched, piercing (*voz*). **a·ti·plar** [atiplár] *v* to raise the pitch of (*voz*).

a·ti·ran·tar [atirantár] *v* to tighten.

a·tis·bar [atisβár] *v* to watch, observe, examine. **a·tis·bo** [atísβo] *n/m* 1. watching, observation. 2. FIG glimpse, sign. 3. (con *un* o *pl*) sign(s).

¡a·ti·za! [atíθa] *int* Goodness me!, Good gracious!

a·ti·zar [atiθár] *v* (***atice***) 1. to stoke, poke (*fuego*). 2. to land (*puñetazo*). 3. FIG to stir up (*fomentar*).

at·lan·te [atlánte] *n/m* ARQ atlas, telamon.

at·lán·ti·co/a [atlántiko/a] *adj* atlantic.

at·las [átlas] *n/m* GEOG atlas.

at·le·ta [atléta] *n/m,f* athlete. **at·lé·ti·co/a** [atlétiko/a] *adj* athletic. **at·le·tis·mo** [atletísmo] *n/m* DEP athletics *pl*.

at·mós·fe·ra [atmósfera] *n/f* atmosphere. **at·mos·fé·ri·co/a** [atmosfériko/a] *adj* atmospheric.

a·to·lón [atolón] *n/m* atoll.

a·to·lon·dra·do/a [atolondráðo/a] *adj* 1. thoughtless, reckless, scatterbrained. 2. bewildered, confused. **a·to·lon·dra·mien·to** [atolondramjénto] *n/m* 1. thoughtlessness, foolishness. 2. bewilderment, confusion. **a·to·lon·drar** [atolondrár] *v* to stun, bewilder.

a·to·lla·de·ro [atoʎaðéro] *n/m* 1. bog, mire. 2. FIG deadlock, impasse. LOC **Estar en un** ~, to be in difficulty/a fix. **a·to·llar** [atoʎár] *v* to get bogged down, get stuck.

a·tó·mi·co/a [atómiko/a] *adj* atomic. **a·to·mi·za·ción** [atomiθaθjón] *n/f* atomization, spraying. **a·to·mi·zar** [atomiθár] *v* (***atomice***) to atomize, spray. **á·to·mo** [átomo] *n/m* atom.

a·to·nía [atonía] *n/f* MED atony.

a·tó·ni·to/a [atónito/a] *adj* astonished, astounded.

á·to·no/a [átono/a] *adj* GRAM atonic, unstressed.

a·ton·ta·do/a [atontáðo/a] *adj* stunned. **a·ton·tar** [atontár] *v* 1. to stun, daze. 2. to make dizzy/giddy.

a·to·rar [atorár] I. *v* (***atuero***) 1. to obstruct, stop up, clog. 2. to chop (*leña*). II. *v/Refl(-se)* 1. to become clogged up. 2. to choke.

a·tor·men·tar [atormentár] *v* 1. FIG to torment, distress. 2. to torture.

a·tor·ni·llar [atorniʎár] *v* 1. to screw in/on/down. 2. FIG to be demanding.

a·tor·to·lar [atortolár] *v/Refl(-se)* to bill and coo (*enamorados*).

a·to·si·ga·mien·to [atosiɣamjéṇto] *n/m* **1**. poisoning. **2**. harassing, FAM pressurizing. **a·to·si·gar** [atosiɣár] *v* (*atosigue*) **1**. to poison. **2**. FIG to harass, pester. **3**. FIG to press, pressurize.

a·tra·ban·car [atraβaŋkár] *v* to rush.

a·tra·bi·lia·rio/a [atraβiljárjo/a] *adj* irritable, FAM moody.

a·tra·ca·de·ro [atrakaðéro] *n/m* NÁUT wharf, quay, dock.

a·tra·ca·dor/ra [atrakaðór/ra] *n/m.f* bandit, raider, robber. **a·tra·car** [atrakár] **I**. *v* (*atraque*) **1**. NÁUT to bring alongside. **2**. to rob. **3**. to stuff sb with food. **II**. *v/Refl(-se)* (**~se de**) to stuff oneself (with).

a·trac·ción [atra(k)θjón] *n/f* **1**. attraction. **2**. *pl* amusements, entertainment *sing*, attractions. **3**. appeal, attractiveness. LOC **Parque de atracciones,** fairground.

a·tra·co [atráko] *n/m* robbery, hold up, stick up. **a·tra·cón** [atrakón] *n/m* **1**. surfeit, excess. **2**. FAM blow-out, big feed.

a·trac·ti·vo/a [atraktíβo/a] **I**. *adj* attractive. **II**. *n/m* appeal, charm.

a·tra·er [atraér] *v* (*atraigo, atraje, pp atraído*) **1**. *gen* to attract. **2**. to draw. **3**. **(~ a)** to lure, convince.

a·tra·fa·gar·se [atrafaɣárse] *v* (*atrafague*) to fuss, fidget.

a·tra·gan·ta·mien·to [atraɣaṇtamjéṇto] *n/m* choking. **a·tra·gan·tar** [atraɣaṇtár] **I**. *v* **(~ con)** to choke on. **II**. *v/Refl(-se)* **1**. to choke. **2**. to stick in sb's throat. **3**. FIG to sicken, fill sb with disgust.

a·tran·car [atraŋkár] *v* (*atranque*) **1**. to bolt, bar (*puerta*). **2**. to block (up) (*conducto*).

a·tra·par [atrapár] *v* **1**. to catch, trap. **2**. FIG FAM to get, obtain.

a·trás [atrás] **I**. *adv* **1**. behind. **2**. in the rear. **3**. in the back(seat) (*de un coche*). **4**. ago, back, earlier (*tiempo*). **II**. *int* Back! Get back! LOC **Cuenta ~**, countdown. **Dejar ~**, to leave behind. **Echar para ~**, to throw/push back. **Hacia/para ~**, backwards. **Marcha ~**, AUT reverse. **Volverse ~**, to go back.

a·tra·sa·do/a [atrasáðo/a] *adj* **1**. late. **2**. behind (*en los estudios*). **3**. slow (*reloj*). **4**. backward (*país*). **5**. in arrears, overdue (*pago*). LOC **~ mental**, mentally retarded person. **a·tra·sar** [atrasár] **I**. *v* **1**. to put/set back, delay. **2**. to go slow, lose time (*reloj*). **II**. *v/Refl(-se)* to be late. **a·tra·so** [atráso] *n/m* **1**. slowness (*reloj*). **2**. delay, lateness (*tren*). **3**. backwardness. **4**. *pl* arrears. **5**. *pl* backlog (*de pedidos*).

a·tra·ve·sa·do/a [atraβesáðo/a] *adj* **1**. **(~ en)** lying across. **2**. **(~ por)** pierced with. **3**. FIG wicked, evil. LOC **Tener a alguien ~**, FIG not to be able to stand sb. **a·tra·ve·sar** [atraβesár] **I**. *v* (*atravieso*) **1**. to cross (over), go across/over. **2**. **(~ en)** to lay across. **3**. **(~ con/de)** to pierce (with). **4**. to penetrate, go through (*agua*). **5**. to span, cross (*puente*). **6**. FIG to go through (*dificultades*). **II**. *v/Refl (se)* **(~se en)** to interfere/meddle in/with.

a·tra·yen·te [atraʝéṇte] *adj* attractive.

a·tre·ver·se [atreβérse] *v/Refl(-se)* **1**. **(~se a)** to dare to. **2**. **(~se con)** to be insolent to(wards). **3**. **(~se con)** FIG to take (sb/sth) on. **a·tre·vi·do/a** [atreβíðo/a] **I**. *adj* **1**. daring, bold. **2**. insolent, impertinent. **3**. daring (*indecoroso*). **II**. *n/m,f* **1**. insolent/cheeky person. **2**. daredevil, FAM a Joe Cool. **a·tre·vi·mien·to** [atreβimjéṇto] *n/m* **1**. daring, boldness. **2**. PEY impudence.

a·tri·bu·ción [atriβuθjón] *n/f* **1**. attribution. **2**. function, duty, powers *pl*. **a·tri·buir** [atriβwír] **I**. *v* (*atribuyo, atribuido*) **1**. to attribute, ascribe to. **2**. to confer, grant. **II**. *v/Refl(-se)* to confer on oneself.

a·tri·bu·la·do/a [atriβuláðo/a] *adj* full of tribulation. **a·tri·bu·lar** [atriβulár] *v* to distress, afflict.

a·tri·bu·ti·vo/a [atriβutíβo/a] *adj* attributive. **a·tri·bu·to** [atriβúto] *n/m* **1**. *gen* attribute. **2**. GRAM predicate.

a·tri·ción [atriθjón] *n/f* attrition, repentance.

a·tril [atríl] *n/m* lectern, music stand.

a·trin·che·ra·mien·to [atriṇtʃeramjéṇto] *n/m* entrenchment, line of trenches. **a·trin·che· rar** [atriṇtʃerár] **I**. *v* to entrench.

a·trio [átrjo] *n/m* atrium, porch, hall.

a·tri·to/a [atríto/a] *adj* contrite.

a·tro·ci·dad [atroθiðáð] *n/f* atrocity.

a·tro·fia [atrófja] *n/f* atrophy, stagnation. **a·tro·fiar** [atrofjár] *v* to atrophy, stagnate.

a·tro·na·dor/ra [atronaðór/ra] *adj* deafening, thunderous. **a·tro·nar** [atronár] *v* (*atrueno*) **1**. to deafen. **2**. to stun.

a·tro·pe·llar [atropeʎár] *v* **1**. to knock down, run over. **2**. to jostle, brush/push aside. **3**. FIG to ignore, disregard (*principios/morales*). **4**. to bully, offend. **a·tro·pe·llo** [atropéʎo] *n/m* **1**. push(ing), jostle. **2**. (road) accident. **3**. FIG violation, breach. **4**. abuse, offence, outrage.

a·tro·z [atróθ] *adj* (*pl atroces*) **1**. atrocious, cruel. **2**. huge.

a·ttre·zzo [atréθo] *n/m* TEAT properties, props.

a·tuen·do [atwéṇdo] *n/m* dress, attire.

a·tu·far [atufár] **I**. *v* to smell bad, stink. **II**. *v/Refl(-se)* to be overcome by smoke/fumes.

a·tún [atún] *n/m* tunnyfish, tuna (fish). LOC **Ser un pedazo de ~**, FAM to be a nitwit. **a·tu·ne·ro/a** [atunéro/a] **I**. *adj* tuna, tunny. **II**. **1**. *n/m,f* tuna seller/fisher. **2**. *n/m* tunny boat.

a·tur·di·do/a [aturðíðo/a] *adj* **1**. thoughtless, reckless. **2**. bewildered, stunned. **a·tur·di·mien·to** [aturðimjéṇto] *n/m* **1**. daze, stun. **2**. shock, confusion. **3**. thoughtlessness, carelessness. **a·tur·dir** [aturðír] *v* **1**. to daze, stun. **2**. to make dizzy/giddy. **3**. to amaze, bewilder.

a·tu·ru·llar [aturuʎár] *v* to bewilder, perplex.

a·tu·sar [atusár] **I**. *v* **1**. to comb (*con peine*). **2**. to smooth (back) (*con la mano*). **II**. *v/Refl(-se)* to get dressed up.

au·da·cia [audáθja] *n/f* **1**. audacity. **2**. boldness. **au·daz** [auðáθ] *adj* (*pl audaces*) **1**. audacious. **2**. bold, daring.

au·di·ble [auðíβle] *adj* audible. **au·di·ción** [audiθjón] *n/f* hearing, audition.

au·dien·cia [auðjéṇθa] *n/f* 1. audience (*recepción*). 2. JUR hearing. LOC **De poca/mucha ~**, with low/high ratings *pl*.
au·dí·fo·no [auðífono] *n/m* hearing aid, earphones *pl*. **au·dio·vi·sual** [auðjoβiswál] *adj* audio-visual. **au·di·ti·vo/a** [auðitíβo/a] *adj* auditory, aural. **au·di·tor** [auðitór] *n/m* 1. COM auditor. 2. MIL judge advocate. **au·di·to·rio** [auðitórjo] *n/m* 1. audience. 2. FIG public. 3. auditorium (*sala*). **au·di·tó·rium** [auðitórium] *n/m* auditorium.
au·ge [áuxe] *n/m* 1. peak, summit. 2. heyday, COM boom. 3. increase, rise. LOC **Estar en ~**, to thrive.
au·gur [auγúr] *n/m* augur. **au·gu·rar** [auγurár] *v* 1. to predict, foretell. 2. to augur. **au·gu·rio** [auγúrjo] *n/m* 1. augury, omen. 2. prediction. 3. *pl* best wishes.
au·gus·to/a [auγústo/a] *adj* august, illustrious.
au·la [áula] *n/f* 1. lecture hall/room. 2. classroom. LOC **~ magna**, assembly hall.
au·llar [auʎár] *v* (*aúllo, aúllan*) to howl. **au·lli·do** [auʎíðo] *n/m* howl.
au·men·tar [aumeṇtár] *v* 1. **(~ de)** to increase, raise. 2. to add to, augment, magnify. 3. **(~ en)** to rise. LOC **~ de peso**, to put on weight. **~ de precio**, to rise in price. **au·men·ta·ti·vo/a** [aumeṇtatíβo/a] *adj* GRAM augmentative. **au·men·to** [auméṇto] *n/m* 1. increase, rise. 2. addition, magnification. LOC **Ir en ~**, to be on the increase.
aun [aún] *adv* 1. even. 2. **(~ +** *ger***)** although, even though + *ind*. LOC **Ni ~ así**, even so. **~ si**, even if. **Ni ~ +** *ger*, not even if + *ind*, not even by + *ger*. **aún** [aún] *adv* still, yet.
au·nar [aunár] *v* (*aúno*) to join, unite (together).
aun·que [áuŋke] *conj* 1. even though, although. 2. even if.
¡aú·pa! [aúpa] *int* Up you get! LOC **De ~**, 1. terrific, great. 2. terrible. **au·par** [aupár] *v* (*aúpo*) 1. to lift up. 2. to help up.
au·ra [áura] *n/f* 1. breeze, zephyr. 2. aura.
áu·reo/a [áureo/a] *adj* gold(en), aureate. **au·reo·la, au·réo·la** [aureóla/auréola] *n/f* 1. REL aureole, halo. 2. FIG reputation, aureole.
au·rí·cu·la [aurikula] *n/f* auricle. **au·ri·cu·lar** [aurikulár] I. *adj* aural, auricular. II. *n/m* 1. ANAT little finger. 2. receiver (*de teléfono*). 3. *pl* earphones, headphones.
au·rí·fe·ro/a [aurífero/a] *adj* gold-bearing, auriferous.
au·ri·ga [auríγa] *n/m* coachman.
au·ro·ra [auróra] *n/f* 1. dawn, daybreak. 2. FIG dawn, beginning. LOC **~ boreal**, northern lights *pl*, aurora borealis.
aus·cul·ta·ción [auskul̥taθjón] *n/f* MED sounding, auscultation. **aus·cul·tar** [auskul̥tár] *v* MED to sound, auscultate.
au·sen·cia [auséṇθja] *n/f gen* absence. LOC **Brillar por su ~**, to be conspicuous by one's absence. **au·sen·tar·se** [auseṇtárse] *v/Refl (-se)* **(~se de)** to leave, absent oneself. **au·sen·te** [auséṇte] I. *adj* 1. absent. 2. away, out. 3. JUR missing. II. *n/m,f* 1. absentee. 2. JUR missing person.
aus·pi·ciar [auspiθjár] *v* 1. to predict. 2. to favour, foster. **aus·pi·cio** [auspíθjo] *n/m* 1. protection, patronage. 2. sign, *gen pl* auspice. LOC **Bajo los ~s de**, sponsored by.
aus·te·ri·dad [austeriðáð] *n/f* austerity. **aus·te·ro/a** [austéro/a] *adj* austere.
aus·tral [austrál] *adj* southern.
Aus·tra·la·sia [australásja] *n/f* GEOG Australasia. **Aus·tra·lia** [austrálja] *n/f* GEOG Australia. **aus·tra·lia·no/a** [australjáno/a] *adj n/m,f* Australian.
Aus·tria [áustrja] *n/f* GEOG Austria. **aus·tría·co, aus·tria·co/a** [austríako/austrjáko/a] *adj n/m,f* Austrian.
aus·tro [áustro] *n/m* south wind.
au·tar·quía [autarkía] *n/f gen* autarchy.
au·ten·ti·ci·dad [auteṇtiθiðáð] *n/f* authenticity, genuineness. **au·ten·ti·ca·ción** [auteṇtikaθjón] *n/f* authentication, legalization. **au·tén·ti·co/a** [autéṇtiko/a] *adj* genuine, authentic, real. **au·ten·ti·car** [auteṇtikár] *v* (*autentique*) to authenticate, legalize. **au·ten·ti·fi·car, au·ten·ti·zar** [auteṇtifikár/auteṇtiθár] *v* to authenticate, legalize.
au·to- *prefix* self-
au·to [áuto] *n/m* 1. JUR judgement, sentence. 2. HIST TEAT auto, mystery play. 3. *pl* proceedings. 4. car. LOC **~ de comparecencia**, JUR summons. **~ de fe**, auto-da-fé. **~ de prisión**, JUR arrest warrant. **~ de procesamiento**, JUR indictment. **~s de choque**, bumper cars, dodgems. **El día de ~s**, the day of the crime.
au·to·ad·he·si·vo/a [autoaðesíβo/a] *adj* self-adhesive. **au·to·bio·gra·fía** [autoβjoγrafía] *n/f* autobiography. **au·to·bio·grá·fi·co/a** [autoβjoγráfiko/a] *adj* autobiographical. **au·to·bom·ba** [autoβóm̥ba] *n/m* car bomb. **au·to·bom·bo** [autoβóm̥bo] *n/m* self-praise. LOC **Hacerse el ~**, to blow one's own trumpet.
au·to·bús [autoβús] *n/m* bus. LOC **~ de línea**, coach, bus.
au·to·car [autokár] *n/m* Br coach, US bus. LOC **Viaje en ~**, coach trip. **au·to·ci·ne** [autoθíne] *n/m* drive-in (*cine*). **au·to·cla·ve** [autokláβe] *n/m* autoclave, sterilizer. **au·to·cra·cia** [autokráθja] *n/f* autocracy. **au·tó·cra·ta** [autókrata] *n/m,f* autocrat. **au·to·crá·ti·co/a** [autokrátiko/a] *adj* autocratic(al). **au·to·crí·ti·ca** [autokrítika] *n/f* self-criticism. **au·tóc·to·no/a** [autóktono/a] *adj* autochthonous, native.
au·to·de·fen·sa [autoðefénsa] *n/f* Br self-defence, US self-defense. **au·to·des·truc·ción** [autoðestru(k)θjón] *n/f* self-destruction. **au·to·de·ter·mi·na·ción** [autoðeterminaθjón] *n/f* self-determination. **au·to·di·dac·ta** [autoðidákta] *adj* self-taught.
au·tó·dro·mo [autóðromo] *n/m* race track (*coches*). **au·to·es·cue·la** [auto(e)skwéla] *n/f* driving school.
au·to·fe·cun·da·ción [autofekuṇdaθjón] *n/f* BOT self-pollination. **au·to·fi·nan·cia·ción** [autofinaṇθjaθjón] *n/f* self-financing.
au·tó·ge·no/a [autóxeno/a] I. *adj* autogenous. II. *n/f* TÉC welding, soldering. **au·to·ges·tión** [autoxestjón] *n/f* self-management. **au·to·ges·tio·na·rio/a** [autoxestjonárjo/a] *adj*

self-managing. **au·to·go·bier·no** [autoγoβjérno] *n/m* self-government. **au·tó·gra·fo/a** [autóγrafo/a] I. *adj* autographic(al), handwritten. II. *n/m* autograph.
au·to·ma·ción [automaθjón] *n/f* automation. **au·tó·ma·ta** [autómata] *n/m* automaton, robot. **au·to·má·ti·co/a** [automátiko/a] I. *adj* automatic. II. *n/m* Br press stud, US snap fastener. **au·to·ma·tis·mo** [automatísmo] *n/m* automatism. **au·to·ma·ti·za·ción** [automatiθaθjón] *n/f* automation. **au·to·ma·ti·zar** [automatiθár] *v* (*automatice*) to automate. **au·to·mo·tor** [automotór] *adj* self-driven, self-propelled, automated. **au·to·mó·vil** [automóβil] I. *adj* automotive, self-driven/propelled. II. *n/m* car. **au·to·mo·vi·lis·mo** [automoβilísmo] *n/m* 1. driving, motoring. 2. car industry. **au·to·mo·vi·lis·ta** [automoβilísta] *n/m,f* 1. motorist, driver. 2. car enthusiast. **au·to·mo·vi·lís·ti·co** [automoβilístiko/a] *adj* motoring, car.
au·to·no·mía [autonomía] *n/f* 1. autonomy, self-government. 2. (cruising) range (*avión, coche*). **au·to·nó·mi·co/a** [autonómiko/a] *adj* autonomous. **au·tó·no·mo/a** [autónomo/a] *adj* autonomous, self-governing.
au·to·pis·ta [autopísta] *n/f* Br motorway, US freeway. LOC **~ de peaje**, Br toll motorway, US turnpike. **au·to·pro·pul·sa·do/a** [autopropulsáðo/a] *adj* self-propelled. **au·to·pro·pul·sión** [autopropulsjón] *n/f* self-propulsion.
au·top·sia [autó(p)sja] *n/f* MED autopsy, post-mortem.
au·tor/ra [autór/ra] 1. *n/m* author. 2. *n/f* authoress. 3. *n/m,f* author, perpetrator (*delito*). 4. author, creator. **au·to·ri·dad** [autoriðáð] *n/f* 1. authority. 2. expert. 3. official. 4. *pl* authorities. **au·to·ri·ta·rio/a** [autoritárjo/a] *adj* 1. authoritarian. 2. peremptory, despotic. **au·to·ri·ta·ris·mo** [autoritarísmo] *n/f* authoritarianism. **au·to·ri·za·ción** [autoriθaθjón] *n/f* **(~ para +** *inf***)** authorization, licence (to + *inf*). **au·to·ri·za·do/a** [autoriθáðo/a] *adj* 1. authorized, official. 2. authoritative, reliable. **au·to·ri·zar** [autoriθár] *v* (*autorice*) 1. **(~ a +** *inf***)** to authorize (to + *inf*). 2. to licence.
au·to·rre·gu·la·ción [autorreγulaθjón] *n/f* self-regulation. **au·to·rre·tra·to** [autorretráto] *n/m* self-portrait. **au·to·ser·vi·cio** [autoserβíθjo] *n/m* self-service (restaurant). **au·to·stop** [autostó(p)] *n/m* hitch-hiking, hitching. LOC **Hacer ~**, to hitch(hike). **au·to·sto·pis·ta** [autostopísta] *n/m,f* hitch-hiker. **au·to·vía** [autoβía] *n/f* Br dual carriageway, US highway.
au·xi·liar [au(k)siljár] I. *adj* 1. *gen* auxiliary. 2. assistant. II. *n/m,f* 1. assistant, auxiliary. 2. assistant lecturer/teacher. III. *v* to help, assist. **au·xi·lio** [au(k)síljo] I. *n/m* 1. assistance, help. 2. MED relief. LOC **¡~!**, *int* Help! **~ en carretera,** AUT breakdown service. **~s espirituales,** REL last rites. **En ~ de,** in aid of. **Pedir ~,** to cry for help. **Primeros ~s,** MED First Aid.
a·val [aβál] *n/m* COM 1. guarantee. 2. guarantor's signature.
a·va·lan·cha [aβalántʃa] *n/f* avalanche.
a·va·lar [aβalár] *v* COM 1. to guarantee. 2. to be the guarantor of. **a·va·lis·ta** [aβalísta] *n/m,f* guarantor.
a·van·ce [aβánθe] *n/m* 1. *gen* advance. 2. trailer (*cine*).
a·van·za·da [aβanθáða] *n/f* MIL reconnaissance, scout party. **a·van·za·do/a** [aβanθáðo/a] *adj* advanced, progressive. LOC **~ en edad,** old, FAM getting on (in years). **a·van·zar** [aβanθár] I. *v* (*avance*) 1. *gen* to advance. 2. to move forward, progress. 3. to put forward.
a·va·ri·cia [aβaríθja] *n/f* avarice, greed. **a·va·ri·cio·so/a** [aβariθjóso/a] *adj* avaricious, miserly. **a·va·rien·to/a** [aβarjénto/a] I. *adj* avaricious, miserly. II. *n/m,f* miser. **a·va·ro/a** [aβáro/a] *adj n/m,f* V **avariento**.
a·va·sa·lla·mien·to [aβasaʎamjénto] *n/m* enslavement. **a·va·sa·lla·dor/ra** [aβasaʎaðór/ra] *adj* domineering. **a·va·sa·llar** [aβasaʎár] *v* to enslave, submit, impose oneself on.
a·va·tar [aβatár] *n/m* 1. avatar, change. 2. (*freq pl*) ups and downs.
Avda. *abrev* de *Avenida*, Ave.
a·ve [áβe] *n/f* ZOOL bird. LOC **~ de rapiña,** bird of prey. **~ de paso,** migratory bird. **~s de corral,** poultry.
a·ve·ci·nar [aβeθinár] I. *v* to domicile. II. *v/Refl(-se)* 1. to approach, draw near. 2. **(~se en)** to take up residence. **a·ve·cin·dar·se** [aβeθindárse] *v/Refl(-se)* V **avecinarse II.2.**
a·ve·jen·tar [aβexentár] *v* to age prematurely.
a·ve·lla·na [aβeʎána] *n/f* BOT hazelnut. **a·ve·lla·nar** [aβeʎanár] *n/m* hazel grove. **a·ve·lla·no** [aβeʎáno] *n/m* hazel tree.
a·ve·ma·ría [aβemaría] *n/m* REL 1. Ave Maria. 2. Hail Mary.
a·ve·na [aβéna] *n/f* BOT oats *pl.*
a·ve·nen·cia [aβenénθja] *n/f* agreement, compromise, FAM deal.
a·ve·ni·da [aβeníða] *n/f* 1. flood. 2. avenue.
a·ve·ni·do/a [aβeníðo/a] *adj* LOC **Estar bien/mal ~ con,** to be on good/bad terms with. **a·ve·nir** [aβenír] I. *v* (*avengo, avine, avendré*) I. to reconcile. II. *v/Refl(-se)* 1. to come to an agreement. 2. **(~ a)** to agree to.
a·ven·ta·ja·do/a [aβentaxáðo/a] *adj* outstanding, superior. **a·ven·ta·jar** [aβentaxár] *v* **(~ en)** to surpass, excel (in).
a·ven·tar [aβentár] *v* 1. to blow away (*por el viento*), to expose/cast (to the winds). 2. to fan, blow (*fuego*). 3. AGR to winnow.
a·ven·tu·ra [aβentúra] *n/f* 1. *gen* adventure; risk. 2. FAM affair (*amorosa*). LOC **A la ~,** at random. **a·ven·tu·rar** [aβenturár] I. *v* 1. to risk, venture, chance. 2. FIG to venture, hazard (*idea*). LOC **~se a/por,** to venture, dare. **a·ven·tu·re·ro/a** [aβenturéro/a] I. *adj* adventurous. II. 1. *n/m* adventurer. 2. *n/f* adventuress.
a·ver·gon·zar [aβerγonθár] *v* (*avergüenzo, avergoncé*) to shame, put to shame. LOC **~se de/por,** to be ashamed of, to be embarrassed by.
a·ve·ría [aβería] *n/f* 1. breakdown (*coche*). 2. TÉC damage, fault (*daño*). LOC **a·ve·riar**

[aβerjár] *v* (*averío*) **1**. to break down. **2**. **(~se)** to get damaged (*coche, etc.*).

a·ve·ri·gua·ble [aβeriγwáβle] *adj* ascertainable. **a·ve·ri·gua·ción** [aβeriγwaθjón] *n/f* **1**. ascertainment, verification. **2**. investigation, inquiry. **a·ve·ri·guar** [aβeriγwár] *v* (*averigüe*) **1**. to ascertain, verify, find out. **2**. to investigate, check.

a·ver·no [aβérno] *n/m* Hades *pl*.

a·ve·rroís·mo [aβerroísmo] *n/m* FIL Averroism.

a·ver·sión [aβersjón] *n/f* **1**. **(~ hacia/por algo)** aversion to. **2**. **(~ a alguien)** aversion for.

a·ves·truz [aβestrúθ] *n/f* (*pl avestruces*) ostrich (*ave*).

a·ve·zar [aβeθár] *v* (*avece*) **(~ a)** to accustom, get used (to).

a·via·ción [aβjaθjón] *n/f* AER **1**. aviation. **2**. MIL air force. **a·via·dor/ra** [aβjaðór/ra] *n/m,f* aviator, airman.

a·viar [aβiár] **I**. *v* (*avío*) **1**. to prepare, get ready, tidy. **2**. **(~ de/para)** to help (out). LOC **Estar aviado/a**, to be done for. **II**. *adj* avian.

a·ví·co·la [aβíkola] *adj* poultry. **a·vi·cul·tor/ra** [aβikul̪tór/ra] *n/m,f* poultry keeper. **a·vi·cul·tu·ra** [aβikul̪túra] *n/f* poultry keeping.

a·vi·dez [aβiðéθ] *n/f* **1**. eagerness. **2**. avidity, greed. **á·vi·do** [áβiðo] *adj* **(~ de/por) 1**. avid, greedy (for). **2**. eager (for). LOC **~ de sangre**, bloodthirsty.

a·vie·so/a [aβjéso/a] *adj* **1**. twisted, distorted. **2**. FIG perverse, malicious.

a·vi·na·gra·do/a [aβinaγráðo/a] *adj* sour, vinegary. **a·vi·na·grar** [aβinaγrár] **I**. *v* to turn sour. **II**. *v/Refl(-se)* to turn bitter.

a·vío [aβío] *n/m pl* preparation, provisions.

a·vión [aβión] *n/m* AER (aero)plane, aircraft. LOC **~ a reacción**, jet. **~ de combate**, MIL fighter. **~ sin motor**, glider. **En ~**, by air. **Por ~**, (by) airmail. **a·vio·ne·ta** [aβjonéta] *n/f* light aircraft.

a·vi·sa·do/a [aβisáðo/a] *adj* prudent, wise.

a·vi·sar [aβisár] *v* **1**. to warn. **2**. to tell, notify, warn. **3**. to send for, call. **a·vi·so** [aβíso] *n/m* **1**. *gen* warning. **2**. announcement, notice, advertisement. LOC **Estar sobre ~**, to be fully aware. **Poner sobre ~**, to alert.

a·vis·pa [aβíspa] *n/f* wasp (*insecto*). **a·vis·pa·do/a** [aβispáðo/a] *adj* shrewd, alert, quick-witted. **a·vis·par** [aβispár] *v* to spur on, liven/quicken up. **a·vis·pe·ro** [aβispéro] *n/m* wasps' nest. **a·vis·pón** [aβispón] *n/m* hornet.

a·vis·tar [aβistár] *v* to sight, glimpse.

a·vi·ta·mi·no·sis [aβitaminósis] *n/f* MED vitamin deficiency.

a·vi·tua·llar [aβitwaʎár] *v* to provision, victual, provide goods *pl*.

a·vi·var [aβiβár] *v* **1**. to enliven, animate. **2**. to intensify, brighten (*color*). **3**. to excite (*pasión*). **4**. to stir up (*llama*).

a·vi·zor [aβiθór] *adj* LOC **Estar ojo ~**, to keep a sharp lookout.

a·vu·tar·da [aβutárða] *n/f* great bustard (*ave*).

a·xial [a(k)sjál] *adj* axial.

a·xi·la [a(k)síla] *n/f* **1**. BOT axil. **2**. ANAT armpit, axilla. **a·xi·lar** [a(k)silár] *adj* axillar(y).

a·xio·lo·gía [a(k)sjoloxía] *n/f* FIL axiology. **a·xio·ló·gi·co/a** [a(k)sjolóxiko/a] *adj* axiological.

a·xio·ma [a(k)sjóma] *n/m* axiom. **a·xio·má·ti·co/a** [a(k)sjomátiko/a] *adj* axiomatic.

¡ay! [ái] **I**. *int* **1**. Ouch! (*dolor*). **2**. Oh! Oh dear! (*aflicción*). **3**. **(~ de)** poor, woe is: *¡Ay de mí!*, Woe is me! **4**. **(~ de)** Woe betide! (*amenaza*). **II**. *n/m* **1**. sigh, groan, cry (*dolor*). **2**. lament. LOC **¡~, Dios mío!** *exclam* Goodness me! Oh my goodness! **Dar ayes**, to moan, lament.

a·ya [áɟa] *n/f* governess, nanny.

a·yer [aɟér] *adv* **1**. yesterday. **2**. formerly. LOC **~ noche**, last night. **No es cosa de ~**, it is nothing new.

a·yo [áɟo] *n/m* tutor, guardian.

a·yu·da [aɟúða] *n/f* **1**. help, aid. **2**. MED enema. **3**. valet. LOC **Prestar ~**, to help, aid. **a·yu·dan·te/a** [aɟuðán̪te/a] *n/m,f* **1**. assistant, aide. **2**. MIL adjutant. **a·yu·dan·tía** [aɟuðan̪tía] *n/f* assistantship. **a·yu·dar** [aɟuðar] **I**. *v* **1**. **(~ a)** to help, aid. **2**. to help out. **3**. **(~ a + *inf*)** to help to + *inf*, help in + *ger*. **II**. *v/Refl (-se)* **1**. **(~se de/con)** to use, make use of. **2**. to help, assist each other. LOC **~ a misa**, REL to serve mass.

a·yu·nar [aɟunár] *v* to fast. **a·yu·nas** [aɟúnas] *adv* LOC **En ~**, **1**. fasting, without breakfast. 2. FIG unaware. **a·yu·no/a** [aɟúno/a] **I**. *adj* **(~de) 1**. FIG deprived (of), lacking (in). **2**. fasting. **II**. *n/m* fast(ing).

a·yun·ta·mien·to [aɟun̪tamjén̪to] *n/m* **1**. town/city council. **2**. town/city hall (*edificio*).

a·za·ba·cha·do/a [aθaβatʃáðo/a] *adj* jet black. **a·za·ba·che** [aθaβátʃe] *n/m* GEOL jet.

a·za·da [aθáða] *n/f*, **a·za·dón** [aθaðón] *n/m* AGR hoe.

a·za·fa·ta [aθafáta] *n/f* (air/ground) hostess, stewardess.

a·za·frán [aθafrán] *n/m* BOT saffron.

a·za·har [aθ(a)ár] *n/m* BOT orange/lemon/lime blossom. LOC **Agua de ~**, orange-flower water.

a·zar [aθár] *n/m* **1**. chance, hazard. **2**. misfortune, disaster. LOC **Al ~**, at random. **Por ~**, by chance. **a·za·ro·so/a** [aθaróso/a] *adj* **1**. dangerous, risky, FAM chancy. **2**. accident-prone (*persona*).

á·zi·mo [áθimo] *adj* unleavened.

á·zoe [áθoe] *n/m p.us.* QUÍM nitrogen.

a·zo·gue [aθóγe] *n/m* QUÍM mercury, quicksilver. LOC **Temblar como ~**, FIG FAM to shake like a leaf. **Tener ~**, FIG FAM be like a cat on a hot tin roof.

a·zor [aθór] *n/m* goshawk (*ave*).

a·zo·ra·mien·to [aθoramjén̪to] *n/m* **1**. embarrassment. **a·zo·rar** [aθorár] **I**. *v* to embarrass, fluster. **II**. *v/Refl(-se)* **1**. to get rattled/flustered. **2**. to get embarrassed.

a·zo·tai·na [aθotáina] *n/f* FAM **1**. whipping, flogging (*con látigo*). **2**. spanking, smacking. LOC **Dar una ~ a alguien,** to give sb a (good) hiding. **a·zo·tar** [aθotár] *v* **1**. to whip, flog. **2**. to spank, smack. **3**. FIG to whip, lash, beat down on (*elementos*). **a·zo·te** [aθóte] *n/m* **1**.

whip. **2**. lash. **3**. FIG punishment, lash, beating.
a·zo·tea [aθotéa] *n/f* **1**. roof terrace. LOC **Estar/Andar mal de la ~,** FIG FAM to have bats in the belfry, FAM be batty (*estar loco*).
az·te·ca [aθtéka] *adj* HIST Aztec.
a·zú·car [aθúkar] *n/m,f* sugar. LOC **~ extra fina,** castor sugar. **~ morena/terciada**, brown/ demerara sugar. **Un terrón de ~,** a sugar lump. **a·zu·ca·ra·do/a** [aθukaráðo/a] *adj* **1**. sugar(ed), sweetened, **2**. sugary, sweet, mellifluous. **a·zu·ca·rar** [aθukarár] *v* to put sugar in, sweeten, sugar. **a·zu·ca·re· ra** [aθukaréra] *n/f* **1**. sugar bowl. **2**. sugar mill. **a·zu· ca·re·ro/a** [aθukaréro/a] *adj* sugar. **a·zu·ca·ri· llo** [aθukaríʎo] *n/m* **1**. sugar lump. **2**. fondant.
a·zu·ce·na [aθuθéna] *n/f* BOT lily.
a·zue·la [aθwéla] *n/f* TÉC adze.
a·zu·frar [aθufrár] *v* to sulphur. **a·zu·fre** [aθúfre] *n/m* QUÍM sulphur.
a·zul [aθúl] *adj n/m* blue. LOC **~ celeste/ claro,** sky/light blue. **~ marino,** navy blue. **a·zu·la·do/a** [aθuláðo/a] *adj* blue, bluish. **a·zu·lar** [aθulár] *v* to (colour) blue. **a·zul·gra·na** [aθulgrána] *adj* blue and red.
a·zu·le·jo [aθuléxo] *n/m* (glazed) tile, ceramics *pl.*
a·zu·li·na [aθulína] *n/f* BOT cornflower.
a·zum·bre [aθúɱbre] *n/m* (*medida líquida*) = 2.016 liters/4 pints.
a·zu·zar [aθuθár] *v* (*azuce*) **1**. to set the dogs on. **2**. FIG to incite, urge.

B, b [bé] *n/f* 'b' (*letra*).

ba·ba [báβa] *n/f* 1. spittle (*de persona*), dribble (*bebé*). 2. BOT sap. 3. slime (*babosa*). LOC **Caérsele a uno la ~**, FIG FAM to drool. **(Tener) mala ~**, (to have a) bad temper/character. **ba·be·ar** [baβeár] *v* 1. to slobber, dribble (*bebé*). 2. FIG to drool.

ba·bel [baβél] *n/m,f* 1. HIST Babel. 2. bedlam.

ba·beo [baβéo] *n/m* 1. dribbling, slobbering. 2. FIG drooling. **ba·be·ro** [baβéro] *n/m* bib.

ba·bia [báβja] *n/m* LOC **Estar en ~**, FIG FAM to have one's head in the clouds.

ba·bie·ca [baβjéka] **I.** *adj* silly, stupid. **II.** *n/m,f* fool.

ba·bi·ló·ni·co/a [baβilóniko/a] *adj* 1. Babylonian. 2. FIG grandiose.

ba·bi·lla [baβíʎa] *n/f* stifle (*veterinaria*).

ba·ble [báβle] *n/m* LIN Asturian dialect.

ba·bor [baβór] *n/m* NÁUT port(side).

ba·bo·sa [baβósa] *n/f* slug (*molusco*). **ba·bo·se·ar** [baβoseár] *v* 1. to slobber over. 2. FIG to drool over. **ba·bo·so/a** [baβóso/a] *adj* slobbering, drooling. LOC **Un viejo ~**, a dirty old man.

ba·bu·cha [baβútʃa] *n/f* babouche, slipper.

ba·by [bábi] *n/m* bib.

ba·ca [báka] *n/f* AUT luggage/roof rack.

ba·ca·la·da [bakaláða] *n/f* cured cod. **ba·ca·la·de·ro/a** [bakalaðéro/a] *adj* cod, cod-fishing. **ba·ca·lao** [bakaláo] *n/m* cod(fish) (*pez*). LOC **Cortar el ~**, to be the boss, wear the pants.

ba·ca·nal [bakanál] *n/f* 1. orgy. 2. *pl* bacchanalia.

ba·ca·(r)rá [bakar(r)á] *n/m* baccarat.

ba·ci·lo [baθílo] *n/m* bacillus, germ.

bac·te·ria [baktérja] *n/f* bacterium, *pl* bacteria. **bac·te·ria·no/a** [bakterjáno/a] *adj* bacterial. **bac·te·ri·ci·da** [bakteriθíða] **I.** *adj* bactericidal . **II.** *n/m* bactericide, germicide. **bac·te·rio·lo·gía** [bakterjoloxía] *n/f* bacteriology. **bac·te·rio·ló·gi·co/a** [bakterjolóxiko/a] *adj* bacteriological. **bac·te·rió·lo·go/a** [bakterjóloγo/a] *n/m,f* bacteriologist.

bá·cu·lo [bákulo] *n/m* walking stick, FIG staff.

ba·che [bátʃe] *n/m* 1. pothole. 2. AER air pocket. 3. FIG bad patch. **ba·cheo** [batʃéo] *n/m* road mending.

ba·chi·ller/ra [batʃiʎér/ra] *n/m,f* 1. Br holder of the General Certificate of School Education (GCSE), US graduate of junior college. 2. HIST bachelor (*de la universidad*). **ba·chi·lle·ra·to** [batʃiʎeráto] *n/m* Br General Certificate of School Education (GCSE), US high school diploma. LOC **~ elemental**, equivalent to Br GCSE. **~ superior**, equivalent to Br 'A' level.

ba·da·jo [baðáxo] *n/m* clapper (*de campana*).

ba·da·na [baðána] *n/f* sheepskin. LOC **Zurrar la ~**, FAM to give a hiding.

ba·dén [baðén] *n/m* gully.

ba·dil, ba·di·la [baðíl/baðíla] *n/m,f* fire shovel, poker.

bád·min·ton [bádmiņton] *n/m* DEP badminton.

ba·fle [báfle] *n/m* 1. baffle (*caja de resonancia*). 2. *gen pl* loudspeaker.

ba·ga·je [baγáxe] *n/m* 1. MIL baggage. 2. FIG experience, knowledge.

ba·ga·te·la [baγatéla] *n/f* knick-knack, trinket, trifle.

¡bah! [bá] *interj* pooh!, hum! (*incredulidad*).

ba·hía [baía] *n/f* bay.

bai·la·ble [bailáβle] **I.** *adj* dance, for dancing. **II.** *n/m* dance number. **bai·la·dor/ra** [bailaðór/ra] *n/m,f* dancer. **bai·la·or/ra** *n/m,f* flamenco dancer. **bai·lar** [bailár] *v* 1. to dance. 2. to spin (*peonza*). 3. FIG to swim: *Te bailan los pies en esas botazas*, Your feet are swimming in those big boots. LOC **~ al son que tocan**, FIG to run with the pack. **¡Que me quiten lo bailado!**, They can't take that away from me! (*recuerdos*). **bai·la·rín/na** [bailarín/na] *n/m,f* 1. dancer. 2. ballet dancer. **bai·le** [báile] *n/m* 1. dancing, dance (*acción*). 2. dance, ball (*fiesta*). LOC **~ de disfraces/máscaras/trajes**, fancy dress ball. **bai·lo·te·ar** [bailoteár] *v* to jig about, dance around. **bai·lo·teo** [bailotéo] *n/m* clumsy dancing.

ba·ja [báxa] *n/f* 1. fall, drop. 2. vacancy. 3. form for declaring withdrawl from work or membership. 4. MIL (war) casualty. LOC **Dar ~/ir de ~**, COM to lose value. **Dar de ~**, 1. to report missing. 2. to mark absent. **Darse de ~**, to retire, withdraw from.

ba·já [baxá] *n/m* Pasha (*título turco*).

ba·ja·da [baxáða] *n/f* 1. descent, going down (*acción*). 2. slope. LOC **~ de bandera**, 1. lowering of a flag. 2. minimum fare (*taxi*). **~ de pantalones**, SL embarrassment. **~ de telón**, TEAT curtain drop.

ba·ja·mar [baxamár] *n/f* low tide.

ba·jar [baxár] **I.** *v* 1. *gen* to go/come down, descend. 2. to drop, fall, go down (*temperatura/precio*). 3. to take/get/bring down (*objeto*). 4. to let/put down, lower (*brazos*), bend (*cabeza*). 5. **to turn down** (*gas/volu-*

men). **6. (~ de)** to get off (*bicicleta/autobús*), get out of (*coche*). **II.** *v/Refl(-se)* **1.** to bend down. **2.** FIG to lower oneself, stoop. LOC **~le a uno los humos**, FIG to bring sb down a peg or two.

ba·jel [baxél] *n/m* LIT ship, vessel.

ba·je·ro/a [baxéro/a] *adj* under, bottom: *Sábanas bajeras*, Bottom sheet. **ba·je·za** [baxéθa] *n/f* **1.** lowliness, baseness. **2.** vile deed/ action.

ba·jío [baxío] *n/m* **1.** shoal, sandbank. **2.** *Amer* lowland.

ba·jis·ta [baxísta] *adj n/m,f* COM downward, bear.

ba·jo/a [báxo/a] **I.** *adj* **(~ de/en) 1.** *gen* low. **2.** short (*estatura*). **3.** lowered, downcast (*ojos*), bowed (*cabeza*). **4.** lowered, drawn (*visillos*). **5.** undermost, lowly (*inferior*). **6.** FIG base (*conducta*), coarse (*vocabulario*). **7.** soft, slight, faint (*sonido*), MÚS deep. **8.** poor (*calidad*). **II.** *adv* **1.** low. **2.** softly, quietly. **Temporada baja**, off season. **III.** *prep* **1.** FIG under: *Bajo Franco*, Under Franco. **2.** from: *Bajo mi punto de vista*, From my point of view. **3. (~ de)** beneath, below, underneath. **4.** in: *Bajo la lluvia*, In the rain. **IV.** *n/m* **1.** *pl* ground floor. **2.** *pl* sandbank. **3.** *pl* AUT underside. **4.** MÚS bass. **5.** *pl* hem, border. LOC **~ llave**, under lock and key. **~ palabra**, on one's word. **Echando/Tirando por ~**, at the very least. **Por lo ~**, 1. under one's breath. 2. on the quiet. **ba·jón** [baxón] *n/m* **1.** COM slump, sudden drop. **2.** turn for the worse (*salud*). **3.** fall, decline (*moral*). **ba·ju·ra** [baxúra] *n/f* **1.** lowness. **2.** shortness (*persona*). LOC **Pesca de ~**, NÁUT coastal fishing.

ba·la [bála] *n/f* **1.** bullet. **2.** bale. LOC **A prueba de ~s**, bullet-proof. **~ de cañón**, cannon ball. **~ fría**, spent bullet. **Como una ~**, FIG FAM like a shot. **Disparar / Tirar con ~**, 1. to shoot. 2. FIG to hit where it hurts.

ba·la·da [baláða] *n/f* POÉT MÚS ballad.

ba·la·dí [balaðí] *adj* trivial, paltry.

ba·la·drón/na [balaðrón/na] *adj* boastful. **ba·la·dro·na·da** [balaðronáða] *n/f* LOC **Decir/ Soltar ~s**, to brag, boast.

bá·la·go [bálaɣo] *n/m* straw.

ba·lan·ce [baláṇθe] *n/m* **1.** COM balance sheet. **2.** FIG result, upshot. LOC **~ de comercio**, COM balance of trade. **Hacer el ~ de**, 1. COM to make an inventory, take stock of. 2. FIG to take stock of, weigh up (*situación*). **ba·lan·ce·ar** [balaṇθeár] *v* to rock (*mecedora*), swing (*columpio*). **ba·lan·ceo** [balanθéo] *n/m* rocking, swinging. **ba·lan·cín** [balaṇθín] *n/m* **1.** TÉC beam, rudder. **2.** balancing pole (*de equilibrista*). **3.** see-saw (*para niños*).

ba·lan·dra [baláṇdra] *n/f* NÁUT sloop, yacht. **ba·lan·dro** [baláṇdro] *n/m* yacht, fishing boat.

bá·la·no, ba·la·no [bálano/baláno] *n/m* ANAT glans penis, FAM helmet.

ba·lan·za [baláṇθa] *n/f* **1.** *gen* balance. **2.** scales *pl*. LOC **~ comercial/de cuentas/de pagos**, COM balance of trade/of accounts *pl*/of payments *pl*. **Inclinar el fiel de la ~**, to tip the scales *pl*/balance. **Poner en ~**, to weigh up.

ba·lar [balár] *v* to bleat (*oveja*).

ba·las·to [balásto] *n/m* ballast.

ba·laus·tra·da [balaustráða] *n/f* balustrade. **ba·laus·tre, ba·laús·tre** [baláustre/balaústre] *n/f* banister (*de escalera*).

ba·la·zo [baláθo] *n/m* **1.** shot. **2.** bullet wound.

bal·bu·ce·ar [balβuθeár] *v* to stammer, stutter, babble. **bal·bu·ceo** [balβuθéo] *n/m* **1.** stammering, babbling. **2.** FIG signs, rumblings *pl* (*de guerra*). **bal·bu·cir** [balβuθír] *v* V **balbucear**.

Bal·ca·nes [balkánes] *n/m pl* GEOG **(Los ~)** (The) Balkans. **bal·cá·ni·co/a** [balkániko/a] *adj* Balkan.

bal·cón [balkón] *n/m* **1.** balcony. **2.** observation site. **bal·co·na·da** [balkonáða] *n/f* row of balconies.

bal·da·quín, bal·da·qui·no [baḷdakín(o)] *n/m* baldachin, canopy.

bal·dar [baḷdár] *v* **(~ de) 1.** to cripple, maim. **2.** to beat up. LOC **Dejar/Estar/Quedarse baldado**, FAM to be shattered, Br be knackered.

bal·de [báḷde] *n/m* pail (*de madera*), bucket (*de plástico/metal*). LOC **De ~**, FIG free (of charge). **En ~**, in vain. **bal·de·ar** [baḷdeár] *v* **1.** to bale out (*quitar agua*). **2.** to swill, wash down (*echar agua*). **bal·deo** [baḷdéo] *n/m* swilling out, washing down.

bal·dío/a [baḷdío/a] **I.** *adj* **1.** waste, AGR uncultivated (*terreno*). **2.** FIG useless, vain. **II.** *n/m* waste land.

bal·dón [baḷdón] *n/m* **1.** shame, disgrace. **2.** insult.

bal·do·sa [baḷdósa] *n/f* (floor) tile, paving stone. **bal·do·sa·do** [baḷdosáðo] *n/m* **1.** tiling (*acción*). **2.** tiled floor. **bal·do·sín** [baḷdosín] *n/f dim* **baldosa**.

Ba·lea·res [baleáres] *n/f pl* GEOG LOC **Las Islas Baleares**, the Balearic Islands. **ba·le·ar** [baleár] **I.** *adj* Balearic. **II.** *n/m,f* native of the Balearic Islands. **III.** *v Amer* to shoot.

ba·li·do [balíðo] *n/m* bleating (*de oveja*).

ba·lín [balín] *n/m* **1.** small bullet. **2.** buckshot. **ba·lís·ti·co/a** [balístico/a] **I.** *adj* ballistic. **II.** *n/f* ballistics *pl*.

ba·li·za [balíθa] *n/f* NÁUT buoy, AER beacon, marker. **ba·li·za·je** [baliθáxe] *n/m* AER runway beacons *pl*. **ba·li·zar** [baliθár] *v* **(*balice*)** to mark (out) with beacons.

bal·nea·rio/a [balneárjo/a] **I.** *adj* spa, thermal. **II.** *n/m* **1.** spa. **2.** seaside/health resort (*con playa*).

ba·lom·pié [balompié] *n/m* DEP Br football, US soccer.

ba·lón [balón] *n/m* **1.** ball. **2.** cylinder. LOC **~ alto**, DEP lob. **~ de fútbol**, DEP football. **~ de oxígeno**, 1. oxygen cylinder. 2. FIG great help. **ba·lon·ces·to** [baloṇθésto] *n/m* DEP basketball. **ba·lon·ma·no** [balommáno] *n/m* DEP handball. **ba·lon·vo·lea** [balomboléa] *n/ m* DEP volley ball.

bal·sa [bálsa] *n/f* **1.** pool, pond. **2.** raft (*plataforma fluvial*). **3.** BOT balsa (*de madera*). LOC **~ neumática**, NÁUT (rubber) dinghy.

Ser una ~ de aceite, FIG **1.** NÁUT to be as calm as a millpond. **2.** to be as quiet as a mouse.
bal·sá·mi·co/a [balsámiko/a] *adj* **1.** balsamic. **2.** FIG soothing, healing. **bál·sa·mo** [bálsamo] *n/m* **1.** balm, balsam. **2.** FIG balm.
bál·ti·co/a [báltiko/a] *adj* GEOG Baltic. LOC **El Báltico**, the Baltic (Sea).
ba·luar·te [balwárte] *n/m* bulwark.
ba·lum·ba, ba·lu·ma [balúmba/balúma] *n/f* pile, heap, mess.
ba·lle·na [baʎéna] *n/f* **1.** ZOOL whale. **2.** whalebone, stay (*para corsés*). **ba·lle·na·to** [baʎenáto] *n/m* whale calf. **ba·lle·ne·ro/a** [baʎenéro/a] **I.** *adj* whaling. **II.** *n/m* whaler (*pescador/barco*).
ba·lles·ta [baʎésta] *n/m* **1.** crossbow. **2.** AUT spring.
ba·llet [balé] *n/m* (*pl ballets*) ballet.
bam·ba·li·na [bambalína] *n/f* TEAT fly, *pl* flies. LOC **Entre ~s**, behind the scenes.
bam·bo·le·ar [bamboleár] *v/v Refl(-se)* **1.** to rock, swing, sway. **2.** to reel, totter (*al andar*). **3.** NÁUT to roll. **bam·bo·leo** [bamboléo] *n/m* rocking, swinging, swaying.
bam·bú [bambú] *n/m* (*pl bambúes*) bamboo.
ba·nal [banál] *adj* banal, trivial. **ba·na·li·dad** [banaliðáð] *n/f* banality, triviality.
ba·na·na [banána] *n/f* banana (*fruto*). **ba·na·nal** [bananál] *n/m* banana plantation. **ba·na·ne·ro/a** [bananéro/a] **I.** *adj* banana. **II.** *n/m* banana tree. **ba·na·no** [banáno] *n/m* banana tree.
ba·nas·ta [banásta] *n/f* large basket.
ban·cal [baŋkál] *n/m* **1.** AGR plot, patch. **2.** AGR terrace (*rellano*). **3.** sandbank.
ban·ca·rio/a [baŋkárjo/a] *adj* COM **1.** banking. **2.** bank. **ban·ca·rro·ta** [baŋkarróta] *n/f* bankruptcy. LOC **Ir a la ~**, to go bankrupt.
ban·co/a [báŋko/a] **I.** *n/m,f* bench (*parque*), REL pew. **II.** *n/m* **1.** bench (*mesa recia*). **2.** COM bank. **3.** bank (*de arena*). **4.** shoal (*de peces*). LOC **~ de coral**, GEOL coral reef. **~ de datos**, COMP data bank. **~ de pruebas**, testing bench. **~ de sangre,** MED blood bank. **III.** *n/f* **1. (La ~)** COM banking, the banks. **2.** bank (*juegos*). LOC **Empleado de ~**, bank clerk. **Hacer saltar la ~**, to break the bank (*juego*). **Tener la ~**, to be banker (*juego*).
ban·da [bánda] *n/f* **1.** sash (*honorífica*), band, stripe. **2.** side (*lado*), boundary, touchline. **3.** strip (*de tierra*). **4.** MÚS band. **5.** pack, gang (*de malhechores*). **6.** flock (*de aves*). **7.** cushion (*billar*). **8.** band (*radio*). LOC **~ de estribor**, NÁUT starboard side. **~ transportadora**, conveyor belt. **~ sonora**, soundtrack (*cine*). **Cerrarse en ~**, FIG FAM to stick to one's guns. **Dar a la ~**, NÁUT to lie alongside ship. **Juez de ~**, DEP linesman. **ban·da·da** [bandáða] *n/f* **1.** flock (*de aves*). **2.** shoal, school (*de peces*). **ban·da·zo** [bandáθo] *n/m* **1.** FIG sway, marked shift (*económica/política*), AUT swerve. **2.** NÁUT violent roll. LOC **Dar ~s**, to swing one way and another.
ban·de·ja [bandéxa] *n/f* tray. LOC **En ~ de plata**, on a plate/silver platter. **Servir algo en ~**, FIG FAM to hand sth to sb on a plate.
ban·de·ra [bandéra] *n/f* **1.** flag, banner. **2.** MIL Br colours *pl*, US colors *pl*. LOC **Arriar ~**, **1.** to haul down/in the flag. **2.** FIG to give in. **~ a media asta**, flag at half mast. **~ de Gran Bretaña**, Union Jack. **~ de los Estados Unidos**, Star Spangled Banner, Stars and Stripes. **~ de popa**, NÁUT ensign. **Con ~s desplegadas**, MIL FIG with flying colours. **Izar la ~**, to hoist the flag. **Lleno hasta la ~**, FIG FAM full to the brim. **ban·de·ra·zo** [banderáθo] *n/m* DEP signal from referee/linesman. **ban·de·ría** [bandería] *n/f* faction, party. **ban·de·ri·lla** [banderíʎa] *n/f* TAUR 'banderilla', bullfighter's dart. **ban·de·ri·lle·ar** [banderiʎeár] *v* TAUR to stick the 'banderillas' into the bull. **ban·de·rín** [banderín] *n/m* MIL pennant. LOC **~ de enganche**, MIL recruiting office.
ban·di·da·je [bandiðáxe] *n/m* banditry. **ban·di·do/a** [bandíðo/a] *n/m,f* bandit. **ban·do** [bándo] *n/m* **1.** decree, edict. **2.** faction, party. **ban·do·le·ra** [bandoléra] *n/f* bandoleer. LOC **En ~**, across one's chest. **ban·do·le·ris·mo** [bandolerísmo] *n/m* banditry. **ban·do·le·ro/a** [bandoléro/a] *n/m,f* bandit, brigand.
ban·du·rria [bandúrrja] *n/f* MÚS lute-like guitar.
ban·jo [báŋxo] *n/m* MÚS banjo.
ban·que·ro [baŋkéro] *n/m* banker.
ban·que·ta [baŋkéta] *n/f* stool (*asiento*).
ban·que·te [baŋkéte] *n/m* banquet, feast. **ban·que·te·ar** [baŋketeár] *v* to banquet, feast.
ban·qui·llo [baŋkíʎo] *n/m* **1.** JUR dock. **2.** stool.
ban·qui·sa [baŋkísa] *n/f* iceberg.
ba·ña·dor/ra [baɲaðór/ra] **I.** *adj* bathing, swimming. **II. 1.** *n/m,f* bather, swimmer. **2.** *n/m* bathing suit, swimsuit (*de mujer*), swimming trunks *pl* (*de hombre*). **ba·ñar** [baɲár] **I.** *v* **1.** *gen* to bathe, bath. **2.** to dip, immerse (*sumergir*). **3. (~ con/en)** to coat, cover (in). **4. (~ de)** to bathe, flood (in) (*luz*). **II.** *v/Refl(-se)* **1.** to go swimming, have a swim (*en el mar*). **2.** to take/have a bath (*en la bañera*). **ba·ñe·ra** [baɲéra] *n/f* **1.** bath(tub). **2.** FIG FAM hothouse. **ba·ñis·ta** [baɲísta] *n/m,f* bather, swimmer. **ba·ño** [báɲo] *n/m* **1.** bathing, bath/e. **2.** bath(tub) (*bañera*), bathroom (*cuarto*). **3.** coat(ing) (*capa*). **4.** FIG touch, smattering. **5.** *pl* baths *pl*, spa. LOC **~ de asiento/vapor**, hip/steam bath. **~ de espuma**, bubble bath. **~ (de) Maria**, bain-marie. **~ de sangre,** FIG bloodbath. **~ turco**, Turkish bath. **~s ultravioletas**, sunbed session. **Dar un buen ~ a alguien**, FIG FAM to thrash sb (*en un juego*).
bap·tis·te·rio [baptistérjo] *n/m* **1.** font (*pila*). **2.** baptistry.
ba·que·li·ta [bakelíta] *n/f* bakelite.
ba·que·ta [bakéta] *n/f* **1.** ramrod. **2.** ARQ beading. **3.** *pl* drumstick (*del tambor*). LOC **Mandar/Tratar a la ~**, FIG FAM to rule with an iron hand. **ba·que·ta·zo** [baketáθo] *n/m*

blow with a rod. **ba·que·tea·do/a** [baketeáðo/a] *adj* **1**. hardened, inured. **2**. experienced. **ba·que·te·ar** [baketeár] *v* to bother, put out (*molestar*). **ba·que·teo** [baketéo] *n/m* imposition, bother, fatigue.

bá·qui·co/a [bákiko/a] *adj* bacchic, bacchanalian.

bar [bár] *n/m* bar, snack bar.

ba·ra·hún·da [baraúnda] *n/f* **1**. uproar, confusion. **2**. racket, din.

ba·ra·ja [baráxa] *n/f* pack of cards (*naipes*). LOC **Jugar con dos ~**, to double-deal. **ba·ra·jar** [baraxár] *v* **1**. to shuffle (*naipes*); mix together. **2**. to advance, mention (*datos/números*). **3**. to put forward: *Se barajan dos nombres para este puesto*, Two names are being mentioned for this job. LOC **~ ideas**, to toy with ideas.

ba·ran·da [baránda] *n/f* V **barandilla**. **ba·ran·dal** [barandál] *n/m* **1**. banister. **2**. base (*listón*). **ba·ran·di·lla** [barandíʎa] *n/f* **1**. banister (*de escalera*). **2**. railing (*de balcón*).

ba·ra·ti·ja [baratíxa] *n/f* trinket, trifle. **ba·ra·ti·llo** [baratíʎo] *n/m* **1**. secondhand/junk shop. **2**. jumble. **ba·ra·to/a** [baráto/a] **I**. *adj* cheap, inexpensive. **II**. *adv* cheap, cheaply. LOC **De ~**, free, gratis. **Lo ~ es caro**, you get what you pay for. **ba·ra·tu·ra** [baratúra] *n/f* **1**. cheapness. **2**. bargain price.

ba·raún·da [baraúnda] *n/f* V **barahúnda**.

bar·ba [bárβa] **I**. *n/f* **1**. ANAT chin. **2**. beard, *pl* bushy/thick beard. **3**. *pl* wattle (*de ave*) *sing*, gills (*de pez*) *pl*. **II**. *n/m* **1**. TEAT old man's part. **2**. *pl* FAM bushy-bearded man. LOC **Barba Azul**, Bluebeard. **~ cerrada**, bushy/thick beard. **~s de chivo**, goatee. **Decir algo en sus propias ~s**, FAM to say sth to sb's face. **Dejarse ~**, to grow a beard. **Gastar/Llevar ~**, to have a beard. **Hacer la ~**, **1**. to shave. **2**. FIG to butter up. **Reírse/Burlarse en las ~s de uno**, to laugh in sb's face. **Salir algo a tanto por ~**, FIG FAM to cost so much per head. **Subirse a las ~ de**, to be insolent, have no respect for sb. **Tirarse de las ~s**, FIG to tear one's hair out.

bar·ba·ca·na [barβakána] *n/f* barbican.

bar·ba·coa [barβakóa] *n/f* barbecue.

bar·ba·do/a [barβáðo/a] **I**. *adj* bearded. **II**. *n/m* BOT **1**. shoot. **2**. seedling. **bar·bar** [barβár] *v* **1**. to grow a beard. **2**. BOT to take root.

bar·bá·ri·co/a [barβáriko/a] *adj* barbaric. **bar·ba·ri·dad** [barβariðáð] *n/f* **1**. barbarity, atrocity. **2**. *pl* nonsense, rubbish *sing* (*dicho*). **3**. loads *pl*, tons *pl* (*gran cantidad*). LOC **Costar una ~**, to cost the earth/a fortune. **Decir ~s**, *pl* 1. to talk nonsense. 2. to say outrageous things. **Hablar una ~**, to go on and on. **Hacer ~es**, to commit atrocities. **¡Qué ~!**, 1. How awful! (*disgusto*). 2. Fancy that! (*asombro*). **bar·ba·rie** [barβárie] *n/f* barbarity. **bar·ba·ris·mo** [barβarísmo] *n/m* **1**. GRAM barbarism. **2**. barbarity. **bár·ba·ro/a** [bárβaro/a] **I**. *adj* **1**. HIST barbarian. **2**. barbaric, barbarous, cruel. **3**. FAM fantastic, smashing. **II**. *adv* FAM marvellously, tremendously. **III**. *n/m,f* **1**. HIST barbarian. **2**. brute, savage. LOC **¡~!** *int* Fantastic! Great! **Un efecto ~**, a tremendous effect.

bar·be·char [barβetʃár] *v* AGR to plough and leave, fallow. **bar·be·cho** [barβétʃo] *n/m* AGR fallow land.

bar·be·ría [barβería] *n/f* barber's (shop). **bar·be·ro/a** [barβéro/a] *n/m* barber. LOC **Navaja ~**, barber's razor, cut-throat razor. **bar·bi·lam·pi·ño/a** [barβilampíɲo/a] *adj* **1**. beardless, smooth-faced. **2**. sparsely bearded. **bar·bi·lla** [barβíʎa] *n/f* ANAT chin, tip of the chin.

bar·bi·tú·ri·co/a [barβitúriko/a] *adj n/m* QUÍM barbiturate.

bar·bo [bárβo] *n/m* barbel (*pez*). LOC **~ de mar**, red mullet (*pez*).

bar·bo·que·jo [barβokéxo] *n/m* chin-strap.

bar·bo·tar [barβotár], **bar·bo·te·ar** [barβoteár] *v* to mutter (*por ira*). **bar·bo·teo** [barβotéo] *n/m* mutter(ing).

bar·bu·do/a [barβúðo/a] *adj* bushy bearded, with a long beard.

bar·bu·llar [barβuʎár] *v* to jabber away, babble on.

bar·ca [bárka] *n/f* small boat. LOC **~ de pesca**, fishing boat. **bar·ca·je** [barkáxe] *n/m* river-crossing fare. **bar·ca·za** [barkáθa] *n/f* barge, lighter. LOC **~ de desembarco**, MIL landing craft.

bar·ce·lo·nés/sa [barθelonés/sa] *adj n/m,f* GEOG of/native of Barcelona.

bar·co [bárko] *n/m* **1**. boat. **2**. ship, vessel (*buque*). LOC **~ cisterna**, tanker. **~ de guerra**, warship. **~ de pasajeros**, (passenger) liner. **~ de vapor/vela/rueda**, steamboat/sailing boat/paddle steamer. **~ patrullero**, patrol boat.

bar·da [bárða] *n/f* thatch (*de un muro*). **bar·dar** [barðár] *v* to thatch (*muro*).

bar·do [bárðo] *n/m* bard.

ba·re·mo [barémo] *n/m* **1**. scale. **2**. book of tables, ready reckoner, criterion.

ba·rio [bárjo] *n/m* QUÍM barium.

ba·rí·to·no [barítono] *n/m* baritone.

bar·lo·ven·to [barloβénto] *n/m* windward.

bar·man [bárman] *n/m* barman.

bar·niz [barníθ] *n/m* (*pl* **barnices**) **1**. varnish, glaze. **2**. FIG veneer.

ba·ro·mé·tri·co/a [barométriko/a] *adj* barometric(al). **ba·ró·me·tro** [barómetro] *n/m* barometer.

ba·rón [barón] *n/m* baron. **ba·ro·ne·sa** [baronésa] *n/f* baroness. **ba·ro·nía** [baronía] *n/f* barony.

bar·que·ro/a [barkéro/a] *n/m,f* boatman (*hombre*), boatwoman (*mujer*).

bar·qui·llo [barkíʎo] *n/m* rolled wafer.

ba·rra [bárra] *n/f* **1**. *gen* bar. **2**. TÉC lever, crowbar (*palanca*), rod. **3**. ingot, bar (*de oro*). **4**. stripe (*escudo/bandera*), stick, **5**. French loaf (*pan*). **6**. bar, block, slab (*hielo/chocolate*). LOC **~ de cortina**, curtain rod. **~ de labios**, lipstick. **~ fija**, DEP horizontal bar. **De ~ a ~**, from side to side. **Llevar uno a la ~**, JUR to bring sb to justice/court. **No pararse en ~s**, FIG to stop at nothing.

ba·rra·bás [barraβás] *n/m* FIG FAM little rascal. **ba·rra·ba·sa·da** [barraβasáða] LOC **Decir**

~**s**, to talk nonsense. **Hacer ~s**, 1. to get up to mischief. 2. to play tricks (on sb).

ba·rra·ca [barráka] *n/f* **1**. Valencian thatched farmhouse. **2**. cabin; PEY hut, shack. **ba·rra·cón** [barrakón] *n/m* **1**. stall, large stand (*en una feria*). **2**. MIL nissen hut. LOC **~ de espejos**, hall of mirrors.

ba·rra·do/a [barráðo/a] *adj* striped.

ba·rra·gán [barraγán] *n/m* barracan (*lana*), barracan coat.

ba·rra·ga·na [barraγána] *n/f* concubine.

ba·rran·co/a [barráŋko/a] *n/m,f* **1**. cliff, precipice. **2**. ravine, gully.

ba·rre·de·ro/a [barreðéro/a] **I**. *adj* sweeping. **II**. *n/f* road sweeper. LOC **Red ~a**, NÁUT trawl.

ba·rre·na·do·ra [barrenaðóra] *n/f* drill. **ba·rre·nar** [barrenár] *v* to drill (through), bore (into).

ba·rren·de·ro/a [barrendéro/a] *n/m,f* sweeper.

ba·rre·ne·ro [barrenéro] *n/m* driller, borer. **ba·rre·no/a** [barréno/a] **I**. *n/f* (drill) bit. **II**. *n/m* **1**. large mechanical drill/borer. **2**. borehole, drill hole (*agujero barrenado*). LOC **~ de mano**, gimlet. **Entrar en ~a**, to go into a spin (*avión*).

ba·rre·ño [barréɲo] *n/m* basin.

ba·rrer [barrér] *v* **1**. *gen* to sweep. **2**. FIG to sweep away, clear. **3**. to search, screen: *El radar barrió el horizonte*, The radar screened the skies.

ba·rre·ra [barréra] *n/f* **1**. *gen* barrier. **2**. gate (*verja*). **3**. FIG obstacle, hindrance. LOC **~ de contención**, retaining wall. **~ de peaje**, turnpike, tollgate. **~ del sonido/sónica**, sound barrier. **~ generacional**, generation gap. **No reconocer ~s**, to know no bounds.

ba·rria·da [barrjáða] *n/f* quarter, district.

ba·rri·ca [barríka] *n/f* barrel, cask.

ba·rri·ca·da [barrikáda] *n/f* barricade.

ba·rri·do/a [barríðo/a] *n/m,f* **1**. sweeping, sweep. **2**. *pl* sweepings *pl* (*barreduras*). LOC **Dar un ~**, FAM to give sth the once over.

ba·rri·ga [barríγa] *n/f* **1**. belly, FAM tummy (*de niño*), paunch (*de gordo*). **2**. belly (*de vasija*). LOC **Dolor de ~**, bellyache, tummyache. **Echar ~**, to grow a paunch. **Llenarse la ~**, to stuff oneself. **Rascarse/Tocarse la ~**, FIG FAM to be idle, twiddle one's thumbs. **ba·rri·gu·do/a** [barriγúðo/a] *adj* pot-bellied. **ba·rri·gue·ra** [barriγéra] *n/f* girth (*caballerías*).

ba·rril [barríl] *n/m* barrel, cask. LOC **~ de pólvora**, powder keg. **Cerveza de ~**, draught beer. **ba·rri·la** [barríla] *n/f* V **botija**. **ba·rri·le·te** [barriléte] *n/m* **1**. small barrel. **2**. chamber (*de un revólver*).

ba·rri·llo [barríʎo] *n/m* **1**. mud. **2**. MED pimple.

ba·rrio [bárrjo] *n/m* **1**. quarter, district. **2**. suburb. LOC **~ chino**, red light district. **~s bajos**, *pl* slums. **Irse al otro ~**, FIG FAM to kick the bucket, snuff it. **Mandar al otro ~**, FAM to bump sb off.

ba·rri·tar [barritár] *v* to trumpet (*elefante*). **ba·rri·to** [barríto] *n/m* trumpeting.

ba·rri·zal [barriθál] *n/m* quagmire, mire. **ba·rro** [bárro] *n/m* **1**. mud. **2**. (potter's) clay, earthenware (*de alfarero*). LOC **~ cocido**, terracotta. **Guardabarros**, *pl* mudguards.

ba·rro·co/a [barróko/a] *adj* **1**. baroque. **2**. FIG PEY elaborate, ornate. **ba·rro·quis·mo** [barrokísmo] *n/m* **1**. baroque style. **2**. FIG bad taste, extravagance.

ba·rro·so/a [barróso/a] *adj* muddy (*terreno*).

ba·rro·te [barróte] *n/m* heavy/thick bar, (*de puerta/ventana*).

ba·rrun·tar [barrun̪tár] *v* to guess, have a feeling (*presentir*). **ba·rrun·to** [barrún̪to] *n/m* sign, indication. LOC **Tener ~s de que**, to have a feeling that.

bar·to·la [bartóla] LOC *adv* **Echarse/Tumbarse a la ~**, FIG FAM to laze around.

bár·tu·los [bártulos] *n/m pl* **1**. gear, stuff *sing*, things. **2**. TÉC kit *sing*, tools. LOC **Liar los ~s**, 1. to pack up one's belongings/things (*para mudar*). 2. to pack one's bags (*para un viaje*).

ba·ru·llo [barúʎo] *n/m* **1**. din, racket. **2**. uproar, confusion. LOC **A ~**, in abundance.

ba·sa [bása] *n/f* **1**. ARQ base (of a column). **2**. FIG basis. **ba·sal** [basál] *adj* basal, basic.

ba·sal·to [basálto] *n/m* GEOL basalt.

ba·sa·men·to [basamén̪to] *n/m* ARQ base, plinth (of a column). **ba·sar** [basár] **I**. *v* **1**. to base. **2**. **(~ sobre)** FIG to base sth on. **II**. *v/Refl(-se)* **(~se en)** **1**. to base oneself on. **2**. to be based on.

bas·ca [báska] *n/f* **1**. *pl* nausea, queasy feeling. **2**. FIG outburst, fit of rage. LOC **Tener ~s**, to feel sick.

bás·cu·la [báskula] *n/f* scales *pl* (*para pesar*). **bas·cu·lan·te** [baskulan̪te] *adj, n/m* tip-up truck. **bas·cu·lar** [baskulár] *v* to tilt.

ba·se [báse] *n/f* **1**. *gen* base. **2**. FIG basis, grounds *pl*, foundation. LOC **A ~ de**, on the basis of, by means of. **A ~ de bien**, 1. *adj* really good. 2. *adv* extremely well. **Alimento ~**, staple food. **~ de datos**, (comp) database. **~ espacial**, space station. **~ naval**, MIL naval base. **Carecer de ~**, to have no basis. **Sentar las ~s de**, to lay the foundations, do the groundwork. **bá·si·co/a** [básiko/a] *adj* basic.

ba·sí·li·ca [basílika] *n/f* REL basilica.

ba·si·lis·co [basilísko] *n/m* MIT basilisk. LOC **Hecho un ~/ Como un ~**, FIG FAM to be/become furious.

bas·tan·te [bastán̪te] **I**. *adj* **1**. enough. **2**. quite a lot, more than enough (*cantidad apreciable*). **II**. *adv* rather, quite, fairly: *Bastante bueno*, Quite good. **bas·tar** [bastár] *v* **(~ a/con)** **1**. to suffice, be sufficient, be enough. **2**. to be more than enough, quite enough (*abundancia*). LOC **¡~!/¡~ ya!**, *exclam* (That's) enough! That will do! Stop it! **~ de**, less of. **Me basta y me sobra**, I have more than enough. **~se a sí mismo**, 1. to be self-sufficient. 2. to rely on oneself.

bas·tar·día [bastarðía] *n/f* **1**. bastardy. **2**. FIG meanness, wickedness.

bas·tar·di·llo/a [bastarðíʎo/a] **I**. *adj* italic. **II**. *n/f* italics.

bas·tar·do/a [bastárðo/a] *adj n/m,f* **1.** bastard. **2.** mongrel (*can*).
bas·te·dad [basteðáð], **bas·te·za** [bastéθa] *n/f* coarseness, rudeness.
bas·ti·dor [bastiðór] *n/m* **1.** frame (*de puerta*, etc). **2.** TEAT wing. LOC **Entre ~**, 1. TEAT FIG behind the scenes. 2. TEAT off-stage.
bas·ti·lla [bastíʎa] *n/f* hem.
bas·ti·men·to [bastiménto] *n/m pl* MIL supplies, provisions *pl*.
bas·tión [bastjón] *n/m* bastion.
bas·to/a [básto/a] **I.** *adj* **1.** rude, coarse (*persona*). **2.** coarse, rough (*tela*). **II.** **1.** *n/m pl* clubs (*naipes*). LOC **Pintar ~s**, 1. to lead with clubs (*naipes*). 2. FIG to take a turn for the worse: *Todo iba bien, pero ahora pintan bastos*, Things were going well but now they have taken a turn for the worse. 3. *n/f* tacking stitch.
bas·tón [bastón] *n/m* **1.** cane, walking stick. **2.** FIG control, command. LOC **~ de mando**, MIL staff of command. **bas·to·na·zo** [bastonáθo] *n/m* **1.** caning (*paliza*). **2.** blow with a stick (*golpe*).
ba·su·ra [basúra] *n/f* **1.** Br rubbish, refuse, US trash, garbage. **2.** litter (*en la calle*). LOC ~ radioactiva, radioactive waste. **ba·su·re·ro** [basuréro] **I.** *n/m,f* Br dustbin man (*hombre*), refuse collector, US garbage collector. **II.** *n/m* **1.** Br rubbish bin, US trash can (*en casa*), Br dustbin, US garbage can (*calle*). **2.** Br rubbish dump/tip, US garbage dump (*montón de basura*).
ba·ta [báta] *n/f* **1.** dressing gown, housecoat. **2.** white coat, overall (*de laboratorio*).
ba·ta·ca·zo [batakáθo] *n/m* bump, thump.
ba·ta·lla [batáʎa] *n/f* **1.** battle. **2.** FIG struggle, (inner) turmoil. LOC **De ~**, everyday. **Caballo de ~**, FIG crux of the problem. **ba·ta·llar** [bataʎár] *v* **1.** **(~ con)** to battle, fight (with/against). **2.** **(~ por)** to fight, struggle (for) (*esforzarse*). **ba·ta·llón** [bataʎón] *n/m* MIL batallion.
ba·tán [batán] *n/m* fulling mill. **ba·ta·n(e)ar** [batan(e)ár] *v* **1.** to full, beat. **2.** FIG FAM to beat, give sb a thrashing. **ba·ta·ne·ro** [batanéro] *n/m* fuller.
ba·ta·ta [batáta] *n/f* BOT sweet potato.
ba·te [báte] *n/m* DEP baseball bat.
ba·tea [batéa] *n/f* **1.** tray. **2.** NÁUT flat-bottomed boat. **3.** flatcar (*vagón descubierto*).
ba·te·ar [bateár] *v* DEP to bat.
ba·tel [batél] *n/m* small boat. **ba·te·le·ro/a** [bateléro/a] *n/m,f* boatman (*hombre*), boatwoman.
ba·te·ría [batería] **I.** *n/f* **1.** MIL ELECTR battery. **2.** set, batch, line (*cosas en conjunto/hilera*). **3.** MÚS drums. **II.** *n/m* drummer (*músico*). LOC **Aparcar en ~**, AUT to park at an angle to the kerb. **~ de cocina**, kitchen utensils, pots and pans. **ba·ti·bo·rri·llo, ba·ti·bu·rri·llo** [batiβorríʎo, batiβurríʎo] *n/m* jumble, mess.
ba·ti·do/a [batíðo/a] **I.** *adj* beaten (*huevo/camino*), whipped (*nata*). **II.** *n/m* **1.** milkshake. **2.** beating (*acción*). **III.** *n/f* search, combing (*registro*). **ba·ti·dor/ra** [batiðór/ra] **I.** *adj* that which beats, beating. **II.** *n/m,f* beater, mixer, whisk. **III.** *n/m* **1.** MIL scout. **2.** beater (*en la cacería*). **ba·tien·te** [batjénte] **I.** *adj* beating. **II.** *n/m* ARQ **1.** jamb (*de puerta/ventana*). **2.** leaf (*hoja de puerta*).
ba·tín [batín] *n/m* short dressing gown.
ba·tir [batír] *v* **1.** *gen* to beat. **2.** to beat against (*olas/lluvia*), sweep (*viento*), beat down on (*el sol*). **3.** to beat, whip (*nata*). **4.** **to break/knock down** (*derribar*). **5.** to search, comb: *La policía batió el jardín*, The police searched the garden. LOC **~ palmas**, to clap hands. **~se en retirada**, to beat a retreat.
ba·tis·ta [batísta] *n/f* cambric (*tela*).
ba·tra·cio/a [batráθjo/a] *adj n/m,f* ZOOL batrachian.
ba·tue·cas [batwékas] LOC *adv* **Estar en las ~s**, FIG FAM to have one's head in the clouds.
ba·tu·rro/a [batúrro/a] *adj n/m,f* **1.** GEOG Aragonese. **2.** FIG rough.
ba·tu·ta [batúta] *n/f* MÚS baton. LOC **Llevar la ~**, 1. to conduct (*una orquestra*). 2. FIG to rule the roost.
baúl [baúl] *n/m* **1.** trunk. **2.** AUT Br boot, US trunk.
bau·prés [bauprés] *n/m* NÁUT bowsprit.
bau·tis·mal [bautismál] *adj* baptismal. **bau·tis·mo** [bautísmo] *n/m* REL baptism, christening. **bau·ti·zar** [bautiθár] *v* (*bautice*) **1.** REL to baptise, christen. **2.** FIG to christen, name. **3.** FAM to water down (*vino/leche*). **bau·ti·zo** [bautíθo] *n/m* baptism, christening.
bau·xi·ta [bau(k)síta] *n/f* GEOL bauxite.
ba·ya [báJa] *n/f* berry.
ba·ye·ta [baJéta] *n/f* flannel, baize.
ba·yo/a [báJo/a] *adj n/m* bay (*caballo*).
ba·yo·ne·ta [baJonéta] *n/f* MIL bayonet.
ba·za [báθa] *n/f* trick (*naipes*). LOC **Hacer ~**, to succeed in. **Meter ~ (en)**, to poke one's nose into, interfere in. **Sacar / Obtener ~ de algo**, to get the most/best out of sth.
ba·zar [baθár] *n/m* bazaar.
ba·zo/a [báθo/a] **I.** *adj* fawn, brownish. **II.** *n/m* ANAT spleen.
ba·zo·fia [baθófja] *n/f* **1.** leftovers *pl*. **2.** pigswill, inedible food.
ba·zu·ka, ba·zo·ca [baθ(ú/ó)ka] *n/f* MIL bazooka.
bea·te·ría [beatería] *n/f* sanctimoniousness. **bea·ti·fi·ca·ción** [beatifikaθjón] *n/f* beatification. **bea·ti·fi·car** [beatifikár] *v* (*beatifique*) to beatify. **bea·tí·fi·co/a** [beatífiko/a] *adj* **1.** beatific. **2.** blissful. **bea·ti·tud** [beatitúð] *n/f* **1.** beatitude. **2.** bliss. **bea·to/a** [beáto/a] **I.** *adj* **1.** over-devout. **2.** PEY sanctimonious. **3.** happy, blissful. **II.** **1.** *n/m* REL lay brother. **2.** *n/f* lay sister. **3.** *n/m,f* PEY sanctimonious person, FAM goody-two-shoes.
be·bé [beβé] *n/m* baby.
be·be·de·ro/a [beβeðéro/a] **I.** *adj* drinkable. **II.** *n/m* water/drinking trough (*de animales*). **be·be·di·zo/a** [beβeðíθo/a] **I.** *adj* drinkable. **II.** *n/m* potion, philtre. **be·ber** [beβér] **I.** *v* **1.** to drink. **2.** FIG to absorb, imbibe (*información/ideas*). **3.** **(~ a/por)** to drink (a

toast) to (*brindar*). **II.** *v/Refl(-se)* to drink up. LOC ~ **a tragos**, to gulp. ~ **a sorbos**, to sip. ~ **como un cosaco/una cuba**, FIG FAM to drink like a fish. ~ **de**, to drink out of/from. **Como quien se bebe un vaso de agua**, FIG FAM It's as easy as pie, It's a piece of cake. **Sin comerlo ni ~lo**, FIG through no fault of one's own. **be·bi·ble** [beßíßle] *adj* FAM drinkable. **be·bi·do/a** [beßíðo/a] **I.** *adj* drunk, FAM sloshed, tipsy. **II.** *n/f* **1.** *gen* drink. **2.** drinking (*acción*). **3.** beverage (*esp alcohólica*). LOC **Dado a la ~**, given to drink. **Darse/entregarse a la ~**, to start drinking, take to drink.

be·ca [béka] *n/f* **1.** grant. **2.** scholarship.

be·ca·do/a, be·ca·rio/a [bekáðo/a, bekárjo/a] *n/m,f* scholarship holder, student on a scholarship. **be·car** [bekár] *v* (*beque*) to award a scholarship.

be·ce·rra·da [beθerráða] *n/f* TAUR bullfight with yearling calves. **be·ce·rro/a** [beθérro/a] *n/m,f* **1.** ZOOL yearling calf. **2.** calfskin.

be·cua·dro [bekwáðro] *n/m* MÚS natural sign.

be·cha·mel [betʃamél] *n/f* béchamel/white sauce.

be·del [beðél] *n/m* porter, warden (*centro docente u oficial*).

be·dui·no/a [beðwíno/a] *adj n/m,f* bedouin.

be·fo/a [béfo/a] **I.** *adj* **1.** knock-kneed (*piernas*), pigeon-toed (*pies*). **II.** *n/m* lip (*caballerías*). LOC **Hacer befa de**, to make fun of.

be·go·nia [beɣónja] *n/f* BOT begonia.

beige [béix/béis] **I.** *adj* beige. **II.** *n/m* beige colour.

béis·bol [béisßol] *n/m* DEP baseball.

be·ju·co [bexúko] *n/m* reed, liana.

bel·ce·bú [bel̦θeßú] *n/m* Beelzebub.

bel·dad [bel̦dáð] *n/f* beauty.

bel·dar [bel̦dár] *v* (***bieldo, beldé,*** pp ***beldado***) AGR to winnow (with a fork).

be·lén [belén] *n/m* **1.** Nativity scene. **2.** bedlam, mess. LOC **Meterse en ~es**, *pl* FIG FAM to get involved in a difficult/tricky situation *sing*.

bel·fo/a [bélfo/a] **I.** *adj* V **befo/a I.1. II.** *n/m,f* thick-lipped person. **III.** *n/m* **1.** lip (*de caballo*). **2.** thick lower lip (*persona*).

bel·ga [bélɣa] *adj n/m,f* GEOG Belgian. **Bél·gi·ca** [bélxika] *n/f* GEOG Belgium.

be·li·cis·mo [beliθísmo] *n/m* warmongering, militarism. **be·li·cis·ta** [beliθísta] **I.** *adj* warmongering, militaristic. **II.** *n/m,f* warmongerer. **bé·li·co/a** [béliko/a] *adj* **1.** warlike, bellicose. **2.** war (*material*). **be·li·co·si·dad** [belikosiðáð] *n/f* bellicosity, militancy. **be·li·co·so/a** [belikóso/a] *adj* warlike, bellicose, militant. **be·li·ge·ran·cia** [belixeráṇθja] *n/f* belligerency. **be·li·ge·ran·te** [belixeráṇte] *adj n/m,f* belligerent.

be·lla·co/a [beʎáko/a] **I.** *adj* **1.** cunning, sly. **2.** wicked. **II.** *n/m,f* rascal, scoundrel (*en tono de broma*).

be·lla·do·na [beʎaðóna] *n/f* BOT belladonna, deadly nightshade.

be·lla·que·ría [beʎakería] *n/f* **1.** dirty trick. **2.** wickedness, nastiness (*maldad*).

be·lle·za [beʎéθa] *n/f* beauty. LOC **Concurso de ~**, beauty contest. **be·llí·si·mo/a** [beʎísimo/a] *adj* very beautiful, gorgeous. **be·llo/a** [béʎo/a] *adj* **1.** beautiful (*mujer*), handsome (*hombre*). **2.** noble, fine (*sentimientos*). **3.** lovely, really nice (*de buen carácter*). **4.** POÉT fair. LOC **La bella durmiente**, Sleeping Beauty. **Las Bellas Artes**, the Fine Arts.

be·llo·ta [beʎóta] *n/f* BOT acorn.

be·mol [bemól] *adj n/m* MÚS flat: *Un si bemol*, B flat. LOC **Tener algo ~es/muchos ~es**, 1. to be a tough one (*tarea*). 2. to express annoyance about sth.

ben·ce·no [beṇθéno] *n/m* QUÍM benzene. **ben·ci·na** [beṇθína] *n/f* QUÍM benzine.

ben·de·cir [beṇdeθír] *v* (*ben**digo**, ben**dije**,* pp *ben**decido**/ben**dito***) to bless. LOC ~ **la mesa**, to say grace. **¡Bendita sea la lluvia!**, *exclam* Thank heavens for the rain! **¡Dios le bendiga!**, *exclam* God bless you! **ben·di·ción** [beṇdiθjón] *n/f* **1.** blessing. **2.** REL benediction, blessing. LOC ~ **nupcial**, nuptial blessing. **Es una ~ de Dios**, it is a godsend. **Ser una ~**, marvellously, divinely, really well: *Canta que es una bendición*, She sings divinely. **ben·di·to/a** [beṇdíto/a] **I.** *adj* **1.** blessed. **2.** holy: *Agua bendita*, Holy water. **3.** happy, blissful. **II.** *n/m,f* **1.** good-natured sort. **2.** simpleton. LOC **¡~ sea...!** *exclam* Thank heavens for...! (*alivio/agradecimiento*). **¡~ sea Dios!** *exclam* Good God! (*disgusto*) Thank goodness! (*alivio*).

be·ne·dic·ti·no/a [benediktíno/a] **I.** *adj* Benedictine. **II.** *n/m,f* Benedictine monk.

be·ne·fac·tor/ra [benefaktór/ra] **I.** *adj* beneficient. **II. 1.** *n/m* benefactor. **2.** *n/f* benefactress. **be·ne·fi·cen·cia** [benefiθéṇθja] *n/f* **1.** beneficence, charity. **2.** welfare (*asistencia pública*). **be·ne·fi·cial** [benefiθjál] *adj* beneficial. **be·ne·fi·ciar** [benefiθjár] **I.** *v* **(~ a/con/de) 1.** to benefit, be of benefit to. **2.** *Amer* to slaughter (*res*). **II.** *v/Refl(-se)* **(~ se de/con)** to benefit by, profit from, take advantage of. **be·ne·fi·cia·rio/a** [benefiθjárjo/a] *adj n/m,f* beneficiary. **be·ne·fi·cio** [benefíθjo] *n/m* **1.** benefit, good. **2.** profit (*económico*). LOC **A/en ~ de**, for the benefit of. ~ **bruto/neto**, COM gross/net profit. **En ~ propio**, to one's own advantage. **Margen de ~**, COM profit margin. **be·ne·fi·cio·so/a** [benefiθjóso/a] *adj* **1.** beneficial, advantageous, profitable. **be·né·fi·co/a** [benéfiko/a] *adj* beneficent, charitable. LOC **Función ~a**, charity performance.

be·ne·mé·ri·to/a [benemérito/a] **I.** *adj* meritorious, worthy. **2.** distinguished. **II.** *n/f* the Spanish Civil Guard. **be·ne·plá·ci·to** [benepláθito] *n/m* approval, consent.

be·ne·vo·len·cia [beneßoléṇθja] *n/f* benevolence, kindness. **be·né·vo·lo/a** [benéßolo/a] *adj* benevolent, kind.

ben·ga·la [beŋgála] *n/f* LOC **(Luces de) ~**, flare.

be·nig·ni·dad [beniɣniðáð] *n/f* benignity, kindness. **be·nig·no/a** [beníɣno/a] *adj* **(~**

con/en/para) 1. benign, kindly. 2. mild (*tiempo*).

ben·ja·mín [beŋxamín] *n/m* 1. youngest/baby of the family. 2. small bottle of champagne.

ben·zol [beṇθól] *n/m* QUÍM benzol.

beo·dez [beoðéθ] *n/m* drunkenness. **beo·do/a** [beóðo/a] *adj n/m,f* drunk.

ber·be·re·cho [berβerétʃo] *n/m* cockle (*molusco*).

ber·be·ris·co/a [berβerísko/a] *adj n/m* GEOG Berber.

ber·bi·quí [berβikí] *n/m* (carpenter's) brace.

be·ren·je·na [bereŋxéna] *n/f* Br aubergine, US eggplant. **be·ren·je·nal** [bereŋxenál] *n/m* 1. aubergine bed. 2. a fine mess, a spot of bother.

ber·gan·tín [berɣaṇtín] *n/m* NÁUT brigantine.

be·ri·be·ri [beriβéri] *n/m* MED beriberi.

be·ri·lio [beríljo] *n/m* QUÍM beryllium. **be·ri·lo** [berílo] *n/m* GEOL beryl.

ber·li·na [berlína] *n/f* 1. AUT saloon (car). 2. berlin (*carruaje*).

ber·li·nés/sa [berlinés/sa] GEOG I. *adj* of Berlin. II. *n/m,f* Berliner.

ber·me·jo/a [berméxo/a] *adj* ginger-coloured, red. **ber·me·llón** [bermeʎón] *n/m* vermilion.

ber·mu·das [bermúðas] *n/m pl* bermuda shorts.

be·rre·ar [berreár] *v* 1. to low, bellow (*animal*). 2. FIG to bawl (*niño*).

be·rren·do/a [berréṇdo/a] *adj* mottled, speckled. LOC ~ **en**, TAUR mottled with (black).

be·rri·do [berríðo] *n/m* 1. lowing, bellow (*animal*). 2. FIG shriek, howl. **be·rrin·che** [berríṇtʃe] *n/m* tantrum, temper, rage.

be·rro [bérro] *n/m* BOT watercress.

ber·za [bérθa] *n/f* cabbage. **ber·zo·tas** [berθótas] *n/m pl* FAM ignorant person.

be·sa·me·la, be·sa·mel [besamél(a)] *n/f* bechamel/white sauce.

be·sar [besár] *v* to kiss. **be·so** [béso] *n/m* kiss. LOC **Comerse a alguien a ~s**, to smother sb in kisses.

bes·tia [béstja] *n/f* I. 1. animal, beast. 2. FIG boor, idiot, brute. II. *adj* blockhead, stupid. LOC ~ **de carga**, beast of burden. **Mala ~**, FIG FAM brute, nasty piece of work. **bes·tial** [bestjál] *adj* 1. bestial, brutal, savage. 2. FAM terrific, tremendous. **bes·tia·li·dad** [bestjaliðáð] *n/f* 1. bestiality, brutality. 2. FAM stupid remark. **bes·tia·rio** [bestjárjo] *n/m* bestiary.

be·su·cón/na [besukón/na] *adj* FAM fond of kissing.

be·su·go [besúɣo] *n/m* 1. sea bream (*pez*). 2. FIG twerp, wally.

be·su·que·ar [besukeár] *v* to smooch, kiss and cuddle. **be·su·queo** [besukéo] *n/m* Br smooching, kissing and cuddling, US necking.

be·ta [béta] *n/f* 1. beta (*letra*). 2. rope, string, cable.

bé·ti·co/a [bétiko/a] *adj n/m,f* GEOG Andalusian.

be·tu·mi·no·so/a [betuminóso/a] *adj* bituminous.

be·tún [betún] *n/m* 1. bitumen, asphalt, tar. 2. shoe polish. LOC **Quedar a la altura del ~**, FIG FAM to be the lowest of the low.

be·zo [béθo] *n/m* 1. thick lip. 2. lip (*de una herida*).

bi·be·rón [biβerón] *n/m* baby's bottle, feeding bottle.

bi·blia [bíβlja] *n/f* REL Bible. LOC **Saber la ~ en verso**, FAM to know everything. **bí·bli·co/a** [bíβliko/a] *adj* biblical.

bi·blio·fi·lia [biβliofílja] *n/f* bibliophilism. **bi·blió·fi·lo/a** [biβliófilo/a] *n/m,f* bibliophile, booklover. **bi·blio·gra·fía** [biβlioɣrafía] *n/f* bibliography. **bi·blio·grá·fi·co/a** [biβlioɣráfiko/a] *adj* bibliographic(al). **bi·blió·gra·fo/a** [biβlióɣrafo/a] *n/m,f* bibliographer. **bi·blio·ma·nía** [biβliomanía] *n/f* bibliomania. **bi·blió·ma·no/a** [biβliómano/a] *adj n/m,f* bibliomaniac. **bi·blio·te·ca** [biβliotéka] *n/f* 1. library. 2. bookcase, bookshelves *pl* (*mueble*). **bi·blio·te·ca·rio/a** [biβliotekárjo/a] *n/m,f* librarian.

bi·ca·me·ral [bikamerál] *adj* bicameral, two-chamber.

bi·car·bo·na·to [bikarβonáto] *n/m* QUÍM bicarbonate. LOC ~ **sódico/de sosa**, QUÍM bicarbonate of soda.

bi·cé·fa·lo/a [biθéfalo/a] *adj* bicephalous, two-headed.

bi·cen·te·na·rio [biθeṇtenárjo] *n/m* bicentenary.

bí·ceps [bíθe(p)s] (*pl bíceps*) *n/m gen pl* ANAT biceps.

bi·ci [bíθi] *n/f* FAM bike. **bi·ci·cle·ta** [biθikléta] *n/f* bicycle. LOC **Ir en ~**, to go by bicycle. **Montar en ~**, to ride a bicycle.

bi·co·ca [bikóka] *n/f* 1. knick-knack, trifle. 2. bargain.

bi·co·lor [bikolór] *adj* two-tone.

bi·cho [bitʃo] *n/m* 1. little animal, tiny beast. 2. bug, creepy-crawly (*insecto*). 3. freak (*persona*). LOC **Todo ~ viviente**, FIG FAM every Tom, Dick and Harry. ~ **raro**, weirdo, queer fish.

bi·dé [biðé] *n/m* bidet.

bi·dón [biðón] *n/m* can, drum.

bie·la [bjéla] *n/f* AUT connecting rod.

biel·do [bjéḷdo] *n/m* AGR pitchfork, winnowing fork.

bien [bjén] I. *adv* 1. well. 2. right, correctly (*correctamente*). 3. very, really: *Estoy bien cansado*, I'm very tired. 4. gladly, readily. 5. good: *Huele bien*, It smells good. II. *conj* 1. **(~ que/si)** although. 2. **(~...o ~)** either....or. III. *n/m* 1. good. 2. well being. 3. right, good thing (*moral*). 4. *pl* goods *pl*, property. LOC **Ahora ~**, now, nevertheless. **¡~!**, *exclam* all right, O.K. **De ~**, worthy, upright. **En/Para/Por ~ de,** for the good of, in the interest of. **¡Está ~!**, *exclam* 1. fine, all right (*de acuerdo*). 2. that's enough (*basta*). **Estar**

~, 1. to be well. 2. to be well-off. 3. to feel comfortable/happy. 4. to be enough. 5. to be good. 6. to suit, fit: *Este pantalón te está bien*, Those trousers suit you. 7. PEY to serve sb right: *Le está bien que se haya pillado los dedos*, It serves him right that he trapped his fingers. **Hacer ~ en** + *inf*, to do well to + *inf*, be right to + *inf*. **Mal que ~**, one way or the other. **Más ~**, rather: *No estoy contenta, más bien estupefacta*, I'm not happy, rather I'm stunned. **No ~**, no sooner, as soon as (*apenas*). **¡Qué bien!**, *exclam* Great! Terrific! **Tener a ~**, to be so good as to, PEY deign to. **Tomar a ~**, to take sth well.

bie·nal [bjenál] *adj* biennial.

bien·an·dan·za [bjenaṇdáṇθa] *n/f* success, prosperity. **bien·a·ven·tu·ra·do/a** [bjenaβeṇturáðo/a] *adj* 1. happy, fortunate. 2. REL blessed. **bien·a·ven·tu·ran·za** [bjenaβeṇturáṇθa] *n/f* 1. REL blessedness, beatitude. 2. well-being, prosperity. LOC **Las Bienaventuranzas**, REL The Beatitudes. **bien·es·tar** [bjenestár] *n/m* well-being, welfare. **bien·he·chor/ra** [bjenetʃór/ra] I. *adj* beneficent, beneficial. II. 1. *n/m* benefactor. 2. *n/f* benefactress. **bien·in·ten·cio·na·do/a** [bjeniṇteṇθjonáðo/a] *adj* well-meaning.

bie·nio [bjénjo] *n/m* two-year period.

bien·que·rer [bjenkerér] *n/m* I. affection, esteem. II. *v* to like, be fond.

bien·quis·tar [bjeŋkistár] *v* to bring together, reconcile. LOC **~se con**, to become reconciled to/with.

bien·ve·ni·do/a [bjenβeníðo/a] *adj n/f* **(~·a)** welcome (to). LOC **Dar la ~**, to welcome.

biés [bjés] *n/m* bias binding (*trozo de tela*).

bi·fá·si·co/a [bifásiko/a] *adj* two-phase.

bi·fe [bífe] *n/m* AMER steak. **bif·tec** [bifté(k)] *n/m* (beef)steak.

bí·fi·do/a [bífiðo/a] *adj* BOT bifid.

bi·fo·cal [bifokál] *adj* bifocal.

bi·fur·ca·ción [bifurkaθjón] *n/f* 1. bifurcation. 2. junction (*ferrocarril*), fork (*carretera*). **bi·fur·car·se** [bifurkárse] *v* (*bifurque*) *Refl(-se)* to fork, bifurcate, branch off.

bi·ga·mia [biγámja] *n/f* bigamy. **bí·ga·mo/a** [bíγamo/a] I. *adj* bigamous. II. *n/m,f* bigamist.

bi·go·te [biγóte] *n/m* 1. Br moustache, US mustache. 2. *pl* whiskers *pl* (*de gato*). LOC **Estar de ~s**, FAM to be terrific. **bi·go·te·ra** [biγotéra] *n/f* 1. moustache support. 2. bow compass. **bi·go·tu·do/a** [biγotúðo/a] *adj* moustached.

bi·ki·ni [bikíni] *n/m* bikini.

bi·la·bia·do/a [bilaβjáðo/a] *adj* BOT bilabiate. **bi·la·bial** [bilaβjál] *adj* bilabial. **bi·la·te·ral** [bilaterál] *adj* bilateral.

bil·baí·no/a [bilβaíno/a] I. *adj n/m,f* GEOG from/of Bilbao. II. *n/f* beret.

bi·liar [biljár] *adj* biliary. LOC **Cálculo ~**, MED gallstone. **Conducto ~**, ANAT bile duct.

bi·lin·güe [bilíŋgwe] *adj* bilingual. **bi·lin·güis·mo** [biliŋgwísmo] *n/m* bilingualism.

bi·lio·so/a [biljóso/a] *adj* 1. bilious. 2. peevish, irritable. **bi·lis** [bílis] *n/f* 1. ANAT bile. 2. FIG bad temper.

bi·llar [biʎár] *n/m* billiards, pool. LOC **Taco de ~**, cue.

bi·lle·ta·je [biʎetáxe] *n/m* tickets *pl*. **bi·lle·te** [biʎéte] *n/m* 1. *gen* (bank)note, bill (*dinero*). 2. ticket. LOC **~ de ida y vuelta**, return ticket. **~ sencillo**, single ticket. **~ verde**, FAM one thousand peseta note. **No hay ~s**, TEAT sold out. **bi·lle·te·ro/a** [biʎetéro/a] *n/m* wallet.

bi·llón [biʎón] *n/m* Br billion, US trillion.

bim·ba [bimba] *n/f* 1. top hat. 2. *Amer* drunkenness.

bi·men·sual [bimenswál] *adj* fortnightly, twice-monthly.

bi·mo·tor [bimotór] *adj* AER twin-engined.

bi·nar [binár] *v* to repeat, do sth twice. **bi·na·rio/a** [binárjo/a] *adj* binary.

bin·go [bíŋgo] *n/m* bingo.

bi·no·cu·lar [binokulár] I. *adj* binocular. II. *n/m pl* binoculars *pl*.

bi·no·mio [binómjo] *n/m* MAT binomial.

bio·de·gra·da·ble [bioðeγraðáβle] *adj* biodegradable.

bio·fí·si·ca [biofísika] *n/f* BIOL biophysics.

bio·gé·ne·sis [bjoxénesis] *n/f* BIOL biogenesis.

bio·gra·fía [bioγrafía] *n/f* biography. **bio·gra·fiar** [bioγrafjár] *v* (*biografíe*) to write sb's biography. **bio·grá·fi·co/a** [bioγráfiko/a] *adj* biographical. **bió·gra·fo/a** [bióγrafo/a] *n/m,f* biographer.

bio·lo·gía [bioloxía] *n/f* BIOL biology. **bio·ló·gi·co/a** [biolóxiko/a] *adj* biological. **bió·lo·go/a** [bióloγo/a] *n/m,f* biologist.

biom·bo [bjómbo] *n/m* folding screen.

biop·sia [biópsja] *n/f* MED biopsy.

bio·quí·mi·co/a [biokímiko/a] I. *adj* biochemical. II. 1. *n/f* biochemistry. 2. *n/m,f* biochemist.

bios·fe·ra [biosféra] *n/f* biosphere.

bi·ó·xi·do [bió(k)siðo] *n/m* QUÍM dioxide.

bi·par·ti·to/a [bipartíto/a] *adj* bipartite.

bí·pe·do/a [bípeðo/a] *adj n/m,f* biped.

bi·pla·no [bipláno] *n/m* AER biplane.

bi·pla·za [bipláθa] *adj n/m* AER AUT two-seater.

bi·po·lar [bipolár] *adj* bipolar, two-pole. **bi·po·la·ri·dad** [bipolariðáð] *n/f* bipolarity.

bir·lar [birlár] *v* FAM to pinch, swipe (*robar*).

bir·li·bir·lo·que [birliβirlóke] *adv* LOC **Por arte de ~**, (by) magic.

bir·ma·no/a [birmáno/a] *adj n/m,f* GEOG Burmese.

bi·rre·ac·tor [birreaktór] *n/m* twin-jet plane.

bi·rre·ta [birréta] *n/f* REL biretta. **bi·rre·te** [birréte] *n/m* mortar board, judge's cap.

bi·rria [bírrja] *n/f* trash, rubbish. LOC **Ser una ~**, to be horrible (*persona*), useless.

bis [bís] I. *adv* 1. MÚS bis. 2. twice, bis. 3. "a" (*número repetido*): *Vive en el 11 bis*, He lives at 11a. II. *n/m* TEAT encore.

bi·sa·bue·lo/a [bisaβwélo/a] **1.** *n/m* great-grandfather. **2.** *n/f* great-grandmother. **3.** *n/m pl* great-grandparents.

bi·sa·gra [bisáγra] *n/f* TÉC hinge.

bi·sar [bisár] *v* **1.** to repeat (*canción*). **2.** TEAT to encore, give an encore (*actor*).

bis·bi·s(e)ar [bisβis(e)ár] *v* FAM **1.** to mutter, mumble. **2.** to whisper. **bis·bi·seo** [bisβiséo] *n/m* **1.** whispering. **2.** muttering.

bis·cuit [biskwí(t)] *n/m gen* biscuit.

bi·sec·ción [bise(k)θjón] *n/f* MAT bisection. **bi·sec·tor/triz** [bisektór/tríθ] *adj* MAT bisecting.

bi·sel [bisél] *n/m* TÉC bevel. LOC **Tallar en ~**, to bevel. **bi·se·la·do/a** [biseláðo/a] *adj* bevelled. **bi·se·lar** [biselár] *v* to bevel.

bi·se·ma·nal [bisemanál] *adj* twice-weekly, bi-weekly.

bi·se·xual [biseksw ál] *adj n/m* bisexual.

bi·sies·to [bisjésto] *adj* LOC **Año ~**, leap year.

bi·sí·la·bo/a [bisílaβo/a] *adj* two-syllabled.

bis·mu·to [bismúto] *n/m* bismuth.

bis·nie·to/a [bisnjéto/a] **1.** *n/m* great-grandson. **2.** *n/f* great-granddaughter. **3.** *n/m pl* great-grandchildren. **4.** *n/m,f* great-grandchild.

bi·son·te [bisón̪te] *n/m* ZOOL bison.

bi·so·ñé [bisoɲé] *n/m* toupee.

bi·so·ño/a [bisóɲo/a] **I.** *adj* green, inexperienced. **II.** *n/m,f* **1.** greenhorn, novice. **2.** MIL raw recruit, rookie.

bis·te(c) [bisté(k)] *n/m* (*pl bistecs*) steak.

bis·tu·rí [bisturí] *n/m* (*pl bisturíes*) MED scalpel.

bi·sul·fa·to [bisulfáto] *n/m* QUÍM bisulphate.

bi·su·te·ría [bisutería] *n/f* imitation/costume jewellery.

bit [bit] *n/m* COMP bit.

bi·tá·co·ra [bitákora] *n/f* NÁUT binnacle.

bi·tter [bíter] *n/m* bitters *pl.*

bi·tu·mi·no·so/a [bituminóso/a] *adj* bituminous.

bi·val·vo/a [biβálβo/a] *adj* bivalve.

bi·zan·ti·nis·mo [biθan̪tinísmo] *n/m* HIST Byzantinism. **bi·zan·ti·no/a** [biθan̪tíno/a] **I.** *adj n/m,f* HIST Byzantine. **II.** *adj* hair-splitting.

bi·za·rría [biθarría] *n/f* bravery, gallantry. **bi·za·rro/a** [biθárro/a] *adj* gallant.

biz·co/a [bíθko/a] *adj* cross-eyed, squinting. LOC **Quedarse ~**, to be dumbfounded.

biz·co·cho [biθkótʃo] *n/m* **1.** sponge (cake) (*pastel*). **2.** TÉC biscuit.

biz·nie·to/a [biθnjéto/a] *n/m,f* V **bisnieto/a**.

biz·que·ar [biθkeár] *v* FAM to squint, be cross-eyed.

blan·ca [blaŋka] *n/f* LOC **Estar/Quedarse sin ~**, not to have a penny. **blan·co/a** [bláŋko/a] **I.** *adj* **1.** *gen* white. **2.** light, white, fair. **3.** blank (*página*). **II.** *n/m* **1.** white(ness). **2.** white (person). **3.** blank (space). **4.** target. LOC **~ como el papel**, as white as a sheet. **~ del ojo**, white of the eye. **Dar en el ~**, 1. to hit the target. 2. FIG to hit the nail on the head. **Firmar algo en ~**, 1. to sign a blank cheque. 2. FIG to give sb carte blanche. **Quedarse en ~**, not to understand at all. **Ser el ~ de**, to be the object of ridicule. **Tener la mente en ~**, to have one's mind go blank. **blan·cor** [blaŋkór] *n/m* whiteness. **blan·cu· ra** [blaŋkúra] *n/f* **1.** whiteness. **2.** FIG purity.

blan·den·gue [blan̪déŋge] *n/m,f* softie, weakling (*persona*).

blan·dir [blan̪dír] *v* to brandish (*arma*).

blan·do/a [blán̪do/a] **I.** *adj* **1.** *gen* soft, tender (*carne*). **2.** FIG gentle, PEY weak. **3.** mild (*clima*). **II.** *adv* softly, gently, comfortably. LOC **~ de corazón**, tender-hearted. **blan·du·cho/a** [blan̪dútʃo/a] *adj* FAM softish. **blan·du·ra** [blan̪dúra] *n/f* **1.** softness. **2.** FIG gentleness, tenderness. **3.** mildness (*clima*).

blan·que·ar [blaŋkeár] *v* **1.** to whiten. **2.** to whitewash. **3.** to bleach (*tejido*). **blan·que·cer** [blaŋkeθér] *v* (*blan**quezco***) **1.** to whiten. **2.** to blanch (*metal*). **blan·que·ci·no/a** [blaŋkeθíno/a] *adj* whitish. **blan·queo** [blaŋkéo] *n/m* **1.** whitening. **2.** whitewashing. **3.** bleaching, TÉC blanching. **blan·que·te** [blaŋkéte] *n/m* white cosmetic.

blas·fe·mar [blasfemár] *v* **(~ contra/de)** to blaspheme, curse. **blas·fe·mia** [blasfémja] *n/f* blasphemy, curse. **blas·fe·mo/a** [blasfémo/a] **I.** *adj* blasphemous. **II.** *n/m,f* blasphemer.

bla·són [blasón] *n/m* **1.** heraldry. **2.** coat of arms. **3.** FIG honour. **bla·so·nar** [blasonár] *v* **1.** to emblazon. **2. (~ de)** to brag, boast (of/about).

ble·do [bléðo] *n/m* BOT blite, goosefoot, pigweed. LOC **No importar (algo) un ~ (a alguien)**, not to matter a hoot to sb.

blen·da [blén̪da] *n/f* GEOL blende, zinc sulphide.

blin·da·do/a [blin̪dáðo/a] *adj* **1.** Br armoured, US armored. **2.** TÉC armour-plated, shielded. LOC **Carro ~**, armoured vehicle/car. **blin·da·je** [blin̪dáxe] *n/m* MIL blindage, armour, TEC shield. **blin·dar** [blin̪dár] *v* **1.** to armour-plate. **2.** TÉC to shield.

bloc [blók] *n/m* (writing) pad.

blon·do/a [blón̪do/a] **I.** *adj* blonde, fair. **II.** *n/f* silk lace.

blo·que [blóke] *n/m* **1.** *gen* block. **2.** TÉC block, brick. **3.** FIG group. **4.** bloc (*política*). LOC **De un solo ~**, in one piece. **En ~**, en bloc. **blo·que·ar** [blokeár] *v* **1.** MIL NÁUT to blockade. **2.** COM to freeze, block. **3.** FIG to block. **4.** AUT to break, pull up. **blo·queo** [blokéo] *n/m* **1.** blockade. **2.** COM freeze, squeeze. LOC **Burlar/Forzar el ~**, NÁUT to run the blockade.

blu·sa [blúsa] *n/f* **1.** blouse. **2.** overall. **blu·són** [blusón] *n/m* smock, long/loose shirt/blouse.

boa [bóa] **1.** *n/f* boa (*serpiente*). **2.** *n/m* boa (*adorno*).

boa·to [boáto] *n/m* show, ostentation, pomp.

bo·ba·da [boβáða] *n/f* stupid/silly thing, nonsense. **bo·ba·li·cón/na** [boβalikón/na] *adj* stupid, idiotic. **bo·be·ar** [boβeár] *v* to play the fool, talk nonsense. **bo·be·ría** [boβería] *n/f* V **bobada**.

bó·bi·lis- bó·bi·lis [bóßilis- bóßilis] *adv* LOC **De ~**, without lifting a finger, without effort.

bo·bi·na [boßína] *n/f* **1**. bobbin, reel, spool (*de hilo*). **2**. ELECTR coil. **bo·bi·na·do·ra** [boßinaðóra] *n/f* winder, winding machine. **bo·bi·nar** [boßinár] *v* to wind.

bo·bo/a [bóßo/a] **I**. *adj* **1**. silly, foolish, stupid. **2**. simple, naive. **II**. **1**. *n/m,f* fool, dunce. **2**. *n/m* TEAT buffoon. LOC **El ~ de Coria**, the village idiot. **Hacer el ~**, to play the fool.

bo·ca [bóka] *n/f* **1**. *gen* mouth. **2**. FIG mouth, entrance. LOC **Andar de ~ en ~**, FIG to be on everyone's lips. **A pedir de ~**, for the asking. **~ abajo**, face down, on one's stomach. **~ arriba**, face up, on one's back. **~ a ~**, kiss of life. **~ de riego**, hydrant. **¡Cállate la ~!**, shut up! **Cerrar la ~ a alguien**, 1. to shut sb up. 2. FIG to kill sb. **Como ~ de lobo**, pitch black/dark. **Con la ~ abierta**, agape, gaping, open-mouthed. **Hacer ~**, to give an appetite. **Meterse en la ~ del lobo**, FIG FAM to put one's head in the lion's mouth. **No decir esta ~ es mía**, not to say a word. **No tener nada que llevarse a la ~**, not to have a bite to eat. **Partir la ~ a uno**, SL to smash sb's face in. **Tapar la ~ a alguien**, to keep sb quiet, shut sb up. **Venir a pedir de ~**, to come at the right moment. **bo·ca·ca·lle** [bokakáʎe] *n/f* **1**. intersection. **2**. turning. **bo·ca·di·llo** [bokaðíʎo] *n/m* **1**. sandwich. **2**. snack, FAM bite to eat. **bo·ca·do** [bokáðo] *n/m* **1**. mouthful, bite. **2**. snack, bite to eat. **3**. bite (*mordisco*). **4**. bit (*freno de caballo*). LOC **~ de cardenal**, choice morsel. **bo·ca·ja·rro** [bokaxárro] *adv* **(a ~)** point-blank. **bo·cal** [bokál] *n/f* **1**. jug, pitcher. **2**. mouth of a well. **bo·ca·man·ga** [bokamáŋga] *n/f* cuff. **bo·ca·na·da** [bokanáða] *n/f* **1**. mouthful. **2**. puff, blast (*de humo*), gust (*de viento*). **bo·ca·za** [bokáθa] *n/f* FAM big mouth. LOC **Ser un ~as** *pl*, FAM to be a big mouth.

bo·cel [boθél] *n/m* ARQ torus. **bo·ce·lar** [boθelár] *v* ARQ to make mouldings on.

bo·ce·ra [boθéra] *n/f* stain on the lips, moustache (*de vino*).

bo·ce·to [boθéto] *n/m* outline, sketch.

bo·ci·na [boθína] *n/f* **1**. megaphone. **2**. AUT horn. **bo·ci·na·zo** [boθináθo] *n/m* LOC **Dar/Pegar un ~**, AUT to toot/honk one's horn.

bo·cio [bóθjo] *n/m* ANAT goitre.

bo·coy [bokói] *n/m* (*pl bocoyes*) cask.

bo·cha [bótʃa] *n/f* **1**. bowl (*bola*). **2**. *pl* bowls, boules (*juego*).

bo·chin·che [botʃíntʃe] *n/m* FAM row, din, racket.

bo·chor·no [botʃórno] *n/m* **1**. warm wind. **2**. close weather, stifling atmosphere. **3**. hot flush, embarrassment. **bo·chor·no·so/a** [botʃornóso/a] *adj* **1**. heavy, close (*tiempo*). **2**. stifling. **3**. embarrassing.

bo·da [bóða] *n/f* wedding, marriage.

bo·de·ga [boðéγa] *n/f* **1**. (wine) cellar. **2**. wine shop. **3**. NÁUT hold. **bo·de·gón** [boðeγón] *n/m* **1**. wine shop. **2**. cheap restaurant, FAM dive. **3**. ART still life.

bo·do·que [boðóke] *n/m* **1**. lump, little ball (*bultito*). **2**. FIG FAM twit, dimwit.

bo·drio [bóðrjo] *n/m* **1**. FAM pigswill (*comida mala*). **2**. trash, rubbishy thing.

B.O.E. [bóe] *abrev* de Boletín Oficial del Estado, Official Gazette.

bo·fe [bófe] *n/m* lights, lungs *pl* (*de res*).

bo·fe·ta·da [bofetáða] *n/f* **1**. slap in the face. **2**. FIG blow. **bo·fe·tón** [bofetón] *n/m* hard slap.

bo·fia [bófia] *n/f* **(la ~)** FAM the cops *pl*.

bo·ga [bóγa] *n/f* **1**. NÁUT rowing. **2**. **(en ~)** (in) vogue, fashion. **bo·gar** [boγár] *v* (*bogue*) to row.

bo·ga·van·te [boγaßánte] *n/m* lobster (*crustáceo*).

bo·go·ta·no/a [boγotáno/a] *adj n/m,f* GEOG from/of Bogotá.

bo·he·mio/a [boémjo/a] **I**. *adj n/m,f* **1**. bohemian. **2**. gypsy. **II**. *n/f* bohemian life.

bo·hío [boío] *n/m* hut, cabin.

boi·cot [boikó(t)] *n/m* (*pl boicots*) boycott. **boi·co·te·ar** [boikoteár] *v* to boycott. **boi·co·teo** [boikotéo] *n/m* boycott, boycotting.

boi·na [bóina] *n/f* beret.

boj [box] *n/m* BOT box(wood).

bo·jar [boxár] *v* NÁUT to measure the perimetre of an island.

bol [bol] *n/m* **1**. punch bowl. **2**. dragnet.

bo·la [bóla] *n/f* **1**. ball. **2**. TÉC ballbearing. **3**. FAM fib, trick. **4**. *pl* SL balls (*testículos*). LOC **~ de naftalina**, mothball. **~ del mundo**, globe. **Juego de ~s**, skittles *pl*, bowling *sing*. **No dar pie con ~**, not to do anything right.

bo·lar·do [bolárðo] *n/m* NÁUT bollard.

bol·che·vi·que [boltʃeßíke] *adj, n/m,f* Bolshevik.

bol·che·vis·mo [boltʃeßísmo] *n/m* Bolshevism.

bo·lea·do·ras [boleaðóras] *n/f* *Amer* lasso with balls (*para caza/ganado*, etc). **bo·le·ar** [boleár] *v* **1**. FAM DEP to throw. **2**. to hunt with "boleadoras". **bo·leo** [boléo] *n/m* throwing, bowling.

bo·le·ra [boléra] *n/f* bowling alley.

bo·le·ro [boléro/a] *n/m* MÚS bolero.

bo·le·ta [boléta] *n/f* ticket, voucher; *Amer* certificate, voting slip. **bo·le·tín** [boletín] *n/m* **1**. bulletin. **2**. journal, report. LOC **~ de inscripción**, registration form. **~ metereológico**, weather forecast. **bo·le·to/a** [boléto/a] **I**. *n/m* **1**. ticket (*entrada*). **2**. lottery ticket, coupon (*de quinielas*). **II**. *n/f* **1**. MIL billet. **2**. small packet of tobacco.

bo·li·che [bolítʃe] *n/m* **1**. jack (in game of bowls). **2**. bowling alley, bowling.

bó·li·do [bóliðo] *n/m* **1**. ASTR meteorite, bolide. **2**. AUT racing car. LOC **Ir de ~**, FAM to go like the clappers.

bo·lí·gra·fo [bolíγrafo] *n/m* ball-point pen, biro.

bo·li·llo [bolíʎo] *n/m* bobbin.

bo·lí·var [bolíßar] *n/m* bolivar (*moneda*).

bo·li·via·no/a [bolißjáno/a] *adj, n/m,f* GEOG Bolivian.

bo·lo [bólo] *n/m* **1**. skittle, ninepin. **2**. *pl* bowling (*juego*).

bol·sa [bólsa] *n/f* **1.** bag. **2.** pucker, bag (*en un vestido*). **3.** ANAT cavity, sac. **4.** fortune, money; COM stock exchange. LOC **~ de agua caliente**, hot-water bottle. **~ de aire**, air pocket. **~ de herramientas**, toolbag. **~ de viaje**, bursary. **~ negra**, COM black market. **Aflojar la ~**, to give/spend money. **Jugar a la Bolsa**, COM to speculate, play the market. **¡La ~ o la vida!**, Your money or your life! **bol·si·llo** [bolsíʎo] *n/m* **1.** pocket (*en un vestido*). **2.** FIG purse, money. **3.** LOC **Meterse/Tener a alguien en el ~**, FIG FAM to have sb in one's pocket. **Rascarse el ~**, to dig deep, pay out. **bol·sis·ta** [bolsísta] *n/m,f* stockbroker. **bol·so** [bólso] *n/m* bag, purse. LOC **~ de mano/mujer**, handbag, purse.

bo·lle·ría [boʎería] *n/f* bakery. **bo·llo** [bóʎo] *n/m* **1.** bun, roll. **2.** bump, swelling (*para fuera*), dent (*para dentro*). **3.** punch (*golpe*). LOC **No está el horno para ~s**, this is not the right moment.

bo·llón [boʎón] *n/m* **1.** stud (*tachuela*). **2.** button ear-ring.

bom·ba [bóɱba] *n/f* **1.** TÉC pump. **2.** MIL bomb. **3.** bombshell (*noticia*). LOC **Caer como una ~**, FIG to come as a bombshell. **Estar ~ (una mujer)**, to be smashing. **Pasarlo ~**, to have a great time.

bom·ba·cho/a [boɱbátʃo/a] *n/m* breeches, pantaloons (*de niño*), plus-fours (*de hombre*) *pl*.

bom·bar·da [boɱbárðа] *n/f* MIL bombard. **bom·bar·de·ar** [boɱbarðeár] *v* MIL to bomb, shell, bombard. **bom·bar·deo** [boɱbarðéo] *n/m* bombing, bombardment. **bom·bar·de·ro/a** [boɱbarðéro/a] **I.** *adj* bombing, bomber. **II.** *n/m* **1.** bombardier (*soldado*). **2.** AER bomber.

bom·ba·sí [boɱbasí] *n/m* bombazine (*tela*).

bom·bás·ti·co/a [boɱbástiko/a] *adj* bombastic.

bom·ba·zo [boɱbáθo] *n/m* explosion.

bom·be·ar [boɱbeár] *v* **1.** to pump (up/out). **2.** to shell. **3.** to bend, warp. **bom·beo** [boɱbéo] *n/m* pumping (up), warping. **bom·be·ro** [boɱbéro] *n/m* fireman. LOC **Coche de ~s**, fire engine. **Parque de ~s**, fire station.

bom·bi·lla [boɱbíʎa] *n/f* **1.** ELECTR bulb. **2.** nickel straw (*para mate*).

bom·bín [boɱbín] *n/m* bowler hat, derby.

bom·bo [bóɱbo] *n/m* **1.** lottery drum. **2.** FIG fuss, fanfare. **3.** MÚS bass drum. LOC **A ~ y platillo**, with a lot of fuss/ballyhoo.

bom·bón [boɱbón] *n/m* chocolate. LOC **Ser un ~**, FAM to be gorgeous/cute (*mujer*).

bom·bo·na [boɱbóna] *n/f* **1.** demijohn. **2.** gas cylinder.

bom·bo·ne·ra [boɱbonéra] *n/f* chocolate box. **bom·bo·ne·ría** [boɱbonería] *n/f* confectioner's, sweetshop.

bo·na·chón/na [bonatʃón/na] *adj* good-natured, ingenuous.

bo·nae·ren·se [bonaerénse] *adj n/m,f* GEOG from/of Buenos Aires.

bo·nan·ci·ble [bonaṇθíßle] *adj* **1.** NÁUT calm (*mar*). **2.** fair (*tiempo*). **bo·nan·za** [bonáṇθa] *n/f* **1.** **(en ~)** NÁUT fair weather, calm at sea. **2.** FIG prosperity, bonanza. **bo·na·zo/a o bue·na·zo/a** [bonáθo/a, bwenáθo/a] *adj* good-natured. **bon·dad** [boṇdáð] *n/f* goodness, kindness, kindliness. LOC **Tener la ~ de**, to be so kind as to, be kind enough to. **bon·da·do·so/a** [boṇdaðóso/a] *adj* kind, good-natured.

bo·ne·te [bonéte] *n/m* V **birrete**.

bo·nia·to [bonjáto] *n/m* BOT sweet potato.

bo·ni·fi·ca·ción [bonifikaθjón] *n/f* **1.** improvement. **2.** COM discount, bonus. **bo·ni·fi·car** [bonifikár] *v* (*bonifique*) **1.** to improve. **2.** COM to allow, discount.

bo·ní·si·mo/a [bonísimo/a] *adj* very good.

bo·ni·ta·men·te [bonitaméṇte] *adv* artfully, craftily, nicely. **bo·ni·to/a** [boníto/a] **I.** *adj* **1.** pretty (*persona*). **2.** nice, pretty (*sitio/cantidad*). **II.** *n/m* tuna fish (*pez*). LOC **Por su cara ~**, because he is who he is. **¡Muy bonito!**, *exclam.* 1. That's nice! 2. IR Very nice!

bo·no [bóno] *n/m* **1.** voucher. **2.** COM bond.

bon·zo [bóṇθo] *n/m* bonze (*budista*).

bo·ñi·go/a [boɲíɣo/a] **I.** *n/f* dung. **II.** *n/m* cowpat.

boom [bú(m)] *n/m* boom.

boo·me·rang [bumeráŋ/-n] *n/m* boomerang.

bo·quea·da [bokeáða] *n/f* last gasp/breath (*moribundo*). **bo·que·ar** [bokeár] *v* **1.** to say, utter, mouth (*palabras*). **2.** to be at one's last gasp, be on one's last legs.

bo·que·rón [bokerón] *n/m* anchovy (*pez*).

bo·que·te [bokéte] *n/m* **1.** narrow opening. **2.** breach, hole.

bo·qui·a·bier·to/a [bokjaßjérto/a] *adj* open-mouthed, agape. **bo·qui·lla** [bokíʎa] *n/f* **1.** mouthpiece. **2.** cigarette holder. **3.** nozzle. LOC **Decir algo de ~**, to say one thing and mean another. **bo·qui·ne·gro/a** [bokinéɣro/a] *adj* black-mouthed/snouted.

bó·rax [bóra(k)s] *n/m* QUÍM borax.

bor·bo·ll(e)ar [borßoʎ(e)ár] *v* to bubble, boil. **bor·bo·lleo** [borßoʎéo] *n/m* bubbling, boiling. **bor·bo·llón** [borßoʎón] *n/m* bubbling, bubble. LOC **A borbollones**, FIG impetuously, hastily.

bor·bó·ni·co/a [borßóniko/a] *adj* HIST Bourbon.

bor·bo·teo [borßotéo] *n/m* bubbling, boiling, gushing. **bor·bo·tón** [borßotón] *n/m* bubbling, boiling. LOC **A ~es**, in a torrent/gush.

bor·ce·guí [borθeɣí] *n/m* (*pl borceguíes*) **1.** ankle boot. **2.** (baby's) bootee.

bor·da [bórða] *n/f* NÁUT gunwale, rail. LOC **Echar/Tirar por la ~**, to throw overboard. **Fuera (de) ~**, outboard (*motor*).

bor·da·do/a [borðáðo/a] **I.** *adj* embroidered. **II.** *n/m* embroidery. LOC **Salir ~**, to turn out perfectly. **bor·da·do·ra** [borðaðóra] *n/f* needlewoman. **bor·da·du·ra** [borðaðúra] *n/f* embroidery. **bor·dar** [borðár] *v* **1.** to embroider. **2.** FIG to perform/do perfectly. LOC **~ en calado**, to do drawnwork.

bor·de [bórðe] **I.** *adj* wild, uncultivated (*planta*). **II.** *n/m* **1.** edge, rim (*de vasija*), brim (*de sombrero*), side (*del camino*). **2.** hem, edge, border (*vestido/banda*). LOC **Al**

~ **de**, on the edge/brink/verge of. **bor·de·ar** [borðeár] *v* **1**. to skirt. **2**. FIG to border (on), FIG verge on. **bor·di·llo** [borðíʎo] *n/m* Br kerb, US curb.

bor·do [bórðo] *n/m* NÁUT board. LOC **A ~ (de)**, on board.

bor·dón [borðón] *n/m* **1**. pet phrase. **2**. POÉT refrain. **3**. MÚS bass string.

bo·real [boreál] *adj* northern, boreal. LOC Aurora ~, V **aurora**. **bó·reas** [bóreas] *n/m* (*pl boreas*) boreas, north wind.

bor·go·ña [borγóɲa] *n/m* burgundy (*vino*). **bor·go·ñón/na** [borγoɲón/na] *adj* GEOG Burgundian.

bó·ri·co/a [bóriko/a] *adj* boric, boracic.

bor·la [bórla] *n/f* **1**. tassel. **2**. pompom. **3**. powder puff. **bor·lar·se** [borlárse] *v/v Refl(-se) Amer* to receive one's doctorate.

bor·ne [bórne] *n/m* ELECTR terminal.

bor·ne·ar [borneár] **I**. *v* to twist, bend. **II**. *v/Refl(-se)* to warp, bulge (*madera*). **bor·neo** [bornéo] *n/m* bending, twisting.

bo·ro [bóro] *n/m* QUÍM boron.

bo·ro·na [boróna] *n/f* **1**. millet. **2**. maize.

bo·rra [bórra] *n/f* **1**. thick wool, flock (*lana*). **2**. fluff (*pelusa*).

bo·rra·che·ra [borratʃéra] *n/f* **1**. drunkenness. **2**. FIG rapture. **bo·rra·chín/na** [borratʃín/na] *n/m,f* tippler, soak. **bo·rra·cho/a** [borrátʃo/a] **I**. *adj* **(~de) 1**. drunk (on). **2**. FIG punchdrunk **II**. *n/m,f* drunk, drunkard. LOC **~ como una cuba**, FIG drunk as a lord.

bo·rra·dor [borraðór] *n/m* **1**. rough copy. **2**. rough notebook, scratch pad. **3**. Br rubber, US eraser.

bo·rra·ja [borráxa] *n/f* BOT borage. LOC Quedar (algo) en agua de ~s, FIG to fizzle out, come to nothing.

bo·rra·je·ar [borraxeár] *v* to scribble.

bo·rrar [borrár] *v* **(~ de) 1**. to rub out, erase. **2**. to cross off/out (*suprimir*).

bo·rras·ca [borráska] *n/f* **1**. storm, NÁUT squall. **bo·rras·co·so/a** [borraskóso/a] *adj* **1**. stormy, squally. **2**. FIG stormy (*vida*).

bo·rre·go/a [borréγo/a] **I**. *adj* simpleton, meek (*persona*) **II**. *n/m,f* ZOOL (yearling) lamb. **bo·rre·guil** [borreγíl] *adj* lamb-like, meek.

bo·rri·co/a [borríko/a] *n/m,f* ZOOL donkey, ass; FIG ignorant, stupid.

bo·rrón [borrón] *n/m* **1**. blot, smudge (*de tinta*). **2**. scrawl, scribble (*escrito*). LOC **~ y cuenta nueva,** FIG FAM Let's wipe the slate clean. **bo·rro·ne·ar** [borroneár] *v* to scribble.

bo·rro·si·dad [borrosiðáð] *n/f* haziness, vagueness. **bo·rro·so/a** [borróso/a] *adj* blurred, hazy, vague.

bos·co·so/a [boskóso/a] *adj* wooded, woody. **bos·que** [bóske] *n/m* **1**. wood, woodland. **2**. forest (*grande*). LOC **~ de pinos,** pine- forest.

bos·que·jar [boskexár] *v* **1**. to sketch, outline. **2**. to draft (*proyecto*). **bos·que·jo** [boskéxo] *n/m* **1**. sketch, outline. **2**. FIG draft.

bos·qui·mán [boskimán] *n/m* GEOG bushman.

bos·ta [bósta] *n/f* dung.

bos·te·zar [bosteθár] *v* (*bostece*) to yawn. **bos·te·zo** [bostéθo] *n/m* yawn, yawning.

bo·ta [bóta] *n/f* **1**. boot. **2**. wineskin. LOC **~s altas/de montar,** riding boots. **Ponerse las ~s**, FIG FAM to profit from sth. **Morir con las ~s puestas**, FIG FAM to die with one's boots on.

bo·ta·du·ra [botaðúra] *n/f* NÁUT launching (*de un buque*).

bo·ta·fu·mei·ro [botafuméiro] *n/m* incense burner.

bo·ta·na [botána] *n/f* cork (*tapón*), bung (*de tonel*).

bo·tá·ni·ca [botánika] *n/f* botany. **bo·tá·ni·co/a** [botániko/a] **I**. *adj* botanical. **II**. *n/m,f* botanist.

bo·tar [botár] *v* **1**. to throw out, expel (*persona*). **2**. NÁUT to launch. **3**. to pitch, hurl, throw (*pelota*). **4**. to bounce (*pelota*). **5**. to jump: *El niño botó de alegría*, The child jumped for joy.

bo·ta·ra·te [botaráte] *n/m,f* FAM nutter.

bo·te [bóte] *n/m* **1**. jumping, leaping (*alguien*), bouncing (*pelota*). **2**. jar, pot, tin, can. **3**. rowing boat. LOC **~ salvavidas**, lifeboat. **Chupar del ~,** to take advantage of sth. **Dar ~s de alegría**, to jump for joy. **Darse el ~,** FAM to beat it (*marcharse*). **De ~ en ~**, jam-packed. **Tener a alguien en el ~**, to have sb in one's pocket.

bo·te·lla [botéʎa] *n/f* bottle. **bo·te·lle·ro** [boteʎéro] *n/m* **1**. bottle rack/basket. **2**. bottle maker. **bo·te·llín** [boteʎín] *n/m* small bottle.

bo·te·ro [botéro] *n/m* **1**. wineskin maker. **2**. cobbler, shoemaker.

bo·ti·ca [botíka] *n/f* **1**. chemist's (shop), pharmacy. **2**. medicine cabinet. **bo·ti·ca·rio/a** [botikárjo/a] *n/m,f* chemist, pharmacist.

bo·ti·jo/a [botíxo/a] *n/m,f* earthenware water jug.

bo·ti·lle·ría, bo·te·lle·ría [botiʎería/boteʎería] *n/f* drinks stall.

bo·ti·llo [botíʎo] *n/m* pork sausage.

bo·tín [botín] *n/m* **1**. ankle boot. **2**. booty, loot (*despojos*). **bo·ti·na** [botína] *n/f* ankle boot, bootee.

bo·ti·quín [botikín] *n/m* **1**. medicine cabinet. **2**. medicine bag/case (*maletín*), first-aid kit.

bo·to/a [bóto/a] **I**. *adj* dull, blunt. **II**. *n/m* **1**. wineskin. **2**. riding boot.

bo·tón [botón] *n/m* **1**. *gen* button. **2**. BOT bud. **3**. MÚS key (*instrumento de viento*). **4**. knob (*de radio/puerta*). **5**. *pl* bellboy. LOC **Como ~ de muestra**, as a sample, by way of example. **Dar al ~,** 1. to turn the knob. 2. to press the button. **bo·to·na·du·ra** [botonaðúra] *n/f* buttons.

bo·tu·lis·mo [botulísmo] *n/m* MED botulism.

bou·le·var(d) [buleβár] *n/m* boulevard.

bou·quet [buké] *n/m gen* bouquet.

bó·ve·da [bóβeða] *n/f* **1**. ARQ vault, dome. **2**. cavern, crypt. LOC **~ celeste**, celestial vault.

~ **palatina,** ANAT roof of the mouth. **bo·ve·di·lla** [boβeðíʎa] *n/f* ARQ small vault.
bó·vi·do/a [bóβiðo/a] **I.** *adj n/m* ZOOL bovine. **II.** *n/m pl* ZOOL bovidae, bovines. **bo·vi·no/a** [boβíno/a] *adj* bovine.
bo·xea·dor/ra [bo(k)seaðór/ra] *n/m,f* boxer. **bo·xe·ar** [bo(k)seár] *v* DEP to box. **bo·xeo** [bo(k)séo] *n/m* boxing.
bo·ya [bóɟa] *n/f* **1.** NÁUT buoy. **2.** float (*de red*). **bo·yan·te** [boɟánte] *adj* **1.** buoyant, floating, afloat. **2.** FIG happy, prosperous. **bo·yar** [boɟár] *v* to float.
bo·ye·ro [boɟéro] *n/m* oxherd, cowherd.
boy·scout [bói escáut] *n/m* (*pl boy scouts*) boy scout.
bo·yu·no/a [boɟúno/a] *adj* bovine.
bo·zal [boθál] **I.** *adj* inexpert, FAM green. **II.** *n/m* **1.** muzzle (*mordaza*). **2.** halter (*esportilla*). **bo·zo** [bóθo] *n/m* **1.** mouth. **2.** down, fuzz (*en el labio superior*).
bra·ce·ar [braθeár] *v* **1.** to swing one's arms. **2.** to swim, *esp* do the crawl. **bra·ce·ro** [braθéro] *n/m* unskilled labourer/worker.
brac·mán [bra(k)mán] *n/m* REL brahman.
bra·co/a [bráko/a] *adj* pug-nosed.
brác·tea [bráktea] *n/f* BOT bract.
bra·ga [bráγa] *n/f pl* Br knickers, US panties. LOC **Pillar en ~s,** SL to catch sb with their pants down. **bra·ga·du·ra** [braγaðúra] *n/f* **1.** ANAT crotch. **2.** gusset (*prenda*). **bra·ga·zas** [braγáθas] *n/m* henpecked husband. **bra·gue·ro** [braγéro] *n/m* MED truss. **bra·gue·ta** [braγéta] *n/m* flies *pl*, fly *sing* (*pantalón*). **bra·gue·ta·zo** [braγetáθo] *n/m* LOC **Dar un ~,** FIG FAM to marry (a rich woman) for money.
brah·mán [bramán] *n/m* REL brahman. **brah·ma·nis·mo** [bramanísmo] *n/m* REL Brahmanism.
brai·lle [bráiʎe] *n/m* braille.
bra·ma [bráma] *n/f* **1.** rut, rutting. **2.** rut, rutting season (*época de celo*).
bra·man·te [bramánte] *n/m* twine, fine string.
bra·mar [bramár] *v* **1.** to low, bellow, trumpet (*elefante*). **2.** FIG to howl (*viento*), roar, rumble (*trueno*). **bra·mi·do** [bramíðo] *n/m* lowing, howling, rumbling.
bran·dy [brándi] *n/m* brandy.
bran·quia [bráŋkja] *n/f* branchia, gill (*de pez*). **bran·quial** [braŋkjál] *adj* branchial.
bra·qui·cé·fa·lo/a [brakiθéfalo/a] *adj* brachycephalic.
bra·sa [brása] *n/f* ember. LOC **A la ~,** grilled, barbecued. **Pasar como sobre ~s por un asunto,** to skim over a subject. **bra·se·ro** [braséro] *n/m* brazier, fire-pan.
Bra·sil [brasíl] *n/m* GEOG Brazil. **bra·sil** [brasíl] *n/m* **1.** BOT brazil. **2.** blusher (*cosmético rojo*). **bra·si·le·ño/a** [brasiléɲo/a] *adj n/m,f* GEOG Brazilian.
bra·va·ta [braβáta] *n/f* **1.** brag, boast, bravado. **2.** empty threat. **bra·ve·za** [braβéθa] *n/f* **1.** bravery, valour. **2.** fury (*de los elementos*). **bra·vío/a** [braβío/a] *adj* **1.** wild, untamed. **2.** FIG unruly, uncouth. **bra·vo/a** [bráβo/a] **I.** *adj* **1.** brave, courageous. **2.** TAUR wild. **3.** rough (*mar*), rugged (*terreno*). **II.** *int* Bravo!, Well done! LOC **Toros ~s,** fighting bulls. **bra·vu·cón/na** [braβukón/na] *n/m,f* FAM boaster, braggart. **bra·vu·co·na·da** [braβukonáða] *n/f* brag, boast, a piece of bravado. **bra·vu·co·ne·ría** [braβukonería] *n/f* strutting, boasting. **bra·vu·ra** [braβúra] *n/f* **1.** ferocity, fierceness. **2.** bravery.
bra·za [bráθa] *n/f* NÁUT fathom (*medida*). **bra·za·da** [braθáða] *n/f* **1.** stroke (*nadar/remar*). **2.** armful. **bra·zal** [braθál] *n/f* **1.** armband. **2.** irrigation ditch. **bra·za·le·te** [braθaléte] *n/m* **1.** armband. **2.** bracelet. **bra·zo** [bráθo] *n/m* **1.** *gen* arm. **2.** front leg, foreleg (*caballo*). **3.** TÉC boom, jib, arm, armchair. **4.** FIG branch, arm, wing, branch. **5.** power, strength; *pl* hands (*jornaleros*). LOC **A ~,** by hand. **A ~ partido,** 1. hand to hand. 2. tooth and nail. **A fuerza de ~s,** by hard work. **Con los ~s abiertos,** with open arms. **Cruzarse de ~s,** to sit back and do nothing, twiddle one's thumbs. **Ser el ~ derecho,** to be the right-hand man. **Tener en ~s,** to hold in one's arms, cradle. **bra·zue·lo** [braθwélo] *n/m* **1.** forearm (*animal*). **2.** shoulder (*carnero*), knuckle (*cerdo*).
brea [bréa] *n/f* **1.** pitch, tar. **2.** tarpaulin (*tela*).
bre·ba·je [breβáxe] *n/m* concoction, brew.
bré·col [brékol] *n/m* BOT broccoli.
bre·cha [brétʃa] *n/f* **1.** MIL breach. **2.** gap, break, opening. **3.** FIG breach. LOC **Estar en la ~,** to be on one's guard, be always on the alert.
bre·ga [bréγa] *n/f* **1.** fight, quarrel. **2.** hard/arduous task/work. **bre·gar** [breγár] *v* (*bregue*) **(~ con) 1.** to fight, scrap, brawl (with). **2.** to labour, toil, struggle. **3.** to work the dough with a rolling pin.
bre·ña [bréɲa] *n/f* scrub. **bre·ñal** [breɲál] *n/m* scrub.
bres·ca [bréska] *n/f* honeycomb.
Bre·ta·ña [bretáɲa] *n/f* GEOG **1.** Britain. **2.** Brittany.
bre·te [bréte] *n/m* LOC **Estar/Poner en un ~,** to be/put sb on the spot.
bre·tón/na [bretón/na] *adj n/m,f* GEOG Breton
bre·va [bréβa] *n/f* **1.** BOT early fig. **2.** FIG FAM windfall. **3.** loosely-rolled cigar. LOC Más blando que una ~, as meek as a lamb. **¡No caerá esa ~!,** we should be so lucky!
bre·ve [bréβe] **I.** *adj* **1. (~ en/de)** brief, short. **2.** a few: *En breves palabras,* In a few words. **II. 1.** *n/m* REL papal brief. **2.** *n/f* MÚS breve (*nota*). LOC **En ~,** 1. shortly, soon. 2. in brief/short.
bre·ve·dad [breβeðáð] *n/f* brevity, briefness, shortness.
bre·via·rio [breβjárjo] *n/m* **1.** REL breviary. **2.** brief summary, compendium.
bre·zal [breθál] *n/m* heath. **bre·zo** [bréθo] *n/m* BOT heather.
bri·bón/na [briβón/na] *adj* **1.** indolent, loafing. **2.** mischievous (*niño*). **bri·bo·ne·ría** [briβonería] *n/f* idleness, roguery.
bri·co·la·je [brikoláxe] *n/m* DIY (Do-It-Yourself).

bri·da [bríðа] *n/f* **1**. rein (*rienda*). **2**. flange (*de tubo*).

bridge [brítʃ/brídxe] *n/m* bridge (*naipes*).

bri·ga·da [briγaða] *n/f* **1**. MIL brigade. **2**. squad, gang. **3**. sergeant major. **bri·ga·dier** [briγaðiér] *n/m* MIL brigadier.

bri·llan·te [briʎáṇte] **I**. *adj* **1**. *gen* brilliant. **2**. sparkling, shining, bright. **3**. FIG brilliant, shining (*ejemplo*). **II**. *n/m* diamond. **bri·llan·tez** [briʎaṇtéθ] *n/f* brilliance. **bri·llan·ti·na** [briʎaṇtína] *n/f* brilliantine. **bri·llar** [briʎár] *v* **1**. to shine. **2**. FIG to shine, excel. LOC ~ **por su ausencia,** FIG to be conspicuous by one's absence. **bri·llo** [bríʎo] *n/m* **1**. brilliance, brightness. **2**. FIG splendour. LOC **Sacar/Dar** ~, to polish, shine (up).

brin·car [briŋkár] *v* (*brin**que***) **1**. to jump, hop. **2**. **(~ de)** FIG to explode, flare up (*de ira*). **3**. **(~ de)** FIG to jump (for) (*alegría*). **4**. to buck (*caballo*). **brin·co** [bríŋko] *n/m* jump, leap, bound.

brin·dar [briṇdár] *v* **(~ a/con/por) 1**. to toast, drink a toast (to). **2**. to offer, afford (*oportunidad*). LOC **~se a** + *inf*, to offer to do sth. **brin·dis** [bríṇdis] *n/m* toast.

brío [brío] *n/m* determination, spirit, dash. **brio·so/a** [brióso/a] *adj* spirited, energetic, determined.

bri·sa [brísa] *n/f* breeze.

bris·ca [bríska] *n/f* card game.

bri·tá·ni·co/a [britániko/a] *adj* GEOG British.

briz·na [bríθna] *n/f* **1**. blade (*de hierba*). **2**. bit, piece. **3**. **(ni ~)** FIG not an iota, hardly any.

bro·ca [bróka] *n/f* **1**. reel, bobbin. **2**. TÉC drill, bit.

bro·ca·do [brokáðo] *n/m* brocade (*tela*).

bro·cal [brokál] *n/m* curb (*de un pozo*).

bro·cha [brótʃa] *n/f* **1**. paint brush. **2**. shaving brush (*para afeitar*). LOC **Darle a la ~**, to paint. **Pintor de ~ gorda**, 1. painter and decorator. 2. FIG dauber, second-rate painter.

bro·che [brótʃe] *n/m* **1**. brooch (*adorno*). **2**. fastener, clasp (*en un vestido*). LOC **(Cerrar con) ~ de oro**, grand finale. **Broche de ~**, finishing touch.

bro·ma [bróma] *n/f* **1**. *gen* joke. **2**. practical joke, prank. LOC **~ pesada**, unpleasant/unwelcome joke. **En ~**, in fun, kidding. **Entre ~s y veras**, half joking(ly), half in earnest. **Estar de ~**, to be in a jokey/joking mood. **Gastar/Hacer una ~ a**, to play a joke on. **No estoy para ~s**, I'm not in the mood for jokes. **Sin ~**, joking apart, seriously.

bro·ma·to·lo·gía [bromatoloxía] *n/f* dietetics.

bro·me·ar [bromeár] *v/Refl(-se)* to joke, jest. **bro·mis·ta** [bromísta] **I**. *adj* fond of joking. **II**. *n/m,f* (practical) joker, laugh, prankster.

bro·mo [brómo] *n/m* QUÍM bromine. **bro·mu·ro** [bromúro] *n/m* QUÍM bromide.

bron·ca [bróŋka] *n/f* **1**. quarrel, fight, row. **2**. telling/ticking off (*reprensión*). LOC **Armar/Meter/Echar ~**, to tell off, reprimand. **Armarse una ~**, to kick up a fuss.

bron·ce [bróṇθe] *n/m* ARTE GEOL bronze. LOC **Ser de ~**, to have a heart of stone. **bron·cea·do/a** [broṇθeáðo/a] **I**. *adj* **1**. bronze, bronze-coloured. **2**. tanned, brown, suntanned. **II**. *n/m* **1**. TÉC bronzing. **2**. (sun)tan. **bron·cea·dor/ra** [broṇθeaðór/ra] *n/m* suntan oil/lotion. **bron·ce·ar** [broṇθeár] **I**. *v* to bronze. **II**. *v/Refl(-se)* to tan, get brown, get a suntan.

bron·co/a [bróŋko/a] *adj* **1**. harsh, raucous, FAM gruff (*voz*). **2**. surly (*persona*).

bron·co·neu·mo·nía [broŋkoneumonía] *n/f* MED bronchopneumonia.

bron·que·dad [broŋkeðáð] *n/f* **1**. roughness, harshness. **2**. surliness.

bron·quial [broŋkjál] *adj* bronchial. **bron·quio** [bróŋkjo] *n/m* ANAT **1**. bronchus. **2**. *pl* bronchia. **bron·qui·tis** [broŋkítis] *n/f* MED bronchitis.

bro·quel [brokél] *n/m* shield (*escudo*).

bro·que·ta [brokéta] *n/f* **1**. skewer. **2**. kebab.

bro·tar [brotár] *v* **(~ de) 1**. BOT to sprout, bud. **2**. to pour, gush (out/forth). **3**. MED to break out, show: *Le brotaron granos*, He broke out in spots. **bro·te** [bróte] *n/m* **1**. BOT shoot, bud. **2**. MED rash, pimples.

bro·za [bróθa] *n/f* **1**. dead leaves/wood. **2**. Br rubbish, US refuse, trash.

bru·ces [brúθes] *adv* LOC **Caerse de ~s**, to fall flat on one's face, fall headlong. **Darse de ~s con**, to bang into sb/sth. **De ~s**, face down(wards).

bru·je·ría [bruxería] *n/f* witchcraft, sorcery, magic. **bru·jo/a** [brúxo/a] **I**. *adj* bewitched, enchanting. **II**. **1**. *n/m* witch, wizard, sorcerer. **2**. *n/f* witch, sorceress. **3**. *n/f* barn owl (*ave*). **4**. *n/f* PEY hag.

brú·ju·la [brúxula] *n/f* compass. LOC **Perder la ~**, to lose one's bearings *pl*.

bru·ma [brúma] *n/f* **1**. mist, haze. **2**. *pl* FIG confusion. **bru·mo·so/a** [brumóso/a] *adj* misty, hazy, foggy.

bru·no/a [brúno/a] **I**. *adj* dark brown. **II**. *n/m* BOT black plum.

bru·ñi·do [bruɲíðo] *n/m* polish(ing), burnish(ing), polished, burnished. **bru·ñir** [bruɲír] *v* to polish, burnish.

brus·co/a [brúsko/a] *adj* **1**. sudden, sharp. **2**. brusque, abrupt. **brus·que·dad** [bruskeðáð] *n/f* suddenness, brusqueness, sharpness.

bru·tal [brutál] *adj* **1**. brutal. **2**. FAM tremendous, terrific. **bru·ta·li·dad** [brutaliðáð] *n/f* **1**. brutality. **2**. FAM stupidity, foolish act. **bru·to/a** [brúto/a] **I**. *adj* **1**. rough, uncut, unworked (*piedra*). **2**. COM gross (*peso*). **II**. *n/m,f* brute, beast. LOC **En ~**, 1. gross. 2. uncut (*diamante*).

bru·za [brúθa] *n/f* brush (*para caballos*).

bu·bó·ni·co/a [buβóniko/a] *adj* MED bubonic. LOC **Peste bubónica**, HIST bubonic plague.

bu·cal [bukál] *adj* ANAT **1**. MED buccal. **2**. oral.

bu·ca·ne·ro [bukanéro] *n/m* HIST buccaneer.

bu·ce·ar [buθeár] *v* **1**. to dive. **2**. to swim underwater. **3**. FIG **(~ en)** to investigate, ex-

plore. **bu·ceo** [buθéo] *n/m* **1**. diving, dive. **2**. skin/scuba diving.
bu·cle [búkle] *n/m* **1**. ringlet, curl (*rizo*). **2**. bend, loop.
bu·có·li·co/a [bukóliko/a] *adj* bucolic.
bu·che [bútʃe] *n/m* **1**. crop, craw (*aves*). **2**. FIG belly, stomach. LOC **Guardar algo en el ~**, to keep a secret. **Llenar el ~**, to eat.
bu·dín [buðín] *n/m* pudding.
bu·dis·mo [buðísmo] *n/m* REL Buddhism. **bu·dis·ta** [buðísta] *adj n/m,f* Buddhist.
buen [buén] *adj* apócope de **bueno**. **bue·na·men·te** [bwénamente] *adv* **1**. simply. **2**. willingly.
bue·na·ven·tu·ra [bwenaβentúra] *n/f* **1**. fortune. **2**. good fortune/luck.
bue·no/a [bwéno/a] (**buen/buena** *ante nombre*) *adj* (*mejor, óptimo/a*) **1**. *gen* good. **2**. fine, good (*tiempo*): *Un buen día*, One fine day (*apócope*). **3**. kind, nice, good (*persona*). **4**. right, proper, useful, excellent, etc. **5**. **(~ + *n*)** enough, considerable: *Sus buenos dineros ha costado*, It costed a considerable amount of money. **6**. (con *estar*...) FAM sexually attractive: *Esa muchacha está muy buena*, This girl is a real treat. LOC **A buenas/Por las buenas**, willingly, gladly. **A la buena de Dios**, any old how. **¡Buena la has hecho!**, *exclam* FAM That's done it!, You've done it now! **¡Buenas!**, *int* Hello! **¡Bueno!**, *int 1*. Very well! All right!, O.K.! *2*. That's enough!, That'll do! *3*. Come off it! (*incredulidad*). **~ de comer**, good/fit to eat. **~ para +** *inf*, suitable/good for + *ger*. **Dar algo por ~**, to accept sth. **De buenas a primeras**, *1*. straight away (*en seguida*). *2*. suddenly, out of nowhere. **Estar de buenas**, *1*. to be in a good mood. *2*. to feel lucky. **Estar ~**, *1*. to be well. *2*. FAM to look good. **¡Estaría ~!**, *1*. It would be just fine (*sorpresa*). *2*. It would be the last straw (*extrañeza*). **Librarse de una buena**, to have a narrow escape. **Más ~ que el pan**, kindness itself (*persona*). **Ver lo que es ~**, to wait and see (*presenciar algo extraordinario*).
buey [bwéi] *n/m* ZOOL ox, *pl* oxen, bullock (*toro castrado*).
bu·fa [búfa] *n/f* joke.
bú·fa·lo [búfalo] *n/m* ZOOL buffalo.
bu·fan·da [bufánda] *n/f* scarf.
bu·far [bufár] *v* **1**. to snort (*con furor*). **2**. **(~ de)** FIG to snort (with) (*rabia*). **3**. to spit (*gato*).
bu·fe·te [buféte] *n/m* **1**. writing desk, bureau. **2**. solicitor's/lawyer's office. **3**. sideboard.
bu·f(f)et [bufé] *n/m* buffet.
bu·fi·do [bufíðo] *n/m* **1**. snort. **2**. FIG FAM outburst (*ira*).
bu·fo/a [búfo/a] **I**. *adj* comic. **II**. *n/m,f* TEAT buffoon. LOC **Ópera bufa**, TEAT opera bouffe. **bu·fón/na** [bufón/na] **I**. *adj* comical, farcical. **II**. **1**. *n/m,f* buffoon, fool. **2**. *n/m* HIST jester. **bu·fo·na·da** [bufonáða] *n/f* clowning, buffoonery. **bu·fo·nes·co/a** [bufonésko/a] *adj* farcical, comic(al).
bu·gan·vi·lla [buγanβíʎa] *n/f* BOT bougainvillea.
bu·har·di·lla [bwarðíʎa] *n/f* **1**. attic, garret. **2**. skylight.
bú·ho [búo] *n/m* **1**. owl (*ave*). **2**. FIG unsociable person, recluse.
bu·ho·ne·ría [buonería] *n/f* **1**. peddlar's wares. **2**. peddling (*oficio*). **bu·ho·ne·ro** [buonéro] *n/m* peddlar, Br FAM rag-and-bone man.
bui·tre [bwítre] *n/m* vulture (*ave*).
bu·je [búxe] *n/m* axle box.
bu·jía [buxía] *n/f* **1**. candle. **2**. FÍS candlepower. **3**. AUT spark plug.
bu·la [búla] *n/f* REL (papal) bull.
bul·bo [búlβo] *n/m* BOT ANAT bulb. **bul·bo·so/a** [bulβóso/a] *adj* bulbous.
bul·do·zer [buldóθer] *n/m* TEC bulldozer.
bu·le·var [buleβár] *n/m* boulevard, avenue.
búl·ga·ro/a [búlγaro/a] *adj n/m,f* GEOG Bulgarian.
bu·lo [búlo] *n/m* false report, hoax.
bul·to [búlto] *n/m* **1**. bulk, size. **2**. lump, swelling. **3**. bundle, parcel. **4**. shape, form. LOC **A ~**, roughly, approximately. **De ~**, 1. important. 2. extra, left over (*de sobra*). **Escurrir el ~**, FIG to wriggle/get out of sth.
bu·lla [búʎa] *n/f* **1**. crowd, mob (*muchedumbre*). **2**. racket, bustle. LOC **Armar ~**, to kick up a fuss. **bu·llan·gue·ro/a** [buʎaŋgéro/a] *n/m,f* trouble-maker, rioter. **bu·lli·cio** [buʎíθjo] *n/m* **1**. hubbub, din. **2**. hustle and bustle. **bu·lli·cio·so/a** [buʎiθjóso/a] *adj* **1**. busy, bustling (*calle*). **2**. boisterous, restless (*persona*). **3**. noisy, rowdy. **bu·llir** [buʎír] *v* (*bulló, bulleron, bullera, bullese*) **1**. to boil. **2**. to bustle about, teem, swarm. **3**. FIG to move, stir (*en las entrañas*). LOC **Me hizo ~ la sangre**, It/He/She made my blood boil.
bu·me·rang [bumerán] *n/m* boomerang.
bun·ga·low [buŋgaló(u)] *n/m* bungalow.
bún·ker [búŋker] *n/m* **1**. bunker. **2**. FIG right-wing (*en política*).
bu·ñue·lo [buɲwélo] *n/m* Br doughnut, US donut, fritter.
bu·que [búke] *n/m* NÁUT **1**. hull (*casco*). **2**. ship, vessel. LOC **~ almirante**, flagship. **~ de carga**, freighter. **~ de guerra**, warship. **~ de vapor**, steamer. **~ de vela**, sailing ship.
bur·bu·ja [burβúxa] *n/f* **1**. bubble. **2**. float (*ampolla flotante para niños*). **bur·bu·je·ar** [burβuxeár] *v* **1**· to bubble. **2**. to fizz, sparkle. **bur·bu·jeo** [burβuxéo] *n/m* bubbling.
bur·dé·ga·no [burðéγano] *n/m* ZOOL hinny.
bur·del [burðél] *n/m* brothel.
bur·de·os [burðéos] *n/m* bordeaux (*vino*).
bur·do/a [búrðo/a] *adj* coarse, rough.
bu·reo [buréo] *n/m* binge, spree.
bu·re·ta [buréta] *n/f* QUÍM burette.
bur·ga [búrγa] *n/f* hot springs *pl*, spa.
bur·go [búrγo] *n/m* **1**. hamlet. **2**. borough. **bur·gués/sa** [burγés/sa] **I**. *adj* bourgeois, middle-class. **II**. *n/m,f* bourgeois. **bur·gue·sía** [burγesía] *n/f* bourgeoisie, middle class.
bu·ril [buríl] *n/m* TÉC graver, burin.
bur·la [búrla] *n/f* jibe, jeer, scoffing. LOC **~ burlando**, unawares, on the quiet. **Entre ~s y veras**, half-jokingly. **Hacer ~ de**, to mock,

make fun of. **bur·la·de·ro** [burlaðéro] *n/m* TAUR refuge (*en la plaza de toros*). **bur·la·dor/ra** [burlaðór/ra] **I.** *adj* mocking. **II.** *n/m* **1.** scoffer. **2.** casanova. **bur·lar** [burlár] **I.** *v* **1.** to evade, elude. **2.** **(~ a)** to deceive, trick (sb). **II.** *v/Refl(-se)* **(~se de)** to make fun of, mock. **bur·les·co/a** [burlésko/a] *adj* burlesque. **bur·le·te** [burléte] *n/m* draught excluder. **bur·lón/na** [burlón/na] **I.** adj mocking. **II.** *n/m,f* joker.

bu·ró [buró] *n/m* bureau, desk. **bu·ro·cra·cia** [burokráθja] *n/f* bureaucracy. **bu·ró·cra·ta** [burókrata] *n/m,f* bureaucrat. **bu·ro·crá·ti·co/a** [burokrátiko/a] *adj* bureaucratic.

bu·rra·da [burráða] *n/f* **1.** stupid/foolish remark. **2.** FAM a lot, an awful lot.

bu·rre·ro [burréro] *n/m* donkey driver. **bu·rro/a** [búrro/a] *n/m,f* **1.** ZOOL ass, donkey. **2.** FIG hard worker, dogsbody. **3.** FIG dolt, stupid. **4.** FIG stubborn person. **5.** sawhorse. LOC **Apearse del ~**, FIG to back/climb down. **No ver tres en un ~**, FIG FAM to be as blind as a bat.

bur·sá·til [bursátil] *adj* stock-market.

bus [bús] *n/m* AUT bus.

bus·ca [búska] *n/f* **1.** search, hunt, pursuit. **2.** scavenging, rummaging. **bus·ca·piés** [buskapjés] *n/m* jumping-jack, firecracker (*petardo*). **bus·ca·plei·tos** [buskapléitos] *n/m,f* troublemaker, third-rate lawyer. **bus·car** [buskár] *v* (*busque*) to search/look for, seek. LOC **Buscársela**, to ask for complications. **~ tres pies al gato**, to look for trouble. **Ir a ~**, to fetch, go and get, bring. **Se busca**, wanted (*aviso*). **bus·cón/na** [buskón/na] **I.** *n/m,f* pickpocket, petty thief. **II.** *n/f* prostitute.

bu·si·lis [busílis] *n/m* **1.** core (*parte central*). **2.** snag, hitch, catch (*dificultad*).

bús·que·da [búskeða] *n/f* search.

bus·to [bústo] *n/m gen* bust.

bu·ta·ca [butáka] *n/f* **1.** armchair, easy chair. **2.** TEAT seat. LOC **~ de patio**, TEAT Br seat in the stalls *pl*, US seat in the orchestra.

bu·ta·no [butáno] *n/m* QUÍM butane. LOC **Bombona de ~**, butane cylinder.

bu·ti·fa·rra [butifárra] *n/f* Catalan pork sausage.

bu·trón [butrón] *n/m* forced entry (*para robar*).

bu·zo [búθo] *n/m* **1.** diver (*persona*). **2.** overall. LOC **Campana de ~**, diving bell. **Enfermedad de los ~s**, MED the bends.

bu·zón [buθón] *n/m* **1.** Br letter box, US mailbox. **2.** FIG big mouth.

C, c [θé] **1.** *n/f* 'c' (*letra*). **2.** **(C/, c/)** *abrev* de *calle*.

¡ca! [ka] *interj* Oh no! Not at all!

ca·bal [kaβál] *adj* **1.** exact, right, accurate. **2.** full, complete. **3.** proper, honourable. LOC **A carta ~**, totally, utterly. **(No) está en sus ~es**, He/She is (not) of sound mind.

cá·ba·la [káβala] *n/f* **1.** cabbala. **2.** *pl* speculation, guesswork. **Hacer ~s**, to make guesses.

ca·bal·ga·da [kaβalɣáða] *n/f* ride. **ca·bal·ga·du·ra** [kaβalɣaðúra] *n/f* mount, pack animal. **ca·bal·gar** [kaβalɣár] *v* (*cabalguen*) **(~ a/en/ sobre) 1.** to ride. **2.** to straddle. **ca·bal·ga·ta** [kaβalɣáta] *n/f* cavalcade, ride-past.

ca·ba·lis·ta [kaβalísta] *n/m,f* **1.** cabbalist. **2.** intriguer. **ca·ba·lís·ti·co/a** [kaβalístiko/a] *adj* **1.** cabbalistic. **2.** occult. **ca·bal·men·te** [kaβálmén̪te] *adv* exactly, entirely, properly.

ca·ba·lla [kaβáʎa] *n/f* mackerel (*pez*).

ca·ba·llar [kaβaʎár] *adj* equine. **ca·ba·lle·res·co/a** [kaβaʎerésko/a] *adj* **1.** chivalrous, knightly. **2.** gentlemanly, noble. **ca·ba·lle·re·te** [kaβaʎeréte] *n/m* PEY dandy. **ca·ba·lle·ría** [kaβaʎería] *n/f* **1.** mount, steed (*caballo, mulo*). **2.** MIL cavalry. LOC **~ ligera**, MIL light cavalry. **ca·ba·lle·ri·za** [kaβaʎeríθa] *n/f* stable. **ca·ba·lle·ri·zo** [kaβaʎeríθo] *n/m* groom. **ca·ba·lle·ro** [kaβaʎéro] **I.** *adj* **(~ en)** riding, mounted (on). **II.** *n/m* **1.** gentleman. **2.** HIST knight, noble(man). **3.** sir (*trato directo*). **4.** *pl* **(de/para ~)** men's (*zapatos*, etc). LOC **~ andante**, knight-errant. **Ser todo un ~**, to be a real gentleman. **ca·ba·lle·ro·si·dad** [kaβaʎerosiðáð] *n/f* chivalry, gentlemanliness. **ca·ba·lle·ro·so/a** [kaβaʎeróso/a] *adj* chivalrous, gentlemanly. **ca·ba·lle· te** [kaβaʎéte] *n/m* **1.** ARQ ridge (*del tejado*), cowl (*chimenea*). **2.** bridge (*de la nariz*). **3.** easel. **4.** trestle. **ca·ba·llis·ta** [kaβaʎísta] *n/m, f* horserider. **ca·ba·lli·to** [kaβaʎíto] *n/m* **1.** *Dim* **caballo**. **2.** *pl* merry-go-round, car- rousel. LOC **~ del diablo**, dragonfly. **~ marino/de mar**, sea horse. **ca·ba·llo** [kaβáʎo] *n/m* **1.** ZOOL horse. **2.** knight (*ajedrez*). LOC **A ~**, 1. on horseback. 2. astride, on. **~ castrado**, gelding. **~ de batalla,** FIG FAM bone of contention. **~ de carreras**, racehorse. **~ de vapor**, horsepower. **De cien ~s**, 100 HP (horsepower). **ca·ba·llón** [kaβaʎón] *n/m* AGR ridge. **ca·ba·llu·no/a** [kaβaʎúno/a] *adj* horsy, horse-like.

ca·ba·ña [kaβáɲa] *n/f* **1.** cabin. **2.** livestock (*ganado*). **ca·ba·ñue·la** [kaβaɲwéla] *n/f* **1.** small cabin, hut. **2.** *pl* (folkloric) weather forecast/prediction.

ca·ba·ret [kaβaré] *n/m* (*pl cabarets, cabarés*) cabaret, nightclub.

ca·be [káβe] *prep* next to.

ca·be·ce·ar [kaβeθeár] *v* **1.** to nod one's head. **2.** to shake one's head (*decir que no*). **3.** NÁUT to pitch, AUT lurch. **4.** to nod off (*dormirse*). **5.** to head (*pelota*). **ca·be·ceo** [kaβeθéo] *n/m* **1.** nod, shake of the head. **2.** NÁUT pitching, AUT lurching. **ca·be·ce·ra** [kaβeθéra] *n/f* **1.** head(board) (*de cama*). **2.** head (*de mesa, puente*). **3.** GEOG administrative centre, county town. **4.** headline (*periódico*), frontispiece (*libro*). **5.** source (*río*). LOC

De ~, bedside. **Médico de ~**, family doctor. **ca·be·ci·lla** [kaβeθíʎa] *n/m,f* leader.

ca·be·lle·ra [kaβeʎéra] *n/f* hair, head of hair. **ca·be·llo** [kaβéʎo] *n/m* hair, *pl* hair. LOC **~ de ángel**, vermicelli. **~ lacio**, straight hair. **ca·be·llu·do/da** [kaβeʎúðo/a] *adj* **1.** hairy, shaggy. **2.** BOT fibrous, downy. LOC **Cuero ~**, scalp.

ca·ber [kaβér] *v* (***quepo, cupe, cabré, cabido***) **1.** **(~ por)** to fit through, get through, be wide enough for. **2.** to fit, have enough room for: *Esto cabe*, There is enough room for this. **3.** (*en 3ª pers*) to be possible (*factible*). **4.** to have (*corresponderle algo a uno*): *Me cabe el honor de...* , I have pleasure in. **5.** **(~ en)** to fit, go (in). **6.** **(~ en)** to be contained in. LOC **¿Cabe mayor disparate que...?** *inter* Can you imagine anything more stupid than...? **Cabe preguntar si**, one may ask if. **Cabe que**, it is fitting/just that. **En/Dentro de lo que cabe**, as far as possible. **No cabe duda**, there is no doubt. **No cabe en sí de**, He is bursting with (*gozo/alegría*). **No cabe un alfiler**, FAM (This place) is jam-packed. **No me cabe en la cabeza**, FAM I'm not able to take it in (*no lo entiendo*). **¿Caben más personas en la sala?**, *inter* Is there room for more people in this place?

ca·bes·tran·te [kaβestrán̪te] *n/m* NÁUT capstan.

ca·bes·tri·llo [kaβestríʎo] *n/m* MED sling. **ca·bes·tro** [kaβéstro] *n/m* **1.** halter. **2.** (leading) ox.

ca·be·za [kaβéθa] *n/f* **1.** *gen* head. **2.** head (*res*). **3.** intellect, brains *pl*. **4.** head, chief (*persona*). **5.** head, top (*lista*). LOC **A la ~**, 1. at the front, in front. 2. on one's head. **~ abajo**, upside down. **~ arriba**, the right way up. **~ de chorlito,** absentminded person, FAM dippy person. **~ de familia,** head of the family. **~ de turco**, scapegoat. **~ dura,** FAM bonehead. **Calentarse la ~**, to think hard, rack one's brains. **Con la ~ alta**, with one's head held high. **Darse de ~**, FIG to be beating one's head against a brick wall. **De ~**, **1**. by heart. **2**. quickly, direct. 3. headfirst. **Estar a la ~ de una empresa**, to be the manager of a company. **Estar mal de la ~**, FAM to be off one's rocker. **Estar tocado de la ~**, to be touched. **Ir de ~**, FIG **1**. to be worked off one's feet. **2**. to be mad about. **Irse de la ~**, to slip one's mind. **Irse la ~**, to faint, feel giddy. **Pasarle a uno (algo) por la ~**, to occur to sb. **Perder la ~**, to lose one's head, panic. **No tener ni pies ni ~**, to be utterly senseless. **Por ~**, per head, a head. **Quitar a uno (algo) de la ~**, to make sb change his/her mind. **Romperse la ~**, to rack one's brains. **Subírsele a uno los humos a la ~**, to let sth go to one's head. **Tener la ~ cuadrada**, to be narrow-minded, be a stickler (*reglas*). **Tirarse de ~**, to dive. **Traer a uno de ~**, to drive sb mad. **ca·be·za·da** [kaβeθáða] *n/f* **1**. butt, blow on the head. **2**. nod. LOC **Dar ~s**, to snooze. **ca·be·zal** [kaβeθál] *n/f* **1**. pillow, headrest. **2**. TÉC front (carriage). **ca·be·za·zo** [kaβeθáθo] *n/m* **1**. butt. **2**. DEP header. **ca·be·zo** [kaβéθo] *n/m* hillock. **ca·be·zón/na** [kaβeθón/na] **I**. *adj* stubborn. **II**. *n/m,f* FAM bighead. **ca·be·zo·na·da** [kaβeθonáða] *n/f* FAM pigheadedness. **ca·be·zo·ta** [kaβeθóta] **I**. *adj* stubborn. **II**. *n/m,f* FAM bighead. **ca·be·zu·do/a** [kaβeθúðo/a] **I**. *adj* **1**. with a big head. **2**. stubborn, obstinate. **3**. heady (*vino*). **II**. *n/m* carnival figure with a big head. **ca·be·zue·la** [kaβeθwéla] **1**. *n/f* BOT flower head. **2**. *n/m* FAM birdbrain, SL pinhead.

ca·bi·da [kaβíða] *n/f* **1**. capacity. **2**. place. LOC **Dar ~ a**, to make/leave room/space for.

ca·bi·la [kaβíla] *n/f* Kabyle (*lengua*).

ca·bil·da·da [kaβil̯dáða] *n/f* FAM abuse of authority. **ca·bil·de·ar** [kaβil̯deár] *v* to lobby, manoeuvre, scheme (*intrigar*). **ca·bil·deo** [kaβil̯déo] *n/m* lobbying. **ca·bil·do** [kaβíl̯do] *n/m* **1**. town council/hall/meeting. **2**. REL chapter. **3**. chapter meeting.

ca·bi·le·ño/a [kaβiléɲo/a] *adj* GEOG Kabyle.

ca·bi·na [kaβína] *n/f* **1**. cabin, cab. **2**. AER cockpit. **3**. booth (*teléfonos*).

ca·bio [káβjo] *n/m* ARQ **1**. joist, rafter (*tejado*). **2**. crosspiece, lintel (*marco*).

ca·biz·ba·jo/a [kaβiθβáxo/a] *adj* crestfallen, dejected.

ca·ble [káβle] *n/m gen* cable. LOC **~ de remolque**, tow rope. **Echar un ~**, FAM to lend a hand. **ca·ble·gra·fiar** [kaβleγrafjár] *v* (*cablegrafío, cablegrafían*) to cable (*mensaje*). **ca·ble·gra·ma** [kaβleγráma] *n/m* cable.

ca·bo [káβo] *n/m* **1**. MIL corporal, sergeant (*policía*). **2**. end. **3**. GEOG cape. **4**. bit, piece. **5**. NÁUT rope, line. LOC **Al ~**, in the end. **Al ~ de**, after, in: *Al ~ de tres días*, Three days later. **Al fin y al ~**, after all. **Atar ~s sueltos**, FIG to dot the is and cross the ts. **De ~ a rabo**, from beginning to end. **Estar al ~ de la calle**, to be well acquainted with sth. **Llevar a ~**, to carry out, complete. **No dejar ~ suelto**, not to leave any loose ends, do everything necessary.

ca·bo·ta·je [kaβotáxe] *n/m* NÁUT coastal traffic, cabotage.

ca·bra [káβra] *n/f* ZOOL goat. LOC **Estar como una ~**, FAM to be dotty/cranky. **ca·bre·ar** [kaβreár] *v/Refl(-se)* FIG FAM to get one's goat, get furious. **ca·breo** [kaβréo] *n/m* FAM irritation, rage. **ca·bre·ro/a** [kaβréro/a] *n/m,f* goatherd.

ca·bria [káβrja] *n/f* winch, capstan, derrick.

ca·bri·lla [kaβríʎa] *n/f* **1**. *pl* white horses (*espuma del mar*). **2**. *pl* burn marks, scorches. **ca·bri·lle·ar** [kaβriʎeár] *v* to foam (*el mar*).

ca·brío/a [kaβrío/a] *adj* caprine, goat. LOC **Macho ~**, he-goat.

ca·brio [káβrjo] *n/m* **1**. ARQ joist. **2**. chevron.

ca·brio·la [kaβrjóla] *n/f* **1**. pirouette. **2**. leap, skip, jump.

ca·brio·lé [kaβrjolé] *n/m* cabriolet.

ca·bri·ti·lla [kaβritíʎa] *n/f* kid, kidskin. **ca·bri·to** [kaβríto] *n/m* **1**. ZOOL kid. **2**. SL bastard. **ca·brón/na** [kaβrón/na] **1**. *n/m* ZOOL billy-goat. **2**. *n/m* cuckold. **3**. *n/m,f int* SL bastard, swine. **ca·bro·na·da** [kaβronáða] *n/f* SL dirty trick.

ca·ca [káka] *n/f* **1**. SL cack, shit. **2**. FAM poo (*de niño*). **3**. FAM rubbish.

ca·ca·hue·te [kaka(g)wéte] *n/m* peanut, monkey nut. LOC **Aceite de ~**, groundnut oil.

ca·cao [kakáo] *n/m* **1**. cocoa, cocoa plant/bean. **2**. *Amer* chocolate.

ca·ca·re·ar [kakareár] *v* **1**. to cluck (*gallinas*), crow (*gallo*). **2**. FIG FAM to blow one's own trumpet. **ca·ca·reo** [kakaréo] *n/m* cackling, crowing.

ca·ca·túa [kakatúa] *n/f* ZOOL cockatoo.

ca·ce·re·ño/a [kaθeréɲo/a] *adj n/m,f* from/of Cáceres.

ca·ce·ría [kaθería] *n/f* hunting, hunt, shooting.

ca·ce·ro·la [kaθeróla] *n/f* casserole.

ca·ci·que [kaθíke] *n/m* **1**. cacique, local political boss. **2**. despot, tyrant. **ca·ci·quis·mo** [kaθikísmo] *n/m* caciquism.

ca·co [káko] *n/m* petty thief.

ca·co·fo·nía [kakofonía] *n/f* cacophony. **ca·co·fó·ni·co/a** [kakofóniko/a] *adj* cacophonic.

cac·to, cac·tus [kákto/káktus] *n/m* BOT cactus, *pl* cacti.

ca·cu·men [kakúmen] *n/m* FIG FAM acumen, brains.

ca·cha [kátʃa] n/f **1**. handle, butt. **2**. *pl* buttocks.

ca·cha·lo·te [katʃalóte] *n/m* ZOOL sperm whale.

ca·cha·rra·zo [katʃarráθo] *n/m* blow (*golpe*).

ca·cha·rre·ría [katʃarrería] *n/f* pottery shop, FAM crock shop. **ca·cha·rre·ro/a** [katʃarréro/a] *n/m,f* pottery seller. **ca·cha·rro** [katʃárro] *n/m* **1**. earthenware vessel. **2**. crock. LOC **Los ~s de la cocina**, crockery, kitchen ware.

ca·cha·va [katʃáβa] *n/f* shinny; stick, club.

ca·cha·za [katʃáθa] *n/f* phlegm, forbearance, PEY sluggishness. **ca·cha·zu·do/a** [katʃaθúðo/a] *adj* phlegmatic, slow, PEY sluggish.

ca·che·ar [katʃeár] *v* to search, frisk.

ca·che·mir(a) [katʃemír(a)] *n/m* cashmere (*lana*).

ca·cheo [katʃéo] *n/m* searching, frisking, body-search.

ca·che·te [katʃéte] *n/m* slap. **ca·che·te·ro** [katʃetéro] *n/m* slaughtering-knife (*para reses*).

ca·chim·ba [katʃímba] *n/f* smoking pipe.

ca·chi·po·rra [katʃipórra] *n/f* club, stick.

ca·chi·va·che [katʃiβátʃe] *n/m* PEY **1**. useless thing. **2**. junk, rubbish, trash.

ca·cho [kátʃo] *n/m* piece, hunk, chunk.

ca·chon·de·ar·se [katʃondeárse] *v/Refl(-se)* to banter. LOC **~ de**, to banter with. **ca·chon·deo** [katʃondéo] *n/m* banter, fooling around, messing about. **ca·chon·do/a** [katʃondo/a] **I**. *adj* SL randy, sexy. **II**. *n/m,f* hilarious person, joker.

ca·cho·rro/a [katʃórro/a] *n/m,f* ZOOL **1**. puppy, pup (*perro*). **2**. cub (*león, oso*). **3**. kitten (*gato*). **4**. *gen* young.

ca·da [káða] *adj* **1**. every, each. **2**. **(~ +** *pl***)** every: *Cada dos años*, Every two years. LOC **~ cual/uno**, each one, everyone. **¿~ cuánto?** *inter* How often? **~ día**, every day. **~ dos días**, every other day. **~ dos por tres**, every five minutes, almost always. **~ quisque**, every single person. **~ vez**, every time, each time. **~ vez más/menos**, more and more/less and less. **~ vez peor**, from bad to worse. **~ vez que**, whenever, each time that. **~ uno a lo suyo**, whatever takes your fancy, everyone to his/her own. **Uno de ~ diez**, one in ten, one out of ten.

ca·dal·so [kaðálso] *n/m* platform, scaffold.

ca·dá·ver [kaðáβer] *n/m* **1**. body, corpse. **2**. carcass (*de animal*). **ca·da·vé·ri·co/a** [kaðaβériko/a] *adj* **1**. cadaverous. **2**. ghastly, deathly pale.

ca·dy, cad·die [káði] *n/m* caddie (*golf*).

ca·de·na [kaðéna] *n/f* **1**. *gen* chain. **2**. *pl* FIG chains, bondage. **3**. range (*cordillera*). **4**. channel (*de televisión*). LOC **~ de fabricación,** production line. **~ de montaje,** TÉC assembly line. **En ~**, 1. one by one, one after another. 2. FÍS chain. **~ perpetua**, life (imprisonment).

ca·den·cia [kaðénθja] *n/f* rhythm, cadence. **ca·den·cio·so/a** [kaðenθjóso/a] *adj* 1. rhythmic. 2. melodious (*voz*).

ca·de·ne·ta [kaðenéta] *n/f* chain stitch (*costura*).

ca·de·ra [kaðéra] *n/f* ANAT hip.

ca·de·te [kaðéte] *n/m* MIL cadet.

ca·dí [kaðí] *n/m* cadi (*juez musulmán*).

cad·mio [káðmjo] *n/m* QUÍM cadmium.

ca·du·car [kaðukár] *v* (*cadu**que***) **1**. to expire, become invalid. **2**. to become senile (*chochear*). **ca·du·ci·dad** [kaðuθiðáð] *n/f* **1**. expiry, expiration. **2**. decrepitude, senility. **ca·du·co/a** [kaðúko/a] *adj* **1**. perishable, expired. **2**. decrepit, senile. **3**. deciduous (*hoja*).

cae·di·zo/a [kaeðíθo/a] *adj* **1**. ready to fall. **2**. frail, weak. **ca·er** [kaér] **I**. *v* (*caigo, cayó, caído*) **1**. to fall, fall down/over. **2**. to be taken, fall (*enfermo*). **3**. FIG to fall (*gobierno*). **4**. to set (*el sol*), fall (*noche*), draw in (*día*). **5**. **(~ en/por)** to drop (in/by) (*visita*). **6. (~ a)** to be due (*fecha*). **7. (~ en)** to hit upon, find: *No caigo en la respuesta*, I don't hit upon the answer. **8.(~ sobre)** to pounce, fall upon (*enemigo*). **9. (~ en)** FIG to fall (into) (*desgracia, trampa*). **10. (~ a)** to look (out) on to: *Su ventana cae a la calle*, Her window looks out into the street. **11. (~ dentro de)** to fall (under), fall within the remit (of) (*jurisdicción*). **12**. to give in to (*vicio*). **13. (~ en)** to hang, fall (down) (*pelo*). **II**. *v/Refl(-se)* **(~se de)** to fall (down/out of/off). LOC **~ como un jarro de agua fría,** FIG FAM to fall like a ton of bricks. **~ de bruces,** to fall flat on one's face. **~ de pie,** to land on one's feet. **~ en la cuenta**, to realise. **~ en redondo**, to faint. **~ gordo (alguien),** to dislike sb. **~le bien/mal a alguien,** 1. to suit/not to suit sb. 2. to be liked/not to be liked by sb. **Caérsele a uno la cara de vergüenza,** to be mortified, die (of shame). **Dejar ~**, 1. to drop, lower. 2. to let slip (*decir*). **Dejarse ~,** 1. to let oneself go. 2. FAM to be down in the dumps. 3. to turn up (*por casa, un lugar*). 4. to drop (down into) (*en una butaca*). **Estar al ~**, to be about to arrive/happen. **~ en saco roto,** FIG FAM to fall on deaf ears (*consejo*). **~se de espaldas,** 1. to fall backwards. 2. to be astounded. **~se muerto de risa**, FAM to fall about laughing. **No tener dónde ~se muerto**, not to have a penny to one's name. **¡Ya caigo!,** *exclam* I've got it!

ca·fé [kafé] *n/m* **1**. coffee. **2**. café, coffee shop. LOC **~ con leche,** white coffee. **~ solo,** black coffee. **Color ~**, coffee-coloured. **ca·feí·na** [kafeína] *n/f* cafeine. **ca·fe·tal** [kafetál] *n/m* coffee plantation. **ca·fe·te·ra** [kafetéra] *n/f* coffee pot. **ca·fe·te·ría** [kafetería] *n/f* cafeteria. **ca·fe·te·ro/a** [kafetéro/a] **I**. *adj* coffee. **II**. *n/m,f* **1**. coffee picker/grower/merchant. **2**. café owner. **ca·fe·to** [kaféto] *n/m* BOT coffee (plant).

ca·fre [káfre] *adj, n/m* uncouth, brutal.

ca·ga·de·ro [kaγaðéro] *n/m* FAM shithole. **ca·ga·do/a** [kaγáðo/a] **I**. *adj* cowardly. **II**. *n/f* **1**. SL coward, shitter. **2**. SL putting one's foot in it. LOC **Estar ~**, SL to be shit scared, scared shitless. **ca·ga·le·ra** [kaγaléra] *n/f* **1**. SL diarrhoea, the runs, SL shits. **ca·gar** [kaγár] **I**. v (*ca**gue***) **1**. SL to shit. **2**. FIG to make a mess of. **II**. *v/Refl(-se)* **1**. SL to have a shit, do a poo. **2**. **(~se de)** FIG to be shit scared. LOC **¡Me cago en diez!**, SL Shit! **ca·ga·rru·ta** [kaγarrúta] *n/f* droppings. **ca·gón/na** [kaγón/na] **I**. *adj* shitty. **II**. *n/m,f* **1**. SL shitter. **2**. coward, SL shitter. **ca·gue·ta(s)** [kaγéta(s)] *n/m,f* FAM shitter (*cobarde*).

caí·da [kaíða] *n/f* **1**. *gen* fall. **2**. drop. **3**. **(haber/tener/hacer ~)** dip, incline (*de terreno*). **4**. spill, spillage (*agua*) **5**. TÉC tumble (*de una moto*). **caí·do/a** [kaíðo/a] **I**. *adj* **1**. weak, faint, limp. **2**. FIG dejected, downcast. **3**. MIL fallen (*muerto*). **II**. *n/m pl* the dead, the fallen.

cai·mán [kaimán] n/m ZOOL cayman, alligator.

cai·mien·to [kaimjénto] *n/m* fall, decay.

cai·ro·ta [kairóta] *adj n/m,f* GEOG from/of Cairo.

ca·ja [káxa] *n/f* **1.** *gen* box. **2.** chest, cabinet. **3.** case (*de violín,* etc), crate. **4.** COM till (*registradora*), cashbox. LOC **~ de Ahorros,** COM Savings Bank. **~ de cambios,** AUT gearbox. **~ de la escalera,** stairwell. **~ de música,** musicbox. **~ de muerto,** coffin. **~ de reclutas,** MIL recruiting office. **~ de seguridad,** COM safety deposit box. **~ de sorpresa,** jack-in-the-box. **~ fuerte,** COM strongbox, safe. **Ingresar en ~,** COM to deposit. **ca·je·ro/a** [kaxéro/a] *n/m,f* cashier. **ca·je·ti·lla** [kaxetíʎa] *n/f* packet, pack. **ca·jis·ta** [kaxísta] *n/m,f* IMPR compositor, typesetter. **ca·jón** [kaxón] *n/m* **1.** chest, case, crate. **2.** drawer (*en un mueble*). LOC **Ser (algo) de ~,** to be obvious, go without saying. **~ de sastre,** junkbox. **ca·jo·ne·ra** [kaxonéra] *n/f* large chest of drawers.

cal [kál] *n/f* GEOL lime. LOC **Cerrado a ~ y canto,** shut tight. **~ apagada,** slaked lime. **~ viva,** quicklime. **Dar una de ~ y otra de arena,** hit and miss, six of one and half a dozen of the other.

ca·la [kála] *n/f* **1.** GEOG creek, cove, inlet. **2.** sample, slice. **3.** probe. **4.** NÁUT hold. **5.** FAM peseta.

ca·la·ba·ce·ra [kalaβaθéra] *n/f* BOT **1.** calabash plant. **2.** squash, marrow, pumpkin. **ca·la·ba·cín** [kalaβaθín] *n/m* **1.** marrow, courgette. **2.** FAM dimbo, dolt. **ca·la·ba·za** [kalaβáθa] *n/f* **1.** marrow. **2.** pumpkin, gourd. **3.** FAM pumpkinhead. LOC **Dar ~as,** 1. to fail sb (*estudiante*). 2. to jilt (*chico/a,* etc).

ca·la·bo·bos [kalaβóβos] *n/m* FAM drizzle.

ca·la·bo·zo [kalaβóθo] *n/m* **1.** Br gaol, US jail, MIL glasshouse. **2.** cell.

ca·la·de·ro [kalaðéro] *n/m* adequate fishing ground.

ca·la·do/a [kaláðo/a] **I.** *n/f* **1.** soaking. **2.** swoop, dive (*abajo*), soar (*arriba, de ave*). **II.** *n/m* **1.** openwork, embroidery. **2.** NÁUT draught. LOC **~ hasta los huesos,** FIG soaked through/to the skin. **Tener a alguien ~,** to have sb sorted out.

ca·la·fa·te [kalafáte] *n/m* NÁUT caulker. **ca·la·fa·te·ar** [kalafateár] *v* NÁUT to caulk. **ca·la·fa·teo** [kalafatéo] *n/m* caulking.

ca·la·mar [kalamár] *n/m* squid.

ca·lam·bre [kalámbre] *n/m* **1.** *gen pl* MED cramp. **2.** (electric) shock.

ca·la·mi·dad [kalamiðáð] *n/f* calamity, disaster. LOC **Ser una ~,** FAM to be a dead loss (*persona*). **¡Calamidad!** You clot! **ca·la·mi·to·so/a** [kalamitóso/a] *adj* calamitous, disastrous.

cá·la·mo [kálamo] *n/m* **1.** reed, stalk. **2.** MÚS reed. **3.** quill, pen.

ca·lan·drar [kalandrár] *v* to calender (*papel, tela*). **ca·lan·dria** [kalándrja] *n/f* **1.** TÉC calender. **2.** malingerer (*enfermo imaginario*). **3.** calender, lark (*alondra*).

ca·la·ña [kalápa] *n/f gen* PEY character, kind, nature, sort. LOC **Gente de mala/buena ~,** bad/good people.

ca·lar [kalár] **I.** *v* **1.** to lower (*redes*). **2.** to soak (through), drench. **3.** to penetrate, pierce. **4.** to do openwork / embroidery. **5.** FIG to find out. **6.** to sample, take a sample, probe. **7.** AUT to stop, stall. **8.** NÁUT to draw. **II.** *v/Refl(-se)* **1.** to get soaking wet, get drenched. **2.** to jam onto one's head (*sombrero*). **3.** to swoop/pounce on (*ave*).

ca·la·ve·ra [kalaβéra] **1.** *n/f* skull. **2.** *n/m,f* goodtime boy/girl, madcap. **ca·la·ve·ra·da** [kalaβeráða] *n/f* foolish action. **ca·la·ver·na·rio** [kalaβernárjo] *n/m* ossuary, charnel house.

cal·ca·ñar, cal·ca·ñal [kalkapár/-l] *n/f* ANAT heel (bone).

cal·car [kalkár] *v* (*calque*) **1.** to trace. **2.** to imitate.

cal·cá·reo/a [kalkáreo/a] *adj* lime, calcareous.

cal·ce [kálθe] *n/m* **1.** iron rim (*de rueda*). **2.** wedge.

cal·ce·ta [kalθéta] *n/f* handknitted stocking. LOC **Hacer ~,** to knit. **cal·ce·tín** [kalθetín] *n/m* sock.

cál·ci·co/a [kálθiko/a] *adj* QUÍM calcic. **cal·ci·fi·ca·ción** [kalθifikaθjón] *n/f* calcification. **cal·ci·fi·car** [kalθifikár] *v* (*calcifiquen*) to calcify. **cal·ci·na·ble** [kalθináβle] *adj* calcinable. **cal·ci·na·ción** [kalθinaθjón] *n/f* calcination. **cal·ci·nar** [kalθinár] *v* **1.** to calcine. **2.** to roast, burn (*el sol*). **cal·ci·na·to·rio** [kalθinatórjo] *n/m* calcinatory, vessel used for calcination. **cal·ci·ne·ro** [kalθinéro] *n/m* **1.** lime-kiln worker. **2.** lime burner. **cal·cio** [kálθjo] *n/m* GEOL calcium (*metal*). **cal·ci·ta** [kalθíta] *n/f* GEOL calcite.

cal·co [kálko] *n/m* **1.** tracing, traced copy. **2.** FIG copy; LIN calque. **cal·co·gra·fía** [kalkoγrafía] *n/f* chalcography, copperplate engraving. **cal·co·ma·nía** [kalkomanía] *n/f* transfer.

cal·co·pi·ri·ta [kalkopiríta] *n/f* GEOL chalcopyrite.

cal·co·ti·pia [kalkotípja] *n/f* copperplate engraving.

cal·cu·la·ble [kalkuláβle] *adj* calculable. **cal·cu·la·dor/a** [kalkulaðór/ra] **I.** *adj* **1.** calculating. **2.** scheming. **II.** *n/f* calculator. **cal·cu·lar** [kalkulár] *v* **1.** to calculate, compute. **2.** to add up, work out. **3.** **(~ que)** FIG to reckon (that). **cál·cu·lo** [kálkulo] *n/m* **1.** calculation, reckoning. **2.** estimate. **3.** MAT calculus. **4.** MED (gall)stone. LOC **~ mental,** mental arithmetic. **Regla de ~,** slide rule. **Según mis ~s,** according to my reckoning.

cal·da [kálda] *n/f* **1.** warming, heating. **2.** fuelling, stoking. **3.** *pl* hot springs. **cal·dea·mien·to** [kaldeamjénto] *n/m* heating. **cal·de·ar** [kaldeár] *v* **1.** to heat up, over heat. **2.** FIG to liven up. **cal·deo** [kaldéo] *n/m* heating. **cal·de·ra** [kaldéra] *n/f* boiler. LOC **Las ~s de Pedro Botero,** Hell. **cal·de·ra·da** [kalderáða] *n/f* potful, cauldronful. **cal·de·re·ro** [kalderéro] *n/m* boilermaker, coppermaker. **cal·de·re·ría** [kaldería] *n/f* coppermaker's, cauldronmaker's shop. **cal·de·re·ta**

[ka̦deréta] *n/f* **1**. small pot. **2**. fish/lamb stew. **cal·de·ro** [ka̦déro] *n/m* pot, copper.
cal·de·ri·lla [ka̦deríʎa] *n/f* small/loose change.
cal·de·rón [ka̦derón] *n/m* cauldron; MÚS pause.
cal·de·ro·nia·no/a [ka̦deronjáno/a] *adj* LIT Calderonian.
cal·do [ká̦do] *n/m* **1**. broth, bouillon, stock. **2**. *pl* juice. LOC **~ de cultivo**, culture broth. **cal·do·so/a** [ka̦dóso/a] *adj* watery.
ca·lé [kalé] *adj n/m* gypsy.
ca·le·fac·ción [kalefa(k)θjón] *n/m* heating. LOC **~ central**, central heating. **~ solar**, solar heat(ing). **ca·le·fac·tor** [kalefaktór] *n/m* **1**. heating engineer. **2**. fan heater.
ca·l(e)i·dos·có·pi·co/a [kal(e)iðoskópiko/a] *adj* kaleidoscopic. **ca·l(e)i·dos·co·pio** [kal(e)iðoskópjo] *n/m* kaleidoscope.
ca·len·da·rio [kaleṇdárjo] *n/m* **1**. calendar. **2**. almanac. LOC **~ de taco**, tear off (desk) calendar.
ca·len·ta·dor/a [kaleṇtaðór/ra] **I**. *adj* warming, heating. **II**. *n/m* **1**. heater. **2**. water heater. LOC **~ de cama**, bedwarmer. **~ de inmersión**, immersion heater. **ca·len·ta·mien·to** [kaleṇtamjéṇto] *n/m* **1**. warming, heating. **2**. DEP warm-up. **ca·len·tar** [kaleṇtár] *v* (*caliento*) **1**. to heat/warm (up). **2**. FIG to liven up. **3**. FIG SL to turn on (*instinto sexual*). **4**. FIG FAM to thrash, beat. **5**. DEP to warm up. LOC **~ la cabeza con**, to pester with. **ca·len·ti·to/a** [kaleṇtíto/a] *adj* **1**. fresh, new, piping-hot. **2**. FAM nice and warm. **3**. **ca·len·tón** [kaleṇtón] *adj n/m,f* FAM randy person. **ca·len·tu·ra** [kaleṇtúra] *n/f* **1**. MED fever, temperature. **2**. MED fever spot. **ca·len·tu·rien·to/a** [kaleṇturjéṇto/a] *adj* feverish. LOC **Tener una imaginación calenturienta**, to have a wild imagination.
ca·le·sa [kalésa] *n/f* calash (*carruaje*). **ca·le·se·ra** [kaleséra] *n/f* **1**. bolero jacket. **2**. *pl* Andalusian folk music.
ca·le·tre [kalétre] *n/m* acumen, judgement.
ca·li·bra·ción [kaliβraθjón] *n/f* calibration. **ca·li·bra·dor** [kaliβraðór] *n/m* TÉC gauge. **ca·li·brar** [kaliβrár] *v* **1**. TÉC to gauge, calibrate. **2**. FIG to weigh/size (up) (*juzgar*). **ca·li·bre** [kalíβre] *n/m* **1**. calibre, TÉC bore. **2**. FIG calibre, importance.
ca·li·can·to [kalikáṇto] *n/m* stone masonry.
ca·lí·cu·lo [kalíkulo] *n/m* BOT calycle.
ca·li·che [kalítʃe] *n/m* **1**. pebbly particle (*en el barro*). **2**. flake of lime (*en las paredes*).
ca·li·dad [kaliðáð] *n/f* **1**. quality, worth. **2**. quality, nobility. **3**. FIG importance. **4**. class: *Hay diversas calidades de manzana*, There are several classes of apple. LOC **De ~**, 1. (of) quality. 2. of importance. **En ~ de**, in one's capacity as.
cá·li·do/a [káliðo/a] *adj* hot; warm (*color*).
ca·lien·ta·piés [kaljeṇtapjés] *n/m* foot warmer. **ca·lien·ta·pla·tos** [kaljentaplátos] *n/ m* platewarmer. **ca·lien·te** [kaljéṇte] *adj* **1**. hot, warm. **2**. randy (*sexual*); on heat (*animal*); in the mood (*persona*). **3**. warm (*color*). LOC **En ~**, hot; at this very moment. **¡ ~ !** Close! (*en juegos*, etc).
ca·li·fa [kalífa] *n/m* caliph. **ca·li·fa·to** [kalifáto] *n/m* caliphate.
ca·li·fi·ca·ción [kalifikaθjón] *n/f* **1**. qualification. **2**. mark, grade (*nota*). **ca·li·fi·ca·do/a** [kalifikáðo/a] *adj* **1**. qualified. **2**. eminent (*científico*). **ca·li·fi·car** [kalifikár] *v* (*califique*). **1**. **(~ de)** to qualify (as), describe. **2**. GRAM to qualify. **3**. to mark (*examen*), correct (*escritos*). **ca·li·fi·ca·ti·vo/a** [kalifikatíβo/a] **I**. *adj* qualifying. **II**. *n/m* epithet, GRAM qualifier.
ca·lí·gi·ne [kalíxine] *n/f* POÉT gloom, mist. **ca·li·gi·no·so/a** [kalixinóso/a] *adj* gloomy, misty.
ca·li·gra·fía [kaliɣrafía] *n/f* calligraphy. **ca·li·grá·fi·co/a** [kaliɣráfiko/a] *adj* calligraphic. **ca·lí·gra·fo** [kalíɣrafo] *n/m* calligrapher.
ca·li·ma [kalíma] *n/f*, **ca·li·na** [kalína] *n/f* haze, mist. **ca·li·no·so/a** [kalinóso/a] *adj* hazy, misty.
cá·liz [káliθ] *n/m* (*pl cálices*) **1**. REL chalice. **2**. BOT calyx.
ca·li·zo/a [kalíθo/a] *adj* lime, limy.
cal·ma [kálma] *n/f* **1**. calm, tranquility. **2**. composure, calmness (*persona*). **3**. abatement, lull. LOC **¡~!**, *exclam* Calm down! **Con ~**, calmly. **Perder la ~**, to lose one's calm, get ruffled. **cal·man·te** [kalmáṇte] *adj n/m* MED sedative. **cal·mar** [kalmár] **I**. *v* **1**. to calm (down). **2**. to soothe, relieve (*dolor*). **3**. to steady (*nervios*). **II**. *v*/*Refl(-se)* **1**. to calm down. **2**. to abate, drop (*viento*). **cal·mo/a** [kálmo/a] *adj* calm. **cal·mo·so/a** [kalmóso/a] *adj* **1**. calm. **2**. lazy, sluggish.
ca·ló [kaló] *n/m* gypsy language.
ca·lor [kalór] *n/m* **1**. FÍS heat. **2**. heat, hotness, warmth. **3**. **(Con ~)** FIG (with) ardour/ enthusiasm. **4**. FIG warmth. LOC **Aceptar/ Acoger con ~**, to welcome with warmth/ affection. **Entrar en ~**, *gen* to warm up. **Hace ~**, it is warm/hot (*clima*). **Tener ~**, to be hot/warm (*persona*). **ca·lo·ría** [kaloría] *n/f* FÍS calorie. **ca·ló·ri·co/a** [kalóriko/a] *adj* FÍS caloric. **ca·lo·rí·fe·ro/a** [kalorífero/a] *adj* heat-producing, giving out/off heat. **ca·lo·rí·fi·co/a** [kalorífiko/a] *adj* calorific. **ca·lo·rí·fu·go/a** [kaloríf uɣo/a] *adj* **1**. heat-resistant. **2**. fireproof. **ca·lo·rí·me·tro** [kalorímetro] *n/ m* FÍS calorimeter.
ca·los·tro [kalóstro] *n/m*, *pl* MED colostrum.
ca·lum·nia [kalúmnja] *n/f* **1**. calumny, slander. 2. **(~ de)** defamation (of). **ca·lum·nia·dor/a** [kalumnjaðór/ra] **I**. *adj* calumniatory, slanderous. **II**. *n/m,f* slanderer. **ca·lum·niar** [kalumnjár] *v* **1**. to defame, culumniate, slander. **2**. to libel (*escrito*). **ca·lum·nio·so/a** [kalumnjóso/a] *adj* **1**. calumnious, slanderous. **2**. libelous (*escrito*).
ca·lu·ro·so/a [kaluróso/a] **I**. *adj* **1**. warm, hot. **2**. FIG warm. **II**. *adv* **calurosamente**, warmly.
cal·va [kálβa] *n/f* bald patch (*en la cabeza*).
cal·va·rio [kalβárjo] *n/m* **1**. REL calvary. **2**. FIG FAM ordeal, tribulations *pl*.
cal·ve·ro [kalβéro] n/m clearing (*en un bosque*).
cal·vi·cie [kalβíθje] *n/f* baldness, bald patch.

cal·vi·nis·mo [kalßinísmo] *n/m* REL Calvinism. **cal·vi·nis·ta** [kalßinísta] *adj n/m,f* Calvinist.

cal·vo/a [kálßo/a] *adj* bald. LOC **La ocasión la pintan ~a**, opportunity never knocks. **Quedarse** ~, to go bald.

cal·za [kálθa] *n/f* 1. stocking. 2. wedge.

cal·za·da [kaļθáða] *n/f* road, roadway.

cal·za·do/a [kaļθáðo/a] **I.** *adj* **1**. with shoes on. **2**. REL calced. **II**. *n/m* footwear, shoe: *Tienda de calzados*, Shoe shop. **cal·za·dor** [kaļθaðór] *n/m* shoehorn. **cal·zar** [kaļθár] **I.** *v* (*calcen*) **1**. to put shoes on. **2**. to take, wear (*número de calzado*). **3**. to chock (*rueda*), wedge (*mueble*). **II**. *v/Refl(-se)* **1**. to put on (one's) shoes. **2**. to wear shoes. **cal·zo** [káļθo] *n/m* block, wedge. **cal·zón** [kaļθón] *n/m* trousers. **cal·zo·na·zos** [kaļθonáθos] *n/m* (*pl calzonazos*) henpecked husband, softy. **cal·zon·ci·llos** [kaļθoņθíʎos] *n/m pl* (under)pants.

ca·lla·do/a [kaʎáðo/a] *adj* **1**. silent, quiet. **2**. shy, reserved. LOC **Dar la ~a por respuesta,** to say nothing. **De ~,** quietly, discreetly. **Más ~ que un muerto,** as quiet as a mouse. **Tener algo/a alguien ~,** to keep sth/sb quiet. **ca·llan·di·to** [kaʎaņdíto] *adv* quietly, silently. **A la chita callando,** on the quiet. **ca· llar** [kaʎár] **I.** *v* **1**. to keep quiet, remain silent. **2**. to silence, FAM shut/hush up. **II**. *v/Refl(-se)* **(~se de/por) 1**. to keep (sb) quiet, sil ence. **2**. to keep quiet about, hush up. **3**. **(~ + *n*)** to stop + *ger* (*ruido*). LOC **¡Cállate (la boca)!,** *exclam* Shut up!, Shut your mouth. **¡Cállense!,** *exclam* Be/Keep quiet! **Hacer ~ a alguien,** to silence sb, FAM shut sb up.

ca·lle [káʎe] *n/f* **1**. street, road. **2**. lane (*autopista, deportes*). LOC **~ abajo/arriba,** down the street, up the street. **~ de dirección única,** one-way street. **Doblar la ~**, to turn the corner. **Dejar a alguien en la ~**, 1. to throw sb out. 2. to put sb out of a job. **Echarse a la ~**, to riot, demonstrate. **Echar por la ~ de en medio**, FIG to go firmly ahead. **Estar en la ~,** 1. to be out. 2. to be unemployed. **Hacer la ~,** to walk the streets (*prostituta*). **Irse a la ~**, to go out. **Llevarse algo/alguien de ~**, 1. to win by storm (*fácilmente*). 2. to win sb over (*convencer*). **Poner a alguien de patitas en la ~**, to dismiss, sack sb (*de un empleo*). **ca·lle·ja** [kaʎéxa] *n/f* V **1**. **callejuela**. **ca·lle·je·ar** [kaʎexeár] **1**. *v* to wander, stroll around. **2**. PEY loiter. **ca·lle·jeo** [kaʎexéo] *n/m* **1**. wandering, strolling. **2**. loitering. **ca·lle·je·ro/a** [kaʎexéro/a] **I.** *adj* **1**. street: *Fiesta callejera*, Street party. **2**. fond of wandering the streets (*persona*). **3**. stray (*perro*). **II** *n/m* street guide, Br A-Z (A to Z). **ca·lle·jón** [kaʎexón] *n/m* alley, narrow street. LOC **~ sin salida**, 1. cul-de-sac, blind alley. 2. FIG deadlock. **ca·lle·jue·la** [kaʎexwéla] *n/f* backstreet, alley.

ca·lli·ci·da [kaʎiθíða] *n/m* MED corn remover/plaster. **ca·llis·ta** [kaʎísta] *n/m,f* chiropodist. **ca·llo** [káʎo] *n/m* **1**. MED corn. **2**. *pl* tripe. LOC **Ser un ~**, to be very ugly (*mujer*). **Dar el ~**, to work hard. **ca·llo·si·dad** [kaʎosiðáð] *n/f* **1**. callosity. **2**. callous. **ca· llo·so/a** [kaʎóso/a] *adj* callous, hard.

ca·ma [káma] *n/f* **1**. *gen* bed. **2**. bedstead. **3**. lair, bedding (*animal*). LOC **Caer en ~**, FIG to fall ill. **~ de matrimonio**, double bed. **~ individual**, single bed. **~ turca**, divan, couch. **Estar en ~/Guardar ~**, to be confined to bed, stay in bed. **Irse a la ~ con alguien**, to go to bed with sb.

ca·ma·da [kamáða] *n/f* litter (*de animales*).

ca·ma·feo [kamaféo] *n/m* cameo.

ca·ma·le·ón [kamaleón] *n/m* ZOOL FIG chameleon.

ca·mán·du·la [kamáņdula] *n/f* cunning, hypocrisy.

cá·ma·ra [kámara] **I.** *n/f* **1**. chamber, room. **2**. chamber, council, board (*consejo*). **3**. house, chamber (*gobierno*). **4**. MIL breech. **5**. inner tube (*neumático*). **6**. TÉC chamber. **II**. *n/m* cameraman. LOC **~ de cine**, film camera. **~ de gas**, gas chamber. **~ fotográfica**, camera.

ca·ma·ra·da [kamaráða] *n/m,f* **1**. comrade, colleague, workmate. **2**. fellow pupil, classmate. **3**. comrade. **ca·ma·ra·de·ría** [kamaraðería] *n/f* **1**. friendship, comradeship. **2**. camaraderie.

ca·ma·re·ro/a [kamaréro/a] **1**. *n/m* waiter (*bar*). **2**. *n/m* steward (*avión, barco*). **3**. *n/f* waitress.

ca·ma·ri·lla [kamaríʎa] *n/f* **1**. lobby, pressure group. **2**. clique.

ca·ma·rín [kamarín] *n/m* **1**. TEAT dressing room. **2**. alcove, niche.

ca·ma·rón [kamarón] *n/m* shrimp, camaron (*crustáceo*).

ca·ma·ro·te [kamaróte] *n/m* NÁUT cabin.

ca·mas·tro [kamástro] *n/m* makeshift bed.

cam·ba·la·che [kaɱbalátʃe] *n/m* swap. **cam·ba·la·che·ar** [kaɱbalatʃeár] *v* to swap, make swaps, FAM do swapsies.

cam·bian·te [kaɱbjáņte] *adj* **1**. changing. **2**. fickle, inconsistent. **cam·biar** [kaɱbjár] **I.** *v* **(~ de/en/por) 1**. *gen* to change. **2**. **(~ de)** to move, vary, alter. **3**. to exchange, change (*moneda*). **4**. to change, give change for. **II**. *v/Refl(-se)* **1**. **(~se en)** to change/turn into. **2**. **(~se de)** to change, get changed (*ropa*). **3**. **(~se a/de)** to move house (to/ from). LOC **~ de chaqueta**, to change sides, be a turncoat. **~ de costumbres**, to change one's habits/ways. **~ de idea**, to change one's mind. **~ de mano/s**, to change hands. **~ de marcha** AUT to change gear. **cam·bia·zo** [kaɱbjáθo] *n/m* PEY switch. **cam·bio** [káɱbjo] *n/m* **1**. change, changing. **2**. change. **3**. exchange, exchanging. **4**. COM price, quotation (*acciones*). **5**. COM rate of exchange. **6**. AUT gear change. **7**. DEP substitution. **8**. turn (*de la marea*). **9**. FIG reversal, change (over). LOC **A ~ de**, in exchange for. **A la primera de ~**, immediately, at once. **~ de estado**, FÍS change of state. **Casa de ~**, foreign exchange (*oficina*). **En ~**, 1. on the other hand, however. 2. in return, in exchange. **Letra de ~**, COM Bill of Exchange. **Librecambio**, COM free trade. **cam·bis·ta** [kaɱbísta] *n/m,f* COM money broker.

ca·me·lar [kamelár] *v* **1**. to be sycophantic. **2**. to flirt.
ca·me·lia [kamélja] *n/f* BOT camellia.
ca·mé·li·do/a [kaméliðo/a] *n/m pl* ZOOL camelidae.
ca·me·lo [kamélo] *n/m* **1**. flattery. **2**. joke, hoax. LOC **Dar el ~ (a alguien)**, FAM to trick, deceive sb.
ca·me·lla [kaméʎa] *n/f* ZOOL she-camel. **ca·me·lle·ro** [kameʎéro] *n/m* camel driver. **ca·me·llo** [kaméʎo] *n/m* **1**. ZOOL camel. **2**. FAM dealer, drug-pusher (*de droga*).
ca·me·ri·no [kameríno] *n/m* TEAT dressing room.
ca·me·ro/a [kaméro/a] *adj* double, double-bed.
ca·mi·lla [kamíʎa] *n/f* **1**. MED stretcher. **2**. round table with foot warmer underneath. **ca·mi·lle·ro/a** [kamiʎéro/a] *n/m* stretcher-bearer.
ca·mi·nan·te [kaminánte] **I**. *adj* walking, travelling. **II**. *n/m,f* traveller, walker. **ca·mi·nar** [kaminár] *v* **1**. to walk. **2**. to make its way (*río*). **3**. **(~ a)** FIG to head (for). **4**. to travel, cover (*distancia*). **ca·mi·na·ta** [kaminàta] *n/m* trek, hike, FAM long walk. **ca·mi·ne·ro/a** [kaminéro/a] **I**. *adj* road. **II**. *n/m* road worker. **ca·mi·no** [kamíno] *n/m* **1**. path(way), track, road. **2**. journey, way, route. **3**. FIG way. LOC **Abrirse ~**, FIG to get on. **Allanar el ~**, to smooth the way. **~ de**, 1. towards. 2. on the way to. **~ de entrada**, approach road. **~ de Santiago**, ASTR the milky way. **Ir por buen/mal ~**, to be going the right/wrong way. **Salirle (a alguien) al ~**, to go to meet sb.
ca·mión [kamjón] n/m Br lorry, US truck. LOC **~ cisterna**, tanker. **~ de bomberos**, fire engine. **~ de carga pesada**, HGV (heavy goods vehicle). **ca·mio·na·je** [kamjonáxe] *n/m* haulage. **ca·mio·ne·ro** [kamjonéro] *n/m* lorry/truck driver. **ca·mio·ne·ta** [kamjonéta] *n/f* van.
ca·mi·sa [kamísa] *n/f* **1**. *gen* shirt. **2**. folder, dust jacket (*de un libro*). **3**. slough (*de un reptil*). LOC **Cambiar de ~**, FIG to change sides, be a turncoat. **~ de dormir**, nightgown, FAM nightie (*de mujer*), nightshirt (*de hombre*). **~ de fuerza**, straightjacket. **Meterse en ~ de once varas**, FIG FAM to bite off more than one can chew. **ca·mi·se·ta** [kamiséta] *n/f* **1**. T-shirt, vest. **2**. DEP shirt. **ca·mi·so·la** [kamisóla] *n/f* camisole. **ca·mi·són** [kamisón] *n/m* nightgown, FAM nightie (*prenda femenina*).
ca·mo·mi·la [kamomíla] *n/f* BOT camomile.
ca·mo·rra [kamórra] *n/f* quarrel, row, FAM scrap. **ca·mo·rris·ta** [kamorrísta] *n/m,f* troublemaker, hooligan.
cam·pa·men·to [kampaménto] *n/m* camp, encampment. LOC **Levantar el ~**, to strike camp.
cam·pa·na [kampána] *n/f* **1**. *gen* bell. **2**. ARQ mantelpiece. LOC **Dar la vuelta de ~**, to overturn, somersault. **Echar las ~s al vuelo**, FIG FAM to shout sth from the rooftops. **cam·pa·na·da** [kampanáða] n/f peel/ring of a bell. **cam·pa·na·rio** [kampanárjo] *n/m* belfry, bell tower. **cam·pa·neo** [kampanéo] *n/m* peel/chime of bells. **cam·pa·ne·ro** [kampanéro] *n/m* **1**. TÉC bell founder. **2**. bellringer. **cam·pa·ni·lla** [kampa- níʎa] *n/f* **1**. small bell, hand bell. **2**. ANAT uvula. **3**. BOT bellflower. **cam·pa·ni·lle·ar** [kampaniʎeár] *v* to ring, tinkle. **cam·pa·ni·lleo** [kampaniʎéo] *n/m* ringing, tinkling.
cam·pan·te [kampánte] *adj* **1**. unruffled, cool, calm. **2**. chuffed, pleased.
cam·pa·nu·do/a [kampanúðo/a] *adj* **1**. bell-shaped. **2**. grandiloquent, bombastic.
cam·pa·ña [kampáɲa] *n/f gen* campaign. LOC **Emprender una ~**, to start a campaign. **Cama de ~**, camp bed. **Tienda de ~**, tent.
cam·par [kampár] *v* to camp. LOC **~ por sus respetos**, to do what/as one likes.
cam·pe·cha·no/a [kampetʃáno/a] *adj* kind-hearted, good-natured, informal.
cam·pe·ón/na [kampeón/na] *n/m,f* champion, DEP winner. **cam·peo·na·to** [kampeonáto] *n/m* DEP championship. LOC **De ~**, FIG FAM 1. terrific, terrible. 2. utter, absolute.
cam·pe·ro/a [kampéro/a] *adj* **1**. country, rural. **2**. open-air.
cam·pe·si·na·do [kampesináðo] *n/m* peasantry, peasants. **cam·pe·sino/a** [kampesíno/a] **I**. adj country, rural. **II**. *n/m,f* peasant. **cam·pes·tre** [kampéstre] *adj* rural, country. **cam·ping** [kámpiŋ] *n/m* (*pl campings*) **1**. camping (*acción*). **2**. camp(ing) site. **cam·pi·ña** [kampíɲa] *n/f* cultivated land, countryside. **cam·pis·ta** [kampísta] *n/m,f* camper. **cam·po** [kámpo] *n/m*. **1**. *gen* field. **2**. open country, countryside. **3**. DEP pitch (*fútbol*). LOC **A ~ traviesa / través**, across country. **~ de concentración**, concentration camp. **~ de golf**, DEP golf course. **~ deportivo**, sports ground, playing field. **~ de tenis**, DEP tennis court. **~ petrolífero**, oil field. **~ santo**, cemetery. **~ visual**, field of vision. **Dejar el ~ libre**, FIG FAM to leave the field open. **cam·po·san·to** [kamposánto] *n/m* cemetery. **cam·pus** [kámpus] *n/m* campus.
CAMPSA [kámpsa] *abrev* Spanish National Oil Company.
ca·mu·fla·je [kamufláxe] *n/m* camouflage. **ca·mu·flar** [kamuflár] *v* to camouflage.
can [kan] *n/m* POÉT dog.
ca·na [kána] *n/m gen pl* grey hair. LOC **Echar una ~ al aire**, FIG FAM to let one's hair down.
Ca·na·dá [kanaðá] *n/m* GEOG Canada. **ca·na·dien·se** [kanaðjénse] *adj n/m,f* Canadian.
ca·nal [kanál] *n/m* **1**. *gen* channel. **2**. canal, TÉC conduit, pipe. **3**. drainpipe, gutter. LOC **Abrir(se) en ~**, to slit from top to bottom. **~ de la Mancha**, GEOG the English Channel. **ca·na·le·ra** [kanaléra] *n/f* guttering. **ca·na·li·za·ción** [kanaliθaθjón] *n/m* **1**. canalization. **2**. TÉC piping, ELECTR wiring. **ca·na·li·zar** [kanaliθár] *v* (*canalice*) **1**. *gen* to channel. **2**. to canalize (*río*), TÉC to pipe. **ca·na·lón** [kanalón] *n/m* gutter, drainpipe.
ca·na·lo·nes [kanalónes] *n/m pl* cannelloni.
ca·na·lla [kanáʎa] *n/m,f* FAM swine, rotter. LOC **¡Canalla!** You scum! **ca·na·lla·da** [kana-

ʎáða] *n/f* rotten trick. **ca·na·lles·co/a** [kanaʎésko/a] *adj* vile, roguish.
ca·na·na [kanána] *n/f* cartridge belt.
ca·na·pé [kanapé] *n/m* **1**. sofa, couch. **2**. canapé, snack.
Ca·na·rias [kanárias] *n/f pl* LOC **Las islas ~s**, GEOG the Canary Islands. **ca·na·rio/a** [kanárjo/a] **I**. *adj n/m,f* Canarian. **II**. *n/m* canary (*ave*).
ca·nas·ta [kanásta] *n/f* **1**. hamper, basket. **2**. DEP basket. **3**. canasta (*naipes*). **ca·nas·ti·lla** [kanastíʎa] *n/f* **1**. basket. **2**. layette (*para un recién nacido*). **ca·nas·to** [kanásto] *n/m* basket, hamper. LOC **¡~s!**, *int* Good grief! My goodness!
cán·ca·mo [káŋkamo] *n/m* eyebolt.
can·cán [kaŋkán] *n/m* **1**. cancan. **2**. frilly petticoat.
can·cel [kaṇθél] *n/m* (draught) screen (*en una puerta*). **can·ce·la** [kaṇθéla] *n/f* iron grating/gate.
can·ce·la·ción [kaṇθelaθjón] *n/f* cancellation. **can·ce·lar** [kaṇθelár] *v* **1**. to cancel. **2**. COM to close (*cuenta bancaria*).
cán·cer [káṇθer] *n/m gen* cancer. **can·ce·rar** [kaṇθerár] *v* **1**. to cause cancer. **2**. FIG to corrupt.
can·cer·be·ro [kaṇθerβero] *n/m* FIG DEP goalkeeper (*fútbol*).
can·ce·rí·ge·no/a [kaṇθeríxeno/a] *adj* carcenogenic. **can·ce·ro·so/a** [kaṇθeróso/a] *adj* cancerous.
can·ci·ller [kaṇθiʎér] *n/m* chancellor; *Amer* Minister of Foreign Affairs. **can·ci·lle·ría** [kaṇθiʎería] *n/m* chancellery; Foreign Ministry.
can·ción [kaṇθjón] *n/f* song. **can·cio·ne·ro** [kaṇθjonéro] *n/m* **1**. collection of songs or lyrical poems. **2**. song book/writer.
can·cha [káṇtʃa] *n/f* DEP ground, court, course.
can·da·do [kaṇdáðo] *n/m* padlock.
can·de·al [kaṇdeál] **I**. *adj* wheat, white (*pan*). **II**. *n/m* white bread.
can·de·la [kaṇdéla] *n/f* candle. **can·de·la·bro** [kaṇdeláβro] *n/m* candelabra. **can·de·la·ria** [kaṇdelárja] *n/f* REL Candlemas. **can·de·le·ro** [kaṇdeléro] *n/m* candle stick. LOC **Estar en el ~**, FIG FAM to be at the top, be very popular.
can·den·te [kaṇdéṇte] *adj* **1**. (in)candescent, red-hot, white-hot. **2**. FIG burning (*problema*).
can·di·da·to/a [kaṇdiðáto/a] *n/m,f* candidate. **can·di·da·tu·ra** [kaṇdiðatúra] *n/f* **1**. candidacy, candidature. **2**. list of candidates.
can·di·dez [kaṇdiðéθ] *n/f* candour. **cán·di·do/a** [káṇdiðo/a] *adj* **1**. white. **2**. candid, naïve, simple.
can·dil [kaṇdíl] *n/m* oil lamp. **can·di·le·ja** [kaṇdiléxa] *n/f* **1**. oil lamp. **2**. *pl* footlights.
can·don·go/a [kaṇdóŋgo/a] **I**. *adj* wheedling, coaxing. **II**. *n/m,f* **1**. wheedler. **2**. shirker.
can·dor [kaṇdór] *n/m* **1**. whiteness. **2**. innocence. **can·do·ro·so/a** [kaṇdoróso/a] *adj* **1**. innocent. **2**. naïve, ingenuous.
ca·ne·lo/a [kanélo/a] **I**. *adj n/m* cinnamon (tree). **II**. *n/f* cinnamon (*especia*). LOC **Esto es canela fina**, This is exquisite.
ca·ne·lón [kanelón] *n/m* drainpipe.
ca·ne·sú [kanesú] *n/m* (*pl canesúes*) bodice.
can·gi·lón [kaŋxilón] *n/m* bucket, scoop, pitcher.
can·gre·jo [kaŋgréxo] *n/m* **1**. crab. **2**. crayfish (*de río*).
can·gue·lo [kaŋgélo] *n/m* FAM fear.
can·gu·ro [kaŋgúro] *n/m* **1**. ZOOL kangaroo. **2**. baby-sitter.
ca·ní·bal [kaníβal] *adj n/m,f* cannibal. **ca·ni·ba·lis·mo** [kaniβalísmo] *n/m* cannibalism.
ca·ni·ca [kaníka] *n/f* **1**. *pl* marbles *pl* (*juego infantil*). **2**. marble (*bola*).
ca·ní·cu·la [kaníkula] *n/f* dog days. LOC **En plena ~**, at the height of summer. **ca·ni·cu·lar** [kanikulár] *adj* canicular, midsummer.
ca·ni·che [kaníʃe] *n/m* poodle.
ca·ni·jo/a [kaníxo/a] *adj* weak, puny.
ca·ni·lla [kaníʎa] *n/f* **1**. ANAT long bone. **2**. TÉC bobbin, reel, spool.
ca·ni·no/a [kaníno/a] *adj* canine. LOC **Hambre ~**, ravenous hunger.
can·je [káŋxe] *n/m* exchange. **can·je·ar** [kaŋxeár] *v* (**~ por**) to exchange.
ca·no/a [káno/a] *adj* **1**. white, grey. **2**. white-haired, grey-haired. LOC **Ponerse ~**, to go grey.
ca·noa [kanóa] *n/f* **1**. canoe. **2**. motorboat.
ca·nó·dro·mo [kanóðromo] *n/f* dog track.
ca·non [kánon] *n/m* **1**. canon, norm. **2**. model, perfect example. **3**. MÚS REL canon. **ca·nó·ni·co/a** [kanóniko/a] *adj* canon(ical).
ca·nó·ni·go [kanóniɣo] *n/m* canon. **ca·no·nis·ta** [kanonísta] *n/m,f* canon lawyer. **ca·no·ni·za·ción** [kanoniθaθjón] *n/f* canonization. **ca·no·ni·zar** [kanoniθár] *v* (*canonicen*) to canonize. **ca·non·jía** [kanoŋxía] *n/f* canonry.
ca·no·ro/a [kanóro/a] *adj* musical, melodious. LOC **Ave ~**, songbird.
ca·no·so/a [kanóso/a] *adj* white/grey haired.
ca·no·tié [kanotjé] *n/m* (*pl canotiés*) straw hat, boater.
can·sa·do/a [kansáðo/a] *adj* **1**. tired, exhausted, fatigued. **2**. tiresome, tedious. **3**. (**~ de/por**) to be tired/weary (of). **can·san·cio** [kansáṇθjo] *n/m* **1**. tiredness, MED fatigue. **2**. boredom. **can·sar** [kansár] **I**. *v* **1**. to tire, weary, exhaust. **2**. to be tiring/tiresome (*persona*). **3**. to tire (*paciencia*), to strain (*la vista*). **II**. *v/Refl(-se)* **1**. to get tired. **2**. (**~ de**) FIG to get tired of, FAM get fed up with. **can·se·ra** [kanséra] *n/f* FAM bother, nuisance. **can·si·no/a** [kansíno/a] *adj* sluggish, slow.
can·tá·bri·co/a [kaṇtáβriko/a], **cán·ta·bro/a** [káṇtaβro/a] *adj n/m,f* Cantabrian.
can·tan·te [kaṇtáṇte] **I**. *adj* singing. **II**. *n/m,f* singer, FAM vocalist. **can·ta·or/ra** [kaṇtaór/ra] *n/m,f* MÚS Flamenco singer. **can·tar** [kaṇtár] **I**. *n/m* ballad. **II**. *v* **1**. to sing. **2**. FIG to sing (of), praise. **3**. to sing, chirp (*pájaros*). **4**. to squeal, blab (*confesar*). **5**. to call (*en juego de naipes/de azar*). LOC **~le a**

uno las cuarenta, FIG FAM to give sb a piece of one's mind. **En menos que canta un gallo,** in a flash. **Ser algo coser y ~,** FIG FAM to be as easy as pie. **Ser algo otro ~,** FIG FAM to be a different story.

cán·ta·ra [kán̪tara] *n/f* **1**. pitcher. **2**. churn.

can·ta·rín/na [kan̪tarín/na] *adj* **1**. singing, FAM song. **2**. babbling (*río*).

cán·ta·ro [kán̪taro] *n/m,f* **1**. pitcher. **2**. pitcherful. LOC **Llover a ~s**, to pour down, rain cats and dogs.

can·ta·ta [kan̪táta] *n/f* MÚS cantata. **can·te** [kán̪te] *n/m* folk song. LOC **~ hondo/jondo,** Andalusian folk music.

can·te·ar [kan̪teár] *v* to work/plane the edges of (*piedra, tabla*).

can·te·ra [kan̪téra] *n/f* **1**. quarry. **2**. FIG talent.

can·te·ría [kan̪tería] *n/f* masonry, stonework. **can·te·ro** [kan̪téro] *n/m* **1**. mason. **2**. quarryman.

cán·ti·co [kán̪tiko] *n/m* MÚS canticle.

can·ti·dad [kan̪tiðáð] **I**. *n/f* **1**. *gen* quantity. **2**. sum (*de dinero*). **3**. amount, number. **II**. *adv* FAM a lot (*muchísimo*). LOC **En ~**, a lot, lots of.

can·ti·ga [kan̪tíɣa] *n/f* MÚS ballad.

can·ti·ne·la [kan̪tinéla] *n/f* MÚS ballad, cantilena.

can·tim·plo·ra [kan̪tim̪plóra] *n/f* flask, water bottle (*frasco*).

can·ti·na [kan̪tína] *n/f* canteen, snack bar.

can·ti·zal [kan̪tiθál] *n/m* stony ground.

can·to [kán̪to] *n/m* **1**. song, singing. **2**. tune, melody. **3**. edge, border (*filo*). **4**. front edge (*de un libro*). **5**. pebble. LOC **A cal y ~**, V **cal. De ~**, upright.

can·tón [kan̪tón] *n/m* **1**. corner. **2**. canton. **can·to·nal** [kan̪tonál] *adj* cantonal. **can·to·na·lis·mo** [kan̪tonalísmo] *n/m* cantonalism. **can·to·na·lis·ta** [kan̪tonalísta] *adj n/m,f* cantonalist. **can·to·ne·ra** [kan̪tonéra] *n/f* **1**. corner piece/band (*de un libro*). **2**. corner table. **3**. prostitute.

can·tor/ra [kan̪tór/ra] **I**. *adj* singing. **II**. *n/m,f* singer. **can·to·ral** [kan̪torál] *n/m* choir book. **can·tu·rre·ar, can·tu·rriar** [kan̪turreár, kan̪turriár] *v* to hum, croon.

cá·nu·la [kánula] *n/f* MED cannula.

ca·nu·to [kanúto] *n/m* **1**. internode. **2**. tubular container. **3**. FAM joint (*porro*).

ca·ña [káɲa] *n/f* **1**. BOT cane. **2**. ANAT shinbone (*de pie*), armbone (*de brazo*). **3**. glass of beer. LOC **Arrearle/Darle ~**, FAM AUT to put one's foot down. **~ de pescar**, fishing rod. **~ de azúcar,** sugar cane.

ca·ña·da [kaɲaða] *n/f* **1**. ravine, gorge. **2**. cattle track.

ca·ñal [kaɲál] *n/m* **1**. cane thicket, plantation. **2**. palisade.

ca·ña·ma·zo [kaɲamáθo] *n/m* **1**. burlap. **2**. cross-stitch. **cá·ña·mo** [káɲamo] *n/m* hemp. **ca·ña·món** [kaɲamón] *n/m* BOT hempseed.

ca·ña·ve·ral [kaɲaβerál] *n/m* (sugar) **1**. reed field. **2**. cane plantation.

ca·ñe·ría [kaɲería] *n/f* pipe, piping.

ca·ñi·zal, ca·ñi·zar [kaɲiθál, kaɲiθár] *n/m* V **cañaveral**. **ca·ñi·zo** [kaɲíθo] *n/m* wattle screen, hurdle.

ca·ño [káɲo] *n/m* **1**. pipe, tube. **2**. jet, spout (*de agua*), drainpipe, gutter.

ca·ñón [kaɲón] *n/m* **1**. pipe. **2**. shaft (*pluma de ave*). **3**. MIL gun, HIST cannon. **4**. GEOG canyon. LOC **Estar al pie del ~**, FIG FAM to be at the ready. **ca·ño·na·zo** [kaɲonáθo] *n/m* **1**. gunshot. **2**. *pl* gunfire. **ca·ño·ne·ar** [kaɲoneár] *v* to bombard, shell. **ca·ño·neo** [kaɲonéo] *n/m* gunfire, shellfire. **ca·ño·ne·ra** [kaɲonéra] *n/f* LOC **Lancha ~**, MIL gunboat.

cao·ba [kaóβa] *n/f* mahogany.

cao·lín [kaolín] *n/m* kaolin.

ca·os [káos] *n/m* chaos. **caó·ti·co/a** [kaótiko/a] *adj* chaotic.

ca·pa [kápa] *n/f* **1**. cape, cloak. **2**. coat (*de barniz*), film. **3**. sector, stratum (*social*). **4**. FIG cloak, sheet, layer. LOC **Andar/Estar de ~ caída**, to be doing badly, feel badly. **A ~ y espada**, cloak-and-dagger. **Primera ~**, undercoat (*de pintura*).

ca·pa·ci·dad [kapaθiðáð] *n/f gen* capacity; space, room (*avión, sala*). LOC **~ financiera,** COM financial status. **Con ~ para**, with room for. **Tener ~ para**, 1. to be capable of. 2. to have talent for. **ca·pa·ci·ta·ción** [kapaθitaθjón] *n/f* **1**. training. **2**. qualific- ation. LOC **Escuela de ~ profesional,** technical college. **ca·pa·ci·ta·do/a** [kapaθitáðo/a] *adj* **1**. qualified. **2**. competent. **3**. **(~ para)** capable (of). **ca·pa·ci·tar** [kapaθitár] *v* **1**. to train. **2**. to qualify, entitle.

ca·pa·cho/a [kapátʃo/a] *n/m* shopping basket.

ca·par [kapár] *v* to castrate.

ca·pa·ra·zón [kaparaθón] *n/m* **1**. shell. **2**. FIG cover.

ca·pa·taz [kapatáθ] *n/m,f* (*pl capataces*) foreman/woman, overseer.

ca·paz [kapáθ] *adj* (*pl capaces*) **(~ de/para)** **1**. capable, able, competent, qualified. **2**. spacious, roomy (*lugar*).

ca·pa·zo/a [kapáθo/a] *n/m* **1**. shopping basket. **2**. carrycot.

cap·cio·so/a [kapθjóso/a] *adj* captious, artful.

ca·pea [kapéa] *n/f* TAUR amateur bullfight (*con novillos*). **ca·pe·ar** [kapeár] *v* **1**. TAUR to make passes with a cape. **2**. to fool. **3**. to stall, put off. LOC **~ el temporal,** NÁUT to ride out the storm.

ca·pe·lo [kapélo] *n/m* REL Cardenal's hat. **ca·pe·llán** [kapeʎán] *n/m* REL chaplain. **ca·pe·lla·nía** [kapeʎanía] *n/f* REL chaplaincy.

ca·pe·ru·za [kaperúθa] *n/f* pointed hood/cap.

ca·pi·cúa [kapikúa] *n/m* palindrome.

ca·pi·lar [kapilár] **I**. *adj* **1**. hair. **2**. ANAT capillary. **II**. *n/m* ANAT capillary. **ca·pi·la·ri·dad** [kapilariðáð] *n/f* capillarity.

ca·pi·lla [kapíʎa] *n/f* **1**. REL chapel. **2**. MÚS choir. LOC **Estar en ~**, to be awaiting execution.

ca·pi·llo [kapíʎo] *n/m* **1**. hood, bonnet (*de niño*). **2**. BOT bud.

ca·pi·ro·ta·zo [kapirotáθo] *n/m* flip, flick.

ca·pi·ro·te [kapiróte] *n/m gen* hood. LOC **Tonto de ~**, dunce, idiot.

ca·pi·tal [kapitál] **I.** *adj* **1.** chief, principal, main. **2.** capital (*país, región*). **II. 1.** *n/f* capital (*sede de gobierno*). **2.** *n/m* COM capital. LOC **Pecado ~**, deadly sin. **ca·pi·ta·lis·mo** [kapitalísmo] *n/m* capitalism. **ca·pi·ta·lis·ta** [kapitalísta] *adj n/m,f* capitalist. **ca·pi·ta·li·za·ción** [kapitaliθaθjón] *n/f* capitalization. **ca·pi·ta·li·zar** [kapitaliθár] *v* (*capitalicen*) to capitalize.

ca·pi·tán [kapitán] *n/m* **1.** NÁUT MIL captain; DEP captain, skipper. **2.** chief, leader, commander (*jefe*). **ca·pi·ta·ne·ar** [kapitaneár] *v* **1.** to captain. **2.** to lead, command. **ca·pi·ta·nía** [kapitanía] *n/f* captaincy.

ca·pi·tel [capitél] *n/m* ARQ capital.

ca·pi·to·lio [kapitóljo] *n/m* ARQ **1.** capitol. **2.** important building.

ca·pi·to·né [kapitoné] *adj* removal van.

ca·pi·tos·te [kapitóste] *n/m* PEY big boss.

ca·pi·tu·la·ción [kapitulaθjón] *n/f* **1.** agreement, pact (*convenio*). **2.** capitulation, surrender. **ca·pi·tu·la·do/a** [kapituláðo/a] **I.** *adj* abridged. **II.** *n/m* chapters *pl* (*de un libro*). **ca·pi·tu·lar** [capitulár] **I.** *adj* capitular, REL chapter. **II.** *v* **1.** to make/reach an agreement (*pactar*). **2.** to capitulate, surrender. **ca·pí·tu·lo** [kapítulo] *n/m* chapter. LOC **Ser ~ aparte**, to be another matter.

ca·pó [kapó] *n/m* AUT Br bonnet, US hood.

ca·pón [kapón] *n/m* **1.** capon. **2.** rap with the knuckles.

ca·po·ral [kaporál] *n/m* **1.** FIG chief, leader. **2.** farm manager.

ca·po·ta [kapóta] *n/f* hood (*plegable*). **ca·po·tar** [kapotár] *v* to overturn (*vehículo*).

ca·po·te [kapóte] *n/m* **1.** MIL greatcoat. **2.** TAUR cape. LOC **Echar un ~ a uno**, FIG to come to sb's aid. **ca·po·te·ar** [kapoteár] *v* to play with the cape in bullfighting; to deceive, dodge.

ca·pri·cor·nio [kaprikórnjo] *n/m* ASTR Capricorn.

ca·pri·cho [kaprítʃo] *n/m* **1.** whim, fancy, caprice. **2.** frill (*adorno*). **3.** MÚS caprice, capriccio. LOC **A ~**, arbitrarily. **Al ~ de**, according to one's taste. **Darse un ~**, to treat oneself. **ca·pri·cho·so/a** [kapritʃóso/a] *adj* whimsical, capricious, moody.

ca·pri·no/a [kapríno/a] *adj* goat-like, caprine.

cáp·su·la [kápsula] *n/f* **1.** *gen* capsule. **2.** top, cap (*de botella*).

cap·ta·ción [kaptaθjón] *n/f* **1.** reception (*radio*, etc). **2.** grasping, comprehension. **3.** harness (*de aguas*); attraction (*atención*); winning (*amistad*). **cap·tar** [kaptár] *v* **1.** to harness (*aguas*). **2.** to receive, pick up (*ondas, rumor*). **3.** to attract, hold (*atención*). **4.** to grasp (*comprender*). **cap·tu·ra** [kaptúra] *n/f* capture. **cap·tu·rar** [kapturár] *v* to capture.

ca·pu·cha [kapútʃa] *n/f* **1.** hood. **2.** cap (*de pluma*). **ca·pu·chi·no/a** [kaputʃíno/a] *adj* REL capuchin. **ca·pu·chón** [kaputʃón] *n/m* **1.** hood. **2.** capuchin (*capa*).

ca·pu·llo [kapúʎo] *n/m* **1.** cocoon. **2.** BOT bud. **3.** ANAT prepuce. **4.** FAM cretin idiot.

ca·qui [káki] **I.** *adj* khaki.

ca·ra [kára] **I.** *n/f* **1.** *gen* face. **2.** FIG look, appearance, expression. **3.** side (*sólido, disco*). **4.** head (*de una moneda*). **II.** *adv* facing (forwards). LOC **A ~ o cruz**, heads or tails *pl* (*moneda*). **Caérsele a uno la ~ de vergüenza**, to die of shame. **~ a ~** 1. openly. 2. face to face. **~dura**, shameless, cheek. **Dar la ~**, to face up to. **De ~**, facing. **De ~ a**, 1. FIG in view of. 2. directed towards. **Decir algo en la ~ a alguien**, to say sth to sb's face. **Echar en ~**, 1. to reproach. 2. FIG to throw sth in sb's face. **Tener ~ de**, to look, appear. **Tener buena/mala ~**, to look well/peeky. **Tener mucha ~/Ser un ~**, to be cheeky, be a cheeky one. **Volver la ~**, to look the other way.

ca·ra·ba [karáβa] *n/f* LOC **Ser la ~**, FIG FAM to be the limit, be the last straw.

ca·ra·be·la [karaβéla] *n/f* NÁUT caravel.

ca·ra·bi·na [karaβína] *n/f* **1.** carbine, rifle. **2.** FIG gooseberry. **ca·ra·bi·ne·ro** [karaβinéro] *n/m* **1.** border guard, custom's officer. **2.** large prawn.

ca·ra·col [karakól] *n/m* **1.** snail (*molusco*), winkle (*de mar*). **2.** seashell. **3.** ANAT cochlea. LOC **¡Caracoles!**, *int* Goodness me! **Escalera de ~**, spiral staircase. **ca·ra·co·la** [karakóla] *n/f* conch. **ca·ra·co·le·ar** [karakoleár] *v* to caracole, prance (*caballo*).

ca·rác·ter [karákter] *n/m* (*pl caracteres*) **1.** *gen* character. **2.** character (*letra*). **3.** characteristic. **4.** kind, nature (*índole*). LOC **Caracteres de imprenta**, typeface. **Con ~ de**, as. **Tener mal/buen ~**, to be good-natured, be bad-tempered. **ca·rac·te·rís·ti·co/a** [karakterístiko/a] **I.** *adj* characteristic, typical. **II.** *n/f* characteristic, feature. **ca·rac·te·ri·za·ción** [karakteriθaθjón] *n/f* characterization. **ca·rac·te·ri·zar** [karakteriθár] *v* (*caracterice*) **I. 1.** to distinguish, characterize. **2.** TEAT to make up (*maquillar*). **II.** *Refl(-se)* (~ **de**) to make up for (a role). **ca·rac·te·ro·lo·gía** [karakteroloxía] *n/f* characterology.

ca·ra·ji·llo [karaxíʎo] *n/m* coffee with liqueur/brandy.

¡ca·ra·jo! [karáxo] *int* Bloody Hell! LOC **Irse al ~**, to go to hell.

¡ca·ram·ba! [karáɱba] *int* **1.** Goodness me! (*extrañeza*). **2.** Damn it! (*enfado*).

ca·rám·ba·no [karáɱbano] *n/m* icicle.

ca·ram·bo·la [karaɱbóla] *n/f* Br cannon, US carom (*billar*). LOC **Por ~**, 1. by fluke. 2. in a roundabout way, indirectly.

ca·ra·me·lo [karamélo] *n/m* **1.** Br sweet, US candy. **2.** caramel.

ca·ra·mi·llo [karamíʎo] *n/m* MÚS pipe, recorder.

ca·ra·mu·jo [karamúxo] *n/m* barnacle (*de mar*).

ca·ran·to·ña [karaɲtóɲa] *n/f pl* cajolery, flattery. LOC **Hacer ~s**, to make a fuss of someone.

ca·ra·que·ño/a [karakéɲo/a] *adj n/m,f* GEOG from/of Caracas.

ca·rá·tu·la [karátula] *n/f* **1**. mask. **2**. FIG the theatrical profession, the theatre. **3**. front/title page (*de revista/libro*), sleeve (*de disco*).
ca·ra·va·na [karaßána] *n/f gen* caravan. LOC **En ~**, in single file. **Hay ~**, there is a tail-back (*de tráfico*).
¡ca·ray! [karái] *int* V **¡Caramba!**
car·bón [karßón] *n/m* **1**. coal, charcoal. **2**. ELECTR carbon. LOC **Papel ~**, carbon paper. **Negro como el ~**, jet black. **car·bon·ci·llo** [karßoṇθíʎo] *n/m* charcoal (*para dibujar*). **car·bo·ne·ría** [karßonería] *n/f* coalyard. **car·bo·ne·ro/a** [karßonéro/a] **I**. *adj* coal. **II**. **1**. *n/f* coalyard. **2**. *n/m,f* coal merchant, collier. **car·bó·ni·co/a** [karßóniko/a] *adj* QUÍM carbonic. **car·bo·ní·fe·ro/a** [karßonífero/a] *adj* carboniferous. **car·bo·ni·lla** [karßoníʎa] *n/f* coaldust, soot. **car·bo·ni·za·ción** [karßoniθaθjón] *n/f* **1**. carbonization. **2**. charring, burning. **car·bo·ni·zar** [karßoniθár] *v* **1**. to carbonize, make charcoal of. **2**. to burn, char. LOC **Quedar carbonizado/a**, 1. to be burned/ burnt to a cinder (*cosa*). 2. ELECTR to be electrocuted (*persona*). 3. to be burnt down, be reduced to ashes (*edificio*). **car·bo·no** [karßóno] *n/m* QUÍM carbon.
car·bun·co [karßúŋko] *n/m* MED **1**. carbuncle. **2**. anthrax.
car·bún·cu·lo [karßúŋkulo] *n/m* carbuncle (*rubí*).
car·bu·ra·dor [karßuraðór] *n/m* AUT carbure(t)tor. **car·bu·ran·te** [karßuráṇte] *n/m* fuel. **car·bu·rar** [karßurár] *v* **1**. to carburate, carburet (*un motor*). **2**. FAM to go well, work. **car·bu·ro** [karßúro] *n/m* QUÍM carbide.
car·ca [kárka] *adj* reactionary, FAM retro.
car·caj [karkáx] *n/m* quiver (*para flechas*).
car·ca·ja·da [karkaxáða] *n/f* cackle, guffaw. LOC **Reír a ~s**, to roar with laughter. **car·ca·je·ar** [karkaxeár] **I**. *v* to laugh heartily, roar with laughter. **II**. *v/Refl(-se)* **(~se de)** to laugh at.
car·ca·mal [karkamál] *n/m* PEY old fogey.
cár·ca·va [kárkaßa] *n/f* **1**. gulley. **2**. pit, ditch. **3**. grave.
cár·cel [kárθel] *n/f* prison, Br gaol, US jail. LOC **Salir de la ~**, to be let out of prison. **car·ce·le·ro/a** [karθeléro/a] *n/m,f* prison warder/warden.
car·ci·nó·ge·no [karθinóxeno] *n/m* MED carcinogen. **car·ci·no·ma** [karθinóma] *n/m* MED carcinoma, cancer.
car·co·ma [karkóma] *n/f* **1**. woodworm, deathwatch beetle (*insecto*). **2**. wood dust. **car·co·mer** [karkomér] *v* **1**. to eat away/into (*roer la madera*). **2**. to consume, gnaw at, eat up. LOC **~se de**, to be eaten up by (*envidia*).
car·da [kárða] *n/f* **1**. carding (*fibras*). **2**. card, comb. **car·dar** [karðár] *v* **1**. to card (*lana*). **2**. to back-comb (*el pelo*).
car·de·nal [karðenál] *n/m* **1**. REL cardinal. **2**. bruise. **car·de·na·la·to** [karðenaláto] *n/m* REL cardinalate. **car·de·na·li·cio/a** [karðenalíθjo/a] *adj* of a cardinal, cardinal's.
car·de·ni·llo [karðeníʎo] *n/m* verdigris.
cár·de·no/a [kárðeno/a] *adj* **1**. purple, opaline (*color*). **2**. black and white (*color de reses*).
car·día·co/a [karðíako/a] **I**. *adj* cardiac, heart. **II**. *n/m,f* sufferer of heart disease.
car·di·nal [karðinál] *adj* cardinal. LOC **Los puntos ~es**, the cardinal points. **Número ~**, cardinal number.
car·dio·gra·fía [karðjoγrafía] *n/f* MED cardiography. **car·dio·lo·gía** [karðjoloxía] *n/f* MED cardiology. **car·dió·lo·go/a** [karðjóloγo/a] *n/m,f* MED cardiologist. **car·dio·pa·tía** [karðjopatía] *n/f* MED cardiopathy.
car·do [kárðo] *n/m* **1**. BOT cardoon (*comestible*). **2**. BOT thistle. **3**. FIG FAM prickly/ fierce person.
car·du·me(n) [karðúme(n)] *n/m* shoal of fish.
ca·re·ar [kareár] *v* **1**. JUR to confront, bring face to face. **2**. FIG to compare.
ca·re·cer [kareθér] *v* (*carezco*) **(~ de)** to lack, be in need of. LOC **Carece de sentido**, it makes no sense.
ca·re·na [karéna] *n/f* NÁUT careening. **ca·re·nar** [karenár] *v* NÁUT to careen.
ca·ren·cia [karéṇθja] *n/f* **1**. lack, shortage. **2**. deficiency.
ca·reo [karéo] *n/m* **1**. JUR confrontation, identity parade. **2**. FIG comparison.
ca·re·ro/a [karéro/a] *adj* expensive, dear.
ca·res·tía [karestía] *n/f* **1**. shortage, scarcity. **2**. high price/cost. LOC **La ~ de la vida**, the high cost of living.
ca·re·ta [karéta] *n/f gen* mask. LOC **~ antigás**, gasmask. **~ de soldador**, welding mask. **Quitarle la ~ a alguien**, to unmask sb.
ca·rey [karéi] *n/m* **1**. ZOOL hawksbill turtle. **2**. tortoiseshell.
car·ga [kárγa] *n/f* **1**. load, loading. **2**. filling, refill. **3**. MIL charge. **4**. NÁUT cargo, freight. **5**. **(~s sobre)** *pl* tax, duty (on). **6**. FIG burden, worry, responsibility. LOC **Bestia de ~**, pack animal, beast of burden. **~ de profundidad**, depth charge. ~ **máxima**, maximum load. ~ **personal**, personal commitments. **~ útil**, payload. **Llevar la ~ de**, to be responsible for. **Volver a la ~**, to keep at it, attack again. **car·ga·do/a** [karγáðo/a] *adj* **1**. loaded. **2**. heavy (*tiempo*), stuffy (*atmósfera*). **3**. strong (*bebida*). **4**. **(~ de)** FIG loaded/weighed down, burdened (with). LOC **~ de espaldas,** round-shouldered. **car·ga·dor/ra** [karγaðór/ra] **I**. *n/m* **1**. docker, stevedore. **2**. TÉC charger, refiller. **II**. *n/f* TÉC mechanical digger. **car·ga·men·to** [karγaméṇto] *n/m* NÁUT AER cargo, load. **car·gan·te** [karγáṇte] *adj* FIG FAM tiresome, annoying (*persona*). **car·gar** [karγár] **I**. *v* (*cargue*) **1**. *gen* to load. **2**. **(~ con/de)** FIG to weigh down, burden (with). **3**. **(~ con)** ELECTR JUR FIG to charge (with): *Le cargaron con el robo*, They charged him with the robbery. **4**. to get on one's nerves, annoy: *Este niño me carga mucho*, This child gets on my nerves. **5**. to hold (*capacidad*). **6**. **(~ sobre)** to rest (on); to come down (on). **7**. **(~ con)** to take on, shoulder/bear the burden of; to pick up, take. **8**. to produce in abund-

ance. **II**. *v/Refl (-se)* **1**. **(~se de)** to fill (with). **2**. **(~se con)** to take responsibility for, burden oneself with. **3**. to become overcast (*cielo*). **4**. FAM to fail sb (*en un examen*). **5**. to eliminate, get rid of (*reforma*). **6**. FAM to kill, bump off. LOC **~ con las consecuencias**, to suffer the consequences. **~ las tintas**, FAM to lay it on thick. **~se de razón**, to be justified/right. **~se de deudas**, to get into debt. **Cargársela**, to take the blame for. **car·ga·zón** [karγaθón] *n/f* **1**. NÁUT cargo. **2**. heaviness, heavy feeling (*estómago/cabeza*). **car·go** [kárγo] *n/m* **1**. COM charges. **2**. *pl* charge, accusation. **3**. charge, post (*responsabilidad*). LOC **A ~ de**, COM charged to; in the hands of. **Hacerse ~ de**, 1. to take responsibility for. 2. to realise. 3. to take over, seize (control of). **Tener a su ~**, to be in charge of (sth). **car·gue·ro/a** [karγéro/a] **I**. *adj* **1**. of burden. **2**. freight. **II**. *n/m* freighter.

ca·ria·do/a [karjáðo/a] *adj* rotten, carious (*dientes*). **ca·riar** [karjár] *v* to decay.

ca·riá·ti·de [karjátiðe] *n/f* ARQ caryatid.

ca·ri·be [karíβe] **I**. *adj* GEOG caribbean. **II**. **1**. *n/m,f* Caribbean. **2**. *n/m* **(El ~)** The Caribbean.

ca·ri·bú [kariβú] *n/m* ZOOL caribou.

ca·ri·ca·to [karikáto] *n/m* comedian (*ópera*). **ca·ri·ca·tu·ra** [karikatúra] *n/f* caricature. **ca·ri·ca·tu·res·co/a** [karikaturésko/a] *adj* caricatural. **ca·ri·ca·tu·ri·zar** [karikaturiθár] *v* (*caricaturicen*) to caricature.

ca·ri·cia [karíθja] *n/f* **1**. caress. **2**. stroke (*gato*).

ca·ri·dad [kariðáð] *n/f* charity. LOC **Vivir de la ~**, to live on charity.

ca·ries [kárjes] *n/f* (*pl caries*) caries, decay.

ca·ri·lla [karíʎa] *n/f* **1**. mask. **2**. page.

ca·ri·llón [kariʎón] *n/m* MÚS carillon.

ca·ri·ño [karíɲo] *n/m* **1**. **(~ a)** affection, fondness, liking (for). **2**. loving care (*esmero*). LOC **Con ~**, with love (*carta*). **ca·ri·ño·so/a** [kariɲóso/a] *adj* **(~ con)** loving, affectionate (towards). LOC **Un ~ saludo**, fond wishes *pl* (*carta*).

ca·ris·ma [karísma] *n/m* charisma. **ca·ris·má·ti·co/a** [karismátiko/a] *adj* charismatic.

ca·ri·ta·ti·vo/a [karitatíβo/a] *adj* **(~ con)** charitable (towards).

ca·riz [karíθ] *n/m* look.

car·lin·ga [karlíŋga] *n/f* AER cabin.

car·lis·mo [karlísmo] *n/m* Carlism. **car·lis·ta** [karlísta] *adj n/m,f* Carlist.

car·me·li·ta [karmelíta] *adj n/m,f* REL Carmelite.

car·me·sí [karmesí] (*pl carmesíes*) *adj n/m* crimson. **car·mín** [karmín] **I**. *adj n/m* carmine. crimson. **II**. *n/m* lipstick, rouge.

car·na·da [karnáða] *n/m* bait. **car·na·du·ra** [karnaðúra] *n/f* **1**. robustness. **2**. fleshiness. **car·nal** [karnál] *adj* carnal. **car·na·val** [karnaβál] *n/m* carnival. **car·na·va·les·co/a** [karnaβalésko/a] *adj* carnivalesque.

car·ne [kárne] *n/f* **1**. ANAT FIG flesh. **2**. meat (*comestible*). **3**. flesh, pulp (*de fruta*). **4**. *pl* obesity, plumpness. LOC **~ de gallina**, goose pimples. **De ~ y hueso**, real, of flesh and blood. **Echar/Perder ~s**, to put on/lose weight. **Poner toda la ~ en el asador**, FAM to put all one's eggs in one basket. **Ser uña y ~**, to be inseparable.

car·né(t) [karné(t)] *n/m* (*pl carnés*) card. LOC **~ de conducir**, driving licence. **~ de identidad**, ID (identity card).

car·ne·ce·ría, car·ni·ce·ría [karne(/i)θería] *n/f* butcher's (shop). **car·ne·ro** [karnéro] *n/m* **1**. sheep. **2**. ram (*macho*). **car·nes·to·len·das** [karnestoléndas] *n/f pl* carnival (time). **car·ni·ce·ría** [karniθería] *n/f* **1**. butcher's shop. **2**. FIG slaughter, massacre, carnage. **car·ni·ce·ro/a** [karniθéro/a] **I**. *adj* carnivorous. **II**. *n/m,f* butcher. **cár·ni·co/a** [kárniko/a] *adj* meat. **car·ní·vo·ro/a** [karníβoro/a] **I**. *adj* carnivorous. **II**. *n/m* carnivore. **car·no·si·dad** [karnosiðáð] *n/f* **1**. fatness, plumpness. **2**. MED (out)growth. **car·no·so/a** [karnóso/a] *adj* **1**. meaty. **2**. fat.

ca·ro/a [káro/a] **I**. *adj* **1**. expensive, dear. **2**. dear, beloved. **II**. *adv* at a high price. LOC **Costar/Salir ~**, FIG to cost sb dear.

ca·ro·ta [karóta] *n/m,f* FAM cheeky monkey.

ca·ró·ti·da [karótiða] *n/f* ANAT carotid.

ca·ro·ti·na [karotína] *n/f* QUÍM carotin.

car·pa [kárpa] *n/f* **1**. carp (*pez*). **2**. awning.

car·pa·nel [karpanél] *adj* ARQ basket-handle (*arco*).

car·pan·ta [karpánta] *n/f* **1**. ravenous hunger. **2**. *n/m,f* guzzler.

car·pe·ta [karpéta] *n/f* folder, file, portfolio. **car·pe·ta·zo** [karpetáθo] *n/m* LOC **Dar ~ a**, FIG to shelve.

car·pin·te·ar [karpinteár] *v* to do carpentry/joinery. **car·pin·te·ría** [karpintería] *n/f* **1**. carpentry, joinery. **2**. carpenter's/joiner's workshop. **car·pin·te·ro** [karpintéro] *n/m* carpenter, joiner. LOC **Pájaro ~**, woodpecker (*ave*).

ca·rra·ca [karráka] *n/f* **1**. NÁUT carrack. **2**. *col* FIG AUT old banger. **3**. decrepit person. **4**. TÉC ratchet case.

ca·rras·ca [karráska] *n/f* BOT kermes oak. **ca·rras·cal** [karraskál] *n/m* holm-oak forest.

ca·rras·pe·ar [karraspeár] *v* **1**. to be hoarse (*voz*). **2**. to clear one's throat. **ca·rras·peo** [karraspéo] *n/m*, **ca·rras·pe·ra** [karraspéra] *n/f* **1**. hoarseness. **2**. clearing of the throat. **ca·rras·po·so/a** [karraspóso/a] *adj* **1**. very hoarse. **2**. *Amer* rough.

ca·rre·ra [karréra] *n/f* **1**. run, race. **2**. route, track, road, path. **3**. degree (course) (*de estudios*). **4**. ladder (*en una prenda de punto*) **5**. career. **6**. parting (*de pelo*). LOC **A la ~**, at full speed/pelt. **~ armamentista/de armamentos**, MIL arms race. **~ de vallas**, DEP hurdles. **Dar ~ a alguien**, to pay for sb's studies. **Dar libre ~ a**, to give a free rein to. **Hacer una ~**, to do a degree/course. **Hacer ~**, FIG to get on (*prosperar*). **ca·rre·ri·lla** [karreríʎa] *n/f* ladder. LOC **De ~**, parrot-fashion.

ca·rre·ta [karréta] *n/f* cart. **ca·rre·ta·da** [karretáða] *n/f* cart load. LOC **A ~s**, loads (of).

ca·rre·te [karréte] *n/m* **1**. bobbin, reel. **2**. spool (*película*). LOC **Dar ~**, 1. to reel off the line (*pesca*). 2. FIG to keep sb talking. **Tener ~**, FIG to talk a lot.

ca·rre·te·ra [karretéra] *n/f* road. LOC **~ de circunvalación,** ring road. **~ general / nacional**, Br A road, US arterial highway. **~ secundaria / comarcal,** Br B road, US secondary road. **ca·rre·te·ro/a** [karretéro/a] *n/m* **1**. cartwright. **2**. cart driver. **ca·rre·ti·lla** [karretíʎa] *n/f* wheelbarrow. LOC **~ elevadora,** forklift truck. **De ~**, by heart. **ca·rre·tón** [karretón] *n/m* small cart. **ca·rri·co·che** [karrikótʃe] *n/m* **1**. caravan, covered wagon. **2**. FAM old banger.

ca·rril [karríl] *n/m* **1**. rut, track. **2**. track (*tren*). **3**. lane (*autopista*).

ca·rri·lle·ra [karriʎéra] *n/f* ANAT jaw. **ca·rri·llo** [karríʎo] *n/m* cheek, jowl. LOC **Comer a dos ~s**, 1. to guzzle. 2. to get the best of both worlds, take advantage of all sides. **ca·rri·llu·do/a** [karriʎúðo/a] *adj* FAM chubby-cheeked.

ca·rri·zo [karríθo] *n/m* BOT reed.

ca·rro [kárro] *n/m* **1**. cart. **2**. carriage (*de máquina de escribir*). **3**. *Amer* car. LOC **~ de combate,** MIL tank. **¡Para el ~!** *int* Pull yourself together!, Hold your horses!. **ca·rro·ce·ría** [karroθería] *n/f* AUT bodywork. **ca·rro·ma·to** [karromáto] *n/m* covered wagon, caravan.

ca·rro·ña [karróɲa] *n/f* carrion.

ca·rro·za [karróθa] *n/f* **1**. carriage. **2**. float (*de desfile*). LOC **Ser un/una ~**, FAM to be old-fashioned, be an old geezer. **ca·rrua·je** [karrwáxe] *n/m* carriage.

ca·rru·sel [karrusél] *n/m* Br merry-go-round, US carousel.

car·ta [kárta] *n/f* **1**. *gen* document, JUR charter. **2**. letter. **3**. (playing) card (*naipes*). **4**. map, chart. **5**. menu. LOC **A ~ cabal**, completely, totally. **~ adjunta,** covering letter. **~ de ajuste**, test card (*TV*). **~ de recomendación**, letter of introduction, reference. **Comer a la ~**, to eat à la carte. **Dar ~ blanca**, to give carte blanche. **Echar las ~s**, to read the cards. **Enseñar las ~s**, FIG to show one's cards. **No saber a qué ~ quedarse**, FIG to be all at sea, be in a quandary. **Poner las ~s boca arriba / sobre la mesa**, 1. to show one's cards. 2. FIG to put all one's cards on the table. **Tomar ~s en el asunto**, to intervene in sth.

car·ta·bón [kartaβón] *n/m* **1**. set square (*para dibujar*). **2**. foot gauge.

car·ta·ge·ne·ro/a [kartaxenéro/a] *adj n/m,f* GEOG from/of Cartagena. **car·ta·gi·nés/sa** [kartaxinés/sa] *adj n/m,f* HIST Carthaginian.

car·ta·pa·cio [kartapáθjo] *n/m* **1**. notebook. **2**. folder (*para papeles*), satchel (*de colegial*).

car·te·ar [karteár] **I**. *v* to sound out (*naipes*). **II**. *v/Refl(-se)* **(~se con)** to correspond with, write to one another.

cár·tel, car·tel [kártel/kartél] *n/m* **1**. COM cartel. **2**. coalition.

car·tel [kartél] *n/m* **1**. poster, bill (*anuncio*) **2**. notice board (*escuela, oficina*). LOC **De ~**, famous. **Tener ~**, to be famous. **car·te·le·ra** [karteléra] *n/f* **1**. billboard. **2**. list of entertainments, what's on. **car·te·le·ro/a** [karteléro/a] *n/m* billsticker, billposter.

car·teo [kartéo] *n/m* correspondence.

cár·ter [kárter] *n/m* TÉC case, housing; AUT crankcase.

car·te·ra [kartéra] *n/f* **1**. wallet (*de hombre*), Br purse (*de mujer*), US pocketbook. **2**. briefcase. **3**. FIG COM portfolio. LOC **Tener en ~**, 1. FIG to have plans for. 2. COM to be a shareholder. **~ de pedidos**, COM order book.

car·te·ría [kartería] *n/f* **1**. job of a postman/postwoman. **2**. sorting office. **car·te·ris·ta** [karterísta] *n/m* pickpocket. **car·te·ro/a** [kartéro/a] *n/m,f* Br postman/woman, US mailman/woman.

car·te·sia·nis·mo [kartesjanísmo] *n/m* FIL cartesianism.

car·ti·la·gi·no·so/a [kartilaxinóso/a] *adj* cartilaginous. **car·tí·la·go** [kartílaɣo] *n/m* ANAT cartilage.

car·ti·lla [kartíʎa] *n/f* **1**. book. **2**. MIL record. **3**. primer, manual. LOC **~ de ahorros,** COM deposit/savings *pl* book. **Leerle/Cantarle a uno la ~**, to give sb a reprimand.

car·to·gra·fía [kartoɣrafía] *n/f* cartography, mapmaking. **car·to·grá·fi·co/a** [kartoɣráfiko/a] *adj* cartographic(al). **car·tó·gra·fo/a** [kartóɣrafo/a] *n/m,f* cartographer.

car·to·man·cia [kartomáṇθja] *n/f* fortune telling, cartomancy.

car·tón [kartón] *n/m* **1**. cardboard. **2**. cartoon, sketch. **3**. (cardboard) box: *Cartón de huevos*, Egg box. **4**. carton, packet (*de tabaco*). LOC **~ piedra,** papier mâché. **~ yeso,** plasterboard. **car·to·na·je** [kartonáxe] *n/m* cardboard products. **car·to·né** [kartoné] *adj* LOC **En ~**, hardback (*libro*).

car·tu·che·ra [kartutʃéra] *n/f* cartridge belt/pouch. **car·tu·cho** [kartútʃo] *n/m* MIL cartridge. LOC **Quemar el último ~**, FIG FAM to play one's last card.

car·tu·ja·no/a [kartuxáno/a] *adj n/m,f* REL Carthusian. **car·tu·jo/a** [kartúxo/a] **I**. *n/f* REL **1**. Carthusian order. **2**. Carthusian monastery. **II**. *adj n/m,f* REL Carthusian.

car·tu·li·na [kartulína] *n/f* card, cardboard.

ca·rún·cu·la [karúŋkula] *n/f* ANAT ZOOL caruncle.

ca·sa [kása] *n/f* **1**. *gen* house. **2**. home; building, apartment, flat (*piso*). **3**. household, family. **4**. COM firm, company. LOC **Aquí está ud. (como) en su ~**, Make yourself at home. **~ consistorial**, town/city hall. **~ de citas**, brothel. **~ de empeños,** pawnshop. **~ de juego**, casino. **~ editorial**, publishing house. **Como Pedro por su ~**, FIG FAM as if he owned the place. **Echar la ~ por la ventana**, FIG FAM to go to enormous expense. **Empezar la ~ por el tejado**, FIG FAM to put the cart before the horse. **Inaugurar la ~**, to have a house warming party. **Irse a ~**, to go home. **No parar en ~**, never to be at home. **Pasar por ~ de alguien**, to drop in on sb, call on sb.

ca·sa·ca [kasáka] *n/f* dress coat.

ca·sa·ción [kasaθjón] *n/f* JUR cassation.

ca·sa·de·ro/a [kasaðéro/a] *adj* marriageable.

ca·sa·do/a [kasáðo/a] *adj, n/m,f* married (man/woman/men). LOC **Estar ~ con**, to be married to. **Recién ~**, newly-wed.

ca·sal [kasál] *n/m* country house.
ca·sa·ma·ta [kasamáta] *n/f* MIL casemate.
ca·sa·men·te·ro/a [kasamen̪téro/a] **I.** *adj* matchmaking. **II.** *n/m,f* matchmaker. **ca·sa·mien·to** [kasamjén̪to] *n/m* marriage. **ca·sar** [kasár] **I.** *v* **1.** to marry. **2.** **(~ con)** FIG to match. **3.** **(~ a)** to marry off, give in marriage to. **II.** *v/Refl(-se)* **(~se con)** to get married to. LOC **~se en segundas nupcias,** to remarry. **~se por lo civil,** to get married in a registry office. **No ~se con nadie**, FIG to keep oneself to oneself.
ca·sa·rie·go/a [kasarjéγo/a] *adj* stay-at-home.
cas·ca [káska] *n/f* **1.** tan, tanning bark. **2.** *pl* peel, rind (*de fruta*).
cas·ca·bel [kaskaßél] *n/m* small bell. LOC **Serpiente de ~,** ZOOL rattlesnake. **cas·ca·be·le·ar** [kaskaßeleár] *v* **1.** to jingle, tinkle. **2.** FIG to lure, beguile. **3.** FIG to act recklessly. **cas·ca·be·leo** [kaskaßeléo] *n/m* jingling, tingling.
cas·ca·da [kaskáða] *n/f* **1.** cascade, waterfall. **2.** **(en ~)** ELECTR cascade. **cas·ca·do/a** [kaskáðo/a] *adj* **1.** worn-out, broken-down (*persona*). **2.** harsh, croaky (*voz*).
cas·ca·jo [kaskáxo] *n/m* **1.** fragments, broken pieces. **2.** grit, gravel.
cas·ca·nue·ces [kaskanwéθes] *n/m pl* nutcracker. **cas·car** [kaskár] *v* (*casque*) **1.** *gen* to crack. **2.** FAM to beat up (*persona*). **3.** FAM to chatter, chinwag. LOC **~la,** FAM to kick the bucket. **cás·ca·ra** [káskara] *n/f* **1.** shell. **2.** rind, peel (*de fruta*). **3.** husk (*grano*). **cas·ca·ri·lla** [kaskaríʎa] *n/f* husk (*grano*). **cas·ca·rón** [kaskarón] *n/m* (egg)shell. **cas·ca·rra·bias** [kaskarráßjas] *n/m,f pl* FAM irritable/crabby/grumpy person. **cas·co** [kásko] *n/m* **1.** fragment, broken piece. **2.** helmet. **3.** NÁUT hull. **4.** hoof (*de caballo*). **5.** empty (*botella vacía*). **6.** (part of) town: *Casco viejo*, The old town. LOC **Alegre/Ligero de ~s**, 1. scatter-brained. 2. flirtatious (*persona*). **~ protector,** crash helmet. **Romperse/ Calentarse los ~s,** to rack one's brains. **~ urbano**, central area (*de ciudad*). **cas·co·te** [kaskóte] *n/m pl* rubble, débris.
ca·se·río [kaserío] *n/m* **1.** hamlet, small village. **2.** country house. **ca·se·ro/a** [kaséro/a] **I.** *adj* **1.** home-made. **2.** home-loving, stay-at-home (*persona*). **3.** domestic (*animal*). **II.** *n/m,f* **1.** *n/m* landlord, *n/f* landlady. **2.** caretaker, administrator. **ca·se·rón** [kaserón] *n/m* rambling/tumbledown house. **ca·se·ta** [kaséta] *n/f* **1.** small house, cottage. **2.** stall (*de mercado*), booth (*feria*).
ca·si [kási] *adv* nearly, almost. LOC **~, ~,** very nearly. **~ nada,** hardly any, hardly at all. **~ no,** hardly. **~ nunca,** hardly ever.
ca·si·lla [kasíʎa] *n/f* **1.** *dim* de **casa** **2.** cabin, hut. **3.** stall, booth (*de venta*). **4.** square (*de tablero*). **5.** pigeon hole (*para recados*). LOC **Sacar a uno de sus ~**, 1. FIG FAM to madden, irritate sb. 2. FIG FAM to shake sb up. **ca·si·lle·ro** [kasiʎéro] *n/m* pigeon hole; set of pigeon holes.
ca·si·no [kasíno] *n/m* **1.** club, circle. **2.** casino.
ca·si·te·ri·ta [kasiteríta] *n/f* GEOL cassiterite.
ca·so [káso] *n/m* **1.** *gen* case. **2.** event, occurrence, instance. LOC **Dado el ~,** given that, supposing. **Darse el ~,** to happen. **El ~ es que**, the fact is that. **En ~ de,** in the event of. **En (el) ~ contrario,** otherwise, if not. **En el peor de los ~s,** if the worst comes to the worst. **En tal ~**, in that/which case. **En todo ~**, in any case, at any rate, anyway. **En último ~,** as a last resort. **¡Es un ~!**, *exclam* FAM He's a one! **Hacer/Venir al ~,** to pertain to, be relevant. **Hacer ~ a/de,** to take notice of, take into consideration. **Hacer ~ omiso,** to pay no attention to. **Llegado el ~,** if need be. **Poner por ~,** to take as an example, suppose. **Según el ~,** as the case may be.
ca·so·na [kasóna] *n/f* mansion.
ca·so·rio [kasórjo] *n/m* PEY wedding.
cas·pa [káspa] *n/f* dandruff.
¡cás·pi·ta! [káspita] *int* My goodness!
cas·que·te [kaskéte] *n/m* **1.** helmet. **2.** skullcap. **3.** case (*de cartucho*). LOC **~ polar,** polar cap. **cas·qui·llo** [kaskíʎo] *n/m* **1.** TÉC tip, ferrule. **2.** metal base (*de lámpara*).
cas·qui·va·no/a [kaskißáno/a] *adj* FAM scatter-brained.
ca·sse·tte, ca·se·te [kasét(e)] *n/m,f* **1.** cassette. **2.** cassette recorder.
cas·ta [kásta] *n/f* **1.** ZOOL breed, BIOL race. **2.** lineage, descent (*persona*). **3.** caste (*en la India*). **4.** class (*privilegiada*). LOC **De ~,** thoroughbred (*animal*). **Venir de ~,** to run in the family.
cas·ta·ñar [kastaɲár] *n/m* grove of chestnut trees. **cas·ta·ñe·ta** [kastaɲéta] *n/f* **1.** MÚS castanet. **2.** snap/click of the fingers. **cas·ta·ñe·te·ar** [kastaɲeteár] *v* **1.** to play the castanets. **2.** to snap (one's fingers), chatter (*dientes*), crack (*huesos*), chattering. **cas·ta·ñe·teo** [kastaɲetéo] *n/m* **1.** hattering, cracking. **2.** playing castanets. **cas·ta·ño/a** [kastáɲo/a] **I.** *adj* chestnut-brown, hazel. LOC **Pasar algo de ~ oscuro**, FIG FAM to be intolerable, be too much. **II.** *n/m* BOT chestnut (tree/wood). **III.** *n/f* **1.** chestnut (*fruto*). **2.** FAM punch, thump. **3.** FAM booze-up (*borrachera*). LOC **Agarrar / Coger una ~a**, to get drunk. **~ de Indias,** BOT horse chestnut. **Sacarle a alguien las ~s del fuego,** FIG FAM to save sb's neck. **cas·ta·ñue·la** [kastaɲwéla] *n/f* MÚS castanet. LOC **Estar alegre como unas ~s,** FIG FAM to be as happy as a sandboy.
cas·te·lla·nis·mo [kasteʎanísmo] *n/m* Castilianism. **cas·te·lla·ni·zar** [kasteʎaniθár] *v* (*castellanicen*) to hispanisize, castilianize. **cas·te·lla·no/a** [kasteʎáno/a] **I.** *adj n/m,f* Castilian. **II.** *n/m* Castilian, Spanish (*idioma*).
cas·ti·ci·dad [kastiθiðáð] *n/f*, **cas·ti·cis·mo** [kastiθísmo] *n/m* **1.** purity. **2.** traditionalism (*de costumbres*).
cas·ti·dad [kastiðáð] *n/f* chastity.
cas·ti·ga·ble [kastiγáßle] *adj* punishable. **cas·ti·ga·dor/a** [kastiγaðór/ra] **I.** *adj* castigatory. **II.** **1.** *n/m,f* punisher, castigator. **2.** *n/m* FAM lady-killer, *n/f* femme fatale. **cas·ti·gar** [kastiγár] *v* (*castigue*) **1.** **(~ con/de/por)** to punish, castigate (by/for). **2.** to mistreat. **3.** FIG FAM to lead sb on (*enamorar*). **4.** DEP

to penalize. **cas·ti·go** [kastíγo] *n/m* **1**. punishment; chastisement, castigation. **2**. penalty.
cas·ti·llo [kastíʎo] *n/m* castle. LOC **~ de fuegos artificiales**, firework display. **Levantar/Hacer ~s en el aire**, FIG FAM to build castles in the air.
cas·ti·zo/a [kastíθo/a] *adj* **1**. typical, traditional. **2**. genuine, pure.
cas·to/a [kásto/a] *adj* chaste, pure.
cas·tor [kastór] *n/m* ZOOL beaver.
cas·tra·ción [kastraθjón] *n/f* castration. **cas·tra·dor** [kastraðór] *n/m* castrator, gelder. **cas·trar** [kastrár] *v* **1**. to castrate, ZOOL to geld. **2**. to uncap (*colmena*).
cas·tren·se [kastrénse] *adj* military. **cas·tro** [kástro] *n/m* MIL castle, fort.
ca·sual [kaswál] *adj* accidental, chance, casual. **ca·sua·li·dad** [kaswaliðáð] *n/f* **1**. chance, fortuity. **2**. coincidence. LOC **Dar la ~ que**, to just happen, happen by chance. **ca·sual·men·te** [kaswalménte] *adv* **1**. by chance, accidentally. **2**. coincidentally.
ca·su·ca, **ca·su·cha** [kasúka/kasútʃa] *n/f* PEY hovel.
ca·suís·ti·ca [kaswístika] *n/f* FIL casuistry. **ca·suís·ti·co/a** [kaswístiko/a] *adj* FIL casuistic(al).
ca·su·lla [kasúʎa] *n/f* REL chasuble.
ca·ta [káta] *n/f* tasting, sample.
ca·ta·clis·mo [kataklísmo] *n/m* cataclysm.
ca·ta·cum·bas [katakúmbas] *n/f pl* catacombs.
ca·ta·du·ra [kataðúra] *n/f* tasting, sampling. LOC **De mala ~**, nasty-looking (*persona*).
ca·ta·fal·co [katafálko] *n/m* catafalque.
ca·ta·lán/na [katalán/na] *adj n/m*, GEOG Catalonian, Catalan. **ca·ta·la·nis·mo** [katalanísmo] *n/m* catalanism.
ca·ta·le·jo [kataléxo] *n/m* telescope.
ca·ta·lep·sia [katalépsja] *n/f* MED catalepsy. **ca·ta·lép·ti·co/a** [kataléptiko/a] *adj n/m,f* cataleptic.
ca·tá·li·sis [katálisis] *n/f* QUÍM catalysis. **ca·ta·lí·ti·co/a** [katalítiko/a] *adj* catalytic. **ca·ta·li·za·dor/ra** [kataliθaðór/ra] **I**. *adj* catalytic. **II**. *n/m* catalyst.
ca·ta·lo·ga·ción [kataloγaθjón] *n/f* cataloguing. **ca·ta·lo·gar** [kataloγár] *v* (*catalogue*) (**~ a**) **1**. to catalogue. **2**. FIG to classify, class. **ca·tá·lo·go** [katáloγo] *n/m* Br catalogue, US catalog. LOC **En ~**, available, in stock.
Ca·ta·lu·ña [katalúɲa] *n/f* Catalonia.
ca·ta·plas·ma [kataplásma] *n/m,f* cataplasm, poultice.
ca·ta·pul·ta [katapúlta] *n/f* catapult. **ca·ta·pul·tar** [katapultár] *v* to catapult.
ca·tar [katár] *v* to sample, taste.
ca·ta·ra·ta [kataráta] *n/f* **1**. waterfall, cataract. **2**. MED cataract. LOC **Operar de ~**, MED to remove a cataract.
ca·ta·rral [katarrál] *adj* MED catarrhal. **ca·ta·rro** [katárro] *n/m* MED cold, catarrh. LOC **Coger un ~**, to catch a cold.
ca·tar·sis [katársis] *n/f* **1**. FIL catharsis. **2**. MED purgation.
ca·tas·tral [katastrál] *adj* cadastral. **ca·tas·tro** [katástro] *n/m* local land registry.
ca·tás·tro·fe [katástrofe] *n/f* **1**. catastrophe. **2**. FIG sth badly made/done. **ca·tas·tró·fi·co/a** [katastrófiko/a] *adj* catastrophic.
ca·te·ar [kateár] *v* FAM to fail (*examen*).
ca·te·cis·mo [kateθismo] *n/m* REL catechism. **ca·te·cú·me·no/a** [katekúmeno/a] *n/m,f* REL catechumen.
cá·te·dra [káteðra] *n/f* chair (*cargo*), professorship, senior teaching post. LOC **Sentar ~**, to give a lesson, give an explanation of sth.
ca·te·dral [kateðrál] *adj n/f* cathedral. **ca·te·dra·li·cio/a** [katedralíθjo/a] *adj* cathedral.
ca·te·drá·ti·co/a [kateðrátiko/a] *n/m,f* professor (*universidad*); senior teacher (*instituto*).
ca·te·go·ría [kateγoría] *n/f* category, class, rank. LOC **Dar ~ a**, to give prestige to. **De ~**, high class, important, luxury. **Tener mucha ~**, to be of high calibre. **ca·te·gó·ri·co/a** [kateγóriko/a] *adj* **1**. categoric(al). **2**. strict, express (*orden*). LOC **Negativa ~**, flat refusal.
ca·te·na·rio/a [katenárjo/a] *adj n/f* TÉC catenary.
ca·te·que·sis [katekésis] *n/f* REL catechesis. **ca·te·quis·ta** [katekísta] *n/m,f* catechist. **ca·te·qui·zar** [katekiθár] *v* (*catequice*) **1**. to catechize. **2**. FIG to preach (to).
ca·ter·va [katérβa] *n/f* **1**. host, crowd (*gente*). **2**. load, heap (*cosas*).
ca·té·ter [katéter] *n/m* MED catheter.
ca·te·to/a [katéto/a] *n/m,f* **1**. PEY country bumpkin. **2**. *n/m* GEOM side of right-angled triangle.
ca·ti·li·na·ria [katilinárja] *n/f* FIG outburst of criticism, diatribe.
ca·tión [katjón] *n/m* FÍS cation.
ca·tó·di·co/a [katóðiko/a] adj cathodic. **cá·to·do** [kátoðo] *n/m* ELECTR cathode.
ca·to·li·ci·dad [katoliθiðáð] *n/f* catholicity (*universalidad*). **ca·to·li·cis·mo** [katoliθísmo] *n/m* REL Catholicism. **ca·tó·li·co/a** [katóliko/a] *adj n/m,f* catholic.
ca·tor·ce [katórθe] *adj n/m* **1**. fourteen. **2**. fourteenth. **ca·tor·cea·vo/a** [katorθeáβo/a] *adj* fourteenth. **ca·tor·za·vo/a** [katorθáβo/a] *adj n/m* fourteenth.
ca·tre [kátre] *n/m* folding bed.
cau·ca·sia·no/a [kaukasjáno/a], **cau·cá·si·co/a** [kaukásiko/a] *adj* caucasian.
cau·ce [káuθe] *n/m* bed (*de río*), ditch. LOC FIG **Volver las aguas a su ~**, to get back to normal.
cau·ción [kauθjón] *n/f* **1**. caution (*actitud*), precaution (*acción*). **2**. JUR bail.
cau·cho [káutʃo] *n/m* rubber.
cau·dal [kauðál] **I**. *adj* caudal. **II**. *n/m* **1**. flow (*de río*). **2**. fortune, wealth. **3**. abundance. **cau·da·lo·so/a** [kauðalóso/a] *adj* swift, large (*río*).
cau·di·lla·je [kauðiʎáxe] *n/m* **1**. leadership. **2**. *Amer* tyranny. **cau·di·llo** [kauðíʎo] *n/m* chieftain, leader, chief.
cau·sa [káusa] *n/f* **1**. *gen* cause. **2**. JUR suit, case. LOC **A/por ~ de**, on account of, because of. **Sin ~**, for no (good) reason. **cau·sal** [kausál] *adj* causal. **cau·sa·li·dad** [kau-

saliðáð] *n/f* causality. **cau·san·te** [kausán̪te] *adj* causing, which caused. **cau·sar** [kausár] *v* **1**. to cause, FIG provoke (*ira*). **2**. to entail (*gasto, trabajo*). **cau·sa·ti·vo/a** [kausatíßo/a] *adj* causative.

cáus·ti·co/a [káustiko/a] *adj* caustic.

cau·te·la [kautéla] *n/f* caution, wariness. **cau·te·lar** [kautelár] *adj* preventive. **cau·te·lo·so/a** [kautelóso/a] *adj* cautious, wary.

cau·te·rio [kautérjo] *n/m* MED cautery. **cau·te·ri·za·ción** [kauteriθaθjón] *n/f* MED cauterization. **cau·te·ri·zar** [kauteriθár] *v* (*cauterice*) MED to cauterize.

cau·ti·va·dor/ra [kautißaðór/ra] *adj* captivating. **cau·ti·var** [kautißár] *v* **1**. to capture, take prisoner. **2**. FIG to captivate, charm. **cau·ti·ve·rio** [kautißérjo] *n/m*, **cau·ti·vi·dad** [kautißiðáð] *n/f* captivity. **cau·ti·vo/a** [kautíßo/a] *adj n/m,f* captive.

cau·to/a [káuto/a] *adj* cautious, wary.

ca·va [káßa] **I**. *n/f* **1**. AGR digging (*de viñas*). **2**. wine cellar. **II**. *n/m* Spanish champagne. **ca·var** [kaßár] *v* **1**. AGR to dig, dress soil. **2**. to sink, dig (*pozo*).

ca·ver·na [kaßérna] *n/f* **1**. cave, cavern. **2**. ANAT cavity. **ca·ver·na·rio/a** [kaßernárjo/a] *adj* cave, cavern. **ca·ver·ní·co·la** [kaßerníkola] *adj* **1**. cave-dwelling. **2**. FIG reactionary (*política*). **ca·ver·no·so/a** [kaßernóso/a] *adj* **1**. cavernous. **2**. FIG deep, hollow (*voz*).

ca·viar [kaßjár] *n/m* caviar.

ca·vi·dad [kaßiðáð] *n/f* cavity.

ca·vi·la·ción [kaßilaθjón] *n/f* meditation, pondering. **ca·vi·lar** [kaßilár] *v* to ponder, meditate.

ca·ya·do [kaJáðo] *n/m* sheperd's crook, REL crozier.

ca·za [káθa] **I**. *n/f* **1**. hunt(ing), shooting. **2**. game (*animales*). **II**. *n/m* AER fighter plane. LOC **Andar a la ~ de**, to be in search of, be hunting for. **Dar ~**, to give chase. **ca·za·dor/ra** [kaθaðór/ra] **I**. *adj* hunting. **II**. **1**. *n/m,f* hunter. **2**. *n/f* jacket.

ca·za·lla [kaθáʎa] *n/f* aniseed brandy.

ca·zar [kaθár] *v* (*cace*) **1**. to hunt, shoot, trap. **2**. FIG to get (*trabajo*). **3**. FIG to catch, trap, surprise. **ca·za·tor·pe·de·ro/a** [kaθatorpeðéro/a] *n/m* NÁUT destroyer, torpedoboat.

ca·zo [káθo] *n/m* **1**. ladle. **2**. saucepan. **ca·zo·le·ta** [kaθoléta] *n/f* small saucepan. **ca·zue·la** [kaθwéla] *n/f* **1**. casserole dish (*recipiente*). **2**. casserole, stew.

ca·zu·rre·ría [kaθurrería] *n/f* reticence. **ca·zu·rro/a** [kaθúrro/a] *adj* **1**. taciturn, reticent. **2**. stubborn, obstinate.

CC.OO. *abrev* de Comisiones Obreras, left-wing Spanish Trade Union.

ce·ba [θéßa] *n/f* fattening (*de ganado*). **ce·ba·do/a** [θeßáðo/a] **I**. *adj* **1**. fattened, fatted. **2**. very fat. **II**. *n/f* barley. **ce·ba·dor** [θeßaðór] *n/m* MIL powder horn/flask. **ce· bar** [θeßár] **I**. *v* **1**. to fatten, feed. **2**. AUT to start up. **II**. *v/Refl(-se)* **1**. **(~se en)** to give oneself over to. **2**. **(~se con)** to be merciless with. **ce·bo** [θéßo] *n/m* **1**. feed, food, fodder. **2**. bait (*de pesca*), FIG lure.

ce·bo·lla [θeßóʎa] *n/f* **1**. BOT onion. **2**. BOT bulb. **ce·bo·lle·ta** [θeßoʎéta] *n/f* BOT **1**. chive. **2**. spring onion. **ce·bo·lli·no** [θeßoʎíno] *n/m* BOT shallot.

ce·bón [θeßón] *n/m* hog, pig.

ce·bra [θéßra] *n/f* ZOOL zebra.

ce·bú [θeßú] *n/m* ZOOL zebu, Asiatic ox.

ce·ca [θéka] *n/f* mint. LOC **De la ~ a la Meca**, FAM from place to place.

ce·ce·an·te [θeθeán̪te] *adj* lisping. **ce·ce·ar** [θeθeár] *v* to lisp. **ce·ceo** [θeθéo] *n/m* lisp.

ce·ci·na [θeθína] *n/f* cured meat.

ce·da·zo [θeðáθo] *n/m* sieve.

ce·der [θeðér] **I**. *v* **1**. to give way, cede, convey, yield. **2**. to decrease, lessen, diminish. **3**. **(~ a/ante)** to yield to, submit to, give in to. **4**. **(~ en)** to slacken (in) (*empeño*). **5**. **(~ el paso)** to give way (*tráfico*).

ce·di·lla [θeðíʎa] *n/s* GRAM cedilla.

ce·dro [θéðro] *n/m* BOT cedar.

cé·du·la [θéðula] *n/f* document, certificate.

ce·fa·lal·gia [θefalálxja] *n/f* MED headache. **ce·fa·lea** [θefaléa] *n/f* MED migraine.

cé·fi·ro [θéfiro] *n/m* zephyr.

ce·gar [θeγár] **I**. *v* (*ciego, cegue*) **1**. to blind. **2**. to become blinded. **3**. FIG to blind, dazzle. **4**. to block up, wall up (*ventana*). **II**. *v/Refl (-se)* **1**. **(~se de/por)** FIG to be blinded by. **2**. to become blocked (up). **ce·ga·to/a** [θeγáto/a] *adj* short-sighted. **ce·gue·ra** [θeγéra] *n/f* **1**. blindness. **2**. FIG obfuscation, FAM short-sightedness.

ce·ja [θéxa] *n/f* **1**. ANAT eyebrow. **2**. MÚS nut. LOC **Estar hasta las ~s,** FIG FAM to be fed up to the back teeth with. **La tengo entre ~ y ~,** FIG FAM I can't stand her. **Esto se me ha metido entre ~ y ~,** FIG FAM I have that fixed in my head. **ce·jar** [θexár] *v* LOC **No ~ en,** FIG not to desist/back down. **ce·ji·jun·to/a** [θexixún̪to/a] *adj* **1**. bushy eyebrowed. **2**. FIG scowling, frowning (*adusto*). **ce·ji·lla** [θexiʎa] *n/f* MÚS nut. **ce·ju·do/a** [θexúðo/a] *adj* bushy eyebrowed.

ce·la·da [θeláða] *n/f* **1**. helmet. **2**. ambush. **ce·la·dor/ra** [θelaðór/ra] *n/m,f* monitor (*colegio*), warden (*cárcel*), attendant (*museo*). **ce·la·je** [θeláxe] *n/m* **1**. sunset clouds. **2**. ARQ skylight. **ce·lar** [θelár] *v* **1**. to conceal. **2**. to guard (*cárcel*).

cel·da [θél̪da] *n/f* cell. LOC **~ de castigo,** solitary confinement. **cel·di·lla** [θel̪díʎa] *n/f* cell (*panal de abejas*).

ce·le·bé·rri·mo/a [θeleßérrimo/a] *adj* renowned, illustrious. **ce·le·bra·ción** [θeleßraθjón] *n/f* celebration. **ce·le·brar** [θeleßrár] *v* **I**. **1**. to praise, extol (*alabar*). **2**. to celebrate. **3**. to hold (*reunión*); to say (*misa*), keep (*fiesta*). **4**. to be glad/happy. **II**. *Refl(-se)* **1**. to take place. **2**. to fall on (*cumpleaños*). **cé·le·bre** [θéleßre] *adj* famous, celebrated. **ce·le·bri·dad** [θeleßriðáð] *n/f* fame, renown, celebrity.

ce·le·ri·dad [θeleriðáð] *n/f* speed, swiftness.

ce·les·te [θeléste] *adj* **1**. celestial, heavenly. **2**. sky blue. **ce·les·tial** [θelestjál] *adj* **1**. celestial, heavenly. **2**. FAM delightful, heavenly. **3**. FAM IR silly, daft.

ce·les·ti·na [θelestína] *n/f* procuress.
ce·li·ba·to [θeliβáto] *n/m* celibacy. **cé·li·be** [θéliβe] *adj* celibate.
ce·lo [θélo] *n/m* **1.** zeal, fervour. **2.** *pl* jealousy. LOC **En ~,** ZOOL on heat. **Tener ~s de,** to be jealous of.
ce·lo·fán [θelofán] *n/m* cellophane.
ce·lo·sía [θelosía] *n/f* lattice (window), shutter.
ce·lo·so/a [θelóso/a] *adj* **1.** **(~ de/en)** keen about/on, fervent about. **2.** **(Con ~)** zealous (for). **3.** **(~ de)** jealous (of).
cel·ta [θé̞lta] **I.** *adj* Celtic. **II.** **1.** *n/m,f* Celt. **2.** *n/m* Celtic (*lengua*). **cél·ti·co/a** [θéltiko/a] *adj* Celtic.
cé·lu·la [θélula] *n/f* cell. **ce·lu·lar** [θelulár] *adj* cellular. LOC **Coche ~,** police van, Black Maria. **ce·lu·li·tis** [θelulítis] *n/f* MED cellulitis. **ce·lu·loi·de** [θelulóiðe] *n/m* celluloid. LOC **Llevar al ~,** to make a film of. **ce·lu·lo·so/a** [θelulóso/a] **I.** *adj* cellulose. **II.** *n/f* QUÍM cellulose.
ce·llis·ca [θeʎíska] *n/f* sleet. **ce·llis·que·ar** [θeʎiskeár] *v* to sleet.
ce·men·ta·ción [θemeṇtaθjón] *n/f* TÉC cementation. **ce·men·tar** [θemeṇtár] *v* TÉC to case-harden, cement.
ce·men·te·rio [θemeṇtérjo] *n/m* graveyard, cemetery.
ce·men·to [θeméṇto] *n/m* **1.** *gen* cement. **2.** concrete (*hormigón*). LOC **~ armado,** reinforced concrete.
ce·na [θéna] *n/f* evening meal, dinner, supper. **ce·ná·cu·lo** [θenákulo] *n/m lit* group, coterie. **ce·na·dor** [θenaðór] *n/m* bower, arbo(u)r.
ce·na·gal [θenaγál] *n/m* **1.** marsh, swamp, quagmire. **2.** FIG tight spot, jam. **ce·na·go·so/a** [θenaγóso/a] *adj* muddy, marshy.
ce·nar [θenár] *v* **1.** to dine, have supper/dinner/an evening meal. **2.** to have for dinner/supper.
cen·ce·rra [θeṇθérra] *n/f*, **cen·ce·rro** [θeṇθérro] *n/m* cowbell. LOC **Estar como un ~,** FIG FAM to be off one's rocker. **cen·ce·rra·da** [θeṇθerráða] *n/f* racket, din. **cen·ce·rreo** [θeṇθerréo] *n/m* jangle/jingling (of bells *pl*).
cen·dal [θeṇdál] *n/m* **1.** sendal, gauze (*tela*). **2.** veil.
ce·ne·fa [θenéfa] *n/f* border (*banda*), ARQ trimming, frieze.
ce·ni·ce·ro [θeniθéro] *n/m* ashtray. **ce·ni·cien·to/a** [θeniθjéṇto/a] **I.** *adj* ashen, ash-coloured. **II.** *n/f* MIT Cinderella.
ce·nit [θénit] *n/m* ASTR zenith.
ce·ni·za [θeníθa] *n/f* **1.** ash. **2.** *pl* ashes, mortal remains. **3.** *pl* dust. LOC **Reducir algo a ~s,** FIG to burn/reduce to ashes. **ce·ni·zo/a** [θeníθo/a] **I.** *adj* ash, grey, ashen. **II.** *n/m* FAM jinx.
ce·no·bio [θenóβjo] *n/m* monastery. **ce·no·bi·ta** [θenoβíta] *n/m,f* cenobite. **ce·no·bí·ti·co/a** [θenoβítiko/a] *adj* cenobitic(al). **ce·no·bi·tis·mo** [θenoβitísmo] *n/m* cenobitism.
ce·no·ta·fio [θenotáfjo] *n/m* cenotaph.
cen·sar [θensár] *v* to take a census of. **cen·so** [θénso] *n/m* **1.** census. **2.** electoral roll. **cen·sor** [θensór] *n/m* censor. **cen·su·ra** [θensúra] *n/f* **1.** censure. **2.** censorship (*de prensa*). **cen·su·rar** [θensurár] *v* **1.** to censor. **2.** to censure.
cen·tau·ro [θeṇtáuro] *n/m* MIT centaur.
cen·ta·vo/a [θeṇtáβo/a] **I.** *adj n/m* hundredth. **II.** *n/m Amer* cent (*moneda*).
cen·te·lla [θeṇtéʎa] *n/f* **1.** (flash of) lightning (*relámpago*), flash (*rayo*). **2.** spark (*chispa*). LOC **Como una ~,** (quick) as a flash. **cen·te·lle·an·te** [θeṇteʎeáṇte] *adj* **1.** sparkling, flashing. **2.** ASTR twinkling, flickering (*llama*), glinting (*metal*). **cen·te·lle·ar** [θeṇteʎeár] *v* **1.** to sparkle, flash. **2.** to flicker, glint. **cen·te·lleo** [θeṇteʎéo] *n/m* sparkling, flickering, glinting.
cen·te·nar [θeṇtenár] *n/m* **1.** hundred. **2.** centenary, centennial. LOC **A ~es,** by the hundred, in hundreds. **cen·te·na·rio/a** [θeṇtenárjo/a] **I.** *adj* **1.** centenarian, hundred-year-old. **2.** centenary, centennial. **II.** *n/m,f* hundred-year-old person, centenarian. **III.** *n/m* centenary, centennial.
cen·te·no/a [θeṇténo/a] **I.** *adj* hundred. **1.** *n/m* BOT rye. **2.** *n/f* hundred.
cen·te·si·mal [θeṇtesimál] *adj* centesimal. **cen·té·si·mo/a** [θeṇtésimo/a] *adj n/m* hundredth. **cen·ti·á·rea** [θeṇtjárea] *n/f* one square metre. **cen·tí·gra·do** [θeṇtíγraðo] *adj* centigrade. **cen·tí·me·tro** [θeṇtímetro] *n/m* Br centimetre, US centimeter (*cm*). **cén·ti·mo/a** [θéṇtimo/a] **I.** *adj* hundredth. **II.** *n/m* cent, centime (*moneda*). LOC **No tener un ~,** not to have a penny.
cen·ti·ne·la [θeṇtinéla] *n/m* MIL guard, sentry. LOC **Estar de ~,** to be on guard.
cen·to·lla [θeṇtóʎa] *n/f* spider crab (*crustáceo*)
cen·tra·do/a [θeṇtráðo/a] **I.** *adj* **1.** **(~ en)** Br centred, US centered. **2.** FIG stable, well-balanced (*persona*). **II.** *n/m* centring. **cen·tral** [θeṇtrál] **I.** *adj* central, FIG pivotal. **II.** *n/f* **1.** head office. **2.** plant, station (*industria*). LOC **~ de correos,** main post office. **~ azucarera,** sugar mill/refinery. **~ sindical,** Trade Union. **~ telefónica,** telephone exchange. **cen·tra·lis·mo** [θeṇtralísmo] *n/m* centralism. **cen·tra·lis·ta** [θeṇtralísta] *adj* centralist. **cen·tra·li·za·ción** [θeṇtraliθaθjón] *n/f* centralization. **cen·tra·li·zar** [θeṇtraliθár] *v* (*centralicen*) to centralize. **cen·tra·li·ta** [θeṇtralíta] *n/f* switchboard (*de teléfono*). **cen·trar** [θeṇtrár] **I.** *v* **1.** Br to centre, US center. **2.** to focus (*luz*). **3.** **(~ en)** FIG to focus/centre on (*atención*). **4.** **(~ en/sobre)** to base/centre on/around. **5.** DEP to aim, centre. **II.** *v/Refl (-se)* **(~se en)** to concentrate on. **cén·tri·co/a** [θéṇtriko/a] *adj* **1.** central, middle. **2.** central, convenient (*lugar*). **cen·tri·fu·ga·dor/ra** [θeṇtrifuγaðór/ra] **I.** *adj* centrifugal. **II.** *n/f* centrifuge. **cen·tri·fu·gar** [θeṇtrifuγár] *v* (*centrifugue*) to centrifuge. **cen·trí·fu·go/a** [θeṇtrífuγo/a] *adj* TÉC centrifugal. **cen·trí·pe·to/a** [θeṇtrípeto/ a] *adj* centripetal. **cen·tris·ta** [θeṇtrísta] *adj* **I.** centre, of the centre. **II.** *n/m,f* centrist. **cen·tro** [θéṇtro] *n/m* **1.** *gen* Br centre, US center, middle. **2.** FIG centre, FIG hub (*de actividad*). **3.** town/city centre. **4.** *pl* FIG circle (*ambiente*);

DEP centre. **5.** FIG heart, centre. LOC ~ **comercial**, shopping centre. ~ **de interés**, centre of interest.

cen·tro·a·me·ri·ca·no/a [θeṇtroamerikáno/a] *adj, n/m,f* GEOG Central American. **cen·tro·eu·ro·peo/a** [θeṇtroeuropéo/a] *adj, n/m,f* GEOG Central European.

cen·tu·pli·car [θeṇtuplikár] *v* (*centupli**que***) **1.** to multiply by one hundred. **2.** to increase a hundredfold. **cén·tu·plo/a** [θéṇtuplo/a] *adj n/m* hundredfold. **cen·tu·ria** [θeṇtúrja] *n/f* century.

cen·tu·rión [θeṇturjón] *n/f* HIST centurion.

ce·ñi·do/a [θeɲíðo/a] *adj* **1.** tight. **2.** figure-hugging, clinging. **ce·ñi·dor** [θeɲiðór] *n/m* belt, girdle. **ce·ñir** [θeɲír] **I.** *v* (*ci**ño***) **1.** FIG to surround, (en)circle. **2.** to put on, wear (*cinturón*). **3.** **(~ con/de)** to bind, encircle (with). **II.** *v/Refl(-se)* **1.(~se en)** to limit oneself to, cut down on. **2.** **(~se a)** to adapt oneself to, conform to. **3.** to cling, be tight (*vestido*). **4.** to tighten (*cinturón*). **ce·ño** [θéɲo] *n/m* **1.** scowl, frown. **2.** FIG threatening skies *pl* (*tiempo*). LOC **Fruncir el** ~, to scowl, frown, knit one's brow. **ce·ñu·do/a** [θeɲúðo/a] *adj* frowning, scowling.

ce·pa [θépa] *n/f* BOT **1.** stump (*tronco*). **2.** stock, vine (*vid*). LOC **De buena** ~, of good stock.

ce·pi·lla·du·ra [θepiʎaðúra] *n/f* **1.** brush, brushing. **2.** TÉC planing. **ce·pi·llar** [θepiʎar] **I.** *v* **1.** to brush. **2.** TÉC to plane (*madera*). **3.** SL to butter sb up (*adular*). **4.** FIG SL to lick sb (*en el juego*); DEP to beat. **II.** *v/Refl(-se)* **1.** FIG FAM to polish, finish off (*trabajo, dinero*). **2.** FIG FAM to bump off (*matar*). **ce·pi·llo** [θepíʎo] *n/m* **1.** brush. **2.** TÉC plane. **3.** collecting box (*para dinero*). LOC ~ **de dientes**, toothbrush. ~ **para la ropa,** clothes brush. ~ **para las uñas**, nail brush. **Pasar el** ~, REL to take the collection.

ce·po [θépo] *n/m* **1.** trap. **2.** pillory, stocks. **3.** shackles, fetters. **4.** TÉC clamp.

ce·po·rro/a [θepórro/a] *n/m,f* blockhead, FAM thickie.

ce·ra [θéra] *n/f* **1.** wax. **2.** *Amer* candle. LOC ~ **de abejas**, beeswax. ~ **de los oídos**, earwax. ~ **para suelos**, floor polish. **Sacar la** ~, to polish.

ce·rá·mi·ca [θerámika] *n/f* ceramics, pottery. **ce·rá·mi·co/a** [θerámiko/a] *adj* ceramic. **ce·ra·mis·ta** [θeramísta] *n/m,f* potter.

cer·ba·ta·na [θerβatána] *n/f* **1.** blowpipe (*arma*). **2.** peashooter (*de niño*).

cer·ca [θérka] **I.** *adv* **1.** near/close to, nearby. **2.** **(~ de)** nearly, about, almost: *Había cerca de mil personas*, There were nearly a thousand people. LOC **Aquí** ~, near here. **De** ~, 1. closely. 2. at close range, close up. **Muy de** ~, close at hand. **Por aquí** ~, somewhere round here. **II.** *n/f* enclosure, fenced-off area. **cer·ca·do** [θerkáðo] *n/m* enclosure, orchard. **cer·ca·nía** [θerkanía] *n/f* **1.** proximity, nearness. **2.** *pl* outskirts, suburbs. LOC **Tren de ~s**, commuter train. **cer·ca·no/a** [θerkáno/a] *adj* **1.** close, near, nearby. **2.** FIG impending. **cer·car** [θerkár] *v* (*cer**quen***) **1.** to enclose, fence-off, wall (off). **2.** MIL to besiege, encircle, surround. **3.** to crowd round.

cer·ce·nar [θerθenár] *v* to cut (down), trim, reduce.

cer·ci·llo [θerθíʎo] *n/m* earring.

cer·cio·rar [θerθjorár] **I.** *v* to assure, convince. **II.** *v/Refl(-se)* **(~se de)** to make sure of, verify.

cer·co [θérko] *n/m* **1.** circle, ring, enclosure. **2.** TÉC rim, frame. **3.** MIL siege. LOC ~ **policíaco**, police cordon.

cer·cha [θértʃa] *n/f* ARQ truss, template.

cer·da [θérða] *n/f* bristle (*del cerdo*), horsehair (*del caballo*). **cer·do/a** [θérðo/a] **I.** *n/m,f* ZOOL pig *m*; sow *f*. LOC **Carne de** ~, pork. ~ **marino**, porpoise. **II.** *adj* dirty (*persona*). **cer·do·so/a** [θerðóso/a] *adj* bristly.

ce·re·al [θereál] *n/m* **1.** cereal. **2.** *pl* grain, cereals. LOC **Mercado de ~es**, corn exchange. **ce·rea·lis·ta** [θerealísta] *adj* cereal, cereal producing.

ce·re·be·lo [θereβélo] *n/m* ANAT cerebellum. **ce·re·bral** [θereβrál] *adj* cerebral. **ce·re·bro** [θeréβro] *n/m* ANAT cerebrum, brain. LOC ~ **electrónico**, computer.

ce·re·mo·nia [θeremónja] *n/f* **1.** ceremony. **2.** protocol, formality, FAM fuss. **ce·re·mo·nial** [θeremonjál] **I.** *adj* ceremonial, ceremonious. **II.** *n/m* ceremonial. **ce·re·mo·nio·so/a** [θeremonjóso/a] *adj* ceremonious, formal.

cé·reo/a [θéreo/a] *adj* wax, waxen. **ce·re·ría** [θerería] *n/f* chandler's (shop). **ce·re·ro** [θeréro] *n/m* chandler.

ce·re·za [θeréθa] *n/f* BOT cherry. **ce·re·zo** [θeréθo] *n/m* BOT cherry tree.

ce·ri·lla [θeríʎa] *n/f* match.

cer·ner [θernér] **I.** *v* (***cierno***) **1.** to sieve, sift. **2.** BOT to bloom. **II.** *v/Refl(-se)* **(~se sobre) 1.** to hover (*ave*), circle (*avión*). **2.** FIG to loom, hang (over); threaten (*peligro*).

cer·ní·ca·lo [θerníkalo] *n/m* kestrel (*ave*).

cer·ni·do [θerníðo] *n/m* sifting, sieving.

ce·ro [θéro] *n/m* **1.** MAT FÍS zero, Br nought. **2.** DEP love (*tenis*), nil. LOC **Partir de ~,** FIG FAM to start from scratch. **Ser un ~ a la izquierda**, FIG FAM to be a nobody.

ce·rra·do/a [θerráðo/a] *adj* **1.** closed, shut. **2.** enclosed, shut in. **3.** overcast (*cielo*), dark (*noche*); tight (*curva*). **4.** FIG **(~ de)** secretive, quiet (*carácter*). **5.** bushy, thick (*barba*). **6.** thick, broad (*acento*), GRAM close(d) (*vocal*). **7.** clenched (*puño*). LOC **A ojos ~s**, 1. with one's eyes closed. 2. blindfold(ed). **A puerta ~,** JUR in camera, behind closed doors. **ce·rra·du·ra** [θerraðúra] *n/f* **1.** closing, shutting (*acción*). **2.** lock.

ce·rra·je·ría [θerraxería] *n/f* locksmith's trade/shop. **ce·rra·je·ro** [θerraxéro] *n/m* locksmith, keycutter. **ce·rra·mien·to** [θerramjéṇto] *n/m* **1.** closing, shutting. **2.** partition, enclosure. **ce·rrar** [θerrár] *v* **I. 1.** to close, shut. **2.** to close (up/off), turn (off/out) (*grifo, gas*), stop (*agujero*), ELECTR close (*circuito*). **3.** to lock (up) (*con llave*), bolt (*con cerrojo*). **4.** to close, shut down (*fábrica*). **5.** to finish, conclude (*discusión*). **6.** to bring up the rear of (*procesión*). **7.** COM to strike, close, clinch (a deal). **8.** to clench, close (*puño*), seal (*carta*). **II.** *v/Refl(-se)* **1. (~se en** + *inf*) to persist in + *ger.* **2.** to cloud over (*cielo*). **3. (~se a)** to be intransigent/obstinate about. **4.** to heal (*herida*). LOC **~ el paso**, to bar one's way. **Dejar sin ~**, to leave open. **ce·rra·zón** [θerraθón] *n/f* **1.** storm clouds, overcast sky. **2.** obstinacy.

ce·rril [θerríl] *adj* **1.** hilly, uneven. **2.** obstinate.

ce·rro [θérro] *n/m* hill, hillock. LOC **Irse por los ~s de Úbeda**, FIG to digress, go off on a tangent.

ce·rro·ja·zo [θerroxáθo] *n/m* LOC **Dar ~**, FIG FAM to end abruptly. **ce·rro·jo** [θerróxo] *n/m* bolt.

cer·ta·men [θertámen] *n/m* contest, tournament, competition.

cer·te·ro/a [θertéro/a] *adj* **1.** crack shot (*tirador*). **2.** good, accurate. **cer·te·za** [θertéθa] *n/f* **1.** certainty, certitude. **2.** accuracy. LOC **Saber algo con ~**, to be certain of sth. **cer·ti·dum·bre** [θertiðúmbre] *n/f* V **certeza.**

cer·ti·fi·ca·ción [θertifikaθjón] *n/f* **1.** certification (*acción*). **2.** registration, registering. **3.** certificate. **4.** JUR affidavit. **cer·ti·fi·ca·do** [θertificáðo] **I.** *adj* **1.** registered (*correo*). **2.** certified. **II.** *n/m* **1.** certificate. **2.** registered parcel/letter. **cer·ti·fi·car** [θertifikár] *v* (*certifique*) **1.** to certify, guarantee. **2.** to register (*correo*).

ce·rú·leo/a [θerúleo/a] *adj* cerulean, azure, deep-blue.

ce·ru·men [θerúmen] *n/m* ANAT earwax.

cer·val [θerβál] *adj* ZOOL deer, cervine. LOC **(Tener un) miedo ~**, a great fear, (to be) highly scared.

cer·van·ti·no/a [θerβantíno/a] *adj lit* Cervantine.

cer·va·to [θerβáto] *n/m* ZOOL fawn (*ciervo*).

cer·ve·ce·ría [θerβeθería] *n/f* **1.** brewery. **2.** bar. **cer·ve·ce·ro/a** [θerβeθéro/a] *n/m* brewer. **cer·ve·za** [θerβéθa] *n/f* beer, ale. LOC **~ de barril,** draught beer. **~ negra,** stout, brown ale.

cer·vi·cal [θerβikál] *adj* ANAT cervical. **cer·viz** [θerβíθ] *n/f* (*pl cervices*) ANAT cervix, nape of the neck. LOC **Bajar/Doblar la ~**, FIG FAM to humble oneself. **Ser de dura ~**, FIG to be stubborn.

ce·sa·ción [θesaθjón] *n/f* cessation, suspension. LOC **~ a divinis,** JUR interdict. **ce·san·te** [θesánte] *adj* **1.** dismissed, suspended. **2.** FAM jobless, out of a job. **ce·san·tía** [θesantía] *n/f* suspension. **ce·sar** [θesár] *v* **1. (~ de** + *inf*) to cease, stop (+ *ger*). **2. (~ en)** to leave, quit, give up (*trabajo*). LOC **Sin ~**, ceaselessly, nonstop.

ce·sá·reo/a [θesáreo/a] **I.** *adj* caesarean. **II.** *n/f* MED caesarean section.

ce·se [θése] *n/m* cessation, ceasing; dismissal. LOC **~ de hostilidades**, MIL cease-fire.

ce·sio [θésjo] *n/m* caesium.

ce·sión [θesjón] *n/f* **1.** cession. **2.** JUR transfer, assignment. **ce·sio·na·rio/a** [θesjonárjo/a] *n/m,f* JUR cessionary, transferee, assignee. **ce·sio·nis·ta** [θesjonísta] *n/m,f* JUR grantor, transferor.

cés·ped [θéspeð] *n/m* **1.** lawn, grass. **2.** DEP pitch (*fútbol*), green (*bolos*). LOC **Cortar el ~**, to mow the lawn, cut the grass.

ces·ta [θésta] *n/f* **1.** basket. **2.** jai-alai basket (*pelota*). LOC **~ de la compra**, 1. shopping. 2. shopping basket. **~ de Navidad,** Christmas hamper. **ces·te·ría** [θestería] *n/m* basketry, basket making. **ces·to** [θésto] *n/m* large basket, hamper.

ce·su·ra [θesúra] *n/f* POÉT caesura.

ce·tá·ceo/a [θetáθeo/a] *adj n/m* ZOOL cetacean.

ce·tre·ría [θetrería] *n/f* falconry.

ce·tri·no/a [θetríno/a] *adj* **1.** greenish-yellow. **2.** sallow (*rostro*).

ce·tro [θétro] *n/m* **1.** sceptre. **2.** FIG power, dominion.

ceu·tí [θeutí] *adj n/m,f* (*ceutíes*) GEOG from/of Ceuta.

cía [θía] *n/f* **1.** ANAT hipbone. **2.** *abrev* COM company, (Co.)

cia·no·sis [θjanósis] *n/f* MED cyanosis.

cia·nu·ro [θjanúro] *n/m* QUÍM cyanide.

ciar [θijár] *v* (*cío, cíen*) NÁUT to back water (*remo*).

ciá·ti·co/a [θjátiko/a] **I.** *adj* MED sciatic. **II.** *n/f* MED sciatica.

ci·ber·né·ti·ca [θiβernétika] *n/f* cybernetics. **ci·ber·né·ti·co/a** [θiβernétiko/a] *adj* cybernetic.

ci·bo·rio [θiβórjo] *n/m* **1.** HIST goblet. **2.** ARQ REL ciborium.

ci·ca·te·ría [θikatería] *n/f* stinginess. **ci·ca·te·ro/a** [θikatéro/a] *adj* **1.** stingy, mean, FAM tight-fisted. **2.** touchy.

ci·ca·triz [θikatríθ] *n/f* (*pl cicatrices*) scar, cicatrice. **ci·ca·tri·za·ción** [θikatriθaθjón] *n/f* healing. **ci·ca·tri·zar** [θikatriθár] *v* (*cicatrice*) to heal.

ci·ce·ro·ne [θiθeróne] *n/m* guide (*turístico*).

ci·ce·ro·nia·no/a [θiθeronjáno/a] *adj* LIT Ciceronian.

cí·cli·co/a [θícliko/a] *adj* cyclic(al).

ci·clis·mo [θiklísmo] *n/m* DEP cycling. **ci·clis·ta** [θiklísta] *adj n/m,f* cyclist.

ci·clo [θíklo] *n/m* **1.** *gen* cycle. **2. (~ de)** series, course. **ci·cloi·de** [θiklóiðe] *n/f* MAT cycloid. **ci·clo·mo·tor** [θiklomotór] *n/m* moped.

ci·clón [θiklón] *n/m* cyclone.

cí·clo·pe [θíklope] *n/m* MIT Cyclops. **ci·cló·peo/a** [θiklópeo/a] *adj* cyclopean, gigantic.

ci·clos·til, ci·clos·ti·lo [θiklostíl(o)] *n/m* cyclostyle, mimeograph. **ci·clo·trón** [θiklotrón] *n/m* FÍS cyclotron.

ci·cu·ta [θikúta] *n/f* BOT hemlock.

ci·dra [θíðra] *n/f* BOT citron (*fruto*). **ci·dro** [θíðro] *n/m* BOT citron (tree).

cie·go/a [θjéγo/a] *adj* **1.** blind. **2. (~ de)** FIG blind, blinded (by) (*de ira*). **3.** blocked, plugged (up) (*cañería*). LOC **A ciegas**, blindly. **Dar palos de ~**, 1. to grope about blindly. 2. to lash out. **Obrar a ciegas,** FIG to work blind, do sth blind.

cie·lo [θjélo] *n/m* **1.** sky, ASTR heavens. **2.** ARQ ceiling. **3.** REL heaven, FIG glory. **4.** darling, honey (*apelativo cariñoso*). LOC **¡Mi ~!/¡~s!/¡~ santo! ¡Santo ~!**, *int* Heavens!,

Heavens above! **Como llovido/caído del ~**, 1. out of the blue. 2. heaven-sent. **Estar en el (séptimo) ~**, FIG FAM to be on cloud nine, be in one's seventh heaven. **Poner el grito en el ~**, FIG FAM to play hell, kick up a fuss. **Remover ~ y tierra**, FIG FAM to move heaven and earth. **Se le vino el ~ abajo**, FIG FAM the world came tumbling down around his ears. **Ver el ~ abierto**, FIG FAM to see a way out, see the light at the end of the tunnel.

ciem·piés [θjempjés] *n/m* centipede.

cien [θjén] *adj n/m* (*apócope* de **ciento**) hundred. LOC **~ por ~**, one hundred percent.

cié·na·ga [θjénaγa] *n/f* marsh, swamp, bog.

cien·cia [θjénθja] *n/f* **1**. FIG knowledge, learning. **2**. science. LOC **A ~ cierta**, definitely, beyond a shadow of a doubt. **~ ficción**, science fiction. **~s naturales**, pure/natural sciences. **Tener poca ~**, FIG FAM to be as easy as pie. **Ser un pozo de ~**, FIG FAM to be a mine of information/knowledge.

cie·no [θjéno] *n/m* mud, muck, mire.

cien·tí·fi·co/a [θjentífiko/a] **I**. *adj* scientific. **II**. *n/m,f* scientist.

cien·to [θjento] *adj n/m* a hundred, one hundred: *Ciento veinte*, One hundred and twenty; *Doscientas casas*, Two hundred houses. LOC **A ~s**, loads, hundreds (*muchos*). **Por ~**, percent.

cier·ne [θjérne] *n/m* blooming, blossoming. LOC **En ~(s)**, 1. in flower/bloom. 2. FIG budding, in the making.

cie·rre [θjérre] *n/m* **1**. closing, shutting. **2**. shutdown, closure, close. **3**. fastener, buckle (*cinturón*), clip (*bolsa*), catch (*puerta*). LOC **~ patronal**, lockout.

cier·to/a [θjérto/a] **I**. *adj* **1**. true. **2**. a certain, some. **3**. sure, certain. **II**. *adj* **1**. certain, sure. **2**. true. **III**. *adv* certainly, of course. LOC **En ~s casos**, in some cases, in certain cases. **Estar en lo ~**, to be right. **Lo ~ es que**, the fact is that. **Por ~**, 1. indeed, certainly. 2. by the way (*a propósito*). **Si es ~ que**, if it's true that. **Tan ~ como**, as sure as.

cier·vo/a [θjérβo/a] **1**. *n/m* ZOOL deer, stag, hart. **2**. *n/f* ZOOL deer, hind. LOC **~ común**, red deer.

cier·zo [θjérθo] *n/m* north wind.

ci·fra [θífra] *n/f* **1**. number, figure, code. **2**. COM sum, total. **ci·fra·do/a** [θifráðo/a] *adj* in code, coded. **ci·frar** [θifrár] *v* **1**. to write/put in code. **2**. **(~ en)** FIG to centre around/upon, place in/on: *Cifra la felicidad en el comer*, He places all his joy in food.

ci·ga·la [θiγála] *n/f* Norway lobster (*crustáceo*).

ci·ga·rra [θiγárra] *n/f* cicada (*insecto*). **ci·ga·rral** [θiγarrál] *n/m* country house.

ci·ga·rre·ra [θiγarréra] *n/f* tobacco pouch, cigarette case. **ci·ga·rre·ría** [θiγarrería] *n/f* *Amer* tobacconist's (shop). **ci·ga·rri·llo** [θiγarríʎo] *n/m* cigarette. **ci·ga·rro** [θiγárro] *n/m* cigar, cigarette.

ci·go·ñal [θiγoɲál] *n/m* shadoof, shaduf, water-raising device.

ci·go·ñi·no [θiγoɲíno] *n/m* young stork (*ave*).

ci·go·to [θiγóto] *n/m* BIOL zygote.

ci·güe·ña [θiγwéɲa] *n/f* **1**. stork (*ave*). **2**. TÉC crank, winch.

ci·güe·ñal [θiγweɲál] *n/m* AUT crankshaft.

ci·liar [θiljár] *adj* ANAT ciliary.

ci·li·cio [θiliθjo] *n/m* hairshirt.

ci·lia·do/a [θiljáðo/a] **I**. *adj* ciliated, ciliate. **II**. *n/m* ZOOL ciliate, *pl* ciliata.

ci·lin·dra·da [θilindráða] *n/f* AUT cylinder capacity. **ci·lín·dri·co/a** [θilíndriko/a] *adj* cylindric(al). **ci·lin·dro** [θilíndro] *n/m* MAT TÉC cylinder, roller.

ci·ma [θíma] *n/f* **1**. summit, top, crest (*ola*). **2**. FIG height, pinnacle, peak.

ci·ma·rrón/na [θimarrón/na] *adj* ZOOL BOT wild.

cím·ba·lo [θímbalo] *n/m* **1**. MÚS cymbal. **2**. small bell.

cim·bo·rio, cim·bo·rrio [θimbó(r)rjo] *n/m* ARQ cupola, dome.

cim·bra [θímbra] *n/f* **1**. ARQ centring. **2**. ARQ soffit.

cim·bre·an·te [θimbreánte] *adj* flexible, supple, swaying. **cim·br(e)·ar** [θimbr(e)ár] *v* **I**. to bend, buckle. **II**. *Refl(-se)* to move/sway gracefully (*al andar*). **cim·breo** [θimbréo] *n/m* swaying, bending, quivering.

ci·men·ta·ción [θimentaθjón] *n/f* **1**. ARQ FIG laying of foundations (*acción*). **2**. foundation(s). **ci·men·tar** [θimentár] *v* (*cimiento*) **1**. ARQ FIG to lay the foundations of (*edificio*). **2**. to refine (*oro*). **3**. FIG to consolidate, strengthen.

ci·me·ro/a [θiméro/a] **I**. *n/f* crest. **II**. *adj* uppermost, top, highest.

ci·mien·to [θimjénto] *n/m* **1**. *pl* ARQ foundations. **2**. FIG foundation(s), basis. LOC **Echar los ~s**, to lay the foundations.

ci·mi·ta·rra [θimitárra] *n/f* scimitar.

ci·na·mo·mo [θinamómo] *n/m* BOT cinnamon tree.

cinc [θíŋ(k)] *n/m* zinc.

cin·cel [θinθél] *n/m* TÉC chisel. **cin·ce·la·do** [θinθeláðo] *n/m* chiselling. **cin·ce·lar** [θinθelár] *v* to chisel.

cin·co [θíŋko] **I**. *adj* five, fifth. **II**. n/m **1**. five. **2**. fifth. LOC **¡Choca esos ~!**, *exclam* Done, let's shake on it! **cin·cuen·ta** [θiŋkwénta] *adj n/m* **1**. fifty. **2**. fiftieth. **cin·cuen·ta·vo/a** [θiŋkwentáβo/a] *adj n/m,f* fiftieth. **cin·cuen·te·no/a** [θiŋkwenténo/a] *adj* fiftieth. **cin·cuen·te·na·rio/a** [θiŋkwentenário/a] **I**. *adj* fiftieth. **II**. *n/m* fiftieth anniversary. **cin·cuen·tón/na** [θiŋkwentón/na] *adj, n/m,f* in one's fifties.

cin·cha [θíntʃa] *n/f* girth, cinch. **cin·char** [θintʃár] *v* **1**. to girth (*caballería*). **2**. to hoop. **cin·cho** [θíntʃo] *n/m* belt, hoop, girth.

ci·ne [θíne] *n/m* cinema, Br pictures, FAM flicks, US movies. LOC **~ mudo**, silent films. **De ~**, marvellous. **Hacer ~**, to make films. **ci·ne·as·ta** [θineásta] *n/m,f* **1**. film actor/actress. **2**. film director. **3**. person who works in the film industry. **ci·ne·club** [θineklúb] *n/m* film club/society.

ci·ne·gé·ti·co/a [θinexétiko/a] **I**. *adj* cynegetic. **II**. *n/f* hunting.

ci·ne·má·ti·ca [θinemátika] *n/f* FÍS kinematics.
ci·ne·ma·to·gra·fía [θinematoɣrafía] *n/f* cinematography, film-making. **ci·ne·ma·to·grá·fi·co/a** [θinematoɣráfiko/a] *adj* cinematographic, film. **ci·ne·ma·tó·gra·fo** [θinematóɣrafo] *n/m* **1**. projector. **2**. cinema (*local*).
ci·ne·ra·rio/a [θinerárjo/a] *adj* cinerary.
ci·né·ti·co/a [θinétiko/a] *adj* kinetic.
cín·ga·ro/a [θíŋgaro/a] *adj n/m,f* Tzigane, Hungarian gypsy.
cín·gu·lo [θíŋgulo] *n/m* REL cord.
cí·ni·co/a [θíniko/a] **I**. *adj* cynical. **II**. *n/m,f* cynic. **ci·nis·mo** [θinísmo] *n/m* cynicism.
cin·ta [θíṇta] *n/f* **1**. *gen* band, ribbon. **2**. braid, edging (*adorno*). **3**. tape, film. **cin·to** [θíṇto] *n/m* belt. **cin·tu·ra** [θiṇtúra] *n/f* **1**. ANAT waist. **2**. waistline, girdle. LOC **Meter a alguien en ~**, FIG to make sb behave. **cin·tu·rón** [θiṇturón] *n/m* **1**. belt. **2**. FIG circle, belt, cordon. LOC **Apretarse el ~**, FIG FAM to tighten one's belt. **~ de seguridad**, 1. safety belt, seat belt. 2. bodyguard(s).
ci·po·te [θipóte] *n/m* SL penis, willy.
ci·prés [θiprés] *n/m* BOT cypress (tree).
cir·ce [θírθe] *n/f* wily woman.
cir·cen·se [θirθénse] *adj* circus. **cir·co** [θírko] *n/m* **1**. *gen* circus. **2**. amphitheatre. **3**. big top. **4**. GEOL cirque.
cir·cuir [θirkwír] *v* (*circuyo*) to surround. **cir·cui·to** [θirkwíto] *n/m* **1**. DEP circuit, track, course. **2**. circumference. **3**. tour, circuit (*viaje*). **4**. ELECTR circuit. LOC **~ cerrado**, closed circuit.
cir·cu·la·ción [θirkulaθjón] *n/f* **1**. circulation. **2**. traffic. **cir·cu·lan·te** [θirkuláṇte] *adj* circulating. **cir·cu·lar** [θirkulár] **I**. *adj* circular. **II**. *n/f* circular (*carta*). **III**. *v* **1**. **(~ por)** AUT to flow, circulate (*tráfico*), walk about (*persona*). **2**. FIG to circulate, go around, spread. LOC **¡Circulen por favor!**, *exclam* Move along please!, Keep moving! **cir·cu·la·to·rio/a** [θirkulatórjo/a] *adj* circulatory. **cír·cu·lo** [θírkulo] *n/m* **1**. *gen* circle. **2**. FIG club, circle, PEY clique.
cir·cun·ci·dar [θirkuṇθiðár] *v* to circumcise. **cir·cun·ci·sión** [θirkuṇθisjón] *n/f* circumcision. **cir·cun·ci·so** [θirkuṇθiso] *adj* circumcised.
cir·cun·dar [θirkuṇdár] *v* to surround. **cir·cun·fe·ren·cia** [θirkumferéṇθja] *n/f* circumference.
cir·cun·fle·jo [θirkumfléxo] *n/m* circumflex.
cir·cun·lo·cu·ción [θirkunlokuθjón] *n/f* circumlocution. **cir·cun·lo·quio** [θirkunlókjo] *n/m* circumlocution.
cir·cun·na·ve·ga·ción [θirkunnaβeɣaθjón] *n/f* circumnavigation. **cir·cun·na·ve·gar** [θirkunnaβeɣár] *v* (*circunnaveguen*) to circumnavigate, sail round.
cir·cuns·cri·bir [θirku(n)skriβír] **I**. *v* **1**. to circumscribe. **2**. **(~ a)** FIG to limit, circumscribe. **II**. *v/Refl(-se)* **(~se a)** to confine/restrict oneself to. **cir·cuns·crip·ción** [θirku(n)skripθjón] *n/f* **1**. circumscription, circumscribing. **2**. district, area. **cir·cuns·cri·to/a** [θirku(n)skríto/a] *adj* circumscribed, FIG limited. **cir·cuns·pec·ción** [θirku(n)spekθjón] *n/f* circumspection, prudence. **cir·cuns·pec·to/a** [θirku(n)spékto/a] *adj* **1**. *gen* circumspect. **2**. prudent. **3**. dignified.
cir·cuns·tan·cia [θirku(n)stáṇθja] *n/f* circumstance. LOC **Estar a la altura de las ~s**, to be up to it. **cir·cuns·tan·cial** [θirku(n)stanθjál] *adj* circumstantial. **cir·cuns·tan·te** [θirku(n)stáṇte] *n/m,f* bystander, onlooker. LOC **Los ~s**, those present.
cir·cun·va·la·ción [θirkuɱbalaθjón] *n/f* LOC **Carretera de ~**, ringroad, bypass.
ci·ri·neo/a [θirinéo/a] *n/m,f* Cyrenian.
ci·rio [θírjo] *n/m* wax candle.
ci·rro [θírro] *n/m* cirrus (*nube*).
ci·rro·sis [θirrósis] *n/f* MED cirrhosis.
ci·rue·la [θirwéla] *n/f* BOT plum. LOC **~ claudia**, greengage. **~ damascena**, damson. **~ pasa**, prune. **ci·rue·lo** [θirwélo] *n/m* BOT plum tree.
ci·ru·gía [θiruxía] *n/f* surgery. LOC **~ estética**, plastic surgery. **ci·ru·ja·no/a** [θiruxáno/a] *n/m,f* surgeon.
cis·co [θísko] *n/m* **1**. GEOL slack. **2**. row, uproar. LOC **Hacerse ~**, to break/smash into pieces. **Estar hecho ~**, FIG FAM to be done in (*moral o físicamente*).
cis·ma [θísma] *n/m* **1**. REL schism. **2**. split (*política*), disagreement. **cis·má·ti·co/a** [θismátiko/a] *adj* **1**. REL schismatic(al). **2**. dissident.
cis·ne [θísne] *n/m* swan.
ci·so·ria [θisórja] *adj* LOC **Arte ~**, art of carving.
cís·ter [θíster] *n/m* REL Cistercian. **cis·ter·cien·se** [θisterθjénse] *adj* Cistercian.
cis·ter·na [θistérna] *n/f* **1**. cistern, (water)-tank. **2**. tank, NÁUT tanker.
cis·ti·tis [θistítis] *n/f* MED cystitis.
ci·su·ra [θisúra] *n/f* incision.
ci·ta [θíta] *n/f* **1**. appointment. **2**. date (*novios*, etc). **3**. quotation, quote, citation. LOC **Casa de ~s**, brothel. **Darse ~**, to come together (*reunión*). **Tener ~ con**, to have a date/an appointment with, have to go and see. **ci·ta·ción** [θitaθjón] *n/f* **1**. JUR writ, summons, citation. **2**. quotation, citation. **ci·tar** [θitár] *v* **1**. to make an appointment/date with. **2**. to quote, cite. LOC **~ a juicio**, JUR to call as witness, subpoena. **~ ante la justicia**, to take to court. **Para no ~ otros**, to mention but a few. **ci·ta·do/a** [θitáðo/a] *adj* aforementioned, said.
cí·ta·ra [θitára] *n/f* MÚS zither.
ci·to·lo·gía [θitoloxía] *n/f* BIOL cytology. **ci·to·plas·ma** [θitoplásma] *n/m* BIOL cytoplasm.
cí·tri·co/a [θítriko/a] **I**. *adj* citric. **II**. *n/m pl* citrus fruits.
ciu·dad [θjuðáð] *n/f* town, city. LOC **~ dormitorio**, commuter town. **~ hermana**, twin town. **~ universitaria**, campus. **ciu·da·da·nía** [θjuðaðanía] *n/f* citizenship. **ciu·da·da·no/a** [θjuðaðáno/a] **I**. *adj* civic, city. **II**. *n/m,f* **1**. city dweller. **2**. citizen. **3**. *pl* **(los ~s)** the townspeople, the people. LOC **~ de honor**, freeman. **ciu·da·de·la** [θjuðaðéla] *n/f* citadel, fortress.

cí·vi·co/a [θíβiko/a] **I.** *adj* **1.** civic. **2.** FIG public-spirited. **ci·vil** [θiβíl] *adj* **1.** *gen* civil. **2.** lay, secular. **3.** civilian, civil. **II.** *n/m,f pl* **1.** civilian. **2.** (**Guardia** ~; **Los (guardias) civiles**) MIL civil guard. LOC **Guerra** ~, civil war. **Población** ~, civilian population. **Por lo** ~, 1. in a registry office (*casamiento*). 2. JUR in a civil court. **ci·vi·li·za·ción** [θiβiliθaθjón] *n/f* civilization. **ci·vi·li·zar** [θiβiliθár] *v* (*civilice*) to civilize. **ci·vis·mo** [θiβísmo] *n/m* **1.** civics, civic spirit, good citizenship. **2.** civility (*cortesía*).

ci·za·lla [θiθáʎa] *n/f pl* **1.** shears, (metal) clippers. **2.** metal clippings/cuttings.

ci·za·ña [θiθáɲa] *n/f* **1.** BOT darnel. **2.** FIG FAM harmful influence. LOC **Meter/Sembrar** ~, FIG to sow discord.

cla·mar [klamár] *v* **1.** (**~ por**) to cry out, clamo(u)r (for). **2.** to implore, beseech (*rogar*). **3.** FIG to beg for, demand: *Esa injusticia clama al cielo*, This injustice cries out to be put right. **cla·mor** [klamór] *n/f* **1.** cry, shout, scream. **2.** Br clamo(u)r, noise. **cla·mo·ro·so/a** [klamoróso/a] *adj* **1.** loud, clamorous. **2.** resounding (*éxito*).

clan [klán] *n/m* clan. LOC **El ~ mafioso**, the mob.

clan·des·ti·ni·dad [klaŋ̟destiniðáð] *n/f* clandestinity, secrecy. **clan·des·ti·no/a** [klaŋ̟destíno/a] *adj* clandestine, FIG underground.

cla·que, clac [klák(e)] *n/f* FIG FAM claque.

cla·ra·bo·ya [klaraβóJa] *n/f* skylight.

cla·re·ar [klareár] **I.** *v* **1.** to light up, illuminate. **2.** to dawn, get light. **3.** to clear (up) (*cielo*). **II.** *v/Refl(-se)* to be transparent, FAM let the light through.

cla·re·te [klaréte] *n/m* rosé (wine).

cla·ri·dad [klariðáð] *n/f* light, clarity, brightness. LOC **Con** ~, clearly. **cla·ri·fi·ca·ción** [klarifikaθjón] *n/f* **1.** *gen* clarification. **2.** illumination, lighting. **cla·ri·fi·car** [klarifikár] *v* (*clarifique*) **1.** to illuminate, light up. **2.** FIG to clarify, explain.

cla·rín [klarín] *n/m* MÚS **1.** bugle. **2.** bugler (*músico*). **cla·ri·ne·te** [klarinéte] **1.** *n/m* MÚS clarinet. **2.** *n/m,f* clarinetist.

cla·ri·sa [klarísa] *n/f* REL nun of the Order of St. Clare.

cla·ri·vi·den·cia [klariβiðén̟θja] *n/f* **1.** perspicacity, discernment. **2.** clairvoyance. **cla·ri·vi·den·te** [klariβiðén̟te] *adj* **1.** far-sighted, discerning. **2.** clairvoyant.

cla·ro/a [kláro/a] **I.** *adj* **1.** bright (*ojos/día*). **2.** clear, transparent (*cristal*). **3.** light, pale (*color*). **4.** clear (*agua, voz, lenguaje*). **5.** thin (*tela*), weak (*té*), sparse (*ralo*). **6.** clear, distinct, bold (*contorno*). 7. plain-speaking, straightforward (*persona*). **8.** FIG illustrious. **II.** *adv* clearly, plainly. LOC **¡Claro!**, Yes, of course. **III.** *n/m* **1.** highlight, light tone (*dibujo*). **2.** space, clearing. **IV.** *n/f* (egg) white. LOC **A las claras**, clearly, openly, FAM out in the open. **Chocolate** ~, milk chocolate. **~ que,** of course. **¡~ que sí/no!**, *exclam* Of course!, Certainly!/Of course not!, Certainly not! **¿Está ~?**, Is that clear? **Hablar** ~, to speak plainly. **Llenar un** ~, to fill a gap. **Poner en** ~, to clarify, clear up. **Sacar algo en** ~, to solve, clear sth up. **No veo (el asunto)** ~, I don't see that matter clearly.

cla·ros·cu·ro [klaroskúro] *n/m* chiaroscuro, light and shade/shadow.

cla·se [kláse] *n/f* **1.** *gen* class. **2.** class, sort, kind, type. **3.** class(room). LOC **~ alta/media/baja/obrera,** upper/middle/lower/working class. **~s particulares,** private lessons. **Dar** ~, to teach. **Dar ~ con alguien,** to take/attend sb's classes. **De buena** ~, good-quality. **De** ~, 1. notable, distinguished. 2. MIL noncommissioned. **De primera/segunda** ~, first-class/second-class. **De toda** ~, of all sorts. **De una misma** ~, of the same kind. **Lucha de ~s**, class struggle. **Faltar a** ~, to miss school. **Sin ninguna ~ de dudas,** without a shadow of a doubt. **Tener mucha** ~, to have a lot of class. **Toda ~ de,** every (kind of), all kinds of.

cla·si·cis·mo [klasiθísmo] *n/m* classicism. **cla·si·cis·ta** [klasiθísta] *adj n/m,f* classicist. **clá·si·co/a** [klásiko/a] **I.** *adj* **1.** *gen* classic(al). **2.** notable, outstanding. **3.** characteristic, proverbial, classic. **II.** *n/m* classic.

cla·si·fi·ca·ción [klasifikaθjón] *n/f* classification. **cla·si·fi·ca·dor/ra** [klasifikaðór/ra] *adj* classifying, classificatory. **cla·si·fi·car** [klasifikár] *v* (*clasifique*) to classify, sort out, class. **cla·sis·mo** [klasísmo] *n/m* class conscious(ness). **cla·sis·ta** [klasísta] *adj* classist.

clau·di·ca·ción [klauðikaθjón] *n/f* **1.** abandoning, shirking (*deber*). **2.** submission. **clau·di·car** [klauðikár] *v* (*claudique*) **1.** to shirk (one's duty). **2.** to submit to, yield to, give in/up.

claus·tral [klaustrál] *adj* cloistral, monastic. **claus·tro** [kláustro] *n/m* **1.** REL FIG cloister. **2.** staff (*de universidad*). **claus·tro·fo·bia** [klaustrofóβja] *n/f* MED claustrophobia.

cláu·su·la [kláusula] *n/f* COM GRAM clause.

clau·su·ra [klausúra] *n/f* **1.** closure, closing. **2.** REL monastic life. **clau·su·rar** [klausurár] *v* to conclude, bring to a close, close.

cla·va·do/a [klaβáðo/a] *adj* **1.** (**~ a**) identical to, FAM the spitting image of. **2.** sharp, exactly, on the dot (*hora*). **3.** (**~ en**) fixed (on). LOC **Dejar ~ a alguien**, to dumbfound, disconcert. **cla·var** [klaβár] *v* **1.** (**~ a/ en**) to nail (to/into). **2.** (**~ a/en**) to drive in, stick in/to, knock in (*estaca, astilla*). **3.** FIG to fix (*mirada*). **4.** FAM to rip off (*abusar en el precio*).

cla·ve [kláβe] **I.** *adj* key. **II.** *n/f* **1.** *gen* key. **2.** ARQ keystone. **3.** code, cipher. **4.** MÚS clef, key. **III.** *n/m* MÚS harpsichord.

cla·vel [klaβél] *n/m* BOT carnation. **cla·ve·li·na, cla·ve·lli·na** [klaβelína/klaβeʎína] *n/f* BOT pink.

cla·ve·te·ar [klaβeteár] *v* to stud.

cla·vi·cém·ba·lo [klaβiθéɱbálo] *n/m* MÚS harpsichord. **cla·vi·cor·dio** [klaβikórðjo] *n/m* MÚS clavichord.

cla·ví·cu·la [klaβíkula] *n/f* ANAT clavicle, collar-bone.

cla·vi·for·me [klaβifórme] *adj* nail-shaped.

cla·vi·ja [klaβíxa] *n/f* pin, MÚS peg, ELECTR plug. LOC **Apretar las ~s a uno,** FIG FAM to put the screws on sb. **cla·vo** [kláβo] *n/m* **1.**

nail, stud. **2.** BOT clove. LOC **Dar en el ~,** FIG FAM to hit the nail on the head. **Como un ~,** punctual.
cla·xon [klá(k)son] *n/m* AUT horn, hooter. LOC **Tocar el ~,** to sound/honk the horn.
cle·men·cia [kleméṇθja] *n/f* clemency, mercy. **cle·men·te** [kleméṇte] *adj* clement, merciful.
clep·to·ma·nía [kleptomanía] *n/f* kleptomania. **clep·tó·ma·no/a** [kleptómano/a] *n/m, f* kleptomaniac.
cle·re·cía [klereθía] *n/f* REL **1.** clergy. **2.** priesthood (*estado*). **cle·ri·cal** [klerikál] *adj* clerical. **cle·ri·ca·lis·mo** [klerikalísmo] *n/m* clericalism. **clé·ri·go** [kléri γo] *n/m* priest, cleric, clergyman. **cle·ro** [kléro] *n/m* clergy.
clic [klík] *n/m* click.
cli·ché [klitʃé] *n/m* **1.** cliché. **2.** negative (*foto*).
clien·te/a [kljéṇte/a] *n/m,f* client, customer. **clien·te·la** [kljeṇtéla] *n/f* **1.** COM clientele, clients, customers. **2.** MED practice, patients. **3.** JUR practice, clients. **clien·te·lis·mo** [kljeṇtelísmo] *n/m* clientism.
cli·ma [klíma] *n/m* climate, clime. **cli·ma·te·rio** [klimatérjo] *n/m* BIOL **1.** puberty. **2.** menopause. **cli·má·ti·co/a** [klimátiko/a] *adj* climatic. **cli·ma·ti·za·do/a** [klimatiθáðo/a] *adj* air-conditioned. **cli·ma·ti·za·ción** [klimatiθaθjón] *n/f* air-conditioning. **cli·ma·ti·zar** [klimatiθár] *v* (*climatice*) to air-condition. **cli·ma·to·lo·gía** [klimatoloxía] *n/f* climatology. **cli·ma·to·ló·gi·co/a** [klimatolóxiko/a] *adj* climatological.
clí·max [klíma(k)s] *n/m* (*pl clímax*) climax.
clí·ni·co/a [klíniko/a] **I.** *adj* clinical. **II.** *n/f* **1.** medicine (*estudio*). **2.** teaching hospital. **3.** clinic, private hospital.
clip [klíp] *n/m* paper-clip.
clí·per [klíper] *n/m* (*pl clíperes*) NÁUT AER clipper.
cli·sé [klisé] *n/m* plate (*de imprenta*).
clí·to·ris [klítoris] *n/m* ANAT clitoris.
cloa·ca [kloáka] *n/f* sewer, drain.
clo·queo [klokéo] *n/m* cluck(ing) (*gallina*). **clo·que·ra** [klokéra] *n/f* broodiness.
clo·ra·to [kloráto] *n/m* QUÍM chlorate. **clor·hí·dri·co/a** [kloríðriko/a] *adj* QUÍM hydrochloric. **clo·ro** [klóro] *n/f* QUÍM chlorine. **clo·ro·fi·la** [klorofíla] *n/f* BOT chlorophyl. **clo·ro·for·mo** [klorofórmo] *n/m* QUÍM chloroform. **clo·ru·ro** [klorúro] *n/m* QUÍM chloride.
club [klúb] *n/m* club.
clue·co/a [klwéko/a] **I.** *adj* **1.** broody. **2.** FIG conceited. **II.** *n/f* broody hen.
co·ac·ción [koa(k)θjón] *n/f* coercion. **co·ac·cio·nar** [koa(k)θjonár] *v* to coerce.
co·ad·ju·tor/ra [koaðxutór/ra] *n/m,f* coadjutor.
co·ad·yu·var [koaðJuβár] *v* (**~ a/en**) to assist, contribute to, aid.
coa·gu·la·ción [koaγulaθjón] *n/f* **1.** coagulation. **2.** curdling, clotting (*leche*). **coa·gu·lan·te** [koaγuláṇte] *n/m* coagulant. **coa·gu·lar** [koaγulár] *v* **1.** to coagulate, congeal. **2.** to curdle (*leche*). **3.** to clot (*sangre/nata*). **coá·gu·lo** [koáγulo] *n/m* **1.** coagulum. **2.** clot (*de sangre*).
coa·li·ción [koaliθjón] *n/f* coalition. **coa·li·gar** [koaliγár] *v* (*coaligue*) to form a coalition.
coar·ta·da [koartáða] *n/f* JUR alibi. LOC **Alegar/Presentar una ~,** to produce an alibi. **coar·tar** [koartár] *v* to prevent, restrict, limit (*la actuación de alguien*).
co·au·tor/ra [koautór/ra] *n/m,f* co-author.
co·ba [kóβa] *n/f* PEY flattery, FAM soft soap.
co·bal·to [koβálto] *n/m* cobalt.
co·bar·de [koβárðe] **I.** *adj* cowardly. **II.** *n/m, f* coward. **co·bar·día** [koβarðía] *n/f* cowardice.
co·ba·yo/a [koβáJo/a] *n/m,f* ZOOL guinea-pig.
co·ber·ti·zo [koβertíθo] *n/m* **1.** shelter (*saledizo*). **2.** shed, outhouse. **co·ber·tor** [koβertór] *n/m* bedspread. **co·ber·tu·ra** [koβertúra] *n/m* covering, cover.
co·bi·jar [koβixár] *v* **1.** to cover. **2.** to shelter. **3.** to harbour, protect. LOC **~se,** to take shelter. **co·bi·jo** [koβíxo] *n/m* shelter, refuge, protection.
co·bra [kóβra] *n/f* cobra (*serpiente*).
co·bra·dor/ra [koβraðór/ra] *n/m,f* collector (*recaudador*), conductor (*transporte*). **co·bran·za** [koβráṇθa] *n/f* collection. **co·brar** [koβrár] *v* **1.** to earn, collect (*suma*); to charge, cash (*cheque*). **2.** to retrieve (*caza*). **3.** to get, acquire, gain (*sentimiento, fama*). **4.** to get, receive (*bofetada*); to gather (*fuerzas*). LOC **~ aliento,** to catch one's breath. **~ buena fama,** to get a good reputation. **~ cariño a,** to take (a liking) to. **~ conciencia de,** to become aware of. **Por ~,** COM **1.** outstanding, due. **2.** receivable. **¡Vas a ~!,** You're for it!
co·bre [kóβre] *n/m* copper. **co·bri·zo/a** [koβríθo/a] *adj* copper-coloured.
co·bro [kóβro] *n/m* **1.** collection. **2.** recovery, retrieval. **3.** COM cashing.
co·ca [kóka] *n/f* **1.** BOT coca (plant). **2.** FAM cocaine. **3.** FAM coke (*bebida*). **co·caí·na** [kokaína] *n/f* cocaine.
coc·ción [ko(k)θjón] *n/f* boiling, cooking, baking.
cóc·cix [kó(k)θi(k)s] *n/m* (*pl coxis*) ANAT coccyx, coxis.
co·ce·ar [koθeár] *v* to kick.
co·cer [koθér] **I.** *v* (*cuezo, cuece*) **1.** to boil (*agua*), stew (*carne*). **2.** to cook, bake. **II.** *v/Refl(-se)* FIG to cook (up) (*tramarse*). **co·ci·do/a** [koθíðo/a] **I.** *adj* cooked, boiled. **II.** *n/m* stew.
co·cien·te [koθjéṇte] *n/m* MAT quotient.
co·ci·na [koθína] *n/f* **1.** kitchen. **2.** stove, cooker. **3.** cooking, cookery, cuisine. LOC **~ de gas,** gas stove, cooker. **De ~, 1.** kitchen (*utensilio*). 2. cookery. **Hacer la ~,** to do the cooking. **Libro de ~,** cookbook, cookery book. **co·ci·nar** [koθinár] *v* to cook, do the cooking. **co·ci·ne·ro/a** [koθinéro/a] *n/m,f* cook, chef. **co·ci·ni·lla** [koθiníʎa] *n/f* small stove.
co·co [kóko] *n/m* **1.** BOT coconut. **2.** BOT coconut palm. **3.** MIT bogeyman. LOC **Ser el ~,** to be very ugly, fright. **Comer el ~ (a al-**

guien), to convince sb by taking advantage of his/her naivety.

co·co·dri·lo [kokoðrílo] *n/m* ZOOL crocodile.

co·co·tal [kokotál] *n/m* BOT coconut grove. **co·co·te·ro** [kokotéro] *n/m* coconut palm.

cóc·tel [kóktel] *n/m* **1**. cocktail. **2**. cocktail party. **coc·te·le·ra** [kokteléra] *n/f* cocktail shaker.

co·cham·bre [kotʃámbre] *n/f* filth, filthy thing. **co·cham·bro·so/a** [kotʃambróso/a] *adj* filthy.

co·che [kótʃe] *n/m* **1**. AUT car. **2**. carriage, coach (*tren*). **3**. cart. LOC **~ blindado**, armoured car. **~-cama**, sleeper (*tren*). **~ fúnebre**, hearse. **~ patrulla**, patrol car. **~ restaurante**, buffet (car) (*tren*). **co·che·ro/a** [kotʃéro/a] **1**. *n/m* coach driver. **2**. *n/f* depot, garage.

co·chi·na·da [kotʃináða], **co·chi·ne·ría** [kotʃinería] *n/f* **1**. filth, filthiness. **2**. dirty trick; foul thing, obscenity. V **cochinada**. **co·chi·ni·llo** [kotʃiníʎo] *n/m* ZOOL piglet, suckling pig. **co·chi·no/a** [kotʃíno/a] **I**. *adj* **1**. dirty, filthy, revolting. **2**. *int* SL bloody, flipping. **II**. *n/m,f* pig, swine.

co·da [kóða] *n/f* MÚS coda.

co·da·zo [koðáθo] *n/m* jab, nudge (with the elbow). LOC **Dar ~s a/Dar un ~ a**, to nudge sb, elbow sb. **co·de·ar** [koðeár] **I**. *v* to elbow//nudge one's way through. **II**. *v/Refl (-se)* **(~se con)** to hobnob, mingle with, rub shoulders (with).

co·deí·na [koðeína] *n/f* MED codeine.

co·de·ra [koðéra] *n/f* elbow patch.

có·di·ce [kóðiθe] *n/m* codex.

co·di·cia [koðíθja] *n/f* **1**. greed, thirst. **2**. envy, covetousness. **co·di·cia·ble** [koðiθjáßle] *adj* desirable. **co·di·ciar** [koðiθjár] *v* to crave for, covet, desire. **co·di·cio·so/a** [koðiθjóso/a] *adj* **(~ de)** greedy (for), covetous (of).

co·di·fi·ca·ción [koðifikaθjón] *n/f* codification. **co·di·fi·ca·dor/ra** [koðifikaðór/ra] *n/m,f* codifier. **co·di·fi·car** [koðifikár] *v* (*codifique*) to codify. **có·di·go** [kóðiɣo] *n/m* code. LOC **~ penal**, penal code.

co·di·llo [koðíʎo] *n/m* **1**. ZOOL elbow, knee. **2**. BOT stump. **3**. stirrup.

co·di·rec·ción [koðire(k)θjón] *n/f* **1**. co-direction. **2**. COM joint management. **co·di·rec·tor/ra** [koðirektór/ra] *n/m,f* co-director.

co·do [kóðo] *n/m* **1**. ANAT elbow. **2**. TÉC elbow joint. **3**. cubit (*medida*). LOC **~ a ~**, 1. neck and neck (*carrera*). 2. side by side. **Empinar el ~**, FIG FAM to knock 'em back (*bebida*). **Hablar por los ~**, FIG FAM to talk sixteen to the dozen.

co·dor·niz [koðorníθ] (*pl codornices*) *n/f* quail.

co·e·du·ca·ción [koeðukaθjón] *n/f* coeducation.

co·e·fi·cien·te [koefiθjénte] *n/m* MAT **1**. coefficient, index. **2**. **(~ de)** rate/degree (of).

co·er·cer [koerθér] *v* (*coerza*) to constrain, coerce. **co·er·ción** [koerθjón] *n/f* coercion, constraint. **co·er·ci·ti·vo/a** [koerθitíßo/a] *adj* coercive.

coe·tá·neo/a [koetáneo/a] *adj n/m,f* contemporary.

co·e·xis·ten·cia [koe(k)sisténθja] *n/f* coexistence. **co·e·xis·ten·te** [koe(k)sisténte] *adj* coexistent, coexisting. **co·e·xis·tir** [koe(k)sistír] *v* **(~ con)** to coexist (with).

co·fa [kófa] *n/f* NÁUT top.

co·fia [kófja] *n/f* **1**. hairnet. **2**. cap, HIST coif (*monja*).

co·fra·día [kofraðía] *n/f* brotherhood, confraternity, guild.

co·fre [kófre] *n/m* **1**. chest, trunk. **2**. coffer (*de dinero*), jewellery box (*de joyas*).

co·ger [koxér] **I**. *v* (*cojo*) **1**. **(~ con/de/por)** to catch/take (hold of), seize (by). **2**. to take, pinch. **3**. to pick, gather, collect (*cosecha, flores*). **4**. to catch, capture (*apresar*). **5**. TAUR to toss, gore. **6**. to knock down (*atropellar*). **7**. FIG to take (*actitud*). **8**. to catch (*sorprender*). **9**. to pick up (*pulgas, suciedad*). **10**. MED to catch (*enfermedad*). **11**. to catch, gather, take in (*entender*). **12**. to get, catch (*transporte*). **13**. *Amer* SL to fuck. **14**. BOT to take root. **15**. to take, have room for (*contener*). **II**. *v/Refl(-se)* **(~se en)** to catch, trap (*dedos*). LOC **~ algo por los pelos**, FIG FAM to catch/manage/get sth by the skin of one's teeth. **Estar cogido por**, to be tied down/busy. **No hay por dónde ~ al muchacho**, PEY FIG He is such a useless/bad boy.

co·ges·tión [koxestjón] *n/f* copartnership.

co·gi·ta·bun·do/a [koxitaßúndo/a] *adj* pensive.

cog·ni·ción [koɣniθjón] *n/f* cognition. **cog·nos·ci·ti·vo/a** [koɣnosθitíßo/a] *adj* cognitive.

co·go·llo [koɣóʎo] *n/m* **1**. BOT heart (*lechuga*). **2**. BOT shoot, bud. **3**. FIG cream (*lo mejor*).

co·gor·za [koɣórθa] *n/f* LOC **Agarrar una ~**, FAM to get drunk/sozzled.

co·go·te [koɣóte] *n/m* back/nape of the neck. **co·go·te·ra** [koɣotéra] *n/f* neckerchief.

co·gu·lla [koɣúʎa] *n/f* **1**. REL habit. **2**. cowl (*capucha*).

co·ha·bi·tar [koaßitár] *v* to cohabit.

co·he·char [koetʃár] *v* to bribe. **co·he·cho** [koétʃo] *n/m* bribery, bribe.

co·he·re·de·ro/a [koereðéro/a] *n/m,f* joint heir/-ess.

co·he·ren·cia [koerénθja] *n/f* **1**. coherence. **2**. FÍS cohesion. **co·he·ren·te** [koerénte] *adj* coherent. **co·he·sión** [koesjón] *n/f* cohesion. **co·he·si·vo/a** [koesíßo/a] *adj* cohesive.

co·he·te [koéte] *n/m* rocket, missile. LOC **Salir como un ~**, FIG FAM to come/run out like the blazes, shoot off.

co·hi·bi·ción [koißiθjón] *n/f* **1**. inhibition. **2**. intimidation. **co·hi·bir** [koißír] (*cohíbo, cohíben*) *v* **1**. to inhibit. **2**. to intimidate.

co·hom·bro [koómbro] *n/m* BOT cucumber.

co·ho·nes·tar [ko(o)nestár] *v* to gloss over, FAM whitewash.

co·hor·te [koórte] *n/f* **1**. MIL cohort. **2**. FIG host, crowd.

coin·ci·den·cia [koinθiðénθja] *n/f* coincidence. **coin·ci·den·te** [koinθiðénte] *adj* coincident(al). **coin·ci·dir** [koinθiðír] *v* **1**. to coincide. **2**. to agree.

coi·to [kóito] *n/m* coitus, sexual intercourse.

co·je·ar [koxeár] *v* **1**. **(~ de)** to limp (*persona*). **2**. to wobble (*mueble*). **co·je·ra** [koxéra] *n/f* limp, lameness.

co·jín [koxín] *n/m* cushion. **co·ji·ne·te** [koxinéte] *n/m* TÉC bearing.

co·jo/a [kóxo/a] *adj* **1**. lame, limping. **2**. wobbly, shaky (*mueble*). **3**. FIG faulty, shaky (*razonamiento*), lame (*argumento*).

co·jón [koxón] *n/m pl* ANAT SL balls, nuts. LOC **¡Cojones!** SL 1. Br Bollocks! Balls! (*enfado, rechazo*). 2. Bugger me! (*sorpresa*). **Tener ~es**, SL to have guts. **Por ~es**, by force. **¡Es feo/a de ~es!**, He/She is extremely ugly. **co·jo·nu·do/a** [koxonúðo/a] *adj* SL **1**. tough, FAM gutsy. **2**. smashing, brilliant.

col [kól] *n/f* BOT cabbage, kale. LOC **~ de Bruselas**, brussel sprout.

co·la [kóla] *n/f* **1**. *gen* tail. **2**. train (*de un vestido*). **3**. queue (*de personas*), AUT tailback. **4**. glue. **5**. cola (*bebida*). LOC **A la ~**, behind, at/in the rear. **~ de caballo**, pony tail (*peinado*). **~ de zorra**, BOT lamb's tail. **Hacer ~**, to queue. **Traer ~ (algo)**, to have serious consequences / repercussions.

co·la·bo·ra·ción [kolaβoraθjón] *n/f* collaboration. **co·la·bo·ra·cio·nis·ta** [kolaβoraθjonísta] *n/m,f* collaborator. **co·la·bo·ra·cio·nis·mo** [kolaβoraθjonísmo] *n/m* collaborationism. **co·la·bo·ra·dor/ra** [kolaβoraðór/ra] **I**. *adj* collaborating. **II**. *n/m,f* **1**. collaborator. **2**. contributor, writer (*revista*). **co·la·bo·rar** [kolaβorár] *v* **(~ con/en) 1**. to collaborate (with/in). **2**. to contribute (to), write (for) (*revista*).

co·la·ción [kolaθjón] *n/f* **1**. conferring (*título*), REL collation. **2**. snack. LOC **Traer/sacar a ~**, to bring up, mention.

co·la·da [koláða] *n/f* **1**. wash, load (of washing), (the) laundry. **2**. bleached laundry. **3**. TÉC tapping (*de hierro fundido*).

co·la·de·ro/a [kolaðéro/a] *n/m* **1**. sieve, strainer. **2**. filter. **3**. SL pushover (*profesor*), doddle (*asignatura*).

co·la·do/a [kolaðo/a] **I**. pp de *colar*. **II**. *adj* **(~ por)** in love (with). LOC **Hierro ~**, cast iron.

co·la·dor [kolaðór] *n/m* sieve; colander, strainer. **co·la·du·ra** [kolaðúra] *n/f* **1**. straining. **2**. clanger, blunder.

co·lap·so [kolápso] *n/m* **1**. collapse, stoppage. **2**. MED collapse, breakdown. LOC **~ cardíaco**, MED cardiac arrest.

co·lar [kolár] **I**. *v* (*cuelo*) **1**. to strain, filter. **2**. FIG FAM to pass (off) (*moneda falsa*, etc). **3**. FIG FAM to wash (*mentira*). **4**. to pot (*billar*). **II**. *v/Refl(-se)* **1**. to slip through/by unnoticed. **2**. to fib, make a mistake, FAM be caught out. **3**. to sneak in. **4**. **(~se en)** to gatecrash (*fiesta*).

co·la·te·ral [kolaterál] *n/m,f* collateral.

col·cha [kóltʃa] *n/f* bedspread, counterpane. **col·chón** [koltʃón] *n/m* mattress. LOC **~ neumático**, airbed, lilo. **Servir de ~ (a alguien)**, FIG FAM to be a shoulder to cry on. **col·cho·ne·ría** [koltʃonería] *n/f* upholsterer.

col·cho·ne·ta [koltʃonéta] *n/f* small mattress.

co·le [kóle] *n/m abrev* de 'colegio' FAM school.

co·le·ar [koleár] *v* **1**. to wag its tail (*gato, perro*), to swish its tail (*res, caballo*). **2**. to sway (*tren*). LOC **El asunto todavía colea**, the affair is not yet settled. **Estar vivito y coleando**, to be alive and kicking.

co·lec·ción [kole(k)θjón] *n/m* collection. **co·lec·cio·na·dor/ra** [kole(k)θjonaðór/a] *adj n/m,f* collector. **co·lec·cio·nar** [kole(k)θjonár] *v* to collect. **co·lec·cio·nis·ta** [kole(k)θjonísta] *n/m,f* collector. **co·lec·ta** [kolékta] *n/f* collection (*recaudación*). **co·lec·tar** [kolektár] *v* to collect. **co·lec·ti·vi·dad** [kolektiβiðáð] *n/f* collectivity. **co·lec·ti·vis·mo** [kolektiβísmo] *n/m* FIL collectivism. **co·lec·ti· vis·ta** [kolektiβísta] *adj n/m,f* collectivist. **co·lec·ti·vi·zar** [kolektiβiθár] *v* (*colectivice*) to collectivize. **co·lec·ti·vo/a** [kolektíβo/a] **I**. *adj* collective. **II**. *n/m Amer* (mini)bus. **co· lec·tor** [kolektór] *n/m* **1**. *gen* ELECTR collector. **2**. main sewer.

co·le·ga [koléɣa] *n/m,f* colleague, counterpart; SL mate. **co·le·gia·do/a** [kolexjáðo/a] **I**. *adj* collegiate. **II**. **1**. *n/m,f* collegian. **2**. *n/m* DEP referee. **co·le·gial/a** [kolexjál/a] **I**. *adj* college, school. **II**. *n/m,f* schoolboy/girl. **co·le·giar·se** [kolexjárse] *v/Refl(-se)* to join a professional association. **co·le·gia·ta** [kolexjáta] *n/f* REL collegiate church. **co·le·gio** [koléxjo] *n/m* **1**. college. **2**. primary school (*de primaria*). **3**. secondary school (*de enseñanza media*). LOC **~ electoral**, polling station. **~ mayor**, hall of residence (*universidad*).

co·le·gir [kolexír] *v* (*colijo, colija*) **(~ de/por)** to deduce, gather, conclude (from/by).

có·le·ra [kólera] **1**. *n/m* MED cholera. **2**. *n/f* anger, fury. **co·lé·ri·co/a** [kolériko/a] *adj* irate, angry, irascible.

co·les·te·rol [kolesteról] *n/m* cholesterol.

co·le·ta [koléta] *n/f* **1**. postscript, P.S. **2**. pigtail, plait (*trenza*). **co·le·ta·zo** [koletáθo] *n/m* **1**. swish/wag of a tail. **2**. FIG throe. **co·le·ti·lla** [koletíʎa] *n/f* addition, postscript, note.

co·le·to [koléto] *n/m* LOC **Echarse (algo) al ~**, FIG FAM to drink/eat up.

col·ga·do/a [kolɣáðo/a] *adj* **1**. hanging. **2**. hung (*ahorcado*). **3**. pending. **4**. FAM stoned, high (*de la droga*). LOC **Dejar ~ a alguien**, to let sb down, leave sb in the lurch. **Quedarse ~**, to be disappointed, be left high and dry. **col·ga·dor** [kolɣaðór] *n/m* **1**. hook. **2**. coathanger (*percha*). **col·ga·du·ra** [kolɣaðúra] *n/f* hanging/s, drape/s. **col·ga·jo** [kolɣáxo] *n/m* rag. **col·ga·mien·to** [kolɣamjénto] *n/m* hanging. **col·gan·te** [kolɣánte] **I**. *adj* hanging. **II**. *n/m* pendant (*joya*). LOC **Puente ~**, ARQ suspension bridge. **col·gar** [kolɣár] *v* (*cuelgo, cuelgue, colgué*) *v* **1**. **(~ de/en)** to hang (from/on). **2**. to hang up (*abrigo, teléfono*). **3**. to hang out (*ropa*). **4**. to fail (*examen*). **5**. **(~ a)** FIG to attribute, take as/for, brand (sb): *Le han colgado el sambenito de tonto*, They have branded him a fool. **7.** FIG to hang (*ahorcar*). LOC **~ los hábitos,** to abandon the priesthood.

co·li·brí [kolißrí] *n/m* hummingbird (*ave*).

có·li·co [kóliko] *n/m* MED colic.

co·li·flor [koliflór] *n/f* BOT cauliflower.

co·li·gar·se [koliɣár(se)] *v/Refl(-se)* (*coligue*) **(~se con) 1.** to associate, join together. **2.** to become allied, form a coalition (with).

co·li·lla [kolíʎa] *n/f* butt, stubb, FAM fag end (*cigarillo*).

co·li·na [kolína] *n/f* hill.

co·lin·dan·te [kolin̪dán̪te] *adj* **(~ con)** adjacent (to), adjoining. **co·lin·dar** [kolin̪dár] *v* **(~ con)** to be adjacent (to), adjoin.

co·li·rio [kolírjo] *n/m* MED eye drops.

co·li·seo [koliséo] *n/m* TEAT coliseum.

co·li·sión [kolisjón] *n/f* collision. **co·li·sio·nar** [kolisjonár] *v* to collide.

co·li·tis [kolítis] *n/f* MED colitis.

col·ma·do/a [kolmáðo/a] **I.** *adj* **(~ de)** full (of), filled (with), replete (with). **II.** *n/m* grocer's, grocery store. **col·mar** [kolmár] *v* **1.** to fill up/to the brim. **2. (~ de)** FIG to lavish (on), heap (with), shower (on).

col·me·na [kolména] *n/f* **1.** beehive. **2.** FIG hive. **col·me·nar** [kolmenár] *n/m* apiary. **col·me·ne·ro/a** [kolmenéro/a] *n/m,f* beekeeper, apiarist.

col·mi·llo [kolmíʎo] *n/m* **1.** ANAT canine (tooth). **2.** ZOOL tusk (*de elefante*), fang (*tigre*). LOC **Enseñar los ~s, 1.** ZOOL to bare its teeth (*animal*). **2.** FIG to show what one is made of.

col·mo/a [kólmo/a] *n/m* **1.** overflow. **2.** FIG height, limit. LOC **¡Eso es el ~!,** *exclam* That's the last straw! **Para ~,** to top/cap it all.

co·lo·ca·ción [kolokaθjón] *n/f* **1.** placing, position(ing). **2.** employment, job, placement. **co·lo·car** [kolokár] *v* **I. 1.** to place, put. **2.** FIG to place, find work for. **II.** *Refl (-se)* **(~se de)** to take/find a job as a.

co·lo·dri·llo [koloðríʎo] *n/m* ANAT back of the neck.

co·lo·fón [kolofón] *n/m* colophon, end.

co·loi·dal [koloiðál] *adj* QUÍM colloidal. **co·loi·de** [kolóiðe] *adj n/m* QUÍM colloid.

co·lom·bia·no/a [kolombjáno/a] *adj n/m,f* GEOG Colombian.

co·lon [kólon] *n/m* ANAT colon.

co·lo·nia [kolónja] *n/f* **1.** *gen* colony. **2.** eau de Cologne. LOC **~ veraniega/de vacaciones,** holiday camp. **co·lo·nial** [kolonjál] *adj* colonial. **co·lo·nia·lis·mo** [kolonjalísmo] *n/m* colonialism. **co·lo·ni·za·ción** [koloniθaθjón] *n/f* colonization. **co·lo·ni·za·dor/ra** [koloniθaðór/ra] **I.** *adj* colonizing. **II.** *n/m,f* colonizer, colonist. **co·lo·ni·zar** [koloniθár] *v* (*colonicen*) **1.** to colonize (*lugar*). **2.** to settle (*persona*). **co·lo·no** [kolóno] *n/m* **1.** settler, colonist. **2.** AGR tenant farmer.

co·lo·quial [kolokjál] *adj* colloquial. **co·lo·quio** [kolókjo] *n/m* **1.** conversation, discussion, talk. **2.** colloquy, dialogue, colloquium.

co·lor [kolór] *n/m* **1.** *gen* Br colour, US color. **2.** dye, colouring. **3.** tendency (*ideas*). **4.** FIG tone, hue. **5.** *pl* DEP colours. LOC **A todo ~,** in full colour. **De ~ rosa/naranja,** pink/orange. **Mudar de ~,** to turn pale (*persona*). **Ponerse de mil ~es,** FIG FAM to go as red as a beetroot (*persona*). **Sacarle a uno los ~es a la cara,** FIG FAM to make sb blush/go red/embarrassed. **co·lo·ra·ción** [koloraθión] *n/f* colouring, colouration. **co·lo·ra·do/a** [koloráðo/a] *adj* **1.** co-loured. **2.** red. LOC **Ponerse ~,** to go red, blush. **co·lo·ra·do·te/a** [koloraðóte/a] *adj* red-faced, ruddy. **co·lo·ran·te** [kolorán̪te] *adj n/m* colouring. **co·lo·rar** [kolorár] *v* to colour, dye. **co·lo·re·ar** [koloreár] *v* **1.** to colour, dye. **2.** to redden. **co·lo·re·te** [koloréte] *n/m* rouge, blusher (*cosmético*). **co·lo·ri·do** [koloríðo] *n/m* colour, colours, colouring. **co·lo·rín** [kolorín] *n/m* **1.** *pl* bright colours. **2.** goldfinch (*ave*). LOC **De ~es,** with variagated and bright colours.

co·lo·sal [kolosál] *adj* colossal. **co·lo·so** [kolóso] *n/m* colossus.

co·lum·brar [kolumbrár] *v* **1.** to sight, make out, be able to see (*de lejos*). **2.** FIG to glimpse, begin to see (*solución*).

co·lum·na [kolú(m)na] *n/f gen* column. LOC **~ vertebral,** spinal column. **co·lum·na·ta** [kolu(m)náta] *n/f* ARQ colonnade. **co·lum·nis·ta** [kolu(m)nísta] *n/m,f* columnist.

co·lum·piar [kolumpjár] *v* to swing, sway. **co·lum·pio** [kolúmpjo] *n/m* swing (*juego*).

col·za [kól̪θa] *n/f* BOT colza, rape.

co·lla·do [koʎáðo] *n/m* **1.** hill. **2.** pass.

co·lla·ge [koʎáxe] *n/m* collage.

co·llar [koʎár] *n/m* necklace, chain.

co·ma [kóma] **I.** *n/f* **1.** GRAM comma. **2.** MAT decimal point. **II.** *n/m* MED comma.

co·ma·dre [komáðre] *n/f* **1.** godmother (*madrina*). **2.** FAM procuress.

co·ma·dre·ja [komaðréxa] *n/f* ZOOL weasel.

co·ma·drón/na [komaðrón/na] *n/m* MED obstetrician, *n/f* midwife.

co·man·che [komántʃe] *adj n/m* HIST Comanche.

co·man·dan·cia [koman̪dán̪θja] *n/f* MIL **1.** command. **2.** military headquarters. **co·man·dan·te** [koman̪dán̪te] *n/m* MIL **1.** major. **2.** commander, commanding officer. **co·man·dar** [koman̪dár] *v* MIL to command, lead.

co·man·di·ta [koman̪díta] *n/f* COM Br limited partnership, US silent partnership. **co·man·di·ta·rio/a** [koman̪ditárjo/a] *adj* COM Br sleeping, US silent. LOC **Socio ~,** COM sleeping partner.

co·man·do [komán̪do] *n/m* commando, commando group/raid.

co·mar·ca [komárka] *n/f* region, area. **co·mar·cal** [komarkál] *adj* regional, local.

co·ma·to·so/a [komatóso/a] *adj* MED comatose.

com·ba [kómba] *n/f* **1.** curve, bend, bulge. **2.** skipping rope. **com·ba·du·ra** [kombaðúra] *n/f* curve, bend, bulge. **com·bar** [kombár] *v* **1.** to bend, curve. **2.** to bulge, sag.

com·ba·te [kombáte] *n/m* **1.** combat, fight. **2.** contest, fight (*boxeo*). LOC **~ singular,** duel, MIL single combat. **Fuera de ~,** knocked out (*boxeo*), out of action. **com·ba·**

ti·ble [koɱbatíβle] *adj* beatable, conquerable. **com·ba·tien·te** [koɱbatjéṋte] *n/m,f* combatant, fighter. **com·ba·tir** [koɱbatír] *v* **(~ con/contra/por) 1.** to fight. **2.** FIG to combat, fight. **com·ba·ti·vi·dad** [koɱbatiβiðáð] *n/f* combativeness, pugnacity. **com·ba·ti·vo/a** [koɱbatíβo/a] *adj* combative.

com·bi·na·ble [koɱbináβle] *adj* combinable. **com·bi·na·ción** [koɱbinaθjón] *n/f* **1.** *gen* combination. **2.** QUÍM compound. **3.** slip (*de mujer*). **4.** FAM measure, arrangement. **com·bi·na·do** [koɱbináðo] *n/m* cocktail. **com·bi·nar** [koɱbinár] *v* **1.** to combine (with). **2.** to plan, work out. **3.** to mix.

com·bo/a [kóɱbo/a] *adj* bent, warped, bowed.

com·bu·ren·te [koɱburéṋte] *adj* QUÍM FÍS combustive. **com·bus·ti·bi·li·dad** [koɱbustiβiliðáð] *n/f* combustibility. **com·bus·ti·ble** [koɱbustíβle] **I.** *adj* combustible. **II.** *n/m* fuel. LOC ~ **nuclear**, nuclear fuel. **com·bus·tión** [koɱbustjón] *n/f* combustion.

co·me·co·cos [komekókos] *n/m,f* FAM weirdo, SL off-putting person.

co·me·de·ro [komeðéro] *n/m* manger, trough (*de animal*).

co·me·dia [koméðja] *n/f* TEAT **1.** comedy, farce. **2.** play, drama. LOC **Hacer ~**, FIG FAM to make believe, pretend, play-act. **co·me·dian·te/a** [komeðjáṋte/a] *n/m,f* **1.** actor, actress. **2.** comedian, comedienne. **3.** FIG hypocrite.

co·me·di·do/a [komeðíðo/a] *adj* **1.** polite, courteous. **2.** discreet, prudent. **co·me·di·mien·to** [komeðimjéṋto] *n/m* **1.** courtesy. **2.** consideration, discretion.

co·me·dió·gra·fo/a [komeðjóγrafo/a] *n/m,f* playwright.

co·me·dir·se [komeðírse] *v/Refl(-se)* (*me comido*) **1.** to be moderate/controlled. **2.** to control/restrain oneself.

co·me·dón [komeðón] *n/m* MED blackhead.

co·me·dor [komeðór] **I.** *adj* gluttonous, greedy. **II.** *n/m* **1.** dining room. **2.** restaurant, canteen, refectory. **3.** dining-room suite (*muebles*). **co·men·sal** [komensál] *n/m,f* table companion.

co·men·tar [komeṋtár] *v* to comment on, expound, talk about. **co·men·ta·rio** [komeṋtárjo] *n/m* **1.** commentary. **2.** comments, remarks. LOC **Sin ~s**, no comment. **co·men·ta·ris·ta** [komeṋtarísta] *n/m,f* commentator.

co·men·zar [komeṋθár] *v* (*comienzo, comencé*) **(~ a/con/por)** to start, begin. LOC ~ + *ger*, ~ + **por** + *inf*, to start (off) by + *ger*: *Comenzó citando a los clásicos*, He started by quoting the classics.

co·mer [komér] *v* **1.** to eat. **2.** to lunch, have (for) lunch. **3.** FIG to consume, eat up. **4.** FIG to corrode, eat away, erode. **5.** FIG to take, capture (*ajedrez*). **6. (~se)** to eat up. LOC ~ **sin ganas**, to nibble. ~ **vivo**, to eat alive. **Dar de ~**, to feed. **(Ser) de buen ~**, to have a hearty appetite, be a good eater. **Sin ~lo ni beberlo**, FIG for no apparent reason, undeservedly.

co·mer·cia·ble [komerθjáβle] *adj* COM marketable, saleable. **co·mer·cial** [komerθjál] *adj* COM commercial. **co·mer·cia·li·za·ción** [komerθialiθaθión] *n/f* **1.** commercialization. **2.** marketing. **co·mer·cia·li·zar** [komerθjaliθár] *v* (*comercialice*) to commercialize, market. **co·mer·cian·te** [komerθjáṋte] *n/m,f* merchant, tradesman, shopkeeper. LOC ~ **al por mayor**, wholesaler. ~ **al por menor**, retailer. **co·mer·ciar** [komerθjár] *v* **(~ en/con) 1.** to trade, deal (in), do business (with) **2.** PEY to traffic (in). **co·mer·cio** [komérθjo] *n/m* **1.** trade, commerce, business. **2.** trade, PEY traffic (*negocio particular*). **3.** shop, firm (*local, sociedad*). **4.** (big) business, business world (*conjunto de comerciantes*). **5.** FIG sexual intercourse. LOC **Cámara de ~**, chamber of commerce. ~ **exterior**, foreign trade.

co·mes·ti·ble [komestíβle] **I.** *adj* eatable, edible. **II.** *n/m* **1.** food, foodstuff. **2.** *pl* victuals, provisions. LOC **Tienda de ~s**, grocer's (shop).

co·me·ta [kométa] **I.** *n/m* ASTR comet. **II.** *n/f* kite (*juguete*).

co·me·ter [kometér] *v* **1.** to commit (*delito*). **2.** to make (*error*). **co·me·ti·do** [kometíðo] *n/m* commission, assignment, task.

co·me·zón [komeθón] *n/f* **1.** itch, itching. **2.** tingling (*sensación*), FIG pricking (*de conciencia*). LOC **Sentir ~**, to have an itch.

có·mic [kómik] *n/m* comic (*revista*).

co·mi·cas·tro [komikástro] *n/m* ham actor.

co·mi·ci·dad [komiθiðáð] *n/f* funniness.

co·mi·cios [komíθjos] *n/m pl* election/s, voting.

co·mi·ci·dad [komiθiðáð] *n/f* comicality, humour. **có·mi·co/a** [kómiko/a] **I.** *adj* **1.** comedy. **2.** comical, comic, funny. **II.** *n/m* TEAT actor (*de comedia*), comedian (*gracioso*).

co·mi·da [komíða] *n/f* **1.** food, meal. **2.** eating. **3.** lunch.

co·mi·di·lla [komiðíʎa] *n/f* FIG FAM talk-of-the-town, topic of conversation.

co·mien·zo [komjéṇθo] *n/m* beginning, start. LOC **A ~s de**, at the beginning of. **Dar ~ (a)**, to begin.

co·mi·lón/na [komilón/na] *adj* big eater, glutton, greedy. **co·mi·lo·na** [komilóna] *n/f* FAM feast, blow-out.

co·mi·lla [komíʎa] *n/f gen pl* quotation mark, inverted comma.

co·mi·no [komíno] *n/m* BOT cummin. LOC **No me importa un ~**, FIG FAM I couldn't care less.

co·mi·sa·ría [komisaría] *n/f* **1.** post of commissioner (*cargo*). **2.** commissariat, headquarters *pl* (*oficina*). **3.** police station. **co·mi·sa·rio** [komisárjo] *n/m* **1.** commissioner, commissary. **2.** police superintendent.

co·mis·car [komiskár] *v* (*comisque*) to nibble, pick at.

co·mi·sión [komisjón] *n/f gen* commission, committee. **co·mi·sio·na·do/a** [komisjonáðo/a] **I.** *adj* commissioned. **II.** *n/m,f* **1.** member (*de una comisión*). **2.** commissioner. **co·mi·sio·nar** [komisjonár] *v* **1.** to authorize, commission. **co·mi·sio·nis·ta** [komisjonísta] *n/m* COM (commission) agent. **co·mi·so** [komíso] *n/m* confiscation.

co·mi·su·ra [komisúra] *n/f* ANAT commissure, corner (*labios*).

co·mi·té [komité] *n/m* committee, commission. **co·mi·ti·va** [komitíβa] *n/f* retenue, suite, party.

co·mo [kómo] **I.** *adv* **1.** as, how: *Hazlo como quieras,* Do it as you wish. **2.** as, in the manner of, in the position of: *Estuvo en la boda como testigo,* He was at the wedding as a witness. **3.** like: *La leche sabía como a miel,* The milk tasted like honey. **4. (algo así ~)** something like, about, approximately: *Se comió algo así como dos barras de pan enteras,* He ate something like two whole loaves of bread. **5.** as if, as though: *Me miró como espantado,* He looked at me as if scared. **II.** *conj* **1.** as, since, because. **2.** if: *Como no te enmiendes serás castigado,* If you don't mend your ways you'll be in trouble. LOC **Así ~**, as soon as: *Así como entró en casa...* , As soon as he entered home... **~ que**, as if, as though: *Hacía como que no tenía dinero,* He behaved as if he had no money. **~ no sea para**, except to, unless to. **~ quien dice**, so to speak. **~ quiera que**, 1. however, in whatever way. 2. in as much as, since. **~ sea**, in any way, whatever. **~ si**, as if. **La manera ~**, the way that/in which. **Tan...~... , as...as...**

có·mo [kómo] *adv* **I. 1.** how: *¿Cómo estás?,* How are you?; *No sé cómo llegué,* I don't know how I got here. **2.** what: *¿Cómo ha dicho Ud?,* I beg your pardon/What did you say? **3.** why, how come: *¿Cómo no saliste ayer?,* How come you didn't go out yesterday? **II.** *int* **1.** How! **2.** What! **3.** What did you say! LOC **¡~ así!**, *exclam* How is it possible! **¡~ no!**, *exclam* Of course! How else! **¿~ no?** why not? (*asentimiento*). **El ~ y el cuándo**, the ways and means.

có·mo·da [kómoða] *n/f* chest of drawers (*mueble*). **có·mo·da·men·te** [kómoðamente] *adv* comfortably. **co·mo·di·dad** [komoðiðáð] *n/f* **1.** *gen* comfort, FIG well-being. **2.** *pl* COM commodities. **co·mo·dín** [komoðín] *n/ m* **1.** joker, wild card (*naipes*). **2.** useful substitute (for any purpose). **có·mo·do/a** [kómoðo/a] *adj gen* comfortable. **co·mo·dón/na** [komoðón/na] **I.** *adj* FAM comfort-loving. **II.** *n/m,f* one who likes an easy life.

co·mo·do·ro [komoðóro] *n/m* commodore.

co·mo·quie·ra [komokjéra] *adv* anyway, anyhow. LOC **~ que**, since, in view of the fact that.

com·pac·tar [kompaktár] *v* to compress. **com·pac·to/a** [kompákto/a] *adj* compact, dense.

com·pa·de·cer [kompaðeθér] **I.** *v* (*compadezco*) **1.** to sympathize with. **2.** to pity, feel sorry for. **II.** *v/Refl(-se)* **(~se de)** to sympathize with.

com·pa·draz·go [kompaðráθγo] *n/m* godparenthood. **com·pa·dre** [kompáðre] *n/m* **1.** godfather. **2.** FAM friend, pal, mate.

com·pa·gi·na·ción [kompaxinaθjón] *n/f* makeup (*imprenta*). **com·pa·gi·nar** [kompaxinár] *v* **1.** to arrange, put in order. **2.** to make up (*imprenta*). **3. (~ con)** to bring into line with, match; **(~se bien con alguien)** FIG to get on well.

com·pa·ñe·ris·mo [kompaɲerísmo] *n/m* **1.** comradeship· **2.** team spirit (*de equipo*). **com·pa·ñe·ro/a** [kompañéro/a] *n/m,f* **(~ de/en) 1.** companion. **2.** friend. **3.** colleague. **4.** COM associate. LOC **~ del alma,** soul mate. **~ de armas,** MIL comrade-in-arms. **~ de cuarto,** room-mate. **com·pa·ñía** [kompaɲía] *n/f gen* company. LOC **~ de seguros**, insurance company. **En ~ de,** accompanied by, in the company of. **Hacer ~ a uno,** to keep sb company.

com·pa·ra·ble [komparáβle] *adj* comparable. **com·pa·ra·ción** [komparaθjón] *n/f* comparison. LOC **En ~ con**, in comparison with, compared to/with. **Ni punto de ~,** there is no comparison. **Sin ~,** beyond compare/ comparison. **com·pa·ra·do/a** [komparáðo/a] *adj* **(~ con)** compared (with), comparative (to). **com·pa·rar** [komparár] *v* **(~ con)** to compare (with), liken (to). **com·pa·ra·ti·vo/a** [komparatíβo/a] *adj* comparative.

com·pa·re·cen·cia [kompareθénθja] *n/f* JUR appearance. LOC **No ~,** non-appearance. **Orden de ~,** JUR court summons. **com·pa·re·cer** [kompareθér] *v* (*comparezco*) **(~ ante)** JUR to appear (*presentarse*).

com·par·sa [kompársa] **1.** *n/f* procession, mascarade. **2.** *n/m,f* TEAT extras.

com·par·ti·m(i)en·to [kompartim(i)énto] *n/m* **1.** sharing, dividing up. **2.** compartment, division. LOC **~ de primera clase,** first-class compartment. **com·par·tir** [kompartír] *v* **1.** to divide (up), share (out). **2. (~ con)** to share (with) (*opinión, piso*).

com·pás [kompás] *n/m* **1.** MAT compasses. **2.** NÁUT compass. **3.** MÚS rhythm, beat. LOC **~ de espera**, pause, time lag. **Al ~ de,** in time to/with. **Fuera de ~,** out of step, out of time. **Llevar el ~,** to beat/keep time.

com·pa·sión [kompasjón] *n/f* compassion. LOC **Sin ~,** merciless(ly). **Tener ~ de,** to take pity on, feel sorry for. **com·pa·si·vo/a** [kompasíβo/a] *adj* compassionate, understanding, sympathetic.

com·pa·ti·bi·li·dad [kompatiβiliðáð] *n/f* compatibility. **com·pa·ti·ble** [kompatíβle] *adj* **(~ con)** compatible (with).

com·pa·trio·ta [kompatrjóta] *n/m,f* compatriot, fellow countryman/woman.

com·pe·ler [kompelér] *v* to compel, force.

com·pen·diar [kompendjár] *v* to summarise, abridge. **com·pen·dio** [kompéndjo] *n/m* **1.** resumé, synopsis. **2.** compendium. LOC **En ~,** in brief, in short. **com·pen·dio·so/a** [kompendjóso/a] *adj* brief.

com·pe·ne·tra·ción [kompenetraθjón] *n/f* mutual understanding. **com·pe·ne·trar·se** [kompenetrárse] *v/Refl(-se)* to understand one another (*personas*).

com·pen·sa·ción [kompensaθjón] *n/f gen* compensation. LOC **~ bancaria,** COM clearing. **En ~,** 1. in compensation. 2. in return/ exchange. **com·pen·sa·dor/ra** [kompensaðór/ra] *adj* compensating. **com·pen·sar** [kompensár] *v* **1. (~ por)** to compensate (for). **2.** to make up (for), make amends (for).

com·pe·ten·cia [komˌpeténθja] *n/f* 1. *gen* competition. 2. rivalry. 3. competence, fitness. 4. field, scope. **com·pe·ten·te** [komˌpeténte] *adj n/m,f* **(~ en/para)** 1. *gen* appropriate. 2. competent. **com·pe·ter** [komˌpetér] *v impers* 1. **(~ a alguien)** to be incumbent on one. 2. to be one's concern/responsibility. **com·pe·ti·ción** [komˌpetiθjón] *n/f* competition, rivalry. **com·pe·ti·dor/ra** [komˌpetiðór/ra] I. *adj* competing, contesting, rival. II. *n/m,f* 1. competitor, contestor, contender. 2. rival, opponent. **com·pe·tir** [komˌpetír] *v* (*compito*) 1. **(~ con/ en/por)** to compete, contest (with/in/for). 2. **(~ por/ con)** to contend, vie (for/with). 3. **(~ con)** to be on a par with. **com·pe·ti·ti·vo/a** [komˌpetitíβo/a] *adj* competitive (*precio*).

com·pi·la·ción [komˌpilaθjón] *n/f* compilation, collection. **com·pi·la·dor/ra** [komˌpilaðór/ra] I. *adj* compiling. II. *n/m,f* compiler, collector. **com·pi·lar** [komˌpilár] *v* to compile, anthologize, collect (*textos*).

com·pin·che [komˌpíntʃe] *n/m,f* FAM buddy, chum, mate.

com·pla·cen·cia [komˌplaθénθja] *n/f* 1. pleasure, satisfaction. 2. compliance, complacency. **com·pla·cer** [komˌplaθér] I. *v* (*complazco*) 1. to please, oblige. 2. to humour, accommodate. II. *v/Refl(-se)* 1. **(~se con/en/de)** to take pleasure in. 2. **(~se en)** to like, enjoy. **com·pla·cien·te** [komˌplaθjénte] *adj* **(~ con/para con)** 1. obliging, accommodating. 2. agreeable, complaisant.

com·ple·ji·dad [komˌplexiðáð] *n/f* complexity, intricacy. **com·ple·jo** [komˌpléxo] I. *adj* complex, intricate. II. *n/m* complex. LOC **~ de Edipo**, Oedipus complex. **~ de inferioridad**, inferiority complex.

com·ple·men·tar [komˌplementár] *v* 1. to complement. 2. to complete. LOC **~se con**, to be complementary (to each other). **com·ple·men·ta·rio/a** [komˌplementárjo/a] *adj* complementary. **com·ple·men·to** [komˌpleménto] *n/m* 1. *gen* complement. 2. GRAM object. LOC **Ser el ~ de algo**, to make sth complete.

com·ple·tar [komˌpletár] *v* to complete, finish. **com·ple·to/a** [komˌpléto/a] *adj* 1. complete, finished. 2. full. LOC **Por ~**, 1. completely. 2. from top to bottom.

com·ple·xión [komˌple(k)sjón] *n/f* constitution, make-up, disposition.

com·pli·ca·ción [komˌplikaθjón] *n/f* 1. *gen* complication. 2. complexity. **com·pli·ca·do/a** [komˌplikáðo/a] *adj* 1. complicated. 2. FIG difficult. 3. intricate, complex. **com·pli·car** [komˌplikár] *v* (*complique*) 1. **(~ con)** to complicate (with). 2. **(~ en)** to involve, embroil (in). 3. **(~se en)** to become involved in.

cóm·pli·ce [kómˌpliθe] *n/m,f* **(~ de/en)** accomplice (of/in). **com·pli·ci·dad** [komˌpliθiðáð] *n/f* complicity. **com·plot** [komˌpló(t)] *n/m* (*pl complots*) 1. plot, conspiracy. 2. FAM frame up.

com·po·nen·da [komˌponénda] *n/f* 1. compromise, arrangement. 2. agreement, settlement, unclear deal.

com·po·nen·te [komˌponénte] I. *adj* component, constituent. II. *n/m* component, part, constituent. **com·po·ner** [komˌponér] I. *v* (*compongo, compuse, compondré* pp *compuesto*) 1. *gen* to compose. 2. to constitute, make up, comprise of. 3. to set (*imprenta*). II. *v/Refl(-se)* 1. to dress up. 2. to consist (of). LOC **Yo me las compongo solo,** I can manage alone.

com·por·ta·mien·to [komˌportamjénto] *n/m* 1. behaviour. 2. TÉC performance. **com·por·tar** [komˌportár] I. *v* to entail, cause. II. *v/Refl(-se)* to behave, conduct oneself. LOC **Saber ~se**, to know how to behave.

com·po·si·ción [komˌposiθjón] *n/f* 1. *gen* composition. 2. QUÍM compound. LOC **~ de lugar**, sizing up/gauging of the situation. **com·po·si·tor/ra** [komˌpositór/ra] *n/m,f* MÚS composer.

com·pos·te·la·no/a [komˌposteláno/a] *adj n/m,f* GEOG from/of Santiago de Compostela.

com·pos·tu·ra [komˌpostúra] *n/f* 1. composition, make-up. 2. repair(ing). 3. composure, sobriety, moderation.

com·po·ta [komˌpóta] *n/f* 1. compote, preserve. 2. baby food (*puré*).

com·pra [kómˌpra] *n/f* 1. purchase, buy. 2. shopping. LOC **~ a plazos**, Br hire-purchase, US installment purchase. **Ir a la ~**, to do the shopping. **Ir de ~s** *pl*, to go shopping. **com·pra·dor/ra** [komˌpraðór/ra] *n/m,f* 1. shopper, customer. 2. COM purchaser, buyer. **com·prar** [komˌprár] *v* 1. to purchase, buy. 2. FIG to buy (off), bribe. **com·pra·ven·ta** [komˌpraβénta] *n/f* trading, buying and selling.

com·pren·der [komˌprendér] *v* 1. to understand, comprehend. 2. to comprise, include, embrace (of). LOC **Compréndame**, try to see it from my point of view. **¿Comprendes?**, *int* Do you see? **~ mal**, to misunderstand. **Todo comprendido**, all in, all inclusive. **¡Ya comprendo!**, *exclam* I see! **com·pren·si·ble** [komˌprensíβle] *adj* 1. intelligible, comprehensible. 2. understandable (*justificable*). **com·pren·sión** [komˌprensjón] *n/f* comprehension, understanding. **com·pren·si·vo/a** [komˌprensíβo/a] *adj* 1. comprehensive. 2. understanding (*persona*).

com·pre·sa [komˌprésa] *n/f* compress. LOC **~ higiénica**, sanitary towel (*de mujer*).

com·pre·si·bi·li·dad [komˌpresiβiliðáð] *n/f* compressibility. **com·pre·si·ble** [komˌpresíβle] *adj* compressible. **com·pre·sión** [komˌpresjón] *n/f* compression. **com·pre·sor/ra** [komˌpresór/ra] I. *adj* compressive, compressing. II. *n/m* compressor. **com·pri·mi·ble** [komˌprimíβle] *adj* compressible. **com·pri·mi·do/a** [komˌprimíðo/a] I. *adj* compressed. II. *n/m* MED tablet, pill. LOC **Aire ~**, compressed air. **Escopeta de aire ~**, air rifle. **com·pri·mir** [komˌprimír] *v* to compress.

com·pro·ba·ble [komˌproβáβle] *adj* provable, verifiable. **com·pro·ba·ción** [komˌproβaθjón] *n/f* 1. verification, check(ing). 2. proof (*prueba*). **com·pro·ba·dor/ra** [komˌproβaðór/ra] I. *adj* testing. II. *n/m* tester. **com·pro·ban·te** [komˌproβánte] *n/m* guarantee, warranty, voucher, receipt. **com·pro·bar** [koɱproβár] *v* (*com**pruebo***) **1**. to verify, prove. **2**. to check (*averiguar*).

com·pro·me·te·dor/ra [koɱprometeðór/ra] *adj* compromising. **com·pro·me·ter** [koɱprometér] **I**. *v* **(~ a/con/en) 1**. to jeopardize, endanger. **2**. to implicate, involve, engage. **3**. to compromise, put sb in a compromising situation. **II**. *v/Refl(-se)* **1**. to compromise oneself. **2**. **(~se a)** to commit oneself (to) (*causa*). **com·pro·me·ti·do/a** [koɱprometíðo/a] *adj* **1**. compromising, delicate, embarrassing (*situación*). **2**. **(~ con/en)** involved (with/in), implicated (in). LOC **Estar ~ en**, to be already engaged (in), already committed to. **No ~**, non-committal.

com·pro·mi·sa·rio/a [koɱpromisárjo/a] *n/m,f* representative, delegate.

com·pro·mi·so [koɱpromíso] *n/m* **1**. *gen* commitment. **2**. pledge, obligation. **3**. COM agreement, JUR compromise, arbitration. **4**. predicament. **5**. engagement, appointment (*cita*). LOC **~ matrimonial**, engagement. **Libre de ~/Sin ~**, without obligation. **Poner en un ~**, to put in a difficult/embarrassing situation.

com·puer·ta [koɱpwérta] *n/f* sluice, floodgate.

com·pues·to/a [koɱpwésto/a] **I**. *adj* **1**. GRAM MAT compound. **2**. ARQ BOT composite. **3**. mended, repaired. **4**. FIG smart, dressed up. **II**. *n/m* compound. LOC **Estar ~ de**, to be composed of, be made up of.

com·pul·sa [koɱpúlsa] *n/f* JUR attested copy. **com·pul·sa·ción** [koɱpulsaθjón] *n/f* comparison, collation. **com·pul·sar** [koɱpulsár] *v* **1**. to compare, collate. **2**. JUR to make an attested copy of.

com·pul·sión [koɱpulsjón] *n/f* compulsion. **com·pul·si·vo/a** [koɱpulsíβo/a] *adj* compulsive, compelling.

com·pun·ción [koɱpuṇθjón] *n/f* **1**. compunction, remorse. **2**. sorrow, pity. **com·pun·gi·do/a** [koɱpuŋxíðo/a] *adj* **1**. remorseful, regretful. **2**. sorrowful (*dolorido*). **com·pun·gir** [koɱpuŋxír] **I**. *v* (*compun**ja***) to make remorseful/guilty. **II**. *v/Refl(-se)* **(~se por)** to feel remorse (for).

com·pu·ta·ble [koɱputáβle] *adj* computable. **com·pu·ta·dor/ra** [koɱputaðór/ra] *n/m,f* computer. LOC **~ personal**, personal computer (PC). **com·pu·tar** [koɱputár] *v* to compute, calculate. **cóm·pu·to** [kómputo] *n/m* computation, calculation.

co·mul·gan·te [komulɣáṇte] *n/m,f* REL communicant. **co·mul·gar** [komulɣár] *v* (*comul**guen***) **1**. REL to receive Holy Communion. **2**. FIG to share (*ideas*).

co·mún [komún] *adj* **(~ a) 1**. *gen* common. **2**. communal, common. **3**. common, commonplace, widespread. LOC **Bien ~**, public interest, common good. **En ~**, in common. **Mercado Común**, COM Common Market. **Poco ~**, unusual, rare. **Por lo ~**, generally, normally. **Sentido ~**, common sense. **Tener en ~**, to have in common, share. **co·mu·na** [komúna] *n/f* commune. **co·mu·nal** [komunál] *adj* communal.

co·mu·ni·ca·ble [komunikáβle] *adj* communicable. **co·mu·ni·ca·ción** [komunikaθjón] *n/f* **1**. *gen* communication. **2**. communiqué (*oficial*), message. **3**. *pl* communication. **4**. connection (*teléfono*). LOC **Estar/Ponerse en ~ con**, 1. to be/get in touch with. 2. to be on, get through to (*por teléfono*) **Vía de ~**, thoroughfare. **co·mu·ni·ca·do/a** [komunikáðo/a] **I**. *adj* served. **II**. *n/m* communiqué, communication. LOC **~ a la prensa**, press release. **co·mu·ni·can·te** [komunikáṇte] **I**. *adj* communicating. **II**. *n/m,f* communicant. **co·mu·ni·car** [komunikár] **I**. *v* (*comuni**que***) **1**. **(~ con)** *gen* to communicate (with). **2**. **(~ a/por)** to convey, deliver, communicate, pass on (*información*). **3**. to join, connect (*dos lugares*). **4**. to be engaged (*teléfono*). **II**. *v/Refl(-se)* **1**. to spread (*algo contagioso*). **2**. **(~se con)** to be in touch with (*persona*). **co·mu·ni·ca·ti·vo/a** [komunikatíβo/a] *adj* talkative, communicative; infectious (*risa*, etc). LOC **Poco ~**, not very talkative, reticent.

co·mu·ni·dad [komuniðáð] *n/f* **1**. commonness. **2**. community, REL parish. LOC **Comunidad Británica de Naciones**, British Commonwealth (of Nations). **Comunidad Económica Europea (CEE)**, European Economic Community (EEC). **En ~**, together. **co·mu·nión** [komunjón] *n/f* **1**. communion, fellowship. **2**. REL Holy Communion.

co·mu·nis·mo [komunísmo] *n/m* Communism. **co·mu·nis·ta** [komunísta] *adj n/m,f* communist.

co·mu·ni·ta·rio/a [komunitárjo/a] *adj* (of the) community. LOC **Centro ~**, community centre.

con [kón] *prep* **1**. with: *Hablaba con dificultad*, He spoke with difficulty. **2**. in spite of, although: *Con tener tanto dinero no es feliz*, Although he has a lot of money, he is not happy. **3**. **(para ~)** to, towards. **4**. in: *Con este sombrero te veo muy guapo*, You look very handsome in that hat. **5**. **(~ + *inf*)** (by) + *ger*, if + *v*: *Con venir ya es bastante*, If he comes, it is enough; *Con dejarlo solo no soluciona el problema*, Leaving him alone doesn't solve the problem. LOC **~ que**, 1. whereupon. 2. and so, so (then). 3. provided that. **¡~que sí!**, *exclam* FAM That's what you think! **~ sólo que/~ tal que**, so long as, provided that. **Estar ~ + *n***, to have (a) (*fiebre*). **¡~ lo que...!**, **¡~ tanto como!**, *exclam* After all...., With all....! Considering all...!

co·na·to [konáto] *n/m* effort, attempt, beginning.

con·ca·de·nar [koŋkaðenár], **con·ca·te·nar** [koŋkatenár] *v, Refl(-se)* to link, join (up). **con·ca·te·na·ción** [koŋkatenaθjón] *n/f* concatenation, chain.

con·ca·vi·dad [koŋkaβiðáð] *n/f* **1**. concavity. **2**. cavity, hollow. **cón·ca·vo/a** [kóŋkaβo/a] *adj* concave.

con·ce·bi·ble [koṇθeβíβle] *adj* conceivable, imaginable. **con·ce·bir** [koṇθeβír] *v* (*con**cibo***) **1**. BIOL FIG to conceive. **2**. to imagine:

Nadie puede concebir algo así, Nobody can imagine anything like it.

con·ce·der [koṇθeðér] *v* **1.** to concede, award, grant. LOC **Concedo que...,** I admit that...

con·ce·jal/la [koṇθexál/a] *n/m,f* (town) councillor. **con·ce·ja·lía** [koṇθexalía] *n/f* councillorship. **con·ce·jo** [koṇθéxo] *n/m* town council.

con·cen·tra·ción [koṇθeṇtraθjón] *n/f* **1.** concentration. **2.** meeting, rally. **con·cen·tra·do/a** [koṇθeṇtráðo/a] **I.** *adj* **1.** concentrated. **2.** FIG absorbed. **II.** *n/m* concentrate (*solución*). **con·cen·trar** [koṇθeṇtrár] *v gen* to concentrate. LOC **~se en,** to centre upon, concentrate on. **con·cén·tri·co/a** [koṇθéṇtriko/a] *adj* MAT concentric.

con·cep·ción [koṇθepθjón] *n/f* conception. **con·cep·tis·mo** [koṇθeptísmo] *n/m lit* conceptism. **con·cep·to** [koṇθépto] *n/m* **1.** concept. **2.** opinion, conception. **3.** COM item. **4.** *lit* conceit. LOC **Bajo todos los ~s,** from every point of view. **En ~ de,** by way of. **Formarse un ~ de,** to form an idea of. **Por ningún ~,** under no circumstances. **Tener buen ~ de alguien,** to have a high opinion of sb. **con·cep·tuar** [koṇθeptwár] *v* (*conceptúo, conceptúe*) **(~ de/por)** to deem, think. **con·cep·tuo·so/a** [koṇθeptwóso/a] *adj* **1.** PEY affected, forced (*estilo*). **2.** witty.

con·cer·nien·te [koṇθernjéṇte] *adj* concerning, regarding, about. LOC **En lo ~ a,** as regards, with regard to. **con·cer·nir** [koṇθernír] *v* (*concierne*) **(~ a) 1.** to concern, regard. **2.** to be up to: *No me concierne decir,* It's not for me to say. LOC **En lo que a mí concierne,** as far as I'm concerned. **Por/En lo que concierne a,** as for, with respect/regard to.

con·cer·tar [koṇθertár] *v* (*concierto*) **1.** to arrange, coordinate, FIG MÚS harmonize. **2.** **(~ en/entre)** to agree (on). **3.** **(~se con)** to arrive at/come to an agreement with. **con·cer·ti·na** [koṇθertína] *n/f* MÚS concertina. **con·cer·ti·no** [koṇθertíno] *n/m* MÚS Br first violin, US concert-master. **con·cer·tis·ta** [koṇθertísta] *n/m,f* MÚS soloist.

con·ce·sión [koṇθesjón] *n/f gen* concession, awarding. **con·ce·sio·na·rio/a** [koṇθesjonárjo/a] **I.** *adj* concessionary. **II.** *n/m,f* licensee, authorized dealer.

con·cien·cia [koṇθjéṇθja] *n/f* **1.** consciousness, mind, awareness. **2.** conscience, integrity (*moral*). **3.** conscientiousness. LOC **A ~,** 1. conscientiously. 2. in depth. **En ~,** honestly, according to one's conscience. **Remorder la ~ a alguien,** to have a guilty conscience. **Tener/Tomar ~ de,** to be/become aware of. **con·cien·ciar** [koṇθjeṇθjár] FAM *v* LOC **~ a alguien de,** to make sb aware/conscious of. **con·cien·zu·do/a** [koṇθjeṇθúðo/a] *adj* conscientious, thorough.

con·cier·to [koṇθjérto] *n/m* **1.** FIG harmony, concorde. **2.** agreement. **3.** MÚS concerto, concert. LOC **~ económico,** COM flat rate (*impuesto*). **Sin orden ni ~,** without rhyme or reason.

con·ci·liá·bu·lo [koṇθiljáβulo] *n/m* confabulation, FAM confab.

con·ci·lia·ción [koṇθiljaθjón] *n/f* **1.** (re)conciliation, settlement. **2.** FIG affinity, concordance. **con·ci·lia·dor/ra** [koṇθiljaðór/ra] *adj* conciliatory. **con·ci·liar** [koṇθiljár] **I.** *adj* conciliar. **II.** *v* to conciliate, reconcile. LOC **~ el sueño,** to get to sleep. **con·ci·lia·to·rio/a** [koṇθiljatórjo/a] *adj* conciliatory. **con·ci·lio** [koṇθíljo] *n/m* council.

con·ci·sión [koṇθisjón] *n/f* conciseness, succinctness. **con·ci·so/a** [koṇθíso/a] *adj* concise, succinct.

con·ci·tar [koṇθitár] *v* to agitate, incite.

con·ciu·da·da·no/a [koṇθjuðaðáno/a] *n/m,f* fellow citizen.

cón·cla·ve [kóŋklaβe] *n/m* conclave.

con·cluir [koŋkluír] *v* (*concluyo, concluya, concluye*) **1.** to conclude, finish, end. **2.** to conclude, deduce. **3.** to close (*trato*). LOC **~ por + *inf*,** to end up by + *ger* (*sumisión*): *Concluyó por aceptar su oferta,* He ended up by accepting her offer. **con·clu·sión** [koŋklusjón] *n/f* **1.** *gen* conclusion. **2.** COM settlement. LOC **Llegar a la ~ de que,** to come to the conclusion that. **con·clu·si·vo/a** [koŋklusíβo/a] *adj* conclusive. **con·clu·yen·te** [koŋkluJéṇte] *adj* **1.** conclusive, decisive. **2.** categorical, unequivocal.

con·co·mer·se [koŋkomérse] *v/Refl(-se)* **1.** to wriggle one's back, shrug. **2.** FIG to itch, be gnawed at (*envidia*). LOC **~ de envidia,** to be green/consumed with envy. **~ de impaciencia,** to fidget with impatience. **~ de rabia,** to be seething with rage.

con·co·mi·tan·cia [koŋkomitáṇθja] *n/f* concomitance. **con·co·mi·tan·te** [koŋkomitánte] *adj* concomitant.

con·cor·dan·cia [koŋkorðáṇθja] *n/f* concordance, agreement. **con·cor·dar** [koŋkoðár] *v* (*concuerdo*) **(~ con/en) 1.** to reconcile, bring into agreement. **2.** to agree, tally, concord (with). **con·cor·da·to** [koŋkorðáto] *n/m* concordat. **con·cor·de** [koŋkórðe] *adj* **(~ en/con)** in agreement (with). **con·cor·dia** [koŋkórðja] *n/f* harmony, concorde.

con·cre·ción [koŋkreθjón] *n/f* **1.** concretion. **2.** MED stone. **con·cre·tar** [koŋkretár] *v* **(~ a/en) 1.** to state explicitly, specify. **2.** to limit, narrow (sth) down. **con·cre·to/a** [koŋkréto/a] *adj* **1.** concrete. **2.** FAM actual, specific. LOC **En ~,** specifically. **Nada en ~,** nothing specific.

con·cu·bi·na [koŋkuβína] *n/f* concubine. **con·cu·bi·na·to** [koŋkuβináto] *n/m* concubinage.

con·cul·car [koŋkulkár] *v* (*conculque*) to violate, break, infringe (*ley*).

con·cu·ña·do/a [koŋkuɲáðo/a] *n/m,f* brother/sister-in-law of sb's brother/sister.

con·cu·pis·cen·cia [koŋkupisθeṇθja] *n/f* **1.** concupiscence, lust. **2.** greed. **con·cu·pis·cen·te** [koŋkupisθéṇte] *adj* concupiscent, lustful, greedy.

con·cu·rren·cia [koŋkurréṇθja] *n/f* **1.** concurrence, conjunction. **2.** audience, crowd. **con·cu·rren·te** [koŋkurréṇte] **I.** *adj* **1.** present. 2. competing, contending. **II.** *n/m,f* **1.** competitor, contender. **2.** person present; DEP spectator, TEAT member of the audience. **con·cu·rri·do/a** [koŋkurríðo/a] *adj* **1.** crowded, teeming (with people). **2.** well-attended (*función*). **con·cu·rrir** [koŋkurrír] *v* **1. (~ en/a)** to meet, converge. **2.** to coincide, concur (*en el tiempo*). **3. (~ a/en)** to attend. **4. (~ a)** to take part in, compete in (*concurso*), sit (*examen*).

con·cur·san·te [koŋkursánte] *n/m,f* contestant, participant. **con·cur·sar** [koŋkursár] *v* **(~ en)** to compete (in). **con·cur·so** [koŋkúrso] *n/m* **1.** concourse, concurrence. **2.** competition, contest, show. **3.** gathering, crowd. **4.** DEP match, meeting, tournament. **5.** help.

con·cha [kóntʃa] *n/f* **1.** ANAT conch, shell. **2.** TEAT prompter's box. LOC **~ de perla,** mother-of-pearl.

con·cha·bar·se [kontʃaβárse] *v/Refl(-se)* **(~ contra)** to gang up (on).

con·da·do [kondáðo] *n/m* county, Br shire. **con·dal** [kondál] *adj* county. **con·de** [kónde] *n/m* count, earl (*título*).

con·de·co·ra·ción [kondekoraθjón] *n/f* decoration, medal. **con·de·co·rar** [kondekorár] *v* **(~ con)** to decorate (with) (*insignia*).

con·de·na [kondéna] *n/f* **1.** condemnation. **2.** JUR sentence, conviction. LOC **~ condicional,** suspended sentence. **~ perpetua,** life-sentence. **con·de·na·ble** [kondenáβle] *adj* **1.** reprehensible. **2.** heinous, damnable. **con·de·na·ción** [kondenaθjón] *n/f* **1.** condemnation. **2.** JUR conviction, sentence. **3.** REL damnation. **con·de·na·do/a** [kondenáðo/a] *n/m,f* **1.** JUR criminal, convict. **2.** REL one of the damned, doomed person. LOC **~ a muerte,** condemned man. **con·de·nar** [kondenár] *v* **1.** to find guilty, convict. **2. (~ a)** to condemn, sentence (to). **3.** REL to damn. **con·de·na·to·rio/a** [kondenatórjo/a] *adj* condemnatory.

con·den·sa·ble [kondensáβle] *adj* condensable. **con·den·sa·ción** [kondensaθjón] *n/f* condensation. **con·den·sa·dor/ra** [kondensaðór/ra] *n/m* ELECTR TÉC condenser, capacitor. **con·den·sar** [kondensár] *v* **(~ en)** *gen* to condense (into).

con·de·sa [kondésa] *n/f* countess.

con·des·cen·den·cia [kondesθendénθja] *n/f* **1.** indulgence, acquiescence. **2.** condescension. **con·des·cen·der** [kondesθendér] *v* (*condes**ciendo***) **(~ a) 1.** to consent (to), acquiesce (in). **2.** to condescend (to). **con·des·cen·dien·te** [kondesθendjénte] *adj* **1.** obliging, indulgent. **2.** condescending.

con·des·ta·ble [kondestáβle] *n/m* HIST constable.

con·di·ción [kondiθjón] *n/f* **1.** condition, nature. **2.** character, nature. **3.** *pl* state, condition. **4.** *pl* COM conditions, terms. **5.** position, status, rank, capacity: *En su condición de Jefe de Estado, el rey viajó a España,* The king travelled to Spain in his capacity as Head of State. LOC **A ~ de que,** on condition, provided that. **En ~ de +** *inf*, 1. in a fit state to + *inf*. 2. in a position to + *inf*: *Está en condiciones de viajar,* He is in a fit state to travel. **con·di·cio·na·do/a** [kondiθjonáðo/a] *adj* **1. (Estar ~)** conditioned. **2.** conditional. **con·di·cio·nal** [kondiθjonál] **I.** *adj* conditional. **II.** *n/m* GRAM conditional. **con·di·cio·na·mien·to** [kondiθjonamjénto] *n/m* conditioning. **con·di·cio·nar** [kondiθjonár] *v* **1. (~ a)** to adapt to, make depend on. **2.** to condition.

con·di·men·ta·ción [kondimentaθjón] *n/f* seasoning. **con·di·men·tar** [kondimentár] *v* to season. **con·di·men·to** [kondiménto] *n/m* **1.** condiment, seasoning. **2.** dressing (*ensalada*).

con·dis·cí·pu·lo/a [kondisθípulo/a] *n/m,f* fellow student.

con·do·len·cia [kondolénθja] *n/f* condolence, sympathy. **con·do·ler·se** [kondolérse] *v/ Refl(-se)* (*me con**duelo***) **(~se de) 1.** to feel/be sorry (for), pity. **2.** to sympathize (with).

con·dón [kondón] *n/m* condom.

con·do·na·ción [kondonaθjón] *n/f* remission. **con·do·nar** [kondonár] *v* **1.** to condone, pardon. **2.** to cancel (*deuda*).

cón·dor [kóndor] *n/m* condor (*ave*).

con·duc·ción [kondu(k)θjón] *n/f* **1.** FÍS conduction. **2.** piping, pipes *pl.* **3.** AUT driving. **4.** leading. **con·du·cen·te** [konduθénte] *adj* **(~ a)** leading, FIG conducive (to). **con·du·cir** [konduθír] **I.** *v* (*conduzco, conduje*) **I.** *v* **(~ a/por/en) 1.** to lead. **2.** TÉC to transport, take. **3.** ELECTR to conduct, carry. **4.** AUT to drive. **II.** *v/Refl(-se)* to behave, conduct oneself. **con·duc·ta** [kondúkta] *n/f* conduct, behavio(u)r. LOC **Cambiar de ~,** to change one's ways. **Mala ~,** misconduct, misbehaviour. **con·duc·ti·bi·li·dad, con·duc·ti·vi·dad** [konduktiβiliðáð, konduktiβiðáð] *n/f* conductivity. **con·duc·ti·vo/a** [konduktíβo/a] *adj* conductive. **con·duc·to** [kondúkto] *n/m* **1.** pipe, tube; ELECTR cable, lead. **2.** ANAT duct. **3.** FIG channels. LOC **Por ~ de,** through, via. **Por ~ oficial,** through official channels *pl.* **con·duc·tor/ra** [konduktór/ra] **I.** *adj* **1.** ELECTR conductive. **2.** FIG guiding, leading. **II.** *n/m,f* AUT driver. **III.** *n/m* ELECTR conductor.

con·du·mio [kondúmjo] *n/m* IR FAM food.

co·nec·tar [konektár] *v* **1. (~ con)** to connect (to/with). **2.** ELECTR to connect (up), switch on. **3. (~ con)** FIG to get into contact (with). **4. (~ con)** to tune in to (*radio*): *Conectamos con Londres,* Over to you, London. LOC **~ a tierra,** ELECTR to earth.

co·ne·je·ra [konexéra] *n/f* rabbit warren (*natural*), rabbit hutch (*casita*). **co·ne·ji·llo** [konexíʎo] *n/m* bunny. LOC **~ de Indias,** guinea pig. **co·ne·jo/a** [konéxo/a] *n/m* ZOOL rabbit.

co·ne·xión [kone(k)sjón] *n/f* connection. **co·ne·xo/a** [koné(k)so/a] *adj* connected, related.

con·fa·bu·la·ción [komfaβulaθjón] *n/f* confabulation. **con·fa·bu·lar** [komfaβulár] *v* to conspire, plot, connive.

con·fec·ción [koŋfe(k)θjón] *n/f* tailoring, making-up (*sastrería*). LOC **Traje de ~,** off-the-peg/ready-made suit. **con·fec·cio·nar** [koŋfe(k)θjonár] *v* **1.** to make up (*traje*). **2.** to make, prepare (*medicinas/pasteles,* etc).

con·fe·de·ra·ción [koŋfeðeraθjón] *n/f* confederation, confederacy. **con·fe·de·ra·do/a** [koŋfeðeráðo/a] *adj n/m,f* confederate. **con·fe·de·rar** [koŋfeðerár] *v* to confederate.

con·fe·ren·cia [koŋferenθja] *n/f* **1.** lecture, talk. **2.** conference, meeting. **3.** (long distance) call. LOC **~ a cobro revertido,** Br reverse-charge call, US call collect. **~ de prensa,** press conference. **con·fe·ren·cian·te** [koŋferenθjánte] *n/m,f* lecturer, speaker. **con·fe·ren·ciar** [koŋferenθjár] *v* to hold a conversation, converse (about), discuss.

con·fe·rir [koŋferír] *v* (*confiero*) **1.** to confer, bestow (*honor*). **2.** to give (*mensaje, responsabilidad*). **3.** to confer, give: *Esta circunstancia le confiere un especial encanto,* This feature gives it a certain charm.

con·fe·sar [koŋfesár] *v* (*confieso* pp *confesado/confeso*) **1.** to confess, admit. **2.** to acknowledge (*error*), FAM own up to (*delito*). LOC **~se,** REL to go to confession. **con·fe·sión** [koŋfesjón] *n/f* confession, admission. **con·fe·sio·nal** [koŋfesjonál] *adj* REL **1.** confessional. **2.** doctrinal. **con·fe·s(i)o·na·rio** [koŋfes(j)onárjo] *n/m* REL confessional, confession box. **con·fe·sor** [koŋfesór] *n/m* REL confessor.

con·fe·ti [koŋféti] *n/m* confetti.

con·fia·do/a [koŋfjáðo/a] *adj* **1.** trusting, PEY gullible. **2.** (self-)confident, PEY conceited. **con·fian·za** [koŋfjánθa] *n/f* **1.** **(~ en)** confidence (in). **2.** **(~ en)** trust (in), reliance (on). **3.** *pl* **(~ con)** PEY intimacy, familiarity (with). LOC **~ en sí mismo,** self-confidence. **Con toda ~,** with complete confidence. **De ~,** trustworthy, reliable. **En ~,** confidentially. **Tomarse demasiadas ~s,** to become too familiar. **con·fiar** [koŋfjár] **I.** *v* (*confío, confíen*) **1.** **(~ en)** to entrust (to), rely (on). **2.** to confide, tell in confidence. **3.** to hope: *Confío en que vendrá,* I hope she will come. **4.** **(~ en)** to put one's trust/faith (in). **II.** *v/Refl(-se)* **1.** **(~se en)** to have too much confidence (in), be too confident (about). **2.** **(~ se a/en)** to entrust oneself to sth/sb. **3.** **(~se a)** to confide in sb. LOC **~ algo a la memoria,** to commit sth to memory. **con·fi·den·cia** [koŋfiðénθja] *n/f* secret, confidence. LOC **Hacer ~s a,** to confide in, reveal secrets to. **con·fi·den·cial** [koŋfiðenθjál] *adj* confidential. LOC **De forma ~,** confidentially. **con·fi·den·te** [koŋfiðénte] **I.** *adj* **1.** faithful. **II.** *n/m,f* **1.** confidant *m*, confidante *f*. **2.** informer, FAM grass.

con·fi·gu·ra·ción [koŋfiɣuraθjón] *n/f* configuration, form, shape. **con·fi·gu·rar** [koŋfiɣurár] *v* to form, shape.

con·fín [koŋfín] *n/m* **1.** border (*entre países*). **2.** boundary, *pl* confines. **con·fi·na·do/a** [koŋfináðo/a] *adj* confined. **con·fi·na·mien·to** [koŋfinamjénto] *n/m* **1.** confinement. **2.** exile, banishment. **con·fi·nar** [koŋfinár] *v* **I.** **1.** **(~ con)** to border (on). **2.** **(~ a/en)** to confine (to/in). **3.** **(~ a)** to exile, banish (to). **II.** *Refl(-se)* to shut oneself away. **con·fi·ni·dad** [koŋfiniðáð] *n/f* adjacency, nearness.

con·fir·ma·ción [koŋfirmaθjón] *n/f* **1.** confirmation, corroboration. **2.** REL confirmation. **con·fir·man·do/a** [koŋfirmándo/a] *n/m,f* REL confirmand. **con·fir·man·te** [koŋfirmánte] **I.** *adj* confirming, confirmative. **II.** *n/m,f* confirmer. **con·fir·mar** [koŋfirmár] *v* **1.** to confirm (*noticia*). **2.** to corroborate (*testimonio*). **3.** REL to confirm. **con·fir·ma·to·rio/a** [koŋfirmatórjo/a] *adj* confirmative, confirmatory.

con·fis·ca·ble [koŋfiskáβle] *adj* confiscable. **con·fis·ca·ción** [koŋfiskaθjón] *n/f* confiscation. **con·fis·car** [koŋfiskár] *v* (*confisque*) to confiscate.

con·fi·ta·do/a [koŋfitáðo/a] *adj* **1.** crystallized, glacé (*fruta*). **2.** iced (*dulces*). LOC **Frutas ~as,** comfits. **con·fi·tar** [koŋfitár] *v* **1.** to preserve in syrup (*fruta*). **2.** to crystallize (*fruta*). **3.** to ice, coat with sugar/icing (*dulce*). **con·fi·te** [koŋfíte] *n/m* Br sweet, US candy. **con·fi·te·ría** [koŋfitería] *n/f* confectioner's, Br sweet shop, US candy store. **con·fi·te·ro/a** [koŋfitéro/a] *n/m,f* confectioner. **con·fi·tu·ra** [koŋfitúra] *n/f* **1.** Br jam, US jelly. **2.** crystallized fruit.

con·fla·gra·ción [koŋflaɣraθjón] *n/f* conflagration, war.

con·flic·ti·vo/a [koŋfliktíβo/a] *adj* **1.** conflicting. **2.** troubling, troubled. **con·flic·to** [koŋflíkto] *n/m* **1.** conflict, struggle. **2.** clash, conflict (*de ideas*). **3.** FIG quandary, dilemma. LOC **~ laboral,** labour dispute.

con·fluen·cia [koŋflwénθja] *n/f* **1.** confluence, concourse (*de ríos*). **2.** MED confluence. LOC **Punto de ~,** FIG common ground. **con·fluen·te** [koŋflwénte] *adj* confluent. **con·fluir** [koŋfluír] *v* (*confluyo, confluyen*) to converge, come together (*personas, ríos*).

con·for·ma·ción [koŋformaθjón] *n/f* **1.** conformation, configuration. **2.** structure, form. **con·for·ma·do/a** [koŋformáðo/a] *adj* **1.** shaped, formed. **2.** **(~ a)** conforming (to). **con·for·mar** [koŋformár] *v* **I.** **1.** to shape, give form to. **2.** to adapt, adjust, fit. **3.** **(~ con/a)** to reconcile (to/with). **II.** *Refl(-se)* **(~ con)** **1.** to be happy with. **2.** to conform to, comply with. **3.** to resign oneself to. **con·for·me** [koŋfórme] **I.** *adj* **1.** **(~ a/con)** in keeping/accordance/line (with). **2.** **(~ con)** satisfied (with), PEY resigned (to). **II.** *conj* **1.** (just) as: *Te lo devuelvo todo conforme lo recibí,* I'm returning it just as I received it. **2.** as (soon as), at the same time as: *Conforme iban llegando los íbamos saludando,* We greeted them as they arrived. **III.** *n/m* approval, endorsement. LOC **¡~!,** *int* All right! OK! **Estar ~s con el precio,** to be agreed on the price. **Según y ~,** it all depends. **con·for·mi·dad** [koŋformiðáð] *n/f* **1.** conformity. **2.** agreement, consent, PEY resignation. LOC **De/En ~ con,** in accordance with, according to. **Dar la ~,** to give one's approval. **con·for·mis·mo** [koŋformísmo] *n/*

m conformism, conventionalism. **con·for·mis·ta** [koɱformísta] *adj n/m,f* conformist.

con·fort [koɱfór] *n/m* comfort. **con·for·ta·ble** [koɱfortáßle] *adj* **1**. comforting (*noticia*). **2**. comfortable. **con·for·ta·dor/ra** [koɱfortaðór/ra] **I**. *adj* comforting, strengthening. **II**. *n/m,f* comforter, comfort. **con·for·tan·te** [koɱfortánte] *adj* comforting. **con·for·tar** [koɱfortár] *v* **1**. to strengthen. **2**. FIG to comfort, console.

con·fra·ter·nar [koɱfraternár] *v* to fraternize. **con·fra·ter·ni·dad** [koɱfraterniðáð] *n/f* **1**. confraternity, brotherhood. **2**. intimate friendship. **con·fra·ter·ni·zar** [koɱfraterniθár] *v* (*confraternice*) to fraternize.

con·fron·ta·ción [koɱfrontaθjón] *n/f* **1**. clash, confrontation. **2**. comparison, collation (*de textos*). **con·fron·tar** [koɱfrontár] **I**. *v* **1**. to compare, collate. **2**. **(~ con)** to confront (with), bring face to face. **II**. *v/Refl (-se)* **(~se con)** to face, confront.

con·fun·di·ble [koɱfundíßle] *adj* confusing. **con·fun·dir** [koɱfundír] *v* **1**. **(~ con)** to confuse (with), mistake (for). **2**. **(~ con)** to mix/jumble (up). **3**. to bewilder, confuse. **4**. to perplex, embarrass. **II**. *v/Refl(-se)* **1**. to be confused/mistaken/mixed-up. **2**. to be embarrassed. LOC **~se de número,** to dial the wrong number (*teléfono*). **con·fu·sión** [koɱfusjón] *n/f* confusion. **con·fu·so/a** [koɱfúso/a] *adj* **1**. *gen* confused. **2**. hazy (*re- cuerdo*), blurred (*imagen*).

con·ge·la·ción [koŋxelaθjón] *n/f* **1**. freezing. **2**. deep-freezing. **3**. MED frostbite. **4**. COM freeze. **con·ge·la·dor** [koŋxelaðór] *n/m* freezer, deep-freeze. **con·ge·lar** [koŋxelár] *v* **1**. to freeze. **2**. to deep-freeze. **3**. MED to get frostbite. **4**. COM to freeze.

con·gé·ne·re [koŋxénere] **I**. *adj* **1**. congenerous. **2**. of the same genus, congeneric. **II**. *n/m,f* type, kind, sort (*persona*). **con·ge·niar** [koŋxenjár] *v* **(~ con)** to get on well with. **con·gé·ni·to/a** [koŋxénito/a] *adj* congenital, innate.

con·ges·tión [koŋxestjón] *n/f* MED FIG congestion. **con·ges·tio·nar** [koŋxestjonár] *v* to congest. LOC **~ a alguien,** to make sb go red.

con·glo·me·ra·do/a [koŋglomeráðo/a] *adj n/m* conglomerate. **con·glo·me·rar** [koŋglomerár] *v* to conglomerate.

con·go·ja [koŋgóxa] *n/f* anguish, distress.

con·go·le·ño/a [koŋgoléɲo/a] *adj n/m,f* GEOG Congolese.

con·gra·ciar·se [koŋgraθjárse] *v/Refl(-se)* **(~ con)** to ingratiate oneself (with).

con·gra·tu·la·ción [koŋgratulaθjón] *n/f* congratulation. **con·gra·tu·lar** [koŋgratulár] *v* **(~ de/con/por)** to congratulate (on/for): *Se congratularon del éxito*, They were pleased about their success.

con·gre·ga·ción [koŋgreɣaθjón] *n/f* congregation. **con·gre·gar** [koŋgreɣár] *v* (*congregue*) to congregate. **con·gre·sis·ta** [koŋgresísta] *n/m,f* delegate. **con·gre·so** [koŋgréso] *n/m* congress, conference.

con·grio [kóŋgrjo] *n/m* conger eel (*pez*).

con·gruen·cia [koŋgrwénθja] *n/f* **1**. congruity, suitability. **2**. MAT congruence. **con·gruen·te, con·gruo/a** [koŋgrwénte/kóŋgrwo/a] *adj* **1**. suitable, apt. **2**. MAT congruent.

có·ni·co/a [kóniko/a] *adj* conical.

con·je·tu·ra [koŋxetúra] *n/f* conjecture, surmise. LOC **Por ~,** by guesswork. **con·je·tu·rar** [koŋxeturár] *v* to conjecture, surmise.

con·ju·ga·ción [koŋxuɣaθjón] *n/f* GRAM BIOL conjugation. **con·ju·gar** [koŋxuɣár] *v* (*conjugue*) **(~ con) 1**. GRAM to conjugate. **2**. FIG to combine.

con·jun·ción [koŋxunθjón] *n/f* conjunction. **con·jun·ta·do/a** [koŋxuntáðo/a] *adj* coordinated. **con·jun·tar** [koŋxuntár] **I**. *v* to co-ordinate. **II**. *v/Refl(-se)* to gather together.

con·jun·ti·va [koŋxuntíßa] *n/f* ANAT conjunctiva. **con·jun·ti·vi·tis** [koŋxuntißítis] *n/f* MED conjunctivitis. **con·jun·ti·vo/a** [koŋxuntíßo/a] *adj* GRAM MED conjunctive. **con·jun·to/a** [koŋxúnto/a] **I**. *adj* combined, joint. **II**. *n/m* **1**. collection, set. **2**. whole. **3**. TEAT chorus. **4**. outfit, suit (*vestido*). LOC **De ~,** over all. **En ~,** as a whole. **En su ~,** in its entirety.

con·ju·ra [koŋxúra] *n/f*, **con·ju·ra·ción** [koŋxuraθjón] *n/f* conspiracy, plot. **con·ju·ra·do/a** [koŋxuráðo/a] *n/m,f* conspirator, plotter. **con·ju·rar** [koŋxurár] *v* **I**. **1**. to exorcize (*diablo*). **2**. JUR to swear in. **3**. to conspire, plot. **II**. *Refl(-se)* **(~ con/contra)** to plot/conspire together, FAM hatch a plot (with/against). **con·ju·ro** [koŋxúro] *n/m* **1**. incantation, spell. **2**. exorcism.

con·lle·var [koɲʎeßár] *v* to endure, bear, FAM put up with (*enfermedad/persona*).

con·me·mo·ra·ción [koɱmemoraθjón] *n/f* commemoration. **con·me·mo·rar** [koɱmemorár] *v* to commemorate. **con·me·mo·ra·ti·vo/a** [koɱmemoratíßo/a] *adj* commemorative, memorial.

con·men·su·ra·ble [koɱmensuráßle] *adj* commensurable.

con·mi·go [koɱmíɣo] *pron* with me.

con·mi·nar [koɱminár] *v* **(~ a) 1**. to threaten, menace. **2**. JUR to summon. **con·mi·na·to·rio/a** [koɱminatórjo/a] *adj* **1**. menacing, threatening. **2**. JUR warning.

con·mi·se·ra·ción [koɱmiseraθjón] *n/f* commiseration, sympathy.

con·mo·ción [koɱmoθjón] *n/f* **1**. shock, tremor (*del cuerpo/ánimo*). **2**. commotion, disturbance. LOC **~ cerebral,** MED concussion. **con·mo·cio·nar** [koɱmoθionár] *v* **1**. to shock, upset. **2**. to cause a commotion. **3**. MED to concuss.

con·mo·ve·dor/ra [koɱmoßeðór/ra] *adj* **1**. moving, touching. **2**. disturbing. **con·mo·ver** [koɱmoßér] *v* (*conmuevo*). **1**. to shake. **2**. FIG to move.

con·mu·ta·ble [koɱmutáßle] *adj* commutable. **con·mu·ta·ción** [koɱmutaθjón] *n/f* JUR commutation. **con·mu·ta·dor/ra** [koɱmutaðór/ra] *n/m* ELECTR switch. **con·mu·tar** [koɱmutár] *v* **1**. **(~ con/por)** to exchange. **2**. JUR to commute (to). **con·mu·ta·ti·vo/a** [koɱmutatíßo/a] *adj* commutative.

con·na·tu·ral [konnaturál] *adj* connatural, innate, inherent.

con·ni·ven·cia [konniβéņθja] *n/f* connivance, complicity. LOC **Estar en ~ con**, to be in collusion with.

con·no·ta·ción [konnotaθjón] *n/f* connotation. **con·no·tar** [konnotár] *v* to connote.

con·nu·bio [konnúβjo] *n/m* POÉT marriage, matrimony.

co·no [kóno] *n/m* ANAT BOT MAT cone. LOC **El Cono Sur**, the Southern part (of South America).

co·no·ce·dor/ra [konoθeðór/ra] **I.** *adj* **(~ de)** expert (in); knowing. **II.** *n/m,f* connoisseur. **co·no·cer** [konoθér] **I.** *v* (*conozco*) **1.** *gen* to know. **2.** to be familiar/acquainted with. **3.** **(~ en/de)** to know about, understand (*entender*). **4.** REL to know (*trato carnal*). **5.** **(~ en/por)** to distinguish, recognise, tell (by). **6.** to meet (*persona*), (get to) know (*lugar, persona*). **II.** *v/Refl(-se)* **1.** to know each other. **2.** to meet, get to know each other. **3.** to know oneself. LOC **~ de nombre**, to know by name. **~ de vista**, to know by sight. **Dar a ~**, to inform of sth. **Darse a ~**, to make oneself known. **Se conoce que**, it is known/established that. **co·no·ci·do/a** [konoθíðo/a] **I.** *adj* well-known, distinguished. **II.** *n/m,f* acquaintance. **co·no·ci·mien·to** [konoθimjéņto] *n/m* **1.** knowing, meeting (*persona*) **2.** **(~ de)** understanding (of), acquaintance (with), knowledge (of). **3.** MED consciousness. **4.** **(~ de)** *pl* knowledge (of), information (about). LOC **Con ~**, sensibly, prudently. **Con ~ de causa**, in full knowledge of the facts. **Perder/Recobrar el ~**, to lose/regain consciousness. **Poner en ~ de**, to inform, let know (about/of). **Tener ~ de**, to know about. **Venir en ~ de**, to hear about.

con·que [koŋke] *conj* so, and so, then, so then.

con·quen·se [koŋkénse] *adj n/m,f* GEOG from/of Cuenca.

con·quis·ta [koŋkísta] *n/f* conquest. **con·quis·ta·dor/ra** [koŋkistaðór/ra] **1.** *n/m,f* conqueror. **2.** *n/m* HIST conquistador. **3.** FAM ladykiller. **con·quis·tar** [koŋkistár] *v* **1.** **(~ a)** to conquer. **2.** to win (*cosa*). **3.** FIG to gain the sympathy of (*simpatía*), win over (*afecto*).

con·sa·bi·do/a [konsaβíðo/a] *adj* **1.** well-known. **2.** aforementioned, said.

con·sa·gra·ción [konsaγraθjón] *n/f* consecration. **con·sa·grar** [konsaγrár] *v* **I.** **1.** **(~ a)** to consecrate, dedicate (to). **2.** to recognise. **II.** *Refl(-se)* (**~ a**) to devote/dedicate oneself to.

con·san·guí·neo//a [konsaŋgíneo/a] **I.** *adj* consanguineous. **II.** *n/m,f* blood relation. LOC **Hermano/a ~/a,** half-brother/sister. **con·san·gui·ni·dad** [konsaŋginiðáð] *n/f* blood relationship.

cons·cien·te [konsθjéņte] *adj* **1.** MED conscious. **2.** **(~ de)** conscious, aware (of). **3.** **(Ser ~)** responsible, reliable.

con·se·cu·ción [konsekuθjón] *n/f* realization, acquisition, obtaining. LOC **De difícil ~**, difficult to obtain.

con·se·cuen·cia [konsekwéņθja] *n/f* **1.** consequence. **2.** result, outcome. LOC **A/Como ~ de**, as a result of. **En/Por ~**, consequently, therefore. **Sacar en/como ~**, to come to the conclusion. **con·se·cuen·te** [konsekwéņte] *adj* **1.** FIL consequent. **2.** consistent.

con·se·cu·ti·vo/a [konsekutíβo/a] *adj* consecutive.

con·se·guir [konseγír] *v* (*consigo*) **1.** to attain, reach, achieve. **2.** to obtain, get. **3.** to succeed in, manage to.

con·se·ja [konséxa] *n/f* fairytale, fable, legend.

con·se·je·ría [konsexería] *n/f* councillorship; council, counsellor's office. **con·se·je·ro/a** [konsexéro/a] *n/m,f* **1.** counsellor, advisor. **2.** councillor (*de un consejo*). LOC **~ técnico,** technical advisor. **con·se·jo** [konséxo] *n/m* **1.** counsel, (piece of) advice (*dictamen*), FAM tip. **2.** JUR tribunal. **3.** council. LOC **Celebrar ~,** to hold council. **~ de guerra,** court martial. **~ de ministros,** cabinet meeting.

con·sen·so [konsénso] *n/m* **1.** consensus. **2.** consent: *De mutuo consenso*, By common consent. **con·sen·sual** [konsenswál] *adj* consensual.

con·sen·ti·do/a [konseņtíðo/a] *adj* **1.** spoilt, pampered (*niño*). **2.** complaisant. **con·sen·ti·mien·to** [konseņtimjéņto] *n/m* consent. **con·sen·tir** [konseņtír] **I.** *v* (*consiento*) **(~ en)** to consent (to), allow. **2.** to spoil, pamper (*mimar*).

con·ser·je [konsérxe] *n/m* concierge, porter. **con·ser·je·ría** [konserxería] *n/f* **1.** porter's lodge. **2.** reception (desk) (*hotel*).

con·ser·va [konsérβa] *n/f* **1.** preserve, preserves *pl* (*fruta*). **2.** *pl* canned/tinned food. **con·ser·va·ción** [konserβaθjón] *n/f* **1.** conservation (*de energía*). **2.** preservation (*de vida*). **3.** upkeep, maintenance. **con·ser·va·dor/ra** [konserβaðór/ra] *adj n/m,f* conservative. **con·ser·va·du·ris·mo** [konserβaðurísmo] *n/m* conservatism. **con·ser·var** [konserβár] **I.** *v* **1.** to preserve (*salud/alimento/ edificio*). **2.** to conserve, keep, have (*amistad/ recuerdo*). **II.** *v/Refl(-se)* **1.** to keep up/going (*cosa*). **2.** to save/conserve one's strength. **3.** **(~se (bien))** to look good for one's age. **con·ser·va·to·rio** [konserβatórjo] *n/m* conservatory, conservatoire, academy. **con·ser·ve·ro/a** [konserβéro/a] **I.** *adj* canning, tinned-food (*industria*). **II.** *n/m,f* tinned-food manufacturer.

con·si·de·ra·ble [konsiðeráβle] *adj* considerable, substantial. **con·si·de·ra·ción** [konsiðeraθjón] *n/f* **1.** consideration. **2.** *pl* regard, respect. LOC **De ~**, considerable. **En ~ a**, considering, taking into account. **Por ~ a**, out of consideration/respect for. **Ser de ~**, to be worthy of consideration. **Sin ~ a**, regardless of. **Tomar/Tener en ~**, to take into consideration/account. **con·si·de·ra·do/a** [konsiðeráðo/a] *adj* **1.** considerate, thoughtful. **2.** respected. **3.** considered. **con·si·de·rar** [konsiðerár] *v* **1.** *gen* to consider. **2.** to show consideration for, respect.

con·sig·na [konsíγna] *n/f* **1**. MIL orders *pl*, instructions *pl*. **2**. password, catch-phrase. **3**. order, assignment (*de orden político*). **4**. left-luggage (office), cloakroom. **con·sig·na·ción** [konsiγnaθjón] *n/f* **1**. consignment. **2**. COM deposit. **con·sig·nar** [konsiγnár] *v* **1**. **(~ a)** to despatch, remit, consign (to). **2**. to state in writing. **3**. COM to consign (*mercancías*). **con·sig·na·ta·rio/a** [konsiγnatárjo/a] *n/m,f* **1**. JUR trustee. **2**. COM consignee. **3**. addressee, recipient.

con·si·go [konsíγo] *pron* **1**. with him/her. **2**. with them. **3**. with you (*Ud*). LOC **No tenerlas todas ~**, not to feel sure (about sth).

con·si·guien·te [konsiγjén̪te] *adj* **1**. consequent. **2**. arising, resultant. LOC **Por ~**, consequently, so, therefore.

con·si·lia·rio/a [konsiljarjo/a] *n/m,f* consultant, counsellor.

con·sis·ten·cia [konsistén̪θja] *n/f* consistency, consistence. LOC **Sin ~**, insubstantial. **con·sis·ten·te** [konsistén̪te] *adj* **1**. consistent. **2**. solid, firm. LOC **~ en**, consisting of. **con·sis·tir** [konsistír] *v* **(~ en) 1**. to consist (of), comprise. **2**. to lie (in), be based (on): *Toda su estrategia consiste en no ceder nunca*, His only strategy lies in never giving in.

con·sis·to·rial [konsistorjál] *adj* REL consistorial. LOC **Casa ~**, town council/hall. **con·sis·to·rio** [konsistórjo] *n/m* REL consistory.

con·so·la [konsóla] *n/f* console.

con·so·la·ción [konsolaθjón] *n/f* consolation. **con·so·la·dor/ra** [konsolaðór/ra] *adj* consoling, comforting. **con·so·lar** [konsolár] *v* (*consuelo*) **I**. to console, comfort. **II**. *Refl (-se)* **(~ con)** to find consolation in.

con·so·li·da·ción [konsoliðaθjón] *n/f* consolidation. **con·so·li·dar** [konsoliðár] *v gen* to consolidate, strengthen.

con·so·mé [konsomé] *n/m* consommé.

con·so·nan·cia [konsonán̪θja] *n/f* **1**. consonance. **2**. FIG harmony, agreement. LOC **En ~ con**, in harmony with. **con·so·nan·te** [konsonán̪te] *adj n/f* consonant. **con·so·nán·ti·co/a** [konsonán̪tiko/a] *adj* consonantal.

con·sor·cio [konsórθjo] *n/m* **1**. consortium, association. **2**. FIG fellowship. **con·sor·te** [konsórte] *n/m,f* **1**. spouse, consort. **2**. JUR accomplice.

cons·pi·cuo/a [ko(n)spíkwo/a] *adj* **1**. prominent, eminent. **2**. conspicuous.

cons·pi·ra·ción [ko(n)spiraθjón] *n/f* conspiracy, plot. **cons·pi·ra·dor/ra** [ko(n)spiraðór/ra] *n/m,f* conspirator. **cons·pi·rar** [ko(n)spirár] *v* **1**. **(~ con/contra)** to con- spire, plot (with/against)· **2**. **(~ a)** FIG to conspire (to).

cons·tan·cia [ko(n)stán̪θja] *n/f* **1**. evidence, proof, record. **2**. constancy, perseverance (*de ánimo*). LOC **Dejar ~ de**, to put on record. **cons·tan·te** [ko(n)stán̪te] **I**. *adj* **(~ en) 1**. *gen* constant. **2**. steadfast, lasting (*amistad*). **II**. *n/f* constant. **cons·tar** [ko(n)stár] *v* **1**. to be clear, have evidence: *Me consta que es cierto*, I know it is true. **2**. to be stated/included. **3**. **(~ de)** to consist, be composed (of). LOC **~ por escrito**, put on record. **Hacer ~**, to point out. **Me consta que**, I feel certain/sure that. **Que conste que**, let it be clear that. **cons·ta·ta·ción** [ko(n)stataθjón] *n/f* **1**. verification, proof. **2**. statement. **cons·ta·tar** [ko(n)statár] *v* **1**. to verify, prove. **2**. to record, state.

cons·te·la·ción [ko(n)stelaθjón] *n/f* ASTR constellation.

cons·ter·na·ción [ko(n)sternaθjón] *n/f* consternation. **cons·ter·nar** [ko(n)sternár] **I**. *v* to (cause) dismay. **II**. *v/Refl(-se)* to be dismayed.

cons·ti·pa·do [ko(n)stipáðo] *n/m* MED cold. LOC **Estar ~**, to have a cold.

cons·ti·tu·ción [ko(n)stituθjón] *n/f gen* constitution. **cons·ti·tu·cio·nal** [ko(n)stituθjonál] *adj* constitutional. **cons·ti·tuir** [ko(n)stituír] **I**. *v* (*constituyo*) **1**. to constitute, be: *El hecho constituye delito*, The fact is a crime. **2**. **(~ en)** to make: *Dios los constituyó en jueces*, God made them judges. **3**. to establish, set up (*institución*). **II**. *v/Refl(-se)* **1**. **(~se en/por)** to become: *Se constituyó en el mejor defensor de la paz*, He became archdefender of the peace. **2**. to answer (for), take on the responsibility (of/for). **cons·ti·tu·ti·vo/a** [ko(n)stitutíβo/a] *adj* constituent, component (*parte*). **cons·ti·tu·yen·te** [ko(n)stituJén̪te] *adj n/f* constituent.

cons·tre·ñi·mien·to [ko(n)streɲimjén̪to] *n/m* constraint. **cons·tre·ñir** [ko(n)streɲír] *v* (*constriño*) to constrain. LOC **~se a**, to restrict oneself to.

cons·tric·ción [ko(n)stri(k)θjón] *n/f* constriction.

cons·truc·ción [ko(n)stru(k)θjón] *n/f gen* construction, building. LOC **~ de buques**, NÁUT shipbuilding. **En vías de ~**, under construction. **cons·truc·ti·vo/a** [ko(n)struktíβo/a] *adj* constructive. **cons·truc·tor/ra** [ko(n)struktór/ra] **I**. *adj* building, construction (*empresa*). **II**. *n/m,f* builder (*de edificios*). **III**. *n/f* building company. **cons·truir** [ko(n)struír] *v* (*construyo*) **1**. to construct, build. **2**. GRAM to construe.

con·subs·tan·cial [konsu(β)stan̪θjál] *adj* consubstantial.

con·sue·gro/a [konswéγro/a] *n/m,f* mother/father-in-law of one's son/daughter.

con·sue·lo [konswélo] *n/m* **1**. comfort, solace, consolation. **2**. relief.

con·sue·tu·di·na·rio/a [konswetuðinárjo/a] *adj* customary, habitual, JUR customary, common.

cón·sul [kónsul] *n/m,f* consul. **con·su·la·do** [konsuláðo] *n/m* **1**. consulship (*cargo*). **2**. consulate (*lugar/gobierno*). **con·su·lar** [konsulár] *adj* consular.

con·sul·ta [konsúl̪ta] *n/f* **1**. consultation. **2**. advice, opinion. **3**. MED examination. **4**. MED consulting room, surgery (*lugar*). LOC **Horas de ~**, office hours. **Libro de ~**, reference book. **con·sul·tar** [konsul̪tár] *v* **1**. **(~ con)** to consult (with). **2**. MED to have a visit from the doctor. **3**. **(~ en)** to look up (in), consult (*libro*). LOC **~lo con la almohada**, FIG FAM to sleep on it. **con·sul·ti·vo/a** [konsul̪tíβo/a] *adj* consultative, advisory. **con·sul·to·rio** [konsul̪tórjo] *n/m* **1**. consultancy, advice bureau. **2.** MED surgery (*lugar*). **3.** problem page (*en una revista*).

con·su·ma·ción [konsumaθjón] *n/f* **1.** consummation. **2.** perpetration (*delito*). **con·su·ma·do/a** [konsumáðo/a] *adj* **1.** consummated. **2.** FIG consummate, perfect. **con·su·mar** [konsumár] *v* **1.** to consummate. **2.** to accomplish, complete.

con·su·mi·ción [konsumiθjón] *n/f* **1.** consumption. **2.** drink, food (*bar/restaurante*). **con·su·mi·do/a** [konsumíðo/a] *adj* **1.** exhausted, worn-out (*agotado*). **2.** FIG emaciated, thin. **3.** **(~ de)** consumed (with) (*ansiedad*). **con·su·mi·dor/ra** [konsumiðór/ra] *n/m,f* consumer. **con·su·mir** [konsumír] **I.** *v* **1.** *gen* to consume. **2.** to use up, waste (*fortuna*). **II.** *v/Refl(-se)* FIG **(~se de) 1.** to be consumed (with) (*envidia*). **2.** to pine/waste away (because of) (*tristeza, enfermedad*). **con·su·mis·mo** [konsumísmo] *n/m* consumerism. **con·su·mo** [konsúmo] *n/m* consumption. **con·sun·ción** [konsuṇθjón] *n/f* MED consumption.

con·su·no [konsúno] *adv* LOC **De ~**, with one accord, by common consent.

con·ta·bi·li·dad [koṇtaβiliðáð] *n/f* **1.** bookkeeping, accounting. **2.** accountancy (*profesión*). LOC **Llevar la ~**, to keep the accounts *pl.* **con·ta·bi·li·zar** [koṇtaβiliθár] *v* (*contabilice*) to count, enter/record/register in accounts/books *pl.* **con·ta·ble** [koṇtáβle] **I.** *adj* computable, countable. **II.** *n/m,f* bookkeeper, accountant.

con·tac·to [koṇtákto] *n/m* **1.** *gen* contact. **2.** AUT ignition.

con·ta·do/a [koṇtáðo/a] *adj* **1.** rare, uncommon. **2.** numbered. LOC **Al ~**, (in) cash. **con·ta·dor/ra** [koṇtaðór/ra] **I.** *adj* counting. **II.** *n/m,f* **1.** bookkeeper, purser. **2.** cashier, paymaster. **3.** JUR auditor. **III.** *n/m* **1.** counter. **2.** meter (*eléctrico*), counter. **con·ta·du·ría** [koṇtaðuría] *n/f* **1.** accountancy. **2.** accountant's office.

con·ta·giar [koṇtaxjár] *v* **1.** MED to spread (by contagion). **2.** MED FIG to infect with, transmit. **3.** FIG PEY to give, spread (*vicio*). LOC **~se con**, FIG to be infected with. **~se de**, to catch (*enfermedad*). **con·ta·gio** [koṇtáxjo] *n/m* **1.** MED contagion, spreading. **2.** FIG communication, transmission. **3.** MED contagious disease. **con·ta·gio·so/a** [koṇtaxjóso/a] *adj* contagious, catching.

con·ta·mi·na·ción [koṇtaminaθjón] *n/f* **1.** contamination. **2.** pollution, soiling. **con·ta·mi·nar** [koṇtaminár] **I.** *v* **1.** to contaminate, pollute, infect. **2.** FIG to corrupt, pervert (*con el vicio*). **II.** *Refl(-se)* **(~ de/con)** to be contaminated/corrupted by.

con·tan·te [koṇtáṇte] *adj* cash. LOC **Dinero ~ y sonante**, ready cash. **con·tar** [koṇtár] **I.** *v* (*cuento*) **1.** to rate, class. **2.** FIG to count, consider, include. **3.** to tell, relate, recount. **4.** **(~ por)** MAT to count (by). **5.** **(~ con/por)** to count (on/as), rely/depend (on/on...as): *No contaremos con ellos a la hora de pagar*, We cannot count on them when it comes to paying. **6.** **(~ con)** to think, bargain for: *No conté con la lluvia*, I didn't bargain for rain. **7.** to count: *A la hora de la verdad ella no cuenta*, She doesn't count when it really matters. **II.** *v/Refl(-se)* **1.** to count: *Los muertos se contaban por decenas*, The dead were counted by the dozen. **2.** **(~se entre)** to count amongst, be numbered amongst, feature in. LOC **~ por hecha una cosa**, to consider sth as good as done.

con·tem·pla·ción [koṇteṃplaθjón] *n/f* **1.** contemplation. **2.** *pl* indulgence, fawning. **con·tem·plar** [koṇteṃplár] *v* **1.** to contemplate. **2.** to meditate, ponder on, reflect upon. **3.** to consider (*posibilidad*). **con·tem·pla·ti·vo/a** [koṇteṃplatíβo/a] *adj gen* contemplative.

con·tem·po·ra·nei·dad [koṇtemporaneiðáð] *n/f* contemporaneity, contemporaneousness. **con·tem·po·rá·neo/a** [koṇteṃporáneo/a] *adj n/m,f* contemporary. **con·tem·po·ri·za·ción** [koṇteṃporiθaθjón] *n/f* temporization, compromise. **con·tem·po·ri·zar** [koṇteṃporiθár] *v* (*contemporice*) **(~ con)** to temporize (on), acquiesce (to), comply (with).

con·ten·ción [koṇteṇθjón] *n/f* **1.** containment, containing. **2.** contention. **con·ten·cio·so/a** [koṇteṇθjóso/a] *adj* contentious. **con·ten·der** [koṇteṇdér] *v* (*contiendo*) **1.** to contend, fight, compete (about/against). **2.** to argue (against), discuss, dispute (about). **con·ten·dien·te** [koṇteṇdjéṇte] **I.** *adj* contending. **II.** *n/m,f* **1.** contender, opponent, rival. **2.** JUR litigant.

con·te·ne·dor/ra [koṇteneðór/ra] **I.** *adj* **1.** containing. **2.** retaining, restraining. **II.** *n/m* container. **con·te·ner** [koṇtenér] **I.** *v* (*contengo, contuve, contendré*) **1.** to contain, hold. **2.** to restrain, to check. **3.** FIG to bottle up (*emoción*), contain (*cólera*), smother, stifle (*risa/bostezo*), hold (*respiración*). **II.** *Refl(-se)* to control, restrain oneself. **con·te·ni·do/a** [koṇteníðo/a] **I.** *adj* FIG restrained. **II.** *n/m* content *sing*, contents *pl.*

con·ten·tar [koṇteṇtár] **I.** *v* to satisfy, please, gratify. **II.** *v/Refl(-se)* **(~se con)** to be content/satisfied with. **con·ten·to/a** [koṇtéṇto/a] **I.** *adj* **(~con/de) 1.** happy, content(ed), pleased (with), glad (about). **II.** *n/m* contentment, happiness. LOC **Darse por ~**, to consider oneself lucky.

con·te·ra [koṇtéra] *n/f* tip, ferrule (*de bastón*). LOC **Por ~**, FIG to cap it all.

con·ter·tu·lio/a [koṇtertúljo/a] *n/m,f* companion attending a group regularly (*en bar/cafetería*, etc).

con·tes·ta·ción [koṇtestaθjón] *n/f* **1.** answer, reply. **2.** JUR defence. LOC **En ~ a su carta del**, COM In reply to your letter of (+ *fecha*). **con·tes·tar** [koṇtestár] *v* **1.** **(~ a)** to answer, reply. **2.** to reply to (*carta*). **3.** JUR to corroborate. **4.** PEY to answer back. **con·tes·ta·ta·rio/a** [koṇtestatárjo/a] *adj* rebellious, contentious.

con·tex·to [koṇté(k)sto] *n/m gen* context. **con·tex·tu·ra** [koṇte(k)stúra] *n/f* **1.** contexture. **2.** ANAT build, physique.

con·tien·da [koṇtjéṇda] *n/f* **1.** contest, FIG dispute. **2.** struggle, fight, MIL battle.

con·ti·go [koṇtíɣo] *pron* **1**. with you. **2**. REL with thee.

con·ti·güi·dad [koṇtiɣwiðáð] *n/f* contiguity, closeness. **con·ti·guo/a** [koṇtíɣwo/a] *adj* (~ **a**) **1**. contiguous, adjacent (to). **2**. adjoining. LOC **La casa contigua,** the house next door.

con·ti·nen·cia [koṇtinéṇθja] *n/f* continence.

con·ti·nen·tal [koṇtineṇtál] *adj* continental. **con·ti·nen·te** [koṇtinéṇte] **I**. *adj* **1**. continent, moderate (*en moral*). **2**. containing. **3**. face, bearing expression. **II**. *n/m* **1**. container. **2**. GEOG continent.

con·tin·gen·cia [koṇtiŋxéṇθja] *n/f* **1**. *gen* contingency. **2**. possibility, eventuality. **con·tin·gen·te** [koṇtiŋxéṇte] **I**. *adj* contingent. **II**. *n/m* **1**. contingency. **2**. MIL contingent. **3**. COM quota.

con·ti·nua·ción [koṇtinwaθjón] *n/f* **1**. continuation. **2**. prolongation. LOC **A ~**, 1. next, immediately after(wards). 2. below (*en un texto*). **con·ti·nuar** [koṇtinwár] *v* (*continúo, continúen*) to continue/carry/go on (with). LOC **~ en cartel**, TEAT to be still running. **~ en su puesto**, to stay at/in one's job, carry on with one's work. **Continuará**, to be continued (*telenovela*, etc). **con·ti·nui·dad** [koṇtinwiðáð] *n/f* continuity. **con·ti·nuo/a** [koṇtínwo/a] **I**. *adj* **1**. continuous. **2**. continual, constant. **II**. *adv* continually. **III**. *n/m* continuum, stream. LOC **Corriente ~**, ELECTR direct current.

con·to·ne·ar·se [koṇtoneárse] *v/Refl(-se)* to strut about. **con·to·neo** [koṇtonéo] *n/m* strut.

con·tor·no [koṇtórno] *n/m* **1**. contour, shape, form. **2**. *pl* outskirts, surroundings.

con·tor·sión [koṇtorsjón] *n/f* contortion. **con·tor·sio·nar·se** [koṇtorsjonárse] *v/Refl (se)* to writhe. **con·tor·sio·nis·ta** [koṇtorsjonísta] *n/m,f* contortionist.

con·tra [kóṇtra] **I**. *prep* **1**. against. **2**. for: *Remedio contra la tos*, Remedy for coughs *pl*. **3**. over, in opposition to: *Una victoria contra el patriarca*, A victory over the patriarch. **II**. *n/f* **1**. FAM hitch, catch, snag. **2**. counter (*esgrima*). LOC **El pro y el ~**, the pros and cons *pl*. **En ~ (de)**, against. **Llevar la ~**, to contradict.

con·tra·al·mi·ran·te [koṇtr(a)almiráṇte] *n/m* MIL Rear Admiral.

con·tra·a·ta·car [koṇtr(a)atakár] *v* (*contraataque*) **1**. to counter-attack. **2**. FIG to counter. **con·tra·a·ta·que** [koṇtr(a)atáke] *n/m* counter-attack.

con·tra·ba·jo [koṇtraβáxo] *n/m* MÚS **1**. double-bass. **2**. double-bass player. **3**. bass (*voz*).

con·tra·ban·dis·ta [koṇtraβaṇdísta] *n/m,f* smuggler. **~ de armas,** gun-runner. **con·tra·ban·do** [koṇtraβáṇdo] *n/m* **1**. smuggling (*acción*). **2**. contraband (*géneros*). LOC **Pasar de ~**, to smuggle in/out.

con·trac·ción [koṇtra(k)θjón] *n/f* contraction.

con·tra·con·cep·ti·vo/a [koṇtrakoṇθeptíβo/a] *adj n/m* MED contraceptive.

con·tra·co·rrien·te [koṇtrakorrjéṇte] *n/f* crosscurrent, undercurrent. LOC **Ir a ~**, to against the current.

con·trác·til [koṇtráktil] *adj* contractile.

con·trac·tual [koṇtraktwál] *adj* contractual.

con·tra·cul·tu·ra [koṇtrakuḷtúra] *n/f* counterculture.

con·tra·cha·pa·do [koṇtratʃapáðo] *n/m* plywood.

con·tra·dan·za [koṇtraðáṇθa] *n/f* contredanse.

con·tra·de·cir [koṇtraðeθír] **I**. *v contradigo, contradije, contradiré*, pp *contradicho*) **1**. to contradict. **2**. FIG to be inconsistent with. **II**. *v/Refl(-se)* to be inconsistent, contradict oneself. **con·tra·dic·ción** [koṇtraði(k)θjón] *n/f* contradiction, discrepancy. LOC **Espíritu de ~**, contrariness. **Estar en ~ con,** 1. to be contradictory to. 2. to be inconsistent with. **con·tra·dic·to·rio/a** [koṇtraðiktórjo/a] *adj* contradictory.

con·tra·er [koṇtraér] *v* (*contraigo, contraje*, pp *contraído*) **1**. *gen* to contract. **2**. MED to catch, contract (*enfermedad*). **3**. to acquire, develop (*hábito*). LOC **~ matrimonio con,** to marry.

con·tra·es·pio·na·je [koṇtraespjonáxe] *n/m* counter-espionage.

con·tra·fue·ro [koṇtrafwéro] *n/m* FIG violation of a privilege.

con·tra·fuer·te [koṇtrafwérte] *n/m* **1**. ARQ buttress. **2**. reinforcement (*de calzado*). **3**. GEOL spur.

con·tra·he·cho/a [koṇtraétʃo/a] *adj* **1**. hunchbacked (*jorobado*). **2**. counterfeit.

con·tra·in·di·ca·ción [koṇtraiṇdikaθjón] *n/f* MED counter-indication, side effect.

con·tral·to [koṇtráḷto] *n/m* MÚS contralto.

con·tra·luz [koṇtralúθ] LOC **A ~**, against the light (*fotografía*).

con·tra·ma·es·tre [koṇtramaéstre] *n/m* **1**. NÁUT boatswain. **2**. foreman.

con·tra·ma·no [koṇtramáno] LOC **A ~**, going the wrong way, in the opposite direction.

con·tra·o·fen·si·va [koṇtraofensíβa] *n/f* MIL counter-offensive.

con·tra·or·den [koṇtraórðen] *n/f* countermand.

con·tra·par·ti·da [koṇtrapartíða] *n/f* compensation.

con·tra·pe·lo [koṇtrapélo] LOC **A ~**, 1. the wrong way. 2. FIG against the grain.

con·tra·pe·sar [koṇtrapesár] *v* **1**. to counterbalance. **2**. FIG to compensate, offset. **con·tra·pe·so** [koṇtrapéso] *n/m gen* counterbalance.

con·tra·po·ner [koṇtraponér] *v* (*contrapongo, contrapuse, contrapondré*, pp *contrapuesto*) (**~ una cosa a otra**) **1**. to oppose, contrast. **2**. to set one thing against another.

con·tra·por·ta·da [koṇtraportáða] *n/f* inside cover (*libro*).

con·tra·po·si·ción [koṇtraposiθjón] *n/f* **1**. opposition. **2**. comparison. **3**. FIG conflict (*de intereses*). LOC **En ~ a,** in contrast to.

con·tra·pro·du·cen·te [koṇtraproðuθéṇte] *adj* counter-productive.

con·tra·pues·to/a [koŋtrapwésto/a] *adj* counterposed.
con·tra·pun·to [koŋtrapúŋto] *n/m* counterpoint.
con·tra·riar [koŋtrarjár] *v* (*contrarío, contraríen*) **1.** to interfere with (*progreso*), oppose. **2.** to annoy, upset. **con·tra·rie·dad** [koŋtrarjéðáð] *n/f* **1.** obstacle, setback. **2.** annoyance, bother. **con·tra·rio/a** [koŋtrárjo/a] **I.** *adj* **1.** contrary, opposed, opposing. **2.** hostile. **3.** adverse (*suerte*). **II.** *n/m,f* **1.** opponent, adversary. **2. (Lo ~ de)** (the) reverse, contrary. LOC **Al/Por ~**, on the contrary. **De lo ~**, otherwise. **Llevar la ~ a,** to oppose, contradict. **Todo lo ~,** quite the reverse.
con·tra·rre·for·ma [koŋtrarrefórma] *n/f* REL Counter Reformation.
con·tra·rré·pli·ca [koŋtrarréplika] *n/f* rejoinder.
con·tra·rres·tar [koŋtrarrestár] *v* to counteract.
con·tra·rre·vo·lu·ción [koŋtrarreβoluθjón] *n/f* counter-revolution.
con·tra·sen·ti·do [koŋtraseŋtíðo] *n/m* **1.** misinterpretation. **2.** contradiction.
con·tra·se·ña [koŋtraséɲa] *n/f* **1.** countersign, password. **2.** TEAT ticket, pass.
con·tras·tar [koŋtrastár] *v* **1. (~ con)** to contrast (with), not to compare with. **2.** to check, monitor (*la autenticidad de algo*). **con·tras·te** [koŋtráste] *n/m* **1.** contrast, opposition. **2.** TÉC hallmark. LOC **En ~ con,** in contrast to. **Por ~**, in contrast.
con·tra·ta [koŋtráta] *n/f* **1.** hiring, taking-on (*empleados*). **2.** (written) contract. **con·tra·ta·ción** [koŋtrataθjón] *n/f* **1.** hiring, contracting. **2.** contract. **con·tra·tar** [koŋtratár] *v* to hire, contract/negotiate for, sign a contract.
con·tra·tiem·po [koŋtratjémpo] *n/m* setback, mishap.
con·tra·tis·ta [koŋtratísta] *n/m,f* contractor. LOC **~ de obras,** building contractor. **con·tra·to** [koŋtráto] *n/m gen* contract.
con·tra·va·lor [koŋtraβalór] *n/m* exchange value.
con·tra·ve·nir [koŋtraβenír] *v* (*contravengo, contravine, contravendré*) to contravene, infringe.
con·tra·ven·ta·na [koŋtraβeŋtána] *n/f* shutter.
con·tra·yen·te [koŋtraJéŋte] *adj* contracting (*matrimonio*). LOC **Los ~s**, the bride and groom.
con·tri·bu·ción [koŋtriβuθjón] *n/f* **1.** contribution. **2.** tax, levy. **3.** *pl* taxes, taxation. LOC **~ territorial**, land tax. **~ urbana,** rates *pl.* **Recaudador de ~es**, tax collector. **con·tri·buir** [koŋtriβuír] *v* (*contribuyo*) **1. (~ a/con/para)** to contribute (to/with/towards). **2.** to pay taxes *pl.* **con·tri·bu·yen·te** [koŋtriβuJéŋte] **I.** *adj* contributory, contributing. **II.** *n/m,f* contributor, taxpayer.
con·tri·ción [koŋtriθjón] *n/f* contrition, contriteness.
con·trin·can·te [koŋtriŋkáŋte] *n/m,f* **1.** fellow candidate/competitor. **2.** rival, opponent.
con·trol [koŋtról] *n/m* **1.** *gen* control. **2.** inspection, check(ing). **3.** control point (*en la aduana*). LOC **Bajo su ~**, under one's control. **~ de (la) natalidad**, birth control. **~ de precios**, price control. **~ remoto**, remote control. **~ sobre sí mismo**, self-control. **Fuera de ~**, out of control. **con·tro·la·ble** [koŋtroláβle] *adj* **1.** controllable. **2.** verifiable. **con·tro·la·dor/ra** [koŋtrolaðór/ra] *n/m,f* controller. **con·tro·lar** [koŋtrolár] **I.** *v* **1.** to control. **2.** to inspect, check. **II.** *v/Refl(-se)* to restrain/control oneself.
con·tro·ver·sia [koŋtroβérsja] *n/f* controversy, dispute. **con·tro·ver·ti·ble** [koŋtroβertíβle], **con·tro·ver·ti·do/a** [koŋtroβertíðo/a] *adj* controversial. **con·tro·ver·tir** [koŋtroβertír] *v* (*controvierto*) to controvert, debate, dispute.
con·tu·ber·nio [koŋtuβérnjo] *n/m* FAM connivance.
con·tu·ma·cia [koŋtumáθja] *n/f gen* contumacy. **con·tu·maz** [koŋtumáθ] *adj* (*pl contumaces*) **1.** *gen* contumacious. **2.** obstinate, obdurate.
con·tun·den·cia [koŋtuŋdéŋθja] *n/f* FIG weight (*de un argumento*). **con·tun·den·te** [koŋtuŋdéŋte] *adj* **1.** blunt, offensive (*arma, instrumento*). **2.** FIG forceful, convincing (*argumento*). **3.** FIG conclusive (*prueba*).
con·tur·ba·ción [koŋturβaθjón] *n/f* anxiety, uneasiness. **con·tur·bar** [koŋturβár] *v* to perturb, make uneasy.
con·tu·sión [koŋtusjón] *n/f* MED contusion, bruise. **con·tu·sio·nar** [koŋtusjonár] *v* to bruise.
con·va·le·cen·cia [kombaleθeŋθja] *n/f* convalescence. **con·va·le·cer** [kombaleθér] *v* (*convalezco*) **(~ de)** *gen* to convalesce, recover (from). **con·va·le·cien·te** [kombaleθjéŋte] *adj n/m,f* convalescent.
con·va·li·da·ción [kombaliðaθjón] *n/f* ratification, authentication. **con·va·li·dar** [kombaliðár] *v* to ratify, authenticate (*documento*).
con·vec·ción [kombekθjón] *n/f* FÍS convection.
con·ve·ci·no/a [kombeθíno/a] **I.** *adj* Br neighbouring, US neighboring. **II.** *n/m,f* Br neighbour, US neighbor.
con·ven·cer [kombeŋθér] *v* (*convenzo/a*) **1. (~ de/con)** to convince (of/with). **2.** to satisfy, convince. **con·ven·ci·mien·to** [kombeŋθimjéŋto] *n/m* **1.** conviction. **2.** convincing (*acción*). LOC **Llegar al ~ de,** to become convinced that. **Tener el ~ de que**, to be convinced that.
con·ven·ción [kombeŋθjón] *n/f gen* convention. **con·ven·cio·nal** [kombeŋθjonál] *adj* conventional. **con·ven·cio·na·lis·mo** [kombeŋθjonalísmo] *n/m* conventionality.
con·ve·nien·cia [kombenjéŋθja] *n/f* **1.** convenience. **2.** suitability, desirability. **3.** agreement. LOC **A su ~/Según sus ~s**, as it suits you, at your convenience. **Ser de la ~ de alguien**, to suit sb. **con·ve·nien·te** [kombenjéŋte] *adj* **1.** suitable. **2.** advisable, right,

proper. LOC **Creer/Juzgar ~**, to think/see fit. **Ser ~ para alguien**, to suit sb. **con·ve·nio** [komβénjo] *n/m* covenant, convention, agreement. LOC **Llegar a un ~**, to reach an agreement. **con·ve·nir** [komβenír] *v* (*convengo, convine, convendré*) **1.** **(~ con)** to agree (with). **2.** **(~ en)** to agree (on/about), come to an agreement (on) (*precio*, etc). **3.** to meet, have a meeting (*acudir*). **4.** **(~ a)** to suit, be convenient for. **5.** *imper* to be advisable. LOC **Según convenga,** as you see fit. **Sueldo a ~,** salary to be agreed.

con·ven·to [komβéṇto] *n/m* REL convent (*mujeres*); monastery (*hombres*). **con·ven·tual** [komβeṇtwál] *adj* convent, conventual.

con·ver·gen·cia [komβerxéṇθja] *n/f* convergence, convergency. **con·ver·gen·te** [komβerxéṇte] *adj* convergent, converging. **con·ver·ger, con·ver·gir** [komβerxér/xír] *v* (*converjo/a*) **(~ en)** **1.** to converge. **2.** FIG to unite.

con·ver·sa·ción [komβersaθjón] *n/f* **1.** conversation, talk. **2.** colloquy. LOC **~ a solas,** private conversation. **Entablar ~es,** to open/begin talks/a discussion. **Cambiar de ~**, to change the subject. **con·ver·sa·cio·nal** [komβersaθjonál] *adj* conversational. **con·ver·sa·dor/ra** [komβersaðór/ra] **I.** *adj* talkative. **II.** *n/m,f* conversationalist, talker. **con·ver·sar** [komβersár] *v* **(~ con/sobre)** to converse, talk, chat (with/to/about).

con·ver·sión [komβersjón] *n/f* conversion. **con·ver·so/a** [komβérso/a] **I.** *adj* converted. **II.** *n/m,f* convert.

con·ver·ti·bi·li·dad [komβertiβiliðáð] *n/f* convertibility. **con·ver·ti·ble** [komβertíβle] *adj* convertible. **con·ver·ti·dor** [komβertiðór] *n/m* TÉC ELECTR converter. **con·ver·tir** [komβertír] **I.** *v* (*convierto*) **1.** **(~ a/en)** to convert, change (to/into). **2.** to turn, transform (into). **3.** REL to convert (to). **II.** *v/Refl (-se)* **1.** REL to become a convert. **2.** **(~se en)** to become, turn into.

con·ve·xi·dad [komβe(k)siðáð] *n/f* convexity. **con·ve·xo/a** [komβé(k)so/a] *adj* convex.

con·vic·ción [kombi(k)θjón] *n/f* conviction. **con·vic·to/a** [kombíkto/a] *adj* convicted, found guilty.

con·vi·da·do/a [kombiðáðo/a] **1.** *n/m,f* (dinner) guest. **2.** *n/f* round (of drinks). **con·vi·dar** [kombiðár] *v* **(~ a)** **1.** to invite sb (to). **2.** FIG to stir, move (to), be conducive (to).

con·vin·cen·te [kombiṇθéṇte] *adj* convincing.

con·vi·te [kombíte] *n/m* **1.** invitation. **2.** party, banquet.

con·vi·ven·cia [kombiβéṇθja] *n/f* **1.** cohabitation, living together. **2.** coexistence. **con·vi·vir** [kombiβír] *v* **1.** to live together. **2.** to coexist.

con·vo·car [kombokár] *v* (*convoquen*) **(~ a)** **1.** to convoke, call together, summon. **2.** to declare open (*concurso*). **3.** to call (*una huelga*). **con·vo·ca·to·ria** [kombokatórja] *n/f* **1.** convocation, summoning. **2.** notice (*documento*). **3.** examination (session).

con·voy [kombói] *n/m* (*convoyes*) **1.** convoy. **2.** escort (*escolta*).

con·vul·sión [kombulsjón] *n/f* **1.** MED convulsion, spasm. **2.** GEOL tremor. **3.** FIG unrest (*social*). **con·vul·sio·nar** [kombulsjonár] *v* MED to convulse. **con·vul·si·vo/a** [kombulsíβo/a] *adj* convulsive. **con·vul·so/a** [kombúlso/a] *adj* **(~ de)** convulsed (with) (*ira*).

con·yu·gal [koɲɟuɣál] *adj* conjugal, married. LOC **Vida ~**, married life. **cón·yu·ge** [kóɲɟuxe] **1.** *n/m,f* spouse. **2.** *n/m pl* married couple, husband and wife.

co·ña [kóɲa] *n/f* SL just a joke. LOC **Estar de ~**, to be joking.

co·ñac [koɲá(k)] *n/m* brandy, cognac.

co·ña·zo [koɲáθo] *n/m* FAM pain-in-the-neck, SL bummer. LOC **Dar el ~**, to be a burden/a pain. **co·ñe·ar·se** [koɲeárse] *v* **(~se de)** SL to take the rise out of sb. **co·ño** [kóɲo] **I.** *n/m* **1.** SL ANAT cunt. **II.** *int* **1.** Damn! (*indignación*). **2.** Br Blimey! Jesus Christ!, Bloody hell! (*sorpresa*). **3.** **(qué ~)** the hell: *No sabíamos qué coño hacer*, We didn't know what the hell to do.

co·o·pe·ra·ción [k(o)operaθjón] *n/f* co-operation. **co·o·pe·ra·dor/ra** [k(o)operaðór/ra] *n/m,f* collaborator, co-worker. **co·o·pe·rar** [k(o)operár] *v* **1.** **(~ a)** to contribute, add (to): *El buen tiempo cooperó al éxito del viaje*, The good weather added to the success of the trip. **2.** **(~ a/con)** to co-operate (in/with), work (on/with). LOC **~ a un mismo fin**, to work for/towards a common aim. **co·o·pe·ra·ti·va** [k(o)operatíβa] *n/f* co-operative. **co·o·pe·ra·ti·vo/a** [k(o)operatíβo/a] *adj* co-operative. **co·op·ta·ción** [ko(o)ptaθjón] *n/f* co-option. **co·op·tar** [ko(o)ptár] *v* to co-opt. **co·or·de·na·da** [ko(o)rðenáða] *n/f* MAT co-ordinate. **co·or·di·na·ción** [ko(o)rðinaθjón] *n/f* co-ordination. **co·or·di·na·dor/ra** [ko(o)rðinaðór/ra] **I.** *adj* co-ordinating. **II.** *n/m,f* co-ordinator. **co·or·di·nar** [ko(o)rðinár] *v* to co-ordinate.

co·pa [kópa] *n/f* **1.** *gen* glass. **2.** DEP cup (*trofeo*). **3.** **(~ de)** FAM glass(ful), drink (of) (*vino*, etc). **4.** BOT top, canopy, crown. **5.** crown (*de sombrero*). **6.** *pl* **(Copas)** Hearts (*baraja española*). LOC **Tener una ~ de más**, to have had one too many.

co·par [kopár] *v* **1.** FIG to win, corner (*votos*). **2.** to catch by surprise.

co·par·tí·ci·pe [kopartíθipe] *n/m,f* copartner, fellow participant.

co·pe·ar [kopeár] *v* to have a few drinks. **co·peo** [kopéo] *n/m* drinking.

co·pe·te [kopéte] *n/m* **1.** crest (*de ave*). **2.** summit, top (*de montaña*). LOC **Ser de alto ~**, to be high-class.

co·pia [kópja] *n/f* copying, copy. LOC **~ al carbón**, carbon copy. **~ en limpio,** fair copy. **Sacar una ~**, to make a copy. **co·pia·do·ra** [kopjaðóra] *n/f* TÉC photocopier. **co·piar** [kopjár] *v* **1.** to copy. **2.** to imitate, copy. **3.** to copy, cheat (*examen*). LOC **~ al pie de la letra,** to copy word for word.

co·pi·lo·to [kopilóto] *n/m* co-pilot, co-driver.

co·pión/na [kopjón/na] *n/m,f* FAM copycat.

co·pio·si·dad [kopjosiðáð] *n/f* copiousness. **co·pio·so/a** [kopjóso/a] *adj* copious.

co·pis·ta [kopísta] *n/m,f* 1. ARTE copyist. 2. copy-typist.
co·pla [kópla] *n/f* POÉT 1. verse, stanza. 2. *pl* FAM MÚS folk-song, ballad. **co·plis·ta** [koplísta] *n/m,f* PEY songster.
co·po [kópo] *n/m* 1. tuft, flock (*lana*). 2. flake (*maíz/nieve*). **co·pón** [kopón] *n/m* REL ciborium.
co·pro·duc·ción [koproðu(k)θjón] *n/f* coproduction, joint production (*cine*). **co·pro·duc·tor/ra** [koproðuktór/ra] *n/m,f* co-producer.
co·pro·pie·dad [kopropjeðáð] *n/f* joint ownership. **co·pro·pie·ta·rio/a** [kopropjetárjo/a] *n/m,f* joint owner, co-owner.
co·pu·do/a [kopúðo/a] *adj* BOT bushy, leafy (*árbol*).
có·pu·la [kópula] *n/f* 1. ANAT FIL copula. 2. copulation. **co·pu·lar** [kopulár] I. *v* 1. to couple, link. II. *v/Refl(-se)* to copulate. **co·pu·la·ti·vo/a** [kopulatíβo/a] *adj* copulative.
co·py·right [kópirrait] *n/m* copyright.
co·que [kóke], *n/m* GEOL coke.
co·que·ta [kokéta] I. *adj* flirtatious (*mujer*). II. *n/f* 1. flirt. 2. dressing table. **co·que·te·ar** [koketeár] *v* (**~ con**) to flirt (with). **co·que·teo** [koketéo] *n/m* flirting, flirtation. **co·que·te·ría** [koketería] *n/f* coquetry. **co·que·to/a** [kokéto/a], **co·que·tón/na** [koketón/na] I. *adj* charming. II. 1. *n/m* lady-killer. 2. *n/f* femme fatale.
co·ra·je [koráxe] *n/m* 1. courage, spirit, guts. 2. anger, rage. **co·ra·ju·do/a** [koraxúðo/a] *adj* 1. valiant, brave, gutsy. 2. bad-tempered, FAM touchy.
co·ral [korál] I. *adj* MÚS choral. II. *n/m* 1. GEOL coral. 2. *pl* coral beads. 3. MÚS chorale. III. *n/f* MÚS choir. **co·ra·li·no/a** [koralíno/a] *adj* coral.
co·rá·ni·co/a [korániko/a] *adj* REL Koranic.
co·ra·za [koráθa] *n/f* HIST cuirass, MIL breast-plate.
co·ra·zón [koraθón] *n/m* 1. *gen* heart. 2. **heart, courage·** LOC **Blando/Duro de~**, soft/hardhearted. **De ~**, 1. in all honesty. 2. from the heart, generously. **Dedo ~**, ANAT middle finger. **Hablar con el ~ en la mano**, to speak from the heart. **Me dice el ~ que,** I know in my heart of hearts that. **Ojos que no ven, ~ que no siente**, FIG FAM Out of sight, out of mind. **Ser todo ~**, to be all heart. **co·ra·zo·na·da** [koraθonáða] *n/f* impulse, hunch, feeling.
cor·ba·ta [korβáta] *n/f* 1. tie, cravate. 2. MIL insignia. **cor·ba·tín** [korβatín] *n/m* bow-tie (*pajarita*).
cor·be·ta [korβéta] *n/f* MIL corvette (*embarcación*).
cor·cel [korθél] *n/m lit* steed, charger.
cor·co·va [korkóβa] *n/f* hump, hunch (*joroba*). **cor·co·va·do/a** [korkoβáðo/a] I. *adj* hump-backed, hunch-backed. II. *n/m,f* hunch-back. **cor·co·var** [korkoβár] *v* 1. to bend (over), curve. 2. to crook (*dedo*). **cor·co·ve·ar** [korkoβeár] *v* ZOOL to buck.
cor·chea [kortʃéa] *n/f* MÚS quaver.
cor·che·ro/a [kortʃéro/a] *adj* cork.
cor·che·te [kortʃéte] *n/m* 1. fastener, clasp, hook and eye (*costura*). 2. bracket (*imprenta*).
cor·cho [kórtʃo] *n/m* 1. *gen* cork. 2. cork mat. 3. float (*pesca*).
cór·cho·lis [kórtʃolis] *int* Wow!
cor·da·je [korðáxe] *n/m* 1. NÁUT rigging. 2. ropes *pl*. **cor·del** [korðél] *n/m* cord, line. LOC **A ~**, in a straight line. **cor·de·le·ría** [korðelería] *n/f* 1. cordage (industry), rope trade. 2. ropes *pl*.
cor·de·ro/a [korðéro/a] *n/m,f* 1. ZOOL FIG lamb. 2. lambskin (*piel*).
cor·dial [korðjál] I. *adj* 1. cordial, tonic (*bebidas*). 2. polite, cordial, warm (*persona*). II. *n/m* tonic, cordial. **cor·dia·li·dad** [korðjaliðáð] *n/f* warmth, cordiality.
cor·di·lle·ra [korðiʎéra] *n/f* mountain range.
cor·do·bés/sa [korðoβés/sa] *adj n/m,f* GEOG Cordovan.
cor·dón [korðón] *n/m* 1. *gen* cord. 2. ELECTR flex. 3. (shoe)lace, string. 4. cordon (*policial*). LOC **~ umbilical**, ANAT umbilical cord.
cor·du·ra [korðúra] *n/f* good sense.
co·rea·no/a [koreáno/a] *adj n/m,f* from/of Korea, Korean.
co·re·ar [koreár] *v* to chorus, join in.
co·reo·gra·fía [koreoɣrafía] *n/f* choreography. **co·reo·grá·fi·co/a** [koreoɣráfiko/a] *adj* choreographic. **co·reó·gra·fo/a** [koreóɣrafo/a] *n/m,f* choreographer.
co·riá·ceo/a [korjáθeo/a] *adj* coriaceous.
co·ri·feo [koriféo] *n/m* FIG leader.
co·rin·dón [korin̪dón] *n/m* GEOL corundum.
co·rin·tio/a [korín̪tjo/a] *adj n/m,f* GEOG Corinthian.
co·ris·ta [korísta] I. *n/m,f* MÚS 1. chorister. 2. choruser (*ópera*). II. *n/f* chorus girl (*revista*).
co·ri·za [koríθa] *n/f* MED head cold.
cor·mo·rán [kormorán] *n/m* cormorant (*ave*).
cor·na·da [kornáða] *n/f* TAUR 1. goring. 2. butt (*golpe*). LOC **Dar ~s a**, to gore, butt.
cor·na·men·ta [kornamén̪ta] *n/f* 1. TAUR horns *pl*. 2. antlers (*de ciervo*) *pl*.
cor·na·mu·sa [kornamúsa] *n/f* MÚS hunting horn (*de caza*).
cór·nea [kórnea] *n/f* ANAT cornea.
cor·ne·ar [korneár] *v* to gore, butt.
cor·ne·ja [kornéxa] *n/f* crow (*ave*).
cór·neo/a [kórneo/a] *adj* corneous, horn-like.
cór·ner [kórner] *n/m* DEP corner.
cor·ne·ta [kornéta] 1. *n/f* bugle. 2. *n/m* MIL bugler. **cor·ne·te** [kornéte] *n/m* ANAT nose bone. **cor·ne·tín** [kornetín] 1. *n/m* MÚS cornet. 2. *n/m,f* cornet player.
cor·ni·jal [kornixál] *n/m* corner. **cor·ni·sa** [kornísa] *n/f* cornice. **cor·nu·co·pia** [kornukópja] *n/f* 1. cornucopia. 2. small mirror.
Cor·nua·lles [kornwáʎes] *n/m* GEOG Cornwall.
cor·nu·do/a [kornúðo/a] I. *adj* 1. ZOOL horned. 2. FIG FAM cuckolded. II. *n/m* FIG FAM cuckold.

co·ro [kóro] *n/m* 1. MÚS ARQ choir. 2. MÚS TEAT FIG chorus. LOC **A/En ~**, in chorus.

co·ro·gra·fía [koroɣrafía] *n/f* GEOG mapping.

co·roi·deo/a [koroiðéo/a] *adj* ANAT choroid. **co·roi·des** [koróiðes] *n/f* ANAT choroid.

co·ro·la [koróla] *n/f* BOT corolla. **co·ro·la·rio** [korolárjo] *n/m* corollary.

co·ro·na [koróna] *n/f* 1. *gen* crown. 2. REL FIG halo. 3. wreath, garland (*funeraria*). 4. ASTR corona. LOC **Ceñirse la ~**, to take over the crown (*soberanía*). **co·ro·na·ción** [koronaθjón] *n/f* 1. coronation, crowning. 2. FIG crowning, culmination. **co·ro·na·mien·to** [koronamjénto] *n/m* 1. ARQ crown. 2. FIG completion (of sth). **co·ro·nar** [koronár] *v gen* **(~ de/con)** to crown (as/with). **co·ro·na·rio/a** [koronárjo/a] *adj* coronary.

co·ro·nel [koronél] *n/m* MIL colonel.

co·ro·ni·lla [koroníʎa] *n/f* 1. ANAT crown. 2. REL tonsure. LOC **Estar hasta la ~ de**, FIG FAM to be fed up to the back teeth (with).

cor·pi·ño [korpíɲo] *n/m* bodice.

cor·po·ra·ción [korporaθjón] *n/f gen* corporation. **cor·po·ral** [korporál] *adj* 1. corporal, bodily. 2. personal (*higiene*). LOC **Pena ~**, corporal punishment. **cor·po·ra·ti·vo/a** [korporatíβo/a] *adj* corporate. **cor·po·rei·dad** [korporeiðáð] *n/f* corporeity. **cor·pó·reo/a** [korpóreo/a] *adj* corporeal, bodily. **cor·pu·len·cia** [korpulénθja] *n/f* corpulence, stoutness. **cor·pu·len·to/a** [korpulénto/a] *adj* 1. stout, corpulent, outsize (*persona*). 2. huge, massive. **cor·pus** [kórpus] *n/m* 1. REL Corpus Christi (*jueves*). 2. *lit* corpus. **cor·pus·cu·lar** [korpuskulár] *adj* ANAT corpuscular. **cor·pús·cu·lo** [korpúskulo] *n/m* ANAT corpuscle.

co·rral [korrál] *n/m* 1. farmyard, courtyard. 2. HIST playhouse.

co·rrea [korréa] *n/f* 1. (leather) strap, thong. 2. belt, band. 3. leash, lead (*del perro*). LOC **~ de transmisión**, TÉC drive belt. **~ de ventilación**, AUT fan belt. **Tener ~**, to have a lot of patience. **co·rrea·je** [korreáxe] *n/m* harness. **co·rrea·zo** [korreáθo] *n/m* lash (with a belt).

co·rrec·ción [korre(k)θjón] *n/f* 1. *gen* correction. 2. chastisement, reprimand. 3. propriety, correctness, decorum. LOC **~ de pruebas**, proof-reading. **co·rrec·cio·nal** [korre(k)θjonál] I. *adj* 1. correctional. 2. corrective. II. *n/m* borstal, reformatory. **co·rrec·ti·vo/a** [korrektíβo/a] I. *adj* 1. corrective. 2. correctional. II. *n/m* 1. punishment. 2. corrective (*medicamento*). **co·rrec·to/a** [korrékto/a] *adj* 1. correct. 2. proper. **co·rrec·tor/ra** [korrektór/ra] *adj* 1. correcting. 2. corrective. II. *n/m,f* 1. corrector. 2. proofreader.

co·rre·de·ra [korreðéra] *n/f* track, rail, slide. **co·rre·di·zo/a** [korreðíθo/a] *adj* 1. sliding. 2. running, slip (*nudo*). **co·rre·dor/ra** [korreðór/ra] I. *adj* 1. running. 2. race, racing. II. *n/m,f* 1. runner. 2. COM agent, broker. 3. *n/m* corridor. LOC **~ de cambios**, COM stockbroker. **~ de fincas**, real estate/land agent. **~ de fondo**, long-distance runner. **~ de seguros**, insurance broker. **co·rre·du·ría** [korreðuría] *n/f* brokerage.

co·rre·gi·ble [korrexíβle] *adj* rectifiable, amendable. **co·rre·gi·dor/ra** [korrexiðór/ra] I. *adj* correcting. II. *n/m* HIST chief magistrate. **co·rre·gi·mien·to** [korreximjénto] *n/m* jurisdiction of chief magistrate. **co·rre·gir** [korrexír] *v* (*corrijo*) 1. to correct. 2. to chastise, reprimand. 3. FIG to moderate, temper.

co·rre·la·ción [korrelaθjón] *n/f* correlation. **co·rre·la·ti·vo/a** [korrelatíβo/a] *adj* correlative.

co·rre·li·gio·na·rio/a [korrelixjonárjo/a] *adj n/m,f* co-religionist.

co·rreo [korréo] *n/m* 1. Br postman, US mailman. 2. correspondence, Br post, US mail. 3. *pl* postal/mail service. 4. mail train. 5. *pl* post office. 6. courier, dispatch rider. LOC **A vuelta de ~**, by return (post/mail). **Central de ~s**, main post office. **~ aéreo**, airmail. **~ certificado**, registered post/mail. **Director General de Correos**, Postmaster General. **Echar una carta al ~**, to post/mail a letter. **Lista de ~**, Br poste restante, US general delivery. **Por ~**, by post. **~ aéreo**. air mail.

co·rreo·so/a [korreóso/a] *adj* 1. flexible. 2. doughy (*pan*).

co·rrer [korrér] I. *v* 1. to run. 2. to hurry, go fast. 3. **(~ por)** to flow/run through (*líquido/río*). 4. to run, extend (*camino*). 5. to elapse, pass (*tiempo*). 6. to circulate, FAM go round (*rumor*). 7. to draw (back) (*cortina*), pull/draw up (*silla*). 8. to traverse, travel over (*terreno*). 9. FIG to run (*riesgo/peligro*), go through (*contingencia*). 10. FIG FAM to embarrass, confuse. 11. to race (*caballo/persona*). 12. **(~ con)** be in charge, pay for. II. *v/Refl(-se)* 1. to run (*colores*). 2. *Amer* FIG FAM to get embarrassed. 3. to have (*juerga*). 4. SL to come (*orgasmo*). LOC **A todo ~**, at full speed/pelt. **~ con algo,** to take charge/care of sth. **~ el mundo,** to see the world. **~la,** FIG FAM 1. to have a fling. 2. to paint the town red. **Corre la voz que,** rumour has it that. **Dejar ~ algo**, to let sth take its course, PEY let sth go/slip. **co·rre·ría** [korrería] *n/f* 1. raid. 2. trip, excursion.

co·rres·pon·den·cia [korrespondénθja] *n/f* 1. correspondence (*relación*). 2. correspondence, letters. 3. Br post, US mail. 4. communication (*escrita*). LOC **Curso por ~**, correspondence course. **co·rres·pon·der** [korrespondér] I. *v* 1. **(~ a)** to return, reciprocate (*regalo/favor*). 2. **(~ con)** to correspond (with), match, COM tally. 3. **(~ a)** to correspond (to). 4. **(~ a)** to concern (*incumbir*), be entitled to. 5. to be fitting/advisable (*conducta*). II. *v/Refl(-se)* 1. to match one another. 2. ARQ to communicate (*dos habitaciones*). 3. to have regard/affection for one another. LOC **A quien corresponda**, to whom it may concern. **Como corresponde**, as is right and proper. **co·rres·pon·dien·te** [korrespondjénte] *adj* 1. corresponding. 2. respective. **co·rres·pon·sal** [korresponsál] *n/ m,f* (newspaper) correspondent.

co·rre·ta·je [korretáxe] *n/m* COM brokerage. **co·rre·te·ar** [korreteár] *v* to run around/

about. **co·rre·teo** [korretéo] *n/m* running around/about. **co·rre·vei·di·le** [korreβeiðíle] *n/m,f* go-between, tell-tale. **co·rri·da** [korríða] *n/f* **1**. run, race, sprint. **2**. TAUR bullfight. LOC **De ~**, 1. fast. 2. off the top of one's head.
co·rri·do/a [korríðo/a] *adj* **1**. shifted, moved (*desplazado*). **2**. ARQ continuous. **3**. **(Estar ~)** FIG ashamed, embarrassed. **4**. FIG **(Ser ~)** experienced, wise. LOC **De ~**, fluently. **Tres días ~s**, three days running/FAM on the trot.
co·rrien·te [korrjénte] **I**. *adj* **1**. running (*agua*). **2**. current, present (*año*). **3**. ordinary, average. **4**. common(place), usual, standard. **II**. *n/f* **1**. current, flow (*de aguas*). **2**. **(~ de aire)** Br draught, US draft (*aire*). **3**. ELECTR current. **4**. trend (*tendencia*). LOC **~ y moliente**, run-of-the-mill. **~ alterna**, AC (alternating current). **Estar al ~**, to be up to date on, well-informed about. **Poner al ~**, to inform. **Seguir la ~**, FIG to swim with the stream, follow the crowd. **Seguir/Llevar la ~ a alguien**, to humour sb.

co·rri·llo [korríʎo] *n/m* clique, small circle (*de personas*). **co·rri·mien·to** [korrimjénto] *n/m* sliding. LOC **~ de tierras**, landsliding. **co·rro** [kórro] *n/m* **1**. circle, group (*de personas*). **2**. ring, circle (*espacio*). **3**. ring-a-ring-a-roses (*baile infantil*).

co·rro·bo·ra·ción [korroβoraθjón] *n/f* corroboration. **co·rro·bo·rar** [korroβorár] *v* to corroborate, support. **co·rro·bo·ra·ti·vo/a** [korroβoratíβo/a] *adj* corroborative.

co·rro·er [korroér] *v* (*corr**oo**/corro**yo**/corr**oi**go, corroí*, pp *corro**ído***) **1**. to corrode, GEOL erode. **2**. FIG to consume, eat away.

co·rrom·per [korrompér] *v* **1**. to corrupt. **2**. FIG to pervert. **3**. to bribe. **4**. to spoil, turn bad, go rotten (*alimentos*).

co·rro·sión [korrosjón] *n/f* corrosion. **co·rro·si·vo/a** [korrosíβo/a] *adj* corrosive.

co·rrup·ción [korrupθjón] *n/f* **1**. corruption. **2**. perversion. **3**. bribery. **4**. FIG pollution, vitiation. **co·rrup·te·la** [korruptéla] *n/f* corruption, vice. **co·rrup·to/a** [korrúpto/a] *adj* corrupt. **co·rrup·tor/ra** [korruptór/ra] **I**. *adj* corrupting. **II**. *n/m,f* corrupter.

co·rrus·co [korrúsko] *n/m* FAM crust.

cor·sa·rio/a [korsárjo/a] *adj n/m,f* corsair.

cor·sé [korsé] *n/m* corset.

cor·so/a [kórso/a] *adj n/m,f* GEOG Corsican.

cor·ta·cir·cui·tos [kortaθirkwítos] *n/m* ELECTR circuit-breaker.

cor·ta·do/a [kortáðo/a] **I**. *adj* **1**. cut. **2**. sour, curdled (*leche*). **3**. FIG FAM tongue-tied, ashamed, embarrassed. **II**. *n/m* cup of coffee with a little cream/milk. **cor·ta·dor/ra** [kortaðór/ra] **I**. *adj* cutting. **II**. **1**. *n/m,f* cutter. **2**. *n/f* TÉC cutting machine. LOC **Una cortadora de césped**, lawnmower. **cor·ta·du·ra** [kortaðúra] *n/f* **1**. cut, incision. **2**. gash, slash. **3**. GEOL pass, gorge. **4**. *pl* shreds, scraps. **cor·ta·frío** [kortafrío] *n/m* TÉC cold chisel. **cor·ta·fue·go** [kortafwéγo] *n/m* firebreak. **cor·tan·te** [kortánte] *adj* cutting, sharp. **cor·ta·pa·pe·les** [kortapapéles] *n/m* paper-knife. **cor·ta·pi·sa** [kortapísa] *n/f* FIG condition, restriction. **cor·ta·plu·mas** [kortaplúmas] *n/m* penknife. **cor·ta·pu·ros** [kortapúros] *n/m* cigar cutter. **cor·tar** [kortár] **I**. *v* **1**. *gen* to cut. **2**. to cut off (*amputar*), cut down (*árbol*). **3**. to sharpen, whittle (*punta*). **4**. FIG to be piercing/biting (*viento*). **5**. to cut out (*recortar/suprimir*). **6**. to cut off (*enemigo/provisión*). **7**. to cut short, check, impede (*acortar*). **8**. to curdle, turn sour (*leche*). **9**. ELECTR to cut/turn off, disconnect (*agua/gas*). **10**. to cut sb short. **II**. *v/Refl(-se)* **1**. FIG FAM to become embarrassed/flustered. **2**. to get chapped (*manos/piel*, etc). LOC **~ el bacalao**, FIG FAM to be the boss. **~ por lo sano**, to settle things once and for all, take drastic measures *pl*. **cor·ta·ú·ñas** [kortaúɲas] *n/m* nail clippers. **cor·te** [kórte] **I**. *n/m* **1**. *gen* cut. **2**. cutting (*acción*). **3**. BOT felling (*árbol*), cutting (*cáñamo*); TÉC section. **4**. tailoring, cut (*costura*). **5**. length, piece (*de tela*). **6**. FIG FAM start, surprise. **7**. FAM snub, rebuff: *¡Qué corte me dio tu amigo!*, What a snub from your friend! **II**. *n/f* **1**. court (*soberano*). **2**. *pl* **Las Cortes**, (Houses of) Parliament. LOC **Hacer la ~**, to woo, court.

cor·te·dad [korteðáð] *n/f* **1**. shortness. **2**. paucity, dearth. **cor·te·jar** [kortexár] *v* to woo, court.

cor·te·jo [kortéxo] *n/m* **1**. courting. **2**. entourage. LOC **~ fúnebre**, funeral procession.

cor·tés [kortés] *adj* courteous, polite, gracious. **cor·te·sa·no/a** [kortesáno/a] **I**. *adj* **1**. court. **2**. courtly. **II**. **1**. *n/m,f* courtier. **2**. *n/f* courtesan. **cor·te·sía** [kortesía] *n/f* **1**. courtesy, politeness. **2**. grace, favour.

cor·te·za [kortéθa] *n/f* **1**. BOT bark. **2**. skin, peel (*de fruta*). **3**. crust (*pan*), rind (*queso*). **4**. FIG surface, outside. **cor·ti·cal** [kortikál] *adj* cortical.

cor·ti·jo [kortíxo] *n/m* farm, grange, country estate.

cor·ti·na [kortína] *n/f* curtain. LOC **Correr la ~**, 1. to unveil, uncover. 2. FIG to conceal, hide, cover up. **~ de hierro**, Iron Curtain. **~ de humo**, smoke screen. **cor·ti·na·je** [kortináxe] *n/m* curtains, hangings *pl*.

cor·to/a [kórto/a] **I**. *adj* **1**. short. **2**. scarce, scant, FAM short of the mark (*insuficiente*). **3**. FIG deficient, FAM dim-witted, backward. **4**. FIG shy, bashful. **II**. *n/m* short (film) (*cine*). LOC **A la corta o a la larga**, sooner or later, in the long run. **Quedarse ~**, **1**. to be lost for words. **2**. to fall short. **cor·to·me·tra·je** [kortometráxe] *n/m* short (film) (*cine*).

co·ru·ñés/sa [koruɲés/sa] *adj n/m,f* GEOG from/of Corunna.

cor·va [kórβa] *n/f* ANAT ham, back of the knee. **cor·va·du·ra** [korβaðúra] *n/f* **1**. bend, curvature. **2**. ARQ arch, curve.

cor·ve·jón [korβexón] *n/m* ZOOL hock, hock joint.

cor·ve·ta [korβéta] *n/f* DEP curvet (*equitación*).

cor·vo/a [kórβo/a] *adj* curved, arched, bent.

cor·zo [kórθo] *n/m* ZOOL deer.

co·sa [kósa] *n/f* **1**. *gen* thing. **2**. something. **3**. anything, nothing (*negativo*). **4**. affair, business, matter. **5**. *pl* belongings, things. LOC **Como si tal ~**, just like that. **~ de**, about. **~ de nunca acabar**, bore, tiresome thing. **¡~**

(más) rara! *exclam* 1. How strange! 2. The funny thing is...! **¡~s de Inglaterra!** *exclam*, Typical of England! **~ rara**, strange thing. **Cualquier ~**, anything. **Es ~ de ver**, it's worth seeing. **Es ~ fácil**, it's easy. **Es poca ~/No es gran ~**, it isn't up to much, it's nothing to write home about. **Ni ~ que valga**, nor anything of the sort. **No sea ~ que**, least, or it may be that. **Poca ~**, nothing much. **Por una ~ u otra**, for one reason or another. **Ser ~ de, 1.** to be a matter/question of. **2.** to take about (*tardar*). **Ser ~ fina**, IR to be just great. **Tal como están las ~s**, as things stand. **Son ~s de Maribel**, that's just like Maribel. **¡Vaya ~!** *exclam* Marvellous!

co·sa·co/a [kosáko/a] *adj n/m,f* GEOG Cossack.

cos·co·ja [koskóxa] *n/f* BOT kermes oak.

cos·co·rrón [koskorrón] *n/m* **1.** bump/knock on the head. **2.** crust (of bread), crouton.

co·se·cha [kosétʃa] *n/f* AGR **1.** crop, harvest. **2.** harvesting. **3.** harvest time. LOC **De ~ propia**, BOT home-grown. **De la propia ~**, of one's own invention. **co·se·cha·dora** [kosetʃaðóra] *n/f* AGR TÉC combine-harvester. **co·se·char** [kosetʃár] *v* **1.** AGR to harvest, reap. **2.** FIG to reap. **co·se·che·ro/a** [kosetʃéro/a] *n/m,f* AGR harvester, reaper.

co·se·no [koséno] *n/m* MAT cosine.

co·ser [kosér] **I.** *v* **(~ a) 1.** to sew, stitch (on/up) (*costura*). **2.** FIG to riddle (*a balazos*). **II.** *v/Refl(-se)* **(~se a)** to stick close to, cling to: *Se cose a mis faldas todo el día*, He clings to my apron strings all day long. LOC **~ con grapas**, to staple (together). **~ y cantar**, easy as pie. **Máquina de ~**, sewing machine.

cos·mé·ti·co/a [kosmétiko/a] **I.** *adj n/m* cosmetic. **II.** *n/f* cosmetics *pl*, make-up.

cós·mi·co/a [kósmiko/a] *adj* cosmic. **cos·mo·go·nía** [kosmoγonía] *n/f* cosmogony. **cos·mo·gó·ni·co/a** [kosmoγóniko/a] *adj* cosmogonic. **cos·mo·gra·fía** [kosmoγrafía] *n/f* cosmography. **cos·mo·grá·fi·co/a** [kosmoγráfiko/a] *adj* cosmographic. **cos·mo·lo·gía** [kosmoloxía] *n/f* cosmology. **cos·mo·ló·gi·co/a** [kosmolóxiko/a] *adj* cosmological. **cos·mo·nau·ta** [kosmonáuta] *n/m,f* cosmonaut, astronaut. **cos·mo·na·ve** [kosmonáβe] *n/f* space ship. **cos·mo·po·li·ta** [kosmopolíta] *adj n/m,f* cosmopolitan. **cos·mo·po·li·tis·mo** [kosmopolitísmo] *n/m* cosmopolitanism. **cos·mos** [kósmos] *n/m* cosmos.

co·so [kóso] *n/m* arena. LOC **~ taurino**, bull-ring.

cos·qui·llas [koskíʎas] *n/f pl* tickling. LOC **Buscar las ~s a alguien**, to rub sb up the wrong way. **Hacer ~s**, to tickle. **Tener ~s**, to be ticklish. **cos·qui·lle·ar** [koskiʎeár] *v* **1.** to tickle. **2.** FIG to tickle one's fancy. **cos·qui·lleo** [koskiʎéo] *n/m* **1.** tickle, tickling. **2.** tingling sensation.

cos·ta [kósta] *n/f* **1.** GEOL coast, shoreline. **2.** *pl* JUR costs. LOC **A ~ de**, at the expense of. **A toda ~**, at all costs. **Vivir a ~ de alguien**, to live off sb.

cos·ta·do [kostáðo] *n/m gen* side, flank. LOC **Por los cuatro ~s**, FIG 1. on/from all sides. 2. through and through, absolute.

cos·tal [kostál] **I.** *adj* ANAT rib, costal. **II.** *n/m* **1.** sack, bag. **2.** ARQ brace, support. LOC **Es harina de otro ~**, FIG FAM That's a different kettle of fish.

cos·ta·la·da, cos·ta·la·zo [kostaláða/kostaláθo] *n/f* bump, bang.

cos·ta·ne·ro/a [kostanéro/a] *adj* sloping, steep.

cos·tar [kostár] *v* (*cuesto*) **1.** to cost. **2.** FIG to cost dearly, be difficult: *Cuesta hacerlo bien*, It is difficult to do it right. LOC **Cuesta poco/mucho**, it's easy/difficult.

cos·ta·rri·cen·se, cos·ta·rri·que·ño/a [kostarriθénse/-kéɲo/a] *adj n/m,f* GEOG Costa Rican.

cos·te [kóste] *n/m* COM cost, price. LOC **A precio de ~**, at cost price. **El ~ de la vida**, the cost of living.

cos·te·ar [kosteár] **I.** *v* **1.** to pay for. **2.** NÁUT to (sail along the) coast. **II.** *v/Refl(-se)* COM to pay for itself. LOC **Poder ~**, to afford.

cos·te·ño, cos·te·ro/a [kostéɲo/-éro/a] *adj* coastal.

cos·ti·lla [kostíʎa] *n/f* **1.** ANAT rib. **2.** cutlet, chop (*carne*). **3.** *pl* ANAT FAM back. **cos·ti·llar** [kostiʎár] *n/m* ANAT ribs.

cos·to [kósto] *n/m* cost. **cos·to·so/a** [kostóso/a] *adj* costly, expensive.

cos·tra [kóstra] *n/f* **1.** crust. **2.** scab.

cos·tum·bre [kostúmbre] *n/f* **1.** custom, habit. **2.** usage. **3.** *pl* ways, customs. LOC **Como de ~**, as usual. **De ~**, usual(ly). **Tener por ~ +** *inf*, to be in the habit of + *ger*. **cos·tum·bris·ta** [kostumbrísta] *adj lit* of manners *pl*.

cos·tu·ra [kostúra] *n/f* **1.** sewing, needlework. **2. (La ~)** (the) mending. **3.** seam (*unión*). LOC **Alta ~**, haute couture, high fashion. **cos·tu·re·ra** [kosturéra] *n/f* dressmaker, seamstress. **cos·tu·re·ro** [kosturéro] *n/m* sewing kit/box.

co·ta [kóta] *n/f* **1.** height above sea-level, contour line (*topografía*). **2.** FIG quota, share, level.

co·ta·rro [kotárro] *n/m* LOC **Estar en el ~**, to be involved in an activity (*gen poco clara*). **Dirigir el ~**, to be the boss (of sth).

co·te·ja·ble [kotexáβle] *adj* comparable. **co·te·jar** [kotexár] *v* to compare (to/with). **co·te·jo** [kotéxo] *n/m* comparison.

co·te·rrá·neo [koterráneo] *n/m,f* fellow countryman/woman.

co·ti·dia·no/a [kotiðjáno/a] *adj* everyday, daily.

co·ti·le·dón [kotileðón] *n/m* BOT cotyledon.

co·ti·lla [kotíʎa] *n/m,f* FAM gossip. **co·ti·lle·ar** [kotiʎeár] *v* FAM to gossip. **co·ti·lleo** [kotiʎéo] *n/m* gossip.

co·ti·llón [kotiʎón] *n/m* cotillion (*danza*).

co·ti·za·ción [kotiθaθjón] *n/f* COM **1.** quotation, price. **2.** dues *pl*. **co·ti·zar** [kotiθár] *v* (*cotice*) **1. (~ en)** to quote at (*precio*). **2.** to pay.

co·to [kóto] *n/m* **1**. preserve, hunting ground (*terreno acotado*). **2**. reserve (*de caza*). **3**. limit. LOC **Poner ~**, to put a stop.

co·to·rra [kotórra] *n/f* **1**. parrot (*ave*). **2**. magpie (*ave*). **3**. FAM chatterbox, PEY windbag. **co·to·rre·ar** [kotorreár] *v* to prattle on, chatter away. **co·to·rreo** [kotorréo] *n/m* chatter, gabble.

co·tur·no [kotúrno] *n/m* buskin.

COU [kóu] *abrev* Curso de Orientación Universitaria, pre-University Course.

co·va·cha [koβátʃa] *n/f* PEY small cave/grotto.

co·xis [kó(k)sis] *n/m* (*pl coxis*) ANAT coccyx.

co·yo·te [koJóte] *n/m* ZOOL coyote.

co·yun·tu·ra [koJuntúra] *n/f* **1**. ANAT joint. **2**. FIG opportunity, occasion. **co·yun·tu·ral** [koJunturál] *adj* arising from the situation.

coz [kóθ] *n/f* kick. LOC **Dar/Tirar coces**, to kick, lash out.

crac [krák] **I**. *n/m* COM crash. **II**. *int* Crack! Snap! LOC **Hacer ~**, to go crack.

cra·ne·al [kraneál] *adj* ANAT cranial. **crá·neo** [kráneo] *n/m* cranium, skull. LOC **Ir de ~**, FIG FAM to have too much on, be fighting a losing battle.

crá·pu·la [krápula] **I**. *n/f* crapulence, dissipation, drunkenness. **II**. *n/m* FAM debauchee.

cra·si·tud [krasitúð] *n/f* body fat. **cra·so/a** [kráso/a] *adj* **1**. *lit* greasy, fat. **2**. FIG crass, gross (*error*).

crá·ter [kráter] *n/m* crater.

crea·ción [kreaθjón] *n/f* creation. **crea·dor/ra** [kreaðór/ra] **I**. *adj* creative. **II**. *n/m,f* **1**. creator. **2**. inventor. **cre·ar** [kreár] *v* **1**. *gen* to create. **2**. to establish, found (*institución*). **crea·ti·vi·dad** [kreatiβiðáð] *n/f* creativity. **crea·ti·vo/a** [kreatíβo/a] *adj* creative.

cre·cer [kreθér] **I**. *v* (*crezco*) **(~ de/en) 1**. *gen* to grow. **2**. to increase. **3**. to rise (*precio*). **II**. *v/Refl(-se)* **1**. PEY to become self-important. **2**. to take courage (from), grow bolder. LOC **Dejar ~ la barba,** 1. to grow one's beard. 2. FIG to let the grass grow under one's feet. 3. FIG PEY to let things slip. **cre·ces** [kréθes] *n/m pl* increase *sing*. LOC **Con ~**, amply, with interest. **cre·ci·do/a** [kreθíðo/a] **I**. *adj* **1**. BOT full(y)-grown. **2**. grown-up (*persona*). **II**. *n/f* **1**. swell, rising (*de un río*). **cre·cien·te** [kreθjénte] **I**. *adj* **1**. growing, increasing. **2**. waxing (*luna*). **II**. *n/f* **1**. NÁUT high-tide. **2**. leaven, yeast. **cre·ci·mien·to** [kreθimjénto] *n/m* growth, increase.

cre·den·cial [kreðenθjál] **I**. *adj* accrediting. **II**. *n/f pl* credentials. **cre·di·bi·li·dad** [kreðiβiliðáð] *n/f* credibility.

cre·di·ti·cio/a [kreðitíθjo/a] *adj* COM credit. **cré·di·to** [kréðito] *n/m* **1**. COM credit. **2**. FIG reputation. **3**. credence. LOC **Dar ~ a**, to believe. **Dar a ~**, COM to give (on) credit. **Tarjeta de ~**, COM credit card.

cre·do [kréðo] *n/m gen* creed. **cre·du·li·dad** [kreðuliðáð] *n/f* credulity. **cré·du·lo/a** [kréðulo/a] *adj* gullible, credulous. **cre·en·cia** [kreénθja] *n/f gen* belief. LOC **En la ~ de que**, in the belief that. **cre·er** [kreér] *v* (*creyó, creyeron*, pp *creído*) **1**. **(~ que)** to think, believe (that). **2**. **(~ en)** REL to believe (in). LOC **~ a ciencia cierta,** to be convinced of, be (dead) certain of. **Creo que no**, I don't think so. **Hacer ~**, to convince, make (sb) believe. **¡Qué te has creído!**, *exclam* Who do you think you are? **¡Quién lo hubiera creído!**, *exclam* Who'd have thought it? **¡Ya lo creo!**, *int* You bet! **creí·ble** [kreíβle] *adj* credible, believable. **creí·do/a** [kreíðo/a] *adj n/m,f* **1**. **(Ser un ~)** conceited, arrogant. **2**. confident, assured.

cre·ma [kréma] *n/f* **1**. *gen* cream. **2**. custard. LOC **~ dental,** toothpaste.

cre·ma·ción [kremaθjón] *n/f* cremation.

cre·ma·lle·ra [kremaʎéra] *n/f* **1**. TÉC rack. **2**. Br zip, US zipper.

cre·ma·tís·ti·ca [krematístika] *n/f* **1**. COM chrematistics *pl*, political economy. **2**. FAM money matters. **cre·ma·tís·ti·co/a** [krematístiko/a] *adj* monetary, chrematistic.

cre·ma·to·rio/a [krematórjo/a] *n/m* crematorium.

cre·mo·so/a [kremóso/a] *adj* creamy.

cren·cha [kréntʃa] *n/f* parting (*pelo*).

crep [krep] *n/m* **1**. crepe (*tela*). **2**. crêpe, pancake (*alimento*). **cre·pé** [krepé] *n/m* crepe (*calzado*).

cre·pi·ta·ción [krepitaθjón] *n/f* **1**. crackling. **2**. MED crepitation. **cre·pi·tan·te** [krepitánte] *adj* crackling. **cre·pi·tar** [krepitár] *v* to crackle (*chasquidos*), sizzle (*fritos*).

cre·pus·cu·lar [krepuskulár] *adj* crepuscular, twilight. **cre·pús·cu·lo** [krepúskulo] *n/m* **1**. twilight. **2**. dusk.

cres·po/a [kréspo/a] *adj* curly, FAM frizzy (*cabello*).

cres·pón [krespón] *n/m* crêpe (*tela*).

cres·ta [krésta] *n/f gen* crest.

cres·to·ma·tía [krestomatía] *n/f* anthology.

cre·ta [kréta] *n/f* **1**. GEOL chalk. **2**. **(Creta)** GEOG Crete. **cre·ten·se** [kreténse] *adj n/m,f* GEOG Cretan.

cre·ti·nis·mo [kretinísmo] *n/m* MED cretinism. **cre·ti·no/a** [kretíno/a] **I**. *adj* cretinous. **II**. *n/m,f* cretin.

cre·to·na [kretóna] *n/f* cretonne (*tela*).

cre·yen·te [kreJénte] **I**. *adj* believing. **II**. *n/m,f* believer.

cría [kría] *n/f* **1**. breeding (*acción*). **2**. *pl* ZOOL young. **3**. litter (*mamífero*), brood (*ave*). **cria·de·ro** [krjaðéro] *n/m* **1**. ZOOL breeding ground. **2**. BOT nursery (*de rosas*). **cria·di·lla(s)** [krjaðíʎa(s)] *n/f* bull's testicle(s). **cria·do/a** [kriáðo/a] **I**. *adj* **1**. brought-up (*niño*). **2**. ZOOL reared. **II**. *n/m,f* servant. LOC **Bien/Mal ~**, well/badly brought-up. **crian·za** [kriánθa] *n/f* **1**. nursing (*niño*). **2**. ZOOL breeding. **3**. FIG upbringing, childhood. **criar** [kriár] **I**. *v* (*crío, críe*) **1**. to nurse, feed (*niño*). **2**. ZOOL to breed, rear. **3**. FIG to rear, bring up (*niño*). **4**. to elaborate (*vino*). **5**. BOT to grow. **II**. *v/Refl(-se)* to grow up. **cria·tu·ra** [krjatúra] *n/f* **1**. creature. **2**. new-born baby.

cri·ba [kríβa] *n/f* sieve, screen. **cri·bar** [kriβár] *v* **1**. to sieve. **2**. FIG to sieve, sift, screen.

cric [krík] *n/m* TÉC jack.

cri·men [krímen] *n/m* crime, murder. **cri·mi·nal** [kriminál] *adj n/m,f* criminal, murderer. **cri·mi·na·li·dad** [kriminaliðáð] *n/f* 1. crime (rate). 2. criminality. **cri·mi·na·lis·ta** [kriminalísta] *n/m,f* 1. JUR criminal lawyer. 2. criminologist. **cri·mi·no·lo·gía** [kriminoloxía] *n/f* criminology.

crin [krín] *n/f pl* mane.

crío/a [krío/a] *n/m,f* kid, kiddy.

crio·llo/a [krióʎo/a] *adj n/m,f* GEOG Creole.

crip·ta [krípta] *n/f* crypt. **críp·ti·co/a** [kríptiko/a] *adj* cryptic. **crip·to·gra·fía** [kriptoɣrafía] *n/f* cryptography. **crip·to·gra·ma** [kriptoɣráma] *n/m* cryptogram.

crí·quet [kríke(t)] *n/m* DEP cricket.

cri·sá·li·da [krisáliða] *n/f* ZOOL chrysalis.

cri·san·te·mo [krisaṇtémo] *n/m* BOT chrysanthemum.

cri·sis [krísis] *n/f* (*pl crisis*) 1. *gen* crisis. 2. fit, bout (*de llanto*). LOC ~ **de vivienda,** housing shortage. ~ **nerviosa,** MED nervous breakdown. **Estar en ~/Pasar por una ~,** to be going through a crisis.

cris·ma [krísma] 1. *n/m,f* REL chrism. 2. *n/f* FAM nut (*cabeza*).

cri·sol [krisól] *n/m* TÉC crucible, FIG melting pot.

cris·pa·ción [krispaθjón] *n/f* 1. tension. 2. irritation, exasperation. **cris·par** [krispár] *v* 1. to contract, tense (*músculo*). 2. to irritate.

cris·tal [kristál] *n/m* 1. crystal. 2. glass (*vidrio*). 3. pane of glass (*de ventana*). 4. AUT window. LOC ~ **ahumado/tallado,** smoked/cut glass. ~ **de aumento,** magnifying glass. **De ~,** glass. **cris·ta·le·ría** [kristale- ría] *n/f* 1. ARTE glasswork. 2. glassworks *pl* (*fábrica*). 3. glassware (*objetos*). **cris·ta·le·ro** [kristaléro] *n/m* 1. glazier. 2. window cleaner. **cris·ta·li·no/a** [kristalíno/a] I. *adj* 1. glass. 2. FIG limpid, clear. II. *n/m* ANAT crystalline lens. **cris·ta·li·za·ción** [kristaliθaθjón] *n/f* crystallization. **cris·ta·li·zar** [kristaliθár] *v* (*cristalice*) **(~ en)** 1. *gen* to crystallize (into). 2. FIG to evolve, FAM to gel (into) (*idea*). **cris·ta·lo·gra·fía** [kristaloɣrafía] *n/f* crystallography.

cris·tian·dad [kristjaṇdáθ] *n/f* REL 1. Christianity. 2. Christendom. **cris·tia·nis·mo** [kristjanísmo] *n/m* REL Christianity. **cris·tia·ni·za·ción** [kristjaniθaθjón] *n/f* REL christianization. **cris·tia·ni·zar** [kristjaniθár] *v* (*cristianice*). to christianize. **cris·tia·no/a** [kristjáno/a] *adj n/m,f* REL Christian. LOC **Hablar en ~,** FIG FAM to speak clearly, speak in plain language. **Cris·to** [krísto] REL 1. Christ. 2. crucifix. LOC **Antes de ~,** before Christ (B.C.). **Después de ~,** anno domini (A.D.). **Poner a alguien hecho un ~,** FIG FAM to leave sb in the gutter.

cri·te·rio [kritérjo] *n/m* 1. criterion, *pl* criteria. 2. perspective, point of view. 3. judgement, opinion (*juicio*). LOC **Según mi ~,** in my opinion.

crí·ti·ca [krítika] *n/f* 1. *gen* criticism. 2. critique, review. 3. censure, criticism. 4. gossiping. 5. **(la ~)** the critics *pl*. **cri·ti·ca·ble** [kritikáßle] *adj* open to criticism, criticizable. **cri·ti·car** [kritikár] *v* (*critique*) *gen* to criticize. **crí·ti·co/a** [krítiko/a] I. *adj* 1. critical. 2. crucial. II. *n/m* critic (*profesional*). **cri·ti·cón/na** [kritikón/na] *n/m,f* sb who finds fault with/in everything/body.

cro·ar [kroár] *v* to croak (*rana*).

cro·can·te [krokáṇte] *n/m* toffee almond (*dulce*).

cro·ché [krótʃe] *n/m* crochet.

cro·ma·do [kromáðo] *n/m* TÉC chromium-plating, chrome. **cro·mar** [kromár] *v* TÉC to chrome. **cro·má·ti·co/a** [kromátiko/a] *adj* chromatic. **cro·ma·tis·mo** [kromatísmo] *n/m* 1. chromatism. 2. MÚS chromaticism. **cro·mo** [krómo] *n/m* 1. GEOL chromium, chrome. 2. coloured transfer/print (*estampa*).

cro·mo·so·ma [kromosóma] *n/m* BIOL chromosome.

cró·ni·ca [krónika] *n/f* chronicle. **cró·ni·co/a** [króniko/a] *adj* chronic. **cro·ni·cón** [kronikón] *n/m* short chronicle. **cro·nis·ta** [kronísta] *n/m,f* 1. chronicler. 2. columnist (*periódico*). **cro·no·lo·gía** [kronoloxía] *n/f* chronology. **cro·no·ló·gi·co/a** [kronolóxico/a] *adj* chronological. **cro·no·me·tra·dor** [kronometraðór] *n/m* timekeeper. **cro·no·me·trar** [kronometrár] *v* DEP to time. **cro·no·me·tría** [kronometría] *n/f* chronometry, timing. **cro·nó·me·tro** [kronómetro] *n/m* 1. chronometer. 2. DEP stopwatch.

cro·quet [króket] *n/m* DEP croquet.

cro·que·ta [krokéta] *n/f* croquette.

cro·quis [krókis] *n/m* sketch.

cró·ta·lo [krótalo] *n/m* rattlesnake (*serpiente*).

cru·ce [krúθe] *n/m* 1. crossing (*acción*). 2. Br junction, crossroads *pl*, US intersection. 3. pedestrian crossing. 4. interference (*radio, teléfono*): ~ *de líneas,* Crossed lines. 5. ZOOL BOT cross-breeding (*acción*). 6. ZOOL cross-breed, BOT hybrid. LOC **Luces de ~,** AUT dipped headlights. **cru·ce·ría** [kruθería] *n/f* ARQ ribs, ogives *pl*. **cru·ce·ro** [kruθéro] *n/m* 1. ARQ REL bay. 2. MIL cruiser (*de batalla*). 3. NÁUT cruise, cros sing (*viaje*). 4. NÁUT liner, passenger cruiser (*navío*). LOC **Misil de ~,** MIL US cruise missile. **Velocidad de ~,** cruising speed.

cru·cial [kruθjál] *adj* FIG crucial, critical.

cru·ci·fi·ca·do/a [kruθifikáðo/a] *adj* crucified. LOC **El ~,** Jesus Christ. **cru·ci·fi·car** [kruθifikár] *v* (*crucifiquen*) 1. to crucify. 2. FIG to torment, torture. **cru·ci·fi·jo** [kruθifíxo] *n/m* REL crucifix. **cru·ci·fi·xión** [kruθifi(k)sjón] *n/f* crucifixion.

cru·ci·gra·ma [kruθiɣráma] *n/m* crossword (puzzle).

cru·de·za [kruðéθa] *n/f* 1. harshness, severity (*clima*). 2. coarseness, crudeness. **cru·do/a** [krúðo/a] *adj* 1. *gen* raw. 2. harsh, severe (*clima*). 3. crude (*expresión*). 4. beige (*color*).

cruel [krwél] *adj* cruel. **cruel·dad** [krweḷdáð] *n/f* cruelty.

cruen·to/a [krwéṇto/a] *adj* bloody.

cru·jía [kruxía] *n/f* ARQ passage, corridor. **cru·ji·do** [kruxíðo] *n/m* crunching, cracking, creaking. **cru·jien·te** [kruxjéṇte] *adj* 1. creaky (*gozne*), crunching, rustling. 2. crisp, crusty (*pan*). **cru·jir** [kruxír] *v* to crunch, crack, creak.

crup [krúp] *n/m* MED croup. **cru·pal** [krupál] *adj* croup.

cru·pier [krupjér] *n/m* croupier (*casino*).

crus·tá·ceo/a [krustáθeo/a] *adj n/m,f* crustacean.

cruz [krúθ] *n/f* (*pl* *cruces*) **1**. *gen* cross. **2**. tails (*moneda*). **3**. ZOOL withers *pl*. **4**. FIG cross, burden, trial. LOC **Cara o ~**, heads or tails. **Cruz Roja**, Red Cross. **¡~ y raya!**, *exclam* That's an end to it! **En ~**, 1. crosswise. 2. crossed (*brazos*). **Hacerse cruces**, FIG to show one's surprise. **cru·za·da** [kruθáða] *n/f gen* crusade. **cru·za·do/a** [kruθáðo/a] **I**. *adj* **1**. crossed. **2**. ZOOL crossbred, BOT hybrid. **3**. double-breasted (*chaqueta*). **II**. *n/m* crusader. **cru·zar** [kruθár] **I**. *v* (*cruce*) **1**. *gen* to cross. **2**. to exchange, have (*palabras*). **II**. *v/Refl(-se)* **(~se con)** to pass sb (*por la calle*). LOC **~le a uno la cara**, to slap sb across the face. **~se de brazos**, to fold one's arms. **~se en el camino de alguien**, to cross sb's path.

cua·der·ni·llo [kwaðerníʎo] *n/m* booklet. **cua·der·no** [kwaðérno] *n/m* exercise book, notebook. LOC **~ de bitácora**, NÁUT logbook.

cua·dra [kwáðra] *n/f* **1**. AGR stable. **2**. stud farm. **3**. FIG pigsty. **4**. *Amer* block (*manzana*). **cua·dra·do/a** [kwaðráðo/a] **I**. *adj* **1**. square. **2**. squared, chequered (*tela*). **3**. FIG stocky, broad-shouldered (*persona*). **II**. *n/m gen* square. LOC **Tener la cabeza ~**, FIG to be narrow-minded, be square.

cua·dra·ge·na·rio/a [kwaðraxenárjo/a] *adj n/m,f* quadragenarian. **cua·dra·gé·si·mo/a** [kwaðraxésimo/a] *adj* fortieth.

cua·dran·gu·lar [kwaðraŋgulár] *adj* quadrangular. **cua·dran·te** [kwaðrán̪te] *n/m* **1**. quadrant. **2**. sundial. **3**. dial (*indicador*). **cua·drar** [kwaðrár] **I**. *v* **(~ con) 1**. to square, make square. **2**. to square up (*carpintería*). **3**. MAT to square. **4**. COM to square (up), tally. **5**. to suit, agree, go with. **II**. *v/Refl(-se)* MIL to stand to attention. **cua·dra·tu·ra** [kwaðratúra] *n/f* quadrature. **cua·drí·cu·la** [kwaðríkula] *n/f* grid. **cua·dri·cu·lar** [kwaðrikulár] *adj* squared. **cua·drie·nio** [kwaðrjénjo] *n/m* quadrennium, four year period. **cua·dri·ga** [kwaðríɣa] *n/f* quadriga. **cua·dri·lá·te·ro/a** [kwaðrilátero/a] **I**. *adj n/m* quadrilateral. **II**. *n/m* ring (*boxeo*). **cua·dri·lla** [kwaðríʎa] *n/f* **1**. party, gang, group. **2**. TAUR cuadrilla, matador's team. **cua·dru·pli·car** [kwaðriplikár] *v* (*cuadrupli***que**) to quadruple.

cua·dro [kwáðro] *n/m* **1**. square. **2**. *gen* picture, ARTE painting, portrait. **3**. frame (*marco*). **4**. FIG TEAT scene. **5**. table, chart (*tabla*). LOC **A ~s**, plaid, chequered. **~ alpino**, rock garden. **~ de distribución**, switchboard. **~ de mando**, 1. AUT dashboard. 2. TÉC instrument panel.

cua·drú·pe·do/a [kwaðrúpeðo/a] *adj n/m,f* quadruped. **cuá·dru·ple** [kwáðruple] *adj* quadruple, fourfold. **cua·dru·pli·car** [kwaðruplikár] *v* (*cuadrupli***que**) to quadruple. **cuá·dru·plo** [kwáðruplo] *adj n/m* quadruple.

cua·ja·da [kwaxáða] *n/f* **1**. curd. **2**. cheesecake (*postre*). **3**. cream cheese. LOC **Leche ~**, junket. **cua·jar** [kwaxár] *v* **1**. to curdle (*leche*), set (*gelatina*). **2**. to congeal, coagulate (*sangre*). **3**. to settle (*nieve*). **4**. FIG to take shape (*proyecto*), come off (*éxito*). **cua·jo** [kwáxo] *n/m* **1**. curdling (*leche*), clotting. **2**. rennet. LOC **Arrancar de ~**, 1. to uproot (*árbol*). 2. to wrench off (*puerta*). 3. FIG to eradicate, uproot.

cual [kwál] **I**. *pron* **(El/La/Lo ~, Los/Las cuales) 1**. which: *Ese libro, el cual te presté*, That book, which I lent you. **2**. who: *Juan, el cual llegó ayer*, John, who arrived yesterday. **3**. **(Lo ~)** as, such as: *El coche se averió, lo cual sucede a menudo*, The car broke down, as often happens. **II**. *adv* as, such as, just as: *Se comporta cual convicto*, He behaves just as a criminal. **III**. *conj* **~ si** + *subj*, (just) as if. LOC **Cada ~**, each one. **~...tal**, like...like, just as...so: *Cual el padre, tal el hijo*, Like father, like son; *Cual es María, tal es Isabel*, Just as Maria is, so is Isabel. **Por lo ~**, because of which. **Sea ~ fuere**, no matter what. **Tal ~**, just as, exactly as. **Tal para ~**, a perfect pair/couple.

cuál [kwál] **I**. *adj/pron inter* which: *¿Cuál de las dos habitaciones?*, Which of the two rooms? **II**. *pron inter* which?, which one/s?: *¿Cuál de los dos prefieres?* Which of the two do you prefer? **III**. *pron* what, which one/s, which: *No sé cuál prefiero*, I don't know which I prefer. **IV**. *pron indef* some: *Todos ayudaron, cuál más, cuál menos*, Everybody helped, some more, some less. **V**. *adv exclam* how: *¡Cuál es mi desgracia!*, How great is my misfortune!. LOC **A ~ más**, equally.

cua·les·quier [kwaleskjér] *pron indef adj pl* V **cualquier**. **cua·les·quie·ra** [kwaleskjéra] *pron indef adj pl* V **cualquiera.**

cua·li·dad [kwaliðáð] *n/f* **1**. quality. **2**. good feature, virtue. **cua·li·ta·ti·vo/a** [kwalitatíβo/a] *adj* qualitative.

cual·quier/ra [kwalkjér/ra] **I**. *adj indef* any (...you like). **2**. **(~ que)** whichever, whatever. **II**. *pron indef* **1**. anyone. **2**. **(~ que)** whichever. **3**. whoever. LOC **Un cualquiera**, PEY a nobody.

cuan [kwán] **I**. *apoc* **cuanto**. **II**. *adv* as: *Se extendió la mano cuan alto podía*, He stretched his hand up as high as he could.

cuán [kwán] *adv* how: *¡Cuán rápidamente desaparece la felicidad!*, How quickly happiness dies!

cuan·do [kwán̪do] *conj* **1**. when. **2**. though, even though. **3**. since, if LOC **Aun ~**, even if. **~ más/mucho**, at the most. **~ menos**, at least. **~ no**, otherwise. **~quiera**, whenever you like. **~quiera que**, whenever. **De vez en ~/De ~ en ~**, sometimes, from time to time. **Entonces es ~**, that is when. **Hasta ~ sea**, until whenever.

cuá·ndo [kwán̪do] **I**. *adv inter* when. **II**. *n/m* when: *El cuándo y el cómo*, The why and the wherefore. LOC **¿De ~ acá?/¿Desde ~?** *inter* since when?

cuan·tía [kwan̪tía] *n/f* quantity, amount. LOC **De mayor/menor ~**, of major/minor importance. **cuan·ti·fi·ca·ción** [kwan̪tifikaθjón] *n/f* quantification. **cuan·ti·fi·car** [kwan̪tifikár] *v* (*cuantifique*) to quantify. **cuan·tio·so/a** [kwan̪tjóso/a] *adj* **1**. abundant. **2**. substantial, considerable. **cuan·ti·ta·ti·vo/a** [kwan̪titatíβo/a] *adj* quantitative.

cuan·to/a [kwán̪to/a] **I**. *adj pron relativo* **1**. as much as, everything, all: *Le dio cuanto tenía*, He gave him everything he had. **2**. whatever: *Le daba cuanto quería*, He used to give her whatever she wanted. LOC **~s**, as many as, all those who. **Unos ~s**, a few.

cuan·to [kwán̪to] *adv* **1**. as, as much as. **2**. the more, the greater: *Cuanto mayor la virtud, mayor el premio*, The greater the virtue, the greater the reward. LOC **~ (más) antes**, as soon as possible. **~ más...menos**, the more...the less. **~ más...tanto más**, the more...the more. **~ y más**, all the more so, how much more so, even more so. **~ (y) más que**, all the more so as. **En ~**, 1. as soon as. 2. while. **En ~ a**, as to, in regard to. **Por ~**, inasmuch as, insofar as. **Por ~...por tanto**, in as much as...therefore.

cuán·to/a [kwán̪to/a] **I**. *adj/pron relativo* **1**. *inter exclam* How much? How many? **2**. *exclam* what!: *¡Cuánta belleza!*, What beauty! **II**. *adv* **1**. how long: *¡Cuánto tiempo sin vernos!*, How long it's been since we've seen each other!. **2**. *exclam* how!: *¡Cuánto me alegro de verte!*, How happy I am to see you! LOC **¿A ~?**, How much? (*precio*). **¿A ~s estamos?** What's the date?

cuá·que·ro/a [kwákero/a] *adj n/m,f* REL Quaker.

cua·ren·ta [kwarén̪ta] *adj n/m* forty. LOC **Cantar las ~s a alguien**, to give sb a piece of one's mind. **cua·ren·ta·vo/a** [kwaren̪táβo/a] *adj* fortieth. **cua·ren·te·na** [kwaren̪téna] *n/f* **1**. forty, two-score. **2**. MED quarantine. **cua·ren·tón/na** [kwaren̪tón/na] *adj* **1**. forty-year-old. **2**. in his/her forties.

cua·res·ma [kwarésma] *n/f* REL Lent. **cua·res·mal** [kwaresmál] *adj* Lenten.

cuar·te·ar [kwarteár] **I**. *v* **1**. to quarter. **2**. to cut up. **II**. *v/Refl(-se)* to crack (*superficie*).

cuar·tel [kwartél] *n/m* MIL barracks *pl*. **cuar·te·la·da** [kwarteláða] *n/f* PEY military coup/uprising. **cuar·te·li·llo** [kwartelíʎo] *n/m* billet, barracks, station.

cuar·te·rón [kwarterón] *n/m* quarter of a pound (*peso*). **cuar·te·to** [kwartéto] *n/m* MÚS quartet. **cuar·ti·lla** [kwartíʎa] *n/f* page (of a copybook). **cuar·to/a** [kwárto/a] **I**. *adj* **1**. fourth. **2**. quarter. **II**. *n/m,f* **1**. fourth. **2**. quarter, fourth part. **3**. room. LOC **~ creciente/menguante**, first/last quarter (of the moon). **~ de baño**, bathroom. **~ de hora**, quarter of an hour. **~s de final**, DEP quarter finals. **~ de máquinas**, engine room. **~ oscuro**, darkroom. **Las tres menos ~**, a quarter to three. **Las tres y ~**, a quarter past three. **Por cuatro ~s**, for a song, for tuppence. **Tres ~s de hora**, three quarters of an hour. **III**. *n/f* span (*de la mano*)

cuar·zo [kwárθo] *n/m* GEOL quartz.

cua·ter·na·rio/a [kwaternárjo/a] *adj n/m,f* quaternary.

cua·tre·ro [kwatréro] *n/m* horse thief, cattle rustler.

cua·tri·lli·zo/a [kwatriʎíθo/a] *n/m,f pl* quads (*bebés*). **cua·tri·mo·tor** [kwatrimotór] *adj* AER four-engined. **cua·tro** [kwátro] *adj n/m* **1**. four. **2**. fourth (*fecha*). **3**. **(Las ~)** four o'clock. LOC **Más de ~**, FIG quite a few.

cu·ba [kúβa] *n/f* **1**. **(Cuba)** GEOG Cuba. **2**. vat. LOC **Estar como una ~**, FIG to be totally drunk. **cu·ba·li·bre** [kuβalíβre] *n/m* rum/gin and coke. **cu·ba·no/a** [kuβáno/a] *adj n/m,f* GEOG Cuban. **cu·ba·ta** [kuβáta] *n/m* V **cubalibre**.

cu·ber·te·ría [kuβertería] *n/f* cutlery.

cu·be·ta [kuβéta] *n/f* small bucket/pot.

cu·bi·ca·ción [kuβikaθjón] *n/f* cubage. **cu·bi·ca·je** [kuβicáxe] *n/m* cubic capacity. **cu·bi·car** [kuβikár] *v* (*cubique*) *gen* to cube. **cú·bi·co/a** [kúβiko/a] **I**. *adj* cubic. **II**. *n/f* cube.

cu·bí·cu·lo [kuβíkulo] *n/m* cubicle.

cu·bier·ta [kuβjérta] *n/f* **1**. cover, covering. **2**. cover, jacket (*de un libro*). **3**. NÁUT deck. **4**. TÉC (tyre) casing. **cu·bier·to/a** [kuβjérto/a] **I**. *adj* **1**. **(~ de)** covered (with). **2**. **(~ de)** filled (with). **3**. wearing (*vestido*). **4**. overcast (*cielo*). **II**. *n/m* **1**. cover, shelter. **2**. place setting (*en la mesa*). **3**. *pl* cutlery. **4**. menu. LOC **A ~**, under cover. **A ~ de**, FIG safe from. **~ del día**, Menu of the day. **Ponerse a ~**, to take cover/shelter. **Tener las espaldas ~s**, FIG to cover oneself.

cu·bil [kuβíl] *n/m* lair, den.

cu·bi·le·te [kuβiléte] *n/m* dice box.

cu·bis·mo [kuβísmo] *n/m* ARTE cubism. **cu·bis·ta** [kuβísta] *adj n/m,f* ARTE cubist.

cú·bi·to [kúβito] *n/m* ANAT ulna.

cu·bo [kúβo] *n/m* **1**. bucket, pail. **2**. hub (*de rueda*). **3**. MAT cube. LOC **~ de basura**, Br dustbin, US trash can.

cu·bre·ca·ma [kuβrekáma] *n/m* bedspread, counterpane. **cu·brir** [kuβrír] **I**. *v* (pp *cubierto*) **(~ con/de) 1**. *gen* to cover; do (*distancia*), keep (*apariencia*). **2**. FIG to meet, satisfy (*las necesidades*). **II**. *v/Refl(-se)* **1**. to put on one's hat. **2**. to become overcast (*cielo*).

cu·ca [kúka] *n/f* FAM dick (*pene*).

cu·ca·ra·cha [kukarátʃa] *n/f* cockroach (*insecto*).

cu·cli·llas [kuklíʎas] *adv* LOC **En ~**, crouching, squatting.

cu·cli·llo [kuklíʎo] *n/m* cuckoo (*ave*).

cu·co/a [kúko/a] *adj* **1**. pretty, cute. **2**. crafty (*niño*).

cu·cu·ru·cho [kukurútʃo] *n/m* **1**. (paper) cone, cornet. **2**. hennin (*sombrero*).

cu·cha·ra [kutʃára] *n/f* **1**. spoon. **2**. ladle, scoop. **cu·cha·ra·da** [kutʃaráða] *n/f* spoonful. **cu·cha·ri·lla** [kutʃaríʎa] *n/f* **1**. teaspoon. **2**. float (*pesca*). **cu·cha·rón** [kutʃarón] *n/m* ladle.

cu·chi·che·ar [kutʃitʃeár] *v* to whisper. **cu·chi·cheo** [kutʃitʃéo] *n/m* whisper(ing).

cu·chi·lla [kutʃíʎa] *n/f* **1**. (kitchen) knife. **2**. razor blade (*de afeitar*). **3**. blade (*arma/*

patín). **cu·chi·lla·da** [kutʃiʎáðа] *n/f* **1**. stab (*golpe*). **2**. stab (wound), gash. LOC **Matar a alguien a ~s,** to stab sb to death. **cu·chi·lle·ro/a** [kutʃiʎéro/a] *n/m* cutler. **cu·chi·llo** [kutʃíʎo] *n/m* knife. LOC **Pasar a ~ (a alguien),** to put sb to the sword.

cu·chi·pan·da [kutʃipáṇda] *n/f* FAM party, feast.

cu·chi·tril [kutʃitríl] *n/m* **1**. pigsty. **2**. FIG FAM hovel, hole.

cu·chu·fle·ta [kutʃufléta] *n/f* FAM crack, joke.

cue·llo [kwéʎo] *n/m* **1**. *gen* neck. **2**. collar (*de una camisa*). LOC **Agarrar a alguien del ~**, to grab sb by the scruff of the neck. **Cortar el ~ a alguien,** to cut/slit sb's throat. **~ vuelto,** polo neck. **Estar con el agua al ~**, FIG to be up to one's neck in it.

cuen·ca [kwéŋka] *n/f* **1**. ANAT socket (*del ojo*). **2**. GEOL basin. LOC **~ petrolífera**, oil field. **cuen·co** [kwéŋko] *n/m* **1**. bowl, saucer. **2**. FIG hollow.

cuen·ta [kwéṇta] *n/f* **1**. calculation, reckoning. **2**. COM account (*bancaria*). **3**. COM Br bill, US check (*factura*). **4**. *pl* FIG account, answer, justification. **5**. bead (*de rosario*). LOC **A ~**, on account. **A ~ de**, at the expense of. **A fin de ~s,** when all is said and done, all things considered. **Ajustar ~s a alguien,** FIG to settle accounts with sb. **Caer en la ~ de que,** to realize that, FAM to catch on to the fact that. **Cargar algo en ~ a alguien,** COM to debit sb's account with sth. **~atrás,** countdown. **~ de gastos,** COM expense account. **Dar ~ de**, 1. to give an account of, tell about. 2. to polish off, finish with. 3. to give an account to/of. **Darse ~ de**, to realize. **En resumidas ~s,** in a word, in short. **Esto corre de mi ~,** COM FAM This one's on me. **Pedir ~s a alguien**, to ask sb for an explanation, ask sb to explain themselves. **Por la ~ que me trae**, for my own advantage, in my own interest. **Tener en ~ una cosa**, to take sth into consideration, bear sth in mind. **Tomar algo en ~**, to take sth into account. **Trabajar por su ~/por ~ propia**, to work for oneself, be self-employed. **Traer ~/Salir a ~**, to be worthwhile. **cuen·ta·co·rren·tis·ta** [kweṇtacorreṇtísta] *n/m,f* COM current account holder. **cuen·ta·go·tas** [kweṇtaɣótas] *n/m* pippet (*científico*), MED dropper. LOC **Con ~**, FIG little by little. **cuen·ta·qui·ló·me·tros** [kweṇtakilómetros] *n/m* AUT speedometer. **cuen·ta·rre·vo·lu·cio·nes** [kweṇtarreβoluθjónes] *n/m* AUT rev. counter.

cuen·te·ro/a [kweṇtéro/a] *n/m,f* gossipmonger, joker (*chismes*). **cuen·tis·ta** [kweṇtísta] **I**. *adj* story-telling, FIG FAM gossipy. **II**. *n/m,f* (short) story writer; big mouth. **cuen·to** [kwéṇto] *n/m* **1**. LIT short story. **2**. story, tale. **3**. FAM tall story, yarn. **4**. FIG FAM gossip. **5**. reckoning, counting (*de los años*). LOC **~ de hadas**, fairy tale. **~ de viejas**, old wives' tale. **Dejarse de ~s,** FIG to come to the point. **Es el ~ de nunca acabar**, FIG FAM it's never ending, there's no end to it. **¡Es puro ~!** *exclam* FAM Rubbish! A likely story! **Ir/Venir con ~s,** to go/come telling tales. **Venir a ~**, to be opportune/relevant. **Vivir del ~**, FIG to live by one's wits.

cuer·da [kwérða] *n/f* **1**. rope (*gruesa*), string (*delgado*), cord (*bramante*). **2**. MÚS string (*de instrumento*). **3**. MAT chord. **4**. *pl* ANAT chords (*vocales*). LOC **Aflojar/apretar la ~**, FIG to ease up/clamp down. **Andar en la ~ floja**, FIG to walk a tightrope. **~ floja**, tightrope. **Dar ~ a alguien**, FIG to encourage sb. **Dar ~ a un reloj**, to wind (up) a clock. **Tener mucha ~**, FIG to endure.

cuer·do/a [kwérðo/a] *adj* **1**. sane. **2**. sensible, prudent.

cuer·no [kwérno] *n/m* **1**. *gen* horn. **2**. feeler, antenna, *pl* antennae (*insecto*). **3**. MÚS horn. LOC **¡Al ~!**, *exclam* The Devil take you! **~ de caza**, hunting horn. **~ de la abundancia**, horn of plenty. **Tus millones me importan un ~**, FIG I don't give a fig for your money!. **Irse una cosa al ~**, FAM to fail (sth). **Mandar a alguien/algo al ~**, FIG to send sb packing, drop sth. **Poner los ~s (al marido o mujer)**, to be unfaithful to (one's husband/wife), cuckold (one's husband). **Romperse los ~s**, FIG to work one's fingers to the bone. **¡Y un ~!** *exclam* Like Hell! (*desconformidad*).

cue·ro [kwéro] *n/m* **1**. skin, hide, pelt. **2**. leather. **3**. wineskin (*odre*). LOC **~ cabelludo**, scalp. **En ~s**, 1. stark naked. 2. FIG stony broke.

cuer·po [kwérpo] *n/m* **1**. gen body. **2**. corpse (*cadáver*). **3**. build, bulk, thickness. **4**. ARQ wing, part. **5**. *gen* corps. **6**. COM corporation, MIL brigade. LOC **A ~**, without a coat (on). **A ~ de rey**, FIG like a king. **A ~ descubierto**, 1. without shelter/cover. 2. patently, manifestly. **A medio ~**, up to the waist. **~ a ~**, hand to hand (*combate*). **~ del delito**, JUR corpus delicti. **~ simple**, QUÍM element. ~ sin alma, FIG lifeless person, FAM wet blanket. **De ~ entero**, 1. full-length. 2. FIG thoroughgoing. **De ~ presente,** lying in state (*cadáver*). **De medio ~**, half-length (*retrato*). **De (mucho) ~**, full-bodied (*vino*). **Entregarse en ~ y alma a algo**, to dedicate oneself to sth heart and soul. **Hacer de(l) ~**, to defecate, relieve oneself. **No quedarse con nada en el ~**, to leave nothing unsaid. **Pedirle el ~ una cosa a alguien**, to fancy/have a craving for sth. **Tomar ~ una cosa**, 1. to take shape (*proyecto*). 2. to thicken (*sopa*). **Tener buen ~**, to have a good body/ figure.

cuer·vo [kwérβo] *n/m* crow, raven (*ave*). LOC **Criar ~s**, FIG to nurse a viper in one's breast. **Cría ~s, y te sacarán los ojos**, FIG Talk about biting off the hand that feeds you. **~ marino**, cormorant (*ave*).

cues·co [kwésko] *n/m* BOT stone.

cues·ta [kwésta] *n/f* slope, hill. LOC **A ~s**, 1. on one's shoulders/back. 2. FIG (take) upon oneself (*cargo*). **~ abajo/arriba**, downhill/ uphill. **En ~**, sloping, on a slope. **Hacerse algo ~ arriba**, FIG to be an uphill struggle for sb, to find sth difficult. **Ir ~ abajo**, FIG to go downhill, degenerate.

cues·ta·ción [kwestaθjón] *n/f* collection (*de limosnas*).
cues·tión [kwestjón] *n/f* **1**. question. **2**. question, issue, matter. LOC **~ candente/ palpitante,** burning question/issue. **En ~,** in question, at issue. **En ~ de,** 1. as regards. 2. in a matter of (*tiempo*). **La ~ es** ..., The main thing is... **Ser ~ de,** to be (only) a matter of. **cues·tio·na·ble** [kwestjonáßle] *adj* questionable, dubious. **cues·tio·nar** [kwestjonár] *v* to place in doubt, query. **cues·tio·na·rio** [kwestjonárjo] *n/m* **1**. questionnaire. **2**. (question) paper (*examen*).
cue·va [kwéßa] *n/f* cave, grotto.
cué·va·no [kwéßano] *n/m* wicker basket.
cui·da·do/a [kwiðáðo/a] **I**. *adj* finely/ neatly/carefully finished/done. **II**. *n/m* **1**. care. **2**. worry, concern, cares. LOC **Con ~ de,** taking care that. **¡~!,** *exclam* Watch/ Look out! Careful! **¡~ con el perro!,** *exclam* Beware of the dog! (*aviso*). **De ~,** serious(ly). **Estar al ~ de,** to be under the care of, in the charge/hands of. **¡Ten ~!,** *exclam* Be careful! **Tener ~ con,** to be careful with/of. **cui·da·do·so/a** [kwiðaðóso/a] *adj* **1**. **(~ con/de/en)** careful (of/with). **2**. **(~ de/en)** particular (about), attentive (to) (*detalles*). **cui·dar** [kwiðár] *v* **1**. to look after, take care of (*persona*). **2**. **(~ de)** to look after (*cosa*). **3**. **(~ con)** to be careful with. **II**. *v/Refl(-se)* **1**. **(~se)** to look after oneself. **2**. **(~se de)** to worry about. be careful, mind to. LOC **Cuida que no +** *subj*, Mind you don't + *inf*, Take care not to + *inf*. **~ de que,** to see that, ensure that. **Dejar de ~se,** to let oneself go.
cui·ta [kwíta] *n/f* **1**. trouble, worry. **2**. grief, affliction. **cui·ta·do/a** [kwitáðo/a] *adj* worried, distressed.
cu·la·ta [kuláta] *n/f* **1**. butt (*arma*). **2**. TÉC (cylinder) head. LOC **Salir el tiro por la ~,** FIG to backfire. **cu·la·ta·zo** [kulatáθo] *n/m* blow with the butt of a gun; kick.
cu·le·bra [kuléßra] *n/f* snake. **cu·le·bre·ar** [kuleßreár] *v* to slither, snake (along).
cu·le·brón [kuleßrón] *n/m* TV soap.
cu·le·ra [kuléra] *n/f* patch on the seat of one's pants, FAM bumpatch (*remiendo*).
cu·li·na·rio/a [kulinárjo/a] *adj* culinary.
cul·mi·na·ción [kulminaθjón] *n/f* culmination. **cul·mi·nan·te** [kulminánte] *adj* culminating. **cul·mi·nar** [kulminár] *v* **(~ con/ en)** *gen* to culminate (in/with).
cu·lo [kúlo] *n/m* **1**. FAM bottom, backside, bum. **2**. bottom (*de botella*). **3**. SL Br arse, US ass. LOC **Ir de ~,** FIG FAM to be tearing the end out of it (*trabajo*). **¡(Ir) a tomar por el ~!,** *exclam* SL Up yours! **cu·lón/na** [kulón/ na] *adj* SL big-bummed.
cul·pa [kúlpa] *n/f* **1**. fault, blame. **2**. guilt. LOC **Echarle la ~ de (algo) a (alguien),** to put the blame for sth on sb, blame sb for sth. **Por ~ de,** because of. **No tengo la ~,** It's not my fault, I'm not to blame. **Tener la ~ de,** to be guilty of, be to blame for. **cul·pa·bi·li·dad** [kulpaßiliðáð] *n/f* culpability, guilt. **cul·pa·ble** [kulpáßle] **I**. *adj* **1**. guilty, culpable. **2**. at fault. **II**. *n/m,f* **1**. culprit, guilty party. **2**. JUR offender. **cul·pa·do/a** [kulpáðo/a] *adj n/m,f* **1**. guilty. **2**. JUR accused. **cul·par** [kulpár] *v* **(~ de/por)** to blame (for).
cul·te·ra·nis·mo [kulteranísmo] *n/m* LIT **1**. Gongorism. **2**. affected style, préciosité.
cul·ti·va·do/a [kultißáðo/a] *adj* **1**. AGR cultivated, tilled. **2**. FIG cultured, refined (*persona*). **cul·ti·va·dor/ra** [kultißaðór/ra] **I**. *adj* AGR farming. **II**. *n/m,f* **1**. AGR farmer. **2**. BOT grower, cultivator. **cul·ti·var** [kultißár] *v* **1**. *gen* to cultivate. **2**. FIG to develop. **cul·ti·vo** [kultíßo] *n/m* **1**. *gen* cultivation. **cul·to/a** [kúlto/a] **I**. *adj* **1**. FIG cultured, learned. **2**. *lit* stylized (*palabra*). **3**. AGR cultivated. **II**. *n/m* **1**. REL worship. **2**. ritual, cult. LOC **Rendir ~ a,** to pay homage to. **cul·tu·ra** [kultúra] *n/f* culture. **cul·tu·ral** [kulturál] *adj* cultural. **cul·tu·ri·zar** [kulturiθár] *v* (*culturice*) to civilize.
cum·bre [kúmbre] *n/f* **1**. summit, top. **2**. FIG height. **3**. FIG summit meeting (*política*).
cum·ple·a·ños [kumpleáɲos] *n/m* birthday. **cum·pli·do/a** [kumplíðo/a] **I**. *adj* **1**. full, complete, fulfilled (*promesa*). **2**. perfect. **3**. polite, courteous. **4**. accomplished (*persona*). **II**. *n/m* **1**. courtesy, *pl* attentions. **2**. compliment. LOC **Hacer algo por/de ~,** to do sth out of politeness/courtesy/a sense of obligation. **Sin ~s,** informal. **cum·pli·dor/ra** [kumpliðór/ra] *adj* reliable, dependable. **cum·pli·men·tar** [kumplimentár] *v* **1**. to compliment, congratulate. **2**. to carry out, execute (*diligencia*).
cum·pli·mien·to [kumplimjénto] *n/m* **1**. execution, carrying out (*mandato*). **2**. accomplishment, fulfilment. **3**. expiration, expiry (*fecha*). LOC **En ~ de,** in accordance/compliance with. **cum·plir** [kumplír] *v* **1**. **(~ con)** to carry out. **2**. **(~ con)** to observe, abide by, comply with (*ley*). **3**. to be, reach the age of (*años*). **4**. **(~ con)** to do/perform (*deber*). **5**. **(~ con)** to keep, fulfil (*promesa*). **6**. to expire, be the expiry date (*fecha*). **7**. **(~ por)** to act on behalf of. LOC . **~ el servicio militar,** MIL to do one's military service. **Por ~,** as a mere formality.
cú·mu·lo [kúmulo] *n/m* **1**. pile, accumulation. **2**. cumulus (*nubes*).
cu·na [kúna] *n/f* **1**. cradle, crib. **2**. FIG cradle, origins. **3**. FIG birthplace. LOC **Canción de ~,** lullaby. **Criarse en buena ~,** FIG to have been born with a silver spoon in one's mouth.
cun·dir [kundír] *v* **1**. to spread, become widespread. **2**. FAM to go a long way (*rendir*). **3**. to swell (*arroz*).
cu·ne·ta [kunéta] *n/f* ditch, gutter. LOC **Dejar en la ~,** to leave in the lurch.
cu·ni·cul·tu·ra [kunikultúra] *n/f* rabbit farming.
cu·ña [kúɲa] *n/f gen* wedge.
cu·ña·do/a [kuɲáðo/a] *n/m,f* brother/sister-in-law.
cu·ño [kúɲo] *n/m gen* stamp.
cuo·ta [kwóta] *n/f* quota, share. LOC **~ de socio,** membership fee. **~ (de enseñanza),** (school) fees *pl*.
cu·pé [kupé] *n/m* AUT coupé.

cu·plé [kuplé] *n/m* TEAT cabaret song. **cu·ple·tis·ta** [kupletísta] *n/f* TEAT variety artiste.
cu·po [kúpo] *n/m* quota, share, allocation.
cu·pón [kupón] *n/m* coupon.
cú·pri·co/a [kúpriko/a] *adj* QUÍM cupric. **cu·prí·fe·ro/a** [kuprífero/a] *adj* cupriferous.
cú·pu·la [kúpula] *n/f* ARQ dome, cupola.
cu·ra [kúra] **I.** *n/m* REL priest. **II.** *n/f* **1.** cure. **2.** treatment. LOC **Este muchacho no tiene ~,** FIG 1. This boy cannot recover. 2. This boy is incorrigible. **cu·ra·ble** [kuráßle] *adj* curable. **cu·ra·ción** [kuraθjón] *n/f* MED **1.** cure, treatment. **2.** recovery. **cu·ra·do/a** [kuráðo/a] *adj* **1.** MED cured. **2.** tanned (*pieles*), cured (*carne*). **3.** **(~ de)** FIG inured, hardened (to) (*persona*). **cu·ra·lo·to·do** [kuralotóðo] *n/m* FAM cure-all. **cu·ran·de·ro/a** [kuran̪déro/a] *n/m,f* quack (doctor), bone-setter. **cu·rar** [kurár] *v* **1.** *gen* to cure. **2.** MED to treat. **3.** to tan (*pieles*), season (*madera*). LOC **~ a humo,** to smoke (*carne*). **~se de,** to be cured of, recover from. **cu·ra·ti·vo/a** [kuratíßo/a] *adj* curative.
cu·ra·to [kuráto] *n/m* REL parish, curacy.
cu·rio·se·ar [kurjoseár] *v* **1.** **(~ en)** FAM PEY to pry (into), poke one's nose (into). **2.** **(~ por)** to browse (through/around). **cu·rio·si·dad** [kurjosiðáð] *n/f* **1.** curiosity, PEY inquisitiveness. **2.** curio, curiosity (*cosa*). **3.** tidiness, neatness. LOC **Tener ~ por saber,** to be curious to know. **cu·rio·so/a** [kurjóso/a] *adj* **1.** curious, PEY inquisitive. **2.** odd, curious, peculiar. **3.** clean, tidy, neat. LOC **Estar ~ por,** to be curious about. **~ por/de,** eager to/for.
cu·rran·te [kurrán̪te] *adj n/m,f* FAM worker. **cu·rrar** [kurrár], **cu·rre·lar** [kurrelár] *v* FAM to work.
cu·rrí·cu·lo [kurríkulo], **cu·rri·cu·lum vi·tae** [kurríkulum/-n bít(a)e] *n/m* curriculum vitae (CV).
cur·sa·do/a [kursáðo/a] *adj* **1.** sent (*carta*), conveyed (*mensaje*). **2.** **(~ en)** experienced (in/at), versed (in) (*instruido*). **cur·sar** [kursár] *v* **1.** to convey, transmit. **2.** to send, dispatch (*carta*). **3.** to study, take a course in.
cur·si [kúrsi] PEY **I.** *adj* **1.** pretentious, FAM snobby. **2.** vulgar, FAM flashy. **II.** *n/m,f* snob, vulgar person. **cur·si·le·ría** [kursilería] *n/f* **1.** vulgarity. **2.** pretentiousness.
cur·si·llo [kursíʎo] *n/m* **1.** course of lectures. **2.** short course. LOC **~ de capacitación,** training course/scheme.
cur·si·vo/a [kursíßo/a] **I.** *adj* cursive. **II.** *n/f* italics *pl* (*letra*).
cur·so [kúrso] *n/m* **1.** *gen* course. **2.** year (*académico*). LOC **Apertura de ~,** beginning/start of term. **~ acelerado,** crash/intensive course. **Dar ~ a,** 1. to deal with, send through the proper channels. 2. FIG to give free rein to. **En ~,** in process, under way. **Dejar que las cosas sigan su ~,** to let matters take their course.
cur·ti·do/a [kurtíðo/a] **I.** *adj* **1.** tanned, treated (*pieles*). **2.** **(~ contra)** FIG hardened (to). **3.** weather-beaten. **II.** *n/m* tanned hide. LOC **Industria de ~s,** tanning industry. **cur·ti·dor/ra** [kurtiðór/ra] *n/m,f* tanner. **cur·tir** [kurtír] *v* **1.** *gen* to tan. **2.** **(~ a)** FIG to harden, inure (to).
cur·va [kúrßa] *n/f* **1.** *gen* curve. **2.** bend (*carretera*). LOC **~ muy cerrada,** tight curve, hairpin bend. **cur·var** [kurßár] *v* to curve, bend. **cur·va·tu·ra** [kurßatúra] *n/f* curvature. **cur·vi·lí·neo/a** [kurßilíneo/a] *adj* **1.** curvilinear. **2.** curvaceous, shapely (*cuerpo*). **cur·vo/a** [kúrßo/a] *adj* curved, bent.
cus·cu·rro [kuskúrro] *n/m* crouton, crust (*de pan*).
cus·cús [kuskús] *n/m* couscous.
cús·pi·de [kúspiðe] *n/f* **1.** peak, summit. **2.** FIG height, cusp, peak.
cus·to·dia [kustóðja] *n/f* **1.** custody, care, safekeeping. **2.** REL monstrance. LOC **Estar bajo la ~ de,** to be in the custody of. **cus·to·diar** [kustoðjár] *v* to watch over, guard. **cus·to·dio** [kustóðjo] *adj n/m,f* guardian, custodian. LOC **Ángel ~,** REL guardian angel.
cu·tá·neo/a [kutáneo/a] *adj* cutaneous, skin. **cu·tí·cu·la** [kutíkula] *n/f* ANAT cuticle. **cu·tis** [kútis] *n/m* skin, complexion (*del rostro*).
cu·yo/a [kúJo/a] *adj* **1.** whose, of whom (*persona*). **2.** whose, of which (*cosa*). LOC **A ~ efecto/Con ~ objeto/Para ~ fin,** to which end, for which. **En ~ caso,** in which case. **Por cuya causa,** because of which.
cuz·co [kúθko] *n/m* ZOOL lapdog.

CH, ch [ché] *n/f* 'ch' (*letra*).

cha·ba·ca·ne·ría [tʃaβakanería] *n/f* **1.** vulgarity, (*calidad*). **2.** vulgar/coarse/rude action. **3.** platitude. **4.** shoddy piece of work. **cha·ba·ca·no/a** [tʃaβakáno/na] *adj* **1.** plain, ordinary. **2.** vulgar, uncouth. **3.** rude, crude.

cha·bo·la [tʃaβóla] *n/f* shack, shanty. **cha·bo·lis·mo** [tʃaβolísmo] *n/m pl* shanty towns, slums.

cha·cal [tʃakál] *n/m* ZOOL jackal.

cha·ca·re·ro/a [tʃakaréro/a] *n/m,f Amer* farmer, peasant.

cha·ci·na [tʃaθína] **1.** *n/f* sausage meat (*cerdo*). **2.** *n/f pl* pork sausages. **cha·ci·ne·ría** [tʃaθinería] *n/f* pork butcher's (*fábrica/tienda*). **cha·ci·ne·ro/a** [tʃaθinéro/ra] *n/m,f* pork butcher.

cha·co·lí [tʃakolí] *n* chacolí (*vino vasco*).

cha·co·lo·te·ar [tʃakoloteár] *v* to clatter. **cha·co·lo·te·o** [tʃakolotéo] *n/m* clatter, clattering.

cha·co·ta [tʃakóta] *n/f* merriment, fun. LOC **Estar de ~**, to be in a joking mood. **Tomar a ~**, to take as a joke. **Echar a ~, Hacer ~ de,** to make fun of, mock. **cha·co·te·ar·se** [tʃakoteárse] *v Refl(se)* **(de algo/alguien)** to make fun of sth/sb. **cha·co·te·o** [tʃakotéo] *n/m* V **chacota**.

cha·cra [tʃákra] *n/f Amer* farm.

cha·cha [tʃátʃa] *n/f* FAM maid, nursemaid, domestic help; DER skivvy.

chá·cha·ra [tʃátʃara] **1.** *n/f* FAM chatter, small talk. LOC **Estar de/andar de ~**, to chatter, gossip. **2.** *n/f pl Amer* trinkets. **cha·cha·re·ar** [tʃatʃareár] *v* **1.** FAM to chitter-chatter, jaw. **2.** *Amer* to deal in, sell. **cha·cha·re·ro, -ra** [tʃatʃaréro/ra] **I.** *adj* garrulous, chattering. **II.** *n/m,f* FAM chatterbox.

cha·cho/a [tʃátʃo/a] *n/m,f* FAM Br laddie (*niño*), lassie (*niña*), kid.

cha·far [tʃafár] *v* **1.** to flatten (*aplastar*). **2.** to crumple (*arrugar*). **3.** FIG to crush/demoralize sb. **4.** FIG to spoil, ruin.

cha·fa·ro·te [tʃafaróte] *n/m* cutlass, scimitar.

cha·fa·rri·na·da [tʃafarrináða] *n/f* blot, stain. **cha·fa·rri·nar** [tʃafarinár] *v* **1.** to daub. **2.** to smear, stain.

cha·flán [tʃaflán] *n/m* bevel. LOC **Casa que hace ~**, corner-house. **cha·fla·nar** [tʃaflanár] *v* to bevel, chamfer (*abiselar*).

cha·gra [tʃáγra] *n/f Amer* PEY small farm, smallholding.

cha·grín [tʃagrín] *n/m* shagreen.

chai·ra [tʃáira] *n/f* **1.** paring knife (*de zapatero*). **2.** steel sharpener. **3.** FAM dagger, razor.

chal [tʃál] *n/m* shawl. **cha·li·na** [tʃalína] *n/f* headscarf, neckerchief.

cha·la·co/a [tʃaláko/a] GEOG **I.** *adj* Chalaco. **II.** *n/m,f* Chalaco (*natural de Callao, Perú*).

cha·la·do/a [tʃaláðo/a] *adj* **1.** FAM dotty, nuts. **2. (~ por)**, crazy about, madly in love with: *Está chalado por su profesora,* He is crazy about his teacher. **cha·la·du·ra** [tʃalaðúra] *n/f* FAM **1.** craze, fancy idea (*manía*). **2.** crush (*enamoramiento*).

cha·lán/na [tʃalán/na] *n/m,f adj* **1.** dealer (*esp caballos*). **2.** FAM wheeler-dealer, shark. **3.** *Amer* bronco-buster (*domador*).

cha·la·na [tʃalána] *n/f* barge.

cha·la·ne·ar [tʃalaneár] *v* **1.** to haggle, bargain (*con astucia*). **2.** *Amer* to break in (*adiestrar*). **cha·la·ne·o** [tʃalanéo] *n/m* **1.** sharp dealing. **2.** *Amer* horse-breaking. **cha·la·ne·ría** [tʃalanería] V **chalaneo**. **cha·la·nes·co** [tʃalanésko] *adj* PEY crafty, devious.

cha·lar [tʃalár] **I** *v* **1.** to turn sb's head, to drive sb crazy (*enloquecer*). **2.** to please (*excesivamente*). **II.** *v/Refl(-se)* **(~ se por),** to go crazy/mad about.

cha·lé(t) [tʃalé(t)] *n/m* chalet, villa.

cha·le·co [tʃaléko] *n/m* waistcoat, US vest. LOC **~ antibalas**, bullet-proof vest. **~ de fuerza**, strait-jacket. **~ salvavidas**, life jacket. **cha·le·cón/na** [tʃalekón/na] **I.** *adj Amer* deceitful, tricky. **II.** *n/m Amer* crook. **cha·li·na** [tʃalína] *n/f* cravat. **cha·lón** [tʃalón] *n/m Amer* shawl.

cha·lu·pa [tʃalúpa] **I.** *adj* SL crazy. **II.** *n/f* **1.** launch, boat. **2.** *Amer* canoe. **3.** *Amer* corncake (*tortilla*). **4.** SL crackpot (*loco*).

cha·ma·co/a [tʃamáko/a] *n/m,f Amer* child, youngster.

cha·ma·ras·ca [tʃamaráska] *n/f* **1.** brushwood. **2.** brushwood fire.

cha·ma·ri·le·ar [tʃamarileár] *v* to swap, exchange. **cha·ma·ri·leo** [tʃamariléo] *n/m* secondhand/junk dealing. **cha·ma·ri·le·ro/a** [tʃamariléro/a] *n/m,f* secondhand/junk dealer.

cha·ma·rra [tʃamárra] *n/m* **1.** sheepskin jacket. **2.** *Amer* blanket, cloak. **cha·ma·rre·ta** [tʃamarréta] *n/f* short jacket.

cham·ba [tʃámba] *n/f* FAM fluke, lucky break. LOC **Por ~** by fluke.

cham·be·lán [tʃambelán] *n/m* chamberlain.

cham·ber·go [tʃambérγo] *n/m* broad-brimmed, felt hat.

cham·bón/na [tʃambón/na] **I.** *adj* FAM **1.** jammy, lucky. **2.** clumsy, awkward. **3.** slovenly. **II.** *n/m,f* **1.** flukey player. **2.** bungler. **cham·bo·na·da** [tʃambónáða] *n/f* clumsiness, fluke.

cham·bra [tʃámbra] *n/f* **1.** camisole (*mujer*), vest (*niño*). **2.** housecoat.

cham·bra·na [tʃambrána] *n/f* **1.** casing (*de puerta*). **2.** support (*de un mueble*). **3.** *Amer* row, uproar.

cha·me·lo·te [tʃamelóte] *n/m* camel-hair cloth (*tejido*).

cha·mi·zo [tʃamíθo] *n/m* **1.** half-burned log/tree. **2.** thatched hut (*choza*). **3.** FIG gambling den (*garito*).

cham·pán [tʃampán] *n/m* **1.** champagne. **2.** sampan (*embarcación*). **cham·pa·ña** [tʃampáɲa] *n/m* champagne.

cham·pi·ñón [tʃampiɲón] *n/m* BOT mushroom.

cham·pú [tʃampú] *n/m* shampoo.

cham·pu·rrar [tʃampurrár] *v* to mix (*licores*).

cha·mus·ca·do/a [tʃamuskáðo/a] *adj* singed (*pelo*), scorched (*papel*). **2.** FAM browned-off, cross. **cha·mus·car** [tʃamuskár] *v* (*chamusqué*) to singe, scorch. **cha·mus·qui·na** [tʃamuskína] *n/f* scorching, singeing. LOC **Oler a ~,** FIG to smell fishy: *Huele a chamusquina,* FIG There's trouble brewing.

cha·na·da [tʃanáða] *n/f* FAM hoax, trick.

chan·car [tʃaŋkár] *v Amer* to crush, grind.

chan·ce [tʃánθe] *n/m Amer* chance. **chan·ce·ar** [tʃanθeár] *v* **1.** to fool. **2.** to crack jokes. **3.** **(~ se de)** to make fun of. **chan·ce·ro/a** [tʃanθéro/a] *n/m,f* trickster, joker, prankster.

chan·ci·ller [tʃanθiʎér] V **Canciller**. **chan·ci·lle·ría** [tʃanθiʎería] *n/f* chancery.

chan·cla [tʃáŋkla] *n/f* **1.** old shoe. **2.** FIG FAM good-for-nothing, useless person. **chan·cle·ta** [tʃaŋkléta] *n/f* flip-flop, slipper. **chan·cle·te·ar** [tʃaŋkleteár] *v* to shuffle around. **chan·cle·teo** [tʃaŋkletéo] *n/m* shuffling. **chan·clo** [tʃáŋklo] *n/m* **1.** clog (*zueco*). **2.** galosh, wellington (*bota de goma*).

chan·cro [tʃáŋkro] *n/m* **1.** MED chancre. **2.** BOT canker.

chan·chi [tʃántʃi] **I.** *adj* FAM terrific, great. **II.** *adv* FAM terrifically, marvellously.

chan·chu·lle·ro/a [tʃantʃuʎéro/a] **I.** *adj* FAM crooked, bent. **II.** *n/m,f* crook, trickster. **chan·chu·llo** [tʃantʃúʎo] *n/m* FAM fiddle, shady business. LOC **Andar en ~s,** to be on the fiddle/make.

chán·dal [tʃándal] *n* tracksuit.

chan·fai·na [tʃaŋfáina] *n/f* offal stew.

chan·flón/na [tʃaŋflón/na] *adj* **1.** misshapen. **2.** FIG rude, coarse.

chan·gue·ar [tʃaŋgeár] *v* to joke, mess around. **chan·gue·ro/a** [tʃaŋgéro/a] **I.** *adj* joking, teasing. **II.** *n/m,f* joker, teaser.

chan·ta·je [tʃantáxe] *n/m* blackmail. LOC **Hacer ~ a uno,** to blackmail sb. **chan·ta·je·ar** [tʃantaxeár] *v* to blackmail. **chan·ta·jis·ta** [tʃantaxísta] *n/m,f* blackmailer.

chan·tre [tʃántre] *n/m* REL precentor.

chan·za [tʃánθa] *n/f* joke, lark. LOC **Entre ~ y ~,** half jokingly. **Estar de ~,** to be joking. **Gastar ~s,** to crack jokes.

cha·pa [tʃápa] *n/f* **1.** plate, sheet (*metal*). **2.** board, panel (*madera*). **3.** counter, tag (*guardarropa*). **4.** *Amer* AUT licence plate. **5.** metal top, cap (*botella*). **6.** *pl* flip coin (*juego*). **7.** FIG good sense, prudence: *Es un hombre de chapa,* He is a sensible sort. LOC **~ ondulada,** corrugated iron. **cha·pa·do/a** [tʃapáðo/a] **I.** pp **chapar**. **II.** *adj* **1.** veneered (*madera*). **2.** covered, lined (*metal*). LOC **~ a la antigua,** FIG old-fashioned. **~ en/de oro,** gold plate.

cha·pa·le·ar [tʃapaleár] *v* **1.** to splash about, lap (*agua*). **2.** to clatter (*cascos de caballos*). **cha·pa·leo** [tʃapaléo] *n/m* **1.** clattering. **2.** splashing. **cha·pa·le·teo** [tʃapaletéo] *n/m* **1.** crashing, breaking (*olas*). **2.** pitter-patter (*lluvia*).

cha·par [tʃapár] *v* **1.** **(~ de/con)** to plate, cover (*metal/madera*). **2.** to tile (*baldosar*). **3.** FIG to come out with (*encajar*). **4.** *Amer* FIG to spy on.

cha·pa·rra [tʃapárra] *n/f* **1.** kermes oak. **2.** carriage (*carruaje*). **cha·pa·rra·da** [tʃaparráða] *n/f* V **chaparrón**. **cha·pa·rral** [tʃaparrál] *n/m* thicket of kermes oak.

cha·pa·rre·ar [tʃaparreár] *v* to pour down (*lluvia*). **cha·pa·rrón** [tʃaparrón] *n/m* **1.** downpour, shower. **2.** FIG shower, hail (*esp preguntas/injurias*). LOC **Llover a ~,** to bucket it down, rain cats and dogs.

cha·pe·ar [tʃapeár] V **chapar**.

cha·pe·rón [tʃaperón] *n/m* ARQ wooden cornice.

cha·pín [tʃapín] *n/m* clog, sandal.

cha·pis·ta [tʃapísta] *n/m* **1.** sheet metal worker. **2.** AUT panel beater. **cha·pis·te·ría** [tʃapistería] *n/f* **1.** sheet metal work. **2.** AUT panel beating. **3.** metal workshop.

cha·pi·tel [tʃapitél] *n/m* **1.** ARQ capital (*columna*), spire (*torre*). **3.** cap (*de brújula*).

cha·po·te·ar [tʃapoteár] *v* **1.** to sponge down, moisten (*con una esponja*). **2.** to splash about (*en el agua*). **3.** to squelch (*en el barro*). **cha·po·teo** [tʃapotéo] *n/m* **1.** sponging, moistening. **2.** splashing. **3.** squelching.

cha·pu·ce·ar [tʃapuθeár] *v* to botch, bungle. **cha·pu·ce·ría** [tʃapuθería] *n/f* **1.** botched job, shoddy piece of work. **2.** patching up (*arreglo rápido*). **cha·pu·ce·ro/a** [tʃapuθéro/a] **I.** *adj* slapdash, shoddy, careless. **II.** *n/m,f* shoddy worker, SL cowboy.

cha·pu·rrear [tʃapurreár] *v* to speak a little, have a smattering of (*idioma*).

cha·puz [tʃapúθ] *n/m* **1.** ducking, dunking (*en el agua*). **2.** FIG shoddy piece of work. **cha·pu·za** [tʃapúθa] *n/f* **1.** shoddy piece of work. **2.** spare-time job. **3.** odd job (*de poca importancia*). **cha·pu·zar** [tʃapuθár] *v* (*chapucé*) **1.** to duck, dive, dunk. **2.** **(~se)** to have a dip (*bañarse*). **cha·pu·zón** [tʃapuθón] *n/m* **1.** dive. **2.** (quick) dip (*baño corto*). LOC **Darse un ~,** to have a quick dip.

cha·qué [tʃaké] *n/m* (*pl* **chaqués)** morning coat. **cha·que·ta** [tʃakéta] *n/f* jacket: *Con* *chaqueta*, Wearing a jacket. LOC **Cambiar de ~,** FIG FAM to change sides, be a turncoat, SL rat (on sb). **Ser más vago que la ~ de un guardia**, to be bone idle. **Traje (de) ~**, tailored suit (*de mujer*). **cha·que·ti·lla** [tʃaketíʎa] *n/f* bolero. **cha·que·tón** [tʃaketón] *n/m* long jacket, reefer.

cha·que·te [tʃakéte] *n/m* backgammon (*juego*).

cha·ra·da [tʃaráða] *n/f* charade.

cha·ra·mus·ca [tʃaramúska] *n/f* firewood.

cha·ran·ga [tʃaráŋga] *n/f* brass band. **cha·ran·gue·ro/a** [tʃaraŋgéro/a] I. *adj* fun loving. II. *n/m,f* fun lover.

char·ca [tʃárka] *n/f* pool, pond. **charco** [tʃárko] *n/m* puddle, pool. LOC **Atravesar el ~,** FIG FAM to cross the water/herring pond (*ir a América*).

char·cu·te·ría [tʃarkutería] *n/f* pork butcher's, delicatessen. **char·cu·te·ro/a** [tʃarkutéro/a] *n/m,f* pork butcher.

char·la [tʃárla] *n/f* 1. chat. 2. talk. 3. chatter, gossip. **char·la·dor/ra** [tʃarladór/ra] I. *adj* talkative. II. *n/m,f* chatterbox. **char·lar** [tʃarlár] *v* 1. to chat, talk. 2. to chatter. LOC **~ por los codos**, FAM to talk twenty to the dozen. **char·la·tán/na** [tʃarlatán/na] I. *adj* garrulous, gossipy. II *n/m,f* 1. chatterbox. 2. gossip. 3. charlatan. 4. hawker (*vendedor callejero*). 5. PEY swindler. **char·la·ta·nis·mo** [tʃarlatanísmo] *n/m* 1. loquacity. 2. charlatanism, quackery. **char·lo·ta·da** [tʃarlotáða] *n/f* TAUR spoof bullfight.

char·ne·la [tʃarnéla] *n/f* hinge.

cha·rol [tʃaról] *n/m* 1. varnish. 2. patent leather (*cuero*). LOC **Darse ~,** FAM to brag.

cha·ro·lar [tʃarolár] *v* to lacquer, varnish.

chár·ter [tʃárter] *adj* charter (*vuelo*).

cha·rra·da [tʃarráða] *n/f* 1. example of bad taste, uncouthness. 2. gaudy ornament. **cha·rrán** [tʃarrán] I. *adj* roguish, rascally. II. *n/m* rogue, scoundrel (*pícaro*). **cha·rra·na·da** [tʃarranáða] *n/f* FAM dirty trick (*granujada*). **cha·rra·ne·ría** [tʃarranería] *n/f* 1. FAM dirty trick. 2. roguery (*comportamiento*).

cha·rre·te·ra [tʃarretéra] *n/f* MIL épaulette.

charro/a [tʃárro/a] I. *adj* 1. FIG FAM uncouth, coarse. 2. flashy, gaudy (*objetos*). II. *n/m,f* 1. peasant of Salamanca. 2. FIG FAM uncouth/coarse person.

chas·car [tʃaskár] *v* (*chas**que***) 1. to click (*la lengua*) 2. to crack (*látigo*). 3. to crunch (*tostada*).

chas·ca·rri·llo [tʃaskarríʎo] *n/m* 1. anecdote, FAM funny story. 2. joke. **chas·co** [tʃásko] *n/m* 1. joke (*broma*), trick, prank (*burla*). 2. disillusionment, disappointment. LOC **Dar un ~ a uno,** to play a trick on sb. **Llevarse un ~**, to be disappointed, feel let down.

cha·sis [tʃásis] *n/m* AUT chassis.

chas·que·ar [tʃaskéar] *v* 1. to disappoint, let down (*decepcionar*) 2. to play a trick on sb. (*burla*). 3. to break a promise. 4. to crack (*látigo*). 5. to click (*la lengua/los dedos*). 6. to snap (*los dedos*). **chas·qui·do** [tʃaskíðo] *n/m* 1. crack (*látigo*). 2. click (*la lengua*). 3. snap (*dedos*). 4. crunch (*crujido*).

cha·ta [tʃáta] *n/f* bedpan.

cha·ta·rra [tʃatárra] *n/f* 1. scrap iron, junk. 2. MIL medals. **cha·ta·rre·ro/a** [tʃatarréro/a] *n/m,f* scrap dealer, SL rag-and-bone man.

cha·te·ar [tʃateár] *v* FAM to have a few drinks (*de bar en bar*). **cha·teo** [tʃatéo] LOC **Ir de ~**, to go drinking, go on a pub crawl.

cha·to/a [tʃáto/a] I. *adj* 1. pug-nosed, snub-nosed (*persona*). 2. squat, low (*cosa*). 3. *Amer* ordinary, commonplace. II. *n/m* 1. small glass: *Un chato de vino*, A small glass of wine. 2. FAM darling.

chau·vi·nis·mo [tʃaußinísmo/tʃoßinísmo] *n/m* chauvinism. **chau·vi·nis·ta** [tʃaußinísta/tʃoßinísta] I. *adj* chauvinist, chauvinistic. II. *n/m* chauvinist.

cha·val/la [tʃaßál/la] *n/m,f* FAM kid, lad (*muchacho*), lassie (*muchacha*). LOC **Estar hecho un/a ~**, to look/feel young. **cha·vea** [tʃßéa] *n/m,f* youngster.

cha·ve·ta [tʃaßéta] 1. *n/f* TÉC cotter, cotter pin. 2. *n/m* crazy person, nut. LOC **Estar mal de la ~**, FIG FAM to be mad, have a screw loose. **Perder la ~**, FIG FAM to go off one's rocker.

cha·vo [tʃáßo] *n/m* FAM cent, penny, US dime.

che·co/a [tʃéko/a] *adj, n/m,f* Czech.

che·lín [tʃelín] *n/m* shilling.

che·pa [tʃépa] I. *n/f* FAM hump (*joroba*). II. *n/m* hunchback (*persona*). **che·po·so/a** [tʃepóso/a] *adj n/m,f* FAM hunchback.

che·que [tʃéke] *n/m* cheque LOC **~ abierto,** open cheque. **~ en blanco**, blank cheque. **~ cruzado**, crossed cheque. **~ al portador,** cheque payable to bearer. **~ de viajero**, traveller's cheque.

che·que·ar [tʃekeár] *v* *Amer* to examine, check, control. **che·queo** [tʃekéo] *n/m* control, check-up.

che·viot [tʃéßiot] *n/m* Br cheviot (*tejido*).

chic [tʃík] I. *adj* chic, elegant. II. *n/m* elegance, chic, stylishness.

chi·ca·no/a [tʃikáno/a] *adj n/m,f* Chicano, Mexican immigrant in USA.

chi·cle [tʃíkle] *n/m* chewing gum.

chi·co/a [tʃíko/a] I. *adj* little, small. II. *n/m,f* 1. boy, girl. 2. FAM mate, chap US buddy (*camarada*). 3. *n/m pl* kids, children. LOC **~ de la calle,** street urchin. **Como un ~ con zapatos nuevos,** FIG FAM pleased as punch, chuffed. **~ de los recados**, office boy, errand boy.

chi·co·le·ar [tʃikoleár] *v* FAM to flirt, say nice things. **chi·co·leo** [tʃikoléo] *n/m* FAM compliment, flirtatious remark.

chi·co·te/a [tʃikóte/a] *aumentativo de* **chico/a** *n/m,f* 1. robust girl/boy. 2. *n/m* FAM strapping lad. 3. *n/f* DER hefty wench. 4. *n/m* NÁUT piece of rope, rope end. 5. cigar. 6. *Amer* whip.

chi·cha [tʃítʃa] *n/f* 1. FAM meat (*comestible*). 2. *pl* meat, flesh (*humana*): *Tiene pocas chichas,* He's all skin and bone. 3. *Amer* maize liquor. LOC **Calma ~,** NÁUT the doldrums *pl*, absolute calm (*del mar*). **No ser (algo/alguien) ni ~ ni limonada**, FAM to be neither one nor the other.

chi·cha·rra [tʃitʃárra] *n/f* **1**. cicada (*insecto*). **2**. FIG chatter-box. **chi·cha·rre·ro/a** [tʃitʃarréro/a] *n/m* **1**. FAM oven, hothouse. **2**. FAM suffocating heat.

chi·cha·rro [tʃitʃárro] *n/m* horse mackerel (*pez*).

chi·cha·rrón [tʃitʃarrón] *n/m* fried crackling (*esp de cerdo*).

chi·che·ar [tʃitʃeár] *v* to hiss. **chi·cheo** [tʃitʃéo] *n/m* hissing, hiss.

chicho [tʃítʃo] *n/m* **1**. ringlet, curl. **2**. hair curler.

chi·chón [tʃitʃón] *n/m* bump, swelling (*en la frente o cabeza*). **chi·cho·ne·ra** [tʃitʃonéra] *n/f* protective helmet.

chi·fla [tʃífla] *n/f* **1**. hissing, whistle (*silbido*). **2**. whistle (*pito*). **3**. FAM fun, mockery. **chi·fla·do/a** [tʃifláðo/a] **I**. pp **chiflar**. **II**. *adj* FAM daft, loony, barmy (*loco*). **III**. *n/m,f* FAM crackpot, nut. LOC **Estar ~ por/con**, to be crazy about. **chi·fla·du·ra** [tʃifladúra] *n/f* **1**. hissing, whistling. **2**. FAM daftness, craziness. **3**. craze, fad (*afición exagerada*). **4**. infatuation (*apasionamiento*). **chi·flar** [tʃiflár] **I**. *v* **1**. to hiss, whistle, boo. **2**. to blow a whistle (*pito*). **3**. FAM to swig, knock back (*licores*). **4**. FAM to be wild/ mad about: *Le chiflan las fresas*, She's wild about strawberries. **II**. *v/Refl(-se)* **1**. FAM to go barmy, loopy, wacky (*loco*). **2**. to kid, make fun of (*burlarse*). **3**. **~se por/de** to be crazy about sth, have a crush/get on sb. **chi·fla·to** [tʃifláto] *n/m* whistle (*silbato*).

chi·la·ba [tʃilaβa] *n/f* kaftan.

chi·le [tʃíle] *n/m* chilli, red pepper.

Chile [tʃíle] *n/m* Chile. **chi·le·no/a** [tʃiléno/a] *adj n/m,f* Chilean.

chi·lla [tʃíʎa] *n/f* **1**. call (*de la caza*). **2**. clapboard. **chi·llar** [tʃiʎár] *v* **1**. to howl (*perro*), to squeak (*ratón*), squawk (*pájaro*), yell, let out a cry (*persona*). **2**. (**~ a alguien**) to shriek/scream/yell at sb, reprimand sb. **3**. to creak (*puerta*), screech (*frenos*), blare (*radio*). **4**. FIG to be loud/gaudy/in bad taste (*vestido*), clash (*colores*). **5**. *Amer* to complain, protest. **chi·lle·ría** [tʃiʎería] *n/f* hubbub, racket (*alboroto*). **chi·lli·do** [tʃiʎíðo] *n/m* howl, shriek. **chi·llón/na** [tʃiʎón/na] **I**. *adj* **1**. noisy, loud, shrill (*persona*). **2**. piercing, deafening (*sonido*). **3**. gaudy, lurid, clashing (*colores*). **II**. *n/m* small nail.

chi·me·nea [tʃimenéa] *n/f* **1**. chimney (*exterior*). **2**. NÁUT funnel. **3**. hearth, fireplace (*hogar*).

chim·pan·cé [tʃimpanθé] *n/m* ZOOL chimpanzee.

chi·na [tʃína] *n/f* **1**. pebble, small stone. **2**. chinaware, porcelain. **3**. FIG obstacle, difficulty. **4**. FIG FAM money, Br SL dosh. **5**. *Amer* girlfriend. **Chi·na** [tʃína] *n/f* GEOG China.

chi·na·rro [tʃinárro] *n/m aug* **china** large pebble, stone.

chin·char [tʃintʃár] **I**. *v* FAM to pester, annoy. **II**. *v/Refl(-se)* FAM to get cross, become upset. LOC FAM **¡Chínchate!**, Get stuffed!

chin·che [tʃíntʃe] **1**. *n/f* bug, bedbug (*insecto*). **2**. *n/f* US thumbtack, Br drawing pin. **3**. *n/m,f* nuisance, pest, FAM pain in the neck. LOC **Caer como ~s**, FIG FAM to die like flies. **chin·che·ta** [tʃintʃéta] *n/f* US thumbtack, Br drawing pin.

chin·chi·lla [tʃintʃíʎa] *n/f* ZOOL *Amer* chinchilla.

chin·chín [tʃintʃín] *exclam* FAM Cheers! (*brindis*).

chin·cho·na [tʃinóna] *n/f* MED quinine.

chin·cho·rre·ro/a [tʃintʃorréro/a] **I**. *adj* **1**. fussy (*difícil de contentar*). **2**. gossipy (*chismoso*). **II**. *n/m,f* **1**. FAM fusspot. **2**. gossip.

chin·cho·so/a [tʃintʃóso/a] *adj* tiresome, annoying.

chi·ne·la [tʃinéla] *n/f* flip-flop (*zapatilla sin talón*).

chi·nes·co/a [tʃinésko/a] **I**. *adj* GEOL Chinese. **II**. *n/m* MÚS Chinese pavilion. LOC **Sombras ~as,** shadow theatre.

chin·ga [tʃíŋga] *n/f Amer* **1**. ZOOL skunk. **2**. FIG small amount, drop: *Una chinga de agua*, A drop of water. **chin·gar** [tʃiŋgár] *v* (*chingue*) **1**. to drink a lot. **2**. to annoy. **3**. *Amer* SL to fuck.

chi·no/a [tʃíno/a] **I**. *adj* **1**. Chinese **2**. Indian, mulatto, mestizo. **II**. **1**. *n/m*. Chinese (*idioma*). **2**. *n/m,f* Chinese person. **3**. *n/m* FIG double Dutch (*galimatías*). **4**. *n/m,f Amer* Indian, mulatto, mestizo. **5**. *n/f Amer* girlfriend. **6**. *n/m,pl* FAM guessing game (*para niños*). LOC FAM **Engañar a uno como a un ~**, to take sb for a ride. **Trabajar como un ~**, to work like a slave.

chi·pi·cha·pe [tʃipitʃápe] *n/m* FAM **1**. fight (*zipizape*). **2**. blow (*golpe*).

chi·pi·rón [tʃipirón] *n/m* squid (*calamar*).

chi·prio·ta [tʃiprjóta] *adj n/m,f* Cypriot, Cypriote.

chi·que·ro [tʃikéro] *n/m* **1**. pigsty (*pocilga*). **2**. TAUR bull pen.

chi·qui·li·cua·tro [tʃikilikwátro] *n/m* FAM scallywag, whipper-snapper.

chi·qui·lín/na [tʃikilín/ina] *n/m,f* V **chiquillo/a**.

chi·qui·lla·da [tʃikiʎáða] *n/f* childish behaviour, prank. LOC **Hacer ~s**, to behave childishly. **chi·qui·lle·ría** [tʃikiʎería] *n/f* Group/crowd of children. **chi·qui·llo/a** [tʃikíʎo/a] *dim* **chico**. **I**. *adj* childish, silly. **II**. *n/m,f* child, kid, youngster. **chi·qui·tín/na** [tʃikitín/ina] *dim* **chiquito**. **I**. *adj* FAM tiny, baby, weeny. **II**. *n/m,f* tiny tot, Br toddler. **chi·qui·to/a** [tʃikíto/a] **I**. *adj* FAM small, very little. **II**. **1**. *n/m* FAM glass of wine. **2**. *n/m,f* kid, child, youngster. LOC **No andarse con chiquitas**, FIG FAM not to beat about the bush.

chi·ri·bi·ta [tʃiriβíta] *n/f* **1**. spark (*chispa*). **2**. *pl* FAM spots before the eyes: *Los ojos le hacían chiribitas*, He could see spots before his eyes.

chi·ri·go·ta [tʃiriʎóta] *n/f* FAM joke, jest. LOC **Tomarse algo a ~**, FAM to take sth lightly (as a joke).

chi·rim·bo·lo [tʃirim̥bólo] *n/m* 1. FAM thingumajig. 2. contraption, gadget. 3. *pl* FAM pots and pans, kitchen things. 4. *pl* FAM odds and ends, junk (*trastos*).

chi·ri·mía [tʃirimía] *n/f* MÚS hornpipe.

chi·ri·mi·ri [tʃirimíri] *n/m* light rain, drizzle.

chi·ri·mo·ya [tʃirimóɟa] *n/f* BOT custard apple, cherimoya (*fruta*). **chi·ri·mo·yo** [tʃirimóɟo] *n/m* BOT cherimoya tree.

chi·rin·gui·to [tʃiriŋgíto] *n/m* food stall, bar (*al aire libre*).

chi·ri·pa [tʃirípa] *n/f* 1. fluke, lucky break (*billar*). 2. FIG FAM fluke, stroke of luck. LOC **De/Por ~**, by luck, by fluke.

chi·ri·vía [tʃiribía] *n/f* 1. BOT parsnip. 2. wagtail (*ave*).

chir·la [tʃírla] *n/f* cockle (*molusco*).

chir·le [tʃírle] I. *adj* FAM 1. insipid, wishy-washy. 2. FIG dull. II. *n/m pl* sheep/goat droppings (*excremento*).

chir·lo [tʃírlo] *n/m* 1. gash, slash (*herida en la cara*). 2. facial scar.

chi·ro·na [tʃiróna] *n/f* FAM US jail, Br gaol, SL clink/slammer (*cárcel*). LOC **Estar en ~**, to be inside, be doing time (*en prisión*).

chi·rre·ar, chi·rriar [tʃirreár/-jár] *v* (*chirrío, chirrían*) 1. to crackle, sizzle (*al freír*). 2. to creak (*gozne*). 3. to screech, squawk, chirp (*pájaros*), bawl, yell (*persona*). 4. to squeal, screech (*frenos*). 5. FIG to sing out of tune. 6. *Amer* SL to go out on the booze (*ir de juerga*). 7. *Amer* to shiver. **chi·rri·do** [tʃirríðo] *n/m* chirping, creak, squeak, etc.

¡chis! [tʃís] *int* Ssh!, hush! (*chitón*).

chis·me [tʃísme] *n/m* 1. piece of gossip, tale. 2. *pl* gossip, tittle-tattle. 3. FAM thingumajig, whatsit (*cosa*). 4. FAM knick-knack (*cosa sin importancia*). 5. odds and ends, stuff, paraphernalia (*trastos*). 6. TÉC gadget. LOC **Meter/Traer ~s**, to tell tales. **chis·mo·rre·ar** [tʃismorreár] *v* to gossip, tell tales. **chis·mo·so/a** [tʃismóso/a] I. *adj* gossipy. II. *n/m,f* gossip, scandalmonger.

chis·pa [tʃíspa] *n/f* 1. spark. 2. drop (*esp gota de lluvia*): *Caen chispas*, It's drizzling. 3. FIG morsel, crumb, trifling portion. 4. FIG ounce, very little, glimmer (*de algo immaterial*): *No tiene ni chispa de talento para cocinar*, He hasn't an ounce of talent when it comes to cooking. 5. diamond chip (*diamante pequeño*). LOC **~ eléctrica,** electric spark. **Dar ~s**, FIG to be bright, alert, lively. **Echar ~s,** FIG to be fuming with anger. **Estar ~**, FIG FAM to be sozzled (*borracho*). **Tener ~**, FIG to be witty/sharp (*tener gracia*). **chis·pa·zo** [tʃispáθo] *n/m* 1. spark. 2. burn (*quemadura*). 3. FIG spark, flare-up. 4. FIG piece of gossip/scandal. **chis·pe·an·te** [tʃispeán̥te] *adj* 1. sparkling. 2. FIG witty, ingenious. **chis·pe·ar** [tʃispeár] *v* 1. to sparkle. 2. to spot with rain, drizzle.

chis·po/a [tʃíspo/a] I. *adj* FAM tipsy, merry (*borracho*). II. *n/m* FAM drop/swig of wine.

chis·po·rro·te·ar [tʃisporroteár] *v* to spit (*aceite*), crackle (*leña/radio*), sizzle (*tocino*), throw out sparks (*fuego*). **chis·po·rro·teo** [tʃisporrotéo] *n/m* spitting, crackling, sizzling, sparking.

chis·tar [tʃistár] *v* LOC **No ~**, not to say a word. **Sin ~**, saying no word.

chis·te [tʃíste] *n/m* Joke, funny story, amusing remark. LOC **Caer en el ~**, to get a joke, get it. **~ verde**, dirty joke. **Esto tiene ~**, IR Some joke! **chis·to·so/a** [tʃistóso/a] I. *adj* funny, witty, jocose. II. *n/m,f* wit (*persona*).

chis·te·ra [tʃistéra] *n/f* 1. fish basket. 2. DEP jai alai basket. 3. FAM top hat.

chi·ta [tʃíta] I. *n/f* 1. ankle bone. 2. *Pl* quoits (*juego*). LOC **A la ~ callando**, on the quiet, stealthily.

¡chi·to!, **¡chi·tón!** [tʃíto/tʃitón] *int* FAM Hush!, Quiet! Ssh!

chi·va [tʃíβa] *n/f* 1. *Amer* goatee, beard (*perilla*). 2. V **chivo**.

chi·var [tʃiβár] I. *v* FAM 1. to annoy, irritate. 2. to tell, blame, accuse (*contar*). II. *v/Refl (-se)* FAM to rat on sb, squeal, inform on (*soplonear*): *Se chivó a los polis*, He informed the police. **chi·va·ta·zo** [tʃiβatáθo] *n/m* FAM tip-off. LOC **Dar el ~**, FAM to spill the beans, grass/inform on sb. **chi·va·te·ar** [tʃiβateár] V **chivar, I. 2, II. chi·va·to/a** [tʃiβáto/a] *n/m,f* 1. FAM stool pigeon, informer. 2. *n/m* ZOOL kid.

chi·vo/a [tʃíβo/a] *n/m,f* kid, billy-goat. LOC **~ expiatorio**, scapegoat.

cho·can·te [tʃokán̥te] *adj* 1. startling, extravagant. 2. shocking, offensive. 3. surprising, odd, striking: *Lo chocante es que...*, The striking thing is that.. **cho·car** [tʃokár] *v* (*choque*) 1. **(~ con/contra)** to collide (with), crash (into), clink (*vasos*), clatter (*platos*). 2. FIG to be surprising, odd: *Me choca que hayas venido*, I'm surprised you have come. 3. FIG to run into (*dificultades*). LOC **~ de frente**, to hit head on. **~ la mano con (alguien)**, to shake hands with sb. **¡Chócala!**, FAM Shake on it! **¡Choca esos cinco!**, FAM US give me some skin!, give me five!, Br put it there!

cho·ca·rre·ría [tʃokarrería] *n/f* 1. dirty/rude joke. 2. crudeness, coarse humour. **cho·ca·rre·ro/a** [tʃokarréro/a] I. *adj* scurrilous. II. *n/m,f* foul-mouthed clown, coarse comic.

cho·co·la·te [tʃokoláte] *n/m* 1. chocolate (*tableta*). 2. drinking chocolate. 3. SL hashish. **cho·co·la·te·ra** [tʃokolatéra] *n/f* 1. chocolate pot. 2. FIG FAM old banger (*coche viejo*), old tub (*barco viejo*). **cho·co·la·te·ría** [tʃokolatería] *n/f* chocolate factory/shop. **cho·co·la·ti·na** [tʃokolatína] *n* chocolate bar.

cho·che·ar [tʃotʃeár] *v* 1. to dodder, be doddery. 2. **~ de/por** FIG to be soft on, dote on. **cho·che·ra, cho·chez** [tʃotʃéra/tʃoʃéθ] *n/f* 1. dotage. 2. silly thing (*acción*).

cho·chín [tʃotʃín] *n/m* wren (*ave*).

cho·cho/a [tʃótʃo/a] I. *adj* 1. doddery. 2. doting, sentimental: *Está chocha por su nieto*, She dotes on her grandson. II. *n/f* ANAT SL vulva. LOC **~ de mar**, ZOOL trumpet fish. III. *n/m* SL cunt.

chó·fer [tʃófer] *n/m* chauffeur, driver.

cho·lo/a [tʃólo/a] *adj n/m,f Amer* **1**. mestizo. **2**. westernized Indian.
cho·lla [tʃóʎa] *n/f* FAM **1**. nut (*cabeza*). **2**. brains, understanding.
cho·llo [tʃoʎo] *n/m* FAM cushy job.
cho·que [tʃóke] *n/m* **1**. shock, collision, crash (*vehículo*), clatter (*ruido*), blast. **2**. FIG clash (*ejércitos, personas*). **3**. MED shock. LOC **~ en cadena**, AUT pile up, mass collision. **Coches de ~**, bumper cars.
cho·que·zue·la [tʃokeθwéla] *n/f* ANAT kneecap.
cho·ri·zo [tʃoríθo] **I**. *n/m* salami, chorizo. **II**. *n/m* ARG reprobate (*delincuente*).
chor·li·to [tʃorlíto] *n/m* **1**. plover (*ave*). LOC **Tener cabeza de ~**, FIG FAM to be scatterbrained.
cho·rra [tʃórra] **I**. *n/f* ARG **1**. luck. **2**. ANAT SL penis. **II**. *n/m,f* fool, idiot. LOC **Hacer el ~**, to play the fool, be silly. **cho·rra·da** [tʃorráda] *n* nonsense, foolish act.
cho·rre·ar [tʃorreár] *v* **1**. to spurt, gush, flood. **2**. to drip, trickle (*gotear*). **cho·rreo** [tʃorréo] *n/m* **1**. dripping, gushing. **2**. FIG flow. **cho·rro** [tʃórro] *n/m* jet, spurt, stream, flood. LOC **A ~**, jet. **A ~s**, abundantly, in plenty.
cho·te·ar·se [tʃoteárse] *v* (**~ de**) to make fun of. **cho·teo** [tʃotéo] *n/m* teasing.
cho·tis [tʃótis] *n/m* dance of Madrid.
cho·za [tʃóθa] *n/f* hut, shack.
christ·mas [krísmas] *n/m* FAM Christmas card.
chu·bas·co [tʃuβásko] *n/m* **1**. downpour, heavy shower. **2**. NÁUT squall. **chu·bas·que·ro** [tʃuβaskéro] *n/m* raincoat, oilskins (*impermeable*).
chu·che·ría [tʃutʃería] *n/f* **1**. trinket. **2**. titbit (*aperitivo*), US candy, Br sweet (*golosina*).
chu·cho [tʃútʃo] *n/m,f* dog, mongrel, FAM mutt.
chu·fa [tʃúfa] *n/f* BOT earth almond, chufa. LOC **Horchata de ~**, almond drink, orgeat.
chu·la·da [tʃuláða] *n/f* **1**. cheekiness, barefacedness. **2**. mean trick, coarseness. **3**. showing off (*jactancia*). **4**. FAM winner, brilliant thing: *¡Vaya chulada de coche que tienes!*, What a winner of a car you've got! **chu·la·po/a** [tʃulápo/a] V **chulo**. **chu·le·ar** [tʃuleár] *v* **I**. to show off. **II**. *Refl (-se)* FAM to make fun of sb. **chu·le·ría** [tʃulería] *n/f* V **chulada**. **chu·les·co/a** [tʃulésko/a] *adj* cheeky, flashy. **chu·le·ta** [tʃuléta] *n/f* **1**. chop, cutlet (*esp de cerdo*). **2**. FAM crib sheet (*de estudiantes*). **3**. FIG FAM slap (*bofetada*). **4**. FIG FAM show off, bighead: *Se me puso muy chuleta y lo expulsé*, He started to show of so I sent him out. **chu·lo/a** [tʃúlo/a] **I**. *adj* **1**. FAM cocky, insolent. **2**. flashy, natty. **3**. FAM funny, lively. **4**. smart, elegant. **II**. *n/m* **1**. downtown Madrilenian. **2**. ruffian, US dude. **3**. FAM pimp. **4**. TAUR bullfighter's assistant.
chum·be·ra [tʃum̧béra] *n/f* prickly pear. **chum·bo/a** [tʃúm̧bo/a] *n/m* prickly pear, (*fruto*).

chun·ga [tʃúŋga] *n/f* FAM joke, bit of fun (*burla festiva*). LOC **Estar de ~**, to be in a joking mood. **Tomar a/en ~**, to laugh sth off, take as a joke. **chun·gar·se, chun·gue·ar·se** [tʃuŋgárse/tʃuŋgeárse] *v* to joke around, have a bit of fun.
chu·pa·da [tʃupáda] *n/f* suck, puff (*cigarro*), lick. **chu·pa·do/a** [tʃupáðo/a] **I**. pp **chupar**. **II**. *adj* **1**. FAM skinny (*muy flaco*). **2**. (**estar ~**) very simple, easy as pie. **chu·pa·dor/ra** [tʃupaðór/ra] **I**. *adj* sucking. **II**. *n/m* **1**. BOT sucker. **2**. teething ring (*de biberón*). **chu·par** [tʃupár] *v* **1**. to suck. **2**. to take in, absorb. **3**. to puff on (*cigarrillo*). **4**. ZOOL to suckle (*mamar*). **5**. to lick, moisten (*lamer*). **6**. FIG FAM to bleed dry: *Los pa- rientes le han chupado la herencia*, His relatives have bled him dry of his inheritance. **II**. *v/Refl(-se)* to waste away, become emaciated (*irse consumiendo*). LOC **~se el dedo**, FIG to be ingenuous, gullible. **¡Chúpate esa!**, FIG Put that in your pipe and smoke it! **chu·pa·tin·tas** [tʃupatíntas] *n/m* PEY pen pusher. **chu·pe·te** [tʃupéte] *n/f* **1**. dummy. **2**. *Amer* lollipop. **chu·pón/na** [tʃupón/na] **I**. *adj* **1**. sucking. **2**. FIG FAM sponging. **II**. *n/m,f* **1**. swindler. **2**. BOT sucker. **3**. FIG PEY sponger, parasite.
chu·pi·na·zo [tʃupináθo] *n/m* **1**. bang. **2**. DEP hard kick.
chu·póp·te·ro/a [tʃupóptero/a] *n/m,f* holder of a sinecure (*persona*).
chu·rum·bel [tʃurum̧bél] *n/m* FAM child, boy, kid.
chu·rras·co [tʃurrásko] *n/m Amer* barbecued steak.
chu·rre [tʃúrre] *n/f* grime, grease, filth.
chu·rre·ro/a [tʃurréro/a] **I**. **1**. *n/m,f* fritter vendor (*churros*). **2**. *n/m* fritter stall. **3**. lucky person. **II**. *adj* FAM lucky. **chu·rro/a** [tʃúrro/a] **I**. *adj* coarse (*lana*). **II**. *n/m* **1**. fritter, batter-cake. **2**. FAM shoddy piece of work, flop (*chapuza*): *He querido pintar la puesta del sol y me ha salido un churro*, I wanted to paint the sunset, but it came out a flop. **3**. FAM fluke (*chiripa*). LOC **¡Vete a freír ~s!**, FAM Get lost!
chu·rrus·car [tʃurruskár] *v/Refl(-se)* (*churrusque*) to burn (*pan/guiso*). **chu·rrus·co** [tʃurrúsko] *n/m* burnt toast.
¡chus! [tʃus] *int* Here dog! LOC **No decir ~ ni mus**, not to say a word.
chus·ca·da [tʃuskáða] *n/f* witty/funny remark, joke. **chus·co/a** [tʃúsko/a] **I**. *adj* **1**. roguish, witty. **2**. *Amer* mongrel (*perro*). **II**. *n/m* dry bread.
chus·ma [tʃúsma] *n/f* **1**. gang of galley slaves (*de galeote*). **2**. PEY riffraff, rabble (*gentuza*).
chu·tar [tʃutár] *v* DEP to shoot (*fútbol*).
chu·zo [tʃúθo] *n/m* **1**. pike, goad; truncheon, stick (*del sereno*). **2**. *Amer* horsewhip. LOC **Caer/Llover ~s**, to pour down/ rain cats and dogs.

D, d [dé] *n/f* 'd' (*letra*). **D., Dª** [don, dóɲa] *abrev* de *Don, Doña*.

da·ble [dáβle] *adj* possible, feasible.

dac·ti·lar [daktilár] *adj* finger. LOC **Huella ~,** fingerprint. **dac·ti·lo·gra·fía** [daktiloɣrafía] *n/f* typing. **dac·ti·ló·gra·fo/a** [daktilóɣrafo/a] *n/m,f* typist.

da·daís·mo [daðaísmo] *n/m* ARTE dadaism. **da·daís·ta** [daðaísta] *adj n/m,f* dadaist.

dá·di·va [dáðiβa] *n/f* gift, donation. **da·di·vo·si·dad** [daðiβosiðáð] *n/f* generosity, bountifulness. **da·di·vo·so/a** [daðiβóso/a] *adj* generous, bountiful. **da·do/a** [dáðo/a] **I.** *adj* **1**. given. **2**. in view of, given. **3**. **(~ a)** given/inclined (to/towards), addicted (to). **4**. gone, past. **5**. **(~ que)** granted, given (that). LOC **Ser ~ a,** to be given to, be fond of. **II.** *n/m* **1**. die, *pl* dice. LOC **Echar los ~s,** to throw the dice. **da·dor/ra** [daðór/ra] **I.** *adj* giving. **II.** *n/m,f* **1**. giver, donor. **2**. COM bearer.

da·ga [dáɣa] *n/f* dagger (*arma*).

da·guerro·ti·po [daɣerrotípo] *n/m* daguerreotype.

da·lia [dálja] *n/f* BOT dahlia.

dál·ma·ta [dálmata] *adj n/m,f* **1**. GEOG Dalmatian. **2**. ZOOL dalmatian (*perro*).

dal·má·ti·ca [dalmátika] *n/f* REL dalmatic.

dal·to·nia·no/a, dal·tó·ni·co/a [dal̪tonjáno/a, dal̪tóniko/a] *adj* MED daltonian, Br colour-blind, US color-blind. **dal·to·nis·mo** [dal̪tonísmo] *n/m* MED Br colour-blindness, US color-blindness.

da·lle [dáʎe] *n/m* scythe.

da·ma [dáma] *n/f* **1**. *gen* lady. **2**. mistress, FAM PEY other woman. **3**. king (*damas*), queen (*ajedrez*), *pl* checkers, draughts (*juego*). **4**. NÁUT rowlock. LOC **~ de honor,** 1. matron of honour (*boda*). 2. lady-in-waiting (*de la reina*). **~ y caballeros,** ladies and gentlemen. **Juego de ~s,** draughts, checkers.

da·ma·jua·na [damaxwána] *n/f* demijohn.

da·mas·co [damásko] *n/m* **1**. damask (*tela*). **2**. BOT damson. **da·mas·qui·nar** [damaskinár] *v* TÉC to damascene, damask.

da·me·ro [daméro] *n/m* Br draught-board, US checkerboard.

da·mi·se·la [damiséla] *n/f* IR damsel, FAM (right) little madam.

dam·ni·fi·ca·do/a [damnifikáðo/a] **I.** *adj* damaged, injured. **II.** *n/m,f* victim of injury/loss/disaster/accident. **dam·ni·fi·car** [damnifikár] *v* (*damnifique*) to damage, hurt, injure.

dan·di [dán̪di] *adj n/m,f* dandy, FAM dude.

da·nés/sa [danés/sa] **I.** *adj* GEOG Danish. **II.** **1**. *n/m,f* GEOG Dane. **2**. *n/m* Danish (*idioma*). **3**. Great Dane (*perro*).

dan·tes·co/a [dan̪tésko/a] *adj* POÉT Dantesque.

dan·za [dán̪θa] *n/f* dance, dancing. LOC **Estar en la ~,** to be involved in, mixed up in (some affair) (*lío*). **dan·zan·te** [dan̪θán̪te] *n/m,f* **1**. dancing. **2**. FIG meddler, busybody. **dan·zar** [dan̪θár] *v* (*dancen*). **1**. ARTE to dance. **2**. FIG to dance (around), move quickly. **3**. **(~ en)** FIG to interfere, meddle (in). **dan·za·rín/na** [dan̪θarín/na] *n/m,f* ARTE dancer.

da·ñar [daɲár] *v* **1**. *gen* to damage. **2**. to harm, injure, hurt. **3**. to spoil (*estropearse*). **da·ñi·no/a** [daɲíno/a] *adj* **1**. MED harmful. **2**. injurious, damaging, destructive. LOC **Animales ~s,** pests, vermin. **da·ño** [dáɲo] *n/m* **1**. damage. **2**. hurt, injury, trouble. **3**. COM loss. **4**. FIG wrong. LOC **~s y perjuicios,** JUR damages. **Hacer ~,** to hurt (*doler*). **Hacerse ~,** to hurt oneself, do oneself harm. **da·ño·so/a** [daɲóso/a] *adj* **(~ para)** harmful, injurious, damaging (to).

dar [dár] **I.** *v* (*doy, das, di, diste*) **1**. *gen* to give. **2**. to bear, produce, yield (*fruta*). **3**. to deal (*naipes*). **4**. to convey, communicate, send (*noticias*). **5**. to give, deliver, strike (*golpe*). **6**. FIG to tell, presage. **7**. to hand, pass (*pasar*). **8**. to mean, signify, be, make: *Me da lo mismo*, It's all the same to me. **9**. FIG to strike (*horas del reloj*). **10**. to grant, concede, give (*permiso*). **11**. FIG to lend, give. **12**. to wish, say (*Buenos días*), give (*pésame*). **13**. to set (*ejemplo*). **14**. to give, utter (*grito*). **15**. to take (*paso*). **16**. to propose (*tema*). **17**. TEAT to put on (*espectáculo*), give, perform (*presentación*), MÚS play, show (*película*). **18**. to give off (*olor*). **19**. to give, cause, produce (*sentimiento*). **20**. TÉC to turn on/connect (*gas/luz*). **21**. **(~ a/sobre)** to look out on to, face (towards), overlook. **22**. **(~ con)** to meet, run/bump into (*persona*). **23**. **(~ con)** to hit (up)on, find (*idea/solución*). **24**. **(~ con)** to strike, hit (sth with). **25**. **(~ de)** to paint, coat (with). **26**. **(~ de sí)** to stretch, give (*tela*), AGR yield, produce (well, a lot). **27**. **(~ sobre)** to attack. **28**. **(~ en)** to fall into (*trampa/hábito*). **29**. **(~ en)** to end up in (*cárcel*). **30**. **(~ en)** to see, get, catch on to, grasp (*chiste*). **31**. **(~ por)** to consider, regard (as). **32**. **(~ por)** to declare (*inocente*).

33. **(~ contra)** to hit, strike. 34. **(~ en)** FIG to hit, go/be against: *El viento me da en la cara*, The wind is against me. **II**. *v/Refl(-se)* **1**. to give oneself up. **2**. to occur, be found, be (*existir*): *Se han dado muchos casos de polio*, There have been many cases of polio. **3**. **(~se a)** to devote, dedicate oneself (to). **4**. **(~se a)** PEY to abandon oneself (to), indulge (in). **5**. AGR to produce, yield, grow: *Las coles se dan muy bien en esta tierra*, Cabbages grow very well in this soil. **6**. to receive, get (*susto*). **7**. **(~se contra algo/alguien)** to hit: *Se dio contra la pared*, He hit the wall. **8**. **(Darse por + *adj*)** to consider oneself/judge oneself/feel + pp/*n*. LOC **¡Dale!** *exclam* 1. Hit him! (*boxeo*). 2. DEP Come on! 3. IR Would you look at him! 4. What again? 5. Are you still at it? 6. That's enough! **~ brincos/saltos,** to jump up and down. **~ con algo en el suelo,** to drop/knock sth (on)to the ground. **~ consigo en,** to land in, end up in. **~ de beber,** to give (sb) sth to drink. **~ de comer,** to feed, give (sth) to eat. **~ de espaldas,** to fall on one's back. **~ de la mano,** to shake hands. **~ en duro,** to meet resistance. **~ gusto,** to please, make happy. **~ igual (una cosa),** not to matter, to be of no odds. **~ por hecho que,** to take for granted that. **~ prestado,** to lend. **~ que hablar,** to give grounds for criticism. **~ recuerdos** *pl*, to send regards/love. **~ un paseo,** to take a walk, go for a walk. **~se a conocer,** 1. to reveal one's character. 2. to get a name for oneself. **~se a entender,** to make oneself understood, make known. **~se cuenta de,** V **cuenta**. **Dárselas de algo,** to pose as sth, pretend to be sth. **~se por aludido,** to take it personally. **~se por ofendido,** to take offence. **~se por vencido,** to surrender, give up. **~se prisa,** to hurry, rush. **~ un abrazo,** to embrace, hug. **~ un bofetón,** to hit, slap. **~ voces,** to shout. **~ y tomar,** to discuss at length. **Le ha dado por + *inf*,** he has taken to + *ger*. **No dar una,** FAM never to get it (*equivocarse siempre*): *Es que no das una, eres un inútil*, You don't get it right, do you? Useless! **No dar con algo,** not to get it right. **No se le da nada,** he doesn't give a damn. **¿Qué más da?,** 1. What does it matter? 2. *exclam* never mind!

dar·do [dárðo] *n/m* **1**. dart, arrow. **2**. FIG satirical remark.

dár·se·na [dársena] *n/f* NÁUT dock.

dar·vi·nis·mo [darßinísmo] *n/m* Darwinism. **dar·vi·nis·ta** [darßinísta] *adj n/m,f* Darwinist.

da·ta [dáta] *n/f* **1**. COM item. **2**. date (*fecha*). **da·tar** [datár] v **1**. **(~ de)** to date (from), begin. **3**. COM to credit.

dá·til [dátil] *n/m* BOT date.

da·ti·vo [datíßo] *n/m* GRAM dative.

da·to [dáto] *n/m* **1**. fact. **2**. *pl* data, facts, information *sing*. LOC **~s personales,** one's details. **Proceso/Procesamiento de ~s,** data processing.

de [dé] *prep* **1**. (*posesión/pertenencia*) of: *La paciencia de Job*, The patience of Job; *La cara de María*, Mary's face. **2**. (*origen/procedencia*) from: *Soy de Madrid*, I'm from Madrid. **3**. (*materia*) of, made of: *Un vaso de cristal*, A crystal glass/A glass made of crystal. **4**. (*naturaleza/cualidades de alguien*) of: *Un hombre de buen carácter*, A man of good character. **5**. (*desde*) from. **6**. (*para*): *Goma de borrar*, Br rubber, US eraser; *Hoja de afeitar*, Razor blade. **7**. (*con*) with: *Lo hizo de corazón*, He did it with heart/passion. **8**. (*entre*) to, between: *Hablando de hombre a hombre*, Talking man to man/Talking between men. **9**. (*manera*) on, in: *De pie*, On one's feet/Standing: *De una manera muy desagradable*, In a very unpleasant way. **10**. (*contenido/composición*) of: *Un vaso de agua*, A glass of water. **11**. (*vestido de*) in, with, wearing: *El hombre del traje negro*, The man in the black suit. **12**. about, on: *¿Hablan Uds. de mi clase?*, Are you talking about my class?; *Libro de gramática*, Grammar book. **13**. (+ *inf*) for, to: *Es hora de comer*, It's time to eat. **14**. as: *Trabaja de secretario*, He works as a secretary. **15**. (*tiempo*) at, in, by: *De noche/De día*, At night/By day. **16**. **(Más/Menos ~)** (*con números*) (More/Fewer) than. **17**. through, out of, because (of), for. **18**. if: *De habérmelo dicho antes*, If you had told me before... **19**. because: *Lo sé de oírlo*, I know it because I heard it. LOC **¡Ay de mí!** *exclam* Woe is me!, Poor me! **~ uno en uno,** one by one. **¡El pobre ~ José!,** *exclam* Poor old Jo!

de·am·bu·lar [deaɱbulár] *v* **(~ por)** to wander, stroll (through/in/about). **de·am·bu·la·to·rio** [deaɱbulatórjo] *n/m* ARQ **1**. ambulatory. **2**. REL aspe, aisle.

de·án [deán] *n/m* REL dean.

de·ba·cle [deßákle] *n/f* débâcle, disaster.

de·ba·jo [deßáxo] *adv* **1**. underneath, below. **2**. **(~ de)** under, underneath, beneath, below. LOC **Por ~,** underneath. **Por ~ de,** below.

de·ba·te [deßáte] *n/m* debate, discussion.

de·ba·tir [deßatír] **I**. *v* to debate, argue, discuss. **II**. *v/Refl(-se)* **(~se contra)** FIG to struggle, fight (against) (*tentación*).

de·be [déße] *n/m* COM debit. **de·ber** [deßér] **I**. *n/m* **1**. duty, obligation. **2**. COM debt. **3**. *pl* homework (*alumno*). **4**. *pl* duties, chores, FAM daily grind. **II**. *v* **1**. to owe. **2**. **(~ + *inf*)** to have (got) to/must/ought to/should + *inf* (*obligación/deber moral*). **3**. **(~ de + *inf*)** must + *inf* (*conjetura/probabilidad*). **III**. *v/Refl(-se)* **(~se a)** **1**. to have a duty towards. **2**. to be due/owing to, be on account of. **3**. **(~se a que)** to be because. **de·bi·da·men·te** [deßiðaméɲte] *adv* duly, in due form. **de·bi·do/a** [deßíðo/a] *adj* **1**. due. **2**. right, just. LOC **A su ~ tiempo**, in due time, eventually. **Como es ~,** as required or expected. **~ a,** owing to, due to, through. **~ a ello,** due to this. **~ a que,** because. **En debida forma,** in due form. **Más de lo ~,** more than necessary.

dé·bil [déßil] *adj n/m,f* **1**. weak. **2**. feeble. **3**. vulnerable. **4**. faint (*ruido/luz*), feeble (*luz*). **5**. FIG fainthearted. **de·bi·li·dad** [deßiliðað] *n/f* **1**. *gen* weakness. **2**. MED debility. **3**. **(~ por)** FIG soft spot, weakness, liking (for). **4**. feebleness (*de carácter*). **de·bi·li·ta·mien·to** [deβilitamjénto] *n/m* weakening. **de·bi·li·tar** [deβilitár] *v* **1**. to weaken. **2**. MED to debilitate. **3**. **(~se)** to become weaker.

dé·bi·to [déβito] *n/m* **1**. debt. **2**. debit.

de·but [deβú(t)] *n/m* (*pl debuts*) début. **de·bu·tan·te** [deβutánte] *n/m,f* **1**. beginner, newcomer. **2**. débutant/e. **de·bu·tar** [deβutár] *v* to make one's début.

dé·ca·da [dékaða] *n/f* decade.

de·ca·den·cia [dekaðénθja] *n/f* **1**. decadence. **2**. decline (*época*). **de·ca·den·te** [dekaðénte] *adj* decadent. **de·ca·er** [dekaér] *v* (*decaigo, decaí*, pp *decaído*) **1**. to decay, decline. **2**. to weaken (*interés*). **3**. COM to decline, dwindle. **4**. to deteriorate, decay. **5**. to drop (*viento*). **6**. to sink, FAM go downhill (*salud*). LOC **~le a uno el ánimo,** to lose heart.

de·cai·mien·to [dekaimjénto] *n/m* **1**. weakness, weakening. **2**. decay, decline.

de·cá·lo·go [dekáloγo] *n/m* decalogue.

de·ca·no/a [dekáno/a] *n/m* **1**. dean (*universidad*). **2**. doyen.

de·can·ta·ción [dekantaθjón] *n/f* decanting (*vino*). **de·can·tar** [dekantár] *v* **1**. to decant (*vino*). **2**. to praise, aggrandize. LOC **~se por,** to show a marked inclination for.

de·ca·pi·ta·ción [dekapitaθjón] *n/f* decapitation. **de·ca·pi·tar** [dekapitár] *v* to behead, decapitate.

de·cá·po·do [dekápoðo] *n/m* decapod.

de·ca·sí·la·bo/a [dekasílaβo/a] **I**. *adj* decasyllabic. **II**. *n/m* decasyllable.

de·ce·na [deθéna] *n/f* **1**. ten. **2**. (around) about ten, ten or so. **3**. MÚS tenth. **de·cen·cia** [deθénθja] *n/f* **1**. decency, dignity. **2**. cleanliness.

de·ce·nio [deθénjo] *n/m* decade.

de·cen·te [deθénte] *adj* **1**. *gen* decent. **2**. proper, respectable. **3**. clean, tidy. **4**. modest, honourable.

de·cep·ción [deθepθjón] *n/f* **1**. disappointment, disillusion. **2**. deception. **de·cep·cio·nan·te** [deθepθjonánte] *adj* disappointing. **de·cep·cio·nar** [deθepθjonár] *v* to disappoint.

de·ce·so [deθéso] *n/m* decease.

de·ci·be·lio [deθiβéljo] *n/m* FÍS decibel.

de·ci·ble [deθíβle] *adj* utterable.

de·ci·di·do/a [deθiðíðo/a] *adj* decided, determined. **de·ci·dir** [deθiðír] **I**. *v* **1**. to decide. **2**. to resolve. **3**. to determine. **II**. *v/Refl(-se)* **(~se por/a)** to decide to, make up one's mind to.

de·ci·li·tro [deθilítro] *n/m* Br decilitre, US deciliter.

dé·ci·ma [déθima] *n/f* **1**. tenth. **2**. REL tithe. **de·ci·mal** [deθimál] *adj* decimal. **dé·ci·mo/a** [déθimo/a] *adj n/m* tenth. **de·ci·moc·ta·vo/a** [deθimoktáβo/a] *adj n/m,f* eighteenth. **de·ci·mo·cuar·to/a** [deθimokwárto/a] *adj n/m, f* fourteenth. **de·ci·mo·nó·ni·co/a** [deθimonóniko/a] *adj* nineteenth-century.

de·cir [deθír] **I**. *n/m* **1**. saying. **2**. witty remark. **II**. *v* (*digo, dije, diré*, pp *dicho*) **(~ de/ con)** **1**. *gen* to say, tell. **2**. to affirm, speak, tell (*verdad*). **3**. to tell, relate (*contar*). **4**. REL to say (*misa*). **5**. to give, express, think (*opinión*). **6**. **(~ de)** FIG to portray, express, show (*emoción*). **7**. **(~ con)** to go (with), suit, befit: *Este traje no dice con tu clase social*, That suit does not befit your social class. LOC **Al ~ de,** according to. **Como quien dice/Como si dijéramos,** so to speak, as it were. **Dar que ~ a la gente,** to raise some eyebrows. **~ para sí,** to say to oneself. **~ bien/mal**, to be right/wrong. **~ que nones,** to refuse, say no. **~ que sí/no,** to say yes/no. **¡Diga(me)!,** Hello! (*teléfono*). **Diga lo que diga,** whatever he says. **El qué dirán,** what people (may/will) say, public opinion. **Es ~,** that is to say. **Es un ~,** it's just a phrase. **Fue ~ y hacer,** FIG FAM It was no sooner said than done. **He dicho,** that's all. **Lo dicho,** what has been said. **Mejor dicho,** rather, in other words. **Me permito ~ que,** I venture that, May I (just) say that. **Ni que ~ tiene que,** it goes without saying that. **No hay más que ~,** There's nothing more to be said about it. **No hay que ~ que,** It goes without saying that. **¡No me digas!,** *exclam* You don't say! **Por ~lo así,** so to speak, as it were. **Por mejor ~,** or rather. **Que digamos,** to speak of, really. **Querer ~ (con),** to mean (by). **Se dice,** 1. it's said, they say. 2. the story goes (*cuento*). **Ud. dirá,** 1. Yes, Sir/Madam. 2. That's is for you to say. 3. Say when! (*sirviendo licores*, etc).

de·ci·sión [deθisjón] *n/f* **1**. decision, resolution. **2**. determination. **3**. verdict, judgement. **de·ci·si·vo/a** [deθisíβo/a] *adj* **1**. decisive. **2**. conclusive, overriding. **de·ci·so·rio/a** [deθisórjo/a] *adj* JUR decisive.

de·cla·ma·ción [deklamaθjón] *n/f* declamation. **de·cla·mar** [deklamár] *v* **1**. to declaim. **2**. ARTE to recite. **3**. PEY to rant. **4**. **(~ contra)** to speak out (against). **de·cla·ma·to·rio/a** [deklamatórjo/a] *adj* declamatory.

de·cla·ra·ción [deklaraθjón] *n/f* **1**. *gen* declaration. **2**. JUR statement, evidence, testimony. **3**. pronouncement, statement. **4**. call, bid (*naipes*). LOC **~ de renta,** tax return. **Hacer declaraciones,** to make a statement, comment. **Prestar ~,** JUR to make a statement, testify. **de·cla·ran·te** [deklaránte] *n/m,f* JUR witness. **de·cla·rar** [deklarár] **I**. *v* **1**. to declare, pronounce. **2**. to state (*afirmar*). **3**. JUR to testify, give evidence. **4**. JUR to find, pronounce (*culpable o inocente*). **5**. to call, bid (*naipes*). **II**. *v/Refl(-se)* **1**. to declare oneself. **2**. **(~se a)** FIG to open one's heart, unburden oneself (to). **3**. to show itself, make itself known (*manifestarse*). **4**. to break out (*enfermedad/incendio*). **5**. to propose to a boy/girl.

de·cli·na·ción [deklinaθjón] *n/f* **1**. ASTR declination. **2**. GRAM declension. **3**. decay, decline. **4**. FIG descent, decline. **de·cli·nar** [deklinár] *v* **1**. *gen* to decline. **2**. MED to abate (*fiebre*). **3**. FIG to decay, get weak(er), diminish. **4**. FIG to draw to a close, wane (*día/belleza*).

de·cli·ve [deklíβe] *n/m* **1**. incline, slope, declivity. **2**. drop, fall. LOC **En ~**, sloping, slanting (downwards).
de·co·lo·ran·te [dekolorán̪te] *n/m* decolorant.
de·co·mi·sar [dekomisár] *v* COM to confiscate, seize. **de·co·mi·so** [dekomíso] *n/m* **1**. JUR seizure, confiscation. **2**. confiscated goods *pl*.
de·co·ra·ción [dekoraθjón] *n/f* **1**. decoration, ornaments *pl*, décor. **2**. TEAT scenery, set. LOC **~ de escaparates**, window dressing. **~ de interiores**, interior decorating/design. **de·co·ra·do** [dekoráðo] *n/m* V **decoración**. **de·co·ra·dor/ra** [dekoraðór/ra] **I**. *adj* decorating, ornamental. **II**. *n/m,f* **1**. decorator. **2**. TEAT set designer. **3**. interior designer. **de·co·rar** [dekorár] *v* **1**. *gen* to decorate. **2**. to adorn, embellish. **3**. to furnish. **de·co·ra·ti·vo/a** [dekoratíβo/a] *adj* decorative, ornamental.
de·co·ro [dekóro] *n/m* **1**. decorum, propriety. **2**. dignity, respect, decency. **de·co·ro·so/a** [dekoróso/a] *adj* **1**. decorous, dignified. **2**. proper, decent.
de·cre·cer [dekreθér] *v* (*decrezco*) **(~ en) 1**. to decrease, diminish, decline. **2**. to subside, abate (*aguas*). **de·cre·cien·te** [dekreθjén̪te] *adj* **1**. diminishing, decreasing. **2**. declining. **de·cre·ci·mien·to, de·cre·men·to** [dekreθimjén̪to/dekremén̪to] *n/m gen* decrease.
de·cré·pi·to/a [dekrépito/a] *adj* decrepit. **de·cre·pi·tud** [dekrepitúð] *n/f* **1**. decrepitude. **2**. old age, dotage (*de persona*).
de·cre·tar [dekretár] *v* **1**. to decree. **2**. to decide, ordain. **de·cre·to** [dekréto] *n/m* decree, order. LOC **Real ~**, Royal decree.
de·cú·bi·to [dekúβito] *n/m* reclining position.
de·cu·pli·car [dekuplikár] *v* (*decuplique*) to multiply by ten. **dé·cu·plo/a** [dékuplo/a] *adj n/m* tenfold.
de·cur·so [dekúrso] *n/m* course, movement, lapse (*tiempo*).
de·cha·do [detʃáðo] *n/m* **1**. pattern, sample. **2**. FIG model, example.
de·da·da [deðáða] *n/f* **1**. thimbleful. **2**. pinch, drop. **3**. dab, smudge (*mancha*). **de·dal** [deðál] *n/m* thimble.
dé·da·lo [déðalo] *n/m* FIG labyrinth.
de·deo [deðéo] *n/m* MÚS dexterity.
de·di·ca·ción [deðikaθjón] *n/f* **1**. dedication, REL consecration (*homenaje*). **2**. **(~ a)** FIG dedication, devotion (to). LOC **~ plena**, full-time. **~ parcial**, part-time. **de·di·car** [deðikár] **I**. *v* (*dedique*) **1**. to dedicate, devote. **2**. to address, inscribe (*dedicatoria*). **II**. *v/Refl(-se)* **(~se a)** to devote oneself (to). **de·di·ca·to·ria** [deðikatórja] *n/f* dedication, inscription.
de·dil [deðíl] *n/m* fingerstall. **de·di·llo** [deðíʎo] *n/m* LOC **Al ~**, at one's fingertips, FAM off pat. **de·do** [déðo] *n/m* **1**. finger (*de la mano*). **2**. toe (*del pie*). LOC **Chuparse el ~**, 1. to suck one's thumb (*niño*). 2. FIG FAM to be gullible/naive. **Chuparse los ~s**, FAM to do (sth) with relish/glee. **Contarse algo con los ~s de la mano**, FIG to be able to count sth on the fingers of one hand. **~ anular/índice/meñique**, ANAT ring/index/little finger. **~ gordo/pulgar**, thumb. **~ gordo del pie**, big toe. **~ medio/~ del corazón**, middle finger. **Poner alguien el ~ en llaga**, FIG to put one's finger on the sore spot, point to the source of the trouble. **Señalar a alguien con el ~**, FIG to point the finger at sb.
de·duc·ción [deðu(k)θjón] *n/f* **1**. *gen* deduction. **2**. inference, conclusion. **3**. MÚS diatonic scale/sequence. **de·du·ci·ble** [deðuθíβle] *adj* deducible, inferable. **de·du·cir** [deðuθír] *v* (*deduzco, deduje*) **(~ de/por) 1**. to deduce, infer. **2**. MAT to deduct, subtract. **de·duc·ti·vo/a** [deðuktíβo/a] *adj* deductive.
de·fe·ca·ción [defekaθjón] *n/f* defecation. **de·fe·car** [defekár] *v* (*defeque*) to defecate.
de·fec·ción [defe(k)θjón] *n/f* defection, desertion. **de·fec·ti·vo/a** [defektíβo/a] *adj* **1**. defective, faulty. **2**. GRAM defective. **de·fec·to** [defékto] *n/m* **1**. defect, flaw, imperfection. **2**. ELECTR TÉC fault. **3**. FIG absence, lack. **4**. FIG shortcoming, defect. LOC **En ~ de**, in the absence of. **de·fec·tuo·so/a** [defektwóso/a] *adj* defective, faulty.
de·fen·der [defen̪der] *v* (*defiendo*) **1. (~ de/contra)** to defend (against), protect (from/against). **2**. to champion (*una causa*). **de·fen·di·ble** [defen̪díβle] *adj* defensible. **de·fen·sa** [defénsa] **I**. *n/f* **1**. defense, protection. **2**. MIL defences *pl*. **3**. NÁUT AUT fender. **II**. *n/m* DEP defence, full back (*fútbol*). LOC **Salir en ~ de alguien**, to come out in sb's defence. **de·fen·si·va** [defensíβa] *n/f* LOC **A la ~**, on the defensive. **de·fen·si·vo/a** [defensíβo/a] *adj* defensive, protective. **de·fen·sor/ra** [defensór/ra] **I**. *adj* **1**. defending. **2**. defensive. **II**. *n/m,f* **1**. defender, protector. **2**. JUR counsel for the defence.
de·fe·ren·cia [deferén̪θja] *n/f* deference. **de·fe·ren·te** [deferén̪te] *adj* deferential. **de·fe·rir** [deferír] *v* (*defiero*) **(~ a) 1**. to defer, yield (to). **2**. to delegate (to).
de·fi·cien·cia [defiθjén̪θja] *n/f* **1**. deficiency. **2**. lack, insufficiency. **3**. defect, fault. **4**. FIG shortcoming. **de·fi·cien·te** [defiθjén̪te] **I**. *adj* **1**. deficient, lacking. **2**. defective, faulty (*defectuoso*). **II**. *n/m,f* LOC **~ mental**, MED mentally deficient/retarded person, US FAM PEY retard.
dé·fi·cit [défiθit] *n/m* (*pl deficit*) **1**. COM deficit. **2**. FIG shortage. **de·fi·ci·ta·rio/a** [defiθitárjo/a] *adj* showing a deficit.
de·fi·ni·ción [definiθjón] *n/f* definition. LOC **Por ~**, by definition. **de·fi·ni·do/a** [definíðo/a] *adj* **1**. definite. **2**. FIG clear, distinct (*voz/ sonido*). LOC **Bien ~**, well defined, clearly defined. **de·fi·nir** [definír] *v* **1**. to define. **2**. to determine. **de·fi·ni·ti·va·men·te** [definitíβamén̪te] *adv* **1**. finally. **2**. decisively, definitively. **de·fi·ni·ti·vo/a** [definitíβo/a] *adj* definitive, final. LOC **En definitiva**, 1. anyway. 2. all things considered. 3. in short (*en resumen*). 4. definitively. **de·fi·ni·to·rio/ a** [definitórjo/a] *adj* defining.

de·fla·ción [deflaθjón] *n/f* COM deflation. **de·fla·cio·na·rio/a** [deflaθjonárjo/a] *adj* deflationary. **de·fla·cio·nis·ta** [deflaθonísta] *adj n/m,f* deflationist.

de·fla·gra·ción [deflaγraθjón] *n/f* deflagration. **de·fla·grar** [deflaγrár] *v* to deflagrate, burst into flame/s.

de·fo·lia·ción [defoljaθón] *n/f* BOT defoliation.

de·fo·res·ta·ción [deforestaθjón] *n/f* BOT deforestation. **de·fo·res·tar** [deforestár] *v* to deforest.

de·for·ma·ción [deformaθjón] *n/f* deformation, distortion. **de·for·mar** [deformár] *v* to deform. **de·for·me** [defórme] *adj* **1**. *gen* deformed. **2**. distorted, misshapen. **3**. ugly. **de·for·mi·dad** [deformiðáð] *n/f* **1**. deformity. **2**. perversion. **3**. ugliness.

de·frau·da·ción [defrauðaθjón] *n/f* fraud, defrauding, cheating. **de·frau·dar** [defrauðár] *v* **1**. to defraud. **2**. to cheat. **3**. FIG to frustrate, thwart (*deseo*). **4**. to disappoint. LOC **~ al fisco**, to evade taxes.

de·fun·ción [defuṇθjón] *n/f* death, decease, demise.

de·ge·ne·ra·ción [dexeneraθjón] *n/f* **1**. *gen* degeneration. **2**. degeneracy (*moral*). **de·ge·ne·ra·do/a** [dexeneráðo/a] *adj* degenerate. **de·ge·ne·rar** [dexenerár] *v* **(~ en)** to degenerate (into). **de·ge·ne·ra·ti·vo/a** [dexeneratíβo/a] *adj* degenerative.

de·glu·ción [deγluθjón] *n/f* swallowing. **de·glu·tir** [deγlutír] *v* to swallow.

de·go·lla·ción [deγoʎaθjón] *n/f* beheading, decapitation. **de·go·lla·de·ro** [deγoʎaðéro] *n/m* **1**. slaughterhouse (*reses*). **2**. scaffold (*patíbulo*). **de·go·lla·du·ra** [deγoʎaðúra] *n/f* **1**. cut (*al degollar*). **2**. TÉC joint (*entre dos ladrillos*). **de·go·llar** [deγoʎár] *v* (*de**güe**llo*) **1**. to cut the throat/neck of (*persona, res*). **2**. *gen* to behead, decapitate. **de·go·lli·na** [deγoʎína] *n/f* massacre, slaughter.

de·gra·da·ble [deγraðáβle] *adj* degradable. **de·gra·da·ción** [deγraðaθjón] *n/f* **1**. degradation, debasement. **2**. MIL demotion. **3**. depravity (*moral*). **de·gra·dan·te** [deγraðáṇte] *adj* degrading, humiliating. **de·gra·dar** [deγraðár] *v gen* to degrade.

de·güe·llo [deγwéʎo] *n/m* **1**. throat cutting. **2**. beheading. **3**. slaughter, massacre. LOC **Entrar a ~ en una ciudad,** to slaughter the populace (of a town).

de·gus·ta·ción [deγustaθjón] *n/f* tasting. LOC **~ de vinos**, wine-tasting. **de·gus·tar** [deγustár] *v* to taste.

de·he·sa [deésa] *n/f* AGR pasture.

dei·ci·dio [deiθíðjo] *n/m* deicide. **dei·dad** [deiðáð] *n/f* deity, divinity. **dei·fi·ca·ción** [deifikaθjón] *n/f* deification. **dei·fi·car** [deifikár] *v* (*deifi**que***) to deify. **deís·mo** [deísmo] *n/m* deism. **deís·ta** [deísta] *adj n/m,f* deist.

de·ja·ción [dexaθjón] *n/f* **1**. relinquishment, surrender. **2**. JUR assignment (*de un pleito*). **de·ja·dez** [dexaðéθ] *n/f* **1**. neglect (*falta de cuidado*). **2**. slovenliness. **3**. negligence. **de·ja·do/a** [dexáðo/a] *adj* **1**. slovenly, lazy. **2**. FIG dejected, depressed. **3**. negligent.

de·jar [dexár] **I**. *v* **(~ de/a/en) 1**. *gen* to leave. **2**. to lend (*prestar*). **3**. to forget, leave out (*omitir*). **4**. to leave, put, place (*en un lugar determinado*). **5**. to entrust, give (to) (*entregar*). **6**. to abandon. **7**. to allow (sb to do sth), let. **II**. *v/Refl(-se)* **1**. to neglect oneself, let oneself go. **2**. to permit/let oneself. **3**. to lose heart. **4**. **(~se a)** to give oneself up (to). LOC **¡Deja!**, *exclam* Leave it!, Never mind! **¡Déjame!**, *exclam* Leave me alone! **~ así las cosas,** to leave things as they are. **~ atrás,** 1. to leave behind. 2. to surpass. **~ caer,** 1. to drop, let fall. 2. FIG to hint. **~(se) de +** *inf*, 1. to stop/cease + *ger*. 2. to fail to + *inf*. **~se de cuentos**, stop telling tales. **~ de existir,** to die (out). **~ entrar/salir,** to let in/out. **~ para después,** to put off, leave till/for later. **~ por/que +** *inf*, to leave as being + pp, leave to be + pp: *Deja mucho que desear*, It leaves much to be desired. **~se llevar de,** to let oneself be carried/drawn by. **~se querer,** to let oneself be loved. **~se rogar,** to play hard to get.

de·je, de·ji·llo, de·jo [déxe, dexíʎo, déxo] *n/m* **1**. LIN inflection, accent, lilt (*regional*). **2**. aftertaste (*sabor*).

del [dél] *contrac* de **de + el**, of the, from the.

de·la·ción [delaθjón] *n/f* accusation, denunciation, betrayal.

de·lan·tal [delaṇtál] *n/m* apron, pinafore. **de·lan·te** [deláṇte] *adv* **(~ de) 1**. in front (of), ahead (of) (*precedencia*), before. **2**. in the presence of. **3**. opposite. LOC **~ de mí,** in front of me. **Por ~,** in front, ahead. **de·lan·te·ra** [delaṇtéra] *n/f* **1**. front (part). **2**. DEP FIG lead. LOC **Coger/Tomar la ~ a alguien,** to get ahead of sb, beat sb to it. **de·lan·te·ro/a** [delaṇtéro/a] **I**. *adj* **1**. front (*fila/parte*). **2**. fore (*pata*). **3**. foremost, leading. **II**. **1**. *n/m* DEP forward. **2**. *n/f* DEP forward line.

de·la·tar [delatár] *v* **1**. to denounce, inform on (*persona*). **2**. to give away, betray. **de·la·tor/ra** [delatór/ra] **I**. *adj* accusing, denouncing. **II**. *n/m,f* informer, informant, betrayer.

del·co [délko] *n/m* AUT distributor.

de·le·ble [deléβle] *adj* delible.

de·lec·ta·ción [delektaθjón] *n/f* delectation, delight.

de·le·ga·ción [deleγaθjón] *n/f* **1**. *gen* delegation. **2**. local office, branch. **3**. office (*cargo/oficina*). LOC **~ de Hacienda,** local/regional tax office. **~ (de poderes),** devolution (of powers). **de·le·ga·do/a** [deleγáðo/a] *n/m,f* **1**. delegate. **2**. COM representative, agent. **de·le·gar** [deleγár] *v* (*dele**gue***) **(~ en)** to delegate (to).

de·lei·ta·ble [deleitáβle] *adj* **1**. delectable, delightful. **2**. delicious. **de·lei·tar** [deleitár] *v* **1**. to delight. **2**. (**~se en/con +** *n/inf*) to delight in, take great pleasure in (+ *n/ger*). **de·lei·te** [deléite] *n/m* delight.

de·le·té·reo/a [deletéreo/a] *adj* noxious, poisonous (*gas*).

de·le·tre·ar [deletreár] *v* to spell out, enunciate. **de·le·treo** [deletréo] *n/m* spelling.

de·lez·na·ble [deleθnáβle] *adj* **1**. *gen* fragile, brittle (*quebradizo*). **2**. perishable, FIG ephemeral.
del·fín [delfín] *n/m* **1**. ZOOL dolphin. **2**. HIST dauphin.
del·ga·dez [delɣaðéθ] *n/f* thinness, slimness, leanness. **del·ga·do/a** [delɣaðo/a] *adj* **1**. thin. **2**. slim, slender (*persona*). **3**. FIG delicate, light. **del·ga·du·cho/a** [delɣaðútʃo/a] *adj* FAM PEY thin, skinny.
de·li·be·ra·ción [deliβeraθjón] *n/f* deliberation. **de·li·be·rar** [deliβerár] *v* **(~ sobre)** to deliberate (on). **de·li·be·ra·ti·vo/a** [deliβeratíβo/a] *adj* deliberative.
de·li·ca·de·za [delikaðéθa] *n/f gen* delicacy, kind action. **de·li·ca·do/a** [delikáðo/a] *adj* **1**. *gen* delicate (*frágil/débil*). **2**. fastidious, particular (*persona*). **3**. polite, tactful (*persona*). **4**. subtle, refined (*rasgos*).
de·li·cia [delíθja] *n/f* delight. **de·li·cio·so/a** [deliθjóso/a] *adj* **1**. delightful. **2**. delicious (*sabor*). **3**. funny, amusing (*gracioso*).
de·lic·ti·vo/a [deliktíβo/a] *adj* criminal.
de·li·mi·ta·ción [delimitaθjón] *n/f* delimitation. **de·li·mi·tar** [delimitár] *v* to delimit, define.
de·lin·cuen·cia [deliŋkwéṇθja] *n/f* criminality, delinquency. **de·lin·cuen·te** [deliŋkwéṇte] **I**. *adj* delinquent, criminal. **II**. *n/mf* **1**. offender, criminal. **2**. delinquent (*joven*).
de·li·ne·an·te [delineáṇte] **I**. *adj* delineating, drawing. **II**. *n/m* Br draughtsman, US draftsman. **de·li·ne·ar** [delineár] *v* to delineate, outline, sketch. LOC **Bien delineado,** well-defined.
de·lin·quir [deliŋkír] *v* (*delinco, delincan*) to break the law, commit an offence.
de·li·rar [delirár] *v* **1**. MED to be delirious. **2**. **(~ por)** FIG to rave (about). **de·li·rio** [delírjo] *n/m* **1**. MED delirium. **2**. FIG rapture, PEY frenzy. LOC **Con ~**, madly. **~ de grandezas,** delusions of grandeur *pl*. **¡El ~!**, FIG FAM It is/was great!
de·li·to [delíto] *n/m* **1**. crime, Br offence, US offense, felony. **2**. misdeed, transgression. LOC **El cuerpo del ~**, the corpus delicti.
del·ta [déḷta] *n/m* delta.
del·toi·des [deḷtóiðes] *adj n/m* ANAT deltoid.
de·ma·cra·ción [demakraθjón] *n/f* emaciation. **de·ma·crar·se** [demakrárse] *v/Refl (-se)* to waste away, become emaciated.
de·ma·go·gia [demaɣóxja] *n/f* demagogy. **de·ma·gó·gi·co/a** [demaɣóxiko/a] *adj* demagogic(al). **de·ma·go·go/a** [demaɣóɣo/a] *n/m,f* demagogue.
de·man·da [demáṇda] *n/f* **1**. JUR lawsuit, claim. **2**. COM demand. LOC **Desestimar una ~**, to disallow a claim. **En ~ de,** 1. asking for. 2. seeking, in search of. **Estimar una ~**, JUR to allow a claim. **Oferta y ~**, COM supply and demand. **Presentar una ~ contra alguien,** JUR to sue sb. **Rechazar una ~**, to turn down a request. **de·man·da·do/a** [demaṇdáðo/a] *n/m,f* JUR **1**. defendant. **2**. respondent (*en divorcio*). **de·man·dan·te** [demaṇdáṇte] *n/m,f* JUR plaintiff. **de·man·dar** [demaṇdár] *v* **1**. **(~ ante/por)** JUR to sue, US file a suit against. **2**. to request, solicit.
de·mar·ca·ción [demarkaθjón] *n/f* **1**. demarcation. **2**. district (*terreno*). **de·mar·car** [demarkár] *v* (*demar**que***) to demarcate, establish limits.
de·más [demás] **I**. *adj pron* other, rest of the. **II**. *pron* besides. LOC **Lo ~**, the rest. **Los ~**, the others, the rest (of them). **Por ~**, 1. in vain, no good. 2. moreover. 3. too (+ *adj*), too much of a (+ *n*) (*demasiado*). **Por lo ~**, for the rest, otherwise, apart from that. **Y ~**, etc. **de·ma·sía** [demasía] *n/f* **1**. excess, surplus. **2**. FIG audacity, insolence. LOC **En ~**, in excess, excessively.
de·ma·sia·do/a [demasjáðo/a] **I**. *adj* **1**. too much. **2**. *pl* too many. **II**. *adv* too, too much: *Iba demasiado deprisa,* He was going too fast.
de·men·cia [deméṇθja] *n/f* dementia, insanity. **de·men·te** [deméṇte] **I**. *adj* mad, mental. **II**. *n/m,f* **1**. lunatic, madman *m*, madwoman *f*. **2**. psychiatric patient (*de hospital*).
de·mé·ri·to [demérito] *n/m* demerit.
de·miur·go [demjúrɣo] *n/m* FIL demiurge.
de·mo·cra·cia [demokráθja] *n/f* democracy. **de·mó·cra·ta** [demókrata] *n/m,f* democrat. **de·mo·crá·ti·co/a** [demokrátiko/a] *adj* democratic. **de·mo·cra·ti·za·ción** [demokratiθaθjón] *n/f* democratization. **de·mo·cra·ti·zar** [demokratiθár] *v* (*democrati**ce***) to democratize.
de·mo·dé [demoðé] *adj* FAM outmoded, old fashioned.
de·mo·gra·fía [demoɣrafía] *n/f* demography. **de·mo·grá·fi·co/a** [demoɣráfiko/a] *adj* demographic.
de·mo·le·dor/ra [demoleðór/ra] *adj* **1**. demolishing. **2**. FIG devastating. **de·mo·ler** [demolér] *v* (*de**muelo***) **1**. to demolish, dismantle. **2**. FIG to demolish, destroy (*principio, idea*). **de·mo·li·ción** [demoliθjón] *n/f* demolition.
de·mo·nía·co/a [demoníako/a] *adj* demoniac(al), demonic. **de·mo·nio** [demónjo] *n/m* demon, devil. LOC **~ de**..., you... devil. **¡Vete al ~!**, *exclam* FIG go to hell! **¡Qué ~!**, *int* FAM Damn it! **Llevarse a alguien (todos) los ~**, FIG FAM to fly off the handle with sb (*enfadarse*). **¿Quién ~s...?**, *exclam* Who the devil...? **Saber algo a ~s**, to taste awful. **Tener el ~ en el cuerpo,** FIG FAM to have the devil in one. **de·mo·no·lo·gía** [demonoloxía] *n/f* demonology. **de·mon·tre** [demóṇtre] LOC **¡Qué ~!**, *int* What the devil! Damn!
de·mo·ra [demóra] *n/f* delay, wait. LOC **Sin ~**, without delay. **de·mo·rar** [demorár] **I**. *v* **1**. to delay, postpone. **2**. to put off, hold up/back (*retrasar*). **II**. *v/Refl(-se)* **1**. to linger (*detenerse*). **2**. to be/arrive late.
de·mos·tra·ble [demostráβle] *adj* demonstrable. **de·mos·tra·ción** [demostraθjón] *n/f* **1**. *gen* demonstration. **2**. display, show. **3**. FIG sign (*de dolor*). **4**. MAT proof, demonstration (*razonamiento*). **de·mos·trar** [demostrár] *v* (*de**muestro***) **1**. to show, prove. **2**. to demonstrate, show. **3**. to be a sign of, be

proof of. 4. FIG to display, show (*sentimientos*). **de·mos·tra·ti·vo/a** [demostratíβo/a] *adj n/m* demonstrative.

de·mó·ti·co/a [demótiko/a] *adj* demotic.

de·mu·dar [demuðár] I. *v* to change, alter. II. *v/Refl(-se)* to (turn/go) pale (*la cara*), change colour (*la expresión*).

de·ne·ga·ción [deneɣaθjón] *n/f* 1. rejection, refusal. 2. denial (*negación*). **de·ne·gar** [deneɣár] *v* (*de**niego**/dene**gue***) 1. to turn down, refuse, deny. 2. to deny (*negar*). 3. JUR to reject, dismiss (*demanda*).

den·gue [deŋge] *n/m* affectation, affectedness (*melindre*).

de·ni·gra·ción [deniɣraθjón] *n/f* denigration. **de·ni·gran·te** [deniɣrán̪te] *adj* denigratory, defamatory. **de·ni·grar** [deniɣrár] *v* to denigrate, revile, disparage.

de·no·da·do/a [denoðáðo/a] *adj* LIT valiant, intrepid, determined.

de·no·mi·na·ción [denominaθjón] *n/f gen* denomination. **de·no·mi·na·dor/ra** [denominaðór/ra] I. *adj* denominating, denominative. II. 1. *n/m,f* denominator. 2. *n/m* MAT denominator. **de·no·mi·nar** [denominár] *v* 1. to denominate. 2. to name, designate.

de·nos·tar [denostár] *v* (*de**nuesto***) LIT to insult, abuse.

de·no·ta·ción [denotaθjón] *n/m* denotation, indication, meaning. **de·no·tar** [denotár] *v* 1. to denote. 2. to indicate, mean. **de·no·ta·ti·vo/a** [denotatíβo/a] *adj* denotative, denotive.

den·si·dad [densiðáð] *n/f* 1. *gen* density. 2. thickness. 3. denseness, compactness. 4. darkness (*de la noche*). **den·si·fi·car** [densifikár] *v* (*densifi**que***) 1. to densify, make dense. 2. to thicken. **den·so/a** [dénso/a] *adj* 1. dense. 2. thick. 3. compact. 4. tightly/ closely packed (*gentío*). 5. FIG dense, obscure (*libro*).

den·ta·do/a [den̪táðo/a] *adj* 1. toothed, BOT dentate(d). 2. serrated (*cuchillo*). 3. crenellated, notched, indented. 4. cogged, toothed (*rueda*). 5. jagged (*arista*). **den·ta·du·ra** [den̪taðúra] *n/f* ANAT teeth *pl*, set of teeth. LOC ~ **postiza,** dentures. **den·tal** [den̪tál] *adj* dental. **den·tar** [den̪tár] *v* (***diento***) 1. to serrate (*cuchillo*). 2. to perforate, indent. 3. to teethe, cut teeth (*niño*). 4. to provide with teeth (*rueda/sierra*). **den·te·lla·da** [den̪teʎáða] *n/f* 1. bite (*mordisco*). 2. toothmark (*señal/herida*). 3. snap of jaws/ teeth. LOC **A ~s,** with one's teeth. **den·te·llar** [den̪teʎár] *v* to chatter (*los dientes*). **den·te·lle·ar** [den̪teʎeár] *v* to nibble (at). **den·te·ra** [den̪téra] *n/f* 1. tingling sensation (*en los dientes*). 2. FIG envy. LOC **Dar ~ a uno,** 1. to set one's teeth on edge. 2. FIG to make sb jealous. **den·ti·ción** [den̪tiθjón] *n/f* teething (*de los niños*). **den·tí·fri·co/a** [den̪tífriko/a] I. *adj* tooth. II. *n/m* toothpaste. LOC **Pasta ~a,** toothpaste. **den·ti·na** [den̪tína] *n/f* Br dentine, US dentin. **den·tis·ta** [den̪tísta] *n/m,f* dentist.

den·tro [dén̪tro] *adv* **(~ de)** inside, within, in. LOC **De/Desde ~,** from inside. **~ de poco,** soon, shortly. **Ir hacia ~,** to go inside/indoors (*en casa*). **Meter ~,** to put into/inside. **Por ~.** 1. inside, on the inside. 2. FIG inwardly, inside.

de·nue·do [denwéðo] *n/m* LIT valour, courage.

de·nues·to [denwésto] *n/m* insult.

de·nun·cia [denúnθja] *n/f* 1. *gen* denunciation. 2. reporting (*de un delito*). **de·nun·cia·ble** [denun̪θjáβle] *adj* indictable. **de·nun·cian·te** [denun̪θján̪te] *n/m,f* JUR plaintiff, complainant. **de·nun·ciar** [denun̪θjár] *v* 1. to proclaim, announce. 2. FIG to betray, reveal (*mostrar*). 3. to give notice of, report. 4. JUR to denounce, report a claim.

deon·to·lo·gía [deon̪toloxía] *n/f* deontology.

de·pa·rar [deparár] *v* 1. to supply, provide, furnish (with). 2. to afford, offer, give.

de·par·ta·men·tal [departamen̪tál] *adj* departmental. **de·par·ta·men·to** [departamén̪to] *n/m* 1. *gen* department. 2. compartment (*caja/ferrocarril*). 3. district, sector (*territorio*). 4. department, section, branch (*administrativo*). 5. *Amer* apartment, flat.

de·par·tir [departír] *v* to talk, converse.

de·pau·pe·ra·ción [depauperaθjón] *n/f* 1. impoverishment. 2. MED weakening, exhaustion. **de·pau·pe·rar·se** [depauperárse] *v/Refl(-se)* to become weak/exhausted.

de·pen·den·cia [depen̪dén̪θja] *n/f* 1. **(~ de)** dependence, dependance, reliance (on). 2. department, section (*oficina/almacén*), branch (*sucursal*). 3. *pl* accessories, ARQ outbuildings. 4. sales staff. LOC **~ asistencial,** MED clinic. **~ política,** political dependency. **Estar bajo la ~ de,** to be dependent upon. **de·pen·der** [depen̪dér] *v* **(~ de)** 1. to depend (on). 2. to be subject to (the authority of). 3. to be under, be dependent on. LOC **Depende de él,** it's up to him. **En lo que de mí depende,** as far as I'm concerned. **Eso depende,** that depends. **de·pen·dien·te/a** [depen̪djén̪te/a] I. *adj* **(~ de)** dependent (on). II. *n/m,f* 1. employee, subordinate. 2. salesperson, shop assistant (*tienda*). 3. clerk (*oficinista*).

de·pi·la·ción [depilaθjón] *n/f* depilation. **de·pi·lar** [depilár] *v* to depilate, remove hair from. LOC **~se las cejas,** to pluck one's eyebrows. **de·pi·la·to·rio/a** [depilatórjo/a] I. *adj* depilatory, hair-removing. II. *n/m* hair remover.

de·plo·ra·ble [deploráβle] *adj* deplorable, regrettable. **de·plo·rar** [deplorár] *v* to deplore, lament.

de·po·ner [deponér] *v* (*de**pongo**, de**puse**, de**pondré***, pp *de**puesto***) 1. **(~ de)** to depose, overthrow (*gobierno*), deprive of office (*un cargo*). 2. to lay/put aside/down. 3. to lower, bring down. 4. JUR to testify. 5. to defecate.

de·por·ta·ción [deportaθjón] *n/f* deportation. **de·por·ta·do/a** [deportáðo/a] *n/m,f* deportee. **de·por·tar** [deportár] *v* to deport.

de·por·te [depórte] *n/m* 1. *gen* sport. 2. game, recreation. **de·por·tis·mo** [deportísmo] *n/m* 1. sport(s). 2. sportiveness, FAM sportiness (*afición*). **de·por·tis·ta** [deportísta] I. *adj* 1. sports. 2. sporting, FAM sporty. II. *n/m,f* sportsperson. **de·por·ti·vi·dad** [deportiβiðáð] *n/f* sportsmanship. **de·por·ti·vo/a** [deportíβo/a] *adj* 1. sports (*club*). 2. sporting (*actitud*).

de·po·si·ción [deposiθjón] *n/f* 1. deposal, deposition, removal from office. 2. JUR deposition. 3. defecation.

de·po·si·tar [depositár] I. *v* **(~ en)** 1· to deposit, put, place (*colocar*). 2. to store, keep, lodge. 3. FIG to entrust (to), place (in); COM to pay in. II. *v/Refl(-se)* QUÍM to settle, precipitate (*líquido*). **de·po·si·ta·ría** [depositaría] *n/f* 1. depository. 2. COM trust. **de·po·si·ta·rio/a** [depositárjo/a] I. *adj* deposit. II· 1. *n/m,f* depositary, trustee. 2. *n/m* FIG repository, keeper. **de·pó·si·to** [depósito] *n/m* 1. COM store, warehouse. 2. MIL depot, dump. 3. tank, reservoir (*de líquido*). 4. QUÍM COM deposit, scale (*cal*, etc.). 5. depot, yard. 6. tip, dump (*de basuras*). LOC **~ de agua,** cistern. **~ de cadáveres,** morgue, mortuary. **~ de equipaje,** Br cloakroom, US checkroom, luggage room. **En ~,** COM in bond.

de·pra·va·ción [depraβaθjón] *n/f* depravity, depravation. **de·pra·va·do/a** [depraβáðo/a] *adj* depraved. **de·pra·var** [depraβar] *v* 1. to deprave, pervert. 2. to corrupt, damage.

de·pre·ca·ción [deprekaθjón] *n/f* 1. petition, entreaty. 2. deprecation, prayer. **de·pre·car** [deprekár] *v* (*depre**que***) to beg, beseech. **de·pre·ca·ti·vo/a, de·pre·ca·to·rio/a** [deprekatíβo/a, deprekatórjo/a] *adj* deprecatory.

de·pre·cia·ción [depreθjaθjón] *n/f* depreciation. **de·pre·ciar** [depreθjár] *v/v/Refl(-se)* to depreciate.

de·pre·da·ción [depreðaθjón] *n/f* depredation, plundering. **de·pre·dar** [depreðár] *v* to depredate, pillage, plunder.

de·pre·sión [depresjón] *n/f* 1. *gen* depression. 2. GEOL dip, hollow. 3. drop, fall, lowering. **de·pre·si·vo/a** [depresíβo/a] *adj* depressing, depressive. **de·pri·men·te** [depriméņte] *adj* depressing. **de·pri·mi·do/a** [deprimíðo/a] *adj* 1. MED depressed. 2. depressed, sad (*hundido*). **de·pri·mir** [deprimír] *v* 1. *gen* to depress. 2. to lower, reduce (*volumen/altura*).

de·pri·sa [deprísa] *adv* fast, quickly.

de·pu·ra·ción [depuraθjón] *n/f* 1. purification, cleansing. 2. FIG purge, purging. **de·pu·ra·dor/ra** [depuraðór/ra] I. *adj* 1. cleansing, purifying. 2. FIG purging. II. *n/f* water purifier. LOC **de·pu·rar** [depurár] *v* 1. to cleanse, purify. 2. FIG to refine, make pure, perfect. 3. FIG to purge (*régimen*). **de·pu·ra·ti·vo/a** [depuratíβo/a] *adj n/m* depurative.

de·re·cha [derétʃa] *n/f* 1. right hand. 2. right side (*lado*). 3. **(La ~)** (the) right (*política*). LOC **A la ~,** on/to the right. **A ~s,** rightly. **No hacer nada a ~s,** to do nothing right. **de·re·cha·men·te** [derétʃaméņte] *adv* 1. straight. 2. directly. 3. FIG properly. **de·re·chis·ta** [deretʃísta] I. *adj* right-wing. II. *n/m,f* right-wing person. **de·re·cho/a** [derétʃo/a] I. *adj* 1· right (*mano/lado*). 2. straight, upright. II. *adv* 1. straight, directly. 2. straight, upright. III. *n/m* 1. **(~ a/de + *inf*)** *gen* right (to + *inf*): *Derecho a vivir*, Right to life. 2. JUR law: *Estudió Derecho*, He studied Law. 3. law (*natural*). 4. right side (*de un objeto/prenda*). 5. *pl* COM dues, fees (*profesionales*), taxes, duties (*impuestos*). LOC **Con ~,** rightly, justly. **Con ~ a,** with a right to. **Conforme a ~,** according to the law. **¿Con qué ~?,** With what right? **Corresponder de ~ a uno,** to be one's right. **De ~,** by right, by law. **~ al voto,** the right to vote, the vote. **~s de autor,** royalties. **~s civiles,** civil rights. **~ como una vela,** FIG FAM as straight as a die. **~ de paso,** right of way. **Derechos Humanos,** Human Rights. **Es un hombre hecho y ~,** FIG FAM He's a real man. **Estar en su ~,** to be within one's rights *pl*, be in the right. **¡No hay ~!,** *exclam* FAM It's not fair! **Ponerse ~,** to stand up straight. **Por ~ propio,** in one's own right. **Reservados todos los ~s,** copyright, all rights reserved. **Según ~,** by right/s. **¡Siga (todo) ~!,** Go/Carry straight on! **Tener ~ a,** to have a right to. **de·re·chu·ra** [deretʃúra] *n/f* straightness, uprightness.

de·ri·va [deríβa] *n/f* NÁUT FIG drift, deviation (off course). LOC **Ir a la ~,** NÁUT FIG to drift, go adrift. **de·ri·va·ción** [deriβaθjón] *n/f* 1. derivation. 2. origin, source. 3. change, deviation. 4. ELECTR shunt, connection. 5. FIG deduction, inference. **de·ri·va·do/a** [deriβáðo/a] *adj n/m* derivative, by-product. **de·ri·var** [deriβár] *v* I. 1. **(~ de)** to derive, be derived (from). 2. **(~ hacia)** to incline/tend/drift (towards). 3. to (re)direct, divert (*agua/conversación*). 4. **(~ en)** FIG to lead to. II. *v Refl(-se)* to come from. **de·ri·va·ti·vo/a** [deriβatíβo/a] *adj* derivative.

der·ma·ti·tis [dermatítis] *n/f* MED dermatitis. **der·ma·to·lo·gía** [dermatoloxía] *n/f* MED dermatology. **der·ma·to·ló·gi·co/a** [dermatolóxiko/a] *adj* dermatological. **der·ma·tó·lo·go/a** [dermatóloγo/a] *n/m,f* dermatologist. **der·ma·to·sis** [dermatósis] *n/f* MED dermatosis. **dér·mi·co/a** [dérmiko/a] *adj* cutaneous, dermal, dermic. **der·mis** [dérmis] *n/f* ANAT derma, dermis.

de·ro·ga·ción [deroγaθjón] *n/f* 1. JUR derogation, repeal, abolition (*de una ley*). 2. deterioration, decrease. **de·ro·gar** [deroγár] *v* (*derogue*) 1. *gen* to derogate, repeal. 2. to reform. 3. to rescind, annul (*contrato*). **de·ro·ga·to·rio/a** [deroγatórjo/a] *adj* repealing, annulling.

de·rra·ma [derráma] *n/f* COM 1. apportionment, distribution (*de impuestos*). 2. special contribution, rating. **de·rra·ma·mien·to** [derramamjéņto] *n/m* 1. spilling, (over) flowing, pouring out (*acción*). 2. spillage. 3. dispersal, spread(ing). LOC **~ de sangre,** bloodshed. **de·rra·mar** [derramár] *v* 1. to spill/pour (out), (over)flow. 2. to spread, scatter. 3. to shed (*lágrimas*). 4. to be spilt/shed (*sangre*). **de·rra·me** [derráme] *n/m* 1.

dispersion, scattering. **2.** overflow (*salida*). **3.** leakage, waste, spilling (*pérdida*). **4.** MED discharge.

de·rra·par [derrapár] *v* AUT to skid.

de·rre·dor [derreðór] *n/m* periphery, circumference, surroundings *pl.* LOC **Al/En ~ (de),** around, about.

de·rre·ti·mien·to [derretimjénto] *n/m* **1.** melting, thaw(ing) (*nieve*). **2.** FIG passion. **de·rre·tir** [derretír] **I.** *v* (*derrito*) **1.** to melt, thaw. **2.** TÉC to melt down (*metales*). **II.** *v/Refl(-se)* **1.** **(~se por)** FIG FAM to be crazy (about), be/fall madly in love (with). **2.** **(~se de)** FIG to burn (with) (*pasión/enojo*).

de·rri·bar [derriβár] *v* **1.** to demolish (*edificio*), knock/pull down (*muralla*). **2.** to batter down (*puerta*), knock down (*persona*). **3.** to knock over, upset (*silla*). **4.** to shoot (down), bring down (*avión/caza*). **5.** FIG to overthrow (*gobierno*), oust, topple (*dictador*). **de·rri·bo** [derríβo] *n/m* **1.** demolition, collapse. **2.** *pl* rubble, debris.

de·rro·ca·mien·to [derrokamjénto] *n/m* **1.** demolition. **2.** hurtling, hurling (down). **3.** FIG overthrow. **de·rro·car** [derrokár] *v* (*derroque*) **1.** to knock down, demolish (*edificio*). **2.** to hurl down (*despeñar*). **3.** FIG to overthrow, oust (*gobierno*).

de·rro·cha·dor/ra [derrotʃaðór/ra] *adj n/m,f* spendthrift, squanderer. **de·rro·char** [derrotʃár] *v* to waste, squander (*energía/bienes*). **de·rro·che** [derrótʃe] *n/m* **1.** waste. **2.** extravagance. LOC **Un ~ de energía,** a burst of energy.

de·rro·ta [derróta] *n/f* **1.** MIL defeat, débâcle. **2.** setback. **3.** way, path (*camino*), NÁUT course. **de·rro·tar** [derrotár] *v* **1.** *gen* to defeat. **2.** DEP to beat, defeat. **3.** MIL to rout, put to flight. **de·rro·te·ro** [derrotéro] *n/m* NÁUT FIG course. **de·rro·tis·mo** [de-rrotísmo] *n/m* defeatism. **de·rro·tis·ta** [de-rrotísta] *adj n/m,f* defeatist.

de·rru·biar [derruβjár] *v* GEOL to erode, wash away. **de·rru·bio** [derrúβjo] *n/m* GEOL **1.** erosion, undermining. **2.** alluvium, alluvion (*tierra*).

de·rruir [derruír] *v* (*derruyo*) **1.** *gen* to destroy. **2.** to demolish, raze to the ground (*edificio*).

de·rrum·ba·de·ro [derrumbaðéro] *n/m* **1.** cliff, precipice. **2.** FIG pitfall, hazard. **de·rrum·ba·mien·to** [derrumbamjénto] *n/m* **1.** *gen* collapse, fall. **2.** caving in (*techo*). LOC **~ de tierra,** landslide. **de·rrum·bar** [derrumbár] **I.** *v* **1.** to hurl/throw down. **2.** to demolish. **3.** to knock over. **4.** FIG to shatter (*esperanzas*). **II.** *v/Refl(-se)* **1.** *gen* to collapse (*desmoronarse*). **2.** to fall in, cave in (*techo*). **3.** **(~se por)** to fall headlong (down to) (*el suelo*). **4.** to become depressed. **de·rrum·be** [derrúmbe] *n/m* V **derrumbamiento**.

der·vi·che [derβítʃe] *n/m* REL dervish.

de·sa·bo·llar [desaβoʎár] *v* TÉC to smooth out.

de·sa·bo·ri·do/a [desaβoríðo/a] *adj* insipid, tasteless.

de·sa·bo·to·nar [desaβotonár] **I.** *v* to unbutton, undo (*ropa*). **II.** *v/Refl(-se)* **1.** to unbutton oneself/one's clothes. **2.** to come undone (*prenda*).

de·sa·bri·do/a [desaβríðo/a] *adj* **1.** tasteless, insipid. **2.** rough, surly (*hombre*). **3.** bitter (*discusión*).

de·sa·bri·ga·do/a [desaβrigáðo/a] *adj* FIG unprotected, defenceless. **de·sa·bri·gar** [desaβriγár] **I.** *v* (*desabrigue*) **1.** to uncover, leave without shelter. **2.** to take off (some of the clothes of). **II.** *v/Refl(-se)* **1.** to take off one's coat. **2.** to throw off one's (bed)covers (*en la cama*).

de·sa·bri·mien·to [desaβrimjénto] *n/m* **1.** unpleasant taste (*fruta*). **2.** insipidness, tastelessness. **3.** inclemency (*tiempo*). **4.** surliness, harshness, unpleasantness (*de carácter*).

de·sa·bro·char [desaβrotʃar] **I.** *v* to undo, unfasten (*prenda*). **II.** *v/Refl(-se)* **1.** to undo/unfasten one's clothes. **2.** to come undone (*prenda*).

de·sa·ca·tar [desakatár] *v* to be disrespectful to, treat disrespectfully. **de·sa·ca·to** [desakáto] *n/m* **1.** disrespect, irreverence. **2.** JUR contempt.

de·sa·ce·le·ra·ción [desaθeleraθjón] *n/f* FÍS deceleration. **de·sa·ce·le·rar** [desaθelerár] *v* FÍS to decelerate.

de·sa·cer·ta·do/a [desaθertáðo/a] *adj* wrong, misguided, mistaken. **de·sa·cer·tar** [desaθertár] *v* to be wrong. **de·sa·cier·to** [desaθjérto] *n/m* **1.** error, mistake, miscalculation. **2.** blunder, misguided act/remark.

de·sa·co·mo·da·do/a [desakomoðáðo/a] *adj* **1.** poor. **2.** unemployed, out of work. **de·sa·co·mo·do** [desakomóðo] *n/m* dismissal, loss of one's job.

de·sa·con·se·jar [desakonsexár] *v* to dissuade, advise against.

de·sa·co·plar [desakoplár] *v* **1.** ELECTR to disconnect. **2.** TÉC to uncouple.

de·sa·cor·de [desakórðe] *adj* **1.** MÚS discordant. **2.** FIG conflicting (*opiniones*). LOC **Estar ~ con,** to conflict with, be discordant with.

de·sa·cos·tum·bra·do/a [desakostumbráðo/a] *adj* unusual, peculiar. **de·sa·cos·tum·brar** [desakostumbrár] **I.** *v* **(~ a alguien de)** to wean sb off sth. **II.** *v/Refl(-se)* **(~se de/a)** to lose the habit of.

de·sa·cre·di·ta·do/a [desakreðitáðo/a] *adj* discredited. **de·sa·cre·di·tar** [desakreðitár] *v* to discredit.

des·ac·ti·var [desaktiβár] *v* **1.** TÉC to defuse (*explosivo*). **2.** TÉC to deactivate (*interrumpir*). **3.** FIG to slow down (*economía*).

de·sa·cuer·do [desakwerðo] *n/m* **1.** disagreement. **2.** discord, disconformity. **3.** error, mistake. LOC **En ~ con,** at variance with, out of keeping with. **Estar en ~ con,** to be in disagreement with.

de·sa·fec·to/a [desafékto/a] **I.** *adj* **(~ a)** **1.** disaffected (from), out of sympathy (with) (*partido*). **2.** hostile (to), opposed (to) (*ideología*). **II.** *n/m* **1.** coldness, dislike. **2.** disaffection (*político*).

de·sa·fian·te [desafjáṇte] *adj* defiant, challenging. **de·sa·fiar** [desafiár] *v* (*desafío/desafíen*) **1.** to defy, brave. **2. (~ a)** to dare (to) (*arriesgarse*). LOC **~ a + *inf***, 1. to challenge (sb) to + *inf*. 2. to dare (sb) to + *inf*.

de·sa·fi·nar [desafinár] *v* **1.** MÚS to go/be out of tune. **2.** MÚS to out of tune (*persona*). **3.** FIG FAM to say the wrong thing.

de·sa·fío [desafío] *n/m* **1.** *gen* challenge (*reto*). **2.** defiance. **3.** rivalry, competition. **4.** duel.

de·sa·fo·ra·do/a [desaforáðo/a] *adj* **1.** lawless, wild. **2.** excessive, huge (*ambición*).

de·sa·for·tu·na·do/a [desafortunáðo/a] *adj* **1.** unfortunate, unlucky. **2.** misguided, imprudent.

de·sa·fue·ro [desafwéro] *n/m* **1.** crime, infringement of the law (*violento*). **2.** outrage, abuse, excess (*abusivo*).

de·sa·gra·da·ble [desaγraðaβle] *adj* **(~ a/de/con)** disagreeable, unpleasant (to/about/with). **de·sa·gra·dar** [desaγraðár] *v* **1.** to displease. **2.** to be unpleasant. **de·sa·gra·de·ci·do/a** [desaγraðeθíðo/a] *adj* ungrateful, unappreciative. **de·sa·gra·de·ci·mien·to** [desaγraðeθimjéṇto] *n/m* ungratefulness, ingratitude. **de·sa·gra·do** [desaγráðo] *n/m* **1.** displeasure. **2.** discontent, dissatisfaction.

de·sa·gra·viar [desaγraβjár] *v* **1. (~ de)** to atone, make amends (for) *pl*. **2.** to apologize to. **de·sa·gra·vio** [desaγráβjo] *n/m* amends *pl*. LOC **En ~ de**, as a compensation for.

de·sa·gua·de·ro [desaγwaðéro] *n/m* drain. **de·sa·guar** [desaγwár] *v* (*desagüe*) **(~ en)** to drain (into). **de·sa·güe** [desáγwe] *n/m* **1.** drainage. **2.** drain (*lugar*). LOC **Tubo de ~**, drainpipe.

de·sa·gui·sa·do/a [desaγisáðo/a] **I.** *adj* **1.** illegal. **2.** unreasonable. **II.** *n/m* outrage.

de·sa·ho·ga·do/a [desaoγáðo/a] *adj* **1.** spacious (*lugar*), baggy (*prenda*). **2.** comfortable, well-paid. **3.** FIG PEY careless, free (*en la conducta*). **de·sa·ho·gar** [desaoγár] **I.** *v* (*desahogue*) to show (*sentimiento*), vent (*enojo*), relieve (*frustración*). **II.** *v/Refl(-se)* **1. (~se de)** to get clear/free of, rid oneself of (*deudas*). **2.** to relax, wind down (*descansar*). **3. (~se con/a)** to unburden oneself, FAM offload one's troubles (to). **de·sa·ho·go** [desaóγo] *n/m* **1. (~ de)** relief (for). **2.** ease, space, comfort.

de·sa·hu·ciar [desauθjár] *v* **1.** to evict (*inquilino*). **2.** to deprive of hope, MED declare hopeless/incurable. **de·sa·hu·cio** [desáuθjo] *n/m* ejection, eviction.

de·sai·rar [desairár] *v* to scorn, spurn. **de·sai·re** [desáire] *n/m* **1.** rebuff. **2.** shabbiness, unattractiveness. LOC **¡Qué ~!**, *exclam* How awful!

de·sa·jus·tar [desaxustár] **I.** *v* to disarrange, upset. **II.** *v/Refl(-se)* **(~ se de)** to withdraw (from) (*un ajuste*). **de·sa·jus·te** [desaxúste] *n/m* breakdown, disorder.

de·sa·lar [desalár] *v* **1.** to unsalt, desalt. **2.** to clip the wings (*ave*).

de·sa·len·ta·dor/ra [desaleṇtaðór/ra] *adj* discouraging. **de·sa·len·tar** [desaleṇtár] *v* (*desa**liento***) FIG to discourage. **de·sa·lien·to** [desaljéṇto] *n/m* **1.** weakness. **2.** dismay, demoralisation.

de·sa·li·nea·ción [desalineaθjón] *n/f* disalignment.

de·sa·li·ña·do/a [desaliɲáðo/a] *adj* scruffy, dishevelled, slipshod. **de·sa·li·ñar** [desaliɲár] *v* to neglect one's appearance. **de·sa·li·ño** [desalíɲo] *n/m* scruffiness, slovenliness.

des·al·ma·do/a [desalmáðo/a] *adj* cruel, heartless, wicked.

de·sa·lo·ja·mien·to [desaloxamjéṇto] *n/m* **1.** displacement. **2.** removal, PEY eviction (*de una casa*). **de·sa·lo·jar** [desaloxár] *v* **(~ de) 1.** to dislodge, displace (from). **2.** to evict, eject (from) (*persona*). **3.** to move out of (*casa*). **de·sa·lo·jo** [desalóxo] *n/m* V **desalojamiento**.

des·al·qui·la·do/a [desalkiláðo/a] *adj* unrented, vacant.

de·sa·ma·rrar [desamarrár] *v* NÁUT to cast off.

des·am·bien·ta·do/a [desaɱbjeṇtaðo/a] *adj* disorientated, out of place.

de·sa·mor [desamór] *n/m* **1.** dislike. **2.** indifference.

des·am·pa·ra·do/a [desaɱparáðo/a] *adj* helpless, lost. **des·am·pa·rar** [desaɱparár] *v* to desert, abandon. **des·am·pa·ro** [desaɱpáro] *n/m* **1.** helplessness, distress. **2.** abandonment.

de·sa·mue·bla·do/a [desamweβláðo/a] *adj* unfurnished.

des·an·dar [desaṇdár] *v* (*desand**uve***) to retrace one's steps.

des·an·ge·la·do/a [desaŋxeláðo/a] *adj* dispirited, dull.

de·san·gra·mien·to [desaŋgramjéṇto] *n/m* bleeding. **de·san·grar** [desaŋgrár] *v* **1.** to bleed. **2.** to drain (*pantano*).

de·sa·ni·dar [desaniðár] *v* to leave the nest (*aves*).

de·sa·ni·ma·do/a [desanimáðo/a] *adj gen* lifeless. **de·sa·ni·mar** [desanimár] *v* to depress. **de·sá·ni·mo** [desánimo] *n/m* despondency, depression, discouragement.

de·sa·nu·dar [desanuðár] *v* **1.** to untie. **2.** FIG disentangle, FAM sort out.

de·sa·pa·ci·bi·li·dad [desapaθiβiliðáð] *n/f* unpleasantness. **de·sa·pa·ci·ble** [desapaθíβle] *adj* unpleasant, disagreeable, inclement (*tiempo*).

de·sa·pa·re·cer [desapareθér] *v* (*desapa**rezco***) **1. (~ de)** to disappear, vanish (from). **2.** to wear off (*droga*).

de·sa·pa·re·jar [desaparexár] *v* to unharness.

de·sa·pa·ri·ción [desapariθjón] *n/f* disappearance.

de·sa·pa·sio·na·do/a [desapasjonáðo/a] *adj* dispassionate. **de·sa·pa·sio·nar·se** [desapasjonárse] *v/Refl(-se)* **(~se de algo/por alguien) 1.** to lose interest (in), become indifferent (to). **2.** to get over sb/sth.

de·sa·pe·go [desapéγo] *n/m* detachment, lack of interest (in), indifference (to).

de·sa·per·ci·bi·do/a [desaperθiβíðo/a] *adj* **1.** unnoticed. **2.** unawares *pl*, unprepared.

de·sa·pren·sión [desaprensjón] *n/f* 1. nonchalance, lack of consideration. 2. unscrupulousness. **de·sa·pren·si·vo/a** [desaprensíβo/a] *adj* inconsiderate, PEY unscrupulous.

de·sa·pro·ba·ción [desaproβaθjón] *n/f* disapproval. **de·sa·pro·bar** [desaproβár] *v* (*desapruebo*) to disapprove (of).

de·sa·pro·piar·se [desapropjárse] *v/Refl (-se)* **(~se de algo)** to relinquish, give up, deprive oneself of.

de·sa·pro·ve·cha·mien·to [desaproβetʃamjéṇto] *n/m* 1. waste, misuse. 2. backwardness. **de·sa·pro·ve·char** [desaproβetʃár] *v* 1. to waste, fail to use, fail to take up. 2. to miss, FAM lose out on. LOC **~ la ocasión,** FIG FAM to miss a chance.

des·ar·ma·do/a [desarmáðo/a] *adj* 1. unarmed (*sin armas*). 2. TÉC dismantled (*descompuesto*). 3. FIG disarmed (*sin réplica*). **des·ar·mar** [desarmár] *v* 1. *gen* to disarm. 2. TÉC to dismantle. 3. AUT to strip down, take to pieces (*motor*). **des·ar·me** [desárme] *n/m* disarmament.

de·sa·ro·ma·ti·zar [desaromatiθár] *v/Refl (-se)* (*desaromatice*) to deodorize.

de·sa·rrai·ga·do/a [desarraiγáðo/a] *adj* 1. uprooted. 2. FIG rootless, with no roots. **de·sa·rrai·gar** [desarraiγár] *v* (*desarraigue*) 1. **(~ de)** *gen* to uproot, deracinate (from). 2. to eradicate, extirpate, root out. 3. FIG to suppress (*vicio/creencia*, etc). **de·sa·rrai·go** [desarráiγo] *n/m* 1. uprooting. 2. eradication, extirpation.

de·sa·rra·pa·do/a [desarrapáðo/a] *adj* ragged, (dressed) in tatters.

de·sa·rre·gla·do/a [desarreγláðo/a] *adj* 1. disarranged, untidy, disorderly. 2. TÉC out of order, broken, faulty. **de·sa·rre·glar** [desarreγlár] *v* 1. to disarrange, upset. 2. to make untidy. **de·sa·rre·glo** [desarréγlo] *n/m* 1. *gen* disorder. 2. mess, confusion, untidiness. 3. TÉC fault.

de·sa·rro·llar [desarroʎár] I. *v* 1. *gen* to develop. 2. to unfold, unroll, expand. 3. to expound (*teoría*) II. *v/Refl(-se)* 1. to develop, evolve. 2. to take place (*ocurrir*). **de·sa·rro·llo** [desarróʎo] *n/m* development. LOC **Índice de ~,** growth rate. **Países en vías de ~,** developing countries.

de·sa·rro·par [desarropár] *v/v/Refl(-se)* to undress.

de·sa·rru·gar [desarruγár] *v/v/Refl(-se)* (*desarrugue*) to smooth (out), unwrinkle.

des·ar·ti·cu·la·ción [desartikulaθjón] *n/f* 1. disarticulation, disconnection. 2. MED dislocation. **des·ar·ti·cu·lar** [desartikulár] I. *v* 1. to disarticulate, disjoint. 2. MED to dislocate. 3. TÉC to dismantle, take apart, disconnect. II. *v/Refl(-se)* to become disjointed.

de·sa·sea·do/a [desaseáðo/a] *adj* 1. dirty, messy. 2. scruffy, unkempt. **de·sa·se·ar** [desaseár] *v* 1. to soil (*ensuciar*). 2. to make untidy.

de·sa·si·mien·to [desasimjéṇto] *n/m gen* detachment. **de·sa·sir** [desasír] I. *v* (*desasgo*) 1. to let go, release. 2. to loosen. 3. to detach. II. *v/Refl(-se)* 1. to come off, become detached (*cosa*). 2. **(~se de)** FIG to free oneself, extricate oneself (from) (*compromiso*).

de·sa·sis·ten·cia [desasistéṇθja] *n/f* abandonment, neglect. **de·sa·sis·tir** [desasistír] *v* to abandon, desert, neglect.

des·as·nar·se [desasnárse] *v/Refl(-se)* to become cultivated/refined.

de·sa·so·se·gar [desasoseγár] *v* (*desasogué*) ***to disturb, upset, make uneasy.*** **de·sa·so·sie·go** [desasosjéγo] *n/m* 1. restlessness, unrest. 2. uneasiness, anxiety.

de·sas·tra·do/a [desastráðo/a] *adj* 1. dirty. 2. scruffy, FAM messy. 3. unfortunate, FAM luckless. **de·sas·tre** [desástre] *n/m* disaster. LOC **¡Qué ~ de persona!,** What a clot! **de·sas·tro·so/a** [desastróso/a] *adj* disastrous.

de·sa·tar [desatár] *v* 1. to untie, undo, unfasten. 2. FIG to unleash, let loose (*pasión*). LOC **~se en,** to pour out/forth (*improperios*). **~(se) la lengua a alguien,** FIG FAM to loosen sb's/one's tongue.

de·sa·tas·car [desataskár] *v* (*desatasque*) 1. to pull out of the mud. 2. to unblock (*cañería*).

de·sa·ten·ción [desateṇθjón] *n/f* 1. inattention, disregard, lack of attention/concentration. 2. disrespect, discourtesy. **de·sa·ten·der** [desateṇdér] *v* (*desatiendo*) 1. to neglect, pay no attention to (*detalles/deber*). 2. to disregard, ignore (*la verdad*). **de·sa·ten·to/a** [desatéṇto/a] *adj* 1. inattentive. 2. discourteous, rude.

de·sa·ti·na·do/a [desatináðo/a] *adj* wide of the mark, wild, reckless, foolish. **de·sa·ti·nar** [desatinár] *v* 1. to make blunders (*hechos/dichos*). 2. to bewilder, Br SL freak out. **de·sa·ti·no** [desatíno] *n/m* 1. blunder, mistake. 2. nonsense, stupidity, folly.

de·sa·tor·ni·llar [desatorniʎár] *v* TÉC to unscrew.

de·sa·tra·car [desatrakár] *v* (*desatraque*) NÁUT to cast off.

de·sa·tran·car [desatraŋkár] *v* (*desatranque*) 1. to unblock, clear (*conducto*). 2. to unbar (*puerta*).

des·au·to·ri·za·ción [desautoriθaθjón] *n/f* denial, disallowance, disapproval. **des·au·to·ri·za·do/a** [desautoriθáðo/a] *adj* unauthorized. **des·au·to·ri·zar** [desautoriθár] *v* (*desautorice*) 1. to disallow, forbid. 2. to deny, discredit.

de·sa·ve·nen·cia [desaβenéṇθja] *n/f* disagreement, friction. **de·sa·ve·ni·do/a** [desaβeníðo/a] *adj* incompatible, opposing.

de·sa·ven·ta·ja·do/a [desaβeṇtaxáðo/a] *adj* disadvantaged, disadvantageous.

de·sa·yu·nar [desaɟunár] *v* to breakfast, have breakfast. **de·sa·yu·no** [desaɟúno] *n/m* breakfast.

de·sa·zón [desaθón] *n/f* 1. tastelessness (*alimento*). 2. FIG anxiety, (feeling of) unease. 3. FIG discomfort.

des·ban·car [desβaŋkár] *v* (*desbanque*) **(~ de)** to replace (in), take over (from), take sb's place (in), oust.

des·ban·da·da [desβaṇdáða] *n/f* LOC **A la ~,** helter-skelter, FAM willy-nilly. **des·ban·dar·se** [desβaṇdárse] *v/Refl(-se)* to scatter.
des·ba·ra·jus·tar [desβaraxustár] *v* to throw into confusion/chaos. **des·ba·ra·jus·te** [desβaraxúste] *n/m* confusion, chaos. LOC **¡Qué~!**, *exclam* What a mess!
des·ba·ra·tar [desβaratár] *v* **1.** to destroy, wreck, ruin. **2.** to confuse, throw into chaos. **3.** FIG to thwart, frustrate (*planes*). **4.** MIL to rout.
des·bas·tar [desβastár] *v* TÉC to plane/smooth down, FIG polish, refine. **des·bas·te** [desβáste] *n/m* polish, refinement, TÉC planing.
des·blo·que·ar [desβlokeár] *v* to remove an obstacle; COM to unfreeze. **des·blo·queo** [desβlokéo] *n/m* lifting of a blockade, unfreezing.
des·bo·ca·do/a [desβokáðo/a] *adj* **1.** chipped, broken (*boca de recipiente*). **2.** runaway (*caballo*). **3.** wild, unrestrained (*imaginación*). **des·bo·ca·mien·to** [desβokamjéṇto] *n/m* **1.** bolting (*caballo*). **2.** abuse (*insultos*). **des·bo·car** [desβokár] **I.** *v* (*desboque*) **1.** to break/chip the rim (*boca de un objeto*). **2.** to bolt (*caballo*). **3.** to flow, run. **II.** *v/Refl(-se)* FIG **1.** to let loose a stream of abuse (*lenguaje*). **2.** to explode, FAM suddenly start behaving badly.
des·bor·da·mien·to [desβorðamjéṇto] *n/m* **1.** *gen* overflowing. **2.** FIG outbreak, (out) burst, upsurge. **des·bor·dan·te** [desβorðáṇte] *adj* overflowing, unrestrained. **des·bor·dar** [desθorðár] **I.** *v* **1.** *gen* to overflow. **2. (~ de)** to overflow, be bursting (with). **II.** *v/Refl (-se)* **1. (~se de)** FIG to get carried away (by), be bursting (with) (*alegría*), PEY erupt (with) (*ira*). **2.** to be/go beyond (the boundaries of), (sur)pass, exceed.
des·bra·gue·ta·do/a [desβraγetáðo/a] *adj* FAM with one's flies undone, Br SL flying low.
des·bra·var [desβraβár] **I.** *v* to tame (*animal*). **II.** *v/Refl(-se)* to lose (its) strength (*licor/sentimiento*).
des·briz·nar [desβriθnár] *v* **1.** to slice/chop finely (*en briznas*), mince, crumble (*en migas*). **2.** to string (*judías*).
des·bro·ce [desβróθe] *n/m* V **desbrozo. des·bro·zar** [desβroθár] *v* (*desbroce*) **1.** to chop back, clear (the undergrowth). **2.** FIG to clear a way/path. **des·bro·zo** [desβróθo] *n/m* **1.** *gen* clearing (*terreno*). **2.** FIG spadework.
des·ca·ba·la·mien·to [deskaβalamjéṇto] *n/m* impairment, incompleteness. **des·ca·ba·lar** [deskaβalár] **I.** *v* to remove a part from, impair. **II.** *v/Refl(-se)* to be incomplete/imperfect.
des·ca·bal·gar [deskaβalγár] *v* (*descabalgue*) **(~ de)** to dismount.
des·ca·be·lla·do/a [deskaβeʎáðo/a] *adj* FIG preposterous, FAM wild. **des·ca·be·llar** [deskaβeʎár] *v* **1.** to rumple. **2.** TAUR to kill (*con la punta de la espada en la cerviz*).
des·ca·be·za·mien·to [deskaβeθamjéṇto] *n/m* **1.** beheading. **2.** BOT pollarding. **des·ca·be·zar** [deskaβeθár] *v* (*descabece*) **1.** to behead. **2.** BOT to cut the heads *pl* off (*flores*). **3.** BOT to lop (down) (*árbol*).
des·ca·la·brar [deskalaβrár] *v* **1.** to hurt/wound in the head. **2.** to injure, wound. **des·ca·la·bro** [deskaláβro] *n/m* **1.** (serious) damage, FIG setback. **2.** loss, defeat.
des·cal·ci·fi·ca·ción [deskaḷθifikaθjón] *n/f* decalcification. **des·cal·ci·fi·car** [deskaḷθifikár] *v* (*descalcifique*) to decalcify.
des·ca·li·fi·ca·ción [deskalifikaθjón] *n/f* disqualification. **des·ca·li·fi·car** [deskalifikár] *v* (*descalifique*) **1.** to discredit. **2.** to disqualify.
des·cal·zar·se [deskaḷθárse] *v/Refl(-se)* (*descalce*) to take off one's shoes/footwear. **des·cal·zo/a** [deskaḷθo/a] *adj* **1.** barefoot. **2.** REL discalced.
des·ca·mar [deskamár] *v/Refl(-se)* MED to peel, scale off (*piel*).
des·cam·biar [deskaṃbjár] *v* to change back.
des·ca·mi·nar [deskaminár] *v/Refl(-se)* **1.** to go astray. **2.** FIG to be led astray.
des·ca·mi·sa·do/a [deskamisáðo/a] *adj* shirtless.
des·cam·pa·do/a [deskaṃpáðo/a] *adj* open, clear (*terreno*).
des·can·sar [deskansár] *v* **1.** to relax, rest, take a rest/respite (from). **2.** to sleep. **3. (~ en)** FIG to lean, rely (on) (*persona*). **4. (~ sobre)** to rest, be supported, lean (on). **des·can·si·llo** [deskansíʎo] *n/m* ARQ landing. **des·can·so** [deskánso] *n/m* **1.** rest, break, pause. **2.** landing. **3.** TEAT interval.
des·ca·po·ta·ble [deskapotáβle] *adj n/m* AUT convertible, FAM soft-top. **des·ca·po·tar** [deskapotár] *v* AUT to put the hood down.
des·ca·ra·do/a [deskaráðo/a] *adj* **1.** PEY insolent, FAM cheeky. **2.** barefaced, shameless. **des·ca·rar·se** [deskarárse] *v/Refl(-se)* to behave insolently/shamelessly.
des·car·ga [deskárγa] *n/f* **1.** unloading (*acción*). **2.** MIL volley. **~ eléctrica,** ELECTR discharge. **des·car·ga·dor/ra** [deskarγaðór/ra] *adj n/m,f* **1.** unloader. **2.** stevedore, docker. **des·car·gar** [deskarγár] **I.** *v* (*descargue*) **(~ en/sobre) 1.** to unload, FIG offload. **2.** MIL to unload (*quitar la carga*). **3.** MIL to fire, shoot (*arma*). **4.** ELECTR to discharge. **5.** FIG to relieve, unburden (*aliviar*). **6. (~ en)** to flow (into). **II.** *v/Refl(-se)* **1. (~se de)** to relieve oneself (of) (*responsabilidad*). **2.** ELECTR to go flat, be run down (*batería*). **3. (~se contra)** FIG to unleash one's anger/wrath, FAM let rip (against/to). LOC **~se de algo en alguien,** to offload sth on to sb. **des·car·go** [deskárγo] *n/m* **1.** unloading. **2.** FIG release. **3.** JUR discharge, acquittal. **4.** COM receipt, credit note.
des·car·na·do/a [deskarnáðo/a] *adj* **1.** lean. **2.** FIG thin, FAM boney (*persona*). **des·car·nar** [deskarnár] *v* to strip (bare).
des·ca·ro [deskáro] *n/m* insolence, FAM cheek.
des·ca·rriar [deskarrjár] *v* (*descarrío, descarríe*) **1.** to separate (*reses del rebaño*). **2.**

FIG to lead astray, misdirect. LOC ~**se de,** to go / be led astray.
des·ca·rri·la·mien·to [deskarrilamjénto] *n/m* derailment. **des·ca·rri·lar** [deskarrilár] *v* to be derailed (*tren*).
des·ca·rrío [deskarrío] *n/m* FIG leading/going astray.
des·car·tar [deskartár] *v* to put aside, discard. **des·car·te** [deskárte] *n/m* **1.** discarding. **2.** pretext, excuse.
des·ca·sar [deskasár] *v* **1.** to dissolve a marriage. **2.** to separate (*pareja*).
des·cas·ca·rar [deskaskarár] **I.** *v* to shell (*nuez*), peel (*naranja*, etc). **II.** *v/Refl(-se)* to peel (off). **des·cas·ca·ri·lla·do** [deskaskariʎáðo] *n/m* peeling, flaking (off). **des·cas·ca·ri·llar** [deskaskariʎár] *v/Refl(-se)* to peel, flake (off).
des·cas·ta·do/a [deskastáðo/a] *adj* uncaring, unaffectionate.
des·cen·den·cia [desθendénθja] *n/f* **1.** descent, ancestry. **2.** offspring, descendents *pl*. **des·cen·den·te** [desθendénte] *adj* **1.** descending. **2.** NÁUT ebb (*marea*). **des·cen·der** [desθendér] *v* (*desciendo*) **1.** (~ **de**) to descend (from) (*linaje*). **2.** to descend, come/godown (*persona*). **3.** to take/bring down, lower (*cosa*). **4.** to run/flow down (*río*). **des·cen·dien·te** [desθendjénte] *n/m,f* descendant. **des·cen·di·mien·to** [desθendimjénto] *n/m* descent. **des·cen·so** [desθénso] *n/m* descent, drop, fall.
des·cen·tra·do [desθentráðo/a] *adj* **1.** Br off-centre, US off-center, decentered. **2.** FIG disorientated, bewildered. **des·cen·tra·li·za·ción** [desθentraliθaθjón] *n/f* decentralization. **des·cen·tra·li·zar** [desθentraliθár] *v* (*descentralice*) to decentralize.
des·ce·rra·jar [desθerraxár] *v* **1.** to force the lock of (*una puerta*). **2.** FIG FAM to snipe (at).
des·ci·fra·ble [desθifráβle] *adj* decipherable. **des·ci·fra·mien·to** [desθiframjénto] *n/m* deciphering. **des·ci·frar** [desθifrár] *v* **1.** to decipher. **2.** to decode (*clave*).
des·cla·var [desklaβár] *v* to unpeg, take out the nails from.
des·co·ca·do/a [deskokáðo/a] *adj* FAM impudent, brazen. **des·co·car·se** [deskokárse] *v/Refl(-se)* (*descoque*) FAM to be rude, be cheeky. **des·co·co** [deskóko] *n/m* FAM impudence, cheek.
des·co·di·fi·car [deskoðifikár] *v* (*descodifique*) to decode, decipher.
des·co·jo·nan·te [deskoxonánte] *adj* SL wild, amazing, hilarious. **des·co·jo·nar·se** [deskoxonárse] *v/Refl(-se)* SL **1.** to have a wild time. **2.** to do oneself an injury.
des·col·gar [deskolɣár] *v* (*descuelgo, descolgué*) **I. 1.** to take down (*cuadro*), unhook (*cortina*). **2.** to lower (*por una cuerda*). **3.** to pick up (*teléfono*). **II.** *v/Refl(-se)* **1.** (~**se con**) FIG FAM to blurt out (*decir algo inoportuno/desacertado*). **2.** (~**se por**) FIG FAM to turn up, appear.
des·co·lo·ni·za·ción [deskoloniθaθjón] *n/f* decolonization. **des·co·lo·ni·zar** [deskoloniθár] *v* (*descolonice*) to decolonize.
des·co·lo·ran·te [deskoloránte] *adj* Br discolouring, US discoloring. **des·co·lo·ri·do/a** [deskoloríðo/a] *adj* **1.** discolo(u)red. **2.** faded, colo(u)rless.
des·co·llar [deskoʎár] *v* (*descuello*) *gen* to stand out, rise above.
des·com·brar [deskoɱbrár] *v* to clear. **des·com·bro** [deskóɱbro] *n/m* clearing (up).
des·co·me·di·do/a [deskomeðíðo/a] *adj n/m,f* **1.** excessive, extreme. **2.** rude, discourteous. **des·co·me·di·mien·to** [deskomeðimjénto] *n/m* rudeness, discourtesy. **des·co·me·dir·se** [deskomeðírse] *v/Refl(-se)* (*descomido, descomidió, descomedido*) to be rude, be discourteous.
des·com·pa·sa·do/a [deskompasáðo/a] *adj* out of (all) proportion. **des·com·pa·sar·se** [deskompasárse] *v/Refl(-se)* **1.** to lose all proportion, go too far. **2.** to be rude, discourteous.
des·com·pen·sa·ción [deskompensaθjón] *n/f* MED decompensation.
des·com·po·ner [deskomponér] **I.** *v* (*descompongo, descompuse, descompondré*, pp *descompuesto*) **1.** QUÍM to decompose, break up. **2.** FIG to anger, upset (*persona*). **3.** to mess up, upset (*planes*). **4.** to disarrange, take apart (*composición*). **II.** *v/Refl(-se)* **1.** to decompose, decay, rot. **2.** get angry, get worked up (*persona*). **3.** (~**se en**) to break up (into).
des·com·po·ni·ble [deskomponíβle] *adj* decomposable. **des·com·po·si·ción** [deskomposiθjón] *n/f* **1.** decomposition. **2.** FIG decadence. **3.** disorder, disturbance. **4.** FIG distortion, discomposure. **5.** TÉC breakdown. LOC ~ **de vientre,** MED diarrhoea. **des·com·pos·tu·ra** [deskompostúra] *n/f* **1.** disorder, disturbance. **2.** TÉC breakdown. **3.** untidiness (*en el vestir*). **4.** FIG lack of composure.
des·com·pre·sión [deskompresjón] *n/f* decompression.
des·com·pues·to/a [deskompwésto/a] *adj* **1.** decomposed. **2.** distorted, changed. **3.** disarranged, untidy. **4.** TÉC broken (down).
des·co·mul·gar [deskomulɣár] *v* (*descomulgue*) REL to excommunicate.
des·co·mu·nal [deskomunál] *adj* enormous, gigantic.
des·con·cer·ta·do/a [deskonθertáðo/a] *adj* disconcerted. **des·con·cer·tar** [deskonθertár] *v* (*desconcierto*) **1.** to disconcert, baffle (*persona*). **2.** to disturb, disrupt. **des·con·cier·to** [deskonθjérto] *n/m* **1.** confusion, bafflement. **2.** disorder, chaos.
des·con·char [deskontʃár] *v* to peel, flake (off).
des·co·nec·tar [deskonektár] **I.** *v* TÉC to disconnect. **II.** *v/Refl(-se)* FIG FAM to switch off. **des·co·ne·xión** [deskone(k)θjón] *n/f gen* disconnection.
des·con·fia·do/a [deskonfjáðo/a] *adj* distrustful, wary. **des·con·fian·za** [deskonfjánθa] *n/f* distrust, mistrust. **des·con·fiar** [deskonfiár] *v* (*desconfía/desconfíen*) (~ **de**) to distrust, mistrust.

des·con·ge·la·ción [deskoŋxelaθjón] *n/f* 1. thawing (*nieve*). 2. defrosting. **des·con·ge·lar** [deskoŋxelár] *v/Refl(-se)* 1. to melt (*hielo*). 2. to defrost.
des·con·ges·tión [deskoŋxestjón] *n/f* decongestion, relieving of a congestion. **des·con·ges·tio·nar** [deskoîxestjonár] *v/Refl (-se)* 1. to decongest. 2. Amer to disperse (*gentío*). 3. to clear, diminish the number (in crowds/traffic/jams, etc).
des·co·no·cer [deskonoθér] *v* (*descono**zco***) 1. to be unacquainted with, be ignorant of. 2. not to know (*datos*). 3. FIG IR not to recognize, hardly recognize: *¡Chico, te desconozco con ese nuevo corte de pelo!*, Hey! I hardly recognize you with that new haircut! **des·co·no·ci·do/a** [deskonoθíðo/a] I. *adj* **(~ de/para)** 1. unknown (to). 2. unrecognizable, transformed. 3. unfamiliar, strange. II. *n/m,f* stranger. **des·co·no·ci·mien·to** [deskonoθimjén̪to] *n/m* ignorance.
des·con·si·de·ra·ción [deskonsiðeraθjón] *n/f* lack of consideration, disregard, inconsiderateness. **des·con·si·de·ra·do/a** [deskonsiðeráðó/a] *adj* inconsiderate.
des·con·so·lar [deskonsolár] *v* (*descons**uelo***) to grieve, distress. **des·con·sue·lo** [deskonswélo] *n/m* grief, distress.
des·con·ta·do/a [deskon̪táðo/a] *adj* discounted, MAT deducted. LOC **Lo doy por ~**, I take it for granted. **Por ~**, of course.
des·con·ta·mi·na·ción [deskon̪taminaθjón] *n/f* decontamination. **des·con·ta·mi·nar** [deskon̪taminár] *v* to decontaminate.
des·con·tar [deskon̪tár] *v* (*des**cuento***) **(~ de)** 1. to deduct, take off. 2. FIG to discount.
des·con·ten·ta·di·zo/a [deskon̪ten̪taðíθo/a] *adj* hard to please. **des·con·ten·tar** [deskon̪ten̪tár] *v* to displease. **des·con·ten·to/a** [deskon̪tén̪to/a] **(~ de/con/por)** I. *adj* dissatisfied (with). II. *n/m* discontent, dissatisfaction.
des·con·vo·car [deskom̪bokár] *v* to call off.
des·co·ra·zo·na·mien·to [deskoraθonamjen̪to] *n/m* dejection, discouragement. **des·co·ra·zo·nar** [deskoraθonár] *v* to discourage.
des·cor·cha·dor [deskortʃaðór] *n/m* corkscrew. **des·cor·char** [deskortʃár] *v* 1. BOT to strip the bark (*de los alcornoques*). 2. to open, uncork. **des·cor·che** [deskórtʃe] *n/m* bark stripping.
des·co·rrer [deskorrér] *v* to open (*cerrojo*), draw back (*cortina*).
des·cor·tés [deskortés] *adj* discourteous. **des·cor·te·sía** [deskortesía] *n/f* discourtesy.
des·cor·te·zar [deskorteθár] *v/Refl(-se)* (*descorte**ce***) BOT to strip the bark from.
des·co·ser [deskosér] *v* to unpick, unstitch (*costura*). **des·co·si·do/a** [deskosíðo/a] I. *adj* unstiched, undone, torn. II. *n/m* 1. tear (*desgarro*). 2. open/unstitched seam. III. *n/m,f* FIG FAM loudmouth (*indiscreto*). LOC **Como un ~**, like mad, wildly, in excess.
des·co·yun·ta·mien·to [deskoɟun̪tamjén̪to] *n/m* dislocation. **des·co·yun·tar** [deskoɟun̪tár] *v* to dislocate. LOC **~se de risa**, FIG FAM to die (laughing).
des·cré·di·to [deskréðito] *n/m* discredit. LOC **Ir en ~ de (otra cosa)**, to bring into disrepute, FAM go against sth.
des·creí·do/a [deskreíðo/a] *adj* REL unbelieving, disbelieving. **des·crei·mien·to** [deskreimjén̪to] *n/m* REL unbelief, lack of faith.
des·cre·mar [deskremár] *v* to skim (*leche*).
des·cri·bir [deskrißir] *v* (pp *descri**to***) 1. to describe. 2. to trace (*curva*, etc). **des·crip·ción** [deskri(p)θjón] *n/f* description. **des·crip·ti·ble** [deskriptíßle] *adj* describable. **des·crip·ti·vo/a** [deskriptíßo/a] *adj* descriptive, illustrative.
des·cris·mar·se [deskrismárse] *v/Refl(-se)* 1. FAM to smash one's head in/open. 2. FIG FAM to rack one's brains.
des·cris·tia·ni·zar [deskristjaniθár] *v* (*descristiani**ce***) REL to dechristianize.
des·cua·jar [deskwaxár] *v* AGR to uproot. **des·cua·ja·rin·gar** [deskwaxariŋgár] *v* (*descuajarin**gue***) to take apart, break into pieces. **des·cua·je, des·cua·jo** [deskwáxe/deskwáxo] *n/m* AGR uprooting.
des·cuar·ti·za·mien·to [deskwartiθamjén̪to] *n/m* 1. quartering. 2. carving (*carne*). **des·cuar·ti·zar** [deskwartiθár] *v* (*descuarti**ce***) 1. to quarter. 2. to carve (up) (*carne*).
des·cu·bier·ta [deskußjérta] *n/f* LOC **A la ~**, openly. **des·cu·bier·to/a** [deskußjérto/a] I. pp de **descubrir**, discovered, uncovered. II. *adj* 1. open, uncovered, exposed. 2. clear (*cielo*). 3. bareheaded (*sin sombrero*). III. *n/m* COM deficit. LOC **Al ~**, (out) in the open. **En ~**, COM overdrawn. **des·cu·bri·dor/ra** [descußriðór/ra] I. *adj* 1. discovering. 2. MIL reconnaissance. II. *n/m,f* 1. discoverer. 2. scout. **des·cu·bri·mien·to** [deskußrimjén̪to] *n/m* discovery. **des·cu·brir** [deskußrír] I. *v* (pp *descubi**erto***) 1. to uncover. 2. to expose, disclose. 3. to discover, find out, detect (*averiguar*). 4. to discover (*inventar*). 5. FIG to reveal, show (*dejar entrever*). II. *v/Refl(-se)* to take off one's hat (*en saludos*).
des·cuen·to [deskwén̪to] *n/m* discount.
des·cui·da·do/a [deskwiðáðo/a] *adj* 1. neglected 2. negligent, careless. 3. unprepared. **des·cui·dar** [deskwiðár] I. *v* 1. to neglect. 2. to forget, FAM let slip. 3. not to worry: *¡Descuide ud!*, Don't worry! II. *v/Refl(-se)* 1. **(~se de)** not to bother to (+ *inf*). 2. not to be careful, FAM let one's attention wander. **des·cui·de·ro/a** [deskwiðéro/a] *adj n/m,f* pickpocket. **des·cui·do** [deskwíðo] *n/m* 1. neglect, negligence. 2. carelessness, FAM slip.
des·cum·bra·do/a [deskum̪bráðo/a] *adj* flat, low (*llano*).
des·dar [desðár] *v* (*desdoy, desdí*) to unwind.
des·de [désðe] *prep* 1. since, from (*tiempo*). 2. from (*lugar*) LOC **~ ahora**, from now on. **~ entonces**, from that moment on. **~ luego**, of course. **~ mi punto de vista**, as far as I can see. **~ que**, since. **~ hace**, for (*período de tiempo*).
des·de·cir [desðeθír] I. *v* (*des**digo**, des**dije**, des**deciré***, pp *des**dicho***) 1. to differ from,

be different to (*no conformarse*). **2.** to contradict, not match. **II.** *v/Refl(-se)* **(~se de)** to retract, withdraw (*promesa*).

des·dén [desðén] *n/m* disdain, scorn.

des·den·ta·do/a [desðeņtáðo/a] *adj* toothless.

des·de·ña·ble [desðeɲáβle] *adj* contemptible. **des·de·ñar** [desðeɲár] *v* to disdain, treat with disdain. **des·de·ño·so/a** [desðeɲóso/a] *adj* disdainful, scornful, contemptuous.

des·di·bu·jar [desðiβuxár] **I.** *v* to blur (*imagen*), dim (*recuerdo*). **II.** *v/Refl(-se)* to fade, become/go faint.

des·di·cha [desðítʃa] *n/f* **1.** misfortune. **2.** poverty. **des·di·cha·do/a** [desðitʃáðo/a] *adj n/m,f* unfortunate.

des·do·bla·mien·to [desðoβlamjéņto] *n/m gen* unfolding, split. LOC **~ de la personalidad,** split personality. **des·do·blar** [desðoβlár] *v/Refl(-se)* **1.** to spread (out), unfold. **2.** **(~/se en)** to break, split (into).

des·do·rar [desðorár] *v gen* to tarnish. **des·do·ro** [desðóro] *n/m* FIG blot (*reputación*).

de·sea·ble [deseáβle] *adj* desirable. **de·se·ar** [deseár] *v* **1.** to desire, wish for, want. **2.** to wish. LOC ~ + *inf*, to wish/desire to + *inf*. **Dejar (algo) mucho que desear**, to leave much to be desired. **¿Qué desea?**, Can I help you? What can I do for you? **Vérselas y deseárselas**, FIG FAM to do sth with great difficulty.

de·se·ca·ción [desekaθjón] *n/f* desiccation. **de·se·car** [desekár] *v* (*dese***que**) to dry, desiccate.

de·se·cha·ble [desetʃáβle] *adj* disposable. **de·se·char** [desetʃár] *v* to dispose of, throw away. **de·se·cho** [desétʃo] *n/m* **1.** waste, debris, *pl* rubbish. **2.** FIG letdown, FAM mess (*persona*). LOC **De ~**, waste, scrap. **Ropa de ~**, cast-offs *pl*.

des·em·ba·la·je [desembaláxe] *n/m* unpacking. **des·em·ba·lar** [desembalár] *v* to unpack (*mercancía*).

des·em·ba·ra·zar [desembaraθár] **I.** *v* (*desembara***ce**) **(~ de)** to clear, rid (of). **II.** *v/Refl(-se)* **(~se de)** to free oneself, get rid (of). **des·em·ba·ra·zo** [desembaráθo] *n/m* confidence, ease.

des·em·bar·ca·de·ro [desembarkaðéro] *n/m* quay, wharf, landing stage. **des·em·bar·car** [desembarkár] *v* (*desembar***que**) **(~ de/en)** **1.** to disembark, land (from/on to/on). **2.** to disembark, unload (*carga*). **des·em·bar·co** [desembárko] *n/m* **1.** disembarkation (*personas*). **2.** ARQ landing (*escalera*).

des·em·bar·gar [desembarγár] *v* (*desembar***gue**) JUR to lift an embargo.

des·em·bar·que [desembárke] *n/m* disembarkation, landing (*personas/carga*).

des·em·bo·ca·du·ra [desembokadúra] *n/f* **1.** mouth (*río*). **2.** entrance, end (*calle*). **des·em·bo·car** [desembokár] *v* (*desembo***que**) **(~ en)** **1.** to flow, empty (into), meet (*aguas*). **2.** to lead (into), join (*calle*). **3.** FIG to lead (to), end (in).

des·em·bol·sar [desembolsár] *v* to pay (up). **des·em·bol·so** [desembólso] *n/m* payment.

des·em·bo·zar [desemboθár] *v/Refl(-se)* (*desembo***ce**) **1.** to uncover, unmask, reveal sb's/one's face. **2.** to unblock, open (*conducto*).

des·em·bra·gar [desembraγár] *v* (*desembra***gue**) **1.** TÉC to disengage (*motor*). **2.** AUT to release the clutch, declutch. **des·em·bra·gue** [desembráγe] *n/m* **1.** TÉC disengaging. **2.** AUT clutch.

des·em·bri·dar [desembriðár] *v* to unbridle (*cabalgadura*).

des·em·bro·llar [desembroʎár] *v* to disentangle, unravel (*enredo*).

des·em·bu·char [desembutʃár] *v* **1.** to disgorge (*aves*). **2.** FIG to spill the beans.

de·se·me·jan·za [desemexáņθa] *n/f* dissimilarity. **de·se·me·jar** [desemexár] *v* **(~ en)** to differ, be dissimilar (in).

des·em·pa·car [desempakár] **I.** *v* (*desempa***que**) to unpack. **II.** *v/Refl(-se)* to calm down (*apaciguarse*).

des·em·pa·char [desempatʃár] *v/Refl(-se)* **1.** MED to settle one's stomach, relieve one's indigestion. **2.** FIG to get over one's embarrassment, awkwardness. **des·em·pa·cho** [desempátʃo] *n/m* calmness, confidence.

des·em·pa·pe·lar [desempapelár] *v* to strip the walls, take the wallpaper off (*en una habitación*).

des·em·pa·que·tar [desempaketár] *v* to unwrap.

des·em·pa·tar [desempatár] *v* to break the tie between. **des·em·pa·te** [desempáte] *n/m* LOC **Partido de ~**, play-off, tie-breaker.

des·em·pe·ñar [desempeɲár] *v* **1.** to recover, redeem (*prestamista*). **2.** to perform, fulfil, carry out (*cargo/profesión*) LOC **~ un papel,** to play a role. **des·em·pe·ño** [desempéɲo] *n/m* **1.** redemption (*objeto*). **2.** fulfilment, discharge (*cargo/deber*). **3.** paying (*de deuda*).

des·em·plea·do/a [desempleáðo/a] *adj* unemployed, Br on the dole. **des·em·pleo** [desempléo] *n/m* unemployment.

des·em·pol·var [desempolβár] *v* **1.** to dust. **2.** FIG to revive.

des·e·na·mo·rar·se [desenamorárse] *v/Refl (-se)* **(~se de)** to lose one's affection for, FAM fall out of love with.

des·en·ca·de·na·mien·to [deseŋkaðenamjéņto] *n/m* **1.** unchaining. **2.** FIG unleashing. **des·en·ca·de·nar** [deseŋkaðenár] *v* **1.** to unchain, loosen the chains of. **2.** FIG to unleash (*ira*). **3.** FIG to spark off, provoke (*guerra/protestas*).

des·en·ca·ja·do/a [deseŋkaxáðo/a] *adj* **1.** dislocated, disconnected. **2.** contorted (*rostro*), wild (*ojos*). **des·en·ca·jar** [deseŋkaxár] **I.** *v* to dislocate (*articulación*). **II.** *v/Refl(-se)* to become contorted/distorted (*rostro*).

des·en·ca·jo·nar [deseŋkaxonár] *v* to unpack (*de un cajón*).

des·en·ca·llar [deseŋkaʎár] *v* NÁUT to refloat.

des·en·ca·mi·nar [deseŋkaminár] *v* to misguide, lead astray, misdirect.

des·en·can·tar [deseŋkaŋtár] **I.** *v* **1.** to disenchant. **2.** to disappoint, disillusion. **II.** *v/Refl(-se)* to be disappointed, feel disenchanted. **des·en·can·to** [deseŋkánto] *n/m* disenchantment, disillusionment.

des·en·ca·po·tar [deseŋkapotár] *v/Refl(-se)* to clear (up) (*el cielo*).

des·en·co·ger [deseŋkoxér] **I.** *v* (*desen**cojo***) to spread (out), unfold. **II.** *v/Refl(-se)* to become less shy, SL to ease out.

des·en·co·lar [deseŋkolár] **I.** *v* to unstick. **II.** *v/Refl(-se)* to come unstuck (*despegarse*).

des·en·co·nar [deseŋkonár] *v* FIG to pacify, soothe (*cólera*). **des·en·co·no** [deseŋkóno] *n/m gen* soothing.

des·en·chu·far [deseŋtʃufár] *v* to disconnect, unplug.

des·en·fa·da·do/a [desemfaðáðo/a] *adj* **1.** self-assured, uninhibited. **2.** free, natural, unconventional (*estilo*). **des·en·fa·dar** [desemfaðár] *v* to placate, pacify. **des·en·fa·do** [desemfáðo] *n/m* ease, assurance, lack of inhibition.

des·en·fo·car [desemfokár] **I.** *v* (*desenfo**que***) to put out of focus. **II.** *v/Refl(-se)* to lose (one's) focus.

des·en·fre·na·do/a [desemfrenáðo/a] *adj* unbridled (*pasión*). **des·en·fre·nar** [desemfrenár] **I.** *v* to unbridle (*caballería*). **II.** *v/Refl(-se)* to be unleashed, be let loose (*pasión*). **des·en·fre·no** [desemfréno] *n/m* lack of control.

des·en·fun·dar [desemfuŋdár] *v* **1.** to remove from its case. **2.** to unsheath (*navaja*), draw (*pistola*).

des·en·gan·char [deseŋgaŋtʃár] *v* **1.** to unhook, unfasten, FAM take down/off. **2.** TÉC to detach, disengage. **3.** to unhitch, unharness (*caballería*).

des·en·ga·ña·do/a [deseŋgaɲáðo/a] *adj* disillusioned. **des·en·ga·ñar** [deseŋgaɲár] **I.** *v* to disillusion. **II.** *v/Refl(-se)* **(~se de) 1.** to be disillusioned/disappointed. **2.** FAM to open one's eyes. LOC **¡Desengáñate!**, *exclam* Don't you believe it! **des·en·ga·ño** [deseŋgáɲo] *n/m* disillusion(ment).

des·en·gra·nar [deseŋgranár] *v* to disengage, uncouple.

des·en·he·brar [deseneβrár] *v* to unthread (*aguja*).

des·en·jau·lar [deseŋxaulár] *v* to uncage (*pájaro*).

des·en·la·ce [desenláθe] *n/m* **1.** outcome, end(ing). **2.** TEAT denouement. **3.** unravelling (*de un misterio*). **des·en·la·zar** [desenlaθár] **I.** *v* (*desen**lace***) **1.** to untie, undo, unlace. **2.** FIG to unravel. **3.** to solve (*problema*). **II.** *v/Refl(-se) lit* to be resolved, end (*enredo*).

des·en·ma·ra·ñar [desemmaraɲár] *v* **1.** to disentangle. **2.** FIG to unravel, clarify.

des·en·mas·ca·rar [desemmaskarár] *v gen* to unmask.

des·en·re·dar [desenreðár] *v* **V desenmarañar.** LOC **~se de,** FIG to extricate oneself from, FAM get rid of. **des·en·re·do** [desenréðo] *n/m* **1.** disentanglement. **2.** extrication, solution, FAM way out. **3.** LIT dénouement.

des·en·ro·llar [desenroʎár] *v/Refl(-se)* to unroll, unravel, unwind.

des·en·ros·car [desenroskár] *v* (*desenros**que***) **1.** to unroll, unravel, uncoil. **2.** to unscrew (*tornillo*).

des·en·si·llar [desensiʎár] *v* to unsaddle.

des·en·ten·der·se [deseŋteŋdérse] *v/Refl (-se)* (*desent**ie**ndo*) **1.** to feign ignorance. **2.** **(~se de)** to want no part (of/in) (*algo*), not to have anything to do (with) (*alguien*).

des·en·te·rra·mien·to [deseŋterramjéŋto] *n/m* disinterment. **des·en·te·rrar** [deseŋterrár] *v* (*desent**ie**rro*) **(~ de/de entre) 1.** to unearth, dig up (*excavar*). **2.** to exhume, disenter (*cadáver*). **3.** FIG to bring to light, recall (*desempolvar*).

des·en·to·nar [deseŋtonár] *v* **(~ con) 1.** to clash (with), not to match. **2.** MÚS to go out of tune.

des·en·tra·ñar [deseŋtraɲár] *v* **1.** to disembowel. **2.** FIG to work out, figure out, FAM get to the bottom of.

des·en·tre·na·do/a [deseŋtrenáðo/a] *adj* out of practice. **des·en·tre·na·mien·to** [deseŋtrenamjéŋto] *n/m* lack of training. **des·en·tre·nar·se** [deseŋtrenár] *v/Refl(-se)* to get out of practice.

des·en·tro·ni·zar [deseŋtroniθár] *v* (*desen**tronice***) to dethrone, depose.

des·en·tu·me·cer [deseŋtumeθér] **I.** *v* (*des**entumezco***) **1.** to revive, bring back to life (*cuerpo*). **2.** to relieve the numbness/stiffness in/of, stretch (*miembros*). **II.** *v/Refl(-se)* DEP to warm up. **des·en·tu·me·ci·mien·to** [deseŋtumeθimjéŋto] *n/m* recovery from numbness/stiffness.

des·en·vai·nar [desembainár] *v* **1.** to draw (*espada*). **2.** ZOOL to show (*uñas de las garras*). **3.** FIG to show, reveal.

des·en·vol·tu·ra [desembo̞ltúra] *n/f* **1.** assurance, ease. **2.** grace, fluency (*habla*). **3.** PEY brashness, brazenness. LOC **Tener ~,** to act in a self-confident way.

des·en·vol·ver [desembolβér] **I.** *v* (*desen**vuelvo**, pp desenv**uelto***) **1.** to unwrap. **2.** to unfold, unravel. **3.** to expand, develop. **II.** *v/Refl(-se)* FIG to cope, manage, fend for oneself. **des·en·vol·vi·mien·to** [desembolβimjéŋto] *n/m* development, expansion. **des·en·vuel·to/a** [desembwélto/a] *adj* **1.** confident, natural. **2.** fluent (*habla*). **3.** graceful.

de·seo [deséo] *n/m* **1.** **(~ de)** desire, wish (for). **2.** **(~ de + *inf*)** desire, wish (to + *inf*). LOC **Tener ~ de,** to yearn for, want. **de·seo·so/a** [deseóso/a] *adj* **(~ de)** desirous (of).

des·e·qui·li·bra·do/a [desekiliβráðo/a] *adj* **1.** unbalanced. **2.** unstable. **des·e·qui·li·brar** [desekiliβrár] **I.** *v* to unbalance, overbalance. **II.** *v/Refl(-se)* **1.** to lose one's balance. **2.** FIG FAM to lose one's head. **des·e·qui·li·brio** [desekilíβrjo] *n/m* **1.** imbalance, disequilibrium. **2.** unbalance. **3.** MED mental disorder.

de·ser·ción [deserθjón] *n/f* desertion. **de·ser·tar** [desertár] *v* **(~ de) 1.** MIL to desert. **2.** FIG to abandon (*obligaciones*).

de·sér·ti·co/a [desértiko/a] *adj* **1.** deserted. **2.** desert.

de·ser·tor/a [desertór/ra] *n/m* deserter.

des·es·pe·ra·ción [desesperaθjón] *n/f* **1.** despair, desperation. **2.** FIG exasperation (*furia/enojo*). LOC **Con ~,** desperately. **des·es·pe·ra·do/a** [desesperáðo/a] *adj* desperate. LOC **A la ~,** in desperation. **des·es·pe·ran·te** [desesperáṇte] *adj* exasperating, infuriating. **des·es·pe·ran·za** [desesperáṇθa] *n/f* hopelessness, despair. **des·es·pe·ran·za·dor/ra** [desesperaṇθaðór/ra] *adj* discouraging, disheartening. **des·es·pe·ran·zar** [desesperaṇθár] *v* (*desesperance*) to drive to despair. **des·es·pe·rar** [desesperár] **I.** *v* **1.** to make sb lose hope. **2.** to exasperate. **3. (~ de)** to despair, lose hope (of).

des·es·ta·bi·li·zar [desestaβiliθár] *v* to destabilize. **des·es·ta·bi·li·za·dor/ra** [desestaβiliθaðór/ra] *n, adj* destabilizing.

des·es·ti·mar [desestimár] *v* **1.** to hold in low esteem, have no respect for. **2.** JUR to reject (*petición*).

des·fa·cha·tez [desfatʃatéθ] *n/f* impudence, insolence.

des·fal·car [desfalkár] *v* (*desfalque*) to embezzle (*caudal*). **des·fal·co** [desfálko] *n/m* embezzlement.

des·fa·lle·cer [desfaʎeθér] *v* (*desfallezco*) **1.** to weaken, make weak. **2.** to weaken, falter. **3. (~de)** to (be) faint (with/from): *Desfallecíamos de agotamiento,* We were faint with exhaustion. LOC **~ de ánimo,** to be discouraged, FIG lose heart. **des·fa·lle·ci·mien·to** [desfaʎeθimjéṇto] *n/m* weakness, faintness.

des·fa·sa·do/a [desfasáðo/a] *adj* **1.** FIG behind the times (*persona*). **2. (~ con)** FAM out of synch (with). **des·fa·se** [desfáse] *n/m* **1.** TÉC maladjustment, imbalance. **2.** lack of adjustment.

des·fa·vo·ra·ble [desfaβoráβle] *adj* unfavourable. **des·fa·vo·re·cer** [desfaβoreθér] *v* (*desfavorezco*) to disadvantage, FAM go against (*intereses*) **2.** not to suit/flatter (*prenda*).

des·fi·gu·rar [desfiγurár] *v* **1.** to disfigure (*persona*), deface (*monumento*) **2.** FIG to distort.

des·fi·la·de·ro [desfilaðéro] *n/m* (narrow) pass. **des·fi·lar** [desfilár] *v* **1.** to walk in line/single file. **2. (~ por)** MIL to parade (by), march (past). **3. (~ por)** FIG to pass through: *Por este despacho han desfilado tres ministros,* Three ministers have passed through this office. **des·fi·le** [desfíle] *n/m* **1.** MIL march past. **2.** procession, parade. LOC **~ de modelos,** fashion show.

des·flo·ra·ción [desfloraθjón] *n/f* *gen* deflowering. **des·flo·rar** [desflorár] *v* **1.** to spoil, ruin. **2.** to deflower (*desvirgar*). **3.** FIG to treat superficially (*tema*).

des·fo·gar [desfoγár] *v* (*desfogue*) **(~se en/con)** FIG to vent, give free rein to one's passion, FAM let off steam.

des·ga·jar [desγaxár] **I.** *v* **1.** to rip/tear off (*rama*). **2. (~ de)** FIG to break away (from) (*fragmento*). **3. (~ de)** FIG to uproot sb from (*hogar*).

des·ga·li·cha·do/a [desγalitʃáðo/a] *adj* FAM **1.** ungainly (*desgarbado*). **2.** shabby, sloppily-dressed.

des·ga·na [desγána] *n/f* **1.** lack of appetite. **2.** FIG reluctance. LOC **Con ~,** reluctantly.

des·ga·ñi·far·se [desγaɲifárse] *v/Refl(-se),* **des·ga·ñi·tar·se** [desγaɲitárse] *v/Refl(-se)* FIG FAM to scream one's head off.

des·gar·ba·do/a [desγarβáðo/a] *adj* ungainly, graceless.

des·ga·rra·du·ra [desγarraðúra] *n/f* rip, tear. **des·ga·rrar** [desγarrár] *v* to rip, tear, rend. **des·ga·rro** [desγárro] *n/m* tear. **des·ga·rrón** [desγarrón] *n/m* rip, tear.

des·gas·tar [desγastár] **I.** *v* **1.** to wear away/out. **II.** *v/Refl(-se)* FIG to become weak, lose one's strength. **des·gas·te** [desγáste] *n/m* **1.** wearing away/out/down. **2.** GEOL erosion.

des·go·bier·no [desγoβjérno] *n/m* misgovernment, mismanagement, FAM bad management.

des·gra·cia [desγráθja] *n/f* misfortune. LOC **Caer en ~,** to fall into disgrace. **Por ~,** unfortunately. **~ personales,** fatalities, casualties. **des·gra·cia·do/a** [desγraθjáðo/a] **I.** *adj* **1.** *gen* unfortunate. **2.** unlucky. **3.** miserable, wretched (*condiciones*). **II.** *n/m,f* hapless person, wretch. **des·gra·ciar** [desγraθjár] **I.** *v* to spoil, ruin. **II.** *Refl(-se)* **1.** to be ruined/spoiled. **2.** to maim, wound, hurt.

des·gra·nar [desγranár] *v* **1.** AGR to thresh. **2.** BOT shell. **3.** REL to count one's beads (*de un rosario*). **4.** FIG to recite, FAM reel off.

des·gra·va·ción [desγraβaθjón] *n/f* tax allowance, tax relief. **des·gra·var** [desγraβár] *v* to exempt from tax, get a tax allowance.

des·gre·ñar [desγreɲár] *v/Refl(-se)* to ruffle, tousle.

des·guar·ne·cer [desγwarneθér] *v* (*desguarnezco*) **1.** to unharness (*animal de tiro*). **2.** TÉC to dismantle, strip down. **3.** to untrim, take the trimmings off. **4.** MIL to remove the garrison from.

des·gua·zar [desγwaθár] *v* (*desguace*) NÁUT to dismantle, strip down, break up (*buque*).

des·ha·bi·llé [desaβiʎé] Br negligé, US negligee.

des·ha·bi·ta·do/a [desaβitáðo/a] *adj* uninhabited (*lugar*), unoccupied (*edificio*). **des·ha·bi·tar** [desaβitár] *v* to vacate, leave, move out of.

des·ha·bi·tuar [desaβitwár] *v/Refl(-se)* (*deshabitúo, deshabitúen*) to lose/break the habit of (+ *ger*).

des·ha·cer [desaθér] **I.** *v* (*deshago, deshice, desharé,* pp *deshecho*) **1.** to undo, unmake: *Deshacer la cama,* To unmake the bed. **2.** to spoil, ruin, destroy. **3.** to dissolve: *Deshaz el azúcar en el café,* Dissolve the sugar in the coffee. **II.** *v/Refl(-se)* **1.** to break, fall apart, come to pieces (*cosa*). **2.** FIG to go to pieces *pl* (*persona*). **3.** to come undone (*costura*), come unfastened (*prenda*). **4.** to melt, dissolve. **5.** **(~se de)** to get rid of, divest oneself of: *Se ha deshecho de las joyas*, He has got rid of the jewels. **6.** **(~se en)** FIG to dissolve into (*lágrimas*), to be full of: *Se deshace en alabanzas*, He is full of praise. LOC **~se como el humo,** FIG FAM to vanish into thin air. **~se por +** *inf*, FIG FAM to do one's utmost to + *inf*, go out of one's way to + *inf*.

des·ha·rra·pa·do/a [desarrapáðo/a] *adj* ragged.

des·he·brar [deseβrár] *v* to unthread.

des·he·cho/a [desétʃo/a] *adj* **1.** undone (*sin hacer*). **2.** broken, in pieces (*descompuesto*). **3.** dissolved. **4.** ruined, destroyed. **5.** FIG exhausted; broken, destroyed, in pieces: *La dejó deshecha*, He left her in a very bad way.

des·he·lar [deselár] **I.** *v* (**des*hielo***) **1.** to thaw (out), melt. **2.** TÉC to defrost, de-ice. **II.** *v/Refl(-se)* to thaw, defrost, melt.

des·her·bar [deserβár] *v* (**des*hierbo***) to weed.

des·he·re·dar [desereðár] *v* to disinherit.

des·hi·dra·ta·ción [desiðrataθjón] *n/f* dehydration. **des·hi·dra·tar** [desiðratár] **I.** *v* to dehydrate. **II.** *v/Refl(-se)* to become dehydrated.

des·hie·lo [desʝélo] *n/m* **1.** thaw. **2.** *gen* thawing (out), melting. **3.** TÉC defrosting (*frigorífico*), de-icing (*coche*).

des·hi·la·char [desilatʃár] *v/Refl(-se)* to fray. **des·hi·lar** [desilár] *v* to unravel. **des·hil·va·na·do/a** [desilβanáðo/a] *adj* FIG disjointed, incoherent: *Un sermón deshilvanado*, An incoherent sermon. **des·hil·va·nar** [desilβanár] *v* to untack.

des·hin·char [desiṇtʃár] **I.** *v* **1.** to deflate. **2.** MED to bring down a swelling in (*miembro*). **II.** *v/Refl(-se)* **1.** to go down (*hinchazón, neumático*). **2.** FIG to become deflated, FAM get down off one's high horse.

des·ho·jar [desoxár] **I.** *v* BOT to strip the leaves off. **II.** *v/Refl(-se)* BOT to lose its leaves.

des·ho·lli·na·dor/a [desoʎinaðór/ra] **1.** *n/m* chimney brush. **2.** *n/m,f* chimney sweep. **des·ho·lli·nar** [desoʎinár] *v* to sweep (*chimenea*).

des·ho·nes·ti·dad [desonestiðáð] *n/f* dishonesty. **des·ho·nes·to/a** [desonésto/a] *adj* dishonest, indecent. **des·ho·nor** [desonór] *n/m*, **des·hon·ra** [desónrra] *n/f* dishono(u)r, disgrace. **des·honrar** [desonrrár] *v* to disgrace, dishono(u)r. **des·hon·ro·so/a** [desonróso/a] *adj* dishono(u)rable, ignominious, disgraceful.

des·ho·ra [desóra] *n/f* LOC **A ~**, at an inopportune/inconvenient moment.

des·hue·sar [des(γ)wesár] *v* **1.** to bone (*carne*), fillet. **2.** to stone (*fruta*).

des·hu·ma·ni·za·ción [desumaniθaθjón] *n/f* dehumanization. **des·hu·ma·ni·zar** [desumaniθár] *v* (**deshumani*ce***) to dehumanize.

de·si·de·ra·ti·vo/a [desiðeratíβo/a] *adj* desiderative. **de·si·de·rá·tum** [desiðerátum/n] *n/m* desideratum.

de·si·dia [desíðja] *n/f* negligence, slovenliness. **de·si·dio·so/a** [desiðjóso/a] *adj* lazy, slovenly.

de·sier·to/a [desjérto/a] **I.** *adj* **1.** deserted. **2.** void (*premio*). **II.** *n/m* desert.

de·sig·na·ción [desiγnaθjón] *n/f gen* designation. **de·sig·nar** [desiγnár] *v* **1.** to designate (with/by). **2.** **(~ para)** to appoint (as + *n*), assign (to + *ger*). **de·sig·nio** [desíγnjo] *n/m* intention, design.

de·si·gual [desiγwál] *adj* **1.** unequal, different. **2.** uneven, rough. **3.** **(~ con)** changeable, inconsistent (with) (*persona*). **4.** **(~ en)** uneven, not level (on). **de·si·gual·dad** [desiγwaḷdáð] *n/f* inequality.

de·si·lu·sión [desilusjón] *n/f* disappointment, disillusion(ment). **de·si·lu·sio·nar** [desilusjonár] **I.** *v* **1.** to disappoint. **2.** to disillusion. **II.** *v/Refl(-se)* **1.** to be disappointed. **2.** to be/get disillusioned.

des·in·fec·tan·te [desiɱfektáṇte] *adj n/m* disinfectant. **des·in·fec·tar** [desiɱfektár] *v* to disinfect.

des·in·flar [desiɱflár] **I.** *v* **1.** to deflate. **2.** FIG FAM to bring down a peg or two (*persona*). **II.** *v/Refl(-se)* **1.** to go down/flat (*neumático*). **2.** FIG to be deflated, FAM be brought down a peg or two (*persona*).

des·in·sa·cu·la·ción [desinsakulaθjón] *n/f* drawing of lots *pl*. **des·in·sa·cu·lar** [desinsakulár] *v* to draw lots *pl*.

des·in·te·gra·ción [desiṇteγraθjón] *n/f* disintegration. **des·in·te·grar** [desiṇteγrár] *v/Refl(-se)* to disintegrate.

des·in·te·rés [desiṇterés] *n/m* **1.** lack of interest, indifference. **2.** altruism, unselfishness. **des·in·te·re·sa·do/a** [desiṇteresáðo/a] *adj* disinterested, altruistic. **des·in·te·re·sar·se** [desiṇteresárse] *v/Refl(-se)* **(~se de/por)** to lose interest (in).

des·in·to·xi·car [desiṇtoksikár] *v* (**desintoxifi*que***) to detoxify.

de·sis·ti·mien·to [desistimjéṇto] *n/m* desistance. **de·sis·tir** [desistír] *v* **(~ de +** ***inf*)** to desist (from + *ger*), stop (+ *ger*).

des·la·var [deslaβár] *v* **1.** to rinse. **2.** FIG to weaken (*fuerza*), dilute (*color*). **des·la·va·za·do/a** [deslaβaθáðo/a] *adj* **1.** faded. **2.** FIG incoherent, rambling. **des·la·va·zar** [deslaβaθár] *v* (*deslavace*) V **deslavar**.

des·le·al [desleál] *adj* **(~ a/con)** disloyal (to), unfair. **des·leal·tad** [deslealtáð] *n/f* disloyalty.

des·lei·mien·to [desleimjéṇto] *n/m* dissolving. **des·leír** [desleír] *v/Refl(-se)* (**des*lío***/pp **des*leído***) **(~ en)** to dissolve (in).

des·len·gua·do/a [desleŋgwáðo/a] *adj* **1.** tongue-wagging, gossipy. **2.** gross, scurrilous, FAM gross.

des·liar [desliár] *v* (**des*lío***) **1.** to open, unwrap (*paquete*). **2.** to untie, undo (*fardo*).

des·li·gar [desliγár] *v* (**desli*gue***) **(~ de)** **1.** to untie, unfasten (*ataduras*). **2.** FIG to detach, release, separate (from). **3.** FIG to free (from) (*deber*).

des·lin·dar [desliṇdár] *v* **1.** to demarcate the boundaries of (*provincia*). **2.** FIG to define, outline (*términos*).

des·liz [deslíθ] *n/m* (*pl deslices*) **1.** slipping. **2.** FIG slip, FAM slip-up. **des·li·za·mien·to**

[desliθamjéṇto] *n/m* **1.** *gen* slipping, sliding. **2.** sliding (*sobre nieve*), skidding (*de un coche*). **des·li·zan·te** [desliθáṇte] *adj* **1.** slippery. **2.** sliding. **des·li·zar** [desliθár] **I.** *v* **1.** **(~ por)** to run (through), slide (along). **2.** FIG to slip in (*añadir*), let slip (*secreto*). **3.** to slide, glide. **4.** **(~ en/por)** to slip (into/through). **II.** *v/Refl(-se)* **1.** FIG to slip out (*salir*). **2.** **(~se entre)** to slip (through). **3.** **(~se por)** to slide (along): *Se deslizó por el suelo.* **4.** **(~se sobre)** to slip (over on), slide (over).

des·lo·mar [deslomár] **I.** *v* to exhaust. **II.** *v/Refl(-se) gen* to break one's back.

des·lu·ci·do/a [desluθíðo/a] *adj* **1.** tarnished, lacklustre. **2.** FIG dull, dowdy. **des·lu·cir** [desluθír] *v* (*desluzco*) **1.** to tarnish, dull. **2.** FIG to spoil.

des·lum·bra·mien·to [deslumbramjéṇto] *n/m* **1.** dazzle (*de luces*). **2.** FIG bewilderment. **des·lum·bran·te** [deslumbráṇte] *adj* dazzling, bewildering. **des·lum·brar** [deslumbrár] *v* **1.** to dazzle, blind (*luz*). **2.** FIG to overwhelm, confuse.

des·lus·trar [deslustrár] *v gen* to tarnish, take the shine off.

des·ma·de·ja·mien·to [desmaðexamjéṇto] *n/m* weakness (*del cuerpo*). **des·ma·de·jar** [desmaðexár] *v* to weaken.

des·ma·drar [desmaðrár] **I.** *v* to wean (*cría*). **II.** *v/Refl(-se)* FIG to lose one's sense of restraint, FAM be over the top. **des·ma·dre** [desmáðre] *n/m* excess, FAM wild behaviour.

des·ma·llar [desmaʎár] *v/Refl(-se)* to ladder, run (*medias*).

des·mán [desmán] *n/m* outrage, act of abuse. **des·ma·nar·se** [desmanárse] *v/Refl (-se)* to stray (*ganado*).

des·man·dar [desmaṇdár] **I.** *v* to revoke (*dictado*). **II.** *v/Refl(-se)* **1.** to be disobedient/insubordinate. **2.** to run wild, lose one's head.

des·man·te·la·mien·to [desmaṇtelamjéṇto] *n/m* dismantling. **des·man·te·lar** [desmaṇtelár] *v* **1.** to demolish (*muros*). **2.** to dismantle.

des·ma·ña·do/a [desmaɲáðo/a] **I.** *adj* clumsy, maladroit. **II.** *n,m,f* oaf, FAM clumsy clot.

des·ma·ra·ñar [desmaraɲár] *v* to disentangle.

des·ma·yar [desmaɟár] **I.** *v* **1.** to dismay, dishearten. **2.** to lose heart, be discouraged. **II.** *v/Refl(-se)* to faint. **des·ma·yo** [desmáɟo] *n/m* **1.** (a) faint. **2.** dismay, loss of heart. LOC **Sin ~**, unflinching(ly), unfaltering(ly).

des·me·di·do/a [desmeðíðo/a] *adj* excessive, disproportionate. **des·me·dir·se** [desmeðírse] *v/Refl(-se)* (*desm**ido***) to go too far, FAM overstep the mark.

des·me·jo·ra [desmexóra] *n/f* deterioration. **des·me·jo·ra·mien·to** [desmexoramjéṇto] *n/m* deterioration. **des·me·jo·rar** [desmexorár] **I.** *v* to impair, damage. **II.** *v/Refl(-se)* **1.** to deteriorate. **2.** to go into (a) decline (*la salud*).

des·me·le·na·do/a [desmelenáðo/a] *adj* dishevelled, FIG FAM easily-ruffled, scatty.

des·mem·bra·ción [desmeṃbraθjón] *n/f* dismemberment. **des·mem·brar** [desmeṃbrár] **I.** *v* (*desm**iembro***) to dismember. **II.** *v/Refl(-se)* FIG to separate (off), divide (up) (*organismo*).

des·me·mo·riar·se [desmemorjárse] *v/Refl (-se)* **1.** to lose one's memory. **2.** to forget (*algo*).

des·men·tir [desmeṇtír] *v* (*desm**iento***) **1.** to deny, refute. **2.** FIG to belie. LOC **~se**, to go back on one's word.

des·me·nu·za·ble [desmenuθáβle] *adj* crumbly. **des·me·nu·zar** [desmenuθár] *v/ Refl(-se)* (*desmenu**ce***) to crumble.

des·me·re·cer [desmereθér] *v* (*desmere**zco***) **(~ de)** **1.** to be inferior (to), FAM not to live up (to). **2.** to be unworthy (of). **des·me·re·ci·mien·to** [desmereθimjéṇto] *n/m* unworthiness.

des·me·su·ra [desmesúra] *n/f* lack of moderation. **des·me·su·ra·do/a** [desmesuráðo/a] *adj* disproportionate, excessive. **des·me·su·rar·se** [desmesurárse] *v/Refl(-se)* to behave rudely/badly.

des·mi·ga·jar [desmiɣaxár] *v/Refl(-se)* to crumble.

des·mi·li·ta·ri·za·ción [desmilitariθaθjón] *n/f* demilitarization. **des·mi·li·ta·ri·zar** [desmilitariθár] *v* (*desmilitari**ce***) to demilitarize.

des·mi·rria·do/a [desmirrjáðo/a] *adj* FAM skinny, puny.

des·mo·char [desmotʃár] *v* **1.** to cut the top off, top, lop. **2.** BOT to pollard. **des·mo·che** [desmótʃe] *n/m* BOT pollarding.

des·mon·ta·ble [desmoṇtáβle] *adj* **1.** detachable. **2.** collapsible. **des·mon·tar** [desmoṇtár] *v* **1.** to dismantle, take apart. **2.** to take down (*tienda*), knock down (*edificio*). **3.** to level, clear ground. LOC **~se de**, to dismount (*cabalgadura*), alight (from) (*coche*). **des·mon·te** [desmóṇte] *n/m* levelled ground.

des·mo·ra·li·za·ción [desmoraliθaθjón] *n/f* demoralization. **des·mo·ra·li·zar** [desmoraliθár] **I.** *v* (*desmorali**ce***) **1.** to corrupt, pervert. **2.** to demoralize. **II.** *v/Refl(-se)* to become demoralized.

des·mo·ro·na·mien·to [desmoronamjéṇto] *n/m* decay(ing), FIG crumbling. **des·mo·ro·nar** [desmoronár] **I.** *v* to wear away/down, erode (*edificio*). **II.** *v/Refl(-se)* FIG to decay, crumble (*ideología*).

des·mo·vi·li·zar [desmoβiliθár] *v* (*desmovili**ce***) MIL to demob (*tropas*).

des·na·tar [desnatár] *v* to skim.

des·na·tu·ra·li·za·do/a [desnaturaliθáðo/a] *adj* **1.** unnatural (*padre*). **2.** treated, PEY adulterated. **des·na·tu·ra·li·zar** [desnaturaliθár] *v* (*desnaturali**ce***) **1.** to deprive of citizenship, US denaturalize. **2.** QUÍM to denature, treat.

des·ni·vel [desniβél] *n/m* unevenness, FIG inequality. **des·ni·ve·lar** [desniβelár] *v* to make uneven, unbalance.

des·nu·clea·ri·za·ción [desnukleariθaθjón] *n/f* nuclear disarmament. **des·nu·clea·ri·zar**

[desnukleariθár] *v* (*desnuclearice*) to eliminate nuclear weapons (*de un país*).

des·nu·car [desnukár] *v* to break the neck. **~se**, to break one's neck.

des·nu·dar [desnuðár] **I.** *v gen* to strip. **II.** *v/Refl(-se)* **1.** to undress. **2.** (**~se de**), to take off. **des·nu·dez** [desnuðéθ] *n/f* (*pl desnudeces*) nakedness, nudity. **des·nu·dis·mo** [desnuðísmo] *n/m* nudism, naturism. **des·nu·dis·ta** [desnuðísta] *adj n/m,f* nudist. **des·nu·do/a** [desnúðo/a] **I.** *adj* **1.** nude, naked, bare. **2.** scantily-dressed. **3.** unadorned, bare. **II.** *n/m* ARTE nude. LOC **~ de**, devoid of.

des·nu·tri·ción [desnutriθjón] *n/f* malnutrition. **des·nu·trir** [desnutrír] *v* to undernourish, weaken.

des·o·be·de·cer [desoβeðeθér] *v* (*desobedezco*) to disobey. **des·o·be·dien·cia** [desoβeðjénθja] *n/f* disobedience. **des·o·be·dien·te** [desoβeðjénte] *adj* disobedient.

des·o·cu·pa·ción [desokupaθjón] *n/f* unemployment. **des·o·cu·pa·do/a** [desokupáðo/a] *adj* unemployed. **des·o·cu·par** [desokupár] *v/Refl(-se)* **1.** to clear. **2.** to empty (*vasija*). **3.** to vacate, move out of (*local*).

des·o·do·ran·te [desoðoránte] *adj n/m* deodorant.

des·oír [desoír] *v* (*desoigo*, pp *desoído*) to ignore, take no notice of.

de·so·la·ción [desolaθjón] *n/f* desolation. **de·so·la·do/a** [desoláðo/a] *adj gen* desolate. **de·so·lar** [desolár] *v* (*desuelo*) **1.** to devastate (*lugar*). **2.** FIG to distress.

de·so·lla·de·ro [desoʎaðéro] *n/m* slaughterhouse. **de·so·lla·du·ra** [desollaðúra] *n/f* skinning (*de reses*). **de·so·llar** [desoʎár] *v* (*desuello*) **1.** to skin. **2.** to skin sb alive (*castigo*). **3.** FIG to fleece sb of his fortune.

des·or·bi·ta·do/a [desorβitáðo/a] *adj* FIG exorbitant. **des·or·bi·tar** [desorβitár] *v* FIG to exaggerate.

des·or·den [desórðen] *n/m* **1.** disorder. **2.** mess, confusion. **3.** *pl* disturbances, public disorder *sing.* **des·or·de·nar** [desorðenár] *v* to mess/muddle (up).

des·or·ga·ni·za·ción [desorγaniθaθjón] *n/f* disorganization. **des·or·ga·ni·zar** [desorγaniθár] *v* (*desorganice*) to disorganize, disrupt.

de·so·rien·ta·ción [desorjentaθjón] *n/f* disorientation. **de·so·rien·tar** [desorjentár] *v* **1.** to disorientate. **2.** FIG to confuse, mislead.

des·o·var [desoβár] *v* ZOOL to spawn (*pez*), lay eggs *pl* (*insecto*). **des·o·ve** [desóβe] *n/m* spawning, egg-laying.

des·pa·bi·lar [despaβilár] *v* **1.** to snuff (*vela*). **2.** FIG PEY to sharpen (*ingenio*). **3.** FIG to wake/liven up. **4.** FIG to squander (*fortuna*).

des·pa·cio [despáθjo] *adv* slowly, gently. LOC **¡~!** (Take it) easy! **des·pa·cio·so/a** [despaθjóso/a] *adj* slow, sluggish. **des·pa·ci·to** [despaθíto] *adv dim* **despacio** slowly.

des·pa·char [despatʃár] **I.** *v* **1.** to despatch, deal with (*correspondencia*). **2.** to see/attend to (*petición*). **3.** FAM to wolf down (*comida*), knock back (*bebida*). **4.** to issue (*billete*). **5.** todo business, sell. **6.** to dismiss (*empleo*). **7.** FAM to kill. **II.** *v/Refl(-se)* (**~se con**) to speak one's mind (to), come clean (with). **des·pa·cho** [despátʃo] *n/m* **1.** dispatching, sending. **2.** office. **3.** office hours. **4.** dispatch (*comunicación*).

des·pa·chu·rrar [despatʃurrár] *v* to mash, squash, crush.

des·pam·pa·nan·te [despampanánte] *adj* FAM stunning, astounding. **des·pam·pa·nar** [despampanár] **I.** *v* **1.** BOT to prune. **2.** FIG FAM to astound. **II.** *v/Refl(-se)* FIG FAM to be in the wars *pl* (*lastimarse*).

des·pa·re·jar [desparexár] **I.** *v* to separate (*pareja*). **II.** *v/Refl(-se)* to be odd, not to match. **des·pa·re·jo/a** [desparéxo/a] *adj* odd, uneven.

des·par·pa·jo [desparpáxo] *n/m* ease, self-confidence.

des·pa·rra·mar [desparramár] *v* **1.** to scatter. **2.** to spill (*líquido*). **3.** FIG to squander.

des·pa·ta·rrar·se [despatarrárse] *v/Refl(-se)* to splay one's legs.

des·pa·vo·ri·do/a [despaβoríðo/a] *adj* terrified. **des·pa·vo·rir·se** [despaβorír] *v/Refl(-se)* to be terrified.

des·pec·ti·vo/a [despektíβo/a] *adj* derogatory, scornful.

des·pe·cha·do/a [despetʃáðo/a] *adj* indignant. **des·pe·char** [despetʃár] *v* **1.** to make indignant, anger. **2.** FAM to wean. **3.** (**~se contra**), to go into a rage about/against. **des·pe·cho** [despétʃo] *n/m* despair, disillusion. LOC **A ~ de**, in spite of. **des·pe·chu·ga·do/a** [despetʃuγáðo/a] *adj* with one's collar open, bare-chested.

des·pe·da·za·mien·to [despeðaθamjénto] *n/m* breaking/tearing to pieces *pl.* **des·pe·da·zar** [despeðaθár] *v/Refl(-se)* (*despedace*) **1.** to break apart/into pieces *pl.* **2.** FIG FAM to fall apart at the seams.

des·pe·di·da [despeðíða] *n/f* goodbye, farewell, dismissal. **des·pe·dir** [despeðír] **I.** *v* (*despido*) **1.** to throw/send out. **2.** to emit, release, discharge. **3.** to say goodbye, bid farewell (to), see sb off. **4.** to dismiss, sack (*persona*). **II.** *v/Refl(-se)* (**~se de**) **1.** to say goodbye (to). **2.** FIG FAM to kiss goodbye to.

des·pe·gar [despeγár] **I.** *v* (*despegue*) **1.** to unstick. **2.** AER to take off. **II.** *v/Refl(-se)* (**~se de**) FIG to break (away) from. **des·pe·go** [despéγo] *n/m* indifference. **des·pe·gue** [despéγe] *n/m* AER take-off.

des·pei·nar [despeinár] *v/v Refl(-se)* to tousle.

des·pe·ja·do/a [despexáðo/a] *adj* **1.** clever, sharp (*listo*). **2.** clear, cloudless (*cielo*). **3.** clear, open (*espacio*), tidy (*habitación*). **des·pe·jar** [despexár] **I.** *v* **1.** *gen* to clear. **2.** FIG to clear up, clarify. **3.** MAT to find (*incógnita*). **II.** *v/Refl(-se)* **1.** to clear up (*tiempo*). **2.** FIG to clear one's head.

des·pe·lo·tar·se [despelotárse] *v/Refl(-se)* FAM to strip off.

des·pe·lle·jar [despeʎexár] *v* to skin.

des·pe·na·li·zar [despenaliθár] *v* to decriminalize, legalize.

des·pen·sa [despénsa] *n/f* pantry, larder.

des·pe·ña·de·ro/a [despeɲaðéro/a] I. *adj* precipitous. II. *n/m* precipice, cliff.
des·pe·ñar [despeɲár] *v* to hurl/fling down. LOC **~se por**, to fall headlong (down).
des·pe·pi·tar·se [despepitárse] *v/Refl(-se)* 1. to shout, act wildly. 2. (~ **por algo/alguien**) to be crazy about sth/sb.
des·per·di·ciar [desperðiθjár] *v* to waste. **des·per·di·cio** [desperðíθjo] *n/m gen* waste, leftover.
des·per·di·gar [desperðiɣár] *v* (*desperdi***gue**) to scatter, disperse.
des·pe·re·zar·se [despereθárse] *v* (*despere***ce**) to stretch (*miembros*).
des·per·fec·to [desperfékto] *n/m* 1. flaw, imperfection. 2. damage.
des·per·so·na·li·zar [despersonaliθár] *v* (*despersonali***ce**) depersonalize.
des·per·ta·dor [despertaðór] *n/m* alarm clock. **des·per·tar** [despertár] *v* (*des***pierto**) 1. to wake (up). 2. FIG to awaken. 3. (**~se de**) to wake up from.
des·pia·da·do/a [despjaðáðo/a] *adj* 1. merciless. 2. relentless (*crítica*).
des·pi·do [despíðo] *n/m* dismissal.
des·pier·to/a [despjérto/a] *adj* 1. awake. 2. alert.
des·pil·fa·rra·dor/ra [despilfarraðór/ra] I. *adj* wasteful. II. *n/m,f* spendthrift. **des·pil·fa· rrar** [despilfarrár] *v* to squander. **des·pil·fa· rro** [despilfárro] *n/m* extravagance, waste.
des·pin·tar [despiṇtár] I. *v* 1. to strip paint. 2. to blur, spoil (*pintura*). II. *v/Refl(-se)* to fade, run (*color*).
des·pio·jar [despjoxár] *v* to delouse.
des·pis·ta·do/a [despistáðo/a] *adj* absent-minded, FAM dippy. **des·pis·tar** [despistár] I. *v* 1. to lose, FAM shake off (*perseguidores*). 2. FIG to mislead, baffle. II. *v/Refl(-se)* to get lost.
des·plan·te [despláṇte] *n/m* rude remark.
des·pla·za·do/a [desplaθáðo/a] *adj* out of place. **des·pla·za·mien·to** [desplaθamjéṇto] *n/m* displacement. **des·pla·zar** [desplaθár] I. *v* (*despla***ce**) 1. *gen* to displace. 2. FIG to force (sb) out. II. *v/Refl(-se)* to move.
des·ple·gar [despleɣár] *v* (*des***plie***go, desple***gue**) 1. *gen* to unfold. 2. to unfurl (*bandera*), open/spread out. 3. FIG to display, use. **des·plie·gue** [despljéɣe] *n/m* 1. MIL deployment. 2. unfolding.
des·plo·mar [desplomár] *v/Refl(-se)* to collapse (*edificio/persona*). **des·plo·me** [desplóme] *n/m* collapse.
des·plu·mar [desplumár] *v* 1. to pluck (*ave*). 2. FIG FAM to fleece.
des·po·bla·ción [despoβlaθjón] *n/f* depopulation. **des·po·bla·do/a** [despoβláðo/a] I. *adj* depopulated, uninhabited. II. *n/m* FIG desert. **des·po·blar** [despoβlár] *v* (*des***pue***blo*) 1. to depopulate. 2. to clear (*dejar vacío*). 3. (**~se de**) to become deserted of.
des·po·jar [despoxár] I. *v* (**~ de**) to divest, deprive (of). II. *v/Refl(-se)* 1. to take off (*vestiduras*). 2. (**~se de**) to relinquish, give up. **des·po·jo** [despóxo] *n/m* 1. despoiling, plundering. 2. *pl* loot *sing*, spoils *pl*. 3. *pl* giblets (*de ave*). 4. *pl* offal (*de res*). 5. *pl* leftovers (*del banquete*). 6. *pl* remains (*de una persona muerta*).
des·po·li·ti·zar [despolitiθár] *v* (*despoliti***ce**) to depoliticize.
des·po·pu·la·ri·za·ción [despopulariθaθjón] *n/f* loss of popularity. **des·po·pu·la·ri·zar** [despopulariθár] I. *v* (*despopulari***ce**) to make unpopular. II. *v/Refl(-se)* to become unpopular, become less popular.
des·por·ti·llar [desportiʎár] *v* to chip (*romper*).
des·po·sar [desposár] I. *v* 1. to marry (*sacramento*). II. *v/Refl(-se)* (**~se con**) to get married (to).
des·po·se·er [desposeér] I. *v* (*despose***yó**, *pp despose***ído**) (**~ de**) to dispossess (of). II. *v/Refl(-se)* to renounce.
des·po·so·rio [desposórjo] *n/m* 1. *pl* betrothal. 2. *pl* wedding ceremony, marriage.
dés·po·ta [déspota] *n/m,f* despot. **des·pó·ti·co/a** [despótiko/a] *adj* despotic. **des·po·tis·mo** [despotísmo] *n/m* despotism.
des·po·tri·car [despotrikár] *v* (*despotri***que**) (**~ contra**) to rail (against).
des·pre·cia·ble [despreθjáβle] *adj* despicable, contemptible. **des·pre·ciar** [despreθjár] *v* 1. to despise, hold in contempt, scorn. 2. to ignore, neglect (*posibilidad*). **des·pre·cia·ti·vo/a** [despreθjatíβo/a] *adj* scornful, contemptuous. **des·pre·cio** [despréθjo] *n/m* scorn, contempt.
des·pren·der [despreṇdér] I. *v* 1. to release. 2. to detach, separate (from). 3. to give off (*gas*). II. *v/Refl(-se)* (**~se de**) 1. FIG to cast aside, get rid (of), free oneself (from). 2. FIG to be implied (by), follow (from), FAM be able to tell (by/from). **des·pren·di·do/a** [despreṇdíðo/a] *adj* generous. **des·pren·di· mien·to** [despreṇdimjéṇto] *n/m* 1. loosening. 2. REL ARTE Descent from the Cross. 3. generosity.
des·preo·cu·pa·ción [despreokupaθjón] *n/f* 1. unconcern, lack of concern. 2. unconcernedness. **des·preo·cu·pa·do/a** [despreokupáðo/a] *adj* unconcerned, nonchalant, carefree. **des·preo·cu·par·se** [despreokupárse] *v/Refl(-se)* 1. *gen* to forget one's cares. 2. (**~se de**) to stop worrying (about) (*cosa determinada*). 3. (**~se de**) to neglect.
des·pres·ti·giar [desprestixjár] I. *v* to discredit, disparage. II. *v/Refl(-se)* to lose prestige. **des·pres·ti·gio** [desprestíxjo] *n/m* loss of prestige.
des·pre·ve·ni·do/a [despreβeníðo/a] *adj* 1. unprepared. 2. off-guard, unawares.
des·pro·por·ción [desproporθjón] *n/f* disproportion. **des·pro·por·cio·na·do/a** [desproporθjonáðo/a] *adj* out of proportion.
des·pro·pó·si·to [despropósito] *n/m* irrelevance, absurdity, PEY blunder (*acción/dicho*).
des·pro·ve·er [desproβeér] *v* (**~ de**) to deprive (of). **des·pro·vis·to/a** [desproβísto/a] *adj* (**~ de**) lacking.
des·pués [despwés] *adv* 1. after, afterwards. 2. (**~ que/de/de que**) after, since (then): *Des-*

pués que le vi no me he vuelto a acordar de él, Since I saw him I haven't thought about him again; *Después de la montaña viene el valle,* After the mountain there's the valley. **3.** **(*n* + ~)** later: *Un año después,* A year later. LOC **~ de todo,** after all. **Poco ~,** soon after(wards).

des·pun·tar [despuntar] *v* **1.** to blunt. **2.** BOT to sprout, come into bud. **3.** to break (*el alba*). **4.** **(~ en/entre/por)** FIG to excel, stand out (amongst/for).

des·qui·cia·mien·to [deskiθjamjénto] *n/m* FIG unhinging (*psicológico*). **des·qui·ciar** [deskiθjár] *v* **1.** to unhinge. **2.** FIG to disturb, upset. **3.** FIG to throw off balance, PEY unhinge.

des·qui·tar [deskitár] *v/Refl(-se)* **(~(se) de)** *gen* to get even (with). **des·qui·te** [deskíte] *n/m* **1.** compensation. **2.** PEY revenge. **3.** COM recouping losses *pl* (*juego*).

des·ri·zar [desrriθár] *v* (*desrice*) to uncurl, straighten.

des·ta·ca·men·to [destakaménto] *n/m* MIL detachment, detail. **des·ta·car** [destakár] **I.** *v* (*destaque*) **1.** MIL to assign, detail (*tropas*). **2.** ARTE FIG to highlight. **3.** FIG to underline, emphasize. **4.** **(~ de/en/entre/por)** to stand out (from/amongst/for), excel (in) (*sobresalir*).

des·ta·jo [destáxo] *n/m* **(a ~)** piecework. LOC **Trabajar a ~**, FIG FAM to do piecework, get paid by the job.

des·ta·par [destapár] *v* **I.** **1.** to take the lid/top/cap off. **2.** FIG to uncover. **II.** *Refl (-se)* **1.** to strip off. **2.** FIG to lose one's inhibitions. **des·ta·pe** [destápe] *n/m* TEAT FAM strip-tease, nudity.

des·tar·ta·la·do/a [destartaláðo/a] *adj* **1.** ramshackle, tumbledown (*casa*). **2.** rickety (*mueble*). **3.** rambling (*palacio*).

des·te·jar [destexár] *v* to take the tiles off.

des·te·jer [destexér] *v* to unstitch, unravel.

des·te·llar [desteʎár] *v* to sparkle, twinkle, glitter. **des·te·llo** [destéʎo] *n/m* **1.** flash (*breve*), beam of light (*intenso*), flashing (*repetido*). **2.** sparkling, twinkling (*estrella*). **3.** FIG flash, spark (*de inteligencia*).

des·tem·pla·do/a [destempláðo/a] *adj* **1.** untempered (*acero*). **2.** inclement, unsettled (*clima*). **3.** FIG intemperate, FAM bad-tempered (*persona*). **4.** FIG unsettled, off-colour (*persona*). **des·tem·plan·za** [destemplánθa] *n/f* **1.** unsettledness. **2.** inclemency (*clima*). **3.** intemperance. **des·tem·plar** [destemplár] **I.** *v* to untemper (*acero*). **II.** *v/ Refl(-se)* **1.** to lose one's temper. **2.** MÚS to go out of tune (*instrumento*), sing out of tune (*voz*). **3.** FIG to feel queasy/off-colour. **4.** FIG to throw caution to the wind. **des·tem· ple** [destémple] *n/m* **1.** MÚS dissonance, disharmony. **2.** loss of temper (*acero*).

des·te·ñir [desteɲír] *v* (*destiño*) **1.** Br to discolour, US discolor. **2.** to fade, run (*color*).

des·ter·ni·llar·se [desterniʎárse] *v/Refl(-se)* LOC **~ de risa**, FIG FAM to split one's sides laughing *pl.*

des·te·rrar [desterrár] *v* (*destierro*) **1.** **(~ a/ de)** to exile (from), banish (from/to). **2.** **(~ de)** FIG to banish (from) (*pensamiento*).

des·te·tar [destetár] *v* to wean. **des·te·te** [destéte] *n/m* weaning.

des·tiem·po [destjémpo] *adv* LOC **A ~**, at (just) the wrong moment/time.

des·tie·rro [destjérro] *n/m* exile.

des·ti·la·ción [destilaθjón] *n/f* distillation. **des·ti·lar** [destilár] *v* **1.** v/tr **1.** to distil. **2.** to exude, secrete, ooze. **3.** to drip. **des·ti·le·ría** [destilería] *n/f* distillery.

des·ti·nar [destinár] *v* **(~ a/para)** **1.** to destine (for). **2.** to assign, appoint (to) (*tarea*). **des·ti·na·ta·rio/a** [destinatárjo/a] *n/m,f* addressee. **des·ti·no** [destíno] *n/m* **1.** function, purpose. **2.** post(ing), job (*empleo, cargo*). **3.** destination (*viaje*). **4.** fate, end (*suerte*): *Tuvo un destino muy triste,* He came to a very sad end. **5.** destiny (*sino*). LOC **Con ~ a,** to, bound for, (heading) for.

des·ti·tu·ción [destituθjón] *n/f* dismissal. **des·ti·tuir** [destitwír] *v* (*destituyo*) **(~ de)** to dismiss, discharge (from) (*empleo*).

des·tor·ni·lla·do/a [destorniʎáðo/a] *adj* FIG hare-brained, FAM screwy. **des·tor·ni·lla·dor** [destorniʎaðór] *n/m* TÉC screwdriver. **des·tor·ni·lla·mien·to** [destorniʎamjénto] *n/ m* unscrewing. **des·tor·ni·llar** [destorniʎár] **I.** *v* TÉC to unscrew. **II.** *v/Refl(-se)* FIG to become unhinged.

des·tre·za [destréθa] *n/f* skill(fulness), dexterity.

des·tri·par [destripár] *v* **1.** to gut (*res*), disembowel (*persona*). **2.** FIG to rip/tear open. **3.** FIG to crush, squash. **des·tri·pa·te·rro·nes** [destripaterrónes] *n/m* FIG FAM day-labourer, PEY clodhopper.

des·tro·na·mien·to [destronamjénto] *n/m* dethronement. **des·tro·nar** [destronár] *v* to dethrone, topple.

des·tro·zar [destroθár] *v* (*detroce*) **1.** to break into pieces, smash to pieces. **2.** to shatter, wreck. **3.** FIG to shatter, crush, FAM tear (sb) apart (*persona*). **des·tro·zo** [destróθo] *n/m* destruction, FAM smashing up.

des·truc·ción [destru(k)θjón] *n/f* destruction. **des·truc·ti·vi·dad** [destruktiβiðáð] *n/f* destructiveness. **des·truc·ti·vo/a** [destruktíβo/a] *adj* destructive. **des·truc·tor/ra** [destruktór/ra] **I.** *adj* destructive. **II.** *n/m* NÁUT destroyer. **des·truir** [destrwír] *v* (*destruyo*) **1.** *gen* to destroy, wreck. **2.** to demolish (*argumento*).

des·un·cir [desunθír] *v* to unyoke.

de·su·nión [desunjón] *n/f* **1.** disunion, disjunction. **2.** FIG disunity. **de·su·nir** [desunír] **I.** *v* **1.** to separate, disconnect. **2.** FIG to bring discord/disunity. **II.** *v/Refl(-se)* FIG to become enemies *pl* (with).

de·su·sa·do/a [desusáðo/a] *adj* obsolete, archaic. **de·su·so** [desúso] *n/m* disuse. LOC **En ~**, out of date/use, obsolete.

des·vaí·do/a [desβaíðo/a] *adj* faded (*color*), blurred (*forma*), pallid (*tono*).

des·va·li·do/a [desβalíðo/a] *adj* destitute, helpless.

des·va·li·ja·mien·to [desβalixamjénto] *n/m* theft. **des·va·li·jar** [desβalixár] *v* to steal (*algo*), rob (*a alguien*).

des·va·lo·rar [desβalorár] *v* to devalue. **des·va·lo·ri·za·ción** [desβaloriθaθjón] *n/f* devaluation, depreciation. **des·va·lo·ri·zar** [desβaloriθár] *v* (*desvalorice*) to devalue.

des·ván [desβán] *n/m* attic, loft.

des·va·ne·cer [desβaneθér] I. *v* (*desvanezco*) 1. to disperse, dispel. 2. to dispel (*idea*). II. *v/Refl(-se)* 1. to vanish, disappear. 2. MED to faint. 3. to evaporate. **des·va·ne·ci·mien·to** [desβaneθimjéṇto] *n/m* 1. dispersal. 2. disappearance. 3. MED faint, dizzy spell.

des·va·rar [desβarár] I. *v* 1. to slide. 2. NÁUT to refloat. II. *v/Refl(-se)* to slide, slip.

des·va·riar [desβarjar] *v* (*desvarío, desvaríe*) 1. MED to be delirious. 2. to rave, FAM go off the rails *pl.* **des·va·río** [desβarío] *n/m* 1. delirium, ravings *pl.* 2. foolishness, whim (*dicho/hecho*).

des·ve·lar [desβelár] I. *v* to stop (sb) sleeping, keep (sb) awake. II. *v/Refl(-se)* 1. not to be able to sleep, have a sleepless night. 2. **(~se por)** to watch (over), keep a watchful eye (on) (*cuidar*); to take great pains (over) *pl.* **des·ve·lo** [desβélo] *n/m* 1. sleeplessness, insomnia. 2. watchfulness, concern. 3. care, vigilance.

des·ven·ci·jar [desβeṇθixár] *v/Refl(-se)* 1. to weaken. 2. to fall apart, break.

des·ven·ta·ja [desβeṇtáxa] *n/f* disadvantage, drawback. **des·ven·ta·jo·so/a** [desβeṇtaxóso/a] *adj* disadvantageous.

des·ven·tu·ra [desβeṇtúra] *n/f* mishap, misfortune. **des·ven·tu·ra·do/a** [desβeṇturáðo/a] *adj* unfortunate.

des·ver·gon·za·do/a [desβerγoṇθáðo/a] *adj* shameless. **des·ver·güen·za** [desβerγwéṇθa] *n/f* 1. shamelessness. 2. rudeness, insolence. LOC **¡Qué ~!**, *exclam* What a nerve/cheek!

des·ves·tir [desβestír] *v/Refl(-se)* (*desvisto*) to undress, strip.

des·via·ción [desβjaθjón] *n/f* 1. deviation. 2. AUT diversion. 3. FIG deviation, PEY deviancy. **des·viar** [desβjár] *v* (*desvío, desvíe*) **(~ de)** 1. to divert (from). 2. FIG to deviate, deflect (from).

des·vin·cu·la·ción [desβiŋkulaθjón] *n/f* freeing, separation. **des·vin·cu·lar** [desβiŋkulár] *v/Refl(-se)* **(~se de)** to separate, break away (from): *Se ha desvinculado del partido*, He has broken away from the party.

des·vío [desβío] *n/m* 1. deviation. 2. AUT turning (*camino*).

des·vir·gar [desβirγár] *v* (*desvirgue*) to deflower (*mujer*).

des·vir·tuar [desβirtwár] *v/Refl(-se)* (*desvirtúo, desvirtúe*) 1. to spoil. 2. to weaken, detract from. LOC **~ los hechos,** to distort the facts.

des·vi·vir·se [desβiβírse] *v/Refl(-se)* 1. **(~ por +** *inf***)** to strive (to + *inf*), do one's best. 2. to long (to + *inf*), be dying for (sth/sb).

de·tall [detál] LOC **Al ~**, COM retail.

de·ta·lla·do/a [detaʎáðo/a] *adj* detailed (*descripción*). **de·ta·llar** [detaʎár] *v* 1. to describe in detail. 2. to detail, give the details of (*enumerar*) *pl.* **de·ta·lle** [detáʎe] *n/m* 1. detail, particular. 2. nice gesture. **de·ta·llis·ta** [detaʎísta] I. *adj* fastidious, paying great attention to detail. II. *n/m,f* COM retailer.

de·tec·ción [dete(k)θjón] *n/f* detection. **de·tec·tar** [detektár] *v* to detect. **de·tec·ti·ve** [detektíβe] *n/m,f* detective. **de·tec·tor** [detektór] *n/m* TÉC detector.

de·ten·ción [deteṇθjón] *n/f* 1. halt(ing), stoppage. 2. detention (*arresto*). 3. thoroughness. LOC **Con ~**, thoroughly. **de·te·ner** [detenér] I. *v* (*detengo, detuve, detendré*) 1. to stop, halt. 2. JUR to arrest. II. *v/Refl(-se)* to stop, pause. **de·te·ni·do/a** [deteníðo/a] I. *adj* 1. thorough, detailed. 2. JUR detained, in custody. 3. interrupted. II. *n/m,f* prisoner. **de·te·ni·mien·to** [detenimjéṇto] *n/m* V **detención**. LOC **Con ~**, carefully.

de·ter·gen·te [deterxéṇte] *adj n/m* detergent.

de·te·rio·rar [deterjorár] I. *v* to spoil, damage. II. *v/Refl(-se)* to deteriorate, wear out. **de·te·rio·ro** [deterjóro] *n/m* deterioration.

de·ter·mi·na·ción [determinaθjón] *n/f* 1. determination, resolution. 2. decision. 3. fixing (*fecha*). **de·ter·mi·na·do/a** [determináðo/a] *adj* 1. specific, particular. 2. GRAM definite (*artículo*). 3. determined, resolute. 4. appointed (*día*). **de·ter·mi·nan·te** [determináṇte] *adj n/m* determinant. **de·ter·mi·nar** [determinár] I. *v* 1. *gen* to determine. 2. to decide (*cuestión*), settle (*asunto*). 3. to appoint, fix (*fecha*). II. *v/Refl(-se)* **(~se a/por +** *inf***)** to decide (to + *inf*), make up one's mind (to + *inf*). **de·ter·mi·nis·mo** [determinísmo] *n/m* FIL determinism. **de·ter·mi·nis·ta** [determinísta] *adj n/m,f* FIL determinist.

de·tes·ta·ble [detestáβle] *adj* detestable, loathsome. **de·tes·tar** [detestár] *v* to detest.

de·to·na·ción [detonaθjón] *n/f* detonation, explosion, bang. **de·to·na·dor** [detonaðór] *n/m* detonator. **de·to·nan·te** [detonáṇte] *adj n/m* explosive. **de·to·nar** [detonár] *v* to explode, detonate.

de·trac·tor/ra [detraktór/ra] I. *adj* slanderous. II. *n/m,f* detractor. **de·tra·er** [detraér] *v* (*detraigo, detraje*, pp *detraído*) 1. to take away, withdraw. 2. FIG to slander, denigrate.

de·trás [detrás] *adv* **(***frec* **~ de)** 1. behind, in the rear, at the back (of). 2. on the back (of). 3. AUT in the back(seat). LOC **Ir ~**, FIG to come second. **Por ~**, 1. round the back (*de la casa*). 2. FIG behind sb's back.

de·tri·men·to [detriméṇto] *n/m gen* detriment. LOC **Ir en ~ (de)**, to be detrimental (to).

de·tri·to, de·tri·tus [detríto/detrítus] *n/m* (*gen pl*) detritus, debris.

deu·da [déuða] *n/f gen* debt. LOC **~ exterior,** COM foreign debt. **En ~ con**, FIG in debt to, indebted to.

deu·do/a [déuðo/a] *n/m,f* relative (*familia*).

deu·dor/ra [deuðór/ra] *n/m,f* debtor.

deu·te·rio [deutérjo] *n/m* QUÍM deuterium.

de·va·lua·ción [deβalwaθjón] *n/f* devaluation.

de·va·luar [deβalwár] *v* (*devalúo, devalúe*) COM to devalue (*moneda*).

de·va·na·de·ra [deβanaðéra] *n/f* spool, reel. **de·va·na·do** [deβanáðo] *n/m* spooling, ree-

ling. **de·va·nar** [deβanár] *v* to reel, wind. LOC **~se los sesos**, FIG to rack one's brains.
de·va·neo [deβanéo] *n/m* **1**. idle pastime. **2**. FIG flirtation, FAM fling.
de·vas·ta·ción [deβastaθjón] *n/f* devastation. **de·vas·tar** [deβastár] *v* to devastate.
de·ven·gar [deβeŋgár] *v* (*devengue*) to earn, accrue (*interés*). **de·ven·go** [deβéŋgo] *n/m gen pl* amount due.
de·ve·nir [deβenír] **I**. *v* (*devengo*, *devine*, *devendré*) **1**. to happen, occur. **2**. FIL to become. **II**. *n/m* FIL flux, change, becoming.
de·vo·ción [deβoθjón] *n/f gen* devotion. **de·vo·cio·na·rio** [deβoθjonárjo] *n/m* REL prayer book.
de·vo·lu·ción [deβoluθjón] *n/f* **1**. return. **2**. JUR devolution. **3**. COM refund.
de·vol·ver [deβolβér] *v* (*devuelvo*, *devuelto*) **1**. to return, give back. **2**. to refuse (*regalo*). **3**. to restore. **4**. to vomit, be sick.
de·vo·rar [deβorár] *v* to devour, consume.
de·vo·to/a [deβóto/a] **I**. *adj* **(~ de)** pious; FIG fan of, having a devotion to. **II**. *n/m,f* devotee.
de·yec·ción [deJe(k)θjón] *n/f* **1**. debris. **2**. *pl* MED defecation.
día [día] *n/m* **1**. *gen* day. **2**. *pl* FIG days (*vida*): *Sus días están contados*, His days are numbered. **3**. daytime. LOC **Abrir el ~**, FIG to dawn. **A ~s**, now and then. **Al ~**, up to date. **Buenos ~s**, *exclam* Good morning. **Cerrarse el ~**, FIG to get dark. **Como del ~ a la noche**, FIG Like chalk and cheese. **De cada ~**, daily, day-to-day. **Dar los buenos ~**, to wish sb good morning, say good morning. **De ~s**, for a long time. **Del ~**, fresh, today's. **~ feriado**, holiday. **~ y noche**, FIG night and day, nonstop. **El ~ de hoy**, FIG nowadays. **El ~ de mañana**, FIG tomorrow. **En su ~**, FIG in one's own (good) time. **Entrado en ~s**, advanced in years. **Hoy (en) ~**, nowadays, these days. **Mañana será otro ~**, FIG tomorrow is another day. **No pasar ~ por/para alguien**, not to look any older. **Rayar el ~**, FIG to dawn. **Todo el santo ~**, FAM all day long. **Un buen ~/Un ~ de éstos**, one of these days. **Vivir al ~**, to live from day to day/hand to mouth.
dia·be·tes, dia·be·tis [djaβétes/djaβétis] *n/f* MED diabetes. **dia·bé·ti·co/a** [djaβétiko/a] MED *adj n/m,f* diabetic.
dia·bli·llo/a [djaβlíʎo/a] *n/m,f* FIG FAM little devil, rascal. **dia·blo** [djáβlo] *n/m* **1**. devil. **2**. FIG schemer. LOC **¡Al ~ (con)!**, *exclam* To the Devil (with)! **¿Cómo ~s...?**, *exclam* How the Devil! **¡Con mil ~s!** *int* Damn! **Del ~/De mil ~s/De todos los ~s**, FAM A/One hell of a...!. **¡~s!**, *exclam* Fancy that! **Llevarse algo el ~**, FIG To go up in a puff of smoke! **¿Qué ~s...?**, What the devil/hell...? **¡Qué ~!**, *exclam* Hells bells! **¡Vete al ~!**, *exclam* Go to hell! To hell with you! **dia·blu·ra** [djaβlúra] *n/f* mischief. **dia·bó·li·co/a** [djaβóliko/a] *adj* diabolic(al).
dia·co·na·do [djakonáðo] *n/m* REL deaconship. **dia·co·ni·sa** [djakonísa] *n/f* REL deaconess. **diá·co·no** [djákono] *n/m* REL deacon.
dia·crí·ti·co/a [djakrítiko/a] *adj* LIN diacritic(al).
dia·de·ma [djaðéma] *n/f* diadem.
dia·fa·ni·dad [djafaniðáð] *n/f* diaphaneity, translucency. **diá·fa·no/a** [diáfano/a] *adj* diaphanous, transparent.
dia·frag·ma [djafráγma] *n/m gen* diaphragm.
diag·no·sis [diaγnósis] *n/f* MED diagnosis. **diag·nos·ti·car** [diaγnostikár] *v* (*diagnostique*) MED to diagnose. **diag·nós·ti·co** [diaγnóstiko] *n/m* MED FIG diagnosis, diagnostic.
dia·go·nal [djaγonál] *adj n/f* diagonal.
dia·gra·ma [djaγráma] *n/m* diagram.
dial [djál] *n/m* dial.
dia·lec·tal [djalektál] *adj* dialectal. **dia·lec·ta·lis·mo** [djalektalísmo] *n/m* dialectalism.
dia·léc·ti·ca [djaléktika] *n/f* dialectics. **dia·léc·ti·co/a** [djaléktiko/a] *adj* dialectic(al). **dia·lec·to** [djalékto] *n/m* dialect. **dia·lec·to·lo·gía** [djalektoloxía] *n/f* dialectology.
diá·li·sis [diálisis] *n/f* dialysis.
dia·lo·gar [djaloγár] *v* (*dialogue*) to talk, hold a dialogue. **diá·lo·go** [diáloγo] *n/m* dialogue.
dia·man·te [djamán̪te] *n/m* **1**. MIN diamond. **2**. *pl* diamond. **dia·man·tí·fe·ro/a** [djaman̪tífero/a] *adj* diamond. **dia·man·ti·no/a** [djaman̪tíno/a] *adj* diamantine.
dia·me·tral·men·te [djametrálmén̪te] *adv* **1**. diametrically. **2**. FIG totally. **diá·me·tro** [diámetro] *n/m* MAT diameter.
dia·na [diána] *n/f* **1**. MIL reveille. **2**. bull's-eye. LOC **Hacer ~**, to hit the bull's-eye.
dian·tre [diján̪tre] *n/m* FAM devil. LOC **¡Qué ~!** *exclam* 1. damn it! (*enfado*). 2. golly (*admiración*).
dia·pa·són [djapasón] *n/m* MÚS diapason, tuning fork.
dia·po·si·ti·va [djapositíβa] *n/f* slide.
dia·ria·men·te [diárjamén̪te] *adv* daily. **dia·rio/a** [diárjo/a] **I**. *adj* daily. **II**. *n/m* **1**. newspaper, daily. **2**. COM day book. **3**. daily outgoings *pl*. **4**. diary. LOC **A ~**, daily, everyday. **De ~**, everyday (*traje*).
dia·rrea [djarréa] *n/f* MED diarrhoea.
diás·po·ra [diáspora] *n/f* diaspora.
diás·to·le [diástole] *n/f* diastole.
dia·tri·ba [djatríβa] *n/f* diatribe.
di·bu·jan·te [diβuxán̪te] **I**. *adj* drawing, sketching. **II**. *n/m,f* Br draughtsman, US draftsman; cartoonist (*dibujos animados*). **di·bu·jar** [diβuxár] **I**. *v* to draw, sketch. **II**. *v/Refl(-se)* to take shape, be outlined, show. **di·bu·jo** [diβúxo] *n/m* **1**. drawing, sketch. **2**. design, cartoon, comic. **3**. outline.
dic·ción [di(k)θjón] *n/f* diction. **dic·cio·na·rio** [di(k)θjonárjo] *n/m* dictionary.
di·ciem·bre [diθjém̪bre] *n/m* December.
di·co·to·mía [dikotomía] *n/f* dichotomy.
dic·ta·do [diktáðo] *n/m* **1**. dictation. **2**. *pl* FIG dictates.
dic·ta·dor/ra [diktaðór/ra] *n/m,f* dictator. **dic·ta·du·ra** [diktaðúra] *n/f* dictatorship.
dic·tá·fo·no [diktáfono] *n/m* dictaphone.
dic·ta·men [diktámen] *n/m* (professional) opinion/advice, judgment. **dic·ta·mi·nar** [diktaminár] *v* to express one's opinion. LOC

~ **sobre**, to pronounce upon. **dic·tar** [diktár] *v* 1. to dictate. 2. JUR to pronounce, decree.
dic·ta·to·rial [diktatorjál] *adj* dictatorial.
dic·te·rio [diktérjo] *n/m* insult.
di·cha [dítʃa] *n/f* 1. happiness, joy. 2. good fortune. LOC **Por ~**, fortunately.
di·cha·ra·che·ro/a [ditʃaratʃéro/a] *adj* witty, talkative. **di·cho** [dítʃo] I. pp de **decir**. II. *n/m* 1. saying, adage. 2. proverb. LOC **~ y hecho**, no sooner said than done. **Lo ~, ~**, I meant what I said.
di·cho·so/a [ditʃóso/a] *adj* 1. happy. 2. confounded, IR blessed. 3. **(~con/de/en)** lucky, fortunate (in).
di·dác·ti·ca [diðáktika] *n/f* didactics. **di·dác·ti·co/a** [diðáktiko/a] *adj* didactic.
die·ci·nue·ve [dieθinwéβe] *n/m* nineteen.
die·cio·ches·co/a [djeθjotʃésko/a] *adj* eighteenth century. **die·cio·cho** [djeθjótʃo] *n/m* eighteen.
die·ci·séis [djeθiséis] *n/m* sixteen.
die·ci·sie·te [djeθisjéte] *n/m* seventeen.
die·dro [djéðro] *adj* MAT dihedron.
dien·te [djénte] *n/m* 1. *gen* tooth, *pl* teeth. 2. cog (*rueda*); prong (*rastrillo*). LOC **Alargársele a uno los ~s**, FIG to long for. **Armado hasta los ~s**, FIG FAM armed to the teeth. **Decir algo entre ~s**, FIG to say sth under one's breath. **~ de ajo**, clove of garlic. **~ de leche**, milk tooth. **Enseñar los ~s**, FIG FAM to bare one's teeth. **Hablar entre ~s**, to mumble. **Hincar el ~ (a/en)**, FIG FAM 1. to appropriate. 2. to get one's teeth into (*tarea*). **Rechinar los ~s a alguien,** to gnash one's teeth at sb. **Tener buen ~**, to have a good appetite.
die·sel [djésel] *n/m* diesel.
dies·tra [djéstra] *n/f* right hand. **dies·tra·men·te** [djéstraménte] *adv* deftly, skilfully. **dies·tro/a** [djéstro/a] I. *adj* 1. right. 2. **(~ en)** skilful (in), expert (at). II. *n/m* TAUR matador. LOC **A ~ y siniestro**, 1. left, right and centre. 2. FIG all over the place, frantically.
die·ta [djéta] *n/f* 1. *gen* diet. 2. fast. 3. allowance, expense. LOC **Estar a ~**, to be on a diet. **die·ta·rio** [djetárjo] *n/m* account book. **die·té·ti·ca** [djetétika] *n/f* dietetics. **die·té·ti·co/a** [djetétiko/a] *adj* dietetic.
diez·mar [djeθmár] *v* FIG to decimate. **diez·mo** [djeθmo] *n/m* tithe.
di·fa·ma·ción [difamaθjón] *n/f* defamation. **di·fa·mar** [difamár] *v* to defame. **di·fa·ma·to·rio/a** [difamatórjo/a] *adj* defamatory.
di·fe·ren·cia [diferénθja] *n/f gen* difference. LOC **A ~ de**, unlike, contrary to. **di·fe·ren·cia·ción** [diferénθjaθjón] *n/f* differentiation. **di·fe·ren·cial** [diferenθjál] I. *adj* differential. II. *n/m* TÉC differential. **di·fe·ren·ciar** [diferenθjár] I. *v* 1. **(~ entre)** to differentiate, distinguish (between). II. *v/Refl(-se)* **(~ de, en)** to differ (from/in). **di·fe·ren·te** [diferénte] I. *adj* **(~ a/de)** different (from). II. *adv* differently.
di·fe·rir [diferír] *v* (*difiero*) 1. to defer, postpone, put off. 2. **(~ de/en/entre)** to be different, differ (from).
di·fí·cil [difíθil] *adj* 1. *gen* difficult. 2. **(~ de + *inf*)** difficult to + *inf*. **di·fi·cul·tad** [difikultáð] *n/f* difficulty. **di·fi·cul·tar** [difikultár] *v* to hinder, present difficulties *pl*. **di·fi·cul·to·so/a** [difikultóso/a] *adj* difficult, hard.
di·fi·den·cia [difiðénθja] *n/f* diffidence.
di·frac·ción [difra(k)θjón] *n/f* FÍS diffraction.
dif·te·ria [diftérja] *n/f* MED dyptheria.
di·fu·mi·nar [difuminár] *v* ARTE to tone, shade.
di·fun·dir [difundír] I. *v* **(~ en/entre/por)** 1. to spread. 2. FIG to disseminate, broadcast. II. *v/Refl(-se)* to spread, be diffused.
di·fun·to/a [difúnto/a] *adj n/m,f* deceased.
di·fu·sión [difusjón] *n/f* diffusion, spreading. **di·fu·si·vo/a** [difusíβo/a] *adj* diffusive. **di·fu·so/a** [difúso/a] *adj* diffuse. **di·fu·sor/ra** [difusór/ra] *adj* spreading.
di·ge·ri·ble [dixeríβle] *adj* digestible. **di·ge·rir** [dixerír] *v* (*digiero*) 1. to digest. 2. FIG to endure, suffer (*presencia*). **di·ges·tión** [dixestjón] *n/f* digestion. **di·ges·ti·vo/a** [dixestíβo/a] *adj* 1. digestive. 2. digestible.
di·gi·tal [dixitál] *adj* digital. **dí·gi·to** [díxito] I. *adj* digital. II. *n/m* MAT digit.
dig·nar·se [diγnárse] *v/Refl(-se)* **(~se a)** to deign (to). **dig·na·ta·rio/a** [diγnatárjo/a] *n/m,f* dignitary. **dig·ni·dad** [diγniðáð] *n/f gen* dignity. **dig·ni·fi·ca·ción** [diγnifikaθjón] *n/f* dignification. **dig·ni·fi·car** [diγnifikár] *v* (*dignifique*) to dignify. **dig·no/a** [díγno/a] *adj* 1. **(~ de)** worthy, deserving (of). 2. honourable, decent.
di·gre·sión [diγresjón] *n/f* digression.
di·je [díxe] *n/m* trinket.
di·la·ce·ra·ción [dilaθeraθjón] *n/f* laceration. **di·la·ce·rar** [dilaθerár] *v/Refl(-se)* to lacerate.
di·la·ción [dilaθjón] *n/f* delay.
di·la·pi·da·ción [dilapiðaθjón] *n/f* dissipation, waste. **di·la·pi·dar** [dilapiðár] *v* to waste, dissipate.
di·la·ta·ble [dilatáβle] *adj* expandable. **di·la·ta·ción** [dilataθjón] *n/f* 1. dilation, expansion. 2. protraction. **di·la·tar** [dilatár] *v* 1. to dilate, expand. 2. to protract, prolong. **di·la·to·ria** [dilatórja] *n/f* delay. **di·la·to·rio/a** [dilatórjo/a] *adj* dilatory.
di·lec·ción [dile(k)θjón] *n/f* love, real affection. **di·lec·to/a** [dilékto/a] *adj* beloved.
di·le·ma [diléma] *n/m* dilemma.
di·le·tan·te [diletánte] *adj n/m,f* dilettante. **di·le·tan·tis·mo** [diletantísmo] *n/m* dilettantism.
di·li·gen·cia [dilixénθja] *n/f* 1. diligence. 2. step, measure. 3. AUT stagecoach. **di·li·gen·ciar** [dilixenθjár] *v* to take the necessary steps to obtain *pl*, FAM handle, deal with (*solicitud*). **di·li·gen·te** [dilixénte] *adj* 1. diligent. 2. swift, FAM speedy.
di·lu·ci·da·ción [diluθiðaθjón] *n/f* elucidation, clarification. **di·lu·ci·dar** [diluθiðár] *v* to elucidate, clarify.
di·luir [diluír] *v* (*diluyo*) 1. to dissolve (*en líquido*). 2. to dilute, weaken.
di·lu·via·no/a [dilußjáno/a] *adj* diluvian. **di·lu·viar** [dilußjár] *v* to pour down (*llover*). **di·lu·vio** [dilúßjo] *n/m* 1. flood, deluge. 2.

FIG FAM flood, PEY torrent, storm (*de crítica/protestas*).
di·ma·nar [dimanár] *v* **(~ de) 1.** to spring, flow (from) (*agua*). **2.** FIG to derive/arise (from), originate (in), emanate (from).
di·men·sión [dimensjón] *n/f* **1.** dimension. **2.** *pl* size.
di·mes y di·re·tes [dímes i ðirétes] LOC FAM gossip, bickering.
di·mi·nu·ti·vo/a [diminutíβo/a] *adj n/m* GRAM diminutive. **di·mi·nu·to/a** [diminúto/a] *adj* diminutive, small.
di·mi·sión [dimisjón] *n/f* resignation. LOC **Presentar la ~,** to resign. **di·mi·sio·na·rio/a** [dimisjonárjo/a] **I.** *adj* resigning (*persona*). **II.** *n/m,f* person resigning. **di·mi·tir** [dimitír] *v* **(~ de)** to resign (from).
di·ná·mi·ca [dinámika] *n/f* FÍS dynamics. **di·ná·mi·co/a** [dinámiko/a] *adj* dynamic. **di·na·mis·mo** [dinamísmo] *n/m* dynamism.
di·na·mi·ta [dinamíta] *n/f* dynamite. **di·na·mi·tar** [dinamitár] *v* to dynamite. **di·na·mi·te·ro/a** [dinamitéro/a] **I.** *adj* dynamite. **II.** *n/m,f* dynamiter.
di·na·mo, dí·na·mo [dinámo/dínamo] *n/f* FÍS dynamo. **di·na·mo·me·tría** [dinamometría] *n/f* FÍS dynamometry.
di·nar [dinár] *n/m* dinar (*moneda*).
di·nas·ta [dinásta] *n/m* dynast (*príncipe/soberano*). **di·nas·tía** [dinastía] *n/f* dynasty. **di· nás·ti·co/a** [dinástiko/a] *adj* dynastic(al).
di·ne·ral [dinerál] *n/m* fortune. **di·ne·ri·llo** [dineríʎo] *n/m* FAM (a) little (bit of) cash. **di·ne·ro** [dinéro] *n/m* money. LOC **Andar escaso de ~,** to be short of money. **~ contante y sonante,** hard cash. **~ efectivo,** cash. **~ suelto,** (loose) change. **Poderoso caballero es don D~,** FIG FAM money talks.
di·no·sau·rio [dinosáurjo] *n/m* dinosaur.
din·tel [diṇtél] *n/m* ARQ lintel, threshold.
di·ñar [diɲár] *v* LOC **~la,** FIG FAM to kick the bucket.
dio·ce·sa·no/a [djoθesáno/a] *adj* REL diocesan. **dió·ce·si(s)** [djóθesi(s)] *n/f* REL diocese.
dio·ni·sia·co/a, dio·ni·sía·co/a [djonisjáko/-síako/a] *adj* MIT Dionysiac, Dionysian.
diop·tría [dioptría] *n/f* dioptre.
dios [djós] **I.** *n/m* REL god. **II.** *int* God!. LOC **A la buena de ~,** any old how, FAM higgledy-piggledy. **Como ~ le da a uno a entender,** FIG FAM as best he can. **Como ~ manda,** as is only right and fitting, properly. **Cuando ~ quiera,** all in good time. **~ dirá,** Time will tell. **~ mediante,** God willing. **¡~ mío!,** *exclam* Good God!, Good heavens! **¡~ quiera!,** if only, would to God. **La de ~ es Cristo,** FIG FAM quarrel, almighty row. **Ponerse a bien con ~,** REL to make one's peace with God. **¡Por ~!,** *exclam* **1.** Good Heavens! **2.** PEY For God's sake. **¡Vaya por ~!,** *exclam* PEY My God! **dio·sa** [djósa] *n/f* goddess.
di·plo·ma [diplóma] *n/m* diploma. **di·plo·ma·cia** [diplomáθja] *n/f* **1.** diplomacy. **2.** diplomatic service. **3.** FIG FAM diplomacy, tact. **di·plo·ma·do/a** [diplomáðo/a] *adj* qualified, having a diploma. **di·plo·má·ti·co/a** [diplomátiko/a] **I.** *adj gen* diplomatic: *Cuerpo diplomático*, Diplomatic Corps. **II.** *n/m,f* diplomat.
dip·so·ma·nía [dipsomanía] *n/f* dipsomania. **dip·so·ma·nía·co/a, dip·só·ma·no/a** [dipsomaníako/dipsómano/a] *adj n/m,f* dipsomaniac.
díp·ti·co [díptiko] *n/m* diptych.
dip·ton·go [diptóŋgo] *n/m* GRAM dipthong.
di·pu·ta·ción [diputaθjón] *n/f* deputation. LOC **~ provincial,** County Council.
di·pu·ta·do/a [diputáðo/a] *n/m,f* **1.** deputy, delegate. **2.** Br Member of Parliament (MP), US Congressman. **di·pu·tar** [diputár] *v* **1.** to deputize. **2.** to delegate.
di·que [díke] *n/m* **1.** dike. **2.** NÁUT dry dock.
di·rec·ción [dire(k)θjón] *n/f* **1.** *gen* direction. **2.** way, course (*rumbo*). **3.** COM management. **4.** leadership, directorship (*cargo*). **5.** COM director's office. **6.** address (*domicilio*). **7.** TÉC steering. LOC **~ única,** one-way (*calle/carretera*). **~ prohibida,** no entry. **~ de tiro,** fire control. **Servo~,** power steering. **Llevar la ~,** to direct. **di·rec·ti·vo/a** [direktíβo/a] **I.** *adj* **1.** directive. **2.** COM managerial. **II.** *n/f* COM board of directors *pl.* **di·rec·to/a** [dirékto/a] **I.** *adj gen* direct. **II.** *n/f* AUT top gear. LOC **En ~,** TEAT, TV, etc live. **di·rec·tor/ra** [direktór/ra] **I.** *adj* governing, managing. **II.** *n/m,f* director. **di·rec·to·rio/a** [direktórjo/a] **I.** *adj* directive. **II.** *n/m* **1.** directory. **2.** governing body. **di·rec·triz** [direktríθ] *n/f* (*pl* ***directrices***) **1.** MAT dirigent. **2.** *pl* guidelines. **di·ri·gen·te** [dirixéṇte] **I.** *adj* directing. **II.** *n/m,f* director, leader. **di·ri·gi·ble** [dirixíβle] **I.** *adj* dirigible, manageable. **II.** *n/m* dirigible, blimp. **di·ri·gir** [dirixír] **I.** *v* (***dirijo, dirija***) **1.** *gen* to direct. **2.** NÁUT to steer, AUT drive. **3.** MÚS FIG to conduct. **4.** to lead, head, manage, run; control (*tráfico*). **5.** to dedicate, concentrate (*esfuerzo*); to guide (*espíritu*); to turn (*mirada*). **6. (~ hacia)** to point, aim (at). **II.** *v/Refl(-se)* **(~se a/hacia)** to approach. LOC **~ la palabra a alguien,** to address sb.
di·ri·mir [dirimír] *v* **1.** to annul. **2.** to settle (*disputa*). **di·ri·men·te** [diriméṇte] *adj* decisive, final.
dis·cer·ni·mien·to [disθernimjéṇto] *n/m* discernment. **dis·cer·nir** [disθernír] *v* (***discierno***) **(~ de/entre)** to discern (from/amongst), distinguish (between), FAM tell the difference (between).
dis·ci·pli·na [disθiplína] *n/f* **1.** discipline. **2.** subject, discipline. **3.** *pl* whip. **dis·ci·pli·na·do/a** [disθiplináðo/a] *adj* disciplined. **dis·ci·pli·nar** [disθiplinár] *v* **1.** to discipline. **2.** to whip. **dis·ci·pli·na·rio/a** [disθiplinárjo/a] *adj* disciplinary.
dis·cí·pu·lo/a [disθípulo/a] *n/m,f* disciple.
dis·co [dísko] *n/m* **1.** disc. **2.** MÚS record. **3.** DEP discus. **4.** light (*semáforo*). **dis·có·bo·lo** [diskóβolo] *n/m* DEP discus thrower. **dis·co·gra·fía** [diskoɣrafía] *n/f* record industry. **dis·co·grá·fi·co/a** [diskográfiko/a] *adj* recording. **dis·coi·dal** [diskoiðál] *adj* discoid(al).
dís·co·lo/a [dískolo/a] *adj* disobedient, undisciplined.

dis·con·for·me [diskonfórme] *adj* **(~ con)** not in agreement (with). **dis·con·for·mi·dad** [diskonformiðáð] *n/f* **1.** difference. **2.** disagreement, lack of agreement.

dis·con·ti·nui·dad [diskon̪tinwiðáð] *n/f* discontinuity. **dis·con·ti·nuo/a** [diskon̪tínwo/a] *adj* discontinuous.

dis·cor·dan·cia [diskorðán̪θja] *n/f* discordance. **dis·cor·dan·te** [diskorðán̪te] *adj* discordant. **dis·cor·dar** [diskorðár] *v* (*discuerdo*) **1.** MÚS to be out of tune. **2. (~ en/de)** to differ (in), disagree (on). **dis·cor·de** [diskórðe] *adj* **(~ con)** discordant, not in agreement (with). **dis·cor·dia** [diskórðja] *n/f* discord.

dis·co·te·ca [diskotéka] *n/f* **1.** record library. **2.** discothèque, FAM disco. **dis·co·te·que·ro/a** [diskotekéro/a] *n/m,f* FAM disco kid, party animal.

dis·cre·ción [diskreθjón] *n/f* discretion. LOC **A ~**, 1. discretionary. 2. at one's (own) discretion. **dis·cre·cio·nal** [diskreθjonál] *adj* discretionary. **dis·cre·pan·cia** [diskrepán̪θja] *n/f* discrepancy. **dis·cre·par** [diskrepár] *v* **(~ de/en/con) 1.** to differ (from/in/with). **2.** to disagree (on/with).

dis·cre·to/a [diskréto/a] *adj* **1.** *gen* discreet. **2.** moderate, average (*cantidad*).

dis·cri·mi·na·ción [diskriminaθjón] *n/f* discrimination. **dis·cri·mi·nar** [diskriminár] *v gen* to discriminate (against/between). **dis·cri·mi·na·to·rio/a** [diskriminatórjo/a] *adj* discriminatory.

dis·cul·pa [diskúlpa] *n/f* **1.** apology. **2.** excuse. **dis·cul·pa·ble** [diskulpáβle] *adj* excusable. **dis·cul·par** [diskulpár] **I.** *v* **1.** to excuse, forgive (*persona*). **2.** to excuse, explain (*razón*). **II.** *v/Refl(-se)* **(~se de/por + *inf/n*)** to apologise (about/for + *ger/n*).

dis·cu·rrir [diskurrír] *v* **1.** to reflect, ponder. **2.** LIT to flow. **3.** FIG to pass (*tiempo*), come to pass (*realizarse*). LOC **~ poco**, FAM to be dozy.

dis·cur·se·ar [diskurseár] *v* FAM to pontificate, SL mouth off. **dis·cur·si·vo/a** [diskursíβo/a] *adj* **1.** discursive. **2.** thoughtful. **dis·cur·so** [diskúrso] *n/m* **1.** discourse. **2.** speech.

dis·cu·sión [diskusjón] *n/f* **1.** discussion. **2.** argument. **dis·cu·ti·ble** [diskutíβle] *adj* **1.** debatable. **2.** questionable. **dis·cu·tir** [diskutír] *v* **(~ de/con/sobre) 1.** to discuss. **2.** to argue (about/over).

di·se·ca·ción [disekaθjón] *n/f* dissection. **di·se·car** [disekár] *v* (*diseque*) to dissect, analyse. **di·sec·ción** [dise(k)θjón] *n/f* dissection.

di·se·mi·na·ción [diseminaθjón] *n/f* dissemination. **di·se·mi·nar** [diseminár] *v* to disseminate, spread.

di·sen·sión [disensjón] *n/f* **1.** dissension. **2.** dispute (*contienda*).

di·sen·te·ría [disen̪tería] *n/f* MED dysentry.

di·sen·ti·mien·to [disen̪timjén̪to] *n/m* dissent. **di·sen·tir** [disen̪tír] *v* (*desiento*) **(~ de/en)** to dissent (from/to), disagree (about/on).

di·se·ñar [diseɲár] *v* to design. **di·se·ño** [diséɲo] *n/m* design.

di·ser·ta·ción [disertaθjón] *n/f* dissertation. **di·ser·tar** [disertár] *v* **(~ sobre)** to discourse (on), discuss.

dis·for·me [disfórme] *adj* **1.** shapeless. **2.** deformed. **3.** disproportionate, out of proportion.

dis·fraz [disfráθ] *n/m* (*pl disfraces*) disguise. **dis·fra·zar** [disfraθár] *v* (*disfrace*) **(~ con/de)** to disguise, dress up (in/as).

dis·fru·tar [disfrutár] *v* **(~ con/de) 1.** *gen* to enjoy. **2.** to have the benefit (of). **dis·fru·te** [disfrúte] *n/m* **1.** enjoyment. **2.** benefit.

dis·fun·ción [disfun̪θjón] *n/f* MED dysfunction, malfunction.

dis·gre·ga·ción [disγreγaθjón] *n/f* disintegration. **dis·gre·gar** [disγreγár] *v/v Refl(-se)* (*disgregue*) to disintegrate.

dis·gus·tar [disγustár] **I.** *v* to displease. **II.** *v/Refl(-se)* **(~se con/por)** to be annoyed/angry (about/with). **dis·gus·to** [disγústo] *n/m* **1.** displeasure. **2.** anger, annoyance. **3.** disgust. LOC **A ~**, reluctantly.

di·si·den·cia [disiðén̪θja] *n/f* dissidence. **di·si·den·te** [disiðén̪te] *adj n/m,f* dissident. **di·si·dir** [disiðír] *v* to dissent (from).

di·si·mi·li·tud [disimilitúð] *n/f* dissimilarity.

di·si·mu·la·ción [disimulaθjón] *n/f* dissimulation, pretence. **di·si·mu·la·do/a** [disimuláðo/a] **I.** *adj* dissembling, hypocritical. **II.** *n/m,f* dissimulator, hypocrite. LOC **Hacerse el ~**, to act (all) innocent. **di·si·mu·lar** [disimulár] *v* **1.** to cover (up), conceal. **2.** to overlook, FAM turn a blind eye to. **3.** to dissimulate, disguise. **di·si·mu·lo** [disimúlo] *n/m* **1.** disguising, dissimulation. **2.** concealment, hiding.

di·si·pa·ción [disipaθjón] *n/f* **1.** dissipation, dispersion. **2.** squandering (*dinero*). **di·si·pa·do/a** [disipáðo/a] **I.** *adj* **1.** dissipated. **2.** wasteful. **II.** *n/m,f* spendthrift. **di·si·par** [disipár] **I.** *v* **1.** to dissipate, disperse. **2.** FIG to dispel (*sentimientos*). **3.** FIG to squander (*dinero*). **II.** *Refl(-se)* **1.** to dissipate, clear up. **2.** to vanish.

dis·ke(t)·te [diskéte] *n/m* floppy disk.

dis·la·te [disláte] *n/m* blunder.

dis·le·xia [dislé(k)sja] *n/f* MED dyslexia. **dis·lé·xi·co/a** [dislé(k)siko/a] *adj* dyslexic.

dis·lo·ca·ción [dislokaθjón] *n/f* dislocation.

dis·lo·car [dislokár] *v* (*disloque*) **1.** dislocate. **2.** FIG to distort. **dis·lo·que** [dislóke] *n/m* LOC **Ser el ~**, FIG FAM to be the last straw.

dis·mi·nu·ción [disminuθjón] *n/f* diminution, reduction. **dis·mi·nui·do/a** [disminwíðo/a] **I.** *adj* diminished, reduced. **II.** *n/m,f* **1.** FIG insecure/under-confident person. **2.** mentally deficient person. **dis·mi·nuir** [disminwír] *v* (*disminuyo*) **(~ en)** to diminish (in), reduce.

di·so·cia·ción [disoθjaθjón] *n/f* dissociation. **di·so·ciar** [disoθjár] **I.** *v* **1.** to dissociate, separate. **2.** QUÍM to separate. **II.** *v/Refl(-se)* **(~se de)** to dissociate oneself (from).

di·so·lu·bi·li·dad [disolußiliðáð] *n/f* (dis) solubility. **di·so·lu·ble** [disolúßle] *adj* dissoluble. **di·so·lu·ción** [disoluθjón] *n/f* **1**. dissolution. **2**. QUÍM solution. **3**. FIG disintegration. **di·so·lu·ti·vo/a** [disolutíßo/a] *adj* (dis) soluble. **di·so·lu·to/a** [disolúto/a] *adj* dissolute. **di·sol·ven·te** [disolßénte] *adj n/m* solvent. **di·sol·ver** [disolßér] *v* (*disuelvo*, pp *disuelto*) **(~ en)** *gen* to dissolve (in/into).

di·so·nan·cia [disonánθja] *n/f* **1**. dissonance. **2**. FIG discrepancy. **di·so·nan·te** [disonánte] *adj* FIG dissonant, discordant. **di·so·nar** [disonár] *v* (*disuena*) **1**. to be discordant, be out of tune. **2**. **(~ de)** FIG to be at odds (with) *pl*.

dis·par [dispár] *adj* unlike, different.

dis·pa·ra·de·ro [disparaðéro] *n/m* trigger. LOC Poner a alguien en el ~, FIG FAM to drive sb to extremes *pl*, put sb in the hot seat. **dis·pa·ra·dor** [disparaðór] *n/m* **1**. trigger. **2**. TÉC release. **dis·pa·rar** [disparár] **I**. *v* **1**. **(~ contra)** to fire, shoot (at) (*arma*). **II**. *v/Refl(-se)* **1**. FIG to shoot out. **2**. FIG FAM to shoot one's mouth off.

dis·pa·ra·ta·do/a [disparatáðo/a] *adj* crazy, FAM loopy. **dis·pa·ra·tar** [disparatár] *v* to talk nonsense. **dis·pa·ra·te** [disparáte] *n/m* foolishness, absurdity.

dis·pa·re·jo/a [disparéxo/a] *adj* odd, uneven, different. **dis·pa·ri·dad** [dispariðáð] *n/f* disparity.

dis·pa·ro [dispáro] *n/m* shot.

dis·pen·dio [dispéndjo] *n/m* squandering, waste.

dis·pen·sa [dispénsa] *n/f* dispensation, exemption. **dis·pen·sar** [dispensár] *v* **1**. to confer, bestow (*honor*). **2**. **(~ de)** to exempt (from). **dis·pen·sa·rio** [dispensárjo] *n/m* MED dispensary.

dis·pep·sia [dispépsja] *n/f* MED dyspepsia. **dis·pép·ti·co/a** [dispéptiko/a] *adj n/m,f* MED dyspeptic.

dis·per·sar [dispersár] *v* to disperse, scatter. **dis·per·sión** [dispersjón] *n/f* dispersion. **dis·per·so/a** [dispérso/a] *adj* dispersed, scattered.

dis·pli·cen·cia [displiθénθja] *n/f* indifference. **dis·pli·cen·te** [displiθénte] *adj* badhumoured, indifferent, cold.

dis·po·ner [disponér] *v* (*dispongo*, *dispuse*, *dispondré*, pp *dispuesto*) **1**. to arrange, order. **2**. to prepare, get ready (*para ser usado*). **3**. JUR to command, order. **4**. **(~ de)** to have (sth) at one's disposal. **5**. **(~ de)** to dispose (of). **dis·po·ni·bi·li·dad** [disponißiliðáð] *n/f* availability. **dis·po·ni·ble** [disponíßle] *adj* available, at one's disposal. **dis·po·si·ción** [disposiθjón] *n/f* **1**. disposal. **2**. arrangement, formation, position. **3**. disposition (*estado de ánimo*). **4**. resolution, decree (*mandato*). LOC **En ~ de**, in a position to. **Poner algo a ~ de**, to put sth at sb's service/disposal. **dis·po·si·ti·vo** [dispositíßo] *n/m* TÉC **1**. device, mechanism. **2**. gadget. **dis·pues·to/a** [dispwésto/a] *adj* **1**. **(~ a)** willing, ready, disposed, prepared (to). **2**. clever, capable. LOC **Bien/mal ~**, well-disposed, ill-disposed.

dis·pu·ta [dispúta] *n/f* dispute, argument. **dis·pu·tar** [disputár] *v* **1**. to contend, compete for (*copa*). **2**. to dispute. **3**. **(~ de/sobre/por)** to argue (about/over), debate, discuss.

dis·qui·si·ción [diskisiθjón] *n/f* disquisition.

dis·rup·ti·vo/a [disruptíßo/a] *adj* disruptive.

dis·tan·cia [distánθja] *n/f gen* distance. LOC **A ~**, at a distance. **Guardar las ~s**, FIG to keep one's distance *sing*. **Acortar las ~s**, FIG to meet halfway *sing*. **dis·tan·ciar** [distanθjár] **I**. *v* **1**. to move away (*una cosa*), space out (*cosas*). **2**. to separate, drive apart (*personas*). **II**. *v/Refl(-se)* **(~se de) 1**. to go away (from), FAM put some distance (between oneself and a place) (*lugar*). **2**. to distance oneself, move away, become estranged (from). **dis·tan·te** [distánte] *adj* **(~ de)** distant (from). **dis·tar** [distár] *v* **(~ de) 1**. to be far (away), be distant (from). **2**. FIG to be different (from), FIG FAM be a far cry (from).

dis·ten·der [distendér] **I**. *v* (*distiendo*) **1**. MED to strain (*membrana/tejido*). **2**. FIG to stretch, loosen, relax (*tensión*). **II**. *v/Refl (-se)* MED to become distended. **dis·ten·sión** [distensjón] *n/f* MED strain, sprain (*ligamento*).

dis·tin·ción [distinθjón] *n/f gen* distinction. **dis·tin·go** [distíŋgo] *n/m* restriction, FAM proviso. **dis·tin·gui·do/a** [distiŋgíðo/a] *adj* **1**. distinguished. **2**. cultivated, refined. **dis·tin·guir** [distiŋgír] **I**. (*distingo*, *distinga*) *v* **1**. **(~ de/entre)** to distinguish, differentiate (from/between). **2**. **(~ en/por)** to distinguish, discern (in/by). **3**. FIG to hold in high esteem (*persona*). **4**. **(~ con)** to hono(u)r (with) (*condecoración*). **II**. *v/Refl(-se)* **1**. to distinguish oneself. **2**. to stand out, be distinguishable. **dis·tin·ti·vo/a** [distintíßo/a] **I**. *adj* distinctive. **II**. *n/m* distinguishing / distinctive feature. **dis·tin·to/a** [distínto/a] *adj* **(~ a/de)** different, distinct (from).

dis·tor·sión [distorsjón] *n/f gen* distortion. **dis·tor·sio·nar** [distorsjonár] *v* to distort.

dis·trac·ción [distra(k)θjón] *n/f* **1**. *gen* distraction. **2**. pastime, amusement. **dis·tra·er** [distraér] **I**. *v* (*distraigo*, *distraje*, pp *distraído*) **1**. **(~ de)** to distract (from). **2**. to amuse. **II**. *v/Refl(-se)* **1**. **(~se con)** to keep oneself busy, amuse oneself, be distracted (by). **2**. to get distracted. **3**. **(~se de)** to be distracted, divert one's attention (away) from (*preocupaciones*).

dis·traí·do/a [distraíðo/a] *adj* **1**. amusing. **2**. distracted, inattentive, casual: *Una mirada distraída*, A casual glance. **3**. absentminded. LOC **Hacerse el ~**, to pretend not to take in.

dis·tri·bu·ción [distrißuθjón] *n/f* distribution. **dis·tri·bui·dor/ra** [distrißwiðór/ra] **I**. *adj* distributing, distributive. **II**. *n/m,f* COM distributor. **dis·tri·buir** [distrißwír] *v* (*distribuyo*) **(~ en/entre/por) 1**. *gen* to distribute (among/amongst), deliver. **2**. to allocate, give/share out. **3**. to allot, file. **4**. design (*ca-*

sa). **dis·tri·bu·ti·vo/a** [distriβutíβo/a] *adj* distributive.

dis·tri·to [distríto] *n/m* district. LOC **~ electoral**, constituency.

dis·tur·bar [disturβár] *v* to disturb. **dis·tur·bio** [distúrβjo] *n/m* disturbance (*orden ciudadano*).

di·sua·dir [diswaðír] *v* **(~ de)** to dissuade, deter (from). **di·sua·sión** [diswasjón] *n/f* dissuasion, deterrent. **di·sua·si·vo/a, di·sua·so·rio/a** [diswasíβo/diswasórjo/a] *adj* dissuasive, deterrent.

dis·yun·ción [disɟuṇθjón] *n/f* disjunction. **dis·yun·ti·va** [disɟuṇtíβa] *n/f* **(la ~)** (the) only alternative. **dis·yun·ti·vo/a** [disɟuṇtíβo/a] *adj* disjunctive.

di·ti·ram·bo [ditiráɱbo] *n/m* POÉT dithyramb.

diu·re·sis [djurésis] *n/f* MED diuresis. **diu·ré·ti·co/a** [djurétiko/a] *adj n/m* diuretic.

diur·no/a [diúrno/a] *adj* diurnal, daytime.

di·va [díβa] *n/f* **1**. POÉT goddess. **2**. TEAT FIG prima donna.

di·va·ga·ción [diβaγaθjón] *n/f* digression. **di·va·gar** [diβaγár] *v* (*divague*) to digress.

di·ván [diβán] *n/m* divan.

di·ver·gen·cia [diβerxeṇθja] *n/f* divergence. **di·ver·gen·te** [diβerxéṇte] *adj* divergent. **di·ver·gir** [diβerxír] *v* (*diver**jo**, diver**ja***) **(~ de/en)** *gen* to diverge (from/on).

di·ver·si·dad [diβersiðáð] *n/f* diversity. **di·ver·si·fi·ca·ción** [diβersifikaθjón] *n/f* diversification. **di·ver·si·fi·car** [diβersifikár] *v/Refl(-se)* (*diversifi**que***) to diversify.

di·ver·sión [diβersjón] *n/f* **1**. *gen* diversion. **2**. amusement, pastime, recreation. **di·ver·so/a** [diβérso/a] *adj* **1**. different. **2**. diverse. **3**. *pl* several, various, varied.

di·ver·ti·do/a [diβertíðo/a] *adj gen* amusing. **di·ver·ti·mien·to** [diβertimjéṇto] *n/m* amusement. **di·ver·tir** [diβertír] **I**. *v* (*di**vierto***) **1**. to amuse, entertain. **2**. to distract/divert (sb's attention). **II**. *v/Refl(-se)* **1**. to enjoy oneself. **2**. **(~se con/en +** *inf/n***)** to amuse oneself (with/by + *ger/n*).

di·vi·den·do [diβiðéṇdo] *n/m* MAT COM dividend. **di·vi·dir** [diβiðír] *v* **1**. **(~ con/en/entre/por)** *gen* to divide (up), FAM split (into/with/amongst/by). **2**. **(~ de)** FIG to separate, FAM split off (from).

di·vie·so [diβjéso] *n/m* MED boil.

di·vi·ni·dad [diβiniðáð] *n/f gen* divinity. **di·vi·ni·za·ción** [diβiniθaθjón] *n/f* deification. **di·vi·ni·zar** [diβiniθár] *v* (*divini**ce***) to deify, FIG glorify. **di·vi·no/a** [diβíno/a] *adj gen* divine.

di·vi·sa [diβísa] *n/f* **1**. emblem, FAM motto. **2**. COM currency.

di·vi·sar [diβisár] *v* to discern, perceive, FAM make out.

di·vi·si·bi·li·dad [diβisiβiliðáð] *n/f* divisibility. **di·vi·si·ble** [diβisíβle] *adj* divisible. **di·vi·sión** [diβisjón] *n/f gen* division. **di·vi·sor/ra** [diβisór/ra] **I**. *adj* dividing. **II**. *n/m* **1**. divider. **2**. MAT divisor, factor. **di·vi·so·rio/a** [diβisórjo/a] *adj n/f* dividing, separating.

di·vo/a [díβo/a] *n/m,f* FIG FAM IR (a real) star, really it.

di·vor·cia·do/a [diβorθjáðo/a] **I**. *adj* divorced. **II**. *n/m,f* divorcee. **di·vor·ciar** [diβorθjár] *v/Refl(-se)* **(~se de)** to divorce. **di·vor·cio** [diβórθjo] *n/m* divorce.

di·vul·ga·ble [diβulγáβle] *adj* disclosable. **di·vul·ga·ción** [diβulγaθjón] *n/f* disclosure. **di·vul·gar** [diβulγár] *v* (*divul**gue***) to divulge, disclose (*dato*).

DNI [de-ene-i] *n/m abrev* de *Documento Nacional de Identidad*, Identity Card.

Dña [dóɲa] *n/f abrev* de *Doña* (*apelativo*).

do [dó] *n/m* MÚS doh, C (*nota*). LOC **Dar el ~ de pecho**, FIG to surpass oneself, FAM pull out all the stops *pl*.

do·bla·di·llo [doβlaðíʎo] *n/m* hem. **do·bla·du·ra** [doβlaðúra] *n/f* fold, crease. **do·bla·je** [doβláxe] *n/m* dubbing (*cine*). **do·blar** [doβlár] **I**. *v* **1**. to fold (up/down), crease, bend. **2**. to double. **3**. to dub (*cine*). **4**. to turn, go round: *Doblar la esquina*, To turn the corner. **5**. to ring the death knell, toll. **6**. **(~ a la derecha**, etc) to twist, turn (to). **II**. *v/Refl (-se)* **(~se a)** FIG to bend, yield (to). **do·ble** [dóβle] **I**. *adj* **1**. double, twice. **2**. dual: *Vía doble*, Dual carriageway. **3**. thick (*tela*). **4**. FIG two-faced. **II**. *n/m* **1**. *gen* double. **2**. crease, fold. LOC **El ~ que**, twice as much as. **do·ble·ga·ble** [doβleγáβle] *adj* pliant, pliable, malleable. **do·ble·ga·di·zo/a** [doβleγaðíθo/a] *adj* flexible. **do·ble·gar** [doβleγár] *v/Refl(-se)* (*doble**gue***) **1**. to bend, fold. **2**. FIG to sway sb's opinion. LOC **~se a (sus exigencias)**, to give in to (sb's demands). **do·blez** [doβléθ] (*pl doble**ces***) **1**. *n/m* fold, crease. **2**. *n/f* FIG duplicity.

do·blón [doβlón] *n/m* doubloon (*moneda antigua*).

do·ce [dóθe] *adj* **1**. twelve. **2**. twelfth (*ordinal*). **do·ce·a·vo/a** [doθeáβo/a] *adj* twelfth. **do·ce·na** [doθéna] *n/f* dozen: *Una docena de huevos*, A dozen eggs.

do·cen·cia [doθéṇθja] *n/f* teaching, instruction. **do·cen·te** [doθéṇte] **I**. *adj* teaching, educational. **II**. *n/m,f* teacher. **dó·cil** [dóθil] *adj* **1**. easy-to-teach, obedient. **2**. docile, gentle. **do·ci·li·dad** [doθiliðáð] *n/f* docility.

doc·to/a [dókto/a] **I**. *adj* **(~ en)** learned, expert (in). **II**. *n/m,f* scholar. **doc·tor/ra** [doktór/ra] *n/m,f* doctor. **doc·to·ra·do** [doktoráðo] *n/m* doctorate, *abrev* PhD. **doc·to·ral** [doktorál] *adj* doctoral. **doc·to·rar·se** [doktorárse] *v/Refl(-se)* **(~se en)** to take one's doctorate (in).

doc·tri·na [doktrína] *n/f* **1**. doctrine. **2**. knowledge, learning. **doc·tri·nal** [doktrinál] *adj* doctrinal. **doc·tri·na·rio/a** [doktrinárjo/a] **I**. *adj* doctrinal. **II**. *n/m,f* doctrinaire.

do·cu·men·ta·ción [dokumeṇtaθjón] *n/f* **1**. documentation. **2**. documents, papers *pl*. **do·cu·men·ta·do/a** [dokumeṇtáðo/a] *adj* **1**. having identification/the right papers *pl* (*persona*). **2**. well-documented (*situación*), well-informed (*persona*). **do·cu·men·tal** [dokumeṇtál] *adj n/m* documentary. **do·cu·men·tar** [dokumeṇtár] *v* **1**. to document, give evidence of. **2.** to inform, instruct (sb) about. **do·cu·men·to** [dokuménto] *n/m* **1.** *gen* document. **2.** (written) record/testimony.

do·de·cae·dro [doðekaéðro] *n/m* MAT dodecahedron.

do·gal [doɣál] *n/m* noose (*de verdugo*), halter (*de caballo*).

dog·ma [dóɣma] *n/m* dogma. **dog·má·ti·co/a** [doɣmátiko/a] *adj* dogmatic(al). **dog·ma·tis·mo** [doɣmatísmo] *n/m* dogmatism. **dog·ma·ti·zar** [doɣmatiθár] *v* (*dogmatice*) to dogmatize.

dó·lar [dólar] *n/m* dollar.

do·len·cia [doléṇθja] *n/f* **1.** ailment, illness. **2.** pain, ache. **do·ler** [dolér] (*duelo*) **I.** *v* **1.** to hurt, ache. **2.** to hurt, grieve. **II.** *Refl(-se)* **1.** to be sorry. **2.** to repent of (+ *ger*) (*pecado*). to repent of + *ger*. **do·lien·te** [doljéṇte] *adj n/m,f* suffering, sufferer.

dol·men [dólmen] *n/m* ARQ dolmen.

do·lo·mía, do·lo·mi·ta [dolomí(t)a] *n/f* GEOL dolomite.

do·lor [dolór] *n/m* **1.** pain, ache. **2.** FIG pain, grief. **do·lo·ri·do/a** [doloríðo/a] *adj* **1.** painful, aching, in pain. **2.** pained, grieved. **do·lo·ro·so/a** [doloróso/a] *adj* **1.** painful. **2.** pitiful.

do·lo·so/a [dolóso/a] *adj* fraudulent.

do·ma [dóma] *n/f* taming. **do·ma·ble** [domáβle] *adj* tamable. **do·ma·dor/ra** [domaðór/ra] *n/m,f* tamer, trainer. **do·ma·du·ra** [domaðúra] *n/f* V **doma**. **do·mar** [domár] *v* to tame, train (*animal*).

do·me·ñar [domeɲár] *v* to tame.

do·mes·ti·ca·ble [domestikáβle] *adj* trainable. **do·mes·ti·ca·ción** [domestikaθjón] *n/f* domestication. **do·mes·ti·car** [domestikár] *v* (*domestique*) to domesticate. **do·mes·ti·ci·dad** [domestiθiðáð] *n/f* domesticity. **do·més·ti·co/a** [doméstiko/a] **I.** *adj gen* domestic. **II.** *n/m,f* servant, (domestic) help.

do·mi·ci·liar [domiθiljár] **I.** *v* **1.** to house, domicile. **2.** COM to make a standing order (*cuenta bancaria*). **II.** *v/Refl(-se)* **(~se en)** to take up residence (in). **do·mi·ci·lia·rio/a** [domiθiljárjo/a] *adj* domiciliary, house. **do·mi·ci·lio** [domiθíljo] *n/m* house, home. LOC **A ~**, (delivered) to the house.

do·mi·na·ción [dominaθjón] *n/f* domination. **do·mi·nan·te** [domináṇte] **I.** *adj* dominating, dominant. **II.** *n/f* MÚS dominant. **do·mi·nar** [dominár] **I.** *v* **1.** to dominate, rule (*nación*). **2.** FIG to control (*incendio*). **3.** FIG to master, have a good grasp of (*conocer bien*). **4.** FIG ARQ to overlook, dominate. **5.** to predominate, stand out. **II.** *v/Refl(-se)* to restrain oneself.

do·min·go [domíŋgo] *n/m* Sunday. **do·min·gue·ro/a** [domiŋgéro/a] **I.** *adj* Sunday. **II.** *n/m,f* Sunday-excursionist/driver. **do·mi·ni·cal** [dominikál] *adj* of Sunday.

do·min·gui·llo [domiŋgíʎo] *n/m* tumbler (*muñeco*).

do·mi·ni·ca·no/a [dominikáno/a] *adj n/m,f* REL Dominican. **do·mi·ni·co/a** [domíniko/a] **I.** *adj n/m,f* REL Dominican. **II.** *n/m Amer* BOT banana.

do·mi·nio [domínjo] *n/m* **1.** domination. **2.** dominion, power. **3.** *pl* domain. **4.** FIG domain. LOC **Ser del ~ público**, FIG to be common knowledge.

do·mi·nó, dó·mi·no [dominó/dómino] *n/m* dominoes *pl* (*juego*).

don [dón] *n/m* **1.** *gen* gift. **2.** (*abrev* D.) don, esquire (*título; ante nombre propio*): *Don José*, Joseph Smith Esq. LOC **Tener ~ de gentes** *pl*, to have a way with people. **do·na·ción** [donaθjón] *n/f* donation. **do·nai·re** [donáire] *n/m* charm, grace. **do·nan·te** [donáṇte] *n/m,f* donor. **do·nar** [donár] *v* to donate. **do·na·ta·rio/a** [donatárjo/a] *n/m,f* donee, recipient. **do·na·ti·vo** [donatíβo] *n/m* donation.

don·cel [doṇθél] *n/m* LIT young man, page. **don·ce·lla** [doṇθéʎa] *n/f* **1.** virgin, maiden. **2.** maid. **3.** LIT young woman. **don·ce·llez** [doṇθeʎéθ] *n/f* virginity.

don·de [dóṇde] **I.** *adv* **1.** where. **2.** in which. LOC **~ sea,** anywhere. **En ~,** wherein. **II.** *pron inter* **1. (¿dónde?)** where? **2. (Adónde)** where (to)? *Dinos adónde vas,* Tell us where you are going (to). LOC **¿Hasta ~?,** *inter* how far? **¿Por ~?,** *inter* **1.** whereabouts? **2.** which way? **don·de·quie·ra** [doṇdekjéra] **I.** *adv* anywhere. **II.** *conj* wherever.

don·juan [donxuán] *n/m* womanizer.

do·no·so/a [donóso/a] *adj* charming, graceful.

do·nos·tia·rra [donostjárra] *adj n/m,f* GEOG from/of San Sebastián.

do·ña [dóɲa] *n/f* doña (*título sólo ante nombre propio*): *Doña María*, Mary.

do·par [dopár] *v* to dope, drug. **do·ping** [dópiŋ] *n/m* DEP **1.** taking drugs. **2.** doping (*caballo*).

do·quier, do·quie·ra, don·de·quie·ra [dokjér(a), doṇdekjéra] *adv* anywhere.

do·ra·do/a [doráðo/a] **I.** *adj gen* golden. **II.** *n/m* **1.** gilt. **2.** gilding. **do·rar** [dorár] *v* **1.** to gild. **2.** FIG to brown (*tostar*). **3.** FIG to gloss.

dó·ri·co/a [dóriko/a] *adj* HIST Doric. **do·rio/a** [dórjo/a] *adj* GEOG Doric.

dor·mi·da [dormíða] *n/f* nap, rest. **dor·mi·lón/na** [dormilón/na] **I.** *adj* sleepy. **II.** *n/m,f* sleepyhead. **III.** *n/f* FAM comfy chair. **dor·mir** [dormír] **I.** *v* (*duermo durmió*) **1.** to sleep. **2.** to spend the night. **3.** FIG to grow calm. **4.** to send (off) to sleep, FAM put down (*niño*). **5.** to put to sleep (*con anestésicos*). LOC **~ con alguien**, FIG to sleep, have sex with sb. **II.** *Refl(-se)* **1.** to fall asleep, go to sleep. **2.** FIG to go to sleep, get pins and needles in (*miembro*) *pl*. **dor·mi·tar** [dormitár] *v* to snooze, doze. **dor·mi·to·rio** [dormitórjo] *n/m* bedroom, dormitory.

dor·sal [dorsál] *adj* dorsal, back. **dor·so** [dórso] *n/m* back.

dos [dós] *adj* **1.** two. **2.** second.

do·sel [dosél] *n/m* canopy.

do·si·fi·ca·ción [dosifikaθjón] *n/f* MED dosage. **do·si·fi·car** [dosifikár] *v* (*dosifique*) **1.** to dose. **2.** to measure out (*cantidad, proporción*). **do·sis** [dósis] *n/f* (*pl dosis*) *gen* dose.

do·ssier [dosjér] *n/m* dossier.
do·ta·ción [dotaθjón] *n/f* 1. staff, personnel, NÁUT crew. 2. endowment, bequest, grant. **do·tar** [dotár] *v* **(~ con/de)** 1. to give a dowry to. 2. to bequest, make a bequest (to), endow (with) (*dinero*). 3. FIG to endow (with) (*naturaleza*). **do·te** [dóte] *n/f* 1. dowry. 2. *pl* gift, talent.
do·ve·la [doßéla] *n/f* ARQ keystone.
do·za·vo/a [doθáßo/a] *adj n/m,f* twelfth.
drac·ma [drákma] *n/f* drachma (*moneda griega*).
dra·co·nia·no/a [drakonjáno/a] *adj* FIG draconian.
dra·ga [dráγa] *n/f* TÉC dredge. **dra·ga·do** [draγáðo] *n/m* dredging. **dra·ga·mi·nas** [draγamínas] *n/m* NÁUT minesweeper. **dra·gar** [draγár] *v* (*dra**gue***) to dredge.
dra·gón [draγón] *n/m* 1. MIT dragon. 2. MIL dragoon.
dra·ma [dráma] *n/m* *gen* drama. **dra·má·ti·co/a** [dramátiko/a] I. *adj* dramatic. II. *n/m,f* dramatist. **dra·ma·tis·mo** [dramatísmo] *n/m* drama (*calidad*). **dra·ma·ti·za·ción** [dramatiθaθjón] *n/f* dramatization. **dra·ma·ti·zar** [dramatiθár] *v* (*dramati**ce***) to dramatize. **dra·ma·tur·gia** [dramatúrxja] *n/f* dramaturgy. **dra·ma·tur·go/a** [dramatúrγo/a] *n/m, f* playwright, dramaturge. **dra·món** [dramón] *n/m* *aum* **drama**. melodrama.
drás·ti·co/a [drástiko/a] *adj* FIG drastic.
dre·na·je [drenáxe] *n/m* TÉC drainage.
dri·blar [drißlár] *v* DEP to dribble.
dril [dríl] *n/m* denim (*tela*).
dro·ga [dróγa] *n/f* drug. **dro·ga·dic·ción** [droγaði(k)θjón] *n/f* drug addiction. **dro·ga·dic·to/a** [droγaðíkto/a] *adj n/m,f* drug addict. **dro·ga·do/a** [droγáðo/a] *adj* drugged. **dro·gar** [droγár] *v* (*dro**gue***) to drug. **dro·go·de·pen·den·cia** [droγoðepen̪dén̪θja] *n/f* drug addiction. **dro·gue·ría** [droγería] *n/f* paint and cleaning shop/store.
dro·me·da·rio [dromeðárjo] *n/m* ZOOL dromedary.
drui·da [drwíða] *n/m* HIST druid.
dual [duál] *adj n/m* GRAM dual. **dua·li·dad** [dwaliðáð] *n/f* duality. **dua·lis·mo** [dwalísmo] *n/m* 1. FIL dualism. 2. duality. **dua·lis·ta** [dwalísta] I. *adj* dualistic. II. *n/m,f* dualist.
du·bi·ta·ti·vo/a [dußitatíßo/a] *adj* doubtful.
du·ca·do [dukáðo] *n/m* 1. duchy, dukedom. 2. ducat (*moneda antigua*). **du·cal** [dukál] *adj* ducal.
dúc·til [dúktil] *adj* ductile, pliable. **duc·ti·li·dad** [duktiliðáð] *n/f* ductility (*de metal*).
du·cha [dútʃa] *n/f* *gen* shower. **du·char** [dutʃár] *v/Refl(-se)* to shower, have a shower.
du·cho/a [dútʃo/a] *adj* **(~ en)** skilled, well up on, well versed in.
du·da [dúða] *n/f* doubt. LOC **No cabe ninguna ~**, there is no doubt. **Poner algo en ~**, to doubt/question sth. **Sin ~ (alguna)**, 1. without a doubt. 2. IR no doubt (*tal vez*). **du·dar** [duðár] *v* 1. **(~ de)** to doubt. 2. **(~ sobre)** to have doubts *pl* (about). 3. **(~ de)** to be in doubt about, question (*veracidad*). 4. **(~ en)** to hesitate to. **du·do·so/a** [duðóso/a] *adj* 1. doubtful, dubious. 2. uncertain (*resultado*).
due·la [dwéla] *n/f* stave.
due·lo [dwélo] *n/m* 1. duel (*combate*). 2. grief. 3. mourning.
duen·de [dwén̪de] *n/m* 1. household spirit, poltergeist (*espíritu juguetón*). 2. MIT imp (*niño*), goblin, PEY bogeyman (*hombrecillo*). 3. FIG magic, enchantment.
due·ña [dwéɲa] *n/f* owner, landlady, mistress (*de la casa*). **due·ño** [dwéɲo] *n/m* 1. owner, proprietor. 2. master (*amo*). LOC **Ser ~ de sí mismo**, to be one's own master, be in control.
duer·me·ve·la [dwermeßéla] *n/f* snooze.
dul·ce [dúl̪θe] I. *adj* 1. *gen* sweet, candy. 2. FIG gentle. II. *n/m* *gen* sweet. **dul·ce·ría** [dul̪θería] *n/f* Br sweetshop, US candy store. **dul·ci·fi·ca·ción** [dul̪θifikaθjón] *n/f* 1. sweetening. 2. FIG soothing. **dul·ci·fi·car** [dul̪θifikár] *v* (*dulcifi**que***) 1. to sweeten. 2. FIG to soothe, mollify.
dul·ci·nea [dul̪θinéa] *n/f* FIG sweetheart, *lit* Dulcinea.
du·lía [dulía] *n/f* REL dulia.
dul·za·rrón/na [dul̪θarrón/na] *adj* FAM sickly-sweet. **dul·zón/na** [dul̪θón/na] *adj* FAM sickly-sweet. **dul·zor** [dul̪θór] *n/m* sweetness. **dul·zu·ra** [dul̪θúra] *n/f* 1. sweetness (*sabor*). 2. sweetness, gentleness (*calidad*).
dum·ping [dúmpin] *n/m* COM dumping.
du·na [dúna] *n/f* dune, sand-dune.
dúo [dúo] *n/m* duet, duo. **duo·dé·ci·mo/a** [dwoðéθimo/a] *adj* twelfth.
duo·de·no [dwoðéno] *n/m* ANAT duodenum.
dú·plex [dúple(k)s] *n/m* duplex, two-storey flat.
du·pli·ca·ción [duplikaθjón] *n/f* duplication. **du·pli·ca·do/a** [duplikáðo/a] *n/m* duplicate. **du·pli·car** [duplikár] *v* (*dupli**que***) to duplicate. **du·pli·ci·dad** [dupliθiðáð] *n/f* duplicity. **du·plo/a** [dúplo/a] *adj n/m* double, twice, two times *pl*.
du·que [dúke] *n/m* duke. **du·que·sa** [dukésa] *n/f* duchess.
du·ra·bi·li·dad [duraßiliðáð] *n/f* durability. **du·ra·ble** [duráßle] *adj* durable. **du·ra·ción** [duraθjón] *n/f* duration. **du·ra·de·ro/a** [duraðéro/a] *adj* lasting. **du·ran·te** [durán̪te] *adv* **(~ de)** during. **du·rar** [durár] *v* to last.
du·raz·no [duráθno] *n/m* BOT 1. peach (tree). 2. peach (*fruto*).
du·re·za [duréθa] *n/f* 1. hardness. 2. MED callousness. 3. FIG harshness.
dur·mien·te [durmjen̪te] *adj* sleeping.
du·ro/a [dúro/a] I. *adj* 1. *gen* hard. 2. FIG harsh: *Un clima muy duro*, A very harsh climate. 3. FIG severe, hardened (*facciones*). 4. FIG tough, strong (*muy resistente*). 5. FIG callous, harsh, hard-hearted (*poco comprensivo*). II. *adv* hard. III. *n/m* five peseta coin. LOC **~ de corazón**, cold-hearted.
dux [dú(k)s] (*pl* **dux**) *n/m* HIST doge.

E, e [é] 1. 'e' *f* (*letter*) 2. *conj* and (*ante palabra con "i/hi" inicial*).
¡ea! [éa] *int* Come on! There!
e·ba·nis·ta [eβanísta] *n/m* cabinet-maker.
é·ba·no [éβano] *n/m* BOT ebony.
e·bo·ni·ta [eβoníta] *n/f* ebonite.
e·brie·dad [eβrjeðáð] *n/f* inebriation. **e·brio/a** [ébrjo/a] **I.** *adj* **(~ de) 1.** drunk (on). **2.** **(~ de)** FIG intoxicated (*amor*), blind (*de ira*) (with). **II.** *n/m,f* drunk.
e·bu·lli·ción [eβuʎiθjón] *n/f* boiling.
e·búr·neo/a [eβúrneo/a] *adj* ivory, ivory-like.
ec·ce·ma [e(k)θéma] *n/m* MED eczema.
e·clec·ti·cis·mo [eklektiθísmo] *n/m* FIG eclecticism. **e·cléc·ti·co/a** [ekléktiko/a] *adj n/m,f* eclectic.
e·cle·sial [eklesjál] *adj* REL ecclesiastic(al). **e·cle·siás·ti·co/a** [eklesjástiko/a] **I.** *adj* ecclesiastic(al). **II.** *n/m* ecclesiastic.
e·clip·sar [eklipsár] **I.** *v* to eclipse. **II.** *v/Refl(-se)* FIG to vanish, be eclipsed (*desaparecer/ausentarse*). **e·clip·se** [eklípse] *n/m* **1.** ASTR eclipse. **2.** FIG lessening in/of importance, FAM disappearance from the scene (*de algo/alguien*). **e·clíp·ti·ca** [eklíptika] *n/f* ASTR ecliptic.
e·clo·sión [eklosjón] *n/f* **1.** budding (*capullo de flor*), hatching (*de crisálida*) **2.** FIG blossoming, birth, appearance (*aparición/manifestación*).
e·co [éko] *n/m* **1.** echo. **2.** FIG response. **3.** FIG *sing/pl* news: *Ecos de sociedad*, Society News. LOC Hacerse ~ de, FIG to echo, voice. **Tener ~**, FIG to have repercussions *pl*, FAM catch on (*tener resonancia*).
e·co·gra·fía [ekoγrafía] *n/f* MED ecography, ultrasound.
e·co·lo·gía [ekoloxía] *n/f* ecology. **e·co·ló·gi·co/a** [ekolóxiko/a] *adj* ecological. **e·co·lo·gis·ta** [ekoloxísta] **I.** *adj* ecologist, conservationist. **II.** *n/m,f* ecologist, environmentalist.
e·co·no·ma·to [ekonomáto] *n/m* discount store. **e·co·no·mía** [ekonomía] *n/f* **1.** *gen* economy. **2.** economics. **3.** *pl* savings. **e·co·nó·mi·co/a** [ekonómiko/a] *adj* **1.** economic(al). **2.** Br cheap, US inexpensive. **e·co·no·mis·ta** [ekonomísta] *n/m,f* economist. **e·co·no·mi·za·dor/ra** [ekonomiθaðór/ ra] *adj* economizing. **e·co·no·mi·zar** [ekonomiθár] *v* (*economice*) **1.** to economize. **2.** FIG to save, spare (*esfuerzo*).
e·co·sis·te·ma [ekosistéma] *n/m* ecosystem.
e·cua·ción [ekwaθjón] *n/f* MAT equation. **e·cua·dor** [ekwaðór] *n/m* MAT equator.
e·cuá·ni·me [ekwánime] *adj* **1.** equable, well-balanced (*persona*). **2.** impartial, fair (*juicio*). **e·cua·ni·mi·dad** [ekwanimiðáð] *n/f* equanimity.
e·cua·to·rial [ekwatorjál] *adj* equatorial.
e·cua·to·ria·no/a [ekwatorjáno/a] *adj n/m,f* GEOG Ecuadorian.
e·cues·tre [ekwéstre] *adj* equestrian.
e·cu·mé·ni·co/a [ekuméniko/a] *adj* ecumenical. **e·cu·me·nis·mo** [ekumenísmo] *n/m* REL ecumenicalism.

ec·ze·ma [e(k)θéma] *n/m* MED eczema.
e·char [etʃár] **I.** *v* **1.** to throw (out/away), fling. **2.** to give off/out, emit (*humo*). **3.** to grow (*pelo*), cut (*diente*), BOT sprout. **4.** **(~ de)** to sack (*de trabajo*), throw out (*de la casa*). **5.** to expel (*de un club*). **6.** to cast (*mirada*), hurl (*insultos*). **7.** **(~ en)** to lay down (on). **8.** to play (*naipes*). **9.** to show, put on (*película*). **10.** FIG to add up (*cálculos*). **11.** to take: *Echó dos horas en llegar al pueblo*, It took him/her two hours to get to the town. **12.** FIG to figure, put (at): *Le echo unos cuarenta y cinco años*, I put him at around forty five. **13.** to have: *Echó una siestecita*, He had a siesta; *Echó un trago*, He had a drink. **14.** **(~ a + *inf*)** to begin, start (+ *ger*). **15.** to post (*carta*). **II.** *v/Refl (-se)* **1.** to lie down. **2.** to move. **3.** **(~se sobre)** to throw/hurl oneself (at). **4.** to get (oneself): *Se ha echado novia*, He has got himself a girl-friend. LOC **~ abajo**, **1.** to demolish. **2.** FIG to ruin, destroy. **~ de menos**, to miss. **~se a perder**, **1.** to go off/stale (*alimento*). **2.** FIG to go downhill, FAM go down the drain (*degenerar una persona*). **~lo todo a perder/rodar**, FIG to wreck everything, FAM put a spanner in the works. **~ monte abajo**, to head/set off downhill. **~ tierra sobre algo**, FIG FAM to cover sth up. **Echárselas de**, FIG to brag/boast (of/about).
e·char·pe [étʃárpe] *n/m* scarf (*de hombre*), shawl (*de mujer*).
e·dad [eðáð] *n/f* **1.** age. **2.** period, age(s): *La edad media*, The Middle Ages; *La edad de oro*, The Golden Age. LOC **~ del pavo**, FIG the awkward age. **Estar en ~ de**, FIG to be old enough (to). **Mayor de ~**, to be of age, adult. **Menor de ~**, under age. **Ser de ~**, to be elderly.
e·de·ma [eðéma] *n/m* MED oedema.
e·dén [eðén] *n/m* Eden, paradise. **e·dé·ni·co/a** [eðéniko/a] *adj* edenic.
e·di·ción [eðiθjón] *n/f* edition.
e·dic·to [eðíkto] *n/m* edict, proclamation.

e·di·fi·ca·ble [eðifikáβle] *adj* building. **e·di·fi·ca·ción** [edifikaθjón] *n/f* **1**. edification. **2**. ARQ building, construction. **e·di·fi·can·te** [eðifikánte] *adj* edifying. **e·di·fi·car** [eðifikár] *v* (*edifique*) **1**. ARQ to build. **2**. FIG to edify. **e·di·fi·cio** [eðifíθjo] *n/m* edifice, building.

e·dil [eðíl] *n/m* town councillor.

e·di·tar [eðitár] *v* to publish, edit (*corregir*). **e·di·tor/ra** [eðitór/ra] **I**. *adj* publishing. **II**. *n/m,f* publisher. **e·di·to·rial** [eðitorjál] **I**. adj **1**. publishing. **2**. editorial. **II**. **1**. *n/m* editorial, leading article. **2**. *n/f* publishing house. **e·di·to·ria·lis·ta** [eðitorjalísta] *n/m,f* leader writer.

e·dre·dón [eðreðón] *n/m* eiderdown, duvet.

e·du·ca·ción [eðukaθjón] *n/f* **1**. *gen* education. **2**. upbringing; (good/bad) manners. **e·du·ca·dor/ra** [eðukaðór/ra] **I**. *adj* educating. **II**. *n/m,f* (nursery) teacher. **e·du·can·do/a** [eðukándo/a] *n/m,f* pupil, student. **e·du·car** [eðukár] *v* (*eduque*) **1**. *gen* to educate. **2**. to teach, train: *La educaron para maestra*, They trained her to become a teacher. **3**. to train (*voz*), exercise (*músculos*). **e·du·ca·ti·vo/a** [eðukatíβo/a] *adj* educative, educational.

e·dul·co·ra·ción [eðulkoraθjón] *n/f* sweetener. **e·dul·co·ran·te** [eðulkoránte] **I**. *adj* sweetening. **II**. *n/m* sweetener. **e·dul·co·rar** [eðulkorár] *v* to sweeten.

EE. UU. *abrev* de *Estados Unidos*, United States (of America).

e·fec·tis·mo [efektísmo] *n/m* sensationalism. **e·fec·tis·ta** [efektísta] *adj n/m,f* sensationalist. **e·fec·ti·va·men·te** [efektíβaménte] *adv* **1**. in fact/effect. **2**. precisely, exactly (*como respuesta*). **e·fec·ti·vi·dad** [efektiβiðáð] *n/f* effectiveness. **e·fec·ti·vo/a** [efektíβo/a] **I**. *adj* **1**. effective (*eficaz*). **2**. actual, real: *Un éxito efectivo*, A real success. **II**. *n/m* **1**. cash. **2**. *pl* MIL effectives. **e·fec·to** [efékto] *n/m* **1**. effect. **2**. impact, impression. **3**. COM assets. **4**. *pl* (personal) effects, FAM things (*enseres*). LOC **A ~s de**, with the aim of. **A tal ~**, to that end. **Causar buen ~**, to create a good impression. **Con ~ de**, as from: *Con efecto del 1 de marzo*, Starting from 1st March. **En ~**, **1**. in effect. **2**. precisely (*respuesta*). **Llevar a ~**, to carry out. **Ser de mal ~**, to create a bad impression. **Tener ~**, to take place. **e·fec·tuar** [efektuár] **I**. *v* (*efectúo/efectúen*) **1**. to effect. **2**. to carry out. **II**. *v/Refl(-se)* **1**. to take place. **2**. to be carried out.

e·fer·ves·cen·cia [eferβesθénθja] *n/f* **1**. effervescence. **2**. FIG commotion. **e·fer·ves·cen·te** [eferβesθénte] *adj* effervescent.

e·fi·ca·cia [efikáθja] *n/f* **1**. efficacy, effectiveness. **2**. efficiency. **e·fi·caz** [efikáθ] *adj* (*eficaces*) **1**. effective. **2**. efficient. **e·fi·cien·cia** [efiθjénθja] *n/f* efficiency. **e·fi·cien·te** [efiθjénte] *adj* efficient.

e·fi·gie [efíxje] *n/f* effigy.

e·fí·me·ro/a [efímero/a] *adj* ephemeral.

e·flu·vio [eflúβjo] *n/m* **1**. effluvium. **2**. FIG aura.

e·fu·sión [efusjón] *n/f* **1**. shedding, FAM gush. **2**. FIG outburst, effusion (*de sentimientos*). LOC **~ de sangre**, bloodshed. **e·fu·si/vo/a** [efusíβo/a] *adj* effusive.

é·gi·da, e·gi·da [éxiða/exíða] *n/f* FIG aegis.

e·gip·cia·co/a, e·gip·cía·co/a [exipθjáko/exipθíako/a] *adj n/m,f* GEOG Egyptian. **e·gip·cio/a** [exípθjo/a] *adj n/m,f* GEOG Egyptian.

é·glo·ga [éγloγa] *n/f* POÉT eclogue.

e·go·cén·tri·co/a [eγoθéntriko/a] *adj* egocentric. **e·go·cen·tris·mo** [eγoθentrísmo] *n/m* egocentrism. **e·goís·mo** [eγoísmo] *n/m* egoism. **e·goís·ta** [eγoísta] **I**. *adj* egoistical. **II**. *n/m,f* egoist. **e·go·la·tría** [eγolatría] *n/f* self-worship.

e·gre·gio/a [eγréxjo/a] *adj* eminent.

e·je [éxe] *n/m* **1**. TÉC axle. **2**. MAT axis. **3**. FIG centre, crux. **4**. HIST Axis. LOC **Partir por el ~ a alguien**, FIG FAM to cause sb a lot of trouble.

e·je·cu·ción [exekuθjón] *n/f* execution. LOC **Poner en ~**, to put into effect. **e·je·cu·ta·ble** [exekutáβle] *adj* feasible. **e·je·cu·tar** [exekutár] *v* **1**. to execute, carry out (*plan*). **2**. to perform. **3**. to execute (*matar*). **e·je·cu·ti·vo/a** [exekutíβo/a] **I**. *adj* **1**. prompt (*medida*). **2**. executive. **II**. **1**. *n/m,f* executive. **2**. *n/f* executive (*junta*). **e·je·cu·tor/ra** [exekutór/ra] *n/m,f* **1**. JUR executor. **2**. perpetrator (*del delito*). **e·je·cu·to·rio/a** [exekutórjo/a] **I**. *adj* JUR executory. **II**. *n/f* ennobling action(s), pedigree.

e·jem·plar [exemplár] **I**. *adj* exemplary. **II**. *n/m* **1**. model, example. **2**. copy, specimen. **e·jem·pla·ri·dad** [exemplariðáð] *n/f* exemplariness. **e·jem·pli·fi·ca·ción** [exemplifikaθjón] *n/f* exemplification. **e·jem·pli·fi·car** [exemplifikár] *v* (*ejemplifique*) to exemplify. **e·jem·plo** [exémplo] *n/m* **1**. *gen* example, instance. **2**. model. LOC **Dar ~**, to set an example. **Por ~**, for example. **Ser un ~ vivo de**, FIG to be the living proof of.

e·jer·cer [exerθér] *v* (*ejerzo*) **1**. **(~ como/de)** to practise (*profesión*), perform (*tarea*), exercise (*derechos*). **2**. to exert (*influencia*). **e·jer·ci·cio** [exerθíθjo] *n/m* **1**. *gen* exercise. **2**. practice, use. **3**. COM fiscal/financial year. LOC **En ~**, practising. **~s espirituales**, REL retreat. **Hacer ~(s)**, to take exercise, exercise. **e·jer·ci·tar** [exerθitár] **I**. *v* **1**. to exercise (*facultad*). **2**. to train. **II**. *v/Refl(-se)* **(~se en)** to train (in), practise.

e·jér·ci·to [exérθito] *n/m gen* army.

e·ji·do [exíðo] *n/m* common.

el [el] *art m sing* **1**. the. **~ de**, that of, the one of/from. **~ que**, the one who.

él [él] *pron pers m sing* **1**. he (*persona*), it (*cosa*). **2**. **(~ + *prep*)** him: *Para él*, For him; it (*cosa*). LOC **De ~**, his (*persona*), its (*cosa*) (*posesivo*).

e·la·bo·ra·ción [elaβoraθjón] *n/f* elaboration, manufacture. **e·la·bo·rar** [elaβorár] *v* **1**. to elaborate, process (*materia prima*). **2**. to elaborate, make (*plan*).

e·las·ti·ci·dad [elastiθiðáð] *n/f* elasticity. **e·lás·ti·co/a** [elástiko/a] *adj* **1**. elastic. **2**. FIG flexible.

e·lec·ción [ele(k)θjón] *n/f* **1**. choice. **2**. *pl* elections. **e·lec·ti·vo/a** [elektíßo/a] *adj* elective. **e·lec·to/a** [elékto/a] *adj* elect. **e·lec·tor/ra** [elektór/ra] *n/m,f* elector. **e·lec·to·ra·do** [elektoráðo] *n/m* electorate. **e·lec·to·ral** [elektorál] *adj* electoral. **e·lec·to·re·ro/a** [elektoréro/a] *n/m,f* electioneer.

e·lec·tri·ci·dad [elektriθiðáð] *n/f* FÍS electricity. **e·lec·tri·cis·ta** [elektriθísta] *n/m,f* electrician. **e·léc·tri·co/a** [eléktriko/a] *adj* electric(al). **e·lec·tri·fi·ca·ción** [elektrifikaθjón] *n/f* electrification. **e·lec·tri·fi·car** [elektrifikár] *v* (*electrifique*) to electrify. **e·lec·tri·zan·te** [elektriθánte] *adj* electrifying. **e·lec·tri·zar** [elektriθár] *v* (*electrice*) to electrify.

e·lec·tro·car·dio·gra·ma [elektrokarðjoγráma] *n/m* MEDelectrocardiogram, ECG. **e·lec·tro·cu·tar** [elektrokutár] *v* to electrocute. **e·lec·tro·cho·que** [elektrotʃóke] *n/m* MED electric-shock treatment (EST). **e·lec·tro·do·més·ti·co** [elektroðoméstiko] *n/m* (electrical) appliance. **e·lec·tro·do, e·léc·tro·do** [elektróðo/eléktroðo] *n/m* electrode. **e·lec·tro·en·ce·fa·lo·gra·ma** [elektroenθefaloγráma] *n/m* MED brainscan. **e·lec·tró·ge·no/a** [elektróxeno/a] *adj* generating electricity. **Grupo ~**, electric generator. **e·lec·tro·i·mán** [elektroimán] *n/m* FÍS electromagnet. **e·lec·tró·li·sis** [elektrólisis] *n/f* QUÍM electrolysis. **e·lec·tro·lí·ti·co/a** [elektrolítiko/a] *adj* QUÍM electrolytic. **e·lec·tró·li·to, e·lec·tro·li·to** [elektrólito/elektrolíto] *n/m* QUÍM electrolyte. **e·lec·tro·mag·né·ti·co/a** [elektromaγnétiko/a] *adj* electromagnetic. **e·lec·tro·mo·tor/ra** [elektromotór/ra] *n/m* electric motor. **e·lec·tro mo·triz** [elektromotríθ] *adj* electromotive. **e·lec·trón** [elektrón] *n/m* FÍS electron. **e·lec·tró·ni·ca** [elektrónika] *n/f* electronics. **e·lec·tró·ni·co/a** [elektróniko/a] *adj* electronic. **e·lec·tro·shock** [elektro(t)ʃók] *n/m* MED electric shock treatment (EST).

e·le·fan·te/a [elefánte/a] *n/m,f* ZOOL elephant. **e·le·fan·ti·no/a** [elefantíno/a] *adj* elephantine.

e·le·gan·cia [eleγánθja] *n/f* elegance. **e·le·gan·te** [eleγánte] *adj* **1**. elegant, graceful. **2**. refined, tasteful, FAM stylish. **3**. showing (the necessary) delicacy.

e·le·gía [elexía] *n/f* POÉT elegy. **e·le·gía·co/a, e·le·gia·co/a** [elexíako/elexjáko/a] *adj* POÉT elegiac.

e·le·gi·bi·li·dad [elexiβiliðáð] *n/f* eligibility. **e·le·gi·ble** [elexíβle] *adj* eligible. **e·le·gi·do/a** [elexíðo/a] **I**. *adj* chosen, elect. **II**. *n/m,f pl* **(los ~s)** FAM the chosen/lucky few. **e·le·gir** [elexír] *v* (**elijo**) **(~ (de) entre/por) 1**. to chose (between/amongst/by). **2**. to elect.

e·le·men·tal [elementál] *adj* **1**. elemental (*fundamental*). **2**. elementary (*sencillo*). **e·le· men·to** [eleménto] *n/m* **1**. *gen* element. **2**. ingredient. **3**. *pl* **(los ~s)** (the) elements. **4**. *pl* **(los ~s)** the basics, rudiments; basic principles. LOC **Estar alguien en su ~**, FIG FAM to be in one's element.

e·len·co [eléŋko] *n/m* list, catalogue.

e·le·pé [elepé] *n/m* long-playing (record), LP.

e·le·va·ción [eleβaθjón] *n/f* **1**. elevation, raising. **2**. hill, height, rise. **e·le·va·dor/ra** [eleβaðór/ra] **I**. *adj* elevating. **II**. *n/m Amer* **1**. elevator (*ascensor*). **2**. hoist, lift (*montacargas*). **e·le·var** [eleβár] **I**. *v* **(~ a) 1**. *gen* to elevate, raise (*persona*). **2**. to raise, lift (*cosa*). **3**. FIG to raise, put up, erect (*edificio*). **4**. FIG to raise (*petición*): *Elevaron su queja al ministro*, They raised their complaint with the minister. **II**. *v/Refl(-se)* **(~se a/de/por/sobre) 1**. to rise, be (...) high: *Este monte se eleva a 2.500 metros*, This mountain is 2.500 metres high. **2**. to rise up, to be: *En la plaza se eleva un obelisco*, There is an obelisk in the square. **3**. **(~se hasta)** FIGto reach, ascend, raise oneself, rise (up) to.

e·li·dir [eliðír] *v* GRAM to elide.

e·li·mi·na·ción [eliminaθjón] *n/f* elimination. **e·li·mi·nar** [eliminár] *v* **(~ de) 1**. *gen* to eliminate (from) **2**. MED to remove, get rid of (*toxinas*). **e·li·mi·na·to·rio/a** [eliminatórjo/a] **I**. *adj* eliminating. **II**. *n/f* DEP preliminary, heat.

e·lip·se [elípse] *n/f* MAT ellipse. **e·lip·sis** [elípsis] *n/f* LINellipsis. **e·líp·ti·co/a** [elíptiko/a] *adj* elliptic(al).

e·lí·seo/a, e·li·sio/a [elíseo/elísjo/a] *adj* MIT Elysian.

e·li·sión [elisjón] *n/f* LIN elision.

é·li·te, e·li·te [élite/elíte] *n/f* élite.

e·li·xir, e·lí·xir [eli(k)sír/elí(k)sir] *n/m* elixir.

e·lo·cu·ción [elokuθjón] *n/f* elocution. **e·lo·cuen·cia** [elokwénθja] *n/f* eloquence. **e·lo·cuen·te** [elokwénte] *adj* eloquent.

e·lo·giar [eloxjár] *v* to eulogize, praise. **e·lo·gio** [elóxjo] *n/m* eulogy, praise. LOC **Deshacerse en ~s**, FIGFAM to lavish with praise. **e·lo·gio·so/a** [eloxjóso/a] *adj* eulogistic.

e·lu·cu·bra·ción [elukuβraθjón] *n/f pl* digression, FIG FAM red herring.

e·lu·di·ble [eluðíβle] *adj* avoidable. **e·lu·dir** [eluðír] *v* **1**. to evade, avoid (*trabajo*). **2**. to refuse: *Eludió la oferta*, He refused the offer. **3**. to avoid (*peligro*), elude (*enemigo*).

e·lla [éʎa] *pron pers f* **1**. she (*persona*), it (*cosa*). **2**. (*prep* + ~) her: *Para ella*, For her. LOC **De ~**, hers (*persona*), its (*cosa*) (*posesivo*).

ello [éʎo] *pron pers* it.

e·llos, e·llas [éʎos/éʎas] *pron pers n/m,f pl* **1**. they. **2**. **(*prep* + ~)** them. LOC **De ~**, their (*posesivo*).

e·ma·na·ción [emanaθjón] *n/f* emanation. **e·ma·nar** [emanár] *v* **1**. **(~ de)** *gen* to emanate (from). **2**. to proceed (from), originate (in).

e·man·ci·pa·ción [emanθipaθjón] *n/f* emancipation. **e·man·ci·par** [emanθipár] **I**. *v* to emancipate, liberate. **II**. *v/Refl(-se)* **(~se de)** to free oneself, be liberated (from).

e·mas·cu·lar [emaskulár] *v* LIT to emasculate.

em·ba·dur·nar [eɱbaðurnár] *v* **(~ con/de)** to smear, daub (with).

em·ba·ja·da [eɱbaxáða] *n/f* **1.** message. **2.** ambassadorship. **3.** embassy. **em·ba·ja·dor/ra** [eɱbaxaðór/ra] *n/m,f* ambassador.

em·ba·la·je [eɱbaláxe] *n/m* **1.** packing. **2.** case, crate, packing. **em·ba·lar** [eɱbalár] **I.** *v* to package, crate. **II.** *v/Refl(-se)* AUT to race.

em·bal·do·sa·do [eɱbaldosáðo] *n/m* tiling. **em·bal·do·sar** [eɱbaldosár] *v* to tile (*suelo*).

em·bal·sa·ma·dor/ra [eɱbalsamaðór/ra] *n/m,f* embalmer. **em·bal·sa·ma·mien·to** [eɱbalsamamjénto] *n/m* embalming. **em·bal·sa·mar** [eɱbalsamár] *v* **1.** to embalm. **2.** FIG to perfume.

em·bal·sar [eɱbalsár] *v* to dam, collect (*acumular*). **em·bal·se** [eɱbálse] *n/m* **1.** damming. **2.** reservoir, dam (*presa*).

em·ba·nas·tar [eɱbanastár] *v* to put into a basket (*fruta*).

em·ba·ra·za·do/a [eɱbaraθáðo/a] **I.** *adj* embarrassed, inhibited. **II.** *adj n/f* pregnant: *Embarazada de ocho meses*, Eight months pregnant. **em·ba·ra·zar** [eɱbaraθár] **I.** *v* (*embarace*) **1.** to hinder, obstruct (*alguien*). **2.** to make (sb) pregnant. **II.** *v/Refl (-se)* **1.** to get embarrassed. **2.** to get pregnant. **em·ba·ra·zo** [eɱbaráθo] *n/m* **1.** inconvenience, obstacle. **2.** pregnancy. **em·ba·ra·zo·so/a** [eɱbaraθóso/a] *adj* embarrassing.

em·bar·ca·ción [eɱbarkaθjón] *n/f* NÁUT craft, vessel. **em·bar·ca·de·ro** [eɱbarkaðéro] *n/m* dock, quay, pier. **em·bar·car** [eɱbarkár] **I.** *v* (*embarque*) **1.** to embark (*pasajeros*), load (*carga*). **2.** **(~ en)** FIG to launch (sb) into (*un negocio*). **II.** *v/Refl(-se)* **1.** **(~se con/de/en)** *gen* to embark (with/as/on). **2.** **(~se en)** FIG to embark upon. **em·bar·co** [eɱbárko] *n/m* embarkation.

em·bar·dar [eɱbarðár] *v* to thatch.

em·bar·ga·ble [eɱbarγáßle] *adj* JUR subject to embargo. **em·bar·gar** [eɱbarγár] **I.** *v* (*embargue*) **1.** JUR to impound, seize. **2.** FIG to overwhelm, overcome. **II.** *v/Refl(-se)* **(~se en)** to be completely overcome, absorbed by (*determinada actividad*): *Embargado en el estudio*, Completely overcome by the studies. **em·bar·go** [eɱbárγo] *n/m* JUR seizure (*de bienes*). LOC **Sin ~**, nevertheless.

em·bar·que [eɱbárke] *n/m* shipment, loading.

em·ba·rran·car [eɱbarraŋkár] *v* (*embarranque*) NÁUT to run aground.

em·ba·ru·llar [eɱbaruʎár] *v* **1.** to confuse, muddle, FAM fudge (*asunto*). **2.** FAM to dash (sth) off (*de forma atropellada*).

em·bas·tar [eɱbastár] *v* to tack. **em·bas·te** [eɱbáste] *n/m* tacking, basting.

em·ba·te [eɱbáte] *n/m* pounding, beating, dashing (*de las olas*).

em·bau·ca·dor/ra [eɱbaukaðór/ra] *adj n/m,f* cheater, swindler. **em·bau·ca·mien·to** [eɱbaukamjénto] *n/m* cheating. **em·bau·car** [eɱbaukár] *v* (*embauque*) to cheat, hoodwink, trick.

em·be·ber [eɱbeßér] **I.** *v* **1.** to imbibe, absorb. **2.** to contain, enclose. **3.** to shrink (*tela*). **II.** *v/Refl(-se)* **(~se con/de/en) 1.** FIG to be absorbed (in). **2.** FIG to be immersed in, be well-schooled in (*teoría*).

em·be·le·car [eɱbelekár] *v* (*embeleque*) to hoodwink, dupe. **em·be·le·co** [eɱbeléko] *n/m* trick, deceit.

em·be·le·sa·mien·to [eɱbelesamjénto] *n/m* fascination. **em·be·le·sar** [eɱbelesár] **I.** *v* to captivate, fascinate, enthrall: *Me embelesa ver tenis por la tele*, Watching tennis on the television fascinates me. **II.** *v/Refl(-se)* **(~se con/en)** to be enthralled (by), fascinated (with). **em·be·le·so** [eɱbeléso] *n/m* rapture.

em·be·lle·cer [eɱbeʎeθér] *v* (*embellezco*) to embellish. **em·be·lle·ci·mien·to** [eɱbeʎeθimjénto] *n/m* embellishment.

em·be·rren·chi·nar·se [eɱberrentʃinárse] *v/Refl(-se)* to go into a tantrum (*niño*).

em·bes·ti·da [eɱbestíða] *n/f* assault, attack, charge (*toro*). **em·bes·tir** [eɱbestír] *v* (*embisto*) to assault, attack, charge (*toro*).

em·be·tu·nar [eɱbetunár] *v* to black, polish (*con betún*).

em·blan·que·cer [eɱblaŋkeθér] **I.** *v* (*emblanquezco*) to whiten, bleach. **II.** *v/Refl (-se)* to go white. **em·blan·que·ci·mien·to** [eɱblaŋkeθimjénto] *n/m* whitening, bleaching.

em·ble·ma [eɱbléma] *n/m* **1.** insignia. **2.** emblem. **3.** symbol. **em·ble·má·ti·co/a** [eɱblemátiko/a] *adj* emblematic.

em·bo·ba·mien·to [eɱboßamjénto] *n/m* amazement. **em·bo·bar** [eɱboßár] **I.** *v* to amaze, fascinate. **II.** *v/Refl(-se)* **(~se con/en)** to be amazed (at/by), be fascinated (by).

em·bo·ca·du·ra [eɱbokaðúra] *n/f* **1.** mouth (*de un río*). **2.** bit (*caballería*): tip (*cigarrillo*). **3.** taste (*de vino*). **em·bo·car** [eɱbokár] *v* (*emboque*) **1.** to put in the mouth. **2.** AUT NÁUT to pass (out) through (an opening) (*embocadura*).

em·bo·lar [eɱbolár] *v* to cap with wooden balls (a bull's horns). **em·bo·la·do** [eɱboláðo] *n/m* trick. LOC **Meter un ~ a uno**, to trick sb.

em·bo·lia [eɱbólja] *n/f* MED embolism.

ém·bo·lo [émbolo] *n/m* TÉC piston.

em·bol·sar [eɱbolsár] *v* **1.** to put in a bag. **2.** to pocket, make (*dinero*).

em·bo·qui·lla·do/a [eɱbokiʎáðo/a] *n/m* filter-tipped cigarrette, FAM filter.

em·bo·rra·char [eɱborratʃár] **I.** *v* to make (sb) drunk. **II.** *v/Refl(-se)* **(~se de/con)** to get drunk (on/with).

em·bo·rras·car [eɱborraskár] *v/Refl(-se)* (*emborrasque*) to get stormy.

em·bo·rro·nar [eɱborronár] *v* to scribble (on/over).

em·bos·ca·da [eɱboskáða] *n/f* ambush. **em·bos·car** [eɱboskár] **I.** *v* (*embosque*) MIL to ambush. **II.** *v/Refl(-se)* to lie in wait.

em·bo·tar [eɱbotár] *v* **1.** to blunt. **2.** FIG to dull (*facultades*).

em·bo·te·lla·do/a [emboteʎáðo/a] **I.** *adj* **1.** bottled (*vino*). **2.** congested (*calle*). **II.** *n/m* bottling. **em·bo·te·lla·mien·to** [emboteʎamjén̪to] *n/m* **1.** bottling. **2.** traffic jam, Bottleneck. **em·bo·te·llar** [emboteʎár] *v* **1.** to bottle. **2.** to congest, block (*tráfico*).

em·bo·zar [emboθár] *v* (*embo**ce***) **1.** to muffle, mask (*rostro*). **2.** to block (*cañería*). LOC **~se con/en,** to muffle oneself up in. **em·bo·zo** [embóθo] *n/m* **1.** muffler. **2.** turndown (*parte de la sábana*). **3.** *pl* FIG concealment, dissimulation (*recato*).

em·bra·gar [embraγár] *v* (*embra**gue***) TÉC to connect, engage; AUT to let the clutch in. **em·bra·gue** [embráγe] *n/m* TÉC **1.** clutch. **2.** coupling.

em·bra·ve·cer [embraβeθér] **I.** *v* (*embra**vezco***) to infuriate, drive wild. **II.** *v/Refl (-se)* **1.** **(~se con/contra)** to become infuriated, get angry. **2.** to get rough (*mar*). **em·bra·ve·ci·mien·to** [embraβeθimjén̪to] *n/m* fury, rage.

em·bre·ar [embreár] *v* to (cover with) tar.

em·bria·ga·dor/ra [embrjaγaðór/ra] *adj* intoxicating. **em·bria·gar** [embrjaγár] **I.** *v* (*embria**gue***) **1.** to inebriate, FAM go to one's head. **2.** FIG to intoxicate, transport. **II.** *v/Refl(-se)* **1.** **(~se con)** to get drunk (on). **2.** FIG **(~se de)** to be transported/overwhelmed (with), be carried away (by) (*júbilo*). **em·bria·guez** [embrjaγéθ] *n/f* **1.** drunkenness, inebriation. **2.** FIG rapture, intoxication.

em·bri·dar [embriðár] *v* to bridle (*caballería*).

em·brio·lo·gía [embrjoloxía] *n/f* BIOL embryology. **em·brión** [embrjón] *n/m* BIOL embryo. LOC **Estar en ~,** FIG to be at an embryonic stage. **em·brio·na·rio/a** [embrjonárjo/a] *adj* embryonic.

em·bro·llar·se [embroʎárse] *v/Refl(-se)* **(~se en)** to become embroiled, get involved (in). **em·bro·llo** [embróʎo] *n/m* **1.** FIG difficult situation, confusion. **2.** FIG FAM mess.

em·bro·mar [embromár] *v* **1.** to tease, make fun of. **2.** *Amer* to annoy. **3.** *Amer* to damage (*persona*): to loiter, dally.

em·bru·ja·mien·to [embruxamjén̪to] *n/m* bewitching. **em·bru·jar** [embruxár] *v gen* to bewitch (*persona*), haunt (*lugar*). **em·bru·jo** [embrúxo] *n/m* **1.** bewitching (*acción*). **2.** spell.

em·bru·te·ce·dor/ra [embruteθeðór/ra] *adj* brutalizing. **em·bru·te·cer** [embruteθér] **I.** *v* (*embrute**zco***) **1.** to brutalize. **2.** FIG to stupefy. **II.** *v/Refl(-se)* to become brutal/crude. **em·bru·te·ci·mien·to** [embruteθimjén̪to] *n/m* brutalization.

em·bu·cha·do [embutʃáðo/a] *n/m* **1.** pork sausage. **2.** FIG FAM riddle (*asunto*), deceptively simple situation (*situación*). **em·bu·char** [embutʃár] *v* **1.** to stuff (*con carne picada*). **2.** FIG FAM to gobble, gorge (*comer*).

em·bu·do [embúðo] *n/m* funnel. LOC **Ley del ~**, force majeure, rough justice.

em·bus·te [embúste] *n/m* **1.** lie, FAM story. **2.** hoax, trick. **em·bus·te·ro/a** [embustéro/a] **I.** *adj* lying. **II.** *n/m,f* liar, cheat, FAM storyteller.

em·bu·ti·do/a [embutíðo/a] *n/m* **1.** sausage. **2.** TÉC marquetry, inlay. **em·bu·tir** [embutír] **I.** *v* **1.** **(~ de)** to stuff (with). **2.** **(~ de)** to stuff, pack (with): *Embutir de lana un colchón,* To stuff a mattress with wool. **3.** **(~ en)** to insert (into): *Embutir una viga en la pared,* To insert a beam into the wall. **II.** *v/Refl(-se)* **(~se de)** FIG FAM to stuff oneself with, scoff (*de pasteles*, etc).

e·mer·gen·cia [emerxén̪θja] *n/f* **1.** emergence. **2.** emergency. **e·mer·ger** [emerxér] *v* (*emer**jo***) **(~ de)** to emerge, (come to the) surface.

e·mé·ri·to/a [emérito/a] *adj* emeritus.

e·mi·gra·ción [emiγraθjón] *n/f* emigration. **e·mi·gra·do/a** [emiγráðo/a] **I.** *adj* emigrant. **II.** *n/m,f* emigré, emigrant. **e·mi·gran·te** [emiγrán̪te] *adj n/m,f* emigrant. **e·mi·grar** [emiγrár] *v* to emigrate.

e·mi·nen·cia [eminén̪θja] *n/f* **1.** **(~ en)** eminence (in). **2.** REL Eminence (*título*). **3.** FIG prominent figure. **e·mi·nen·te** [eminén̪te] *adj* **1.** prominent, high (*lugar*). **2.** **(~ en)** eminent (in) (*persona*). **e·mi·nen·tí·si·mo/a** [eminen̪tísimo/a] *adj* REL most eminent (*título*).

e·mir [emír] *n/m* emir.

e·mi·sa·rio/a [emisárjo/a] *n/m,f* emissary. **e·mi·sión** [emisjón] *n/f* **1.** emission. **2.** broadcast, transmission (*en la radio*). **3.** COM issue (*valores, billetes*). **e·mi·sor/ra** [emisór/ra] **1.** *n/m,f* transmitter. **2.** *n/m* ELECTR transmitter. **3.** *n/f* radio station. **e·mi·tir** [emitír] *v* **1.** to broadcast. **2.** to emit, give off/out. **3.** COM to issue (*billetes, valores*). **4.** FIG to utter, pronounce (*dictamen*).

e·mo·ción [emoθjón] *n/f* **1.** emotion. **2.** excitement. **e·mo·cio·nal** [emoθjonál] *adj* emotional. **e·mo·cio·nan·te** [emoθjonán̪te] *adj* touching, exciting. **e·mo·cio·nar** [emoθjonár] **I.** *v* **1.** to move (*causar una emoción*). **2.** to excite. **II.** *v/Refl(-se)* **(~se con/de/por)** to be moved/excited/thrilled (by/about).

e·mo·lu·men·to [emolumén̪to] *n/m pl* remuneration, emolument *sing*, fee.

e·mo·ti·vi·dad [emotiβiðáð] *n/f* emotiveness. **e·mo·ti·vo/a** [emotíβo/a] *adj* **1.** emotive (*situación*). **2.** emotional (*persona*).

em·pa·car [empakár] **I.** *v* (*empa**que***) to pack. **II.** *v/Refl(-se)* **1.** to be stubborn. **2.** *Amer* to be cowed, balk (*animal*).

em·pa·char·se [empatʃárse] *v* **(~se con/de/por)** to get/have indigestion (from). **em·pa·cho** [empátʃo] *n/m* **1.** MED indigestion. **2.** shame, embarrassment, shyness.

em·pa·dro·na·mien·to [empaðronamjén̪to] *n/m* **1.** registration. **2.** census, register (*lista de vecinos*). **em·pa·dro·nar** [empaðronár] *v* to take a census of (*localidad*).

em·pa·la·ga·mien·to [empalaγamjén̪to] *n/m* **1.** cloying. **2.** FIG boredom. **em·pa·la·gar** [empalaγár] *v* (*empala**gue***) **1.** to cloy. **2.** FIG to bore. LOC **~se con/de,** to be sick of. **em·pa·la·go** [empaláγo] *n/m* **1.** cloying. **2.** FIG boredom. **em·pa·la·go·so/a** [eɱpalaγóso/a] *adj gen* cloying, sickly.

em·pa·lar [eɱpalár] *v* to impale.

em·pa·li·za·da [eɱpaliθáða] *n/f* fence, palisade.

em·pal·mar [eɱpalmár] *v* **I. (~ con) 1.** TÉC to couple, splice (to) (*tubo*). **2.** to dovetail, succeed, follow (with). **3.** to connect (with), join. **II.** *Refl(-se)* SL to get an erection. **em·pal·me** [eɱpálme] *n/m* **1.** join, joint. **2.** junction (*tren*); FIG connection.

em·pa·na·da [eɱpanáða] *n/f* pastry, pie. **em·pa·nar** [eɱpanár] *v* to roll in breadcrumbs.

em·pan·ta·nar [eɱpaṇtanár] *v* **1.** to swamp. **2.** FIG to obstruct (*progreso*), hold up (*avance*).

em·pa·ñar [eɱpaɲár] *v* **1.** to mist (up), steam up (*cristales*). **2.** FIG to cloud, dull, blur, dim.

em·pa·pa·do/a [eɱpapáðo/a] *adj* **(~ en) 1.** soaked, drenched (in). **2.** FIG steeped (in). **em·pa·par** [eɱpapár] **I.** *v* **1. (~ de/en)** to soak, steep (in). **2. (~ con)** to soak/mop up (with): *Empapar el agua con un trapo*, To mop up the water with a cloth. **II.** *v/Refl (-se)* **(~se de/en)** FIG to saturate oneself, become imbued (with). LOC **Para que te empapes,** FIG FAM so that you really get it (into your head) (*para subrayar algo*).

em·pa·pe·la·do [eɱpapeláðo] *n/m* (wall) papering. **em·pa·pe·lar** [eɱpapelár] *v* **1.** to (wall)paper. **2. (~ por)** FIG FAM to have (sb) up (for), bring legal proceedings against sb.

em·pa·que [eɱpáke] *n/m* **1.** packing, wrapping. **2.** appearance. **3.** starchiness, gravity (*en modales y actitudes*). **em·pa·que·ta·do** [eɱpaketáðo] *n/m* packing. **em·pa·que·ta·dor/ra** [eɱpaketaðór/ra] *n/m,f* packer. **em·pa·que·tar** [eɱpaketár] *v* to pack(age) (*en paquetes*).

em·pa·re·da·do [eɱpareðáðo] *n/m* sandwich, roll. **em·pa·re·dar** [eɱpareðár] *v* to confine, imprison.

em·pa·re·jar [eɱparexár] *v* **1.** to pair (off), match. **2. (~ con/en)** to level, even out/up, draw level (with).

em·pa·ren·tar [eɱpareṇtár] *v* (*empariento*) **(~ con)** to be related (by marriage) (to), marry (into).

em·pa·rra·do/a [eɱparráðo/a] *n/m* **1.** trellis. **2.** bower, arbor. **em·pa·rrar** [eɱparrár] **I.** *v* to train (*planta*). **II.** *v/Refl(-se)* to creep.

em·pas·tar [eɱpastár] *v* **1.** to paste. **2.** to fill (*diente*). **em·pas·te** [eɱpáste] *n/m* filling.

em·pa·tar [eɱpatár] *v* **(~ a/con)** to draw, tie (with) (*rival*). **em·pa·te** [eɱpáte] *n/m* draw, tie. LOC~ a uno, DEP a one-all draw.

em·pa·tía [eɱpatía] *n/f* empathy.

em·pa·ve·sar [eɱpaβesár] *v* NÁUT to deck (out), decorate with bunting (*embarcación*).

em·pa·vo·nar [eɱpaβonár] *v* to blue (*pintura antioxidante*).

em·pe·ci·na·do/a [eɱpeθináðo/a] *adj, n/m, f* obstinate. **em·pe·ci·na·mien·to** [eɱpeθinamjéṇto] *n/m* obstinacy. **em·pe·ci·nar** [eɱpeθinár] **I.** *v* to tar. **II.** *v/Refl(-se)* **(~se en)** to be obstinate (about).

em·pe·der·ni·do/a [eɱpeðerníðo/a] *adj* hardened, inveterate: *Una fumadora empedernida*, A hardened smoker.

em·pe·dra·do/a [eɱpeðráðo/a] **I.** *adj* paved (*calles*). **II.** *n/m* paving. **em·pe·drar** [eɱpeðrár] *v* (*empiedro*) **(~ con/de)** to pave (with).

em·pei·ne [eɱpéine] *n/m* ANAT instep (*del pie/zapato*).

em·pe·llón [eɱpeʎón] *n/m* shove, knock. LOC **A empellones,** roughly.

em·pe·ñar [eɱpeɲár] **I.** *v* **1.** to pawn. **2.** FIG to pledge. **II.** *v/Refl(-se)* **1. (~se en +** *inf***)** to persist (in + *ger*), insist (upon/on + *ger*). **2.** to get into debt. LOC **~se con/por alguien,** to intercede for sb. **em·pe·ño** [eɱpéɲo] *n/m* **1.** pledging, pawn. **2.** determination, persistence, insistence. LOC **Casa de ~,** pawn shop. **Con ~,** tenaciously. **Tener/Poner ~** en, to want, be eager to.

em·peo·ra·mien·to [eɱpeoramjéṇto] *n/m* worsening. **em·peo·rar** [eɱpeorár] *v* to worsen, make worse.

em·pe·que·ñe·cer [eɱpekeɲeθér] *v* (*empequeñezco*) **1.** to make smaller, diminish. **2.** FIG to belittle. **em·pe·que·ñe·ci·mien·to** [eɱpekeɲeθimjéṇto] *n/m* diminution, belittling.

em·pe·ra·dor [eɱperaðór] *n/m* **1.** emperor. **2.** swordfish (*pez*). **em·pe·ra·triz** [eɱperatríθ] *n/f* empress.

em·pe·re·ji·lar [eɱperexilár] *v* to dress up.

em·pe·ri·fo·llar [eɱperifoʎár] *v* to tart up (*persona*).

em·pe·ro [eɱpéro] *conj* LIT but, nevertheless, yet, however: *No vino empero a hablarnos solamente, sino que además cenó con nosotros*, He didn't come only to talk to us, however, he stayed for supper as well.

em·pe·rrar·se [eɱperrárse] *v/Refl(-se)* **(~se con/en) 1.** to insist (on/upon), be obstinate (about). **2.** to have one's heart set on (*encapricharse*).

em·pe·zar [eɱpeθár] *v* (*empiezo*) **1.** to begin, start. **2. (~ con/por +** *n***)** to begin (with/at + *n*): *Empecemos por el principio*: Let's start at the beginning. **3. (~ a/por +** *inf***)** to start, begin (by + *ger*).

em·pi·na·do/a [eɱpináðo/a] *adj* **1.** steep, high, **2.** erect, upright. **em·pi·nar** [eɱpinár] **I.** *v* **1.** to straighten up, stand up straight (*colocar*). **2.** FIG FAM to drink to excess. **II.** *v/Refl(-se)* to stand on tiptoe (*para ver más*). LOC **~ el codo,** FIG FAM to drink to excess. SL **Empinársele a uno,** to get an erection, get randy.

em·pin·go·ro·tar [eɱpiŋgorotár] *v* to put sth on top of another, become stuck-up.

em·pí·reo/a [eɱpíreo/a] **I.** *adj* empyreal. **II.** *n/m* heaven.

em·pí·ri·co/a [eɱpíriko/a] **I.** *adj* empiric(al). **II.** *n/m,f* empiricist. **em·pi·ris·mo** [eɱpirísmo] *n/m* empiricism.

em·pi·to·nar [eɱpitonár] *v* TAUR to gore.

em·pi·za·rrar [eɱpiθarrár] *v* to slate.

em·plas·tar [emplastár] *v* to plaster. **em·plas·to** [emplásto] *n/m* **1**. MED plaster (*adhesivo*). **2**. FIG FAM mixture.

em·pla·za·mien·to [emplaθamjénto] *n/m* **1**. JUR summons. **2**. site, location. **em·pla·zar** [emplaθár] *v* (*emplace*) **1**. to locate, place. **2**. to summon(s).

em·plea·do/a [empleáðo/a] *n/m f* employee. **em·ple·ar** [empleár] *v* **1**. to employ, hire (*persona/tiempo*). **2**. to use (up), make use of. LOC **~se como/de**, to get a job as. **~ mal**, to misuse. **em·pleo** [empléo] *n/m* **1**. *gen* employment, use. **2**. job. LOC **Modo de ~**, instructions for use. **Sin ~**, unemployed.

em·plo·ma·du·ra [emplomaðúra] *n/f* TÉC leading. **em·plo·mar** [emplomár] *v* **1**. TÉC to lead (*cristales*). **2**. *Amer* to fill (*diente*).

em·plu·mar [emplumár] *v* **1**. to feather, plume. **2**. FIG FAM to send down for: *Le han emplumado cuatro años de cárcel*, He's been sent down for four years (in prison). **3**. to fledge, grow feathers *pl* (*ave*). **4**. *Amer* to take flight, fly off. **em·plu·me·cer** [emplumeθér] *v* (*emplumezco*) to fledge, grow feathers.

em·po·bre·cer [empoβreθér] *v* (*empobrezco*) to impoverish. **em·po·bre·ci·mien·to** [empoβreθimjénto] *n/m* impoverishment.

em·pol·var [empolβár] *v* **1**. to powder, cover in/with dust. **2**. powder (*cara*, etc).

em·po·llar [empoʎár] *v* **1**. to hatch, brood (*ave*). **2**. FIG FAM to swot (*estudiar*). **em·po·llón/na** [empoʎón/na] *n/m,f* swot.

em·pon·zo·ña·mien·to [emponθoɲamjénto] *n/m* poisoning. **em·pon·zo·ñar** [emponθoɲár] *v gen* to poison.

em·por·car [emporkár] *v* (*empuerco/emporque*) to (be)foul, soil.

em·po·rio [empórjo] *n/m* emporium.

em·po·trar [empotrár] *v* **(~ en)** TÉC to embed, fit/fix/build (into).

em·pren·de·dor/ra [emprendeðór/ra] **I**. *adj* enterprising. **II**. *n/m,f* entrepreneur. **em·pren·der** [emprendér] *v* **1**. to undertake. **2**. to begin, embark upon. **3**. to set out on (*viaje*). LOC **~la con**, FAM to quarrel with.

em·pre·ñar [empreɲár] *v* FIG FAM to anger, annoy.

em·pre·sa [emprésa] *n/f* **1**. enterprise, venture. **2**. firm, business, company. **em·pre·sa·ria·do** [empresarjáðo] *n/m* **(el ~)** (the) business world. **em·pre·sa·rial** [empresarjál] *adj* company, managerial. LOC **(Ciencias/Estudios) Empresariales**, Business Studies. **em·pre·sa·rio/a** [empresárjo/a] *n/m,f* manager, promoter, (company) owner.

em·prés·ti·to [empréstito] *n/m* loan.

em·pu·jar [empuxár] *v* **1**. to push, PEY shove. **2**. FIG to press, PEY drive. **em·pu·je** [empúxe] *n/m* **1**. push, shove. **2**. FIG drive: *Es un chico de empuje*, He's an enterprising lad. **em·pu·jón** [empuxón] *n/m* push, shove. LOC **A empujones**, **1**. roughly, violently. **2**. FIG in fits and starts.

em·pu·ña·du·ra [empuɲaðúra] *n/f* hilt (*de espada*). **em·pu·ñar** [empuɲár] *v gen* to grasp, seize (hold of), FAM grab.

e·mu·la·ción [emulaθjón] *n/f* emulation. **e·mu·lar** [emulár] *v* to emulate. **é·mu·lo/a** [émulo/a] **I**. *adj* emulating. **II**. *n/m,f* **(~ de/en) 1**. emulator (of). **2**. rival, competitor (in).

e·mul·sión [emulsjón] *n/f* emulsion. **e·mul·sio·nar** [emulsjonár] *v* **(~ con/en)** to emulsify (with/in).

en [én] *prep* **1**. in, at (*lugar/situación*). **2**. to, into, on to (*movimiento*). **3**. in (*tiempo*), on, upon (*posición*): *En el pasado vivía mejor*, I lived better in the past. **4**. by (*medio*): *Viajar en avión*, To travel by plane. **5**. for: *La casa está en venta*, The house is for sale.

e·na·gua [enáɣwa] *n/f pl* petticoat.

e·na·je·na·ción [enaxenaθjón] *n/f* alienation. **e·na·je·na·do/a** [enaxenáðo/a] *adj* mad. **e·na·je·na·mien·to** [enaxenamjénto] *n/m* alienation. **e·na·je·nar** [enaxenár] **I**. *v* **1**. to transfer, JUR alienate, dispose of: *Enajenó la finca*, He disposed of the estate. **2**. FIG to drive mad/to distraction: *La muerte de su marido la enajenó*, Her husband's death drove her mad. **3**. FIG to estrange, alienate, distance (*amistad*). **II**. *v/Refl(-se)* **(~se de)** to sell off, give up, deprive oneself of.

en·al·te·cer [enalteθér] *v* (*enalyezco*) **1**. to praise, extol (the virtues of). **2**. FIG to honour, do credit: *Lo que has hecho te enaltece*, What you have done does you credit.

e·na·mo·ra·di·zo/a [enamoraðíθo/a] *adj* inclined to fall in love. **e·na·mo·ra·do/a** [enamoráðo/a] **I**. *adj* **(~ de)** in love (with). **II**. *n/m,f* lover. **e·na·mo·ra·mien·to** [enamoramjénto] *n/m* (falling in) love. **e·na·mo·rar** [enamorár] **I**. *v* **1**. to enamour, inspire love in. **2**. FIGto please immensely, enchant. **II**. *v/Refl(-se)* **(~se de) 1**. to fall in love (with). **2**. FIG FAM to become very attached (to), become a great fan (of). **e·na·mo·ri·car·se, e·na·mo·ris·car·se** [enamorikárse, enamoriskárse] *v/Refl(-se)* (*enamori(s)que*) **(~se de) 1**. to take a fancy/shine (to). **2**. to be a little bit in love (with).

en·an·char [enantʃár] *v* FAM to widen, enlarge.

e·na·no/a [enáno/a] *n/m,f* dwarf. LOC **Disfrutar como un ~**, FIG FAM to have a whale of a time.

en·ar·bo·lar [enarβolár] *v* **1**. to brandish (*espada*), raise, hoist (*flag*). **2**. FIG to wave, brandish (*como amenaza*).

en·ar·car [enarkár] *v* (*enarque*) to arch, raise (*cejas*): *Enarcó las cejas y suspiró*, He raised his eyebrows and sighed.

en·ar·de·cer [enarðeθér] *v* (*enarezco*) to inflame, fire, get excited. **en·ar·de·ci·mien·to** [enarðeθimjénto] *n/m* excitement.

en·a·re·nar [enarenár] *v* to sand, cover with sand.

en·as·tar [enastár] *v* to put a handle on (*herramienta*).

en·ca·bal·gar [eŋkaβalɣár] *v* (*encabalgue*) to rest, lean (one thing on another).

en·ca·bes·trar [eŋkaβestrár] *v* to put a halter on (*animal*).

en·ca·be·za·mien·to [eŋkaβeθamjénto] *n/m* heading (*carta*), headline (*prensa*). **en·ca·**

be·zar [eŋkaβeθár] *v* (*encabece*) **1.** *gen* to head. **2.** to lead (*motín*).

en·ca·bri·tar·se [eŋkaβritárse] *v/Refl(-se)* **1.** to rear (*caballería*). **2.** **(~se con)** FIG FAM to fly into a rage (with).

en·ca·de·na·mien·to [eŋkaðenamjénto] *n/m* **1.** chaining. **2.** FIG concatenation (*de sucesos*). **en·ca·de·nar** [eŋkaðenár] *v* **1.** to chain (up). **2.** FIG to link (up), connect.

en·ca·jar [eŋkaxár] **I.** *v* **1.** **(~ en)** to insert, fit in (into), join (to): *Encajó la puerta en el marco*, He inserted the door into the frame. **2.** FIG FAM to land (*golpe*), hit with (*tiro*): *Le encajó tres tiros por la espalda*, He hit him with three shots to the shoulder. **3.** FIG FAM to take (*aceptar*): *Ha encajado muy bien la quiebra del negocio*, He took the bankruptcy very well. **4.** DEP to catch (*pelota*), take (*boxeo*): *Encajó un derechazo*, He took a right. **5.** **(~ con)** FIG FAM to match (with), be appropriate (to). **6.** **(~ en)** to fit. **7.** **(~ con)** FIG to fit, tally, FAM gel (with): *Lo que dices no encaja con lo que él dijo ayer*, What you're saying doesn't tally with what he said yesterday. **II.** *v/Refl(-se)* **1.** **(~se en)** to squeeze, jam (in/into) (*acción*), get stuck (in) (*resultado*). **2.** FIG FAM to put on (*sombrero*). **en·ca·je** [eŋkáxe] *n/m* **1.** insertion, fitting. **2.** lace (*tejido*). **3.** lace border (*de una prenda*).

en·ca·jo·na·mien·to [eŋkaxonamjénto] *n/m* encasement. **en·ca·jo·nar** [eŋkaxonár] *v* **1.** to encase, put in boxes. **2.** FIG to box in.

en·ca·la·bri·nar [eŋkalaβrinár] **I.** *v* to make dizzy, FAM give sb a turn. **II.** *v/Refl(-se)* **(~se con)** **1.** to get irritated (about/with). **2.** to become obsessed (with), FAM get an obsession (about).

en·ca·la·du·ra [eŋkalaðúra] *n/f* whitewash(ing). **en·ca·lar** [eŋkalár] *v* to whitewash.

en·cal·mar·se [eŋkalmárse] *v/Refl(-se)* to calm down, grow calmer (*tiempo*).

en·ca·llar [eŋkaʎár] *v* **(~ en)** NÁUT to run aground (on).

en·ca·lle·cer [eŋkaʎeθér] **I.** *v* (*encallezco*) **1.** to develop corns (*la piel*). **II.** *v/Refl(-se)* FIG to become hardened/inured.

en·ca·mar [eŋkamár] *v/v/Refl(-se)* **1.** to take to one's bed (*por estar enfermo*). **2.** to go to ground, couch (*piezas de caza*). **3.** AGR to bend, droop (over) (*las mieses*).

en·ca·mi·na·mien·to [eŋkaminamjénto] *n/m* guidance. **en·ca·mi·nar** [eŋkaminár] *v* **1.** **(~ a)** to direct, show the way (to). **2.** **(~ hacia/por)** to direct, guide (towards/ through). **3.** to channel, set on course: *Encaminar las actividades*, To channel one's activities. LOC **~se a/hacia**, to aim, set out, head (for).

en·can·di·la·do/a [eŋkandiláðo/a] *adj* **(~ con)** FIG FAM madly in love (with), SL dippy (about). **en·can·di·lar** [eŋkandilár] *v gen* to dazzle.

en·ca·ne·cer [eŋkaneθér] *v/v/Refl(-se)* (*encanezco*) **1.** to go grey (*cano*) **2.** FIG to grow/get old.

en·ca·ni·ja·do/a [eŋkanixáðo/a] *adj* feeble, weak. **en·ca·ni·jar** [eŋkanixár] *v/Refl(-se)* to grow weak, weaken.

en·can·ta·do/a [eŋkantáðo/a] *adj* **1.** FAM delighted, enchanted. **2.** FIG in another world, touched. **3.** haunted, enchanted. **en·can·ta·dor/ra** [eŋkantaðór/ra] **I.** *adj* FAM charming, spellbinding, enchanting. **II.** **1.** *n/m* magician, FIG charmer. **2.** *n/f gen* enchantress. **en·can·ta·mien·to** [eŋkantamjénto] *n/m* enchantment. **en·can·tar** [eŋkantár] *v* **1.** to cast a spell on, bewitch. **2.** FIG FAM to delight, enchant: *Me encanta su modo de cantar*, His singing delights me; FAM I love the way he sings. **3.** FIG to fascinate, captivate (*cautivar*). **en·can·te** [eŋkánte] *n/m pl* **1.** auction. **2.** saleroom. **en·can·to** [eŋkánto] *n/m* **1.** enchantment, spell. **2.** FAM delight, charm (*atractivos*). **3.** sweetheart, love. LOC **Es un ~**, He/She is delightful.

en·ca·ña·do [eŋkaɲáðo] *n/m* **1.** trellis (*para una planta*). **2.** pipeline. **en·ca·ñar** [eŋkaɲár] *v* AGR to put up a trellis. **en·ca·ñi·za·da** [eŋkaɲiθáða] *n/f* weir (*en un río*), AGR trellis.

en·ca·ño·nar [eŋkaɲonár] **I.** *v* **1.** to aim, point (*arma*). **II.** *v/Refl(-se)* **(~se por)** **2.** to pipe, run (through).

en·ca·po·tar [eŋkapotár] **I.** *v* to cloak. **II.** *v/Refl(-se)* **1.** to put a cloak on. **2.** to cloud over (*de nubes*).

en·ca·pri·char·se [eŋkapritʃárse] *v/Refl (-se)* **1.** to persist in one's foolishness. **2.** **(~se con)** to take a liking/fancy (to), FAM have a fad (of), become infatuated (with).

en·ca·pu·cha·do/a [eŋkaputʃáðo/a] *adj* hooded.

en·ca·ra·mar [eŋkaramár] *v* **1.** to raise, put up high. **2.** FIG to elevate, promote (*persona*). LOC **~se a/en**, to climb.

en·ca·rar [eŋkarár] **I.** *v* **1.** to bring face to face, FAM bring up against, face. **2.** to point, aim at (*arma*). **II.** *v/Refl(-se)* **(~ a/con)** **1.** to face, come face to face with. **2.** FIG FAM to face up to, confront (*un superior*): *Se encaró al jefe*, He faced up to the boss. LOC **Bien/Mal encarado/a**, good/bad looking.

en·car·ce·la·ción [eŋkarθelaθjón] *n/f*, **en·car·ce·la·mien·to** [eŋkarθelamjénto] *n/m* incarceration, imprisonment. **en·car·ce·lar** [eŋkarθelár] *v* to imprison, incarcerate.

en·ca·re·cer [eŋkareθér] *v* **1.** to raise the price of, put up the price of. **2.** FIG to praise, recommend highly. **3.** FIG to stress the importance of. **en·ca·re·ci·da·men·te** [eŋkareθiðaménte] *adv* insistently, earnestly. **en·ca·re· ci·mien·to** [eŋkareθimjénto] *n/m* **1.** price increase, rise in prices. **2.** praise.

en·car·ga·do/a [eŋkarγáðo/a] **I.** *adj* commissioned. **II.** *n/m,f* person in charge, manager (of). **en·car·gar** [eŋkarγár] **I.** *v* (*encargue*) **1.** to entrust. **2.** to recommend, advise. **3.** to order, request, ask for. **II.** *v/Refl(-se)* **(~se de)** to take charge of, see to, be responsible for. **en·car·go** [eŋkárγo] *n/m* **1.** task, job. **2.** commission. **3.** assignment, order, request. LOC **Como hecho de ~**, FIG as if made to order. **Por ~ de**, on behalf of.

en·ca·ri·ñar [eŋkariɲár] **I.** *v* to endear. **II.** *v/Refl(-se)* **(~se con)** to become endeared (to), grow fond (of).

en·car·na·ción [eŋkarnaθjón] *n/f* incarnation. **en·car·na·do/a** [eŋkarnáðo/a] *adj* **1.** incarnate. **2.** red, ruddy. **en·car·nar** [eŋkarnár] **I.** *v* **1.** *gen* to incarnate, embody. **2.** FIG to personify, embody. **3.** to represent, symbolize. **II.** *v/Refl(-se)* **(~se en) 1.** REL to be made flesh (in) (*en Jesucristo*). **2.** DEP to blood (*los perros en la presa*).

en·car·ni·za·do/a [eŋkarniθáðo/a] *adj* bloody, fierce (*pelea*). **en·car·ni·za·mien·to** [eŋkarniθamjén̪to] *n/m* **1.** fierceness. **2.** bloodthirstiness. **en·car·ni·zar** [eŋkarniθár] *v* (*encarnice*) **1.** DEP to flesh (*a los perros*). **2.** FIG to make savage/fierce, enrage. LOC **~se con**, to treat cruelly (*al vencido*, etc).

en·car·pe·tar [eŋkarpetár] *v* to file away.

en·ca·rri·lar [eŋkarrilár] *v* **1.** TÉC to put (back) on the rails. **2.** FIG to put (back) on the right track.

en·car·ta·do/a [eŋkartáðo/a] *adj n/m,f* JUR defendant. **en·car·tar** [eŋkartár] *v* **1.** JUR to outlaw. **2.** JUR to summon(s). **3.** to follow suit (*juego de baraja*). **en·car·te** [eŋkárte] *n/m* lead (*en el juego de baraja*).

en·car·to·nar [eŋkartonár] *v* to cover with cardboard.

en·ca·si·lla·do/a [eŋkasiʎáðo/a] **I.** *adj* FIG type-cast. **II.** *n/m* pigeonholes *pl.* **en·ca·si·llar** [eŋkasiʎár] *v* **1.** to pigeonhole, sort out (*el correo*). **2.** to class, type-cast.

en·cas·que·tar [eŋkasketár] *v* **1.** to pull down tightly (*sombrero*). **2.** to force ideas into sb's mind. **3.** **(~ se en)** to stick stubbornly to one's ideas.

en·cas·ti·llar·se [eŋkastiʎárse] *v/Refl(-se)* **(~se en)** FIG to stick to one's guns (about), FAM not to budge (in) (*su idea*).

en·cau·char [eŋkautʃár] *v* to rubberize.

en·cau·sar [eŋkausár] *v* JUR to take to Court.

en·cáus·ti·co/a [eŋkáustiko/a] **I.** *adj* encaustic. **II.** *n/m* beeswax. **en·caus·to** [eŋkáusto] *n/m* TÉC encaustic.

en·cau·za·mien·to [eŋkauθamjén̪to] *n/m* channelling. **en·cau·zar** [eŋkauθár] *v* (*encauce*) *gen* to channel (*debate*, etc).

en·ce·fá·li·co/a [en̪θefáliko/a] *adj* MED encephalic. **en·ce·fa·li·tis** [en̪θefalítis] *n/f* MED encephalitis. **en·cé·fa·lo** [en̪θéfalo] *n/m* ANAT brain. **en·ce·fa·lo·gra·ma** [en̪θefaloɣráma] *n/m* encephalogram, brainscan.

en·ce·la·jar·se [en̪θelaxárse] *v impers* to become overcast.

en·ce·lar [en̪θelár] **I.** *v* **1.** to make jealous, inspire jealousy. **II.** *v/Refl(-se)* **1.** to be jealous (*sentir celos*). **2.** ZOOL to rut.

en·ce·na·gar [en̪θenaɣár] *v/Refl(-se)* (*encenague*) **1.** to get/be covered in mud, wallow in mud. **2.** **(~se en)** FIG to wallow in, be sunk in (*vicio*).

en·cen·de·dor/a [en̪θen̪deðór/ra] **I.** *adj* lighting. **II.** *n/m* lighter. **en·cen·der** [en̪θen̪dér] *v* (*enciendo*) **1.** to light (*cigarrillo*), set light/fire to (*fuego*). **2.** to turn/switch on (*luz*). **3.** FIG to spark off (*la guerra*). **4.** FIG to inflame (*pasión*), fuel (*cólera*). **en·cen·di·do/a** [en̪θen̪díðo/a] **I.** *adj* **1.** lit, alight (*fuego*), on (*luz*). **2.** (flaming/bright) red. **II.** *n/m* AUT ignition.

en·ce·ra·do [en̪θeráðo] *n/m* **1.** waxing, polishing. **2.** blackboard. **en·ce·rar** [en̪θerár] *v* to wax.

en·ce·rrar [en̪θerrár] **I.** *v* (*encierro*) **1.** to shut, lock, confine (in). **2.** FIG to contain, include, involve: *Esta pregunta encierra una trampa*, This question contains a catch. **3.** FIG to enclose, put in: *Encerró la frase entre paréntesis*, He put the sentence in brackets. **4.** to mate (*juegos de mesa*). **II.** *v/Refl(-se)* **1.** **(~se en)** to shut/lock oneself (away) (in). **2.** **(~se en/entre)** FIG REL to go into retreat (with). **en·ce·rro·na** [en̪θerróna] *n/f* **1.** FAM retreat, seclusion. **2.** FIG trap.

en·cía [en̪θía] *n/f* ANAT gum.

en·cí·cli·ca [en̪θíklika] *n/f* REL encyclical. **en·ci·clo·pe·dia** [en̪θiklopéðja] *n/f* encyclopedia. **en·ci·clo·pé·di·co/a** [en̪θiklopéðiko/a] *adj* encyclopedic.

en·cie·rro [en̪θjérro] *n/m* **1.** shutting up, locking up, confinement. **2.** retreat, ZOOL enclosure, PEY prison. **3.** TAUR penning, corralling. **4.** FIG seclusion, isolation.

en·ci·ma [en̪θíma] *adv* **1.** above, over(head). **2.** upstairs (*en una casa*), on top, at the top, on: *Nosotros vivimos debajo y ellos encima*, We live below and they live upstairs. **3.** FIG above (*superioridad*). **4.** FIG in addition, as well, on top of that, besides: *Le pagó la semana y encima le dio una botella de champán*, He paid him for the week and gave him a bottle of champagne, too. LOC **Echarse algo ~ de uno**, FIG to happen suddenly/unexpectedly. **~ de 1.** on, upon, on top of. **2.** FIG besides, as well as, in addition. **Estar ~ de otro**, FIG FAM to be always on at sb (*censurando*). **Por ~**, over, overhead. **Llevar algo ~**, FIG to take sth on (board) (*responsabilidad*). **Muy por ~**, superficially, very hastily. **Tener ~**, to have on one, be carrying.

en·ci·na [en̪θína] *n/f* BOT (holm) oak. **en·ci·nar** [en̪θinár] *n/m* oak grove.

en·cin·ta [en̪θín̪ta] *adj* LOC **Estar ~**, to be pregnant, FAM be expecting.

en·ci·za·ñar [en̪θiθaɲár] *v* FIG to sow discord, rock the boat.

en·claus·trar [eŋklaustrár] *v* **1.** to cloister. **2.** FIG to hide.

en·cla·va·do/a [eŋklaβáðo/a] *adj* **(~en) 1.** embedded (in), nailed (into). **2.** **(~ en)** situated, set (in) (*lugar*). **en·cla·ve** [eŋkláβe] *n/m* GEOG enclave.

en·clen·que [eŋkléŋke] *adj* sickly, poorly.

en·clí·ti·co/a [eŋklítiko/a] *adj n/m,f* GRAM enclitic.

en·co·bar [eŋkoβár] *v/v/Refl(-se)* to brood (*ave*).

en·co·ger [eŋkoxér] *v* (*encojo/encoja*) **1.** to shrink. **2.** to contract (*músculo*). **3.** FIG to intimidate. LOC **~se de hombros**, FAM to shrug (one's shoulders). **en·co·gi·mien·to** [eŋkoximjé̪n̪to] *n/m* shrinking, shrinkage, FIG cringing.

en·co·jar [eŋkoxár] *v* to cripple.

en·co·lar [eŋkolár] *v* **1**. to stick, glue. **2**. to prime.

en·co·le·ri·zar [eŋkoleriθár] **I**. *v* (*encolerice*) to anger, enrage. **II**. *v/Refl(-se)* to become/get angry.

en·co·men·da·ble [eŋkomen̪dáβle] *adj* commendable. **en·co·men·dar** [eŋkomen̪dár] **I**. *v* (*encomiendo*) to entrust. **II**. *v/Refl (-se)* **(~se a)** FIG to commend oneself (to) (*Dios*).

en·co·miar [eŋkomjár] *v* to praise, extol.

en·co·mien·da [eŋkomjén̪da] *n/f* commission, protection.

en·co·mio [eŋkómjo] *n/m* praise.

en·co·na·mien·to [eŋkonamjén̪to] *n/m* Br rancour, US rancor. **en·co·nar** [eŋkonár] **I**. *v* **1**. to inflame (*llaga*). **2**. FIG to provoke, rankle. **II**. *v/Refl(-se)* **(~se con/en)** to get angry, fester (with). **en·co·no** [eŋkóno] *n/m* Br rancour, US rancor, spite.

en·con·tra·di·zo/a [eŋkon̪traðíθo/a] *adj* LOC **Hacerse el ~**, to feign a chance encounter. **en·con·tra·do/a** [eŋkon̪tráðo/a] *adj* **1**. opposed, conflicting: *Opiniones encontradas*, Conflicting opinions. **2**. contrary, opposite (*dirección*). **en·con·trar** [eŋkon̪trár] **I**. *v* (*encuentro*) *gen* to find, encounter, meet. **II**. *v/Refl(-se)* **1**. to meet (up) (*dos personas*). **2**. **(~se en)** to be (in) (*lugar*). **3**. to find oneself, feel: *Se encuentra muy sola*, She feels very lonely. **4**. FIG to conflict, FAM clash (*ideas*). LOC **Encontrarse con algo/alguien**, FIG FAM to come across (*persona*), find: *Me encontré con que no tenía ni un céntimo*, I found I hadn't got a penny on me. **en·con·trón, en·con·tro·na·zo** [eŋkon̪trón/eŋkon̪tronáθo] *n/m* FAM crash, collision.

en·co·pe·ta·do/a [eŋkopetáðo/a] *adj* FIG uppercrust, posh, FAM snooty.

en·cor·char [eŋkortʃár] *v* to cork.

en·cor·dar [eŋkorðár] *v* (*encuerdo*) **1**. MÚS to string (*instrumento*). **2**. to tie/bundle up with string.

en·cor·na·du·ra [eŋkornaðúra] *n/f* horns *pl*.

en·cor·se·ta·do/a [eŋkorsetáðo/a] *adj* FIG tight (*estilo*), not flexible. **en·cor·se·tar(·se)** [eŋkorsetár(se)] *v/Refl(-se)* **1**. to put on a corset. **2**. FIG to confine within rigid/strict limits (*pensar/obrar*).

en·cor·var [eŋkorβár] **I**. *v* to bend, curve. **II**. *v/Refl(-se)* to bend over, stoop.

en·cres·par [eŋkrespár] *v* **1**. to curl (*el cabello*). **2**. to stir up (*las aguas*). **3**. FIG to anger, enrage.

en·cru·ci·ja·da [eŋkruθixáða] *n/f* **1**. crossroads. **2**. FIG dilemma.

en·cua·der·na·ción [eŋkwaðernaθjón] *n/f* bookbinding. **en·cua·der·na·dor/a** [eŋkwaðernaðór/ra] *n/m,f* bookbinder. **en·cua·der·nar** [eŋkwaðernár] *v* to bind (*un libro*).

en·cua·drar [eŋkwaðrár] *v* **1**. to frame (*en un marco*). **2**. **(~ en)** FIG to incorporate, fit, put (into).

en·cu·bier·to/a [eŋkuβjérto/a] *adj* hidden. **en·cu·bri·dor/ra** [eŋkuβriðór/ra] **I**. *adj* concealing. **II**. JUR accessory after the fact. **en·cu·bri·mien·to** [eŋkuβrimjén̪to] *n/m* concealment, cover-up. **en·cu·brir** [eŋkuβrír] *v* (pp *encubierto*) to hide, conceal, cover up.

en·cuen·tro [eŋkwén̪tro] *n/m* encounter, meeting, collision (*de coches*), clash (*de opiniones*). LOC **Ir/Salir al ~ de alguien**, to go out to meet sb.

en·cues·ta [eŋkwésta] *n/f* poll, survey, inquiry. **en·cues·tar** [eŋkwestár] *v* to take a poll (of).

en·cum·bra·mien·to [eŋkuɱbramjén̪to] *n/m* **1**. rise, raising. **2**. height, FIG eminence. **en·cum·brar** [eŋkuɱbrár] **I**. *v* to raise, elevate. **II**. *v/Refl(-se)* **1**. to rise up (*edificio*). **2**. FIG to rise, be elevated (*posición social*).

en·cur·ti·do/a [eŋkurtíðo/a] **I**. *adj* pickled. **II**. *n/m pl* pickles. **en·cur·tir** [eŋkurtír] *v* to pickle.

en·char·ca·mien·to [en̪tʃarkamjén̪to] *n/m* swamping. **en·char·car** [en̪tʃarkár] **I**. *v* (*encharque*) to swamp, flood. **II**. *v/Refl(-se)* **(~se en) 1**. to be swamped (in). **2**. FIG to wallow (in) (*vicio*), get caught up (in).

en·chi·la·da [en̪tʃiláða] *n/f* *Amer* enchilada. **en·chi·lar** [en̪tʃilár] *v* *Amer* to season with chilli/red pepper.

en·chu·fa·do/a [en̪tʃufáðo/a] *adj* FAM having contacts/connections *pl*. **en·chu·far** [en̪tʃufár] *v* **1**. ELECTR to plug in, connect. **2**. FIG FAM to use one's contacts, pull a few strings (*para obtener algo*). **en·chu·fe** [en̪tʃúfe] *n/m* **1**. ELECTR plug, socket. **2**. FIG FAM connection, contact. **en·chu·fis·mo** [en̪tʃufísmo] *n/m* FAM string-pulling.

en·de [én̪de] *adv* LOC **Por ~**, therefore.

en·de·ble [en̪déβle] *adj* weak, flimsy, poor. **en·de·blez** [en̪deβléθ] *n/f* weakness, flimsiness.

en·de·ca·sí·la·bo/a [en̪dekasílaβo/a] POÉT **I**. *adj* hendecasyllabic. **II**. *n/m* hendecasyllable.

en·de·cha [en̪détʃa] *n/f* MÚS dirge.

en·de·mia [en̪démja] *n/f* MED endemic. **en·dé·mi·co/a** [en̪démiko/a] *adj* endemic.

en·de·mo·nia·do/a [en̪demonjáðo/a] *adj* **1**. possessed by the devil. **2**. FIG FAM devilish, evil. **3**. FIG FAM dreadful, horrible.

en·den·tar [en̪den̪tár] *v* (*endiento*) TÉC to engage.

en·de·re·za·mien·to [en̪dereθamjén̪to] *n/m* straightening. **en·de·re·zar** [en̪dereθár] *v* (*enderece*) **1**. to straighten (up/out). **2**. to put upright/up straight (*vertical*). **3**. **(~ a/hacia)** to direct (towards), aim (at). **4**. FIG to manage, FAM straighten out: *Enderezó el negocio*, He straightened out the business. **5**. to rectify, set/put right (*defectos*). LOC **~ los gestos hacia**, to move towards.

en·deu·dar·se [en̪deuðárse] *v/Refl(-se)* to fall into debt.

en·dia·bla·do/a [eṇdjaβláðo/a] *adj* devilish, fiendish.
en·di·bia [eṇdíβja] *n/f* BOT endive.
en·dil·gar [eṇdilɣár] *v* (*endilgue*) **(~ a)** to send, subject sb to, foist (sth) off on (sb) (*cosa pesada/molesta*).
en·dio·sa·mien·to [eṇdjosamjéṇto] *n/m* conceit, vanity. **en·dio·sar** [eṇdjosár] **I.** *v* **1.** to deify. **2.** FIG to idolize. **II.** *v/Refl(-se)* to become conceited, FAM put on airs.
en·do·cri·no/a [eṇdokríno/a] *adj* ANAT endocrine. **en·do·cri·no·lo·gía** [eṇdokrinoloxía] *n/f* endocrinology.
en·do·ga·mia [eṇdoɣámja] *n/f* inbreeding.
en·do·min·ga·do/a [eṇdomiŋgáðo/a] *adj* (dressed up) in one's Sunday best. **en·do·min·gar** [eṇdomiŋgár] *v/Refl(-se)* (*endomingue*) to dress up in one's Sunday best.
en·do·sar [eṇdosár] *v* **1.** COM to endorse (*documento de crédito*). **2. (~ algo a alguien)** FIG FAM to lumber sb with sth, pass sth on to sb. **en·do·so** [eṇdóso] *n/m* endorsement.
en·do·ve·no·so/a [eṇdoβenóso/a] *adj* MED intravenous.
en·dri·na [eṇdrína] *n/f* BOT sloe (*fruto*). **en·dri·no/a** [eṇdríno/a] **I.** *adj* blue-black. **II.** *n/m* BOT sloe (*arbusto*).
en·dul·zar [eṇduḷθár] *v* (*endulce*) **1.** to sweeten. **2.** FIG to soften, FAM sweeten up.
en·du·re·cer [eṇdureθér] **I.** *v* (*endurezco*) *gen* to harden, toughen. **II.** *v/Refl(-se)* **1.** to harden, stiffen. **2.** FIG to become hardened/inured (to). **en·du·re·ci·mien·to** [eṇdureθimjéṇto] *n/m* hardening.
e·ne·bro [enéβro] *n/m* BOT juniper bush.
e·ne·ma [enéma] *n/f* MED enema.
e·ne·mi·ga [enemíɣa] *n/f* LOC **Tener ~,** to bear illwill. **e·ne·mi·go/a** [enemíɣo/a] *adj n/m,f* enemy. LOC **~ de,** hostile to. **e·ne·mis·tad** [enemistáð] *n/f* enmity. **e·ne·mis·tar** [enemistár] **I.** *v* **1.** to make an enemy of. **II.** *v/Refl (-se)* **(~se con) 2.** to become enemies (with) *pl*, FAM to lose sb as a friend.
e·ner·gé·ti·co/a [enerxétiko/a] *adj* energy. **e·ner·gía** [enerxía] *n/f gen* energy. **e·nér·gi·co/a** [enérxiko/a] *adj* energetic. **e·ner·gú·me·no/a** [enerɣúmeno/a] *n/m,f* energumen, FIG FAM nutter.
e·ne·ro [enéro] *n/m* January.
e·ner·var [enerβár] **I.** *v* to enervate, debilitate. **II.** *v/Refl(-se)* **1.** FIG to lose its force (*argumento/razón*). **2.** to become/get nervous.
e·né·si·mo/a [enésimo/a] *adj* **1.** MAT nth. **2.** FAM umpteenth: *Por enésima vez te digo que no lo hagas,* This is the umpteenth time I've told you not to do that.
en·fa·da·di·zo/a [eɱfaðaðíθo/a] *adj* irritable, FAM crabby. **en·fa·dar** [eɱfaðár] *v* to anger, annoy. LOC **~se con/contra/por,** to get angry with/about. **en·fa·do** [eɱfáðo] *n/m* anger, annoyance.
en·fan·gar [eɱfaŋgár] **I.** *v* (*enfangue*) **1.** to make muddy, FIG muddy (*reputación*). **II.** *v/Refl(-se)* **(~ en) 2.** to wallow (in), sully one's reputation.
én·fa·sis [éɱfasis] *n/m* emphasis, stress. **en·fá·ti·co/a** [eɱfátiko/a] *adj* emphatic. **en·fa·ti·zar** [eɱfatiθár] *v* (*enfatice*) to emphasize, stress.
en·fer·mar [eɱfermár] *v* **1.** to sicken, fall ill (with). **2. (~ de)** to become ill, make ill (from). **en·fer·me·dad** [eɱfermeðáð] *n/f* **1.** illness, sickness. **2.** disease (*del hígado*). **en·fer·me·ría** [eɱfermería] *n/f* infirmary. **en·fer·me·ro/a** [eɱferméro/a] *n/m,f* nurse. **en·fer·mi·zo/a** [eɱfermíθo/a] *adj* **1.** infirm, sickly (*niño*). **2.** FIG unhealthy: *Un amor enfermizo,* An unhealthy passion. **en·fer·mo/a** [eɱférmo/a] **I.** *adj* **(~ de)** ill, sick. **II.** *n/m,f* patient. **en·fer·mu·cho/a** [eɱfermútʃo/a] *adj* FAM sickly.
en·fer·vo·ri·zar [eɱferβoriθár] *v* (*enfervorice*) to awaken sb's enthusiasm, enthuse.
en·fi·lar [eɱfilár] *v* **1.** to line up, put in a line/row. **2.** to go (straight) down/along. **3.** to thread (*aguja*). **4. (~ hacia)** to direct (towards).
en·fi·se·ma [eɱfiséma] *n/m* MED emphysema.
en·fla·que·cer [eɱflakeθér] *v* (*enflaquezco*) **(~ de/por)** to grow/get thin (from/because of); FIG to flag. **en·fla·que·ci·mien·to** [eɱflakeθimjéṇto] *n/m* weight loss.
en·fo·car [eɱfokár] *v* (*enfoque*) **1.** to shine, focus (on). **2.** to focus. **3.** FIG to look at, approach (*analizar*). **en·fo·que** [eɱfóke] *n/m* focus, approach.
en·fos·car [eɱfoskár] *v* (*enfosque*) TÉC **1.** to plaster (*muro*). **2.** to fill (holes with plaster). **3.** to cloud over (*cielo*).
en·fras·car [eɱfraskár] **I.** *v* (*enfrasque*) to bottle. **II.** *v/Refl(-se)* FIG **(~se en)** to become deeply involved in, be totally wrapped up in (*lectura*).
en·fren·ta·mien·to [eɱfreṇtamjéṇto] *n/m* confrontation, clash. **en·fren·tar** [eɱfreṇtár] **I.** *v* to bring face to face. **II.** *v/Refl(-se)* **(~se a/con)** to confront, face. **en·fren·te** [eɱfréṇte] *adv* **1. (~ de)** in front (of), opposite (to). **2. (~ de)** facing, against, in opposition to.
en·fria·mien·to [eɱfrjamjéṇto] *n/m* cooling; MED cold. **en·friar** [eɱfriár] *v/v/Refl (-se)* (*enfrío, enfríe*) **1.** to cool (down), chill. **2.** FIG to cool, wane (*pasión*). **3.** to go/turn cold.
en·fun·dar [eɱfuṇdár] *v* to put in a case.
en·fu·re·cer [eɱfureθér] *v* (*enfurezco*) to enrage, infuriate. LOC **~se con/contra/de/por,** to be furious/infuriated about. **en·fu·re·ci·mien·to** [eɱfureθimjéṇto] *n/m* rage, infuriation.
en·fu·rru·ña·mien·to [eɱfurruɲamjéṇto] *n/m* anger, annoyance. **en·fu·rru·ñar·se** [eɱfurruɲárse] *v/Refl(-se)* FAM to get angry/sulky/crabby, sulk.
en·ga·la·nar [eŋgalanár] **I.** *v* to decorate, dress up. **II.** *v/Refl(-se)* **(~se con)** to adorn oneself (with), dress up (in).
en·gan·char [eŋgaṇtʃár] **I.** *v* **1.** to hook, hang on a hook (*sujetar*). **2.** to harness, hitch up (*caballería*). **II.** *v/Refl(-se)* **1.** to get

caught/hooked up (on). **2.** MIL to enlist. **3.** **(~se a)** FAM to get hooked on (*la droga*). **en·gan·che** [eŋgántʃe] *n/m* **1.** hooking. **2.** harnessing. **3.** MIL recruitment. **4.** hook, catch, clasp. **en·gan·chón** [eŋgantʃón] *n/m aum* **enganche. 1.** snag, catch (*en la ropa*). **2.** FIG FAM brawl, quarrel.

en·ga·ña·bo·bos [eŋgaɲaßóßos] **1.** *n/m,f sing* trickster. **2.** *n/m sing* trick, FAM wheeze. **en·ga·ñar** [eŋgaɲár] **I.** *v* **1.** to deceive. **2.** to cheat, trick. **3.** to stave off (*el hambre*), ward off (*el sueño*). **4.** to cheat on: *Su mujer le engaña con otro,* His wife is cheating on him with someone else. **II.** *v/Refl(-se)* **1.** to be wrong/mistaken. **2.** to be deceived by appearances *pl.* **3.** to delude/deceive oneself. LOC **~ el tiempo,** to kill time. **en·ga·ñi·fa** [eŋgaɲífa] *n/f* FAM fraud, dud (*cosa*). **en·ga·ño** [eŋgáɲo] *n/m* **1.** deceit, deception, trick. **2.** mistake. **en·ga·ño·so/a** [eŋgaɲóso/a] *adj* deceitful, deceptive, beguiling.

en·gar·ce [eŋgárθe] *n/m* **1.** linking, joining. **2.** setting. **en·gar·zar** [eŋgarθár] **I.** *v* (*engarce*) **1.** to link, join, connect. **2.** to set, mount (*piedra preciosa*). **II.** *v/Refl(-se)* **(~se en)** FIG FAM to get entangled/involved (in) (*discusiones/riñas*).

en·gas·tar [eŋgastár] *v* **(~ con/en)** to set, mount (in/with) (*joyería*).

en·ga·tu·sa·mien·to [eŋgatusamjéṇto] *n/m* coaxing. **en·ga·tu·sar** [eŋgatusár] *v* FAM to coax, inveigle, cajole.

en·gen·drar [eŋxeṇdrár] *v* **1.** *gen* to breed, engender. **2.** FIG to generate, produce. **en·gen·dro** [eŋxéṇdro] *n/m* **1.** foetus. **2.** monster, FIG freak. **3.** FIG brain-child (*plan*).

en·glo·bar [eŋgloßár] *v* **1.** to include. **2.** to lump together.

en·go·la·do/a [eŋgoláðo/a] *adj* haughty, stuffy.

en·gol·far·se [eŋgolfárse] *v/Refl(-se)* **(~se en)** to become deeply involved, FIG bury oneself (in).

en·go·lo·si·nar·se [eŋgolosinárse] *v/Refl (-se)* **(~se con),** to acquire a taste for.

en·go·lle·tar·se [eŋgoʎetárse] *v/Refl(-se)* to become vain/conceited.

en·go·mar [eŋgomár] *v* to glue.

en·gor·dar [eŋgorðár] *v* **1.** to fatten, make fat, swell. **2.** to get fat, put on weight (*persona*). **en·gor·de** [eŋgórðe] *n/m* fattening (up) (*el ganado*).

en·go·rro [eŋgórro] *n/m* FAM nuisance, bother. **en·go·rro·so/a** [eŋgorróso/a] *adj* bothersome, troublesome.

en·gra·na·je [eŋgranáxe] *n/m* **1.** TÉC gear. **2.** TÉC gearing, gears *pl* (*conjunto*). **3.** FIG machinery *sing*, workings *pl.* **en·gra·nar** [eŋgranár] *v* TÉC to gear, engage, connect.

en·gran·de·cer [eŋgraṇdeθér] *v* (*engrandezco*) **1.** to enlarge. **2.** FIG to exalt, praise. **en·gran·de·ci·mien·to** [eŋgraṇdeθimjéṇto] *n/m* **1.** enlargement. **2.** FIG aggrandizement.

en·gra·sar [eŋgrasár] *v* **1.** to grease, oil. **2.** to smudge, stain (with grease). **en·gra·se** [eŋgráse] *n/m* greasing.

en·grei·mien·to [eŋgreimjéṇto] *n/m* conceit. **en·greír** [eŋgreír] **I.** *v* (*engrío/engreí/engreiré/*pp *engreído*) to make conceited. **II.** *v/Refl(-se)* **(~se con/de/por)** to become conceited/vain (about).

en·gres·car [eŋgreskár] **I.** *v* (*engresque*) to goad, antagonize. **II.** *v/Refl(-se)* to quarrel, get into a fight.

en·gri·llar [eŋgriʎár] *v* **1.** to shackle, fetter. **2.** FIG to imprison, detain.

en·gro·sa·mien·to [eŋgrosamjéṇto] *n/m* thickening, increase. **en·gro·sar** [eŋgrosár] *v* (*engrueso*) **1.** to thicken, expand. **2.** FIG to increase, swell.

en·gru·do [eŋgrúðo] *n/m* paste.

en·guan·tar [eŋgwaṇtár] **I.** *v* to glove. **II.** *v/Refl(-se)* put on one's gloves.

en·guir·nal·dar [eŋgirnaḷdár] *v* to garland.

en·gu·llir [eŋguʎír] *v* to gulp down, gobble up.

en·he·brar [eneßrár] *v* to thread.

en·hies·to/a [enjésto/a] *adj* upright, erect.

en·ho·ra·bue·na [enoraßwéna] *n/f* congratulations *pl.*

e·nig·ma [eníɣma] *n/m* **1.** riddle. **2.** FIG enigma. **e·nig·má·ti·co/a** [eniɣmátiko/a] *adj* enigmatic.

en·ja·bo·na·do/a [eŋxaßonáðo/a] **I.** *adj* **1.** soapy. **2.** *Amer* piebald (*caballería*). **II.** *n/m* soaping. **en·ja·bo·na·du·ra** [eŋxaßonaðúra] *n/f* soaping. **en·ja·bo·nar** [eŋxaßonár] *v* **1.** to soap. **2.** FIG to softsoap.

en·jae·zar [eŋxaeθár] *v* (*enjaece*) to harness, put the trappings on (*caballerías*).

en·jal·be·gar [eŋxalßeɣár] *v* (*enjalbegue*) to whitewash.

en·jam·brar [eŋxaɱbrár] *v* to hive (*las abejas en las colmenas*). **en·jam·bre** [eŋxáɱbre] *n/m* **1.** swarm (*de abejas*). **2.** FIG swarm, crowd (*muchedumbre*).

en·ja·re·tar [eŋxaretár] *v* **1.** FIG FAM to reel, rattle off (*palabras*), rush off/through. **2.** **(~ a alguien algo)** FIG FAM to lumber (sb with), foist (sth upon sb).

en·jau·lar [eŋxaulár] *v* **1.** to cage. **2.** FIG FAMto imprison, put in prison.

en·jo·yar [eŋxoɟár] *v* to bejewel.

en·jua·gar [eŋxwaɣár] *v* (*enjuague*) **1.** to rinse. **2.** to rinse, wash out (*la boca*). **en·jua·gue** [eŋxwáɣe] *n/m* rinse, rinsing.

en·ju·gar [eŋxuɣár] *v* (*enjugue*) **1.** to dry, wipe away (*sudor/lágrimas*). **2.** to settle (*deuda*), cancel (*déficit*).

en·jui·cia·ble [eŋxwiθjáßle] *adj* indictable. **en·jui·cia·mien·to** [eŋxwiθjamjéṇto] *n/m* **1.** judgement. **2.** JUR (law)suit. **en·jui·ciar** [eŋxwiθjár] *v* **1.** to judge, examine. **2.** JUR to try.

en·jun·dia [eŋxúṇdja] *n/f* **1.** ZOOL (ovary) fat (*de un ave*). **2.** FIG essence, strength (*de alguna cuestión o asunto*). **3.** FIG substance, character (*de una persona*): *Le falta enjundia a tu hermana*, Your sister lacks character. **en·jun·dio·so/a** [eŋxuṇdjóso/a] *adj* substantial, forceful.

en·ju·to/a [eŋxúto/a] *adj* **1.** dry, shrivelled (*cosa*), wizened (*persona*). **2.** lean, thin (*persona*).

en·la·ce [enláθe] *n/m* **1.** link, linking, connection. **2.** marriage. **3.** junction (*de trenes*). **4.** mediator.

en·la·dri·lla·do/a [enlaðriʎáðo/a] *n/m* paving, brickwork. **en·la·dri·llar** [enlaðriʎár] *v* to pave with bricks *pl*.

en·la·tar [enlatár] *v* to can, tin.

en·la·zar [enlaθár] *v* (*enlace*) **1.** to link, tie. **2.** to fasten, join, connect (*dos cuerdas/cables*). **3.** FIG to relate, connect, link. **4.** **(~ con)** to connect (with) (*tren*).

en·lo·dar [enloðár] *v* to muddy, spatter with mud.

en·lo·que·cer [enlokeθér] **I.** *v* (*enloquezco*) **1.** **(~ de)** *gen* to drive mad, madden (with) (*de dolor*, etc). **2.** FIG FAM to drive wild, send crazy (with) (*gustar mucho*). **II.** *v/Refl (-se)* to go mad. **en·lo·que·ci·mien·to** [enlokeθimjéṇto] *n/m* madness.

en·lo·sa·do [enlosáðo] *n/m* **1.** tiling. **2.** tiled floor. **en·lo·sar** [enlosár] *v* to tile, pave.

en·lu·ci·do/a [enluθíðo/a] *n/m* TÉC **1.** plastering, whitewashing. **2.** plaster (*yeso*). **en·lu·cir** [enluθír] *v* (*enluzco*) **1.** TÉC to plaster. **2.** to polish (*objeto metálico*).

en·lu·tar [enlutár] *v/v/Refl(-se)* to dress in mourning.

en·ma·ra·ñar [eɱmaraɲár] *v/v/Refl(-se)* **1.** to entangle, enmesh, tangle. **2.** FIG to complicate, confuse (*un asunto*).

en·mar·car [eɱmarkár] *v* (*enmar**que***) to frame.

en·mas·ca·ra·do/a [eɱmaskaráðo/a] *adj* masked. **en·mas·ca·ra·mien·to** [eɱmaskaramjéṇto] *n/m* camouflage. **en·mas·ca·rar** [eɱmaskarár] **I.** *v* **1.** to mask. **2.** FIG to disguise (*intención*). **II.** *v/Refl(-se)* to put on a mask.

en·men·da·ble [eɱmeṇdáβle] *adj* amendable. **en·men·dar** [eɱmeṇdár] **I.** *v* (*enmiendo*) to emend, amend, correct (*escrito*), rectify (*una falta*). **II.** *v/Refl(-se)* **(~se)** to mend one's ways. **en·mien·da** [eɱmjéṇda] *n/f* **1.** rectification. **2.** correction, amendment (*de un escrito*). LOC **No tener ~ una persona**, FIG FAM to be incorrigible.

en·mo·he·cer [eɱmoeθér] **I.** *v* (*enmohezco*) **1.** to rust (*metal*), cover with Br mould, US mold. **2.** FIG to fall into disuse. **II.** *v/Refl (-se)* to go rusty/Br mouldy/US moldy. **en·mo·he·ci·mien·to** [eɱmoeθimjéṇto] *n/m* rustiness, mildew.

en·mu·de·cer [eɱmuðeθér] *v* (*enmudezco*) **1.** to silence. **2.** to go dumb. **3.** to say nothing, keep silent. **4.** **(~ de)** FIG to be struck dumb (by), be speechless (with). **en·mu·de·ci·mien·to** [eɱmuðeθimjéṇto] *n/m* silencing, FIG speechlessness.

en·ne·gre·cer [enneγreθér] *v/Refl(-se)* (*ennegrezco*) to blacken, go black, FIG darken (*cielo*). **en·ne·gre·ci·mien·to** [enneγreθimjéṇto] *n/m* blackening.

en·no·ble·cer [ennoβleθér] *v* (*ennoblezco*) **1.** to ennoble. **2.** FIG to embellish, add an air of distinction to. **en·no·ble·ci·mien·to** [ennoβleθimjéṇto] *n/m* ennoblement.

e·no·jar [enoxár] **I.** *v* to annoy, vex. **II.** *v/Refl(-se)* **(~ con/contra)**, to get annoyed/cross with. **e·no·jo** [enóxo] *n/m* annoyance, irritation. **e·no·jo·so/a** [enoxóso/a] *adj* annoying, irritating.

e·no·lo·gía [enoloxía] *n/f* oenology. **e·nó·lo·go/a** [enóloγo/a] *n/m,f* oenologist, wine expert.

en·or·gu·lle·cer [enorγuʎeθér] **I.** *v* (*enorgullezco*) to fill with pride. **II.** *v/Refl(-se)* **(~se de + *n/inf*)** to be proud (of + *n*), pride oneself on (+ *ger*). **en·or·gu·lle·ci·mien·to** [enorγuʎeθimjéṇto] *n/m* (sense of) pride.

e·nor·me [enórme] *adj* enormous. **e·nor·me·men·te** [enórmemeṇte] *adv* enormously, extremely. **e·nor·mi·dad** [enormiðáð] *n/f* enormity.

en·quis·tar·se [eŋkistárse] *v/Refl(-se)* **1.** MED to form a cyst. **2.** FIG to become embedded (*problema*).

en·ra·biar [enraβjár] **I.** *v* to enrage. **II.** *v/Refl(-se)* to become enraged.

en·rai·zar [enrraiθár] *v/v/Refl(-se)* (*enraíce*) *gen* to take root.

en·ra·ma·da [enrramáða] *n/f* **1.** branches *pl*. **2.** arbor, bower (*cobertizo*).

en·ran·ciar·se [enrraṇθjárse] *v/Refl(-se)* to become rancid (*manteca*), go stale (*pan*).

en·ra·re·cer [enrrareθér] **I.** *v* (*enrarezco*) **1.** to rarefy (*cuerpo gaseoso*) **2.** to be scarce. **II.** *v/Refl(-se) gen* to become rarefied. **en·ra·re·ci·mien·to** [enrrareθimjéṇto] *n/m* rarefying, scarcity.

en·ra·sar [enrrasár] *v* to make even/level.

en·re·da·de·ra [enrreðaðéra] *adj n/f* BOT creeper. **en·re·dar** [enrreðár] *v* **1.** to (en)tangle, intertwine. **2.** FIG to involve, mix up in. **3.** FIG to confuse, complicate (*asunto*): *Lo has enredado todo con tu intervención*, You've complicated matters with your interference. **4.** to get up to mischief, lark about. LOC **~se con**, to have an affair with. **~se en**, to get mixed up in. **en·re·do** [enrréðo] *n/m* **1.** tangle. **2.** mischief. **3.** FIG difficult situation, mess.

en·re·ja·do/a [enrrexáðo/a] *n/m* lattice (*de una ventana*), railings *pl* (*en un edificio*). **en·re·jar** [enrrexár] *v* **1.** to put bars on, put a grating on (*una ventana*). **2.** to put a fence around (*verja*).

en·re·ve·sa·do/a [enrreβesáðo/a] *adj.* **1.** intricate. **2.** FIG complicated, difficult.

en·ri·que·cer [enrrikeθér] *v* (*enriquezco*) **1.** to make rich/wealthy. **2.** to enrich. **en·ri·que·ci·mien·to** [enrrikeθimjéṇto] *n/m* enrichment.

en·ris·trar [enrristrár] *v* **1.** to string (*ajos*). **2.** to couch, tilt (*lanza*).

en·ro·car [enrrokár] **I.** *v* (*enroque*) to castle (*en el ajedrez*). **II.** *v/Refl(-se)* to become embedded, dig (itself) in (*ancla*).

en·ro·je·cer [enrroxeθér] **I.** *v* (*enrojezco*) to redden. **II.** *v/Refl(-se)* to blush, go red. **en·ro·je·ci·mien·to** [enrroxeθimjéṇto] *n/m* reddening, blushing.

en·ro·lar [enrrolár] **I.** *v* to enrol, sign up. **II.** *v/Refl(-se)* **(~se en)** MIL NÁUT to enlist (in), FAM join up.

en·ro·llar [enrroʎár] **I.** *v* to roll, wind (*hilo*), coil (*alambre*) (up). **II.** *v/Refl(-se)* **1.** FIG FAM to explain at great length, go on and on (*hablar mucho*). **2.** FIG FAM to be wrapped up, be involved (in).

en·ron·que·cer [enrroŋkeθér] **I.** *v* (*enronquezco*) to make hoarse (*ronco*). **II.** *v/Refl (-se)* to get/go hoarse (*voz*). **en·ron·que·ci·mien·to** [enrroŋkeθimjéŋto] *n/m* hoarseness, huskiness.

en·ros·car [enrroskár] **I.** *v* (*enrosque*) to screw in (*tornillo*). **II.** *v/Refl(-se)* to coil, curl up, twist.

en·sa·car [ensakár] *v* (*ensaque*) to put into bags/sacks, put into a bag/sack.

en·sai·ma·da [ensaimáðа] *n/f* pastry.

en·sa·la·da [ensaláða] *n/f* **1.** salad. **2.** FIG mixture, FAM hotchpotch. **en·sa·la·de·ra** [ensalaðéra] *n/f* salad bowl. **en·sa·la·di·lla** [ensalaðíʎa] *n/f* **1.** Russian salad. **2.** FIG miscellany.

en·sal·mar [ensalmár] *v* MED to cure by incantations. **en·sal·mo** [ensálmo] *n/m* MED curing by incantation. LOC **Como por ~**, as if by magic.

en·sal·za·mien·to [ensal̪θamjéŋto] *n/m* exaltation. **en·sal·zar** [ensal̪θar] *v* (*ensalce*) to exalt, praise.

en·sam·bla·je [ensaɱbláxe] *n/m* assembling, joining. **en·sam·blar** [ensaɱblár] *v* to join (up), couple, assemble.

en·san·cha·mien·to [ensan̪tʃamjéŋto] *n/m* widening, expansion. **en·san·char** [ensan̪tʃár] *v* to widen, enlarge, expand. **en·san·che** [ensán̪tʃe] *n/m* **1.** extension, broadening, enlargement. **2.** area of expansion (*de una población*).

en·san·gren·tar [ensaŋgreŋtár] *v* (*ensangriento*) to stain/smear with blood, bathe in blood.

en·sa·ña·mien·to [ensaɲamjéŋto] *n/m* cruelty, brutality. **en·sa·ñar** [ensaɲár] **I.** *v* to infuriate, enrage. **II.** *v/Refl(-se)* **(~se con alguien)** to take pleasure in tormenting (sb). LOC **~se con/contra/en**, to vent one's fury on, FAM take one's anger out on.

en·sar·tar [ensartár] *v* **1.** to thread (*aguja*), string (*perlas*). **2.** to run through, pierce (*con un arma*). **3.** FIG to rattle off, FAM come out with a string of (*insultos*).

en·sa·yar [ensaɟár] *v* **1.** to test, try out. **2.** TEAT to rehearse. **3.** to test, assay.

en·sa·yis·mo [ensaɟísmo] *n/m* essay-writing. **en·sa·yis·ta** [ensaɟísta] *n/m,f* essayist. **en·sa·yo** [ensáɟo] *n/m* **1.** test, trial, TEAT rehearsal. **2.** treatise, essay (*escrito/estudio*).

en·se·gui·da [enseɣíða] *adv* immediately, at once, forthwith.

en·se·na·da [ensenáða] *n/f* inlet.

en·se·ña [enséɲa] *n/f* standard, pennant, FIG insignia.

en·se·ñan·za [enseɲáŋθa] *n/f* **1.** education, instruction. **2.** teaching, schooling. LOC **~ primaria/media/superior**, primary/secondary/higher education. **en·se·ñar** [enseɲár] *v* **1.** to teach. **2.** FIG FAM to show (sb how to + *inf*). **3.** to point out, indicate. **4.** to show (*dejarse ver*).

en·se·ño·re·ar·se [enseɲoreárse] *v/Refl(-se)* **(~se de)** to take possession (of).

en·se·res [enséres] *n/m pl* utensils, TÉC tools.

en·si·llar [ensiʎár] *v* to saddle (*caballería*).

en·si·mis·ma·mien·to [ensimismamjéŋto] *n/m* absorption, reverie. **en·si·mis·mar** [ensimismár] **I.** *v* to absorb in (*pensamiento*). **II.** *v/Refl(-se)* **1.** to be deep in thought, become lost in thought. **2.** **(~se en)** to become engrossed in.

en·so·ber·be·cer·se [ensoβerβeθérse] *v/Refl (-se)* (*ensorberbezco*) **(~se con/de)** to be proud (of), be arrogant (about). **en·so·ber·be·ci·mien·to** [ensoβerβeθimjéŋto] *n/m* pride, arrogance.

en·som·bre·cer [ensoɱbreθér] **I.** *v* (*ensombrezco*) **1.** to darken. **2.** ARTE to shade in. **3.** FIG to cast a shadow (of gloom) over. **II.** *v/Refl(-se)* **1.** to go dark. **2.** to become gloomy/melancholy.

en·so·ña·ción [ensoɲaθjón] *n/f* dream, fantasy. **en·so·ñar** [ensoɲár] *v/v/Refl(-se)* (*ensueño*) **1.** to have dreams. **2.** to be in a reverie, (fall into a) daydream.

en·sor·de·ce·dor/ra [ensorðeθeðór/ra] *adj* deafening. **en·sor·de·cer** [ensorðeθér] **I.** *v* (*ensordezco*) to deafen. **II.** *v/Refl(-se)* to go deaf. **en·sor·de·ci·mien·to** [ensorðeθimjéŋto] *n/m* deafening, deafness.

en·sor·ti·jar [ensortixár] *v* to curl (*cabellos*), coil, wind (*hilos*).

en·su·ciar [ensuθjár] **I.** *v* to soil, dirty. **II.** *v/Refl(-se)* **(con, de)** FAM to become soiled with (*barro, grasa*).

en·sue·ño [enswéɲo] *n/m* **1.** illusion, fantasy. **2.** **(de ~)** dream.

en·ta·bla·do [eŋtaβláðo] *n/m* flooring *sing*, floorboards *pl*. **en·ta·bla·men·to** [eŋtaβlaméŋto] *n/m* ARQ entablature. **en·ta·blar** [eŋtaβlár] *v* **1.** to cover with planks/boards, board up. **2.** MED to splint (*hueso*). **3.** to start, begin, FAM go/get into, strike up (*conversación*). **en·ta·bli·llar** [eŋtaβliʎár] *v* MED to splint (*hueso*).

en·ta·le·gar [eŋtaleɣár] *v* (*entalegue*) to put into bags, hoard.

en·ta·lla·du·ra [eŋtaʎaðúra] *n/f* sculpture, carving, engraving. **en·ta·llar** [eŋtaʎár] *v* **1.** to carve (*madera*), sculpt (*mármol*), engrave (*metal*). **2.** to fit, adjust (*prenda*).

en·ta·pi·za·do [eŋtapiθáðo] *n/m* upholstery (*de una silla*), wallhanging (*pared*).

en·ta·ri·ma·do [eŋtarimáðo] *n/m* (parquet) flooring. **en·ta·ri·mar** [eŋtarimár] *v* to parquet.

en·te [éŋte] *n/m* **1.** FIL entity, being. **2.** body, institution: *~ estatal*, public corporation.

en·te·co/a [eŋtéco/a] *adj* puny, sickly.

en·te·le·quia [eŋtelékja] *n/f* FAM pipe dream.

en·ten·de·de·ras [eŋteŋdeðéras] *n/f pl* FAM brains *pl*, grey stuff, wits *pl*. **en·ten·der**

[en̪ten̪dér] **I.** *n/m* opinion: *Según su entender...*, In his opinion... **II.** *v* (*entiendo*) **1.** *gen* to understand. **2.** to think, believe (*determinada cosa*). **3.** to (consider to) mean. **4.** **(~ de)** to have a good understanding (of), have a knowledge (of), FAM know sth (about). **III.** *v/Refl(-se)* **1.** to understand each other, understand one another. **2.** **(~se con)** to make an agreement (with), come to an arrangement (with). **3.** FAM to have an affair: *El jefe y la secretaria se entienden*, The boss and his secretary are having an affair. LOC **A mi ~**, in my opinion, as I see it. **Dar a ~ una cosa**, to imply sth, hint at sth. **~ en algo**, to be well-versed in, be familiar with. **Yo me entiendo**, I know what I'm doing. **en·ten·di·do/a** [en̪ten̪díðo/a] *adj* **(~ en)** skilled (at), expert/experienced (in). LOC **¡~!**, *exclam* Agreed! Understood! **en·ten·di·mien·to** [en̪ten̪dimjén̪to] *n/m* understanding, comprehension.

en·ten·te [en̪tén̪te] *n/f* entente.

en·te·ra·do/a [en̪teráðo/a] *adj* (*estar ~*) well-informed, up-to-date, knowledgeable. LOC **Darse por ~**, to be well aware of, give to understand. **en·te·rar** [en̪terár] **I.** *v* to inform, let sb know. **II.** *v/Refl(-se)* **(~se de)** **1.** to find out, hear (about). **2.** FAM to get to know (about).

en·te·re·za [en̪teréθa] *n/f* **1.** entirety. **2.** integrity.

en·te·ri·tis [en̪terítis] *n/f* MED enteritis.

en·ter·ne·cer [en̪terneθér] **I.** *v* (*enternezco*) to soften, touch. **II.** *v/Refl(-se)* **(~se por)** to be moved (by), soften (towards). **en·ter·ne·ci·mien·to** [en̪terneθimjén̪to] *n/m* tenderness, compassion.

en·te·ro/a [en̪téro/a] **I.** *adj* **1.** entire, whole. **2.** FIG honest, just. **II.** *n/m* MAT integer. LOC **Por ~**, entirely, completely.

en·te·rra·dor [en̪terraðór] *n/m* grave-digger. **en·te·rra·mien·to** [en̪terramjén̪to] *n/m* **1.** burial. **2.** grave. **en·te·rrar** [en̪terrár] *v* (*entierro*) *gen* to bury.

en·ti·ba·ción [en̪tiβaθjón] *n/f* TÉC shoring (up). **en·ti·ba·do** [en̪tiβáðo] *n/m* TÉC shoring (up), propping (up) (*de las minas*). **en·ti·ba·dor** [en̪tiβaðór] *n/m* shorer. **en·ti·bar** [en̪tiβár] *v* TÉC to prop, shore (up).

en·ti·biar [en̪tiβjár] **I.** *v* to cool, FIG temper. **II.** *v/Refl(-se)* to become lukewarm/tepid.

en·ti·dad [en̪tiðáð] *n/f* **1.** FIL entity. **2.** essence, substance. **3.** body, organisation (*colectividad*).

en·tie·rro [en̪tjérro] *n/m* **1.** burial, interment. **2.** funeral (*ceremonia*).

en·tin·tar [en̪tin̪tár] *v* to blot/stain (with ink).

en·tol·da·do [en̪tol̪dáðo] *n/m* marquee (*para bailar*, etc). **en·tol·dar** [en̪tol̪dár] *v* to hang an awning over.

en·to·mo·lo·gía [en̪tomoloxía] *n/f* BIOL entomology. **en·to·mó·lo·go/a** [en̪tomólogo/a] *n/m,f* entomologist.

en·to·na·ción [en̪tonaθjón] *n/f* **1.** intonation (*de una palabra*). **2.** modulation (*de la voz*). **en·to·nar** [en̪tonár] **I.** *v* **1.** to intone (*cantar*). **2.** MÚS to pitch (*dar el tono*). **3.** MED to invigorate, FAM pep up: *Una copita te entonará*, A little drink will pep you up. **4.** **(~ con)** to match, FAM go with. **II.** *v/Refl(-se)* **(~se con)** to recover, set oneself right (with).

en·ton·ces [en̪tón̪θes] *adv* **1.** *gen* then. **2.** in that case, well then (*siendo así*).

en·ton·te·cer [en̪ton̪teθér] *v* (*entontezco*) to make/get silly. **en·ton·te·ci·mien·to** [en̪ton̪teθimjén̪to] *n/m* silliness, FAM daftness.

en·tor·cha·do [en̪tortʃáðo] *n/m* **1.** braid. **2.** gold braid. **en·tor·char** [en̪tortʃár] *v* to braid, bind (*hilo metálico*).

en·tor·nar [en̪tornár] *v* **1.** to set ajar (*puerta*). **2.** to half-close/-open (*ojos*).

en·tor·no [en̪tórno] *n/m* setting, environment, surroundings *pl* (*contexto*).

en·tor·pe·cer [en̪torpeθér] *v* (*entorpezco*) **1.** to obstruct, hinder. **2.** FIG to hamper, hold up. **en·tor·pe·ci·mien·to** [en̪torpeθimjén̪to] *n/m* torpor, obstruction.

en·tra·da [en̪tráða] *n/f* **1.** entry, entrance (*acción*). **2.** entrance (*en local*). **3.** *sing* punters (*discoteca*), TEAT audience, DEP spectators. **4.** *sing* entrance fee, takings. **5.** (admission) ticket. **6.** *pl* COM cash receipts, earnings. **7.** hairline, FAM cat's ears.

en·tra·ma·do [en̪tramáðo] *n/m* ARQ truss. **en·tra·mar** [en̪tramár] *v* TÉC to make a framework for.

en·tram·bos/as [en̪trámbos/as] *adj pron pl* both.

en·tram·par [en̪trampár] *v* **I.** **1.** to trap. **2.** FIG to trick, deceive. **3.** to burden with debt. **II.** *Refl(-se)* to get into debt.

en·tran·te [en̪trán̪te] **I.** *adj* next, coming. **II.** *n/m pl* starters, hors d'oeuvres.

en·tra·ña [en̪tráɲa] *n/f* **1.** *pl* ANAT entrails, bowels. **2.** *sing pl* FIG middle, innermost part. **3.** FIG essence, heart. **4.** *pl* FIG nature, character (*índole*). LOC **De mis/sus ~s**, my/his beloved, precious. **No tener ~s**, FIG to be heartless. **en·tra·ña·ble** [en̪traɲáβle] *adj* charming, intimate, close, dear. **en·tra·ñar** [en̪traɲár] *v* FIG to involve, FAM carry with it.

en·trar [en̪trár] *v* **1.** **(~ en)** *gen* to enter, go in, come in. **2.** to go into, enter, fit into. **3.** FIGto reach: *Entonces entramos en lo más duro de la batalla*, Then we reached the hardest part of the battle. **4.** to go into, join (*la Marina*), take up (*profesión*): *Ha entrado en la Marina*, He's joined into the Marines. **5.** FIG FAM to take part in. **6.** FIG to adopt, take on: *Entrar en las tradiciones locales*, To adopt local customs. **7.** to be counted among, be one of (*lista/grupo*), be admitted to (*sociedad*). **8.** to be included in: *El servicio no entra en el precio*, Service is not included. **9.** to go into, be used in: *En cada quilo han entrado tres tomates*, Three tomatoes have gone into each kilo. **10.** FIG FAM to enter into, get involved in: *Yo no entro en política*, I don't get involved with politics. **11.** FIG to begin, start (*estaciones*). **12.** to put/bring in/inside: *Entrar el coche en el garaje*, To put the car in the garage. LOC **~ a**

+ *inf*, to start + *ger*. ~ **en** + *n*, to go into, enter (*servicio*). ~ **en materia**, to give an introduction. **Hacer ~ (a alguien)**, **1**. to show sb in, invite sb in. **2**. to fit into (*introducir una cosa*). **Hacer ~ en razón (a alguien)**, to make sb see sense. **No ~le una cosa a alguien**, **1**. to be difficult for sb to learn, FAM be hard for sb to get (the hang of): *Las matemáticas no le entran*, He can't get the hang of maths. **2**. to dislike, not to like.

en·tre [éntre] *prep* **1**. between, in the midst of, amidst: *La casa está entre dos colinas*, The house is between two hills. **2**. among, amongst: *La cuento entre mis enemigos*, I count her amongst my enemies. **3**. during (*intervalo*): *Sucedió entre los años cuarenta y los cincuenta*, It happened during the forties and fifties. **4**. between. LOC **De ~**, out of, from amongst. ~ **tanto**, meanwhile, in the meantime. ~ **tú y yo**, between you and me. **Pensar ~ sí**, to think to oneself.

en·tre·a·brir [entreaβrír] *v* to open halfway, set ajar.

en·tre·ac·to [entreákto] *n/m* TEAT interval.

en·tre·ca·no/a [entrekáno/a] *adj* greying.

en·tre·ce·jo [entreθéxo] *n/m* space between the eyebrows LOC **Arrugar/Fruncir el ~**, FIG to frown.

en·tre·co·mi·llar [entrekomiʎár] *v* to put in inverted commas.

en·tre·cor·ta·do/a [entrekortáðo/a)] *adj* intermittent (*sonido*), faltering, broken (*voz*).

en·tre·cot [entrekó(t)] *n/m* entrecôte, sirloin steak.

en·tre·cru·zar [entrekruθár] *v* (*entrecruce*) to cross, interweave, interlace.

en·tre·di·cho [entreðítʃo] *n/m* **1**. JUR injunction, interdiction. **2**. REL interdict. LOC **Poner en ~**, to put into doubt, bring into question (*bondad/valor*).

en·tre·dós [entreðós] *n/m* insert (*bordado*).

en·tre·fo·rro [entrefórro] *n/m* interfacing, interlining.

en·tre·ga [entréγa] *n/f* **1**. handing over, COM delivery. **2**. instalment: *Novela por entregas*, Serial novel. **3**. FIG devotion, surrender. **en·tre·gar** [entreγár] **I**. *v* (*entregue*) **1**. to deliver, hand over. **2**. to surrender. **II**. *v/Refl (-se)* **(~se a) 1**. to surrender (to). **2**. to devote oneself to, give oneself over to (*al estudio*). **3**. FIG to give oneself up to. FAM let oneself be taken over by.

en·tre·la·zar [entrelaθár] *v* (*entrelace*) to interlace, interweave, intertwine.

en·tre·li·ne·ar [entrelineár] *v* to write between the lines.

en·tre·me·dias [entreméðjas], **en·tre·me·dio** [entreméðjo] *adv* in between, in the meantime.

en·tre·més [entremés] *n/m* **1**. *pl* hors d'oeuvres. **2**. TEAT short play (*pieza breve*).

en·tre·me·ter [entremetér] **I**. *v* to put between/in, insert (between). **II**. *v/Refl(-se)* **(~se con/en/entre)** FAM to interfere (with), meddle (with/in). **en·tre·me·ti·do/a** [entremetíðo/a] **I**. *adj* interfering, meddlesome. **II**. *n/m,f* meddler.

en·tre·mez·clar [entremeθklár] *v/Refl(-se)* to intermingle.

en·tre·na·dor/ra [entrenaðór/ra] *n/m,f* DEP trainer, coach. **en·tre·na·mien·to** [entrenamjénto] *n/m* DEP training, coaching. **en·tre·nar** [entrenár] *v/Refl(-se) gen* to train, coach.

en·tre·pa·ño [entrepáɲo] *n/m* ARQ bay.

en·tre·pier·na [entrepjérna] *n/f* **1**. ANAT crutch. **2**. *sing, pl* crotch (*de prenda*).

en·tre·sa·car [entresakár] *v* (*entresa**que***) **1**. **(~ de)** to select (from), pick out. **2**. to prune (*árbol*), thin (out) (*vegetación*).

en·tre·si·jo [entresíxo] *n/m* **1**. ANAT mesentery. **2**. FIG *sing pl* secret (place).

en·tre·sue·lo [entreswélo] *n/m* mezzanine.

en·tre·tan·to [entretánto] *adv* meanwhile, in the meantime.

en·tre·te·jer [entretexér] *v* **1**. to interweave (*en un tejido*). **2**. to intertwine, weave into (*cestería*).

en·tre·te·la [entretéla] *n/f* **1**. interlining. **2**. *pl* FIG FAM innermost being. **en·tre·te·lar** [entretelár] *v* to interline.

en·tre·te·ner [entretenér] *v* (*entre**tengo**, entre**tuve**, entreten**dré***) **1**. to detain, hold up. **2**. to amuse, distract. **3**. to keep alive, maintain. **4**. FIG FAM to make bearable (*menos molesto*), while away (*tiempo*). **en·tre·te·ni·do/a** [entreteníðo/a] *adj* **1**. amusing, entertaining. **2**. demanding: *Es una tarea muy entretenida*, It's a very demanding task. **en·tre·te·ni·mien·to** [entretenimjénto] *n/m* **1**. entertainment, pastime. **2**. maintenance.

en·tre·ver [entreβér] *v* (*entre**veo**, entre**ví**, entre**visto***) **1**. to glimpse, make out vaguely. **2**. FIG to suspect, guess at (*intención, plan*).

en·tre·ve·rar [entreβerár] *v* to intermingle.

en·tre·vía [entreβía] *n/f* TÉC gauge.

en·tre·vis·ta [entreβísta] *n/f* **1**. meeting, conference. **2**. interview. **en·tre·vis·ta·dor/ra** [entreβistaðór/ra] *n/m,f* interviewer. **en·tre·vis·tar** [entreβistár] *v* **1**. to interview. **2**. **(~se con)**, to have an interview with.

en·tris·te·cer [entristeθér] **I**. *v* (*entris**tezco***) to sadden, make sb sad. **II**. *v/Refl(-se)* **1**. **(~se de/con)** to become/get sad (about) **2**. **(~se por)** to grieve (about). **en·tris·te·ci·mien·to** [entristeθimjento] *n/m* sadness.

en·tro·me·ter·se [entrometérse] *v/Refl(-se)* **(~se en/entre)** to interfere (with), meddle (with/in). **en·tro·me·ti·do/a** [entrometíðo/a] **I**. *adj* meddling. **II**. *n/m,f* meddler.

en·trom·par·se [entrompárse] *v/Refl(-se)* FAM to get smashed (*borracho*).

en·tron·ca·mien·to [entroŋkamjénto] *n/m* relationship. **en·tron·car** [entroŋkár] *v* (*entron**que***) **1**. **(~ con)** to be related (to) (*parentesco*). **2**. FIGto link, connect.

en·tro·ni·za·ción [entroniθaθjón] *n/f* enthronement. **en·tro·ni·zar** [entroniθár] *v* (*entroni**ce***) to enthrone.

en·tuer·to [entwérto] *n/m* Br offence, US offense, wrong (*agravio*).

en·tu·me·cer [entumeθér] *v* (*entume**zco***) to (go) numb. **en·tu·me·ci·mien·to** [entumeθimjénto] *n/m* numbness, stiffness.

en·tur·biar [eŋturβjár] *v* **1.** to muddle, confuse. **2.** FIG to disturb, cloud.

en·tu·sias·mar [eŋtusjasmár] **I.** *v* **1.** to inspire enthusiasm, make enthusiastic. **2.** FAM to delight. **II.** *v/Refl(-se)* **(~se con/por) 1.** to be enthusiastic (about). **2.** to get excited (about), be delighted (about). **en·tu·sias·mo** [eŋtusjásmo] *n/m* **1.** enthusiasm. **2.** fervour, ardour. **en·tu·sias·ta** [eŋtusjásta] **I.** *adj* enthusiastic. **II.** *n/m,f* enthusiast.

e·nu·me·ra·ción [enumeraθjón] *n/f* enumeration, listing. **e·nu·me·rar** [enumerár] *v* to enumerate. **e·nu·me·ra·ti·vo/a** [enumeratíβo/a] *adj* enumerative.

e·nun·cia·ción [enuŋθjaθjón] *n/f* enunciation, statement. **e·nun·ciar** [enuŋθjár] *v* **1.** to enunciate. **2.** to state, expound (*idea/teoría*). **e·nun·cia·ti·vo/a** [enuŋθjatíβo/a] *adj* enunciative.

en·vai·nar [embainár] *v* to sheathe (*espada*).

en·va·len·to·na·mien·to [embaleŋtonamjéŋto] *n/m* boldness, bravado. **en·va·len·to·nar** [embaleŋtonár] **I.** *v* to embolden. **II.** *v/Refl (-se)* FIG FAM to be full of Dutch courage, brag.

en·va·ne·cer [embaneθér] *v* (*evanezco*) to make vain/conceited. **en·va·ne·ci·mien·to** [embaneθimjéŋto] *n/m* vanity, conceit.

en·va·ra·mien·to [embaramjéŋto] *n/m* numbness, stiffness. **en·va·rar** [embarár] *v/Refl (-se)* to become/go stiff/numb/rigid (*miembro*).

en·va·sa·do [embasaðo] *n/m* packaging. **en·va·sar** [embasár] *v* to package. **en·va·se** [embáse] *n/m* **1.** packaging. **2.** container, jar, Br tin, US can (*recipiente*).

en·ve·je·cer [embexeθér] **I.** *v* (*envejezco*) to age. **II.** *v/Refl(-se)* to age, get/grow old. **en·ve·je·ci·mien·to** [embexeθimjeŋto] *n/m* ageing.

en·ve·ne·na·mien·to [embenenamjéŋto] *n/m* poisoning. **en·ve·ne·nar** [embenenár] *v* to poison.

en·ve·rar [emberár] *v* BOT to begin to ripen.

en·ver·ga·du·ra [emberɣaðúra] *n/f* **1.** NÁUT breadth of sails. **2.** wingspan (*ave/avión*). **3.** FIG prestige, magnitude, extent.

en·vés [embés] *n/m* back, wrong side.

en·via·do/a [embjáðo/a] *n/m,f* envoy. **enviar** [embiár] *v* (*envío, envíen*) **(~ a)** *gen* to send (to).

en·vi·ciar [embiθjár] **I.** *v* **1.** FIG to vitiate, corrupt. **2.** BOT to produce too much foliage. **II.** *v/Refl(-se)* **1.** FIG to be out of true, warp. **2. (~se con/en)** to become addicted to (*placer/juego*, etc).

en·vi·dia [embíðja] *n/f* envy. **en·vi·dia·ble** [embiðjáβle] *adj* enviable. **en·vi·diar** [embiðjár] *v* to envy. **en·vi·dio·so/a** [embiðjóso/a] *adj* envious.

en·vi·le·cer [embileθér] **I.** *v* (*envilezco*) to vilify, debase. **II.** *v/Refl(-se)* to degrade/debase oneself. **en·vi·le·ci·mien·to** [embileθimjéŋto] *n/m* debasement, vilification.

en·vío [embío] *n/m* **1.** sending, shipping. **2.** dispatch, consignment.

en·vis·car [embiskár] *v* (*envisque*) to tease, goad (*azuzar a los perros*).

en·vi·te [embíte] *n/m* **1.** stake at cards. **2.** push. **3.** offer. LOC **Al primer ~**, right off.

en·viu·dar [embjiuðár] *v* to become a widow *f*, become a widower *m*.

en·vol·ti·jo [emboltíxo] *n/m* wrapper. **en·vol·to·rio** [emboltórjo] *n/m* bundle. **en·vol·tu·ra** [emboltúra] *n/f* cover, wrapping. **en·vol·ven·te** [embolβéŋte] *adj* covering, surrounding. **en·vol·ver** [embolβér] *v* (*envuelvo*) **(~ con/en) 1.** to envelop, surround (in/with). **2.** to wrap, pack (up) (with/in). **3.** FIG to involve, imply. **en·vol·vi·mien·to** [embolβimjéŋto] *n/m* envelopment, wrapping (up), FIG involvement.

en·ye·sa·do/a [eɲɟesáðo/a] **I.** *adj* in plaster (*la pierna*). **II.** *n/m* **1.** plastering. **2.** plaster cast. **en·ye·sar** [eɲɟesár] *v* TÉC to plaster.

en·zar·zar [eŋθarθár] **I.** *v* (*enzarce*) to stir up trouble. **II.** *v/Refl(-se)* **(~se en)** FIG to become embroiled in, get involved in (*pelea/discusión*).

en·zi·ma [eŋθíma] *n/f* BIOL enzyme.

eo·ce·no [eoθéno] *n/m* GEOL Eocene.

e·pi·ce·no [epiθéno] *adj* epicene.

e·pi·cen·tro [epiθéŋtro] *n/m* Br epicentre, US epicenter.

é·pi·co/a [épiko/a] *adj* epic.

e·pi·cú·reo/a [epikúreo/a] *adj* FIL Epicurean.

e·pi·de·mia [epiðémja] *n/f* MED epidemic. **e·pi·dé·mi·co/a** [epiðémiko/a] *adj* epidemic. **e·pi·de·mio·lo·gía** [epiðemjoloxía] *n/f* MED epidemiology.

e·pi·dér·mi·co/a [epiðérmiko/a] *adj* ANAT epidermic, epidermal. **e·pi·der·mis** [epiðérmis] *n/f* ANAT epidermis.

e·pi·fa·nía [epifanía] *n/f* REL Epiphany.

e·pi·glo·tis [epiɣlótis] *n/f* ANAT epiglottis.

e·pí·go·no [epíɣono] *n/m* follower, disciple.

e·pí·gra·fe [epíɣrafe] *n/m* **1.** epigraph. **2.** inscription. **e·pi·gra·fía** [epiɣrafía] *n/f* epigraphy. **e·pi·grá·fi·co/a** [epiɣráfiko/a] *adj* epigraphic. **e·pi·gra·ma** [epiɣráma] *n/m* epigram. **e·pi·gra·má·ti·co/a** [epiɣramátiko/a] *adj* epigrammatic.

e·pi·lep·sia [epilépsja] *n/m* MED epilepsy. **e·pi·lép·ti·co/a** [epiléptiko/a] *adj n/m,f* epileptic.

e·pí·lo·go [epíloɣo] *n/m* **1.** recapitulation, summary. **2.** LIT epilogue. **3.** FIG outcome, end.

e·pis·co·pa·do [episkopáðo] *n/m* REL episcopate, bishopric. **e·pis·co·pal** [episkopál] *adj* REL episcopal.

e·pi·só·di·co/a [episóðiko/a] *adj* **1.** episodic(al). **2.** circumstantial. **e·pi·so·dio** [episóðjo] *n/m* episode.

e·pis·te·mo·lo·gía [epistemoloxía] *n/f* FIL epistemology. **e·pis·te·mo·ló·gi·co/a** [epistemolóxiko/a] *adj* epistemological.

e·pís·to·la [epístola] *n/f* epistle. **e·pis·to·lar** [epistolár] *adj* epistolary. **e·pis·to·la·rio** [epistolárjo] *n/m* **1.** collected letters *pl.* **2.** REL epistolary.

e·pi·ta·fio [epitáfjo] *n/m* epitaph.

e·pi·ta·la·mio [epitalámjo] *n/m* epithalamium.

e·pi·te·lial [epiteljál] *adj* ANAT epithelial. **e·pi·te·lio** [epitéljo] *n/m* ANAT epithelium.

e·pí·te·to [epíteto] *n/m* epithet.

e·pí·to·me [epítome] *n/m* epitome.

é·po·ca [época] *n/f* epoch, era. LOC **Hacer ~**, FIG to make history.

e·pó·ni·mo/a [epónimo/a] *adj* eponymous.

e·po·pe·ya [epopéJa] *n/f* **1**. POÉT epic poem. **2**. FIG epic. **3**. FIG FAM trials *pl*.

e·qui·dad [ekiðáð] *n/f* equity, impartiality.

e·qui·dis·tan·cia [ekiðistáṇθja] *n/f* equidistance. **e·qui·dis·tan·te** [ekiðistáṇte] *adj* equidistant.

é·qui·do/a [ékiðo/a] *adj n/m* ZOOL equine.

e·qui·lá·te·ro/a [ekilátero/a] *adj* MAT equilateral.

e·qui·li·bra·do/a [ekilißráðo/a] *adj* FIG well-balanced (*persona*). **e·qui·li·brar** [ekilißrár] *v* **1**. *gen* to balance. **2**. FIG to maintain an equilibrium. **e·qui·li·brio** [ekilißrjo] *n/m* **1**. equilibrium, balance. **2**. FIG harmony. **3**. FIG poise. **e·qui·li·bris·mo** [ekilißrísmo] *n/m* DEP acrobatics. **e·qui·li·bris·ta** [ekilißrísta] *n/m,f* DEP acrobat, tightrope walker.

e·qui·no/a [ekíno/a] *adj* ZOOL equine.

e·qui·noc·cial [ekino(k)θjál] *adj* equinoctial. **e·qui·noc·cio** [ekinó(k)θjo] *n/m* ASTR equinox.

e·qui·no·der·mo [ekinoðérmo] *n/m* ZOOL echinoderm.

e·qui·pa·je [ekipáxe] *n/m* **1**. luggage, baggage, bag/s. **2**. equipment. **e·qui·par** [ekipár] *v* **(~ con/de) 1**. to equip, furnish (with). **2**. **(~se con/de),** to equip oneself (with).

e·qui·pa·ra·ble [ekiparáßle] *adj* comparable. **e·qui·pa·ra·ción** [ekiparaθjón] *n/f* comparing, comparison. **e·qui·pa·rar** [ekiparár] *v* **(~ a/con)** to compare, match, consider equivalent/equal to.

e·qui·po [ekípo] *n/m* **1**. equipment. **2**. outfit, kit (*prendas/objetos*). **3**. watch (*de bomberos*), guard(s): *Equipo de salvamento*, rescue team. **4**. DEP team.

e·quis [ékis] *n/f* **1**. name of the letter "x". **2**. a non specified number (of a quantity): *Supongamos que compra X número de apartamentos*, Let us assume that he buys X/any amount of apartments.

e·qui·ta·ción [ekitaθjón] *n/f* equitation, horse riding.

e·qui·ta·ti·vo/a [ekitatíßo/a] *adj* equitable.

e·qui·va·len·cia [ekißaléṇθja] *n/f* equivalence. **e·qui·va·len·te** [ekißaléṇte] **I**. *adj* **(~ a/de/en)** equivalent (to). **II**. *n/m* equivalent. **e·qui·va·ler** [ekißalér] *v* (*equi**valgo**, equi**valí**, equi**valdré**, equi**valido***) **(~ a)** to be equivalent/equal (to).

e·qui·vo·ca·ción [ekißokaθjón] *n/f* mistake, error. **e·qui·vo·car** [ekißokár] **I**. *v* (*equivo**que***) to mistake (for). **II**. *v/Refl(-se)* **(~se con/de/en)** to make a mistake (about), be mistaken (about/in), be wrong (about). LOC **~se de casa,** to get the wrong house. **~se en la contestación,** to answer wrongly. **e·quí·vo·co/a** [ekíßoko/a] **I**. *adj* equivocal, ambiguous. **2**. odd: *Un hombre algo equívoco*, A dark horse. **II**. *n/m* **1**. pun, ambiguous phrase. **2**. ambiguity. **3**. misunderstanding.

e·ra [éra] *n/f* **1**. era, epoch. **2**. GEOL age. **3**. AGR threshing floor.

e·ra·rio [erárjo] *n/m* exchequer, treasury (*bienes públicos*).

e·rec·ción [ere(k)θjón] *n/f gen* erection. **e·réc·til** [eréktil] *adj* erectile. **e·rec·to/a** [erékto/a] *adj* erect.

e·re·mi·ta [eremíta] *n/m,f* hermit.

er·guir [erɣír] **I**. *v* (***yergo**, **erguí**, **erguiré***) to raise, lift up. **II**. *v/Refl(-se)* **1**. to rise. **2**. to straighten up.

e·rial [erjál] *adj* untilled.

e·ri·gir [erixír] **I**. *v* (*eri**jo***) **1**. to erect, build, put up. **2**. to establish, found (*empresa, institución*). **3**. to establish sb as (*algo importante*). **II**. *v/Refl(-se)* **(~se en)** to set oneself up as.

e·ri·za·do/a [eriθáðo/a] *adj* **1**. bristly (*de punta*). **2**. prickly (*como un erizo*). **3**. FIG thorny (*problema*). LOC **~ de,** FIG bristling with. **e·ri·zar** [eriθár] *v* (*eri**ce***) **1**. to make stand on end. **2**. **(~ de)** FIG to bristle, surround (with) (*problemas*).

e·ri·zo [eríθo] *n/m* ZOOL hedgehog. LOC **~ de mar,** sea urchin.

er·mi·ta [ermíta] *n/f* hermitage. **er·mi·ta·ño/a** [ermitáɲo/a] *n/m,f* hermit.

e·ro·sión [erosjón] *n/f* **1**. erosion, wearing away/down (*desgaste*). **2**. MED graze. **e·ro·sio·nar** [erosjonár] *v* to erode. **e·ro·si·vo/a** [erosíßo/a] *adj* erosive.

e·ró·ti·co/a [erótiko/a] *adj* erotic. **e·ro·tis·mo** [erotísmo] *n/m* eroticism.

e·rra·bun·do/a [erraßúṇdo/a] *adj* errant, wandering.

e·rra·di·ca·ción [erraðikaθjón] *n/f* eradication. **e·rra·di·car** [erraðikár] *v* (*erradi**que***) **1**. to eradicate. **2**. to uproot.

e·rran·te [erráṇte] *adj* wandering.

e·rrar [errár] *v* (***yerro***) **(~ en)** to err (in). LOC **~ en la respuesta,** to get the answer wrong. **e·rra·ta** [erráta] *n/f* misprint, erratum, *pl* errata. LOC **Fe de ~s**, errata.

e·rre [érre] *n/f* double 'rr' (*letra*). LOC **~ que ~**, FAM stubbornly.

e·rró·neo/a [erróneo/a] *adj* erroneous. **e·rror** [errór] *n/m* **1**. error, mistake. **2**. misconception, fallacy (*idea equivocada*). **3**. fault.

e·ruc·tar [eruktár] *v* to belch, FAM burp. **e·ruc·to** [erúkto] *n/m* belch, FAM burp.

e·ru·di·ción [eruðiθjón] *n/f* erudition, learning. **e·ru·di·to/a** [eruðíto/a] **I**. *adj* **(~ en)** erudite, learned (in). **II**. *n/m,f* scholar.

e·rup·ción [erupθjón] *n/f* **1**. MED rash. **2**. eruption. **e·rup·ti·vo/a** [eruptíßo/a] *adj* eruptive.

es·bel·tez [esßeltéθ] *n/f* svelteness, slenderness. **es·bel·to/a** [esßélto/a] *adj* slender, lithe, slim.

es·bi·rro [esßírro] *n/m* bailiff, FIG henchman.

es·bo·zar [esßoθár] *v* (*esbo**ce***) to sketch. **es·bo·zo** [esßóθo] *n/m* **1**. sketch. **2**. outline (*de-*

scripción). **3.** FIG hint, trace: *El esbozo de una sonrisa*, The hint of a smile.

es·ca·be·char [eskaβetʃár] *v* to marinate, pickle. **es·ca·be·che** [eskaβétʃe] *n/m* pickle, marinade.

es·ca·bel, es·ca·be·lo [eskaβél(o)] *n/m* **1.** stool. **2.** footstool.

es·ca·bro·si·dad [eskaβrosiðáð] *n/f* roughness, FIG harshness. **es·ca·bro·so/a** [eskaβróso/a] *adj* **1.** rough, rugged (*terreno*). **2.** FIG harsh (*carácter*). **3.** FIG PEY scabrous, salacious (*moral*).

es·ca·bu·llir·se [eskaβuʎírse] *v/Refl(-se)* **(de/ (de) entre) 1.** to slip out (of), sneak out (of), slope off (from). **2. (de entre)** to slip (through), slither (out of). LOC **~ entre la muchedumbre,** to disappear into the crowd.

es·ca·cha·rrar [eskatʃarrár] *v/v Refl-(se)* FAMto ruin, spoil, break.

es·ca·fan·dra, es·ca·fan·dro [eskafán̪dra/o] *n/m,f* scuba-diving suit.

es·ca·la [eskála] *n/f* **1.** *gen* scale. **2.** stepladder. **3.** MIL register, roster (*escalafón*). **4.** NÁUT port of call. LOC **En gran ~,** FIG FAM on a large scale. **es·ca·la·da** [eskaláða] *n/f* climbing, scaling. **es·ca·la·fón** [eskalafón] *n/m* duty roster (*de los cargos*), promotion list/roster (*de los niveles*), hierarchy. **es·ca·lar** [eskalár] *v* **1.** to scale, climb (*pico*). **2.** FIG to move up, reach new heights in.

es·cal·da·du·ra [eskal̪daðúra] *n/f* scald(ing). **es·cal·dar** [eskal̪dár] *v* to scald.

es·ca·le·no [eskaléno] *adj* MAT scalene.

es·ca·le·ra [eskaléra] *n/f* **1.** staircase *sing*, stairs *pl*. **2.** ladder.

es·cal·far [eskalfár] *v* to poach (*huevos*).

es·ca·li·na·ta [eskalináta] *n/f* front steps *pl*, flight of steps.

es·ca·lo [eskálo] *n/m* scaling, ascent.

es·ca·lo·frian·te [eskalofrján̪te] *adj* **1.** spinechilling. **2.** FAM shocking. **es·ca·lo·frío** [eskalofrío] *n/m* shiver, chill (*frío*), shudder (*miedo*).

es·ca·lón [eskalón] *n/m* **1.** step, stair. **2.** FIG FAMrung, echelon. **es·ca·lo·nar** [eskalonár] *v* **1.** to space out (*de trecho en trecho*). **2.** FIG to spread over, stagger over (*distribuir en dosis sucesivas*).

es·ca·lo·pe [eskalópe] *n/m* steak, slice (of veal).

es·cal·pe·lo [eskalpélo] *n/m* MED scalpel.

es·ca·ma [eskáma] *n/f* **1.** ZOOL scale (*de pez*). **2.** FIG flake, scale. **es·ca·mar** [eskamár] **I.** *v* **1.** to scale (*pez*). **2.** FIG FAM to make suspicious. **II.** *v/Refl(-se)* **(~se de)** to become wary of. **es·ca·mo·so/a** [eskamóso/a] *adj* scaly, flaky.

es·ca·mo·te·ar [eskamoteár] *v* **1.** to make vanish (*ilusionista*). **2.** FIG to steal, FAM nick, swipe. **3.** FIG to whisk away. **es·ca·mo·teo** [eskamotéo] *n/m* sleight of hand, lifting.

es·cam·pa·da [eskam̪páða] *n/f* sunny/clear spell (*en tiempo lluvioso*). **es·cam·pa·do/a** [eskam̪páðo/a] *adj* clear, open (*espacio*). **es·cam·par** [eskam̪pár] *v* **1.** to clear. **2.** to clear up (*despejarse*).

es·can·cia·dor/ra [eskan̪θjaðór/ra] *n/m,f* steward, wine waiter. **es·can·ciar** [eskan̪θjár] *v* LIT to serve/pour the wine.

es·can·da·le·ra [eskan̪daléra] *n/f* FAM scandal, commotion. **es·can·da·li·zar** [eskan̪daliθár] **I.** *v* (*escandalice*) to scandalize, cause a scandal. **II.** *v/Refl(-se)* **(~se de/por)** to be scandalized (by). **es·cán·da·lo** [eskán̪dalo] *n/m* **1.** commotion, disturbance. **2.** scandal. **3.** scandalous behaviour, licentiousness. **es·can·da·lo·so/a** [eskan̪dalóso/a] *adj* **1.** scandalous. **2.** disorderly. **3.** noisy.

es·can·da·llar [eskan̪daʎár] *v* COM to assess/fix the price of (*mercancía*). **es·can·da·llo** [eskan̪dáʎo] *n/m* COM pricing.

es·can·di·na·vo/a [eskan̪dináβo/a] *adj n/m,f* GEOG Scandinavian.

es·cá·ner [eskáner] *n/m* MED scanner.

es·ca·ño [eskáɲo] *n/m* **1.** bench. **2.** FIG seat (*parlamento*).

es·ca·pa·da [eskapáða] *n/f* **1.** escape, flight. **2.** escapade (*de niños*). **es·ca·par** [eskapár] **I.** *v* **1. (~ a/de)** *gen* to escape (from). **2.** to flee to, run away (*huir*). **3. (~ de)** to elude, be saved from. **4. (~ a)** to run off, make off (into). **II.** *v/Refl(-se)* **1.** to escape (*gas*). **2. (~se de algo)** to escape (from sth). **3. (~se a alguien)** to escape (from sb), be outside/beyond (*alcance, influencia*). LOC **Escapársele a alguien alguna cosa,** FIG to slip out: *Se le escapó la verdad*, The truth slipped out.

es·ca·pa·ra·te [eskaparáte] *n/m* shop window, display case.

es·ca·pa·to·ria [eskapatórja] *n/f* **1.** escape. **2.** FIG evasion, way out (*de la rutina/trabajo*). **es·ca·pe** [eskápe] *n/m* **1.** leak (*gas/líquido*). **2.** escape, flight (*huida*). **3.** TÉC exhaust (*auto*). LOC **A ~,** at full/breakneck speed. **No tiene ~,** FAM there is no answer/way out.

es·cá·pu·la [eskápula] *n/f* ANAT scapula, shoulder blade.

es·ca·pu·la·rio [eskapulárjo] *n/m* REL scapular/y.

es·ca·que [eskáke] *n/m* square (*en un tablero de ajedrez*).

es·ca·que·ar·se [eskakeárse] *v/Refl(-se)* FAM to shirk (*un deber*), wangle one's way out of (*situación comprometida*).

es·ca·ra·ba·je·ar [eskaraβaxeár] *v* to mill around, scurry about. **es·ca·ra·ba·jo** [eskaraβáxo] *n/m* **1.** beetle (*insecto*). **2.** *pl* scrawl, scribble.

es·ca·ra·mu·jo [eskaramúxo] *n/m* BOT wild/dog rose.

es·ca·ra·mu·za [eskaramúθa] *n/f* **1.** MIL skirmish. **2.** FIG squabble, quarrel. **es·ca·ra·mu·zar** [eskaramuθár] *v* (*escaramuce*) to (have a) skirmish.

es·ca·ra·pe·la [eskarapéla] *n/f* trimming, cockade (*en el sombrero*).

es·car·ba·dien·tes [eskarβaðjén̪tes] *n/m* toothpick. **es·car·bar** [eskarβár] *v* **1.** to scrape, scratch (*la tierra*), paw the ground (*perro/toro*). **2. (~ en)** FIG to delve (into), investigate.

es·car·ceo [eskarθéo] *n/m* **1.** ripples (*suave*), choppiness (*del mar*). **2.** FIG foray, wandering. LOC~s amorosos, flirtations.

es·car·cha [eskártʃa] *n/f* frost. **es·car·cha·do/a** [eskartʃáðo/a] *adj* **1.** crystallized (*frutas*), frosted (*pastel*). **2.** frosty (*tiempo*), frost-covered (*árbol*). **es·car·char** [eskartʃár] *v* **1.** to crystallize (*fruta*), frost (*pastel*). **2.** to crystallize an anis twig in brandy. **3.** to get frosty.

es·car·da·de·ra [eskarðaðéra] *n/f* AGR weeding hoe. **es·car·dar** [eskarðár] *v* **1.** to weed. **2.** FIG to weed out.

es·car·la·ta [eskarláta] *adj n/f* scarlet. **es·car·la·ti·na** [eskarlatína] *n/f* MED scarlatina.

es·car·men·tar [eskarmeņtár] *v* (*escar**miento***) **1.** to punish severely. **2.** to reprimand. **3.** to learn one's lesson. **es·car·mien·to** [eskarmjéņto] *n/m* punishment, reprimand, lesson.

es·car·ne·cer [eskarneθér] *v* (*escar**nezco***) LIT to scoff at. **es·car·ne·ci·mien·to** [eskarneθimjéņto] *n/m* scoffing, derision. **es·car·nio** [eskárnjo] *n/m* jeer, taunt, jibe (*burla*).

es·ca·ro·la [eskaróla] *n/f* BOT endive.

es·car·pa [eskárpa] *n/f* slope, escarpment. **es·car·pa·do/a** [eskarpáðo/a] *adj* steep, sheer.

es·car·pia [eskárpja] *n/f* hook, spike.

es·car·pín [eskarpín] *n/m* pump, ankle sock, baby's booties.

es·ca·se·ar [eskaseár] *v* **1.** to be scarce. **2.** to be sparing (with), PEY skimp (on). **es·ca·sez** [eskaséθ] *n/f* **1.** scarcity, shortage, dearth, scantiness. **2.** want, need. **es·ca·so/a** [eskáso/a] *adj* **1.** scarce. **2.** meagre, sparse, scant. LOC **En tres días ~s**, in barely three days. **~ de**, short of.

es·ca·ti·mar [eskatimár] *v* to skimp on, be stingy with: *Escatimar elogios*, To be sparing with one's praise.

es·ca·to·lo·gía [eskatoloxía] *n/f* FIL eschatology. **es·ca·to·ló·gi·co/a** [eskatolóxiko/a] *adj* eschatological.

es·ca·yo·la [eskaJóla] *n/f* plaster, ART stucco. **es·ca·yo·lar** [eskaJolár] *v* MED to put into plaster (*miembro*).

es·ce·na [esθéna] *n/f* **1.** TEAT stage (*lugar*). **2.** TEAT scene (*de una obra*). **3.** FIG scene. LOC **Desaparecer de ~**, FIG **1.** to disappear from the scene. **2.** to die. **Hacer una ~**, FIG FAM to throw a scene. **Poner en ~**, TEAT to stage/put on (*una obra*). **es·ce·na·rio** [esθenárjo] *n/m* **1.** TEAT stage. **2.** scene. **es·cé·ni·co/a** [esθéniko/a] *adj* scenic. **es·ce·ni·fi·ca·ción** [esθenifikaθjón] *n/f* staging. **es·ce·ni·fi·car** [esθenifikár] *v* (*escenifi**que***) **1.** to stage. **2.** to dramatize. **es·ce·no·gra·fía** [esθenoγrafía] *n/f* TEAT **1.** scenery. **2.** stage/set design, production. **es·ce·nó·gra·fo/a** [esθenóγrafo/a] *n/m,f* stage/set designer, producer.

es·cep·ti·cis·mo [esθeptiθísmo] *n/m* scepticism. **es·cép·ti·co/a** [esθéptiko/a] **I.** *adj* sceptical. **II.** *n/m* sceptic.

es·cin·dir [esθinðír] *v/v/Refl(-se)* to divide, split. **es·ci·sión** [esθisjón] *n/f* division, split(ting).

es·cla·re·cer [esklareθér] *v* (*escla**rezco***) **1.** to illuminate, brighten. **2.** FIG to clarify, elucidate. **3.** FIG to clear up (*un crimen*). **4.** get light (*día*). **es·cla·re·ci·do/a** [esklareθíðo/a] *adj* illustrious, eminent. **es·cla·re·ci·mien·to** [esklareθimjéņto] *n/m* illumination, FIG elucidation, FIG clearing up (*de un crimen*).

es·cla·vi·na [esklaβína] *n/f* **1.** cape (*prenda*). **2.** tippet, collar.

es·cla·vi·tud [esklaβitúð] *n/f* slavery. **es·cla·vi·zar** [esklaβiθár] *v* (*escla**vice***) *gen* to enslave. **es·cla·vo/a** [eskláβo/a] *adj n/m,f* **(~ de)** *gen* slave (to).

es·cle·ro·sis [esklerósis] *n/f* **1.** MED sclerosis. **2.** FIG stagnation (*mental*). **es·cle·ró·ti·co/a** [esklerótiko/a] *adj* sclerotic.

es·clu·sa [esklúsa] *n/f* lock, floodgate.

es·co·ba [eskóβa] *n/f* broom. **es·co·bar** [eskoβár] *v* to sweep. **es·co·ba·zo** [eskoβáθo] *n/m* sweep. **es·co·bi·lla** [eskoβíʎa] *n/f* brush.

es·co·cer [eskoθér] *v* (*es**cuece***) **1. (~ (en))** to hurt, make sore/sting. **2. (~ de)** FIG to be hurt/upset.

es·co·cés/sa [eskoθés/sa] GEOG **I.** *adj n/m* Scottish, Scots (*idioma*); scotch (whisky). **II.** *n/m,f* Scot. **Es·co·cia** [eskóθja] *n/f* GEOG Scotland.

es·co·fi·na [eskofína] *n/f* file, rasp.

es·co·ger [eskoxér] *v* (*esco**jo***) **(~ de/(de) entre)** to choose (from/amongst/between), select (from), pick. **es·co·gi·do/a** [eskoxíðo/a] *adj* **1.** chosen. **2.** select(ed).

es·co·la·no [eskoláno] *n/m* REL chorister, choir boy (*niño*). **es·co·lar** [eskolár] **I.** *adj* school, student. **II.** *n/m,f* pupil. **es·co·la·ri·dad** [eskolariðáð] *n/f* schooling. **es·co·la·ri·za·ción** [eskolariθaθjón] *n/f* schooling. **es·co·lás·ti·ca** [eskolástika] *n/f* FIL Scholasticism. **es·co·lás·ti·co/a** [eskolástiko/ a] *adj n/m,f* Scholastic.

es·co·lio [eskóljo] *n/m* comment, annotation.

es·col·ta [eskóļta] *n/f* escort, body guard. **es·col·tar** [eskoļtár] *v* to escort.

es·co·lle·ra [eskoʎéra] *n/f* breakwater, jetty. **es·co·llo** [eskóʎo] *n/m* **1.** reef (*peñasco*). **2.** FIG danger, risk. **3.** FIG difficulty.

es·com·bre·ra [eskom̧bréra] *n/f* **1.** rubble. **2.** tip, dump. **es·com·bro** [eskóm̧bro] *n/m pl* rubble (*albañilería*), débris (*de un derribo*).

es·con·der [eskoņdér] *v gen* **(~ de)** to hide, conceal (from). **es·con·di·das, es·con·di·di·llas** [eskoņdíðas, eskoņdiðíʎas] LOC **A ~**, secretly, stealthily. **es·con·di·te** [eskoņdíte] *n/m* **1.** hiding place, hideout. **2.** hide-and-seek (*juego*). LOC **Jugar al ~**, to play hide-and-seek. **es·con·dri·jo** [eskoņdríxo] *n/m* hidey-hole.

es·co·pe·ta [eskopéta] *n/f* gun, shotgun. **es·co·pe·ta·zo** [eskopetáθo] *n/m* gunshot.

es·co·plo [eskóplo] *n/m* chisel.

es·co·ra [eskóra] *n/f* NÁUT list. **es·co·rar** [eskorár] *v* NÁUT to list (*barco*).

es·cor·bu·to [eskorβúto] *n/m* MED scurvy.

es·co·ria [eskórja] *n/f* 1. dross. 2. slag, scoria (*de carbón*). 3. FIG dross, scum, worst. **es·co·rial** [eskorjál] *n/m* slag heap, dump.

es·cor·pión [eskorpjón] *n/m* 1. ZOOL scorpion (*arácnido*). 2. ASTR Scorpio.

es·cor·zar [eskorθár] *v* (*escorce*) ARTE to foreshorten. **es·cor·zo** [eskórθo] *n/m* ARTE 1. foreshortening. 2. foreshortened figure.

es·co·ta·do/a [eskotáðo/a] I. *adj* low-cut. II. *n/m* neck, neckline (*de un vestido*). **es·co·ta·du·ra** [eskotaðúra] *n/f* neckline (*de un vestido*). **es·co·tar** [eskotár] *v* 1. to pay one's share. 2. to cut out, fit. **es·co·te** [eskóte] *n/m* neck(line). LOC **Pagar algo a ~**, to split the bill, go Dutch.

es·co·ti·lla [eskotíʎa] *n/f* NÁUT hatchway. **es·co·ti·llón** [eskotiʎón] *n/m* trap door.

es·co·zor [eskoθór] *n/m* 1. stinging, smarting (*picor fuerte*). 2. FIG pain, hurt, annoyance.

es·cri·ba [eskríβa] *n/m* scribe. **es·cri·ba·nía** [eskriβanía] *n/f* 1. clerkship (*oficio*). 2. writing set. **es·cri·ba·no** [eskriβáno] *n/m* notary, clerk. **es·cri·bien·te** [eskriβjéṇte] *n/m,f* amanuensis, scrivener. **es·cri·bir** [eskriβír] *v* (pp *escrito*) to write. LOC **¿Cómo se escribe en francés?**, *int* How is it spelt in French? **~ a máquina**, to type. **Máquina de ~**, typewriter. **es·cri·to/a** [eskríto/a] I. *adj* written. II. *n/m* 1. *gen* writing, piece of writing, text. 2. writing, work (*obra*). 3. document, manuscript. LOC **~ a mano/a máquina**, handwritten/typed. **es·cri·tor/ra** [eskritór/ra] *n/m,f* writer. **es·cri·to·rio** [eskritórjo] *n/m* 1. (writing) desk. 2. study, office. 3. escritoire. **es·cri·tu·ra** [eskritúra] *n/f* 1. *gen* writing. 2. document (*notarial*), JUR deed. LOC **Las Sagradas Escrituras**, REL The Holy Scriptures. **es·cri·tu·rar** [eskriturár] *v* JUR to execute by deed, formalize.

es·cro·to [eskróto] *n/m* ANAT scrotum.

es·crú·pu·lo [eskrúpulo] *n/m* 1. misgiving, doubt. 2. scruple (*moral*). **es·cru·pu·lo·si·dad** [eskrupulosiðáð] *n/f* scrupulousness. **es·cru·pu·lo·so/a** [eskrupulóso/a] *adj* 1. scrupulous. 2. hesitant, apprehensive.

es·cru·tar [eskrutár] *v* 1. to scrutinize. 2. to count (*votos*). **es·cru·ti·nio** [eskrutínjo] *n/m* 1. scrutiny. 2. counting of votes.

es·cua·dra [eskwáðra] *n/f* 1. square, triangle. 2. MIL squad. 3. NÁUT MIL squadron. **es·cua·drar** [eskwaðrár] *v* to square. **es·cua·dri·lla** [eskwaðríʎa] *n/f* NÁUT AER squadron. **es·cua·drón** [eskwaðrón] *n/m* MIL AER squadron.

es·cua·li·dez [eskwaliðéθ] *n/f* 1. thinness, emaciation. 2. Br squalour, US squalor. **es·cuá·li·do/a** [eskwáliðo/a] *adj* 1. thin, skinny, gaunt. 2. squalid. 3. FIG worthless, negligible, insulting (*cantidad*). 4. shark (*pez*). **es·cua·lo** [eskwálo] *n/m* shark (*pez*).

es·cu·cha [eskútʃa] *n/f* 1. listening. 2. MIL scout, bugging. LOC **Estar a la ~**, to be listening intently. **es·cu·char** [eskutʃár] *v* 1. to listen (to). 2. to pay attention to.

es·cu·chi·mi·za·do/a [eskutʃimiθáðo/a] *adj* scrawny, puny.

es·cu·dar [eskuðár] I. *v* FIG to shield, protect. II. *v/Refl(-se)* **(~se en)** to hide behind, use as an excuse. **es·cu·de·ro/a** [eskuðéro/a] *n/m* squire (*paje*).

es·cu·di·lla [eskuðíʎa] *n/f* bowl, dish.

es·cu·do [eskúðo] *n/m* 1. shield. 2. escudo (*moneda*). 3. FIG protection, shield. 4. FÍS meteor. LOC **~ de armas**, coat of arms.

es·cu·dri·ñar [eskuðriɲár] *v* to scrutinize, examine, inquire into.

es·cue·la [eskwéla] *n/f* 1. *gen* school. 2. training, schooling. LOC **~ de párvulos**, infants. **~ nocturna**, night school. **~ primaria**, primary school. **~ secundaria**, Br secondary school, US High School.

es·cue·to/a [eskwéto/a] *adj* 1. plain, bare; unadorned, simple. 2. concise (*estilo*), simple (*lenguaje*).

es·cul·pir [eskulpír] *v* **(~ en)** to sculpt, carve (in) (*piedra*). LOC **~ a cincel**, to chisel. **es·cul·tor/ra** [eskultór/ra] *n/m,f* sculptor. **es·cul·tó·ri·co/a** [eskultóriko/a] *adj* sculptural. **es·cul·tu·ra** [eskultúra] *n/f* sculpture (*piedra*), modelling (*barro*), carving (*madera*), engraving (*metal*). **es·cul·tu·ral** [eskulturál] *adj* 1. sculptural. 2. statuesque.

es·cu·pi·de·ra [eskupiðéra] *n/f* spittoon. **es·cu·pir** [eskupír] *v* 1. to spit. 2. FIG to spit out, spew forth. **es·cu·pi·ta·jo** [eskupitáxo] *n/m* FAM spit.

es·cu·rre·pla·tos [eskurreplátos] *n/m* drainer, plate rack. **es·cu·rri·de·ro** [eskurriðéro] *n/m* draining board. **es·cu·rri·di·zo/a** [eskurriðíθo/a] *adj* 1. slippery. 2. FIG elusive, hard to pin down (*persona*). **es·cu·rri·dor** [eskurriðór] *n/m* 1. colander. 2. plate rack. **es·cu·rrir** [eskurrír] I. *v* 1. to drain. 2. to wring out (*prenda*). 3. to slide, slip, glide. 4. **(~ de)** to ooze, trickle, drip (out of/from). II. *v/Refl(-se)* **(~se (de) entre/por)** 1. to drain away/off. 2. FIG to slip off/away (*en una multitud*).

es·drú·ju·lo/a [esðrúxulo/a] *adj n/m* LIN proparoxytone, stressed on the antepenultimate syllable.

e·se [ése] *n/f* 's' (*letra*). LOC **Ir haciendo ~s**, FIG FAM to stagger (about/along).

e·se [ése], **e·sa** [ésa], **e·so** [éso] *adj* that. **e·sos** [ésos], **e·sas** [ésas] *adj* those.

é·se [ése], **é·sa** [ésa] I. *pron* 1. that one. 2. the former. II. *pron pers* him *m*, her *f*, it. **é·sos** [ésos], **ésas** [ésas] I. *pron pl* 1. those. 2. the former. II. *pron pers pl* them. LOC **En eso**, then. **¡Ni por ésas!**, *exclam* On no account! By no means!

e·sen·cia [eséṇθja] *n/f* 1. *gen* essence. 2. QUÍM essence, essential oil. **e·sen·cial** [eseṇθjál] *adj gen* **(~ a/para)** essential (to/ for).

es·fe·ra [esféra] *n/f* 1. *gen* sphere. 2. face, dial (*de reloj*). **es·fé·ri·co/a** [esfériko/a] *adj* spherical.

es·fin·ge [esfíŋxe] *n/f* MIT FIG sphinx.

es·fín·ter [esfíṇter] *n/m* ANAT sphincter.

es·for·zar [esforθár] I. *v* (*esfuerzo, esforcé*) to encourage. II. *v/Refl(-se)* **(~se a/en/para/por + *inf*)** to strive, make an effort, do one's best (to + *inf*). **es·fuer·zo** [esfwérθo] *n/m* *gen* effort. LOC **Hacer ~s/un ~**, to make an effort.

es·fu·mar [esfumár] *v* **1.** **(~ en)** ARTE to tone, shade (in/into). **2.** FIG FAM to disappear, vanish. LOC **~se de la vista,** to vanish from sight. **~se en la lejanía,** to disappear into the distance. **es·fu·mi·no** [esfumíno] *n/m* ARTE stump.

es·gri·ma [esγríma] *n/f* DEP fencing. **es·gri·mir** [esγrimír] *v* **1.** DEP to fence. **2.** FIG to use as an argument.

es·guin·ce [esγíṇθe] *n/m* MED sprain.

es·la·bón [eslaβón] *n/m gen* link. **es·la·bo·nar** [eslaβonár] *v/v/Refl(-se) gen* to link (together), interlink.

es·lá·lom [eslálon/m] *n/m* DEP slalom.

es·la·vo/a [esláβo/a] GEOG **I.** *adj n/m* Slavonic (*idioma*). **II.** *n/m,f* Slav.

es·lo·gan [eslóγan] *n/m* slogan.

es·lo·ra [eslóra] *n/f* NÁUT length (*embarcación*).

es·mal·tar [esmaḻtár] *v* **(~ con/de)** TÉC to enamel (with). **es·mal·te** [esmáḻte] *n/m* enamel. LOC **~ para uñas,** nail varnish/ polish.

es·me·ra·do/a [esmeráðo/a] *adj* **1.** painstakingly done. **2.** **(~ en)** meticulous (in).

es·me·ral·da [esmeráḻda] *adj, n/f* emerald.

es·me·rar [esmerár] *v/Refl(-se)* **(~se en/por)** to take (great) pains (over).

es·me·ril [esmeríl] *n/m* GEOL emery. **es·me·ri·lar** [esmerilár] *v* to polish.

es·me·ro [esméro] *n/m* care, neatness, meticulousness.

es·mi·rria·do/a [esmirrjaðo/a] *adj* thin, puny.

es·mo·quin [esmókin/ŋ] *n/m* dinner jacket.

es·nob [esnób/ß] **I.** *adj* snobbish. **II.** *n/m,f* snob. **es·no·bis·mo** [esnoßísmo] *n/m* snobbishness.

e·só·fa·go [esófaγo] *n/m* ANAT oesophagus.

e·so·té·ri·co/a [esotériko/a] *adj* **1.** esoteric. **2.** private, confidential. **e·so·te·ris·mo** [esoterísmo] *n/m* esotericism.

es·pa·bi·la·do/a [espaßiláðo/a] *adj* clever, intelligent, bright. **es·pa·bi·lar** [espaßilár] **I.** *v* FIG to wake/liven sb up. **II.** *v/Refl(-se)* FIG FAM to smarten up one's act, get a move on.

es·pa·cia·dor [espaθjaðór] *n/m* space bar (*máquina de escribir*). **es·pa·cial** [espaθjál] *adj* **1.** spatial. **2.** space. **es·pa·ciar** [espaθjár] *v* to space/spread (out). **es·pa·cio** [espáθjo] *n/m* **1.** *gen* space. **2.** interval (*tiempo*). **3.** room, area (*lugar*). LOC **~ aéreo,** AER air space. **es·pa·cio·si·dad** [espaθjosiðáð] *n/f* spaciousness. **es·pa·cio·so/a** [espaθjóso/a] *adj* spacious.

es·pa·da [espáða] **I.** *n/f* **1.** sword. **2.** *pl* spades (*baraja española*). **II.** *n/m* **1.** TAUR matador. **2.** swordsman. LOC **Estar entre la ~ y la pared,** FIG to find oneself between the devil and the deep blue sea.

es·pa·da·ña [espaðáɲa] *n/f* BOT bulrush.

es·pa·dín [espaðín] *n/m* dress sword.

es·pa·gueti(s) [espaγéti(s)] *n/m* spaghetti.

es·pal·da [espáḻda] *n/f* **1.** *gen* back, shoulders. **2.** *pl* FIG back: *A las espaldas del palacio*, At the back of the palace. LOC **A ~s de alguien,** FIG behind sb's back. **Guardar(se) las ~s,** FIG FAM to cover one's back. **Por la ~**, treacherously. **Tener buenas ~s/~s muy anchas** FIG FAM to be resilient. **Volver la ~**, to turn away. **es·pal·dar** [espaḻdár] *n/m* saddle (*de cordero*), rib (*ternera*). **es·pal·da·ra·zo** [espaḻdaráθo] *n/m* pat on the back, accolade (*a un caballero*). LOC **Dar el ~ a alguien,** FIG to sponsor, back, FAM back sb up. **es·pal·di·lla** [espaḻdíʎa] *n/f* shoulder (*cordero*).

es·pan·ta·da [espaṇtáða] *n/f* **1.** bolting (*de un animal*). **2.** FIG FAM sudden withdrawal (*de una empresa o proyecto*). **es·pan·ta·di·zo/a** [espaṇtaðíθo/a] *adj* easily scared, timorous. **es·pan·ta·jo** [espaṇtáxo] *n/m* **1.** scarecrow. **2.** FIG FAM sight, fright. **es·pan·ta·pá·ja·ros** [espaṇtapáxaros] *n/m* V **es·pa·na·jo·** **es·pan·tar** [espaṇtár] *v* **1.** to scare, frighten (off/way). **2.** to shoo away (*gallinas*), drive away (*perro*). **3.** FIG to frighten/ward off (*miedo, demonio*). LOC **~se de/por**, to be frightened of/by. **es·pan·to** [espáṇto] *n/m* fright (*sentimiento*), scare (*suceso*). LOC **De ~**, FAM extraordinary, shocking: *Unos precios de espanto*, Some shocking prices. **es·pan·to·so/a** [espaṇtóso/a] *adj* **1.** scary, frightening, terrifying. **2.** FIG FAM frightful (*muy feo*), dreadful (*desagradable*). **3.** FIG FAM extraordinary, incredible.

Es·pa·ña [espáɲa] *n/f* GEOG Spain. **es·pa·ñol/la** [espaɲól/la] **I.** *adj* Spanish. **II.** **1.** *n/m,f* Spaniard. **2.** *n/m* Spanish (*lengua*). **es·pa·ño·la·da** [espaɲoláða] *n/f* PEY (utterly) Spanish behaviour/saying/attitude. **es·pa·ño·lis·mo** [espaɲolísmo] *n/m* love of Spain. **es·pa·ño·li·zar** [espaɲoliθár] *v* (***españolice***) to hispanicize.

es·pa·ra·dra·po [esparaðrápo] *n/m* MED adhesive tape, FAM (sticking) plaster.

es·par·ci·mien·to [esparθimjéṇto] *n/m* **1.** scattering, spreading. **2.** relaxation, enjoyment. **es·par·cir** [esparθír] *v* (***esparzo***) **1.** to spread, scatter. **2.** FIG to spread, disseminate (*noticia*). **3.** to distract, amuse.

es·pá·rra·go [espárraγo] *n/m* **1.** BOT asparagus. **2.** metal bell pull. LOC **Mandar a alguien a freír ~s**, FIGFAM to tell sb to go jump in the lake. **es·pa·rra·gue·ra** [esparraγéra] *n/f* BOT asparagus patch.

es·par·ta·no/a [espartáno/a] *adj n/m,f* GEOG FIG Spartan.

es·par·to [espárto] *n/m* BOT esparto (grass).

es·pas·mo [espásmo] *n/m* MED spasm. **es·pas·mó·di·co/a** [espasmóðiko/a] *adj* spasmodic.

es·pa·ta·rrar·se [espatarrárse] *v/Refl(-se)* to splay one's legs.

es·pa·to [espáto] *n/m* GEOL spar.

es·pá·tu·la [espátula] *n/f* **1.** spatula, palette knife. **2.** ZOOL spoonbill (*ave*).

es·pe·cia [espéθja] *n/f* spice.

es·pe·cial [espeθjál] *adj gen* special, particular. LOC **En ~**, particularly. **es·pe·cia·li·dad** [espeθjaliðáð] *n/f gen* speciality. **es·pe·**

cia·lis·ta [espeθjalísta] *adj n/m,f* **(~ de/en)** specialist (in). **es·pe·cia·li·za·ción** [espeθjaliθaθjón] *n/f* specialization. **es·pe·cia·li·zar** [espeθjaliθár] *v v/Refl(-se)* (*especialice*) **(~se en)** to specialize (in). **es·pe·cial·men·te** [espeθjálmeṇte] *adv* especially.

es·pe·cie [espéθje] *n/f* **1.** BOT ZOOL species. **2.** FIG type, kind, sort. **3.** spice (*condimento*). LOC En~, in kind (*no en dinero*). **es·pe·cie·ro/a** [espeθjéro/a] *n/m,f* spice merchant.

es·pe·ci·fi·ca·ción [espeθifikaθjón] *n/f* specification. **es·pe·ci·fi·car** [espeθifikár] *v* (*especifique*) **1.** to itemize. **2.** to specify. **es·pe·ci·fi·ca·ti·vo/a** [espeθifikatíβo/a] *adj* specifying. **es·pe·cí·fi·co/a** [espeθífiko/a] **I.** *adj* specific. **II.** *n/m* MED medicine.

es·pé·ci·men [espéθimen] *n/m* specimen.

es·pec·ta·cu·lar [espektakulár] *adj* spectacular. **es·pec·tá·cu·lo** [espektákulo] *n/m* **1.** *gen* spectacle. **2.** show, performance. **es·pec·ta·dor/ra** [espektaðór/ra] **I.** *adj* observing. **II.** *n/m,f* **1.** spectator. **2.** viewer, observer, FAM onlooker (*casual*). **3.** *pl* TEAT audience *sing*.

es·pec·tral [espektrál] *adj* spectral, FAM ghostly. **es·pec·tro** [espéktro] *n/m* **1.** Br spectre, US specter, ghost. **2.** FÍS spectrum. **es·pec·tró·gra·fo** [espektróγrafo] *n/m* FÍS spectograph. **es·pec·tro·gra·ma** [espektroγráma] *n/m* FÍS spectogram. **es·pec·tros·co·pio** [espektroskópjo] *n/m* FÍS spectroscope.

es·pe·cu·la·ción [espekulaθjón] *n/f* *gen* speculation. **es·pe·cu·la·dor/ra** [espekulaðór/ra] *n/m,f* speculator. **es·pe·cu·lar** [espekulár] *v gen* **(~ con/sobre)** to speculate (on/about). **es·pe·cu·la·ti·vo/a** [espekulatíβo/a] *adj* speculative.

es·pe·jis·mo [espexísmo] *n/m* **1.** optical illusion, mirage. **2.** FIG illusion. **es·pe·jo** [espéxo] *n/m* **1.** *gen* mirror. **2.** FIG model, paragon. **es·pe·jue·lo** [espexwélo] *n/m* **1.** GEOL selenite. **2.** *pl* FIG FAM glasses (*gafas*).

es·pe·leo·lo·gía [espeleoloxía] *n/f* speleology, potholing. **es·pe·leó·lo·go/a** [espeleóloγo/a] *n/m,f* potholer.

es·pe·luz·nan·te [espeluθnáṇte] *adj* FAM hair-raising, terrifying. **es·pe·luz·nar** [espeluθnár] *v* to terrify, FAM make sb's hair stand on end.

es·pe·ra [espéra] *n/f* **1.** wait(ing). **2.** patience, restraint. LOC **A la/En ~ de,** waiting for, expecting.

es·pe·ran·to [esperáṇto] *n/m* LIN esperanto.

es·pe·ran·za [esperaṇθa] *n/f* hope, expectation, prospect. **es·pe·ran·zar** [esperaṇθár] *v* (*esperance*) **1.** to give hope. **2.** to have hopes *pl*. **es·pe·rar** [esperár] *v* **(~ a/de/en) 1.** to wait (for). **2.** to await, expect (*visitante*). **3.** to await. **4.** to hope for. **5. (~ de)** to expect (of/from): *Esperaba más de ti,* I expected more of you. LOC **Ser algo de ~,** FIG to be expected.

es·per·ma [espérma] *n/m,f* sperm. **es·per·má·ti·co/a** [espermátiko/a] *adj* spermatic, seminal. **es·per·ma·to·zoi·de** [espermatoθóide] *n/m* ANAT spermatazoid. **es·per·ma·to·zoo** [espermatoθóo] *n/m* spermatozoon.

es·per·pén·ti·co/a [esperpéṇtiko/a] *adj* absurd, grotesque. **es·per·pen·to** [esperpéṇto] *n/m* **1.** fright, freak. **2.** LIT esperpento.

es·pe·sar [espesár] *v* **1.** to thicken (*líquido*). **2.** to knit tighter (*un tejido*). **es·pe·so/a** [espéso/a] *adj* **1.** thick. **2.** dense. **es·pe·sor** [espesór] *n/m* **1.** thickness. **2.** density. **es·pe·su·ra** [espesúra] *n/f* thickness, density.

es·pe·tar [espetár] *v* **1.** to skewer. **2.** FIG to spring on sb (*una pregunta*), spit out, FAM come out with (*insultos*).

es·pe·te·ra [espetéra] *n/f* kitchen rack. **es·pe·tón** [espetón] *n/m* **1.** spit, skewer. **2.** poker (*fuego*).

es·pía [espía] **I.** *n/m,f* spy. **II.** *n/f* NÁUT warping. **es·piar** [espiár] *v* (*espío/espíe*) *gen* to spy (on).

es·pi·char [espitʃár] *v* LOC FAM **~la,** to die, FAMkick the bucket.

es·pi·ga [espíγa] *n/f* **1.** BOT ear (*de trigo*), spike (*alhelí*). **2.** BOT spray (*conjunto de espigas*). **3.** TÉC spigot, peg. **es·pi·ga·do/a** [espiγáðo/a] *adj* **1.** BOT gone/ready to seed. **2.** FIG slender, tall. **es·pi·gar** [espiγár] *v* (*espigue*) **1.** AGR to glean. **2.** AGR to ear. **3.** FIG to shoot up (*persona*). **es·pi·gón** [espiγón] *n/m* **1.** spike. **2.** breakwater (*en las playas*). **es·pi·gueo** [espiγéo] *n/m* gleaning.

es·pi·na [espína] *n/f* **1.** BOT thorn (*púa*). **2.** splinter (*pequeña astilla*). **3.** ZOOL fishbone. **4.** ZOOL spine (*dorsal*). **5.** prickle (*de erizo/escoba*). **6.** FIG thorn. LOC **Dar mala ~ a alguien,** FIG FAM to cause worry/doubt/ suspicion.

es·pi·na·ca [espináka] *n/f* BOT spinach.

es·pi·nal [espinál] *adj* ANAT spinal, dorsal. **es·pi·na·zo** [espináθo] *n/m* ZOOL backbone, spine.

es·pi·ne·ta [espinéta] *n/f* MÚS spinet.

es·pi·ni·lla [espiníʎa] *n/f* **1.** ANAT skin, shinbone. **2.** blackhead (*grano*). **es·pi·ni·lle·ra** [espiniʎéra] *n/f* DEP shinpad.

es·pi·no [espíno] *n/m* BOT hawthorn. LOC **Alambre de ~,** barbed wire. **es·pi·no·so/a** [espinóso/a] *adj* **1.** thorny, prickly. **2.** FIG thorny.

es·pio·na·je [espjonáxe] *n/m* espionage, spying.

es·pi·ra [espíra] *n/f* **1.** spiral (*línea*). **2.** turn (*vuelta*).

es·pi·ra·ción [espiraθjón] *n/f* breathing out.

es·pi·ral [espirál] *adj n/f* spiral.

es·pi·rar [espirár] *v* **1.** to give off (*olor*). **2.** to exhale, breathe out.

es·pi·ri·tis·mo [espiritísmo] *n/m* spiritualism. **es·pi·ri·tis·ta** [espiritísta] *adj n/m,f* spiritualist. **es·pi·ri·to·so/a** [espiritóso/a] *adj* spirituous (*licores*). **es·pí·ri·tu** [espíritu] *n/m* **1.** *gen* spirit. **2.** FIG courage, valour. **3.** FIG essence, soul, mind. LOC **Levantar el ~ a alguien,** FIG to raise sb's spirits. **Exhalar el ~,** FIG to die, give up one's spirit. **Ser pobre de ~,** FIG 1. to be poor in spirit. 2. to be low in spirits. **Ser el ~ de la contradicción,** to be contrary. **es·pi·ri·tual** [espiritwál] *adj* spiritual. **es·pi·ri·tua·li·dad** [espiritwaliðað] *n/f* spirituality. **es·pi·ri·tua·lis·mo** [espiritwalísmo] *n/m* spiritualism. **es·pi·ri·tua·lis·ta** [espiritwalísta] *n/m,f* spiritualist. **es·pi·ri·tua·li·zar** [espiritwaliθár] **I.** *v* (*espiritualice*) to spiritualize. **II.** *v/Refl(-se)* to become more spiritual. **es·pi·ri·tuo·so/a** [espiritwóso/a] *adj* spirituous (*líquido*).

es·pi·ta [espíta] *n/f* tap, spigot. LOC **Abrir la ~**, FIG to open the way/floodgates.

es·plen·di·dez [esplendiðéθ] *n/f* Br splendour, US splendor. **es·plén·di·do/a** [espléndiðo/a] *adj* **1.** generous, beneficent. **2.** splendid, magnificent. **es·plen·dor** [esplendór] *n/m* Br splendour, US splendor. **es·plen·do·ro·so/a** [esplendoróso/a] *adj* **1.** splendid, magnificent. **2.** resplendent.

es·plie·go [espljéγo] *n/m* BOT lavender.

es·po·le·ar [espoleár] *v* **1.** to spur. **2.** FIG to spur on, encourage.

es·po·le·ta [espoléta] *n/f* fuse (*de una bomba*).

es·po·lón [espolón] *n/m* **1.** ZOOL spur (*de gallinácea*). **2.** ZOOL fetlock (*de caballería*). **3.** NÁUT seawall, dyke. **4.** NÁUT ram (*para embestir*). **5.** spur (*de montaña*). **6.** promenade.

es·pol·vo·re·ar [espolβoreár] **I.** *v* to dust (over/from), sprinkle (with/over). **II.** *v/Refl (-se)* to brush the dust off oneself.

es·pon·dai·co/a [espondáiko/a] *adj* POÉT spondaic. **es·pon·deo** [espondéo] *n/m* POÉT spondee.

es·pon·gia·rio [espoŋxjárjo] *n/m* ZOOL sponge. **es·pon·ja** [espóŋxa] *n/f gen* sponge. **es·pon·ja·du·ra** [espoŋxaðúra] *n/f* fluffing up. **es·pon·jar** [espoŋxár] *v* **1.** to make spongy/fluffy. **2.** to soften. **es·pon·jo·si·dad** [espoŋxosiðáð] *n/f* sponginess. **es·pon·jo·so/a** [espoŋxóso/a] *adj* spongy, porous.

es·pon·sa·les [esponsáles] *n/m pl* marriage vows.

es·pon·ta·nei·dad [espontaneiðáð] *n/f* spontaneity. **es·pon·tá·neo/a** [espontáneo/a] *adj* **1.** wild, natural (*vegetación*). **2.** spontaneous (*persona*). **II.** *n/m,f* TEAT volunteer from the audience.

es·po·ra [espóra] *n/f* BOT spore.

es·po·rá·di·co/a [esporáðiko/a] *adj* sporadic.

es·po·ran·gio [esporáŋxjo] *n/m* BOT spore case. **es·po·ri·dio** [esporíðjo] *n/m* BOT sporidium.

es·po·sa·do/a [esposáðo/a] *adj* **1.** handcuffed. **2.** married. **es·po·sar** [esposár] *v* to handcuff. **es·po·sas** [espósas] *n/f pl* handcuffs. **es·po·so/a** [espóso/a] *n/m,f* spouse, husband *m*, wife *f*.

es·pray [espráі] *n/m* spray.

es·print [esprínt] *n/m* DEP sprint.

es·pue·la [espwéla] *n/f gen* spur.

es·puer·ta [espwérta] *n/f* basket. LOC **A ~s**, abundantly.

es·pul·gar [espulγár] *v* (*espulgue*) to delouse.

es·pu·ma [espúma] *n/f* **1.** *gen* foam, froth. **2.** surf (*de las olas*). LOC **Crecer como la ~**, FIG to grow like wildfire. **es·pu·ma·de·ra** [espumaðéra] *n/f* skimming spoon. **es·pu·ma·je** [espumáxe] *n/m* frothiness. **es·pu·ma·je·ar** [espumaxeár] *v* to froth, foam. **es·pu·ma·jo** [espumáxo] *n/m* V **espumarajo**. **es·pu·mar** [espumár] *v* **1.** to skim (off). **2.** to froth, foam. **3.** to grow quickly. **es·pu·ma·ra·jo** [espumaráxo] *n/m* PEY **1.** scum (*sucia/repugnante*). LOC **Echar ~s de rabia**, to be foaming at the mouth with rage. **es·pu·mo·so/a** [espumóso/a] **I.** *adj* frothy, foaming. **II.** *n/m adj* sparkling wine.

es·pú·reo/a, es·pu·rio/a [espúreo/a, espúrjo/a] *adj* **1.** spurious. **2.** illegitimate (*de nacimiento*).

es·pu·tar [esputár] *v* to spit. **es·pu·to** [espúto] *n/m* spit, sputum.

es·que·je [eskéxe] *n/m* AGR BOT cutting.

es·que·la [eskéla] *n/f* death notice.

es·que·lé·ti·co/a [eskelétiko/a] *adj gen* skeletal. **es·que·le·to** [eskeléto] *n/m* **1.** ANAT skeleton. **2.** framework (*armazón*).

es·que·ma [eskéma] *n/m* **1.** diagram, sketch, outline. **2.** scheme. LOC **En ~**, in outline. **es·que·má·ti·co/a** [eskemátiko/a] *adj* schematic. **es·que·ma·ti·zar** [eskematiθár] *v* (*esquematice*) **1.** to sketch, outline, draft. **2.** to schematize.

es·quí [eskí] *n/m* (*pl esquís, esquíes*) **1.** ski (*patín*). **2.** DEP skiing. **es·quia·dor/ra** [eskjaðór/ra] *n/m,f* skier. **es·qui·ar** [eskiár] *v* (*esquío/esquíen*) to ski.

es·qui·fe [eskífe] *n/m* NÁUT skiff (*embarcación*).

es·qui·la [eskíla] *n/f* **1.** cowbell, small bell. **2.** sheepshearing. **es·qui·la·dor/ra** [eskilaðór/ra] **1.** *n/m* sheepshearer (*persona*). **2.** *n/f* shearer (*máquina*). **es·qui·lar** [eskilár] *v* **1.** to shear. **2.** IR to crop (*pelo*). **es·qui·leo** [eskiléo] *n/m* sheepshearing.

es·quil·mar [eskilmár] *v* **1.** to fleece sb. **2.** to lose, use up (*fortuna*), exhaust (*fondos*).

es·qui·lón [eskilón] *n/m* large cowbell.

es·qui·mal [eskimál] *adj n/m,f* GEOG Eskimo, Innuit.

es·qui·na [eskína] *n/f* corner. **es·qui·nar** [eskinár] *v* to make/form a corner. **es·qui·na·zo** [eskináθo] LOC **Dar ~ a alguien**, FAM to avoid sb. **es·qui·ne·ra** [eskinéra] *n/f* corner piece/cabinet/cupboard.

es·quir·la [eskírla] *n/f* splinter.

es·qui·rol [eskiról] *n/m* **1.** blackleg, strike breaker. **2.** PEY scab.

es·quis·to [eskísto] *n/m* GEOL schist.

es·qui·var [eskiβár] *v* **1.** to avoid, evade. **2.** DEP duck, dodge, FIG shrink from. **es·qui·vez** [eskiβéθ] *n/f* aloofness, unsociability. **es·qui·vo/a** [eskíβo/a] *adj* **1.** aloof, disdainful. **2.** evasive.

es·qui·zo·fre·nia [eskiθofrénja] *n/f* MED schizophrenia. **es·qui·zo·fré·ni·co/a** [eskiθofréniko/a] *adj n/m,f* MED schizophrenic. **es·qui·zoi·de** [eskiθóiðe] *adj n/m,f* MED schizoid.

es·ta·bi·li·dad [estaβiliðáð] *n/f* stability. **es·ta·bi·li·za·ción** [estaβiliθaθjón] *n/f* stabilization. **es·ta·bi·li·za·dor/ra** [estaβiliθaðór/a] **I.**

adj stabilizing. **II.** *n/m* TÉC stabilizer. **es·ta·bi·li·zar** [estaβiliθár] **I.** *v* (*estabilice*) to stabilize. **II.** *v/Refl(-se)* to become stabilized/ stable. **es·ta·ble** [estáβle] *adj* stable, steady. **es·ta·ble·cer** [estaβleθér] **I.** *v* (*estable**zco***) **1.** to establish, found. **II.** *v/Refl(-se)* **1.** **(~se en)** to establish oneself, take up residence (in), settle down. **2.** COM to set (oneself) up (*negocio*). **3.** JUR to establish, decree (*leyes*). **4.** **(~se de)** FIG to establish oneself (as). **es·ta·ble·ci·mien·to** [estaβleθimjé̦nto] *n/m gen* establishment, institution. **es·ta·blish·ment** [estaβlismén(t)/ smán(t)] *n/m* LOC **El ~,** The establishment.

es·ta·blo [estáβlo] *n/m* stable, stall, cowshed, shelter. **es·ta·bu·la·ción** [estaβulaθjón] *n/f* stabling (*de ganado*). **es·ta·bu·lar** [estaβular] *v* to stable.

es·ta·ca [estáka] *n/f* stake, post. **es·ta·ca·da** [estakaðа] *n/f* fence, palisade. LOC **Dejar a alguien en la ~,** FIG FAM to leave sb in the lurch. **es·ta·car** [estakár] *v* (*esta**que***) to tether (*un animal*).

es·ta·ción [estaθjón] *n/f* **1.** *gen* season (*del año*). **2.** *gen* station. LOC **~ balnearia,** health resort, spa. **~ de servicio,** service/gas station (*de gasolina*). **Una ~ de autobuses,** A bus station. **Una ~ meteorológica,** A weather station. **es·ta·cio·nal** [estaθjonál] *adj* seasonal. **es·ta·cio·na·mien·to** [estaθjonamje̦nto] *n/m* **1.** stationing. **2.** parking. **es·ta·cio·nar** [estaθjonár] **I.** *v* to stop, halt, park. **II.** *v/Refl(-se)* **1.** to remain stationary, to come to a standstill. **2.** to station oneself, AUT park. **es·ta·cio·na·rio/a** [estaθjonárjo/a] *adj* stationary.

es·ta·día [estaðía] *n/f* (length of) stay.

es·ta·dio [estáðjo] *n/m* **1.** DEP stadium. **2.** FIG stage, phase, period.

es·ta·dis·ta [estaðísta] *n/m,f* **1.** statesman *m*, stateswoman *f*. **2.** statistician. **es·ta·dís·ti·ca** [estaðístika] *n/f* statistics. **es·ta·dís·ti·co/a** [estaðístiko/a] *adj* statistical. **es·ta·do** [estáðo] *n/m* **1.** *gen* state. **2.** status: *Estado civil*, marital status. **3.** condition: *En buen estado*, In good condition. **4.** class, rank. LOC **~ de alarma/excepción,** state of emergency. **~ de ánimo,** state of mind. **~ de cosas,** state of affairs. **~ de guerra,** state of war. **~ de sitio,** state of siege. **Estar en ~/en ~ de buena esperanza/en ~ interesante,** to be expecting/in the family way. **~ mayor,** MIL (general) staff.

Es·ta·dos U·ni·dos [estáðos uníðos] *n/m pl* LOC (LOS) ~, GEOG The United States. **es·ta·do·u·ni·den·se** [estaðouniðénse] GEOG **I.** *adj* American, United States. **II.** *n/m,f* (North) American.

es·ta·fa [estáfa] *n/f* swindle, con(fidence trick). **es·ta·fa·dor/ra** [estafaðór/ra] **I.** *adj* cheating, swindling. **II.** *n/m,f* racketeer, grifter, conman *m*. **es·ta·far** [estafár] *v to swindle.* **~ en la compra,** to shortchange.

es·ta·fe·ta [estaféta] *n/f* sorting office (*de correos*), sub-post office.

es·ta·lac·ti·ta [estalaktíta] *n/f* GEOL stalactite. **es·ta·lag·mi·ta** [estalaγmíta] *n/f* stalagmite.

es·ta·li·nis·mo [estalinísmo] *n/m* Stalinism. **es·ta·li·nis·ta** [estalinísta] *adj n/m,f* Stalinist.

es·ta·llar [estaʎár] *v* **1.** to burst, explode, blow up. **2.** **(~ en)** to crack, crash, FIG trigger (off), erupt (into) (*aplausos*). **3.** FIG to break out. **4.** FIG to blow up (*de rabia*). LOC **~ de risa,** to burst out laughing. **~ en sollozos,** FIG to burst into tears. **es·ta·lli·do** [estaʎíðo] *n/m* explosion, crack, FIG (out) burst.

es·tam·bre [estámbre] *n/m* **1.** long-fibred wool. **2.** worsted yarn (*hilo*). **3.** BOT stamen.

es·ta·men·to [estamé̦nto] *n/m* stratum, *pl* strata, sector, class (*de la sociedad*).

es·ta·me·ña [estaméɲa] *n/f* serge.

es·tam·pa [estámpa] *n/f* **1.** IMPR print, plate, engraving. **2.** print, picture. **3.** FIG picture, illustration. **4.** FIGimpression, appearance, image. **5.** FIG imprint, PEY stamp: *Es la estampa de la pobreza*, He has the stamp of poverty on him. **es·tam·pa·ción** [estampaθjón] *n/f* printing, engraving. **es·tam·pa·do/a** [estampáðo/a] **I.** *adj* stamped. **II.** *n/m* **1.** print (*tejido*). **2.** stamping, printing, embossing. **es·tam·par** [estampár] *v* **1.** IMPR to print, make prints. **2.** to stamp, engrave (*en metal*). **3.** to imprint, leave a (foot)print. **4.** FAM to fling, slam: *Estampó el libro contra la puerta y se fue*, He slammed the book against the door and went away. **5.** FIG to engrave on one's mind, stamp on one's memory. **6.** FAM to plant (*besos/bofetadas*).

es·tam·pi·da [estampíða] *n/f* stampede. **es·tam·pi·do** [estampíðo] *n/m* crash, bang, explosion (*de bomba*).

es·tam·pi·lla [estampíʎa] *n/f* rubber stamp. **es·tam·pi·lla·do** [estampiʎáðo] *n/m* rubber-stamping. **es·tam·pi·llar** [estampiʎár] *v* to rubber-stamp.

es·tan·ca·mien·to [estaŋkamjé̦nto] *n/m* stagnation, stagnancy. **es·tan·car** [estaŋkár] *v* (*estan**que***) **1.** to stem (the flow of), check (*detener el curso*) **2.** FIG to bring to a standstill, hold up.

es·tan·cia [estáņθja] *n/f* **1.** stay: *Nuestra estancia en París fue muy breve*, Our stay in Paris was very brief. **2.** room, lounge. **3.** *Amer* cattle ranch.

es·tan·co/a [estáŋko/a] **I.** *adj* watertight, perfectly sealed. **II.** *n/m* Br tobacconist's, US cigar store (*donde se venden productos regulados; tabaco*, etc).

es·tand [estáņd] *n/m* stall (*en una feria*).

es·tán·dar [estáņdar] *adj n/m* standard. **es·tan·da·ri·za·ción** [estaņdariθaθjón] *n/f* standardization. **es·tan·da·ri·zar** [estaņdariθár] *v* (*estandarice*) to standardize.

es·tan·dar·te [estaņdárte] *n/m* standard, banner.

es·tan·que [estáŋke] *n/m* **1.** pond, pool. **2.** reservoir (*riego*).

es·tan·que·ro/a [estaŋkéro/a] *n/m,f* tobacconist.

es·tan·te [estánte] *n/m* **1**. shelf (*tabla*). **2**. *pl* bookcase, shelves (*mueble*). **es·tan·te·ría** [estantería] *n/f* bookcase, shelving.

es·ta·ñar [estaɲár] *v* **1**. to tin (*cubrir*). **2**. to solder (*soldar*). **es·ta·ño** [estáɲo] *n/m* GEOL tin.

es·tar [estár] **I**. *v* (*estoy/estuve*) **1**. *gen* to be (*lugar/situación temporal/condición transitoria*): *La mesa está en el comedor*, The table is in the dining room; *Estamos muy contentos*, We are very happy. **2**. (~ + *ger*) to be + *ger*: *Está comiendo*, He is eating. **3**. to be: *Está sentenciado a muerte*, He is sentenced to death. **4**. to be, fit: *Esa chaqueta me está ancha*, This jacket is too big for me. **II**. *v/Refl(-se)* to be, stay, remain: *Se estuvo allí toda la tarde*, He was there all afternoon. LOC **Está bien**, O.K., all right. **¿Estamos?**, *inter* Agreed? **Estamos a 3 de mayo**, It is May 3rd. **Estamos a cuarenta grados a la sombra**, It's forty degrees in the shade. ~ **a**, **1**. to be ready to: *Estaban a lo que viniese*, They were ready for whatever happened. **2**. to be, cost (*precio*). ~ **bien/mal de alguna cosa**, to have enough of sth/be short of sth: *Estamos muy mal de dinero*, We are very short of money. ~ **con**, **1**. to live with (*convivir con*). **2**. to agree with (sb about sth): *Estoy con ella en que...*, I agree with her that ... ~ **de**, **1**. to be (working as): *Está de chófer del ministro*, he is working as chauffeur to the minister. **2**. to be in: *Estábamos de muy mal humor*, We were all in a very bad mood. ~ **de más**, to be superfluous, extra. ~ **uno en sí**, to be in one's right mind. ~ **en todo**, to be aware of everything, be in control. ~**le a alguien bien empleado algo**, FIG FAM to get one's just deserts. ~ **para**, **1**. to be about to, be on the point of. **2**. to be in the mood for: *No estaba para bromas*, He was in no mood for jokes. ~ **por** + *inf*, **1**. to feel like, be tempted to: *Estoy por irme de vacaciones*, I feel like going away on holiday. **2**. to be in favour of, be on the side of (*a favor de*). **3**. to be left to do, yet/still to be done: *La casa está por barrer*, The house is still to be swept. ~ **alguien que** + *v*, to be in such a state that + *v*: *Estamos que no podemos más*, We are in such a state that we cannot go on. ~ **sobre algo**, FIG to have sth under control. ~ **sobre alguien**, FIG to be watching over, be after sb. **Estáte quieto**, *int* Be quiet! Keep still! **¡Ya está bien!**, *exclam* That's enough! That's it!

es·tár·ter [estárter] *n/m* AUT starter motor.

es·ta·tal [estatál] *adj* state.

es·tá·ti·ca [estátika] *n/f* TÉC static/s. **es·tá·ti·co/a** [estátiko/a] *adj* static.

es·ta·ti·fi·car [estatifikár] *v* (*estatifique*) to nationalize.

es·ta·tua [estátwa] *n/f* **1**. statue. **2**. FIG FAM cold fish. **es·ta·tua·rio/a** [estatwárjo/a] *adj n/f* ARTE statuary.

es·ta·tuir [estatuír] *v* (*estatuyo, estatuí, estatuído*) to establish, demonstrate, legislate.

es·ta·tu·ra [estatúra] *n/f* stature, height.

es·ta·tus [estátus] *n/m* status.

es·ta·tu·ta·rio/a [estatutárjo/a] *adj* statutory. **es·ta·tu·to** [estatúto] *n/m* statute.

es·te [éste] *n/m* East.

es·te, es·ta, [éste/ésta] *adj sing* this. **es·tos, es·tas** [éstos/éstas] *adj pl* these: *Estos hombres*, These men. **és·te, és·ta** [éste/ésta/ésto] *pron sing* **1**. this one: *Éste se ha pensado que puede vivir del cuento*, PEY This one thought he could live for free. **2**. the latter. **3**. *pers* he, she, it. **éstos, éstas** *pron pl* **1**. these. **2**. the latter. **3**. *pers* they LOC **En éstas,** then, at this point.

es·te·la [estéla] *n/f* **1**. NÁUT wake. **2**. FIG wake, trail. **3**. stele (*columna/lápida*). **es·te·lar** [estelár] *adj* stellar, star.

es·te·no·gra·fía [estenoγrafía] *n/f* stenography, shorthand. **es·te·nó·gra·fo/a** [estenóγrafo/a] *n/m,f* stenographer.

es·ten·tó·reo/a [estentóreo/a] *adj* stentorian, FAM booming.

es·te·pa [estépa] *n/f* steppe. **es·te·pa·rio/a** [estepárjo/a] *adj* of the steppes.

és·ter [éster] *n/m* QUÍM ester.

es·te·ra [estéra] *n/f* mat(ting). **es·te·rar** [esterár] *v* to cover with matting.

es·ter·co·lar [esterkolár] *v* to manure. **es·ter·co·le·ro** [esterkoléro] *n/m* dung heap.

es·té·reo [estéreo] *n/m abrev* stereo. **es·te·reo·fo·nía** [estereofonía] *n/f* stereo. **es·te·reo·fó·ni·co/a** [estereofóniko/a] *adj* stereo. **es·te·reo·gra·fía** [estereoγrafía] *n/f* stereography. **es·te·reos·co·pia** [estereoskópja] *n/f* stereoscopy. **es·te·reos·có·pi·co/a** [estereoskópiko/a] *adj* stereoscopic. **es·te·reos·co·pio** [estereoskópjo] *n/m* stereoscope. **es·te·reo·ti·pa·do/a** [estereotipáðo/a] *adj* stereotyped. **es·te·reo·ti·pia** [estereotípja] *n/f* stereotypy. **es·te·reo·ti·po** [estereotípo] *n/m* stereotype.

es·té·ril [estéril] *adj* **1**. sterile, barren. **2**. FIG futile, fruitless. **3**. MED germfree, sterile. **es·te·ri·li·dad** [esteriliðáð] *n/f* sterility, FIG futility. **es·te·ri·li·za·ción** [esteriliθaθjón] *n/f* sterilization. **es·te·ri·li·za·dor·ra** [esteriliθaðór/ra] **I**. *adj* sterilizing. **II**. *n/m* sterilizer. **es·te·ri·li·zar** [esteriliθár] *v* (*esterilice*) to sterilize.

es·te·ri·lla [esteriʎa] *n/f* **1**. small mat. **2**. straw mat.

es·ter·li·na [esterlína] *adj, n/f* **(Libra)** ~, (pound) sterling.

es·ter·nón [esternón] *n/m* ANAT sternum.

es·te·ro [estéro] *n/m* **1**. inlet, tideland. **2**. *Amer* swamp.

es·ter·tor [estertór] *n/m* rasping breath, death rattle.

es·te·ta [estéta] *n/m,f* Br aesthete, US esthete. **es·té·ti·ca** [estétika] *n/f* Br aesthetics, US esthetics. **es·te·ti·cien·ne** [estetisién/tiθjén] *n/f* beautician. **es·te·ti·cis·ta** [estetiθísta] *n/m,f* **1**. beautician. **2**. FIL aesthetician. **es·té·ti·co/a** [estétiko/a] *adj* Br aesthetic, US esthetic.

es·te·tos·co·pio [estetoskópjo] *n/m* MED stethoscope.

es·te·va·do/a [esteβáðo/a] *adj* bowlegged.

es·tia·je [estiáxe] *n/m* low tide.

es·ti·ba [estiβa] *n/f* NÁUT stowage. **es·ti·ba·dor/ra** [estiβaðór/ra] *n/m,f* stevedore. **es·ti·bar** [estiβár] *v* NÁUT to stow, load.
es·tiér·col [estiérkol] *n/m* dung, manure.
es·tig·ma [estiγma] *n/m gen* stigma. **es·tig·ma·ti·zar** [estiγmatiθár] *v* (*estigmatice*) to stigmatize, FIG brand.
es·ti·lar [estilár] **I.** *v* to be in the habit of doing (*determinada cosa*). **II.** *v/Refl(-se)* to be in fashion/vogue.
es·ti·lis·ta [estilísta] *n/m,f gen* stylist. **es·ti·lís·ti·ca** [estilístika] *n/f* stylistics. **es·ti·lís·ti·co/a** [estilístiko/a] *adj* stylistic. **es·ti·li·za·ción** [estiliθaθjón] *n/f* styling, stylization. **es·ti·li·zar** [estiliθár] **I.** *v* (*estilice*) to stylize. **II.** *v/Refl(-se)* FAM to become slim (*más delgado*), become more pronounced (*facciones*). **es·ti·lo** [estílo] *n/m* **1.** *gen* style. **2.** style, way, manner: *Al estilo antiguo*, In the old style. LOC **Al ~ de**, in the style/manner of. **Por el ~**, FAM (sth) like that. **es·ti·lo·grá·fi·ca** [estiloγráfika] *n/f* fountain pen.
es·ti·ma [estíma] *n/f* esteem. LOC **Tener a alguien en mucha ~**, to hold sb in high esteem. **es·ti·ma·ble** [estimáβle] *adj* **1.** estimable. **2.** considerable. **es·ti·ma·ción** [estimaθjón] *n/f* **1.** estimation. **2.** esteem, respect. **es·ti·mar** [estimár] *v* **1.** **(~ como)** to esteem. **2.** to consider, reckon. **3.** **(~ en)** to estimate, value. **4.** **(~ como)** to have respect for sb (as).
es·ti·mu·lan·te [estimulán̪te] **I.** *adj* stimulating. **II.** *n/m* stimulant. **es·ti·mu·lar** [estimulár] *v* **(~ a/con)** to stimulate. **es·tí·mu·lo** [estímulo] *n/m* stimulus.
es·tío [estío] *n/m* LIT summer.
es·ti·pen·dio [estipén̪djo] *n/m* stipend.
es·ti·pu·la·ción [estipulaθjón] *n/f gen* stipulation. **es·ti·pu·lar** [estipulár] *v* to stipulate.
es·ti·ra·do/a [estiráðo/a] *adj* **1.** FIG haughty, FAM stuffy. **2.** FIG tight, stretched: *Un presupuesto muy estirado*, A very tight budget. **es·ti·ra·mien·to** [estiramjén̪to] *n/m* stretching. **es·ti·rar** [estirár] **I.** *v* **1.** to pull tight, stretch out. **2.** to stretch out, pull out/down, extend. **3.** to pull up, straighten out. **4.** to stretch: *Estirar las piernas*, To stretch one's legs. **5.** FIG to stretch, eke out (*dinero*). **6.** **(~ de)** to pull (on), strain (*alguna cosa*). **II.** *v/Refl(-se)* **1.** to stretch (*piernas, brazos*). **2.** FIG to grow up, develop suddenly/a lot.
es·ti·rón [estirón] *n/m* **1.** pull, wrench, FAM jerk. **2.** FAM spurt of growth. LOC **Dar/Pegar un ~**, **1.** to jerk/yank out. **2.** to shoot up.
es·tir·pe [estírpe] *n/f* lineage, family, stock.
es·ti·val [estiβál] *adj* summer.
es·to [ésto] *pron* this.
es·to·ca·da [estokáða] *n/f* **1.** stab, lunge. **2.** stab wound.
es·to·fa [estófa] *n/f* quilting material; FIG quality, kind, type.
es·to·fa·do/a [estofáðo/a] *n/m* stew, casserole. **es·to·far** [estofár] *v* to stew.
es·toi·cis·mo [estoiθísmo] *n/m* stoicism. **es·toi·co/a** [estóiko/a] **I.** *adj* stoical. **II.** *n/m,f* FIG stoic.
es·to·la [estóla] *n/f* stole.
es·to·ma·cal [estomakál] *adj* ANAT stomach. **es·tó·ma·go** [estómaγo] *n/m* ANAT stomach. LOC **Revolver algo el ~ de alguien**, FIG FAM to turn sb's stomach. **es·to·ma·to·lo·gía** [estomatoloxía] *n/f* MED stomatology. **es·to·ma·tó·lo·go/a** [estomatóloγo/a] *n/m,f* MED stomatologist, dentist.
es·to·pa [estópa] *n/f* **1.** tow (*cáñamo*). **2.** burlap (*tela*).
es·to·que [estóke] *n/m* TAUR rapier, sword. **es·to·que·ar** [estokeár] *v* TAUR to stab.
es·tor·bar [estorβár] *v* **1.** to disturb, obstruct, hinder, thwart. **2.** FIG to bother, frustrate, FAM get in sb's way. **es·tor·bo** [estórβo] *n/m* hindrance.
es·tor·ni·no [estorníno] *n/m* starling (*ave*).
es·tor·nu·dar [estornuðár] *v* to sneeze. **es·tor·nu·do** [estornúðo] *n/m* sneeze.
es·trá·bi·co/a [estráβiko/a] *adj* cross-eyed, squint. **es·tra·bis·mo** [estraβísmo] *n/m* strabismus.
es·tra·do [estráðo] *n/m* dais, platform.
es·tra·fa·la·rio/a [estrafalárjo/a] *adj n/m,f* FAM eccentric.
es·tra·ga·mien·to [estraγamjén̪to] *n/m* devastation. **es·tra·gar** [estraγár] *v* (*estrague*) to devastate, vitiate. **es·tra·go** [estráγo] *n/m* **1.** devastation, destruction. **2.** FIG havoc.
es·tra·gón [estraγón] *n/m* BOT tarragon.
es·tram·bó·ti·co/a [estram̪bótiko/a] *adj* outlandish.
es·tran·gu·la·ción, es·tran·gu·la·mien·to [estraŋgulaθjón/estraŋgulamjén̪to] n/f strangulation. **es·tran·gu·la·dor/ra** [estraŋgulaðór/ra] *n/m,f* strangler. **es·tran·gu·lar** [estraŋgulár] *v* to strangle, choke.
es·tra·per·le·ar [estraperleár] *v* **(~ con)** to racketeer (in). **es·tra·per·lis·ta** [estraperlísta] *n/m,f* blackmarketeer, wide boy *m*. **es·tra·per·lo** [estrapérlo] *n/m* FAM black market. LOC **De ~**, FAM off the back of a lorry.
es·tra·ta·ge·ma [estrataxéma] *n/f* stratagem. **es·tra·te·ga** [estratéγa] *n/m,f* strategist. **es·tra·te·gia** [estratéxja] *n/f* strategy. **es·tra·té·gi·co/a** [estratéxiko/a] *adj* strategic.
es·tra·ti·fi·ca·ción [estratifikaθjón] *n/f* GEOL stratification. **es·tra·ti·fi·car** [estratifikár] *v* (*estratifique*) to stratify. **es·tra·to** [estráto] *n/m* **1.** *gen* stratum, *pl* strata. **2.** stratus (*nube*). **es·tra·tos·fe·ra** [estratosféra] *n/f* stratosphere.
es·tra·za [estráθa] *n/f* rags, ends (*de ropa basta*) *pl*. LOC **Papel de ~**, brown paper.
es·tre·cha·mien·to [estretʃamjén̪to] *n/m* narrowing, FIG tightening. **es·tre·char** [estretʃár] **I.** *v* **1.** to narrow, tighten, reduce. **2.** to squeeze, hug. **3.** FIG to bring (closer) together. **II.** *v/Refl(-se)* FIGFAM to squeeze up (*en un asiento*). LOC **~ la mano a alguien**, to shake sb's hand. **es·tre·chez** [estretʃéθ] *n/f* (*pl estrecheces*) **1.** narrowness, tightness, FIG intimacy. **2.** FIG tight spot, straits. **es·tre·cho/a** [estrétʃo/a] **I.** *adj* **1.** **(~ de)** narrow: *Estrecho de caderas*, Narrow-hipped. *Estrecho de miras*, Narrow-minded. **2.** (too) tight

(*prenda*). **3**. cramped (*lugar*). **4**. FIG close, intimate. **II**. *n/m* GEOG strait: *El estrecho de Gibraltar*, The Straits of Gibraltar *pl*. LOC **Hacerse el ~**, FIG FAM to be strait-laced/prudish. **es·tre·chu·ra** [estretʃúra] *n/f* V **estrechez**.

es·tre·ga·du·ra [estreɣaðúra] *n/f* scrubbing, scouring. **es·tre·gar** [estreɣár] *v* (*estriego/estregue*) to scrub (*limpiar*), rub (*dar brillo*).

es·tre·lla [estréʎa] *n/f gen* star. LOC **Tener buena/mala ~**, to be lucky/unlucky. **Ver las ~s**, FIG FAM to see stars. **~ de mar**, starfish (*equinodermo*). **~ fugaz**, ASTR shooting star. **~ Polar**, ASTR polar star. **Una ~ de cine**, a film star. **es·tre·lla·do/a** [estreʎáðo/a] *adj* **1**. fried: *Huevos estrellados*, Fried eggs. **2**. star-shaped. **3**. starry, star-spangled/studded (*noche*). **es·tre·llar** [estreʎár] **I**. *adj* stellar. **II**. *v* **1**. to fry (*huevos*). **2**. **(~ contra/en)** FAM to smash. **III**. *v/Refl(-se)* **1**. **(~se contra/en)** to crash (against/into), shatter (against). **2**. FIG to fail.

es·tre·me·cer [estremeθér] **I**. *v* (*estremezco*) **1**. to shake. **2**. FIG to shock. **II**. *v/Refl(-se)* **(~ de) 1**. to shiver, shake, shudder (with/from) (*frío/miedo/cañonazo*). **2**. to shake, tremble (*emoción*). **es·tre·me·ci·mien·to** [estremeθimjén̪to] *n/m* shaking, shudder(ing), FIG quaking, trembling.

es·tre·nar [estrenár] **I**. *v* **1**. to use sth for the first time. **2**. TEAT to première, release (*cine*). **II**. *v/Refl(-se)* **1**. **(~se como)** to make one's début (as a). **2**. **(~se con)** TEAT to have the first night (of), open (with). **es·tre·no** [estréno] *n/m* début (*persona*), première (*cine*), TEAT first night. LOC **De ~**, brand new.

es·tre·ñi·do/a [estreɲíðo/a] *adj* MED constipated. **es·tre·ñi·mien·to** [estreɲimjén̪to] *n/m* MED constipation. **es·tre·ñir** [estreɲír] **I**. *v* (*estriño*) to constipate. **II**. *v/Refl(-se)* to be constipated.

es·tré·pi·to [estrépito] *n/m* crash, racket, din. **es·tre·pi·to·so/a** [estrepitóso/a] *adj* **1**. noisy, deafening. **2**. FIG FAM resounding, showy.

es·trep·to·co·co [estreptokóko] *n/m* MED streptococcus. **es·trep·to·mi·ci·na** [estreptomiθína] *n/f* MED streptomycin.

es·trés [estrés] *n/m* stress. **es·tre·san·te** [estresán̪te] *adj* stress-producing, stressful.

es·tría [estría] *n/f* groove. **es·triar** [estriár] *v* (*estría, estríe*) to groove, flute.

es·tri·ba·ción [estriβaθjón] *n/f* spur, *pl* foothills. **es·tri·bar** [estriβár] *v* **(~ en) 1**. to rest (on) (*apoyar*). **2**. FIG to lie (in), be based (on).

es·tri·bi·llo [estriβíʎo] *n/m* **1**. POÉT refrain, chorus. **2**. FIG pet phrase, FAM buzz word.

es·tri·bo [estríβo] *n/m* **1**. stirrup. **2**. step, running-board (*de vehículo*). **3**. ARQ wall-brace, buttress. LOC **Perder los ~s**, FIG 1. to lose one's temper. 2. to lose one's head, FAM flip out.

es·tri·bor [estriβór] *n/m* NÁUT starboard.

es·tric·ni·na [estriknína] *n/f* strychnine.

es·tric·to/a [estríkto/a] *adj* strict.

es·tri·den·cia [estriðén̪θja] *n/f* stridence. **es·tri·den·te** [estriðén̪te] *adj* strident.

es·tro·fa [estrófa] *n/f* POÉT stanza, strophe. **es·tró·fi·co/a** [estrófiko/a] *adj* POÉT strophic.

es·tró·ge·no [estróxeno] *n/m* ANAT Br oestrogen, US estrogen.

es·tron·cio [estrón̪θjo] *n/m* strontium (*metal*).

es·tro·pa·jo [estropáxo] *n/m* **1**. scourer, FAM scratchy thing: *~ metálico*, wire wool. **2**. FIG FAM dead loss. **es·tro·pa·jo·so/a** [estropaxóso/a] *adj* **1**. coarse, gristly, FAM stringy (*consistencia*). **2**. FIG FAM stammering, faltering.

es·tro·pe·ar [estropeár] *v* **1**. to spoil, ruin, damage. **2**. to damage, break. **3**. to ruin, scupper (*proyecto*). **4**. to age, FAM take their toll (*deteriorar*): *Los años la han estropeado mucho*, The years have taken their toll on her.

es·tro·pi·cio [estropíθjo] *n/m* damage, breakage.

es·truc·tu·ra [estruktúra] *n/f* **1**. *gen* structure. **2**. framework. **es·truc·tu·ra·ción** [estrukturaθjón] *n/f* structuring, construction. **es·truc·tu·ral** [estrukturál] *adj* structural. **es·truc·tu·ra·lis·mo** [estrukturalísmo] *n/m* FIL LIN Structuralism. **es·truc·tu·ra·lis·ta** [estrukturalísta] *adj n/m,f* structuralist. **es·truc·tu·rar** [estrukturár] *v* to structure.

es·truen·do [estrwén̪do] *n/m* crash, clamo(u)r, din. **es·truen·do·so/a** [estrwen̪dóso/a] *adj* noisy.

es·tru·jar [estruxár] **I**. *v* **1**. to squeeze (*limón*), press, crush. **2**. to squeeze sb tight. **3**. FIG FAM to bleed sb dry. **II**. *v/Refl(-se)* **(~se en)** to crowd (into) (*en un rincón*). **es·tru·jón** [estruxón] *n/m* squeeze, squeezing.

es·tua·rio [estwárjo] *n/m* estuary.

es·tu·ca·do [estukáðo] *n/m* stucco. **es·tu·car** [estukár] *v* (*estuque*) to stucco. **es·tu·co** [estúko] *n/m* stucco.

es·tu·che [estútʃe] *n/m* case, box.

es·tu·dia·do/a [estuðjáðo/a] *adj* studied. **es·tu·dian·ta·do** [estuðjan̪táðo] *n/m* student body. **es·tu·dian·te** [estuðján̪te] *n/m,f* student. **es·tu·dian·til** [estuðjan̪tíl] *adj* student. **es·tu·diar** [estuðjár] *v gen* to study. **es·tu·dio** [estúðjo] *n/m* **1**. *gen* study. **2**. **(~ de)** research, planning (for). **3**. *pl* studies. **4**. *sing pl* studies, schooling. **5**. ARTE studio. **6**. *pl* studios (*TV*). LOC **Tener ~s**, to have a degree, be well-educated. **Dar ~s a alguien**, to support sb's studies. **Estar en ~**, to be under examination/consideration. **es·tu·dio·so/a** [estuðjóso/a] **I**. *adj* studious. **II**. *n/m,f* **(~ de)** specialist (in).

es·tu·fa [estúfa] *n/f* heater, stove.

es·tul·ti·cia [estul̪tíθja] *n/f* stupidity.

es·tu·pe·fac·ción [estupefa(k)θjón] *n/f* stupefaction, astonishment. **es·tu·pe·fa·cien·te** [estupefaθjén̪te] **I**. *adj* stupefying, astonishing. **II**. *adj n/m* narcotic, FAM drug. **es·tu·pe·fac·to/a** [estupefákto/a] *adj* stupefied, astonished.

es·tu·pen·do/a [estupén̪do/a] *adj* stupendous, marvellous, fine.

es·tu·pi·dez [estupiðeθ] *n/f* stupidity. **es·tú·pi·do/a** [estúpiðo/a] *adj* stupid.
es·tu·por [estupór] *n/m* stupor. astonishment, amazement.
es·tu·prar [estuprár] *v* to rape. **es·tu·pro** [estúpro] *n/m* rape.
es·tu·rión [esturjón] *n/m* sturgeon (*pez*).
es·vás·ti·ca [esβástika] *n/f* swastica.
e·ta·pa [etápa] *n/f* stage, phase. LOC **Por ~s**, in stages. **Quemar ~s**, FIG FAM to make rapid progress. speed up (*trabajo*, etc).
et·cé·te·ra [e(t)θétera] *n/m* et cetera, etc.
é·ter [éter] *n/m* QUÍM ether. **e·té·reo/a** [etéreo/a] *adj* POÉT ethereal.
e·ter·ni·dad [eterniðáð] *n/f* eternity. **e·ter·ni·zar** [eterniθár] *v* (*eternice*) FIG to perpetuate, eternalize. **e·ter·no/a** [etérno/a] *adj* eternal, perpetual, endless.
é·ti·ca [étika] *n/f* ethics. **é·ti·co/a** [étiko/a] *adj* ethical.
e·ti·mo·lo·gía [etimoloxía] *n/f* etymology. **e·ti·mo·ló·gi·co/a** [etimolóxiko/a] *adj* etymological. **e·ti·mo·lo·gis·ta** [etimoloxísta] *n/m,f* etymologist. **e·ti·mó·lo·go/a** [etimóloγo/a] *n/m,f* etymologist.
e·tio·lo·gía [etjoloxía] *n/f* a(e)tiology. **e·tio·ló·gi·co/a** [etjolóxiko/a] *adj* a(e)tiological.
E·tio·pía [etjopía] *n/f* GEOG Ethiopia. **e·tío·pe, e·tio·pe** [etíope/-jópe] *adj n/m,f* Ethiopian.
e·ti·que·ta [etikéta] *n/f* **1**. label, tag. **2**. etiquette. LOC **De ~**, formal. **e·ti·que·tar** [etiketár] *v* to label. **e·ti·que·te·ro/a** [etiketéro/a] *adj* punctilious.
et·nia [étnja] *n/f* ethnic group. **ét·ni·co/a** [étniko/a] *adj* ethnic. **et·no·gra·fía** [etnoγrafía] *n/f* ethnography. **et·no·grá·fi·co/a** [etnoγráfiko/a] *adj* ethnographic(al). **et·nó·gra·fo/a** [etnóγrafo/a] *n/m,f* ethnographer. **et·no·lo·gía** [etnoloxía] *n/f* ethnology. **et·no·ló·gi·co/a** [etnolóxiko/a] *adj* ethnological. **et·nó·lo·go/a** [etnóloγo/a] *n/m,f* ethnologist.
e·to·lo·gía [etoloxía] *n/f* BIOL ethology.
e·trus·co/a [etrúsko/a] *adj n/m,f* HIST GEOG Etruscan.
eu·ca·lip·to [eukalípto] *n/m* BOT eucaliptus.
eu·ca·ris·tía [eukaristía] *n/f* REL Eucharist. **eu·ca·rís·ti·co/a** [eukarístiko/a] *adj* Eucharistic.
eu·cli·dia·no/a [eukliðjáno/a] *adj* Euclidean.
eu·fe·mis·mo [eufemísmo] *n/m* euphemism. **eu·fe·mís·ti·co/a** [eufemístiko/a] *adj* euphemistic.
eu·fo·nía [eufonía] *n/f* euphony. **eu·fó·ni·co/a** [eufóniko/a] *adj* euphonic.
eu·fo·ria [eufórja] *n/f* euphoria. **eu·fó·ri·co/a** [eufóriko/a] *adj* euphoric.
eu·ge·ne·sia [euxenésja] *n/f* eugenics. **eu·ge·né·si·co/a** [euxenésiko/a] *adj* eugenic.
eu·nu·co [eunúko] *n/m* eunuch.
eu·pep·sia [eupépsja] *n/f* MED good digestion.
eu·ra·siá·ti·co/a [eurasjátiko/a] *adj* GEOG Eurasian.
¡eu·re·ka! [euréka] *int* Eureka!
eu·ro·dó·lar [euroðólar] *n/m* COM eurodollar. **eu·ro·peís·mo** [europeísmo] *n/m* Europeanism. **eu·ro·peís·ta** [europeísta] *adj n/m,f* Pro-European, Eurocentric. **eu·ro·pei·za·ción** [europeiθaθjón] *n/f* Europeanization. **eu·ro·pei·zar** [europeiθár] *v/Refl(-se)* (*europeice*) to Europeanize. **eu·ro·peo/a** [européo/a] *adj n/m,f* GEOG European.
eus·ke·ra, eus·que·ra [euskéra] *adj n/m* Basque (*lengua*).
eu·ta·na·sia [eutanásja] *n/f* euthanasia.
e·va·cua·ción [eβakwaθjón] *n/f* evacuation. **e·va·cuar** [eβakwár] *v* (*evacúo/evacúe*) **1**. *gen* to evacuate. **2**. to fulfil, carry out (*diligencia*).
e·va·dir [eβaðír] **I**. *v* **1**. to evade, elude. **2**. to avoid. **II**. *v/Refl(-se)* (**~se de**) to escape (from). LOC **~se de la cárcel,** to break out of prison.
e·va·lua·ción [eβalwaθjón] *n/f* evaluation. **e·va·luar** [eβaluár] *v* (*evalúo, evalúen*) **1**. to evaluate. **2**. to assess (*alumnos*). **3**. (**~ en**) to value at (*precio*).
e·va·nes·cen·te [eβanesθéṇte] *adj* evanescent.
e·van·gé·li·co/a [eβaŋxéliko/a] *adj* REL evangelic(al). **e·van·ge·lio** [eβaŋxéljo] *n/m* REL gospel. **e·van·ge·lis·ta** [eβaŋxelísta] *n/m* evangelist. **e·van·ge·li·za·ción** [eβaŋxeliθaθjón] *n/f* evangelization. **e·van·ge·li·za·dor/ra** [eβaŋxeliθaðór/ra] *n/m,f* evangelist. **e·van·ge·li·zar** [eβaŋxeliθar] *v* (*evangelice*) to evangelize.
e·va·po·ra·ción [eβaporaθjón] *n/f* evaporation. **e·va·po·rar** [eβaporár] *v* **1**. to evaporate. **2**. to disappear, be consumed rapidly.
e·va·sión [eβasjón] *n/f* **1**. escape, flight. **2**. FIG evasion, diversion. **3**. COM evasion (*fiscal*). **e·va·si·va** [eβasíβa] *n/f* excuse, loophole. **e·va·si·vo/a** [eβasíβo/a] *adj* evasive. **e·va·sor/ra** [eβasór/ra] **I**. *adj* evading. **II**. *n/m,f* escapee.
e·ven·to [eβéṇto] *n/m* **1**. eventuality, contingency. **2**. event. **e·ven·tual** [eβeṇtwál] *adj* possible, temporary (*trabajo*). **e·ven·tua·li·dad** [eβeṇtwaliðáð] *n/f* **1**. possibility, temporariness, temporary nature. **2**. eventuality. **e·ven·tual·men·te** [eβeṇtwáḷméṇte] *adv* **1**. by chance (*casualmente*). **2**. possibly, conditionally (*inciertamente*).
e·vi·den·cia [eβiðéṇθja] *n/f* *gen* evidence. LOC **En ~**, evident, obvious, clear. **Quedar en ~**, to be made a fool of. **Poner en ~ a alguien**, to show sb up. **e·vi·den·ciar** [eβiðeṇθjár] *v* to make evident, demonstrate. **e·vi·den·te** [eβiðéṇte] *adj* (self-)evident, obvious, clear.
e·vi·ta·ble [eβitáβle] *adj* avoidable. **e·vi·ta·ción** [eβitaθjón] *n/f* prevention, avoidance. **e·vi·tar** [eβitár] **I**. *v* **1**. to prevent. **2**. to avoid. **II**. *v/Refl(-se)* (**~se** + *inf*) to manage to avoid, FAM save oneself from (+ *ger*).
e·vo [éβo] *n/m* POÉT aeon, eternity.
e·vo·ca·ble [eβokáβle] *adj* evocable. **e·vo·ca·ción** [eβokaθjón] *n/f* evocation, invocation. **e·vo·car** [eβokár] *v* (*evoque*) **1**. to invoke

(*espíritus*). 2. to evoke. 3. to recall. **e·vo·ca·to·rio/a** [eβokatórjo/a] *adj* evocative.

e·vo·lu·ción [eβoluθjón] *n/f* evolution. **e·vo·lu·cio·nar** [eβoluθjonár] *v* 1. to evolve. 2. MIL manoeuvre. 3. FIG to change, develop (*actitud/postura*). **e·vo·lu·cio·nis·mo** [eβoluθjonísmo] *n/m* evolutionism. **e·vo·lu·cio·nis·ta** [eβoluθjonísta] *adj n/m,f* evolutionist. **e·vo·lu·ti·vo/a** [eβolutíβo/a] *adj* evolutionary.

ex [é(k)s] *prep* ex, former (*ex director*).

ex·a·brup·to [e(k)saβrúpto] *n/m* retort, rude remark, PEY snipe.

e·xac·ción [e(k)sa(k)θjón] *n/f* exaction, extortion.

e·xa·cer·ba·ción [e(k)saθerβaθjón] *n/f* exacerbation. **e·xa·cer·bar** [e(k)saθerβár] *v* 1. to exacerbate. 2. to irritate.

e·xac·ti·tud [e(k)saktitúð] *n/f* 1. exactness, 2. accuracy, precision. **e·xac·to/a** [e(k)sákto/a] *adj* 1. exact. 2. accurate, precise. 3. exactly: *Mide veinte metros exactos*, It measures exactly twenty metres.

e·xa·ge·ra·ción [e(k)saxeraθjón] *n/f* exaggeration. **e·xa·ge·ra·do/a** [e(k)saxeráðo/a] *adj* exaggerated, excessive. **e·xa·ge·rar** [e(k)saxerár] *v* 1. **(~ con/en)** to go too far (with), do (sth) excessively/too much. 2. to exaggerate (*la importancia*).

e·xal·ta·ción [e(k)sal̦taθjón] *n/f* 1. *gen* exalting, exaltation. 2. elation, over-excitement (*apasionamiento*). **e·xal·ta·do/a** [e(k)sal̦táðo/a] *adj* excitable. **e·xal·tar** [e(k)sal̦tár] I. *v* 1. to exalt, excite. 2. FIGto celebrate, extol the virtues of. II. *v/Refl(-se)* to get carried away.

e·xa·men [e(k)sámen] *n/m* 1. examination, inspection. 2. exam, test. **e·xa·mi·na·dor/ra** [e(k)saminaðór/ra] *n/m,f* examiner. **e·xa·mi·nan·do/a** [e(k)saminán̦do/a] *n/m,f* examinee. **e·xa·mi·nar** [e(k)saminár] *v* 1. to examine, inspect, search, scan. 2. to examine, test. LOC **~se de**, to sit/take/do an exam in.

e·xan·güe [e(k)sáŋgwe] *adj* 1. bloodless. 2. FIG FAM weak, Br anaemic, US anemic. 3. FIG totally exhausted.

e·xá·ni·me [e(k)sánime] *adj* 1. lifeless. 2. FIGFAM very weak, exhausted.

e·xas·pe·ra·ción [e(k)sasperaθjón] *n/f* exasperation. **e·xas·pe·rar** [e(k)sasperár] *v* to exasperate.

ex·car·ce·la·ción [e(k)skarθelaθjón] *n/f* release from prison. **ex·car·ce·lar** [e(k)skarθelár] *v* to release from prison.

ex·ca·va·ción [e(k)skaβaθjón] *n/f* excavation. **ex·ca·va·dor/ra** [e(k)skaβaðór/ra] I. *adj* excavating, digging. II. *n/m,f* excavator. III. *n/f* digger (*máquina*). **ex·ca·var** [e(k)skaβár] *v* to excavate, dig.

ex·ce·den·cia [e(k)sθeðén̦θja] *n/f* leave of absence. **ex·ce·den·te** [e(k)sθeðén̦te] I. *adj* 1. surplus, extra. 2. on leave of absence (*persona*). II. *n/m* surplus, extra. **ex·ce·der** [e(k)sθeðér] I. *v* **(~(se) a/de/en)** 1. to surpass. 2. to exceed. II. *v/Refl(-se)* 1. **(~se de)** to exceed. 2. FIG to go too far, go to extremes.

ex·ce·len·cia [e(k)sθelén̦θja] *n/f* 1. excellence (*calidad*). 2. Excellency (*tratamiento de respeto*). LOC **Por ~**, par excellence. **ex·ce·len·te** [e(k)sθelén̦te] *adj* excellent.

ex·cel·si·tud [e(k)sθelsitúð] *n/f* sublimeness. **ex·cel·so/a** [e(k)sθélso/a] *adj* FIG sublime.

ex·cen·tri·ci·dad [e(k)sθen̦triθiðáð] *n/f* eccentricity. **ex·cén·tri·co/a** [e(k)sθén̦triko/a] *adj n/m,f* eccentric.

ex·cep·ción [e(k)sθepθjón] *n/f* *gen* exception. LOC **De ~**, exceptional, extraordinary. **Con excepción de**, except for. **Estado de ~**, state of emergency. **ex·cep·cio·nal** [e(k)sθepθjonál] *adj gen* exceptional. **ex·cep·to** [e(k)sθépto] *adv* except (for). **ex·cep·tuar** [e(k)sθeptuár] I. *v* (*exceptúo, exceptúe*) **(~ de)** to except (from). II. *v/Refl(-se)* to be the exception, be excluded.

ex·ce·si·vo/a [e(k)sθesíβo/a] *adj* excessive. **ex·ce·so** [e(k)sθéso] *n/m* excess.

ex·ci·pien·te [e(k)sθipjén̦te] *n/m* MED excipient.

ex·ci·ta·bi·li·dad [e(k)sθitaβiliðáð] *n/f* excitability. **ex·ci·ta·ble** [e(k)sθitáβle] *adj* excitable. **ex·ci·ta·ción** [e(k)sθitaθjón] *n/f* excitement. **ex·ci·tan·te** [e(k)sθitán̦te] I. *adj* exciting. II. *n/m* stimulant. **ex·ci·tar** [e(k)sθitár] *v* 1. **(~ a)** to arouse, incite (to). 2. to excite, stimulate.

ex·cla·ma·ción [e(k)sklamaθjón] *n/f* 1. exclamation. 2. cry. LOC **Signo de ~**, exclamation mark. **ex·cla·mar** [e(k)sklamár] *v* to exclaim, cry. **ex·cla·ma·ti·vo/a** [e(k)sklamatíβo/a] *adj* exclamatory.

ex·claus·tra·ción [e(k)sklaustraθjón] *n/f* secularization. **ex·claus·trar** [e(k)sklaustrár] *v* to defrock, secularize.

ex·clui·ble [e(k)skluíβle] *adj* excludable. **ex·cluir** [e(k)skluír] *v* (*excluyo*) **(~ de)** 1. to exclude, shut out (from). 2. to exclude, reject (*la posibilidad*). **ex·clu·sión** [e(k)sklusjón] *n/f* exclusion. **ex·clu·si·va** [e(k)sklusíβa] *n/f* 1. sole right. 2. exclusive (*reportaje*). **ex·clu·si·ve** [e(k)sklusíβe] *adv* 1. exclusively. 2. **(n + ~)** not including + *n*. **ex·clu·si·vi·dad** [e(k)sklusiβiðáð] *n/f* exclusiveness. **ex·clu·si·vis·mo** [e(k)sklusiβísmo] *n/m* exclusivism. **ex·clu·si·vis·ta** [e(k)sklusiβísta] *adj* exclusive. **ex·clu·si·vo/a** [e(k)sklusíβo/a] *adj* 1. exclusive. 2. sole.

Excmo/a *abrev* de *Excelentísimo/a adj* most excellent.

ex·co·mul·gar [e(k)skomulɣár] *v* REL to excommunicate. **ex·co·mu·nión** [e(k)skomunjón] *n/f* excommunication.

ex·co·riar [e(k)skorjár] *v* to skin, graze, flay.

ex·cre·cen·cia [e(k)skreθén̦θja] *n/f* excrescence. **ex·cre·ción** [e(k)skreθjón] *n/f* excretion.

ex·cre·men·to [e(k)skremén̦to] *n/m* excrement. **ex·cre·tar** [e(k)skretár] *v* 1. to excrete. 2. to secrete (*las glándulas*). **ex·cre·tor/ra** [e(k)skretór/ra] *adj* excretory. **ex·cre·to·rio/a** [e(k)skretórjo/a] *adj* excretory.

ex·cul·pa·ción [e(k)skulpaθjón] *n/f* exculpation, exoneration. **ex·cul·par** [e(k)skulpár] *v* to exculpate, exonerate.

ex·cur·sión [e(k)skursjón] *n/f* excursion, trip, outing. **ex·cur·sio·nis·ta** [e(k)skursjonísta] *n/m,f* sightseer, daytripper.

ex·cu·sa [e(k)skúsa] *n/f* excuse, pretext, apology. **ex·cu·sa·ble** [e(k)skusáßle] *adj* excusable. **ex·cu·sar** [e(k)skusár] **I.** *v* **1.** to excuse. **2.** to avoid. **II.** *v/Refl(-se)* **(~se de +** *n/inf*) to excuse oneself, apologize (for + *n/ger*).

e·xe·cra·ble [e(k)sekráßle] *adj* execrable. **e·xe·cra·ción** [e(k)sekraθjón] *n/f* **1.** execration. **2.** curse (*expresión*). **e·xe·crar** [e(k)sekrár] *v* to execrate, damn.

e·xé·ge·sis [e(k)séxesis] *n/f* exegesis. **e·xe·ge·ta** [e(k)sexéta] *n/m* exegete.

e·xen·ción [e(k)seņθjón] *n/f* exemption. **e·xen·to/a** [e(k)séņto/a] *adj* **(~ de)** exempt (from).

e·xe·quias [e(k)sékias] *n/f pl* funeral rites.

ex·fo·lia·ción [e(k)sfoljaθjón] *n/f* exfoliation. **ex·fo·liar** [e(k)sfoljár] *v* to exfoliate, peel off (*en láminas/escamas*).

ex·ha·la·ción [e(k)salaθjón] *n/f* **1.** exhalation. **2.** shooting star. LOC **Pasar como una ~**, to shoot/flash past. **ex·ha·lar** [e(k)salár] *v* **1.** to exhale. **2.** FIG to breathe, utter (*queja*), heave (*suspiro*).

ex·haus·ti·vo/a [e(k)saustíßo/a] *adj* exhausting, exhaustive. **ex·haus·to/a** [e(k)sáusto/a] *adj* **1.** **(~ de)** empty, drained (of). **2.** exhausted, worn-out.

ex·hi·bi·ción [e(k)sißiθjón] *n/f* exhibition. **ex·hi·bi·cio·nis·mo** [e(k)sißiθjonísmo] *n/m* exhibitionism. **ex·hi·bi·cio·nis·ta** [e(k)sißiθjonísta] *adj n/m,f* exhibitionist. **ex·hi·bir** [e(k)sißír] *v* to exhibit, (put on) show.

ex·hor·ta·ción [e(k)sortaθjón] *n/f* exhortation. **ex·hor·tar** [e(k)sortár] *v* **(~ a)** to exhort (to). **ex·hor·to** [e(k)sórto] *n/m* JUR letters rogatory *pl*.

ex·hu·ma·ción [e(k)sumaθjón] *n/f* exhumation. **ex·hu·mar** [e(k)sumár] *v* **1.** to exhume. **2.** FIG to bring to light.

e·xi·gen·cia [e(k)sixéņθja] *n/f* **1.** demand, requirement. **2.** FAM exigency. **e·xi·gen·te** [e(k)sixéņte] *adj* **(~ con/en)** exigent, demanding, exacting. **e·xi·gi·ble** [e(k)sixíßle] *adj* exigible, exactable, requirable. **e·xi·gir** [e(k)sixír] *v* (*exi**jo**/exi**ja***) **1.** to demand, exact. **2.** FIG to require.

e·xi·güi·dad [e(k)siɣwiðáð] *n/f* smallness, exiguity. **e·xi·guo/a** [e(k)síɣwo/a] *adj* exiguous, tiny, Br meagre, US meager (*pequeño*).

e·xi·l(i)a·do/a [e(k)sil(j)áðo/a] **I.** *adj* exiled. **II.** *n/m,f* exile, refugee. **e·xi·l(i)ar** [e(k)sil(j)ár] *v* to exile, banish. LOC **~se de**, to go into exile, be exiled (from). **e·xi·lio** [e(k)síljo] *n/m* exile.

e·xi·men·te [e(k)siméņte] *adj n/f* mitigating, exonerating.

e·xi·mio/a [e(k)símjo/a] *adj* eminent, distinguished.

e·xi·mir [e(k)simír] *v* **(~ de)** to exempt, free (from).

e·xis·ten·cia [e(k)sisténθja] *n/f* **1.** *gen* existence. **2.** *pl* COM stock(s). **e·xis·ten·cial** [e(k)sisteņθjál] *adj* existential. **e·xis·ten·cia·lis·mo** [e(k)sisteņθjalísmo] *n/m* FIL existentialism. **e·xis·ten·cia·lis·ta** [e(k)sisteņθjalísta] *adj n/m,f* existentialist. **e·xis·tir** [e(k)sistír] *v* **1.** to exist, be. **2.** to be in existence, be left.

é·xi·to [é(k)sito] *n/m* success. LOC **Tener ~**, to be successful. **e·xi·to·so/a** [e(k)sitóso/a] *adj Amer* successful.

é·xo·do [é(k)soðo] *n/m* exodus.

e·xo·ga·mia [e(k)soɣámja] *n/f* exogamy.

e·xo·ne·ra·ción [e(k)soneraθjón] *n/f* exoneration. **e·xo·ne·rar** [e(k)sonerár] *v* **1.** to dismiss, take away (from). **2.** to relieve (of), free (from).

ex·or·bi·tan·te [e(k)sorßitáņte] *adj* exorbitant.

ex·or·cis·mo [e(k)sorθísmo] *n/m* exorcism. **ex·or·cis·ta** [e(k)sorθísta] *n/m* exorcist. **ex·or·ci·zar** [e(k)sorθiθár] *v* (*exocice*) to exorcize.

ex·or·dio [e(k)sórðjo] *n/m* exordium, introduction.

ex·or·nar [e(k)sornár] *v* to adorn.

e·xo·té·ri·co/a [e(k)sotériko/a] *adj* exoteric.

e·xo·tér·mi·co/a [e(k)sotérmiko/a] *adj* FÍS exothermic.

e·xó·ti·co/a [e(k)sótiko/a] *adj* exotic. **e·xo·tis·mo** [e(k)sotísmo] *n/m* exoticism.

ex·pan·dir [e(k)spaņdír] *v* **1.** to expand (*gas*). **2.** FIG to spread (*rumor*). **ex·pan·si·bi·li·dad** [e(k)spansißiliðáð] *n/f* FÍS expansibility. **ex·pan·si·ble** [e(k)spansíßle] *adj* expansible, expandable. **ex·pan·sión** [e(k)spansjón] *n/f* **1.** expansion. **2.** FIG relaxation. **ex·pan·sio·nar·se** [e(k)spansjonárse] *v/Refl(-se)* **1.** to expand (*gas*). **2.** FIG to be communicative; to relax. **ex·pan·sio·nis·mo** [e(k)spansjonísmo] *n/m* expansionism. **ex·pan·sio·nis·ta** [e(k)spansjonísta] *adj* expansionist. **ex·pan·si·vo/a** [e(k)spansíßo/a] *adj* **1.** expandable. **2.** FIG expansive, open.

ex·pa·tria·ción [e(k)spatriaθjón] *n/f* expatriation. **ex·pa·triar** [e(k)spatriár] *v* (*expatrío/expatríe*) **I.** to expatriate. **II.** *Refl(-se)* to leave one's country of birth.

ex·pec·ta·ción [e(k)spektaθjón] *n/f* expectation. **ex·pec·tan·te** [e(k)spektáņte] *adj* expectant. **ex·pec·ta·ti·va** [e(k)spektatíßa] *n/f* expectation, hope. LOC **Estar a la ~ de**, to be on the watch for sth (*estar atento*). **Tener/Estar a la ~ de**, to be hoping for.

ex·pec·to·ran·te [e(k)spektoráņte] *n/m* MED expectorant.

ex·pe·di·ción [e(k)speðiθjón] *n/f gen* expedition. **ex·pe·di·cio·na·rio/a** [e(k)speðiθjonárjo/a] **I.** *adj* expeditionary, dispatching. **II.** *n/m,f* member of an expedition. **ex·pe·di·dor/ra** [e(k)speðiðór/ra] *adj* sending, dispatching.

ex·pe·dien·te [e(k)speðjéņte] *n/m* **1.** JUR action, case. **2.** JUR records (of proceedings) *pl*. **3.** file, dossier. **4.** JUR enquiry. **5.** academic record. LOC **Abrir/Incoar un ~**, to start proceedings *pl*. **Cubrir el ~**, FIG FAM to do the bare minimum, do enough to get by.

ex·pe·dir [e(k)speðír] *v* (*exp**i**do*) **1.** to expedite, dispatch (*asunto, negocio, causa*). **2.** to send, forward. **3.** to issue (*certificado,* etc). **ex·pe·di·ti·vo/a** [e(k)speðitíßo/a] *adj* expeditious. **ex·pe·di·to/a** [e(k)speðíto/a] *adj* clear, free (*de estorbos*).

ex·pe·ler [e(k)spelér] *v* **(~ de/por)** to expel (from/out of).

ex·pen·de·dor/ra [e(k)spendeðór/ra] *n/m,f* **1**. *gen* retailer, dealer. **2**. ticket vendor. **3**. tobacconist. **ex·pen·de·du·ría** [e(k)spendeðuría] *n/f* retailer's. **ex·pen·der** [e(k)spendér] *v* to retail. **ex·pen·sas** [e(k)spénsas] *n/f pl* expenses. LOC **A (las) ~ de alguien,** at sb's expense.

ex·pe·rien·cia [e(k)sperjénθja] *n/f* **1**. experience. **2**. experiment.

ex·pe·ri·men·ta·ción [e(k)sperimentaθjón] *n/f* experimentation. **ex·pe·ri·men·tal** [e(k)sperimentál] *adj* experimental. **ex·pe·ri·men·tar** [e(k)sperimentár] *v* **1**. **(~ con/en)** to experiment (with/on). **2**. to try out, test (*ensayar*). **3**. to experience, feel. **4**. to undergo. **ex·pe·ri·men·to** [e(k)sperimépto] *n/m* **1**. experiment. **2**. experience.

ex·per·to/a [e(k)spérto/a] *adj n/m,f* **(~ en)** expert (in).

ex·pia·ción [e(k)spiaθjón] *n/f* expiation. **ex·piar** [e(k)spiár] *v* (*expío/expíe*) *gen* to expiate. **ex·pia·to·rio/a** [e(k)spiatórjo/a] *adj* expiatory.

ex·pi·ra·ción [e(k)spiraθjón] *n/f* expiration. **ex·pi·rar** [e(k)spirár] *v gen* to expire.

ex·pla·na·ción [e(k)splanaθjón] *n/f* smoothing, levelling.

ex·pla·na·da [e(k)splanáða] *n/f* esplanade.

ex·pla·nar [e(k)splanár] *v* **1**. to level (*allanar*). **2**. FIG to expound.

ex·pla·yar [e(k)splaJár] **I**. *v* to extend, expand. **II**. *v/Refl(-se)* **1**. FIG **(~se con)** to confide in, talk at length (with). **2**. FIG FAM to relax, unwind. LOC**~se con,** to confide in. **~se en un discurso,** to explain at length in a speech, FIG FAM go to town on a speech.

ex·pli·ca·ble [e(k)splikáßle] *adj* explicable. **ex·pli·ca·ción** [e(k)splikaθjón] *n/f* **1**. *gen* explanation. **2**. justification, excuse. **3**. reason, explanation. **ex·pli·car** [e(k)splikár] **I**. *v* (*explique*) **1**. to explain, clarify. **2**. to justify (*dar excusas*). **3**. to teach, lecture in. **II**. *v/Refl(-se)* to understand, see. **ex·pli·ca·ti·vo/a** [e(k)splikatíßo/a] *adj* explanatory. **ex·plí·ci·to/a** [e(k)splíθito/a] *adj* explicit.

ex·plo·ra·ble [e(k)sploráßle] *adj* explorable. **ex·plo·ra·ción** [e(k)sploraθjón] *n/f* exploration. **ex·plo·ra·dor/ra** [e(k)sploraðór/ra] *n/m,f* explorer. **ex·plo·rar** [e(k)splorár] *v* **1**. to explore. **2**. to examine, probe. **ex·plo·ra·to·rio/a** [e(k)sploratórjo/a] **I**. *adj* exploratory. **II**. *adj n/m* MEDexploratory.

ex·plo·sión [e(k)splosjón] *n/f* **1**. *gen* explosion. **2**. bang, blast (*bomba*), burst (*burbuja*), FIG outburst. **ex·plo·sio·nar** [e(k)splosjonár] *v* to explode. **ex·plo·si·vo/a** [e(k)splosíßo/a] *adj n/m* explosive. **ex·plo·ta·ble** [e(k)splotáßle] *adj* exploitable. **ex·plo·ta·ción** [e(k)splotaθjón] *n/f* **1**. exploit-ation, use. **2**. plant, works *pl* (*lugar*): *Una explotación petrolífera,* A petrochemical plant. **3**. tapping (*recursos naturales*). **4**. FIG exploitation, abuse. **ex·plo·tar** [e(k)splotár] *v* **1**. *gen* to exploit. **2**. to work (*una mina*), tap (*recursos naturales*). **3**. to explode (*bomba*).

ex·po·lia·ción [e(k)spoljaθjón] *n/f* despoiling. **ex·po·liar** [e(k)spoljár] *v* to despoil, pillage. **ex·po·lio** [e(k)spóljo] *n/m* **1**. despoiling. **2**. spoils *pl*.

ex·po·nen·cial [e(k)sponenθjál] *adj* MAT exponential. **ex·po·nen·te** [e(k)sponénte] *adj n/m gen* exponent. **ex·po·ner** [e(k)sponér] (*expongo, expuse, expondré, expuesto*) *v* **1**. to expound, explain. **2**. to exhibit, show, lay out, display. **3**. to expose. **4**. to (expose to) risk, jeopardize. LOC **~se a,** to run a risk.

ex·por·ta·ble [e(k)sportáßle] *adj* exportable. **ex·por·ta·ción** [e(k)sportaθjón] *n/f* **1**. exportation. **2**. exports. **ex·por·ta·dor/ra** [e(k)sportaðór/ra] **I**. *adj* exporting. **II**. *n/m,f* exporter. **ex·por·tar** [e(k)sportár] *v* to export.

ex·po·si·ción [e(k)sposiθjón] *n/f* **1**. exposure, exhibition. **2**. exhibition, show, COM fair. **3**. exposure (*en fotografía*). **4**. exposition, explanation (*de un tema*).

ex·pó·si·to/a [e(k)spósito/a] **I**. *adj* abandoned. **II**. *n/m,f* foundling.

ex·po·si·tor/ra [e(k)spositór/ra] **I**. *adj* exponent, expository. **II**. *n/m,f* **1**. exhibitor. **2**. exponent (*teoría*).

ex·prés [e(k)sprés] *adj* express. LOC **Café ~,** expresso.

ex·pre·sa·men·te [e(k)sprésaménte] *adv* **1**. on purpose, deliberately (*adrede*). **2**. expressly. **ex·pre·sar** [e(k)spresár] **I**. *v* to express, show, convey. **II**. *v/Refl(-se)* **(~se de/en/por)** to express oneself, make oneself understood. **ex·pre·sión** [e(k)spresjón] *n/f gen* expression. **ex·pre·sio·nis·mo** [e(k)spresjonísmo] *n/m* ARTE Expressionism. **ex·pre·sio·nis·ta** [e(k)spresjonísta] *adj n/m,f* ARTE Expressionist. **ex·pre·si·vi·dad** [e(k)spresißiðáð] *n/f* expressivity, expressiveness. **ex·pre·si·vo/a** [e(k)spresíθo/a] *adj* expressive. **ex·pre·so/a** [e(k)spréso/a] **I**. *adj* express, specific. **II**. *n/m* express train.

ex·pri·mi·dor [e(k)sprimiðór] *n/m* squeezer. **ex·pri·mir** [e(k)sprimír] *v* **1**. to squeeze (*limón*). **2**. FIG to exploit.

ex·pro·fe·so [e(k)proféso] *adv* on purpose.

ex·pro·pia·ción [e(k)spropjaθjón] *n/f* expropriation. **ex·pro·piar** [e(k)spropjár] *v* to expropriate.

ex·pues·to/a [e(k)spwésto/a] *adj* **1**. **(~ a)** exposed (to) (*lugar*). **2**. COM risky. **3**. on show/display.

ex·pug·na·ble [e(k)spuγnáßle] *adj* expugnable. **ex·pug·nar** [e(k)spuγnár] *v* MIL to take by storm.

ex·pul·sar [e(k)spulsár] *v* **(~ de)** to expel, eject, throw out (from). **ex·pul·sión** [e(k)spulsjón] *n/f* expulsion. **ex·pul·sor/ra** [e(k)spulsór/ra] *n/m* ejector.

ex·pur·ga·ción [e(k)spurγaθjón] *n/f* (ex)purgation. **ex·pur·gar** [e(k)spurγár] *v* (*expurgue*) **1**. to purge, purify, expunge. **2**. **(~ de)** to expurgate (from).

ex·qui·si·tez [e(k)skisitéθ] *n/f* (*pl exquisiteces*) exquisiteness. **ex·qui·si·to/a** [e(k)skisíto/a] *adj* exquisite.

ex·ta·siar·se [e(k)stasjárse] *v/Refl(-se)* (*extasío/extasíe*) to become ecstatic, go into ecstasies *pl*. **éx·ta·sis** [é(k)stasis] *n/m* ecstasy. **ex·tá·ti·co/a** [e(k)státiko/a] *adj* ecstatic, transported.

ex·tem·po·rá·neo/a [e(k)stem̪poráneo/a] *adj* **1**. unseasonable. **2**. FIG untimely, inopportune.

ex·ten·der [e(k)sten̪dér] **I**. *v* (*extiendo*) **1**. to extend, expand. **2**. **(~ sobre)** to spread, stretch (on/over). **3**. **(~ por)** to scatter, spread out (over). **4**. to draw up (*documento oficial*). **II**. *v/Refl(-se)* **1**. to spread, open, stretch (out) (*abrirse*). **2**. **(~se por)** to extend, stretch, range (over). **3**. to last: *El programa se extiende a lo largo de toda la noche*, The programme lasts all night. **4**. to lie (down) (*tenderse*). **5**. FIG to be lengthy, go on (a long time). **ex·ten·si·ble** [e(k)stensíßle] *adj* extensible, extendable. **ex·ten·sión** [e(k)stensjón] *n/f* **1**. extension. **2**. size, length, expanse (*de tiempo/espacio*), FIG extent (*medida*). LOC **Por ~**, by extension. **ex·ten·si·vo/a** [e(k)stensíßo/a] *adj* extensive. **ex·ten·so/a** [e(k)sténso/a] *adj* extensive, vast, FIG widespread.

ex·te·nua·ción [e(k)stenwaθjón] *n/f* weakness, exhaustion. **ex·te·nuar** [e(k)stenwár] **I**. *v* (*extenúo, extenúen*) to weaken. **II**. *v/Refl(-se)* to be exhausted.

ex·te·rior [e(k)sterjór] **I**. *adj* **1**. exterior, external, outer, FAM outside. **2**. foreign. **II**. *n/m* exterior, outside. LOC **Al ~**, (on the) outside. **ex·te·rio·ri·dad** [e(k)sterjoriðáð] *n/f* outward appearance/s. **ex·te·rio·ri·zar** [e(k)sterjoriθár] *v/v/Refl(-se)* (*exteriorice*) to (make) manifest, externalize, reveal.

ex·ter·mi·na·ble [e(k)sterminaßle] *adj* eradicable. **ex·ter·mi·na·ción** [e(k)sterminaθjón] *n/f* extermination. **ex·ter·mi·na·dor/ra** [e(k)sterminaðór/ra] **I**. *adj* exterminating. **II**. *n/m, f* exterminator. **ex·ter·mi·nar** [e(k)sterminár] *v* to exterminate, eradicate. **ex·ter·mi·nio** [e(k)stermínjo] *n/m* extermination.

ex·ter·na·do [e(k)sternáðo] *n/m* day-school. **ex·ter·no/a** [e(k)sterno/a] **I**. *adj* external, exterior, FAM outward. **II**. *n/m,f* day-boy *m*, day-girl *f*.

ex·tin·ción [e(k)stin̪θjón] *n/f* extinction. **ex·tin·gui·ble** [e(k)stiŋgíßle] *adj* extinguishable. **ex·tin·guir** [e(k)stiŋgír] *v* **I**. (*extingo, extinga*) to extinguish, put out (*incendio*). **II**. *v/Refl(-se)* **1**. to go out (*luz/llama*). **2**. to become extinct (*fenómeno*). **ex·tin·to/a** [e(k)stín̪to/a] *adj* **1**. extinguished, FAM out (*apagado*). **2**. extinct. **3**. *Amer* dead, defunct. **ex·tin·tor** [e(k)stin̪tór] *n/m* (fire) extinguisher.

ex·tir·pa·ción [e(k)stirpaθjón] *n/f* extirpation, eradication. **ex·tir·par** [e(k)stirpár] *v* **1**. BOT to uproot, pull up. **2**. FIG to eradicate (*un mal*).

ex·tor·sión [e(k)storsjón] *n/f* **1**. extortion. **2**. inconvenience. **ex·tor·sio·nar** [e(k)storsjonár] *v* **1**. to extort. **2**. to inconvenience, FAM bother (*causar molestia*).

ex·tra [e(k)stra] **I**. *pref* extra. **II**. *adj* fine-quality, superior. **III**. *n/m* **1**. extra, bonus, perk. **2**. FAM extra (*plato especial*). **3**. TEAT extra.

ex·trac·ción [e(k)strakθjón] *n/f gen* extraction. **ex·trac·tar** [e(k)straktár] *v* to abridge (*libro*), abstract (*escrito*). **ex·trac·to** [e(k)stráktoj *n/m* **1**. abstract (*resumen*). **2**. extract. **ex·trac·tor** [e(k)straktór] *n/m* TÉC extractor.

ex·tra·di·ción [e(k)straðiθjón] *n/f* extradition.

ex·tra·er [e(k)straér] *v* (*extraigo, extraje, extraído*) **(~ de) 1**. to take out (*muelas*). **2**. to extract.

ex·tra·li·mi·ta·ción [e(k)stralimitaθjón] *n/f* abuse. **ex·tra·li·mi·tar·se** [e(k)stralimitárse] *v/Refl(-se)* **(~se en)** FIG to overstep the mark, go too far (with/in).

ex·tra·mu·ros [e(k)stramúros] *adj adv* outside the city (walls).

ex·tran·je·ría [e(k)straŋxería] *n/f* status as an alien. **ex·tran·je·ris·mo** [e(k)straŋxerísmo] *n/m* foreign expression. **ex·tran·je·ro/a** [e(k)straŋxéro/a] **I**. *adj* foreign. **II**. **1**. *n/m,f* foreigner. **2**. *n/m* abroad.

ex·tran·jis [e(k)stráŋxis] LOC *col* **De ~**, secretly.

ex·tra·ña·mien·to [e(k)straɲamjén̪to] *n/m* astonishment. **ex·tra·ñar** [e(k)straɲár] **I**. *v* **1**. to exile. **2**. to miss (*echar de menos*). **3**. to astonish, surprise. **II**. **(~se de)** to be surprised (at), find it strange (that). LOC **No es de ~**, no wonder (that). **ex·tra·ñe·za** [e(k)straɲéθa] *n/f* strangeness, amazement, astonishment. **ex·tra·ño/a** [e(k)stráɲo/a] **I**. *adj* **1**. odd, strange, peculiar: *Tiene un aspecto extraño*, He looks odd. **2**. **(~ a)** alien/foreign (to), not connected (with). **II**. *n/m f* stranger.

ex·tra·o·fi·cial [e(k)straofiθjál] *adj* unofficial.

ex·tra·or·di·na·rio/a [e(k)straorðinárjo/a] **I**. *adj* extraordinary. LOC **(Trabajar/Hacer) Horas ~as**, (to work) overtime. **II**. *n/m* special edition (*publicación*).

ex·tra·po·la·ción [e(k)strapolaθjón] *n/f* extrapolation. **ex·tra·po·lar** [e(k)strapolár] *v* FIG FAM to extrapolate.

ex·tra·rra·dio [e(k)strarráðjo] *n/m* outskirts *pl*.

ex·tra·te·rres·tre [e(k)straterréstre] *adj* extraterrestrial. **ex·tra·te·rri·to·rial** [e(k)strateritorjál] *adj* extraterritorial.

ex·tra·va·gan·cia [e(k)straßaγán̪θja] *n/f* extravagance. **ex·tra·va·gan·te** [e(k)straßaγán̪te] **I**. *adj* **1**. extravagant. **2**. eccentric. **II**. *n/m,f* eccentric.

ex·tra·ver·ti·do/a [e(k)straßertíðo/a] *n/m,f* extrovert.

ex·tra·viar [e(k)straßjár] **I**. *v* (*extravío, extravíe*) **1**. to misdirect, FIG mislead. **2**. to misplace, lose. **3**. FIG to go off the rails (*vida desordenada/licenciosa*). **II**. *Refl(-se)* to get lost, go astray. **ex·tra·vío** [e(k)straβío] *n/m* **1**. misleading. **2**. getting lost, losing one's way. **3**. misplacement. **4**. FIG misconduct, going astray.

ex·tre·ma·do/a [e(k)stremáðo/a] *adj* **1**. extreme. **2**. fine (*de calidad superior*). **ex·tre·mar** [e(k)stremár] **I**. *v* to carry to extremes *pl*, stretch. **II**. *v/Refl(-se)* (**~se en** + *n/inf*) to take great pains (with + *n*/to + *inf*/in + *ger*).

ex·tre·ma·un·ción [e(k)stremauṇθjón] *n/f* REL Extreme Unction.

ex·tre·me·ño/a [e(k)streméɲo/a] *adj n/m,f* GEOG Extremaduran.

ex·tre·mi·dad [e(k)stremiðáð] *n/f* **1**. extremity, end (*parte final*). **2**. ANAT *pl* extremities. **ex·tre·mis·mo** [e(k)stremísmo] *n/m* extremism. **ex·tre·mis·ta** [e(k)stremísta] *adj n/m,f* extremist. **ex·tre·mo/a** [e(k)strémo/a] **I**. *adj* **1**. last. **2**. extreme, utmost. **3**. furthest, furthermost. **II**. *n/m* **1**. extreme, end. **2**. FIG limit, height, pitch, extent. **3**. *pl* **(los ~s)** (the) extreme *sing*. **4**. (particular) details: *Confirme, por favor, los extremos a que se refería en su carta*, Please, confirm all the points you mentioned in your letter. LOC **En último ~**, as a last resort. **ex·tre·mo·so/a** [e(k)stremóso/a] *adj* **1**. extreme, excessive. **2**. effusive.

ex·trín·se·co/a [e(k)strínseko/a] *adj* extrinsic. **ex·tro·ver·sión, ex·tra·ver·sión** [e(k)stro/e(k)straβersjón] *n/f* extroversion. **ex·tro·ver·ti·do/a** [e(k)stroβertíðo/a] *adj* extrovert.

e·xu·be·ran·cia [e(k)suβeráṇθja] *n/f* **1**. exuberance. **2**. abundance. **e·xu·be·ran·te** [e(k)suβeráṇte] *adj* **1**. exuberant. **2**. luxuriant, abundant: *Una vegetación exuberante*, Luxuriant growth.

e·xu·da·ción [e(k)suðaθjón] *n/f* exudation. **e·xu·dar** [e(k)suðár] *v* to exude, ooze.

e·xul·ta·ción [e(k)sul̦taθjón] *n/f* exultation. **e·xul·tar** [e(k)sul̦tár] *v* to exult, rejoice.

ex·vo·to [e(k)ßóto] *n/m* REL ex-voto, votive offering.

e·ya·cu·la·ción [eJakulaθjón] *n/f* ANAT/MED ejaculation. **e·ya·cu·lar** [eJakulár] *v* ANAT/MED to ejaculate.

e·yec·tor [eJektór] *n/m* ejector.

F, f [éfe] *n/f* 'f' (*letra*).

fa [fá] *n/f* MÚS fa, F. LOC **Ni fu ni ~**, it doesn't mean anything to me.

fa·ba·da [faβáða] *n/f* Asturian bean stew.

fá·bri·ca [fáβrika] *n/f* **1.** factory, FAM works. **2.** fabric (*estructura*). LOC **~ de cerveza**, brewery. **Marca de ~**, trade mark. **fa·bri·ca·ción** [faβrikaθjón] *n/f* manufacture. **~ en serie**, mass production. **fa·bri·can·te** [faβrikánte] *n/m,f* manufacturer. **fa·bri·car** [faβrikár] *v* (*fabrique*) **1.** TÉC to manufacture, make. **2.** ARQ to construct. **3.** FIG to fabricate. **fa·bril** [faβríl] *adj* manufacturing.

fá·bu·la [fáβula] *n/f* **1.** fable, tale, story. **2.** rumour, lie. **fa·bu·la·rio** [faβulárjo] *n/m* collection of fables. **fa·bu·lo·so/a** [faβulóso/a] *adj* **1.** fabled. **2.** FIG fabulous.

fa·ca [fáka] *n/f* large flick knife.

fac·ción [fa(k)θjón] *n/f* **1.** faction. **2.** *pl* features. **fac·cio·so/a** [fakθjóso/a] *adj* factious.

fa·ce·ta [faθéta] *n/f* facet.

fa·cial [faθjál] *adj* facial. LOC **Técnica ~**, beauty treatment. **Técnico ~**, beautician.

fá·cil [fáθil] **I.** *adj* **1.** **(~ de/para)** easy, simple (to). **2.** probable, likely. **II.** *adv* easily. **fa·ci·li·dad** [faθiliðáð] *n/f* **1.** facility, ease. **2.** fluency. **3.** *pl* facilities. LOC **Dar ~es**, to facilitate, make easy. **fa·ci·li·tar** [faθilitár] *v* **1.** to facilitate, make easy. **2.** to provide.

fa·ci·ne·ro·so/a [faθineróso/a] *adj n/m* criminal.

fa·cis·tol [faθistól] *n/m* REL lectern.

fac·sí·mil, fac·sí·mi·le [faksímil(e)] *n/m* **1.** facsimile. **2.** fax. **fac·si·mi·lar** [faksimilár] *adj* facsimile.

fac·ti·ble [faktíβle] *adj* feasible, workable.

fac·ti·cio/a [faktíθjo/a] *adj* **1.** synthetic, artificial. **2.** contrived.

fác·ti·co/a [fáktiko/a] *adj* factual, real. **fac·to** [fákto] *n/m* LOC **De ~**, in fact.

fac·tor [faktór] *n/m* **1.** *gen* factor. **2.** freight clerk (*ferroviario*).

fac·to·ría [faktoría] *n/f* factory.

fac·tó·tum [faktótum] *n/m* factotum, right-hand man.

fac·tual [faktwál] *adj* factual.

fac·tu·ra [faktúra] *n/f* COM **1.** bill. **2.** invoice. **fac·tu·ra·ción** [fakturaθjón] *n/f* COM invoicing. **fac·tu·rar** [fakturár] *v* **1.** COM to invoice, bill. **2.** to register (*equipaje*).

fa·cul·tad [fakul̪táð] *n/f* **1.** *gen* faculty. **2.** **(~ de)** FIG power (of). **3.** ability. LOC **~ de Filología**, Language Faculty. **~es mentales**, mental powers. **Tener ~ para**, to be authorized to. **fa·cul·tar** [fakul̪tár] *v* to authorize. **fa·cul·ta·ti·vo/a** [fakul̪tatíβo/a] **I.** *adj* **1.** *gen* faculty, optional. **2.** MED medical. **II.** *n/m,f* MED doctor.

fa·cun·dia [fakún̪dja] *n/f* eloquence, FAM gift of the gab, verbosity.

fa·cha [fátʃa] **I.** *n/f* **1.** look, looks. **2.** FAM ridiculous get-up. **3.** FAM fascist, reactionary, ultra nationalist.

fa·cha·da [fatʃáða] *n/f* **1.** ARQ façade, front. **2.** FIG façade.

fae·na [faéna] *n/f* **1.** task, job. **2.** FIG FAM dirty trick. **3.** TAUR series of passes. LOC

Hacerle una ~ a uno, FAM to play a dirty trick on sb. **Las ~ de la casa**, the household chores, the housework. **fae·nar** [faenár] *v* to work. LOC **~ en la mar**, to fish.

fa·go·ci·to [faγoθíto] *n/m* BIOL phagocyte.

fa·got [faγót] *n/m* MÚS bassoon.

fai·sán [faisán] *n/m* pheasant (*ave*).

fa·ja [fáxa] *n/f* **1.** band, strip (*tela*). **2.** corset, girdle (*para mujer*). **3.** cummerbund, sash (*de traje*). **fa·jar** [faxár] *v* **1.** to wraparound, to gird. **2.** *Amer* to beat. **fa·jín** [faxín] *n/m* MIL sash. **fa·ji·na** [faxína] *n/f* **1.** bundle of firewood, kindling. **2.** MIL bugle call. **fa·jo** [fáxo] *n/m* bundle. LOC **Un ~ de billetes**, a wad of notes.

fa·la·cia [faláθja] *n/f* **1.** deceit, deceitfulness. **2.** fallacy.

fa·lan·ge [faláŋxe] *n/f* **1.** ANAT phalanx, phalange. **2.** MIL Falange. **fa·lan·gis·ta** [falaŋxísta] *adj n/m,f* falangist.

fa·laz [faláθ] *adj* (*pl falaces*) **1.** fallacious. **2.** deceitful.

fal·da [fál̪da] *n/f* **1.** skirt. **2.** hillside, slope, side. **3.** lap. **4.** FIG (of) women. LOC **Pegado a las ~s de**, FIG tied to the apron strings of. **~ escocesa**, kilt. **~ pantalón**, culottes. **Mini~**, mini-skirt. **fal·de·ro/a** [fal̪déro/a] *adj* LOC **Hombre ~**, FAM one for the girls. **Perro ~**, ZOOL lapdog. **fal·dón** [fal̪dón] *n/m* **1.** tail, skirt (*de un vestido*), shirt-tail (*camisa*), coat-tail (*de abrigo*). **2.** fringe (*de mantel*).

fa·li·ble [falíβle] *adj* fallible. **fa·li·bi·li·dad** [faliβiliðáð] *n/f* fallibility.

fá·li·co/a [fáliko/a] *adj* phallic. **fa·lo** [fálo] *n/m* phallus.

fal·sea·mien·to [falseamjén̪to] *n/m* **1.** falsification. **2.** misrepresentation. **fal·se·ar** [falseár] *v* **1.** to falsify, forge. **2.** MÚS to be out of tune. **3.** to distort (*la verdad*). **4.** ARQ to slant. **fal·se·dad** [falseðáð] *n/f* **1.** falsity, falseness. **2.** falsehood, lie. **3.** forgery, falsification. **fal·se·te** [falséte] *n/m* **1.** MÚS falsetto (*voz*). **2.** TÉC plug, bung. **fal·sía** [falsía] *n/f* falseness, falsity. **fal·si·fi·ca·ción** [falsifikaθjón] *n/f* **1**. falsification, forging. **2**. forgery, fake (*objeto*). **fal·si·fi·car** [falsifikár] *v* (*falsifi***que**) **1**. to forge, fake (*firma*). **2**. to falsify. **fal·si·lla** [falsíʎa] *n/f* lined page. **fal·so/a** [fálso/a] **I**. *adj* **1**. *gen* false. **2**. counterfeit, fake. **3**. insincere (*persona*). **II**. *n/m* lining, reinforcement (*de tela*). LOC **Dar un golpe en ~**, to miss one's mark. **En ~**, 1. without proper support, unstable. 2. awkward. **Jurar en ~**, to commit perjury.

fal·ta [fáļta] **I**. *n/f* **1**. lack, want. **2**. failure, shortcoming, mistake. **3**. DEP foul (*fútbol*), fault (*tenis*). **4**. JUR misdemeano(u)r. **5**. absence (*de una persona*). **6**. TÉC trouble, failure. **II**. *prep* **(a ~ de)** failing. LOC **~ de asistencia**, non-attendance. **~ de educación**, bad manners. **Hacer ~**, to be necessary: *Me hace falta*, I need it. **Notar la ~ de/Echar en ~**, to miss. **Por ~ de**, for want/lack of. **Si hace ~**, if necessary. **Sin ~**, without fail.

fal·tar [faļtár] *v* **1**. to be missing/lacking. **2**. to be absent/needed. **3**. **(~ en)** to fail (*acabarse/fallar/dejar de ayudar*). **4**. **(~ para)** to be left (until): *Faltan cuatro semanas para las vacaciones*, There are four weeks left until the holidays. **5**. **(~ a/de)** to offend against (*decencia*), neglect (*deber*), go back on (*palabra*). **6**. **(~ a)** to break (*cita*), be absent from (*clase*). LOC **~ por** + *inf*, there is still...to be + pp: *Falta por ver*, It remains to be seen. **Faltarle a uno tiempo**, to be short of time. **¡No faltaría más!**, *exclam* **1**. It would be my pleasure! **2**. PEY That's all I need! **¡No faltaba más!** *exclam*, That's the last straw! **fal·to/a** [fáļto/a] *adj* **(~ de)** lacking/short in, void of.

fal·tri·que·ra [faļtrikéra] *n/f* pocket, pouch.

fa·lúa [falúa] *n/f*, **fa·lu·cho** [falútʃo] *n/m* NÁUT launch.

fa·lla [fáʎa] *n/f* GEOL fault, failure.

fa·llar [faʎár] *v* **1**. **(~ a favor de/contra/en favor de)** JUR to give a decision, pass judgement (on). **2**. to trump (*naipes*). **3**. to give way, snap, FIG give in (*romperse*); to miss. **4**. to fail (*cosecha, memoria*).

fa·lle·ba [faʎéβa] *n/f* bolt.

fa·lle·cer [faʎeθér] *v* (*falle***zc***o*) to die, pass away. **fa·lle·ci·do/a** [faʎeθíðo/a] *adj* deceased, late. **fa·lle·ci·mien·to** [faʎeθimjéņto] *n/m* demise, decease.

fa·lli·do/a [faʎíðo/a] *adj* **1**. vain, frustrated (*esperanza*). **2**. unsuccessful, failed. **3**. irrecoverable, bad (*deuda*).

fa·llo [fáʎo] *n/m* **1**. JUR sentence, verdict, ruling. **2**. omission, mistake, error, FAM mixup. **3**. TÉC trouble. LOC **~ humano**, human error. **(Tener) ~s de memoria**, to have lapses of memory.

fa·ma [fáma] *n/f* **(~ de)** **1**. fame, renown. **2**. reputation. LOC **Buena ~**, good name. **Mala ~**, notoriety. **Tener ~**, to be famous.

fa·mé·li·co/a [faméliko/a] *adj* starving, famished.

fa·mi·lia [famílja] *n/f* **1**. *gen* family. **2**. household. LOC **De buena ~**, well-born. **En ~**, with one's family. **Ser como de la ~**, to be one of the family. **fa·mi·liar** [familjár] **I**. *adj* **1**. family. **2**. familiar (*conocido*). **3**. colloquial, informal. **II**. *n/m,f* relation, relative. **fa·mi·lia·ri·dad** [familjariðáð] *n/f* familiarity. **fa·mi·lia·ri·zar** [familjariθár] *v* (*familiari***c***e*) to familiarize, acquaint. LOC **~se con**, to familiarize oneself with.

fa·mo·so/a [famóso/a] *adj* **1**. famous. **2**. FAM fantastic, great.

fá·mu·lo/a [fámulo/a] *n/m* servant.

fan [fán] *n/m,f* fan.

fa·nal [fanál] *n/m* **1**. lantern, lamp. **2**. lighthouse.

fa·ná·ti·co/a [fanátiko/a] *adj n/m,f* fanatic. **fa·na·tis·mo** [fanatísmo] *n/m* fanaticism. **fa·na·ti·zar** [fanatiθár] *v* (*fanati***c***e*) to make (sb) (a) fanatic.

fan·dan·go [faņdáŋgo] *n/m* MÚS fandango. **fan·dan·gui·llo** [faņdaŋgíʎo] *n/m* MÚS fandango-like dance.

fa·ne·ga [fanéγa] *n/f* fanega (*medida*). **fa·ne·ga·da** [faneγáða] *n/f* fanega. LOC **A ~s**, FIG in great abundance.

fan·fa·rria [faɱfárrja] *n/f* MÚS fanfare. **fan·fa·rrón/na** [faɱfarrón/na] **I**. *adj* swanky, boastful. **II**. *n/m,f* show-off, swank. **fan·fa·rro·na·da** [faɱfarronáða] *n/f* **1**. showing-off, bragging. **2**. brag, boast (*dicho*). **fan·fa·rro·ne·ar** [faɱfarroneár] *v* to show-off, boast. **fan·fa·rro·ne·ría** [faɱfarronería] *n/f* V **fanfarronada**.

fan·go [fáŋgo] *n/m* **1**. mud, slime. **2**. FIG degradation. **fan·go·so/a** [faŋgóso/a] *adj* muddy.

fan·ta·se·ar [faņtaseár] *v* to day-dream, imagine. **fan·ta·sía** [faņtasía] *n/f* **1**. imagination. **2**. fantasy. **3**. *pl* day-dreaming, fantasies. **4**. MÚS fantasia. LOC **De ~**, **1**. fancy (*artículo*). **2**. imitation (*joyería*). **fan·ta·sio·so/a** [faņtasjóso/a] *adj* fantastic (*sueño, proyecto*).

fan·tas·ma [faņtásma] *n/m* **1**. ghost, phantom. **2**. FIG FAM dreamer. **3**. PEY pretend person. **fan·tas·ma·da** [faņtasmáða] *n/f* FAM cock-and-bull story. **fan·tas·ma·go·ría** [faņtasmaγoría] *n/f* phantasmagoria. **fan·tas·mal** [faņtasmál] *adj* **1**. ghostly. **2**. phantasmal. **fan·tás·ti·co/a** [faņtástiko/a] *adj gen* fantastic.

fan·to·cha·da [faņtotʃáða] *n/f* FIG invention, bright idea. **fan·to·che** [faņtʃótʃe] *n/m* **1**. puppet, marionette. **2**. FAM popinjay, nincompoop.

fa·quir [fakír] *n/m* **1**. fakir. **2**. trapeze artist (*circo*).

fa·ra·dio [faráðjo] *n/m* ELECTR farad.

fa·rán·du·la [faráŋdula] *n/f* TEAT **1**. theatre, troupe. **2**. slapstick (comedy).

fa·ra·ón [faraón] *n/m* Pharaoh.

far·dar [farðár] *v* to show off, try and impress (with one's clothes, attitudes, etc). **far·dón/na** [farðón/na] *adj* FIG FAM burden, swanky, posh.

far·del [fárðél] *n/m* **1**. knapsack, bag. **2**. bundle, parcel. **far·do** [fárðo] *n/m* **1**. bundle. **2**. bale, pack.

far·fu·llar [farfuʎár] *v* to splutter, babble.

fa·ri·ná·ceo/a [farináθeo/a] *adj* starchy.

fa·rin·ge [faríŋxe] *n/f* ANAT pharynx. **fa·rín·geo/a** [faríŋxeo/a] *adj* pharyngeal.

fa·ri·sai·co/a [farisáiko/a] *adj* pharisaic(al). **fa·ri·saís·mo, fa·ri·seís·mo** [farisaísmo/fariseísmo] *n/m* phariseeism. **fa·ri·seo** [fariséo] *n/m* **1.** REL Pharisee. **2.** FIG hypocrite.

far·ma·céu·ti·co/a [farmaθéutiko/a] **I.** *adj* pharmaceutic(al). **II.** *n/m,f* pharmacist, chemist. **far·ma·cia** [farmáθja] *n/f* **1.** pharmacy. **2.** Br chemist's, US drugstore. **fár·ma·co** [fármako] *n/m* medicine. **far·ma·co·lo·gía** [farmakoloxía] *n/f* pharmacology.

fa·ro [fáro] *n/m* **1.** AUT headlight, headlamp. **2.** lighthouse (*torre*), beacon. **fa·rol** [faról] *n/m* lantern. LOC **Tirarse un ~**, to spin a yarn. **fa·ro·la** [faróla] *n/f* street lamp. **fa·ro·le·ar** [faroleár] *v* to brag. **fa·ro·le·ro/a** [faroléro/a] **I.** *n/m,f* braggart. **II.** *n/m* lamppost. **fa·ro·li·llo** [farolíʎo] *n/m* fairy light, chinese lantern (*en las verbenas*). LOC **El ~ rojo**, the last person (*carrera*).

fa·rra [fárra] *n/f* FAM LOC **Estar/Ir de ~**, to be/go on a binge/spree.

fá·rra·go [fárraɣo] *n/m* mess, jumble. **fa·rra·go·so/a** [farraɣóso/a] *adj* confused, disorderly.

fa·rru·co/a [farrúko/a] *adj* FAM fearless, bold.

far·sa [fársa] *n/f* **1.** TEAT farce. **2.** FIG FAM farce, sham. **far·san·te** [farsánte] **I.** *adj* hypocritical, fake. **II.** *n/m,f* **1.** fraud, charlatan. **2.** TEAT farceur.

fas·cí·cu·lo [fasθíkulo] *n/m gen* fascic(u)le.

fas·ci·na·ción [fasθinaθjón] *n/f* fascination. **fas·ci·na·dor/ra** [fasθinaðór/ra] *adj* fascinating. **fas·ci·nan·te** [fasθinánte] *adj* fascinating. **fas·ci·nar** [fasθinár] *v* to fascinate.

fas·cis·mo [fasθísmo] *n/m* Fascism. **fas·cis·ta** [fasθísta] *adj n/m,f* fascist.

fa·se [fáse] *n/f gen* phase, stage.

fas·ti·diar [fastiðjár] *v* **1.** to bore, bother. **2.** to vex, irk. LOC **¡Fastídiate!**, *exclam*, Tough! **¡No fastidies!** *exclam*, You're kidding! **¡Para que te fastidies!**, *exclam* So there! **fas·ti·dio** [fastíðjo] *n/m* **1.** nuisance, annoyance, FAM bother. **2.** boredom. LOC **¡Qué ~!** *exclam* How tiresome! **fas·ti·dio·so/a** [fastiðjóso/a] *adj* tedious, irksome, annoying.

fas·to [fásto] *n/m* ceremony. **fas·tos** [fástos] *n/m pl* annals.

fas·tuo·si·dad [fastwosiðáð] *n/f* magnificence, splendour. **fas·tuo·so/a** [fastwóso/a] *adj* magnificent, lavish.

fa·tal [fatál] **I.** *adj* **1.** inevitable, fateful. **2.** fatal. **3.** awful, bad. **II.** *adv* very badly. **fa·ta·li·dad** [fataliðáð] *n/f* **1.** fate, fatality. **2.** misfortune. **fa·ta·lis·mo** [fatalísmo] *n/m* fatalism. **fa·ta·lis·ta** [fatalísta] **I.** *adj* fatalistic. **II.** *n/m,f* fatalist. **fa·tí·di·co/a** [fatíðiko/a] *adj* **1.** ominous, fateful. **2.** fatal.

fa·ti·ga [fatíɣa] *n/f* **1.** fatigue, tiredness. **2.** toil, hardship, difficulties. **fa·ti·gar** [fatiɣár] **I.** *v* (*fatigue*) to tire, fatigue. **II.** *v/Refl(-se)* **(~se + *ger*)** to get tired + *ger*. **fa·ti·go·so/a** [fatiɣóso/a] *adj* tiring, exhausting.

fa·tui·dad [fatwiðáð] *n/f* fatuousness. **fa·tuo/a** [fátwo/a] *adj* fatuous, inane.

fau·ces [fáuθes] *n/m,f pl* ZOOL **1.** throat (*de animal*). **2.** FIG jaws.

fau·na [fáuna] *n/f* fauna.

fau·no [fáuno] *n/m* MIT faun.

faus·to/a [fáusto/a] *n/m* splendour, magnificence.

fa·vor [faßór] *n/m gen* Br favour, US favor. LOC **A/En ~ de**, in favour of. **De ~**, complimentary (*billete*). **En su ~**, in one's favour. **Hacer el ~ de**, to be so kind as to. **Haga el ~ de**, kindly + *inf*. **Por ~**, please. **fa·vo·ra·ble** [faßoráßle] *adj* **1. (~ para)** favourable (for). **2. (~ a)** in favour (of). **fa·vo·re·cer** [faßoreθér] **I.** *v* (*favorezco*) **1.** Br to favour, US favor. **2.** to suit (*vestido*). **3.** to be in favour of, be in one's favour. LOC **~se de**, to avail oneself of. **Ser favorecido con**, to win, be awarded. **fa·vo·ri·tis·mo** [faßoritísmo] *n/m* favouritism. **fa·vo·ri·to/a** [faßoríto/a] *adj n/m,f* favourite.

faz [fáθ] *n/f* (*pl faces*) **1.** face. **2.** heads, obverse (*moneda*).

fe [fé] *n/f* **1.** *gen* faith. **2.** faithfulness (*fidelidad*). **3.** belief. LOC **Buena/mala ~**, honesty/dishonesty. **Dar ~ de**, to testify to. **De buena ~**, in good faith. **En ~ de**, in witness of. **~ de bautismo/matrimonio**, baptism/marriage certificate. **~ de erratas**, errata.

feal·dad [fealdáð] *n/f* ugliness.

fe·bre·ro [feßréro] *n/m* February.

fe·bril [feßríl] *adj* feverish.

fé·cu·la [fékula] *n/f* starch. **fe·cu·len·to/a** [fekulénto/a] *adj* starchy.

fe·cun·da·ción [fekundaθjón] *n/f* fertilization, fecundation. **fe·cun·dar** [fekundár] *v* BIOL **1.** to fertilize, fecundate. **2.** to make fertile. **fe·cun·di·dad** [fekundiðáð] *n/f* fertility, fecundity. **fe·cun·di·zar** [fekundiθár] *v* (*fecundice*) V. **fecundar**. **fe·cun·do/a** [fekúndo/a] **(~ de/en)** *adj* **1.** fertile, fecund. **2.** FIG prolific, FIG fruitful. LOC **~ en consecuencias**, full of consequence.

fe·cha [fetʃa] *n/f* **1.** date. **2.** day: *En esas fechas*, In those days. LOC **Hasta la ~**, so far, to date. **fe·char** [fetʃár] *v* to date.

fe·cho·ría [fetʃoría] *n/f* misdeed, mischief.

fe·de·ra·ción [feðeraθjón] *n/f* federation. **fe·de·ral** [feðerál] *adj* federal. **fe·de·ra·lis·mo** [feðeralísmo] *n/m* federalism. **fe·de·ra·lis·ta** [feðeralísta] *adj n/m,f* federalist. **fe·de·rar** [feðerár] *v* to federate. **fe·de·ra·ti·vo/a** [feðeratíßo/a] *adj* federative, federational.

fe·ha·cien·te [feaθjente] *adj* **1.** authentic. **2.** irrefutable, attesting (*prueba*).

fel·des·pa·to [feldespáto] *n/m* GEOL feldspar, feldspath.

fe·li·ci·dad [feliθiðáð] *n/f* **1.** happiness. **2.** prosperity, success. LOC **¡~es!**, *exclam* **1.** Congratulations! Best wishes! **2.** Many happy returns! (*cumpleaños*). **fe·li·ci·ta·ción** [feliθitaθjón] *n/f* **1.** congratulation. **2.** greetings card. **fe·li·ci·tar** [feliθitár] *v* **1. (~ por)** to congratulate (for/on). **2. (~ por)** to compliment (on) (*cocina*). **3. (~ a uno)** to wish sb a (*cumpleaños feliz*). **4.** **(~se de)** to be happy/glad about/that.

fe·li·grés/sa [feliɣrés/sa] *n/m,f* parishioner. **fe·li·gre·sía** [feliɣresía] *n/f* **1.** parish. **2.** parishioners *pl*.

fe·li·no/a [felíno/a] *adj* ZOOL feline.

fe·liz [felíθ] *adj* (*felices*) **1.** *gen* happy. **2.** successful, good. **3.** lucky.

fe·lón/na [felón/na] *n/m,f* traitor, villain. **fe·lo·nía** [felonía] *n/f* treachery.

fel·pa [félpa] *n/f* plush (*seda*), towelling (*algodón*). **fel·pu·do/a** [felpúðo/a] **I.** *adj* plush, towelling. **II.** *n/m* doormat. LOC **Oso de ~**, teddy (bear).

fe·me·ni·no/a [femeníno/a] **I.** *adj* **1.** feminine. **2.** BIOL female. **II.** *n/m* GRAM feminine. LOC **Equipo ~**, DEP women's team. **fe·mi·ni·dad** [feminiðáð] *n/f* femininity. **fe·mi·nis·mo** [feminísmo] *n/m* FIL feminism. **fe·mi·nis·ta** [feminísta] *adj n/f* feminist.

fe·mo·ral [femorál] *adj* ZOOL femoral. **fé·mur** [fémur] *n/m* ANAT femur.

fe·ne·cer [feneθér] *v* (*fenezco*) **1.** to die, end. **2.** to finish, conclude. **fe·ne·ci·mien·to** [feneθimjén̪to] *n/m* **1.** death, decease. **2.** end, finish.

fe·ni·cio/a [feníθjo/a] *adj n/m,f* HIST Phoenician.

fé·nix [féni(k)s] *n/m* MIT phoenix.

fe·nol [fenól] *n/m* QUÍM phenol.

fe·no·me·nal [fenomenál] *adj* **1.** phenomenal, colossal. **2.** FAM phenomenal, extraordinary. **fe·nó·me·no** [fenómeno] **I.** *adj* FAM fantastic, terrific. **II.** *n/m* phenomenon, *pl* phenomena. LOC **Pasarlo ~**, *adv* FAM to have a great time. **fe·no·me·no·lo·gía** [fenomenoloxía] *n/f* FIL phenomenology. **fe·no·me·no·ló·gi·co/a** [fenomenolóxiko/a] *adj* phenomenological.

feo/a [féo/a] *adj* **1.** ugly, unsightly, hideous. **2.** FIG nasty (*acción/situación*). LOC **De un ~ que asusta**, as ugly as sin. **La cosa se está poniendo ~**, The situation is turning nasty.

fe·ra·ci·dad [feraθiðáð] *n/f* fertility, fecundity. **fe·raz** [feráθ] *adj* (*pl feraces*) fertile (*terreno*).

fé·re·tro [féretro] *n/m* coffin, bier.

fe·ria [férja] *n/f* **1.** fair, market. **2.** holiday, day off. LOC **~ de muestras**, trade show. **fe·rial** [ferjál] *adj* fair, market, holiday. **fe·rian·te** [ferján̪te] *n/m,f* stall holder, trader. **fe·riar** [ferjár] *v* **1.** to buy/sell sth at the fair. **2.** to take time off.

fer·men·ta·ble [fermen̪táβle] *adj* fermentable. **fer·men·ta·ción** [fermen̪taθjón] *n/f* fermentation. **fer·men·tar** [fermen̪tár] *v* to ferment. **fer·men·to** [fermén̪to] *n/m* ferment, leavening.

fe·ro·ci·dad [feroθiðáð] *n/f* ferocity, fierceness.

fe·ro·do [feróðo] *n/m* AUT brake lining.

fe·roz [feróθ] *adj* **1.** ferocious, fierce. **2.** FIG FAM big bad. **3.** raging (*tempestad/toro*).

fé·rreo/a [férreo/a] *adj* **1.** ferr(e)ous, iron. **2.** FIG iron, of iron. LOC **Vía férrea**, railway. **fe·rre·te·ría** [ferretería] *n/f* ironmonger's, hardware shop. **fé·rri·co/a** [férriko/a] *adj* QUÍM ferric. **fe·rro·ca·rril** [ferrokarríl] *n/m* Br railway, US rail road. LOC **Por ~**, by rail/train. **fe·rro·so/a** [ferróso/a] *adj* ferr(e)ous. **fe·rro·via·rio/a** [ferroβjárjo/a] **I.** *adj* Br railway, rail, US railroad. **II.** *n/m,f* railway employee. **fe·rru·gí·neo/a, fe·rru·gi·no·so/a** [ferruxíneo/a, ferruxinóso/a] *adj* ferruginous.

fe·rry [férri] *n/m* ferry.

fér·til [fértil] *adj* **1.** fertile. **2.** **(~ en)** rich (in). **fer·ti·li·dad** [fertiliðáð] *n/f* fertility. **fer·ti·li·za·ción** [fertiliθaθjón] *n/f* fertilization. **fer·ti·li·zan·te** [fertiliθán̪te] **I.** *adj* fertilizing. **II.** *n/m* fertilizer. **fer·ti·li·zar** [fertiliθár] *v* (*fertilice*) to fertilize.

fé·ru·la [férula] *n/f* birch, cane. LOC **Estar bajo la ~ de uno**, FIG to be under sb's thumb.

fér·vi·do/a [férβiðo/a] *adj* fervid, fervent. **fer·vien·te** [ferβjén̪te] *adj* fervent, ardent. **fer·vor** [ferβór] *n/m* Br fervour, US fervor. **fer·vo·ro·so/a** [ferβoróso/a] *adj* V. **férvido**.

fes·te·jar [festexár] *v* **1.** to celebrate. **2.** to entertain, wine and dine (*huésped*). **3.** to court. **fes·te·jo** [festéxo] *n/m* **1.** celebrating. **2.** *pl* public festivities. **fes·tín** [festín] *n/m* feast, banquet. **fes·ti·val** [festiβál] *n/m* festival. **fes·ti·vi·dad** [festiβiðáð] *n/f* holiday, festivity. **fes·ti·vo/a** [festíβo/a] *adj* **1.** festive, joyous. **2.** humourous. LOC **Día ~**, holiday.

fes·tón [festón] *n/m* festoon, garland. **fes·to·nar** [festonár], **fes·to·ne·ar** [festoneár] *v* to festoon.

fe·tal [fetál] *adj* Br foetal, US fetal.

fe·ti·che [fetítʃe] *n/m* fetish. **fe·ti·chis·mo** [fetitʃísmo] *n/m* fetishism. **fe·ti·chis·ta** [fetitʃísta] **I.** *adj* fetishist(ic). **II.** *n/m,f* fetishist.

fe·ti·dez [fetiðéθ] *n/f* Br foetidness, US fetidness. **fé·ti·do/a** [fétiðo/a] *adj* Br foetid, US fetid. LOC **Bomba ~**, stink bomb.

fe·to [féto] *n/m* Br foetus, US fetus.

feú·cho/a [feútʃo/a] *adj* FAM ungainly, on the ugly side.

feu·dal [feuðál] *adj* feudal. **feu·da·lis·mo** [feuðalísmo] *n/m* feudalism.

feu·do [féuðo] *n/m* **1.** feud. **2.** vassalage. LOC **Dar en ~**, to enfeoff.

fez [féθ] *n/m* fez.

fia·bi·li·dad [fjaβiliðáð] *n/f* reliability. **fia·ble** [fiáβle] *adj* reliable, trustworthy. **fia·dor/ra** [fjaðór/ra] *n/m,f* **1.** JUR guarantor, surety. **2.** COM sponsor. **3.** *n/m* press stud, fastener. **4.** *n/m* TÉC safety catch.

fiam·bre [fiám̪bre] **I.** *adj* cold (*comida*). **II.** *n/m* **1.** Br cold meats, US cold cuts. **2.** FIG FAM stiff (*cadáver*). **fiam·bre·ra** [fjam̪bréra] *n/f* lunch box.

fian·za [fián̪θa] *n/f* **1.** guarantee, security, deposit. **2.** JUR bail. LOC **Libertad bajo ~**, JUR release on bail. **fiar** [fiár] **I.** *v* (*fío, fía, fían*) **1.** **(~ a)** to entrust, confide (to). **2.** to guarantee. **3.** COM to sell on credit. **II.** *v/Refl(-se)* **(~se de/en)** to trust (in/to), rely (up)on. LOC **Ser alguien o algo de ~**, to be trustworthy.

fias·co [fiásko] *n/m* fiasco, failure.

fi·bra [fíβra] *n/f* **1.** Br fibre, US fiber. **2.** FIG energy, FAM go. LOC **~s artificiales**, manmade fibres. **~s del corazón**, heart strings.

~ de vidrio, fibreglass. **fi·bri·na** [fiβrína] *n/f* QUÍM fibrin. **fi·bro·ma** [fiβróma] *n/m* MED fibroma. **fi·bro·so/a** [fiβróso/a] *adj* fibroid, fibrous.

fic·ción [fi(k)θjón] *n/f* fiction. LOC **Ciencia ~,** science fiction. **fic·ti·cio/a** [fiktíθjó/a] *adj* **1.** fictitious. **2.** false (*nombre*).

fi·cha [fitʃa] *n/f* **1.** marker, counter, chip (*póker*), token (*para el teléfono*). **2.** index/ filing card. **3.** record (*policiaca*). **fi·cha·je** [fitʃáxe] *n/m* DEP signing-up (*jugador*). **fi·char** [fitʃár] *v* **1.** to file, index. **2.** DEP to sign up (*futbolista*). **3.** to clock in/out (*control laboral*). LOC **Estar fichado por la policía,** to have a criminal record. **fi·che·ro** [fitʃéro] *n/m* **1.** filing cabinet (*mueble*), file, records. **2.** card index.

fi·de·dig·no/a [fiðeðíγno/a] *adj* reliable, trustworthy.

fi·dei·co·mi·so [fiðeikomíso] *n/m* JUR trusteeship. LOC **Bajo/En ~,** in trust.

fi·de·li·dad [fiðeliðáð] *n/f* fidelity. LOC **Alta ~,** high fidelity.

fi·deo [fiðéo] *n/m* noodle. LOC **Estar como un ~,** to be as thin as a rake. **Sopa de ~s,** minestrone.

fi·du·cia·rio/a [fiðuθjárjo/a] **I.** *adj* fiduciary. **II.** *n/m,f* fiduciary, trustee.

fie·bre [fjéβre] *n/f* MED FIG fever. LOC **~ amarilla,** yellow fever. **~ palúdica,** malaria. **Tener mucha ~,** to have a high temperature.

fiel [fjél] **I.** *adj* **1. (~ con/para)** faithful, loyal, reliable. **2.** accurate, exact, true (*reproducción*). **II.** *n/m* **1.** faithful (*cristiano*). **2.** FIG follower. **3.** pointer (*balanza*).

fiel·tro [fjéḷtro] *n/m* felt (*tela*).

fie·ra [fjéra] *n/f* **1.** ZOOL wild animal. **2.** FIG brute, beast. **3.** FAM slogger. LOC **Ponerse hecho una ~,** to go into a wild rage. **fie·re·za** [fjeréθa] *n/f* **1.** ferocity, fierceness. **2.** wildness. **3.** brutality. **fie·ro/a** [fjéro/a] *adj* **1.** ferocious, fierce. **2.** wild. **3.** FIG brutal, FAM beastly (*persona*).

fies·ta [fjésta] *n/f* **1.** party, celebration (*en casa particular*). **2.** (bank) holiday. **3.** *pl* obsequiousness.LOC **Aguar la ~,** to spoil the party/the fun. **Estar de ~, 1.** to be in a festive/party mood. **2.** to be on holiday. **~ del trabajo,** Br Labour Day, US Labor Day. **Hacer ~s a alguien,** to cajole. **No estar para ~s,** to be in no mood for jokes, be in a bad mood. **fies·te·ro/a** [fjestéro/a] *n/m,f* FAM party animal.

fi·gu·ra [fiγúra] *n/f* **1.** *gen* figure. **2.** form, shape. **3.** FIG figure, personality (*personaje*). **fi·gu·ra·ción** [fiγuraθjón] *n/f* **1.** imagination. **2.** *pl* figments of one's imagination. **fi·gu·ra·do/a** [fiγuráðo/a] *adj* figurative. **fi·gu·rar** [fiγurár] **I.** *v* **1.** to figure, shape. **2.** to represent, depict. **3. (~ como/de)** to figure (as), represent. **4. (~ en/entre)** to appear, figure (in/on/amongst) (*en una lista*). **5.** to be important, figure (greatly). **II.** *Refl(-se)* to think, imagine, figure. LOC **¡Figúrate!,** *exclam* Just imagine! **fi·gu·ra·ti·vo/a** [fiγuratíβo/a] *adj* figurative. **fi·gu·rín** [fiγurín] *n/m* fashion dummy. **fi·gu·rón/na** [fiγurón/na] *n/m,f* FAM pretentious person. LOC **~ de proa,** NÁUT figurehead.

fi·ja·ción [fixaθjón] *n/f* **1.** fixing, setting. **2.** FIG fixation. **fi·ja·dor** [fixaðór] *n/m* **1.** fixer (*fotografía*). **2.** hair gel, setting lotion. **fi·jar** [fixár] **I.** *v* **(~ a/con/en) 1.** to fix, fasten (to/with/on to). **2.** to stick on, affix (*sello*) (on/on to). **3.** to put, post (*cartel*) (up on). **4.** to fix, set (*precio*). **5.** to draw up (*plan*). **6.** to install (*ventana*). **II.** *Refl(-se)* **(~se en) 1.** to settle, be fixed (in). **2. (~ en)** to concentrate, fix one's attention (on). LOC **~ la mirada en,** to stare at. **¡Fíjate!,** *exclam* **1.** Just imagine! **2.** Look (at this/that)! **Prohibido ~ carteles/anuncios,** Br Post no bills, US Stick no bills. **fi·je·za** [fixéθa] *n/f* **1.** fixity, firmness. **2.** FIG steadfastness. **fi·jo/a** [fíxo/a] *adj* **(~ a/en) 1.** fixed, permanent. **2.** FIG determined. LOC **De ~,** certainly, for sure.

fi·la [fíla] *n/f* **1.** *gen* row. **2.** line, queue (*cola*). **3.** *pl* ranks. LOC **En ~ india,** one by one, in single file. **Estrechar / Cerrar ~s,** FIG to close ranks. **¡Rompan ~s!** *int* MIL Fall out.

fi·la·men·to [filaméṇto] *n/m* filament.

fi·lan·tro·pía [filaṇtropía] *n/f* philanthropy. **fi·lan·tró·pi·co/a** [filaṇtrópiko/a] *adj* philanthropic. **fi·lán·tro·po/a** [filáṇtropo/a] *n/m,f* philanthropist.

fi·lar·mo·nía [filarmonía] *n/f* love of music. **fi·lar·mó·ni·co/a** [filarmóniko/a] **I.** *adj* philharmonic. **II.** *n/f* philharmonic orchestra.

fi·la·te·lia [filatélja] *n/f* philately, stamp collecting. **fi·la·té·li·co/a** [filatéliko/a] *adj* philatelic.

fi·le·te [filéte] *n/m* **1.** ARQ fillet. **2.** steak, fillet.

fil·fa [fílfa] *n/f* **1.** hoax, fraud. **2.** fib, lie.

fi·lia·ción [filiaθjón] *n/f* **1.** affiliation. **2.** filiation, connection. **3.** particulars, description (*persona*). **fi·lial** [filjál] **I.** *adj* **1.** filial. **2.** COM subsidiary, affiliated. **II.** *n/f* COM branch (*sucursal*), subsidiary (*empresa*). **fi·liar** [filjár] *v* **1.** to take the particulars of. **2. (~ a)** to affiliate (to).

fi·li·bus·te·ris·mo [filiβusterísmo] *n/m* filibustering. **fi·li·bus·te·ro** [filiβustéro] *n/m* filibuster, pirate.

fi·li·for·me [filifórme] *adj* **1.** filiform. **2.** thread-like. **3.** FIG skinny. **fi·li·gra·na** [filiγrána] *n/f* **1.** filigree. **2.** fine piece of work.

fi·lí·pi·ca [filípika] *n/f* phillipic, violent criticism.

Fi·li·pi·nas [filipínas] *n/f pl* LOC **Las ~s,** GEOG The Philippines. **fi·li·pi·no/a** [filipíno/a] *adj n/m,f* Philipine, Filipino.

fi·lis·teo/a [filistéo/a] *adj n/m,f* HIST Philistine.

film, fil·me [fílm(e)] *n/m* (*pl films, filmes*) Br film, US movie. **fil·ma·ción** [filmaθjón] *n/f* filming, shooting (*rodaje*). **fil·mar** [filmár] *v* to film, shoot (*rodar*). **fil·mo·te·ca** [filmotéka] *n/f* film library.

fi·lo [fílo] *n/m* **1.** edge. **2.** cutting edge, blade. LOC **Al ~ de,** precisely at. **De dos ~s,** double-edged.

fi·lo·lo·gía [filoloxía] *n/f* philology. **fi·lo·ló·gi·co/a** [filolóxiko/a] *adj* philologic(al). **fi·ló·lo·go/a** [filóloγo/a] *n/m,f* philologist.

fi·lón [filón] *n/m* **1**. GEOL vein, seam. **2**. FAM goldmine.

fi·lo·so·far [filosofár] *v* to philosophize. **fi·lo·so·fía** [filosofía] *n/f* philosophy. **fi·lo·só·fi·co/a** [filosófiko/a] *adj* philosophic(al). **fi·ló·so·fo/a** [filósofo/a] *n/m,f* philosopher.

fi·lo·xe·ra [filokséra] *n/f* phylloxera.

fil·tra·ción [fil̪traθjón] *n/f* **1**. filtration. **2**. leak (*de información*). **fil·trar** [fil̪trár] **I**. *v* **1**. to filter, strain. **2**. to filtrate. **II**. *Refl(-se)* **1**. to filtrate. **2**. FIG to be leaked (*información*). **fil·tro** [fíl̪tro] *n/m* **1**. filter. **2**. filter paper. **3**. Br philtre, US philter, love potion (*bebedizo*).

fin [fín] *n/m* **1**. end, ending. **2**. objective, aim, end. LOC **A ~ de/de que**, in order to, so as to, in order that. **A fines de**, at/about the end of. **Al ~ y al cabo**, when all is said and done, after all. **Dar ~** to end, finish, put an end to. **En ~**, well, anyway, in short. **~ de semana**, weekend. **Por ~**, **1**. finally. **2**. *exclam* at last. **Sin ~**, endless, never ending. **fi·na·do/a** [fináðo/a] *n/m,f* (the) deceased. **fi·nal** [finál] **I**. *adj* final, last, ultimate. **II**. *n/m* **1**. *gen* end. **2**. conclusion, ending. **III**. *n/f* DEP final. **fi·na·li·dad** [finaliðáð] *n/f* **1**. FIL finality. **2**. FIG aim, objective. **fi·na·lis·ta** [finalísta] **I**. *adj* in the final. **II**. *n/m,f* DEP finalist. **fi·na·li·zar** [finaliθár] *v* (*finalice*) **1**. to finish, end. **2**. to draw to a close/an end.

fi·nan·cia·ción [finan̪θjaθjón] *n/f* financing. **fi·nan·cia·mien·to** [finan̪θjamjén̪to] *n/m* financing. **fi·nan·ciar** [finan̪θjár] *v* to finance. **fi·nan·cie·ro/a** [finan̪θjéro/a] **I**. *adj* financial. **II**. **1**. *n/m* financier. **2**. *n/f* financier (*compañía*). **fi·nan·zas** [fináṇθas] *n/f pl* finance.

fin·ca [fíŋka] *n/f* **1**. (country) estate (*rústica*). **2**. Br property, US real estate (*urbana*). **3**. *Amer* ranch.

fi·nés/sa [finés/sa] *adj n/m,f* V. **finlandés/sa**.

fi·ne·za [finéθa] *n/f* **1**. fineness (*cualidad*). **2**. courtesy, small gift (*para obsequiar*).

fin·gi·mien·to [fiŋximjén̪to] *n/m* feigning, pretence. **fin·gir** [fiŋxír] *v* (*finjo*) **1**. to feign, pretend. **2**. to simulate (*imitar*).

fi·ni·qui·tar [finikitár] *v* COM to settle (*deuda*), close (*cuenta*). **fi·ni·qui·to** [finikíto] *n/m* COM settlement (*deuda*), closing (*cuenta*). LOC **Dar ~ a una cuenta,** to close an account.

fi·ni·to/a [finíto/a] *adj* finite.

fin·lan·dés/sa [finlan̪dés/sa] **I**. *adj* GEOG Finnish. **II**. **1**. *n/m,f* Finn. **2**. *n/m* Finnish (*idioma*). **Fin·lan·dia** [finlán̪dja] *n/f* GEOG Finland.

fi·no/a [fíno/a] **I**. *adj* **1**. *gen* fine. **2**. delicate, refined. **3**. keen, sharp (*sentidos*). **II**. *n/m* dry sherry. LOC **Bailar por lo ~**, to go ballroom dancing. **fi·no·lis** [finólis] *n/m,f* PEY ponce.

fin·ta [fín̪ta] *n/f* feint (*boxeo*).

fi·nu·ra [finúra] *n/f gen* fineness, refinement.

fior·do [fjórðo] *n/m* fjord.

fir·ma [fírma] *n/f* **1**. signature. **2**. signing. **3**. COM firm.

fir·ma·men·to [firmamén̪to] *n/m* firmament.

fir·man·te [firmán̪te] *adj n/m,f* signatory. **fir·mar** [firmár] *v* to sign.

fir·me [fírme] **I**. *adj* **1**. firm, secure (in). **2**. FIG steady, steadfast, resolute (*persona*); COM buoyant (*mercado*) (in). **3**. solid, hard. **II**. *adv* firmly. **III**. *n/m* solid ground, surface (*de carretera*). LOC **En ~**, firm (*oferta/pedido*). **¡~s!**, *exclam* MIL Attention!. **fir·me·za** [firméθa] *n/f* **1**. firmness, stability. **2**. solidity, rigidity. **3**. COM buoyancy.

fis·cal [fiskál] **I**. *adj* fiscal, treasury. **II**. *n/m* JUR Br public prosecutor, US district attorney. LOC **Año ~**, tax year. **Inspector ~**, tax inspector. **fis·ca·lía** [fiscalía] *n/f* JUR prosecution/district attorney's office. **fis·ca·li·za·ción** [fiskaliθaθjón] *n/f* COM inspection. **fis·ca·li·zar** [fiskaliθár] *v* (*fiscalice*) **1**. to check up on sb. **2**. to supervise, inspect (*tasas*). **fis·co** [físko] *n/m* treasury, exchequer.

fis·gar [fisγár] *v* (*fisgue*) **(~ en) 1**. to pry into (*asunto*). **2**. to rifle through (*papeles*). **fis·go·ne·ar** [fisγoneár] *v* to snoop.

fí·si·ca [físika] *n/f* FÍS physics. **fí·si·co/a** [físiko/a] **I**. *adj* physical. **II**. *adv* **fisicamente,** physically. **III**. **1**. *n/m* physique. **2**. *n/m pl* face, looks. **3**. *n/m,f* physicist. **fi·sio·lo·gía** [fisjoloxía] *n/f* BIOL physiology. **fi·sio·ló·gi·co/a** [fisjolóxiko/a] *adj* physiologic(al). **fi·sió·lo·go/a** [fisjóloγo/a] *n/m,f* physiologist.

fi·sión [fisjón] *n/f* FÍS fission.

fi·sio·te·ra·peu·ta [fisjoterapéuta] *n/m,f* MED physiotherapist. **fi·sio·te·ra·pia** [fisioterápja] *n/f* MED physiotherapy.

fi·so·no·mía [fisonomía] *n/f* physiognomy. **fi·so·nó·mi·co/a** [fisonómiko/a] *adj* physiognomic(al). **fi·so·no·mis·ta** [fisonomísta] *n/m,f* physiognomist. LOC **Ser buen/mal ~**, FAM to be good/no good at remembering faces.

fís·tu·la [fístula] *n/f* **1**. MED fistula. **2**. pipe, tube.

fi·su·ra [fisúra] *n/f* MED GEOL fissure.

fi·tó·fa·go/a [fitófaγo/a] *adj* phytophagous, plant-eating.

fla(c)·ci·dez [fla(k)θiðéθ] *n/f* **1**. flaccidity, flabbiness. **2**. limpness. **flá(c)·ci·do/a** [flá(k)θiðo/a] *adj* **1**. flaccid, flabby. **2**. limp.

fla·co/a [fláko/a] **I**. *adj* **(~ de/en) 1**. thin, lean. **2**. FIG weak. **II**. *n/m* weakness, weak spot (*vicio*). **fla·cu·cho/a** [flakútʃo/a] *adj* PEY skinny. **fla·cu·ra** [flakúra] *n/f* **1**. thinness. **2**. weakness.

fla·ge·la·ción [flaxelaθjón] *n/f* flagellation, whipping. **fla·ge·lan·te** [flaxelán̪te] *n/m,f* REL flagellant. **fla·ge·lar** [flaxelár] *v* **1**. to scourge, flagellate. **2**. FIG to revile. **fla·ge·lo** [flaxélo] *n/m* **1**. whip. **2**. BIOL flagellum.

fla·gran·te [flaγrán̪te] *adj* flagrant. LOC **En ~ delito**, in the act, red-handed.

fla·man·te [flamán̪te] *adj* **1**. blazing, flaming. **2**. FAM splendid. **3**. FAM brand-new. **fla·me·ar** [flameár] *v* **1**. **(~ a)** NÁUT to flap (*vela*), flutter (*bandera*) (in). **2**. to flame, sterilize.

fla·men·co/a [flaméŋko/a] **I.** *adj* **1.** GEOL Flemish. **2.** healthy-looking (*moza*). **3.** cocky (*chulo*). **4.** MÚS flamenco. **II. 1.** *n/m,f* Fleming. **2.** *n/m pl* The Flemish. **3.** *n/m* Flemish (*idioma*). **4.** *n/m* flamingo (*ave*). **5.** *n/m* MÚS flamenco.

fla·mí·ge·ro/a [flamíxero/a] *adj* **1.** POÉT flaming, blazing. **2.** ARQ flamboyant.

flan [flán] *n/m* creme caramel. LOC **Estar (nervioso) como un ~**, to be shaking like a jelly/leaf.

flan·co [fláŋko] *n/m* flank, side.

Flan·des [flánðes] *n* Flanders. LOC **Poner una pica en ~**, to perform a dangerous/famous deed, to be quite a feat.

fla·ne·ra [flanéra] *n/f* custard mould.

flan·que·ar [flaŋkeár] *v* to flank. **flan·queo** [flaŋkéo] *n/m* flanking.

fla·que·ar [flakeár] *v* **1.** to weaken, flag. **2.** FIG to slacken, fail, lose heart. **fla·que·za** [flakéθa] *n/f* **1.** leanness. **2.** weakness (*de espíritu*).

flash [flás/-ʃ] *n/m* **1.** flash(light) (*fotografía*). **2.** flash, newsflash.

fla·to [fláto] *n/m* MED wind. LOC **Echar ~s**, to burp. **fla·tu·len·cia** [flatuléṇθja] *n/f* flatulence. **fla·tu·len·to/a** [flatuléṇto/a] *adj* flatulent.

flau·ta [fláuta] *n/f* MÚS flute. **flau·tín** [flautín] *n/m* MÚS piccolo. **flau·tis·ta** [flautísta] *n/m,f* MÚS flautist, flutist.

fle·co [fléko] *n/m gen* fringe.

fle·cha [flétʃa] *n/f* **1.** *gen* arrow. **2.** dart. **fle·char** [fletʃár] *v* **1.** to draw the bow. **2.** to shoot with an arrow. **3.** FIG FAM to inspire with (*voluntad, amor*). **fle·cha·zo** [fletʃáθo] *n/m* **1.** arrow shot. **2.** arrow wound. **3.** FIG love at first sight.

fle·je [fléxe] *n/m* TÉC **1.** metal strip/band. **2.** hoop.

fle·ma [fléma] *n/f* **1.** *gen* phlegm. **2.** sluggishness. **fle·má·ti·co/a** [flemátiko/a] *adj* phlegmatic.

fle·món [flemón] *n/m* MED **1.** phlegmon, abscess. **2.** gumboil.

fle·qui·llo [flekíʎo] *n/m* fringe (*pelo*).

fle·tar [fletár] *v* **1.** to charter. **2.** to freight. **fle·te** [fléte] *n/m* **1.** freight. **2.** freightage (*precio*).

fle·xi·bi·li·dad [fle(k)siβiliðáð] *n/f gen* flexibility. **fle·xi·ble** [fle(k)síβle] **I.** *adj* **1.** flexible. **2.** pliable, supple, soft. **3.** FIG compliant. **II.** *n/m* **1.** ELECTR flex. **2.** soft hat. **fle·xión** [fle(k)sjón] *n/f* **1.** flexion. **2.** GRAM inflexion, inflection. **fle·xio·nar** [fle(k)sjonár] *v* to flex. **fle·xo** [flé(k)so] *n/m* study lamp.

fle·xor/ra [fle(k)sór/ra] *n/m* LOC **Músculo ~**, ANAT flexor, flexor muscle.

fli·par [flipár] **I.** *v* SL to be wild about. **II.** *Refl(-se)* to do drugs.

flirt [flírt] *n/m* flirtation. **flir·te·ar** [flirteár] *v* to flirt. **flir·teo** [flirtéo] *n/m* flirtation.

flo·je·ar [floxeár] *v* **1.** to ease, slacken. **2.** to fall off, go down (*disminuir*), to weaken. **flo·je·dad** [floxeðáð] *n/f* **1.** slackness, looseness. **2.** weakness. **3.** lightness (*del viento*). LOC **~ de voluntad**, spinelessness. **flo·je·ra** [floxéra] *n/f* FAM **1.** laziness, slackness. **2.** weakness. **flo·jo/a** [flóxo/a] *adj* **(~ de/en) 1.** slack, loose. **2.** weak, poor, meagre (*en calidad*). **3.** light, slack (*viento*). **4.** lazy, indolent.

flor [flór] *n/f* **1.** BOT *gen* flower. **2.** blossom, bloom. **3.** FIG sweet nothings. LOC **A ~ de**, at...level. **A ~ de agua**, awash. **A ~ de piel**, skin-deep. **A ~ de tierra**, at ground level. **Estar en la ~ de la vida**, FIG to be in the prime of one's life. **Echar ~es**, FIG to pay compliments. **Estar en ~**, **1.** to be in flower/bloom. **2.** FIG to have the time of one's life. **~ de la canela**, FIG the pick of the bunch. **~ y nata**, FIG crème de la crème, the pick/best. **Harina de ~**, wheatmeal. **flo·ra** [flóra] *n/f* flora. **flo·ra·ción** [floraθjón] *n/f* flowering, blossoming. **flo·ral** [florál] *adj* floral. **flo·rar** [florár] *v* to flower, blossom. **flo·re·ar** [floreár] *v* **1.** to decorate with flowers. **2.** to sift out the finest flour from. **3.** to flurry/brandish a sword. **flo·re·cer** [floreθér] *v* (*florezco*) **1.** to flower, blossom. **2.** to flourish, prosper. **3.** to mildew, go mo(u)ldy. **flo·re·cien·te** [floreθjéṇte] *adj* **1.** BOT flowering, blooming. **2.** FIG flourishing, prosperous. **flo·re·ci·mien·to** [floreθimjéṇto] *n/m* **1.** flowering. **2.** FIG flourishing. **3.** mildewing, mo(u)lding.

flo·ren·ti·no/a [floreṇtíno/a] *adj n/m,f* GEOG Florentine.

flo·reo [floréo] *n/m* **1.** *gen* flourish. **2.** arpeggio (*guitarra*). **flo·re·ro/a** [floréro/a] **I.** *adj* flower. **II. 1.** *n/m,f* florist. **2.** *n/m* (flower) vase. **flo·res·cen·cia** [floresθéṇθja] *n/f* **1.** BOT florescence. **2.** QUÍM efflorescence. **flo·res·ta** [florésta] *n/f* **1.** thicket, grove. **2.** anthology. **flo·re·te** [floréte] *n/m* foil (*esgrima*). **flo·ri·cul·tor/ra** [florikultór/ra] *n/m,f* flower grower. **flo·ri·cul·tu·ra** [florikuḷtúra] *n/f* **1.** flower growing. **2.** floriculture. **flo·ri·do/a** [floríðo/a] *adj* **1.** flowery, full of flowers. **2.** FIG select. **3.** FIG flowery, florid (*estilo*). **flo·ri·le·gio** [florilέxjo] *n/m* anthology. **flo·ri·pon·dio** [floripóṇdjo] *n/m* **1.** BOT datura. **2.** FIG PEY gaudy decoration. **flo·ris·ta** [florísta] *n/m,f* florist. **flo·ris·te·ría** [floristería] *n/f* florist's. **flo·rón** [florón] *n/m* **1.** large flower. **2.** ARQ rosette, centre rose (*en el techo*).

flo·ta [flóta] *n/f gen* fleet. **flo·ta·ción** [flotaθjón] *n/f* **1.** floating, flotation. **2.** flutter (*bandera*). **flo·ta·dor** [flotaðór] **I.** *adj* floating. **II.** *n/m* **1.** float. **2.** water wings *pl*, rubber ring. **flo·tan·te** [flotáṇte] *adj* **1.** *gen* floating. **2.** loose. **flo·tar** [flotár] *v* **1.** *gen* to float. **2.** to flutter, wave (*al viento*). **flo·te** [flóte] *n/m* floating, flotation. LOC **A ~**, afloat. **Ponerse a ~**, FIG get out of difficulties. **flo·ti·lla** [flotíʎa] *n/f* flotilla.

fluc·tua·ción [fluktwaθjón] *n/f* **1.** fluctuation. **2.** FIG hesitation, wavering. **fluc·tuar** [fluktwár] *v* (*fluctúo, fluctúan*) **1.** FIG to fluctuate, oscillate. **2.** FIG to waver, hesitate.

flui·dez [flwiðéθ] *n/f* **1.** fluidity. **2.** FIG fluency. **flui·do/a** [flwíðo/a] **I.** *adj* **1.** fluid. **2.** FIG fluent. **3.** flowing, fluent (*estilo*). **II** *n/m* **1.** fluid. **2.** ELECTR current. LOC **Corte de ~**, power cut. **fluir** [fluír] *v* (*fluyo*) to flow, run. **flu·jo** [flúxo] *n/m* **1**. flow, stream. **2**. NÁUT flow, rising tide. **3**. MED discharge. LOC **~ de sangre**, MED h(a)emorrhage.

flúor [flúor] *n/m* QUÍM fluorine.

fluo·res·cen·cia [flworesθéṇθja] *n/f* fluorescence. **fluo·res·cen·te** [flworesθéṇte] **I**. *adj* flourescent. **II**. *n/m* flourescent light, strip lighting.

flu·vial [flußjál] *adj* fluvial, river. LOC **Vía ~**, waterway.

FMI [éfe éme i] *n/m* (*Fondo Monetario Internacional*), IMF.

fo·bia [fóßja] *n/f* phobia.

fo·ca [fóka] *n/f* ZOOL **1**. seal. **2**. sealskin.

fo·cal [fokál] *adj* focal.

fo·co [fóko] *n/m* **1**. *gen* focus. **2**. FIG focal point, seat. **3**. spotlight (*lámpara*). LOC **Fuera de ~**, out of focus.

fo·fo/a [fófo/a] *adj* **1**. spongy, soft. **2**. flabby.

fo·ga·ra·da [foγaráða], **fo·ga·ta** [foγáta] *n/f* blaze, bonfire. **fo·gón** [foγón] *n/m* **1**. kitchen range. **2**. cooker, stove. **3**. firebox. LOC **~ de gas**, gas cooker. **fo·go·na·zo** [foγonáθo] *n/m* flash. **fo·go·ne·ro** [foγonéro] *n/m* stoker, fireman (*de máquina de vapor*). **fo·go·si·dad** [foγosiðáð] *n/f* **1**. fire, ardo(u)r, spirit. **2**. dash, fieriness. **fo·go·so/a** [foγóso/a] *adj* fiery, spirited. LOC **Corcel ~**, fiery steed.

fo·gue·ar [foγeár] *v* to accustom sb to, to strengthen. **fo·gueo** [foγéo] *n/m* training. LOC **Munición/Balas de ~**, blanks.

fo·liá·ceo [foljáθeo/a] *adj* BOT foliaceous. **fo·lia·ción** [foljaθjón] *n/f* foliation, numbering (*páginas*). **fo·liar** [foljár] *v* to foliate, number (*página*). **fo·lí·cu·lo** [folíkulo] *n/m* ANAT follicle. **fo·lio** [fóljo] *n/m* **1**. page, sheet. **2**. folio, leaf. **fo·lio·lo, fo·lío·lo** [foljólo/folíolo] *n/m* BOT foliole.

fol·klo·re [folklóre] *n/m* folklore. **fol·kló·ri·co/a** [folklóriko/a] *adj* folk, folkloric. **fol·klo·ris·ta** [folklorísta] *n/m,f* folklorist.

fo·lla·je [foʎáxe] *n/m* **1**. foliage, leaves. **2**. FIG decoration, adornments.

fo·llar [foʎár] *v* SL to fuck.

fo·lle·tín [foʎetín] *n/m* **1**. supplement (*diario*). **2**. serial, soap (*radio/TV*). **3**. FIG melodrama. **fo·lle·ti·nes·co/a** [foʎetinésko/a] *adj* melodramatic. **fo·lle·to** [foʎéto] *n/m* brochure, leaflet, pamphlet. LOC **~ explicativo,** instruction booklet.

fo·llón/na [foʎón/na] **I**. *n/m* **1**. silent rocket. **2**. FAM rumpus, row. **3**. FIG FAM chaos, mess. **II**. *n/m* loafer, FAM dosser.

fo·men·tar [fomeṇtár] *v* MED FIG to foment. **fo·men·to** [foméṇto] *n/m* **1**. *gen* fomentation. **2**. MED poultice.

fo·na·ción [fonaθjón] *n/f* phonation.

fon·da [fóṇda] *n/f* boarding-house, inn.

fon·dea·de·ro [foṇdeaðéro] *n/m* NÁUT anchorage. **fon·de·ar** [foṇdeár] *v* NÁUT to anchor. **fon·deo** [foṇdéo] *n/m* NÁUT anchoring. **fon·do** [fóṇdo] *n/m* **1**. *gen* bottom. **2**. end, back, bottom (*de un túnel*), bed (*de un río*). **3**. depth (*profundidad*). **4**. background (*cuadro*). **5**. *pl* funds. **6**. FIG crux (*de un problema*). **7**. *sing pl* collection (*biblioteca*), stock. LOC **A ~**, thorough/ly. **Al ~**, at the back/rear. **Artículo de ~**, editorial comment, leading article. **Bajos ~s**, FIG dregs *pl*, scum, underworld. **Cuestión de ~**, basic question. **De ~**, DEP long-distance. **Echar/Irse a ~**, to sink. **En ~**, deep (*fila*): *Tres en fondo*, Three deep. **En el ~**, FIG at the heart/bottom of, deep down. **~s públicos**, COM public funds. **Mar de ~**, FIG FAM undercurrent. **Reunir ~s**, COM to raise funds. **Sin ~**, bottomless.

fo·ne·ma [fonéma] *n/m* LIN phoneme. **fo·né·ti·ca** [fonétika] *n/f* LIN phonetics. **fo·né·ti·co/a** [fonétiko/a] *adj* phonetic. **fó·ni·co/a** [fóniko/a] *adj* phonic. **fo·nó·gra·fo** [fonóγrafo] *n/m* phonograph, record player. **fo·no·lo·gía** [fonoloxía] *n/f* phonology. **fo·no·ló·gi·co/a** [fonolóxiko/a] *adj* phonological. **fo·no·te·ca** [fonotéka] *n/f* record library.

fon·ta·ne·ría [foṇtanería] *n/f* plumbing. **fon·ta·ne·ro/a** [foṇtanéro/a] *n/m,f* plumber.

fo·que [fóke] *n/m* NÁUT jib.

fo·ra·ji·do/a [foraxíðo/a] *n/m,f* outlaw.

fo·rá·neo/a [foráneo/a] *adj* alien, foreign.

fo·ras·te·ro/a [forastéro/a] *n/m,f* **1**. stranger. **2**. outsider.

for·ce·je·ar [forθexeár] *v* to struggle, strive. **for·ce·jeo** [forθexéo] *n/m* struggle, struggling.

fór·ceps [fórθe(p)s] *n/m* (*pl forceps*) MED forceps.

fo·ren·se [forénse] **I**. *adj* forensic. **II**. *n/m* forensic surgeon.

fo·res·ta·ción [forestaθjón] *n/f* afforestation. **fo·res·tal** [forestál] *adj* forest.

for·ja [fórxa] *n/f* **1**. forge. **2**. forging. **3**. iron works, foundry. **for·ja·do/a** [forxáðo/a] **I**. *adj* wrought. **II**. *n/m* ARQ framework. **for·jar** [forxár] *v* **1**. *gen* to forge. **2**. FIG to make up, fabricate. **3**. ARQ to shape (*techo*). LOC **~se ilusiones,** FIG to build castles in the air.

for·ma [fórma] *n/f* **1**. *gen* form, shape, outline. **2**. *pl* curves, contours (*del cuerpo*). **3**. FIG way, manner, means. **4**. *pl* conventions. LOC **Dar ~ a, 1**. to shape, put into shape. **2**. to formulate (*idea*). **De ~ que**, so, so that. **De todas ~s**, at any rate, in any case. **En debida ~**, duly, in due form. **En ~**, **1**. ...-shaped, shaped like... **2**. DEP on form, in shape. **for·ma·ción** [formaθjón] *n/f* **1**. training, education. **2**. formation. **for·mal** [formál] *adj* **1**. *gen* formal. **2**. FIG reliable, dependable. **for·ma·li·dad** [formaliðáð] *n/f* **1**. *gen* formality. **2**. FIG reliability. **for·ma·lis·ta** [formalísta] **I**. *adj* formalistic. **II**. *n/m,f* formalist. **for·ma·li·zar** [formaliθár] *v* (*formalice*) to formalize. **for·mar** [formár] **I**. *v* **1**. *gen* to form. **2**. to shape, give form to. **3**. to make up, form (*grupo*), MIL to muster (*tropas*). **4**. FIG to educate, train. **II**. *Refl(-se)* to develop. LOC **~se una idea de,** to get an idea of/about. **for·ma·ti·vo/a** [formatíßo/a] *adj* **1**. *gen* formative. **2**. educational. **for·ma·to** [formáto] *n/m* format.

for·mi·da·ble [formiðáßle] *adj* formidable, tremendous.

for·mol [formól] *n/m* QUÍM formal.

for·món [formón] *n/m* TÉC chisel.

fór·mu·la [fórmula] *n/f* **1**. formula, method. **2**. solution. **for·mu·la·ción** [formulaθjón] *n/f* formulation. **for·mu·lar** [formulár] *v* **1**. to formulate. **2**. to lodge, make (*queja*). LOC **~ una pregunta,** to ask/pose a question. **for·mu·la·rio/a** [formulárjo/a] **I**. *adj* formulary. **II**. *n/m* **1**. formulary. **2**. form, questionnaire. **for·mu·lis·mo** [formulísmo] *n/m* **1**. formulism. **2**. red tape.

for·ni·ca·ción [fornikaθjón] *n/f* fornication. **for·ni·car** [fornikár] *v* (*fornique*) to fornicate, FAM have sex.

for·ni·do/a [forníðo/a] *adj* hefty, robust.

fo·ro [fóro] *n/m* **1**. HIST forum. **2**. JUR bar, FIG law. **3**. TEAT backstage. LOC **Marcharse/Irse por el ~**, FIG to leave unnoticed, slip away.

fo·ró·fo/a [forófo/a] *adj* FAM fan (*fútbol*, etc).

fo·rra·je [forráxe] *n/m* **1**. fodder, forage. **2**. foraging. **fo·rra·je·ro/a** [forraxéro/a] **I**. *adj* fodder. **II**. *n/f* hayrack.

fo·rrar [forrár] **I**. *v* **(~ con/de/en) 1**. to line (*ropa*). **2**. to cover, upholster, panel (*mueble*). **II**. *Refl(-se)* **(~se con/de)** FIG FAM to line one's pockets. **fo·rro** [fórro] *n/m* **1**. lining, padding, **2**. cover, shield. LOC **No saber/conocer algo ni por el ~**, FIG FAM not to have the slightest idea about sth.

for·ta·chón/na [fortat∫ón/na] *adj* FAM strong, hefty.

for·ta·le·cer [fortaleθér] *v* (*fortalezco*) **1**. to fortify, strengthen. **2**. to give strength (to). **for·ta·le·ci·mien·to** [fortaleθimjéṇto] *n/m* **1**. fortification, fortifying. **2**. strengthening. **for·ta·le·za** [fortaléθa] *n/f* **1**. strength, vigour. **2**. fortitude. **3**. fortress, stronghold. **for·ti·fi·ca·ción** [fortifikaθjón] *n/f* **1**. fortification, fortifying. **2**. strengthening. **3**. *pl* fortifications. **for·ti·fi·car** [fortifikár] *v* (*fortifique*) **1**. to fortify, strengthen. **2**. to gain strength. LOC **~se con/contra**, **1**. to build up one's strength with/by/against. **2**. to build fortifications with/against. **for·tín** [fortín] *n/m* bunker, fort.

for·tui·to/a [fortwíto/a] *adj* fortuitous, chance. LOC **Caso ~**, accident, act of God. **for·tu·na** [fortúna] *n/f* **1**. *gen* fortune. **2**. fate, destiny. **3**. luck, fortune. LOC **Correr ~**, NÁUT to weather a storm. **Por ~**, luckily, by luck. **Probar ~**, to try one's luck. **Tener la ~ de**, to have the good fortune to.

fo·rún·cu·lo [forúŋkulo] *n/m* MED boil.

for·za·do/a [forθáðo/a] *adj* **1**. forced, compulsory. **2**. FIG forced, contrived. LOC **Trabajos ~s**, *pl* hard labour. **for·zar** [forθár] *v* (*fuerzo, forcé*) **1**. *gen* to force. **2**. **(~ a)** to compel, oblige (to). **3**. to break open/down (*puerta*). **4**. to rape. **for·zo·so/a** [forθóso/a] *adj* **1**. necessary, obligatory, compulsory. **2**. inescapable. **for·zu·do/a** [forθúðo/a] *adj* strong, tough.

fo·sa [fósa] *n/f* **1**. hole, hollow. **2**. grave. **3**. ANAT cavity, fossa, fossae. LOC **~ común**, common grave. **~ nasal**, nostril. **~ séptica**, septic tank.

fos·fa·to [fosfáto] *n/m* QUÍM phosphate. **fos·fo·re·cer** [fosforeθér] *v* (*fosforezco*) to phosphoresce, glow. **fos·fo·res·cen·cia** [fosforesθéṇθja] *n/f* phosphorescence. **fos·fo·res·cen·te** [fosforesθéṇte] *adj* phosphorescent. **fos·fó·ri·co/a** [fosfóriko/a] *adj* phosphoric. **fos·fo·ri·ta** [fosforíta] *n/f* GEOL phosphorite. **fós·fo·ro** [fósforo] *n/m* **1**. QUÍM phosphorous. **2**. match (*cerilla*).

fó·sil [fósil] **I**. *adj* **1**. fossil. **2**. old, antiquated. **II**. *n/m* fossil. **fo·si·li·za·ción** [fosiliθaθjón] *n/f* fossilization. **fo·si·li·zar·se** [fosiliθárse] *v/Refl(-se)* (*fosilicé*) to fossilize, become fossilized.

fo·so [fóso] *n/m* **1**. ditch, trench. **2**. moat. **3**. TEAT pit.

fo·to [fóto] *n/f* FAM photo, FAM snap. **fo·to·co·pia** [fotokópja] *n/f* photocopy. **fo·to·co·pia·do·ra** [fotokopjadóra] *n/f* photocopier. **fo·to·co·piar** [fotokopjár] *v* to photocopy. **fo·to·gé·ni·co/a** [fotoxéniko/a] *adj* photogenic. **fo·to·gra·ba·do** [fotoγraβáðo] *n/m* photogravure. **fo·to·gra·fía** [fotoγrafía] *n/f* **1**. ARTE photography. **2**. photograph (*foto*). LOC **~ aérea,** aerial photograph. **~ en colores**, colour photography. **Sacarse una ~**, to have one's photo(graph) taken. **fo·to·gra·fiar** [fotoγrafjár] *v* (*fotografío, fotografían*) to (take a) photograph. **fo·to·grá·fi·co//a** [fotoγráfiko/a] *adj* photographic. LOC **Máquina ~**, camera. **fo·tó·gra·fo/a** [fotóγrafo/a] *n/m,f* photographer. **fo·to·gra·ma** [fotoγráma] *n/m* still (*cine*). **fo·to·ma·tón** [fotomatón] *n/m* photo booth. **fo·tó·me·tro** [fotómetro] *n/m* exposure meter. **fo·tón** [fotón] *n/m* FÍS photon. **fo·to·no·ve·la** [fotonoβéla] *n/f* romance with illustrations. **fo·to·sín·te·sis** [fotosíṇtesis] *n/f* BIOL photosynthesis.

fox [fós] *n/m* foxtrot (*baile*).

frac [frák] *n/m* (*pl fracs/fraques*) dresscoat, FAM tails.

fra·ca·sa·do/a [frakasáðo/a] **I**. *adj* unsuccessful. **II**. *n/m,f* failure. **fra·ca·sar** [frakasár] *v* **1**. to fail, be unsuccessful. **2**. to fail, fall through (*planes*). **fra·ca·so** [frakáso] *n/m gen* failure. LOC **~ amoroso**, disappointment in love. **Sufrir un ~**, to meet with failure.

frac·ción [fra(k)θjón] *n/f* **1**. breaking (into pieces), fraction. **2**. **(~ de)** fraction, portion, part (of). **3**. MAT QUÍM fraction. **frac·cio·nar** [fra(k)θjonár] *v/Refl(-se)* **1**. to break up/into pieces. **2**. to divide, split. **frac·cio·na·rio/a** [fra(k)θjonárjo/a] *adj* fractional.

frac·tu·ra [fraktúra] *n/f* fracture, break. LOC **~ complicada**, MED compound fracture. **frac·tu·rar** [frakturár] *v/Refl(-se)* to fracture, rupture.

fra·gan·cia [fraγáṇθja] *n/f* fragrance, perfume. **fra·gan·te** [fraγáṇte] *adj* **1**. fragrant. **2**. flagrant (*crimen*).

fra·ga·ta [fraγáta] *n/f* NÁUT frigate.

frá·gil [fráxil] *adj* **1**. fragile, frail. **2**. weak. **fra·gi·li·dad** [fraxiliðáð] *n/f* fragility.

frag·men·ta·ción [fraγmeṇtaθjón] *n/f* fragmentation. **frag·men·tar** [fraγmeṇtár] *v/Refl (-se)* to fragment, break into pieces. **frag·men·ta·rio/a** [fraγmeṇtárjo/a] *adj* fragmentary, FAM PEY scrappy. **frag·men·to** [fraγméṇto] *n/m* **1**. fragment. **2**. passage, excerpt (*escrito*).

fra·gor [fraγór] *n/m* din (*estrépito*), roar (*lucha*), rumble (*trueno*). **fra·go·ro·so/a** [fraγoróso/a] *adj* deafening, thunderous. **fra·go·so/a** [fraγóso/a] *adj* **1**. rough, uneven. **2**. thunderous.

fra·gua [fráγwa] *n/f* forge. **fra·guar** [fraγwár] *v* (*fragüe*) **1**. to forge. **2**. to set, harden (*cemento*).

frai·le [fráile] *n/m* friar, monk.

fram·bue·sa [framͅbwésa] *n/f* BOT raspberry. **fram·bue·so** [framͅbwéso] *n/m* BOT raspberry bush.

fran·ca·che·la [fraŋkatʃéla] *n/f* FAM spread, feast.

fran·cés/sa [franθés/sa] **I**. *adj* GEOG French. **II**. **1**. *n/m* French (*idioma*). **2**. *n/m* Frenchman. **3**. *n/f* Frenchwoman. **4**. *n/m pl* The French. LOC **A la francesa**, the French way. **Despedirse a la ~**, to take French leave (without saying goodbye). **Tortilla a la ~**, plain omelette. **fran·ce·si·lla** [franθesíʎa] *n/f* BOT buttercup. **Fran·cia** [fránθja] *n/f* GEOG France.

fran·cis·ca·no/a [franθiskáno/a] *adj n/m,f* REL Franciscan.

franc·ma·són/na [fraŋ(k)masón/na] *n/m,f* freemason. **franc·ma·so·ne·ría** [fraŋ(k)masonería] *n/f* freemasonry.

fran·co/a [fráŋko/a] **I**. *adj* **1**. HIST Frank (ish). **2**. Franco-: *franco-español*, Franco-Spanish. **3**. frank, candid, forthright. **4**. clear, obvious. **II**. **1**. *n/m* franc (*moneda*). **2**. *n/m,f* HIST Frank. LOC **~ de porte**, freepost. **Lengua ~a**, lingua Franca. **fran·có·fi·lo/a** [fraŋkófilo/a] *adj n/m,f* Francophile.

fran·co·ti·ra·dor/ra [fraŋkotiraðór/ra] *n/m,f* sniper.

fra·ne·la [franéla] *n/f* flannel.

fran·ja [fránxa] *n/f* **1**. fringe, trimming. **2**. band, stripe.

fran·quea·ble [fraŋkeáβle] *adj* **1**. passable, fordable (*río*), breachable (*barrera*). **2**. FIG surmountable. **fran·que·ar** [fraŋkeár] **I**. *v* **1**. to clear, free (*el paso*). **2**. to pass, cross, go through/across. **3**. to frank, stamp (*carta*). **II**. *Refl(-se)* **(~se a/con alguien)** to pour out one's heart to sb. LOC **Máquina de ~**, franking machine (*correos*). **fran·queo** [fraŋkéo] *n/m* franking, stamping (*carta*).

fran·que·za [fraŋkéθa] *n/f* frankness, candidness. LOC **Con ~**, frankly.

fran·qui·cia [fraŋkíθja] *n/f* **1**. COM franchise. **2**. exemption (*impuesto*).

fran·quis·mo [fraŋkísmo] *n/m* the Franco régime era (1939-75). **fran·quis·ta** [fraŋkísta] *n/adj* ideologically inclined towards franquismo.

fras·co [frásko] *n/m* small bottle, flask. LOC **¡Toma del ~!**, *exclam* FIG FAM Put that in your pipe and smoke it!

fra·se [fráse] *n/f* **1**. sentence. **2**. phrase. expression. LOC **~ hecha,** set phrase/expression. **fra·seo·lo·gía** [fraseoloxía] *n/f* phraseology.

fra·ter·nal [fraternál] *adj* fraternal, brotherly. **fra·ter·ni·dad** [fraterniðáð] *n/f* brotherhood, fraternity. **fra·ter·ni·zar** [fraterniθár] *v* (*fraternice*) to fraternize. **fra·ter·no/a** [fratérno/a] *adj* fraternal. **fra·tri·ci·da** [fratriθíða] **I**. *adj* fratricidal. **II**. *n/m,f* fratricide. **fra·tri·ci·dio** [fratriθíðjo] *n/m* fratricide (*acto*).

frau·de [fráuðe] *n/m* fraud. LOC **~ fiscal,** tax evasion. **frau·du·len·to/a** [frauðulénto/a] *adj* fraudulent.

fray [frái] brother, friar (*título*).

fra·za·da [fraθáða] *n/m* blanket.

freá·ti·co/a [freátiko/a] *adj* phreatic, subsurface.

fre·cuen·cia [frekwénθja] *n/f* frequency. LOC **Alta/Baja ~**, low/high frequency. **Con ~**, frequently, often. **fre·cuen·tar** [frekwentár] *v* to frequent. **fre·cuen·te** [frekwénte] *adj* frequent, common.

fre·ga·de·ro [freγaðéro] *n/m* sink. **fre·ga·do** [freγáðo] **1**. scrub, scouring. **2**. FAM quarrel, row. **3**. FIG SL foreplay. **fre·gar** [freγár] *v* (*friego, fregué*) **1**. to wash (up). **2**. to scrub, scour. **3**. to mob (*suelo*). **4**. *Amer* FIG FAM to annoy, irritate. **fre·go·na** [freγóna] *n/f* **1**. mop. **2**. dishwasher. **fre·go·teo** [freγotéo] *n/m* FAM quick run round with a cloth.

frei·du·ría [freiðuría] *n/f* fish (and chip) shop, FAM chippie. **freír** [freír] *v* (*frío,* pp *frito*) **1**. **(~ con/en)** to fry (with/in). **2**. **(~ a/con)** FIG FAM to wind up (with) (*irritar*). LOC **Al ~ será el reír,** FIG FAM He who laughs last, laughs longest. **~ a balazos**, to riddle with bullets. **~se de calor**, to be roasted. **Estar frito,** to be annoyed/done for.

fré·jol [fréxol] *n/m* BOT kidney bean.

fre·na·do [frenáðo] *n/m* AUT braking. **fre·nar** [frenár] *v* **1**. AUT to brake. **2**. to restrain, check. **fre·na·zo** [frenáθo] *n/m* sudden braking. LOC **Dar un ~**, to brake hard, slam the brakes on.

fre·ne·sí [frenesí] *n/m* frenzy. **fre·né·ti·co/a** [frenétiko/a] *adj* frenetic.

fre·ni·llo [freníʎo] *n/m* ANAT frenum.

fre·no [fréno] *n/m* **1**. bit (*caballo*). **2**. TÉC brake. **3**. FIG check, curb. LOC **~ de mano,** handbrake.

fre·no·lo·gía [frenoloxía] *n/f* phrenology. **fre·no·pa·tía** [frenopatía] *n/f* MED phrenopathy.

fren·te [frénte] **I**. *n/f* ANAT forehead, brow. **II**. *n/m* **1**. *gen* front. **2**. front, façade. LOC **De ~**, **1**. without hesitation. **2**. straight ahead. **3**. head-on. **En ~ de,** in front of, facing, opposite. **~ a ~**, face to face. **~ a, 1**. in front of. **2**. faced with. **Hacer ~ a algo/alguien**, to face/stand up to sth/sb. **Ponerse al ~ de algo**, FIG to head (*dirigir algo*).

fre·sa [frésa] *n/f* **1**. BOT strawberry. **2**. TÉC drill. LOC **(De color) ~**, strawberry-coloured. **fre·sa·do** [fresáðo] *n/m* TÉC drilling, milling. **fre·sa·do·ra** [fresaðóra] *n/f* TÉC milling machine. **fre·sal** [fresál] *n/m* strawberry patch/ field. **fre·sar** [fresár] *v* AGR to hoe, TÉC drill.

fres·ca [fréska] *n/f* **1**. fresh/cool air/breeze. **2**. FIG FAM home truth. LOC **Soltar a uno cuatro ~s,** to give sb a piece of one's mind. **fres·ca·chón/na** [freskatʃón/na] *adj* FAM radiantly healthy, ruddy-cheeked. **fres·ca·les** [freskáles] *n/m,f* FAM cheeky person. **fres·**

co/a [frésko/a] **I.** *adj* **1.** *gen* fresh. **2.** cold (*agua*), cool (*bebida/ropa*). **3.** light, thin (*tela*). **4.** FIG calm, serene. **5.** FAM cheeky, saucy. **II.** *n/m* **1.** fresh/cool air. **2.** coolness. **3.** ARTE fresco. LOC **Al ~,** out in the open, in the open air. **Estar ~,** FIG FAM to have another thing coming. **Hacer ~,** to be chilly. **Quedarse tan ~,** FAM to remain cool and collected. **Tomar el ~,** to get some fresh air. **fres·cor** [freskór] *n/m* freshness, coolness. **fres·cu·ra** [freskúra] *n/f* freshness, coolness.

fres·no [frésno] *n/m* BOT ash.

fre·són [fresón] *n/m* BOT strawberry.

fres·que·ra [freskéra] *n/f* meat safe.

fre·za [fréθa] *n/f* **1.** spawning. **2.** spawning season. **fre·zar** [freθár] *v* to spawn.

frial·dad [frjaḷdað] *n/f* **1.** coldness. **2.** indifference, coolness.

fri·ca·ción [frikaθjón] *n/f* V. **fricción.**

fri·ca·ti·vo/a [frikatíβo/a] *adj n/f* GRAM fricative.

fric·ción [fri(k)θjón] *n/f gen* friction. **fric·cio·nar** [fri(k)θjonár] *v* **1.** to rub. **2.** to massage. **frie·ga** [frjéγa] *n/f* massage, rub.

fri·gi·dez [frixiðéθ] *n/f* **1.** FIG coldness. **2.** MED frigidity. **frí·gi·do/a** [fríxiðo/a] *adj* **1.** cold, frozen. **2.** MED frigid.

fri·go·rí·fi·co/a [friγorífiko/a] **I.** *adj* refrigerating, refrigerator. **II.** *n/m* **1.** refrigerator, fridge. **2.** cold storage plant. **3.** *Amer* meat processing plant.

frí·jol, fri·jol [fríxol/frixól] *n/m* bean.

frío/a [frío/a] **I.** *adj gen* cold. **II.** *n/m* **1.** cold. **2.** coldness. LOC **Hacer ~,** to be cold. **Coger ~,** to catch cold. **Dejar ~ a alguien,** FIG **1.** FAM to leave sb cold. **2.** to dumbfound sb. **Quedarse ~,** FIG **1.** to be left cold. **2.** to be dumbfounded. **Tener ~,** to be/feel cold. **frio·le·ra** [frjoléra] *n/f* trifle. LOC **La ~ de,** IR only, a mere. **frio·le·ro/a** [frjoléro/a] *adj* susceptible to the cold.

fri·sar [frisár] *v* **1.** to frizz (*pelo*). **2.** **(~ en)** to be approaching (*edad*).

fri·so [fríso] *n/m* ARQ frieze.

fri·ta·da [fritáða] *n/f* FAM fry-up. **fri·to/a** [fríto/a] **I.** pp **freír. II.** *adj* fried. **III.** *n/m* **1.** fried food. **2.** *pl* mixed grill. LOC **Tener a alguien frito,** FIG FAM to worry sb to death. **fri·tu·ra** [fritúra] *n/f* mixed grill.

fri·vo·li·dad [friβoliðáð] *n/f* frivolity. **frí·vo·lo/a** [fríβolo/a] *adj* frivolous.

fron·da [fróṇda] *n/f* **1.** BOT frond. **2.** *sing pl* foliage. **fron·do·si·dad** [froṇdosiðáð] *n/f* abundant foliage. **fron·do·so/a** [froṇdóso/a] *adj* **1.** leafy. **2.** thick (*selva*).

fron·tal [froṇtál] *adj* frontal, head-on.

fron·te·ra [froṇtéra] *n/f* **1.** frontier, border. **2.** FIG limit, bounds. **fron·te·ri·zo/a** [froṇteríθo/a] *adj* **1.** frontier, border. **2.** opposite. **fron·tis** [fróṇtis] *n/m* frontispiece. **fron·tis·pi·cio** [froṇtispíθjo] *n/m* frontispiece, façade. **fron·tón** [froṇtón] *n/m* **1.** pelota court. **2.** DEP pelota. **3.** ARQ gable.

fro·ta·ción [frotaθjón] *n/f* rubbing, friction. **fro·ta·mien·to** [frotamjéṇto] *n/m* rubbing. **fro·tar** [frotár] **I.** *v* to rub. **II.** *v/Refl(-se)* to rub together (*las manos*). **fro·te** [fróte] *n/m* rubbing.

fruc·tí·fe·ro/a [fruktífero/a] *adj* **1.** fructiferous, fruitbearing. **2.** FIG fruitful. **fruc·ti·fi·car** [fruktifikár] *v* (***fructifique***) *gen* to bear fruit. **fruc·tuo·so/a** [fruktwóso/a] *adj* fruitful, profitable.

fru·gal [fruγál] *adj* frugal. **fru·ga·li·dad** [fruγaliðáð] *n/f* frugality.

frui·ción [frwiθjón] *n/f* pleasure, delight.

frun·ce [frúṇθe] *n/m* pleat. **frun·ci·do** [fruṇθíðo] *adj* gathered, pleated. **frun·cir** [fruṇθír] *v* (***frunzo***) **1.** to pleat, gather (*tela*). **2.** to knit (*entrecejo*), purse, pucker (*labios*). LOC **~ el ceño,** to frown.

frus·le·ría [fruslería] *n/f* **1.** trinket, trifle. **2.** triviality.

frus·tra·ción [frustraθjón] *n/f* frustration. **frus·trar** [frustrár] *v* **1.** to frustrate, thwart. **2.** to disappoint (*defraudar*).

fru·ta [frúta] *n/f* **1.** fruit. **2.** FIG result. LOC **~ del tiempo,** fruit of the season. **fru·tal** [frutál] **I.** *adj* fruit. **II.** *n/m* fruit tree. **fru·te·ría** [frutería] *n/f* fruit shop, greengrocer's, FAM Br fruit and veg (shop). **fru·te·ro/a** [frutéro/a] **I.** *adj* fruit. **II.** **1.** *n/m* fruit bowl. **2.** *n/m,f* fruiterer. **fru·ti·cul·tu·ra** [frutikuḷtúra] *n/f* fruit-growing. **fru·to** [frúto] *n/m* **1.** *gen* BOT fruit. **2.** *pl* FIG fruits, results. LOC **Sacar ~ de algo,** to benefit/profit from sth. **Sin ~,** fruitless.

fu [fú] LOC **Ni ~ ni fa,** FAM it doesn't mean anything to me, neither good nor bad.

fuc·sia [fúksja] *n/f* BOT fuchsia. LOC **Color ~,** fuchsia pink. **fuc·si·na** [fuksína] *n/f* QUÍM fuchsin(e).

fue·go [fwéγo] *n/m* **1.** *gen* fire. **2.** light (*lumbre*). **3.** ring (*hornillo*). **4.** heat, FIG passion. LOC **Abrir ~,** MIL to open fire. **A ~ lento,** on a low flame/heat. **¡~!,** *exclam* MIL Fire! **~ por descarga,** volley. **~s artificiales,** fireworks. **Hervir a ~ lento,** to simmer. **Marcar a ~,** to brand (*ganado*). **Pegar/Prender ~ a,** to set on fire, set fire to. **Romper el ~, 1.** to open fire. **2.** FIG to open up (*debate*). **¿Tiene ~?,** *inter* Do you have a light? **Tocar a ~,** to set off the fire alarm.

fuel [fuél] *n/m* fuel oil.

fue·lle [fwéʎe] *n/m* **1.** bellows. **2.** MÚS wind bag (*de gaita*).

fuen·te [fwéṇte] *n/f* **1.** fountain. **2.** spring (*manantial*). **3.** serving dish, platter. **4.** source, FIG origin. LOC **~ bautismal,** baptismal font.

fuer [fwér] LOC **A ~ de,** as a/an.

fue·ra [fwéra] **I.** *adv* **1.** out. **2.** outside. **3.** away (*de viaje*). LOC **Aquí/Allí ~,** out here/there. **De ~, 1.** outside, outer. **2.** not from here. **3.** DEP away (*equipo*). **¡~!,** *exclam,* Out!, Get out!, Go away! **~ de, 1.** out/outside of. **2.** besides, apart from. **~ de duda,** without/beyond doubt. **~ de lugar/moda,** out of place/fashion. **~ de que,** apart from, except for the fact that. **~ de serie/lo común,** out of the ordinary. **Estar ~, 1.** to be away (from home). 2. to be out. **Estar ~ de sí,** FIG FAM to be beside oneself. **¡~+** *n*!, *ex-*

clam off with..! **Por ~**, 1. outside. 2. FIG on the outside, seemingly.

fue·ro [fwéro] *n/m* 1. *sing pl* JUR privilege. 2. JUR REL code of laws. LOC **Para el ~ interno de uno**, FIG in one's heart of hearts.

fuer·te [fwérte] I. *adj* 1. *gen* strong. 2. fit (*sano*), COM healthy. 3. hard (*diamante*). 4. secured, fixed (*clavo*). 5. heavy, hard (*golpe, lluvia*). 6. loud (*ruido*), intense (*calor, impresión*). 7. powerful (*motor*). II. *adv* 1. strongly. 2. hard. 3. loudly. 4. **fuertemente** FIG strongly. III. *n/m* 1. MIL fort, stronghold. 2. FIG forte, strong point. LOC **Caja ~**, strongbox. **Hacerse ~ en**, 1. to entrench oneself in. 2. FIG to remain firm in. 3. FIG to be strong in (*asignatura*). **fuer·za** [fwérθa] *n/f* 1. *gen* strength. 2. TÉC FÍS force. 3. *pl* MIL forces. 4. resistance. 5. ELECTR power. LOC **A ~ de**, 1. by means of. 2. by force of. 3. by dint of. **A la/Por ~**, 1. by force, forcibly. 2. of necessity. **A viva ~**, by sheer force. **~ de gravedad,** FÍS force of gravity. **~ de voluntad**, will power. **~s aéreas**, MIL air force. **~s armadas**, MIL armed forces. **Hacer ~ sobre/a,** 1. to put pressure on. 2. to press (*opinión*). 3. to force sb (*con violencia*). **Írsele a alguien la ~ por la boca,** FIG FAM to be all talk (and no action). **Sacar ~s de flaqueza,** FIG FAM to muster up the courage. **Tener ~ para,** to have the strength to, be strong enough to.

fue·te [fuéte] *n/m Amer* whip.

fu·ga [fúγa] *n/f* 1. *gen* flight, escape. 2. leak (*de gas*). 3. MÚS fugue. LOC **Darse a la ~**, to take flight, flee. **Poner en ~**, to put to flight. **fu·ga·ci·dad** [fuγaθiðáð] *n/f* fugacity. **fu·gar·se** [fuγárse] *v/Refl(-se)* (*fugue*) to flee, escape. LOC **~se con,** to run away with. **fu·gaz** [fuγáθ] *adj* brief, transient. LOC **Estrella ~**, ASTR shooting star. **fu·gi·ti·vo/a** [fuxitíßo/a] I. *adj* 1. fugitive, fleeing. 2. fleeting, brief. II. *n/m,f* fugitive, runaway.

fu·la·no/a [fuláno/a] 1. *n/m,f* so-and-so, what's his/her name. 2. *n/f* FAM prostitute.

fu·lar [fulár] *n/m* foulard (*seda*).

ful·cro [fúlkro] *n/m* fulcrum.

fu·le·ro/a [fuléro/a] *adj* FAM PEY a right so-and-so.

ful·gen·te [fulxénte] *adj* shining.

ful·gor [fulγór] *n/m* brilliance, shine, FIG splendour.

ful·mi·na·ción [fulminaθjón] *n/f* fulmination. **ful·mi·nan·te** [fulminánte] I. *adj* 1. *gen* fulminating. 2. MED sudden, fulminant. II. *n/m* fuse, detonator. **ful·mi·nar** [fulminár] *v* 1. to strike by lightening. 2. FIG to fulminate threats. LOC **~ con la mirada,** FIG FAM to look daggers.

fu·lle·ría [fuʎería] *n/f* cheating (*naipes*). **fu·lle·ro/a** [fuʎéro/a] *n/m,f* cheat, card sharp.

fu·ma·da [fumáða] *n/f* puff of smoke. **fu·ma·de·ro** [fumaðéro] *n/m* PEY smoking/opium den. **fu·ma·dor/ra** [fumaðór/ra] I. *adj* smoking. II. *n/m,f* smoker. LOC **El vagón de no ~es**, no-smoking carriage. **fu·mar** [fumár] I. *v* to smoke. II. *Refl(-se)* to squander, waste (*dinero*). LOC **~ en pipa,** to smoke a pipe. **~se una clase**, to skip a class. **No ~**, no smoking. **fu·ma·ra·da** [fumaráða] *n/f* puff of smoke. **fu·ma·ro·la** [fumaróla] *n/f* GEOL fumarole. **fu·mi·ga·ción** [fumiγaθjón] *n/f* fumigation. **fu·mi·ga·dor/ra** [fumiγaðór/ra] *n/m,f* fumigator. **fu·mi·gar** [fumiγár] *v* (*fumigue*) to fumigate. **fu·mi·ga·to·rio/a** [fumiγatórjo/a] *adj* fumigatory.

fu·nám·bu·lo/a [funámbulo/a] *n/m,f* tightrope walker (*circo*).

fun·ción [funθjón] *n/f* 1. *gen* function. 2. TEAT performance. LOC **En ~ de,** in terms of. **En ~es**, acting: *Director en ~es*, Acting director. **Entrar/Estar en funciones,** to take up office/be in office. **~ benéfica,** TEAT charity performance. **~ de la tarde,** TEAT matinée. **~ de noche,** TEAT late showing (*cine*), late performance (*teatro*). **~ doble,** double-bill (*cine*). **fun·cio·nal** [funθjonál] *adj* functional. **fun·cio·na·mien·to** [funθjonamjénto] *n/m* 1. functioning. 2. TÉC oper-ation, running. LOC **Mal ~**, malfunction. **fun·cio·nar** [funθionár] *v* 1. to function. 2. TÉC to work, run, go. LOC **Hacer ~**, to operate, work. **No funciona**, out of order. **fun·cio·na·rio/a** [funθjonárjo/a] *n/m,f* civil servant, official, officer.

fun·da [fúnda] *n/f* case, sheath. LOC **~ de almohada,** pillow case/slip. **~ de gafas,** glasses case.

fun·da·ción [fundaθjón] *n/f* foundation. **fun·da·do/a** [fundáðo/a] *adj* 1. **(~ en)** founded (in). 2. well-founded. **fun·da·dor/ra** [fundaðór/a] I. *adj* founding. II. *n/m,f* founder. **fun·da·men·tal** [fundamentál] *adj* fundamental. **fun·da·men·tar** [fundamentár] *v* 1. ARQ to lay the foundations of. 2. FIG to establish/provide the basis for. 3. **(~ en)** to base on. **fun·da·men·to** [fundaménto] *n/m* 1. *sing pl* foundations (*cimientos*). 2. FIG foundation, basis, fundamentals. **fun·dar** [fundár] *v* 1. to found, set up, establish. 2. **(~ en)** to base, ground (*opinión*). LOC **Bien fundado,** well-grounded. **~se en/sobre,** to base one's opinion on.

fun·di·ción [fundiθjón] *n/f* 1. melting, TÉC smelting, casting. 2. foundry, ironworks. 3. molten metal. 4. FIG fusion. LOC **~ en arena seca**, TÉC dry casting. **fun·dir** [fundír] *v* 1. to melt, smelt. 2. TÉC to cast, found. 3. FIG to fuse.

fú·ne·bre [fúneßre] *adj* 1. funeral. 2. funereal. **fu·ne·ral** [funerál] *n/m sing pl* funeral. **fu·ne·ra·ria** [funerárja] *n/f* undertaker's. **fu·ne·ra·rio/a** [funerárjo/a] I. *adj* 1. funeral. 2. funereal. II. *n/m,f* undertaker.

fu·nes·to/a [funésto/a] *adj* 1. ill-fated, unfortunate. 2. **(~ para)** fatal, disastrous.

fun·gi·ble [funxíßle] *adj* JUR fungible.

fun·gi·ci·da [funxiθíða] I. *adj* fungicidal. II. *n/m* fungicide.

fu·ni·cu·lar [funikulár] I. *adj* funicular. II. *n/m* cable car.

fur·cia [fúrθja] *n/f* PEY tart, whore.

fur·gón [furγón] *n/m* 1. (transport) van, lorry, truck. 2. freight car (*en los ferrocarriles*). **fur·go·ne·ta** [furγonéta] *n/f* 1. truck, van. 2. delivery van/truck.

fu·ria [fúrja] *n/f* fury, rage. LOC **Estar hecho una ~**, FIG to fly into a rage. **fu·ri·bun·do/a** [furiβúṇdo/a], **fu·rio·so/a** [furjóso/a] *adj* furious, raging, irate. **fu·ror** [furór] *n/m* **1**. fury, rage. **2**. FIG ardour, fever. LOC **Hacer ~**, FIG FAM to be all the rage (*moda*). **~ uterino**, MED nymphomania.

fu·rriel, fu·rrier [furrjél/-r] *n/m* MIL quartermaster.

fur·ti·vo/a [furtíβo/a] *adj* furtive, poaching.

fu·rún·cu lo [furúŋkulo] *n/m* MED furuncle, boil.

fu·sa [fúsa] *n/f* MÚS demisemiquaver.

fu·se·la·je [fuseláxe] *n/m* AER fuselage.

fu·si·ble [fusíβle] **I**. *adj* fusible. **II**. *n/m* ELECTR fuse.

fu·si·for·me [fusifórme] *adj* fusiform, spindle-shaped.

fu·sil [fusíl] *n/m* gun, rifle. LOC **Encararse el ~**, to take aim. **fu·si·la·mien·to** [fusilamjéṇto] *n/m* shooting, execution. **fu·si·lar** [fusilár] *v* **1**. to shoot, execute by shooting. **2**. FIG FAM to plagiarize. **fu·si·le·ría** [fusilería] *n/f* **1**. MIL fusiliers. **2**. rifles. **fu·si·le· ro/a** [fusiléro/a] *n/m* MIL fusilier, rifleman.

fu·sión [fusjón] *n/f* **1**. melting, smelting (*metal*). **2**. COM merger. **3**. FIG fusion. **fu·sio·nar** [fusjonár] *v/Refl(-se)* COM to merge, amalgamate.

fus·ta [fústa] *n/f* brushwood, whip.

fus·te [fúste] *n/m* **1**. ARQ shaft. **2**. FIG substance, essence.

fus·ti·gar [fustiɣár] *v* (*fustigue*) **1**. to whip. **2**. FIG to censure.

fút·bol [fútbol] *n/m* DEP Br football, US soccer. **fut·bo·le·ro/a** [futboléro/a] *adj* FAM football fan/supporter. **fut·bo·lín** [futbolín] *n/m* table football. **fut·bo·lis·ta** [futbolísta] *n/m,f* DEP footballer, football player. **fut·bo·lís·ti·co/a** [futbolístiko/a] *adj* football.

fú·til [fútil] *adj* futile. **fu·ti·li·dad** [futiliðáð] *n/f* futility.

fu·tu·ri·ble [futuríβle] **I**. *adj* potential. **II**. *n/pl* might-have-beens. **fu·tu·ris·ta** [futurísta] *adj n/mf* futurist. **fu·tu·ro/a** [futúro/a] **I**. *adj* future. **II**. *n/m* **1**. *gen* future. **2**. *pl* COM futures. LOC **En el ~**, in the future. **En un ~ próximo**, in the near future, very soon.

G, g [xé] *n/f* 'g' (*letra*).

ga·ba·cho/a [gaβátʃo/a] **I**. *adj* frenchified. **II**. *adj n/m,f* PEY frog, frenchy.

ga·bán [gaβán] *n/m* overcoat.

ga·bar·di·na [gaβarðína] *n/f* **1**. raincoat, mackintosh. **2**. twill, gabardine (*tela*).

ga·ba·rra [gaβárra] *n/f* NÁUT barge, lighter.

ga·be·la [gaβéla] *n/f* tax, duty (*impuesto*).

ga·bi·ne·te [gaβinéte] *n/m* **1**. Cabinet (*de ministros*). **2**. study, consulting room, boudoir. **3**. room, section: *Gabinete de arte prehistórico*, Prehistoric arts section. **4**. museum, laboratory.

ga·ble·te [gaβléte] *n/m* ARQ gable.

ga·ce·la [gaθéla] *n/f* ZOOL gazelle.

ga·ce·ta [gaθéta] *n/f* gazette (*periódico*). **ga·ce·ti·lla** [gaθetíʎa] *n/f* **1**. gossip column. **2**. section of short news items. **3**. FIG gossipmonger. **ga·ce·ti·lle·ro** [gaθetiʎéro] *n/m* **1**. gossip columnist, writer of short news items. **2**. FAM hack (*periodista*).

ga·cha [gátʃa] *n/f* **1**. paste, mush. **2**. *pl* porridge, pap (*papilla*).

ga·chí [gatʃí] *n/f* (*pl gachís*) SL Br bird, US chick (*mujer atractiva*).

ga·chó [gatʃó] *n/m* FAM PEY Br bloke, US guy (*hombre*).

ga·cho/a [gátʃo/a] *adj* bowed (*cabeza*), drooping (*orejas*), downturned (*cuernos*). LOC **A gachas**, on all fours. **Ir con las orejas gachas**, FIG FAM to be down in the dumps. **Sombrero ~**, slouch hat.

ga·chón [gatʃón] *adj* FAM charming.

ga·di·ta·no/a [gaðitáno/a] *adj n/m,f* GEOG native to/of Cádiz.

ga·fa [gáfa] *n/f* **1**. hook, clamp. **2**. *pl* glasses, spectacles, FAM specs. **3**. *pl* goggles (*submarinas/de motorista*).

ga·fe [gáfe] *adj n/m* **(Ser un ~)** jinx.

gai·ta [gaita] *n/f* **1**. MÚS bagpipes *pl*, flageolet, hurdy-gurdy. **2**. FIG FAM nuisance, bother, drag (*cosa o trabajo difícil*). LOC **Alegre como una ~**, FIG FAM as happy as a lark. **Templar ~s**, FIG FAM to pour oil on troubled waters.

ga·je [gáxe] *n/m* (*gen pl*) pay, remuneration. LOC **~s del oficio**, occupational hazards.

ga·jo [gáxo] *n/m* segment (*de fruta*).

ga·la [gála] *n/f* **1**. best clothes *pl*, full dress. **2**. *pl* finery, trappings: *Se puso sus mejores galas para ir a la ópera*, She wore all her finery to go to the opera. **3**. FIG crème de la crème, flower. **4**. *pl* regalia, jewellery, decorations *pl* (*condecoraciones*). **5**. *pl* wedding presents. LOC **De ~**, full dress, gala/ball dress. **Hacer ~ de**, to glory in, show off. **Tener a ~**, to pride oneself on.

ga·lác·ti·co/a [galáktiko/a] *adj* ASTR galactic.

ga·lán [galán] *n/m* **1**. Don Juan, ladies' man, Casanova. **2**. TEAT leading man, lead. **3**. suitor, beau (*pretendiente*). LOC **~ de día/noche**, **1**. BOT day/night jasmin. **2**. clothes hanger. **ga·la·no/a** [galáno/a] *adj* **1**. smart, spruce. **2**. elegant, good-looking. **ga·lan·te** [galánte] *adj* **1**. gallant. **2**. polite. **3**. suave, flirtatious. **ga·lan·te·ar** [galanteár] *v* **1**. to pay compliments to. **2**. to court, woo. **3**. to flirt with. **ga·lan·teo** [galantéo] *n/m* flattery, flirtation, courting. **ga·lan·te·ría** [galantería] *n/f* gallantry, flattering action. **ga·la·nu·ra** [galanúra] *n/f* elegance, gracefulness.

ga·lá·pa·go [galápaɣo] *n/m* ZOOL turtle.

ga·lar·dón [galarðón] *n/m* HIST reward. **ga·lar·do·nar** [galarðonár] *v* to reward, give an award/prize to.

ga·la·xia [galá(k)sja] *n/f* ASTR galaxy.

gal·ba·na [galβána] *n/f* FAM laziness, sloth.

ga·le·na [galéna] *n/f* GEOL galena, lead sulphide.

ga·le·ón [galeón] *n/m* NÁUT galleon. **ga·leo·te** [galeóte] *n/m* galley slave. **ga·le·ra** [galéra] *n/f* **1**. NÁUT galley. **2**. wagon. **3**. hospital ward. **4**. prawn (*crustáceo*). **5**. *pl* galleys (*condena*). **6**. IMPR galley, galley proof.

ga·le·ra·da [galeráða] *n/f* galley proof.

ga·le·ría [galería] *n/f* **1**. *gen* gallery. **2**. passage, corridor. **3**. curtain rail, curtain rod. **4**. balcony.

ga·ler·na, ga·ler·no [galérna/o] *n/m,f* NÁUT strong north-west wind.

Ga·les [gáles] *n/m* GEOG Wales. LOC **El País de ~**, Wales. **ga·lés/sa** [galés/sa] **I**. *adj* Welsh. **II**. *n/m* **1**. Welsh (*idioma*). **2**. Welshman. **3**. *n/f* Welshwoman.

gal·go/a [gálɣo/a] **1**. *n/m,f* ZOOL greyhound. **2**. *n/f* boulder (*piedra*), millstone (*de molino*). LOC **¡Echale un ~!**, some hope!

gá·li·bo [gáliβo] *n/m* **1**. ARQ perfect proportion (*de una columna*). **2**. TÉC gauge. **3**. NÁUT template, pattern.

ga·li·cis·mo [galiθísmo] *n/m* LIN gallicism.

gá·li·co [gáliko] *n/m* MED syphilis.

ga·li·ma·tías [galimatías] *n/m* FAM double-dutch, gibberish.

ga·lo/a [gálo/a] **I**. Gallic. **II**. *n/m,f* Gaul.

ga·lo·cha [galótʃa] *n/f* clog.

ga·lón [galón] *n/m* **1**. MIL stripe. **2**. gallon (*medida inglesa*).

ga·lo·pa·da [galopáða] *n/f* gallop. **ga·lo·par** [galopár] *v* to gallop. **ga·lo·pe** [galópe] *n/m* gallop. LOC **Ir a/al ~,** to gallop. **A ~,** at a gallop (*caballo*), FIG quickly, speedily. **A ~ tendido,** at full gallop. **Alejarse a ~,** to gallop off. **Medio ~,** canter.

ga·lo·pín [galopín] *n/m* **1**. FAM smart-aleck. **2**. rogue (*hombre*), urchin (*niño*). **3**. NÁUT cabin-boy.

gal·pón [galpón] *n/m Amer* shed.

gal·va·ni·za·ción [galβaniθaθjón] *n/f* FÍS galvanization. **gal·va·ni·zar** [galβaniθár] *v* (*galvanice*) to galvanize.

ga·llar·de·ar [gaʎarðeár] *v/Refl(-se)* to strut (about) (*pavonearse*).

ga·llar·de·te [gaʎarðéte] *n/m* NÁUT pennant.

ga·llar·día [gaʎarðía] *n/f* **1**. elegance, gracefulness. **2**. gallantry. **ga·llar·do/a** [gaʎárðo/a] *adj* **1**. debonair, elegant, charming. **2**. brave, gallant. **ga·lle·ar** [gaʎeár] *v* **1**. FAM PEY to shout and threaten, brag abusively. **2**. to show off, strut. **3**. to tread, cover (*el gallo*).

ga·lle·go/a [gaʎéɣo/a] GEOG **I**. *adj* Galician. **II**. *n/m,f* **1**. Galician. **2**. *Amer* PEY dago, Spanish immigrant in Latin America.

ga·lle·ra [gaʎéra] *n/f Amer* cockpit, cockfight arena.

ga·lle·ta [gaʎéta] *n/f* **1**. Br biscuit, US cookie. **2**. FAM slap.

ga·lli·na [gaʎína] **I**. *adj* FAM coward. **II**. *n/f* ZOOL hen, chicken. LOC **Carne de ~,** goose pimples *pl*. **~ ciega,** blindman's buff (*juego*). **~ clueca,** broody hen. **~ de Guinea,** Guinea fowl. **ga·lli·ne·ro/a** [gaʎinéro/a] *n/m,f* **1**. poulterer. **2**. *n/m* coop, henhouse. **3**. *n/m* TEAT gallery, gods *pl*. **4**. *n/m* FAM bedlam, cacophony. **ga·lli·to** [gaʎíto] *n/m* FAM cock of the walk, loud-mouth. **ga·llo** [gáʎo] *n/m* **1**. cock(erel), rooster (*ave*). **2**. dory (*pez*). **3**. FIG bossy-boots, PEY fathead. **4**. FIG FAM squawk. LOC **Alzar/Levantar el ~,** FIG to get on one's high horse. **En menos que canta un ~,** FIG FAM in a flash, before you can say Jack Robinson. **~ de pelea/riña,** fighting cock. **Misa del ~,** REL midnight mass.

ga·ma [gáma] *n/f* **1**. MÚS scale. **2**. ZOOL doe. **3**. FIG gamut, range. **4**. gamma (*letra*).

gam·ba [gámba] *n/f* prawn.

gam·be·rra·da [gambérráða] *n/f* act of vandalism/hooliganism. **gam·be·rro/a** [gambérro/a] *n/m,f* lout, hooligan, FAM yob.

gam·bi·to [gambíto] *n/m* gambit.

ga·me·lla [gaméʎa] *n/f* trough.

ga·mo [gámo] *n/m* ZOOL deer, buck.

ga·mu·za [gamúθa] *n/f* **1**. ZOOL chamois. **2**. chamois (*piel*). **3**. chamois leather (*trapo*).

ga·na [gána] *n/f sing pl* **1**. desire, inclination. **2**. longing, wish. **3**. *sing* hunger, appetite. LOC **Comer sin ~s,** to pick at one's food. **Como te dé la gana,** as the fancy takes you. **Darle a alguien la ~,** to want to + *inf*, to feel like + *ger*: *No me da la gana hacerlo*, I don't feel like doing it. **De buena ~, 1**. with pleasure. **2**. willingly. **De buena o mala ~,** like it or not. **De mala ~,** reluctantly, unwillingly. **Morirse de ~s de,** to be dying to. **Quitarle a alguien las ~s de hacer algo,** to put sb off doing sth. **Tener ~s de, 1**. to desire, want. **2**. to have a mind to + *inf*.

ga·na·de·ría [ganaðería] *n/f* **1**. cattle, livestock. **2**. stock-breeding, cattle farming. **3**. cattle ranch. **ga·na·de·ro/a** [ganaðéro/a] **I**. *adj* cattle (raising). **II**. *n/m* cattle farmer, stock farmer. **ga·na·do/a** [ganáðo/a] **I**. pp **ganar**. **II**. *n/m* livestock, (herd of) cattle.

ga·na·dor/ra [ganaðór/ora] **I**. *adj* winning. **II**. *n/m,f* winner. **ga·nan·cia** [ganánθja] *n/f* **1**. winning. **2**. *pl* winnings, earnings. **3**. gain, profit. **ga·nan·cial** [gananθjál] *adj* LOC **Bienes ~es,** JUR matrimonial property. **ga·nan·cio·so/a** [gananθjóso/a] **I**. *adj* **1**. lucrative, profitable. **2**. winning. **II**. *n/m,f* winner (*de un trato/negocio*).

ga·na·pán [ganapán] *n/m* **1**. casual labourer, odd job man. **2**. FIG lout, US rough.

ga·nar [ganár] **I**. *v* **1**. *gen* to win. **2**. to earn, gain. **3**. **(~ en)** to surpass. **4**. to beat, defeat (*vencer*). **5**. to reach, arrive at (*alcanzar*) **6**. FIG to win sb over (*convencer*). **7**. FIG to improve, thrive. **8**. MIL to take, capture. **9**. to acquire, obtain. **10**. to reclaim (*tierras*). **II**. *v/Refl(-se)* **1**. *Amer* to escape, take refuge. **2**. to deserve (*merecer*). **3**. to incur, bring upon oneself (*castigo*). LOC **~ peso,** to put on weight. **~se la vida,** to earn one's living. **~ tiempo,** to gain time. **Ir ganando,** DEP to be in the lead. **Salir ganando en algo,** to come out ahead/better off.

gan·chi·llo [gantʃíʎo] *n/m* **1**. crochet hook (*aguja*). **2**. crochet (*labor*).

gan·cho [gántʃo] *n/m* **1**. *gen* hook. **2**. hanger. (*para colgar cosas*). **3**. **(Tener ~)** FIG FAM sex appeal, attractiveness (*de mujer*). **4**. pimp (*alcahuete*), tout (*agente*). **5**. DEP hook (*boxeo*). **6**. *Amer* hairpin (*horquilla*). LOC **Echar el ~ a alguien,** to entice/hold/ captivate sb. **gan·cho·so, gan·chu·do** [gantʃóso/ gantʃúðo] *adj* hooked.

gan·dul/la [gandúl/la] *adj n/m,f* good-for-nothing. **gan·du·le·ar** [ganduleár] *v* to loaf (about). **gan·du·le·ría** [gandulería] *n/f* sloth, loafing.

gan·ga [gáŋga] *n/f* **1**. GEOL gangue. **2**. FIG FAM bargain. LOC **Aprovechar una ~,** to snap up a bargain. **Precio de ~,** bargain/ give-away price.

gan·glio [gáŋgljo] *n/m* MED ganglion.

gan·go·so/a [gaŋgóso/a] *adj* nasal. **gan·gue·ar** [gaŋgeár] *v* to speak through one's nose, speak with a twang.

gan·gre·na [gaŋgréna] *n/f* MED gangrene. **gan·gre·no·so/a** [gaŋgrenóso/a] *adj* gangrenous.

gángs·ter [gánster] *n/m* gangster. **gangs·te·ris·mo** [gansterísmo] *n/m* organized crime, gangster activity.

gan·sa·da [gansáða] *n/f* inanity, daft thing (*hecho/dicho*). LOC **Hacer ~s,** to mess about, play the fool. **gan·se·ar** [ganseár] *v* to do/say daft things. **gan·so/a** [gánso/a] *n/m,f* **1**. *n/m* gander (*ave*). **2**. *n/f* goose (*ave*). **3**. *pl* geese (*aves*). **4**. FIG FAM idiot. LOC **Paso de ~,** MIL goose step. **Ser muy ~,** FIG FAM to be as daft as a brush.

gan·zúa [gaṇθúa] **1.** *n/f* skeleton key, picklock. **2.** *n/m,f* FIG thief, picklock (*persona*).
ga·ñán [gaɲán] *n/m* **1.** farm-hand, labourer. **2.** FIG strapping lad.
ga·ñi·do [gaɲíðo] *n/m* **1.** yelp, howl (*perro*). **2.** cawing (*ave*), croaking (*animal*). **3.** FIG croak, wheeze (*persona*). **ga·ñir** [gaɲír] *v* **1.** to yelp, howl (*perro*). **2.** to croak, cry (*aullar*).
ga·ra·ba·te·ar [garaβateár] *v* to scribble, scrawl. **ga·ra·ba·to** [garaβáto] *n/m* **1.** scribble, scrawl (*mala letra*). **2.** hook. **3.** doodle. **4.** NÁUT grappling iron. **5.** FAM attractiveness (*en mujer*).
ga·ra·je [garáxe] *n/m* garage.
ga·ram·bai·na [garaṃbáina] *n/f* **1.** frippery, trinkets *pl*. **2.** *pl* simpering, nonsense. **3.** *pl* sribble, scrawl.
ga·ran·te [garáṇte] *n/m,f* guarantor, guarantee. **ga·ran·tía** [garaṇtía] *n/f* **1.** guarantee, warranty. **2.** JUR security (*fianza*). **3.** undertaking, pledge. LOC **~s constitucionales,** JUR Constitutional Rights. **ga·ran·ti·zar** [garaṇtiθár] *v* (*garantice*) **1.** to guarantee, warrant. **2.** to vouch for, act as guarantor for. **3.** to assure.
ga·ra·ñón [garaɲón] *n/m* ZOOL jackass.
ga·ra·pi·ñar [garapiɲár] *v* to freeze (*helados*), clot (*nata*), ice (*pastel*), sugar (*almendras*). **ga·ra·pi·ñe·ra** [garapiɲéra] *n/f* ice-cream freezer.
gar·ban·zo [garβáṇθo] *n/m* BOT chickpea. LOC **Contar los ~s,** FIG to count one's pennies. **Es el ~ negro de la familia,** FIG He's the black sheep of the family.
gar·beo [garβéo] *n/m* LOC **Darse un ~,** to go for a stroll.
gar·bo [gárβo] *n/m* **1.** grace, poise (*porte*). **2.** finesse, elegance (*estilo*). **gar·bo·so/a** [garβóso/a] *adj* **1.** graceful, elegant. **2.** FIG generous, magnanimous.
gar·de·nia [garðénja] *n/f* BOT gardenia.
gar·du·ña [garðúɲa] *n/f* ZOOL beech marten.
ga·re·te [garéte] *n/m* LOC **Irse al ~,** NÁUT to go adrift.
gar·fa [gárfa] *n/f* claw. **gar·fa·da** [garfáða] *n/f* clawing.
gar·fio [gárfjo] *n/m* **1.** *gen* hook. **2.** NÁUT grappling iron.
gar·ga·je·ar [garγaxeár] *v* to spit (*escupir*). **gar·gajo** [garγáxo] *n/m* FAM spit, gob.
gar·gan·ta [garγáṇta] *n/f* **1.** ANAT throat (*exterior*), gullet (*interior*). **2.** FIG neck: *La garganta de la botella,* The neck of the bottle. **3.** GEOG ravine, gorge. **4.** ARQ shaft. **5.** FIG (singing) voice. LOC **Dolerle a uno la ~,** to have a sore throat. **Tener buena ~,** to have a good (singing) voice. **Tener/Hacerse un nudo en la ~,** FIG to have/get a lump in one's throat. **gar·gan·te·ar** [garγanteár] *v* to warble. **gar·gan·ti·lla** [garγaṇtíʎa] *n/f* necklace.
gár·ga·ra [gárγara] *n/f pl* gargling. LOC **Hacer ~s,** to gargle. **Mandar a alguien a hacer ~s,** FIG FAM to send sb packing. **gar·ga·ris·mo** [garγarísmo] *n/m* **1.** gargling. **2.** mouthwash. **gar·ga·ri·zar** [garγariθár] *v* (*gargarice*) to gargle.
gár·gol [gárγol] *n/m* TÉC groove.
gár·go·la [gárγola] *n/f* gargoyle.
gar·gue·ro [garγéro] *n/m* ANAT **1.** gullet. **2.** windpipe.
ga·ri·ta [garíta] *n/f* **1.** cabin, hut, MIL sentry box. **2.** porter's lodge. **3.** watch-tower, lookout (*torrecilla*). **ga·ri·to** [garíto] *n/m* gambling den.
gar·li·to [garlíto] *n/m* NÁUT fish trap (*red*). LOC **Caer en el ~,** FIG to fall into the trap. **Coger en el ~,** FIG to catch sb in the act.
gar·lo·pa [garlópa] *n/f* TÉC jack-plane.
ga·rra [gárra] *n/f* **1.** claw, talon. **2.** FIG paw. **3.** *pl* grip. LOC **Caer en las ~s de...** FIG to fall into sb's clutches. **Echarle a uno la ~,** FIG to seize sb.
ga·rra·fa [garráfa] *n/f* decanter, carafe.
ga·rra·fal [garrafál] *adj* FIG monumental (*esp referido a faltas o mentiras*).
ga·rra·pa·ta [garrapáta] *n/f* tick (*insecto*).
ga·rra·pa·to [garrapáto] *n/m* V **garabato 1**.
ga·rri·do/a [garriðo/a] *adj* good-looking (*aspecto físico*).
ga·rro·cha [garrótʃa] *n/f* **1.** barbed lance, pike. **2.** TAUR lance.
ga·rrón [garrón] *n/m* spur, talon, paw (*pata*).
ga·rro·ta·zo [garrotáθo] *n/m* cudgel, blow. **ga·rro·te** [garróte] *n/m* **1.** cudgel, club. **2.** MED tourniquet, garrot. **3.** (**~ vil**) garrotte (*para estrangular*). LOC **Dar ~ a,** to garrotte.
ga·rro·ti·llo [garrotíʎo] *n/m* MED croup.
ga·rru·cha [garrútʃa] *n/f* TÉC pulley.
ga·rru·le·ría [garrulería] *n/f* chatter, blather. **ga·rru·li·dad** [garruliðáð] *n/f* garrulousness, talkativeness. **gá·rru·lo/a** [gárrulo/a] *adj* **1.** talkative, garrulous. **2.** LIT *twittering, chirping (de pájaros)*.
gar·za [gárθa] *n/f* (**~ real**) heron (*ave*).
gar·zo/a [gárθo/a] *adj* blue, bluish.
gas [gás] *n/m* **1.** FÍS gas. **2.** *pl* fumes, exhaust fumes (*de escape*). **3.** *pl* ANAT flatulence, gas. LOC **Asfixiar con ~,** to gas. **A todo ~,** flat out, at full speed. **Cámara de ~,** gas chamber. **Cocina/Estufa de ~,** gas cooker/fire. **Contador de ~,** gas meter. **~ butano,** butane. **Mechero de ~,** gas lighter.
ga·sa [gasa] *n/f* **1.** gauze. **2.** crêpe. **3.** MED lint, gauze.
ga·seo·sa [gaseósa] *n/f* fizzy drink, US soda. LOC **Agua ~,** carbonated water (*dulce*).
ga·seo·so/a [gaseóso/a] *adj* gaseous. **ga·sis·ta** [gasísta] *n/m* gas fitter. **ga·só·leo** [gasóleo] *n/m* AUT diesel, gas oil. **ga·so·li·na** [gasolína] *n/f* AUT QUÍM Br petrol, US gas, gasoline. LOC **~ sin plomo,** unleaded petrol. **~ normal/super/extra,** two/three/four star petrol. **Surtidor de ~,** Br petrol pump, US gas pump. **ga·so·li·ne·ra** [gasolinéra] *n/f* **1.** NÁUT motorboat. **2.** AUT Br petrol station, US gas station.
gas·ta·do/a [gastáðo/a] *adj* **1.** spent. **2.** worn out/away. **gas·ta·dor/ra** [gastaðór/ra] **I.** *adj* spendthrift, wasteful. **II. 1.** *n/m,f* spendthrift. **2.** *n/m* MIL sapper. **3.** *n/m* convict. **gas·tar** [gastár] *v* **1.** to use (up), consume **2.** to spend (*dinero*). **3.** FIG to wear, sport (*llevar una prenda*). **4.** (**~ una broma**) FIG to

play a joke on, crack a joke. **5.** FIG to wear out, exhaust (*persona*). **6.** to waste, squander (*tiempo/palabras/dinero*). **7.** to wear away/down/out. LOC **~las,** FIG FAM to carry on, behave, get up to: *Ya sé como las gasta tu marido,* I know what your husband is capable of doing. ~ **mal humor,** FAM to be bad-tempered (*de carácter*). ~ **saliva,** FAM to waste one's breath. **gas·to** [gásto] *n/m* **1.** expense, expenditure. **2.** *pl* expenses, costs. **3.** waste. **4.** output, rate of flow (*de agua, gas*). **5.** consumption. LOC **Cubrlr ~s,** to cover costs/expenses. **Dinero para ~s menudos, 1.** COM petty cash. **2.** pocket money. **~s generales,** COM overheads.

gás·tri·co/a [gástriko/a] *adj* gastric. **gas·tri·tis** [gastrítis] *n/f* MED gastritis. **gas·tro·no·mía** [gastronomía] *n/f* gastronomy. **gas·tro·nó·mi·co/a** [gastronómiko/a] *adj* gastronomic. **gas·tró·no·mo/a** [gastrónomo/a] *n/m,f* gastronomist.

ga·ta·da [gatáða] *n/f* sly trick.

ga·tas [gátas] *adv* LOC **A ~s,** on all fours. **ga·te·ar** [gateár] *v* **1.** to crawl (on all fours). **2.** to clamber, climb (*trepar*). **3.** *Amer* to go womanizing. **4.** to scratch (*arañar*). **5.** FAM to pinch, swipe (*robar*). **ga·te·ra** [gatéra] *n/f* cat flap.

ga·ti·llo [gatíʎo] *n/m* **1.** TÉC dental forceps *pl.* **2.** trigger (*en las armas*). **3.** FAM young thief, pickpocket.

ga·to/a [gáto/a] *n/m,f* **1.** ZOOL cat, *n/m* tomcat. **2.** TÉC jack. **3.** FAM petty thief, pickpocket. LOC **Como ~ por/sobre ascuas,** FIG FAM like a cat on a hot tin roof (*rápidamente*). **Cuatro ~s,** FIG FAM hardly a soul. **Dar ~ por liebre,** FIG FAM to take sb for a ride, stitch sb up. ~ **cerval,** ZOOL lynx. **~ romano,** ZOOL tabby. **Aquí hay ~ encerrado,** FIG FAM There is more here than meets the eye. **Llevar el ~ al agua,** FIG FAM to pull sth off. **ga·tu·no/a** [gatúno/a] *adj* feline, cat-like.

ga·tu·pe·rio [gatupérjo] *n/m* **1.** hodgepodge (*mezcla*). **2.** snare (*trampa*).

gau·cho/a [gáutʃo/a] *adj n/m,f* gaucho.

ga·ve·ta [gaßéta] *n/f* drawer (*cajón*).

ga·vi·lán [gaßilán] *n/m* **1.** sparrow hawk (*ave*). **2.** TÉC crow bar. **3.** nib (*de plumilla*).

ga·vi·lla [gaßíʎa] *n/f* **1.** sheaf, bundle. **2.** FIG gang, band (*de ladrones*).

ga·vio·ta [gaßjóta] *n/f* seagull (*ave*).

ga·yo [gáʎo] *adj* **1.** merry (*alegre*). **2.** showy (*vistoso*).

ga·yo·la [gaʎóla] *n/f* **1.** cage. **2.** FAM jail, clink.

ga·za [gáθa] *n/f* **1.** loop. **2.** NÁUT bight.

ga·za·fa·tón, ga·za·pa·tón [gaθafatón/gaθapatón] *n/f* FAM piece of nonsense (*disparate*).

ga·za·pe·ra [gaθapéra] *n/f* **1.** warren (*conejera*). **2.** FAM den of thieves. **ga·za·po** [gaθápo] *n/m* **1.** ZOOL coney, young rabbit. **2.** FIG FAM blunder, indiscretion.

gaz·mo·ñe·ría [gaθmoɲería] *n/f* **1.** prudishness. **2.** hypocrisy. **gazmoñero/a, gazmoño/a** [gaθmoɲéro/a, gaθmóɲó/a] **I.** *adj* **1.** priggish, prudish. **2.** sanctimonious. **II.** *n/m,f* prude, prig.

gaz·ná·pi·ro/a [gaθnápiro/a] **I.** *adj* dense, dim (*persona poco educada*). **II.** *n/m,f* dimwit.

gaz·na·te [gaθnáte] *n/m* ANAT throat, gullet, windpipe.

gaz·pa·cho [gaθpátʃo] *n/m* gazpacho.

ga·zu·za [gaθúθa] *n/f* FAM hunger. LOC **Tener ~,** to be starving/famished.

géi·ser [xéiser] *n/m* GEOL geyser.

gel [xél] *n/m* gel.

ge·la·ti·na [xelatína] *n/f* QUÍM **1.** gelatine. **2.** Br jelly, US gelatin. LOC **~ explosiva,** gelignite. **ge·la·ti·no·so/a** [xelatinóso/a] *adj* gelatinous.

gé·li·do/a [xéliðo/a] *adj* POÉT icy.

ge·ma [xéma] *n/f* **1.** gem (*piedra preciosa*). **2.** BOT bud.

ge·me·bun·do/a [xemeßúndo/a] *adj* wailing, groaning, moaning.

ge·me·lo/a [xemélo/a] **I.** *adj* twin. **II.** *n/m,f* **1** identical twin. **2.** *n/m pl* cuff-links (*de camisa*). **3.** *n/m pl* binoculars. LOC **Buque ~,** NÁUT sister ship.

ge·mi·do [xemíðo] *n/m* groan, moan, wail.

Gé·mi·nis [xéminis] *n/m* ASTR Gemini.

ge·mir [xemír] *v* (*gimo*) **1.** to moan, groan. **2.** to (be)wail, lament. **3.** to howl (*viento*), whine (*animal*).

gen, ge·ne [xén(e)] *n/m* BIOL gene. **ge·nea·lo·gía** [xenealoxía] *n/f* genealogy. **ge·nea·ló·gi·co/a** [xenealóxiko/a] *adj* genealogical. LOC **Arbol ~,** family tree.

ge·ne·ra·ción [xeneraθjón] *n/f* **1.** *gen* generation. **2.** descent.

ge·ne·ra·dor/a [xeneraðór/ra] **I.** *adj* (*en Geometría: f **generatriz***) generating. **II.** *n/m* TÉC generator.

ge·ne·ral [xenerál] **I.** *adj* **1.** *gen* general. **2.** common, prevailing, PEY rife (*común*). **3.** wide (*amplio*). **4.** usual. **5.** universal. **II.** *n/m* MIL REL general. **III.** *adv* generally. LOC **En ~,** in general. **Por lo ~,** generally, for the most part. **~ de brigada,** MIL brigadier. **~ de división,** MIL major general. **~ en jefe,** MIL supreme commander. **ge·ne·ra·la** [xenerála] *n/f* woman general; general's wife. LOC MIL **Tocar ~, 1.** to call to arms. **2.** to put on general alert. **ge·ne·ra·li·dad** [xeneraliðáð] *n/f* **1.** generality. **2.** majority. **3.** *pl* vagueness.

ge·ne·ra·lí·si·mo [xeneralísimo] *n/m* MIL supreme commander.

ge·ne·ra·li·za·ción [xeneraliθaθjón] *n/f* **1.** generalization. **2.** widening, escalation (*de un conflicto*). **ge·ne·ra·li·za·do/a** [xeneraliθáðo/a] *adj* widespread. **ge·ne·ra·li·zar** [xeneraliθár] *v* (*generalice*) **1.** to generalize. **2.** to make widely known, bring into general use.

ge·ne·rar [xenerár] *v* **1.** to generate. **2.** to procreate.

ge·né·ri·co/a [xenériko/a] *adj* generic. **gé·ne·ro** [xénero] *n/m* **1.** BIOL genus. **2.** GRAM gender. **3.** kind, sort, type (*clase*). **4.** LIT genre. **5.** COM line. **6.** material, fabric (*tela*). **7.** *pl* goods, merchandise, *sing* article. **8.**

style, manner, way. LOC ~ **chico**, TEAT one-act comedies. ~ **humano**, human race, humankind.

ge·ne·ro·si·dad [xenerosiðáð] *n/f* 1. generosity. 2. liberality, magnanimity. **ge·ne·ro·so/a** [xeneróso/a] *adj* (~ **con/para con**) 1. generous, liberal: *Generoso para con los pobres*, Generous to the poor. 2. noble. 3. magnanimous. 4. valiant. 5. rich, full-bodied (*vino*).

gé·ne·sis [xénesis] *n/f* genesis (*origen*). **Gé·ne·sis** [xénesis] *n/m* REL Genesis.

ge·né·ti·ca [xenétika] *n/f* BIOL genetics *pl*. **ge·né·ti·co/a** [xenétiko/a] *adj* genetic.

ge·nial [xenjál] *adj* 1. inspired, full of genius. 2. brilliant, outstanding. 3. genial, pleasant (*placentero*). 4. FAM witty, funny. **ge·nia·li·dad** [xenjaliðáð] *n/f* 1. genius. 2. stroke of genius. 3. brilliant work (*obra*). 4. eccentricity. 5. originality. **ge·nio** [xénjo] *n/m* 1. nature, disposition, character. 2. temper, mood. 3. genius. 4. REL MIT spirit, genie (*deidad*). LOC **Buen** ~, good nature. **Corto de** ~, dull-witted. **Estar de mal** ~, to be in a bad mood. ~ **y figura hasta la sepultura**, a leapord cannot change his spots. **Tener mal** ~, to be bad-tempered.

ge·ni·tal [xenitál] ANAT I. *adj* genital. II. *n/m pl* genitals, genitalia.

ge·ni·ti·vo [xenitíβo] *n/m* GRAM genitive.

ge·no·ci·dio [xenoθíðjo] *n/m* genocide.

gen·te [xénte] *n/f* 1. *gen* people, folk. 2. followers *pl* (*partidarios*). 3. people, nation. 4. FAM relatives, folks *pl*. LOC ~ **bien**, PEY posh people. ~ **de bien**, honest people, decent folk. ~ **de cuidado/de mala vida**, bad people, shady characters *pl*. ~ **gorda**, FIG FAM bigwigs *pl*. ~ **menuda**, 1. small fry. 2. little ones (*niños*). **La mayoría de la** ~, most people.

gen·til [xentíl] I. *adj* 1. graceful, elegant. 2. charming. 3. FAM IR remarkable, pretty. 4. REL pagan, heathen. II *n/m,f* 1. Gentile. 2. REL heathen, pagan. **gen·ti·le·za** [xentiléθa] *n/f* 1. grace, charm, elegance. 2. courtesy, good manners *pl*, politeness.

gen·tío [xentío] *n/m* crowd, throng. **gen·tu·za** [xentúθa] *n/f* PEY mob, rabble.

ge·nu·fle·xión [xenufle(k)sjón] *n/f* REL genuflection.

ge·nui·no/a [xenwíno/a] *adj* 1. genuine, authentic, real. 2. true, pure.

geó·fa·go/a [xeófaγo/a] *adj* geophagous.

geo·fí·si·ca [xeofísika] *n/f* geophysics *pl*.

geo·gra·fía [xeoγrafía] *n/f* geography. **geo·grá·fi·co/a** [xeoγráfiko/a] *adj* geographic(al). **geó·gra·fo/a** [xeóγrafo/a] *n/m,f* geographer.

geo·lo·gía [xeoloxía] *n/f* geology. **geo·ló·gi·co/a** [xeolóxiko/a] *adj* geologic(al). **geó·lo·go/a** [xeóloγo/a] *n/m,f* geologist.

geo·me·tría [xeometría] *n/f* geometry. LOC ~ **del espacio**, solid geometry. **geo·mé·tri· co/a** [xeométriko/a] *adj* geometric(al).

ge·ra·nio [xeránjo] *n/m* BOT geranium.

ge·ren·cia [xerénθja] *n/f* 1. *gen* management. 2. managership (*cargo*). 3. manager's office (*despacho*). **ge·ren·te** [xerénte] *n/m,f* 1. manager, director. 2. executive.

ge·ria·tría [xerjatría] *n/f* MED geriatrics *pl*. **ge·riá·tri·co/a** [xerjátriko/a] *adj* geriatric.

ge·ri·fal·te [xerifálte] *n/m* 1. gerfalcon (*ave*). 2. FIG FAM bigshot (*persona*).

ger·ma·nía [xermanía] *n/f* slang, cant.

ger·má·ni·co/a [xermániko/a] *adj* GEOG Germanic.

ger·men [xérmen] *n/m* 1. BIOL MED germ. 2. germ, seed. 3. FIG source, seed. **ger·mi·na·ción** [xerminaθjón] *n/f* germination. **ger·mi·nar** [xerminár] *v* to germinate.

ge·run·dio [xerúndjo] *n/m* GRAM gerund.

ges·ta [xésta] *n/f* heroic deed, exploit.

ges·ta·ción [xestaθjón] *n/f* gestation. **ges·tar·se** [xestárse] *v/Refl(-se)* 1. BIOL to gestate. 2. FIG to be in preparation, be hatching.

ges·ti·cu·la·ción [xestikulaθjón] *n/f* 1. gesticulation (*ademán*) 2. grimace, face (*mueca*). **ges·ti·cu·lar** [xestikulár] *v* 1. to gesticulate. 2. to grimace, pull faces *pl*.

ges·tión [xestjón] *n/f* 1. *esp pl* step, measure, effort (*trámite*). 2. management (*dirección*), conduct (*administración*). 3. negotiation. 4. *pl* business. 5. performance (*en cargo público*). LOC **Hacer gestiones**, to take steps. **ges·tio·nar** [xestjonár] *v* 1. to negotiate. 2. to manage, conduct: *Gestiona sus asuntos*, He manages his affairs. 3. to promote. 4. to (take steps to) procure/acquire.

ges·to [xésto] *n/m* 1. face. 2. expression. 3. grimace (*mueca*). 4. gesture (*con las manos*). 5. FIG gesture. LOC **Hacer ~s**, 1. to pull/make faces *pl*. 2. to gesticulate (*manos*). **Torcer el** ~, to twist one's face with/in pain/disgust. **ges·tor/ra** [xestór/ra] I. *adj* 1. negotiating. 2. managing. II. *n/m,f* 1. manager, administrator. 2. agent, executive. **ges·to·ría** [xestoría] *n/f* agency.

gi·ba [xíβa] *n/f* 1. hump (*del camello*). 2. hunch, hunchback (*persona*). **gi·bo·so/a** [xiβóso/a] *adj* hunchbacked, humped.

Gi·bral·tar [xiβraltár] *n/m* GEOG Gibraltar. LOC **El estrecho de** ~, the straits of Gibraltar. **El peñón de** ~, the rock of Gibraltar. **gi·bral·ta·re·ño/a** [xiβraltaréɲo/a] *adj n/m,f* Gibraltarian.

gi·gan·te [xiγánte] I. *adj* giant, gigantic. II. *n/m* MIT giant, ogre. **gi·gan·tes·co/a** [xiγantésko/a] gigantic, SL ginormous.

gi·li·po·llas [xilipóʎas] *n/m pl* SL BR dickhead, US asshole. **gi·li·po·llez** [xilipoʎéθ] *n/f* (*pl gilipolleces*) silliness; stupid thing to say/do.

gim·na·sia [xi(m)násja] *n/f* 1. DEP gymnastics *pl*. 2. physical education (P.E) (*escolar*). LOC ~**rítmica**, aerobics. **gim·na·sio** [xi(m)násjo] *n/m* gym(nasium). **gim·nas·ta** [xi(m)násta] *n/m,f* gymnast.

gi·mo·te·ar [ximoteár] *v* FAM to whimper, snivel. **gi·mo·teo** [ximotéo] *n/m* whimpering, snivelling.

gi·ne·bra [xinéβra] *n/f* 1. gin. 2. MÚS xylophone.

Gi·ne·bra [xinébra] GEOG Geneva.

gi·ne·co·lo·gía [xinekoloxía] *n/f* MED Br gynaecology, US gynecology. **gi·ne·có·lo·go/a** [xinekóloγo/a] *n/m,f* gynaecologist.

gi·ra [xíra] *n/f* **1**. tour (*de artista/deportista/viaje*). **2**. outing, picnic (*excursión*).

gi·rán·du·la [xirándula] *n/f* Catherine wheel (*fuegos artificiales*).

gi·rar [xirár] *v* **(~ a/hacia) 1**. to turn, rotate, twist. **2**. to circle (round). **3**. to spin (off). **4**. FIG to turn on, centre on (*debate*). **5**. COM to draw, issue. **6**. to turn (*desviar*). **7**. to swing (*puerta*). **8**. to pivot, spin. **9**. to revolve (*planeta*). **gi·ra·sol** [xirasól] *n/m* BOT sunflower. **gi·ra·to·rio/a** [xiratórjo/a] *adj* revolving. **gi·ro** [xíro] *n/m* **1**. *gen* turn (*vuelta*). **2**. turn, turning, spin, spinning (*acción de girar*). **3**. COM draft. **4**. GRAM turn of phrase, expression. **5**. revolution, rotation. **6**. COM line of business. **7**. FIG trend, course (*tendencia*). **8**. FIG switch, turn, change. LOC **Ángulo de ~**, AUT steering lock. **~ postal**, postal order. **Tomar otro ~**, to change one's mind, take a different turn (*suceso*).

gi·ros·co·pio, gi·rós·co·po [xiroskópjo/xiróskopo] *n/m* TÉC gyroscope.

gi·ta·na·da [xitanáða] *n/f* **1**. gypsy trick. **2**. FIG wheedling, cajolery. **gi·ta·ne·ar** [xitaneár] *v* to cajole, wheedle. **gi·ta·ne·ría** [xitanería] *n/f* **1**. band of gypsies. **2**. gypsy saying (*dicho*). **3**. V **gitanada**. **gi·ta·nes·co/a** [xitanésko/a] *adj* **1**. gypsy-like. **2**. gypsy. **gi·ta·nis·mo** [xitanísmo] *n/m* **1**. *pl* gypsy customs. **2**. gypsy expression/word (*giro*). **gi·ta·no/a** [xitáno/a] *adj n/m,f* gypsy.

gla·cia·ción [glaθjaθjón] *n/f* GEOL glaciation. **gla·cial** [glaθjál] *adj* **1**. glacial. **2**. FIG icy. **gla·ciar** [glaθjár] **I**. *adj* glacial. **II**. *n/m* GEOL glacier.

gla·dia·dor [glaðjaðór] *n/m* HIST gladiator.

gla·dio·lo, gla·dío·lo [glaðjólo/glaðíolo] *n/m* BOT gladiolus, gladioli *pl*.

glan·de [glánde] ANAT glans penis. **glán·du·la** [glándula] *n/f* ANAT gland.

glan·du·lar [glandulár] *adj* glandular.

gla·se·ar [glaseár] *v* to glaze.

glau·co/a [gláuko/a] *adj* glaucous, light-green.

glau·co·ma [glaukóma] *n/m* MED glaucoma.

gle·ba [gléßa] *n/f* **1**. clod (*de tierra*). **2**. HIST serf.

gli·ce·ri·na [gliθerína] *n/f* QUÍM glycerine.

glíp·ti·ca [glíptika] *n/f* ART glyptic.

glo·bal [gloßál] *adj* **1**. global. **2**. overall. **3**. comprehensive. LOC **Una cantidad ~**, a lump sum.

glo·bo [glóßo] *n/m* **1**. *gen* globe, sphere. **2**. balloon. **3**. round lamp. LOC **~ ocular/~ del ojo,** ANAT eyeball. **glo·bu·lar** [gloßulár] *adj* globular.

gló·bu·lo [glóßulo] *n/m* ANAT globule. LOC **~s rojos/blancos**, ANAT red/white corpuscles.

glo·ria [glórja] **I**. *n/f* **1**. *gen* glory. **2**. delight: *Da gloria ver a los novios tan felices*, It's wonderful to see the happy couple. **3**. REL heaven, paradise. **4**. custard tart. **II**. *n/m* REL gloria (*rezo*). LOC **Dar ~**, to delight. **¡Dios le tenga en su ~!**, REL God rest his soul! **Estar en la ~**, FIG to be in seventh heaven. **Oler/Saber a ~**, to smell/taste divine/heavenly. **Pasar a la ~**, to become famous. **glo·riar** [glorjár] **I**. *v* (*glorío, gloríen*) to glorify. **II**. *v/Refl(-se)* **1**. **(~se de)** to boast/brag (about): *Se glorió de sus éxitos*, He bragged about his achievements. **2**. **(~se en)** to glory/rejoice (in).

glo·rie·ta [glorjéta] *n/f* ARQ **1**. summerhouse. **2**. pergola, arbour. **3**. AUT roundabout, junction, intersection. **4**. square (*plaza*).

glo·ri·fi·ca·ción [glorifikaθjón] *n/f* glorification. **glo·ri·fi·car** [glorifikár] *v* (*glorifique*) to glorify, praise. **glo·rio·so/a** [glorjóso/a] *adj* **1**. glorious. **2**. REL blessed: *La gloriosa virgen María*, The blessed Virgin Mary.

glo·sa [glósa] *n/f* LIT gloss. **glo·sar** [glosár] *v* **1**. to gloss (*texto*). **2**. to comment on. **3**. PEY to criticize. **glo·sa·rio** [glosárjo] *n/m* glossary.

glo·tón/na [glotón/na] **I**. *adj* gluttonous, greedy. **II**. *n/m,f* glutton. **glo·to·ne·ar** [glotoneár] *v* to guzzle, FAM stuff oneself (*comer con avidez*). **glo·to·ne·ría** [glotonería] *n/f* gluttony, greed.

glu·co·sa [glukósa] *n/f* QUÍM glucose.

glu·ten [glúten] *n/m* gluten.

gno·mo [nómo] *n/m* MIT gnome.

gnos·ti·cis·mo [nostiθísmo] *n/m* FIL Gnosticism. **gnós·ti·co/a** [nóstiko/a] *adj n/m,f* Gnostic.

go·ber·na·ble [goßernaßle] *adj* **1**. governable (*país*). **2**. COM manageable. **3**. NÁUT steerable, manoeuvrable. **go·ber·na·ción** [goßernaθjón] *n/f* s/f government (*acción y efecto*). LOC **Ministerio de la ~**, Br Home Office, US Ministry of the Interior. **go·ber·na·dor/ra** [goßernaðór/ra] **I**. *adj* governing. **II**. **1**. *n/m,f* governor, ruler. **2**. *n/m* governorship (*cargo*). **go·ber·nan·ta** [goßernánta] *n/f* **1**. governess. **2**. housekeeper (*ama de llaves*). **go·ber·nan·te** [goßernánte] **I**. *adj* governing, ruling. **II**. *n/m,f* **1**. ruler, governor. **2**. FAM self-appointed head. **go·ber·nar** [goßernár] **I**. *v* (*gobierno*) **1**. to govern, rule. **2**. to run, manage, direct. **3**. to lead (*procesión*). **4**. NÁUT to steer, handle. **II**. *v/Refl(-se)* **(~se por)** to be lead/guided by. LOC **~ mal**, to misgovern. **go·bier·no** [goßjérno] *n/m* **1**. *gen* government. **2**. governorship (*cargo*). **3**. control (*dirección*). **4**. management, running (*administración*). **5**. guidance. **6**. NÁUT helm, steering. LOC **~ civil/militar**, civil/military governor/government. **~ interino**, caretaker government.

go·bio [góßjo] *n/m* gudgeon (*pez*).

go·ce [góθe] *n/m* **1**. enjoyment, pleasure. **2**. possession: *El goce de un privilegio*, The possession/enjoyment of a privilege.

go·do/a [góðo/a] **I**. *adj* Gothic. **II**. *n/m,f* Goth.

go·gó [goγó] LOC **A ~**, abundantly.

gol [gól] *n/m* DEP goal. **go·lea·da** [goleáða] *n/f* DEP very high score (*de goles*)

go·la [góla] *n/f* **1**. FAM ANAT gullet. **2**. ruff (*cuello*), REL clerical collar. **3**. MIL gorget. **4**. ARQ ogee.

go·le·ta [goléta] *n/f* NÁUT schooner.
golf [gólf] *n/m* DEP golf. LOC **Jugador de ~**, golfer. **Palo de ~**, golf club.
gol·fe·ar [golfeár] *v* to loaf (around), SL hang out. **gol·fe·ría** [golfería] *n/f* **1**. street gang. **2**. vandalism, hooliganism.
gol·fo/a [gólfo/a] *n/m,f* **1**. *n/m* GEOG gulf, bay. **2**. pickpocket, hood. **3**. FAM lazybones, layabout. **4**. *n/f* prostitute, FAM tart.
go·lon·dri·na [golondrína] *n/f* swallow (*ave*).
go·lon·dri·no [golondríno] *n/m* **1**. tramp. **2**. MIL deserter. **3**. MED tumour under the armpit.
go·lo·si·na [golosína] *n/f* **1**. titbit, delicacy (*manjar delicado*). **2**. Br sweet, US candy (*dulce*). **3**. FIG longing, desire. **4**. fancy (*antojo*). **5**. sweettooth. **6**. greed (*glotonería*). **go·lo·si·ne·ar** [golosineár] *v* to nibble (at), munch (*comer golosinas habitualmente*). **go·lo·so/a** [golóso/a] *adj* **1**. **(Ser ~)** to have a sweet tooth. **2**. appetizing. **3**. greedy.
gol·pa·zo [golpáθo] *n/m* **1**. heavy blow. **2**. violent collision. **gol·pe** [gólpe] *n/m* **1**. blow, punch, knock. **2**. hit, smack (*palmada*). **3**. collision, bump (*choque*). **4**. jolt (*sacudida*). **5**. FIG witticism (*gracia*). **6**. FIG blow, shock (*desgracia*). **7**. FIG **(~ de)** fit, attack (*risa/tos*). **8**. DEP shot, stroke, hit (*con palo/raqueta*). **9**. DEP punch, blow (*boxeo*). **10**. DEP kick, shot (*fútbol*). **11**. TÉC springlock. **12**. coup: *Golpe de Estado*, Coup d'état. **13**. job, hold-up (*criminal*). **14**. beat, throb (*latido*), tick, stroke (*reloj*). LOC **A ~s**, **1**. by force. **2**. in fits and starts, intermittently. **A ~ de**, by means of. **A ~ seguro**, without any risk. **Abrir una puerta de ~**, to fling open a door. **Acusar el ~**, FIG to feel the blow. **Cerrar una puerta de ~**, to slam a door. **Dar el ~**, to cause a sensation. **Dar ~s en**, to pound, bang (on). **De ~**, suddenly, all of a sudden. **De un ~**, in one fell swoop, at one go. **Errar/fallar el ~**, **1**. to miss. **2**. to lose. **~ de agua**, heavy rainfall. **~ de fortuna**, stroke of luck. **~ de martillo**, DEP smash (*tenis*). **~ de pecho**, FIG breast beating. **~ de sol**, sunstroke. **~ de viento**, GEOL gust of wind. **~ de vista**, (at a) glance. **~ franco**, DEP free kick. **No dar (ni) ~**, FIG not to do a stroke (of work). **gol·pe·ar** [golpeár] *v* **1**. (*gen*) to hit, knock, strike. **2**. to punch, thump (*con el puño*). **3**. to beat, pound, bang (on/at) (*puerta*). **4**. to thrash (*zurrar*). **5**. to tap. **6**. to beat against (*lluvia*). **7**. to beat, throb, tick (*latir*). **8**. to pound (*olas*). **gol·pe·te·ar** [golpeteár] *v* **1**. to beat (*repetidamente*). **2**. to tap, drum, rattle. **gol·peo** [golpéo] *n/m* knocking, banging, beating. **gol·pe·teo** [golpetéo] *n/m* **1**. beating, knocking. **2**. drumming, rattling, tapping. **3**. pitter-patter (*lluvia*). **gol·pis·mo** [golpísmo] *n/m* putschism. **gol·pis·ta** [golpísta] *adj, n/m,f* putschist, plotter.
go·lle·te [goʎéte] *n/m* **1**. ANAT neck, throat. **2**. neck (*de botella*). LOC **Estar hasta el ~**, **1**. to be fed up with. **2**. to be full up (*de comida*).
go·ma [góma] *n/f* **1**. gum, glue (*cola*). **2**. rubber (*caucho*). **3**. rubber/elastic band (*tira*). **4**. ARG rubber (*condón*). **~ de borrar**, Br rubber, US eraser. **go·mi·na** [gomína] *n/f* hairband. **go·mo·rre·si·na** [gomorresína] *n/f* BOT gum resin. **go·mo·so/a** [gomóso/a] **I**. *adj* viscous, sticky. **II**. *n/m* FAM dandy.
gón·do·la [góndola] *n/f* NÁUT gondola. **gon·do·le·ro** [gondoléro] *n/m* gondolier.
go·no·rrea [gonorréa] *n/f* MED gonorrhea.
gor·di(n)·flón/na [gorði(n)flón/na] *adj* podgy, chubby, plump. **gor·do/a** [górðo/a] **I**. *adj* **1**. fat, stout (*persona*). **2**. FAM big, large (*objeto*). **3**. fatty, greasy. **4**. FIG important, big, influential (*persona/suceso*). **5**. coarse, rough, thick (*tela*). **6**. hard (*agua*). **7**. first, big, main (*premio*). **II**. *n/m,f* **1**. *n/m* suet, fat (*grasa*). **2**. fat man/woman. **3**. *n/m* FAM first prize (*lotería*). LOC **Algo ~ ha ocurrido**, FAM sth big has happened. **Armarse la ~a**, FIG FAM to kick up a fuss. **Esta niña me cae ~a**, FIG FAM This girl gets on my nerves. **No tener ni ~a**, FAM to be broke. **Peces gordos/gente ~a**, FAM bigshots, bigwigs. **gor·du·ra** [gorðúra] *n/f* **1**. stoutness, corpulence. **2**. fat, grease (*grasa*).
gor·go·jo [gorγóxo] *n/m* weevil, grub (*insecto*).
gor·go·ri·to [gorγoríto] *n/m* FAM trill, warble. LOC **Hacer ~s**, to sing high notes. **gor·go·teo** [gorγotéo] *n/m* gurgling.
gor·gue·ra [gorγéra] *n/f* **1**. ruff (*adorno del cuello*). **2**. MIL gorget.
go·ri·la [goríla] *n/m* ZOOL gorilla.
gor·ja [górxa] *n/f* gorge, throat. **gor·je·ar** [gorxeár] *v* to warble, chirp, twitter. **gor·jeo** [gorxéo] *n/m* **1**. warble, chirp (*pájaro*). **2**. gurgle (*bebé*).
go·rra [górra] *n/f* **1**. peaked cap, cap. **2**. bonnet (*de niño*). **3**. MIL busby, bearskin (*granadero*). LOC **Entrar de ~**, FAM to gatecrash (*una fiesta*). **go·rre·ar** [gorreár] *v* to sponge, scrounge, cadge. **go·rre·ro/a** [gorréro/a], **go·rris·ta** [gorrísta] *n/m,f* FAM sponger, scrounger, cadger.
go·rri·ne·ría [gorrinería] *n/f* **1**. dirt, filth. **2**. FIG dirty trick. **go·rri·no/a** [gorríno/a] *n/m,f, adj* **1**. piglet, suckling pig. **2**. FIG FAM hog, pig (*persona*).
go·rrión [gorrjón] *n/m* sparrow (*ave*).
go·rro [górro] *n/m* cap, bonnet. LOC **Estar hasta el ~**, FIG FAM to be fed up.
go·ta [góta] *n/f* **I**. *gen* drop (*de líquido*). **2**. MED gout. **3**. MED drip (*de transfusión*). LOC **Caer ~ a ~**, to drip. **Caer unas/cuatro ~s**, FIG to spot with rain. **~ a ~**, drop by drop. **No ver ni ~**, FIG FAM to be as blind as a bat. **Parecerse como dos ~s de agua**, FIG FAM to be as like as two peas in a pod. **Ser algo la últlma ~/la ~ que colma el vaso**, FIG to be the last straw. **Sudar la ~ gorda**, FIG FAM to sweat blood. **go·te·ar** [goteár] *v* **1**. to drip, dribble. **2**. to leak. **go·teo** [gotéo] *n/m* drip, dripping. **go·te·ra** [gotéra] *n/m* **1**. drip, trickle. **2**. gutter (*grieta*). **3**. leak. **4**. stain, damp patch. **go·te·rón** [goterón] *n/m* big raindrop.
gó·ti·co/a [gótiko/a] *adj* gothic. LOC **Letra gótica**, Gothic script.

go·to·so/a [gotóso/a] *adj* gouty.
go·yes·co/a [goJésko/a] *adj* of Goya.
go·za·da [goθáða] *n/f* FAM delight, pleasure. **go·zar** [goθár] **I.** *v* (*goce*) **(~ de/con) 1.** to enjoy (*disfrutar*). **2.** to have (*poseer*). **3.** **(~ en + *inf*)** to take pleasure in + *ger*. **II.** *v/Refl(-se)* **(~se en) 1.** to enjoy oneself. **2.** to rejoice in. LOC **~la**, FAM to have a good time.
goz·ne [góθne] *n/m* TÉC hinge.
go·zo [góθo] *n/m* **1.** joy, delight. **2.** enjoyment, pleasure. **3.** *pl* REL poem in honour of the Virgin. LOC **Saltar de ~**, to jump for joy. **¡Mi ~ en un pozo!** *exclam* Just my luck! **go·zo·so/a** [goθóso/a] *adj* **1.** glad/delighted (about). **2.** delightful.
gra·ba·ción [graβaθjón] *n/f* recording. **gra·ba·do/a** [graβáðo/a] **I.** *adj* recorded. **II.** *n/m* **1.** engraving. **2.** picture, illustration, print. **3.** recording (*disco*). LOC **~ al agua fuerte,** ARTE etching. **~ en hueco,** ARTE intaglio. **gra·ba·dor/ra** [graβaðór/ra] *n/m,f* **1.** engraver. **2.** *n/f* ELECTR tape/cassette recorder. **gra·bar** [graβár] *v* **(~ en /con) 1.** to engrave, imprint. **2.** to record (*disco*), tape (*cinta*). LOC **~ algo en el ánimo**, to impress sth on one's mind. **~ en madera**, to make woodcuts *pl*.
gra·ce·jo [graθéxo] *n/m* **1.** wit, humour. **2.** repartee.
gra·cia [gráθja] *n/f* **1.** REL grace (*divina*). **2.** grace, gracefulness, charm. **3.** **(Tener ~)** wit, humour: *Esto no tiene nada de gracia*, This is not at all funny. **4.** good favour/graces *pl*. **5.** favour (*concesión*). **6.** *pl* thanks (*agradecimiento*). **7.** joke, witty remark. **8.** Grace (*título*). **9.** pardon, mercy. **10.** point (*esencia del chiste*). LOC **Caer en ~ a alguien**, to find favour with sb, FAM be a hit with sb. **Dar ~s a**, to thank, give thanks to. **Dar en la ~ de + *inf***, FIG to keep on + *ger*, harp on about + *ger*. **En estado de ~**, REL in a state of grace. **Hacer ~ (a)**, to be liked by (sb): *Esta mujer no me hace gracia*, I don't like this woman. **~s a...**, thanks to....**¡~s a Dios!**, *exclam* Thank God!/Goodness! **~s por**, thanks/ thankyou for. **~s a que...**, thanks to the fact that... **¡Qué ~!**, *exlam* **1.** How funny! **2.** PEY What a nerve!/the very idea! **Tener ~ algo**, **1.** to be funny/amusing. **2.** to be surprising. **Sin ~**, graceless.
grá·cil [gráθil] *adj* slender, slight, delicate.
gra·cio·so/a [graθjóso/a] **I.** *adj* **1.** graceful. **2.** funny, amusing. **3.** gracious. **4.** attractive. **5.** witty (*agudo*). **6.** free (*gratis*). **II.** *n/m,f* clown, TEAT buffoon. LOC **Lo ~ del caso**, the funny thing about it. **Su Graciosa Majestad**, His/Her Gracious Majesty.
gra·da [gráða] *n/f* **1.** step (*escalera*). **2.** (flight of) steps, stairs *pl*. **3.** TEAT tier, row. **4.** NÁUT slipway. **5.** TÉC harrow. **gra·da·ción** [graðaθjón] *n/f* **1.** gradation. **2.** climax. **gra·de·ría, gra·de·río** [graðería/o] *n/m,f* **1.** (flight of) steps *pl*. **2.** TEAT rows *pl*. **3.** tiers *pl* (*estadio*). LOC **Gradería cubierta**, DEP grandstand. **gra·dien·te** [graðjénte] *n/m* gradient. **gra·do** [gráðo] *n/m* **1.** *gen* degree. **2.** stage, step (*nivel*). **3.** form, year, US grade (*escolar*). **4.** MIL rank. **5.** *pl* REL minor order. LOC **De buen ~/de mal ~**, willingly/unwillingly. **En ~ sumo/En el más alto ~**, to the greatest extent. **~ de velocidad**, pace, speed. **Mal de mi/tu/su ~**, against my/your/ his/her will.
gra·dua·ble [graðwáβle] *adj* adjustable. **gra·dua·ción** [graðwaθjón] *n/f* **1.** grading, graduation. **2.** MIL rank. **3.** QUÍM strength, proofgrading. **gra·dua·do/a** [graðwáðo/a] **I.** *adj* graduated. **II.** *n/m,f* graduate. **gra·dual** [graðwál] *adj* gradual. **gra·duar** [graðwár] **I.** *v* (*gradúo gradúen*) **1.** to graduate (*termómetro*). **2.** gauge, measure (*medir*). **3.** to grade, classify (*clasificar*). **4.** to confer a degree on (*universitario*), MIL to confer the rank of. **5.** TÉC to calibrate. **6.** to test (*la vista*). **II.** *v/Refl(-se)* **1.** **(~se en)** to graduate/take a degree in. **2.** **(~se de)** MIL to take a commission as.
gra·fía [grafía] *n/f* graph, spelling. **grá·fi·co/a** [gráfiko/a] **I.** *adj* **1.** graphic. **2.** illustrated, pictorial. **3.** FIG graphic, vivid. **II.** *n/ m f* **1.** MAT graphic. **2.** diagram, chart. **3.** *n/f* graph, diagram. **gra·fis·ta** [grafísta] *n/m,f* ARTE graphic artist/designer.
gra·fi·to [grafíto] *n/m* **1.** GEOL graphite, blacklead. **2.** graffiti.
gra·fo·lo·gía [grafoloxía] *n/f* graphology. **gra·fó·lo·go/a** [grafóloγo/a] *n/m,f* graphologist.
gra·gea [graxéa] *n/f* MED (sugar-coated) pill.
gra·jo/a [gráxo/a] **1.** *n/m* rook (*ave*). **2.** *n/f* crow (*ave*).
gra·ma [gráma] *n/f* BOT bermuda grass.
gra·má·ti·ca [gramátika] *n/f* grammar. **gra·ma·ti·cal** [gramatikál] *adj* grammatical. **gra·má·ti·co/a** [gramátiko/a] **I.** *adj* grammatical. **II.** *n/m* grammarian.
gra·mo [grámo] *n/m* Br gramme, US gram.
gra·mó·fo·no [gramófono] *n/m* gramophone.
gran [grán] *adj* (apocopated form of **grande** used before *n/m,f sing*) grand, great, large: *Gran cantidad*, Large quantity. *Una gran escritora*, A great writer.
gra·na [grána] *n/f* **1.** BOT small seed. **2.** seeding (*acción*), seeding time (*estación*).
gra·na·da [granáða] *n/f* **1.** BOT pomegranate (*fruto*). **2.** MIL shell (*de cañón*), grenade. LOC **A prueba de ~s**, MIL shellproof. **~ de mano**, MIL hand grenade. **~ de metralla**, MIL shrapnel. **~ fallida**, MIL dud shell. **gra·na·de·ro** [granaðéro] *n/m* MIL grenadier.
gra·na·di·no/a [granaðíno/a] *adj n/m,f* GEOG of/native of Granada.
gra·na·do/a [granáðo/a] **I.** *adj* **1.** grainy. **2.** ripe (*trigo*), FIG mature. **3.** FIG distinguished. **II.** *n/m* BOT pomegranate tree. LOC **Lo más ~ de**, the pick, the most select. **granar** [granár] *v* **1.** to seed. **2.** FIG to mature.
gra·na·te [granáte] *n/m* garnet (*piedra/ color*).
gra·na·zón [granaθón] *n/f* **1.** seeding (*acción*). **2.** FIG maturity.
gran·de [grande] **I.** *adj* (before *n/m,f sing* V **gran**) **1.** big, large (*tamaño*). **2.** tall, big (*estatura*). **3.** great, high (*número, velocidad, altura*). **4.** great, big (*ruido*). **5.** FIG grand, magnificent, great (*grandioso*). **6.** FIG great

(*moralmente*). 7. old, elderly (*persona*). **II.** *n/m* 1. Grandee. 2. the eldest (*hijo mayor*). LOC **En ~**, (to do sth) in style. **Esto me viene ~**, This is too big for me. **Los Grandes Lagos**, GEOG the Great Lakes. **Pasarlo en ~**, to have a whale of a time. **Vivir a lo ~**, FAM to live in style. **gran·de·za** [graṇdéθa] *n/f* 1. size, magnitude. 2. greatness (*moral*) 3. Br splendour, US splendor, magnificence, grandeur (*calidad*). 4. Grandeeship (*cargo*). 5. nobility, grandees *pl* (*nobleza*). LOC **Tener delirios de ~**, to have delusions of grandeur. **gran·di·lo·cuen·cia** [graṇdilo-kwénθja] *n/f* grandiloquence. **gran·dio·si·dad** [graṇdjosiðáð] *n/f* magnificence, grandeur. **gran·dio·so/a** [graṇdjóso/a] *adj* 1. magnificent, grand. 2. PEY grandiose. **gran·do·te/a** [graṇdóte/a] *adj* FAM whacking, great big. **gran·du·llón/na** [graṇduʎón/na] **I.** *adj* FAM oversized, massive. **II.** *n/m,f* FAM giant.

gra·nea·do [graneáðo] *adj* granulated. LOC **Fuego ~**, running fire.

gra·nel [granél] *n/m* LOC **A ~**, 1. COM in bulk, loose. 2. FIG in abundance. LOC **Vender algo a ~**, to sell sth loose. **gra·ne·ro** [granéro] *n/m* granary, barn.

gra·ní·ti·co/a [granítiko/a] *adj* granite. **gra·ni·to** [graníto] *n/m* l. *dim* de **grano**. 2. GEOL granite. 3. MED pimple.

gra·ni·za·da [graniθáða] *n/f* 1. hailstorm. 2. FIG hail (*de injurias, golpes*). 3. iced drink. **gra·ni·za·do** [graniθáðo] *n/m* iced drink. **gra·ni·zar** [graniθár] *v* (*granice*) to hail. **gra·ni·zo** [graníθo] *n/m* hail, hailstones *pl*.

gran·ja [gráŋxa] *n/f* farm, farmhouse. LOC **~ avícola**, poultry farm. **~ lechera**, dairy farm.

gran·je·ar [graŋxeár] **I.** 1. *v gen* to earn, gain, acquire. 2. NÁUT to fetch, gain (*barlovento*). **II.** *v/Refl(-se)* 1. to win, capture: *Se granjeó el apoyo del público*, He won public support. 2. to earn (*reputación*).

gran·je·ro/a [graŋxéro/a] *n/m,f* 1. farmer (*dueño*). 2. farm-hand, labourer (*empleado*).

gra·no [gráno] *n/m* 1. BOT grain. 2. seed (*semilla*). 3. berry (*baya*), bean (*de café*). 4. *pl* grain, cereals *pl*. 5. grain, particle, speck (*partícula*). 6. MED spot, pimple. LOC **Apartar el ~ de la paja**, FIG to separate the wheat from the chaff. **~ de pimienta**, peppercorn. **Ir al ~**, FIG FAM to get to the point. **Poner su ~ de arena**, to make a contribution. **gra·no· so/a** [granóso/a] *adj* granular.

gra·nu·ja [granúxa] 1. *n/m* rogue, scoundrel. 2. *n/f* pips, seeds *pl* (*semillas*). **gra·nu·ja·da** [granuxáða] *n/f* villainous act, roguish trick. **gra·nu·je·ría** [granuxería] *n/f* gang of villains.

gra·nu·la·ción [granulaθjón] *n/f* granulation. **gra·nu·la·do/a** [granuláðo/a] **I.** *adj* granulated. **II.** *n/m* granulation. **gra·nu·lar** [granulár] **I.** *adj* granular. **II.** *v* to granulate. **III.** *v/Refl(-se)* 1. to become granulated. 2. MED to break out in spots/pimples. **grá·nu·lo** [gránulo] *n/m* granule. **gra·nu·lo·so/a** [granulóso/a] *adj* granular.

gran·zas [gráṇθas] *n/f pl* 1. chaff. 2. slag, dross (*de metal*).

grao [gráo] *n/m* shore, landing.

gra·pa [grápa] *n/f* 1. staple (*para papeles*). 2. TÉC clamp. 3. MED stitch. **gra·pa·do·ra** [grapaðóra] *n/f* stapler. **gra·par** [grapár] *v* to staple.

gra·sa [grása] *n/f* 1. fat (*cuerpo graso*), grease (*unto*), suet, dripping (*sebo*). 2. TÉC oil, lubricant, grease. 3. ANAT fat, fattiness. 4. PEY filth, greasy grime, dirt. 5. *pl* slag *sing* (*de metal*). LOC **Criar ~**, to get fat. **~ de ballena**, blubber. **gra·sien·to/a** [grasjéṇto/a] *adj* 1. greasy, oily. 2. filthy, grimy (*sucio*). **gra·so/a** [gráso/a] **I.** *adj* fatty, greasy, oily. **II.** *n/m* fattiness, greasiness, oiliness. **gra·so·so/a** [grasóso/a] *adj* 1. fatty. 2. greasy, oily (*grasiento*).

gra·ti·fi·ca·ción [gratifikaθjón] *n/f* 1. gratification, satisfaction. 2. reward, recompense. 3. tip (*propina*). 4. bonus (*de sueldo*). **gra·ti·fi·car** [gratifikár] *v* (*gratifique*) 1. to gratify. 2. to reward. 3. to tip. 4. to give a bonus (to).

gra·ti·nar [gratinár] *v* to gratinate.

gra·tis [grátis] *adv* gratis, free (of charge), for nothing. **gra·ti·tud** [gratitúð] *n/f* gratitude. **gra·to/a** [gráto/a] *adj* **(~ a/de/para)** 1. pleasant, pleasing, agreeable: *Grato al oído*, Pleasant to the ear. 2. welcome, satisfying. 3. *Amer* grateful. **gra·tui·dad** [gratwiðáð] *n/f* gratuitousness. **gra·tui·to/a** [gratwíto/a] *adj* 1. free (of charge). 2. gratuitous, uncalled for.

grava [gráβa] *n/f* gravel.

gra·va·men [graβámen] *n/m* 1. burden, obligation. 2. JUR lien, mortgage. 3. inconvenience, encumbrance. 4. tax (*impuesto*). **gra·var** [graβár] *v* 1. **(~ de)** to burden, encumber (with). 2. JUR to place a lien upon. 3. to tax.

gra·ve [gráβe] *adj* 1. FÍS heavy, weighty (*que pesa*). 2. *gen* FIG serious, grave. 3. solemn, staid, dignified (*carácter*). 4. MÚS low, deep (*voz*). 5. GRAM grave (*acento*), paroxytone (*palabra*). **Estar ~**, MED to be critically/seriously ill. **gra·ve·dad** [graβeðáð] *n/f* 1. FÍS gravity. 2. FIG seriousness, gravity, severity. 3. solemnity, dignity. 4. MÚS depth. **gra·ve·men·te** [graβemeṇte] *adv* 1. gravely, seriously. 2. grievously.

gra·vi·dez [graβiðéθ] *n/f* pregnancy. **grá·vi·do/a** [gráβiðo/a] *adj* 1. pregnant. 2. **(~ de)** FIG full of, heavy with (*emociones*).

gra·vi·lla [graβíʎa] *n/f* gravel.

gra·vi·ta·ción [graβitaθjón] *n/f* 1. FÍS gravitation. 2. FÍS gravity. **gra·vi·tar** [graβitár] *v* 1. FÍS to gravitate. 2. **(~ sobre)** FIG to rest on/upon, lie upon (*apoyarse*). 3. **(~ sobre)** FIG to weigh on, burden (*pesar*). 4. **(~ sobre)** FIG to hang over (*amenaza*).

gra·vo·so/a [graβóso/a] *adj* 1. burdensome, heavy. 2. boring, tiring (*molesto*). 3. onerous. 4. costly.

graz·nar [graθnár] *v* to caw (*cuervo*), quack (*pato*), cackle (*ganso*), squawk (*ave*), croak (*rana*). **graz·ni·do** [graθníðo] *n/m* squawk, caw, quack, cackle.

gre·ca [gréka] *n/f* ARQ fret.

Gre·cia [gréθja] *n/f* GEOG Greece. **gre·co·la·ti·no/a** [grekolatíno/a] *adj* Greco-Latin. **gre·co·rro·ma·no/a** [grekorrománo/a] *adj* Greco-Roman.

gre·da [gréða] *n/f* **1.** GEOL clay. **2.** TÉC fuller's earth. **gre·do·so/a** [greðóso/a] *adj* clayey.

gre·gal [greɣál] **I.** *adj* gregarious. **II.** *n/m* north-east wind (*mediterráneo*). **gre·ga·rio/a** [greɣárjo/a] *adj* gregarious. LOC **Instinto ~**, herd instinct.

gre·go·ria·no/a [greɣorjáno/a] *adj* MÚS Gregorian. LOC **Canto ~**, Gregorian chant.

gre·gue·ría [greɣería] *n/f* **1.** hubbub, uproar (*algarabía*). **2.** POÉT greguería (*aforismo*).

gre·mial [gremjál] *adj* **1.** HIST guild. **2.** union (*de una asociación*). **gre·mio** [grémjo] *n/m* **1.** HIST guild. **2.** association, society, union. **3.** FAM brotherhood, fraternity.

gre·ña [gréɲa] *n/f sing pl* **1.** mop/mat/shock of hair (*cabellera revuelta*). **2.** FIG tangle, entanglement (*maraña*). LOC **Andar a la ~**, FIG FAM to squabble, bicker. **gre·ñu·do/a** [greɲúðo/a] *adj* **1.** tangled, matted (*pelo*). **2.** dishevelled (*persona*).

gres [grés] *n/m* **1.** GEOL potter's clay. **2.** earthenware, stoneware (*alfarería*).

gres·ca [gréska] *n/f* **1.** row, shindy (*riña*). **2.** uproar, hubbub (*alboroto*).

grey [gréi] *n/f* **1.** flock, herd (*rebaño*). **2.** FIG group, congregation.

grie·go/a [grjéɣo/a] GEOG **I.** *adj n/m,f* Greek. **II.** *n/m* Greek.

grie·ta [grjéta] *n/f* **1.** crack, fissure, crevice (*suelo/glaciar*). **2.** chink, crack, cranny (*pared*). **grie·tar·se, grie·te·ar·se** [grjet(e)árse] *v/Refl(-se)* **1.** to crack, split. **2.** MED to become chapped (*la piel*). **3.** to split in clefts/fissures *pl.*

gri·fa [grífa] *n/f* **1.** *Amer* claw (*garra*). **2.** FAM marijuana.

gri·fe·ría [grifería] *n/f* plumbing (*grifos y accesorios*). **gri·fo/a** [grífo/a] **I.** *adj* **1.** curly, with kinks (*pelo*). **2.** dishevelled. **II.** *n/m* **1.** MIT griffin. **2.** *Br* tap, US faucet. **3.** spigot (*de barril*). **4.** *Amer* petrol/gas pump.

gri·llar·se [griʎárse] *v/Refl(-se)* **1.** BOT to sprout, shoot. **2.** *Amer* to escape, runaway. **3.** FAM to go mad.

gri·lle·te [griʎéte] *n/m* shackle, fetter.

gri·llo [gríʎo] *n/m* **1.** cricket (*insecto*). **2.** BOT shoot, sprout. **3.** *pl* shackles, fetters. LOC **Tener la cabeza llena de ~s**, FIG FAM to have a screw loose (*estar chiflado*).

gri·ma [gríma] *n/f* **1.** annoyance, displeasure (*disgusto*). **2.** disgust (*repulsión*) **3.** horror. LOC **Dar ~ a uno**, to get on one's nerves (*irritar*).

grin·go/a [gríŋgo/a] **I.** *adj* foreign. **II.** *n/m,f* **1.** foreigner. **2.** yankee (*de los EE.UU.*). **3.** *Amer* English speaker.

gri·ñón [griɲón] *n/m* **1.** wimple (*de monja*). **2.** BOT nectarine.

gri·pal [gripál] *adj* MED flu, FAM fluey. **gri·pe** [grípe] *n/f* MED influenza, flu. LOC **Coger la ~**, MED to catch flu. **Estar con ~**, MED to have flu.

gris [grís] **I.** *adj* **1.** grey. **2.** FIG dull, gloomy. **II.** *n/m* **1.** grey. **2.** FAM cop (*policía*). **3.** cold wind: *Hace gris del Este*, There's a cold wind from the East. LOC **~ perla**, pearl grey. **gri·sá·ceo/a** [grisáθeo/a] *adj* greyish.

gri·sú [grisú] *n/m* QUÍM firedamp.

gri·ta [gríta] *n/f* uproar, booing (*teatro*). **gri·tar** [gritár] *v* **1.** to shout, yell. **2.** to scream, cry out. **3.** **(~ a)** to shout at. **4.** **(~ a)** TEAT to boo, jeer at, hoot: *Gritar a un actor*, To boo an actor. LOC **~ a voz en cuello**, to shout at the top of one's voice. **¡No grites!**, *exclam* Stop shouting! **gri·te·ría, gri·te·río** [gritería/o] *n/f* **1.** shouting, screaming. **2.** uproar, din. **3.** outcry (*protesta*). **4.** TEAT booing, catcalling. **gri·to** [gríto] *n/m* **1.** shout, yell. **2.** cry. **3.** scream. **4.** bellow. **5.** TEAT hoot. **6.** call (*llamada*). LOC **A ~ pelado/A voz en ~**, **1.** yelling, at the top of one's voice. **2.** with tremendous shouts/screams. **Poner el ~ en el cielo**, FIG FAM to kick up a great fuss, raise the roof. **Este vestido es el último ~**, FIG FAM This dress is the latest thing/craze (*moda*). **gri·tón/na** [gritón/na] *adj* FAM **1.** shouting, screaming. **2.** noisy.

groelandés/sa, groenlandés/sa [groe(n)laṇdés/sa] **I.** *adj* Greenland. **II.** *n/m,f* Greenlander. **Groen·lan·dia** [groenláṇdja] *n/f* GEOG Greenland.

grog [grόg] *n/m* grog, rum punch (*bebida*).

gro·gui [gróɣi] *adj gen* groggy.

gro·se·lla [groséʎa] *n/f* BOT currant (*fruta*). LOC **~ espinosa**, gooseberry. **~ negra**, blackcurrant. **~ roja**, red currant. **gro·se·lle·ro** [groseʎéro] *n/m* BOT currant bush.

gro·se·ría [grosería] *n/f* **1.** coarseness, crudeness, vulgarity, rudeness. **2.** coarse/crude thing, vulgar remark. LOC **Decir una ~**, to say sth rude. **gro·se·ro/a** [groséro/a] *adj* **1.** crude, vulgar. **2.** rude, uncouth. **3.** coarse, rough (*primitivo*). LOC **Error ~**, gross error.

gro·sor [grosór] *n/m* thickness. **gro·su·ra** [grosúra] *n/f* fat, suet.

gro·tes·co/a [grotésko/a] *adj* grotesque.

grúa [grúa] *n/f* **1.** TÉC derrick, crane. **2.** AUT tow truck, breakdown truck.

grue·so/a [grwéso/a] **I.** *adj* **(~ de)** **1.** stout, fat (*persona*): *Grueso de piernas*, With stout legs. **2.** bulky, solid (*abultado*). **3.** thick (*espeso*). **4.** heavy, big. **5.** coarse (*tela*). **6.** NÁUT heavy. **II.** **1.** *n/m* thickness, heaviness. **2.** thickness (*espesor*). **3.** MAT depth. **4.** MIL main body (*de un ejército*). **5.** *n/f* gross, twelve dozen. LOC **Intestino ~**, ANAT large intestine.

gru·lla [grúʎa] *n/f* crane (*ave*).

gru·me·te [gruméte] *n/m* NÁUT cabin boy.

gru·mo [grúmo] *n/m* **1.** clot (*sangre*). **2.** lump, dollop (*nata*). **3.** curd (*leche coagulada*). **4.** bunch, cluster (*uvas*). **gru·mo·so/a** [grumóso/a] *adj* clotted, lumpy.

gru·ñi·do [gruɲíðo] *n/m* **1.** grunt (*cerdo*), growl/snarl (*perro*). **2.** FIG grumble, grunt. **gru·ñir** [gruɲír] *v* (***gruñó, gruñera, gruñendo***) **1.** to grunt, growl, snarl. **2.** FIG to grumble, grunt (*persona*). **3.** to creak (*puerta*).

gru·ñón/na [gruɲón/na] I. *adj* grumpy, grouchy. II. *n/m,f* grumbler, FAM grump.
gru·pa [grúpa] *n/f* hindquarters *pl*, rump, croup (*caballo*).
gru·po [grúpo] *n/m* 1. *gen* group. 2. cluster, bunch, clump. 3. TÉC unit, set, plant. LOC **Discusión en ~**, group discussion. **~ de presión**, pressure group. **~ electrógeno**, power plant. **~ sanguíneo**, MED blood group.
gru·ta [grúta] *n/f* cavern, grotto.
gua·ca·ma·yo [gwakamáJo] *n/m* macaw (*ave*).
gua·ca·mo·le [gwakamóle] *n/m* guacamole, avocado dip.
gua·cho/a [gwátʃo/a] *n/m,f Amer* orphan.
gua·da·la·ja·re·ño/a [gwaðalaxaréɲo/a] *adj n/m,f* GEOG native to/of Guadalajara.
gua·da·me·cí, gua·da·me·cil [gwaðameθí(l)] *n/m* embossed leather.
guadaña [gwaðáɲa] *n/f* 1. TÉC scythe, sickle. 2. FIG MIT The Reaper (*la muerte*).
gua·da·ñar [gwaðaɲár] *v* to mow, scythe.
gua·gua [gwáγwa] *n/f* 1. trifle (*cosa baladí*). 2. *Amer* bus. 3. *Amer* baby.
gua·ji·ro/a [gwaxíro/a] I. *n/m,f* white Cuban peasant. II. *n/f* popular Cuban song.
gual·do/a [gwál̩do/a] *adj* yellow.
gual·dra·pa [gwal̩drápa] *n/f* caparison, horse blanket.
gua·no [gwáno] *n/m* guano.
guan·che [gwántʃe] *n/m,f* GEOG Canary islander.
guan·ta·da [gwán̪táða] *n/f* slap. **guan·ta·zo** [gwan̪táθo] *n/m* V **guantada**. **guan·te** [gwán̪te] *n/m* 1. glove. 2. commission. 3. FIG FAM bribe. LOC **Arrojar el ~ a uno**, FIG to throw down the gauntlet. **Como un ~**, 1. FIG like a glove (*que encaja bien*). 2. FIG meek and mild. 3. FIG down to the ground (*de forma adecuada*). **Dar un ~ a uno**, FIG to grease sb's palm (*sobornar*). **De ~ blanco**, formal. **guan·te·ra** [gwan̪téra] *n/f* AUT glove compartment.
gua·pe·tón/na [gwapetón/na] *adj* FAM 1. *aum* of **guapo**. 2. good-looking, FAM dishy. **gua·pe·za** [gwapéθa] *n/f* FAM 1. good looks *pl*. 2. bravery, dash. 3. PEY flashiness. **gua·po/a** [gwápo/a] *adj* 1. good-looking, handsome (*hombre*), pretty (*mujer*). 2. bold, dashing. 3. PEY flashy, showy (*ostentoso*). **gua·pu·ra** [gwapúra] *n/f* good looks *pl*.
guar·da [gwárða] I. *n/m* 1. guard (*vigilante*). 2. keeper, custodian (*museo/parque*). II. *n/f* 1. guarding, custody. 2. safe-keeping, protection. 3. flyleaf (*de un libro*). 4. observance (*de una ley*). **guar·da·ba·rre·ra** [gwarðaßarréra] *n/m,f* signalman/woman (*ferrocarril*). **guar·da·ba·rros** [gwarðaßárros] *n/m* Br mudguard, US mudfender. **guar·da·bos·que(s)** [gwarðaßóske] *n/m,f* gamekeeper. **guar·da·co·ches** [gwardakótʃes] *n/m,f* carpark attendant. **guar·da·cos·tas** [gwarðakóstas] NÁUT 1. *n/m* coastguard vessel. 2. *n/m,f* coastguard. **guar·da·es·pal·das** [gwarðaespál̩das] *n/m,f* bodyguard. **guar·da·me·ta** [gwarðaméta] *n/m,f* DEP goalkeeper. **guar·da·pol·vo** [gwarðapólßo] *n/m* 1. dust sheet. 2. US housecoat, Br overall. **guar·da·rro·pa** [gwarðarrópa] I. *n/m* 1. wardrobe. 2. cloakroom. II. *n/m,f* cloakroom attendant. **guar·da·rro·pía** [gwarðarropía] *n/f* 1. TEAT wardrobe. 2. TEAT props *pl* (*accesorios*). **guar·da·vía** [gwarðaßía] *n/m* linesman (*ferrocarriles*).
guar·dar [gwarðár] I. *v* 1. **(~ de)** to guard (from), protect (from/against). 2. **(~de)** to keep safe, take care of. 3. to preserve, maintain. 4. to watch over, tend (*rebaño*). 5. to keep (*retener/conservar*). 6. to put away/aside (*poner aparte*). 7. to save (*reservar*): *Guárdame un asiento*, Save me a seat. 8. to have (*un recuerdo*). 9. to observe (*ley*). 10. to have, show (*respeto*). 11. to have, bear (*rencor*). II. *v/Refl(-se)* **(~se de + *inf*)** 1. to avoid/refrain from, be on one's guard against (+ *ger*). 2. to be careful not to + *ger*. 3. to protect oneself from sth (*protegerse*). LOC **Dios os guarde**, May God be with you. **~ cama**, to be confined to bed. **Guardársela a uno**, FAM to bear a grudge against sb, have it in for sb. **~ la derecha/izquierda**, to keep (to the) right/left. **~ silencio**, to keep silent, to be quiet. **guar·de·ría** [gwarðería] *n/f* LOC **~ infantil**, day nursery, crèche. **guar·dia** [gwárðja] I. *n/f* 1. *gen* custody, care. 2. MIL guarding. 3. MIL guard. 4. NÁUT watch. II. *n/m* 1. MIL guard, guardsmen. 2. policeman/woman (*tráfico/orden público*). LOC **Aflojar/bajar la ~**, DEP to lower one's guard (*boxeo*). **Estar de ~**, to be on guard/duty, keep watch. **Estar en ~ contra**, to be on one's guard against. **~ de asalto**, riot police. **~ civil**, civil guard (police). **~ marina**, NÁUT midshipman. **guar·dián/na** [gwarðján/na] *n/m,f* guardian, custodian, warden. **guar·di·lla** [gwarðíʎa] *n/f* attic, garret.
gua·re·cer [gwareθér] I. *v* (*guarezco*) 1. to protect. 2. to shelter, take in. 3. to preserve. II. *v/Refl(-se)* **(~se de)** to take refuge from.
gua·ri·da [gwaríða] *n/f* 1. den, lair. 2. FIG haunt, hide-out (*de delincuentes*). 3. FIG refuge, shelter.
gua·ris·mo [gwarísmo] *n/m* number, figure.
guar·ne·cer [gwarneθér] *v* (*guarnezco*) **(~ de/con)** 1. adorn, decorate, embellish. 2. to plaster, stucco (*revocar*). 3. to equip, provide. 4. to garnish (*comida*). 5. to set, mount (*joya*). 6. to harness (*caballo*). **guar·ni·ción** [gwarniθjón] *n/f* 1. adornment, trimming (*coser*). 2. plastering (*pared*). 3. equipment, fitting. 4. garnish (*comida*). 5. setting (*de joya*). 6. TÉC packing. 7. *pl* harness. 8. *pl* fittings, fixtures (*de casa*). 9. MIL garrison. **guar·ni·cio·nar** [gwarniθjonár] *v* 1. MIL to garrison, man. 2. MIL to be stationed in.
gua·rra·da [gwarráða] *n/f* FAM 1. dirty trick. 2. rotten thing to say (*dicho*). 3. indecent/vulgar act. **gua·rre·ría** [gwarrería] *n/f* FAM 1. dirt, filth, muck. 2. mess. 3. obscenity. 4. dirty trick. LOC **Decir ~s**, to use foul language/be foul-mouthed. **Es una ~**, it is obscene/disgusting. **gua·rro/a** [gwárro/a] I. *adj* dirty, filthy. II. *n/m,f* pig, hog, sow (*hembra*).
gua·sa [gwása] *n/f* FAM 1. joke, joking, teasing. 2. irony, sarcasm, banter. LOC **Sin ~**,

joking aside. **Tomar a ~**, to take as a joke, not to take seriously. **gua·se·ar·se** [gwaseárse] *v/Refl(-se)* FAM **1**. to joke, tease, kid. **2**. **(~se de)** to make fun of, scoff at.

gua·ta [gwáta] *n/f* **1**. raw cotton. **2**. padding (*para acolchados*).

Gua·te·ma·la [gwatemála] *n/f* GEOG Guatemala. **gua·te·mal·te·co/a** [gwatema̢ltéko/a] *adj n/m,f* Guatemalan.

gua·te·que [gwatéke] *n/m* party (*fiesta*).

¡guau! [gwáu] *int* woof, bow-wow (*del perro*).

gua·ya·ba [gwaJáßa] *n/f* BOT guava (*fruto*). **gua·ya·be·ra** [gwaJaßéra] *n/f* lightweight jacket. **gua·ya·bo** [gwaJáßo] *n/m* BOT guava (*árbol*).

Gua·ya·na [gwaJána] *n/f* GEOG Guyana. **gua·ya·nés/sa** [gwaJanés/sa] *adj n/m,f* Guyanese.

gu·ber·na·men·tal [gußernamen̢tál] *adj* governmental. **gu·ber·na·ti·vo/a** [gußernatíßo/a] *adj* governmental.

gu·bia [gúßja] *n/f* TÉC gouge.

gue·de·ja [geðéxa] *n/f* **1**. long hair. **2**. mane (*del león*).

gue·rra [gérra] *n/f* **1**. *gen* war (*conflicto*). **2**. warfare. **3**. hostility. **4**. struggle, fight, conflict. LOC **Consejo de ~**, council of war. **Dar mucha ~**, FIG FAM to be a nuisance, annoy. **De ~**, military, war. **Declarar la ~ a**, to declare war on. **Estar en ~**, to be at war. **~ atómica**, atomic warfare. **~ civil**, civil war. **~ de desgaste**, war of attrition. **~ de guerrillas**, guerrilla warfare. **~ de las galaxias**, star wars. **~ fría**, cold war. **~ nuclear**, nuclear war. **Hacer la ~ a**, to wage war on. **Pedir ~**, FAM **1**. to be randy. **2**. to be crying out to: *Este arroz con conejo está pidiendo guerra*, This rabbit risotto is crying out to be eaten. **Tenerle declarada la ~ a uno**, to be openly at war with sb. **gue·rre·ar** [gerreár] *v* **1**. to war, wage war. **2**. FIG to fight, resist. **gue·rre·ro/a** [gerréro/a] **I**. *adj* **1**. warring, fighting. **2**. warlike, martial. **3**. FIG FAM mischievious. **II**. **1**. *n/m* soldier, warrior. **2**. *n/f* MIL uniform, tunic. **gue·rri·lla** [gerríʎa] *n/f* **1**. MIL band of guerrillas/partisans. **2**. MIL guerrilla warfare. **gue·rri·lle·ro/a** [gerriʎéro/a] *n/m,f* guerrilla (fighter), partisan.

gue·to [géto] *n/m* ghetto.

guí·a [gía] **I**. *n/m,f* **1**. guide, adviser. **2**. guide, courier (*de turistas*, etc). **II**. *n/m* **1**. MIL guide. **2**. handlebars *pl* (*de una bicicleta*). **III**. *n/f* **1**. guide book, handbook, manual. **2**. COM waybill. **3**. *pl* reins (*riendas*). **4**. curtain rail (*de cortinas*). **5**. guidance, guiding (*acto*). LOC **~ de teléfonos/ ~ telefónica**, telephone directory. **~ sonora**, soundtrack (*cine*). **~ vocacional**, vocational guidance. **gui·ar** [giár] (*guío/guía/guíe*) **I**. *v* **1**. *gen* to guide. **2**. to direct, advise (*aconsejar*). **3**. to lead (*llevar*). **4**. AUT to drive. **5**. NÁUT to steer. **6**. AER to pilot. **7**. FIG to drive, motivate: *Le guía el rencor que siente por ella*, He is driven by the resentment he feels for her. **II**. *v/Refl(-se)* **(~se por)** to go by, be guided/ruled by.

gui·ja [gíxa] *n/f* **1**. pebble, small stone. **2**. cobble (*de la calle*). **gui·ja·rral** [gixarrál] *n/m* stony ground, shingle (*de la playa*). **gui·jo** [gíxo] *n/m* gravel.

gui·llar [giʎár] FAM **I**. *v* to drive sb mad/nuts *pl*. **II**. *v/Refl(-se)* **1**. to run away. **2**. to go mad, round the bend/twist.

gui·llo·ti·na [giʎotína] *n/f* guillotine, TÉC guillotine, paper cutter. LOC **Ventana de ~**, sash window. **gui·llo·ti·nar** [giʎotinár] *v* **1**. to guillotine. **2**. to cut, guillotine (*papel*).

guin·da [gín̢da] *n/f* **1**. morello cherry (*fruta*). **2**. NÁUT height of mast. **guin·dar** [gin̢dár] *v* **1**. to hoist, hang up high. **2**. FAM to hang, string up (*ahorcar*).

guin·di·lla [gin̢díʎa] *n/f* **1**. BOT chilli pepper. **2**. FAM copper, cop (*un policía*).

guin·do·la [gin̢dóla] *n/f* NÁUT lifebuoy.

Gui·nea [ginéa] *n/f* GEOG Guinea. **gui·nea·no/a, gui·neo/a** [gineáno/-néo/a] *adj n/m,f* Guinean.

gui·ña·po [giɲápo] *n/m* **1**. rag, tatter (*andrajo*). **2**. FIG rogue, good-for-nothing (*persona*).

gui·ñar [giɲár] *v* **1**. to wink (*parpadear*), blink (*pestañear*). **2**. AER NÁUT to yaw. **gui·ño** [gíɲo] *n/m* **1**. wink, blink. **2**. AER NÁUT yaw. LOC **Hacer ~s (a)**, to wink at, make eyes at *pl*.

gui·ñol [giɲól] *n/m* TEAT puppet theatre.

gui·ón [gión] *n/m* **1**. summary, outline (*esquema*). **2**. handout, explanatory text. **3**. script (*cine*). **4**. GRAM hyphen, dash. **5**. royal standard (*estandarte*). **6**. REL processional cross/banner. **guio·nis·ta** [gionísta] *n/m,f* scriptwriter.

gui·par [gipár] *v* FAM **1**. to see, spot (*observar*). **2**. to catch on to.

gui·ri [gíri] FAM *n/m,f* tourist, foreigner.

gui·ri·gay [giriγái] *n/m* (*pl guirigays*) FAM **1**. uproar, hubbub (*ruido*). **2**. confusion, chaos.

guir·nal·da [girná̢lda] *n/f* wreath (*de entierro*), garland.

gui·sa [gísa] *n/f* LOC **A ~ de**, like, in the manner of. **De/en tal ~**, in such a way.

gui·sa·do/a [gisáðo/a] *n/m* stew.

gui·san·te [gisán̢te] *n/m* BOT pea. LOC **~ de olor**, sweat pea.

gui·sar [gisár] **I**. *v* **1**. to cook. **2**. to stew (*estofar*). **II**. *Refl(-se)* FIG FAM to brew: *Me parece que se está guisando una huelga*, I think that a strike is brewing. **gui·so** [gíso] *n/m* (cooked) dish, stew.

gui·ta·rra [gitárra] *n/f* MÚS guitar. **gui·ta·rreo** [gitarréo] *n/m* MÚS strumming of the guitar. **gui·ta·rris·ta** [gitarrísta] *n/m,f* MÚS guitarist.

gu·la [gúla] *n/f* gluttony, greed.

gu·rú [gurú] *n/m* REL guru.

gu·sa·ne·ra [gusanéra] *n/f* **1**. breeding ground for worms/maggots. **2**. FIG FAM passion: *Le dio la gusanera*, He was overcome with passion. **gu·sa·ni·llo** [gusaníʎo] *n/m* **1**. *dim* **gusano**. **2**. delicate, spiral, embroidery, filigree. LOC **El ~ de la conciencia**, FIG FAM a nagging conscience. **Matar el ~**, FIG FAM **1**. to keep hunger at bay with a light snack. **2**. to have a strong drink early in the morning. **gu·sa·no** [gusáno] *n/m* **1**. caterpillar (*de* *mariposa*), worm, maggot (*insecto*). **2.** FIG worm (*persona despreciable*). LOC **Criar ~s**, FIG FAM to be pushing up daisies. **~ blanco**, grub. **~ de luz**, glowworm. **~ de tierra**, earthworm. **gu·sa·no·so/a** [gusanóso/a] *adj* **1.** worm-ridden, maggoty (*agusanado*). **2.** worm-eaten. **gu·sa·ra·po/a** [gusarápo/a] *n/m,f* **1.** small worm. **2.** tiny creature.

gus·tar [gustár] *v* **1.** to taste, sample, try (*probar*). **2.** FIG to have a go (at). **3.** (con complemento *pers*) to like: *Me gusta el jazz*, I like jazz. **4.** **(~ de +** *inf***)** to like to + *inf*, be fond of/enjoy + *ger*: *Gusto de leer*, I take pleasure in reading. **5.** to please, be pleasing/popular: *La canción gusta mucho*, The song is very popular. LOC **Como Ud. guste**, as you wish. **Cuando Ud. guste**, whenever you like/wish. **Esta canción me gusta con locura**, FAM I'm crazy/mad about this song. **Si Ud. gusta**, would you care for some (*comida*). **gus·ta·zo** [gustáθo] *n/m* FAM great/immense pleasure. LOC **Darse el ~ de**, to indulge in. **gus·ti·llo** [gustíʎo] *n/m* **1.** aftertaste (*regusto*). **2.** flavour, hint, tang, slight taste (*saborcillo*). **3.** small pleasure/satisfaction (*en general a raíz de mala intención)*. **gus·to** [gústo] *n/m* **1.** taste (*sentido*). **2.** taste, Br flavour, US flavor (*sabor*). **3.** pleasure (*placer*). **4.** liking for (*afición*). **5.** fancy, whim (*antojo*). **6.** style, fashion (*estilo*). LOC **A ~**, comfortable, at ease. **A ~ de alguien**, to the taste/liking of. **A ~ del consumidor**, to taste. **Coger/Tomar el ~ a algo**, to develop a taste for, take a liking to. **Comer con ~**, to eat heartily. **Con (mucho) ~**, with (great) pleasure, gladly, willingly. **Darse el ~ de**, to allow oneself the pleasure of, treat oneself to. **De buen/mal ~**, in good/ bad taste. **Mal a ~**, uncomfortable, ill at ease. **Mucho ~**, pleased to meet you. **Que da ~**, *adv* beautifully, marvellously: *Canta que da gusto*, She sings beautifully. **Sobre ~s no hay nada escrito**, FIG everyone to their own, there is no accounting for taste. **Tengo mucho ~ en presentarle a...**, allow me to introduce... **gus·to·so/a** [gustóso/a] *adj* **(~ a/en)** **1.** tasty, Br savoury US savory. **2.** happy, delightful.

gu·ta·per·cha [gutapértʃa] *n/f* gutta-percha.

gu·tu·ral [guturál] *adj* guttural.

Gu·ya·na [guJána] *n/f* GEOG Guyana. **gu·ya·nés/sa** [guJanés/a] *adj n/m,f* Guyanese.

H, h [átʃe] *n/f* **1.** 'h' (*letra*). **2.** *abrev* de *hora*.

Ha. *abrev* de **hectárea**.

ha·ba [áβa] *n/f* (*el haba*) BOT **1.** broad bean. **2.** bean (*de café/cocoa*). LOC **En todas partes cuecen ~s,** FIG FAM It's the same the world over. **Son ~s contadas,** FIG FAM It's definite.

ha·ba·ne·ro/a [aβanéro/a] *adj n/m,f* GEOG native of Havana. **ha·ba·no/a** [aβáno/a] **I.** *adj* of Havana, Cuban. **II.** *n/m* (Havana) cigar.

ha·ber [aβér] **I.** *n/m* **1.** *pl* assets, property, goods. **2.** COM income, salary, *pl* wages. **3.** COM credit. **4.** FIG credit: *En su haber deberías anotar aquel favor que te hizo,* To his credit you should take into account that favour he did you. **II.** *v* (*he, hube*). **1.** to catch, lay hands on (*obtener*). **2.** *imper* **hay** there is *sing*, there are *pl*: *Había poco público en la conferencia,* There were few people at the lecture; *A doscientos metros hay una gasolinera,* There is a petrol station 200 yards up the road. **3.** *Imper* to be, occur. **III.** *v aux* (*en tiempos compuestos*) to have: *He dormido,* I have slept. LOC **Años ha**, years ago. **De ~lo sabido,** *aux* If I had known. **Haber + de +** *inf,* to have to do, (must do) (*obligación*): *Has de tener más cuidado,* You must be more careful. **Haber que +** *inf,* to have to do sth. **Hay que +** *inf,* It is necessary to + *inf.* **~ +** *pp* **+ complemento**, *exclam* (*Se refiere siempre a la 2ª pers*):*¡Haber venido antes!,* You could have come earlier! **Haberse hecho,** to have become of: *¿Qué se habrá hecho de Juan?,* What can have become of John? **Habérselas con alguien**, FAM to have to contend with, be up against sb. **Habidos y por ~**, past, present and future. **¡Habráse visto!**, *exclam* FAM Well I never!, Fancy that! **Los hay que...**, There are those who... **No hay que +** *inf,* There's no need to *+inf.* **¡No hay de qué!**, *exclam* FAM Don't mention it!, You're welcome! **No hay por dónde cogerle,** FAM He has nothing to recommend him. **No hay tal,** There's no such thing! **¿Qué hay?,** Hello, how are you doing?

ha·bi·chue·la [aβitʃwéla] *n/f* BOT kidney bean.

há·bil [áβil] *adj* **(~ con/en) 1.** expert, proficient, good (at). **2.** capable, able (*capaz*). **3.** clever, PEY smart, cunning. **4. (~ para)** suitable, adequate, fit for. **5.** JUR qualified, competent. LOC **Día ~**, working day. **ha·bi·li·dad** [aβiliðáð] *n/f* **1.** skill, expertise, proficiency. **2.** ability. **3.** cleverness, PEY cunning. **4.** fitness for, suitability. **5.** JUR competence. **ha·bi·li·doso/a** [aβiliðóso/a] *adj* skilful, capable, clever, PEY cunning. **ha·bi·li·ta·ción** [aβilitaθjón] *n/f* **1.** JUR qualification. **2.** authorisation. **3.** paymastership (*cargo*). **4.** COM financing. **ha·bi·li·ta·do/a** [aβilitáðo/a] *n/m* paymaster; Government agent for payment (*a funcionarios*). **ha·bi·li·tar** [aβilitár] *v* **1.** JUR to entitle, qualify sb to do sth. **2.** to authorize, permit. **3.** to fit out, deck out, equip (*acomodar una casa*). **4.** COM to finance, make sb a loan.

ha·bi·ta·ble [aβitáβle] *adj* habitable. **ha·bi·ta·ción** [aβitaθjón] *n/f* **1.** dwelling, abode (*vivienda*). **2.** residence, lodgings *pl* (*alojamiento*). **3.** room, *gen* bedroom. LOC **~ doble/individual**, double/single room. **ha·bi·tan·te** [aβitánte] *n/m* **1.** inhabitant. **2.** occupant (*de una casa*). **ha·bi·tar** [aβitár] **1.** inhabit, live in. **2.** live/reside in, occupy (*casa*). **há·bi·tat** [áβitat] *n/m* habitat.

há·bi·to [áβito] *n/m* **1.** habit. **2.** REL habit (*traje*). LOC **Colgar los ~s**, **1.** REL to leave the priesthood. **2.** FIG to change one's career. **Tomar el ~**, REL to take Holy Orders. **ha·bi·tua·ción** [aβitwaθjón] *n/f* habituation. **ha·bi·tual** [aβitwál] *adj* **1.** customary, habitual, usual. **2.** regular (*cliente*). **3.** hardened (*criminal*). **ha·bi·tuar** [aβitwár] **I.** *v* (*habitúo habitúen*) to habituate, accustom (to). **II.** *v/Refl(-se)* **(~se a)** to get used to, become accustomed to.

ha·bla [áβla] *n/f* **1.** speech (*facultad*). **2.** dialect (*de una región*), style of speech, way of talking. **3.** language: *El habla española,* The Spanish language. LOC **Al ~**, **1.** in conversation, talking (*en comunicación oral*). **2.** speaking, on the line (*al teléfono*): *¡Al habla José!,* José speaking! **De ~ española,** Spanish-speaking. **Estar al ~/en ~ con,** to be in touch/contact with. **Negar/quitar el ~ a alguien**, not to be on speaking terms with/ stop speaking to sb. **Perder el ~**, to be speechless, dumbfounded. **ha·bla·do/a** [aβláðo/a] *adj* LOC **Bien/Mal ~**, well-spoken/ badly-spoken. **Mal ~**, foul-mouthed (*grosero*). **ha·bla·dor/ra** [aβlaðór/ra] *adj* **1.** talkative. **2.** gossipy. **ha·bla·du·ría** [aβlaðuría] *n/f* **1.** *gen pl* (piece of) gossip. **2.** Br rumour, US rumor. **ha·blan·te** [aβlánte] *n/m,f* speaker. LOC **Castellanohablante**, LIN Spanish speaker. **ha·blar** [aβlár] *v* **(~ de/sobre/por/ en) 1.** *gen* to speak, talk. **2. (~ con)** to speak, talk (to), converse (with). **3.** to give a talk, speak (at) (*conferencia*). **4.** to speak (*idioma*): *Habla japonés,* He speaks Japanese. **5.** to discuss, speak about. **6.** **(~ de)** to talk about, refer to: *No es de eso de lo que estoy hablando*, That is not what I am referring to. **7.** **(~ de)** to remind (of): *Todo lo que encontraba le hablaba de su infancia*, Everything he encountered reminded him of his childhood. LOC **Dar que ~**, to cause a lot of talk/gossip. **~ claro**, to speak one's mind. **~ disparates,** to talk nonsense. **~ de tú/Ud,** 1. to speak to each other using the *tú/Ud.* form of address. 2. to be on friendly/formal terms. **~ en broma**, to be joking. **~ en castellano/cristiano,** to speak clearly. **~ por ~**, to talk for the sake of talking. **~ por los codos**, FIG FAM to hog the conversation. **Habla por sí mismo**, it speaks for itself. **¡Ni ~!**, FAM Out of the question!, Not likely! **No se hable más**, *exclam* Not another word on the subject!; That's final! **No se hablan**, they are not on speaking terms. **Se habla de + *inf*,** there is talk of + *ger*. **Se habla inglés**, English (is) spoken here.

ha·ce·de·ro/a [aθeðéro/a] *adj* feasible, possible.

ha·cen·da·do/a [aθeṇdáðo/a] **I.** *adj* landed, property-owning. **II.** *n/m* **1.** landowner. **2.** *Amer* rancher, cattle-dealer. **ha·cen·de·ra** [aθeṇdéra] *n/f* community work. **ha·cen·dis·ta** [aθeṇdísta] *n/m* economist. **ha·cen·do·so/a** [aθeṇdóso/a] *adj* industrious, hard-working.

ha·cer [aθér] **I.** *v* (*hago, hice (hizo), haré, haga, hiciera* pp *hecho*) **1.** *gen* to make, do. **2.** TÉC to make, manufacture, produce. **3.** to build, construct: *Le hicieron un monumento*, They built a monument to him. **4.** LIT MÚS to compose, write. **5.** to make, create (*crear*). **6.** to make, emit (*sonido*). **7.** to give (off), produce: *Esta lámpara hace poca luz*, This lamp gives little light. **8.** MIL to wage (*guerra*). **9.** to pay (*una visita*). **10.** COM to draw up (*contrato*). **11.** to work, perform (*milagros/maravillas*). **12.** to pack (*las maletas*). **13.** to tie (*corbata*). **14.** to make, prepare, cook (*comida*). **15.** to lay, place (*apuesta*). **16.** to raise, ask (*pregunta*). **17.** to make, deliver (*discurso*). **18.** to do (*deberes*). **19.** to do, execute, accomplish (*realizar*). **20.** TEAT to do, perform. **21.** TEAT to play (the part of): *Hizo el papel de Cleopatra*, She played (the part of) Cleopatra. **22.** to imagine, assume, think to be: *Te hacíamos enfermo*, We thought you were ill. **23.** MAT to amount to, make up to (*sumar*). **24.** **(~ + *inf*)** to make, force, oblige; *Les hice callar*, I made them shut up. **25.** to have/get done (*encargar*): *Voy a hacer lavar el coche*, I'm going to get the car washed. **26.** **(~ para/por)** to try to, make an effort to: *Haré por verte esta noche*, I'll try to see you tonight. **27.** **(dar que ~)** to make work, cause trouble. **28.** to hold, contain: *Este barril hace 20 litros*, This barrel holds 20 litres. **29.** to be convenient, all right (*ir bien*): *Si te hace, empezamos ahora*, If it's all right with you we can start now. **II.** *v/Refl(-se)* **1.** to act, behave: Se hizo el tonto, He acted the fool. **2.** to become, get, grow, turn (into): *Se hizo muy famoso*, He became very famous; *Hacerse viejo*, to grow/get old. **3.** **(~se + *inf*)** to have + *pp* (done) to oneself: *Se hizo cortar el pelo*, She had her hair cut. **4.** **(~se + *pron*)** to find: *Se me hace muy difícil creer eso*, I find that very hard to believe. **5.** to become accustomed to, get used to: *Tienes que hacerte a la idea*, You have to get used to the idea. **6.** **(~se con algo)** to get hold of sth, appropriate sth. **III.** *v imper* **1.** to be (*clima*): *Hace mucho frío hoy*, It's very cold today. **2.** ago: *Hace 20 años*, 20 years ago. LOC **A lo hecho pecho,** FIG FAM No use crying over spilt milk. **A medio ~**, incomplete, unfinished. **¡Buena la has hecho!**, *exclam* FAM Now you've done it!. **~ bien,** to do the right thing. **~ como que,** to act as if, pretend (*simular*). **~ de**, to be (*de momento*), act as, stand in for the: *Hoy hago de mamá*, I'm Mum today. **~ deporte,** DEP to do sport. **~se el sordo**, to pretend not to hear, play deaf. **~ pedazos,** to tear/smash/break into pieces. **~ presente**, to remind, notify. **~ que + *subj*,** to see to it that... **~selo encima,** to wet one's pants. **~ tiempo**, to kill time. **~ una de las suyas**, FAM to be up to one's old tricks. **~ rebaja(s)**, COM to give a reduction. **No ~ más que,** to keep doing sth, do sth continuously. **No ~ nada**, not to do anything, do nothing. **¡Qué le vamos a hacer!**, *exclam* What are we (going) to do! **Por más que haga/Haga lo que haga,** whatever he/she does.

ha·cia [áθja] *prep* **1.** *gen* toward(s). **2.** (out) onto. **3.** at about, around: *Llegaré hacia mediados de abril*, I shall arrive around mid-April. LOC **~ abajo,** down(wards). **~ delante,** forward(s). **~ arriba,** up(wards). **~ atrás**, back(wards). **~ casa**, homeward. **~ dentro,** inwards. **~ donde**, where. **~ fuera,** outward(s).

ha·cien·da [aθjéṇda] *n/f* **1.** ranch, country estate. **2.** fortune, possessions. **3.** *Amer* hacienda. LOC **Ministerio de ~**, COM Br Exchequer, US Treasury. **Ministro de ~**, Br Chancellor of the Exchequer, US Secretary of the Treasury.

ha·ci·na·mien·to [aθinamjénto] *n/m* stacking, heaping. **ha·ci·nar** [aθinár] **I.** *v* FIG to stack, pile, heap (up). **II.** *v/Refl(-se)* to be huddled (together) (*personas*).

ha·cha [átʃa] *n/f* (***un/el** hacha*) **1.** torch, flambeau. **2.** Br axe, US ax, hatchet. LOC **~ de armas,** MIL battle-axe. **Ser un ~**, to excel, FAM be a whizz kid. **ha·cha·zo** [atʃáθo] *n/m* blow of an axe, hacking (*golpe*).

ha·che [átʃe] *n/f* letter 'h'.

ha·chís [(h)atʃís] *n/m* hashish.

ha·da [áða] *n/f* (***un/el** hada*) MIT fairy. LOC **~ Madrina**, MIT fairy godmother.

ha·do [áðo] *n/m* fate, destiny.

ha·gio·gra·fía [axjoγrafía] *n/f* hagiography.

Hai·tí [aití] *n/m* GEOG Haiti. **hai·tia·no/a** [aitjáno/a] *adj n/m,f* Haitian.

ha·la [ála] *int* **1.** Cheer up! **2.** Come on!, Hurry up!

ha·la·ga·dor/ra [alaγaðór/ra] *adj* flattering. **ha·la·gar** [alaγár] *v* (*halague*) **1**. to flatter. **2**. to please, gratify. **ha·la·go** [aláγo] *n/m* **1**. flattery, flattering thing. **2**. cajolery. **ha·la·güe·ño/a** [alaγwéɲo/a] *adj* **1**. flattering, pleasing. **2**. promising, attractive (*perspectiva*).

hal·cón [alkón] *n/m* falcon, hawk (*ave*). LOC **~ común,** peregrine. **hal·co·na·do/a** [alkonáðo/a] *adj* hawkish. **hal·co·ne·ría** [alkonería] *n/f* falconry. **hal·co·ne·ro/a** [alkonéro/a] *n/m,f* falconer.

hal·da [al̥da] *n/f* (*un/el halda*) **1**. skirt. **2**. sacking (*arpillera*).

há·li·to [álito] *n/m* **1**. breath. **2**. breeze.

ha·lo [álo] *n/m* **1**. corona. **2**. FIG halo.

ha·ló·ge·no/a [alóxeno/a] *adj* QUÍM halogenous.

hal·te·ro·fi·lia [alterofílja] *n/f* DEP weightlifting.

ha·llar [aʎár] **I**. *v* **1**. to find. **2**. to discover. **3**. to come across, run into (*topar*). **4**. to find (out), realise. **II**. *v/Refl(-se)* **1**. to be: *Nos hallamos a cinco kilometros del pueblo,* We are 5km from town. **2**. to find oneself. **3**. **(~se con)** to encounter. **ha·llaz·go** [aʎáθγo] *n/m* **1**. finding, discovery (*acción*). **2**. find.

ha·ma·ca [amáka] *n/f* hammock.

ham·bre [ám̥bre] *n/f* **(***un/el hambre***) 1**. hunger. **2**. starvation, famine. **3**. **(~ de)** FIG hunger, longing (for): *Tiene hambre de éxitos,* He's hungry for success. LOC **Entretener el ~**, to stave off hunger. **~ canina**, ravenous hunger. **Matar el ~**, to satisfy one's hunger. **Morir de ~**, to starve to death. **Morirse de ~**, to be starving. **Padecer ~**, to suffer hunger. **Pasar ~**, to go hungry. **Ser más listo que el ~**, FIG FAM to be as sharp as a needle. **Tener ~**, to be hungry. **Tener ~ de**, to hunger after/for. **ham·brien·to/a** [am̥brjénto/a] *adj* **1**. hungry, famished, starving. **2**. **(~ de)** FIG starved of, longing for.

ham·bur·gue·sa [am̥burγésa] *n/f* hamburger.

ham·pa [ám̥pa] *n/f* **(***un/el hampa***)** lowlife, vagrancy. **ham·pón/na** [am̥pón/na] *n/m,f* thug.

hán·di·cap [xándikap] *n/m* handicap.

han·gar [aŋgár] *n/m* AER hangar.

ha·ra·gán/na [araγán/na] *adj, n/m,f* good-for-nothing, idle, idler. **ha·ra·ga·ne·ar** [araγaneár] *v* FAM to loaf around, hang about. **ha·ra·ga·ne·ría** [araγanería] *n/f* idleness.

ha·ra·pien·to/a [arapjén̪to/a] *adj* ragged. **ha·ra·po** [arápo] *n/m gen pl* rags (*vestido*).

ha·rén o ha·rem [arén/-m] *n/m* harem.

ha·ri·na [arína] *n/f* **1**. flour. **2**. meal, powder (*polvo*). LOC **Es ~ de otro costal**, FIG FAM that's quite another story. **~ de avena**, oatmeal. **~ de maíz**, cornflour. **ha·ri·no·so/a** [arinóso/a] *adj* **1**. floury, mealy. **2**. powdery.

har·mo·nía [armonía] *n/f* harmony. **har·mó·ni·co** [armóniko] *adj* harmonic. **har·mo·nio·so/a** [armonjóso/a] *adj* harmonious. **har·mo·ni·zar** [armoniθár] *v* (*harmonicé*) to harmonize.

har·ne·ro [arnéro] *n/m* sieve.

har·pa [árpa] *n/f* MÚS harp.

har·pía [arpía] *n/f* MIT harpy.

har·pi·lle·ra [arpiʎéra] *n/f* sacking, sackcloth.

har·tar [artár] **I**. *v* **1**. to satiate, satisfy. **2**. **(~ con)** to glut, (cause a) surfeit. **3**. FIG to weary, bore, annoy. **4**. **(~ de)** to overwhelm with (*agobiar*). **II**. *v/Refl(-se)* **(~se de/con) 1**. to eat one's fill, gorge oneself. **2**. FIG to get tired of, fed up with. **3**. to have one's fill, have enough. **har·taz·go** [artáθγo] *n/m* bellyful, glut. LOC **Darse un ~ de**, **1**. to eat one's fill of. **2**. FIG to overdo. **har·to/a** [árto/a] **I**. *adj* **(~ de) 1**. full of, glutted with. **2**. tired of, fed up with. LOC **Estar ~ de**, to be fed up with, be sick of. **3**. a lot, plenty. **II**. *adv* **(harto) 1**. enough. **2**. very, quite.

has·ta [ásta] **I**. *prep* **1**. as far as, up to, down to (*lugar*). **2**. till, until, as late as, up to (*tiempo*). **II**. *adv* even. **III**. *conj* **(~ que)** till, until: *Hasta que vuelva,* Until he returns. LOC **¿~ dónde/cuándo?**, How far/long? **¡~ luego/la vista!**, *exclam* See you later! **¡~ mañana!**, *exclam* See you tomorrow! **¿~ qué punto...?**, to what extent. **~ tal punto que**, to such a point that.

has·tiar [astjár] **I**. *v* (*hastío, hastíen*) **1**. to disgust, sicken. **2**. to annoy, bore. **II**. *v/Refl (-se)* **(~se de)** to get fed up with, get tired of. **has·tío** [astío] *n/m* **1**. disgust. **2**. weariness, boredom.

ha·ta·jo [atáxo] *n/m* **1**. small herd/flock. **2**. FAM lot, bunch, heap. **ha·ti·llo** [atíʎo] *n/m* bundle (of clothes, etc). **ha·to** [áto] *n/m* **1**. herd (*rebaño*). **2**. FIG lot, bunch, band. **3**. knapsack.

haya [áɟa] *n/f* **(***un/el haya***)** BOT **1**. beech, beech tree. **2**. beechwood. **ha·yal** [aɟál] *n/m* beech grove. **ha·ye·do** [aɟéðo] *n/m* beech grove. **ha·yu·co** [aɟúko] *n/m* BOT beechnut.

haz [áθ] **I**. *n/m* (*pl haces*) **1**. bundle, bunch (*de cosas*). **2**. FÍS beam (*de rayos luminosos*). **3**. sheaf (*de trigo*). **4**. faggot (*de leña*). **5**. fasces. **II**. *n/f* **1**. face (*de una moneda*). **2**. right side. **3**. surface, face (*de la Tierra*).

ha·za·ña [aθáɲa] *n/f* exploit, feat, deed.

haz·me·rreír [aθmerreír] *n/m* butt (of the joke). LOC **Ser el ~ de**, to be the laughing stock of.

he [é] LIT LOC **~ aquí**, **1**. here is/are. **2**. *exclam* Lo and behold! **¡Heme/héteme aquí!** *exclam* Here I am! **¡Helos allí!** *exclam* There they are!

heb·do·ma·da·rio/a [ebdomaðárjo/a] *adj* weekly.

he·bi·lla [eβíʎa] *n/f* buckle, clasp.

he·bra [éβra] *n/f* **1**. thread. **2**. strand, fibre. **3**. grain (*de madera*). **4**. GEOL vein.

he·brai·co/a [eβráiko/a] *adj* Hebraic. **he·braís·mo** [eβraísmo] *n/m* Hebraism. **he·braís·ta** [eβraísta] *n/m,f* Hebraist. **he·brai·zan·te** [eβraiθánte] *adj* hebraist. **he·brai·zar** [eβraiθár] *v* (*hebraíce*) **1**. to use hebrewisms. **2**. to judaize. **he·breo/a** [eβréo/a] *adj n/m,f* Hebrew, Israeli.

he·bro·so/a [eßróso/a] *adj* fibrous, stringy.
he·ca·tom·be [ekatóm̩be] *n/f* **1**. hecatomb. **2**. slaughter, butchery.
hec·tá·rea [ektárea] *n/f* MAT hectare. **hec·to·li·tro** [ektolítro] *n/m* Br hectolitre, US hectoliter.
he·chi·ce·ría [etʃiθería] *n/f* **1**. *gen* witchcraft, sorcery. **2**. (magic) spell. **3**. superstition. **4**. enchantment. **he·chi·ce·ro/a** [etʃiθéro/a] **I**. *adj* magic(al), bewitching, enchanting. **II**. *n/m,f* **1**. wizard, sorcerer. **2**. witch-doctor. **he·chi·zar** [etʃiθár] *v* (*hechice*) **1**. to bewitch, cast a spell on. **2**. PEY to bedevil. **3**. FIG to enchant, fascinate. **he·chi·zo** [etʃíθo] *n/m* **1**. magic, sorcery, witchcraft. **2**. charm, spell (*sortilegio*). **3**. FIG enchantment, spell (*encanto*). **4**. charmer (*persona*).
he·cho/a [étʃo/a] **I**. pp **hacer**. **II**. *adj* **1**. complete, mature. **2**. finished. **3**. ready made, ready to wear (*ropa*). **4**. stock (*frase*). **III**. *n/m* **1**. *gen pl* deed, act, action. **2**. fact. **3**. factor (*elemento*). **4**. matter (*asunto*). **5**. event (*suceso*). LOC **A ~**, all together, indiscriminately. **A lo ~, pecho**, What's done is done. **Bien ~**, well made. **¡Bien ~!** *exclam* Well done! Quite right! **De ~**, in fact, as a matter of fact. **De ~ y de derecho**, de facto and de Iure. **El ~ de +** *inf* / **que +** *subj*, the fact that. **El ~ es que**, the fact is that. **Estar ~ un...**, to be like a. **¡~!** *exclam* All right! O.K! It's a deal! **~ a mano/máquina**, hand/ machine made. **~ consumado**, fait accompli. **~ de**, made of. **~ y derecho**, complete, proper, fully fledged. **Muy/poco ~**, well done/rare (*carne*). **he·chu·ra** [etʃúra] *n/f* **1**. make, making. **2**. creation, creature. **3**. form, shape. **4**. build (*de persona*). **5**. cut (*de traje*). **6**. workmanship.
he·der [eðér] *v* (*hiede*) **1**. **(~ a)** to reek, stink (of). **2**. FIG to annoy, be intolerable. **he·dion·dez** [eðjon̩déθ] *n/f* stench. **he·dion·do/a** [eðjón̩do/a] *adj* **1**. foul smelling, stinking. **2**. FIG intolerable, horrid. **3**. FIG annoying.
he·do·nis·ta [eðonísta] *adj n/m,f* hedonist. **he·do·nis·mo** [eðonísmo] *n/m* hedonism.
he·dor [eðór] *n/m* stench, foul smell.
he·ge·mo·nía [exemonía] *n/f* hegemony.
he·la·da [eláða] *n/f* frost, freeze. LOC **Caer una ~**, to freeze (overnight). **~ blanca**, hoarfrost. **he·la·de·ra** [elaðéra] *n/f* **1**. ice-cream maker, FAM lollybox. **2**. icebox, fridge. **he·la·de·ría** [elaðería] *n/f* ice-cream parlour. **he·la·de·ro/a** [elaðéro/a] *n/m* ice-cream man. **he·la·do/a** [eláðo/a] **I**. *adj* **1**. frozen. **2**. freezing, icy. **3**. ice-bound (*preso*). **4**. FIG chilly, disdainful. **II**. *n/m* ice-cream. **he·lar** [elár] **I**. *v* (*hiela*) **1**. to freeze, chill, ice. **2**. FIG to astonish, dumbfound. **3**. FIG to discourage, dishearten. **II**. *v/Refl(-se)* **(~se de) 1**. to freeze, become frozen. **2**. to congeal, set, freeze over (*coagular*). **3**. to ice up. **4**. to get frostbitten. **5**. FIG to freeze to death. LOC **~se de frío**, FAM to be freezing cold. **~se la sangre**, to have one's blood curdle, have one's blood run cold.
he·le·cho [elétʃo] *n/m* BOT fern, bracken.
he·lé·ni·co/a [eléniko/a] *adj* Hellenic, Greek. **he·le·no/a** [eléno/a] *n/m,f* Hellene, Greek.
he·le·ro [eléro] *n/m* GEOL glacier.
hé·li·ce [éliθe] *n/f* **1**. TÉC propeller (*barco/ avión*). **2**. spiral. **3**. ANAT helix. **he·li·coi·dal** [elikoiðál] *adj* spiral, helicoid(al).
he·li·cóp·te·ro [elikóptero] *n/m* helicopter.
he·lio [éljo] *n/m* FÍS helium. **he·lio·gra·ba·do** [eljoɣraßáðo] *n/m* IMPR **1**. heliogravure, photoengraving. **2**. heliograph (*estampa*). **he·lió·gra·fo** [eljóɣrafo] *n/m* TÉC heliograph.
he·li·puer·to [elipwérto] *n/m* heliport.
hel·ve·cio/a [elßéθjo/a] GEOG *adj n/m,f* Helvetian, Swiss. **hel·vé·ti·co/a** [elßétiko/a] *adj* Swiss, Helvetic.
he·ma·tíe [ematíe] *n/m* ANAT red blood corpuscle. **he·ma·to·lo·gía** [ematoloxía] *n/f* MED Br haematology, US hematology.
hem·bra [ém̩bra] *n/f* **1**. *gen* female. **2**. hen (*ave*), bitch (*perra*), mare (*yegua*). **3**. TÉC female (*tornillo/broche*). **4**. FAM girl, woman. **hem·bri·lla** [em̩bríʎa] *n/f* TÉC nut.
he·me·ro·te·ca [emerotéka] *n/f* periodicals library.
he·mi·ci·clo [emiθíklo] *n/m* **1**. semicircle. **2**. lecture theatre, arena. **3**. floor (*parlamento*).
he·mi·ple·jía [emiplexía] *n/f* MED stroke (*parálisis*).
he·mis·fé·ri·co/a [emisfériko/a] *adj* hemispheric(al).
he·mis·fe·rio [emisférjo] *n/m* hemisphere.
he·mis·ti·quio [emistíkjo] *n/m* POÉT hemistich.
he·mo·fi·lia [emofílja] *n/f* MED Br haemophilia, US hemophilia. **he·mo·fí·li·co/a** [emofíliko/a] *n/m,f* MED Br haemophiliac, US hemophiliac.
he·mo·glo·bi·na [emoɣloßína] *n/f* BIOL Br haemoglobin, US hemaglobin.
he·mo·rra·gia [emorráxja] *n/f* MED Br haemorrage, US hemorrhage.
he·mo·rroi·de [emorróiðe] *n/f gen pl* MED Br haemorrhoides, US hemorrhoides *pl*.
he·nar [enár] *n/m* hayfield, meadow.
hen·chir [en̩tʃír] **I**. *v* (*hincho, henchía*) to fill (up), cram, stuff. **II**. *v/Refl(-se)* **(~se de) 1**. to stuff oneself with (*comida*). **2**. FIG to swell (up) (*de orgullo*).
hen·der·se [en̩dérse] *v/Refl(-se)* (*hiendo*) **1**. to split, cleave. **2**. FIG to cleave/make a way through. **hen·di·du·ra** [en̩diðúra] *n/f* **1**. split, cleft, slit. **2**. GEOL rift, fissure. **hen·dir** [en̩dír] *v/Refl(-se)* **V. hender**.
he·nil [eníl] *n/m* hayloft. **he·no** [éno] *n/m* hay.
he·ñir [eɲír] *v* (*hiño*) to knead (*masa*).
he·pá·ti·co/a [epátiko/a] *adj* hepatic, liver. **he·pa·ti·tis** [epatítis] *n/f* MED hepatitis.
hep·ta·e·dro [eptaéðro] *n/m* MAT heptahedron. **hep·ta·go·nal** [eptaɣonál] *adj* MAT heptagonal.
hep·tar·quía [eptarkía] *n/f* heptarchy.

he·rál·di·ca [eráḷdika] *n/f* heraldry. **he·rál·di·co/a** [eráḷdiko/a] *adj* heraldic. **he·ral·do** [eráḷdo] *n/m* herald (*mensajero*).

her·bá·ceo/a [erβáθeo/a] *adj* BOT herbaceous. **her·ba·je** [erβáxe] *n/m* **1**. grass, pasture. **2**. grazing tax/fee. **her·ba·rio/a** [erβárjo/a] **I**. *adj* herbal. **II**. *n/m* **1**. herbarium. **2**. herbalist (*persona*). **her·bi·ci·da** [erβiθíða] *n/m* weedkiller, herbicide. **her·bí·vo·ro/a** [erβíβoro/a] **I**. *adj* herbivorous. **II**. *n/m* **1**. herbivore. **2**. *pl* herbivora (*clase de estos animales*). **her·bo·la·rio/a** [erβolárjo/a] *n/m* **1**. herbalist. **2**. herbalist's (shop). **her·bo·so/a** [erβóso/a] *adj* grassy.

her·cú·leo/a [erkúleo/a] *adj* Herculean.

he·re·da·ble [ereðáβle] *adj* inheritable. **he·re·dad** [ereðáð] *n/f* **1**. estate, farm. **2**. domain, property. **he·re·dar** [ereðár] *v* **1**. **(~de)** to inherit (from), be heir to. **2**. to name as one's heir. **he·re·de·ro/a** [ereðéro/a] **1**. *n/m* **(~ de)** heir (to), inheritor (of). **2**. *n/f* heiress. **3**. *n/m,f* owner of an estate. LOC **~ forzoso**, heir apparent. **~ único**, universal heir. **Instituir ~/por ~ (a alguien)**, to appoint sb as one's heir. **Príncipe ~**, crown prince. **he·re·di·ta·rio/a** [ereðitárjo/a] *adj* hereditary.

he·re·je [eréxe] *n/m,f* heretic. **he·re·jía** [erexía] *n/f* heresy.

he·ren·cia [eréṇθja] *n/f* **1**. inheritance. **2**. legacy (*legado*). **3**. FIG heritage. **4**. BIOL heredity.

he·re·siar·ca [eresjárka] *n/m,f* heresiarch.

he·ré·ti·co/a [erétiko/a] *adj* heretical.

he·ri·da [eríða] *n/f* **1**. injury, wound. **2**. FIG insult, outrage, injury. LOC **~ contusa**, contusion. **Hurgar en la ~**, FIG to add salt to the wound. **he·ri·do/a** [eríðo/a] **I**. *adj* **1**. injured. **2**. MIL wounded. **II**. *n/m,f* **1**. injured/ wounded person. **2**. casualty (*guerra/accidente*). LOC **Mal ~ / malherido / ~ de gravedad**, seriously/badly wounded. **~ de muerte**, fatally wounded. **Sentirse ~**, to feel hurt. **he·rir** [erír] *v* (*hiero*) **1**. **(~en)** to hurt, injure. **2**. MIL /FIG to wound. **3**. to strike, hit (*golpear*). **4**. to beat down on (*sol*). **5**. MÚS to pluck, play (*tocar*). **6**. FIG to hurt, offend. **7**. FIG to touch, move (*conmover*). LOC **~ el oído,** FIG to offend one's ears. **~ en lo vivo**, FIG to cut to the quick. **~ la vista**, to hurt one's eyes.

her·ma·fro·di·ta [ermafroðíta] *adj n/m,f* hermaphrodite.

her·ma·nar [ermanár] *v/Refl(-se)* **1**. to match. **2**. to join (*unir*). **3**. to harmonize, combine. **4**. to twin. **her·ma·nas·tro/a** [ermanástro/a] **1**. *n/m* stepbrother. **2**. *n/f* stepsister. **her·man·dad** [ermaṇdáð] *n/f* **1**. brotherhood, fraternity, sisterhood. **2**. FIG close/ intimate friendship. **3**. FIG similarity, likeness. **her·ma·no/a** [ermáno/a] **I**. *adj* similar, brother, sister. **II**. **1**. *n/m* brother. **2**. *n/f* sister. **3**. *pl* brother(s) and sister(s). LOC **¡~s!**, *exclam* REL Brethren, Brothers! **~ carnal**, blood brother. **~/a de leche**, foster brother/sister. **~ gemelo /mellizo**, identical twin/twin. **~/a político/a**, brother-in-law/sister-in-law.

her·me·néu·ti·ca [ermenéutika] *n/f* hermeneutics *pl*. **her·me·néu·ti·co/a** [ermenéutiko/a] *adj* hermeneutic(al).

her·mé·ti·co/a [ermétiko/a] *adj* **1**. hermetic, airtight, watertight. **2**. FIG impenetrable. **her·me·tis·mo** [ermetísmo] *n/m* **1**. hermeticism. **2**. FIG secrecy, impenetra- bility.

her·mo·sea·mien·to [ermoseamjéṇto] *n/m* beautifying, embellishment. **her·mo·se·ar** [ermoseár] *v* **1**. to beautify, embellish. **2**. to adorn. **her·mo·so/a** [ermóso/a] *adj* **1**. beautiful, lovely, handsome (*esp hombre*). **2**. fine, splendid. **her·mo·su·ra** [ermosúra] *n/f* beauty, loveliness.

her·nia [érnja] *n/f* MED hernia, rupture. **her·nia·do/a** [ernjáðo/a] *adj* **1**. ruptured. **2**. suffering from a hernia (*persona*). **her·niar·se** [ernjárse] *v/Refl(-se)* to rupture oneself.

hé·roe [éroe] *n/m* heroe. **he·roi·ci·dad** [eroiθiðáð] *n/f* **1**. heroism. **2**. heroic act. **he·roi·co/a** [eróiko/a] *adj* heroic. **he·roí·na** [eroína] *n/f* **1**. heroine. **2**. heroin (*droga*). **he·roís·mo** [eroísmo] *n/m* heroism.

her·pe [érpe] *n/m,f pl* MED shingles, herpes *pl*.

he·rra·dor [erraðór] *n/m* farrier, blacksmith.

he·rra·du·ra [erraðúra] *n/f* horseshoe. LOC **Curva en ~**, AUT hairpin bend. **he·rra·je** [erráxe] *n/m* ironwork, metal fittings *pl*. **he·rra·men·tal** [erramenṭál] *n/m* tool box/kit/ bag. **he·rra·mien·ta** [erramjéṇta] *n/f* **1**. tool, implement. **2**. appliance. **3**. set of tools. **4**. *pl* FAM bull's horns. **he·rrar** [errár] *v* (*hierro*) **1**. to shoe (*una caballería*). **2**. to brand (*el ganado*). **he·rre·ría** [errería] *n/f* **1**. smithy, forge. **2**. *pl* ironworks *pl*. **3**. black-smithing (*oficio*). **he·rre·ro** [erréro] *n/m* blacksmith.

he·rre·te [erréte] *n/m* metal tag.

he·rrum·bre [erruṃbre] *n/f* rust. **he·rrum·bro·so/a** [erruṃbróso/a] *adj* rusty.

hert·zia·no/a [er(t)θjáno/a] *adj* FÍS Hertzian.

her·vi·de·ro [erβiðéro] *n/m* **1**. boiling, bubbling, seething (*líquido*). **2**. babbling brook (*manantial*). **3**. FIG seething mass (*de gente*). **4**. FIG hotbed. **her·vir** [erβír] *v* (*hiervo*) **1**. to boil. **2**. to bubble, seethe (*borbotear*). **3**. to surge (*el mar*). **4**. **(~ de)** to swarm, teem (with) (*de gente*). **5**. **(~ en)** FIG to seethe (with) (*cólera/deseo*). LOC **~ a fuego lento**, to simmer. **~ en deseos de** + *inf*, FIG to have a burning desire to + *inf*. **her·vor** [erβór] *n/m* **1**. boiling, seething. **2**. FIG fire, ardour (*fogosidad*).

he·te·ro·do·xo/a [eteroðó(k)so] *adj* heterodox, unorthodox.

he·te·ro·ge·nei·dad [eteroxeneiðáð] *n/f* heterogeneity. **he·te·ro·gé·neo/a** [eteroxéneo/a] *adj* heterogeneous.

he·xá·go·no [e(k)sáγono] *n/m* MAT hexagon. **he·xa·go·nal** [e(k)saγonál] *adj* MAT hexagonal.

hez [éθ] *n/f pl* (*pl heces*) **1**. sediment. **2**. dregs *pl* (*vino*). **3**. excrement. **4**. FIG dregs, scum.

hia·to [iáto] *n/m* GRAM hiatus.

hi·ber·na·ción [ißernaθjón] *n/f* hibernation. **hi·ber·nal** [ißernál] *adj* wintry, winter. **hi·ber·nar** [ißernár] *v* to hibernate.

hí·bri·do/a [íßriðo/a] *adj* hybrid.

hi·dal·go [iðályo] **I.** *adj* **1.** noble, illustrious. **2.** generous. **II. 1.** *n/m* nobleman, member of titled family. **2.** *n/f* noblewoman. **hi·dal·guía** [iðalyía] *n/f* nobility (*atributo, acción*).

hi·dra [íðra] *n/f* MIT hydra.

hi·dra·ta·ción [iðrataθjón] *n/f* hydration. **hi·dra·tan·te** [iðratánte] *adj* moisturizing. **hi·dra·tar** [iðratár] *v* to hydrate. **hi·dra·to** [iðráto] *n/m* hydrate.

hi·dráu·li·co/a [iðráuliko/a] **I.** *adj* hydraulic, water. **II.** *n/f* hydraulics *pl.* LOC **Fuerza hydráulica**, hydraulic power, water power.

hí·dri·co/a [íðriko/a] *adj* QUÍM hydric.

hi·dro·a·vión [iðroaßjón] *n/m* AER seaplane, hydroplane. **hi·dro·car·bu·ro** [iðrokarßúro] *n/m* QUÍM hydrocarbon. **hi·dro·e·léc·tri·co/a** [iðroeléktriko/a] *adj* hydroelectric. **hi·dró·fi·lo/a** [iðrófilo/a] *adj* absorbent. **hi·dro·fo·bia** [iðrofóßja] *n/f* hydrophobia, rabies. **hi·dró·ge·no** [iðróxeno] *n/m* FÍS hydrogen. **hi·dro·miel** [iðromjél] *n/m* mead. **hi·dró·pi·co/a** [iðrópiko/a] *adj* MED dropsical. **hi·dro·pla·no** [iðropláno] *n/m* AER seaplane. **hi·dros·tá·ti·ca** [iðrostátika] *n/f* hydrostatics *pl.*

hie·dra [Jéðra] *n/f* BOT ivy.

hiel [Jél] *n/f* **1.** bile, gall. **2.** FIG bitterness, sorrow. **3.** *pl* troubles *pl.* LOC **Echar la ~**, FIG to sweat blood. **No hay miel sin ~**, FIG FAM There's no rose without a thorn.

hie·lo [Jélo] *n/m* **1.** ice, frost. **2.** freezing. **3.** FIG indifference, coldness. LOC **Romper el ~**, FIG to break the ice.

hie·na [Jéna] *n/f* ZOOL hyena.

hie·rá·ti·co/a [Jerátiko/a] *adj* hieratic, sanctimonious.

hier·ba [Jérßa] *n/f* **1.** grass. **2.** herb. LOC **Mala ~**, weed. **hier·ba·bue·na** [Jerßaßwéna] *n/f* BOT mint.

hie·rro [Jérro] *n/m* **1.** iron (*metal*). **2.** *pl* irons (*esposas*). **3.** branding iron (*ganado*). **4.** head, point (*de una lanza*). LOC **De ~**, (made of) iron. **~ acanalado/ondulado,** corrugated iron. **~ forjado,** wrought iron. **~ fundido,** cast iron. **~ viejo**, scrap iron. **Quitar ~ a algo**, FIG to minimize the importance of sth. **(Voluntad) de ~**, FIG iron (will).

hí·ga·do [íyaðo] *n/m* **1.** ANAT liver. **2.** *pl* FAM guts. LOC **Echar los ~s**, FIG FAM to sweat one's guts out.

hi·gie·ne [ixjéne] *n/f* hygiene. **hi·gié·ni·co/a** [ixiéniko/a] *adj* hygienic, sanitary.

hi·go [íyo] *n/m* BOT fig. LOC **De ~s a brevas**, FIG once in a blue moon. **~ chumbo/de tuna,** prickly pear. **hi·gue·ra** [iyéra] *n/f* BOT fig tree. LOC **Estar en la ~**, FIG to be day-dreaming, have one's head in the clouds.

hi·jas·tro/a [ixástro/a] **1.** *n/m* stepson. **2.** *n/f* stepdaughter. **hi·jo/a** [íxo/a] **1.** *n/m* son, child. **2.** *n/f* daughter, child. **3.** *pl* children, sons and daughters. **4.** offspring, descendants. LOC **~/a de papá**, FAM rich kid. **~ (de) puta**, SL Br bastard, US sonovabitch. **~/a natural**, illegitimate child. **~/a político/a**, son/daughter-in-law. **Pedro Martínez ~**, Pedro Martínez Jr. **hi·jue·la** [ixwéla] *n/f* **1.** little girl. **2.** JUR inheritance, share, portion. **3.** side road, path.

hi·la·cha [ilátʃa] *n/f* loose thread. **hi·la·da** [iláða] *n/f* row, line. **hi·la·do** [iláðo] *n/m* **1.** spinning (*acción de hilar*). **2.** thread, yarn. **hi·lan·de·ría** [ilandería] *n/f* **1.** spinning. **2.** spinning mill (*taller*). **hi·lan·de·ro/a** [ilandéro/a] *n/m,f* spinner. **hi·lar** [ilár] *v* **1.** to spin (*textiles*). **2.** **(~ con)** FIG FAM to draw on, connect with (*enlazar*). LOC **~ fino/delgado**, FIG **1.** PEY to split hairs. **2.** to be subtle/precise.

hi·la·ran·te [ilaránte] *adj* hilarious. LOC **Gas ~**, laughing gas. **hi·la·ri·dad** [ilariðáð] *n/f* hilarity, laughter.

hi·la·za [iláθa] *n/f* yarn, thread. **hi·le·ra** [iléra] *n/f* **1.** fine thread. **2.** row, line. **3.** MIL rank, file. **4.** TÉC drill. LOC **En ~**, in line. **hi·lo** [ílo] *n/m* **1.** thread. **2.** FIG thread (*argumento*). **3.** linen (*tejido*). **4.** ELECTR TÉC wire. **5.** trickle (*de líquido*). **6.** FIG train of thought. LOC **Coger el ~ (de algo)**, FIG to pick up the thread. **Al ~ de**, following. **Pender/colgar de un ~**, FIG to hang by a thread. **Perder el ~**, FIG to lose the thread. **Seguir el ~**, FIG to follow (*argumento*). **Tener el alma en un ~**, FIG to have one's heart in one's mouth.

hil·ván [ilßán] *n/m* tacking. **hil·va·nar** [ilßanár] *v* **1.** to tack. **2.** FIG to pin together, sketch, outline. **3.** FIG FAM to knock up, throw together (*ideas*).

hi·men [ímen] *n/m* ANAT hymen. **hi·me·neo** [imenéo] *n/m* POÉT marriage.

him·na·rio [imnárjo] *n/m* REL hymnal, hymn book. **him·no** [ímno] *n/m* hymn. LOC **~ nacional**, national anthem.

hin·ca·pié [iŋkapjé] LOC **Hacer ~ en**, to insist (on), emphasize. **hin·car** [iŋkár] *v* (*hinque*) **1.** to thrust, drive (in). **2.** to sink (in) (*dientes*). **3.** to plunge (in) (*daga*). **4.** FIG to dig in (*pies*). **5.** to fix (*mirada*). LOC **~ el diente (a algo)**, FIG to get one's teeth into sth. **~se de rodillas**, to kneel (down).

hin·cha [íntʃa] **I.** *n/m,f* DEP FAM **(Ser un(a) ~ de)** fan, supporter. **II.** *n/f* FAM grudge, hate, ill-will. LOC **Tener ~ a alguien,** FAM to bear a grudge against sb.

hin·cha·ble [intʃáßle] *adj* inflatable. **hin·cha·do/a** [intʃáðo/a] **I.** *adj* **1.** FIG pompous, bombastic (*estilo*). **2.** inflated, blown up. **3.** swollen, puffed up. **II.** *n/f* DEP fans. **hin·cha·mien·to** [intʃamjénto] *n/m* swelling. **hin·char** [intʃár] **I.** *v* **1.** to swell. **2.** to inflate, pump up, blow up (*un globo*). **3.** FIG to exaggerate, inflate. **II.** *v/Refl(-se)* **1.** MED to swell up, become distended (*el vientre*). **2.** FIG **(~ se con)** to become puffed up/vain/conceited. **3.** **(~ se con)** to swell (*un río*). **4.** **(~ se de/a)** to have one's fill, gorge oneself: *Hincharse de pasteles*, To have one's fill of cakes. **5.** FAM to line one's pockets (*ganar mucho dinero*). **6.** FIG to make high-flown/bombastic (*el estilo*). LOC **~se de + *inf*,** to do sth a lot. **~sele las narices a uno**, to flare up (at sb). **hin·cha·zón** [in̪tʃaθón] *n/f* 1. swelling, puffiness. 2. lump, bump. 3. FIG vanity, conceit. 4. FIG bombast, pomposity (*de estilo*).

hin·dú [in̪dú] (*pl hindúes*) *adj n/m,f* 1. GEOG Indian. 2. REL Hindu.

hi·no·jal, hi·no·jar [inoxál/inoxár] *n/m* fennel bed/field. **hi·no·jo** [inóxo] *n/m* 1. BOT fennel. 2. *pl* knees. LOC **Postrarse de ~s**, to kneel (down).

hi·par [ipár] *v* 1. to hiccup, hiccough. 2. to pant (*perro*). 3. **(~ por)** FIG FAM to long to, yearn for.

hí·per [íper] *n/m* FAM hypermarket, supermarket.

hi·pér·ba·ton [ipérβaton] *n/m* (*pl hipérbatos*) GRAM hyperbaton. **hi·pér·bo·le** [ipérβole] *n/f* GRAM hyperbole. **hi·per·bó·li·co/a** [iperβóliko/a] *adj* hyperbolic. **hi·per·crí·ti·co/a** [iperkrítiko/a] *adj* hypercritical. **hi·per·me·tro·pía** [ipermetropía] *n/f* longsightedness. **hi·per·sen·si·ble** [ipersensíβle] *adj* hypersensitive. **hi·per·sen·si·bi·li·dad** [ipersensiβiliðáð] *n/f* hypersensitivity. **hi·per·ten·sión** [ipertensjón] *n/f* MED hypertension, high blood pressure. **hi·per·ten·so/a** [iperténso/a] *adj* 1. suffering from high blood pressure. 2. very tense, hypertense.

hí·pi·co/a [ípiko/a] I. *adj* horse. II. *n/f* FAM horse track.

hi·pi·do [ipíðo] *n/m* whimper, sob, whine.

hi·pis·mo [ipísmo] *n/m* horse racing, riding.

hip·no·sis [ipnósis] *n/f* MED hypnosis. **hip·nó·ti·co/a** [ipnótiko/a] *adj* hypnotic. **hip·no·tis·mo** [ipnotísmo] *n/m* MED hypnosis, hypnotism. **hip·no·ti·za·dor/ra** [ipnotiθadór/ ra] I. *adj* hypnotizing. II. *n/m,f* hypnotist. **hip·no·ti·zar** [ipnotiθár] *v* (*hipnotice*) to hypnotize.

hi·po [ípo] *n/m* 1. hiccup, hiccough. 2. FIG longing, yearning. 3. FIG grudge. LOC **Quitar el ~**, FIG to take one's breath away. **Tener ~**, to have the hiccups.

hi·po·con·dría [ipokon̪dría] *n/f* MED hypochondria. **hi·po·con·dría·co/a** [ipokon̪drjáko/a] *adj n/m,f* hypochondriac. **hi·po·cón·dri·co/a** [ipokón̪driko/a] *adj* hypochondriac.

hi·po·co·rís·ti·co/a [ipokorístiko/a] *adj* LOC **Nombre ~**, pet name, diminutive.

hi·po·crá·ti·co/a [ipokrátiko/a] *adj* MED Hippocratic.

hi·po·cre·sía [ipokresía] *n/f* hypocrisy. **hi·pó·cri·ta** [ipókrita] I. *adj* hypocritical. II. *n/m,f* hypocrite.

hi·po·dér·mi·co/a [ipoðérmiko/a] *adj* hypodermic.

hi·pó·dro·mo [ipóðromo] *n/m* racetrack, hippodrome.

hi·po·pó·ta·mo [ipopótamo] *n/m* ZOOL hippopotamus.

hi·po·so/a [ipóso/a] *adj* prone to hiccups.

hi·po·te·ca [ipotéka] *n/f* 1. mortgage. 2. FIG burden, obstacle. LOC **Levantar una ~**, to raise a mortgage. **hi·po·te·car** [ipotekár] *v* (*hipoteque*) 1. to mortgage. 2. FIG to risk, put at risk. **hi·po·te·ca·rio/a** [ipotekárjo/a] *adj* mortgage.

hi·po·ten·sión [ipotensjón] *n/f* low blood pressure. **hi·po·ten·so/a** [ipoténso/a] *adj* suffering from low blood pressure.

hi·po·te·nu·sa [ipotenúsa] *n/f* MAT hypotenuse.

hi·pó·te·sis [ipótesis] *n/f* hypothesis. **hi·po·té·ti·co/a** [ipotétiko/a] *adj* hypothetic(al).

hi·rien·te [irjén̪te] *adj* offensive, hurtful, cutting.

hir·su·to/a [irsúto/a] *adj* 1. hirsute. 2. FIG brusque.

hir·vien·te [irβjén̪te] *adj* boiling, seething.

hi·so·pe·ar, hi·so·par [isopeár/isopár] *v* REL to sprinkle with holy water. **hi·so·po** [isópo] *n/m* 1. REL sprinkler. 2. BOT hyssop.

his·pa·len·se [ispalénse] *adj* GEOG Sevillian.

his·pá·ni·co/a [ispániko/a] *adj* GEOG Spanish, Hispanic. **his·pa·ni·dad** [ispaniðáð] *n/f* 1. Spanishness. 2. Spanish world (*político*). **his·pa·nis·mo** [ispanísmo] *n/m* 1. GRAM Hispanicism. 2. LIT Hispanism. **his·pa·nis·ta** [ispanísta] *n/m,f* Hispanist. **his·pa·no/a** [ispáno/a] I. *adj* Spanish, Hispanic, of Spanish-speaking origin. II. *n/m,f* Spaniard. **His·pa·no·a·mé·ri·ca** [ispanoamérika] *n/f* GEOG Spanish-America, Hispano-America. **his·pa·no·a·me·ri·ca·no/a** [ispanoamerikáno/a] *adj n/m,f* Spanish-American, Latin-American. **his·pa·nó·fi·lo/a** [ispanófilo/a] *adj n/m,f* hispanophile. **his·pa·no·ha·blan·te** [ispanoaβlán̪te] I. *adj* Spanish speaking. II. *n/m,f* Spanish speaker.

his·te·ria [istérja] *n/f* MED hysteria, hysterics *pl* **his·té·ri·co/a** [istériko/a] I. *adj* hysterical. II. *n/m,f* hysteric. **his·te·ris·mo** [isterísmo] *n/f* hysteria.

his·to·lo·gía [istoloxía] *n/f* MED histology.

his·to·ria [istórja] *n/f* 1. history. 2. story, tale (*relato*). 3. *pl* gossip. 4. FIG *gen pl* fib, tale, tall story (*mentirijilla*). LOC **Dejarse de ~s**, FAM to get to the point. **~ universal**, world history. **¡No me salgas con ~s!** *exclam* FAM Don't give me that! **Pasar a la ~**, to go down in history. **his·to·ria·do/a** [istorjáðo/a] *adj* 1. recorded in history. 2. FIG elaborately adorned. **his·to·ria·dor/ra** [istorjaðór/ra] *n/m,f* historian. **his·to·rial** [istorjál] *n/m* 1. historical account (*reseña*). 2. FIG FAM background, past (*de una persona*). 3. record, file, dossier. 4. MED (case) history. **his·to·riar** [istorjár] *v* (*gen historío, historíes*) 1. to tell the history/story of. 2. to chronicle. 3. to depict (*representar*). **his·tó·ri·co/a** [istóriko/a] *adj* 1. historical. 2. historic (*notable*). **his·to·rie·ta** [istorjéta] *n/f* 1. anecdote, short story. 2. comic book/strip (*gen para niños*). LOC **his·to·rio·gra·fía** [istorjoɣrafía] *n/f* historiography. **his·to·rió·gra·fo/a** [istorjóɣrafo/a] *n/m,f* historiographer.

his·trión [istrjón] *n/m* 1. TEAT histrion, player. 2. FIG play actor. 3. FIG clown, fool. **his·trió·ni·co/a** [istrjóniko/a] *adj* histrionic.

his·trio·nis·mo [istrjonísmo] *n/m* **1.** TEAT theatre, acting world. **2.** TEAT acting (*arte*). **3.** FIG histrionics, ham acting, theatrics.

hit·le·ria·no/a [hitlerjáno/a] *adj* Hitlerian.

hi·to [íto] *n/m* **1.** milestone, boundary post. **2.** MIL target. **3.** FIG goal, aim. **4.** FIG milestone, landmark. LOC **Mirar de ~ en ~**, to stare, look in one's eyes.

ho·ci·car [oθikár] *v* (***hocique***) **1.** to root (amongst) (*cerdo*). **2.** to nuzzle (up to) (*persona*). **3.** NÁUT to pitch. **4.** FAM to snog. **ho·ci·co** [oθíko] *n/m* **1.** snout, muzzle, nose (*del animal*). **2.** PEY snout (*de persona*). **3.** PEY thick-lipped person, SL Br blubber-lips. **4.** PEY face, SL Br mush, Br mug (*cara*). LOC **Caerse/darse de ~s**, FAM to fall flat on one's face. **Romperle a alguien los ~s**, FAM to smash sb's face in.

ho·ckey [xókei] *n/m* DEP hockey. LOC **~ sobre hielo/patines**, ice hockey.

ho·dier·no/a [oðjérno/a] *adj* modern, modern day.

ho·ga·ño [oγáɲo] *adv* **1.** nowadays. **2.** *p.us.* this year.

ho·gar [oγár] *n/m* **1.** hearth, fireplace. **2.** FIG home, house. LOC **Formar/Crear un ~**, to set up home. **¡~ dulce ~!** *exclam* Home sweet home! **ho·ga·re·ño/a** [oγaréɲo/a] *adj* **1.** homely, stay-at-home (*persona*). **2.** domestic, home, family. **3.** fireside.

ho·ga·za [oγáθa] *n/f* large or medium-sized loaf (of bread).

ho·gue·ra [oγéra] *n/f* **1.** bonfire. **2.** blaze. **3.** HIST the stake.

ho·ja [óxa] *n/f* **1.** BOT leaf (*de planta*), blade (*de hierba*), petal (*de flor*). **2.** page, leaf (*esp. de un libro*). **3.** sheet, form, document. **4.** sheet, plate (*de metal*). **5.** sheet, pane (*de vidrio*). **6.** leaf (*de puerta*), leaf, flap (*de mesa*). **7.** blade (*de espada/patín*). LOC **De ~ caediza**, BOT deciduous. **De ~ perenne**, BOT evergreen. **~ de afeitar**, razor blade. **~ de cálculo**, spreadsheet (*de computadora*). **~ de estaño**, tinfoil. **~ de parra**, figleaf. **~ de ruta**, COM waybill. **~ de servicio**, record of service. **~lata**, tin(plate).

ho·ja·la·te·ro [oxalatéro] *n/m* tinsmith.

ho·jal·dre [oxáļdre] *n/m* puff pastry.

ho·ja·ras·ca [oxaráska] *n/f* **1.** fallen leaves. **2.** bushiness, leafiness. **3.** FIG rubbish, hot air. **ho·je·ar** [oxeár] *v* **1.** to leaf (through). **2.** to glance (through). **ho·jo·so/a** [oxóso/a] *adj* leafy. **ho·jue·la** [oxwéla] *n/f* **1.** *dim* **hoja**. **2.** flake. **3.** foil, thin sheet (*de metal*). **4.** pancake. LOC **Miel sobre ~s**, FAM so much the better..

¡hola! [óla] *int* Hello! FAM Hi! Hiya!

Ho·lan·da [olaņda] *n/f* GEOG Holland, the Netherlands *pl.* **ho·lan·dés/sa** [olaņdés/sa] **I.** *adj* Dutch. **II.** **1.** *n/m* Dutchman. **2.** *n/m* Dutch (*idioma*). **3.** *n/f* Dutch woman. **4.** *n/f* quartosheet.

hol·ga·do/a [olγáðo/a] *adj* **1.** **(Estar/Ser ~)** loose, baggy (*ropa*). **2.** comfortable, roomy (*espacioso*). **3.** comfortably off, well-to-do (*situación económica*). LOC **Vida ~**, comfortable life. **hol·gan·za** [olγáņθa] *n/f* **1.** idleness, leisure. **2.** amusement, entertainment. **hol·gar** [olγár] **I.** *v* (***huelgo***). **1.** to be unnecessary/superfluous. **2.** to rest, be idle. **II.** *v/Refl(-se)* **(~se de/con)** **1.** to enjoy oneself. **2.** to be pleased about. LOC **Huelga decir/añadir que**, needless to say that. **hol·ga·zán/na** [olγaθán/na] **I.** *adj* idle, lazy. **II.** *n/m,f* idler, slacker, loafer. **hol·ga·za·ne·ar** [olγaθaneár] *v* to laze around, be idle. **hol·ga·za·ne·ría** [olγaθanería] *n/f* laziness. **hol·gu·ra** [olγúra] *n/f* **1.** looseness, fullness. **2.** slot, room (*espacio*). **3.** FIG affluence.

ho·lo·caus·to [olokáusto] *n/m* **1.** holocaust. **2.** REL burnt offering **3.** FIG sacrifice.

ho·lo·gra·ma [oloγráma] *n/m* hologram.

ho·lla·du·ra [oʎaðúra] *n/f* **1.** treading. **2.** trampling. **3.** print (*huella*). **ho·llar** [oʎár] *v* (***huello***) **1.** to tread (on). **2.** to trample (down) (*pisotear*). **3.** to tread. **4.** FIG to trample on/underfoot, humiliate.

ho·lle·jo [oʎéxo] *n/m* skin, peel (*de uva*, etc).

ho·llín [oʎín] *n/m* soot.

hom·bre [oɱbre] *n/m* **1.** *gen* man. **2.** mankind, man (*especie humana*). LOC **De ~ a ~**, man to man. **¡~!**, *exclam* Br Well!, US Man! **~ de bien**, honest man, man of honour. **~ de ciencia**, scientist. **~ de estado**, statesman. **~ de letras**, man of letters. **~ de mar**, seaman, seafaring man. **~ de mundo**, man of the world. **~ de negocios**, businessman. **~ de pelo en pecho**, a real man/tough guy. **~ del tiempo**, weatherman. **~ rana**, frogman. **Ser muy ~**, to be manly/a real man. **Ser otro ~**, to be a changed man. **Pobre ~** poor devil, wretch. **Poco ~**, FAM wimp, weed. **Todo un ~**, every bit a man. **hom·bre·ar** [oɱbreár] *v* to act the man. LOC **~se con**, to try to keep up with.

hom·bre·ra [oɱbréra] *n/f* **1.** epaulette. **2.** MIL shoulder plate (*armadura*). **3.** shoulder strap (*tirante*).

hom·bría [oɱbría] *n/f* manliness, virility.

hom·bri·llo [oɱbríʎo] *n/m* shoulder pad. **hom·bro** [óɱbro] *n/m* *gen* shoulder. LOC **Al ~, A/En ~s**, **1.** on the shoulders. **2.** shouldered (*arma*). **Arrimar el ~**, FIG FAM **1.** to put one's shoulder to the grindstone. **2.** to lend a hand. **Cargar de ~s**, to shoulder sth. **Echarse al ~**, FIG to shoulder sth, take upon oneself. **Encogerse de ~s**, to shrug one's shoulders. **Mirar (a uno) por encima del ~**, FIG to look down on sb, look down one's nose at sb. **Salir a ~s**, to be carried out shoulder-high (*triunfo*). **Tener (alguien) la cabeza sobre los ~**, FIG FAM to have one's head screwed on.

hom·bru·no/a [oɱbrúno/a] *adj* PEY mannish, masculine.

ho·me·na·je [omenáxe] *n/m* **1.** homage. **2.** FIG tribute. LOC **Rendir ~ a**, to pay homage/a tribute/allegiance to. **ho·me·na·je·ar** [omenaxeár] *v* to pay tribute (to).

ho·me·ó·pa·ta [omeópata] *n/m,f* homeopath, homeopathic doctor. **ho·meo·pa·tía** [omeopatía] *n/f* MED homeopathy. **ho·meo·**

pá·ti·co/a [omeopátiko/a] *adj* 1. MED homeopathic. 2. FIG tiny.

ho·mé·ri·co/a [omériko/a] *adj* HIST Homeric.

ho·mi·ci·da [omiθíða] I. *adj* 1. homicidal, murderous (*persona/pensamiento*). 2. murder (*arma*). II. 1. *n/m* murderer. 2. *n/f* murderess. **ho·mi·ci·dio** [omiθíðjo] *n/m* JUR 1. homicide, murder. 2. manslaughter (*involuntario*).

ho·mi·lía [omilía] *n/f* REL homily, sermon.

ho·mo·ge·nei·dad [omoxeneiðáð] *n/f* homogeneity. **ho·mo·ge·nei·zar** [omoxeneiθár] *v* (*homogenice*) to homogenize, mix. **ho·mo·gé·neo/a** [omoxéneo/a] *adj* homogeneous.

ho·mó·ni·mo/a [omónimo/a] I. *adj* homonymous. II. *n/m* homonym.

ho·mo·se·xual [omose(k)swál] *adj n/m,f* homosexual. **ho·mo·se·xua·li·dad** [omose(k)swaliðáð] *n/f* homosexuality.

hon·da [óṇda] *n/f* sling, catapult (*arma*).

hon·do/a [óṇdo/a] *adj* 1. **(Ser ~)** profound, deep. 2. **(Estar ~)** deep (*agua*), low(-lying) (*terreno*). 3. FIG heartfelt, deep. LOC **Poco ~**, shallow. **hon·dón** [oṇdón] *n/m* 1. bottom (*vaso/valle*). 2. eye (*de aguja*). **hon·do·na·da** [oṇdonáða] *n/f* 1. dip, hollow, (*terreno*). 2. ravine (*barranco*). **hon·du·ra** [oṇdúra] *n/f* depth(s), profundity. LOC **Meterse en ~s**, FIG to get into deep water, get out of one's depth.

Hon·du·ras [oṇdúras] *n/f* GEOG Honduras. **hon·du·re·ño/a** [oṇduréɲo/a] *adj n/m,f* GEOG Honduran.

ho·nes·ti·dad [onestiðáð] *n/f* 1. honesty. 2. (common) decency, decorum. 3. fairness. **ho·nes·to/a** [onésto/a] *adj* 1. honest. 2. decent, decorous. 3. fair, just. 4. chaste.

hon·go [óŋgo] *n/m* 1. BOT fungus. 2. mushroom (*comestible*), toadstool (*venenoso*). 3. Br bowler (hat), US derby. LOC **~ atómico**, mushroom cloud.

ho·nor [onór] *n/m* 1. Br honour, US honor, virtue. 2. *pl* honours *pl*, honorary status *sing*. LOC **En ~ a la verdad**, to tell the truth, as a matter of fact. **En honor de...**, in honour of. **Hacer los ~es**, to do the honours. **Tener el ~ de + *inf***, to be proud to + *inf*. **ho·no·ra·bi·li·dad** [onoraβiliðáð] *n/f* honour. **ho·no·ra·ble** [onoráβle] *adj* honourable. **ho·no·ra·rio/a** [onorárjo/a] I. *adj* honorary. II. *n/m pl* fee(s).

hon·ra [ónrra] *n/f* 1. Br honour, US honor. 2. self-esteem, dignity. 3. reputation, respectability. 4. virtue, honour (*sexual*). LOC **¡A mucha ~!**, Delighted! **~s fúnebres**, REL last honours. **Tener algo a mucha ~**, to be proud of sth. **hon·ra·dez** [onrraðéθ] *n/f* honesty, integrity. **hon·ra·do/a** [onrráðo/a] *adj* 1. upright, honest. 2. honourable. **hon·rar** [onrrár] I. *v* 1. to honour, do honour to. 2. to esteem, revere. 3. to do credit. II. *v/Refl(-se)* **(~se con)** to be honoured with/by. **hon·ro·so/a** [onróso/a] *adj* 1. honourable. 2. respectable.

hon·ta·nar [oṇtanár] *n/m* a place with springs (*manantiales*).

ho·pe·ar [opeár] *v* 1. to wag (*cola*). 2. to run about/around.

ho·ra [óra] *n/f* 1. *gen* hour. 2. *gen* time (of day): *¿Qué hora es? -Son las tres*, What time is it? It's three o'clock. 3. *pl* REL hours, book of devotions. LOC **¡A buena ~!**, *exclam* About time! **A cualquier ~**, at any time of day. **A estas ~s**, by now. **A la ~**, 1. punctually, on time. 2. hourly, per hour. **Altas ~s**, small hours. **A primera ~**, first thing in the morning. **A todas ~s**, all the time, at all hours. **A última ~**, 1. at the end. 2. at the last minute/moment. **Dar ~**, to fix a time, make an appointment. **Dar la ~**, to strike the time (*reloj*). **En buena ~**, 1. at the right time. 2. fortunately. **En mala ~**, 1. at the wrong time. 2. unluckily. **Entre ~s**, between meals. **Es ~ de**, it is time to. **¡Es la ~!** *exclam* Time's up! **Ganar ~s**, to save time. **~ de Greenwich**, Greenwich meantime. **~ punta**, rush-hour. **~ de mayor consumo**, peak-hour (*electricidad*). **~s de oficina**, COM business/office hours. **~s de trabajo**, working hours. **~s enteras**, hours on end. **~s extraordinarias**, overtime *sing*. **La ~ de la verdad**, the moment of truth. **Las ~s muertas**, spare time *sing*. **Le llegó la hora**, His/Her time came. **Media ~**, half-an-hour. **Pedir ~**, to request an appointment. **Por ~s**, by the hour. **Poner en ~**, to set (*reloj*). **Tener las ~s contadas**, to be at death's door. **Una ~ escasa**, scarcely/barely an hour. **Una ~ larga**, a good hour. **¡Ya era ~!**, *exclam* About time too! **Ya es ~ de que**, It's high time that.

ho·ra·dar [oraðár] *v* 1. to drill, bore. 2. to burrow. 3. to pierce, perforate.

ho·ra·rio/a [orárjo/a] I. *adj* hourly. II. *n/m* 1. timetable, schedule. 2. hour hand (*de reloj*). 3. clock.

hor·ca [órka] *n/f* 1. gallows *pl*, gibbet. 2. AGR pitch fork, hay fork. 3. AGR forked prop, winnowing fork. 4. yoke. 5. string (*de ajos*).

hor·ca·du·ra [orkaðúra] *n/f* fork (*de árbol*).

hor·ca·ja·das [orkaxáðas] LOC *adv* **A ~s**, astride, astraddle.

hor·cha·ta [ortʃáta] *n/f* orgeat (*bebida*). **hor·cha·te·ría** [ortʃatería] *n/f* milk(shake) bar (*lugar*).

hor·da [órða] *n/f* horde, FIG gang (*gamberros*).

ho·ri·zon·tal [oriθoṇtál] *adj* horizontal. **ho·ri·zon·te** [oriθóṇte] *n/m* 1. horizon, skyline. 2. FIG outlook, horizon.

hor·ma [órma] *n/f* 1. form, mould (*molde*). 2. TÉC last (*para fabricar zapatos*). 3. shoe tree. 4. hat block. 5. dry-stone wall (*muro*). LOC **Encontrar la ~ de su zapato**, FIG to find Mr/Miss Right.

hor·mi·ga [ormíɣa] *n/f* ant (*insecto*).

hor·mi·gón [ormiɣón] *n/m* concrete. LOC **~ armado**, reinforced concrete. **hor·mi·go·ne·ra** [ormiɣonéra] *n/f* TÉC concrete mixer.

hor·mi·gue·ar [ormiɣeár] *v* 1. to itch. 2. to swarm, teem (*abundar*). **hor·mi·gueo** [ormiγéo] *n/m* 1. itch(ing), tingling. 2. FIG uneasiness, FAM the creeps *pl.* 3. swarming. **hor·mi·gue·ro** [ormiγéro] *n/m* 1. anthill. 2. FIG swarm (of people).

hor·mo·na [ormóna] *n/f* BIOL hormone. **hor·mo·nal** [ormonál] *adj* hormonal.

hor·na·ci·na [ornaθína] *n/f* (vaulted) niche.

hor·na·da [ornáða] *n/f* 1. batch (of bread), baking. 2. FIG crop, batch. **hor·ne·ar** [orneár] *v* to bake. **hor·ni·llo** [orníλo] *n/m* 1. TÉC small furnace. 2. stove, cooker. 3. bowl (*de pipa*). 4. MIL land mine. LOC ~ **de gas**, gas stove. ~ **portátil de gas**, portable gas ring. **hor·no** [órno] *n/m* 1. oven. 2. TÉC furnace. 3. TÉC kiln (*cerámica/ladrillos*). LOC **Alto** ~, blast furnace, steelworks. ~ **de fundición**, smelting furnace. **No está el** ~ **para bollos**, FIG The time is not ripe for it.

ho·rós·co·po [oróskopo] *n/m* horoscope.

hor·qui·lla [orkíλa] *n/f* 1. fork (*en rama/palo*). 2. AGR pitch fork. 3. hairpin, hairclip.

ho·rren·do/a [orréndo/a] *adj* horrendous, dire.

hó·rreo [órreo] *n/m* granary.

ho·rri·ble [orríβle] *adj* horrible, dreadful. **ho·rri·pi·lan·te** [orripilánte] *adj* horrifying, hair-raising. **ho·rri·pi·lar** [orripilár] *v* 1. to terrify. 2. FAM to give sb the creeps.

ho·rror [orrór] *n/m* 1. horror, dread. 2. horrible thing. 3. atrocity. LOC **¡Qué ~!**, *exclam* How horrible. **Tener ~ a (algo)**, to be scared of, be terrified of. **Un ~ de gente**, masses of people *pl.* **ho·rro·ri·zar** [orroriθár] I. *v* (*horrorice*) to horrify, terrify. II. *Refl(-se)* **(~se de)** to be horrified, horror-stricken. **ho·rro·ro·so/a** [orroróso/a] *adj* 1. horrifying, horrible. 2. FAM frightful, very bad (*conducta*). 3. ghastly (*muy feo*).

hor·ta·li·za [ortalíθa] *n/f* vegetable. **hor·te·la·no/a** [orteláno/a] *n/m,f* market gardener, vegetable grower. **hor·ten·se** [orténse] *adj* vegetable, market garden.

hor·ten·sia [orténsja] *n/f* BOT hydrangea.

hor·te·ra [ortéra] *adj* tasteless, (in) bad taste, tacky.

hor·tí·co·la [ortíkola] *adj* horticultural (*productos*). **hor·ti·cul·tor/ra** [orticultór/ra] *n/m,f* gardener, horticulturist. **hor·ti·cul·tu·ra** [ortikultúra] *n/f* 1. gardening. 2. horticulture.

hos·co/a [ósko/a] *adj* 1. dark, gloomy 2. sullen, surly (*persona*).

hos·pe·da·je [ospeðáxe] *n/m* 1. lodging(s). 2. rent. **hos·pe·dar** [ospeðár] I. *v* to lodge, put sb up. II. *v/Refl(-se)* to stay, lodge. **hos·pe·de·ría** [ospeðería] *n/f* inn. **hos·pe·de·ro/a** [ospeðéro/a] *n/m,f* innkeeper.

hos·pi·cio [ospíθjo] *n/m* 1. hospice, nursing home. 2. orphanage. 3. poorhouse. **hos·pi·tal** [ospitál] *n/m* hospital, infirmary. LOC ~ **de sangre**, MIL field hospital. **hos·pi·ta·la·rio/a** [ospitalárjo/a] *adj* 1. hospital. 2. hospitable. **hos·pi·ta·li·dad** [ospitaliðáð] *n/f* hospitality. **hos·pi·tal·za·ción** [ospitaliθaθjón] *n/f* hospitalization. **hos·pi·ta·li·zar** [ospitaliθár] (*hospitalice*) *v* to take sb to hospital.

hos·que·dad [oskeðáð] *n/f* 1. gloom. 2. sullenness.

hos·tal [ostál] *n/m* hostal, inn. **hos·te·le·ría** [ostelería] *n/f* hotel management.

hos·tia [óstja] *n/f* 1. REL host, communion wafer. 2. SL punch, slap, blow: *¡A que te doy una ~!* I'll wack you! LOC **¡~!**, *exclam* FAM Christ!, Damn! **hos·tiar** [ostjár] *v* SL to beat sb up.

hos·ti·ga·dor/ra [ostiγaðór/ra] *adj* tiresome, annoying. **hos·ti·ga·mien·to** [ostiγamjénto] *n/m* 1. whipping (*del caballo*). 2. FIG pestering, harassment. **hos·ti·gar** [ostiγár] *v* (*hostiguen*) 1. to whip. 2. FIG to harass, hassle, pester. 3. MIL to harass.

hos·til [ostíl] *adj* **(~ ante, con, hacia)** hostile (towards). **hos·ti·li·dad** [ostiliðáð] *n/f* hostility. **hos·ti·li·zar** [ostiliθár] *v* (*hostilice*) 1. MIL to harass. 2. to antagonize (*enemistar*).

ho·tel [otél] *n/m* hotel. **ho·te·le·ro/a** [oteléro/a] I. *adj* hotel. II. *n/m,f* hotel owner.

hoy [ói] *adv* 1. today. 2. nowadays, today. LOC **De ~ a mañana**, anytime now. **De ~ en adelante/Desde ~**, from now on, as of today. ~ **(en) día**, nowadays *pl.* **De ~ en ocho/quince días**, a week/fortnight today. ~ **por ~**, for the time being.

ho·ya [óɟa] *n/f* 1. pit. 2. grave. 3. GEOG dale. **ho·yo** [óɟo] *n/m* 1. hole. 2. grave. 3. DEP hole (*golf*). 4. MED pock-mark. **ho·yue·lo** [oɟwélo] *n/m* ANAT dimple.

hoz [óθ] *n/f* 1. AGR sickle. 2. GEOG ravine, gorge.

ho·zar [oθár] *v* (*hocen*) to root (up).

hu·cha [útʃa] *n/f* 1. money box, piggy bank. 2. FIG savings. LOC **Buena** ~, FIG FAM nest egg.

hue·co/a [(g)wéko/a] I. *adj* 1. hollow. 2. empty. 3. FIG empty, shallow (*estilo*). 4. vain, conceited (*vanidoso*). II. *n/m* 1. hollow. 2. hole, cavity. 3. interval, lapse. 4. spare time, (*tiempo libre*). 5. FIG FAM vacancy (*empleo*). 6. opening, gap (*brecha*). 7. empty space (*sitio libre*). LOC **El ~ de la escalera/ascensor**, the stairwell/lift shaft. **Hacer (un)** ~, to make room (for sb/sth). **Sonar a** ~, to sound hollow. **Voz hueca**, deep/resonant voice. **hue·co·gra·ba·do** [(g)wekoγraβáðo] *n/m* photogravure.

huel·ga [(g)wélγa] *n/f* 1. strike (*laboral*). 2. rest (*descanso*). 3. amusement, enjoyment (*recreo*). **En** ~, on strike. **Declararse en** ~, to go on strike, come out on strike. ~ **de brazos caídos**, down tools, sit-down strike. ~ **de hambre**, hunger strike. **huel·guis·ta** [(g)welγísta] *n/m,f* striker.

hue·lla [(g)wéλa] *n/f* 1. footprint. 2. track (*vehículo/animal*). 3. mark, trace, imprint (*señal*). 4. tread (*de escalón/neumático*). LOC **Dejar ~s**, to leave one's mark. ~ **dactilar/digital**, fingerprint. **Perder las ~s**, to lose track (of sb/sth). **Seguir las ~s (de alguien)**, 1. to follow sb's tracks/trail. 2. FIG to follow in sb's footsteps. **Sin dejar** ~, without (leaving) a trace.

huér·fa·no/a [(g)wérfano/a] **I**. *adj* **1**. orphan(ed). **2**. unprotected, uncared-for. **3**. **(~ de)** bereft (of). **II**. *n/m,f* orphan.

hue·ro/a [(g)wéro/a] *adj* **1**. rotten egg. **2**. FIG empty, vacuous (*discurso*).

huer·ta [(g)wérta] *n/f* **1**. market/vegetable garden (*de gran extensión*). **2**. orchard. **huer·ta·no/a** [(g)wértano/a] *adj* country. **huer·to** [(g)wérto] *n/m* allotment, vegetable patch/garden (*de poca extensión*).

hue·sa [(g)wésa] *n/f* grave.

hue·so [(g)wéso] *n/m* **1**. ANAT bone. **2**. BOT stone (*de fruta*). **3**. FIG FAM drudgery, rotten job. **4**. *pl* FAM bones. **5**. FIG difficult person: *El profesor Pérez es un ~*, Prof. Pérez is a hard marker. LOC **Color ~**, off-white. **Dar (alguien) con sus ~s en tierra**, to fall flat on one's face. **En carne y ~**, in the flesh. **Estar en los ~s**, FIG FAM to be a bag of bones, be nothing but skin and bones. **~ de la alegría,** ANAT funny bone. **~ de la suerte,** wishbone. **Mojado hasta los ~s,** to be soaked to the skin. **Romperle a alguien los ~s,** to beat sb to a pulp.**Tener los ~s molidos,** FIG FAM to be knackered, be shattered. **hue·so·so/a** [(g)wesóso/a] *adj* bone, bony.

hués·ped/da [(g)wéspeð/ða] *n/m,f* **1**. guest. **2**. *n/m* host. **3**. *n/f* hostess. LOC **Casa de ~es**, lodging house.

hues·te [(g)wéste] *n/f* **1**. HIST army, host. **2**. *pl* FIG followers, partisans.

hue·su·do/a [(g)wesúðo/a] *adj* **1**. bony, FAM scrawny. **2**. big-boned.

hue·va [(g)wéβa] *n/f* (fish)roe, fish eggs. **hue·ve·ra** [(g)weβéra] *n/f* eggcup. **hue·vo** [(g)wéβo] *n/m* **1**. *gen* egg. **2**. *pl* SL ANAT ball. LOC **Costar un ~**, SL to cost an arm and a leg. **¡Le echa ~s a la cosa!**, He acts bravely. **Estar hasta los (mismísimos) ~s**, SL to be fed-up. **~ duro,** hard-boiled egg· **~ escalfado,** poached egg. **~ frito,** fried egg. **~ pasado por agua,** soft-boiled egg. **~s revueltos,** scrambled eggs. **Importar un ~**, SL to not give a shit. **Tener ~s,** to have guts. **¡Tiene ~s la cosa!**, SL Bloody hell! **hue·vón/na** [(g)weβón/na] *adj Amér* **1**. lazy, idle. **2**. lily-livered.

hui·da [uíða] *n/f* flight, escape. **hui·di·zo/a** [uiðíθo/a] *adj* fleeting, elusive. **huir** [uír] *v* (*huyo, huí*) **(~ a/de) 1**. to run away (from), escape (from), flee. **2**. **(~ de)** to avoid, shun.

hu·le [úle] *n/m* **1**. oilskin (*para ropa*). **2**. oilcloth (*para mesa*). **3**. rubber (*caucho*). **4**. TAUR FAM goring. LOC **¡Habrá ~!**, *exclam* There's going to be trouble!

hu·lla [úʎa] *n/f* MIN (soft) coal. **hu·lle·ro/a** [uʎéro/a] *adj* coal.

hu·ma·ni·dad [umaniðáð] *n/f* **1**. *gen* humanity. **2**. humankind, mankind. **3**. FAM corpulence. **4**. *pl* humanities. **hu·ma·nis·mo** [umanísmo] *n/m* humanism. **hu·ma·nis·ta** [umanísta] *adj n/m,f* humanist. **hu·ma·ni·ta·rio/a** [umanitárjo/a] *adj* humanitarian. **hu·ma·ni·zar** [umaniθár] **I**. *v* (*humanice*) to humanize. **II**. *v/Refl(-se)* to become more human. **hu·ma·no/a** [umáno/a] **I**. *adj* **1**. human. **2**. humane. **II**. *n/m* human, human being.

hu·ma·re·da [umaréða] *n/f* cloud of smoke. **hu·me·ar** [umeár] *v* **1**. to smoke, fume. **2**. to be steaming (hot). **3**. FIG to be conceited. **hu·me·an·te** [umeante] *adj* smoky, fuming, smoking.

hu·me·dad [umeðáð] *n/f* humidity, damp(ness), moisture. LOC **A prueba de ~**, damp-proof. **hu·me·de·cer** [umeðeθér] *v* (*humedezco*) to dampen, moisten, wet. **hú·me·do/a** [úmeðo/a] *adj* **1**. humid, moist, damp. **2**. wet (*mojado*).

hu·me·ro [uméro] *n/m* smokestack.

hu·mil·dad [umildáð] *n/f* **1**. humility. **2**. humbleness (*de nacimiento*). **hu·mil·de** [umílde] *adj* **1**. humble. **2**. lowly. **3**. modest. **hu·mi·lla·ción** [umiʎaθjón] *n/f* humiliation. **hu·mi·llan·te** [umiʎánte] *adj* humiliating, degrading. **hu·mi·llar** [umiʎár] **I**. *v* **1**. to humiliate, humble. **2**. TAUR to bow, lower (*la frente*). **3**. to bend (*la rodilla*). **II**. *v/Refl(-se)* **(~se ante)** to grovel (to).

hu·mo [úmo] *n/m* **1**. smoke. **2**. fumes *pl*. **3**. steam, vapour. **4**. *pl* homes, hearths. **5**. FIG *pl* conceit, airs and graces. LOC **Bajarle a uno los ~s**, FIG to take sb down a peg or two. **Pesar el ~**, FIG FAM to split hairs. **Tener ~s**, to be haughty.

hu·mor [umór] *n/m* **1**. Br humour, US humor. **2**. mood, temper. **3**. character, nature, temper (*índole*). LOC **Estar de buen/mal ~**, to be in a good/bad mood. **Estar de ~ para**, to be in the mood for. **Sentido del ~**, a sense of humour. **hu·mo·ra·da** [umoráða] *n/f* joke, witticism. **hu·mo·ris·mo** [umorísmo] *n/m* humour, humorousness. **hu·mo·ris·ta** [umorísta] *n/m,f* humorist.

hu·mus [úmus] *n/m* AGR humus.

hun·di·mien·to [undimjénto] *n/m* **1**. sinking. **2**. caving-in (*socavón*). **3**. collapse. **4**. depression (*de la moral*). **5**. collapse, downfall, fall (*de un imperio*). **6**. COM slump, crash (*de la Bolsa*). **hun·dir** [undír] **I**. *v* **1**. to sink. **2**. to submerge, engulf. **3**. **(~ en)** to plunge (into). **4**. FIG to ruin, destroy. **5**. to confound sb (*con razones*). **II**. *v/Refl(-se)* **1**. NÁUT to sink. **2**. to plunge. **3**. to collapse, cave-in, tumble down. **4**. to subside (*tierra*). **5**. FIG to be destroyed, be ruined, disappear. **6**. COM to crash (*la Bolsa*). **7**. to get depressed, lose heart.

hún·ga·ro/a [úŋgaro/a] *adj n/m,f* Hungarian. **Hun·gría** [uŋgría] *n/f* GEOG Hungary.

hu·no/a [úno/a] *adj* HIST Hun.

hu·ra·cán [urakán] *n/m* hurricane. **hu·ra·ca·na·do/a** [urakanáðo/a] *adj* hurricane, tempestuous.

hu·ra·ño/a [uráɲo/a] *adj* **1**. unsociable, surly. **2**. shy, diffident. **3**. timid, wild.

hur·gar [urɣár] *v* (*hurgue*) **1**. to poke. **2**. to stir (up). **3**. to poke, rake (*lumbre*). **4**. FIG to excite, incite. **5**. FIG to rummage, nose around (in).

hu·rón/na [urón/na] **I**. *adj* **1**. shy, reserved. **2**. unsociable. **II**. *n/m,f* ZOOL ferret. **hu·ro·**

ne·ar [uroneár] *v* **1**. to ferret (*cazar*). **2**. FIG FAM to pry, snoop.

¡hu·rra! [úrra] *int* Hurrah!

hur·ta·di·llas [urtaðíʎas] LOC *adv* **A ~s**, stealthily, on the sly.

hur·tar [urtár] *v* **1**. to steal, thieve. **2**. FIG to hide, cover up. **3**. LIT to plagiarize. LOC **~ el cuerpo**, to dodge. **~se a**, to shirk, evade. **hur·to** [úrto] *n/m* **1**. petty theft, larceny (*acto*). **2**. stolen goods/property. LOC **A ~**, on the sly. **~ doméstico**, house break-in, burglary.

hú·sar [úsar] *n/m* MIL hussar.

hus·me·ar [usmeár] *v* **1**. to scent, sniff. **2**. FIG to snoop, pry (into). **3**. to smell of (*carne*). LOC **~ el peligro**, FIG to smell danger. **hus·meo** [usméo] *n/m* **1**. scenting, sniffing. **2**. FIG snooping, prying.

hu·so [úso] *n/m* spindle, bobbin. **~ horario**, GEOG time zone.

¡huy! [uí] *int* **1**. Oh! (*asombro*). **2**. Phew! (*alivio*).

I, i [í] *n/f* (*pl íes*) 'i' (*letra*). LOC **Poner los puntos sobre las íes,** FIG to dot the i's and cross the t's.

I·be·ria [iβéria] *n/f* GEOG Iberia. **i·bé·ri·co/a** [iβériko/a] *adj* Iberian. **i·be·ro/a, í·be·ro/a** [iβéro/a, íβero/a] *adj n/m,f* Iberian. **i·be·ro·a·me·ri·ca·no/a** [iβeroamerikáno/a] *adj n/m, f* Latin-American.

i·bi·cen·co/a [iβiθéŋko/a] *n/m,f adj* of/from Ibiza.

i·ce·berg [iθeßér(x)] *n/m* iceberg.

i·có·ni·co/a [ikóniko/a] *adj* iconic, pertaining to an icon. **i·co·no** [ikóno] *n/m* icon. **i·co·no·clas·ta** [ikonoklásta] **I.** *adj* iconoclastic. **II.** *n/m,f* iconoclast. **i·co·no·gra·fía** [ikonoγrafía] *n/f* iconography.

ic·te·ri·cia [ikteríθja] *n/f* MED jaundice.

i·da [íða] *n/f* **1.** going, departure. **2.** outward journey (*tren*). LOC **~s y venidas,** comings and goings. **Billete de ~ y vuelta,** return ticket. **~ y vuelta,** round trip, there and back.

i·dea [iðéa] *n/f* **1.** *gen* idea, notion, concept. **2.** opinion, impression. **3.** talent, inventiveness (*ingenio*). **4.** memory, thought (*recuerdo*). **5.** outline, idea (*esquema*). **6.** image, picture. LOC **Hacerse a la ~ de,** to get used to the idea of. **~ fija,** fixed idea, FIG bee in one's bonnet. **~ luminosa,** bright idea, brainwave. **¡Ni ~!,** *exclam* No idea! **No tener ~/No tener ni ~/No tener la menor ~ (de algo),** not to have the faintest idea (about sth). **Tener ~ de +** *inf*, to intend to + *inf*, have the intention of + *ger*. **Tener mala ~,** to be ill-intentioned. **i·de·al** [iðeál] **I.** *adj* **1.** imaginary, ideal. **2.** ideal. **3.** perfect, lovely. **II.** *n/m* ideal. **Lo ~ es/sería que +** *subj*, the ideal thing would be to + *inf*. **i·dea·lis·mo** [iðealísmo] *n/m* idealism. **i·dea·lis·ta** [iðealísta] **I.** *adj* idealistic. **II.** *n/m,f* idealist. **i·dea·li·za·ción** [iðealiθaθjón] *n/f* idealization. **i·de·ar** [iðeár] *v* **1.** to think up, conceive. **2.** to design, plan. **3.** to invent. **i·dea·rio** [iðeárjo] *n/m* ideology, set of ideas.

í·dem [íðe(m)] *adv* idem, ditto.

i·den·ti·dad [iðeṇtiðáð] *n/f* **1.** identity. **2.** similarity. LOC **Carnet de ~,** identity card. **i·den·ti·fi·ca·ble** [iðeṇtifikáßle] *adj* identifiable. **i·den·ti·fi·ca·ción** [iðeṇtifikaθjón] *n/f* identification. **i·den·ti·fi·car** [iðeṇtifikár] **I.** *v* (*identifique*) **1.** to identify. **2.** to recognise. **II.** *v/Refl(-se)* **(~se con)** to identify (oneself) with.

i·deo·lo·gía [iðeoloxía] *n/f* ideology. **i·deo·ló·gi·co/a** [iðeolóxiko/a] *adj* ideologic(al). **i·deó·lo·go/a** [iðeóloγo/a] *n/m,f* ideologist, ideologue.

i·dí·li·co/a [iðíliko/a] *adj* idyllic. **i·di·lio** [iðíljo] *n/m* idyll.

i·dio·ma [iðjóma] *n/m* **1.** language. **2.** speech, idiom (*de un grupo*). **i·dio·má·ti·co/a** [iðjomátiko/a] *adj* idiomatic, relating to the language.

i·dio·sin·cra·sia [iðjosiŋkrásja] *n/f* idiosyncrasy.

i·dio·ta [iðjóta] **I.** *adj* idiotic, stupid. **II.** *n/m,f* idiot, fool. **i·dio·tez** [iðjotéθ] *n/f* (*pl idioteces*) **1.** idiocy, foolishness. **2.** idiotic/stupid thing. LOC **Decir idioteces,** to talk nonsense/rubbish.

i·dio·tis·mo [iðjotísmo] *n/m* GRAM idiotism, idiom

i·do [íðo] **I.** pp de **ir**. **II. 1.** FAM scatter-brained, absent-minded (*distraído*). **2. (Estar ~)** drunk. **3. (Estar ~)** FAM touched, crazy.

i·dó·la·tra [iðólatra] **I.** *adj* idolatrous. **II. 1.** *n/m* idolater. **2.** *n/f* idolatress. **i·do·la·trar** [iðolatrár] *v* **1.** to worship, idolize. **2.** FIG to adore, idolize (*amar ciegamente*). **i·do·la·tría** [iðolatría] *n/f* idolatry. **í·do·lo** [íðolo] *n/m* idol.

i·do·nei·dad [iðoneiðáð] *n/f* **1.** suitability. **2.** aptitude, ability. **i·dó·neo/a** [iðóneo/a] *adj* **(~ para) 1.** suitable, fit (for). **2.** able to, capable of.

i·gle·sia [iγlésja] *n/f* REL church. LOC **Casarse por la Iglesia,** to have a church wedding. **~ anglicana,** The Anglican Church. **~ parroquial,** parish church. **¡Con la ~ hemos topado!** *exclam* FIG FAM Now we are really up against it!

i·glú [iγlú] *n/m* igloo.

íg·neo/a [íγneo/a] *adj* igneous. **ig·ni·ción** [iγniθjón] *n/f* ignition.

ig·no·mi·nia [iγnomínja] *n/f* **1.** *gen* ignominy, disgrace. **2.** crime, (crying) shame. **ig·no·mi·nio·so/a** [iγnominjóso/a] *adj* ignominious, disgraceful, shameful.

ig·no·ran·cia [iγnoraṇθja] *n/f* ignorance. **ig·no·ran·te** [iγnoráṇte] **I.** *adj* **(~ de) 1.** ignorant. **2.** unaware, uninformed. **II.** *n/m,f* **1.** ignoramus, ignorant person. **2.** FAM dunce, Br thickie. **ig·no·rar** [iγnorár] *v* **1.** to be ignorant/unaware of. **2.** to ignore (*no tener en cuenta*). **3.** to be unacquainted with (sth). LOC **No ~ que,** to be fully aware that. **ig·no·to/a** [iγnóto/a] *adj* unknown.

i·gual [iγwál] **I.** *adj* **1. (~ a)** equal (to), the same (as). **2.** alike, similar. **3.** smooth, level, even. **4.** equable, even, consistent (*tempera-*

mento). **5**. uniform, constant (*temperatura*). **6**. DEP all: *Vamos a 12 iguales*, It's 12 all. **II**. **1**. *n/m,f gen pl* equal. **2**. *n/m* MAT equal sign (=). **III**. *adv* **1**. easily, may well: *Igual no viene*, He may well not come. **2**. **(~ que)** the same as, like: *Pienso igual que tú*, I think the same as you. **3**. **(igualmente)** **1**. equally. **2**. likewise. LOC **Al ~ que**, the same as, just as. **Dar ~**, to be indifferent: *Me da igual*, I don't care. **De ~ a ~**, as equals. **~ no sabe**, She/he may not know. **Me es ~**, FAM It's all the same to me. **No tener ~**, to be unrivalled, have no equal. **Por ~**, evenly, equally. **Sin ~**, unparalleled, unique, without equal. **i·gual·a** [iɣwála] *n/f* **1**. equalization, equating. **2**. agreement, contract. **3**. fee, payment. **4**. TÉC level, rule (*de albañil*). **i·gua·la·ción** [iɣwalaθjón] *n/f* **1**. equalization, equalizing. **2**. levelling (*de terreno*). **3**. planing, smoothing (*de madera/cuero*). **4**. FIG agreement, contract (*convenio*). **5**. MAT equating. **i·gua·la·do/a** [iɣwaláðo/a] *adj* **(~ con/en/a)** **1**. smooth. **2**. similar, alike. **3**. level, even. **i·gua·lar** [iɣwalár] **I**. *v* **1**. to equalize. **2**. to level (up/down), flatten, even (out). **3**. to adjust. **4**. to match (*comparar*). **5**. COM to agree upon. **6**. to equate, consider the same/equal. **7**. **(~ a/con)** to be equal (to), be the equal of. **II**. *v/Refl(-se)* **(~se con/en/a)** **1**. to become equal, be equal. **2**. to come to an agreement. **3**. **(~se con uno)** to place oneself on an equal footing with sb. **i·gual·dad** [iɣwal̩dáð] *n/f* **1**. equality. **2**. sameness. **3**. similarity. **4**. smoothness. **5**. eveness. LOC **En ~ de condiciones**, on an equal footing. **~ de ánimo**, equanimity. **i·gua·li·ta·rio/a** [iɣwalitárjo/a] *adj* egalitarian.

i·gua·na [iɣwána] *n/f* ZOOL iguana.

i·ja·da [ixáða] *n/f* flank (*de un animal*). **i·jar** [ixár] *n/m* loin, side (*del hombre*).

i·la·ción [ilaθjón] *n/f* **1**. illation, deduction. **2**. connection. **3**. sequence. **i·la·ti·vo/a** [ilatíβo/a] *adj* inferential.

i·le·gal [ileɣál] *adj* illegal, unlawful. **i·le·ga·li·dad** [ileɣaliðáð] *n/f* illegality.

i·le·gi·bi·li·dad [ilexiβiliðáð] *n/f* illegibility. **i·le·gi·ble** [ilexíβle] *adj* **1**. illegible. **2**. unreadable.

i·le·gi·ti·mi·dad [ilexitimiðáð] *n/f* illegitimacy. **i·le·gí·ti·mo/a** [ilexítimo/a] *adj* **1**. illegitimate (*hijo*). **2**. illegal, illicit.

i·ler·den·se [ilerðénse] *adj n/m,f* native of/from Lérida/Lleida.

i·le·so/a [iléso/a] *adj* unhurt, unscathed.

i·le·tra·do/a [iletráðo/a] *adj* **1**. uncultured. **2**. illiterate.

i·lí·ci·to/a [ilíθito/a] *adj* illicit (*ilegal*). **i·li·ci·tud** [iliθitúð] *n/f* illicitness.

i·li·mi·ta·do/a [ilimitáðo/a] *adj* unlimited, limitless.

Ilmo./a. [ílmo/a] *abrev* de 'Ilustrísimo/a', most illustrious (*form of address*).

i·ló·gi·co/a [ilóxiko/a] *adj* illogical.

i·lu·mi·na·ción [iluminaθjón] *n/f* **1**. illumination, lighting. **2**. FIG enlightenment. **3**. *pl* illuminations. **4**. floodlighting. **5**. FIG illumination, illuminance. LOC **~ artificial**, artificial lighting. **i·lu·mi·na·do/a** [ilumináðo/a] **I**. *adj* **1**. illuminated, lit up. **2**. enlightened. **II**. *n/m,f* illuminist, visionary. **i·lu·mi·nar** [iluminár] *v* **1**. to illuminate, light (up). **2**. to floodlight. **3**. to colour, illuminate (*estampas/libro*). **4**. FIG to enlighten.

i·lu·sión [ilusjón] *n/f* **1**. illusion. **2**. (day) dream: *Vivir de ilusiones*, To live on dreams. **3**. FIG joy, pleasure, thrill: *Tu regalo me hizo mucha ilusión*, I was thrilled by your present. **4**. hope, hopefulness. **5**. delusion, illusory hope. **6**. excitement, eagerness: *Me hace tanta ilusión*, I'm so looking forward to it. LOC **Hacerse/Forjarse/Concebir ~es de**, to build up one's hopes of. **Hacerse la ~ de que**, to imagine that. **~ óptica**, optical illusion. **¡Qué ~!**, *exclam* How thrilling! **Tener ~ por**, to be looking forward to. **i·lu·sio·nar** [ilusjonár] **I**. *v* **1**. to build up sb's hopes/expectations. **2**. to look forward to. **II**. *v/Refl(-se)* **1**. to indulge in wishful thinking. **2**. **(~se con)** to have hopes for. **i·lu·sio·nis·ta** [ilusjonísta] *n/m,f* conjurer, magician. **i·lu·so/a** [ilúso/a] **I**. *adj* **1**. dreamy, fanciful. **2**. (easily) beguiled/duped. **II**. *n/m,f* **1**. dreamer. **2**. dupe, gullible person (*inocentón*). **i·lu·so·rio/a** [ilusórjo/a] *adj* **1**. illusory. **2**. imaginary. **3**. unreal, empty (*promesas*).

i·lus·tra·ción [ilustraθjón] *n/f* **1**. illustration. **2**. picture. **3**. FIG erudition, learning. **4**. HIST the Enlightenment. **i·lus·tra·do/a** [ilustráðo/a] *adj* **1**. erudite, learned. **2**. illustrated. **3**. enlightened. **i·lus·tra·dor/ra** [ilustraðór/ra] **I**. *adj* illustrative. **II**. *n/m,f* illustrator. **i·lus·trar** [ilustrár] *v* **1**. to illustrate (*con dibujos/citas*). **2**. to explain, make clear. **3**. to make illustrious/famous. **4**. to enlighten (*el entendimiento*). **i·lus·tra·ti·vo/a** [ilustratíβo/a] *adj* illustrative. **i·lus·tre** [ilústre] *adj* **1**. illustrious. **2**. distinguished.

i·ma·gen [imáxen] *n/f* **1**. *gen* image. **2**. picture (*en televisión*). **3**. mental picture. **4**. REL statue, image. **5**. likeness (*semejanza*). **6**. *pl* LIT imagery. LOC **A su ~**, in his own image. **Ser la viva ~ de**, **1**. to be the spitting image of. **2**. FAM to look exactly like.

i·ma·gi·na·ble [imaxináβle] *adj* imaginable. **i·ma·gi·na·ción** [imaxinaθjón] *n/f* **1**. imagination. **2**. *gen pl* FIG fancy (*fantasía*). LOC **Dejarse llevar por la ~**, to let one's imagination run wild. **No (se) le pasó por la ~**, It never occurred to him. **i·ma·gi·nar** [imaxinár] *v* **1**. to imagine. **2**. to think up (*inventar*). **3**. to picture, visualise, imagine. **4**. to suspect, guess. **i·ma·gi·na·ria** [imaxinárja] *n/f* MIL reserve guard. **i·ma·gi·na·rio/a** [imaxinárjo/a] *adj* imaginary. **i·ma·gi·na·ti·vo/a** [imaxinatíβo/a] *adj* imaginative. **i·ma·gi·ne·ría** [imaxinería] *n/f* **1**. embroidery (*bordado*). **2**. REL statuary.

i·mán [imán] *n/m* **1**. magnet. **2**. REL imam. **i·ma·nar** [imanár] *v* **1**. to magnetize. **2**. to become magnetized. **i·man·ta·ción** [iman̩taθjón] *n/f* magnetization. **i·man·tar** [iman̩tár] *v* to magnetize.

im·ba·ti·ble [im̩batíβle] *adj* unbeatable.

im·bé·cil [imbéθil] I. *adj* 1. MED imbecile. 2. stupid, silly, imbecile. II. *n/m,f* 1. MED imbecile. 2. imbecile, idiot. LOC **¡No seas ~!**, Don't be so stupid! **im·be·ci·li·dad** [imbeθiliðáð] *n/f* 1. imbecility. 2. stupidity, silliness. LOC **Decir ~es**, to talk nonsense.

im·ber·be [imbérβe] *adj* beardless.

im·bo·rra·ble [imborráβle] *adj* 1. indelible. 2. unforgettable.

im·bri·ca·do/a [imbrikáðo/a] *adj* 1. overlapping. 2. involved (*asunto*).

im·buir [imbwír] I. *v* (*imbuyo*) 1. to imbue, infuse. 2. instil, inculcate. II. *v/Refl(-se)* **(~se de)** 1. to become imbued with. 2. to be permeated with.

i·mi·ta·ble [imitáβle] *adj* imitable. **i·mi·ta·ción** [imitaθjón] *n/f* 1. imitation. 2. LIT pastiche. 3. TEAT imitation, impersonation. LOC **A ~ de**, in imitation of, after. **i·mi·ta·dor/ra** [imitaðór/ra] I. *adj* imitative, imitating. II. *n/m,f* 1. imitator, copyist. 2. follower (*de moda*). 3. TEAT impersonator. **i·mi·tar** [imitár] *v* **(~a/en)** 1. to imitate. 2. to mimic, FAM ape.

im·pa·cien·cia [impaθjénθja] *n/f* impatience. **im·pa·cien·tar** [impaθjentár] I. *v* to make sb impatient/lose patience, to exasperate. II. *v/Refl(-se)* 1. to get impatient. 2. **(~se por/con)** to lose one's patience/get impatient (with), fret about. **im·pa·cien·te** [impaθjénte] *adj* 1. **(~ de/con/por)** impatient (at/with). 2. anxious, fretful.

im·pac·tar [impaktár] *v* 1. **(~ contra)** to crash (into/against), collide (with). 2. to impress, shock (*impresionar*). **im·pac·to** [impákto] *n/m* 1. *gen* impact. 2. MIL hit (*el blanco*). LOC **~ directo**, MIL direct hit.

im·pa·ga·ble [impaγáβle] *adj* 1. unpayable. 2. FIG invaluable. **im·pa·ga·do/a** [impaγáðo/a] *adj* unpaid. **im·pa·go** [impáγo] *n/m* non-payment.

im·par [impár] I. *adj* 1. MAT odd, uneven. 2. unmatched, unpaired. II. *n/m,f* MAT odd number.

im·pa·ra·ble [imparáβle] *adj* unstoppable.

im·par·cial [imparθjál] *adj* 1. impartial. 2. unbiased, non-partisan. **im·par·cia·li·dad** [imparθjaliðáð] *n/f* impartiality.

impar·tir [impartír] *v* to impart. LOC **~ clases**, to teach.

im·pa·si·bi·li·dad [impasiβiliðáð] *n/f* impassiveness, impassivity. **im·pa·si·ble** [impasíβle] *adj* impassive, unfeeling.

im·pa·vi·dez [impaβiðéθ] *n/f* 1. impassiveness. 2. fearlessness, dauntlessness. 3. *Amer* barefacedness (*descaro*). **im·pá·vi·do/a** [impáβiðo/a] *adj* 1. impassive. 2. fearless, dauntless (*atrevido*). 3. *Amer* insolent, barefaced, FAM cheeky.

im·pe·ca·ble [impekáβle] *adj* impeccable.

im·pe·dan·cia [impeðánθja] *n/f* ELECTR impedance.

im·pe·di·do/a [impeðíðo/a] *adj* 1. **(~ de)** disabled (in), crippled. 2. **(~ para)** unfit for. **im·pe·di·men·to** [impeðiménto] *n/m* 1. impediment. 2. JUR obstruction, impediment. 3. MED disability, handicap. **im·pe·dir** [impeðír] *v* (*impido, impedí*) 1. to impede, hinder (*movimiento*). 2. **(~ +** *inf*/**que +** *subj*) to stop, prevent, deter from + *ger*. 3. to block, obstruct (*el paso*). 4. to thwart (*frustrar*). 5. to hamper.

im·pe·ler [impelér] *v* 1. to propel, impel, drive (forward). 2. FIG **(a +** *inf*) to drive, impel to + *inf*. 3. TÉC to drive, propel.

im·pe·ne·tra·bi·li·dad [impenetraβiliðáð] *n/f* impenetrability. **im·pe·ne·tra·ble** [impenetráβle] *adj* 1. impenetrable. 2. FIG impervious, impenetrable (*persona*). 3. unfathomable (*misterio*).

im·pe·ni·ten·cia [impeniténθja] *n/f* impenitence. **im·pe·ni·ten·te** [impeniténte] *adj* unrepentant.

im·pen·sa·do/a [impensáðo/a] *adj* 1. unexpected, unforeseen (*imprevisto*). 2. spontaneous, FAM unthought-out (*respuesta*).

im·pe·pi·na·ble [impepináβle] *adj* FAM undeniable, certain, beyond doubt. LOC **Eso es ~**, FAM That's for sure.

im·pe·ran·te [imperánte] *adj* 1. prevailing (*tendencia*). 2. ruling (*reino*). **im·pe·rar** [imperár] *v* 1. to prevail, predominate. 2. to reign, rule. **im·pe·ra·ti·vo/a** [imperatíβo/a] I. *adj* 1. imperative (*tono*). 2. imperious (*persona*). 3. imperative, urgent. 4. GRAM imperative. II. *n/m* 1. GRAM FIG imperative. 2. *pl* absolute imperative *sing*, prime considerations.

im·per·cep·ti·bi·li·dad [imperθeptiβiliðáð] *n/f* imperceptibility. **im·per·cep·ti·ble** [imperθeptíβle] *adj* imperceptible.

im·per·di·ble [imperðíβle] I. *adj* that cannot be lost. II. *n/m* safety pin.

im·per·do·na·ble [imperðonáβle] *adj* unforgivable, unpardonable.

im·pe·re·ce·de·ro/a [impereθeðéro/a] *adj* 1. imperishable, undying. 2. FIG eternal, immortal.

im·per·fec·ción [imperfe(k)θjón] *n/f* 1. imperfection. 2. flaw, fault (*defecto*). **im·per·fec·to/a** [imperfékto/a] *adj* 1. imperfect. 2. defective, faulty. LOC **Pretérito ~**, GRAM imperfect.

im·pe·rial [imperjál] I. *adj* imperial. II. *n/f* 1. top/upper deck (*carruaje*). 2. NÁUT pooproyal. **im·pe·ria·lis·mo** [imperjalísmo] *n/m* imperialism. **im·pe·ria·lis·ta** [imperjalísta] I. *adj* imperialist(ic). II. *n/m,f* imperialist.

im·pe·ri·cia [imperíθja] *n/f* 1. unskilfulness. 2. inexperience.

im·pe·rio [impérjo] *n/m* 1. empire. 2. emperorship (*cargo*). 3. MIL mess (*de oficiales*). 4. FIG authority, power. 5. FIG pride, haughtiness, arrogance. 6. rule: *El imperio de la ley*, The rule of law. LOC **Valer un ~**, 1. to be worth a fortune. 2. to be invaluable (*persona*). **im·pe·rio·so/a** [imperjóso/a] *adj* 1. imperious, imperative (*necesidad*). 2. overbearing, imperious (*persona*).

im·pe·ri·to/a [imperíto/a] *adj* unskilled, inexpert.

im·per·mea·bi·li·dad [impermeaβiliðáð] *n/f* impermeability. **im·per·mea·bi·li·zar** [impermeaβiliθár] *v* (*impermeabilice*) to (make) waterproof. **im·per·mea·ble** [imperméaβle] I. *adj* 1. impermeable, impervious. 2. waterproof. II. *n/m* raincoat, mac(kintosh).

im·per·so·nal [impersonál] *adj* impersonal. **im·per·so·na·li·dad** [impersonaliðáð] *n/f* impersonality.

im·per·té·rri·to/a [impertérrito/a] *adj* 1. imperturbable. 2. unmoved, unshaken.

im·per·ti·nen·cia [impertinénθja] *n/f* 1. impertinence. 2. impertinent remark. **im·per·ti·nen·te** [impertinénte] *adj* 1. impertinent. 2. irrelevant. 3. demanding.

im·per·tur·ba·bi·li·dad [imperturβaβiliðáð] *n/f* imperturbability. **im·per·tur·ba·ble** [imperturβáβle] *adj* imperturbable.

im·pé·ti·go [impétiγo] *n/m* MED impetigo.

im·pe·trar [impetrár] *v* 1. to entreat, beseech. 2. to ask for, impetrate (*solicitar*). 3. to obtain by entreaty.

ím·pe·tu [ímpetu] *n/m* 1. impetus. 2. momentum, impulse. 3. energy (*brío*). 4. violence (*de las olas*). 5. impulsiveness, impetuosity. **im·pe·tuo·si·dad** [impetwosiðáð] *n/f* 1. impetuosity, impulsiveness. 2. violence, vehemence (*de un ataque*). **im·pe·tuo·so/a** [impetwóso/a] *adj* 1. impetuous. 2. impulsive, headstrong (*persona*). 3. vehement, violent. 4. hasty (*acto*).

im·pie·dad [impjeðáð] *n/f* impiety. **im·pío/a** [impío/a] I. *adj* 1. impious. 2. godless, irreligious. 3. irreverent. II. *n/m,f* infidel.

im·pla·ca·ble [implakáβle] *adj* 1. implacable. 2. relentless, inexorable. 3. cutthroat (*competencia*).

im·plan·ta·ción [implantaθjón] *n/f* 1. implantation. 2. introduction (*de reformas*). 3. MED implantation. **im·plan·tar** [implantár] I. *v* 1. to implant. 2. to introduce. II. *v/Refl (-se)* 1. to be/become implanted. 2. to be introduced.

im·pli·ca·ción [implikaθjón] *n/f* 1. contradiction (in terms). 2. implication, involvement, complicity. **im·pli·car** [implikár] I. *v* (*impli**que***) 1. to involve, implicate. 2. to imply, mean (*entrañar*). 3. to imply a contradiction. II. *v/Refl(-se)* **(~se en)** to get involved in. **im·plí·ci·to/a** [implíθito/a] *adj* **(~ en)** implicit (in).

im·plo·rar [implorár] *v* to beg, implore. LOC **~ perdón**, to beg for forgiveness.

im·plo·sión [implosjón] *n/f* implosion.

im·po·lu·to/a [impolúto/a] *adj* unpolluted.

im·pon·de·ra·ble [imponderáβle] I. *adj* 1. imponderable. 2. beyond praise/measure. II. *n/m pl* imponderables.

im·po·nen·te [imponénte] I. *adj* 1. imposing. 2. impressive, grand. 3. FAM terrific, sensational. 4. tremendous (*enorme*). II. *n/m,f* COM depositor, investor. LOC **Hace un frío ~**, It's freezing cold. **im·po·ner** [imponér] I. *v* (*impon**go**, impu**se**, impon**dré**, im**puesto***) 1. **(~ a)** to impose (on). 2. **(~ a/sobre)** to impose/enforce upon, exact from. 3. to set (*tarea*). 4. **(~ a)** to lay, thrust upon. 5. **(~ a)** to impute (falsely). 6. to command (*respeto*). 7. COM to deposit (*dinero*). 8. to impress (upon). II. *v/Refl(-se)* 1. to get one's way, assert oneself. 2. **(~se a)** to prevail (over). 3. to grow up (*costumbre*). 4. **(~se a)** to assert oneself (over), impose one's authority (on). 5. **(~se a)** to command respect (from). LOC **~ una condecoración**, MIL to present a medal. **~ un nombre a**, to give a name to. **im·po·ni·ble** [imponíβle] *adj* taxable. LOC **Base ~**, taxable income.

im·po·pu·lar [impopulár] *adj* unpopular. **im·po·pu·la·ri·dad** [impopulariðáð] *n/f* unpopularity.

im·por·ta·ción [importaθjón] *n/f* 1. importation. 2. import(s). **im·por·ta·dor/ra** [importaðór/ra] I. *adj* importing. II. *n/m,f* importer.

im·por·tan·cia [importánθja] *n/f* 1. importance. 2. significance. 3. weight, size, magnitude. LOC **Dar mucha ~ a**, to make much of, to attach much importance to. **Darse ~**, to put on airs (and graces). **De ~**, important. **No dar ~ a**, to make light of. **No tiene la menor ~**, It does not matter in the least. **Sin ~**, unimportant, insignificant. **im·por·tan·te** [importánte] *adj* 1. important. 2. significant, weighty. 3. considerable, sizeable. **im·por·tar** [importár] *v* 1. COM to import. 2. to amount to, be worth, matter. 3. to involve, imply. 4. **(~ a)** to matter (to), be of consequence. 5. **(~ a)** to concern (*afectar*). 6. to interest. 7. to be important, of importance. 8. to care about: *Nada le importa*, He doesn't care about anything. 9. FAM to mind: *¿Le importaría a Ud llamar un poco más tarde?*, Would you mind calling a little later? 10. COM to bring in, amount to. LOC **No importa**, It doesn't matter. **im·por·te** [impórte] *n/m* 1. price, cost, value (*valor*). 2. amount. 3. total amount, total.

im·por·tu·nar [importunár] *v* to importune, bother, pester. **im·por·tu·ni·dad** [importuniðáð] *n/f* 1. importunity, importuning, pestering. 2. nuisance. **im·por·tu·no/a** [importúno/a] *adj* 1. inopportune, ill-timed. 2. tiresome, troublesome. 3. annoying.

im·po·si·bi·li·dad [imposiβiliðáð] *n/f* **(~ de)** 1. impossibility. 2. inability. **im·po·si·bi·li·ta·do/a** [imposiβilitáðo/a] *adj* **(~ de)** 1. disabled (*inválido*). 2. **(~ para +** *inf***)** unable to + *inf*. **im·po·si·bi·li·tar** [imposiβilitár] *v* 1. to make sth impossible, preclude. 2. to prevent, stop. 3. to disable, incapacitate. 4. **(~ para)** to render unfit for. **im·po·si·ble** [imposíβle] *adj n/m* impossible. LOC **Hacer lo ~**, to do one's upmost, do the impossible. **¡Parece ~!**, *exclam* I can hardly believe it!

im·po·si·ción [imposiθjón] *n/f* 1. imposition. 2. setting (*de una tarea*). 3. COM deposit. 4. COM tax. LOC **~ de condecoraciones**, investiture. **im·po·si·tor/ra** [impositór/ra] *n/m,f* COM person making a deposit when opening or paying into a bank account.

im·pos·ter·ga·ble [imposterγáβle] *adj* that cannot be postponed.

im·pos·tor/ra [impostór/ra] *n/m,f* 1. impostor, fraud (*persona*). 2. slanderer (*calumnia-*

dor). **im·pos·tu·ra** [imɸostúra] *n/f* **1**. imposture, fraud, sham. **2**. slander, slur, aspersion.

im·po·ten·cia [imɸoténθja] *n/f* **1**. impotence, powerlessness, helplessness. **2**. MED impotence. **3**. inability (*incapacidad*). **im·po·ten·te** [imɸoténte] *adj* **1**. MED impotent. **2**. powerless, helpless.

im·prac·ti·ca·bi·li·dad [imɸraktikaßiliðáð] *n/f* impracticability. **im·prac·ti·ca·ble** [imɸraktikáßle] *adj* **1**. impractical, unfeasible. **2**. unworkable. **3**. impassable (*carretera*).

im·pre·ca·ción [imɸrekaθjón] *n/f* imprecation, curse. **im·pre·car** [imɸrekár] *v* (*impreque*) to imprecate, curse. **im·pre·ca·to·rio/a** [imɸrekatórjo/a] *adj* imprecatory.

im·pre·ci·sión [imɸreθisjón] *n/f* lack of precision, vagueness. **im·pre·ci·so/a** [imɸreθíso/a] *adj* imprecise, vague.

im·preg·na·ble [imɸreɣnáßle] *adj* impregnable. **im·preg·na·ción** [imɸreɣnaθjón] *n/f* impregnation. **im·preg·nar** [imɸreɣnár] *v* **(~ con/en/de) 1**. to impregnate (with). **2**. to saturate (with) (*con un líquido*). **3**. FIG to pervade.

im·pre·me·di·ta·do/a [imɸremeðitáðo/a] *adj* unpremeditated.

im·pren·ta [imɸrénta] *n/f* **1**. press, printing house/works *pl* (*taller*). **2**. printing (*arte*). **3**. print (*letra*). **4**. printed matter (*cosa impresa*). LOC **Dar a la ~**, to send to press. **Letras de ~**, block letters.

im·pres·cin·di·ble [imɸresθindíßle] *adj* **1**. indispensable. **2**. essential.

im·pre·sen·ta·ble [imɸresentáßle] *adj* unpresentable, not presentable.

im·pre·sión [imɸresjón] *n/f* **1**. *gen* impression. **2**. impression, imprint (*huella/marca*). **3**. IMPR printing. **4**. print (*foto*). **5**. edition, issue (*tirada*). **6**. FIG impression, idea (*opinión*). LOC **Cambiar ~es con,** to exchange views with. **Causar ~ en,** to make/ have an impact on. **~ dactilar/digital,** fingerprint. **im·pre·sio·na·ble** [imɸresjonáßle] *adj* impressionable, susceptible. **im·pre·sio·nan·te** [imɸresjonánte] *adj* **1**. impressive. **2**. striking, amazing (*sorprendente*). **3**. moving (*conmovedor*). **im·pre·sio·nar** [imɸresjonár] *v* **1**. to impress, make an impression on. **2**. to move, touch (*conmover*). **3**. to expose (*foto*). **im·pre·sio·nis·mo** [imɸresjonísmo] *n/m* ART Impressionism. **im·pre·sio·nis·ta** [imɸresjonísta] **I**. *adj* impressionistic. **II**. *n/m,f* ART impressionist.

im·pre·so [imɸréso] *n/m* **1**. printed sheet/ paper. **2**. form (*formulario*). **3**. printed book. **4**. *pl* printed matter. LOC **~ de solicitud,** application form. **im·pre·sor** [imɸresór] *n/m* printer.

im·pre·vi·si·ble [imɸreßisíßle] *adj* **1**. unforeseeable. **2**. unpredictable. **im·pre·vi·sión** [imɸreßisjón] *n/f* **1**. lack of foresight. **2**. thoughtlessness, lack of forethought. **im·pre·vis·to/a** [imɸreßísto/a] **I**. *adj* unforeseen, unexpected. **II**. *n/m pl* incidentals, incidental/unforeseen expenses.

im·pri·mir [imɸrimír] *v* (pp *impreso*) **1**. **(~ en/sobre)** IMPR to print (in/on). **2**. to imprint, stamp. **3**. to impart, transmit. **4**. **(~ a/en)** FIG to fix (in), impress (upon) (*en la mente*).

im·pro·ba·bi·li·dad [imɸroßaßiliðáð] *n/f* improbability, unlikelihood. **im·pro·ba·ble** [imɸroßáßle] *adj* improbable.

ím·pro·bo/a [ímɸroßo/a] *adj* **1**. laborious, very hard. **2**. strenuous (*esfuerzo*). **3**. dishonest. LOC **Tarea ~,** thankless task.

im·pro·ce·den·cia [imɸroθeðénθja] *n/f* **1**. inappropriateness, unsuitability. **2**. JUR inadmissibility. **im·pro·ce·den·te** [imɸroθeðénte] *adj* **1**. inappropriate, unsuitable. **2**. FAM not right. **3**. unfounded, inadmissible.

im·pro·duc·ti·vo/a [imɸroðuktíßo/a] *adj* **1**. unproductive. **2**. unprofitable.

im·pron·ta [imɸrónta] *n/f* **1**. IMPR cast, plate. **2**. FIG impression, mark (*huella*).

im·pro·nun·cia·ble [imɸronunθjáßle] *adj* unpronounceable.

im·pro·pe·rio [imɸropérjo] *n/m* insult, abusive remark.

im·pro·pie·dad [imɸropjeðáð] *n/f* impropriety. **im·pro·pio/a** [imɸrópjo/a] *adj* **1**. **(~ para)** unsuitable, inappropriate. **2**. **(~ de)** unbecoming, unfitting. **3**. improper, incorrect.

im·pro·rro·ga·ble [imɸrorroɣáßle] *adj* that cannot be extended/protracted.

im·pro·vi·sa·ción [imɸroßisaθjón] *n/f* **1**. improvisation. **2**. MÚS extemporization. **3**. TEAT impromptu, ad-lib performance. **4**. makeshift piece of work. **im·pro·vi·sar** [imɸroßisár] *v* **1**. to improvise. **2**. MÚS to extemporize. **3**. FAM to get sth ready. **im·pro·vi·so** [imɸroßíso] LOC *adv* **De ~**, unexpectedly, suddenly, without warning.

im·pru·den·cia [imɸruðénθja] *n/f* **1**. imprudence. **2**. indiscretion. **im·pru·den·te** [imɸruðénte] *adj* **1**. imprudent, unwise. **2**. rash, reckless. **3**. indiscreet, careless.

im·pú·ber [imɸúßer] *adj* under the age of puberty.

im·pu·den·te [imɸuðénte] *adj* **1**. impudent, rude (*en el habla*). **2**. immodest, shameless (*desvergonzado*). **im·pu·di·cia** [imɸuðíθja] *n/f* **1**. immodesty. **2**. indecency, shamelessness. **im·pú·di·co/a** [imɸúðiko/a] *adj* **1**. immodest. **2**. lewd. **3**. shameless.

im·pues·to/a [imɸwésto/a] **I**. *adj* imposed **II**. *n/m* **1**. **(~ sobre)** tax, duty, levy (*gravamen*). **2**. *pl* taxation. LOC **Estar ~ en,** FIG FAM , to be informed about. **Gravar con un ~**, to levy/impose a tax on. **~ de circulación,** AUT road tax. **~ sobre el valor añadido** (IVA), value added tax (VAT). **~ sobre la renta,** income tax. **~ sobre sucesiones,** death duty/tax. **Sujeto a ~s**, taxable.

im·pug·na·ble [imɸuɣnáßle] *adj* **1**. challengeable, contestable. **2**. refutable. **im·pug·na·ción** [imɸuɣnaθjón] *n/f* **1**. challenge, appeal. **2**. refutation. **3**. to appeal. **im·pug·nar** [imɸuɣnár] *v* **1**. to challenge, contest. **2**. to refute (*teoría*).

im·pul·sar [imɸulsár] *v* **1**. to impel, drive forward. **2**. FIG to drive, impel. **3**. to give an impulse to, promote (*potenciar*). **im·pul·si·vi·dad** [imɸulsißiðáð] *n/f* impulsiveness.

im·pul·si·vo/a [im̩pulsíβo/a] *adj* impulsive. **im·pul·so** [im̩púlso] *n/m* **1**. impulse. **2**. push, impulsion, thrust (*empujón*). **3**. impetus, momentum. **4**. FIG impulse, prompting. **5**. FIG stimulus, booster. **6**. ELECTR impulse. LOC **A ~s de**, driven by. **En el ~ del momento**, on the spur of the moment. **Tomar ~**, DEP to run up (*antes de saltar*). **im·pul·sor/ra** [im̩pulsór/ra] **I**. *adj* **1**. instigating. **2**. impelling, driving. **II**. *n/m,f* instigator.

im·pu·ne [im̩púne] *adj* unpunished. **im·pu·ne·men·te** [im̩puneméṇte] *adv* with impunity. **im·pu·ni·dad** [im̩puniðáð] *n/f* impunity.

im·pu·re·za [im̩puréθa] *n/f* impurity. **im·pu·ro/a** [im̩púro/a] *adj* impure.

im·pu·ta·ción [im̩putaθjón] *n/f* imputation. **im·pu·tar** [im̩putár] *v* **(~ algo a) 1**. to impute, accuse, lay to the charge of (*delito*). **2**. to ascribe, attribute. **3**. COM to assign, allocate (*dinero*).

in·a·bar·ca·ble [inaβarkáβle] *adj* vast, extensive.

in·a·bor·da·ble [inaβorðáβle] *adj* unapproachable.

in·a·ca·ba·ble [inakaβáβle] *adj* endless, interminable.

in·ac·ce·si·bi·li·dad [ina(k)θesiβiliðáð] *n/f* inaccessibility. **in·ac·ce·si·ble** [ina(k)θesíβle] *adj* **(~de/para)** inaccessible.

in·ac·ción [ina(k)θjón] *n/f* inaction, inactivity.

in·a·cep·ta·ble [inaθeptáβle] *adj* unacceptable.

in·ac·ti·vi·dad [inaktiβiðáð] *n/f* inactivity. **in·ac·ti·vo/a** [inaktíβo/a] *adj* **1**. inactive. **2**. idle (*ocioso*).

in·a·dap·ta·ble [inaðaptáβle] *adj* **(~ a)** unadaptable (to). **in·a·dap·ta·do/a** [inaðaptáðo/a] **I**. *adj* maladjusted. **II**. *n/m,f* misfit.

in·a·de·cua·do [inaðekwáðo] *adj* **1**. inadequate. **2**. unsuitable, inappropriate.

in·ad·mi·si·ble [inaðmisíβle] *adj* inadmissible.

in·ad·ver·ten·cia [inaðβerteṇθja] *n/f* **1**. inadvertence. **2**. inadvertence, oversight (*error*). LOC **Por ~**, inadvertently. **in·ad·ver·ti·do** [inaðβertíðo] *adj* **1**. inadvertent, inattentive. **2**. **(pasar ~)** (to pass) unnoticed/unobserved.

in·a·go·ta·ble [inaγotáβle] *adj* **1**. inexhaustible. **2**. never-ending, endless. **3**. tireless (*atleta*).

in·a·guan·ta·ble [inaγwaṇtáβle] *adj* unbearable, intolerable.

in·a·lám·bri·co/a [inalám̩briko/a] *adj* wireless, cordless (*teléfono*).

in·al·bis [inálβis] *adv* ignorant, high and dry.

in·al·can·za·ble [inalkaṇθáβle] *adj* **1**. unattainable. **2**. beyond sb's understanding/grasp.

in·a·lie·na·ble [inaljenáβle] *adj* **1**. inalienable. **2**. FIG inviolable, sacred (*derechos de la persona*).

in·al·te·ra·ble [inalteráβle] *adj* **(~ a) 1**. unalterable. **2**. immutable, unchanging. **3**. permanent, fast (*color*).

in·a·mo·vi·ble [inamoβíβle] *adj* **1**. irremovable, permanent (*cargo/puesto*). **2**. undetachable.

i·na·ne [ináne] *adj* inane. **i·na·ni·ción** [inaniθjón] *n/f* **1**. MED inanition. **2**. starvation.

in·a·ni·ma·do/a [inanimáðo/a] *adj* inanimate.

in·a·pe·la·ble [inapeláβle] *adj* **1**. JUR unappealable, without appeal. **2**. FIG inevitable.

in·a·pe·ten·cia [inapetéṇθja] *n/f* lack of appetite. **in·a·pe·ten·te** [inapetéṇte] *adj* without an appetite.

in·a·pla·za·ble [inaplaθáβle] *adj* **1**. that which cannot be postponed. **2**. urgent, pressing.

in·a·pli·ca·ble [inaplikáβle] *adj* inapplicable.

in·a·pre·cia·ble [inapreθjáβle] *adj* **1**. imperceptible, indistinguishable. **2**. invaluable. **3**. insignificant, minimal.

in·a·rru·ga·ble [inarruγáβle] *adj* crease-resistant (*tejido*).

in·a·se·qui·ble [inasekíβle] *adj* **(~ a/para) 1**. inaccessible, unattainable, out of reach. **2**. unobtainable.

in·a·ta·ca·ble [inatakáβle] *adj* **1**. unassailable (*inconquistable*). **2**. FIG irrefutable (*teoría/idea*).

in·au·di·ble [inauðíβle] *adj* inaudible. **in·au·di·to/a** [inauðíto/a] *adj* **1**. unheard of. **2**. FIG outrageous.

in·au·gu·ra·ción [inauγuraθjón] *n/f* inauguration, opening. **in·au·gu·ral** [inauγurál] *adj* **1**. inaugural, opening. **2**. NÁUT maiden (*viaje*). **in·au·gu·rar** [inauγurár] *v* **1**. to inaugurate, open. **2**. to unveil (*una estatua*).

in·ca [íŋka] *adj n/m,f* HIST Inca. **in·cai·co/a** [iŋkáiko/a] *adj* Inca(n).

in·cal·cu·la·ble [iŋkalkuláβle] *adj* **1**. incalculable. **2**. untold (*riqueza*).

in·ca·li·fi·ca·ble [iŋkalifikáβle] *adj* **1**. indescribable. **2**. unspeakable (*atroz*).

in·can·des·cen·cia [iŋkaṇdesθéṇθja] *n/f* incandescence. **in·can·des·cen·te** [iŋkaṇdesθéṇte] *adj* incandescent.

in·can·sa·ble [iŋkansáβle] *adj* **(~ en)** tireless, unflagging.

in·ca·pa·ci·dad [iŋkapaθiðáð] *n/f* **1**. incapacity. **2**. inefficiency, incompetence. **3**. **(~ para)** inability (to). **4**. **(~ para)** unfitness (for). **in·ca·pa·ci·ta·do/a** [iŋkapaθitáðo/a] *adj* **1**. incapacitated, disabled, handicapped. **2**. JUR incapacitated, disqualified. **3**. **(~ para)** unsuited (for). **4**. **(~ para)** unable (to). **in·ca·pa·ci·tar** [iŋkapaθitár] *v* **1**. **(~ para)** to incapacitate, render unfit (for). **2**. JUR to incapacitate, disqualify. **in·ca·paz** [iŋkapáθ] **I**. *adj* **1**. **(Ser ~ de + *inf*)** incapable of + *ger*: *Incapaz de mentir*, Incapable of lying. **2**. **(Ser ~ de + *inf*)** unable to + *inf*. **3**. **(Ser ~ para)** incapable of, FAM useless (*negado*). **4**. **(Ser ~ para)** unfit for (*no apto*). **5**. JUR incompetent. **II**. *n/m,f* good-for-nothing.

in·cau·ta·ción [iŋkautaθjón] *n/f* JUR confiscation. **in·cau·tar·se** [iŋkautárse] *v/Refl (-se)* **(~se de) 1**. JUR to confiscate, seize. **2**.

FIG to appropriate. **in·cau·to/a** [iŋkáuto/a] *adj* **1**. incautious, unwary. **2**. gullible.

in·cen·diar [iṇθeṇdjár] **I**. *v* to set alight/on fire, set fire to. **II**. *v/refl(se)* to catch fire. **in·cen·dia·rio/a** [iṇθeṇdjárjo/a] **I**. *adj* **1**. incendiary (*bomba*). **2**. FIG inflammatory, seditious **II**. *n/m,f* **1**. incendiary. **2**. arsonist. **in·cen·dio** [iṇθéṇdjo] *n/m* fire; FIG fire, ardour. LOC **Provocar un ~**, to start a fire.

in·cen·ti·var [iṇθeṇtiβár] *v* to give sb an incentive. **in·cen·ti·vo** [iṇθeṇtíβo] *n/m* **1**. incentive. **2**. attraction. **3**. encouragement, spur.

in·cer·ti·dum·bre [iṇθertiðúṃbre] *n/f* uncertainty.

in·ce·san·te [iṇθesáṇte] *adj* incessant, unceasing.

in·ces·to [iṇθésto] *n/m* incest. **in·ces·tuo·so/a** [iṇθestwóso/a] *adj* incestuous.

in·ci·den·cia [iṇθiðéṇθja] *n/f* **1**. incident. **2**. FÍS incidence. **3**. repercussion, consequence, implication. LOC **Por ~**, by chance, accidentally. **in·ci·den·tal** [iṇθiðeṇtál] *adj* incidental. **in·ci·den·te** [iṇθiðéṇte] *n/m* **1**. incidental. **2**. FÍS/JUR incident. **3**. incident (*riña*).

in·ci·dir [iṇθiðír] *v* **1**. MED to incise, make an incision. **2**. **(~ en)** to fall (into) (*una falta/un error*). **3**. FÍS to fall, strike (*ángulo*). **4**. **(~ en)** FIG to affect. **5**. FIG **(~ sobre)** to influence, impinge on.

in·cien·so [iṇθjénso] *n/m* incense, frankincense.

in·cier·to/a [iṇθjérto/a] *adj* **1**. untrue, false. **2**. uncertain, unsure. **3**. inconstant. **4**. unknown.

in·ci·ne·ra·ción [iṇθineraθjón] *n/f* **1**. incineration. **2**. cremation (*de cadáveres*). **in·ci·ne·rar** [iṇθinerár] *v* **1**. to incinerate. **2**. to cremate (*cadáver*).

in·ci·pien·te [iṇθipjéṇte] *adj* incipient.

in·ci·sión [iṇθisjón] *n/f* **1**. MED incision, cut, gash. **2**. FIG incisiveness. **in·ci·si·vo/a** [iṇθisíβo/a] **I**. *adj* **1**. incisive, sharp, cutting. **2**. FIG keen, incisive, trenchant. **3**. sharp, cutting (*crítica*). **II**. *n/m pl* ANAT incisors *pl* (*dientes*).

in·ci·so [iṇθíso] *n/m* **1**. GRAM sentence, clause. **2**. GRAM comma.

in·ci·ta·ción [iṇθitaθjón] *n/f* incitement, incitation. **in·ci·tan·te** [iṇθitáṇte] *adj* **1**. inciting. **2**. provocative. **in·ci·tar** [iṇθitár] *v* **1**. **(~ a/contra)** to incite. **2**. to induce sb to do sth, lead to sth. **3**. to provoke. LOC **~ a** + *inf*, to incite to + *inf*. **in·ci·ta·dor/ra** [iṇθitaðór/ra] *n/m,f* **1**. inciter, agitator. **2**. inducer.

in·ci·vil [iṇθiβíl] *adj* uncivil, rude.

in·cla·si·fi·ca·ble [iŋklasifikáβle] *adj* **1**. unclassifiable. **2**. nondescript.

in·cle·men·cia [iŋkleméṇθja] *n/f* **1**. inclemency, mercilessness (*persona*). **2**. FIG *gen pl* harshness, inclemency, severity (*del clima*). LOC **A la ~**, exposed to the wind and weather. **in·cle·men·te** [iŋkleméṇte] *adj* inclement, harsh, severe.

in·cli·na·ción [iŋklinaθjón] *n/f* **1**. inclination, inclining. **2**. slope, incline (*declive*). **3**. slant, tilt (*oblicuidad*). **4**. stoop (*de cuerpo*). **5**. nod (*de cabeza*). **6**. bow (*reverencia*). **7**. FIG **(~ por/hacia)** leaning, inclination. **8**. NÁUT list. **9**. gradient, incline (*carretera*). **10**. GEOL dip. **in·cli·na·do/a** [iŋklináðo/a] *adj* **1**. sloping, leaning, slanting. **2**. inclined (*plano*). **3**. **(~ a)** tending/inclined to (*propender*). **in·cli·nar** [iŋklinár] **I**. *v* **1**. to incline, slope, tilt, slant. **2**. FIG **(~ a** + *inf*) to incline to + *inf*. **3**. to nod (*cabeza*). **4**. to bend (*bajar la cabeza*). **5**. to bow (*reverencia*). **6**. **(~ alguien a** + *inf*) to induce/persuade sb to + *inf*. **7**. to stoop/bend (down) (*cuerpo*). **II**. *v/Refl(-se)* **1**. **(~se a)** to tend/be inclined (to). **2**. **(~ se por)** to be inclined towards, prefer. **3**. **(~se ante)** FIG to bow. **4**. **(~se hacia)** to lean: *Se inclinó hacia atrás*, He leaned backwards.

ín·cli·to/a [íŋklito/a] *adj lit* illustrious.

in·cluir [iŋkluír] *v* (*incluyo, incluí*) **1**. to include. **2**. to comprise. **3**. to incorporate, contain. **4**. to enclose (*en cartas*). **5**. to insert. LOC **Sin ~**, not including, not included. **Todo incluido**, all inclusive.

in·clu·sa [iŋklúsa] *n/f* orphanage, foundling home.

in·clu·sión [iŋklusjón] *n/f* inclusion. **in·clu·si·ve** [iŋklusiβe] *adv* inclusive(ly). **in·clu·so/a** [iŋklúso/a] **I**. *adj* enclosed (*carta*). **II**. *adv* including, included. **III**. *prep* even.

in·coa·ción [iŋkoaθjón] *n/f* commencement. **in·co·ar** [iŋkoár] *v* **1**. to commence, begin. **2**. to initiate, institute. LOC **~ expediente contra**, JUR to initiate proceedings against.

in·cóg·ni·to/a [iŋkóɣnito/a] **I**. *adj* unknown. LOC **De ~**, incognito. **II**. *n/f* unknown (*cantidad, factor*).

in·co·he·ren·cia [iŋkoeréṇθja] *n/f* incoherence. **in·co·he·ren·te** [iŋkoeréṇte] *adj* **(~ con/en)** incoherent.

in·co·lo·ro/a [iŋkolóro/a] *adj* Br colourless, US colorless.

in·có·lu·me [iŋkólume] *adj* **1**. safe, unharmed. **2**. whole, sound.

in·com·bus·ti·bi·li·dad [iŋkoṃbustiβiliðáð] *n/f* incombustibility. **in·com·bus·ti·ble** [iŋkoṃbustíβle] *adj* fire-proof, incombustible.

in·co·mi·ble [iŋkomíβle] *adj* uneatable, inedible.

in·co·mo·dar [iŋkomoðár] **I**. *v* **1**. to inconvenience, (cause) trouble. **2**. to annoy, anger, FAM bother. **II**. *v/Refl(-se)* **1**. **(~se por)** to put oneself out, trouble oneself (for). **2**. to get annoyed/angry. **in·co·mo·di·dad** [iŋkomoðiðáð] *n/f* **1**. inconvenience. **2**. discomfort. **3**. annoyance, bother, nuisance (*molestia*). **in·có·mo·do/a** [iŋkómoðo/a] *adj* **1**. inconvenient. **2**. uncomfortable. **3**. annoying, tiresome (*molesto*).

in·com·pa·ra·ble [iŋkoṃparáβle] *adj* incomparable.

in·com·pa·re·cen·cia [iŋkoṃpareθéṇθja] *n/f* JUR default, non-appearance.

in·com·pa·ti·bi·li·dad [iŋkoṃpatiβiliðáð] *n/f* incompatibility. **in·com·pa·ti·ble** [iŋcoṃpatiβle] *adj* **(~ con)** incompatible (with).

in·com·pe·ten·cia [iŋkompeténθja] *n/f* incompetence. **in·com·pe·ten·te** [iŋkompeténte] *adj* incompetent.

in·com·ple·to/a [iŋkompléto/a] *adj* 1. **(Estar ~)** incomplete, unfinished. 2. **(Ser ~)** lacking, deficient.

in·com·pren·si·ble [iŋkomprensíßle] *adj* incomprehensible. **in·com·pren·sión** [iŋkomprensjón] *n/f* incomprehension; lack of comprehension/understanding.

in·co·mu·ni·ca·ble [iŋkomunikáßle] *adj* incommunicable. **in·co·mu·ni·ca·ción** [iŋkomunikaθjón] *n/f* 1. lack of communication. 2. JUR solitary confinement. 3. isolation. **in·co·mu·ni·ca·do/a** [iŋkomunikáðo/a] *adj* 1. isolated, cut off. 2. incommunicado. 3. JUR in solitary confinement (*preso*). **in·co·mu·ni·car** [iŋkomunikár] I. *v* (*incomuni**que***). 1. to cut off, isolate. 2. JUR to put sb in solitary confinement. II. *v/Refl (-se)* 1. to isolate oneself, cut oneself off. 2. to shut oneself off.

in·con·ce·bi·ble [iŋkoṇθeßíßle] *adj* inconceivable.

in·con·ci·lia·ble [iŋkoṇθiljáßle] *adj* **(~ con)** irreconcilable.

in·con·clu·so/a [iŋkoŋklúso/a] *adj* incomplete, unfinished.

in·con·di·cio·nal [iŋkoṇdiθjonál] I. *adj* 1. unconditional. 2. wholehearted, unconditional, unreserved (*apoyo*). II. *n/m,f gen pl* FAM staunch supporter/follower.

in·co·ne·xo/a [iŋkone(k)so/a] *adj* 1. unconnected. 2. disjointed, disconnected. 3. incoherent (*argumento*).

in·con·fe·sa·ble [iŋkomfesáßle] *adj* shameful. **in·con·fe·so/a** [iŋkomféso/a] *adj* unconfessed.

in·con·for·mis·ta [iŋkomformísta] *adj n/m, f* non-conformist.

in·con·fun·di·ble [iŋkomfuṇdíßle] *adj* 1. unmistakable. 2. unique.

in·con·gruen·cia [iŋkoŋgruéṇθja] *n/f* incongruence, incongruity. **in·con·gruen·te** [iŋkoŋgruéṇte] *adj* **(~ con)** incongruous. **in·con·gruo/a** [iŋkóngruo/a] *adj* incongruous.

in·con·men·su·ra·ble [iŋkommensuráßle] *adj* 1. incommensurable. 2. FAM vast, immense. 3. FAM fantastic, great.

in·con·mo·vi·ble [iŋkommoßíßle] *adj* 1. firm, solid. 2. unyielding, unshakeable. 3. unbending, immoveable (*ante súplicas*).

in·con·quis·ta·ble [iŋkoŋkistáßle] *adj* 1. unconquerable. 2. FIG unyieldling. 3. FAM unbeatable.

in·cons·cien·cia [iŋko(n)sθjéṇθja] *n/f* 1. unconsciousness. 2. unawareness, unconsciousness (*falta de reflexión*). 3. irresponsibility, recklessness. **in·cons·cien·te** [iŋko(n)sθjéṇte] I. *adj* 1. unconscious. 2. **(Ser ~ de)** unaware (of), unconscious (of). 3. **(Ser ~)** thoughtless, irresponsible. 4. unwitting, unconscious. II. *n/m,f* thoughtless person.

in·con·se·cuen·cia [iŋkonsekwéṇθja] *n/f* 1. inconsequence. 2. inconsistency. **in·con·se·cuen·te** [iŋkonsekwéṇte] *adj* **(~ con/en)** 1. inconsequential (*sin lógica*). 2. inconsistent.

in·con·sis·ten·cia [iŋkonsisténθja] *n/f* 1. inconsistency. 2. FIG insubstantiality. **in·con·sis·ten·te** [iŋkonsisténte] *adj* 1. inconsistent. 2. FIG insubstantial. 3. unstable.

in·con·so·la·ble [iŋkonsoláßle] *adj* inconsolable.

in·cons·tan·cia [iŋko(n)stáṇθja] *n/f* 1. inconstancy. 2. inconstancy, fickleness (*persona*). **in·cons·tan·te** [iŋko(n)stáṇte] *adj* 1. inconstant, changeable. 2. fickle (*persona*). 3. unsteady.

in·cons·ti·tu·cio·nal [iŋko(n)stituθjonál] *adj* unconstitutional. **in·cons·ti·tu·cio·na·li·dad** [iŋko(n)stituθjonaliðáð] *n/f* unconstitutionality.

in·con·ta·ble [iŋkoṇtáßle] *adj* countless.

in·con·ta·mi·na·do/a [iŋkoṇtamináðo/a] *adj* uncontaminated, unpolluted.

in·con·te·ni·ble [iŋkoṇteníßle] *adj* 1. uncontrollable, irrepressible (*ira*). 2. unstoppable, uncheckable. 3. uncontainable (*alegría*).

in·con·tes·ta·ble [iŋkoṇtestáßle] *adj* 1. indisputable, unquestionable. 2. undeniable. 3. unanswerable.

in·con·ti·nen·cia [iŋkoṇtinéṇθja] *n/f* 1. MED incontinence. 2. lack of moderation. **in·con·ti·nen·te** [iŋkoṇtinéṇte] *adj* 1. MED incontinent. 2. incontinent, immoderate. 3. irrepressible, uncontrollable (*pasión*).

in·con·tro·la·ble [iŋkoṇtroláßle] *adj* uncontrollable.

in·con·tro·ver·ti·ble [iŋkoṇtroßertíßle] *adj* incontrovertible.

in·con·ve·nien·cia [iŋkombenjéṇθja] *n/f* 1. inconvenience, disadvantage. 2. unsuitability, inappropriateness. 3. tactless remark (*dicho*). **in·con·ve·nien·te** [iŋkombenjéṇte] I. *adj* 1. unsuitable, inappropriate. 2. inconvenient. II. *n/m* 1. disadvantage, drawback. 2. obstacle, difficulty. 3. objection. LOC **No tener ~**, to have nothing against/no objection. **Poner ~s**, to raise objections.

in·cor·diar [iŋkorðjár] *v* FAM to bother, annoy. LOC **¡No incordies!**, *exclam* Don't be such a nuisance! **in·cor·dio** [iŋkórðjo] *n/m* FAM bore, nuisance.

in·cor·po·ra·ción [iŋkorporaθjón] *n/f* 1. incorporation. 2. association, joining (*grupo*). 3. embodiment. 4. sitting-up (*en la cama*). **in·cor·po·ral** [iŋkorporál] *adj* 1. incorporeal. 2. intangible. **in·cor·po·rar** [iŋkorporár] I. *v* 1. **(~ a/con/en)** to incorporate (in/into/with). 2. **(~ a uno)** to help sb sit up (*en la cama*). 3. to join (*una sociedad*). II. *v/Refl(-se)* 1. to sit up. 2. **(~se a)** to join. LOC **~se a filas**, MIL to join the ranks. **~se al trabajo**, to go back to one's job. **in·cor·pó·reo/a** [iŋkorpóreo/a] *adj* incorporeal, bodiless.

in·co·rrec·ción [iŋkorre(k)θjón] *n/f* incorrectness, discourtesy. **in·co·rrec·to/a** [iŋkorrékto/a] *adj* 1. *gen* incorrect. 2. wrong, inaccurate. 3. improper, discourteous (*conducta*). **in·co·rre·gi·ble** [iŋkorrexíßle] *adj* incorrigible.

in·co·rrup·ti·bi·li·dad [iŋkorruptißiliðáð] *n/f* incorruptibility. **in·co·rrup·ti·ble** [iŋkorruptíßle] *adj* incorruptible. **in·co·rrup·to/a** [iŋkorrúpto/a] *adj* **1**. uncorrupted; FIG incorrupt, uncorrupted (*moralmente*). **2**. pure, chaste.

in·cre·du·li·dad [iŋkreðuliðáð] *n/f* **1**. incredulity. **2**. REL unbelief. **in·cré·du·lo/a** [iŋkréðulo/a] **I**. *adj* incredulous, Br sceptical, US skeptical. **II**. *n/m,f* unbeliever, Br sceptic, US skeptic. **in·creí·ble** [iŋkreíßle] *adj* unbelievable, incredible.

in·cre·men·tar [iŋkremeņtár] *v* **1**. **(~ en)** to increase, augment, intensify. **2**. to promote. **in·cre·men·to** [iŋkreméņto] *n/m* **1**. *gen* increment. **2**. increase. **3**. COM growth. **4**. MAT increment. LOC **~ de temperatura,** rise in temperature. **~ salarial,** COM rise in wages *pl*.

in·cre·pa·ción [iŋkrepaθjón] *n/f* rebuke. **in·cre·par** [iŋkrepár] *v* **1**. to rebuke, reprimand. **2**. to chide, scold.

in·cruen·to/a [iŋkrwéņto/a] *adj* bloodless.

in·crus·ta·ción [iŋkrustaθjón] *n/f* **1**. incrustation. **2**. inlay (*de piedras preciosas*). **3**. scale (*residuos de agua*). **in·crus·tar** [iŋkrustár] *v* **1**. to incrust, embed. **2**. **(~ con)** to inlay (with) (*piedras preciosas*).

in·cu·ba·ción [iŋkußaθjón] *n/f* incubation. **in·cu·ba·do·ra** [iŋkußaðóra] *n/f* incubator. **in·cu·bar** [iŋkußár] **I**. *v* **1**. to incubate. **2**. to hatch. **II**. *v/Refl(-se)* MED to be coming down with.

in·cues·tio·na·ble [iŋkwestjonáßle] *adj* unquestionable, indisputable.

in·cul·car [iŋkulkár] *v* (*incul**que***) **(~ en/a)** to inculcate, instil.

in·cul·pa·ción [iŋkulpaθjón] *n/f* JUR accusation, charge. **in·cul·pa·do/a** [iŋkulpáðo/a] *adj n/m,f* JUR accused. **in·cul·par** [iŋkulpár] *v* **(~ de)** JUR to accuse (of), to charge (with).

in·cul·ti·va·ble [iŋkuļtißáßle] *adj* uncultivatable, untillable, not arable.

in·cul·to/a [iŋkúļto/a] **I**. *adj* **1**. uncultured, uneducated. **2**. uncouth, coarse. **3**. uncultivated, untilled (*terreno*). **II**. *n/m,f* ignoramus. **in·cul·tu·ra** [iŋkuļtúra] *n/f* **1**. ignorance, lack of culture. **2**. uncouthness.

in·cum·ben·cia [iŋkumbénθa] *n/f* **1**. incumbency, obligation, duty. **2**. line, field. **3**. JUR jurisdiction. **in·cum·bir** [iŋkumbír] *v* **(~ a) 1**. to be incumbent (on/upon). **2**. JUR to be within the jurisdiction (of).

in·cum·pli·mien·to [iŋkumplimjéņto] *n/m* **1**. non-fulfilment. **2**. breach (*contrato*). **in·cum·plir** [iŋkumplír] *v* **1**. to fail to fulfil. **2**. to break (*contrato*). **3**. to fail to carry out (*orden*).

in·cu·ra·ble [iŋkuráßle] *adj* **1**. incurable. **2**. irremediable.

in·cu·ria [iŋkúrja] *n/f* negligence.

in·cu·rrir [iŋkurrír] *v* (pp ***incurso***) **(~ en) 1**. to incur. **2**. to commit (*falta/crimen*). LOC **~ en el error,** to err. **in·cur·sión** [iŋkursión] *n/f* MIL incursion, raid. LOC **~ aérea,** MIL air raid.

in·da·ga·ción [iņdaγaθión] *n/f* **1**. investigation, inquiry. **2**. JUR inquest, inquiry. **in·da·gar** [iņdaγár] *v* (*indague*) to inquire (into), investigate. **in·da·ga·to·rio/a** [iņdaγatórjo/a] **I**. *adj* JUR investigatory. **II**. *n/f* JUR unsworn statement.

in·de·bi·do/a [iņdeßíðo/a] *adj* **1**. undue. **2**. improper, undue. **3**. unlawful, illegal.

in·de·cen·cia [iņdeθéņθja] *n/f* **1**. indecency. **2**. obscenity. **in·de·cen·te** [iņdeθéņte] *adj* **1**. indecent. **2**. obscene. **3**. improper. **4**. FIG FAM wretched, foul (*vil*).

in·de·ci·ble [iņdeθíßle] *adj* **1**. unspeakable. **2**. indescribable.

in·de·ci·sión [iņdeθisjón] *n/f* indecision, hesitation. **in·de·ci·so/a** [iņdeθíso/a] *adj* **1**. **(Estar ~)** undecided. **2**. **(Ser ~)** indecisive. **3**. hesitant, irresolute. **4**. vague.

in·de·cli·na·ble [iņdeklináßle] *adj* **1**. GRAM indeclinable. **2**. unavoidable (*obligación*).

in·de·co·ro·so/a [iņdekoróso/a] *adj* indecorous, unseemly.

in·de·fec·ti·ble [iņdefektíßle] *adj* unfailing, infallible.

in·de·fen·di·ble [iņdefeņdíßle] *adj* indefensible. **in·de·fen·so/a** [iņdefénso/a] *adj* **1**. Br defenceless, US defenseless. **2**. helpless.

in·de·fi·ni·ble [iņdefiníßle] *adj* indefinable. **in·de·fi·ni·do/a** [iņdefiníðo/a] *adj* *gen* indefinite.

in·de·le·ble [iņdeléßle] *adj* indelible.

in·dem·ne [iņdé(m/n)ne] *adj* **1**. undamaged (*cosa*). **2**. unhurt, unharmed, uninjured (*persona*). **in·dem·ni·za·ción** [iņde(m)niθáθjón] *n/f* **1**. indemnification. **2**. indemnity, compensation. **in·dem·ni·zar** [iņde(m)niθár] *v* (*indemni**ce***) **(~ por/de)** to indemnify, compensate (for).

in·de·mos·tra·ble [iņdemostráßle] *adj* undemonstrable, indemonstrable.

in·de·pen·den·cia [iņdepeņdéņθja] *n/f* **1**. independence. **2**. self-sufficiency, autonomy. **3**. freedom. **in·de·pen·dien·te** [iņdepeņdjéņte] *adj* **(~ de)** independent. **in·de·pen·di·zar** [iņdepeņdiθár] **I**. *v* (*indepen**di**ce*) to free, make independent. **II**. *v/Refl (-se)* **(~se de)** to become independent (of).

in·des·ci·fra·ble [iņdesθifráßle] *adj* indecipherable.

in·des·crip·ti·ble [iņdeskriptíßle] *adj* indescribable.

in·de·sea·ble [iņdeseáßle] *adj n/m,f* undesirable.

in·des·truc·ti·bi·li·dad [iņdestruktißiliðáð] *n/f* indestructibility. **in·des·truc·ti·ble** [iņdestruktíßle] *adj* indestructible.

in·de·ter·mi·na·ción [iņdeterminaθjón] *n/f* **1**. indetermination. **2**. indecision. **in·de·ter·mi·na·do/a** [iņdetermináðo/a] *adj* **1**. indeterminate, imprecise, vague. **2**. undetermined, inconclusive. **3**. indeterminate, irresolute (*persona*).

in·de·xar [iņdeksár] *v* to index, link.

In·dia [iņdja] *n/f* GEOG LOC **La ~,** India. **in·dia·no/a** [iņdjáno/a] *adj n/m,f* Spaniard returned from America (*gen* rich).

in·di·ca·ción [iņdikaθjón] *n/f* **1**. indication, sign. **2**. *pl* instructions. **3**. *pl* directions (*camino*). **4**. suggestion. **5**. hint, clue. LOC **Por ~ de,** at the suggestion of. **in·di·ca·do/a**

[iṇdikáðo/a] *adj* **1**. likely. **2**. recommended, advised. **3**. **(~ para)** suitable, right (for). LOC **En el momento menos ~**, at the worst possible moment. **Muy ~**, just the thing/person. **Un sitio muy ~ para**, an ideal place for. **in·di·ca·dor** [iṇdikaðór] *n/m gen* indicator. LOC **~ del nivel de gasolina**, AUT Br petrol gauge, US fuel gauge. **~ de velocidad**, AUT speedometer. **in·di·car** [iṇdikár] *v* (*indique*) **1**. to indicate, denote. **2**. to point out/to, show. **3**. to suggest. **4**. TÉC to register, record. LOC **~ con el dedo**, to point (out). **~ el día**, to name the day. **in·di·ca·ti·vo/a** [iṇdikatíβo/a] *adj* **1**. **(~ de)** indicative (of). **2**. GRAM indicative.

ín·di·ce [íṇdiθe] *n/m* **1**. *gen* index. **2**. indication, sign. **3**. table of contents, index. **4**. ANAT index finger. **5**. TÉC pointer, needle, hand (*de reloj*). **6**. MAT index. **7**. percentage. **in·di·cio** [iṇdíθjo] *n/m* **1**. indication, sign. **2**. **(~ de)** clue (to). **3**. *pl* JUR evidence. **4**. trace, sign (*huella*).

in·di·fe·ren·cia [iṇdiferéṇθja] *n/f* indifference. **in·di·fe·ren·te** [iṇdiferéṇte] *adj* **1**. **(~ a)** indifferent (to). **2**. **(~ a)** unconcerned, apathetic (about). **3**. immaterial (*poco importante*).

in·dí·ge·na [iṇdíxena] **I**. *adj* **(~ de)** indigenous (to), native (of). **II**. *n/m,f* native.

in·di·gen·cia [iṇdixéṇθja] *n/f* indigence, poverty. **in·di·gen·te** [iṇdixéṇte] **I**. *adj* needy, destitute, poverty-stricken. **II**. *n/m,f pl* the needy, the poor.

in·di·ge·ri·ble [iṇdixeríβle] *adj* FAM indigestible. **in·di·ges·tar·se** [iṇdixestárse] *v/Refl(-se)* **(~se con/de/por + *inf*)** MED to get indigestion (from). **in·di·ges·tión** [iṇdixestjón] *n/f* indigestion. **in·di·ges·to/a** [iṇdixésto/a] *adj* **1**. **(Ser ~)** indigestible. **2**. **(Estar ~)** indigested. **3**. FIG unbearable.

in·dig·na·ción [iṇdiγnaθjón] *n/f* indignation. **in·dig·nan·te** [iṇdiγnáṇte] *adj* infuriating, outrageous. **in·dig·nar** [iṇdiγnár] **I**. *v* to infuriate, anger. **II**. *v/Refl(-se)* **(~ por algo/ contra alguien)** to become indignant, feel indignation. LOC **¡Es para ~se!**, *exclam* It's infuriating!

in·dig·ni·dad [iṇdiγniðáð] *n/f* **1**. unworthiness. **2**. **(Una ~)** unworthy act. **3**. indignity (*afrenta*). **in·dig·no/a** [iṇdíγno/a] *adj* **1**. **(~ de)** unworthy (of). **2**. contemptible, low, despicable.

in·dio/a [iṇdjo/a] *adj n/m,f* of/from India or America.

in·di·rec·to/a [iṇdirékto/a] **I**. *adj* indirect. **II**. *n/f* allusion, insinuation, hint.

in·dis·ci·pli·na [iṇdisθiplína] *n/f* lack of discipline. **in·dis·ci·pli·na·do/a** [iṇdisθiplináðo/a] *adj* undisciplined, FAM lax. **in·dis·ci·pli·nar·se** [iṇdisθiplinárse] *v/Refl(-se)* **1**. MIL to be insubordinate. **2**. to become unruly, undisciplined.

in·dis·cre·ción [iṇdiskreθjón] *n/f* indiscretion. **in·dis·cre·to/a** [iṇdiskréto/a] *adj* **1**. indiscreet, tactless. **2**. unwise, imprudent.

in·dis·cu·ti·ble [iṇdiskutíβle] *adj* indisputable, unquestionable.

in·di·so·lu·bi·li·dad [iṇdisoluβiliðáð] *n/f* indissolubility. **in·di·so·lu·ble** [iṇdisolúβle] *adj* **1**. indissoluble. **2**. insoluble (*sustancias*).

in·dis·pen·sa·ble [iṇdispensáβle] *adj* indispensable, essential.

in·dis·po·ner [iṇdisponér] *v* (*indis**pongo**, indis**puse**, indis**pondré**, pp indis**puesto***) **I**. **1**. to upset, make unwell. **II**. *v/Refl(-se)* **1**. to fall ill. **2**. **(~ con/contra alguien)** to fall out with sb. **in·dis·po·si·ción** [iṇdisposiθjón] *n/f* indisposition. **in·dis·pues·to/a** [iṇdispwésto/a] *adj* **1**. **(Estar ~)** indisposed, unwell. **2**. **(~ con/contra)** on bad terms (with).

in·dis·tin·to/a [iṇdistíṇto/a] *adj* **1**. indistinct. **2**. vague, unclear. **3**. faint, dim (*luz*). **4**. indiscriminate, undifferentiated.

in·di·vi·dual [iṇdiβiðwál] *adj* **1**. individual. **2**. single (*habitación*). **3**. personal, characteristic. **in·di·vi·dua·li·dad** [iṇdiβiðwaliðáð] *n/f* individuality. **in·di·vi·dua·lis·mo** [iṇdiβiðwalísmo] *n/m* individualism. **in·di·vi·dua·lis·ta** [iṇdiβiðwalísta] **I**. *adj* individualistic. **II**. *n/m,f* individualist. **in·di·vi·dua·li·za·ción** [iṇdiβiðwaliθaθjón] *n/f* individualization. **in·di·vi·dua·li·zar** [iṇdiβiðwaliθár] *v* (*individualice*) to individualize. **in·di·vi·duo** [iṇdiβíðwo] *n/m* **1**. individual (*persona*). **2**. FAM individual, fellow.

in·di·vi·si·bi·li·dad [iṇdiβisiβiliðáð] *n/f* indivisibility. **in·di·vi·si·ble** [iṇdiβisíβle] *adj* indivisible. **in·di·vi·so/a** [iṇdiβíso/a] *adj* JUR undivided, joint. LOC **Bienes ~s**, JUR joint estate/property.

in·do·cu·men·ta·do/a [iṇdokumeṇtáðo/a] **I**. *adj* **1**. without identification papers *pl*, undocumented (*persona*). **2**. groundless (*opinión*). **II**. *n/m,f* PEY inexpert, inexperienced, quack.

in·do·chi·no/a [iṇdotʃíno/a] *adj* GEOG Indo-Chinese.

in·do·eu·ro·peo/a [iṇdoeuropéo/a] *adj n/m,f* Indo-European.

ín·do·le [íṇdole] *n/f* **1**. *gen* nature. **2**. character, disposition (*de una persona*). **3**. class, kind (*de cosa*). **in·do·len·cia** [iṇdoléṇθja] *n/f* indolence. **in·do·len·te** [iṇdoléṇte] *adj* **1**. indolent, lazy. **2**. apathetic, slothful.

in·do·lo·ro/a [iṇdolóro/a] *adj* **(Ser ~)** painless.

in·do·ma·ble [iṇdomáβle] *adj* **1**. *gen* indomitable. **2**. untamable (*animal*). **3**. unmanageable, uncontrollable (*persona*). **in·dó·mi·to/a** [iṇdómito/a] *adj* **1**. indomitable. **2**. untamed (*animal*). **3**. unsubmissive, unruly (*pueblo*).

in·do·ne·sio/a [iṇdonésjo/a] *adj n/m,f* Indonesian.

in·dos·ta·nés/sa [iṇdostanés/sa], *n/m,f* Hindustani (*persona*). **in·dos·ta·ní** [iṇdostaní] *n/m* Hindustani (*idioma*).

in·duc·ción [iṇdu(k)θjón] *n/f* **1**. inducement, persuasion. **2**. FIL induction. **3**. ELECTR induction. **in·du·cir** [iṇduθír] *v* (*induzco, in**duje***) **1**. to induce, persuade. **2**. FIL to induce, infer. **3**. ELECTR to induce. LOC **~ a + *inf***, to induce/lead to + *inf*. **in·duc·ti·vo/a**

[iŋduktíβo/a] *adj* inductive. **in·duc·tor/ra** [iŋduktór/ra] **I.** *adj* **1.** inducing. **2.** ELECTR inductive. **II. 1.** *n/m,f* inducer. **2.** *n/m* ELECTR inductor.

in·du·da·ble [iŋduðáβle] *adj* **1.** undoubted, doubtless. **2.** indubitable, certain.

in·dul·gen·cia [iŋdulxéŋθja] *n/f* **1.** *gen* indulgence. **2.** REL indulgence. **in·dul·gen·te** [iŋdulxéŋte] *adj* **1.** indulgent. **2. (~ con/para/para con)** indulgent (towards), lenient (with).

in·dul·tar [iŋdultár] *v* **(~ a alguien de) 1.** JUR to pardon/reprieve (sb of). **2.** to exempt (sb from). **in·dul·to** [iŋdúlto] *n/f* **1.** JUR pardon, reprieve. **2.** exemption.

in·du·men·ta·ria [iŋdumeŋtárja] *n/f* dress, clothing, clothes *pl*.

in·dus·tria [iŋdústrja] *n/f* industry. LOC **~ siderúrgica**, steel/iron industry. **in·dus·trial** [iŋdustrjál] **I.** *adj* industrial. **II.** *n/m,f* industrialist. **in·dus·tria·li·za·ción** [iŋdustrjaliθaθjón] *n/f* industrialization. **in·dus·tria·li·zar** [iŋdustrjaliθár] *v* (*industrialice*) to industrialize. **in·dus·trio·so/a** [iŋdustrjóso/a] *adj* LIT industrious.

in·é·di·to/a [inéðito/a] *adj* **1.** unpublished. **2.** unknown.

i·ne·fa·ble [inefáβle] *adj* inefable.

in·e·fi·ca·cia [inefikáθja] *n/f* inefficacy, ineffectiveness. **in·e·fi·caz** [inefikáθ] *adj* ineffectual.

in·e·fi·cien·cia [inefiθéŋθja] *n/f* inefficiency. **in·e·fi·cien·te** [inefiθjéŋte] *adj* inefficient.

in·e·le·gi·ble [inelexíβle] *adj* **(Ser ~)** ineligible.

i·ne·luc·ta·ble [ineluktáβle] *adj* ineluctable, inevitable.

in·e·lu·di·ble [ineluðíβle] *adj* unavoidable, inescapable.

i·ne·na·rra·ble [inenarráβle] *adj* inexpressible, indescribable.

in·en·co·gi·ble [ineŋkoxíβle] *adj* unshrinkable.

i·nep·ti·tud [ineptitúð] *n/f* ineptitude, incompetence. **i·nep·to/a** [inépto/a] **I.** *adj* **1.** inept, incompetent. **2.** incapable. **II.** *n/m,f* incompetent, FAM dead loss.

in·e·quí·vo·co/a [inekíβoko/a] *adj* unequivocal.

i·ner·cia [inérθja] *n/f* **1.** inertia, lifelessness. **2.** TÉC inertia.

i·ner·me [inérme] *adj* **1.** Br defenceless, US defenseless. **2.** unarmed (*sin arma*). **3.** BOT /ZOOL without prickles/spines.

i·ner·te [inérte] *adj* **1.** inert, lifeless. **2.** FÍS inert (*gas*). **3.** inactive.

in·es·cru·ta·ble [ineskrutáβle] *adj* inscrutable.

in·es·pe·ra·do/a [inesperáðo/a] *adj* unexpected, unforeseen.

in·es·ta·bi·li·dad [inestaβiliðáð] *n/f* instability. **in·es·ta·ble** [inestáβle] *adj* **1.** unstable, unsteady (*cosa*). **2.** unstable, insecure (*persona*).

in·es·ti·ma·ble [inestimáβle] *adj* inestimable, invaluable. LOC **De ~ valor**, priceless.

in·e·vi·ta·ble [ineβitáβle] *adj* inevitable.

in·e·xac·ti·tud [ine(k)saktitúð] *n/f* **1.** inexactitude, inaccuracy. **2.** FIG incorrectness (*error*). **in·e·xac·to/a** [ine(k)sákto/a] *adj* **1.** inexact, inaccurate. **2.** incorrect, untrue (*hecho*).

in·ex·cu·sa·ble [ine(k)skusáβle] *adj* **1.** inevitable, unavoidable. **2.** unforgivable, inexcusable.

i·ne·xis·ten·cia [ine(k)sisténθja] *n/f* non-existence. **i·ne·xis·ten·te** [ine(k)sisténte] *adj* non-existent.

i·ne·xo·ra·bi·li·dad [ine(k)soraβiliðáð] *n/f* inexorability. **i·ne·xo·ra·ble** [ine(k)soráβle] *adj* inexorable.

in·ex·pe·rien·cia [ine(k)sperjéŋθja] *n/f* inexperience, lack of experience.

in·ex·per·to/a [ine(k)spérto/a] *adj* **1.** inexpert. **2.** inexperienced.

in·ex·pli·ca·ble [ine(k)splikáβle] *adj* inexplicable.

in·ex·plo·ra·do/a [ine(k)sploráðo/a] *adj* unexplored.

in·ex·pre·si·vo/a [ine(k)spresíβo/a] *adj* inexpressive.

in·ex·pug·na·ble [ine(k)spuɣnáβle] *adj* **1.** impregnable. **2.** unassailable.

in·ex·tin·gui·ble [ine(k)stiŋgíβle] *adj* **(Ser/Parecer ~) 1.** unquenchable, inextinguishable. **2.** FIG perpetual, eternal.

in·ex·tir·pa·ble [ine(k)stirpále] *adj* ineradicable.

in·fa·li·bi·li·dad [iɱfaliβiliðáð] *n/f* infallibility. **in·fa·li·ble** [iɱfalíβle] *adj* **1.** infallible. **2.** certain, sure.

in·fa·me [iɱfáme] *adj* infamous, odious, vile. **in·fa·mia** [iɱfámja] *n/f* infamy.

in·fan·cia [iɱfáŋθja] *n/f* **1.** infancy, childhood. **2.** FIG infancy. **3.** children. LOC **La primera ~**, early childhood. **in·fan·ta** [iɱfáŋta] *n/f* **1.** infanta, princess. **2.** infant, little girl. **in·fan·te** [iɱfáŋte] *n/m* **1.** infant, little boy. **2.** infante, prince. **3.** MIL infantry man. **in·fan·te·ría** [iɱfaŋtería] *n/f* MIL infantry. LOC **~ ligera**, MIL light infantry. **in·fan·ti·ci·da** [iɱfaŋtiθíða] **I.** *adj* infanticidal. **II.** *n/m,f* infanticide (*persona*). **in·fan·ti·ci·dio** [iɱfaŋtiθíðjo] *n/m* infanticide (*acto*). **in·fan·til** [iɱfaŋtíl] *adj* **1.** MED infantile. **2.** children's: *Juegos infantiles*, Children's games. **3.** childlike, innocent, simple. **4.** PEY infantile, childish, babyish. **in·fan·ti·lis·mo** [iɱfaŋtilísmo] *n/m* MED infantilism.

in·far·to [iɱfárto] *n/m* MED heart attack.

in·fa·ti·ga·ble [iɱfatiɣáβle] *adj* indefatigable, tireless.

in·faus·to/a [iɱfáusto/a] *adj* LIT unlucky, unfortunate, accursed.

in·fec·ción [iɱfe(k)θjón] *n/f* infection. **in·fec·cio·so/a** [iɱfe(k)θjóso/a] *adj* infectious. **in·fec·tar** [iɱfektár] *v* **1.** to infect, contaminate. **2.** FIG to contaminate, corrupt. **in·fec·to/a** [iɱfékto/a] *adj* **1. (~ de)** infected, contaminated. **2.** foul.

in·fe·cun·di·dad [iɱfekuŋdiðáð] *n/f* sterility, infertility. **in·fe·cun·do/a** [iɱfekúŋdo/a] *adj* **1.** infertile, infecund. **2.** barren (*suelo*). **3.** sterile, infertile (*persona*).

in·fe·liz [iɱfelíθ] **I.** *adj* **1.** unhappy, unfortunate. **2.** miserable, wretched. **3.** gullible. **II.** *n/m,f* **1.** poor devil, unfortunate. **2.** fool, simpleton.

in·fe·ren·cia [iɱferéṇθja] *n/f* inference.

in·fe·rior [iɱferjór] **I.** *adj* **1.** **(~ a)** lower (than). **2.** **(~ a)** inferior (to) (*calidad/rango*). **3.** **(~ a)** under, below, less than (*número*). **4.** GEOG lower, nether. **II.** *n/m,f* **1.** subordinate, underling (*jerarquía profesional*). **2.** inferior. LOC **De calidad ~**, of inferior quality. **El lado ~**, the underside. **Labio ~**, ANAT lower lip. **Una cantidad ~**, a lesser/smaller quantity. **in·fe·rio·ri·dad** [iɱferjoriðáð] *n/f* inferiority.

in·fe·rir [iɱferír] *v* (*infiero*) **1.** **(~ de/por)** to infer, deduce (from/by). **2.** to bring on, cause. **3.** to inflict (*herida*).

in·fer·nal [iɱfernál] *adj* infernal, FAM hellish.

in·fes·tar [iɱfestár] *v* **(~ de)** **1.** to infest. **2.** to infect. **3.** to overrun, swamp.

in·fi·cio·nar [iɱfiθjonár] *v* **1.** to infect, contaminate. **2.** to poison. **3.** FIG to corrupt.

in·fi·de·li·dad [iɱfiðeliðáð] *n/f* **1.** infidelity, unfaithfulness. **2.** disbelief, unbelief. **in·fiel** [iɱfjél] **I.** *adj* **1.** unfaithful. **2.** disloyal, faithless. **3.** inexact, inaccurate. **4.** REL infidel. **II.** *n/m,f* REL infidel.

in·fier·ni·llo [iɱrf(j)erníʎo] *n/m* stove.

in·fier·no [iɱfjérno] *n/m* **1.** Hell. **2.** *pl* MIT Hades. **3.** FIG hell.

in·fi·jo [iɱfíxo] *n/m* GRAM infix.

in·fil·tra·ción [iɱfiḷtraθjón] *n/f* infiltration. **in·fil·trar** [iɱfiḷtrár] **I.** *v* to infiltrate. **II.** *v/Refl(-se)* **1.** **(~se en/entre)** to filter (in/through). **2.** to percolate. **3.** FIG to infiltrate.

ín·fi·mo/a [íɱfimo/a] *adj* **1.** lowest. **2.** worst, poorest. **3.** ridiculously low (*precio*).

in·fi·ni·dad [iɱfiniðáð] *n/f* **1.** infinity. **2.** **(Una ~ de...)** innumerable, countless. **in·fi·ni·te·si·mal** [iɱfinitesimál] *adj* MAT infinitesimal.

in·fi·ni·ti·vo [iɱfinitíβo/a] *n/m* GRAM infinitive.

in·fi·ni·to/a [iɱfiníto/a] **I.** *adj* infinite. **II.** *n/m* **1.** infinite. **2.** MAT/FÍS infinity. **III.** *adv* infinitely, extremely. **in·fi·ni·tud** [iɱfinitúð] *n/f* infinity, infinitude.

in·fla·ción [iɱflaθjón] *n/f* **1.** COM inflation. **2.** FIG vanity, conceit. **3.** swelling. LOC **~ galopante**, COM runaway inflation. **in·fla·cio·na·rio/a** [iɱflaθjonárjo/a] *adj* inflationary. **in·fla·cio·nis·ta** [iɱflaθjonísta] *adj* inflationary.

in·fla·ma·ble [iɱflamáβle] *adj* inflammable. **in·fla·ma·ción** [iɱflamaθjón] *n/f* inflammation. **in·fla·mar** [iɱflamár] **I.** *v* **1.** to set on fire, inflame. **2.** to inflame, arouse, stir up (*emociones*). **II.** *v/Refl(-se)* **1.** to become flushed (*dolor/calor*). **2.** MED to become inflamed (*herida*). **3.** to burst into flames *pl.* **in·fla·ma·to·rio/a** [iɱflamatórjo/a] *adj* inflammatory.

in·flar [iɱflár] **I.** *v* **1.** to inflate, blow up (*globo*). **2.** to swell, fill out. **3.** to inflate, puff up (*con orgullo*). **4.** to exaggerate. **II.** *v/Refl(-se)* **1.** **(~se de)** FIG to fill up/swell (with) (*orgullo*). **2.** **(~se con)** FIG to become conceited (about). **3.** **(~se de)** to gorge oneself (with).

in·fle·xi·bi·li·dad [iɱfle(k)siβiliðáð] *n/f* **1.** inflexibility. **2.** firmness, unbending quality (*de carácter*). **in·fle·xi·ble** [iɱfle(k)síβle] *adj* **1.** inflexible. **2.** **(~ en)** firm, unbending, unyielding. **in·fle·xión** [iɱfle(k)sjón] *n/f* **1.** inflection (*en línea*) **2.** inflexion (*voz*).

in·fli·gir [iɱflixír] *v* (*inflijo*) **(~ a)** to inflict (on).

in·fluen·cia [iɱfluéṇθja] *n/f* **(~ sobre)** influence (on). **in·fluen·ciar** [iɱflweṇθjár] *v* to influence.

in·fluir [iɱfluír] *v* (*influyo*) **1.** **(~ en/sobre)** to influence, be influential. **2.** **(~ con)** to carry weight with. **3.** **(~ en)** to bear upon. **in·flu·jo** [iɱflúxo] *n/m* **(~ sobre)** influence (on). **in·flu·yen·te** [iɱfluJéṇte] *adj* influential.

in·for·ma·ción [iɱformaθjón] *n/f* **1.** information. **2.** report, account (*informe*). **3.** news, news section (*en periódico*). **4.** The News *pl* (*radio/TV*). **5.** JUR inquiry. **6.** MIL intelligence. **7.** *pl* JUR testimonial. LOC **Abrir una ~**, JUR to institute proceedings *pl.* **A título de ~**, by way of information. **~ privilegiada,** inside information. **~ secreta,** top-secret/classified information. **Una ~**, a piece of news *pl*, a piece of information. **in·for·ma·do/a** [iɱformáðo/a] *adj* informed. **in·for·ma·dor/ra** [iɱformaðór/ra] **I.** *adj* informing. **II.** *n/m,f* **1.** informant. **2.** information officer. **3.** *pl* reporters, journalists.

in·for·mal [iɱformál] *adj* **1.** informal. **2.** irregular. **3.** unbusiness-like, off-hand. **4.** unreliable (*persona*). **in·for·ma·li·dad** [iɱformaliðáð] *n/f* **1.** informality. **2.** irregularity. **3.** unreliability. **4.** bad manners.

in·for·man·te [iɱformáṇte] **I.** *adj* informing. **II.** *n/m,f* **1.** participator in a survey/poll. **2.** informant. **in·for·mar** [iɱformár] **I.** **1.** *v* **(~ de/sobre)** to inform (of/about). **2.** **(~ de/acerca de)** to report (on). **3.** **(~ sobre algo)** JUR to inquire (into sth). **4.** to inform (*denunciar*). **5.** **(~ de que)** to anouce (that). **6.** to shape (*dar forma a*). **II.** *v/Refl(-se)* **1.** **(~se de)** to inform oneself, find out (about). **2.** **(~se sobre algo)** to gather information (on/about sth).

in·for·má·ti·ca [iɱformátika] *n/f* **1.** information technology, data processing. **2.** computer science (*ciencia*).

in·for·ma·ti·vo/a [iɱformatíβo/a] **I.** *adj* **1.** informative. **2.** information. **3.** news. **II.** *n/m* The News (*radio/t.v*).

in·for·ma·ti·za·ción [iɱformatiθaθjón] *n/f* computerization. **in·for·ma·ti·zar** [iɱformatiθár] *v* (*informatice*) to computerize.

in·for·me [iɱfórme] **I.** *adj* formless, shapeless. **II.** *n/m* **1.** briefing. **2.** brief, dossier. **3.** report. **4.** *pl* references. LOC **Dar ~s sobre,** to give information about. **~s confiden-**

ciales, confidential reports. **Pedir ~s sobre/de,** to request information about.
in·for·tu·na·do/a [iɱfortunáðo/a] *adj* LIT unfortunate, hapless. **in·for·tu·nio** [iɱfortúnjo] *n/m* **1.** misfortune. **2.** mishap (*accidente*).
in·frac·ción [iɱfra(k)θjón] *n/f* JUR **1.** infringement, infraction. **2.** breach (*de un contrato*). **3.** offence. **in·frac·tor/ra** [iɱfraktór/ra] *n/m,f* offender.
in·fra·es·truc·tu·ra [iɱfraestruktúra] *n/f* infrastructure.
in fra·gan·ti [iɱfraɣánti] *adv* red-handed, in the act. LOC **Coger ~,** to catch red-handed.
in·fra·hu·ma·no/a [iɱfraumáno/a] *adj* subhuman.
in·fran·quea·ble [iɱfraŋkeáβle] *adj* **1.** insurmountable (*obstáculo*). **2.** impassable (*carreterra*).
in·fra·rro·jo/a [iɱfrarróxo/a] *adj* infra-red.
in·fra·va·lo·rar [iɱfraβalorár] *v* to undervalue, underestimate.
in·fre·cuen·te [iɱfrekwénte] *adj* infrequent.
in·frin·gir [iɱfriŋxír] *v* (*infrinjo*) **1.** to infringe, contravene. **2.** to transgress, break (*ley*).
in·fruc·tuo·so/a [iɱfruktuóso/a] *adj* fruitless.
ín·fu·la [íɱfula] *n/f pl* FIG LOC **Darse ~s/ Tener muchas ~s,** to put on airs.
in·fun·da·do/a [iɱfundáðo/a] *adj* unfounded, groundless. **in·fun·dio** [iɱfúndjo] *n/m* FAM fib, tale (*noticia falsa*). **in·fun·dir** [iɱfundír] *v* **(~ algo a) 1.** to infuse (sth into). **2.** FIG to inject. **3.** to cause, instil(l) (*dudas*). **4.** to instil(l), inspire (*miedo*). **in·fu·sión** [iɱfusjón] *n/f* infusion. **in·fu·so/a** [iɱfúso/a] *adj* **1.** inspired, instilled. **2.** god-given.
in·ge·niar [iŋxenjár] **I.** *v* to invent, devise. **II.** *v/Refl(-se)* **(~se para)** to manage to. LOC **Ingeniárselas para,** FAM to work it out so that.
in·ge·nie·ría [iŋxenjería] *n/f* TÉC engineering. **in·ge·nie·ro/a** [iŋxenjéro/a] *n/m,f* engineer. LOC **~ de caminos, canales y puertos,** civil engineer. **~ de grado medio** (*Diplomado de Universidad*), graduate engineer.
in·ge·nio [iŋxénjo] *n/m* **1.** ingenuity, inventiveness. **2.** talent, genius. **3.** wit. **4.** TÉC apparatus, device. **5.** clever person, wit. LOC **Tener ~,** to be witty. **in·ge·nio·si·dad** [iŋxenjosiðáð] *n/f* ingenuity, ingeniousness, witticism. **in·ge·nio·so/a** [iŋxenjóso/a] *adj* **1.** ingenious (*máquina/idea*). **2.** ingenious, resourceful. **3.** witty.
in·gen·te [iŋxénte] *adj* huge, enormous, SL humongous.
in·ge·nui·dad [iŋxenwiðáð] *n/f* ingenuousness, naïveté. **in·ge·nuo** [iŋxénwo/a] **I.** *adj* ingenuous, naive. **II.** *n/m,f* naive person.
in·ge·rir [iŋxerír] *v* (*ingiero, ingerí*) **1.** to take (in), ingest. **2.** to eat, consume. **3.** to swallow. **in·ges·tión** [iŋxestjón] *n/f* ingestion.
In·gla·te·rra [iŋglatérra] *n/m* GEOG England.
in·gle [íŋgle] *n/f* ANAT groin.
in·glés/sa [iŋglés/sa] **I.** *adj* English. **II. 1.** *n/m* Englishman. **2.** *n/f* English-woman. **3.** *pl* the English. **4.** English (*idioma*).
in·go·ber·na·ble [iŋgoβernáβle] *adj* ungovernable, uncontrollable.
in·gra·ti·tud [iŋgratitúð] *n/f* ingratitude, ungratefulness. **in·gra·to/a** [iŋgráto/a] **I.** *adj* **1.** ungrateful. **2. (~ con/para con)** ungrateful (to/towards). **3.** unpleasant, disagreeable. **4.** unrewarding, thankless (*tarea*). **5.** AGR unproductive. **II.** *n/m,f* ingrate, ungrateful person.
in·gra·vi·dez [iŋgraβiðéθ] *n/f* **1.** lightness, tenuousness. **2.** lack of gravity, weightlessness. **in·grá·vi·do/a** [iŋgráβiðo/a] *adj* **1.** light. **2.** weightless.
in·gre·dien·te [iŋgredjénte] *n/m* ingredient.
in·gre·sar [iŋgresár] *v* **1.** COM to enter, come in (*fondos*). **2.** to deposit, put in (*dinero*). **3. (~ en)** to join, become a member of, MIL enlist. **4.** to enrol, register, enter (*escuela/convento*). **5. (~ a alguien en)** to admit sb to (*hospital*). **in·gre·so** [iŋgréso] *n/m* **1. (~ en)** entry, entrance (into). **2. (~ en)** admission (to) (*sociedad/hospital*). **3.** *pl* income. **4.** *pl* COM receipts, profits. **5.** *pl* COM revenue *sing* (*del estado*). **6.** COM deposit.
in·há·bil [ináβil] *adj* **(~ para) 1.** unskilful. **2.** clumsy (*torpe*). **3.** incompetent. **4.** JUR incompetent. **5.** unfit (for) (*trabajo*). LOC **Día ~,** non-working day. **in·ha·bi·li·ta·ción** [inaβilitaθjón] *n/f* **1.** incapacitation, disablement. **2.** disqualification. **in·ha·bi·li·tar** [inaβilitár] *v* **(~ para) 1.** to render sb unfit (for). **2.** to disqualify sb (from).
in·ha·bi·ta·ble [inaβitáβle] *adj* uninhabitable.
in·ha·bi·tual [inaβitwál] *adj* unusual.
in·ha·la·ción [inalaθjón] *n/f* inhalation. **in·ha·la·dor** [inalaðór] *n/m* inhaler. **in·ha·lar** [inalár] *v* to inhale.
in·he·ren·te [inerénte] *adj* **(~ a)** inherent (to/in).
in·hi·bi·ción [iniβiθjón] *n/f* inhibition. **in·hi·bir** [iniβír] **I.** *v gen* to inhibit, stay. **II.** *v/Refl(-se)* **1.** to be inhibited. **2. (~se de)** to keep out of, abstain from.
in·hós·pi·to/a [inóspito/a] *adj* inhospitable.
in·hu·ma·ción [inumaθjón] *n/f* burial.
in·hu·ma·no/a [inumáno/a] *adj* **1.** inhuman. **2.** *Amer* dirty, disgusting.
in·hu·mar [inumár] *v* to bury, inter.
i·ni·cia·ción [iniθjaθjón] *n/f* **1.** initiation. **2.** beginning. **i·ni·cia·do/a** [iniθjáðo/a] **I.** *adj* initiated. **II.** *n/m,f* initiate.
i·ni·cia·dor/ra [iniθjaðór/ra] *n/m,f* **1.** initiator. **2.** FIG pioneer. **i·ni·cial** [iniθjál] **I.** *adj* initial. **II.** *n/f* initial (*letra*). **i·ni·ciar** [iniθjár] **I.** *v* **1. (~ en)** to initiate (into). **2.** to begin, start. **II.** *v/Refl(-se)* **(~ se en)** to start learning (*una disciplina*).
i·ni·cia·ti·va [iniθjatíβa] *n/f* initiative. **i·ni·cio** [iníθjo] *n/m* beginning.
i·ni·cuo/a [iníkwo/a] *adj* iniquitous, wicked.

in·i·gua·la·ble [iniɣwaláβle] *adj* matchless, exceptional.

in·i·ma·gi·na·ble [inimaxináβle] *adj* unimaginable.

in·i·mi·ta·ble [inimitáβle] *adj* inimitable.

in·in·te·li·gi·ble [inintelixíβle] *adj* unintelligible.

in·in·te·rrum·pi·do/a [ininterrumpíðo/a] *adj* uninterrupted.

i·ni·qui·dad [inikiðáð] *n/f* iniquity, wickedness.

in·je·ren·cia [iŋxerénθja] *n/f* interference, meddling. **in·je·rir** [iŋxerír] **I.** *v* (*injiero*) **1.** to insert, introduce. **2.** to swallow. **II.** *v Refl(-se)* **(~se en)** to interfere, meddle (in).

in·jer·tar [iŋxertár] *v* **(~ en)** to graft (in/on). **in·jer·to** [iŋxérto] *n/m* **1.** graft. **2.** grafting. **3.** MED transplant.

in·ju·ria [iŋxúrja] *n/f* **1.** insult. **2.** Br offence, US offense. **3.** MED injury. **4.** outrage, injustice. **5.** injury, harm (*daño*). **in·ju·rio·so/a** [iŋxurjóso/a] *adj* insulting, offensive.

in·jus·ti·cia [iŋxustíθja] *n/f* **1.** injustice. **2.** unfairness. **in·jus·ti·fi·ca·ble** [iŋxustifikáβle] *adj* unjustifiable. **in·jus·ti·fi·ca·do/a** [iŋxustifikáðo/a] *adj* unjustified. **in·jus·to/a** [iŋxústo/a] *adj* **1.** unjust. **2.** **(~ para/con)** unfair (to/with).

in·ma·cu·la·do/a [immakuláðo/a] *adj* immaculate.

in·ma·du·rez [immaðuréθ] *n/f* immaturity. **in·ma·du·ro/a** [immaðúro/a] *adj* **1.** unripe. **2.** FIG immature.

in·ma·ne·ja·ble [immanexáβle] *adj* **1.** unmanageable. **2.** AUT undriveable.

in·ma·nen·cia [immanénθja] *n/f* immanence. **in·ma·nen·te** [immanénte] *adj* **(~ a)** immanent.

in·mar·ce·si·ble [immarθesíβle] *adj* **1.** unwithering, unfading. **2.** undying, imperishable. **in·mar·chi·ta·ble** [immartʃitáβle] *adj* V **inmarcesible**.

in·ma·te·rial [immaterjál] *adj* immaterial. **in·ma·te·ria·li·dad** [immaterjaliðáð] *n/f* immateriality.

in·me·dia·cio·nes [immeðjaθjónes] *n/m,pl* surroundings.

in·me·dia·to/a [immeðjáto/a] *adj* **1.** immediate. **2.** adjoining, next (*contiguo*). **3.** **(~ a)** next to, close to. LOC **De ~**, immediately, at once. **in·me·dia·tez** [immeðjatéθ] *n/f* immediacy.

in·me·jo·ra·ble [immexoráβle] *adj* **1.** unsurpassable. **2.** perfect, excellent. **3.** unbeatable (*precio*).

in·me·mo·rial [immemorjál] *adj* immemorial. LOC **Desde tiempo ~**, from time immemorial.

in·men·si·dad [immensiðáð] *n/f* immensity, vastness. **in·men·so/a** [imménso/a] **1.** immense, huge, vast. **2.** FIG FAM fabulous.

in·me·re·ci·do/a [immereθíðo/a] *adj* unmerited, undeserved.

in·mer·sión [immersjón] *n/f* **1.** immersion. **2.** dive. **in·mer·so/a** [immérso/a] *adj* immersed.

in·mi·gra·ción [immiɣraθjón] *n/f* immigration. **in·mi·gran·te** [immiɣránte] *adj n/m,f* immigrant. **in·mi·grar** [immiɣrár] *v* to immigrate.

in·mi·nen·cia [imminénθja] *n/f* imminence. **in·mi·nen·te** [imminénte] *adj* **1.** imminent. **2.** impending (*amenaza/peligro*).

in·mis·cuir·se [immiskwírse] *v/Refl(-se)* (*inmiscuyo*) **(~se en)** interfere, meddle (in).

in·mi·se·ri·cor·de [immiserikórðe] *adj* merciless, ruthless.

in·mo·bi·lia·rio/a [immoβiljárjo/a] **I.** *adj* real estate, property. **II.** *n/m,f* real estate company. LOC **Agente ~**, Br estate agent, US real estate broker.

in·mo·des·tia [immoðéstja] *n/f* immodesty.

in·mo·la·ción [immolaθjón] *n/f* immolation, sacrifice. **in·mo·lar** [immolár] **I.** *v* to immolate, sacrifice. **II.** *v/Refl(-se)* **(~se por)** sacrifice oneself (for).

in·mo·ral [immorál] *adj* immoral. **in·mo·ra·li·dad** [immoraliðáð] *n/f* immorality.

in·mor·tal [immortál] *adj n/m,f* immortal. **in·mor·ta·li·dad** [immortaliðáð] *n/f* immortality. **in·mor·ta·li·zar** [immortaliθár] *v* (*inmortalice*) to immortalize.

in·mo·vi·ble [immoβíβle] *adj* **1.** immovable. **2.** FIG unmoved.

in·mó·vil [immóβil] *adj* **1.** motionless, still, immobile. **2.** FIG steadfast. **in·mo·vi·li·dad** [immoβiliðáð] *n/f* immobility. **in·mo·vi·lis·mo** [immoβilísmo] *n/m* opposition to progress, ultra-conservatism, stagnation. **in·mo·vi·li·za·ción** [immoβiliθaθjón] *n/f* **1.** immobilization. **2.** COM tying up (*del capital*). **in·mo·vi·li·zar** [immoβiliθár] *v* (*inmovilice*) **1.** to immobilize. **2.** COM to tie up (*capital*). **3.** to paralyse, bring to a standstill.

in·mu·da·ble [immuðáβle] *adj* immutable.

in·mue·ble [immuéβle] **I.** *adj pl* JUR **(bienes ~s)** real estate. **II.** *n/m* property, building.

in·mun·di·cia [immundíθja] *n/f* **1.** dirtiness, squalor. **2.** *pl* rubbish, refuse. **3.** FIG filth. **in·mun·do/a** [immúndo/a] *adj* **1.** dirty, filthy, squalid. **2.** unclean. **3.** FIG foul, obscene (*lenguaje*).

in·mu·ne [immúne] *adj* **1.** exempt, free. **2.** **(Ser ~ a)** MED immune. **in·mu·ni·dad** [immuniðáð] *n/f* **(~ contra)** immunity (to). **in· mu·ni·za·ción** [immuniθaθjón] *n/f* immunization. **in·mu·ni·zar** [immuniθár] *v* (*inmunice*) to immunize.

in·mu·ta·ble [immutáβle] *adj* immutable. **in·mu·tar** [immutár] **I.** *v* to alter, change. **II.** *v/Refl(-se)* **1.** to change countenance. **2.** to look agitated/worried. LOC **No ~se**, to be unperturbed; FIG FAM not to bat an eyelid.

in·na·to/a [innáto/a] *adj* innate, inborn.

in·ne·ce·sa·rio/a [inneθesárjo/a] *adj* **(Ser ~)** unnecessary.

in·ne·ga·ble [innegáβle] *adj* undeniable.

in·no·ble [innóβle] *adj* ignoble.

in·nom·bra·ble [innómbráβle] *adj* unnameable.

in·no·va·ción [innoβaθjón] *n/f* **1.** innovation. **2.** novelty, new thing. **in·no·va·dor/ra**

[innoβaðór/ra] **I**. *adj* innovative. **II**. *n/m,f* innovator. **in·no·var** [innoβár] *v* to innovate.

in·nu·me·ra·ble [innumeráβle] *adj* innumerable.

in·ob·ser·van·cia [inoβserβáṇθja] *n/f* nonobservance.

i·no·cen·cia [inoθéṇθja] *n/f* innocence. **i·no·cen·ta·da** [inoθeṇtáða] *n/f* **1**. naive remark (*dicho ingenuo*). **2**. April Fool's joke (*el día de los Santos Inocentes*). LOC **Dar una ~ a uno**, to play a practical joke on sb. **i·no·cen·te** [inoθéṇte] **I**. *adj* **(~ de) 1**. innocent. **2**. innocent, naive. **II**. *n/m,f* **1**. innocent. **2**. simpleton. **i·no·cen·tón/na** [inoθeṇtón/a] *adj* gullible, naive.

i·no·cui·dad [inokwiðáð] *n/f* innocuousness, harmlessness.

i·no·cu·la·ción [inokulaθjón] *n/f* MED inoculation. **i·no·cu·lar** [inokulár] *v* MED to inoculate.

i·no·cuo/a [inókwo/a] *adj* innocuous, harmless.

in·o·do·ro/a [inoðóro] **I**. *adj* odo(u)rless. **II**. *n/m* Br toilet, US washroom.

in·o·fen·si·vo/a [inofensíβo/a] *adj* inoffensive.

in·ol·vi·da·ble [inolβiðáβle] *adj* unforgettable.

in·o·pe·ran·te [inoperáṇte] *adj* inoperative.

i·no·pia [inópja] *n/f* poverty, penury. LOC **Estar en la ~**, FIG FAM to have one's head in the clouds.

in·o·pi·na·do/a [inopináðo/a] *adj* unexpected, unforeseen.

in·o·por·tu·ni·dad [inoportuniðáð] *n/f* **1**. inopportuneness, untimeliness. **2**. inconvenience. **in·o·por·tu·no/a** [inoportúno/a] *adj* **1**. inopportune, untimely, ill-timed. **2**. inconvenient.

in·or·gá·ni·co/a [inorγániko/a] *adj* inorganic.

in·o·xi·da·ble [ino(k)siðáβle] *adj* rustless. LOC **Acero ~**, stainless steel.

in·que·bran·ta·ble [iŋkeβraṇtáβle] *adj* **1**. unbreakable. **2**. FIG unyielding, unshakeable (*fe*).

in·quie·tan·te [iŋkjetáṇte] *adj* worrying, disturbing, alarming. **in·quie·tar** [iŋkjetár] **I**. *v* to worry, trouble, disturb. **II**. *v/Refl(-se)* **(~se con/por algo/alguien)** to worry about (sb/sth). **in·quie·to/a** [iŋkjéto/a] *adj* **1**. restless, fidgety (*agitado*). **2**. worried, anxious. **in·quie·tud** [iŋkjetúð] *n/f* **1**. restlessness, disquiet. **2**. anxiety, worry. **3**. *gen pl* yearning.

in·qui·li·no/a [iŋkilíno/a] *n/m,f* tenant.

in·qui·na [iŋkína] *n/f* FAM ill-will, dislike, grudge. LOC **Tenerle ~ a alguien**, to bear ill-will towards sb. **Tomarle ~ a alguien**, to take a dislike to sb.

in·qui·rir [iŋkirír] *v* (*inquiero*) to inquire (into), investigate.

in·qui·si·ción [iŋkisiθjón] *n/f* **1**. HIST Inquisition. **2**. enquiry, investigation. **in·qui·si·dor/ra** [iŋkisiðór/ra] **I**. *adj* inquiring, inquisitive. **II**. *n/m* HIST inquisitor (*juez de la Inquisición*). **in·qui·si·ti·vo/a** [iŋkisitíβo/a] *adj* inquisitive.

in·ri [ínrri] *n/m* **1**. REL INRI. **2**. FIG insult (*afrenta*). LOC **Y para más/mayor ~**, and to make it worse (*burla*).

in·sa·cia·bi·li·dad [insaθjaβiliðáð] *n/f* insatiability. **in·sa·cia·ble** [insaθjáβle] *adj* insatiable.

in·sa·cu·lar [insakulár] *v* **1**. to ballot, choose by ballot, draw lots. **2**. to have a go at the tombola.

in·sa·lu·bre [insalúβre] *adj* insalubrious, unhealthy.

in·sa·no/a [insáno/a] *adj* **1**. unhealthy. **2**. insane.

in·sa·tis·fe·cho/a [insatisfétʃo/a] *adj* unsatisfied, dissatisfied.

ins·cri·bir [i(n)skriβír] **I**. *v* **1**. to inscribe, write down, record (*grabar*). **2**. to register, enrol. **3**. to include, place. **II**. *v/Refl(-se)* **(~se en) 1**. to write one's name (*apuntar el nombre*). **2**. to enrol, register. **ins·crip·ción** [i(n)skripθjón] *n/f* **1**. inscription, lettering. **2**. enrolment, registration. **ins·cri·to/a** [i(n)skríto/a] **I**. pp **inscribir**. **II**. *adj* **1**. inscribed. **2**. registered, enrolled, entered.

in·sec·ti·ci·da [insektiθíða] **I**. *adj* insecticide, insecticidal. **II**. *n/m* insecticide. **in·sec·to** [insékto] *n/m* insect.

in·se·gu·ri·dad [inseγuriðáð] *n/f* **1**. insecurity (*sentimiento*). **2**. uncertainty (*duda*). **3**. lack of safety. **4**. instability. **in·se·gu·ro/a** [inseγúro/a] *adj* **1**. unsafe, insecure. **2**. unsteady, unstable. **3**. uncertain.

in·se·mi·na·ción [inseminaθjón] *n/f* insemination. LOC **~ artificial**, artificial insemination.

in·sen·sa·tez [insensatéθ] *n/f* folly. **in·sen·sa·to/a** [insensáto/a] **I**. *adj* foolish, senseless. **II**. *n/m,f* fool.

in·sen·si·bi·li·dad [insensiβiliðáð] *n/f* **1**. insensitivity. **2**. MED unconsciousness. **3**. insensitiveness (*física*). **in·sen·si·bi·li·zar** [insensiβiliθár] *v* (*insensibilice*) **1**. MED Br to anaesthetize, US anesthetize. **2**. FIG to make insensitive. **in·sen·si·ble** [insensíβle] *adj* **1**. MED insensible. **2**. **(~ a)** insensitive (to), unfeeling (about). **3**. imperceptible.

in·se·pa·ra·bi·li·dad [inseparaβiliðáð] *n/f* inseparability. **in·se·pa·ra·ble** [inseparáβle] *adj gen* inseparable.

in·se·pul·to/a [insepúḷto/a] *adj* unburied.

in·ser·ción [inserθjón] *n/f* insertion. **in·ser·tar** [insertár] *v* **(~ en)** to insert (in/into). **in·ser·to/a** [insérto/a] *adj* inserted.

in·ser·vi·ble [inserβíβle] *adj* **1**. **(Estar ~)** unserviceable (*estropeado*). **2**. **(Ser ~)** useless.

in·si·dia [insíðja] *n/f* **1**. snare, trap. **2**. *pl* maliciousness, malice. **in·si·dio·so/a** [insiðjóso/a] *adj* insidious.

in·sig·ne [insíγne] *adj* famous, renowned. **in·sig·nia** [insíγnja] *n/f* **1**. badge. **2**. banner (*estandarte*). **3**. NÁUT pennant. **4**. *pl* insignia. LOC **Buque ~**, NÁUT flagship.

in·sig·ni·fi·can·cia [insiγnifikáṇθja] *n/f* **1**. insignificance. **2**. trifle. **in·sig·ni·fi·can·te** [insiγnifikáṇte] *adj* insignificant.

in·sin·ce·ri·dad [insinθeriðáð] *n/f* insincerity. **in·sin·ce·ro/a** [insinθéro/a] *adj* **(Ser ~)** insincere.

in·si·nua·ción [insinwaθjón] *n/f* insinuation. **in·si·nuan·te** [insinwánte] *adj* insinuating. **in·si·nuar** [insinuár] **I.** *v* (*insinúo, insinúe*) **1.** to hint at, insinuate. **2.** to suggest. **II.** *v/Refl(-se)* **(~se a)** to make advances (to) (*mujer*).

in·si·pi·dez [insipiðéθ] *n/f* insipidness. **in·sí·pi·do/a** [insípiðo/a] *adj* **1.** insipid, tasteless (*sabor*). **2.** FIG insipid, dull.

in·sis·ten·cia [insisténθja] *n/f* insistence. **in·sis·ten·te** [insisténte] *adj* insistent, persistent. **in·sis·tir** [insistír] *v* **1. (~ en/sobre)** to insist (on/upon). **2. (~ en que)** to insist (that). **3. (~ en)** to emphasize. **4. (~ en)** to press.

in·so·bor·na·ble [insoβornáβle] *adj* incorruptible, morally unassailable.

in·so·cia·ble [insoθjáβle] *adj* unsociable.

in·so·la·ción [insolaθjón] *n/f* MED sunstroke, insolation.

in·so·len·cia [insolénθja] *n/f* insolence, impertinence. **in·so·len·tar** [insolentár] **I.** *v* to goad sb, make sb insolent. **II.** *v/Refl(-se)* **(~se con alguien)** to become insolent, FAM get cheeky (with). **in·so·len·te** [insolénte] *adj* **1.** insolent, petulant. **2.** IR PEY haughty, superior. **3.** disrespectful, contemptuous.

in·só·li·to/a [insólito/a] *adj* **1.** unusual, uncommon. **2.** unaccustomed.

in·so·lu·bi·li·dad [insoluβiliðáð] *n/f* insolubility. **in·so·lu·ble** [insolúβle] *adj* **1.** insoluble. **2.** unsolvable, unresolvable (*problema*).

in·sol·ven·cia [insolβénθja] *n/f* insolvency, bankruptcy. **in·sol·ven·te** [insolβénte] *adj* insolvent, bankrupt.

in·som·ne [insómne] *adj* sleepless. **in·som·nio** [insómnjo] *n/m* insomnia.

in·son·da·ble [insondáβle] *adj* bottomless, unfathomable.

in·so·no·ri·za·ción [insonoriθaθjón] *n/f* TÉC soundproofing. **in·so·no·ri·zar** [insonoriθár] *v* (*insonorice*) to soundproof. **in·so·no·ro/a** [insonóro/a] *adj* soundless, noiseless.

in·so·por·ta·ble [insoportáβle] *adj* **1.** that cannot be carried. **2.** FIG unbearable, intolerable, insufferable.

in·sos·la·ya·ble [insoslaʝáβle] *adj* unavoidable.

in·sos·pe·cha·ble [insospetʃáβle] *adj* beyond suspicion. **in·sos·pe·cha·do/a** [insospetʃáðo/a] *adj* unsuspected.

in·sos·te·ni·ble [insosteníβle] *adj* **1.** unsustainable. **2.** untenable (*posición*).

ins·pec·ción [inspe(k)θjón] *n/f* **1.** inspection, examination, check. 2. control, inspector's office. **ins·pec·cio·nar** [inspe(k)θjonár] *v* **1.** to inspect. **2.** to check, examine. **3.** to oversee. **ins·pec·tor/ra** [inspektór/ra] *n/m,f* **1.** inspector. **2.** superintendent, supervisor.

ins·pi·ra·ción [i(n)spiraθjón] *n/f gen* inspiration. **ins·pi·rar** [i(n)spirár] **I.** *v* **1.** to breathe in. **2.** FIG to inspire. **II.** *v/Refl(-se)* **(~se en)** to be inspired (by), find inspiration (in).

ins·ta·la·ción [i(n)stalaθjón] *n/f* **1.** installation, instalment (*acción*). **2.** equipment. **3.** plant (*fábrica*). **4.** *pl* facilities. **ins·ta·la·dor/ra** [i(n)stalaðór/ra] *n/m,f* fitter, installer. **ins·ta·lar** [i(n)stalár] **I.** *v* **1.** to install. **2.** to fit out, equip, FAM kit out. **3. (~ en)** to install, settle (in). **II.** *v/Refl(-se)* **1. (~se en)** to settle (down), install oneself (in). **2. (~se en)** to establish oneself (in). **3.** COM to set oneself up, set up on one's own (*un negocio*).

ins·tan·cia [i(n)stánθja] *n/f* **1.** request. **2.** petition, application. **3.** application form (*solicitud*). LOC **A ~s de,** on the advice of. **En primera ~,** in the first instance. **En última ~,** in the final analysis. **Las ~s del poder** *pl*, the powers that be. **Presentar una ~,** to make an application.

ins·tan·tá·neo/a [i(n)stantáneo/a] **I.** *adj* instantaneous, instant. **II.** *n/f* snap, snapshot (*foto*). LOC **Café ~,** instant coffee. **Sacar ~s,** to take snapshots. **ins·tan·te** [i(n)stánte] *n/m* instant, moment. LOC **A cada ~,** repeatedly, all the time. **Al ~,** instantly. **Dentro de un ~,** in a moment. **Desde el ~ en que**, from the moment that/when.

ins·tar [i(n)stár] *v* **(~ a)** to urge, press.

ins·tau·ra·ción [i(n)stauraθjón] *n/f* **1.** establishment. **2.** restoration. **ins·tau·ra·dor/ra** [i(n)stauraðór/ra] **I.** *adj* **1.** establishing. **2.** restorer. **II.** *n/m,f* **1.** establisher. **2.** restorer.

ins·tau·rar [i(n)staurár] *v* **1.** to establish. **2.** to restore, re-establish.

ins·ti·ga·ción [i(n)stiɣaθjón] *n/f* instigation. **ins·ti·ga·dor/ra** [i(n)stiɣaðór/ra] **I.** *adj* instigating. **II.** *n/m,f* instigator. **ins·ti·gar** [i(n)stiɣár] *v* (*instigue*) **1.** to instigate. **2. (~ a)** induce, provoke, incite (to).

ins·tin·ti·vo/a [i(n)stintíβo/a] *adj* instinctive. **ins·tin·to** [i(n)stínto] *n/m* **1.** instinct. **2.** desire, urge: *El instinto sexual*, Sexual urge.

ins·ti·tu·ción [i(n)stituθjón] *n/f* **1.** institution, establishment. **2.** *pl* institutions. **ins·ti·tu·cio·nal** [i(n)stituθjonál] *adj* institutional. **ins·ti·tu·cio·na·li·zar** [i(n)stituθjonaliθár] *v* (*institucionalice*) to institutionalize. **ins·ti·tuir** [i(n)stituír] *v* (*instituyo, instituí*) **1.** to institute, establish (*principios*). **2.** to found, set up. **3.** to appoint (*heredero*). **ins·ti·tu·to** [i(n)stitúto] *n/m* **1.** *gen* institute, institution. **2.** Br secondary school, US high school. **3.** rule, principle. **4.** REL precept, rule (*de orden religioso*).

ins·ti·tu·triz [i(n)stitutríθ] *n/f* (*pl institutrices*) governess.

ins·truc·ción [i(n)stru(k)θjón] *n/f* **1.** *gen* instruction. **2.** education, teaching, tuition. **3.** knowledge, learning (*conocimientos*). **4.** JUR (preliminary) proceedings *pl*, hearing. **5.** *pl* instructions, orders. **6.** MIL drill, training. **7.** DEP training, coaching. LOC **~es de uso**, directions for use. **Juez de ~,** JUR examining magistrate. **ins·truc·ti·vo/a** [i(n)struktíβo/a] *adj* instructive, educational. **ins· truc·tor/ra** [i(n)struktór/ra] **I.** *adj* instructing. **II.** *n/m,f* **1.** instructor. **2.** DEP coach, trainer. **ins·trui·do/a** [i(n)struíðo/a] *adj* educated, well-educated. **ins·truir** [i(n)struír] *v* (*instruyo,* *instruí*) **1**. to educate, teach. **2**. **(~ a uno en/sobre)** to instruct sb (in). **3**. MIL to train, drill. **4**. **(~ de/sobre)** to inform, advise, tell (of/about). **5**. JUR to investigate, hear (*proceso*).

ins·tru·men·tal [i(n)strumen̪tál] **I**. *adj* **1**. MÚS instrumental. **2**. JUR documentary. **II**. *n/m* MÚS instruments *pl*. **ins·tru·menta·li·zar** [i(n)strumen̪taliθár] *v* (*instrumentalice*) to carry out. **ins·tru·men·tar** [i(n)strumen̪tár] *v* MÚS to instrument, orchestrate. **ins·tru·men·tis·ta** [instrumentísta] *n/m,f* MÚS **1**. instrumentalist. **2**. instrument maker. **ins·tru·men·to** [i(n)struméṇto] *n/m* **1**. MÚS instrument. **2**. tool, implement (*utensilio*).

in·su·bor·di·na·ción [insuβorðinaθjón] *n/f* insubordination. **in·su·bor·di·na·do** [insuβorðináðo] **I**. *adj* insubordinate. **II**. *n/m,f* rebel. **in·su·bor·di·nar** [insuβorðinár] **I**. *v* **(~ a)** to stir up, incite (to) (*rebelión*). **II**. *v/Refl(-se)* **1**. **(~se contra)** to rebel (against). **2**. to become insubordinate.

in·subs·tan·cial [insu(β)stan̪θjál] *adj* **1**. insubstantial. **2**. FIG empty, trite (*coloquio*). **3**. shallow, superficial (*persona*). **in·subs·tan·cia·li·dad** [insu(β)stan̪θjaliðáð] *n/f* **1**. insubstantiality. **2**. FIG emptiness, triteness. **3**. shallowness, superficiality.

in·subs·ti·tui·ble [insu(β)stituíβle] *adj* irreplaceable.

in·su·fi·cien·cia [insufiθjén̪θja] *n/f* **1**. insufficiency, scarcity, shortage. **2**. inability, incompetence. LOC **~ cardíaca**, MED heart failure. **in·su·fi·cien·te** [insufiθjén̪te] **I**. *adj* **1**. insufficient. **2**. incompetence. **II**. *n/m* fail (*en un examen*).

in·su·flar [insuflár] *v* MED to insufflate.

in·su·fri·ble [insufríβle] *adj* **1**. unbearable, intolerable. **2**. insufferable, unbearable (*persona*).

ín·su·la [ínsula] *n/f* LIT island. **in·su·lar** [insulár] **I**. *adj* insular, island. **II**. *n/m,f* islander. **in·su·la·ri·dad** [insulariðáð] *n/f* insularity.

in·su·li·na [insulína] *n/f* MED insulin.

in·sul·sez [insulséθ] *n/f* **1**. insipidness, tastelessness. **2**. FIG dullness, insipidity. **in·sul·so/a** [insúlso/a] *adj* **1**. tasteless, insipid. **2**. FIG insipid, dull.

in·sul·tan·te [insul̪tán̪te] *adj* insulting, offensive. **in·sul·tar** [insul̪tár] *v* to insult. **in·sul·to** [insúl̪to] *n/m* insult.

in·su·mi·sión [insumisjón] *n/f* insubordination. **in·su·mi·so/a** [insumíso/a] *adj* **1**. **(Estar ~)** unyielding, unsubmissive. **2**. **(Ser ~)** insubordinate, rebellious.

in·su·pe·ra·ble [insuperáβle] *adj* **1**. unsurpassable (*en calidad*). **2**. insurmountable (*dificultad*). **3**. unbeatable (*precios*).

in·sur·gen·te [insurxén̪te] **I**. *adj* insurgent. **II**. *n/m,f* insurrectionist, rebel. **in·su·rrec·ción** [insurre(k)θjón] *n/f* insurrection, revolt, rebellion. **in·su·rrec·to/a** [insurrékto/a] *adj, n/m,f* V **insurgente**.

in·sus... V **in·subs**...

in·tac·to/a [in̪tákto/a] *adj* **(Estar ~) 1**. intact, undamaged. **2**. whole, complete, entire. **3**. untouched.

in·ta·cha·ble [in̪tat∫áβle] *adj* **(Ser ~)** irreproachable.

in·tan·gi·bi·li·dad [in̪taŋxiβiliðáð] *n/f* intangibility. **in·tan·gi·ble** [in̪taŋxíβle] *adj* intangible.

in·te·gra·ción [in̪teγraθjón] *n/f* integration. **in·te·gral** [in̪teγrál] **I**. *adj* integral. **II**. *n/m* MAT integral. LOC **Pan ~**, wholemeal bread. **in·te·gran·te** [in̪teγrán̪te] **I**. *adj* integral, integrating. **II**. *n/m,f* member. **in·te·grar** [in̪teγrár] *v* **1**. **(~ en)** to integrate (into). **2**. to form, compose, make up (*componer*). **3**. COM to repay, reimburse. **in·te·gri·dad** [in̪teγriðáð] *n/f* **1**. integrity. **2**. wholeness, completeness. **3**. FIG honesty, integrity. **ín·te·gro/a** [ín̪teγro/a] *adj* **1**. integral. **2**. whole, complete. **3**. FIG upright, honest.

in·te·lec·ti·vo/a [in̪telektíβo/a] **I**. *adj* intellectual, mental. **II**. *n/f* intellect, understanding. **in·te·lec·to** [in̪telékto] *n/m* intellect. **in·te·lec·tual** [in̪telektwál] *adj n/m,f* intellectual. **in·te·lec·tua·li·dad** [in̪telektwaliðáð] *n/f* **1**. intellectuality. **2**. intelligentsia. **in·te·lec·tua·lis·mo** [in̪telektwalísmo] *n/m* intellectualism. **in·te·li·gen·cia** [in̪telixén̪θja] *n/f* **1**. intelligence, intellect. **2**. understanding, comprehension. **3**. FAM mind, wits, knowledge (*conocimiento*). **in·te·li·gen·te** [in̪telixén̪te] *adj* intelligent, clever, FAM smart, bright. **in·te·li·gi·ble** [in̪telixíβle] *adj* **(Ser ~)** intelligible.

in·tem·pe·ran·cia [in̪temperán̪θja] *n/f* intemperance, excess. **in·tem·pe·ran·te** [in̪temperán̪te] *adj* intemperate, immoderate.

in·tem·pe·rie [in̪tempérje] *n/f* inclemency (*del clima*), exposure. LOC **A la ~**, **1**. outdoors. **2**. at the mercy of the elements *pl*.

in·tem·pes·ti·vo/a [in̪tempestíβo/a] *adj* inopportune, without due warning.

in·ten·ción [in̪ten̪θjón] *n/f* **1**. *gen* intention, purpose. **2**. intention, plan (*proyecto*). **3**. JUR intent. LOC **Con ~**, intentionally, deliberately. **Tener (la) ~ de +** *inf*, to intend to + *inf*, have the intention of + *ger*. **in·ten·cio·na·do/a** [in̪ten̪θjonáðo/a] *adj* deliberate. LOC **Bien ~**, well-meaning. **Mal ~**, ill-intentioned. **in·ten·cio·na·li·dad** [in̪ten̪θjonaliðáð] *n/f* purpose, intention.

in·ten·den·cia [in̪ten̪dén̪θja] *n/f* MIL Br Service Corps, US Quartermaster Corps. **in·ten·den·te** [in̪ten̪dén̪te] *n/m* **1**. MIL Br Quartermaster General, US Quartermaster. **2**. *Amer* Mayor (*alcalde*).

in·ten·si·dad [in̪tensiðáð] *n/f* intensity. **in·ten·si·fi·ca·ción** [in̪tensifikaθjón] *n/f* intensification. **in·ten·si·fi·car** [in̪tensifikár] *v* (*intensifique*) **1**. to intensify. **2**. COM to increase. **in·ten·si·vo/a** [in̪tensíβo/a] *adj* intensive. LOC **Cultivo ~**, AGR intensive farming. **in·ten·so/a** [in̪ténso/a] *adj* **1**. intense. **2**. acute (*dolor*). **3**. ELECTR strong (*luz*).

in·ten·tar [in̪ten̪tár] *v* **1**. to try, attempt. **2**. to intend/mean to. **in·ten·to** [in̪tén̪to] *n/m* **1**. intention, intent. **2**. attempt (*tentativa*). LOC

Al ~ de + *inf, Amer* with the aim of + *ger*. **De ~**, intentionally, on purpose. **in·ten·to·na** [in̪ten̪tóna] *n/f* wild attempt, coup.

in·ter·ac·ción [in̪tera(k)θjón] *n/f* interaction.

in·ter·ca·lar [in̪terkalár] *v* to intercalate.

in·ter·cam·bia·ble [in̪terkam̩bjáßle] *adj* interchangeable. **in·ter·cam·biar** [in̪terkam̩bjár] *v* **1**. to exchange. **2**. to interchange. **in·ter·cam·bio** [in̪terkám̩bjo] *n/m* exchange.

in·ter·ce·der [in̪terθeðér] *v* **(~ en/por favor de)** to intercede (for).

in·ter·cep·ta·ción [in̪terθeptaθjón] *n/f* **1**. interception. **2**. hold-up, stoppage. **in·ter·cep·tar** [in̪terθeptár] *v* **1**. to intercept. **2**. to block (*carretera*). **3**. to hold up (*tráfico*). **in·ter·cep·tor/ra** [in̪terθeptór/ra] *n/m* AER interceptor.

in·ter·ce·sión [in̪terθesjón] *n/f* intercession. **in·ter·ce·sor/ra** [in̪terθesór/ra] **I**. *adj* interceding. **II**. *n/m,f* intercessor.

in·ter·co·mu·ni·ca·ción [in̪terkomunikaθjón] *n/f* intercommunication.

in·ter·con·ti·nen·tal [in̪terkon̪tinen̪tál] *adj* intercontinental.

in·ter·de·pen·den·cia [in̪terðepen̪dén̪θja] *n/f* interdependence.

in·ter·dic·ción [in̪terði(k)θjón] *n/f* JUR prohibition. **in·ter·dic·to/a** [in̪terðíkto/a] **I**. *adj* prohibited. **II**. *n/m* interdict, interdiction, prohibition.

in·ter·dis·ci·pli·na·rio/a [in̪terðisθiplinárjo/a] *adj* interdisciplinary.

in·te·rés [in̪terés] *n/m* **1**. *gen* interest. **2**. *pl* interests, affairs. LOC **Colocar dinero a ~**, COM to invest money at interest. **Devengar (intereses)**, COM to become payable, accrue. **Intereses creados**, COM vested interests. **Tener ~ en/por**, **1**. to be interested in. **2**. to be anxious that. **in·te·re·sa·do/a** [in̪teresáðo/a] **I**. *adj* **1**. **(~ en/por)** interested (in). **2**. concerned. **3**. bias(s)ed, prejudiced. **4**. **(Ser ~)** selfish, mercenary (*egoísta*). **II**. *n/m,f* **1**. person concerned, interested party. **2**. applicant (*para un trabajo*). LOC **Los ~s**, those concerned. **in·te·re·san·te** [in̪teresán̪te] *adj* interesting. LOC **Hacerse el ~**, to try to attract attention. **in·te·re·sar** [in̪teresár] **I**. *v* **1**. **(~ a)** to interest (sb). **2**. to concern. **3**. to be of interest to, appeal to. **4**. MED to affect. **5**. **(~ a)** to involve (sb), FAM take (sb) on board. **II**. *v/Refl(-se)* **(~se por/en)** to be interested (in), take an interest (in).

in·ter·fec·to/a [in̪terfékto/a] **I**. *adj* JUR murdered. **II**. *n/m,f* JUR murder victim.

in·ter·fe·ren·cia [in̪terferén̪θja] *n/f* **1**. FÍS interference; intervention. **2**. jamming (*radio*). **in·ter·fe·rir** [in̪terferír] *v* (*interfiero*) **1**. **(~ en/con)** to interfere (in/with). **2**. to jam (*radio*), scramble (*TV*).

in·ter·fo·no [in̪terfóno] *n/m* intercom, house telephone.

in·ter·ga·lác·ti·co/a [in̪terɣaláktiko/a] *adj* ASTR intergalactic.

ín·te·rin [ín̪terin] LOC **En el ~**, *adv* in the interim, meanwhile. **in·te·ri·ni·dad** [in̪teriniðáð] *n/f* **1**. temporary state. **2**. temporary employment. **in·te·ri·no/a** [in̪teríno/a] **I**. *adj* **1**. interim. **2**. temporary. **3**. provisional. **II**. *n/m,f* **1**. stand-in, replacement. **2**. *n/f* domestic help. LOC **Presidente ~**, acting chair.

in·te·rior [in̪terjór] **I**. *adj* **1**. interior, inner, inside. **2**. FIG inner, inward. **3**. GEOG inland. **4**. domestic, internal (*política*). **II**. *n/m* **1**. interior, inside. **2**. FIG mind, soul, spirit. **3**. DEP inside forward (*fútbol*). **4**. *pl* insides, entrails, innards. LOC **Ministerio del ~**, Br Home Office, Ministry of the Interior, US Department of Interior. **Para mí ~**, to myself. **Política ~**, domestic policy. **Ropa ~**, underclothes, underwear. **in·te·rio·ri·dad** [in̪terjoriðáð] *n/f* **1**. interiority, inwardness, privacy. **2**. *pl* personal affairs.

in·ter·jec·ción [in̪terxe(k)θjón] *n/f* GRAM interjection.

in·ter·lo·cu·tor/ra [in̪terlokutór/ra] *n/m,f* interlocutor.

in·ter·lu·dio [in̪terlúðjo] *n/m* interlude.

in·ter·me·dia·rio/a [in̪termeðjárjo/a] **I**. *adj* intermediary. **II**. *n/m,f* **1**. intermediary. **2**. mediator, go-between. **3**. COM middleman/woman. **in·ter·me·dio/a** [in̪terméðjo/a] **I**. *adj* **1**. intermediate. **2**. halfway, medium. **3**. intervening. **II**. *n/m* **1**. interval. **2**. recess (*parlamento*). **3**. commercial break (*TV*). **4**. intermission (*cine*), TEAT interval. LOC **En el ~**, in the meantime.

in·ter·mi·na·ble [in̪termináßle] *adj* interminable, endless.

in·ter·mi·ten·cia [in̪termitén̪θja] *n/f* intermittence, intermittency. **in·ter·mi·ten·te** [in̪termitén̪te] **I**. *adj* intermitent. **II**. *n/m* AUT indicator.

in·ter·na·cio·nal [in̪ternaθjonál] **I**. *adj* international. **II**. *n/f* The Internationale. **in·ter·na·cio·na·lis·ta** [in̪ternaθjonalísta] *adj n/m,f* internationalist. **in·ter·na·cio·na·li·za·ción** [in̪ternaθjonaliθaθjón] *n/f* internationalization. **in·ter·na·cio·na·li·zar** [in̪ternaθjonaliθár] *v* (*internacionalice*) to internationalize.

in·ter·na·do/a [in̪ternáðo/a] **1**. *n/m* boarding school. **2**. *n/m,f pl* boarder. **3**. *n/m* MIL internee. **4**. *n/f* DEP breakthrough. **in·ter·na·mien·to** [in̪ternamjén̪to] *n/m* internment. **in·ter·nar** [in̪ternár] **I**. *v* **(~ en) 1**. to confine (to) (*hospital*). **2**. to commit (to) (*psiquiátrico*). **3**. to intern (*cárcel*). **4**. **to put into a home** (*anciano*). **II**. *v/Refl(-se)* **(~se en) 1**. to penetrate, FIG to go deeply (into). **2**. DEP to break through. **3**. to go into the interior of (*un país*), go into (*un bosque*). **in·ter·no/a** [in̪térno/a] **I**. *adj* **1**. internal, interior. **2**. boarding (*alumno*). **II**. *n/m,f* **1**. MED intern. **2**. boarder.

in·ter·pe·la·ción [in̪terpelaθjón] *n/f* **1**. interpellation. **2**. appeal, plea. **3**. question (*parlamento*). **in·ter·pe·lar** [in̪terpelár] *v* **1**. **(~ a)** to interpellate (*al gobierno*). **2**. to implore, beseech.

in·ter·pla·ne·ta·rio/a [in̪terplanetárjo/a] *adj* interplanetary.

in·ter·po·la·ción [iṇterpolaθjón] *n/f* interpolation. **in·ter·po·lar** [iṇterpolár] *v* to interpolate.

in·ter·po·ner [iṇterponér] **I.** *v* (*interpongo, interpuse, interpondré,* pp *interpuesto*) **1.** to interpose. **2. (~ en)** to intervene (in). **3.** to interrupt momentarily; JUR to lodge. **II.** *v/Refl(-se)* **(~se entre)** FIG to place oneself between.

in·ter·pre·ta·ción [iṇterpretaθjón] *n/f* **1.** interpretation. **2.** interpreting (*profesión*). **3.** TEAT performance, interpretation. **in·ter·pre·tar** [iṇterpretár] *v* **1.** *gen* to interpret. **2.** MÚS to sing, perform (*canción*). **3.** TEAT to play/act (the part of) (*papel*). **4.** TEAT to perform (*obra*). **5.** to translate, render (*traducción*). **in·tér·pre·te** [iṇtérprete] *n/m,f* **1.** *gen* interpreter. **2.** translator. **3.** MÚS singer. **4.** TEAT performer, artist.

in·ter·reg·no [iṇterréγno] *n/m* interregnum.

in·te·rro·ga·ción [iṇterroγaθjón] *n/f* **1.** question. **2.** questioning, interrogation. LOC **Signo de ~**, interrogation, question mark. **in·te·rro·gan·te** [iṇterroγáṇte] **I.** *adj* interrogating, questioning. **II.** *n/m* query, quandary, uncertainty. **in·te·rro·gar** [iṇterroγár] *v* (*interrogue*) to question, interrogate. LOC **~ a alguien acerca de**, to interrogate sb about. **in·te·rro·ga·ti·vo/a** [iṇterroγatíβo/a] *adj* interrogative. **in·te·rro·ga·to·rio** [iṇterroγatórjo] *n/m* interrogation, cross-examination.

in·te·rrum·pir [iṇterrumpír] *v* **1.** to interrupt. **2.** to cut short, curtail. **3.** to stop temporarily. **4.** to cut off, switch off (*corriente*). **5.** to hold up, block, obstruct (*tráfico*). **in·te·rrup·ción** [iṇterrupθjón] *n/f* **1.** interruption. **2.** break. **in·te·rrup·tor/ra** [iṇterruptór/ra] **I.** *adj* interrupting. **II.** *n/m* ELECTR (light)-switch. LOC **~ automático**, ELECTR time switch.

in·ter·sec·ción [iṇterse(k)θjón] *n/f* GEOM intersection.

in·ter·si·de·ral [iṇtersiðerál] *adj* ASTR interstellar.

in·ters·ti·cio [iṇterstíθjo] *n/m* **1.** interstice, gap, space. **2.** interval (*de tiempo*).

in·ter·ur·ba·no/a [iṇterurβáno/a] *adj* **1.** inter-urban, inter-city. **2.** long-distance (*llamada*).

in·ter·va·lo [iṇterβálo] *n/m* **1.** interval (*tiempo*). **2.** gap (*espacio*).

in·ter·ven·ción [iṇterβeṇθjón] *n/f* **1.** *gen* intervention. **2.** tapping (*teléfono*). **3.** COM auditing, audit (*de cuentas*). **4.** participation, contribution (*en conversación*). **5.** control (*de precios*). **6.** MED operation. **in·ter·ven·cio·nis·mo** [iṇterβeṇθjonísmo] *n/m* interventionism. **in·ter·ven·cio·nis·ta** [iṇterβeṇθjonísta] *adj n/m,f* interventionist. **in·ter·ve·nir** [iṇterβenír] *v* (*intervengo, intervine, intervendré,* pp *intervenido*) **1. (~ en)** to take part, participate (in). **2. (~ en)** to intervene in. **3.** COM to audit. **4.** to place under government control. **5.** MED to operate on. **6.** to tap (*teléfono*). **in·ter·ven·tor/ra** [iṇterβeṇtór/ra] *n/m,f* **1.** supervisor, inspector. **2.** COM auditor. **3.** controller. **4.** election supervisor (*política*).

in·ter·viú [iṇterβjú] *n/f* interview.

in·tes·ta·do/a [iṇtestáðo/a] *adj n/m,f* JUR intestate.

in·tes·ti·nal [iṇtestinál] *adj* intestinal. **in·tes·ti·no/a** [iṇtestíno/a] **I.** *adj* internal, intestine. **II.** *n/m* ANAT intestine. LOC **Luchas ~as**, internal conflicts.

in·ti·ma·ción [iṇtimaθjón] *n/f* notification. **in·ti·mar** [iṇtimár] *v* **1. (~ a)** to order (that) (*mandar*). **2. (~ con alguien)** to become intimate/well acqainted with sb.

in·ti·mi·da·ción [iṇtimiðaθjón] *n/f* intimidation.

in·ti·mi·dad [iṇtimiðáð] *n/f* **1.** intimacy. **2.** privacy. **3.** *pl* private life. LOC **En la ~**, privately.

in·ti·mi·dar [iṇtimiðár] *v* to intimidate.

in·ti·mis·ta [iṇtimísta] *adj* intimist. **ín·ti·mo/a** [íṇtimo/a] *adj* **1.** intimate. **2.** private (*vida*). **3.** close (*amistad*).

in·ti·tu·lar [iṇtitulár] *v* to entitle.

in·to·ca·ble [iṇtokáβle] *adj* untouchable.

in·to·le·ra·ble [iṇtoleráβle] *adj* intolerable. **in·to·le·ran·cia** [iṇtoleráṇθja] *n/f* intolerance. **in·to·le·ran·te** [iṇtoleráṇte] *adj* **1. (~ con/para con)** intolerant. **2. (~ en)** bigoted, narrow-minded about.

in·to·xi·ca·ción [iṇto(k)sikaθjón] *n/f* **1.** intoxication, poisoning. **2.** smear campaign (*política*). **in·to·xi·car** [iṇto(k)sikár] *v* (*intoxique*) **1.** to intoxicate, poison. **2.** FIG to smear (sb) (*en política*).

in·tra·du·ci·ble [iṇtraðuθíβle] *adj* untranslatable.

in·tra·mu·ros [iṇtramúros] *adv* within the city/place (walls).

in·tran·qui·li·dad [iṇtraŋkiliðáð] *n/f* **1.** restlessness, uneasiness. **2.** preoccupation, worry, disquiet. **in·tran·qui·li·zar** [iṇtraŋkiliθár] *v* (*intranquilice*) to worry, make uneasy. **in·tran·qui·lo/a** [iṇtraŋkílo/a] *adj* **1.** restless. **2.** preoccupied, worried.

in·trans·fe·ri·ble [iṇtransferíβle] *adj* non-transferable.

in·tran·si·gen·cia [iṇtransixéṇθja] *n/f* intransigence. **in·tran·si·gen·te** [iṇtransixéṇte] *adj* intransigent, uncompromising.

in·tran·si·ta·ble [iṇtransitáβle] *adj* impassable (*carretera*).

in·tran·si·ti·vo/a [iṇtransitíβo/a] *adj* GRAM intransitive.

in·tras·cen·den·cia [iṇtrasθeṇdéṇθja] *n/f* insignificance, unimportance. **in·tras·cen·den·te** [iṇtrasθeṇdéṇte] *adj* **1.** non-transcendent(al). **2.** unimportant, insignificant.

in·tra·ta·ble [iṇtratáβle] *adj* **1.** intractable, unmanageable. **2.** unsociable, difficult (*persona*). **3.** grouchy, rude (*persona*).

in·tra·ve·no·so/a [iṇtraβenóso/a] *adj* MED intravenous.

in·tre·pi·dez [iṇtrepiðéθ] *n/f* daring, fearlessness. **in·tré·pi·do/a** [iṇtrépiðo/a] *adj* intrepid, PEY rash.

in·tri·ga [iṇtríγa] *n/f* intrigue. **in·tri·gan·te** [iṇtriγáṇte] **I.** *adj* intriguing. **II.** *n/m,f* schemer, intriguer. **in·tri·gar** [iṇtriγár] *v* (*in-*

trigue) 1. to plot, scheme. 2. to perplex. 3. to intrigue, fascinate.

in·trin·ca·do/a [intriŋkáðo/a] *adj* 1. intricate, complicated (*asunto*). 2. dense, impenetrable (*bosque*).

in·trín·gu·lis [intríŋgulis] *n/m* FAM 1. ulterior motive. 2. snag, difficulty (*oculto*). 3. enigma, mystery.

in·trín·se·co/a [intrínseko/a] *adj* intrinsic.

in·tro·duc·ción [introðu(k)θjón] *n/f* 1. *gen* introduction. 2. insertion. 3. LIT foreword, preface. **in·tro·du·cir** [introðuθír] I. *v* (*introduzco, introduje*) 1. **(~ en)** to put in, insert (*llave*). 2. to introduce (*en grupo social*). 3. to bring in, introduce (*nuevas técnicas*). 4. **(~ en)** to show into (*sala*). 5. to bring on, cause (*ocasionar*). II. *v/Refl(-se)* 1. **(~se entre)** to introduce oneself into (*grupo social*). 2. **(~se en)** to get into, enter (*cuarto*). **in·tro·duc·tor/ra** [introðuktór/ra] I. *adj* introductory. II. *n/m,f* 1. introducer. 2. innovator. **in·tro·duc·to·rio/a** [introðuktórjo/a] *adj* introductory.

in·tro·mi·sión [intromisjón] *n/f* 1. insertion. 2. interfering, intrusion. 3. JUR intromission.

in·tros·pec·ción [introspe(k)θjón] *n/f* introspection, self-examination. **in·tros·pec·ti·vo/a** [introspektíßo/a] *adj* introspective.

in·tro·ver·sión [introßersjón] *n/f* introversion. **in·tro·ver·ti·do/a** [introßertíðo/a] I. *adj* 1. introverted. 2. FIG shy, quiet. II. *n/m,f* introvert.

in·tru·sión [intrusjón] *n/f* 1. intrusion. 2. encroachment. 3. JUR trespass(ing). **in·tru·sis·mo** [intrusísmo] *n/m* quackery. **in·tru·so/a** [intrúso/a] I. *adj* 1. intrusive, intruding. 2. meddling. II. *n/m,f* 1. intruder, interloper. 2. gatecrasher (*reunión, fiesta*). 3. JUR trespasser, intruder.

in·tui·ción [intwiθjón] *n/f* intuition. **in·tuir** [intuír] *v* (*intuyo*) 1. to sense, intuit. 2. to feel, have a sense of, have a feeling for (*música*). **in·tui·ti·vo/a** [intwitißo] *adj* intuitive.

i·nun·da·ción [inundaθjón] *n/f* 1. inundation. 2. flood. **i·nun·dar** [inundár] *v* **(~ de)** 1. to flood (with). 2. FIG to inundate/flood (with).

i·nu·si·ta·do/a [inusitáðo/a] *adj* unusual, extraordinary

in·u·sual [inuswál] *adj* unusual.

in·ú·til [inútil] *adj* 1. useless. 2. unnecessary. 3. **(~ para)** unfit (for). 4. vain (*esfuerzo*). 5. pointless, FAM no use/good. **in·u·ti·li·dad** [inutiliðáð] *n/f* 1. uselessness. 2. incompetence (*persona*). **in·u·ti·li·zar** [inutiliθár] *v* (*inutilice*) 1. to put out of action, disable. 2. to spoil, ruin (*estropear*).

in·va·dir [imbaðír] *v* 1. to invade. 2. FIG to overcome. 3. FIG to encroach upon (*derechos*).

in·va·li·da·ción [imbaliðaθjón] *n/f* invalidation. **in·va·li·dar** [imbaliðár] *v* to invalidate. **in·va·li·dez** [imbaliðéθ] *n/f* 1. invalidity. 2. JUR nullity, invalidity 3. MED disablement, disability. **in·vá·li·do/a** [imbáliðo/a] I. *adj* 1. MED invalid, **(~ de)** disabled (in). 2. JUR invalid, null (and void). II. *n/m,f* 1. MED invalid. 2. *n/m* MIL wounded/disabled soldier.

in·va·ria·bi·li·dad [imbarjaßiliðáð] *n/f* invariability. **in·va·ria·ble** [imbarjáßle] *adj* invariable.

in·va·sión [imbasjón] *n/f* 1. invasion. 2. **(~ de)** encroachment (on/upon). **in·va·sor/ra** [imbasór/ra] I. *adj* invading. II. *n/m,f* invader.

in·vec·ti·va [imbektíßa] *n/f* 1. invective. 2. tirade.

in·ven·ci·bi·li·dad [imbenθißiliðáð] *n/f* invincibility. **in·ven·ci·ble** [imbenθíßle] *adj* invincible.

in·ven·ción [imbenθjón] *n/f* 1. invention, discovery. 2. POÉT FIG fiction. 3. FIG fabrication.

in·ven·di·ble [imbendíßle] *adj* 1. unsaleable. 2. unmarketable.

in·ven·tar [imbentár] *v* 1. to invent, FAM think up. 2. to make up, concoct (*cuento*).

in·ven·ta·riar [imbentarjár] *v* to make an inventory (of). **in·ven·ta·rio** [imbentárjo] *n/m* 1. inventory. 2. COM stocktaking.

in·ven·ti·vo/a [imbentíßo/a] I. *adj* 1. inventive, creative. 2. resourceful, ingenious. II. *n/f* 1. inventiveness, creativeness. 2. resourcefulness. **in·ven·to** [imbénto] *n/m* 1. invention. 2. FIG FAM idea. **in·ven·tor/ra** [imbentór/ra] *n/m,f* inventor.

in·ver·na·da [imbernáða] *n/f* 1. winter, wintertime (*invierno*). 2. AGR winter pasture. **in·ver·na·de·ro** [imbernaðéro] *n/m* greenhouse. **in·ver·nal** [imbernál] *adj* winter, wintry. **in·ver·nar** [imbernár] *v* (*invierno*) 1. to winter, spend the winter. 2. ZOOL to hibernate.

in·ve·ro·sí·mil [imberosímil] *adj* unlikely, improbable. **in·ve·ro·si·mi·li·tud** [imberosimilitúð] *n/f* improbability, unlikelihood.

in·ver·sión [imbersjón] *n/f* 1. inversion, reversal. 2. COM investment. LOC **~ de marcha**, AUT reversing (out). **in·ver·sio·nis·ta** [imbersjonísta] *n/m,f* COM investor. **in·ver·so/a** [imbérso/a] *adj* 1. inverted. 2. inverse. 3. reverse. 4. opposite. LOC **A la inversa**, on the contrary. **in·ver·sor/ra** [imbersór/ra] *n/m,f* COM investor.

in·ver·te·bra·do/a [imberteßráðo/a] I. *adj* invertebrate. II. 1. *n/m* ZOOL invertebrate. 2. *pl* ZOOL invertebrates.

in·ver·ti·do/a [imbertíðo/a] *adj, n* inverted, reversed, homosexual. **in·ver·tir** [imbertír] *v* (*invierto*) 1. to invert, reverse, change (round), FAM swap (round) (*cambiar*). 2. to turn upside down/the other way round (*posición*). 3. to invert (*imagen*). 4. **(~ en)** COM to invest (in). 5. **(~ en)** to take, spend (*tiempo*).

in·ves·ti·du·ra [imbestiðúra] *n/f* investiture.

in·ves·ti·ga·ción [imbestiɣaθjón] *n/f* 1. investigation, inquiry. 2. *gen pl* research (*científica*). **in·ves·ti·ga·dor/ra** [imbestiɣaðór/ra] I. *adj* 1. investigating. 2. inquiring, inquisitive (*mirada*). II. *n/m,f* 1. investigat-

or. **2.** researcher. **in·ves·ti·gar** [imbestiγár] *v* (*investigue*) **1.** to investigate, make inquiries, do research. **2.** FAM to find out, look into. **2.** to research, do research into.

in·ves·tir [imbestír] *v* (*invisto*) **(~ con/de)** to invest sb with sth, confer.

in·ve·te·ra·do/a [imbeteráðo/a] *adj* LIT **1.** inveterate (*persona*). **2.** deep-seated, deep-rooted (*hábito*).

in·via·ble [imßiáßle] *adj* non-viable.

in·vic·to/a [imbíkto/a] *adj* unconquered, triumphant.

in·vi·den·te [imbiðénte] **I.** *adj* blind **II. 1.** *n/m* blind man. **2.** *n/f* blind woman.

in·vier·no [imbjérno] *n/m* winter.

in·vio·la·bi·li·dad [imbjolaßiliðáð] *n/f* inviolability. **in·vio·la·ble** [imbjoláßle] *adj* inviolable.

in·vi·si·bi·li·dad [imbisißiliðáð] *n/f* invisibility. **in·vi·si·ble** [imbisíßle] *adj* **(Ser ~)** invisible.

in·vi·ta·ción [imbitaθjón] *n/f* invitation. **in·vi·ta·do/a** [imbitáðo/a] *n/m,f* guest. **in·vi·tar** [imbitár] *v* **1. (~ a)** to invite (sb to). **2.** FIG to tempt, entice. **3. (~ a alguien a + *inf*)** to call on sb to + *inf*.

in·vo·ca·ción [imbokaθjón] *n/f* invocation. **in·vo·car** [imbokár] *v* (*invoque*) **1.** to invoke, call upon. **2.** to invoke, beg for (*piedad*).

in·vo·lu·crar [imbolukrár] *v* **(~ en)** to involve.

in·vo·lun·ta·rio/a [imboluntárjo/a] *adj* **1.** involuntary. **2.** unintentional (*ofensa*).

in·vul·ne·ra·bi·li·dad [imbulneraßiliðáð] *n/f* invulnerability. **in·vul·ne·ra·ble** [imbulneráßle] *adj* **(~ a)** invulnerable (to).

in·yec·ción [inJe(k)θjón] *n/f* injection. LOC **Poner una ~**, to give an injection. **in·yec·tar** [inJektár] *v* **(~ en)** to inject (into). **in·yec·tor** [inJektór] *n/m* injector, nozzle. LOC **~ de aire**, TÉC jet blower.

ión [ión] *n/m* (*pl iones*) FÍS ion. **ió·ni·co/a** [ióniko/a] *adj* FÍS ionic. **io·ni·za·ción** [ioniθaθjón] *n/f* FÍS ionization. **io·ni·za·dor/ra** [ioniθaðór/ra] **I.** *adj* ionizing. **II.** *n/m* ionizer. **io·ni·zar** [ioniθár] *v* (*ionice*) FÍS to ionize.

ir [ír] **I.** *v* ***(voy (vas, va..) fui, iré, vaya, yendo,*** pp ***ido*)** **1. (~ a)** *gen* to go (to). **2. (~ por)** to be at/on: *¿Ya vas por esa lección?*, Are you on that lesson already. **3.** to ride (*a caballo*), drive (*en coche*). **4. (~ por)** to go through. **5.** FAM **(~ desde/hasta)** to stretch, extend, lead (from/to). **6.** MAT to make: *Con éste van tres*, That makes three. **7.** to bet: *¿Cuánto va a que..?*, How much do you (want to) bet that...? **8.** to suit, go well, fit. **9.** MAT to carry: *Cinco, y van tres*, Five and carry three. **10. (pron + ~ + en)** FAM to be getting on, be coming along: *¿Cómo te va en tu nuevo trabajo?*, How are you getting on in your new job. **11. (~ para)** to be going into (*profesión*). **12. (~ en)** to concern, have to do with: *¿Qué te va a ti en eso?*, How does this concern you? **13. (~ para/con)** to be directed at, be meant for. **14. (~ por/a por)** to go for, fetch, US go fetch, Br go and get. **15. (~ por)** to be about/around: *Juan iba por los veinte años*, John was about twenty years old. **II.** *v/Refl(se)* **(~se de)** to leave, go away (from). **III.** *v aux* **1. (~ + *ger*)** to be + *ger*: *La playa iba llenándose de gente*, The beach was filling up with people. **2. (~ a + *inf*)** to be going to + *inf*. **3. (~ a + *inf*)** to go (off) to. **4.** to be beginning to + *inf*: *Voy comprendiendo*, I'm beginning to understand. **5. (~ + pp)** to be already + pp: *Van vendidos más de 10.000 ejemplares de esa novela*, 10,000 copies of that book are already sold. LOC **A eso voy/iba**, I'm coming to that. **Ahí van cien pesetas**, Here you have 100 pesetas. **A mí ni me va ni me viene**, It doesn't matter to me either way. **¿Cómo te va?**, How are you? **Dejarse ~**, to let oneself go. **¡Esto va de veras!**, *exclam* I'm serious! **~ a mejor/peor**, to go/get better/worse. **~ a pie/~ andando**, to walk, go on foot. **~ con**, to match, go with. **~ con chismes/historias**, to tittle-tattle. **~ de**, **1.** to be about (*tema*): *No sé de qué va*, I don't know what it's all about. **2.** to be in/wearing (*ropa*). **~ tirando**, to manage, cope. **¡Qué va!**, *exclam* Rubbish! Nonsense! **¡Vamos!**, *exclam* Come on! **¡Vamos a ver!**, FAM Let's see! **¡Vaya!**, *exclam* Well! **¡Vaya película/coche, etc!**, *exclam* What a great (film, car, etc)! **¡Vaya, vaya!**, *exclam* Well I never! **¡Vete!**, *exclam* Go away!

i·ra [íra] *n/f* ire, rage. **i·ra·cun·do/a** [irakúndo/a] *adj* irate.

i·ra·ní [iraní] *adj n/m,f* (*pl Iraníes*) Iranian.

i·ra·quí [irakí] (*pl Iraquíes*) *adj n/m,f* GEOG Iraqi.

i·ras·ci·bi·li·dad [irasθißiliðáð] *n/f* irascibility. **i·ras·ci·ble** [irasθíßle] *adj* irascible.

i·ris [íris] *n/m* ANAT iris. LOC **Arco ~**, rainbow. **i·ri·sa·ción** [irisaθjón] *n/f* iridescence. **i·ri·sa·do/a** [irisáðo/a] *adj* iridescent.

Ir·lan·da [irlánda] *n/f* GEOG Ireland. LOC **~ del Norte**, GEOG Northern Ireland. **ir·lan·dés/sa** [irlandés/sa] **I.** *adj* Irish. **II. 1.** *n/m* Irish (*idioma*). **2.** *n/m* Irishman. **3.** *n/f* Irish woman. LOC **Los Irlandeses**, *pl* The Irish.

i·ro·nía [ironía] *n/f* irony. **i·ró·ni·co/a** [iróniko/a] **I.** *adj* ironic(al).

IRPF *abrev* de *Impuesto sobre la renta de las personas físicas*, personal income tax.

i·rra·cio·nal [irraθjonál] *adj* **1.** irrational. **2.** unreasonable. **i·rra·cio·na·li·dad** [irraθjonaliðáð] *n/f* irrationality. **i·rra·cio·na·lis·mo** [irraθjonalísmo] *n/m* irrationalism.

i·rra·dia·ción [irraðjaθjón] *n/f* irradiation. **i·rra·diar** [irraðjár] *v* **1.** to irradiate, radiate. **2. (~ a)** FIG to broadcast, spread (*ideas*).

i·rre·al [irreál] *adj* **(Ser ~)** unreal. **i·rrea·li·dad** [irrealiðáð] *n/f* unreality.

i·rrea·li·za·ble [irrealiθáßle] *adj* **(Ser ~)** unrealizable, unattainable.

i·rre·ba·ti·ble [irreßatíßle] *adj* **(Ser ~)** irrefutable.

i·rre·con·ci·lia·ble [irrekonθiljáßle] *adj* irreconcilable.

i·rre·co·no·ci·ble [irrekonoθíβle] *adj* unrecognizable.

i·rre·cu·pe·ra·ble [irrekuperáβle] *adj* **(Ser ~)** irrecoverable, irretrievable.

i·rre·den·to/a [irreðéṋto/a] *adj* unredeemed.

i·rre·du·ci·ble [irreðuθíβle] *adj* **(~ a)** irreducible. **i·rre·duc·ti·ble** [irreðuktíβle] *adj* irreducible.

i·rre·em·pla·za·ble [irre(e)mplaθáβle] *adj* **(Ser ~)** irreplaceable.

i·rre·fle·xión [irrefle(k)sjón] *n/f* thoughtlessness, lack of reflection. **i·rre·fle·xi·vo/a** [irrefle(k)síβo/a] *adj* thoughtless, unthinking.

i·rre·fre·na·ble [irrefrenáβle] *adj* **1**. irrepressible. **2**. unbridled, unrestrained (*violencia*).

i·rre·fu·ta·ble [irrefutáβle] *adj* irrefutable.

i·rre·gu·lar [irreγulár] *adj* **1**. irregular. **2**. abnormal. **i·rre·gu·la·ri·dad** [irreγulariðáð] *n/f* irregularity.

i·rre·le·van·cia [irreleβáṋθja] *n/f* irrelevance, insignificance. **i·rre·le·van·te** [irreleβáṋte] *adj* **(Ser ~)** irrelevant, insignificant.

i·rre·me·dia·ble [irremeðjáβle] *adj* irremediable.

i·rre·mi·si·ble [irremisíβle] *adj* **1**. irretrievable (*cosa*). **2**. unpardonable (*falta*).

i·rre·pa·ra·ble [irreparáβle] *adj* irreparable.

i·rre·pri·mi·ble [irreprimíβle] *adj* irrepressible.

i·rre·pro·cha·ble [irreprotʃáβle] *adj* irreproachable.

i·rre·sis·ti·ble [irresistíβle] *adj* irresistible.

i·rre·so·lu·ble [irresolúβle] *adj* unresolvable. **i·rre·so·lu·ción** [irresoluθjón] *n/f* lack of resolve, undecidedness. **i·rre·so·lu·to/a** [irresolúto/a] *adj* **1**. unresolved. **2**. irresolute, hesitant.

i·rres·pe·tuo·so/a [irrespetwóso/a] *adj* disrespectful.

i·rres·pi·ra·ble [irrespiráβle] *adj* suffocating.

i·rres·pon·sa·bi·li·dad [irresponsaβiliðáð] *n/f* irresponsibility. **i·rres·pon·sa·ble** [irresponsáβle] *adj* irresponsible, unreliable.

i·rre·ve·ren·cia [irreβeréṇθja] *n/f* irreverence, disrespect. **i·rre·ve·ren·te** [irreβeréṇte] *adj* irreverent.

i·rre·ver·si·ble [irreβersíβle] *adj* irreversible.

i·rre·vo·ca·ble [irreβokáβle] *adj* irrevocable.

i·rri·ga·ción [irriγaθjón] *n/f* AGR irrigation. **i·rri·gar** [irriγár] *v* (*irrigue*) AGR to irrigate, water.

i·rri·so·rio/a [irrisórjo/a] *adj* derisory, ridiculous.

i·rri·ta·bi·li·dad [irritaβiliðáð] *n/f* irritability. **i·rri·ta·ble** [irritáβle] *adj* irritable. **i·rri·ta·ción** [irritaθjón] *n/f* irritation. **i·rri·tan·te** [irritáṋte] **I**. *adj* **(Ser ~)** irritating. **II**. *n/m* irritant. **i·rri·tar** [irritár] **I**. *v* to irritate. **II**. *v/Refl(-se)* to get/become irritated/irritable.

i·rrom·pi·ble [irrompíβle] *adj* unbreakable.

i·rrum·pir [irrumpír] *v* **(~ en) 1**. to irrupt into, burst into. **2**. to invade (*país*). **i·rrup·ción** [irrupθjón] *n/f* irruption.

i·sa·be·li·no/a [isaβelíno/a] *adj* HIST **1**. Isabelline (*España*). **2**. Elizabethan (*Inglaterra*).

is·la [ísla] *n/f* island, isle.

is·lam [islám] *n/m* REL Islam. **is·lá·mi·co/a** [islámiko/a] *adj* REL Islamic. **is·la·mi·za·ción** [islamiθaθjón] *n/f* Islamization. **is·la·mi·zar** [islamiθár] *v* (*islamice*) to islamize.

is·lan·dés/sa [islaṋdés/sa] *adj, n/m,f* Icelandic.

is·le·ño/a [isléɲo/a] **I**. *adj* island. **II**. *n/m,f* islander. **is·lo·te** [islóte] *n/m* islet, small island.

i·so·ba·ra [isoβára] *n/f* isobar (*meteorología*).

i·sós·ce·les [isósθeles] *adj* GEOM isosceles.

i·só·to·po [isótopo] *n/m* FÍS isotope.

is·rae·lí [isrraelí] (*pl israelíes*) *adj n/m,f* Israeli.

is·rae·li·ta [isrraelíta] *adj n/m,f* Israelite.

ist·me·ño/a [is(t)méɲo/a] *adj* **1**. isthmian, of/pertaining to an isthmus. **2**. GEOG Panamanian. **ist·mo** [ís(t)mo] *n/m gen* isthmus.

I·ta·lia [itálja] *n/f* GEOG Italy. **i·ta·lia·nis·mo** [italjanísmo] *n/m* LIN italianism. **i·ta·lia·ni·zar** [italjaniθár] *v* (*italianice*) to italianize. **i·ta·lia·no/a** [italjáno/a] *adj n/m,f* Italian.

í·tem [ítem] **I**. *adv* item, likewise. **II**. *n/m* article, item.

i·ti·ne·ran·te [itineráṋte] *adj* itinerant. **i·ti·ne·ra·rio** [itinerárjo] *n/m* itinerary, route.

IVA *abrev* of *Impuesto sobre el valor añadido*, Value Added Tax (VAT).

i·za·do [iθáðo] *n/m* hoisting, hoisted. **i·zar** [iθár] *v* (*ice*) to hoist.

iz·quier·dis·ta [iθkjerðísta] **I**. *adj* leftist, left-wing. **II**. *n/m,f* left winger. **iz·quier·do/a** [iθkjérðo/a] **I**. *adj* **1**. left. **2**. left-handed. **II**. *n/f* **1**. left hand (*mano*). **2**. left, left hand side. **3**. left. **4**. **(la ~)** the Left, the left wing (*política*). LOC **A la ~a de**, left, on/to the left. **A mano ~a**, on the left hand side. **Ser de ~as**, to be on the left, be left-wing (*política*). **Tener mano ~a**, FAM to know how to get one's way. **Extrema ~a**, (the) extreme left (*política*). **iz·quier·do·so/a** [iθkjerðóso/a] FAM **I**. *adj* leftist, left-wing, FAM leftish. **II**. *n/m,f* leftist FAM lefty, SL Br lefty, US pinko.

J, j [xóta] *n/f* 'j' (*letra*).

ja·ba·lí [xaβalí] *n/m* (*jabalíes*) ZOOL wild boar. **ja·ba·li·na** [xaβalína] **1.** sow (*hembra del jabalí*). **2.** DEP MIL javelin. **ja·ba·to** [xaβáto] *n/m* **1.** wild boar piglet. **2.** FIG boastful young man.

já·be·ga [xáβéγa] *n/f* NÁUT **1.** sweep net. **2.** fishing sloop (*embarcación*).

ja·bón [xaβón] *n/m* **1.** soap. **2.** cake/bar of soap. LOC **Dar ~ a uno**, FIG to flatter. **~ de sastre**, French chalk. **~ en polvo**, washing powder. **Pompa de ~**, soap sud. **ja·bo·na·da** [xaβonáða] *n/f* soaping, lathering. **ja·bo·nar** [xaβonár] *v* **1.** to soap, lather (*barba*). **2.** FIG FAM to tell sb off. **ja·bon·ci·llo** [xaβonθíʎo] *n/m* **1.** *dim* jabón. **2.** toilet soap. **3.** French chalk. **ja·bo·ne·ra** [xaβonéra] *n/f* soap dish. **ja·bo·no·so/a** [xaβonóso/a] *adj* soapy.

ja·ca [xáka] *n/f* ZOOL pony, mare.

já·ca·ra [xákara] *n/f* **1.** popular dance. **2.** MÚS picaresque ballad.

ja·ca·ran·dá [xakarandá] *n/f* BOT jacaranda. **ja·ca·ran·do·so/a** [xakarandóso/a] *adj* FAM lively, jolly.

ja·ca·ré [xakaré] *n/m Amer* ZOOL alligator.

ja·ca·re·ro [xakaréro] *n/m* wag, songster.

já·ce·na [xáθena] *n/f* ARQ girder, strut.

ja·cin·to [xaθínto] *n/m* BOT hyacinth.

ja·co [xáko] *n/m* ZOOL small horse, PEY nag.

ja·co·beo/a [xakoβéo/a] *adj* of St James. **ja·co·bi·no/a** [xakoβíno/a] *adj n/m,f* Jacobin.

jac·tan·cia [xaktánθja] *n/f* boasting, bragging. **jac·tan·cio·so/a** [xaktanθjóso/a] **I.** *adj* boastful, bigheaded. **II.** *n/m,f* braggart, bighead. **jac·tar(se)** [xaktár(se)] *v* **(~ de)** to boast, brag (about).

ja·cu·la·to·ria [xakulatórja] *n/f* REL brief but fervent prayer.

ja·de [xáðe] *n/m* GEOL jade.

ja·de·an·te [xaðeánte] *adj* panting. **ja·de·ar** [xaðeár] *v* to pant, gasp. **ja·deo** [xaðéo] *n/m* panting, gasping.

ja·ez [xaéθ] *n/m* (*jaeces*) **1.** harness. **2.** *pl* trappings (*de caballo*). **3.** FIG PEY sort, ilk.

ja·guar [xaγwár] *n/m* ZOOL jaguar.

ja·lar [xalár] *v* FAM **1.** to scoff (*comida*). **2.** to pull, haul. **3.** *Amer* to get drunk. **4.** *Amer* to make love. **5. (~se)** to clear off (*irse*).

jal·be·gar [xalβeγár] *v* (*jalbegué*) to whitewash.

jal·de [xálde] *adj* bright yellow.

ja·lea [xaléa] *n/f* jelly.

ja·le·ar [xaleár] *v* to encourage, cheer on. **ja·leo** [xaléo] *n/m* **1.** din, racket: *No armes tanto jaleo*, Don't make such a din. **2.** to-do, commotion (*confusión*). **3.** FAM binge, spree. LOC **Armar ~ con**, to start a row with (*riña*). **Armarse un ~ con**, to get in a muddle with.

ja·lón [xalón] *n/m* **1.** surveying pole (*topografía*). **2.** FIG milestone. **ja·lo·nar** [xalonár] *v* **1.** to stake out, mark out. **2.** FIG to mark.

ja·mai·ca·no/a [xamaikáno/a] *adj n/m,f* Jamaican.

ja·más [xamás] *adj* never, never ever. LOC **~ de los jamases**, FAM not on your life. **Nunca ~**, never again. **Para/por siempre ~**, for ever and ever.

jam·ba [xámba] *n/f* ARQ jamb. LOC **~ de puerta**, doorpost.

ja·món [xamón] *n/m* ham. LOC **~ serrano**, cured ham. **~ (de) York**, cold ham. **ja·mo·na** [xamóna] *adj n/f* PEY buxom woman.

Ja·pón [xapón] *n/m* GEOG Japan. **ja·po·nés/sa** [xaponés/sa] **I.** *adj n/m,f* Japanese. **II.** *n/m* Japanese (*idioma*).

ja·que [xáke] *n/m* **1.** check (*ajedrez*). **2.** FIG FAM bully. LOC **Dar ~ a**, to check. **Dar ~ mate a**, to checkmate. **Tener/Traer en ~ a alguien,** FIG to hold a threat over sb, harass sb.

ja·que·ca [xakéka] *n/f* migraine.

ja·ra [xára] *n/f* BOT **1.** rockrose. **2.** jaral, thicket.

ja·ra·be [xaráβe] *n/m* **1.** syrup. **2.** sweet drink. LOC **Dar ~ a uno**, FIG FAM to butter sb up. **~ de palo**, FIG FAM beating (*castigo*).

ja·ra·na [xarána] *n/f* **1.** FAM carouse, party. LOC **Ir de ~**, to go on a spree. **2.** rumpus, racket (*alboroto*). **ja·ra·ne·ro/a** [xaranéro/a] *adj* rowdy, fun-loving.

jar·cia [xárθja] *n/f* **1.** *gen pl* NÁUT rigging. **2.** NÁUT fishing tackle. **3.** FIG jumble (*mezcolanza*).

jar·dín [xarðín] *n/m* garden. LOC **~ botánico**, botanical garden. **~ de infancia**, kindergarten. **jar·di·ne·ra** [xarðinéra] *n/f* **1.** window box. **2.** flower casket. **3.** AUT open tram. **jar·di·ne·ría** [xarðinería] *n/f* gardening. **jar·di·ne·ro/a** [xarðinéro/a] *n/m,f* gardener. LOC **~ paisajista**, landscape gardener.

ja·re·ta [xaréta] *n/f* **1.** hem. **2.** casing (*en una tela*). **3.** pleat.

ja·rra [xárra] *n/f* jug, pitcher. LOC **En ~s**, FIG with arms akimbo. **ja·rra·zo** [xarráθo] *n/m* **1.** *aum* large jug. **2.** blow with a jug (*golpe*).

ja·rre·te [xarréte] *n/m* ANAT back of the knee (*persona*), hock (*animal*).

ja·rre·te·ra [xarretéra] *n/f* garter.

ja·rro [xárro] *n/m* jug, pitcher. LOC **Echar a alguien un ~ de agua fría**, FIG to pour cold water on (*una idea*, etc). **ja·rrón** [xarrón]

n/m 1. *aum* large pitcher. 2. vase, urn (*ornamental*).
jas·pe [xáspe] *n/m* 1. GEOL jasper. 2. veined marble. **jas·pe·ar** [xaspeár] *v* I. (~ **de**) to marble. II. *Refl(-se) Amer* to get cross.
ja·to/a [xáto/a] *n/m,f* ZOOL calf.
jau·ja [xáuxa] *n/f* promised land, paradise: *¡Esto es Jauja!*, This is the life!
jau·la [xáula] *n/f* 1. *gen* cage. 2. cell (*de loco*). 3. crate (*de embalaje*).
jau·ría [xauría] *n/f* DEP pack (*en una cacería*).
ja·yán/na [xaJán/na] *n/m* FAM tough guy/girl.
jaz·mín [xaθmín] *n/m* BOT jasmine.
jazz [jás] *n/m* MÚS jazz.
je·be [xéβe] *n/m* GEOL alum.
jeep [Jíp] *n/m* jeep.
je·fa·tu·ra [xefatúra] *n/f* 1. headship, leadership (*cargo de jefe*). 2. headquarters: *Jefatura Superior de Policía*, Police Headquarters. **je·fe/a** [xéfe/a] *n/m,f* 1. chief, FAM boss, head, leader (*de un partido político*), manager (*gerente*). 2. MIL commanding officer, chieftain (*de una tribu*). LOC ~ **de cocina**, chef. ~ **de coro**, choirmaster. ~ **de estación**, station master. ~ **de estado**, head of state. ~ **de estado mayor**, chief of staff. ~ **de estudios**, teacher in charge of curriculum. ~ **de familia**, head of the family. ~ **de redacción, redactor** ~, editor in chief. ~ **de taller**, foreman.
jen·gi·bre [xeŋxíβre] *n/m* BOT ginger.
je·que [xéke] *n/m* sheik.
je·rar·ca [xerárka] *n/m* hierarch, dignitary, FAM big shot. **je·rar·quía** [xerarkía] *n/f* 1. hierarchy. 2. rank, position. 3. hierarch, dignitary (*persona*). LOC ~ **de valores**, scale of values. **je·rár·qui·co/a** [xerárkiko/a] *adj* hierarchic(al). **je·rar·qui·zar** [xerarkiθár] *v* (*jerar**quice***) to hierarchize.
je·re·mías [xeremías] *n/m,f* 1. grumbler, whiner. 2. *Amer* FAM cry baby.
je·rez [xeréθ] *n/m* sherry. **je·re·za·no/a** [xereθáno/na] GEOG I. *adj* of/from Jerez. II. *n/m,f* native of Jerez.
jer·ga [xérγa] *n/f* 1. slang, jargon. 2. gibberish, FAM double-dutch (*galimatías*).
jer·gón [xergón] *n/m* 1. straw mattress. 2. FIG PEY slob, US couch potato (*mollejón*).
je·ri·be·que [xeriβéke] *n/m gen pl* grimace. LOC **Hacer ~s**, to make/pull faces.
je·rin·ga [xeríŋga] *n/f* MED syringe. LOC ~ **de engrase**, grease gun. **je·rin·gar** [xeriŋgár] (*jeringue*) *v* 1. to inject, syringe. 2. FIG FAM to annoy, irritate. **je·rin·gui·lla** [xeriŋgíʎa] *n/f* 1. MED syringe. 2. BOT mock-orange.
je·ro·glí·fi·co/a [xeroγlífiko/a] I. *adj* hieroglyphic. II. *n/m* 1. hieroglyph. 2. FIG puzzle, rebus.
jer·sey [xerséi] (*pl jerseys*) *n/m* sweater, pullover, jersey.
Je·ru·sa·lén [xerusalén] *n/m* Jerusalem.
Je·su·cris·to [xesucrísto] *n/m* REL Jesus Christ. **je·sui·ta** [xesuíta/xeswíta] *adj n/m* REL Jesuit. **je·suí·ti·co/a** [xeswítiko/a] *adj* Jesuistic(al). **Je·sús** [xesús] *n/m* REL Jesus. LOC *int* **¡Ay ~! / ¡~, Dios mío!**, Good heavens!, Good gracious!; **¡~!/¡~, José y María!**, Bless you! (*al estornudar*).
jet [Jét] *n/m* (*pl jets*) jet, jet plane. LOC **La ~-set**, the Jet-set.
je·ta [xéta] *n/f* 1. snout (*hocico*), thick lips. 2. PEY mug, face (*cara*). LOC **Poner ~**, FAM to pout, pull a face. **Tener ~**, FAM to have the cheek/nerve (*morro*).
jí·ba·ro/a [xíβaro/a] *Amer* I. *adj* 1. GEOG Jivaroan. 2. rustic, wild. II. *n/m,f* Jivaro Indian.
ji·bia [xíβja] *n/f* cuttlefish (*pez*).
jí·ca·ra [xíkara] *n/f Amer* small cup.
jie(n)·nen·se [xje(n)nénse] *adj n/m,f* GEOG native of/to Jaen.
ji·fe·ro/a [xiféro/a] I. *adj* FAM filthy. II. *n/m* 1. slaughterer, butcher. 2. knife.
¡ji·ji·ji! [xíxíxí] *int* Hee hee hee! (*risa*).
jil·gue·ro/a [xilγéro/a] *n/m,f* goldfinch, linnet (*ave*).
ji·ne·te [xinéte] *n/m* 1. horserider, equestrian. 2. MIL cavalry man.
jin·go·ís·mo [xiŋgoísmo] *n/m* jingoism. **jin·go·ís·ta** [xiŋgoísta] I. *adj* jingoistic. II. *n/m,f* jingo.
ji·pi [xípi] *n/m,f* (***hippy***) hippy.
ji·pi·ja·pa [xipixápa] *n/m* panama hat (*sombrero*).
ji·ra [xíra] *n/f* 1. strip, shred (*de tela*) 2. picnic, outing. 3. tour, excursion. LOC **En ~**, on tour. **Ir de ~**, to go on a picnic/outing.
ji·ra·fa [xiráfa] *n/f* ZOOL giraffe.
ji·rón [xirón] *n/m* tatter.
JJ.OO. *abrev* of Juegos Olímpicos.
jo·co·si·dad [xokosiðáð] *n/f* 1. jocularity, humour. 2. joke, pleasantry. **jo·co·so/a** [xokóso/a] *adj* funny, amusing.
jo·cun·di·dad [xokuṇdiðaθ] *n/f* joviality, jocundity. **jo·cun·do/a** [xokúṇdo/a] *adj* jovial.
jo·der [xoðér] I. *v* SL to fuck, screw. II. *v/Refl(-se)* FIG 1. to pester, annoy. 2. to mess up, ruin, SL fuck up. LOC SL *int* **¡Hay que ~se!**, Fucking hell! (*desagrado*). **¡~!**, Fuck! (*satisfacción, enfado, asombro*). **¡Que te jodas!**, Get stuffed! **jo·di·do/a** [xoðiðo/a] *adj* awkward, difficult. LOC **Estar ~**, to be worn out.
jo·fai·na [xofáina] *n/f* washbasin.
jol·go·rio [xolγórjo] *n/m* (***holgorio***) fun, merriment.
¡jo·lín!, **¡jo·li·nes!** [xolín/xolínes] *int* Damn!, Blast!
jon·do/a [xóṇdo/a] *adj* MÚS (**cante ~**) jondo, deep.
jó·ni·co/a [xóniko/a] *adj* V **jonio/a**. **jo·nio/a** [xónjo/a] Ionic, Ionian.
jor·na·da [xornáða] *n/f* 1. working day. 2. day. 3. journey, day's journey, stage (*etapa*). 4. FIG lifetime. LOC **Trabajo de media ~/de ~ completa**, part-time/full-time work. **Jornadas**, symposium *sing.* **~s didácticas**, short course on teaching methods. **jor·nal** [xornál] *n/m* 1. day's pay. 2. day's work. **jor·na·le·ro/a** [xornaléro/a] *n/m,f* day labourer (*esp obrero del campo*).

jo·ro·ba [xoróβa] *n/f* **1**. ANAT hump, hunched back. **2**. FIG FAM nuisance, bother (*molestia*). **jo·ro·ba·do/a** [xoroβáðo/a] *adj n/m,f* hunchback. LOC **Estar ~**, FIG FAM to have the hump (*de mal humor*). **jo·ro·bar** [xoroβár] **I**. *v* FAM to bother, annoy. **II**. *Refl(-se)* to put up with (*aguantarse*).

jo·ta [xóta] *n/f* **1**. letter J. **2**. MÚS jota. **3**. FIG jot, iota. LOC **No saber/No entender ni ~**, to have no idea. **No ver ni ~**, not to see anything. **Sin faltar una ~**, to a T, with complete accuracy.

jo·ven [xóβen] **I**. *adj* young. **II**. *n/m,f* youth, young person. LOC **Los jóvenes**, young people, the youth. **jo·ven·ci·to/a** [xoβenθíto/a] *dim* de **joven**. **I**. *adj* rather young. **II**. *n/m,f* youngster. **jo·ven·zue·lo/a** [xoβenθwélo/a] PEY **I**. *adj* young. **II**. *n/m,f* youth.

jo·vial [xoβjál] *adj* jovial. **jo·via·li·dad** [xoβjaliðáð] *n/f* joviality.

jo·ya [xóJa] *n/f* **1**. jewel, gem. **2**. FIG gem: *Es una joya*, He's a gem. **3**. *n/f pl* jewellery. LOC **~ de familia**, family heirloom. **jo·yel** [xoJél] *n/m* small jewel. **jo·ye·ría** [xoJería] *n/f* jeweller's. **jo·ye·ro/a** [xoJéro/ra] *n/m,f* **1**. jeweller. **2**. *n/m* jewellery box.

jua·ne·te [xwanéte] *n/m* **1**. bunion (*callosidad*). **2**. high cheekbone. **3**. NÁUT topgallant sail.

ju·bi·la·ción [xuβilaθjón] *n/f* retirement, pension. LOC **~ anticipada**, early retirement. **ju·bi·la·do/a** [xuβiláðo/a] **I**. *pp* **jubilar**. **II**. *adj* retired. **III**. *n/m,f* pensioner. **ju·bi·lar** [xuβilár] **I**. *v* **1**. to retire, pension off. **2**. FIG FAM to get rid of (*cosa*) **II**. *v/Refl(se)* to retire, go into retirement. **ju·bi·leo** [xuβiléo] *n/m* jubilee. **jú·bi·lo** [xúβilo] *n/m* jubilation. **ju·bi·lo·so/a** [xuβilóso/a] *adj* jubilant, joyful.

ju·bón [xuβón] *n/m* bodice, jerkin.

ju·dai·co/a [xuðáiko/a] *adj* REL Judaic, Jewish. **ju·daís·mo** [xuðaísmo] *n/m* Judaism. **ju·dai·zan·te** [xuðaiθánte] *adj* judaizing. **ju·dai·zar** [xuðaiθár] *v* (*judaízo, judaíce*) **1**. to judaize. **2**. REL to observe the teachings of the Jewish religion.

ju·das [xúðas] *n/m* FIG Judas, traitor.

ju·deo·es·pa·ñol/la [xuðeoespañól/la] **I**. *adj* Judeo-Spanish. **II**. **1**. *n/m,f* Spanish Jew. **2**. Judeo-Spanish, Ladino (*idioma*). **ju·de·ría** [xuðería] *n/f* **1**. Jewish quarter, ghetto (*barrio*). **2**. Jewry.

ju·día [xuðía] *n/f* BOT kidney bean. LOC **~ blanca**, haricot bean. **~ de España**, scarlet runner. **~ verde**, French bean.

ju·di·ca·tu·ra [xuðikatúra] *n/f* JUR **1**. judicature (*cargo de juez*). **2**. Judge's term of office. **3**. Judiciary. **ju·di·cial** [xuðiθjál] *adj* JUR judicial, juridical. **ju·di·cia·rio/a** [xuðiθjárjo/a] *adj* **1**. judicial (*astrología*). **2**. JUR judicial.

ju·dío/a [xuðío/a] **I**. *adj* Jewish. **II**. *n/m,f* Jew.

ju·do [Júðo] *n/m* DEP judo.

jue·go [xwéγo] *n/m* **1**. game (*recreo*), play. **2**. DEP game, sport. **3**. gambling. **4**. set, kit, service (*de té/café*). **5**. TÉC fit: *El juego de la llave en la cerradura*, The fit of the key in the lock. **6**. play (*movimiento*): *Juego de luces*, Play of light. **7**. hand (*de baraja*). **8**. FIG game: *Conozco su juego*, I know what he's up to. **9**. *n/m pl* games: *Los Juegos Olímpicos*, the Olympic Games. LOC **Fuera de ~**, DEP off-side. **Hacer doble ~**, to be two-faced. **Hacer ~ (con)**, to match, go (with). **Hacer/Seguir a uno el ~**, FIG play along with sb. **¡Hagan ~!** Place your bets!. **~ de azar/suerte**, game of chance. **~ de damas**, checkers, draughts. **~ de manos**, sleight of hand. **~ de niños**, FIG child's play. **~ de palabras/voces/vocablos**, pun, word-play. **~ de piernas**, DEP footwork (*boxeador*). **~ de prendas**, forfeits. **~ limpio/sucio**, DEP fair/foul play. **~s malabares**, juggling. **Poner en ~ (una cosa)**, to put up (as stake), bring into play.

juer·ga [xwérγa] *n/f* FAM **(ir de ~)** binge, pub crawl. **juer·guis·ta** [xwerγísta] *n/m,f* FAM reveller, good-time boy/girl.

jue·ves [xwéβes] *n/m* Thursday. LOC **~ Santo**, Maundy Thursday. **No ser (una cosa) nada del otro ~**, FAM to be nothing special.

juez [xwéθ] *n/m,f* (*jueces*) **1**. JUR Judge. **2**. judge, critic (*árbitro*). LOC **~ de línea**, DEP linesman. **~ de palo**, JUR FAM ignorant judge.**~ de paz**, JUR justice of the peace.

ju·ga·da [xuγáða] *n/f* **1**. play, move (*ajedrez*), rally (*deportes*), shot (*billar*), throw (*bolos*), stroke (*golf*). **2**. FIG dirty trick: *Una mala ~*, A dirty trick. **ju·ga·dor/ra** [xuγaðor/ra] *n/m,f* **1**. player. **2**. gambler. LOC **~ de ventaja**, cardsharp. **~ de manos**, conjurer. **ju·gar** [xuγár] **I**. *v* (*juego, jugué juegue*) **1**. **(~ a/con/contra)** to play (*diversión*): *¿Vamos a jugar al tenis?*, Anyone for tennis? **2**. to gamble, bet. **3**. FIG to get mixed up/involved (in). **II**. *v/Refl(-se)* **1**. FIG to risk: *Jugarse la vida*, To risk one's life. **2**. to stake, bet on. LOC FIG **~ con (una persona)**, FIG to toy/trifle with sb. **~la/jugársela (a alguien)**, Br to stitch sb up. **~ el todo por el todo**, to stake one's all, FIG Br to go the whole hog. **¿Qué te juegas a que...?**, FAM do you want to bet? **ju·ga·rre·ta** [xuγarréta] *n/f* **1**. bad move, spot of poor play. **2**. FAM dirty trick.

ju·glar/re·sa [xuγlár/resa] *n/m,f* **1**. minstrel, troubadour. **2**. juggler, tumbler. **ju·gla·res·co/a** [xuγlarésko/a] *adj* of minstrels.

ju·go [xúγo] *n/m* **1**. juice, gravy (*de carne*), BOT sap. **2**. FIG pith, essence. LOC **~ de fruta**, fruit juice. **Sacar ~ (a algo)**, FIG to benefit from sth. **Sacar el ~ (de algo/alguien)**, FIG to bleed sth/sb dry, exploit. **ju·go·si·dad** [xuγosiðáð] *n/f* succulence. **ju·go·so/a** [xuγóso/a] *adj* **1**. juicy. **2**. FIG rich (*colores*). **3**. FIG profitable, substantial.

ju·gue·te [xuγéte] *n/m* toy. **ju·gue·tón/na** [xuγetón/na] *adj* playful.

jui·cio [xwíθjo] *n/m* **1**. judgement, reason (*facultad*). **2**. sense, opinion. **3**. sanity, reason. **4**. JUR verdict. **5**. JUR trial. **6**. JUR decree. LOC **A mi ~**, in my opinion. **Asentar el ~**, to come to one's senses. **Entablar ~ a**, JUR to file a suit against. **Estar en su (cabal) ~**, to be in one's right mind. **Hacer perder el ~ (a alguien)**, to drive sb crazy. ~ **final**, last judgement. **Muela del** ~, ANAT wisdom tooth. **Perder el** ~, to go mad. **Sin** ~, senseless, mad. **jui·cio·so/a** [xwiθjóso/a] *adj n/m,f* wise, judicious, sensible.

ju·lio [xúljo] *n/m* July.

ju·men·to/a [xuménto/a] *n/m,f* 1. ZOOL donkey, ass. 2. FIG stupid person, US ass.

jun·cal [xuŋkál] *adj* rushy, reedy.

jun·co [xúŋko] *n/m* 1. BOT rush, reed. 2. NÁUT junk.

jun·gla [xúŋgla] *n/f* jungle.

ju·nio [xúnjo] *n/m* June.

jun·que·ra [xunkéra] *n/f* bulrush.

jun·ta [xúnta] *n/f* 1. council, tribunal. 2. meeting, conference, assembly. 3. whole, entirety. 4. ARQ joint, coupling. LOC **Celebrar** ~, to sit (*tener lugar*). ~ **directiva**, COM board of management. ~ **militar**, MIL military junta. **jun·tar** [xuntár] I. *v* 1. to join, unite. 2. to gather, amass, collect (*sellos*), raise (*dinero*). 3. to assemble, put together (*montar*). 4. to half-close (*puerta*). II. *v/Refl(-se)* 1. to meet, assemble. 2. to associate closely. 3. to copulate, mate. **jun·to/a** [xúnto/a] I. *adj* 1. joined, together. 2. *pl* together. II. *adv* together. LOC ~ **a**, next to, near, close to. ~ **con**, together with. **En/por** ~, in all, all together. **Todo** ~, everything together. **jun·tu·ra** [xuntúra] *n/f* 1. junction, joining. 2. MED joint. 3. TÉC coupling, seam.

ju·ra. [xúra] *n/f* oath. **ju·ra·do/a** [xuráðo/a] JUR *n/m* 1. jury. 2. *n/m,f* juror. LOC **Guardia/Traductor/Intérprete** ~, official guard/ translator/interpreter. **ju·ra·men·tar** [xuramentár] JUR I. *v* to swear sb in. II. *v/Refl (-se)* to take an oath. **ju·ra·men·to** [xúraménto] *n/m* 1. JUR oath. 2. swear word. LOC **Bajo** ~, on/under oath. **ju·rar** [xurár] *v* (~ **en/por/sobre)** 1. JUR to swear, promise on oath. 2. to swear, blaspheme. LOC ~ **(la) bandera**, to pledge allegiance to the flag. ~ **el cargo**, JUR to take the oath of office. ~ **en falso**, JUR to bear false witness, commit perjury. **Jurársela a (alguien),** to swear vengeance on sb. **¡Te lo juro!**, *exclam* I swear it's true!

ju·rí·di·co/a [xuríðiko/a] *adj* JUR legal, juridical. **ju·ris·con·sul·to** [xuriskonsúlto] *n/m* JUR legal expert, jurist. **ju·ris·dic·ción** [xurisði(k)θjón] *n/f* 1. JUR jurisdiction. 2. district, area. **ju·ris·dic·cio·nal** [xurisði(k)θjonál] *adj* JUR jurisdictional. LOC **Aguas ~es**, territorial waters. **ju·ris·pru·den·cia** [xurispruðénθja] *n/f* JUR 1. jurisprudence, law. 2. case law. **ju·ris·ta** [xurísta] *n/m,f* JUR lawyer, jurist.

jus·ta [xústa] *n/f* 1. joust, tournament. 2. FIG literary contest.

jus·ta·men·te [xustaménte] *adj* 1. fairly, justly. 2. exactly. 3. tightly. 4. in that very place. 5. just enough. **jus·te·za** [xustéθa] *n/f* exactitude, precision. **jus·ti·cia** [xustíθja] *n/f* JUR 1. *gen* justice. 2. fairness. 3. court, tribunal (*de justicia*). 4. punishment, retribution. 5. law, police authorities. LOC **De** ~, justly, right. **En** ~, by rights. **Hacer** ~, to do justice. **Ser de** ~, to be just. **Tomarse la ~ por su mano**, to take the law into one's own hands. ~ **y ladrones**, FAM cops and robbers. **jus·ti·cia·ble** [xustiθjáßle] *adj* JUR actionable. **jus·ti·cie·ro/a** [xustiθjéro/a] *adj* 1. just, fair (*extremadamente*). 2. severe, strict. **jus·ti·fi·ca·ble** [xustifikáßle] *adj* justifiable. **jus·ti·fi·ca·ción** [xustifikaθjón] *n/f* 1. justification. 2. proof, authentication. **jus·ti·fi·can·te** [xustifikánte] I. *adj* justifying. II. *n/m* 1. voucher. 2. JUR document in proof. **jus·ti·fi·car** [xustifikár] I. *v* (***justifique***) 1. to justify. 2. to substantiate (*probar*). 3. to vindicate, clear (of). 4. to level (*igualar*). II. *v/Refl(-se)* **(~se ante/con/de)** to justify/defend/clear oneself.

jus·ti·pre·ciar [xustipreθjár] *v* to evaluate.

jus·to/a [xústo/a] I. *adj* 1. just, right, fair. 2. righteous. 3. rightful (*legítimo*). 4. exact, accurate, sufficient (*cantidad* etc). 5. tight (*ajustado*). II. *adv* 1. justly, fairly. 2. righteously. 3. rightfully, lawfully. 4. exactly. 5. tightly. LOC **¡~!**, That's it! **Más de lo** ~, more than enough. **Muy** ~, FIG tight, barely: *Ha venido muy justo el dinero*, The money has barely stretched. **Vivir muy** ~, to be hard up.

ju·ve·nil [xußeníl] *adj* 1. young, youthful. 2. early (*obra*). LOC **Equipo** ~, junior team. **ju·ven·tud** [xußentúð] *n/f* 1. youth, early life. 2. youth, young people.

juz·ga·do/a [xuθγáðo/a] I. *pp* **juzgar**. II. *n/m* JUR 1. court. 2. jurisdiction. **juz·gar** [xuθγár] *v* (***juzgue***) **(~de/como/por)** 1. to judge. 2. JUR pass sentence upon. 3. FIG to judge, consider, deem. LOC **A ~ por**, judging by.

K, k [ka] *n/f* 'k' (letra).
ka·ki [káki] *n/m* khaki.
kan·tia·no/a [kaṇtjáno/a] **I.** *adj* Kantian. **kan·tis·mo** [kaṇtísmo] **II.** *n/m* Kantianism.
ka·ra·te [karáte] *n/m* DEP karate.
kart [kárt] *n/m* DEP go-kart.
Ke·nia [kénja] *n/f* GEOG Kenya.
ker·mes·(se) [kermés] *n/f* charity fair, bazaar.
ki·lo [kílo] *n/m* kilo. LOC **~ caloría,** kilo calorie. **~ ciclo,** kilo cycle. **~ gramo,** kilogram, *abrev* kg. **~ litro,** Br kilolitre, US kiloliter. **~ metraje**, distance (in kilometres), mileage. **~ métrico**, kilometric. **ki·ló·me·tro** [kilómetro] *n/m* Br kilometre, US kilometer, *abrev* km. **ki·lo·tón** [kilotón] *n/m* kiloton. **ki·lo·va·tio** [kiloβátjo] *n/m* kilowatt, *abrev* kv. LOC **~ hora,** kilowatt-hour, *abrev* kv/h.
ki·mo·no [kimóno] *n/m* kimono.
kios·ko [kjósko] *n/m* **1.** kiosk. **2.** *Amer* bandstand (*de música*).
ki·wi [kíwi] *n/m* **1.** ZOOL kiwi **2.** kiwi fruit.
kur·do/a [kúrðo/a] **I.** *adj* Kurdish. **II.** *n/m,f* Kurd. LOC **Coger una kurda,** FAM to get drunk.

ku·wai·tí [kuwaití/kuβaití] *adj n/m,f* Kuwaiti.

L, l [éle] *n/f* 'l' (*letra*).

la [lá] **I.** *art def f* the. **II.** *pron pers* (*complemento directo*) **1.** her (*persona*): *La he visto*, I saw her. **2.** it (*cosa*). **3.** you (*f,Usted*). **III.** *n/m* MÚS A (*nota*).

la·be·rín·ti·co/a [laβeríntiko/a] *adj* labyrinthine. **la·be·rin·to** [laβerínto] *n/m* **1.** labyrinth. **2.** FIG tangle, maze.

la·bia [láβja] *n/f* FAM glibness, loquacity. LOC **Tener ~**, to have the gift of the gab. **la·bia·do/a** [laβjáðo/a] *adj* BOT labiate. **la·bial** [laβjál] *adj n/f* labial (*fonética*). **la·bia·li·zar** [laβjaliθár] *v* (*labialice*) to labialize.

la·bi·hen·di·do/a [laβjendíðo/a] *adj* harelipped.

lá·bil [láβil] *adj* **1.** unstable, weak. **2.** slippery. **3.** QUÍM labile.

la·bio [láβjo] *n/m* **1.** ANAT lip. **2.** FIG edge, rim (*reborde*). LOC **Morderse los ~s**, FIG FAM to bite one's lip. **Cerrar los ~s**, FIG to keep one's mouth shut.

la·bor [laβór] *n/f* **1.** job, piece of work. **2.** labour US labor, work. **3.** sewing, needlework. **4.** AGR ploughing US plowing, tilling, farm work (*en general*). LOC **~es de la casa**, housework. **Tierra de ~**, AGR arable land. **la·bo·ra·ble** [laβoráβle] *adj* **1.** working. **2.** AGR tillable, arable. LOC **Día ~**, working day. **la·bo·ral** [laβorál] *adj* labour, US labor, work. LOC **Accidente ~**, industrial accident. **Instituto ~**, technical college. **Régimen ~**, work regulations. **la·bo·rar** [laβorár] *v* **(~en favor de/por)** to labour, work.

la·bo·ra·to·rio [laβoratórjo] *n/m* laboratory.

la·bo·re·ar [laβoreár] *v* **1.** AGR to work, till, plough, US plow (*la tierra*). **2.** to work (*mina*). **la·bo·reo** [laβoréo] *n/m* **1.** AGR cultivation, working (*de la tierra*). **2.** working, exploitation (*de una mina*). **la·bo·rio·si·dad** [laβorjosiðáð] *n/f* industry, laboriousness. **la·bo·rio·so/a** [laβorjóso/a] *adj* **1.** hardworking, industrious (*persona*). **2.** laborious, hard (*trabajo*).

la·bo·ris·mo [laβorísmo] *n/m* **1.** Br Labour Party (*partido político*). **2.** labour movement, workers' movement. **la·bo·ris·ta** [laβorísta] **I.** *adj* pertaining to labour/Br Labour Party. **II.** *n/m,f* labourite, Br Labour Party member/supporter.

la·bra·do/a [laβráðo] *n/m* **1.** pp of **labrar**. **2.** AGR tilled, cultivated (*la tierra*). **3.** embroidered (*tela*), wrought (*metales*), cut (*piedra*), carved (*madera*). **4.** *n/m pl* engravings, etchings. **la·brador/ra** [laβraðór/a] *n/m,f* AGR farmer (*dueño*), farm hand/worker (*obrero agrícola*), peasant (*campesino*). **la· bran·tío** [laβrantío] *n/m* AGR arable/tillable land. **la·bran·za** [laβránθa] *n/f* ARG farming, tilling (*de la tierra*). LOC **Los aperos de ~**, AGR farming tools. **la·brar** [laβrár] *v* **1.** AGR to farm, till, cultivate (*la tierra*). **2.** to cut (*piedra*), carve (*madera*), work (*metales/plata/cuero*). **3.** to engrave (*grabar*), etch. **4.** FIG to cause, forge. **la·brie·go/a** [laβrjéγo/a] *n/m,f* V. **labrador/ra.**

la·ca [láka] *n/f* **1.** lac (*resina*). **2.** lacquer (*barniz*). **3.** hair spray, lacquer. LOC **~ para uñas**, nail polish/varnish. **la·car** [lakár] *v* (*laque*) to varnish (*mueble*).

la·ca·yo [lakáJo] *n/m* **1.** lackey (*criado*). **2.** FIG DER lackey, skivvy.

la·ce·ra·ción [laθeraθjón] *n/f* laceration. **la·ce·ran·te** [laθeránte] *adj* **1.** lacerating. **2.** FIG cutting, wounding (*palabras*). **3.** sharp, excruciating (*dolor*). **la·ce·rar** [laθerár] *v* **1.** to lacerate, tear apart/into pieces (*despedazar*). **2.** FIG to damage (*la reputación*) **3.** FIG to afflict, lacerate (*el corazón*).

la·cio/a [láθjo/a] *adj* **1.** lank, straight (*pelo*). **2.** limp, flaccid.

la·cón [lakón] *n/m* shoulder of pork.

la·có·ni·co/a [lakóniko/a] *adj* laconic, terse. **la·co·nis·mo** [lakonísmo] *n/m* laconicism, terseness.

la·cra [lákra] *n/f* **1.** MED mark, scar. **2.** FIG blight, scourge. **3.** FIG blemish, blot (*la reputación*).

la·crar [lakrár] *v* to seal (with wax). **la·cre** [lákre] *n/m* sealing wax.

la·cri·mal [lakrimál] *adj* lachrymal, tear. LOC **Conductos ~es**, tear ducts. **la·cri·mó·ge·no/a** [lakrimóxeno/a] *adj* **1.** tear producing, eye watering. **2.** FIG *lit* sentimental, tearful, FAM tear-jerking. LOC **Gas ~**, tear gas. **la·cri·mo·so/a** [lakrimóso/a] *adj* **1.** tearful, weeping, FAM weepy.

lac·tan·cia [laktánθja] *n/f* nursing, suckling, breast-feeding. **lac·tan·te** [laktánte] *adj* suckling, breast-feeding. **lac·tar** [laktár] *v* **1.** to breast-feed, nurse. **2.** to feed with milk. **lac·tea·do/a** [lakteáðo/a] *adj* mixed with milk. LOC **Harina lacteada**, malted milk. **lác·teo/a** [lákteo/a] *adj* lacteous, milk, milky. LOC **Productos ~s**, dairy products. **Vía ~**, ASTR Milky Way. **lác·ti·co/a** [láktiko/a] *adj* QUÍM lactic. LOC **Acido ~**, lactic acid. **lac·to·sa** [laktósa] *n/f* lactose.

la·cus·tre [lakústre] *adj* lake, lacustrine.

la·dea·do/a [laðeáðo/a] **I.** pp **ladear**. **II.** *adj* tilted, leaning lopsided. **la·de·ar** [laðeár] **I.** *v*

FAM **1**. to tilt, lean (to one side). **2**. FIG avoid, get round (*evitar*) **II**. *v/Refl(-se)* to swerve, veer, shift (over) (*apartarse*). **la·deo** [laðéo] *n/m* tilt, leaning.

la·de·ra [laðéra] *n/f* slope, hillside, mountainside.

la·di·no/a [laðíno/a)] **I**. *adj* **1**. astute, cunning, crafty. **2**. *Amer* mestizo. **II**. *n/m* Judeo-Spanish, Ladino (*lengua*).

la·do [láðo] *n/m* **1**. *gen* side. **2**. room, space, (*sitio*). **3**. border, edge. **4**. FIG hand: *Por un lado,* On the one hand. **5**. DEP end: *Cambiar de lado,* To change ends/sides. **6**. angle, position (*aspecto*): *Un lado nuevo del asunto,* A new side to/aspect of the matter. **7**. MIL flank. **8**. patronage, protection. LOC **Al ~ de,** next to, beside. **A todos ~s,** everywhere. **~ a ~,** side by side, hand in hand. **~ débil**, weak spot. **Dar de ~ (a alguien)**, to avoid sb. **De un ~ a otro**, to and fro, from one side to the other. **Dejar a un ~**, to put aside, pass over. **Echar a un ~**, to cast aside. **Mirar de ~**, FIG DER to look down on sb. **Por el ~ de**, in the general direction of. **Por todos ~s**, on all sides, all the way round. **Tirar/echar por otro ~**, to take a different path, try sth else.

la·dra·dor/ra [laðraðór/a] *adj* barking. **la·drar** [laðrár] *v* to bark (*perro*), yap (*perro pequeño*). **la·dri·do** [laðríðo] *n/m* bark(ing).

la·dri·lla·zo [laðriʎáθo] *n/m* blow with a brick (*golpe*). **la·dri·llo** [laðriʎo] *n/m* brick. LOC **Caer como un ~**, to be heavy on the stomach (*digestión*). **Ser un ~**, FAM to be boring, tedious (*persona/texto*).

la·drón/na [laðrón/na] **I**. *adj* thieving. **II**. *n/m,f* **1**. thief, robber. **2**. *n/m* ELECTR multiple socket. LOC **~ de corazones**, FIG lady-killer. **la·dron·zue·lo/a** [laðron̪θwélo/a] (*dim* **ladrón**) *n/m,f* small-time/petty thief.

la·gar [layár] *n/m* press (*uvas/olivas*).

la·gar·ta [layárta] *n/f* **1**. ZOOL lizard (*hembra*). **2**. FAM sly woman, bitch. **la·gar·ti·ja** [layartíxa] *n/f* ZOOL gecko, small lizard. **la·gar·to** [layárto] *n/m,f* **1**. ZOOL lizard. **2**. FAM sly devil, US creep.

la·go [láyo] *n/m* lake.

lá·gri·ma [láyrima] *n/f* **1**. tear. **2**. FIG drop (*gota*). LOC **Beberse las ~s**, to hold the tears back. **Deshacerse en ~s**, to cry one's eyes out, to weep copiously. **~s de cocodrilo**, crocodile tears. **Ser el paño de ~s (de alguien)**, to give sb a shoulder to cry on. **la·gri·mal** [layrimál] **I**. *adj* lachrymal. **II**. *n/m* ANAT corner of the eye. **la·gri·me·ar** [layrimeár] *v* **1**. to water, stream (*los ojos*). **2**. to weep, cry. **la·gri·meo** [layriméo] *n/m* **1**. watering (*de los ojos*) **2**. *pl* weeping, tears. **la·gri·mo·so/a** [layrimóso/a] *adj* watery (*ojos*), tearful (*persona*).

la·gu·na [layúna] *n/f* **1**. lagoon, pool. **2**. FIG hiatus *lit* lacuna.

lai·ca·do [laikáðo] *n/m* laity. **lai·cal** [laikál] *adj* lay. **lai·cis·mo** [laiθísmo] *n/m* laicism. **lai·cis·ta** [laiθísta] *adj* secularist. **lai·co/a** [láiko/a] *adj* lay, secular, laical.

laís·mo [laísmo] *n/m* GRAM LIN Use of **la** and **las** as indirect objects: ***La** he dicho que nos espere,* I told her to wait for us.

la·ma [láma] *n/f* **1**. slime, mud. **2**. REL lama.

la·me·cu·los [lamekúlos] *n/m,f* SL PEY bootlicker, arse-kisser.

la·me·du·ra [lameðúra] *n/f* lick, licking.

la·men·ta·ble [lamen̪táβle] *adj* **1**. **(Ser ~)** regrettable, lamentable. **2**. deplorable, pitiful. **la·men·ta·ción** [lamen̪taθjón] *n/f* **1**. lamentation, lamenting (*acción*). **2**. lament (*expresión*). **la·men·tar** [lamen̪tár] **I**. *v* to be sorry, regret, mourn. **II**. *v/Refl(-se)* **(~se de/por) 1**. to lament, mourn. **2**. to bemoan, complain. **la·men·to** [laméṇto] *n/m* lament, moan.

la·me·pla·tos [lameplátos] *n/m,f* scavenger, wretch.

la·mer [lamér] *v* **1**. to lick. **2**. FIG to lap.

lá·mi·na [lámina] *n/f* **1**. lamina, sheet, plate. **2**. IMPR plate, illustration, print. **la·mi·na·ción** [laminaθjón] *n/f* TÉC lamination, rolling, splitting (*de metal*). **la·mi·na·do** [lamináðo] TÉC *n/m* laminate(d). LOC **Acero ~,** TÉC rolled steel. **la·mi·na·dor/ra** [laminaðór/ra] **I**. *adj* TÉC rolling. **II**. **1**. *n/m* TÉC roller, rolling mill operator (*obrero*). **2**. *n/f* TÉC rolling mill. **la·mi·nar** [laminár] **I**. TÉC *v* **1**. to laminate, roll, split. **2**. to laminate, surface (*cubrir con láminas*). **II**. *adj* laminar.

lám·pa·ra [lám̪para] *n/f* **1**. lamp, light. **2**. light, bulb (*bombilla*). **3**. oil stain. **4**. valve, tube (*radio*). LOC **~ colgante**, hanging lamp. **~ de aceite**, oil lamp. **~ de minero/seguridad**, TÉC Davy/safety lamp. **~ de pie**, standard lamp. **~ solar**, sun lamp. **lam·pa·re·ría** [lam̪parería] *n/f* lamp works/shop. **lam·pa·re·ro/a** [lam̪paréro/a] *n/m,f* lamp maker/dealer. **lam·pa·ri·lla** [lam̪paríʎa] *n/f* **1**. REL devotional candle. **2**. small lamp, nightlight (*mariposa*). **lam·pa·rón** [lam̪parón] *n/m* large grease stain.

lam·pi·ño/a [lam̪píɲo/a] *adj* **1**. beardless. **2**. hairless (*con poco pelo*).

lam·prea [lam̪préa] *n/f* lamprey (*pez*).

la·na [lána] *n/f* **1**. wool. **2**. fleece, wool. **3**. woollen fabric (*tejido*). **4**. *pl* FAM mop, hair. LOC **De ~**, wool(len). **Ir por ~ y volver trasquilado**, to expect a bargain but come out the loser instead. **la·nar** [lanár] *adj* wool-bearing. LOC **Ganado ~**, ZOOL sheep.

lan·ce [lán̪θe] *n/m* **1**. throw, cast (*acción*) **2**. move, stroke (*jugada*). **3**. episode, critical/crucial moment. **4**. TAUR pass (*con la capa*). LOC **De ~**, second-hand. **~ de amor**, amorous adventure, FAM fling. **~ de honor**, duel. **lan·ce·ro** [lan̪θéro] *n/m* MIL lancer. **lan·ce·ta** [lan̪θéta] *n/f* MED lancet.

lan·cha [lán̪tʃa] *n/f* NÁUT **1**. small boat (*de remos*), launch, motorboat. **2**. LOC **~ cañonera**, MIL gunboat. **~ de carga**, lighter, barge. **~ de desembarco**, landing craft. **~ motora/de carreras**, motor/speedboat. **~ neumática**, rubber dinghy. **lan·chón** [lan̪tʃón] *n/m* barge, lighter.

lan·da [lán̪da] *n/f* moor, heath.

la·ne·ro/a [lanéro/a] **I.** *adj* wool(len). **II.** *n/m* wool merchant.

lan·gos·ta [laŋgósta] *n/f* **1.** locust (*insecto*). **2.** lobster (*crustáceo*). **3.** FIG scourge (*plaga*). **lan·gos·ti·no** [laŋgostíno] *n/m* king prawn (*crustáceo*).

lan·gui·de·cer [laŋgiðeθér] *v* (*languidezco*) **1.** to languish. **2.** to become listless. **lan·gui·dez** [laŋgiðéθ] *n/f* (*pl languideces*) langour, lassitude. **lán·guido/a** [láŋgiðo/a] *adj* languid, listless.

la·ni·lla [laníʎa] *n/f* **1.** nap. **2.** flannel (*tejido*). **la·no·si·dad** [lanosiðáð] *n/f* BOT down. **la·no·so/a** [lanóso/a], **la·nu·do/a** [lanúðo/a] *adj* woolly, fleecy.

la·no·li·na [lanolína] *n/f* QUÍM lanolin.

lan·za [lánθa] *n/f* **1.** lance, spear. **2.** nozzle (*de manga de riego*). **3.** AUT shaft. LOC **~ en ristre**, ready for action. **Medir ~s**, to cross swords. **Romper una ~/~s por (alguien)**, to defend sb/intercede for sb. **lan·za·co·he·tes** [lanθakoétes] *n/m* rocket launcher. **lan·za·da** [lanθáða] *n/f* lance thrust/wound. **lan·za·de·ra** [lanθaðéra] *n/f* shuttle (*del telar*). **lan·za·do/a** [lanθáðo/a] **I.** pp **lanzar**. **II.** *adj* resolute, determined. LOC **Ir ~**, to speed/tear along (*velocidad*). **Ser ~** to be headstrong, impetuous. **lan·za·dor/ra** [lanθaðór/ra] **I.** *adj* throwing, thrusting. **II.** *n/m,f* **1.** DEP thrower, hurler, pitcher (*béisbol*). **2.** COM promoter. **lan·za·gra·na·das** [lanθaγranáðas] *n/m* MIL grenade launcher. **lan·za·lla·mas** [lanθaʎámas] *n/m* MIL flamethrower. **lan·za·mien·to** [lanθamjénto] *n/m* **1.** DEP throw(ing), flinging, put (*del peso*), pitch (*béisbol*). **2.** launch(ing) (*barco/campaña*), firing (*cohete*). **3.** AER drop(ing), jump (*paracaidista*). **lan·za·mi·nas** [lanθamínas] *n/m* MIL mine-layer. **lan·zar** [lanθár] **I.** *v* (*lance*) **1.** to throw, hurl, fling. **2.** FIG to fire, shoot (*flecha*). **3.** to cast (*mirada*). **4.** MED to vomit. **5.** to launch (*producto/cohete/ataque*). **6.** to utter (*grito*), hurl (*maldición*), heave (*suspiro*), make (*acusación*). **7.** to throw down, embark on (*un desafío*). **8.** JUR to dispossess. **II.** *v/Refl(-se)* **(~se a) 1.** to rush, fling/throw oneself, fly (at). **2.** *Amer* to begin to, break into: *Se lanzó a correr*, He broke into a run. **3.** to rush, hurtle: *Lanzarse al ataque*, To launch into the attack. **4.** to jump, dive: *Lanzarse al agua*, To jump/dive into the water. **5.** to bale out, jump (*paracaidista*). **6.** FIG to embark upon (*emprender*), launch oneself (*a los negocios*). **7.** FIG FAM to rush into (*en hacer/decir algo*), FIG jump the gun. LOC **~se en persecución de (alguien)**, to dash off in pursuit of sb.

lan·za·tor·pe·dos [lanθatorpéðos] *n/m* MIL torpedo tube.

la·ña [láɲa] *n/f* TÉC rivet, clamp. **la·ñar** [laɲár] *v* to clamp together.

la·pa [lápa] *n/f* barnacle, limpet (*molusco*). LOC **Pegarse/Agarrarse como una ~**, FIG FAM to stick like a leach.

la·pi·ce·ro [lapiθéro] *n/m* pencil.

lá·pi·da [lápiða] *n/f* slab, tablet, gravestone (*conmemorativa*). **la·pi·da·ción** [lapiðaθjón] *n/f* stoning to death (*castigo*). **la·pi·dar** [lapiðár] *v* **1.** to stone to death (*castigo*). **2.** *Amer* to cut (*piedras preciosas*). **la·pi·da·rio/a** [lapiðárjo/a] *adj n/m* lapidary. **la·pí·deo/a** [lapíðeo/a] *adj* V **lapidario**.

la·pis·lá·zu·li [lapisláθuli] *n/m* GEOL lapis lazuli.

lá·piz [lápiθ] *n/m* (*pl lápices*) **1.** pencil. **2.** GEOL graphite, lead. LOC **A ~**, in pencil.

la·pón/na [lapón/na] *adj n/m,f* GEOG Lapp, Laplander.

lap·so [lápso] *n/m* **1.** lapse. **2.** slip, falling into (*pecado/error*). **lap·sus** [lápsus] *n/m* lapsus, error.

la·quea·do/a [lakeáðo/a] **I.** *adj* lacquered. **II.** *n/m* lacquering. **la·que·ar** [lakeár] *v* to lacquer.

lar [lár] *n/m pl* **1.** MIT Lar(es), household goods. **2.** FIG home, hearth.

lar·do [lárðo] *n/m* **1.** lard, bacon fat. **2.** animal fat.

lar·gar [larγár] **I.** *v* (*largue*) **1.** FAM to land, deal: *Le largó una bofetada*, He dealt him a blow. **2.** DER to pontificate. **3.** to slacken, ease out (*cable*). **4.** to unfurl, let out (*vela/bandera*). **5.** to utter, let out (*maldición*). **6.** to throw out, drive out/away: *Largó a su marido*, She threw her husband out. **7.** to fire, dismiss (*despedir*). **II.** *v/Refl(-se)* **1. (~ de)** FAM to leave, go. **2.** NÁUT to put to sea (*zarpar*). **3. (~se a)** *Amer* to begin to, break into. LOC **¡Lárgate de aquí!** *exclam* Push off!, Br Hop it!

lar·go/a [lárγo/a)] **I.** *adj* **1.** long, lengthy. **2.** prolonged, lengthy. **3.** tall (*persona*). **4.** **(Estar ~)** (be) too long. **5.** GRAM long (*sílaba*). **6.** FAM **(ser ~)** quick-witted, sharp. **7.** abundant, liberal (*porción*). **8.** good, long: *Una hora larga*, A good hour. **9.** NÁUT loose, slack (*cuerda*). **II.** *n/m* **1.** the length (*longitud*). **2.** a length (*de cuerda, de la piscina*). **3.** MÚS largo. **III.** *adv* **1.** far, afar. **2.** at length. **3.** abundantly, copiously. LOC **A la larga**, in the long run, in the end. **A lo ~ de**, along, throughout, in the course of. **Dar largas**, to procrastinate, delay. **De ~**, **1.** long: *Tiene dos metros de largo*, It's two metres long. **2.** in formal dress, full-length (*falda*). **Echado de ~ a ~**, stretched to its full-length/from end to end. **(Hablar) ~ y tendido**, to talk sth over/through. **Hacerse/Ir para ~**, to drag/drone on. **¡~!/¡~ de ahí!/¡~ de aquí!**, *exclam* Get out!, Get out of here!, Get out of my sight!, Beat it! **Pasar de ~**, to go straight past, pass through (*sin parar*). **~ de**, long: *Largo de piernas*, Long-legged. **lar·gue·ro** [larγéro] *n/m* **1.** bolster (*de cama*). **2.** DEP cross bar. **3.** ARQ jamb, beam. **lar·gue·za** [larγéθa] *n/f* **1.** length, extent. **2.** FIG largesse, munificence. **lar·gui·ru·cho/a** [larγirúʃo/a] *adj col* lanky. **lar·gu·ra** [larγúra] *n/f* length. **lar·go·me·tra·je** [larγometráxe] *n/m* feature film.

la·rin·ge [laríŋxe] *n/f* ANAT larynx. **la·rín·geo/a** [laríŋxeo/a] *adj* ANAT laryngeal. **la·rin·gi·tis** [lariŋxítis] *n/f* MED laryngitis.

lar·va [lárβa] *n/f* BIOL larva, grub (*insecto*). **lar·va·do/a** [larβáðo/a] *adj* MED larvate, larval.

las [lás] **I**. *art def f,pl* the. **II**. *pron pers f,pl* them.

la·sa·ña [lasáɲa] *n/f* lasagne.

las·ca [láska] *n/f* **1**. chip (*de una piedra*). **2**. FIG thin slice (*loncha*). **3**. *Amer* FIG advantage, benefit.

las·ci·via [lasθíβja] *n/f* lasciviousness, lust. **las·ci·vo/a** [lasθíβjo/a] *adj* **1**. lascivious, lewd. **2**. playful, frisky (*juguetón*).

lá·ser [láser] *n/m* laser.

la·si·tud [lasitúð] *n/f* lassitude, weariness.

la·so/a [láso/a] *adj* **1**. untwisted (*hilo*), floss (*seda*). **2**. lifeless (*pelo*).

lás·ti·ma [lástima] *n/f* **1**. pity, compassion. **2**. plaint, lamentation, tale of woe. **3**. pity, shame: *¡Qué lástima!*, What a pity/shame! LOC **Dar ~**, to be pitiful, inspire pity. **Tener ~ de**, to feel sorry for (*compasión*).

las·ti·ma·du·ra [lastimaðúra] *n/f* injury, wound. **las·ti·mar** [lastimár] **I**. *v* **1**. to hurt, injure (*herir*). **2**. FIG to offend, hurt. **3**. to pity, sympathize with (*compadecer*). **II**. *v/Refl(-se)* **1**. **(~se con/contra)** to hurt oneself (on). **2**. **(~se de)** to complain (about). **3**. **(~se de)** to feel sorry/upset (about). **las·ti·me·ro/a** [lastiméro/a] *adj* **1**. injurious. **2**. doleful, piteous (*palabras* etc). **las·ti·mo·so/a** [lastimóso/a] *adj* pitiful.

las·trar [lastrár] *v* NÁUT to ballast. **las·tre** [lástre] *n/m* **1**. NÁUT ballast. **2**. rubble. **3**. FIG steadiness, judgement.

la·ta [láta] *n/f* **1**. tin, can. **2**. TÉC tin (*hojalata*). LOC **En ~**, canned. **Dar la ~**, FIG FAM to be a nuisance, annoy. **¡Vaya una ~!**, *exclam* What a drag!. **la·ta·zo** [latáθo] *n/m* FAM drag, bore.

la·ten·te [laténte] *adj* **(Estar ~)** latent.

la·te·ral [laterál] **I**. *adj* lateral, side. **II**. *n/m* **1**. side. **2**. TEAT wing. **3**. DEP throw-in (*fútbol*).

lá·tex [láte(k)s] *n/m* BOT latex.

la·ti·do [latíðo] *n/m* **1**. beat, beating (*del corazón*). **2**. throb(bing), beat. **3**. pant, yelp (*del perro*). **la·tien·te** [latjénte] *adj* beating, palpitating, throbbing.

la·ti·fun·dio [latifúndjo] *n/m* latifundium, large landed estate. **la·ti·fun·dis·ta** [latifundísta] *n/m,f* owner of large estate.

la·ti·ga·zo [latiγáθo] *n/m* **1**. lash, whiplash. **2**. FAM drink, swig. **3**. FIG reprimand. **lá·ti·go** [látiγo] *n/m* whip. **la·ti·gui·llo** [latiγíʎo] *n/m* **1**. *dim* of **látigo**. **2**. TEAT hamming. **3**. DER platitude, empty phrase.

la·tín [latín] *n/m* Latin. LOC **Saber ~**, FIG to be nobody's fool, be very astute. **la·ti·na·jo** [latináxo] *n/m* FAM DER Latin word/quotation. **la·ti·nis·mo** [latinísmo] *n/m* Latinism. **la·ti·no/a** [latíno/a] *adj n/m,f* Latin. **La·ti·no·a·me·ri·ca** [latinoamérika] *n/f* GEOG Latin America. **la·ti·no·a·me·ri·ca·no/a** [latinoamerikáno/a] *adj n/m,f* GEOG Latin American.

la·tir [latír] *v* to beat, throb, pulsate.

la·ti·tud [latitúð] *n/f* **1**. GEOG ASTR latitude. **2**. width, breadth (*anchura*) **3**. extent, area (*extensión*). **4**. *gen pl* latitude, climate, climes. **la·to/a** [láto/a] *adj* broad, wide.

la·tón [latón] *n/f* brass.

la·to·so/a [latóso/a] *adj* FAM annoying, tiresome.

la·tría [latría] *n/f* REL latria.

la·tro·ci·nio [latroθínjo] *n/m* theft, robbery.

laúd [laúð] *n/m* MÚS lute.

lau·da·ble [lauðáβle] *adj* laudable, praiseworthy.

láu·da·no [láuðano] *n/m* MED laudanum.

lau·rea·do/a [laureáðo/a] *adj* POÉT laureate. LOC **Poeta ~**, poet laureate. **lau·re·ar** [laureár] *v* FIG to crown with laurels. **lau·rel** [laurél] *n/m* **1**. BOT laurel. **2**. bay leaf (*condimento*). LOC **Cosechar/Ganar ~es**, FIG to reap rewards. **Dormirse en los ~es**, to rest on one's laurels. **lau·reo·la** [laureóla] *n/f* **1**. laurel crown. **2**. laurel wreath. **3**. halo, aureola.

la·va [láβa] *n/f* GEOL lava (*volcán*).

la·va·ble [laβáβle] *adj* washable. **la·va·bo** [laβáβo] *n/m* **1**. washbasin **2**. bathroom, US washroom. **la·va·co·ches** [laβakóʃes] *n/m* AUT car wash. **la·va·de·ro** [laβaðéro] *n/m* laundry, wash place. **la·va·do/a** [laβáðo/a] **I**. pp **lavar**. **II**. *adj* washed, clean. **III**. *n/m* **1**. wash, washing. **2**. washing out (*del estómago*). LOC **~ de cabeza**, shampoo, hair-wash. **~ de cerebro**, brain-washing. **~ en seco**, dry-cleaned, dry-cleaning. **la·va·do·ra** [laβaðóra] *n/f* washing machine. **la·va·du·ra** [laβaðúra] *n/f* **1**. washing. **2**. dirty water.

la·van·da [laβánda] *n/f* BOT lavender.

la·van·de·ría [laβandería] *n/f* **1**. launderette (*público*). **2**. laundry (*lugar*). **la·van·de·ro/a** [laβandéro/a] *n/m,f* launderer.

la·va·pa·ra·bri·sas [laβaparabrísas] *n/m pl* AUT Br windscreen wiper, US windshield washer.

la·var [laβár] **I**. *v* **1**. to wash, clean. **2**. FIG to wash (away). **II**. *v/Refl(-se)* to wash, have a wash. LOC **~se las manos (de)**, FIG to wash one's hands (of). **~ y marcar**, to shampoo and set (*peluquería*). **la·va·ti·va** [laβatíβa] *n/f* **1**. MED enema. **2**. nuisance, annoyance (*molestia*). **la·va·va·ji·llas** [laβaβaxíʎas] *n/m* TÉC dishwasher. **la·vo·te·ar** [laβoteár] **I**. *v* to wash hurriedly and badly. **II**. *v/Refl(-se)* FAM to have a quick wash. **la·vo·teo** [laβotéo] *n/m* FAM quick wash, FAM catlick.

la·xan·te [la(k)sánte] *adj n/m* laxative. **la·xar** [la(k)sár] *v* to slacken, loosen (*vientre*). **la·xi·tud** [la(k)sitúð] *n/f* laxity, looseness. **la·xo/a** [lá(k)so/a] *adj* **1**. lax, slack. **2**. FIG lax, loose (*morales*).

la·za·da [laθáða] *n/f* bow, knot.

la·za·re·to [laθaréto] *n/m* **1**. quarantine station. **2**. leper's hospital.

la·za·ri·llo [laθaríʎo] *n/m* blind man's guide.

la·zo [láθo] *n/m* **1**. bow, knot, loop (*adorno*). **2**. lasso. **3**. *gen pl* FIG link, bond: *Lazos de amistad*, Bonds of friendship. **4**. snare, trap (*para cazar*). LOC **Caer en el ~**, to fall into the trap. ~ **corredizo**, slip knot, noose. ~ **de zapato**, shoe lace. **Tender un ~ a**, FIG to set a trap for.

Ldo/a *abrev* of Licenciado/a.

le [lé] **I.** *pron pers* (complemento directo) him, you (*usted*). **II.** *pron pers* (complemento indirecto) (to) him, (to) her, (to) it, (to) you (*a usted*).

le·al [leál] *adj* **(Ser ~ a) 1.** loyal, faithful. **2.** true, fair. **le·al·men·te** [lealmente] *adv* loyally, faithfully, fairly. **leal·tad** [lealtáð] *n/f* loyalty, fidelity.

le·bra·to [leßráto] *n/m* ZOOL leveret.

le·brel [leßrél] *n/m* ZOOL whippet, greyhound.

le·bri·llo [leßríʎo] *n/m* earthenware bowl.

lec·ción [le(k)θjón] *n/f gen* **1.** lesson. **2.** lesson, warning, example. LOC **Dar ~es (de algo)**, to teach a lesson. **Servir de ~**, to serve/be as a lesson. **lec·ti·vo/a** [lektíßo/a] *adj* school: *Año lectivo*, School year. **lec·tor/ra** [lektór/ra] **I.** *adj* reading. **II.** *n/m,f* **1.** reader. **2.** lector, language assistant (*enseñanza*). **3.** *n/m* REL lector. **lec·tu·ra** [lektúra] *n/f* reading. LOC **Dar ~ a**, to read. **De mucha ~**, well-read.

le·cha [létʃa] *n/f* milt, roe.

le·cha·da [letʃáða] *n/f* **1.** TÉC grout, paste. **2.** whitewash (*cal*).

le·chal [letʃál] *adj n/m,f* ZOOL suckling. **le·chazo** [letʃáθo] *n/m* lamb. **le·che** [létʃe] *n/f* **1.** milk. **2.** BOT milky sap. **3.** SL spunk, semen. **4.** *Amer* FAM good luck. LOC ~ **condensada**, condensed milk. ~ **cuajada**, curdled milk. ~ **desnatada**, skimmed milk. ~ **en polvo**, powdered milk. **Dientes de ~**, milk teeth. **Dulce de ~**, *Amer* caramel spread. **Estar de mala ~**, to be in a foul mood. **¡~!**, *int* Hell! **Tener mala ~**, to be spiteful. **le·che·ría** [letʃería] *n/f* dairy. **le·che·ro/a** [letʃéro/a] **I.** *adj* dairy. **II.** *n/m* milkman.

le·cho [létʃo] *n/m* **1.** LIT bed, couch, litter. **2.** river-bed, ocean floor. **3.** ARQ foundation, base. **4.** GEOL layer, stratum. LOC **Abandonar el ~**, to get up, to get out of bed.

le·chón [letʃón] *n/m* ZOOL suckling pig, piglet. **le·cho·so/a** [letʃóso/a] **I.** *adj* milky. **II.** *n/f Amer* BOT pawpaw tree.

le·chu·ga [letʃúγa] *n/f* **1.** BOT lettuce. **2.** ruff, frill, pleat (*costura*). LOC **(Fresco) como una ~**, FIG FAM as fresh as a daisy. **le·chu·gui·lla** [letʃuγíʎa] *n/f* **1.** BOT wild lettuce. **2.** young beau, dandy. **3.** frill, ruff (*costura*).

le·chu·za [letʃúθa] *n/f* owl (*ave*). LOC ~ **común**, barn owl.

le·er [leér] *v* (*leyó, **leyera**, **leyendo**,* pp *leído*) **1.** to read. **2.** to interpret, read. LOC ~ **entre líneas**, to read between the lines. ~ **la cartilla a (alguien)**, FIG FAM to tear sb off a strip. ~ **la mano a (alguien)**, to read sb's palm.

le·ga·ción [leγaθjón] *n/f* **1.** embassy. **2.** legation. **3.** diplomatic post, commission (*oficio*). **le·ga·do** [leγáðo] *n/m* **1.** legate (*persona*). **2.** legacy. **le·ga·jo** [leγáxo] *n/m* dossier, file.

le·gal [leγál] *adj* **(Ser ~) 1.** JUR legal, lawful **2.** faithful, fair, loyal. **le·ga·li·dad** [leγaliðáð] *n/f* JUR **1.** legality. lawfulness. **2.** law: *Atenerse a la legalidad vigente*, To abide by the current law. **le·ga·li·za·ción** [leγaliθaθjón] *n/f* JUR **1.** legalization. **2.** authentication (*documentos*). **le·ga·li·zar** [leγaliθár] *v* (*legalicé*) **1.** to legalize. **2.** to authenticate.

lé·ga·mo [léγamo] *n/m* slime, mud, clay.

le·ga·ña [lleγáɲa] *n/f* sleep. **le·ga·ño·so/a** [leγaɲóso/a] *adj* full of sleep, bleary-eyed.

le·gar [leγár] *v* (*legué*) **1.** to bequeath, leave (*testamento*). **2.** to delegate, US deputize. **3.** FIG to bequeath, leave, transmit (*lengua, cultura*). **le·ga·to·rio/a** [leγatórjo/a] **1.** *n/m* heir, legatee. **2.** *n/f* heiress, legatee.

le·gen·da·rio/a [lexendárjo/a] **I.** *adj* legendary. **II.** *n/m* book of fables/legends.

le·gi·ble [lexíßle] *adj* legible.

le·gión [lexjón] *n/f* **1.** MIL legion **2. (Ser ~)** FIG legion. **le·gio·na·rio** [lexjonárjo] *n/m* MIL legionary.

le·gis·la·ble [lexisláßle] *adj* JUR subject to legislation. **le·gis·la·ción** [lexislaθjón] *n/f* JUR legislation. **le·gis·la·dor/ra** [lexislaðór/ra] **I.** *adj* JUR legislative, legislating. **II.** *n/m,f* JUR legislator, lawmaker (*persona*). **le·gis·lar** [lexislár] *v* JUR to legislate. **le·gis·la·ti·vo/a** [lexislatíßo/a] *adj* JUR legislative. **le·gis·la·tu·ra** [lexislatúra] *n/f* JUR legislature, term.

le·gi·ti·ma·ción [lexitimaθjón] *n/f* JUR legitimation, US legitimization. **le·gi·ti·mar** [lexitimár] *v* JUR **1.** to legitimize, legitimate. **2.** to authenticate, certify. **3.** to recognize under the law (*a un hijo*). **le·gi·ti·mi·dad** [lexitimiðáð] *n/f* JUR **1.** legitimacy. **2.** authenticity. **le·gí·ti·mo/a** [lexítimo/a] *adj* **1.** JUR legitimate, licit. **2.** authentic, genuine. **3.** just, right (*justo*). LOC **En legítima defensa**, in self-defence. **Oro ~**, pure gold.

le·go/a [léγo/a] **I.** *adj* **1.** lay, secular. **2. (~ en)** FIG ignorant, uninformed about. **II.** *n/m,f* **1.** layman/laywoman. **2.** *n/m* REL lay brother. **3.** *pl* laity.

le·gua [léγwa] *n/f* league. LOC **Se ve a la ~/a una ~/a cien leguas**, FIG It stands out a mile.

le·gu·le·yo [leγuléɟo] *n/m* JUR DER legal quack.

le·gum·bre [leγúmbre] *n/f* BOT vegetable. **le·gu·mi·no·so/a** [leγuminóso/a] **I.** *adj* BOT leguminous. **II.** *n/f* BOT pulse, leguminous plant.

leí·ble [leíßle] *adj* readable. **leí·do/a** [leíðo/a] **I.** pp **Leer**. **II.** *adj* well-read, erudite (*persona*).

leís·mo [leísmo] *n/m* GRAM LIN use of *le, les* (instead of *lo, los*) in reference to persons: *A mis hijos les quiero más que a mi vida*, I love my children more than my life.

leit·mo·tiv [lei(t)motíf] *n/m* leitmotif.

le·ja·nía [lexanía] *n/f* distance, remoteness. **le·ja·no/a** [lexáno/a] *adj* distant, remote, far off.

le·jía [lexía] *n/f* QUÍM 1. bleach (*para blanquear*). **2.** lye (*detergente*).

le·jí·si·mos [lexísimos] *sup* de **lejos** very far away. **le·jos** [léxos] **I.** *adv* **(~ de)** far off/away.

LOC **A lo ~**, in the distance. **De ~/de muy ~/desde ~**, from afar, from a distance. **Está muy ~**, it's a long way away/off. **Ir demasiado ~**, FIG to go sth too far. **Ir ~**, FIG to go far/a long way. **~ de**, far (away) from. **¡ ~ de mí/ti/él etc...!**, Far be it from me. **Más ~**, further away. **¡Ni de ~!**, FIG *exclam* Far from it! **Para no ir más ~**, to take an obvious example. **II**. *n/m* **(lo lejos) 1**. appearance from a distance. **2**. *pl* ARTE back ground (*pintura*).

le·lo/a [lélo/a] *adj* FAM foolish, silly.

le·ma [léma] *n/f* **1**. motto, slogan. **2**. theme, subject. **3**. countersign, password.

len·ce·ría [leṇθería] *n/f* **1**. underwear, lingerie (*de mujer*). **2**. linen. **3**. draper's (*tienda*). **4**. linen room. **5**. drapery, linen *pl*. **len·ce·ro/a** [leṇθéro/a] *n/m,f* lingerie/linen maker/dealer.

Len·da·ka·ri [lendakári] *n/m,f* head of the Basque government.

len·gua [leŋgwa] *n/f* **1**. ANAT tongue. **2**. FIG tongue, language (*idioma*). **3**. MÚS clapper (*badajo*). LOC **Con la ~ fuera**, FIG FAM dog-tired. **De ~ en ~**, FIG from mouth to mouth. **Írsele a uno la ~**, FIG FAM to blab, talk too much. **~ de tierra**, GEOG point, neck of land. **~ materna**, mother/native tongue. **Mala ~**, gossip. **Morderse la ~**, FIG to hold/bite one's tongue. **No tener pelos/pelillos en la ~**, not to mince one's words, be out-spoken. **Sacar la ~ a (alguien)**, to stick one's tongue out at sb. **Tirar de la ~ a alguien**, to make sb talk. **Trabársele la ~**, FIG to get tongue-tied.

len·gua·do [leŋgwáðo] *n/m* sole (*pez*).

len·gua·je [leŋgwáxe] *n/m* **1**. language, speech (*facultad*). **2**. idiom, parlance, speech (*modo*). **3**. style, diction (*manera*). LOC **~ llano**, plain English, etc. **~ vulgar**, everyday language.

len·gua·raz [leŋgwaráθ] (*lenguaraces*) *adj* **1**. foul-mouthed, insolent. **2**. garrulous. **3**. polyglot.

len·güe·ta [leŋgwéta] *n/f* **1**. MÚS reed. **2**. tongue (*del calzado*), **3**. flap, tongue (*de cartera*). **4**. ANAT epiglottis. **5**. barb (*de saeta*). **len·güe·ta·zo/len·güe·ta·da** [leŋgwetáθo/leŋgwetáða] *n/m/n/f* lick, licking, lapping.

le·ni·dad [leniðáð] *n/f* leniency, mildness.

le·ni·nis·mo [leninísmo] *n/m* FIL Leninism. **le·ni·nis·ta** [leninísta] *adj n/m,f* Leninist.

le·no·ci·nio [lenoθínjo] *n/m* procuring, soliciting. LOC **Casa de ~**, brothel.

len·te [léṇte] *n/f* **1**. lens (*óptica*). **2**. *n/m pl* glasses, spectacles (*gafas*), pince-nez (*quevedos*). LOC **~ de aumento**, magnifying glass. **~ de contacto**, contact lens.

len·te·ja [leṇtéxa] *n/f* BOT lentil.

len·te·jue·la [leṇtexwéla] *n/f* spangle, sequin.

len·ti·cu·lar [leṇtikulár] *adj* lenticular.

len·ti·lla [leutíγa] *n/f* contact lens.

len·tis·co [leṇtísko] *n/m* BOT lentisk.

len·ti·tud [leṇtitúð] *n/f* slowness. **len·to/a** [léṇto/a] **I**. *adj* **(~ de/en) 1**. slow. **2**. slow, sluggish (*persona*). **3**. MED viscous. LOC **A cámara lenta**, slow motion. **II**. *n/m* MÚS lento movement.

le·ña [léɲa] *n/f* firewood, kindling. LOC **Dar/Repartir ~ a (alguien)**, FIG FAM to give sb a thrashing/beating. **Echar ~ al fuego**, FIG FAM to fuel the fire. **le·ña·dor/ra** [leɲaðór/ra] *n/m,f* woodcutter. **le·ña·zo** [leɲáθo] *n/m* **1**. FAM blow/wallop with a stick (*golpe*). **2**. FAM crash (*choque*). **le·ñe·ra** [leɲéra] *n/f* woodshed, woodpile. **le·ñe·ro** [leɲéro] *n/m* woodseller. **le·ño** [léɲo] *n/m* **1**. log (*trozo*). **2**. FIG FAM dimwit. **le·ño·so/a** [leɲóso/a] *adj* ligneous, woody.

le·ñe [léɲe] *int* damn!

leo [léo] *n/m* ASTR Leo (*zodiaco*).

le·ón/na [león/na] *n/m,f* ZOOL **1**. lion (*macho*), lioness (*hembra*). **2**. *Amer* puma. LOC **~ marino**, ZOOL sealion. LOC **Llevarse la parte del ~**, FIG to get the lion's share. **Ponerse como un ~**, to become furious. **leo·na·do/a** [leonáðo/a] *adj* tawny (*color*). **leo·ne·ra** [leonéra] *n/f* **1**. lion's den. **2**. lion's cage. **3**. FIG FAM mess.

leo·nés/sa [leonés/sa] *adj n/m,f* GEOG Leonese of León.

leo·ni·no/a [leoníno/a] *adj* leonine. LOC **Contrato ~**, FIG one-sided contract.

leon·ti·na [leoṇtína] *n/f* watch chain.

leo·par·do [leopárðo] *n/m* ZOOL leopard.

leo·tar·do(s) [leotárðo(s)] *n/m* **1**. *sing* leotard. **2**. *pl* tights (*medias*).

Le·pe [lépe] LOC **Saber más que ~**, to be nobody's fool, be smart.

le·pó·ri·do/a, **le·po·ri·no/a** [lepóriðo/a/leporíno/a] *adj* ZOOL leporine. LOC **Labio ~**, ANAT harelip.

le·pra [lépra] *n/f* **1**. MED leprosy. **2**. FIG blight. **le·pro·se·ría** [leprosería] *n/f* leper colony. **le·pro·so/a** [lepróso/a] **I**. *adj* leprous. **II**. *n/m,f* leper.

ler·do/a [lerðo/a] *adj* dim, slow, clumsy (*persona*).

le·ri·da·no/a [leriðáno/a] *adj n/m,f* of/from Lérida.

les [lés] *pron pers* **1**. (*complemento directo*) them, you (*ustedes*). **2**. (*complemento indirecto*) (to) them, (to) you (*ustedes*).

les·bia·nis·mo [lesβjanísmo] *n/m* lesbianism. **les·bia·no/a** [lesβjáno/a] **I**. *adj* lesbian. **II**. *n/f* lesbian. **lés·bi·co/a** [lésβiko/a] *adj* lesbian.

le·sión [lesjón] *n/f* **1**. injury, lesion. **2**. damage, detriment. **3**. *pl* JUR assault and battery. **le·sio·nar** [lesjonár] **I**. *v* **1**. to wound, injure. **2**. to damage (*perjudicar*). **II**. *v/Refl (-se)* to get hurt, hurt oneself. **le·si·vo/a** [lesíβo/a] *adj* **(~ para)** detrimental, harmful (to). **le·so/a** [léso/a] *adj* hurt, wronged LOC **Crimen de lesa patria**, JUR High Treason.

le·tal [letál] *adj* lethal, fatal.

le·ta·nía [letanía] *n/f* **1**. REL litany. **2**. FIG FAM long list, SL string.

le·tár·gi·co/a [letárxiko/a] *adj* lethargic. **le·tar·go** [letárγo]. *n/m* lethargy.

le·tra [létra] *n/f* **1**. letter. **2**. IMPR character, typescript. **3**. (hand)writing, script: *Letra gótica*, Gothic script. **4**. literal meaning, letter. **5**. MÚS lyrics, words *pl* (*de una canción*). **6**. bill of exchange (*compra mercan-*

til). 7. *pl* Arts: *Facultad de Letras*, Faculty of Arts. **8**. *pl* LIT letters: *Es un hombre de letras*, He is a man of letters. **9**. motto, inscription (*lema*). **10**. *pl* FAM line: *Te pondré unas letras*, FAM I'll drop you a line (*carta*). LOC **Al pie de la ~**, literally. **Cuatro ~s,** FAM short note (*carta breve*). **Escribir en ~s de molde,** to print in block letters (*a mano*). **La ~ con sangre entra,** FIG FAM Spare the rod and spoil the child. ~ **abierta**, letter of credit for an unlimited sum. ~ **bancaria,** bank draft. ~ **bastardilla**, italics. ~ **cursiva**, script, long-hand. ~ **mayúscula,** capital letter. ~ **negrilla,** bold type-face. **~s sagradas/divinas,** REL The Scriptures. **Primeras ~s**, *pl* primary education, (the) three Rs. **Tener buena ~/mala ~,** to have good/bad handwriting.

le·tra·do [letráðo] **I**. *adj* **1**. learned (*erudito*). **2**. pedantic (*presumido*). **II**. *n/m* JUR lawyer. **le·tre·ro** [letréro] *n/m* **1**. sign, poster, placard. **2**. label (*etiqueta*). LOC ~ **luminoso**, neon sign.

le·tri·lla [letríʎa] *n/f* POÉT letrilla, rondeau.

le·tri·na [letrína] *n/f* **1**. latrine. **2**. FIG sewer.

leu·ce·mia [leuθémja] *n/f* MED leukaemia. **leu·co·ci·to** [leukoθíto] *n/m* ANAT leucocyte.

le·va [léβa] *n/f* **1**. NÁUT weighing anchor. **2**. MIL levy, press gang (*reclutamiento*). **3**. TÉC lever (*palanca*), cam, cog. **le·va·di·zo/a** [leβaðíθo/a] *adj* LOC **Puente ~**, TÉC drawbridge.

le·va·du·ra [leβaðúra] *n/f* yeast, leaven. LOC ~ **en polvo,** baking powder. **Pan sin ~**, unleavened bread.

le·van·ta·dor/ra [leβan̪taðór/ra] **I**. *adj* lifting, raising. **II**. *n/m,f* lifter. **le·van·ta·mien·to** [leβan̪tamjén̪to] *n/m* **1**. raising, lifting. **2**. insurrection, uprising; NÁUT mutiny. **3**. TÉC hoisting, lifting. **4**. erection (*estatua*). LOC ~ **del cadáver**, JUR inquest.

le·van·tar [leβan̪tár] **I**. *v* **1**. to raise, lift (up), hold up (*en alto*). **2**. FIG to rouse, stir up (*excitar*). **3**. to straighten, put up/upright, set up (*poner derecho*). **4**. ARQ to erect, build (*albañilería*). **5**. to raise (*tono de la voz/ojos/brazos*). **6**. FIG to hearten, lift (up) (*animar*). **7**. to flush out (*caza*). **8**. to remove, take off (*quitar*), clear (*la mesa*). **9**. to pick up, gather (*recoger*). **10**. to lift, suspend (*prohibición/cerco/sitio*). **11**. to move (*casa*), strike, break (*campamento*). **12**. to adjourn (*sesión*). **13**. to draw (up) (*plano, acta*), do (*dibujo*), make (*encuesta*), take (*censo*). **14**. to bear (*falso testimonio*). **15**. to raise (*precio*). **16**. FIG to turn (*trastornar*). **17**. NÁUT to weigh (*ancla*). **18**. to institute, found (*fundar*), set up. **19**. to cut (*en los naipes*). **20**. FAM to lift, pinch, steal. **21**. to set to rights, FIG put (back) on its feet: *Levantar al país*, To put the country back on its feet. **22**. to cause, give rise to, entail. **23**. DEP to open the hunting/fishing season. **II**. *v/Refl(-se)* **1**. (~ **de**) to rise, get up (*de la cama*) **2**. to stand up, rise, get up, staighten up (*ponerse de pie*). **3**. to lift (*niebla*). **4**. to stand, stick up (*erguirse*). **5**. to come away (*baldosa*). **6**. (~ **contra**) to rise up, revolt (*sublevarse*). **7**. **(~se con)** FAM to make off with, steal. LOC ~ **cabeza**, to get better. ~ **el ánimo**, to cheer sb up, lift sb's spirits.~ **la liebre**, FIG FAM to let the cat out of the bag, spill the beans. ~ **la tapa de los sesos a alguien**, to blow sb's brains out. **~se con el pie izquierdo,** FIG to get out of bed on the wrong side. ~ **vuelo**, AER to take off. **Sin ~ la vista**, without looking up.

le·van·te [leβán̪te] *n/m* **1**. GEOG East, Orient. **2**. levanter, east wind. **3**. GEOG Levant.

le·van·tis·co/a [leβan̪tísko/a] *adj* turbulent, restless.

le·var [leβár] *v* LOC ~ **anclas,** NÁUT to weigh anchor.

le·ve [léβe] *adj* **1**. light. **2**. FIG slight, unimportant, trivial. **le·ve·dad** [leβeðáð] *n/f* **1**. lightness. **2**. FIG levity. **le·ve·men·te** [leβemén̪te] *adv* **1**. lightly. **2**. FIG slightly.

le·vi·ta [leβíta] **1**. *n/m* REL Levite. 2. *n/f* frockcoat. LOC **Tirar de la ~ a (alguien),** FIG to flatter sb.

le·vi·ta·ción [leβitaθjón] *n/f* levitation.

lé·xi·co/a [lé(k)siko/a] **I**. *adj* LIN lexical. **II**. *n/m* lexicon, dictionary. **le·xi·co·gra·fía** [le(k)sikoγrafía] *n/f* LIN lexicography. **le·xi·co·grá·fi·co/a** [le(k)sikoγráfiko/a] *adj* lexicographic(al). **le·xi·có·gra·fo/a** [le(k)sikóγrafo/a] *n/m,f* lexicographer. **le·xi·co·lo·gía** [le(k)sikoloxía] *n/f* LIN lexicology. **le·xi·cón** [le(k)sikón] *n/m* **1**. lexicon, dictionary. **2**. vocabulary.

ley [léi] *n/f* (*pl leyes*) **1**. JUR The Law, body of laws. **2**. JUR law, decree, act, bill (*de las Còrtes*), rule. **3**. law, precept, principle. **4**. standard of quality: *Oro/plata de ley*, Standard/pure gold/silver. LOC **Bajar de ~**, to lessen the quality of (*plata/oro*). **De buena ~**, sterling, genuine. **Dictar la ~**, to lay down the law. **Dictar sus propias ~es**, to be a law unto oneself. ~ **de la selva,** law of the jungle. ~ **marcial**, MIL martial law. ~ **seca**, prohibition (law), US dry law. **Persona de ~es**, JUR jurist. **Ser de ~**, FAM to be just, fair.

le·yen·da [leJén̪da] *n/f* **1**. legend, saga, fable. **2**. Motto, inscription (*moneda/medalla*).

lez·na [léθna] *n/f* TÉC awl.

lía [lía] *n/f* **1**. esparto rope. **2**. dregs, lees *pl*.

lia·do/a [liáðo/a] **I**. pp **liar II**. *adj* **(Estar ~ con) 1**. FAM complicated, involved, intricate. **2**. FAM unfaithful, extramarital (*adulterio*). **3**. busy, tied up.

lia·na [liána] *n/f* BOT liana, vine.

liar [liár] **I**. *v* (*lío, líen*) **1**. to tie (up), bind (*atar*). **2**. to wrap (up), do up (*envolver*). **3**. FAM to embroil, muddle, confuse. **4**. FAM to involve, mix up in. **II**. *v/Refl(-se)* **(~ se a/con/en) 1**. to wrap oneself up, become entwined (*en una manta*). **2**. to get muddled up/confused (*enredarse*). **3**. FAM **(~se a +** *inf***)** to start to + *inf*. **4**. **(~se con)** to form a liaison with, have a love affair with. LOC ~ **los bártulos**, FAM gather one's possessions to go. **~se a golpes/palos/**SL **hostias,** FAM to come to blows.

li·ba·ción [liβaθjón] **1**. *n/f* libation.

li·ba·nés/sa [lißanés/sa] GEOG **I.** *adj* Lebanese. **II.** *n/m,f* Lebanese person. **Lí·ba·no** [líßano] *n/m* GEOG Lebanon.

li·bar [lißár] *v* **1**. to suck, sip, taste. **2**. REL to pour a libation.

li·be·lis·ta [lißelísta] *n/m,f* lampoonist, JUR libeller, libelist. **li·be·lo** [lißélo] *n/m* **1**. lampoon. **2**. JUR libel. **3**. JUR petition.

li·bé·lu·la [lißélula] *n/f* dragonfly (*insecto*).

li·be·ra·ción [lißeraθjón] *n/f* liberation, freeing, release (*de prisión*). **li·be·ra·dor/ra** [lißeraðór/ra] **I.** *adj* liberating. **II.** *n/m,f* liberator.

li·be·ral [lißerál] *adj n/m,f gen* liberal, generous. LOC **Artes ~es**, liberal arts. **Partido ~**, liberal party. **li·be·ra·li·dad** [lißeraliðáð] *n/f* liberality, generosity. **li·be·ra·lis·mo** [lißeralísmo] *n/m* liberalism.

li·be·ra·li·za·ción [lißeraliθaθjón] *n/f* liberalization. **libera·li·zar** [lißeraliθár] *v* (*liberalice*) to liberalize, become liberal.

li·be·rar [lißerár] *v* **(~ de)** to liberate, release, (set) free.

li·be·ria·no/a [lißerjáno/a] *adj n/m,f* GEOG Liberian.

li·bé·rri·mo/a [lißérrimo/a] *adj sup* de **libre,** completely free.

li·ber·tad [lißertáð] *n/f* **1**. *gen* freedom. **2**. licence, freedom. **3**. familiarity (*en el trato*). LOC **Estar en ~**, to be at liberty/at large. **~ de cátedra/enseñanza**, academic freedom. **~ de comercio**, COM free trade. **~ de conciencia**, freedom of conscience. **~ de cultos**, freedom of worship. **~ de empresa**, COM free enterprise. **~ de expresión**, freedom of speech. **~ de reunión**, freedom of assembly.**~ vigilada**, JUR bail, probation (*bajo fianza*). **Plena ~**, free hand. **Poner en ~**, to set free. **Tomarse ~es**, to take liberties. **li·ber·ta·dor/ra** [lißertaðór/ra] *n/m,f* liberator. **li·ber·tar** [lißertár] *v* **(~ de) 1**. to liberate/set free/release (from). **2**. to exempt (from) (*eximir*). **3**. to save (from) (*preservar*).

li·ber·ta·rio/a [lißertárjo/a] *adj n/m,f* libertarian. **li·ber·ti·na·je** [lißertináxe] *n/m* licentiousness, profligacy. **li·ber·ti·no/a** [lißertíno/a] *adj n/m,f* libertine.

li·bí·di·ne [lißíðine] *n/f* **1**. lewdness, lasciviousness. **2**. libido. **li·bi·di·no·so/a** [lißiðinóso/a] *adj* lustful, libidinous. **li·bi·do** [lißído] *n/f* MED libido.

li·bio/a [líßjo/a] GEOG **I.** *adj* Libyan. **II. 1**. *n/m,f* Libyan. **2**. *n/f* Libya.

li·bra [lißra] *n/f* **1**. pound (*peso/moneda*). **2**. ASTR Libra (*zodiaco*). LOC **~ esterlina**, pound sterling.

li·bra·do/a [lißráðo/a] **I.** pp **librar**. **II.** *n/m* COM drawee. **li·bra·dor** [lißraðór] *n/m* COM drawer. **li·bra·mien·to** [lißramjénto] *n/m* **1**. COM warrant/order of payment. **2**. FIG deliverance, rescue (*de un peligro*). **li·bran·za** [lißránθa] *n/f* COM draft, bill of exchange.

li·brar [lißrár] **I.** *v* **1**. **(~ de)** to save/free/deliver from. **2**. **(~ de)** to exempt from. **3**. COM to draw. **4**. to place (*confianza*). **5**. JUR to pass (*sentencia*). **6**. to issue (*expedir cheque*, etc). **7**. to engage, join (*batalla*). **8**. MED to give birth. **9**. to finish work, be free: *Libro a las cuatro,* I finish work at 4; *Hoy libra,* He is off today. **10**. to have the day off. **II.** *v/Refl(-se)* **(~se de) 1**. to get out of, escape. **2**. to get rid of (*deshacerse*). LOC **¡Dios me libre!/¡Líbreme Dios!**, Heaven forbid! **~ mal/bien de algo**, to come out of sth badly/well. **~se por los pelos**, FIG to have a close shave.

li·bre [líßre] *adj* **(~ de/en** *n***/para** *inf***) 1**. *gen* free. **2**. independent (*persona/nación*). **3**. free (from), exempt (free). **4**. free, vacant, unoccupied. **5**. dissolute, PEY loose. **6**. DEP free, free-style. **7**. outspoken, forward (*atrevido*). **8**. free, unattached (*sin compromisos*). LOC **Al aire ~**, (in the) open air. **Entrada ~**, free admission. **Ir por ~**, to lead an independent life. **~ albedrío**, free will. **~ bajo palabra,** JUR on parole. **~ cambio, ~ comercio,** COM free-trade. **Trabajar por ~**, to work freelance.

li·brea [lißréa] *n/f* livery.

li·bre·pen·sa·dor/ra [lißrepensaðór/ra] **I.** *adj* free-thinking. **II.** *n/m,f* free-thinker. **li·bre·pen·sa·mien·to** [lißrepensamjénto] *n/m* free-thought, free-thinking.

li·bre·ría [lißrería] *n/f* **1**. bookshop, COM bookselling. **2**. bookshelf, bookcase. LOC **~ de lance,** secondhand bookshop. **li·bre·ro** [lißréro] *n/m* **1**. bookseller. **2**. *Amer* bookshelf. **li·bres·co/a** [lißrésko/a] *adj* DER bookish. **li·bre·ta** [lißréta] *n/f* **1**. notebook (*cuaderno*). **2**. COM account book. LOC **~ de ahorros**, savings book. **li·bre·to** [lißréto] *n/m* TEAT MÚS libretto. **li·bri·llo** [lißríʎo] *n/m* **1**. *dim* **libro**. **2**. cigarette papers (*paquete*). **3**. ZOOL third stomach, omasum. **li·bro** [líßro] *n/m* **1**. book, libretto. **2**. ZOOL omasum. LOC **Ahorcar/Colgar los ~s,** to abandon one's studies. **~ de a bordo,** NÁUT logbook/ship's register. **~ de actas,** COM minute book. **~ de cocina,** cookery book, cookbook. **~ de texto,** textbook. **~ de recuerdos,** scrapbook. **~ de vuelo/s,** AER logbook. **~ encuadernado,** hardback. **~ en rústica,** paperback. **~ escolar,** school report. **Llevar los ~s,** COM to keep the accounts/books. **li·bro·te** [lißróte] *n/m* tome, big book.

li·cen·cia [liθénθja] *n/f* **1**. permission, leave, licence (*documento*). **2**. permit, licence. **3**. degree (*universitario*). **4**. MIL leave, discharge (*absoluta*). LOC **De ~**, on leave. **~ de armas**, gun licence. **~ de caza**, hunting licence. **li·cen·cia·do/a** [liθenθjáðo/a] **I.** *adj* **1**. MIL discharged. **2**. graduate (*estudiante*). **II.** *n/m,f* **1**. graduate, licenciate. **2**. *Amer* JUR lawyer. **3**. MIL discharged soldier, veteran. LOC **~ en Filosofía y Letras**, Bachelor of Arts. **li·cen·ciar** [liθenθjár] **I.** *v* **1**. to license, authorise. **2**. to permit, allow. **3**. MIL to discharge. **4**. to confer a degree (*Universidad*). **II.** *v/Refl(-se)* **(~se en)** to graduate (*Universidad*). **li·cen·cia·tu ra** [liθenθjatúra] *n/f* **1**. degree (*título*) **2**. graduation (*acto*). **3**. degree course (*estudios*).

li·cen·cio·so/a [liθenθjóso] *adj* licentious.

li·ceo [liθéo] *n/m* **1**. lyceum. **2**. *Amer* secondary school.

li·ci·ta·ción [liθitaθjón] *n/f* bidding (*en una subasta*). **li·ci·ta·dor** [liθitaðór] *n/m* bidder. **li·ci·tar** [liθitár] *v* to bid for. **lí·ci·to/a** [líθito/a] *adj* **(ser ~) 1**. licit. **2**. legal, lawful. **3**. fair, just. **4**. permissible. **li·ci·tud** [liθitúð] *n/f* **1**. licitness. **2**. legality, lawfulness. **3**. fairness, justness.

li·cor [likór] *n/m* **1**. liquid. **2**. Br liquor, US licor. **3**. liqueur (*dulce*). **li·co·re·ra** [likoréra] *n/f* **1**. decanter. **2**. set of liqueur glasses.

li·cua·ble [likwáble] *adj* liquefiable. **li·cua·do·ra** [likwaðóra] *n/f* liquidiser (*máquina*). **li·cuar** [likwár] *v* (*licúo, licúen*) **1**. liquefy. **2**. TÉC to liquate.

lid [líð] *n/f* **1**. combat, fight. **2**. FIG dispute. **3**. *pl* activities. LOC **En buena ~**, FIG by fair means.

lí·der [líðer] **I**. *adj* top, leading. **II**. *n/m,f* (*pl liders, líderes*) **1**. leader (*de un partido político*). **2**. DEP league leader, top club. **li·de·raz·go** o **li·de·ra·to** [liðeráθγo/liðeráto] **1**. leadership. **2**. DEP lead, top position.

li·dia [líðja] *n/f* **1**. fight, battle. **2**. TAUR bullfight. LOC **Toros de ~**, fighting bulls. **li·dia·dor** [liðjaðór] *n/m* TAUR bullfighter. **li·diar** [liðjár] **(~ con/contra) 1**. TAUR to fight (*toros*). **2**. FIG to deal with (*saber convencer*). **3**. to fight, combat. **4**. FIG to contend with.

lie·bre [ljéβre] *n/f* **1**. ZOOL hare. **2**. FIG coward. LOC **Levantar la ~**, FIG, FAM to let the cat out of the bag. **Dar gato por ~**, to hoodwink.

lien·dre [ljéndre] *n/f* nit.

lien·zo [ljénθo] *n/m* **1**. fabric, cloth. **2**. linen (*porción*). **3**. canvas (*tela y cuadro*). **4**. ARQ façade, stretch (*de pared*).

li·ga [líγa] *n/f* **1**. league, confederation. **2**. garter, suspender. **3**. alloy (*aleación*); mixture. **4**. BOT mistletoe. **5**. birdlime (*materia pegajosa*). **6**. DEP league.

li·ga·do [liγáðo] **I**. pp **ligar**. **II**. *n/m* **1**. ligature. **2**. MÚS legato. **li·ga·du·ra** [liγaðúra] *n/f* **1**. FIG bond, tie (*vínculo*). **2**. ANAT ligature. **3**. MÚS legato. **li·ga·men·to** [liγaménto] *n/m* **1**. ANAT ligament. **2**. bond, tie (*atadura*). **3**. weave (*textiles*). **li·gar** [liγár] **I**. *v* (*ligue*) **1**. to tie, fasten. **2**. to relate (*una cosa con otra*). **3**. FIG to join, unite. **4**. MÚS to slur (*notas*). **5**. MED to put a ligature on. **6**. to mix (*bebidas*). **7**. to alloy (*metales*). **8**. **(~ a/con)** FAM to pick up, score, get off with sb: *Luis liga cuando quiere*, Luis can score whenever he wants. **9**. *Amer* to pinch, FAM nick. **II**. *v/Refl(-se)* **(~se a/con) 1**. to become attached to (*por motivos de amistad*). **2**. FAM to score, get off with sb. **li·ga·zón** [ligaθón] *n/f* **1**. NÁUT beam. **2**. FIG bond, union.

li·ge·re·za [lixeréθa] *n/f* **1**. lightness (*de peso*) **2**. agility, nimbleness. **3**. swiftness, speed. **4**. flippancy, tactlessness. LOC **~ de espíritu**, light-heartedness, frivolity. **Obrar con ~**, to act rashly/thoughtlessly. **li·ge·ro/a** [lixéro/a] **I**. *adj* **(Ser ~) 1**. *gen* light (*sueño/comida/metal/tela*). **2**. weak (*bebida*). **3**. agile, nimble. **4**. swift, quick. **5**. slight (*modesto*). **6**. FIG fickle (*veleidoso*). **7**. shallow, flippant (*de carácter*). **II**. *adv* lightly, swiftly. LOC **A la ~a**, lightly. **Juzgar a la ~a**, to jump to conclusions. **~ de cascos**, scatter-brained. **~ de manos**, FAM light-fingered, thieving. **~ de pies**, swift of foot. **~ de ropa**, scantily clad. **Peso ~**, DEP lightweight (*boxeo*). **Tomar algo a la ~a**, to take sth lightly.

lig·ni·to [liγníto] *n/m* GEOL lignite.

li·gón/na [liγón/na] **I**. *adj* flirtatious (*persona*), sexy (*ropa*). **II**. **1**. *n/m* FAM womaniser. **2**. *n/m* TÉC hoe. **3**. *n/m,f* PEY flirt. **li·gue** [líγe] *n/m* FAM **1**. FAM pick up, sleeping around. **2**. PEY lay, pick-up (*persona*). LOC **Ir de ~**, FAM to go out on the pull.

li·gue·ro/a [liγéro/a] **I**. *adj* DEP league. **II**. *n/m* Br suspender belt, US garter.

li·gui·lla [liγíʎa] *n/f* DEP league championship.

li·ja [líxa] *n/f* dogfish (*pez*). LOC **Papel de ~**, sandpaper. **li·jar** [lixár] *v* to sand (down), sandpaper (*pulir*).

li·la [líla] **1**. *n/f* BOT lilac. **2**. *n/m* lilac (*color*). **3**. *n/m* FAM fool, Br twit. **li·liá·ceo/a** [liljáθeo/a] *adj* BOT liliaceous.

li·ma [líma] *n/f* **1**. TÉC file. **2**. TÉC filing (*acto*). **3**. FIG finish (*retoque*). **4**. BOT lime (*árbol/fruta*) **5**. ARQ rafter. LOC **Comer como una ~**, to eat like a horse. **~ de uñas**, nail-file. **li·ma·du·ra** [limaðúra] *n/f* **1**. filing. **2**. *pl* filings. **li·mar** [limár] *v* **1**. to file (down) (*metales*). **2**. FIG to polish (*retocar*).

li·ma·za [limáθa] *n/f* slug (*babosa*).

lim·bo [límbo] *n/m* limbo. LOC **Estar en el ~**, FIG to be absent-minded.

li·me·ño/a [liméɲo/a] *adj n/m,f* GEOG from/of Lima.

li·mi·nar [liminár] *adj* introductory, preliminary.

li·mi·ta·ción [limitaθjón] *n/f* **1**. limitation. **2**. limit (*límite*). **3**. restriction. LOC **~ de velocidad**, speed limit. **li·mi·ta·do/a** [limitáðo/a] *adj* **1**. limited. **2**. small: *Un limitado número de personas*, A small number of people. **3**. FIG Br dim-witted (*poco inteligente*). **li·mi·tar** [limitár] **I**. *v* **1**. **(~ a + *inf*)** to limit, FIG restrict, reduce. **2**. **(~ con)** to border (on): *España limita con Portugal*, Spain borders Portugal. **II**. *v/Refl(-se)* **(~se a)** to confine/limit oneself: *Hoy nos limitaremos a conocer el centro de la ciudad*, Today we will confine ourselves to getting to know the town centre. **li·mi·ta·ti·vo/a** [limitatíβo/a] *adj* limiting, restrictive. **lí·mi·te** [límite] **I**. *adj* extreme. **II**. *n/m* **1**. limit, FIG ceiling (*tope*). **2**. *pl* GEOG boundary, border. **3**. end, extremity. LOC **Caso ~**, extreme case. **Como ~**, at the latest. **~ forestal**, tree line. **No tener ~**, to know no bounds. **Poner un ~ a**, to set a limit to, FIG to draw the line at. **Sin ~s**, limitless. **li·mí·tro·fe** [limítrofe] *adj* **(~ de/con)** neighbouring, bordering (on).

li·mo [límo] *n/m* mud.

li·món [limón] *n/m* BOT lemon (*fruta*). **li·mo·na·da** [limonáða] *n/f* lemonade. **li·mo·nar** [limonár] *n/m* lemon grove. **li·mo·ne·**

ro/a [limonéro/a] **I.** *adj* lemon, citrus. **II.** *n/m* BOT lemon tree.

li·mos·na [limósna] *n/f* alms *pl.* LOC **Dar ~**, to give alms. **Pedir ~**, to beg. **Vivir de ~**, to live off charity. **li·mos·ne·ar** [limosneár] *v* to beg (*mendigar*).

lim·pia·bo·tas [limpjaβótas] *n/m* (*sing/pl*) bootblack, shoeshine boy. **lim·pia·dor/ra** [limpjaðór/ra] **I.** *adj* cleaning, cleansing. **II** *n/m,f* cleaner. LOC **~ de cristales**, window cleaner. **lim·pia·pa·ra·bri·sas** [limpjapara-βrísas] *n/m* (*sing/pl*) AUT Br windscreen wiper, US windshield wiper. **lim·piar** [limpjár] *v* **1.** to clean, wipe (off). **2. (con/de)** FIG to clean up, clear: *La policía ha limpiado la ciudad*, The police have cleaned up the town. **3.** FAM to nick, pinch (*robar*). **4.** FIG to cleanse, purge (*de culpas*, etc). **5.** to sweep (*la chimenea*), shine (*zapatos*). **6.** to clean out, FIG FAM take sb to the cleaners. **7.** BOT to prune. LOC **~ el polvo**, to dust. **~ en seco**, to dry clean. **~se las narices**, to wipe one's nose. **lim·pi·dez** [limpiðéθ] *n/f* limpidity, limpidness. **lím·pi·do/a** [límpiðo/a] *adj* POÉT limpid, crystal-clear. **lim·pie·za** [limpjéθa] *n/f* **1.** cleanliness (*estado*). **2.** cleaning, cleansing (*acto*). **3.** FIG purity, integrity. **4.** skill, precision: *Este prestidigitador realiza sus ejercicios con mucha limpieza*, This magician performs with great precision. LOC **Hacer ~**, FAM to clean up. **Hacer una ~ general,** to spring clean. **~ de sangre,** HIST racial purity. **lim·pio/a** [límpjo/a] **I.** *adj* **1.** *gen* clean, clear (*aire*). **2.** tidy, neat (*ordenado*). **3. (~ de)** free from, clear of. **4. (~ en)** FIG pure, honest. **5.** COM net, clear (*ganancias*). **6.** clear (*bien definido*). **7.** DEP fair, clean (*salto*). **8.** bare, alone: *A pedrada limpia*, with stones alone. **9.** curious, intriguing. **10.** FIG FAM broke, penniless. **II.** *adv* cleanly, fairly. LOC **A cuerpo ~**, unprotected (*de ropa*). **A puñetazo ~**, FAM with one's bare fists. **En ~**, COM net, clear. **Estar ~**, FAM to be unprepared, FIG blind. **Hacer una ~a**, to disqualify, eliminate (*al examinar*). **Jugar ~**, to play fair. **~ como una patena/un espejo,** FIG FAM as clean as a whistle. **~ de polvo y paja,** FIG FAM perfect, clear. **Pasar a ~/Poner en ~/Escribir en ~**, to make a fair/clean copy. **Quedar en ~ que,** to be clear that. **Sacar algo en ~**, to make sense of sth.

li·mu·si·na [limusína] *n/f* AUT limousine.

li·na·je [lináxe] *n/m* **1.** lineage, descent (*familia*). **2.** *pl* nobility. LOC **De ~ honrado,** of good parentage. **El ~ humano,** humankind, mankind.

li·na·za [lináθa] *n/f* BOT linseed.

lin·ce [línθe] *n/m* ZOOL lynx. LOC **Ser un ~**, FIG to be perceptive/observant. **Ojos de ~**, sharp eyes.

lin·cha·mien·to [lintʃamjénto] *n/m* lynching. **lin·char** [lintʃár] *v* to lynch.

lin·dan·te [lindánte] *adj* **(~ con)** bordering (on), adjacent (to). **lin·dar** [lindár] *v* **(~ con)** to border (on), be adjacent (to). LOC **~ en la locura,** to be bordering on madness. **lin·de** [línde] *n/f* boundary. **lin·de·ro** [lindéro] *n/m* V **linde**.

lin·de·za [lindéθa] *n/f* **1.** beauty, prettiness. **2.** witticism. **3.** *pl* IR abuse, insults. **lin·do/a** [líndo/a] **I.** *adj* **1.** pretty, lovely, charming (*ropa*), good-looking (*hombre*). **2.** first-rate (*de primera categoría*). **3.** delicate, exquisite. **II.** *adv Amer* prettily, nicely. LOC **De lo ~**, FAM a lot, a great deal. **III.** *n/m* HIST dandy, fop.

lí·nea [línea] *n/f* **1.** *gen* line. **2.** ELECTR line, cable. **3.** *pl* MIL lines. **4.** lineage, line, family. **5.** order, class (*categoría*). **6.** IMPR line. **7.** FIG line (*partido/conducta*), policy (*norma*). **8.** figure (*esbeltez*). **9.** *pl* lines (*mano*). **10.** lines (*para pescar*). **11.** line, outline (*definición*). **12.** NÁUT line (*ruta*). LOC **Cruzar la ~**, to cross the Equator. **En ~s generales**, in broad outline, approximately, roughly. **En ~**, in (a) line, in a row. **En ~ recta**, in a straight line. **En toda la ~**, all along the line. **Guardar la ~**, to watch one's figure. **Leer entre ~s**, to read between the lines. **~ aérea**, AER airline. **~ de alta tensión**, TÉC high-tension cable. **~ de banda**, DEP touchline, sideline. **~ de comunicación**, communications (*transporte*).**~ de flotación**, water line. **~ de mira**, line of sight, sightline. **~ de montaje**, TÉC assembly line. **~ punteada/de puntos**, dotted line. **~ de saque**, DEP service line (*tenis*).**~ derivada**, an extension (*telefónica*). **~ divisoria**, dividing line, AUT lay markings. **~ recta**, straight line. **~ roja**, hotline (*telefónica*). **~ telefónica**, telephone line. **Primera ~**, MIL front line.

li·ne·al [lineál] *adj* linear. LOC **Aumento ~ de sueldos**, across the board pay rise. **Dibujo ~**, line drawing.

lin·fa [línfa] *n/f* ANAT lymph. **lin·fá·ti·co/a** [linfátiko/a] *adj* lymphatic.

lin·go·ta·zo [lingotáθo] *n/m* FAM swig, shot.

lin·go·te [lingóte] *n/m* ingot.

lin·güis·ta [lingwísta] *n/m,f* LIN **1.** linguist. **2.** PEY linguistician. **lin·güís·ti·ca** [lingwístika] *n/f* linguistics. **lin·güís·ti·co/a** [lingwístiko/a] *adj* linguistic.

li·ni·men·to [liniménto] *n/m* MED liniment.

li·no [líno] *n/m* **1.** BOT flax. **2.** *Amer* BOT linseed. **3.** linen. **4.** canvas.

li·nó·leo [linóleo] *n/m* lino, linoleum.

li·nón [linón] *n/m* lawn (*tela*).

lin·ter·na [lintérna] *n/f* **1.** lantern, lamp, torch (*de bolsillo*). **2.** AUT headlight. **3.** *Amer pl* eyes. **4.** ARQ lantern (*torrecilla*).

lío [lío] *n/m* **1.** *gen* bundle: *Un lío de ropa*, bundle of clothes. **2.** package, parcel (*paquete*). **3.** *Amer* truss. **4.** FIG FAM jam, difficulty. **5.** FAM mess, confusion, muddle. **6.** row, fuss (*jaleo*). **7. (Tener un ~ con)** affair, liaison (*amorío*). **8.** tale, bit of gossip. LOC **Armar un ~**, FAM to kick up a fuss. **Hacerse un ~**, FAM to get into a muddle, get muddled up. **Meterse en un ~**, FAM to get into trouble. **Tener ~s con**, FAM to have problems with. **lio·so/a** [lióso/a] *adj* **1.** FAM tangled, involved. **2.** FAM trouble-making, scheming (*persona*). **3.** FAM gossipy.

li·po·ti·mia [lipotímja] *n/f* MED faint, blackout.
li·quen [líken] *n/m* BOT lichen.
li·qui·da·ble [likiðáßle] *adj* liquidatable (*eliminable*).
li·qui·da·ción [likiðaθjón] *n/f* **1**. COM liquidation. **2**. COM clearance sale. **3**. COM settlement (*de una cuenta*). **4**. liquefaction. **5**. FIG liquidation (*eliminación*). LOC **~ judicial**, JUR liquidation by decision of Court. **Vender en ~**, to sell up. **li·qui·dar** [likiðár] *v* **1**. to settle (*una cuenta*). **2**. FAM to sell off/up, clear. **3**. COM to liquidate, wind up (*un negocio*). **4**. to liquefy. **5**. to resolve, clear up. **6**. FIG to liquidate (*eliminar*). **7**. to kill, murder. **li·qui·dez** [likiðéθ] *n/f* **1**. COM liquidity. **2**. fluidity, liquidity. **lí·qui·do/a** [líkiðo/a] **I**. *adj* **1**. *gen* liquid, fluid. **2**. LIN liquid. **3**. COM net: *Ganancia líquida*, Net gain. **II**. *n/m* **1**. *gen* liquid, fluid. **2**. COM cash. **3**. COM net amount/profit. LOC **~ imponible**, net taxable income.
li·ra [líra] *n/f* **1**. MÚS lyre. **2**. lira (*moneda italiana*). **3**. lyrebird (*ave*). **4**. POÉT lira. **lí·ri·co/a** [líriko/a] **I**. *adj* lyric(al), musical, imaginary, utopian. **II**. *n/f* lyric(al) poetry, lyric.
li·rio [lírjo] *n/m* BOT iris.
li·ris·mo [lirísmo] *n/m* **1**. lyricism. **2**. sentimentality. **3**. PEY gush. **4**. fantasy, pipedream.
lirón [lirón] *n/m* ZOOL dormouse. LOC **Dormir como un ~**, FIG FAM to sleep like a log.
li·ron·do/a [liróṇdo/a] LOC **Mondo y ~**, plain, pure and simple.
lis·boe·ta [lisßoéta] *adj n/m,f* GEOG from/of Lisbon.
li·sia·do/a [lisjáðo/a] **I**. *adj* **1**. *gen* hurt, injured. **2**. lame, maimed (*cojo*). **II**. *n/m,f* disabled PEY cripple. **li·siar** [lisjár] *v/Refl(-se)* to maim, disable.
li·so/a [liso/a] **I**. *adj* **1**. flat, smooth, even: *Un terreno liso*, A flat terrain. **2**. FIG plain, unadorned (*vestido*). **3**. straight (*pelo*). **4**. NÁUT calm (*mar*). **II**. *n/m* **1**. GEOL smooth face (*de una piedra*). **2**. *Amer* tall beer glass. LOC **Carrera de 100 metros ~s**, DEP 100 metre sprint. **Decir lisa y llanamente**, to say in plain language.
li·son·ja [lisóŋxa] *n/f* flattery. **li·son·jea·dor/ra** [lisoŋxeaðór/ra] **I**. *adj* sychophantic. **II**. *n/m,f* flatterer, sychophant. **li·son·je·ar** [lisoŋxeár] *v* **1**. to flatter (*halagar*). **2**. to please (*agradar*). **li·son·je·ro/a** [lisoŋxéro/a] *adj* **1**. flattering. **2**. gratifying, pleasing.
lis·ta [lísta] *n/f* **1**. *gen* list. **2**. stripe, band. **3**. catalogue, list: *La lista de precios*, The price list. **4**. register (*escolar*), MIL roll. LOC **~ de correos**, Br poste restante, US general delivery. **~ de direcciones**, mailing list. **~ electoral**, electoral roll. **~ de espera**, waiting list. **~ de pagos**, payroll. **~ de tandas**, duty roster/rota. **~ negra**, blacklist. **Pasar ~**, to call the roll, take the register (*escuela*). **lis·ta·do/a** [listáðo/a] **I**. *adj* striped, stripey. **II**. *n/m* printout, listing. **lis·tar** [listár] *v* **1**. to list. **2**. to stripe (*tela*). **lis·tín** [listín] *n/m* shortlist. LOC **Un ~ de teléfonos**, telephone book.
lis·te·za [listéθa] *n/f* FAM **1**. cleverness, smartness. **2**. cunning, shrewdness.
lis·to/a [lísto/a] *adj* **1**. **(Ser ~)** alert, sharp, quick-witted. **2**. cunning, crafty, shrewd. **3**. **(Estar ~)** ready, prepared: *Listo para todo*, Ready for anything. LOC **¡~!**, *int* Ready! **~ como una ardilla**, FIG as cunning as a fox. **Pasarse de ~**, FAM to be too clever by half.
lis·tón [listón] *n/m* **1**. strip, lath (*de madera*). **2**. DEP bar (*para saltar*). **3**. fillet (*moldura*). LOC **Subir/Bajar el ~ (de algo)**, to make sth more/less difficult.
li·su·ra [lisúra] *n/f* smoothness, evenness.
li·te·ra [litéra] *n/f* **1**. berth (*buque*), sleeper compartment, couchette (*tren*). **2**. litter (*vehículo*). **3**. bunk, bunkbed (*cama*).
li·te·ral [literál] **I**. *adj* literal. **II**. *adv* literally.
li·te·ra·rio/a [literárjo/a] *adj* literary. **li·te·ra·to/a** [literáto/a] *n/m,f* **1**. writer. **2**. *pl* literati. **li·te·ra·tu·ra** [literatúra] *n/f* literature. LOC **~ comparada,** comparative literature. **~ femenina,** women's literature.
li·ti·ga·ción [litiγaθjón] *n/f* JUR litigation. **li·ti·gan·te** [litiγáṇte] *adj n/m,f* JUR litigant. **li·ti·gar** [litiγár] *v* (*liti**gue***) **1**. JUR to litigate, file a lawsuit. **2**. FIG to argue, dispute. **li·ti·gio** [litíxjo] *n/m* JUR lawsuit. LOC **En ~**, in dispute.
li·tio [lítjo] *n/m* QUÍM lithium.
li·to·gra·fía [litoγrafía] *n/f* **1**. lithography (*arte*). **2**. lithograph (*cuadro*).
li·to·ral [litorál] **I**. *adj* coastal, seaboard. **II**. *n/m* coast, shore: *El litoral mediterráneo*, The Mediterranean coast.
li·tro [lítro] *n/m* Br litre, US liter.
Li·tua·nia [litwánia] *n/f* GEOG Lithuania. **li·tua·no/a** [litwáno/a] *adj n/m,f* Lithuanian.
li·tur·gia [litúrxja] *n/f* REL liturgy. **li·túr·gi·co/a** [litúrxiko/a] *adj* REL liturgical.
li·vian·dad [lißjaṇdáð] *n/f* **1**. fickleness, frivolity, alacrity (*ligereza*) **2**. lewdness (*lascivia*). **li·via·no/a** [lißjáno/a] *adj* **1**. *Amer* light. **2**. FIG frivolous. **3**. FIG fickle. **4**. *n/m pl* lungs, lights (*de animal*).
li·vi·de·cer [lißiðeθér] *v* (*livide**zco***) to become livid. **li·vi·dez** [lißiðéθ] *n/f* lividness. **lí·vi·do/a** [líßiðo/a] *adj* livid.
lo [ló] **I**. *art def* **1**. the, that which is, what: *Lo bueno*, the good (thing); *Lo que importa*, What is important. **2**. **(Lo mío/tuyo...)** what (is mine/yours...). **II**. *pron* **1**. (*complemento directo*) it: *Yo lo sé*, I know it (*a veces no se traduce*). **2**. him: *Díselo a él*, Tell him that. **3**. **(Lo de)** affair, business, idea, etc.: *Lo del viaje a Londres...*, The business about your trip to London... **4**. **(Lo que)** what: *Lo que dijiste ayer*, What you said yesterday. LOC **A ~ inglés,** in the English way, like the English. **De ~ más**, most: *Un vestido de lo más hermoso*, A most lovely dress. **Lo + adj**, how + *adj*: *No saben lo buena que es*, They don't realize how good she is.
loa [lóa] *n/f* **1**. eulogy. **2**. TEAT prologue.
loable [loáßle] *adj* laudable, praiseworthy.
lo·ar [loár] *v* to praise.

lo·be·ro/a [loβéro/a] **I.** *adj* wolfish. **II. 1.** *n/m* wolf hunter. **2.** *n/f* wolf's lair.
lo·bi·na [loβína] *n/f* seabass (*pez*).
lo·bo/a [lóβo/a] *n/m,f* ZOOL wolf (*pl* wolves), *Amer* coyote. LOC **~ de mar,** FIG FAM old sea dog (*persona*). **~ marino,** ZOOL seal. **~s de una camada,** FIG FAM birds of a feather. **Gritar al ~**, FIG FAM to cry wolf.
lo·bo·to·mía [loβotomía] *n/f* MED lobotomy.
ló·bre·go/a [lóβreγo/a] *adj* gloomy, dark, murky (*agua*). **lo·bre·guez** [loβreγéθ] *n/f* (*pl lobregueces*) gloom, dark.
ló·bu·lo [lóβulo] *n/m* lobe.
lo·bu·no/na [loβúno/a] *adj* wolf, wolfish.
lo·cal [lokál] **I.** *adj* local. **II.** *n/m* **1.** premises *pl.* **2.** site, place. **lo·ca·lidad** [lokaliðáð] *n/f* **1.** locality (*pueblo*). **2.** place. **3.** TEAT seat, ticket. **lo·ca·lis·mo** [lokalísmo] *n/m* **1.** localism, regionalism. **2.** localism (*expresión*). **lo·ca·lis·ta** [lokalísta] *adj* of local interest. **lo·ca·li·zar** [lokaliθár] **1.** *v* (*localice*) **(~ en)** to locate, find. **2.** to situate, place. **3.** to localize.
lo·ca·tis [lokátis] *n/m,f* FAM nutcase.
lo·ción [loθjón] *n/f* lotion. LOC **~ facial**, face lotion.
lock·out [lokáut] *n/m* lockout (*cierre patronal*).
lo·co/a [lóko/a] **I.** *adj* **1.** mad, insane. **2.** wild, crazy. **II.** *n/m,f* lunatic, madman *m*, madwoman *f.* LOC **A lo ~**, wildly, without thinking. **A tontas y a locas**, without rhyme or reason. **Estar ~ de contento/alegría**, FAM to be overjoyed, blissfully happy. **Estar ~ por**, FAM to be mad/wild about. **Hacer el ~**, to play the fool. **Hacerse el ~**, to play dumb. **Volver ~ a alguien**, FIG FAM to drive sb mad/crazy.
lo·co·mo·ción [lokomoθjón] *n/f* locomotion. **lo·co·mo·tor/ra** [lokomotór/ra] **I.** *adj* locomotive. **II.** *n/f* engine, locomotive (*de un tren*).
lo·cua·ci·dad [lokwaθiðáð] *n/f* **1.** loquacity. **2.** talkativeness. **lo·cuaz** [lokwáθ] *adj* (*pl locuaces*) loquacious, talkative. **lo·cu·ción** [lokuθjón] *n/f* GRAM (turn of) phrase, idiom, expression.
lo·cu·ra [lokúra] *n/f* **1.** madness, insanity. **2.** act of madness/folly, crazy thing. **3.** FAM mad passion, wild enthusiasm.
lo·cu·tor/ra [lokutór/ra] *n/m,f* **1.** announcer, newsreader (*radio/televisión*). **2.** commentator. **lo·cu·to·rio** [lokutórjo] *n/m* **1.** visiting room, parlour, locutory (*convento/ cárcel*). **2.** telephone booth.
lo·da·zal, lo·da·zar [loðaθál/loðaθár] *n/m* quagmire. **lo·do** [lóðo] *n/m* **1.** mud. **2.** GEOL sludge.
lo·ga·rit·mo [loγarítmo] *n/m* logarithm.
lo·gia [lóxja] *n/f* **1.** ARQ loggia. **2.** (Masonic) lodge.
ló·gi·co/a [lóxiko/a] **I.** *adj* logical. **II. 1.** *n/m,f* logician. **2.** *n/f* logic. LOC **Como es ~**, naturally, of course. **Ser ~**, to stand to reason.
lo·gís·ti·co/a [loxístiko/a] **I.** *adj* logistic. **II.** *n/f* MIL logistics *pl.*
lo·go·te·ra·peu·ta [loγoterapéuta] *n/m,f* speech therapist.
lo·go·ti·po [loγotípo] *n/m* logo.
lo·gra·do/a [loγráðo/a] *adj* successful. **lo·grar** [loγrár] *v* **1.** to get, obtain. **2.** to attain, achieve. LOC **Dar por logrado**, to take for granted, bank on. **~** + *inf*, to succeed in + *ger*, manage to + *inf*: *Logró hacerlo solo*, He succeeded in doing it alone. **~ que una persona haga algo**, to get sb to do sth. **lo·gre·ro/a** [loγréro/a] *n/m,f* **1.** usurer. **2.** profiteer. **3.** *Amer* FAM sponger. **lo·gro** [lóγro] *n/m* **1.** achievement. **2.** COM profit.
lo·gro·ñés/sa [loγroñés/sa] *adj n/m,f* GEOG from/of Logroño.
lo·ma [lóma] *n/f* hillock, rise.
lom·briz [loɱbríθ] *n/f* worm, earthworm. LOC **~ solitaria**, tapeworm.
lo·mo [lómo] *n/m* **1.** ANAT back. **2.** loin, saddle (*carne*). **3.** steak, chop (*carne*). **4.** GEOL ridge, balk. **5.** shoulder (*de colina*). **6.** spine (*de libro*). **7.** *pl* ribs. LOC **Filete de ~**, pork steak.
lo·na [lóna] *n/f* **1.** canvas. **2.** NÁUT sail cloth. **3.** big top (*toldo*).
lon·cha [lóntʃa] *n/f* **1.** slice: *Una loncha de jamón*, A slice of ham. **2.** slab (*de piedra*).
lon·di·nen·se [lon̪dinénse] GEOG **I.** *adj* London. **II.** *n/m,f* Londoner.
lon·ga·ni·mi·dad [loŋganimiðáð] *n/f* magnanimity.
lon·ga·ni·za [loŋganiθa] *n/f* sausage.
lon·ge·vi·dad [loŋgeβiðáð] *n/f* longevity. **lon·ge·vo/a** [loŋxéβo/a] *adj* long-lived.
lon·gi·tud [loŋxitúð] *n/f* **1.** length. **2.** GEOG longitude. **lon·gi·tu·di·nal** [loŋxituðinál] *adj* longitudinal.
lon·gui(s) [lóŋgi(s)] LOC FAM **Hacer(se) el ~**, to act dumb.
lon·ja [lóŋxa] *n/f* **1.** COM Commodity Exchange. **2.** slice, rasher (*tocino*).
lon·ta·nan·za [lon̪tanán̪θa] *n/f* ART background. LOC **En ~**, in the distance, far away.
loor [loór] *n/m* praise.
lo·que·ro/a [lokéro/a] *n/m,f* psychiatric nurse.
lord [lór(d)] *n/m* (*pl lores*) Lord (*título*).
lo·ro [lóro] *n/m* **1.** parrot (*ave*). **2.** FIG FAM harridan, hag (*mujer fea*).
lor·quia·no/a [lorkjáno/a] *adj* POÉT of García Lorca.
los [lós] **I.** *art def m pl* **1.** the: *Los libros*, The books. **2.** (A veces no se traduce): *Todos los hombres*, All men. **II.** *pron pers m pl* (*complemento directo*) them, those. LOC **~ que**, those who, the ones who (*personas*).
lo·sa [lósa] *n/f* **1.** stone slab. **2.** tile (*baldosa*). LOC **Estar bajo la ~**, FAM to be six feet under. **~ sepulcral**, tombstone, gravestone. **Soy una ~**, FIG FAM my lips are sealed.
lo·te [lóte] *n/m* **1.** share, portion. **2.** COM lot (*subasta*).
lo·te·ría [lotería] *n/f* lottery. LOC **Tocarle a uno la ~**, to win a prize in the lottery, FIG strike it lucky, hit the jackpot.
lo·to [lóto] *n/m* BOT lotus.

lo·za [lóθa] *n/f* 1. earthenware. 2. crockery (*vajilla*). **lo·za·nía** [loθanía] *n/f* 1. luxuriance, lushness. 2. vigour, liveliness. 3. FIG pride, arrogance. **lo·za·no/a** [loθáno/a] *adj* 1. lush, luxuriant. 2. lively, vigourous. 3. arrogant, self-assured (*persona*).

lu·bi·na [lußína] *n/f* seabass (*pez*).

lu·bri·ca·ción [lußrikaθjón] *n/f* lubrication. **lu·bri·can·te** [lußrikánte] I. *adj* lubricating. II. *n/m* lubricant. **lu·bri·car** [lußrikár] *v* (*lubrique*) to lubricate, grease.

lu·bri·ci·dad [lußriθiðáð] *n/f* 1. slipperiness. 2. lewdness, lasciviousness. **lú·bri·co/ a** [lúßriko/a] *adj* 1. lewd, lascivious. 2. *p.us.* slippery.

lu·bri·fi·car [lußrifikár] *v* (*lubrifique*) V **lubricar**.

lu·cen·se [luθénse] *adj n/m,f* GEOG from/of Lugo.

lu·ce·ro [luθéro] *n/m* ASTR 1. bright star *esp* Venus. 2. FIG brilliance, lustre. LOC **El ~ del alba/de la tarde**, the morning/evening star (Venus).

lu·ci·dez [luθiðéθ] *n/f* lucidity, clarity. **lú·ci·do/a** [lúθiðo/a] *adj* lucid, clear. **lu·ci·do/a** [luθíðo/a] I. pp **lucir**. II. *adj* brilliant, splendid, magnificent, successful: *Un discurso lucido*, A magnificent speech.

lu·ciér·na·ga [luθjérnaγa] *n/f* glow-worm (*insecto*).

lu·ci·fer [luθifér] *n/m* 1. Lucifer. 2. FIG demon.

lu·ci·mien·to [luθimjénto] *n/m* 1. *gen* brilliance, splendour (*brillo*). 2. success, triumph (*éxito*). LOC **Hacer algo con ~**, to do sth brilliantly. **lu·cir** [luθír] *v* (*luzco, lucí, luciré, lucido*) 1. to illuminate, light (up). 2. to shine, glitter, gleam (*plata/oro*): *Hoy luce el sol*, The sun's shining today. 3. to show off, sport, display (*ostentar*). 4. FIG to shine, excel. 5. FAM to be of benefit, be advantageous: *No le luce lo que come*, FIG The food he eats isn't doing him any good. 6. **(~se)** to shine (*hacer bien algo*); to make a mess (*hacer mal algo*).

lu·crar·se [lukrárse] *v/Refl(-se)* **(~se de/con)** to benefit (from), to do well out of. **lu·cra·ti·vo/a** [lukratißo/a] *adj* lucrative, profitable. **lu·cro** [lúkro] *n/m* profit.

luc·tuo·so/a [luktwóso/a] *adj* mournful, sad.

lu·cu·bra·ción [lukußraθjón] *n/f* lucubration. **lu·cu·brar** [lukußrár] *v* to lucubrate.

lu·cha [lútʃa] *n/f* 1. **(~ por)** fight, struggle. 2. conflict, FIG dispute. 3. DEP to wrestle. LOC **~ por la existencia**, fight for survival. **~ de clases**, class struggle/war. **lu·cha·dor/ra** [lutʃaðór/ra] *n/m,f* 1. fighter. 2. DEP wrestler. **lu·char** [lutʃár] *v* 1. **(~ con/contra)** to fight, struggle (*combatir*). 2. FIG to quarrel, dispute. 3. DEP to wrestle. 4. **(~ por/con/ contra)** FIG to struggle, wrestle (*con un problema*). LOC **~ cuerpo a cuerpo**, to fight hand to hand.

lu·di·brio [luðíßrjo] *n/f* derision, mockery.

lú·di·co/a [lúðiko/a] *adj* ludic. **lú·di·cro** [lúðikro] *adj* relating to play, games, etc.

lue·go [lwéγo] I. *adv* 1. immediately, at once, straight away. 2. then, afterwards, next (*después*). 3. presently, later (on) (*dentro de poco*). 4. soon (*pronto*). II. *conj* 1. therefore. 2. *Amer* sometimes, from time to time. 3. *Amer* near, close by. LOC **Desde ~**, of course, certainly. **Hasta ~**, see you later, US so long. **~ que**, as soon as, at the moment: *Luego que llegues llámame*, Ring me the moment you arrive. **~ de** + *inf*, after, when: *Luego de cenar se durmió*, After eating, he fell asleep. **~ después**, straight after. **Tan ~**, *Amer* moreover.

lu·gar [luγár] *n/m* 1. place, spot. 2. position, place. 3. room (*espacio*). 4. village (*pueblo*). 5. FIG **(~ para)** reason (for), cause. 6. FIG opportunity. LOC **Dar ~ a**, to give rise to, provoke. **Dejar ~ a**, to allow, permit. **En ~ de**, instead of. **En primer/segundo ~**, in the first/second place. **Fuera de ~**, out of place. **Hacer ~ para**, to make room/way for. **No ha ~**, JUR petition denied. **Poner las cosas en su ~**, FIG to put the record straight. **Sin dejar ~ a dudas**, without any doubt. **Tener ~**, to take place. **Yo en su ~**, if I were him, in his place, I....

lu·ga·re·ño/a [luγaréɲo/a] I. *adj* village. II. *n/m,f* villager.

lu·gar·te·nien·te [luγartenjénte] *n/m* 1. deputy. 2. MIL lieutenant.

lú·gu·bre [lúγußre] *adj* lugubrious, dismal.

lu·jo [lúxo] *n/m* 1. luxury. 2. FIG abundance, profusion. LOC **De ~**, de luxe. **No poder permitirse el ~ de**, to be unable to afford (the luxury of). **lu·jo·so/a** [luxóso/a] *adj* **(Ser ~)** luxurious.

lu·ju·ria [luxúrja] *n/f* 1. lust, lechery, lewdness. 2. FIG excess. 3. profusion (*abundancia*). **lu·ju·rian·te** [luxurjánte] *adj* 1. luxurious, luxuriant, lush (*vegetación*). 2. lewd. **lu·ju·rio·so/a** [luxurjóso/a] *adj* lewd, lustful, lecherous.

lum·bre [lúmbre] *n/f* 1. fire. 2. light (*para cigarrillo*). 3. light, brilliance, splendour. 4. ARQ light. 5. *pl* tinder box. LOC **Al amor de la ~**, by the fireside. **lum·bre·ra** [lumbréra] *n/f* 1. luminary, light. 2. skylight. 3. FIG luminary, leading light (*persona de mucho talento*). 4. *pl* FIG eyes. **lu·mi·na·ria** [luminárja] *n/f* 1. light, lantern. 2. REL altar light/lamp. 3. *pl* illuminations. **lu·mi·nis·cen·cia** [luminisθénθja] *n/f* luminescence. **lu·mi·no·si·dad** [luminosiðáð] *n/f* luminosity, brightness. **lu·mi·no·so/a** [luminóso/a] *adj* 1. luminous, bright 2. FIG crystal clear, bright (*idea*).

lu·na [lúna] *n/f* 1. ASTR moon. 2. ASTR moonlight. 3. mirror. 4. glass, lens. 5. window pane (*escaparate*). **lu·nar** [lunár] I. *adj* lunar. II. *n/m* 1. ANAT mole. 2. spot. 3. flaw, blemish. **lu·ná·ti·co/a** [lunátiko/a] *adj n/m,f* **(Ser ~)** lunatic.

lu·nes [lúnes] *n/m* Monday.

lu·pa [lúpa] *n/f* magnifying glass.

lu·pa·nar [lupanár] *n/f* brothel.

lú·pu·lo [lúpulo] *n/m* BOT hop/s.

lu·si·ta·no/a [lusitáno/a] **I.** *adj* GEOG Lusitanian. **II.** *n/m,f* Portuguese person, Lusitanian. **lu·so/a** [lúso/a] *adj n/m,f* Portuguese.

lus·trar [lustrár] *v* to polish, shine. **lus·tre** [lústre] *n/m* shine.

lus·tro [lústro] *n/m* period of five years.

lus·tro·so/a [lustróso/a] *adj* shiny, glossy, bright.

lu·te·ra·nis·mo [luteranísmo] *n/m* REL Lutheranism. **lu·te·ra·no/a** [luteráno/a] *adj* Lutheran.

lu·to [lúto] *n/m* **1. (Estar de ~)** (in) mourning. **2.** sorrow, grief. LOC **~ riguroso**, deep mourning. **Llevar ~ por/ponerse de ~ por**, to be in mourning for.

lu·tria [lútrja] *n/f* ZOOL otter.

lu·xa·ción [lu(k)saθjón] *n/f* MED dislocation.

lu·xem·bur·gués/sa [lu(k)semburγés/sa] *adj n/m,f* GEOG of Luxembourg.

luz [lúθ] *n/f* (*pl luces*) **1.** *gen* light **2.** *pl* enlightenment, intelligence. LOC **A la ~ de**, in the light of. **Arrojar ~ sobre (algo)**, to clarify sth. **A todas luces**, **1.** anyway, in any case. **2.** everywhere. **Dar a ~**, to give birth. **El Siglo de las Luces**, The Age of Enlightenment. **En/A plena ~**, in broad daylight. **Entre dos luces**, at twilight, in the twilight zone. **~ de balizaje**, NÁUT marker light. **~ de carretera**, headlight. **~ de costado**, AUT side light. **Luces de cruce**, AUT Br dipped headlights, US dimmers. **~ trasera**, AUT tail light. **Poner a media ~**, AUT to dim one's lights. **Rayar la ~**, to dawn. **Sacar a la ~ (pública)**, to bring to light, bring to the public attention. **Tener pocas luces**, FIG FAM to be dim (*de poca inteligencia*). **Traje de luces**, TAUR bull-fighter's costume. **Ver la ~**, **1.** to be born. **2.** to be published.

Ll, **ll** [éʎe] *n/f* double 'l' (*letra*).

lla·ga [ʎáγa] n/f **1**. MED sore, ulcer. **2**. FIG affliction, pain. LOC **Poner el dedo en la ~**, FIG FAM to touch a raw nerve. **lla·gar** [ʎaγár] *v* (*llague*) to wound, injure.

lla·ma [ʎáma] **I**. *n/f* **1**. flame. **2**. FIG passion. **II**. *n/m,f* ZOOL llama. LOC **En ~s**, ablaze, in flames.

lla·ma·do/a [ʎamáðo/a] *adj* **I**. **1**. known as. **2**. so-called. **II**. *n/f* **1**. call. **2**. call, appeal (*atracción*). **3**. signal, gesture (*ademán*). LOC **~ de socorro**, distress signal. **lla·ma·mien·to** [ʎamamjén̪to] *n/m* **1**. call, appeal. **2**. MIL call-up, summons. **3**. REL calling. **lla·mar** [ʎamár] **I**. *v* **1**. to call to/for sb. **2**. to ring, knock (*a la puerta*). **3**. to name: *Al próximo hijo lo llamarán Carlos*, They will call their next son Carlos. **4**. to nickname, PEY to call names (*insultar*). **5**. FIG to attract, marry: *El dinero llama al dinero*, Money marries money. **II**. *v/Refl(-se)* to be called: *¿Cómo te llamas?*, What's your name? LOC **Estar llamado a**, to be destined for/doomed to. **~ a capítulo**, to answer for sth. **~ al orden**, to call to order. **~ la atención**, **1**. to attract one's attention, stand out. **2**. to pick sb up on sth (*reprender*). **¿Quién llama?** Who's there?, Who's calling (*teléfono*).

lla·ma·ra·da [ʎamaráða] *n/f* flare-up, sudden blaze. **lla·ma·ti·vo/a** [ʎamatíβo/a] *adj* ostentatious, FAM loud, showy.

lla·me·an·te [ʎameán̪te] *adj* blazing. **lla·me·ar** [ʎameár] *v* to blaze.

lla·na [ʎána] *n/f* trowel (*de albañil*).

lla·ne·ro/a [ʎanéro/a] *n/m,f* GEOG lowlander.

lla·ne·za [ʎanéθa] *n/f* **1**. plainness, simplicity, modesty. **2**. informality, straightforwardness (*franqueza*).

lla·no/a [ʎáno/a] **I**. *adj* **1**. level, flat. **2**. open, unaffected (*aplicado a personas*). **3**. GRAM paroxytone. **II**. *n/m* GEOG plain, US prairie. LOC **A la pata la ~**, without ceremony. **Pueblo ~**, common people.

llan·ta [ʎán̪ta] *n/f* AUT wheel rim.

llan·tén [ʎan̪tén] *n/m* BOT plantain.

llan·te·ra [ʎan̪téra] *n/f* FAM blubbering, crying. **llan·ti·na** [ʎan̪tína] *n/f col* uninterrupted weeping. **llan·to** [ʎán̪to] *n/f* **1**. weeping, crying. **2**. tears, sobs *pl*. **3**. FIG lamentation. LOC **Deshacerse en ~**, to sob one's heart out. **Romper en ~**, to burst into tears.

lla·nu·ra [ʎanúra] *n/f* **1**. GEOG plain, US prairie. **2**. flatness, evenness.

llar [ʎár] *n/m* kitchen hearth.

lla·ve [ʎáβe] *n/f* **1**. key (*de cerradura*). **2**. TÉC key, tap, ELECTR switch, winder (*reloj*). **3**. MÚS clef, key, stop (*órgano*). **4**. LIT key (*signo*). LOC **Ama de ~s**, housekeeper. **~ de contacto**, AUT ignition key. **~ inglesa**, TÉC spanner. **~ maestra**, skeleton key. **~ de paso**, TÉC stopcock. **Poner bajo ~**, to place under lock and key. **Tener bajo siete ~s**, to keep safely under lock and key. **lla·ve·ro** [ʎaβéro] *n/m* **1**. key ring. **2**. key holder, turnkey (*cárcel*). **lla·vín** [ʎaβín] *n/m* latchkey.

lle·ga·da [ʎeγáða] *n/f* arrival, coming. **lle·gar** [ʎeγár] **I**. *v* (*llegue*) **1**. **(~ a)** to arrive (at), come (to), reach (*destino*). **2**. to reach (*alcanzar*). **3**. to draw up, bring up (*acercar*) **4**. to happen: *Cuando llegue eso..*, When that happens... **5**. to be enough (*bastar*): *El dinero no le llega para comer*, The money isn't enough for him to eat. **6**. to last, last out: *A este paso el coche no llega a fin de año*, At this rate the car won't last until the end of the year. **7**. **(~ a/hasta)** to amount to (*importar*), come to. **8**. to be equal to (*igualar*). **II**. *v/Refl(-se)* **1**. FAM to approach, come near. **2**. to stop by, call by. LOC **~ a + *inf***, **1**. to reach the point of + *ger*. **2**. to manage to + *inf*. **~ a saber**, to realize, find out. **~ a ser**, to become. **~ lejos**, FIG to go far.

lle·nar [ʎenár] **I**. *v* **1**. to fill (with). **2**. **(~ de/con)** to stuff/pack with, fill up, fill in (*hoyo*). **3**. **(~ de)** to overwhelm (*colmar*), overcome, lavish, heap (with) (*favores/insultos*). **4**. to content, satisfy, fulfil: *Mi trabajo no me llena*, My job does not satisfy me. **5**. to occupy, take up, fill in (*tiempo, espacio, puesto*). **6**. to fill out/in (*hoja*). **II**. *v/Refl(-se)* **(~se de/con)** **1**. to fill up, become full. **2**. to become crowded/packed. **3**. to eat one's fill, DER gorge oneself. **4**. to get/become covered (with/in). **lle·no/a** [ʎéno/a] **I**. *adj* **(~ de)** **1**. full (of), filled (with). **2**. FIG loaded with (*ironía*), full of (*indignación*) **3**. full, full up (*sala*). **4**. covered (with). **5**. full, full up (*de comida*). LOC **Luna ~**, full moon. **~ hasta los topes**, full to the brim.

lle·va·de·ro/a [ʎeβaðéro/a] *adj* tolerable, bearable. **lle·var** [ʎeβár] **I**. *v* **1**. **(~ a)** to take, lead, get (to) (*cosa*). **2**. to carry, transport. **3**. to lead, take (to) (*conducir*). **4**. to take care of, run, manage (*dirigir*). **5**. to use, take: *Hoy llevaremos su coche*, Today we will take your car. **6**. to have. **7**. to bear, stand: *Lleva su destino con dignidad*, He bears his fate with dignity. **8**. to bring. **9**. to lead, induce, make (*inducir/impulsar*). **10**. FAM to charge (*precio*): *¿Cuánto te ha llevado por la reparación?*, How much did he charge you for the repair? **11**. to spend, take (*tiempo*): *¿Cuánto tiempo te llevará?*, How long will it take you? **12**. to wear, have on (*ropa*): *Lleva un abrigo azul*, She's wearing a blue coat. **13**. to be: *Llevas los zapatos sucios*, Your shoes are dirty. **14**. to be... older, taller, ahead etc. than (*exceder en años/altura*, etc). **15**. to have been: *¿Cuántos días lleva en Madrid?*, How long have you been in Madrid? *¿Cuánto tiempo llevas estudiando español?*, How long have you been learning Spanish? **16**. to keep (*casa, cuentas*). **17**. to bear (*armas, frutos, nombre*). **18**. to follow, keep to (*seguir*). **19**. to carry off, win, take (*premio*). **20**. to lead (*vida*). **21**. MAT to carry, take off (*número*). **22**. to present, offer (*problemas*). **II**. *v/Refl (-se)* **(~se a/de/con) 1**. to take, take away. **2**. to carry off/away, sweep/take away. **3**. to win, get, achieve. **4**. to steal, make off with. LOC **Dejarse ~ por**, to be carried away with/by. **~ adelante**, to push ahead with. **~ a cabo/ efecto/término**, to carry out, perform, finish. **~ + pp**, to have (already) + pp. **~ la contraria a uno**, to contradict, oppose sb. **~ la cuenta**, to tot up. **~ las de perder**, to be fighting a losing battle.**~ la ventaja**, to have the advantage (over). **~ lo mejor (peor)**, to get the best (worst) of it. **~ mucho tiempo + *ger***, to have been + *ger* a long time. **~ puesto**, to wear, have on. **~se bien/mal con**, to get on well/badly with, go well/badly together. **~se la palma (alguien)**, to be the best. **~se un susto**, to have a fright. **~se todo por delante**, to let nothing stand in one's way.

llo·rar [ʎorár] *v* **(~ de/por) 1**. to cry, weep: *Llorar de pena*, to cry for sorrow. **2**. to cry over, lament, weep for. **3**. to water, run (*los ojos*). **4**. to mourn (*muerte*). LOC **El que no llora no mama**, FAM He who doesn't ask doesn't get. **~ a lágrima viva**, to cry one's eyes out. **llo·re·ra** [ʎoréra] *n/f* fit of crying, FAM paddywhack (*de niño*). **llo·ri·ca** [ʎoríka] *adj n/m,f* V **llorón/na**. **llo·ri·que·ar** [ʎorikeár] *v* to whimper, Br snivel. **llo·ri·queo** [ʎorikéo] *n/m* whimpering, Br snivelling. **llo·rón/na** [ʎorón/na] **I**. *adj* weepy, DER snivelling. **II**. *n/m,f* crybaby, blubberer. **llo·ro·so/a** [ʎoróso/a] *adj* tearful.

llo·ver [ʎoβér] *v* (**llueve**) *imper* **1**. to rain. **2**. FIG to shower (*regalos/insultos*). LOC **Como llovido del cielo**, unexpectedly, heaven-sent. **Es como quien oye ~**, It's like talking to a brick wall. **~ a cántaros/ ~ chuzos**, to rain cats and dogs, bucket it down. **Llueva o no**, come rain or shine. **llo·viz·na** [ʎoβiθná] *n/f* drizzle. **llo·viz·nar** [ʎoβiθnár] *v* to drizzle. **llu·via** [ʎúβja] *n/f* **1**. rain, rainfall, rain water. **2**. FIG shower (*de preguntas / injurias*), hail (*de balas*). LOC **~ radiactiva**, fall-out. **llu·vio·so/a** [ʎuβjóso/a] *adj* rainy, wet.

M, m [éme] **1**. 'm' (*letra*). **2**. *abrev* of *metro*.

ma·ca [máka] *n/f* **1**. flaw (*desperfecto*). **2**. bruise (*en fruta*).

ma·ca·bro/a [makáβro/a] *adj* macabre.

ma·ca·co/a [makáko/a] **I**. *n/m,f* **1**. ZOOL macaque (*mono*). **2**. FAM PEY ugly mug (*persona fea*). **3**. FAM FIG little monkey, little tinker (*cariñosamente de niños*). **II**. *adj* FAM PEY pug-ugly.

ma·ca·na [makána] *n/f* **1**. stupid comment (*disparate*). **2**. lie (*mentira*). **ma·ca·ne·ar** [makaneár] *v* **1**. to talk claptrap (*tonterías*). **2**. to tell tall stories (*mentiras*).

ma·ca·nu·do/a [makanúðo/a] *adj col* great, terrific.

ma·ca·rra [makárra] **I**. *n/m* **1**. *col* ponce (*proxeneta*). **2**. thug, lout. **II**. *adj col* tacky.

ma·ca·rrón [makarrón] *n/m* **1**. macaroon (*pastel*). **2**. *pl* macaroni (*pasta*).

ma·ca·rró·ni·co/a [makarróniko/a] *adj* macaronic.

ma·car·se [makárse] *v/Refl(-se)* (*maque*) to begin to rot (*fruta*).

ma·ce·do·nio/a [maθeðónjo/a] **I**. *adj, n/m,f* Macedonian. **II**. *n/f* **1**. fruit salad (*postre*). **2**. vegetable salad (*verduras*).

ma·ce·ra·ción [maθeraθjón] *n/f* maceration. **ma·ce·rar** [maθerár] *v* to macerate.

ma·ce·ta [maθéta] *n/f* flowerpot. **ma·ce·te·ro** [maθetéro] *n/m* flowerpot holder.

mac·far·lán, **mac·fer·lán** [makfarlán/makferlán] *n/m* macfarlane.

ma·ci·len·to/a [maθilén̪to/a] *adj* **1**. wan, pasty-faced (*de cara pálida*). **2**. gaunt, emaciated (*de cara flaca*).

ma·ci·llo [maθíʎo] *n/m* MÚS hammer.

ma·ci·zo/a [maθíθo/a] **I**. *adj* **1**. solid: *Oro macizo*, Solid gold. **2**. solidly made (*hechura*). **3**. solidly built, robust (*persona*). **II**. *n/m* **1**. GEOG massif. **2**. (flower)bed, plot.

ma·cro- [mákro-] *pref* macro-. **ma·cro·bió·ti·ca** [makroβjótika] *n/f* macrobiotics. **ma·cro·cos·mo** [makrokósmo] *n/m* macrocosm.

má·cu·la [mákula] *n/f* FML spot, blemish. **ma·cu·lar** [makulár] *v* to stain, blemish.

ma·cu·to [makúto] *n/m* MIL knapsack, haversack.

mach [mátʃ] *n/m* FÍS mach.

ma·cha·car [matʃakár] *v* (*machaqué*) **1**. to crush, pound (*desmenuzar*). **2**. FIG to nag, keep on. **3**. to smash, crush (*destruir*). **ma·cha·cón/na** [matʃakón/na] **I**. *adj* tiresome, insistent. **II**. *n/m,f* pest, bore. **ma·cha·co·ne·ría** [matʃakonería] *n/f* tiresomeness, insistence.

ma·cha·da [matʃáða] *n/f* **1**. manly act. **2**. PEY act of bravado.

ma·cha·mar·ti·llo [matʃamartíʎo] LOC **A ~**, firmly, implicitly.

ma·cha·queo [matʃakéo] crushing, pounding.

ma·che·te [matʃéte] *n/m* machete.

ma·chi·hem·brar [matʃieɱbrár] *v* to dovetail.

ma·chis·mo [matʃísmo] *n/m* male chauvinism, machismo. **ma·chis·ta** [matʃísta] **I**. *adj* male chauvinistic. **II**. *n/m,f* male chauvinist. **ma·cho** [mátʃo] **I**. *adj* **1**. BIOL TÉC male. **2**. FIG PEY macho, tough. **II**. *n/m* **1**. BIOL male. **2**. ZOOL mule. **3**. TÉC pin, peg. **4**. ELECTR pin, plug. **5**. PEY tough guy, he-man. **ma·cho·te** [matʃóte] **I**. *adj* V **macho I. (2.) II**. *n/m* V **macho II. (5.)**

ma·chu·car [matʃukár] *v* (*machuqué*) **1**. to crush, knockabout. **2**. MED to bruise.

ma·chu·cho/a [matʃútʃo/a] *adj* PEY getting on a bit (*mayor*).

ma·de·ja [maðéxa] *n/f* skein, hank (*de lana*); mass/mop (of hair) (*pelo*).

ma·de·ra [maðéra] *n/f* **1**. *gen* wood. **2**. timber (*de construcción*). LOC **Tener ~ de**, FIG to be... material: *Tiene madera de profesor*, He is teacher material. **ma·de·ra·ble** [maðeráβle] *adj* timber-yielding. **ma·de·ra·je** [maðeráxe] *n/m* V **maderamen**. **ma·de·ra·men** [maðerámen] *n/m* wood(work), timber (work). **ma·de·re·ría** [maðerería] *n/f* timber yard. **ma·de·re·ro/a** [maðeréro/a] **I**. *adj* timber. **II**. *n/m,f* Br timber merchant, US lumberman. **ma·de·ro** [maðéro] *n/m* **1**. log (*tronco*). **2**. beam (*viga*).

ma·dras·tra [maðrástra] *n/f* stepmother. **ma·dra·za** [maðráθa] *n/f* doting mother, FIG *col* mother hen. **ma·dre** [máðre] **I**. *n/f gen* mother. **II**. *adj* **1**. mother: *Buque madre*, Mother ship. **2**. main: *Alcantarilla madre*, Main sewer. **3**. parent: *Lengua madre*, Parent language. LOC **¡~ mía!**, **1**. Oh, dear! (*disgusto*), **2**. Good Heavens! (*sorpresa*). **ma·dre·per·la** [maðrepérla] *n/f* **1**. pearl oyster (*ostra*). **2**. mother-of-pearl (*nácar*).

ma·dré·po·ra [maðrépora] *n/f* ZOOL madrepore.

ma·dre·sel·va [maðresélβa] *n/f* BOT honeysuckle.

ma·dri·gal [maðriɣál] *n/m* MÚS madrigal.

ma·dri·gue·ra [maðriɣéra] *n/f* **1**. burrow, den. **2**. FIG den, hideout.

ma·dri·le·ño/a [maðriléɲo/a] **I**. *adj* of Madrid. **II**. *n/m,f* native of Madrid.

ma·dri·na [maðrína] *n/f* **1.** godmother (*bautizo*). **2.** matron of honour (*boda*). **3.** patron(ess) (*protectora*). **4.** FIG sponsor (*patrona*).

ma·dro·ñal [maðroɲál] *n/m* grove of strawberry trees. **ma·dro·ño** [maðróɲo] *n/m* **1.** BOT strawberry tree. **2.** small strawberry (*fruta*). **3.** round tassle (*borla*).

ma·dru·ga·da [maðruγáða] *n/f* **1.** (early) morning, early hours. **2.** daybreak (*alba*). **ma·dru·ga·dor/ra** [maðruγaðór/ra] **I.** *adj* early rising, who gets up early. **II.** *n/m,f* early riser. **ma·dru·gar** [maðruγár] *v* (*madrugué*) **1.** to get up early. **2.** FIG to get ahead of the field. **ma·dru·gón** LOC **Darse/ Pegarse un ~**, to get up at the crack of dawn.

ma·du·ra·ción [maðuraθjón] *n/f* ripening, maturing. **ma·du·rar** [maðurár] *v* **1.** to ripen (*frutos*). **2.** to mature (*personas*). **3.** to think out (*proyecto*, etc). **4.** MED to ripen. **ma·du·ra·ti·vo/a** [maðuratíβo/a] *adj* maturative. **ma·du·rez** [maðuréθ] *n/f* **1.** ripeness (*frutos, etc.*). **2.** FIG maturity. **3.** wisdom (*sensatez*). **ma·du·ro/a** [maðúro/a] *adj* **1.** ripe (*fruto*). **2.** FIG mature, mellow. LOC **Edad ~**, mature age.

maes·tral [maestrál] *adj, n/m* mistral (*viento*).

maes·tran·za [maestrán̪θa] *n/f* **1.** equestrian society of Spanish noblemen (*equitación*). **2.** MIL arsenal. **maes·traz·go** [maestráθγo] *n/m* **1.** HIST office of grand master of a military order (*cargo*). **2.** territory under the jurisdiction of a grand master of a military order.

maes·tre [maéstre] *n/m* HIST grand master (*orden militar*). **maes·tría** [maestría] *n/f* **1.** mastery (*dominio*). **2.** master's degree (*título*). **maes·tro/a** [maéstro/a] **I.** *n/m* **1.** master (*habilidoso, oficial*). **2.** schoolmaster, teacher (*profesor*). **3.** MÚS maestro. **II.** *n/f* teacher, schoolmistress. **III.** *adj* **1.** TÉC main, master. **2.** trained (*preparado*).

ma·fia [máfja] *n/f* Mafia. **ma·fio·so/a** [mafjóso/a] **I.** *adj* of the Mafia. **II.** *n/m,f* member of the Mafia.

mag·da·le·na [maγðaléna] *n/f* **1.** penitent woman (*mujer*). **2.** madeleine (*bizcocho*).

ma·gia [máxja] *n/f gen* FIG magic. LOC **Por arte de ~**, ... as if by magic.

ma·giar [maxjár] *adj, n/m,f* Magyar.

má·gi·co/a [máxiko/a] *adj* magic(al).

ma·gis·te·rio [maxistérjo] *n/m* **1.** teaching (*enseñanza*). **2.** teaching profession (*oficio*). **3.** teachers (*colectivo*). **ma·gis·tra·do/a** [maxistráðo] *n/m,f* magistrate. **ma·gis·tral** [maxistrál] *adj* **1.** magisterial. **2.** FIG masterly. **ma·gis·tra·tu·ra** [maxistratúra] *n/f* magistracy.

mag·ma [máγma] GEOL magma.

mag·na·ni·mi·dad [maγnanimiðáð] *n/f* magnanimity. **mag·ná·ni·mo/a** [maγnánimo/a] *adj* magnanimous.

mag·na·te [maγnáte] *n/m* magnate, tycoon.

mag·ne·sia [maγnésja] *n/f* magnesia. **mag·ne·sio** [maγnésjo] *n/m* QUÍM magnesium.

mag·né·ti·co/a [maγnétiko/a] *adj* magnetic. **mag·ne·tis·mo** [maγnetísmo] *n/m* magnetism. **mag·ne·ti·zar** [maγnetiθár] *v* (*magnetice*) to magnetize. **mag·ne·to** [maγnéto] *n/m* magneto. **mag·ne·to·fón, mag·ne·tó·fo·no** [maγnetofón/maγnetófono] *n/m* tape recorder. **mag·ne·to·fó·ni·co/a** [maγnetofóniko/a] *adj* tape, recording: *Cinta magnetofónica*, Recording tape.

mag·ni·ci·da [maγniθíða] *n/m,f* assassin. **mag·ni·ci·dio** [maγniθíðjo] *n/m* assassination of an important person.

mag·ni·fi·cen·cia [maγnifiθén̪θja] *n/f* magnificence, splendour. **mag·ní·fi·co/a** [maγnífiko/a] *adj* magnificent, splendid. LOC **Rector ~**, the Rector. **mag·ni·tud** [maγnitúð] *n/f* **1.** *gen* magnitude. **2.** size (*tamaño*). **mag·no/a** [máγno/a] *adj* FML great.

ma·go/a [máγo/a] **I.** *n/m* wizard, magus. **II.** *n/f* sorceress. LOC **Los tres Reyes ~s**, the Three Wise Men.

ma·gre·ar [maγreár] **I.** *v* ARG to grope, touch up. **II.** *v/Refl(-se)* ARG to grope each other, touch each other up. **ma·greo** [maγréo] *n/m* ARG groping, touching up.

ma·gro/a [máγro/a] **I.** *adj* lean (*sin grasa*). **II.** *n/m* lean meat.

ma·gu·lla·du·ra [maγuʎaðúra] *n/f*, **ma·gu·lla·mien·to** [maγuʎamjén̪to] *n/m* bruise. **ma·gu·llar** [maγuʎár] *v, v/Refl(-se)* to bruise.

ma·ho·me·ta·no/a [maometáno/a] *adj, n/m, f* Mohammedan.

ma·ho·ne·sa [maonésa] *adj, n/f* mayonnaise.

mai·llot [maiʎó(t)] *n/m* **1.** women's swimming costume. **2.** maillot (*de ciclista*).

mai·ti·nes [maitínes] *n/mpl* REL matins.

maíz [maíθ] *n/m* AGR Br maize, US corn. **mai·zal** [maiθál] *n/m* AGR Br maize field, US cornfield.

ma·ja·da [maxáða] *n/f* sheepfold.

ma·ja·de·ría [maxaðería] *n/f* **1.** silliness (*tontería*). **2.** stupid comment. **3.** act of stupidity. **ma·ja·de·ro/a** [maxaðéro/a] **I.** *adj* silly, stupid. **II.** *n/m,f* fool, idiot. **III.** *n/m* TÉC pestle. **ma·jar** [maxár] *v* to pound, mash, crush. **ma·ja·re·ta** [maxaréta] **I.** *adj col* nutty (*loco*). **II.** *n/m,f col* nutter (*loco*).

ma·jes·tad [maxestáð] *n/m* majesty. LOC **Su M~**, His/Her Majesty. **Vuestra M~**, Your Majesty. **ma·jes·tuo·si·dad** [maxestwosiðáð] *n/f* majesty, stateliness. **ma·jes·tuo·so/a** [maxestwóso/a] *adj* majestic, stately.

ma·jo/a [máxo/a] **I.** *adj* **1.** nice (*agradable*). **2.** pretty, lovely (*mujer*). **3.** attractive, handsome (*hombre*). **4.** PEY flash(y). **II. 1.** *n/m,f* toff (*elegante*). **2.** PEY flash(y) type.

mal [mál] **I.** *adj* V **malo** **II.** *n/m* **1.** *gen* evil, wrong. **2.** harm, ill (*daño*). **3.** MED disease, illness. **III.** *adv* **1.** badly, poorly. **2.** wrongly. **3.** hardly, with difficulty. LOC **Caer (bien)/~ (una persona a otra)**, (not) to be liked by sb. **Estar ~**, **1.** to be wrong/bad (*incorrecto*), **2.** to be ill/poorly (*enfermo*). **Estar a ~ (con alguien)**, to be on bad terms with sb. **Ir de ~ en peor**, to go from bad to worse. **Menos ~ (que)**, it's a good job (that). **Oler/Saber ~**,

to smell/to taste bad. **Sentar ~**, FIG to upset. **Tomar a ~**, to take offence at.
ma·la·bar [malaßár] *adj, n/m,f* Malabar. LOC **Juegos ~es**, juggling. **ma·la·ba·ris·mo** [malaßarísmo] *n/m* **1**. juggling. **2**. FIG balancing act. **ma·la·ba·ris·ta** [malaßarísta] *n/m,f* juggler.
má·la·ga [málaγa] *n/m* Malaga (wine).
mal·a·gra·de·ci·do/a [malaγraðeθíðo/a] **I**. *adj* ungrateful. **II**. *n/m,f* ingrate.
ma·la·gue·ño/a [malaγéɲo/a] **I**. *adj* of Malaga. **II**. *n/m,f* native of Malaga. **III**. *n/f* Malaguena (*cante*).
ma·la·le·che [malalétʃe] *n/m,f* ARG bloody-minded person. **mal·an·dan·za** [malaṇdáṇθa] *n/f* misfortune.
ma·lan·drín/na [malaṇdrín/na] **I**. *adj* roguish. **II**. *n/m,f* scoundrel, rogue.
ma·la·qui·ta [malakíta] *n/f* malachite.
ma·la·ria [malárja] *n/f* MED malaria.
ma·la·som·bra [malasómbra] **I**. *adj* irritating. **II**. *n/m,f* pest, nuisance.
ma·la·ú·va [malaúßa] *n/m,f* ARG evil-minded sod.
ma·la·yo/a [maláJo/a] *adj, n/m,f* Malay(an).
mal·ba·ra·tar [malßaratár] *v* **1**. to sell off cheap (*vender barato*). **2**. to squander (*despilfarrar*).
mal·ca·ra·do/a [malkaráðo/a] *adj* **1**. ugly, fierce-looking (*de aspecto desagradable*). **2**. cross-looking (*enfadado*).
mal·co·mer [malkomér] *v* to eat badly.
mal·criar [malkriár] *v* (*malcrío, malcría*) to spoil, over-indulge.
mal·dad [maldáð] *n/f* **1**. evil, wickedness (*cualidad*). **2**. act of wickedness (*acto*).
mal·de·cir [maldeθír] *v* (*maldigo, maldije, maldeciré, maldecido*) **1**. to curse (*anatemizar*). **2**. to loathe (*odiar*). **3**. **(~ de)** to speak ill of, disparage (*criticar*). **mal·di·ción** [maldiθjón] *n/f* curse. **mal·di·to/a** [maldíto/a] **I**. *p irreg* of *decir* **II**. *adj* **1**. *gen* damned. **2**. **(~ de)** REL accursed (of). LOC **~a la gana que tengo de** ..., I'm damned if I feel like ... **¡~a sea!**, damn it! **¡~(s) seas (sean)!**, damn you/them!
ma·lea·bi·li·dad [maleaßiliðáð] *n/f* malleability. **ma·lea·ble** [maleáßle] *adj gen* FIG malleable.
ma·le·an·te [maleánte] **I**. *adj* wicked. **II**. *n/m,f* crook, villain. **ma·le·ar** [maleár] **I**. *v* to corrupt. **II**. *v/Refl(-se)* to become corrupted.
ma·le·cón [malekón] *n/m* **1**. dike (*dique*). **2**. pier, jetty.
ma·le·di·cen·cia [maleðiθéṇθja] *n/f* slander, scandal.
mal·e·du·ca·do/a [maleðukáðo/a] **I**. *adj* spoiled, impolite. **II**. *n/m,f* boor, ill-mannered person.
ma·le·fi·cio [malefíθjo] *n/m* spell, curse. **ma·lé·fi·co/a** [maléfiko/a] *adj* harmful, evil.
mal·en·ten·der [maleṇteṇdér] *v* (V *entender*) to misunderstand. **mal·en·ten·di·do** [maleṇteṇdíðo] *n/m* misunderstanding.
ma·les·tar [malestár] *n/m* **1**. MED discomfort. **2**. FIG uneasiness (*inquietud*). **3**. FIG unrest (*desasosiego*).
ma·le·ta [maléta] *n/f* (suit)case. LOC **Hacer la ~**, *gen* FIG to pack (up). **ma·le·te·ro** [maletéro] *n/m* **1**. AUT Br boot, US trunk. **2**. porter (*persona*). **ma·le·ti·lla** [maletíʎa] *n/m* aspiring young bullfighter. **ma·le·tín** [maletín] *n/m* **1**. briefcase (*cartera*). **2**. overnight bag.
ma·le·vo·len·cia [maleßoléṇθja] *n/f* malevolence. **ma·lé·vo·lo/a** [maléßolo/a] *adj* malevolent.
ma·le·za [maléθa] *n/f* **1**. undergrowth (*monte bajo*). **2**. weeds (*malas hierbas*).
mal·for·ma·ción [malformaθjón] *n/f* malformation.
mal·ga·che [malγátʃe] *adj, n/m,f* Madagascan, Malagasy.
mal·gas·ta·dor/ra [malγastaðór/ra] *adj, n/m,f* spendthrift. **mal·gas·tar** [malγastár] *v* **(~ en)** to squander (on), waste (on).
mal·ha·bla·do/a [malaßláðo/a] *adj* coarse, foul-mouthed.
mal·ha·da·do/a [malaðáðo/a] *adj* POÉT ill-starred, ill-fated.
mal·he·chor/a [maletʃór/ra] *n/m,f* malefactor, wrongdoer.
mal·he·rir [malerír] *v* (V *herir*) to wound, injure badly.
mal·hu·mor [malumór] *n/m* bad temper. **mal·hu·mo·ra·do/a** [malumoráðo/a] *adj* bad tempered.
ma·li·cia [malíθja] *n/f* **1**. wickedness (*maldad*). **2**. malice, spite. **3**. mischievousness (*travesura*). **4**. suggestiveness (*indecencia*). LOC **Un chiste con mucha ~**, a risqué joke. **ma·li·cio·so/a** [maliθjóso/a] *adj* **1**. wicked (*malvado*). **2**. malicious, spiteful (*mal intencionado*). **3**. mischievous (*travieso*). **4**. saucy, provocative (*pícaro*).
ma·lig·ni·dad [maliγniðáð] *n/f* **1**. MED malignancy. **2**. viciousness (*maldad*). **3**. harmfulness (*daño*). **4**. malice (*rencor*). **ma·lig·no/a** [malíγno/a] *adj* **1**. MED malignant. **2**. vicious (*malvado*). **3**. harmful, malign (*dañino*). **4**. malicious (*rencoroso*).
mal·in·ten·cio·na·do/a [maliṇteṇθjonáðo/a] *adj* ill-disposed, malicious.
ma·lo/a [málo/a] **I**. *adj* (**mal** *ante n/m,sing*) **1**. *gen* bad. **2**. evil (*malvado*). **3**. naughty (*travieso*). **4**. wrong (*equivocado*). **5**. MED ill, unwell. **6**. false (*joyas*). **II**. *n/m* TEAT villain. LOC **De ~a manera**, rudely, brusquely. **Estar de ~as con uno**, to be annoyed with sb. **Lo ~ es que**, the trouble is that. **¡~!**, not good enough! **~ de**, difficult/hard to. **Por las ~as**, willy-nilly. **Por las ~s**, by force. **Ser ~ con/para con**, FIG to be hopeless at/with.
ma·lo·grar [maloγrár] **I**. *v* to spoil, ruin (*estropear*). **II**. *v/Refl(-se)* **1**. to come to nothing, fail (*fracasar*). **2**. to die before one's time (*persona*).
mal·o·lien·te [maloljénte] foul-smelling.
mal·pa·rar [malparár] *v* LOC **Salir malparado de** (*una situación*, etc), to come off badly in/from.
mal·pen·sa·do/a [malpensáðo/a] *adj* **1**. evil-minded (*malo*). **2**. nasty-minded (*malicioso*).

mal·que·ren·cia [malkerénθja] *n/f* dislike. **mal·sa·no/a** [malsáno/a] *adj* unhealthy. **mal·so·nan·te** [malsonánte] *adj* rude, offensive (*palabras*). **mal·ta** [málta] *n/f* malt. **mal·tés/sa** [maltés/sa] *adj, n/m,f* Maltese. **mal·tra·tar** [maltratár] *v* **1.** to ill-treat, mistreat (*personas*). **2.** to handle roughly, knock about (*cosas*). **mal·tre·cho/a** [maltrétʃo/a] *adj* battered, in a bad way.

mal·tu·sia·nis·mo [maltusjanísmo] *n/m* Malthusianism. **mal·tu·sia·no/a** [maltusjáno/a] *adj, n/m,f* Malthusian.

ma·lu·cho/a [malútʃo/a] *adj* **1.** MED poorly, out of sorts, off-colour. **2.** rather bad (*bastante malo*).

mal·va [málβa] **I.** *n/f* BOT mallow. **II.** *adj, n/m* mauve. LOC **Estar criando ~s**, FIG *col* to be pushing up the daisies. **Estar/Ser como una ~**, FIG to be as meek as a lamb. **~ real**, BOT hollyhock.

mal·va·do/a [malβáðo/a] **I.** *adj* wicked, evil. **II.** *n/m,f* villain.

mal·va·sía [malβasía] *n/f* **1.** malvasia (*uva*). **2.** malmsey (*vino*).

mal·ven·der [malβendér] *v* to sell at a loss.

mal·ver·sa·ción [malβersaθjón] *n/f* embezzlement, misappropriation. **mal·ver·sar** [malβersár] *v* to embezzle, misappropriate.

mal·vi·vir [malβiβír] *v* to live badly, live from hand to mouth.

ma·lla [máʎa] *n/f* **1.** mesh (*de red*). **2.** netting (*de tejido*). **3.** leotard (*para hacer gimnasia*). **4.** *pl* tights. LOC **Cota de ~(s)**, HIST coat of mail.

ma·llo [máʎo] *n/m* mallet.

ma·llor·quín/na [maʎorkín/na] *adj, n/m,f* Majorcan.

ma·ma [máma] *n/f* **1.** ANAT mamma, mammary gland. **2.** V **mamá· ma·má** [mamá] *n/f* *col* Br mum, mummy, US mom, mommy. **ma·ma·do/a** [mamáðo/a] **I.** *n/f* suck (*chupada*). **II.** *adj col* canned, plastered (*borracho*). **ma·mar** [mamár] **I.** *v* **1.** BIOL to suckle. **2.** FIG to learn at one's mother's knee. **II.** *v/Refl(-se)* **1.** to wangle (for oneself) (*empleos*, etc). **2.** to get plastered, get sloshed (*embriagarse*). **ma·ma·rio/a** [mamárjo/a] *adj* ANAT mammary.

ma·ma·rra·cha·da [mamarratʃáða] *n/f* FIG rubbish. **ma·ma·rra·cho** [mamarrátʃo] *n/m* **1.** ridiculous sight (*facha*). **2.** FIG buffoon.

ma·me·lu·co [mamelúko] *n/m* **1.** HIST Mameluke. **2.** dope (*tonto*).

ma·me·lla [maméʎa] *n/f* mamilla.

ma·mí·fe·ro [mamífero] **I.** *adj* mammalian, mammal. **II.** *n/m* mammal.

ma·mo·tre·to [mamotréto] *n/m* **1.** hefty great tome (*libraco*). **2.** ugly great thing.

mam·pa·ra [mampára] *n/f* screen, room-divider.

mam·po·rro [mampórro] *n/m* **1.** *col* bash, clout (*golpe*). **2.** *col* thump, bump.

mam·pos·te·ría [mampostería] *n/f* **1.** rubblework, rough stonework (*obra*). **2.** stonemasonry (*oficio*). **mam·pos·te·ro** [mampostéro] *n/m* stonemason. **mam·pues·to** [mampwésto] *n/m* **1.** rough stone (*piedra*). **2.** wall, parapet (*muro*).

ma·mut [mamút] *n/m* mammoth.

ma·ná [maná] *n/m* manna.

ma·na·da [manáða] *n/f* ZOOL herd, flock. LOC **~ de lobos**, pack of wolves. **~ de leones**, pride of lions.

má·na·ger [mánaJer/mánaxer] *n/m* manager.

ma·nan·tial [manantjál] *n/m* **1.** spring, fountain (*fuente*). **2.** FIG fount, well. **ma·nar** [manár] *v* **1.** **(~ de)** to flow (from) (*correr*). **2.** to flow with. **3.** **(~ en)** FIG to abound (in).

ma·na·tí [manatí] *n/m* **1.** ZOOL manatee. **2.** whip (*látigo*).

ma·na·zas [manáθas] *n/m,f,pl* LOC **Ser un ~**, *col* to be all fingers and thumbs, be cack-handed.

man·ce·bo/a [manθéβo/a] **I.** *n/m* **1.** youth, young man (*muchacho*). **2.** dispenser, pharmacist's assistant (*farmacéutico*). **II.** *n/f* lover, mistress.

man·ci·lla [manθíʎa] *n/f* FIG stain. LOC **Sin ~**, **1.** unblemished, **2.** REL immaculate. **man·ci·llar** [manθiʎár] *v* to sully.

man·co/a [máŋko/a] **I.** *adj* **1.** one-handed (*sin mano*). **2.** one-armed (*sin brazo*). **3.** armless (*sin brazos*). **4.** **(~ de)** crippled (in), maimed (in) (*lisiado*). **5.** FIG faulty. **II.** *n/m,f* **1.** one-handed person (*sin mano*). **2.** one-armed person (*sin brazo*). **3.** armless person (*sin brazos*). **4.** cripple (*lisiado*). LOC **Ser ~ de la mano izquierda/derecha**, **1.** to be crippled/maimed in the left/right hand (*herido*), **2.** one's left/right hand to be missing (*falta la mano*).

man·co·mún [maŋkomún] LOC **De ~**, *adv* in agreement, jointly. **man·co·mu·nar** [maŋkomunár] **I.** *v* **1.** to pool (*recursos*). **2.** to combine (*intereses*). **3.** to unite (*personas*). **4.** JUR to make jointly responsible. **II.** *v/Refl (-se)* **(~ con)** to unite (with), become associated (with). **man·co·mu·ni·dad** [maŋkomuniðáð] *n/f* **1.** union, association (*acto*). **2.** commonwealth (*político*). **3.** JUR joint responsibility.

man·cha [mántʃa] *n/f* **1.** stain, mark, spot (*suciedad*). **2.** blot, smudge (*de tinta*). **3.** ZOOL spot, mark, patch. **4.** ART shading. **5.** FIG stain, blemish. **man·char** [mantʃár] **I.** *v* **1.** to soil, stain (*ensuciar*). **2.** to smudge (*con tinta*). **3.** ART to shade in. **4.** FIG to stain, sully. **II.** *v/Refl(-se)* **1.** to get dirty (*ensuciarse*). **2.** to get smudged (*con tinta*). **3.** ART to be shaded in. **4.** FIG to be sullied.

man·che·go/a [mantʃéγo/a] **I.** *adj* from La Mancha. **II.** *n/m,f* native of La Mancha.

man·da·de·ro [mandaðéro] *n/m* errand boy, messenger. **man·da·do/a** [mandáðo/a] *n/m,f* **1.** errand (*encargo*). **2.** order (*orden*). LOC **Soy un/a ~/a**, I'm following orders. **II.** *n/m,f* PEY underling, subordinate. **man·da·más** [mandamás] *n/m col* big shot, US bossman. **man·da·mien·to** [mandamjénto] *n/m* **1.** *gen* order. **2.** REL commandment. LOC **~ judicial**, JUR warrant.

man·dan·ga [maɳdáŋga] I. *n/f* FAM cool (*flema*), PEY sluggishness. II. *pl* nonsense, FAM baloney.

man·dar [maɳdár] *v* **1**. to order, tell. **2**. to rule (over) (*país*, etc). **3**. MIL to command, lead. **4**. to be in charge (of) (*grupo*, etc). **5**. **(~ a, de, por)** to send (to, as, for) (*envíos*). **6**. to bequeath (*legar*). **7**. PEY to be bossy. LOC **~ hacer**, to have sth done/made. **Lo que usted mande**, whatever you say. **~ al cuerno/al diablo/a freír espárragos/a la porra/a paseo, etc**, to send sb packing/off with a flea in his/her ear.

man·da·rín/na [maɳdarín/na] I. *n/m* mandarin (*persona*). II. *n/f* tangerine (*fruta*). **man·da·ri·nis·mo** [maɳdarinísmo] *n/m* mandarinism.

man·da·ta·rio/a [maɳdatárjo/a] *n/m,f* mandatory, chief executive. **man·da·to** [maɳdáto] *n/m* **1**. command, order. **2**. mandate (*en política*). **3**. term (*presidencia*, etc). **4**. JUR warrant, writ.

man·dí·bu·la [maɳdíßula] *n/f* ANAT ZOOL jaw(bone), FML mandible.

man·dil [maɳdíl] *n/m* apron.

man·do [máɳdo] *n/m* **1**. leadership (*capacidad*). **2**. MIL command. **3**. control, authority. **4**. *pl* leaders, leadership (*personas*). **5**. TÉC control. LOC **~ a distancia**, remote control. **Tener el ~**, to be in control.

man·do·ble [maɳdóßle] *n/m* **1**. two-handed blow (with a sword) (*golpe*). **2**. broadsword (*arma*). **3**. FIG wallop.

man·dón/na [maɳdón/na] I. *adj* bossy, domineering. II. *n/m,f* FAM bossy-boots.

man·drá·go·ra [maɳdráγora] *n/f* BOT mandrake.

man·dril [maɳdríl] *n/m* **1**. ZOOL mandrill. **2**. TÉC mandrel.

man·du·car [maɳdukár] *v* (*manduque*) *col* Br to scoff, US to chuck (*comer*). **man·du·ca·to·ria** [maɳdukatórja] *n/f col* Br nosh, US chow.

ma·ne·ci·lla [maneθíʎa] *n/f* hand (*de reloj*).

ma·ne·ja·bi·li·dad [manexaßiliðáð] *n/f* manageability, manoeuvrability. **ma·ne·ja·ble** [manexáßle] *adj* **1**. *gen* manageable. **2**. manoeuvrable (*coche*, etc). **3**. handy (*herramienta*). **ma·ne·jar** [manexár] I. *v* **1**. to handle (*coche, útiles*, etc). **2**. to manage, run (*empresa*). **3**. FIG to manipulate, push around (*personas*). **4**. to drive (*coche, auto*). II. *v/Refl(-se)* **1**. to behave (*conducta*). **2**. to manage (*arreglárselas*). **ma·ne·jo** [manéxo] *n/m* **1**. handling, operation, management (*acción*). **2**. ease of manner (*conducta*). **3**. FIG intrigue, manoeuvre (*para engañar*).

ma·ne·ra [manéra] *n/f* I. *n/f* way, fashion, manner. II. *pl* manners. LOC **A la ~ de**, in the manner of, after the fashion of. **A mi/tu/su** etc. **~**, my/your/his etc. way. **De cualquier ~**, anyhow. **De esta/esa ~**, 1. like this/that, in this/that way. 2. This/that being the case... (*hipotético*). **De ~ que**, *conj* so (that). **De ninguna ~**, by no means, by any means. **¡De ninguna ~!**, certainly not! **De tal ~ que**, in such a way that. **De todas ~s**, in any case. **En gran ~**, in great measure. **No hay ~**, there is no way. **~ de pensar**, way of thinking, opinion. **~ de ser**, character. **¡Qué ~ de...!**, **¡Vaya ~ de...!** what a way to...! **Sobre ~**, exceedingly.

man·ga [máŋga] *n/f* **1**. sleeve (*de prenda*). **2**. hose(pipe) (*de regar*). **3**. AER windsock. **4**. DEP round, leg (*campeonato*). LOC **Sacarse algo de la ~**, FIG to pluck sth out of thin air. **Tener/Ser de ~ ancha**, be tolerant/easy-going. **Tener algo en la ~**, to have sth up one's sleeve.

man·gan·cia [maŋgáɳθja] *n/f* **1**. *col* shoplifting (*en tiendas*). **2**. *col* graft (*corrupción*), con (*timo*).

man·ga·ne·so [maŋganéso] *n/m* QUÍM manganese.

man·gan·te [maŋgáɳte] *n/m col* shoplifter, thief. **man·gar** [maŋgár] *v* (*mangue*) *col* to nick, to lift.

man·go [máŋgo] **1**. handle (*de utensilio*). **2**. BOT mango. **man·go·ne·ar** [maŋgoneár] *v* **1**. *col* to muscle in (*sin consultar*). **2**. *col* to boss people about (*mandón*). **3**. *col* to bum (around) (*holgazán, gorrón*). **man·go·neo** [maŋgonéo] *n/m* **1**. *col* muscling in, interference. **2**. *col* bossiness (*con personas*). **3**. *col* bumming (around) (*holgazán, gorrón*).

man·gos·ta [maŋgósta] *n/f* ZOOL mongoose.

man·gue·ra [maŋgéra] *n/f* hose(pipe). **man·gue·ta** [maŋgéta] *n/f* **1**. S-bend (*retrete*). **2**. enema (*lavativas*). **3**. AUT steering knuckle spindle. **man·gui·to** [maŋgíto] *n/m* **1**. muff (*para las manos*). **2**. oversleeve (*protección de la manga*). **3**. TÉC bushing.

ma·ní [maní] *n/m* BOT peanut.

ma·nía [manía] *n/f* **1**. MED FIG mania. **2**. FIG craze (*obsesión*). **3**. FIG fad (*transitorio*). **4**. PEY dislike, ill-will. LOC **Tener ~ a uno**, to dislike, have it in for. **ma·nia·co/a**, **ma·nía·co/a** [manjáko/a/maníako/a] I. *adj* maniac(al). II. *n/m,f* maniac.

ma·nia·tar [manjatár] *v* to tie (sb's) hands.

ma·niá·ti·co/a [manjátiko/a] I. *adj* **1**. fanatical (*extremista*). **2**. fussy (*delicado*). **3**. odd, eccentric (*raro*). **4**. of fixed ideas (*obsesivo*). II. *n/m,f* **1**. fanatic (*extremista*). **2**. fussy individual (*delicado*). **3**. crank, eccentric (*raro*). **4**. maniac. **ma·ni·co·mio** [manicómjo] *n/m* **1**. *gen* mental hospital, lunatic asylum. **2**. FIG bedlam.

ma·ni·cu·ro/a [manikúro/a] I. *n/f* **1**. manicure (*oficio*). **2**. manicurist (*persona*). II. *n/m* manicurist (*persona*). **ma·ni·do/a** [maníðo/a] *adj* trite, hackneyed.

ma·nie·ris·mo [manjerísmo] *n/m* ART mannerism.

ma·ni·fes·ta·ción [manifestaθjón] *n/f* **1**. manifestation, sign (*emoción*, etc). **2**. demonstration. **ma·ni·fes·tan·te** [manifestáɳte] *n/m,f* demonstrator. **ma·ni·fes·tar** [manifestár] II. *v* (*manifiesto*) **1**. to manifest, show (*interés*, etc). **2**. to demonstrate (*en público*). **3**. to declare, state (*opiniones*). II. *v/Refl(-se)* **1**. to show, become apparent. **2**. V **manifestar** I. **(2.)** **ma·ni·fies·to/a** [manifjésto/a] I. *pp* of *manifestar*. II. *adj* manifest, evident, obvious. **III.** *n/m* manifesto. LOC **Poner una cosa de ~**, to reveal.

ma·ni·gua [maníγwa] *n/f Amer* scrubland.

ma·ni·ja [maníxa] *n/f* **1.** handle. **2.** V **maniota. 3.** AGR reaper's protective glove.

ma·ni·lar·go/a [manilárγo/a] *adj* **1.** ANAT long-handed. **2.** FIG light-fingered (*ladrón*). **3.** open-handed (*generoso*).

ma·ni·lla [maníʎa] *n/f* **1.** manacle (*de presos*). **2.** bracelet (*adorno*). **ma·ni·llar** [maniʎár] *n/m* handlebar(s).

ma·nio·bra [manjóβra] *n/f* **1.** manoeuvring, handling (*acto*). **2.** FIG manoeuvre, trick. **3.** *pl* MIL manoeuvres. **ma·nio·brar** [manjoβrár] *v* to manoeuvre, handle.

ma·nio·ta [manjóta] *n/f* hobble (*animales*).

ma·ni·pu·la·ción [manipulaθjón] *n/f* **1.** *gen* manipulation. **2.** handling (*sustancias*). **ma·ni·pu·la·dor/ra** [manipulaðór/ra] **I.** *adj* **1.** *gen* manipulating. **2.** handling (*sustancias*). **II.** *n/m,f* **1.** *gen* manipulator. **2.** handler (*sustancias*). **ma·ni·pu·lar** [manipulár] *v* **1.** *gen* FIG to manipulate. **2. (~ con, en)** to handle (*sustancias*).

ma·ni·queís·mo [manikeísmo] *n/m* Manicheanism. **ma·ni·queo/a** [manikéo/a] *adj* Manichean.

ma·ni·quí [manikí] **I.** *n/m* **1.** dummy (*de sastre*). **2.** FIG puppet. **3.** male model (*persona*). **II.** *n/f* mannequin, model.

ma·ni·rro·to/a [manirróto/a] *adj*, *n/m,f* spendthrift.

ma·ni·ta [maníta] *n/f* LOC **~s de oro/de plata**, dab hand. **Hacer ~s**, to hold hands. **Ser un ~s**, *col* to be a dab hand.

ma·ni·ve·la [maniβéla] *n/f* TÉC crank, handle.

man·jar [maŋxár] *n/m* **1.** dish (*plato exquisito*). **2.** food (*comestible*).

ma·no [máno] *n/f* **1.** ANAT hand. **2.** ZOOL front foot (*en general*), front paw (*perros, gatos*), foot (*de ave*), talon, claw (*ave de rapiña*). **3.** trunk (*de elefante*). **4.** trotter, foot (*carnicería*). **5.** hand (*reloj, naipes*). **6.** coat (*pintura*). **7.** wipe (*con trapo*). LOC **A ~**, 1. by hand, 2. handy, at hand. **A ~ armada**, armed. **A ~s de**, at the hands of. **A ~s llenas**, generously. **Abandonar en ~s de uno**, to leave in sb's hands. **Abrir la ~**, 1. to become more lenient, 2. to spend lavishly (*gastos*). **Al alcance de la ~**, within reach. **Caer en ~s de alguien**, to fall into sb's hands. **Cargar la ~ en**, *col* to overdo (it). **Con las ~s vacías**, empty-handed. **Coger a uno con las ~s en la masa**, to catch sb in the act. **Dar la ~ (a)**, 1. to shake hands (with) (*saludo*), 2. to take by the hand (*llevar*), 3. to give sb a hand (*ayuda*). 4. to give one's hand (*matrimonio*). **Darse la ~ (dos cosas)**, to be alike (two things). **De la ~ de**, FIG together with. **De ~ en ~**, from hand to hand. **De primera ~**, firsthand. **De segunda ~**, secondhand. **Echar (la) ~ a uno/algo**, to lay hands on sb/sth. **Echar una ~**, to lend a hand. **En buenas ~**, in good hands. **En ~**, personally. **Escapársele (a uno) la ~**, to lose control. **Estar dejado de la ~ de Dios**, 1. to be godforsaken (*desgraciado*), 2. to be a good-for-nothing (*delincuente*), 3. to be a walking disaster (*persona imprudente*). **Estrechar la ~ (a uno)**, to shake sb's hand. **Extender la ~**, to hold out one's hand. **Frotarse las ~**, FIG to rub one's hands. **Írsele (a uno) la ~ en/con (una cosa)**, 1. V **Escapársele (a uno) la ~**, 2. to overdo, to go too far with. **Irsele (a uno) (una cosa) de las ~s**, to slip through one's fingers. **Levantar la ~ a/contra uno**, to raise one's hand to. **Llegar a las ~s**, to come to blows. **Llevar entre ~s**, to be up to sth, to have sth in hand. **Llevarse las ~s a la cabeza**, FIG to throw one's hands in the air. **~ a ~**, 1. *n/m* head-to-head, 2. *adv* together, on an equal footing. **¡~s arriba!**, hands up! **¡~ a la obra!**, (let's) get down to work! **~s libres**, a free hand. **Meter (la) ~ a/en (algo)**, 1. to take a hand in sth, 2. to start work on. **Meter ~ a (uno)**, 1. to take action against, 2. ARG to grope, paw, touch up. **No saber (uno) donde tiene la ~ derecha**, **No saber lo que trae/lleva entre ~s**, FIG not to know what day of the week it is. **Pedir la ~ de (una mujer)**, to ask for a woman's hand (in marriage). **Poner la ~ sobre/encima de/a (uno)**, to lay a hand on sb. **Poner la ~ en el fuego por (algo/uno)**, to stake one's life on. **Ponerse en ~s de (uno)**, to put oneself in sb's hands. **Prestar una ~**, V **Echar una ~**. **Quitar de las ~s**, to sell like hot cakes. **Tener al alcance de la ~**, FIG to have within one's grasp. **Tener buena/mala ~ para/con**, to be good/bad at doing. **Tener/Traer(se) entre ~s**, to be up to sth. **Tener ~ en algo**, to have a hand in sth. **Tener ~ con uno**, to have influence with sb. **Venirle (a uno) (una cosa) a las ~s**, 1. to reach, 2. to come one's way.

ma·no·jo [manóxo] *n/m* bunch, handful.

ma·nó·me·tro [manómetro] *n/m* TÉC gauge.

ma·no·pla [manópla] *n/f* **1.** mitten (*prenda*). **2.** (face) flannel (*para lavarse*). **3.** HIST TÉC gauntlet.

ma·no·se·ar [manoseár] *v* **1.** to finger, handle. **2.** to fiddle with (*toquetear*). **3.** to rumple, maul (*ajar*). **ma·no·seo** [manoséo] *n/m* **1.** fingering, handling. **2.** fiddling (*toqueteo*). **3.** rumpling, mauling (*estropear*).

ma·no·ta·da [manotáða] *n/f*, **ma·no·ta·zo** [manotáθo] *n/m* slap, smack. **ma·no·te·ar** [manoteár] *v* to gesticulate. **ma·no·teo** [manotéo] *n/m* gesticulation.

man·sal·va [mansálβa] LOC **A ~**, *adv* 1. without risk (*acciones*). 2. galore (*cantidades*).

man·se·dum·bre [manseðúmbre] *n/f* mildness, gentleness.

man·sión [mansjón] *n/f* mansion.

man·so/a [mánso/a] **I.** *adj* **1. (~ de)** mild (by), gentle (by) (*personas*). **2.** tame (*animales*). **II.** *n/m* **1.** bellwether (*rebaños*). **2.** ox (*que guía a toros*).

man·tea·mien·to [mant̪eamjént̪o] *n/m* tossing (in a blanket). **man·te·ar** [mant̪eár] *v* to toss in a blanket.

man·te·ca [mantéka] *n/f* **1**. lard (*grasa*). **2**. butter (*de leche*). **man·te·ca·do/a** [mantekáðo/a] **I**. *n/m* **1**. lardy cake (*pastel*). **2**. dairy ice cream (*helado*). **II**. *n/f* small iced cake. **man·te·co·so/a** [mantekóso/a] *adj* **1**. creamy (*de leche*). **2**. buttery (*como la manteca*).

man·tel [mantél] *n/m* tablecloth. **man·te·le·ría** [mantelería] *n/f* table linen.

man·te·le·ta [manteléta] *n/f* mantlet.

man·te·ner [mantenér] **I**. *v* (*mantengo*, etc: V *tener*) **1**. to keep (*paz, disciplina*). **2**. to keep up, maintain. **3**. to maintain, support (*creencias, ideas*). **4**. to sustain, support (*personas*). **5**. TÉC to maintain, service. **6**. to keep going (*fuego, ánimo*). **II**. *v/Refl(-se)* **1**. to feed oneself, support oneself (*alimento*). **2**. to remain firm (*posición*). **3**. to remain, keep: *Se mantiene tranquila*, She keeps calm. LOC **~se en sus trece**, to stick to one's guns. **man·te·ni·do/a** [manteníðo/a] **I**. *adj* maintained, kept (up), kept going. **II**. *n/f* kept woman. **man·te·ni·mien·to** [mantenimjénto] *n/m* maintenance, upkeep.

man·teo [mantéo] *n/m* long cloak.

man·te·que·ría [mantekería] *n/f* dairy. **man·te·que·ro/a** [mantekéro/a] **I**. *adj* butter. **II**. *n/m* dairyman. **III**. *n/f* **1**. dairymaid (*persona*). **2**. butter churn (*para fabricar*). **3**. butter dish (*utensilio*). **man·te·qui·lla** [mantekíʎa] *n/f* butter.

man·ti·llo/a [mantíʎo/a] **I**. *n/m* humus, mould. **II**. *n/f* **1**. mantilla (*prenda de mujer*). **2**. shawl (*para niños*). LOC **Estar (una cosa) en ~as**, FIG to be in its infancy. **Estar (uno) en ~as**, to be naive.

man·to/a [manto/a] **I**. *n/m* **1**. cloak (*prenda*). **2**. ceremonial robe (*ceremonias*). **3**. REL mantle. **4**. FIG cloak, mantle. **II**. *n/f* **1**. blanket (*de cama*). **2**. travelling rug (*de viaje*). LOC **A ~**, profusely. **Tirar de la ~**, FIG to give the game away. **man·tón** [mantón] *n/m* shawl.

ma·nual [manwál] *adj, n/m* manual. **ma·nua·li·dad** [manwaliðáð] *n/f* manual craft.

ma·nu·brio [manúβrio] *n/m* **1**. crank (*manivela*). **2**. handle (*mango*). LOC **Piano de ~**, hurdy-gurdy.

ma·nu·fac·tu·ra [manufaktúra] *n/f* **1**. manufacture (*producto, acto*). **2**. factory (*local*). **ma·nu·fac·tu·ra·do/a** [manufakturáðo/a] **I**. *adj* manufactured. **II**. *n/m* manufactured product. **ma·nu·fac·tu·rar** [manufakturár] *v* to manufacture.

ma·nus·cri·to/a [manuskríto/a] **I**. *adj* handwritten. **II**. *n/m* manuscript.

ma·nu·ten·ción [manutenθjón] *n/f* maintenance, upkeep.

man·za·na [manθána] *n/f* **1**. BOT apple. **2**. ARQ block. **man·za·nal**, **man·za·nar** [manθanál/manθanár] *n/m* BOT apple orchard.

man·za·ni·lla [manθaníʎa] *n/f* **1**. BOT c(h)amomile. **2**. c(h)amomile tea (*infusión*). **3**. manzanilla (*vino*).

man·za·no [manθáno] *n/m* BOT apple tree.

ma·ña [máɲa] **I**. *n/f* **1**. *gen* skill, ability. **2**. PEY cunning, craftiness. **II**. *n/f,pl* PEY tricks, ruses. **ma·ño·so/a** [maɲóso/a] *adj* **1**. skilful, clever. **2**. PEY crafty, wily.

ma·ña·na [maɲána] **I**. *n/f* morning. **II**. *n/m* tomorrow, FIG future. **III**. *adv* tomorrow. LOC **¡Hasta ~!**, see you tomorrow! **De ~**, early (in the morning). **De ~ en ocho días**, tomorrow week. **El ~**, the future. **~ por la ~**, tomorrow morning. **Pasado ~**, the day after tomorrow. **Por la ~**, in the morning. **ma·ña·ne·ar** [maɲaneár] *col* to get up early. **ma·ña·ne·ro/a** [maɲanéro/a] *adj* **1**. early-rising (*personas*). **2**. morning.

ma·ña·ni·ta [maɲaníta] *n/f* bedjacket.

ma·ño/a [máɲo/a] *adj, n/m,f* Aragonese.

ma·ño·so/a [maɲóso/a] *adj* skilful.

maoís·mo [maoísmo] *n/m* Maoism. **maoís·ta** [maoísta] *adj, n/m,f* Maoist.

ma·pa [mápa] *n/m* map.

ma·pa·che [mapátʃe] *n/m* ZOOL racoon.

ma·pa·mun·di [mapamúndi] *n/m* map of the world.

ma·que·ta [makéta] *n/f* (scale) model, maquette. **ma·que·tis·ta** [maketísta] *n/m* maquette maker.

ma·qui [máki] *n/m* guerrilla.

ma·quia·vé·li·co/a [makjaβéliko/a] *adj* Machiavellian. **ma·quia·ve·lia·nis·mo** [makjaβeljanísmo] *n/m* Machiavellianism.

ma·qui·lla·dor/ra [makiʎaðór/ra] **I**. *n/m,f* TEAT make-up artist. **II**. *adj* make-up. **ma·qui·lla·je** [makiʎáxe] *n/m* **1**. make-up (*producto*). **2**. making-up (*acto*). **ma·qui·llar** [makiʎár] **I**. *v* to make up. **II**. *v/Refl(-se)* to make oneself up, to put on one's make-up.

má·qui·na [mákina] *n/f* **1**. *gen* machine. **2**. engine, locomotive (*ferrocarril*). LOC **Escribir a ~**, to type. **~ de coser**, sewing machine. **ma·qui·na·ción** [makinaθjón] *n/f* machination, plotting. **ma·qui·nal** [makinál] *adj* mechanical. **ma·qui·nar** [makinár] *v* **(~ contra)** to machinate (against), plot (against). **ma·qui·na·ria** [makinárja] *n/f* machinery. **ma·qui·ni·lla** [makiníʎa] *n/f* safety razor. **ma·qui·nis·mo** [makinísmo] *n/m* mechanization. **ma·qui·nis·ta** [makinísta] *n/m,f* **1**. TÉC machinist. **2**. Br engine driver, US engineer (*ferrocarril*). **ma·qui·ni·za·ción** [makiniθaθjón] *n/f* V **maquinismo**. **ma·qui·ni·zar** [makiniθár] *v* (*maquinice*) to mechanize.

mar [már] *n/m,f* **1**. *gen* sea. **2**. ocean. LOC **Estar hecho un ~ de lágrimas**, to be in floods of tears. **La ~ de**, *col* ever so, awfully, very well. **La ~ de gente**, *col* loads of people. **Un ~ de confusión**, FIG a sea of confusion. **Un ~ de diferencia**, FIG a world of difference.

ma·ra·bú [maraβú] *n/m* ZOOL marabou.

ma·ra·bun·ta [maraβúnta] *n/f* **1**. plague of ants (*hormigas*). **2**. *col* crowd (*personas*).

ma·ra·ña [maráɲa] *n/f* **1**. BOT thicket. **2**. *gen* FIG tangle, mess.

ma·ras·mo [marásmo] *n/m* **1**. MED wasting. **2**. FIG paralysis, stagnation.

ma·ra·tón [maratón] *n/m* marathon.

ma·ra·ve·dí [maraβeðí] *n/m* (*pl maravedíes, maravedises, maravedís*) HIST maravedí.

ma·ra·vi·lla [maraβíʎa] *n/f* marvel, wonder. LOC **A las mil ~s**, marvellously. **Contar/Decir ~s de**, to say wonderful things about. **Hacer ~**, to do wonders. **Venir (una cosa) de ~**, to suit down to the ground. **ma·ra·vi·llar** [maraβiʎár] **I.** *v* **1.** to astonish. **2.** to fill with admiration. **II.** *v/Refl(-se)* **(~ con/de)** to marvel (at), be amazed (by, at). **ma·ra·vi·llo·so/a** [maraβiʎóso/a] *adj* marvellous, wonderful.

mar·be·te [marβéte] *n/m* label, tag.

mar·ca [márka] *n/f* **1.** *gen* mark(ing). **2.** COM make, brand. **3.** DEP record. LOC **Batir/Mejorar una ~**, to beat/to break a record. **De ~**, 1. COM branded, 2. FIG outstanding. **De ~ mayor**, *col* prize: *Un idiota de marca mayor*, A prize idiot. **~ registrada**, trademark. **mar·ca·do/a** [markáðo/a] *adj* **1.** *gen* marked. **2.** strong (*acento*). **mar·ca·dor/ra** [markaðór/ra] **I.** *adj* marking. **II.** *n/m,f* DEP scorer (*persona*). **III.** *n/m* DEP scoreboard (*panel*). **mar·ca·je** [markáxe] *n/m* DEP marking. **mar·ca·pa·sos** [markapásos] *n/m* MED pacemaker. **mar·car** [markár] **I.** *v* (*marqué*) **1. (~ a, con)** *gen* to mark (with). **2.** to brand (*ganado*). **3.** to register, record (*temperatura*). **4.** to dial (*teléfono*). **5.** to set (*estilo, peinado*). **6.** DEP to score (*gol*). **7.** DEP to mark (*a un jugador*). **II.** *v/Refl(-se)* **1.** DEP to score. **2.** *col* to make one's mark. LOC **~ el paso**, 1. MÚS to beat/to keep time, 2. to keep in step (*bailando, soldados*). 3. MIL to mark time.

mar·ce·ño/a [marθéɲo/a] *adj* March (*mes*).

mar·cial [marθjál] *adj* martial. **mar·cia·li·dad** [marθjaliðáð] martial air.

mar·cia·no/a [marθjáno/a] *adj, n/m,f* Martian.

mar·co [márko] *n/m* **1.** mark (*moneda*). **2.** frame (*de cuadro, puerta*). **3.** FIG framework.

mar·cha [márt∫a] *n/f* **1.** MIL MÚS march. **2.** AUT TÉC gear. **3.** TÉC operation, running. **4.** FIG progress. **5.** FIG *col* action, fun. LOC **A ~s forzadas**, 1. at a rapid pace, 2. FIG as a matter of utmost urgency. **A toda ~**, at top speed. **Dar ~ atrás**, 1. AUT to go into reverse. 2. FIG to back down. **Estar en ~**, 1. to be on the move (*progreso*). 2. to be running, be working (*en función*). **Poner en ~**, to start (up). **Sobre la ~**, FIG on the way, as one goes along.

mar·cha·mar [mart∫amár] *v* to stamp (*aduana*). **mar·cha·mo** [mart∫ámo] *n/m* stamp, seal.

mar·chan·te [mart∫áṇte] *n/m* dealer.

mar·char [mart∫ár] **I.** *v* **1.** to go, walk (*a pie*). **2.** V *v/Refl(-se)*. **3.** TÉC FIG to work, go. **4.** MIL to march. **II.** *v/Refl(-se)* **1. (~ de)** to leave. **2. (~ desde)** to leave from. **3. (~ a)** to leave (for). LOC **~ bien/mal**, to go well/badly. **~ sobre ruedas**, to run smoothly/like clockwork.

mar·chi·ta·mien·to [mart∫itamjéṇto] *n/m* withering, wilting. **mar·chi·tar** [mart∫itár] *v, v/Refl(-se)* **1.** to wither, wilt. **2.** FIG to fade. **mar·chi·to/a** [mart∫íto/a] *adj* withered, faded.

mar·cho·so/a [mart∫óso/a] *adj* **1.** *col* fun-loving (*personas*). **2.** lively (*música, personas*).

ma·rea [maréa] *n/f* tide. LOC **~ negra**, oil slick. **ma·re·ar** [mareár] **I.** *v* **1.** NÁUT to navigate. **2.** to make (sb) feel sick (*náusea*). **3.** FIG to drive (sb) mad. **II.** *v/Refl(-se)* **1.** to be sick, feel sick (*náuseas*). **2.** to be seasick, feel seasick (*en un barco*). **3.** FIG to bother one's head about (*en frases negativas*). **ma·reo** [maréo] *n/m* **1.** (travel) sickness (*náusea*). **2.** seasickness (*en un barco*). **3.** dizziness, dizzy spell (*vértigo*). **ma·re·ja·da** [marexáða] *n/f* swell (*del mar*).

ma·re·mag·no, ma·re·mág·num [maremáγno/-num] *n/m* **1.** FIG sea, abundance. **2.** noisy confusion (*ruido*). **ma·re·mo·to** [maremóto] *n/m* tidal wave.

ma·ren·go [maréŋgo] *n/m* dark grey.

mar·fil [marfíl] *n/m, adj* ivory. **mar·fi·le·ño/a** [marfiléɲo/a] *adj* (like) ivory.

mar·ga [márγa] *n/f* marl.

mar·ga·ri·na [marγarína] *n/f* margarine.

mar·ga·ri·ta [marγaríta] *n/f* **1.** BOT daisy. **2.** pearl.

mar·gen [márxen] **I.** *n/m,f* **1.** bank, side (*río*). **2.** margin (*página*). **3.** edge (*camino*). **II.** *n/m* **1.** COM FIG margin. **2.** leeway (*libertad de acción*). LOC **Al ~**, 1. in the margin (*escrito*), 2. FIG on the fringe(s), excluded. **mar·gi·na·ción** [marxinaθjón] *n/f* exclusion, isolation. **mar·gi·na·do/a** [marxináðo/a] **I.** *adj* **1.** on the fringe (*voluntariamente*). **2.** excluded (*a la fuerza*). **II.** *n/m,f* **1.** drop-out. **2.** outcast (*a la fuerza*). **mar·gi·nar** [marxinár] *v* **1.** to leave a margin on (*página*). **2.** FIG to marginalise, exclude.

ma·ria·che [marját∫e] *n/m* Mexican band, music.

ma·ria·no/a [marjáno/a] *adj* REL Marian.

ma·ri·ca [maríka] *n/m* V **maricón 1.**

ma·ri·cas·ta·ña [marikastáɲa] LOC **En tiempos de ~**, in days of yore.

ma·ri·cón [marikón] *n/m* **1.** ARG poof(ter), queer (*hombre afeminado*). **2.** sod, bastard (*persona maliciosa*). **ma·ri·co·na·da** [marikonáða] *n/f* ARG bastard trick. **ma·ri·co·ne·ra** [marikonéra] *n/f* ARG man's handbag.

ma·ri·da·je [mariðáxe] *n/m* *gen* FIG marriage. **ma·ri·do** [maríðo] *n/m* husband.

ma·ri·gua·na, ma·ri·hua·na [mari(γ)wána] *n/f* marijuana.

ma·ri·ma·cho [marimát∫o] *n/m* **1.** ARG butch woman. **2.** *col* tomboy (*niñas*).

ma·ri·man·dón/na [marimaṇdón/na] **I.** *adj* bossy. **II.** *n/m,f* *col* bossy boots.

ma·ri·mo·re·na [marimoréna] *n/f* *col* fracas, argy-bargy. LOC **Armar la ~**, to kick up a hell of a row.

ma·ri·na [marína] *n/f* **1.** MIL navy. **2.** seascape, marine (*pintura*). **3.** NÁUT seamanship. **ma·ri·ne·ría** [marinería] *n/f* **1.** seamanship (*arte*). **2.** sailors, seamen (*personas*). **ma·ri·ne·ro/a** [marinéro/a] **I.** *adj* **1.** sea(faring) (*persona*). **2.** seaworthy (*barco*). **3.** sailor's, sailors' (*de marinos*). **II.** *n/m* sailor, seafarer. **ma·ri·no/a** [maríno/a] **I.** *adj* **1.** marine (*vegetación*). **2.** sea (*brisa*). **3.** navy (*azul*). **II.** *n/m* sailor, seaman.

ma·rio·ne·ta [marjonéta] *n/f* **1.** marionette. **2.** *pl* puppet show.

ma·ri·po·sa [maripósa] *n/f* **1.** butterfly (*insecto*). **2.** DEP butterfly stroke. LOC **~ nocturna**, moth. **ma·ri·po·se·ar** [mariposeár] *v* **1.** to flirt (*con mujeres*). **2.** FIG to hover around. **ma·ri·po·seo** [mariposéo] *n/m* **1.** flirting (*con mujeres, hombres*). **2.** FIG hovering. **ma·ri·po·són** [mariposón] *n/m* **1.** flirt, wolf (*mujeriego*). **2.** ARG V **maricón 1**.

ma·ri·qui·ta [marikíta] **I.** *n/f* **1.** ladybird (*coleóptero*). **2.** bug (*hemíptero*). **II.** *n/m* ARG nancy boy, fairy (*afeminado*).

ma·ri·sa·bi·di·lla [marisaβiðíʎa] *n/f* know-all (*mujer*).

ma·ris·cal [mariská] *n/m* MIL marshal.

ma·ris·co [marísko] *n/m* shellfish.

ma·ris·ma [marísma] *n/f* salt marsh. **ma·ris·me·ño/a** [marisméɲo/a] **I.** *adj* marsh. **II.** *n/m,f* marsh dweller.

ma·ris·que·ro/a [mariskéro/a] **I.** *n/m* shellfisherman (*que pesca*). **II.** *n/f* shellfisherwoman (*que pesca*). **III.** *n/m,f* shellfish seller (*que vende*).

ma·ri·tal [maritál] *adj* marital.

ma·rí·ti·mo/a [marítimo/a] *adj* **1.** maritime (*nación*). **2.** sea (*mar*). **3.** shipping (*agente*). **4.** seaside (*ciudad*).

ma·ri·tor·nes [maritórnes] *n/f* slovenly servant.

mar·jal [marxál] *n/m* bog, marsh.

mar·mi·ta [marmíta] *n/f* (cooking) pot.

már·mol [mármol] *n/m* marble. **mar·mo·le·ría** [marmolería] *n/f* **1.** marble cutter's workshop (*taller*). **2.** marblework (*conjunto*). **3.** marble (*obra*). **mar·mo·lis·ta** [marmolísta] *n/m,f* marble cutter. **mar·mó·reo/a** [marmóreo/a] *adj* marble, marmoreal.

mar·mo·ta [marmóta] *n/f* ZOOL marmot.

ma·ro·ma [maróma] *n/f* thick rope.

ma·rón [marón] *n/m* ZOOL tup, ram.

mar·qués/sa [markés/sa] **I.** *n/m* marquess. **II.** *n/f* marchioness. **mar·que·sa·do** [markesáðo] *n/m* marquessate.

mar·que·si·na [markesína] *n/f* glass canopy, glass roof.

mar·que·te·ría [marketería] *n/f* marquetry.

ma·rra·jo/a [marráxo/a] **I.** *adj* **1.** TAUR mean, vicious. **2.** FIG sly. **II.** *n/m* ZOOL shark.

ma·rra·na·da [marranáða] *n/f* **1.** filthy thing (*cosa*). **2.** rotten trick (*acto*). **ma·rra·ne·ar** [marraneár] *v col* to make (sth) mucky. **ma·rra·ne·ría** [marranería] *n/f* V **marranada**. **ma·rra·no/a** [marráno/a] **I.** *n/m* **1.** ZOOL hog. **2.** *col* slob (*hombre sucio*). **3.** *col* swine (*hombre vil*). **II.** *n/f* **1.** ZOOL sow. **2.** *col* slut (*sucia, indecente*). **3.** *col* bitch (*mujer vil*).

ma·rrar [marrár] *v* **1.** to miss (*tiros*). **2.** to come to nothing (*proyectos*).

ma·rras [márras] LOC **De ~**, old, well-known, in question.

ma·rrón [marrón] *adj* brown, chestnut.

ma·rro·quí [marrokí] *adj, n/m,f* Moroccan. **ma·rro·qui·ne·ría** [marrokinería] *n/f* **1.** leather goods industry (*industria*). **2.** leather goods (*producto*).

ma·rru·lle·ría [marruʎería] *n/f* wheedling. **ma·rru·lle·ro/a** [marruʎéro/a] *adj* wheedling.

mar·se·lle·sa [marseʎésa] *n/f* Marseillaise.

mar·su·pial [marsupjál] **I.** *adj, n/m,f* ZOOL marsupial. **II.** *n/m,pl* ZOOL marsupials.

mar·ta [márta] *n/f* **1.** ZOOL marten. **2.** sable (*piel*).

mar·te [márte] *n/m* ASTR MIT Mars.

mar·tes [mártes] *n/m* Tuesday.

mar·ti·llar [martiʎár] V **martillear**. **mar·ti·lla·zo** [martiʎáθo] *n/m* hammer blow. **mar·ti·lle·ar** [martiʎeár] *v* **1.** to hammer. **2.** FIG to hammer away. **3.** AUT to knock (*motor*). **mar·ti·lleo** [martiʎéo] *n/m* hammering. **mar·ti·llo** [martíʎo] *n/m* **1.** TÉC ANAT hammer. **2.** ARQ projecting part. **mar·ti·ne·te** [martinéte] *n/m* **1.** TÉC drop hammer. **2.** MÚS hammer.

már·tir [mártir] *n/m,f* REL FIG martyr. LOC **Hacerse el/la ~**, to play the martyr. **mar·ti·rio** [martírjo] *n/m* REL FIG martyrdom. **mar·ti·ri·zar** [martiriθár] *v* (*martiricé*) **1.** REL to martyr. **2.** FIG to torment. **mar·ti·ro·lo·gio** [martirolóxjo] *n/m* martyrology.

mar·xis·mo [marsísmo] *n/m* Marxism. **mar·xis·ta** [marxísta] *adj, n/m,f* Marxist.

mar·zo [márθo] *n/m* March.

mas [más] *conj* but.

más [más] **I.** *adv, adj* **1.** *comp* more: *Más hermosa*, More beautiful. **2.** (Art + ~) *sup* most: *La más hermosa*, The most beautiful. **3.** more (*incremento de cantidad*). **4.** and, plus: *Cuatro más uno...*, Four plus one... **II.** *n/m* MAT plus (sign). LOC **A ~ no poder**, to the utmost. **A ~ tardar**, at the latest. **Cuanto ~ ... (tanto) ~**, the more ... the more. **Cuanto ~ ... (tanto) menos**, the more ... the less. **De lo ~**, a most: *Fue una situación de lo más desagradable*, It was a most disagreeable situation. **De ~**, 1. extra (*adicional*), 2. too much/too many (*de sobra*). **En lo ~ mínimo**, in the least. **Es ~**, furthermore. **Estar de ~**, to be not needed. **Las/Los ~ de**, most. **~ aún**, 1. still more, 2. V **Es más**. **~ bien**, rather. **~ de**, more than. **~ o menos**, more or less. **~ que**, 1. more than, 2. even though (*aunque*). **~ y ~**, more and more. **Ni ~ ni menos**, 1. neither more nor less (*exactamente*), 2. quite simply (*simplemente*). **No ~ de**, no more than. **No ~ ... que**, only. **Poco ~ o menos**, roughly. **Por ~ que**, however much. **Sin ~ ni ~**, without more ado. **Sus ~ y sus menos**, its pros and its cons. **Tanto ~ cuanto que/Tanto ~ si**, all the more ... since. **Todo lo ~**, at (the) most.

ma·sa [mása] *n/f* **1.** *gen* FÍS mass. **2.** dough (*pan*, etc). **3.** *pl* masses. LOC **En ~**, en masse.

ma·sa·crar [masakrár] *v* to massacre. **ma·sa·cre** [masákre] *n/f* massacre.

ma·sa·je [masáxe] *n/m* massage. **ma·sa·jis·ta** [masaxísta] **I.** *n/m* masseur. **II.** *n/f* masseuse.

mas·ca·do/a [maskáðo/a] *adj* FIG *col* spelt out. **mas·ca·du·ra** [maskaðúra] *n/f* chewing. **mas·car** [maskár] **I.** *v* (*masqué*) **1.** to chew.

2. FIG to spell out, explain in simple terms, II. *v/Refl(-se)* FIG *col* to feel (in the air).

más·ca·ra [máskara] *n/f* 1. *gen* FIG mask. 2. masked figure (*persona*). **mas·ca·ra·da** [maskaráðа] *n/f gen* FIG masquerade. **mas·ca·ri·lla** [maskaríʎa] *n/f* 1. death mask (*de cadáver*). 2. MED face mask. 3. face pack (*cosmética*). **mas·ca·rón** [maskarón] *n/m* ARQ mascaron.

mas·co·ta [maskóta] *n/f* mascot.

mas·cu·li·ni·dad [maskuliniðáð] *n/f* masculinity, manliness. **mas·cu·li·no/a** [maskulíno/a] I. *adj* 1. BIOL male. 2. masculine, manly (*propio de un hombre*). II. *adj, n/m* GRAM masculine.

mas·cu·llar [maskuʎár] *v* to mumble.

ma·sía [masía] *n/f* farm (*en Cataluña*).

ma·si·lla [masíʎa] *n/f* putty.

ma·si·vo/a [masíβo/a] *adj* massive.

ma·són [masón] *n/m* Freemason. **ma·so·ne·ría** [masonería] *n/f* (free)masonry. **ma·só·ni·co/a** [masóniko/a] *adj* masonic.

ma·so·quis·mo [masokísmo] *n/f* masochism. **ma·so·quis·ta** [masokísta] *adj, n/m,f* masochist. **mas·ti·ca·ción** [masticaθjón] *n/f* V **mascadura**. **mas·ti·ca·dor/ra** [mastikaðór/ra] I. *adj* ZOOL masticatory. II. *n/m* masticator (*aparato*). **mas·ti·car** [mastikár] *v* (*mastiqué*) to chew, masticate.

más·til [mástil] *n/m* 1. NÁUT mast. 2. pole (*tienda*).

mas·tín/na [mastín/na] *adj, n/m,f* ZOOL mastiff.

mas·to·don·te [mastoðónte] *n/m* 1. mastodon. 2. FIG great hulk.

mas·tuer·zo/a [mastwérθo/a] I. *n/m,f* oaf. II. *adj* oafish.

mas·tur·ba·ción [masturβaθjón] *n/f* masturbation. **mas·tur·bar** [masturβár] *v, v/Refl (-se)* to masturbate.

ma·ta [máta] *n/f* 1. BOT shrub, bush (*arbusto*). 2. BOT blade, sprig (*hoja*).

ma·ta·chín [matatʃín] *n/m* bully. **ma·ta·de·ro** [mataðéro] *n/m* slaughter-house, abattoir. **ma·ta·dor/ra** [mataðór/ra] I. *adj* killing. II. *n/m* TAUR matador. **ma·ta·mo·ros** [matamóros] *n/m* braggart. **ma·ta·mos·cas** [matamóskas] *n/m* 1. fly swat (*utensilio*). 2. fly paper (*papel*). 3. fly spray (*sustancia*). **ma·tan·za** [matánθa] *n/f* 1. slaughter, butchery (*animales, personas*). 2. pork products (*alimento*). **ma·tar** [matár] I. *v* 1. **(~ a, con, de)** *gen* FIG to kill (with). 2. to slaughter (*reses*). 3. to quench (*sed*). 4. to stay (*hambre*). 5. to tone down (*color*). II. *v/Refl(-se)* 1. **(~ a, con, contra)** *gen* FIG to kill oneself (by, with, against). 2. to get killed (*accidentalmente*). 3. **(~ por)** to do anything (to, for, on behalf of). LOC **Estar a ~ con uno**, to be at daggers drawn with sb. **ma·ta·ri·fe** [matarífe] *n/m* slaughterman, butcher. **ma·ta·rra·tas** [matarrátas] *n/m* 1. rat-poison. 2. FIG rotgut (*aguardiente*). **ma·ta·sa·nos** [matasános] *n/m* DER quack. **ma·ta·se·llos** [mataséʎos] 1. canceller (*instrumento*). 2. postmark (*marca*). **ma·ta·sue·gras** [mataswéγras] *n/m* paper serpent (*de fiestas*).

ma·te [máte] I. *adj* matt. II. 1. *n/m Amer* maté, Paraguayan tea (*infusión*). 2. BOT maté (*calabaza*).

ma·te·má·ti·co/a [matemátiko/a] I. *adj* mathematical. II. *n/m,f* mathematician. III. *n/f,(pl)* mathematics.

ma·te·ria [matérja] *n/f* 1. *gen* FÍS MED matter. 2. subject matter (*de escritos, etc.*). 3. subject (*de estudios*). LOC **En ~ de**, on the subject of. **Entrar en ~**, to get to the point. **~ prima, Primera ~**, raw material. **ma·te·rial** [materjál] I. *adj* 1. *gen* material. 2. physical (*del cuerpo*). 3. actual (*real*). 4. FIG V **materialista**. II. *n/m* 1. *gen* material. 2. TÉC equipment, plant. 3. leather (*bolsos* etc). LOC **~ móvil**, rolling stock. **ma·te·ria·li·dad** [materjaliðáð] *n/f* material nature. **ma·te·ria·lis·mo** [materjalísmo] *n/m* materialism. **ma·te·ria·lis·ta** [materjalísta] I. *adj* materialistic. II. *n/m,f* materialist. **ma·te·ria·li·za·ción** [materjaliθaθjón] *n/f* materialization. **ma·te·ria·li·zar** [materjaliθár] *v, v/Refl(-se)* (*materialicé*) to materialize.

ma·ter·nal [maternál] *adj* maternal, motherly. **ma·ter·ni·dad** [materniðáð] *n/f* 1. maternity, motherhood (*estado*). 2. maternity hospital (*sitio*). **ma·ter·no/a** [matérno/a] 1. maternal (*parentesco*). 2. mother (*lengua*).

ma·ti·nal [matinál] *adj* morning.

ma·tiz [matíθ] *n/m* 1. shade, hue (*color*). 2. shade, nuance (*significado*). **ma·ti·zar** [matiθár] *v* (*maticé*) 1. **(~ con, en)** ART to blend (with, in). 2. **(~ de, con)** to tinge (with), tint (with) (*color*). 3. FIG to make fine distinctions (*sutileza*). 4. FIG to make more precise (*aclaración*).

ma·to·jo [matóxo] *n/m* BOT scrub.

ma·tón [matón] *n/m* 1. bully, thug. 2. *col* heavy (*guardaespaldas*).

ma·to·rral [matorrál] *n/m* 1. scrubland (*sin cultivar*). 2. thicket (*conjunto de matas*).

ma·tra·ca [matráka] *n/f* rattle. LOC **Dar la ~**, FIG to pester, be a pest. **ma·tra·que·ar** [matrakeár] *v* 1. to rattle. 2. FIG to pester. **ma·tra·queo** [matrakéo] *n/m* 1. rattling (*sonido*). 2. FIG pestering.

ma·traz [matráθ] *n/m* QUÍM flask.

ma·triar·ca [matrjárka] *n/f* matriarch. **ma·triar·ca·do** [matrjarkáðo] *n/m* matriarchy. **ma·triar·cal** [matrjarkál] *adj* matriarchal.

ma·trí·cu·la [matríkula] *n/f* 1. register, list (*documento*). 2. registration (*acto*), registration fee. 3. AUT registration number. 4. AUT number plate (*placa*). 5. roll (*estudiantes*). **ma·tri·cu·lar** [matrikulár] *v, v/Refl(-se)* to register, enrol.

ma·tri·mo·nial [matrimonjál] *adj* matrimonial. **ma·tri·mo·nio** [matrimónjo] *n/m* 1. marriage, matrimony (*estado*). 2. (married) couple (*pareja*).

ma·tri·ten·se [matriténse] *adj, n/m,f* V **madrileño/a**

ma·triz [matríθ] *n/f* 1. ANAT womb. 2. TÉC mould. 3. JUR master copy. 4. stub (*de talonario*). 5. MAT matrix.

ma·tro·na [matróna] *n/f* 1. MED midwife. 2. matron.
ma·tu·sa·lén [matusalén] *n/m* Methuselah.
ma·tu·ti·no/a [matutíno/a] *adj* V **matinal**.
mau·llar [mauʎár] *v* (*maúlla*) to mew, miaow. **mau·lli·do** [mauʎíðo] *n/m* mew(ing), miaow(ing).
mau·ri·ta·no/a [mauritáno/a] *adj, n/m,f* Mauritanian.
mau·so·leo [mausoléo] *n/m* mausoleum.
ma·xi·lar [ma(k)silár] I. *adj* ANAT maxillary, jaw. II. *n/m* ANAT jaw(bone).
ma·xi·ma·lis·mo [ma(k)simalísmo] *n/m* extremism. **ma·xi·ma·lis·ta** [ma(k)simalísta] *n/m,f* maximalist. **má·xi·me** [má(k)sime] *adv* especially. **má·xi·mo/a** [má(k)simo/a] I. *adj* maximum, greatest, highest. II. *n/m* maximum. III. *n/f* maxim. LOC **Como ~o**, at most.
ma·ya [máɟa] *adj, n/m,f* Mayan.
ma·yar [maɟár] *v* V **maullar**. **ma·yi·do** [maɟíðo] *n/m* V **maullido**.
ma·yes·tá·ti·co/a [maɟestátiko/a] *adj* majestic. LOC **Plural ~**, the royal we.
ma·yo [máɟo] *n/m* May (*mes*).
ma·yó·li·ca [maɟólika] *n/f* majolica.
ma·yo·ne·sa [maɟonésa] *n/f* mayonnaise.
ma·yor [maɟór] I. *adj* 1. *comp* bigger, larger (*tamaño*). 2. *sup* biggest, largest (*tamaño*). 3. *comp gen* MAT greater (*superioridad*). 4. *sup* greatest (*superioridad*). 5. *comp* older, elder (*edad*). 6. *sup* oldest, eldest (*edad*). 7. elderly (*entrado en años*). 8. grown-up (*adulto*). 9. main (*importancia*). 10. MÚS major. II. *n/m* MIL major. III. *n/m,pl* 1. ancestors, elders (*antepasados*). 2. grown-ups (*adultos*). LOC **Al por ~**, COM wholesale. **La ~ parte**, most, the majority. **Ser ya ~**, 1. to be getting on (in years) (*vejez*), 2. FAM to be grown up, be a big boy/girl now (*madurez*). **Ser ~ de edad**, to be of age.
ma·yo·ral [maɟoral] *n/m* 1. AGR head shepherd (*pastor*). 2. AGR farm manager (*de la finca*). 3. overseer, foreman (*de jornaleros*).
ma·yo·raz·go/a [maɟoráθɣo/a] *n/m* I. entailed estate (*finca*). II. *n/m,f* 1. primogeniture (*institución*). 2. first-born (*persona*).
ma·yor·do·mo [maɟorðómo] *n/m* 1. butler, steward (*de casa*). 2. REL churchwarden.
ma·yo·ría [maɟoría] *n/f gen* JUR majority. LOC **La ~ de**, most. **En su ~**, in the main. **ma·yo·ris·ta** [maɟorísta] *n/m* wholesaler. **ma·yo·ri·ta·rio/a** [maɟoritárjo/a] *adj* majority.
ma·yús·cu·lo/a [maɟúskulo/a] I. *adj* 1. capital (*letra*). 2. FIG tremendous. II. *n/f* capital (letter), upper-case letter.
ma·za [máθa] *n/f* 1. HIST mace, mallet. 2. DEP bat.
ma·za·co·te [maθakóte] *n/m* 1. *gen* hard lump. 2. ART daub, mess. 3. ARQ concrete. 4. FIG pest, bore.
ma·za·pán [maθapán] *n/m* marzipan.
ma·zar [maθár] *v* (*macé*) to churn (milk).
ma·za·zo [maθáθo] *n/m* blow (with a mallet). **ma·zo** [máθo] *n/m* 1. mallet (*martillo*). 2. pestle (*de mortero*).
maz·mo·rra [maθmórra] *n/f* dungeon.
ma·zor·ca [maθórka] *n/f* 1. BOT spike. 2. corn cob (*maíz*). 3. cocoa bean (*cacao*). 4. TÉC spindle(ful).
ma·zur·ca [maθúrka] *n/f* MÚS mazurka.
me [mé] *pron pers* 1. me (*objeto directo*). 2. (to) me (*objeto indirecto*). 3. (to) myself (*reflexivo*).
mea·da [meáða] *n/f* 1. ARG piss (*acto*). 2. ARG piss stain (*mancha*). **mea·de·ro** [meaðéro] *n/m* ARG pisshole. **mea·dos** [meáðos] *n/m,pl* piss (*sustancia*). **me·an·dro** [meáŋdro] *n/m* meander. **me·ar** [meár] I. *v* ARG to piss, wee, pee. II. *v/Refl(-se)* ARG to piss oneself. LOC **~se de risa**, to piss oneself with laughter. **mea·to** [meáto] *n/m* ANAT BOT meatus.
¡me·ca·chis! [mekátʃis] *int* darn it!
me·ca·ni·cis·mo [mekaniθísmo] *n/m* 1. FIL mechanism. 2. V **mecanización**. **me·cá·ni·co/a** [mekániko/a] I. *adj* mechanical, machine. II. *n/m* 1. mechanic (*arreglos*). 2. engineer (*construcción*). 3. machinist (*operación*). III. *n/f* 1. FÍS mechanics. 2. mechanism, works (*aparato*). **me·ca·nis·mo** [mekanísmo] *n/m gen* FIG mechanism. **me·ca·ni·za·ción** [mekaniθaθjón] *n/f* mechanization. **me·ca·ni·zar** [mekaniθár] *v* (*mecanicé*) to mechanize. **me·ca·no·gra·fía** [mekanografía] *n/f* typing. **me·ca·no·gra·fiar** [mekanoɣrafjár] *v* (*mecanografío, mecanografíen* to) type. **me·ca·no·grá·fi·co/a** [mekanoɣráfiko/a] *adj* typing. **me·ca·nó·gra·fo/a** [mekanóɣafo/a] *n/m,f* typist.
me·ce·dor/ra [meθeðór/ra] I. *n/m* swing. II. *n/f* rocking chair.
me·ce·nas [meθénas] *n/m* FIG patron.
me·cer [meθér] I. *v* (*mezo*) 1. to rock (*acunar(se)*). 2. to stir, shake (*leche, etc.*). II. *v/Refl(-se)* V **mecer I. (1.)**
me·co·nio [mekónjo] *n/m* BIOL meconium.
me·cha [métʃa] *n/f* 1. wick (*de vela*). 2. fuse (*de explosivo*). 3. MED pledget, tent. 4. bacon stuffing (*cocina*). 5. V **mechón**. LOC **Aguantar ~**, FIG *col* to grin and bear it. **me·char** [metʃár] *v* to stuff (*cocina*). **me·che·ra** [metʃéra] *n/f* shoplifter. **me·che·ro** [metʃéro] *n/m* (cigarette) lighter. **me·chón** [metʃón] *n/m* 1. tuft, lock (*pelo*). 2. *pl* streaks, highlights (*pelo teñido*). 3. *pl* bunches (*peinado*). 4. bundle (*lana*).
me·da·lla [meðáʎa] *n/f* 1. medal (*condecoración*). 2. V **medallón**. **me·da·llón** [meðaʎón] *n/m* 1. medallion. 2. locket (*con pelo, etc.*).
me·dia·ca·ña [meðjakáɲa] *n/f* TÉC gouge.
me·dia·ción [meðjaθjón] *n/f* mediation. LOC **Por ~ de**, through. **me·dia·do/a** [meðjáðo/a] *adj* 1. half full (*capacidad*). 2. half-way through (*proceso*). LOC **A ~s de**, in the middle of, half-way through (*tiempo*). **me·dia·dor/ra** [meðjaðór/ra] *n/m,f* mediator. **me·dia·ne·ría** [meðjanería] *n/f* 1. party wall (*pared*). 2. boundary fence (*valla*). **me·dia·ne·ro/a** [meðjanéro/a] I. *adj* 1. party, dividing (*pared*). 2. boundary (*valla*). 3. mediating (*persona*). II. *n/m,f* V **mediador/ra**. III. *n/m,f* 1. owner of an adjoining property. 2. AGR partner. **me·dia·nía** [meðjanía] *n/f* 1. av-

erage, half-way point. **2**. ordinary sort, PEY mediocrity (*persona*). **me·dia·no/a** [meðjáno/a] **I**. *adj* **1**. **(~ de, en)** average (in), middling (in). **2**. PEY undistinguished (in). **II**. *n/f* **1**. Br central reservation, US median (*autopista*). **2**. MAT median. **me·dia·no·che** [meðjanótʃe] *n/f* midnight. **me·dian·te** [meðjánte] **I**. *adj* LOC **Dios ~**, God willing. **II**. *prep* by means of. **me·diar** [meðjár] *v* **1**. **(~ en, entre)** to mediate (in, between) (*negociar*). **2**. **(~ por)** to intervene (on behalf of) (*respaldar*). **3**. to get halfway. **4**. to be in the middle (of), be halfway through (*proceso, tiempo*). **5**. FIG to be an obstacle. **6**. **(~ entre)** to exist (between): *Entre tú y yo media un abismo*, A gulf exists between us. **me·dia·ti·zar** [meðjatiθár] *v* (*mediaticé*) to take control of. **me·dia·to/a** [meðjáto/a] *adj* mediate.

me·di·ca·ción [meðikaθjón] *n/f* medication. **me·di·ca·men·to** [meðikaménto] *n/m* medicine, drug. **me·di·ca·men·to·so/a** [meðikamentóso/a] *adj* medicinal. **me·di·car** [medikár] *v, v/Refl(-se)* (*mediqué*) to medicate. **me·di·cas·tro** [meðikástro] *n/m* PEY quack. **me·di·ci·na** [meðiθína] *n/f* medicine. **me·di·ci·nal** [meðiθinál] *adj* medicinal. **me·di·ci·nar** [meðiθinár] *v, v/Refl(-se)* to take medicine(s).

me·di·ción [meðiθjón] *n/f* measurement, measuring.

mé·di·co/a [méðiko/a] **I**. *adj* medical. **II**. *n/m,f* doctor. LOC **~ de cabecera**, family doctor. **~ especialista**, consultant.

me·di·da [meðíða] *n/f* **1**. MAT measurement. **2**. measuring (*acto*). **3**. measure (*cantidad*). **4**. FIG measure, step (*disposición*). **5**. size, fitting (*zapatos*, etc). **6**. POÉT scansion. **7**. FIG moderation (*cautela*). LOC **A la ~**, **1**. to measure (*trajes*, etc.), **2**. FIG suitable (*adecuado*). **3**. in proportion to. **A ~ que**, as. **En cierta ~**, to a certain extent. **En gran ~**, to a great extent. **En la ~ de lo posible**, as far as possible. **Tomar las ~s (de algo/a uno)**, to take sth's/sb's measurements. **me· di·dor·/ra** [meðiðór/ra] **I**. *adj* measuring. **II**. *n/m,f* **1**. measurer (*persona, instrumento*). **2**. *Amer* meter.

me·die·val [meðjeßál] *adj* medieval. **me·die·vo** [meðjéßo] *n/m* Middle Ages.

me·dio/a [meðjo/a] **I**. *adj* **1**. half (a): *Media manzana*, Half an apple, *Media luz*, half-light. **2**. mid, middle: *Clase media*, Middle class. **3**. MAT FIG average. **II**. *n/m* **1**. middle, mid-point (*distancia*). **2**. environment (*entorno*). **3**. MAT mean. **4**. medium (*espiritismo*). **5**. method, means (*procedimiento*). **III**. *n/m,pl* means, resources (*economía*). **IV**. *n/f* **1**. MAT average. **2**. stocking (*prenda*). **V**. *adv* half. LOC **A ~as**, 1. half, by halves. 2. half each. 3. shared (*contrato*). **A ~o**, half. **A ~o/a**, halfway, midway. **De ~ a ~**, totally. **De por ~o**, in between. **En ~o (de)**, in the midst (of), in the middle of. **Entre ~as**, in the midst. **Estar de por ~o**, to be involved (in). **Por ~o de**, by means of. **Por todos los ~s**, by every possible means. **Son las dos y ~a**, etc. it's half-past two, etc.

me·dio·cre [meðjókre] *adj* mediocre. **me·dio·cri·dad** [meðjokriðáð] *n/f* mediocrity.

me·dio·día [meðjoðía] *n/m* **1**. noon, midday (*hora*). **2**. GEOG south.

me·dio·e·val [meðjoeßál] *adj* V **medieval**. **me·dio·e·vo** [meðjoéßo] *n/m* V **medievo**.

me·dir [meðír] **I**. *v* (*mido*) **1**. **(~ con, por)** *gen* FIG to measure (with, in) (*distancia, palabras*): *Mide un metro ochenta*, He is one metre eighty. **2**. POÉT to scan. **3**. FIG to weigh up (*posibilidades, etc.*). **4**. to test (*fuerza*). **II**. *v/Refl(-se)* **1**. **(~ con)** to measure oneself (against). **2**. FIG to act with restraint.

me·di·ta·bun·do/a [meðitaßúndo/a] *adj* pensive. **me·di·ta·ción** [meðitaθjón] *n/f* meditation. **me·di·tar** [meðitár] *v* **(~ en, sobre)** to meditate (on, upon), ponder (over). **me·di·ta·ti·vo/a** [meðitatíßo/a] *adj* meditative.

me·di·te·rrá·neo/a [meðiterráneo/a] *adj* **1**. GEOG Mediterranean. **2**. land-locked (*sin costas*).

mé·dium [méðjum] *n/m,f* medium (*espiritismo)*.

me·drar [meðrár] *v* to grow, thrive. **me·dro/a** [méðro/a] *n/m,f* **1**. increase (*aumento*). **2**. FIG prosperity, improvement.

me·dro·so/a [meðróso/a] *adj* **1**. timid, fearful (*índole*). **2**. afraid (*estado*).

mé·du·la, me·du·la [méðula/meðúla] *n/f* **1**. ANAT (bone) marrow. **2**. ANAT spinal cord. **3**. BOT pith, medulla. **4**. FIG essence. **me·du·lar** [meðulár] *adj* medullar(y).

me·du·sa [meðúsa] *n/f* ZOOL jellyfish.

me·ga- [méɣa] *pref* mega-. **me·ga·fo·nía** [meɣafonía] *n/f* public-address system. **me·gá·fo·no** [meɣáfono] *n/m* megaphone. **me·ga·li·to** [meɣalíto] *n/m* megalith. **me·ga·lo·ma·nía** [meɣalomanía] *n/f* megalomania. **me·ga·ló·ma·no/a** [meɣalómano/a] *n/m,f* megalomaniac. **me·ga·tón** [meɣatón] *n/m* FÍS megaton.

me·ji·ca·nis·mo [mexikanísmo] *n/m* Mexicanism. **me·ji·ca·no/a** [mexikáno/a] *adj, n/m,f* Mexican.

me·ji·lla [mexíʎa] *n/f* ANAT cheek.

me·ji·llón [mexiʎón] *n/m* ZOOL mussel.

me·jor [mexór] **I**. *adj* **1**. *comp* better. **2**. *sup* best. **3**. highest (*postor*). **II**. *adv* **1**. *comp* better. **2**. *sup* best. LOC **A lo ~**, probably, with any luck. **¡~!/~que ~/Tanto ~**, so much the better! **~ querer/Querer ~**, to prefer. **me·jo·ra** [mexóra] *n/f* improvement. **me·jo·ra·ble** [mexoráßle] *adj* improvable. **me·jo·ra·mien·to** [mexoramjénto] *n/m* improvement.

me·jo·ra·na [mexorána] *n/f* BOT marjoram.

me·jo·rar [mexorár] **I**. *v* **1**. **(~ de, en)** *gen* to improve (in). **2**. to make better (*enfermo*). **3**. to better, be an improvement on (*oferta*). **II**. *v/Refl(-se)* to get better, improve (*enfermo, tiempo*). **me·jo·ría** [mexoría] *n/f* improvement (*salud*).

me·jun·je [mexúŋxe] *n/m* PEY brew, concoction.

me·la·do/a [meláðo/a] *adj* honey-coloured.

me·lan·co·lía [melaŋkolía] *n/f* melancholy, gloom(iness). **me·lan·có·li·co/a** [melaŋkóliko/a] *adj* melancholy, gloomy.

me·la·ni·na [melanína] *n/f* melanin.

me·la·za [meláθa] *n/f* molasses, treacle.

me·le·na [meléna] *n/f* **1**. long hair (*de persona*). **2**. mane (*de león*). **3**. *pl* PEY mop (of hair). **me·le·nu·do/a** [melenúðo/a] *adj* long-haired.

me·li·fi·car [melifikár] *v* (*melifique*) to make honey. **me·li·flui·dad** [meliflwiðáð] *n/f* melifluousness. **me·li·fluo/a** [melíflwo/a] *adj* melifluous.

me·li·llen·se [meliʎénse] **I**. *adj* of Melilla. **II**. *n/m,f* native of Melilla.

me·lin·dre [melíndre] *n/m* **1**. honey fritter (*frito*). **2**. sugared marzipan cake (*bollería*). **3**. *pl* affectation. **4**. *pl* finickiness (*remilgos*). LOC **Hacer ~s**, 1. to simper (*por coquetería*). 2. to fuss, be fussy (about sth), be finicky (*con remilgos*). **me·lin·dro·so/a** [melindróso/a] *adj* **1**. affected. **2**. finicky (*con remilgos*). **3**. simpering (*por coquetería*).

me·li·ni·ta [meliníta] *n/f* melinite.

me·lo·co·tón [melokotón] *n/m* BOT peach. **me·lo·co·to·nar** [melokotonár] *n/m* peach orchard. **me·lo·co·to·ne·ro** [melokotonéro] *n/m* BOT peach tree.

me·lo·día [meloðía] *n/f* MÚS melody. **me·ló·di·co/a** [melóðiko/a] *adj* melodic. **me·lo·dio·so/a** [meloðjóso/a] *adj* melodious.

me·lo·dra·ma [meloðráma] *n/m* melodrama. **me·lo·dra·má·ti·co/a** [meloðramátiko/a] *adj* melodramatic.

me·lo·ma·nía [melomanía] *n/f* melomania. **me·ló·mano/a** [melómano/a] **I**. *adj* melomane. **II**. *n/m,f* melomaniac.

me·lón/na [melón/na] **I**. *n/m* BOT melon. **II**. *n/m,f* FIG *col* twit (*persona estúpida*). **me·lo·nar** [melonár] *n/m* melon patch. **me·lo·ne·ro/a** [melonéro/a] *n/m,f* melon grower.

me·lo·pea [melopéa] *n/f* **1**. MÚS melopoeia. **2**. *col* booze-up. LOC **Coger una ~**, to get sloshed.

me·lo·si·dad [melosiðáð] *n/f* sweetness. **me·lo·so/a** [melóso/a] *adj* **1**. sweet (*sabor, persona*). **2**. PEY cloying (*sabor*). **3**. PEY syrupy (*persona*).

me·lla [méʎa] *n/f* **1**. nick, dent (*cuchillo, etc.*) **2**. chip (*loza*). **3**. gap (*dientes*). LOC **Hacer ~**, FIG to make an impression. **me·lla·do/a** [meʎáðo/a] *adj* **1**. jagged, chipped (*borde*). **2**. gap-toothed (*persona*). **me·llar** [meʎár] **I**. *v* **1**. to nick, dent (*cuchillo, etc*). **2**. to chip (*loza*). **3**. FIG to damage. **II**. *v/Refl(-se)* **1**. to get dented. **2**. to get chipped. **3**. to get damaged.

me·lli·zo/a [meʎíθo/a] *adj, n/m,f* twin.

me·ma·da [memáða] *n/f* daft thing.

mem·bra·na [membrána] *n/f* membrane. **mem·bra·no·so/a** [membranóso/a] *adj* membranous.

mem·bre·te [membréte] *n/m* letterhead, heading.

mem·bri·lle·ro [membriʎéro] *n/m* BOT quince tree. **mem·bri·llo** [membríʎo] *n/m* **1**. BOT quince (*fruto*). **2**. V **membrillero**.

mem·bru·do/a [membrúðo/a] *adj* burly, brawny.

me·mez [meméθ] *n/f* daft thing. **me·mo/a** [mémo/a] **1**. *adj* daft. **II**. *n/m,f* dope.

me·mo·ra·ble [memoráβle] *adj* memorable. **me·mo·rán·dum** [memorándum] *n/m* memorandum, notebook. **me·mo·ria** [memórja] *n/f* **1**. *gen* COMP memory **2**. report (*informe*). **3**. thesis (*universidad*). **4**. note, memorandum (*diplomático*). **5**. (learned) paper (*conferencia*). **II**. *n/f,pl* **1**. memoirs (*personales*). **2**. COM transactions. LOC **A la ~ de/En ~ de**, in memory of. **De ~**, 1. from memory (*hablar*), 2. by heart (*aprender*). **me·mo·rial** [memorjál] *n/m* **1**. memorial (*petición*). **2**. memorandum book (*libro*). **3**. bulletin (*publicación*). **me·mo·rión/na** [memorjón/na] **I**. *n/m col* amazing memory. **II**. *adj* LOC **Ser (muy) memorión/na**, to have a memory like an elephant. **me·mo·rís·ti·co/a** [memorístiko/a] *adj* memory. **me·mo·ri·za·ción** [memoriθaθjón] *n/f* memorizing. **me·mo·ri·zar** [memoriθár] *v* (*memoricé*) to memorize.

me·na [ména] *n/f* ore.

me·na·je [menáxe] *n/m* household equipment.

men·ción [menθjón] *n/f* mention. LOC **Digno de ~**, worthy of mention. **Hacer ~ de algo**, to mention sth. **men·cio·nar** [menθjonár] *v* to mention, to refer to.

men·da [ménda] **I**. *pron pers col* yours truly. **II**. *pron indef col* Br bloke, US guy.

men·da·ci·dad [mendaθiðáð] *n/f* FML mendacity. **men·daz** [mendáθ] *adj* FML mendacious.

men·di·can·te [mendikánte] *adj* mendicant. **men·di·ci·dad** [mendiθiðáð] *n/m* begging. **men·di·gar** [mendiγár] *v* (*mendigué*) to beg. **men·di·go/a** [mendíγo/a] *n/m,f* beggar.

men·dru·go [mendrúγo] *n/m* (stale) crust.

me·ne·ar [meneár] **I**. *v* **1**. *gen* to move. **2**. to shake (*cabeza*). **3**. to wag (*rabo*). **4**. to wiggle (*caderas*). **II**. *v/Refl(-se)* FIG *col* to get a move on. LOC **~sela**, ARG to wank, toss off. **me·neo** [menéo] *n/m* **1**. shake, shaking. **2**. wag(ging). **3**. wiggle. **4**. jolt (*movimiento brusco*). **5**. FIG pasting (*paliza*).

me·nes·ter [menestér] *n/m* **1**. job, task. **2**. *pl* duties, business. **3**. *pl* TÉC gear, tackle. LOC **Ser ~**, to be necessary. **me·nes·te·ro·so/a** [menesteróso/a] *adj* needy.

me·nes·tra [menéstra] *n/f* **1**. vegetable soup. **2**. mixed (dried) vegetables.

men·ga·no/a [meŋgáno/a] *n/m,f* Mr./Mrs. So-and-So.

men·gua [méŋgwa] *n/f* **1**. decrease, dwindling (*cantidad*). **2**. decline, decay (*calidad*). **3**. lack, want (*carestía*). **men·guan·te** [meŋ-gwánte] **I**. *adj* **1**. decreasing, dwindling. **2**. declining. **3**. waning (*luna*). **II**. *n/f* NÁUT ebb tide, low water. **men·guar** [meŋgwár] *v* (*mengüé*) **1**. to decrease, dwindle. **2**. to go down (*marea*). **3**. to wane (*luna*). **4**. FIG to decline, decay.

me·nin·ge [meníŋxe] *n/f* **1**. ANAT meninx. **2**. *pl* ANAT meninges. **me·nín·geo/a** [meníŋxeo/a] *adj* meningeal. **me·nin·gi·tis** [meniŋxitis] *n/f* MED meningitis.

me·nis·co [menísko] *n/m* ANAT meniscus.

me·no·pau·sia [menopáusja] *n/f* MED menopause.
me·nor [menór] I. *adj* 1. *comp* smaller, lesser (*tamaño*). 2. *comp* younger (*edad*). 3. *sup* smallest, least (*tamaño*). 4. *sup* youngest (*edad*). 5. JUR under age. 6. REL MÚS minor. II. *n/m* minor. LOC **Al por ~**, 1. COM retail, 2. in detail. **~ de edad**, minor.
me·nos [ménos] I. *adv* 1. *comp* less, fewer. 2. *sup* least. II. *prep* 1. except, but. 2. MAT minus, less. III. *adj col* less of a: *Es menos casa que la tuya*, It's less of a house than yours. IV. *n/m* MAT minus (sign). LOC **A ~ que**, unless. **Al ~**, at least. **Cada vez ~**, less and less. **Cuando ~**, V **Al ~**. **Cuanto ~ ... (tanto) más...**, The less ... the more ... **Cuanto ~... (tanto) ~**, the less ... the less ... **De ~**, short. **Echar de ~**, to miss. **Ir a ~**, to lose status, come down in the world. **~ de**, less/fewer than. **Nada ~**, no less. **Ni mucho ~**, far from it. **Por lo ~**, at least. **Ser lo de ~**, to be the least important thing. **Venir a ~**, V **Ir a ~**. **me·nos·ca·bar** [menoskaβár] *v* 1. to lessen, reduce. 2. FIG to damage, discredit (*fama*). **me·nos·ca·bo** [menoskáβo] *n/m* 1. reduction, lessening. 2. FIG damage, discredit. **me·nos·pre·cia·ble** [menospreθjáβle] *adj* despicable. **me·nos·pre·ciar** [menospreθjár] *v* 1. to scorn, despise (*desdeñar*). 2. to slight (*insultar*). 3. to underrate (*subestimar*). **me·nos·pre·cio** [menospréθjo] *n/m* contempt, scorn.
men·sa·je [mensáxe] *n/m* message. **men·sa·je·ro/a** [mensaxéro/a] I. *adj, n/m,f* messenger. II. *n/m,f* FIG harbinger.
mens·trua·ción [me(n)strwaθjón] *n/f* menstruation. **mens·truar** [me(n)strwár] *v* (*menstrúa*) to menstruate.
men·sual [menswál] *adj* monthly. **men·sua·li·dad** [menswaliðáð] *n/f* 1. monthly payment (*pago*). 2. monthly salary (*sueldo*).
men·su·ra·ble [mensuráβle] *adj* measurable. **men·su·rar** [mensurár] *v* to measure.
men·ta [méṇta] *n/f* 1. BOT mint. 2. peppermint.
men·ta·do/a [meṇtáðo/a] I. pp of *mentar*. II. *adj* famous, renowned.
men·tal [meṇtál] *adj* mental. **men·ta·li·dad** [meṇtaliðáð] *n/f* mentality. **men·ta·li·zar** [meṇtaliθár] I. *v* (*mentalicé*) to prepare (mentally), make aware. II. *v/Refl(-se)* DEP *col* to psych oneself up.
men·tar [meṇtár] *v* to mention.
men·te [méṇte] *n/f* mind. **men·te·ca·to** [meṇtekáto] I. *adj* half-witted. II. *n/m,f* half-wit.
men·ti·de·ro [meṇtiðéro] *n/m col* gossip shop. **men·tir** [meṇtír] *v* (*miento, mentí, mentiré, mentido*) to lie, tell lies. **men·ti·ra** [meṇtíra] *n/f* lie. **men·ti·ri·ji·lla** [meṇtirixíʎa] *n/f* fib. LOC **De ~s**, for a laugh, as a joke. **men·ti·ro·so/a** [meṇtiróso/a] I. *n/m,f* liar. II. *adj* lying, deceitful. **men·tís** [meṇtís] *n/m* denial. LOC **Dar un ~ a**, to give the lie to.
men·tol [meṇtól] *n/m* menthol. **men·to·la·do/a** [meṇtoláðo/a] *adj* mentholated.
men·tón [meṇtón] *n/m* ANAT chin.
men·tor [meṇtór] *n/m* mentor.
me·nú [menú] *n/m* menu.
me·nu·de·ar [menuðeár] *v* 1. to do often, repeat frequently. 2. to occur often. **me·nu·den·cia** [menuðéṇθja] *n/f* trifle. **me·nu·di·llo** [menuðíʎo] I. *n/m* fetlock joint (*articulación*). II. *n/m,pl* giblets. **me·nu·do/a** [menúðo] I. *adj* 1. small, tiny (*muy pequeño*). 2. slight (*delgado*). II. *n/m,pl* 1. offal (*de las reses*). 2. V **menudillo** II. LOC **A ~**, often. **¡~ lío has armado!**, What a fuss you have made!
me·ñi·que [meɲíke] I. *adj* tiny, little. II. *n/m* little finger.
meo·llo [meóʎo] *n/m* FIG heart, core (*de un asunto*).
me·ón/na [meón/na] *adj* ARG who is constantly peeing.
me·que·tre·fe [meketréfe] *n/m* FAM good-for-nothing, whipper-snapper.
mer·ca·chi·fle [merkatʃífle] *n/m* PEY huckster, profiteer.
mer·ca·der [merkaðér] *n/m p.us.* merchant. **mer·ca·de·ría** [merkaðería] *n/f p.us.* 1. commodity. 2. *pl* merchandise. **mer·ca·do** [merkáðo] *n/m* market. **mer·can·cía** [merkaṇθía] *n/f* 1. commodity. 2. *pl* goods, merchandise. **mer·can·te** [merkáṇte] I. *adj* merchant. II. *n/m* merchantman (*barco*). **mer·can·til** [merkaṇtíl] *adj* mercantile, commercial. **mer·can·ti·lis·mo** [merkaṇtilísmo] *n/m* mercantilism. **mer·can·ti·lis·ta** [merkaṇtilísta] *adj, n/m,f* 1. mercantilist. 2. JUR expert in mercantile law.
mer·ced [merθéð] *n/f* grace, favour. LOC **A ~ de**, at the mercy of. **~ a**, thanks to, by the grace of. **mer·ce·da·rio/a** [merθeðárjo/a] *adj, n/m,f* 1. Mercedarian. 2. *pl* Mercedarians (*orden*).
mer·ce·na·rio/a [merθenárjo/a] *adj, n/m,f* mercenary.
mer·ce·ría [merθería] *n/f* 1. Br haberdashery, US notions trade (*artículos*). 2. Br haberdasher's, haberdashery, US notions store (*tienda*). **mer·ce·ro/a** [merθéro/a] *n/m,f* Br haberdasher, US notions dealer.
mer·cu·rio [merkúrjo] *n/m* 1. MIT ASTR Mercury. 2. QUÍM mercury.
mer·do·so/a [merðóso/a] *adj* TAB shitty, filthy.
me·re·ce·dor/ra [mereθeðór/ra] *adj* deserving, worthy. **me·re·cer** [mereθér] I. *v* (*merezco*) to deserve, be worth(y of). 2. to be deserving. II. *v/Refl(-se)* V **merecer** I. LOC **~ la pena**, to be worth the trouble. **me·re·ci·do** [merecíðo] *n/m* just deserts. **me·re·ci·mien·to** [mereθimjéṇto] *n/m* merit, worth.
me·ren·dar [mereṇdár] *v* (*meriendo*) 1. to have an afternoon snack. 2. to picnic (*al aire libre*). **me·ren·de·ro** [mereṇdéro] *n/m* 1. open air café. 2. picnic area (*zona*). **me·ren·do·la** [mereṇdóla] *n/f col* spread (*comida abundante*).
me·ren·gue [meréŋge] *n/m* 1. meringue. 2. FIG *col* wimp.
me·re·triz [meretríθ] *n/f* (*pl meretrices*) prostitute.

me·ri·dia·no/a [meriðjáno/a] I. *adj* 1. midday (*hora*). 2. FIG crystal clear. II. *n/m* ASTR GEOG meridian. **me·ri·dio·nal** [meriðjonál] I. *adj* southern. II. *n/m,f* southerner.

me·rien·da [merjéṇda] *n/f* 1. tea, afternoon snack. 2. packed meal (*para viaje*). 3. picnic (*en el campo*).

me·ri·no/a [meríno/a] *adj* merino.

mérito [mérito] *n/m* 1. merit. 2. value. LOC **Hacer ~s**, to strive to distinguish oneself by doing sth not required or extraordinary. **me·ri·to·rio/a** [meritórjo/a] I. *adj* meritorious. II. *n/m,f* unpaid trainee.

mer·lu·za [merlúθa] *n/f* ZOOL hake. LOC **Coger una ~**, *col* to get sloshed (*borracho*).

mer·ma [mérma] *n/f* 1. decrease (*disminución*). 2. wastage, loss (*pérdida*). **mer·mar** [mermár] *v*, *v/Refl(-se)* **(~ en)** to decrease (in), dwindle (in).

mer·me·la·da [mermeláða] *n/f* jam.

me·ro/a [méro/a] I. *n/m* grouper (*pez*). II. *adj* mere, pure.

me·ro·dea·dor/ra [meroðeaðór/ra] I. *adj* 1. MIL marauding. 2. prowling. II. *n/m,f* 1. MIL marauder. 2. prowler. **me·ro·de·ar** [meroðeár] *v* 1. MIL to maraud. 2. **(~ por)** to prowl (around) (*amenazador*). 3. **(~ por)** to roam (around) (*curiosear*). **me·ro·deo** [meroðéo] *n/m* 1. MIL marauding. 2. prowling. 3. roaming.

mes [més] *n/m* 1. month (*tiempo*). 2. month's pay (*sueldo*).

me·sa [mésa] *n/f* 1. table (*mueble*). 2. FIG board, committee (*de asamblea*). LOC **De ~**, table. **~ redonda**, open discussion. **Poner la ~**, to lay the table. **Quitar la ~**, to clear the table. **Sentarse a la ~**, to sit (down) at the table.

me·sa·li·na [mesalína] *n/f* high-class whore.

me·sa·na [mesána] *n/f* NÁUT mizzenmast (*mástil*). 2. NÁUT mizzensail (*vela*).

me·sar [mesár] I. *v* to tear (at), to tug (*pelo*). II. *v/Refl(-se)* to tear: *Se mesó el pelo*, He tore his hair.

mes·co·lan·za [meskoláṇθa] *n/f* V **mezcolanza**.

me·se·ta [meséta] GEOG plateau, tableland.

me·siá·ni·co/a [mesjániko/a] *adj* messianic. **me·sia·nis·mo** [mesjanísmo] messianism. **me·sías** [mesías] *n/m* Messiah.

me·si·lla [mesíʎa] *n/f dim* of 'mesa'. LOC **~ de noche**, bedside table.

mes·na·da [mesnáða] *n/f* HIST armed retinue.

me·so·cra·cia [mesokráθja] *n/f* 1. rule by the middle class (*gobierno*). 2. middle class. **me·so·crá·ti·co/a** [mesokrátiko/a] *adj* middle class.

me·so·lí·ti·co/a [mesolítiko/a] *adj, n/m,f* mesolithic.

me·són [mesón] *n/m* inn. **me·so·ne·ro/a** [mesonéro/a] *n/m,f* innkeeper.

mes·ti·za·je [mestiθáxe] *n/m* cross-breeding. **mes·ti·zo/a** [mestíθo/a] *adj, n/m,f* 1. half-caste, half-breed (*personas*). 2. ZOOL crossbred, mongrel.

me·su·ra [mesúra] *n/f* 1. civility. 2. FIG gravity. **me·su·ra·do/a** [mesuráðo/a] *adj* moderate, grave.

me·ta [méta] *n/f* 1. DEP finish (*carrera*). 2. DEP goal (*portería*). 3. FIG goal, objective.

me·ta·bólico/a [metaβóliko/a] *adj* metabolic. **me·ta·bo·lis·mo** [metaβolísmo] *n/m* metabolism.

me·ta·fí·si·co/a [metafísiko/a] I. *adj* metaphysical. II. *n/m,f* metaphysician. III. *n/f* FIL metaphysics.

me·tá·fo·ra [metáfora] *n/f* metaphor. **me·ta·fó·ri·co/a** [metafóriko/a] *adj* metaphoric(al).

me·tal [metál] *n/m* metal. LOC **Vil ~**, FAM filthy lucre.

me·tá·li·co/a [metáliko/a] I. *adj* metal(lic). II. *n/m* cash. LOC **Pagar en ~**, to pay (in) cash. **me·ta·lí·fe·ro/a** [metalífero/a] *adj* metal-bearing. **me·ta·li·za·ción** [metaliθaθjón] *n/f* metallization. **me·ta·li·zar** [metaliθár] *v* (*metalice*) to metallize. **me·ta·loi·de** [metalóiðe] *n/m* QUÍM metalloid. **me·ta·lur·gia** [metalúrxja] *n/f* metallurgy. **me·ta·lúr·gi·co/a** [metalúrxiko/a] I. *adj* metallurgic(al). II. *n/m,f* metallurgist.

me·ta·mór·fi·co/a [metamórfiko/a] *adj* GEOL metamorphic. **me·ta·mor·fis·mo** [metamorfísmo] *n/m* GEOL metamorphism. **me·ta·mor·fo·se·ar** [metamorfoseár] *v* to metamorphose. **me·ta·mor·fo·sis** [metamorfósis] *n/f* metamorphosis.

me·ta·no [metáno] *n/m* methane.

me·tá·te·sis [metátesis] *n/f* metathesis.

me·te·du·ra [meteðúra] *n/f* LOC **~ de pata**, *col* bloomer.

me·teó·ri·co/a [meteóriko/a] *adj* ASTR FIG meteoric. **me·teo·ris·mo** [meteorísmo] *n/m* 1. bloat (*animales*). 2. MED meteorism. **me·teo·ri·to** [meteoríto] *n/m* ASTR meteor, meteorite. **me·teo·ro** [meteóro] *n/m* ASTR meteor. **me·teo·ro·lo·gía** [meteoroloxía] *n/f* meteorology. **me·teo·ro·ló·gi·co/a** [meteorolóxiko/a] *adj* meteorological. **me·teo·ró·lo·go/a** [meteoróloγo/a] *n/m,f* meteorologist.

me·ter [metér] I. *v* 1.**(~ en)** to put (in, into) (*caja, cárcel*). 2. **(~ en)** to insert (in) (*con precisión*). 3.**(~ en)** to squeeze (in, into) (*con dificultad*). 4. to use (*herramienta*). 5. to add (*ingredientes*). 6.**(~ a)** DEP to score (against). 7.**(~ en)** to involve (in) (*líos*). 8. to take in, alter (*costura*). 9. *col* to palm (sth) off on (sb) (*cosa no querida*). 10. *col* to give (*golpe*). 11. to make (*ruido*). 12. to cause (*confusión*). 13. to find (sb) a job as, put (sb) to work as (*trabajo*). II. *v/Refl(-se)* 1. to get in(to). 2. to become (*vocación*). 3. **(~ a)** to start working as (*oficio*). 4. to go into (*entrar*). 5. **(~ en)** to interfere (in) (*asuntos ajenos*). 6. to get to: *¿Dónde se habrá metido Felipe?*, Where can Philip have got to? LOC **A todo ~**, *col* at full pelt. **~se con uno**, 1. to tease sb (*tomar el pelo*). 2. to get at sb (*pinchar*).

me·te·reo·lo·gía [metereoloxía] *n/f* V **meteorología**.

me·ti·cu·lo·si·dad [metikulosiðáð] *n/f* meticulousness. **me·ti·cu·lo·so/a** [metikulóso/a] *adj* meticulous.

me·ti·do/a [metíðo/a] **I.** *adj* LOC ~ **en años**, elderly. ~ **en carnes**, portly, plump. **II.** *n/m* **1.** ticking off, dressing down (*verbalmente*). **2.** bash, wallop (*golpe*). LOC **Estar muy ~ (en algo)**, to be deeply involved in sth.

me·tó·di·co/a [metóðiko/a] *adj* methodical. **me·to·dis·mo** [metoðísmo] *n/m* REL Methodism. **me·to·dis·ta** [metoðísta] *adj, n/m,f* REL Methodist. **me·to·di·zar** [metoðiθár] *v* to methodize. **mé·to·do** [métoðo] *n/m* method. **me·to·do·lo·gía** [metoðoloxía] *n/f* methodology. **me·to·do·ló·gi·co/a** [metoðolóxiko/a] *adj* methodological.

me·to·men·to·do [metomeṇtóðo] *n/m,f col* busybody, meddler.

me·to·ni·mia [metonímja] *n/f* metonymy.

me·tra·je [metráxe] *n/m* footage, length (of film) (*cine*).

me·tra·lla [metráʎa] *n/f* MIL shrapnel. **me·tra·lle·ta** [metraʎéta] *n/f* submachine gun.

mé·tri·co/a [métriko/a] **I.** *adj* **1.** metric (*sistema*). **2.** POÉT metrical. **II.** *n/f* POÉT metrics. **me·tro** [métro] *n/m* **1.** metre (*medida*). **2.** ruler (*regla*), tape measure (*cinta*). **3.** Br underground, tube, US subway (*transporte*). LOC **Por ~s**, by the metre.

me·tró·po·li [metrópoli] *n/f* metropolis. **me·tro·po·li·ta·no/a** [metropolitáno/a] **I.** *adj* metropolitan. **II.** *n/m* V **metro 3.**

me·xi·ca·nis·mo [me(k)sikanísmo] *n/m* V **mejicanismo. me·xi·ca·no/a** [me(k)sikáno/a] *adj, n/m,f* V **mejicano/a.**

mez·cla [méθkla] *n/f* **1.** mixing (*acto*). **2.** mixture (*sustancia*). **3.** ARQ mortar. **mez·cla·dor/ra** [meθklaðór/ra] **I.** *n/m,f* mixer (*persona*). **II.** *n/m* mixing bowl (*receptáculo*). **3.** *n/f* mixer, blender (*utensilio*). **mez·clar** [meθklár] **I.** *v* **1.** to mix (together). **2.** to mix up (*desorden, confusión*). **3.** FIG to involve. **II.** *v/Refl(-se)* **1. (~ con, entre)** to mix (with), mingle (with). **2. (~ en)** to get mixed up in, PEY to meddle in. **mez·co·lan·za** [meθkolán̪θa] *n/f* PEY hotchpotch, jumble.

mez·quin·dad [meθkíṇdáð] *n/f* **1.** meanness, stinginess (*cualidad*). **2.** mean thing (to do) (*acto*). **mez·qui·no/a** [meθkíno/a] *adj* **1.** mean, stingy (*tacaño*). **2.** paltry (*insignificante*). **3.** petty(-minded) (*actitud*). **II.** *n/m,f* **1.** mean person (*poco generoso*). **2.** wretch (*miserable*).

mez·qui·ta [meθkíta] *n/f* mosque.

mi [mí] **I.** *n/m* MÚS me, E. **II.** *adj* my. **mí** [mí] *pron* me, myself. LOC **A ~ qué**, so what!, what's it to me! **Para ~ (que)**, *col* it seems to me (that). **Por ~**, *col* as far as I'm concerned. **Por ~ mismo**, by myself, on my own.

mia·ja [mjáxa] *n/f* **1.** crumb. **2.** *col* bit.

mias·ma [mjásma] *n/m* miasma. **mias·má·ti·co/a** [mjasmátiko/a] *adj* miasmal, miasmatic(al).

miau [mjáu] miaow.

mic·ción [mikθjón] *n/f* micturition.

mi·ce·lio [miθéljo] *n/m* BOT mycelium.

mi·co/a [míko/a] **I.** *n/m,f* **1.** ZOOL (long-tailed) monkey. **2.** FIG monkey face (*insulto*). **II.** *n/f* GEOL mica.

mi·co·lo·gía [mikoloxía] *n/f* BOT mycology. **mi·có·lo·go/a** [mikóloγo/a] *n/m,f* mycologist.

mi·cra [míkra] *n/f* V **micrón. mi·cro-** [mikro-] *pref* micro-. **mi·cro·bia·no/a** [mikroβjáno/a] *adj* microbic, microbial. **mi·cro·bio** [mikróβjo] *n/m* microbe. **mi·cro·bio·lo·gía** [mikroβjoloxía] *n/f* microbiology. **mi·cro·bio·ló·gi·co/a** [mikroβjolóxiko/a] *adj* microbiological. **mi·cro·bió·lo·go/a** [mikrobjóloγo] *n/m,f* microbiologist. **mi·cro·bús** [mikroβús] *n/m* minibus. **mi·cro·film, mi·cro·fil·me** [mikrofílm(e)] *n/m* microfilm. **mi·cró·fo·no** [mikrófono] *n/m* microphone. **mi·crón** [mikrón] *n/m* micron. **mi·cro·or·ga·nis·mo** [mikrooryanísmo] *n/m* micro-organism. **mi·cros·co·pio** [mikroskópjo] *n/m* microscope. **mi·cro·sur·co** [mikrosúrko] *n/m* microgroove.

mi·che·lín [mitʃelín] *n/m col* spare tyre (*grasa*).

mi·chi·no/a [mitʃíno/a] *n/m,f* puss (*gato*).

mie·di·tis [mjeðítis] *n/f* LOC **Tener ~**, *col* to have the jitters/the willies. **mie·do** [mjéðo] *n/m* **(~ a, de)** fear (of). LOC **Tener ~**, to be afraid. **mie·do·so/a** [mjeðóso/a] **I.** *adj* **1.** fearful, timorous. **2.** cowardly (*cobarde*). **II.** *n/m,f* coward.

miel [mjél] *n/f* honey.

miem·bro [mjémbro] *n/m* **1.** ANAT member, limb. **2.** member (*club*, etc). **3.** MAT member. LOC **~ viril**, ANAT penis.

mien·te [mjéṇte] *n/f* LOC **Parar/poner ~s en**, to think of, consider.

mien·tras [mjéṇtras] **I.** *conj* **1.** while, whilst. **2.** as long as. **II.** *adv* meanwhile, in the meantime. LOC **~ que**, whereas. **~ tanto**, meanwhile.

miér·co·les [mjérkoles] *n/m* Wednesday.

mier·da [mjérða] *n/f* TAB ARG FIG shit. LOC **Irse a la ~**, *col* TAB to be buggered up. **Mandar a la ~**, *col* TAB to tell (sb) to piss off. **¡~!**, *col* TAB shit! **¡Una ~!/¡Y una ~!**, *col* TAB up yours! (*rechazo*). **¡Vete a la ~!**, *col* TAB piss off!

mies [mjés] **I.** *n/f* **1.** (ripe) corn (*cereal*). **2.** harvest time (*época*). **II.** *n/f,pl* cornfields.

mi·ga [míγa] **I.** *n/f* **1.** *gen* crumb. **2.** FIG substance, essence. **II.** *n/f,pl* fried breadcrumbs. LOC **Hacer buenas/malas ~s (con alguien)**, to get on well/badly with sb. **mi·ga·ja** [miγáxa] **I.** *n/f* V **miga I. (1.). II.** *n/f,pl* scraps, leavings. **mi·gar** [miγár] *v* (*migue*) to crumble.

mi·gra·ción [miγraθjón] *n/f* migration.

mi·gra·ña [miγrápa] *n/f* MED migraine.

mi·gra·to·rio/a [miγratórjo/a] *adj* migratory.

mi·jo [míxo] *n/m* BOT millet.

mil [míl] **I.** *adj, n/m* (a) thousand, (one) thousand (*cardinal*). **II.** *adj, n/m,f* V **milésimo/a.** LOC **A ~es**, galore. **~es de veces**, thousands of times.

mi·la·gre·ría [milaγrería] *n/f* **1.** fantastic tale. **2.** superstitious belief in miracles. **mi·la·gre·ro/a** [milaγréro/a] **I.** *adj* **1.** who is always believing in miracles. **2.** miracle-working (*taumatúrgico*). **II.** *n/m,f* **1.** believer in miracles. **2.** miracle-worker. **mi·la·gro** [miláɣro] *n/m* **1.** REL FIG miracle. **2.** FIG wonder. LOC **De ~**, by a miracle. **mi·la·gro·so/a** [milaɣróso/a] *adj* miraculous.

mi·la·no/a [miláno/a] *n/m,f* ZOOL kite.

mi·le·na·rio/a [milenárjo/a] **I.** *adj* millennial. **II.** *n/m* V **milenio**. **mi·le·nio** [milénjo] *n/m* millennium.

mi·lé·si·mo/a [milésimo/a] *adj, n/m,f* thousandth.

mi·li [míli] *n/f col abrev* of 'servicio militar', military service.

mi·li·bar [miliβár] *n/m* FÍS millibar.

mi·li·cia [miliθja] *n/f* **1.** military (*fuerzas*). **2.** art of war (*guerra*). **3.** soldiering (*profesión*). **4.** *pl* militias. **mi·li·cia·no/a** [miliθjáno/a] **I.** *adj* militia, military. **II.** *n/m* militiaman. **III.** *n/f* militiawoman.

mi·li·gra·mo [miliɣrámo] *n/m* milligram(me). **mi·li·li·tro** [mililítro] *n/m* millilitre. **mi·lí·me·tro** [milímetro] *n/m* millimetre.

mi·li·tan·te [militánte] *adj,n/m,f* militant, active member.

mi·li·tar [militár] **I.** *adj* military. **II.** *n/m* soldier, military man. **III.** *v* to serve in the army (*ejército*). LOC **~ en un partido**, to be an active member of a party. **~ contra**, to militate against. **mi·li·ta·ris·mo** [militarísmo] *n/m* militarism. **mi·li·ta·ris·ta** [militarísta] *adj, n/m,f* militarist. **mi·li·ta·ri·za·ción** [miltariθaθjón] *n/f* militarization. **mi·li·ta·ri·zar** [militariθár] *v* (*militarice*) to militarize.

mi·lon·ga [milóŋga] *n/f Amer* popular Argentinian song and dance.

mi·lla [míʎa] *n/f* mile. LOC **~ marina**, nautical mile.

mi·llar [miʎár] *n/m* thousand. LOC **A ~es**, galore.

mi·llón [miʎón] *n/m* million. **mi·llo·na·da** [miʎonáða] *n/f* **1.** about a million. **2.** FIG small fortune (*dinero*). **mi·llo·na·rio/a** [miʎonárjo/a] **I.** *n/m* millionaire. **II.** *n/f* millionairess. **mi·llo·né·si·mo/a** [miʎonésimo/a] *adj, n/m,f* millionth.

mi·ma·do/a [mimáðo/a] **I.** *adj* spoilt, pampered (*persona*). **II.** *n/m,f* spoilt person. **mi·mar** [mimár] *v* **1.** to spoil, pamper (*niños*). **2.** to make a fuss of (*halagar*).

mim·bre [mímbre] *n/m,f* **1.** BOT osier. **2.** wicker (*varita*). **mim·bre·ar** [mimbreár] *v, v/Refl(-se)* to sway. **mim·bre·ra** [mimbréra] *n/f* V **mimbre 1**.

mí·me·sis, **mi·me·sis** [mímesis/mimésis] *n/f* mimesis. **mi·mé·ti·co/a** [mimétiko/a] *adj* mimetic. **mi·me·tis·mo** [mimetísmo] *n/m* mimicry, imitation. **mí·mi·co/a** [mímiko/a] **I.** *adj* mimic. **II.** *n/f* **1.** mimic art (*arte*). **2.** sign language (*lenguaje*). **mi·mo** [mímo] *n/m* **1.** TEAT mime. **2.** FIG affectionate caress (*caricia*). **3.** FIG compliment (*piropo*). **4.** pampering, indulgence (*niños*). LOC **Hacer algo con ~**, *col* to take great trouble over sth.

mi·mo·so/a [mimóso/a] **I.** *adj* **1.** pampering, coddling (*proporciona mimos*). **2.** pampered, spoilt. **3.** flattering. **II.** *n/f* BOT mimosa.

mi·na [mína] *n/f* **1.** mine (*minerales*). **2.** MIL FIG mine. **3.** (pencil) lead (*de lápiz*). **4.** refill (*de lapicero*). **mi·nar** [minár] *v* **1.** to mine (*minerales*). **2.** MIL to mine. **3.** FIG to undermine.

mi·ne·ral [minerál] **I.** *adj* mineral. **II.** *n/m* **1.** GEOL mineral. **2.** V **mena**. **mi·ne·ra·li·za·ción** [mineraliθaθjón] *n/f* mineralization. **mi·ne·ra·li·zar** [mineraliθár] **I.** *v* (*mineralice*) to mineralize. **II.** *v/Refl(-se)* to become mineralized. **mi·ne·ra·lo·gía** [mineraloxía] *n/f* mineralogy. **mi·ne·ra·ló·gi·co/a** [mineralóxiko/a] *adj* mineralogical. **mi·ne·ra·lo·gis·ta** [mineraloxísta] *n/m,f* mineralogist. **mi·ne·ría** [minería] *n/f* **1.** mining (*técnicas*). **2.** mining industry. **mi·ne·ro/a** [minéro/a] **I.** *adj* mining. **II.** *n/m* **1.** miner (*obrero*). **2.** mine owner (*propietario*). **3.** mine operator (*explotador*).

mi·nia·tu·ra [minjatúra] *n/f* miniature. LOC **En ~**, (in) miniature. **mi·nia·tu·ris·ta** [minjaturísta] *n/m,f* ART miniaturist. **mi·nia·tu·ri·zar** [minjaturiθár] *v* (*miniaturice*) to miniaturize.

mi·ni·fal·da [minifálda] *n/f* miniskirt.

mi·ni·fun·dio [minifúndjo] *n/m* smallholding, small farm.

mi·ni·mi·zar [minimiθár] *v* (*minimicé*) to minimize. **mí·ni·mo/a** [mínimo/a] **I.** *adj sup* **1.** minute, tiny (*pequeñez*). **2.** *sup* minimum, lowest. **II.** *n/m* minimum.

mi·nio [mínjo] *n/m* red lead oxide.

mi·nis·te·rial [ministerjál] *adj* ministerial. **mi·nis·te·rio** [ministérjo] *n/m* ministry. **mi·nis·tra·ble** [ministráβle] **I.** *adj* likely to be considered for a minister. **II.** *n/m,f* potential minister. **mi·nis·tro/a** [minístro/a] *n/m,f* minister.

mi·no·ría [minoría] *n/f* minority. **mi·no·ris·ta** [minorísta] **I.** *adj* retail. **II.** *n/m,f* retailer. **mi·no·ri·ta·rio/a** [minoritárjo/a] *adj* minority.

mi·nu·cia [minúθja] *n/f* trifle. **mi·nu·cio·si·dad** [minuθjosiðáð] *n/f* thoroughness, meticulousness. **mi·nu·cio·so/a** [minuθjóso/a] *adj* thorough, meticulous.

mi·nué [minwé] *n/m* MÚS minuet.

mi·nús·cu·lo/a [minúskulo/a] **I.** *adj* **1.** *gen* miniscule, minute. **2.** small, lower-case (*letra*). **II.** *n/f* small letter, lower-case letter.

mi·nus·va·lía [minusβalía] *n/f* **1.** COM capital loss. **2.** handicap (*persona*). **mi·nus·vá·li·do/a** [minusβáliðo/a] **I.** *adj* handicapped, disabled. **II.** *n/m,f* handicapped person, disabled person.

mi·nus·va·lo·rar [minusβalorár] *v* to undervalue.

mi·nu·ta [minúta] *n/f* **1.** JUR lawyer's bill. **2.** rough draft (*borrador*). **3.** carbon copy (*copia*). **4.** note (*apunte*). **5.** menu (*comida*). **mi·nu·te·ro** [minutéro] *n/m* minute hand (*de reloj*). **mi·nu·to** [minúto] *n/m* minute.

mío/a/os/as [mío/a/os/as] I. *adj* (of) mine. II. *pron* mine. LOC **De las ~s**, one of my mistakes. **Los ~s**, my folks. **Ser la ~**, *col* to be the moment I've been waiting for. **Ser lo ~**, to be what I like.

mio·car·dio [mjokárðjo] *n/m* ANAT myocardium. **mio·car·di·tis** [mjokarðítis] MED myocarditis.

mio·pe [mjópe] I. *adj* MED FIG myopic, shortsighted. II. MED FIG shortsighted person. **mio·pía** [mjopía] *n/f* MED FIG myopia, shortsightedness.

mi·ra [míra] *n/f* 1. sight (*de arma*). 2. *pl* FIG intentions. LOC **Con ~s a**, with a view to. **Poner la ~ en**, FIG to aspire to, aim at. **mi·ra·da** [miráða] *n/f* 1. look, glance (*acto*). 2. look (*manera*). **mi·ra·do/a** [miráðo/a] *adj* 1. considerate (*respetuoso*). 2. *col* careful. 3. looked upon, thought of (*opinión*). LOC **Bien ~**, all things considered. **mi·ra·dor** [miraðór] *n/m* 1. vantage point (*naturaleza*). 2. ARQ bay window. **mi·ra·mien·to** [miramjento] *n/m* 1. consideration (*respeto*). 2. caution (*recelo*). 3. misgiving (*timidez*). 4. *pl* fuss. **mi·rar** [mirár] I. *v* 1. **(~ a, hacia, por)** *gen* to look (at, towards, through), watch (through). 2. to be careful about (*cuidado*). 3. FIG to look on. 4. to face, overlook (*vista*). 5. FIG to have in mind (*tener en cuenta*). II. *v/Refl(-se)* 1. **(~ a, en)** to look at oneself (in). 2. to look at each other (*recíprocamente*). 3. FIG to think twice. LOC **¡Mira!**, 1. look! (*llamando atención*), 2. look here! (*protesta*), 3. look out! (*aviso*). **¡Mira (con) lo que haces!**, watch what you're doing. **¡Mira que es tonto!**, he really is stupid! **~ bien/mal a uno**, like/dislike sb. **~ por uno/algo**, to look after sth/sb, think of sth/sb. **~ por encima**, to skim, glance over. **~ por encima del hombro**, to look down one's nose (at). **Si bien se mira**, everything considered.

mi·ría·da [miríaða] *n/f* myriad.

mi·riá·me·tro [mirjámetro] *n/m* myriametre.

mi·ri·lla [miríʎa] *n/f* peephole.

mir·lo/a [mírlo/a] *n/m,f* ZOOL blackbird.

mi·rón/na [mirón/na] I. *adj* nosey. II. *n/m,f* 1. PEY nosey-parker, voyeur. 2. onlooker (*curioso*).

mi·rra [mírra] *n/f* BOT myrrh.

mi·sa [mísa] *n/f* REL mass. LOC **Decir ~**, to say mass. **No saber de la ~ la media**, FIG not to know what one is talking about. **mi·sal** [misál] *n/m* REL missal, mass-book.

mi·san·tro·pía [misantropía] *n/f* misanthropy. **mi·sán·tro·po** [misántropo] *n/m* misanthrope.

mis·ce·lá·neo/a [misθeláneo/a] I. *adj* miscellaneous. II. *n/f* miscellany.

mi·se·ra·ble [miseráβle] I. *adj* 1. wretched (*pobre, desdichado*). 2. mean (*tacaño*). 3. miserable (*mezquino*). II. *n/m,f* poor wretch. **mi·se·re·re** [miserére] *n/m* REL miserere. **mi·se·ria** [misérja] *n/f* 1. wretchedness (*condición*). 2. extreme poverty (*pobreza*). 3. pittance (*dinero*). 4. *col* stinginess (*tacañería*). 5. *pl* misfortune. **mi·se·ri·cor·dia** [miserikórðja] *n/f* 1. pity (*compasión*). 2. forgiveness (*perdón*). **mi·se·ri·cor·dio·so/a** [miserikorðjóso/a] *adj* 1. **(~ con, para, para con)** compassionate (towards). 2. **(~ con, para, para con)** merciful (towards) (*perdón*). **mí·se·ro/a** [mísero/a] *adj* V **miserable I. (1.)**

mi·sil [misíl] *n/m* MIL missile.

mi·sión [misjón] *n/f* mission. **mi·sio·nal** [misjonál] *adj* missionary. **mi·sio·ne·ro/a** [misjonéro/a] *n/m,f* missionary.

mi·si·va [misíβa] *n/f* missive.

mis·mo/a [mísmo/a] I. *adj* 1. same (*semejanza*). 2. -self: *Yo mismo*, I myself. *Por sí mismo*, By himself. 3. selfsame, very (*enfático*): *Hasta la misma puerta*, As far as the very door. II. *adv* 1. right: *Allí mismo*, Right there. 2. only: *Ayer mismo*, Only yesterday. III. *pron* same (one(s)). LOC **Asimismo**, likewise. **Es lo ~**, it's all the same, it doesn't matter. **Lo ~**, 1. *pron* the same. 2. *adv* the same thing. **Lo ~ da**, V **Es lo mismo**. **Venir a ser lo ~**, to amount to the same thing.

mi·so·gi·nia [misoxínja] *n/f* misogyny. **mi·só·gi·no/a** [misóxino/a] *adj, n/m* misogynist.

mis·te·rio [mistérjo] *n/m* 1. *gen* TEAT mystery. 2. secrecy (*clandestinidad*). **mis·te·rio·so/a** [misterjóso/a] *adj* 1. mysterious. 2. mystifying (*perplejidad*).

mis·ti·cis·mo [mistiθísmo] mysticism. **mís·ti·co/a** [místiko/a] I. *adj* mystic(al). II. *n/m,f* mystic. III. *n/f* REL mysticism. **mis·ti·fi·ca·ción** [mistificaθjón] *n/f* 1. falsification (*acto*). 2. hoax (*engaño*). **mis·ti·fi·car** [mistifikár] *v* (*mistifique*) to falsify, hoax.

mis·tral [mistrál] *adj, n/m* mistral.

mi·tad [mitáð] *n/f* 1. half (*porción*). 2. middle (*centro*). LOC **En ~ de**, 1. in the middle of (*posición*). 2. halfway through (*transcurso*). **Por (la) ~**, in half.

mí·ti·co/a [mítiko/a] 1. mythical. 2. *col* FIG legendary. **mi·ti·fi·car** [mitifikár] *v* (*mitifique*) to mythicize.

mi·ti·ga·ción [mitiγaθjón] *n/f* 1. *gen* mitigation. 2. relief (*dolor*). 3. quenching (*sed*). 4. appeasement (*enfado*). 5. reduction (*calor, frío*). **mi·ti·ga·dor/ra** [mitiγaðór/ra] I. *adj* mitigating. II. *n/m,f* mitigator. **mi·ti·gar** [mitiγár] *v* (*mitigue*) 1. *gen* to mitigate. 2. to relieve (*dolor*). 3. to quench (*sed*). 4. to appease, mollify (*cólera*). 5. to reduce (*temperatura*).

mí·tin [mítin] *n/m* political meeting, rally.

mi·to [míto] *n/m* 1. myth. 2. *col* FIG legend. **mi·to·lo·gía** [mitoloxía] *n/f* mythology. **mi·to·ló·gi·co/a** [mitolóxiko/a] *adj* mythological. **mi·to·ma·nía** [mitomanía] *n/f* mythomania. **mi·tó·ma·no/a** [mitómano/a] *n/m,f* 1. mythomaniac. 2. PEY compulsive liar.

mi·tón [mitón] *n/m* mitten.

mi·tra [mítra] *n/f* mitre. **mi·tra·do/a** [mitráðo/a] I. *adj* mitred. II. *n/m* 1. (arch)bishop ((*arz*)*obispo*). 2. prelate.

mix·to/a [mí(k)sto/a] **I.** *adj* mixed. **II.** *n/m* match (*cerilla*). **mix·tu·ra** [mi(k)stúra] *n/f* V **mezcla**.

míz·ca·lo [míθkalo] *n/m* BOT edible milk mushroom.

mne·mo·tec·nia, **mne·mo·téc·ni·ca** [nemotéknja/nemotéknika] *n/f* mnemonics. **mne·mo·téc·ni·co/a** [nemotékniko/a] *adj* mnemonic.

mo·bi·lia·rio [moβiljárjo] *n/m* **1**. furniture (*muebles*). **2**. suite (of furniture) (*juego*). **mo·bla·je** [moβláxe] *n/m* V **mobiliario**.

mo·ca, **mo·ka** [móka] *n/f* mocha.

mo·ca·sín [mokasín] *n/m* moccasin.

mo·ce·dad [moθeðáð] *n/f* youth. **mo·ce·río** [moθerío] *n/m* young people. **mo·ce·tón/na** [moθetón/na] **I.** *n/m* strapping lad. **II.** *n/f* hefty girl.

mo·ción [moθjón] *n/f* motion.

mo·co [móko] *n/m* **1.** BIOL mucus, FAM snot. **2.** caruncle (*del pavo*). **3.** burnt wick (*pabilo*). **4.** candle grease (*gotas*). LOC **Caérsele/Colgarle (a uno) los ~s**, FAM to have a snotty nose. **Llorar a ~ tendido**, to cry one's eyes out. **No ser (una cosa) ~ de pavo**, FIG (sth) not to be sneezed at. **mo·co·so/a** [mokóso/a] **I.** *adj* **1.** *gen* snotty-nosed. **2.** ill-bred (*educación*). **II.** *n/m,f* **1.** snotty-nosed child. **2.** PEY brat.

mo·che [mótʃe] LOC **A troche y ~**, haphazardly.

mo·chi·la [motʃíla] *n/f* rucksack, knapsack.

mo·cho/a [mótʃo/a] **I.** *adj* **1.** blunt (*sin punta*). **2.** cut off (*recortado*). **II.** *n/m* thick end (*de utensilio*).

mo·chue·lo [motʃwélo] *n/m* **1.** ZOOL little owl. **2.** *col* chore, job. LOC **Cargarle a uno el ~**, to lumber sb (with the job).

mo·da [móða] *n/f* fashion, style. LOC **A la (última) ~/De ~**, in fashion, fashionable. **Fuera de/Pasarse de ~**, (to go) out of fashion.

mo·dal [moðál] **I.** *adj* GRAM modal. **II.** *pl* manners. LOC **Tener ~es**, to have good manners. **mo·da·li·dad** [moðaliðáð] *n/f* form, variety, mode.

mo·de·la·do/a [moðeláðo/a] **I.** *n/m* modelling. **II.** *adj* modelled. **mo·de·lar** [moðelár] *v* **1. (~ en)** to model (on). **2.** FIG to shape, form. **mo·de·lo** [moðélo] **I.** *n/m* **1.** *gen* model. **2.** pattern (*padrón*). **II.** *n/m,f* model (*alta costura, etc.*).

mo·de·ra·ción [moðeraθjón] *n/f* moderation. **mo·de·ra·do/a** [moðeráðo/a] *adj, n/m,f* moderate. **mo·de·ra·dor/ra** [moðeraðór/ra] **I.** *adj* moderating. **II.** *n/m,f* **1.** presenter (*TV*). **2.** chairperson (*reuniones*). **3.** moderator. **mo·de·rar** [moðerár] **I.** *v* **1.** *gen* to moderate. **2.** to reduce (*velocidad*). **3.** to restrain (*violencia*). **II.** *v/Refl(-se)* **(~ en)** to restrain oneself (in).

mo·der·ni·dad [moðerniðáð] *n/f* modernity. **mo·der·nis·mo** [moðernísmo] *n/m* modernism. **mo·der·nis·ta** [moðernísta] *adj, n/m,f* modernist. **mo·der·ni·za·ción** [moðerniθaθjón] *n/f* modernization. **mo·der·ni·zar** [moðerniθár] *v, v/Refl(-se)* (*modernice*) to modernize. **mo·der·no/a** [moðérno/a] *adj* modern, present-day.

mo·des·tia [moðéstja] *n/f* modesty. **mo·des·to/a** [moðésto/a] *adj* modest.

mó·di·co/a [móðiko/a] *adj* reasonable, moderate (*cantidades*, etc).

mo·di·fi·ca·ble [moðifikáβle] *adj* modifiable. **mo·di·fi·ca·ción** [moðifikaθjón] *n/f* modification. **mo·di·fi·car** [moðifikár] *v* (*modifique*) to modify.

mo·dis·mo [moðísmo] *n/m* GRAM idiom.

mo·dis·ti·lla [moðistíʎa] *n/f col* dressmaker's assistant. **mo·dis·to/a** [moðísto/a] **I.** *n/f* dressmaker. **II.** *n/m* fashion designer.

mo·do [móðo] **I.** *n/m* **1.** manner, way, method (*manera*). **2.** GRAM mood. **3.** COMP mode. **II.** *n/m,pl* manners. LOC **A mi (tu, etc.) ~**, my/your etc. way. **A ~ de**, as, like. **De cualquier ~**, anyhow. **De ~ que**, so that. **De ningún ~**, by no means. **De todos ~s**, in any case. **En cierto ~**, in a way, to a certain extent. **~ de empleo**, instructions for use.

mo·do·rra [moðórra] *n/f* drowsiness.

mo·do·si·dad [moðosiðáð] *n/f* quietness, good behaviour. **mo·do·so/a** [moðóso/a] *adj* quiet, well-behaved.

mo·du·la·ción [moðulaθjón] *n/f* modulation. **mo·du·lar** [moðulár] **I.** *v* to modulate. **II.** *adj* modular. **mó·du·lo** [móðulo] *n/m* **1.** *gen* module. **2.** MÚS modulation. LOC **~ espacial**, AER space module.

mo·fa [mófa] *n/f* **1.** mockery, derision (*actitud*). **2.** taunt, gibe (*acto individual*). **mo·far** [mofár] *v, v/Refl(-se)* **(~ de)** to mock, make fun (of), sneer (at).

mo·fe·ta [moféta] *n/f* **1.** ZOOL skunk. **2.** firedamp (*gas*).

mo·fle·te [mofléte] *n/m* ANAT chubby cheek. **mo·fle·tu·do/a** [mofletúðo/a] *adj* chubby(-cheeked).

mo·go·llón [moɣoʎón] *n/m* **1.** FAM loads (*cantidad*). **2.** fuss, row (*lío*).

mo·hín [moín] *n/m* grimace, pout. **mo·hí·no/a** [moíno/a] *adj* **1.** sullen, sulky (*malhumor*). **2.** gloomy (*tristeza*).

mo·ho [móo] *n/m* **1.** mould, mildew (*orgánico*). **2.** rust (*metal*). **mo·ho·so/a** [moóso/a] *adj* **1.** mouldy (*orgánico*). **2.** rusty (*metal*).

moi·sés [moisés] *n/m* cradle.

mo·ja·du·ra [moxaðúra] *n/f* wetting, soaking.

mo·ja·ma [moxáma] *n/f* salted tuna.

mo·jar [moxár] **I.** *v* **1.** *gen* to wet. **2.** to drench, soak (*empapar*). **3.** *col* to dunk, dip (*en café, salsa*, etc). **4.** *col* to celebrate with a drink (*triunfo*, etc). **5. (~ en)** FIG *col* to get involved (in), dabble (in). **II.** *v/Refl(-se)* **1. (~ con, en)** to get wet (in), get soaked (in). **2.** FIG to accept a risk, *col* chance one's arm. **mo·je** [móxe] *n/m* dip (*salsa*).

mo·ji·cón [moxikón] *n/m* **1.** punch in the face (*bofetada*). **2.** sponge cake (*comestible*).

mo·ji·gan·ga [moxiɣáŋga] *n/f* **1.** HIST masquerade, mummery. **2.** farce, clowning.

mo·ji·ga·te·ría [moxiɣatería] *n/f* **1.** hypocrisy (*hipocresía*). **2.** sanctimoniousness (*santurrón*). **3**. prudery (*gazmoñería*). **mo·ji·ga·to/a** [moxiɣáto/a] **I**. *adj* **1**. hypocritical. **2**. sanctimonious. **3**. prudish. **II**. *n/m,f* **1**. hypocrite. **2**. sanctimonious person. **3**. prude.

mo·jón [moxón] *n/m* **1**. boundary stone (*límites*). **2**. milestone (*distancia*).

mo·lar [molár] *adj, n/m* ANAT molar.

mol·de [mól̪de] *n/m* TÉC mould. LOC **Pan de ~**, sliced bread. **mol·dea·ble** [mol̪deáβle] *adj* **1**. mouldable. **2**. FIG pliant (*persona*). **mol·dea·do/a** [mol̪deáðo/a] *n/m* moulding. **mol·de·ar** [mol̪deár] *v gen* FIG to mould. **mol·du·ra** [mol̪dúra] *n/f* ARQ moulding. **mol·du·rar** [mol̪durár] *v* to put a moulding on.

mo·le [móle] *n/f* mass, bulk.

mo·lé·cu·la [molékula] *n/f* molecule. **mo·le·cu·lar** [molekulár] *adj* molecular.

mo·ler [molér] *v* (*muelo*) **1**. to grind, mill (*café, trigo*). **2**. to pound (*pulverizar*). LOC **~ a uno a palos**, *col* to give sb a beating (*paliza*). **Estar molido/a**, to be exhausted/ knackered.

mo·les·tar [molestár] **I**. *v* **1**. to annoy, bother (*irritar*). **2**. to bother, disturb (*incomodar*). **3**. to trouble (*dolor*). **II**. *v/Refl(-se)* **1**. **(~ con, en)** to bother (about, to). **2**. **(~ por)** to get cross (about) (*enfadarse*). **mo·les·tia** [moléstja] *n/f* **1**. annoyance (*irritación*). **2**. nuisance, bother (*inconveniencia*). **3**. MED discomfort. **mo·les·to/a** [molésto/a] *adj* **1**. *gen* annoying, trying. **2**. irksome (*trabajo*). **3**. unpleasant (*olor*). **4**. upset (*ofendido*). **5**. ill-at-ease (*incómodo*). LOC **Estar ~**, MED to be in some discomfort, to be annoyed. **Estar ~ con uno**, to be cross with sb.

mo·li·cie [molíθje] *n/f* **1**. POÉT softness. **2**. FIG soft living.

mo·lien·da [moljén̪da] *n/f* **1**. grinding, milling (*acto*). **2**. batch of grain to be ground (*cantidad*). **3**. milling season (*temporada*). **mo·lien·te** [moljén̪te] *adj* grinding, milling. LOC **Corriente y ~**, run-of-the-mill. **mo·li·ne·ro/a** [molinéro/a] **I**. *adj* milling. **II**. *n/m,f* miller. **mo·li·ne·te** [molinéte] *n/m* **1**. *dim* small mill. **2**. ventilator. **3**. V **molinillo 2**. **mo·li·ni·llo** [moliníʎo] *n/m* **1**. grinder, hand mill. **2**. (toy) windmill. **mo·li·no** [molíno] *n/m* mill.

mol·tu·ra·ción [mol̪turaθjón] *n/f* V **molienda**. **mol·tu·rar** [mol̪turár] *v* V **moler 1**.

mo·lus·co [molúsko] *n/m* mollusc.

mo·lla [móʎa] *n/f* **1**. lean meat (*carne*). **2**. flesh (*de fruta*). **3**. crumb (*de pan*). **4**. *col* flab. **mo·llar** [moʎár] *adj* soft, mushy (*fruta*). **mo·lle·ja** [moʎéxa] *n/f* gizzard. **mo·lle·ra** [moʎéra] *n/f* **1**. ANAT crown of the head. **2**. *col* noodle, Br loaf (*inteligencia*). LOC **Ser cerrado/duro de ~**, 1. to be dense (*torpe*). 2. to be pigheaded (*testarudo*).

mo·men·tá·neo/a [momen̪táneo] *adj* momentary. **mo·men·to** [momén̪to] *n/m* **1**. moment. **2**. FÍS momentum. LOC **A cada ~**, all the time. **Al ~**, at once. **De ~**, at the moment. **Dentro de un ~**, in a moment. **De un ~ a otro**, at any moment. **En un ~**, quickly. **Hace un ~**, a moment ago. **No tener ~ libre**, not to have a spare moment. **Por el ~**, for the moment. **Por ~s**, every moment, fast. **¡Un ~!**, just a minute!

mo·mia [mómja] *n/f* mummy. **mo·mi·fi·ca·ción** [momifikaθjón] *n/f* mummification. **mo·mi·fi·car** [momifikár] **I**. *v* (*momifique*) to mummify. **II**. *v/Refl(-se)* to become mummified, mummify.

mo·mio [mómjo] *n/m* **1**. cushy job (*empleo fácil*). **2**. (profitable) deal, bargain.

mo·na·cal [monakál] *adj* monastic. **mo·na·ca·to** [monakáto] *n/m* monasticism.

mo·na·da [monáða] *n/f col* **1**. silliness (*acción tonta*). **2**. grimace (*gesto*). **3**. flattery (*zalamería*). **4**. charming little way (*gracia de niño*). **5**. lovely thing (*artículo*). **6**. pretty girl (*chica*).

mó·na·da [mónaða] *n/f* FIL monad.

mo·na·gui·llo [monaɣíʎo] *n/m* REL acolyte, altar boy.

mo·na·quis·mo [monakísmo] *n/m* monasticism.

mo·nar·ca [monárka] *n/m* monarch. **mo·nar·quía** [monarkía] *n/f* monarchy. **mo·nár·qui·co/a** [monárkiko/a] **I**. *adj* **1** monarchic(al) (*institución*). **2**. monarchist (*política*). **II**. *n/m,f* monarchist (*política*). **mo·nar·quis·mo** [monarkísmo] *n/m* monarchism.

mo·nas·te·rial [monasterjál] *adj* monastery. **mo·nas·te·rio** [monastérjo] *n/m* monastery. **mo·nás·ti·co/a** [monástiko/a] *adj* monastic.

mon·da·dien·tes [mon̪daðjén̪tes] *n/m* toothpick. **mon·da·du·ra** [mon̪daðúra] *n/f* **1**. peeling (*fruta*). **2**. *pl* peelings. **mon·dar** [mon̪dár] *v* **1**. to peel (*fruta*). **2**. to shell (*guisantes, nueces*). **3**. to prune, trim (*árboles*). **4**. to dredge, clean out (*ríos*). LOC **~se de risa**, *col* to split one's sides laughing. **mon·do/a** [món̪do/a] **I**. *adj* **1**. clean, pure (*limpio*). **2**. bare (*desnudo*). **II**. *n/f* **1**. pruning, trimming (*árboles*). **2**. peeling (*fruta*). **3**. shelling (*guisantes, nueces*). LOC **~ y lorondo**, pure and simple. **Ser la ~a**, 1. to be the limit (*extraordinario*). 2. to be a scream (*gracioso*).

mon·don·go [mon̪dóŋgo] *n/m* guts, innards.

mo·ne·da [monéða] *n/f* **1**. money, currency (*curso legal*). **2**. coin (*pieza*). LOC **Pagar a uno con la misma ~**, to pay sb back in his own coin. **mo·ne·de·ro** [moneðéro] *n/m* purse.

mo·ne·ría [monería] V **monada**.

mo·ne·ta·rio/a [monetárjo/a] *adj* monetary.

mon·gol [moŋgól] *adj, n/m,f* Mongol, Mongolian. **mon·gó·li·co/a** [moŋgóliko/a] *adj, n/m,f* MED mongol. **mon·go·lis·mo** [moŋgolísmo] *n/m* MED mongolism. **mon·go·loi·de** [moŋgolóiðe] *adj, n/m,f* mongoloid.

mo·ni·ción [moniθjón] *n/f* reprimand.

mo·ni·go·te [moniɣóte] *n/m* **1**. FIG FAM puppet (*persona*). **2**. rag doll (*muñeca*). **3**. INFML doodle (*dibujito*).

mo·ni·tor/ra [monitór/ra] **I**. *n/m,f* monitor (*persona*). **II**. *n/m* COMP TÉC monitor. **mo·ni·to·rio/a** [monitórjo/a] *adj* admonitory.

mon·ja [móŋxa] *n/f* REL nun. **mon·je** [móŋxe] *n/m* REL monk. **mon·jil** [moŋxíl] *adj* **1.** REL nun's, like a nun's. **2.** FIG excessively demure.

mo·no- [mono-] *pref* mono-.

mo·no/a [móno/a] **I.** *adj* pretty, cute. **II.** *n/m,f* ZOOL monkey, ape. **III.** *n/m* **1.** overall (*prenda*). **2.** *col* cold turkey (*drogas*). LOC **Aunque la ~a se vista de seda, ~a se queda**, you can't make a silk purse out of a sow's ear. **Coger una ~a**, *col* to get plastered (*borracho*). **Dormir la ~a**, to sleep it off. **Mandar a uno a freír ~as**, FIG FAM to tell sb to go to blazes. **Ser el último ~**, to be a nobody, be the last one (in the pecking order).

mo·no·ca·rril [monokarríl], **mo·no·raíl** [monorraíl] *n/m* monorail.

mo·no·cor·de [monokórðe] *adj* **1.** MÚS single string. **2.** FIG monotonous.

mo·nó·cu·lo [monókulo] *n/m* monocle. **mo·no·cu·lar** [monokulár] *adj* monocular.

mo·no·ga·mia [monoγámja] *n/f* monogamy. **mo·nó·ga·mo/a** [monóγamo/a] *adj* monogamous.

mo·no·gra·fía [monoγrafía] *n/f* monograph. **mo·no·grá·fi·co/a** [monoγráfiko/a] *adj* monographic.

mo·no·lí·ti·co/a [monolítiko/a] *adj gen* FIG monolithic. **mo·no·li·to** [monolíto] *n/m* monolith.

mo·no·lo·gar [monoloγár] *v* (*monologué*) to soliloquize. **mo·nó·lo·go** [monóloγo] *n/m* **1.** soliloquy (*para sí*). **2.** monologue.

mo·no·ma·nía [monomanía] *n/f* monomania. **mo·no·ma·nia·co/a**, **mo·no·ma·nía·co/a** [monomanjáko/a/monomaníako/a] **I.** *adj* monomaniacal. **II.** *n/m,f* monomaniac. **mo·no·ma·niá·ti·co/a** [monomanjátiko/a] *adj, n/m,f* monomaniacal, monomaniac.

mo·no·mio [monómjo] *n/m* MAT monomial.

mo·no·pla·za [monopláθa] *adj, n/m,f* single-seater.

mo·no·po·lio [monopóljo] *n/m* monopoly. **mo·no·po·lis·ta** [monopolísta] *n/m,f* monopolist. **mo·no·po·li·zar** [monopoliθár] *v* (*monopolice*) to monopolize.

mo·no·sí·la·bo/a [monosílabo/a] **I.** *adj* monosyllabic. **II.** *n/m* monosyllable.

mo·no·teís·mo [monoteísmo] *n/m* REL monotheism. **mo·no·teís·ta** [monoteísta] **I.** *adj* REL monotheistic. **II.** *n/m,f* monotheist.

mo·no·to·nía [monotonía] *n/f* monotony. **mo·nó·to·no/a** [monótono/a] *adj* monotonous.

mon·se·ñor [monseɲór] *n/m* REL **1.** Monsignor. **2.** His lordship, my Lord (*obispo*); His/Your Grace (*arzobispo*).

mon·ser·ga [monsérγa] *n/f col* boring speech, drivel.

mons·truo [mónstrwo] *n/m* **1.** monster (*deforme*). **2.** BIOL freak, monster. **3.** FIG prodigy, genius. **mons·truo·si·dad** [monstrwosiðáð] *n/f* monstrosity. **mons·truo·so/a** [monstrwóso/a] *adj* monstrous.

mon·ta [móņta] *n/f* **1.** mounting (*acto*). **2.** value, importance (*valor*). LOC **De poca ~**, unimportant. **mon·ta·car·gas** [moņtacárγas] *n/m* hoist, service lift. **mon·ta·dor/ra** [moņtaðór/ra] *n/m,f* **1.** fitter, assembler (*taller*). **2.** film editor (*cine*). **mon·ta·je** [moņtáxe] *n/m* **1.** fitting, assembling (*taller*). **2.** montage (*cine*). **3.** TEAT stage design, décor.

mon·ta·no/a [moņtáno/a] *adj* GEOG BOT mountain.

mon·tan·te [moņtáņte] *n/m* **1.** TÉC DEP upright. **2.** prop, stanchion (*soporte*). **3.** ARQ transom (*puerta*), mullion (*ventana*).

mon·ta·ña [moņtáɲa] *n/f* GEOG FIG mountain(s). LOC **~ rusa**, switchback, Br big dipper, US roller coaster. **mon·ta·ñe·ro/a** [moņtaɲéro] **I.** *adj* mountain. **II.** *n/m,f* mountaineer. **mon·ta·ñés/sa** [moņtaɲés/sa] **I.** *adj* mountain, highland. **II.** *n/m,f* mountain dweller, highlander. **mon·ta·ñis·mo** [moņtaɲísmo] *n/m* mountaineering, climbing. **mon·ta·ño·so/a** [moņtaɲóso/a] *adj* mountainous.

mon·tar [moņtár] **I.** *v, v/Refl(-se)* **1.** **(~ a)** to mount, get on (*caballo*). **2.** to get into (*vehículo*). **3.** **(~ a, en)** to ride (*ir*). **4.** **(~ sobre)** to overlap (*cubrir*). **II.** *v* **1.** V **montar I. 2.** BIOL to mount. **3.** TÉC to put together, assemble. **4.** to set up (*negocio*). **5.** to whip (*nata*). **6.** to edit (*película*). **7.** **(~ a)** to amount (to) (*costes*).

mon·ta·raz [moņtaráθ] *adj* **1.** wild, savage (*animales*). **2.** coarse, uncouth (*personas*).

mon·te [móņte] *n/m* **1.** mountain. **2.** mount (*con nombres*). **3.** woodland (*bosque*). LOC **~ bajo**, scrub(land). **~ alto**, forest. **No todo el ~ es orégano**, all that glitters is not gold. **~ de piedad**, state-run pawn and loan shop. **~ de Venus**, ANAT mons pubis. **mon·te·pío** [moņtepío] *n/m* assistance fund, friendly society.

mon·te·ría [moņtería] *n/f* hunting. **mon·te·ro/a** [moņtéro/a] **I.** *n/m,f* beater (*caza*). **II.** *n/f* **1.** cloth cap (*gorra*). **2.** TAUR bullfighter's hat. **mon·tés** [moņtés] *adj* wild (*cabra*, etc).

mon·tí·cu·lo [moņtíkulo] *n/m* mound, hillock.

mon·ti·lla [moņtíʎa] *n/f* montilla (*vino*).

mon·to [móņto] *n/m* sum total.

mon·tón [moņtón] *n/m gen* FIG heap, pile. LOC **A ~es**, galore. **Ser del ~**, to be ordinary, be nothing special. **mon·tuo·so/a** [moņtwóso/a] *adj* **1.** mountainous (*montañoso*). **2.** wooded (*bosque*).

mon·tu·ra [moņtúra] *n/f* **1.** saddle (*del caballo*). **2.** mount (*animal*). **3.** frame (*gafas*).

mo·nu·men·tal [monumeņtál] *adj* monumental. **mo·nu·men·to** [monuméņto] *n/m* monument.

mon·zón [moņθón] *n/m* monsoon.

mo·ña [móɲa] *n/f* hair ribbon. **mo·ño** [móɲo] *n/m* **1.** chignon, bun (*pelo*). **2.** tuft, crest (*plumas*).

mo·que·ar [mokeár] *v* to run (*nariz*). **mo·queo** [mokéo] *n/m* runny nose. **mo·que·ro** [mokéro] *n/m* FAM snotrag, *col* hanky (*pañuelo*).

mo·que·ta [mokéta] *n/f* **1.** moquette. **2.** fitted carpet (*alfombra*).

mo·qui·llo [mokíʎo] *n/m* distemper (*enfermedad*). **mo·qui·ta** [mokíta] *n/f* mucous.

mor [mór] LOC **Por ~ de**, because of.

mo·ra [móra] *n/f* **1**. BOT mulberry (*fruto*). **2**. BOT blackberry (*zarzamora*).

mo·ra·da [moráða] *n/f* house, abode.

mo·ra·do/a [moráðo/a] *adj* purple, violet. LOC **Pasarlas ~as**, FIG *col* to have a tough time of it.

mo·ra·dor/ra [moraðór/ra] **I**. *adj* dwelling, residing. **II**. *n/m,f* inhabitant, resident.

mo·ral [morál] **I**. *adj* moral. **II**. *n/f* **1**. morality, morals (*conducta*). **2**. morale (*ánimo*). **III**. *n/m* BOT mulberry tree. **mo·ra·le·ja** [moraléxa] *n/f* moral (*de una fábula*). **mo·ra·li·dad** [moraliðáð] *n/f* V **moral II. (1.)** **mo·ra·lis·ta** [moralísta] *n/m,f* moralist. **mo·ra·li·zar** [moraliθár] *v* (*moralicé*) to moralize.

mo·ra·pio [morápjo] *n/m col* plonk (*tinto*).

mo·rar [morár] *v* POÉT to dwell. **mo·ra·tón** [moratón] *n/m* bruise.

mo·ra·to·ria [moratórja] *n/f* moratorium.

mor·bi·dez [morβiðéθ] *n/f* softness, tenderness. **mór·bi·do/a** [mórβiðo/a] *adj* **1**. soft, tender (*suave*). **2**. morbid (*no sano*). **mor·bi·li·dad** [morβiliðáð] *n/f* V **morbidez**. **mor·bo** [mórβo] *n/m* **1**. MED disease. **2**. FIG ghoulish delight, unhealthy curiosity. **mor·bo·si·dad** [morβosiðáð] *n/f* MED morbidity. **mor·bo·so/a** [morβóso/a] *adj gen* FIG unhealthy.

mor·ci·lla [morθíʎa] *n/f* black pudding. LOC **¡Que te den ~!**, *col* go to hell! **mor·cón** [morkón] *n/m* thick black pudding.

mor·da·ci·dad [morðaθiðáð] *n/f* mordacity, bite. **mor·daz** [morðáθ] *adj* mordant, FIG biting.

mor·da·za [morðáθa] *n/f* **1**. gag (*en la boca*). **2**. TÉC clamp, jaw(s).

mor·de·dor/ra [morðeðór/ra] *adj* vicious, fierce (*perro*). **mor·de·du·ra** [morðeðúra] *n/f* bite. **mor·der** [morðér] *v* (*muerdo*) to bite. LOC **Está que muerde**, He's red with anger. **mor·dien·te** [morðjénte] *n/m* mordant. **mor·dis·co** [morðísko] *n/m* bite. **mor·dis·que·ar** [morðiskeár] *v* to nibble (at).

mo·re·no/a [moréno/a] **I**. *adj* **1**. brown, tanned (*del sol*). **2**. dark, black (*pelo*). **3**. dark-skinned (*piel*). **II**. *n/f* brunette. **III**. *n/m* dark-haired man.

mo·re·ra [moréra] *n/f* white mulberry tree.

mo·re·ría [morería] *n/f* Moorish district.

mor·fe·ma [morféma] *n/m* GRAM morpheme.

mor·feo [morféo] *n/m* MIT Morpheus. **mor·fi·na** [morfína] *n/f* morphine. **mor·fi·nó·ma·no/a** [morfinómano/a] **I**. *adj* morphine. **II**. *n/m,f* morphine addict.

mor·fo·lo·gía [morfoloxía] *n/f* morphology. **mor·fo·ló·gi·co/a** [morfolóxiko/a] *adj* morphological.

mor·ga·ná·ti·co/a [morɣanátiko/a] *adj* morganatic.

mo·ri·bun·do/a [moriβúndo/a] *adj* moribund, dying.

mo·ri·ge·ra·do/a [morixeráðo/a] *adj* **1**. well-mannered (*educado*). **2**. moderate.

mo·ri·ge·rar [morixerár] *v* to moderate (*apetitos*).

mo·rir [morír] *v*, *v/Refl(-se)* (*muero, morí, moriré, muerto*) **1**. **(~ a, de, por)** *gen* FIG to die (at, from, of, for). **2**. to die out, die away (*sonido, fuego*). **3**. FIG to come to an end (*tarde, camino*). LOC **~ de frío**, to freeze to death. **~ de hambre**, starve to death. **~ de risa**, to die laughing. **~(se) por algo**, to be crazy about sth.

mo·ris·co/a [morísko/a] **I**. *adj* Moorish. **II**. *n/m,f* HIST Morisco, Muslim convert to Christianity.

mor·món/na [mormón/na] *n/m,f* Mormon. **mor·mo·nis·mo** [mormonísmo] *n/m* Mormonism.

mo·ro/a [móro/a] **I**. *adj* Moorish. **II**. *n/m,f* **1**. Moor. **III**. *n/m* FIG jealous husband.

mo·ro·si·dad [morosiðáð] *n/f* **1**. slowness, dilatoriness (*lentitud*). **2**. COM slowness in paying debts (*lentitud*), arrears (*deudas*). **mo·ro·so/a** [moróso/a] **I**. *adj* slow, dilatory. **II**. *n/m,f* slow payer, defaulter.

mo·rra·da [morráða] *n/f* butt (*golpe*).

mo·rral [morrál] *n/m* **1**. nosebag (*de pienso*). **2**. V **mochila**.

mo·rra·lla [morráʎa] *n/f* **1**. small fry (*pescado*). **2**. PEY riff-raff (*gente*). **3**. PEY trash (*cosas*).

mo·rre·ar [morreár] *v*, *v/Refl(-se)* ARG Br to snog, US to suck face. **mo·rreo** [morréo] *n/m* ARG Br snogging, US sucking face. **mo·rre·ra** [morréra] *n/f* **1**. kisser (*labios*). **2**. *pl* cold sores.

mo·rre·na [morréna] *n/f* GEOL morraine.

mo·rri·llo [morríʎo] *n/m* **1**. ZOOL fleshy part of the neck. **2**. TAUR bull's tossing muscle.

mo·rri·ña [morríɲa] *n/f* **1**. homesickness, nostalgia (*añoranza*). **2**. despondency (*melancolía*).

mo·rrión [morrjón] *n/m* **1**. HIST morion, helmet (*casco*). **2**. MIL shako (*gorro*).

mo·rro [mórro] *n/m* **1**. snout, nose, muzzle (*de animal*). **2**. nose (*de avión*). **3**. ARG chops (*labios*). **4**. muzzle (*de pistola*). LOC **Estar de ~(s) con uno**, to be cross with sb. **mo·rro·co·tu·do/a** [morrokotúðo/a] *adj col* tremendous.

mo·rrón [morrón] *n/m* BOT sweet pepper.

mor·sa [mórsa] *n/f* ZOOL walrus.

mor·se [mórse] *n/m* morse (code).

mor·ta·de·la [mortaðéla] *n/f* mortadella.

mor·ta·ja [mortáxa] *n/f* **1**. shroud (*entierro*). **2**. mortise (*carpintería*).

mor·tal [mortál] **I**. *adj* **1**. mortal. **2**. lethal, deadly (*veneno*). **3**. FIG dreadful, boring. **II**. *n/m,f* mortal. **mor·ta·li·dad** [mortaliðáð] *n/f* **1**. *gen* mortality. **2**. death rate (*estadística*). **3**. death toll, loss of life (*accidente*). **mor·tan·dad** [mortandáð] *n/f* **1**. V **mortalidad**. **2**. slaughter, carnage (*en guerra*). **mor·te·ci·no/a** [morteθíno/a] *adj* **1**. dead (*animal*). **2**. FIG fading, dim (*luz*). **3**. FIG dull (*color*).

mor·te·ro [mortéro] *n/m* mortar (*arma, cocina*).

mor·tí·fe·ro/a [mortífero/a] *adj* **1**. deadly, fatal (*peste*). **2**. lethal, deadly (*arma*). **mor·**

ti·fi·ca·ción [mortifikaθjón] *n/f* mortification. **mor·ti·fi·car** [mortifikár] **I.** *v, v/Refl (-se)* (*mortifique*) MED to mortify. **II.** *v* **1. (~ con)** to mortify (with), wound (with) (*humillar*). **2. (~ con)** FIG to torment (with), plague (with). **mor·tuo·rio/a** [mortwórjo/a] **I.** *adj* mortuary, of the deceased. **II.** *n/m* funeral arrangements. LOC **Lecho ~**, deathbed.

mo·rue·co [morwéko] *n/m* ZOOL ram.

mo·ru·no/a [morúno/a] *adj* Moorish. LOC **Pinchito ~**, kebab.

mo·sai·co/a [mosáiko/a] **I.** *adj* Mosaic, of Moses. **II.** *n/m* mosaic. **mo·saís·mo** [mosaísmo] *n/m* Mosaism.

mos·ca [móska] *n/f* fly (*insecto*). LOC **Estar ~**, *col* FIG to smell a rat. **Tener la ~ detrás de la oreja**, *col* to be wary. **Por si las ~s**, just in case. **mos·car·da** [moskárða] *n/f* bluebottle. **mos·car·dón** [moskarðón] *n/m* **1.** botfly (*parásito*). **2.** horsefly (*tábano*). **3.** hornet (*avispón*).

mos·ca·tel [moskatél] **I.** *adj* muscat (*uva*). **II.** *n/m* muscatel (*vino*).

mos·cón/na [moskón/na] **I.** *n/m* V **moscardón**· **II.** *n/m,f* FIG pest. **mos·co·ne·ar** [moskoneár] *v* to pester, annoy.

mos·co·vi·ta [moskoßíta] *adj, n/m,f* Muscovite.

mos·quea·do/a [moskeáðo/a] *adj* **1.** FIG *col* angry, resentful (*enfadado*). **2.** FIG *col* suspicious (*receloso*). **mos·que·ar** [moskeár] **I.** *v* to upset, annoy. **II.** *v/Refl(-se)* to grow suspicious (of sb's intentions), to get angry, be offended. **mos·queo** [moskéo] *n/m* **1.** resentment (*pique*). **2.** suspicion (*recelo*).

mos·que·te [moskéte] *n/m* MIL HIST musket. **mos·que·te·ro** [mosketéro] *n/m* **1.** MIL HIST musketeer. **2.** TEAT HIST groundling. **mos·que·tón** [mosketón] *n/m* MIL HIST musketoon.

mos·qui·te·ro/a [moskitéro/a] *n/m,f* mosquito net. **mos·qui·to** [moskíto] *n/m* mosquito.

mos·ta·cho [mostátʃo] *n/m* big moustache.

mos·ta·za [mostáθa] *n/f* mustard.

mos·to [mósto] *n/m* must (*de uva*).

mos·tra·dor [mostraðór] *n/m* **1.** counter (*de tienda*). **2.** bar (*de café*). **mos·trar** [mostrár] *v* (*muestro*) to show.

mos·tren·co/a [mostréŋko/a] **I.** *adj* **1.** ownerless, unclaimed (*bienes*). **2.** stray (*animal*). **3.** FAM homeless (*personas sin casa*). **4.** FAM loutish (*zafio*). **5.** FAM thick (*inepto*). **II.** *n/m,f* **1.** FAM lout (*zafio*). **2.** FAM dimwit.

mo·ta [móta] *n/f* **1.** speck (*polvo*). **2.** spot (*tela*). LOC **Ni una ~ de**, not a speck of.

mo·te [móte] *n/m* **1.** nickname (*apodo*). **2.** motto (*lema*). **mo·te·jar** [motexár] *v* **1. (~ de)** to nickname (*apodar*). **2. (~ de)** to brand (as) (*tachar de*).

mo·tel [motél] *n/m* motel.

mo·ti·li·dad [motiliðáð] *n/f* motility.

mo·tín [motín] *n/m* **1.** MIL mutiny. **2.** riot (*entre civiles*).

mo·ti·va·ción [motiβaθjón] *n/f* motivation. **mo·ti·va·dor/ra** [motiβaðór/ra] *adj* motivating. **mo·ti·var** [motiβár] *v* **1. (~ a)** to motivate. **2.** to cause, give rise to (*dar lugar*). **3. (~ con/en)** to justify (with) (*justificar*). **mo·ti·vo** [motíβo] *n/m* **1. (~ de)** motive (for), reason (for). **2.** *pl* grounds. **3.** ART MÚS motif. **4.** *pl* ART subjects. LOC **Con ~ de**, 1. on the occasion of (*celebración*). 2. owing to (*causa*).

mo·to [móto] *n/f* motorbike. **mo·to·ca·rro** [motokárro] *n/m* three-wheeler. **mo·to·ci·cle·ta** [motoθikléta] *n/f* motorcycle. **mo·to·ci·clis·mo** [motoθiklísmo] *n/m* motorcycling. **mo·to·ci·clis·ta** [motoθiklísta] *n/m,f* motor-cyclist. **mo·to·náu·ti·ca** [motonáutika] *n/f* motor-boating. **mo·to·na·ve** [motonáße] *n/f* motor boat, launch. **mo·tor/ra** [motór/ra] **I.** *adj* **1.** ANAT motor. **2.** motive. **II.** *n/m* motor, engine. **III.** *n/f* motor boat. **mo·to·ris·mo** [motorísmo] *n/m* **1.** motoring (*en coche*). **2.** V **motociclismo**. **mo·to·ris·ta** [motorísta] *n/m,f* **1.** motorist (*en coche*). **2.** V **motociclista**. **mo·to·ri·zar** [motoriθár] *v* (*motoricé*) to motorize. **mo·tri·ci·dad** [motriθiðáð] *n/f* BIOL motivity. **mo·triz** [motríθ] *adj* motive, driving.

mo·ve·di·zo/a [moßeðíθo/a] *adj* **1.** shifting, moving (*arenas*). **2.** loose (*fácil de mover*). **3.** FIG fickle. **mo·ver** [moßér] **I.** *v* (*muevo*) **1.** *gen* to move. **2.** to shift (*posición*). **3.** to shake (*cabeza, negando*). **4.** to nod (*cabeza, afirmando*). **5.** to wag (*rabo*). **6.** FIG to stir up. **II.** *v/Refl(-se)* **1.** *gen* to move (oneself), shift (oneself). **2. (~ por)** to be motivated (by). LOC **~ a uno a hacer algo**, to prompt sb to do sth. **mo·vi·ble** [moßíßle] *adj* **1.** moveable, mobile. **2.** FIG changeable. **mo· vi·do/a** [moßíðo/a] *adj* **1.** moved. **2.** blurred (*fotos*). **3.** motivated (*iniciativa*). **4.** active, lively (*índole*). **mó·vil** [móßil] **I.** *adj* **1.** V **movible**. **II.** *n/m* **1.** FIG motive. **2.** revenue stamp (*sello*). **mo·vi·li·dad** [moßiliðáð] *n/f* mobility. **mo·vi·li·za·ción** [moßiliθaθjón] *n/f* mobilisation. **mo·vi·li·zar** [moßiliθár] *v, v/Refl (-se)* (*movilicé*) to mobilise. **mo·vi·mien·to** [moßimjen̪to] *n/m* **1.** *gen* ART movement. **2.** activity, bustle (*muchedumbre*). **3.** traffic (*coches*). **4.** FÍS motion. **5.** MÚS tempo. **6.** GEOL tremor. **7.** COM fluctuation. **8.** FIG change (*ideas*, etc). **mo·vio·la** [moßjóla] *n/f* Moviola.

mo·zal·be·te [moθalßéte] *n/m* young lad.

mo·zá·ra·be [moθáraße] **I.** *adj* Mozarabic. **II.** *n/m,f* Mozarab.

mo·zo/a [móθo/a] **I.** *adj* **1.** young (*edad*). **2.** single (*estado civil*). **II.** *n/m* **1.** lad, fellow (*joven*). **2.** porter (*de cuerda*). **3.** bellhop (*hotel*). **4.** conscript (*mili*). **III.** *n/f* **1.** (young) girl. **2.** lass (*de pueblo*). LOC **Buen/na ~o/a**, handsome.

mu·co·si·dad [mukosiðáð] *n/f* mucosity, mucus. **mu·co·so/a** [mukóso/a] **I.** *adj* mucous. **II.** *n/f* ANAT mucous membrane.

mu·cha·cha·da [mutʃatʃáða] *n/f* **1.** (boyish) prank (*acto*). **2.** (group of) kids (*pandilla*). **mu·cha·cho/a** [mutʃátʃo/a] **I.** *n/m,f* youngster. **II.** *n/m* boy, lad. **III.** *n/f* **1.** girl (*chica*). **2.** maid, domestic servant, home help.

mu·che·dum·bre [mutʃeðúmbre] *n/f* crowd, mass.

mu·cho/a [mútʃo/a] I. *adj* 1. a lot of, much, great. 2. *pl* lots of, many (a). II. *pron* 1. a lot. 2. *pl* many, lots. III. *pers pron pl* 1. a lot of people (*indefinido*). 2. a lot of us/you/them, many of us/you/them. IV· *adv* a lot, a great deal, much. LOC **Como ~**, at the most. **Con ~**, by far. **Ni ~ menos**, far from it. **~ tiempo**, long, a long time. **Ni con ~**, not nearly. **Por ~ que + v**, however much + *v*. **¿Te gusta? ¡~!**, do you like it? Very much!

mu·da [múða] *n/f* 1. change of clothing (*ropa*). 2. ZOOL moult (*aves, animales*), slough (*serpiente*). 3. moulting (*temporada*). LOC **El chico está de ~**, the boy's voice is breaking. **mu·da·ble** [muðáβle] *adj* 1. *gen* changeable. 2. fickle (*carácter*). **mu·da·di·zo/a** [muðaðíθo/a] *adj* V **mudable**. **mu·dan·za** [muðánθa] *n/f* 1. change (*cambio*). 2. move, removal (*de casa*). 3. *pl* FIG moodiness. **mu·dar** [muðár] I. *v* 1. to change (*aspecto*). 2. to shed, slough (off) (*piel*). II. *v/Refl(-se)* 1. **(~ de)** to move (*casa*). 2. **(~ de)** to change (*ropa, parecer*). 3. **(~ en)** to change (into). 4. ZOOL to moult.

mu·dez [muðéθ] *n/f* dumbness. **mu·do/a** [múðo/a] I. *adj* 1. dumb (*sin la facultad de hablar*). 2. FIG GRAM silent, mute. II. *n/m,f* mute.

mue·ble [mwéβle] *n/m* piece of furniture. **mue·blis·ta** [mweβlísta] *n/m,f* 1. furniture maker (*fabricante*). 2. furniture dealer (*vendedor*).

mue·ca [mwéka] *n/f* 1. face (*de mofa*). 2. grimace (*de dolor, asco*). LOC **Hacer ~s**, to pull faces.

mue·la [mwéla] *n/f* 1. ANAT molar, tooth. 2. millstone (*de molino*). 3. grindstone (*para afilar*).

mue·ra [mwéra] *n/f* salt.

mue·lle [mwéʎe] I. *adj* 1. *gen* soft, springy. 2. FIG easy, luxurious (*vida*). II. *n/m* 1. spring. 2. NÁUT wharf, dockside, quay.

muer·mo [mwérmo] I. *n/m* 1. glanders (*enfermedad*). 2. FIG *col* drip, jerk (*persona*). II. *adj* FIG *col* gormless.

muer·te [mwérte] *n/f* death. LOC **A ~**, to the death. **A vida o ~**, life-or-death. **De mala ~**, *col* crummy, lousy. **Odiar a ~**, to detest the sight of. **De ~**, *col* one hell of a: *Un susto de muerte*, One hell of a fright. **muer·to/a** [mwérto/a] I. *adj* 1. *gen* dead. 2. FAM killed (*matado*). 3. slaked (*cal*). 4. **(~ de)** helpless (with) (*risa*). 5. dull (*color*). II. *n/m,f* corpse. III. *n/m* dead man. IV. *n/f* dead woman. LOC **Callarse como un ~**, to keep as silent as the grave. **Cargar con el ~**, *col* 1. to carry the can. 2. to frame (*inculpar indebidamente*). **Echar (a uno) el ~**, V **Cargar con el ~** 2. **Hacer el ~**. 1. to play dead. 2. to float on one's back (*en el agua*). **Medio ~**, half-dead.

mues·ca [mwéska] *n/f* 1. nick, notch. 2. TÉC mortise.

mues·tra [mwéstra] *n/f* 1. sample (*tela, mercancía*). 2. sign, proof (*prueba*). 3. sign(board) (*de tienda*). 4. trade fair (*exposición*). 5. demonstration (*para enseñar*). LOC **~ aleatoria**, random sample. **Dar ~s de**, to show signs of. **mues·tra·rio** [mwestrárjo] *n/m* 1. *gen* collection of samples. 2. pattern book (*costura*). **mues·treo** [mwestréo] *n/m* sampling.

mu·fla [múfla] *n/f* TÉC muffle (*hornillo*).

mu·gi·do [muxíðo] *n/m* 1. moo(ing), low (ing) (*vaca*). 2. bellow(ing) (*toro*). **mu·gir** [muxír] *v* (*muja*) 1. to moo, low (*vaca*). 2. to bellow (*toro*).

mu·gre [múɣre] *n/f* grime, grease. **mu·grien·to/a** [muɣrjénto/a] *adj* grimy, greasy.

mu·grón [muɣrón] *n/m* AGR layer (*vid*).

mu·jer [muxér] *n/f* 1. *gen* woman. 2. wife (*casada*). **mu·je·rie·go/a** [muxerjéɣo/a] I. *adj* fond of women. II. *n/m* womaniser, FAM wolf. **mu·je·ril** [muxeríl] *adj* womanly. **mu·je·río** [muxerío] *n/m* (crowd of) women. **mu·jer·zue·la** [muxerθwéla] *n/f* despicable woman, prostitute, FAM tart.

mu·la [múla] *n/f* ZOOL mule.

mu·la·dar [mulaðár] *n/m* 1. dungheap (*estiércol*). 2. rubbish dump (*basura*).

mu·la·to/a [muláto/a] *adj, n/m,f* mulatto.

mu·le·ro [muléro] *n/m* muleteer.

mu·le·ta [muléta] *n/f* 1. crutch (*para cojos*). 2. TAUR muleta, lure. **mu·le·ti·lla** [muletíʎa] *n/f* pet word, pet phrase, tag.

mu·lo [múlo] *n/m* 1. ZOOL mule. 2. FIG ass (*idiota*).

mul·ta [múlta] *n/f* JUR fine. LOC **Poner una ~** = **multar**. **mul·tar** [multár] *v* to fine.

mul·ti- [multi-] *pref* multi-. **mul·ti·co·lor** [multikolór] *adj* multicoloured. **mul·ti·co·piar** [multikopjár] *v* to duplicate. **mul·ti·co·pis·ta** [multikopísta] *n/f* duplicating machine. **mul·ti·for·me** [multifórme] *adj* multiform. **mul·ti·la·te·ral** [multilaterál] *adj* multilateral. **mul·ti·mi·llo·na·rio/a** [multimiʎonárjo/a] *adj, n/m,f* multimillionaire. **mul·ti·na·cio·nal** [multinaθjonál] *n/f* multinational. **múl·ti·ple** [múltiple] *adj* 1. MAT multiple. 2. FIG many, numerous. 3. manifold (*variados*). **mul·ti·pli·ca·ble** [multiplikáβle] *adj* multipliable. **mul·ti·pli·ca·ción** [multiplikaθjón] *n/f* MAT multiplication. **mul·ti·pli·ca·dor/ra** [multiplikaðór/ra] I. *adj* MAT multiplying. II. *n/m* MAT multiplier. **mul·ti·pli·can·do** [multiplikándo] *n/m* MAT multiplicand. **mul·ti·pli·car** [multiplikár] I. *v* (*multiplique*) 1. **(~ por)** MAT FIG to multiply (by). 2. BIOL to increase. 3. TÉC to gear up. II. *v/Refl(-se)* 1. MAT BIOL V **multiplicar** I. (1.) 2. FIG to attend to a lot of things at once. **mul·ti·pli·ci·dad** [multipliθiðáð] *n/f* multiplicity. **múl·ti·plo/a** [múltiplo/a] *adj, n/m* MAT multiple. **mul·ti·tud** [multitúð] *n/f* multitude, crowd. LOC **Una ~ de**, a host of. **mul·ti·tu·di·na·rio/a** [multituðinárjo/a] *adj* multitudinous.

mu·llir [muʎír] *v* 1. to plump up, fluff up (*cojín*, etc). 2. to soften (*ablandar*).

mun·da·nal [mundanál] *adj* POÉT V **mundano/a**. **mun·da·no/a** [mundáno/a] *adj* 1. worldly, of the world, earthly. 2. society (*fiesta,* etc). **mun·dial** [muŋdjál] *adj* world. **mun·di·llo** [muŋdíʎo] *n/m* FIG world, circles: *Mundillo periodístico,* Journalistic circles. **mun·do** [múŋdo] *n/m* **1**. GEOG FIG world. **2**. people (*gente*). **3**. globe (*esfera*). **4**. V **mundillo**. **5**. world of difference (*separación*). LOC **Correr** ~, to travel far and wide. **Echar/Traer al** ~, to bring into the world. **El otro** ~, the next world. **No ser nada del otro** ~, to be nothing to write home about. **Hombre de** ~, man of the world. **Por esos ~s de Dios**, God knows where. **Por nada del** ~, not for all the world. **Tener** ~, to know one's way around. **Todo el** ~, everybody. **Ver/Recorrer** ~, V **Correr mundo**. **mun·do·lo·gía** [muŋdoloxía] *n/f col* worldly wisdom.

mu·ni·ción [muniθjón] *n/f* **1**. MIL ammunition, munitions (*balas,* etc). **2**. MIL stores, supplies (*provisiones*).

mu·ni·ci·pal [muniθipál] **I**. *adj* municipal, town (*concejal*), public (*piscina*). **II**. *n/m* local policeman. **mu·ni·ci·pa·li·zar** [muniθipaliθár] *v* (*municipalice*) to municipalize. **mu·ni·ci·pio** [muniθípjo] *n/m* **1**. district, borough (*distrito*). **2**. (town) council, corporation (*administración*).

mu·ni·fi·cen·cia [munifiθéŋθja] *n/f* munificence.

mu·ñe·co/a [muɲéko/a] **I**. *n/m,f* **1**. doll (*juguete*). **2**. *gen* FIG puppet (*títere*). **3**. dummy (*maniquí*). **II**. *n/f* **1**. ANAT wrist. **2**. bunch of rags (*para untar*). **3**. *col* doll, chick (*mujer*).

mu·ñei·ra [muɲéira] *n/f* popular Galician dance.

mu·ñe·que·ra [muɲekéra] *n/f* wristband. **mu·ñe·qui·lla** [muɲekíʎa] *n/f* V **muñeco/a II. (2.)**

mu·ñón [muɲón] *n/m* ANAT stump.

mu·ral [murál] **I**. *adj* wall. **II**. *n/m* ART mural. **mu·ra·lla** [muráʎa] *n/f* wall, rampart.

mur·cié·la·go [murθjélaɣo] *n/m* ZOOL bat.

mur·ga [múrɣa] *n/f* band of street musicians. LOC **Dar la** ~, *col* to be a drag.

mur·mu·llo [murmúʎo] *n/m* **1**. murmur(ing) (*personas*). **2**. rustle, rustling (*hojas*). **3**. babbling (*riachuelo*). **mur·mu·ra·ción** [murmuraθjón] *n/f* gossip, backbiting. **mur·mu·rar** [murmurár] *v* **1**. **(~ de)** to gossip (about), slander (*criticar*). **2**. to murmur, whisper (*voz baja*). **3**. to mutter (*quejarse*). **4**. to rustle (*hojas*). **5**. to babble (*agua*).

mu·ro [múro] *n/m* wall.

mu·rrio/a [múrrjo/a] **I**. *adj col* sad, blue. **II**. *n/f col* blues, sulks. LOC **Tener ~a**, to have the sulks, be down in the dumps.

mus [mús] *n/m* card game.

mu·sa [músa] *n/f* MIT FIG muse.

mu·sa·ra·ña [musaráɲa] *n/f* ZOOL shrew. LOC **Pensar en las ~s**, FIG to be miles away.

mus·cu·lar [muskulár] *adj* ANAT muscular. **mus·cu·la·tu·ra** [muskulatúra] *n/f* **1**. musculature (*conjunto*). **2**. muscularity (*fuerza*). **mús·cu·lo** [múskulo] **I**. *n/m* **1**. ANAT muscle. **II**. *n/m,pl* V **musculatura**. **mus·cu·lo·so/a** [muskulóso/a] *adj* muscular, brawny (*fuerte*).

mu·se·li·na [muselína] *n/f* muslin.

mu·seís·ti·co/a [museístiko/a] *adj* museum. **mu·seo** [muséo] *n/m* **1**. museum. **2**. ART art gallery.

mus·go [músɣo] *n/m* BOT moss. **mus·go·so/a** [musɣóso/a] *adj* mossy, moss-covered.

mú·si·ca [músika] *n/f* music. **mu·si·cal** [musikál] *adj* V **músico/a I**. **mu·si·ca·li·dad** [musikaliðáð] *n/f* musicality. **mú·si·co/a** [músiko/a] **I**. *adj* musical. **II**. *n/m,f* musician. **mu·si·co·lo·gía** [musikoloxía] *n/f* musicology. **mu·si·có·lo·go/a** [musikóloɣo/a] *n/m,f* musicologist.

mu·si·tar [musitár] *v* to mutter, mumble.

mus·lo [múslo] *n/m* **1**. ANAT thigh. **2**. drumstick, leg (*pollo*).

mus·tiar [mustjár] *v, v/Refl(-se)* to wither. **mus·tio/a** [mústjo/a] *adj* **1**. withered, wilted (*plantas*). **2**. sad, gloomy (*personas*).

mu·sul·mán/na [musulmán/na] *adj, n/m,f* Muslim, Moslem.

mu·ta·ble [mutáβle] *adj* mutable. **mu·ta·bi·li·dad** [mutaβiliðáð] *n/f* mutability. **mu·ta·ción** [mutaθjón] *n/f* **1**. BIOL mutation. **2**. *gen* (sudden) change. **mu·tar** [mutár] *v, v/Refl (-se)* BIOL to mutate.

mu·ti·la·ción [mutilaθjón] *n/f* mutilation. **mu·ti·la·do/a** [mutiláðo/a] **I**. *adj* **1**. crippled, disabled (*lisiado*). **2**. mutilated. **II**. *n/m,f* cripple, disabled person. **mu·ti·lar** [mutilár] *v* **1**. to maim, cripple. **2**. to mutilate.

mu·tis [mútis] *n/m* TEAT exit. LOC **Hacer** ~, make one's exit. **¡~!**, hush! **mu·tis·mo** [mutísmo] *n/m* silence.

mu·tua [mútwa] *n/f* V **mutualidad· 2**. **mu·tua·li·dad** [mutwaliðáð] *n/f* **1**. mutuality. **2**. mutual benefit society (*asociación*). **mu·tua·lis·ta** [mutwalísta] **I**. *adj* mutualistic. **II**. *n/m,f* **1**. mutualist. **2**. member of a mutual benefit society. **mu·tuo/a** [mútwo/a] *adj* mutual, reciprocal.

muy [muí] *adv* very, highly, greatly.

N, n [éne] *n/f* **1.** 'n' (*letra*). **2.** *abrev* (N) nitrogen.

na·bo [náβo] *n/m* BOT turnip.

ná·car [nákar] *n/m* mother-of-pearl. **na·ca·ra·do/a** [nakaráðo/a] *adj* **1.** mother-of-pearl, pearly. **2.** adorned with mother-of-pearl. **na·ca·ri·no/a** [nakaríno/a] *adj* V. **nacarado**.

na·cer [naθér] **I.** *v* (*nazco*) **1.** **(~ con, de, en)** BIOL to be born (with, of, into). **2.** BOT to sprout. **3.** to hatch (*de huevo*). **4.** to rise (*río*). **5.** **(~ de)** FIG to spring (from), to arise (from). **II.** *Refl(-se)* V. **nacer I. (2.)** LOC **~ a**, FIG to awaken to. **~ para**, to be born to. **na·ci·do/a** [naθíðo/a] **I.** *adj* born. **II.** *n/m,f,pl* human beings. LOC **Bien ~**, of noble birth. **Mal ~**, wicked, ill-bred. **Recién ~**, newborn (baby). **na·cien·te** [naθjén̪te] **I.** *adj* **1.** nascent. **2.** rising (*astro*). **3.** growing (*interés*). **II.** *n/m* east. **na·ci·mien·to** [naθimjén̪to] *n/m* **1.** BIOL FIG birth. **2.** hatching (*huevos*). **3.** source (*río*). **4.** spring (*agua*). **5.** REL nativity scene. LOC **De ~**, from birth.

na·ción [naθjón] *n/f* nation. **na·cio·nal** [naθjonál] *adj* national, domestic: *Llegadas nacionales*, Domestic flights. **na·cio·na·li·dad** [naθjonaliðáð] *n/f* nationality. **na·cio·na·lis·mo** [naθjonalísmo] *n/m* nationalism. **na·cio·na·lis·ta** [naθjonalísta] *adj, n/m,f* nationalist. **na·cio·na·li·za·ción** [naθjonaliθaθjón] *n/f* **1.** naturalization (*persona*). **2.** nationalization (*empresa*). **na·cio·na·li·zar** [naθjonaliθár] **I.** *v* (*nacionalice*) **1.** to naturalize (*persona*). **2.** to nationalize (*empresa*). **II.** *Refl(-se)* **1.** to become naturalized (*persona*). **2.** to be nationalized (*empresa*). **na·cio·nal·so·cia·lis·mo** [naθjonalsoθjalísmo] *n/m* national socialism. **na·cio·nal·so·cia·lis·ta** [naθjonalsoθjalísta] *n/m,f* National Socialist, Nazi. **na·cis·mo** [naθísmo] *n/m* V. **nacionalsocialismo**.

na·da [náða] **I.** *pron indef* nothing, not anything: *No hizo nada*, He did nothing/He didn't do anything. **II.** *adv* not at all, by no means. **III.** *n/f* nothingness. LOC **De ~**, 1. not at all!, don't mention it! US you're welcome! (*respuesta a las gracias*). 2. worthless (*sin valor*). **~ de...**, make sure you don't... **¡~ de eso!**, not a bit of it! **~ más**, 1. **only**. 2. that's all.

na·da·dor/ra [naðaðór/ra] **I.** *adj* swimming. **II.** *n/m,f* swimmer. **na·dar** [naðár] *v* **1.** **(~ en)** to swim (in) (*persona, pez*). **2.** **(~ en)** to float (on, in) (*cosas*). **3.** **(~ en)** FIG to wallow (in), to be rolling (in).

na·de·ría [naðería] *n/f* mere trifle.

na·die [náðje] *pron indef* nobody, no one, not anybody, not anyone: *No vio a nadie*, He saw nobody/He didn't see anybody. LOC **No ser ~/Ser un don ~**, to be a nobody. **¡No somos nadie!**, that's life.

na·dir [naðír] *n/m* ASTR FIG nadir.

na·do [náðo] LOC Cruzar/Pasar a ~, to swim across.

naf·ta [ná(f)ta] *n/f* QUÍM naphtha. **naf·ta·li·na** [naftalína] *n/f* QUÍM naphthalene.

nai·lon [náilon] *n/m* nylon.

nai·pe [náipe] *n/m* playing card.

nal·ga [nálγa] *n/f* ANAT buttock.

na·na [nána] *n/f* **1.** MÚS lullaby. **2.** *col* granny.

na·nay [nanái] *adv* no way!

nao [náo] *n/f* POÉT barque.

na·pa [nápa] *n/f* nappa.

na·pia [nápja] *n/m(pl)* FAM trunk, Br conk, snout, schnozzle.

na·po·leó·ni·co/a [napoleóniko/a] *adj* Napoleonic.

na·po·li·ta·no/a [napolitáno/a] *adj, n/m,f* Neapolitan.

na·ran·ja [naráŋxa] **I.** *n/f* BOT orange. **II.** *adj, n/m* orange (*color*). LOC **Media ~**, **1.** ARQ dome, cupola, **2.** *col* better half. **¡~s!/¡~s de la China!**, *col* nothing doing! **na·ran·ja·da** [naraŋxáða] *n/f* orangeade. **na·ran·ja·do/a** [naraŋxáðo/a] *adj* orange (*color*). **na·ran·jal** [naraŋxál] *n/m* orange grove. **na·ran·je·ro/a** [naraŋxéro/a] **I.** *adj* BOT orange, of oranges. **II.** *n/m,f* **1.** orange grower (*cultivador*). **2.** orange seller (*vendedor*). **na·ran·jo** [naráŋxo] *n/m* BOT orange tree.

nar·ci·sis·mo [narθisísmo] *n/m* narcissism. **nar·ci·so** [narθíso] *n/m* **1.** BOT narcissus, daffodil. **2.** FIG dandy.

nar·co·sis [narkósis] *n/f* MED narcosis. **nar·có·ti·co/a** [narkótiko/a] **I.** *adj, n/m* narcotic. **II.** *n/m*, drug. **nar·co·ti·za·ción** [narkotiθaθjón] *n/f* narcotization. **nar·co·ti·zar** [narkotiθár] *v (narcotice)* to narcotize.

nar·do [nárðo] *n/m* BOT spikenard.

na·ri·gón/na [nariγón/na] **I.** *adj* big-nosed, long-nosed. **II.** *n/m* big nose, long nose. **na·ri·gu·do/a** [nariγúðo/a] **I.** *adj col* V. **narigón/na I. II.** *n/m,f* big-nosed person, long-nosed person. **na·riz** [naríθ] *n/f* **1.** ANAT FIG nose. **2.** ANAT nostril (*cada orificio*). **3.** *pl* V. **nariz 1. 4.** *pl* ZOOL nostrils. LOC **Dar en las ~es (a uno)**, *col* to show sb what for. **Dar(se) de ~es con/contra (algo/uno)**, to bump into sth/sb. **Darse de ~es en algo**, to come up against sth (*obstáculo*). **Dejar (a uno) con un palmo de ~es**, V. **palmo**. **De ~es**, *col* fantastic. **Estar hasta las ~es de (uno/algo)**, to be fed up to the back teeth with sb/sth. **Hacer algo por ~es**, 1. to do sth because one has to (*obligación*). 2. to do sth because one feels like it (*capricho*). **Hinchársele (a uno) las ~es**, FIG to blow one's top. **Meter las ~es en algo**, to poke one's nose into sth. **No ver más allá de sus ~es**, *col* to see no further than the end of one's nose. **Romper las ~es a uno**, to smash sb's face in. **Tener algo delante de las ~es**, to have sth under one's nose. **Tener ~es**, to have nerve/courage. **na·ri·zo·ta** [nariθóta] *n/f,pl* FAM big nose.

na·rra·ble [narráβle] *adj* narratable. **na·rra·ción** [narraθjón] *n/f* **1**. narration (*acto*). **2**. narrative, account (*relato*). **na·rra·dor/ra** [narraðór/ra] **I**. *adj* narrative. **II**. *n/m,f* narrator. **na·rrar** [narrár] *v* to narrate, to relate. **na·rra·ti·vo/a** [narratíβo/a] *adj, n/f* narrative.

na·sa [nása] *n/f* **1**. fish trap (*para pescar*). **2**. fisherman's basket.

na·sal [nasál] *adj* ANAT nasal. **na·sa·li·za·ción** [nasaliθaθjón] *n/f* nasalization. **na·sa·li·zar** [nasaliθár] *v (nasalice)* to nasalize. **na·so·fa·rín·geo/a** [nasofaríŋxeo/a] *adj* MED nasopharyngeal.

na·ta [náta] *n/f* **1**. (fresh) cream (*lácteo*). **2**. FIG cream, pick.

na·ta·ción [nataθjón] *n/f* swimming.

na·tal [natál] *adj* **1**. natal (*de nacimiento*). **2**. native (*país*). **3**. home (*pueblo*). **na·ta·li·cio/a** [natalíθjo/a] **I**. *adj* birthday. **II**. *n/m* **1**. birth (*acto*). **2**. birthday (*comemoración*). **na·ta·li·dad** [nataliðáð] *n/f* birth rate.

na·ta·to·rio/a [natatórjo/a] *adj* swimming.

na·ti·llas [natíʎas] *n/f,pl* custard.

na·ti·vi·dad [natiβiðáð] *n/f* REL Nativity.

na·ti·vo/a [natíβo/a] *adj, n/m,f* native. **na·to/a** [náto/a] *adj* **1**. born. **2**. ex officio (*comités*).

na·tu·ral [naturál] **I**. *adj* **1**. *gen* MÚS natural. **2**. **(~de)** native (of) (*país*). **3**. fresh (*fruta*). **4**. neat (*licores*). **5**. at room temperature (*bebidas*). **II**. *n/m* **1**. nature (*carácter*). **2**. native (*país*). LOC **Al ~**, 1. natural, in its natural state (*sin elaborar*). 2. in its own juice (*fruta*). **¡Es ~!**, of course! **Tamaño ~**, lifesized. **na·tu·ra·le·za** [naturaléθa] *n/f* **1**. *gen* nature. **2**. nationality (*procedencia*). **3**. citizenship. LOC **~ muerta**, ART still life. **Por ~**, by nature. **na·tu·ra·li·dad** [naturaliðáð] *n/f* naturalness. **na·tu·ra·lis·mo** [naturalísmo] *n/m* ART naturalism, realism. **na·tu·ra·lis·ta** [naturalísta] **I**. *adj* naturalistic. **II**. *n/m,f* naturalist. **na·tu·ra·li·za·ción** [naturaliθaθjón] *n/f* naturalization. **na·tu·ra·li·zar** [naturaliθár] **I**. *v* to naturalize. **II**. *Refl(-se)* to become naturalized. **na·tu·ris·mo** [naturísmo] *n/m* naturism. **na·tu·ris·ta** [naturísta] *n/m,f* naturist.

nau·fra·gar [naufraγár] *v (naufrague)* **1**. to be wrecked, to sink (*barco*). **2**. to be shipwrecked (*persona*). **3**. FIG to miscarry (*asuntos*). **nau·fra·gio** [naufráxjo] *n/m* shipwreck. **náu·fra·go/a** [náufraγo/a] **I**. *adj* shipwrecked. **II**. *n/m,f* shipwrecked sailor, castaway.

náu·sea [náusea] *n/f,(pl)* **1**. nausea, sick feeling. **2**. FIG disgust. **nau·sea·bun·do/a** [nauseaβúŋdo/a] *adj* nauseating, sickening.

náu·ti·co/a [náutiko/a] **I**. *adj* nautical. **II**. *n/f* navigation, seamanship. LOC **Club ~**, sailing club. **Deportes ~s**, water sports.

na·va·ja [naβáxa] *n/f* **1**. jack-knife (*cuchillo*). **2**. cut-throat razor (*de barbero*). **na·va·ja·zo** [naβaxáθo] *n/m* **1**. (razor) slash (*cortante*). **2**. stab (wound) (*punzante*). **na·va·je·ro** [naβaxéro] *n/m* thug with a knife.

na·val [naβál] *adj* naval.

na·va·rro/a [naβárro/a] *adj, n/m,f* Navarrese.

na·ve [náβe] *n/f* **1**. NÁUT ship. **2**. AER spacecraft. **3**. ARQ REL nave. **4**. TÉC warehouse, large shed, factory space.

na·ve·ga·ble [naβeγáβle] *adj* navigable (*río*, etc). **na·ve·ga·ción** [naβeγaθjón] *n/f* **1**. *gen* navigation. **2**. voyage (*viaje*). **3**. shipping (*buques*). LOC **~ aérea**, aerial navigation. **na·ve·gan·te** [naβeγáņte] **I**. *adj* navigating. **II**. *n/m,f* navigator. **na·ve·gar** [naβeγár] *v (navegue)* **1**. **(~ a, en, hacia, por)** to sail (to, in, towards, through, via), to navigate (to, in, towards, through, via) (*barco*). **2**. to fly (*avión*).

Na·vi·dad [naβiðáð] *n/f* **1**. Christmas. **2**. *pl* Christmas time.

na·vi·de·ño/a [naβiðéɲo/a] *adj* Christmas.

na·vie·ro/a [naβjéro/a] **I**. *adj* shipping. **II**. *n/m* shipowner **III**. *n/f* shipping company. **na·vío** [naβío] *n/m* ship.

na·za·re·no/a [naθaréno/a] *adj, n/m,f* Nazarene.

na·zi [náθi] *n/m,f* Nazi. **na·zis·mo** [naθísmo] *n/m* Nazism.

ne·bli·na [neβlína] *n/f* mist(iness). **ne·bu·lo·si·dad** [neβulosiðáð] *n/f* **1**. cloudiness, mistiness. **2**. FIG vagueness. **ne·bu·lo·so/a** [neβulóso/a] **I**. *adj* **1**. ASTR nebular. **2**. cloudy (*cielo*). **3**. misty (*atmósfera*). **4**. FIG nebulous, vague. **II**. *n/f* ASTR nebula.

ne·ce·dad [neθeðáð] *n/f* **1**. silliness (*cualidad*). **2**. silly thing (*dicho, hecho*).

ne·ce·sa·rio/a [neθesárjo/a] *adj* **(~ a, para)** necessary (to, for). **ne·ce·ser** [neθesér] *n/m* **1**. holdall (*bolsa*). **2**. toilet case, vanity case (*aseo*). **ne·ce·si·dad** [neθesiðáð] *n/f* **1**. **(~ de)** necessity (for), need (of). **2**. *pl* business (*eufemismo*). LOC **De primera ~**, absolutely essential, basic. **Por ~**, of necessity. **ne·ce·si·ta·do/a** [neθesitáðo/a] **I**. *adj* **1**. **(~ de)** in need (of). **2**. needy (*pobre*). **II**. *n/m,f* needy person. LOC **Los ~s**, the needy. **ne·ce·si·tar** [neθesitár] *v* **1**. **(~ de)** *gen* to need, to have need of. **2**. to necessitate (*acción*).

ne·cio/a [néθjo/a] **I**. *adj* silly, foolish. **II**. *n/m,f* fool.

né·co·ra [nékora] *n/f* small crab.

ne·cró·fa·go/a [nekrófaγo/a] I. *adj* ZOOL necrophagous. II. *n/m,f* 1. ZOOL scavenger. 2. FIG ghoul. **ne·cro·fi·lia** [nekrofílja] *n/f* necrophilia. **ne·cró·fi·lo/a** [nekrófilo/a] *adj, n/m,f* necrofiliac. **ne·cro·lo·gía** [nekroloxía] *n/f* 1. obituary (*biografía*). 2. obituary column (*periódicos*). **ne·cro·ló·gi·co/a** [nekrolóxiko/a] *adj* obituary. **ne·cro·man·cia, ne·cro·man·cía** [nekromáṇθja/nekromaṇθía] *n/f* necromancy. **ne·cró·po·lis** [nekrópolis] *n/f* necropolis. **ne·cro·sis** [nekrósis] *n/f* MED necrosis.

néc·tar [néktar] *n/f* nectar. **nec·ta·ri·no/a** [nektaríno/a] I. *adj* sweet-tasting. II. *n/f* BOT nectarine.

neer·lan·dés/sa [neerlaṇdés/sa] I. *adj Dutch, Netherlands.* II. *n/m* Dutchman. III. *n/f* Dutch woman.

ne·fan·do/a [nefáṇdo/a] *adj* unspeakable. **ne·fa·rio/a** [nefárjo/a] *adj* nefarious.

ne·fas·to/a [nefásto/a] *adj* unlucky, inauspicious.

ne·frí·ti·co/a [nefrítiko/a] *adj* MED nephritic. **ne·fri·tis** [nefrítis] *n/f* MED nephritis. **ne·fro·lo·gía** [nefroloxía] *n/f* MED nephrology. **ne·fro·ló·gi·co/a** [nefrolóxiko/a] *adj* MED kidney, nephrological. **ne·fró·lo·go/a** [nefróloγo/a] *n/m,f* MED kidney specialist.

ne·ga·ción [neγaθjón] *n/f* 1. negation, denial. 2. GRAM negative. **ne·ga·do/a** [neγáðo/a] I. *adj* 1. stupid. 2. **(~ de, para)** hopeless at, useless at. II. *n/m,f col* dead loss. **ne·gar** [neγár] I. *v (niego, negué)* 1. to deny (*verdad,* etc). 2. to refuse (*permiso,* etc). 3. **(~ a)** to withhold (from). II. *Refl(-se)* **(~ a)** to refuse (to). **ne·ga·ti·vo/a** [neγatíβo/a] I. *adj* 1. *gen* negative. 2. MAT minus, negative. II. *n/m* negative (*foto*). III. *n/f* denial, refusal.

ne·gli·gen·cia [neγlixéṇθja] *n/f* negligence, neglect. **ne·gli·gen·te** [neγlixéṇte] *adj* **(~ en, para)** negligent (in), neglectful (of).

ne·go·cia·ble [neγoθjáβle] *adj* negotiable. **ne·go·cia·ción** [neγoθjaθjón] *n/f* negotiation. **ne·go·cia·do** [neγoθjáðo] *n/m* department, section. **ne·go·cia·dor/ra** [neγoθjaðór/ra] I. *adj* negotiating. II. *n/m,f* negotiator. **ne·go·cian·te** [neγoθjáṇte] I. **(~ en)** *n/m,f* merchant (in), dealer (in). II. *n/m* businessman. **ne· go·ciar** [neγoθjár] *v* 1. **(~ con, en)** to deal (in), to trade (in) (*mercancías*). 2. to negotiate (*acuerdos,* etc). **ne·go·cio** [neγóθjo] *n/m* 1. *gen* business. 2. deal, transaction (*trato*). 3. shop, firm: *Mi amigo tiene un negocio en Londres,* My friend has a shop/firm in London. LOC **Hacer ~**, to do good business. **Los ~s**, trade and commerce, business transactions.

ne·gre·ar [neγreár] *v* to go black. **ne·gre·cer** [neγreθér] *v* V. **ennegrecer(se)**· **ne·gre·ro/a** [neγréro/a] I. *adj* black slave. II. *n/m* 1. slave trader (*traficante*). 2. FIG slave driver. **ne·gri·lla, ne·gri·ta** [neγríʎa/neγríta] *n/f* bold (face) (*imprenta*). **ne·gri·tud** [neγritúð] *n/f* blackness. **ne·gro/a** [néγro/a] I. *adj* 1. *gen* black, negro. 2. dark (*oscuro*). 3. FIG black, gloomy (*triste*). 4. FIG peeved (*enfadado*). II. *n/m* 1. black (*color, persona*); negro *m*, negress *f*. 2. FIG ghost writer. 3. MÚS black note. LOC **Poner ~ a uno**, *col* to drive sb up the wall. **Tener la ~a**, to have rotten luck. **Verse ~ para (hacer algo)**, *col* to have a lot of trouble (doing sth). **ne·groi·de** [neγróiðe] *adj* negroid. **ne·gror** [neγrór] *n/m* V. **negrura**. **ne·gru·ra** [neγrúra] *n/f* blackness. **ne·gruz·co/a** [neγrúθko/a] *adj* blackish, darkish.

ne·mo·ro·so/a [nemoróso/a] *adj* POÉT sylvan.

ne·mo·tec·nia [nemotéknja] *n/f* mnemonics. **ne·mo·téc·ni·co/a** [nemotékniko/a] *adj* mnemotecnic.

ne·ne/a [néne/a] *n/m,f* 1. baby (*criatura*). 2. darling, love (*tratamiento*).

ne·nú·far [nenúfar] *n/m* BOT water lily.

neo- [neo-] *pref* neo-. **neo·ce·lan·dés/sa** [neoθelaṇdés/sa] I. *adj* (of/from) New zealand. II. *n/m,f* New zealander. **neo·cla·si·cis·mo** [neoklasiθísmo] *n/m* neoclassicism. **neo·clá·si·co/a** [neoklásiko/a] I. *adj* neoclassic(al). II. *n/m,f* neoclassicist. **neo·co·lo·nia·lis·mo** [neokolonjalísmo] *n/m* neocolonialism. **neó·fi·to** [neófito] *n/m* neophyte. **neo·la·ti·no/a** [neolatíno/a] *adj* Romance (*lenguas*). **neo·lí·ti·co/a** [neolítiko/a] *adj* neolithic. **neo·lo·gis·mo** [neoloxísmo] *n/m* neologism.

ne·ón [neón] *n/m* neon.

neo·rrea·lis·mo [neorrealísmo] *n/m* neorealism. **neo·yor·qui·no/a** [neoJorkíno/a] I. *adj* (of/from) New York. II. *n/m,f* New Yorker.

ne·po·tis·mo [nepotísmo] *n/m* nepotism.

ner·va·du·ra [nerβaðúra] *n/f* 1. ARQ ribs. 2. BOT nervure, vein. **ner·vio** [nérβjo] *n/m* 1. ANAT nerve. 2. ARQ BOT rib. 3. rib (*de libro*). 4. gristle (*de carne*). 5. FIG go, energy (*vigor*). 6. FIG moral fibre (*moralmente*). 7. FIG crux, key (*cosa principal*). LOC **Alterar los ~s a uno**, 1. to make sb nervous (*inquietar*). 2. to get on sb's nerves (*enfadar*). **ner·vio·si·dad** [nerβjosiðáð] *n/f* nervousness, nerves, excitement. **ner·vio·sis·mo** [nerβjosísmo] *n/m* V. **nerviosidad**. **ner·vio·so/a** [nerβjóso/a] *adj* 1. nerve. 2. nervous (*sistema*). 3. nervy, nervous, excited, on edge (*inquieto*). 4. highly-strung, excitable (*temperamento*). **ner·vu·do/a** [nerβúðo/a] *adj* sinewy, wiry.

ne·to/a [néto/a] *adj* 1. *gen* clear, pure. 2. COM net.

neu·má·ti·co/a [neumátiko/a] I. *adj* pneumatic. II. *n/m* tyre.

neu·mo·nía [neumonía] *n/f* pneumonia. **neu·mó·ni·co/a** [neumóniko/a] *adj* pneumonic. **neu·mo·ni·tis** [neumonítis] *n/f* MED pneumonitis. **neu·mo·tó·rax** [neumotóra(k)s] *n/m* MED pneumothorax.

neu·ral·gia [neurálxja] *n/f* neuralgia. **neu·rál·gi·co/a** [neurálxiko/a] *adj* MED neuralgic. LOC **Centro ~**, FIG nerve centre. **neu·ras·te·nia** [neurasténja] *n/f* 1. MED neurasthenia. 2. nervous depression. **neu·ras·té·ni·co/a** [neurasténiko/a] *adj* 1. MED neurasthenic. **2**. in a state of nervous depression. **neu·ri·tis** [neurítis] *n/f* MED neuritis. **neu·ro·ci·ru·gía** [neuroθiruxía] *n/f* MED neurosurgery. **neu·ro·ci·ru·ja·no/a** [neuroθiruxáno/a] *n/m,f* MED neurosurgeon. **neu·ro·lo·gía** [neuroloxía] *n/f* MED neurology. **neu·ró·lo·go/a** [neuróloγo/a] *n/m,f* MED neurologist. **neu·ro·na** [neuróna] *n/f* ANAT neuron. **neu·ro·sis** [neurósis] *n/f* MED neurosis. **neu·ró·ti·co/a** [neurótiko/a] *adj, n/m,f* MED neurotic.

neu·tral [neutrál] *adj, n/m,f* neutral. **neu·tra·li·dad** [neutraliðáð] *n/f* neutrality. **neu·tra·lis·mo** [neutralísmo] *n/m* neutralism. **neu·tra·li·za·ción** [neutraliθaθjón] *n/f* neutralization. **neu·tra·li·zar** [neutraliθár] **I**. *v (neutralice)* to neutralize. **II**. *Refl(-se)* to be neutralized. **neu·tro/a** [néutro/a] *adj* **1**. JUR ELECTR MIL QUÍM neutral. **2**. neutral (*color*). **3**. GRAM ZOOL neuter.

neu·tri·no [neutríno] *n/m* FÍS neutrino. **neu·trón** [neutrón] *n/m* FÍS neutron.

ne·va·do/a [neβáðo/a] **I**. *adj* snow-covered. **II**. *n/f* **1**. snowstorm (*acto*). **2**. snowfall (*cantidad*). **ne·var** [neβár] *v (nieva, nevó, nevará, nevado)* to snow. **ne·ve·ra** [neβéra] *n/f* **1**. refrigerator, INFML fridge. **2**. FIG icebox. **ne·ve·ro** [neβéro] *n/m* GEOG snowfield, perennial snowcap. **ne·vis·ca** [neβíska] *n/f* light snowstorm. **ne·vis·car** [neβiskár] *v (nevisque)* to snow lightly.

ne·xo [né(k)so] *n/m* link, connection.

ni [ní] *conj* **1**. neither, nor. **2**. not even: *No quiero ni verlo*, I don't even want to see him. LOC ~... ~..., neither ... nor ...

ni·ca·ra·güen·se, **ni·ca·ra·güe·ño/a** [nikaraγwénse/nikaraγwéɲo/a] *adj, n/m,f* Nicaraguan.

ni·co·ti·na [nikotína] *n/f* nicotine.

ni·cho [nítʃo] *n/m* niche.

ni·da·da [niðáða] *n/f* **1**. clutch (*huevos*). **2**. brood (*crías*). **ni·dal** [niðál] *n/m* nestbox. **ni·di·fi·car** [niðifikár] *v (nidifique)* to nest, to build a nest. **ni·do** [níðo] *n/f* **1**. nest. **2**. FIG nest, den (*ladrones*). **3**. FIG hotbed (*vicios*, etc). LOC ~ **de amor**, love nest.

nie·bla [njéβla] *n/f gen* FIG fog.

nie·to/a [njéto/a] **I**. *n/m* grandson. **II**. *n/f* granddaughter. **III**. *n/m,pl* grandchildren.

nie·ve [njéβe] *n/f* **1**. snow. **2**. *pl* snowfall.

ni·gro·man·cia, **ni·gro·man·cía** [niγromáṇθja/niγromaṇθía] *n/f* black magic, necromancy. **ni·gro·man·te** [niγromáṇte] *n/m* necromancer.

ni·hi·lis·mo [niilísmo] *n/m* nihilism. **ni·hi·lis·ta** [niilísta] **I**. *adj* nihilistic. **II**. *n/m,f* nihilist.

ni·lón, ny·lon [nilón] *n/m* nylon.

nim·bo [nímbo] *n/m* **1**. ART ASTR REL halo. **2**. nimbus (*meteorología*).

ni·mie·dad [nimjeðáð] *n/f* **1**. triviality (*sin importancia*). **2**. fussiness (*minuciosidad*). **ni·mio/a** [nímjo/a] *adj* **1**. trivial. **2**. **(~ en)** PEY fussy (about) (*persona*).

nin·fa [níɱfa] *n/f* **1**. MIT ZOOL nymph. **2**. *col* dish, bird (*chica*). **nin·fó·ma·na** [niɱfómana] *n/f* nymphomaniac. **nin·fo·ma·nía** [niɱfomanía] *n/f* nymphomania. **nin·fo·ma·nia·co/a** [niɱfomanjako/a] *adj* nymphomaniac.

nin·gún [niŋgún], **nin·gu·no/a** [niŋgúno/a] **I**. *adj* ("*ningún*" *delante de n/m, sing*) **1**. no: *Ningún chico ha aparecido*, No boy has turned up. **2**. any: *Lo más inoportuno que ningún hombre puede decir*, The most inappropriate thing that any man can say. **II**. *pron* **1**. **(~ de, entre)** none (of) (*de muchos*), neither (of) (*de dos*). **2**. nobody, no one: *No he visto a ninguno*, I've seen nobody/I haven't seen anybody.

ni·ña·da [niɲáða] *nf* V. **niñería**. **ni·ña·to** [niɲáto] *n/m* PEY lout, yob. **ni·ñe·ría** [niɲería] *n/f* **1**. childishness (*cualidad*). **2**. something childish (*dicho, hecho*). **3**. triviality (*sin importancia*). **ni·ñe·ro/a** [niɲéro/a] **I**. *adj* fond of children. **II**. *n/m* child minder. **III**. *n/f* nursemaid. **ni·ñez** [niɲéθ] *n/f* childhood, infancy. **ni·ño/a** [níɲo/a] **I**. *adj gen* young, immature. **II**. *n/m* **1**. *gen* child. **2**. (little) boy (*varón*). **3**. *col* sonny, my lad (*apelativo*). **III**. *n/f* **1**. ANAT pupil (*del ojo*). **2**. (little) girl (*chica*). **3**. *col* my girl (*apelativo*). LOC **La ~a de mis ojos**, FIG the apple of my eye.

ni·pón/na [nipón/na] *adj, n/m,f* Japanese.

ní·quel [níkel] *n/m* nickel. **ni·que·la·do** [nikeláðo] **I**. pp of *niquelar*. **II**. *n/m* nickel plating. **ni·que·lar** [nikelár] *v* to nickel-plate.

nir·va·na [nirβána] *n/f* nirvana.

nís·pe·ro [níspero] *n/m* BOT medlar.

ni·ti·dez [nitiðéθ] *n/f* **1**. *gen* brightness, clarity. **2**. crispness, sharpness (*foto, TV*). **ní·ti·do/a** [nítiðo/a] *adj* **1**. *gen* bright, clear. **2**. crisp, sharp (*foto, TV*).

ni·tra·to [nitráto] *n/m* QUÍM nitrate. **ní·tri·co/a** [nítriko/a] *adj* nitric. **ni·tro·ge·na·do/a** [nitroxenáðo/a] *adj* QUÍM nitrogenous. **ni·tró·ge·no** [nitróxeno] *n/m* QUÍM nitrogen. **ni·tro·gli·ce·ri·na** [nitroγliθerína] *n/f* QUÍM nitroglycerene.

ni·vel [niβél] *n/m* **1**. *gen* TÉC FIG level. **2**. standard (*criterio*). LOC **A ~**, level. **Al ~ de**, on a level with, at the same level as. **Estar al ~ de (algo/uno)**, to be up to the standard of sth/sb. **~ de vida**, standard of living. **ni·ve·la·ción** [niβelaθjón] *n/f* levelling. **ni·ve·lar** [niβelár] **I**. *v* **1**. to level, to make even (*allanar*). **2**. to survey (*topografía*). **3**. FIG to even out. **II**. *Refl(-se)* **1**. to level out. **2**. **(~ con)** to become level (with).

ní·veo/a [níβeo/a] *adj* POÉT niveous, snowy.

no [nó] **I**. *adv* **1**. not (*para negar verbos*). **2**. no (*rechazo*). **II**. *n/m* no. **III**. *adj* non- (*pref*): *La no existencia de oxígeno*, The nonexistence of oxygen. LOC **¡A que ~!**, *col* I bet you don't/can't/won't etc.! **¿Cómo ~?**, why not?, of course. **~... que**, only. **¡Que ~!**, Certainly not!, I (have) said no!

no·bi·lia·rio/a [noβiljárjo/a] *adj* noble (*título*). **no·ble** [nóβle] **I**. *adj* **1**. **(~ de, en, por)** *gen* noble (in, by). **2**. honest, upright. **3**. fine (*madera, metal*). **II.** *n/m,f* noble. **no·ble·za** [noβléθa] *n/f* nobility.

no·ción [noθjón] *n/f* **1.** idea, notion. **2.** *pl* smattering. **no·cio·nal** [noθionál] *adj* notional.

no·ci·vi·dad [noθiβiðáð] *n/f* harmfulness. **no·ci·vo/a** [noθíβo/a] *adj* harmful.

noc·tam·bu·lis·mo [noktaɱbulísmo] *n/m* **1.** activity at night. **2.** sleep-walking. **noc·tám·bu·lo/a** [noktáɱbulo/a] **I.** *adj* **1.** active at night. **2.** sleep-walking. **II.** *n/m,f* **1.** FIG *col* night owl. **2.** sleep-walker. **noc·tur·ni·dad** [nokturniðáð] *n/f* JUR nocturnal character. **noc·tur·no/a** [noktúrno/a] *adj* **1.** night, evening. **2.** ZOOL nocturnal.

no·che [nótʃe] *n/f* **1.** night(-time). **2.** (late) evening. **3.** darkness (*oscuridad*). LOC **Ayer (por la) ~**, last night. **¡Buenas ~es!**, 1. Good evening! (*saludo*). 2. **Good night!** (*despedida*). **Dar las buenas ~es**, 1. to wish sb good evening (*saludo*). 2. to wish sb good night (*despedida*). **De la ~ a la mañana**, FIG overnight. **De ~**, *adv* at night, by night, in the night. **Hacer ~ (en un lugar)**, to spend the night (somewhere). **Hacerse de ~**, to grow dark. **Por la ~**, during the night. **Ser como la ~ y el día**, FIG to be like chalk and cheese. **~ Vieja**, New Year's Eve. **no·che·bue·na** [notʃebwéna] *n/f* Christmas Eve.

no·do [nóðo] *n/m* newsreel.

no·dri·za [noðríθa] *n/f* wet nurse. LOC **Nave ~**, supply ship.

nó·du·lo [nóðulo] *n/m* nodule.

no·gal [noɣál] *n/m* BOT walnut tree.

nó·ma·da [nómaða] **I.** *adj* nomadic. **II.** *n/m,f* nomad. **no·ma·dis·mo** [nomaðísmo] *n/m* nomadism.

nom·bra·día [noɱbraðía] *n/f* renown. **nom·bra·do/a** [noɱbráðo/a] *adj* **1.** aforementioned (*citado*). **2.** renowned (*fama*). **nom·bra·mien·to** [noɱbramjénto] *n/m* **1.** nomination, appointment (*cargo*). **2.** naming, designation (*nombre*). **3.** MIL commission. **nom·brar** [noɱbrár] *v* **1.** to name (*designación*). **2.** to mention (*cita*). **3.** to nominate, to appoint (*cargo*). **4.** MIL to commission. **nom·bre** [nóɱbre] *n/m* **1.** name. **2.** GRAM noun. LOC **A ~ de**, payable to (*cheque*). **De ~**, 1. in name only. 2. by name: *De nombre Sánchez*, Sánchez by name. 3. of renown (*fama*). **En ~ de**, in the name of, on behalf of. **Llamar las cosas por su ~**, FIG to call a spade a spade. **No tener ~**, FIG to be unspeakable.

no·men·clá·tor, no·men·cla·dor [nomeŋklátor/nomeŋklaðór] *n/m* list of names. **no·men·cla·tu·ra** [nomeŋklatúra] *n/f* nomenclature. **nó·mi·na** [nómina] *n/f* **1.** list, roll. **2.** COM payroll. **3.** *col* salary slip. **no·mi·na·ción** [nominaθjón] *n/f* nomination. **no·mi·nal** [nominál] *adj* nominal. **no·mi·na·lis·mo** [nominalísmo] *n/m* FIL nominalism. **no·mi·na·lis·ta** [nominalísta] *adj, n/m/f* FIL nominalist. **no·mi·nar** [nominár] *v* to nominate. **no·mi·na·ti·vo/a** [nominatíβo/a] **I.** *adj* **1.** COM made out to an individual. **2.** GRAM nominative. **II.** *n/m* GRAM nomin- ative. **no·mi·ni·lla** [nominíʎa] *n/f* COM payslip.

no·na·da [nonáða] *n/f* mere nothing.

no·na·ge·na·rio/a [nonaxenárjo/a] *adj, n/m,f* nonagenarian. **no·na·gé·si·mo/a** [nonaxésimo/a] *adj, n/m* ninetieth.

no·na·to/a [nonáto/a] *adj* **1.** born not naturally. **2.** unborn, non-existent.

no·nes [nónes] *adv col* no way!

noos·fe·ra [noosféra] *n/f* noosphere.

no·que·ar [nokeár] *v* DEP to knock out, *col* to K.O.

nor·des·te [norðéste] *n/m* **1.** north-east. **2.** north-easterly (*viento*).

nór·di·co/a [nórðiko/a] **I.** *adj* **1.** *gen* northern, northerly. **2.** Nordic (*raza*). **3.** North European. **II.** *n/m,f* North European, northerner.

no·ria [nórja] *n/f* **1.** AGR chain pump, water-wheel. **2.** big wheel, Ferris wheel (*diversión*).

nor·ma [nórma] *n/f* norm, rule. **nor·mal** [normál] **I.** *adj* **1.** normal, usual. **2.** TÉC standard. **3.** perpendicular (*geometría*). **II.** *n/m* perpendicular (*geometría*). **nor·ma·li·dad** [normaliðáð] *n/f* normality. **nor·ma·li·za·ción** [normaliθaθjón] *n/f* normalization standardization. **nor·ma·li·zar** [normaliθár] *v* (*normalice*) **1.** to return to normal, to normalize. **2.** TÉC to standardize.

nor·man·do/a [normándo/a] *adj, n/m,f* Norman.

nor·ma·ti·vo/a [normatíβo/a] *adj* normative, prescriptive.

no·ro·es·te [noroéste] *n/m* north-west. **nor·te** [nórte] **I.** *adj* **1.** north(ern) (*zona*). **2.** northerly (*viento, dirección*). **II.** *n/m* **1.** north (*zona*). **2.** north wind (*viento*). **3.** FIG aim, objective.

nor·te·a·me·ri·ca·no/a [norteamerikáno/a] *adj, n/m,f* American.

nor·te·ño/a [nortéɲo/a] **I.** *adj* northern. **II.** *n/m,f* northerner.

no·rue·go/a [norwéɣo/a] *adj, n/m,f* Norwegian.

nos [nós] *pron pers* **1.** us (*objeto directo*). **2.** (to) us (*objeto indirecto*). **3.** (to) ourselves (*reflexivo*). **no·so·tros/as** [nosótros/as] *pron pers* **1.** we (*sujeto*). **2.** us, ourselves (*tras prep*).

nos·tal·gia [nostálxja] *n/f* nostalgia, loneliness. **nos·tál·gi·co/a** [nostálxiko/a] *adj* nostalgic, lonely.

no·ta [nóta] *n/f* **1.** note (*escrito, musical*). **2.** Br mark, US grade (*examen*). **3.** FIG mark (*de distinción*, etc). LOC **Tomar (buena) ~ (de algo)**, to take note (of sth). **no·ta·bi·li·dad** [notaβiliðáð] *n/f* **1.** notability (*cualidad*). **2.** notable (*persona*). **no·ta·ble** [notáβle] **I.** *adj* notable, noteworthy. **II.** *n/m* credit, honours (mark), second class (mark). **III.** *n/m,pl* notables (*personas*). **no·ta·ción** [notaθjón] *n/f* notation. **no·tar** [notár] **I.** *v* **1.** to note, to notice (*observación*). **2.** to note down (*apuntes*). **3.** to mark (*escritos*). **4. (~ de)** FIG to criticize (as). **II.** *Refl(-se)* to show, to be obvious. LOC **Hacerse ~**, to stand out, PEY to draw attention to oneself.

no·ta·ría [notaría] *n/f* **1**. profession of notary. **2**. notary's office (*oficina*). **no·ta·ria·do/a** [notarjáðo/a] **I**. *adj* Br authenticated by a notary, US notarized. **II**. *n/m* body of notaries. **no·ta·rial** [notarjál] *adj* notarial. **no·ta·rio/a** [notárjo/a] *n/m,f* Br commissioner for oaths, notary public.

no·ti·cia [notíθja] *n/f* **1**. piece of news (*suceso*). **2**. news item (*TV*, etc). **3**. news (*información*). **no·ti·cia·rio** [notiθjárjo] *n/m* **1**. news bulletin (*radio, TV*). **2**. newsreel (*cine*). **no·ti·cie·ro** [notiθjéro] *n/m* **1**. journalist, reporter (*persona*). **2**. newspaper. **no·ti·ción** [notiθjón] *n/m* FAM FIG bombshell. **no·ti·fi·ca·ción** [notifikaθjón] *n/f* notification. **no·ti·fi·car** [notifikár] *v* (*notifique*) to notify.

no·to·rie·dad [notorjeðáð] *n/f* **1**. fame. **2**. PEY notoriety. **no·to·rio/a** [notórjo/a] *adj* **1**. famous (*reputación*). **2**. well-known (*conocimiento*). **3**. PEY notorious (*reputación*). **4**. obvious (*evidencia*). **5**. PEY blatant, flagrant (*evidencia*).

no·va·ta·da [noβatáða] *n/f* **1**. Br ragging, US hazing (*colegios*, etc). **2**. initiation ceremony. **3**. elementary blunder. **no·va·to/a** [noβáto/a] **I**. *adj* inexperienced, green. **II**. *n/m,f* **1**. *gen* novice. **2**. MIL new recruit. **3**. Br fresher, US freshman.

no·ve·cien·tos/as [noβeθjéntos/as] *adj, n/m,f* nine hundred.

no·ve·dad [noβeðáð] *n/f* **1**. newness, novelty (*cualidad*). **2**. novelty (*objeto*). **3**. latest news (*suceso*). **4**. change (*cambio*). LOC **Sin ~**, nothing to report, all quiet. **no·ve·do·so/a** [noβeðóso/a] *adj* novel, new. **no·vel** [noβél] *adj* new, inexperienced.

no·ve·la [noβéla] *n/f* novel (*libro*). **no·ve·lar** [noβelár] *v* **1**. to turn into a novel. **2**. to write novels. **no·ve·le·ría** [noβelería] *n/f* **1**. liking for novels. **2**. romantic ideas (*imaginación*). **no·ve·le·ro/a** [noβeléro/a] *adj* **1**. fond of novels. **2**. romantic, highly imaginative (*imaginación*). **no·ve·les·co/a** [noβelésko/a] *adj* **1**. fictional (*género*). **2**. romantic, novelesque (*suceso*). **no·ve·lis·ta** [noβelísta] *n/m,f* novelist. **no·ve·lís·ti·co/a** [noβelístiko/a] **I**. *adj* **1**. *gen* fictional. **2**. novelistic (*de novelas*). **II**. *n/f* **1**. treatise on the novel. **2**. fiction (*género*). **no·ve·lón** [noβelón] *n/m* INFML blockbuster (*libro*). **no·ve·no/a** [noβéno/a] **I**. *adj* ninth. **II**. *n/f* REL novena. **no·ve·na·rio** [noβenárjo] *n/m* **1**. period of nine days. **2**. funeral service held on the ninth day after a person's death.

no·ven·ta [noβénta] **I**. *adj* **1**. ninety (*cardinal*). **2**. ninetieth (*ordinal*). **II**. *n/m* ninety. **no·ven·tón/na** [noβentón/na] *adj* ninety year-old.

no·viaz·go [noβjáθγo] *n/m* engagement, (period of) courtship.

no·vi·cia·do [noβiθjáðo] *n/m* REL novitiate. **no·vi·cio/a** [noβíθjo/a] **I**. *adj* FIG new, inexperienced. **II**. *n/m,f* REL FIG novice.

no·viem·bre [noβjémbre] *n/m* November.

no·vi·lu·nio [noβilúnjo] *n/m* new moon.

no·vi·lla·da [noβiʎáða] *n/f* TAUR bullfight with young bulls. **no·vi·lle·ro** [noβiʎéro] *n/m* TAUR novice bullfighter. **no·vi·llo/a** [noβíʎo/a] **I**. *n/m* young bull. **II**. *n/f* heifer. LOC **Hacer ~os**, FIG *col* to skip class, to play hookey.

no·vio/a [nóβjo/a] **I**. *n/m* **1**. (steady) boyfriend (amigo). **2**. fiancé (prometido), sweetheart. **3**. bridegroom (*en la boda*). **II**. *n/f* **1**. (steady) girlfriend (*amiga*). **2**. fiancée (*prometida*). **3**. bride (*en la boda*).

nu·ba·rra·da [nuβarráða] *n/f* sudden downpour. **nu·ba·rrón** [nuβarrón] *n/m* large storm cloud. **nu·be** [núβe] *n/f* **1**. *gen* FIG cloud. **2**. cloud (*en joya*). **3**. MED film. **4**. FIG crowd, swarm (*chiquillos, etc.*). LOC **Estar (uno) en las ~s**, FIG **1**. to be day-dreaming, **2**. to have one's head in the clouds (*casi siempre*). **Estar (una cosa) por las ~s**, FIG (sth) to be sky-high (*precios*). **Poner (a uno/algo) por las ~s**, to praise (sb/sth) to the skies.

nú·bil [núβil] *adj* nubile.

nu·bla·do/a [nuβláðo/a] **I**. *adj* cloudy, overcast. **II**. *n/m* **1**. storm cloud. **2**. FIG threat. **nu·blar** [nuβlár] **I**. *v gen* FIG to cloud. **II**. *Refl(-se) gen* FIG to cloud over. **nu·bo·si·dad** [nuβosiðáð] *n/f* cloudiness. **nu·bo·so/a** [nuβóso/a] *adj* cloudy.

nu·ca [núka] *n/f* ANAT nape (of the neck).

nu·cle·ar [nukleár] *adj* nuclear. **nu·clea·ri·za·ción** [nukleariθaθjón] *n/f* construction of nuclear power stations. **nu·clea·ri·zar** [nukleariθár] *v* (*nuclearice*) to build nuclear power stations. **nú·cleo** [núkleo] *n/m* **1**. FÍS QUÍM nucleus. **2**. kernel, stone (*de frutas*). **3**. ELECTR FIG core.

nu·di·llo [nuðíʎo] *n/m* ANAT knuckle.

nu·dis·mo [nuðísmo] *n/m* nudism. **nu·dis·ta** [nuðísta] *n/m,f* nudist.

nu·do [núðo] *n/m* **1**. *gen* NÁUT BOT FIG knot. **2**. TÉC node, centre (*comunicaciones*). **3**. nub, tangle (*hilo*). **4**. lump (*garganta*). **5**. crux (*problema*). **nu·do·si·dad** [nuðosiðáð] *n/f* **1**. knottiness. **2**. MED nodosity. **nu·do·so/a** [nuðóso/a] *adj* **1**. knotty (*madera*). **2**. gnarled (*tronco*). **3**. knobbly (*palo*).

nue·ra [nwéra] *n/f* daughter-in-law.

nues·tro/a [nwéstro/a] **I**. *adj* **1**. our. **2**. of ours, our: *Un amigo nuestro*, A friend of ours/One of our friends. **II**. *pron* ours. LOC **Ser la ~a**, to be the moment we've been waiting for.

nue·ve [nwéβe] *adj, n/m* nine.

nue·vo/a [nwéβo/a] *adj* **1**. **(~ en)** *gen* new (at, in). **2**. novel. **3**. further (*extra*). LOC **De ~**, again, once more.

nuez [nwéθ] *n/f* **1**. BOT walnut. **2**. BOT nut. **3**. ANAT Adam's apple.

nu·li·dad [nuliðáð] *n/f* **1**. nullity, incompetence (*cualidad*). **2**. nonentity (*persona*). **nu·lo/a** [núlo/a] *adj* **1**. (null and) void, invalid. **2**. useless (*persona*).

nu·man·ti·no/a [numan̪tíno/a] **I.** *adj, n/m, f* HIST Numantian. **II.** *adj* FIG last ditch (*defensa*).

nu·men [númen] *n/m* **1.** inspiration, talent. **2.** HIST numen.

nu·me·ra·ble [numeráβle] *adj* numerable. **nu·me·ra·ción** [numeraθjón] *n/f* numeration, numbering. **nu·me·ra·dor** [numeraðór] *n/m* **1.** MAT numerator. **2.** TÉC numbering machine. **nu·me·ra·dora** [numeraðóra] *n/f* V. **numerador 2**. **nu·me·ral** [numerál] *adj, n/m* numeral. **nu·me·rar** [numerár] *v* to number. **nu·me·ra·rio/a** [numerárjo/a] **I.** *adj* permanent (*personal*). **II.** *n/m,f* **1.** permanent member of staff. **III.** *n/m* (hard) cash. **nu·mé·ri·co/a** [numériko/a] *adj* numerical. **nú·me·ro** [número] *n/m* **1.** *gen* MAT GRAM number. **2.** TEAT number, turn. **3.** number, issue (*revistas*). **4.** size (*prendas*). **5.** police constable (*guardia*). **6.** MIL man, private. **7.** *pl* Numbers (*Biblia*). LOC **En ~s redondos**, in round figures. **Hacer un ~**, to put on a show. **Sin ~**, countless. **nu·me·ro·so/a** [numeróso/a] *adj* numerous, many. LOC **Familia ~**, JUR parents and four or more children.

nu·mis·má·ti·co/a [numismátiko/a] **I.** *adj* numismatic. **II.** *n/f* numismatics. **III.** *n/m,f* numismatist.

nun·ca [núŋka] *adv* **1.** never, not ever (*negativo*). **2.** ever (*alguna vez*). LOC **~ jamás**, never ever.

nun·cia·tu·ra [nun̪θjatúra] *n/f* nunciature. **nun·cio** [nún̪θjo] *n/m* **1.** REL nuncio. **2.** FIG omen.

nup·cial [nupθjál] *adj* wedding, nuptial. **nup·cia·li·dad** [nupθjaliðáð] *n/f* marriage rate. **nup·cias** [núpθjas] *n/f,pl* POÉT nuptials.

nur·se [núrse] *n/f* nurse (*niñera*).

nu·tria [nútrja] *n/f* ZOOL otter

nu·tri·ción [nutriθjón] *n/f* nutrition. **nu·tri·do/a** [nutríðo/a] *adj* **1.** abundant. **2.** MIL heavy (*fuego*). **nu·trien·te** [nutrjén̪te] **I.** *adj* V. **nutritivo/a 1**. **II.** *n/m* nutrient. **nu·tri·men·to**, **nu·tri·mien·to** [nutrimén̪to/nutrimjén̪to] *n/m* nutriment, nourishment. **nu·trir** [nutrír] **I.** *v* **1.** to feed, to nourish. **2.** FIG to support, to foment. **II.** *Refl(-se)* **(~ con, de)** to feed (on), to live (on, off). **nu·tri·ti·vo/a** [nutitíβo/a] *adj* **1.** nourishing, nutritious. **2.** nutritional (*valor*).

Ñ, ñ [éɲe] *n/f* 'ñ' (*letra*).
ñan·dú [ɲaŋdú] *n/m* ZOOL rhea, nandu.
ña·que [ɲáke] *n/m* junk.
ña·to/a [ɲáto/a] *adj Amer* flat-nosed, snub-nosed.
ñi·qui·ña·que [ɲikiɲáke] *n/m col* **1.** good-for-nothing (*persona*). **2.** V. **ñaque.**
ño·ñe·ría, **ño·ñez** [ɲoɲería/ɲoɲéθ] *n/f* **1.** insipidness. **2.** spinelessness (*falto de carácter*). **3.** bashfulness (*pudor*). **4.** fussiness.
ño·ño/a [ɲóɲo/a] **I.** *adj* **1.** *col* wet (*soso*). **2.** spineless (*falto de carácter*). **3.** bashful (*tímido*). **4.** fussy (*melindroso*). **II.** *n/m,f* **1.** spineless person, *col* drip. **2.** *col* fussy-breeches.
ñu [ɲú] *n/m* ZOOL gnu, wildebeest.

O, o [o] **I.** *n/f* 'o' (*letra*). **II.** *conj* or. LOC **~...~** either...or.

oa·sis [oásis] *n/m* oasis.

ob·ce·ca·ción [oβθekaθjón] *n/f* blind obstinacy. **ob·ce·car** [oβθekár] **I.** *v* **1**. FIG to blind. **2**. to disturb the mind of. **II**. *v/Refl(-se)* **(~ con, por, en)** to persist obstinately (with, in).

o·be·de·cer [oβeðeθér] *v* (*obedezco*) **1**. to obey. **2. (~ a)** MED to respond to: *Su enfermedad no obedece a ningún tratamiento*, His illness is not responding to any treatment **3.(~ a)** to be due to: *La obesidad obedece a una mala alimentación*, Obesity is due to bad eating habits. **o·be·dien·cia** [oβeðjénθja] *n/f* obedience. **o·be·dien·te** [oβeðjénte] *adj* obedient.

o·be·lis·co [oβelísko] *n/m* obelisk.

o·ber·tu·ra [oβertúra] *n/f* MÚS overture.

o·be·si·dad [oβesiðáð] *n/f* obesity. **obeso/a** [oβéso/a] *adj* obese.

ó·bi·ce [óβiθe] *n/m* FML obstacle, impediment.

o·bis·pa·do [oβispáðo] *n/m* REL bishopric. **o·bis·pal** [oβispál] *adj* REL episcopal. **o·bis·po** [oβíspo] *n/m* REL bishop.

ó·bi·to [óβito] *n/m* decease. **o·bi·tua·rio** [oβitwárjo] *n/m* obituary.

ob·je·ción [oβxeθjón] *n/f* objection. **ob·je·ta·ble** [oβxetáβle] *adj* open to objection. **ob·je·tar** [oβxetár] *v* to object (to), protest (against).

ob·je·ti·var [oβxetiβár] *v* to objectify. **ob·je·ti·vi·dad** [oβxetiβiðáð] *n/f* objectivity. **ob·je·ti·vo/a** [oβxetíβo/a] **I.** *adj* objective. **II.** *n/m* **1**. *gen* objective, aim. **2**. MIL objective, target. **3**. lens (*de cámara, etc*).

ob·je·to [oβxéto] *n/m* **1**. object, thing (*cosa*). **2**. topic, subject matter (*tema*). **3**. object, aim, end (*meta*). LOC **Al ~ de/Con (el) ~ de**, with the aim of. **No tener ~**, not to make sense. **Sin ~**, pointless.

ob·je·tor/ra [oβxetor/ra] *n/m,f* objector: *~ de conciencia*, conscientious objector.

o·bla·ción [oβlaθjón] *n/f* oblation, offering.

o·blea [oβléa] *n/f* REL FIG wafer.

o·bli·cui·dad [oβlikwiðáð] *n/f* **1**. obliquity (*cualidad*). **2**. oblique angle (*posición*). **o·bli·cuo/a** [oβlíkwo/a] *adj* **1**. MAT oblique (*ángulo*). **2**. slanting (*sesgado*). **3**. sidelong (*mirada*).

o·bli·ga·ción [oβliɣaθjón] *n/f* **1**. obligation, duty. **2**. COM bond. **3**. *pl* responsibilities.

o·bli·gar [oβliɣár] *v* (*obligué*) **(~ a, con, por) I.** to oblige, force, compel (to, with, by). **II.** *v/Refl(-se)* to bind oneself to (do something). **o·bli·ga·to·rie·dad** [oβliɣatorjeðáð] *n/f* obligatory nature. **o·bli·ga·to·rio/a** [oβliɣatórjo/a] *adj* **1**. *gen* obligatory, compulsory. **2**. JUR binding.

ob·lon·go/a [oβlóŋgo/a] *adj* oblong.

ob·nu·bi·la·ción [oβnuβilaθjón] *n/f* FIG obnubilation, confusion.

o·boe [oβóe] *n/m* **1**. MÚS oboe (*instrumento*). **2**. oboist (*persona*).

ó·bo·lo [óβolo] *n/m* FIG mite, small contribution.

o·bra [óβra] *n/f* **1**. *gen* work. **2**. TEAT work, play. **3**. ARQ building (work) (*edificio*), building site (*lugar*). **4**. *pl* works: *Las obras completas de Alberti*, The complete works of Alberti. **5**. *pl* ARQ repairs. LOC **De palabra y de ~**, in theory and in practice. **Poner en ~**, to carry out. **Por ~ de/Por ~ y gracia de**, thanks to/by the grace of. **o·bra·dor/ra** [oβraðór/ra] **I.** *adj* working. **II.** *n/m* workshop, workroom. **o·brar** [oβrár] *v* **1**. to act, behave. **2**. MED to work, have an effect. **3**. to work (*madera, milagros*). **4**. to build (*albañilería*). LOC **~ en poder**, to be in someone's hands. **o·bre·ris·mo** [oβrerísmo] *n/m* workers' movement. **o·bre·ro/a** [oβréro/a] **I.** *adj* working(-class). **II.** *n/m* (manual) worker, working man. **III.** *n/f* (woman) worker.

o(b)s·ce·ni·dad [o(β)sθeniðáð] *n/f* obscenity. **o(b)s·ce·no/a** [o(β)scéno/a] *adj* obscene.

o(b)s·cu·ran·tis·mo [o(β)skurantísmo] *n/m* obscurantism. **o(b)s·cu·ran·tis·ta** [o(β)skurantísta] *n/m,f* obscurantist.

o(b)s·cu·re·cer [o(β)skureθér] **I.** *v* (*o(b)scurezco*). **1**. *gen* to darken, obscure, dim. **2**. FIG to cloud, confuse. **3**. to get dark, grow dark (*anochecer*). **4**. to cloud over (*tiempo*). **II.** *v/Refl(-se)* **1**. V **o(b)scurecer I. (3.) 2**. FIG to become confused. **o(b)s·cu·re·ci·mien·to** [o(β)skureθimjénto] *n/m* **1**. darkening, clouding (*del cielo*). **2**. darkening, deepening (*color*). **3**. dimming (*luz*). **o(b)s·cu·ri·dad** [o(β)skuriðáð] *n/f* **1**. *gen* darkness, gloom, obscurity. **2**. FIG obscurity. **o(b)s·cu·ro/a** [o(β)skúro/a] *adj* **1**. dark (*colores, falta de luz*). **2**. gloomy, overcast (*día*). **3**. FIG obscure, confused. LOC **Estar a ~as**, to be in the dark.

ob·se·quiar [oβsekjár] **1. (~ con)** to present sb (with), bestow (*regalos*). **2**. to lavish attentions upon (*agasajar*). **ob·se·quio** [oßsékjo] *n/m* **1**. gift (*objeto*). **2**. kindness, courtesy (*comportamiento*). **ob·se·quio·si·dad** [oßsekjosiðáð] *n/f* obligingness, attentiveness. **ob·se·quio·so/a** [oßsekjóso/a] *adj* **(~ con, para con)** obliging (towards), attentive (towards).

ob·ser·va·ción [oßserßaθjón] *n/f* **1**. observation (*acto*). **2**. remark, comment (*dicho*). **3**. observance (*de la ley*). **ob·ser·va·dor/ra** [oßserßaðór/ra] **I**. *adj* observant. **II**. *n/m,f* observer. **ob·ser·van·cia** [oßserßáṇθja] *n/f* **1**. V **observación**. **2**. obedience (*obediencia*). **ob·ser·var** [oßserßár] **I**. *v* **1**. to observe, watch (*ver*). **2**. to observe, abide by (*reglas*). **3**. to observe, remark (*comentar*). **II**. *v/Refl (-se)* to be noted. **ob·ser·va·to·rio** [oßserßatórjo] *n/m* observatory.

ob·se·sión [oßsesjón] *n/f* obsession. **ob·se·sio·nar** [oßsesjonár] **I**. *v* to obsess. **II**. *v/Refl(-se)* **(~ con, por)** to be obsessed (with, by). **ob·se·si·vo/a** [oßsesíßo/a] *adj, n/m,f* obsessive. **ob·se·so/a** [oßséso/a] *adj* obsessed. **II**. *n/m,f* obsessed person.

ob·so·le·to/a [oßsoléto/a] *adj* obsolete.

obs·ta·cu·li·zar [o(ß)stakuliθár] *v* (*obstaculicé*) to hamper, stand in the way of. **obs·tá·cu·lo** [o(ß)stákulo] *n/m* obstacle, hindrance.

obs·tan·te [o(ß)stáṇte] *adv* LOC **No ~**, however, nevertheless.

obs·tar [o(ß)stár] *v imp* **(no ~ para)** not to prevent (from): *Eso no obsta para que se presente en dirección*, That should not prevent him from going to the management.

obs·te·tri·cia [o(ß)stetríθja] *n/f* MED obstetrics.

obs·ti·na·ción [o(ß)stinaθjón] *n/f* obstinacy. **obs·ti·na·do/a** [o(ß)stináðo/a] *adj* obstinate. **obs·ti·nar·se** [o(ß)stinárse] *v/Refl(-se)* **1**. **(~ en)** to persist (in). **2**. to be obstinate, dig one's heels in (*no rendirse*).

obs·truc·ción [o(ß)strukθjón] *n/f* obstruction. **obs·truc·cio·nismo** [o(ß)strukθjonísmo] *n/m* obstructionism. **obs·truc·cio·nis·ta** [o(ß)strukθjonísta] *adj, n/m,f* obstructionist. **obs·truir** [o(ß)strwír] *v* (*obstruyo*) to obstruct.

ob·ten·ción [oßteṇθjón] *n/f* obtainment. **ob·te·ner** [oßtenér] **I**. *v* (*obtengo, obtuve, obtendré, obtenido*) **1**. *gen* to obtain, get. **2**. to achieve (*meta*). **II**. *v/Refl(-se)* **(~ de)** to be obtained (from). **ob·te·ni·ble** [oßteníßle] *adj* **1**. obtainable (*disponible*). **2**. achievable (*meta*).

ob·tu·ra·ción [oßturaθjón] *n/f* plugging, sealing off. LOC **Velocidad de ~**, shutter-speed (*fotografía*). **ob·tu·ra·dor/ra** [oßturaðór/ra] **I**. *adj* closing, sealing. **II**. *n/m* **1**. plug, stopper (*de agujero*). **2**. shutter (*fotografía*). **3**. TÉC choke. **ob·tu·rar** [oßturár] *v* to plug, stop up.

ob·tu·sán·gu·lo [oßtusáŋgulo] *n/m* MAT obtuse-angled triangle. **ob·tu·so/a** [oßtúso/a] *adj* **1**. blunt (*sin punta*). **2**. MAT FIG obtuse.

o·bús [oßús] *n/m* **1**. MIL howitzer (*artillería*). **2**. MIL shell (*proyectil*).

ob·viar [oßßjár] *v* (*obvío, obvíen*) to obviate. **ob·vio/a** [óßßjo/a] *adj* obvious.

o·ca [óka] *n/f* ZOOL goose. LOC **¡Es la ~!**, It's the bee's knees!

o·ca·sión [okasjón] *n/f* **1**. occasion (*vez*). **2**. opportunity, chance (*oportunidad*). **3**. cause, reason (*motivo*). **4**. COM bargain. LOC **Con ~ de**, on the occasion of. **Dar ~**, 1. to give cause (*motivo*). 2. to give the opportunity (*facilitar*). **De ~** COM secondhand. **o·ca·sio·nal** [okasjonál] *adj* **1**. occasional (*no habitual, para ocasión*). **2**. chance, fortuitous (*por casualidad*). **o·ca·sio·nar** [okasjonár] *v* to cause, bring about.

o·ca·so [okáso] *n/m* **1**. sunset (*del sol*). **2**. ASTR setting. **3**. FIG twilight, decline.

oc·ci·den·tal [okθiðeṇtál] *adj* western. **oc·ci·den·te** [okθiðéṇte] *n/m* west.

oc·ci·pi·tal [okθipitál] *adj* ANAT occipital. **oc·ci·pu·cio** [okθipúθjo] *n/m* ANAT occiput.

oc·ci·so/a [okθíso/a] *adj* FML slain, murdered.

o·céa·no [oθéano] *n/m* **1**. GEOG ocean. **2**. FIG sea. **o·cea·no·gra·fía** [oθeanoγrafía] *n/f* oceanography. **o·cea·no·grá·fi·co/a** [oθeanoγráfiko/a] *adj* oceanographic.

o·ce·la·do/a [oθeláðo/a] *adj* ocelate(d). **o·ce·lo** [oθélo] *n/m* ocellus.

o·cio [óθjo] *n/m* **1**. idleness (*inactividad*). **2**. leisure (*tiempo libre*). **o·cio·si·dad** [oθjosiðáð] *n/f* idleness, laziness. **o·cio·so/a** [oθjóso/a] *adj* **1**. at leisure, idle (*inactivo*). **2**. pointless, idle (*de palabras*).

o·cluir [oklwír] **I**. *v* (*ocluye, ocluya*) to occlude. **II**. *v/Refl(-se)* to be occluded. **o·clu·sión** [oklusjón] *n/f* **1**. *gen* occlusion. **2**. occluded front (*tiempo*). **o·clu·si·vo/a** [oklusíßo/a] *adj* occlusive.

o·cre [ókre] *n/m, adj* ochre.

oc·tae·dro [oktaéðro] *n/m* octahedron. **oc·tá·go·no** [oktáγono] **I**. *n/m* octagon. **II**. *adj* octagonal.

oc·ta·no [oktáno] *n/m* octane.

oc·ta·vi·lla [oktaßíʎa] *n/f* **1**. octavo (*papel*). **2**. political pamphlet. **3**. POÉT sheet of paper, octet. **oc·ta·vo/a** [oktáßo/a] **I**. *adj, n/m* eighth. **II**. *n/f* REL POÉT octave.

oc·to·ge·na·rio/a [oktoxenárjo/a] *adj, n/m,f* octogenarian. **oc·tó·go·no** [októγono] *n/m* V **octágono I**. **oc·tó·po·do/a** [októpoðo/a] *n/m, f, adj* ZOOL octopod. **oc·to·si·lá·bi·co/a** [oktosiláßiko/a] *adj* V **octosílabo/a I**. **oc·to·sí·la·bo/a** [oktosílabo/a] **I**. *adj* octosyllabic. **II**. *n/m* octosyllable.

oc·tu·bre [oktúßre] *n/m* October.

o·cu·lar [okulár] *adj* ocular, eye. **o·cu·lis·ta** [okulísta] *n/m,f* oculist.

o·cul·ta·ción [okultaθjón] *n/f* hiding, concealment. **o·cul·tar** [okultár] **I**. *v* **(~ a, de)** to hide (from), conceal (from). **II**. *v/Refl(-se)* to hide (oneself). **o·cul·tis·mo** [okultísmo] *n/m* occultism. **o·cul·to/a** [okúlto/a] *adj* **1**. hidden, concealed (*tapado*). **2**. secret, mysterious (*misterioso*).

o·cu·pa·ción [okupaθjón] *n/f* occupation. **o·cu·pan·te** [okupán̪te] *n/m,f* occupant. **o·cu·par** [okupár] **I.** *v* **1.** *gen* to occupy. **2.** to provide work for (*dar trabajo*). **3.** to fill (*tiempo*). **II.** *v/Refl(-se)* **(~ con, de, en)** to concern oneself with, deal with, take care of.

o·cu·rren·cia [okurrén̪θja] *n/f* **1.** occurrence, incident (*suceso*). **2.** bright idea (*idea*). **3.** witticism (*gracia*). **o·cu·rren·te** [okurrén̪te] *adj* witty, amusing. **o·cu·rrir** [okurrír] **I.** *v* to happen, occur. **II.** *v/Refl(-se)* to occur to one: *Se me ocurrió que podías venir*, It occurred to me that you could come.

o·cha·vo [otʃáβo] *n/m* LOC **No tener ~**, not to have a cent.

o·chen·ta [otʃén̪ta] **I.** *n/m* eighty. **II.** *adj* eightieth. **o·chen·tón/na** [otʃen̪tón/na] **I.** *adj* about eighty. **II.** *n/m,f* person in his/her eighties. **o·cho** [ótʃo] **I.** *n/m* eight. **II.** *adj* eighth. **o·cho·cien·tos/as** [otʃoθjén̪tos/as] **I.** *n/m* eight hundred. **II.** *adj* eight hundredth.

o·da [óða] *n/f* ode.

o·diar [oðjár] *v* to hate. **o·dio** [óðjo] *n/m* **(~ a)** hatred (for, of), dislike (for, of). **o·dio·so/a** [oðjóso/a] *adj* hateful, odious.

o·di·sea [oðiséa] *n/f* odyssey.

o·don·to·lo·gía [oðon̪toloxía] *n/f* MED dentistry, dental surgery. **o·don·to·ló·gi·co/a** [oðon̪tolóxico/a] MED odontological, dental. **o·don·tó·lo·go/a** [oðon̪tóloγo/a] *n/m,f* dentist, dental surgeon.

o·do·rí·fe·ro/a [oðorífero/a] *adj* sweet-smelling, aromatic. **o·do·rí·fi·co/a** [oðorífiko/a] *adj* V **odorífero/a**

o·dre [óðre] *n/m* wineskin.

oes·te [oéste] *n/m* **1.** west (*punto cardinal*). **2.** west wind (*viento*).

o·fen·der [ofen̪dér] **I.** *v* **1.** *gen* to offend. **2.** to insult. **II.** *v/Refl(-se)* **(con, por)** to take offence (at). **o·fen·sa** [ofénsa] *n/f* offence, slight. **o·fen·si·vo/a** [ofensíβo/a] *adj, n/f* offensive. **o·fen·sor/ra** [ofensór/ra] **I.** *adj* offending. **II.** *n/m,f* offender.

o·fer·ta [oférta] *n/f* **1.** *gen* offer. **2.** sale price, special offer (*ganga*). LOC **~ y demanda**, supply and demand. **o·fer·tar** [ofertár] *v* **1.** to offer. **2.** COM to tender.

o·ffice [ófis] *n/m* scullery, pantry.

off·set [ófset] *n/m* offset.

o·fi·cial [ofiθjál] *adj* official. **o·fi·cial/la** *n/m,f* **1.** official, officer (*funcionario/a*). **2.** MIL officer (*hasta capitán*). **3.** craftsman/woman (*cualificado*). **4.** clerk (*de oficina*).

o·fi·cia·lía [ofiθjalía] *n/f* **1.** clerical worker status (*de oficina*). **2.** skilled worker status (*cualificado*). **o·fi·cia·li·dad** [ofiθjaliðáð] *n/f* **1.** MIL officer status. **2.** MIL officer corps, officers (*cuerpo*). **o·fi·ciar** [ofiθjár] *v* **(~ de)** REL to officiate (as). **o·fi·cia·li·zar** [ofiθjaliθár] (*oficialice*) to make official. **o·fi·ci·na** [ofiθína] *n/f* **1.** *gen* office. **2.** laboratory (*farmacia*). **3.** TÉC workshop. **o·fi·ci·nis·ta** [ofiθinísta] *n/m,f* office worker.

o·fi·cio [ofíθjo] *n/m* **1.** profession, trade (*trabajo*). **2.** TÉC function. **3.** official letter (*escrito*).

o·fi·cio·so/a [ofiθjóso/a] *adj* **1.** officious. **2.** unofficial.

o·fi·dio/a [ofíðjo/a] *adj, n/m,f* ophidian.

o·fre·cer [ofreθér] **I.** *v* (*ofrezco*) **1.** *gen* COM to offer. **2.** to promise (*prometer*). **II.** *v/Refl (-se)* **(~ a, de, en, para, por)** to volunteer (to, as, for). LOC **¿Se le ofrece algo?**, Can I help you? **o·fre·ci·mien·to** [ofreθimjén̪to] *n/m* offer(ing). **o·fren·da** [ofrén̪da] *n/f* **(~ de)** REL offering (of). **o·fren·dar** [ofren̪dár] *v* **1.** to offer, contribute. **2.** REL to offer up.

of·tál·mi·co/a [oftálmiko/a] *adj* ophthalmic. **of·tal·mo·lo·gía** [oftalmoloxía] *n/f* ophthalmology. **of·tal·mo·ló·gi·co/a** [oftalmolóxiko/a] *adj* ophthalmological. **of·tal·mó·lo·go/a** [oftalmóloγo/a] *n/m,f* ophthalmologist.

o·fus·ca·ción [ofuskaθjón] *n/f* **1.** blindness (*estado*). **2.** blinding, dazzling (*acto*). **3.** FIG confusion. **o·fus·car** [ofuskár] (*ofusqué*) *v* **1.** *gen* FIG to dazzle, blind (*cegar*). **2.** to bewilder, confuse (*aturdir*). **3.** FIG to cloud (*la mente*).

o·gro [óγgro] *n/m* ogre.

¡oh! [ó] *interj* oh!

oh·mio [ómjo] *n/m* FÍS ohm.

oí·das [oíðas] LOC **De ~s** by hearsay. **oí·do** [oíðo] *n/m* **1.** (sense of) hearing. **2.** ANAT MÚS ear. LOC **Dar/Prestar ~s a algo**, to lend an ear to sth. **Ser/Estar duro de ~**, to be hard of hearing. **Ser todo ~s**, to be all ears. **Tener (buen) ~**, to have a good ear. **oír** [oír] *v* (*oigo, oye, oí, oiré, oído*) to hear, listen (to). LOC **¡Oiga!**, excuse me!, hello!

o·jal [oxál] *n/m* buttonhole.

¡o·ja·lá! [oxalá] **I.** *int* if only it were true!, let's hope so! **II.** *conj* I wish..., if only..., would that...

o·jea·da [oxeáða] *n/m* glance, look. **o·jea·dor/a** [oxeaðór/a] *n/m,f* beater (*caza*). **o·je·ar** [oxeár] *v* **1.** to eye, stare at (*mirar*). **2.** to beat (*caza*). **o·jeo** [oxéo] *n/m* beating (*caza*). **o·je·ra** [oxéra] *n/f* **1.** MED eyebath. **2.** *pl* rings under the eyes, FAM bags under the eyes. **o·je·ri·za** [oxeríθa] *n/f* spite, grudge. **o·je·te** [oxéte] *n/m* **1.** eyelet (*costura*). **2.** FAM arsehole. **3.** US ARG fanny. **o·ji·ne·gro/a** [oxinéγro/a] *adj* dark-eyed.

o·ji·va [oxíβa] *n/f* ARQ ogive. **o·ji·val** [oxiβál] *adj* ARQ ogival.

o·jo [óxo] *n/m* **1.** ANAT eye. **2.** eye (*de aguja*). **3.** hole (*de pan*). **4.** arch (*de puente*). LOC **A ~ (de buen cubero)**, by rule of thumb, at a rough guess. **A ~s vistas**, openly, visibly. **Abrir los ~s**, to open one's eyes. **Abrir los ~s a uno**, to open sb's eyes. **Andar(se) con ~/con cien ~s**, to be careful. **Cerrar los ~**, 1. to fall asleep (*dormirse*). 2. to pass away (*morir*). 3. *col* to shut one's eyes (to). **Come con los ~**, FIG his eyes are bigger than his belly. **Con los ~ abiertos**, with one's eyes open. **Con los ~s cerrados**, 1. blindly (*sin reflexionar*). 2. with one's eyes shut, easily (*con confianza*). **Costar un ~ de la cara**, FAM to cost an arm and a leg. **Echar el ~ (a algo)**, 1. to have one's eye on sth (*codiciar*). 2. to keep an eye on (*vigilar*). **En un abrir y cerrar de ~s**, in the twinkling of an eye. **Ir con ~**, V **Andar con ~**. **Írsele (a uno) los ~s detrás de/tras algo**, not to be able to keep one's eyes off sth. **Mirar con buenos ~s**, to look favourably upon. **Mirar con malos ~s**, to look unfavourably upon. **Mirar con el rabillo del ~**, to look out of the corner of one's eye (at). **¡Mucho ~!/¡~!**, Watch it! **No quitar ~**, not to take one's eyes off. **No tener ~s más que para algo/uno**, to have eyes only for sth/sb. **¡~ con...!**, watch (out for)...!, beware of...! **~ por ~**, an eye for an eye. **Poner el ~/los ~s en**, FIG to set one's sights on. **Ser todo ~s**, to be all eyes. **Tener (mucho) ~**, 1. to be (very) careful (*tener cuidado*). 2. *col* to be smart (*sagaz*). **Tener ~ clínico**, to have good intuition. **Valer un ~ de la cara**, V **Costar un ~ de la cara**.

o·la [óla] *n/f* NÁUT FIG wave.

¡o·le!, ¡o·lé! [óle/olé] *int* hooray!, bravo!

o·lea·da [oleáða] *n/f* NÁUT FIG large wave, surge.

o·lea·gi·no·so/a [oleaxinóso/a] *adj* oily, oleaginous.

o·lea·je [oleáxe] *n/m* NÁUT swell.

o·leí·co·la [oleíkola] *adj* oil, olive-oil. **o·lei·cul·tu·ra** [oleikuḷtúra] *n/f* olive-growing. **ó·leo** [óleo] *n/m* 1. REL oil. 2. ART oil, oil painting. **o·leo·duc·to** [oleoðúkto] *n/m* (oil) pipeline. **o·leo·so/a** [oleóso/a] *adj* oily.

o·ler [olér] (*huelo, olí, etc.*) I. *v* 1. **(~ a)** *gen* to smell (of). 2. FIG to pry into (*curiosear*). 3. FIG to sniff out, FAM to rumble (*descubrir*). II. *v/Refl(-se)* to have the feeling. LOC **~ a chamusquina**, to look like trouble.

ol·fa·te·ar [olfateár] *v* 1. *gen* to sniff. 2. to sniff out (*perros*). 3. FIG to sense. **ol·fa·teo** [olfatéo] *n/m* 1. sniffing, smelling. 2. FIG snooping. **ol·fa·ti·vo/a** [olfatíßo/a] *adj* olfactory. **ol·fa·to** [olfáto] *n/m* 1. sense of smell. 2. FIG nose, instinct (for sth).

o·li·gar·ca [oliɣárka] *n/m* oligarch. **o·li·gar·quía** [oliɣarkía] *n/f* oligarchy. **o·li·gár·qui·co/a** [oliɣárkiko/a] *adj* oligarchic(al).

o·li·gis·to [olixísto] *n/m* oligist.

o·li·go·fre·nia [oliɣofrénja] *n/f* MED mental deficiency. **o·li·go·fré·ni·co/a** [oliɣofréniko/a] *adj* MED FIG mentally deficient, handicapped.

o·lim·pia·da, o·lim·pía·da [olim̥pjáða/olim̥píaða] *n/f* Olympiad. **o·lím·pi·co/a** [olím̥piko/a] *adj* 1. Olympic (*juegos*). 2. FIG Olympian, lofty (*actitud*). **o·lim·po** [olím̥po] *n/m* Olympus.

o·lis·car [oliskár] (*olisqué*) *v* 1. *gen* to sniff gently. 2. FIG to look into. **o·lis·que·ar** [oliskeár] *v* V **oliscar**.

o·li·va [olíßa] *n/f* 1. BOT olive (*fruto*). 2. V **olivo**. **o·li·vá·ceo/a** [olißáθeo/a] *adj* olive (green). **o·li·var** [olißár] *n/m* olive grove. **o·li·va·re·ro/a** [olißaréro/a] I. *adj* olive. II. *n/m,f* olive producer. **o·li·vi·cul·tor/ra** [olißikuḷtór/ra] *n/m,f* olive grower. **o·li·vi·cul·tu·ra** [olißikuḷtúra] *n/f* olive growing. **o·li·vo** [olíßo] *n/m* BOT olive tree.

ol·mo [ólmo] *n/m* BOT elm.

o·ló·gra·fo [olóɣrafo] *adj, n/m* holograph.

o·lor [olór] *n/m* **(~ a)** smell (of). **o·lo·ro·so/a** [oloróso/a] *adj* sweet-smelling, fragrant.

ol·vi·da·di·zo/a [olßiðaðíθo/a] *adj* 1. forgetful (*que no recuerda*). 2. ungrateful (*ingrato*). **ol·vi·dar** [olßiðár] I. *v* to forget. II. *v/Refl(-se)* **(~ de)** to forget. **ol·vi·do** [olßíðo] *n/m* 1. oblivion (*estado*). 2. forgetfulness, oversight (*descuido*).

o·lla [óʎa] *n/f* 1. stewpot (*vasija*). 2. stew (*comida*). LOC **~ exprés/a presión**, pressure cooker.

om·bli·go [om̥blíɣo] *n/m* 1. ANAT umbilicus, navel. 2. FIG centre.

o·mi·no·so/a [ominóso/a] *adj* awful, dreadful, ominous.

o·mi·sión [omisjón] *n/f* 1. *gen* omission. 2. neglect (*dejadez*). **o·mi·so/a** [omíso/a] pp of *omitir* LOC **Hacer caso ~**, to ignore, fail to mention. **o·mi·tir** [omitír] *v* to leave out, omit.

óm·ni·bus [ómnißus] *n/m* 1. (omni)bus (*autobús*). 2. stopping train (*tren*). **om·ní·mo·do/a** [omnímoðo/a] *adj* all-embracing. **om·ni·po·ten·cia** [omnipotéṇθja] *n/f* omnipotence. **om·ni·po·ten·te** [omnipotéṇte] *adj* omnipotent. **om·ni·pre·sen·cia** [omnipreséṇθja] *n/f* omnipresence. **om·ni·pre·sen·te** [omnipreséṇte] *adj* omnipresent. **om·nis·cien·cia** [omnisθjéṇθja] *n/f* omniscience. **om·nis·cien·te** [omnisθjéṇte] *adj* omniscient. **om·ní·vo·ro/a** [omníßoro/a] I. *adj* omnivorous. II. *n/m,f* omnivore.

o·mo·pla·to, o·mó·pla·to [omopláto/omóplato] *n/m* ANAT shoulder-blade.

o·na·gro [onáɣro] *n/m* ZOOL wild ass, onager.

o·na·nis·mo [onanísmo] *n/m* masturbation.

on·ce [óṇθe] I. *n/m* eleven. II. *adj* eleventh. **ONCE** *abrev* of **Organización Nacional de Ciegos Españoles** (*Spanish National Organization for the Blind*).

on·cea·vo/a [oṇθeáßo/a] *adj* eleventh.

on·co·lo·gía [oŋkoloxía] *n/f* MED oncology. **on·có·lo·go/a** [oŋkóloɣo/a] *n/m,f* MED oncologist, cancer specialist.

on·da [óṇda] *n/f* wave. LOC **Estar en la ~**, 1. to be on the ball (*al tanto*). 2. to be with it, be in (*de moda*). **on·de·ar** [oṇdeár] *v* 1. to be wavy, undulate (*superficies*). 2. to wave, flutter (*bandera*). **on·du·la·ción** [oṇdulaθjón] *n/f* 1. undulation. 2. ripple (*en agua*). 3. wave (*pelo*). **on·du·la·do/a** [oṇduláðo/a] *adj* 1. undulating (*superficie*). 2. wavy (*pelo*). 3. bumpy (*camino*). 4. rolling (*terreno*). **on·du·lar** [oṇdulár] *v* 1. to wave (*pelo*). 2. to be wavy (*pelo*). 3. to undulate, sway (*movimiento*). **on·du·la·to·rio/a** [oṇdulatórjo] *adj* undulatory, wavy.

o·ne·ro·so/a [oneróso/a] *adj* **(~ a, para)** onerous (for), burdensome (for).

ó·ni·ce [óniθe] *n/m* onyx.

o·ní·ri·co/a [oníriko/a] *adj* dreamlike, oneiric.

o·no·más·ti·co/a [onomástiko/a] I. *adj* name, of names: *Lista onomástica*, List of names. II. *n/f* onomastics.

o·no·ma·to·pe·ya [onomatopéǰa] *n/f* onomatopoeia. **o·no·ma·to·pé·yi·co/a** [onomatopéǰiko/a] onomatopoeic.

on·to·lo·gía [ontoloxía] *n/f* FIL ontology. **on·to·ló·gi·co/a** [ontolóxiko/a] *adj* FIL ontological.

o·nu·ben·se [onuβénse] I. *adj* of Huelva. II. *n/m,f* native of Huelva.

on·za [ónθa] *n/f* ounce.

on·za·vo/a [onθáβo/a] *adj* = **onceavo**.

o·pa·ci·dad [opaθiðáð] *n/f* opacity. **o·pa·co/a** [opáko/a] *adj* opaque.

o·pa·li·no/a [opalíno/a] *adj* opal. **ó·pa·lo** [ópalo] *n/m* opal.

op·ción [opθjón] *n/f* option.

ó·pe·ra [ópera] *n/f* 1. opera (*espectáculo*). 2. opera house (*local*).

o·pe·ra·ble [operáβle] *adj* operable. **o·pe·ra·ción** [operaθjón] *n/f* 1. *gen* MED operation. 2. COM transaction. **o·pe·ra·dor/ra** [operaðór/ra] *n/m,f* 1. *gen* MAT operator. 2. MED operating surgeon. 3. film cameraman (*cine*). 4. projectionist. **o·pe·rar** [operár] I. *v* 1. **(~ con)** *gen* to operate (with). 2. COM to deal, do business. 3. MED to operate (on). 3. to bring about (*cambios*), work (*milagros*). II. *v/Refl (-se)* 1. to come about (*ocurrir*). 2. **(~ de)** MED to be operated on (for). **o·pe·ra·rio/a** [operárjo/a] *n/m,f* operative. **o·pe·ra·ti·vo/a** [operatíβo/a] *adj* operative. **o·pe·ra·to·rio/a** [operatórjo/a] *adj* MED (post) operative.

o·pe·re·ta [operéta] *n/f* operetta.

o·pi·na·ble [opináβle] *adj* debatable. **o·pi·nar** [opinár] *v* 1. **(~ sobre, de, en)** to think (of, about), be of the opinion (*creer*). 2. **(~ sobre, de, en)** to give one's opinion (on, about). **o·pi·nión** [opinjón] *n/f* opinion.

o·pio [ópjo] *n/m* opium.

o·pí·pa·ro/a [opíparo/a] *adj* sumptuous (*comidas*).

o·po·nen·te [oponénte] I. *n/m,f* opponent. II. *adj* opposing. **o·po·ner** [oponér] I. *v* (*opongo, opuse, opondré, opuesto*) to oppose. II. *v/Refl(-se)* **(~ a, contra)** to be opposed (to), be in opposition (to).

o·por·to [opórto] *n/m* port wine.

o·por·tu·ni·dad [oportuniðáð] *n/f* opportunity, chance. **o·por·tu·nis·mo** [oportunísmo] *n/m* opportunism. **o·por·tu·nis·ta** [oportunísta] *n/m,f* opportunist. **o·por·tu·no/a** [oportúno/a] *adj* 1. opportune, timely (*momento adecuado*). 2. suitable, appropriate (*dichos, etc*). **o·po·si·ción** [oposiθjón] *n/f* 1. *gen* opposition. 2. *pl* (public) competitive examinations. **o·po·si·tar** [opositár] *v* **(~ a)** to compete for. **o·po·si·tor/ra** [opositór/ra] **(~ a)** candidate (for), competitor (for).

o·pre·sión [opresjón] *n/f* oppression. **o·pre·si·vo/a** [opresíβo/a] *adj* oppressive. **o·pre·sor/ra** [opresór/ra] I. *adj* oppressive, tyrannical. II. *n/m,f* oppressor. **o·pri·mir** [oprimír] *v* 1. to press, squeeze (*apretar*). 2. FIG to oppress.

o·pro·bio [opróβjo] *n/m* opprobrium, ignominy. **o·pro·bio·so/a** *adj* shameful, ignominious.

op·tar [optár] *v* 1. **(~ por, entre)** to opt (for, between, among), choose (between, among) (*elección*). 2. **(~ a)** to aspire to (*pretensiones*). **op·ta·ti·vo/a** [optatíβo/a] *adj* optional.

óp·ti·co/a [óptiko/a] I. *adj* optic(al). II. *n/f* FÍS optics.

op·ti·mis·mo [optimísmo] *n/m* optimism. **op·ti·mis·ta** [optimísta] I. *adj* optimistic. II. *n/m,f* optimist. **óp·ti·mo/a** [óptimo/a] *adj sup* of *bueno* optimal, optimum, best.

o·pues·to/a [opwésto/a] *adj* 1. opposite (*enfrente*). 2. opposing (*contrario*).

o·pu·len·cia [opulénθja] *n/f* opulence. **o·pu·len·to/a** [opulénto/a] *adj* opulent.

o·pús·cu·lo [opúskulo] *n/m* 1. short treatise (*breve*). 2. minor work.

o·que·dad [okeðáð] *n/f* 1. hollow. 2. FIG void.

o·ra [óra] *adv* LOC ~... ~, at one time ... at another, now ... then.

o·ra·ción [oraθjón] *n/f* 1. *gen* speech, oration. 2. REL praying (*acto*). 3. REL prayer (*rezo*). 4. GRAM clause, sentence. **o·ra·cio·nal** [oraθjonál] *adj* GRAM sentential, clause.

o·rá·cu·lo [orákulo] *n/m* oracle.

o·ra·dor/ra [oraðór/ra] *n/m,f* orator, public speaker.

o·ral [orál] *adj* oral.

o·ran·gu·tán [orangután] *n/m* ZOOL orangutan.

o·ran·te [oránte] I. *adj* praying. II. *n/m,f* prayer (*quien reza*). **o·rar** [orár] *v* REL to pray. **o·ra·to·ria** [oratórja] *n/f* oratory, eloquence. **o·ra·to·rio/a** [oratórjo/a] I. *n/m* 1. REL oratory. 2. MÚS oratorio. II. *adj* oratorical.

or·be [órβe] *n/m* 1. orb (*círculo*). 2. globe. 3. FIG world.

ór·bi·ta [órβita] *n/f* 1. ASTR FIG orbit. 2. ANAT eye-socket. **or·bi·tal** [orβitál] *adj* orbital.

ór·da·go [órðaγo] *n/m* bid or bet in the card game mus. LOC **De ~**, *col* fabulous, terrific.

or·da·lías [orðalías] *n/f,pl* HIST (trial by) ordeal.

or·den [órðen] I. *n/m* order. LOC **El ~ del día**, agenda. II. *n/f* 1. order, command (*mandato*). 2. REL order. LOC **Dar ~es**, to give orders. **Estar (una cosa) a la ~ del día**, FIG to be an everyday occurence. **¡A la ~!**, MIL Sir! **De ~ de**, by order of. **Del ~ de**, in the order of. **En ~ a**, 1. for (*para*). 2. with regard to (*en relación con*).

or·de·na·ción [orðenaθjón] *n/f* 1. ordering, arranging (*acto*). 2. order, arrangement (*estado*). 3. REL ordination.

or·de·na·do/a [orðenáðo/a] *adj* 1. in order (*en secuencia*). 2. tidy, orderly (*organizado, pulcro*). 3. REL ordained. **or·de·na·dor/ra** [orðenaðór/ra] I. *n/m* computer. II. *adj* 1. ordering. 2. REL ordaining. **or·de·na·mien·to** [orðenamjénto] *n/m* 1. ordinance (*ordenanza*). 2. putting into order (*papeles*, etc). **or·de·nan·cis·ta** [orðenanθísta] I. *adj* strict. II. *n/m,f* martinet, disciplinarian. **or·de·nan·za** [orðenánθa] I. *n/f* ordinance, rule. II. *n/m* 1. MIL batman, orderly. 2. COM office boy. LOC **~s municipales**, by-laws.

or·de·nar [orðenár] *v* 1. **(~ en, por)** to put in order, arrange (in, by) (*poner en orden*). 2. to order, command (*dar órdenes*). 3. REL to ordain.

or·de·ñar [orðeɲár] *v* to milk. **or·de·ño** [orðéɲo] *n/m* milking.

or·di·nal [orðinál] *n/m, adj* ordinal.

or·di·na·riez [orðinarjéθ] *n/f* vulgarity, coarseness. **or·di·na·rio/a** [orðinárjo/a] I. *adj* 1. common (*frecuente*). 2. ordinary (*normal*). 3. vulgar, coarse (*grosero*). II. *n/m,f* yahoo, lout.

o·re·ar [oreár] *v, v/Refl(-se)* to air.

o·ré·ga·no [oréγano] *n/m* BOT marjoram.

o·re·ja [oréxa] *n/f* 1. ANAT ear. 2. TÉC lug, flange. 3. tab, tag (*de zapatos*, etc). 4. flap (*de libro*). LOC **Agachar/Bajar las ~s**, to submit. **Ver las ~s al lobo**, to foresee a danger. **o·re·je·ra** [orexéra] *n/f* earflap, ear muff. **o·re·ju·do/a** [orexúðo/a] *adj* 1. long-eared (*animal*). 2. big-eared (*persona*).

o·reo [oréo] *n/m* airing.

or·fa·na·to [orfanáto] *n/m* orphanage. **or·fan·dad** [orfandáð] *n/f* 1. orphanhood (*calidad de huérfano*). 2. orphan's pension (*dinero*).

or·fe·bre [orféβre] *n/m* goldsmith, silversmith. **or·fe·bre·ría** [orfeβrería] *n/f* craftsmanship in precious metals.

or·fe·li·na·to [orfelináto] *n/m* V **orfanato**.

or·fe·ón [orfeón] *n/m* choral society, choir.

or·gá·ni·co/a [orγániko/a] *adj gen* FIG organic. **or·ga·ni·gra·ma** [orγaniγráma] *n/m* organization chart, management structure. **or·ga·ni·lle·ro** [orγaniʎéro] *n/m* organ-grinder. **or·ga·ni·llo** [orγaníʎo] *n/m* barrel organ. **or·ga·nis·mo** [orγanísmo] *n/m* 1. BIOL organism. 2. FIG organization, body. **or·ga·nis·ta** [orγanísta] *n/m,f* MÚS organist. **or·ga·ni·za·do/a** [orγaniθáðo/a] *adj* organized. **or·ga·ni·za·dor/ra** [orγaniθaðór/ra] I. *adj* organizing. II. *n/m,f* organizer. **or·ga·ni·zar** [orγaniθár] I. *v* (*organicé*) to organize. II. *v/Refl(-se)* to organize oneself, get organized. **ór·ga·no** [órγano] *n/m* 1. BIOL MÚS FIG organ. 2. TÉC member, part.

or·gas·mo [orγásmo] *n/m* orgasm.

or·gía [orxía] *n/f* orgy. **or·giás·ti·co/a** [orxjástiko/a] *adj* orgiastic.

or·gu·llo [orγúʎo] *n/m* 1. pride. 2. PEY arrogance. LOC **Tener/Sentir ~ por/de**, to be proud of. **or·gu·llo·so/a** [orγuʎóso/a] *adj* 1. **(~ con, de, por)** proud (of). 2. PEY haughty (about).

o·rien·ta·ción [orjentaθjón] *n/f* 1. *gen* orientation. 2. direction (*sentido*). 3. ARQ aspect, prospect. 4. guidance (*guía*). 5. training (*formación*). **o·rien·tal** [orjentál] I. *adj* eastern, oriental. II. *n/m,f* oriental. **o·rien·ta·lis·ta** [orjentalísta] *n/m,f* orientalist. **o·rien·tar** [orjentár] I. *v* 1. **(~ a, hacia)** to orientate (towards). 2. FIG to direct. 3. to point, give directions to (*señalar el camino*). II. *v/Refl(-se)* **(~ por)** to find one's bearings (by), find one's way (by). **o·rien·te** [orjénte] *n/m* 1. east (*punto cardinal*). 2. east wind (*viento*).

o·rí·fi·ce [orífiθe] *n/m* goldsmith.

o·ri·fi·cio [orifíθjo] *n/m* orifice, vent.

o·ri·fla·ma [orifláma] *n/f* 1. HIST oriflamme. 2. banner, standard (*bandera*).

o·ri·gen [oríxen] *n/m* origin. **o·ri·gi·nal** [orixinál] I. *adj* 1. *gen* original. 2. unusual, novel (*raro*). II. *n/m* 1. original (*libro*, etc). 2. unusual character (*persona*). **o·ri·gi·na·li·dad** [orixinaliðáð] *n/f* 1. *gen* originality. 2. oddness (*excentricidad*). **o·ri·gi·nar** [orixinár] *v* to originate, give rise to. II. *v/Refl(-se)* to originate. **o·ri·gi·na·rio/a** [orixinárjo/a] *adj* 1. *gen* original. 2. of origin: *Su país originario es Chile*, His country of origin is Chile. LOC **Ser ~ de**, 1. to come from, be a native of (*personas*). 2. to come from, be native to (*fauna, flora*).

o·ri·lla [oríʎa] *n/f* 1. edge (*de superficie*). 2. bank (*río*), shore (*lago, mar*). **o·ri·llo** *n/m* selvage.

o·rín [orín] *n/m* 1. rust (*oxidación*). 2. V **orina**. **o·ri·na** [orína] *n/f* urine. **o·ri·nal** [orinál] *n/m* chamberpot. **o·ri·nar** [orinár] *v* to urinate. **o·ri·nes** [orínes] *n/m,pl* V **orina**.

o·riun·do/a [orjúndo/a] *adj* native.

or·la [órla] *n/f* 1. border, fringe (*franja*). 2. graduate class photograph (*foto*). **or·lar** [orlár] *v* **(~ de)** to edge (with), trim (with).

or·na·men·ta·ción [ornamentaθjón] *n/f* ornamentation. **or·na·men·tal** [ornamentál] *adj* ornamental. **or·na·men·tar** [ornamentár] *v* **(~ de)** to adorn (with). **or·na·men·to** [ornaménto] *n/m* 1. ornament, adornment. 2. *pl* REL vestments. **or·nar** [ornár] *v* V **ornamentar**. **or·na·to** [ornáto] *n/m* adornment.

or·ni·to·lo·gía [ornitoloxía] *n/f* ornithology. **or·ni·to·ló·gi·co/a** [ornitolóxiko/a] *adj* ornithological. **or·ni·tó·lo·go/a** [ornitóloγo/a] *n/m,f* ornithologist.

o·ro [óro] *n/m* 1. gold (*metal*). 2. FIG wealth. 3. *pl* diamonds (*naipes*). LOC **Hacerse uno de ~**, to make a fortune. **No es ~ todo lo que reluce**, all that glitters is not gold.

o·ro·gé·ne·sis [oroxénesis] *n/f* GEOL orogenesis. **o·ro·ge·nia** [oroxénja] *n/f* GEOL orogeny. **o·ro·gé·ni·co/a** [oroxéniko/a] *adj* GEOL orogenic. **o·ro·gra·fía** [oroγrafía] *n/f* GEOG orography. **o·ro·grá·fi·co/a** [oroγráfiko/a] *adj* GEOG orographic(al).

o·ron·do/a [oróndo/a] *adj* 1. rounded (*vasijas*). 2. FIG vain, smug.

o·ro·pel [oropél] *n/m gen* FIG tinsel. LOC **De ~**, flashy.

or·ques·ta [orkésta] *n/f* 1. orchestra (*músicos*). 2. orchestra pit (*lugar*). **or·ques·ta·ción** [orkestaθjón] *n/f* orchestration. **or·ques·tal** [orkestál] *adj* orchestral. **or·ques·tar** [orkestár] *v* MÚS FIG to orchestrate. **or·ques·ti·na** [orkestína] *n/f* dance band.

or·quí·dea [orkíðea] *n/f* BOT orchid, orchis.

or·ti·ga [ortíγa] *n/f* BOT nettle.

or·to [órto] *n/m* ASTR rising.

or·to·do·xia [ortodó(k)sja] *n/f* orthodoxy. **or·to·do·xo/a** [ortodó(k)so/a] *adj* orthodox.

or·toe·pía [ortoepía] *n/f* orthoepy. **or·to·gra·fía** [ortoγrafía] *n/f* spelling, orthography. **or·to·grá·fi·co/a** [ortoγráfiko/a] *adj* spelling, orthographic(al). **or·tó·gra·fo/a** [ortóγrafo/a] *n/m,f* orthographer. **or·to·lo·gía** [ortoloxía] *n/f* orthoepy. **or·tó·lo·go/a** [ortóloγo/a] *n/m,f* orthoepist.

or·to·pe·dia [ortopéðja] *n/f* orthopaedics. **or·to·pé·di·co/a** [ortopéðiko/a] I. *adj* orthopaedic. II. *n/m,f* V **ortopedista**. **or·to·pe·dis·ta** [ortopeðísta] *n/m,f* orthopaedist.

o·ru·ga [orúγa] *n/f gen* TÉC caterpillar.

o·ru·jo [orúxo] *n/m* grape and olive waste after pressing.

or·za [órθa] *n/f* earthenware jar.

or·zue·lo [orθwélo] *n/m* MED stye.

os [ós] *pers pron m,f,pl* 1. (to) you (*objeto indirecto*). 2. you (*objeto directo*). 3. (to) yourselves (*reflexivo*). 4. (to) each other (*recíproco*).

o·sa·día [osaðía] *n/f* boldness, daring. **o·sa·do/a** [osáðo/a] *adj* bold, daring.

o·sa·men·ta [osaménta] *n/f* skeleton, bones.

o·sar [osár] *v* to dare.

o·sa·rio [osárjo] *n/m* charnel house, ossuary.

os·cen·se [osθénse] I. *adj* of Huesca II. *n/m,f* native of Huesca.

os·ci·la·ción [osθilaθjón] *n/f* 1. *gen* oscillation. 2. swing, sway (*vaivén*). 3. FIG hesitation, wavering. **os·ci·la·dor** [osθilaðór] *n/m* ELECTR oscillator. **os·ci·lan·te** [osθilánte] *adj* 1. *gen* oscillating, swinging. 2. FIG hesitating, wavering. **os·ci·lar** [osθilár] *v* 1. to oscillate, swing. 2. to fluctuate (*variar*). 3. FIG to hesitate, waver. **os·ci·la·to·rio/a** [osθilatórjo/a] *adj* oscillatory. **os·ci·ló·gra·fo** [osθilóγrafo] *n/m* FÍS oscillograph.

ó·seo/a [óseo/a] *adj* 1. bony, FML osseus. 2. bone, of the bone (*del hueso*).

o·se·ra [oséra] *n/f* bear's lair. **o·sez·no** [oséθno] *n/m* ZOOL bear cub.

o·si·fi·ca·ción [osifikaθjón] *n/f* ossification. **o·si·fi·car** [osifikár] *v, v/Refl(-se)* (*osifi***que**) to ossify.

ós·mo·sis, os·mo·sis [ósmosis/osmósis] *n/f* FÍS FIG osmosis.

o·so/a [óso/a] *n/m,f* ZOOL bear. LOC **Hacer uno el ~**, *col* to act the goat, play the fool.

os·ten·si·ble [ostensíβle] *adj* obvious, evident. **os·ten·si·vo/a** [ostensíβo/a] *adj* ostensive, evident. **os·ten·ta·ción** [ostentaθjón] *n/f* 1. *gen* ostentation. 2. vanity (*presunción*). 3. display, pomp (*boato*). **os·ten·tar** [ostentár] *v* 1. to show (*mostrar*). 2. PEY to flaunt, show off. 3. to hold (*cargo*). 4. to possess (*poderes*). **os·ten·to·so/a** [ostentóso/a] *adj* ostentatious.

os·tra [óstra] *n/f* oyster. LOC **Aburrirse (estar aburrido) como una ~**, to be bored stiff. **¡Ostras!**, *int* 1. Wow!, Crikey! (*sorpresa*). 2. Hell! (*contrariedad*).

os·tra·cis·mo [ostraθísmo] *n/m* ostracism.

os·tri·cul·tu·ra [ostrikultúra] oyster culture.

o·su·no/a [osúno/a] *adj* bear-like, ursine.

o·tea·dor/ra [oteaðór/ra] I. *n/m,f* lookout, watcher. II. *adj* watching. **o·te·ar** [oteár] *v* 1. to look down on (*perspectiva*). 2. to scan (*el horizonte*, etc.). 3. to scrutinise (*con detenimiento*). **o·te·ro** [otéro] *n/m* GEOG hillock, knoll.

o·ti·tis [otítis] *n/f* MED otitis.

o·to·ñal [otoɲál] *adj* Br autumn(al), US fall. **o·to·ño** [otóɲo] *n/m* Br autumn, US fall.

o·tor·ga·mien·to [otorγamjénto] *n/m* 1. granting, authorization (*acto*). 2. JUR execution. 3. legal document (*documento*). **o·tor·gan·te** [otorγánte] I. *adj* granting, conferring. II. *n/m,f* 1. *gen* authorizer. 2. JUR grantor. **o·tor·gar** [otorγár] *v* (*otorgué*) 1. to grant, authorize (*autorizar*). 2. to confer (*poderes*). 3. to award (*premio*). 4. JUR to execute, draw up.

o·to·rri·no·la·rin·go·lo·gía [otorrinolariŋgoloxía] *n/f* MED otorhinolaryngology. **o·to·rri·no·la·rin·gó·lo·go/a** [otorrinolariŋgólogo/a] *n/m* MED ear, nose and throat (ENT) specialist.

o·tro/a [ótro/a] I. *adj* 1. *sing indefinido* another. 2. *pl, sing definido* other. II. *pron* 1. *sing* another (one). 2. *pl* others. **o·tro·sí** [otrosí] I. *adv* furthermore. II. *n/m* JUR petition.

o·va·ción [oβaθjón] *n/f* ovation. **o·va·cio·nar** [oβaθjonár] *v* to cheer.

o·val [oβál] *adj* oval, egg-shaped. **o·va·la·do/a** [oβaláðo/a] *adj* oval. **o·va·lar** [oβalár] *v* to make oval. **ó·va·lo** [óβalo] *n/m* oval.

o·va·rio [oβárjo] *n/m* ANAT ovary.

o·ve·ja [oβéxa] *n/f* 1. ZOOL *gen* sheep. 2. ZOOL ewe (*hembra*). LOC **~ negra**, FIG black sheep.

o·ve·ten·se [oβeténse] I. *adj* of Oviedo. II. *n/m,f* native of Oviedo.

ó·vi·dos [óβiðos] *n/m,pl* ZOOL ovidae.

o·vi·llo [oβíʎo] *n/m* 1. ball (*de lana*, etc) 2. FIG tangle.

o·vi·no/a [oβíno/a] *adj* sheep.

o·ví·pa·ro/a [oβíparo/a] *adj* ZOOL oviparous.

OVNI [óbni] *n/m abrev* of **Objeto Volador No Identificado**, Unidentified Flying Object (UFO).

o·vu·la·ción [oβulaθjón] *n/f* BIOL ovulation. **o·vu·lar** [oβulár] *v* BIOL to ovulate. **ó·vu·lo** [óβulo] *n/m* BOT ZOOL ovule.

o·xi·da·ble [o(k)siðáβle] *adj* oxidizable. **o·xi·da·ción** [o(k)siðaθjón] *n/f* **1**. QUÍM oxidation. **2**. rusting (*moho*). **o·xi·dan·te** [o(k)siðan̩te] **I**. *adj* oxidizing. **II**. *n/m* QUÍM oxidant, oxidizer. **o·xi·dar** [o(k)siðár] *v, v/Refl (-se)* **1**. *gen* to rust, go rusty. **2**. QUÍM to oxidize. **ó·xi·do** [ó(k)siðo] *n/m* **1**. QUÍM oxide. **2**. rust (*moho*). **o·xi·ge·na·ción** [o(k)sixenaθjón] *n/f* QUÍM oxygenation. **o·xi·ge·na·do/a** [o(k)sixenáðo/a] *adj* **1**. oxigenated. **2**. bleached, peroxided (*pelo*, etc.). LOC **Agua ~a**, hydrogen peroxide. **o·xi·ge·nar** [o(k)sixenár] **I**. *v* QUÍM to oxigenate. **II**. *v/Refl(-se)* INFML to get some fresh air. **o·xí·ge·no** [o(k)síxeno] *n/m* QUÍM oxygen.

o·xí·to·no [o(k)sítono] *n/m* GRAM oxytone.

o·yen·te [oJén̩te] **I**. *adj* listening. **II**. *n/m,f* **1**. *gen* listener, hearer. **2**. unofficial student (*universitario*).

o·zo·no [oθóno] *n/m* QUÍM ozone.

P, p [pé] *n/f* **1.** 'p' (*letra*). **2.** *abrev* of '*Padre*'.
pa·be·llón [paβeʎón] *n/m* **1.** bell tent (*tienda*). **2.** canopy (*dosel*). **3.** pavilion (*edificio*), block (*hospital*). **4.** MIL officers' quarters, billets. **5.** (national) flag (*bandera*).
pa·bi·lo [paβílo] *n/m* **1.** wick. **2.** snuff (*de vela*).
pá·bu·lo [páβulo] *n/m* **1.** FIG food, sustenance. LOC. **Dar ~ (a)**, FIG to fuel, to give encouragement (to).
pa·ca [páka] *n/f* **1.** bale (*lana, algodón*). **2.** *Amer* ZOOL spotted cavy.
pa·ca·to/a [pakáto/a] *adj* **1.** shy, retiring (*tímido*). **2.** prudish.
pa·cen·se [paθénse] **I.** *adj* of Badajoz. **II.** *n/m,f* native of Badajoz.
pa·cer [paθér] *v* (*pazco, pací, paceré, pacido*) to graze.
pa·cien·cia [paθjénθja] *n/f* patience. LOC **Tener ~**, to be patient. **Perder la ~**, to lose one's temper.
pa·cien·te [paθjénte] *adj, n/m,f* patient.
pa·ci·fi·ca·ción [paθifikaθjón] *n/f* pacification. **pa·ci·fi·ca·dor/ra** [paθifikaðór/ra] **I.** *adj* pacifying. **II.** *n/f* peace-maker. **pa·ci·fi·car** [paθifikár] *v* (*pacifique*) **1.** MIL to pacify. **2.** FIG to appease (*apaciguar*). **pa·cí·fi· co/a** [paθífiko/a] *adj* peaceable, pacific. **pa·ci·fis·mo** [paθifísmo] *n/m* pacificism. **pa·ci·fis·ta** [paθifísta] *n/m,f, adj* pacifist.
pa·co·ti·lla [pakotíʎa] *n/f* FIG trash, stuff of inferior quality. LOC **Ser de ~ 1.** to be shoddily made, **2.** to be jerry-built (*edificio*).
pac·tar [paktár] *v* **1.** to agree to/on (*contrato*). **2.** to make an agreement, compromise. **pac·tis·mo** [paktísmo] *n/m* willingness to compromise. **pac·to** [pákto] *n/m* **1.** pact. **2.** agreement (*acuerdo*).
pa·chan·ga [patʃáŋga] *n/f* spree, rowdy celebration, binge. **pa·chan·gue·ro/a** [patʃaŋgéro/a] *adj* merry, boisterous.
pa·cho·rra [patʃórra] *n/f* **1.** slowness, calmness. **2.** FAM lethargy, sluggishness.
pa·chu·cho/a [patʃútʃo/a] *adj* **1.** overripe (*fruta*). **2.** FIG under the weather, poorly, droopy (*enfermo, débil*).
pa·de·cer [paðeθér] *v* (*padezco*) **1. (~ de/con/por)** to suffer (from/with). **2.** to endure (*aguantar*). LOC **~ un error**, to be mistaken. **pa·de·ci·mien·to** [paðeθimjénto] *n/m* suffering.
pa·dras·tro [paðrástro] *n/m* **1.** stepfather. **2.** FIG severe, bad, cruel father. **3.** ANAT hangnail. **pa·dra·zo** [paðráθo] *n/m col* indulgent father.
pa·dre [páðre] *n/m* **1.** father. **2.** ZOOL sire. **3.** REL father: *El padre Galindo*, Father Galindo. **4.** *pl* parents. LOC **~s políticos**, in-laws. **~ espiritual**, confessor. **~ nuestro**, Lord's Prayer. **De ~ y muy señor mío**, *col* one hell of.
pa·dre·ar [paðreár] *v* **1.** to breed (from the male).
pa·dri·naz·go [paðrináθγo] *n/m* **1.** role of godfather. **2.** FIG sponsorship. **pa·dri·no** [paðríno] *n/m* **1.** REL godfather. **2.** sponsor (*patrocinador*). **3.** best man (*bodas*). **4.** second (*duelo*). **5.** patron (*mecenas*). **6.** *pl* godparents. LOC **Tener buen/buenos ~(s)**, to be well connected, have good connections.

pa·drón [paðrón] *n/m* **1.** census. **2.** electoral roll. **3.** TÉC pattern.
pae·lla [paéʎa] *n/f* paella. **pae·lle·ra** [paeʎéra] *n/f* paella pan.
pa·ga [páγa] *n/f* **1.** paying (*acción*) **2.** salary, pay, wages. **3.** repayment (*gratitud*). **pa·ga·de·ro/a** [paγaðéro/a] *adj* payable, due. **pa·ga·dor/ra** [paγaðór/a] **I.** *n/m,f* **1.** payer. **2.** paymaster (*oficial*). **II.** *adj* paying. **pa·ga·du·ría** [paγaðuría] *n/f* cashier's office.
pa·ga·nis·mo [paγanísmo] *n/m* paganism. **pa·ga·no/a** [paγáno] **I.** *adj* heathen, pagan. **II.** *n/m,f* **1** heathen, pagan. **2.** *col* the person who ends up paying.
pa·gar [paγár] *v* (*pague*) **1.** to pay, pay for. **2.** to pay for (*crimen*). **3.** to repay, pay off (*deuda*). LOC **~se de sí mismo**, to be conceited. **¡Me las pagarás!**, you'll pay for it. **~ a tocateja**, to pay cash down. **~ en metálico**, to pay cash.
pa·ga·ré [paγaré] *n/m* I.O.U., promissory note.
pá·gi·na [páxina] *n/f* page. **pa·gi·na·ción** [paxinaθjón] *n/f* pagination. **pa·gi·nar** [paxinár] *v* to paginate.
pa·go [páγo] *n/m* **1.** payment. **2.** prize, reward (*premio*). **3.** agricultural district, field. LOC **En estos ~s**, in this neck of the woods. **~ anticipado/por adelantado**, payment in advance; **~ al contado**, payment in cash; **~ a plazos**, payment by instalments; **~ a la entrega**, C.O.D., cash on delivery; **En ~ de**, in return for, in payment for.
pa·go·da [paγóða] *n/f* pagoda.
país [país] *n/m* country, nation, land.
pai·sa·je [paisáxe] *n/m* **1.** countryside, scenery. **2.** ART landscape. **pai·sa·jis·ta** [paisaxísta] *n/m,f* landscape painter. **pai·sa·jís·ti·co/a** [paisaxístiko/a] *adj* landscape.
pai·sa·no/a [paisáno/a] **I.** *adj* **1.** of the same country. **2.** MIL civilian. **II.** *n/m,f* **1.** MIL civilian (*civil*). **2.** compatriot. **3.** *Amer* peasant

(*campesino*). LOC **De ~**, in civvies, in plain clothes.

pa·ja [páxa] *n/f* **1**. straw. **2**. drinking straw (*para beber*). **3**. blade of grass (*brizna de hierba*). **4**. FIG trifling matter (*de poca monta*). **5**. FIG padding, waffle. **6**. ARG wank (*masturbación*). LOC **Hombre de ~**, stooge, man of straw.

pa·jar [paxár] *n/m* AGR straw loft, barn.

pá·ja·ra [páxara] *n/f* **1**. hen (bird). **2**. FIG tart (*golfa*), devious woman (*astuta*).

pa·ja·re·ra [paxaréra] *n/f* aviary, birdcage. **pa·ja·re·ría** [paxarería] *n/f* pet shop. **pa·ja·re·ro/a** [paxaréro/a] **I**. *adj* ZOOL bird. **II**. *n/m,f* bird catcher.

pa·ja·ri·ta [paxaríta] *n/f* **1**. bow-tie. **2**. BOT snapdragon. LOC **~ de papel**, paper bird.

pá·ja·ro [páxaro] *n/m* **1**. bird, small bird. **2**. FIG slippery customer, crafty beggar (*hombre astuto*). LOC **Más vale ~ en mano que ciento volando**, a bird in the hand is worth two in the bush. **Matar dos ~s de un tiro**, to kill two birds with one stone. **pa·ja·rra·co** [paxarráko] *n/m* **1**. big, ugly bird **2**. FIG shifty character.

pa·je [páxe] *n/m* page, page-boy.

pa·ji·lla [paxíʎa] *n/f* drinking straw. **pa·ji·zo/a** [paxíθo, -a] *adj* **1**. straw (*de paja*). **2**. straw-coloured. **3**. straw-like. **pa·jo·le·ro/a** [paxoléro] *adj* FAM damned (*condenado*), irritating (*molesto*).

pa·la [pála] *n/f* **1**. spade, shovel (*herramienta*). **2**. blade of an oar (*remo*). **3**. ANAT flat part of the teeth. **4**. upper (*de un zapato*). **5**. DEP bat. LOC **A punta ~**, in great quantity.

pa·la·bra [paláβra] *n/f* **1**. word. **2**. power of speech (*facultad*). **3**. eloquence: *Tiene el don de la palabra,* He has the gift of eloquence. **4**. promise: *Me dio su palabra.* He gave me his word. **5**. right to speak (*en parlamento,* etc), FIG floor: *Tienes la palabra,* You have the floor. LOC **Beberle a uno las ~s**, to hang on sb's every word. **Buenas ~**, fine words. **Comerse las ~s**, mumble. **De ~**, verbal. **De pocas ~s**, of few words. **Dirigir la ~ a uno**, to address sb. **En dos/cuatro ~s**, in a few words. **Faltar a la ~**, to break one's word. **Medir las ~s**, to choose one's words carefully. **¡Ni ~!**, Not a clue! **No soltar ~**, not to say a word, keep mum. **No tener uno más que ~s**, to be all talk. **~ de honor**, word of honour. **~s mayores**, insults, abuse. **~ malsonante**, expletive, swearword. **Pedir la ~**, to ask to speak. **Quitar la ~ de la boca**, to take the words out of sb's mouth. **Tomar la ~**, to take the floor. **Ultima ~**, last word, final word.

pa·la·bre·ría [palaβrería] *n/f* idle talk, empty words, *col* hot air. **pa·la·bro·ta** [palaβróta] *n/f* swearword, obscenity.

pa·la·cie·go/a [palaθjeγo/a] **I**. *adj* palace, court. **II**. *n/m,f* courtier.

pa·la·cio [paláθjo] *n/m* **1**. mansion. **2**. palace. LOC **~ de justicia**, court-house.

pa·la·da [paláða] *n/f* **1**. spadeful, shovelful. **2**. stroke (*de remo*).

pa·la·dar [palaðár] *n/m* **1**. ANAT palate. **2**. FIG palate, taste. **pa·la·de·ar** [palaðeár] *v* **1**. to taste. **2**. to savour.

pa·la·dín [palaðín] *n/m* **1**. paladin. **2**. FIG champion (*de una causa,* etc). **pa·la·di·no/a** [palaðíno/a] *adj* public, open.

pa·la·fi·to [palafíto] *n/m* lake dwelling.

pa·la·frén [palafrén] *n/m* palfrey. **pa·la·fre·ne·ro** [palafrenéro] *n/m* groom.

pa·lan·ca [paláŋka] *n/f* **1**. TÉC lever. **2**. FIG influence, pull.

pa·lan·ga·na [palaŋgána] *n/f* wash-basin, basin.

pa·lan·gre [paláŋgre] *n/m* trot line, paternoster line.

pa·lan·que·ta [palaŋkéta] *n/f* crowbar, jemmy (*pie de cabra*).

pa·la·tal [palatál] *adj* ANAT , LIN palatal. **pa·la·ta·li·zar** [palataliθár] *v* (*palatalice*) LIN to palatalize.

pa·la·ti·no/a [palatíno/a] *adj* **1**. ANAT palatine. **2**. palatine (*de palacio*).

pal·co [pálko] *n/m* **1**. TEAT box **2**. row of seats.

pa·len·que [paléŋke] *n/m* **1**. fence, palisade (*valla*). **2**. arena, enclosure (*recinto*). **3**. *Amer* tethering post, rail.

pa·len·ti·no/a [palen̪tíno/a] **I**. *adj* of Palencia. **II**. *n/m,f* native of Palencia.

pa·leo·gra·fía [paleoγrafía] *n/f* palaeography.

pa·leo·lí·ti·co/a [paleolítiko/a] **I**. *adj* palaeolithic. **II**. *n/m* Palaeolithic.

pa·leon·to·lo·gía [paleon̪toloxía] *n/f* palaeontology.

pa·les·ti·no/a [palestíno/a] *adj, n/m,f* Palestinian.

pa·les·tra [paléstra] *n/f* **1**. HIST palaestra. **2**. FIG lists. LOC **Salir a la ~**, to enter the fray, take the field.

pa·le·ta [paléta] *n/f* **1**. trowel (*de albañil*). **2**. ART palette. **3**. ART palette knife. **4**. ANAT front tooth (*diente*). **5**. TÉC turbine blade (*de turbina*). **6**. fan blade (*de ventilador*). **7**. TÉC propeller (*hélice*). **8**. ANAT shoulder blade (*omóplato*). **pa·le·ta·da** [paletáða] *n/f* spadeful, shovelful.

pa·le·ti·lla [paletíʎa] *n/f* ANAT shoulder blade.

pa·le·to/a [paléto/a] *adj, n/m,f* PEY rustic, country bumpkin.

pa·le·tón [paletón] *n/m* bit (*llave*).

pa·liar [paljár] *v* (*palío, palíe*) **1**. to alleviate, relieve (*aliviar*). **2**. to excuse, mitigate (*disculpar*). **pa·lia·ti·vo/a** [paljatíβo/a] *adj, n/m,f* palliative.

pa·li·de·cer [paliðeθér] *v* (*palidezco*) to turn/go pale. **pa·li·dez** [paliðéθ] *s/f* paleness. **pá·li·do/a** [páliðo/a] *adj* **1**. pale, pallid, pasty-faced (*tez*). **2**. pale, light, pastel (*color*), FIG sickly. **3**. FIG colourless, insipid. **pa·li·du·cho/a** [paliðútʃo/a] *adj* palish, on the pale side, FIG sickly.

pa·li·lle·ro [paliʎéro] *s/m* toothpick holder. **pa·li·llo** [palíʎo] *n/m* **1**. MÚS drumstick. **2**. toothpick (*mondadientes*). **3**. *pl* MÚS castanets, drumsticks.

pa·li·no·dia [palinóðja] *n/f* recantation. LOC **Cantar la ~**, to recant in public, retract.
pa·lio [páljo] *n/m* REL baldachin, pallium.
pa·li·que [palíke] *n/m col* chit-chat, small talk. LOC **Estar de/Dar ~**, to have a chat, *col* to have a natter.
pa·li·san·dro [palisáŋdro] *n/m* rosewood.
pa·li·tro·que [palitróke] *n/m* **1**. TAUR banderilla. **2**. PEY stick.
pa·li·za [palíθa] *n/f* **1**. beating, thrashing (*palos*). **2**. *col* slog (*trabajo, esfuerzo*). LOC **Dar la ~**, ARG to get on sb's wick.
pa·li·za·da [paliθáða] *n/f* **1**. palisade. **2**. embankment (*terraplén*). **3**. stockade, enclosure (*estacada*).
pal·ma [pálma] *n/f* **1**. BOT palm (tree, leaf). **2**. BOT date palm (*árbol*). **3**. FIG palm, glory. **4**. *pl* clapping (*aplausos*). LOC **Andar en ~s**, to be the toast of the town. **Llevarse la ~**, to triumph.
pal·ma·da [palmáða] *n/f* **1**. slap (*bofetada*). **2**. clap (*palmas*). **3**. *pl* clapping.
pal·mar [palmár] **I**. *adj* **1**. BOT palm. **2**. self-evident (*obvio*). **II**. *n/m* palm grove. **III**. *v col* LOC **~la** to snuff it, kick the bucket.
pal·ma·rés [palmarés] *n/m* **1**. record (*historial*). **2**. honours list.
pal·ma·rio/a [palmárjo/a] *adj* self-evident, obvious.
pal·ma·to·ria [palmatórja] *n/f* candle holder.
pal·me·ra [palméra] *n/f* BOT palm (tree), date palm. **pal·me·ro/a** [palméro/a] **I**. *n/m,f* **1**. person who looks after palm trees. **2**. native of La Palma. **II**. *adj* of La Palma.
pal·me·sa·no/a [palmesáno/a] *adj, n/m,f* of Palma de Mallorca.
pal·me·ta [palméta] *n/f* cane (*castigo*).
pal·mi·lla [palmíʎa] *n/f* LOC **Llevar en ~s**, to treat sb with great consideration.
pal·mí·pe·do/a [palmípeðo/a] **I**. *adj* ZOOL web-footed. **II**. *n/f,pl* palmipeds.
pal·mi·to [palmíto] *n/m* **1**. BOT dwarf palm. **2**. palm heart (*comestible*). **3**. *col* cute face, pretty face.
pal·mo [pálmo] *n/m* (hand's) span (= 21 cms.). LOC **~ a ~**, **1**. like the back of one's hand. **2**. inch by inch. **Dejar a uno con un ~ de narices**, to leave sb crestfallen, disappoint sb. (*defraudar*). **pal·mo·te·ar** [palmoteár] *v* **1**. to clap. **2**. to slap (sb) on the back. **pal·mo·teo** [palmotéo] *n/m* clapping, applause.
pa·lo [pálo] *n/m* **1**. *gen* stick. **2**. pole, post (*poste*). **3**. DEP goalpost. **4**. blow (*golpe*): *Dar palos*, Beat. **5**. NÁUT mast. **6**. suit (*naipes*): *Seguir el palo*, Follow suit. **7**. wood (*madera*): *Cuchara de palo*, Wooden spoon. LOC **Andar a ~s**, to be constantly squabbling. **A ~ seco**, simply, on its own. **Dar ~s de ciego**, to lash out wildly. **~ de golf**, golf club.
pa·lo·ma [palóma] *n/f* **1**. ZOOL dove, pigeon: *Paloma mensajera*, Carrier pigeon. **2**. FIG little lamb. **3**. anisette and water (*bebida*). **pa·lo·mar** [palomár] **I**. *n/m* dovecote, pigeon loft. **II**. *adj* LOC **Hilo ~**, twine, strong thread. **pa·lo·mi·lla** [palomíʎa] *n/f* **1**. moth (*polilla*). **2**. small butterfly (*mariposita*). **3**. TÉC wall bracket (*soporte*). **4**. AUT subframe. **5**. TÉC wing nut (*tuerca*). **pa·lo·mi·no** [palomíno] *n/m* ZOOL young pigeon, dove. **pa·lo·mi·ta** [palomíta] *n/f* **1**. popcorn. **2**. anisette and water (*bebida*). **pa·lo·mo** [palómo] *n/m* ZOOL cock pigeon.
pa·lo·te [palóte] *n/m* **1**. piece of stick. **2**. MÚS drumstick. **3**. penstroke, downstroke (*de letra*). **pa·lo·te·ar** [paloteár] *v* **1**. to bang sticks together. **2**. to squabble, wrangle (*discutir*). **pa·lo·teo** [palotéo] *n/m* squabbling, wrangling.
pal·pa·ble [palpáβle] *adj* **1**. palpable, tangible. **2**. FIG concrete. **3**. palpable, obvious (*evidente*). **pal·pa·ción** [palpaθjón] *n/f* **pal·pa·mien·to** [palpamjéŋto] *n/m* **1**. *gen* feeling, touching. **2**. MED palpation. **pal·par** [palpár] **I**. *v* **1**. to touch, feel (*tocar*). **2**. to fondle (*acariciar*). **3**. to feel one's way (*andar a tientas*). **4**. MED to palpate. **II**. *v/Refl (-se)* FIG to be palpable, be felt: *Se palpaba la desilusión*, The disappointment was palpable.
pal·pe·bral [palpeβrál] *adj* ANAT, ZOOL palpebral.
pal·pi·ta·ción [palpitaθjón] *n/f* **1**. palpitation, throb. **2**. *pl* MED palpitations. **pal·pi·tan·te** [palpitánte] *adj* **1**. palpitating, throbbing. **2**. FIG burning. **pal·pi·tar** [palpitár] *v* **1**. *gen* to palpitate. **2**. to beat (also FIG), throb (*corazón*). **3**. to flutter, quiver (*temblar*). **pál·pi·to** [pálpito] *n/m* **1**. hunch, feeling (*presentimiento*). **2**. thrill, excitement, *col* kick (*emoción*).
pal·po [pálpo] *n/m* ZOOL palp, palpus, feeler.
pa·lú·di·co/a [palúðiko/a] **I**. *adj* **1**. MED malarial. **2**. swamp, marsh. **II**. *n/f, pl* swamp fevers. **pa·lu·dis·mo** [paluðísmo] *n/m* swamp fever, malaria.
pa·lur·do/a [palúrðo/a] **I**. *adj* PEY rustic, uncouth. **II**. *n/m,f* **1**. PEY bumpkin, yokel (*cateto*). **2**. boor (*gárrulo*).
pa·lus·tre [palústre] *adj* marsh, marshy.
pa·me·la [paméla] *n/f* picture hat, straw hat (*de mujer*).
pa·me·ma [paméma] *n/f* **1**. trifle (*de poca monta*). **2**. *pl* FAM humbug, nonsense.
pam·pa [pámpa] *n/f Amer* pampas.
pám·pa·na [pámpana] *n/f* **1**. BOT vine leaf. **pám·pa·no** [pámpano] *n/m* **1**. BOT vine shoot (*brote*). **2**. V **pámpana**.
pam·pe·ro/a [pampéro/a] *adj, n/m,f* of the pampas, pampean.
pam·pi·ro·la·da [pampiroláða] *n/f* FAM nonsense.
pam·pli·na [pamplína] *n/f* **1**. BOT chickweed. **2**. FAM piffle, nonsense (*tontería*). **3**. FAM triviality, trifle (*sin importancia*). **pam·pli·ne·ro/a** [pamplinéro/a] *adj* silly.
pam·plo·nés/sa [pamplonés/a], **pam·plo·ni·ca** [pamploníka] *adj, n/m,f* of Pamplona.
pan [pán] *n/m* **1**. *gen* bread. **2**. loaf (*hogaza*). **3**. FIG gold leaf, silver leaf (*imprenta*). **4**. FIG living, bread and butter. LOC **Con su ~ se lo coma**, that's his problem, not mine. **Contigo ~ y cebolla**, (with you) love in a cottage, we can live on love. **El ~ nuestro de cada día**, a

common occurrence, an everyday event. **Estar/poner (a alguien) a ~ y agua**, to be on/to put sb on bread and water. **Llamar al ~, ~ y al vino, vino**, to call a spade a spade. **Más bueno que el ~**, as good as gold. **Venderse como ~ bendito**, to sell like hot cakes.

pa·na [pána] *n/f* corduroy, velveteen.

pa·na·cea [panaθéa] *n/f* panacea.

pa·na·de·ría [panaðería] *n/f* **1**. bakery. **2**. baker's shop. **pa·na·de·ro/a** [panaðéro/a] *n/m,f* baker.

pa·na·di·zo [panaðíθo] *n/m* **1**. MED whitlow. **2**. FIG *col* sickly type.

pa·nal [panál] *n/m* honeycomb.

pa·na·me·ño/a [panaméɲo/a] *adj, n/m,f* Panamanian.

pa·na·me·ri·ca·nis·mo [panamerikanísmo] *n/m* Panamericanism. **pa·na·me·ri·ca·no/a** [panamerikáno/a] *adj* Panamerican.

pan·car·ta [paŋkárta] *n/f* placard, banner.

pan·cis·ta [paṇθísta] **I**. *n/m,f* self-seeker, opportunist. **II**. *adj* unprincipled.

pán·cre·as [páŋkreas] *n/m* ANAT pancreas.

pan·cho/a [pántʃo] *adj* unruffled, unmoved: *Se quedó tan pancho*, He was quite unmoved.

pan·da [páṇda] *n/f* **1**. ZOOL panda. **2**. gang, FAM bunch.

pan·de·ar [paṇdeár] *v, v/Refl(-se)* to warp, sag, bow, bulge.

pan·de·mia [paṇdémja] *n/f* pandemic. **pan·de·mó·nium** [paṇdemónjum] *n/m* pandemonium.

pan·deo [paṇdéo] *n/m* **1**. warping (*acción: madera*), bulging, sagging (*acción: paredes, techos*). **2**. warp (*efecto: madera*), bulge, sag (*efecto: paredes, techos*).

pan·de·re·ta [paṇderéta] *n/f* MÚS tambourine. **pan·de·ro** [paṇdéro] *n/m* **1**. V **pandereta**· **2**. kite (*cometa*). **3**. *col* bum (*nalgas*).

pan·di·lla [paṇdíʎa] *n/f* gang, FAM bunch.

pa·ne·ci·llo [paneθíʎo] *n/m* (bread) roll.

pa·ne·gí·ri·co/a [panexíriko/a] **I**. *adj* panegyrical. **II**. *n/m* panegyric, eulogy.

pa·nel [panél] *n/m* **1**. panel. **2**. AUT dashboard.

pa·ne·ra [panéra] *n/f* **1**. bread bin. **2**. bread basket (*cestillo*). **pa·ne·ro/a** [panéro/a] *adj* bread-loving, fond of bread.

pán·fi·lo/a [páɱfilo/a] **I**. *adj* **1**. gullible (*inocente*). **2**. slow-witted (*lerdo*). **II**. *n/m,f* fool, ARG mug (*ingenuo*).

pan·fle·tis·ta [paɱfletísta] *n/m,f* **1**. pamphleteer (*folletista*). **2**. lampoonist (*satírico*). **pan·fle·to** [paɱfléto] *n/m* **1**. pamphlet (*folleto*). **2**. lampoon (*sátira*).

pa·nia·gua·do [panjaɣwáðo] *n/m* **1**. servant (*servidor*). **2**. PEY henchman, protégé (*favorecido*).

pá·ni·co [pániko] *n/m* panic.

pa·ni·fi·ca·ción [panifikaθjón] *n/f* breadmaking, baking. **pa·ni·fi·ca·do·ra** [panifikaðóra] *n/f* bakery. **panificar** [panifikár] *v* (*panifique*) to make bread.

pan·is·la·mis·mo [panislamísmo] *n/m* Panislamism.

pa·no·cha [panótʃa], **pa·no·ja** [panóxa] *n/f* **1**. BOT corncob, ear of wheat/maize/millet. **2**. BOT bunch (*colgajo*).

pa·no·li [panóli] **I**. *adj col* simple, daft. **II**. *n/m,f col* simpleton, twit.

pa·no·plia [panóplja] *n/f* **1**. panoply (*armadura*). **2**. collection of arms.

pa·no·ra·ma [panoráma] *n/m* **1**. panorama, view. **2**. FIG scene. **pa·no·rá·mi·co/a** [panorámiko/a] *adj* panoramic.

pan·ta·grué·li·co/a [paṇtaɣrwéliko/a] *adj* Pantagruellian.

pan·ta·lón [paṇtalón] *n/m* Br trousers, US pants. LOC **Ponerse/llevar los ~s**, to wear the trousers.

pan·ta·lla [paṇtáʎa] *n/f* **1**. screen. **2**. lampshade (*de lámpara*). **3**. FIG blind, cover. **4**. *Amer* bodyguard. LOC **Pequeña ~**, TV.

pan·ta·no [paṇtáno] *n/m* **1**. swamp, marsh (*marisma*). **2**. reservoir (*embalse*). **3**. FAM tight spot, difficulty. **pan·ta·no·so/a** [paṇtanóso/a] *adj* marshy, boggy, swampy.

pan·teís·mo [paṇteísmo] *n/m* pantheism. **pan·teís·ta** [paṇteísta] *adj, n/m,f* pantheist.

pan·te·ón [paṇteón] *n/m* **1**. pantheon. **2**. *Amer* cemetery.

pan·te·ra [paṇtéra] *n/f* ZOOL panther.

pan·to·mi·ma [paṇtomíma] *n/f* pantomime.

pan·to·rri·lla [paṇtorríʎa] *n/f* ANAT calf.

pan·tu·fla [paṇtúfla] *n/f* slipper.

pan·za [páṇθa] *n/f* **1**. ANAT paunch, belly. **2**. ZOOL rumen. **3**. bulge (*saliente*). LOC **~ de burra**, overcast sky. **pan·za·da** [paṇθáða] *n/f col* bellyful. LOC **Una ~ de algo**, a lot of sth.

pan·zu·do/a [paṇθúðo/a] *adj* paunchy, potbellied.

pa·ñal [paɲál] *n/m* **1**. Br nappy, US diaper. **2**. *pl* layette. **3**. origins. LOC **Estar en ~s**, to be wet behind the ears, be in the early stages.

pa·ñe·ría [paɲería] *n/f* **1**. Br draper's shop, US dry goods store (*tienda*). **2**. Br drapery, US dry goods (*paños*). **pa·ño** [páɲo] *n/m* **1**. woollen cloth. **2**. cloth, material (*tela*). **3**. duster, rag (*para limpiar*). **4**. wall hanging (*colgadura*). **5**. *pl* clothes. LOC **Conocer el ~**, to know one's stuff. **Estar en ~s menores**. **1**. to be in one's underclothes. **2**. FIG to be wet behind the ears. **~s calientes**, half measures. **~ de lágrimas**, a shoulder to cry on.

pa·ñol [paɲól] *n/m* store, storeroom.

pa·ño·le·ta [paɲoléta] *n/f* fichu, shawl.

pa·ñue·lo [paɲwélo] *n/m* **1**. handkerchief. **2**. headscarf (*de cabeza*). **3**. neckerchief (*de cuello*).

Pa·pa [pápa] *n/m* REL pope. LOC **Ser más papista que el ~**, to be more catholic than the Pope.

pa·pa [pápa] *n/f* **1**. *Amer* BOT potato. **2**. *pl* FIG food. **3**. pap, sops (*para niños*). LOC **Ni ~**, nothing at all.

pa·pá [papá] *n/m* FAM dad, daddy. LOC **~ Noel**, Father Christmas.

pa·pa·ble [papáble] REL papable.

pa·pa·da [papáða] *n/f* **1**. double chin. **2**. ZOOL dewlap.

pa·pa·do [papáðo] *n/m* papacy.

pa·pa·ga·yo [papaγaJo] *n/m* **1**. ZOOL, FIG parrot. **2**. wrasse, peacock fish (*pez*). **3**. BOT caladium.

pa·pal [papál] *adj* REL papal.

pa·pa·mos·cas [papamóskas] *n/m* **1**. ZOOL flycatcher. **2**. FIG *col* simpleton (*papanatas*).

pa·pa·na·tas [papanátas] *n/m col* Br wally, nincompoop.

pa·pa·rru·cha [paparrútʃa] *n/f* **1**. hoax (*burla*). **2**. lie (*mentira*).

pa·pel [papél] *n/m* **1**. paper (*materia*). **2**. piece of paper. **3**. *pl* documents. **4**. TEAT role, part. **5**. character (*de un drama, etc.*), FIG hat: *Juan se puso en su papel de director*, John put his director's hat on. **6**. stocks and shares (*valores*). LOC **Hacer el ~**, to play the part. **Hacer un buen ~**, to make a good impression, do well. **Ser ~ mojado**, to be worthless. **~ carbón**, carbon paper. **~ celofán**, cellophane. **~ continuo**, fanfold paper. **~ cuché**, glossy paper. **~ del Estado**, government bonds. **~ higiénico**, toilet paper. **~ de estraza**, brown paper, wrapping paper. **~ moneda**, paper money. **pa·pe·le·ar** [papeleár] *v* to riffle/to rummage through papers. **pa·pe· leo** [papeléo] *n/m* **1**. bureaucratic procedure, paperwork. **2**. FAM red tape. **pa·pe·le· ra** [papeléra] **1**. *n/f* wastepaper basket, litter bin (*para basura*). **2**. paper factory (*fábrica*). **pa·pe·le·ría** [papelería] **1**. stationer's (*tienda*). **2**. stationery (*papel, etc*). **pa· pe·le·ro/a** [papeléro/a] **I**. *adj Amer* paper. **II**. *n/m,f* paper manufacturer (*fabricante*). **pa· pe·le·ta** [papeléta] *n/f* **1**. *gen* slip of paper. **2**. raffle ticket (*de rifa*). **3**. ballot paper (*de votar*). **4**. exam report. **5**. FIG difficulty, tough job: *¡Vaya papeleta que le han asignado!*, What a tough job he's been given! **pa·pe·lón** [papelón] *n/m* ridiculous role. **pa·pe·lo·rio** [papelórjo] *n/m* PEY mess of papers. **pa·pe· lo·te** [papelóte] *n/m* PEY scrap, worthless bit of paper.

pa·pe·ra [papéra] *n/f* **1**. MED goitre. **2**. *pl* MED mumps.

pa·pi·la [papíla] *n/f* ANAT , BOT , ZOOL papilla.

pa·pi·lla [papíʎa] *n/f* **1**. baby food. **2**. FIG soft soap, guile (*astucia*). LOC **Quedar hecho ~ (alguien)**, **1**. to be battered/demolished (*maltrecho*), **2**. to be shattered (*cansado*).

pa·pi·ro [papíro] *n/m* BOT papyrus.

pa·pi·ro·te [papiróte] *n/m* flick (of the finger).

pa·pi·sa [papísa] *n/f* female pope. **pa·pis·ta** [papísta] *adj, n/m,f* papist.

pa·po [pápo] *n/m* **1**. ZOOL dewlap (*animales*). **2**. ZOOL crop (*aves*). **3**. INFML goitre (*bocio*).

pa·pú [papú] *adj, n/m,f* Papuan.

pa·que·bo·te [pakeßóte], **pa·que·bot** [pakeßó(t)] *n/m* packet boat.

pa·que·te [pakéte] *n/m gen* packet, parcel, package. LOC **(Ir hecho) un ~**, FIG *col* (to look a real) toff. **pa·que·te·ría** [paketería] *n/f* **1**. Br haberdasher's, US notions store (*tienda*). **2**. Br haberdashery, US notions (*mercancía*).

pa·qui·der·mo [pakiðérmo] *adj, n/m* pachyderm.

pa·quis·ta·ní [pakistaní] *adj, n/m,f* Pakistani.

par [pár] **I**. *adj* **1**. equal, similar. **2**. even (*números*). **II**. *n/m* **1**. pair, couple (*pareja*). **2**. peer (*noble*). **3**. DEP par. LOC **A la ~ 1**. at the same time. **2**. COM at par. **A ~es**, in twos. **A la ~ que**, at the same time as. **De ~ en ~**, wide open. **Ir a la ~**, to go halves. **Sin ~**, peerless, unique.

pa·ra [pára] *prep* **1**. for (*finalidad*). **2**. to, in order to. **3**. for (*destino*): *Flores para la abuela*, Flowers for the grandmother. **4**. for, by (*tiempo*): *Lo quiero para el martes*, I want it by/for Tuesday. **5**. for, considering (*relación*): *Eso es mucho para lo que necesita*, That's a lot considering what he needs. **6**. over (*con adverbios locativos*): *Ven para acá*, Come over here. **7**. for (*aptitud*): *Juan vale para alcalde*, John would be a good candidate for mayor. LOC **Decir ~ sí**, to say to oneself. **~ colmo**, to cap it all. **~ que**, *conj* so that, in order that.

pa·ra·bién [paraßjén] *n/m* congratulations.

pa·rá·bo·la [paráßola] *n/f* **1**. parable (*cuento*). **2**. GEOM parabola. **pa·ra·bó·li·co/a** [paraßóliko/a] *adj* parabolic. LOC **Antena ~**, satellite dish.

pa·ra·bri·sas [paraßrísas] *n/m* Br windscreen, US windshield.

pa·ra·caí·das [parakaíðas] *n/m* parachute. **pa·ra·cai·dis·mo** [parakaiðísmo] *n/m* parachuting, parachute jumping. **pa·ra·cai·dis·ta** [parakaiðísta] *n/m,f* parachutist.

pa·rá·cli·to [paráklito], **pa·ra·cle·to** [parakléto] *n/m* REL Paraclete.

pa·ra·cho·ques [paratʃókes] *n/m* AUT Br bumper, US fender.

pa·ra·da [paráða] *n/f* **1**. stop (*acto*). **2**. (bus) stop. **3**. halt, pause (*pausa*). **4**. shutdown, standstill (*industria*). **5**. MIL parade. **6**. enclosure, cattle pen (*corral*). **7**. bet, stake (*envite*). LOC **~ en seco**, dead stop. **~ de taxis**, taxi rank. **pa·ra·de·ro** [paraðéro] *n/m* **1**. whereabouts, location. **2**. end. **3**. *Amer* railway station. **4**. *Amer* bus stop.

pa·ra·dig·ma [paraðíγma] *n/m* **1**. model. **2**. GRAM paradigm.

pa·ra·di·sía·co/a [paraðisíako/a], **pa·ra·di·sia·co/a** [paraðisiáko/a] *adj* heavenly, blissful.

pa·ra·do/a [paráðo/a] **I**. *adj* **1**. out of work, unemployed (*desempleado*). **2**. shy (*tímido*). **3**. at a standstill, motionless, standing idle (*inmóvil*). **4**. standing (*de pie*). **II**. *n/m,f* **1**. person out of work. **2**. shy person. LOC **Salir mal/bien ~**, to come off badly/well.

pa·ra·do·ja [paraðóxa] *n/f* paradox. **pa·ra·dó·ji·co/a** [paraðóxiko/a] *adj* paradoxical.

pa·ra·dor [paraðór] *n/m* **1**. HIST inn. **2**. state-owned hotel.

pa·ra·es·ta·tal [paraestatál] *adj* semi-official.

pa·ra·fer·na·les [parafernáles] *adj, pl*: **bienes ~**, JUR paraphernalia.

pa·ra·fi·na [parafína] *n/f* **1**. paraffin wax (*cera*). **2**. *Amer* paraffin (*queroseno*).

pa·ra·fra·se·ar [parafraseár] *v* to paraphrase. **pa·rá·fra·sis** [paráfrasis] *n/f* **1**. paraphrase. **2**. free verse translation.
pa·ra·guas [paráɣwas] *n/m* umbrella.
pa·ra·gua·yo/a [paraɣwáJo/a] *adj, n/m,f* Paraguayan.
pa·ra·güe·ro [paraɣwéro] *n/m* umbrella stand.
pa·raí·so [paraíso] *n/m* **1**. REL, FIG paradise, heaven. **2**. TEAT gallery, FAM gods. LOC **~ terrenal**, Earthly paradise, Garden of Eden.
pa·ra·je [paráxe] *n/m* (faraway) place, (isolated) spot.
pa·ra·le·lis·mo [paralelísmo] *n/m* parallelism. **pa·ra·le·lo/a** [paralélo/a] *adj, n/m* parallel.
pa·ra·le·lo·gra·mo [paraleloɣrámo] *n/m* parallelogram.
pa·rá·li·sis [parálisis] *n/f* MED , FIG paralysis. **pa·ra·lí·ti·co/a** [paralítiko/a] *adj* MED paralytic. **pa·ra·li·za·ción** [paraliθaθjón] *n/f* MED, FIG paralysation. **pa·ra·li·zar** [paraliθár] **I**. *v* (*paralice*) MED, FIG to paralyse. **II**. *v/Refl(-se)* MED, FIG to be/to become paralysed.
pa·ra·lo·gis·mo [paraloxísmo] *n/m* paralogism.
pa·ra·men·to [paraméṇto] *n/m* **1**. ornament. **2**. adornment. **3**. ARQ face (*de una pared, un sillar*). **4**. trappings (*de caballo*).
pa·rá·me·tro [parámetro] *n/m* parameter.
pa·ra·mi·li·tar [paramilitár] *adj* paramilitary.
pá·ra·mo [páramo] *n/m* **1**. GEOG moor, moorland, bleak plateau. **2**. wilderness. **3**. *Amer* high grassland. **4**. *Amer* drizzle (*llovizna*).
pa·ran·gón [paraŋgón] *n/m* comparison. **pa·ran·go·nar** [paraŋgonár] *v* **1**. to compare. **2**. to justify (*alinear*).
pa·ra·nin·fo [paraníɱfo] *n/m* main hall, central hall (*de universidad*).
pa·ra·noia [paranóia] *n/f* MED paranoia. **pa·ra·noi·co/a** [paranóiko/a] *adj* MED paranoid, paranoiac.
pa·ra·nor·mal [paranormál] *adj* paranormal.
pa·ra·pe·tar·se [parapetárse] *v, v/Refl(-se)* **1**. **(~ de, tras/en, con)** MIL to protect oneself (from/to, behind/in/to, with) to take cover/shelter: *El soldado se parapetó tras el muro*, The soldier sheltered behind the wall. **2**. FIG to take refuge. **pa·ra·pe·to** [parapéto] *n/m* parapet.
pa·ra·ple·jía [paraplexía] *n/f* MED paraplegia. **pa·ra·plé·ji·co/a** [parapléxiko/a] *adj* MED paraplegic.
pa·rar [parár] **I**. *v* **1**. *gen* to stop, come to a halt. **2**. **(~ en)** to end up (in): *Al fin paró en la cárcel*, He finally ended up in jail. **3**. **(~ en)** to stop (in, at), stay (in, at), put up (in, at). **4**. to stop, bring to a halt: *Paró el coche*, He stopped the car. **II**. *v/Refl(-se)* **1**. to stop, come to a halt. **2**. **~se a,** stop to, pause to: *Se paró a pensar*, He stopped to think. LOC **¡Dónde va a ~!**, it bears no comparison. **~ en seco**, stop dead. **Sin ~**, non-stop, without a break.
pa·ra·rra·yo(s) [pararráJo(s)] *n/m* Br lightning conductor, US lightning rod.
pa·ra·si·co·lo·gía [parasikoloxía] *n/f* parapsychology. **pa·ra·si·co·ló·gi·co/a** [parasikolóxiko/a] *adj* parapsychological.
pa·ra·si·ta·rio/a [parasitário/a] *adj* parasitic, parasitical. **pa·rá·si·to/a** [parásito/a] **I**. *adj* BOT, BIOL, FIG parasitic. **II**. *n/m,f* BOT, BIOL parasite. **III**. *n/m* **1**. FIG parasite. **2**. *pl* interference, static (*radio*). **pa·ra·si·to·lo·gía** [parasitoloxía] *n/f* BIOL parasitology.
pa·ra·sol [parasól] *n/m* **1**. parasol, sunshade. **2**. BOT umbel.
pa·ra·ti·foi·dea [paratifoiðéa] *adj, n/f* MED paratyphoid.
par·ce·la [parθéla] *n/f* **1**. plot of land (*solar*). **2**. AGR smallholding. **3**. FIG small part, area. **par·ce·la·ción** [parθelaθjón] *n/f* AGR distribution into plots, parcelling out. **par·ce·lar** [parθelár] *v* AGR to parcel out.
par·cial [parθjál] **I**. *adj* **1**. partial. **2**. incomplete (*incompleto*). **3**. biassed (*prejuzgado*). **4**. partisan (*partidista*). **II**. *n/m* term exam. **par·cia·li·dad** [parθjaliðáð] *n/f* partiality, bias, prejudice.
par·co/a [párko/a] *adj* sparing, frugal (*en el comer*). LOC **~ en palabras**, sparing in one's use of words.
par·che [pártʃe] *n/m* **1**. patch. **2**. MED sticking plaster. **3**. botch, FAM lash-up (*chapuza*). **par·che·ar** [partʃeár] *v* **1**. to patch (up). **2**. to botch (up) (*chapucear*).
par·chís [partʃís] *n/m* ludo.
par·dal [parðál] *n/m* ZOOL sparrow.
¡par·diez! [parðjéθ] *interj. by Jove! by Jingo!*
par·di·llo/a [parðíʎo/a] **I**. *adj* rustic. **II**. *n/m* **1**. ZOOL linnet. **2**. PEY yokel (*campesino*). **3**. novice, tyro (*principiante*).
par·do/a [párðo/a] **I**. *adj* **1**. dun, tawny. **2**. black, dark grey (*nubes*) **3**. overcast (*cielo*). **II**. *n/m* **1**. mulatto. **2**. ZOOL leopard. LOC **Oso ~**, brown bear. **par·dus·co/a**, **par·duz·co/a** [parðús/θko/a] *adj* greyish, brownish.
pa·rea·do [pareáðo] *n/m* POÉT couplet.
pa·re·cer [pareθér] **I**. *n/m* **1**. opinion, view. **2**. looks (*aspecto*). LOC **A mi ~**, in my view. **II**. *v* (*parezco*) **1**. to appear. **2**. to seem, appear: *Parece que vendrá la reina*, It seems/appears that the Queen will be coming. **3**. to think of. **4**. to think, believe: *Me parece que han llegado*, I think they have arrived. **III**. *v/Refl(-se)* **1**. to resemble each other, look alike. **2**. **(~ a)**, to resemble; look like: *Juan se parece a su padre*, John looks like his father. LOC **Ser de buen ~**, to be good-looking. **Al ~**, apparently. **Según parece**..., it seems that.., apparently. **pa·re·ci·do/a** [pareθíðo/a] **I**. *adj* similar. **II**. *n/m* similarity. LOC **Bien ~**, good-looking. **Mal ~**, ugly.
pa·red [paréð] *n/f* wall. LOC. **Las ~es oyen**, walls have ears. **~ maestra**, load-bearing wall. **~ medianera**, party wall. **Subirse por las ~es**, FAM to go up the wall, hit the roof. **pa·re·da·ño/a** [pareðáɲo/a] *adj* next door, adjoining. **pa·re·dón** [pareðón] *n/m* **1**. wall left standing. **2**. thick wall. LOC **Llevar al ~**, to put up against a wall and shoot.
pa·re·jo/a [paréxo/a] **I**. *adj* **1**. similar, alike, equal. **2**. TÉC flush, even. **II**. *n/f* **1**. couple

(*par*). **2**. partner (*compañero/a*). **3**. pair of Civil Guards. **4**. *pl* pairs (*naipes, dados*). LOC **Correr ~s 1**. to keep pace with. **2**. to be on a par: *Su belleza y su simpatía corren parejas*, Her beauty is on a par with her friendly nature. **Ir ~s**, race neck and neck (*carreras de caballos*).

pa·ren·te·la [parentéla] *n/f* **1**. relations. **2**. blood relationship. **pa·ren·tes·co** [parentésko] *n/m* relationship, kinship.

pa·rén·tesis [paréntesis] *n/m* **1**. GRAM parenthesis. **2**. GRAM bracket (*signo*). **3**. FIG interruption, short break, lull. LOC **Entre ~** *adv* incidentally, by the way.

pa·ria [párja] *n/m,f* pariah.

pa·ri·da [paríða] *n/f* ARG inane comment, bilge.

pa·ri·dad [pariðáð] *n/f* **1**. parity, equality (*igualdad*). **2**. comparison (*parangón*).

pa·rien·te/a [parjénte/a] **I**. *adj* **1**. related. **2**. *col* similar. **II**. *n/m,f* relation, relative, kin. LOC **La ~**, *col* the wife, the missus (*esposa*). **El ~**, *col* the old man (*marido*).

pa·rie·tal [parjetál] **I**. *adj* ANAT parietal. **II**. *n/m* ANAT parietal, parietal bone.

par·i·gual [pariʃwál] *adj* very similar.

pa·ri·hue·la [pari(ɣ)wéla] *n/f* stretcher.

pa·ri·pé [paripé] *n/m* LOC **Hacer el ~**, **1**. to show off, put on airs. **2**. to put on an act, pretend, go through the motions.

pa·rir [parír] *v* **1**. *gen* BIOL to give birth (to), bear. **2**. to drop (*animales*). **3**. to foal (*yeguas*), calve (*vacas*), farrow (*cerdas*), lamb (*ovejas*). **4**. FIG to produce, cause.

pa·ri·sién [parisjén], **pa·ri·sien·se**, **pa·ri·si·no/a** [parisjénse/parisíno/a] *adj, n/m,f* Parisian.

pa·ri·ta·rio/a [paritárjo/a] *adj* joint: *Comité paritario*, Joint committee.

par·king [párkiŋ] *n/m* Br car park, US parking lot.

par·la [párla] *n/f* **1**. eloquence, FAM gift of the gab (*facilidad para hablar*). **2**. chatter, gossip (*charla*). **3**. prattle (*parloteo*).

par·la·men·tar [parlamentár] *v* **1**. to parley, negotiate a treaty. **2**. to converse. **par·la·men·ta·ris·mo** [parlamentarísmo] *n/m* parliamentarianism. **par·la·men·to** [parlaménto] *n/m* **1**. parliament. **2**. parley (*entre enemigos*). **3**. TEAT speech.

par·lan·chín/na [parlantʃín/na] **I**. *adj* loose talking, loose-tongued. **II**. *n/m,f* **1**. chatterbox (*el que habla mucho*) **2**. loose talker, FAM big mouth. **par·lan·te** [parlánte] *adj* talking. **-parlante**, (*en palabras compuestas*) -speaking: *Hispanoparlante*, Spanish-speaking. **par·lar** [parlár] *v* **1**. to chatter (*charlar*). **2**. to prattle (*parlotear*). **par·lo·te·ar** [parloteár] *v* to prattle, blather. **par·lo·teo** [parlotéo] *n/m* prattle, prattling.

par·na·so [parnáso] *n/m* Parnassus.

par·né [parné] *n/m* ARG dough, bread, US cake (*dinero*).

paro [páro] *n/m* **1**. stoppage, standstill. **2**. unemployment (*desempleo*). **3**. *Amer* strike (*huelga*). **pa·rón** [parón] *n/m* sudden stop.

pa·ro·dia [paróðja] *n/f* **1**. parody. **2**. FIG travesty. **pa·ro·diar** [paroðjár] *v* to parody, take off.

pa·ro·ni·mia [paronímja] *n/f* paronym. **pa·ró·ni·mo/a** [parónimo/a] *adj* paronymic.

pa·ró·ti·da [parótiða] *n/f* **1**. ANAT parotid, parotid gland. **2**. MED parotitis.

pa·ro·xis·mo [paro(k)sísmo] *n/m* paroxysm.

par·pa·de·ar [parpaðeár] *v* **1**. to flutter one's eyelids. **2**. to blink. **3**. to twinkle (*estrellas*). **4**. to flicker (*luz*). **pár·pa·do** [párpaðo] *n/m* ANAT eyelid.

par·que [párke] *n/m* **1**. *gen* park. **2**. MIL depot. **3**. stock, total (*vehículos*). **4**. playpen (*para críos*). LOC **~ de atracciones**, fair, fairground. **~ de bomberos**, fire station. **~ móvil**, official car pool. **~ nacional**, National Park. **~ zoológico**, zoo.

par·qué, **par·quet** [parké] *n/m* parquet.

par·que·ar [parkeár] *v Amer* to park.

par·que·dad [parkeðáð] *n/m* sparingness, frugality, moderation.

pa·rra [párra] *n/f* BOT climbing vine. LOC **Subirse a la ~**, *col* **1**. to go up the wall, hit the roof (enfadarse). **2**. to give oneself airs.

pa·rra·fa·da [parrafáða] *n/f* **1**. long chat. **2**. forceful speech (*discurso vehemente*). LOC **Echar una ~**, to have a long chat. **pá·rra·fo** [párrafo] *n/m* paragraph.

pa·rral [parrál] *n/m* **1**. vine arbour (*con armazón*). **2**. BOT vineyard (*viñedo*).

pa·rran·da [parránda] *n/f* **1**. FAM binge, spree, party. **2**. group of revellers. LOC **Ir de ~**, FAM to go on a binge. **pa·rran·de·ar** [parrandeár] *v* FAM to go on a binge. **pa·rran·deo** [parrandéo] *n/m* FAM binge, fling.

pa·rri·ci·da [parriθíða] *n/m,f* parricide (*persona*). **pa·rri·ci·dio** [parriθíðjo] *n/m* parricide (*acto*).

pa·rri·lla [parríʎa] *n/f* **1**. grille, gridiron, grating (*reja*). **2**. grill (*de cocina*). LOC **A la ~**, grilled, barbecued. **pa·rri·lla·da** [parriʎáða] *n/f* mixed grill.

pá·rro·co [párroko] *n/m* REL parish priest. **pa·rro·quia** *n/f* **1**. REL parish (*zona*). **2**. REL congregation (*feligreses*). **3**. REL parish church (*iglesia*). **4**. FIG customers, clientele. **pa·rro·quial** [parrokjál] *adj* parochial, parish. **pa·rro·quia·no/a** [parrokjáno/a] **I**. *adj* parish. **II**. *n/m,f* **1**. REL parishioner. **2**. regular customer, client.

par·si·mo·nia [parsimónja] *n/f* **1**. calmness, deliberation. **2**. thrift, carefulness. **par·si·mo·nio·so/a** [parsimonjóso/a] *adj* **1**. careful with money. **2**. unhurried, deliberate.

par·te [párte] **I**. *n/m* **1**. bulletin. **2**. report. **3**. MIL despatch, communiqué. **II**. *n/f* **1**. *gen* part. **2**. portion (*sección*). **3**. share (*participación*). **4**. place, spot. **5**. COM party. **6**. faction (*bando*). **7**. side (*parentesco*): *Es primo por/de parte de padre*, He's a cousin on my/his/her/their/our father's side. **III**. *n/f,pl* ANAT private parts. LOC **Dar ~**, to report to the authorities. **Dar ~ de algo**, to announce sth. **De mi/tu...~**, on my/your...behalf, from me/you...: *Dígale de mi parte que...*, Tell him from me that... **De ~ a ~**, absolutely.

¿De ~ de quién? **1**. Who's calling? (*al teléfono*). **2**. Your name please? (*en presencia del otro*). **Echar a mala ~**, to look disapprovingly upon. **Echar por otra ~**, to go off in a different direction. **En ninguna ~**, nowhere. **En/por todas ~s**, everywhere. **~s de la oración**, GRAM parts of speech. **La mayor ~**, most, the majority. **La ~ del león**, FIG the lion's share. **Llevarse la mejor/peor ~**, to get the best/worst of it. **Por la mayor ~**, in the main. **¡Vamos por ~s!**, Let's take first things first!

par·te·luz [partelúθ] *n/m* ARQ mullion.

par·te·naire [partenér] *n/m* partner.

par·te·no·gé·ne·sis [partenoxénesis] *n/f* **1**. BIOL parthenogenesis. **2**. REL virgin birth.

par·te·ro/a [partéro/a] **I**. *n/m* MED obstetrician. **II**. *n/f* MED midwife.

par·te·rre [partérre] *n/m* **1**. public garden (*jardín*). **2**. flowerbed (*maceta*).

par·ti·ción [partiθjón] *n/f* partition, sharing-out.

par·ti·ci·pa·ción [partiθipaθjón] *n/f* **1**. *gen* participation. **2**. share. **3**. share in a lottery ticket (*de lotería*). **4**. notice, notification (*aviso*). **5**. DEP entry. **par·ti·ci·pan·te** [partiθipáṇte] **I**. *adj* participating, participant. **II**. *n/m,f* participant, DEP entrant. **par·ti·ci·par** [partiθipár] *v* **1**. **(~ en)** to take part (in), participate (in), DEP to enter. **2**. to announce, inform. **3**. **(~ de/en)** to share (in): *Todos participaron en las ganancias*, They all shared (in) the profits. **par·tí·ci·pe** [partíθipe] *adj*, *n/m,f* participant.

par·ti·ci·pio [partiθípjo] *n/m* GRAM participle.

par·tí·cu·la [partíkula] *n/f* particle.

par·ti·cu·lar [partikulár] **I**. *adj* **1**. particular, special, characteristic. **2**. private. **3**. peculiar. **4**. peculiar, odd, strange (*extraño*). **II**. *n/m* **1**. member of the public, private individual. **2**. matter, subject. LOC **En ~**, in particular, especially. **par·ti·cu·la·ri·dad** [partikulariðáð] *n/f* special feature, peculiarity. **par·ti·cu·la·ris·mo** [partikularísmo] *n/m* **1**. self-interest. **2**. particularism. **par·ti·cu·la·ri·za·ción** [partikulariθaθjón] *n/f* particularization, detailing. **par·ti·cu·la·ri·zar** [partikulariθár] **I**. *v* (*particularice*) **1**. to detail, specify, give details about, single out. **2**. to favour, prefer. **II**. *v/Refl(-se)* to stand out.

par·ti·da [partíða] *n/f* **1**. departure (*salida*). **2**. rural district. **3**. COM consignment, batch (*lote*). **4**. COM entry (*contabilidad*). **5**. heading, item (*de presupuesto*). **6**. certificate, entry in a register. **7**. MIL party. **8**. group, crowd. **9**. game (*naipes, ajedrez*, etc).

par·ti·da·rio/a [partiðárjo/a] **I**. *adj* **(~ de)** partisan, partial: *Es partidario del aborto*, He's in favour of abortion. **II**. *n/m,f* supporter, follower. **par·ti·dis·mo** [partiðísmo] *n/m* **1**. partisanship, party line (*política*). **2**. bias (*prejuicio*). **par·ti·dis·ta** [partiðísta] *adj*, *n/m,f* partisan. **par·ti·do** [partíðo] *n/m* **1**. party (*política*). **2**. DEP match, game **3**. side (*bando*). LOC **Formar ~**, to seek backing. **Sacar ~**, to benefit.

par·tir [partír] *v* **1**. to divide, split, break in two. **2**. to share out, divide (up) (*repartir*). **3**. to crack (*nueces, etc*). **4**. to cut (*naipes*). **5**. MAT to divide. **6**. to put into classes. **7**. to leave, depart, set off. **8**. to start (from). LOC **A ~ de**, starting (from).

par·ti·ti·vo/a [partitíβo/a] *adj* GRAM partitive.

par·ti·tu·ra [partitúra] *n/f* MÚS score.

par·to [párto] *n/m* **1**. childbirth, delivery. **2**. FIG brainchild. LOC **El ~ de los montes**, an anticlimax.

par·tu·rien·ta [parturjénta] *adj*, *n/f* parturient.

par·ve·dad [parβeðáð] *n/f* **1**. smallness, littleness. **2**. shortage (*de recursos*). **parvo/a** [párβo/a] *adj* small, scant.

par·vu·la·rio [parβulárjo] *n/m* nursery school, kindergarten. **pár·vu·lo/a** [párβulo/a] *n/m,f* child, infant.

pa·sa [pása] *n/f* raisin (*uva seca*).

pa·sa·ble [pasáβle] *adj gen* passable.

pa·sa·ca·lle [pasacáʎe] *n/m* MÚS passacaglia.

pa·sa·da [pasáða] *n/f* **1**. passing, passage (*acto*). **2**. clean, rub, polish, INFML going over (*con trapo*). **3**. coat (*pintura*). **4**. row of stitches (*de punto*). LOC **De ~**, cursorily. **Hacer una mala ~**, FAM to play a dirty trick (on sb).

pa·sa·de·ro/a [pasaðéro/a] **I**. *adj* **1**. passable (*transitable*). **2**. passable, acceptable (*tolerable*). **II**. *n/m,f* stepping stone (*piedra*).

pa·sa·di·zo [pasaðíθo] *n/m* **1**. corridor, passageway (*pasillo*). **2**. alleyway (*pasaje*).

pa·sa·do/a [pasáðo/a] **I**. *n/m* past (*tiempo*). **II**. *adj* **1**. *gen* past. **2**. last: *La semana pasada*, Last week. **3**. bad, overripe (*fruta*). **4**. bad, INFML off (*comida*): *Esta leche está pasada*, This milk's off. **5**. worn, threadbare (*ropa*).

pa·sa·dor [pasaðór] *n/m* **1**. smuggler (*contrabandista*). **2**. bolt, latch (*pestillo*). **3**. tie clip, tie-pin (*sujetacorbatas*). **4**. slide (*para el pelo*). **5**. strainer (*coladera*). **6**. colander (*colador*). **7**. TÉC filter (*filtro*). **8**. TÉC pin, split pin (*chaveta*).

pa·sa·je [pasáxe] *n/m* **1**. alley (*callejuela*). **2**. passageway (*pasillo*). **3**. fare (*tarifa*). **4**. ticket (*billete*). **5**. toll (*peaje*). **6**. passage, crossing (*travesía*). **7**. passengers (*pasajeros*). **8**. passage (*texto, música*). **pa·sa·je·ro/a** [pasaxéro/a] **I**. *adj* fleeting, transient (*efímero*). **II**. *n/m,f* passenger.

pa·sa·man·os [pasamános] *n/m* **1**. banister(s). **2**. handrail.

pa·sa·mon·ta·ñas [pasamoṇtáɲas] *n/m* balaclava.

pa·san·te [pasáṇte] **I**. *adj* passing. **II**. *n/m* JUR articled clerk.

pa·sa·por·te [pasapórte] *n/m* passport. LOC **Dar ~ a alguien**, **1**. FAM to give sb the push, sack (*despedir*). **2**. FAM to bump off, waste (*matar*).

pa·sar [pasár] *v* **1**. to pass (*dar*). **2**. to cross. **3**. to pass, go past (*rebasar*). **4**. to overtake, pass (*adelantar*). **5**. **(~ a)** to pass on (*transferir*). **6**. **(~ por)** to insert, pass through. **7**. to pass (*aprobar*): *He pasado el examen*, I've passed the exam. **8**. to miss out, skip (*omitir*). **9**. to overlook. **10**. to go bad, go off, go rotten (*pudrirse*). **11**. to spend (*tiempo*). **12**. to strain (*colar*). **13**. to sift, sieve (*cerner*). **14**. to swallow (*tragar*). **15**. to endure, suffer. **16**. **(~ con)** to subsist (on), get by (on): *Paso con poco dinero*, I get by on a small amount of money. **17**. to happen, go on (*suceder*): *¿Qué pasa aquí?*, What's going on here? **18**. to go in(to), come in(to), enter, step into. **19**. DEP to pass. **II**. *v/Refl(-se)* **1**. to go over to. **2**. to overstep the mark, go too far: *Te has pasado*, You've gone too far. **3**. to forget: *Se me pasó llamarte*, I forgot to call you. **4**. to go bad, go off (*frutas*, etc). LOC **Lo que pasa es que...**, the thing is that.. **~ a mejor vida**, pass away (*morir*). **~ de largo**, pass by. **~ de**, **1**. to exceed: *Pasas de los 120 kms. por hora*, You are exceeding 120 kms. per hour, **2**. to be not interested in: *El pasa del fútbol*, He's not interested in football. **~lo bien/mal**, have a good/bad time. **~lo en grande**, have a whale of a time. **¡Pase!**, come in! **Pase lo que pase**, whatever happens. **¿Qué pasa? 1**. What's up?/What's the matter? **2**. Br What's new? US What's going down? **~se de listo**, be too clever by half.

pa·sa·re·la [pasaréla] *n/f* **1**. footbridge (*puente*). **2**. NÁUT gangway.

pa·sa·tiem·po [pasatjémpo] *n/m* pastime, hobby.

pas·cua [páskwa] *n/f* **1**. REL Passover. **2**. REL Easter. **3**. *pl* REL Christmas. **4**. *pl* Christmas holidays. LOC **~ de Pentecostés**, Whitsuntide. **De ~s a Ramos**, once in a blue moon. **Estar como unas ~s**, to be as happy as a sandboy. **Santas ~s**, that's that. **pas·cual** [paskwál] *adj* paschal.

pa·se [páse] *n/m* pass, safe-conduct.

pa·se·an·te [paseánte] **I**. *adj* strolling, walking. **II**. *n/m,f* stroller, walker, passer-by (*transeúnte*). **pa·se·ar** [paseár] *v* **1**. to take for a walk. **2**. to parade. **3**. to stroll, walk (*andar*). **4**. to go for a ride (*a caballo, en bicicleta, en moto*). **5**. to go for a drive (*en coche*). LOC **~ la mirada por**, run one's eyes over. **pa·se·o** [paséo] *n/m* **1**. walk, stroll (*caminata*). **2**. ride (*a caballo, en bicicleta, en moto*). **3**. drive (*en coche*). **4**. thoroughfare, promenade (*calle*). **5**. short walk, walking distance. **Dar un ~**, to go for a stroll/walk/ride/drive. **Mandar/Enviar a ~**, to send sb packing.

pa·si·llo [pasíʎo] *n/m* **1**. passage, corridor. **2**. TEAT short play.

pa·sión [pasjón] *n/f* **1**. passion. **2**. enthusiasm. **3**. REL passion, Passion of Christ. **pa·sio·nal** [pasjonál] *adj* passionate. LOC **crimen ~**, crime of passion.

pa·si·vi·dad [pasiβiðáð] *n.f.* passiveness, passivity. **pa·si·vo/a** [pasíβo/a] **I**. *adj* **1**. passive. **2**. state (*pensión*). **II**. *n/m* COM liabilities, debts. **III**. *n/f* GRAM passive voice.

pas·mar [pasmár] **I**. *v* **1**. to amaze (*asombrar*). **2**. to stun (*aturdir*). **II**. *v/Refl(-se)* to be dumbfounded (*aturdirse*). **pas·mo** [pásmo] *n/m* **1**. MED chill (*enfriamiento*). **2**. MED lockjaw, tetanus. **3**. wonder, astonishment (*asombro*). **4**. source of wonder (*causa de asombro*).

pa·so/a [páso/a] **I**. *n/m* **1**. passing (*pasada*). **2**. step, stride (*zancada*). **3**. pace (*ritmo*). **4**. rung, step (*peldaño*). **5**. passage, way through. **6**. *pl* moves, measures (*medidas*). **7**. footprint (*huella*). **8**. rate. **9**. REL stage in the Passion of Christ. **10**. REL portable or mobile religious tableau. **11**. short play, sketch (*saeta*). **12**. strait(s) (*estrecho*). **13**. passage, migration (*pájaros*). **14**. TÉC pitch. **II**. *adj* dried (*fruto*): *Uvas pasas*, Raisins. LOC **A cada ~**, at every turn, all the time. **A ~ largo**, with long strides. **A ~s agigantados**, FIG by leaps and bounds. **Abrirse ~**, to make one's way (through), force a way (through). **Dar un ~ en falso**, to put a foot wrong. **De paso**, **1**. passing through: *Estoy de paso por la ciudad*, I'm just passing through the town. **2**. by the way: *De paso, ¿conoces a Juan?*, By the way, do you know John? **Llevar el ~**, to keep in step, keep time. **Marcar el ~**, to mark time. **Salir al ~**, **1**. to face up to. **2**. to forestall. **Salir del ~**, to get out of an awkward situation. **Seguir los ~s a alguien**, to shadow sb, tail sb. **Seguir los ~s de alguien**, to follow in sb's footsteps.

pa·so·doble [pasoðóble] *n/m* MÚS pasodoble.

pa·so·ta [pasóta] *adj, n/m* dropout, hippy. **pa·so·tis·mo** [pasotísmo] *n/m* hippy attitude/mentality, lack of commitment/enthusiasm.

pas·quín [paskín] *n/m* lampoon, poster.

pa·sta [pásta] *n/f* **1**. dough, paste. **2**. TÉC molten metal. **3**. pulp (*de madera*). **4**. papier mâché. **5**. binding, hardback (*encuadernación*). **6**. biscuit, sponge (*bizcocho*). **7**. ARG dough, bread (*dinero*) LOC **De buena/mala ~**, good/bad sort.

pas·tar [pastár] *v* to graze.

pas·tel [pastél] *n/m* **1**. cake, pie. **2**. ART pastel, pastel drawing **3**. FIG mess, bodge (*chapuza*). **4**. FIG crooked deal (*trampa*). LOC **Descubrir el ~**, to spill the beans, find out. **pas·te·le·ar** [pasteleár] *v* to be involved in sharp practice. **pas·te·leo** [pasteléo] *n/m* crooked dealing. **pas·te·le·ría** [pastelería] *n/f* **1**. pastry shop, confectioner's (*tienda*). **2**. pastry-making, confectionery (*hacer pastelería*). **3**. pastries, pastry (*pasteles*). **pas·te·le·ro/a** [pasteléro/a] *n/m,f* confectioner, pastry cook.

pas·teu·ri·zar [pasteuriθár] *v* (*pasteurice*) to pasteurise.

pas·ti·lla [pastíʎa] *n/f* **1**. MED tablet, lozenge, pastille. **2**. bar (*jabón, chocolate*), square (*chocolate*).

pas·ti·zal [pastiθál] *n/m* pasture.

pasto [pásto] *n/m* **1**. grazing. **2**. pasture land, meadow (*prado*). **3**. grass, fodder. **4**. feed (*pienso*). **5**. FIG sustenance. LOC **Ser ~ de las llamas**, to be fuel for the flames.

pas·tor [pastór] *n/m* **1**. shepherd, herdsman. **2**. REL (protestant) priest. **pas·to·ra** [pastóra] *n/f* shepherdess. **pas·to·ral** [pastorál] I. *adj* 1. REL LIT pastoral. II. *n/f* 1. LIT pastoral. 2. REL pastoral letter. **pas·to·re·ar** [pastoreár] *v* to shepherd. **pas·to·reo** [pastoréo] *n/m* shepherding. **pas·to·ril** [pastoríl] *adj* 1. *gen lit* pastoral.

pas·to·si·dad [pastosiðáð] *n/f* 1. pastiness, doughiness. 2. richness, mellowness (*voz*). **pas·to·so/a** [pastóso] *adj* 1. doughy, pasty. 2. rich, mellow. 3. thick (*pintura*).

pa·ta [páta] *n/f* 1. foot, leg, paw (*de animales*). 2. ZOOL duck (*ánade*). 3. foot, leg (*de muebles*). 4. *col* leg, foot. LOC **A cuatro ~s**, on all fours. **A la ~ coja**, hopping. **A la ~ la llana**, simply. **A ~**, on foot. **~s de gallo**, crow's feet (*arrugas*). **El ~s**, FAM Old Nick. **Estirar la ~**, FAM to snuff it, kick the bucket. **Meter la ~**, FAM to put one's foot in it. **~s arriba**, upside down. **Poner a uno de ~s en la calle**, FAM to give sb the boot. **Tener uno mala ~**, 1. to be unlucky (*mala suerte*). 2. to be clumsy (*torpe*). **pa·ta·da** [patáða] *n/f* 1. kick (*puntapié*). 2. stamp (*pisotón*). LOC **A ~s**, FAM loads, heaps, galore. **Esto me da cien ~s**, *col* This gets on my nerves, FAM This gets on my wick. **Dar la ~ a alguien**, FAM to give sb the boot.

pa·ta·gón/na [pataγón/na] *adj, n/m,f* Patagonian. **pa·ta·gó·ni·co/a** [pataγóniko/a] *adj* Patagonian.

pa·ta·le·ar [pataleár] *v* 1. to kick one's legs in the air. 2. to throw a tantrum (*rabieta*). **pa·ta·leo** [pataléo] *n/m* 1. stamping (*pisoteo*), kicking. 2. tantrum (*rabieta*). **pa·ta·le·ta** [pataléta] *n/f* 1. tantrum (*rabieta*). 2. MED fit.

pa·tán [patán] I. *adj* 1. loutish (*grosero*). 2. uncouth (*zafio*). II. *n/m* 1. country bumpkin (*cateto*). 2. lout (*gamberro*). 3. boor (*palurdo*).

pa·ta·ta [patáta] *n/f* potato. LOC **~ fritas**, (potato) chips, French fries; *Br* crisps. **pa·ta·tal, pa·ta·tar** [patatál/patatár] *n/m* potato field/patch. **pa·ta·te·ro/a** [patatéro/a] I. *adj* 1. potato. 2. fond of potatoes. II. *n/m,f* 1. potato grower (*cultivador*). 2. potato seller (*vendedor*). 3. MIL *col* risen from the ranks.

pa·ta·tín [patatín] LOC **Que si ~, que si patatán**, this, that and the other.

pa·ta·tús [patatús] *n/m* 1. *col* dizzy spell, queer turn (*síncope*). 2. *col* tizzy (*leve ataque de nervios*).

pa·té [paté] *n/m* paté.

pa·te·ar [pateár] *v* 1. to kick (*dar puntapiés*). 2. to stamp (*dar pisotones*). 3. FIG to trample on, walk all over (*pisotear*), abuse. 4. to boo, jeer. 5. FIG *col* to chase around, tramp round.

pa·ten·tar [patentár] *v* 1. to patent. 2. to register patents. **pa·ten·te** [paténte] I. *adj* patent, obvious. II. *n/f* 1. JUR licence. 2. COM patent. 3. FIG reputation. LOC **~ de corso**, 1. letter(s) of marque. 2. FIG free hand. **~ de navegación**, NÁUT ship's certificate of registration.

pa·ter·nal [paternál] *adj* 1. paternal. 2. fatherly. **pa·ter·na·lis·mo** [paternalísmo] *n/m* 1. paternalism. 2. fatherliness. **pa·ter·ni·dad** [paterniðáð] *n/f* 1. paternity, fatherhood. 2. authorship (*autoría*). **pa·ter·no/a** [patérno/a] *adj* paternal, fatherly.

pa·té·ti·co/a [patétiko/a] *adj* 1. pathetic. 2. touching, moving (*conmovedor*). **pa·te·tis·mo** [patetísmo] *n/m* pathos, poignancy.

pa·ti·a·bier·to/a [patjaβjérto] *adj* bandy, bow-legged.

pa·ti·bu·la·rio/a [patiβulárjo] *adj* 1. gallows (*de patíbulo*). 2. sinister, horrifying (*horripilante*). **pa·tí·bu·lo** [patíβulo] *n/m* scaffold, gallows.

pa·ti·di·fu·so/a [patiðifúso/a] *adj* FIG *col* flabbergasted, nonplussed, dumbfounded.

pa·ti·lla [patíʎa] *n/f* 1. side whisker, sideburn (*pelo*). 2. arm (*de gafas*).

pa·tín [patín] *n/m* 1. skate. 2. runner (*de trineo*). 3. scooter (*patinete*). 4. ZOOL goosander.

pá·ti·na [pátina] *n/f* patina.

pa·ti·na·je [patináxe] *n/m* 1. skating. 2. scoot, scooting (*con patinete*). **pa·ti·nar** [patinár] *v* 1. to skate. 2. to skid (*derrapar*). 3. FIG slip up, FAM to drop a clanger (*equivocarse*). **pa·ti·na·zo** [patináθo] *n/m* 1. skid (*acto de derrapar*). 2. FIG bloomer, boob (*error, indiscreción*). **pa·ti·ne·te** [patinéte] *n/m* scooter.

pa·tio [pátjo] *n/m* 1. ARQ patio, courtyard. 2. quad, playground (*de recreo*). LOC **~ de butacas**, TEAT stalls.

pa·ti·tie·so/a [patitjéso/a] *adj* 1. stiff-legged. 2. FIG flabbergasted (*patidifuso*).

pa·ti·zam·bo/a [patiθám̥bo/a] *adj* knock-kneed.

pa·to [páto] *n/m* ZOOL duck. LOC **Pagar el ~**, FIG 1 . to pick up the pieces (*cargar con el muerto*). 2.to foot the bill (*pagar*).

pa·to·cha·da [patotʃáða] *n/f* nonsense, *col* rubbish (*tonterías*).

pa·tó·ge·no/a [patóxeno/a] *adj* pathogenic.

pa·to·lo·gía [patoloxía] *n/f* pathology.

pa·to·so/a [patóso/a] *adj* 1. clumsy, ungainly (*torpe*). 2. tiresome (*pesado*), impudent (*impertinente*).

pa·tra·ña [patrápa] *n/f* hoax, misrepresentation, damned lie.

pa·tria [pátrja] *n/f* 1. homeland, native country. 2. mother country, fatherland. LOC **~ chica**, 1. home town. 2. home region.

pa·triar·ca [patrjárka] *n/m gen* FIG patriarch. **pa·triar·ca·do** [patrjarkáðo] *n/m* patriarchy. **pa·triar·cal** [patrjarkál] *adj* patriarchal.

pa·tri·cio/a [patríθjo/a] I. *adj* patrician, noble. II. *n/m* HIST FIG patrician, aristocrat.

pa·tri·mo·nial [patrimonjál] *adj* hereditary. **pa·tri·mo·nio** [patrimónjo] *n/m* 1. JUR inheritance. 2. patrimony, heritage. 3. wealth (*caudal*). 4. COM assets. LOC **~ real**, crown land. **~ nacional**, national heritage.

pa·trio/a [pátrjo/a] *adj* 1. native, home. 2. paternal. **pa·trio·ta** [patrjóta] *n/m,f* patriot. **pa·trio·te·ro/a** [patrjotéro/a] I. *adj* jingoistic, chauvinistic. II. *n/m,f* jingoist, chauvinist. **pa·trió·ti·co/a** [patrjótiko/a] *adj* patriotic. **pa·trio·tis·mo** [patrjotísmo] *n/m* patriotism.

pa·tro·ci·na·dor/ra [patroθinaðór/ra] I. *adj* sponsoring. II. *n/m,f* sponsor, patron. **pa·tro·ci·nar** [patroθinár] *v* to sponsor, patronize, back. **pa·tro·ci·nio** [patroθínjo] *n/m* patronage, sponsorship.

pa·tro·lo·gía [patroloxía] *n/f* REL patristics, patrology.

pa·trón [patrón] *n/m* **1**. patron (*quien patrocina*). **2**. landlord (*de pensión, etc.*). **3**. master (*amo*). **4**. NÁUT skipper. **5**. pattern, template (*plantilla*). **6**. standard: *Patrón de oro*, Gold standard. **7**. BOT stock, host. **8**. boss, employer (*patrono*). **9**. REL patron (saint). **pa·tro·na** [patróna] *n/f* **1**. patroness (*quien patrocina*). **2**. landlady (*de pensión, etc.*). **3**. owner, employer (*dueña*). **4**. REL patron (saint). **pa·tro·nal** [patronál] **I**. *adj* **1**. employer's, employers'. **2**. REL of a patron saint. **II**. *n/f* employers' organization. **pa·tro·na·to** [patronáto], **pa·tro·naz·go** [patronáθγo] *n/m* **1**. patronage, sponsorship. **2**. COM employers' organization. **3**. trust (*fundación benéfica*). **4**. board of trustees, management board (*junta*). **pa·tro·ne·ar** [patroneár] *v* NÁUT to skipper.

pa·tro·ní·mi·co/a [patronímiko/a] *adj, n/m ,f* patronymic.

pa·tro·no [patróno] *n/m* **1**. V **patrón (8.)**. **2**. owner (*dueño*). **3**. patron, sponsor, protector (*defensor*).

pa·tru·lla [patrúʎa] *n/f* **1**. patrol. **2**. group, band. **pa·tru·llar** [patruʎár] *v* to patrol. **pa·tru·lle·ro/a** [patruʎéro/a] **I**. *adj* patrol. **II**. *n/m* **1**. patrol boat (*barco*). **2**. patrol car (*coche*). **3**. patrol plane (*avión*).

pa·tu·do/a [patúðo/a] with over-sized feet.

paúl [paúl] *n/m* marsh, swamp. **pau·lar** [paulár] *n/m* **1**. swamp, bog. **2**. marshy ground.

pau·la·ti·no/a [paulatíno/a] *adj* slow, gradual.

pau·pe·ris·mo [pauperísmo] *n/m* pauperism. **pau·pé·rri·mo/a** [paupérrimo/a] *adj* poverty-stricken.

pau·sa [páusa] *n/f* **1**. pause. **2**. interval, break. **3**. MÚS rest. LOC **Con ~**, calmly, unhurriedly. **pau·sa·do/a** [pausáðo/a] *adj* slow, deliberate. **pau·sar** [pausár] *v* to pause.

pau·ta [páuta] *n/f* **1**. model, example. **2**. writing guide (*línea*). **3**. ruler (*regla*). LOC **Marcar la(s) ~(s)**, to set the pace. **pau·ta·do/a** [pautáðo/a] *adj* ruled. LOC **Papel ~**, music paper.

pa·va·na [paβána] *n/f* MÚS pavan.

pa·vés [paβés] *n/m* HIST long shield.

pa·ve·sa [paβésa] *n/f* spark.

pa·vía [paβía] *n/f* BOT clingstone peach.

pa·vi·men·ta·ción [paβimeṇtaθjón] *n/f* **1**. paving (*firme*). **2**. flooring, tiling (*losas*). **pa·vi·men·tar** [paβimeṇtár] *v* **1**. to pave (*con adoquines, etc.*) **2**. to tile (*con losas*). **pa·vi·men·to** [paβiméṇto] *n/m* **1**. flooring (*solería*). **2**. paving (*losas*). **3**. surfacing (*firme*).

pa·vo/a [páβo/a] **I**. *adj* FIG FAM wet, gormless. **II**. *n/m,f* **1**. ZOOL turkey. **2**. FAM drip, prat. LOC **La edad del ~**, the awkward stage (of a teenager). **Pelar la ~**, to court, woo. **~ real**, peacock. **Subírsele a alguien el ~**, to go as red as a beetroot. **No ser moco de ~**, FIG not to be sneezed at.

pa·vón [paβón] *n/f* **1**. V **pavo real**. **2**. TÉC bluing, bronzing. **pa·vo·nar** [paβonár] *v* TÉC to blue, bronze.

pa·vo·ne·ar [paβoneár] *v, v/Refl(-se)* to strut, show off. **pa·vo·neo** [paβonéo] strutting, showing off.

pa·vor [paβór] *n/m* terror, dread. **pa·vo·ro·so/a** [paβoróso/a] *adj* fearful, dreadful.

pa·ya·dor [paJaðór] *n/m Amer* gaucho minstrel.

pa·ya·sa·da [paJasáða] *n/f* clowning, buffoonery. **pa·ya·so** [paJáso] *n/m* clown, buffoon.

pa·yés/sa [paJés/sa] *n/m,f* peasant farmer from Catalonia or the Balearics.

pa·yo/a [páJo/a] *n/m,f* **1**. peasant, rustic. **2**. FAM oaf. **3**. non-gipsy (*uso gitano*).

paz [páθ] *n/f* **1**. peace. **2**. peacefulness. LOC **Dejar en ~**, to leave alone, let be. **Descansar en ~**, to rest in peace.

paz·gua·te·ría [paθγwatería] *n/f* silliness. **paz·gua·to/a** [paθγwáto] **I**. *adj* **1**. easily impressed. **2**. simple, stupid. **II**. *n/m,f* fool, nitwit.

pa·zo [páθo] *n/m* country house in Galicia, manor house.

pe [pé] *n/f* the (name of the) letter "p". LOC **De ~ a pa**, from A to Z, from beginning to end.

pea·je [peáxe] *n/m* toll.

pea·na [peána] *n/f* plinth, pedestal, stand.

pea·tón [peatón] *n/m* pedestrian.

pe·ca [péka] *n/f* freckle.

pe·ca·do [pekáðo] *n/m* **1**. REL FIG sin. **2**. guilt, blame (*culpa*). LOC **~ capital**, deadly sin. **~ original**, original sin. **pe·ca·dor/ra** [pekaðór/ra] **I**. *n/m,f* REL sinner. **II**. *adj* sinful, sinning. **pe·ca·mi·no·so/a** [pekaminóso/a] *adj* REL sinful. **pe·car** [pekár] *v* (*peque*) **1**. REL to sin. **2**. to do wrong. **3**. FIG to be at fault. **4**. FIG to go astray. *Rpr* **~ de/por**, be too..., be over...: *Peca de rígido*, He's too strict.

pe·ce·ra [peθéra] *n/f* **1**. aquarium, fishtank. **2**. fishbowl (*redonda*).

pe·ci·na [peθína] *n/f* slime, silt.

pe·cio·lo, **pe·cío·lo** [peθjólo/peθíolo] *n/m* BOT petiole.

pé·co·ra [pékora] *n/f* head of sheep. LOC **Mala ~**, wicked one, loose woman, FAM slag, tart (*golfa*).

pe·co·so/a [pekóso/a] *adj* freckled.

pec·to·ral [pektorál] **I**. *adj* **1**. ANAT pectoral. **2**. cough: *Pastillas pectorales*, Cough drops. **II**. *n/m* **1**. REL pectoral cross. **2**. cough medicine.

pe·cua·rio/a [pekwárjo/a] *adj* (live)stock/cattle.

pe·cu·liar [pekuljár] *adj* peculiar, characteristic, typical. **pe·cu·lia·ri·dad** [pekuljariðáð] *n/f* peculiarity.

pe·cu·lio [pekúljo] *n/m* **1**. HIST peculium. **2**. one's own personal money.

pe·cu·nia [pekúnja] *n/f col* cash. **pe·cu·nia·rio/a** [pekunjárjo] *adj* pecuniary.

pe·char [petʃár] *v* to pay as a tax. LOC **~ con**, FAM FIG to shoulder (*responsabilidad*).

pe·che·ra [petʃéra] *n/f* **1**. shirtfront. **2**. ANAT FAM bosom.
pe·chi·na [petʃína] *n/f* **1**. seashell. **2**. ARQ pendentive.
pe·cho [pétʃo] *n/m* **1**. ANAT chest. **2**. bosom, breast. **3**. bust (*de mujer*). **4**. FIG heart. LOC **A ~ descubierto**, **1**. defenceless, unarmed. **2**. openly. **Dar el ~**, to breast-feed, suckle. **Tomar una cosa a ~**, to take sth to heart. **pe·chu·ga** [petʃúɣa] *n/f* **1**. breast (*del ave*). **2**. FIG *col* breast, bosom.
pe·da·go·gía [peðaɣoxía] *n/f* pedagogy. **pe·da·gó·gi·co/a** [peðaɣóxico/a] *adj* pedagogic(al). **pe·da·go·go/a** [peðaɣóɣo/a] *n/m,f* pedagogue.
pe·dal [peðál] *n/m* pedal. **pe·da·la·da** [peðaláða] *n/f* push on a pedal. **pe·da·le·ar** [peðaleár] *v* to pedal. **pe·da·leo** [peðaléo] *n/m* pedalling.
pe·dá·neo/a [peðáneo/a] *adj* district. LOC **Alcalde ~**, village mayor. **pe·da·nía** [peðanía] *n/f* district.
pe·dan·te [peðaṇte] **I**. *adj* pedantic. **II**. *n/m,f* pedant. **pe·dan·te·ría** [peðaṇtería] *n/f* pedantry.
pe·da·zo [peðáθo] *n/m* piece, bit, lump. LOC **Hacer ~s**, **1**. to shatter. **2**. to pull to pieces. **Ser un ~ de pan**, to be kindness itself.
pe·de·ras·ta [peðerásta] *n/m* pederast. **pe·de·ras·tia** [peðerástja] *n/f* pederasty.
pe·der·nal [peðernál] *n/m* **1**. GEOL silex. **2**. flint. **3**. FIG flintiness.
pe·des·tal [peðestál] *n/m* **1**. pedestal. **2**. plinth, base (*peana*). **3**. FIG basis (*base*).
pe·des·tre [peðéstre] *adj* **1**. foot: *Carrera pedestre*, Footrace. **2**. FIG common, vulgar.
pe·día·tra, **pe·dia·tra** [peðíatra/peðjátra] Br paediatrician, US pediatrician. **pe·dia·tría** [peðjatría] *n/f* Br paediatrics, US pediatrics.
pe·di·cu·ro [peðikúro] *n/m* chiropodist.
pe·di·do/a [peðíðo/a] **I**. *p,adj* **1**. requested. **2**. COM ordered. **II**. *n/m* **1**. COM order. **2**. request. **III**. *n/f* engagement.
pe·di·grí [peðiɣrí] *n/m* pedigree.
pe·di·güe·ño/a [peðiɣwéɲo/a] **I**. *adj* demanding, persistent. **II**. *n/m,f* pest, nuisance.
pe·dir [peðír] *v* (*pido*) **1**. to ask for, request. **2**. to beg (*mendigar*). **3**. (**... por**) to ask (*precio*), price. **4**. COM to order. **5**. JUR to sue, file a claim against. **6**. FIG to want, need: *La tierra pide agua*, The land needs water.
pe·do [péðo] *n/m* *col* fart. **pe·do·rre·ro/a** [peðorréro/a] **I**. *adj* farting. **II**. *n/m,f* farter. **III**. *n/f* string of farts. **pe·do·rre·ta** [peðorréta] *n/f* ARG raspberry.
pe·dra·da [peðráða] *n/f* **1**. stone throw. **2**. hit (*con una piedra*). **3**. FIG snide comment. **pe·drea** [peðréa] *n/f* **1**. fight with stones. **2**. hailstorm (*granizada*). **3**. consolation prize in a lottery. **pe·dre·gal** [peðreɣál] *n/m* stony outcrop, rocky ground. **pe·dre·go·so/a** [peðreɣóso/a] *adj* stony, rocky. **pe·dre·ría** [peðrería] *n/f* jewels, gemstones. **pe·dre·ro/a** [peðréro/a] **I**. *adj* stone. **II**. *n/f* stone quarry. **III**. *n/m* quarryman, stone cutter.
pe·dris·co [peðrísko] *n/m* hailstones, hailstorm.
pe·drus·co [peðrúsko] *n/m* lump of stone.
pe·dún·cu·lo [peðúŋkulo] *n/m* BOT peduncle, stalk.
pe·ga [péɣa] *n/f* **1**. sticking, gluing. **2**. FIG *col* snag, problem (*dificultad*). **3**. FIG *col* hoax (*burla*). LOC **Poner ~s**, to quibble. **pe·ga·di·zo/a** [peɣaðíθo/a] *adj* **1**. sticky (*pegajoso*). **2**. scrounging (*gorrón*). **3**. MÚS catchy, easy to remember. **pe·ga·jo·so/a** [peɣaxóso/a] *adj* **1**. sticky. **2**. MED contagious, catching. **3**. FIG smarmy, cloying (*obsequioso*). **4**. FIG annoying (*molesto*). **pe·ga·men·to** [peɣaméṇto] *n/m* glue, gum. **pe·gar** [peɣár] **I**. *v* (*pegue*) **1**. to stick, glue. **2**. to join together. **3**. to sew on. **4**. MED to infect with, pass on. **5**. to be/to put up against, be/to put close to. **6**. to smack (*niños*), hit. **7**. (**~ con**) to match, look right, go (with). **II**. *v/Refl(-se)* **1**. to hit each other. **2**. to hit oneself. **3**. to burn, stick: *El arroz se pegó*, The rice burnt. **4**. to stick close to. **5**. to hang around. **6**. FIG to be hooked on sb/sth (*obsesión*). LOC **~ fuego**, to set alight, set fire to. **~ un golpe**, to hit. **~ un grito**, to holler, cry out. **~ un tiro**, to fire a shot. **~ un salto**, to jump, leap in the air. **~ un susto**, to frighten. **~sela a uno**, to dupe sb, FIG to take sb for a ride, to cheat on sb. **pe·ga·ti·na** [peɣatína] *n/f* sticker.
pe·go [péɣo] *n/m* LOC **Dar el ~**, to fool, FAM to con.
pe·go·te [peɣóte] *n/m* **1**. plaster (*emplasto*). **2**. *col* PEY lash-up (*parche*). **3**. FIG PEY sight. **4**. FIG *col* hanger-on (*gorrón*).
pei·na·do/a [peináðo/a] **I**. *adj* combed, groomed. **II**. *n/m* hair style, hairdo. **III**. *n/f* combing. **pei·na·dor/ra** [peinaðór/ra] **I**. *n/m,f* hairdresser. **II**. *n/m* peignoir. **pei·nar** [peinár] **I**. *v* **1**. to comb. **2**. to groom (*caballos*). **II**. *v/Refl(-se)* to comb one's hair, do one's hair. **pei·ne** [péine] *n/m* **1**. comb. **2**. card (*para lana*). **3**. MIL cartridge clip. **pei·ne·ta** [peinéta] *n/f* back comb, ornamental comb.
pe·ji·gue·ra [pexiɣéra] *n/f* nuisance, bother.
pe·la [péla] *n/f* **1**. *col* peseta. **2**. peeling.
pe·la·di·lla [pelaðíʎa] *n/f* sugared almond.
pe·la·do/a [peláðo/a] **I**. *adj* **1**. hairless, shorn. **2**. bare, treeless, barren. **3**. peeled (*mondado*). **4**. FIG bare: *Vivo de mi sueldo pelado*, I live on my bare salary. **5**. *col* broke (*sin dinero*). **II**. *n/m,f* pauper. **III**. *n/m* haircut. **pe·la·du·ra** [pelaðúra] *n/f* **1**. peeling (*acción*). **2**. peel, peeling.
pe·la·ga·tos [pelaɣátos] *n/m,f* FAM nobody, poor devil.
pe·la·gra [peláɣra] *n/f* MED pellagra.
pe·la·je [peláxe] *n/m* **1**. ZOOL coat, fur. **2**. FIG *col* look, appearance. LOC **De ese ~**, FIG of that ilk. **pe·lam·bre** [pelámbre] *n/m* ZOOL coat, hair, fur. **pe·lam·bre·ra** [pelambréra] *n/f* **1**. thick hair, thick fur. **2**. FAM mop of hair (*melena*).
pe·lan·dus·ca [pelaṇdúska] *n/f* *col* whore, slut.
pe·lar [pelár] **I**. *v* **1**. to cut the hair off. **2**. to shear (*trasquilar*). **3**. to pluck (*desplumar*). **4**. to peel (*mondar*). **5**. FIG to fleece. **II**. *v/Refl(-se)* to have a haircut. LOC **Duro de ~**,

FIG a tough nut to crack. **Hace un frío que pela**, It's bitterly cold.
pel·da·ño [peldáɲo] *n/m* **1**. step. **2**. rung (*de escala*).
pe·lea [peléa] *n/f* **1**. fight, brawl. **2**. quarrel. **pe·le·ar** [peleár] **I**. *v* **1**. to fight, brawl, scuffle. **2**. FIG to struggle, battle. **II**. *v/Refl(-se)* **1**. to come to blows. **2**. to fall out.
pe·le·le [peléle] *n/m* **1**. rag doll, puppet (*muñeco*). **2**. rompers (*de bebé*). **3**. FIG puppet, tool.
pe·le·ón/na [peleón/na] *adj* **1**. quarrelsome. **2**. rough (*vino*).
pe·le·te·ría [peletería] *n/f* **1**. furriery. **2**. furrier's. **pe·le·te·ro/a** [peletéro/a] **I**. *adj* fur. **II**. *n/m,f* furrier.
pe·li·a·gu·do/a [peljaγúðo/a] *adj* FIG *col* tricky, thorny.
pe·lí·ca·no [pelíkano] *n/m* ZOOL pelican.
pe·lí·cu·la [pelíkula] *n/f* **1**. photographic film. **2**. film, US movie. **3**. film, thin covering (*lámina*). **pe·li·cu·le·ro/a** [pelikuléro/a] *adj* fond of films, film-going.
pe·li·grar [peliγrár] *v* to be in danger. **pe·li·gro** [pelíγro] *n/m* **1**. risk. **2**. danger, peril. LOC **Correr ~**, to be in danger. **Fuera de ~**, out of danger. **Poner en ~**, to endanger. **pe·li·gro·so/a** [peliγróso/a] *adj* **1**. risky (*arriesgado*). **2**. dangerous, perilous. **pe·li·gro·si·dad** [peliγrosiðáð] riskiness, danger.
pe·li·llo [pelíʎo] *n/m* slight annoyance. LOC **Echar ~s a la mar**, to let bygones be bygones.
pe·lín [pelín] *n/m* bit, little.
pe·li·rro·jo/a [pelirróxo/a] *adj* red-haired, ginger.
pel·ma, **pel·ma·zo** [pélma/pelmáθo] *n/m* FIG bore, nuisance.
pe·lo [pélo] *n/m* **1**. hair. **2**. (head of) hair. **3**. down (*vello*). **4**. pile, nap (*de telas*). **5**. whisker (*de la barba*). **6**. strand, thread (*hebra*) **7**. V **pelambre**. **8**. FIG trifle (*bagatela*). LOC **A contra~**, FIG against the grain. **A ~**, **1**. bareheaded. **2**. **barebacked** (*equitación*). **Al ~**, to a tee. **Con ~s y señales**, with chapter and verse, with all the details. **No tener ~s en la lengua**, to speak one's mind, not to mince one's words. **Ponerle a uno los ~s de punta**, to make sb's hair stand on end. **Tomar el ~ a uno**, FIG to pull sb's leg. (**No tener) un ~/ni un ~ de tonto**, to be no fool.
pe·lón/na [pelón/na] **I**. *adj* **1**. with a crew cut (*al rape*). **2**. bald (*calvo*). **II**. *n/m,f* FAM baldy.
pe·lo·ta [pelóta] *n/f* **1**. ball. **2**. ball game. **3**. DEP pelota. LOC **Dejar a uno en ~(s)**, ARG to take sb to the cleaner's. **En ~s**, to be stark naked. **Ser un ~**, to be a creep(er). **pe·lo·ta·ri** [pelotári] *n/m,f* pelota player. **pe·lo·ta·zo** [pelotáθo] *n/m* blow with a ball. **pe·lo·te·ar** [peloteár] *v* **1**. to audit. **2**. DEP to kick a ball about, knock-up (*tenis*). **pe·lo·teo** [pelotéo] *n/m* DEP knock-up (tenis).
pe·lo·te·ra [pelotéra] *n/f* FAM squabble, argument.
pe·lo·ti·lla [pelotíʎa] *n/f* FAM creep(er), toady. LOC **Hacer la ~ a uno**, to suck up to sb, toady.
pe·lo·tón [pelotón] *n/m* **1**. MIL platoon, squad. **2**. crowd (*multitud*). **3**. DEP bunch (*de ciclistas*).
pel·tre [péltre] pewter.
pe·lu·ca [pelúka] *n/f* wig.
pe·lu·che [pelútʃe] *n/m* plush.
pe·lu·do/a [pelúðo/a] *adj* **1**. hairy, shaggy. **2**. bushy (*barba*)
pe·lu·que·ría [pelukería] *n/f* **1**. hairdressing (*oficio*). **2**. hairdresser's (salon), barber's. **pe·lu·que·ro/a** [pelukéro/a] *n/m,f* **1**. hairdresser (*de hombres y mujeres*), barber (*de hombres*). **2**. wigmaker. **pe·lu·quín** [pelukín] *n/m* **1**. toupée. **2**. HIST periwig, peruke. LOC **Ni hablar del ~**, out of the question.
pe·lu·sa [pelúsa] *n/f* **1**. down (*vello*). **2**. fluff (*lanilla*). **3**. petty jealousy (*entre niños*). **pe·lu·si·lla** [pelusíʎa] *n/f* V **pelusa**.
pel·via·no/a [pelβjáno/a] *adj* ANAT pelvic. **pel·vis** [pélβis] *n/f* ANAT pelvis.
pe·lla [péʎa] *n/f* **1**. lump, blob. **2**. BOT head.
pe·lle·ja [peʎéxa] *n/f* ZOOL skin, hide. **pe·lle·jo** [peʎéxo] *n/m* **1**. V **pelleja**. **2**. wineskin (*odre*). **3**. skin (*de ciertos frutos*) LOC **Dar el ~ por algo** FIG *col* to give one's life for sth. **Salvar el ~**, FIG *col* to save one's skin, save one's bacon.
pe·lli·ca [peʎíka] *n/f* fur coat. **pe·lli·co** [peʎíko] *n/m* sheepskin jacket (*de pastor*). **pe·lli·za** [peʎíθa] *n/f* **1**. pelisse. **2**. MIL dolman jacket.
pe·lliz·car [peʎiθkár] *v* (*pellizque*) **1**. to pinch, nip. **2**. to take a pinch. **pe·lliz·co** [peʎíθko] **1**. pinch, nip. **2**. small bit.
pe·na [péna] *n/f* **1**. grief, sorrow, distress (*congoja*). **2**. JUR penalty, punishment. **3**. pain, trouble(s). **4**. hardship. LOC **A duras ~s**, with great difficulty. **Bajo ~ de**, under penalty of, under pain of. **~ capital**, capital punishment. **Dar ~**, to sadden. **¡Qué ~!**, What a pity! **Valer/Merecer la ~**, to be worth the trouble.
pe·na·cho [penátʃo] *n/m* **1**. ZOOL crest, tuft. **2**. MIL plume.
pe·na·do/a [penáðo/a] **I**. *adj* **1**. grieved, sorrowful. **2**. difficult, laborious. **II**. *n/m,f* convict. **pe·nal** [penál] **I**. *adj* penal. LOC **Derecho ~**, criminal law. **II**. *n/m* Br prison, US penitentiary. **pe·na·li·dad** [penaliðáð] *n/f* **1**. suffering, hardship. **2**. JUR punishment, penalty. **pe·na·lis·ta** [penalísta] *n/m,f* specialist in criminal law. **pe·na·li·za·ción** [penaliθaθjón] *n/f* sanction. **pe·na·li·zar** [penaliθár] *v* (*penalice*) to penalize. **pe·nal·ti**, **pe·nal·ty** [penálti] *n/m* DEP penalty. **pe·nar** [penár] *v* **1**. to punish (*castigar*). **2**. to suffer (*sufrir*). LOC **~ por**, pine for.
pen·ca [péŋka] *n/f* BOT fleshy leaf.
pen·co [péŋko] *n/m* FAM dope, twerp.
pen·de·jo [pendéxo] *n/m* **1**. PEY FAM yellow-belly, US candy-ass (*cobarde*) **2**. PEY *col* prat, berk (*imbécil*).
pen·den·cia [pendénθja] *n/f* brawl, fight. **pen·den·cie·ro/a** [pendenθjéro/a] **I**. *adj* quarrelsome, truculent. **II**. *n/m* brawler, FAM tough.
pen·der [pendér] *v* **1**. to hang (down), dangle (*colgar*). **2**. (**~ de**) to depend (*depender*).

3. to be pending (*estar pendiente*). **pen·dien·te** [peņdjéņte] **I.** *ger* of *pender*, hanging: *Pendiente del cuello*, Hanging from/around one's neck. **II.** *adj* **1.** sloping: *Terreno pendiente*, Sloping ground. **2.** pending, unsettled. **3.** outstanding: *Asignatura pendiente*, Outstanding subject. **III.** *n/f* slope, gradient. **IV.** *n/m* earring. **pen·dón** [peņdón] *n/m* **1.** banner, standard (*bandera*). **2.** BOT shoot. **3.** FAM PEY tart, slut. **pen·do·ne·ar** [peņdoneár] *v* **1.** FAM to gad about, roam the streets. **2.** FAM PEY to behave like a tart.

pen·du·lar [peņdulár] *adj* pendular. **pén·du·lo** [péņdulo] *n/m* pendulum.

pe·ne [péne] *n/m* ANAT penis.

pe·ne·tra·bi·li·dad [penetraβiliðáð] *n/f* penetrability. **pe·ne·tra·ble** [penetráβle] *adj* penetrable. **pe·ne·tra·ción** [penetraθjón] *n/f* **1.** penetration. **2.** FIG insight, intelligence. **pe·ne·tran·te** [penetráņte] *adj gen* FIG penetrating. **pe·ne·trar** [penetrár] **I.** *v* **1.** (**~ en**) to penetrate, pierce. **2.** to soak in(to)/through. **3.** to be penetrating, be piercing: *Aquel sonido penetra*, That sound is piercing. **4.** FIG to become aware of, grasp (*comprender*). **5.** to enter, go in(to): *El tren penetró en el túnel*, The train entered the tunnel. **II.** *v/Refl(-se)* (**~ de**) to become imbued with.

pe·ni·ci·li·na [peniθilína] *n/f* penicillin.

pe·nín·su·la [península] *n/f* GEOG peninsula. **pe·nin·su·lar** [peninsulár] *adj* peninsular.

pe·ni·que [peníke] *n/m* penny.

pe·ni·ten·cia [penitéņθja] *n/f* **1.** penitence (*confesión*). **2.** penance (*castigo*). LOC **Hacer ~**, FIG to take pot luck. **pe·ni·ten·cia·ría** [peniteņθjaría] *n/f* **1.** prison, US penitentiary. **2.** REL penitentiary. **pe·ni·ten·cia·rio/a** [peniteņθjário/a] **I.** *adj* **1.** REL penitentiary. **2.** JUR prison, penitentiary. **II.** *n/m* REL penitentiary. **pe·ni·ten·te** [penitéņte] *n/m,f* penitent.

pe·no·so/a [penóso/a] *adj* **1.** distressing, heart-breaking (*triste*). **2.** arduous, laborious (*dificultoso*).

pen·sa·dor/ra [pensaðór/ra] **I.** *adj* thinking. **II.** *n/m,f* **1.** philosopher. **2.** thinker, intellectual. **pen·sa·mien·to** [pensamjéņto] *n/m* **1.** mind (*mente*). **2.** thought. **3.** idea. **4.** BOT pansy. **pen·sar** [pensár] *v* (*pienso*) **1.** to think, ponder, FIG to weigh up. **2.** (**~ en/sobre**) to think about/over. **3.** to intend: *Pienso verla mañana*, I intend to see her tomorrow. **4.** to think up/of. LOC **Ni ~lo**, out of the question. **Sin ~**, without stopping to think. **~ bien/mal de alguien**, to have a high/low opinion of sb. **Sin ~lo**, unexpectedly. **pen·sa·ti·vo/a** [pensatíβo/a] *adj* thoughtful, pensive.

pen·sión [pensjón] *n/f* **1.** pension (*dinero*). **2.** bursary, fellowship (*beca*). **3.** guest house, boarding house (*alojamiento*). **4.** board and lodging. **pen·sio·na·do/a** [pensjonáðo/a] **I.** *adj* on a pension. **II.** *n/m,f* pensioner. **III.** *n/m* boarding school. **pen·sio·nis·ta** [pensjonísta] **I.** *n/m,f* **1.** V **pen·sio·na·do/a II.** **2.** lodger, boarder (*huésped*). **3.** boarding school pupil, boarder (*interno*).

pen·ta·go·nal [peņtaγonál] *adj* pentagonal. **pen·tá·go·no** *n/m* pentagon.

pen·ta·gra·ma, **pen·tá·gra·ma** [peņtaγráma/peņtáγrama] *n/m* MÚS stave, staff.

pen·te·cos·tés [peņtekostés] *n/m* **1.** Whitsun, Whitsuntide. **2.** Pentecost.

pe·núl·ti·mo/a [penúļtimo/a] *adj, n/m,f* penultimate.

pe·num·bra [penumbra] *n/f* penumbra.

pe·nu·ria [penúrja] *n/f* penury.

pe·ña [péɲa] *n/f* **1.** GEOG crag, rock. **2.** group, coterie. **3.** DEP supporters' club, fanclub. **pe·ñas·co** [peɲásko] *n/m* GEOG large rock. **pe·ñón** [peɲón] *n/m* (mass of) rock, large crag. LOC **El ~**, the Rock of Gibraltar.

pe·ón [peón] *n/m* **1.** labourer, unskilled worker. **2.** MIL foot soldier, infantryman. **3.** pawn (*ajedrez*). **4.** (spinning) top (*juguete*). **peo·na·da** [peonáða] *n/f* day's labour. **peo·na·je** [peonáxe] *n/m* gang of labourers.

pe·on·za [peóņθa] *n/f* (spinning) top.

pe·or [peór] *adj, adv* **1.** *comp* worse. **2.** *sup* worst. LOC **~ que ~**, worse and worse.

pe·pi·ni·llo [pepiníʎo] *n/m* BOT gherkin. **pe·pi·no** [pepíno] *n/m* BOT cucumber. LOC **Importarle una cosa un ~ a uno**, not to care two hoots about sth.

pe·pi·ta [pepíta] *n/f* **1.** BOT seed, pip. **2.** nugget (*de metal*).

pe·pi·to [pepíto] *n/m* small meat sandwich.

pe·pi·to·ria [pepitórja] *n/f* **1.** fricassée. **2.** FIG jumble, tangle.

pe·po·na [pepóna] *n/f* **1.** large cardboard doll. **2.** FIG hefty woman.

pep·si·na [pepsína] *n/f* BIOL pepsin.

pe·que·ñez [pekeɲéθ] *n/f* **1.** littleness, smallness. **2.** triviality, trifle (*insignificancia*). **pe·que·ño/a** [pekéɲo/a] **I.** *adj* **1.** small, little. **2.** unimportant, trifling (*poco importante*). **3.** young: *Un niño pequeño*, A young child. **4.** short (*vestido*). **5.** FIG humble. **II.** *n/m,f* child.

pe·ra [péra] *n/f* **1.** BOT pear. **2.** switch (*luz*). LOC **Pedir ~s al olmo**, to ask for the moon. **pe·ral** [perál] *n/m* BOT pear tree.

pe·ral·tar [peraļtár] *v* TÉC to bank (*carreteras*, etc). **pe·ral·te** [peráļte] *n/m* **1.** ARQ superelevation. **2.** TÉC embankment, bank.

per·bo·ra·to [perβoráto] *n/m* QUÍM perborate.

per·cal [perkál] *n/m* **1.** percale, calico. **2.** ARG dough (*dinero*). LOC **Conocer el ~**, *col* to know one's stuff.

per·can·ce [perkáņθe] *n/m* setback, mishap.

per·ca·tar·se [perkatárse] *v/Refl(-se)* (**~ de**) to realize, notice.

per·ce·be [perθéβe] *n/m* ZOOL goose barnacle.

per·cep·ción [perθepθjón] *n/f* **1.** perception. **2.** feeling (*sensación*). **3.** notion. **4.** COM collection, receipt. **per·cep·ti·ble** [perθeptíβle] *adj* **1.** perceptible, noticeable. **2.** COM payable, receivable. **per·cep·ti·vo/a** [perθeptíβo/a] *adj* perceptive. **per·cep·tor/a** [perθeptór/a] **I.** *adj* **1.** percipient (*que distingue*)

2. COM receiving. **II.** *n/m,f* **1.** perceiver. **2.** COM recipient, receiver. **per·ci·bir** [perθiβír] *v* **1.** to perceive, sense (*sentir*). **2.** to notice (*advertir*). **3.** to receive (*dinero*). **4.** to collect (*impuestos*).

per·cu·sión [perkusjón] *n/f* percussion. **per·cu·sor/a** [perkusór/ra] **I.** *adj* striking. **II.** *n/m* **1.** striker, hammer. **2.** V **percutor**. **per·cu·tir** [perkutír] *v* to strike, tap. **per·cu·tor** [perkutór] *n/m* TÉC hammer, firing pin.

per·cha [pértʃa] *n/f* **1.** hatstand, clothes rack (*mueble*). **2.** hanger, coat hanger. **3.** perch (*de pájaros*). **per·che·ro** [pertʃéro] *n/m* hallstand.

per·che·rón [pertʃerón] *n/m* percheron.

per·de·dor/ra [perðeðór/ra] *n/m,f* loser. **per·der** [perðér] **I.** *v* (*pierdo*) **1.** *gen* to lose. **2.** to waste (*malgastar*). **3.** to miss. **4.** to spoil, damage, ruin. **5.** to fade, discolour (*desteñirse*). **II.** *v/Refl(-se)* **1.** to get lost. **2.** to lose one's way, get lost. **3.** to go to rack and ruin (*estropearse*). **4.** to be spoiled. **5.** to disappear (from view): *El cohete se perdió en el cielo*, The rocket disappeared (from view) into the sky. LOC **Echarse a ~**, to be ruined. **~se por alguien**, FIG to be crazy about sb. **¡Tú te lo pierdes!**, That's your lookout!/That's your hard luck! **per·di·ción** [perðiθjón] *n/f* **1.** REL FIG perdition. **2.** undoing, downfall: *Esta denuncia ha sido su perdición*, This complaint has been his downfall. **pér·di·da** [pérðiða] *n/f* **1.** loss. **2.** waste: *Pérdida de tiempo*, Waste of time. **3.** wastage, leakage (*goteo*). **4.** *pl* COM MIL losses. **per·di·da·men·te** [perðiðaméṇte] *adv* **1.** uselessly. **2.** hopelessly. **per·di·do/a** [perðíðo/a] **I.** *adj* **1.** lost. **2.** stray. **3.** loose (*mujer*). **4.** hardened: *Un bebedor perdido*, A hardened drinker. **5.** FAM filthy. **II.** *n/m,f* wastrel, libertine.

per·di·gón [perðiγón] *n/m* **1.** (lead) shot, pellet. **2.** ZOOL young partridge. **per·di·go·na·da** [perðiγonáða] *n/f* firing of small shot. **per·di·gue·ro/a** [perðiγéro/a] **I.** *adj* **1.** partridge-hunting. **II.** *n/m* **2.** setter (*perro*).

per·diz [perðíθ] *n/f* ZOOL partridge.

per·dón [perðón] *n/m* **1.** forgiveness. **2.** JUR pardon. **3.** mercy (*indulto*). LOC **¡~!** **1.** Sorry! **2.** Pardon? **per·do·na·ble** [perðonáβle] pardonable, excusable. **per·do·nar** [perðonár] *v* **1.** to forgive. **2.** JUR to pardon. **3.** to excuse (*disculpar*). **4.** to waive, exempt. **5.** to spare (*la vida*).

per·do·na·vi·das [perðonaβíðas] *n/m* bully, braggart.

per·du·ra·bi·li·dad [perðuraβiliðáð] *n/f* **1.** everlasting nature. **2.** (per)durability. **per·du·ra·ble** [perðuráβle] everlasting. **per·du·ra·ción** [perðuraθjón] *n/f* persistence. **per·du·rar** [perðurár] *v* to last a long time, endure.

pe·re·ce·de·ro/a [pereθeðéro/a] *adj* **1.** perishable (*mercancías*) **2.** mortal. **pe·re·cer** [pereθér] *v* (*perezco*) to perish, die.

pe·re·gri·na·ción [pereγrinaθjón] *n/f* **1.** REL FIG pilgrimage. **2.** travels. **pe·re·gri·na·je** [pereγrináxe] V **peregrinación (1.)** **pe·re·gri·na·men·te** [pereγrinaméṇte] *adv* strangely. **pe·re·gri·nar** [pereγrinár] *v* **1.** **(~ a)** REL FIG to go on a pilgrimage (to). **2.** **(~ por)** to travel far afield (in, around). **3.** FIG to traipse round. **pe·re·gri·no/a** [pereγríno/a] **I.** *n/m,f* REL pilgrim. **II.** *adj* **1.** odd, outlandish (*extraño*). **2.** outstanding (*excelente*).

pe·re·jil [perexíl] *n/m* BOT parsley.

pe·ren·den·gue [pereṇdéŋge] *n/m* trinket, cheap earring.

pe·ren·ne [perénne] *adj* **1.** perennial, everlasting. **2.** BOT evergreen. **pe·ren·ni·dad** [perenniðáð] perenniality.

pe·ren·to·rie·dad [pereṇtorjeðáð] *n/f* **1.** urgency. **2.** peremptoriness. **pe·ren·to·rio/a** [pereṇtórjo/a] *adj* **1.** urgent, pressing. **2.** *gen* JUR peremptory. LOC **Plazo ~**, strict time limit.

pe·re·za [peréθa] *n/f* **1.** laziness, idleness. **2.** sloth. **pe·re·zo·so/a** [pereθóso/a] **I.** *adj* lazy, sluggish, slothful. **II.** *n/m* **1.** idler, loafer. **2.** ZOOL sloth.

per·fec·ción [perfe(k)θjón] *n/f* **1.** perfection. **2.** completion. **per·fec·cio·na·mien·to** [perfe(k)θjonamjéṇto] *n/m* perfection, perfecting, improvement. LOC **Curso de ~**, advanced course. **per·fec·cio·nar** [perfe(k)θjonár] *v*, *v/Refl(-se)* **1.** to perfect, improve (*mejorar(se)*). **2.** to complete (*terminar*). **per·fec·cio·nis·ta** [perfe(k)θjonísta] *n/m,f* perfectionist. **per·fec·ti·ble** [perfektíβle] perfectible. **per·fec·to/a** [perfékto/a] *adj* **1.** *gen* GRAM perfect. **2.** finished, complete.

per·fi·dia [perfíðja] *n/f* perfidy, treachery. **pér·fi·do/a** [pérfiðo/a] *adj* perfidious, treacherous.

per·fil [perfíl] *n/m* **1.** *gen* FIG profile. **2.** edging (*borde*). **3.** outline, silhouette (*contorno*). **4.** side view: *Perfil de la cara*, Side view of one's face. **5.** GEOL (cross) section. **6.** *pl* finishing touches. **7.** *pl* FIG courtesies. **De ~**, in profile, side on. **per·fi·la·do/a** [perfiláðo/a] *adj* **1.** long and thin (*facciones*). **2.** well-formed. **3.** outlined. **4.** TÉC streamlined. **per·fi·lar** [perfilár] **I.** *v* **1.** to profile. **2.** to round off, put the finishing touches to (*rematar*). **II.** *v/Refl(-se)* **1.** to turn sideways, show one's profile. **2.** to take shape, look likely.

per·fo·ra·ción [perforaθjón] **1.** *gen* MED perforation. 2. TÉC boring, drilling. **per·fo·ra·dor/ra** [perforaðór/ra] **I.** *adj* **1.** perforating. **2.** TÉC boring, drilling. **II.** *n/m,f* **1.** perforator. **2.** TÉC borer, driller. **III.** *n/f* drill. **per·fo·rar** [perforár] *v* **1.** *gen* MED to perforate. **2.** to pierce, drill. **3.** to bore (*mina*).

per·fu·ma·dor [perfumaðór] *n/m* **1.** perfume atomizer. **2.** perfume jar, incense burner. **per·fu·mar** [perfumár] *v* **1.** to perfume. **2.** to be fragrant (*exhalar fragancia*) **per·fu·me** [perfúme] *n/m* **1.** fragrance. **2.** perfume, scent. **per·fu·me·ría** [perfumería] *n/f* perfume shop.

per·ga·mi·no [perγamíno] *n/m* parchment.

per·ge·ñar [perxeɲár] *v* **1.** FIG to put together, devise. **2.** to rough out, sketch out (*esbozar*).

pér·go·la [pérγola] *n/f* pergola.

pe·ri·car·dio [perikárðjo] *n/m* ANAT pericardium. **pe·ri·car·di·tis** [perikarðítis] MED pericarditis.

pe·ri·car·pio [perikárpjo] *n/m* BOT pericarp.

pe·ri·cia [períθja] *n/f* expertise, skill. **pe·ri·cial** [periθjál] *adj* expert.

pe·ri·cli·tar [periklitár] *v* **1**. to be in danger. **2**. to decline, decay (*decaer*).

pe·ri·co [períko] *n/m* ZOOL parakeet.

pe·ri·fe·ria [periférja] *n/f* **1**. periphery. **2**. contour (*contorno*). **3**. outskirts. **pe·ri·fé·ri·co/a** [periféríko/a] **1**. peripheric, peripheral. **2**. outlying.

pe·ri·fo·llo [perifóʎo] *n/m* **1**. BOT chervil. **2**. *pl col* FIG frills, fripperies.

pe·rí·fra·sis [perífrasis] *n/f gen* GRAM periphrasis. **pe·ri·frás·ti·co/a** [perifrástiko/a] *adj gen* GRAM periphrastic.

pe·ri·ga·llo [periɣáʎo] *n/m* moving staircase.

pe·ri·geo [perixéo] *n/m* ASTR perigee. **pe·ri·he·lio** [periéljo] *n/m* ASTR perihelion.

pe·ri·lla [períʎa] *n/f* goatee beard, Vandyke (*barba*). LOC **(Venir) de ~(s)**, (to be/come) just right.

pe·ri·llán/na [periʎán/na] **I**. *n/m,f* scallywag, rascal. **II**. *adj* crafty, roguish.

pe·rí·me·tro [perímetro] *n/m* perimeter.

pe·ri·neo [perinéo] *n/m* ANAT perineum.

pe·ri·no·la [perinóla] *n/f* teetotum.

pe·rio·di·ci·dad [perjoðiθiðáð] *n/f* periodicity. **pe·rió·di·co/a** [perjóðiko/a] **I**. *adj* **1**. periodic, periodical. **2**. MAT recurring. **II**. *n/m* **1**. newspaper (*diario*). **2**. periodical (*revista*). **pe·rio·dis·ta** [perjoðísta] *n/m,f* **1**. journalist, newspaperman. **2**. newspaper publisher. **pe·rio·dís·ti·co/a** [perjoðístiko/a] *adj* journalistic, newspaper. **pe·río·do, pe·rio·do** [períoðo/perjóðo] *n/m gen* MED MAT period.

pe·ri·pe·cia [peripéθja] *n/f* **1**. vicissitude, unforeseen incident. **2**. twist in the plot of a story.

pe·ri·plo [períplo] *n/m* **1**. HIST periplus. **2**. circumnavigation. **3**. long tour or voyage. **4**. journey.

pe·ri·pues·to/a [peripwésto/a] *adj* dressy, overdressed.

pe·ri·que·te [perikéte] LOC **En un ~**, FAM in a jiffy.

pe·ri·qui·to [perikíto] *n/m* ZOOL parakeet.

pe·ris·co·pio [periskópjo] *n/m* periscope.

pe·ris·ta [perísta] *n/m,f* receiver of stolen goods, ARG fence.

pe·ris·ti·lo [peristílo] ARQ peristyle.

pe·ri·ta·je [peritáxe] *n/m* **1**. expert's report. **2**. expert work. **pe·ri·to/a** [períto/a] **I**. *adj* expert, specialist. **II**. *n/m,f* **1**. expert, specialist. **2**. technical qualification: *Perito mercantil*, Qualified accountant.

pe·ri·to·neo [peritonéo] *n/m* ANAT peritoneum. **pe·ri·to·ni·tis** [peritonítis] *n/f* MED peritonitis.

per·ju·di·car [perxuðikár] *v* (*perjudique*) **1**. to harm, damage. **2**. to prejudice (*posibilidades*). **per·jui·cio** [perxwíθjo] *n/m* **1**. harm, damage (*daño*). **2**. wrong (*agravio*). LOC **Sin ~ de**, even though, without prejudice to.

per·ju·rar [perxurár] *v* **1**. JUR to perjure oneself, commit perjury. **2**. to curse, swear. **per·ju·rio** [perxúrjo] *n/m* JUR perjury. **per·ju·ro/a** [perxúro/a] **I**. *adj* JUR perjured. **II**. *n/m,f* JUR perjurer.

per·la [pérla] *n/f* **1**. *gen* FIG pearl. **2**. FIG gem. LOC **Venir de ~s**, to suit down to the ground. **per·la·do/a** [perláðo/a] *adj* **1**. pearl-shaped. **2**. pearl-coloured, pearly.

per·le·sía [perlesía] *n/f* paralysis, palsy.

per·ma·ne·cer [permaneθér] *v* (*permanezco*) to stay, remain. **per·ma·nen·cia** [permanéṇθja] *n/f* **1**. permanence. **2**. stay (*estancia*). **per·ma·nen·te** [permanéṇte] **I**. *adj* permanent. **II**. *n/f* permanent wave, perm.

per·mea·bi·li·dad [permeaβiliðáð] permeability, perviousness. **per·mea·ble** [permeáβle] *adj* permeable, pervious.

per·mi·si·ble [permisíβle] *adj* permissible. **per·mi·si·vi·dad** [permisiβiðáð] *n/f* permissiveness. **per·mi·si·vo/a** [permisíβo/a] *adj* permissive. **per·mi·so** [permíso] *n/m* **1**. permission. **2**. MIL leave. **3**. permit, licence (*carnet*). **per·mi·tir** [permitír] **I**. *v* **1**. to permit, allow. **2**. to tolerate. **3**. to enable. **II**. *v/Refl(-se)* **1**. to be allowed. **2**. to be tolerated. **3**. to afford. LOC **~se la libertad**, to take the liberty.

per·mu·ta [permúta] *n/f* **1**. barter, exchange. **2**. MAT permutation. **per·mu·ta·ble** [permutáβle] *adj* **1**. exchangeable. **2**. MAT permutable. **per·mu·ta·ción** [permutaθjón] V **permuta**. **per·mu·tar** [permutár] *v* **1**. to barter, exchange. **2**. to switch (*empleos*).

per·na·da [pernáða] *n/f* kick. **per·ne·ar** [perneár] *v* to kick one's legs (about). **per·ne·ra** [pernéra] *n/f* trouser leg.

per·ni·cio·so/a [perniθjóso/a] *adj* pernicious, harmful.

per·nil [perníl] *n/m* ham, haunch.

per·nio [pérnjo] *n/m* hinge.

per·no [pérno] *n/m* **1**. TÉC bolt. **2**. shoe tree.

per·noc·tar [pernoktár] *v* to spend the night, stay overnight.

pe·ro [péro] **I**. *n/m* **1**. BOT apple. **2**. BOT apple tree. **II**. *conj* but, yet. **III**. *n/m col* problem, fault, objection.

pe·ro·gru·lla·da [peroɣruʎáða] *n/f* platitude, truism.

pe·rol [peról] *n/m* pot. **pe·ro·la** [peróla] *n/f* large pot.

pe·ro·né [peroné] *n/m* ANAT fibula.

pe·ro·ra·ción [peroraθjón] *n/f* peroration. **pe·ro·rar** [perorár] *v* **1**. to give a speech. **2**. FAM to spout. **pe·ro·ra·ta** [peroráta] *n/f* long-winded speech.

per·pen·di·cu·lar [perpeṇdikulár] **I**. *adj* **1**. perpendicular. **2**. at right angles. **II**. *n/f* perpendicular, vertical.

per·pe·tra·ción [perpetraθjón] *n/f* perpetration. **per·pe·trar** [perpetrár] *v* to perpetrate.

per·pe·tua·ción [perpetwaθjón] perpetuation. **per·pe·tuar** [perpetwár] **I**. *v* (*perpetúo, perpetúe*) to perpetuate. **II**. *v/Refl(-se)* **(~ en)** to be perpetuated (in). **per·pe·tui·dad** [perpetwiðáð] *n/f* perpetuity. **per·pe·tuo/a** [perpétwo/a] *adj* **1**. perpetual, everlasting.

2. for life (*exilio*). LOC **Cadena ~**, JUR life sentence.

per·ple·ji·dad [perplexiðáð] *n/f* **1**. perplexity, bafflement. **2**. dilemma. **per·ple·jo/a** [perpléxo/a] *adj* perplexed, puzzled.

pe·rre·ra [perréra] *n/f* **1**. kennel. **2**. dog's home, dog pound. **3**. FAM tantrum. **pe·rre·ría** [perrería] *n/f* **1**. pack of dogs. **2**. FAM dirty trick. **pe·rre·ro** [perréro] *n/m* dogcatcher.

pe·rri·llo [perríʎo] *n/m* trigger.

pe·rro/a [pérro/a] **I**. *n/m* ZOOL dog. **II**. *n/f* **1**. ZOOL FIG bitch. **2**. tantrum (*rabieta*). **3**. *pl* small change (*moneda*). **4**. laziness. **III**. *adj* **1**. vile, dreadful. **2**. *col* lousy, rotten. LOC **Estar con la ~a de**, to have a thing about. **Estar sin una ~a**, *col* to be skint, be broke. **De ~as**, *col* foul. **~a gorda**, 10-centimo coin. **~ guardián**, watchdog. **~ lobo**, alsatian. **~ pastor**, sheepdog. **~ viejo**, FIG old hand. **pe·rru·no/a** [perrúno/a] *adj* **1**. dog, canine. **2**. doglike (*devoción*). LOC **Tos ~**, hacking cough.

per·sa [pérsa] *adj, n/m,f* Persian.

per·se·cu·ción [persekuθjón] *n/f* **1**. pursuit. **2**. persecution, harrassment. **per·se·cu·to·rio/a** [persekutórjo/a] *adj* **1**. pursuing (*que sigue*). **2**. persecuting (*que atormenta*). LOC **Manía ~**, persecution complex. **per·se·guir** [perseɣír] *v* (*persigo*) **1**. to pursue. **2**. to chase (*cazar*). **3**. to strive for, aim at/for: *Persigue un título*, He's aiming for a degree. **4**. to persecute, hound (*acosar*).

per·se·ve·ran·cia [perseβeránθja] *n/f* perseverance. **per·se·ve·ran·te** [perseβeránte] *adj* persevering. **per·se·ve·rar** [perseβerár] *v* **1**. **(~ en)** to persevere (in). **2**. **(~ en)** to persist (with).

per·sia·na [persjána] *n/f* **1**. (Venetian) blind. **2**. slatted shutter. **pér·si·co/a** [pérsiko/a] *adj* LOC **Golfo ~**, GEOG Persian Gulf.

per·sig·nar [persiɣnár] **I**. *v* REL to cross, make the sign of the cross over. **II**. *v/Refl (-se)* REL to cross oneself.

per·sis·ten·cia [persisténθja] *n/f* persistence. **per·sis·ten·te** [persisténte] *adj* persistent. **per·sis·tir** [persistír] *v* **(~ en)** to persist (in), continue (to).

per·so·na [persóna] *n/f* **1**. *gen* GRAM person. **2**. *pl* people: *¿Cuántas personas hay?*, How many people are there? LOC **En ~**, in person, personally. **per·so·na·je** [personáxe] *n/m* **1**. personage. **2**. TEAT character. **per·so·nal** [personál] **I**. *adj* personal. **II**. *n/m* **1**. personnel, staff. **2**. FAM bods, people. **per·so·na·li·dad** [personaliðáð] *n/f* **1**. *gen* personality. **2**. JUR legal status, legal entity. **per·so·na·lis·mo** [personalísmo] *n/m* **1**. personal preference. **2**. selfishness (*egoísmo*). **per·so·na·li·zar** [personaliθár] *v* (*personalice*) **1**. to personalise. **2**. to embody, personify. **3**. to make a personal reference. **per·so·nar·se** [personárse] *v/Refl(-se)* **1**. **(~ ante, en)** to appear in person (before, at). **2**. to report (to) (*acudir*). **3**. JUR to appear: *Se personó ante el juez*, He appeared before the judge. **per·so·ni·fi·ca·ción** [personifikaθjón] *n/f* personification, embodiment. **per·so·ni·fi·car** [personifikár] *v* (*personifique*) **1**. V **personalizar**. **2**. to allude to (*en un discurso*, etc).

pers·pec·ti·va [perspektíβa] *n/f* **1**. ART FIG perspective. **2**. point of view (*punto de vista*). **3**. outlook, prospect. **4**. view, scene (*panorama*).

pers·pi·ca·cia [perspikáθja] *n/f* perspicacity, discernment. **pers·pi·caz** [perspikáθ] *adj* **1**. keen-sighted, sharp-eyed. **2**. FIG shrewd, perceptive. **pers·pi·cuo/a** [perspíkwo/a] *adj* **1**. clear. **2**. perspicuous, intelligible.

per·sua·dir [perswaðír] **I**. *v* to persuade. **II**. *v/Refl(-se)* **(~ de, por, con)** to become convinced (of, by). **per·sua·sión** [perswasjón] *n/f* persuasion. **per·sua·si·vo/a** [perswasíβo/a] persuasive.

per·te·ne·cer [perteneθér] *v* (*pertenezco*) **1**. **(~ a)** to belong (to). **2**. FIG to be up (to), pertain (to). **per·te·nen·cia** [pertenénθja] *n/f* **1**. ownership. **2**. possession, estate (*propiedad*). **3**. *pl* belongings.

pér·ti·ga [pértiɣa] *n/f* pole.

per·ti·naz [pertináθ] *adj* **1**. **(~ de/en)** pertinacious, obstinate (*terco*). **2**. persistent.

per·ti·nen·cia [pertinénθja] *n/f* relevance, pertinence. **per·ti·nen·te** [pertinénte] *adj* **1**. pertinent, relevant. **2**. opportune, appropriate.

per·tre·char [pertretʃár] **I**. *v* **1**. to supply, equip. **2**. MIL to supply with munitions. **II**. *v/Refl(-se)* **(~ de/con)** to provide oneself (with). **per·tre·chos** *n/m,pl*. **1**. MIL stores, munitions. **2**. *gen* equipment, tackle, gear.

per·tur·ba·ción [perturbaθjón] *n/f* **1**. disturbance: *Perturbación callejera*, Street disturbance. **2**. MED upset, disturbance, mental disorder. **per·tur·ba·do/a** [perturβáðo/a] **I**. *adj* mentally unbalanced. **II**. *n/m,f* mentally unbalanced person. **per·tur·ba·dor/ra** [perturβaðór/ra] **I**. *adj* perturbing, disturbing. **II**. *n/m,f* unruly person. **per·tur·bar** [perturβár] *v* **1**. to disturb (*alterar*). **2**. to upset, unsettle (*trastornar*). **3**. MED to perturb.

pe·rua·no/a [perwáno/a] *adj, n/m,f* Peruvian.

per·ver·si·dad [perβersiðáð] *n/f* perversity, depravity. **per·ver·sión** [perβersjón] *n/f* perversion. **per·ver·so/a** [perβérso/a] **I**. *adj* perverse, depraved. **II**. *n/m,f* wicked person. **per·ver·tir** [perβertír] **I**. *v* (*pervierto*) **1**. to pervert, corrupt. **2**. to distort (*texto*). **II**. *v/Refl(-se)* to become perverted.

per·vi·vir [perβiβír] *v* **1**. to survive. **2**. to subsist.

pe·sa [pésa] *n/f* **1**. weight. **2**. DEP shot. **3**. *pl* DEP barbell. **pe·sa·car·tas** [pesakártas] *n/m* **1**. letter scales. **2**. fine balance. **pe·sa·dez** [pesaðéθ] *n/f* **1**. heaviness. **2**. FIG tiresomeness. **3**. sluggishness (*pereza*). **pe·sa·di·lla** [pesaðíʎa] *n/f* **1**. nightmare. **2**. bugbear (*obsesión*). **pe·sa·do/a** [pesáðo/a] *adj* **1**. heavy. **2**. sluggish, slow. **3**. deep (*sueño*). **4**. tough, hard (*difícil*) **5**. annoying (*molesto*). **6**. boring, tedious (*aburrido*). **7**. sultry, muggy: *Hace un tiempo pesado*, The weather's muggy. **pe·sa·dum·bre** [pesaðúmbre] *n/f* **1**. displeasure (*disgusto*). **2**. sorrow, grief (*aflicción*). **pé·sa·me** [pésame] *n/m* condolences.

LOC **Dar el ~**, to express one's condolences. **pe·sar** [pesár] **I**. *n/m* **1**. sorrow, grief (*tristeza*). **2**. regret (*remordimiento*). **II**. *v* **1**. to weigh, be heavy. **2**. to weigh down. **3**. FIG to bear heavily (on) (*responsabilidad*) **4**. to burden (*deuda*, etc.). **5**. FIG to carry weight (*importar*). **6**. to cause distress (*acongojar*). **7**. to weigh. **8**. to weigh up. LOC **A ~ de**, in spite of. **Mal que me/te/le...pese**, whether I/you/he...like(s) it or not. **Pese a que**, despite the fact that. **pe·sa·ro·so/a** [pesaróso/a] *adj* sorrowful.

pes·ca [péska] *n/f* **1**. fishing. **2**. catch (*lo pescado*). **pes·ca·de·ría** [peskaðería] *n/f* **1**. fish market. **2**. fish shop. **pes·ca·de·ro/a** [peskaðéro/a] *n/m,f* fishmonger. **pes·ca·di·lla** [peskaðíʎa] *n/f* whiting. **pes·ca·do** [peskáðo] *n/m*. fish. **pes·ca·dor/ra** [peskaðór/ra] **I**. *adj* fishing. **II**. *n/m* fisherman. **III**. *n/f* fisherwoman.

pes·can·te [peskánte] *n/m* **1**. driver's seat. **2**. coachman's seat.

pes·car [peskár] *v* (*pesque*) **1**. to fish. **2**. to catch (*coger*). **3**. FIG *col* to catch out. **4**. FIG *col* to land.

pes·cue·zo [peskwéθo] *n/m* **1**. ZOOL neck. **2**. scruff of the neck.

pe·se·bre [peséβre] *n/m* **1**. manger, crib. **2**. stall (*cuadra*).

pe·se·ta [peséta] *n/f* peseta. **pe·se·te·ro/a** [pesetéro/a] *adj* **1**. FAM money-minded. **2**. FAM penny-pinching (*tacaño*).

pe·si·mis·mo [pesimísmo] *n/m* pessimism. **pe·si·mis·ta** [pesimísta] **I**. *adj* pessimistic. **II**. *n/m,f* pessimist.

pé·si·mo/a [pésimo/a] *adj sup* very bad, dreadful.

pe·so [péso] *n/m* **1**. FÍS gravity. **2**. *gen* FIG weight. **3**. weightiness. **4**. heaviness. **5**. FIG burden. **6**. *Amer* peso. LOC **Caer algo por su propio ~**, to be obvious. **~ bruto**, gross weight. **~ ligero**, lightweight. **De ~**, weighty.

pes·pun·t(e)ar [pespunt(e)ár] *v* to backstitch. **pes·pun·te** [pespúnte] *n/m* backstitch.

pes·que·ría [peskería] *n/f* fishing grounds. **pes·que·ro/a** [peskéro/a] *adj* fishing.

pes·quis [péskis] *n/m col* nous; insight.

pes·qui·sa [peskísa] *n/f* inquiry.

pes·ta·ña [pestáɲa] *n/f* **1**. ANAT eyelash. **2**. edging (*franja*). **3**. TÉC flange, rim. LOC **Quemarse las ~s**, FIG to burn the midnight oil. **pes·ta·ñe·ar** [pestaɲeár] *v* to blink, wink. **Sin ~**, without batting an eyelid. **pes·ta·ñeo** [pestaɲéo] *n/m* blink(ing), wink(ing).

pes·te [péste] *n/f* **1**. MED plague. **2**. stench (*hediondez*). **3**. FIG evil. LOC **Decir/Echar ~s de uno**, to curse sb. **pes·ti·ci·da** [pestiθíða] *adj*, *n/m,f* pesticide. **pes·ti·len·cia** [pestiléņθja] *n/f* pestilence.

pes·ti·llo [pestíʎo] *n/m* **1**. (door)bolt, (window)bolt. **2**. latch.

pe·ta·ca [petáka] *n/f* **1**. tobacco pouch. **2**. cigarette case (*pitillera*).

pé·ta·lo [pétalo] *n/m* BOT petal.

pe·tan·ca [petáŋka] *n/f* boules.

pe·tar·do [petárðo] *n/m* **1**. firecracker, squib. **2**. FAM bore (*pesado*). **3**. FAM ugly old bag (*mujer fea*).

pe·ta·te *n/m* [petáte] **1**. bedroll. **2**. FAM poor devil.

pe·te·ne·ra [petenéra] *n/f* **1**. Andalusian popular song. **2**. LOC **Salir por ~s**, to go off at a tangent, come up with a daft comment.

pe·ti·ción [petiθjón] *n/f* **1**. request, petition. **2**. JUR plea, claim. LOC **A ~ de**, at the request of. **pe·ti·cio·na·rio/a** [petiθjonárjo/a] **I**. *adj* petitioning. **II**. *n/m,f* petitioner, applicant.

pe·ti·me·tre [petimétre] *n/m* dandy, fop.

pe·ti·rro·jo [petirróxo] *n/m* ZOOL robin.

pe·to [péto] *n/m* **1**. MIL breastplate. **2**. bib (*babero*). **3**. bodice (*corpiño*).

pé·treo/a [pétreo] *adj* **1**. stone, of stone. **2**. stony, rocky. **pe·tri·fi·car** [petrifikár] *v* (*petrifique*) **1**. to petrify. **2**. FIG to turn to stone, root to the spot.

pe·tro·dó·lar [petroðólar] *n/m* petrodollar.

pe·tro·gra·fía [petroɣrafía] *n/f* GEOL petrography.

pe·tró·leo [petróleo] *n/m* crude oil, petroleum. **pe·tro·le·ro/a** [petroléro/a] **I**. *adj* oil, petroleum. **II**. *n/m* **1**. NÁUT oil tanker. **2**. oil man (*obrero*). **3**. incendiary. **pe·tro·lí·fe·ro/a** [petrolífero/a] *adj* **1**. GEOL petroliferous, oil-bearing. **2**. COM oil.

pe·tu·lan·cia [petuláņθja] *n/f* **1**. insolence. **2**. arrogance, smugness. **pe·tu·lan·te** [petuláņte] *adj* **1**. insolent. **2**. smug.

peú·co [peúko] *n/m* **1**. bed-sock. **2**. bootee.

pe·yo·ra·ti·vo/a [peɟoratíβo/a] *adj* pejorative, deprecatory.

pez [péθ] **I**. *n/f* **1**. pitch, tar. **2**. MED meconium. **II**. *n/m* (*pl peces*) ZOOL fish. LOC **Ser un ~ gordo**, to be a big shot.

pe·zón [peθón] *n/m* **1**. BOT stem, stalk. **2**. ANAT nipple.

pe·zu·ña [peθúɲa] *n/f* ZOOL hoof.

pia·do·so/a [pjaðóso/a] *adj* **1**. pious, devout (*pío*). **2**. compassionate.

pia·far [pjafár] *v* to paw the ground.

pia·nis·ta [pjanísta] *n/m,f* pianist. **pia·no** [pjáno] *n/m, adv* MÚS piano. **pia·no·la** [pjanóla] *n/f* pianola. **pian, pia·no** [pjaṃ, pjáno] *adv col* softly, softly.

piar [pjár] *v* (*pío, píen*) to chirp, cheep.

pia·ra [pjára] *n/f* herd.

PIB [píβ] *n/m abrev* of **Producto Interior Bruto**, Gross Domestic Product (GDP).

pi·ca [píka] *n/f* **1**. MIL pike. **2**. TAUR goad, lance. LOC **Poner una ~ en Flandes**, to do sth out of the ordinary.

pi·ca·cho [pikátʃo] *n/m* GEOG peak.

pi·ca·de·ro [pikaðéro] *n/m* riding school.

pi·ca·di·llo [pikaðíʎo] *n/m* minced meat, sausage meat.

pi·ca·do/a [pikáðo/a] **I**. *adj*, pp of *picar* **1**. pitted, perforated. **2**. minced (*carne*). **3**.

sour (*vino*). **4**. piqued. **5**. choppy. **6**. bad, decayed (*diente*). **II**. *n/m* **1**. (en) picado, AER (nose)dive. **2**. mince. **3**. MÚS pizzicato. **pi·ca·dor** [pikaðór] *n/m* **1**. TAUR picador. **2**. horse breaker, horse trainer. **pi·ca·du·ra** [pikaðúra] *n/f* **1**. (insect) bite, sting. **2**. prick (*pinchazo*). **3**. cut tobacco. **4**. moth hole. **5**. MED tooth decay, caries.

pi·ca·jo·so/a [pikaxóso] *adj col* touchy.

pi·can·te [pikánte] **I**. p of *picar*, stinging, pricking, biting. **II**. *adj* **1**. spicy, peppery, hot. **2**. saucy, risqué, racy (*tabú*). **III**. *n/m* hot taste, piquancy.

pi·ca·pe·dre·ro [pikapeðréro] *n/m* quarryman, stonecutter. **pi·ca·pi·ca** [pikapíka] *n/f* itching powder. **pi·ca·plei·tos** [pikapléitos] *n/m* PEY pettifogger. **pi·ca·por·te** [pikapórte] *n/m* **1**. doorknocker (*aldaba*). **2**. door handle, window catch (*manivela*).

pi·car [pikár] **I**. *v* (*piqué*) **1**. to peck (*ave*). **2**. to bite, sting (*insecto, reptil*). **3**. to peck at, nibble. **4**. to bite, take the bait (*peces*). **5**. to mince. **6**. to prick, pierce (*pinchar*). **7**. to punch (*billetes*). **8**. to chip at (*con pico*). **9**. TAUR to goad, lance. **10**. to spur, dig one's spurs in (*caballo*). **11**. MED to itch. **12** to pit (*superficie*). **13**. to burn (*sabor, sol*). **II**. *v/Refl(-se)* **1**. to decay (*dientes*). **2**. **(~ por)** to take offence (at) (*ofenderse*). **3**. **(~ con, en)** *col* to have a fix (*drogas*), FAM to get hooked (on). **4**. to go off, turn sour (*vino*). **5**. to get choppy (*mar*).

pi·car·día [pikarðía] *n/f* **1**. crookedness (*maldad*). **2**. naughtiness, mischief (*travesura*). **3**. dirty trick (*mala pasada*). **4**. rude word.

pi·ca·res·co/a [pikarésko/a] **I**. *adj* **1**. roguish. **2**. picaresque. **II**. *n/f* **1**. picaresque. **2**. picaresque way of life. **pí·ca·ro/a** [píkaro/a] **I**. *n/m* anti-hero of picaresque novels. **II**. *adj* **1**. villainous, sly. **2**. naughty (*niño*). **3**. dirty-minded. **III**. *n/m,f* **1**. rogue, villain. **2**. scamp, tyke (*niño*).

pi·ca·tos·te [pikatóste] *n/m* (small bits of) fried bread.

pi·ca·zón [pikaθón] *n/f* **1**. MED itch (*comezón*). **2**. stinging sensation (*ardor*). **3**. irritation (*enfado*).

pi·cio [píθjo] *n/m* LOC **Más feo que P~**, as ugly as sin.

pic·nic [píknik] *n/m* picnic.

pi·co [píko] *n/f* **1**. ZOOL beak, bill. **2**. point, corner. **3**. GEOG peak. **4**. pick (*herramienta*). LOC **Cerrar el ~**, FAM to shut one's trap. **Y ~**, **1**. and a bit: *Dos kilos y pico*, Two and a bit kilos. **2**. odd: *Vale doscientas pesetas y pico*, It costs 200 odd pesetas.

pi·cón/na [pikón/na] **I**. *adj* with protruding front teeth, FAM buck-toothed. **II**. *n/m* small coal.

pi·cor [pikór] *n/m* MED itch(iness), smarting.

pi·co·ta [pikóta] *n/f* **1**. BOT bigarreau cherry. **2**. HIST pike, pikestaff (*para cabezas de reos*). **3**. HIST pillory. **4**. ARQ spire, point. **5**. GEOG peak.

pi·co·ta·zo [pikotáθo] *n/m* **1**. peck (*de un ave*). **2**. bite, sting (*de un insecto*, etc). **pi·co·te·ar** [pikoteár] *v* **1**. to peck (at) (*aves*). **2**. to nibble, pick. **pi·co·teo** [picotéo] *n/m* **1**. pecking (*pájaros*). **2**. nibbling (*comida*).

pic·tó·ri·co/a [piktóriko/a] *adj* pictorial.

pi·cu·do/a [pikúðo/a] *adj* **1**. long-beaked, long-billed (*aves*). **2**. pointed (*puntiagudo*). **3**. with a spout, with a lip (*para verter*).

pi·cha [pítʃa] *n/f* ARG prick, cock.

pi·chi [pítʃi] *n/m* pinafore dress.

pi·chón/na [pitʃón] **I**. *n/m* ZOOL young pigeon. **II**. *n/m,f col* darling.

pie [pjé] *n/m* **1**. ANAT MAT POÉT foot. **2**. ZOOL foot, paw. **3**. stand support (*peana*). **4**. base, foot (*de columna*, etc). **5**. foot, bottom (*página, cama, montaña*). **6**. BOT trunk (*de árbol*), stem (*de planta*). LOC **A cuatro ~s**, on all fours. **A ~**, on foot. **A ~s juntillas**, FIG firmly, absolutely. **Al ~ de la letra**, literally, word for word. **Buscar tres ~s al gato**, to quibble, make life unnecessarily difficult. **Con buen/mal ~**, FIG on the right/wrong foot. **Con ~s de plomo**, FIG very carefully. **Dar ~ (a uno)**, to give sb a pretext. **De a ~**, **1**. foot: *Soldados de a pie*, Foot soldiers. **2**. FIG ordinary: *Gente de a pie*, Ordinary people. **De ~**, **1**. up. **2**. standing, upright. **De ~s a cabeza**, from head to foot. **En ~**, **1**. FIG unfinished. **2**. FIG valid. **3**. standing (up). **Estar al ~ del cañón**, FIG to be ready to act. **Hacer ~**, not to be out of one's depth. **No dar ~ con bola**, to do nothing right. **No tener ~s ni cabeza una cosa**, to be absurd. **Parar los ~ a uno**, FIG to clip sb's wings, put sb in his place.

pie·dad [pjeðáð] *n/f* **1**. REL piety, piousness. **2**. pity (*compasión*).

pie·dra [pjéðra] *n/f* **1**. stone, rock. **2**. large hailstone (*granizo*). **3**. flint (*de mechero*). **4**. MED stone. LOC **Dejar de ~ a uno**, FIG to stun sb. **No dejar ~ sobre ~**, to raze to the ground. **~ de escándalo**, source of scandal. **~ preciosa**, precious stone. **Primera ~**, foundation stone.

piel [pjél] *n/f* **1**. ANAT skin. **2**. hide, skin (*de animal*). **3**. leather (*cuero*) **4**. fur (*con pelo*). **5**. BOT peel, skin. LOC **Dejarse uno la ~ en algo**, to give one's all for sth.

pié·la·go [pjélaɣo] *n/m* **1**. POÉT sea, deep. **2**. high seas. **3**. FIG sea, abundance.

pien·so [pjénso] *n/m* fodder, feed.

pier·na [pjérna] *n/f* **1**. ANAT leg. **2**. leg (*de animal para comer*). LOC **Dormir a ~ suelta**, to sleep like a log. **Estirar las ~s**, to stretch one's legs.

pie·za [pjéθa] *n/f* **1**. *gen* MÚS piece. **2**. TÉC part. **3**. piece, roll (*de tela*). **4**. item, object (*artículo*). **5**. specimen (*de caza*).

pí·fa·no [pífano] *n/m* **1**. MÚS fife. **2**. fife player.

pi·fia [pífja] *n/f* FIG blunder. **pi·fiar** [pifjár] *v* **1**. DEP to miscue. **2**. FIG to blunder.

pig·men·ta·ción [piɣmentaθjón] *n/f* pigmentation. **pig·men·tar** [piɣmentár] *v* to pigment. **pig·men·to** [piɣménto] *n/m* pigment.

pig·meo/a [piɣméo/a] *adj*, *n/m,f* pygmy.

pig·no·rar [piɣnorár] *v* to pawn.

pi·ja·da [pixáða] *n/f* ARG daft comment.
pi·ja·ma [pixáma] *n/m* Br pyjamas, US pajamas.
pi·jo/a [píxo/a] I. *n/m* ARG V **picha**. II. *adj, n/m,f* ARG stuck-up. **pi·jo·te·ría** [pixotería] *n/f* 1. FAM stupid thing. 2. stupid request. **pi·jo·te·ro/a** [pixotéro/a] *adj* tiresome, irritating.
pi·la [píla] *n/f* 1. basin, sink. 2. ELECTR battery. 3. pile, heap (*montón*). LOC **Nombre de ~**, first name. **pi·la·da** [piláða] *n/f* FAM loads.
pi·lar [pilár] *n/m* 1. *gen* FIG pillar. 2. pier (*pilastra*). 3. milestone (*de camino*). **pi·las·tra** [pilástra] *n/f* pilaster.
píl·do·ra [píl̦dora] *n/f* pill.
pi·lón [pilón] *n/m* 1. drinking trough (*abrevadero*). 2. basin (*de fuente*). 3. pillar. 4. ELECTR pylon.
pí·lo·ro [píloro] *n/m* ANAT pylorus.
pi·lo·so/a [pilóso/a] *adj* BIOL pilose, hairy.
pi·lo·ta·je [pilotáxe] *n/m* 1. NÁUT pilotage. 2. NÁUT AER piloting. 3. driving (*coche*). **pi·lo·tar** [pilotár] *v* 1. NÁUT AER to pilot. 2. NÁUT to steer. 3. to drive (*coche*).
pi·lo·te [pilóte] *n/m* ARQ pile, stake.
pi·lo·to [pilóto] I. *adj* model, show: *Casa piloto*, Show house. II. *n/m* 1. NÁUT AER pilot. 2. NÁUT helm. 3. NÁUT first mate, navigator. 4. driver (*de coche*). 5. AUT rear light.
pil·tra·fa [piltráfa] *n/f* 1. gristly meat. 2. FIG poor specimen (*persona*). 3. *pl* scraps.
pi·lla·je [piʎáxe] *n/m* pillage, looting. **pi·llar** [piʎár] *v* 1. MIL to plunder, loot. 2. to seize, grab (*atrapar*). 3. to catch out, catch unawares (*sorprender*). 4. to run over/down: *Le pilló un tren*, A train ran him over. 5. to catch, trap. 6. to catch (*enfermedad*). 7. to grasp (*idea*). LOC **~le a uno de camino**, to be on one's way. **~le a uno lejos**, to be out of one's way.
pi·llas·tre [piʎástre] *n/m* *col* scoundrel, rogue. **pi·llo/a** [píʎo] I. *adj* 1. rascally, impish (*niño*). 2. sly, crafty (*taimado*). II. *n/m,f* 1. rogue, scoundrel. 2. scamp (*niño*). **pi·llue·lo** [piʎwélo] *n/m* rascal.
pi·men·te·ro [pimen̦téro] *n/m* 1. BOT pepper plant. 2. pepper pot. **pi·men·tón** [pimen̦tón] *n/m* paprika. **pi·mien·ta** [pimjén̦ta] *n/f* pepper. **pi·mien·to** [pimjén̦to] *n/m* 1. BOT pimiento plant. 2. BOT pimiento, green pepper, red pepper. 3. V **pimentero (1.)**
pim·pan·te [pim̦pán̦te] *adj* 1. charming, chic. 2. PEY smug.
pim·po·llo [pim̦póʎo] *n/m* 1. BOT shoot. 2. BOT rosebud. 3. FIG *col* good-looking child, pretty young woman.
pi·na·co·te·ca [pinakotéka] *n/f* art gallery.
pi·ná·cu·lo [pinákulo] *n/m* 1. ARQ spire, top. 2. GEOG FIG pinnacle, FIG acme.
pi·na·da [pináða] *n/f* BOT pine copse. **pi·nar** [pinár] *n/m* BOT pinewood. **pi·na·za** [pináθa] BOT carpet of pine needles.
pin·cel [pin̦θél] *n/m* ART paintbrush. **pin·ce·la·da** [pin̦θeláða] *n/f* 1. ART brushstroke. 2. FIG broad outline.
pin·cha·dis·cos [pin̦tʃaðískos] *n/m* disc-jockey. **pin·char** [pin̦tʃár] I. *v* 1. to prick. 2. to puncture, pierce (*perforar*). 3. **(~ para)** FIG to prod (into + *ger*) (*animar*). 4. *col* to needle (*incordiar*). 5. TÉC ARG to bug. 6. *col* to give a jab (*inyectar*). 7. FAM to come unstuck (*fracasar*). II. *v/Refl(-se)* ARG to have a fix. LOC **Ni ~ ni cortar**, FAM to cut no ice, carry no weight. **pin·cha·zo** [pin̦tʃáθo] *n/m* 1. prick. 2. *gen* AUT O puncture. 3. *col* jab (*inyección*), fix (*de droga*). 4. FIG prod.
pin·che [pín̦tʃe] *n/m* kitchen-boy.
pin·chi·to [pin̦tʃíto] *n/m* savoury titbit. **pin·cho** [pín̦tʃo] *n/m* 1. point (*punta*). 2. V **pinchito**. 3. thorn (*espina*). 4. spine (*púa*). 5. skewer.
pi·ne·da [pinéða] *n/f* V **pinar**.
pin·ga·jo [piŋgáxo] *n/m* *col* tatter, rag.
pin·go [píŋgo] *n/m* 1. V **pingajo**. 2. shabby dress. LOC **Ir de ~**, to gad about. **pin·go·ne·ar** [piŋgoneár] V **Ir de pingo**.
ping-pong [píŋ póŋ] *n/m* ping-pong, table tennis.
pin·güe [píŋgwe] *adj* FIG abundant, juicy, fat.
pin·güi·no [piŋgwíno] *n/m* ZOOL penguin.
pi·ni·tos [pinítos] *n/mpl* LOC **Hacer ~**, 1. to toddle (*niño*). 2. FIG to take one's first steps. 3. to get back on one's feet again (*un enfermo*).
pi·no [píno] I. *n/m* BOT pine, pine tree. II. *adj* 1. upright, vertical. 2. steep. LOC **Hacer el ~**, to stand on one's head.
pi·no·cha [pinótʃa] *n/f* BOT pine needle.
pin·ta [pín̦ta] I. *n/f* 1. ZOOL BOT mark, spot. 2. spot (*naipes*). 3. dot, spot (*punto*). 4. *col* look, appearance (*aspecto*). 5. MED typhoid. 6. pint (*medida*). II. *n/m* scoundrel. **pin·ta·do/a** [pin̦táðo/a] I. pp of *pintar* painted. II. *adj* dappled, mottled. III. *n/f* painted slogan, graffito.
pin·ta·mo·nas [pin̦tamónas] *n/m* PEY dauber.
pin·tar [pin̦tár] I. *v* 1. *gen* ART to paint. 2. to depict, portray (*retratar*). 3. FIG to describe. 4. to draw (*dibujar*). 5. FIG *col* to have a say, carry weight. II. *v/Refl(-se)* to put on make-up. LOC **~ bien/mal una cosa**, to look good/bad. **Tú aquí no pintas nada**, you have no say here. **pin·ta·rra·je·ar** [pin̦tarraxeár] I. *v* PEY to daub, bedaub. II. *v/Refl(-se)* PEY to cake one's face with make-up. **pin·ta·rra·jo** [pin̦tarráxo] *n/m* PEY daub.
pin·ti·pa·ra·do/a [pin̦tiparáðo/a] *adj* 1. identical. 2. just right.
pintor/ra [pin̦tór/ra] *n/m,f* painter. **pin·to·res·co/a** [pin̦torésko/a] *adj* picturesque, colourful. **pin·tu·ra** [pin̦túra] *n/f* 1. ART painting (*oficio*). 2. picture, painting (*cuadro*). 3. paint (*material*). 4. FIG portrayal, description.
pin·za [pín̦θa] *n/f* 1. clothes peg. 2. *pl* TÉC pincers. 3. *pl* tongs (*tenazas*). 4. *pl* tweezers (*bruselas*). 5. *pl* MED forceps. 6. ZOOL claw, pincer.
pi·ña [píɲa] *n/f* 1. BOT pine cone (*de pino*). 2. BOT pineapple (*fruta*). 3. cluster, group (*grupo*). **pi·ña·ta** [piɲáta] *n/f* pot of sweets suspended from the ceiling and smashed with sticks by blindfold revellers. **pi·ñón** [piɲón] *n/m* 1. BOT pine seed. 2. TÉC pinion, sprocket.

pío/a [pío/a] **I**. *adj* REL pious. **II**. *n/m* ZOOL chirping, cheeping. LOC **No decir ni ~**, not to say a word, FAM not to say boo to a goose.
pio·jo [pjóxo] *n/m* louse. **pio·jo·so/a** [pjoxóso/a] *adj* **1**. lice-ridden, lousy. **2**. stingy (*mezquino*). **3**. ragged (*andrajoso*).
pio·ne·ro/a [pjonéro/a] *n/m,f* pioneer.
pio·rrea [pjorréa] *n/f* MED Br pyorrhoea, US pyorrhea.
pi·pa [pípa] *n/f* **1**. pipe (*para fumar*). **2**. cask (*cuba*). **3**. BOT pip, seed. **4**. sunflower seed.
pi·pe·ta [pipéta] *n/f* pipette.
pi·pí [pipí] *n/m col* wee, pee (*orina*). LOC **Hacer ~**, to do a wee, have a pee.
pi·pio·lo [pipjólo] *n/m* **1**. novice (*inexperto*). **2**. newcomer (*recién llegado*).
pi·que [píke] *n/m* **1**. pique, resentment (*resentimiento*). **2**. grudge (*rencor*). **3**. competition (*rivalidad*). LOC **Echar/Irse a ~**, **1**. to founder, sink (*hundirse*). **2**. FIG to fail (*fracasar*).
pi·que·ra [pikéra] *n/f* hole, vent (*en colmena, tonel*).
pi·que·ta [pikéta] *n/f* pickaxe.
pi·que·te [pikéte] *n/m* **1**. MIL squad, picket, detail. **2**. picket.
pi·ra [píra] *n/f* **1**. pyre. **2**. bonfire (*hoguera*).
pi·ra·gua [piráɣwa] *n/f* canoe. **pi·ra·güis·mo** [piraɣwísmo] *n/m* DEP canoeing. **pi·ra·güis·ta** [piraɣwísta] *n/m,f* DEP canoeist, oarsman.
pi·ra·mi·dal [piramiðál] *adj* pyramidal. **pi·rá·mi·de** [pirámiðe] *n/f* pyramid.
pi·ra·ña [pirápa] *n/f* piranha.
pi·rar·se [pirárse] *v/Refl(-se)* ARG to split, beat it (*marcharse*). LOC **~las**, **1**. to scram (*fugarse*). **2**. to go on a binge (*de juerga*).
pi·ra·ta [piráta] **I**. *adj* **1**. pirate (*barco*). **2**. pirated (*edición, etc.*). **II**. *n/m* **1**. pirate. **2**. plagiarist. **3**. COMP hacker. **4**. COM *col* cowboy. LOC **~ aéreo**, hijacker. **pi·ra·te·ar** [pirateár] *v* **1**. to practise piracy. **2**. to pirate (*software, etc*). **3**. AER to hijack. **pi·ra·te·ría** [piratería] *n/f* **1**. piracy. **2**. AER hijacking. **3**. theft.
pi·re·nai·co/a [pirenáiko/a] *adj* Pyrenean. **Pi·ri·neos** [pirinéos] *n/m,pl* Pyrenees.
pi·ri·ta [piríta] *n/f* pyrites.
pi·ró·ge·no/a [piróxeno/a] **I**. *adj* MED pyrogenic. **II**. *n/m* MED pyrogen.
pi·ro·gra·ba·do [pirograβáðo] *n/m* pyrography.
pi·ro·ma·nía [piromanía] *n/f* pyromania. **pi·ró·ma·no/a** [pirómano/a] **I**. *adj* pyromaniacal, fire-raising. **II**. *n/m,f* pyromaniac, arsonist.
pi·ro·pe·ar [piropeár] *v* FAM to pay a (flirtatious) compliment. **pi·ro·po** [pirópo] *n/m* **1**. flattering remark. **2**. flirtatious compliment. LOC **Echar ~s**, V **piropear**.
pi·ro·tec·nia [pirotéknia] *n/f* pyrotechnics. **pi·ro·téc·ni·co/a** [pirotékniko/a] **I**. *adj* pyrotechnical, firework. **II**. *n/m,f* pyrotechnist.
pi·rrar·se [pirrárse] *v/Refl(-se)* **(~ por)** FAM to be crazy about.
pi·rue·ta [pirwéta] *n/f* pirouette.
pi·ru·lí [pirulí] *n/m* lollipop.
pis [pís] *n/m col* V **pipí**.
pi·sa·da [pisáða] *n/f* **1**. footstep (*paso*). **2**. footprint (*huella*). **3**. footfall (*sonido*). **pi·sa·pa·pe·les** [pisapapéles] *n/m* paperweight.
pi·sar [pisár] *v* **1**. to tread on, step on (*por descuido*). **2**. to tread underfoot (*apretar*) **3**. FIG to walk all over (*postergar*). **4**. FIG to get in first, beat sb to sth. **pi·sa·ver·de** [pisaβérðe] *n/m* fop.
pis·ci·cul·tu·ra [pisθikuḷtúra] *n/f* fish farming.
pis·ci·na [pisθína] *n/f* **1**. DEP swimming pool. **2**. fishpond, fishtank (*tanque*).
pis·cis [písθis] *n/m* ASTR Pisces.
pis·co·la·bis [piskoláβis] *n/m* light snack.
pi·so [píso] *n/m* **1**. ground, flooring (*suelo*). **2**. sole (*suela*). **3**. floor, storey (*planta*). **4**. Br flat, US apartment (*vivienda*). **5**. GEOL layer.
pi·són [pisón] *n/m* TÉC ram, beetle.
pi·so·te·ar [pisoteár] *v* **1**. *gen* to tread down. **2**. *gen* FIG to trample on. **3**. FIG to disregard (*ley*). **pi·so·teo** [pisotéo] *n/m* trampling, stamping. **pi·so·tón** [pisotón] *n/m* stamp on the foot.
pis·ta [písta] *n/f* **1**. trail, track (*huella*), clue (*indicio*). **2**. DEP track, course (*para carreras*), court (*cancha*). **3**. runway, airstrip (*de aterrizaje*).
pis·ti·lo [pistílo] *n/m* BOT pistil.
pis·to [písto] *n/m* dish of fried vegetables. LOC **Darse ~**, to give oneself airs.
pis·to·la [pistóla] *n/f* **1**. pistol (*arma*). **2**. TÉC spray gun. **pis·to·le·ra** [pistoléra] *n/f* holster. **pis·to·le·ris·mo** [pistolerísmo] *n/m* gun law. **pis·to·le·ro** [pistoléro] *n/m* gunman, gangster. **pis·to·le·ta·zo** [pistoletáθo] *n/m* pistol shot.
pis·tón [pistón] *n/m* **1**. percussion cap (*de un arma*). **2**. MÚS valve. **3**. piston (*émbolo*). **pis·to·nu·do/a** [pistonúðo/a] *adj col* terrific, great.
pi·ta [píta] *n/f* hissing, booing. **pi·ta·da** [pitáða] *n/f* **1**. whistle (*sonido*). **2**. hiss.
pi·ta·gó·ri·co/a [pitaɣóriko/a] *adj, n/m,f* Pythagorean.
pi·tan·za [pitaṇθa] *n/f* **1**. daily ration. **2**. dole (*para los pobres*). **3**. daily bread.
pi·tar [pitár] *v* **1**. to whistle, blow a whistle. **2**. AUT to sound the horn. **3**. to hiss, boo (*abuchear*). **4**. *col* to have clout (*influencia*). LOC **Salir pitando**, to zoom off.
pi·ti·do [pitíðo] *n/m* **1**. whistling, whistle (*sonido*). **2**. AUT hooting.
pi·ti·lle·ra [pitiʎéra] *n/f* **1**. cigarette case (*estuche*). **2**. cigarette maker. **pi·ti·llo** [pitíʎo] *n/m* cigarette.
pi·to [píto] *n/m* **1**. whistle. **2**. AUT horn. **3**. FAM willie (*pene*). LOC **Importar algo un ~**, not to matter/care two hoots about sth. **No valer un ~**, not to be worth tuppence.
pi·tón [pitón] **I**. *n/m* **1**. ZOOL (budding) horn. **2**. spout (*de vasijas*) **II**. *n/f* ZOOL python (*serpiente*).
pi·to·ni·sa [pitonísa] *n/f* **1**. sorceress (*hechicera*). **2** MIT pythoness.
pi·to·rre·ar·se [pitorreárse] *v/Refl(-se)* **(~ de)** FAM to take the mickey (out of). **pi·to·rreo** [pitorréo] *n/m* FAM mickey-taking.
pi·to·rro [pitórro] *n/m* V **pitón (2.)**
pi·to·te [pitóte] *n/m* fuss, row.
pi·tui·ta·rio/a [pitwitárjo/a] *adj* ANAT pituitary.

pi·tu·so/a [pitúso/a] **I.** *adj* cute, tiny. **II.** *n/m,f* tot.
pi·vo·te [piβóte] *n/m* TÉC DEP pivot.
pi·za·rra [piθárra] *n/f* **1.** GEOL slate. **2.** blackboard. **pi·za·rrín** [piθarrín] *n/m* slate pencil. **pi·za·rro·so/a** [piθarróso/a] *adj* **1.** slate, slaty (*aspecto*). **2.** rich in slate (*abundancia*).
piz·ca [píθka] *n/f* **1.** pinch: *Pizca de sal*, Pinch of salt. **2.** crumb (*migaja*). **3.** FIG trace, speck, scrap. LOC **Ni ~**, not a bit.
piz·pi·re·ta [piθpiréta] *n/f* FAM bundle of fun (*mujer*).
pla·ca [pláka] *n/f* **1.** plate (*lámina*). **2.** badge (*insignia*). **3.** plaque (*con inscripción*). **4.** (photographic) plate. LOC **~ de matrícula**, number-plate.
plá·ce·me [pláθeme] *n/m* congratulations.
pla·cen·ta [plaθéṇta] *n/f* ANAT BOT placenta.
pla·cen·te·ro/a [plaθeṇtéro/a] *adj* pleasing, agreeable.
pla·cer [plaθér] **I.** *n/m* pleasure, enjoyment, delight. **II.** *v* (*plazco, plació/plugo, plazca/pluga, placiera/pluguiera*) to please. **A ~**, at one's pleasure, as one likes. **plá·cet** [pláθet] *n/m* approval.
pla·ce·ta [plaθéta] *n/f* small square.
pla·ci·dez [plaθiðéθ] *n/f* placidity. **plá·ci·do/a** [pláθiðo/a] *adj* **1.** calm, still. **2.** placid, tranquil.
pla·fón [plafón] *n/m* ARQ soffit.
pla·ga [pláγa] *n/f* **1.** MED plague. **2.** AGR pest, BOT blight. **3.** FIG scourge. **4.** glut (*abundancia*). **pla·ga·do/a** [plaγáðo/a] *adj* **(~ de)** full (of), infested (with). **pla·gar** [plaγár] **I.** *v* (*plague*) **1.** to infest, plague. **2.** to fill. **II.** *v/Refl(-se)* **(~ de)** to become infested (with).
pla·giar [plaxjár] *v* to plagiarise. **pla·gia·rio/a** [plaxjárjo/a] **I.** *adj* plagiarising. **II.** *n/m,f* plagiarist. **pla·gio** [pláxjo] *n/m* plagiarism.
plan [plán] *n/m* **1.** plan, scheme (*proyecto*). **2.** idea, intention. **3.** ARG floozy. LOC **En ~ de**, as. **En ese ~**, like that. **~ de estudios**, curriculum. **Tener un ~**, *col* to have a date/an affair (PEY).
pla·na [plána] *n/f* **1.** float (*de albañil*) **2.** page (*hoja*).
planc·ton [plaŋktón] *n/m* plankton.
plan·cha [pláṇtʃa] *n/f* **1.** sheet, plate (*lámina*). **2.** iron (*utensilio*). **3.** ironing (*acto, ropa hecha y por hacer*). **4.** FIG gaffe (*desacierto*). **5.** TÉC plate. **6.** griddle (*cocina*). **plan·cha·do/a** [plaṇtʃáðo/a] **I.** *adj col* broke, skint. **II.** *n/m* ironing. **plan·cha·dor/ra** [plaṇtʃaðór/ra] *n/m,f* ironer. **plan·char** [plaṇtʃár] *v* to iron, do the ironing. **plan·cha·zo** [plaṇtʃáθo] *n/m* blunder, gaffe.
plan·chis·ta [plaṇtʃísta] *n/m* sheet metal worker. **plan·chis·te·ría** [plaṇtʃistería] *n/f* sheet metal works.
pla·nea·dor [planeaðór] *n/m* AER glider. **pla·nea·mien·to** [planeamjéṇto] *n/m* **1.** planning. **2.** AER gliding. **pla·ne·ar** [planeár] *v* **1.** to draw a plan (*trazar*). **2.** to plan (*forjar planes*). **3.** AER to glide.
pla·ne·ta [planéta] *n/m* planet. **pla·ne·ta·rio/a** [planetárjo/a] **I.** *adj* planetary. **II.** *n/m* planetarium.
pla·ni·cie [planíθje] *n/f* **1.** GEOG plain. **2.** level ground (*terreno nivelado*).
pla·ni·fi·ca·ción [planifikaθjón] *n/f* planning. **pla·ni·fi·car** [planifikár] *v* (*planifique*) V **planear (1., 2.)**
pla·ni·me·tría [planimetría] *n/f* surveying, planimetry.
pla·nis·fe·rio [planisférjo] *n/m* planisphere.
pla·no/a [pláno/a] **I.** *adj* flat, smooth. **II.** *n/m* **1.** plan (*mapa*). **2.** MAT TÉC FIG plane. **3.** shot (*cine*). LOC **Dar de ~**, **1.** to strike with the flat of a blade/hand. **2.** to shine straight at. **Caer de ~**, to fall flat. **De ~**, outright. **En primer ~**, in the foreground.
plan·ta [pláṇta] *n/f* **1.** ANAT sole of the foot. **2.** BOT plant. **3.** ARQ ground plan. **4.** floor, storey (*piso*). LOC **Tener buena ~**, to look good, be attractive.
plan·ta·ción [plaṇtaθjón] *n/f* **1.** planting (*acto*). **2.** plantation (*terreno*). **plan·ta·do/a** [plaṇtáðo/a] pp of *plantar*, *adj* planted. LOC **Dejar ~ a uno**, **1.** to leave sb in the lurch. **2.** to stand sb up (*no acudir a una cita*). **Bien ~**, well-built (*hombre*), shapely (*mujer*).
plan·tar [plaṇtár] **I.** *v* **1.** AGR to plant. **2.** to put in (*poste*). **3.** to pitch (*tienda*). **4.** to set up (*establecer*). **5.** to plant (*golpe*). **6.** to hurl (*insultos*). LOC **~ a uno en la calle**, to throw sb out. **~ a uno**, **1.** V **Dejar plantado a uno**, **2.** to jilt. **II.** *Refl(-se)* **1.** to stand firm. **2.** FAM to dig one's heels in. **3.** to stick (*naipes*). **4.** to reach, get to: *En dos horas se plantó en Barcelona*, He got to Barcelona in two hours.
plan·te [pláṇte] *n/m* **1.** stoppage, strike. **2.** stand (*postura*). **3.** expression of defiance.
plan·tea·mien·to [plaṇteamjéṇto] *n/m* **1.** planning. **2.** posing, creation (*de problemas*). **3.** approach, perception. **plan·te·ar** [plaṇteár] *v* **1.** to plan. **2.** to get under way, set up. **3.** to pose, raise (*problemas, dificultades*). **4.** to outline, set out.
plan·tel [plaṇtél] *n/m* **1.** nursery, seedbed (*criadero*). **2.** FIG nursery, training centre. **3.** DEP squad.
plan·teo [plaṇtéo] MAT setting out, layout (*de un problema*).
plan·ti·lla [plaṇtíʎa] *n/f* **1.** insole (*zapato*). **2.** TÉC pattern, template, stencil. **3.** staff, list, payroll (*nómina*). **4.** DEP squad, team.
plan·tío [plaṇtío] *n/m* **1.** planting. **2.** plot, patch, field (*campo sembrado*).
plan·tón *n/m* LOC **Dar un ~**, *col* to stand sb up. **Estar de ~**, to be left hanging around.
pla·ñi·dera [plaɲiðéra] *n/f* paid mourner. **pla·ñi·dero/a** [plaɲiðéro/a] *adj* plaintive, mournful. **pla·ñir** [plaɲír] *v p.us.* to wail, mourn.
pla·qué [plaké] *n/m* gold/silver plate.
pla·que·ta [plakéta] *n/f* **1.** BIOL blood platelet. **2.** ceramic tile.
plas·ma [plásma] *n/m* BIOL (blood) plasma.
plas·mar [plasmár] **I.** *v* **1.** to mould (*moldear*). **2.** *gen* FIG to shape, give form to. **II.** *v/Refl(-se)* **(~ en)** to take shape (as).
plas·ta [plásta] *n/f* **1.** lump, soft mass. **2.** FIG mess, botch.

plas·ti·ci·dad [plastiθiðáð] *n/f* **1**. plasticity. **2**. FIG expressiveness. **plás·ti·co/a** [plástiko/a] **I**. *adj* **1**. plastic. **2**. ductile (*dúctil*). **3**. FIG evocative, expressive. **II**. *n/m* plastic. **III**. *n/f* plastic art. **plas·ti·fi·ca·ción** [plastifikaθjón] sealing in plastic. **plas·ti·fi·car** [plastifikár] *v* (*plastifique*) to seal in plastic, cover with plastic.

pla·ta [pláta] *n/f* **1**. silver. **2**. FIG money, wealth. LOC **Hablar en ~**, to speak frankly, put it bluntly.

pla·ta·for·ma [platafórma] *n/f* **1**. *gen* FIG platform. **2**. Br open goods wagon, US flatcar (*vagón*). LOC **~ continental**, GEOG continental shelf.

pla·ta·nal, **pla·ta·nar** [platanál/platanár] *n/m* banana plantation. **pla·ta·ne·ro** [platanéro] *n/m* BOT banana tree. **plá·ta·no** [plátano] *n/m* **1**. BOT plane tree. **2**. BOT banana tree (*árbol*). **3**. BOT banana (*fruta*).

pla·tea [platéa] *n/f* TEAT orchestra stalls.

pla·tea·do/a [plateáðo/a] *adj* **1**. TÉC silver-plated. **2**. silver (*color*). **pla·te·ar** [plateár] *v* **1**. to silver. **2**. TÉC to silver-plate.

pla·ten·se [platénse] **I**. *adj* of La Plata. **II**. *n/m,f* native of La Plata.

pla·te·res·co/a [plateréskо/a] *adj* ARQ plateresque.

pla·te·ría [platería] *n/f* **1**. silversmith's craft (*arte*). **2**. silversmith's workshop (*taller*). **3**. jeweller's (*tienda*). **pla·te·ro** [platéro] *n/m* **1**. silversmith (*orfebre*). **2**. jeweller (*joyero*).

plá·ti·ca [plátika] *n/f* **1**. chat, talk (*conversación*). **2**. REL short sermon. **pla·ti·car** [platikár] *v* (*platiqué*) to chat.

pla·ti·llo [platíʎo] *n/m* **1**. saucer (*de taza*). **2**. pan (*de balanza*). **3**. MÚS cymbal. LOC **~ volante**, flying saucer.

pla·ti·na [platína] *n/f* **1**. stage, slide (*de microscopio*). **2**. TÉC plate.

pla·ti·no [platíno] *n/m* **1**. platinum. **2**. *pl* AUT contact points.

pla·to [pláto] *n/m* **1**. plate (*vasija*). **2**. dish, course (*comida*). **3**. TÉC plate. LOC **No ha roto un ~ en su vida**, FIG butter wouldn't melt in his mouth. **Pagar los ~s rotos**, FIG *col* to carry the can. **~ principal**, main course.

pla·tó [plató] *n/m* (film) set.

pla·tó·ni·co/a [platóniko/a] **I**. *adj* FIL FIG platonic. **II**. *n/m,f* FIL platonist. **pla·to·nis·mo** [platonísmo] FIL platonism.

plau·si·ble [plausíßle] *adj* **1**. praiseworthy, laudable (*loable*). **2**. acceptable (*admisible*).

pla·ya [pláJa] *n/f* **1**. beach. **2**. seaside, seaside resort. **pla·ye·ro/a** [plaJéro/a] **I**. *adj* beach. **II**. *n/f,pl* beach shoes, sandals.

pla·za [pláθa] *n/f* **1**. (town) square. **2**. market place. **3**. MIL stronghold. **4**. space: *Un parking de cien plazas*, A carpark with 100 spaces. **5**. place, post, position (*empleo*). **6**. seat (*de vehículo*). LOC **~ de toros**, bullring. **Sacar ~**, to fill a post, get a job.

pla·zo [pláθo] *n/m* **1**. period (*tiempo*). **2**. time limit, expiry date (*vencimiento*). **3**. instalment: *Pagar a plazos*, Pay in/by instalments. LOC **A largo ~**, COM 1. long-term (*préstamo*). 2. long-dated (*valores*). **A corto ~**, COM 1. short-term (*préstamo*). 2. short-dated (*valores*).

pla·zo·le·ta [plaθoléta] *n/f* small square.

plea·mar [pleamár] *n/f* high tide, high water.

ple·be [pléße] *n/f* **1**. HIST plebs, plebeians. **2**. common people (*masas*). **3**. PEY plebs, rabble, riff-raff. **ple·be·yo/a** [pleßéJo/a] **I**. *adj* **1**. HIST plebeian. **2**. PEY common, coarse. **II**. *n/m,f* HIST PEY plebeian, commoner. **ple·bis·ci·ta·rio/a** [pleßisθitárjo/a] *adj* plebiscitary. **ple·bis·ci·to** [pleßisθíto] *n/m* plebiscite.

ple·ga·ble [pleγáßle] *adj* **1**. pliable. **2**. folding, foldaway. **ple·ga·de·ra** [pleγaðéra] *n/f* paperknife. **ple·ga·do** [pleγáðo] *n/m* **1**. folding, bending, creasing (*acto*). **2**. fold, pleat, crease (*pliegue*). **ple·ga·mien·to** [pleγamjéṇto] *n/m* **1**. V **plegado**. **2**. GEOL folding. **ple·gar** [pleγár] **I**. *v* (*pliego, plegué*) **1**. to fold. **2**. to bend: *Plegó la barra*, He bent the bar. **3**. to pleat (*de costura*). **II**. *v/Refl(-se)* **1**. to bend. **2**. to crease. **3**. **(~ a)** FIG to give way (to), yield (to).

ple·ga·ria [pleγárja] *n/f* REL prayer.

plei·te·ar [pleiteár] *v* **1**. **(~ por)** JUR to litigate (on behalf of), plead (for). **2**. to pact (*pactar*). **3**. FIG to quarrel. LOC **~ con/contra**, to go to law with. **plei·te·sía** [pleitesía] *n/f* **1**. pact. **2**. homage, tribute. **plei·to** [pléito] *n/m* **1**. JUR lawsuit, case, action. **2**. FIG dispute. LOC **Poner ~ a uno**, to sue someone, take someone to court.

ple·na·rio/a [plenárjo/a] **I**. *adj* plenary. **II**. *n/m,f* **1**. REL plenary indulgence. **2**. JUR plenary (session).

ple·ni·lu·nio [plenilúnjo] *n/m* full moon.

ple·ni·po·ten·cia [plenipotéṇθja] *n/f* unlimited powers. **ple·ni·po·ten·cia·rio/a** [plenipoteṇθjárjo/a] *adj, n/m,f* plenipotentiary.

ple·ni·tud [plenitúð] *n/f* **1**. plenitude, fullness. **2**. FIG height. **3**. FIG prime. **ple·no/a** [pléno/a] **I**. *adj* full. **II**. *n/m* plenary meeting. LOC **En ~ día**, in broad daylight. **En ~ verano**, at the height of summer. **En ~**, entire.

pleo·nas·mo [pleonásmo] *n/m* GRAM pleonasm. **pleo·nás·ti·co/a** [pleonástiko/a] *adj* GRAM pleonastic.

plé·to·ra [plétora] *n/f* plethora, abundance. **ple·tó·ri·co/a** [pletóriko/a] *adj* **1**. plethoric. **2**. **(~ de)**, brimming (with).

pleu·ra [pléura] *n/f* ANAT pleura. **pleu·re·sía** [pleuresía] **I**. *n/f* MED pleurisy. **II**. *n/m,f* pleuritic. **pleu·ri·tis** [pleurítis] V **pleuresía**.

ple·xi·glás [pleksiγlás] *n/m* perspex, plexiglass.

ple·xo [plékso] *n/m* ANAT plexus.

plé·ya·de [pléJaðe] *n/f* **1**. pleiad (*grupo*). **2**. *pl* ASTR Pleiades.

pli·ca [plíka] *n/f* **1**. sealed envelope. **2**. JUR escrow.

plie·go [pljéγo] *n/m* **1**. sheet. **2**. sealed letter. **plie·gue** [pljéγe] *n/m* **1**. fold. **2**. crease. **3**. pleat (*plisado*), tuck (*alforza*).

plin·to [plíṇto] *n/m* **1**. plinth. **2**. DEP (vaulting) horse (*de gimnasio*).

pli·sar [plisár] *v* to pleat.

plo·ma·da [plomáða] *n/f* 1. ARQ plumb line. 2. NÁUT lead, sounding line. 3. sinker, weight (*de pesca*). **plo·me·ría** [plomería] *n/f* 1. plumber's workshop (*taller*). 2. plumbing (*oficio*). **plo·me·ro** [ploméro] *n/m* 1. worker in lead. 2. plumber (*fontanero*). **plo·mi·zo/a** [plomíθo/a] *adj* lead-coloured, leaden. **plo·mo** [plómo] *n/m* 1. lead. 2. ARQ plumb line. 3. bullet, shot (*bala*). 4. fuse (*fusible*). 5. FIG FAM pest, bore, nuisance (*pelmazo*). LOC **Andar con pies de ~**, FIG to tread carefully. **Caer a ~**, to fall flat.

plu·ma [plúma] *n/f* 1. ZOOL feather. 2. pen: *Pluma estilográfica*, Fountain pen. 3. quill (*de ave, para escribir*). LOC **Colchón de ~**, feather bed. **plu·ma·je** [plumáxe] *n/m* 1. ZOOL plumage. 2. crest, plume (*adorno*). **plu·ma·zo** [plumáθo] *n/m* stroke of the pen. LOC **De un ~**, with one stroke of the pen.

plúm·beo/a [plúmbeo/a] *adj* 1. made of lead. 2. leaden, heavy as lead.

plu·me·ro [pluméro] *n/m* 1. feather duster. 2. penholder. 3. plume (*penacho*). LOC **Vérsele a uno el ~**, FIG to see what someone's thinking. **plu·mier** [plumjér] *n/m* pencil case. **plu·mí·fe·ro/a** [plumífero/a] I. *adj* feathered, plumed. II. *n/m,f* FAM hack journalist, penpusher. **plu·mi·lla** [plumíʎa] *n/f* (pen) nib. **plu·món** [plumón] *n/m* down.

plu·ral [plurál] *adj, n/m* GRAM plural. **plu·ra·li·dad** [pluraliðáð] *n/f* 1. GRAM plurality. 2. mass. **plu·ra·lis·ta** [pluralísta] *adj* pluralist. **plu·ra·li·zar** [pluraliθár] *v* (*pluralice*) 1. GRAM to put into the plural. 2. FIG to generalise. **plu·ri-** [plúri-] *pref* pluri-, **plu·ri·ce·lu·lar** [pluriθelulár] *adj* pluricellular. **plu·ri·em·pleo** [pluriempléo] *n/m col* moonlighting, having more than one job. **plu·ri·lin·güe** [plurilíŋgwe] *adj* multilingual. **plu·ri·va·len·te** [pluriβalénte] *adj* with many uses, of many values.

plus [plús] *n/m* bonus. LOC **~ de peligrosidad**, danger money.

plus·cuam·per·fec·to [pluskwamperfékto] *adj, n/m* GRAM pluperfect.

plus·mar·ca [plusmárka] *n/f* DEP record. **plus·mar·quis·ta** [plusmarkísta] *n/m,f* DEP winner, record holder.

plus·va·lía [plusβalía] *n/f* 1. gain in value, appreciation. 2. COM capital gain.

plu·to·cra·cia [plutokráθja] *n/f* plutocracy. **plu·tó·cra·ta** [plutókrata] *n/m,f* plutocrat.

plu·to·nio [plutónjo] *n/m* plutonium.

plu·vial [plußjál] *adj* rain, pluvial. **plu·ví·me·tro**, **plu·vió·me·tro** [plußímetro/plußjómetro] *n/m* rain gauge. **plu·vio·si·dad** [plußjosiðáð] *n/f* pluviosity.

po·bla·ción [poßlaθjón] *n/f* 1. population. 2. town. **po·bla·do/a** [poßláðo/a] I. *adj* 1. **(~de)** populated (with), inhabited (by). 2. **(~ de)** full (of), infested (with): *Poblado de ratas*, Infested with rats. II. *n/m* 1. V **población (2.)** 2. village, town. 3. built-up area (*zona urbana*). **po·bla·dor/ra** [poßlaðór/ra] I. *adj* resident. II. *n/m,f* settler. **po·blar** [poßlár] I. *v* (*pueblo*) 1. to populate, inhabit (*habitar*). 2. to settle, colonise (*colonizar*). 3. **(~ con)** to stock (with) (*plantas/animales*). 4. **(~de)** to plant (with). II. *v/Refl (-se)* 1. **(~ de)** to become populated (with). 2. **(~ de)** to fill up (with). 3. BOT to come into leaf.

po·bre [póßre] I. *adj* **(~ de/en)** poor (in). II. *n/m,f* 1. poor person, pauper. 2. beggar. 3. FIG poor devil, poor wretch. 4. *pl* the poor. LOC **¡~ de mí!**, Poor (old) me! **¡~ de ti si...**, You'll be sorry if... **po·bre·za** [poßréθa] *n/f* 1. poverty. 2. penury. 3. want, scarcity. LOC **~ de espíritu**, small-mindedness, poorness of spirit.

po·ce·ro [poθéro] *n/m* 1. well-digger. 2. sewerman (*de alcantarillas*).

po·cil·ga [poθílγa] *n/f gen* FIG pigsty.

po·ci·llo [poθíʎo] *n/m* small cup.

pó·ci·ma [póθima] *n/f* 1. MED potion. 2. FIG concoction, brew (*brebaje*). **po·ción** [poθjón] *n/f* V **pócima**.

po·co/a [póko/a] I. *adj* 1. *sing* not much, not enough, little. 2. *sing* small: *De poco interés*, Of small/little interest. 3. *pl* not many, few. II. *n/m,f* 1. *sing* little. 2. **(~ de/en)** *pl* few (of/in), not many (of), not enough (of). III. *adv.* 1. little, not much: *Hemos comido poco*, We haven't eaten much. 2. not very: *Es poco simpático*, He's not very nice. 3. a little. LOC **A ~ de**, shortly after. **Dentro de ~**, shortly, soon (after). **Hace ~**, a short while ago. **~ a ~**, bit by bit, gradually. **~ más o menos**, (round) about. **Por ~**, nearly, almost. **Tener en ~**, to hold in contempt.

po·cho/a [pot∫o/a] *adj* 1. faded, discoloured. 2. pale (*personas*). 3. overripe, soft (*fruta*).

po·da [póða] *n/f* 1. pruning (*acto*). 2. pruning season. **po·da·de·ra** [poðaðéra] *n/f* 1. pruning knife. 2. *pl* secateurs. **po·dar** [poðár] *v* to prune, trim.

po·den·co/a [poðéŋko/a] I. *adj* hunting (*de perro*). II. *n/m,f* hound, hunting dog.

po·der [poðér] I. *n/m* 1. power, ability (*facultad*). 2. power, strength. 3. power, authority (*dominio*). 4. *pl* power(s). II. *v* (*puedo, pude, podré, podido*) 1. can, be able: *Puedo acompañarte a casa*, I can see you home. 2. may: *Puede estallar la revolución*, The revolution may erupt. 3. **(~ con)** to cope (with), manage. III. *v imper* may, might, perhaps, it is possible that: *Puede que sea demasiado tarde*, It may/might be too late. LOC **Estar en ~ de**, to be in the possession of. **No ~ con algo/uno**, 1. not to be able to stand sb/sth. 2. not to be able to do anything with sb/sth. **No ~ más**, 1. to be all in (*cansado*). 2. FIG to be at the end of one's tether. **No ~ menos (de hacer algo)**, not to be able to help (doing sth). **¿Se puede?**, May I? **po·de·río** [poðerío] *n/m* 1. power, might (*dominio*). 2. wealth (*bienes*). **po·de·ro·so/a** [poðeróso/a] *adj* 1. powerful. 2. wealthy (*rico*). 3. potent (*de remedios*).

po·dio, **pódium** [póðjo/póðjum] *n/m* 1. podium. 2. DEP rostrum.

po·dó·lo·go/a [poðóloγo/a] *n/m,f* MED chiropodist.

po·dre·dum·bre [poðreðúmbre] *n/f* 1. putrefaction. 2. MED pus, rot. 3. FIG corruption.

po·dri·do/a [poðríðo/a] **I.** pp of *pudrir* **II.** *adj* **1.** rotten, bad, putrid. **2.** FIG corrupt. LOC **Olla ~**, mixed stew, hotchpotch. **po·drir** [poðrír] *v* V **pudrir**.

poe·ma [poéma] *n/m* poem.

poe·sía [poesía] *n/f* **1.** poetry (*género*). **2.** V **poema**. **poe·ta** [poéta] *n/m* poet. **poé·tico/a** [poétiko/a] **I.** *adj* poetic. **II.** *n/f* poetics, theory of poetry. **poe·ti·sa** [poetísa] *n/f* poetess. **poe·ti·zar** [poetiθár] *v* (*poetice*) **1.** to write poetry. **2.** to poeticise, idealise.

po·la·co/a [poláko/a] **I.** *adj* Polish. **II.** *n/m,f* Pole. **III.** *n/m* Polish (*lengua*).

po·lai·na [poláina] *n/f* gaiter, legging.

po·lar [polár] *adj* polar. LOC **Estrella ~**, ASTR Pole Star. **po·la·ri·za·ción** [polariθaθjón] *n/f* polarisation. **po·la·ri·zar** [polariθár] *v* (*polarice*) **1.** FÍS to polarize. **2.** FIG to concentrate on.

pol·ca [pólka] *n/f* MÚS polka.

pól·der [pó̜lder] *n/m* GEOG polder.

po·lea [poléa] *n/f* pulley.

po·lé·mi·co/a [polémiko/a] **I.** *adj* polemical, controversial. **II.** *n/f* polemic, controversy. **po·le·mis·ta** [polemísta] *n/m,f* polemicist. **po·le·mi·zar** [polemiθár] *v* (*polemice*) to indulge in a polemic.

po·len [pólen] *n/m* BOT pollen.

po·leo [poléo] *n/m* BOT pennyroyal.

po·li- [poli-] *pref* poly-, many-.

po·li·cía [poliθía] **I.** *n/f* **1.** police (*cuerpo*). **2.** policewoman (*mujer*). **II.** *n/m* policeman (*hombre*). **po·li·cia·co/a**, **po·li·cía·co/a** [poliθjáko/a, poliθíako/a] *adj* police. LOC **Novela ~**, detective story, thriller. **po·li·cial** [poliθjál] *adj* police.

po·li·clí·ni·ca [poliklínika] *n/f* MED polyclinic.

po·li·cro·mar [polikromár] *v* to decorate in many colours. **po·li·cro·mía** [polikromía] *n/f* polychromy. **po·lí·cro·mo/a** [políkromo/a] *adj* polychrome.

po·li·chi·ne·la, **pul·chi·ne·la** [politʃinéla/pultʃinéla] *n/m* Punch, Punchinello.

po·li·de·por·ti·vo [poliðeportíβo] *n/m* sports centre, sports complex.

po·lie·dro [poljéðro] *n/m* MAT polyhedron.

po·li·fa·cé·ti·co/a [polifaθétiko/a] *adj* **1.** multifaceted, many sided. **2.** FIG versatile.

po·li·fá·si·co/a [polifásiko/a] *adj* FÍS polyphase.

po·li·fo·nía [polifonía] *n/f* MÚS polyphony. **po·li·fó·ni·co/a** [polifóniko/a] *adj* MÚS polyphonic.

po·li·ga·mia [poliγámja] *n/f* polygamy. **po·lí·ga·mo/a** [políγamo/a] **I.** *adj* polygamous. **II.** *n/m* polygamist.

po·lí·glo·ta [políγlota] *n/m,f* polyglot. **po·li·glo·tis·mo** [poliγlotísmo] *n/m* polyglotism.

po·li·go·nal [poliγonál] *adj* MAT polygonal. **po·lí·go·no** [políγono] *n/m* **1.** MAT polygon. **2.** housing estate. LOC **~ industrial**, industrial estate.

po·li·gra·fía [poliγrafía] *n/f* polygraphy.

po·li·lla [políʎa] *n/f* clothes moth.

po·li·me·ri·za·ción [polimeriθaθjón] QUÍM polymerization. **po·lí·me·ro** [polímero] *n/m* QUÍM polymer.

po·li·mor·fis·mo [polimorfísmo] *n/m* polymorphism. **po·li·mor·fo/a** [polimórfo/a] *adj* **1.** polymorphous, polymorphic. **2.** POÉT free.

po·li·ne·sio/a [polinésjo/a] *adj, n/m,f* Polynesian.

po·li·ni·za·ción [poliniθaθjón] *n/f* pollination. **po·li·ni·zar** [poliniθár] *v* (*polinice*) to pollinate.

po·li·no·mio [polinómjo] *n/m* MAT polynomial.

po·lio [póljo], **po·lio·mie·li·tis** [poljomjelítis] *n/f* MED polio(myelitis), infantile paralysis.

pó·li·po [pólipo] *n/m* ZOOL MED polyp, polypus.

po·li·téc·ni·co/a [politékniko/a] *adj* polytechnic.

po·li·teís·mo [politeísmo] *n/m* REL polytheism. **po·li·teís·ta** [politeísta] **I.** *adj* polytheistic. **II.** *n/m,f* polytheist.

po·lí·ti·ca [polítika] *n/f* **1.** politics. **2.** policy (*programa*). **3.** courtesy. **4.** tact. **po·lí·ti·co/a** [polítiko/a] **I.** *adj* **1.** political. **2.** politic (*sagaz*). **3.** tactful (*juicioso*). **4.** courteous (*cortés*). **II.** *n/m,f* politician. **Padre ~**, father-in-law. **Madre ~**, mother-in-law. **po·li·ti·que·ar** [politikeár] *v* PEY to dabble in politics, play at politics. **po·li·ti·queo** [politikéo] *n/m* party politics, political manoeuvring.

po·li·va·len·te [poliβalén̪te] *adj* **1.** QUÍM polyvalent. **2.** having many applications.

pó·li·za [póliθa] *n/f* **1.** tax stamp (*impuesto*). **2.** policy (*seguros*). **3.** certificate (*certificado*). **4.** contract (*contrato*).

po·li·zón [poliθón] *n/m* stowaway. **po·li·zon·te** [poliθón̪te] *n/m* PEY copper, flatfoot.

po·lo [pólo] *n/m* **1.** GEOG ELECTR pole. **2.** ice-lolly (*helado*). **3.** FIG focus, centre. **4.** sports shirt (*jersey*). **5.** DEP polo.

po·lo·ne·sa [polonésa] *n/f* MÚS polonaise.

pol·trón/na [po̜ltrón/na] **I.** *adj* lazy, idle. **II.** *n/f* easy chair. **pol·tro·ne·ría** [po̜ltronería] *n/f* laziness, idleness.

po·lu·ción [poluθjón] *n/f* pollution.

pol·va·re·da [polβaréða] *n/f* **1.** dust cloud. **2.** FIG fuss, storm.

pol·ve·ra [polβéra] *n/f* powder compact.

pol·ve·te [polβéte] *n/m* ARG screw, shag (*acto sexual*). **pol·vo** [pólβo] *n/m* **1.** dust. **2.** *pl* QUÍM MED powder. LOC **Echar un ~**, ARG to have a fuck/screw. **Estar hecho ~**, FAM to be shattered, ARG to be knackered. **Hacerle a uno ~**, to crush sb, annihilate sb. **Limpio de ~ y paja**, **1.** FAM in the clear. **2.** net (*sueldo, precio*).

pól·vo·ra [pólβora] *n/f* gunpowder.

pol·vo·rien·to/a [polβorjén̪to/a] *adj* **1.** dusty (*lleno de polvo*). **2.** powdery (*en forma de polvo*). **pol·vo·ro·sa** [polβorósa] *n/f* FAM road. LOC **Poner los pies en ~**, to hit the road. **pol·vo·rín** [polβorín] *n/m* **1.** MIL munitions dump. **2.** gunpowder keg, powder keg (*barril*). **pol·vo·rón** [polβorón] *n/m* dry Spanish sweet of a floury consistency.

po·lla [póʎa] *n/f* **1.** pullet, young hen (*gallina*). **2.** ARG prick (*pene*). **po·lla·da** [poʎáða] *n/f* brood. **po·lle·ra** [poʎéra] *n/f* **1.** chicken farmer, poultry seller. **2.** henhouse (*criade-*

ro). **3**. baby walker (*para críos*). **4**. skirt (*falda*). **po·lle·ría** [poʎería] *n/f* poultry shop. **po·lle·ro** [poʎéro] *n/m* V **pollera (1.)**

po·lli·no/a [poʎíno/a] *n/m,f* **1**. ZOOL young donkey, young ass. **2**. FIG ass, dunce.

po·llo [póʎo] *n/m* **1**. ZOOL chick, young bird. **2**. lad, youngster (*jovencito*). **3**. spit (*esputo*).

po·ma·da [pomáðа] *n/f* **1**. MED ointment. **2**. cream, pomade.

po·me·lo [pomélo] *n/m* BOT grapefruit.

pó·mez [pómeθ] *n/f* GEOL pumice.

po·mo [pómo] *n/m* **1**. knob (*picaporte*). **2**. perfume bottle (*frasco*). **3**. pommel (*de espada*).

pom·pa [pómpa] *n/f* **1**. bubble. **2**. pomp. **3**. pageantry (*ceremonia*).

pom·pis [pómpis] *n/m* ARG bottom, backside.

pom·po·so/a [pompóso/a] *adj* **1**. splendid, majestic. **2**. PEY pompous, bombastic. **3**. PEY vacuous.

pó·mu·lo [pómulo] *n/m* ANAT cheek(bone).

pon·che [póntʃe] *n/m* punch (*bebida*). **pon·che·ra** [pontʃéra] *n/f* punch bowl.

pon·cho [póntʃo] *n/m* poncho.

pon·de·ra·ción [ponderaθjón] *n/f* **1**. deliberation, weighing up. **2**. weighting (*compensación*). **pon·de·ra·do/a** [ponderáðo/a] *adj* calm, balanced. **pon·de·rar** [ponderár] *v* **1**. to speak highly of, praise warmly. **2**. to weigh up, deliberate upon. **3**. to balance. **4**. to weigh.

po·ne·de·ro/a [poneðéro/a] **I**. *adj* egg-laying. **II**. *n/m* nest(ing) box. **po·ne·dor/ra** [poneðór/ra] *adj* V **ponedero/a I**.

po·nen·cia [ponénθja] *n/f* **1**. conference paper, lecture. **2**. report (*informe*). **po·nen·te** [ponénte] **I**. *adj* reporting. **II**. *n/m,f* **1**. lecturer (*de conferencia*). **2**. speaker.

po·ner [ponér] **I**. *v* (*pongo, puse, pondré, puesto*) **1**. *gen* to put. **2**. to place, set, arrange. **3**. to lay (*huevos, mesa*). **4**. to make: *Me pone de mal humor*, He makes me angry. **5**. to put on, turn on, switch on (*radio, TV*, etc). **6**. to contribute (*con tiempo, dinero*). **7**. to put in (*instalar*). **8**. to bet, stake. **9**. TEAT to put on. **10**. COM to put up, invest. **11**. to put on, show (*película*). **12**. to send (*telegrama, etc.*). **13**. to raise (*objeción*). **14**. to impose (*multa*). **15**. to set (*examen*, etc). **16**. **(~ de)** to call. **17**. to name, give the name (*bautizar*). **18**. to put on (*peso*). **19**. to set (*reloj*). **II**. *v/Refl(-se)* **1**. **(~ ante, frente, delante de)** to put oneself (before, opposite, in front of), stand (before, opposite, in front of). **2**. to set (*astro*). **3**. to put on (*ropa*). **4**. **(~ en)** to reach, arrive (in, at), get (to): *Se puso en Murcia en tres horas*, He got to Murcia in three hours. **5**. **(~ de)** to get covered in. **6**. to grow, turn, become: *Se puso serio*, He became serious; *Te has puesto pálido*, You've grown pale. LOC **~ se a (+ *inf*)**, to begin to (+ *inf*). **~se al corriente**, to find out, keep up to date. **~se a mal con uno**, to get on the wrong side of sb. **~ de manifiesto**, to make clear. **~se uno bien**, to get better, recover. **Pongamos (por caso) que...**, let's suppose that..

po·ney [póni] *n/m* pony.

po·nien·te [ponjénte] *n/m* **1**. GEOG west. **2**. west wind (*viento*).

pon·taz·go [pontáθɣo] *n/m* bridge toll.

pon·ti·fi·ca·do [pontifikáðo] *n/m* REL pontificate, papacy. **pon·ti·fi·cal** [pontifikál] **I**. *adj* REL pontifical. **II**. *n/m* **2**. REL pontifical (*libro*). **3**. REL pontificals (*adornos*). **pon·ti·fi·car** [pontifikár] *v* (*pontifique*) REL FIG to pontificate. **pon·tí·fi·ce** [pontífiθe] *n/m* REL pontiff, pope. **pon·ti·fi·cio/a** [pontifíθjo] *adj* papal, pontifical.

pon·tón [pontón] *n/m* **1**. pontoon. **2**. lighter (*barco*). **pon·to·ne·ro** [pontonéro] *n/m* MIL pontonier.

pon·zo·ña [ponθóɲa] *n/f gen* FIG poison. **pon·zo·ño·so/a** [ponθoɲóso/a] *adj* **1**. *gen* poisonous. **2**. FIG harmful.

po·pa [pópa] *n/f* NÁUT stern.

po·pe·lín [popelín], **po·pe·li·na** [popelína] *n/f* poplin.

po·pu·la·che·ro/a [populatʃéro/a] *adj* **1**. common, vulgar. **2**. rabble-rousing (*de políticos*). **po·pu·la·cho** [populátʃo] *n/m* PEY masses, plebs. **po·pu·lar** [populár] *adj* **1**. popular. **2**. folk, of the people. **3**. colloquial (*habla*). **po·pu·la·ri·dad** [populariðáð] *n/f* popularity. **po·pu·la·ri·zar** [populariθár] *v* (*popularice*) to popularise. **po·pu·lis·mo** [populísmo] *n/m* populism. **po·pu·lo·so/a** [populóso/a] *adj* populous.

po·pu·rrí [popurrí] *n/m gen* MÚS pot-pourri.

po·que·dad [pokeðáð] *n/f* **1**. paucity, meagreness. **2**. FIG timidity.

pó·quer, **pó·ker** [póker] *n/m* poker (*naipes*).

por [pór] *prep* **1**. for (*duración, retraso*): *Ha sido feliz por unas horas*, He was happy for a few hours. **2**. in, around, about (*cierto tiempo*): *Volveremos por Navidad*, We'll be coming back about Christmas. **3**. for, for the sake of (*en favor de*). **4**. for (*a cambio de*). **5**. for, because of (*a causa de*). **6**. along: *Iba por la calle*, He was going along the street. **7**. by: *Fue detenido por la policía*, He was arrested by the police. **8**. by (*medio*): *Fuimos por carretera*, We went by road. **9**. MAT by, times. **10**. through: *El Ebro pasa por Zaragoza*, The Ebro flows through Saragossa. **11**. in order to. **12**. per, a(n): *Sesenta kilómetros por hora*, Sixty kilometres per/an hour. **13**. for, as (*con "tener/dar"*): *Le tienen por tonto*, They take him for a fool. **14**. via: *Viajamos por Bilbao*, We travelled via Bilbao. **15**. in, during: *Por la mañana/tarde*, In/during the morning/afternoon/evening. **16**. for, on behalf of. LOC **Estar ~ hacer**, to remain to be done. **Ir (a) ~**, to fetch. **~ si**, in case. **~ si acaso**, to be on the safe side. **~ que**, in order that.

por·ce·la·na [porθelána] *n/f* **1**. china, porcelain. **2**. china(ware).

por·cen·ta·je [porθentáxe] *n/m* percentage. **por·cen·tual** [porθéntwál] *adj* percentage.

por·ci·no/a [porθíno/a] *adj* porcine, pig.

por·ción [porθjón] *n/f* **1**. portion, share, part. **2**. number.

por·che [pórtʃe] *n/m* porch.

por·dio·se·ar [porðjoseár] *v* to beg. **por·dio·se·ro/a** [porðjoséro/a] I. *adj* begging, mendicant. II. *n/m,f* beggar.

por·fía [porfía] *n/f* 1. persistence (*persistencia*). 2. obstinacy (*terquedad*). **por·fiar** [porfjár] *v* (*porfío*) 1. **(~ con, sobre)** to argue stubbornly (with, over), wrangle (with, over). 2. **(~ en, con)** to persist (in, with).

pór·fi·do [pórfiðo] *n/m* GEOL porphyry.

por·me·nor [pormenór] *n/m* 1. detail. 2. minor point. **por·me·no·ri·zar** [pormenoriθár] *v* (*pormenorice*) to (go into) detail.

por·no·gra·fía [pornoγrafía] *n/f* pornography. **por·no·grá·fi·co/a** [pornoγráfiko/a] *adj* pornographic.

po·ro [póro] *n/m* pore. **po·ro·si·dad** [porosiðáð] *n/f* porosity. **po·ro·so/a** [poróso/a] *adj* porous.

por·que [pórke] *conj* 1. because (*causa*). 2. so that (*finalidad*). **por·qué** [porké] *n/m* 1. reason, cause. 2. *inter* why (*en preguntas*).

por·que·ría [porkería] *n/f* 1. filth, dirt. 2. nastiness. 3. dirty trick. 4. FIG rubbish. LOC **Estar hecho una ~**, to be filthy.

por·que·ri·za [porkeríθa] *n/f* V **pocilga**. **por·que·rizo** [porkeríθo] *n/m* swineherd, pigman.

po·rra [pórra] *n/f* 1. club, cudgel (*cachiporra*). 2. truncheon (*de policía*). LOC **Enviar / Mandar a la ~ a uno**, FAM to send sb packing, kick sb out. **¡Vete a la ~, ¡Váyase usted a la ~**, buzz off! **po·rra·da** [porráða] *n/f* 1. blow, thump (*golpe*). 2. *col* load(s), heap(s) (*abundancia*). **po·rra·zo** [porráθo] *n/m* knock, bump (*al caer*).

po·rre·ta [porréta] LOC **En ~**, stark naked.

po·rri·llo [porríʎo] LOC **A ~** galore, FAM by the cartload.

po·rro [pórro] *n/m* FAM joint (*droga*).

po·rrón [porrón] *n/m* glass wine jar with a spout.

por·ta·a·vio·nes [porta(a)βjónes] *n/m* aircraft carrier.

por·ta·da [portáða] *n/f* 1. ARQ front, façade (*fachada*). 2. front page (*de periódico*). 3. front cover (*de revista*). 4. title page (*de libro*).

por·ta·dor/ra [portaðór/ra] I. *adj* carrying, bearing. II. *n/m,f* 1. *gen* bearer, carrier. 2. COM bearer, payee.

por·ta·e·qui·pa·je(s) [portaekipáxe(s)] *n/m* 1. AUT Br boot, US trunk. 2. luggage rack.

por·ta·es·tan·dar·te [portaestandárte] *n/m* standard bearer.

por·ta·fo·lio [portafóljo] *n/m* folder, file.

por·tal [portál] *n/m* 1. ARQ entrance, entrance hall. 2. doorway, street door. **por·ta·la·da** [portaláða] *n/f* ARQ imposing entrance.

por·ta·lám·pa·ra(s) [portalámpara(s)] *n/m* (light) socket, lamp holder.

por·ta·lón [portalón] *n/m* 1. V **portalada**. 2. NÁUT gangway.

por·ta·ob·je·tos [portaoβxétos] *n/m* slide (*de microscopio*).

por·tar [portár] I. *v* to carry. II. *v/Refl(-se)* 1. to behave. 2. to show up well, perform well.

por·tá·til [portátil] *adj* portable.

por·ta·voz [portaβóθ] *n/m* 1. spokesperson, spokesman (*persona*). 2. PEY mouthpiece (*periódico*).

por·ta·zo [portáθo] *n/m* bang, slam. LOC **Dar un ~**, to slam the door.

por·te [pórte] *n/m* 1. COM carriage, transport (*acción*). 2. COM carriage charges, transport costs. 3. behaviour, conduct. 4. bearing. 5. capacity. **por·te·ar** [porteár] *v* COM to carry, transport.

por·ten·to [porténto] *n/m* marvel, prodigy. **por·ten·to·so/a** [portentóso/a] *adj* marvellous, extraordinary.

por·te·ño/a [portéɲo/a] I. *adj* of Buenos Aires. II. *n/m,f* native of Buenos Aires.

por·te·ría [portería] *n/f* 1. porter's lodge. 2. caretaker's office (*conserjería*). 3. porter's job (*oficio*). 4. DEP goal. **por·te·ro/a** [portéro/a] *n/m,f* 1. hall porter (*hotel*), caretaker (*pisos*), doorkeeper, doorman, commissionaire (*delante de la puerta*). 2. DEP goalkeeper. LOC **~ electrónico/automático**, intercom, answering device.

pór·ti·co [pórtiko] *n/m* 1. ARQ portico, porch. 2. arcade (*galería*).

por·ti·llo [portíʎo] *n/m* 1. opening, gap. 2. wicket gate, postern (*postigo*). 3. chip.

por·to·rri·que·ño/a [portorrikéɲo/a] *adj*, *n/m,f* Puerto Rican.

por·tua·rio/a [portwárjo/a] *adj* port, harbour.

por·tu·gués/sa [portuγés/sa] *adj*, *n/m,f* Portuguese.

por·ve·nir [porβenír] *n/m* future.

pos [pós] LOC **En ~ de**, after, in pursuit of.

po·sa·da [posáða] *n/f* 1. shelter, lodging. 2. inn, lodging house. **po·sa·de·ras** [posaðéras] *n/f,pl* behind, backside. **po·sa·de·ro/a** [posaðéro/a] I. *n/m* innkeeper, landlord. II. *n/f* landlady. **po·sar** [posár] I. *v* 1. **(~ ante, para)** to pose (for), sit (for) (*para pintor, etc.*). 2. **(~ en, sobre)** to put down (on), lay down (on). 3. V *v/Refl(-se)*. II. *v/Refl(-se)* 1. **(~ en, sobre)** to alight (upon), settle (on) (*pájaros, insectos*), perch (on, upon) (*pájaros*). 2. AER to put down, land. 3. to settle (*poso, polvo*). LOC **~ los ojos/la mirada en**, to gaze idly at. **~ la mano en**, to rest one's hand gently on.

pos·da·ta [posðáta] *n/f* postscript.

po·se [póse] *n/f* 1. pose (*de modelo*). 2. pose, airs.

po·see·dor/ra [poseeðór/ra] I. *adj* who possesses. II. *n/m,f* 1. owner, possessor. 2. holder (*de récord, puesto*). **po·se·er** [poseér] *v* (*poseyera*) 1. to possess, own, have. 2. to enjoy (*ventaja*, etc). 3. to hold (*récord*). **po·seí·do/a** [poseíðo/a] I. pp of *poseer* II. *adj* 1. **(~ de)** overcome (by), crazed (with): *Poseído de ira*, Overcome by anger. 2. possessed. III. *n/m,f* one possessed. LOC **Estar muy ~ de**, to be very vain about. **po·se·sión** [posesjón] *n/f* 1. possession, ownership. 2. property (*finca*). LOC **Dar ~**, to hand over. **Tomar ~**, to take over (*cargo oficial*). **po·se·sio·nar** [posesjonár] I. *v* V **dar posesión**. II. *v/Refl (-se)* **(~ de)** V **tomar posesión**. **po·se·si·vo/a** [posesíβo/a] *adj gen* GRAM possessive. **po·**

se·so/a [poséso/a] I. pp of *poseer* possesed. II. *n/m,f* one possessed.
pos·gue·rra [posγérra] *n/f* postwar.
po·si·bi·li·dad [posiβiliðáð] *n/f* possibility, chance. **po·si·bi·li·tar** [posiβilitár] *v* to make possible/feasible, facilitate. **po·si·ble** [posíβle] I. *adj* possible. II. *n/m,pl* means, resources (*medios*).
po·si·ción [posíθjón] *n/f* 1. *gen* DEP MIL position. 2. status, standing (*categoría*). 3. positioning, place, placing. LOC **De ~**, of (social) standing.
po·si·ti·vis·mo [positiβísmo] *n/m* 1. realism. 2. materialism. 3. FIL positivism. **po·si·ti·vis·ta** [positiβísta] *adj, n/m,f* realist, positivist. **po·si·ti·vo/a** [positíβo/a] I. *adj* 1. positive. 2. practical. II. *n/m* positive, print (*fotografía*).
po·so [póso] *n/m* sediment, lees (*de vino*), dregs (*de café, vino*), grounds (*de café*).
po·so·lo·gía [posoloxía] *n/f* 1. MED posology. 2. MED dosage.
pos·po·ner [posponér] *v* (*pospongo, pospondré, pospuse, pospuesto*) 1. to put behind/below. 2. to value less, downgrade. 3. to postpone, put off (*aplazar*).
pos·ta [pósta] *n/f* 1. relief horses, relay team (*caballos*). 2. staging post (*lugar*). LOC **A ~**, on purpose.
pos·tal [postál] I. *adj* postal. II. *n/f* postcard.
pos·te [póste] *n/m* 1. post, pole. 2. DEP (goal) post, upright.
pós·ter [póster] *n/m* poster.
pos·ter·ga·ción [posterγaθjón] *n/f* 1. deferment. 2. delaying. 3. passing over, ignoring (*relegación*), neglect. **pos·ter·gar** [posterγár] *v* (*postergué*) 1. to defer, put off. 2. to pass over, ignore the better claim of (*una persona*). 3. to delay.
pos·te·ri·dad [posteriðáð] *n/f* posterity. **pos·te·rior** [posterjór] *adj* 1. later (*tiempo*). 2. rear, back (*trasero*). LOC **~ a** 1. later than, after. 2. behind. **pos·te·rio·ri·dad** [posterjoriðáð] *n/f* posterity. LOC **Con ~**, subsequently.
pos·ti·go [postíγo] *n/m* 1. secret door. 2. wicket (*en otra puerta mayor*). 3. postern. 4. shutter (*contraventana*).
pos·ti·llón [postiʎón] *n/m* postillion.
pos·tín [postín] *n/m* 1. luxury, stylishness, chic (*lujo*). 2. PEY airs and graces, side (*presunción*). LOC **Darse ~**, to put on airs, FAM to swank (*presumir*). **De ~**, FAM posh, swanky.
pos·ti·zo/a [postíθo/a] I. *adj* false, artificial. II. *n/m* hairpiece, toupée (*peluquín*). III. *n/f* MÚS castanet.
post·me·ri·dia·no/a [postmeriðjáno/a] *adj* postmeridian, afternoon.
post·o·pe·ra·to·rio/a [postoperatórjo/a] *adj* MED postoperative.
pos·tor [postór] *n/m* bidder.
pos·tra·ción [postraθjón] *n/f* prostration. **pos·trar** [postrár] I. *v* 1. to prostrate. 2. to overthrow (*derribar*). 3. MED to weaken (*debilitar*). II. *v/Refl(-se)* **(~ a, ante)** to prostrate oneself (before).
pos·tre [póstre] *n/m* dessert, sweet. LOC **A la ~**, finally, in the end.
pos·trer [postrér], **pos·tre·ro/a** [postréro/a] *adj* (**postrer** in front of *sing*) 1. last, ultimate. 2. rear, hindmost (*trasero*). **pos·tri·me·rías** [postrimerías] *n/f,pl* 1. end (*de vida*). 2. dying moments, closing stages (*final*). 3. REL four last things, death.
pos·tu·la·ción [postulaθjón] *n/f* postulation. **pos·tu·la·do** [postuláðo] *n/m* postulate, proposition. **pos·tu·lan·te/a** [postulánte/a] I. *adj* postulating, petitioning. II. *n/m,f* 1. REL postulant. 2. petitioner, candidate. **pos·tu· lar** [postulár] *v* 1. to postulate (*proponer*). 2. to demand, claim. 3. to collect for charity.
pós·tu·mo/a [póstumo/a] *adj* posthumous.
pos·tu·ra [postúra] *n/f* 1. position, pose, posture (*del cuerpo*). 2. FIG attitude, stance.
po·ta·bi·li·dad [potaβiliðáð] *n/f* potability. **po·ta·bi·li·za·dor/ra** [potaβiliθaðór/ra] I. *adj* purifying (*de agua*). II. *n/m,f* purifier (*de agua*). **po·ta·bi·li·zar** [potaβiliθár] *v* (*potabilice*) to make drinkable, purify (*agua*). **po·ta·ble** [potáβle] *adj* 1. drinkable. 2. *col* acceptable, passable. LOC **Agua ~**, drinking water.
po·ta·je [potáxe] *n/m* 1. broth (*caldo*). 2. mixed vegetable stew (*olla*). 3. dish of dried vegetables.
po·ta·sa [potása] *n/f* QUÍM potash. **po·tá·si·co/a** [potásiko/a] *adj* potassic. **po·ta·sio** [potásjo] *n/m* QUÍM potassium.
po·te [póte] *n/m* earthenware pot.
po·ten·cia [poténθja] *n/f* 1. power, capability. 2. power, strength. 3. potency. 4. power (*nación*): *EE.UU. es una potencia mundial*, USA is a world power. 5. MAT FÍS power. **En ~**, potential, in the making. **po·ten·cia·ción** [potenθjaθjón] *n/f* 1. promotion (*fomento*). 2. development. 3. MAT involution. **po·ten·cial** [potenθjál] I. *adj* 1. potential. 2. GRAM conditional. II. *n/m* potential. **po·ten·cia·li·dad** [potenθjaliðáð] *n/f* potentiality. **po·ten·ciar** [potenθjár] *v* 1. to promote. 2. to boost, reinforce.
po·ten·ta·do/a [potentáðo/a] *n/m,f* 1. potentate. 2. FIG tycoon, mogul. **po·ten·te** [poténte] *adj* 1. powerful. 2. potent (*viril, fuerte*). 3. FIG big.
po·tes·tad [potestáð] *n/f* power, authority, jurisdiction. **po·tes·ta·ti·vo/a** [potestatíβo/a] *adj* optional, not compulsory.
po·tin·gue [potíŋge] *n/m* PEY concoction, brew.
po·to·sí [potosí] *n/m* LOC **Valer algo un ~**, (sth) to be worth a fortune.
po·tra·da [potráða] *n/f* herd of colts. **po·tran·ca** [potráŋka] *n/f* ZOOL young filly. **po·tre·ar** [potreár] *v* FAM to chase, hassle. **po·tro** [pótro] *n/m* 1. ZOOL colt. 2. rack (*tormento*). 3. DEP vaulting horse.
po·yo [póɟo] *n/m* stone bench.
po·za [póθa] *n/f* large puddle, pool. **po·zal** [poθál] *n/m* pail, bucket. **po·zo** [póθo] *n/m* 1. well (*agua, petróleo*). 2. pit. 3. mine shaft. 4. deepest part (del río). 5. FIG fount, source, mine.
prác·ti·ca [práktika] *n/f* 1. *gen* practice. 2. practical experience. 3. method (*modo par-*

ticular). **4**. skill. **5**. *pl* practical training, practicals (*clases*). **prac·ti·ca·ble** [praktikáßle] *adj* **1**. practicable, workable. **2**. passable (*de camino*). **prac·ti·can·te** [praktikánte] **I**. *adj* REL practising. **II**. *n/m,f* **1**. practitioner. **2**. medical assistant. **III**. *n/m* male nurse (*enfermero*). **prac·ti·car** [praktikár] *v* (*practique*) **1**. to practise. **2**. to make a practice of. **3**. DEP to play, go in for. **4**. to undergo practical training. **prác·ti·co/a** [práktiko/a] *adj* **1**. *gen* practical. **2**. handy (*útil*). **3**. **(~ en)** skilled (in), expert (at) (*perito*). **4**. sensible, practical (*ropa*) **II**. *n/m,f* **1**. MED practitioner. **2**. NÁUT pilot.

pra·de·ra [praðéra] *n/f* **1**. meadow(land). **2**. US prairie. **3**. grasslands. **pra·do** [práðo] *n/m* meadow, pasture land.

prag·má·ti·co/a [praγmátiko/a] **I**. *adj* pragmatic. **II**. *n/m,f* pragmatist. **III**. *n/f* JUR pragmatic sanction. **prag·ma·tis·mo** [praγmatísmo] *n/m* pragmatism.

pra·xis [práksis] *n/f* praxis.

pre·ám·bu·lo [preámbulo] *n/m* **1**. preamble, introducton. **2**. PEY beating about the bush. LOC **Sin ~s**, without beating about the bush.

pre·ben·da [preßénda] *n/f* **1**. sinecure, FAM cushy job. **2**. *col* perk.

pre·bos·te [preßóste] *n/m* provost.

pre·ca·len·tar [prekalentár] *v* to preheat.

pre·ca·rie·dad [prekarjeðáð] *n/f* precariousness. **pre·ca·rio/a** [prekárjo/a] *adj* precarious, uncertain.

pre·cau·ción [prekauθjón] *n/f* **1**. precaution. **2**. foresight, wariness (*cautela*). **pre·cau·to·rio/a** [prekautórjo/a] *adj* precautionary.

pre·ca·ver [prekaßér] **I**. *v* **1**. to guard against, try to prevent. **2**. to forestall. **II**. *v/Refl(-se)* **(~ contra, de)** to be forewarned, be on one's guard (against). **pre·ca·vi·do/a** [prekaßíðo/a] *adj* cautious, wary.

pre·ce·den·te [preθeðénte] **I**. *adj* preceding, former. **II**. *n/m* precedent. LOC **Sentar un ~**, to set a precedent. **Servir de ~**, to serve as a precedent. **pre·ce·der** [preθeðér] *v* **1**. to precede, go before. **2**. **(~ a)** FIG to take precedence over, come before.

pre·cep·tis·ta [preθeptísta] **I**. *adj* preceptist. **II**. *n/m,f* theorist. **pre·cep·ti·vo/a** [preθeptíßo/a] **I**. *adj* mandatory, compulsory. **II**. *n/f* precepts, rules. **pre·cep·to** [preθépto] *n/m* **1**. precept. **2**. rule, order. LOC **De ~**, obligatory, statutory. **pre·cep·tor/ra** [preθeptór/ra] *n/m ,f* teacher, private tutor.

pre·ces [préθes] *n/f,pl* **1**. prayers. **2**. supplications.

pre·cia·do/a [preθjáðo/a] *adj* esteemed. **pre·ciar** [preθjár] *v/Refl(-se)* **(~ de)** to be conceited (about), boast (of, about).

pre·cin·tar [preθintár] *v* **1**. COM to seal. **2**. JUR to seal off. **pre·cin·to** [preθínto] *n/m* **1**. sealing. **2**. COM JUR seal.

pre·cio [préθjo] *n/m* **1**. price, cost (*costo*). **2**. value (*valor*). **3**. FIG worth. LOC **Al ~ de**, at the cost of. **pre·cio·si·dad** [preθjosiðáð] *n/f* **1**. preciousness (*valor*). **2**. thing of beauty. **pre·cio·sis·mo** [preθjosísmo] *n/m* LIT preciosity, affectation. **pre·cio·sis·ta** [preθjosísta] **I**. *adj lit* precious, affected. **II**. *n/m,f* precious writer. **pre·cio·so/a** [preθjóso/a] *adj* **1**. precious, valuable. **2**. lovely, delightful (*bonito*).

pre·ci·pi·cio [preθipíθjo] *n/m* **1**. GEOG precipice, cliff. **2**. FIG abyss, chasm.

pre·ci·pi·ta·ción [preθipitaθjón] *n/f* **1**. rush, haste. **2**. rashness. **3**. GEOG precipitation; rainfall, snowfall. 4. QUÍM precipitation. **pre·ci·pi·ta·do/a** [preθipitáðo/a] **I**. *adj* **1**. hasty, hurried. **2**. breakneck (*prisa*). **3**. impulsive, rash. **II**. *n/m* QUÍM precipitate. **pre·ci·pi·tar** [preθipitár] *v* **1**. to hurl down, throw down. **2**. to hasten, accelerate. **3**. QUÍM to precipitate. **II**. *v/Refl(-se)* **1**. **(~ a, desde, en, por)** to hasten, rush (to, from, into, through). **2**. **(~ a, desde)** to hurl oneself down (onto, from). **3**. **(~ en, sobre)** to pounce (on) (*presa*), rush (at) (*persona*).

pre·ci·sa·men·te [preθisaménte] *adv* **1**. precisely, exactly. **pre·ci·sar** [preθisár] *v* **1**. to specify, determine exactly. **2**. to need, require. **3**. to be necessary. **pre·ci·sión** [preθisjón] *n/f* **1**. necessity, need. **2**. precision, accuracy. **pre·ci·so/a** [preθíso/a] *adj* **1**. essential, necessary. **2**. precise, exact. **3**. concise (*estilo*). LOC **Ser ~ que + *subj***, to be essential that, must.

pre·cla·ro/a [prekláro/a] *adj* illustrious, celebrated.

pre·co·ci·dad [prekoθiðáð] *n/f* precociousness, precocity.

pre·co·lom·bi·no/a [prekolombíno/a] *adj* pre-Columbian.

pre·con·ce·bi·do/a [prekonθeßíðo/a] *adj* preconceived. **pre·con·ce·bir** [prekonθeßír] *v* (*preconcibo*) to preconceive.

pre·co·ni·zar [prekoniθár] *v* (*preconice*) **1**. to praise. **2**. to recommend, advocate.

pre·coz [prekóθ] *adj* **1**. BOT early. **2**. **(~ en, para)** precocious (in, for) (*avanzado*).

pre·cur·sor/ra [prekursór/ra] **I**. *adj* precursory. **II**. *n/m,f* precursor, forerunner.

pre·de·ce·sor/ra [preðeθesór/ra] *n/m,f* predecessor.

pre·de·ci·ble [preðeθíßle] *adj* predictable. **pre·de·cir** [preðeθír] *v* (*predigo, predije, prediré, predicho*) to predict, foretell.

pre·des·ti·na·do/a [preðestináðo/a] *adj* predestined. **pre·des·ti·nar** [preðestinár] *v gen* REL to predestine.

pre·de·ter·mi·na·ción [preðeterminaθjón] *n/f* predetermination. **pre·de·ter·mi·nar** [predeterminár] *v* to predetermine.

pré·di·ca [préðika] *n/f* **1**. REL sermon. **2**. harangue (*perorata*). **pre·di·ca·ción** [preðikaθjón] *n/f* **1**. *gen* preaching. **2**. V **prédica**. **pre·di·ca·do** [preðikáðo] *n/m* GRAM predictate. **pre·di·ca·dor/ra** [preðikaðór/ra] *n/f* preacher.

pre·di·ca·men·to [preðikamento] *n/m* **1**. standing, prestige. **2**. FIL predicament.

pre·di·car [preðikár] *v* (*predique*) REL FIG to preach.

pre·dic·ción [preðikθjón] *n/f* prediction, forecast.

pre·di·lec·ción [preðilekθjón] *n/f* predilection. **pre·di·lec·to/a** [preðilékto/a] *adj* **(~ de)** Br favourite, US favorite (of).
pre·dio [préðjo] *n/m* estate, property.
pre·dis·po·ner [preðisponér] *v* (*predispongo, predispuse, predispondré, predispuesto*) **1. (~ a)** to predispose (to(wards)). **2. (~ contra)** PEY to prejudice (against). **pre·dis·po·si·ción** [preðisposiθjón] *n/f* **1.** predisposition. **2. (~ contra)** bias (against). **pre·dis·pues·to/a** [preðispwésto/a] pp of *predisponer*, *adj* predisposed. LOC **Ser/Estar ~ a**, to be inclined to.
pre·do·mi·nan·te [preðominánte] *adj* predominant, prevailing. **pre·do·mi·nar** [preðominár] *v* **1. (~ en, sobre)** to prevail (over), predominate (over), dominate. **2.** FIG to overlook (*dar a*). **pre·do·mi·nio** [preðomínjo] *n/m* **1.** predominence, prevalence. **2. (~ sobre)** superiority (over).
pre·e·mi·nen·cia [pre(e)minénθja] *n/f* preeminence, supremacy. **pre·e·mi·nen·te** [pre(e)minénte] *adj* pre-eminent, superior.
pre·es·co·lar [pre(e)skolár] *adj* pre-school. LOC **Enseñanza ~**, nursery education.
pre·es·ta·ble·ci·do/a [pre(e)staßleθíðo/a] *adj* pre-established.
pre·e·xis·tir [pre(e)(k)sistír] *v* to pre-exist.
pre·fa·bri·ca·do/a [prefaßrikáðo/a] *adj* prefabricated.
pre·fa·cio [prefáθjo] *n/m* preface, foreword.
pre·fec·to [prefékto] *n/m* prefect. **pre·fec·tu·ra** [prefektúra] *n/f* prefecture.
pre·fe·ren·cia [preferénθja] *n/f* **1.** preference. **2.** priority. **pre·fe·ren·te** [preferénte] *adj* **1.** preferred. **2.** preferable. **3.** preferential. **pre·fe·ri·ble** [preferíßle] V **preferente (2.)**. **pre·fe·rir** *v* (*prefiero*) **(~ a)** to prefer (to).
pre·fi·jar [prefixár] *v* **1.** to pre-arrange, arrange beforehand. **2.** GRAM to prefix. **pre·fi·jo/a I.** *adj* prefixed. **II.** *n/m* GRAM prefix.
pre·gón [preγón] *n/m* **1.** public announcement, proclamation. **2.** street cry (*vendedor*). **3.** opening speech of an event. **pre·go·nar** [preγonár] *v* **1.** to proclaim, announce. **2.** to divulge (*un secreto*). **3.** to hawk. **pre·go·ne·ro/a** [preγonéro/a] **I.** *adj* proclaiming. **II.** *n/m* town crier.
pre·gun·ta [preγúnta] *n/f* question. LOC **~ capciosa**, catch question. **pre·gun·tar** [preγuntár] **I.** *v* **1.** to ask, enquire. **2.** to question, ask. **II.** *v/Refl(-se)* to wonder. LOC **~ por uno**, to ask for sb, enquire about sb. **pre·gun·tón/na** [preγuntón/na] **I.** *adj* FAM nosey, inquisitive. **II.** *n/m,f* inquisitive person, FAM Br nosey parker.
pre·his·to·ria [preistórja] *n/f* prehistory. **pre·his·tó·ri·co/a** [preistóriko/a] *adj* prehistoric.
pre·jui·cio [prexwíθjo] *n/m* **1.** prejudice, bias (*parcialidad*). **2.** prejudgment (*acto*). **pre·juz·gar** [prexuθγár] *v* (*prejuzgue*) to prejudge.
pre·la·ción [prelaθjón] *n/f* precedence, priority.
pre·la·do [preláðo] *n/m* REL prelate. **pre·la·tu·ra** [prelatúra] *n/f* REL prelature.
pre·li·mi·nar [preliminár] *adj, n/m* preliminary.
pre·lu·diar [preluðjár] *v* to prelude, herald. **pre·lu·dio** [prelúðjo] *n/m* **1.** MÚS FIG prelude. **2.** MÚS tuning up (*ensayo*).
pre·ma·tri·mo·nial [prematrimonjál] *adj* premarital.
pre·ma·tu·ro/a [prematúro/a] **I.** *adj* premature. **II.** *n/m,f* premature baby.
pre·me·di·ta·ción [premeðitaθjón] *n/f* premeditation. **pre·me·di·ta·do/a** [premeðitáðo/a] *adj* premeditated. **pre·me·di·tar** [premeðitár] *v* to premeditate.
pre·miar [premjár] *v* **1.** to reward. **2.** to give a prize (to).
pre·mier [premjér] *n/m* premier, prime minister.
pre·mio [prémjo] *n/m* **1.** reward, recompense. **2.** prize (*lotería, etc.*). **3.** award (*literario*). **4.** COM premium. LOC **~ gordo**, first prize.
pre·mio·si·dad [premjosiðáð] *n/f* **1.** tightness (*ropa*). **2.** awkwardness. **pre·mio·so/a** [premjóso/a] *adj* **1.** tight (*vestido*). **2.** urgent. **3.** burdensome. **4.** clumsy, awkward (*movimiento*). **5.** tongue-tied.
pre·mi·sa [premísa] *n/f* premise (*lógica*).
pre·mo·lar [premolár] *adj, n/m* ANAT premolar.
pre·mo·ni·ción [premoniθjón] *n/f* premonition. **pre·mo·ni·to·rio/a** [premonitórjo/a] *adj* **1.** MED premonitory. **2.** indicative, warning.
pre·mu·ra [premúra] *n/f* urgency, haste.
pre·na·tal [prenatál] *adj* antenatal, prenatal.
pren·da [prénda] *n/f* **1.** pledge, security. **2.** garment, article of clothing. **3.** *pl* FIG talents, gifts. **4.** forfeits (*juego*). LOC **En ~ de**, as a token of. **No soltar ~**, FIG to give no thing away, be noncommittal. **pren·dar** [prendár] **I.** *v* to captivate, win over. **II.** *v/ Refl(-se)* **(~ de)** to be captivated, FIG to be spellbound.
pren·de·dor [prendeðór] *n/m* clasp, brooch, fastener. **pren·der** [prendér] **I.** *v* **1.** to grasp, seize. **2.** to arrest, detain. **3.** to imprison. **4. (~ a, en, con)** to fasten (to, on, with). **5.** to set (*fuego*). **6.** to take root. **7.** to take, catch (*fuego*). **8.** to take (*vacuna*). **II.** *v/Refl(-se)* to catch fire. **pren·di·mien·to** [prendimjénto] *n/m* capture, arrest.
pren·sa [prénsa] *n/f* **1.** TÉC press. **2.** printing press (*imprenta*). **3.** press (*publicaciones*). LOC **Estar en ~**, to be in press. **Tener buena/mala ~**, to have a good/bad press. **pren·sa·do/a** [prensáðo] **I.** pp of *prensar*. **II.** *n/m* **1.** pressing (*acto*). **2.** sheen (*brillo*). **pren·sil** [prensíl] *adj* prehensile.
pre·ña·do/a [preɲáðo/a] **I.** *adj* **1. (~ de)** pregnant (with) (*embarazada*). **2.** bulging, sagging. **3. (~ de)** FIG full (of). **II.** *n/m* pregnancy. **pre·ñar** [preɲár] **1.** to make pregnant. **2.** ZOOL to impregnate, fertilise. **pre·ñez** [preɲéθ] *n/f* pregnancy.
pre·o·cu·pa·ción [preokupaθjón] *n/f* worry, concern. **pre·o·cu·par** [preokupár] **I.** *v* **1.** to worry, preoccupy. **2.** to occupy previously. **II.** *v/Refl(-se)* **1. (~ de, por)** to worry (about),

be worried (about, by), be concerned (about, by). 2. to care (about).

pre·pa·ra·ción [preparaθjón] *n/f* 1. preparation. 2. training. 3. competence, expertise. **pre·pa·ra·do/a** [preparáðo/a] I. pp of *preparar*. II. *adj* 1. prepared, ready. 2. DEP trained. 3. able. 4. ready cooked (*comida*). III. *n/m* preparation (*medicamento*). **pre·pa·ra·dor** [preparaðór] *n/m* DEP trainer, coach. **pre·pa·rar** [preparár] I. *v* 1. to prepare. 2. DEP to train, coach. 3. TÉC to process. II. *v/Refl(-se)* 1. **(~ a, con, para)** to prepare (oneself), get ready (to, with, for). 2. FIG to be brewing. **pre·pa·ra·ti·vo/a** [preparatíβo/a] I. *adj* preparatory. II. *n/m* preparation, arrangements: *Preparativos para el viaje*, Arrangements for the journey.

pre·pon·de·ran·cia [prepoṇderáṇθja] *n/f* 1. preponderance. 2. FIG superiority. **pre·pon·de·ran·te** [prepoṇderáṇte] *adj* 1. preponderant. 2. FIG superior. **pre·pon·de·rar** [prepoṇderár] *v* to predominate, prevail.

pre·po·si·ción [preposiθjón] *n/f* GRAM preposition. **pre·po·si·cio·nal** [preposiθjonál] *adj* GRAM prepositional.

pre·po·ten·cia [prepotéṇθja] *n/f* 1. power, superiority. 2. PEY arrogance. **pre·po·ten·te** [prepotéṇte] *adj* 1. powerful. 2. PEY overweening, arrogant.

pre·pu·cio [prepúθjo] *n/m* ANAT foreskin.

pre·rro·ga·ti·va [prerroγatíβa] *n/f* prerogative.

pre·sa [présa] *n/f* 1. capture. 2. spoils (*botín*). 3. prey (*animal*). 4. dam, weir.

pre·sa·giar [presaxjár] *v* to presage. **pre·sa·gio** [presáxjo] *n/m* 1. portent, omen. 2. foreboding.

pres·bi·cia [presβíθja] *n/f* MED presbyopia, long-sightedness.

pres·bi·te·ria·no/a [presβiterjáno/a] *adj, n/m,f* REL Presbyterian. **pres·bi·te·rio** [presβitérjo] *n/m* presbytery. **pres·bí·te·ro** [presβítero] *n/m* REL priest.

pres·cien·cia [presθjéṇθja] *n/f* foreknowledge.

pres·cin·di·ble [presθiṇdíβle] *adj* dispensable.

pres·cin·dir [presθiṇdír] *v* 1. **(~ de)** to do without, dispense with. 2. **(~ de)** to disregard, omit.

pres·cri·bir [preskriβír] *v gen* JUR to prescribe. **pres·crip·ción** [preskripθjón] *n/f* prescription. **pres·cri·to/a** [preskríto/a] pp of *prescribir*, prescribed.

pre·se·lec·ción [preselekθión] *n/m* shortlist, shortlisting. **pre·se·lec·cio·nar** [preselekθionár] *v* to shortlist.

pre·sen·cia [preséṇθja] *n/f* 1. presence (*asistencia*). 2. presence, bearing (*porte*). **pre·sen·cial** [preseṇθjál] *adj* LOC **Testigo ~**, eyewitness. **pre·sen·ciar** [preseṇθjár] *v* to witness.

pre·sen·table [preseṇtáβle] *adj* presentable. **pre·sen·ta·ción** [preseṇtaθjón] *n/f* 1. *gen* presentation. 2. introduction (*personas*). **pre·sen·ta·dor/ra** [preseṇtaðór/ra] *n/m,f* Br presenter, US moderator, host (*TV*). **pre·sen·tar** [preseṇtár] I. *v* 1. *gen* to present. 2. to offer. 3. to put forward. 4. to introduce, present (*personas*). II. *v/Refl(-se)* 1. to turn up. 2. to report, appear. 3. to volunteer. **pre·sen·te** [preséṇte] I. *adj* present. II. *n/m* 1. *gen* GRAM present. 2. present, gift. LOC **Hacer ~ algo a alguien**, to state sth to sb. **Hasta el ~**, up to the present. **Mejorando lo ~**, present company excepted. **¡~!**, present!, **Tener ~**, to keep in mind.

pre·sen·ti·mien·to [preseṇtimjéṇto] *n/m* premonition. **pre·sen·tir** [preseṇtír] *v* (*presiento*) to have a premonition (of).

pre·ser·va·ción [preserβaθjón] *n/f* preservation, protection. **pre·ser·var** [preserβár] *v* **(~ contra, de)** to preserve (from), protect (against, from). **pre·ser·va·ti·vo/a** [preserβatíβo] I. *adj* preservative. II. *n/m* contraceptive.

pre·si·den·cia [presiðéṇθja] *n/f* 1. presidency (*estado, club*), chairmanship (*empresa, junta*), chair. 2. president's office, chairman's office. LOC **Ocupar la ~**, to take the chair, preside (*reuniones*). **pre·si·den·cial** [presiðeṇθjál] *adj* presidential. **pre·si·den·cia·lis·mo** [presiðeṇθjalísmo] *n/m* presidential system. **pre·si·den·ta** [presiðéṇta] *n/f* 1. president. 2. chairwoman. 3. president's wife. **pre·si·den·te** [presiðéṇte] I. *adj* presiding. II. *n/m* 1. chairman, chair, President. 2. Prime Minister (*en España*) 3. Speaker (*parlamento*). 4. Br chairman, US president (*empresa, junta*), chairperson (*comités*).

pre·si·dia·rio [presiðjárjo] *n/m* convict. **pre·si·dio** [presíðjo] *n/m* 1. prison. 2. hard labour.

pre·si·dir [presiðír] *v* 1. to preside (at, over) (*gobierno, reuniones*). 2. to chair (*reuniones*). 3. FIG to rule.

pre·si·lla [presíʎa] *n/f* loop.

pre·sión [presjón] *n/f* 1. *gen* pressure. 2. squeeze (*con mano*). **pre·sio·nar** [presjonár] *v gen* FIG to press.

pre·so/a [préso/a] I. *adj* under arrest, imprisoned. II. *n/m,f* prisoner.

pres·ta·ción [prestaθjón] *n/f* 1. contribution. 2. service. 3. assistance. 4. *pl* AUT TÉC performance. **pres·ta·do/a** [prestáðo/a] *adj* loaned, lent, borrowed. LOC **Pedir ~**, to borrow. **Vivir de ~**, to live off other people. **pres·ta·mis·ta** [prestamísta] *n/m,f* moneylender. **prés·ta·mo** [préstamo] *n/m* 1. lending (*dar*). 2. borrowing (*pedir*). 3. COM loan.

pres·tan·cia [prestáṇθja] *n/f* 1. excellence. 2. distinction, dignity.

pres·tar [prestár] I. *v* 1. to lend, loan. 2. FIG to lend, give (*apoyo*), pay (*atención*), render (*servicio*). II. *v/Refl(-se)* **(~ a)** 1. *gen* FIG to lend oneself/itself (to). 2. to offer to. **pres·ta·ta·rio/a** [prestatárjo/a] *n/m,f* borrower.

pres·te·za [prestéθa] *n/f* quickness.

pres·ti·di·gi·ta·ción [prestiðixitaθjón] *n/f* sleight of hand. **pres·ti·di·gi·ta·dor/ra** [prestiðixitaðór/ra] *n/m,f* conjuror.

pres·ti·giar [prestixjár] *v* to give prestige to. **pres·ti·gio** [prestíxjo] *n/m* prestige. **pres·ti·gio·so/a** [prestixjóso/a] *adj* prestigious.

pres·to/a [présto/a] **I**. *adj* **1**. ready (*listo*). **2**. prompt, quick (*veloz*). **II**. *adv*. promptly, quickly.

pre·su·mi·ble [presumíßle] *adj* presumable. **pre·su·mi·do/a** [presumíðo/a] *adj* conceited. **pre·su·mir** [presumír] *v* **1**. to presume, assume. **2**. to give oneself airs, be conceited. LOC **~ de**, fancy oneself as. **pre·sun·ción** [presun̪θjón] *n/f* conceit, pretence. **pre·sun·to/a** [presún̪to/a] *adj* **1**. presumed (*supuesto*). **2**. PEY so-called. **3**. JUR alleged. **pre·sun·tuo·si·dad** [presun̪twosiðáð] *n/f* presumptiousness. **pre·sun·tuo·so/a** [presun̪twoso/a] *adj* **1**. presumptuous, conceited. **2**. pretentious.

pre·su·po·ner [presuponér] *v* (*presupongo, presupuse, presupondré, presupuesto*) to presuppose.

pre·su·pues·tar [presupwestár] *v* **1**. COM to budget for. **2**. to cost, estimate (*obras*, etc). **pre·su·pues·ta·rio/a** [presupwestárjo/a] *adj* budget(ary). **pre·su·pues·to/a** [presupwésto/a] **I**. *adj* presupposed. **II**. *n/m* **1**. COM budget. **2**. estimate (*obras, etc*).

pre·su·ro·so/a [presuróso/a] *adj* **1**. quick, prompt. **2**. hasty.

pre·ten·cio·so/a [preten̪θjóso/a] *adj* pretentious, conceited.

pre·ten·der [preten̪dér] *v* **1**. to try for, seek. **2**. to aim at, try, endeavour. **3**. to claim, PEY to purport. **4**. to court, woo. **pre·ten·dien·te/a** [preten̪djénte/a] **I**. *adj* aspiring. **II**. *n/m,f* aspirant, candidate (*a un puesto*). **III**. *n/m* **1**. suitor (*de mujer*). **2**. pretender (*a trono*). **pre·ten·sión** [pretensjón] *n/f* **1**. claim. **2**. aim. **3**. pretension, exaggerated claim.

pre·te·rir [preterír] *v* to omit, pass over. **pre·té·ri·to/a** [pretérito/a] **I**. *adj* past. **II**. *n/m* GRAM past (tense).

pre·tex·tar [prete(k)stár] *v* to plead. **pre·tex·to** [preté(k)sto] *n/m* excuse, pretext.

pre·til [pretíl] *n/m* **1**. low parapet. **2**. guard-rail.

pre·ti·na [pretína] *n/f* belt, waistband.

pre·tor [pretór] *n/m* HIST praetor. **pre·to·ria·nis·mo** [pretorjanísmo] *n/m* praetorianism.

pre·va·le·cer [preßaleθér] *v* (*prevalezco*) **1**. **(~ sobre)** prevail (over) (*sobresalir*). **2**. **(~ entre)** FIG to thrive (among). **3**. BOT to take root.

pre·va·ri·ca·ción [preßarikaθjón] *n/f* **1**. breach of trust. **2**. JUR perversion of the course of justice. **pre·va·ri·car** [preßarikár] *v* (*prevarique*) **1**. to betray one's trust. **2**. to perjure oneself. **3**. FIG to rave.

pre·ven·ción [preßen̪θjón] *n/f* **1**. readiness, preparedness. **2**. preparation. **3**. foresight. **4**. prevention. **5**. precaution. **6**. prejudice. **7**. MIL guardroom. **8**. MIL guard. **pre·ve·ni· do/a** [preßeníðo/a] *adj* **1**. prepared. **2**. cautious. **pre·ve·nir** [preßenír] **I**. *v* (*prevengo, previne, prevendré, prevenido*) **1**. to prepare, get ready. **2**. to foresee. **3**. **(~ contra, a/en favor de)** to prejudice (against, in favour of). **4**. to prevent, forestall. **5**. to warn. **II**. *v/Refl(-se)* **1**. to get ready. **2**. to take precautions. **pre·ven·ti·vo/a** [preßen̪tíßo/a] *adj* preventive. LOC **Prisión ~**, remand. **pre· ven·to·rio** [preßentórjo] *n/m* MED preventorium.

pre·ver [preßér] *v* (*preveo, previsto*) **1**. to foresee. **2**. to forecast. **3**. to plan, have in mind. **pre·vio/a** [préßjo/a] *adj* **1**. previous, prior. **2**. following (*después de*). **pre·vi·si·ble** [preßisíßle] *adj* predictable. **pre·vi·sión** [preßisjón] *n/f* **1**. foresight. **2**. precaution. **3**. forecast. LOC **En ~ de**, in anticipation of. **pre·vi·sor/a** [preßisór/a] *adj* **1**. farsighted. **2**. prudent. **pre·vis·to/a** [preßísto/a] **I**. pp of *prever*. **II**. *adj* **1**. foreseen. **2**. forecasted.

prez [préθ] *n/m,f* honour, glory.

prie·to/a [prjéto/a] *adj* **1**. tight, compressed. **2**. very dark, blackish (*color*).

pri·ma [príma] *n/f* **1**. bonus. **2**. COM premium. **3**. (female) cousin.

pri·ma·cía [primaθía] *n/f* **1**. primacy. **2**. priority. **pri·ma·do** [primáðo] *n/m* REL primate.

pri·mar [primár] *v* **1**. to reward. **2**. **(~ sobre)** to have priority over. **3**. to be supreme. **pri·ma·rio/a** [primárjo/a] *adj* **1**. *gen* GEOL primary. **2**. elementary, rudimentary.

pri·ma·te [primáte] **I**. *n/m* **1**. important figure (*prócer*). **2**. ZOOL primate. **II**. *n/m,pl*. ZOOL primates.

pri·ma·ve·ra [primaßéra] *n/f* **1**. spring, springtime. **2**. FIG springtime, prime. **pri·ma·ve·ral** [primaßerál] *adj* spring.

pri·mer [primér] *adj* V **primero/a**. **pri·me·ri·zo/a** [primeríθo/a] **I**. *adj* **1**. inexperienced, FIG green. **2**. MED primiparous. **II**. *n/m,f* novice, beginner. **III**. *n/f* MED primipara.

pri·me·ro/a [priméro/a] **I**. *adj* (**primer** in front of *n/m*) **1**. **(~ de, entre, en)** first (of, among, to). **2**. former. **3**. primary: *Primera enseñanza*, Primary education. **4**. FIG best (*mejor*). **5**. FIG basic. **6**. prime: *Las primeras necesidades*, Prime necessities. **7**. FIG leading, principal. **II**. *adv*. **1**. first, firstly. **2**. sooner, rather (*antes*). **III**. *n/f* AUT first (gear). LOC **De ~a**, first class, first rate. **A ~os de mes**, at the beginning of the month.

pri·mi·cia [primíθja] *n/f* **1**. (piece of) fresh news. **2**. first fruits.

pri·mi·ge·nio/a [primixénjo/a] *adj* primitive, original.

pri·mi·ti·vo/a [primitíßo/a] *adj* **1**. early. **2**. original. **3**. primitive, uncivilised. **4**. ART primitive.

pri·mo/a [prímo/a] **I**. *adj* **1**. MAT prime. **2**. raw (*materia*). **II**. *n/m,f* **1**. cousin (*pariente*). **2**. *col* fool, simpleton, FAM mug. LOC **Hacer el ~**, to be a mug.

pri·mo·gé·ni·to/a [primoxénito/a] *adj, n/m,f* first-born, eldest. **pri·mo·ge·ni·tu·ra** [primoxenitúra] *n/f* **1**. primogeniture. **2**. the right of the firstborn (*mayorazgo*).

pri·mor [primór] *n/m* **1**. skill. **2**. thing of beauty, fine work. **pri·mor·dial** [primorðjál] *adj* **1**. prime, primary. **2**. basic, fundamental.

pri·mo·ro·so/a [primoróso/a] *adj* **1**. skilful. **2**. delicate, dainty.

prin·ce·sa [prin̪θésa] *n/f* princess. **prin·ci·pa·do** [prin̪θipáðo] *n/m* **1**. princedom (*título*). **2**. principality (*territorio*).

prin·ci·pal [prinθipál] I. *adj* 1. principal, main, chief. 2. illustrious. 3. essential. 4. Br first, main, US second (*planta*). II. *n/m* 1. principal, head. 2. Br first floor, US second floor.

prín·ci·pe [prínθipe] I. *adj* first, original (*edición*). II. *n/m* prince. **prin·ci·pes·co/a** [prinθipésko/a] *adj* princely.

prin·ci·pian·te/a [prinθipjánte/a] I. *adj* 1. who is beginning. 2. inexperienced. II. *n/m,f* beginner. **prin·ci·piar** [prinθipjár] *v* to begin, start. **prin·ci·pio** [prinθipjo] *n/m* 1. beginning, start. 2. FIG source. 3. origin. 4. FIL QUÍM principle. **A ~s de**, at the beginning of. **Al ~**, at first, in the beginning. **En ~**, in principle. **Por ~**, on principle.

prin·gar [pringár] I. *v* (*pringue*) 1. to splash with grease. 2. to dip in fat (*mojar*). II. *v/Refl(-se)* FIG FAM to be on the make, make money dishonestly. **prin·go·so/a** [pringóso/a] *adj* greasy. **prin·gue** [prínge] *n/m,f* 1. dripping, fat (*grasa animal*). 2. filth, grime (*mugre*) 3. grease stain.

prior/ra [priór/ra] I. *n/m* REL prior. II. *n/f* REL prioress. **prio·ra·to** [prioráto] *n/m* 1. priorate (*cargo*). 2. priory (*territorio*).

prio·ri·dad [prioriðáð] *n/f* 1. priority. 2. seniority. **prio·ri·ta·rio/a** [prioritárjo/a] *adj* prior, priority.

pri·sa [prísa] *n/f* 1. speed. 2. haste, urgency. LOC **Correr ~**, to be urgent. **Dar/Meter ~ a uno**, to rush sb, hurry sb up. **Darse ~**, to hurry up. **De~**, quickly, in a hurry. **De~ y corriendo**, in a rush. **Tener ~**, to be in a hurry.

pri·sión [prisjón] *n/f* 1. arrest, capture. 2. prison, jail. 3. FIG bond. 4. imprisonment. **pri·sio·ne·ro/a** [prisjonéro/a] *n/m,f* 1. prisoner of war. 2. FIG prisoner. 3. captive, kidnap victim.

pris·ma [prísma] *n/m* 1. MAT prism. 2. FIG point of view, perspective. **pris·má·ti·co/a** [prismátiko/a] I. *adj* prismatic. II. *n/m,pl* binoculars, field glasses.

prís·ti·no/a [prístino/a] *adj* 1. pristine, original. 2. pristine, untarnished.

pri·va·ción [priβaθjón] *n/f* 1. deprivation. 2. privation. **pri·va·do/a** [priβáðo/a] I. *adj* 1. confidential. 2. personal, private. II. *n/m* favourite. **pri·van·za** [priβánθa] *n/f* favour. **pri·var** [priβár] I. *v* 1. to deprive. 2. to forbid. 3. **(~ con)** to be in favour (with). 4. to be popular. 5. to be in fashion, *col* to be all the rage (*estar de moda*). II. *v/Refl(-se)* **(~ de)** to go/do without, deprive oneself (of): *No te prives de nada, ¿eh?*, You do indulge yourself, don't you? **pri·va·ti·vo/a** [priβatíβo/a] *adj* **(~ de)** exclusive (to), restricted (to).

pri·va·ti·zar [priβatiθár] *v* (*privatice*) to privatize.

pri·vi·le·gia·do/a [priβilexjáðo/a] I. *adj* privileged. II. *n/m,f* privileged person. **pri·vi·le·gio** [priβiléxjo] *n/m* privilege.

pro [pró] I. *prep* for, on behalf of. II. *n/m,f* profit, advantage. LOC **El ~ y el contra**, the pros and the cons. **En ~**, in favour. **Hombre de ~**, honest man.

pro·a [próa] *n/f* 1. prow, bow(s) (*barco*). 2. nose (*avión*).

pro·ba·bi·li·dad [proβaβiliðáð] *n/f* probability, likelihood. **pro·ba·ble** [proβáβle] *adj* 1. provable. 2. probable, likely.

pro·ba·do/a [proβáðo/a] *adj* 1. proven, tried and tested. 2. experienced. **pro·ba·dor/ra** [proβaðór/ra] I. *adj* testing, test. II. *n/m,f* 1. *gen* tester. 2. taster (*catavinos*). III. *n/m* fitting room, changing room. **pro·bar** [proβár] *v* (*pruebo, probé, probaré, probado*) 1. to prove. 2. to test. 3. to try (on) (*ropa*). 4. to taste, sample (*comida, etc.*). 5. **(~ a)** to try (to). 6. to suit: *No le prueba el trabajo de oficina*, Office work is not for him/her.

pro·be·ta [proβéta] *n/f* QUÍM (graduated) test-tube.

pro·bi·dad [proβiðáð] *n/f* probity, integrity.

pro·ble·ma [proβléma] *n/m gen* MAT problem. **pro·ble·má·ti·co/a** [proβlemátiko/a] I. *adj* problematic(al). II. *n/f* problems, set of problems.

pro·bo/a [próβo/a] *adj* honest, upright.

pro·bós·ci·de [proβósθiðe] *n/f* ZOOL proboscis. **pro·bos·ci·dio/a** [proβosθíðjo/a] I. *adj, n/m* ZOOL proboscidean, proboscidian. II. *n/m,pl* ZOOL Proboscidea, proboscideans.

pro·ca·ci·dad [prokaθiðáð] *n/f* 1. insolence. 2. indecency. **pro·caz** [prokáθ] *adj* 1. insolent, impudent. 2. disgusting, indecent.

pro·ce·den·cia [proθeðénθja] *n/f* 1. origin, source. 2. port of origin. 3. point of departure (*tren*, etc). 4. seemliness (*moralidad*). 5. provenance. **pro·ce·den·te** [proθeðénte] *adj* 1. **(~ de)** coming (from). 2. fitting, reasonable. **pro·ce·der** [proθeðér] I. *n/m* 1. behaviour, conduct. II. *v* 1. **(~ de)** to come from, originate in. 2. to behave, act. 3. **(~ con, contra)** *gen* JUR to proceed (with, against), go ahead (with, against). 4. to be fitting, be right. 5. JUR to be admissible. **pro·ce·di·mien·to** [proθeðimjénto] *n/m* 1. *gen* procedure. 2. process. 3. method.

pro·ce·lo·so/a [proθelóso/a] *adj lit* stormy, tempestuous.

pró·cer [próθer] *n/m* eminent man, distinguished figure.

pro·ce·sa·do/a [proθesáðo/a] I. *adj* 1. JUR procedural. 2. JUR charged, accused. II. *n/m,f* JUR accused, defendant.

pro·ce·sa·dor [proθesaðór] *n/m* processor. LOC **~ de textos**, word processor (*ordenador*).

pro·ce·sal [proθesál] *adj* JUR procedural. **pro·ce·sa·mien·to** [proθesamjénto] *n/m* 1. JUR prosecution, case. 2. *gen* COMP processing. **pro·ce·sar** [proθesár] *v* 1. **(~ por)** JUR to prosecute (for), try (for). 2. TÉC COMP to process.

pro·ce·sión [proθesjón] *n/f* procession. LOC **La ~ va por dentro**, FIG still waters run deep, there's more to this than meets the eye. **pro·ce·sio·na·ria** [proθesjonárja] *n/f* processionary.

pro·ce·so [proθéso] *n/m* 1. progress. 2. course. 3. development, progress. 4. process. 5. JUR trial, prosecution, case. 6. JUR lawsuit, action (*pleito*). 7. procedure. LOC ~ **de datos**, COM P data processing.

pro·cla·ma [prokláma] *n/f* 1. proclamation. 2. *pl* banns. **pro·cla·ma·ción** [proklamaθjón] *n/f* 1. V **proclama (1.)** 2. acclamation. **pro·cla·mar** [proklamár] *v* 1. to proclaim. 2. to acclaim.

pro·cli·ve [proklíβe] *adj* inclined, disposed. **pro·cli·vi·dad** [prokliβiðáð] *n/f* proclivity.

pro·crea·ción [prokreaθjón] *n/f* procreation. **pro·cre·ar** [prokreár] *v* to procreate.

pro·cu·ra·dor/ra [prokuraðór/ra] *n/m,f* 1. JUR proxy (*apoderado*). 2. JUR lawyer, Br solicitor, US attorney. 3. HIST procurator. **pro·cu·rar** [prokurár] *v* 1. to try, endeavour. 2. to obtain, secure. 3. to produce, give.

pro·di·ga·li·dad [proðiγaliðáð] *n/f* 1. extravagance (*despilfarro*). 2. abundance. **pro·di·gar** [proðiγár] *v* (*prodigué*) 1. to squander, waste. 2. to lavish, give generously. II. *v/Refl(-se)* **(~ en)** to do one's utmost to please/to help, be unstinting (in), FIG to go out of one's way.

pro·di·gio [proðíxjo] *n/m* prodigy, marvel. **pro·di·gio·so/a** [proðixjóso/a] *adj* prodigious, marvellous.

pró·di·go/a [próðiγo/a] I. *adj* 1. PEY prodigal, wasteful. 2. rich, productive. 3. lavish, generous. II. *n/m,f* spendthrift, wastrel.

pro·duc·ción [proðukθjón] *n/f* 1. *gen* production. 2. product (*objeto*). 3. production, yield, output. **pro·du·cir** [proðuθír] I. *v* (*produzco*) 1. *gen* to produce. 2. AGR COM to produce, yield. 3. to bring about. 4. to make, manufacture. II. *v/Refl(-se)* 1. to be produced. 2. to happen, take place. **pro·duc·ti·vi·dad** [proðuktiβiðáð] *n/f* productivity. **pro·duc·ti·vo/a** [proðuktíβo/a] *adj* productive. **pro·duc·to** [proðúkto] *n/m* 1. *gen* MAT product. 2. COM profit, yield. LOC ~ **Interior Bruto**, Gross Domestic Product. **pro·duc·tor/ra** [proðuktór/ra] I. *adj* 1. producing, producer. 2. productive. II. *n/m,f* 1. *gen* TEAT producer. 2. worker.

proe·mio [proémjo] *n/m* preface, introduction.

proe·za [proéθa] *n/f* heroic deed, exploit, feat.

pro·fa·na·ción [profanaθjón] *n/f* desecration. **pro·fa·nar** [profanár] *v* 1. REL to desecrate. 2. FIG to defile. **pro·fa·no/a** [profáno/a] I. *adj* 1. profane, secular. 2. profane, irreverent. 3. ignorant, uninitiated. II. *n/m,f* ignoramus, layman. III. *n/m* libertine, rake. IV. *n/f* hussy.

pro·fe·cía [profeθía] *n/f* prophecy.

pro·fe·rir [proferír] *v* (*profiero*) to utter. LOC ~ **insultos**, hurl insults, hurl abuse. ~ **un suspiro**, heave a sigh.

pro·fe·sar [profesár] *v* 1. to practise. 2. to profess, declare. 3. to feel, have. 4. to profess (*doctrina*). 5. FML to teach. 6. REL to profess vows. **pro·fe·sión** [profesjón] *n/f* 1. profession, declaration (*acto*). 2. profession, career. **pro·fe·sio·nal** [profesjonál] *adj n/m,f* professional. **pro·fe·sio·na·lis·mo** [profesjonalísmo] *n/m* professionalism. **pro·fe·sio·na·li·zar** [profesjonaliθár] *v* (*profesionalice*) to professionalize.

pro·fe·so/a [proféso/a] I. *adj* REL professed. II. *n/m* REL professed monk. III. *n/f* REL professed nun.

pro·fe·sor/ra [profesór/ra] I. *n/m,f* 1. teacher (*escuela, instituto, colegio*). 2. Br lecturer, US professor (*universidad*): ~ *titular*, Lecturer, US Associate Professor. II. *n/m* instructor, coach. **pro·fe·so·ra·do** [profesoráðo] *n/m* 1. post of teacher (*instituto*), Br post of lecturer, US professorship (*universidad*). 2. teaching profession. 3. staff, teaching staff, US faculty.

pro·fe·ta [proféta] *n/m* prophet. **pro·fé·ti·co/a** [profétiko/a] *adj* prophetic. **pro·fe·ti·sa** [profetísa] *n/f* prophetess. **pro·fe·ti·zar** [profetiθár] *v* (*profetice*) to prophesy.

pro·fi·lác·ti·co/a [profiláktiko/a] *adj* MED prophylactic. **pro·fi·la·xis** [profilá(k)sis] *n/f* MED prophylaxis.

pró·fu·go/a [prófuγo/a] I. *adj* 1. fugitive. 2. MIL deserting. II. *n/m,f* 1. MIL deserter. 2. fugitive (*de la justicia*).

pro·fun·di·dad [profuṇdiðáð] *n/f* 1. *gen* depth. 2. FIG depth, profundity. 3. MAT depth, height. LOC **Tener x metros de** ~, to be x metres deep. **pro·fun·di·zar** [profuṇdiθár] *v* (*profundicen*) 1. to deepen, make deeper. 2. **(~ en)** to study in depth. **pro·fun·do/a** [profúṇdo/a] *adj* 1. deep. 2. FIG profound. 3. heartfelt, profound. 4. deep (*voz*). LOC **Poco** ~, shallow.

pro·fu·sión [profusjón] *n/f* profusion, abundance. **pro·fu·so/a** [profúso/a] *adj* profuse.

pro·ge·nie [proxénje] *n/f* 1. lineage, family. 2. offspring, progeny. **pro·ge·ni·tor/ra** [proxenitór/ra] I. *n/m,f* 1. progenitor. II. *n/m,pl* 1. ancestors. 2. parents.

pro·gra·ma [proγráma] *n/m* 1. *gen* programme. 2. COM P program. LOC ~ **de estudios**, syllabus. **pro·gra·ma·ción** [proγramaθjón] *n/f* 1. COM P programming. 2. programme planning (*TV*, etc). 3. programme guide (*periódico*). 4. scheduling. **pro·gra·ma·dor/ra** [proγramaðór/ra] I. *adj* programming. II. *n/m,f* *gen* programmer. **pro·gra·mar** [proγramár] 1. *gen* to plan, draw up a programme. 2. COMP to program.

pro·gre [próγre] *n/m,f* lefty, leftist. **pro·gre·sar** [proγresár] *v* **(~ en)** to progress (in), advance (in). **pro·gre·sión** [proγresjón] *n/f* 1. *gen* MAT progression. **pro·gre·sis·mo** [proγresísmo] *n/m* 2. progressivism. 3. progressionism. **pro·gre·sis·ta** [proγresísta] *adj, n/m,f* progressive. **pro·gre·si·vo/a** [proγresíβo/a] *adj* progressive. **pro·gre·so** [proγréso] *n/m* progress, advance. LOC **Hacer ~s**, to make progress.

pro·hi·bi·ción [proiβiθjón] *n/f* **(~ de)** prohibition (of), ban (on). **pro·hi·bir** [proiβír] *v* (*prohíbo, prohíbe*) to ban, prohibit, forbid. **pro·hi·bi·ti·vo/a** [proiβitíβo/a] *adj* prohibitive.

pro·hi·jar [proixár] *v* to adopt.

pro·hom·bre [proóm̩bre] *n/m* great man, outstanding figure.

pró·ji·mo [próximo] *n/m* 1. fellow man, REL neighbour. 2. PEY bloke.
pro·le [próle] *n/f* 1. progeny, offspring. 2. PEY brood, brats.
pro·le·gó·me·no [proleγómeno] *n/m* prolegomenon (*pl* -mena).
pro·le·ta·ria·do [proletarjáðo] *n/m* proletariat. **pro·le·ta·rio/a** [proletárjo/a] *adj, n/m,f gen* FIG proletarian.
pro·li·fe·ra·ción [proliferaθjón] *n/f* proliferation. **pro·li·fe·rar** [proliferár] *v* to proliferate. **pro·lí·fi·co/a** [prolífiko/a] *adj* prolific.
pro·li·ji·dad [prolixiðáð] *n/f* 1. prolixity. 2. PEY long-windedness. **pro·li·jo/a** [prolíxo/a] *adj* 1. prolix, extensive. 2. thorough, exhaustive. 3. PEY long-winded, tedious.
pro·lo·gar [proloγár] *v* (*prologué*) to preface. **pró·lo·go** [próloγo] *n/m* 1. prologue, preface. 2. FIG prelude.
pro·lon·ga·ción [prolongaθjón] *n/f* prolongation, extension. **pro·lon·gar** [prolongár] *v* (*prolongue*) I. to prolong, extend. II. *v/Refl (se)* 1. to extend, go on. 2. to go on longer, PEY to drag on.
pro·me·diar [promeðjár] *v* 1. to divide equally in two. 2. MAT to average (out). **pro·me·dio** [proméðjo] *n/m* 1. middle, midpoint. 2. MAT average.
pro·me·sa [promésa] *n/f* 1. promise. 2. pledge. **pro·me·te·dor/ra** [prometeðór/ra] *adj* promising. **pro·me·ter** [prometér] I. *v* 1. to promise (*ofrecer*). 2. to pledge. 3. to be promising, show promise. II. *v/Refl(-se)* 1. to get engaged (*noviazgo*). 2. to expect, promise oneself. **pro·me·ti·do/a** [prometíðo/a] I. *n/m* 1. fiancé. 2. promise, commitment. II. *n/f* fiancée.
pro·mi·nen·cia [prominénθja] *n/f* 1. protuberance. 2. bulge, swelling (*hinchazón*). 3. GEOG hillock. 4. FIG prominence. **pro·mi·nen·te** [prominénte] *adj gen* FIG prominent.
pro·mis·cui·dad [promiskwiðáð] *n/f* 1. jumble (*cosas*). 2. PEY promiscuity (*conducta*). **promiscuo/a** [promískwo/a] *adj* 1. mixed, mixed up, in disorder. 2. ambiguous. 3. promiscuous.
pro·mo·ción [promoθjón] *n/f* 1. promotion, preferment. 2. COM DEP promotion. 3. year, class. LOC **Partido de ~**, DEP play-off (for promotion/relegation). **pro·mo·cio·nar** [promoθjonár] I. *v* 1. to give rapid promotion to. 2. COM to promote. II. *v/Refl(-se)* to better oneself.
pro·mon·to·rio [promontórjo] *n/m* 1. GEOG hill, rise. 2. GEOG promontory, headland.
pro·mo·tor/ra [promotór/ra] I. *adj* promoting, instigating. II. *n/m,f* promotor, prime mover.
pro·mo·ver [promoβér] *v* (*promuevo*) to promote, further, foster.
pro·mul·ga·ción [promulγaθjón] *n/f* promulgation, publication. **pro·mul·gar** [promulγár] *v* (*promulgue*) 1. to proclaim, make public. 2. to enact, pass, promulgate (*leyes*).
pro·nom·bre [pronómbre] *n/m* GRAM pronoun. LOC **~ demostrativo**, demonstrative pronoun. **~ interrogativo**, interrogative pronoun. **~ personal**, personal pronoun. **~ posesivo**, possesive pronoun. **~ relativo**, relative pronoun. **pro·no·mi·nal** [pronominál] *adj* GRAM pronominal.
pro·nos·ti·car [pronostikár] *v* (*pronostique*) 1. to foretell. 2. to forecast, predict. 3. MED to give a prognosis of. **pro·nós·ti·co** [pronóstiko] *n/m* 1. forecast, prediction. 2. MED prognosis.
pron·ti·tud [prontitúð] *n/f* promptness, speed. **pron·to/a** [prónto/a] I. *adj* 1. prompt, speedy. 2. ready, prepared. II. *n/m* impulse, urge. III. *adv* 1. promptly, at once, quickly. 2. soon. 3. early. LOC **De ~**, 1. on the spur of the moment (*sin pensar*). 2. suddenly, all of a sudden. **Por lo ~, por de ~**, for the time being.
pron·tua·rio [prontwárjo] *n/m* 1. summary. 2. handbook, compendium.
pro·nun·cia·ción [pronúnθjaθjón] *n/f* pronunciation. **pro·nun·cia·do/a** [pronunθjáðo/a] *adj* 1. pronounced. 2. sharp, tight. 3. prominent. **pro·nun·cia·mien·to** [pronunθjamjénto] *n/m* military insurrection. **pro·nun·ciar** [pronunθjár] I. *v* 1. to pronounce, utter (*sonidos*). 2. to deliver (*discurso*). 3. JUR to pronounce. II. *Refl-se)* 1. to rise up in military rebellion. 2. to pronounce oneself, declare oneself.
pro·pa·ga·ción [propaγaθjón] *n/f* 1. BIOL propagation. 2. FIG dissemination. **pro·pa·gan·da** [propaγánda] *n/f* 1. PEY propaganda. 2. COM advertising, publicity. **pro·pa·gan·dís·tico/a** [propaγandístiko/a] *adj* 1. PEY propaganda. 2. COM advertising. **pro·pa·gar** [propaγár] *v* (*propague*) 1. BIOL to propagate. 2. FIG to disseminate, spread.
pro·pa·lar [propalár] *v* to divulge, reveal.
pro·pa·no [propáno] *n/m* QUÍM propane.
pro·pa·sar [propasár] I. *v* to overstep, go beyond. II. *v/Refl(-se)* **(~ con, en)** to go too far (with, in), take liberties (with, in).
pro·pen·der [propendér] *v* **(~ a)** to be inclined (towards), tend (towards). **pro·pen·sión** [propensjón] *n/f* propensity, tendency. **pro·pen·so/a** [propénso/a] *adj* **(~ a)** inclined (to), prone (to).
pro·pi·ciar [propiθjár] *v* 1. to propitiate, placate. 2. to favour. **pro·pi·cia·to·rio/a** [propiθjatórjo/a] *adj* propitiatory. LOC **Víctima ~**, scapegoat. **pro·pi·cio/a** [propíθjo/a] *adj* 1. propitious. 2. kind, helpful (*personas*).
pro·pie·dad [propjeðáð] *n/f* 1. ownership. 2. property. 3. FIG attribute. 4. propriety. 5. correctness (*lenguaje*). LOC **Tener algo en ~**, to have security of tenure. **pro·pie·ta·rio/a** [propjetárjo/a] I. *adj* proprietary. II. *n/m* 1. owner, proprietor. 2. landowner. III. *n/f* owner, proprietress.
pro·pi·na [propína] *n/f* tip, gratuity. LOC **De ~**, extra. **pro·pi·nar** [propinár] *v* 1. to give, deal. 2. to tip, treat to a drink.
pro·pio/a [própjo/a] *adj* 1. own. 2. **(~ de)** peculiar (to), characteristic (of), typical (of). 3. **(~ para)** suitable (for), correct (for). 4. natural. 5. selfsame, very (own). 6. self: *En defensa propia*, In self defence. LOC **Nombre ~**, GRAM proper noun.

pro·po·ner [proponér] I. *v* (*propongo, propuse, propondré, propuesto*) 1. (~ **a**) to propose (to), suggest (to), put forward (for). 2. (~ **para**) to nominate (for), propose (for), put forward (for), put up (for) (*candidatos*, etc). 3. to move, propose. II. *v/Refl(-se)* to propose, plan, intend.

pro·por·ción [proporθjón] *n/f* 1. *gen* proportion. 2. MAT ratio. 3. *pl* size, dimensions. LOC **Estar fuera de ~**, to be out of proportion. **Guardar bien las ~s con**, to keep in proportion to, be in proportion to. **pro·por·cio·na·do/a** [proporθjonáðo/a] *adj* (~ **a**) proportionate (to). **pro·por·cio·nal** [proporθjonál] *adj* proportional. **pro·por·cio·na·li·dad** [proporθjonaliðáð] *n/f* 1. proportionality. 2. V **proporción**. **pro·por·cio·nar** [proporθjonár] *v* 1. to facilitate, proportion, adjust. 2. to provide, furnish. 3. FIG to lend.

pro·po·si·ción [proposiθjón] *n/f* 1. proposition, proposal. 2. GRAM clause.

pro·pó·si·to [propósito] *n/m* 1. intention. 2. aim, objective, purpose. LOC **A ~**, 1. suitable. 2. by the way, incidentally. 3. on purpose. **A ~ de**, with regard to.

pro·pues·to/a [propwésto/a] I. pp of **proponer**. II. *n/f* 1. proposal, proposition. 2. offer. 3. COM tender.

pro·pug·nar [propuγnár] *v* to advocate, defend.

pro·pul·sar [propulsár] *v* 1. to reject, refute. 2. TÉC to propel, drive. 3. FIG to encourage. **pro·pul·sión** [propulsjón] *n/f* propulsion.

pro·rrata [prorráta] *n/f* quota, share, US prorate. **pro·rra·teo** [prorratéo] *n/m* apportionment, US proration.

pró·rro·ga [prórroγa] *n/f* 1. postponement. 2. DEP extra time, US overtime. 3. MIL deferment. 4. COM extension. 5. JUR stay of execution. **pro·rro·ga·ble** [prorroγáβle] *adj* which can be extended/prolonged. **pro·rro·gar** [prorroγár] *v* (*prorrogue*) 1. to prolong, extend (*dar más tiempo*). 2. to adjourn. 3. to postpone, defer. 4. MIL to defer. 5. JUR to grant a stay of execution. 6. JUR to defer judgment.

pro·rrum·pir [prorrumpír] *v* 1. to shoot forth, erupt. 2. (~ **en**) FIG to burst into.

pro·sa [prósa] *n/f* prose. **pro·sai·co/a** [prosáiko/a] *adj* 1. prose. 2. prosaic.

pro·sa·pia [prosápja] *n/f* ancestry, lineage.

pros·ce·nio [prosθénjo] *n/m* proscenium.

pros·cri·bir [proskriβír] *v* (pp *proscripto, proscrito*) 1. to proscribe, banish. 2. to proscribe, prohibit, ban, outlaw. **pros·crip·ción** [proskripθjón] *n/f* 1. (~ **de**) ban (on), prohibition (of), proscription (of). 2. proscription, banishment. **pros·cri(p)·to/a** [proskrí(p)to/a] I. pp of *proscribir*. II. *adj* 1. banned, outlawed, proscribed. 2. proscribed, banished. III. *n/m,f* 1. outlaw. 2. exile.

pro·se·cu·ción [prosekuθjón] *n/f* 1. pursuit, pursuance. 2. continuation. **pro·se·guir** [proseγír] *v* (*prosigo, proseguiré*) 1. (~ **con, en**) to continue (with, in), proceed (with, in). 2. to pursue (*estudios*, etc).

pro·se·li·tis·mo [proselitísmo] *n/m* proselytism. **pro·sé·li·to** [prosélito] *n/m* proselyte.

pro·sis·ta [prosísta] *n/m,f* prose writer.

pro·so·dia [prosóðja] *n/f* GRAM prosody. **pro·só·di·co/a** [prosóðiko/a] *adj* prosodic.

pro·so·po·pe·ya [prosopopéJa] *n/f* 1. prosopopoeia, personification. 2. FIG pomposity.

pros·pec·ción [prospekθjón] *n/f* 1. exploration. 2. prospecting.

pros·pec·to [prospékto] *n/m* 1. prospectus. 2. explanatory leaflet.

pros·pe·rar [prosperár] *v* to prosper, thrive. **pros·pe·ri·dad** [prosperiðáð] *n/f* 1. prosperity. 2. success. **prós·pe·ro/a** [próspero/a] *adj* 1. prosperous, thriving, flourishing. 2. prosperous, wealthy, affluent.

prós·ta·ta [próstata] *n/f* ANAT prostate (gland).

pros·ter·nar·se [prosternárse] *v/Refl(-se)* (~ **ante, en**) to prostrate oneself (before, on).

pros·tí·bu·lo [prostíβulo] *n/m* brothel. **pros·ti·tu·ción** [prostituθjón] prostitution. **pros·ti·tuir** [prostitwír] *v* (*prostituyo*) *gen* FIG to prostitute. **pros·ti·tu·ta** [prostitúta] prostitute.

pro·ta·go·nis·mo [protaγonísmo] *n/m* 1. leadership. 2. leading role. **pro·ta·go·nis·ta** [protaγonísta] I. *n/m* protagonist, main character, leading man, hero. II. *n/f* protagonist, main character, leading lady, heroine. **pro·ta·go·ni·zar** [protaγoniθár] *v* (*protagonice*) TEAT to play the lead in, star in.

pro·tec·ción [protekθjón] *n/f* protection. **pro·tec·cio·nis·mo** [protekθjonísmo] *n/m* protectionism. **pro·tec·cio·nis·ta** [protekθjonísta] I. *adj* 1. protectionist. 2. protective. II. *n/m,f* protectionist. **pro·tec·tor/ra** [protektór/ra] I. *adj* protective, protecting. II. *n/m,f* 1. protector. 2. guardian. **pro·tec·to·ra·do** [protektoráðo] *n/m* protectorate. **pro·te·ger** [protexér] I. *v* (*protejo, proteja*) 1. (~ **de, con, contra**) to protect (from, with, against), shield (from, with, against). 2. to treat as a protegé, be a patron to. II. *v/Refl (-se)* to protect oneself, shield oneself. LOC ~ **contra grabación**, COM P to write protect. **pro·te·gi·do/a** [protexíðo/a] I. *adj* protected. II. *n/m,f* protégé(e).

pro·tei·co/a [protéiko/a] *adj* 1. protean. 2. QUÍM proteinic.

pro·teí·na [proteína] *n/f* QUÍM protein. **pro·teí·ni·co/a** [proteíniko/a] *adj* QUÍM proteinic.

pró·te·sis [prótesis] *n/f* MED prosthesis.

pro·tes·ta [protésta] *n/f* 1. protest. 2. protestation. **pro·tes·tan·te** [protestánte] *adj, n/m,f* REL protestant. **pro·tes·tan·tis·mo** [protestantísmo] *n/m* REL protestantism. **pro·tes·tar** [protestár] *v* 1. (~ **por, de, contra**) to protest (about, against), grumble (about). 2. COM to protest, give notice of protest. 3. to refer to drawer, return (*cheques*). **pro·tes·to** [protésto] *n/m* 1. protestation. 2. COM protest, noting (*letra*). 3. referral (*cheques*).

pro·to·co·la·rio/a [protokolárjo/a] *adj* 1. established by protocol. 2. FIG formal. **pro·to·co·lo** [protocólo] *n/m* 1. protocol. 2. FIG social etiquette. 3. formalities (*ceremonia*). 4. MED medical record.

pro·tón [protón] *n/m* FÍS proton.

pro·to·ti·po [prototípo] *n/m* prototype.
pro·to·zoo [protoθóo] I. *adj, n/m* ZOOL protozoan, protozoon. II. *n/m,pl* ZOOL Protozoa.
pro·tråc·til [protráktil] *adj* protractile.
pro·tu·be·ran·cia [protuβeráṇθja] *n/f* protuberance, bulge.
pro·vec·to/a [proβékto/a] *adj* 1. advanced, experienced and respectable. 2. aged, elderly.
pro·ve·cho [proβétʃo] *n/m* 1. benefit, profit, advantage. 2. progress. LOC **¡Buen ~!**, Enjoy your meal!. **De ~**, 1. profitable (*negocio*). 2. useful (*persona/cosa*). **En ~ de**, to the benefit of. **Hacer ~ a uno**, to do sb some good (*comida*). **pro·ve·cho·so/a** [proβetʃóso/a] *adj* advantageous, beneficial, profitable.
pro·vee·dor/ra [proβeeðór/ra] *n/m,f* supplier, dealer. **pro·veer** [proβeér] *v* (pp *provisto*) 1. to get ready. 2. **(~ de, con)** to provide (with), supply (with), furnish (with). 3. **(~ a)** to provide (for). 4. JUR to rule.
pro·ve·nien·te, **pro·vi·nen·te** [proβenjéṇte/proβinéṇte] *adj* arising, originating. **pro·ve·nir** [proβenír] *v* (*provengo, provendré*) **(~ de)** to come (from), originate (from, in).
pro·ver·bial [proβerβjál] *adj* proverbial. **pro·ver·bio** [proβérβjo] *n/m* proverb.
pro·vi·den·cia [proβiðéṇθja] *n/f* 1. step, measure. 2. providence: *Divina Providencia*, Divine Providence. 3. foresight, forethought. 4. JUR ruling. **pro·vi·den·cial** [proβiðeṇθjál] *adj* providential. **pró·vi·do/a** [próβiðo/a] *adj* provident.
pro·vin·cia [proβíṇθja] *n/f* province. **pro·vin·cial** [proβiṇθjál] *adj* provincial. **pro·vin·cia·nis·mo** [proβiṇθjanísmo] *n/m* provincialism. **pro·vin·cia·no/a** [proβiṇθjáno/a] *adj, n/m,f* provincial.
pro·vi·sión [proβisjón] *n/f* provision, supply. **pro·vi·sio·nal** [proβisjonál] *adj* provisional, acting.
pro·vo·ca·ción [proβokaθjón] *n/f* 1. *gen* provocation. 2. affront (*insulto*). **pro·vo·ca·dor/ra** [proβokaðór/ra] I. *adj* provoking, provocative. II. *n/m,f* provoker. **pro·vo·car** [proβokár] *v* (*provoque*) 1. to provoke. 2. to provoke, stir up. 3. to arouse sexual desires (in). 4. to bring about, cause. LOC **~ un fuego**, to start a fire deliberately. **pro·vo·ca·ti·vo/a** [proβokatíβo/a] *adj* V **provocador/ ra I**.
pro·xe·ne·ta [pro(k)senéta] I. *n/m* pimp, procurer.II. *n/f* procuress. **pro·xe·ne·tis·mo** [pro(k)senetísmo] *n/m* procuring, pimping.
pro·xi·mi·dad [pro(k)simiðáð] *n/f* closeness, nearness. **pró·xi·mo/a** [pró(k)simo/a] *adj* 1. **(~ a)** near (to), close (to). 2. next.
pro·yec·ción [proɟe(k)θjón] *n/f* 1. *gen* projection 2. showing (*filme*). **pro·yec·tar** [proɟektár] *v* 1. to throw, hurl. 2. to cast (*sombra, luz*). 3. to show, screen, project. 4. to plan, design. 5. to direct, squirt (*líquidos*). **pro·yec·til** [proɟektíl] *n/m* 1. projectile. 2. MIL missile (*misil*). 3. MIL shell (*de cañón*). **pro·yec·to** [proɟékto] *n/m* 1. TÉC FIG plan, project. 2. draft estimate. LOC **~ de ley**, bill. **pro·yec·tor** [proɟektór] *n/m* 1. projector. 2. MIL searchlight. 3. spotlight (*foco*).
pru·den·cia [pruðéṇθja] *n/f* 1. prudence, caution. 2. discretion, wisdom. **pru·den·te** [pruðéṇte] *adj* 1. prudent, wise. 2. cautious, wary.
prue·ba [prwéβa] *n/f* 1. *gen* proof. 2. proof, sign. 3. test. 4. TÉC test, trial. 5. DEP event, race. 6. proof (*imprenta, fotografía*). 7. JUR evidence. LOC **A ~**, on approval, on trial. **A ~ de**, -proof: *A ~ de bala*, Bulletproof. **En ~ de**, in proof of, as a token of. **Ser ~ de**, to be proof of.
pru·ri·to [prurito] *n/m* 1. FIG urge, itch, need. 2. MED pruritis, itch.
pru·sia·no/a [prusjáno/a] *adj, n/m,f* Prussian.
(p)si·co· ~a·ná·li·sis [sikoanálisis] *n/f* psychoanalysis. **~dé·li·co/a** [sikoðéliko/a] *adj* psychedelic. **~lo·gía** [sikoloxía] *n/f* psychology. **~ló·gi·co/a** [sikolóxiko/a] *adj* psychological. **~lo·go/a** [sikóloγo/a] *n/m,f* psychologist. **~pa·ta** [sikópata] I. *adj* psychopathic. II. *n/m,f* psychopath. **~pa·tía** [sikopatía] *n/f* psychopathy. **~sis** [sikósis] *n/f* psychosis. **~te·ra·pia** [sikoterápja] *n/f* psychotherapy.
(p)si·que [síke] *n/f* psyche. **(p)si·quia·tra**, **(p)si·quía·tra** [sikjátra/sikíatra] *n/m* psychiatrist. **(p)si·quia·tría** [sikjatría] *n/f* psychiatry. **(p)sí·qui·co/a** [síkiko/a] *adj* psychic.
púa [púa] *n/f* 1. sharp point, barb. 2. tooth (*peine*). 3. ZOOL spine, quill, prickle.
pú·ber [púβer] I. *adj* pubescent. II. *n/m,f* adolescent. **pu·ber·tad** [puβertáð] *n/f* puberty. **pu·bia·no/a** [puβjáno/a] ANAT pubic. **pu·bis** [púβis] *n/m* 1. ANAT pubes (*vientre*). 2. ANAT pubis (*hueso*).
pu·bli·ca·ble [puβlikáβle] *adj* publishable. **pu·bli·ca·ción** [puβlikaθjón] *n/f* publication. **pu·bli·car** [puβlikár] *v* (*publique*) 1. to publicize, make public. 2. to divulge, reveal. 3. to publish. **pu·bli·ci·dad** [puβliθiðáð] *n/f* 1. publicity. 2. advertising. **pu·bli·cis·ta** [puβliθísta] *n/m,f* 1. publicist. 2. journalist. 3. advertising agent. **pu·bli·ci·ta·rio/a** [puβliθitárjo/a] *adj* advertising.
pú·bli·co/a [púβliko/a] I. *adj* 1. *gen* public. 2. PEY of ill repute. II. *n/m* 1. public. 2. audience. LOC **En ~**, in public.
pu·che·ra·zo [putʃeráθo] *n/m* FAM electoral fiddle, election rigging. **pu·che·ro** [putʃéro] *n/m* 1. cooking-pot. 2. stew (cocido). 3. pout, sulk: *Hace pucheros*, He's pouting/sulking.
pu·den·do/a [puðéṇdo/a] I. *adj* shameful. II. *n/m* ANAT penis. LOC **Partes ~s**, private parts. **pu·di·bun·dez** [puðiβuṇdéθ] *n/f* 1. coyness. 2. prudishness. **pu·di·bun·do/a** [puðiβúṇdo/a] *adj* bashful, demure, coy. **pú·di·co/a** [púðiko/a] *adj* chaste, modest.
pu·dien·te [puðjéṇte] I. *adj* 1. rich, wealthy (*rico*). 2. powerful, influential. II. *n/m* 1. wealthy man (*rico*). 2. powerful man. III. *n/f* 1. wealthy woman. 2. powerful woman.
pu·dín [puðín], **pu·din** [púðin] *n/m* pudding.
pu·dor [puðór] *n/m* 1. modesty, demureness. 2. bashfulness. 3. chastity, innocence, virtue. 4. sense of shame. **pu·do·ro·so/a** [pu-

ðoróso/a] *adj* **1**. modest. **2**. bashful. **3**. chaste, virtuous.

pu·dri·mien·to [puðrimjéṇto] *n/m* **1**. rotting, putrefaction. **2**. rot, rottenness. **pu·drir**, **po·drir** [puðrír/poðrír] *v* **1**. to rot, decompose. **2**. FIG to be dead and buried.

pue·ble·ri·no/a [pweßleríno/a] **I**. *adj* **1**. village. **2**. PEY rustic. **II**. *n/m,f* villager. **pue·blo** [pwéßlo] *n/m* **1**. people, nation. **2**. masses, common people. **3**. village. **4**. country town.

puen·te [pwéṇte] *n/m gen* bridge. LOC **Hacer ~**, to take extra time off between two public holidays. **~ aéreo**, **1**. shuttle service. **2**. airlift.

puer·co/a [pwérko/a] **I**. *adj* filthy, foul. **II**. *n/m* FIG ZOOL pig (*raza*), ZOOL hog. **III**. *n/f* **1**. ZOOL sow. **2**. FIG FAM slut, slattern. LOC **~ espín**, ZOOL porcupine.

pue·ri·cul·tor/ra [pwerikultór/ra] *n/m,f* Br paediatrician, US pediatrician. **pue·ri·cul·tu·ra** [pwerikultúra] *n/f* paediatrics, puericulture. **pue·ril** [pweríl] *adj* **1**. childish, child. **2**. PEY puerile, childish, infantile. **pue·ri·li·dad** [pweriliðáð] *n/f* puerility, childishness.

puer·pe·ral [pwerperál] *adj* MED puerperal. **puer·pe·rio** [pwerpérjo] *n/m* MED puerperium.

pue·rro [pwérro] *n/m* BOT leek.

puer·ta [pwérta] *n/f* **1**. doorway (*de habitación*). **2**. gateway (*entrada/salida de jardín, etc.*). **3**. door. **4**. gate. **5**. FIG gateway. **6**. COM P port. **7**. DEP goal(mouth). LOC **A las ~s de**, on the verge of. **A las ~s de la muerte**, at death's door. **A ~ cerrada**, in camera. **Cerrársele a uno todas las ~s**, close off every avenue to someone. **Ir de ~ en ~**, to beg from door to door. **Poner a uno en la ~ de la calle**, **1**. to throw sb out. **2**. to sack sb (*despedir de un empleo*). **Por la ~ grande**, in style, with honour.

puer·to [pwérto] *n/m* **1**. port, harbour (*para barcos*). **2**. GEOG pass. **3**. FIG haven, refuge. **4**. COM P port. LOC **Llegar a ~**, to come through safely. **Tomar ~**, to come into port.

pues [pwés] **I**. *conj* since, as, because. **II**. *adv.* **1**. well, well then. **2**. then. **3**. um, er, well (*vacilando*): *Pues...creo que no*, Well...I don't think so.

pues·to/a [pwésto/a] **I**. pp of *poner* **II**. *adj* **1**. on, wearing (*vestido*). **2**. dressed. **3**. laid, set (*mesa*). **III**. *n/m* **1**. place, position (*sitio*). **2**. post (*empleo*). **3**. market stall, stand. **4**. MIL post. **5**. stand, place (*de caza*). **IV**. *n/f* **1**. laying, setting (*mesa*). **2**. laying (*huevos*). **3**. setting (*astro*). **~ que**, *conj* since, as.

puf [púf] **I**. *interj* huh! **II** *n/m* pouf.

pú·gil [púxil] *n/m* DEP boxer. **pu·gi·la·to** [puxiláto] *n/m* boxing. **pu·gi·lís·ti·co/a** [puxilístiko/a] *adj* boxing.

pug·na [púɣna] *n/f* FIG fight, struggle. **pug·nar** [puɣnár] *v* **(~ por)** to fight (for, to), struggle (for, to).

pu·ja [púxa] *n/f* **1**. bid (*subasta*). **2**. effort.

pu·jan·te [puxáṇte] *adj* vigorous, strong. **pu·jan·za** [puxáṇθa] *n/f* vigour, strength.

pu·jar [puxár] *v* **1**. to bid, bid up. **2**. **(~ por)** to strain (to, for), strive (to, for). **3**. to grope for words.

pul·cri·tud [pulkritúð] *n/f* neatness. **pul·cro/a** [púlkro/a] *adj* **1**. neat, smart, tidy. **2**. immaculately turned out. **3**. upright, utterly scrupulous.

pul·ga [púlɣa] *n/f* flea. LOC **Tener malas ~s**, to be touchy, be bad tempered. **pul·ga·da** [pulɣáða] *n/f* inch. **pul·gar** [pulɣár] *adj, n/m* ANAT thumb. **pul·gón** [pulɣón] *n/m* plant louse, bug. **pul·gui·llas** [pulɣíʎas] *n/m* FIG FAM touchy person.

pu·li·do/a [pulíðo/a] *adj* **1**. polished, smooth. **2**. neat, smart, refined. **pu·li·dor/ra** [puliðór/ra] **I**. *adj* polishing. **II**. polisher. **pu·li·men·tar** [pulimeṇtár] *v* to polish. **pu·lir** [pulír] **I**. *v* **1**. to smooth. **2**. to polish, shine. **3**. FIG to polish (up), touch up. **4**. to refine, polish up. **II**. *v/Refl(-se) col* to blow (*dinero, fortuna*).

pul·món [pulmón] *n/m* ANAT lung. **pul·mo·nar** [pulmonár] *adj* pulmonary, lung. **pul·mo·nía** [pulmonía] *n/f* MED pneumonia.

pul·pa [púlpa] *n/f* **1**. ANAT soft flesh. **2**. BOT pulp, flesh. **pul·pe·jo** [pulpéxo] *n/m* ANAT fleshy part of the hand.

pul·pe·ría [pulpería] *n/f Amer* **1**. general store. **2**. tavern.

púl·pi·to [púlpito] *n/m* pulpit.

pul·po [púlpo] *n/m* ZOOL octopus.

pul·sa·ción [pulsaθjón] *n/f* **1**. beat, pulsation. **2**. ANAT beat(ing), throb(bing). **3**. keystroke (*máquina de escribir*, etc). **pul·sa·dor/ra** [pulsaðór/ra] **I**. *adj* pulsating. **II**. *n/m* push-button, ELECTR switch. **pul·sar** [pulsár] *v* **1**. MÚS to play. **2**. to push, press (*botón, etc.*). **3**. to strike, press, touch (*tecla*). **4**. MED to take sb's pulse. **5**. FIG to sound out (*opinión*). **6**. to throb, beat. **pul·sá·til** [pulsátil] *adj* V **pulsador/ra** **I**. **pul·se·ra** [pulséra] *n/f* **1**. bracelet, bangle. **2**. DEP wristlet, sweatband. LOC **Reloj de ~**, wristwatch.

pul·so [púlso] *n/m* **1**. ANAT pulse. **2**. wrist. **3**. strength of wrist. **4**. steadiness of hand, sureness of touch. **5**. FIG prudence, good sense. LOC **A ~**, FIG by one's own efforts, by sheer hard work. **Tomar el ~**, **1**. to take sb's pulse. **2**. FIG to test opinion.

pu·lu·lar [pululár] *v* to swarm (with), teem (with).

pul·ve·ri·za·ción [pulßeriθaθjón] *n/f* **1**. pulverization. **2**. spray(ing) (*líquidos*). **pul·ve·ri·za·dor** [pulßeriθaðór] *n/m* spray(er), spray-gun. **pul·ve·ri·zar** [pulßeriθár] *v* (*pulverice*) **1**. to pulverize, powder (*reducir a polvo*). **2**. to spray, sprinkle (*líquidos*). **3**. FIG to smash, pulverize.

pu·lla [púʎa] *n/f* **1**. cutting remark, snide comment. **2**. taunt, jibe.

pul(l)·óver [pulóßer] *n/m* pullover, jumper.

pu·ma [púma] *n/f* ZOOL puma, cougar.

pun·ción [puṇθjón] *n/f* MED puncture.

pun·do·nor [puṇdonór] *n/m* **1**. dignity, self-respect. **2**. honour, FIG face. **pun·do·no·ro·so/a** [puṇdonoróso/a] *adj* **1**. honourable. **2**. punctilious.

pu·ni·ble [puníßle] *adj* punishable.

pu·ni·ti·vo/a [punitíβo/a] *adj* punitive.
pun·ta [puṇta] *n/f* **1**. point. **2**. tip, end. **3**. GEOG point. **4**. small nail, tack (*clavo*). **5**. horn. **6**. FIG touch, hint, something. **7**. *pl* pointes (*ballet*). LOC **De ~ a ~**, from one end to the other. **De ~ en blanco**, FIG dressed to kill, in best bib and tucker. **Estar de ~**, 1. FIG to be at daggers drawn (*enemistado*). 2. FIG to be tricky/awkward. **Sacar ~ a algo**, 1. FIG to read more into something than is there, give a malicious twist to sth. 2. to sharpen.
pun·ta·da [puṇtáðа] *n/f* **1**. pinhole, needle hole. **2**. stitch (*de coser*).
pun·tal [puṇtál] *n/m* **1**. ARQ prop, shore (*madero*). **2**. *Amer* snack, refreshment.
pun·ta·pié [puṇtapjé] *n/m* kick. LOC **A ~s**, roughly.
pun·tea·do/a [puṇteáðo/a] **I**. *adj* dotted, stippled. **II**. *n/m* **1**. series of dots, stippling. **2**. MÚS pizzicato. **pun·te·ar** [puṇteár] *v* (*punteemos*) **1**. to dot, mark with dots. **2**. ART to stipple. **3**. to stitch, sew. **4**. MÚS to pluck. **pun·teo** [puṇtéo] *n/m* MÚS plucking.
pun·te·ra [puṇtéra] *n/f* toecap.
pun·te·ría [puṇtería] *n/f* **1**. aiming, aim. **2**. markmanship. **pun·te·ro/a** [puṇtéro/a] **I**. *adj* **1**. leading. **2**. latest. **3**. skilled in shooting. **II**. *n/m* **1**. pointer. **2**. outstanding individual.
pun·ti·a·gu·do/a [puṇtjaγúðo/a] *adj* pointed, sharp.
pun·ti·lla [puṇtíʎa] *n/f* **1**. fine lace, lace trimming. **2**. TÉC tracing point. **3**. TAUR short dagger. **4**. nib (*pluma*). LOC **Dar la ~**, to kill off. **De ~s**, on tiptoe.
pun·ti·llis·mo [puṇtiʎísmo] *n/m* ART pointillisme. **pun·ti·llo** [puṇtíʎo] *n/m* **1**. punctilio. **2**. PEY touchiness, exaggerated sense of honour. **pun·ti·llo·so/a** [puṇtiʎóso/a] *adj* **1**. punctilious. **2**. PEY touchy, over sensitive.
pun·to [púṇto] *n/m* **1**. dot. **2**. Br full stop, US period. **3**. place, spot, point (*lugar*). **4**. hole (*agujero*). **5**. DEP MAT point. **6**. spot, pip (*dados, naipes*). **7**. mark, point (*calificación*). **8**. moment, point (*instante*). **9**. point, subject matter, question. **10**. point (*discusión*). **11**. point, purpose. **12**. MED *gen* stitch. **13**. knitting. **14**. COM P pixel. LOC **A ~**, **1**. ready. **2**. on time. **A ~ de**, on the point of. **Al ~**, at once. **Con ~s y comas**, with all the details. **Dar en el ~**, FIG to hit the nail on the head. **Dos ~s**, colon. **En ~**, exactly, on the dot. **Estar en su ~**, to be just right, be done to a turn. **Hasta cierto ~**, to a certain extent, up to a point. **Hasta tal ~** to such an extent. **Poner los ~s sobre las íes**, to dot the i's and cross the t's. **~ de vista**, point of view. **~ muerto**, **1**. TÉC dead centre. **2**. neutral (*cambios*). **3**. FIG deadlock. **~ y aparte**, new paragraph. **~ y coma**, semicolon. **~ suspensivos**, suspension points, leaders. **pun·tua·ble** [puṇtwáβle] *adj* counting (for points). **pun·tua·ción** [puṇtwaθjón] *n/f* **1**. punctuation. **2**. DEP scoring, score. **3**. Br marking, US grading. **4**. Br mark, US grade (*nota*). **pun·tual** [puṇtwál] *adj* **1**. accurate, precise. **2**. punctual. **3**. dependable, reliable. **pun·tua·li·dad** [puṇtwaliðáð] *n/f* **1**. punctuality. **2**. accuracy. **3**. reliability. **pun·tua·li·za·ción** [puṇtwaliθaθjón] *n/f* specification, query (*debate*). **pun·tua·li·zar** [puṇtwaliθár] *v* (*Upuntualice*) **1**. to fix in one's mind. **2**. to describe in detail, specify. **3**. to perfect, FIG to polish. **pun·tuar** [puṇtwár] *v* (*puntúo*) **1**. GRAM to punctuate. **2**. DEP to score, count, keep the score. **3**. Br to mark, US to grade.
pun·za·da [puṇθáða] *n/f* **1**. puncture, prick. **2**. stabbing pain, twinge. **3**. FIG pang, twinge. **pun·zan·te** [puṇθáṇte] *adj* **1**. stabbing (*de dolor*). **2**. biting. **3**. sharp. **pun·zar** [puṇθár] *v* (*puncé*) **1**. to prick, puncture. **2**. TÉC to punch. **3**. to give twinges, give stabbing pains. **4**. FIG to have pangs, have twinges (*remordimiento*, etc). **pun·zón** [puṇθón] *n/m* **1**. TÉC awl, bradawl. **2**. TÉC punch (*marcar*). **3**. TÉC burin.
pu·ña·do [puɲáðo] *n/m* fistful, handful. LOC **A ~s**, by the handful, galore. **pu·ñal** [puɲál] *n/m* dagger. **pu·ña·la·da** [puɲaláða] *n/f* **1**. stab, thrust (*golpe*). **2**. stab wound (*herida*).
pu·ñe·ta [puɲéta] **I**. *n/f* **1**. *col* pest, drag. **2**. inanity. **II**. *adj* V **puñetero/a**. **III**. *interj* **1**. bugger it! (*enfado*). **2**. bugger me! (*asombro*). LOC **Hacer la ~**, **1**. to muck sb about. **2**. to get on sb's nerves/wick. **Mandar a uno a hacer ~s!**, **1**. INFML to tell sb to get stuffed. **2**. TAB to tell sb to sod off. **pu·ñe·ta·zo** [puɲetáθo] *n/m* punch. **pu·ñe·te·ría** [puɲetería] *n/f* V **puñeta I. (1.)** **pu·ñe·te·ro/a** [puɲetéro/a] **I**. *adj* **1**. INFML bloody, ARG sodding. **2**. nit-picking. **3**. bloodyminded. **II**. *n/m,f* V **puñeta I. (1.)**
pu·ño [púɲo] *n/m* **1**. ANAT fist. **2**. fistful. **3**. handle, grip (*herramienta, etc.*). **4**. hilt (*de arma blanca*). **5**. cuff (*bocamanga*). **6**. *pl* FIG strength, courage. LOC **Como ~s**, *col* whopping. **De ~ y letra**, in one's own hand(writing). **Meter/Tener en un ~ a uno**, to have someone under one's thumb.
pu·pa [púpa] *n/f* **1**. MED pimple, pustule. **2**. MED cold sore (*en labios*). **3**. bump, sore. LOC **Hacer ~**, to hurt (*niños*).
pu·pi·la·je [pupiláxe] *n/m* **1**. JUR pupillage, ward(ship). **2**. guardianship. **3**. boarding-house, guest-house. **4**. board (*precio*). **5**. rent for a garage space. **pu·pi·lar** [pupilár] *adj* pupillar. **pu·pi·lo/a** [pupílo/a] **I**. *n/m,f* **1**. JUR ward. **2**. inmate. **3**. boarder, paying guest. **II**. *n/f* ANAT pupil.
pu·pi·tre [pupítre] *n/m* desk.
pu·ra·san·gre [purasáŋgre] *n/m* thoroughbred.
pu·ré [puré] *n/m* purée.
pu·re·za [puréθa] *n/f* **1**. purity. **2**. virginity. **3**. FIG innocence.
pur·ga [púrγa] *n/f* **1**. MED purgative, cathartic. **2**. FIG purge. **3**. TÉC draining, bleeding. **4**. TÉC drain valve (*válvula*). **pur·ga·ción** [purγaθjón] *n/f* **1**. MED purging. **2**. menstruation. **3**. MED gonorrhoea. **pur·gan·te** [purγáṇte] *adj, n/m* purgative. **pur·gar** [purγár] *v* (*purgue*) **1**. to purge, cleanse. **2**. MED REL FIG to purge. **3**. TÉC to drain, bleed. **pur·ga·to·rio** [purγatórjo] *n/m* REL FIG purgatory.
pu·ri·fi·ca·ción [purifikaθjón] *n/f* purification. **pu·ri·fi·ca·dor/ra** [purifikaðór/ra] **I**.

adj purifying, cleansing. **II.** *n/m* purifier. **pu·ri·fi·car** [purifikár] *v (purifique)* **1.** to purify, cleanse. **2.** TÉC to purify, refine. **3.** FIG to purify, purge.

pu·ris·mo [purísmo] *n/m* purism. **pu·ris·ta** [purísta] *adj, n/m,f* purist. **pu·ri·ta·nis·mo** [puritanísmo] *n/m* puritanism. **pu·ri·ta·no/a** [puritáno/a] **I.** *adj* **1.** REL Puritan. **2.** puritanical. **II.** *n/m,f* REL FIG Puritan. **pu·ro/a** [púro/a] **I.** *adj* **1.** pure, unadulterated. **2.** pure, virtuous. **3.** clear. **4.** plain. **5.** mere, sheer. **6.** correct, refined (*lenguaje*). **II.** *n/m* cigar.

púr·pu·ra [púrpura] *n/f* purple. **pur·pu·ra·do** [purpuráðo] *n/m* REL cardinal. **pur·pú·reo/a** [purpúreo/a] *adj* purple. **pur·pu·ri·na** [purpurína] *n/f* **1.** QUÍM purpurin. **2.** metallic paint.

pu·ru·len·cia [puruléṇθja] *n/f* MED purulence. **pu·ru·len·to/a** [puruléṇto/a] MED purulent.

pus [pús] *n/m* MED pus.

pu·si·lá·ni·me [pusilánime] *adj* pusillanimus, fainthearted. **pu·si·la·ni·mi·dad** [pusilánimiðáð] *n/f* faintheartedness.

pús·tu·la [pústula] *n/f* MED pustule. **pus·tu·lo·so/a** [pustulóso/a] *adj* **1.** MED pustular. **2.** pimply (*con granos*).

pu·ta [púta] *n/f col* whore, prostitute. **pu·ta·da** [putáða] *n/f col* dirty trick.

pu·ta·ti·vo/a [putatíßo/a] *adj* putative.

pu·te·ar [puteár] *v* **1.** to go whoring. **2.** TAB to bugger about. **3.** *col* to mess (sb) about. **pu·te·ro/a** [putéro/a] *adj* whoring.

pu·tre·fac·ción [putrefakθjón] *n/f* putrefaction, rotting, decay. **pu·tre·fac·to/a** [putrefákto/a] *adj* rotten, putrid. **pú·tri·do/a** [pútriðo/a] *adj* V **putrefacto**.

pu·ya [púJa] *n/f* **1.** steel point, goad. **2.** TAUR point of picador's goad. LOC **Echar/Tirar una ~**, FIG to make a snide remark. **pu·ya·zo** [puJáθo] *n/m* **1.** jab with a lance. **2.** FIG dig, snide comment.

Q, q [kú] *n/f* 'q' (*letra*).

que [ké] **I**. *pron relativo* **1**. who, that (*sujeto para personas*). **2**. that, which (*sujeto, objeto para cosas*). **3**. whom, that (*objeto para personas*). **4**. **el ~**, (the one) who, (the one) that, he who, whoever (*personas*). **5**. **el/la ~**, (the one) which (*cosas*). **6**. **la ~**, (the one) who, (the one) that, she who, whoever (*personas*). **7**. **los/las ~**, (the ones) who, (the ones) that, whoever (*personas*). **8**. **los/las ~**, (the ones) which, (the ones) that (*cosas*). **9**. **lo ~**, that which, what, something which. **II**. *conj* **1**. that: *Te dije que estaba enferma*, I told you (that) she was ill. **2**. (*con subj*): *Quiero que me lo digas*, I want you to tell me. *¡Que pase!* Let him come in! **3**. and: *Le he dicho medio kilo, que no tres cuartos*, I told you half a kilo and not three quarters. **4**. whether: *Que le guste, que no le guste, yo no voy*, Whether he likes it or not, I'm not going. **5**. because: *No pagará, que ella es así*, She won't pay, because she's like that. **III**. *comp* than.

qué [ké] **I**. *pron inter* what?: *¿Qué ocurre?*, What's going on? **II**. *adj inter* what?: *¿Qué clase de persona es?*, What sort of person is he? **III**. *exclam* **1**. what!: *¡Qué lío!*, What a mess! **2**. How!: *¡Qué feo!*, How ugly! LOC **¿Y ~?**, so what? **Lo mismo ~**, the same as.

que·bra·da [keßráða] *n/f* **1**. GEOG gorge (*barranco*). **2**. GEOG pass (*de montaña*). **3**. V **quiebra**. **que·bra·de·ro** [keßraðéro] *n/m* LOC **~ de cabeza**, FIG headache. **que·bra·di·zo/a** [keßraðíθo/a] *adj* fragile, brittle. **que·bra·do/a** [keßráðo/a] **I**. *adj* **1**. COM bankrupt. **2**. MED ruptured. **3**. rough, bumpy (*terreno*). **4**. weakened (*salud*). **5**. washed out, pale (*color*). **II**. *n/m* **1**. MAT fraction. **2**. COM bankruptcy. **que·bra·du·ra** [keßraðúra] *n/f* **1**. crack, fissure. **2**. MED rupture. **que·bran·ta·hue·sos** [keßrantawésos] *n/m* ZOOL lammergeier, bearded vulture. **que·bran·ta·mien·to** [keßrantamjénto] *n/m* **1**. breaking (*rotura*). **2**. cracking (*agrietarse*). **3**. violation (*ley*, etc). **4**. weakening (*debilitación*). **5**. broken health. **que·bran·tar** [keßrantár] **I**. *v* **1**. to break, shatter (*romper*). **2**. to weaken (*debilitar*). **3**. to infringe, break (*ley*, etc). **II**. *v/Refl(-se)* to ail, be broken (in health). **que·bran·to** [keßránto] *n/m* V **quebrantamiento**. **que·brar** [keßrár] **I**. *v* (*quiebro, quebré, quebraré, quebrado*) **1**. to break, snap. **2**. V **quebrantar**. **3**. to interrupt (*interrumpir*). **4**. to bend (at the waist) (*doblar*). **5**. to twist (*torcer*). **6**. COM to go bankrupt. **7**. FIG to crack (*voz*). **8**. DEP to side-step, dodge. **II**. *v/Refl(-se)* **1**. V **quebrar I. (4.)** **2**. MED to be ruptured.

que·che [kétʃe] *n/m* ketch.

que·chua, **qui·chua** [kétʃwa/kítʃwa] *adj*, *n/m,f* Quechua.

que·da [kéða] *n/f* curfew. LOC **Toque de ~**, curfew (bell).

que·dar [keðár] **I**. *v* **1**. to stay, remain. **2**. to be left: *Ya no queda azúcar*, There's no more sugar left. **3**. **(~ con alguien)** to arrange to meet: *He quedado con ella para el fin de semana*, I've arranged to meet her at the weekend. **4**. to be.... still: *Todavía quedan 50 km para llegar a Murcia*, There are still 50 km. to go to Murcia. **5**. to be: *Todos quedan invitados*, Everyone is invited. *Ese pueblo queda por Asturias*, That village is somewhere in Asturias. **6**. **(~ por)** to be: still to be, remain to be: *El trabajo queda por hacer*, The work remains to be done. **7**. **(~ en)** to agree to + *inf*, arrange to + *inf*, agree to/on + *n/pron*: *Hemos quedado en verle mañana*, We've agreed to see him tomorrow. **8**. to end, finish. **II**. *v/Refl(-se)* **1**. V **quedar I. (1.)** **2**. **(~ con)** to retain, keep (*apoderarse*). **3**. **(~ con)** to tease, *col* to kid. LOC **¿En qué quedamos?**, What are we doing, then? ~ **atrás**, 1. to lag behind. 2. FIG to have been overtaken. ~ **en ridículo**, to make a fool of oneself. ~ **bien**, to come off well, make a good impression. ~ **bien/mal con uno**, to be on good/bad terms with. ~ **mal**, to be shown up, make a poor impression. **~se en albis/en blanco**, to be mystified.

que·do/a [kéðo/a] **I**. *adj* **1**. quiet. **2**. soft (*de voz, paso*, etc). **II**. *adv.* **1**. softly. **2**. silently.

que·ha·cer [keaθér] *n/m* task, chore. LOC **Dar ~**, 1. to make work. 2. to cause problems.

que·ja [kéxa] *n/f* **1**. *gen* complaint, grumble. **2**. V **quejido**. **que·jar** [kexár] **I**. *v* to distress, trouble. **II**. *v/Refl(-se)* **1**. **(~ de, por)** to complain (about), protest (about). **2**. JUR to file a complaint. **que·ji·ca** [kexíca] **I**. *adj* grumpy, complaining. **II**. *n/m,f* grumbler, whiner. **que·ji·do** [kexíðo] *n/m* moan, groan, grunt, sigh. **que·jo·so/a** [kexóso/a] *adj* complaining, whining. **que·jum·bre** [kexúmbre] *n/f* moan, groan. **que·jum·bro·so/a** [kexumbróso/a] *adj* grumbling, INFML grizzling.

que·ma [kéma] *n/f* **1**. burning, combustion (*acto, efecto*). **2**. fire (*incendio*). **que·ma·de·ro** [kemaðéro] *n/m* **1**. incinerator (*de basura*). **2**. stake (*de ajusticiados*). **que·ma·do/a** [kemáðo/a] **I**. *adj* **1**. **(~ de, por)** *gen* burnt,

burned (by). 2. FIG *col* burnt out (*sin fuerzas*). 3. FIG *col* Br fuming, US chapped (*enfadado*). 4. FIG *col* discredited (*desvirtuado*). II. *n/m* 1. burning: *Huele a quemado*, It smells of burning. 2. burn (mark) (*huella*). **que·ma·dor/ra** [kemaðór/ra] I. *adj* burning. II. *n/m* burner, hob. **que·ma·du·ra** [kemaðúra] *n/f* 1. burn (*de fuego*). 2. scald (*de agua caliente*). **que·mar** [kemár] I. *v* 1. to burn. 2. to burn (up) (*consumir con fuego*). 3. to scald (*con agua caliente*). 4. to scorch (*chamuscar*). 5. to overheat (*exceso de calor*). 6. to waste (*la vida*). 7. to squander (*una fortuna*, etc). 8. to sell off cheap (*rebajar el precio*). 9. FIG to annoy. II. *v/Refl(-se)* 1. to burn oneself. 2. *col* to get discouraged. 3. FIG to be getting warm (*buscando algo*). **que·ma·rro·pa** [kemarrópa] *adv* LOC **A ~** at point-blank range, point-blank. **que·ma·zón** [kemaθón] *n/f* 1. burn(ing). 2. FIG intense heat. 3. MED itch, stinging sensation.

que·pis, **ke·pi** [képi(s)] *n/m* kepi.

que·ra·ti·na [keratína] *n/f* ANAT keratin.

que·re·lla [keréʎa] *n/f* 1. JUR charge, accusation, case. 2. dispute (*pelea*). 3. complaint (*queja*). **que·re·llar·se** [kereʎárse] *v/Refl(-se)* (**~ contra**) 1. JUR to file a complaint (against), bring an action (against). 2. V **quejar II. (1.)**

que·ren·cia [kerénθja] *n/f* 1. ZOOL homing instinct (*instinto*). 2. ZOOL haunt, territory (*territorio*). 3. FIG personal inclination. 4. TAUR bull's territory in bull-ring. **que·rer** [kerér] I. *n/m* love, affection. II. *v* (*quiero, quise, querré, querido*) 1. to want, wish (*deseos*): *¿Quieres venir?*, Will you come? 2. to love (*amor*). 3. to like (*personas, cosas*). 4. to need, require: *Esta finca quiere agua*, This farm needs water. III. *v imper* to try, be about to: *Parece que quiere llover*, It looks as if it's trying to rain. LOC **¡Por lo que más quieras!**, For heaven's sake! **~ decir**, mean. **Sin ~**, unwittingly, by mistake. **que·ri·do/a** [keríðo/a] I. pp of *querer* II. *adj* 1. dear, beloved (*amado*). 2. dear (*cartas*). III. *n/m,f* lover.

que·ro·se·no [keroséno] *n/m* kerosene, paraffin.

que·ru·be, **que·ru·bín** [kerúβe/keruβín] *n/m* REL FIG cherub.

que·se·ría [kesería] *n/f* 1. cheese factory (*fábrica*). 2. dairy (*tienda*). **que·se·ro/a** [keséro/a] I. *adj* cheese II. *n/m,f* cheesemaker, cheese seller. III. *n/m* cheese board, cheese dish (*utensilio*). **que·so** [késo] *n/m* cheese. LOC **Darla con ~**, *col* to con sb.

que·ve·des·co/a [keβeðésko/a] *adj* (of) Quevedo. **que·ve·dos** [keβéðos] *n/m,pl* pince-nez.

¡quiá! [kjá] *int* come off it!

qui·cio [kíθjo] *n/m* 1. TÉC pivot hole, eye of door hinge. 2. doorjamb (*marco*). LOC **Estar fuera de ~**, 1. FIG to be out of control, be furious (*enfadado*). 2. to be out of order/out of kilter (*fuera de orden*). **Sacar de ~** 1. to exasperate (*irritar*). 2. to carry to extremes (*exagerar la importancia*).

quid [kíð] *n/m* nub, crux (of the matter).

quie·bra [kjéβra] *n/f* 1. COM bankruptcy. 2. crack, split (*grieta*). 3. damage, harm (*menoscabo*). **quie·bro** [kjéβro] *n/m* 1. TAUR dodge, swerve. 2. MÚS grace note. 3. DEP side-step.

quien [kjén] I. *pron relativo* 1. who (*sujeto*). 2. whom (*objeto*). II. *pron indef* 1. whoever, whosoever (*sujeto*). 2. whomever, whomsoever (*objeto*).

quién [kjén] I. *pron inter* 1. who? (*sujeto*). 2. whom? (*objeto*). 3. **¿de ~...?**, whose...? II. *exclam* if only!, I wish, who wouldn't?: *¡Quién tuviera ahora veinte años!*, If only I were twenty!/Who wouldn't like to be twenty! **quien·quie·ra** [kjéŋkjéra] *pron indef* whoever: *Quienquiera que sea*, Whoever he/she/it is.

quie·tis·mo [kjetísmo] *n/m* 1. peace and quiet, calm. 2. REL quietism. **quie·to/a** [kjéto/a] *adj* 1. still, motionless (*inmóvil*). 2. calm, peaceful (*tranquilo*). 3. quiet (*sosegado*). **quie·tud** [kjetúð] *n/f* 1. stillness (*inmovilidad*). 2. calm.

qui·ja·da [kixáða] *n/f* jawbone.

qui·jo·ta·da [kixotáða] *n/f* quixotic act. **qui·jo·te** [kixóte] *n/m* 1. rump, croup (*de caballo*). 2. quixotic person. **qui·jo·te·ría** [kixotería] *n/f* quixotism. **qui·jo·tes·co/a** [kixotésko/a] *adj* quixotic. **qui·jo·til** [kixotíl] V **quijotesco/a**. **qui·jo·tis·mo** [kixotísmo] *n/m* V **quijotería**.

qui·la·te [kiláte] *n/m* carat.

qui·lo [kílo] *n/m* 1. V **kilo** 2. BIOL chyle.

qui·lla [kíʎa] *n/f* 1. keel (*barcos*). 2. carina (*aves*).

quim·bam·bas [kiṃbáṃbas] *n/f,pl* the back of beyond.

qui·me·ra [kiméra] *n/f* 1. MIT chimera. 2. FIG hallucination. **qui·mé·ri·co/a** [kimériko/a] *adj* fanciful.

quí·mi·co/a [kímiko/a] I. *adj* chemical. II. *n/m,f* chemist. III. *n/f* chemistry. **qui·mio·te·ra·pia** [kimjoterápja] *n/f* chemotherapy.

qui·mo [kímo] *n/m* BIOL chyme.

qui·mo·no [kimóno] *n/m* kimono.

qui·na [kína] *n/f* 1. BOT cinchona bark. 2. V **quinina**.

quin·ca·lla [kiŋkáʎa] *n/f* ironmongery, hardware. **quin·ca·lle·ría** [kiŋkaʎería] *n/f* ironmonger's, hardware store. **quin·ca·lle·ro/a** [kiŋkaʎero/a] *n/m,f* ironmonger, hardware dealer.

quin·ce [kíṇθe] *adj, n/m* 1. fifteen (*cardinal*) 2. fifteeenth (*ordinal*). **quin·ce·a·vo/a** [kiṇθeáβo/a] V **quince 3. quin·ce·na** [kiṇθéna] *n/f* Br fortnight. **quin·ce·nal** [kiṇθenál] *adj* 1. fortnightly (*cada quince días*). 2. fortnight-long (*que dura quince días*).

quin·cua·ge·na·rio/a [kiŋkwaxenárjo/a] *adj, n/m,f* quinquagenarian, fifty-year old. **quin·cua·gé·si·mo/a** [kiŋkwaxésimo/a] *adj* fiftieth.

quin·dé·ci·mo/a [kiṇdéθimo/a] *adj, n/m,f* V **quince 2.**

quin·gen·té·si·mo/a [kiŋxentésimo/a] *adj* five hundredth.

qui·nie·la [kinjéla] *n/f* pools coupon. **qui·nie·lis·ta** [kinjelísta] *n/m,f* punter, person who does the pools.
qui·nien·tos/as [kinjéṇtos/as] *adj* **1**. five hundred (*cardinal*). **2**. five hundredth (*ordinal*).
qui·ni·na [kinína] *n/f* quinine. **qui·no** [kíno] *n/m* BOT cinchona tree.
quin·qué [kiŋké] *n/m* oil lamp.
quin·que·nal [kiŋkenál] *adj* quinquennial. **quin·que·nio** [kiŋkénjo] *n/m* qinquennium.
quin·qui [kíŋki] *n/m* **1**. *pl* gang of crooks. **2**. crook, villain.
quin·ta [kíṇta] *n/f* **1**. MIL Br conscription, US draft. **2**. country house (*casa*). LOC **Entrar en ~s**, 1. to reach the age of conscription/the draft. 2. to be conscripted/drafted.
quin·ta·e·sen·cia [kiṇtaeséṇθja] *n/f* quintessence.
quin·tal [kiṇtál] *n/m* quintal (= 46 kg). LOC **Pesar un ~**, to weigh a ton. **~ métrico**, hundred kilograms.
quin·tar [kiṇtár] *v* MIL Br to conscript, US to draft.
quin·te·to [kiṇtéto] *n/m* MÚS quintet(te).
Quin·tín [kiṇtín] LOC **Se armó la de San ~**, all hell broke loose.
quin·to/a [kíṇto/a] **I**. *adj*, *n/m,f* fifth. **II**. *n/m* Br conscript, US draftee.
quin·tu·pli·car [kiṇtuplikár] (*quintupliqué*) *v* to quintuple. **quín·tu·plo/a** [kíṇtuplo/a] **I**. *adj* quintuple, fivefold. **II**. *n/m* quintuple.
quin·za·vo/a [kiṇθáβo/a] *adj*, *n/m,f* MAT fifteenth.
quios·co, **kios·ko** [kjósko] *n/m* kiosk.
qui·qui·ri·quí [kikirikí] *n/m* cock-a-doodle-doo.
qui·ró·fa·no [kirófano] *n/m* MED operating theatre.
qui·ro·man·cia [kiromáṇθja] *n/f* palmistry, chiromancy. **qui·ro·mán·ti·co/a** [kiromáṇtiko/a] *adj*, *n/m,f* palmist.
qui·róp·te·ro/a [kiróptero/a] **I**. *adj*, *n/m,f* ZOOL chiropteran. **II**. *n/m,pl* ZOOL Chiroptera.
qui·rúr·gi·co/a [kirúrxiko/a] *adj* surgical.
qui·si·co·sa [kisikósa] *n/f* FAM puzzle, enigma.
quis·que, **quis·qui** [kíske/kíski] LOC **Cada ~**, **Todo ~**, every man-Jack.
quis·qui·lla [kiskíʎa] *n/f* ZOOL shrimp. **quis·qui·llo·so/a** [kiskiʎóso/a] *adj* **1**. touchy, peevish (*puntilloso*). **2**. finicky (*remilgado*).
quis·te [kíste] *n/m* MED cyst.
qui·tai·pón [kitaipón] *adv* LOC **De ~**, removable, detachable.
qui·ta·man·chas [kitamáṇtʃas] *n/m* stain remover.
qui·ta·nie·ve(s) [kitanjéβe(s)] *n/m* snowplough.
qui·tar [kitár] **I**. *v* **1**. **(~ de)** *gen* to remove (from). **2**. to take off (*ropa*). **3**. to take down: *Quitaron las viejas cortinas*, They took the old curtains down. **4**. to take away. **5**. **(~ de)** to stop, prevent: *Le quitaron de fumar*, They stopped him smoking. **II**. *v/Refl(-se)* **1**. to withdraw, get out of the way (*apartarse*). **2**. to stop (*dejar de hacer*). LOC **De quita y pon**, removable, detachable. **¡Quita!/¡Quítate de ahí!**, to get away with you! **~se la vida**, to take one's own life.
qui·ta·sol [kitasól] *n/m* sunshade.
qui·te [kíte] *n/m* **1**. removal (*acción*). **2**. TAUR enticing the bull away from a bullfighter who is in trouble. **3**. DEP parry. LOC **Estar al ~**, FIG to be ready to come to sb's aid.
qui·te·ño/a [kitéɲo/a] **I**. *adj* of Quito. **II**. *n/m,f* native of Quito.
qui·zá, **qui·zás** [kiθá(s)] *adv*. perhaps, maybe.
quó·rum [kwórun] *n/m* quorum.

R, r [érre] *n/f* 'r' (*letra*).

ra·ba·dán [rraβaðán] *n/m* head shepherd.

ra·ba·di·lla [rraβaðíʎa] *n/f* **1**. FAM rump. **2**. parson's nose (*de pollo*). **3**. ANAT coccyx.

rá·ba·no [rráβano] *n/m* BOT radish. LOC **Importarle a uno un ~**, *col* not to care two hoots. **¡Un ~!**, not likely!

ra·bel [rraβél] *n/m* MÚS rebec.

ra·bí [rraβí] *n/m* rabbi (*título*).

ra·bia [rraβja] *n/f* **1**. MED rabies. **2**. FIG fury, rage. LOC **¡Qué ~!**, how infuriating. **Me da ~**, it infuriates me. **Tener ~ a uno**, to have it in for sb. **ra·biar** [rraβjar] *v* **1**. MED to have rabies. **2**. **(~ de)** FIG to suffer intense pain (from). **3**. FIG to rage, be furious (*cólera*). LOC **A ~**, FIG madly. **Hacer ~ a uno**, FIG to drive sb mad, irritate. **~ por algo**, FIG to be dying for sth. **~ por hacer**, to be dying to do.

ra·bi·cor·to/a [rraβikórto/a] *adj* bobtailed.

ra·bie·ta [rraβjéta] *n/f* tantrum, fit of temper.

ra·bi·lar·go/a [rraβilárγo/a] *adj* long-tailed.

ra·bi·llo [rraβíʎo] *n/m* **1**. BOT leaf stalk. **2**. tip (*punta*). **3**. FIG corner (*del ojo*).

ra·bi·no [rraβíno] *n/m* rabbi (*oficio*).

ra·bio·so/a [rraβjóso/a] *adj* **1**. MED rabid. **2**. FIG furious (*enfado*). **3**. raging, violent (*dolor*).

ra·bo [rráβo] *n/m* ANAT FIG tail. LOC **De cabo a ~**, from top to bottom, from one end to the other. **Con el ~ entre las piernas**, with one's tail between one's legs. **ra·bón/na** [rraβón/na] *adj* **1**. bobtailed (*corto*). **2**. tailless (*sin*).

rá·ca·no/a [rrákano/a] *adj* **1**. *col* lazy. **2**. ARG stingy, tight-fisted.

ra·cial [rraθjál] *adj* racial.

ra·ci·ma·do/a [raθimáðo/a] *adj* bunched, in clusters. **ra·ci·mar·se** [raθimárse] *v/Refl(-se)* to form bunches. **ra·ci·mo** [rraθímo] *n/m* **1**. bunch (*uvas*). **2**. BOT raceme. **3**. FIG bunch, cluster.

ra·cio·ci·nar [rraθjoθinár] *v* to reason. **ra·cio·ci·nio** [rraθjoθínjo] *n/m* **1**. reason (*facultad*). **2**. reasoning (*acto*).

ra·ción [rraθjón] *n/f* **1**. portion, helping (*comida*). **2**. allowance (*dinero*). **3**. MAT ratio. **4**. *pl* MIL rations.

ra·cio·nal [rraθjonál] *adj* **1**. *gen* rational, reasonable. **2**. MAT rational. **ra·cio·na·li·dad** [rraθjonaliðáð] *adj* rationality. **ra·cio·na·lis·mo** [rraθjonalísmo] *n/m* rationalism. **ra·cio·na·lis·ta** [rraθjonalísta] *adj* rationalist. **ra·cio·na·li·za·ción** [rraθjonaliθaθjón] *n/f* rationalization. **ra·cio·na·li·zar** [rraθjonaliθár] *v* (*racionalice*) **1**. to rationalize. **2**. COM to streamline.

ra·cio·na·mien·to [rraθjonamjénto] *n/m* rationing. **ra·cio·nar** [rraθjonár] *v* to ration.

ra·cis·mo [rraθísmo] *n/m* racism. **ra·cis·ta** [rraθísta] *adj, n/m,f* racist.

ra·cha [rratʃa] *n/f* **1**. gust of wind (*viento*). **2**. *col* FIG run, spell (*de suerte, etc.*).

ra·da [rráða] *n/f* NÁUT roads, haven.

rá·dar, **ra·dar** [rráðar/rraðár] *n/m* radar.

ra·dia·ción [rraðjaθjón] *n/f* radiation. **ra·diac·ti·vi·dad** [rraðjaktiβiðáð] *n/f* FÍS radioactivity. **ra·diac·ti·vo/a** [rraðjaktíβo/a] *adj* radioactive.

ra·dia·do/a [rraðjaðo/a] *adj* **1**. BOT ZOOL radiate. **2**. radio, broadcast (*radio*). **ra·dia·dor** [rraðjaðór] *n/m* radiator. **ra·dial** [rraðjál] *adj* radial. **ra·dian·te** [rraðjáte] *adj* FÍS FIG radiant. **ra·diar** [rraðjár] *v* **1**. FÍS to radiate (*calor*). **2**. FÍS to irradiate (*radiactividad*). **3**. to broadcast (*por radio*). **4**. MED to treat with X-rays.

ra·di·ca·ción [rraðikaθjón] *n/f* setting up, establishment, location. **ra·di·cal** [rraðikál] **I**. *adj* **1**. root. **2**. FIG radical. **II**. *n/m* **1**. GRAM MAT root. **2**. MAT square root sign. **III**. *n/m,f* radical (*persona*). **ra·di·ca·lis·mo** [rraðikalísmo] *n/m* radicalism. **ra·di·ca·li·za·ción** [rraðikaliθaθjón] *n/f* radicalization. **ra·di·ca·li·zar** [rraðikaliθár] **I**. *v* (*radicalice*) to radicalize. **II**. *Refl(-se)* to become radical. **ra·di·car** [rraðikár] *v* (*radique*) **1**. BOT FIG to take root. **2**. to be situated, be located (*sitio*). **3**. **(~ en)** to lie (in), consist (of). **ra·dí·cu·la** [rraðíkula] *n/f* BOT radicle.

ra·dio [rráðjo] **I**. *n/f* **1**. radio, broadcasting (*emisiones*). **2**. radio (set) (*aparato*). **II**. *n/m* **1**. MAT ANAT radius. **2**. TÉC spoke. **3**. QUÍM radium. LOC **~ de acción**, 1. sphere of jurisdiction (*autoridad*). 2. range (*vehículo*, etc). **ra·dio·a·fi·cio·na·do/a** [rraðjoafiθjonáðo/a] *n/m,f* radio ham. **ra·dio·di·fu·sión** [rraðjodifusjón] *n/f* broadcasting. **ra·dio·es·cu·cha** [rraðjoeskútʃa] *n/m,f* listener. **ra·dio·fo·nía** [rraðjofonía] *n/f* radio, Br wireless. **ra·dio·gra·fía** [rraðjoγrafía] *n/f* **1**. *gen* radiography, X-ray photography. **2**. X-ray (photograph) (*foto*). **3**. *col* screening (*de espías*). **ra·dio·gra·fiar** [rraðjoγrafjár] *v* (*radiografíen*) **1**. to radio (*telegrafía*). **2**. MED to X-ray. **3**. *col* to screen (*espías*). **ra·dio·grá·fi·co/a** [rraðjoγráfiko/a] *adj* X-ray. **ra·dio·lo·gía** [rraðjoloxía] *n/f* radiology. **ra·dió·lo·go/a** [rraðjóloγo/a] *n/m,f* radiologist. **ra·dio·rre·cep·tor** [rraðjorreθeptór] *n/m* radio (set), receiver. **ra·dios·co·pia** [rraðjoskópja] *n/f* radioscopy. **ra·dio·ta·xi** [rraðjotá(k)si] *n/m* radio taxi. **ra·dio·**

te·le·fo·nía [rraðjotelefonía] *n/f* radiotelephony. **ra·dio·te·le·fó·ni·co/a** [rraðjotelefóniko/a] *adj* radiotelephonic. **ra·dio·te·le·gra·fía** [rraðjoteleɣrafía] *n/f* radiotelegraphy. **ra·dio·te·le·grá·fi·co/a** [rraðjoteleɣráfiko/a] *adj* radiotelegraphic. **ra·dio·te·le·gra·fis·ta** [rraðjoteleɣrafísta] *n/m,f* radio operator. **ra·dio·te·ra·pia** [raðjoterápja] *n/f* radiotherapy. **ra·dio·trans·mi·sor** [rraðjotransmisór] *n/m* radio transmitter. **ra·dio·yen·te** [rraðjoɟénte] *n/m,f* listener.

ra·er [rraér] *v* (*raigo, raí, raeré, raído*) **1.** to scrape (off) (*superficie*). **2.** to fray (*tela*).

rá·fa·ga [rráfaɣa] *n/f* **1.** gust, squall (*viento, etc.*). **2.** flash (*luz*). **3.** burst (*ametralladora*).

ra·gú [rraɣú] *n/m* ragout, stew.

ra·ído/a [rraíðo/a] *adj* **1.** frayed, threadbare (*tela*). **2.** shabby (*aspecto*).

rai·gam·bre [rraiɣámbre] *n/f* **1.** BOT root system. **2.** FIG tradition, history.

raíl [rraíl] *n/m* rail.

ra·íz [rraíθ] *n/f* BOT GRAM FIG root. LOC **A ~ de**, **1.** immediately after. **2.** as a result of. **Arrancar de ~**, to uproot, FIG to root out. **Tener/Echar ~es**, FIG to take root, put down roots.

ra·ja [rráxa] *n/f* **1.** slice (*melón, etc.*). **2.** slit (*corte*). **3.** gash (*herida*). **4.** crack (*en loza*).

ra·já [rraxá] *n/m* rajah.

ra·jar [rraxár] **I.** *v* **1.** to slice (*fruta*). **2.** ARG to slash, stab. **3.** to slit (*cortar*). **4.** to crack (*loza*). **5.** to gash (*mano*, etc). **II.** *Refl(-se)* FIG *col* to get cold feet. **ra·ja·ta·bla** [raxatáβla] LOC **A ~**, *adv* strictly, to the letter, regardless.

ra·lea [rraléa] *n/f* **1.** breed, kind (*clase*). **2.** PEY ilk.

ra·len·tí [rralentí] *n/m* slow motion. LOC **Al ~**, in slow motion (*cine*). **Estar/Funcionar al ~**, AUT FIG to be ticking over.

ra·lo/a [rrálo/a] *adj* **1.** thin, sparse (*pelo*). **2.** loosely-woven (*tela*).

ra·lla·dor [rraʎaðór] *n/m* grater. **ra·lla·du·ra** [rraʎaðúra] *n/f* **1.** grating (*acto*). **2.** *pl* gratings (*queso*, etc). **ra·llar** [rraʎár] *v* to grate.

ra·ma [rráma] *n/f* BOT FIG branch. LOC **Andarse/Irse por las ~s**, to beat about the bush.

ra·ma·dán [rramaðán] *n/m* Ramadan.

ra·ma·je [rramáxe] *n/m* branches.

ra·mal [rramál] *n/m* **1.** strand (*de soga*). **2.** branch line (*ferrocarril*). **3.** branch road (*camino*). **4.** FIG off-shoot. **ra·ma·la·zo** [rramaláθo] *n/m* **1.** stab of pain (*dolor*). **2.** fit (*de depresión*). **3.** FIG streak (*característica*).

ram·bla [rrambla] *n/f* **1.** gully (*cauce*). **2.** torrent (*agua*). **3.** boulevard (*paseo*).

ra·me·ra [rraméra] *n/f* prostitute.

ra·mi·fi·ca·ción [ramifikaθjón] *n/f* BOT FIG ramification. **ra·mi·fi·car·se** [rramifikárse] *v/Refl(-se)* (*ramifique*) **1.** **(~ en)** to ramify (into), branch out (into). **2.** FIG to have ramifications. **ra·mi·lle·te** [rramiʎéte] *n/m* **1.** bouquet (*grande*). **2.** posy (*pequeño*). **ra·mo** [rrámo] *n/m* **1.** bouquet. **2.** BOT branch (*cortado*). **3.** FIG branch, field.

ram·pa [rrámpa] *n/f* **1.** ramp (*terreno*). **2.** MED cramp.

ram·plón/na [rramplón/na] *adj* coarse, vulgar. **ram·plo·ne·ría** [rramplonería] *n/f* vulgarity, coarseness.

ra·na [rrána] *n/f* frog. LOC **Salir ~**, FAM **1.** to turn out a dead loss (*hijo*, etc). **2.** to fall through (*proyecto*). 3. to let down (*persona*).

ran·cio/a [rráṇθjo/a] *adj* **1.** FIG old fashioned. **2.** ancient (*abolengo*). **3.** mellow (*vino*). **4.** rancid, stale (*grasa, comida*).

ran·che·ro/a [rrantʃéro/a] *n/m,f* **1.** rancher. **2.** camp cook (*cocinero*).

ran·cho [rrántʃo] *n/m* **1.** ranch (*finca*). **2.** mess, communal meal (*comida*).

ran·da [rránda] **I.** *n/f* lace (trimming) (*adorno*). **II.** *n/m col* pickpocket.

ran·go [rraŋgo] **1.** rank, status (*categoría*). **2.** MIL rank.

ra·nu·ra [rranúra] *n/f* **1.** groove. **2.** slot.

ra·pa·ce·ría [rrapaθería], **ra·pa·ci·dad** [rrapaθiðáð] *n/f* rapacity.

ra·pa·pol·vo [rrapapólβo] *n/m col* dressing down. LOC **Echar un ~ a uno**, to give sb a dressing down. **ra·par** [rrapár] **I.** *v* **1.** to crop (*pelo*). **2.** to shave (*afeitarse*). **II.** *Refl(-se)* **1.** to have a crewcut (*pelo*). **2.** V. **rapar 2**.

ra·paz [rrapáθ] **I.** *adj* **1.** rapacious, greedy. **2.** ZOOL predatory, raptorial. **II.** *n/f,pl* ZOOL birds of prey. **ra·paz/za** [rrapáθ/θa] **I.** *n/m* lad. **II.** *n/f* girl.

ra·pe [rrápe] *n/m* ZOOL angler fish. LOC **Al ~**, cropped short (*pelo*).

ra·pé [rrapé] *n/m* snuff.

ra·pi·dez [rrapiðéθ] *n/f* **(~ en, de)** speed(iness) (in, of), quickness (in, of), rapidity (in, of). **rá·pi·do/a** [rrápiðo/a] **I.** *adj* quick, fast, rapid, speedy. **II.** *n/m* **1.** express (*tren*). **2.** *pl* rapids (*río*).

ra·pi·ña [rrapíɲa] *n/f* robbery (with violence). LOC **Ave de ~**, bird of prey.

ra·po·so/a [rrapóso/a] *n/m* **1.** ZOOL fox. **2.** *n/f* vixen.

rap·so·da [rrapsóða] *n/m* rhapsodist. **rap·so·dia** [rrapsóðja] *n/f* rhapsody.

rap·tar [rraptár] *v* to abduct, kidnap. **rap·to** [rrápto] *n/m* **1.** abduction, kidnapping (*secuestro*). **2.** MED fainting fit. **3.** fit, burst (*cólera*, etc). **4.** sudden impulse (*impulso*). **rap·tor/ra** [rraptór/ra] **I.** *adj* abducting, kidnapping. **II.** *n/m,f* abductor, kidnapper.

ra·que·ta [rrakéta] *n/f* **1.** DEP racquet. **2.** snow shoe. **3.** croupier's rake.

ra·quí·deo/a [rrakíðeo/a] *adj* ANAT rachidian. **ra·quis** [rrákis] *n/m* ANAT rachis. **ra·quí·ti·co/a** [rrakítiko/a] *adj* **1.** MED rachitic, rickety. **2.** FIG rickety, stunted. **ra·qui·tis·mo** [rakitísmo] *n/m* MED rickets, rachitis.

ra·ra·men·te [rraraménte] *adv* **1.** seldom, rarely (*frecuencia*). **2.** oddly, strangely (*manera*). **ra·re·za** [rraréθa] *n/f* **1.** rarity, scarcity (*calidad*). **2.** rarity (*cosa*). **3.** oddity, eccentricity. **ra·ri·fi·car** [rrarifikár] *v* (*rarifique*) to rarefy. **ra·ro/a** [rráro/a] *adj* **1.** rare, uncommon (*frecuencia*). **2.** strange, odd, unusual (*extraño*). **3.** FÍS inert (*gas*).

ras [rrás] *n/m* level, evenness. LOC **A ~ de**, level with, flush with. **A ~ de tierra**, at ground level. **ra·san·te** [rrasánte] **I.** *adj* **1.** low. **2.** grazing. LOC **Cambio de ~**, brow of a hill. **II.** *n/f* slope (*camino*). **ra·sar** *v* **1.** to level (with the rim). **2.** to skim, graze.

ras·ca·cie·los [rraskaθjélos] *n/m* skyscraper. **ras·ca·dor** [rraskaðór] *n/m* scraper. **ras·ca·du·ra** [raskaðúra] *n/f* **1.** scratch (*herida*). **2.** scraping, scrape (*acción, efecto*). **ras·car** [rraskár] **I.** *v* (*rasque*) **1.** to scratch (*con la uña*). **2.** to scrape. **3.** PEY to scratch away at (*guitarra, etc.*). **II.** *Refl(-se)* to scratch oneself. **ras·ca·tri·pas** [rraskatrípas] *n/m* third-rate fiddler.

ra·se·ra [rraséra] *n/f* fish-slice (*utensilio*). **ra·se·ro** [rraséro] *n/m* strickle, level. LOC **Medir con el mismo ~**, FIG to use the same yardstick.

ras·ga·do/a [rrasγáðo/a] *adj* **1.** torn (*tela, etc.*). **2.** almond-shaped (*ojos*). **ras·ga·du·ra** [rrasγaðúra] *n/f* **1.** tearing, ripping (*acción*). **2.** tear, rip (*efecto*). **ras·gar** [rrasγár] **I.** *v* (*rasgue*) to tear, rip. **II.** *Refl(-se)* to tear up, rip up. **ras·go** [rrásγo] *n/m* **1.** stroke, flourish (*pluma*). **2.** *pl* ANAT features. **3.** *pl* FIG characteristics, traits. LOC **A grandes ~s**, with broad strokes, broadly speaking. **ras·gón** [rasγón] *n/m* rip, rent. **ras·gue·ar** [rrasγeár] *v* **1.** to write with a flourish. **2.** MÚS to strum. **ras·gueo** [rrasγéo] *n/m* MÚS strumming. **ras·gu·ñar** [rasγuɲár] *v* **1.** to scratch, claw (*con las uñas*). **2.** to scrape (*con instrumento*). **ras·gu·ño** [rrasγúɲo] *n/m* scratch.

ra·si·lla [rrasíʎa] *n/f* thin hollow brick.

ra·so/a [rrása] **I.** *n/m* **1.** satin (*tela*). **2.** flat country, open country (*terreno*). **II.** *adj* **1.** flat, level (*llano*). **2.** clear (*cielo*). **3.** low, skimming the ground. **4.** full to the brim (*vaso*), level (*cuchara*). LOC **Al ~**, in the open. **Soldado ~**, private.

ras·pa [rráspa] *n/f* **1.** (fish)bone, backbone (*pescado*). **2.** BOT beard, stalk (*cereales*). **3.** BOT husk (*fruta, nueces*). **4.** BOT corn-cob (*maíz*). **5.** FIG *col* bag of bones. **ras·pa·do** [rraspáðo] *n/m* MED scrape. **ras·pa·dor** [rraspaðór] *n/m* **1.** scraper. **2.** rasp (*escofina*). **ras·pa·du·ra** [rraspaðúra] **1.** scratching (*acción ligera*). **2.** scraping (*acción fuerte*). **3.** *pl* scrapings, filings. **ras·par** [rraspár] *v* **1.** to scrape, rasp, file (*acción fuerte*). **2.** to scratch (*acción ligera*). **3.** to graze (*piel*). **4.** to erase, scratch out. **ras·po·so/a** [rraspóso/a] *adj* rough, sharp.

ras·que·ta [rraskéta] *n/f Amer* scraper.

ras·tra [rrástra] *n/f* **1.** AGR rake, harrow. **2.** trailing object. **3.** sledge (*transporte*). **4.** string (*ajos, etc.*). **5.** trawl, dredge (*pesca*). LOC **A ~s**, **1.** crawling, dragging oneself. **2.** FIG unwillingly.

ras·trea·dor/ra [rrastreaðór/ra] **I.** *adj* tracker, tracking. **II.** *n/m,f* tracker. LOC **Barco ~**, trawler. **~ de minas**, minesweeper. **rastre·ar** [rrastreár] *v* **1.** to track, trail (*seguir*). **2.** to track down (*encontrar*), trace. **3.** to drag (*llevar*). **4.** NÁUT to dredge. **5.** to trawl (*pesca*). **6.** AGR to harrow, rake. **7.** AER to fly low, skim the ground. **8.** to sweep (*minas*). **ras·treo** [rrastréo] *n/m* **1.** NÁUT dredging. **2.** trawling (*pesca*). **3.** tracking (*seguimiento*). **4.** AGR harrowing, raking. **5.** sweeping (*minas*). **ras·tre·ro/a** [rrastréro/a] *adj* **1.** ZOOL creeping, crawling. **2.** BOT creeping, climbing. **3.** FIG PEY despicable. **4.** FIG PEY fawning, slimy (*servil*). **ras·tri·llar** [rrastriʎár] *v* **1.** AGR to rake. **2.** to rake up, rake together (*recoger*). **3.** to dress (*cáñamo*). **ras·tri·llo** [rrastríʎo] *n/m* **1.** AGR rake. **2.** MIL portcullis. **ras·tro** [rrástro] *n/m* **1.** AGR rake. **2.** AGR harrow. **3.** track, trail (*huella*). **4.** scent (*pista*). **5.** flea market in Madrid. LOC **Ni ~**, not a trace.

ras·tro·je·ra [rrastroxéra] *n/f* stubble field. **ras·tro·jo** [rrastróxo] *n/m* **1.** AGR stubble (*tallos*). **2.** AGR stubble field (*campo*).

ra·su·ra [rrasúra] *n/f* **1.** shaving. **2.** TÉC scraping. **ra·su·rar** [rrasurár] **I.** *v* **1.** to shave. **2.** TÉC to scrape. **II.** *Refl(-se)* to shave, have a shave.

ra·ta [rráta] **I.** *n/f* **1.** ZOOL rat. **2.** ZOOL female mouse. **II.** *n/m* sneak thief. LOC **Más pobre que las ~s**, as poor as a church mouse.

ra·ta·plán [rrataplán] *n/m* ra-ta-ta (*sonido*).

ra·te·ar [rrateár] *v* to pilfer, filch. **ra·te·ría** [rratería] *n/f* **1.** pilfering, petty larceny (*robo*). **2.** crookedness (*cualidad*). **ra·te·ro/a** [rratéro/a] **I.** *adj* light-fingered. **II.** *n/m,f* petty thief, sneak thief. **ra·ti·ci·da** [ratiθíða] *n/m* rat poison.

ra·ti·fi·ca·ción [rratifikaθjón] *n/f* ratification, confirmation. **ra·ti·fi·car** [rratifikár] **I.** *v* (*ratifique*) to ratify, confirm. **II.** *Refl(-se)* **1.** **(~ en)** V. **ratificar I**. **2.** to be ratified, be confirmed.

ra·to [rráto] *n/m* while, (short) time. LOC **A ~s**, at times, from time to time. **Darse/Llevarse/Pasar un buen ~**, to have a good time. **De ~ en ~**, from time to time. **Hay para ~**, it'll take a while. **¡Hasta otro ~**, See you! **Pasar el ~**, to while away the time, kill time. **Un ~**, *adv col* a heck of a lot.

ra·tón [rratón] *n/m* ZOOL COM P mouse. **ra·to·ne·ro/a** [rratonéro/a] **I.** *adj* mouse, mousy. **II.** *n/f* **1.** mousetrap. **2.** mousehole.

rau·dal [rrauðál] *n/m* **1.** torrent. **2.** FIG floods. LOC **A ~es**, in floods. **rau·do/a** [rráuðo/a] *adj* swift, rushing.

ra·ya [rráɟa] *n/f* **1.** ZOOL ray, skate. **2.** line, stripe. **3.** scratch (*señal*). **4.** parting (*peinado*). **5.** dash (*escritura*). LOC **A ~s**, striped. **Pasar de la ~**, to overstep the mark. **Tener a ~ a uno**, **1.** to keep sb in check. **2.** to keep at bay (*a distancia*). **ra·ya·do/a** [rraɟáðo/a] *adj* **1.** ruled (*papel*). **2.** crossed (*cheque*). **3.** striped (*tela*). **III.** *n/m* **1.** ruled lines, ruling (*papel*). **2.** stripes (*tela*). **3.** TÉC rifling. **ra·ya·no/a** [rraɟáno/a] *adj* **(~ en)** adjacent (to), bordering (on). **ra·yar** [rraɟár] *v* **1.** to rule lines on (*papel*). **2.** to stripe, streak. **3.** to scratch, score (*superficie*). **4.** to cross out (*tachar*). **5.** TÉC to rifle. **6.** **(~ con)** to be adjacent (to), border (on). **7.** **(~ en)** FIG to border (on), verge (on). LOC **~ en los cuarenta/etc.**, *col* to be pushing forty/etc. **Al ~ el alba**, at the crack of dawn, at daybreak. **Rayaba el día**, day was breaking.

ra·yo [ráJo] *n/m* **1**. ray, beam, shaft (*luz*). **2**. thunderbolt, flash of lightning (*tiempo*). **3**. *pl* FÍS rays. **4**. TÉC spoke. **5**. FIG fast worker, like lightning.

ra·yón [raJón] *n/m* rayon.

ra·za [ráθa] *n/f* **1**. BIOL race. **2**. breed, strain (*animal*). LOC **De ~**, thoroughbred, pedigree.

ra·zón [rraθón] *n/f* **1**. reason (*facultad, argumento*). **2**. right, justice. **3**. cause, motive. **4**. message (*recado*). **5**. details, information. **6**. MAT ratio, proportion. LOC **A ~ de**, 1. in a ratio of. 2. at the rate of (*distribución*). **Atender a ~es**, to listen to reason. **¡Con ~!**, naturally! **Dar ~ de algo**, to give information about sth, report on sth. **Entrar en ~**, to see sense. **Perder la ~**, to lose one's reason. **Tener ~**, to be right. **ra·zo·na·ble** [rraθonáßle] *adj* reasonable. **ra·zo·na·mien·to** [rraθonamjénto] *n/m* reasoning. **ra·zo·nar** [rraθonár] *v* **1**. to reason, argue. **2**. to reason out (*problemas*). **3**. to talk.

re [rré] **I**. *n/m* MÚS ray, D. **II**. *pref* re-.

re·ac·ción [rreakθjón] *n/f* **1**. **(~ ante)** *gen* QUÍM MED reaction (to). **2**. **(~ a)** response (to). LOC **~ en cadena**, chain reaction. **Avión a/de ~**, jet plane. **re·ac·cio·nar** [rreakθjonár] *v* to react, respond. **re·ac·cio·na·rio/a** [rreakθjonárjo/a] *adj, n/m,f* reactionary.

rea·cio/a [rreáθjo/a] *adj* **(~ a)** resistant (to), opposed (to), reluctant (to).

re·ac·ti·var [rreaktißár] *v* to reactivate. **re·ac·ti·vo/a** [rreaktíßo/a] **I**. *adj* reactive. **II**. *n/m* QUÍM reagent. **re·ac·tor** [rreaktór] *n/m* **1**. FÍS reactor. **2**. TÉC jet engine. **3**. AER jet plane.

re·a·dap·ta·ción [rreaðaptaθjón] *n/f* **1**. readaptation. **2**. retraining (*trabajo*). **3**. rehabilitation (*enfermo*). **re·a·dap·tar** [rreaðaptár] *v* **1**. to readapt. **2**. to retrain. **3**. to rehabilitate.

re·a·jus·tar [rreaxustár] *v* **1**. to readjust. **2**. to raise (*precios*). **re·a·jus·te** [rreaxúste] *n/m* **1**. readjustment. **2**. FIG reappraisal. **3**. rise (*precios*).

re·al [rreál] **I**. *adj* **1**. real. **2**. royal (*monarquía*). **3**. FIG grand. **II**. *n/m* **1**. fairground. **2**. HIST 25 céntimos coin.

re·al·ce [rreálθe] *n/m* **1**. TÉC embossing. **2**. ART highlight. **3**. FIG lustre (*esplendor*). **4**. FIG importance. **5**. FIG enhancement.

rea·le·za [rrealéθa] *n/f* royalty.

rea·li·dad [rrealiðáð] *n/f* **1**. *gen* reality. **2**. truth. **3**. fact(s). LOC **En ~**, in fact, actually. **Tomar ~**, to take shape. **rea·lis·mo** [rrealísmo] *n/m* **1**. monarchism (*política*). **2**. realism. **rea·lis·ta** [rrealísta] **I**. *adj* **1**. royalist (*monarquía*). **2**. realistic. **II**. *n/m,f* **1**. royalist (*monarquía*). **2**. realist. **rea·li·za·ble** [rrealiθáßle] **1**. realizable (*bienes*). **2**. attainable (*objetivo*). **rea·li·za·ción** [rrealiθaθjón] *n/f* **1**. realization, fulfilment, achievement (*objetivo*). **2**. COM sale, selling up. **3**. production (*cine*). **4**. performance. **rea·li·za·dor/ra** [rrealiθaðór/ra] *n/m,f* director (*cine*). **rea·li·zar** [rrealiθár] **I**. *v* (*realice*) **1**. to realize (*bienes*). **2**. COM to sell up. **3**. to attain, achieve, realize (*objetivo*). **4**. to make (*viaje, compra*). **II**. *Refl(-se)* **1**. to come true (*sueño*). **2**. to be carried out (*plan*). **3**. to fulfil oneself. **real·men·te** [rrealménte] *adv* really, actually.

re·al·qui·lar [rrealkilár] *v* **1**. to sublet. **2**. to relet.

re·al·zar [rrealθár] **I**. *v* (*realce*) **1**. TÉC to emboss. **2**. ART to highlight. **II**. *Refl(-se)* FIG to enhance, heighten.

re·a·ni·mar [rreanimár] **I**. *v* **1**. to revive, bring round. **2**. FIG to give new life to, encourage. **II**. *Refl(-se)* **1**. to revive, come round. **2**. FIG to acquire new life.

re·a·nu·da·ción [rreanuðaθjón] *n/f* renewal, resumption. **re·a·nu·dar** [rreanuðár] *v* **1**. to renew. **2**. to resume.

re·a·pa·re·cer [rreapareθér] *v* (*reaparezco*) to reappear. **re·a·pa·ri·ción** [rreapariθjón] *n/f* reappearance.

re·ar·mar [rrearmár] *v/Refl(-se)* to rearm. **re·arme** [rreárme] *n/m* rearmament.

re·a·se·gu·rar [rreaseγurár] *v* to reinsure, underwrite.

rea·ta [rreáta] *n/f* string (*mulas*, etc).

re·ba·ba [rreßáßa] *n/f* rough edge, burr.

re·ba·ja [rreßáxa] *n/f* **1**. lowering (*acto*). **2**. COM price reduction. **3**. COM discount, rebate. **re·ba·ja·do/a** [rreßaxáðo/a] **I**. pp of *rebajar*. **II**. *adj* **1**. lowered. **2**. reduced. **3**. ARQ depressed. **III**. *n/m* person excused military service. **re·ba·jar** [rreßaxár] *v* **1**. *gen* to lower. **2**. to reduce. **3**. to lessen (*intensidad*). **4**. to tone down (*color*). **5**. to cut (sb) down to size (*persona*). **6**. to excuse (sb) (*obligación*). **II**. *Refl(-se)* **1**. **(~ ante)** to bow (to). **2**. **(~ a)** to humble oneself sufficiently (to). **3**. MIL to be excused.

re·ba·na·da [rreßanáða] *n/f* slice. **re·ba·nar** [rreßanár] *v* **1**. to slice through (*de un golpe*). **2**. to slice (*pan*).

re·ba·ñar [rreßaɲár] *v* **1**. to scrape up, scrape together. **2**. FIG to clean out.

re·ba·ño [rreßáɲo] *n/m* flock, herd.

re·ba·sar [rraßasár] *v* **1**. to exceed, go beyond (*límites*). **2**. to overtake, leave behind.

re·ba·tir [rraßátir] *v* **1**. to repel. **2**. to parry (*golpe*). **3**. to rebut (*argumentos*).

re·ba·to [rreßáto] *n/m* **1**. warning of attack (*aviso*). **2**. call to arms. **3**. surprise attack (*razzia*). LOC **Tocar a ~**, to sound the alarm.

re·be·ca [rreßéka] *n/f* cardigan.

re·be·co [rreßéko] *n/m* ZOOL chamois, ibex.

re·be·lar·se [rreßelárse] *v/Refl(-se)* **(~ contra)** to rebel (against), revolt (against). **re·bel·de** [rreßélde] **I**. *adj* **1**. *gen* rebellious. **2**. unruly (*niño*). **3**. stubborn (*problema*). **4**. persistent (*gripe, etc.*). **5**. JUR defaulting, in contempt of court. **II**. *n/m,f* **1**. rebel. **2**. JUR defaulter, person in contempt of court. **re·bel·día** [rreßeldía] *n/f* rebelliousness, defiance. LOC **En ~**, JUR in contempt of court. **re·be·lión** [rreßeljón] *n/f* rebellion, revolt.

re·blan·de·cer [rreßlandeθér] *v* (*reblandezco*) to soften.

re·bo·bi·na·do [rreβoβináðo] *n/m* rewinding. **re·bo·bi·nar** [rreβoβinár] *v* to rewind.

re·bor·de [rreβórðe] *n/m* **1.** ledge. **2.** TÉC flange, rim.

re·bo·san·te [rreβosánte] *adj* **(~ de)** brimming (with). **re·bo·sar** [rreβosár] *v* **1. (~ de, en)** to overflow (with), brim over (with) (*líquido*). **2. (~ de, en)** to abound (with), overflow (with) (*abundar*). **3. (~ de, en)** to be bursting (with) (*energía, salud*).

re·bo·tar [rreβotár] **1.** to bounce (*pelota*). **2.** to ricochet, rebound (*de carambola*). **re·bo·te** [rreβóte] *n/m* bounce, rebound. LOC **De ~**, 1. on the rebound. 2. FIG indirectly.

re·bo·zar [rreβoθár] *v* **1.** to roll in batter, breadcrumbs etc. (*cocina*). **2.** to fry in batter, breadcrumbs etc. (*cocina*). **3.** to muffle up, wrap up (*cara, etc.*). **II.** *Refl(-se)* to muffle (oneself) up. **re·bo·zo** [rreβóθo] *n/m* **1.** wrap, shawl, muffler (*prenda*). **2.** FIG disguise, dissimulation. LOC **De ~**, secretly. **Sin ~**, 1. *adv* openly. 2. *adj* above board.

re·bro·tar [rreβrotár] *v* **1.** BOT to shoot again, sprout again. **2.** FIG to break out again. **re·bro·te** [rreβróte] *n/m* **1.** BOT new shoot. **2.** FIG fresh outbreak.

re·bu·llir [rreβuʎír] *v*, *v/Refl(-se)* to stir, show signs of life.

re·bus·ca·do/a [rreβuskáðo/a] *adj* **1.** recherché, stilted (*palabra*). **2.** studied, elaborated. **re·bus·car** [rreβuskár] *v* (*rebusque*) **1.** AGR to glean. **2.** to search carefully for, hunt out (*cosas*). **3.** to rummage through/in (*montón*).

re·buz·nar [rreβuθnár] *v* to bray. **re·buz·no** [rreβúθno] *n/m* bray(ing).

re·ca·bar [rrekaβár] *v* **1.** to obtain (by entreaty) (*obtener*). **2.** to claim as of right (*reclamar*). **3.** to collect (*fondos*).

re·ca·de·ro/a [rrekaðéro/a] *n/m,f* **1.** messenger (*mensajes*). **2.** errand boy/girl (*botones*). **3.** delivery man/woman. **re·ca·do** [rrekáðo] *n/m* **1.** message (*razón*). **2.** errand (*encargo*).

re·ca·er [rrekaér] *v* (*recaigo, recaí, recaeré, recaído*) **1.** MED to suffer a relapse. **2. (~ en)** FIG to relapse (into), fall back (into). **3. (~ sobre)** to go (to) (*beneficios*, etc). **4. (~ sobre)** to fall (on) (*sospecha*). **re·caí·da** [rrekaíða] *n/f* relapse (into).

re·ca·lar [rrekalár] *v* **1.** to soak, saturate. **2.** NÁUT to sight land.

re·cal·car [rrekalkár] *v* (*recalque*) **1.** to squeeze, cram, stuff. **2.** FIG to stress, emphasise.

re·cal·ci·tran·te [rrekalθitránte] *adj* recalcitrant.

re·ca·len·ta·mien·to [rrekalentamjénto] *n/m* **1.** reheating. **2.** overheating (*exceso*). **re·ca·len·tar** [rrekalentár] **I,** *v* **1.** to reheat. **2.** to overheat (*exceso*). **II.** *Refl(-se)* **1.** to become overheated. **2.** to spoil. **3.** to rot (*madera, trigo, etc.*).

re·ca·ma·do [rrekamáðo] *n/m* embroidery. **re·ca·mar** [rrekamár] *v* to embroider.

re·cá·ma·ra [rrekámara] *n/f* **1.** dressing room. **2.** explosives store. **3.** breech, chamber (*arma*).

re·cam·bio [rrekámbjo] *n/m* **1.** TÉC spare (part). **2.** refill (*bolígrafo*).

re·ca·pa·ci·tar [rrekapaθitár] *v* to reflect (upon), think over.

re·ca·pi·tu·la·ción [rrekapitulaθjón] *n/f* recapitulation, summing up. **re·ca·pi·tu·lar** [rrekapitulár] *v* to recapitulate, sum up.

re·car·gar [rrekarγár] *v* (*recargue*) **1.** to reload (*arma, camión*). **2.** to overload. **3.** to overload on one side. **4.** TÉC to recharge. **5.** to overcharge. **6.** to put an additional charge on (*suplemento*). **7. (~ de, con)** FIG to overload (with). **re·car·go** [rrekárγo] *n/m* **1.** new burden (*nuevo*). **2.** extra load (*adicional*). **3.** surcharge (*coste*). **4.** JUR new charge.

re·ca·ta·do/a [rrekatáðo/a] *adj* **1.** prudent. **2.** modest, demure (*mujeres*). **re·ca·tar** [rrekatár] **I.** *v* **1.** to re-examine (*inspección*). **2.** to hide (*ocultar*). **II.** *Refl(-se)* **1. (~ de)** to hide oneself away (from). **2.** to act discreetly. **3.** to be cautious. **4. (~ de)** to fight shy (of). **re·ca·to** [rrekáto] *n/m* **1.** modesty, demureness (*mujeres*). **2.** caution, reserve (*cautela*).

re·cau·chu·ta·do [rrekautʃutáðo] *n/m* **1.** remould, retread. **2.** retreading, remoulding (*proceso*). **re·cau·chu·tar** [rrekautʃutár] *v* TÉC to remould, retread.

re·cau·da·ción [rrekauðaθjón] *n/f* **1.** COM takings. **2.** collection (*acción*). **3.** returns (*impuestos*). **4.** tax office (*lugar*). **re·cau·da·dor/ra** [rrekauðaðór/ra] *n/m,f* tax collector. **re·cau·dar** [rrekauðár] *v* **1.** to take, collect (*dinero*). **2.** to recover (*deuda*). **3.** FIG to watch over. **re·cau·do** [rrekáuðo] *n/m* **1.** collection (*dinero*). **2.** precaution (*cautela*). **3.** JUR surety. LOC **Poner a buen ~**, to put in a safe place.

re·ce·lar [rreθelár] *v v/Refl(-se)* **1. (~ de)** to suspect, fear, distrust. **2. (~ de +*inf*)** to be afraid of + *ger*. **re·ce·lo** [rreθélo] *n/m* suspicion, fear, mistrust, misgiving. **re·ce·lo·so/a** [rreθelóso/a] *adj* suspicious, distrustful, apprehensive.

re·cen·sión [rreθensión] *n/f* review.

re·cen·tal [rreθentál] *adj* sucking, unweaned (*ternera*).

re·cep·ción [rreθepθjón] *n/f* **1.** reception (*acto, hotel, ceremonia*). **2.** drawing room (*salón*). **re·cep·cio·nis·ta** [rreθepθjonísta] *n/m,f* receptionist.

re·cep·tá·cu·lo [rreθeptákulo] *n/m gen* BOT receptacle.

re·cep·ti·vi·dad [rreθeptiβiðáð] *n/f* receptivity. **re·cep·ti·vo/a** [rreθeptíβo/a] *adj* receptive. **re·cep·tor/ra** [rreθeptór/ra] **I.** *adj* receiving. **II.** *n/m* **1.** recipient, receiver (*persona*). **2.** TÉC ELECTR receiver. **3.** ANAT BOT receptor.

re·ce·sión [rreθesjón] *n/f* recession. **re·ce·si·vo/a** [rreθesíβo/a] *adj* **1.** BIOL recessive. **2.** that tends to recession. **re·ce·so** [rreθéso] *n/m* **1.** downturn. **2.** *Amer* recess (*parlamento*). **3.** pause, break.

re·ce·ta [rreθéta] *n/f* **1.** MED prescription. **2.** recipe (*cocina*). **re·ce·tar** [rreθetár] *v* MED to prescribe. **re·ce·ta·rio** [rreθetárjo] *n/m* **1.**

book of recipes (*cocina*). **2**. prescription book (*hospital*). **3**. pharmacopoeia.

re·ci·bí [rreθiβí] *n/m* receipt.

re·ci·bi·dor/ra [rreθiβiðór/ra] **I**. *n/m,f* receiver, recipient (*persona*). **II**. *n/m* ARQ entrance hall; visitor's/waiting room. **re·ci·bi·mien·to** [rreθiβimjénto] *n/m* reception, welcome. **re·ci·bir** [rreθiβír] *v* **1**. to receive. **2**. to welcome, greet (*acoger*). **3**. to (go and) meet (*esperar*). **4**. to entertain, receive visitors. **re·ci·bo** [rreθíβo] *n/m* receipt. LOC **Acusar ~**, to acknowledge receipt. **Ser de ~**, to be acceptable.

re·ci·cla·je [rreθikláxe] *n/m* **1**. *gen* recycling. **2**. retraining (*profesiones*).

re·cie·dum·bre [rreθjeðúmbre] *n/f* strength.

re·cién [rreθjén] *adv abrev* of *reciente*, newly, recently + pp. **re·cien·te** [rreθjénte] *adj* **1**. *gen* recent. **2**. fresh (*pan*).

re·cin·to [rreθínto] *n/m* **1**. precinct(s), grounds. **2**. enclosure, compound.

re·cio/a [rreθjo/a] **I**. *adj* **1**. **(~ de)** strong (of), sturdy (of) (*persona, cosa*). **2**. rigorous, severe (*invierno*). **3**. loud (*voz*). **II**. *adv* **1**. loud(ly) (*voz*). **2**. hard, heavily (*golpe, lluvia*).

re·ci·pien·da·rio/a [rreθipjendárjo/a] *n/m,f* newly-elected member.

re·ci·pien·te [rreθipjénte] *n/m* **1**. recipient. **2**. receptacle, vessel, container.

re·ci·pro·ci·dad [rreθiproθiðáð] *n/f* reciprocity. **re·cí·pro·co/a** [rreθíproko/a] *adj* reciprocal.

re·ci·ta·ción [rreθitaθjón] *n/f* recitation, recital. **re·ci·ta·do** [rreθitáðo] *n/m* **1**. recitation. **2**. MÚS recitative. **re·ci·tal** [rreθitál] *n/m* recital. **re·ci·tar** [rreθitár] *v* to recite.

re·cla·ma·ción [rreklamaθjón] *n/f* **1**. claim, demand. **2**. complaint: *Libro de ~es*, Complaints Book. **re·cla·mar** [rreklamár] *v* **1**. **(~ de)** to claim (from), demand (from). **2**. **(~ contra)** to protest (against), complain (about) (*quejarse*). **3**. **(~ contra)** JUR to appeal (against). **4**. **(~ ante)** JUR to take (sb) to court. **re·cla·mo** [rreklámo] **1**. decoy (bird) (*caza*). **2**. ZOOL (bird) call. **3**. advertisement. **4**. advertising slogan.

re·cli·nar [rreklinár] *v/Refl(-se)* to lean (back), recline. **re·cli·na·to·rio** [rreklinatórjo] *n/m* REL prie-dieu.

re·cluir [rreklwír] **I**. *v* (*recluyo*) **1**. **(~ en)** to shut away (in), confine (to). **2**. JUR to imprison. **II**. *Refl(-se)* to shut oneself away. **re·clu·sión** [rreklusjón] *n/f* **1**. seclusion (*acto*). **2**. JUR imprisonment, confinement. **3**. prison (*cárcel*). **4**. retreat (*retiro*). **re·clu·so/a** [rreklúso/a] *n/m,f* prisoner.

re·clu·ta [rreklúta] *n/m,f* **1**. MIL recruit. **2**. conscript (*no voluntario*). **re·clu·ta·dor/ra** [rreklutaðór/ra] *n/m,f* MIL recruiting officer. **re·clu·ta·mien·to** [rreklutamjénto] *n/m* **1**. recruitment (*voluntarios*). **2**. conscription (*no voluntarios*). **3**. recruits, conscripts (*conjunto*). **re·clu·tar** [rreklutár] *v* **1**. to recruit. **2**. to conscript.

re·co·brar [rrekoβrár] **I**. *v* **1**. to recover, get back. **2**. to recapture (*fugitivo*). **II**. *Refl(-se)* **1**. to get one's money back (*dinero*). **2**. **(~ de)** to recover (from), get better (*salud*). **3**. to come round (*conocimiento*).

re·co·chi·neo [rrekotʃinéo] *n/m* **1**. mickey taking. **2**. **(con ~)** rubbing it in.

re·co·do [rrekóðo] *n/m* bend.

re·co·ge·dor/ra [rrekoxeðór/ra] **I**. *adj* collecting. **II**. *n/m,f* AGR harvester, picker (*persona*). **III**. *n/m* dustpan (*utensilio*). **re·co·ger** [rrekoxér] **I**. *v* (*recojo*) **1**. to pick up (*levantar*). **2**. DEP to field, stop. **3**. to gather together, collect. **4**. AGR to get in, harvest. **5**. to pick (*frutos*). **6**. to come across (*noticia*). **7**. to take in (*acoger*). **8**. to get, fetch. **9**. to contract, draw in. **10**. to shorten. **11**. to fold (*alas*). **II**. *Refl(-se)* **1**. to withdraw. **2**. to go to bed, retire (*acostarse*). **3**. to go home. **4**. **(~ en)** to take shelter (in). **re·co·gi·da** [rrekoxíða] *n/f* **1**. withdrawal, retirement (*retiro*). **2**. AGR harvest. **3**. collection (*correo, basura*, etc). **re·co·gi·do/a** [rrekoxíðo/a] *adj* **1**. quiet (*vida*). **2**. retiring (*carácter*). **3**. small (*lugar*). **re·co·gi·mien·to** [rrekoximjénto] *n/ m* **1**. withdrawal (*acto*). **2**. AGR harvesting. **3**. seclusion. **4**. absorption, con- centration.

re·co·lec·ción [rrekole(k)θjón] *n/f* **1**. AGR harvest(ing) (*acción*). **2**. AGR harvest time (*temporada*). **3**. collection (*dinero*). **4**. gathering (*datos*, etc). **re·co·lec·tar** [rrekolektár] *v* **1**. AGR to harvest, gather in. **2**. to collect. **re·co·lec·tor/ra** [rrekolektór/ra] *n/ m,f* collector.

re·co·le·to/a [rrekoléto/a] *adj* **1**. quiet, peaceful (*lugar*). **2**. retiring, withdrawn (*persona*).

re·co·men·da·ble [rrekomendáβle] *adj* **1**. recommendable. **2**. advisable. **re·co·men·dar** [rrekomendár] *v* (*recomiendo*) **1**. to recommend, advise. **2**. to suggest. **3**. to entrust. **4**. to commend.

re·co·men·zar [rrekomenθár] *v* (*recomienzo*) to begin again.

re·co·mer·se [rrekomérse] *v/Refl(-se)* **(~ de)** FIG to be consumed (with).

re·com·pen·sa [rrekompénsa] **1**. recompense, reward. **2**. compensation. **re·com·pen·sar** [rrekompensár] *v* **1**. to recompense, reward. **2**. to compensate.

re·com·po·ner [rrekomponér] *v* (*recompongo, recompuse, recompondré, recompuesto*) **1**. TÉC to repair, mend. **2**. to reset (*tipografía*).

re·con·cen·trar [rrekonθentrár] *v*, *v/Refl (-se)* **(~ en)** to concentrate (on).

re·con·ci·lia·ción [rrekonθiljaθjón] *n/f* reconciliation. **re·con·ci·liar** [rrekonθiljár] **I**. *v* to reconcile. **II**. *Refl(-se)* **(~ con)** to be reconciled (to).

re·con·co·mer·se [rrekonkomérse] *v/Refl (-se)* FIG V. **recomerse**.

re·cón·di·to/a [rrekóndito/a] *adj* **1**. recondite (*estilo*). **2**. FIG innermost (*sentimientos*).

re·con·du·cir [rrekonduθír] *v* (*reconduzco, reconduje*) **1**. **(~ a)** to bring back (to), take back (to) (*persona*). **2**. JUR to renew, extend (*prórroga*).

re·con·for·tan·te [rrekoɱfortáṇte] *adj* comforting, cheering. **re·con·for·tar** [rrekoɱfortár] *v* **1**. to comfort. **2**. to encourage.

re·co·no·cer [rrekonoθér] **I**. *v (reconozco)* **1**. **(~ por)** *gen* to recognize (by), tell (by). **2**. **(~ como, por)** to recognize (as) (*aceptar*). **3**. to be grateful for (*regalo, etc.*). **4**. to search (*registrar*). **5**. MED to examine. **6**. MIL to reconnoitre. **7**. to survey (*terreno*). **II**. *Refl(-se)* **1**. to be recognized. **2**. to admit (*culpabilidad*). **re·co·no·ci·ble** [rrekonoθíßle] *adj* recognizable. **re·co·no·ci·mien·to** [rrekonoθimjéṇto] *n/m* **1**. *gen* recognition. **2**. admission, acknowledgement (*hechos*). **3**. search, inspection (*registro*). **4**. MED examination. **5**. MIL reconnaissance. **6**. survey. **7**. gratitude.

re·con·quis·ta [rrekoŋkísta] *n/f* reconquest. **re·con·quis·tar** [rrekoŋkistár] *v* to reconquer.

re·con·si·de·rar [rrekonsiðerár] *v* to reconsider.

re·cons·ti·tu·ción [rreko(n)stituθjón] *n/f* **1**. reconstitution. **2**. reconstruction. **re·cons·ti·tuir** [rreko(n)stitwír] *v (reconstituyo)* **1**. to reconstitute. **2**. to reconstruct (*evento*). **re·cons·ti·tu·yen·te** [rreko(n)stituJéṇte] *n/m* tonic, restorative.

re·cons·truc·ción [rreko(n)strukθjón] *n/f* reconstruction, rebuilding. **re·cons·truir** [rreko(n)struír] *v (reconstruyo)* **1**. to rebuild. **2**. to reconstruct.

re·con·ven·ción [rrekoɱbeṇθjón] *n/f* **1**. reprimand. **2**. remonstrance. **3**. JUR counterclaim, countercharge. **re·con·ve·nir** [rrekoɱbenír] *v (reconvengo, reconvine, reconvendré, reconvenido)* **1**. to reprimand. **2**. **(~ a)** to remonstrate (with). **3**. JUR to counterclaim, countercharge.

re·con·ver·sión [rrekoɱbersión] *n/f* **1**. rationalization (*industria*). **2**. retraining (*profesional*). **3**. reconversion. **re·con·ver·tir** [rrekoɱbertír] *v (reconvierto)* **1**. to rationalize (*industria*). **2**. to retrain for industry (*profesional*). **3**. **(~ en)** to reconvert (to).

re·co·pi·la·ción [rrekopilaθjón] *n/f* summary, compilation. **re·co·pi·lar** [rrekopilár] *v* **1**. to summarize (*resumir*). **2**. to compile, collect (together) (*reunir*).

ré·cord [rrékor(d)] *n/m* DEP FIG record.

re·cor·dar [rrekorðár] *v (recuerdo)* **1**. to remember, recall, recollect. **2**. to call up, bring to mind. **3**. to remind (of). **re·cor·da·to·rio/a** [rrekorðatórjo/a] **I**. *adj* as a reminder. **II**. *n/m* **1**. reminder. **2**. memento (*recuerdo*).

re·co·rrer [rrekorrér] *v* **1**. to go across, go over. **2**. to cross, tour (*país*). **3**. to cover, scour. **4**. to travel (*distancia*). **re·co·rri·do** [rrekorríðo] *n/m* **1**. run, journey. **2**. route (*autobús*). **3**. distance travelled. **4**. round (*de repartidor*).

re·cor·ta·ble [rrekortáßle] *n/m* cutout. **re·cor·ta·do/a** [rrekortáðo/a] *adj* jagged, uneven (*filo*). **re·cor·tar** [rrekortár] *v* **1**. to cut away, cut back (*exceso*). **2**. to cut out (*papel*). **3**. to cut (*precios*). **4**. to cut down (*cantidad*). **5**. to turn down (*volumen*). **re·cor·te** [rrekórte] *n/m* **1**. cutting, trimming (*acto*). **2**. cutback. **3**. cutout (*dibujos*). **4**. *pl* trimmings, clippings. **5**. cutting.

re·cos·tar [rrekostár] **I**. *v (recuesto)* to lean. **II**. *Refl(-se)* to recline, lie back.

re·co·ve·co [rrekoßéko] *n/m* **1**. bend (*calle*). **2**. nook, odd corner. LOC **Sin ~s**, frankly, without equivocation.

re·cre·ar [rrekreár] **I**. *v* **1**. to recreate. **2**. to entertain, amuse. **II**. *Refl(-se)* **(~ en, con)** to enjoy oneself (with), take pleasure (in). **re·crea·ti·vo/a** [rrekreatíßo/a] *adj* recreational. **re·creo** [rrekréo] *n/m* **1**. *gen* recreation, relaxation. **2**. amusement. **3**. break.

re·cri·mi·na·ción [rrekriminaθjón] *n/f* **1**. *gen* recrimination. **2**. JUR countercharge. **re·cri·mi·nar** [rrekriminár] *v* **1**. to reproach. **2**. to recriminate. **3**. JUR to countercharge. **re·cri·mi·na·to·rio/a** [rrekriminatórjo/a] *adj* recriminatory.

re·cru·de·cer [rrekruðeθér] *v*, *v/Refl(-se)* (*recrudezco*) **1**. to break out again (*repetirse*). **2**. to worsen (*empeorar*). **re·cru·de·ci·mien·to** [rrekruðeθimjéṇto] *n/m* **1**. fresh outbreak. **2**. worsening.

rec·ta [rrékta] *n/f* straight line.

rec·tal [rrektál] *adj* ANAT rectal.

rec·tan·gu·lar [rrektaŋgulár] *adj* MAT rectangular. **rec·tán·gu·lo** [rrektáŋgulo] *n/m* MAT rectangle.

rec·ti·fi·ca·ble [rrektifikáßle] *adj* rectifiable. **rec·ti·fi·ca·ción** [rrektifikaθjón] *n/f* rectification, correction. **rec·ti·fi·ca·dor/ra** [rrektifikaðór/ra] **I**. *adj* rectifying. **II**. *n/m* ELECTR rectifier. **rec·ti·fi·car** [rrektifikár] *v (rectifique)* **1**. to rectify, correct. **2**. TÉC to rebore.

rec·ti·lí·neo/a [rrektilíneo/a] *adj* rectilinear.

rec·ti·tud [rrektitúd] *n/f* **1**. *gen* straightness, accuracy. **2**. FIG rectitude, probity. **rec·to/a** [rrékto/a] **I**. *adj* **1**. straight. **2**. right (*ángulo*). **3**. GRAM literal. **4**. FIG upright, honest. **II**. *n/m* ANAT rectum.

rec·tor/ra [rrektór/ra] **I**. *adj* guiding, main, ruling. **II**. *n/m* **1**. rector. **2**. vice-chancellor (*universidad*). **III**. *n/m,f* principal, head (*organismo*). **rec·to·ra·do** [rrektoráðo] **1**. rectorate, vice-chancellorship (*cargo, duración*). **2**. rectorate, vice-chancellor's office (*despacho*).

re·cua [rrékwa] *n/f* mule train.

re·cua·dro [rrekwáðro] *n/m* **1**. inset. **2**. box.

re·cu·bri·mien·to [rrekußrimjéṇto] *n/m* covering, coating. **re·cu·brir** [rrekußrír] *v* (*recubierto*) to cover, coat.

re·cuen·to [rrekwéṇto] *n/m* **1**. count, recount (*acto*). **2**. inventory.

re·cuer·do [rrekwérðo] *n/m* **1**. memory, recollection. **2**. souvenir, memento. **3**. *pl* regards.

re·cu·lar [rrekulár] *v* **1**. to go back, back. **2**. to recoil (*fusil*).

re·cu·pe·ra·ble [rrekuperáßle] *adj* recoverable, retrievable. **re·cu·pe·ra·ción** [rrekuperaθjón] *n/f* recovery, retrieval. **re·cu·pe·rar** [rrekuperár] *v* **1**. to recover, retrieve, recuperate (*recobrar*). **2**. to recoup (*pérdida*). **3**. TÉC to reclaim. **II**. *Refl(-se)* **1**. to come

round (*conocimiento*). 2. MED to recover, recuperate.
re·cu·rrir [rrekurrír] *v* 1.**(~ a)** to have recourse (to) (*acudir*). 2. **(~ a)** to resort (to). 3. **(~ contra)** JUR to appeal (against). **re·cur·so** [rrekúrso] *n/m* 1. *gen* resort, recourse. 2. means. 3. *pl* resources. 4. JUR appeal.
re·cu·sar [rrekusár] *v* 1. to reject. 2. JUR to challenge.
re·cha·zar [rretʃaθár] *v (rechace)* 1. to repel, beat off (*ataque*). 2. to reject, refuse (*solicitud*). 3. to resist (*tentación*). **re·cha·zo** [rretʃáθo] *n/m* 1. rebound (*pelota*). 2. recoil (*arma*). 3. MED rejection. 4. FIG rebuff. LOC **De ~**, indirectly, on the rebound.
re·chi·fla [rretʃífla] *n/f* 1. whistle, whistling (*pitido*). 2. hiss (*siseo*). 3. TEAT catcall. **re·chif·lar** [rretʃiflár] I. *v* 1. to whistle (at) (*silbar*). 2. to hiss (at). 3. TEAT to boo. II. *Refl (-se)* **(~ de)** to poke fun (at).
re·chi·nar [rretʃinár] *v* 1. to grind, gnash (*dientes*). 2. to creak, squeak (*madera*). 3. to grate (*dos cosas metálicas*). 4. to clank (*máquina*). 5. to whirr (*motor*).
re·chis·tar [rretʃistár] *v* to mutter. LOC **Sin ~**, without grumbling.
re·chon·cho/a [rretʃóntʃo/a] *adj col* tubby.
re·chu·pe·te [rretʃupéte] LOC **De ~**, *col* I. *adj* 1. scrumptious (*comida*). 2. terrific (*en general*). II. *adv* jolly well.
red [rréð] *n/f* 1. *gen* net. 2. netting, mesh. 3. ELECTR mains. 4. network. 5. chain (*de tiendas*). 6. FIG trap.
re·dac·ción [rreða(k)θjón] *n/f* 1. writing, editing. 2. essay, composition. 3. wording. 4. editorial staff. 5. newspaper office. **re·dac·tar** [rreðaktár] *v* 1. to write, draft. 2. to edit (*periódico*). **re·dac·tor/ra** [rreðaktór/ra] I. *adj* editing, writing. II. *n/m,f* 1. writer. 2. editor (*que prepara la edición*).
re·da·da [rreðáða] *n/f* 1. casting of nets (*para pescar*). 2. catch, haul (*lo pescado*). 3. FIG raid, roundup. **re·de·ci·lla** [rreðeθíʎa] *n/f* hairnet.
re·de·dor [rreðeðór] *n/m* surroundings. LOC **Al/En ~**, around.
re·den·ción [rreðenθjón] *n/f* redemption. **re·den·tor/ra** [rreðentór/ra] I. *adj* redeeming. II. *n/m,f* redeemer.
re·di·cho/a [rreðítʃo/a] *adj* affected, pretentious.
re·dil [rreðíl] *n/m* fold, pen.
re·di·mir [rreðimír] *v* to redeem.
ré·di·to [rréðito] *n/m* interest, yield.
re·di·vi·vo/a [rreðiβíβo/a] *adj* new, revived.
re·do·blar [rreðoβlár] 1. MÚS to play a roll on a drum. 2. to redouble. 3. to bend back. **re·do·ble** [rreðóβle] *n/m* drumroll.
re·do·ma [rreðóma] *n/f* flask, phial.
re·do·ma·do/a [rreðomáðo/a] 1. sly, crafty (*ladino*). 2. out-and-out, utter.
re·don·de·ar [rreðondeár] I. *v* 1. *gen* to make round. 2. to round up (*cifra*). 3. FIG to round off. 4. to level off (*dobladillo*). II. *Refl(-se)* to become round. **re·don·del** [rreðondél] *n/m* 1. ring, circle. 2. TAUR bullring. **re·don·dez** [rreðondéθ] *n/f* roundness.
re·don·di·lla [rreðondíʎa] *n/f* 1. POÉT quatrain. 2. round hand (*letra*).
re·don·do/a [rreðóndo/a] I. *adj* 1. *gen* FIG round. 2. FIG complete (*triunfo*, etc). 3. flat, straight (*negativa*). II. *n/f* roman, rounded (*letra*). LOC **A la ~a**, around.
re·duc·ción [rreðu(k)θjón] *n/f* reduction, rebate, cut(back). **re·du·ci·do/a** [rreðuθíðo/a] *adj* 1. *gen* reduced. 2. limited (*limitado*). 3. small (*número*). **re·du·cir** [rreðuθír] *v (reduzco, reduje)* 1. to subdue, overpower (*enemigo*, etc). 2. **(~ a, en)** to reduce (to, by) (*cantidad*). 3. **(~ a, en)** to cut down (to, by), shorten (to, by) (*discurso*). 4. MED to set (*hueso*).
re·duc·to [rreðúkto] *n/m* MIL FIG redoubt.
re·duc·tor/ra [rreðuktór/ra] I. *adj* TÉC QUÍM reducing. II. *n/m* QUÍM reducing agent.
re·dun·dan·cia [rreðundánθja] *n/f* redundancy. **re·dun·dan·te** [rreðundánte] *adj* redundant. **re·dun·dar** [rreðundár] *v* 1. **(~ en)** to redound to. 2. to overflow, abound.
re·du·pli·ca·ción [rreðuplikaθjón] *n/f* redoubling, intensification. **re·du·pli·car** [rreðuplikár] *v (redupliqué)* to redouble, intensify.
re·e·du·ca·ción [rre(e)ðukaθjón] *n/f* physical rehabilitation. **re·e·du·car** [rre(e)ðukár] *v* (*reeduque*) to rehabilitate physically.
re·e·lec·ción [rre(e)lekθjón] *n/f* re-election. **re·e·le·gir** [rre(e)lexír] *v (reelijo, reelegí...)* to re-elect.
re·em·bol·sar [rre(e)mbolsár] I. *v* to reimburse, pay back. II. *Refl(-se)* 1. to reimburse oneself. 2. to recover (*dinero*). **re·em·bol·so** [rre(e)mbólso] *n/m* reimbursement, refund. LOC **A/Contra ~**, C.O.D. (cash on delivery).
re·em·pla·zar [rre(e)mplaθár] *v (reemplace)* **(~ en, por)** to replace (in, by). **re·em·pla·zo** [rre(e)mpláθo] *n/m* 1. *gen* replacement. 2. MIL intake. LOC **De ~**, MIL from the reserve.
re·en·car·na·ción [rre(e)ŋkarnaθjón] *n/f* reincarnation. **re·en·car·nar** [rre(e)ŋkarnár] *v* to reincarnate.
re·en·cuen·tro [rre(e)ŋkwéntro] *n/m* 1. reencounter. 2. collision (*cosas*). 3. MIL clash, skirmish.
re·en·gan·char·se [rre(e)ŋgantʃárse] *v/Refl (-se)* MIL to re-enlist.
re·es·truc·tu·ra·ción [rre(e)strukturaθjón] *n/f* restructuring, reorganizing. **re·es·truc·tu·rar** [rre(e)strukturár] *v* to restructure, reorganize.
re·fac·ción [rrefakθjón] *n/f* light refreshment.
re·fa·jo [rrefáxo] *n/m* flannel underskirt.
re·fec·to·rio [rrefektórjo] *n/m* refectory.
re·fe·ren·cia [rreferénθja] *n/f* 1. *gen* reference. 2. account (*informe*). 3. *pl* references. LOC **Con ~ a**, with reference to.
re·fe·rén·dum [rreferéndun] *n/m* referendum.
re·fe·ren·te [rreferénte] *adj* LOC **~ a**, *adj* concerning, regarding. **re·fe·rir** [rreferír] I. *v (refiero)* 1. to relate, report. 2. **(~ a)** to refer (to), relate (to). 3. **(~ a)** to place (in). 4. **(~ a)**

to refer (sb) to. **5.** **(~ a)** to express in terms of (*cálculos*). **II.** *Refl(-se)* **(~ a)** to refer to.
re·fi·lón [rrefilón] LOC **De ~**, obliquely. **Mirar de ~**, to take a sideways look at.
re·fi·na·do/a [rrefináðo/a] **I.** *adj* **1.** refined. **2.** PEY subtle (*burlas*). **II.** *n/m* TÉC refining. **re·fi·na·mien·to** [rrefinamjénto] *n/m* **1.** *gen* refinement. **2.** meticulousness (*esmero*). **re·fi·nar** [rrefinár] *v* to refine. **re·fi·ne·ría** [rrefinería] *n/f* refinery. **re·fi·no/a** [rrefíno/a] **I.** *adj* extra fine. **II.** *n/m* refining.
re·flec·tar [rreflektár] *v* V. **reflejar**. **re·flec·tor/ra** [rreflektór/ra] **I.** *adj* FÍS reflecting, reflective. **II.** *n/m* **1.** reflector. **2.** ELECTR spotlight. **3.** MIL searchlight.
re·fle·jar [rreflexár] **I.** *v gen* FIG to reflect (*luz, etc.*). **II.** *Refl(-se)* to be reflected. **re·fle·jo/a** [rrefléxo/a] **I.** *adj* **1.** reflex (*movimiento*). **2.** reflected (*rayo*). **II.** *n/m* **1.** *pl* reflections (*rayos*). **2.** *pl* highlights, streaks (*pelo*). **3.** reflex (*movimiento*). **re·fle·xión** [rrefle(k)sión] *n/f* **1.** FÍS FIG reflection. **2.** *pl* thoughts. **re·fle·xio·nar** [rrefle(k)sionár] *v* to reflect, think. **re·fle·xi·vo/a** [rrefle(k)síβo/a] *adj* **1.** FÍS FIG reflective. **2.** GRAM reflexive.
re·fluir [rreflwír] *v* (*refluyo*) to flow back. **re·flu·jo** [rreflúxo] *n/m* ebb (tide).
re·fo·ci·lar [rrefoθilár] **I.** *v* **1.** to amuse in a vulgar way. **2.** to cheer up. **II.** *Refl(-se)* **1.** **(~ con)** to delight (in), PEY to gloat (over). **2.** to enjoy oneself in a vulgar fashion.
re·for·ma [rrefórma] *n/f* **1.** reform(ation), improvement. **2.** REL Reformation. **3.** *pl* ARQ alterations, repairs. **re·for·ma·dor/ra** [rreformaðór/ra] **I.** *adj* reforming. **II.** *n/m,f* reformer. **re·for·mar** [rreformár] **I.** *v* **1.** *gen* to reform. **2.** to change, alter (*modificar*). **3.** to improve (*mejorar*). **4.** ARQ to alter, repair. **II.** *Refl(-se)* to mend one's ways. **re·for·ma·to·rio/a** [rreformatórjo/a] *adj, n/m* reformatory. LOC **~ de menores**, remand home. **re·for·mis·ta** [rreformísta] **I.** *adj* reformist. **II.** *n/m,f* reformer.
re·for·za·do/a [rreforθáðo/a] *adj* **1.** reinforced, strengthened. **2.** FIG boosted, encouraged. **re·for·zar** [rreforθár] *v* (*refuerzo*) **1.** to reinforce, strengthen. **2.** FIG to boost, encourage.
re·frac·ción [rrefra(k)θjón] *n/f* FÍS refraction. **re·frac·tar** [rrefraktár] *v, v/Refl(-se)* FÍS to refract. **re·frac·ta·rio/a** [rrefraktárjo/a] *adj* **1.** FÍS QUÍM fireproof, heat-resistant. **2.** FIG recalcitrant. LOC **Ser ~ a**, to be opposed to.
re·frán [rrefrán] *n/m* proverb, saying. **re·fra·ne·ro** [rrefranéro] *n/m* collection of proverbs.
re·fre·gar [rrefreɣár] *v* (*refriego, refregué*) **1.** to rub (hard), scrub. **2.** *col* FIG to rub (sth) in, harp on about. **re·fre·gón** [rrefreɣón] *n/m* **1.** rub(bing), scrub(bing) (*acto*). **2.** mark (*señal*).
re·fre·nar [rrefrenár] **I.** *v* **1.** to rein in (*caballo*). **2.** FIG to curb (*pasiones*). **II.** *Refl(-se)* FIG to restrain oneself.
re·fren·dar [rrefrendár] *v gen* FIG to endorse.
re·fres·can·te [rrefreskánte] *adj* refreshing. **re·fres·car** [rrefreskár] *v* (*refresque*) **1.** to turn fresh (*tiempo*). **2.** to cool (*líquidos, etc*). **3.** to refresh (*memoria*). **4.** to get some fresh air. **5.** to take some refreshment. **II.** *Refl(-se)* V. **refrescar 2. 4. 5.** **re·fres·co** [rrefrésko] *n/m* **1.** soft drink (*sin alcohol*). **2.** cool drink. **3.** snack.
re·frie·ga [rrefriéɣa] *n/f* **1.** MIL skirmish. **2.** affray, brawl (*riña*).
re·fri·ge·ra·ción [rrefrixeraθjón] *n/f* **1.** *gen* refrigeration. **2.** air conditioning. **3.** AUT cooling. **re·fri·ge·ra·dor/ra** [rrefrixeraðór/ra] **I.** *adj* refrigerating. **II.** *n/m* **1.** refrigerator (*nevera*). **2.** AUT cooling system. **re·fri·ge rar** [rrefrixerár] **I.** *v* **1.** TÉC to refrigerate. **2.** to refresh (*persona*). **3.** to chill (*carne*). **4.** AUT to cool. **5.** to air condition. **II.** *Refl(-se)* to refresh oneself. **re·fri·ge·rio** [rrefrixérjo] *n/m* light refreshment.
re·fri·to [rrefríto] *n/m* **1.** Br bubble and squeak, hash (*comida*). **2.** FIG rehash.
re·fuer·zo [rrefwérθo] *n/m* **1.** strengthening, reinforcement (*acto*). **2.** brace (*soporte*).
re·fu·gia·do/a [rrefuxjáðo/a] *adj, n/m,f* refugee. **re·fu·giar** [rrefuxjár] **I.** *v* to give refuge, shelter. **II.** *Refl(-se)* to take refuge. **re·fu·gio** [rrefúxjo] *n/m* **1.** *gen* FIG refuge, shelter. **2.** REL sanctuary. **3.** Br almshouse.
re·ful·gir [rrefulxír] *v* (*refulja*) to shine, glitter.
re·fun·dir [rrefundír] *v* **1.** TÉC to recast. **2.** FIG to adapt, revise. **3.** FIG to merge. **II.** *Refl (-se)* to be merged (*empresas*, etc).
re·fun·fu·ñar [rrefuɱfuɲár] *v* FIG to grumble.
re·fu·ta·ble [rrefutáβle] *adj* refutable. **re·fu·ta·ción** [rrefutaθjón] *n/f* refutation. **re·fu·tar** [rrefutár] *v* to refute.
re·ga·de·ra [rreɣaðéra] *n/f* watering can. **re·ga·dío** [rreɣaðío] *n/m* irrigated land.
re·ga·la·do/a [rreɣaláðo/a] *adj* **1.** dainty (*delicado*). **2.** delightful. **3.** given away (*gratis*). **4.** of luxury, soft (*vida*). **re·ga·lar** [rreɣalár] **I.** *v* **1.** to give (away), present (with) (*donativo*). **2.** to make a fuss of (*halagar*). **3.** PEY to pamper. **4.(~ con)** to regale (with). **II.** *Refl(-se)* **(~ con, en)** to indulge oneself (with, in).
re·ga·lía [rreɣalía] *n/f* **1.** royal prerogative. **2.** FIG perk, privilege.
re·ga·liz, **re·ga·li·cia** [rreɣalíθ/rreɣalíθja] *n/f* liquorice.
re·ga·lo [rreɣálo] *n/m* **1.** *gen* gift, present. **2.** pleasure (*bienestar*).
re·ga·ña·dien·tes [rreɣaɲaðjéntes] LOC **A ~**, reluctantly, grudgingly. **re·ga·ñar** [rreɣaɲár] *v* **1.** to snarl (*perro*). **2.** to grumble, INFML to gripe (*quejas*). **3.** to fall out. **4.** to tell off, tick sb off, reprimand. **re·ga·ñi·na** [rreɣaɲína] *n/f* reprimand, telling off. **re·ga·ño** [rreɣáɲo] *n/m* **1.** snarl (*perro*). **2.** grumble (*queja*). **3.** V. **regañina**. **re·ga·ñón/na** [rreɣaɲón/na] **I.** *adj* grumpy, irritable. **II.** *n/m,f* INFML grouch, grump.
re·gar [rreɣár] *v* (*riego, regué*) **1.** to water (*plantas, terreno*). **2.** to irrigate (*campos*). **3.**

to hose (down) (*calle*). **4**. to water (*río*). **5**. **(~ con, en)** FIG to bathe (with).

re·ga·ta [rreγáta] *n/f* **1**. irrigation channel (*en jardines*). **2**. NÁUT regatta, (boat) race.

re·ga·te [rreγáte] *n/m* **1**. swerve, dodge. **2**. DEP dribble. **re·ga·te·ar** [rreγateár] *v* **1**. to haggle (over) (*precio*). **2**. to spare (*esfuerzo*, etc). **3**. to be mean with (*economizar*). **4**. FIG to deny. **5**. DEP to dribble (*fútbol*). **6**. NÁUT to race. **re·ga·teo** [rreγatéo] *n/m* **1**. haggling (*precio*). **2**. DEP dribbling.

re·ga·zo [rreγáθo] *n/m* lap.

re·gen·cia [rrexéṇθja] *n/f* regency.

re·ge·ne·ra·ción [rrexeneraθjón] *n/f* **1**. *gen* regeneration. **2**. TÉC reclamation. **re·ge·ne·rar** [rrexenerár] *v* **1**. *gen* to regenerate. **2**. TÉC to reclaim, process for re-use.

re·gen·tar [rrexeṇtár] *v* **1**. to hold temporarily (*puesto*). **2**. to hold, occupy (*cargo*). **re·gen·te** [rrexéṇte] *n/m,f* **1**. manager (*gerente*). **2**. regent (*política*). **3**. foreman (*imprenta*).

re·gi·ci·da [rrexiθíða] **I**. *adj* regicidal. **II**. *n/m,f* regicide (*asesino*). **re·gi·ci·dio** [rrexiθíðjo] *n/m* regicide (*acto*).

re·gi·dor/ra [rrexiðór/ra] **I**. *adj* governing, ruling. **II**. *n/m* **1**. manager. **2**. TEAT stage manager. **3**. HIST alderman. **III**. *n/f* manageress.

ré·gi·men [rréximen] *n/m* **1**. régime (*política*). **2**. set of rules, system. **3**. way of life. **4**. **(estar a ~)** MED diet. **5**. GRAM government.

re·gi·mien·to [rreximjéṇto] *n/m* MIL regiment.

re·gio/a [rréxjo/a] *adj gen* FIG royal, regal.

re·gión [rrexjón] *n/f* GEOG ANAT region. **re·gio·nal** [rrexjonál] *adj* regional. **re·gio·na·lis·mo** [rrexjonalísmo] *n/m* regionalism. **re·gio·na·lis·ta** [rrexjonalísta] *adj, n/m,f* regionalist.

re·gir [rrexír] *v (rijo)* **1**. to rule, govern (*país*). **2**. to run, manage (*empresa*). **3**. GRAM to govern. **4**. JUR to be in force. **5**. to work (*máquina*).

re·gis·tra·dor/ra [rrexistraðór/ra] **I**. *adj* **1**. registering. **2**. inspecting. **II**. *n/m,f* registrar, recorder. LOC **Caja ~a**, cash register. **re·gis·trar** [rrexistrár] *v* **1**. to search. **2**. to inspect. **3**. to register. **4**. to record (*cinta*, etc). **re·gis·tro** [rrexístro] *n/m* **1**. register. **2**. record (*constancia*). **3**. registry (*local*). **4**. registering, recording. **5**. TÉC manhole (*calle*), inspection hatch. **6**. MÚS LIN register. **7**. MÚS stop (*órgano*), pedal (*piano*). **8**. bookmark.

re·gla [rréγla] *n/f* **1**. ruler, rule (*instrumento*). **2**. rule, regulation (*norma*). **3**. MAT rule, law. **4**. MED period. **5**. rule (*costumbre*). LOC **En ~**, in order. **Poner en ~**, to put in order. **Por ~ general**, as a rule. **re·gla·je** [rreγáxe] *n/m* TÉC overhaul. **re·gla·men·ta·ción** [rreγlameṇtaθjón] *n/f* **1**. regulation (*acto*). **2**. rules (*conjunto*). **re·gla·men·tar** [rreγlameṇtár] *v* to regulate, establish rules for. **re·gla·men·ta·rio/a** [rreγlameṇtárjo/a] *adj* **1**. regulation. **2**. statutory. **re·gla·men·to** [rreγlaméṇto] *n/m* rules, regulations. **re·glar** [rreγlár] **I**. *v* **1**. to rule (*líneas*). **2**. FIG to regulate. **3**. TÉC to overhaul. **II**. *Refl(-se)* **1**.**(~ a)** to abide by. **2**. **(~ por)** to be guided by.

re·go·ci·jar [rreγoθixár] **I**. *v* **(~ con, de, por)** to cheer (with), delight (with). **II**. *Refl(-se)* **1**. to be delighted, rejoice, be glad. **2**. **(~ de, por)** PEY to gloat (over). **re·go·ci·jo** [rreγoθíxo] *n/m* **1**. joy, delight. **2**. rejoicing (*acto*). **3**. **(~ por)** PEY cruel delight (in). **4**. *pl* festivities, celebrations.

re·go·de·ar·se [rreγoðeárse] *v/Refl(-se)* **1**. **(~ con)** to get immense pleasure (out of). **2**. PEY to take a perverse pleasure (in). **re·go·deo** [rreγoðéo] *n/m* **1**. delight. **2**. PEY cruel delight.

re·gol·dar [rreγoḷdár] *v* FAM to belch.

re·gor·de·te [rreγorðéte] *adj col* chubby.

re·gre·sar [rreγresár] *v* to return. **re·gre·sión** [rreγresjón] *n/f* regression. **re·gre·si·vo/a** [rreγresíβo/a] *adj* **1**. backward (*movimiento*). **2**. FIG re(tro)gressive. **re·gre·so** [rreγréso] *n/m* return.

re·güel·do [rreγwéḷdo] *n/m* belch(ing).

re·gue·ro/a [rreγéro/a] **I**. *n/m,f* AGR irrigation channel. **II**. *n/m* **1**. trickle (*agua*, etc). **2**. streak, line (*señal*). **3**. trail (*humo*, etc).

re·gu·la·ción [rreγulaθjón] *n/f* **1**. regulation (*acto*). **2**. TÉC adjustment. **3**. control (*precios*). **re·gu·lar** [rreγulár] **I**. *v* **1**. to regulate. **2**. TÉC to adjust. **3**. to control (*precios*). **II**. *adv* O.K., so-so. **III**. *adj* **1**. *gen* regular. **2**. fair-to-middling, average (*normal*). **re·gu·la·ri·dad** [rreγulariðáð] *n/f* regularity. **re·gu·la·ri·za·ción** [reγulariθaθjón] *n/f* regularization. **re·gu·la·ri·zar** [rreγulariθár] *v* (*regularice*) to regularize, standardize. **re·gu·lar·men·te** [rreγularméṇte] *adv* regularly.

re·gur·gi·tar [rreγurxitár] *v* to regurgitate.

re·gus·to [rreγústo] *n/m* after-taste.

re·ha·bi·li·ta·ción [rreaβilitaθjón] *n/f* **1**. rehabilitation. **2**. ARQ restoration. **re·ha·bi·li·tar** [rreaβilitár] *v* **1**. to rehabilitate. **2**. ARQ to restore.

re·ha·cer [rreaθér] **I**. *v (rehago, rehice, reharé, rehecho)* **1**. to redo, do again. **2**. to remake. **3**. to renew, refurbish. **II**. *Refl(-se)* **1**. **(~ de)** MED to recover (from). **2**. FIG to recover one's calm, etc.

re·hén [rreén] *n/m* hostage.

re·ho·gar [rreoγár] *v (rehogue)* to sauté, brown.

re·huir [rreuír] *v (rehuyo, rehuí)* to shun, fight shy of.

re·hu·sar [rreusár] *v (rehúso, rehúse)* to refuse, turn down.

re·im·pre·sión [rreiṃpresjón] *n/f* reprint(ing). **re·im·pri·mir** [rreiṃprimír] *v* to reprint.

rei·na [rréina] *n/f* **1**. *gen* queen. **2**. *col* princess, darling. **rei·na·do** [rreináðo] *n/m* reign. **rei·nan·te** [rreináṇte] *adj* **1**. reigning. **2**. FIG prevailing. **rei·nar** [rreinár] *v* **1**. to reign (*rey, silencio*). **2**. FIG to prevail. **3**. *gen* FIG to rule (*desorden*).

re·in·ci·den·cia [rreiṇθiðéṇθja] *n/f* relapse (*acto*), re-offending (*delito*). **re·in·ci·den·te** [rreiṇθiðéṇte] **I**. *adj* recidivist. **II**. *n/m,f* recidivist, re-offender. **re·in·ci·dir** [rreiṇθiðír] *v* **1.(~ en)** *gen* to relapse (into). **2.** to re-offend (*criminal*).

re·in·cor·po·ra·ción [rreiŋkorporaθjón] *n/f* reincorporation. **re·in·cor·po·rar** [rreiŋkorporár] **I.** *v* **(~ a)** to reincorporate (in). **II.** *Refl(-se)* **(~ a)** to rejoin: ~ *al trabajo*, To return to work.

rei·no [rréino] *n/m* kingdom.

re·in·te·gra·ción [rreiņteγraθjón] *n/f* **1.** reinstatement (*persona*). **2.** refund, repayment. **3.** return (*vuelta*). **re·in·te·grar** [rreiņteγrár] **I.** *v* **1.** to reinstate (*persona*). **2.** to refund, pay back (*dinero*). **3.** to attach a fiscal stamp to. **II.** *Refl(-se)* **1.** to be reinstated (*persona*). **2.** to recover a sum owed (*dinero*). **re·in·te·gro** [rreiņtéγro] *n/m* **1.** V. **reintegración 2. 2.** return of one's stake (*lotería*). **3.** cost of fiscal stamp (*póliza*).

re·ír [rreír] **I.** *v* (*río, ría*) **1.** to laugh (at). **2.** FIG to sparkle (*ojos*). **II.** *Refl(-se)* **(~ de)** to laugh (at).

rei·te·ra·ción [rreiteraθjón] *n/f* reiteration, repetition. **rei·te·rar** [rreiterár] *v, v/Refl(-se)* to reiterate. **rei·te·ra·ti·vo/a** [rreiteratíßo/a] *adj* reiterative, repetitive.

rei·vin·di·ca·ción [rreißiņdikaθjón] *n/f* **1.** claim (*salarial*). **2.** grievance (*laboral*). **rei·vin·di·car** [rreißiņdikár] *v (reivindique)* **1.** JUR to recover. **2.** to assert one's claim to (*obreros*). **rei·vin·di·ca·ti·vo/a** [rreißiņdikatíßo/a] *adj* in furtherance of a claim.

re·ja [rréxa] *n/f* **1.** AGR ploughshare. **2.** grid, grille, grating. LOC **Entre ~s**, behind bars. **re·ji·lla** [rrexíʎa] *n/f* **1.** grille (*hierros*). **2.** luggage rack (*tren*). **3.** lattice, screen (*mampara*). **4.** wickerwork (*silla*). **re·jo** [rréxo] *n/m* **1.** spike. **2.** ZOOL sting. **re·jón** [rrexón] *n/m* **1.** long spike. **2.** TAUR lance. **re·jo·nea·dor/ra** [rrexoneaðór/ra] *n/m,f* TAUR mounted bullfighter who uses a lance. **re·jo·ne·ar** [rrexoneár] *v* **1.** TAUR to lance the bull. **2.** TAUR to fight bulls on horseback. **re·jo·neo** [rrexonéo] *n/m* TAUR art of fighting bulls on horseback.

re·ju·ve·ne·cer [rrexußeneθér] **I.** *v (rejuvenezco)* to rejuvenate. **II.** *Refl(-se)* to become rejuvenated. **re·ju·ve·ne·ci·mien·to** [rrexußeneθimjéņto] *n/m* rejuvenation.

re·la·ción [rrelaθjón] *n/f* **1.** relation(ship). **2.** MAT ratio. **3.** account, report. **4.** list (*lista*). **5.** *pl* engagement. **6.** *pl* courting, courtship. **7.** *pl* relations. **8.** *pl* connections (*influencia*). **re·la·cio·nar** [rrelaθjonár] **I.** *v* to relate. **II.** *Refl(-se)* **1.** to have powerful connections. **2.** to make contacts. **3.** to be connected. **4. (~ con)** to get in touch (with).

re·la·ja·ción [rrelaxaθjón] *n/f* **1.** relaxation. **2.** slackening, loosening (*reglas*). **3.** laxity (*moral*). **4.** MED hernia. **re·la·ja·mien·to** [rrelaxamjéņto] *n/m* V. **relajación. re·la·jan·te** [rrelaxáņte] **I.** *adj* **1.** relaxing. **2.** MED laxative. **II.** *n/m* MED laxative. **re·la·jar** [rrelaxár] **I.** *v* **1.** to relax (*personas, reglas*). **2.** to loosen. **3.** FIG to corrupt. **II.** *Refl(-se)* **1.** V. **relajar I. (1.), (2.) 2.** to become dissolute.

re·la·mer [rrelamér] **I.** *v* to lick repeatedly. **II.** *Refl(-se)* **1.** to lick one's lips (*persona*). **2.** to lick itself (*animal*). **3. (~ con)** FIG PEY to gloat (over). **4.** FIG to smack one's lips (*con anticipación*). **re·la·mi·do/a** [rrelamíðo/a] *adj* **1.** affected. **2.** prim and proper (*pulcro*). **3.** overdressed (*muy elegante*).

re·lám·pa·go [rreláɱpaγo] *n/m* (flash of) lightning. **re·lam·pa·gue·ar** [rrelaɱpaγeár] *v* to lighten, flash. **re·lam·pa·gueo** [rrelaɱpaγéo] *n/m* flashing, lightning.

re·lan·za·mien·to [rrelaņθamjéņto] *n/m* relaunch(ing). **re·lan·zar** [rrelaņθár] *v* **1.** to relaunch. **2.** to repel (*enemigo*).

re·la·tar [rrelatár] *v* to relate, report.

re·la·ti·vi·dad [rrelatißiðáð] *n/f* relativity. **re·la·ti·vo/a** [rrelatíßo/a] **I.** *adj* **(~ a)** relative (to). **II.** *n/m,f* GRAM relative.

re·la·to [rreláto] *n/m* **1.** story (*cuento*). **2.** account, report.

re·lax [rrelá(k)s] *n/m* rest, break.

re·le·gar [rreleγár] *v (relegue)* to relegate.

re·len·te [rreléņte] *n/m* night dew.

re·le·van·cia [rreleßáņθja] *n/f* significance, outstanding nature. **re·le·van·te** [rreleßáņte] *adj* significant, outstanding.

re·le·var [rreleßár] *v* **1.** ART to emboss, carve in relief, paint in relief. **2.(~de)** to absolve (from), free (from). **3.** to relieve (*cargo*). **re·le·vo** [rreléßo] *n/m* relief, change (*acto*).

re·li·ca·rio [rrelikárjo] *n/m* **1.** REL reliquary, shrine. **2.** locket.

re·lie·ve [rreljéße] *n/m* **1.** ART relief, embossing. **2.** importance, prominence (*personaje*). **3.** GEOG relief. LOC **Poner de ~**, to emphasise the importance of.

re·li·gión [rrelixjón] *n/f* **1.** *gen* religion. **2.** religious sense (*piedad*). **re·li·gio·sa·men·te** [rrelixjosaméņte] *adv* religiously. **re·li·gio·si·dad** [rrelixjosiðáð] *n/f* religiosity, religiousness. **re·li·gio·so/a** [rrelixjóso/a] *adj, n/m,f* religious.

re·lin·char [rreliņtʃár] *v* to whinny, neigh. **re·lin·cho** [rrelíņtʃo] *n/m* whinny(ing), neigh(ing).

re·li·quia [rrelíkja] *n/f* **1.** vestige, relic (*residuo*). **2.** REL relic.

re·loj [rrelóx] *n/m* **1.** clock (*grande*). **2.** watch (*de pulsera, bolsillo*). LOC **Contra ~**, against the clock. **re·lo·je·ría** [rreloxería] *n/f* **1.** clockmaking, watchmaking (*arte*). **2.** watch/clock repairer's. **3.** watchmaker's (shop). **4.** clockwork (*mecanismo*). **re·lo·je·ro/a** [rreloxéro/a] *n/m,f* watchmaker, clockmaker.

re·lu·cien·te [rreluθjéņte] *adj* **1.** gleaming, glittering. **2.** sleek (*persona*). **re·lu·cir** [rreluθír] *v (reluzco)* to gleam, glitter. LOC **Sacar a ~**, FIG to bring up.

re·luc·tan·te [rreluktáņte] *adj* unwilling.

re·lum·brar [rrelumbrár] *v* to dazzle, shine brightly. **re·lum·bro, re·lum·brón** [rrelúmbro/rrelumbrón] *n/m* **1.** flash, sudden glare (*luz*). **2.** FIG flashiness.

re·lla·no [rreʎáno] *n/m* **1.** shelf (*terreno*). **2.** landing (*escalera*).

re·lle·nar [rreʎenár] *v* **1.** to refill. **2.** to stuff (*cojín, vianda*). **3.** to cram, pack. **4.** to fill in/out (*impreso*). **re·lle·no/a** [rreʎéno/a] **I.**

adj 1. packed, stuffed. 2. stuffed (*vianda*). II. *n/m gen* filling, stuffing. LOC **De ~**, padding.

re·ma·char [rrematʃár] *v* 1. TÉC to clinch. 2. FIG to hammer home, drive home. **re·ma·che** [rremátʃe] *n/m* 1. clinching, riveting (*acto*). 2. TÉC rivet.

re·ma·nen·te [rremanénte] I. *adj* 1. *gen* remaining. 2. COM surplus. 3. FÍS remnent. II. *n/m* 1. *gen* remainder. 2. COM surplus.

re·man·gar [rremaŋgár] *v* V. **arremangar**.

re·man·sar·se [rremansárse] *v/Refl(-se)* 1. to form a pool. 2. to flow slowly (*en río*). **re·man·so** [rremánso] *n/m* 1. backwater (*río*). 2. FIG haven of peace.

re·mar [rremár] *v* to row.

re·mar·ca·ble [rremarkáβle] *adj* noteworthy.

re·ma·ta·do/a [rrematáðo/a] *adj* complete, utter. **re·ma·tar** [rrematár] *v* 1. to finish off, kill off (*animal*). 2. to round off, finish off (*concluir*). 3. to cast off (*punto*). 4. ARQ to top, crown. 5. DEP to score. **re·ma·te** [rremáte] *n/m* 1. finishing off, killing off (*acto*). 2. finishing touch (*trabajo*). 3. end (*cabo*). 4. point, tip (*punta*). 5. ARQ crest, top. 6. ornamental top (*mueble*). LOC **Tonto de ~**, complete idiot. **Para ~**, to crown it all.

re·me·dar [rremeðár] *v* 1. to imitate, copy. 2. PEY to ape.

re·me·diar [rremeðjár] *v* 1. to remedy. 2. to make good. 3. to correct. 4. to help with, meet (*necesidades*). **re·me·dio** [rreméðjo] *n/m* 1. *gen* remedy. 2. MED cure, remedy. 3. help (*ayuda*). LOC **Como último ~**, as a last resort. **No hay más ~ que**, there's nothing left to do but. **No tiene ~**, there is nothing to be done about it/him, etc. **Poner ~ a algo**, to correct sth, put a stop to sth. **Sin ~**, 1. inevitable. 2. intractable.

re·me·do [rreméðo] *n/m* 1. imitation, copy. 2. PEY travesty.

re·me·mo·rar [rrekorðár] *v* to recall.

re·men·da·do/a [rremendáðo/a] *adj* 1. *gen* mended, repaired. 2. darned. 3. patched. **re·men·dar** [rremendár] *v* 1. *gen* to mend, repair. 2. to darn. 3. to patch. **re·men·dón/na** [rremendón/na] I. *adj* mending, repairing. II. *n/m,f* cobbler (*zapatos*).

re·me·ro/a [rreméro/a] I. *n/f* ZOOL remex, quill feather. II. *n/m,f* rower.

re·me·sa [rremésa] *n/f* 1. remittance (*dinero*). 2. COM consignment, shipment, batch.

re·mien·do [rremjéndo] *n/m* 1. mending (*acto*). 2. patch, mend (*tela*). 3. FIG correction. LOC **A ~s**, piecemeal.

re·mil·ga·do/a [rremilɣáðo/a] *adj* 1. prudish, prim. 2. affected. 3. finicky, fussy (*con comida*). 4. squeamish. **re·mil·go** [rremílɣo] *n/m* 1. prudishness. 2. affectation. 3. smirk (*mueca*).

re·mi·nis·cen·cia [rreminisθénθja] *n/f* 1. reminiscence. 2. MÚS FIG echo.

re·mi·sa·men·te [rremisaménte] *adv* reluctantly.

re·mi·si·ble [rremisíβle] *adj* remissible. **re·mi·sión** [rremisjón] *n/f* 1. sending. 2. delivery. 3. remission, forgiveness (*pecados*, etc).

re·mi·so/a [rremíso/a] *adj* 1. slow (to obey), remiss (*persona*). 2. sluggish (*movimiento*).

re·mi·te [rremíte] *n/m* sender's name and address. **re·mi·ten·te** [rremiténte] I. *adj* MED remittent. II. *n/m,f* sender. **re·mi·tir** [rremitír] I. *v* 1. *gen* to send, forward (*carta*). 2. to remit (*dinero*). 3. to forgive (*pecados*). 4. **(~ a)** to refer (to). 5. to postpone. 6. to adjourn (*reunión*). 7. to subside. 8. MED to remit. II. *Refl(-se)* 1. to abandon oneself, leave it. 2. **(~ a)** to refer (to).

re·mo [rrémo] *n/m* 1. oar. 2. DEP rowing. 3. ANAT limb.

re·mo·de·la·ción [rremoðelaθjón] *n/f* refurbishment, restyling. **re·mo·de·lar** [rremoðelár] *v* to refurbish, restyle.

re·mo·jar [rremoxár] *v* 1. to soak, steep. 2. to dip, dunk (*pan*, etc). **re·mo·jo** [rremóxo] *n/m* 1. soaking, steeping. 2. dipping, dunking (*pan*, etc). **re·mo·jón** [rremoxón] *n/m* drenching, soaking (*accidentalmente*).

re·mo·la·cha [rremolátʃa] *n/f* BOT beet(root). LOC **~ azucarera**, sugar beet.

re·mol·ca·dor/ra [rremolkaðór/ra] I. *adj* towing. II. *n/m* NÁUT tug(boat). **re·mol·car** [rremolkár] *v (remolqué)* 1. to tow (along). 2. NÁUT to take in tow. 3. to pull (*tren*).

re·mo·li·no [rremolíno] *n/m* 1. swirl, eddy (*agua*). 2. whirl(wind) (*aire*). 3. whirl, cloud (*polvo*). 4. throng (*gente*).

re·mo·lón/na [rremolón/na] I. *adj* lazy, slack. II. *n/m,f* slacker, shirker. LOC **Hacerse el/la ~**, to drag one's feet. **re·mo·lo·ne·ar** [rremoloneár] *v* to shirk, slack.

re·mol·que [rremólke] *n/m* 1. towing. 2. tow rope. 3. trailer (*vehículo*).

re·mon·tar [rremontár] I. *v* 1. to go up (*pendiente*). 2. to overcome (*dificultades*). II. *Refl(-se)* 1. to soar (*aves*, etc). 2. **(~ a)** to amount (to) (*gastos, etc.*). 3. **(~ a, hasta)** to date back (to, as far as), go back (to, as far as) (*en el tiempo*).

ré·mo·ra [rrémora] *n/f* 1. remora (*pez*). 2. FIG hindrance.

re·mor·der [rremorðér] I. *v (remuerde)* 1. to gnaw. 2. FIG to trouble, prick (*conciencia*). II. *Refl(-se)* **(~ de)** V. **recomerse**. **re·mor·di·mien·to** [rremorðimjénto] *n/m* 1. remorse. 2. *pl* pangs of conscience.

re·mo·ta·men·te [rremotaménte] *adv* 1. *gen* remotely. 2. vaguely (*sin concretar*). **re·mo·to/a** [rremóto/a] *adj* 1. remote. 2. FIG unlikely.

re·mo·ver [rremoβér] *v (remuevo)* 1. to move round. 2. to stir (*té*, etc). 3. to shake. 4. FIG PEY to rake up. 5. FIG to shake up (*asunto*).

re·mo·za·mien·to [rremoθamjénto] *n/m* 1. rejuvenation. 2. FIG smartening up. 3. ARQ renovation. **re·mo·zar** [rremoθár] I. *v* 1. to rejuvenate. 2. FIG to brighten up (*aspecto*). 3. ARQ to renovate. II. *Refl(-se)* 1. to be rejuvenated. 2. look younger.

re·mu·ne·ra·ción [remuneraθjón] *n/f* remuneration, payment. **re·mu·ne·rar** [rremunerár] *v* to remunerate. **re·mu·ne·ra·ti·vo/a** [rremuneratíßo/a] *adj* remunerative.

re·na·cen·tis·ta [rrenaθeṇtísta] *adj* Renaissance. **re·na·cer** [rrenaθér] *v* **1**. to be reborn. **2**. BOT to appear again. **re·na·ci·mien·to** [rrenaθimjéṇto] *n/m* **1**. rebirth, revival. **2**. ART ARQ Renaissance.

re·na·cua·jo [rrenakwáxo] *n/m* ZOOL tadpole.

re·nal [rrenál] *adj* renal, kidney.

ren·ci·lla [rreṇθíʎa] *n/f* **1**. quarrel. **2**. feud (*odio*). **3**. ill will.

ren·cor [rreŋkór] *n/m* rancour, spite, ill-feeling. **ren·co·ro·so/a** [rreŋkoróso/a] *adj* spiteful, malicious.

ren·di·ción [rreṇdiθjón] *n/f* **1**. surrender. **2**. output, yield, profits. **ren·di·do/a** [rreṇdíðo/a] *adj* **1**. tired, weary. **2**. submissive, humble.

ren·di·ja [rreṇdíxa] *n/f* **1**. crack, fissure, chink. **2**. FIG rift.

ren·di·mien·to [rreṇdimjéṇto] *n/m* **1**. obsequiousness. **2**. output, yield; performance. **3**. exhaustion. **ren·dir** [rreṇdír] **I**. *v (rindo)*. **1**. to render. **2**. to pay (*homenaje*). **3**. to bear (*fruto*). **4**. to produce, yield (*ganancias*); to perform, give a return. **5**. to pay its way, be productive (*negocio*, etc). **6**. to conquer, subdue (*enemigo*). **7**. to leave exhausted (*agotado*). **II**. *Refl(-se)* **1**. to surrender, give in/up. **2**. to wear oneself out (*cansarse*).

re·ne·ga·do/a [rreneγáðo/a] *adj, n/m,f* renegade. **re·ne·gar** [rreneγár] *v (reniego, renegué)* **1**. to deny hotly (*negar*). **2**. to detest (*odiar*). **3**. to turn renegade. **4**. **(~ de)** REL to apostasize. **5**. **(~ de)** to grumble (about). **re·ne·gón/na** [rreneγón/na] **I**. *adj col* grumpy. **II**. *n/m,f col* moaner, grumbler.

RENFE [rrénfe] *n/f abrev* of *Red Nacional de Ferrocarriles Españoles*, Spanish Rail.

ren·glón [rreŋglón] *n/m* **1**. line (*escrito*). **2**. *pl* lines, jottings. LOC **A ~ seguido**, straight after.

re·no [rréno] *n/m* ZOOL reindeer.

re·nom·bra·do/a [rrenoɱbráðo/a] *adj* renowned. **re·nom·bre** [rrenóɱbre] *n/m* renown.

re·no·va·ble [rrenoßáßle] *adj* renewable. **re·no·va·ción** [rrenoßaθjón] *n/f* **1**. renewal. **2**. renovation (*pintura*). **3**. redecoration (*casa*). **4**. reorganization (*empresa*). **re·no·va·dor/ra** [rrenoßaðór/ra] **I**. *adj* renewing, renovating. **II**. *n/m,f* renovator. **re·no·var** [rrenoßár] **I**. *v* **1**. to renew (*amistad, etc.*). **2**. to renovate. **3**. to redecorate. **4**. to reorganize (*empresa*). **II**. *Refl(-se)* to be renewed.

ren·que·ar [rrenkeár] *v* to limp.

ren·ta [rréṇta] *n/f* **1**. income (*ingresos*). **2**. rent (*de inquilino*). **3**. interest, return (*rédito*). **4**. stock (*acciones*). **ren·ta·bi·li·dad** [rreṇtaßiliðáð] *n/f* profitability. **ren·ta·ble** [rreṇtáßle] *adj* profitable. **ren·tar** [rreṇtár] *v* **1**. to yield, produce (*ingresos*). **2**. to be profitable. **ren·tis·ta** [rreṇtísta] *n/m,f* stockholder (*accionista*).

re·nuen·cia [rrenwéṇθja] *n/f* reluctance. **re·nuen·te** [rrenwéṇte] *adj* **1**. reluctant, unwilling. **2**. awkward (*cosas*).

re·nue·vo [rrenwéßo] *n/m* **1**. BOT shoot, sprout. **2**. renewal (*acto*).

re·nun·cia [rrenúṇθja] *n/f* **1**. renunciation. **2**. resignation (*dimisión*). **re·nun·ciar** [rrenuṇθjár] *v* **1**. **(~ a)** *gen* JUR to renounce. **2**. **(~ a)** to give up, abandon. **3**. **(~ a)** to waive (*demanda*). **4**. **(~ a)** to withdraw (from) (*competición*).

re·ñi·do/a [rreɲíðo/a] *adj* **1**. **(~ con)** at odds (with). **2**. bitter, hard fought (*lucha*). **re·ñir** [rreɲír] *v (riño)* **1**. to scold, reprimand. **2**. **(~ con)** to quarrel (with) (*disputa*). **3**. **(~ con)** to fight (with), come to blows (with).

reo/a [rréo/a] **I**. *adj* guilty. **II**. *n/m,f* **1**. culprit, offender. **2**. JUR defendant.

re·o·jo [rreóxo] LOC **Mirar de ~**, to look askance (at).

re·or·ga·ni·za·ción [rreorγaniθaθjón] *n/f* reorganization. **re·or·ga·ni·zar** [rreorγaniθár] *v (reorganicé)* to reorganize.

re·pan·chi·gar·se, re·pan·ti·gar·se [rrepaṇtʃiγárse/rrepaṇtiγárse] *v/Refl(-se) (repanchigué)* to loll, sprawl.

re·pa·ra·ble [rreparaßle] *adj* repairable. **re·pa·ra·ción** [rreparaθjón] *n/f* **1**. repair, mend. **2**. FIG reparation, redress. **re·pa·rar** [rreparár] *v* **1**. to repair, mend. **2**. FIG to make amends for. **3**. to restore (*vigor*). **4**. **(~ en)** to notice. **5**. **(~ en)** to think (about). **re·pa·ro** [rrepáro] *n/m* **1**. repairs. **2**. qualm (*mente*). **3**. reservation, objection. LOC **Poner ~s**, to raise objections, express reservations, PEY to find fault.

re·par·ti·ción [rrepartiθjón] *n/f* distribution, sharing out. **re·par·ti·dor/ra** [rrepartiðór/ra] **I**. *n/m,f* distributor. **II**. *n/m* delivery man, roundsman. **III**. *n/f* delivery woman. **re·par·tir** [rrepartír] *v* **1**. *gen* to share out. **2**. COM to deliver. **3**. to allot (*tareas*). **4**. to hand round, give out (*octavillas*). **5**. to mete out. **re·par·to** [rrepárto] *n/m* **1**. V. **repartición**. **2**. COM delivery. **3**. TEAT cast.

re·pa·sar [rrepasár] *v* **1**. to mend (*ropa*). **2**. to go over (*lección*). **3**. to round off (*obra*). **4**. to revise (*escrito*, etc). **5**. TÉC to overhaul. **re·pa·so** [rrepáso] *n/m* **1**. mending (*ropa*). **2**. revision, review (*escritos*, etc). **3**. TÉC overhaul.

re·pa·tria·ción [repatrjaθjón] *n/f* repatriation. **re·pa·triar** [rrepatrjár] **I**. *v (repatrío)* to repatriate. **II**. *Refl(-se)* to return home.

re·pe [rrépe] *abrev* of *repetido col* duplicated.

re·pe·cho [rrepétʃo] *n/m* steep slope.

re·pe·lar [rrepelár] *v* **1**. to leave completely bare. **2**. to crop (*hierba*).

re·pe·len·te [rrepeléṇte] *adj* repellent, repulsive. **re·pe·ler** [rrepelér] *v* to repel, repulse.

re·pe·lo [rrepélo] *n/m* hair/fibre/blade of grass sticking up.

re·pe·lús [rrepelús] *n/m* LOC **Me da (un) ~**, it gives me the creeps.

re·pe·luz·no [rrepelúθno] *n/m* 1. nervous shiver. 2. *col* nasty turn, the willies.

re·pen·te [rrepén̪te] *n/m* 1. fit (*ira*). 2. sudden impulse. LOC **De ~**, suddenly. **re·pen·ti·no/a** [rrepen̪tíno/a] *adj* sudden.

re·per·cu·sión [rreperkusjón] *n/f* repercussion. **re·per·cu·tir** [rreperkutír] *v* 1. to rebound (*cuerpo*). 2. to reverberate (*sonido*). 3. **(~ en)** FIG to have repercussions (on).

re·per·tor·io [rrepertórjo] *n/m* 1. index. 2. TEAT repertoire.

re·pes·ca [rrepéska] *n/f col* repeat exam.

re·pe·ti·ción [rrepetiθjón] *n/f* repetition. **re·pe·ti·dor/ra** [rrepetiðór/ra] I. *adj* repeating. II. *n/m,f* 1. student who retakes an exam. 2. TÉC booster, relay station. **re·pe·tir** [rrepetír] I. *v* to repeat. II. *Refl(-se)* 1. to repeat oneself. 2. to recur (*suceso*).

re·pi·car [rrepikár] *v (repique)* MÚS to ring, peal.

re·pi·pi [rrepípi] *adj* 1. posh, lah-di-dah (*redicho*). 2. know-all. 3. stuck-up.

re·pi·que [rrepíke] *n/m* MÚS chime, peal(ing). **re·pi·que·te** [rrepikéte] *n/m* MÚS merry ringing. **re·pi·que·te·ar** [rrepiketeár] *v* to ring merrily. **re·pi·que·teo** [rrepiketéo] *n/m* V. **repiquete**.

re·pi·sa [rrepísa] *n/f* 1. ARQ ledge, shelf. 2. bracket (*soporte*).

re·plan·tar [rreplan̪tár] *v* 1. to transplant. 2. to replant.

re·plan·te·ar [rreplan̪teár] *v* to raise again.

re·ple·gar [rrepleɣár] I. *v (repliego, replegué)* to fold repeatedly. II. *Refl(-se)* MIL to retreat.

re·ple·to/a [rrepléto/a] *adj* replete, crammed.

ré·pli·ca [rréplika] *n/f* 1. replica (*copia*). 2. answer. 3. retort, rejoinder. **re·pli·car** [rreplikár] *v (repliqué)* 1. to retort. 2. to answer back.

re·plie·gue [rrepljéɣe] *n/m* 1. fold, crease (*tela, etc.*). 2. MIL retreat.

re·po·bla·ción [rrepoβlaθjón] *n/f* 1. repopulation (*gente*). 2. AGR restocking. **re·po·blar** [rrepoβlár] *v (repueblo)* 1. to repopulate. 2. AGR to restock.

re·po·llo [rrepóʎo] *n/m* BOT cabbage.

re·po·ner [rreponér] I. *v (repongo, repuse, repondré, repuesto)* 1. to put back, replace. 2. to reinstate. 3. to replace. 4. TEAT to put on again. II. *Refl(-se)* **(~ de)** MED to recover (from).

re·por·ta·ción [rreportaθjón] *n/f* restraint, control.

re·por·ta·je [rreportáxe] *n/m* report, article.

re·por·tar [rreportár] I. *v* to bring. II. *Refl (-se)* to control oneself.

re·por·te·ro/a [rreportéro/a] I. *adj* reporting. II. *n/m,f* reporter.

re·po·sa·ca·be·zas [rreposakaβéθas] *n/m* headrest.

re·po·sa·do/a [rreposáðo/a] *adj* quiet, restful. **re·po·sar** [rreposár] I. *v* 1. to rest, repose. 2. to sleep. 3. to lie. II. *Refl(-se)* to settle (*líquido*).

re·po·si·ción [rreposiθjón] *n/f* 1. *gen* replacement. 2. MED recovery. 3. TEAT revival.

re·po·so [rrepóso] *n/m* rest, repose.

re·pos·tar [rrepostár] *v* 1. to replenish. 2. AER to refuel. 3. AUT to fill up. **re·pos·te·ría** [rrepostería] *n/f* 1. cake shop (*tienda*). 2. confectionary, pastrymaking. **re·pos·te·ro/a** [rrepostéro/a] *n/m,f* pastrycook.

re·pren·der [rrepren̪dér] *v* to reprimand, rebuke. **re·pren·si·ble** [rreprensíβle] *adj* reprehensible. **re·pren·sión** [rreprensjón] *n/f* reprimand, rebuke.

re·pre·sa·lia [rrepresálja] *n/f* reprisal.

re·pre·sen·ta·ción [rrepresen̪taθjón] *n/f* 1. *gen* representation. 2. status, standing. 3. TEAT performance. **re·pre·sen·tan·te** [rrepresen̪tán̪te] *adj, n/m,f* representative. **re·pre·sen·tar** [rrepresen̪tár] I. *v* 1. *gen* to represent, stand for. 2. TEAT to perform, put on. 3. to look (*aspecto*). 4. to show, express (*indicar*). II. *Refl(-se)* to imagine, picture. **re·pre·sen·ta·ti·vi·dad** [rrepresen̪tatiβiðáð] *n/f* representativeness. **re·pre·sen·ta·ti·vo/a** [rrepresen̪tatíβo/a] *adj* representative.

re·pre·sión [rrepresjón] *n/f* repression, suppression. **re·pre·si·vo/a** [rrepresíβo/a] *adj* repressive.

re·pri·men·da [rrepriméṇda] *n/f* reprimand, rebuke.

re·pri·mir [rreprimír] I. *v* 1. to repress. 2. to suppress. II. *Refl(-se)* **(~ de)** to stop oneself (from).

re·pri·se [rreprîse] *n/m* AUT acceleration.

re·pro·ba·ble [rreproβáβle] *adj* blameworthy, reprehensible. **re·pro·ba·ción** [rreproβaθjón] *n/f* reproval, censure. **re·pro·bar** [rreproβár] *v (repruebo)* to reprove, censure. **ré·pro·bo/a** [rréproβo/a] *adj, n/m,f* REL damned.

re·pro·cha·ble [rreprotʃáβle] *adj* reproachable. **re·pro·char** [rreprotʃár] *v* to reproach. **re·pro·che** [rreprótʃe] *n/m* reproach.

re·pro·duc·ción [rreproðukθjón] *n/f* reproduction. **re·pro·du·cir** [rreproðuθír] I. *v (reproduzco, reproduje)* to reproduce. II. *Refl (-se)* 1. BIOL to reproduce, breed. 2. to be reproduced. 3. to happen again.

rep·tar [rreptár] *v* to crawl, slither (along). **rep·til** [rreptíl] I. *adj* reptilian. II. *n/m* reptile.

re·pú·bli·ca [rrepúβlika] *n/f* republic. **re·pu·bli·ca·no/a** [rrepuβlikáno/a] *adj, n/m,f* republican.

re·pu·diar [rrepuðjár] *v* 1. to repudiate. 2. JUR to renounce, relinquish. **re·pu·dio** [rrepúðjo] *n/m* repudiation.

re·pues·to/a [rrepwésto/a] I. pp of *reponer*. II. *adj* 1. replaced (*cosa*). 2. reinstated (*en cargo*). 3. MED recovered. III. *n/m* TÉC spare.

re·pug·nan·cia [rrepuɣnáṇθja] *n/f* **(~ a, por)** aversion (to, for), disgust (for). **re·pug·nan·te** [rrepuɣnáṇte] *adj* repugnant, disgusting. **re· pug·nar** [rrepuɣnár] *v* 1. to disgust, nauseate. 2. to loathe.

re·pu·ja·do [repuxáðo] *n/m* TÉC repoussé work, embossing. **re·pu·jar** [rrepuxár] *v* TÉC to emboss.

re·pu·li·do/a [rrepulíðo/a] *adj* **1**. polished. **2**. FIG spick and span.

re·pul·sa [repúlsa] *n/f* rejection, refusal. **re·pul·sión** [rrepulsjón] *n/f* **1**. V. **repulsa**. **2**. repulsion (*antipatía*). **re·pul·si·vo/a** [repulsíßo/a] *adj, n/m* repulsive.

re·pu·ta·ción [rreputaθjón] *n/f* reputation. **re·pu·tar** [rreputár] *v* **(~ de, por)** to consider, esteem.

re·que·brar [rrekeßrár] *v (requiebro)* to flirt with, compliment.

re·que·ma·do/a [rrekemáðo/a] *adj* **1**. scorched (*por el fuego*). **2**. FIG seething (*persona*). **re·que·mar** [rrekemár] **I**. *v* **1**. *gen* to scorch. **2**. to sting, burn (*boca*). **II**. *Refl(-se)* **1**. to get scorched, dry up. **2**. FIG to be seething (with rage).

re·que·ri·mien·to [rrekerimjénto] *n/m* **1**. request. **2**. JUR injunction, summons. **re·que·rir** [rrekerír] *v (requiero)* **1**. to require. **2**. to summon (*cita*). **3**. **(~ para)** to request (sb to), ask (sb to). LOC **~ de amores a**, to court.

re·que·són [rrekesón] *n/m* **1**. curds (*sin suero*). **2**. cream cheese.

re·que·té [rreketé] *n/m* HIST Carlist militiaman.

re·que·te- [rrekete-] *col pref intensivo* extra-.

re·quie·bro [rrekjéßro] *n/m* flirtatious compliment.

re·qui·sa [rrekísa] *n/f* requisition. **re·qui·sar** [rrekisár] *v* to requisition.

re·qui·si·to [rrekisíto] *n/m* requisite, requirement.

res [rrés] *n/f* **1**. ZOOL beast, animal. **2**. head of cattle (*vacuno*).

re·sa·bio [rresáßjo] *n/m* **1**. nasty taste (*regusto*). **2**. bad habit.

re·sa·ca [resáka] *n/f* **1**. NÁUT undertow, undercurrent. **2**. *col* hangover.

re·sa·la·do/a [rresaláðo/a] *adj col* FIG witty, droll.

re·sal·tar [rresaltár] *v* **1**. to jut out. **2**. FIG to stand out. **re·sal·te** [rresálte] *n/m* projection.

re·sar·ci·mien·to [rresarθimjénto] *n/m* indemnifiction, compensation. **re·sar·cir** [rresarθír] **I**. *v (resarzo)* to indemnify, compensate. **II**. *Refl(-se)* (**~ de**) to make up for.

res·ba·la·di·zo/a [rresßalaðíθo/a] *adj* **1**. *gen* slippery. **2**. FIG ticklish (*asuntos*). **res·ba·lar** [rresßalár] *v, v/Refl(-se)* **1**. *gen* FIG to slip (up). **2**. to slide, skid (*derrapar*). LOC **~le a uno**, to be like water off a duck's back. **res·ba·lón** [rresßalón] *n/m* **1**. *gen* FIG slip. **2**. slide, skid.

res·ca·tar [rreskatár] *v* **1**. to ransom (*con dinero*). **2**. to rescue. **3**. to make up (for). **res·ca·te** [rreskáte] *n/m* **1**. ransom (*con dinero*). **2**. rescue.

res·cin·dir [rresθindír] *v* to rescind. **res·ci·sión** [rresθisjón] *n/f* cancellation.

res·col·do [rreskóldo] *n/m* **1**. embers. **2**. FIG lingering doubt.

re·se·car [rresekár] **I**. *v* (*resequé*) **1**. to dry thoroughly. **2**. to parch. **3**. MED to resect. **II**. *Refl(-se)* to dry out/up. **re·se·co/a** [rreséko/a] *adj* parched.

re·sen·ti·do/a [rresentíðo/a] **I**. *adj* resentful, bitter. **II**. *n/m,f* LOC **Es un ~**, he's got a chip on his shoulder. **re·sen·ti·mien·to** [rresentimjénto] *n/m* resentment. **re·sen·tir·se** [rresentírse] *v/Refl(-se)* **1**. **(~ de, por)** to feel the effects (of) (*dolor*, etc). **2**. **(~ por)** to be weakened (by), suffer (from). **3**. **(~ por, de)** to resent, feel bitter (about).

re·se·ña [rreséɲa] *n/f* **1**. review (*libros*). **2**. brief description. **re·se·ñar** [rreseɲár] *v* **1**. to review (*libro*, etc). **2**. to describe.

re·ser·va [rresérßa] *n/f* **1**. reservation, booking. **2**. reserve, stock (*provisiones*). **3**. reserve, discretion (*cualidad*). **4**. reserve, reservation. **5**. MIL reserve. **6**. privacy, confidence. LOC **A ~ de**, except for. **De ~**, reserve, emergency. **Mandar/Pasar a la ~**, **1**. MIL to put on the reserve. **2**. FIG to hold in reserve. **Sin ~s**, unreservedly. **re·ser·va·do/a** [rreserßáðo/a] **I**. *adj* **1**. reserved, reticent, discreet (*persona*). **2**. private (*tema, lugar*). **3**. reserved (*asiento*). **II**. *n/m* reserved compartment (*tren*, etc). **re·ser·var** [rreserßár] **I**. *v* **1**. *gen* to reserve. **2**. to put on one side (*apartar*). **3**. to keep to oneself (*información*). **II**. *Refl(-se)* **1**. **(~ para)** to save oneself (for) (*atleta*, etc). **2**. V. **reservar I. (3.) re·ser·vis·ta** [rreserßísta] **I**. *adj* MIL reserve. **II**. *n/m,f* MIL reservist.

res·fria·do/a [rresfrjáðo/a] **I**. *adj* LOC **Estar ~**, to have a cold. **II**. *n/m* cold, chill. **res·friar** [rresfrjár] **I**. *v (resfrío, resfría)* **1**. *gen* to cool, chill. **2**. to turn cold (*tiempo*). **II**. *Refl (-se)* MED to catch (a) cold.

res·guar·dar [rresɣwarðár] *v* **1**. **(~ de)** to protect (from). **2**. to safeguard. **res·guar·do** [rresɣwárðo] *n/m* **1**. protection, defence. **2**. safeguard. **3**. COM voucher (*vale*). **4**. COM counterfoil, receipt. **5**. stub.

re·si·den·cia [rresiðénθja] *n/f* **1**. *gen* residence. **2**. hall (of residence) (*estudiantes*). **3**. hostel (*posada*). **4**. home (*ancianos*). **re·si·den·cial** [rresiðenθjál] *adj* residential. **re·si·den·te** [rresiðénte] *adj, n/m,f* resident. **re·si·dir** [rresiðír] *v* **1**. **(~ en)** *gen* to reside (in), live (in). **2**. **(~ en)** FIG to lie (in), rest (with). **re·si·dual** [rresiðwál] *adj* residual, residuary. **re·si·duo** [rresíðwo] *n/m* **1**. residue. **2**. MAT remainder. **3**. *pl* waste.

re·sig·na·ción [rresiɣnaθjón] *n/f* resignation (*actitud*). **re·sig·nar** [rresiɣnár] **I**. *v* to hand over (*mando*). **II**. *Refl(-se)* **(~ a, con)** to resign oneself (to).

re·si·na [rresína] *n/f* resin.

re·sis·ten·cia [rresisténθja] *n/f* **1**. *gen* MIL FÍS ELECTR resistance. **2**. strength (*fuerza*). **3**. stamina, endurance (*aguante*). LOC **La R~**, the Resistance. **re·sis·ten·te** [rresisténte] *adj* **1**. *gen* resistant. **2**. tough, hard-wearing (*tela*, etc). **3**. BOT hardy. **re·sis·tir** [rresistír] **I**. *v* **1**. to resist (*ataque, tentación*). **2**. to (with)stand, endure (*peso, frío, calor*). **3**. to last, continue (*durar*). **II**. *Refl(-se)* **1**. **(~ a)** to refuse (to), be unwilling (to), find it hard (to): *Se resiste a creerme,* He refuses to believe me. 2. V. **resistir I. (1.)**

res·ma [rrésma] *n/f* ream.

re·sol [rresól] *n/m* glare of the sun.

re·so·lu·ción [rresoluθjón] *n/f* 1. solving (*acto*). 2. (re)solution (*efecto*). 3. resoluteness, boldness (*valor*). **re·so·lu·ti·vo/a** [rresolutíβo/a] *adj* resolvent. **re·sol·ver** [rresolβér] I. *v (resuelvo, resuelto)* 1. to (re)solve, do. 2. to settle (*cuestión*). 3. JUR to decide. II. *Refl(-se)* 1. to work out. 2. **(~ a)** to make up one's mind (to).

re·so·llar [rresoʎár] *v (resuello)* 1. to breathe heavily. 2. to puff (and blow) (*jadear*).

re·so·nan·cia [rresonáŋθja] *n/f* 1. resonance, echo (*sonido*). 2. FIG repercussions. **re·so·nar** [rresonár] *v (resueno)* to resound, re-echo.

re·so·plar [rresoplár] *v* V. **resollar**. **re·so·pli·do** [rresoplíðo] *n/m* 1. heavy breathing (*respiro*). 2. puff(ing) (*jadeo*).

re·sor·te [rresórte] *n/m* 1. TÉC spring. 2. FIG means, expedient.

res·pal·dar [rrespaldár] I. *v* 1. to endorse (*documento*). 2. FIG to back, support. II. *Refl(-se)* to lean back, loll. **res·pal·do** [rrespáldo] *n/m* 1. back (*de un mueble*). 2. FIG backing, support.

res·pec·tar [rrespektár] *v* to concern, relate to. LOC **En/Por lo que respecta a**, as regards, with regard to. **res·pec·ti·va·men·te** [rrespektiβaménte] *adv* respectively. **res·pec·ti·vo/a** [rrespektíβo/a] *adj* respective. **res·pec·to** [rrespékto] *n/m* LOC **A ese/este ~**, on that score. **Al ~**, in this respect, on the matter (under discussion). **Con ~ a/~ a/de**, with regard to.

res·pe·ta·bi·li·dad [rrespetaβiliðáð] *n/f* respectability. **res·pe·ta·ble** [rrespetáβle] *adj* 1. *gen* respectable. 2. *col* to be reckoned with. LOC **El ~**, audience, public. **res·pe·tar** [rrespetár] *v* to respect. **res·pe·to** [rrespéto] *n/m* respect, regard, consideration. LOC **Campar por sus ~s**, 1. to strike out on one's own. 2. PEY to show no consideration for others. **Faltarle al ~ a uno**, to be disrespectful to sb. **res·pe·tuo·si·dad** [rrespetwosiðáð] *n/f* respectfulness. **res·pe·tuo·so/a** [rrespetwóso/a] *adj* respectful.

res·pin·gar [rrespiŋgár] *v (respingué)* 1. to shy, start (*caballo*). 2. FIG to drag one's feet, dig one's heels in. **res·pin·go** [rrespíŋgo] *n/m* 1. shy (*caballo*). 2. start (*persona*). 3. lopsidedness (*prenda*). 4. FIG flounce, gesture of disgust. **res·pin·gón/na** [rrespiŋgón/na] *adj col* turned-up (*nariz*).

res·pi·ra·ción [rrespiraθjón] *n/f* breathing. **res·pi·ra·de·ro** [rrespiraðéro] *n/m* 1. TÉC vent, valve. 2. FIG respite, breather. **res·pi·rar** [rrespirár] *v* 1. BIOL to breathe. 2. to breathe in (*gas*). 3. FIG to breathe again (*alivio*). 4. FIG to exude, ooze (*rezumar*). LOC **Sin ~**, FIG with bated breath, in utter silence. **res·pi·ra·to·rio/a** [rrespiratórjo/a] *adj* respiratory, breathing. **res·pi·ro** [rrespíro] *n/m* 1. BIOL breathing. 2. breathing space (*descanso*). 3. COM period of grace. 4. JUR reprieve.

res·plan·de·cer [rresplaŋdeθér] *v (resplandezco)* 1. **(~ de, por, en)** *gen* FIG to shine (with). 2. to glitter, glow. **res·plan·de·cien·te** [rresplaŋdeθjéŋte] *adj* 1. shining, glowing, glittering, resplendent. 2. **(~ de)** FIG radiant (with). **res·plan·dor** [rresplaŋdór] *n/m* brilliance, brightness, glow, gleam.

res·pon·der [rrespoŋdér] *v* 1. **(~ a)** *gen* to answer, reply (to), respond (to). 2. FIG to respond. 3. to answer back (*respondón*). 4. to obey (*mandos*). 5. **(~ a)** to correspond (to). 6. **(~ de)** to be responsible (for). 7. **(~ por)** to vouch (for). LOC **~ a/por cierto nombre**, to go by a certain name, answer to. **res·pon·dón/na** [rrespoŋdón/na] I. *adj* cheeky, insolent. II. *n/m,f* sb who answers back.

res·pon·sa·bi·li·dad [rresponsaβiliðáð] *n/f* responsibility. **res·pon·sa·bi·li·zar** [rresponsaβiliθár] I. *v* (*responsabilice*) 1. **(~ de)** to make (sb) responsible (for). 2. **(~ de)** PEY to hold (sb) responsible (for). II. *Refl(-se)* **(~ de)** to accept responsibility (for). **res·pon·sa·ble** [rresponsáβle] *adj* responsible.

res·pon·so [rrespónso] *n/m* REL prayer for the dead. **res·pon·so·rio** [rresponsórjo] *n/m* response.

res·pues·ta [rrespwésta] *n/f* reply, answer, response.

res·que·bra·ja·du·ra [rreskeβraxaðúra] *n/f* crack, split. **res·que·bra·ja·mien·to** [rreskeβraxamjénto] *n/m* cracking, splitting. **res·que·bra·jar** [rreskeβraxár] *v, v/Refl(-se)* to crack, split.

res·que·mor [rreskemór] *n/m* 1. resentment, bitterness. 2. inner torment, remorse.

res·qui·cio [rreskíθjo] *n/m* 1. chink, crack. 2. FIG chance, opening.

res·ta [rrésta] *n/f* MAT subtraction.

res·ta·ble·cer [rrestaβleθér] I. *v (restablezco)* to re-establish, restore. II. *Refl(-se)* MED to recover. **res·ta·ble·ci·mien·to** [rrestaβleθimjéŋto] *n/m* 1. re-establishment. 2. MED recovery.

res·ta·llar [rrestaʎár] *v* 1. to crack (*látigo*). 2. to crackle (*fuego*).

res·tan·te [rrestáŋte] *adj* remaining.

res·ta·ñar [rrestaɲár] *v* to staunch.

res·tar [rrestár] *v* 1. **(~ de)** MAT to subtract (from), take away (from). 2. to deduct. 3. DEP to return (*pelota*). 4. to be left. LOC **~ importancia a algo**, to treat sth as unimportant.

res·tau·ra·ción [rrestauraθjón] *n/f* restoration. **res·tau·ran·te** [rrestauráŋte] *n/m* restaurant. **res·tau·rar** [rrestaurár] *v* 1. to restore. 2. to repair (*objeto*).

res·ti·tu·ción [rrestituθjón] *n/f* restitution, return. **res·ti·tui·ble** [rrestitwíβle] *adj* returnable, restorable. **res·ti·tuir** [rrestitwír] *v (restituyo)* 1. to return, give back (*devolver*). 2. ARQ to restore.

res·to [rrésto] *n/m* 1. *gen* MAT remainder. 2. *pl* remains. 3. DEP receiver (*persona*), return (*pelota*).

res·tre·gar [rrestreɣár] I. *v (restriego, restregué)* 1. to scrub, rub hard (*frotar*). 2. to rub on/against (*mueble*). **II**. *Refl(-se)* to rub, chafe. **res·tre·gón** [rrestreγón] *n/m* **1**. rub, scrub. **2**. rub mark.

res·tric·ción [rrestrikθjón] *n/f* restriction, restraint. **res·tric·ti·vo/a** [rrestriktíßo/a] *adj* restrictive. **res·trin·gir** [rrestriŋxír] *v* to restrict.

res·tri·ñi·mien·to [restriɲimjén̪to] *n/m* MED constipation. **res·tri·ñir** [rrestriɲír] *v* MED to constipate.

re·su·ci·tar [rresuθitár] *v* **1**. *gen* to resuscitate, revive. **2**. FIG to revive. **3**. FIG to resurrect (*asunto*).

re·suel·to/a [rreswélto/a] *adj* resolute, steadfast.

re·sue·llo [rreswéʎo] *n/m* (heavy) breathing, puff(ing).

re·sul·ta [rresúl̦ta] *n/f* **1**. result, effect (*consecuencia*). **2**. outcome (*de deliberación*). LOC **De ~s de**, as a result of. **re·sul·ta·do** [rresul̦taðo] *n/m* **1**. *gen* DEP result. **2**. outcome, sequel. **re·sul·tar** [rresul̦tar] *v* **1**. to be (*ser*). **2**. to turn out, prove. **3**. **(~ de)** to result (from), stem (from). **4**. **(~ en)** to result (in), produce. **5**. to look good (*ropa*). **6**. to be a good idea. **re·sul·tón/na** [rresul̦tón/na] *adj* ARG O.K., successful with men (*mujer*)/women (*hombre*).

re·su·men [rresúmen] *n/m* **1**. *gen* summary. **2**. abstract (*artículo*). LOC **En ~**, to sum up. **re·su·mir** [rresumír] **I**. *v* **1**. to sum up. **2**. to summarize. **II**. *Refl(-se)* **1**. to be summed up. **2**. to be summarized. **3**. **(~ en)** to come down to, boil down to.

re·sur·gi·mien·to [rresurximjén̪to] *n/m* resurgence, revival. **re·sur·gir** [rresurxír] *v* (*resurjo*) to revive, reappear. **re·su·rrec·ción** [rresurre(k)θjón] *n/f* resurrection.

re·ta·blo [rretáßlo] *n/m* altar piece.

re·ta·co [rretáko] *n/m* **1**. short shotgun (*arma*). **2**. FIG shorty, squirt.

re·ta·guar·da, **re·ta·guar·dia** [rretaγwárða/rretaγwárðja] *n/f* MIL rearguard. LOC **A/En ~**, in the rear.

re·ta·hí·la [rretaíla] *n/f* **1**. *gen* string, row. **2**. FIG string, stream.

re·tal [rretál] *n/m* remnant (*tela*).

re·ta·ma [rretáma] *n/f* BOT broom.

re·tar [rretár] *v* **(~ a)** to challenge (to).

re·tar·dar [rretarðár] *v* **1**. to slow down/up, retard. **2**. to put back (*reloj*). **re·tar·do** [rretárðo] *n/m* **1**. slowing down (*acto*). **2**. delay, time-lag (*efecto*).

re·ta·zo [rretáθo] *n/m* **1**. remnant, oddment (*tela*). **2**. fragment, bit (*texto, etc.*).

re·tem·blar [rreteɱblár] *v* (*retiemblo*) to shudder, shake.

re·tén [rretén] *n/m* **1**. store (*provisiones*). **2**. MIL reserve. **re·ten·ción** [rreten̪θjón] *n/f* **1**. *gen* MED retention. **2**. stoppage, deduction (*impuesto*, etc). **re·te·ner** [rretenér] *v* **1**. *gen* to retain, keep (back). **2**. to withhold, deduct (*dinero*). **3**. JUR to detain, hold. **re·ten·ti·vo/a** [rreten̪tíßo/a] **I**. *adj* retentive. **II**. *n/f* memory.

re·ti·cen·cia [rretiθén̪θja] *n/f* **1**. malicious insinuation. **2**. sarcasm. **3**. half-truth. **4**. unwillingness. **5**. reticence. **re·ti·cen·te** [rretiθén̪te] *adj* **1**. insinuating. **2**. sarcastic (*ironía*). **3**. misleading (*despiste*). **4**. unwilling. **5**. reticent.

re·tí·cu·la [rretíkula] *n/f* **1**. netting. **2**. screen (*fotografía*). **re·tí·cu·lo** [rretíkulo] *n/m* V. **retícula**.

re·ti·na [rretína] *n/f* ANAT retina.

re·tin·tín [rretin̪tín] *n/m* **1**. tinkling, jingle (*sonido*). **2**. FIG sarcastic tone.

re·ti·ra·do/a [rretiráðo/a] **I**. *adj* **1**. retired (*trabajador*). **2**. secluded. **II**. *n/m,f* retired person, retiree. **II**. *n/f* **1**. MIL withdrawal, retreat. **2**. retreat (*refugio*). **3**. recall (*diplomático*). **re·ti·rar** [rretirár] **I**. *v* **1**. to withdraw. **2**. **(~ de)** to remove (from), take away (from). **3**. to take out. **4**. to take off (*tapa*). **5**. to recall (*diplomático*). **6**. to retire (*a un trabajador*). **II**. *Refl(-se)* **1**. MIL to retreat, withdraw. **2**. **(~ de, a)** to retire (from, to). **3**. DEP to drop out. **4**. DEP to scratch (*antes de empezar*). **re·ti·ro** [rretíro] *n/m* **1**. MIL withdrawal. **2**. retirement. **3**. (retirement) pension (*dinero*). **4**. retreat, secluded spot. **5**. seclusion. **6**. REL retreat.

re·to [rréto] *n/m* **1**. *gen* challenge. **2**. defiant statement.

re·to·car [rretokár] *v* (*retoque*) to retouch.

re·to·ñar [rretoɲár] *v* BOT to sprout, shoot. **re·to·ño** [rretóɲo] *n/m* BOT shoot.

re·to·que [rretóke] *n/m* retouching.

re·tor·cer [rretorθér] **I**. *v* (*retuerzo*) **1**. to twist (*brazo, sentido*). **2**. to wring (*manos, pescuezo, ropa*). **3**. to turn (*argumento*). **II**. *Refl(-se)* **1**. **(~ de)** to writhe, squirm (*de dolor*). **2**. to get into knots (*cuerda*). **re·tor·ci·do/a** [rretorθíðo/a] *adj* **1**. convoluted (*estilo*). **2**. devious (*persona*). **re·tor·ci·mien·to** [rretorθimjén̪to] *n/m* **1**. twisting (*brazo*). **2**. wringing (*ropa, manos, pescuezo*). **3**. writhing (*cuerpo*). **4**. FIG convoluted nature (*estilo*). **5**. FIG deviousness.

re·tó·ri·co/a [rretóriko/a] **I**. *adj* rhetorical. **II**. *n/f* rhetoric.

re·tor·nar [rretornár] **I**. *v* **1**. to return, give back. **2**. to put back, replace. **3**. to return, come back, go back. **II**. *Refl(-se)* V. **retornar I**. **(3.)** **re·tor·no** [rretórno] *n/m* **1**. return. **2**. reward. **3**. repayment.

re·tor·sión [rretorsjón] *n/f* V. **retorcimiento**.

re·tor·ta [rretórta] *n/f* QUÍM retort.

re·tor·ti·jón [rretortixón] *n/m* **1**. violent twist. **2**. MED stomach cramp.

re·to·zar [rretoθár] *v* **1**. to romp, frolic (*niños*). **2**. to gambol (*animales*). **re·to·zo** [rretóθo] *n/m* **1**. romp, frolic. **2**. gambol(ling). **re·to·zón/na** [rretoθón/na] *adj* frolicsome, frisky.

re·trac·ción [rretra(k)θjón] *n/f* retraction.

re·trac·ta·ción [rretraktaθjón] *n/f* retractation, recantation. **re·trac·tar** [rretraktár] *v*, *v/Refl(-se)* **(~ de)** to retract, withdraw.

re·trác·til [rretráktil] *adj* **1**. BIOL retractile. **2**. AER retractable. **re·tra·er** [rretraér] **I**. *v* (*retraigo, retraje*) **1**. to retract, draw in (*garras, etc.*). **2**. FIG to dissuade. **II**. *Refl(-se)* **1**. **(~ a, de)** to retire (to, from), withdraw (to, from).

2. **(~ de)** FIG to shun, shy away (from). 3. **(~ en)** to take refuge (in) (*lugar*). **re·traí·do/a** [rretraíðo/a] *adj* 1. withdrawn, shy. 2. PEY aloof. **re·trai·mien·to** [rretraimjén̪to] *n/m* 1. withdrawal, retirement. 2. seclusion (*estado*). 3. reserve, shyness. 4. PEY aloofness.

re·trans·mi·sión [rretra(n)smisjón] *n/f* 1. passing on (*mensaje*). 2. (live) broadcast (*radio, TV*). 3. repeat. **re·trans·mi·tir** [rretra(n)smitír] *v* 1. to relay (*mensaje*). 2. to broadcast (live) (*radio, TV*). 3. to repeat.

re·tra·sa·do/a [rretrasáðo/a] *adj* 1. late. 2. slow (*reloj*). 3. late, in arrears (*trabajo, pagos*). 4. backward, underdeveloped (*país*). 5. old-fashioned. 6. MED mentally retarded. **re·tra·sar** [rretrasár] I. *v* 1. to delay, put off. 2. to hold up, slow down. 3. to put back (*reloj*). II. *Refl(-se)* 1. to be late. 2. to be slow (*reloj*). 3. to lag behind. **re·tra·so** [rretráso] *n/m* 1. delay (*demora*). 2. slowness. 3. backwardness (*país, estado mental*). 4. *pl* arrears (*deudas*). LOC **Con ~**, late.

re·tra·tar [rretratár] I. *v* 1. to take a photograph of. 2. ART to paint a portrait of. 3. to portray. II. *Refl(-se)* 1. to have one's photograph taken (*foto*). 2. ART to have one's portrait painted. **re·tra·tis·ta** [rretratísta] *n/m,f* 1. ART portrait painter. 2. photographer. **re·tra·to** [rretráto] *n/m* 1. ART portrait. 2. photograph (*foto*). 3. FIG portrayal, depiction. 4. FIG image. LOC **~ robot**, photofit.

re·tre·che·ro/a [rretret∫éro/a] I. *adj* 1. PEY crafty, FAM slippery. 2. charming, likeable. II. *n/m,f* 1. PEY FAM slippery customer. 2. engaging personality.

re·tre·ta [rretréta] *n/f* MIL retreat.

re·tre·te [rretréte] *n/m* lavatory, *col* loo.

re·tri·bu·ción [rretriβuθjón] *n/f* 1. remuneration, pay. 2. reward, payment. **re·tri·buir** [rretribwír] *v (retribuyo)* 1. to remunerate, pay. 2. to reward. **re·tri·bu·ti·vo/a** [rretriβutíβo/a] *adj* rewarding.

re·tro- [rretro-] *pref* retro-. **re·tro·ac·ción** [rretroa(k)θjón] *n/f* feedback. **re·tro·ac·ti·vi·dad** [rretroaktiβiðáð] *n/f* retroactivity. **re·tro·ac·ti·vo/a** [rretroaktíβo/a] *adj* retroactive. **re·tro·ce·der** [rretroθeðer] *v* to move back, go back. **re·tro·ce·so** [rretroθéso] *n/m* 1. backward movement. 2. recession. **re·tró·gra·do/a** [rretróγraðo/a] I. *adj* 1. *gen* retrograde. 2. reactionary (*política*). II. *n/m,f* reactionary. **re·tro·pro·pul·sión** [rretropropulsjón] *n/f* jet propulsion. **re·tros·pec·ción** [rretrospe(k)θjón] *n/f* retrospection. **re·tros·pec·ti·vo/a** [rretrospektíβo/a] *adj* retrospective. **re·tro·trac·ción** [rretrotra(k)θjón] *n/f* dating back. **re·tro·tra·er** [rretrotraér] I. *v (retrotraigo, retrotraje)* 1. to predate, antedate. 2. **(~ a)** to carry back (in time) (to). II. *Refl(-se)* V. **retrotraer I. (2.)**. **re·tro·vi·sor** [rretroβisór] *n/m* rear-view mirror.

re·trué·ca·no [rretrwékano] *n/m* pun, play on words.

re·tum·bar [rretuɱbár] *v* 1. to boom, rumble (*trueno*, etc). 2. to re-echo, reverberate (*sonidos*). **re·tum·bo** [rretúɱbo] *n/m* 1. boom(ing), rumble. 2. echo, reverberation.

reu·ma, **reú·ma** [rréuma/rreúma] *n/f* MED rheumatism. **reu·má·ti·co/a** [rreumátiko/a] *adj, n/m,f* MED rheumatic. **reu·ma·tis·mo** [rreumatísmo] *n/m* MED rheumatism. **reu·ma·to·lo·gía** [rreumatoloxía] *n/f* MED rheumatology. **reu·ma·tó·lo·go/a** [rreumatóloγo/a] *n/m,f* MED rheumatologist.

reu·nión [rreunjón] *n/f* 1. meeting, gathering. 2. social gathering, party. **reu·nir** [reunír] I. *v (reúno, reúnan)* 1. to join together. 2. to assemble, get together. 3. to collect, raise. II. *Refl(-se)* to meet, get together.

re·vá·li·da [rreβálida] *n/f* final/school leaving examination. **re·va·li·da·ción** [rreβaliðaθjón] *n/f* JUR revalidation. **re·va·li·dar** [rreβaliðár] *v* JUR to revalidate, ratify.

re·va·lo·ri·za·ción [rreβaloriθaθjón] *n/f* revaluation, reassessment. **re·va·lo·ri·zar** [rreβaloriθár] *v (revalorice)* to revalue, reassess.

re·van·cha [rreβán̪t∫a] *n/f* 1. *gen* revenge. 2. DEP return match. **re·van·chis·mo** [rreβan̪t∫ísmo] *n/m* revanchism.

re·ve·la·ción [rreβelaθjón] *n/f* revelation. **re·ve·la·do** [rreβeláðo] *n/m* developing (*fotos*). **re·ve·la·dor/ra** [rreβelaðór/ra] I. *adj* revealing. II. *n/m* developer (*fotos*). III. *n/m,f* revealer. **re·ve·lar** [rreβelár] *v* 1. to reveal, disclose (*secreto*). 2. to develop (*fotos*).

re·ve·llón [rreβeʎón] *n/m* New Year's Eve party.

re·ven·der [rreβen̪dér] *v* to resell, tout (*billetes*).

re·ve·nir·se [rreβenírse] *v/Refl(-se) (revengo, revine, revendré, revenido)* 1. to go off, go bad (*comida*). 2. to turn sour (*vino*).

re·ven·ta [rreβén̪ta] *n/f* resale, touting (*entradas*, etc).

re·ven·tar [rreβen̪tár] I. *v (reviento)* 1. to burst, explode (*globo*, etc). 2. to overwork (*persona*). 3. to ride into the ground (*caballo*). 4. to ruin (*proyecto*). 5. FIG to barrack, heckle (*orador*). 6. FIG *col* to rile. 7. **(~ de, por)** FIG to be bursting (with, to). II. *Refl(-se)* 1. to explode, go bang (*globo*, etc). 2. to die of overwork, *col* to blow up (*caballo*). 3. *col* to snuff it (*persona*). **re·ven·tón** [rreβen̪tón] *n/m* 1. burst, explosion. 2. AUT blowout. 3. tough climb (*cuesta*).

re·ver·be·ra·ción [rreβerβeraθjón] *n/f* 1. reverberation (*sonido*). 2. shimmering, reflection (*luz*). **re·ver·be·ran·te** [rreβerβerán̪te] *adj* 1. reverberating (*sonido*). 2. shimmering, reflecting (*luz*). **re·ver·be·rar** [rreβerβerár] *v* 1. to reverberate (*sonido*). 2. to shimmer (*luz*).

re·ver·de·cer [rreβerðecér] *v (reverdezco)* 1. BOT to grow green again. 2. FIG to acquire new vigour.

re·ve·ren·cia [rreβerén̪θja] *n/f* 1. *gen* reverence. 2. bow (*hombre*), curtsy (*mujer*). **re·ve·ren·ciar** [rreβeren̪θjár] *v* to revere.

re·ve·ren·dí·si·mo/a [rreβeren̪dísimo/a] *adj super* Most Reverend. **re·ve·ren·do/a** [rreβerén̪do/a] I. *adj* REL reverend. II. *n/m,f* REL reverend. **re·ve·ren·te** [rreβerén̪te] *adj* reverent, respectful.

re·ver·si·bi·li·dad [rreβersiβiliðáð] *n/f* reversibility. **re·ver·si·ble** [rreβersíβle] *adj* reversible. **re·ver·so/a** [rreβérso/a] *n/m* **1**. *gen* back, other side. **2**. reverse (*moneda*).

re·ver·tir [rreβertír] *v (revierto)* **1**. **(~ a)** *gen* JUR to revert (to). **2**. **(~ en)** to end up (as).

re·vés [rreβés] *n/m* **1**. back, other side (*cara*). **2**. FIG setback. **3**. slap, swipe (*golpe*). **4**. DEP backhand.

re·ves·ti·mien·to [rreβestimjénto] *n/m* TÉC coating, cladding. **re·ves·tir** [rreβestír] **I**. *v (revisto)* **1**. **(~ de)** TÉC to coat (with), line (with), cover (with). **2**.**(~ con, de)** FIG to invest (with), cloak (in) (*virtud*, etc). **3**. **(~ de)** to adorn (with). **4**. to have, possess. **II**. *Refl(-se)* REL to put on one's vestments. LOC **~ de valor**, FIG to screw up one's courage. **~ de energía**, to summon up one's energy.

re·vie·jo/a [rreβjéxo/a] *adj* very old.

re·vi·sar [rreβisár] *v* **1**. to revise (*texto*). **2**. MIL to review. **3**. TÉC to overhaul. **4**. AUT to service. **re·vi·sión** [rreβisjón] *n/f* **1**. *gen* revision. **2**. TÉC overhaul. **3**. AUT service. **re·vi·sio·nis·mo** [rreβisjonísmo] *n/m* revisionism. **re·vi·sio·nis·ta** [rreβisjonísta] *n/m,f* revisionist. **re·vi·sor/ra** [rrβisór/ra] **I**. *adj* revisory. **II**. *n/m,f* **1**. *gen* reviser, inspector. **2**. ticket inspector.

re·vis·ta [rreβísta] *n/f* **1**. inspection, revision (*chequeo*). **2**. MIL review. **3**. review, magazine. **4**. TEAT revue, show. **re·vis·te·ro** [rreβistéro] **I**. *n/m,f* reviewer, critic. **II**. *n/m* magazine rack (*mueble*).

re·vi·vi·fi·car [rreβiβifikár] *v (revivifique)* to revitalize. **re·vi·vir** [rreβiβír] *v* to revive, be revived.

re·vo·ca·ble [rreβokáβle] *adj* revocable. **re·vo·car** [rreβokár] *v (revoqué)* **1**. to revoke, repeal (*ley*). **2**. to reverse (*decisión*). **3**. to dissuade (*persona*). **4**. ARQ to plaster, stucco. **5**. to send in a different direction (*humo*).

re·vol·car [rreβolkár] **I**. *v (revuelco, revolqué)* **1**. to knock over, send flying (*derribar*). **2**. FIG to crush (*adversario*). **II**. *Refl (-se)* **1**. **(~ en, por)** to roll about (in), tumble about (in). **2**. **(~ en)** FIG to wallow (in). **re·vol·cón** [rreβolkón] *n/m* tumble.

re·vo·lo·te·ar [rreβoloteár] *v* **1**. to flutter, flit about. **2**. to hover. **re·vo·lo·teo** [rreβolotéo] *n/m* **1**. fluttering, flitting about. **2**. hovering.

re·vol·ti·jo [rreβoltíxo] *n/m* jumble, mess. **re·vol·ti·llo** [rreβoltíʎo] *n/m* jumble, mess.

re·vol·to·so/a [rreβoltóso/a] **I**. *adj* rebellious, unruly. **II**. *n/m,f* rebel, troublemaker.

re·vo·lu·ción [rreβoluθjón] *n/f gen* TÉC revolution. **re·vo·lu·cio·nar** [rreβoluθjonár] *v* to revolutionize. **re·vo·lu·cio·na·rio/a** [rreβoluθjonárjo/a] *adj, n/m,f* revolutionary.

re·vól·ver [rreβólβer] *n/m* revolver.

re·vol·ver [rreβolβér] **I**. *v (revuelvo)* **1**. to shake. **2**. to stir (*líquidos*). **3**. to turn over (*tierra*). **4**. to rummage through (*papeles*). **5**. to mix up. **6**. to turn. **7**. to upset, stir up (*personas*). **II**. *Refl(-se)* **1**. to turn (right) round (*girar*). **2**. to toss and turn (*en cama*). **3**. **(~ contra)** to rebel (against). **4**. to turn stormy (*tiempo*).

re·vo·que [rreβóke] *n/m* **1**. plastering. **2**. plaster, stucco.

re·vuel·co [rreβwélko] *n/m* fall, tumble.

re·vue·lo [rreβwélo] *n/m* **1**. flutter(ing) (*aves*). **2**. FIG stir, commotion. **3**. rumpus (*jaleo*).

re·vuel·to/a [rreβwélto/a] **I**. *adj* **1**. cloudy, muddy (*agua*). **2**. in disorder, jumbled up. **3**. unsettled, stormy (*tiempo*). **4**. rough (*mar*). **5**. unruly (*carácter*). **6**. rebellious. **II**. *n/f* **1**. quarrel, row (*riña*). **2**. disturbance, riot, revolt.

re·vul·si·vo/a [rreβulsíβo/a] **I**. *adj* nasty but salutary. **II**. *n/m* **1**. MED revulsive. **2**. shock.

rey [rréi] *n/m* (*pl reyes*) king. LOC **Los reyes**, the Monarchs, Sovereigns, the king and queen.

re·yer·ta [rreɟérta] *n/f* brawl, affray.

re·za·gar [rreθaɣár] **I**. *v (rezagué)* **1**. to leave behind, outdistance. **2**. to postpone. **II**. *Refl(-se)* to fall behind, lag (behind).

re·zar [rreθár] *v (recé)* **1**. REL to pray. **2**. to state, run, read (*texto*). **3**. **(~ con)** to concern, have to do with. **re·zo** [rréθo] *n/m* **1**. praying (*acto*). **2**. prayer. **3**. daily service.

re·zon·gar [rreθoŋgár] *v (rezongué)* to grumble, mutter.

re·zu·mar [rreθumár] **I**. *v* **1**. to ooze, exude. **2**. to ooze out, seep. **II**. *Refl(-se)* V. **rezumar I. (2.)**.

ría [rría] *n/f* GEOG estuary. **ria·chue·lo** [rrjatʃwélo] *n/m* stream, brook. **ria·da** [rrjáða] *n/f* flood.

ri·ba·zo [rriβáθo] *n/m* steep slope. **ri·be·ra** [rriβéra] *n/f* **1**. bank (*río*). **2**. beach, shore (*mar*). **ri·be·re·ño/a** [rriβeréɲo/a] *adj* **1**. riverside (*río*). **2**. coastal (*mar*).

ri·be·ro [rriβéro] *n/m* dam (*dique*).

ri·be·te [rriβéte] *n/m* **1**. edging, trimming (*costura*). **2**. addition, adornment (*adorno*). **3**. *pl* FIG qualities, touches. **ri·be·te·ar** [rriβeteár] *v* to edge, trim.

ri·ca·chón/na [rrikatʃón/na] **I**. *adj* fabulously rich. **II**. *n/m,f* fabulously rich man/woman, PEY bloated capitalist. **ri·ca·men·te** [rrikamén̪te] *adv* **1**. richly. **2**. *col* jolly well, marvellously.

ri·ci·no [rriθíno] *n/m* BOT castor-oil plant.

ri·co/a [rríko/a] **I**. *adj* **1**. rich, wealthy. **2**. tasty, delicious (*comida*). **3**. rich (*tartas, tierras*). **4**. FAM cute, lovely (*niños*). **5**. gorgeous (*mujer*). **II**. *n/m,f* darling. **III**. *n/m* buster, mate (*en tratamiento irónico*).

ric·tus [rríktus] *n/m* **1**. grin (*burla*). **2**. sneer (*desprecio*).

ri·cu·ra [rrikúra] *n/f col* **1**. tastiness (*delicioso*). **2**. gorgeous girl (*chica*).

ri·di·cu·lez [rriðikuléθ] *n/f* absurdity. **ri·di·cu·li·zar** [rriðikuliθár] *v (ridiculice)* to ridicule, deride. **ri·dí·cu·lo/a** [rriðíkulo/a] **I**. *adj* **1**. ridiculous, ludicrous (*absurdo*). **2**. touchy (*delicado*). **II**. *n/m* ridicule. LOC **Hacer el ~**, to make a fool of oneself. **Poner en ~**, to make a fool of.

rie·go [rrjéγo] *n/m* **1**. watering. **2**. AGR irrigation. LOC ~ **por aspersión**, spray, sprinkling.
riel [rrjél] *n/m* **1**. rail (*tren, cortina*). **2**. ingot (*metalurgia*).
rie·lar [rrjelár] *v* POÉT to shimmer.
rien·da [rrjéṇda] *n/f* **1**. rein. **2**. *pl* FIG reins. LOC **Aflojar las ~s**, to let up. **Dar ~ suelta a**, to give free rein to. **Empuñar las ~**, to take charge. **Llevar/Tener las ~**, to be in charge.
ries·go [rrjésγo] *n/m* risk, danger. LOC **A ~ de**, at the risk of. **Correr el ~ de**, to run the risk of.
ri·fa [rrífa] *n/f* raffle. **ri·far** [rrifár] **I**. *v* to raffle. **II**. *Refl(-se)* to quarrel over.
ri·fle [rrífle] *n/m* rifle.
ri·gi·dez [rrixiðéθ] *n/f* **1**. rigidity, stiffness. **2**. FIG inflexibility. **rí·gi·do/a** [rríxiðo/a] *adj* **1**. rigid, stiff. **2**. FIG inflexible, unadaptable (*actitud*). **3**. FIG stern, strict (*moral*). **ri·gor** [rriγór] *n/m* rigour, severity. **ri·go·ris·ta** [rriγorísta] **I**. *adj* strict. **II**. *n/m,f* strict disciplinarian. **ri·gu·ro·si·dad** [rriγurosiðáð] *n/f* harshness, severity. **ri·gu·ro·so/a** [rriguróso/a] *adj* **1**. rigorous (*método*). **2**. harsh, severe (*tiempo, crítica*). **3**. tough, stringent (*medida*).
ri·jo·so/a [rrixóso/a] *adj* lustful.
ri·ma [rríma] *n/f* **1**. rhyme. **2**. *pl* poetry. **ri·mar** [rrimár] *v* to rhyme.
rim·bom·ban·cia [rrimbombáṇθja] *n/f* **1**. resonance. **2**. FIG showiness, flashiness. **3**. bombast (*escrito*). **rim·bom·ban·te** [rrimbombáṇte] *adj* **1**. resonant. **2**. FIG showy, flashy. **3**. bombastic (*escrito*).
rí·mel, **rím·mel** [rrímel] *n/m* mascara.
ri·me·ro [rriméro] *n/m* heap, stack.
rin·cón [rriŋkón] *n/m gen* FIG corner. **rin·co·na·da** [rriŋkonáða] *n/f* corner. **rin·co·ne·ra** [rriŋkonéra] *n/f* corner piece (*mueble*).
ring [rríŋ] *n/m* (boxing) ring.
rin·gle·ra [rriŋgléra] *n/f* row, line. **rin·gle·ro** [rriŋgléro] *n/m* guideline (*papel*).
ri·ni·tis [rrinítis] *n/f* MED rhinitis.
ri·no·ce·ron·te [rrinoθeróṇte] *n/m* ZOOL rhinoceros.
ri·no·lo·gía [rrinoloxía] *n/f* MED rhinology. **ri·nó·lo·go** [rrinóloγo] *n/m* MED rhinologist.
ri·ña [rríɲa] *n/f* **1**. quarrel. **2**. scuffle, fight.
ri·ñón [rriɲón] *n/m* **1**. ANAT kidney. **2**. *pl* ANAT pelvic region, loins. LOC **Costar un ~**, to cost an arm and a leg. **ri·ño·na·da** [rriɲonáða] *n/f* **1**. ANAT cortical tissue of the kidney. **2**. kidney stew.
río [rrío] *n/m* **1**. river. **2**. FIG stream, torrent.
rio·ja [rrjóxa] *n/m* Rioja wine.
ri·pio [rrípjo] *n/m* padding, empty word(s). LOC **No perder ~**, not to miss a trick. **ri·pio·so/a** [rripjóso/a] *adj* filled with unnecessary words.
ri·que·za [rrikéθa] *n/f* **1**. *gen* FIG wealth, riches. **2**. richness (*cualidad*).
ri·sa [rrísa] *n/f* **1**. laugh. **2**. laughter (*general*). LOC **Echar/Tomar a ~**, to laugh sth off. **(Estar) muerto de ~**, 1. to be helpless with laughter (*divertido*). 2. to be idle (*inactivo*).
ris·co [rrísko] *n/m* GEOG cliff, crag, bluff.
ri·si·bi·li·dad [rrisiβiliðáð] *n/f* risibility. **ri·si·ble** [rrisíβle] *adj* laughable, ludicrous. **ri·si·ta** [rrisíta] *n/f* snigger. **ri·so·ta·da** [rrisotáða] *n/f* loud laugh, INFML belly laugh.
ris·tra [rrístra] *n/f* string.
ris·tre [rrístre] *n/m* LOC **En ~**, at the ready.
ri·sue·ño/a [rriswéɲo/a] *adj* **1**. smiling (*cara*). **2**. sunny, cheerful (*índole*). **3**. rosy, promising (*futuro*).
rít·mi·co/a [rrítmiko/a] *adj* rhythmic(al). **rit·mo** [rrítmo] *n/m* rhythm.
ri·to [rríto] *n/m* rite, ceremony. **ri·tual** [rritwál] *adj, n/m* ritual. **ri·tua·lis·mo** [rritwalísmo] *n/m* ritualism.
ri·val [rriβál] **I**. *adj* rival, competing. **II**. *n/m,f* rival, competitor. **ri·va·li·dad** [rriβaliðáð] *n/f* rivalry. **ri·va·li·zar** [rriβaliθár] *v* to vie, compete.
ri·zar [rriθár] **I**. *v* (*rice*) **1**. to curl (*pelo*). **2**. to crinkle (*superficie*). **3**. to ripple (*agua*). **II**. *Refl(-se)* **1**. to perm one's hair. **2**. to ripple (*agua*). LOC ~ **el rizo**, **1**. FIG to split hairs. **2**. AER to loop the loop. **ri·zo** [rríθo] *n/m* **1**. curl, ringlet (*pelo*). **2**. ripple (*agua*). **3**. terry velvet (*tela*).
ri·zo·ma [rriθóma] *n/f* BOT rhizome.
ri·zo·so/a [rriθóso/a] *adj* curly.
RNE *abrev* of *Radio Nacional de España*, Spanish Broadcasting Corporation.
ro [rró] *int* rock-a-by.
roa·no/a [rroáno/a] *adj, n/m,f* roan (*caballo*).
ro·bar [rroβár] *v* **1**. to rob (*banco, persona*). **2**. to steal (*objeto*). **3**. to burgle (*casa*). **4**. FIG to steal, capture. **5**. to draw, take.
ro·bín [rroβín] *n/m* rust.
ro·ble [rróβle] *n/m* BOT oak(tree). **ro·ble·dal** [rroβleðál] *n/m* oak wood. **ro·ble·do** [rroβléðo] *n/m* oak wood.
ro·blón [rroβlón] *n/m* rivet.
ro·bo [rróβo] *n/m* **1**. *gen* robbery. **2**. theft.
ro·bot [rroβót] *n/m* robot.
ro·bus·te·cer [rroβusteθér] **I**. *v* (*robustezco*) to strengthen. **II**. *Refl(-se)* to grow stronger. **ro·bus·tez** [rroβustéθ] *n/f* strength, robustness. **ro·bus·to/a** [rroβústo/a] *adj* robust, strong.
ro·ca [rróka] *n/f* rock. **ro·ca·lla** [rokáʎa] *n/f* small stones, chippings.
ro·cam·bo·les·co/a [rrokamboléskо/a] *adj* bizarre.
ro·ce [rróθe] *n/m* **1**. rub(bing). **2**. rub, mark. **3**. TÉC friction. **4**. *col* brush. **5**. *col* close contact, familiarity.
ro·cia·da [rroθjáða] *n/f* **1**. shower, sprinkling. **2**. AGR spray. **3**. splash (*en bebida*). **4**. FIG shower (*piedras*), hail (*balas*). **ro·ciar** [rroθjár] *v* (*rocío, rocíe*) **1**. to sprinkle, spray. **2**. to bespatter (*lodo*).
ro·cín [rroθín] *n/m* hack, nag.
ro·cío [rroθío] *n/m* **1**. dew (*de noche*). **2**. light rain (*llovizna*). **3**. sprinkling (*derrame*).
rock [rrók] *n/m* MÚS rock (music). **roc·ke·ro/a** [rrokéro/a] **I**. *adj* MÚS rock. **II**. *n/m,f* **1**. rock musician (*músico*). **2**. rock fan (*aficionado*).

ro·co·có [rrokokó] *n/m* rococo.
ro·co·so/a [rrokóso/a] *adj* rocky.
ro·da [rróða] *n/f* NÁUT stem.
ro·da·ba·llo [rroðaβáʎo] *n/m* turbot.
ro·da·do/a [rroðáðo/a] I. pp of *rodar.* **II.** *adj* **1.** wheeled, vehicular. **2.** AUT FIG run-in. **3.** smooth, rounded (*piedra*). **4.** FIG experienced. **III.** *n/f* tyre mark. LOC **Canto ~**, 1. boulder (*grande*). 2. pebble (*pequeño*). **Tránsito ~**, vehicular traffic.
ro·da·ja [rroðáxa] *n/f* **1.** disc (*metal*). **2.** slice (*limón*, etc).
ro·da·je [rroðáxe] *n/m* **1.** shooting (*cine*). **2.** running in (*máquina, coche*). **3.** set of wheels (*ruedas*).
ro·da·mien·to [rroðamjén̪to] *n/m* **1.** TÉC bearing. **2.** tread (*neumático*).
ro·da·pié [rroðapjé] *n/m* skirting board.
ro·dar [rroðár] *v (ruedo)* **1.** to roll (along/down/over). **2.** to rotate, turn (*en eje*). **3.** to go, travel. **4.** to wander about. **5.** to drift. **6.** to wheel. **7.** AUT to run in. **8.** to shoot (*cine*).
ro·de·ar [rroðeár] **I.** *v* **1.** to surround, enclose. **2.** to go round, make a detour (*viaje*). **3.** FIG to beat about the bush. **II.** *Refl(-se)* **(~ de)** to surround oneself (with).
ro·de·la [rroðéla] *n/f* HIST buckler, round shield.
ro·deo [rroðéo] *n/m* **1.** detour (*camino*). **2.** *pl* FIG evasiveness (*hablar*). **3.** round-up (*ganado*). LOC **Dar un ~**, to make a detour.
ro·di·lla [rroðíʎa] *n/f* **1.** ANAT knee. **2.** pad (*en la cabeza*). LOC **De ~s**, 1. kneeling (down). 2. FIG on one's knees. **Doblar/Hincar la ~**, 1. to kneel down, 2. FIG to humble oneself. **ro·di·lle·ro/a** [rroðiʎéro/a] **I.** *adj* knee. **II.** *n/f* **1.** knee pad. **2.** knee patch. **3.** bagginess (at the knees). **4.** V. **rodilla 2.**
ro·di·llo [rroðíʎo] *n/m* **1.** TÉC roller. **2.** rolling pin.
ro·dio [rróðjo] *n/m* QUÍM rhodium.
ro·dri·gón [rroðriγón] *n/m* stake.
roe·dor/ra [rroeðór/ra] **I.** *adj* gnawing. **II.** *n/m* ZOOL rodent. **roe·du·ra** [rroeðúra] *n/f* **1.** gnawing (*acción*). **2.** gnaw mark (*huella*). **ro·er** [rroér] *v (roo, roí/royó)* **1.** to gnaw (*ratas*, etc). **2.** to nibble (at). **3.** FIG to nag, gnaw.
ro·gar [rroγár] *v (ruego, rogué)* **1.** to beg, plead with (*persona*). **2.** to ask for, beg for (*cosa*). **3.** REL to pray. **ro·ga·ti·va** [rroγatíβa] *n/f* rogation.
ro·je·ar [rroxeár] *v* to redden, turn red. **ro·jez** [rroxéθ] *n/f* redness. **ro·ji·zo/a** [rroxíθo/a] *adj* reddish, ruddy. **ro·jo/a** [rróxo/a] *adj, n/m,f* red. LOC **Al ~ (vivo)**, 1. red-hot. 2. FIG heated. **Poner ~ a uno**, to make sb blush.
rol [rról] *n/m* **1.** roll. **2.** TEAT FIG role.
rol·da·na [rrol̪dána] *n/f* pulley wheel.
ro·lli·zo/a [rroʎíθo/a] *adj* **1.** chubby (*niño*). **2.** buxom (*mujer*).
ro·llo [rróʎo] *n/m* **1.** *gen* roll. **2.** *col* drag, bore (*pesado*). **3.** *col* rigmarole (*discurso*, etc). **4.** *col* scene (*ambiente, actividad*).
ro·ma·na [rromána] *n/f* steelyard (*para pesar*).
ro·man·ce [rromán̪θe] **I.** *adj* Romance (*lengua*). **II.** *n/m* **1.** early Spanish (language). **2.** ballad (*poesía*). **ro·man·ce·ro** [rroman̪θéro] *n/m* collection of ballads.
ro·má·ni·co/a [rromániko/a] **I.** *adj* **1.** Romance (*lengua*). **2.** ARQ Romanesque, Norman (*en Inglaterra*). **ro·ma·nis·ta** [rromanísta] *adj, n/m,f* Romanist. **ro·ma·ni·za·ción** [rromaniθaθjón] *n/f* Romanization. **ro·ma·ni·zar** [rromaniθár] *v (romanicé)* to Romanize. **ro·ma·no/a** [rrománo/a] *adj, n/m,f* Roman.
ro·man·ti·cis·mo [rroman̪tiθísmo] *n/m* romanticism. **ro·mán·ti·co/a** [rromán̪tiko/a] *adj* romantic. **ro·man·za** [rromán̪θa] *n/f* MÚS romance.
rom·bo [rrómbo] *n/m* MAT rhombus. **rom·boi·de** [rrombóiðe] *n/m* rhomboid.
ro·me·ría [rromería] *n/f* **1.** REL pilgrimage to a shrine. **2.** festivities. **ro·me·ro/a** [rroméro] **I.** *adj* pilgrim. **II.** *n/m* BOT rosemary. **III.** *n/m,f* pilgrim.
ro·mo/a [rrómo/a] *adj* **1.** *gen* blunt. **2.** snubnosed (*nariz*). **3.** FIG dull.
rom·pe·ca·be·zas [rrompekaβéθas] *n/m* **1.** jigsaw puzzle. **2.** FIG puzzle, teaser. **rom·pe·hie·los** [rrompeɟélos] *n/m* icebreaker. **rom·pe·o·las** [rrompeólas] *n/m* breakwater. **rom·per** [rrompér] **I.** *v* **1.** to break, smash (*loza, olas*, etc). **2.** to break, snap (*hilo*, etc). **3.** to breach (*defensa*). **4.** to tear (up), rip (up) (*tela*, etc). **5.** to wear out (*prendas*). **6.** to plough (*tierra*). **7.** to break off (*relaciones*). **8. (~ con)** to fall out (with). **9.** BOT to burst (open). **10. (~ a, en)** to burst out + *inf*, burst into + *n*. **II.** *Refl(-se)* V. **romper I. (1.), (2.), (5.)**. **rom·pien·te** [rrompjén̪te] *n/m* **1.** reef. **2.** breaker (*ola*). **rom·pi·mien·to** [rrompimjén̪to] *n/m* **1.** breaking, smashing (*loza*, etc). **2.** snapping (*hilo*, etc). **3.** breach(ing) (*defensa*). **4.** tearing (up), ripping (up) (*papel*, etc). **5.** outbreak (*hostilidades*). **6. (~ con)** break (with). **7** breaking-off.
ron [rrón] *n/m* rum.
ron·car [rroŋkár] *v (ronqué)* **1.** to snore. **2.** FIG to roar (*viento*, etc). **ron·co/a** [rróŋko/a] *adj* hoarse, husky (*voz*).
ron·cha [rróntʃa] *n/f* **1.** slice (*carne*). **2.** bruise (*de golpe*). **3.** lump, swelling (*de picadura*).
ron·da [rrón̪da] *n/f* **1.** MIL HIST (night) patrol, (night) watch. **2.** beat (*policía*). **3.** serenading (*canto*). **4.** serenaders (*cantantes*). **5.** ring road (*carretera*). **6.** round (*bebidas*). **7.** hand, game (*naipes*).
ron·da·lla [rron̪dáʎa] *n/f* MÚS band of street musicians.
ron·dar [rron̪dár] *v* **1.** to patrol, do the rounds. **2.** to hang about (the streets at night) (*merodear*). **3.** MÚS to serenade. **4.** to court. **5.** FAM to hang around, pester (*persona*). **6.** to go round (*dar vueltas*). **ron·dón** [rron̪dón] LOC *adv* **De ~**, without warning, unexpectedly.
ron·que·ar [rroŋkeár] *v* to be hoarse. **ron·que·dad** [rroŋkeðáð] *n/f* V. **ronquera. ron·**

que·ra [rroŋkera] *n/f* hoarseness, huskiness, *col* frog in the throat. **ron·qui·do** [rroŋkíðo] *n/m* **1**. snore, snoring. **2**. roar(ing) (*viento*).

ron·ro·ne·ar [rronrroneár] *v* to purr. **ron·ro·neo** [rronrronéo] *n/m* purr(ing).

ron·zal [rroṇθál] *n/m* halter.

ron·zar [rroṇθár] *v* (*roncé*) to crunch, munch.

ro·ña [rróɲa] *n/f* **1**. scab (*oveja*). **2**. mange (*perro*). **3**. filth, grime (*suciedad*). **ro·ñe·ría** [rroɲería] *n/f* stinginess. **ro·ñi·ca** [rroɲíka] *n/m,f col* skinflint. **ro·ño·so/a** [rroɲóso/a] *adj* **1**. scabby, mangy. **2**. FIG stingy, tight-fisted.

ro·pa [rrópa] *n/f* clothing, clothes. LOC **A quemarropa**, pointblank. **ro·pa·je** [rropáxe] *n/m* **1**. clothing (*ropa*). **2**. gown, robe (*vestido*). **3**. garb, trappings. **4**. *pl* REL vestments. **ro·pa·ve·je·ro/a** [rropaβexéro/a] *n/m, f* second-hand clothes dealer. **ro·pe·ría** [rropería] *n/f* clothes shop. **ro·pe·ro/a** [rropéro/a] **I**. *adj* clothes. **II**. *n/m* **1**. clothier. **2**. wardrobe (*mueble*). **ro·pón** [rropón] *n/m* loose over-garment.

ro·que [rróke] LOC **Estar/Quedarse ~**, to be/to fall asleep.

ro·que·dal [rrokeðál] *n/f* rocky place. **ro·que·do** [rrokéðo] *n/m* crag.

ro·que·ta [rrokéta] *n/f* turret.

ro·rró [rrorró] *n/m col* kid, sprog.

ros [rrós] *n/m* MIL cap.

ro·sa [rrósa] *n/f* **1**. BOT rose. **2**. pink (*color*). **3**. red mark, birthmark (*mancha*). LOC **Estar como una ~**, to be as fresh as a daisy. **ro·sá·ceo/a** [rrosáθeo/a] *adj* V. **rosado I. (1.)**. **ro·sa·do/a** [rrosáðo/a] **I**. *adj* **1**. pink, rosy. **2**. rosé (*vino*). **II**. *n/f* frost. **ro·sal** [rrosál] *n/m* BOT rosebush, rosetree. **ro·sa·le·da** [rrosaléða] *n/f* rosebed, rosegarden.

ro·sa·rio [rrosárjo] *n/m* **1**. REL rosary, beads. **2**. FIG string, stream. LOC **Rezar el ~**, to tell one's beads, say the rosary.

ros·bif [rrosbíf] *n/m* roast beef.

ros·ca [rróska] *n/f* **1**. coil, spiral (*humo*, etc). **2**. TÉC thread, screw. **3**. doughnut (*alimento*). LOC **Hacer la ~ a uno**, *col* to suck up to sb. **Pasarse uno de ~**, FIG to go too far. **ros·car** [rroskár] *v* (*rosque*) TÉC to thread. **ros·cón** [rroskón] *n/m* large doughnut.

ro·séo·la [rroséola] *n/f* MED roseola.

ro·se·ta [rroséta] *n/f* **1**. BOT small rose. **2**. DEP rosette. **3**. ANAT red spot (on the cheek). **ro·se·tón** [rrosetón] *n/m* ARQ rose window. **ro·si·cler** [rrosiklér] *n/m* dawn pink.

ro·si·llo/a [rrosíʎo/a] *adj* roan.

ros·qui·lla [rroskíʎa] *n/f* ring-shaped pastry, doughnut.

ros·tro [rróstro] *n/m* ANAT face.

ro·ta·ción [rrotaθjón] *n/f* **1**. rotation. **2**. turn-over. **ro·tar** [rrotár] *v* V. **rodar**. **ro·ta·ti·vo/a** [rrotatíβo/a] **I**. *adj* rotary, revolving. **II**. *n/f* rotary press. **III**. *n/m* newspaper. **ro·ta·to·rio/a** [rrotatórjo/a] *adj* rotary, rotatory.

ro·to/a [rróto/a] **I**. pp of *romper*. **II**. *adj* **1**. *gen* broken, smashed. **2**. torn, ripped (*tela*, etc). **3**. ragged (*andrajoso*). **4**. FIG debauched.

ro·ton·da [rrotóṇda] *n/f* ARQ rotunda.

ro·tor [rrotór] *n/m* rotor.

ró·tu·la [rrótula] *n/f* ANAT kneecap, rotula.

ro·tu·la·ción [rrotulaθjón] *n/f* labelling. **ro·tu·la·dor/ra** [rrotulaðór/ra] **I**. *adj* labelling, lettering. **II**. *n/f* labelling machine. **III**. *n/m* felt-tipped pen. **ro·tu·lar** [rrotulár] **I**. *v* **1**. to label (*objeto*). **2**. to inscribe (*mapa, etc*.). **3**. to head, entitle (*carta*). **II**. *adj* ANAT rotulian. **ro·tu·lis·ta** [rrotulísta] *n/m,f* sign-painter. **ró·tu·lo** [rrótulo] *n/m* **1**. label, tag (*etiqueta*). **2**. lettering (*mapa*). **3**. heading (*título*). **4**. sign (*tienda*). **5**. poster (*cartel*).

ro·tun·di·dad [rrotuṇdiðáð] *n/f* **1**. rotundity (*redondez*). **2**. firmness (*negativa*, etc). **3**. polish (*lenguaje*). **ro·tun·do/a** [rrotúṇdo/a] *adj* **1**. flat, categorical (*negativa*, etc). **2**. resounding (*éxito*). **3**. round.

ro·tu·ra [rrotúra] *n/f* **1**. breaking, smashing (*loza*, etc). **2**. snapping (*hilo*, etc). **3**. tear (ing), rip(ping) (*tela*, etc). **4**. hole (*zapato*). **5**. breach, opening (*defensa*).

ro·tu·ra·ción [rroturaθjón] *n/f* AGR ploughing. **ro·tu·rar** [rroturár] *v* AGR to plough.

rou·lot·te, ru·lot [rr(o)uló(t)(e)] *n/f* Br caravan, trailer.

ro·ya [rróɟa] *n/f* BOT rust, blight.

ro·za·du·ra [rroθaðúra] *n/f* **1**. chafing mark (*roce*). **2**. MED graze, abrasion.

ro·za·gan·te [rroθaɣáṇte] *adj* showy, flowing.

ro·za·mien·to [rroθamjéṇto] *n/m* **1**. *gen* rubbing, chafing. **2**. TÉC friction. **ro·zar** [rroθár] **I**. *v* (*rocé*) **1**. to rub (against/on). **2**. to scrape (on), chafe. **3**. TÉC to cause friction. **4**. MED to graze. **5**. to shave, graze. **6**. **(~ con)** FIG to border (on). **II**. *Refl(-se)* **1**. to become worn. **2**. **(~ con)** FIG to rub shoulders (with), hobnob (with). LOC **~se los puños**, graze one's knuckles.

RTVE *abrev* of *Radiotelevisión Española*, Spanish Radio and Television Corporation.

rúa [rrúa] *n/f* street.

rua·no/a [rrwáno/a] *adj* roan.

ru·be·fac·ción [rruβefakθjón] *n/f* MED rubefaction.

ru·béo·la [rruβéola] *n/f* MED German measles.

ru·bí [rruβí] *n/m* ruby.

ru·bia [rrúβja] *n/f* **1**. blonde (*mujer*). **2**. *col* one peseta. **ru·bia·les** [rruβjáles] *n/m col* blondie, Goldilocks. **ru·bi·cán/na** [rruβikán/na] *adj, n/m,f* roan.

ru·bi·cun·do/a [rruβikúṇdo/a] *adj* ruddy, rubicund. **ru·bio/a** [rrúβjo/a] *adj* **1**. fair(-haired), blond(e). **2**. Virginian (*tabaco*).

ru·blo [rrúβlo] *n/m* rouble.

ru·bor [rruβór] *n/m* **1**. blush, flush (*en mejillas*). **2**. FIG bashfulness. **ru·bo·ri·zar** [rruβoriθár] **I**. *v* (*ruboricé*) to make blush. **II**. *Refl(-se)* **1**. to blush. **2**. FIG to feel ashamed. **ru·bo·ro·so/a** [rruβoróso/a] *adj* blushing, bashful.

rú·bri·ca [rrúβrika] *n/f* **1**. rubric (*sección*). **2**. flourish (*firma*). **3**. initials (*del nombre*). **ru·bri·car** [rruβrikár] *v* (*rubrique*) **1**. to initial. **2**. to sign with a flourish.

ru·cio/a [rrúθjo/a] *adj* **1**. greying. **2**. grey (*caballo*).
ru·cho [rrútʃo] *n/m* **1**. ZOOL donkey. **2**. BOT shoot.
ru·de·za [rruðéθa] *n/f* **1**. coarseness, roughness. **2**. simplicity, plainness.
ru·di·men·ta·rio/a [rruðimeṇtárjo/a] *adj* rudimentary. **ru·di·men·to** [rruðiméṇto] *n/m* rudiment.
ru·do/a [rrúðo/a] *adj* **1**. coarse, rough. **2**. simple, plain. **3**. TÉC stiff.
rue·ca [rrwéka] *n/f* distaff.
rue·da [rrwéða] *n/f* **1**. TÉC wheel. **2**. tyre (*neumático*). **3**. ring (*gente*). **4**. slice, round (*comida*). **5**. round. LOC **~ de prensa**, press conference. **rue·do** [rrwéðo] *n/m* **1**. edge, border. **2**. TAUR bullring, arena. **Echarse al ~**, FIG to enter the fray.
rue·go [rrwéɣo] *n/m* request, entreaty.
ru·fián [rrufján] *n/m* **1**. pimp. **2**. scoundrel.
rug·by [rrúɣbi] *n/m* DEP rugby.
ru·gi·do [rruxíðo] *n/m* **1**. roar (*leones, trueno*, etc). **2**. roar, bellow (*personas*). **ru·gir** [rruxír] *v (ruja)* to roar, bellow.
ru·go·si·dad [rruɣosiðáð] *n/f* rugosity. **ru·go·so/a** [rruɣóso/a] *adj* wrinkled, creased.
rui·bar·bo [rrwiβárβo] *n/m* BOT rhubarb.
rui·do [rrwíðo] *n/m* **1**. *gen* noise, sound. **2**. din, row. **3**. FIG commotion, stir. **4**. FIG outcry. LOC **Mucho ~ y pocas nueces**, much ado about nothing. **rui·do·so/a** [rrwiðóso/a] *adj* **1**. *gen* noisy, loud. **2**. sensational. **3**. vocal.
ruin [rrwín] *adj* **1**. mean, despicable (*vil*). **2**. shabby, heartless (*trato*). **3**. stingy (*tacaño*). **4**. vicious (*animal*).
rui·na [rrwína] *n/f* **1**. ARQ ruin. **2**. *pl* ruins. **3**. collapse. **4**. FIG ruin, downfall.
ruin·dad [rrwiṇdáð] *n/f* **1**. meanness, shabbiness. **2**. mean trick, low trick.
rui·no·so/a [rrwinóso/a] *adj* **1**. ARQ ramshackle, tumbledown. **2**. disastrous, ruinous (*empresa*).
rui·se·ñor [rrwiseɲór] *n/m* ZOOL nightingale.
ru·le·ta [rruléta] *n/f* roulette.
ru·lo [rrúlo] *n/m* **1**. curl, ringlet (*pelo*). **2**. roller, hair-curler (*instrumento*).
ru·ma·no/a [rrumáno/a] *adj, n/m,f* Romanian.
rum·ba [rrúɱba] *n/f* MÚS rumba.
rum·bo [rrúɱbo] *n/m* **1**. route. **2**. NÁUT course, bearing. **3**. lavishness. **4**. pomp, display. **rum·bo·so/a** [rruɱbóso/a] *adj* **1**. lavish, free-spending. **2**. flashy, showy.
ru·mian·te [rrumjáṇte] *adj, n/m,f* ZOOL ruminant. **ru·miar** [rrumjár] *v gen* FIG to ruminate (upon), chew (over).
ru·mor [rrumór] *n/m* **1**. murmur, buzz. **2**. FIG rumour. **ru·mo·re·ar** [rrumoreár] *v impers, v/Refl(-se)* to be rumoured. **ru·mo·ro·so/a** [rrumoróso/a] *adj* **1**. *gen* full of sounds. **2**. babbling (*riachuelo*).
ru·na [rrúna] *n/f* rune.
run·rún [rrunrrún] *n/m* **1**. rumour. **2**. buzz of conversation, murmur. **run·ru·ne·ar** [rrunrruneár] *v impers, v/Refl(-se)* V. **rumorear**. **run·ru·neo** [rrunrrunéo] *n/m* V. **runrún**.
ru·pes·tre [rrupéstre] *adj* rock. LOC **Pintura ~**, cave painting.
ru·pia [rrúpja] *n/f* rupee.
rup·tu·ra [rruptúra] *n/f* **1**. FIG rupture. **2**. breaking (*contrato*). **3**. breaking-off (*relaciones*).
ru·ral [rrurál] *adj* rural, country.
ru·so/a [rrúso/a] *adj, n/m,f* Russian.
rus·ti·ci·dad [rrustiθiðáð] *n/f* **1**. *gen* rusticity. **2**. PEY coarseness. **rús·ti·co/a** [rrústiko/a] **I**. *adj* **1**. rustic, rural. **2**. PEY coarse, uncouth. **II**. *n/m* rustic, yokel. LOC **En ~a**, in paperback (*libros*).
ru·ta [rrúta] *n/f* route.
ru·ti·lan·te [rrutiláṇte] *adj* sparkling, shining. **ru·ti·lar** [rrutilár] *v* POÉT to sparkle, shine.
ru·ti·na [rrutína] *n/f* routine. **ru·ti·na·rio/a** [rrutinárjo/a] **I**. *adj* **1**. routine, everyday. **2**. unimaginative. **II**. *n/m,f* person who sticks to routine, *col* plodder.

S, s [ése] *n/f* **1**. 's' (*letra*). **2**. S. *abrev* of *San* Saint, St.

S.A. *abrev* of *Sociedad Anónima* Ltd.

sá·ba·do [sáβaðo] *n/m* Saturday.

sa·ba·na [saβána] *n/f* savanna(h).

sá·ba·na [sáβana] *n/f* sheet. LOC **Pegársele a uno las ~s**, to have trouble getting up, oversleep.

sa·ban·di·ja [saβaṇdíxa] **I**. *n/f* bug, *col* creepy-crawly (*insecto*). **II**. *n/m,f* FAM louse, worm (*persona*).

sa·ba·ñón [saβaɲón] *n/m* chilblain.

sa·bá·ti·co/a [saβátiko/a] *adj* sabbatical.

sa·be·dor/ra [saβeðór/ra] *adj* informed, aware. **sa·be·lo·to·do** [saβelotóðo] *n/m,f* FAM know-all. **sa·ber** [saβér] **I**. *n/m* knowledge, learning. **II**. *v* (*sé, supe, sabré, sabido*) **1**. to know, be able to, to learn, get to know. **2**. **(~ a)** to taste (of, like). **3**. **(~ de)** *gen* to know (about, of). **4**. **(+ *inf*)** to know how + *inf*. LOC **A ~**, namely. **¡Qué sé yo!/¡Yo qué sé!**, how should I know! **¡Quién sabe!**, who can tell? **~ mal algo a uno**, to irk one, rile one. **Un no sé qué**, a certain sth. **¡Vete a ~!/¡Vaya usted a ~!**, God knows! **sa·bi·do/a** [saβíðo/a] *adj* **1**. known (*hecho*). **2**. knowledgeable (*persona*). **sa·bi·du·ría** [saβiðuría] *n/f* **1**. wisdom. **2**. knowledge, learning (*erudición*). **sa·bien·das** [saβjéṇdas] LOC **A ~**, deliberately. **sa·bi·hon·do/a, sa·bion·do/a** [saβjóṇdo/a] *adj, n/m,f* know-all, smart alec. **sa·bio/a** [sáβjo/a] **I**. *adj* **1**. wise, learned. **2**. trained (*animal*). **II**. *n/m,f* **1**. wise person. **2**. scholar (*erudito*). **3**. HIST sage.

sa·bla·zo [saβláθo] *n/m* **1**. sabre thrust (*golpe*). **2**. sabre wound. **3**. FAM cadging, scrounging. LOC **Dar un ~ a uno**, to touch sb for a loan. **sa·ble** [sáβle] *n/m* sabre. **sa·ble·ar** [saβleár] *v* FIG FAM to cadge, scrounge. **sa·blis·ta** [saβlísta] *n/m,f* sponger.

sa·bor [saβór] *n/m* taste, flavour. **sa·bo·re·ar** [saβoreár] *v* **1**. to savour, relish (*comer*). **2**. to flavour (*cocina*). **3**. FIG to relish. **sa·bo·reo** [saβoréo] *n/m* savouring.

sa·bo·ta·je [saβotáxe] *n/m* sabotage. **sa·bo·tea·dor/ra** [saβoteaðór/ra] **I**. *adj* sabotaging. **II**. *n/m,f* saboteur. **sa·bo·te·ar** [saβoteár] *v* to sabotage.

sa·bro·so/a [saβróso/a] *adj* **1**. tasty, delicious (*comida*). **2**. FIG juicy, fat (*sueldo*). **3**. FIG meaty (*libro*). **4**. FIG racy (*comentario*).

sa·bu·co [saβúko] *n/m* BOT elder.

sa·bue·so/a [saβwéso/a] *n/m,f* **1**. ZOOL bloodhound. **2**. FIG sleuth.

sa·bu·rra [saβúrra] *n/f* fur (*en la lengua*).

sa·ca [sáka] *n/f* **1**. *gen* large sack. **2**. mailbag (*correos*). **3**. taking out, removal.

sa·ca·bo·ca·do/s [sakabokáðo(s)] *n/m* TÉC punch. **sa·ca·cor·chos** [sakakórtʃos] *n/m* corkscrew. **sa·ca·cuar·tos, sa·ca·di·ne·ros** [sakakwártos/sakaðinéros] *n/m,f* **1**. swindler (*persona*). **2**. catchpenny (*objeto, espectáculo*). **3**. FAM fiddle. **sa·ca·mue·las** [sakamwélas] *n/m,f col* tooth-puller. **sa·ca·pun·tas** [sakapúṇtas] *n/m* pencil sharpener. **sa·car** [sakár] *v* (*saque*) **1**. **(~ de)** to take out, get out, draw out, pull out (*desde dentro*).

2. to remove, take off (*de una lista*). **3**. to stick out, put out (*lengua, mano*). **4**. to poke out (*un ojo*). **5**. to bring out (*edición, producto*). **6**. to buy (*billete*). **7**. to make (*copia*). **8**. to take (*foto, apuntes*). **9**. to draw (out) (*dinero*). **10**. to win (*premio*). **11**. to get at (*verdad*). **12**. to play (*una carta*). **13**. to obtain, get (*obtener*). **14**. to let out (*prenda*). **15**. QUÍM to extract. **16**. to draw up (*cuenta*). **17**. DEP to serve (*tenis*). **18**. DEP to kick off (*comienzo*), throw in (*banda*), take a goal kick (*puerta*) (*fútbol*). LOC **~ adelante**, **1**. to bring up (*niños*). **2**. to make (sth) prosper (*negocio*). **~ de quicio**, to drive (sb) mad. **~ en claro/limpio**, to understand, to get the point (of sth). **~ fuera de sí (a alguien)**, to drive sb crazy..

sa·ca·ri·na [sakarína] *n/f* QUÍM saccharin. **sa·ca·ro·sa** [sakarósa] *n/f* QUÍM saccharose, sucrose.

sa·cer·do·cio [saθerðóθjo] *n/m* priesthood. **sa·cer·do·tal** [saθerðotál] *adj* priestly. **sa·cer·do·te** [saθerðóte] *n/m* priest. **sa·cer·do·ti·sa** [saθerðotísa] *n/f* priestess.

sa·ciar [saθjár] **I**. *v* **1**. to sate, satiate. **2**. to satisfy (*hambre, deseo*). **II**. *Refl(-se)* **1**. to satiate oneself. **2**. FIG to be satisfied. **sa·cie·dad** [saθjeðáð] *n/f* satiety. LOC **Hasta la ~**, ad nauseam.

sa·co [sáko] *n/m* **1**. bag (*bolsa*). **2**. sack. **3**. bagful, sackful (*cantidad*). **4**. ANAT sac. **5**. *Amer* coat, jacket. LOC **Entrar a ~**, MIL to sack, loot. **~ de dormir**, sleeping bag.

sa·cra·li·zar [sakraliθár] *v* (*sacralicen*) to consecrate, give official approval to. **sa·cra·men·tal** [sakrameṇtál] *adj* **1**. REL sacramental. **2**. FIG time-honoured. **sa·cra·men·to** [sakraméṇto] *n/m* sacrament.

sa·cri·fi·car [sakrifikár] **I**. *v* (*sacrifique*) **1**. **(~ a, por)** *gen* FIG to sacrifice (to, for). **2**. to slaughter (*reses*). **II**. *Refl(-se)* to sacrifice oneself, make a sacrifice. **sa·cri·fi·cio** [sakrifíθjo] *n/m* **1**. *gen* FIG sacrifice. **2**. slaughter(ing) (*reses*). **sa·cri·le·gio** [sakriléxjo] *n/m* sacrilege. **sa·crí·le·go/a** [sakríleγo/a] *adj* sacrilegious. **sa·cris·tán** [sakristán] *n/m* sacristan, verger, sexton. **sa·cris·ta·na** [sakristána] *n/f* vestry nun. **sa·cris·ta·nía** [sakristanía] *n/f* office of sacristan/verger/sexton. **sa·cris·tía** [sakristía] *n/f* REL vestry, sacristy. **sa·cro/a** [sákro/a] **I.** *adj* sacred, holy. **II.** *n/m* ANAT sacrum. **sa·cro·san·to/a** [sakrosán̪to/a] *adj* most holy, sacrosanct.

sa·cu·di·da [sakuðíða] *n/f* **1**. shake (*agitación*). **2**. jerk, jolt (*tirón*). **3**. shock (*terremoto*). **4**. blast (*explosión*). **5**. toss (*cabeza*). **6**. upheaval (*política*). **sa·cu·dir** [sakuðír] *v* **1**. *gen* FIG to shake. **2**. to jar, jolt (*vehículo*). **3**. to jerk, tug (*cuerda*). **4**. to toss (*cabeza*). **5**. to beat (*alfombra*). **6**. to thrash (*persona*). **7**. to chase away (*animales*, etc).

sá·di·co/a [sáðiko/a] **I.** *adj* sadistic. **II.** *n/m,f* sadist. **sa·dis·mo** [saðísmo] *n/m* sadism.

sae·ta [saéta] *n/f* **1**. MIL arrow. **2**. hand (*reloj*). **3**. needle (*brújula*). **4**. MÚS Flamenco hymn sung during Holy Week processions.

sa·fa·ri [safári] *n/m* **1**. safari (*expedición*). **2**. safari park.

sa·ga [sáγa] *n/f* saga.

sa·ga·ci·dad [saγaθiðáð] *n/f* shrewdness, sagacity. **sa·gaz** [saγáθ] *adj* **1**. shrewd, sagacious (*persona*). **2**. keen-scented (*animal*).

sa·gi·ta·rio [saxitárjo] *n/m* **1**. HIST archer. **2**. Sagittarius (*zodíaco*).

sa·gra·do/a [saγráðo/a] *adj* sacred, holy. **sa·gra·rio** [saγrárjo] *n/m* tabernacle.

sa·ha·raui [saxaráwi] *adj* Saharan. **sa·ha·ria·no/a** [saxarjáno/a] **I.** *adj* Saharan. **II.** *n/f* safari jacket.

sa·hu·mar [saumár] *v* to perfume (with incense). **sa·hu·me·rio** [sauméjo] *n/m* **1**. perfuming with incense (*acto*). **2**. aromatic smoke (*humo*).

saín [saín] *n/m* animal fat, grease.

sai·ne·te [sainéte] *n/m* one-act comedy. **sai·ne·tis·ta** [sainetísta] *n/m,f* writer of one-act comedies.

sa·ja·du·ra [saxaðúra] *n/f* MED incision. **sa·jar** [saxár] *v* MED to lance.

sa·jón/na [saxón/na] *adj*, *n/m,f* Saxon.

sa·ke [sáke] *n/m* sake.

sal [sál] *n/f* **1**. salt (*condimento*). **2**. wit(tiness) (*agudeza*). **3**. charm (*donaire*). **4**. *pl* smelling salts.

sa·la [sála] *n/f* **1**. sitting room, lounge (*casa*). **2**. (large) room (*habitación*). **3**. hall (*pública*). **4**. TEAT auditorium. **5**. MED ward. **6**. JUR court. **7**. lounge suite (*muebles*). LOC **~ de estar**, living room. **~ de fiestas**, ballroom, night club. **~ de lectura**, reading room.

sa·la·dar [salaðár] *n/m* **1**. salt marsh (*marisma*). **2**. salt meadow (*terreno*). **sa·la·de·ría** [salaðería] *n/f* meat-salting industry. **sa·la·de·ro** [salaðéro] *n/m* salting factory. **sa·la·di·llo/a** [salaðíʎo] *adj* green (*tocino*). **sa·la· do/a** [saláðo/a] *adj* **1**. salty (*comida*). **2**. witty, amusing (*persona*). **sa·la·du·ra** [salaðúra] *n/f* salting.

sa·la·man·dra [salamán̪dra] *n/f* **1**. ZOOL salamander. **2**. salamander stove (*estufa*).

sa·la·man·que·sa [salamaŋkésa] *n/f* ZOOL lizard, gecko.

sa·la·me, sa·la·mi [saláme/i] *n/m* salami.

sa·lar [salár] *v* **1**. to salt, cure (*conservar*). **2**. to add salt to (*comida*).

sa·la·rial [salarjál] *adj* wage. **sa·la·rio** [salárjo] *n/m* wage(s), pay.

sa·la·zón [salaθón] *n/m* **1**. salting (*acto*). **2**. salted meat (*carne*). **3**. salted fish (*pescado*).

sal·chi·cha [saltʃítʃa] *n/f* (pork) sausage. **sal·chi·che·ría** [saltʃitʃería] *n/f* pork butchers. **sal·chi·chón** [saltʃitʃón] *n/m* salami.

sal·dar [sal̦dár] *v* **1**. to balance (*banca*). **2**. to settle (*deuda, diferencias*). **3**. to sell off (*mercancías*). **sal·do** [sál̦do] *n/m* **1**. balance (*banca*). **2**. settlement (*deuda*). **3**. remnant(s), remainder (*bienes*). **4**. COM clearance sale. LOC **~ acreedor**, credit balance. **~ deudor**, debit balance.

sa·le·di·zo/a [saleðíθo/a] **I.** *adj* projecting. **II.** *n/m* ARQ projection.

sa·le·ro [saléro] *n/m* **1**. salt cellar. **2**. FIG wit, charm. **sa·le·ro·so/a** [saleróso/a] *adj* V. **sa·la·do/a 2**.

sa·le·sa [salésa] **I.** *adj* of the Order of the Visitation. **II.** *n/f* nun of the Order of the Visitation. **sa·le·sia·no/a** [salesjáno/a] *adj*, *n/m,f* Salesian.

sá·li·co/a [sáliko/a] *adj* Salic.

sa·li·da [salíða] *n/f* **1**. going out, leaving (*acto*). **2**. way out, exit (*puerta*). **3**. departure (*transporte*). **4**. ASTR rising (*sun*). **5**. TÉC outlet, vent. **6**. plughole (*lavabo*). **7**. leak (*gas*). **8**. FIG way out, solution. **9**. opening (*empleo*). **10**. FAM (wise)crack. **11**. *pl* outgoings, debits (*cuentas*). LOC **~ de tono**, **1**. improper remark/behaviour. **2**. silly remark/behaviour (*tontería*). **sa·li·di·zo** [saliðíθo] *n/m* V. **saledizo**. **sa·li·do/a** [salíðo/a] *adj* **1**. bulging (*ojos*). **2**. prominent (*frente*). **3**. on heat (*animales*). **sa·lien·te** [saljén̪te] **I.** *adj* **1**. ARQ projecting. **2**. prominent (*rasgo*). **3**. FIG salient, outstanding. **4**. retiring (*miembro*). **II.** *n/m* **1**. ARQ projection, overhang, ledge. **2**. MIL salient. **3**. east (*punto cardinal*).

sa·lí·fe·ro/a [salífero/a] *adj* GEOL saliferous. **sa·li·na** [salína] *n/f* **1**. salt mine. **2**. *pl* saltworks. **sa·li·ni·dad** [saliniðáð] *n/f* salinity, saltiness. **sa·li·no/a** [salíno/a] *adj* saline, salty.

sa·lir [salír] **I.** *v* (*salgo, saldré*) **1**. **(~ de, a)** *gen* to come out (of, into) go out (of, into) (*casa, calle*). **2**. **(~ de, para)** to leave (from, for), depart (from, for) (*persona, transporte*). **3**. **(~ con)** to go out (with) (*novios*). **4**. to emerge, appear (*objetos*). **5**. BOT to come up/out. **6**. ASTR to rise. **7**. to come out, appear (*noticias*). **8**. to get out/away (*escapar*). **9**. to stand out, stick out (*prominencia*). **10**. **(~ con)** to come out (with) (*observación*). **11**. to turn out (to be), prove (*resultado*). **12**. to come up (*oportunidad, empleo*). **13**. **(~ de)** TEAT to play the part (of). **14**. TEAT to enter (*a la escena*). **15**. **(~ por)** to cost (*precio*). **16**. **(~ a)** to take after: *Sale a su padre*, He takes after his father. **17**. to lead (*naipes*). **18**. **(~ por)** to vouch (for), stick up (for) (*persona*). **19**. to win, come up (*lotería*). **20**. **(~ elegido)** to be elected. **21**. to cut (*dientes*). **II**. *Refl(-se)* **1**. V. **salir I.2**. to overflow, spill over (*líquido*). LOC **~se con la suya**, to get one's own way. **~ adelante**, to get by, make out. **~ bien**, to turn out well. **~ caro**, to work out expensive. **~se de costumbre**, to break with custom. **~se de los límites**, to go too far.

sa·li·tre [salítre] *n/m* saltpetre. **sa·li·tro·so/a** [salitróso/a] *adj* saltpetrous.

sa·li·va [salíβa] *n/f* saliva, spit(tle). **sa·li·va·cíon** [saliβaθjón] *n/f* salivation. **sa·li·val** [saliβál] *adj* salivary. **sa·li·var** [saliβár] *v* to salivate. **sa·li·va·zo** [saliβáθo] *n/m* gobbet of spit. **sa·li·vo·so/a** [saliβóso/a] *adj* salivous.

sal·man·ti·no/a [salmantíno/a] *adj n/m,f* from/of Salamanca.

sal·mo [sálmo] *n/m* psalm. **sal·mo·dia** [salmóðja] *n/f* psalmody. **sal·mo·diar** [salmoðjár] *v* **1**. to sing psalms. **2**. FAM to drone.

sal·món [salmón] *n/m* ZOOL salmon. **sal·mo·na·do/a** [salmonáðo/a] *adj* salmon (-like). **sal·mo·ne·te** [salmonéte] *n/m* ZOOL red mullet.

sal·mue·ra [salmwéra] *n/f* brine.

sa·lo·bre [salóβre] *adj* **1**. *gen* salt(y). **2**. brackish (*agua*). **sa·lo·bre·ño/a** [saloβréɲo/a] *adj* saline (*tierra*). **sa·lo·bri·dad** [saloβriðáð] *n/f* **1**. *gen* saltiness. **2**. brackishness (*agua*).

sa·lón [salón] *n/m* **1**. drawing room, lounge (*casa*). **2**. hall, assembly room (*público*). **3**. lounge suite (*muebles*). **4**. show, exhibition (*arte*, etc). LOC **~ de baile**, ballroom, dance hall. **~ de peluquería**, hairdressing salon. **~ de pintura**, art gallery. **Juego de ~**, parlour game.

sal·pi·ca·de·ro [salpikaðéro] *n/m* AUT dashboard. **sal·pi·ca·du·ra** [salpikaðúra] *n/f* **1**. splashing, spattering (*acto*). **2**. splash (*de líquido*). **3**. FIG spatter, peppering. **sal·pi·car** [salpikár] *v* (*salpique*) **1**. **(~ de)** to splash (with), (be)spatter (with) (*manchar*). **2**. to sprinkle (*agua*). **3**. to scatter, strew (*objetos*). **sal·pi·cón** [salpikón] *n/m* **1**. V. **salpicadura**. **2**. salmagundi (*cocina*). LOC **~ de mariscos**, seafood cocktail.

sal·pi·men·tar [salpimentár] *v* (*salpimiento*) to season, add salt and pepper.

sal·pu·lli·do, **sar·pu·lli·do** [salpuʎíðo/sarpuʎíðo] *n/m* MED rash.

sal·sa [sálsa] *n/f* **1**. *gen* sauce. **2**. gravy (*carne*). **3**. dressing (*ensalada*). **4**. FIG spice. **sal·se·ra** [salséra] *n/f* sauce boat, gravy-boat.

sal·ta·dor/ra [saltaðór/ra] **I**. *adj* jumping. **II**. *n/m,f* DEP jumper. **III**. *n/m* skipping rope (*comba*). **sal·ta·du·ra** [saltaðúra] *n/f* chip. **sal·ta·mon·tes** [saltamóntes] *n/m* ZOOL grasshopper.

sal·tar [saltár] **I**. *v* **1**. to jump (over), leap (over), vault (*obstáculo*). **2**. to jump, leap (*al aire*). **3**. to skip (*a la comba, lectura*). **4**. to bounce (*pelota*). **5**. **(~ a)** to plunge (into), dive (into) (*agua*). **6**. to pop out (*corcho*). **7**. to come off (*botón*). **8**. to explode (*bomba*). **9**. to shoot up, spurt up (*líquido*). **10**. to crack (*vaso, pintura*). **11**. FIG to fly off the handle (*ira*). **12**. **(~ con)** FIG to come out with (*soltar*). **13**. **(Hacer ~)** to blow up. **II**. *Refl(-se)* **1**. to skip (*líneas*). **2**. to jump (*semáforo*). LOC **Estar a la que salta**, 1. to have an eye for the main chance. 2. to be on the lookout for faults. **~ a la vista**, FIG to stand out a mile, be obvious. **sal·ta·rín/na** [saltarín/na] **I**. *adj* **1**. jumping, skipping. **2**. restless. **II**. *n/m,f* **1**. dancer. **2**. FAM fidget.

sal·tea·dor/ra [salteaðór/ra] *n/m,f* highwayman, robber.

sal·te·ar [salteár] *v* **1**. to waylay, rob (*robo*). **2**. to pounce on, FIG to take by surprise. **3**. to do sth in fits and starts (*sin orden*). **4**. to sauté (*cocina*). **sal·tea·do** [salteáðo] *n/m* sauté.

sal·tim·ban·qui [saltimbáŋki] *n/m* **1**. member of travelling circus. **2**. tumbler, acrobat.

sal·to [sálto] *n/m* **1**. *gen* jump, leap, spring, bound, vault, hop. **2**. dive, plunge, jump (*al agua*). **3**. GEOL chasm. **4**. FIG gap, jump (*diferencia*). **5**. fence, jump (*carreras*). LOC **A ~ de mata**, **1**. like a shot (*velocidad*). **2**. haphazardly (*método*). **3**. from hand to mouth (*precariedad*). **~ de agua**, GEOG waterfall. **~ de altura**, high jump. **~ de cabeza**, header. **~ de cama**, négligé. **~ mortal**, somersault. **sal·tón/na** [saltón/na] *adj* **1**. bulging (*ojos*). **2**. protruding (*dientes*).

sa·lu·bre [salúβre] *adj* healthy, salubrious. **sa·lu·bri·dad** [saluβriðáð] *n/f* healthiness.

sa·lud [salúð] *n/f* **1**. MED (state of) health. **2**. FIG health, welfare. LOC **¡A tu/su etc. ~! good health! cheers! ¡A la ~ de...!** here's to ....! **Curarse en ~**, to take precautions.

sa·lu·da [salúða] *n/m* official memo. **sa·lu·da·ble** [saluðáβle] *adj* **1**. MED healthy. **2**. FIG salutary, beneficial. **sa·lu·dar** [saluðár] *v* **1**. to greet, say hello to. **2**. MIL to salute. **sa·lu·do** [salúðo] *n/m* **1**. greeting. **2**. MIL salute. **sa·lu·ta·ción** [salutaθjón] *n/f* salutation.

sal·va [sálβa] *n/f* **1**. MIL salvo, salute. **2**. FIG volley.

sal·va·ción [salβaθjón] *n/f* **1**. *gen* rescue, salvation. **2**. REL salvation.

sal·va·do [salβáðo] *n/m* bran.

sal·va·dor/ra [salβaðór/ra] **I**. *adj* rescuing, saving. **II**. *n/m,f* saviour, rescuer. **III**. *n/m* REL Saviour.

sal·va·do·re·ño/a [salβaðoréɲo/a] *adj, n/m, f* Salvadorean.

sal·va·guar·da, **sal·va·guar·dia** [salβaγwárða/salβaγgwárðja] *n/f* **1**. safe-conduct (*documento*). **2**. FIG safeguard. **sal·va·guar·dar** [salβaγwarðár] *v* to safeguard.

sal·va·ja·da [salβaxáða] *n/f* atrocity, act of brutality. **sal·va·je** [salβáxe] **I**. *adj* **1**. BOT ZOOL wild. **2**. uncultivated (*tierra*). **3**. savage (*feroz*). **4**. primitive, uncivilized (*pueblo*). **II**. *n/m,f gen* FIG savage. **sal·va·jis·mo** [salβaxísmo] *n/m* savagery.

sal·va·man·te·les [salβamantéles] *n/m* tablemat.

sal·va·men·to [salβaménto] *n/m* **1**. rescue (*persona*). **2**. salvage (*barco*). **3**. REL FIG salvation. **4**. place of safety (*refugio*). **sal·var** [salβár] **I**. *v* **1**. to save, rescue (*persona*). **2**.

to salvage (*barco*). **3**. REL to save. **4**. to overcome (*dificultad*). **5**. to cross (*río, monte*). **6**. to except (*excluir*). **7**. to cover (*distancia*). **II**. *Refl(-se)* **1**. **(~ de)** to save oneself (from), escape (from). **2**. REL to save one's soul. **sal·va·vi·das** [salβaβíðas] *n/m* lifebelt. LOC **Bote ~**, lifeboat.

sal·ve·dad [salβeðáð] *n/f* proviso, reservation.

sal·via [sálβja] *n/f* BOT sage.

sal·vo/a [sálβo/a] **I**. *adj* safe. **II**. *adv, prep* except (for), save, barring. LOC **A ~**, safe, out of danger. **sal·vo·con·duc·to** [salβokoṇdúkto] *n/m* safe-conduct.

sa·ma·ri·ta·no/a [samaritáno/a] *adj, n/m,f* Samaritan.

sam·ba [sámba] *n/f* MÚS samba.

sam·be·ni·to [sambeníto] *n/m* FIG dishonour, disgrace. LOC **Colgar/Poner el ~ a uno**, FIG to give sb a bad name, stigmatize sb.

sam·pán [sampán] *n/m* NÁUT sampan.

sa·mu·rai [samurái] *n/m* Samurai.

san [sán] *adj abrev* of *santo* saint, St.: *San Pedro*, St. Peter.

sa·nar [sanár] *v* **1**. MED to heal, cure. **2**. to get better (*salud*). **sa·na·to·rio** [sanatórjo] *n/m* **1**. sanatorium. **2**. nursing home.

san·ción [saṇθjón] *n/f* sanction. **san·cio·nar** [saṇθjonár] *v* to sanction.

sanc·ta·sanc·tó·rum [saṇtasaṇtórum] *n/m* sanctum sanctorum.

san·da·lia [saṇdálja] *n/f* sandal.

sán·da·lo [sáṇdalo] *n/m* BOT sandal(wood).

san·dez [saṇdéθ] *n/f* **1**. nonsense (*acto, dicho*). **2**. silliness (*cualidad*).

san·día [saṇdía] *n/f* BOT watermelon.

san·dio/a [sáṇdjo/a] **I**. *adj* silly, nonsensical. **II**. *n/m,f* fool.

san·dun·ga [saṇdúŋga] *n/f* FAM **1**. charm (*encanto*). **2**. wit (*gracia*). **san·dun·gue·ro/a** [saṇduŋgéro/a] *adj* FAM charming, witty.

san·dwich [sáŋgwitʃ/sáṇ(d)witʃ] *n/m* sandwich.

sa·nea·do/a [saneáðo/a] *adj* **1**. COM tax-free. **2**. FIG profitable.

sa·nea·mien·to [saneamjéṇto] *n/m* **1**. insurance, guarantee (*garantía*). **2**. JUR compensation, indemnification. **3**. drainage (system), sanitation (*alcantarillado*). **4**. reorganization (*finanzas*). **5**. COM write-off (*deudas*), write-down (*valores*). **sa·ne·ar** [saneár] *v* **1**. to drain (*terreno*). **2**. TÉC to install drainage. **3**. to guarantee, insure (*seguros*). **4**. JUR to indemnify. **5**. to reorganize, improve (*finanzas*). **6**. COM to write off (*deudas*), write down (*valores*).

sa·ne·drín [saneðrín] *n/m* HIST Sanhedrin.

san·gra·du·ra [saŋgraðúra] *n/f* **1**. MED incision made in a vein. **2**. blood-letting. **san·gran·te** [saŋgráṇte] *adj* **1**. bleeding (*herida*). **2**. FIG flagrant. **san·grar** [saŋgrár] *v* **1**. MED to bleed. **2**. to tap (*árbol*). **3**. to indent (*imprenta*). **san·gra·za** [saŋgráθa] *n/f* contaminated blood. **san·gre** [sáŋgre] *n/f* ANAT FIG blood. LOC **A ~ fría**, in cold blood. **Alterár(sele)/Arrebatár(sele) la ~ a uno**, to get sb's blood up. **Chupar la ~ a uno**, to bleed sb white. **De ~ caliente**, 1. ZOOL warm-blooded. 2. FIG hot-blooded. **Hacer ~**, to draw blood. **Llevar algo en la ~**, to have sth in one's blood. **Mala ~**, bad blood. **No llegar la ~ al río**, not to be too serious. **~ fría**, sangfroid. **Pura ~**, thoroughbred. **~ azul**, blue blood. **san·gría** [saŋgría] *n/f* **1**. MED bleeding, blood-letting. **2**. tap (*árbol*). **3**. FIG drain. **4**. sangria (*bebida*). **san·grien·to/a** [saŋgrjéṇto/a] *adj* **1**. bloody, bloodstained (*manos*, etc). **2**. bleeding (*herida*). **3**. FIG bloody. **4**. cruel (*chiste*, etc).

san·gui·jue·la [saŋgixwéla] *n/f* ZOOL FIG leech, bloodsucker.

san·gui·na·rio/a [saŋginárjo/a] *adj* bloodthirsty. **san·guí·neo/a** [saŋgíneo/a] *adj* **1**. ANAT blood. **2**. ruddy (*cara*). **san·gui·no/a** [saŋgíno/a] *adj* **1**. blood (*de la sangre*). **2**. bloodthirsty. **san·gui·no·len·cia** [saŋginoléṇθja] *n/f* bloodiness. **san·gui·no·len·to/a** [saŋginoléṇto/a] *adj* **1**. bleeding. **2**. bloodstained (*manchado*). **3**. bloodshot (*ojos*). **4**. tinged with blood.

sa·ni·dad [saniðáð] *n/f* **1**. *gen* health(iness). **2**. public health (*administración*). **sa·ni·ta·rio/a** [sanitárjo/a] **I**. *adj* **1**. sanitary (*condiciones*). **2**. health (*centro*). **II**. *n/m,f* stretcher bearer. **sa·no/a** [sáno/a] **I**. *adj* **1**. healthy, fit (*persona*). **2**. wholesome (*comida*). **3**. sound (*fruta, persona*). LOC **Cortar por lo ~**, to take drastic measures, cut one's losses.

sáns·cri·to/a, sans·cri·to/a [sánskrito/a/sanskríto/a] *adj, n/m* Sanskrit.

san·sea·ca·bó [sanseakabó] LOC **Y ~**, and that's that.

san·són [sansón] *n/m* Samson. LOC **Ser un ~**, to be as strong as an ox.

san·ta·bár·ba·ra [saṇtaβárβara] *n/f* NÁUT magazine.

san·tan·de·ri·no/a [saṇtaṇderíno/a] *adj n/m,f* from/of Santander.

san·tia·gués/a [saṇtjaγés/a] *adj n/m,f* from/of Santiago de Compostela.

san·ti·a·mén [saṇtjamén] LOC **En un ~**, FAM before you can say Jack Robinson.

san·ti·dad [saṇtiðáð] *n/f* holiness, sanctity. LOC **Su ~**, His Holiness. **san·ti·fi·ca·ble** [saṇtifikáβle] *adj* sanctifiable. **san·ti·fi·ca·ción** [saṇtifikaθjón] *n/f* sanctification. **san·ti·fi·car** [saṇtifikár] *v* (*sanctifiquen*) **1**. *gen* to sanctify, make holy. **2**. to keep (*fiesta*). **san·ti·guar** [saṇtiγwár] *v* (*santigüe*) to make the sign of the cross over, bless. **san·to/a** [sáṇto/a] **I**. *adj* **1**. *gen* holy, sacred. **2**. saintly (*persona*). **3**. FIG FAM blessed. **II**. *n/m,f* saint. **III**. *n/m* saint's day. LOC **¿A qué ~?**, what on earth for? **¿A ~ de qué...?**, why on earth...? **Irsele a uno el ~ al cielo**, to forget what one was going to say/to do. **Llegar y besar el ~**, to pull it off at the first attempt. **~ y seña**, MIL password. **san·tón** [saṇtón] *n/m* **1**. holy man (*mahometano*). **2**. FIG FAM big shot. **san·to·ral** [saṇtorál] *n/m* **1**. book of life stories of the saints (*libro*). **2**. saints' calendar (*lista*). **san·tua·rio** [saṇtwárjo] *n/m* sanctuary, shrine. **san·tu·rrón/**

na [saṇturrón/na] **I.** *adj* hypocritical. **II.** *n/m,f* hypocrite.
sa·ña [sáɲa] *n/f* cruelty, viciousness. **sa·ñu·do/a** [saɲúðo/a] *adj* cruel, vicious.
sa·pien·cia [sapjénθja] *n/f* wisdom.
sa·po [sápo] *n/m* ZOOL toad.
sa·po·ná·ceo/a [saponáθeo/a] *adj* saponaceous, soapy. **sa·po·ni·fi·car** [saponifikár] *v* (*saponifique*) QUÍM to saponify.
sa·pro·fi·to/a [saprofíto/a] *adj* BOT saprophytic.
sa·que [sáke] *n/m* DEP serve, service, server (*persona: tenis*), service line, kick off (*fútbol*). LOC *col* **Tener buen ~**, to have a hearty appetite. **~ de banda**, DEP throw in. **~ de esquina**, DEP corner kick.
sa·que·ar [sakeár] *v* MIL FIG to plunder, loot. **sa·queo** [sakéo] *n/m* plunder(ing), looting.
sa·ram·pión [saraṃpjón] *n/m* MED measles.
sa·rao [saráo] *n/m* soirée.
sa·ra·pe [sarápe] *n/m Amer* serape, sarape.
sa·ra·sa [sarása] *n/m* FAM queer, fairy.
sar·cas·mo [sarkásmo] *n/m* sarcasm. **sar·cás·ti·co/a** [sarkástiko/a] *adj* sarcastic.
sar·có·fa·go [sarkófaγo] *n/m* sarcophagus.
sar·da·na [sarðána] *n/f* MÚS sardana (Catalan dance/music).
sar·di·na [sarðína] *n/f* ZOOL sardine.
sar·di·ne·ro/a [sarðinéro/a] **I.** *adj* sardine. **II.** *n/m,f* sardine seller.
sar·do/a [sárðo/a] *adj, n/m,f* Sardinian.
sar·dó·ni·co/a [sarðóniko/a] *adj* sardonic.
sar·ga [sárγa] *n/f* serge, twill.
sar·ga·zo [sarγáθo] *n/m* BOT sargasso.
sar·gen·ta [sarxéṇta] *n/f* **1.** FAM battle-axe, dragon. **2.** sergeant's wife (*esposa*). **sar·gen·to** [sarxéṇto] *n/m* MIL sergeant. LOC **(Ser un/a) ~**, (to be a) tyrant.
sar·men·to·so/a [sarmeṇtóso/a] *adj* **1.** sarmentose (*viña*). **2.** climbing (*planta*). **sar·mien·to** [sarmjéṇto] *n/m* vine shoot.
sar·na [sárna] *n/f* **1.** MED itch, scabies. **2.** mange (*animales*). **sar·no·so/a** [sarnóso/a] **I.** *adj* **1.** MED itchy, scabby. **2.** mangy (*animales*). **II.** *n/m,f* sufferer from scabies/the itch.
sar·pu·llir [sarpuʎír] *v* to cause a rash.
sa·rra·ce·no/a [sarraθéno/a] *adj,n/m,f* HIST Saracen. **sa·rra·ci·na** [sarraθína] *n/f* brawl.
sa·rro [sárro] *n/m* **1.** tartar (*dientes*). **2.** fur (*lengua*).
sar·ta [sárta] *n/f gen* FIG string.
sar·tén [sartén] *n/f* frying pan. LOC **Tener la ~ por el mango**, to have the whip hand. **sar·te·na·zo** [sartenáθo] *n/m* blow with a frying pan.
sas·tre/a [sástre/a] **I.** *n/m* tailor. **II.** *n/f* woman tailor, seamstress. **sas·tre·ría** [sastrería] *n/f* **1.** tailoring (*oficio*). **2.** tailor's (shop) (*tienda*).
sa·tán, **sa·ta·nás** [satán/satanás] *n/m* Satan. **sa·tá·ni·co/a** [satániko/a] *adj* Satanic. **sa·ta·nis·mo** [satanísmo] *n/m* Satanism.
sa·té·li·te [satélite] *n/m* satellite. LOC **Ciudad ~**, satellite town. **~ artificial**, artificial satellite.
sa·tén [satén] *n/m* sateen.
sa·ti·na·do [satináðo] **I.** *adj* glossy, shiny. **II.** *n/m* gloss, shine. **sa·ti·nar** [satinár] *v* to gloss, make glossy.
sá·ti·ra [sátira] *n/f* satire. **sa·tí·ri·co/a** [satíriko/a] **I.** *adj* satirical. **II.** *n/m* satirist. **sa·ti·ri·zar** [satiriθár] *v* (*satirice*) to satirize.
sá·ti·ro [sátiro] *n/m* **1.** MIT satyr. **2.** FIG lecher, satyr.
sa·tis·fac·ción [satisfakθjón] *n/f* satisfaction. **sa·tis·fa·cer** [satisfaθér] **I.** *v* (*satisfago, satisfice, satisfaré, satisfecho*) **1.** *gen* to satisfy. **2.** to pay (*deuda*). **3.** to meet (*necesidad*). **4.** to gratify, please. **II.** *Refl(-se)* **(~ con)** to satisfy oneself (with), be satisfied (with). **sa·tis·fac·to·rio/a** [satisfaktórjo/a] *adj* satisfactory. **sa·tis·fe·cho/a** [satisfétʃo/a] **I.** pp of *satisfacer*. **II.** *adj* **1.** satisfied. **2.** PEY smug, self-satisfied.
sá·tra·pa [sátrapa] *n/m* HIST satrap.
sa·tu·ra·ción [saturaθjón] *n/f* saturation. **sa·tu·rar** [saturár] *v* **(~ de)** to saturate (with).
sa·tur·nal [saturnál] **I.** *adj* Saturnian. **II.** *n/f* orgy. **III.** *n/f,pl* Saturnalia. **sa·tur·nis·mo** [saturnísmo] *n/m* MED lead poisoning, saturnism. **sa·tur·no** [satúrno] *n/m* MIT ASTR Saturn.
sau·ce [sáuθe] *n/m* BOT willow. **~ llorón**, weeping willow.
saú·co [saúko] *n/m* BOT elder.
sau·na [sáuna] *n/f* sauna.
sa·via [sáβja] *n/f* BOT FIG sap.
sa·xo·fón [sa(k)sofón] *n/m* MÚS saxophone.
sa·ya [sáJa] *n/f* **1.** skirt (*falda*). **2.** petticoat (*enaguas*). **sa·yal** [saJál] *n/m* coarse woollen cloth. **sa·yo** [sáJo] *n/m* **1.** smock, tunic. **2.** long loose garment. **sa·yón** [saJón] *n/m* **1.** long, full skirt (*prenda*). **2.** JUR executioner. **3.** penitent (*Semana Santa*).
sa·zón [saθón] *n/f* **1.** ripeness (*fruto*). **2.** AGR readiness for planting (*tierra*). LOC **A la ~**, at that time. **sa·zo·nar** [saθonár] **I.** *v* to season, flavour. **II.** *Refl(-se)* to ripen.
se [sé] **I.** *pron pers corresponde a "le", "les"* to him (*a varón*), her (*a mujer*), it (*a cosa*), you (*a Vd(s)*), them (*a ellos/ellas*). **II.** *pron refl* **1.** *sing* himself (*varón*), herself (*mujer*), itself (*cosa*), oneself (*impers*), yourself (*Vd*). **2.** *pl* themselves (*ellos, ellas*), yourselves (*Vds*). **III.** *pron recíproco* each other, one another: *Se aman*, They love each other.
se·bá·ceo/a [seβáθeo/a] *adj* sebaceous. **se·bo** [séβo] *n/m* **1.** grease, fat (*grasa*). **2.** tallow (*velas*). **3.** suet (*cocina*). **4.** grime (*mugre*). **se·bo·rrea** [seβorréa] *n/f* MED seborrhea. **se·bo·so/a** [seβóso/a] *adj* **1.** *gen* greasy, fatty. **2.** tallowy (*velas*). **3.** suety (*comida*). **4.** grimy (*mugriento*).
se·ca [séka] *n/f* **1.** AGR drought. **2.** dry season (*tiempo*). **se·ca·de·ro** [sekaðéro] *n/m* **1.** drying place (*lugar*). **2.** drying room. **se·ca·do** [sekáðo] *n/m* drying. **se·ca·dor** [sekaðór] *n/m* dryer, drier. **se·ca·no** [sekáno] *n/m* AGR unirrigated land, dry farming land. **se·can·te** [sekáṇte] **I.** *adj* **1.** drying (*viento*). **2.** blotting (*papel*). **II.** *n/m* **1.** blotting paper. **2.** sic-

cative (*pintura*). **III.** *n/f* MAT secant. **se·car** [sekár] *v* (*seque*) **1.** *gen* to dry (up/off/out). **2.** to wither, dry up (*plantas*). **3.** to heal up (*herida*). **4.** to dry (*lágrimas*).

sec·ción [sekθjón] *n/f* **1.** *gen* FIG MIL section. **2.** ARQ (cross-)section. **3.** division, department (*organización*). **sec·cio·nar** [sekθjonár] *v* **1.** to divide up (into sections) (*partir*). **2.** to cut (off) (*miembro*).

se·ce·sión [seθesjón] *n/f* secession. **se·ce·sio·nis·ta** [seθesjonísta] *adj*, *n/m,f* secessionist.

se·co/a [séko/a] *adj* **1.** *gen* dry. **2.** dried (*fruta*): *Frutos secos*, nuts. **3.** dried up (*plantas*). **4.** scrawny (*complexión*). **5.** healed up (*herida*). **6.** sharp (*ruido, golpe*). **7.** curt (*trato*). LOC **A secas**, simply, just. **Parar en ~**, to stop dead.

se·cre·ción [sekreθjón] *n/f* secretion. **se·cre·tar** [sekretár] *v* to secrete.

se·cre·ta·ría [sekretaría] *n/f* **1.** secretaryship (*cargo*). **2.** secretary's office (*oficina*). **3.** secretariat (*administración*). **se·cre·ta·ria·do** [sekretarjáðo] *n/m* secretaryship. **se·cre·ta·rio/a** [sekretárjo/a] *n/m,f* secretary.

se·cre·te·ar [sekreteár] *v* FAM to talk confidentially. **se·cre·teo** [secretéo] *n/m* FAM whispering. **se·cre·to/a** [sekréto/a] **I.** *adj* **1.** *gen* secret. **2.** hidden (*oculto*). **3.** secret, confidential (*información*). **4.** secretive (*persona*). **II.** *n/m* **1.** secret. **2.** secrecy (*cualidad*). LOC **~ a voces**, open secret.

se·cre·tor/ra, **se·cre·to·rio/a** [sekretór/ra/ sekretórjo/a] *adj* ANAT secretory.

sec·ta [sékta] *n/f* sect. **sec·ta·rio/a** [sektárjo/a] **I.** *adj* sectarian. **II.** *n/m,f* **1.** follower, devotee. **2.** REL sectarian, member of a sect. **sec·ta·ris·mo** [sektarísmo] *n/m* sectarianism.

sec·tor [sektór] *n/m gen* MAT sector.

se·cuaz [sekwáθ] *n/m,f* **1.** PEY underling, henchman. **2.** follower.

se·cue·la [sekwéla] *n/f* consequence, sequel.

se·cuen·cia [sekwéṇθja] *n/f* sequence.

se·cues·tra·dor/ra [sekwestraðór/ra] **I.** *adj* **1.** JUR sequestrating. **2.** kidnapping (*persona*). **3.** AER hijacking. **II.** *n/m,f* **1.** JUR sequestrator. **2.** kidnapper (*persona*). **3.** AER hijacker. **se·cues·trar** [sekwestrár] *v* **1.** JUR to seize, sequestrate. **2.** to kidnap (*persona*). **3.** AER to hijack. **se·cues·tro** [sekwéstro] *n/m* **1.** JUR seizure, sequestration. **2.** kidnapping (*persona*). **3.** AER hijack(ing).

se·cu·lar [sekulár] **I.** *adj* **1.** REL secular, lay. **2.** centuries old, age-old. **II.** *n/m* layman. **se·cu·la·ri·za·ción** [sekulariθaθjón] *n/f* secularization. **se·cu·la·ri·zar** [sekulariθár] *v* (*secularicen*) to secularize.

se·cun·dar [sekuṇdár] *v* to second, back. **se·cun·da·rio/a** [sekuṇdárjo/a] *adj* secondary.

sed [séð] *n/f* thirst. LOC **Tener ~ (de)**, 1. to be thirsty (for). 2. FIG to thirst (for), be eager (for).

se·da [séða] *n/f* silk. LOC **Como una ~**, 1. as smooth as silk (*acción*). 2. as meek as a lamb (*persona*). **se·dal** [seðál] *n/m* fishing line.

se·dan·te [seðáṇte] *n/m* MED sedative.

se·dar [seðár] *v* to sedate, soothe.

se·da·ti·vo/a [seðatíβo/a] *adj* MED sedative.

se·de [séðe] *n/f* **1.** seat (*de gobierno*). **2.** headquarters, head office (*empresa*). LOC **Santa ~**, Holy See. **se·den·ta·rio/a** [seðeṇtárjo/a] *adj* sedentary. **se·den·te** [seðéṇte] *adj* seated (*estatua*).

se·de·ría [seðería] *n/f* silk shop, draper's. **se·de·ro/a** [seðéro/a] *adj* silk.

se·di·ción [seðiθjón] *n/f* sedition. **se·di·cio·so/a** [seðiθjóso/a] **I.** *adj* seditious, rebellious. **II.** *n/m,f* rebel, troublemaker.

se·dien·to/a [seðjéṇto/a] *adj* **1.** **(~ de)** thirsty (for). **2.** **(~ de)** FIG eager (for).

se·di·men·ta·ci·ón [seðiméṇtaθjón] *n/f* sedimentation. **se·di·men·tar** [seðimeṇtár] *v* **1.** to deposit. **2.** FIG to calm (sb) down. **se·di·men·ta·rio/a** [seðimeṇtárjo/a] *adj* sedimentary. **se·di·men·to** [seðiméṇto] *n/m* **1.** sediment. **2.** FIG mark (*en el ánimo*).

se·do·so/a [seðóso/a] *adj* silken, silky.

se·duc·ción [seðukθjón] *n/f* **1.** seduction (*acto*). **2.** seductiveness, allure (*cualidad*). **se·du·cir** [seðuθír] *v* (*seduzco, seduje*) **1.** to seduce (*sexualmente*). **2.** to lead on (*moralmente*). **3.** to be fascinating (*cautivar*). **se·duc·tor/ra** [seduktór/ra] **I.** *adj* **1.** *gen* seductive. **2.** FIG charming, fascinating. **3.** tempting (*idea*). **II.** *n/m,f* **1.** seducer (*sexualmente*). **2.** charmer (*encantador*).

se·far·dí, **se·far·di·ta** [sefarðí/sefarðíta] **I.** *adj* Sephardic. **II.** *n/m,f* Sephardi, Sephardic Jew(ess).

se·ga·dor/ra [seɣaðór/ra] **I.** *adj* reaping. **II.** *n/m* harvester, reaper (*persona*). **II.** *n/f* **1.** harvester, reaper (*persona*). **2.** reaping machine, mower, mowing machine (*máquina*). **se·gar** [seɣár] *v* (*siego, segué*) **1.** AGR to reap, harvest. **2.** to mow, cut (*hierba*). **3.** FIG to gun/mow down (*a balazos*). **4.** to ruin, destroy (*ilusiones*).

se·glar [seɣlár] **I.** *adj* lay, secular. **II.** *n/m* layman.

seg·men·ta·ción [seɣmeṇtaθjón] *n/f* segmentation. **seg·men·tar** [seɣmeṇtár] *v* to segment. **seg·men·to** [seɣméṇto] *n/m* **1.** MAT segment. **2.** TÉC ring.

se·go·via·no/a [seɣoβjáno/a] *adj*, *n/m,f* Segovian.

se·gre·ga·ci·ón [seɣreɣaθjón] *n/f* **1.** segregation. **2.** ANAT secretion. **se·gre·ga·cio·nis·ta** [seɣreɣaθjonísta] *n/m,f* segregationist. **se·gre·gar** [seɣreɣár] *v* (*segregue*) **1.** to segregate. **2.** ANAT to secrete.

se·gui·da [seɣíða] LOC **En ~**, at once, immediately.

se·gui·di·lla [seɣiðíʎa] *n/f* POÉT MÚS seguidilla.

se·gui·do/a [seɣíðo/a] **I.** *adj* **1.** straight (*camino*). **2.** continuous (*línea*). **3.** *pl* consecutive, successive: *Acto seguido*, immediately after. **II.** *adv* **1.** straight (on) (*sin desviar*). **2.** after (*a continuación*). **se·gui·dor/ra** [seɣiðór/ra] **I.** *adj* following. **II.** *n/m,f*

1. follower. 2. DEP supporter, fan. **se·gui·mien·to** [seɣimjéṇto] *n/m* 1. continuation (*sin parar*). 2. pursuit (*caza*). 3. follow up (*postventa*). **se·guir** [seɣír] I. *v* (*sigo, seguí*) 1. *gen* to follow (on), come next. 2. to chase, pursue (*caza*). 3. to continue, carry on (*continuar*). 4. to track (*satélite*). 5. to monitor (*acontecimientos*). 6. **(~ + ger)** to go/keep on (+ ger). II. *Refl(-se)* **(~ de)** to follow (from), ensue (from). LOC **~ adelante en algo**, to stick to sth.

se·gún [seɣún] I. *prep* 1. in accordance with (*conformidad*). 2. according to (*opinión*). 3. depending on (*eventualidad*). II. *conj* 1. just as: *Está según lo dejaste*, It's just as you left it. 2. as (*a medida que*). 3. depending on: *Iré o no, según el trabajo que tenga*, I may go, depending on the work I've got. III. *adv* according to circumstances. LOC **~ y como**, 1. it all depends (*frase*). 2. *conj* depending on whether.

se·gun·de·ro [seɣuṇdéro] *n/m* second hand (*reloj*). **se·gun·do/a** [seɣúṇdo/a] I. *adj* 1. *gen* second. 2. secondary (*enseñanza*). II. *n/m,f* second in command. III. *n/m* second (*medida*). IV. *n/f* AUT second (gear). **se·gun·dón/na** [seɣuṇdón/na] *n/m,f* 1. second child, younger child. 2. FIG DEP runner-up.

se·gur [seɣúr] *n/f* sickle, axe.

se·gu·ra·men·te [seɣuraméṇte] *adv* 1. for certain, for sure (*certeza*). 2. surely, probably. **se·gu·ri·dad** [seɣuriðáð] *n/f* security, safety. **se·gu·ro/a** [seɣúro/a] I. *adj* 1. safe, secure (*sin peligro*). 2. sure, certain (*certeza*). 3. firm (*fecha*). 4. reliable, trustworthy (*de fiar*). II. *n/m* 1. insurance. 2. safety catch (*arma*). 3. tumbler (*cerradura*). III. *adv* for sure. LOC **A buen ~/De ~**, surely, without any doubt. **Sobre ~**, without any risk.

seis [séis] I. *adj* 1. six. 2. sixth (*fecha*) II. *n/m* six. **seis·a·vo/a** [seisáβo/a] *adj, n/m,f* sixth. **seis·cien·tos/as** [seisθjéṇtos/as] *adj, n/m* six hundred.

seís·mo [seísmo] *n/m* tremor, earthquake.

se·lec·ción [selekθjón] *n/f* 1. selection. 2. DEP team. **se·lec·cio·na·dor/ra** [selekθjonaðór/ra] *n/m,f* DEP selector, team manager (*técnico*). **se·lec·cio·nar** [selekθjonár] *v* to select, pick. **se·lec·ti·vi·dad** [selektiβiðáð] *n/f* 1. selectivity. 2. **(examen de ~)** entrance exam (*universidad*). **se·lec·ti·vo/a** [selektíβo/a] I. *adj* selective. II. *n/m* preliminary course, foundation course (*carrera*). **se·lec·to/a** [selékto/a] *adj* 1. select, choice (*mejor*). 2. selected (*antología*). **se·lec·tor** [selektór] *n/m* selector (*dispositivo*).

se·le·nio [selénjo] *n/m* QUÍM selenium. **se·le·ni·ta** [seleníta] *n/m,f* moon dweller. **se·le·no·gra·fía** [selenoɣrafía] *n/f* ASTR selenography. **se·le·no·sis** [selenósis] *n/f* white spots on one's fingernails.

self-service [sel(f)sérβis] *n/m* self-service.

sel·va [sélβa] *n/f* 1. forest, wood. 2. jungle (*tropical*). **sel·vá·ti·co/a** [selβátiko/a] *adj* 1. forest, woodland. 2. jungle (*tropical*). 3. BOT wild.

se·llar [seʎár] *v* 1. to seal (*documento, labios*). 2. to stamp (*pasaporte*). **se·llo** [séʎo] *n/m* 1. seal (*de rey*, etc). 2. stamp. 3. FIG hallmark, mark. 4. signet ring (*sortija*).

se·má·fo·ro [semáforo] *n/m* 1. AUT traffic lights. 2. NÁUT semaphore. 3. signal (*tren*).

se·ma·na [semána] *n/f* week. **se·ma·nal** [semanál] *adj* weekly. **se·ma·na·rio** [semanárjo] *n/m* 1. weekly (*revista*). 2. set of seven (*pulseras, etc.*).

se·mán·ti·co/a [semáṇtiko/a] I. *adj* semantic. II. *n/f* semantics. **se·ma·sio·lo·gía** [semasjoloxía] *n/f* semasiology, semantics. **se·ma·sio·ló·gi·co/a** [semasjolóxiko/a] *adj* semasiological, semantic.

sem·blan·te [semblaṇte] *n/m* 1. countenance. 2. FIG look. **sem·blan·za** [semblaṇθa] *n/f* biographical outline.

sem·bra·do/a [sembráðo/a] *n/m* sown field. **sem·bra·do·ra** [sembraðóra] *n/f* seed drill. **sem·brar** [sembrár] *v* (*siembro*) 1. **(~ de)** AGR to sow (with). 2. FIG to scatter about, sprinkle (*objetos*). 3. **(~ de)** FIG to strew (with) (*superficie*). 4. FIG to sow (*pánico, discordia*).

se·me·jan·te [semexáṇte] I. *adj* 1. similar, alike (*parecido*). 2. such (a) (*tal*). II. *n/m* fellow man. LOC **~ a**, like, similar to. **se·me·jan·za** [semexáṇθa] *n/f* 1. resemblance, likeness, similarity. 2. simile (*retórica*). **se·me·jar** [semexár] I. *v* to seem like. II. *Refl(-se)* **(~ a)** to look alike, be similar (to).

se·men [sémen] *n/m* 1. BIOL semen. 2. BOT seed. **se·men·tal** [semeṇtál] I. *adj* breeding, stud. II. *n/m* ZOOL sire, stallion, stud animal.

se·men·te·ra [semeṇtéra] *n/f* 1. AGR sowing, seeding (*acto*). 2. AGR sown field (*campo*). 3. seed time.

se·mes·tral [semestrál] *adj* half-yearly. **se·mes·tre** [seméstre] *n/m* 1. period of six months. 2. semester (*universidad*).

se·mi- [semi-] *pref* semi-, half-. **se·mi·cir·cu·lar** [semiθirkulár] *adj* semicircular. **se·mi·cír·cu·lo** [semiθírkulo] *n/m* semicircle. **se·mi·cir·cun·fe·ren·cia** [semiθirkuɱferéṇθja] *n/f* MAT semicircumference. **se·mi·con·duc·tor** [semikoṇduktór] *n/m* ELECTR semiconductor. **se·mi·diós** [semiðjós] *n/m* demigod. **se·mi·fi·nal** [semifinál] *n/f* semifinal. **se·mi·fi·na·lis·ta** [semifinalísta] I. *adj* semifinal. II. *n/m,f* semifinalist.

se·mi·lla [semíʎa] *n/f* BOT FIG seed. **se·mi·lle·ro** [semiʎéro] *n/m* 1. seedbed, nursery. 2. FIG hotbed. **se·mi·nal** [seminál] *adj* seminal.

se·mi·na·rio [seminárjo] *n/m* 1. REL seminary. 2. seminar (*universidad*). **se·mi·na·ris·ta** [seminarísta] *n/m* REL seminarist.

se·mi·ní·fe·ro/a [seminífero/a] *adj* ANAT BOT seminiferous.

se·mio·lo·gía [semjoloxía] *n/f* semiology. **se·mió·ti·ca** [semjótika] *n/f* semiotics.

se·mi·ta [semíta] I. *adj* Semitic. II. *n/m,f* Semite. **se·mí·ti·co/a** [semítiko/a] *adj* Semitic.

se·mi·vo·cal [semiβokál] I. *adj* GRAM semivocalic. II. *n/f* semivowel.

sé·mo·la [sémola] *n/f* semolina.
sem·pi·ter·no/a [sempitérno/a] *adj* sempiternal, everlasting.
se·na·do [senáðo] *n/m* senate. **se·na·dor/ra** [senaðór/ra] *n/m,f* senator. **se·na·du·ría** [senaðuría] *n/f* senatorship. **se·na·to·rial** [senatorjál] *adj* senatorial.
sen·ci·llez [senθiʎéθ] *n/f* **1**. simplicity. **2**. naturalness. **sen·ci·llo/a** [senθíʎo/a] *adj* **1**. simple, easy. **2**. simple, plain (*estilo*). **3**. natural, unaffected (*persona*). **4**. single (*billete, habitación*).
sen·da [sénda] *n/f* path, track. **sen·de·ro** [sendéro] *n/m* V. **senda**.
sen·dos/as [séndos/as] *adj, pl* (one) each, separate: *Llegaron los dos en sendos coches*, They each arrived in a separate car.
se·nec·tud [senektúð] *n/f* old age.
se·ne·ga·lés/sa [seneγalés/sa] *adj, n/m,f* Senegalese.
se·nes·cen·cia [senesθénθja] *n/f* ageing. **se·nes·cen·te** [senesθénte] *adj* ageing. **se·nil** [seníl] *adj* senile. **se·ni·li·dad** [seniliðáð] *n/f* senility. **sé·nior** [sénjor] *adj,n/m,f* senior.
se·no [séno] *n/m* **1**. ANAT bosom, *pl* breasts (*pecho*). **2**. ANAT sinus (*frontal*). **3**. ANAT womb (*matriz*). **4**. FIG bosom. **5**. hollow, cavity (*hueco*). **6**. GEOG bay, inlet.
sen·sa·ción [sensaθjón] *n/f* sensation, feeling. **sen·sa·cio·nal** [sensaθjonál] *adj* sensational. **sen·sa·cio·na·lis·mo** [sensaθjonalísmo] *n/m* sensationalism. **sen·sa·cio·na·lis·ta** [sensaθjonalísta] **I**. *adj* sensational(ist). **II**. *n/m,f* sensationalist.
sen·sa·tez [sensatéθ] *n/f* good sense, sensibleness. **sen·sa·to/a** [sensáto/a] *adj* sensible.
sen·si·bi·li·dad [sensiβiliðáð] *n/f* sensitivity, sensibility. **sen·si·bi·li·za·ción** [sensiβiliθaθjón] *n/f* MED sensitization. **sen·si·bi·li·zar** [sensiβiliθár] *v* (*sensibilicé*) **1**. MED to sensitize. **2**. **(~ a)** FIG to alert (to). **sen·si·ble** [sensíβle] *adj* **1**. sentient (*que siente*). **2**. **(~ a)** sensitive (to) (*foto, aparatos*). **3**. MED sensitive, sore. **4**. **(~ a)** sensitive (to), responsive (to) (*carácter*). **5**. appreciable, noticeable (*mejoría*, etc). **6**. regrettable (*lamentable*). **7**. **(~ de)** capable (of) (*capacidad*). **sen·si·ble·ría** [sensiβlería] *n/f* sentimentality, INFML mush, FAM sloppiness. **sen·si·ble·ro/a** [sensiβléro/a] *adj* over-sentimental, INFML mushy, FAM sloppy. **sen·si·ti·vo/a** [sensitíβo/a] *adj* **1**. sensitive (*susceptible*). **2**. sense (*órgano*). **3**. sentient (*ser*). **sen·so·rial** [sensorjál] *adj* sensorial, sensory. **sen·sual** [senswál] *adj* sensual, sensuous. **sen·sua·li·dad** [senswaliðáð] *n/f* sensuality.
sen·ta·do/a [sentáðo/a] **I**. *adj* **1**. seated (*postura*). **2**. sensible, steady (*carácter*). **II**. *n/f* **1**. *gen* sitting. **2**. sit-in, sit-down strike (*protesta*). LOC **Dar algo por ~**, to take sth for granted. **Dejar ~**, to make it clear. **sen·tar** [sentár] **I**. *v* (*siento*) **1**. to sit, seat (*persona*). **2**. to set, place (*objeto*). **3**. to set up, establish (*principios*). **4**. to suit: *Te sienta bien el vestido*, That dress suits you. **II**. *Refl(-se)* **1**. to sit (down) (*persona*). **2**. ARQ to settle. **3**. to settle (down) (*tiempo*). LOC **~ bien**, to agree with, go down well. **~ mal**, to go down badly, not to appreciate.
sen·ten·cia [senténθja] *n/f* **1**. maxim, saying (*aforismo*). **2**. JUR sentence: *Pronunciar la sentencia*, pass sentence. **3**. FIG ruling. **sen·ten·ciar** [sentenθjár] *v* **(~ a)** JUR to sentence (to). **sen·ten·cio·so/a** [sentenθjóso/a] *adj* **1**. pithy (*dicho*) **2**. sententious (*persona*).
sen·ti·do/a [sentíðo/a] **I**. *adj* **1**. heartfelt, sincere (*expresión*). **2**. touchy (*carácter*). **II**. *n/m* **1**. sense (*del cuerpo*). **2**. sense, judgement (*juicio*). **3**. sense, meaning (*semántica*). **4**. feeling (*sensibilidad*). **5**. direction, way (*orientación*). LOC **~ común**, common sense. **No tener ~**, not to make sense. **Perder (uno) el ~**, to lose consciousness, faint. **Sin ~**, senseless. **Sexto ~**, sixth sense. **En este ~**, in this respect.
sen·ti·men·tal [sentimentál] *adj* sentimental. LOC **Vida ~**, love life. **sen·ti·men·ta·lis·mo** [sentimentalísmo] *n/m* sentimentality. **sen·ti·men·ta·loi·de** [sentimentalóiðe] *adj* sloppily sentimental. **sen·ti·mien·to** [sentimjénto] *n/m* **1**. feeling (*afectivo*). **2**. sentiment (*noble*). **3**. regret (*pesar*). **4**. grief (*aflicción*).
sen·ti·na [sentína] *n/f* **1**. NÁUT bilge. **2**. FIG sink, sewer.
sen·tir [sentír] **I**. *n/m* **1**. opinion, view (*parecer*). **2**. sentiment, feeling. **II**. *v* (*siento*) **1**. to feel (*frío, hambre*). **2**. to hear (*sonidos*). **3**. to smell (*olores*). **4**. to perceive (*percibir*). **5**. to have a feeling for (*artes*). **6**. to be sorry, regret. **III**. *Refl(-se)* to feel (*enfermo, etc*.).
se·ña [séɲa] *n/f* **1**. sign, signal (*gesto*). **2**. (distinguishing) mark (*cuerpo, etc*.). **3**. *pl* address (*Correos*). **4**. *pl* description (*persona*). **se·ñal** [seɲál] *n/f* **1**. *gen* sign. **2**. token, indication (*símbolo*). **3**. MED scar. **4**. COM token payment, deposit. **5**. sign, signal (*con la mano*). **6**. mark (*vestigio*). LOC **Dar ~es de**, to show signs of. **En ~ de**, as a token of, as a sign of. **~ de alto**, stop sign. **~es de tráfico**, traffic lights/signals. **se·ña·la·do/a** [seɲaláðo/a] *adj* outstanding, distinguished. **se·ña·lar** [seɲalár] **I**. *v* **1**. to signal, mark (*suceso*). **2**. to mark (*documento*). **3**. to mark, scar (*cuerpo*). **4**. to point (out) (*indicar*). **5**. to fix, set (*fecha*). **6**. to appoint (*persona*). **II**. *Refl(-se)* to make one's mark. **se·ña·li·za·ción** [seɲaliθaθjón] *n/f* **1**. signposting (*colocación*). **2**. road signs (*carretera*). **3**. rail signals (*ferrocarril*). **se·ña·li·zar** [seɲaliθár] *v* (*señalice* t)o signpost.
se·ñe·ro/a [seɲéro/a] **I**. *adj* outstanding, unrivalled. **II**. *n/f* standard (*bandera*).
se·ñor [seɲór] **I**. *n/m* **1**. *gen* gentleman, man. **2**. owner, master (*dueño*). **3**. HIST lord. **4**. Mr. (*delante del apellido*). **5**. sir (*apelativo*). **II**. *adj* **1**. FAM posh (*distinción*). **2**. FIG really big. LOC **Muy ~ mío**, Dear Sir (*encabezamiendo de cartas*). **Nuestro S~**, REL Our Lord. **se·ño·ra** [seɲóra] *n/f* **1**. *gen* lady. **2**. owner, mistress (*dueña*). **3**. lady (*noble*). **4**. wife (*casada*). **5**. Mrs. (*delante del apellido*). **6**. madam (*apelativo*). LOC **Muy ~ mía**,

Dear Madam (*cartas*). **Nuestra S~**, REL Our Lady (*católicos*), the Virgin (Mary) (*protestantes*). **se·ño·re·ar** [seɲoreár] *v* **1**. to rule, control. **2**. PEY to lord it over. **3**. to rise above, tower over (*edificio*). **se·ño·ría** [seɲoría] *n/f* rule, sway. LOC **Su S~**, Your Lordship (*hombre*), Your Worship (*alcalde, magistrado*), Your Ladyship (*mujer*). **se·ño·rial** [seɲorjál] *adj* lordly, stately. **se·ño·río** [seɲorío] *n/m* **1**. rule, sway (*dominio*). **2**. lordliness, stateliness (*porte*). **se·ño·ri·tin·go/a** [seɲoritíŋgo/a] **I**. *n/m* FAM rich little daddy's boy. **II**. *n/f* FAM rich little daddy's girl. **se·ño·ri·to/a** [seɲoríto/a] **I**. *n/m* **1**. (young) master (*tratamiento de criados*). **2**. PEY playboy. **3**. slim cigar (*puro*). **II**. *n/f* **1**. young lady. **2**. Miss (*delante del apellido y tratamiento*). **se·ño·rón/na** [seɲorón/na] **I**. *adj* distinguished, lordly. **II**. *n/m,f* FAM big shot.

se·ñue·lo [seɲwélo] *n/m* **1**. lure (*para halcones*). **2**. FIG bait, trap.

sé·pa·lo [sépalo] *n/m* BOT sepal.

se·pa·ra·ble [separáβle] *adj* **1**. *gen* separable. **2**. TÉC detachable. **se·pa·ra·ción** [separaθjón] *n/f* **1**. separation, division (*acto*). **2**. TÉC removal. **3**. dismissal (*puesto*). **se·pa·rar** [separár] **I**. *v* **1**. **(~ de)** to separate (from). **2**. to divide. **3**. to sort (*clasificar*). **4**. **(~ de)** to move away (from) (*mueble*). **5**. TÉC to detach, remove. **6**. to dismiss (*puesto*). **II**. *Refl(-se)* **1**. **(~ de)** *gen* to separate (from). **2**. **(~ de)** to part company (with). **3**. to come apart (*piezas*). **4**. to go away (*persona*). **se·pa·ra·ta** [separáta] *n/f* offprint. **se·pa·ra·tis·mo** [separatísmo] *n/m* separatism. **se·pa·ra·tis·ta** [separatísta] *adj, n/m,f* separatist.

se·pe·lio [sepéljo] *n/m* burial.

se·pia [sépja] *n/f* **1**. ZOOL cuttlefish. **2**. sepia (*color*).

sep·te·nio [septénjo] *n/m* septennium.

sep·ten·trión [septen̪trión] *n/m* north. **sep·ten·trio·nal** [septen̪trionál] *adj* north(ern).

sep·ti·ce·mia [septiθémja] *n/f* MED septicaemia. **sep·ti·cé·mi·co/a** [septiθémiko/a] *adj* MED septicaemic. **sép·ti·co/a** [séptiko/a] *adj* septic.

sep·tiem·bre, **se·tiem·bre** [se(p)tjémbre] *n/m* September.

sép·ti·mo/a [séptimo/a] *adj, n/m,f* seventh.

sep·tua·ge·na·rio/a [septwaxenárjo/a] *adj, n/m,f* septuagenarian, seventy-year-old. **sep·tua·gé·si·mo/a** [septwaxésimo/a] *adj* seventieth.

sep·tu·pli·car [septuplikár] *v, v/Refl(-se)* (*septuplique*) to septuple. **sép·tu·plo/a** [séptuplo/a] *adj, n/m* septuple.

se·pul·cral [sepulkrál] *adj* sepulchral. **se·pul·cro** [sepúlkro] *n/m* **1**. grave, tomb. **2**. sepulchre (*bíblico*). **se·pul·tar** [sepul̪tár] *v* to bury. **se·pul·tu·ra** [sepul̪túra] *n/f* **1**. burial (*acto*). **2**. grave (*tumba*). LOC **Dar cristiana ~ a uno**, to give sb Christian burial. **se·pul·tu·re·ro/a** [sepul̪turéro/a] *n/m* gravedigger.

se·que·dad [sekeðáð] *n/f* **1**. dryness (*cualidad*). **2**. curtness, abruptness (*trato*). **se·quía** [sekía] *n/f* drought.

sé·qui·to [sékito] *n/m* **1**. entourage, retinue. **2**. FIG aftermath.

ser [sér] **I**. *n/m* **1**. being (*ente*). **2**. life (*vida*). **3**. essence. **II**. *v* (*soy* (*eres, es, somos, sois, son*), *fui*) **1**. to be (*identificación, clasificación*): *Soy español*, I'm Spanish. *¿Es Vd. profesor?*, Are you a teacher? *Soy José*, It's Joe (*al teléfono*). *Son las doce*, It's twelve o'clock. **2**. to be, happen, take place (*ocurrir*). **3**. to be, cost (*precio*). **4**. **(~ de)** to be (made) of (*materia*). **5**. to be, belong to: *Son míos*, They're mine. **6**. **(~ de)** to be (+ *genitivo sajón*), belong (to): *Es de Juan*, It's John's. **7**. **(~ de)** to become (of), happen (to): *¿Qué ha sido de Ana?*, What's become of Ana? **8**. **(~ de)** to be (from) (*origen*). **9**. **(~ para)** to be (for) (*destino*). **10**. to be (*voz pasiva*): *Fue asesinada*, She was murdered. LOC **¡Así sea!**, so be it! **A no ~ que**, unless. **¿Cómo es eso?**, how come? **¿Cómo es que...?**, how is it that...? **¡Cómo ha de ~!**, what else do you expect! **Como sea**, one way or another. **Con ~...**, In spite of being... **Dar el ~**, to bring into the world. **De no ~ así**, were it not so. **Érase que se era.../Érase una vez...**, once upon a time. **Es que...**, the fact is (that). **Lo que sea**, anything, whatever there is. **No ~ nada**, not to matter. **~ para poco**, to be of next to no use.

se·ra [séra] *n/f* pannier, basket.

se·rá·fi·co/a [seráfiko/a] *adj* seraphic, angelic. **se·ra·fín** [serafín] *n/m* **1**. REL seraph. **2**. FAM angel.

se·re·nar [serenár] **I**. *v* **1**. to calm (*mar, etc.*). **2**. FIG to calm (down), pacify. **3**. to clarify (*líquido*). **II**. *Refl(-se)* **1**. to grow calm (*mar*). **2**. to clear up (*tiempo*). **3**. to calm down (*persona*).

se·re·na·ta [serenáta] *n/f* serenade.

se·re·ni·dad [sereniðáð] *n/f* **1**. serenity (*sosiego*). **2**. calm(ness) (*tranquilidad*). **3**. peacefulness (*quietud*). **4**. clearness (*cielo*). **se·re·no/a** [seréno/a] **I**. *adj* **1**. serene (*sosegado*). **2**. calm, peaceful (*tranquilo*). **3**. sober (*no borracho*). **4**. cloudless, clear (*cielo*). **5**. fine (*tiempo*). **II**. *n/m* **1**. night watchman (*persona*). **2**. cool night air, night dew (*rocío*). LOC **Al ~**, out in the night air.

se·rial [serjál] *n/m* serial.

se·ri·ci·cul·tor/ra, **se·ri·cul·tor/ra** [seri(θi)kul̪tór/ra] *n/m,f* sericulturist. **se·ri·ci·cul·tu·ra**, **se·ri·cul·tu·ra** [seri(θi)kul̪túra] *n/f* sericulture, silk raising.

se·rie [sérje] *n/f* **1**. *gen* MAT FIG series. **2**. set (*sellos*). **3**. DEP heat. LOC **En ~**, **1**. mass-produced (*fabricación*). **2**. ELECTR in series. **Fuera de ~**, out of the ordinary, special.

se·rie·dad [serjeðáð] *n/f* **1**. seriousness. **2**. gravity. **3**. staidness (*exceso de gravedad*). **4**. reliability, trustworthiness (*de fiar*). **5**. honesty. **6**. sense of responsibility (*formalidad*). **7**. MED seriousness, gravity.

se·ri·gra·fía [seriɣrafía] *n/f* silkscreen print(ing).

se·rio/a [sérjo/a] *adj* **1**. serious: *Tono serio*, Serious tone. **2**. grave: *Voz seria*, Grave voice. **3**. staid (*excesivamente grave*). **4**. reliable, trustworthy (*de fiar*). **5**. honest (*honrado*). **6**. responsible (*formal*). **7**. formal (*traje*). **8**. MED serious, grave. LOC **En ~**, in earnest, seriously.

ser·món [sermón] *n/m* **1**. REL sermon. **2**. FAM lecture. **ser·mo·ne·ar** [sermoneár] *v* **1**. REL to preach, sermonize. **2**. FAM to lecture.

se·ro·lo·gía [seroloxía] *n/f* serology. **se·ro·si·dad** [serosiðáð] *n/f* serosity. **se·ro·so/a** [seróso/a] *adj* serous.

se·rón [serón] *n/m* large basket.

ser·pen·te·ar [serpeṇteár] *v* **1**. ZOOL to slither, crawl. **2**. to wind, twist and turn (*camino*). **3**. to wind, meander (*río*). **ser·pen·teo** [serpeṇtéo] *n/m* **1**. ZOOL slithering, crawling. **2**. winding, twisting (*camino*). **3**. winding, meandering (*río*). **ser·pen·tín** [serpeṇtín] *n/m* **1**. worm (*alambique*). **2**. coil (*espiral*). **ser·pen·ti·na** [serpeṇtína] *n/f* paper streamer. **ser·pen·ti·no/a** [serpenṇtíno/a] *adj* snaky, sinuous. **ser·pien·te** [serpjéṇte] *n/f* **1**. ZOOL snake. **2**. POÉT serpent.

se·rra·du·ras [serraðúras] *n/f,pl* sawdust.

se·rra·nía [serranía] *n/f* mountain area, hill country.

se·rra·ni·lla [serraníʎa] *n/f* pastoral poem/song.

se·rra·no/a [serráno/a] **I**. *adj* mountain, highland. **II**. *n/m,f* highlander. LOC **Jamón ~**, cured ham.

se·rrar [serrár] *v* (*sierro*) **1**. to saw (*aserrar*). **2**. to saw off (*quitar*). **3**. to saw up (*pedazos*). **se·rre·ría** [serrería] *n/f* sawmill. **se·rrín** [serrín] *n/m* sawdust. **se·rru·cho** [serrútʃo] *n/m* (hand)saw.

ser·vi·ble [serβíβle] *adj* serviceable, usable. **ser·vi·cial** [serβiθjál] *adj* obliging, helpful. **ser·vi·cio** [serβíθjo] *n/m* **1**. *gen* MIL REL DEP service. **2**. service charge (*hotel*, etc). **3**. duty: *Estoy de servicio*, I'm on duty. **4**. toilet (*retrete*). **5**. *pl* toilets (*aseos*). **ser·vi·dor/ra** [serβiðór/ra] *n/m,f* **1**. servant (*criado*). **2**. yours truly (*respuesta*). **ser·vi·dum·bre** [serβiðúmbre] *n/f* **1**. staff of servants (*conjunto*). **2**. servitude (*condición*). **3**. JUR obligation. LOC **~ de paso**, right of way. **ser·vil** [serβíl] *adj* **1**. slave, serf's (*de siervo*). **2**. servile, grovelling (*rastrero*). **3**. slavish (*imitación*). **ser·vi·lis·mo** [serβilísmo] *n/m* servility, obsequiousness.

ser·vi·lle·ta [serβiʎéta] *n/f* serviette, table napkin. **ser·vi·lle·te·ro** [serβiʎetéro] *n/m* serviette ring.

ser·vir [serβír] **I**. *v* (*sirvo*) **1**. *gen* MIL DEP to serve. **2**. to wait (on) (*a la mesa*). **3**. to carry out, fulfill (*cargo*). **4**. to tend, mind (*máquina*). **5**. to help, be of service (*ayudar*). **6**. **(~ de)** to serve (as). **7**. to work (*funcionar*). **8**. **(~ para)** to be used (for), be good (for). **II**. *Refl(-se)* **1**. to serve oneself, help oneself. **2**. to use (*usar*). **3**. to be kind enough: *Sírvase cerrar la ventana*, Would you be kind enough to close the window. LOC **No ~ de nada**, to be no good. **¿Para qué sirve...?**, what's the use of...? **Para ~le**, at your service.

ser·vo·fre·no [serβofréno] *n/m* **1**. servo brake. **2**. *pl* power assisted brakes.

sé·sa·mo [sésamo] *n/m* BOT sesame. LOC **¡~, ábrete!**, open sesame!

se·se·ar [seseár] *v* to pronounce the Spanish *c* and *z* (before "e, i") as *s*.

se·sen·ta [seséṇta] *adj, n/m* **1**. sixty (*cardinal*). **2**. sixtieth (*ordinal*). **se·sen·ta·vo/a** [seseṇtáβo/a] *adj, n/m,f* sixtieth. **se·sen·tón/na** [seseṇtón/na] **I**. *adj*, sixty-year-old, in one's sixties. **II**. *n/m,f* sixty-year-old, person in his/her sixties.

se·seo [seséo] *n/m* pronunciation of the Spanish *c* and *z* (before "e, i") as *s*.

se·se·ra [seséra] *n/f* **1**. ANAT brainpan. **2**. FIG FAM brainbox, brains.

ses·ga·do/a [sesγáðo] *adj* **1**. slanting. **2**. FIG biased. **ses·ga·du·ra** [sesγaðúra] *n/f* cut(ting) on the bias. **ses·gar** [sesγár] *v* (*sesguemos*) **1**. to cut on the bias (*costura*). **2**. to slant, slope (*inclinar*). **3**. TÉC to bevel. **ses·go/a** [sésγo/a] **I**. *adj* slanting, slanted. **II**. *n/m* **1**. bias (*costura*). **2**. slant (*inclinación*). **3**. FIG twist, turn (*acontecimiento*). LOC **Al ~**, **1**. on the bias (*corte*). **2**. awry, askew (*torcido*).

se·sión [sesjón] *n/f* **1**. session, sitting (*tribunal, etc.*). **2**. meeting, session (*reunión*). **3**. TEAT show, performance. **4**. showing, house (*cine*). **5**. sitting (*pintor*). LOC **Abrir la ~**, to open the meeting. **Levantar la ~**, to close the meeting.

se·so [séso] *n/m* **1**. ANAT brain. **2**. FIG (common) sense. **3**. *pl* brains. LOC **Calentarse/Devanarse los ~s**, to rack one's brains. **Perder el ~**, to go mad. **Ella le tiene sorbido el ~**, he's head over heels in love with her. **Eso le tiene sorbido el ~**, he's crazy about that.

ses·te·ar [sesteár] *v* to take a siesta, have a nap.

se·su·do/a [sesúðo/a] *adj* **1**. brainy (*persona*). **2**. wise, sensible (*juicio*).

set [sét] *n/m* DEP set.

se·ta· [séta] *n/f* BOT mushroom.

se·te·cien·tos/as [seteθjéṇtos/as] *adj, n/m* **1**. seven hundred (*cardinal*). **2**. seven hundredth (*ordinal*).

se·ten·ta [setéṇta] *adj, n/m* **1**. seventy (*cardinal*). **2**. seventieth (*ordinal*). **se·ten·ta·vo/a** [seteṇtáβo/a] *adj, n/m* seventieth. **se·ten·tón/na** [seteṇtón/na] **I**. *adj* seventy-year-old, in one's seventies. **II**. *n/m,f* seventy-year-old, person in his/her seventies.

se·tiem·bre [setjémbre] *n/m* September.

sé·ti·mo/a [sétimo/a] *adj, n/m,f* seventh.

se·to [séto] *n/m* **1**. fence (*cercado*). **2**. hedge (*plantas*).

seu·do-, (pseudo-) [seuðo-] *adj, pref* pseudo-. **seu·dó·ni·mo/a** [seuðónimo/a] *n/m* pseudonym.

se·ve·ri·dad [seβeriðáð] *n/f* **1**. severity, strictness (*en el trato*). **2**. sternness, grimness (*aspecto*). **3**. severity, harshness (*clima*). **se·ve·ro/a** [seβéro/a] *adj* **1**. **(~ con, en)** severe (with), harsh (in) (*carácter, clima, crítica*). **2**. **(~ con, en)** strict (with, in) (*disciplina*). **3**. grim, stern (*aspecto*).

se·vi·cia [seβíθja] *n/f* cruelty, brutality.
se·vi·lla·no/a [seβiʎáno/a] **I**. *adj,n/m,f* Sevillian. **II**. *n/f,pl* MÚS sevillanas.
se·xa·ge·na·rio/a [se(k)saxenárjo/a] *adj, n/m,f* sexagenarian. **se·xa·gé·si·mo/a** [se(k)-saxésimo/a] *adj* sixtieth.
se·xa·go·nal [se(k)saγonál] *adj* hexagonal.
se·xo [sé(k)so] *n/m* sex. LOC **~ bello**, fair sex. **~ débil/fuerte**, weaker/stronger sex. **se·xo·lo·gía** [seksoloxía] *n/f* sexology. **se·xó·lo·go/a** [seksóloγo/a] *n/m,f* sexologist.
sex·tan·te [se(k)stánte] *n/m* sextant.
sex·te·to [se(k)stéto] *n/m* MÚS sextet(te).
sex·to/a [sé(k)sto/a] *adj, n/m,f* sixth.
se·xua·do/a [se(k)swáðo/a] *adj* BIOL sexed.
se·xual [se(k)swál] *adj* sexual, sex. LOC **Vida ~**, sex life. **se·xua·li·dad** [se(k)swaliðáð] *n/f* sexuality. **se·xy** [sé(k)si] *adj* sexy.
show [ʃóu/sóu] *n/m* **1**. TEAT show. **2**. FIG FAM fuss, song-and-dance.
si [sí] **I**. *conj* **1**. if (*condiciones*). **2**. if, whether (*pregunta indirecta*). **3**. but (*protesta, negación*): *-¡Si yo no lo sabía!*, But I didn't know it. **II**. *n/m* MÚS B. LOC **Por si...**, in case... **Por ~ acaso**, just in case.
sí [sí] **I**. *pron* **1**. himself (*varón*), herself (*mujer*), oneself (*impers*), itself (*cosa*), yourself (*Vd*). **2**. *pl* themselves (*ellos, ellas*). yourselves (*Vds*), each other (*recíproco*). LOC **Decir para ~**, to say to oneself. **De por ~/En ~**, in itself, per se. **Estar fuera de ~**, FIG to be beside oneself. **Por ~ solo**, by oneself, etc. **Volver en ~**, to come round, recover consciousness.
sí [sí] **I**. *adv* **1**. yes (*afirmativa*). **2**. certainly (*énfasis*). **II**. *n/m* **1**. yes. **2**. consent, approval (*visto bueno*). LOC **¡A que sí!**, Oh yes I am/can/do/will!, I bet I am/can/do/will!. **Creer que ~**, to think so. **Dar el ~**, to accept (*una proposición*). **Decir que ~**, to say yes. **Él no fue pero yo ~**, He didn't go but I did (*énfasis*). **¡Eso sí que no!**, Certainly not!
sia·més/sa [sjamés/sa] *adj, n/m,f* Siamese. LOC **Hermanos ~es**, Siamese twins.
si·ba·ri·ta [siβaríta] **I**. *adj* sybaritic. **II**. *n/m,f* sybarite. **si·ba·ri·tis·mo** [siβaritísmo] *n/m* sybaritism.
si·be·ria·no/a [siberjáno/a] *adj, n/m,f* Siberian.
si·bi·la [siβíla] *n/f* sibyl, prophetess.
si·bi·lan·te [siβilánte] *adj* sibilant.
si·bi·li·no/a [siβilíno/a] *adj* sibylline.
si·ca·rio [sikárjo] *n/m* hired assassin, contract killer.
si·ci·lia·no/a [siθiljáno/a] *adj, n/m,f* Sicilian.
si·co·a·ná·li·sis [sikoanálisis] *n/m* psychoanalysis. **si·co·a·na·lis·ta** [sikoanalísta] *n/m,f* psychoanalyst. **si·co·a·na·li·zar** [sikoanaliθár] *v* (*sicoanalice*) to psychoanalyze. **si·co·dé·li·co/a** [sikoðéliko/a] *adj* psychodelic. **si·co·fí·si·ca** [sikofísika] *n/f* psychophysics. **si·co·lo·gía** [sikoloxía] *n/f* psychology. **si·co·ló·gi·co/a** [sikolóxiko/a] *adj* psychological. **si·có·lo·go/a** [sikóloγo/a] *n/m,f* psychologist.
si·co·mo·ro, si·có·mo·ro [sikomóro, sikómoro] *n/m* BOT Egyptian sycamore.
si·có·pa·ta [sikópata] *n/m,f* MED psychopath. **si·co·pa·tía** [sikopatía] *n/f* MED psychopathy. **si·co·sis** [sikósis] *n/f* psychosis. **si·co·so·má·ti·co/a** [sikosomátiko/a] *adj* psychosomatic. **si·co·te·ra·pia** [sikoterápja] *n/f* MED psychotherapy.
si·cró·me·tro [sikrómetro] *n/m* psychrometer, wet-and-dry-bulb thermometer.
si·da [síða] *n/m* MED AIDS.
si·de·car [siðekár] *n/m* sidecar.
si·de·ral [siðerál] *adj* ASTR astral, sidereal.
si·de·ri·ta [siðeríta] *n/f* siderite. **si·de·rur·gia** [siðerúrxja] *n/f* iron and steel industry. **si·de·rúr·gi·co/a** [siðerúrxiko/a] *adj* iron and steel.
si·dra [síðra] *n/f* cider. **si·dre·ría** [siðrería] *n/f* cider bar.
sie·ga [sjéγa] *n/f* **1**. AGR reaping, harvesting (*cereales*). **2**. AGR mowing (*hierba*). **3**. AGR harvest time (*temporada*).
siem·bra [sjémbra] *n/f* **1**. AGR sowing (*acto*). **2**. AGR sowing time (*época*). **3**. AGR sown field (*campo*).
siem·pre [sjémpre] *adv* always, all the time, ever. LOC **Desde ~**, for as long as I can remember. **De ~**, 1. V. **Desde ~** 2. usual, same old (*repetido*). **Hasta ~**, cheerio! **Para ~**, for ever. **Por ~ jamás**, for ever and ever. **~ que/~ y cuando**, provided that.
sien [sjén] *n/f* ANAT temple.
sier·pe [sjérpe] *n/f* **1**. ZOOL snake. **2**. POÉT serpent.
sie·rra [sjérra] *n/f* **1**. TÉC saw. **2**. GEOG mountain range.
sier·vo/a [sjérβo/a] *n/m,f* slave, serf.
sies·ta [sjésta] *n/f* **1**. hottest part of the day (*hora*). **2**. siesta, (afternoon) nap (*sueño*).
sie·te [sjéte] **I**. *adj, n/m* **1**. seven (*cardinal*). **2**. seventh (*ordinal*) **II**. *n/m* FAM L-shaped tear (*en tela*). **sie·te·me·si·no/a** [sjetemesíno/a] **I**. *adj* premature (*crío*). **II**. *n/m,f* premature baby.
sí·fi·lis [sífilis] *n/f* MED syphilis. **si·fi·lí·ti·co/a** [sifilítiko/a] *adj, n/m,f* MED syphilitic.
si·fón [sifón] *n/m* **1**. siphon. **2**. U-bend, trap (*tubería*). **3**. soda water (siphon) (*gaseosa*).
si·gi·lo [sixílo] *n/m* **1**. secrecy (*secreto*). **2**. PEY stealth, slyness. **si·gi·lo·so/a** [sixilóso/a] *adj* **1**. secret. **2**. PEY stealthiness, slyness.
si·gla [síγla] *n/f* abbreviation, initials, acronym.
si·glo [síγlo] *n/m* **1**. century. **2**. FIG ages. **3**. REL world. LOC **En/Por los ~ de los ~**, REL world without end. **S~ de Oro**, Golden Age.
sig·nar [siγnár] *v* **1**. to seal (*sellar*). **2**. to put one's mark on (*marcar*). **3**. to sign (*firmar*). **sig·na·ta·rio/a** [siγnatárjo/a] *adj, n/m,f* signatory. **sig·na·tu·ra** [siγnatúra] *n/f* **1**. stamp, mark (*señal*). **2**. signature (*firma*). **3**. catalogue number (*libro*).
sig·ni·fi·ca·ción [siγnifikaθjón] *n/f* **1**. meaning (*sentido*). **2**. significance, importance (*relevancia*). **sig·ni·fi·ca·do/a** [siγnifikáðo/a] **I**. *adj* **1**. signified, indicated (*señalado*). **2**. well known (*conocido*). **II**. *n/m* **1**. meaning (*sentido*). **2**. significance (*importancia*). **sig·ni·fi·can·te** [siγnifikánte] *adj* significant.

sig·ni·fi·car [siγnifikár] **I.** *v* (*signifiquen*) **1.** to mean (*palabra*). **2.** FIG to signify. **3.** to express (*manifestar*). **II.** *Refl(-se)* to become known/famous. **sig·ni·fi·ca·ti·vo/a** [siγnifikatíβo/a] *adj* **1.** significant (*importante*). **2.** meaningful (*mirada*, etc). **sig·no** [síγno] *n/m* **1.** *gen* sign. **2.** MAT sign, symbol. **3.** FIG tendency, nature. LOC ~ **de interrogación**, question mark. ~ **externo (de riqueza)**, status symbol.

si·guien·te [siγjéṇte] *adj, n/m,f* following, next.

sí·la·ba [sílaβa] *n/f* syllable. **si·la·ba·rio** [silaβárjo] *n/m* spelling book, reader. **si·la·be·ar** [silaβeár] *v* to pronounce syllable by syllable. **si·la·beo** [silaβéo] *n/m* division into syllables. **si·lá·bi·co/a** [siláβiko/a] *adj* syllabic.

sil·ba [sílβa] *n/f* hissing, booing. **sil·bar** [silβár] *v* **1.** to whistle (*melodía*). **2.** FIG to hiss, boo. **3.** to whistle, whine, whizz (*bala*, etc). **sil·ba·to** [silβáto] *n/m* whistle (*instrumento*). **sil·bi·do** [silβíðo] *n/m* **1.** whistle, whistling (*sonido*). **2.** TEAT hiss. **3.** MED wheeze. **4.** whine (*bala*, etc). **sil·bo** [sílβo] *n/m* **1.** whistle, whistling (*sonido*). **2.** whine, whistle (*bala, etc.*). **3.** ZOOL hiss.

si·len·cia·dor [sileṇθjaðór] *n/m* silencer. **si·len·ciar** [sileṇθjár] *v* **1.** to silence (*ruido*). **2.** to keep quiet about, PEY to hush up (*suceso*). **si·len·cio** [siléṇθjo] *n/m* **1.** *gen* silence. **2.** MÚS pause. LOC **¡~!**, Silence!, Quiet! **si·len·cio·so/a** [sileṇθjóso/a] **I.** *adj* silent, quiet. **II.** *n/m* AUT silencer.

sí·lex [síle(k)s] *n/m* silex, flint.

síl·fi·de [sílfiðe] *n/f* sylph.

si·li·ca·to [silikáto] *n/m* QUÍM silicate. **sí·li·ce** [síliθe] *n/f* QUÍM silica. **si·li·cio** [silíθjo] *n/m* QUÍM silicon. **si·li·co·na** [silikóna] *n/f* QUÍM silicone. **si·li·co·sis** [silikósis] *n/f* MED silicosis.

si·lo [sílo] *n/m* silo, store.

si·lo·gis·mo [siloxísmo] *n/m* syllogism.

si·lue·ta [silwéta] *n/f* silhouette, outline.

sil·ves·tre [silβéstre] *adj* **1.** BOT wild. **2.** FIG rustic. **sil·vi·cul·tor** [silβikuḷtór] *n/m* forestry expert. **sil·vi·cul·tu·ra** [silβikuḷtúra] *n/f* forestry.

si·lla [síʎa] *n/f* **1.** chair (*mueble*). **2.** saddle (*montar*).

si·llar [siʎár] *n/m* block of stone, ashlar.

si·lle·ría [siʎería] *n/f* **1.** (set of) chairs (*muebles*). **2.** TEAT seating. **3.** chairmaker's workshop (*taller*). **4.** ARQ masonry work. **si·llín** [siʎín] *n/m* saddle (*bicicleta*). **si·llón** [siʎón] *n/m* armchair, easy chair.

si·ma [síma] *n/f* chasm, abyss.

sim·bio·sis [simbjósis] *n/f* BIOL symbiosis.

sim·bó·li·co/a [simbóliko/a] *adj* symbolic(al), token. **sim·bo·lis·mo** [simbolísmo] *n/m* symbolism. **sim·bo·lis·ta** [simbolísta] *adj, n/m,f* symbolist. **sim·bo·li·zar** [simboliθár] *v* (*simbolice*) to symbolize. **sím·bo·lo** [símbolo] *n/m* symbol. **sim·bo·lo·gía** [simboloxía] *n/f* **1.** study of symbols (*estudio*). **2.** (system of) symbols.

si·me·tría [simetría] *n/f* symmetry. **si·mé·tri·co/a** [simétriko/a] *adj* symmetric(al).

si·mien·te [simjéṇte] *n/f* AGR seed.

sí·mil [símil] **I.** *adj* similar, alike. **II.** *n/m* **1.** comparison. **2.** simile (*retórica*). **si·mi·lar** [similár] *adj* similar. **si·mi·li·tud** [similitúð] *n/f* similarity, resemblance.

si·mio [símjo] *n/m* ZOOL ape, simian.

si·món [simón] *n/m* **1.** hackney carriage (*coche*). **2.** hackney carriage driver (*cochero*).

si·mo·nía [simonía] *n/f* simony.

sim·pa·tía [simpatía] *n/f* **1.** *gen* liking, affection. **2.** friendship (*amistad*). **3.** friendliness, warmth (*ambiente*). **4.** fellow feeling (*solidaridad*). **5.** sympathy (*compasión*). **sim·pá·ti·co/a** [simpático/a] *adj* **1.** nice, likeable (*amable*). **2.** kind, friendly (*bondadoso*). **3.** charming (*encantador*). **4.** agreeable, congenial (*ambiente*). **sim·pa·ti· zan·te** [simpatiθáṇte] **I.** *adj*, sympathizing. **II.** *n/m,f* sympathizer. **sim·pa·ti·zar** [simpatiθár] *v* (*simpaticen*) **1.** to get on (well) (*dos o más personas*). **2.** FAM to hit it off. **3. (~ con)** to take (to), FAM to hit it off (with).

sim·ple [símple] **I.** *adj* **1.** *gen* QUÍM GRAM simple. **2.** BOT single. **3.** simple, easy (*método*). **4.** just (one) (*palabra, etc.*). **5.** simple(-minded) (*tonto*). **6.** innocent (*ingenuo*). **II.** *n/m,f* **1.** simpleton, half-wit (*tonto*). **2.** innocent (*ingenuo*). **III.** *n/m,pl* DEP singles. **sim·ple·za** [simpléθa] *n/f* **1.** simpleness, gullibility (*cualidad*). **2.** naïvety (*inocencia*). **3.** silly thing to do/say (*tontería*). **4.** trifle (*de poca monta*). **sim·pli·ci·dad** [simpliθiðáð] *n/f* simplicity. **sim·pli·fi·ca·ción** [simplifikaθjón] *n/f* simplification. **sim·pli·fi·car** [simplifikár] *v* to simplify. **sim·plis·mo** [simplísmo] *n/m* oversimplification. **sim·plis·ta** [simplísta] *adj* simplistic. **sim·plón/na** [simplón/na] **I.** *adj* simple, gullible. **II.** *n/m,f* simpleton, simple soul.

sim·po·sio, **sym·po·sium** [simpósjo/simpósium] *n/m* symposium.

si·mu·la·ción [simulaθjón] *n/f* simulation, PEY pretence. **si·mu·lar** [simulár] *v* **1.** to simulate. **2.** to feign, sham (*fingir*).

si·mul·ta·ne·ar [simuḷtaneár] *v* to do simultaneously. **si·mul·ta·nei·dad** [simuḷtaneiðáð] *n/f* simultaneity. **si·mul·tá·neo/a** [simuḷtáneo/a] *adj* simultaneous.

si·mún [simún] *n/m* **1.** simoom (*viento*). **2.** sandstorm (*arena*).

sin [sín] *prep* **1.** without, with no..., apart from, not including. **2.** (**+ *inf***) un- (+pp): ~ *lavar*, Unwashed. ~ *pagar*, Unpaid. LOC ~ **embargo**, nevertheless, however.

si·na·go·ga [sinaγóγa] *n/f* synagogue.

si·na·le·fa [sinaléfa] *n/f* elision.

si·na·pis·mo [sinapísmo] *n/m* MED mustard plaster.

si·nar·tro·sis [sinartrósis] *n/f* ANAT synarthrosis.

sin·ce·rar·se [siṇθerárse] *v/Refl(-se)* **1.** to vindicate oneself (*justificación*). **2.** to tell the truth (*verdad*). **3. (~ a, con)** to open one's heart (to), be honest (with). **sin·ce·ri·**

dad [sinθeriðáð] *n/f* sincerity. **sin·ce·ro/a** [sinθéro/a] *adj* sincere.

sín·co·pa [síŋkopa] *n/f* GRAM MÚS syncope, syncopation. **sin·co·par** [siŋkopár] *v* to syncopate.

sín·co·pe [síŋkope] *n/m* **1**. MED syncope. **2**. fainting fit, blackout (*desmayo*).

sin·cre·tis·mo [siŋkretísmo] *n/m* syncretism.

sin·cro·nía [siŋkronía] *n/f* simultaneity. **sin·cró·ni·co/a** [siŋkróniko/a] *adj* **1**. *gen* synchronic, synchronous. **2**. simultaneous (*sucesos*). **sin·cro·ni·za·ción** [siŋkroniθaθjón] *n/f* synchronization. **sin·cro·ni·zar** [siŋkroniθár] *v* (*sincronice* to) synchronize.

sin·dé·ri·sis [sindérisis] *n/f* good judgement.

sin·di·ca·ción [sindikaθjón] *n/f* unionization. **sin·di·cal** [sindikál] *adj* **1**. (trade-)union. **2**. syndical (*política*). **sin·di·ca·lis·mo** [sindikalísmo] *n/m* **1**. trade unionism. **2**. syndicalism (*política*). **sin·di·ca·lis·ta** [sindikalísta] **I**. *adj* **1**. (trade-)union. **2**. syndicalist (*política*). **II**. *n/m,f* **1**. trade unionist. **2**. syndicalist (*política*). **sin·di·car** [sindikár] *v* (*gen* ~**se**) *sindiquen*) to unionize, join a union. **sin·di·ca·to** [sindikáto] *n/m* **1**. *gen* syndicate. **2**. trade union (*trabajadores*).

sín·di·co [síndiko] *n/m* **1**. trustee. **2**. JUR official receiver.

sín·dro·me [síndrome] *n/m* MED syndrome.

si·néc·do·que [sinékdoke] *n/f* synecdoche.

si·ne·cu·ra [sinekúra] *n/f* sinecure.

si·né·re·sis [sinéresis] *n/f* GRAM synaeresis.

si·ner·gia [sinérxja] *n/f* synergy.

sin·fín [siɱfín] *n/m* no end, endless number.

sin·fo·nía [siɱfonía] *n/f* MÚS FIG symphony. **sin·fó·ni·co/a** [siɱfóniko/a] *adj* symphonic, symphony.

sin·gla·du·ra [siŋglaðúra] *n/f* NÁUT day's run.

sin·gle [síŋgle] *adj* single (*coche cama, disco*).

sin·gu·lar [siŋgulár] **I**. *adj* **1**. GRAM singular. **2**. FIG outstanding. **3**. PEY singular, odd. **II**. *n/m* GRAM singular. LOC **En** ~, FIG in particular. **sin·gu·la·ri·dad** [siŋgulariðáð] *n/f* **1**. GRAM singularity. **2**. peculiarity, oddity. **sin·gu·la·ri·zar** [siŋgulariθár] **I**. *v* (*singularice*) to single out. **II**. *Refl(-se)* to distinguish oneself, stand out.

si·nies·tra·do/a [sinjestráðo/a] **I**. *adj* damaged. **II**. *n/m,f* victim (of an accident). **si·nies·tro/a** [sinjéstro/a] **I**. *adj* **1**. left(-hand) (*posición*). **2**. FIG sinister, ominous (*maligno*). **3**. FIG disastrous (*funesto*). **II**. *n/m* **1**. catastrophe, disaster (*desastre*). **2**. accident (*accidente*). **3**. fire (*incendio*).

sin·nú·me·ro [sinnúmero] *n/m* V. **sinfín**.

si·no [síno] **I**. *n/m* fate, destiny. **II**. *conj* **1**. but, but rather: *No viene hoy sino mañana*, He's not coming today, but tomorrow. **2**. but, except: *Nadie lo sabe sino su padre*, Nobody knows but/except his father.

sí·no·do [sínoðo] *n/m* synod.

si·no·lo·gía [sinoloxía] *n/f* Sinology. **si·nó·lo·go** [sinóloγo] *n/m* Sinologist.

si·no·ni·mia [sinonímja] *n/f* synonymy. **si·nó·ni·mo/a** [sinónimo/a] **I**. *adj* synonymous. **II**. *n/m* synonym.

si·nop·sis [sinópsis] *n/f* synopsis. **si·nóp·ti·co/a** [sinóptiko/a] *adj* synoptic.

si·no·via [sinóβja] *n/f* ANAT synovia.

sin·ra·zón [sinrraθón] *n/f* wrong, injustice.

sin·sa·bor [sinsaβór] *n/m* **1**. unpleasantness, displeasure. **2**. FIG trouble, worry.

sin·tác·ti·co/a [sintáktiko/a] *adj* GRAM syntactic. **sin·tag·ma** [sintáγma] *n/m* GRAM syntagm(a), phrase. **sin·ta·xis** [sintá(k)sis] *n/f* GRAM syntax.

sín·te·sis [síntesis] *n/f* synthesis. **sin·té·ti·co/a** [sintétiko/a] *adj* synthetic. **sin·te·ti·zar** [sintetiθár] *v* (*sintetice*) **1**. *gen* to synthesize. **2**. to sum up (*resumir*).

sin·toís·mo [sintoísmo] *n/m* shinto(ism).

sín·to·ma [síntoma] *n/m* MED FIG symptom. **sin·to·má·ti·co/a** [sintomátiko/a] *adj* MED FIG symptomatic. **sin·to·ma·to·lo·gía** [sintomatoloxía] *n/f* MED symptomatology.

sin·to·nía [sintonía] *n/f* **1**. ELECTR syntony (*acto*). **2**. tuning (*radio*). **3**. MÚS signature tune. **sin·to·ni·za·ción** [sintoniθaθjón] *n/f* tuning (*radio*). **sin·to·ni·za·dor** [sintoniθaðór] *n/m* tuner, tuning knob (*radio*). **sin·to·ni·zar** [sintoniθár] *v* (*sintonicé*) **1**. ELECTR to syntonize. **2**. (~ **con**) to tune (to) (*radio*). **3**. (~ **con**) FIG to be on the same wavelength (as).

si·nuo·si·dad [sinwosiðáð] *n/f* **1**. *gen* sinuosity, waviness. **2**. bend, curve (*camino*). **3**. FIG deviousness. **si·nuo·so/a** [sinwóso/a] *adj* **1**. winding, twisting (*camino*). **2**. wavy (*línea*). **3**. FIG devious.

si·nu·si·tis [sinusítis] *n/f* MED sinusitis.

sin·ver·güen·za [simberγwénθa] **I**. *adj* **1**. brazen, shameless (*granuja*). **2**. cheeky (*descarado*) **II**. *n/m,f* **1**. scoundrel, villain (*estafador*, etc). **2**. cheeky blighter, rascal (*descarado*).

sio·nis·mo [sjonísmo] *n/m* Zionism. **sio·nis·ta** [sjonísta] *adj, n/m,f* Zionist.

si·quía·tra, **si·quia·tra** [sikíatra/sikjátra] *n/m* MED psychiatrist. **si·quia·tría** [sikjatría] *n/f* MED psychiatry. **sí·qui·co/a** [síkiko/a] *adj* psychic.

si·quie·ra [sikjéra] **I**. *conj* even if, even though. **II**. *adv* at least (*por lo menos*). LOC **Ni** ~, not even.

si·re·na [siréna] *n/f* **1**. MIT siren, mermaid. **2**. siren (*aviso acústico*).

sir·ga [sírγa] *n/f* NÁUT towrope.

si·ri·mi·ri [sirimíri] *n/m* drizzle.

si·rio/a [sírjo] *adj, n/m,f* Syrian.

si·ro·co [siróko] *n/m* sirocco.

sir·vien·te/a [sirβjénte/a] **I**. *adj* serving. **II**. *n/m* **1**. servant (*criado*). **2**. waiter (*café*). **III**. *n/f* servant, maid.

si·sa [sísa] *n/f* **1**. pilfering, petty theft (*robo*). **2**. dart (*vestido*). **3**. armhole (*manga*). **si·sar** [sisár] *v* **1**. to pilfer, filch (*compras*). **2**. to take in (*vestido*).

si·se·ar [siseár] *v* to hiss. **si·seo** [siséo] *n/m* hiss(ing).

sís·mi·co/a [sísmiko/a] *adj* seismic. **sis·mo** [sísmo] *n/m* earthquake. **sis·mó·gra·fo** [sismóɣrafo] *n/m* seismograph. **sis·mo·lo·gía** [sismoloxía] *n/f* seismology.

sis·te·ma [sistéma] *n/m* **1**. *gen* system. **2**. method (*método*). LOC **Hacer algo por ~**, to do sth as a rule, make it a rule to do sth. **sis·te·má·ti·co/a** [sistemátiko/a] *adj* systematic. **sis·te·ma·ti·za·ción** [sistematiθaθjón] *n/f* systematization. **sis·te·ma·ti·zar** [sistematiθár] *v* (*sistematice*) to systematize.

sís·to·le [sístole] *n/f* ANAT systole.

sis·tro [sístro] *n/m* MÚS sistrum.

si·tial [sitjál] *n/m* seat of honour.

si·tiar [sitjár] *v* to besiege. **si·tio** [sítjo] *n/m* **1**. room, space (*espacio*). **2**. place, location (*lugar*). **3**. MIL siege. **si·to/a** [síto/a] *adj* situated, located.

si·tua·ción [sitwaθjón] *n/f* **1**. *gen* situation, position. **2**. position, standing (*status*). **si·tuar** [sitwár] **I**. *v* (*sitúo*) **1**. *gen* to place, put, set. **2**. to locate, situate (*edificio*). **II**. *Refl (-se)* **(~ en)** to get a position (in).

sketch [(e)skétʃ] *n/m* sketch (*dibujo*).

S.L. *abrev* of *Sociedad Limitada*, Ltd. (Company).

slo·gan [(e)slóɣan] *n/m* slogan.

S.M., SS. MM. *abrev* of *Su Majestad, Sus Majestades pl*, His/Her Majesty (HM).

smo·king [(e)smókiŋ] *n/m* Br dinner jacket, US tuxedo.

s/n *abrev* of *Sin número*, no street number.

snob [(e)snób] **I**. *adj* **1**. snobbish (*persona*). **2**. FAM posh, swish (*coche, etc.*). **II**. *n/m,f* snob. **sno·bis·mo** [(e)snoβísmo] *n/m* snobbery, snobbishness.

so [só] **I**. *prep* under. **II**. *n/m* you...: *¡So burro!*, You idiot! **III**. *int* whoa!

so·ba [sóβa] *n/f* **1**. mauling (*maltrato*). **2**. kneading (*masa*). **3**. FAM fondling, PEY pawing (*caricia*). **4**. FAM walloping (*paliza*).

so·ba·co [soβáko] *n/m* ANAT armpit.

so·ba·do/a [soβáðo/a] *adj* **1**. worn, shabby (*ropa*). **2**. dog-eared (*libro*). **3**. FIG well-worn.

so·ba·que·ra [soβakéra] *n/f* **1**. armhole (*abertura*). **2**. dress shield (*vestido*). **3**. shoulder holster (*pistola*). **4**. sweat stain under the arm (*sudor*). **so·ba·qui·na** [soβakína] *n/f* underarm odour.

so·bar [soβár] *v* **1**. to handle clumsily, dirty (*tela, etc.*). **2**. to crumple, mess up (*ropa*). **3**. FAM PEY to paw, grope (*acariciar*). **4**. FAM to wallop (*paliza*).

so·be·ra·nía [soβeranía] *n/f* sovereignty. **so·be·ra·no/a** [soβeráno/a] **I**. *adj* **1**. sovereign (*política*). **2**. FIG supreme. **3**. FAM king-sized. **II**. *n/m,f* **1**. sovereign. **2**. *pl* king and queen, royal couple.

so·ber·bia [soβérβja] *n/f* **1**. pride. **2**. arrogance. **so·ber·bio/a** [soβérβjo/a] *adj* **1**. proud (*orgulloso*). **2**. haughty (*altivo*). **3**. superb (*magnífico*). **4**. FAM FIG really good (*paliza*).

so·bo [sóβo] *n/m* V. **soba**. **so·bón/na** [soβón/na] **I**. *adj* FAM too free with one's hands, randy. **II**. *n/m,f* FAM groper.

so·bor·na·ble [soβornáβle] *adj* bribable, venal. **so·bor·nar** [soβornár] *v* to bribe, suborn. **so·bor·no** [soβórno] *n/m* **1**. bribery (*acto*). **2**. bribe (*dinero*).

so·bra [sóβra] **I**. *n/f* surplus, excess. **II**. *pl* leftovers. LOC **De ~(s)**, more than enough, spare. **so·bra·do/a** [soβráðo/a] **I**. *adj* **1**. more than enough (*exceso*). **2**. **(~ de)** plenty (of) **II**. *adv* too (*demasiado*). **so·bran·te** [soβrạ́nte] *adj, n/m* surplus. **so·brar** [soβrár] *v* **1**. to be left over (*quedar*). **2**. to be more than enough (*exceso*). **3**. not to be needed (*persona*). **4**. to be in the way (*estorbar*).

so·bra·sa·da, so·bre·a·sa·da [soβrasáða/soβreasáða] *n/f* Majorcan sausage.

so·bre [sóβre] **I**. *n/m* envelope. **II**. *prep* **1**. on, upon (*lugar*). **2**. on top of (*encima de*). **3**. over, above (*por encima de*). **4**. about: *Sobre las cuatro*, About four o'clock. *Hablaba sobre política*, He was talking about politics. **5**. over and above (*cantidades*). **6**. out of: *Seis sobre diez*, Six out of ten. **7**. upon: *Insulto sobre insulto*, Insult upon insult.

so·bre·a·bun·dan·cia [soβreaβuṇdáṇθja] *n/f* superabundance, overabundance. **so·bre·a·bun·dar** [soβreaβuṇdár] *v* to superabound. **so·bre·a·li·men·ta·ción** [soβrealimeṇtaθjón] *n/f* **1**. overfeeding. **2**. TÉC supercharging. **so·bre·a·li·men·tar** [soβrealimeṇtár] *v* **1**. to overfeed. **2**. TÉC to supercharge. **so·bre·ca·ma** [soβrekáma] *n/f* bedspread. **so·bre·car·ga** [soβrekárɣa] *n/f* **1**. overload (*peso*). **2**. COM surcharge. **so·bre·car·gar** [soβrekarɣár] *v* **1**. to overload (*peso*). **2**. COM to surcharge. **so·bre·car·go** [soβrekárɣo] *n/m* NÁUT purser, supercargo. **so·bre·co·ge·dor/ra** [soβrekoxeðór/ra] *adj* startling, frightening. **so·bre·co·ger** [soβrekoxér] **I**. *v* **1**. to startle, take by surprise (*sobresaltar*). **2**. to scare (*asustar*). **II**. *Refl(-se)* **1**. **(~de)** to start (at), be startled (at, by) (*sobresalto*). **2**. to take fright (*asustarse*). **3**. **(~ de)** to be overcome (with) (*emoción*). **4**. to be overawed (*impresionarse*). **so·bre·cu·bier·ta** [soβrekuβjérta] *n/f* dust cover. **so·bre·do·sis** [soβreðósis] *n/m* overdose. **so·bre·en·ten·der, so·bren·ten·der** [soβr(e)enteṇdér] *v* (*sobr(e)entiendo*) **1**. to understand (*comprender*). **2**. to deduce, infer (*deducir*). **so·bre·ex·ci·ta·ción, so·brex·ci·ta·ción** [soβre(e)(k)siθitaθjón] *n/f* overexcitement. **so·bre·ex·ci·tar, so·brex·ci· tar** [soβre(e)(k)sθitár] **I**. *v* to overexcite. **II**. *Refl (-se)* to get overexcited. **so·bre·fal·da** [soβrefál̦da] *n/f* overskirt. **so·bre·fu·sión** [soβrefusjón] *n/f* QUÍM supercooling. **so·bre·hi·la·do** [soβreiláðo] *n/m* whipstitching. **so·bre·hi·lar** [soβreilár] *v* to whipstitch. **so·bre·hu·ma·no/a** [soβreumáno/a] *adj* superhuman. **so·bre·im·pre·sión** [soβreiṃpresjón] *n/f* superimposition. **so·bre·lle·var** [soβreʎeβár] *v* to endure, bear. **so·bre·ma·ne·ra** [soβremanéra] *adv* exceedingly, excessively. **so·bre·me·sa** [soβremésa] *n/f* **1**. afternoon, after lunch (*hora*). **2**. desktop (*mueble*). LOC **Estar**

de ~, to be sitting round the table after lunch/dinner. Ordenador de ~, desktop computer. **Programa de** ~, afternoon programme (*TV*) **so·bre·na·dar** [soβrenaðár] *v* to float. **so·bre·na·tu·ral** [soβrenaturál] *adj* supernatural. **so·bre·nom·bre** [soβrenómbre] *n/m* nickname. **so·bre·pa·ga** [soβrepáγa] *n/f* bonus. **so·bre·par·to** [soβrepárto] *n/m* postnatal confinement. **so·bre·pa·sar** [soβrepasár] *v* **1**. *gen* to surpass, exceed. **2**. to exceed (*límites*): *Sobrepasarse alguien en algo*, To go too far. **3**. DEP to beat. **4**. AER to overshoot. **so·bre·pe·lliz** [soβrepeʎíθ] *n/f* REL surplice. **so·bre·po·ner** [soβreponér] **I**. *v* (*sobrepongo, sobrepuse, sobrepondré, sobrepuesto*) **1**. (**~ en**) to superimpose (on), put on top (of) (*objeto*). **2**. to give preference to (*persona*). **II**. *Refl(-se)* **1**. to pull oneself together. **2**. (**~ a**) to overcome (*adversidad*). **so·bre·pre·cio** [soβrepréθjo] *n/m* surcharge. **so·bre·pro·duc·ción** [soβreproðukθjón] *n/f* overproduction. **so·bre·pu·jar** [soβrepuxár] *v* (**~ en**) to surpass (in). **so·bre·sa·lien·te** [soβresaljénte] **I**. *adj* **1**. ARQ projecting, overhanging. **2**. FIG outstanding. **3**. first class (*universidad*). **II**. *n/m* first class mark, distinction. **so·bre·sa·lir** [soβresalír] *v* (*sobresalgo, sobresaldré*) **1**. ARQ to project, jut out, overhang. **2**. (**~ en, por, entre, de**) FIG to stand out (in, because of, among, from), excel (in, among). **so·bre·sal·tar** [soβresaltár] **I**. *v* to startle, make (sb) jump. **II**. *Refl (-se)* to be startled. **so·bre·sal·to** [soβresálto] *n/m* **1**. start (*sorpresa*). **2**. fright (*susto*). **so·bre·se·er** [soβreseér] *v* (*sobreseyó, sobreseyera*) JUR to stay, dismiss. **so·bre·sei·mien·to** [soβreseimjénto] *n/m* JUR stay, dismissal. **so·bres·tan·te** [soβrestánte] *n/m* foreman. **so·bres·ti·mar** [soβrestimár] *v* to overestimate. **so·bre·suel·do** [soβreswéndo] *n/m* bonus. **so·bre·sue·lo** [soβreswélo] *n/m* floorcovering. **so·bre·ta·sa** [soβretása] *n/f* surcharge. **so·bre·to·do** [soβretóðo] *n/m* overcoat. **so·bre·ve·nir** [soβreβenír] *v* (*sobrevengo* (*sobreviene*), *sobrevino, sobrevendrá*) to happen (unexpectedly), befall. **so·bre·vi·vien·te** [soβreβiβjénte] **I**. *adj* surviving. **II**. *n/m,f* survivor. **so·bre·vi·vir** [soβreβiβír] *v* to survive. **so·bre·vo·lar** [soβreβolár] *v* to overfly, fly over.

so·brie·dad [soβrjeðáð] *n/f* soberness, restraint, sobriety.

so·bri·no/a [soβríno/a] **I**. *n/m* nephew. **II**. *n/f* niece.

so·brio/a [sóβrjo/a] *adj* **1**. sober (*carácter, estilo, color*). **2**. moderate, restrained (*manera*). **3**. light (*comida*).

so·cai·re [sokáire] *n/m* NÁUT lee. LOC **Al** ~, NÁUT leeward. **Al ~ de**, FIG with the protection of, using ... as an excuse.

so·ca·li·ña [sokalíɲa] *n/f* cunning.

so·ca·pa [sokápa] *n/f* pretext, FAM dodge.

so·ca·rrar [sokarrarár] *v*, *v/Refl(-se)* to scorch, singe.

so·ca·rrón/na [sokarrón/na] *adj* **1**. sarcastic, ironic (*sarcástico*). **2**. crafty, cunning (*taimado*). **so·ca·rro·ne·ría** [sokarronería] *n/f* **1**. sarcasm, irony (*sarcasmo*). **2**. craftiness, cunning (*astucia*).

so·ca·var [sokaβár] *v gen* FIG to undermine. **so·ca·vón** [sokaβón] *n/m* **1**. cave-in, subsidence (*hundimiento*). **2**. gallery, tunnel (*mina*).

so·cia·bi·li·dad [soθjaβiliðáð] *n/f* sociability, friendliness. **so·cia·ble** [soθjáβle] *adj* sociable, gregarious. **so·cial** [soθjál] *adj* **1**. *gen* social. **2**. COM company('s). **so·cial·de·mo·cra·cia** [soθjalðemokráθja] *n/f* social democracy. **so·cial·de·mó·cra·ta** [soθjalðemóθkrata] **I**. *adj* social democratic. **II**. *n/m,f* social democrat. **so·cia·lis·mo** [soθjalísmo] *n/m* socialism. **so·cia·lis·ta** [soθjalísta] *adj, n/m,f* socialist. **so·cia·li·za·ción** [soθjaliθaθjón] *n/f* nationalization. **so·cia·li·zar** [soθjaliθár] *v* (*socialice*) to nationalize. **so·cie·dad** [soθjeðáð] *n/f* **1**. *gen* society. **2**. society, association (*grupo*). **3**. COM company. **so·cio/a** [sóθjo/a] *n/m,f* **1**. member (*club*). **2**. COM partner. **3**. FAM buddy, partner. **so·cio·lin·güís·ti·ca** [soθjoliŋγwístika] *n/f* sociolinguistics. **so·cio·lo·gía** [soθjoloxía] *n/f* sociology. **so·cio·ló·gi·co/a** [soθjolóxiko/a] *adj* sociological. **so·ció·lo·go/a** [soθjóloγo/a] *n/m,f* sociologist.

so·co·rrer [sokorrér] *v* **1**. to help, come to the assistance of (*persona*). **2**. to relieve (*ciudad*). **so·co·rri·do/a** [sokorríðo/a] *adj* **1**. helpful, co-operative (*persona*). **2**. handy (*útil*). **3**. well-stocked (*tienda*). **4**. FIG hackneyed (*tema*). **so·co·rris·mo** [sokorrísmo] *n/m* **1**. first aid. **2**. life-saving (*piscina*). **so·co·rris·ta** [sokorrísta] *n/m,f* **1**. person trained in first aid. **2**. life-guard, life-saver (*piscina*). **so·co·rro** [sokórro] *n/m* **1**. help, aid. **2**. MIL relief. LOC **¡~!**, help!

so·crá·ti·co/a [sokrátiko/a] *adj* Socratic.

so·da [sóða] *n/f* soda (water).

só·di·co/a [sóðiko/a] *adj* QUÍM (of) sodium. **so·dio** [sóðjo] *n/m* QUÍM sodium.

so·do·mía [soðomía] *n/f* sodomy. **so·do·mi·ta** [soðomíta] *adj, n/m* sodomite.

so·ez [soéθ] *adj* dirty, rude.

so·fá [sofá] *n/m* sofa, settee.

so·fión [sofjón] *n/m* sharp rebuke.

so·fis·ma [sofísma] *n/m* sophism. **so·fis·ta** [sofísta] **I**. *adj* sophistic. **II**. *n/m,f* sophist. **so·fis·ti·ca·ción** [sofistikaθjón] *n/f* **1**. sophistication. **2**. PEY affectation. **so·fis·ti·ca·do/a** [sofistikáðo/a] *adj* **1**. sophisticated. **2**. PEY affected. **so·fis·ti·car** [sofistikár] *v* (*sofistiquen*) to sophisticate.

so·fla·ma [sofláma] *n/f* fiery speech. **so·fla·mar** [soflamár] *v* **1**. to cajole, deceive with words (*engañar*). **2**. to make (sb) blush, embarrass (*sonrojar*). **3**. to scorch (*fuego*).

so·fo·ca·ción [sofokaθjón] *n/f* **1**. suffocation (*pérdida del aliento*). **2**. choking sensation (*ahogo*). **3**. FIG suppression (*rebelión*). **4**. FIG hushing up (*escándalo*). **5**. blushing (*sonrojo*). **so·fo·can·te** [sofokánte] *adj* **1**. suffocating (*humo*, etc). **2**. stifling, suffocating (*calor*). **3**. stuffy (*atmósfera*). **so·fo·car** [sofokár] **I**. *v* (*sofoquen*) **1**. to suffocate, stifle. **2**. to put out, smother (*incendio*). **3**. FIG to stifle, suppress (*rebelión*). **4**. FIG to make (sb) blush (*sonrojar*). **II**. *Refl(-se)* **1**. to suffocate, stifle (*por el calor*). **2**. to get out of breath. **3**. to choke (*atragantarse*). **4**. FIG to blush. **5**. FIG to get angry, get upset (*irritarse*). **so·fo·co** [sofóko] *n/m* **1**. choking sensation (*ahogo*). **2**. embarrassment (*vergüenza*). **3**. anger, feeling of indignation (*ira*). **so·fo·cón** [sofokón] *n/m* FAM (nasty) shock.

so·freír [sofreír] *v* (*sofrío*) to fry lightly. **so·fri·to/a** [sofríto/a] **I**. pp of *sofreír* **II**. *n/m* sauce made of fried onions and tomato.

so·ga [sóɣa] *n/f* rope, cord.

so·ja [sóxa] *n/f* BOT soya (bean).

so·juz·gar [soxuθɣár] *v* (*sojuzguen*) to subjugate.

sol [sól] *n/m* **1**. ASTR sun. **2**. sun (light), sunshine (*luz*). **3**. TAUR seats in the sun. **4**. sol (*moneda*). **5**. FIG darling. **6**. MÚS sol. G. LOC **De ~ a ~**, from sunrise to sunset. **No dejar a uno ni a ~ ni a sombra**, to hound sb, drive sb from pillar to post. **Tomar el ~**, to bask in the sun (*tumbado/a*), take the sun.

so·la·men·te [solamente] *adv* only, solely. **~ que**, except that.

so·la·na [solána] *n/f* **1**. sunny spot (*lugar*). **2**. sun lounge (*cuarto*).

so·la·no [soláno] *n/m* **1**. east wind. **2**. BOT nightshade.

so·la·pa [solápa] *n/f* **1**. lapel (*de chaqueta*). **2**. flap. **so·la·pa·do/a** [solapáðo/a] *adj* FIG sly, underhand. **so·la·par** [solapár] *v* **1**. to overlap. **2**. FIG to hide, keep dark.

so·lar [solár] **I**. *adj* solar, sun. **II**. *n/m* ARQ building plot, site. **III**. *v* to floor (*solería*). **so·la·rie·go/a** [solarjéɣo/a] *adj* **1**. ancestral (*casa*) **2**. ancient and noble (*familia*).

so·la·rio, **so·la·rium** [solárjo/solárjum] *n/m* solarium.

so·laz [soláθ] *n/m* **1**. relaxation, recreation. **2**. solace (*consuelo*). **so·la·zar** [solaθár] **I**. *v* (*solace*) **1**. to give relaxation to, amuse. **2**. to solace, comfort (*consolar*). **II**. *Refl(-se)* to relax, enjoy onself.

sol·da·da [soldáða] *n/f* MIL service pay. **sol·da·des·co/a** [soldaðésko/a] **I**. *adj* **1**. PEY barrack-room. **2**. soldierly. **II**. *n/f* **1**. soldiering (*profesión*). **2**. PEY brutal and licentious soldiery. **sol·da·do** [soldáðo] *n/m* soldier.

sol·da·dor/ra [soldaðór/ra] **I**. *adj* **1**. ELECTR soldering. **2**. TÉC welding. **II**. *n/m,f* welder (*persona*). **III**. *n/m* ELECTR soldering iron. **sol·da·du·ra** [soldaðúra] *n/f* **1**. solder (*sustancia*). **2**. ELECTR soldering (*acto*). **3**. TÉC welding (*acto*). **4**. ELECTR soldered joint (*juntura*). **5**. TÉC welded seam (*juntura*). **sol·dar** [soldár] **I**. *v* (*sueldo*) **1**. ELECTR to solder. **2**. TÉC to weld. **II**. *Refl(-se)* **1**. ELECTR to be soldered. **2**. TÉC to be welded. **3**. MED to knit together (*huesos*).

so·lea·mien·to [soleamjénto] *n/m* exposure to the sun. **so·le·ar** [soleár] *v* to put in the sun, expose to the sun.

so·le·cis·mo [soleθísmo] *n/m* solecism.

so·le·dad [soleðáð] *n/f* **1**. loneliness (*aislamiento*). **2**. solitude (*estado*). **3**. grieving (*tristeza*). **4**. *pl* remote and lonely place.

so·lem·ne [solémne] *adj* **1**. solemn (*serio*). **2**. dignified (*ceremonioso*). **3**. FIG FAM downright (*disparate, mentira*). **4**. FIG FAM terrible (*error*). **so·lem·ni·dad** [solemniðáð] *n/f* solemnity. LOC **Los pobres de ~**, the utterly destitute. **so·lem·ni·zar** [solemniθár] *v* (*solemnice*) to solemnize, commemorate.

so·le·noi·de [solenóiðe] *n/m* FÍS solenoid.

so·ler [solér] *v* (*suelo*) **1**. to usually (do, etc), to be in the habit of: *Suele venir los jueves*, He usually comes on Thursdays. **2**. to tend to, to be wont to, to be ... usually/often/frequently: *Los alemanes suelen ser eficientes*, Germans are usually efficient/tend to be efficient. **3**. He/she... used to (*pasado*): *Solía ganar siempre*, He always used to win.

so·le·ra [soléra] *n/f* **1**. prop (*puntal*). **2**. flat stone base, plinth (*piedra*). **3**. tradition(s) (*carácter*).

sol·fa [sólfa] *n/f* **1**. MÚS solfa, solfeggio. **2**. MÚS musical notation (*signos*).

sol·fa·ta·ra [solfatára] *n/f* GEOL solfatara.

sol·fe·ar [solfeár] *v* MÚS to solfa. **sol·feo** [solféo] *n/m* MÚS solfeggio.

so·li·ci·ta·ción [soliθitaθjón] *n/f* request(ing). **so·li·ci·tar** [soliθitár] *v* **1**. to request (*cosa*). **2**. to apply for (*puesto*). **3**. to canvass (*votos*). **4**. to attract (*atención*). **so·lí·ci·to/a** [solíθito/a] *adj* **(~ con, para con, en)** diligent, careful, solicitous (with, towards, in). **so·li·ci·tud** [soliθitúð] *n/f* **1**. concern, care (*actitud*). **2**. request (*petición*). **3**. application (*puesto*). **4**. application form (*impreso*).

so·li·da·ri·dad [soliðariðáð] *n/f* solidarity. **so·li·da·rio/a** [soliðárjo/a] *adj* **1**. JUR jointly liable. **2**. mutually binding (*obligación*). LOC **Ser ~**, FIG to stick together (*simpatizantes*). **so·li·da·ri·zar** [soliðariθár] **I**. *v* (*solidarice*) JUR to make jointly responsible. **II**. *Refl(-se)* to make common cause, support; FIG to stick together.

so·li·deo [soliðéo] *n/m* REL skullcap.

so·li·dez [soliðéθ] *n/f* solidity, hardness. **so·li·di·fi·ca·ción** [soliðifikaθjón] *n/f* solidification, hardening. **so·li·di·fi·car** [soliðifikár] *v*, *v/Refl(-se)* (*solidifique*) to solidify, harden. **só·li·do/a** [sóliðo/a] **I**. *adj* **1**. *gen* MAT FÍS solid. **2**. hard (*duro*). **3**. TÉC solidly made, well built, strong. **4**. fast (*color*). **5**. FIG solid, sound, firm. **II**. *n/m* solid.

so·li·lo·quio [solilókjo] *n/m* soliloquy.

so·lio [sóljo] *n/m* throne.

so·lis·ta [solísta] *n/m,f* soloist.

so·li·ta·rio/a [solitárjo/a] **I**. *adj* **1**. lonely, solitary (*persona*). **2**. lonely, desolate, deserted (*lugar*). **II**. *n/m,f* recluse, hermit, solitary person. **III**. *n/m* **1**. solitaire (*diamante*). **2**. patience, solitaire (*naipes*). **IV**. *n/f* ZOOL tapeworm.

so·li·vian·tar [solißjantár] *v* **1**. to rouse, stir up (*rebeldía*). **2**. to irritate.

só·lo [sólo] *adv* only, solely, merely. **so·lo/a** [sólo/a] **I**. *adj* **1**. single, sole (*único*). **2**. alone, on one's own. **II**. *n/m* MÚS solo. LOC **A solas**, alone, by oneself.

so·lo·mi·llo [solomíʎo] *n/m* **1**. sirloin (*ternera*). **2**. loin (*cerdo*).

sols·ti·cio [solstíθjo] *n/m* solstice.

sol·tar [soḷtár] **I**. *v* (*suelto*) **1**. to let go of, drop (*de la mano*). **2**. to untie, unfasten (*desatar*). **3**. to loosen, slacken (*aflojar*). **4**. to release, set free (*preso*). **5**. to let out, turn loose (*animal*). **6**. to give off (*humo*, etc). **7**. to let out (*carcajada*). **8**. to blurt out (*secreto*, etc). **9**. NÁUT to cast off. **10**. to solve (*problema*). **11**. to let (sb) have (*golpe*). **12**. to hurl (*insultos*). **II**. *Refl(-se)* **1**. to get loose, break loose (*perro*, etc) **2**. to come undone (*nudo*, etc). **3**. to work loose (*aflojarse*). **4**. **(~ en)** to become expert (in), get the knack (of). **5**. **(~ a + *inf*)** to begin to + *inf*. **6**. **(~ con)** to start (with) (*insultos*). LOC **~se la lengua**, to become very talkative.

sol·te·ría [soḷtería] *n/f* **1**. *gen* unmarried state. **2**. bachelorhood (*hombre*). **3**. PEY spinsterhood (*mujer*). **sol·te·ro/a** [soḷtéro/a] **I**. *adj* single, unmarried. **II**. *n/m* bachelor. **III**. *n/f* **1**. unmarried woman, single girl. **2**. PEY spinster. **sol·te·rón/na** [soḷterón/na] **I**. *n/m* confirmed bachelor. **II**. *n/f* **1**. older unmarried woman. **2**. PEY old maid, spinster.

sol·tu·ra [soḷtúra] *n/f* **1**. looseness (*nudo*). **2**. agility, spryness (*movimiento*). **3**. fluency (*habla*). **4**. PEY shamelessness. **5**. MED looseness (*vientre*).

so·lu·bi·li·dad [solußiliðáð] *n/f* solubility. **so·lu·ble** [solúßle] *adj* **1**. soluble (*en líquido*). **2**. solvable (*problema*). **so·lu·ción** [soluθjón] *n/f gen* QUÍM solution. **so·lu·cio·nar** [soluθjonár] *v* to (re)solve.

sol·ven·cia [solßéṇθja] *n/f* **1**. COM solvency (*estado*). **2**. COM payment, settlement (*deuda*). **3**. FIG reliability, trustworthiness. **sol·ven·tar** [solßeṇtár] *v* **1**. to (re)solve (*dificultad*). **2**. COM to settle, pay (*deuda*). **sol·ven·te** [solßéṇte] *adj* **1**. COM solvent. **2**. FIG reliable, trustworthy.

so·llo·zar [soʎoθár] *v* (*solloce*) to sob. **so·llo·zo** [soʎóθo] *n/m* **1**. sob. **2**. *pl* sobbing, sobs.

so·ma [sóma] *n/m* soma.

so·ma·tén [somatén] *n/m* **1**. (Catalonian) militia. **2**. alarm (*rebato*).

so·má·ti·co/a [somátiko/a] *adj* MED somatic.

som·bra [sómḅra] *n/f* **1**. shade: *La sombra de un árbol*, The shade of a tree. **2**. shadow (*silueta*). **3**. dark(ness), shadows (*oscuridad*). **4**. ART shaded area, dark part. **5**. FIG shadow (*de dudas*). **6**. *pl* FIG gloom (*pesimismo*), ignorance (*ignorancia*). **7**. shade, ghost (*fantasma*). **8**. shadow, trace, hint (*muestra*). **9**. luck (*suerte*). LOC **A la ~ de**, 1. in the shade of. 2. FIG under the protection of. **Hacer ~ a uno**, FIG to put sb in the shade. **Ni por ~**, (not) in the least. **Tener mala ~**, 1. to be unlucky (*tener mala suerte*). 2. to be a jinx (*tener gafe*). 3. to be unpleasant (*ser antipático*). **som·bra·jo**, **som·bra·je** [somḅráxo/somḅráxe] *n/m* shelter from the sun. **som·bre·ado** [somḅreáðo/a] *n/m* ART shading. **som·bre·ar** [somḅreár] *v* **1**. ART to shade. **2**. to cast a shadow upon.

som·bre·re·ría [somḅrerería] *n/f* **1**. millinery, hats (*conjunto*). **2**. hat shop, milliner's (*tienda*). **som·bre·ro** [somḅréro] *n/m* **1**. hat. **2**. BOT cap. LOC **~ de copa**, top hat. **~ de tres picos**, three-cornered hat. **~ hongo**, derby, bowler hat.

som·bri·lla [somḅríʎa] *n/f* sunshade, parasol.

som·brío/a [somḅrío/a] *adj* **1**. sombre, dark, gloomy (*lugares*). **2**. gloomy, miserable (*personas*).

so·me·ro/a [soméro/a] *adj* superficial, shallow.

so·me·ter [sometér] **I**. *v* **1**. to subdue. **2**. **(~ a)** to subject (to). **3**. **(~ a)** to put (to) (*voto*). **4**. to submit, send in (*informe*, etc). **II**. *Refl(-se)* **1**. to submit, surrender (*lucha*). **2**. **(~ a)** to undergo (*operación*, etc). **3**. **(~ a)** to abide (by), bow (to) (*decisiones*, etc). **so·me·ti·mien·to** [sometimjéṇto] *n/m* **1**. submission, submissiveness, subjection (*persona*). **2**. submission, presentation (*informe*, etc).

so·mier [somjér] *n/m* box spring.

som·ní·fe·ro [so(m)nífero] *n/m* sleeping pill. **som·no·len·cia** [so(m)noléṇθja] *n/f* sleepiness, drowsiness.

son [són] *n/m* **1**. (pleasing) sound (*sonido*). **2**. manner, way (*modo*). LOC **En ~ de**, *gen* in a... tone/mood. **Sin ton ni ~**, without rhyme or reason. **Venir en ~ de paz**, to come in peace. **so·na·do/a** [sonáðo/a] *adj* famous, talked-about. LOC **Estar ~**, *1*. to be punch-drunk (*boxeo*). *2*. to be crackers (*loco*).

so·na·ja [sonáxa] *n/f* little bell, jingling disc. **so·na·je·ro** [sonaxéro] *n/m* (baby's) rattle.

so·nam·bu·lis·mo [sonamḅulísmo] *n/m* sleep-walking, somnambulism. **so·nám·bu·lo/a** [sonámḅulo/a] **I**. *adj* somnambulant. **II**. *n/m,f* sleep-walker, somnambulist.

so·nan·te [sonáṇte] *adj* audible, making a sound. LOC **(Dinero) contante y ~**, cash. **so·nar** [sonár] **I**. *v* (*sueno*) **1**. *gen* to sound, make a noise. **2**. to ring (*campana*). **3**. to blow, play (*trompeta*). **4**. to blow (*narices*). **5**. to chime (*reloj*). **6**. GRAM to be pronounced, be sounded. **7**. **(~ a)** FIG to sound: *Suena a falso*, It sounds untrue. **8**. to be talked of, be in the news (*mencionarse*). **9**. FIG FAM to be familiar, ring a bell. **10**. to rumble (*tripas*). **11**. to strike (*hora*). **II**. *Refl (-se)* to blow one's nose. **III**. *impers* to be rumoured. LOC **Así como suena/Tal como suena**, just like I'm telling you.

so·na·ta [sonáta] *n/f* MÚS sonata. **so·na·ti·na** [sonatína] *n/f* MÚS sonatina.

son·da [sóṇda] *n/f* **1**. NÁUT sounding (*acto*), lead (*instrumento*). **2**. MED AER probe. **3**. drill, bore (*minería*). **son·dar** [soṇdár] *v* **1**. NÁUT to sound, take soundings. **2**. MED to probe. **son·de·ar** [soṇdeár] *v* **1**. to drill, bore (*minería*). **2**. FIG to sound (out), explore (*opiniones, terreno*). **son·deo** [soṇdéo] *n/m* **1**. NÁUT sounding. **2**. MED probing. **3**. drilling, boring (*minería*). **4**. FIG opinion poll (*encuesta*). **5**. FIG feeler, overture (*política*, etc).

so·ne·to [sonéto] *n/m* sonnet.

só·ni·co/a [sóniko/a] *adj* sound, sonic. **so·ni·do** [soníðo] *n/m* **1**. *gen* sound. **2**. noise (*ruido*). **so·ni·que·te** [sonikéte] *n/m* V. **sonsonete**. **so·no·ri·dad** [sonoriðáð] *n/f* sonority, sonorousness. **so·no·ri·za·ción** [sonoriθaθjón] *n/f* GRAM voicing. **so·no·ri·zar** [sonoriθár] *v* (*sonorice*) GRAM to voice. **so·no·ro/a** [sonóro/a] *adj* **1**. sonorous (*agradable*). **2**. loud, resounding (*fuerte*). **3**. rich (*voz*). **4**. LIN voiced. **5**. sound (*banda, efectos*).

son·reír [sonrreír] *v*, *v/Refl(-se)* (*sonrío*) to smile. **son·rien·te** [sonrrjéṇte] *adj* smiling. **son·ri·sa** [sonrrísa] *n/f* smile.

son·ro·jar [sonrroxár] **I**. *v* to embarrass, make (sb) blush. **II**. *Refl(-se)* **(~ de)** to blush (at), go red. **son·ro·jo** [sonrróxo] *n/m* blush(ing).

son·ro·sa·do/a [sonrrosáðo/a] *adj* pink, rosy.

son·sa·car [sonsakár] *v* (*sonsaque*) **1**. **(~ de)** to wheedle (out of), worm (out of) (*persuasión*). **2**. to get (sth) by cunning (*obtener*). **3**. FIG to pump (*persona*).

son·so·ne·te [sonsonéte] *n/m* **1**. insistent tapping, drumming (*sonido molesto*). **2**. monotonous tone, singsong (*voz*). **3**. jingle (*rima*). **4**. mocking tone (*desprecio*).

so·ña·dor/ra [soɲaðór/ra] **I**. *adj* dreamy. **II**. *n/m,f* dreamer. **so·ñar** [soɲár] *v* (*sueño*) **(~ con)** to dream (about, of). LOC **Ni ~lo**, not likely! **~ despierto**, to (day)dream. **~ con los angelitos**, to have sweet dreams. **so·ña·rre·ra** [soɲarréra] *n/f* **1**. deep sleep (*dormido*). **2**. drowsiness, sleepiness (*ganas*). **so·ño·lien·to/a** [soɲoljéṇto/a] *adj* sleepy, drowsy.

so·pa [sópa] *n/f* **1**. soup (*caldo*). **2**. sop. LOC **Comer la ~ boba**, to live off others, be a scrounger. **Como una ~/Hecho una ~**, wet through.

so·pa·po [sopápo] *n/m* smack in the face.

so·pe·ro/a [sopéro/a] **I**. *adj* **1**. soup (*plato*). **2**. fond of soup (*persona*). **II**. *n/m* soup bowl. **III**. *n/f* soup tureen.

so·pe·sar [sopesár] *v* **1**. to test the weight of. **2**. FIG to weigh up.

so·pe·tón [sopetón] *n/m* FAM slap, whack. LOC **De ~**, unexpectedly.

so·pi·cal·do [sopikáḷdo] *n/m* thin soup.

so·pla·mo·cos [soplamókos] *n/m* FAM slap, punch on the nose.

so·plar [soplár] **I**. *v* **1**. to blow (*viento, boca, instrumento*). **2**. to blow away (*polvo*, etc). **3**. to blow up (*globo*, etc). **4**. FIG to inspire. **5**. to whisper, prompt (*apuntar*). **6**. ARG to grass, squeal (*delatar*). **7**. *col* to nick, pinch (*hurtar*). **II**. *Refl(-se)* **1**. to gobble down (*comida*). **2**. to guzzle (*bebida*). **so·ple·te** [sopléte] *n/m* blowlamp, blowtorch. **so·pli·do** [soplíðo] *n/m* V. **soplo**. **so·pli·llo** [sopliʎo] *n/m* fan. **so·plo** [sóplo] *n/m* **1**. blow(ing), puff (*boca*). **2**. gust, puff (*viento*). **3**. FIG instant, flash (*brevedad*). **4**. FIG tip-off (*delatar*). **5**. MED murmur. **so·plón/na** [soplón/na] **I**. *adj* telltale. **II**. *n/m,f* **1**. FAM telltale, sneak (*entre niños*), informer (*a la policía*). **2**. ARG grass, squealer (*entre criminales*).

so·pon·cio [sopóṇθjo] *n/m* FAM faint, blackout.

so·por [sopór] *n/m* **1**. MED drowsiness. **2**. FIG lethargy. **so·po·rí·fe·ro/a** [soporífero/a] **I**. *adj* soporific. **II**. *n/m,f* soporific, sleeping pill.

so·por·ta·ble [soportáβle] *adj* bearable.

so·por·tal [soportál] *n/m* **1**. portico, porch. **2**. *pl* arcade.

so·por·tar [soportár] *v* **1**. to hold up, carry (*peso*). **2**. to bear, put up with, endure (*molestia*, etc). **so·por·te** [sopórte] *n/m* **1**. *gen* FIG support. **2**. base, stand (*peana*). **3**. holder (*de maceta*, etc). **4**. bracket (*de estante*, etc).

so·pra·no [sopráno] *n/m,f* MÚS soprano (*mujer, niño*).

sor [sór] *n/f* REL sister.

sor·ber [sorβér] *v* **1**. to sip (*bebida*). **2**. to suck (*sangre, etc.*). **3**. FIG to soak up, absorb. **4**. to inhale (*medicamento*). **5**. to sniff (*con la nariz*). **sor·be·te** [sorβéte] *n/m* sorbet, US sherbet. **sor·bo** [sórbo] *n/m* **1**. sip (*con la boca*). **2**. gulp (*trago*). **3**. sniff (*con la nariz*). LOC **Beber a ~s**, to sip one's drink.

sor·de·ra [sorðéra] *n/f* deafness.

sor·di·dez [sorðiðéz] *n/f* **1**. squalor (*inmundicia*). **2**. stinginess (*tacañería*). **sór·di·do/a** [sórðiðo/a] *adj* **1**. sordid, squalid (*sucio*). **2**. mean, stingy (*avaro*).

sor·di·na [sorðína] *n/f* MÚS mute (*viento*), damper (*piano*).

sor·do/a [sórðo/a] **I**. *adj* **1**. deaf (*persona*). **2**. muffled (*sonido*). **3**. LIN voiceless. **4**. pent-up (*emociones*). **5**. **(~ a, ante)** FIG indifferent (to), unmoved (by). **II**. *n/m,f* deaf person. **sor·do·mu·dez** [sorðomuðéθ] *n/f* deaf-muteness. **sor·do·mu·do/a** [sorðomúðo/a] **I**. *adj* deaf-and-dumb. **II**. *n/m,f* deaf-mute.

so·ria·no/a [sorjáno/a] *adj n/m,f* from/of Soria.

so·ria·sis [sorjásis] *n/f* MED psoriasis.

sor·na [sórna] *n/f* sarcasm, irony.

sor·pren·den·te [sorpreṇdéṇte] *adj* surprising, startling, astonishing. **sor·pren·der** [sorpreṇdér] *v* **1**. to surprise, amaze (*asombrar*). **2**. to catch unawares, take by surprise (*coger desprevenido*). **3**. to overhear (*conversación*). **4**. to discover (*secreto*). **sor·pre·sa** [sorprésa] *n/f* surprise. **sor·pre·si·vo/a** [sorpresíβo/a] *adj Amer* surprising.

sor·te·ar [sorteár] *v* **1**. to raffle (*rifa*). **2**. to draw lots (for) (*lotería*). **3**. to toss up for (*cara o cruz*). **4**. to overcome, get round (*dificultades*). **5**. to dodge, avoid (*obstáculos*). **sor·teo** [sortéo] *n/m* **1**. draw (*lotería*). **2**. toss up (*cara o cruz*). **3**. raffle (*rifa*). **4**. dodging, evading (*dificultades*).

sor·ti·ja [sortíxa] *n/f* **1**. ring (*adorno*). **2**. ringlet, curl (*pelo*).

sor·ti·le·gio [sortiléxjo] *n/m* **1**. sorcery (*brujería*). **2**. spell, charm. **3**. fortune-telling.

so·sa [sósa] *n/f* **1**. QUÍM soda. **2**. BOT stalwart.

so·sai·na [sosáina] **I**. *adj* insipid, dull. **II**. *n/m,f* dull person.

so·se·ga·do/a [soseγáðo/a] *adj* calm, quiet, peaceful. **so·se·gar** [soseγár] **I.** *v* (*sosiego, sosegué*) **1.** to calm (down). **2.** to allay (*temores*). **3.** to reassure (*ánimo*). **4.** to rest (*descansar*). **II.** *Refl(-se)* to calm down, become calm.

so·se·ra, so·se·ría [soséra/sosería] *n/f* **1.** dullness (*cualidad*). **2.** bore, boring thing (*cosa*).

so·sie·go [sosjéγo] *n/m* tranquillity, peace(fulness).

sos·la·yar [soslaJár] *v* FIG to dodge, sidestep, get round. **sos·la·yo** [sosláJo] LOC **De ~**, **1.** obliquely, sideways. **2.** FIG dodging the issue. **Mirar de ~**, **1.** to look out of the corner of one's eye (at). **2.** FIG to look askance (at).

so·so/a [sóso/a] *adj* **1.** saltless, tasteless, bland (*comida*). **2.** FIG dull, uninteresting.

sos·pe·cha [sospétʃa] *n/f* suspicion. **sos·pe·char** [sospetʃár] *v* **1.** to suspect. **2.** **(~ de)** to suspect, have suspicions (about). **sos·pe·cho·so/a** [sospetʃóso/a] **I.** *adj* **1.** suspicious. **2.** suspect (*no confiable*). **II.** *n/m,f* suspect.

sos·tén [sostén] *n/m* **1.** *gen* FIG support. **2.** ARQ prop, support. **3.** sustenance (*alimento*). **4.** bra(ssiere) (*prenda*). **sos·te·ner** [sostenér] **I.** *v* (*sostengo, sostendré, sostuve*) **1.** ARQ to support, hold up. **2.** to bear (*peso*). **3.** to carry (*carga*). **4.** to sustain, maintain (*familia, argumentos*). **5.** to sustain, keep up (*presión*). **II.** *Refl(-se)* **1.** to support oneself. **2.** to keep going (*sobrevivir*). **3.** to stand up (*de pie*). **sos·te·ni·do/a** [sosteníðo/a] **I.** *adj* **1.** MÚS sharp. **2.** *gen* sustained. **3.** steady (*Bolsa*). **II.** *n/m* MÚS sharp. **sos·te·ni·mien·to** [sostenimjéṇto] *n/m* **1.** support (*apoyo*). **2.** maintenance (*mantenimiento*). **3.** sustenance (*alimento*).

so·ta [sóta] *n/f* jack, knave (*naipes*).

so·ta·bar·ba [sotaßárßa] *n/f* double chin.

so·ta·na [sotána] *n/f* REL soutane, cassock.

só·ta·no [sótano] *n/m* basement, cellar.

so·ta·ven·to [sotaßéṇto] *n/m* lee(ward).

so·te·cha·do [sotetʃáðo] *n/m* shed.

so·te·rrar [soterrár] *v* (*sotierro*) **1.** to bury. **2.** FIG to stash away.

so·to [sóto] *n/m* **1.** grove (*árboles*). **2.** coppice (*árboles y matas*).

so·viet [sóßjet] *n/m* soviet. **so·vié·ti·co/a** [soßjétiko/a] **I.** *adj* Soviet. **II.** *n/m,f* Soviet, Russian.

SP *abrev* of *Servicio Público*, Public Transport Vehicle.

spot [(e)spót] *n/m* **1.** slot, space (*TV*). **2.** commercial (*publicidad*).

sprint [(e)spríṇ(t)] *n/m* sprint.

Sr., Sra., Srta., Sres., Sras., *abrev* of Mr, Mrs., Miss, Messrs, Mesdames.

stand [(e)stáṇ(d)] *n/m* stand (*exposición*).

stan·dar(d), **están·dar** [(e)stándar(d)] *n/m* standard.

sta·tus [(e)státus] *n/m* status.

Sto. *abrev* of *Santo*, Saint.

stock [(e)stók] *n/m* COM stock.

stop [(e)stóp] *n/m* AUT stop sign,

stress [(e)strés] *n/m* MED stress.

su [sú] *adj* **I.** *sing* **1.** his (*de él*). **2.** her (*de ella*). **3.** its (*de cosa*). **4.** one's (*impers*). **5.** your (*de Vd(s)*). **6.** their (*de ellos/ellas*). **II.** *pl* V. **su** *sing.*

sua·so·rio/a [swasórjo/a] *adj* persuasive.

sua·ve [swáße] *adj* **1.** soft (*al tacto, ruido*). **2.** smooth (*al tacto, sabor*). **3.** sweet (*música, olor*). **4.** gentle (*carácter, tacto, viento*). **sua·vi·dad** [swaßiðáð] *n/f* **1.** softness (*al tacto, ruido*). **2.** smoothness (*al tacto, sabor*). **3.** sweetness (*música, olor*). **4.** gentleness (*carácter, tacto, viento*). **sua·vi·zar** [swaßiθár] *v, v/Refl(-se)* (*suavice*) **1.** *gen* FIG to soften (*materia, sonido, voz*). **2.** to smooth (out/down) (*superficie*). **3.** FIG to ease, relax (*castigo, regla*). **4.** to tone down (*color*). **5.** to mellow (*carácter*).

sub- [sub-] *pref* sub-, under-.

sub·a·fluen·te [sußaflwéṇte] *n/m* tributary.

sub·al·ter·no/a [sußaḷtérno/a] *adj, n/m,f* subordinate, MIL subaltern.

sub·a·rren·dar [sußarreṇdár] *v* (*subarriendo*) to sublet, sublease. **sub·a·rrien·do** [sußarrjéṇdo] *n/m* sublease.

su·bas·ta [sußásta] *n/f* **1.** auction (*venta*). **2.** tender. LOC **Sacar a/Poner en ~**, to auction. **su·bas·tar** [sußastár] *v* to auction (off).

sub·cam·peón/na [subkaṃpeón/na] *n/m,f* DEP runner-up, number 2.

sub·co·mi·sión [sußkomisjón] *n/f* subcommittee.

sub·cons·cien·te [sußko(n)sθjeṇte] *adj, n/m* subconscious.

sub·cu·tá·neo/a [sußkutáneo/a] *adj* subcutaneous.

sub·de·le·ga·do/a [sußðeleγáðo/a] *n/m,f* subdelegate.

sub·de·sa·rro·llo [sußðesarróʎo] *n/m* underdevelopment.

sub·di·rec·tor/ra [sußðirektór/ra] *n/m,f* deputy manager, deputy director.

súb·di·to/a [súßðito/a] *adj, n/m,f* subject (*nacional*).

sub·di·vi·dir [sußðißiðír] *v, v/Refl(-se)* to subdivide.

sub·es·ti·mar [sußestimár] *v* **1.** to underestimate, underrate (*adversario*, etc). **2.** to undervalue (*propiedad*). **3.** to understate (*argumento*).

sub·fu·sil [sußfusíl] *n/m* submachine gun.

sub·gé·ne·ro [sußxénero] *n/m* BOT ZOOL subgenus.

su·bi·do/a [sußíðo/a] **I.** *adj* **1.** high (*precio*). **2.** intense, bright (*color*). **3.** strong (*olor*). **II.** *n/f* **1.** rise, increase (*precio, temperatura*). **2.** ascent, climb (*ascenso*). **3.** slope, hill (*pendiente*).

sub·ín·di·ce [sußíṇdiθe] *n/m* COM P subscript.

su·bir [sußír] **I.** *v* **1.** **(~ a)** to go up (to), come up (to). **2.** **(~ a)** to get into (*a un coche*). **3.** **(~ a)** to get on (*transporte público, animal, bicicleta*). **4.** to rise, climb (*avión*). **5.** to rise, increase (*precios, temperatura*). **6.** to get on (*en un empleo*). **7.** **(~ a)** to climb (up) (*a un árbol*). **8.** **(~ a)** COM to amount (to). **9.** to go up, climb (*pendiente*). **10.** to carry up, take up, bring up (*elevar*). **11**. to raise (*precios, cabeza, brazos*). **12**. to turn up (*radio*). **13**. to increase (*ruido*). **14**. MÚS to raise. **15**. ARQ to build, put up. **16**. to promote (*persona*). **II**. *Refl(-se)* **1**. **(~ a)** to climb up (*árbol*, etc). **2**. **(~ a, en)** to get into (*transporte*).

sú·bi·to/a [súßito/a] **I**. *adj* sudden. **II**. *adv* suddenly. LOC **De ~**, all of a sudden.

sub·je·ti·vi·dad [sußxetißiðáð] *n/f* subjectivity. **sub·je·ti·vis·mo** [sußxetißísmo] *n/m* subjectivism. **sub·je·ti·vo/a** [sußxetíßo/a] *adj* subjective.

sub·jun·ti·vo/a [sußxuntíßo/a] *adj, n/m* GRAM subjunctive.

su·ble·va·ción [sußleßaθjón] *n/f* (up)rising, revolt. **su·ble·var** [sußleßár] **I**. *v* **1**. to incite (sb) to revolt. **2**. FIG to infuriate. **II**. *Refl(-se)* to rise up in revolt.

su·bli·ma·ción [sußlimaθjón] *n/f* sublimation. **su·bli·mar** [sußlimár] *v* **1**. to sublimate (*deseos, etc.*). **2**. to exalt, praise (*persona*). **su·bli·me** [sußlíme] *adj* sublime, lofty.

sub·li·mi·nal [sußliminál] *adj* subliminal.

sub·ma·ri·nis·mo [sußmarinísmo] *n/m* DEP underwater/scuba diving. **sub·ma·ri·nis·ta** [sußmarinísta] *n/m,f* DEP underwater/scuba diver. **sub·ma·ri·no/a** [sußmaríno/a] **I**. *adj* underwater, submarine. **II**. *n/m* submarine.

sub·múl·ti·plo/a [sußmúltiplo/a] *adj, n/m* MAT submultiple.

sub·nor·mal [sußnormál] **I**. *adj* MED subnormal. **II**. *n/m,f* mentally handicapped/ subnormal person. **sub·nor·ma·li·dad** [sußnormaliðáð] *n/f* MED subnormality.

sub·o·fi·cial [sußofiθjál] *n/m* non-commissioned officer.

su·bor·di·na·ción [sußorðinaθjón] *n/f gen* GRAM subordination. **su·bor·di·na·do/a** [sußorðináðo/a] *adj, n/m,f* subordinate. **su·bor·di·nar** [sußorðinár] **I**. *v* to subordinate. **II**. *Refl(-se)* to subordinate oneself.

sub·pro·duc·to [sußproðúkto] *n/m* by-product.

sub·ra·yar [suß(r)raJár] *v gen* FIG to underline.

sub·rep·ti·cio/a [suß(r)reptíθjo/a] *adj* surreptitious.

sub·ro·ga·ción [suß(r)roγaθjón] *n/f* JUR subrogation. **sub·ro·gar** [suß(r)roγár] **I**. *v* (*subrogue*) JUR to subrogate, substitute. **II**. *Refl(-se)* to be subrogated, be substituted.

sub·sa·na·ble [sußsanáßle] *adj* **1**. excusable (*perdonable*). **2**. reparable. **sub·sa·nar** [sußsanár] *v* **1**. to excuse, overlook (*falta*). **2**. to put right, rectify (*error*). **3**. to make good (*daño*).

su(b)s·cri·bir [su(ß)skrißír] **I**. *v* (*su(b)scrito*) **1**. to sign (*contrato*). **2**. to agree to (*promesa*). **3**. to endorse, subscribe to (*opinión*). **II**. *Refl(-se)* **(~ a)** to subscribe (to), take out a subscription (to). **su(b)s·crip·ción** [su(ß)skripθjón] *n/f* subscription. **su(b)s·cri·to/a** [su(b)skríto/a] pp of *su(b)scribir*.

sub·se·cre·ta·ría [sußsekretaría] *n/f* under-secretaryship. **sub·se·cre·ta·rio/a** [sußsekretárjo/a] *n/m,f* under-secretary.

sub·sec·tor [sußsektór] *n/m* subsector, subsection.

sub·si·dia·rio/a [sußsiðjárjo/a] *adj* subsidiary. **sub·si·dio** [sußsíðjo] *n/m* **1**. subsidy, grant (*subvención*). **2**. financial assistance, benefit (*ayuda*). LOC **~ de paro**, unemployment benefit.

sub·si·guien·te [sußsiγjénte] *adj* subsequent.

sub·sis·ten·cia [sußsisténθja] *n/f* **1**. subsistence. **2**. *pl* sustenance. **sub·sis·tir** [sußsistír] *v* **1**. to last, endure (*perdurar*). **2**. to subsist, live (*vivir*).

su(b)·stan·cia [su(ß)stánθja] *n/f* **1**. *gen* substance. **2**. essence. **3**. stock (*cocina*). **su(b)s·tan·cial** [su(ß)stanθjál] *adj* **1**. *gen* substantial. **2**. vital, essential (*importante*). **su(b)·stan·cio·so/a** [su(ß)stanθjóso/a] *adj* **1**. solid, meaty (*discurso*, etc). **2**. solid, nourishing (*comida*).

su(b)·stan·ti·var [su(ß)stantißár] *v* GRAM to use as a noun. **su(b)s·tan·ti·vo/a** [su(ß)stantíßo/a] **I**. *adj* **1**. *gen* substantive. **2**. GRAM substantival, noun. **II**. *n/m* substantive, noun.

su(b)s·ti·tu·ción [su(ß)stituθjón] *n/f* **(~ por)** replacement (by). **su(b)s·ti·tui·ble** [su(ß)stitwíßle] *adj* replaceable, expendable. **su(b)s·ti·tuir** [su(ß)stitwír] *v* (*su(b)stituyo*) **1**. **(~ por)** to replace (by). **2**. **(~ a)** to deputize (for), stand in (for) (*persona*). **su(b)s·ti·tu·ti·vo/a** [su(ß)stitutíßo/a] *adj, n/m,f* **(~ de)** substitute (for). **su(b)s·ti·tu·to/a** [su(ß)stitúto/a] *n/m,f* substitute, replacement.

su(b)s·trac·ción [su(ß)stra(k)θjón] *n/f* **1**. removal (*acto*). **2**. theft (*robo*). **3**. MAT subtraction. **su(b)s·tra·en·do** [su(ß)straéndo] *n/m* MAT subtrahend. **su(b)s·tra·er** [su(ß)straér] **I**. *v* **1**. to remove (*quitar*). **2**. to steal (*hurtar*). **3**. MAT to subtract. **II**. *Refl(-se)* **(~ a)** to avoid, get out of (*obligación*).

su(b)s·tra·to [su(ß)stráto] *n/m* substratum.

sub·sue·lo [sußswélo] *n/m* subsoil.

sub·te·nien·te [subtenjénte] *n/m* MIL warrant officer.

sub·ter·fu·gio [sußterfúxjo] *n/m* subterfuge.

sub·te·rrá·neo/a [su(b)terráneo/a] **I**. *adj* underground, subterranean. **II**. *n/m* **1**. underground passage (*túnel*). **2**. underground store, cellar (*almacén*).

sub·ti·po [subtípo] *n/m* subtype.

sub·ti·tu·lar [subtitulár] *v* **1**. to subtitle (*cine*). **2**. to caption (*foto*, etc). **sub·tí·tu·lo** [subtítulo] *n/m* **1**. subtitle (*cine*). **2**. caption (*foto*). **3**. subheading (*periodismo*).

su·bur·bio [sußúrßjo] *n/m* **1**. suburb (*arrabal*). **2**. slum(s) (*barrio bajo*). **3**. shanty town (*chabolas*).

sub·va·lo·rar [su(ß)ßalorár] *v* to undervalue, underrate.

sub·ven·ción [su(ß)ßenθjón] *n/f* grant, subsidy, subvention. **sub·ven·cio·nar** [su(ß)ßenθionár] *v* to subsidize, grant aid to.

sub·ver·sión [su(ß)ßersjón] *n/f* subversion. **sub·ver·si·vo/a** [su(ß)ßersíßo/a] *adj* subversive. **sub·ver·tir** [su(ß)ßertír] *v* (*subvierto*) **1**. to subvert. **2**. to disturb (*orden*).

sub·ya·cen·te [suβJaθéṇte] *adj* underlying. **sub·yu·ga·ción** [suβJuγaθjón] *n/f* subjugation. **sub·yu·gar** [suβJuγár] *v* (*subyugue*) **1**. to subjugate (*pueblo*). **2**. to overpower (*enemigo*). **3**. to dominate (*voluntad*).

suc·ción [su(k)θjón] *n/f* suction. **suc·cio·nar** [su(k)θjonár] *v* to suck (in).

su·ce·dá·neo/a [suθeðáneo/a] *adj, n/m* substitute (food).

su·ce·der [suθeðér] **I**. *v* **1**. **(~ a)** to succeed (*dinastías*). **2**. **(~ a)** to follow (*seguir*), occur. **II**. *Refl(-se)* to follow one another. **III**. *impers* to happen. **su·ce·di·do** [suθeðíðo] *n/m* FAM happening, event. **su·ce·sión** [suθesjón] *n/f* **1**. *gen* succession. **2**. sequence (*acontecimientos*). **3**. issue (*hijos*). **4**. inheritance (*herencia*). **5**. estate (*bienes*). **su·ce·si·vo/a** [suθesíβo/a] *adj* **1**. successive (*subsiguiente*). **2**. consecutive (*consecutivo*). LOC **En lo ~**, henceforth. **su·ce·so** [suθéso] *n/m* **1**. happening, event (*evento*). **2**. incident (*lance*). **3**. outcome (*resultado*). **su·ce·sor/ra** [suθesór/ra] **I**. *adj* succeeding. **II**. *n/m,f* **1**. successor. **2**. heir. **su·ce·so·rio/a** [suθesórjo/a] *adj* JUR successory.

su·cie·dad [suθjeðáð] *n/f* **1**. dirt, filth, grime (*basura*). **2**. dirtiness, filthiness (*estado*), **3**. DEP foul play. **4**. FIG obscenity.

su·cin·to/a [suθíṇto/a] *n/f* succinct, concise.

su·cio/a [súθjo/a] **I**. *adj* **1**. *gen* FIG dirty, filthy **2**. unfair (*deshonrado*). **3**. shady (*negocio*). **4**. which shows the dirt (*fácil de ensuciar*). **5**. off (*color*). **II**. *adv* DEP dirty.

su·cre [súkre] *n/m* sucre (*moneda de Ecuador*).

su·cu·len·to/a [sukuléṇto/a] *adj* succulent, juicy.

su·cum·bir [sukuɱbír] *v* **1**. to succumb, yield (*rendirse*). **2**. to die (*morir*).

su·cur·sal [sukursál] **I**. *adj* COM branch. **II**. *n/f* COM branch (office).

sud- [suð-] *pref* south. **sud·a·fri·ca·no/a** [suðafrikáno/a] *adj, n/m,f* South African. **sud·a·me·ri·ca·no/a** [suðamerikáno/a] *adj, n/mf* South American.

su·da·nés/sa [suðanés/sa] *adj, n/m,f* Sudanese.

su·dar [suðár] *v* **1**. *gen* to sweat, perspire. **2**. FIG to work hard (for). **3**. to make sweaty (*mojar*). **4**. to ooze, exude.

su·da·rio [suðárjo] *n/m* shroud.

su·des·te [suðéste] **I**. *adj* **1**. south-east(erly) (*dirección*). **2**. south-east(ern) (*parte*).**II**. *n/m* **1**. south-east (*punto cardinal*). **2**. south-easterly (*viento*). **su·do·este** [suðoéste] **I**. *adj* **1**. south-west(erly) (*dirección*). **2**. south-west(ern) (*parte*).**II**. *n/m* **1**. south-west (*punto cardinal*). **2**. south-westerly (*viento*).

su·dor [suðór] *n/m* sweat. **su·do·rí·fi·co/a, su·do·rí·fe·ro/a** [suðorífiko/a/-fero/a] *adj, n/m* MED sudorific. **su·do·rí·pa·ra** [suðorípara] *adj* ZOOL sudoriparous. **su·do·ro·so/a** [suðoróso/a] *adj* sweaty, sweating.

Sue·cia [swéθja] *n/f* Suecia. **sue·co/a** [swéko/a] **I**. *adj* Swedish. **II**. *n/m* Swedish (*lengua*). **III**. *n/m,f* Swede. LOC **Hacerse el ~**, to act dumb, pretend not to understand.

sue·gro/a [swéγro/a] **I**. *n/m* father-in-law. **II**. *n/f* mother-in-law.

sue·la [swéla] *n/f* sole (*zapato*).

suel·do [swéḷdo] *n/m* salary, pay, wage(s).

sue·lo [swélo] *n/m* **1**. soil, ground, land (*agrícola*). **2**. ground (*superficie*). **3**. floor (*piso*). **4**. flooring (*solería*). LOC **Arrastrar/Poner/Tirar por el ~**, FIG to run down, speak ill of. **Arrastrarse/Echarse por el ~**, FIG to grovel. **Dar uno consigo en el ~**, to fall to the ground. **Estar por los ~s**, to be dirt cheap.

suel·to/a [swéḷto/a] **I**. *adj* **1**. loose, free (*no atado, libre*). **2**. unhampered (*sin trabas*). **3**. detached, unattached (*separado*). **4**. odd (*fuera de serie*). **5**. single (*número*). **6**. easy, fluent (*estilo*). **II**. *n/m* (loose) change. LOC **~ de lengua**, 1. talkative (*charlatán*). 2. cheeky (*respondón*). 3. blabbing (*soplón*). 4. foul-mouthed (*mal hablado*).

sue·ño [swéɲo] *n/m* **1**. sleep (*dormido*). **2**. drowsiness, sleepiness (*cansancio*). **3**. dream (*imaginación*). LOC **Caerse de ~**, to be asleep on one's feet. **Coger/Conciliar el ~**, to get to sleep. **Quitar algo el ~ a uno**, sth to keep one awake. **Tener ~**, to feel sleepy.

sue·ro [swéro] *n/m* **1**. whey (*leche*). **2**. serum (*sangre*). **3**. MED saline solution.

suer·te [swérte] *n/f* **1**. (good) luck. **2**. chance, fortune (*azar*). **3**. fate, destiny (*sino*). **4**. lot (*condición*). **5**. sort, kind (*tipo*). **6**. way, fashion (*manera*). **7**. TAUR part, stage (of a bullfight). LOC **¡Buena ~!**, Good luck! **De ~ que**, so (that). **Echar algo a ~(s)**, **1**. to draw lots for sth, **2**. to toss for sth (*cara o cruz*). **Por ~**, luckily. **Probar ~**, **1**. to try one's luck (*lotería*). **2**. to seek one's fortune. LOC **Tener buena/mala ~**, to be/not to be lucky.

sué·ter [swéter] *n/m* sweater, jumper.

sue·vo/a [swéβo/a] *adj, n/m,f* HIST Suevian.

su·fi·cien·cia [sufiθjéṇθja] *n/f* **1**. fitness, adequacy (*cualidad*). **2**. PEY self-importance, smugness. **su·fi·cien·te** [sufiθjéṇte] **I**. *adj* **1**. sufficient, enough (*cantidad*). **2**. adequate (*apto*). **3**. PEY smug, self-satisfied. **II**. *n/m* pass mark.

su·fi·jo [sufíxo] *n/m* GRAM suffix.

su·fra·gá·neo/a [sufraγáneo/a] *adj* suffragan.

su·fra·gar [sufraγár] *v* (*sufrague*) **1**. to defray (the costs of). **2**. *Amer* to vote. **su·fra·gio** [sufráxjo] *n/m* **1**. vote (*voto*). **2**. suffrage (*derecho a votar*). **3**. aid, benefit (*ayuda*). **su·fra·gis·mo** [sufraxísmo] *n/m* suffragette movement. **su·fra·gista** [sufraxísta] *adj, n/m,f* suffragette.

su·fri·do/a [sufríðo/a] *adj* **1**. long-suffering (*persona*). **2**. hardwearing (*tela*). **3**. that doesn't show the dirt, that doesn't fade (*color*). **su·fri·mien·to** [sufrimjéṇto] *n/m* **1**. suffering (*dolor*). **2**. tolerance, patience (*cualidad*). **su·frir** [sufrír] *v* **1**. **(~ de)** *gen* to suffer (from). **2**. to undergo, experience (*ex-*

perimentar). **3**. to bear, put up with (*tolerar*). **4**. to support, hold up (*sostener*).

su·ge·ren·cia [suxerén̪θja] *n/f* suggestion. **su·ge·ren·te** [suxerén̪te] *adj* **1**. *gen* thought-provoking, full of suggestions. **2**. evocative (*escena*). **su·ge·ri·dor/ra** [suxeriðór/ra] *adj* V. **sugerente**. **su·ge·rir** [suxerír] *v* (*sugiero*) **1**. *gen* to suggest. **2**. to hint (at) (*insinuar*). **3**. to prompt (*pensamiento*). **su·ges·tión** [suxestjón] *n/f* **1**. V. **sugerencia**. **2**. hint (*insinuación*). **3**. prompting (*estímulo*). **4**. autosuggestion (*hipnotismo*). **su·ges·tio·na·ble** [suxestjonáßle] *adj* impressionable, easily influenced. **su·ges·tio·nar** [suxestjonár] **I**. *v* **1**. to hypnotize. **2**. FIG to influence. **II**. *Refl(-se)* FIG to allow oneself to be carried away. **su·ges·ti·vo/a** [suxestíßo/a] *adj* **1**. V. **sugerente**. **2**. attractive, fascinating (*atractivo*).

sui·ci·da [swiθíða] **I**. *n/m,f* suicide (*persona*). **II**. *adj* suicidal. **sui·ci·dar·se** [swiθiðárse] *v/Refl(-se)* to commit suicide. **sui·ci·dio** [swiθíðjo] *n/m* suicide (*acto*).

sui·te [suít] *n/f* **1**. MÚS suite. **2**. suite (*hotel*).

sui·zo/a [swíθo/a] **I**. *adj*, *n/m,f* Swiss. **II**. *n/m* bun (*bollo*).

su·je·ción [suxeθjón] *n/f* **1**. subjection (*estado*). **2**. fastening (*prenda*, etc). **3**. seizure (*persona*). **su·je·ta·dor/ra** [suxetaðór/ra] **I**. *adj* fastening, binding. **II**. *n/m* **1**. *gen* fastener. **2**. bra(ssiere) (*prenda*). **3**. clip (*papel, pelo*). **su·je·ta·pa·pe·les** [suxetapapéles] *n/m* paper-clip. **su·je·tar** [suxetár] **I**. *v* **1**. to fasten, secure, hold (in place) (*fijar*). **2**. to hold (*sostener*). **3**. to seize, keep hold of (*agarrar*). **4**. to keep down, subdue (*dominar*). **II**. *Refl(-se)* **1**. **(~ a)** to hold on (to) (*agarrarse*). **2**. **(~ a)** to submit (to), subject oneself (to) (*someterse*). **su·je·to/a** [suxéto/a] **I**. *adj* **1**. fastened, secure (*fijado*). **2**. **(~ a)** subject (to), liable (to) (*propenso*). **II**. *n/m* **1**. GRAM FIL subject. **2**. PEY fellow, character.

sul·fa·mi·da [sulfamíða] *n/f* MED sulphonamide.

sul·fa·ta·ción [sulfataθjón] *n/f* QUÍM sulphating. **sul·fa·tar** [sulfatár] *v* QUÍM to sulphate. **sul·fa·to** [sulfáto] *n/m* QUÍM sulphate. **sul·fí·dri·co/a** [sulfíðriko/a] *adj* QUÍM sulphuretted. **sul·fu·rar** [sulfurár] *v* **1**. QUÍM to sulphurate. **2**. FIG to infuriate. **sul·fú·ri·co/a** [sulfúriko/a] *adj* QUÍM sulphuric. **sul·fu·ro** [sulfúro] *n/m* QUÍM sulphide. **sul·fu·ro·so/a** [sulfuróso/a] *adj* QUÍM sulphurous.

sul·tán [sul̪tán] *n/m* sultan.

su·ma [súma] *n/f* **1**. sum, total (*cantidad*). **2**. sum (*dinero*). **3**. adding up (*acto*). **4**. summary, essence (*resumen*). LOC **En ~**, in short. **su·man·do** [sumán̪do] *n/m* MAT addendum. **su·mar** [sumár] **I**. *v* **1**. to add (up). **2**. to amount to (*subir a*). **II**. *Refl(-se)* **(~ a)** to join (in). LOC **Suma y sigue**, carried forward.

su·ma·rial [sumarjál] *adj* JUR pertaining to legal proceedings. **su·ma·rio/a** [sumárjo/a] **I**. *adj* summary, brief. **II**. *n/m* **1**. summary (*resumen*). **2**. JUR summary hearing. **su·ma·rí·si·mo/a** [sumarísimo/a] *adj* swift, expeditious.

su·mer·gi·ble [sumerxíßle] **I**. *adj* submersible. **II**. *n/m* submarine. **su·mer·gir** [sumerxír] **I**. *v* (*sumerjo*) to submerge. **II**. *Refl(-se)* **(~ en)** FIG to immerse oneself (in), become immersed (in). **su·mer·sión** [sumersjón] *n/f* **1**. *gen* submersion, immersion. **2**. FIG absorption.

su·mi·de·ro [sumiðéro] *n/m* **1**. drain, sewer. **2**. TÉC sump.

su·mi·nis·tra·dor/ra [suministraðór/ra] **I**. *adj* supplying. **II**. *n/m,f* supplier. **su·mi·nis·trar** [suministrár] *v* to supply, provide. **su·mi·nis·tro** [suminístro] *n/m* **1**. supply(ing), provision (*acto, efecto*). **2**. supply (*cosa*).

su·mir [sumír] **I**. *v* **1**. *gen* to sink, plunge, immerse. **2**. **(~ en)** FIG to plunge (into). **II**. *Refl(-se)* **1**. **(~ en)** *gen* to sink (in). **2**. **(~ en)** to immerse onself (in), sink (into).

su·mi·sión [sumisjón] *n/f* **1**. submission (*acto*). **2**. submissiveness (*actitud*). **su·mi·so/a** [sumíso/a] *adj* submissive.

súm·mum [súmum] *n/m* FIG summit, height.

su·mo/a [súmo/a] *adj* **1**. greatest, highest (*felicidad, etc.*). **2**. great, extreme (*cuidado, etc.*). LOC **A lo ~**, at (the) most. **El ~ Sacerdote**, the High Priest. **~ Pontífice**, Supreme Pontiff.

sun·tua·rio/a [sun̪twárjo/a] *adj* sumptuary. **sun·tuo·si·dad** [sun̪twosiðáð] *n/f* **1**. sumptuosity (*lujo*). **2**. sumptuousness (*magnificencia*). **sun·tuo·so/a** [sun̪twóso/a] *adj* sumptuous, lavish.

su·pe·di·ta·ción [supeðitaθjón] *n/f* subjection, oppression. **su·pe·di·tar** [supeðitár] **I**. *v* **1**. to oppress, crush (*oprimir*). **2**. to subdue (*avasallar*). **3**. **(~ a)** FIG to subordinate (to). **II**. *Refl(-se)* to subordinate oneself to, bow to, defer to.

su·per- [super-] *pref* super-, over-.

sú·per [súper] *adj col* super.

su·pe·ra·ble [superáßle] *adj* **1**. surmountable (*dificultad*). **2**. feasible (*tarea*).

su·per·a·bun·dan·cia [superaßun̪dán̪θja] *n/f* **1**. *gen* superabundance, PEY overabundance. **2**. glut (*productos*). **su·per·a·bun·dar** [superaßun̪dár] *v* **1**. *gen* to superabound, PEY overabound. **2**. to be a glut of (*productos*).

su·pe·ra·ción [superaθjón] *n/f* **1**. overcoming, surmounting (*acto*). **2**. improvement (*mejora*). **su·pe·rar** [superár] **I**. *v* **1**. to surpass, excel (*rival*). **2**. to overcome (*enemigo, dificultad*). **3**. to exceed (*esperanzas*). **4**. to go beyond (*punto*). **5**. to beat, break (*plusmarca*). **II**. *Refl(-se)* to surpass oneself.

su·pe·rá·vit [superáßit] *n/m* COM surplus.

su·per·car·bu·ran·te [superkarßurán̪te] *n/m* high octane fuel.

su·per·che·ría [supertʃería] *n/f* fraud, swindle.

su·per·do·ta·do/a [superðotáðo/a] *adj* exceptionally gifted.

su·per·es·truc·tu·ra [superestruktúra] *n/f* superstructure

su·per·fi·cial [superfiθjál] *adj* **1**. surface, of the surface (*medida, etc.*). **2**. superficial. **3**.

FIG superficial, shallow. **su·per·fi·cia·li·dad** [superfiθjaliðáð] *n/f* superficiality, shallowness. **su·per·fi·cie** [superfíθje] *n/f* **1**. *gen* surface. **2**. outside (*exterior*). **3**. area (*medidas*). **4**. FIG outward appearance.

su·per·flui·dad [superflwiðáð] *n/f* superfluity. **su·per·fluo/a** [supérflwo/a] *adj* superfluous.

su·per·fos·fa·to [superfosfáto] *n/m* QUÍM superphosphate.

su·per·hom·bre [superómbre] *n/m* superman.

su·per·in·ten·den·cia [superintendéndθja] *n/f* supervision, superintendence. **su·per·in·ten·den·te** [superintendénte] *n/m,f* supervisor, superintendent.

su·pe·rior [superjór/ra] **I**. *adj* **1**. upper (*ubicación*). **2**. uppermost, top. **3**. higher (*enseñanza*). **4**. superior, better (*calidad*). **5**. higher, larger (*número*). **II**. *n/m* superior. **su·pe·rio·ra** [superjóra] *n/f* mother superior. **su·pe·rio·ri·dad** [superjoriðáð] *n/f* superiority, higher authority.

su·per·la·ti·vo/a [superlatíβo/a] *adj, n/m* superlative.

su·per·mer·ca·do [supermerkáðo] *n/m* supermarket.

su·per·nu·me·ra·rio/a [supernumerárjo/a] *adj, n/m,f* supernumerary.

su·per·pob·la·ción [superpoβlaθjón] *n/f* overpopulation, overcrowding.

su·per·po·ner [superponér] *v* (*superpongo, superpuse, superpondré, superpuesto*) **1**. to superimpose, put on top (*posición*). **2**. to put before (*preferencia*). **su·per·po·si·ción** [superposiθjón] *n/f* superposition.

su·per·po·ten·cia [superpoténθja] *n/f* superpower.

su·per·pro·duc·ción [superproðukθjón] *n/f* **1**. overproduction (*exceso*). **2**. blockbuster, mammoth production (*cine*).

su·per·só·ni·co/a [supersóniko/a] *adj* supersonic.

su·pers·ti·ción [superstiθjón] *n/f* superstition. **su·pers·ti·cio·so/a** [superstiθjóso/a] *adj* superstitious.

su·per·va·lo·rar [superβalorár] *v* **1**. *gen* to overrate. **2**. COM to overvalue,

su·per·vi·sar [superβisár] to supervise. **su·per·vi·sión** [superβisjón] *n/f* supervision. **su·per·vi·sor/ra** [superβisór/ra] **I**. *adj* supervisory. **II**. *n/m,f* supervisor.

su·per·vi·ven·cia [superβiβénθja] *n/f* survival. **su·per·vi·vien·te** [superβiβjénte] *adj* survivor.

su·pi·no/a [supíno/a] *adj* supine.

su·plan·ta·ción [suplantaθjón] *n/f* **1**. *gen* supplanting. **2**. impersonation (*persona*). **su·plan·tar** [suplantár] *v* **1**. *gen* to supplant. **2**. to take the place of fraudulently, impersonate.

su·ple·men·ta·rio/a [suplementárjo/a] *adj* **1**. *gen* supplementary. **2**. extra, additional (*precio*). LOC **Empleo/Negocio ~**, sideline. **Tren ~**, relief train. **su·ple·men·to** [supleménto] *n/m* **1**. *gen* supplement. **2**. excess fare (*transporte*).

su·plen·cia [supléṇθja] *n/f* substitution, replacement. **su·plen·te** [suplénte] *adj, n/m,f* **1**. *gen* DEP substitute. **2**. deputy (*oficio*). **su·ple·to·rio/a** [supletórjo/a] **I**. *adj* **1**. *gen* supplementary, extra. **2**. stopgap (*provisional*). **II**. *n/m* extension (*teléfono*).

sú·pli·ca [súplika] *n/f* **1**. *gen* request, entreaty. **2**. JUR petition. **su·pli·car** [suplikár] *v* (*suplique*) **1**. to beg (sb) for (sth), plead (with sb) for (sth). **2**. **(~ de)** JUR to petition (for or against). **su·pli·ca·to·rio/a** [suplikatórjo/a] **I**. *adj* supplicatory. **II**. *n/m,f* JUR letters rogatory.

su·pli·cio [suplíθjo] *n/m* **1**. punishment (*castigo*). **2**. torture (*tormento*). **3**. agony (*dolor*). **4**. FIG anguish, ordeal.

su·plir [suplír] *v* **1**. to supply (*necesidad, omisión*). **2**. to make good (*falta*). **3**. **(~ con)** to replace (by, with) (*sustituir*). **4**. to stand in for (*persona*).

su·po·ner [suponér] *v* (*supongo, supondré, supuse, supuesto*) **1**. to suppose, assume (*dar por sentado*). **2**. to entail, imply (*alguna consecuencia*). **3**. to guess, assume. **4**. to be important (*autoridad*). **su·po·si·ción** [suposiθjón] *n/f* supposition, assumption.

su·po·si·to·rio [supositórjo] *n/m* MED suppository.

supra- [supra-] *pref* supra-.

su·pre·ma·cía [supremaθía] *n/f* supremacy. **su·pre·mo/a** [suprémo/a] *adj* supreme.

su·pre·sión [supresjón] *n/f* **1**. suppression. **2**. abolition (*derecho*). **3**. removal, elimination (*dificultad*). **4**. lifting (*prohibición*). **5**. deletion, cutting (*texto*). **su·pri·mir** [suprimír] *v* **1**. to suppress. **2**. to abolish (*derecho*). **3**. to remove, eliminate (*dificultad*). **4**. to lift (*prohibición*). **5**. to delete, cut (*texto*).

su·pues·to/a [supwésto/a] **I**. *adj* **1**. supposed (*aparente*). **2**. alleged (*según afirman*). **3**. self-styled (*pretendido*). **II**. *n/m* assumption, hypothesis. LOC **Dar algo por ~**, to take sth for granted. **¡Por ~!**, of course!

su·pu·ra·ción [supuraθjón] *n/f* suppuration. **su·pur·ar** [supurár] *v* to suppurate, discharge.

sur [súr] *n/m* **1**. south. **2**. southerly (*viento*).

sur·a·me·ri·ca·no/a [suramerikáno/a] *adj* South American.

sur·car [surkár] *v* (*surque*) **1**. AGR to plough (through), furrow. **2**. to score, groove (*superficie*). **3**. FIG to cut through, cleave. **sur·co** [súrko] *n/m* **1**. AGR furrow. **2**. rut (*rueda*). **3**. groove (*disco, metal*). **4**. ANAT wrinkle.

su·re·ño/a [suréɲo/a] **I**. *adj* southern. **II**. *n/m,f* southerner. **su·res·te** [suréste] *n/m* V. **sudeste**.

sur·gir [surxír] *v* (*surjan*) **1**. to spout (up, out), spurt (up) (*líquido*). **2**. to rise up (*edificios*). **3**. to appear (unexpectedly) (*persona*). **4**. to arise, spring up, crop up (*dificultades*, etc). **5**. to emerge, loom up (*en las tinieblas*, etc).

sur·oes·te [suroéste] *n/m* V. **sudoeste**.

su·rrea·lis·mo [surrealísmo] *n/m* surrealism. **surrea·lis·ta** [surrealísta] *adj, n/m,f* surrealist.

sur·ti·do/a [surtíðo/a] I. *adj* assorted. II. *n/m* 1. assortment, range (*gama*). 2. stock, supply (*productos*). **sur·ti·dor/ra** [surtiðór/ra] I. *adj* supplying. II. *n/m* 1. jet (*chorro*). 2. fountain. 3. (*de gasolina*) gas/petrol pump, gas/petrol station. LOC ~ **de gasolina**, Br petrol pump, US gas(oline) pump. **sur·tir** [surtír] I. *v* 1. to supply, furnish (*suministros*). 2. to spout, squirt (*líquido*). II. *Refl (-se)* (~ **de**) to provide oneself (with). LOC ~ **efecto**, to have the desired effect.

sur·to/a [súrto/a] *adj* NÁUT anchored

sus·cep·ti·bi·li·dad [susθeptiβiliðáð] *n/f* 1. (~ **a**) susceptibility (to), sensitivity (to). 2. touchiness (*carácter*). **sus·cep·ti·ble** [susθeptíβle] *adj* 1. (~ **de**) capable of, liable (to). 2. susceptible, sensitive (*sensible*). 3. touchy (*quisquilloso*).

sus·ci·tar [susθitár] *v* 1. to arouse (*dudas*). 2. to stir up (*rebelión*). 3. to provoke (*conflicto, etc.*). 4. to give rise to (*consecuencias*).

su·so·di·cho/a [susoðítʃo/a] *adj, n/m,f* above-mentioned.

sus·pen·der [suspendér] *v* 1. (~ **de, en**) to hang (from, on), suspend (from) (*colgar*). 2. FIG to suspend. 3. to fail (*examen*). **sus·pen·se** [suspénse] *n/m* suspense. **sus·pen·sión** [suspensjón] *n/f* 1. *gen* hanging, suspension. 2. FIG AUT QUÍM suspension. **sus·pen·so/a** [suspénso/a] I. pp of *suspender*. II. *adj* 1. *gen* hanging, suspended. 2. failed (*candidato*). III. *n/m* fail(ure) (*examen*). LOC **En** ~, pending, in abeyance.

sus·pi·ca·cia [suspikáθja] *n/f* suspicion, mistrust. **sus·pi·caz** [suspikáθ] *adj* suspicious, distrustful.

sus·pi·rar [suspirár] *v* (~ **de, por**) *gen* FIG to sigh (with, for). **sus·pi·ro** [suspíro] *n/m* sigh. LOC **Dar/Exhalar el último** ~, to breathe one's last.

sus·ten·ta·ción [sustentaθjón] *n/f* 1. sustenance, support. 2. AER lift. **sus·ten·tar** [sustentár] *v* 1. to support, hold up (*peso*). 2. to sustain, feed (*familia, etc.*). 3. to uphold, defend (*opinión*). **sus·ten·to** [susténto] *n/m* 1. support (*apoyo*). 2. sustenance, food (*alimento*).

sus·to [sústo] *n/m* fright, scare. LOC **Dar un** ~ **(a alguien)**, to frighten, scare (sb).

su·su·rrar [susurrár] *v* 1. to whisper (*persona, viento*). 2. to rustle (*hojas*). 3. to murmur (*agua*). 4. to hum (*insecto*). **su·su·rro** [susúrro] *n/m* 1. whisper(ing) (*persona, viento*). 2. rustle, rustling (*hojas*). 3. murmur(ing) (*agua*). 4. hum(ming) (*insecto*).

su·til [sutíl] *adj* 1. fine, delicate (*hilo*). 2. gentle, soft (*brisa*). 3. delicate, subtle (*aroma*). 4. subtle (*argumento*). 5. clever, sharp (*persona*). **su·ti·le·za** [sutiléθa] *n/f* 1. fineness, delicacy (*hilo*). 2. subtlety (*argumento*). 3. sharpness (*persona*). 4. PEY artifice (*dicho*).

su·tu·ra [sutúra] *n/f* MED suture. **su·tu·rar** [suturár] *v* to suture.

su·yo/a [súɟo/a] I. *adj, pron m/f, sing, pl* of his (*de él*), of hers (*de ella*), of one's own (*impers*), of its own (*de una cosa*), of yours (*de Vd(s)*), of theirs (*de ellos/ellas*). II. *pron m/f, sing, pl* his (*de varón*), hers (*de mujer*), one's (*impers*), its (*de una cosa*), yours (*de Vd(s)*), theirs (*de ellos/ellas*). III. *pron m,pl* his/her/your/their people/family/relations (*familiares*); his/her/your/their supporters (*partidarios*). LOC **Cada cual a lo** ~, it's best to mind one's own business. **De** ~, in itself, per se. **Eso es muy** ~, that's just like him/her/them. **Hacer** ~, to adopt. **Ir uno a lo ~/a la ~a**, to look after one's own interests. **Salirse con la ~a**, to get one's own way.

T, t [té] *n/f* 't' (*letra*).

ta·ba [táβa] *n/f* **1.** ANAT anklebone. **2.** *pl* jacks, five stones (*juego*).

ta·ba·ca·le·ro/a [taβakaléro/a] **I.** *adj* tobacco. **II.** *n/m,f* **1.** tobacco grower (*productor*). **2.** tobacconist (*vendedor*). **III.** *n/f* Spanish state tobacco monopoly. **ta·ba·co** [taβáko] *n/m* **1.** BOT tobacco plant. **2.** tobacco (*elaborado*). **3.** cigarettes.

ta·ba·le·ar [taβaleár] **I.** *v*, *v/Refl(-se)* to swing, rock. **II.** *v* to drum (with one's fingers). **ta·ba·leo** [taβaléo] *n/m* **1.** swinging, rocking (*meceo*). **2.** drumming (*dedos*).

tá·ba·no [táβano] *n/m* horsefly.

ta·ba·que·ro/a [taβakéro/a] **I.** *adj* tobacco. **II.** *n/m,f* **1.** cigar maker (*fabricante*). **2.** tobacconist (*vendedor*). **III.** *n/f* snuff box. **ta·ba·quis·mo** [taβakísmo] *n/m* tobacco addiction.

ta·bar·de·te, **ta·bar·di·llo** [taβarðéte/taβarðíʎo] *n/m* **1.** MED typhoid fever. **2.** sunstroke (*insolación*). **3.** FIG FAM pain in the neck (*persona*).

ta·bar·do [taβárðo] *n/m* tabard.

ta·ba·rra [taβárra] *n/f* FIG pain in the neck (*persona, cosa*). LOC **Dar la ~**, FIG to be a pain in the neck.

ta·bas·co [taβásko] *n/m* Tabasco (sauce).

ta·ber·na [taβérna] *n/f* bar, pub(lic house).

ta·ber·ná·cu·lo [taβernákulo] *n/m* tabernacle.

ta·ber·na·rio/a [taβernárjo/a] *adj* **1.** bar, pub. **2.** FIG rude, smutty. **ta·ber·ne·ro/a** [taβernéro/a] **I.** *n/m* **1.** publican, landlord (*dueño*). **2.** barman (*empleado*). **II.** *n/f* **1.** landlady (*dueña*). **2.** barmaid (*empleada*).

ta·bi·car [taβikár] *v* (*tabi**qu**é*) **1.** to brick up (*entrada*). **2.** to partition off (*cuarto*). **ta·bi·que** [taβíke] *n/m* partition wall, thin wall. LOC **~ nasal**, nasal bone.

ta·bla [táβla] **I.** *n/f* **1.** plank, board (*madero*). **2.** slab (*piedra*). **3.** sheet (*metal*). **4.** list (*precios*). **5.** MAT table. **6.** box pleat (*costura*). **7.** AGR bed, patch of ground. **II.** *n/f,pl* **1.** draw (*ajedrez*). **2.** TEAT boards, stage. **3.** REL tables, tablets of stone. LOC **A raja ~**, V **rajatabla**. **Tener ~s**, to have a good stage presence.

ta·bla·do [taβláðo] *n/m* wooden platform, stage. **ta·bla·zón** [taβlaθón] *n/m* **1.** planks. **2.** NÁUT planking. **ta·ble·ar** [taβleár] *v* **1.** to cut into boards/planks (*madera*). **2.** to pleat (*costura*). **3.** AGR to divide into plots. **ta·ble·ro** [taβléro] *n/m* **1.** plank(s). **2.** board (*ajedrez, anuncios*). **3.** panel (*instrumentos*). **4.** ELECTR switchboard. **5.** blackboard (*escuela*).

ta·ble·ta [taβléta] *n/f* **1.** MED tablet. **2.** bar (*chocolate*). **ta·ble·te·ar** [taβleteár] *v* to rattle. **ta·ble·teo** [taβletéo] *n/m* rattle (*ruido*).

ta·blón [taβlón] *n/m* plank, beam. LOC **~ de anuncios**, Br noticeboard, US bulletin board.

ta·bú [taβú] *n/m* taboo. LOC **Palabra ~**, four-letter word.

ta·bu·la·dor [taβulaðór] *n/m* tabulator. **ta·bu·lar** [taβulár] **I.** *adj* tabular. **II.** *v* to tabulate.

ta·bu·re·te [taβuréte] *n/m* stool.

ta·ca·da [takáða] *n/f* shot, stroke (*billar*).

ta·ca·ñe·ar [takaɲeár] *v* FAM to be stingy. **ta·ca·ñe·ría** [takaɲería] *n/f* stinginess, meanness. **ta·ca·ño/a** [takáɲo/a] **I.** *adj* stingy, tight-fisted. **II.** *n/m,f* miser, FAM skinflint.

tá·ci·to/a [táθito/a] *adj* **1.** *gen* tacit. **2.** unspoken (*comentario*). **3.** unwritten (*ley*).

ta·ci·tur·no [taθitúrno/a] *adj* **1.** taciturn. **2.** sullen, moody (*triste*).

ta·co [táko] *n/m* **1.** plug, bung (*taponar*). **2.** wad(ding) (*cartucho*). **3.** calendar (*año*). **4.** pad (*bloc*). **5.** book (*billetes*). **6.** stub(s) (*cheques*). **7.** cue (*billar*). **8.** lump, chunk (*queso*, etc). **9.** stud (*bota*). **10.** obscenity, swearword. **11.** mess, tangle (*lío*). LOC **Armarse/Hacerse un ~**, to get in a muddle. **Soltar un ~**, to swear.

ta·cón [takón] *n/m* heel (*zapato*). **ta·co·na·zo** [takonáθo] *n/m gen* DEP backheel. **ta·co·ne·ar** [takoneár] *v* **1.** to tap with one's heels (*baile*). **2.** MIL to click one's heels. **3.** to walk noisily on one's heels. **ta·co·neo** [takonéo] *n/m* **1.** heel-tapping (*baile*). **2.** MIL click of the heels. **3.** walking noisily on one's heels.

tác·ti·co/a [táktiko/a] **I.** *adj* tactical. **II.** *n/m* **1.** tactician. **2.** DEP coach. **III.** *n/f* **1.** *gen* MIL tactics. **2.** tactic, move (*modo calculado*).

tác·til [táktil] *adj* tactile. **tac·to** [tákto] *n/m* **1.** (sense of) touch (*sentido*). **2.** touch(ing), feel (*acto*). **3.** feel (*cualidad*). **4.** FIG tact.

ta·cha [tátʃa] *n/f* **1.** blemish, flaw. **2.** TÉC large tack. LOC **Sin ~**, **1.** flawless (*cosa*). **2.** irreproachable (*persona*). **ta·cha·du·ra** [tatʃaðúra] *n/f* crossing out. **ta·char** [tatʃár] *v* **1.** to erase (*borrar*). **2.** to cross out (*con raya*). **3.** to find fault with (*criticar*). **4.** **(~ de)** to accuse (of), FIG smear. **ta·chón** [tatʃón] *n/m* **1.** crossing out. **2.** TÉC large stud. **ta·cho·nar** [tatʃonár] *v* to adorn with studs. **ta·chue·la** [tatʃwéla] *n/f* TÉC (tin)tack.

ta·fe·tán [tafetán] *n/m* taffeta.

ta·fi·le·te [tafiléte] *n/m* morocco (leather).

ta·ga·lo/a [taɣálo/a] *adj*, *n/m,f* Tagalog.

ta·ho·na [taóna] *n/f* bakery, bakehouse. **ta·ho·ne·ro/a** [taonéro/a] *n/m,f* baker.

ta·húr/ra [taúr/ra] *n/m,f* **1**. professional gambler. **2**. PEY cardsharp, cheat.

tai·lan·dés/sa [tailaṇdés/sa] *adj*, *n/m,f* Thai.

tai·ma·do/a [taimáðo/a] *adj* sly, crafty.

ta·ja·da [taxáða] *n/f* **1**. slice, cut (*carne, etc.*). **2**. slash, knife-wound (*herida*). LOC **Agarrar/Coger una ~**, *col* to get plastered. **Sacar ~**, *col* to take one's cut, get a rake-off.

ta·ja·mar [taxamár] *n/m* NÁUT cutwater.

ta·jan·te [taxáṇte] *adj* **1**. sharp, cutting. **2**. FIG categorical, sharp. **ta·jar** [taxár] *v* to cut, slice. **ta·jo** [táxo] *n/m* **1**. gash, cut (*herida*). **2**. GEOG gorge, cleft. **3**. working area (*zona*). **4**. FAM job (*tarea*). **5**. chopping block (*cocina*). **6**. cutting edge (*de cuchillo*).

tal [tál] **I**. *adj* **1**. such (a) (*sing*): *Tal cosa es imposible*, Such a thing is impossible. *Nunca he visto tal descaro*, I've never seen such cheek. **2**. such (*pl*). **3**. **(un ~)** a certain, sb called. **4**. *pl* such. **II**. *pron* **1**. sb, such a one (*persona*). **2**. sth, such a thing (*cosa*). **3**. **(el ~)** this man (etc) I mentioned, such a person. **III**. *adv* so, in such a way. LOC **Con ~ de + *inf*/Con ~ (de) que + *subj***, *conj* providing (that) + *ind*. **¿Qué ~?**, how are things? **~ como**, 1. *adj* such as. 2. *adv* just as. **~ cual**, *adv* just as it is. **~ para cual**, two of a kind.

ta·la [tála] *n/f* **1**. felling (*árboles*). **2**. FIG devastation.

ta·la·bar·te·ro [talaβartéro] *n/m* saddler.

ta·la·dra·dor/ra [talaðraðór/ra] **I**. *adj* **1**. drilling, boring. **2**. FIG piercing. **II**. *n/f* **1**. drill. **2**. punch (*papeles*). **ta·la·drar** [talaðrár] *v* **1**. to drill, bore. **2**. to punch (*papel*). **3**. FIG to pierce. **ta·la·dro** [taládro] *n/m* **1**. drill (*herramienta*). **2**. drill hole (*agujero*).

tá·la·mo [tálamo] *n/m* **1**. LIT nuptial bed (*cama*). **2**. LIT nuptial chamber (*alcoba*).

ta·lan·te [taláṇte] *n/m* disposition, attitude, mood, frame of mind. LOC **Estar de buen/mal ~**, to be in a good/bad mood, be in the right/wrong frame of mind. **Hacer algo de buen/mal ~**, to do sth with good/bad grace.

ta·lar [talár] *v* **1**. to fell, cut down (*árboles*). **2**. FIG to devastate.

tal·co [tálko] *n/m* **1**. talcum powder. **2**. talc (*mineral*).

ta·le·ga [taléɣa] *n/f* sack, bag. **ta·le·go** [taléɣo] *n/m* V **talega**. **ta·le·gui·lla** [taleɣíʎa] *n/f* TAUR bullfighter's breeches.

ta·len·to [taléṇto] *n/m* talent, ability. **ta·len·to·so/a**, **ta·len·tu·do/a** [taleṇtóso/a/taleṇtúðo/a] *adj* talented, gifted.

tal·go [tálɣo] *n/m* Talgo (*tren*).

ta·li·do·mi·da [taliðomíða] *n/f* thalidomide.

ta·lión [taljón] *n/m* talion. LOC **Ley del ~**, an eye for an eye and a tooth for a tooth.

ta·lis·mán [talismán] *n/m* talisman.

ta·lo [tálo] *n/m* BOT thallus.

ta·lón [talón] *n/m* **1**. heel (*pie, calzado, media, violín*). **2**. stub (*billete*). **3**. counterfoil (*resguardo*). **4**. cheque. **5**. AUT flange, rim. LOC **Pisar a uno los ~es**, 1. to follow hard on sb's heels. 2. FIG to be running sb very close. **~ de Aquiles**, Achilles' heel. **ta·lo·na· rio** [talonárjo] *n/m* **1**. receipt book (*recibos*). **2**. chequebook. **3**. book of tickets (*cupones*).

ta·lud [talúð] *n/m* slope, bank.

ta·lla [táʎa] *n/f* **1**. carving (*acto, madera*). **2**. cutting (*acto, gema*). **3**. ART carving (*en madera*), sculpture (*piedra*), engraving (*en hueco*). **4**. height, stature (*persona*). **5**. FIG stature. **6**. measuring rod (*vara*). **7**. size (*prendas*). LOC **Dar la ~**, *gen* FIG to measure up, be up to. **Tener ~ para**, FIG to be cut out for. **ta·lla·do/a** [taʎáðo/a] **I**. *adj* **1**. carved (*madera*). **2**. cut (*gema*). **II**. *n/m* **1**. carving (*madera*). **2**. sculpting (*piedra*). **3**. cutting (*gema*). **4**. engraving (*en hueco*). **ta·lla·dor** [taʎaðór] *n/m* engraver. **ta·lla·du·ra** [taʎaðúra] *n/f* notch. **ta·llar** [taʎár] **I**. *v* **1**. to carve, work (*madera*). **2**. to sculpt (*piedra*). **3**. to cut (*gema*). **4**. to engrave (*metal*). **5**. to measure (*persona*). **II**. *n/m* forest ready for cutting.

ta·lla·rín [taʎarín] n/m noodle.

ta·lle [táʎe] *n/m* **1**. waist (*cuerpo, vestido*). **2**. figure (*mujer*). **3**. build, physique (*hombre*). **4**. shoulder to waist measurement (*costura*).

ta·ller [taʎér] *n/m* **1**. TÉC (work)shop, garage. **2**. mill, factory (*grande*). **3**. ART studio.

ta·llis·ta [taʎísta] *n/m,f* wood carver.

ta·llo [táʎo] *n/m* **1**. BOT stem, stalk (*principal*). **2**. BOT shoot (*renuevo*). **ta·llu·do/a** [taʎúðo/a] *adj* BOT tall.

ta·ma·ño/a [tamáɲo/a] **I**. *adj* **1**. such a big, so big a (*grande*). **2**. such a small, so small a (*pequeño*). **II**. *n/m* size.

ta·ma·rin·do [tamaríṇdo] *n/m* BOT tamarind.

tam·ba·le·ar·se [taɱbaleárse] *v/Refl(-se)* **1**. to stagger, reel, totter (*persona*). **2**. to wobble (*mueble*). **3**. to lurch, sway (*vehículo*). **tam·ba·leo** [taɱbaléo] *n/m* **1**. staggering, reeling, tottering (*persona*). **2**. wobbliness (*mueble*). **3**. lurching, swaying (*vehículo*).

tam·bién [taɱbjén] *adv* also, too, as well. LOC **Yo ~**, me too, so am I.

tam·bor [taɱbór] *n/m* **1**. MÚS TÉC drum. **2**. drummer (*persona*). **3**. ARQ tambour. **4**. embroidery frame (*costura*). **5**. cylinder (*revólver*). **6**. ANAT eardrum. **7**. capstan (*cables*). **tam·bo·re·ar** [taɱboreár] *v* to drum (with one's fingers). **tam·bo·ril** [taɱboríl] *n/m* small drum. **tam·bo·ri·le·ar** [taɱborileár] *v* **1**. MÚS to (play the) drum. **2**. V **tamborear**. **tam·bo·ri·le·ro/a** [taɱboriléro/a] *n/m,f* drummer.

Tá·me·sis [támesis] *n/m* Thames.

ta·miz [tamíθ] *n/m* sieve. **ta·mi·zar** [tamiθár] *v* (*tamicé*) to sieve, sift.

ta·mo [támo] *n/m* **1**. fluff, dust. **2**. AGR dust, chaff.

tam·po·co [taɱpóko] *adv* not...either, nor, neither: *No me gusta tampoco*, I don't like it either/Nor do I like it. *Ni a él tampoco*, Neither does he/He doesn't either/Nor does he.

tam·pón [taɱpón] *n/m* **1**. inkpad. **2**. MED tampon.

tam·tam [taṇtán] *n/m* MÚS tom-tom.
tan [tán] *adv* as, so: *Tan feo*, So ugly. LOC **No tan...como**, not as...as. **Tan...como**, as...as.
tan·da [táṇda] *n/f* **1**. shift, relay, batch (*personas*). **2**. shift, spell, turn (*trabajo*). **3**. series (*número*).
tán·dem [táṇden] *n/m* tandem.
tan·ga [táŋga] *n/m* G-string.
tan·gen·cial [taŋxeṇθjál] *adj* tangential. **tan·gen·te** [taŋxéṇte] *adj, n/f* tangent. LOC **Escapar(se)/Irse/Salirse por la ~**, to avoid the issue, go off at a tangent.
tan·ge·ri·no/a [taŋxeríno/a] **I**. *adj* of Tangiers. **II**. *n/m,f* native of Tangiers.
tan·gi·ble [taŋxíßle] *adj* tangible.
tan·go [táŋgo] *n/m* MÚS tango. **tan·guis·ta** [taŋgísta] *n/m,f* private dancer (*club*).
ta·ni·no [taníno] *n/m* QUÍM tannin.
tan·que [táŋke] *n/m* **1**. *gen* MIL tank. **2**. tanker (lorry) (*camión*). **3**. beeswax (*colmena*). **tan·que·ta** [taŋkéta] *n/f* MIL armoured car, small tank.
tan·tan [taṇtán] *n/m* gong.
tan·te·ar [taṇteár] *v* **1**. to reckon up, work out roughly (*cálculos*). **2**. to try out (*probar*). **3**. to sound out (*persona*). **4**. DEP to keep the score (of). **5**. to grope, feel one's way (*a tientas*). **tan·teo** [taṇtéo] *n/m* **1**. rough calculation, reckoning (*cálculos*). **2**. trial and error (*prueba*). **3**. sounding (*persona*). **4**. groping, feeling one's way (*a tientas*). **5**. DEP score, scoring. LOC **A/Por ~**, roughly. **Derecho de ~**, right of first refusal.
tan·to/a [táṇto/a] **I**. *adj, pron* **1**. so much, as much. **2**. *pl* so many, as many. **II**. *adv* **1**. so much, as much. **2**. so hard (*trabajar*). **3**. so long (*quedar*). **III**. *adj, n/m,f* odd: *Treinta y tantos*, Thirty-odd. **IV**· *n/m* **1**. COM certain amount, so much. **2**. DEP point (*punto*), goal (*gol*). LOC **En ~ que/Entre ~ que**, while. **Estar al ~ (de)**, to be fully informed (about). **Hasta ~ que**, until. **Las ~as**, very late. **¡No es para ~!**, it's not as bad as all that! **Otro ~**, 1. as much again (*lo mismo*). 2. twice as much (*el doble*). **Por (lo) ~**, therefore. **Uno/a de ~os/as**, nothing special.
ta·ñe·dor/ra [taɲeðór/ra] *n/m,f* MÚS player. **ta·ñer** [taɲér] *v* (*tañó, tañera, tañese*) **1**. MÚS to play (*guitarra*). **2**. MÚS to play, beat (*tambor*). **3**. to toll, ring (*campanas*). **ta·ñi·do** [taɲíðo] *n/m* **1**. MÚS sound, strains. **2**. tolling, ringing (*campanas*).
taoís·mo [taoísmo] *n/m* Taoism. **taoís·ta** [taoísta] *n/m,f* Taoist.
ta·pa [tápa] *n/f* **1**. lid (*olla*). **2**. cap (*botella*). **3**. cover (*libro*). **4**. heel(plate) (*zapato*). **5**. snack, nibble (*aperitivo*). **6**. rumpsteak (*carne*). LOC **Ir de ~s**, to go from bar to bar (eating snacks). **ta·pe·ar** [tapeár] *v* V **ir de tapas**· **ta·peo** [tapéo] *n/m* LOC **Ir de ~**, V **ir de tapas**.
ta·pa·bo·ca [tapaßóka] *n/m* muffler, scarf. **ta·pa·cu·bos** [tapakúbos] *n/m* AUT hubcap. **ta·pa·de·ra** [tapaðéra] *n/f* **1**. V **tapa (1.), (2.), (3.) 2**. FIG cover, front. **ta·pa·di·llo** [tapaðíʎo] LOC **De ~**, secretly. **ta·pa·jun·tas** [tapaxúṇtas] *n/m* ARQ fillet. **ta·par** [tapár] **I**. *v* **1**. to put the lid on (*vasija*). **2**. to put the cap on, put the stopper/cork in (*botella*). **3**. **(~ con)** to stop up (with), block up (with) (*hueco*). **4**. to obstruct, hide (*vista*). **5**. to cover up (*defecto*). **6**. to hide (*fugitivo*). **II**. *v/Refl(-se)* **1**. to muffle up, wrap (oneself) up warm (*fuera*). **2**. to tuck oneself up (*en la cama*). **ta·pa·rra·bo(s)** [taparráßo(s)] *n/m* **1**. loincloth (*salvaje*). **2**. swimming trunks (*bañador*).
ta·pe·te [tapéte] *n/m* table rug, cover. LOC **Estar sobre el ~**, FIG to be on the table. **Poner algo sobre el ~**, FIG to put sth up for discussion.
ta·pia [tápja] *n/f* (garden) wall. LOC **Estar/Ser más sordo que una ~**, to be as deaf as a post. **ta·piar** [tapjár] *v* to wall in.
ta·pi·ce·ría [tapiθería] *n/f* **1**. tapestry, tapestries (*paredes*). **2**. upholstery (*muebles, oficio*). **3**. tapestry making (*oficio artístico*). **4**. tapestry maker's (*taller*). **5**. upholsterer's (*taller*). **ta·pi·ce·ro/a** [tapiθéro/a] *n/m,f* **1**. tapestry maker (*hace tapices*). **2**. upholsterer (*tapiza muebles*).
ta·pio·ca [tapjóka] *n/f* tapioca.
ta·pir [tapír] *n/m* ZOOL tapir.
ta·piz [tapíθ] *n/m* **1**. tapestry (*paredes*). **2**. carpet (*suelo*). **ta·pi·za·do** [tapiθáðo] *n/m* **1**. tapestries (*paredes*). **2**. upholstery (*muebles*). **3**. carpeting (*suelo*). **ta·pi·zar** [tapiθár] *v* (*tapicé*) **1**. to hang with tapestries (*paredes*). **2**. to upholster (*muebles*). **3**. to carpet (*suelo*).
ta·pón [tapón] *n/m* **1**. stopper, cork (*botella*). **2**. TÉC bung, plug. **3**. MED tampon. **4**. traffic jam, hold-up (*tránsito*). **5**. *col* shorthouse (*persona*). LOC **~ de cerumen**, accumul-ation of wax in the ear. **ta·po·na·mien·to** [taponamjéṇto] *n/m* **1**. plugging, stopping up (*agujero*). **2**. closing (*hueco*). **3**. bottle neck, traffic jam (*tránsito*). **4**. MED tamponage. **ta·po·nar** [taponár] *v* **1**. to cork, stopper (*botella*). **2**. to plug, stop up (*agujero*). **3**. MED to tampon. **ta·po·na·zo** [taponáθo] *n/m* pop (*de un corcho*).
ta·pu·jo [tapúxo] *n/m* **1**. FIG deceit (*engaño*). **2**. FIG secrecy. LOC **Andar con ~s**, to behave deceitfully.
ta·qui·car·dia [takikárðja] *n/f* MED tachycardia. **ta·qui·gra·fía** [takiγrafía] *n/f* Br shorthand, US stenography. **ta·qui·gra·fiar** [takiγrafjár] *v* (*taquigrafío*) Br to write in shorthand, US to stenograph. **ta·quí·gra·fo/a** [takíγrafo/a] *n/m,f* Br shorthand writer, US stenographer.
ta·qui·lla [takíʎa] *n/f* **1**. filing cabinet (*archivos*). **2**. set of pigeonholes (*mueble*). **3**. locker (*armario*). **4**. booking office (*transporte*). **5**. TEAT box office. **6**. TEAT takings (*dinero*). **7**. DEP gate money. **ta·qui·lle·ro/a** [takiʎéro/a] **I**. *n/m,f* ticket clerk. **II**. *adj* **1**. box office. **2**. good box office (*actor, película*).
ta·qui·me·ca·no·gra·fía [takimekanoγrafía] *n/f* shorthand typing. **ta·qui·me·ca·nó·gra·fo/a** [takimekanóγrafo/a] *n/m,f* shorthand typist.

ta·ra [tára] *n/f* 1. COM tare. 2. FIG flaw, blemish.

ta·ra·bi·lla [taraβíʎa] I. *n/f* 1. chatter, prattle (*habla*). 2. latch (*puerta*). II. *n/m,f* chatterbox, prattler.

ta·ra·cea [taraθéa] *n/f* inlay, marquetry. **ta·ra·ce·ar** [taraθeár] *v* to inlay.

ta·ra·do/a [taráðo/a] *adj* damaged, defective.

ta·ram·ba·na(s) [taraɱbana(s)] *adj, n/m,f* crackpot, harum-scarum.

ta·ran·te·la [taraŋtéla] *n/f* MÚS tarantella.

ta·rán·tu·la [taráŋtula] *n/f* ZOOL tarantula.

ta·rar [tarár] *v* COM to tare.

ta·ra·re·ar [tarareár] *v* to hum. **ta·ra·reo** [tararéo] *n/m* humming.

ta·ras·ca [taráska] *n/f* 1. carnival dragon. 2. FIG PEY old bag. **ta·ras·ca·da** [taraskáða] *n/f* 1. bite, nip. 2. FIG tart response, FAM shirty reply.

tar·dan·za [tarðáŋθa] *n/f* 1. slowness (*lentitud*). 2. delay (*demora*). **tar·dar** [tarðár] *v* 1. to take a long time, be long: *¿Cuánto tiempo tardará?* How long will he be? 2. (~ **en**) to take (to): *Juan tardó dos horas en llegar a casa*, John took two hours to get home. 3. to be late (*llegada*). 4. to delay (*retardarse*). LOC **A más** ~, at the latest. **tar·de** [tárðe] I. *n/f* 1. afternoon (*12.00 hasta 18.00*). 2. evening (*18.00 hasta anochecer*). II. *adv* late, too late. LOC **Buenas ~s**, 1. good afternoon. 2. good evening. **De ~ en ~**, once every so often. **Hacerse ~**, to get late. **Por la ~** 1. in the afternoon. 2. in the evening. **tar·dío/a** [tarðío/a] *adj* 1. slow (*lento*). 2. late (*llegada*). 3. overdue (*atrasado*). **tar·do/a** [tárðo/a] *adj* 1. slow, sluggish (*movimiento*). 2. slow-witted (*mente*). **tar·dón/na** [tarðón/na] I. *adj* 1. slow (*movimiento*). 2. dim (*mente*). II. *n/m,f* 1. *col* slowcoach (*tarda mucho*). 2. *col* dimwit (*lerdo*).

ta·rea [taréa] *n/f* 1. *gen* task, job. 2. chore (*casa*).

ta·ri·fa [tarífa] *n/f* 1. tariff (*precio*). 2. price list (*en un bar*). 3. rate (*tasa*). 4. fare (*transporte*). **ta·ri·far** [tarifár] *v* to price.

ta·ri·ma *n/f* platform, dais.

tar·je·ta [tarxéta] *n/f* card. LOC ~ **de crédito**, credit card. ~ **postal**, post card.

tar·quín [tarkín] *n/m* silt.

ta·rra·co·nen·se [tarrakonénse] I. *adj* of Tarragona. II. *n/m,f* native of Tarragona.

ta·rro [tárro] *n/m* jar, pot.

tar·so [társo] *n/m* ANAT tarsus.

tar·ta [tárta] *n/f* cake, tart. LOC ~ **helada**, ice-cream gateau.

tar·ta·ja [tartáxa] *adj, n/m,f* V **tartajoso/a**. **tar·ta·je·ar** [tartaxeár] *v* to stammer, stutter. **tar·ta·jeo** [tartaxéo] *n/m* stammer(ing), stutter(ing). **tar·ta·jo·so/a** [tartaxóso/a] I. *adj* stammering, tongue-tied. II. *n/m,f* stammerer, stutterer. **tar·ta·mu·de·ar** [tartamuðeár] *v* V **tartajear**. **tar·ta·mu·deo** [tartamuðéo] *n/m* V **tartajeo**. **tar·ta·mu·dez** [tartamuðéθ] *n/f* stutter, speech impediment. **tar·ta·mu·do/a** [tartamúðo/a] *adj, n/m,f* V **tartajoso/a**.

tar·tán [tartán] *n/m* tartan.

tar·ta·na [tartána] *n/f* 1. trap, light carriage. 2. FIG old banger.

tár·ta·ro/a [tártaro/a] I. *adj, n/m,f* Tartar. II. *adj* tartare (*salsa, carne*). III. *n/m* 1. *lit* Tartarus. 2. QUÍM tartar, argol.

tar·te·ra [tartéra] *n/f* 1. cake tin (*para cocer*). 2. lunch box (*fiambrera*).

ta·ru·go [tarúɣo] *n/m* 1. chunk, lump (*madera*). 2. wooden peg (*clavija*). 3. chunk of stale bread (*pan*). 4. FAM oaf, blockhead.

ta·rum·ba [tarúɱba] *n/f* LOC **Volver (a alguien) ~**, befuddle, confuse. **Estar ~**, to be befuddled.

ta·sa [tása] *n/f* 1. official price (*precio*). 2. rate (*inflación, etc.*). 3. valuation, appraisal (*acto*). 4. measure, standard (*norma*). LOC **Poner ~**, to limit (*restringir*). **ta·sa·ción** [tasaθjón] *n/f* 1. fixing of a price (*precio*). 2. valuation, appraisal.

ta·sa·jo [tasáxo] *n/m* dried meat.

ta·sar [tasár] *v* 1. to set the price of (*precio*). 2. (~ **en**) to value (at), appraise (at) (*valor*). 3. to limit, ration (*limitar*). 4. (~ **en**) to assess (at), rate (at) (*trabajo*). 5. JUR to tax (*costes*).

tas·ca [táska] *n/f* bar, pub, PEY dive. **tas·que·ar** [taskeár] *v* ARG to pub crawl. **tas·queo** [taskéo] *n/m col* pub crawl.

ta·ta [táta] *n/f* nanny (*infantil*).

ta·ta·ra·bue·lo/a [tataraβwélo/a] I. *n/m* great-great grandfather. II. *n/f* great-great grandmother. **ta·ta·ra·nie·to/a** [tataranjéto/a] I. *n/m* great-great grandson. II. *n/f* great-great granddaughter.

¡tate! [táte] *int* 1. good heavens! (*sorpresa*). 2. look out! (*aviso*). 3. oh, I see! (*comprensión*). 4. watch it! (*ira*).

ta·tua·je [tatwáxe] *n/m* 1. tattoo (*dibujo*). 2. tattooing (*acto*). **ta·tuar** [tatwár] *v* (*tatúo, tatúen*) to tattoo.

tau·ma·tur·gia [taumatúrxja] *n/f* miracle working. **tau·ma·tur·go** [taumatúrɣo] *n/m* miracle worker.

tau·ri·no/a [tauríno/a] *adj* 1. ZOOL bull. 2. bullfighting (*fiesta*). **tau·ro** [táuro] *n/m* Taurus. **tau·ró·fi·lo/a** [taurófilo/a] *adj* bullfight fan. **tau·ro·ma·quia** [tauromákja] *n/f* (art of) bullfighting.

tau·to·lo·gía [tautoloxía] *n/f* tautology. **tau·to·ló·gi·co/a** [tautolóxiko/a] *adj* tautological.

ta·xa·ti·vo/a [ta(k)satíβo/a] *adj* limited, restricted.

ta·xi [tá(k)si] *n/m* taxi, US cab.

ta·xi·der·mia [ta(k)siðérmja] *n/f* taxidermy. **ta·xi·der·mis·ta** [ta(k)siðermísta] *n/m,f* taxidermist.

ta·xí·me·tro [ta(k)símetro] *n/m* taximeter, *col* clock. **ta·xis·ta** [ta(k)sísta] *n/m,f* taxi driver, US cabdriver.

ta·xo·no·mía [ta(k)sonomía] *n/f* taxonomy. **ta·xo·nó·mi·co/a** [ta(k)sonómiko/a] *adj* taxonomic(al).

ta·za [táθa] *n/f* 1. cup (*vasija*). 2. cupful (*cantidad*). 3. bowl (*retrete*).

ta·zón [taθón] *n/f* bowl, basin.

te [té] I. *n/f* t (*letra*). II. *pron* 1. you, REL thee (*c. directo*). 2. (to) you, REL (to) thee (*c. indi-*

recto). **3**. (to) yourself, REL (to) thyself (*reflexivo*).

té [té] *n/m* tea.

tea [téa] *n/f* **1**. torch (*antorcha*). **2**. firelighter, spill (*astilla*).

tea·ti·no/a [teatíno/a] *adj, n/m* REL Theatine.

tea·tral [teatrál] *adj* **1**. TEAT theatre, drama. **2**. FIG theatrical, melodramatic. **tea·tra·li·dad** [teatraliðáð] *n/f* **1**. TEAT drama, sense of theatre. **2**. PEY showmanship, theatricality. **tea·tro** [teátro] *n/m* theatre. LOC **Hacer ~**, to overact, behave affectedly.

te·ba·no/a [teβáno/a] *adj, n/m,f* Theban

te·beo [teβéo] *n/m* (children's) comic.

te·cla [tékla] *n/f* key (*instrumento*, etc.). **te·cla·do** [tekláðo] *n/m* keyboard. **te·cle·ar** [tekleár] *v* **1**. COM P to key in, type. **2**. MÚS to play (*piano*), strum (*guitarra*). **3**. to drum (with one's fingers). **te·cleo** [tekléo] *n/m* **1**. MÚS playing, fingering, strumming. **2**. drumming (*dedos*).

téc·ni·ca [téknika] *n/f* technique. **tec·ni·cis·mo** [tekniθísmo] *n/m* **1**. technical nature (*cualidad*). **2**. technical term. **téc·ni·co/a** [tékniko/a] **I**. *adj* technical. **II**. *n/m,f* technician, specialist. **tec·no·cra·cia** [teknokráθja] *n/f* technocracy. **tec·nó·cra·ta** [teknókrata] *n/m,f* technocrat. **tec·no·lo·gía** [teknoloxía] *n/f* technology. **tec·no·ló·gi·co/a** [teknolóxiko/a] *adj* technological.

tec·tó·ni·co/a [tektóniko/a] **I**. *adj* tectonic. **II**. *n/f* tectonics.

te·cha·do [tetʃáðo] *n/m* roof. **te·char** [tetʃár] *v* to roof (in, over). **te·cho** [tétʃo] *n/m* **1**. roof (*exterior*). **2**. ceiling (*interior*). **3**. AER FIG ceiling. **te·chum·bre** [tetʃúmbre] *n/f* roof.

te·déum [teðéun] *n/m* REL Te Deum.

te·dio [téðjo] *n/m* tedium. **te·dio·so/a** [teðjóso/a] *adj* tedious.

te·gu·men·to [teγuménto] *n/m* BOT ZOOL integument.

teí·na [teína] *n/f* QUÍM theine.

teís·mo [teísmo] *n/m* theism. **teís·ta** [teísta] *n/m,f* theist.

te·ja [téxa] *n/f* **1**. ARQ (roofing) tile. **2**. REL shovel hat. LOC **A toca ~**, (cash) on the nail. **te·ja·di·llo** [texaðíʎo] *n/m* **1**. small roof. **2**. top, cover (*carruaje*). **te·ja·do** [texáðo] *n/m* roof.

te·ja·no/a [texáno/a] **I**. *adj, n/m,f* Texan. **II**. *n/m,pl* jeans.

te·jar [texár] **I**. *v* to tile. **II**. *n/m* brick works, tile manufacturer's.

te·je·dor/ra [texeðór/ra] **I**. *adj* weaving. **II**. *n/m,f* weaver. **te·je·ma·ne·je** [texemanéxe] *n/m* **1**. fuss, to-do (*actividad*). **2**. scheming, shady goings on (*intriga*). **te·jer** [texér] *v* **1**. to weave (*tela*). **2**. to knit (*punto*). **3**. to spin (*arañas*, etc). **4**. to crochet (*ganchillo*). **5**. FIG to set up, prepare. **te·ji·do** [texíðo] *n/m* **1**. fabric, material (*tela*). **2**. weave, woven material (*tipo*). **3**. ANAT tissue. **4**. *pl* textiles.

te·jo [téxo] *n/m* **1**. disc, quoit (*para juegos*). **2**. BOT yew.

te·jón [texón] *n/m* ZOOL badger. **te·jo·ne·ra** [texonéra] *n/f* badger's set.

te·jue·lo [texwélo] *n/m* label (*libro*).

te·la [téla] *n/f* **1**. *gen* cloth, material, fabric. **2**. ART canvas (*lienzo*), painting (*cuadro*). **3**. skin, film (*en líquido*). **4**. FIG sth to talk about. **5**. *col* dough. LOC **Estar / Poner en ~ de juicio**, to call into question. **~s del corazón**, FIG heart-strings. **~ metálica**, wire netting. **Tener mucha ~**, *col* 1. to have a lot to it (*trabajo*). 2. to be a complicated business (*difícil*). 3. to be loaded (*dinero*). **te·lar** [telár] *n/m* **1**. loom (*para tejer*). **2**. textile mill (*fábrica*). **3**. TEAT gridiron.

te·la·ra·ña [telaráɲa] *n/f* cobweb, spider's web.

te·le- [tele-] *pref* tele-. **te·le** [téle] *n/f* telly, TV. **te·le·ca·bi·na** [telekaβína] *n/f* cable car. **te·le·co·mu·ni·ca·ción** [telekomunikaθjón] *n/f* **1**. telecommunication. **2**. *pl* telecommunications. **te·le·dia·rio** [teleðjárjo] *n/m* television news (bulletin). **te·le·di·ri·gi·do/a** [teleðirixíðo/a] *adj* remote controlled. **te·le·fé·ri·co** [teleferiko] *n/m* ski lift, cable railway. **te·le·film** [telefílm] *n/m* film made for TV. **te·le·fo·na·zo** [telefonáθo] *n/m* ring, (tele)phone call. **te·le·fo·ne·ar** [telefoneár] *v* to (tele)phone. **te·le·fo·nía** [telefonía] *n/f* telephony. **te·le·fó·ni·co/a** [telefóniko/a] *adj* telephonic, (tele)phone. **te·le·fo·nis·ta** [telefonísta] *n/m,f* (telephone) operator, telephonist. **te·lé·fo·no** [teléfono] *n/m* (tele)phone. **te·le·gra·fía** [teleγrafía] *n/f* telegraphy. **te·le·gra·fiar** [teleγrafjár] *v* (*telegrafío, telegrafíen*) to telegraph. **te·le·grá·fi·co/a** [teleγráfiko/a] *adj* telegraph(ic). **te·le·gra·fis·ta** [teleγrafísta] *n/m,f* telegraphist. **te·lé·gra·fo** [teléγrafo] *n/m* telegraph. **te·le·gra·ma** [teleγráma] *n/m* telegram.

te·le·le [teléle] *n/m* **1**. fainting fit (*desmayo*). **2**. attack of the jitters (*nervios*).

te·le·me·tría [telemetría] *n/f* telemetry. **te·lé·me·tro** [telémetro] *n/m* range finder. **te·le·no·ve·la** [telenoβéla] *n/f* TV serial. **te·le·ob·je·ti·vo** [teleoβxetíβo] *n/m* telephoto lens. **te·leo·lo·gía** [teleoloxía] *n/f* FIL teleology. **te·le·pa·tía** [telepatía] *n/f* telepathy.

te·le·ra [telera] *n/f* **1**. transom, crosspiece (*carro*). **2**. MIL transom. **3**. NÁUT rack block. **4**. plough pin (*arado*).

te·les·có·pi·co/a [teleskópiko/a] *adj* telescopic. **te·les·co·pio** [teleskópjo] *n/m* telescope. **te·le·si·lla** [telesíʎa] *n/m* ski lift, chair lift. **te·les·pec·ta·dor/ra** [telespektaðór/ra] *n/m,f* viewer. **te·les·quí** [teleskí] *n/m* ski lift. **te·le·ti·po** [teletípo] *n/m* teletype, teleprinter. **te·le·vi·den·te** [teleβiðénte] *n/m,f* viewer. **te·le·vi·sar** [teleβisár] *v* to televise. **te·le·vi·sión** [teleβisjón] *n/f* television. **te·le·vi·si·vo/a** [teleβisíβo/a] *adj* television. **te·le·vi·sor** [teleβisór] *n/m* television set. **té·lex** [téle(k)s] *n/m* telex.

te·li·lla [telíʎa] *n/f* **1**. skin, scum (*líquido*). **2**. tarnish (*plata*).

te·lón [telón] *n/m* TEAT curtain. LOC **~ de acero**, iron curtain. **te·lo·ne·ro/a** [telonéro/a] **I**. *adj* **1**. supporting (*espectáculo*). **2**. warm-up (*artista*). **II**. *n/m,f* TEAT curtain raiser, first turn.

te·lú·ri·co/a [telúriko/a] *adj* of the Earth, telluric.

te·ma [téma] *n/m* **1**. topic, subject, theme (*asunto*). **2**. MÚS theme. **3**. FIG obsession, hobbyhorse. **te·ma·rio** [temárjo] *n/m* syllabus, programme. **te·má·ti·co/a** [temátiko/a] **I**. *adj* thematic. **II**. *n/f* **1**. subject matter (*conjunto*). **2**. doctrine, ideology.

tem·bla·de·ra [teɱblaðéra] *n/f* shaking fit. **tem·blar** [teɱblár] *v* (*tiemblo*) **1**. **(~ de)** to tremble (with), shudder (with), shake (with) (*miedo*). **2**. **(~ de)** to shiver (with) (*frío*). **3**. to shudder, shake (*edificio*). **tem·ble·que** [teɱbléke] *n/m* shaking fit. **tem·ble·que·ar**, **tem·ble·te·ar** [teɱblekeár/teɱbleteár] *v* FAM to be all of a quiver. **tem·blón/na** [teɱblón/na] **I**. *adj* trembling, shaking, quivering. **tem·blor** [teɱblór] *n/m* **1**. shuddering, trembling, quivering (*continuo*). **2**. shudder, tremble, quiver (*escalofrío*). **3**. earthquake, tremor (*tierra*). **tem·blo·ro·so/a, tem·blo·so/a** [teɱbl(or)óso/a] *adj* trembling, shaking, shuddering, quivering.

te·mer [temér] **I**. *v* **(~ a, de, por)** to be afraid (of, for), fear (for), dread. **II**. *v/Refl(-se)* FIG to be afraid: *Me temo que no va a venir*, I'm afraid he won't be coming. **te·me·ra·rio/a** [temerárjo/a] *adj* **1**. rash, reckless (*persona, acto*). **2**. hasty (*juicio*). **te·me·ri·dad** [temeriðáð] *n/f* **1**. rashness, recklessness (*cualidad*). **2**. rash act (*hecho*). **3**. FIG temerity. **te·me·ro·so/a** [temeróso/a] *adj* **1**. timid. **2**. **(~ de)** fearful (of). LOC **Ser ~ de Dios**, to be God-fearing. **te·mi·ble** [temíßle] *adj* fearsome, dreadful. **te·mor** [temór] *n/m* **1**. **(~ a, de)** fear (of) (*miedo*). **2**. **(~ a, de)** suspicion (about), misgiving (about) (*recelo*).

tém·pa·no [téɱpano] *n/m* **1**. MÚS kettledrum (*tamboril*). **2**. MÚS drumhead (*parche*). **3**. floe (*hielo*). **4**. ARQ tympan. **5**. slab (*de cosa dura*).

tem·pe·ra·men·tal [teɱperamen̪tál] *adj* temperamental. **tem·pe·ra·men·to** [teɱperamén̪to] *n/m* temperament, nature.

tem·pe·ra·tu·ra [teɱperatúra] *n/f* temperature.

tem·pes·tad [teɱpestáð] *n/f* **1**. storm, tempest. **2**. FIG storm. **tem·pes·tuo·so/a** [teɱpestwóso/a] *adj gen* FIG stormy.

tem·pla·do/a [teɱpláðo/a] *adj* **1**. **(~ en)** restrained (in), moderate (in) (*actitud*). **2**. (luke)warm (*agua*). **3**. temperate, mild (*clima*). **4**. brave, courageous (*valiente*). **5**. TÉC tempered. **6**. MÚS in tune, tuned. **7**. *col* tipsy. **tem·plan·za** [teɱplán̪θa] *n/f* **1**. temperance (*virtud*). **2**. moderation (*comportamiento*). **3**. temperateness, mildness (*clima*). **tem·plar** [teɱplár] **I**. *v* **1**. to temper, moderate (*efectos*). **2**. TÉC to temper. **3**. to cool down (*algo caliente*). **4**. to warm up (*algo frío*). **5**. to dilute (*solución*). **6**. to blend (*colores*). **7**. MÚS to tune. **8**. to calm (sb) down (*aplacar*). **II**. *v/Refl(-se)* to warm up (*agua, tiempo*).

tem·pla·rio [teɱplárjo] *n/m* (Knight) Templar.

tem·ple [téɱple] *n/m* **1**. TÉC temper(ing). **2**. mettle, courage (*fortaleza*). **3**. mood (*humor*). **4**. ART tempera. **5**. distemper (*pintura*). **6**. MÚS tuning.

tem·ple·te [teɱpléte] *n/m* REL shrine, niche. **tem·plo** [téɱplo] *n/m* **1**. temple. **2**. REL church, chapel.

tem·po·ra·da [teɱporáða] *n/f* **1**. time, spell, period of time. **2**. DEP season.

tem·po·ral [teɱporál] **I**. *adj* **1**. temporary. **2**. REL ANAT temporal. **II**. *n/m* **1**. storm (*tempestad*). **2**. spell of wet weather (*lluvias*). **3**. ANAT temporal bone. LOC **Capear el ~**, *gen* FIG to weather the storm.

tém·po·ras [téɱporas] *n/f,pl* ember days.

tem·po·re·ro/a [teɱporéro/a] **I**. *adj* seasonal, casual. **II**. *n/m,f* seasonal/casual worker.

tem·pra·ne·ro/a [teɱpranéro/a] *adj* early-rising. **tem·pra·no/a** [teɱpráno/a] *adj, adv* early.

te·na·ci·dad [tenaθiðáð] *n/f* **1**. tenacity (*persona*). **2**. persistence, ingrained nature (*dolor*).

te·na·ci·llas [tenaθíʎas] *n/f,pl* **1**. tongs. **2**. MED tweezers, forceps.

te·naz [tenáθ] *adj* **1**. tenacious (*persona*). **2**. persistent (*dolor*). **3**. difficult to remove (*mancha*). **4**. tough, durable (*materia*).

te·na·za(s) [tenáθa(s)] *n/f(,pl)* TÉC pliers, pincers.

ten·ca [téŋka] *n/f* ZOOL tench.

ten·da·le·ro, **ten·de·de·ro** [ten̪daléro/ten̪deðéro] *n/m* clothes-line, clothes horse.

ten·den·cia [ten̪dén̪θja] *n/f* tendency, trend. **ten·den·cio·so/a** [ten̪den̪θjóso/a] *adj* tendentious. **ten·den·te** [ten̪dén̪te] *adj* **(~ a)** tending (to), designed (to). **ten·der** [ten̪dér] *v* (*tiendo*) **I**. **1**. to spread (out), lay out (*manta*, etc). **2**. to stretch out, hold out (*mano*). **3**. to lay (*cable, mantel*). **4**. build (*puente*). **5**. to hang out (*ropa*). **6**. to set (*trampa*). **7**. **(~ a)** to tend (to, towards). **II**. *v/Refl(-se)* to lie down.

ten·de·re·te [ten̪deréte] *n/m* market stall. **ten·de·ro/a** [ten̪déro/a] *n/m,f* shopkeeper.

ten·di·do/a [ten̪díðo] **I**. *adj* **1**. spread out, laid out (*mantel*, etc). **2**. hung out (*ropa*). **3**. lying down, stretched out (*persona*). **4**. flat out (*galope*). LOC **A galope ~**, at a full gallop (*caballo*). **II**. *n/m* **1**. laying (*cable*, etc). **2**. washing (on the line) (*ropa*). **3**. TAUR lower rows of seats.

ten·dón [ten̪dón] *n/m* ANAT tendon, sinew.

te·ne·bris·mo [teneßrísmo] *n/m* ART tenebrism. **te·ne·bro·si·dad** [teneßrosiðáð] *n/f* **1**. *gen* darkness, gloom. **2**. FIG gloominess (*tristeza*). **3**. FIG sinister nature. **te·ne·bro· so/a** [teneßróso/a] *adj* **1**. *gen* dark, gloomy. **2**. FIG sinister (*asunto*). **3**. FIG shady (*negocio*).

te·ne·dor/ra [teneðór/ra] **I**. *n/m,f* COM holder, bearer. **II**. *n/m* **1**. fork (*para comer*). **2**. ballboy (*pelota*). LOC **~ de libros**, bookkeeper. **te·ne·du·ría** [teneðuría] *n/f* COM bookkeeping.

te·nen·cia [tenén̪θja] *n/f* **1**. JUR possession. **2**. MIL lieutenancy. **3**. tenure (*oficio*).

te·ner [tenér] I. *v* (*tengo, tendré, tuve*) **1**. *gen aux* to have (got); to own, possess. **2**. to hold (*objeto*). **3**. to hold on to (*agarrar*). **4**. to carry (*llevar*). **5**. to keep (*promesa*). **6**. to contain (*receptáculo*). **7**. **(~ por)** to consider. **II**. *v/Refl(-se)* **1**. to stand (up) (*de pie*). **2**. FIG to stand firm. **3**. **(~ con)** to stand up (to). **4**. **(~ sobre)** to lean (on). **5**. FIG to control oneself. **6**. **(~ por)** to think oneself, consider oneself to be. LOC **¿Conque ésas tenemos?**, so that's the way it is, is it? **No ~ donde caerse muerto**, FIG not to have two ha'pennies to rub together. **No ~las todas consigo**, FAM not to be at ease. **¿Qué tienes?**, what's the matter (with you)? **¡Ten!, ¡Tenga!**, here you are. **~ a bien**, to see fit, think it better. **~... años**, to be ... (years old). **~ a menos +** ***inf***, to consider it beneath oneself to + *inf*. **~ en más**, to think all the more of. **~ en menos**, to think the less of. **~ en mucho a uno**, to think highly of sb. **~ envidia**, to be envious. **~ hambre/sed**, to be hungry/thirsty. **~le a uno al corriente**, to keep sb informed. **~ mucho gusto en/de +** ***inf***, to have much pleasure in + *ger*. **~ algo puesto**, to be wearing sth, to have (got) sth on. **~ que +** ***inf***, to have (got) to + *inf*, must + *inf*. **~la tomada con uno**, to have it in for sb. **~ razón**, to be right. **~ que ver con**, V **ver**· **~ sueño**, V **sueño**. **~ X metros de ancho/ largo/alto**, to be X metres wide/long/ high/ tall. **Ten por seguro que...**, rest assured that... **~se en poco**, to underrate oneself, to underestimate oneself.

te·nia [ténja] *n/f* ZOOL tapeworm.

te·nien·te [tenjénte] *n/m* MIL lieutenant. LOC **~ de alcalde**, deputy mayor. **~ coronel**, lieutenant colonel. **~ general**, lieutenant general.

te·nis [ténis] *n/m* tennis. **te·nis·ta** [tenísta] *n/m,f* tennis player. **te·nís·ti·co/a** [tenístiko/a] *adj* tennis.

te·nor [tenór] *n/m* **1**. tenor, meaning, purport. **2**. MÚS tenor.

te·no·rio [tenórjo] *n/m* FIG lady-killer.

ten·sar [tensár] *v* **1**. to tauten. **2**. to draw (*arco*). **ten·sión** [tensjón] *n/f* **1**. tension, tautness (*física*). **2**. TÉC stress, strain. **3**. ELECTR voltage, tension. **4**. ANAT blood pressure. **5**. FIG tension. **ten·so/a** [ténso/a] *adj* **1**. taut (*cuerda*, etc). **2**. FIG tense, strained. **ten·sor/ra** [tensór/ra] **I**. *adj* tensile. **II**. *n/m* **1**. TÉC guy, strut. **2**. ANAT tensor. **3**. chest expander(s) (*aparato*).

ten·ta·ción [tentaθjón] *n/f* temptation.

ten·tá·cu·lo [tentákulo] *n/m* ZOOL tentacle, feeler.

ten·ta·de·ro [tentaðéro] *n/m* pen where the bravery of young bulls is tested. **ten·ta·dor/ra** [tentaðór/ra] *adj* tempting. **ten·tar** [tentár] *v* (*tiento*) **1**. to touch, feel (*tacto*). **2**. MED to probe. **3**. **(~ a, con)** to tempt, entice (to, with). **4**. to attempt, try (*intentar*). **ten·ta·ti·va** [tentatíβa] *n/f* **1**. attempt, try. **2**. effort (*esfuerzo*).

ten·tem·pié [tentempjé] *n/m* **1**. snack, bite to eat. **2**. tumbler, roly-poly (*dominguillo*).

te·nue [ténwe] *adj* **1**. tenuous, slender, thin (*palo*). **2**. fine (*hilo*). **3**. light (*neblina*). **4**. faint (*sonido, luz*). **5**. FIG tenuous, slight.

te·ñi·do/a [teɲíðo/a] **I**. *adj* **1**. dyed (*tela, pelo*). **2**. tinted (*pelo*). **3**. FIG tinged. **II**. *n/m* **1**. dyeing, tinting (*acción*). **2**. dye (*color*). **te·ñir** [teɲír] *v* (*tiño*) **1**. **(~ de, en)** to dye (*tela, pelo*). **2**. **(~ de, en)** to tint (*pelo*). **3**. **(~ de)** to stain (*manchar*). **4**. **(~ de)** FIG to tinge (with).

teo·cra·cia [teokráθja] *n/f* theocracy. **teo·crá·ti·co/a** [teokrátiko/a] *adj* theocratic. **teo·di·cea** [teoðiθéa] *n/f* theodicy.

teo·do·li·to [teodolíto] *n/m* theodolite.

teo·lo·gal [teoloɣál] *adj* theological. **teo·lo·gía** [teoloxía] *n/f* theology. **teo·ló·gi·co/a** [teolóxiko/a] *adj* theological. **teó·lo·go/a** [teóloɣo/a] *n/m,f* theologian.

teo·re·ma [teoréma] *n/m* theorem.

teo·ría [teoría] *n/f* theory. **teó·ri·co/a** [teóriko/a] **I**. *adj* theoretic(al). **II**. *n/m,f* theorist. **III**. *n/f* theoretics, theory. **teo·ri·zar** [teoriθár] *v* (*teoricé*) to theorize.

te·qui·la [tekíla] *n/f* tequila.

te·ra·peu·ta [terapéuta] *n/m,f* therapist. **te·ra·péu·ti·co/a** [terapéutiko/a] **I**. *adj* therapeutic. **II**. *n/f* therapeutics, therapy. **te·ra·pia** [terápja] *n/f* therapy.

ter·cer [terθér] *adj abrev* V **tercero/a**. LOC **~ mundo**, third world. **ter·cer·mun·dis·ta** [terθermundísta] *adj* thirdworld. **ter·ce·ro/a** [terθéro/a] **I**. *adj* (**tercer** before *n/m, sing*) third. **II**. *n/m* **1**. JUR third party. **2**. mediator (*árbitro*). **III**. *n/f* **1**. third class (*tren*). **2**. AUT third (gear). LOC **A la ~a va la vencida**, third time lucky.

ter·ce·ro·la [terθeróla] *n/f* **1**. musketoon (*arma*). **2**. MÚS small flute.

ter·ce·to [terθéto] *n/m* **1**. tercet (*estrofa*). **2**. MÚS trio.

ter·cia·na [terθjána] *n/f* MED tertian (fever).

ter·ciar [terθjár] **I**. *v* **1**. MAT to divide into three. **2**. to wear across one's chest (*prenda*). **3**. **(~ en)** to join (in), take part (in), PEY butt in (*conversación*). **4**. **(~ con, en, entre)** to mediate (with, in, between) (*entre dos*). **5**. to stand in, make up the number (*suplir*). **II**. *v/Refl(-se)* to arise, present itself (*oportunidad*). **ter·cia·rio/a** [terθjárjo/a] **I**. *adj* **1**. third (*en orden*). **2**. GEOL tertiary. **II**. *n/m* REL GEOL tertiary. **ter·cio/a** [térθjo/a] **I**. *adj* third. **II**. *n/m* **1**. third (*fracción*). **2**. MIL HIST regiment. **3**. TAUR phase, stage.

ter·cio·pe·lo [terθjopélo] *n/m* velvet.

ter·co/a [térko/a] *adj* **1**. obstinate, stubborn (*persona*). **2**. tough, difficult (*cosa*)

ter·gal [terɣál] *n/m* polyester fabric (*marca registrada*).

te·re·sia·no/a [teresjáno/a] **I**. *adj* of St. Teresa of Avila. **II**. *n/m,f* Teresian.

ter·gi·ver·sa·ción [terxiβersaθjón] *n/f* distortion, misrepresentation. **ter·gi·ver·sar** [terxiβersár] *v* to distort, misrepresent.

ter·mal [termál] *adj* thermal. **ter·mas** [térmas] *n/f,pl* hot springs, hot baths. **tér·mi·co/a** [térmiko/a] *adj* thermal, thermic, heat.

ter·mi·na·ción [terminaθjón] *n/f* ending, conclusion. **ter·mi·nal** [terminál] **I.** *adj* terminal. **II.** *n/f* **1.** terminus (*autobús*). **2.** AER terminal. **III.** *n/m* ELECTR COM P terminal. **ter·mi·nan·te** [terminánte] *adj* **1.** categorical (*respuesta*). **2.** final (*decisión*). **3.** strict (*prohibición*). **ter·mi·nar** [terminár] *v* **1.** *gen* to finish, end. **2.** (**~ de**) to finish: *Terminó de comer*, He finished eating. **3.** (**~ por**) to end up (by): *Terminó por casarse*, She ended up (by) getting married. **tér·mi·no** [término] *n/m* **1.** end, finish (*fin*). **2.** district (*zona*). **3.** boundary stone (*mojón*). **4.** limit (*de tierra*). **5.** terminus (*transporte*). **6.** GRAM FIL MAT term. **7.** period, term (*plazo*). **8.** *pl* conditions, terms (*contrato*). LOC **Dar ~ a algo**, to finish sth off. **En último ~**, as a last resort. **Llevar a ~ algo**, to complete, see sth through. **Poner ~ a algo**, to put an end to sth. **Por ~ medio**, on average. **~ municipal**, township.

ter·mi·no·lo·gía [terminoloxía] *n/f* terminology.

ter·mi·ta [termíta] *n/f*, **ter·mi·te** [termíte] *n/m* ZOOL termite. **ter·mi·te·ro** [termitéro] *n/m* termite nest.

ter·mo [térmo] *n/m* **1.** thermos (flask) (*botella*). **2.** water heater (*calentador*). **ter·mo·di·ná·mi·ca** [termodinámika] *n/f* FÍS thermodynamics. **ter·mo·e·lec·tri·ci·dad** [termoelektriθiðáð] *n/f* thermoelectricity. **ter·mó·me·tro** [termómetro] *n/m* thermometer. **ter·mo·nu·cle·ar** [termonukleár] *adj* FÍS thermonuclear. **ter·mos·ta·to** [termostáto] *n/m* thermostat.

ter·na [térna] *n/f* short list of three candidates. **ter·na·rio/a** [ternárjo/a] *adj* ternary.

ter·ne·ro/a [ternéro/a] **I.** *n/m,f* AGR calf. **II.** *n/f* veal (*carne*).

ter·ne·za [ternéθa] *n/f* **1.** tenderness (*cualidad*). **2.** *pl* tender words, FAM sweet nothings.

ter·ni·lla [terníʎa] *n/f* gristle, cartilage.

ter·no [térno] *n/m* **1.** set of three (*grupo*). **2.** three-piece suit (*traje*). **3.** FAM curse, swearword.

ter·nu·ra [ternúra] *n/f* **1.** tenderness, affection (*cualidad*). **2.** endearment (*palabra*). **3.** FIG appealing nature.

ter·que·dad [terkeðáð] *n/f* **1.** obstinacy, stubbornness (*persona*). **2.** hardness (*cosa*).

te·rra·co·ta [terrakóta] *n/f* terracotta.

te·rra·do [terráðo] *n/m* roof terrace.

te·rral [terrál] *adj*, *n/m* from the land (*viento*).

te·rra·plén [terraplén] *n/m* **1.** embankment (*ferrocarril*). **2.** MIL earthwork, rampart. **3.** slope (*pendiente*).

te·rrá·queo/a [terrákeo/a] *adj* LOC **Globo ~**, globe, Earth.

te·rra·te·nien·te [terratenjénte] *n/m,f* landowner.

te·rra·za [terráθa] *n/f* **1.** ARQ flat roof (*azotea*), balcony (*balcón*). **2.** terrace (*café, campo*).

te·rra·zo [terráθo] *n/m* terrazzo.

te·rre·mo·to [terremóto] *n/m* earthquake.

te·rre·nal [terrenál] *adj* V **terreno/a I. (1.)** **te·rre·no/a** [terréno/a] **I.** *adj* **1.** earthly, worldly (*bienes*). **2.** terrestrial (*de la tierra*). **II.** *n/m* **1.** *gen* MIL terrain. **2.** earth, ground, land (*tierra*). **3.** AGR soil, land. **4.** DEP ground, pitch (*fútbol*), course (*golf*). **5.** FIG field, sphere. LOC **Estar / Encontrarse en su propio ~**, to be on home ground. **Ganar ~**, to gain ground. **Perder ~**, to lose ground. **Preparar / Trabajar el ~**, FIG to pave the way for, prepare the ground. **Saber uno el ~que pisa**, to know one's way around. **Sobre el ~**, on the spot. **~ de camping**, camp site. **te·rres·tre** [terréstre] **I.** *adj* **1.** *gen* terrestrial. **2.** ground, land (*de la tierra*). **3.** overland (*ruta*). **II.** *n/m,f* terrestrial, Earth dweller.

te·rri·ble [terríβle] *adj* terrible, dreadful.

te·rrí·co·la [terríkola] *n/m,f* V **terrestre II**.

te·rrí·fi·co/a [terrífiko/a] *adj* V **terrorífico/a**.

te·rri·to·rial [territorjál] *adj* territorial. **te·rri·to·ria·li·dad** [territorjaliðáð] *n/f* territoriality. **te·rri·to·rio** [territórjo] *n/m* territory.

te·rrón [terrón] *n/m* **1.** clod, lump (*tierra*). **2.** lump (*azúcar*).

te·rror [terrór] *n/m* terror. **te·rro·rí·fi·co/a** [terrorífiko/a] *adj* terrifying. **te·rro·ris·mo** [terrorísmo] *n/m* terrorism. **te·rro·ris·ta** [terrorísta] *adj*, *n/m,f* terrorist.

te·rro·si·dad [terrosiðáð] *n/f* earthiness. **te·rro·so/a** [terróso/a] *adj* **1.** earthy. **2.** earth-coloured (*color*). **te·rru·ño** [terrúɲo] *n/m* **1.** country, native land (*origen*). **2.** clod (*terrón*). **3.** patch of ground (*parcela*).

ter·so/a [térso/a] *adj* **1.** smooth (*sin arrugas*). **2.** glossy (*liso y brillante*). **3.** shining, bright (*reluciente*). **ter·su·ra** [tersúra] *n/f* **1.** smoothness (*liso*). **2.** glossiness, shine.

ter·tu·lia [tertúlja] *n/f* **1.** get-together (*reunión*). **2.** circle, group (*peña*). **3.** clubroom, gamesroom (*sala*).

te·se·la [teséla] *n/f* tessera.

te·si·na [tesína] *n/f* degree dissertation. **te·sis** [tésis] *n/f* thesis.

te·si·tu·ra [tesitúra] *n/f* **1.** MÚS tessitura. **2.** FIG mood, frame of mind.

te·són [tesón] *n/m* **1.** firmness, inflexibility (*firmeza*). **2.** tenacity, perseverance (*perseverancia*)

te·so·re·ría [tesorería] *n/f* **1.** treasury, treasurer's office (*despacho*). **2.** office of treasurer (*cargo*). **te·so·re·ro/a** [tesoréro/a] *n/m,f* treasurer. **te·so·ro** [tesóro] *n/m* **1.** *gen* FIG treasure. **2.** Treasury, Exchequer (*nacional*). **3.** darling, sweetheart (*apelativo*).

test [tés(t)] *n/m* test (*prueba*).

tes·ta [tésta] *n/f* **1.** head. **2.** FAM gumption.

tes·ta·do/a [testáðo/a] *adj* testate. **tes·ta·dor/ra** [testaðór/ra] *n/m,f* testator, testate.

tes·ta·fe·rro [testaférro] *n/m* front man, figurehead.

tes·ta·men·ta·ría [testamentaría] *n/f* **1.** execution of a will (*tramitación*). **2.** estate (*herencia*). **tes·ta·men·ta·rio/a** [testamentárjo/a] **I.** *adj* testamentary. **II.** *n/m* executor. **III.** *n/f* executrix. **tes·ta·men·to** [testaménto] *n/m* will, testament. **tes·tar** [testár] *v* to make a will.

tes·ta·ra·da [testeráða] *n/f* bump/bang on the head. **tes·ta·ru·dez** [testaruðéθ] *n/f* obstinacy, stubbornness. **tes·ta·ru·do/a** [testarúðo/a] *adj* obstinate, stubborn. **tes·te·ra** [testéra] *n/f* **1**. V **testarada**. **2**. ZOOL forehead. **tes·te·ra·zo** [testaráθo] *n/m* V **testarada**.

tes·tí·cu·lo [testíkulo] *n/m* ANAT testicle.

tes·ti·fi·ca·ción [testifikaθjón] *n/f* testification, testimony. **tes·ti·fi·cal** [testifikál] *adj* JUR witness. **tes·ti·fi·car** [testifikár] *v* (*testifiqué*) to testify. **tes·ti·fi·ca·ti·vo/a** [testifikatíβo/a] *adj* testifying. **tes·ti·go** [testíγo] **I**. *n/m,f gen* JUR witness. **II**. *n/m* DEP baton. LOC **~ de cargo**, witness for the prosecution. **~ de descargo**, witness for the defence. **~ presencial/ocular**, eyewitness. **tes·ti·mo·nial** [testimonjál] *adj* JUR testimonial. **tes·ti·mo·niar** [testimonjár] *v* to testify, bear witness to. **tes·ti·mo·nio** [testimónjo] *n/m* testimony, evidence. LOC **Levantar falsos ~s**, to bear false witness, commit perjury.

tes·tuz [testúθ] *n/f* **1**. forehead (*caballo*, etc). **2**. nape (of the neck) (*vacuno*).

te·ta [téta] *n/f* **1**. ANAT breast, FAM tit (*pecho*), nipple (*pezón*). **2**. teat (*biberón*). LOC **Dar (la) ~**, to suckle, breast-feed. **De ~**, unweaned.

te·tá·ni·co/a [tetániko/a] *adj* MED tetanic. **té·ta·no, té·ta·nos** [tétano(s)] *n/f* MED tetanus, lockjaw.

te·te·ra [tetéra] *n/f* teapot.

te·ti·lla [teíʎa] *n/f* **1**. ANAT nipple (*varón*). **2**. teat (*biberón*). **te·ti·na** [tetína] *n/f* teat. **te·to·na** [tetóna] *adj col* busty, big-breasted.

te·tra·e·dro [tetraéðro] *n/m* tetrahedron.

te·tra·lo·gía [tetraloxía] *n/f* tetralogy.

te·trar·quía [tetrarkía] *n/f* tetrarchy.

té·tri·co/a [tétriko/a] *adj* **1**. gloomy, pessimistic (*persona*). **2**. dismal, dim (*luz*).

te·tu·da [tetúða] *adj col* V **tetona**.

teu·tón/na [teutón/na] **I**. *adj* Teutonic. **II**. *n/m,f* Teuton. **teu·tó·ni·co/a** [teutóniko/a] *adj* Teutonic.

tex·til [te(k)stíl] **I**. *adj* textile. **II**. *n/m,pl* textiles.

tex·to [té(k)sto] *n/m* text. **tex·tual** [te(k)stwál] *adj* **1**. textual (*de texto*) **2**. verbatim, word for word (*citas*).

tex·tu·ra [te(k)stúra] *n/f* texture.

tez [téθ] *n/f* complexion, skin.

ti [tí] *pron* **1**. you. **2**. yourself (*reflexivo*). **3**. REL thee, thyself.

tía [tía] *n/f* **1**. aunt (*pariente*). **2**. *col* woman (*mujer*). **3**. *col* bird, chick (*chica*). **4**. *col* tart (*puta*). **5**. *col* old bag (*tarasca*).

tia·li·na [tjalína] *n/f* BIOL ptyalin. **tia·lis·mo** [tjalísmo] *n/m* BIOL ptyalism.

tia·ra [tjár] *n/f* tiara.

ti·be·ta·no/a [tiβetáno/a] *adj, n/m,f* Tibetan.

ti·bia [tíβja] *n/f* ANAT tibia.

ti·bie·za [tiβjéθa] *n/f* **1**. lukewarmness, tepidness (*líquido*). **2**. FIG lukewarmness, lack of enthusiasm. **ti·bio/a** [tíβjo/a] *adj* **1**. lukewarm, tepid (*líquido*). **2**. FIG lukewarm, unenthusiastic. LOC **Poner ~ a uno**, 1. to hurl abuse at sb. 2. FIG to run sb down.

ti·bu·rón [tiβurón] *n/m* ZOOL shark.

tic [tík] *n/m* **1**. MED tic, twitch. **2**. FIG knee-jerk reaction.

tic·ket [tíke(t)] *n/m* **1**. ticket (*billete*). **2**. till receipt (*de compra*).

tic·tac [tikták] *n/m* **1**. tick-tock (*reloj*). **2**. clicking, tapping (*teclas*).

tiem·po [tjém̦po] *n/m* **1**. *gen* time. **2**. DEP half. **3**. MÚS tempo, time. **4**. TÉC stroke. **5**. GRAM tense. **6**. weather (*meteoro*). LOC **A su ~**, at the right moment. **A ~**, 1. on time, at the right time (*oportuno*). 2. in (good) time (*temprano*). **Al mismo ~**, at the same time. **Andando el ~**, as time goes by. **Con el ~**, in (the course of) time. **Con ~**, in advance. **Dar ~**, to give (sth) time. **Dar ~ al ~**, to give it time. **De algún ~ a esta parte**, for some time now. **De ~ en ~**, from time to time. **Fuera de ~**, 1. out of season (*fruto*). 2. inopportune. **Ganar ~**, 1. to save time (*para adelantar*). 2. to gain time. **Hacer/Matar el ~**, to kill time. **Pasar el ~**, to while away the time. **Sin perder el ~**, without wasting any time. **~ de perros**, filthy weather. **Tomarse ~ para algo**, to take one's time over sth. **Y si no, al ~**, you'll see.

tien·da [tjé̦nda] *n/m* **1**. shop (*comercio*). **2**. tent (*camping*). LOC **~ de campaña**, army tent.

tien·ta [tjé̦nta] *n/f* **1**. TAUR test of young bulls' bravery. **2**. MED probe. **3**. FIG cleverness, artfulness. LOC **A ~s**, *gen* FIG feeling one's way. **tien·to** [tjé̦nto] *n/m* **1**. *gen* FIG touch, feel(ing) (*tacto*). **2**. steady hand (*pulso*). **3**. ZOOL feeler, tentacle. **4**. *col* pass (*amoroso*). LOC **Con ~**, warily.

tier·no/a [tjérno/a] *adj* **1**. soft, delicate (*al tacto*). **2**. tender, affectionate (*comportamiento*). **3**. tender (*carne*). **4**. new, fresh (*pan*). **5**. sensitive (*llorica*). **6**. young (*niño*).

tie·rra [tjérra] *n/f* **1**. ASTR Earth **2**. GEOG world. **3**. land (*superficie*). **4**. GEOL land, soil, earth, ground. **5**. *pl* AGR lands, estate(s). **6**. country, native land (*país*). **7**. one's own region (*patria chica*). LOC **A ras de ~**, at ground level. **Besar ~**, to fall flat on one's face. **Caer por ~**, 1. to fall to the ground. 2. FIG to crumble. **Echar a/por ~**, to wreck, destroy. **Quedarse en ~**, not to get off the ground. **Tomar ~**, AER to land, touch down.

tie·so/a [tjéso/a] *adj* **1**. stiff, rigid (*inflexible*). **2**. straight, upright (*porte*). **3**. FIG aloof. **4**. taut, tight (*tenso*). LOC **Dejar ~ a uno**, *col* to bump sb off.

ties·to [tjésto] *n/m* flowerpot.

tí·fi·co/a [tífiko/a] *adj* MED typhus. **ti·foi·deo/a** [tifoiðéo/a] **I**. *adj* typhoid. **II**. *n/f* typhoid fever.

ti·fón [tifón] *n/m* typhoon.

tifus [tífus] *n/m* MED typhus.

ti·gre [tíγre] *n/m* ZOOL tiger, *Amer* jaguar. **ti·gre·sa** [tiγrésa] *n/f* ZOOL tigress. **ti·gri·llo** [tiγríʎo] *n/m Amer* ZOOL ocelot.

ti·ja [tíxa] *n/f* stem (*llave*).

ti·je·ra(s) [tixéra(s)] *n/f(pl)* **1**. scissors (*costura*). **2**. shears (*jardín*). LOC **De ~**, folding. **ti·je·re·ta** [tixeréta] *n/f* ZOOL earwig. **ti·je·re·ta·da** [tixeretáðа] *n/f* snip. **ti·je·re·ta·zo** [tixeretáθo] *n/m* snip. **ti·je·re·te·ar** [tixereteár] *v* **1**. to snip, cut. **2**. PEY to hack. **3**. FAM FIG to meddle (in). **ti·je·re·teo** [tixeretéo] *n/m* **1**. snipping, cutting. **2**. PEY hacking away.

ti·la [tíla] *n/f* **1**. BOT lime tree, linden tree. **2**. BOT lime blossom, linden blossom (*flor*). **3**. lime(-blossom) tea (*infusión*).

til·dar [til̪dár] *v* **1**. to put an accent on (*ortografía*). **2**. to put a tilde on (*ñ*). **3**. to cross out (*tachar*). **4**. **(~ de)** FIG to call, label (*persona*). **til·de** [tíl̪de] *n/m,f* **1**. accent (*ortografía*). **2**. tilde (*ñ*). **3**. fault, flaw (*tacha*). **4**. FIG jot, iota.

ti·lín [tilín] *n/m* ting-a-ling, tinkle. **Hacer ~ a uno**, FAM to appeal to sb.

ti·lo [tílo] *n/m* V **tila (1.)**

ti·ma·dor/ra [timaðór/ra] *n/m,f* swindler, confidence trickster. **ti·mar** [timár] *v* to swindle (sb out of sth).

tim·ba [tímba] *n/f* **1**. FAM hand (of cards) (*partida*). **2**. gambling den.

tim·bal [timbál] *n/m* **1**. MÚS kettledrum, timbal. **2**. MÚS small drum. **3**. meat pie (*cocina*). **tim·ba·le·ro** [timbaléro] *n/m* kettledrummer.

tim·brar [timbrár] *v* **1**. to stamp (*documento*). **2**. to postmark (*correo*). **tim·bra·zo** [timbráθo] *n/m* loud/long ring. **tim·bre** [tímbre] *n/m* **1**. (electric) bell (*para llamar*). **2**. COM fiscal/revenue stamp. **3**. timbre (*voz*).

ti·mi·dez [timiðéθ] *n/f* shyness, timidity, bashfulness. **tí·mi·do/a** [tímiðo/a] *adj* shy, timid, bashful.

ti·mo [tímo] *n/m* swindle, confidence trick.

ti·món [timón] *n/m* **1**. NÁUT AER helm, rudder. **2**. FIG helm. **ti·mo·nel** [timonél] *n/m* NÁUT helmsman. **ti·mo·ne·ra** [timonéra] **I**. *adj* ZOOL tail feather, rectrix. **II**. *n/f* NÁUT wheelhouse. **ti·mo·ne·ro** [timonéro] *n/m* V **timonel**.

ti·mo·ra·to/a [timoráto/a] *adj* **1**. timorous. **2**. prudish, priggish (*mojigato*). **3**. sanctimonious.

tím·pa·no [tímpano] *n/m* **1**. ANAT tympanum, eardrum. **2**. MÚS kettledrum. **3**. ARQ tympanum. **4**. *pl* MÚS tympani.

ti·na [tína] *n/f* **1**. tub (*media cuba*). **2**. vat (*uso industrial*). **3**. bathtub (*bañera*). **ti·na·ja** [tináxa] *n/f* large earthenware jar.

tin·ción [tinθjón] *n/f* dyeing, staining.

ti·ner·fe·ño/a [tinerféɲo] *adj* from/of Tenerife.

tin·gla·do [tingláðo] *n/m* **1**. shed (*cobertizo*). **2**. (raised) platform (*tablado*). **3**. FIG set-up, goings-on (*intriga*). **4**. FIG muddle (*lío*).

ti·nie·blas [tinjéβlas] *n/f,pl* **1**. dark(ness). **2**. shadows, gloom (*sombras*). **3**. FIG confusion, dark.

ti·no [tíno] *n/m* **1**. good aim, marksmanship (*puntería*). **2**. sureness of touch, skill (*destreza*). **3**. good judgement (*juicio*). **4**. moderation.

tin·ta [tin̪ta] *n/f* **1**. ink. **2**. TÉC dye. **3**. ART colour. **4**. ART *pl* shades. LOC **Cargar/Recargar las ~s**, to exaggerate, lay it on thick. **Medias ~s**, 1. vague words (*impreciso*). 2. half measures (*inadecuado*). **Saber de buena ~**, to have it on good authority. **tin· tar** [tin̪tár] *v* V **teñir**. **tin·te** [tín̪te] *n/m* **1**. dyeing (*acto*). **2**. QUÍM dye(stuff). **3**. tint, hue, tinge (*color*). **4**. TÉC stain. **5**. FIG touch, tinge. **6**. COM dyer's (shop), dry cleaner's. **tin·te·ro** [tin̪téro] *n/m* inkwell, inkpot. **Lo dejó en el ~/Se le quedó en el ~**, it completely slipped his mind.

tin·ti·nar, **tin·ti·ne·ar** [tin̪tin(e)ár] *v* **1**. to jingle (*cadenita*). **2**. to tinkle (*campanilla*). **3**. to go ting-a-ling (*timbre*). **4**. to chink (*vasos*). **tin·ti·neo** [tin̪tinéo] *n/m* **1**. jingling (*cadenita*). **2**. tinkle (*campanilla*). **3**. ting-a-ling (*timbre*). **4**. chinking (*vasos*).

tin·to/a [tín̪to/a] **I**. *adj* **1**. dyed (*teñido*). **2**. stained, tinged (*manchado*). **3**. red (*vino*). **II**. *n/m* red wine. **tin·tó·reo/a** [tin̪tóreo/a] *adj* tinctorial. **tin·to·re·ría** [tin̪torería] *n/f* **1**. dye works (*fábrica*). **2**. COM dyer's (shop). **3**. COM dry cleaner's (*limpieza en seco*). **tin·to·re·ro/a** [tin̪toréro/a] **I**. *n/m,f* **1**. dyer (*quien tiñe*). **2**. dry cleaner (*limpieza*). **II**. *n/f Amer* ZOOL female shark. **tin·to·rro** [tin̪tórro] *n/m col* plonk, rough red wine. **tin·tu·ra** [tin̪túra] *n/f* **1**. QUÍM dye(stuff). **2**. TÉC stain. **3**. MED tincture. **4**. FIG smattering.

ti·ña [tíɲa] *n/f* **1**. MED tinea, ringworm. **2**. FIG meanness (*tacañería*). **3**. FIG poverty (*indigencia*). **ti·ño·so/a** [tiɲóso/a] **I**. *adj* **1**. MED scabby. **2**. FIG stingy, tightfisted. **II**. *n/m,f* **1**. MED person suffering from ringworm. **2**. FIG miser, FAM tightwad.

tío [tío] *n/m* **1**. uncle (*pariente*). **2**. FAM mate (*apelativo*). **3**. FAM chap, bloke, guy (*individuo*). **4**. *pl* uncle and aunt. LOC **¡Qué ~!**, what a bloke! **El ~ Pepe**, old Joe.

tio·vi·vo [tioβíβo] *n/m* merry-go-round, roundabout.

ti·pe·jo [tipéxo] *n/m* **1**. ridiculous sight (*adefesio*). **2**. despicable individual (*despreciable*).

tí·pi·co/a [típiko/a] *adj* **1**. **(~ de)** typical (of). **2**. FIG quaint, picturesque. **ti·pi·fi·ca·ción** [tipifikaθjón] *n/f* **1**. classification (*categorías*). **2**. standardization (*uniformización*). **ti·pi·fi·car** [tipifikár] *v* (*tipifiquen*) **1**. to standardize (*uniformizar*). **2**. to typify (*caracterizar*). **ti·pis·mo** [tipísmo] *n/m* **1**. local colour (*costumbrismo*). **2**. quaintness, picturesqueness.

ti·ple [típle] **I**. *n/m* **1**. MÚS soprano voice (*voz*). **2**. MÚS treble, boy soprano (*cantante*). **3**. MÚS treble guitar (*instrumento*). **II**. *n/f* soprano.

ti·po [típo] *n/m* **1**. type (*modelo, imprenta*). **2**. type, kind, sort (*clase*). **3**. COM rate. **4**. figure (*aspecto: mujer*). **5**. physique (*aspecto: hombre*). **6**. FAM chap, fellow. LOC **Aguantar/Mantener el ~**, FIG to keep a stiff upper lip. **Jugarse el ~**, to risk one's neck. **~ de letra**, typeface.

ti·po·gra·fía [tipoɣrafía] *n/f* 1. printing, typography (*arte*). 2. printing works, press (*taller*). **ti·po·grá·fi·co/a** [tipoɣráfiko/a] *adj* printing, typographic(al). **ti·pó·gra·fo** [tipóɣrafo] *n/m* printer, typographer.

ti·quis·mi·qui(s) [tikismíki(s)] I. *n/m,pl* 1. silly scruples, fussiness (*reparos*). 2. bowing and scraping (*cortesías*). 3. bickering (*riñas*). II. *n/m,f* FAM fusspot.

ti·ra [tíra] *n/f* 1. (long) strip (*tela*). 2. slip (*papel*). LOC **La tira**, *col* loads, a lot. ~ **cómica**, comic strip.

ti·ra·bu·zón [tiraβuθón] *n/m* corkscrew curl, ringlet. **ti·ra·chi·nas** [tiratʃínas] *n/m* Br catapult, US slingshot.

ti·ra·da [tiráðа] *n/f* 1. throw (*acto*). 2. printing, edition (*libro, etc.*). 3. print run (*impresión*). 4. circulation (*ventas*). 5. great distance (*medida*). 6. stretch (*tramo*). LOC **De/En una ~**, in one go. **ti·ra·do/a** [tiráðo/a] I. *adj* COM dirt-cheap. 2. discarded, thrown away (*basura*). 3. FAM dead easy. II. *n/m,f* good-for-nothing. **ti·ra·dor/ra** [tiraðór/ra] I. *n/m* marksman, shot. II. *n/f* 1. markswoman, shot (*persona*). 2. bellrope, bellpull (*campanilla*). 3. knob, handle (*puerta*, etc). **ti·ra·fon·do** [tirafóndo] *n/m* TÉC screw. **ti·ra·je** [tiráxe] *n/m* 1. printing (*acto*). 2. print run (*cantidad*). **ti·ra·lí·neas** [tiralíneas] *n/m* drawing pen (*pluma*).

ti·ra·nía [tiranía] *n/f* tyranny. **ti·rá·ni·co/a** [tiràniko/a] *adj* tyrannical. **ti·ra·ni·zar** [tiraniθár] *v* (*tiranice*) to tyrannize, rule despotically. **ti·ra·no/a** [tiráno/a] I. *adj* tyrannical, despotic. II. *n/m,f* tyrant, despot.

ti·ran·te [tiránte] I. *adj* 1. taut, tight (*cuerda, etc.*). 2. FIG tense, strained. II. *n/m* 1. (harness) trace (*caballería*). 2. ARQ tie (beam). 3. TÉC strut. 4. shoulder strap (*vestido*). 5. *pl* Br braces, US suspenders. **ti·ran·tez** [tirantéθ] *n/f* 1. tightness, tautness (*cuerda, etc.*). 2. FIG tension.

ti·rar [tirár] I. *v* 1. to throw, hurl, toss, sling (*proyectil*). 2. to throw away (*basura*). 3. to squander (*dinero*). 4. to knock down, pull down (*edificio*). 5. to drop (*sin querer*). 6. to draw, trace (*línea*). 7. TÉC to draw (out). 8. to give (*golpe*, etc). 9. to appeal to, attract (*atraer*). 10. **(~ de)** to pull, draw (*carro, arma*). 11. **(~ de)** to pull, tug (*cuerda*). 12. to draw (*chimenea*). 13. **(~ a)** to tend towards (*color*). 14. **(~ a)** to look like, take after (*parecido*). 15. to turn (*dirección*). 16. **(~ por)** to go (via, along). 17. **(~ a, para)** to be on the way to becoming. 18. DEP to shoot. 19. to shoot, fire (*arma de fuego*). 20. to let off (*cohetes*). 21. **(~ de)** to be tight (around) (*prenda*). 22. to have one's go (*juegos*). 23. to print, run off (*prensa*). II. *v/Refl(-se)* 1. **(~ a, por)** to jump (into, through), hurl oneself (into, through), throw oneself (into, through) (*arrojarse*). 2. **(~ a)** to rush (at), leap (on) (*abalanzarse*). 3. to lie down (*acostarse*). 4. to spend (*tiempo*). 5. **(~ a alguien)** ARG to screw, fuck. LOC **A todo ~**, at the most. **Tira y afloja**, 1. tact, diplomacy. 2. give and take (*toma y daca*). **Ir tirando**, to get by, manage.

ti·ri·cia [tiríθja] *n/f* FAM jaundice.

ti·ri·lla [tiríʎa] *n/f* 1. neckband (*camisa*). 2. strip (*tela*).

ti·ri·ta [tiríta] *n/f* (sticky) plaster.

ti·ri·tar [tiritár] *v* **(~ de)** to shiver (with). **ti·ri·to·na** [tiritóna] *n/f* FAM shivers.

ti·ro [tíro] *n/m* 1. throw (*lanzamiento*). 2. MIL DEP shot. 3. shooting (*acción, arte*). 4. rifle range (*sitio*). 5. shooting gallery (*feria*). 6. fire, firing (*arma: manera*). 7. range (*alcance*). 8. bullet hole (*huella*). 9. charge, load (*carga*). 10. MIL gun (*artillería*). 11. team of horses (*reata*). 12. draught (*chimenea*). 13. ARQ flight of stairs. LOC **Andar de ~s largos**, to be all dressed up. **Estar/Ponerse a ~**, 1. to be/to come within range. 2. FIG to be/become accessible. **Ni a ~s**, not under any circumstances. **Pegarse un ~**, to shoot oneself. **Pegar cuatro ~s a uno**, to shoot sb (dead). **Salir el ~ por la culata**, FIG to backfire. **Sentar como un ~**, FIG to come as a blow, hit hard.

ti·roi·des [tiróiðes] *adj, n/m* ANAT thyroid.

ti·rón [tirón] *n/m* pull, jerk, tug. LOC **De un ~**, in one go.

ti·ro·te·ar [tiroteár] I. *v* to take shots (at), blaze away (at). II. *v/Refl(-se)* to blaze away at each other. **ti·ro·teo** [tirotéo] *n/m* 1. shooting, exchange of shots (*acto*). 2. gunfight (*batalla*). 3. shoot-out (*con la policía*).

ti·rria [tírrja] *n/f* FAM dislike. LOC **Tener ~ a uno**, FAM to have it in for sb.

ti·sa·na [tisána] *n/f* infusion, tisane.

tí·si·co/a [tísiko/a] *adj, n/m,f* MED consumptive. **ti·sis** [tísis] *n/f* MED consumption.

ti·sú [tisú] *n/m* lamé.

ti·tán [titán] *n/m* MIT FIG Titan. **ti·tá·ni·co/a** [titániko/a] *adj* titanic. **ti·ta·nio** [titánjo] *n/m* titanium.

tí·te·re [títere] *n/m* 1. puppet, marionette. 2. *pl* puppet show. LOC **No dejar ~ con cabeza**, 1. to smash everything in sight. 2. FIG to spare no one.

ti·tí [tití] *n/m* ZOOL titi.

ti·ti [títi] *n/f col* girl, bird.

ti·ti·lar [titilár] *v* 1. to quiver (*cuerpo*). 2. to twinkle (*estrella*). 3. to flicker (*luz*). **ti·ti·leo** [titiléo] *n/m* 1. quivering (*cuerpo*). 2. twinkling (*estrella*). 3. flicker(ing) (*luz*).

ti·ti·ri·tar [titiritár] *v* **(~ de)** to shiver (with), tremble (with).

ti·ti·ri·te·ro/a [titiritéro/a] *n/m,f* 1. puppeteer (*marionetas*). 2. acrobat, juggler (*circo*).

ti·tu·be·an·te [tituβeánte] *adj* 1. halting, stammering (*habla*). 2. hesitant (*manera*). **ti·tu·be·ar** [tituβeár] *v* 1. to stammer, falter (*hablando*). 2. to totter, stagger (*andando*). 3. to hesitate, waver (*decisiones*). **ti·tu·beo** [tituβéo] *n/m* 1. stammering (*hablando*). 2. tottering, unsteadiness (*andando*). 3. hesitancy, wavering (*decisiones*).

ti·tu·la·ción [titulaθjón] *n/f* 1. (en)titling (*acción, efecto*). 2. academic qualification(s). **ti·tu·la·do/a** [tituláðo/a] I. *adj* 1. qualified (*académico*). 2. entitled (*libro*). II.

n/m,f graduate, diplomate. **ti·tu·lar** [titulár] **I.** *adj* **1.** *gen* titular, official. **2.** tenured (*profesor*). **3.** DEP regular, first-team. **II.** *n/m,f* **1.** holder (*pasaporte*, etc). **2.** DEP first-team player. **3.** office-holder. **III.** *n/m* headline (*periódico*). **IV.** *v* to (en)title, call. **V.** *v/Refl (-se)* **1.** to be called, style oneself (*nombre*). **2.** to qualify, graduate (*académico*). **tí·tu·lo** [título] *n/m* **1.** title (*libro, nobleza*). **2.** JUR section heading. **3.** qualification, degree, diploma (*académico*). **4.** bond (*bolsa*). **5.** FIG right. LOC **A ~ de**, by way of, as a. **~ de propiedad**, JUR title deed.

ti·za [tíθa] *n/f* chalk.

tiz·nar [tiθnár] **I.** *v* **1.** to blacken, smudge (*ennegrecer*). **2.** to soil, stain (*ensuciar*). **3.** FIG to defame, blacken. **II.** *v/Refl(-se)* to get dirty, get smudged. **tiz·ne** [tíθne] *n/m* **1.** soot (*hollín*). **2.** smut, grime (*suciedad*). **tiz·nón** [tiθnón] *n/m* smudge, smut.

ti·zón [tiθón] *n/m* **1.** half burnt piece of wood, brand (*tea*). **2.** BOT smut. **ti·zo·na** [tiθóna] *n/f* FIG sword, weapon.

toa·lla [toáʎa] *n/f* **1.** towel. **2.** towelling (*tela*). LOC **Arrojar/Lanzar la ~**, FIG to throw in the towel. **toa·lle·ro** [toaʎéro] *n/m* towel rail.

to·be·ra [toβéra] *n/f* nozzle.

to·bi·lle·ra [toβiʎéra] *n/f* **1.** ankle support (*venda*). **2.** ankle sock (*prenda*). **to·bi·llo** [toβíʎo] *n/m* ANAT ankle.

to·bo·gán [toβoγán] *n/m* **1.** toboggan (*trineo*). **2.** bobsleigh run (*pista*). **3.** slide (*para niños*).

to·ca [tóka] *n/f* **1.** *gen* head-dress. **2.** wimple (*monjas*).

to·ca·dis·cos [tokaðískos] *n/m* record player.

to·ca·do/a [tokáðo/a] **I.** *adj* **1.** rotten (*fruta*). **2.** FAM touched, barmy. **II.** *n/m* **1.** hairstyle (*peinado*). **2.** headgear, hat (*sombrero*). LOC **Estar ~**, FAM to be touched, crazy.

to·ca·dor [tokaðór] *n/m* **1.** dressing table (*mueble*). **2.** boudoir, dressing room (*cuarto*).

to·can·te [tokánte] LOC **~ a**, with regard to. **to·car** [tokár] *v* (*toque*) **1.** to touch (*contacto*). **2.** to feel (*palpar*). **3.** to handle (*manosear*). **4.** to hit, collide with (*chocar*). **5.** MÚS to play. **6.** to ring (*timbre*). **7.** to touch on (*tema*). **8.** to touch, reach (*emoción*). **9.** to touch up (*pintura*). **10.** **(~ a)** to be one's turn: *Ahora, le toca a él*, Now it's his turn. **11.** **(~ a)** to be up to: *Me toca a mí decírselo*, It's up to me to tell him. **12.** **(~ a alguien)** to win: *Me ha tocado el gordo*, I've won first prize. **13.** to be one's share: *Le tocan 2,000 ptas*, His share is two thousand ptas. **14.** **(~ con)** to be next to. **15.** **(~ en)** FIG to verge on. **II.** *v/Refl(-se)* **1.** to touch each other. **2.** **(~ con)** to put on (*sombrero*). LOC **~ de cerca**, to know at first hand. **Por lo que toca a**, as far as sth is concerned.

to·ca·ta [tokáta] *n/f* MÚS toccata.

to·ca·te·ja [tokatéxa] LOC **A ~**, cash on the nail.

to·ca·yo/a [tokáJo/a] *n/m,f* namesake.

to·ci·ne·ría [toθinería] *n/f* pork butchers. **to·ci·no** [toθíno] *n/m* **1.** pork fat, lard (*grasa*). **2.** salt pork, bacon (*carne*).

to·co·lo·gía [tokoloxía] *n/f* MED obstetrics. **to·có·lo·go/a** [tokólogo/a] *n/m,f* MED obstetrician.

to·co·mo·cho [tokomótʃo] *n/m* lottery swindle.

to·cón/na [tokón/na] **I.** *adj, n/m,f* V **sobón/na**. **II.** *n/m* BOT tree stump.

to·da·vía [toðaβía] *adv* still, yet.

to·do/a [tóðo/a] **I.** *adj* **1.** all, whole, entire: *Todo el libro*, all the book/The whole book/The entire book. **2.** every (*cada*). **II.** *n/m* **1.** whole (*con artículo*). **2.** all, everything. **3.** *pl* everybody (*todo el mundo*). **4.** *pl* all of them/you/us (*cosas, personas*). **III.** *adv* all, entirely. LOC **A ~ esto/A ~as éstas**, meanwhile. **A ~a velocidad**, at top speed. **Ante/Por encima de/Sobre ~**, first of all, primarily. **Así y ~/Con eso y ~/Con ~/Con ~ y eso**, even so, and yet. **Del ~**, completely. **~ lo más**, at the most. **Y ~**, and all, and everything.

to·do·po·de·ro·so/a [toðopoðeróso/a] **I.** *adj* almighty, all-powerful. **II.** *n/m* Almighty.

to·ga [tóγa] *n/f* **1.** gown (*académica*). **2.** JUR robe, gown.

tol·do [tóldo] *n/m* **1.** awning, sunshade (*sombrilla*). **2.** marquee (*pabellón*). **3.** tilt, cloth (*camión*).

to·le [tóle] *n/m* hubbub, uproar.

to·le·ra·ble [toleráβle] *adj* tolerable, bearable. **to·le·ran·cia** [toleránθja] *n/f* **1.** tolerance, toleration (*actitud*). **2.** TÉC tolerance. **to·le·ran·te** [toleránte] *adj* tolerant. **to·le·rar** [tolerár] *v* to tolerate, put up with.

tol·va [tólβa] *n/f* hopper, chute.

to·ma [tóma] *n/f* **1.** *gen* taking. **2.** dose (*medicamento*). **3.** MIL capture. **4.** TÉC inlet (*entrada*), outlet (*salida*). **5.** ELECTR socket, point, plug (*enchufe*), lead (*cable*). **6.** point (*gas, teléfono*). **7.** tap, outlet (*agua*). **8.** take (*cine*). LOC **~ y daca**, give and take. **~ de corriente**, power point. **~ de posesión**, 1. taking over (*cargo*), 2. investiture. **~ de tierra**, 1. AER landing. 2. ELECTR earth (wire). **to·ma·du·ra** [tomaðúra] *n/f* V **toma (1.) (2.) (3.)** LOC **~ de pelo**, 1. hoax, leg-pull (*burla*), 2. *col* con, rip-off (*precio abusivo*). 3. abuse (*insulto*). **to·mar** [tomár] **I.** *v* **1.** *gen* to take. **2.** to accept (*lo ofrecido*). **3.** to acquire (*bienes*). **4.** to take on (*aspecto, empleado*). **5.** to have (*consumición*). **6.** to get, catch (*frío*). **7.** to take (*fotos*). **8.** to shoot (*cine*). **9.** to take up, adopt (*actitud*). **II.** *v/Refl(-se)* **1.** to take (*vacaciones*, etc). **2.** to corrode (*metal*). **3.** to suffer, go through (*disgustos*). LOC **Haberla tomado con uno**, to have it in for sb. **Haberla tomado con una cosa**, to be constantly fiddling with sth. **~ algo a mal**, to be upset by sth. **~ por**, to take for. **~la con uno**, FIG to pick on sb, have a go at sb.

to·ma·te [tomáte] *n/m* **1.** BOT tomato. **2.** *col* uproar, row (*jaleo*), set-to (*pelea*). **to·ma·te·ro/a** [tomatéro/a] **I.** *n/m,f* **1.** tomato grower (*cultivador*). **2**. tomato seller (*vendedor*). **II**. *n/f* BOT tomato plant.

to·ma·vis·tas [tomaβístas] *n/m* cine-camera.

tóm·bo·la [tómbola] *n/f* tombola.

to·mi·llo [tomíʎo] *n/m* BOT thyme.

to·mis·mo [tomísmo] *n/m* REL FIL Thomism. **to·mis·ta** [tomísta] *adj, n/m,f* REL FIL Thomist.

to·mo [tómo] *n/m* **1**. volume (*libro*). **2**. bulk, size (*tamaño*). **3**. FIG importance. LOC **De ~ y lomo**, utter, out-and-out.

ton [tón] *n/m* LOC **Sin ~ ni son**, without rhyme or reason, for no particular reason.

to·na·da [tonáðа] *n/f* MÚS tune, song. **to·na·di·lla** [tonaðíʎa] *n/f* MÚS ditty. **to·nal** [tonál] *adj* MÚS tonal. **to·na·li·dad** [tonaliðáð] *n/f* **1**. MÚS key, tonality. **2**. ART colour scheme.

to·nel [tonél] *n/m* barrel, cask.

to·ne·la·da [toneláða] *n/f* ton. **to·ne·la·je** [toneláxe] *n/m* tonnage. **to·ne·le·ría** [tonelería] *n/f* cooperage, barrel making. **to·ne·le·ro/ra** [toneléro/ra] **I**. *adj* barrel, cask. **II**. *n/m,f* cooper.

ton·ga [tóŋga] *n/f* layer. **ton·ga·da** [toŋgáða] *n/f* layer.

ton·go [tóŋgo] *n/m* DEP fix (*efecto*), fixing, rigging (*acto*).

to·ni·ci·dad [toniθiðáð] *n/f* tonicity. **tó·ni·co/a** [tóniko/a] **I**. *adj* **1**. MED tonic, invigorating. **2**. MÚS tonic. **3**. GRAM stressed. **II**. *n/m gen* FIG tonic. **III**. *n/f* **1**. MÚS FIG keynote. **2**. FIG tone, trend, tendency. **3**. tonic (water) (*bebida*). **to·ni·fi·ca·ción** [tonifikaθjón] *n/f* toning up. **to·ni·fi·can·te** [tonifikánte] *adj* invigorating, stimulating. **to·ni·fi·car** [tonifikár] **I**. *v* (*tonifique*) MED to tone up, invigorate. **II**. *v/Refl(-se)* to tone oneself up.

to·ni·llo [toníʎo] *n/m* **1**. singsong, monotone (*nota*). **2**. (local) accent, burr. **to·no** [tóno] *n/m* **1**. MÚS tone, pitch (*altura*), key (*tonalidad*). **2**. tone (*voz, estilo, color*). LOC **A ~ (con)**, in tune/harmony with. **Bajar el ~**, 1. to lower one's voice. 2. FIG to change one's tune. **Fuera de ~**, inappropriate, out of place. **Ponerse a ~**, FIG to fall into step, behave oneself. **Sin venir a ~**, without being relevant. **Subir el tono/en tono**, 1. to raise (*voz*, etc). 2. to become arrogant. 3. to begin to live in style.

ton·su·ra [tonsúra] *n/f* **1**. tonsure. **2**. shearing, clipping (*animales*). **ton·su·rar** [tonsurár] *v* **1**. to clip, shear (*animales*). **2**. REL to tonsure.

ton·ta·da [tontáða] *n/f* V **tontería**. **ton·tai·na** [tontáina] **I**. *adj* FAM dopey, silly. **II**. *n/m,f* FAM dope, dimwit. **ton·te·ar** [tonteár] *v* **1**. to fool about (*comportamiento*). **2**. to talk nonsense (*dichos*). **3**. to fool around (*sexo*). **ton·te·ría** [tontería] *n/f* **1**. silliness, foolishness (*cualidad*). **2**. silly thing to do (*acto*). **3**. silly thing to say (*dicho*). **4**. trifle (*nadería*). **ton·to/a** [tónto/a] **I**. *adj* **1**. silly, foolish (*necio*). **2**. soft (*tierno*). **II**. *n/m,f* fool, idiot. LOC **A lo ~**, without realizing it. **A ~as y a locas**, 1. anyhow, haphazardly. 2. without rhyme or reason (*sin motivación*). **Hacer el ~**, to act the fool. **Hacerse el ~**, to act dumb. **Ponerse ~**, 1. to put on airs (*presumir*). 2. to be obstinate (*terco*).

to·pa·cio [topáθjo] *n/m* topaz.

to·par [topár] *v, v/Refl(-se)* **1**. ZOOL to butt. **2**. **(~ con)** *gen* FIG to bump into, run into, to meet (sb). **to·pe** [tópe] *n/m* **1**. butt, end (*cabo*). **2**. stop, check, catch (*mecanismo*). **3**. buffer (*locomotora*). **4**. FIG snag. **5**. limit. **6**. AUT overrider. **7**. bump (*choque*). LOC **Estar a ~/hasta los ~s**, 1. NÁUT FIG to be loaded to the gunwales. 2. to be chock-a-block (*atestado*). **Vivir a ~**, to lead an intense life. **to·pe·tar**, **to·pe·te·ar** [topetár/topeteár] *v* **1**. ZOOL to butt. **2**. **(~ con)** FIG to bump into. **to·pe·ta·zo** [topetáθo] *n/m* **1**. butt (*con la cabeza*). **2**. bump, collision.

tó·pi·co/a [tópiko/a] **I**. *adj* **1**. MED topical, local. **2**. trite, commonplace. **II**. *n/m* **1**. MED external local application. **2**. cliché, commonplace.

to·po [tópo] *n/m* **1**. ZOOL FIG mole. **2**. FIG blunderer, clumsy person.

to·po·gra·fía [topoγrafía] *n/f* topography. **to·po·grá·fi·co/a** [topoγráfiko/a] *adj* topographical. **to·pó·gra·fo/a** [topóγrafo/a] *n/m,f* topographer, surveyor. **to·po·ni·mia** [toponímja] *n/f* **1**. toponymy. **2**. place names. **to·po·ní·mi·co/a** [toponímiko/a] *adj* toponymic(al). **to·pó·ni·mo** [topónimo] *n/m* place name.

to·que [tóke] *n/m* **1**. touch (*acto*). **2**. ART touch, dab of colour. **3**. MÚS peal, chime (*campanas*), ring (*timbre*), beat (*tambor*), hoot (*sirena*), blast (*trompeta*). **4**. MIL bugle call. LOC **Al ~ de**, on the stroke of (*hora*). **Dar un ~ a uno**, to sound sb out (*tantear*). **~ de diana**, MIL reveille. **Ultimo ~**, finishing touch. **to·que·te·ar** [toketeár] *v* **1**. to fiddle with, keep fingering. **2**. *col* to touch up, pet.

to·qui·lla [tokíʎa] *n/f* knitted woollen shawl, head/shoulder scarf.

to·rá·ci·co/a [toráθiko/a] *adj* ANAT thoracic. **tó·rax** [tóra(k)s] *n/m* ANAT thorax.

tor·be·lli·no [torβeʎíno] *n/m* **1**. whirlwind (*viento, persona*). **2**. dust cloud (*polvareda*). **3**. FIG whirl, turmoil.

tor·caz [torkáθ] *n/m* ZOOL wood pigeon.

tor·ce·du·ra [torθeðúra] *n/f* **1**. twist(ing) (*acto*). **2**. MED sprain. **tor·cer** [torθér] **I**. *v* (*tuerzo*) **1**. *gen* FIG to twist **2**. to bend (*doblar*). **3**. to change (*dirección*). **4**. to turn (*esquina*). **5**. to dissuade (*persona*). **6**. PEY to lead astray (*persona*). **7**. to pervert (*justicia*). **8**. to swerve, spin (*pelota*). **II**. *v/Refl(-se)* **1**. *gen* to twist. **2**. to bend (*doblarse*). **3**. to warp (*madera*). **4**. to go astray (*persona*). **5**. to turn sour (*vino*). **6**. to go wrong (*malograrse*). LOC **~ el gesto/el rostro**, to pull a face, scowl.

tor·do/a [tórðo/a] **I**. *adj* dapple-grey. **II**. *n/m* ZOOL thrush.

to·rea·dor/ra [toreaðór/ra] *n/m,f p.us.* toreador, bullfighter. **to·re·ar** [toreár] *v* **1**. TAUR to fight (bulls). **2**. FIG to dodge, sidestep. **3**. to keep at bay (*a distancia*). **4**. to tease, annoy (*molestar*). 5. *col* to bamboozle (*confundir*). **to·reo** [toréo] *n/m* 1. TAUR (art of) bullfighting. 2. FIG FAM banter, fooling around. **to·re·ra** [toréra] *n/f* bolero (*chaqueta*). **to·re·ro/a** [toréro/a] I. *adj* TAUR bullfighting. II. *n/m,f* TAUR bullfighter. **to·ril** [toríl] *n/m* bullpen.

tor·men·ta [torménta] *n/f* 1. storm (*tempestad*). 2. FIG upheaval, turmoil. **tor·men·to** [torménto] *n/m* 1. torture. 2. FIG torture, torment, anguish. **tor·men·to·so/a** [tormentóso/a] *adj* stormy.

tor·na [tórna] *n/f* return. LOC **Volver(se) las ~s a uno**, to turn the tables on sb.

tor·na·bo·da [tornaβóða] *n/f* day after the wedding.

tor·na·do [tornáðo] *n/m* tornado.

tor·nar [tornár] *v* 1. to give back, return (*al dueño*). 2. to turn, change (*convertir*). 3. to come/go back, return (*a un sitio*). LOC **~ a hacer**, (to begin) to do again. **~ en sí**, to recover consciousness. **tor·na·sol** [tornasól] *n/m* 1. BOT sunflower. 2. QUÍM litmus. 3. irridescence.

tor·ne·ar [torneár] *v* 1. to turn (on a lathe). 2. HIST to joust. **tor·neo** [tornéo] *n/m* 1. HIST joust, tourney. 2. DEP tournament, competition.

tor·ne·ra [tornéra] *n/f* nun in attendance at the revolving window of a convent. **tor·ne·ría** [tornería] *n/f* turnery. **tor·ne·ro** [tornéro] *n/m* turner, lathe operator.

tor·ni·llo [torníʎo] *n/m* TÉC screw, bolt. LOC **Apretarle los ~s a uno**, FAM to put the screws on sb. **Faltarle un ~ a uno**, FIG to have a screw missing. **Tener los ~s flojos**, FIG to have a screw loose. **~ de banco**, vice, clamp.

tor·ni·que·te [tornikéte] *n/m* 1. turnstile. 2. MED tourniquet.

tor·no [tórno] *n/m* 1. TÉC lathe (*tornear*). 2. TÉC winch, windlass (*cabestrante*). 3. revolving window (*conventos*). LOC **En ~**, *adv* around, round about. **~ de alfarero**, potter's wheel.

to·ro [tóro] *n/m* 1. ZOOL bull. 2. *pl* bullfight (*corrida*), bullfighting (*arte*). LOC **Agarrar/Coger/Tomar el ~ por los cuernos**, FIG to take the bull by the horns. **Ver los ~s desde la barrera**, FIG 1. to sit on the fence (*sin comprometerse*). 2. to take an independent view.

to·ron·ja [torónxa] *n/f* 1. BOT bitter orange. 2. BOT grapefruit (*pomelo*). **to·ron·jo** [torónxo] *n/m* 1. BOT bitter orange tree. 2. BOT grapefruit tree.

tor·pe [tórpe] *adj* 1. ungainly (*poco ágil*). 2. clumsy, awkward (*desmañado*). 3. slow, sluggish (*lento*). 4. daft, dense, slow-witted (*lerdo*). 5. stiff (*llave*). 6. crude (*tosco*). 7. indecent, lewd (*grosero*).

tor·pe·de·ar [torpeðeár] *v* to torpedo. **tor·pe·de·ro/a** [torpeðéro/a] I. *adj* torpedo. II. *n/m* torpedo boat. **tor·pe·do** [torpéðo] *n/m* torpedo.

tor·pe·za [torpéθa] *n/f* 1. ungainliness (*falta de agilidad*). 2. clumsiness, awkwardness. 3. slowness, sluggishness (*lentitud*). 4. crudeness (*tosquedad*). 5. obscenity, lewdness (*grosería*).

to·rrar [torrár] *v* to toast, roast.

to·rre [tórre] *n/f* 1. ARQ tower. 2. mast (*radio, TV*). 3. MIL NÁUT AER turret. 4. rook, castle (*ajedrez*). LOC **~ de control**, control tower.

to·rre·fac·ción [torrefakθjón] *n/f* toasting, roasting. **to·rre·fac·to/a** [torrefákto/a] *adj* high roast.

to·rren·cial [torrenθjál] *adj* torrential. **to·rren·te** [torrénte] *n/m* 1. mountain stream, torrent. 2. FIG torrent. **to·rren·te·ra** [torrentéra] *n/f* gully.

to·rre·ón [torreón] *n/m* 1. HIST keep. 2. ARQ fortified tower, turret. **to·rre·ro** [torréro] *n/m* lighthouse keeper.

to·rrez·no [torréθno] *n/m* fried rasher.

tó·rri·do/a [tórriðo/a] *adj* torrid.

to·rri·ja [torríxa] *n/f* slice of bread soaked in fried milk and honey.

tor·sión [torsjón] *n/f* 1. twist(ing). 2. TÉC torsion, torque.

tor·so [tórso] *n/m* ANAT torso; ART bust.

tor·ta [tórta] *n/f* 1. cake, tart (*cocina*). 2. FAM thump, slap, wallop (*golpe*). LOC **Coger una ~**, *col* to get sloshed. **Ni ~**, not a thing, *col* not a sausage. **tor·ta·da** [tortáða] *n/f* meat pie. **tor·ta·zo** [tortáθo] *n/m* FAM wallop. LOC **Pegarse un ~**, 1. FAM to come a cropper (*caerse*). 2. to have a crash (*coche*).

tor·tí·co·lis [tortícolis] *n/m* stiff neck, crick in the neck.

tor·ti·lla [tortíʎa] *n/f* omelet(te). LOC **Cambiar/Volver la ~ a uno**, FIG to turn the tables on sb. **Se le volvió la ~**, FIG his luck changed (for the worse). **~ española**, potato omelette. **tor·ti·lle·ra** [tortiʎéra] *n/f col,* TAB dyke, lesbian.

tór·to·la [tórtola] *n/f* ZOOL turtledove. **tór·to·lo** [tórtolo] *n/m* 1. FIG besotted lover (*hombre*). 2. *pl* FAM FIG lovebirds.

tor·tu·ga [tortúγa] *n/f* 1. ZOOL tortoise (*de tierra*). 2. ZOOL turtle (*de mar*).

tor·tuo·si·dad [tortwosiðáð] *n/f* tortuousness. **tor·tuo·so/a** [tortwóso/a] *adj* 1. winding, tortuous (*camino*). 2. FIG devious.

tor·tu·ra [tortúra] *n/f gen* FIG torture. **tor·tu·rar** [torturár] *v* to torture.

tor·va [tórβa] *n/f* 1. snow storm (*nieve*). 2. squall (*lluvia*).

tor·vo/a [tórβo/a] *adj* 1. grim (*aspecto*). 2. fierce (*mirada*).

tor·zal [torθál] *n/m* cord, twist of silk.

tos [tós] *n/f* cough, coughing.

tos·co/a [tósco/a] *adj* 1. rustic, crude (*artefactos*). 2. coarse (*tela*). 3. uncouth (*personas*).

to·ser [tosér] *v* to cough.

tó·si·go [tósiγo] *n/m* 1. poison. 2. FIG grief, sorrow.

tos·que·dad [toskeðáð] *n/f* coarseness, roughness.

tos·ta·da [tostáða] *n/f* slice of toast. **tos·ta·de·ro** [tostaðéro] *n/m* 1. roaster (*de café*). 2. FIG oven. **tos·ta·do/a** [tostáðo/a] *adj* 1. toasted (*pan*). **2**. roasted (*café*). **3**. tanned (*tez*). **4**. dark brown (*color*). **tos·ta·dor/ra** [tostaðór/ra] **I**. *adj* **1**. toasting (*pan*). **2**. roasting (*café*). **II**. *n/m,f* toaster (*pan*), roaster (*café*). **tos·tar** [tostár] **I**. *v* (*tuesto*) **1**. to toast (*pan*). **2**. to roast (*café*). **3**. to tan (*al sol*). **II**. *v/Refl(-se)* to tan oneself, sunbathe. **tos·tón** [tostón] *n/m* **1**. crouton (*pan*). **2**. roast sucking pig (*lechón*). **3**. FAM bore, drag.

to·tal [totál] **I**. *adj* total, complete, whole. **II**. *n/m* **1**. MAT COM total. **2**. whole. **III**. *adv* so, to cut a long story short, all in all. LOC **En ~**, V **total III**. **to·ta·li·dad** [totaliðáð] *n/f* totality, whole. LOC **En su ~**, as a whole. **to·ta·li·ta·rio/a** [totalitárjo/a] *adj* totalitarian. **to·ta·li·ta·ris·mo** [totalitarísmo] *n/m* totalitarianism. **to·ta·li·zar** [totaliθár] *v* (*totalice*) **1**. to tot(al) up, add up (*agregar*). **2**. to amount to (*resultado*).

tó·tem [tóten] *n/m* totem (pole). **to·te·mis·mo** [totemísmo] *n/m* totemism.

turné, **tournée** [turné] *n/f* tour.

to·xe·mia [to(k)sémja] *n/f* MED toxemia. **to·xi·ci·dad** [to(k)siθiðáð] *n/f* toxicity. **tó·xi·co/a** [tó(k)siko/a] **I**. *adj* toxic, poisonous. **II**. *n/m* poison. **to·xi·co·lo·gía** [to(k)sikoloxía] *n/f* toxicology. **to·xi·co·ló·gi·co/a** [to(k)sikolóxiko/a] *adj* toxicological. **to·xi·có·lo·go/a** [to(k)sikóloγo/a] *n/m,f* toxicologist. **to·xi·co·ma·nía** [to(k)sikomanía] *n/f* drug addiction. **to·xi·có·mano/a** [to(k)sikómano/a] **I**. *adj* addicted to drugs. **II**. *n/m,f* drug addict. **to·xi·na** [to(k)sína] *n/f* toxin.

to·zu·dez [toθuðéθ] *n/f* obstinacy, stubbornness. **to·zu·do/a** [toθúðo/a] *adj* stubborn, obstinate.

tra·ba [tráβa] *n/f* **1**. *gen* bond, tie. **2**. TÉC lock. **3**. hobble, trammel (*caballo*). **4**. fetter, shackle (*preso*). **5**. FIG obstacle, hindrance. LOC **Poner ~s a**, 1. to put obstacles in the way of. 2. to put restrictions on sb.

tra·ba·ja·do/a [traβaxáðo/a] *adj* **1**. ART carefully worked. **2**. worn out (*persona*). **3**. forced (*estilo*). **tra·ba·ja·dor/ra** [traβaxaðór/ra] **I**. *adj* **1**. hard working (*diligente*). **2**. working (*clase*). **II**. *n/m,f* worker, labourer. **tra·ba·jar** [traβaxár] *v* **1**. **(~ de, en)** *gen* to work (as, at, in, on). **2**. to withstand the stresses and strains (*edificio, buque*). **3**. to work, till (*tierra*). **4**. to knead (*masa*). **5**. to work at, pursue (*tema, negocio*). **6**. to harness (*recursos*). **tra·ba·jo** [traβáxo] *n/m* **1**. *gen* FÍS work. **2**. job (*tarea, empleo*). **3**. labour (*economía*). **4**. effort (*esfuerzo*). **5**. *pl* hardship(s). LOC **Con ~**, with difficulty. **Costar ~**, to take a lot, be difficult. **tra·ba·jo·so/a** [traβaxóso/a] *adj* hard, laborious.

tra·ba·len·guas [traβaléŋgwas] *n/m* tongue twister. **tra·ba·mien·to** [traβamjén̪to] *n/m* joining, uniting. **tra·bar** [traβár] **I**. *v* **1**. to join, link (*unir*). **2**. to lock, fasten (*sujetar*). **3**. to hobble (*animal*). **4**. to fetter, shackle (*persona*). **5**. FIG to start (*amistad*, etc). **6**. to thicken (*salsa*, etc). **7**. to grip, take hold (*ancla*). **8**. to seize, grasp (*agarrar*). **II**. *v/Refl(-se)* **1**. to become entangled (*cuerdas*, etc). **2**. to stammer, get tongue-tied (*habla*). **3**. TÉC to jam, seize up. **4**. to thicken (*salsa*, etc). LOC **~sele la lengua**, to trip over one's tongue, get tongue-tied. **tra·ba·zón** [traβaθón] *n/f* **1**. *gen* link, join. **2**. consistency, cohesion (*discurso*). **3**. FIG bond, connection. **4**. consistency (*salsa*). **tra·bi·lla** [traβíʎa] *n/f* **1**. foot strap (*polaina*). **2**. belt loop (*cinturón*). **3**. dropped stitch (*punto*).

tra·bu·car [traβukár] **I**. *v* (*trabuque*) **1**. *gen* to confuse, jumble up. **2**. to mix up, misplace (*palabras*). **II**. *v/Refl(-se)* FIG to get all mixed up. **tra·bu·co** [traβúko] *n/m* HIST blunderbuss.

tra·ca [tráka] *n/f* string of fireworks.

trac·ción [trakθjón] *n/f* traction, haulage. LOC **~ delantera**, AUT front-wheel drive.

tra·ce·ría [traθería] *n/f* ARQ tracery.

tra·co·ma [trakóma] *n/f* MED trachoma.

trac·to [trákto] *n/m* ANAT REL tract.

trac·tor [traktór] *n/m* tractor.

tra·di·ción [traðiθjón] *n/f* tradition. **tra·di·cio·nal** [traðiθjonál] *adj* **1**. *gen* traditional. **2**. time-honoured (*rito*). **3**. unwritten (*ley*). **4**. folk (*canción*). **tra·di·cio·na·lis·mo** [traðiθjonalísmo] *n/m* traditionalism. **tra·dicio·na·lis·ta** [traðiθjonalísta] *adj, n/m,f* traditionalist.

tra·duc·ción [traðukθjón] *n/f* translation. LOC **~ automática**, machine translation. **tra·du·ci·ble** [traðuθíβle] *adj* translatable. **tra·du·cir** [traðuθír] **I**. *v* (*traduzco, traduje*) **1**. *gen* to translate. **2**. to interpret (*contenido*). **3**. to render, express (*expresar*). **II**. *v/Refl(-se)* **1**. to translate (*idioma*). **2**. to turn into (*cambiar*). **3**. to mean in practice (*significar*). **tra·duc·tor/ra** [traðuktór/ra] **I**. *adj* translating. **II**. *n/m,f* translator.

tra·er [traér] **I**. *v* (*traigo, traje*) **1**. *gen* to bring, fetch. **2**. to attract, draw (*atraer*). **3**. to bring about (*causar*). **4**. to wear (*ropa*). **5**. to have, carry (*portar*). **6**. FIG to bring in its wake. **7**. to carry, print (*en un periódico*). **II**. *v/Refl(-se)* to be up to, be plotting. LOC **Me trae sin cuidado**, it doesn't bother me. **~ por la calle de la amargura a uno**, to give sb a hard time. **~ entre manos**, 1. to have in hand, be engaged in. 2. PEY to be up to. **(Esto) se las trae**, (This) is really difficult, (This) is a real problem. **~ y llevar**, to gossip (around).

tra·fa·gar [trafaγár] *v* (*trafague*) **1**. to travel around (*distintos países*). **2**. to bustle about, keep on the go (*trajinar*). **trá·fa·go** [tráfaγo] *n/m* **1**. drudgery, routine job (*trabajo*). **2**. bustle, intense activity (*trajín*). **3**. COM traffic, trade.

tra·fi·can·te [trafikán̪te] **I**. *adj* dealing, trading. **II**. *n/m,f* **1**. trader, dealer. **2**. PEY trafficker. **tra·fi·car** [trafikár] *v* (*trafique*) **1**. **(~ con, en)** COM to trade (with, in), deal (with, in). **2**. **(~ con, en)** PEY to traffic in. **3**. to keep on the go, travel a lot (*desplazarse*). **trá·fi·co** [tráfiko] *n/m* **1**. *gen* PEY traffic. **2**. trade, business.

tra·ful·car [trafulkár] *v* (*trafulque*) V **trabucar**.

tra·ga·de·ras [traγaðéras] *n/f,pl* FAM throat, gullet. LOC **Tener buenas ~**, FIG 1. to swallow anything (*crédulo*). 2. to be extremely tolerant (*tolerante*). **tra·ga·de·ro** [traγaðéro] *n/m* **1**. FAM throat, gullet. **2**. drain, hole. **tra·gal·da·bas** [traγalðáβas] *n/m,f* FAM glutton, pig. **tra·ga·luz** [traγalúθ] *n/m* skylight. **tra·gan·to·na** [traγantóna] *n/f* tuck-in, spread (*comida*). **trá·ga·la** [tráγala] *n/m* imposition (of sth that sb rejects or disapproves of). **tra·ga·pe·rras** [traγapérras] *n/m* slot machine, FAM one-armed bandit. **tra·gar** [traγár] *v* **1**. *gen* FIG to swallow. **2**. to gulp down (*vorazmente*). **3**. to swallow up, engulf (*mar, etc.*). **4**. to stomach, take (*insultos, persona*). **5**. AUT to drink (fuel).

tra·ge·dia [traxéðja] *n/f* tragedy. **trá·gi·co/a** [tráxiko/a] **I**. *adj* tragic(al). **II**. *n/m,f* TEAT tragedian. **tra·gi·co·me·dia** [traxikoméðja] *n/f* tragicomedy. **tra·gi·có·mi·co/a** [traxikómiko/a] *adj* tragicomic.

tra·go [tráγo] *n/m* **1**. drink, INFML swig (*cantidad*). **2**. swallow, gulp. (*acto*). LOC **Echar un ~**, to have a drink, take a swig. **Pasar un mal ~**, to suffer a bad blow, have a bad time. **tra·gón/na** [traγón/na] **I**. *adj* FAM greedy. **II**. *n/m,f* FAM greedy guts.

trai·ción [traiθjón] *n/f* **1**. treachery (*perfidia*). **2**. JUR treason. LOC **Una ~**, a betrayal, an act of treachery. **trai·cio·nar** [traiθjonár] *v gen* FIG to betray. **trai·cio·ne· ro/a** [traiθjonéro/a] *adj* treacherous.

traí·do/a [traíðo/a] **I**. pp of *traer* **II**. *adj* **1**. worn-out, threadbare (*prenda*). **2**. FIG hackneyed, trite (*tema*). **II**. *n/f* LOC **~ de aguas**, water supply.

trai·dor/ra [traiðór/ra] **I**. *adj* **1**. JUR treasonable. **2**. treacherous. **II**. *n/m* **1**. traitor. **2**. TEAT villain. **3**. FIG betrayer. **III**. *n/f* **1**. traitress. **2**. FIG betrayer.

trái·ler [tráiler] *n/m* **1**. Br trailer, US preview (*cine*). **2**. Br articulated lorry, US trailer truck (*camión entero*). **3**. tractor (unit).

traí·lla [traíʎa] *n/f* **1**. lead, leash. **2**. team of dogs (*conjunto*). **3**. AGR harrow.

traí·na [traína] *n/f* dragnet, sardine-fishing net. **trai·ne·ra** [trainéra] *n/f* **1**. small trawler (*de pesca*). **2**. small boat (*deportivo*).

tra·je [tráxe] *n/m* **1**. dress, costume (*de mujer, regional*). **2**. suit (*de hombre*). **3**. FIG guise. LOC **~ de baño**, swimsuit (*de mujer*), swimming trunks (*de hombre*). **~ serio**, formal suit. **tra·jea·do/a** [traxeáðo/a] *adj* LOC **Bien/Mal ~**, well/badly dressed.

tra·jín [traxín] *n/m* **1**. coming and going (*movimiento*). **2**. toil, work (*trabajo*). **tra·ji·nar** [traxinár] *v* **1**. to transport, carry (*portar*). **2**. to bustle about (*movimiento*). **3**. FIG FAM to slave away, toil away.

tra·lla [tráʎa] *n/f* **1**. (whip)lash (*látigo*). **2**. cord. **tra·lla·zo** [traʎáθo] *n/m* **1**. lash (*golpe*). **2**. whipcrack (*sonido*). **3**. DEP fierce shot.

tra·ma [tráma] *n/f* **1**. TÉC weft, woof. **2**. LIT plot. **3**. scheme, intrigue (*enredo*). **tra·mar** [tramár] *v* **1**. TÉC to weave. **2**. FIG to plot, scheme. **3**. to hatch (*complot*).

tra·mi·ta·ción [tramitaθjón] *n/f* **1**. transaction (*negocio*). **2**. procedure, steps (*para conseguir*). **tra·mi·tar** [tramitár] *v* **1**. to transact (*negocio*). **2**. to negotiate (*gestionar*). **3**. to go through the procedure to obtain (*burocracia*). **trá·mite** [trámite] *n/m* **1**. formality, requirement (*requisito*). **2**. step (*en negocios*). **3**. *pl* procedure. LOC **~ oficiales**, official channels.

tra·mo [trámo] *n/m* **1**. length, stretch (*camino*, etc). **2**. flight (*escalera*). **3**. ARQ span. **4**. US lot (*terreno*).

tra·mon·ta·no/a [tramon̪táno/a] **I**. *adj* tramontane. **II**. *n/f* tramontane, north wind.

tra·mo·ya [tramóɟa] *n/f* **1**. TEAT (piece of) stage machinery. **2**. FIG FAM scheme, swindle. **tra·mo·yis·ta** [tramoɟísta] *n/m,f* **1**. TEAT scene shifter. **2**. FIG FAM trickster, swindler (*estafador*). **3**. FIG FAM humbug (*farsante*).

tram·pa [trámpa] *n/f* **1**. trap, snare (*caza*). **2**. trapdoor (*en el suelo*). **3**. hatch (*de mostrador*). **4**. trick, ruse (*ardid*). **5**. FIG catch, pitfall. **6**. fraud, fiddle (*delito*). **7**. cheating (*juego*). **8**. unpaid debt (*deuda*). LOC **Caer en la ~**, to fall into the trap. **Hacer ~**, to cheat. **tram·pe·ar** [trampeár] *v* **1**. to cheat (*tramposo*). **2**. to live in debt (*con deudas*). **3**. to get money by false pretences (*estafar*). **tram·pe·ro/a** [trampéro/a] *n/m,f* trapper. **tram·pi·lla** [trampíʎa] *n/f* trapdoor.

tram·po·lín [trampolín] *n/m* **1**. springboard (*piscina*). **2**. ski jump (*esquí*). **3**. FIG springboard. **4**. DEP trampoline.

tram·po·so/a [trampóso/a] **I**. *adj* **1**. cheating (*juego*). **2**. tricky, crooked (*estafador*). **II**. *n/m,f* **1**. cheat (*juego*). **2**. crook, swindler (*estafador*). **3**. COM bad payer.

tran·ca [tráŋka] *n/f* **1**. cudgel (*porra*). **2**. bar (*puerta*). **3**. *col* binge. LOC **A ~s y barrancas**, 1. in spite of all the obstacles. 2. jerkily. **tran·car** [trankár] *v* (*tranque*) to bar. **tran·ca·zo** [traŋkáθo] *n/m* **1**. clout, swipe (*golpe*). **2**. *col* flu.

tran·ce [trán̪θe] *n/m* **1**. *gen* moment, juncture. **2**. critical point (*dificultad*). **3**. awkward situation (*apuro*). **4**. trance (*hipnótico*).

tran·co [tráŋko] *n/m* **1**. stride, big step (*paso*). **2**. leap, jump (*salto*).

tran·que·ar [traŋkeár] *v* to lever.

tran·qui·li·dad [traŋkiliðáð] *n/f* **1**. tranquillity, stillness, calmness (*sosiego*). **2**. peace and quiet (*descanso*). **tran·qui·li·za·dor/ra** [traŋkiliθaðór/ra] *adj* **1**. reassuring (*noticia*). **2**. soothing (*sonido*). **tran·qui·li·zan·te** [traŋkiliθán̪te] **I**. *adj* MED tranquillizing. **II**. *n/m* MED tranquillizer. **tran·qui·li·zar** [traŋkiliθár] **I**. *v* (*tranquilice*) **1**. *gen* to calm, still, quieten. **2**. to reassure, put at rest (*mente*). **3**. to calm down, reassure (*persona*). **II**. *v/Refl(-se)* **1**. to calm down, stop worrying, be reassured (*persona*). **2**. to calm down (*mar*, etc). **tran·qui·lo/a** [traŋkílo/a] **I**. *adj* **1**. *gen* calm, still, tranquil. **2**. quiet, peaceful (*sin ruido*). **3**. calm (*mar*). **4**. untroubled (*ánimo*). **5**. PEY thoughtless, inconsiderate. **II**. *n/m,f* inconsiderate person.

tran·qui·llo [traŋkíʎo] *n/m* FAM knack. LOC **Coger el ~**, to get the knack.

trans- [trans-] *pref* trans-.

tran·sac·ción [transakθjón] *n/f* **1**. COM transaction. **2**. settlement, compromise (*acuerdo*). **3**. deal (*negocio*).

tra(n)s·at·lán·ti·co/a [tra(n)satláŋtiko/a] **I**. *adj* transatlantic. **II**. *n/m* (ocean) liner. **tra(n)s·bor·da·dor** [tra(n)sβorðaðór] *n/m* **1**. ferry (*barco*). **2**. transporter bridge. **tra(n)s·bor·dar** [tra(n)sβorðár] *v* **1**. to transfer. **2**. NÁUT to tranship. **3**. to ferry across (*río, etc*.). **4**. to change (*trenes*). **tra(n)s·bor·do** [tra(n)sβórðo] *n/m* **1**. transfer (*traslado*). **2**. NÁUT ferrying, transhipment. **3**. change (*trenes*). LOC **Hacer ~ (en)**, change (at).

tra(n)s·cen·den·cia [tra(n)sθeṇdéṇθja] *n/f* **1**. importance, significance, consequence (*importancia*). **2**. FIL transcendence. **tra(n)s·cen·den·tal, tra(n)s·cen·den·te** [tra(n)sθeṇdeṇtál/tra(n)sθeṇdéṇte] *adj* **1**. important, significant (*importante*). **2**. far-reaching (*consecuencias*). **3**. vital (*esencial*). **tra(n)s·cen·der** [tra(n)sθeṇdér] *v* (*tra(n)sciendo*) **1**. to transcend, come out, leak out (*saberse*). **2**. to spread, have a wide effect (*extenderse*). **3**. **(~ de)** to go beyond (the limits (of)).

tra(n)s·cri·bir [tra(n)skriβír] *v* (pp *transcrito*) to transcribe. **tra(n)s·crip·ción** [tra(n)skripθjón] *n/f* transcription. **tra(n)s·cri·to/a** [tra(n)skríto/a] pp of *tra(n)scribir* transcribed.

tra(n)s·cu·rrir [tra(n)skurrír] *v* **1**. to pass, elapse (*tiempo*). **2**. to turn out (*suceso*). **tra(n)s·cur·so** [tra(n)skúrso] *n/m* passage, course (*tiempo*).

tran·seún·te [transeúṇte] **I**. *adj* transient, transitory. **II**. *n/m,f* **1**. passer-by (*en la calle*). **2**. transient, temporary resident (*habitante*).

tran·se·xual [transe(k)swál] *adj, n/m,f* transexual.

tra(n)s·fe·ren·cia [tra(n)sferéṇθja] *n/f* transfer. **tra(n)s·fe·rir** [tra(n)sferír] *v* (*transfiero*) to transfer.

tra(n)s·fi·gu·ra·ción [tra(n)sfiɣuraθjón] *n/f* transfiguration. **tra(n)s·fi·gu·rar** [tra(n)sfiɣurár] *v* to transfigure.

trans·for·ma·ble [transformáβle] *adj* transformable, convertible. **trans·for·ma·ción** [transformaθjón] *n/f* transformation, change. **trans·for·mar** [transformár] *v* **(~en)** to transform (into), change (into). **trans·for·mis·ta** [transformísta] *n/m,f* TEAT quick-change artist.

trá(n)s·fu·ga [trá(n)sfuɣa] *n/m,f* **1**. MIL deserter. **2**. turncoat (*política*). **3**. defector (*de nación*).

tra(n)s·fu·sión [tra(n)sfusjón] *n/f* transfusion. **tra(n)s·fu·sor/ra** [tra(n)sfusór/ra] **I**. *adj* transfusing. **II**. *n/m,f* transfuser.

tra(n)s·gre·dir [tra(n)sɣreðír] *v* to transgress. **tra(n)s·gre·sión** [tra(n)sɣresjón] *n/f* transgression. **tra(n)s·gre·sor/ra** [tra(n)sɣresór/ra] **I**. *adj* transgressing. **II**. *n/m,f* transgressor.

tran·si·ción [transiθjón] *n/f* transition.

tran·si·do/a [transíðo/a] *adj* LOC **~ de dolor**, racked with pain. **~ de frío**, chilled to the marrow. **~ de pena**, overcome with grief.

tran·si·gen·cia [transixéṇθja] *n/f* **1**. compromise (*acto*). **2**. spirit of compromise (*actitud*). **tran·si·gen·te** [transixéṇte] *adj* compromising, accommodating. **tran·si·gir** [transixír] *v* (*transijo*) **1**. **(~ con, en)** to compromise (with, in). **2**. **(~ con)** to be tolerant (towards).

tran·sis·tor [transistór] *n/m* transistor.

tran·si·ta·ble [transitáβle] *adj* passable. **tran·si·tar** [transitár] *v* to travel, go (from place to place).

tran·si·ti·vo/a [transitíβo/a] *adj* GRAM transitive.

trán·si·to [tránsito] *n/m* **1**. transit, movement (*acto*). **2**. AUT traffic. **3**. REL passing (away), death. LOC **De ~**, in transit. **tran·si·to·rie·dad** [transitorjeðáð] *n/f* transience. **tran·si·to·rio/a** [transitórjo/a] *adj* transitory, fleeting.

tra(n)s·lú·ci·do/a [tra(n)slúθiðo/a] *adj* translucent.

tra(n)s·mi·gra·ción [tra(n)smiɣraθjón] *n/f* (trans)migration. **tra(n)s·mi·grar** [tra(n)smiɣrár] *v* to (trans)migrate.

tra(n)s·mi·si·ble [tra(n)smisíβle] *adj* transmissible. **tra(n)s·mi·sión** [tra(n)smisjón] *n/f* **1**. *gen* ELECTR TÉC transmission. **2**. broadcast (*radio, TV*). LOC **~ en diferido**, recorded programme. **tra(n)s·mi·sor/ra** [tra(n)smisór/ra] **I**. *adj* transmitting. **II**. *n/m* transmitter. **tra(n)s·mi·tir** [tra(n)smitír] *v* **1**. *gen* to transmit. **2**. to pass on, hand down (*posesión*).

tra(n)s·mu·dar [tra(n)smuðár] *v* **1**. to move, transfer (*trasladar*). **2**. to change (*transformar*). **3**. V **tra(n)smutar**.

tra(n)s·mu·ta·ción [tra(n)smutaθjón] *n/f* transmutation. **tra(n)s·mu·tar** [tra(n)smutár] *v* to transmute.

tra(n)s·pa·ren·cia [tra(n)sparéṇθja] *n/f* **1**. *gen* transparency. **2**. slide, transparency (*foto*). **3**. openness (*política*). **tra(n)s·pa·ren·tar** [tra(n)spareṇtár] **I**. *v* to reveal. **II**. *v/Refl(-se)* **1**. to be transparent. **2**. FIG to become clear. **3**. to show through (*objeto visto*). **tra(n)s·pa·ren·te** [tra(n)spareṇte] *adj* **1**. transparent, clear (*agua*, etc). **2**. see-through (*tela*). **3**. above board, out in the open (*negociaciones*).

tra(n)s·pi·ra·ción [tra(n)spiraθjón] *n/f* **1**. ANAT perspiration. **2**. BOT transpiration. **tra(n)s·pi·rar** [tra(n)spirár] *v* **1**. ANAT to perspire. **2**. BOT to transpire. **3**. to seep through (*líquido*).

tra(n)s·po·ner [tra(n)sponér] **I**. *v* (*transpongo, transpondré, transpuse, transpuesto*) **1**. to move, switch (over) (*cambiar*). **2**. to disappear from view (*desvanecerse*). **II**. *v/Refl(-se)* to doze off.

tra(n)s·por·ta·dor/ra [tra(n)sportaðór/ra] **I**. *adj* **1**. transporting. **2**. MÚS transposing. **II**. *n/m* **1**. transporter, conveyor. **2**. MAT protractor. LOC **Cinta ~ra**, conveyor belt. **tra(n)s·por·tar** [tra(n)sportár] *v* **1**. *gen* to transport, carry, ship. **2**. MÚS to transpose. **3**.

to transfer (*diseño*). **tra(n)s·por·te** [tra(n)spórte] *n/m* **1**. *gen* FIG transport. **2**. *pl* haulage business (*empresa*). **3**. *pl* transportation (*portes*). **tra(n)s·por·tis·ta** [tra(n)sportísta] *n/m,f* carrier, haulier.

tra(n)s·po·si·ción [tra(n)sposiθjón] *n/f* transposition, change of places.

tra(n)s·va·sar [tra(n)sβasár] *v* **1**. to transfer (*agua de un río*). **2**. to decant (*vino*). **tra(n)s·va·se** [tra(n)sβáse] *n/m* **1**. transfer (*agua de un río*). **2**. decanting (*vino*).

tra(n)s·ver·sal [tra(n)sβersál], **tra(n)s·ver·so/a** [tra(n)sβérso/a] *adj* transverse.

tran·vía [tramβía] *n/m* Br tram(car), US streetcar. **tran·via·rio/a** [tramβjárjo/a] **I**. *adj* tram(way). **II**. *n/m* **1**. tram driver (*conductor*). **2**. tramway employee (*empleado*).

tra·pa·ce·ar [trapaθeár] *v* to cheat, FAM to be on the fiddle. **tra·pa·ce·ría** [trapaθería] *n/f* cheating, FAM racket, fiddle.

tra·pa·jo·so/a [trapaxóso/a] *adj* shabby, ragged.

trá·pa·la [trápala] *n/f* **1**. clip-clop (*cascos*). **2**. FAM uproar (*jaleo*). **3**. FAM swindle (*trampa*). **tra·pa·le·ar** [trapaleár] *v* **1**. to go clip-clop (*caballo*). **2**. FAM to chatter, jabber (*parlotear*). **3**. FAM to tell fibs (*mentir*). **4**. FAM V **trapacear**.

tra·pe·cio [trapéθjo] *n/m* **1**. MAT trapezium. **2**. trapeze. **tra·pe·cis·ta** [trapeθísta] *n/m,f* trapeze artist.

tra·pen·se [trapénse] *adj, n/m,f* REL Trappist.

tra·pe·ría [trapería] *n/f* **1**. old clothes shop (*tienda*). **2**. rags, old clothes (*harapos*). **tra·pe·ro/a** [trapéro/a] *n/m,f* Br rag-and-bone man, US junk man.

tra·pe·zoi·de [trapeθóiðe] *n/m* MAT trapezoid.

tra·pi·che·ar [trapitʃeár] *v* **1**. FAM to plot, scheme. **2**. FAM to be on the fiddle (*trapacear*). **3**. to trade on a small scale (*comerciar*). **tra·pi·cheo** [trapitʃéo] *n/m* FAM jiggery-pokery, shady dealings.

tra·pío [trapío] *n/m* **1**. poise, elegance (*garbo*). **2**. TAUR fine appearance. LOC **Tener buen ~**, to carry oneself well.

tra·pi·son·da [trapisónda] *n/f* **1**. FAM row, uproar (*jaleo*). **2**. FAM plot, scheme (*enredo*). **3**. FAM fiddle, swindle (*estafa*). **tra·pi·son·de·ar** [trapisondeár] *v* **1**. FAM to kick up a fuss (*jaleo*). **2**. FAM to scheme, plot. **3**. FAM to fiddle. **tra·pi·son·dis·ta** [trapisondísta] *n/m,f* **1**. FAM troublemaker, rowdy (*pendenciero*). **2**. FAM schemer, intriguer (*enredador*). **3**. FAM trickster, fiddler (*estafador*).

tra·po [trápo] *n/m* **1**. rag (*harapo*). **2**. duster (*del polvo*). **3**. dishcloth (*de fregar*). **4**. *pl* FAM (woman's) clothes. LOC **A todo ~**, 1. NÁUT under full sail. 2. FIG at top speed. **Estar hecho un ~**, to feel limp, FAM to feel like a wet rag. **Sacar los ~s a relucir**, FIG to let fly, rake up the past.

trá·quea [trákea] *n/f* ANAT trachea, windpipe. **tra·queo·to·mía** [trakeotomía] *n/f* MED tracheotomy

tra·que·te·ar [traketeár] *v* **1**. to rattle, clatter (*con ruido*). **2**. to shake (*agitar*). **3**. to bump, jolt (*vehículo*). **tra·que·teo** [traketéo] *n/m* **1**. rattle, clatter (*ruido*). **2**. bumping, jolting (*movimiento*).

tra·qui·do [trakíðo] *n/m* bang, crack (*ruido*).

tras [trás] *prep* **1**. after (*tiempo*). **2**. behind, after (*ubicación*). **3**. **(~ de)** besides, as well as.

tras·dós [trasðós] *n/m* ARQ extrados.

tra·se·gar [traseγár] *v* (*trasiego, trasegué*) **1**. to mix up, turn upside down (*desordenar*). **2**. to reshuffle (*puestos*). **3**. to decant (*vino*). **4**. FAM to booze.

tra·se·ro/a [traséro/a] **I**. *adj* **1**. *gen* back, rear. **2**. hind (*pata*). **II**. *n/m* **1**. ANAT bottom, buttocks. **2**. rump, hind quarters (*animal*).

tras·hu·man·cia [trasumánθja] *n/f* seasonal migration, transhumance. **tras·hu·mar** [trasumár] *v* to move to new pastures.

tra·sie·go [trasjéγo] *n/m* **1**. constant movement, hustle and bustle (*ciudad*, etc). **2**. mixing (*desorden*). **3**. reshuffle, switch (*cambio*). **4**. decanting (*vino*).

tras·la·ción [tralaθjón] *n/f* **1**. transfer. **2**. moving (*desplazamiento*). **3**. ASTR passage, movement. **4**. translation (*texto*). **tras·la·dar** [traslaðár] **I**. *v* **1**. **(~ a)** *gen* to transfer (to), move (to). **2**. to postpone (*aplazar*). **3**. to bring forward (*adelantar*). **4**. to translate (*traducir*). **5**. to copy, transcribe (*documento*). **6**. to express, interpret (*idea*). **II**. *v/Refl(-se)* **1**. to go. **2**. to move (*residencia*). **tras·la·do** [trasláðo] *n/m* **1**. transfer (*funcionario*). **2**. moving (*acto*). **3**. removal (*residencia*). **4**. copy, transcript (*documento*).

tras·lu·cir [trasluθír] **I**. *v* (*trasluzco*) to show, reveal (*ánimo*). **II**. *v/Refl(-se)* **1**. to be translucent (*porcelana, etc.*). **2**. to be plain to see (*hecho*). **3**. to leak out (*noticia*). **tras·luz** [traslúθ] *n/m* LOC **Al ~**, against the light.

tras·ma·no [trasmáno] LOC **A ~**, 1. out of reach. *2*. out of the way.

tras·no·cha·do/a [trasnotʃáðo/a] *adj* **1**. stale, hackneyed (*comida, cuento*). **2**. haggard, hollow-eyed (*persona*). **tras·no·cha·dor/ra** [trasnotʃaðór/ra] **I**. *adj* **1**. who stays up late. **2**. who stays up all night. **II**. *n/m,f* FIG night owl. **tras·no·char** [trasnotʃár] *v* **1**. to stay up late (*acostarse tarde*). **2**. to stay up all night (*no acostarse*). **3**. to sleep on (*problema*).

tras·pa·pe·lar [traspapelár] **I**. *v* to mislay (a piece of paper). **II**. *v/Refl(-se)* to get mislaid. **tras·pa·pe·leo** [traspapeléo] *n/m* misplacement.

tras·pa·sar [traspasár] *v* **1**. to transfix, run through (*cuerpo*). **2**. to cross (*calle*). **3**. to move (*trasladar*). **4**. to transfer, sell (*propiedad*). **5**. JUR to convey. **6**. to violate (*ley*). **7**. **(~ de)** to rack, torture (*dolor*). **8**. to go beyond (*límites*). **tras·pa·so** [traspáso] *n/m* **1**. transfer, sale (*venta*). **2**. JUR conveyance. **3**. key money (*precio*). **4**. property transferred (*bienes*). **5**. FIG pain, anguish. **6**. infringement (*ley*).

tras·pié [traspjé] *n/m* **1**. slip, stumble. **2**. trip (*zancadilla*). **3**. FIG blunder. LOC **Dar un ~**, 1. to stumble. 2. FIG to slip up.

tras·plan·tar [trasplantár] *v* BOT MED to transplant. **tras·plan·te** [trasplánte] *n/m* **1**. BOT transplanting. **2**. MED transplant.

tras·pun·te [traspúnte] *n/m* **1**. TEAT call-boy, prompter (*apuntador*).

tras·qui·la·du·ra [traskilaðúra] *n/f* shearing, clipping. **tras·qui·lar** [traskilár] *v* **1**. to shear, clip (*animales*). **2**. to crop (*persona*). **tras·qui·lón** [traskilón] *n/m* botched haircut.

tras·ta·da [trastáða] *n/f* **1**. prank (*travesura*). **2**. dirty trick (*mala pasada*). **tras·ta·zo** [trastáθo] *n/m* FAM thump, whack. **tras·te** [tráste] *n/m* MÚS fret. LOC **Dar al ~ con**, 1. to mess up (*echar a perder*). 2. to dash (*esperanzas*). **tras·te·ar** [trasteár] *v* **1**. MÚS TAUR to play. **2**. FAM to manage, get round. **3**. to move (things) around. **tras·te·ro/a** [trastéro/a] **I**. *adj* junk. **II**. *n/m,f* junk room, boxroom.

tras·tien·da [trastjénda] *n/f* back room (of a shop).

tras·to [trásto] *n/m* **1**. piece of furniture (*mueble*). **2**. *pl* tackle, gear (*avíos*). **3**. piece of junk (*inútil*). **4**. good-for-nothing, FAM dead loss (*persona*).

tras·to·car [trastokár] **I**. *v* (*trasto**qu**e*) **1**. to disarrange, upset (*trastornar*). **2**. to change round completely. **II**. *v/Refl(-se)* to go mad.

tras·tor·nar [trastornár] **I**. *v* **1**. to overturn, upset (*mueble*, etc). **2**. to mix up, jumble up (*papeles*, etc). **3**. to upset (*proyectos, ideas*). **4**. to drive crazy (*volver loco*). **5**. to make dizzy (*marear*). **6**. to disrupt, disturb (*orden público*). **7**. to trouble, disturb (*molestar*). **II**. *v/Refl(-se)* to go out of one's mind. **tras·tor·no** [trastórno] *n/m* **1**. overturning, upsetting (*vaso*, etc). **2**. mixing up, jumbling up (*papeles*, etc). **3**. disturbance (*política*). **4**. trouble (*molestia*). **5**. MED disorder, upset.

tras·tro·car [trastrokár] *v* (*trastro**qu**e*) **1**. to change round (*objetos*). **2**. to reverse (*orden*). **3**. to transform (*cambiar*).

tra·su·da·ción [trasuðaθjón] *n/f* slight sweating. **tra·su·dar** [trasuðár] *v* to sweat slightly. **tra·su·dor** [trasuðór] *n/m* slight sweat.

tra·sun·to [trasúnto] *n/m* **1**. copy. **2**. FIG image, carbon copy.

tra·ta [tráta] *n/f* slave trade. LOC **~ de blancas**, white slave trade.

tra·ta·ble [tratáβle] *adj* **1**. sociable, easy to get along with (*persona*). **2**. tractable, manageable (*asunto*).

tra·ta·dis·ta [trataðísta] *n/m,f* essayist, writer. **tra·ta·do** [tratáðo] *n/m* **1**. treaty (*política*). **2**. agreement (*convenio*). **3**. LIT treatise.

tra·ta·mien·to [tratamjénto] *n/m* **1**. *gen* MED TÉC treatment. **2**. TÉC processing. **3**. handling (*persona, problema*). **4**. title, style (of address). **tra·tan·te** [tratánte] *n/m* dealer, trader. **tra·tar** [tratár] **I**. *v* **1**. **(~ con, por)** *gen* MED QUÍM TÉC to treat (with). **2**. **(~ a, con)** to have to do (with) (*gente*). **3**. COM P to process. **4**. **(~ de)** to address (as) (*persona*). **5**. **(~ de, sobre)** to deal with, be about (*tema*). **6**. **(~ con)** COM to deal (in). **7**. **(~ de + *inf*)** to try to + *inf*. **II**. *v/Refl(-se)* **1**. to look after oneself (*cuidarse*). **2**. to treat each other, call each other (*recíprocamente*). **3**. **(~ de)** to be about. LOC **¿De qué se trata?**, what's it all about? **Se trata de + *inf***, it's a question of + *ger*. **tra·to** [tráto] *n/m* **1**. treatment. **2**. manners, behaviour (*modales*). **3**. agreement, deal (*negocio*). **4**. title (*de persona*). **5**. dealings (*relaciones*). LOC **¡~ hecho!**, it's a deal! **Cerrar/Hacer un ~**, to clinch/close a deal. **Romper el ~ con uno**, to break off relations with sb.

trau·ma [tráuma] *n/m* **1**. MED trauma (*mental*). **2**. MED injury (*físico*). **trau·má·ti·co/a** [traumátiko/a] *adj* MED traumatic. **trau·ma·tis·mo** [traumatísmo] *n/m* MED traumatism. **trau·ma·ti·zar** [traumatiθár] *v* (*traumatice*) **1**. MED to traumatize. **2**. FIG to affect profoundly. **trau·ma·to·lo·gía** [traumatoloxía] *n/f* MED traumatology. **trau·ma·to· ló·gi·co/a** [traumatolóxiko/a] *adj* MED traumatological. **trau·ma·tó·lo·go/a** [traumatóloγo/a] *n/m,f* MED orthopaedic surgeon.

tra·vés [traβés] *n/m* **1**. inclination, slant (*cuadro*, etc). **2**. bias (*costura*). **3**. warp (*madera*). **4**. ARQ crossbeam. **5**. FIG setback, upset. LOC **A(l) ~**, *adv* crossways, across. **A(l) ~ de**, *prep* 1. across, over (*espacio*). 2. through (*por*). **De ~**, *adv* **1**. sideways, **2**. askew (*no recto*).

tra·ve·sa·ño [traβesáɲo] *n/m* **1**. ARQ crossbeam. **2**. DEP crossbar. **3**. bolster (*cama*).

tra·ve·sía [traβesía] *n/f* **1**. cross-street, crossroad. **2**. main road. **3**. NÁUT AER crossing.

tra·ves·ti [traβésti] **I**. *n/m,f* transvestite. **II**. *n/m* TEAT drag artist.

tra·ve·su·ra [traβesúra] *n/f* **1**. (piece of) mischief, prank (*niños*). **2**. wit, sparkle (*mayores*). **tra·vie·so/a** [traβjéso/a] **I**. *adj* **1**. mischievous, naughty (*niños*). **2**. restless. **3**. sly, cunning. **4**. witty. **II**. *n/f* sleeper (*ferrocarril*).

tra·yec·to [traɟékto] *n/m* **1**. distance (*espacio*). **2**. way (*camino*). **3**. journey (*viaje*). **4**. route (*autobús*). **tra·yec·to·ria** [traɟektórja] *n/f* **1**. trajectory, path. **2**. FIG course, direction.

tra·za [tráθa] *n/f* **1**. ARQ TÉC plan, design. **2**. skill, ability (*habilidad*). **3**. looks, appearance (*aspecto*). LOC **Llevar ~ de + *inf***, to look like + *ger*. **Por las ~s**, from all the signs. **tra·za·do** [traθáðo] **I**. *n/m* **1**. layout, plan (*plano*). **2**. sketch, outline (*dibujo*). **3**. line, route (*ruta*). **II**. *adj* LOC **Bien ~**, nice-looking, shapely. **Mal ~**, unattractive, ungainly. **tra·zar** [traθár] *v* (*tracé*) **1**. to sketch, outline (*dibujo*). **2**. to design, lay out (*plano*). **3**. to draw, trace (*líneas*). **4**. to mark out (*límites*). **5**. to plot (*trayecto*). **6**. to devise, contrive (*medios*). **tra·zo** [tráθo] *n/m* **1**. line, stroke (*línea, letra*). **2**. sketch, outline (*esbozo*). **3**. lines, features (*rostro*).

tre·be·jo [treβéxo] *n/m* **1**. utensil. **2**. *pl* equipment, gear. **3**. chess piece (*ajedrez*).
tré·bol [tréβol] *n/m* **1**. BOT clover, trefoil, shamrock. **2**. *pl* clubs (*naipes*).
tre·ce [tréθe] **I**. *adj*, *n/m* thirteen. **II**. *n/m* thirteenth (*fecha*). LOC **Estar/Mantenerse/ Seguir en sus ~**, to stick to one's guns, dig in. **tre·ce·avo/a** [treθeáβo/a] *adj*, *n/m* thirteenth.
tre·cho [trétʃo] *n/m* **1**. stretch, distance, way (*trayecto*). **2**. while (*tiempo*). LOC **De ~ en ~**, at intervals.
tre·gua [tréɣwa] *n/f* **1**. MIL truce. **2**. FIG respite, let-up.
trein·ta [tréiṇta] **I**. *adj* **1**. thirty (*cardinal*). **2**. thirtieth (*ordinal*). **II**. *n/m* thirtieth (*fecha*).
tre·me·bun·do/a [tremeβúṇdo/a] *adj* frightful, frightening.
tre·men·dis·mo [tremeṇdísmo] *n/m* coarse realism; *lit* naturalistic crudeness. **tre·men·do/a** [treméṇdo/a] *adj* **1**. terrible, dreadful (*horrendo*). **2**. tremendous (*enorme*). **3**. fantastic, entertaining (*persona*). **4**. mischievous (*niño*). LOC **Tomarse las cosas a la ~a**, to make a great fuss about things.
tre·men·ti·na [tremeṇtína] *n/f* turpentine.
tre·mo·lar [tremolár] *v* to flutter, wave (*banderas*). **tré·mo·lo** [trémolo] *n/m* MÚS tremolo.
tre·mor [tremór] *n/m* tremor.
tre·mu·lan·te, **tre·mu·len·to/a**, **tré·mu·lo/a** [tremuláṇte, tremuléṇte, trémulo/a] *adj* **1**. *gen* quivering, tremulous. **2**. quavering (*voz*). **3**. flickering (*luz*).
tren [trén] *n/m* **1**. train (*ferrocarril*). **2**. MIL convoy. **3**. FIG pace speed. **4**. TÉC set (*marchas*, etc). LOC **Perder el ~**, FIG to miss the boat. **~ de aterrizaje**, AER undercarriage. **~ de lavado**, AUT car wash. **~ de vida**, life style. **Vivir a todo ~**, to live life in the fast lane.
tre·na [tréna] *n/f col* nick, clink.
tre·nca [tréŋka] *n/f* duffle coat.
tren·ci·lla [treṇθíʎa] *n/f* braid.
tre·no [tréno] *n/m* **1**. threnody, dirge (*canto*). **2**. lamentation.
trenza [tréṇθa] *n/f* **1**. plait, pigtail (*pelo*). **2**. twist (*hilos*). **3**. braid (*hebras*). **tren·zar** [treṇθár] *v* **1**. to plait (*pelo, esparto*). **2**. to twist (together), intertwine (*hebras*).
tre·pa·dor/ra [trepaðór/ra] **I**. *adj* BOT climbing, rambling. **II**. *n/m* BOT climber, rambler.
tre·pa·na·ción [trepanaθjón] *n/f* MED trepanation. **tre·pa·nar** [trepanár] *v* MED to trepan, trephine. **tré·pa·no** [trépano] *n/m* MED trephine.
tre·par [trepár] *v* **1**. to climb. **2**. **(~ a, por)** to climb (up), clamber (up).
tre·pi·da·ción [trepiðaθjón] *n/f* shaking, vibration. **tre·pi·dar** [trepiðár] *v* to shake, vibrate.
tres [trés] **I**. *adj* **1**. three (*cardinal*). **2**. third (*ordinal*). **II**. *n/m* **1**. three. **2**. third (*fecha*). LOC **Ni a la de ~**, not by any manner or means.
tre·si·llo [tresíʎo] *n/m* **1**. three-piece suite (*muebles*). **2**. ombre (*naipes*).
tre·ta [tréta] *n/f* **1**. trick (*engaño*). **2**. INFML gimmick (*publicidad*, etc).
tri- [tri-] *pref* tri-, three-.
tría [tría] *n/f* sorting.
tría·da [tríaða] *n/f* triad.
trial [trjál] *n/m* DEP motorcycle trials.
trian·gu·lar [trjaŋgulár] *adj* triangular, three-cornered. **trián·gu·lo** [trjáŋgulo] *n/m* triangle.
tri·bal [triβál] *adj* tribal. **tri·bu** [tríβu] *n/f* tribe.
tri·bu·la·ción [triβulaθjón] *n/f* tribulation.
tri·bu·na [triβúna] *n/f* **1**. rostrum (*de orador*). **2**. (grand)stand (*espectáculos*). **3**. press box (*prensa*). **tri·bu·nal** [triβunál] *n/m* **1**. JUR court (*local*). **2**. JUR bench (*jueces*). **3**. board of examiners (*enseñanza*). **4**. panel (*concurso*). **5**. tribunal (*investigadores*). LOC **~ Supremo**, High/Supreme Court. **tri·bu·no** [triβúno] *n/m* HIST tribune.
tri·bu·ta·ción [triβutaθjón] *n/f* **1**. payment (*pago*). **2**. taxation (*impuestos*). **tri·bu·tar** [triβutár] *v* **1**. *gen* FIG to pay. **2**. to pay taxes (*impuestos*). **tri·bu·ta·rio/a** [triβutárjo/a] *adj* **1**. tax, taxation. **2**. GEOG tributary. **tri·bu·to** [triβúto] *n/m* **1**. HIST FIG tribute. **2**. tax.
trí·ceps [tríθeps] *adj*, *n/m* ANAT triceps.
tri·ci·clo [triθíklo] *n/m* tricycle.
tri·cli·nio [triklínjo] *n/m* HIST triclinium.
tri·co·lor [trikolór] *adj* tricolour, three-coloured. LOC **Bandera ~**, tricolour.
tri·cor·nio [trikórnjo] *n/m* three-cornered hat.
tri·co·tar [trikotár] *v* to knit. **tri·co·to·sa** [trikotósa] *n/f* knitting-machine.
tri·co·to·mía [trikotomía] *n/f* trichotomy.
tri·den·te [triðéṇte] *n/m* trident.
tri·di·men·sio·nal [triðimensjonál] *adj* three-dimensional.
tri·duo [tríðwo] *n/m* REL triduum.
trie·dro [triéðro] **I**. *adj* MAT trihedral. **II**. *n/m* trihedron.
trie·nal [trienál] *adj* triennial. **trie·nio** [triénjo] *n/m* triennium.
tri·fá·si·co/a [trifásiko/a] *adj* ELECTR three-phase, triphase.
tri·ful·ca [trifúlka] *n/f* FIG brawl, roughhouse.
tri·gal [triɣál] *n/m* wheat field.
tri·gé·si·mo/a [trixésimo/a] *adj*, *n/m,f* thirtieth.
tri·gli·fo, **trí·gli·fo** [triɣlífo/tríɣlifo] *n/m* ARQ triglyph.
tri·go [tríɣo] *n/m* BOT wheat. **~ candeal**, bread wheat.
tri·go·no·me·tría [triɣonometría] *n/f* trigonometry.
tri·gue·ño/a [triɣéɲo/a] *adj* **1**. corn-coloured (*pelo*). **2**. olive-skinned (*tez*). **tri·gue·ro/a** [triɣéro/a] **1**. *adj* wheat. **2**. *n/m* corn merchant.
tri·lin·güe [trilíŋgwe] *adj* trilingual.
tri·lo·gía [triloxía] *n/f* trilogy.
tri·lla [tríʎa] *n/f* **1**. AGR threshing (*acto*). **2**. AGR threshing season (*época*). **tri·lla·do/a** [triʎáðo/a] *adj* **1**. AGR threshed. **2**. FIG well-trodden (*camino*). **3**. FIG hackneyed, well-

worn (*tema*). **tri·lla·do·ra** [triʎaðóra] *n/f* threshing machine. **tri·llar** [triʎár] *v* AGR to thresh.

tri·lli·zo/a [triʎíθo/a] *n/m,f* triplet.

tri·llo [tríʎo] *n/m* AGR threshing machine.

tri·mes·tral [trimestrál] *adj* **1**. quarterly, three-monthly. **2**. term (*escuela*). **tri·mes·tre** [triméstre] *n/m* **1**. quarter, period of three months. **2**. term (*escuela*). **3**. quarterly payment (*pago*).

tri·mo·tor [trimotór] *n/m* three-engined aircraft.

tri·nar [trinár] *v* **1**. ZOOL to sing, warble. **2**. FIG to fume, be furious: *Está que trina*, He/she is furious.

trin·ca [tríŋka] *n/f* set of three, threesome (*grupo*).

trin·car [triŋkár] *v* (*trinquemos*) **1**. *gen* to tie securely, bind. **2**. NÁUT to lash. **3**. FAM to nick (*detener, robar*). **4**. *col* to knock back, guzzle (*bebidas*).

trin·cha [tríntʃa] *n/f* strap.

trin·cha·dor [trintʃaðor] *n/m* carving knife. **trin·chan·te** [trintʃánte] *n/m* **1**. carving knife (*cuchillo*). **2**. carving fork (*tenedor*). **trin·char** [trintʃár] *v* to carve, slice.

trin·che·ra [trintʃéra] *n/f* **1**. MIL trench. **2**. trench coat (*prenda*). **3**. cutting (*ferrocarril*).

trin·che·ro [trintʃéro] *n/m* sideboard, serving table.

tri·neo [trinéo] *n/m* sleigh, sledge.

tri·ni·dad [triniðáð] *n/f* REL Trinity. **tri·ni·ta·rio/a** [trinitárjo/a] *adj, n/m,f* Trinitarian.

tri·no [tríno] *n/m* **1**. MÚS trill. **2**. ZOOL warble.

trin·que·te [triŋkéte] *n/m* **1**. TÉC ratchet, pawl. **2**. NÁUT foremast (*palo*), foresail (*vela*).

trío [trío] *n/m* trio.

tri·pa [trípa] *n/f* **1**. ANAT intestine, gut. **2**. *pl* FIG innards, insides. **3**. FAM ANAT paunch, belly. LOC **Hacer de ~s corazón**, to pluck up courage.

tri·par·ti·to/a [tripartíto/a] *adj* tripartite.

tri·ple [tríple] *adj, n/m* triple. **tri·pli·ca·ción** [triplikaθjón] *n/f* triplication. **tri·pli·car** [triplikár] **I**. *v* (*triplique*) to triplicate (*idénticos*). **II**. *v, v/Refl(-se)* to triple, treble (*multiplicar*).

tri·pli·ci·dad [tripliθiðáð] *n/f* triplicity.

trí·po·de [trípoðe] *n/m,f* tripod.

tríp·ti·co [tríptiko] *n/m* triptych.

trip·ton·go [triptóŋgo] *n/m* GRAM triphthong

tri·pu·do/a [tripúðo/a] *adj* FAM potbellied.

tri·pu·la·ción [tripulaθjón] *n/f* NÁUT AER crew. **tri·pu·lan·te** [tripulánte] *n/m,f* **1**. NÁUT AER crew member. **2**. *pl* crew. **tri·pu·lar** [tripulár] *v* to man.

tri·qui·na [trikína] *n/f* trichina. **tri·qui·no·sis** [trikinósis] *n/f* MED trichinosis.

tri·qui·ñue·la [trikiɲwéla] *n/f* FAM trick, dodge, wangle.

tri·qui·tra·que [trikitráke] *n/m* clatter, clackety-clack.

tris [trís] *n/m* **1**. crack (*ruido*). **2**. FAM trice. LOC **En un ~**. 1. in a jiffy (*pronto*). 2. within an inch (*por poco*). **Estar en un ~ de hacer algo**, to be on the point of doing sth. **Por un ~**, by a hair's breadth.

tris·car [triskár] *v* (*trisque*) to romp, frisk about.

tri·sí·la·bo/a [trisílaβo/a] **I**. *adj* trisyllabic, three-syllabled. **II**. *n/m* trisyllable.

tris·te [tríste] *adj* **1**. sad, gloomy, unhappy (*estado, aspecto*). **2**. melancholy (*carácter*). **3**. sorrowful (*afligido*). **4**. dismal, gloomy (*sombrío*). **5**. dreary (*paisaje*). **6**. drab (*prenda*). **7**. miserable, wretched (*despreciable*). **tris·te·za** [tristéθa] *n/f* **1**. sadness, gloominess, unhappiness (*estado, aspecto*). **2**. melancholy (*carácter*). **3**. sorrow (*aflicción*). **4**. dismalness, gloominess (*sombría*). **5**. dreariness (*paisaje*). **6**. drabness (*prenda*). **7**. wretchedness (*situación*). **tris·tón/na** [tristón/na] *adj* rather sad.

tri·tu·ra·ción [trituraθjón] *n/f* **1**. grinding, crushing (*sólidos*). **2**. pulping, mashing (*tomates*, etc). **3**. chewing (*mascar*). **tritu·rar** [triturár] *v* **1**. to grind, crush (*sólidos*). **2**. to pulp, mash (*tomates*, etc). **3**. to chew (*mascar*). **4**. FIG FAM to make mincemeat of.

triun·fa·dor/ra [triuɱfaðór/ra] **I**. *adj* triumphant, victorious. **II**. *n/m,f* winner, victor. **triun·fal** [triuɱfál] *adj* **1**. triumphal (*arco*). **2**. triumphant (*grito*). **triun·fa·lis·mo** [triuɱfalísmo] *n/m* **1**. PEY triumphalism, smugness. **2**. euphoria. **triun·fa·lis·ta** [triuɱfalísta] *adj* **1**. PEY trumphalist, smug. **2**. euphoric. **triun·fan·te** [triuɱfánte] *adj* triumphant. **triun·far** [triuɱfár] *v* **1**. **(~ en, sobre)** to triumph (in, over) (*ganar*). **2**. **(~ sobre)** PEY to exult (over). **3**. to trump (*naipes*). **triun·fo** [triúɱfo] *n/m* **1**. *gen* FIG triumph. **2**. trump (*naipes*).

triun·vi·ra·to [triumbiráto] *n/m* triumvirate. **triun·vi·ro** [triumbíro] *n/m* triumvir.

tri·vial [triβjál] *adj* trivial, trite. **tri·via·li·dad** [triβjaliðáð] *n/f* **1**. triviality, triteness. **2**. *pl* trivia. **tri·via·li·zar** [triβjaliθár] *v* (*trivialicé*) to trivialize.

tri·za [tríθa] *n/f* shred, bit. LOC **Hacer ~s algo**, to tear sth to shreds, smash sth to pieces. **Hacer ~ a uno**, FIG 1. to tear sb to shreds (*criticar*). 2. DEP to beat sb hollow.

tro·car [trokár] **I**. *v* (*trueco, troqué*) **1**. **(~ por)** to exchange (for), swap (for) (*intercambiar*). **2**. **(~ por)** COM to barter (for). **3**. to change (*dinero*). **4**. to change over (*posiciones*). **II**. *v/Refl(-se)* **(~ en)** to change (into).

tro·ce·ar [troθeár] *v* to cut up. **tro·ceo** [troθéo] *n/m* cutting up.

tro·cha [trótʃa] *n/f* **1**. narrow path (*vereda*). **2**. shortcut (*atajo*).

tro·che·mo·che [trotʃemótʃe] LOC **A ~/A troche y moche**, 1. haphazardly (*sin orden*). 2. pell-mell (*correr*).

tro·feo [troféo] *n/m* **1**. trophy (*objeto*). **2**. FIG victory.

tro·glo·di·ta [troγloðíta] **I**. *adj* troglodytic(al), cave-dwelling. **II**. *n/m,f* troglodyte, cave dweller.

tro·la [tróla] *n/f* FAM fib, lie.

tro·le [tróle] *n/m* trolley (pole).

tro·le·ro/a [troléro/a] I. *adj* FAM fibbing, lying. II. *n/m,f* FAM fibber, liar.
trom·ba [trómba] *n/f* 1. NÁUT waterspout. 2. whirlwind (*viento*). LOC ~ **de agua**, heavy downpour.
trom·bo [trómbo] *n/m* MED thrombus. **trom·bo·fle·bi·tis** [trombofleβítis] *n/f* MED thrombophlebitis. **trom·bón** [trombón] [trombón] *n/m* 1. MÚS trombone (*instrumento*). 2. MÚS trombonist (*músico*). **trom·bo·sis** [trombósis] *n/f* MED thrombosis.
trom·pa [trómpa] I. *n/f* 1. MÚS horn (*instrumento*). 2. proboscis (*de insecto*). 3. ZOOL trunk 4. FAM snout, hooter. 5. humming top (*juguete*). 6. *col* drunkenness. II. *n/m* MÚS horn player. LOC **Estar ~**, *col* to be sloshed. **trom·pa·da** [trompaða], **trom·pa·zo** [trompáθo] *n/m* 1. FAM bash, bump. 2. FAM punch (*puñetazo*).
trom·pe·ta [trompéta] I. *n/f* MÚS trumpet (*instrumento*). II. *n/m* 1. trumpeter, trumpet player (*músico*). 2. MIL bugler. **trom·pe·ta·zo** [trompetáθo] *n/m* 1. MÚS trumpet blast. 2. FIG blast, blare. **trom·pe·ti·lla** [trompetíʎa] *n/f* ear trumpet. **trom·pe·tis·ta** [trompetísta] *n/m,f* V **trompeta II. (1.)**
trom·pi·car [trompikár] *v* (*trompiqué*) to stumble, trip (up). **trom·pi·cón** [trompikón] *n/m* stumble, trip. LOC **A ~es**, in fits and starts.
trom·po [trómpo] *n/m* (spinning) top.
tro·na·da [tronáða] *n/f* thunderstorm. **tro·na·do/a** [tronáðo/a] *adj* FAM broken-down, worn-out (*viejo*). LOC **Estar ~**, to be/act like a madman.
tro·nar [tronár] *v* (*truena*) 1. to thunder (*tempestad*). 2. to rumble (*ruido*). 3. **(~ contra)** FIG to fulminate (against).
tron·cal [tronkál] *adj* trunk. **tron·co** [tróŋko] *n/m* 1. ANAT trunk. 2. BOT trunk (*árbol*), stem (*arbusto*). 3. FIG stock, lineage. 4. log (*leño*). 5. team (*caballos*). LOC **Estar/Dormir como un ~**, to sleep like a log.
tron·char [tront∫ár] *v* 1. to bring down, fell (*sin herramienta*). 2. to break off (*ramas*). 3. FIG to dash (*esperanzas*). 4. to cut short (*vida, planes*). **tron·cho** [tront∫o] *n/m* BOT stem, stalk.
tro·ne·ra [tronéra] *n/f* 1. small window (*casa*). 2. porthole (*barco*). 3. loophole (*fortaleza*). 4. pocket (*billar*).
tro·ni·do [troníðo] *n/m* thunderclap.
tro·no [tróno] *n/m* 1. throne. 2. FIG crown.
tro·pa [trópa] *n/f* 1. troop, crowd (*personas*). 2. MIL army, military. 3. MIL rank and file (*soldados rasos*). 4. *pl* troops. **tro·pel** [tropél] *n/m* 1. rush, hurry (*prisa*). 2. throng, mob (*muchedumbre*). 3. jumble, heap (*montón*). LOC **En ~**, in a mad rush. **tro·pe·lía** [tropelía] *n/f* outrage.
tro·pe·zar [tropeθár] I. *v* (*tropiezo, tropecé*) 1. **(~ en, contra, con)** to trip (on, over, against). 2. **(~ con)** FIG to run into, run up against. II. *v/Refl(-se)* 1. **(~ con)** to bump into, run into (*persona*). 2. **(~con)** to stumble upon (*cosa*). **tro·pe·zón** [tropeθón] *n/m* 1. stumble, trip. 2. FIG slip up. 3. small chunk of meat (*taco*). LOC **A ~es**, in fits and starts.
tro·pi·cal [tropikál] *adj* tropical. **tró·pi·co** [trópiko] *n/m* tropic.
tro·pie·zo [tropjéθo] *n/m* 1. stumble, trip. 2. FIG snag (*pega*). 3. FIG slip up (*desliz*).
tro·pis·mo [tropísmo] *n/m* tropism.
tro·po [trópo] *n/m* trope, figure of speech.
tro·quel [trokél] *n/m* TÉC die. **tro·que·lar** [trokelár] *v* TÉC to stamp out.
tro·ta·ca·lles [trotakáʎes] *n/m,f* FAM gadabout. **tro·ta·con·ven·tos** [trotakombéntos] *n/f* FAM bawd, procuress. **tro·ta·mun·dos** [trotamúndos] *n/m,f* globetrotter.
tro·tar [trotár] *v* 1. to trot (*caballo*). 2. FAM to be on the go. **tro·te** [tróte] *n/m* 1. trot. 2. FAM chasing about. LOC **A/Al ~**, 1. trotting. 2. FIG at the double. **tro·tón/na** [trotón/na] I. *adj* trotting. II. *n/m* trotter (*caballo*).
tro·va [tróβa] *n/f* verse, poem. **tro·va·dor/ra** [troβaðór/ra] I. *adj* versifying. II. *n/m* 1. HIST troubador, minstrel. 2. poet. III. *n/f* poetess. **tro·va·do·res·co/a** [troβaðorésko/a] *adj* HIST troubador. **tro·ve·ro** [troβéro] *n/m* HIST trouvère.
tro·ya [tróɟa] LOC **Aquí/Allí arde ~**, there was total confusion. **tro·ya·no/a** [troɟáno/a] *adj, n/m,f* HIST Trojan.
tro·zo [tróθo] *n/m* 1. piece, bit. 2. MÚS LIT passage. LOC **A ~s**, piecemeal.
tru·ca·je [trukáxe] *n/m* 1. trickery. 2. trick photography (*cine*). **tru·co** [trúko] *n/m* FAM trick, dodge.
tru·cu·len·cia [trukulénθja] *n/f* cruelty, horror. **tru·cu·len·to/a** [trukulénto/a] *adj* cruel, horrifying.
tru·cha [trút∫a] *n/f* ZOOL trout.
tru·chi·mán [trut∫imán] *n/m* 1. dragoman, interpreter. 2. FIG FAM scoundrel.
true·no [trwéno] *n/m* 1. thunder(clap) (*tempestad*). 2. report, bang (*arma de fuego*). 3. FAM young tearaway.
true·que [trwéke] *n/m* 1. COM barter. 2. exchange, swap (*cambio*).
tru·fa [trúfa] *n/f* 1. BOT truffle. 2. FIG fib. **tru·far** [trufár] *v* 1. to stuff with truffles (*cocina*). 2. FIG to fib, tell fibs.
tru·hán/na [truán/na] I. *adj* roguish, crooked. II. *n/m,f* rogue, crook, clown. **tru·ha·ne·ría** [truanería] *n/f* roguery, crookedness. **tru·ha·nes·co/a** [truanésko/a] *adj* roguish, crooked.
trun·ca·mien·to [truŋkamjénto] *n/m* 1. truncation, shortening (*acortamiento*). 2. curtailing. **trun·car** [truŋkár] *v* (*trunqué*) 1. to truncate, shorten (*acortar*). 2. to curtail (*actividad*). 3. FIG to ruin.
trus·t(e) [trúst(e)] *n/m* COM trust.
tu [tú] *adj* 1. *gen* your. 2. REL thy, thine. **tú** [tú] *pron pers* 1. *gen* you. 2. REL thou.
tu·ber·cu·li·na [tuβerkulína] *n/f* MED tuberculin. **tu·bér·cu·lo** [tuβérkulo] *n/m* 1. BOT tuber. 2. MED ANAT tubercle. **tu·ber·cu·lo·sis** [tuβerkulósis] *n/f* MED tuberculosis, TB. **tu·ber·cu·lo·so/a** [tuβerkulóso/a] *adj* MED tubercular, tuberculous.

tu·be·ría [tuβería] *n/f* **1**. plumbing (*cañería*). **2**. piping, pipes (*conjunto*). **3**. pipe, tube (*conducto*). **tu·bo** [túβo] *n/m* tube, pipe (*conducto*). LOC **~ digestivo**, ANAT alimentary canal. **~ de ensayo**, test tube. **~ de escape**, exhaust (pipe). **~ de humo**, flue. **tu·bu·lar** [tuβulár] *adj* tubular.

tue·co [twéko] *n/m* **1**. BOT stump. **2**. worm-eaten cavity (*en madera*).

tuer·ca [twérka] *n/f* TÉC nut. LOC **~ mariposa**, wing nut.

tuer·to/a [twérto/a] **I**. *adj* one-eyed, blind in one eye. **II**. *n/m,f* one-eyed person. **III**. *n/m* wrong, injustice.

tues·te [twéste] *n/m* toasting.

tué·ta·no [twétano] *n/m* **1**. ANAT marrow. **2**. BOT pith. LOC **Hasta los ~s**, through and through.

tu·fa·ra·da [tufaráðа] *n/f* **1**. strong smell (*apeste*). **2**. waft (*racha*).

tu·fi·llas [tufíʎas] *n/m,f* FAM tetchy individual.

tu·fo [túfo] *n/m* **1**. vapour, gas (*emanación*). **2**. stink, FAM whiff (*olor*). **3**. *pl* airs and graces.

tu·gu·rio [tuɣúrjo] *n/m* **1**. hovel, slum (*casa*). **2**. poky little room (*habitación*).

tul [túl] *n/m* tulle.

tu·li·pa [tulípa] *n/f* (tulip shaped) lampshade. **tu·li·pán** [tulipán] *n/m* BOT tulip.

tu·lli·do/a [tuʎíðo/a] **I**. *adj* crippled, disabled. **II**. *n/m,f* cripple. **tu·llir** [tuʎír] *v* **1**. to cripple, maim (*lisiar*). **2**. to paralyze.

tum·ba [túm̦ba] *n/f* tomb, grave. LOC **Ser (como) una ~**, FIG to keep one's mouth shut.

tum·bar [tum̦bár] **I**. *v* **1**. to knock down/over (*derribar*). **2**. to take a tumble (*caerse*). **3**. *col* to fail (*en un examen*). **II**. *v/Refl(-se)* to lie down, stretch out.

tum·bo [túm̦bo] *n/m* **1**. lurch, jolt (*vaivén*). **2**. tumble (*caída*).

tum·bo·na [tum̦bóna] *n/f* sunbed, lounger.

tu·me·fac·ción [tumefa(k)θjón] *n/f* swelling. **tu·me·fac·to/a** [tumefákto/a] *adj* swollen.

tu·mor [tumór] *n/m* tumour, growth. **tu·mo·ro·so/a** [tumoróso/a] *adj* tumorous.

tú·mu·lo [túmulo] *n/m* **1**. HIST tumulus, barrow. **2**. catafalque (*catafalco*). **3**. tomb (*sepultura*).

tu·mul·to [tumú̦lto] *n/m* **1**. *gen* tumult, turmoil. **2**. riot (*política*). **tu·mul·tuo·so/a** [tumu̦ltwóso/a] *adj* **1**. tumultuous. **2**. riotous (*política*).

tu·nan·te/a [tunán̦te] **I**. *adj* crooked, roguish. **II**. *n/m,f* **1**. crook, rogue (*mayor*). **2**. scamp, imp (*niños*).

tu·nda [tun̦da] *n/f* **1**. thrashing, spanking (*paliza*). **2**. slog (*esfuerzo*). **tun·dir** [tun̦dír] *v* **1**. to shear (*pelo*). **2**. to thrash, beat (*palos*).

tun·dra [tún̦dra] *n/f* tundra.

tu·ne·ci·no/a [tuneθíno/a] *adj, n/m,f* Tunisian.

tú·nel [túnel] *n/m* tunnel.

tú·ni·ca [túnika] *n/f* **1**. HIST tunic. **2**. gown, robe.

tu·no/a [túno/a] **I**. *n/m,f* little rascal. **II**. *n/f* MÚS student minstrel group. **III**. *n/m* student minstrel.

tun·tún [tun̦tún] LOC **Al (buen) ~**, thoughtlessly, trusting to luck.

tu·pé [tupé] *n/m* **1**. forelock (*natural*). **2**. toupee (*postizo*).

tu·pi·do/a [tupíðo/a] *adj* thick (*tela*). **tu·pir** [tupír] *v* **1**. to pack tightly, press down. **2**. to thicken (*hierba*).

tur·ba [túrβa] *n/f* **1**. turf, peat (*combustible*). **2**. mob (*personas*). **tur·ba·ción** [turβaθjón] *n/f* **1**. confusion. **2**. disorder, disturbance (*disturbio*). **3**. embarrassment, distress (*personas*).

tur·ban·te [turβán̦te] *n/m* turban.

tur·bar [turβár] *v* **1**. to disturb, upset (*orden*). **2**. to stir up (*agua*). **3**. to worry, upset (*preocupar*). **4**. to embarrass, distress (*ruborizar*).

tur·be·ra [turβéra] *n/f* peat bog.

tur·bie·dad [turβjeðáð] *n/f* **1**. cloudiness (*líquidos*). **2**. muddiness (*agua*). **3**. FIG confusion.

tur·bi·na [turβína] *n/f* turbine.

tur·bio/a [túrβjo/a] *adj* **1**. cloudy (*líquidos*). **2**. muddy (*agua*). **3**. FIG troubled (*aguas*). **4**. unsettled (*época*). **5**. shady (*negocio*). **6**. obscure, confused (*estilo*).

tur·bión [turβjón] *n/m* **1**. heavy shower. **2**. FIG torrent, shower.

tur·bo·hé·li·ce [turβoéliθe] *n/f* AER turboprop.

tur·bu·len·cia [turβulén̦θja] *n/f* **1**. *gen* turbulence. **2**. unruliness (*niños*). **3**. FIG disturbance, commotion. **tur·bu·len·to/a** [turβulén̦to/a] *adj* **1**. *gen* turbulent. **2**. unruly (*niño*). **3**. troubled (*época*). **4**. MIL mutinous. **5**. restless (*espíritu*).

tur·co/a [túrko/a] **I**. *adj* Turkish. **II**. *n/m,f* Turk. **III**. *n/m* Turkish (*idioma*). **IV**. *n/f* binge. LOC **Coger una ~a**, to get drunk.

tur·gen·cia [turxén̦θja] *n/f* turgidity. **tur·gen·te** [turxén̦te] *adj* turgid, swollen.

turí·bu·lo [turíβulo] *n/m* REL thurifer.

tu·ris·mo [turísmo] *n/m* **1**. tourism (*actividad*). **2**. touring, sightseeing (*viajar*). **3**. tourist industry (*industria*). **4**. saloon, family car (*coche*). **tu·ris·ta** [turísta] *n/m,f* tourist, sightseer. **tu·rís·ti·co/a** [turístiko/a] *adj* tourist.

tur·ma [túrma] *n/f* **1**. BOT truffle. **2**. ANAT testicle.

tur·nar [turnár] *v, v/Refl(-se)* to take turns.

tur·né(e) [turné] *n/f* TEAT tour.

tur·no [túrno] *n/m* **1**. turn (*vez*). **2**. shift (*tanda*). **3**. go (*juegos*). LOC **Estar de ~**, to be on duty.

tur·que·sa [turkésa] *n/f* turquoise.

tu·rrón [turrón] *n/m* nougat. **tu·rro·ne·ro/a** [turronéro/a] *n/m,f* **1**. nougat maker (*fabricante*). **2**. nougat seller (*vendedor*).

tu·ru·la·to/a [turuláto/a] *adj* FAM flabbergasted, dumbfounded.

tu·ru·rú [tururú] LOC **Está ~**, he/she is mad.

tu·te [túte] *n/m* card game. LOC **Darse un ~**, to work oneself into the ground.

tu·te·ar [tuteár] *v* to be on familiar terms (with); to address as 'tú'.

tu·te·la [tutéla] *n/f* **1.** JUR guardianship. **2.** FIG protection. **3.** FIG guidance (*dirección*). **tu·te·lar** [tutelár] **I.** *adj* tutelary. **II.** *v* JUR to act as guardian.

tu·teo [tutéo] *n/m* use of the familiar form of address.

tu·tor/ra [tutór/ra] *n/m,f* **1.** JUR guardian. **2.** protector. **3.** tutor (*enseñanza*). **tu·to·ría** [tutoría] *n/f* JUR guardianship.

tutti frutti [tutifrúti] *n/m* tutti frutti icecream.

tu·yo/a [túJo/a] **I.** *adj* **1.** of yours. **2.** REL of thine. **II.** *pron pers* **1.** yours. **2.** REL thine. LOC **Hacer de las ~as**, to get up to your old tricks. **Ser la ~a**, to be what you were waiting for. **Ser lo ~**, to be your thing (*afición*). **Los ~s**, your family, your friends.

T.V. [té ßé] *n/f abrev* TV, television. **TVE** [té úße é] *n/f abrev* **Televisión Española** (Spanish Television).

twist [twís(t)] *n/m* MÚS twist.

U, u [u] **I.** *n/f* 'u' (*letra*). **II.** *conj* or (*ante palabras que comienzan con "o" u "ho"*).
u·bé·rri·mo/a [ußérrimo/a] *adj sup* **1.** very fertile (*tierra*). **2.** abundant, luxuriant (*vegetación*).
u·bi·ca·ción [ußikaθjón] *n/f* situation, location. **u·bi·car** [ußikár] **I.** *v/Refl(-se)* (*ubique*) to be located, be situated. **II.** *v* to situate, locate. **u·bi·cui·dad** [ußikwiðáð] *n/f* ubiquity. **u·bi·cuo/a** [ußíkwo/a] *adj* ubiquitous.
u·bre [úßre] *n/f* udder.
UCI V. UVI.
Ud., Uds. [ustéð/es] *pron pers abrev* of *Usted, Ustedes,* you.
¡uf! [úf] *int* **1.** ugh! (*asco*). **2.** phew! (*alivio*).
u·fa·nar·se [ufanárse] *v/Refl(-se)* **1. (~ de)** to boast (of) (*jactarse*). **2. (~ con, de)** to be proud (of). **u·fa·no/a** [ufáno/a] *adj* **1. (~ de)** proud (of) (*orgulloso*). **2. (~ de)** satisfied (with) (*satisfecho*). **3. (~ de)** PEY conceited (about).
u·gan·dés/sa [uγaŋdés/sa] *adj, n/m,f* Ugandan.
u·jier [uxjér] *n/m* FML usher.
úl·ce·ra [úḷθera] *n/f* MED ulcer, sore. **ul·ce·ra·ción** [uḷθeraθjón] *n/f* MED ulceration. **ul·ce·rar** [uḷθerár] *v/Refl(-se)* MED to ulcerate. **ul·ce·ro·so/a** [uḷθeróso/a] *adj* MED ulcerous, covered in sores.
u·le·ma [uléma] *n/m* ulema, ulama.
ul·te·rior [uḷterjór] *adj* **1.** farther, further (*lugar*). **2.** later, subsequent (*tiempo*).
ul·ti·ma·ción [uḷtimaθjón] *n/f* conclusion, completion. **ul·ti·mar** [uḷtimár] *v* to conclude, complete, finalize, arrange (*detalles*).
ul·ti·má·tum [uḷtimátum/n] *n/m* ultimatum.
úl·ti·mo/a [úḷtimo/a] *adj* **1.** last, final (*puesto*). **2.** latter (*de dos*). **3.** latest (*en tiempo*). **4.** farthest, furthest (*distancia*). **5.** utmost (*extremo*). **6.** top (*planta*). **7.** final (*precio, decisión*). LOC **Estar a lo ~/a los ~s/a las ~as**, 1. to be on one's last legs (*moribundo*). 2. to be down to one's last penny (*arruinado*). **Por ~**, finally.
ul·tra [úḷtra] **I.** *pref* ultra-, extra-. **II.** *adj, n/m,f* ultra. **ul·tra·co·rrec·ción** [uḷtrakorrekθjón] *n/f* GRAM hypercorrection. **ul·traís·mo** [uḷtraísmo] *n/m* radical poetic movement started in 1918.
ul·tra·jan·te [uḷtraxáṇte] *adj* outrageous, offensive. **ul·tra·jar** [uḷtraxár] *v* to outrage, insult. **ul·tra·je** [uḷtráxe] *n/m* outrage, insult.
ul·tra·mar [uḷtramár] *n/m* overseas countries. LOC **De/En ~**, overseas. **ul·tra·ma·ri·no/a** [uḷtramaríno/a] **I.** *adj* overseas. **II.** *n/m,pl* **1.** grocer's (shop) (*tienda*). **2.** groceries (*comestibles*).
ul·tran·za [uḷtráṇθa] LOC **A ~**, **1.** to the death. **2.** FIG whatever the cost, at all costs. **3.** out-and-out, uncompromising.
ul·tra·só·ni·co/a [uḷtrasóniko/a] *adj* ultrasonic. **ul·tra·so·ni·do** [uḷtrasoníðo] *n/m* FÍS ultrasound.
ul·tra·tum·ba [uḷtratúmba] *adv* beyond the grave.

ul·tra·vio·le·ta [uḷtraßjoléta] *adj* ultraviolet.
u·lu·lar [ululár] *v* **1.** to howl, shriek (*personas*). **2.** to hoot (*buho*).
um·bi·li·cal [umbilikál] *adj* ANAT umbilical.
um·bral [umbrál] *n/m* threshold.
um·bría [umbría] *n/f* north-facing ground. **um·brío/a** [umbrío/a] *adj* shady. **um·bro·so/a** [umbróso/a] *adj* shady.
un, una [un/úna] **I.** *art* a (*ante consonante*), an (*ante vocal y h muda*). **II.** *adj* one. **III.** *pl* some, any.
u·ná·ni·me [unánime] *adj* unanimous. **u·na·ni·mi·dad** [unanimiðáð] *n/f* unanimity.
un·ción [uṇθjón] *n/f* **1.** REL anointing, unction. **2.** FIG unction.
un·cir [uṇθír] *v* (*unzo*) to yoke.
un·dé·ci·mo/a [uṇdéθimo/a] *adj, n/m,f* eleventh.
UNED [unéd] *abrev* of *Universidad Nacional de Educación a Distancia*, Open University.
un·gi·mien·to [uŋximjéṇto] *n/m* REL anointment, unction. **un·gir** [uŋxír] *v* **1.** REL to anoint. **2.** MED to put ointment on. **un·güen·to** [uŋgwéṇto] *n/m* ointment.
un·gu·la·do/a [uŋguláðo/a] *adj, n/m,f* ZOOL ungulate. **un·gu·lar** [uŋgulár] *adj* ANAT (of the) nail.
u·ni·ce·lu·lar [uniθelulár] *adj* single-cell.
u·ni·ci·dad [uniθiðáð] *n/f* uniqueness. **ú·ni·co/a** [úniko/a] *adj* **1.** only, sole: *Hijo único*, Only child. **2.** unique (*sin par*).
u·ni·cor·nio [unikórnjo] *n/m* MIT unicorn.
u·ni·dad [uniðáð] *n/f* **1.** MIL MAT COM unit. **2.** unity (*cualidad, lit*). LOC **~ de discos**, COMP disk drive.
u·ni·di·rec·cio·nal [uniðire(k)θjonál] *adj* **1.** one-way (*calle*). **2.** unidirectional (*micrófono*).
u·ni·fi·ca·ción [unifikaθjón] *n/f* unification. **u·ni·fi·car** [unifikár] *v* (*unifique*) to unite, unify.

u·ni·for·mar [uniformár] *v* **1**. to standardize, make uniform. **2**. to put into uniform (*personas*). **u·ni·for·me** [unifórme] **I**. *adj* **1**. *gen* uniform. **2**. steady (*velocidad*). **3**. level, even (*superficie*). **II**. *n/m* uniform. **u·ni·for·mi·dad** [uniformiðáð] *n/f* **1**. *gen* uniformity. **2**. steadiness (*velocidad*). **3**. levelness, evenness (*superficie*).

u·ni·gé·ni·to/a [unixénito/a] *adj* REL LIT only begotten.

u·ni·la·te·ral [unilaterál] *adj* **1**. *gen* BOT unilateral. **2**. one-sided (*parcial*).

u·nión [unjón] *n/f* **1**. union, joining (*acto*). **2**. unity (*cualidad*). **3**. COM JUR union. **4**. TÉC joint, union. **u·nio·nis·ta** [unionísta] *adj, n/m,f* unionist. **u·nir** [unír] **I**. *v* **1**. to join (together), unite (*objetos, piezas*). **2**. to unite (*personas*). **3**. to merge, pool (*intereses*). **II**. *Refl(-se)* **1**. to join (together), unite. **2**. COM to merge. **3**. **(~ a)** to join. LOC **~se en matrimonio**, to be joined in marriage.

u·ni·sex [unisé(k)s] *adj* unisex. **u·ni·se·xual** [unise(k)swál] *adj* unisex.

u·ní·so·no/a [unísono/a] *adj* unisonous. LOC **Al ~**, 1. in unison. 2. FIG in harmony.

u·ni·ta·rio/a [unitárjo/a] *adj* **1**. unitary. **2**. unit (*precio*). **3**. REL Unitarian.

u·ni·ver·sal [unißersál] *adj* **1**. universal, world-wide. **2**. FIG world, of the world. **u·ni·ver·sa·li·dad** [unißersaliðáð] *n/f* universality, generality. **u·ni·ver·sa·li·zar** [unißersaliθár] *v* to universalize.

u·ni·ver·si·dad [unißersiðáð] *n/f* university. **u·ni·ver·si·ta·rio/a** [unißersitárjo/a] **I**. *adj* university. **II**. *n/m,f* (university) student.

u·ni·ver·so [unißérso] *n/m* universe.

u·ní·vo·co/a [uníßoko/a] *adj, n/m,f* FIL univocal.

u·no/a [úno/a] **I**. *adj* **1**. *gen* one. **2**. one and the same, identical (*idéntico*). **3**. *pl* some (*cantidad*), about (*aproximación*). **II**. *n/m* **1**. (number) one (*cardinal*). **2**. first (*fecha*). **III**. *pron imper* **1**. one, a man, you: *Uno necesita dormir*, One needs to sleep. **2**. someone (*alguien*). **IV**. *pron f col* dirty trick. LOC **A una**, (all) together. **De ~ en ~/~ a ~/~ por ~**, one by one. **Lo ~ por lo otro**, it's six of one and half a dozen of the other. **No acertar/tocar/dar una**, 1. FIG not get anywhere. 2. to have no luck at all. **Una de dos**, the choice is simple. **~ de tantos**, nothing special. **~ y otro**, both. **~s cuantos**, a few, some.

un·ta·du·ra [un̪taðúra] *n/f* **1**. smearing, spreading (*acto*). **2**. MED ointment. **3**. TÉC grease, oil. **4**. smear, mark (*mancha*). **un·ta·mien·to** [un̪tamjén̪to] *n/m* V. **untadura**. **un·tar** [un̪tár] *v* **1**. **(~ de)** to smear (with), dab (with). **2**. TÉC to grease, oil. **3**. to spread (*mantequilla*). **4**. to dip (*salsa*). **5**. FIG to bribe, grease the palm of. **un·to** [ún̪to] *n/m* **1**. grease, fat (*alimento*). **2**. MED ointment. **un·to·so/a** [un̪tóso/a] *adj* V. **untuoso/a**. **un·tuo·si·dad** [un̪twosiðáð] *n/f* **1**. greasiness, oiliness (*grasa*). **2**. stickiness (*pegajoso*). **un·tuo·so/a** [un̪twóso/a] *adj* **1**. greasy, oily (*grasiento*). **2**. sticky (*pegajoso*). **3**. FIG unctuous. **un·tu·ra** [un̪túra] *n/f* V. **untadura**.

u·ña [úɲa] *n/f* **1**. ANAT nail, fingernail (*mano*), toenail (*pie*). **2**. ZOOL TÉC claw. **3**. hoof (*pezuña*). **4**. fluke (*ancla*). LOC **Comerse las ~s**, to bite one's nails. **Estar de ~s con uno**, to be at daggers drawn with sb. **Enseñar/Mostrar las ~s**, to show one's claws. **Ser ~ y carne/carne y ~**, to be as thick as thieves. **~ de caballo**, BOT coltsfoot. **u·ña·da** [uɲáða] *n/f* **1**. scratch. **2**. ZOOL claw mark. **u·ñe·ro** [uɲéro] *n/m* **1**. MED whitlow. **2**. ingrowing toenail (*pie*). **3**. *pl* thumb index (*libro*).

u·pe·ri·za·ción [uperiθaθjón] *n/f* ultra heat treatment.

u·ra·li·ta *n/f* asbestos roofing material.

u·ra·nio [uránjo] *n/m* uranium.

u·ra·no [uráno] *n/m* ASTR Uranus.

ur·ba·ni·dad [urßaniðáð] *n/f* courtesy, urbanity. **ur·ba·nis·mo** [urßanísmo] *n/m* **1**. Br town planning, US city planning (*planificación*). **2**. urban development (*ensanche*). **ur·ba·nis·ta** [urßanísta] *n/m,f* Br town planner, US city planner. **ur·ba·nís·ti·co/a** [urßanístiko/a] *adj* **1**. town planning (*planificación*). **2**. urban, city (*de la ciudad*). **ur·ba·ni·za·ción** [urßaniθaθjón] *n/f* **1**. urban development (*acto*). **2**. housing estate, residential development (*núcleo*). **ur·ba·ni·zar** [urßaniθár] *v* (*urbanice*) to develop, build on. **ur·ba·no/a** [urßáno/a] **I**. *adj* **1**. urban, town, city (*de la ciudad*). **2**. urbane, refined (*persona*). **II**. *n/m,f* local policeman.

ur·be [úrße] *n/f* large city.

ur·dim·bre [urðímbre] *n/f* **1**. warp (*tela*). **2**. FIG scheme, intrigue. **ur·dir** [urðír] *v* **1**. to warp (*tela*). **2**. FIG to plot, scheme.

u·rea [uréa] *n/f* urea. **u·re·mia** [urémja] *n/f* MED uraemia.

u·ré·ter [uréter] *n/m* ANAT ureter. **u·re·tra** [urétra] *n/f* ANAT urethra.

ur·gen·cia [urxén̪θja] *n/f* **1**. *gen* urgency. **2**. urgent need (*necesidad*). **3**. emergency. LOC **Cura de ~**, first aid. **Salida de ~**, emergency exit. **ur·gen·te** [urxén̪te] *adj* **1**. *gen* urgent, pressing. **2**. express (*correo*). **3**. imperative, insistent (*necesidad*). **ur·gir** [urxír] *v* (*urjo, urja*) **1**. to be urgent, be pressing (*correr prisa*). **2**. to urge (*alentar*). LOC **Urge el tiempo**, time is short.

ú·ri·co/a [úriko/a] *adj* uric. **u·ri·na·rio/a** [urinárjo/a] **I**. *adj* urinary. **II**. *n/m* urinal.

ur·na [úrna] *n/f* **1**. ballot box (*votos*). **2**. urn (*vasija*). **3**. glass case (*vitrina*).

u·ro [úro] *n/m* ZOOL urus.

u·ro·ga·llo [uroγáʎo] *n/m* ZOOL capercaillie.

u·ro·lo·gía [uroloxía] *n/f* MED urology. **u·ró·lo·go/a** [uróloγo/a] *n/m,f* MED urologist.

u·rra·ca [urráka] *n/f* **1**. ZOOL magpie. **2**. FIG chatterbox (*habladora*), gossip (*chismosa*).

ur·su·li·na [ursulína] *n/f* REL Ursuline nun.

ur·ti·ca·ria [urtikárja] *n/f* MED urticaria.

u·ru·gua·yo/a [uruγwáɟo/a] *adj, n/m,f* Uruguayan.

u·sa·do/a *adj* **1**. worn(-out) (*desgastado*). **2**. worn, shabby (*ropa*). **3**. used (*utilizado*). **u·san·za** [usán̪θa] *n/f* usage, custom. LOC **A la antigua ~**, in the old style, **A ~ de**, according to the custom of. **u·sar** [usár] *v* **1**. to use (*aparato*). **2**. to wear (*prenda*). **3**. **(~ de)** to use, make use of. **4**. **(~ + *inf*)** to be accustomed to + *inf*.

u·sía [usía] *n/m,f* your lordship.

u·so [úso] *n/m* **1**. use (*utilización*). **2**. wear (and tear) (*desgaste*). **3**. usage, custom (*usanza*). **4**. fashion, style (*moda*). LOC **Al ~**, **1**. in fashion (*actual*). **2**. in keeping with custom (*tradicional*). **En buen ~**, in good condition. **Estar en el ~ de la palabra**, to be speaking, to have the floor. **Estar fuera de ~**, to be obsolete.

us·ted [usté(ð)] *pron, n/m,f* you.

u·sual [uswál] *adj* usual.

u·sua·rio/a [uswárjo/a] *adj, n/m,f* user.

u·su·fruc·to [usufrúkto] *n/m* JUR usufruct, use. **u·su·fruc·tuar** [usufruktwár] *v* (*usufructúa*) to have the usufruct of. **u·su·fruc·tua·rio/a** [usufruktwárjo/a] *adj, n/m,f* usufructuary.

u·su·ra [usúra] *n/f* **1**. usury. **2**. FIG profiteering. **u·su·re·ro/a** [usuréro/a] *n/m,f* **1**. usurer. **2**. FIG profiteer. **3**. FAM loan shark.

u·sur·pa·ción [usurpaθjón] *n/f* **1**. usurpation (*acto, efecto*). **2**. **(~ de)** FIG encroachment (upon). **u·sur·par** [usurpár] *v* **1**. *gen* FIG to usurp. **2**. **(~ de)** FIG to encroach (upon).

u·ten·si·lio [utensíljo] *n/m* **1**. TÉC tool, implement. **2**. utensil (*cocina*).

u·te·ri·no/a [uteríno/a] *adj* ANAT uterine. LOC **Furor ~**, nymphomania. **ú·te·ro** [útero] *n/m* ANAT uterus, womb.

ú·til [útil] **I**. *adj* **1**. *gen* useful. **2**. serviceable, handy (*servible*). **3**. MIL fit (*para servicio*). **II**. *n/m* tool, implement. LOC **Día ~**, working day, weekday. **u·ti·li·dad** [utiliðáð] *n/f* **1**. usefulness, utility (*cualidad*). **2**. benefit (*provecho*). **3**. COM profit. **u·ti·li·ta·rio/a** [utilitárjo/a] **I**. *adj* **1**. *gen* utilitarian. **2**. utility (*coche, etc*.). **II**. *n/m* **1**. utility car. **2**. COM P utility. **u·ti·li·ta·ris·mo** [utilitarísmo] *n/m* FIL utilitarianism. **u·ti·li·za·ción** [utiliθaθjón] *n/f* **1**. use, utilization. **2**. TÉC reclamation. **u·ti·li·zar** [utiliθár] *v* **1**. *gen* to use, utilize. **2**. FIG to harness. **3**. TÉC to reclaim (*residuos*). **u·ti·lla·je** [utiʎáxe] *n/m* (set of) tools, tackle, equipment.

u·to·pía, **u·to·pia** [utopía/utópja] *n/f* Utopia. **u·tó·pi·co/a** [utópiko/a] *adj* Utopian.

u·va [úβa] *n/f* BOT grape. LOC **Estar de mala ~**, to be in a bad mood. **Tener mala ~**, FIG to be a nasty piece of work.

u·ve [úβe] *n/f* the (name of the) letter 'v'.

UVI [úβi] *abrev* of *Unidad de Vigilancia Intensiva*, intensive care unit.

ú·vu·la [úβula] *n/f* ANAT uvula. **u·vu·lar** [uβulár] *adj* uvular.

u·xo·ri·ci·da [u(k)soriθiða] *adj, n/m* uxoricide. **u·xo·ri·ci·dio** [u(k)soriθíðjo] *n/m* uxoricide.

V, v [úβe] *n/f* 'v' (*letra*). LOC **~ doble**, w.
va·ca [báka] *n/f* **1.** ZOOL cow. **2.** beef (*carne*).
va·ca·ción [bakaθjón] *n/f* **1.** vacation. **2.** *pl* holiday(s), vacation. LOC **Estar de ~es**, to be on holiday.
va·ca·da [bakáða] *n/f* herd of cows.
va·can·te [bakánte] **I.** *adj* vacant. **II.** *n/f* vacancy. **va·car** [bakár] *v* (*vaque*) to be vacant.
va·cia·do [baθjáðo] **I.** *adj* TÉC hollow ground. **II.** *n/m* **1.** emptying (*de recipiente*). **2.** cast(ing), mould(ing) (*yeso*, etc). **3.** hollowing out (*de depósito*). **4.** sharpening (*cuchillo*). **va·ciar** [baθjár] **I.** *v/Refl(-se)* (*vacío, vacía*) **(~ en)** to empty (into). **II.** *v* **1.** to cast, mould (*yeso*, etc). **2.** to hollow out (*hueco*). **3.** to sharpen, grind (*cuchillo*). **va·cie·dad** [baθjeðáð] *n/f* emptiness. LOC **Decir ~es**, to talk rubbish.
va·ci·la·ción [baθilaθjón] *n/f* hesitation, hesitancy, vacillation. **va·ci·lan·te** [baθilánte] *adj* **1.** unsteady, shaky (*movimiento*). **2.** faltering (*voz*). **3.** flickering (*luz*). **4.** FIG hesitant, vacillating. **va·ci·lar** [baθilár] *v* **1.** to be unsteady, wobble (*mueble*). **2.** to falter (*voz*). **3.** to flicker (*luz*). **4.** **(~ en, entre)** FIG to hesitate (about, between), Br to dither (about, between). **va·ci·lón/na** [baθilón/na] **I.** *adj, col* kidding, teasing. **II.** *n/m,f* **1.** tease, *col* mickey-taker. **2.** wag (bromista).
va·cío/a [baθío/a] **I.** *adj* **1.** *gen* empty. **2.** vacant (*puesto, casa*). **3.** FIG idle (*charla*), useless (*esfuerzo*), vain (*vanidoso*), shallow (*sin carácter*). **II.** *n/m* **1.** *gen* FIG emptiness, void. **2.** FÍS vacuum. **3.** empty space, gap (*espacio*). **4.** hollow (*hueco*). **5.** ANAT side, flank. **6.** vacancy (*puesto*). LOC **Caer en el ~**, FIG to fail, fall on deaf ears. **De ~**, 1. empty (*vehículo*). 2. empty-handed (*persona*). **Marcharse en ~**, TÉC to tick over. **va·cui·dad** [bakwiðáð] *n/f* **1.** *esp* FIG vacuity. **2.** emptiness.
va·cu·na [bakúna] *n/f* MED vaccine. **va·cu·na·ción** [bakunaθjón] *n/f* MED vaccination.
va·cu·nar [bakunár] *v* MED vaccinate. **va·cu·no/a** [bakúno/a] *adj* bovine, cow. LOC **ganado ~**, cattle.
va·cuo/a [bákwo/a] *adj* **1.** V. **vacío/a I. (1.), (2.) 2.** FIG vacuous.
va·dea·ble [baðeáβle] *adj* **1.** fordable (*río*). **2.** FIG surmountable, not insuperable. **va·de·ar** [baðeár] *v* **1.** to ford (*río*). **2.** FIG to surmount.
va·de·mé·cum [baðemékun] *n/m* **1.** vademecum (*libro*). **2.** satchel (*de colegial*).
va·do [báðo] *n/m* **1.** ford (*río*). **2.** Br carriage crossing (*acera*). LOC **~ permanente**, garage entrance.
va·ga·bun·de·ar [baγaβundeár] *v* **1.** to wander, roam (*paseante*). **2.** to loaf (about), US to bum (*holgazán*). **va·ga·bun·deo** [baγaβundéo] *n/m* **1.** wandering, roving (*paseante*). **2.** PEY tramp's life. **3.** loafing (about), US bumming (*holgazán*). **va·ga·bun·do/a** [baγaβúndo/a] **I.** *adj* **1.** wandering, roving (*errante*). **2.** PEY vagrant, vagabond. **3.** stray (*perro*). **II.** *n/m,f* **1.** rover, wanderer. **2.** PEY vagrant, tramp, US bum, US hobo. **va·gan·cia** [baγánθja] *n/f* vagrancy, idleness. **va·gar** [baγár] *v* (*vagué*) **1.** to wander, roam (*paseante*). **2.** to idle, loaf (about) (*holgazán*).
va·gi·do [baxíðo] *n/m* wail, cry.
va·gi·na [baxína] *n/f* ANAT vagina. **va·gi·nal** [baxinál] *adj* ANAT vaginal. **va·gi·ni·tis** [baxinítis] *n/f* MED vaginitis.
va·go/a [báγo/a] **I.** *adj* **1.** idle, lazy (*perezoso*). **2.** vague, imprecise (*sin precisión*). **3.** woolly (*ideas*). **4.** blurred (*foto*). **II.** *n/m,f* idler, loafer.
va·gón [baγón] *n/m* **1.** carriage, coach, US car (*pasajeros*). **2.** wagon, truck, van (*mercancías*). **va·go·ne·ta** [baγonéta] *n/f* **1.** small wagon (*mina*). **2.** *Amér* light truck.
va·gua·da [baγwáða] *n/f* GEOG watercourse, lowest part of a valley.
va·gue·ar [baγeár] *v* V. **vagar**.
va·gue·dad [baγeðáð] *n/f* **1.** idleness, laziness (*pereza*). **2.** vagueness (*imprecisión*). **3.** FIG woolliness (*ideas*). **4.** *pl* vague comments.
va·ha·ra·da [ba(a)ráða] *n/f* **1.** puff, whiff (*buen olor*). **2.** reek (*mal olor*).
va·hí·do [baíðo] *n/m* blackout, dizzy spell.
va·ho [báo] *n/m* **1.** steam (*vapor*), smell, whiff. **2.** QUÍM fumes. **3.** breath (*aliento*). **4.** *pl* MED inhalation. **5.** V. **vaharada**.
vai·na [báina] *n/f* **1.** sheath, scabbard (*espada*). **2.** case (*herramienta*). **3.** BOT pod (*guisante*), shell, husk (*nuez*).
vai·ni·ca [bainíka] *n/f* hemstitch.
vai·ni·lla [bainíʎa] *n/f* vanilla.
vai·vén [baiβén] *n/m* **1.** swing(ing), sway(ing) (*péndulo*). **2.** rocking (back and forth) (*mecerse*). **3.** lurch(ing) (*vehículo*). **4.** coming and going (*trajín*). **5.** FIG change of fortune. **6.** FIG *pl* ups and downs.
va·ji·lla [baxíʎa] *n/f* **1.** *gen* crockery, china. **2.** service, set of dishes (*conjunto*). LOC **Lavar la ~**, to wash up.
va·le [bále] **I.** *n/m* **1.** COM promissory note, IOU. **2.** voucher, warrant (*cupón*). **II.** *int col* OK, (all) right.

gen true, truthful. 2. trustworthy (*de fiar*). 3. truthful (*persona*). 4. FIG true, real.

ver·de [bérðe] I. *adj* 1. green (*color*). 2. unripe (*fruto*). 3. unseasoned (*madera*). 4. FIG green. 5. dirty, smutty (*chistes,* etc). II. *n/m* 1. green (*color*). 2. AGR grass, green fodder. 3. *col* 1,000 pts. note. LOC **Poner ~ a uno**, FIG 1. to run sb down (*denigrar*). 2. to tear a strip off sb. **Viejo ~**, dirty old man. **ver·de·ar** [berðeár] *v* 1. to look green (*estar*). 2. to turn green, go green (*hacerse*). **ver·de·cer** [berðeθér] *v* (*verdezco* to) turn green (*árboles*). **ver·dín** [berðín] *n/m* 1. fresh green (*plantas*). 2. BOT scum (*estanque*), moss (*en roca*). 3. verdigris (*en metal*). **ver·dor** [berðór] *n/m* 1. greenness (*color*). 2. BOT verdure, lushness. 3. *pl* youthful vigour, lustiness. **ver·do·so/a** [berðóso/a] *adj* greenish.

ver·du·go [berðúγo] *n/m* 1. HIST executioner. 2. FIG slave-driver, scourge (*persona*), torment (*cosa*). 3. BOT shoot, twig. 4. lash (*azote*). **ver·du·gón** [berðuγón] *n/m* weal, welt.

ver·du·le·ría [berðulería] *n/f* greengrocer's. **ver·du·le·ro/a** [berðuléro/a] I. *n/m,f* greengrocer. II. *n/f* PEY foul-mouthed woman. **ver·du·ra** [berðúra] *n/f* 1. greenness (*color*). 2. BOT greenery, verdure. 3. *pl* greens, green vegetables. **ver·dus·co/a** [berðúsko/a] *adj* dark or dirty green.

ve·re·da [beréða] *n/f* path, track, trail. LOC **Entrar en ~**, 1. to toe the line (*obligación*). 2. to keep to the straight and narrow.

ve·re·dic·to [bereðíkto] *n/m* JUR verdict.

ver·ga [bérγa] *n/f* 1. rod, pole (*vara*). 2. NÁUT yard(arm), spar. 3. ARG penis. **ver·ga·jo** [berγáxo] *n/m* bull's pizzle.

ver·gel [berxél] *n/m* orchard.

ver·gon·zan·te [berγoṇθáte] *adj* 1. shamefaced (*avergonzado*). 2. bashful (*tímido*). 3. shameful (*acto*). **ver·gon·zo·so/a** [berγoṇθóso/a] *adj* 1. bashful, shy (*persona*). 2. disgraceful, scandalous (*acto*). **ver·güen·za** [berγwéṇθa] *n/f* 1. (sense of) shame (*sentimiento*). 2. bashfulness, shyness (*timidez*). 3. embarrassment (*desconcierto*). 4. modesty (*sexual*). 5. disgrace (*escándalo*). 6. *pl* ANAT private parts. LOC **Caerse la cara de ~**, FIG to die of shame. **Darle ~ a uno hacer algo**, to be ashamed to do sth, be embarrassed to do sth. **Tener poca ~**, to be quite shameless.

ve·ri·cue·to [berikwéto] *n/m* steep and rugged path.

ve·rí·di·co/a [beríðiko/a] *adj* true, truthful.

ve·ri·fi·ca·ción [berifikaθjón] *n/f* 1. checking, check-up, (*inspección*). 2. testing, verification (*prueba*). 3. holding (*elecciones*). 4. performance (*ceremonia*). 5. realization (*profecía*). **ve·ri·fi·ca·dor/ra** [berifikaðór/ra] I. *adj* 1. checking, inspecting (*inspección*). 2. testing, verifying (*probando*). II. *n/m,f* inspector, tester. **ve·ri·fi·car** [berifikár] I. *v* 1. to check, inspect (*máquina,* etc). 2. to test, verify (*resultados*). 3. to prove (*testamento*). 4. to substantiate (*hechos*). 5. to carry out. II. *Refl(-se)* 1. to happen, occur (*suceso*). 2. to take place, be held (*reunión,* etc).

ve·ris·mo [berísmo] *n/m* 1. realism. 2. ART verism.

ver·ja [bérxa] *n/f* 1. grille, grating (*reja*). 2. iron gate (*puerta*). 3. railings (*cerco*).

ver·mu(t) [bermú(t)] *n/m* vermouth.

ver·ná·cu·lo/a [bernákulo/a] *adj* vernacular.

ve·ró·ni·ca [berónika] *n/f* TAUR veronica.

ve·ro·sí·mil [berosímil] *adj* 1. likely, probable. 2. credible (*relato*). **ve·ro·si·mi·li·tud** [berosimilitúd] *n/f* 1. likeliness, probability. 2. ART *lit* verisimilitude.

ve·rra·co [berráko] *n/m* ZOOL boar (*semental*).

ve·rru·ga [berrúγa] *n/f* MED BOT wart.

ver·sa·do/a [bersáðo/a] *adj* (**~ en**) versed (in).

ver·sal [bersál] *adj, n/m,f* capital (*imprenta*). **ver·sa·li·lla**, **ver·sa·li·ta** [bersalíʎa/bersalíta] *adj, n/m,f* small capital (*imprenta*).

ver·sa·lles·co/a [bersalésko/a] *adj* in the style of Versailles.

ver·sar [bersár] I. *v* (**~ sobre**) to be about, deal with (*libro, charla*). II. *Refl(-se)* (**~ en**) to become versed (in).

ver·sá·til [bersátil] *adj* 1. ANAT easily turned, mobile. 2. PEY fickle. 3. FIG versatile. **ver·sa·ti·li·dad** [bersatiliðáð] *n/f* 1. ANAT mobility, ease of movement. 2. PEY fickleness. 3. FIG versatility.

ver·sí·cu·lo [bersíkulo] *n/m* REL verse. **ver·si·fi·ca·ción** [bersifikaθjón] *n/f* versification. **ver·si·fi·car** [bersifikár] *v* 1. to versify, write verse (*crear*). 2. to put into verse (*cambiar*).

ver·sión [bersjón] *n/f* 1. translation (*traducción*). 2. version (*descripción*).

ver·so/a [bérso/a] I. *n/m* 1. line (*renglón*). 2. verse (*género*).

vér·te·bra [bérteβra] *n/f* ANAT vertebra. **ver·te·bra·do/a** [berteβráðo/a] I. *adj, n/m,f* ZOOL vertebrate. II. *n/m,pl* ZOOL vertebrates. **ver·te·bral** [berteβrál] *adj* vertebral.

ver·te·de·ra [berteðéra] *n/f* AGR mould board.

ver·te·de·ro [berteðéro] *n/m* 1. rubbish dump, tip (*basuras*). 2. drain (*aguas residuales*). 3. spillway, overflow (*desagüe*). **ver·ter** [bertér] I. *v* (*vierto*) 1. to pour (out) (*líquido, grano*). 2. to spill (*sin querer*). 3. to shed (*lágrimas, luz*). 4. to dump, tip (*residuos*). 5. to tip up (*vasija*). 6. to flow, run (*líquido*). 7. (**~ a**) to translate (into) (*lengua*). II. *Refl(-se)* 1. V. **verter (6.)** 2. to slope, fall (*vertiente*).

ver·ti·cal [bertikál] I. *adj, n/f* MAT vertical. II. *adj* vertical, upright (*posición*). **ver·ti·ca·li·dad** [bertikaliðáð] *n/f* verticality.

vér·ti·ce [bértiθe] *n/m* MAT vertex (*ángulo*), apex (*cono*).

ver·tien·te [bertjéṇte] *n/f* 1. slope. 2. FIG aspect.

ver·ti·gi·no·si·dad [bertixinosiðáð] *n/f* 1. vertiginous. 2. FIG speed. **ver·ti·gi·no·so/a** [bertixinóso/a] *adj* 1. MED dizzy, giddy, vertiginous. 2. FIG rapid (*subida,* etc), excessive (*velocidad*).

vér·ti·go [bértiɣo] *n/m* 1. MED vertigo, dizziness, giddiness. 2. FIG whirl.

ve·sa·nia [besánja] *n/f* 1. MED insanity. 2. rage, fury (*ira*). **ve·sá·ni·co/a** [besániko/a] I. *adj* 1. MED insane, demented. 2. furious. II. *n/m* madman. III. *n/f* madwoman.

ve·si·cal [besikál] *adj* MED vesical.

ve·si·can·te [besikánte] *adj, n/m,f* MED vesicant.

ve·sí·cu·la [besíkula] *n/f* ANAT vesicle, blister. LOC ~ **biliar**, gall bladder. **ve·si·cu·lar** [besikulár] *adj* ANAT vesicular.

ves·per·ti·no/a [bespertíno/a] *adj* evening.

ves·tal [bestál] *adj, n/f* Vestal.

ves·tí·bu·lo [bestíßulo] *n/m* 1. ARQ (entrance) hall (*casa*). 2. TEAT foyer. 3. vestibule, lobby (*hotel*).

ves·ti·do/a [bestíðo/a] I. *n/m* 1. *gen* dress, costume, clothing. 2. dress, frock (*prenda de mujer*). II. *adj* **(~ de, con)** dressed (in). **ves·ti·dor** [bestiðór] *n/m* dressing room. **ves·ti·du·ra** [bestiðúra] *n/f* 1. *lit* clothing, apparel. 2. *pl* REL vestments.

ves·ti·gio [bestíxjo] *n/m* vestige, trace.

ves·ti·men·ta [bestiménta] *n/f* clothes, garments. **ves·tir** [bestír] I. *v* (*visto*) 1. **(~ de, con)** to dress (in), clothe (in) (*persona*). 2. **(~ de)** to drape (with), cover (with), hang (with) (*pared, estatua*). 3. FIG to embellish, lard (*discurso*). 4. to put on (*ponerse*). 5. to wear (*llevar puesto*). 6. to dress, make clothes for (*sastre*). 7. to be formal, be suitable (*clase de ropa*). II. *Refl(-se)* 1. to dress oneself, get dressed, put one's clothes on. 2. **(~ de)** FIG to adopt (*tono, actitud*). LOC **(Ropa) de ~**, formal (dress). **ves·tua·rio** [bestwárjo] *n/m* 1. wardrobe (*vestidos*). 2. TEAT wardrobe, costumes (*vestidos*), dressing room (*cuarto*). 3. DEP changing room. 4. cloakroom (*edificio público*).

ve·ta [béta] *n/f* 1. streak, stripe (*piedra, carne*). 2. grain (*madera*). 3. seam, vein (*mineral*).

ve·tar [betár] *v* to veto.

ve·tea·do/a [beteáðo/a] *adj* 1. streaked, striped, veined (*piedra*). 2. grained (*madera*). **ve·te·ar** [beteár] *v* to grain, streak (*madera, piedra*).

ve·te·ra·nía [beteranía] *n/f* 1. long experience. 2. seniority (*antigüedad*). **ve·te·ra·no/a** [beteráno/a] I. *adj* veteran. II. *n/m,f* 1. veteran. 2. FIG old hand.

ve·te·ri·na·ria [beterinárja] *n/f* veterinary science/medicine. **ve·te·ri·na·rio/a** [beterinárjo/a] *n/m,f* veterinary surgeon, FAM vet, US veterinarian.

ve·to [béto] *n/m* veto.

ve·tus·tez [betustéθ] *n/f* 1. LIT great age. 2. IR venerable nature, hoariness. **ve·tus·to/a** [betústo/a] *adj* 1. LIT very old, ancient. 2. IR ancient, hoary.

vez [béθ] *n/f* 1. *gen* MAT time: *Tres veces al día*, Three times a day. 2. time, occasion: *Aquella vez en Madrid*, That time/occasion in Madrid. 3. turn (*turno*). LOC **A la ~**, at the same time. **Cada ~ más**, more and more. **Contadas ~es/Rara ~**, seldom. **De una ~**, 1. in one go (*sin parar*). 2. once and for all (*definitivamente*). **Cien ~es**, hundreds of times. **De ~ en cuando**, now and again. **Dos ~es**, twice. **En ~ de**, instead of. **Erase una ~**, once upon a time. **Hacer las ~ de**, to act as, take the place of. **Muchas ~**, often. **Otra ~**, again.

vía [bía] I. *n/f* 1. road, way (*camino*). 2. track, line (*rieles*). 3. platform. 4. ANAT passage, tract. 5. FIG way, means. 6. FIG channel (*oficial*). 7. QUÍM process. 8. JUR procedure. II. *prep* via. LOC **En ~s de**, in the process of. **~ aérea**, air mail. **Por ~ marítima**, by sea. **Por ~ terrestre**, overland.

via·bi·li·dad [bjaßiliðáð] *n/f* 1. *gen* FIG viability. 2. feasibility (*posibilidad*). **via·ble** [bjáßle] *adj* 1. viable. 2. feasible (*posible*).

vía cru·cis [bjakrúθis] *n/m* 1. REL Way of the Cross, Stations of the Cross. 2. FIG Calvary, torture.

via·duc·to [bjaðúkto] *n/m* viaduct.

via·jan·te [bjaxánte] *n/m,f* COM commercial traveller, representative. **via·jar** [bjaxár] *v* to travel. **via·je** [bjáxe] *n/m* 1. *gen* journey, trip. 2. NÁUT voyage. 3. ride (*en vehículo*). 4. travel (*actividad*). 5. COM load. 6. ARG trip (*droga*). LOC **¡Buen ~!**, have a safe journey!, bon voyage! **~ de ida y vuelta**, return journey, US round trip. **~ de novios**, honeymoon. **via·je·ro/a** [bjaxéro/a] I. *adj* 1. travelling. 2. ZOOL migratory. II. *n/m,f* 1. *gen* traveller. 2. passenger (*tren*, etc).

vian·da [bjánda] *n/f* food.

vian·dan·te [bjandánte] *n/m,f* 1. traveller, wayfarer (*viajero a pie*). 2. pedestrian, passer-by (*en ciudad*).

via·rio/a [bjárjo/a] *adj* road. LOC **Red ~a**, road network.

viá·ti·co [bjátiko] *n/m* 1. REL viaticum. 2. travel allowance (*dieta*). 3. *pl* travel(ling) expenses.

ví·bo·ra [bíßora] *n/f* ZOOL FIG viper. **vi·bo·rez·no** [bißoréθno] *n/m* ZOOL young viper.

vi·bra·ción [bißraθjón] *n/f* 1. *gen* TÉC vibration. 2. throb(bing) (*pulsación*). 3. roll, trill (*fonética*). **vi·bran·te** [bißránte] *adj* 1. *gen* TÉC vibrating. 2. FIG vibrant. 3. rolled, trilled (*fonética*). **vi·brar** [bißrár] *v* 1. *gen* TÉC to vibrate. 2. to throb, pulsate (*música*, etc). 3. to roll, trill (*fonética*). **vi·brá·til** [bißrátil] *adj* vibratile. **vi·bra·to·rio/a** [bißratórjo/a] *adj* vibratory.

vi·ca·ría [bikaría] *n/f* 1. vicariate (*cargo, territorio*). 2. vicarage (*residencia*). **vi·ca·ria·to** [bikarjáto] *n/m* vicariate. **vi·ca·rio/a** [bikárjo/a] I. *adj, n/m,f* deputy. II. *n/m* REL vicar, curate. LOC **~ general**, vicar general.

vi·ce- [biθe-] *pref* vice-. **vi·ce·al·mi·ran·te** [biθealmiránte] *n/m* vice-admiral. **vi·ce·pre·si·den·te/a** [biθepresiðénte/a] *n/m,f* vice-president, vice-chairman.

vi·ce·ver·sa [biθeßérsa] *adv* vice versa.

vi·cia·do/a [biθjáðo/a] 1. foul, stale (*aire*). 2. corrupt (*texto*). **vi·ciar** [biθjár] I. *v* 1. to corrupt (*costumbre, persona*). 2. to spoil. 3. JUR to vitiate. II. *Refl(-se)* 1. to take to vice, become corrupted (*persona*). 2. to be vitiated (*contrato*). **vi·cio** [bíθjo] *n/m* **1.** *gen* vice. **2.** JUR fault. **3.** bad habit. **4.** defect (*fallo*). **5.** GRAM mistake. **vi·cio·so/a** [biθjóso/a] *adj* **1.** *gen* vicious. **2.** faulty, defective (*cosa*). **3.** depraved (*corrupto*). **4.** spoiled (*niño*). **5.** BOT rank, luxuriant.

vi·ci·si·tud [biθisitúð] *n/f* vicissitude.

víc·ti·ma [bíktima] *n/f* victim. LOC **~ propiciatoria**, FIG scapegoat.

vic·to·ria [biktórja] *n/f* victory. **vic·to·rio·so/a** [biktorjóso/a] *adj* victorious.

vid [bíð] *n/f* BOT vine.

vi·da [bíða] *n/f* **1.** *gen* life. **2.** lifetime (*duración*). **3.** (way of) life (*modo*). **4.** living, livelihood (*profesión, etc.*). LOC **Amargar la ~ a uno**, to make sb's life a misery. **Buena ~**, easy life. **De por ~**, (for) ever. **En la/mi/tu/su ~**, never. **Enterrarse en ~**, to bury oneself away. **Entre la ~ y la muerte**, at death's door. **Ganarse la ~**, to earn one's living. **Hacer la ~ imposible a uno**, to make sb's life impossible. **La gran ~**, the good life. **La otra ~**, the next life. **Mala ~**, dissolute life. **Mujer de la ~**, *col* woman of the streets, working girl (*puta*). **Partir de esta ~/Pasar a mejor ~**, to pass away. **Quitar la ~ a uno**, to take sb's life. **Quitarse la ~**, to take one's own life, do away with oneself.

vi·den·te [biðéṇte] *n/m,f* seer, prophet, clairvoyant.

ví·deo, [bíðeo], *Amer* [biðéo] *n/m* **1.** *gen* video. **2.** video (recorder) (*aparato*).

vi·do·rra [biðórra] *n/f* FAM cushy life.

vi·dria·do/a [biðrjáðo/a] **I.** pp of *vidriar* **II.** *n/m* **1.** glaze, glazing (*barniz*). **2.** glazed earthenware (*loza*). **vi·driar** [biðrjár] **I.** *v* to glaze. **II.** *Refl(-se)* **1.** to be glazed (*loza*). **2.** to glaze over, become glazed (*ojos*). **vi·drie·ro/a** [biðrjéro/a] **I.** *n/f* **1.** REL stained-glass window. **2.** glass door (*puerta*). **3.** pane (*cristal*). **II.** *n/m,f* **1.** glassworker (*obrero*). **2.** glassmaker (*fabricante*). **3.** glazier. **vi·drio** [bíðrjo] *n/m* **1.** glass (*materia*). **2.** sheet of glass (*pieza*). **3.** pane of glass (*de ventana*). **vi·drio·si·dad** [biðrjosiðáð] *n/f* **1.** brittleness (*fragilidad*). **2.** glassiness (*brillo*). **vi·drio·so/a** [biðrjóso/a] *adj* **1.** brittle (*frágil*). **2.** glassy (*ojos*). **3.** slippery (as glass) (*superficie*). **4.** touchy (*persona, asunto*).

vi·dual [biðwál] *adj* **1.** of a widow (*viuda*). **2.** of a widower (*viudo*).

viei·ra [bjéira] *n/f* V. **venera**.

vie·ja·les [bjexáles] **I.** *n/m* ARG old boy. **II.** *n/f* ARG old girl. **vie·jo/a** [bjéxo/a] **I.** *adj* old. **II.** *n/m* **1.** old man. **2.** *Amer* buddy. **III.** *n/f* old woman. LOC **El ~**, FAM 1. my old man (*marido*). 2. my dad (*padre*). **Los ~s**, FAM the old folks.

vie·nés/sa [bjenés/sa] *adj, n/m,f* Viennese.

vien·to [bjéṇto] *n/m* **1.** *gen* MÚS wind. **2.** guy-rope. **3.** scent, sense of smell (*perro*). LOC **Contra ~ y marea**, come hell or high water. **Corren malos ~s**, the times are not right. **Gritar a los cuatro ~s**, to shout from the rooftops. **¡Vete a tomar ~!**, *col* get lost!

vien·tre [bjéṇtre] *n/m* **1.** ANAT belly (*abdomen*), womb (*matriz*), bowels (*intestinos*). **2.** guts, entrails (*de animal muerto*). **3.** wide part (*vasija*). LOC **Hacer de ~**, to have a bowel movement.

vier·nes [bjérnes] *n/m* Friday. LOC **~ Santo**, Good Friday.

viet·na·mi·ta [bjetnamíta] *adj, n/m,f* Vietnamese.

vi·ga [bíɣa] *n/f* **1.** ARQ beam, rafter (*de madera*), girder (*de metal*). **2.** balk, timber (*madero*).

vi·gen·cia [bixéṇθja] *n/f* validity, operation (*norma*). **vi·gen·te** [bixéṇte] *adj* in force, valid.

vi·ge·si·mal [bixesimál] *adj* vigesimal. **vi·gé·si·mo/a** [bixésimo/a] *adj, n/m,f* twentieth.

vi·gía [bixía] **I.** *n/f* watchtower (*torre*). **II.** *n/m,f* look-out (*persona*). **vi·gi·lan·cia** [bixiláṇθja] *n/f* **1.** vigilance, watchfulness (*acción*). **2.** security (*servicio*). **vi·gi·lan·te** [bixiláṇte] **I.** *adj* vigilant, watchful. **II.** *n/m,f* **1.** watchman (*nocturno*). **2.** security guard (*jurado*). **3.** caretaker (*colegio*, etc). **vi·gi·lar** [bixilár] *v* **1.** **(~ por, sobre)** to watch (over), keep an eye on. **2.** to guard (*frontera*, etc). **3.** to invigilate (*examen*). **4.** to supervise (*trabajo*). **5.** to be vigilant, stay alert (*ojo avizor*). **vi·gi·lia** [bixílja] *n/f* **1.** V. **vela (3.), (4.), (5.)**. **2.** REL vigil. **3.** eve (*de fiesta*).

vi·gor [biɣór] *n/m* **1.** *gen* vigour. **2.** toughness, hardiness (*resistencia*). **3.** FIG drive, energy. LOC **En ~**, in force. **Entrar en ~**, to come into force, take effect. **vi·go·ri·za·dor/ra** [biɣoriθaðór/ra] *adj* invigorating. **vi·go·ri·zar** [biɣoriθár] *v* (*vigorice*) to invigorate, revitalize. **vi·go·ro·so/a** [biɣoróso/a] *adj* **1.** *gen* FIG vigorous. **2.** strong, sturdy (*recio*).

vi·gue·ría [biɣería] *n/f* **1.** beams, rafters (*maderamen*). **2.** girders, framework (*de metal*). **vi·gue·ta** [biɣéta] *n/f* ARQ joist.

vi·hue·la [biwéla] *n/f* HIST MÚS early guitar. **vi·hue·lis·ta** [biwelísta] *n/m,f* HIST vihuela player.

vi·kin·go [bikíŋgo] *n/m* HIST Viking.

vil [bíl] *adj* vile, despicable, base. **vi·le·za** [biléθa] *n/f* **1.** vileness, baseness (*condición*). **2.** despicable act, vile/foul deed (*hecho*).

vi·li·pen·diar [bilipeṇdjár] *v* **1.** to vilify, revile (*abusar*). **2.** to despise (*despreciar*). **vi·li·pen·dio** [bilipéṇdjo] *n/m* **1.** vilification (*acto*). **2.** scorn, contempt (*desprecio*). **vi·li·pen·dio·so/a** [bilipeṇdjóso/a] *adj* **1.** vilifying, abusive (*insultante*). **2.** contemptuous. **3.** contemptible.

vi·lo [bílo] *n/m* LOC **En ~**, *adv* 1. in the air (*suspendido*). 2. on tenterhooks, with bated breath (*intranquilo*).

vi·lla [bíʎa] *n/f* 1. villa (*casa*). 2. town (*población*).

Vi·lla·die·go [biʎaðjéɣo] LOC **Tomar las de ~**, FIG FAM to take to one's heels.

vi·llan·ci·co [biʎaṇθíko] *n/m* (Christmas) carol.

vi·lla·nía [biʎanía] *n/f* **1.** HIST humble birth, lowly status. **2.** villainy, baseness (*cualidad*). **3.** V. **vileza (2.)** **4.** obscene remark (*taco*). **vi·lla·no/a** [biʎáno/a] I. *adj* 1. HIST peasant, rustic. 2. FIG coarse. II. *n/m,f* 1. HIST villein. 2. FIG villain.

vi·llo·rrio [biʎórrjo] *n/m* FIG FAM dump, ramshackle town.

vi·na·gre [bináɣre] *n/m* vinegar. **vi·na·gre·ra** [binaɣréra] *n/f* 1. vinegar bottle. 2. *pl* cruet. **vi·na·gre·ta** [binaɣréta] *n/f* vinaigrette (sauce).

vi·na·je·ra [binaxéra] *n/f* REL altar cruet.

vi·na·te·ría [binatería] *n/f* 1. wine shop (*tienda*). 2. wine trade (*comercio*). **vi·na·te·ro/a** [binatéro/a] I. *adj* (of) wine. II. *n/m,f* wine merchant, vintner.

vin·cu·la·ción [biŋkulaθjón] *n/f* 1. linking (*acción*). 2. link, bond (*unión*). **vin·cu·lar** [biŋkulár] *v* 1. *gen* to link, bind, tie. 2. FIG to link, relate. **vín·cu·lo** [bíŋkulo] *n/m* link, bond, tie.

vin·di·ca·ción [bindikaθjón] *n/f* vindication. **vin·di·car** [bindikár] I. *v* (*vindique*) 1. to avenge (*vengar*). 2. to vindicate (*justificar*). II. *Refl(-se)* 1. to avenge oneself (*vengarse*). 2. to vindicate oneself (*justificarse*). **vin·di·ca·ti·vo/a** [bindikatíβo/a] *adj* 1. vindictive (*vengativo*). 2. V. **vindicatorio/a**. **vin·di·ca·to·rio/a** [bindikatórjo/a] *adj* vindicatory.

vi·ní·co·la [binikola] *adj* wine (growing). **vi·ni·cul·tor/ra** [binikultór/ra] *n/m,f* wine producer. **vi·ni·cul·tu·ra** [binikultúra] *n/f* wine production. **vi·ni·fi·ca·ción** [binifikaθjón] *n/f* fermentation. **vi·no** [bíno] *n/m* wine. **vi·no·so/a** [binóso/a] *adj* like wine.

vi·ña [bíɲa] *n/f* vineyard. **vi·ñe·do** [biɲéðo] *n/m* vineyard.

vi·ñe·ta [biɲéta] *n/f* 1. ART vignette. 2. emblem.

vio·la [bjóla] I. *n/f* MÚS viola. II. *n/m,f* MÚS viola player.

vio·lá·ceo/a [bjoláθeo] *adj*, *n/m* violet (*color*).

vio·la·ción [bjolaθjón] *n/f* 1. violation (*país, lo sacro*). 2. rape (*mujer*). 3. offence, infringement (*ley*).

vio·la·do/a [bjoláðo/a] *adj*, *n/m* violet (*color*).

vio·la·dor/ra [bjolaðór/ra] I. *n/m* rapist. II. *n/m,f* violator, offender. **vio·lar** [bjolár] *v* 1. to violate (*fronteras, lo sacro*). 2. to rape (*mujer*). 3. to break, offend against (*leyes*).

vio·len·cia [bjolénθja] *n/f* 1. *gen* violence. 2. force (*fuerza*). 3. embarrassment (*confusión*). 4. embarrassing situation (*situación*). 5. outrage (*injusticia*). **vio·len·tar** [bjolentár] I. *v* 1. *gen* to force. 2. to break into (*casa*). 3. JUR to assault. 4. FIG to outrage. II. *Refl(-se)* to force oneself. **vio·len· to/a** [bjolénto/a] *adj* 1. *gen* violent. 2. awkward, embarrassing (*situación*). 3. embarrassed, awkward (*persona*).

vio·le·ta [bjoléta] I. *n/f* BOT violet. II. *n/m* violet (*color*). **vio·le·te·ra** [bjoletéa] *n/f* violet seller.

vio·lín [bjolín] *n/m* 1. MÚS violin. 2. V. **violinista**. **vio·li·nis·ta** [bjolinísta] *n/m,f* MÚS violinist. **vio·lón** [bjolón] 1. *n/m* MÚS double bass (*instrumento*). 2. MÚS double bass player. **vio·lon·ce·lis·ta**, **vio·lon·che·lis·ta** [bjolonθelísta/bjolontʃelísta] *n/m,f* MÚS cellist. **vio·lon·ce·lo**, **vio·lon·che·lo** [bjolonθélo/bjolontʃélo] *n/m* MÚS (violon)cello.

vi·pe·ri·no/a [biperíno/a] *adj* 1. ZOOL viperine. 2. FIG viperish.

vi·ra·je [biráxe] *n/m* 1. bend, curve (*camino*). 2. NÁUT tack. 3. swerve (*coche*). 4. U-turn (*política*). 5. swing (*votos*). 6. toning (*foto*). 7. FIG turning point. **vi·rar** [birár] *v* 1. NÁUT to put about, tack. 2. **(~a, hacia)** to turn (towards), swerve (towards) (*coche*). 3. to tone (*foto*). 4. FIG to change tack.

vir·gen [bírxen] *n/f* virgin. **vir·gi·nal** [birxinál] *adj* virginal. **vir·gi·ni·dad** [birxiniðáð] *n/f* virginity. **vir·go** [bírɣo] *n/m* 1. ASTR Virgo. 2. virginity. 3. *col* hymen.

vir·gue·ría [birɣería] *n/f* 1. silly adornment. 2. *col* delightful thing.

vír·gu·la [bírɣula] *n/f* 1. small rod (*varita*). 2. virgule (*rayita*). 3. punctuation mark (*escritura*). **vir·gu·li·lla** [birɣulíʎa] *n/f* V. **vírgula**.

ví·ri·co/a [bíriko/a] *adj* viral, virus.

vi·ril [biríl] *adj* virile, manly. LOC **Edad ~**, manhood. **vi·ri·li·dad** [biriliðáð] *n/f* 1. virility, manliness (*cualidad*). 2. manhood (*edad*).

vi·ro·la [biróla] *n/f* collar, ferrule.

vi·ro·lo·gía [biroloxía] *n/f* MED virology.

vi·rrei·na [birréina] *n/f* viceroy's wife, vicereine. **vi·rrei·na·to** [birreináto] *n/m* viceroyalty. **vi·rrey** [birréi] *n/m* viceroy.

vir·tual [birtwál] *adj* 1. virtual. 2. potential (*en potencia*). 3. FÍS apparent. **vir·tua·li·dad** [birtwaliðáð] *n/f* potentiality.

vir·tud [birtúð] *n/f* 1. virtue (*cualidad*). 2. ability (*capacidad*). LOC **En ~ de**, by virtue of.

vir·tuo·sis·mo [birtwosísmo] *n/m* virtuosity. **vir·tuo·so/a** [birtwóso/a] I. *adj* virtuous. II. *n/m,f* virtuoso.

vi·rue·la [birwéla] *n/f* 1. MED smallpox. 2. pockmark (*huella*).

vi·ru·lé [birulé] LOC **A la ~**, 1. crooked, bent (*torcido*). 2. damaged (*estropeado*). 3. cracked (*chiflado*). LOC **Un ojo a la ~**, a black eye.

vi·ru·len·cia [birulénθja] *n/f* virulence. **vi·ru·len·to/a** [birulénto/a] *adj* virulent.

vi·rus [bírus] *n/m* MED virus.

vi·ru·ta [birúta] *n/f* TÉC shaving.

vis [bís] *n/f* LOC **~ cómica**, comic touch, sense of comedy.

vi·sa [bísa] *n/m Amer* visa. **vi·sa·do** [bisáðo] *n/m* 1. endorsing (a document) (*acción*). 2. visa (*en pasaporte*).

vi·sa·je [bisáxe] *n/m* grimace, face.

vi·sar [bisár] *v* 1. to endorse (*documento*). 2. to endorse with a visa (*pasaporte*).

vís·ce·ra [bísθera] *n/f* ANAT viscera. **vis·ce·ral** [bisθerál] *adj* ANAT FIG visceral

vis·co·sa [biskósa] *n/f* QUÍM viscose. **vis·co·si·dad** [biskosiðáð] *n/f* 1. thickness (*densidad*). 2. stickiness (*pegajoso*). 3. BOT ZOOL slime. 4. FÍS viscosity. **vis·co·so/a** [biskóso/a] *adj* 1. thick (*líquido*). 2. sticky (*pegajoso*). 3. BOT ZOOL slimy. 4. FÍS viscous.

vi·se·ra [biséra] *n/f* 1. MIL visor. 2. peak (*gorra*). 3. eyeshade (*jugador, etc.*).

vi·si·bi·li·dad [bisiβiliðáð] *n/f* visibility. **vi·si·ble** [bisíβle] *adj* 1. *gen* visible. 2. FIG evident, obvious. LOC **Estar ~**, 1. to be free (*para recibir a uno*). 2. to be decent (*vestido*).

vi·si·go·do/a [bisiγóðo/a] I. *adj* HIST Visigothic. II. *n/m,f* HIST Visigoth. **vi·si·gó·ti·co/a** [bisiγótiko/a] *adj* HIST Visigothic.

vi·si·llo [bisíʎo] *n/m* net curtain.

vi·sión [bisjón] *n/f* 1. ANAT vision, (eye)-sight. 2. REL vision. 3. fantasy (*fantasía*). 4. PEY sight. LOC **Ver ~es**, to see things. **vi·sio·nar** [bisjonár] *v* to view (*TV etc.*). **vi·sio·na·rio/a** [bisjonárjo/a] *adj, n/m,f* visionary.

vi·sir [bisír] *n/m* vizier.

vi·si·ta [bisíta] *n/f* 1. visit (*acto*). 2. visitor (*persona*). **vi·si·ta·ción** [bisitaθjón] *n/f* REL visitation. **vi·si·ta·dor/ra** [bisitaðór/ra] I. *adj* fond of visiting. II. *n/m,f* frequent visitor. III. *n/m* inspector. **vi·si·tan·te** [bisitánte] I. *adj* visiting. II. *n/m,f* visitor. **vi·si·tar** [bisitár] *v* 1. to visit, call on, go and see (*personas*). 2. to visit, go and see (*lugares*). **vi·si·teo** [bisitéo] *n/m* visiting.

vis·lum·brar [bislumbrár] *v* 1. to glimpse, catch a glimpse of (*entrever*). 2. FIG to begin to see (*solución*), get some idea of (*conjetura*). **vis·lum·bre** [bislúmbre] *n/m* 1. glimpse (*vista*). 2. gleam, glimmer (*luz*). 3. FIG inkling.

vi·so [bíso] *n/m* 1. gleam, glint (*metal*). 2. *pl* sheen, gloss, shot silk appearance (*tela*). 3. FIG appearance.

vi·són [bisón] *n/m* ZOOL mink.

vi·sor [bisór] *n/m* viewfinder (*foto*).

vís·pe·ra [bíspera] *n/f* 1. eve, day before. 2. REL vespers, evensong. LOC **En ~s de,** 1. on the eve of. 2. + *inf* FIG on the brink of + *ger*.

vis·ta [bísta] I. *n/f* 1. ANAT (eye)sight, eyes. 2. look, glance (*acto*). 3. view (*panorama*). 4. sight (*cosa*). 5. appearance, look(s) (*aspecto*). 6. outlook, intention (*perspectiva*). 7. JUR hearing. II. *n/m* customs inspector. LOC **A la ~**, 1. on show, in sight (*al parecer*). 2. visible, in sight. 3. obvious (*evidente*). 4. in view (*previsible*). 5. COM at sight (*pagadero*). **A la ~ de**, in view of. **A primera ~**, at first sight, on the face of it. **A ~ de pájaro**, bird's eye view. **Comer con la ~**, 1. to look hard at (*intensamente*). 2. to look lovingly (PEY lustfully) at. 3. to look longingly at (*añorando*). **Con ~s a**, with a view to. **Conocer a uno de ~**, to know sb by sight. **Echar la ~ a algo**, to have one's eye on sth. **Echar una ~**, to keep an eye on. **En ~ de**, in view of. **¡Hasta la ~!** so long! see you! **No perder de ~**, 1. not to lose sight of (*no olvidarlo*). 2. not to let out of one's sight (*vigilar*). **Perder de ~**, to lose sight of. **Poner la ~ en algo**, 1. to gaze at sth (*fijamente*). 2. to have one's eye on sth. **Saltar a la ~**, FIG to stick out a mile. **Tener ~**, to know what's good for one. **vis·ta·zo** [bistáθo] *n/m* glance, look. LOC **Echar un ~**, to take a (quick) look (at). **vis·to/a** [bísto/a] I. pp of *ver* II. *adj* 1. common (*corriente*). 2. INFML old hat (*pasado de moda*). LOC **Dar el ~ bueno**, to give one's approval, INFML to okay. **Estar bien ~**, to be socially acceptable. **Estar mal ~**, FIG to be frowned upon. **Por lo ~**, 1. apparently. 2. obviously.

vis·to·si·dad [bistosiðáð] *n/f* 1. colourfulness, brightness. 2. PEY gaudiness, flashiness. **vis·to·so/a** [bistóso/a] *adj* 1. colourful, bright. 2. PEY gaudy, flashy.

vi·sual [biswál] I. *adj* visual. II. *n/f* line of sight. **vi·sua·li·zar** [biswaliθár] *v* (*visualice*) 1. to visualize. 2. COMP to display.

vi·tal [bitál] *adj* 1. *gen* FIG vital. 2. life (*vivencia*, etc). 3. living (*espacio*). **vi·ta·li·cio/a** [bitalíθjo/a] I. *adj* life, for life. II. *n/m* life annuity, life assurance (policy). **vi·ta·li·dad** [bitaliðáð] *n/f* vitality. **vi·ta·lis·mo** [bitalísmo] *n/m* vitalism. **vi·ta·lis·ta** [bitalísta] I. *adj* vitalistic. II. *n/m,f* vitalist.

vi·ta·mi·na [bitamína] *n/f* vitamin. **vi·ta·mi·na·do/a** [bitamináðo/a] *adj* with added vitamins. **vi·ta·mí·ni·co/a** [bitamíniko/a] *adj* vitamin.

vi·te·la [bitéla] *n/f* vellum.

vi·te·li·no/a [bitelíno/a] *adj, n/f* BIOL vitelline.

vi·tí·co·la [bitíkola] *adj* vine(-growing). **vi·ti·cul·tor/ra** [bitikultór/ra] *n/m,f* vine grower. **vi·ti·cul·tu·ra** [bitikultúra] *n/f* vine growing, viticulture. **vi·ti·vi·ní·co·la** [bitiβiníkola] *adj* viticultural, grape and wine growing.

vi·to [bíto] *n/m* LOC **Tener el baile de San V~**, to have St. Vitus' dance.

vi·to·la [bitóla] *n/f* 1. cigar calibrator. 2. cigar band (*anillo*).

ví·tor [bítor] I. *int* hooray!, hurrah! II. *n/m,pl* cheers. **vi·to·re·ar** [bitoreár] *v* to cheer.

vi·tral [bitrál] *n/m* stained-glass window.

ví·treo/a [bítreo] *adj* 1. vitreous (*de vidrio*). 2. glass-like (*parecido al vidrio*). **vi·tri·fi·ca·ble** [bitrifikáβle] *adj* vitrifiable. **vi·tri·fi·ca·ción** [bitrifikaθjón] *n/f* vitrification. **vi·tri·fi·car** [bitrificár] *v* to vitrify. **vi·tri·na** [bitrína] *n/f* 1. glass case, show case (*en tiendas*, etc). 2. display cabinet (*en casa*).

vi·trio·lo [bitrjólo] *n/m* QUÍM vitriol.

vi·tro [bítro] LOC **In ~**, in vitro.

vi·tua·lla [bitwáʎa] *n/f* provisions, victuals.

vi·tu·pe·ra·ble [bituperáβle] *adj* reprehensible. **vi·tu·pe·ra·ción** [bituperaθjón] *n/f* censure, vituperation. **vi·tu·pe·rar** [bituperár] *v* to censure, inveigh against. **vi·tu·pe·rio** [bitupérjo] *n/m* 1. reproach, censure (*dicho*). 2. shame, disgrace (*vergüenza*).

viu·de·dad [bjuðeðáð] *n/f* 1. widowhood (*de viuda*). 2. widowerhood (*de viudo*). 3. widow's pension. **viu·dez** [bjuðéθ] *n/f* V. **viudedad 1., 2. viu·do/a** [bjúðo/a] I. *adj* widowed. II. *n/m* widower. III. *n/f* widow.

vi·va [bíβa] I. *int* hooray!, hurrah! II. *n/m* cheer. LOC **Dar ~s**, to cheer. **¡~ el rey!**, long live the king!

vi·vac [biβák] *n/m* MIL bivouac.

vi·va·ci·dad [biβaθiðáð] *n/f* 1. sharpness, brightness (*inteligencia*). 2. vivacity, liveliness (*personalidad*). **3**. vivaciousness (*mujer*).

vi·va·les [bißáles] *n/m* FAM smooth operator.

vi·va·que [bißáke] *n/m* MIL bivouac. **vi·va·que·ar** [bißakeár] *v* MIL to bivouac.

vi·var [bißár] *n/m* **1**. ZOOL warren. **2**. fishpond (*estanque*). **3**. fish hatchery (*criadero*).

vi·va·ra·cho/a [bißarátʃo/a] *adj* lively, sprightly. **vi·vaz** [bißáθ] *adj* **1**. sharp, quick-witted (*agudo*). **2**. lively (*personalidad*). **3**. vivacious (*persona*). **4**. long-lived (*larga vida*). **5**. BOT perennial.

vi·ven·cia [bißén̪θja] *n/f* (personal) experience.

ví·ve·res [bíßeres] *n/m, pl* supplies, provisions.

vi·ve·ro [bißéro] *n/m* **1**. BOT nursery. **2**. fish hatchery (*peces*). **3**. FIG breeding ground, PEY hotbed. LOC **~ de ostras**, oyster bed.

vi·ve·za [bißéθa] *n/f* **1**. vividness (*colores, relatos*). **2**. sharpness (*ingenio*). **3**. acuteness (*sentimiento*). **4**. quickness (*movimientos*). **5**. liveliness, vivacity (*personalidad*). **6**. sparkle (*ojos*).

ví·vi·do/a [bíßiðo/a] *adj* vivid.

vi·vi·dor/ra [bißiðór/ra] **I**. *adj* PEY opportunistic, unscrupulous. **II**. *n/m,f* PEY conman.

vi·vien·da [bißjén̪da] *n/f* **1**. housing, accommodation (*género*). **2**. dwelling (*morada*). **3**. house (*casa*). **4**. flat, apartment (*piso*).

vi·vien·te [bißjén̪te] *adj* living. **vi·vi·fi·can·te** [bißifikán̪te] *adj* life-giving. **vi·vi·fi·car** [bißifikár] *v* (*vivifique*) **1**. *lit* to give life **2**. FIG to revitalize.

vi·ví·pa·ro/a [bißíparo/a] *adj* ZOOL viviparous.

vi·vir [bißír] **I**. *v* **1**. *gen* to live. **2**. to be alive. **3**. FIG to last. **4**. to live through, experience (*experimentar*). **II**. *n/m* life, living. LOC **De mal** ~, 1. loose living. 2. JUR criminal, outside the law.

vi·vi·sec·ción [bißisekθjón] *n/f* vivisection.

vi·vo/a [bíßo/a] *adj* **1**. alive, living. **2**. sharp, clever (*inteligencia*). **3**. lively (*personalidad*). **4**. vivid (*colorido*, etc). **5**. sharp, acute (*dolor*). **6**. intense (*emoción*). **7**. quick (*ingenio, movimiento*). **8**. bright, rich (*color*). **9**. raw (*carne*). LOC **A lo ~/Al ~**, vividly. **Herir en lo ~**, FIG to cut to the quick. **Vivito y coleando**, alive and kicking.

viz·con·de [biθkón̪de] *n/m* viscount. **viz·con·de·sa** [biθkon̪désa] *n/f* viscountess.

vo·ca·blo [bokáßlo] *n/m* word. **vo·ca·bu·la·rio** [bokaßulárjo] *n/m* vocabulary.

vo·ca·ción [bokaθjón] *n/f* vocation, calling. **vo·ca·cio·nal** [bokaθjonál] *adj* vocational.

vo·cal [bokál] **I**. *adj* vocal. **II**. *n/m* member (of a committee). **III**. *n/f* vowel. **vo·cá·li·co/a** [bokáliko/a] *adj* vowel, vocalic. **vo·ca·lis·mo** [bokalísmo] *n/m* vowel system. **vo·ca·lis·ta** [bokalísta] *n/m,f* MÚS vocalist. **vo·ca·li·za·ción** [bokaliθaθjón] *n/f* GRAM MÚS vocalization. **vo·ca·li·zar** [bokaliθár] *v* (*vocalice*) to vocalize.

vo·ca·ti·vo [bokatíßo] *n/m* GRAM vocative.

vo·ce·ar [boθeár] *v* **1**. to shout, yell (*gritar*). **2**. to cry, proclaim loudly (*mercancías*). **vo·ce·río** [boθerío] *n/m* **1**. shouting, yelling (*gritos*). **2**. uproar, clamour (*jaleo*). **vo·ce·ro** [boθéro] *n/m* spokesman. **vo·ci·fe·rar** [boθiferár] *v* **1**. to shout, bawl (*gritar*). **2**. to proclaim boastfully (*jactarse*). **vo·cin·gle·ro/a** [boθiŋgléro/a] **I**. *adj* loud-mouthed. **II**. *n/m,f* loudmouth.

vo·dka [bóðka] *n/m* vodka.

vo·de·vil [boðeßíl] *n/m* vaudeville, music hall.

vo·la·da [boláða] *n/f* (short) flight. **vo·la·di·zo/a** [bolaðíθo/a] **I**. *adj* ARQ projecting, jutting out. **II**. *n/m* ARQ projection.

vo·la·do/a [boláðo/a] *adj col* barmy. **vo·la·dor/ra** [bolaðór/ra] *adj* flying. **vo·la·du·ra** [bolaðúra] *n/f* **1**. blowing-up (*puente*, etc). **2**. blasting (*mina*). **vo·lan·das** [bolán̪das] LOC **En ~**, in/through the air, off the ground. **vo·lan·de·ro/a** [bolan̪déro/a] *adj* **1**. dangling, hanging (*suspendido*). **2**. loose (*pieza*).

vo·lan·te [bolán̪te] **I**. *adj* **1**. flying. **2**. FIG mobile, itinerant. **II**. *n/m* **1**. AUT steering wheel. **2**. TÉC flywheel. **3**. balance wheel (*reloj*). **4**. note, memo (*escrito*). **5**. flounce, ruffle (*costura*). **6**. DEP shuttlecock (*plumero*), badminton (*juego*).

vo·lan·tín [bolan̪tín] **I**. *adj* loose. **II**. *n/m* **1**. fishing line. **2**. *Amer* kite.

vo·lar [bolár] *v* (*vuelo*) **1**. *gen* to fly. **2**. to fly away/off, be blown away (*papeles*). **3**. FIG to spread quickly (*noticia*), rush, hurry (*correr*). **4**. FAM to vanish (*desaparecer*). **5**. to blow up (*edificio*). **6**. to blast (*mina, roca*). LOC **¡Volando!**, Double quick!

vo·la·te·ría [bolatería] *n/f* **1**. falconry, hawking (*caza*). **2**. ZOOL birds, fowl.

vo·lá·til [bolátil] *adj* **1**. flying (*volador*). **2**. QUÍM volatile. **3**. FIG fickle, changeable. **vo·la·ti·li·dad** [bolatiliðáð] *n/f* **1**. QUÍM volatility. **2**. FIG fickleness, changeability. **vo·la·ti·li·za·ción** [bolatiliθaθjón] *n/f* volitalization. **vo·la·ti·li·zar** [bolatiliθár] *v/Refl(-se)* QUÍM to volatilize, vaporise.

vo·la·tín [bolatín] *n/m* acrobatics. **vo·la·ti·ne·ro/a** [bolatinéro/a] *n/m,f* acrobat.

vol·cán [bolkán] *n/m* volcano. **vol·cá·ni·co/a** [bolkániko/a] *adj* volcanic.

vol·car [bolkár] **I**. *v* (*vuelco, volqué*) **1**. to tip over, knock over (*recipiente*). **2**. to overturn (*coche*). **II**. *Refl(-se)* **1**. to fall over (*vaso*, etc). **2**. to overturn (*vehículo*). **3**. to capsize (*barco*). **4**. **(~ en, con)** FIG to bend over backwards (for), do one's utmost (for).

vo·lea [boléa] *n/f* volley.

vo·leo [boléo] *n/m* **1**. *gen* volley. **2**. high kick (*danza*).

vol·fra·mio [bolfrámjo] *n/m* wolfram.

vo·li·ción [boliθjón] *n/f* volition. **vo·li·ti·vo/a** [bolitíßo/a] *adj* volitive.

vol·que·ar·se [bolkeárse] *v/Refl(-se)* V. **re-volcarse**.

vol·que·te [bolkéte] *n/m* AUT Br tip-up lorry, US dump truck.

volt [bólt] *n/m* ELECTR volt. **vol·ta·je** [boltáxe] *n/m* ELECTR voltage.

vol·te·ar [bolteár] *v* **1**. to tumble, somersault, roll over and over (*dar vuelcos*). **2**. to turn upside down (*invertir*). **3**. to turn over, roll over (*al revés*). **4**. to overturn (*recipiente*). **vol·teo** [boltéo] *n/m* **1**. tumbling, somersaulting (*volatinero*). **2**. turning upside down (*inversión*). **3**. turning over, rolling over (*al revés*). **4**. overturning (*vaso*).

vol·te·re·ta [bolteréta] *n/f* **1**. somersault. **2**. handspring. LOC ~ **lateral**, cart-wheel.

vol·te·ria·no/a [bolterjáno/a] *adj* Voltairean.

vol·tí·me·tro [boltímetro] *n/m* voltmeter.

vol·tio [bóltjo] *n/m* ELECTR volt.

vo·lu·bi·li·dad [bolußiliðáð] *n/f* **1**. BOT climbing nature, clinging nature. **2**. fickleness, changeableness (*persona*). **vo·lu·ble** [bolúßle] *adj* **1**. BOT climbing, twining, clinging. **2**. fickle, changeable (*persona*).

vo·lu·men [bolúmen] *n/m* **1**. *gen* volume. **2**. bulk(iness) (*masa*). **vo·lu·mi·no·so/a** [boluminóso/a] *adj* **1**. *gen* voluminous. **2**. bulky.

vo·lun·tad [boluntáð] *n/f* **1**. *gen* will. **2**. willpower (*resolución*). **3**. wish, desire (*deseo*). **3**. intention (*decisión*). LOC **A ~ de uno**, as one wishes. **Buena ~**, goodwill, honest intention. **Ganarse la ~ de uno**, to win sb over. **Mala ~**, ill will, malice. **Tener mucha/poca ~**, to have a lot of/little willpower. **Última ~**, 1. last will and testament. 2. last wish (*de condenado*). **~ férrea/de hierro/indomable**, will of iron. **vo·lun·ta·ria·do** [boluntarjáðo] *n/m* MIL voluntary enlistment. **vo·lun·ta·rie·dad** [boluntarjeðáð] *n/f* **1**. voluntariness. **2**. PEY wilfulness, unreasonableness. **vo·lun·ta·rio/a** [boluntárjo/a] **I**. *adj* voluntary. **II**. *n/m,f gen* MIL volunteer. **vo·lun·ta·rio·so/a** [boluntarjóso/a] *adj* **1**. PEY headstrong, wilful. **2**. willing, eager.

vo·lup·tuo·si·dad [boluptwosiðáð] *n/f* voluptuousness. **vo·lup·tuo·so/a** [boluptwóso/a] *adj* voluptuous.

vo·lu·ta [bolúta] *n/f* **1**. ARQ scroll, volute. **2**. curl, spiral (*humo*).

vol·ver [bolßér] **I**. *v* (*vuelvo, vuelto*) **1**. to turn (*cabeza, esquina*). **2**. to turn (over) (*página*). **3**. to make, turn into (+ *n*), turn (+ *adj*): *Las drogas vuelven delincuentes a los adictos*, Drugs turn addicts into delinquents. **4**. to return, restore (*devolver*). **5**. to give back (*dinero*). **6**. to put back (*objeto*). **7**. **(~ a, de)** to come/go back (to, from), return (to, from) (*regresar*). **8**. to turn (*camino*). **9**. **(~ a)** to revert (to) (*tras digresión*). **II**. *Refl (-se)* **1**. to turn round. **2**. to become. LOC **~ a hacer algo**, to do sth again. **~ en sí**, to come round, recover consciousness. **~ sobre sí**, to recover one's calm. **~se atrás**, to backtrack.

vó·mer [bómer] *n/m* ANAT vomer.

vo·mi·tar [bomitár] *v* **1**. to be sick, vomit (*devolver*). **2**. to vomit, bring up (*vómitos*). **3**. FIG to belch (*humo, fuego*), spew out (*lava*). LOC **~ sangre**, to spit blood. **vo·mi·ti·vo/a** [bomitíßo/a] *adj, n/m,f* emetic. **vó·mi·to** [bómito] *n/m* **1**. vomiting (*acción*). **2**. vomit (*resultado*). **vo·mi·to·na** [bomitóna] *n/f col* Br liquid laugh, US barf.

vo·ra·ci·dad [boraθiðáð] *n/f* voracity, voraciousness.

vo·rá·gi·ne [boráxine] *n/f* whirlpool, maelstrom.

vo·raz [boráθ] *adj* **1**. *gen* FIG voracious. **2**. ravenous (*hambriento*).

vór·ti·ce [bórtiθe] *n/m* **1**. vortex. **2**. whirlpool (*agua*). **3**. hurricane (*viento*).

vos [bós] *pron* **1**. HIST ye. **2**. *Amer* you. **vo·se·ar** [boseár] *v* to address as "vos". **vo·seo** [boséo] *n/m* use of "vos" as a form of address. **vo·so·tros/as** [bosótros/as] *pron pers* **1**. you (*sujeto, objeto*). **2**. yourselves (*reflexivo*).

vo·ta·ción [botaθjón] *n/f* voting, vote. **vo·tan·te** [botánte] **I**. *adj* voting. **II**. *n/m,f* voter. **vo·tar** [botár] *v* **1**. *gen* to vote. **2**. **(~ a)** to vote (for) (*candidato*). **3**. to pass (*ley*). **4**. REL to vow. **vo·ti·vo/a** [botíßo/a] *adj* votive. **vo·to** [bóto] *n/m* **1**. vote (*política*, etc). **2**. REL vow. **3**. curse, swearword (*juramento*). LOC **Hacer ~s por**, to wish for, earnestly hope for. **~ de calidad**, casting vote.

voz [bóθ] *n/f* **1**. *gen* GRAM voice. **2**. MÚS sound, note. **3**. noise (*ruido*). **4**. MÚS voice, part (*cantante*). **5**. shout, cry (*fuerte*). **6**. voice, say (*comité*). **7**. word (*vocablo*). LOC **A media ~**, softly, in a low voice. **A ~es**, shouting. **A ~ en cuello/en grito**, at the top of one's voice. **Alzarle/Levantarle la ~ a uno**, to raise one's voice to sb. **Corre la ~ (de algo)**, the rumour (about sth) is getting around. **Corre la ~ que**... rumour has it that... **Dar una ~ a uno**, to give sb a shout. **Decirle a uno de viva ~**, to tell sb personally. **Estar pidiendo a ~es**, FIG to be crying out for. **Llevar la ~ cantante**, FIG to rule the roost, be the boss. **~ de la conciencia**, voice of one's conscience. **vo·za·rrón** [boθarrón] *n/m,f* stentorian voice.

vue·cen·cia [bweθénθja] *n/m,f* Your Excellency.

vue·la·plu·ma [bwelaplúma] LOC *adv* **A ~**, rapidly.

vuel·co [bwélko] *n/m* **1**. *gen* upset, spill. **2**. FIG change, shake-up (*cambio*), collapse, ruin (*bancarrota*). **3**. jump (*corazón*). LOC **Dar un ~**, 1. to overturn (*vehículo*). 2. to capsize (*barco*). 3. FIG to turn upside down. 4. to go to rack and ruin (*negocio*).

vue·li·llo [bwelíʎo] *n/m* lace, frill. **vue·lo** [bwélo] *n/m* **1**. flying (*acción*). **2**. flight (*distancia, acto*). **3**. fullness, flare (*prenda*). **4**. ARQ projection. LOC **Al ~**, in flight (*aves*, etc). **Alzar/Emprender/Levantar el ~**, 1. ZOOL to take flight. 2. FIG to clear off (*irse*). 3. FIG to fly the nest (*hijos*). **Cazarlas/Cogerlas al ~**, to be quick on the uptake. **Dar ~s a uno**, to egg sb on. **Tomar ~**, to grow (in importance).

vuel·ta [bwélta] *n/f* **1**. turn, revolution (*rueda*). **2**. walk, stroll (*paseo*). **3**. DEP lap, circuit. **4**. return (*devolución, retorno*). **5**. round (*torneo*). **6**. bend, curve (*camino*). **7**. row (*punto*). **8**. change (*dinero*). **9**. loop, coil (*cuerda,* etc). **10**. turn-up (*pantalón*). **11**. cuff (*prenda*). **12**. back, other side (*parte posterior*). LOC **A la ~**, on one's return. **A la ~ de**, after (*tiempo*). **A la ~ de la esquina**, *gen* FIG just round the corner. **A la ~ de la página**, overleaf. **A ~ de correo**, by return of post. **Buscar las ~s a uno**, to try to catch sb out, look for faults in sb. **Cogerle las ~s a uno**, to know how to handle sb. **Dar cien/mil/muchas ~ a algo**, to worry too much about sth. **Dar cien/mil ~s a uno**, FIG to run rings round sb, knock spots off sb. **Dar media ~**, FAM to walk out. **Dar(se) una ~**, 1. to go for a stroll (*a pie*). 2. to go for a ride/drive (*en coche*). **Dar la ~ a**, to go round. **Dar ~ a**, to turn (*llave*). **Dar ~s**, to turn, go round (*rueda*). **Estar de ~**, 1. to be back (*regresado*). 2. FIG to be blasé. **¡Hasta la ~!** see you when you get back! **No tiene ~ de hoja**, there is no alternative. **Poner de ~ y media a uno**, FAM to call sb all the names under the sun. **~ de campana**, somersault. **vuel·to/a** [bwéḷto/a] **I**. pp of *volver* **II**. *adj* **1**. turned (back). **2**. changed (*cambiado*). **3**. upside down (*invertido*).

vues·tro/a/os/as [bwéstro/a/os/as] **I**. *pron* yours. **II**. *adj* your, of yours.

vul·ca·nis·mo [bulkanísmo] *n/m* GEOG vulcanism, volcanism. **vul·ca·ni·za·ción** [bulkaniθaθjón] *n/f* TÉC vulcanization. **vul·ca·ni·zar** [bulkaniθár] *v* (*vulcanice*) TÉC to vulcanize. **vul·ca·no·lo·gía** [bulkanoloxía] *n/f* volcanology. **vul·ca·nó·lo·go/a** [bulkanóloɣo/a] *n/m,f* volcanologist.

vul·gar [bulɣár] **I**. *adj* **1**. general, common (*opinión*). **2**. lay(man's) (*término*). **3**. vulgar (*lengua*). **4**. commonplace, banal (*no culto*). **vul·ga·ri·dad** [bulɣariðáð] *n/f* **1**. commonness (*ordinariez*). **2**. triviality, commonplace (*banalidad*). **3**. vulgarity, coarseness (*grosería*). **vul·ga·ris·mo** [bulɣarísmo] *n/m* **1**. popular form (of a word). **2**. PEY slang (word). **vul·ga·ri·za·ción** [bulɣariθaθjón] *n/f* **1**. *gen* popularization. **2**. translation into the vernacular (*texto*). **vul·ga·ri·zar** [bulɣariθár] *v* **1**. *gen* to popularize. **2**. to translate into the vernacular (*texto*). **vul·go** [búlɣo] *n/m* **1**. common people. **2**. PEY hoi polloi.

vul·ne·ra·bi·li·dad [bulneraβiliðáð] *n/f* vulnerability. **vul·ne·ra·ble** [bulneráβle] *adj* **(~ a)** vulnerable (to). **vul·ne·ra·ción** [bulneraθjón] *n/f* **1**. wounding, injuring (*herir*). **2**. violation (*ley*). **vul·ne·rar** [bulnerár] *v* **1**. to injure, wound (*herir*). **2**. to harm (*perjudicar*). **3**. to violate (*ley*).

vul·va [búlβa] *n/f* ANAT vulva.

W, w [uβe ðóβle] *n/f* **1**. 'w' (*letra*). **2**. *abrev* ELECTR watt. **3**. *abrev* QUÍM tungsten.
watt, **wat** [bát/wát] *n/m* ELECTR watt.
wá·ter [báter] *n/m* lavatory, W.C.
wa·ter·po·lo [baterpólo] *n/m* DEP waterpolo
whis·ky [gwíski] *n/m* whisky.
wólfram, **wolframio** [wólfram/wolfrámjo] *n/m* wolfram, tungsten.

X, x [ékis] *n/f* **1**. 'x' (*letra*). **2**. MAT x. LOC **El Sr. X**, Mr X. **Rayos X**, X-rays.

xan·to·fi·la [santofíla] *n/f* Br xanthophyll, US xanthophyl.

xe·no·fo·bia [senofóßja] *n/f* xenophobia.

xe·nón [senón] *n/m* QUÍM xenon.

xe·nó·fo·bo/a [senófoßo/a] **I**. *n/m,f* xenophobe. **II**. *adj* xenophobic.

xe·ro·co·pia [serokópja] *n/f* xerox, photocopy. **xe·ro·co·piar** [serokopjár] *v* to xerox, photocopy. **xe·ró·fi·lo/a** [serófilo/a] *adj* xerophilous. **xe·rof·tal·mia** [seroftálmja] *n/f* MED xerophthalmia, xeroma. **xe·ro·gra·fía** [seroɣrafía] *n/f* xerography. **xe·ro·gra·fiar** [seroɣrafiár] (*xerografío*) *v* to xerograph, photocopy.

xi·ló·fa·go/a [silófaɣo/a] *adj* ZOOL xylophagous. **xi·ló·fo·no** [silófono] *n/m* MÚS xylophone. **xi·lo·fo·nis·ta** *n/m,f* MÚS xylophonist, xylophone player. **xi·lo·gra·fía** [siloɣrafía] *n/f* **1**. ART xylography (*proceso*). **2**. xylograph, wood engraving (*impresión*).

Y, y [í ɣriéɣa] **I.** *n/f* 'y' (*letra*). **II.** *conj* and. LOC **¿~...? and what about···? Las tres ~ media, etc.** half past three, etc.

ya [ɟá] **I.** *adv* **1.** already, before now (*en el pasado*). **2.** now (*presente*). **3.** sometime, in due course (*ocasión futura*). **II.** *int* right! O.K.! (*afirmación*). **III.** *conj* ~... ~ whether ... or, now ... now: *Ya fuera por uno, ya fuera por otro, nunca estuvo a mi lado*, Whether for one reason or another, he was never with me. LOC ~ **no/No ~**, not only. **Haz esto, no ~ por mí, sino por ti**, do that, not only for me, but for yourself. ~ **no**, no longer, any more: *Ya no vive aquí*, He no longer lives here/He doesn't live here any more. ~ **que**, *conj* since, as, seeing that.

ya·cen·te [ɟaθéņte] *adj* reclining (*escultura*). **ya·cer** [ɟaθér] *v* (*yazgo, yazco, yago*) **1.** to lie, be stretched out (*como muerto*). **2.** to be located, be (*estar*). **3.** to sleep with (*eufemismo*). LOC **Aquí yace...**, here lies... **ya·ci·ja** [ɟaθíxa] *n/f* **1.** rough bed, bunk (*cama*). **2.** grave (*hoyo*). **ya·ci·mien·to** [ɟaθimjéņto] *n/m* GEOL bed, deposit.

ya·guar [ɟaɣwár] *n/m* ZOOL jaguar.

yám·bi·co/a [ɟáɱbiko/a] *adj* POÉT iambic. **yam·bo** [ɟáɱbo] *n/m* POÉT iamb.

yan·qui [ɟáŋki] *adj, n/m,f* Yank(ee).

yan·tar [ɟaņtár] **I.** *v p.us.* to eat, have lunch. **II.** *n/m p.us.* food.

yar·da [ɟárða] *n/m* yard (*medida de 91 cm*).

ya·te [ɟáte] *n/m* yacht.

yayo/a [ɟáɟo/a] **I.** *n/m* grandfather. **II.** *n/f* grandmother.

ye [ɟé] *n/f p.us.* (name of) the letter 'y'.

ye·dra [ɟéðra] *n/f* BOT ivy.

ye·gua [ɟéɣwa] *n/f* ZOOL mare. **ye·gua·da** [ɟeɣwáða] *n/f* herd of horses. **ye·güe·ro** [ɟeɣwéro] *n/m* keeper of a herd of mares.

yel·mo [ɟélmo] *n/m* helmet.

ye·ma [ɟéma] *n/f* **1.** BOT bud. **2.** egg yolk. **3.** ANAT fingertip. **4.** confectionary made of egg yolk and sugar.

ye·me·ní [ɟemení] *adj, n/m,f* Yemeni.

yen [ɟén] *n/m* yen.

yer·ba [ɟérβa] *n/f* BOT ARG grass. **yer·ba·jo** [ɟerβáxo] *n/m* BOT weed.

yermo/a [ɟérmo/a] **I.** *adj* **1.** uninhabited (*despoblado*). **2.** uncultivated (*baldío*). **II.** *n/m* wilderness, wasteland.

yer·no [ɟérno] *n/m* son-in-law.

ye·ro [ɟéro] *n/m* BOT type of lentil.

ye·rro [ɟérro] *n/m* mistake, error.

yerto/a [ɟérto/a] *adj* stiff, rigid (*esp de frío, miedo*).

ye·sar [ɟesár] *n/m* gypsum pit.

yes·ca [ɟéska] *n/f* tinder.

ye·se·ría [ɟesería] *n/f* **1.** gypsum kiln (*fábrica*). **2.** plasterwork (*mampostería*). **ye·so** [ɟéso] *n/m* **1.** GEOL gypsum. **2.** plaster (*producto*).

ye·yu·no [ɟeɟúno] *n/m* ANAT jejunum.

yo [ɟó] **I.** *pron pers* **I. II.** (the) self (*ego*).

yo·do [ɟóðo] *n/m* QUÍM iodine.

yo·ga [ɟóɣa] *n/m* yoga. **yo·gui** [ɟóɣi] *n/m* yogi.

yo·gur [ɟoɣúr] *n/m* yoghurt. **yo·gur·te·ra** [ɟoɣurtéra] *n/f* yoghurt maker.

yó·quey, yó·qui [ɟók(e)i] *n/m* jockey.

yo·yó [ɟoɟó] *n/m* yo-yo.

yu·ca [ɟúka] *n/f* BOT yucca.

yu·do [ɟúðo] *n/m* DEP judo.

yu·go [ɟúɣo] *n/m* AGR FIG yoke.

yu·go·es·la·vo/a, yu·gos·la·vo/a [ɟuɣo(e)sláβo/a] **I.** *adj* Yugoslavian, Jugoslavian. **2.** *n/m,f* Yugoslav, Jugoslav.

yu·gu·lar [ɟuɣulár] **I.** *adj, n/f* ANAT jugular. **II.** *v* to slaughter.

yun·que [ɟúŋke] *n/m* TÉC ANAT anvil.

yun·ta [ɟúņta] *n/f* yoke, team (*de bueyes*, etc). **yun·te·ro** [ɟuņtéro] *n/m* ploughman.

yu·pi [ɟúpi] *n/m,f* yuppy.

yu·te [ɟúte] *n/m* BOT jute.

yux·ta·po·ner [ɟu(k)staponér] *v* to juxtapose. **yux·ta·po·si·ción** [ɟu(k)staposiθjón] *n/f* juxtaposition.

Z, z [θéta] *n/f* 'z' (*letra*).

za·fa·rran·cho [θafarránt∫o] *n/m* **1**. NÁUT clearing for action. **2**. FIG havoc, destruction. LOC **Llamar a ~**, to call for fight.

za·far·se [θafárse] *v/Refl(-se)* **(~ de) 1**. to run away (from) (*irse*). 2. to break free (from), wriggle out (of) (*soltarse*). **3**. to shake off, dodge (*evitar*).

za·fie·dad [θafjeðáð] *n/f* loutishness. **za·fio/a** [θáfjo/a] *adj* loutish.

za·fi·ro [θafíro] *n/m* sapphire.

za·fra [θáfra] *n/f* **1**. oil jar (*recipiente*). **2**. AGR IC sugar harvest.

za·ga [θáγa] *n/f* rear. LOC **A/A la/En ~**, behind, at the back. **No ir(se)/No quedarse en ~**, to be second to none.

za·gal/la [θaγál/la] **I**. *n/m* **1**. lad, youth. **2**. AGR IC shepherd boy. **II**. *n/f* **1**. girl, lass. **2**. AGR IC shepherdess.

za·guán [θaγwán] *n/m* hallway, vestibule.

za·gue·ro/a [θaγéro/a] **I**. *adj* **1**. rear, back. **2**. DEP bottom: *Equipo zaguero*, Bottom team. **II**. *n/m* DEP defender.

za·he·rir [θaerír] *v* (*zahiero*) **1**. to criticize harshly, attack. **2**. to reproach, upbraid (*reprender*).

za·ho·nes [θaónes] *n/m,pl* chaps (*prenda*).

za·ho·rí [θaorí] *n/m* **1**. clairvoyant (*vidente*). **2**. water diviner (*que descubre agua*).

zai·no/a [θáino/a] *adj* **1**. treacherous. **2**. chestnut (*caballos*).

za·la·me·ría [θalamería] *n/f* flattery, wheedling. **za·la·me·ro/a** [θalaméro/a] **I**. *adj* **1**. flattering, wheedling. **2**. suave (*fino*). **3**. PEY oily, unctuous. **II**. *n/m,f* **1**. flatterer, wheedler. **2**. suave individual (*fino*). **3**. PEY oily type.

za·le·ma [θaléma] *n/f* **1**. deep bow. **2**. *pl* PEY bowing and scraping.

za·ma·rra [θamárra] *n/f* sheepskin jacket. **za·ma·rre·ar** [θamarreár] *v* to worry (*perros*).

zam·bo/a [θámɱbo/a] **I**. *adj* **1**. knock-kneed (*de piernas*). **2**. of mixed race (*negro + indio*). **II**. *n/m,f Amer* half-breed. **III**. *n/m* ZOOL spider monkey. **IV**. *n/f* MÚS samba.

zam·bom·ba [θaɱbóɱba] *n/f* MÚS type of drum. **zam·bom·ba·zo** [θaɱboɱbáθo] *n/m* **1**. loud bang (*explosión*). **2**. thump (*golpe*).

zam·bra [θáɱbra] *n/f* **1**. Moorish festival. **2**. FIG uproar, fracas.

zam·bu·lli·do/a [θaɱbuʎíðo/a] **I**. *adj* diving. **II**. *n/f* dive, plunge. **zam·bu·llir** [θaɱbuʎír] **I**. *v*, *v/Refl(-se)* **1**. **(~ en)** to dive (into), plunge (into). **2**. **(~ en)** to duck (under) (*sumergirse*). **II**. *v/Refl(-se)* FIG V **zambullir I. (1.)**.

za·mo·ra·no/a [θamoráno] **I**. *adj* of Zamora. **II**. *n/m,f* native of Zamora.

zam·pa·bo·llos [θaɱpaβóʎos] *n/m,f col* gannet, greedy guts. **zam·par** [θaɱpár] **I**. *v* **1**. to put away hurriedly (*ocultar*). **2**. *col* to gobble down, wolf (*comer*). **II**. *v/Refl(-se)* **1**. **(~ en)** to shoot (into), dart (into) (*entrar de prisa*). **2**. **(~ en)** to tumble (into) (*caer*). **3**. *col* to gorge, stuff oneself (*comer*). **4**. FIG to gatecrash (*sin ser invitado*). **zam·pón/na** [θaɱpón/na] **I**. *adj col* greedy. **II**. *n/m,f* V **zampabollos**.

zam·po·ña [θaɱpóɲa] *n/f* MÚS panpipes.

za·na·ho·ria [θanaórja] *n/f* BOT carrot.

zan·ca [θáŋka] *n/f* ZOOL FIG shank. **zan·ca·da** [θaŋkáða] *n/f* stride. **zan·ca·di·lla** [θaŋkaðíʎa] *n/f* **1**. trip (*con pie*). **2**. FIG trick. **zan·ca·di·lle·ar** [θaŋkaðiʎeár] *v gen* FIG to trip (up). **zan·co** [θáŋko] *n/m* stilt. **zan·cu·do/a** [θaŋkúðo/a] **I**. *adj* **1**. *gen* long-legged. **2**. ZOOL wading. **II**. *n/f,pl* ZOOL waders, wading birds.

zan·ga·ne·ar [θaŋganeár] *v* to loaf (about), laze around. **zán·ga·no/a** [θáŋgano/a] **I**. *n/m,f* drone, idler (*persona*). **II**. *n/m* drone (*abeja*).

zan·ja [θáŋxa] *n/f* **1**. trench (*foso*). **2**. ditch (*fosa*). **zan·jar** [θaŋxár] *v* **1**. to dig trenches. **2**. FIG to settle, resolve.

zan·que·ar [θaŋkeár] *v* **1**. to waddle. **2**. to stride along (*a grandes pasos*).

za·pa [θápa] *n/f* MIL sap(ping), trench(ing). LOC **Labor/Trabajo de ~**, sapping. **za·pa·dor** [θapaðór] *n/m* MIL sapper. **za·pa·pi·co** [θapapíko] *n/m* mattock.

za·pa·ta [θapáta] *n/f* **1**. boot (*calzado*). **2**. AUT TÉC shoe. **za·pa·ta·zo** [θapatáθo] *n/m* blow with a shoe. **za·pa·tea·do** [θapateáðo] **1**. MÚS tap dance. **2**. MÚS zapateado (*baile español*). **za·pa·te·ar** [θapateár] *v* **1**. MÚS to tap-dance. **2**. MÚS to do a zapateado (*baile español*). **za·pa·teo** [θapatéo] *n/m* **1**. MÚS tap-dancing. **2**. MÚS stamping or tapping one's feet in a zapateado (*baile español*). **za·pa·te·ría** [θapatería] *n/f* **1**. shoemaking (*fabricación*). **2**. shoe factory (*fábrica*). **3**. cobbler's (*reparación*). **4**. shoe shop (*tienda*). **za·pa·te·ro/a** [θapatéro.a] **I**. *n/m,f* **1**. shoemaker (*fabricante*). **2**. cobbler (*remendón*). **3**. shoe seller (*vendedor*). **II**. *n/m* shoe-tidy, shoe-rack (*mueble*). **za·pa·te·ta** [θapatéta] *n/f* jump in the air while slapping one's shoe. **za·pa·ti·lla** [θapatíʎa] *n/f* **1**. slipper (*en casa*). **2**. DEP trainer, plimsoll.

za·pa·to [θapáto] *n/m* shoe. LOC **No llegarle a la suela del ~ de uno**, not to hold a candle to sb.
za·pe [θápe] *int* 1. crikey! (*asombro*). 2. shoo!
zar [θár] *n/m* tsar, czar.
za·ra·ban·da [θaraβáṇda] *n/f* 1. HIST MÚS sarabande. 2. FIG rush, whirl (*confusión*). 3. FIG din, racket (*ruido*).
za·ra·ga·lla [θaraγáʎa] *n/f* charcoal.
za·ra·ga·ta [θaraγáta] *n/f* shindig, hullabaloo.
za·ra·go·za·no/a [θaraγoθáno/a] I. *adj* of Saragossa. II. *n/m,f* native of Saragossa.
za·ra·güe·lles [θaraγwéʎes] *n/m,pl* 1. wide-legged breeches (*calzones*). 2. long johns (*ropa interior*).
za·ran·da [θaráṇda] *n/f* 1. sieve (*para sólidos*). 2. strainer (*para líquidos*). **za·ran·da·jas** [θaraṇdáxas] *n/f,pl* trifles, odds and ends. **za·ran·dar** [θaraṇdár]/**za·ran·de·ar** [θaraṇdeár] *v* 1. to sieve, sift (*sólidos*). 2. to strain (*líquidos*). 3. to toss about, rock to and fro (*menear*). 4. to shake, jostle, shove (around) (*empujar*). **za·ran·deo** [θaraṇdéo] *n/m* 1. sifting (*sólidos*). 2. straining (*líquidos*). 3. tossing about, rocking to and fro (*meneo*). 4. jostling, shoving (about) (*acción de empujar*).
zar·ci·llo [θarθíʎo] *n/m* 1. earring. 2. BOT tendril.
zar·co/a [θárko/a] *adj* light blue.
za·ri·na [θarína] *n/f* tsarina, czarina. **za·ris·mo** [θarísmo] *n/m* tsarism, czarism.
zar·pa [θárpa] *n/f* 1. ZOOL paw, claw. 2. NÁUT setting sail, weighing anchor. **zar·par** [θarpár] NÁUT to set sail, weigh anchor. **zar·pa·zo** [θarpáθo] *n/m* clawing, blow with a paw.
za·rra·pas·tro·so/a [θarrapastróso/a] *adj* FAM scruffy, slovenly.
zar·za [θárθa] *n/f* BOT bramble, blackberry bush. **zar·zal** [θarθál] *n/m* BOT (clump of) brambles. **zar·za·mo·ra** [θarθamóra] *n/f* 1. BOT blackberry (*fruto*). 2. BOT V **zar·za·pa·rri·lla** [θarθaparríʎa] *n/f* BOT sarsaparilla. **zar·zo** [θárθo] *n/m* AGR IC hurdle, wattle. **zar·zue·la** [θarθwéla] *n/f* 1. MÚS operetta, light opera. 2. fish dish with spicy sauce (*plato*).
zas [θás] *int* bang!, thud!
zas·can·dil [θaskaṇdíl] *n/m* busybody, meddler, scatterbrain. **zas·can·di·le·ar** [θaskaṇdileár] *v* to meddle, pry.
ze·da [θéða] *n/f* V **zeta**.
zé·jel [θéxel] *n/m* POÉT zejel.
ze·pe·lín [θepelín] *n/m* zeppelin.
ze·ta [θéta] *n/f* 1. Br zed, US zee (*letra*). 2. zeta (*letra griega*).
zig·zag [θiγzáγ/θiγzáx] *n/m* zigzag. **zig·za·gue·ar** [θiγθaγeár] *v* to zigzag.
zinc [θíŋ(k)] *n/m* zinc.
zi·pi·za·pe [θipiθápe] *n/m col* rumpus, squabble.
zó·ca·lo [θókalo] *n/m* 1. ARQ plinth, base. 2. Br skirting board, US baseboard (*rodapié*). 3. panelling. **zo·co** [θóko] 1. base (*de pedestal*). 2. Arab market, souk.
zo·dia·cal [θoðjakál] *adj* zodiac. **zo·dia·co**, **zo·día·co** [θoðjáko, θoðíako] *n/m* zodiac. LOC **Signo del ~**, sign of the zodiac.
zo·na [θóna] *n/f* zone, area.
zoo- [θo(o)-] *pref* zoo-. **zoo** [θóo] *n/m* zoo. **zoó·fa·go/a** [θoófaγo/a] I. *adj* zoophagous. II. *n/m,f* zoophagan, *pl* zoophaga. **zoo·lo·gía** [θooloxía] *n/f* zoology. **zoo·ló·gi·co/a** [θoolóxiko/a] I. *adj* zoological. II. *n/m* zoo. **zoó·lo·go/a** [θoóloγo/a] *n/m,f* zoologist. **zoo·tec·nia** [θootéknia] *n/f* zootechny. **zoo·téc·ni·co/a** [θootékniko/a] I. *adj* zootechnic(al). II. *n/m,f* zootechnician.
zo·pen·co/a [θopéŋko/a] I. *adj* Br thick, US dumb. II. *n/m,f* dope, blockhead.
zo·que·te [θokéte] I. *n/m* chunk of wood. II. *adj, n/m,f* V **zopenco**.
zor·ci·co [θorθíko] *n/m* Basque song and dance.
zo·ron·go [θoróŋgo] *n/m* 1. kerchief (*pañuelo*). 2. bun (*moño*).
zo·rre·ría [θorrería] *n/f* 1. foxiness, craftiness (*cualidad*). 2. sly trick (*acto*). **zo·rro/a** [θórro/a] I. *adj* 1. foxy, crafty (*comportamiento*). 2. *col* bloody, bleeding: *No tiene ni zorra idea*, He hasn't got a bloody clue. II. *n/m* 1. ZOOL fox, dog fox. 2. fox fur (*piel*). 3. FIG crafty character, old fox. 4. *pl* duster. III. *n/f* 1. ZOOL fox, vixen. 2. FIG bitch, whore, slut (*puta*). LOC **Coger una ~**, *col* to get plastered. **Hecho unos ~s**, *col* Br to be knackered, US to be zapped.
zo·te [θóte] I. *adj* dim, thick. II. *n/m,f* dunce, dimwit.
zo·zo·bra [θoθóβra] *n/f* 1. NÁUT capsizing. 2. heavy seas (*estado del mar*). 3. FIG anxiety, jumpiness. **zo·zo·brar** [θoθoβrár] *v* 1. NÁUT to capsize, founder. 2. FIG to worry, fret.
zue·co [θwéko] *n/m* clog.
zu·la·que [θuláke] *n/m* TÉC lute (*betún*).
zu·lo [θúlo] *n/m* cache (*armas*, etc).
zu·lú [θulú] *adj, n/m,f* zulu.
zum·ba [θúmba] *n/f* 1. teasing, banter (*burlarse*). 2. *col* walloping (*paliza*). **zum·bar** [θumbár] I. *v* 1. to buzz, drone, hum (*ruidos*). 2. *col* to wallop (*apalear*). II. *v/Refl (-se)* to rag, tease. **zum·bi·do** [θumbído] *n/m* 1. buzz(ing), droning, hum(ming) (*ruidos*). 2. *col* wallop (*golpe*). **zum·bón/na** [θumbón/na] I. *adj* Br waggish, US joshing. II. *n/m, f* tease, Br wag, US josher.
zu·mo [θúmo] *n/m* juice.
zun·char [θuṇtʃár] *v* to fasten with a metal hoop or band. **zun·cho** [θúṇtʃo] *n/m* metal hoop, metal band.
zur·ci·do [θurθíðo] *n/m* darn(ing), mend(ing). **zur·cir** [θurθír] *v* (*zurzo, zurza*) to darn, sew up. LOC **¡Que te/le zurzan!**, get lost!
zur·do/a [θúrðo/a] I. *adj* 1. left (*mano*). 2. left-handed, left-footed (*persona*). II. *n/m,f* 1. *gen* left-handed person. 2. southpaw (*boxeo*). 3. DEP left-hander, left-footer. III. *n/f* left hand.
zu·re·ar [θureár] *v* to coo. **zu·ro/a** [θúro/a] I. *adj* wild (*paloma*). II. *n/m* BOT cob (*maíz*).

zu·rra [θúrra] *n/f* 1. TÉC dressing, tanning. 2. FIG hiding, tanning.

zu·rra·pa [θurrápa] *n/f* sediment, dregs.

zu·rrar [θurrár] *v* TÉC FIG to tan, to beat up.

zu·rria·ga [θurrjáγa] *n/f* V **zurriago**. **zu·rria·gar** [θurrjaγár] (*zurriagué*) *v* to whip, lash. **zu·rria·ga·zo** [θurrjaγáθo] *n/m* lash. **zu·rria·go** [θurrjáγo] *n/m* whip, lash.

zu·rrón [θurrón] *n/m* leather pouch, bag.

zu·ta·no/a [θutáno/a] *n/m,f* so-and-so, what's-his-name. LOC **Fulano, Mengano y ~**, Tom, Dick and Harry.